中華人民共和國國務院批准的重大文化出版工程

國家文化發展規劃綱要的重點出版工程項目

新聞出版總署列爲「十一五」國家重大工程出版規劃之首

國家出版基金重點支持項目

中華大典

法律典

西南師範大學出版社
巴蜀書社

《中華大典》工作委員會

主　任：柳斌傑
　　　　金人慶

副主任：李　彦　于永湛　鄔書林　張少春　李衛紅
　　　　周和平　陳金泉　李靜海

委　員：張小影　伍　傑　朱新均　吳尚之　孫　明
　　　　王家新　徐維凡　劉小琴　毛群安　遲　計
　　　　曹清堯　彭常新　王志勇　潘教峰　姜文明
　　　　王　正　石立英　安平秋　陳祖武　詹福瑞
　　　　戴龍基　宋焕起　孫　顒　陳　昕　魏同賢
　　　　王建輝　朱建綱　高紀言　莫世行　段志洪
　　　　李　維　何學惠　甄樹聲　馮俊科　譚　躍
　　　　羅小衛　王兆成

《中華大典》編纂委員會

《中華大典》前言

《中華大典》是運用我國歷代漢文古籍編纂的一部大型工具書。其目的是爲學術界及願意瞭解中國古代珍貴文化典籍的人士提供準確詳實、便於檢索的漢文古籍分類資料。

中國是世界文明古國之一，幾千年來纂寫和聚集的文化典籍浩如烟海。我國歷代都有編纂類書的優良傳統，具有代表性的《永樂大典》等大多已佚失，現存《古今圖書集成》編就距今也已數百年。爲了適應今天和以後研究和檢索的需要，一九八八年海内外三百多位專家學者和各古籍出版社同仁倡議，在已有類書的基礎上，用現代科學方法編纂一部新的類書《中華大典》。

國務院在關於編纂《中華大典》問題的批覆中指出，編纂《中華大典》「是我國建國以來最大的一項文化出版工程」。本書所收漢文古籍上起先秦，下迄清末，約三萬種，達七億多字，分爲二十四個典，近百個分典，内容廣博，規模宏大，前所未有。

《中華大典》的編纂工作堅持科學態度和百花齊放、百家争鳴方針。儘量採用古精校精刻本，優先採用我國建國後文獻學和考古學的優秀成果。對傳統文化中重要的不同學派的資料，兼收並蓄。運用現代圖書分類的方法，對收集到的資料，精選、精編，力求便於檢索，準確可信。

這項工作從開始起就受到中共中央、國務院和有關部門的重視和支持。國家主席江澤民、國務院總理李鵬分别爲《中華大典》題詞。江澤民的題詞是：「同心同德群策群力認真編好中華大典爲建設有中國特色的社會主義服務」。李鵬的題詞是：「繼承和弘揚民族優秀傳統文化」。全國政協主席李瑞環、國務委員李鐵映也作了重要指示，要求抓緊辦理。一九九零年五月，國務院批准

《中華大典》爲國家重點古籍整理項目。一九九二年九月，正式成立了《中華大典》工作委員會和《中華大典》編纂委員會，召開了《中華大典》工作、編纂會議。自此，《中華大典》的編纂工作由試點轉入正式啓動，逐步鋪開。

編纂《中華大典》，學術性很强，工作量很大，工程十分艱巨，全賴廣大專家學者和全國各有關高等院校、科研院所、圖書館、出版單位的鼎力支持與積極參與。大家本着弘揚中華民族優秀文化的心願，發揚奉獻精神，克服各種困難，團結協作，給這部巨大類書的出版提供了根本保證。在此謹表示誠摯的謝意。

對本書批評與建議，我們將十分歡迎。

《中華大典》編纂委員會

一九九七年四月

二〇〇六年十一月修訂

《中華大典》編纂通則

一、性質：《中華大典》（以下簡稱《大典》）是對漢文古籍（含已翻譯成漢文的少數民族古籍）進行全面的、系統的、科學的分類整理和彙編總結的新型類書，是在繼承歷代類書優良傳統、攷慮漢文古籍固有特點的基礎上，借鑒和參照近代編纂百科全書的經驗和方法編纂而成。編纂《大典》的目的，是爲學術界及願意瞭解中國古代珍貴文化典籍的人士提供各種分門别類的、準確詳細的古代漢文專題資料。

二、規模和體例：《大典》所收古籍的時限，上自先秦，下迄辛亥革命。全書共收各類漢文古籍三萬餘種，七億多字。全書體例，着重汲取清代《古今圖書集成》所採用的經目和緯目相交織這一統一框架結構的模式，同時參照現代科學的學科、目録分類方法，並根據各類學科内容的實際情況，一般將每一大類學科輯爲一典，也有將幾個相關學科共輯爲一典的。對各典名稱，均以現代學科命名，對於所收入的各種古籍資料，亦儘可能納入現代科學分類體系之中。

三、經目：大典共分二十四個典，即哲學典、宗教典、政治典、軍事典、經濟典、法律典、教育典、語言文字典、文學典、藝術典、歷史典、歷史地理典、民俗典、數學典、物理化學典、天文典、地學典、生物學典、醫藥衛生典、農業典、林業典、工業典、交通運輸典、文獻目録典。典以下以分典、總部、部、分部分級，分部之下的標目根據各學科特點由各典自行擬定。

四、緯目：共設置九項緯目，用以包容各級經目的具體内容：

①題解：對有關學科的名稱、概念、涵義、特點等作總體介紹的資料。

②論説：有關理論部分的資料。

③綜述：有關學科或事物的系統性資料，凡有關學科或事物的性狀、制度、範疇、特點及學科地位、發展情況等具體内容均編入此緯目中。

④傳記：有關人物的傳記資料。

⑤紀事：有關學科或事物的具體活動或事例的資料。

⑥著録：重要人物或文獻的有關著作資料，如專集介紹、序跋、藏書題記，以及有關著作的成書經過、版本源流等。

⑦藝文：有關屬於文學欣賞性的散文或韻文。

⑧雜録：凡未收入以上各緯目，而又有較高參攷價值的資料，均入雜録。

⑨圖表：根據有關經目的内容需要，圖與表附於相關專題之下，或集中彙總於某級經目之後。

《大典》以内容分類安排各級緯目，各級緯目的正文，一般以原書爲單位，按時代順序排列。每一條資料前標明出處，包括書名或作者名、篇名或卷次，以利讀者核對原書。

五、書目：每分典後附有該分典所收書之書目，書目包括書名、作者、時（年）代、版本等内容。時代以成書時代爲準，成書時代不詳者，以作者主要活動時代爲準，並遵從歷史習慣。

六、版本：《大典》在選用版本時儘量採用古人的精校精刻本，亦採用學術界通用的近、現代整理圈點本及現代學者校點整理本。

七、校點：爲儘可能保存古籍原貌，《大典》祇對底本中明顯的脱、訛、衍、倒進行勘正。古本中的避諱字一般不作改動，祇對缺筆字補足筆畫。後人刻書時避當朝人諱而改動的字，據古本改回。《大典》採用新式標點法。

一九九六年八月

二〇〇六年十一月修訂

《中華大典·法律典》編纂委員會

主　編：張晉藩　馬建石

副主編：楊育棠　俞榮根　朱　勇

周安平　段志洪　蔣傳光

賴長揚　霍存福　侯欣一

編　委：（按姓氏筆畫排列）

丁凌華　朱　勇　汪漢卿

周安平　段志洪　侯欣一

俞榮根　郭成偉　馬建石

張大元　張晉藩　楊永華

楊育棠　楊　堪　蔣傳光

錢大群　賴長揚　霍存福

《中華大典·法律典》序

中國是法制文明發達較早的國家之一，而且在四千餘年的發展過程中，從未中斷過，這是世界文明古國中所少有的。因此，中華法制文明的歷史具有發展的連貫性、傳承性和系統性。法文化的底蘊十分豐厚，遺留下的法制資料浩如烟海。

在精蕪雜存的法文化遺産中，不乏超越時空的民主性因素，它是中華民族偉大創造力的體現，也是理想思維的結果。

中國古代農本主義的經濟形態、宗法倫常關係的社會結構、專制主義的政治體制、儒家思想爲統治思想的文化政策，構成了中國古代特有的國情，並進而決定了中國古代法制文明的特點。諸如禮法結合，法、理、情三者的統一；倫理法占有重要的地位，重視人命，法律向社會弱勢群體傾斜的人本主義；法自君出、獄由君斷的專制主義法制環境，德禮爲政教之本，道德規範對法律規範的支撑等等。這些特點構成了獨樹一幟的中華法系，影響了周邊國家達數百年之久。

中國古代自夏商起，已有成文法。歷朝具有代表性的法典，自李悝《法經》至《大清律例》，其編纂體例均爲諸法合體，民刑不分。然就法律體系而言，由於社會關係的複雜性與多樣性，以及法律調整的針對性與適應性，使得中國古代的法律體系也爲對象不同、内容有別的部門法所構成，既有行政法律、刑事法律，也有民經法律、訴訟法律，是諸法並存、民刑有分的。

中國古代雖有極其豐厚的法文化資源，但較爲分散，缺乏必要的整理。爲了使這份寶貴的法文化史料更好地服務於法學研究，同時也爲了弘揚中國法律文化史料中的民主性精華，總結它所蘊藏的豐富的治國理政的經驗，我們在《中華大典》工作委員會和編纂委員會的領導下，根據《中華大典編纂通則》的要求，彙編了《中華大典·法律典》。這是一項系統整理中國法律文化史料的大規模的文化工程。

《中華大典·法律典》分類彙集中國古代法律史料，全面反映各個歷史時期法制情況，上起堯舜，下至晚清，凡有關律令詔敕、典章制度、格式條例、司法判牘、事件案例、鄉約族規、契約文書、思想學説、人物活動等法律史料，均在收録範圍之内。

根據中華古代法律體系諸法並存、民刑有分的實際狀況，《中華大典·法律典》分爲《法律理論分典》、《刑法分典》、《民法分典》、《經濟法分典》、《行政法分典》、《訴訟法分典》等六個分典。由於中國古人並不具備現代的部門法劃分的認識，因此法制史料大多是籠統的、交錯的、界限不清的，對此加以分類，顯然是一項艱難的科學研究性質的工作。但正如爲了觀星而將滿天繁星劃分爲星座一樣，我們把史料按部門法分類歸納，也是爲了查找和使用的方便。同時也借以證明古代中國法律體系内涵的豐富，以及刑法以外的各種部門法律規範的存在和發展狀況。

自一九九四年《法律典》開始正式工作以來，我們在前人的基礎上，廣泛查閲歷代典籍與建國以來的新發現，與此同時，對於史料的真僞、記事的虛實、文字的錯漏，進行了必要的鑒别、攷訂和校勘，力求凸顯《法律典》的珍稀價值和有用性。

「以古爲鑒，可知興替」。今天的中國是歷史中國的發展，今天的法律文化是歷史的法律文化的繼受和光大。編纂和出版《中華大典·法律典》，不僅爲法學、歷史學研究者和世界各國的法學研究者提供豐富可靠的物質資料，從而奠下法學新發展的基礎，它還雄辯地昭示中國悠久法文化所具有的世界地位，這將增强中華民族的自豪感和建設社會主義强國的自信心。

盛世修典，《中華大典·法律典》力爭無愧於盛世，也無愧於後人。

《中華大典·法律典》編纂至今，已歷時十六年，期間人事變動頗多，《行政法分典》原定主編汪漢卿教授業已過世。在《訴訟法分典》、《刑法分典》和《法律理論分典》即將出版之際，《法律典》全體同仁深表悼念之忱。令人欣喜的是，在十六年時間裹，參與大典工作的一代新人，已經崛起，他們不僅是完成大典强有力的後續力量，也是弘揚與發展中華法制文明的中堅力量，我們將在總結前十六年經驗教訓的基礎上，更好地安排力量，開展工作，使各個分典均能早日問世。

從事此項具有開創性的法史類書編纂工作，掛一漏萬之處在所難免，期待讀者提出批評建議，以爲再版時修改參攷。

張晉藩

二〇一〇年七月十八日

《中華大典·法律典》編纂説明

中國法制，萌芽于堯舜時期，濫觴于夏代，源遠流長，内容豐富。反映中國四千多年法制發展變化的史料，浩如烟海，載體形式多種多樣。挖掘整理這份文化遺産，用比較恰當的組織形式編纂起來，以便學術界更好地閲覽使用，是一項十分有意義的工作。

《中華大典·法律典》是分類彙集中國古代法制史料、全面反映各個歷史時期法制情况的一部新型專科類書。上起堯舜，下至清末，凡有關律令詔敕、典章制度、格式條例、司法判牘、事件案例、鄉約族規、契約文書、思想理論、人物活動等法律史料，都在收録範圍之内。

根據中國古代法律體系的實際情况及現代部門法的理論，《法律典》分設法律理論、刑法、民法、經濟法、行政法、訴訟法六個分典。分典之下，一般設總部、部、分部三級經目。緯目主要設在分部之下。大典原設緯目有九，各分典視其史料情况，可權宜處置。有則設之，無則闕如。分典卷首有説明，卷末附引用書目。

史料分類，以其能反映的社會關係進行劃分，判罪量刑可以作為參攷依據。如户籍管理入行政法，賦税徵收入經濟法，丁男入籍獲得行為能力入民法，官吏貪贓即使未受到刑事處分，仍歸入刑法。

同一史料，見于不同載體者，選録原始文獻（如檔案實録、契約文書）。如無原始文獻，則視其典籍的權威性程度或記載的詳略，從善選擇。甲骨金文、竹簡帛書，係珍稀史料，如有可取者，自當選録。

史料涉及不同內容而又難以分割者，就其主要內容劃分歸類。如一案例，刑法、訴訟法之內容兼而有之，既不能分割，亦不宜刪減，按上述原則，側重前者的入刑法，側重後者的入訴訟法。

史料的排列順序，按其能反映的年代而定。後人記述前朝之事者，編入前朝。如是後人對前朝事實的評述，則編入後人所在的年代。

根據大典校點通則的要求，對明顯的脫漏、訛誤、增衍等文句的處理，其方法是：脫漏者、缺少者（原文沒有記載，但須補入者，如詔令發佈之時間），查出補入，並括以方括號。錯誤、多餘的字句，一律用圓括號括起，不作刪除，補入的正確字句，用方括號括起。史料中刪去的內容，用「【略】」標明。

馬建石

二〇一〇年七月三十日

中華大典·法律典

民法分典

中華大字典

《中華大典·法律典·民法分典》編纂委員會

主　　編：周安平　侯欣一

副 主 編：岳純之　陳恩倫　彭炳金　蔡松霞　鄭家福

各總部負責人：任曉蘭　周子良　段知壯　栗明輝　趙曉磊

鄭全紅

主要編撰人員：王　娟　任曉蘭　任寶菊　李家靖　李巍濤

宋大琦　岳純之　周子良　周安平　周囿杉

周静怡　段知壯　侯欣一　栗明輝　孫海天

陳恩倫　陳　慶　許慶永　張　宜　張顯成

彭炳金　黄　璜　馮志偉　楊　挺　趙曉磊

蔡松霞　鄭全紅　鄭家福　劉玉華　劉志松

劉　瑾　謝　露　譚小軍

（以上均按姓氏筆畫排序）

《中華大典·法律典·民法分典》説明

中國是一個有着數千年法制文明的國度，其特有的法制文明不僅庇護着中華民族的生存與發展，也在一定程度上滿足了傳統社會安全的需要。但現有的研究表明，與發達的刑事法和官制法相比，中國傳統社會似乎並没有構建起屬於自己的民事法律理論，更有甚者，在一些學者看來中國傳統社會有無西方法學語境下的民事法律制度還是一個有待深入討論的話題。因而，要從汗牛充棟的傳統文獻中編纂出一部能讓各方接受的民法史料集絶非一件容易的工作。

一、面臨的基本問題

《中華大典》並非傳統意義上的古籍整理項目，作爲組織者，《中華大典》工作委員會的目的簡單明確：按照現代社會科學的學科分類，對傳世文獻重新進行整理和彙編。但作爲《法律典·民法分典》的具體操作者，則根本無先例可循，最爲核心的問題是如何在《中華大典》工作委員會給定的規則内使最終的成果從體例到内容做到古今中外的兼顧。

從表象上看，古今中外民事生活涉及的内容差别並不太大，無非是對身份、名譽和財産的處理。然而，如果抛開這些表象，從理念、倫理和規範等更深的層面進行觀察和比較，我們則會發現，古今中外用以規範和處理民事生活的制度框架，以及制度框架背後所藴含的理念、價值層面的差距遠比我們想象的大得多。傳統中國人歷經數千年所積累的民事生活理念、經驗，創設的制度，追求的價值，對於生活於当下的中国人和另外一種文明之下的西方人來説，僅僅藉助一些簡略的文字是很難准確理解的。

二、總體思路

第一，内容上不局限於規範層面。本書試圖從理念、思想、慣習、事實、禮制、規範、運行等多個層面和角度，盡可能從整體上揭示出中國傳統民事法律制度的真實存在，並客觀地再現其複雜面相，爲讀者觀察、研究中國傳統社會民事生活提供最直接的史料和基本制度框架。

第二，時間上以中國傳統社會的民事法律制度爲主，適當兼顧近代轉型時期的中國民事法律制度。將兩種完全不同類型的民事法律制度彙在一起，可能會給閲讀者帶來一些不便，但它符合歷史的邏輯，同時也能從制度層面再現中國傳統民事法律制度是如何從傳統走向近代的。

第三，體例上堅持宜粗不宜細的原則。從真實的材料出發，不貪大求全，不做主觀上的臆斷，更不牽强附會地與西方現代民法做硬性比對，在給定的字數範圍内尊重歷史，突出中國傳統民事法律制度之特色，再現中國傳統民事法律制度中最本質的東西。

第四，所用的概念以現代學界通用的概念爲主。中國傳統社會並無通用、更無專用的民事法律概念，諸如「典」、「質」、「會」等術語，無論是官方還是民間事实上使用起來都較爲隨意，加之不同朝代、族群及區域方面的差異，一些看似通用的術語，其覆蓋面和持續的時間也都相對有限。以現代學界通用的概念對中國傳統材料進行分類和剪裁，固然不如傳統概念更爲准確和傳神，但對於通史性質的民法典來説，爲了編排和閲讀方面的周全，只能退而求其次。

第五，資料取捨的範圍以所反映的社會關係爲原則。古今文化和法學話語體系迴然有異，如果固守今日部門法之分類，《民法分典》在資料選用上勢必陷入極爲尷尬的困境。本書從傳統中國實際情況出發，在資料的選用上堅持以其所反映的社會關係爲原則，並不刻意强調文字表面的含義。由此，收録的一些資料難免會與現代法學語境下所指的刑事法、行政法、經濟法和訴訟法等部門之間存在着一定的交叉。

三、材料取捨之範圍

盡管中國傳統文獻數量上汗牛充棟，但若嚴格按照現代意義上的民法標准進行取捨，我們又會發現事實上直接可用的資料並不太多。加之《中華大典》工作委員會又明確規定，所有使用的文獻必須是一九一一年以前成書的，晚近以來出土的簡牘、金文以及外國人的著述都不能使用，進一步限制了材料的來源範圍。爲了從整體上再現中國傳統民事生活，本書使用的史料包括如下幾種類型：

第一，法條。古代中國有着悠久的制定法傳統，保留至今的各種法律法規，無論是中央層面的刑、律、令、格、式、比、刑統、條格、敕、誥、會典、條例、事例、則例，還是地方官府的省例、告示、布告、禁約、條約等等，以及法律解釋中都或多或少地包含有一些從正面要求民衆做什麽、怎麽做的法條，是國家規制民事生活的重要依據。考慮到中國傳統法律對社會生活的調整歷來以刑事爲主，即便是確認産權、賠償損失等在現代純粹屬於民事制裁的方法，也都附屬於刑事法律關係之中，即所謂民事調整方法的附屬性特點，因而各朝代法條中只要是用以調整規範民事生活的，本書也大都予以了收録。所收的法律法規都是正式頒佈的。在具體操作上，凡中央政府制定的與民事生活有關的法律法規盡量全收，地方政府制定的地方性法規，宋以前的盡量全收，宋以後的出於篇幅的考慮，只收録有代表性的。所謂代表性，指的是或首創，或影響較大，或有地域特點等。此外各層級兼顧，盡量做到總督、省、州、府縣均衡。

第二，禮制及禮儀。禮在傳統中國既是調整、節制宗法社會人際關係和社會秩序的現實規範，又是士大夫安身立命的知識和技能，還是評判普通民衆民事生活是否正當的價值系統，從某種意義上講，正是因爲禮的存在，中國傳統的民事法律制度才有了存在的依據，看似對立的倫理和契約才有了内在統一的可能。但禮制的内容過於龐雜，絶非現代意義上的民法所能包容，同時考慮到禮制及禮儀的内容又與律典等法條互有交叉，因而本書只做適當選用。此外，用以規範皇族的各種禮制，《中華大典》中另有專册，因故本書未與收録。

第三，民間規約。民間規約或稱鄉規俗例，包括民間慣習、家法族規、行會和各種社團章程等，是傳統社會普通民衆處理民事行爲最直接的准則，多保留在地方誌、筆記雜談以及戲曲、小説之中。即有的研究表明，民間規約主要形成於宋以後，其表現形式和所承載的精神有的與國家制定法高度契合，並得到國家的認可和默認，有的則與主流文化存在着一定程度的悖離。考慮到民間規約所具有的分散性、複雜性和變動性等特點，本書在操作上堅持宋元全收，明清選收的原則，選收的標准爲：與國家的關係、地域、族群、名人望族以及影響力等因素。

第四，契約文書。在傳統中國，契約在調整和規範民事生活中發揮着不可替代的作用，我們甚至可以説中國古人的財産關係和人身關係在相當程度上是依靠契約得以維繫的，契約是古人的一種生活方式，它爲個體追求理想生活提供了約束和保障機制，是傳統社會秩序得以存在和維繫的制度根源之一。保留至今的契約文本數量極大，考慮到契約形式上具有較大相似性，因而操作上盡量做到唐以前的契約能收則收，唐代的選收，宋元的盡量全收，明清選收。選收的標准爲紅契白契兼顧，各種類型，如買賣、借貸、租賃等兼顧，地域兼顧等。

第五，案例與判牘。案例是真實發生之案件，其中涉及的糾紛許多是民事的，它不僅從司法層面反映了公權對待私權的態度，同時也反映了各種主體之間對利益的博弈過程。在傳統民事立法闕如、民事法制較難復原的前提下，透過判例亦可以在一定程度上起到倒推民事法制的效果。與此同理，歷代編輯的「書判集」以及充盈於士大夫文集中的「判牘」也都是珍貴的民法史料。本書所收録的判牘包括真實判牘和模擬判牘，如唐白居易所著之白判等，操作上采取宋以前的盡量全收，宋以後的選收。此外，晚近發現或整理的一些清代民商事訴訟檔案，如巴縣司法檔案、南部司法檔案、寶坻司法檔案等，本書也適當地收録了若干條作爲補充。

第六，人物與事例。與判例相似的還有典型人物和事例。出於推行主流價值觀和維繫社會秩序之需要，歷代的正史、方誌、族譜、文人筆記和日記中都或多或少地精選了一些被主流文化所推崇的典型人物及事例，或白描，或夾述夾議，向民衆傳遞個體在處理諸如身份、名譽和財産關係時所應秉持的態度和作法，引導和塑造主流文化所希望的民事生活。這些典型人物及事例對普通民衆的言行有着潛移默化的影響，更有甚者，某些事例和人物還成了一些地方官員處理民事糾紛時的法理依據。對於這類資料本書亦做了必要的收録。

第七，言論及學説。傳統中國，出於治國理政、社會管理和和諧家族之需要，思想家、政治家、法律家、文學家以及文人士大夫等社會各界人士就民事生活方面撰寫或發表了數量極爲可觀的言論及著述，充斥於各類文獻之中，如經、史、子、集、官箴書、家訓、甚至訟師秘本之中。儘管這些言論及著述充滿了道德上的説教，但其對現實民事行爲和民事法制産生的影響則不容低估。由於這些言論和學説之間因襲疊加，關係錯綜複雜，選擇上盡量做到兼顧。

第八，文學作品。文以載道是中國正統文人一直固守的書寫宗旨，因而，在傳統中國文學作品不僅具有審美的功效，還是治國、資政、理家的重要工具，此外，就内容而言，與其他類型的資料相比，廣泛流行於民間的戲曲、小説等藝術作品中對民事法律制度的描寫和記載也最爲細致和全面。作爲雜録，本書對詩歌、民謡、戲曲和小説中的相關資料也收録了若干，或拾遺補缺，或對其他資料進行必要的佐證。

四、編纂體例

根據《中華大典》工作委員會尊重歷史，從現有資料出發的要求，同時爲了做到古今中外兼顧，經反復斟酌，最後決定將《民法分典》的體例分爲「通則」、「身份法」和「財産法」三個總部。「通則」總部下設「民事法律原則」和「民事關係組織」兩個部及十個分部。「身份法」總部下設「身份類別」、「婚姻」、「家族」、「繼承」和「身份糾紛」五個部十六個分部。「財産法」總部下設「財産分類」、「財産取得」、「財産流轉」、「財産權利」、「財産保護」和「財産糾紛」六個部二十一個分部。總計十三個部四十七個分部。

自《民法分典》編纂啓動以來，有關《民法分典》的體例，即總部的設計，曾經提出若干個方案，如將整個分典分爲「總則」、「物權」、「債權」、「親屬」、「繼承」、「侵權」等總部，目前的這一體例是在《民法分典》編纂工作重新啓動後確立的。之所以如此，緣於這一體例更容易對中國傳統的資料進行處理，也宜於體現中國傳統民事法律制度的特徵。當然，這一體例也在一定程度上反映了到目前爲止筆者對中國傳統民事法律制度的認識。現行的「通則總部」中民事主體部分並不完整，只有「民事關係組織」，而没有自然人，之所以如此是考慮到如果非要仿傚現代民法再設自然人分部的話，不但會與「身份法總部」中「身份類別分部」的一些内容相互重複，同時還會使問題更趨複雜；將「繼承分部」放在「身份法總部」之下，而没有放在「財産法總部」之下，或是再細分爲「承户」和「析産」兩個分部並分別放置於「身份法總部」和「財産法總部」之下，是基於這樣的考慮：在傳統中國繼承中固然包含有財産，是財産取得的一種方式，但這裏的財産關係變化歸根結底是由於身份關係而導致的，此外，單純的承户資料也相對較少；另，在「身份法」和「財産法」總部之下分別設立一個「糾紛分部」，是爲了從司法的層面再現中國傳統社會民事生活的複雜面相。

與任何其他的體例一樣，這一體例自然也存在着可以商榷的地方。

按照《中華大典》的緯目設計，《民法分典》的資料基本上歸於論説、綜述、紀事、雜録的緯目之中，只有極少量的納入圖表之下。各條資料抬頭標識，在遵循《中華大典》編纂通則的前提下，參考其他已經出版的分典進行了必要的簡化。第一，考慮到本書所引用資料的作者、時代、版本等信息均可以在書後所附的引用書目中查到，因而凡出自於二十四史、十三經注疏和歷代律典等反復使用書目的資料一律不在抬頭中註明時代和作者信息；第二，凡合集、詩集，如《名公書判清明集》不單獨註明每條書判的作者，只註明收集人或編者；第三，所有條目只註明書名、卷次和篇名三級。

至於同一緯目下的資料編排順序，第一，嚴格按照成書的時間先後來排序；第二，成書年代不詳的，以作者或編者的卒年爲准；第三，十三經注疏本以疏者的生存年代爲准；第四，現代人整理的古籍文獻，如《敦煌吐魯番文書》等參照材料内容所反映的時代框定時間；第五，凡合集以編者的生存時間爲准等。

五、工作過程

《法律典·民法分典》的編纂工作始於上個世紀九十年代，由西北政法大學楊永華教授、烟臺大學孔慶明教授兩位法史學界的前輩總領其事。按照當時《法律典》編委會的統一分工进行工作。但工作開展一段時間後，由於出版社的更换和資金短缺等原因，工作被迫停頓。數年後楊永華、孔慶明兩位前輩因年齡和身體等原因相繼退出，原有的工作機構隨之解散，更爲遺憾的是搜集的資料伴隨着時間的流失也全都散佚。

二零一二年，承蒙《法律典》總主編張晋藩先生的欽點，我和西南大學的周安平教授接手該項工作。接手工作後，我和周安平教授做了明確分工，由我負責確定體例、資料搜集、篩選、點校和編排，周安平先生負責出版事宜。二零一三年春夏交替之際，在重搭班子另起爐竈之後編纂工作重新啓動。

由我負責的工作分爲六個階段：一是確定體例。在充分聽取《法律典》總主編張晋藩先生的意見後由我起草了《民法分典》新的編纂體例，在此基礎上《民法分典》編委會的成員多次開會進行討論，其間還與南開大學法學院的民法學者、華中科技大學的俞江、中國社會科學院法學研究所的張生等教授進行過溝通，最終確立了現在這一體例。二是資料搜集。該階段共動用了津、京、晋三地十多所高等院校和天津社會科學院法學所的數十位法律史工作者，絕大多數爲國内法史學界術有專攻、學有專長的中青年學者，再附之十數位南開大學法律史專業的博士和碩士研究生。參加人員按照朝代分成若干小組，指定一人負責。每人分包若干本書籍，按照《中華大典》工作委員會對所選資料的要求進行搜集，如有争議或不清晰的問題由小組負責人决定。經過八個多月的緊張工作，從各種文獻中彙成近六百萬字的資料，爲《民法分典》的編纂奠定了良好的基礎。需要指出的是南開大學圖書館館藏的各種電子數據庫和楊一凡先生主編的各種法律文獻彙編爲資料的搜集提供了極大地便利。三是對搜集的資料認真審核及篩選。從津門參加者中挑選出十餘人分成幾個小組，每組負責兩到三個朝代，利用二零一四年寒假時間集中對所搜集的資料進行審核，將版本來源不清楚，資料不完整，題頭信息不符合要求以及内容重複的全部割愛。同時，組織力量對審核中發現有遺漏的重要書目進行適當補充搜集。另根據審核的結果對編纂體例進行了必要的調整。四是組織南開大學歷史學和文獻學專業的博士生對少數没有點校的資料進行點校。五是分類編排。每位副主編負責一個總部進行編排。編排中對擬使用的資料再次進行了篩選和補充完善，如有争議，集體討論决定取捨以及分類標准。六是依據事先制定的校改規範，利用一校的機會對資料進行認真校對，並做了最後一次必要的補充、調整和删减。

《中華大典·法律典·民法分典》的編纂工作至此全部完成。如果自一九九〇年代算起，《民法分典》的編纂經歷了二十多個年頭，由三代法史學者共同完成。《民法分典》付梓在即，因深知學力不逮，不足之處在所難免，倍感誠惶誠恐，懇請海内外方家不吝賜教。

侯欣一　謹識

二〇一四年八月

總目

第三册

第一册目録

通則總部

民事法律原則部

公序良俗分部

論説

《周易・大過卦》　九二：枯楊生梯，老夫得其女妻。無不利。【略】

九五：枯楊生華，老婦得其士夫。無咎無譽。

《論語・學而第一》　子曰：弟子入則孝，出則弟，謹而信，汎愛衆，而親仁，行有餘力，則以學文。

《論語・為政第二》　孟懿子問孝，子曰：無違。樊遲御，子告之曰：孟孫問孝於我，我對曰無違。樊遲曰：何謂也。子曰：生，事之以禮；死，葬之以禮，祭之以禮。

《論語・子罕第九》　子見齊衰者，冕衣裳者與瞽者，見之，雖少，必作；過之，必趨。

《論語・顏淵第十二》　子曰：片言可以折獄者，其由也與？子路無宿諾。

子曰：聽訟，吾猶人也。必也使無訟乎！

《論語・陽貨第十七》　宰我問：三年之喪，期已久矣。君子三年不爲禮，禮必壞；三年不爲樂，樂必崩。舊穀既没，新穀既升，鑽燧改火，期可已矣。子曰：食夫稻，衣夫錦，於女安乎？曰：安。女安則爲之。夫君子之居喪，食旨不甘，聞樂不樂，居處不安，故不爲也。今女安，則爲之！宰我出，子曰：予之不仁也！子生三年，然後免於父母之懷，夫三年之喪，天下之通喪也。予也有三年之愛於其父母乎？

《墨子・兼愛下》　故兼者，聖王之道也，王公大人之所以安也，萬民衣食之所以足也。故君子莫若審兼而務行之，爲人君必惠，爲人臣必忠，爲人父必慈，爲人子必孝，爲人兄必友，爲人弟必悌。故君子莫若欲爲惠君、忠臣、慈父、孝子、友兄、悌弟，當若兼之不可不行也，此聖王之道而萬民之大利也。

《墨子・貴義》　子墨子曰：世俗之君子，視義士不若視負粟者。今有人於此，負粟息於路側，欲起而不能，君子見之，無長少貴賤，必起之。何故也？曰：義也。今爲義之君子，奉承先王之道以語之，縱不説而行，又從而非毁之。則是世俗之君子之視義士也，不若視負粟者也。

《吕氏春秋・審分覽・慎勢》　是故諸侯失位則天下亂，大夫無等則朝廷亂，妻妾不分則家室亂，適孽無别則宗族亂。慎子曰：今一兔走，百人逐之，非一兔足爲百人分也，由未定。由未定，堯且屈力，而況衆人乎？積兔滿市，行者不顧，非不欲兔也，分已定矣。分已定，人雖鄙，不爭。故治天下及國，在乎定分而已矣。

《荀子・富國》　萬物同宇而異體，無宜而有用爲人，數也。人倫並處，同求而異道，同欲而異知，生也。皆有可也，知愚同；所可異也，知愚分。埶同而知異，行私而無禍，縱欲而不窮，則民心奮而不可説也。如是，則知者未得治也，知者未得治則功名未成也，功名未成則群衆未縣也，群衆未縣則君臣未立也。無君以制臣，無上以制下，天下害生縱欲。欲惡同物，欲多而物寡，寡則必爭矣。故百技所成，所以養一人也。而能不能兼技，人不能兼官。離居不相待則窮，群而無分則爭；窮者患也，爭者過也，救患除禍，則莫若明分使群矣。强脅弱也，知懼愚也，民下違上，少陵長，不以德爲政。如是，則老弱有失養之憂，而壯者有分爭之禍矣。事業所惡也，功利所好也，職業無分，如是，則人有樹事之患，而有爭功之禍矣。男女之合，夫婦之分，婚姻娉内送逆無禮。如是，則人有失合之憂，而有爭色之禍矣。故知者爲之分也。

足國之道，節用裕民而善臧其餘。節用以禮，裕民以政。彼裕民，故多餘。

裕民則民富，民富則田肥以易，田肥以易則出實百倍。上以法取焉，而以禮節用之，餘若丘山，不時焚燒，無所臧之。夫君子奚患乎無餘？故知節用裕民，則必有仁義聖良之名，而且有富厚丘山之積矣。此無它故焉，生於節用裕民也。不知節用裕民則民貧，民貧則田瘠以穢，田瘠以穢則出實不半，上雖好取侵奪，猶將寡獲也。而或以無禮節用之，則必有貪利糾譑之名，而且有空虛窮乏之實矣。【略】

禮者，貴賤有等，長幼有差，貧富輕重皆有稱者也。故天子袾褷衣冕，諸侯玄褷衣冕，大夫裨冕，士皮弁服。德必稱位，位必稱禄，禄必稱用。由士以上則必以禮樂節之，衆庶百姓則必以法數制之。量地而立國，計利而畜民，度人力而授事，使民必勝事，事必出利，利足以生民，皆使衣食百用出入相揜，必時臧餘，謂之稱數。故自天子通於庶人，事無大小多少，由是推之。故曰：朝無幸位，民無幸生。此之謂也。經田野之税，平關市之征，省商賈之數，罕興力役，無奪農時，如是，則國富矣。夫是之謂以政裕民。

人之生，不能無群，群而無分則争，争則亂，亂則窮矣。故無分者，人之大害也；有分者，天下之本利也；而人君者，所以管分之樞要也。故美之者，是美天下之本也；安之者，是安天下之本也；貴之者，是貴天下之本也。古者先王分割而等異之也，故使或美或惡，或厚或薄，或佚或樂，或劬或勞，非特以爲淫泰夸麗之聲，將以明仁之文，通仁之順也。故爲之雕琢、刻鏤、黼黻、文章，使足以辨貴賤而已，不求其觀；爲之鍾鼓、管磬、琴瑟、竽笙，使足以辨吉凶，合歡定和而已，不求其餘；爲之宫室臺榭，使足以避燥濕，養德辨輕重而已，不求其外。《詩》曰：雕琢其章，金玉其相，亹亹我王，綱紀四方。此之謂也。

若夫重色而衣之，重味而食之，重財物而制之，合天下而君之，非特以爲淫泰也，固以爲王天下，治萬變，材萬物，養萬民，兼制天下者，爲莫若仁人之善也夫！故其知慮足以治之，其仁厚足以安之，其德音足以化之，得之則治，失之則亂。百姓誠賴其知也，故相率而爲之勞苦以務佚之，以養其知也；誠美其厚也，故爲之出死斷亡以覆救之，以養其厚也；誠美其德也，故爲之雕琢、刻鏤、黼黻、文章以藩飾之，以養其德也。故仁人在上，百姓貴之如帝，親之如父母，爲之出死斷亡而愉者，無它故焉，其所是焉誠美，其所得焉誠大，其所利焉誠多。《詩》曰：我任我輦，我車我牛，我行既集，蓋云歸哉！此之謂也。故曰：君子以德，小人以力。力者，德之役也。百姓之力，待之而後功；百姓之群，待之而後和；百姓之財，待之而後聚；百姓之埶，待之而後安；百姓之壽，待之而後長。

父子不得不親，兄弟不得不順，男女不得不歡。少者以長，老者以養。故曰：天地生之，聖人成之。此之謂也。今之世而不然：厚刀布之斂以奪之財，重田野之賦以奪之食，苛關市之征以難其事。不然而已矣，有掎挈伺詐，權謀傾覆，以相顛倒，以靡敝之，百姓曉然皆知其污漫暴亂而將大危亡也。是以臣或弑其君，下或殺其上，粥其城，倍其節，而不死其事者，無它故焉，人主自取之。《詩》曰：無言不讎，無德不報。此之謂也。

《孟子·離婁上》　淳于髡曰：男女授受不親，禮與？

孟子曰：禮也。

曰：嫂溺，則援之以手乎？

曰：嫂溺不援，是豺狼也。男女授受不親，禮也；嫂溺，援之以手者，權也。

曰：今天下溺矣，夫子之不援，何也？曰：天下溺，援之以道；嫂溺，援之以手。子欲手援天下乎？

《孟子·公孫丑上》　尊賢使能，俊傑在位，則天下之士皆悦，而願立於其朝矣；市，廛而不征，法而不廛，則天下之商皆悦，而願藏於其市矣；關，譏而不征，則天下之旅皆悦，而願出於其路矣；耕者，助而不税，則天下之農皆悦，而願耕於其野矣；廛，無夫里之布，則天下之民皆悦，而願爲之氓矣。信能行此五者，則鄰國之民仰若父母矣。率其子弟，攻其父母，自有生民以來未有能濟者也。如此，則無敵於天下。無敵於天下者，天吏也。然而不王者，未之有也。

《禮記正義》卷一《曲禮第一》　太上貴德，其次務施報。禮尚往來，往而不來，非禮也；來而不往，亦非禮也。人有禮則安，無禮則危，故曰禮者，不可不學也。夫禮者，自卑而尊人，雖負販者，必有尊也，而況富貴乎！富貴而知好禮，則不驕不淫；貧賤而知好禮，則志不懾。【略】

謀於長者，必操几杖以從之。長者問，不辭讓而對，非禮也。凡爲人子之禮，冬温而夏清，昏定而晨省。

夫爲人子者，三賜不及車馬，故州閭鄉黨稱其孝也，兄弟親戚稱其慈也，僚友稱其弟也，執友稱其仁也，交游稱其信也。見父之執，不謂之進不敢進，不謂之退不敢退，不問不敢對，此孝子之行也。

夫爲人子者，出必告，反必面。所游必有常，所習必有業。恒言不稱老。年長以倍，則父事之。十年以長，則兄事之。五年以長，則肩隨之。羣居五人，則長者必異席。

爲人子者，居不主奥，坐不中席，行不中道，立不中門。食饗不爲槩，祭祀不爲尸。聽於無聲，視於無形。不登高，不臨深，不苟訾，不苟笑。

孝子不服闇，不登危，懼辱親也。父母存，不許友以死，不有私財。

爲人子者，父母存，冠衣不純素。孤子當室，冠衣不純采。

幼子常視毋誑。童子不衣裘裳。立必正方，不傾聽。長者與之提攜，則兩手奉長者之手。負劍辟咡詔之，則掩口而對。

《禮記正義》卷六《檀弓上》 鄰有喪，春不相；里有殯，不巷歌。喪冠不緌。

《周禮注疏》卷二《天官冢宰・大宰》 〔大宰之職〕以八則治都鄙：一曰祭祀，以馭其神；二曰灋則，以馭其官；三曰廢置，以馭其吏；四曰禄位，以馭其士；五曰賦貢，以馭其用；六曰禮俗，以馭其民；七曰刑賞，以馭其威；八曰田役，以馭其衆。**【略】** 以八統詔王馭萬民：一曰親親，二曰敬故，三曰進賢，四曰使能，五曰保庸，六曰尊貴，七曰達吏，八曰禮賓。

《周禮注疏》卷一〇《地官司徒・大司徒》 以保息六養萬民：一曰慈幼，二曰養老，三曰振窮，四曰恤貧，五曰寬疾，六曰安富。保息，謂安之使蕃息也。慈幼，謂愛幼少也。産子三人與之母，二人與之餼，十四以下不從征。養老，七十養於鄉，五十異粻之屬。振窮，抍捄天民之窮者也。窮者有四，曰矜、曰寡、曰孤、曰獨。恤貧，貧無財業稟貸之。寬疾，若今癃不可事，不筭卒，可事者半之也。安富，平其繇役，不專取。

釋曰：云産子三人與之母，二人與之餼，皆是《越語》。范蠡欲速報吴，爲此權禮，使國民衆多，故令國人壯者無取老婦，老者無取壯妻。女子十七不嫁，父母有罪；丈夫二十不娶，亦罪其父母。生丈夫，二壺酒，一犬，生女子，二壺酒，一豚。生三人，公與之母，生二人，與之餼。引之者，見其愛幼少之法，不必盡如其禮。

以鄉八刑糾萬民：一曰不孝之刑，二曰不睦之刑，三曰不婣之刑，四曰不弟之刑，五曰不任之刑，六曰不恤之刑，七曰造言之刑，八曰亂民之刑。云一曰不孝之刑者，有不孝於父母者則刑之。《孝經》不孝不在三千者，深塞逆源，此乃禮之通教。兼戒凡品，故不孝有刑也。二曰不睦之刑者，不相親睦亦刑之。三曰不婣之刑者，不親於外親亦刑之。四曰不弟之刑者，謂不敬師長亦刑之。五曰不任之刑者，謂不信任於朋友亦刑之。六曰不恤之刑者，謂見災危而不憂恤亦刑之。七曰造言之刑者，有造浮僞之言者亦刑之。八曰亂民之刑者，謂執左道亂政則刑之。

《逸周書・文傳解第二十五》 山林非時，不升斤斧，以成草木之長，川澤非時，不入網罟，以成魚鱉之長。不鹿弭不卵，以成鳥獸之長，畋漁以時，童不夭胎，馬不馳騖，土不失宜。土可犯材，可蓄潤濕，不穀樹之竹葦莞蒲，礫石不可穀，樹之葛木，以爲絺綌，以爲材用。

《逸周書・大聚解第四十》 且聞禹之禁，春三月，山林不登斧，以成草木之長；三月遄不入網罟，以成魚鱉之長。且以並農力執，成男女之功。夫然則有生而不失其宜，萬物不失其性，人不失七事，天不失其時，以成萬財。既成，放此爲人。此謂正德。

《逸周書・周月解第五十一》 惟一月，既南至，昏昴見，日短件，基踐長，微陽動于黄泉，陰降慘於萬物。是月，斗柄建子，始昏北指，陽氣虧，草木萌蕩。日月俱起于牽牛之初，右回而行月，周天進一次，而與日合宿。日行月一次，而周天曆舍於十有二辰，終則複始，是謂日月權輿。周正歲首，數起于時，一而成於十次，一爲首，其義則然。凡四時成歲，有春夏秋冬，各有孟仲季以名，十有二月，中氣以著時。應春三月中氣，驚蟄、春分、清明。夏三月中氣，小滿、夏至、大暑；秋三月中氣，處暑、秋分、霜降；冬三月中氣，小雪、冬至、大寒。閏無中氣，指兩辰之間。萬物春生夏長，秋收、冬藏。天地之正，四時之極，不易之道。夏數得天，百王所同。

（晋）常璩《華陽國志》卷三《蜀志》 家有鹽銅之利，户専山川之材，居給人足，以富相尚。故工商致結駟連騎，豪族服王侯美衣，娶嫁設太牢之厨饍，歸女有百兩之徒車，送葬必高墳瓦椁，祭奠而羊豕夕牲，贈襚兼加，赗賻過禮，此其所失。

《春秋左傳正義・文公元年》 先王之正時也，履端於始，舉正於中，歸餘於終。履端於始，序則不愆；舉正於中，民則不惑；歸餘於終，事則不悖。

《舊唐書》卷九六《姚崇傳》 夫釋迦之本法，爲蒼生之大弊，汝等各宜警策，正法在心，勿效兒女子曹，終身不悟也。吾亡後必不得爲此弊法。若未能全依正道，須順俗情，從初七至終七，任設七僧齋。若隨齋須布施，宜以吾緣身衣物充，不得輒用餘財，爲無益之枉事，亦不得妄出私物，徇追福之虛談。

（宋）呂大鈞《呂氏鄉約・德業相勸》 德謂見善必行，聞過必改，能治其身，能治其家，能事父兄，能教子弟，能御僮僕，能事長上，能睦親故，能擇交游，能守廉介，能廣施惠，能受寄託，能救患難，能規過失，能爲人謀，能爲衆集事，能解鬬争，能決是非，能興利除害，能居官舉職。凡有一善爲衆所推者，皆書于籍，以爲善行。業謂居家，則事父兄，教子弟，待妻妾。在外則事長上，接朋友，教後生，御僮僕。至於讀書、治田、營家、濟物，好禮、樂、射、御、書、數之類，皆可爲之，非此之類，皆爲無益。

（宋）陳襄《州縣提綱》卷一《防私覿之欺》 凡醫術游謁之士，固不能絶其謁見。然謁見之數，不能亡嫌，間有私覿者，必接於公廳。蓋十目所視，可防其妄以關節欺人。頃年嘗覩一術士，受賂於袖，詐言以與官入傍，則令所賂之人遠觀，彼見其接之私室。

（宋）蘇轍《欒城應詔集》卷九《進策五道・第三道》 臣聞聖人將有以奪之，必有以予之；將有以正之，必有以柔之。納之於正，而無傷其心；去其邪僻，而無絶其不忍之意。有所矯拂天下，大變其俗，而天下不知其爲。其變也，釋然而順，油然而化，無所齟齬，而天下遂至於大正矣。

蓋天下之民，邪淫不法，紛亂而至於不可告語者，非今世而然也。夫古者三代之民，耕田而後食其粟，蠶繅而後衣其帛。欲享其利，而勤其力；欲獲其報，而厚其施；欲求其父子之親，則盡心於慈孝之道；欲求兄弟之和，則致力於長悌之節；欲求夫婦之相安，朋友之相信，亦莫不務其所以致之之術。故民各治其生，無望於僥倖之福，而力行於可信之事。凡其所以養生求福之道，如此其精也。至其不幸而死，其親戚子弟又爲之死喪祭祀、歲時伏臘之制，所以報其先祖之恩、而安卹孝子之意者，甚具而有法。籩豆簠簋飲食酒醴之薦，大者於廟，而小者於寢，薦新時祭，春秋不闕。故民終三年之憂，而又有終身不絶之恩愛，慘然若其父祖之居於其前而享其報也。

至於後世則不然，民怠於自修，而其所以養生求福之道，皆歸於鬼神冥寞之間，不知先王喪紀祭祀之禮，而其所以追養其先祖之意，皆入於佛老虛誕之說。是以四夷之教，交於中國，縱横放肆，其尊貴富盛，擬於王者，而其徒黨遍於天下。其宫室、棟宇、衣服、飲食常侈於天下之民，而中國之人、明哲禮義之士，亦未嘗以爲怪，幸而其間有疑怪不信之心，則又安視而不能去。此其故何也？彼能執天下養生報死之權，而吾無以當之，是以若此不可制也。

蓋天下之君子嘗欲去之，而亦既去矣；去之不久，而還復其故。其根之入於民者甚深，而其道之悦於民者甚佞。世之君子未有以解其所以入而易其所以悦，是以終不能服天下之意。天下之民以爲養生報死皆出於此，吾未有以易之而遂絶其教，欲納之於正而傷其心，欲去其邪僻而絶其不忍之意，故民之從之也甚難。聞之曰：川竭而谷虛，丘夷而淵實。作乎此者，必有以動乎彼也。夫天下之民，非有所悦乎佛老之道，而悦乎養生報死之術。今能使之得其所以悦之實，而去其所悦之名，則天下何病而不從？

蓋先王之教民，養生有方，而報死有禮。凡國之賞罰黜陟，各當其處；貧富貴賤，皆出於其人之所當然。力田而多收，畏法而無罪；行立而名聲發，德成而爵禄全。天下之人，皆知其所以獲福之因，故無惑於鬼神。而其祭祀之禮，所以仁其祖宗而慰其子孫之意者，非有鹵莽不詳之意也。故孝子慈孫有所歸心，而無事於佛老。臣愚以爲嚴賞罰，敕官吏，明好惡，慎取予，不赦有罪，使佛老之福不得苟且而惑其生；因天下之爵秩，建宗廟，嚴祭祀，立尸祝，有以塞人子之意，使佛老之報不得乘隙而制其死。蓋漢唐之際嘗有行此者矣，而佛老之說未去。嘗有去者矣，而賞罰不詳，祭祀不謹，是以其道牢固而不可去，既去而復反其舊。

今者國家幸而欲減損其徒，日朘月削，將至於亡。然臣愚恐天下尚猶有不忍之心，天下有不忍之心，則其勢不可以久去。故臣欲奪之而有以予之，正之而有以柔之，使天下無憾於見奪，而日安其新。此聖人所以變天下之術歟！

（宋）袁采《袁氏世範》卷三《治家·鄰里貴和同》 人有小兒，須常戒約，莫令與鄰里損折果木之屬。人養牛羊，須常看守，莫令與鄰里踏踐山地六種之屬。人養雞鴨，須常照管，莫令與鄰里損啄菜茹六種之屬。有産業之家，又須各自勤謹，填坐山林，欲聚叢長茂蔭映，須高其墻圍，令人不得踰越。園圃種植菜茹六種，及有時果去處，嚴其籬圍，不通人往來，則亦不至臨時責怪他人也。

（宋）袁采《袁氏世範》卷三《治家·睦鄰里以防不虞》 居宅不可無鄰家，慮有火燭，無人救應。宅之四圍，如無溪流，當爲池井，慮有火燭，無水救應。又須平時撫恤鄰里，有恩義。有士大夫平時多以官勢殘虐鄰里，一日爲讎人刃其家，火其屋宅，鄰居更相戒曰：若救火，火熄之後，非惟無功，彼更訟我，以爲盗取他家財物，則獄訟未知了期。若不救火，不過杖一百而已。鄰里甘受杖而坐視其大廈爲煨燼，生生之具無遺，此其平時暴虐之效也。

（宋）周去非《嶺外代答》卷三《惰農》 深廣，曠土彌望，田家所耕，百之一爾。必水泉冬夏常注之地，然後爲田。苟膚寸高仰，共棄而不顧。其耕也，僅取破塊，不復深易。乃就田點種，更不移秧。既種之後，旱不求水，澇不疏决，既無糞壤，又不耔耘，一任於天。既穫，則束手坐食以卒歲。其妻乃負販以贍之，己則抱子嬉游，慵惰莫甚焉。彼廣人皆半羸長病，一日力作，明日必病，或至死耳。

（宋）朱熹《朱子全書·家禮》卷二《冠禮》 男子年十五至二十，皆可冠。司馬公曰：古者二十而冠，所以責成人之禮，蓋將責爲人子，爲人弟，爲人臣，爲人少者之行於其人，故其禮不可以不重也。近世以來，人情輕薄，過十歲而總角者，少矣。彼責以四者之行，豈知之哉？往往自幼至長，愚騃若一，由不知成人之道故也。今雖未能遽革，且自十五以上俟其能通《孝經》、《論語》，粗知禮義然後冠之，其亦可也。必父母無期以上喪，始可行之。大功未葬，亦不可行。

（宋）陸游《放翁家訓》 訴訟一事，最當謹始。使官司公明可恃，尚不當爲，況官行關節，吏取貨賄。或官司雖無心，而其人天資闇弱，爲吏所使，亦何所不至，有是而後悔之，固無及矣。況鄰里閒所訟，不過侵占地界，逋欠錢物，及凶悖陵犯耳。姑徐徐諭之，勿遽興訟也。若能置而不較尤善。李參政漢老作其叔父成季墓誌云：居鄉則以困畏不若人爲哲。真達識也。

（宋）桂萬榮《棠陰比事》卷下《處效鄧賢》 沈括《筆談》云：江南人好訟，有一書名《鄧思賢》，皆訟牒法也。其始則教以侮文，侮文不可得，則欺誣以取之；欺誣不可得，則求其罪以劫之。

（元）王惲《秋澗集》卷三五《上世祖皇帝論時政疏》 二曰定制度以抑奢僭。夫制度者，明尊卑、别貴賤，法天道而立人極也。故古者衣服、飲食、輿馬、屋廬皆有恒制，至於庶人僕妾，其禁尤嚴，惟在君人者制節謹度，率先化下爲務。何則？上之動静爲人勞逸之本，上之奢儉爲人富貧之源，可不鑒哉！欽惟皇帝陛下臨御以來，躬先儉素，思復淳風，如輕紵衣而貴紬絁，去金飾而樸鞍履，至衣服等物銷織鍍呀之類，一切禁止，以奉行漸遠，不無弛緩。今也臣民衣服踰於公侯，婦女衣着無分貴賤，以致聘財過於卿相，男女不能婚姻，正以用之無制，僭越暴殄，有不能供億者。故物價不得不踴而貴，錢幣不得不虛而輕，上下困弊，日甚一日。假若巨室之家，親屬、奴隸，衣服一切自有等差，若例而一之，寧不困乏？臣愚以爲宜一切定奪，大行禁止，使民志定而不少僭越。用既有度，物自豐饒，恐亦實楮幣、殺物價之一端也。

（明）陳謨《海桑集》卷四《敬輿説》 余聞風不厚不能負大翼，水不厚不能負大舟。君子之學不厚，不能舉大德。善脩德者，莫如勤禮；善勤禮者，莫如盡敬。昔者夫子教顔淵克己必曰復禮，語仲由爲國必曰以禮。由也而達此則可幾堯舜氣象，回也力能任之，則其效至於一日天下歸仁。此脩德者莫如勤禮也。昔者北宮文子見令尹圍不能敬其威儀，以爲無威儀者，不可以在人上。令尹其將不免。成肅公受脤于社，不敬。劉康公以爲人受天地之中以生，能者養之以福，不能者敗以取禍，而有以知成子之必不反也。此勤禮者莫如盡敬也。故子思子之言曰：敦厚以崇禮。而内史過則曰：禮，國之幹也。敬，禮之輿也。余宗弟厚字崇禮，既取子思子之意以自命。而其友生又取内史過之語，勉而進之，别字曰敬輿。今受命襄陽，界行來徵，余説子謂勤禮盡敬，皆非敦厚者不能。子既允知之矣。然敬其本也，人知敬者禮之所以立，而豈知敬者禮之興哉！大抵人能弘道，道不能弘人。凡三千三百之目所以爲天理之節，文人事之儀則者，苟無其敬，禮不虛行，故興者所以載禮而行之者也。崇禮資稟冲粹而持之以謙，才識優長而充之以學，不惟敦厚於禮，抑且敦厚於敬，其爲興也大矣，其能舉德也信矣。繼今以往，進顯要而大用於時，所以定親疎而決嫌疑，明是非而別同異。下而分争辨訟，教訓正俗；上而班朝治軍，蒞官行法；大而禱祠祭祀，供給鬼神，孰有一不本於禮者乎？孰有一不由敬載而行之者乎？子勉之，子勉之。

（明）邱濬《重編瓊臺藁》卷一五《厚俗》 吾鄉風俗自昔淳，依稀太古之遺民。海邊鄒魯敢自謂，江西道院未足云。一自坡仙謫儋耳，衣冠禮樂班班起。齊民不習城旦書，士夫動用文公禮。問道今來頗殊昨，正賴老成敦鄙薄。邦人翹首望公來，人生無如歸田樂。

（明）夏良勝《東洲初稿》卷七《郡志略·風俗》 叙曰：凡言俗必曰風者，何風物之善入者也，是故取之巽。巽，順也，順斯入矣。君子之德似焉。吾邦性近輕揚，故俗難於儉率，而易於奢變，物未敝而棄，人循舊而訾者，亦既有也。禮曰：國奢示之以儉，國儉示之以禮，其在君子乎？

（明）夏良勝《東洲初稿》卷七《郡志略·風俗議》 按圭峯曰：天下當無事，三縣之民不出封疆，而食其土之入以傲乎南城之逐逐於外者。雖然，南城之商，亦傲之曰：吾纆數鏹，傾困倒廩無後已。屬者商虧折閱，農困徵輸，才脱場圃，已忘晨炊，終歲勤動而無擔石之餘矣。男任勞，女事逸，習爲故常。《隋志》所謂暴面市廛，競分銖以給其夫者，無有也。供饁餉則有之，耘耰車灌，率與男子同事者，無有也。然亦事紡績以衣其夫，故有夜浣紗而旦成布者。天順景泰以前，男子窄簷高帽，衣腰中裾，幅周身袖，曲肱而已，婦女平髻衫制古朴婚會以長衣。若今女袍。成化間，男飾或蓮子帽、桃尖帽、平頂帽，寬衣大袖或腰及於膝，或近於胷，咸非中制。近時稍稍復古，而侈婦飾，僭擬妃嬪娼優，隸卒之婦，亦有黄金横帶者。俗之敝也，斯爲甚。先時燕會果殽用大器，多不過五品，謂之聚盤，後用小盤至數十品，謂之簇盤。近時仿京師雜陳奇品，亦既汰矣。噫！飲食之變，可以觀俗也。吉凶多沿俗禮，冠不備三加，婚不親迎，喪事尚佛老，尤泥堪輿。家學祭禮久廢，墓祭之外無聞焉。士夫家，間行古禮，閭里亦多慕之。然循習既久，未能悉變也。

（明）何瑭《柏齋集》卷一《風俗奢僭》 《易》稱節以制度不傷財、不害民，又稱履以辨上下、定民志。蓋用度奢侈，則民財必傷。上下不辨，則民志不定。此蓋必然之理，而爲治者所當念也。仰惟我太祖高皇帝於開國之初，凡官民房屋、衣服、器皿之類，即定有制度。上得兼下，下不得僭上，違者各治以罪。其居處僭上用者，至處死籍没。立法之意，蓋甚嚴矣。彼時百姓初脱亂離之苦，凡百用度取給而止，奢僭甚少。中間奢僭犯禮者不過二三豪家，聖祖已嚴爲禁約。如此自國初至今百六十年，承平既久，風俗日侈。起自貴近之臣，延及富豪之民，一切皆以奢侈相尚。一宫室臺榭之費，至用銀數百兩。一衣服燕享之費，至用銀數十兩。車馬器用務極華靡。財有餘者，以此相誇。財不足者，亦相倣效。上下之分，蕩然不知。風俗既成，民心迷惑。至使閭巷貧民，習見奢僭婚姻喪塟之儀，燕會賻贈之禮，畏懼親友譏笑，亦竭力營辦，甚稱貸爲之。官府習於見聞，通無禁約。間有一二賢明之官，欲行禁約，議者多謂奢僭之人自費其財，無害於治，反譏禁者不達人情。一齊衆楚法豈能行？殊不知風俗奢僭不止耗民之財，且可亂民之志。蓋風俗既以奢僭相誇，則官吏俸禄之所入，小民農商之所獲，各亦不多，豈能足用？故官吏則務爲貪饕，小民則務爲欺奪，由是推之，則奢僭一事實生衆弊，蓋耗民財之根本也。臣愚以爲風俗既壞，非嚴爲禁治，則弊不可革。宜令禮部查照祖宗舊制再行申明。如婚姻、喪塟、禮物、粧奩、祭祀、燕飲之類，舊制未備者，亦各定爲制度。其僧道、死喪、追薦、災禍、祈禳之類，或通行禁止，或令比照祭祀制度而行。制度既定，通行天下刻榜禁約。犯者除問罪外，俱將其違法之物没官。如飲食諸物不可没官者，則照依所費罰之，以十分爲率，俱以三分給告人充賞，七分備賑及補助貧民。糧差拖欠之用，再犯倍罰，三犯不分官民俱遷徙化外。如該管官員承告官民奢僭事情有不與受理，及雖與受理不照例罰治者，俱依制書有違問罪。通不管理者，即以不職罷黜。蓋出令在君，承君之令，而致之民在臣。臣既不奉行君令，不職甚矣，不罷黜何疑。或謂告人給賞，則起告訐之風，犯人罰没或爲貪官之地，皆非治體，難以施行。臣竊以爲令貴必行，禁貴必止，令之不行，禁之不止，雖堯舜不能爲治。緣官民奢僭，該管官員必須見知，方可罰治。若告人無賞，則人皆謂奢僭者自費其財，於我無損，出名告舉徒結讎怨，於我何益。下人既不告舉，上官何由見知。欲令行而禁止難矣。聖祖於除奸革弊皆賞告人，蓋爲此也。至於將違法之物没官，及物之不可没官者，照所費罰銀備賑，或補貧民糧差拖欠，則損有餘而補不足者，無所不可。若官吏侵欺，自有正法，柰何預爲計慮，遂將禁治奢僭之良法格而不行哉？臣又聞京師四方之極，君身萬化之源，故化行自上，法行自近。伏望皇上敦行節儉，爲天下先。嚴戒内外官員，節用惜福不許過爲奢僭，以壞風俗，違者聽科道糾舉，一體罰治。如此則民財不耗，民志不惑，而國家以禮教民之治庶可成矣。

（明）劉麟《清惠集》卷一一《禮俗相交》　一曰稱謂。閭中稱人如對面，然對面有不可者，背後不以稱謂。此雖細微，最可觀德，亦以示後生。二曰行輩。遇同社父兄，以事父兄之禮事之，見其子弟，以待子弟之禮待之，至童僕亦然。於此少存長厚風度，通家之誼，由此而篤。不矜己以凌分，不降顔以掠美，有賢不肖者不在此限。三曰燕飲。有故，前三日具啓，或躬請，或遣子弟童僕往請，至日再速宿滌器皿，辦蔬菓魚肉，務令精潔，不尚豐竒或吹笛鳴鼓，不用粧戲喧譁，雅澹禮飲成歡乃罷。赴飲亦然。但翌日遣謝，燕集之日，言動衣冠足示儀，勸不恣飲，啜自同常。人同社有燕與會期相逼，則併爲之，有不可併者，另爲之。四曰慶弔。同社有吉事則慶之有儀物，有凶事則弔之亦有賵賻，豐縮之宜酌於社。長有大喪，初聞往哭之，賵賻之外爲經營，及殯及葬皆往臨之，餘喪則殺其禮。若聞所知之喪，遠不能往，則遣使致奠。在至親篤友則素服再拜，哭而送之，過期則不哭。右件禮俗相交之事，同社之士，各宜遵行。

（明）葉春及《惠安政書》卷七《節用二條》　一、四民之家有千金之産者，有一金之産者，儉者以一金而有餘，奢者以千金而不足。如聘婦則虚張儀物，嫁女則多糴資粧，喪葬則金投于酒肉之池，祠醮則財赴於緇黄之壑，鬭勝則假借爲真，設酒則以無爲有，是皆不能行四禮所致也。夫四禮者，至易至簡，易知易行，不惟能反淳風，而亦可省濫費。所有四禮條件各宜遵行。違者，許人首告治罪。

一、凡一年之用，置簿開算，糧役之外，所有若干以十分均之，留三分爲水旱之備，一分爲祭祀之需，六分分十二月之用。若閏則分十三月之用，取一月合用之數，約爲三十，分日用其一。凡茶飯魚肉，賓客酒漿，子孫紙筆，束脩及奴僕等費，皆取諸其間可餘而不可盡用。至七分爲得中，不及五分爲太嗇。其所餘者，别置簿收以爲冬夏裘葛修葺墻屋、醫藥喪葬及弔喪問病時節饋遺，毋得侵過次日之用。一日侵過，無時可補，此窘匱之漸也。宜加節嗇，免致于求親舊出息通借以招耻辱。若速客置酒，當知會數而禮勤，物薄而情厚之義。酒或七行，或十行，量洪者不過十二行。果止五品，殽五品，羹三品，割胾二品。器用甆漆，雖親戚上客，一以爲準。其有過用多品者，共罰之。月吉乃屬民而讀法書，其善者，惡者，老人以木鐸徇于路，望亦如之。凡民間須要講讀夫誥律令敕諭老人手榜及見丁着業牌面，沿門輪遞，務要通曉法意。有司時加提督，每鄉每里各置木鐸，於本里内選年老或殘疾不能生理之人，或瞽目者，令小兒牽引持鐸，徇行本里，令直言叫唤孝順父母六句使衆聞之，勸其爲善，毋犯刑憲。其持鐸之人，秋成之時，本鄉本里内，衆人隨其多寡，資助糧食。臣按，京縣高皇帝時月朔尹引耆老等赴御前聽宣，諭君臣一體，誠三代之盛也。今設聖諭牌一，置于亭中，儼天顔之在上焉。城中兩啚，知縣引耆老等跪聽如儀，各都耆老，率衆行禮，兼講家禮條件。以家禮乃文皇帝所頒禮亦法也。又國朝旌善，亭榜書民之善惡，即《周禮》屬民讀法考其德行道藝而勸之，糾其過惡而戒之之意。而近行鄉約，置記善記過簿，亦此意也。今日登簿積之不已，則登于亭可不畏哉，可不勸哉？又教民榜，慮鄉村散遠，則一甲内置木鐸，一易爲傳曉以便民也。各都遠者，或一二十里可悉會乎？故以鐸傳之，不使奔赴。又榜中每月六次，今止朔望，從省也。儀節，凡會者，登名于籍，每月直月，二人自朔至望，一人直之自望至朔，一人直之至期直月。設聖諭牌于堂北，誥律案于堂南。上置誥律敕諭，老人手榜，四禮條件。撃鼓集衆者三。城中則縣官先拜。耆老率衆北向跪贊，宣聖諭。直月立聖諭東，宣畢僉曰諾，贊俯伏興五拜三叩頭，分班老人持鐸出徇於路，必司贊讀誥律，教讀二人北面，一讀大誥敕諭、每人手榜各一條，一讀令三條或五條，畧爲解諭，即撤牌位皆坐，教讀正坐稍東南向，耆老坐堂東西向，會中年、尊者坐堂西南向，餘以齒爲序。東西相向，以上爲上。教讀逐一講解四禮條件。城中則縣官正坐，耆老旁列，教讀北面講禮。於是有善者衆推之，有過者直月糾之，詢其實狀，無異詞，乃命直月書之。善即遵六諭、行四禮者，過反是。過而能改，後會改書，如無可措，不必吹毛以至忿争訟者，平之相揖而退。

（明）袁勇《寶坻政書》卷三《申請收孤老公移》　順天府通州寶坻縣，爲推廣德意，以崇養老實政事，蒙密雲兵備王副使案驗，蒙巡按御史劉憲牌備案，仰縣官吏，即將該縣見在孤老動支倉米，每名掌印官親示，給賞三斗，以示本院存恤之意，毋容經手人役尅減。先將動支米石名數，造册申報等因，蒙此遵將養濟院孤老駱敖等三十五名，各給粮三斗，另行造册，申送本道轉報外，但查得本縣孤老在養濟院者三十五人，守鋪看堤者九十人，皆係極貧、殘疾、無聊之輩，理應一併分給，未敢擅便。再照卑職十六年到任，當累歲饑荒之後，丁壯流離，老弱滿路，挨門親檢，張臣等六百六十四名有親戚可依者，責以大義，令其收養；李美等四百七十一名，手足尚强，責令鄰里收留，聽其役使；其駱敖等一百二十五名口，既無親戚可依，又無膂力可用，理應收養。而當時倉谷短少，孤老正額月糧時常缺乏，若復多收，勢必不贍。其時大水滔天，脩堤爲急，堤岸既成，犹惧隣封盗决，各庄募夫看守，卑職因選駱敖等三十五名口，照旧居院食粮，每月四斗五升；郭恭等九十名口，看守堤岸，以鋪爲家，即以衆人雇募之粮，充孤老養濟之用。本縣每月量給粮一斗五升，申蒙撫按批準遵行。迩年因淘庄等處各開溝渠，積潦通行，不復惧水，各里各鄉不肯出粮雇人守堤，其郭恭等止食縣粮一斗五升，不能自給。合無稍加優恤，將看堤孤老郭恭等九十名口，每名給粮三斗，即今倉谷現積七千有奇，較之昔年已增二十餘倍。國家積貯之意，本欲大沛仁恩，而養老尤王政所急似不爲濫。但計加給之數，每人一斗五升，每月共增粮一十三石五斗，一歲該增粮一百六十二石，月計雖少，歲計則多。查得宫女户，歷年食粮中多冒濫。《大明會典》及禮部劄付明開，止許食粮一輩。今本縣彭應和等，有人死而尚閔者，有代名而冒領者，有時逾百年，人經數世而猶支者。已該本縣逐一清查，申蒙本道禁革外，每月約省粮一十五石有奇。乞即將此米給前孤老。是粮不加費，而養贍有資也。卑縣未敢擅便，擬合申詳爲此。

《聖諭十六條附律易解》　聖諭第一條敦孝弟以重人倫

恭案這第一條聖諭即世祖六諭文所謂孝順父母、恭敬長上是也。何謂孝，盡子識是也。何謂弟，盡弟職是也。何謂倫，君臣、父子、夫婦、兄弟、朋友是也。天下之人莫不在五倫之中，故謂之人倫。敦是著實用力也。人倫雖有五，惟孝弟二者最重。人能在孝弟上著實用力，自然會忠於君、信於友、和於夫婦了，故曰敦孝弟以重人倫也。爾軍民聽得此句，須猛省身從何來，乃是父母生下來的，父母千辛萬苦養得兒子成立，須事事依順父母，種田的要盡力農畝，做生意的要用心貿易，當兵當工人的要習學武藝，克勤克儉，使父母心下歡喜。父母飲食貧苦，家何能豐美，然總要比自己喫的好些。父母衣服貧苦，家何能華備，然總要比自己穿的好些。父母有事動氣，便要下跪磕頭，求父母解釋。父母有病，不可一刻輕離左右，請醫服藥，晝夜用心服事。若不幸致於大故，衣衾棺槨，竭力備辦，不可吝惜錢財。父母的靈柩就該葬埋，入土爲安，不可聽信風水遲延暴露。至於人家媳婦不明大義者多，每每不能孝順公婆，反要挑唆丈夫，爾等不可聽信婦人之言，該苦勸他要孝順公婆。若是媳婦忤逆，就是兒子忤逆一樣了，切宜猛省。若是自己母親不在，父親繼娶，便與親母無異，《禮》曰：繼母如母。占來閔子推車、王祥卧冰皆是孝順繼母，以仰體父親之心，何嘗稍有分别。至於兄弟猶如手足，就是異母所生的也是同胞一般，不可信妻子讒言，不可信小人刁唆，不可互争産業鬭毆成訟，不可分門别户，視若仇讎。做哥哥的要愛惜諸弟，就是諸弟有不是之處，也要忍耐他。做弟的要恭順長兄，就是兄長有不是處也要尊重他。父母見你兄弟和順，心中自然快活，即死在九泉之下，魂魄亦是安的。爲人若能如此，雖愚民未嘗讀書，與讀書者何異，且高於讀書而不能孝弟者萬倍矣。若不孝不弟之罪，開列於左，毋貽後悔。

大清律例：凡子孫罵祖父母、父母及妻妾罵夫之祖父母、父母者，並絞。凡子孫毆祖父母、父母及妻妾毆夫之祖父母、父母者，皆斬，殺者，皆淩遲處死。凡子孫違犯祖父母、父母教令及奉養有缺者，杖一百。凡弟妹罵同胞兄姊者，杖一百。凡弟妹毆同胞兄姊者，杖九十，徒二年半，傷者杖一百，徒三年，折傷者流三千里，刃傷者絞，死者斬。凡居父母喪而身自嫁娶者，杖一百，居祖父母、兄喪而嫁娶者，杖八十。凡親喪惑於風水經年不葬者，杖八十。凡祖父母、父母在，子孫别立户籍，分異財産者，杖一百，若居父母喪而兄弟别籍異財者，杖八十。

恭録康熙五十二年直省老人慶祝萬壽聖節賜宴後上諭一道：

諭直省老人：帝王治天下發政施仁，未嘗不以養老尊賢爲首務，今日之會特出此意，若孝弟之意少輕，而求移風易俗，其所厚者薄矣。爾等皆是老者，比回鄉井，各曉諭鄰里，須先孝弟，儻天下皆知孝弟爲重，此誠移風易俗之本也。昨甘霖大沛，朕心歡悦，爾等無負農時，速回本地。

恭案這一道上諭乃康熙五十二年頒賜直省老人並諭令載入十六條内的，我聖祖仁皇帝久道化成，五十二年直省老人進京祝嘏，既經賜宴，復於各歸本籍之時降此諭旨，深以民間孝弟爲念，文雖不多，質直渾樸，恍如家人父子互相告誡，真是熙熙然唐虞三代氣象，迄今一百四十餘年，敬謹展讀，天語諄諄，不啻耳提面命也。恭繹聖諭之旨，孝弟的道理不僅子弟所當自盡，爲父兄的須要常常以此教訓，故於直省老人比回鄉井之時，令其各各曉諭鄉里，以成移風易俗之美。即孟子所謂人人親其親，長其長，而天下平也。末又諭以甘霖大沛無負農時，速回鄉里等語，可見食爲民天，聖心所最關切的，爾百姓誠能服田力穡，孝養父母，即是天下第一等好民，將來亦必身登大壽，享子孫孝養之福也。

聖諭第二條篤宗族以昭雍睦

恭案這第二條聖諭，即從第一條孝弟中推出來的。何謂宗，同姓共祖之人也。何謂族，古者自高祖至元孫謂之九族，其實聚族而處之人，皆謂之族。何謂雍睦，和愛相親之意也。篤是篤厚，昭是光明，言致厚於同宗聚族之人，便有一段和愛相親氣象昭明光著於外，故曰篤宗族以昭雍睦也。爾軍民聽得此句，須思量我之身是父母所生，父母之身又是祖宗一脈流傳下來的，凡今宗族之人雖有親疏，以祖宗視之，並無親疏，苟祖宗之意無親疏，我安得不致厚乎。有如我苟富貴，非是我能如此，乃祖宗積功累德之報，必如宋朝范文正公制義田義宅以厚宗人，而後我心始安。有如我苟貧賤，便當安分受命，不可見族中富貴之人心懷妒忌，甚至尋事起釁，以與族人争鬬。族中尊長必當恭敬，族中卑幼必當愛惜。族人如有喜慶，當極力爲之幫助，如有患難，當極力爲之營救。如有聰明穎異之才，當助其脩脯，使從明師益友，以成就其學業。如有伶仃惸獨之民，當謀給衣食，無使顛連困苦，以轉死於溝壑。如有癃老篤疾孤兒幼女不能生活嫁娶者，皆要與族中有力者委曲佽助，以矜恤之情已周，而不嫌過周，恩已厚而不嫌過厚，族中即有不肖之夫，亦無不革薄從忠，化而爲長厚之行。《書》曰：九族既睦。又曰：於變時雍。此等雍睦氣象豈不光著昭明，再見於今日乎。若所厚者薄而所薄者厚，斷乎未有。其律例開列于左。

大清律例：凡卑幼罵本宗兄姊緦麻，笞五十，小功六十，大功七十，尊屬各加一等。凡卑幼毆本宗兄姊緦麻，杖一百，小功六十，徒一年，大功七十，徒一年半，尊長各加一等，傷者絞，死者斬。凡罵毆期服尊長案律治罪。凡子孫盗賣祖宗祀産至五十畝者，發邊遠充軍，盗賣歷久宗祠一間以下，笞七十，三間加等罪上杖一百，徒三年。凡同姓爲婚，各杖六十，離異。凡乞養異姓義子以亂宗族者，杖六十，以子與異姓人爲嗣者，罪同，其子歸宗。凡置義田以贍宗族者，許有司官詳請旌表。其盗賣義田應照盗賣官田律，一體治罪。

（清）李漁《資治新書》卷一《刑名·訪拿訟師》 爲出巡事。照得江南人情刁險，獄訟繁興，本院巡轄所到，無在不呼冤聲屈，赴水攀輿，若真有迫切不可已之狀。及讞訊得實，非重翻已結之舊事，即巧借現前之新題，取原狀印證之，風馬牛不相及也。推原其始，都由積惡訟師鼓其刀筆之鋒，布成殺人之陣，揣摩時好，務以誣准爲能事，因而説事騙錢，一手笼絡。凡疾病死者，有不曰人命乎？錢債角口者，有不曰劫奪乎？假如兩造争勝者，必引衙蠹爲發蘗之綫；甚至真盗反噬者，必告失主爲仇陷之豪。妝點婦稚出頭，動稱孤寡，此苦肉計也；臚列利弊陳説，包藏禍心，此彌天網也。勢之所在，原非其家人而妄指爲僕；勢之所去，本屬其世奴而反吠其主。種種不良，難以枚舉。有皆出於意料人情之外者，是非雖到底分明，而原被已俱傷兩敗；彼訟棍方且優游事外，掀髯抵掌，睨視于旁。又或陰陽反復，不得於此即得於彼，而昏愚墮其術中，傾家蕩業，至于死亡而不覺悟，殊可哀也。地方凋疲，俗不長厚，皆由訟師之過惡在衙蠹之上。淮揚此風不少，相應通行拿究，爲此牌仰各推官即便密查所屬地方著名積惡訟師數名，具揭報院拿究，以儆其餘。此係江南大害之端，本院力欲清除，爲江河下一砥柱，切弗視爲淺易而忽之。

（清）趙士麟《讀書堂綵衣全集》卷四四《撫浙條約下·第三咨》

爲旗兵契券難憑等事，准貴將軍副都統移覆捐貲、代民還債。本將軍副都統戎行冷曹，何能有捐賠之力？況律文並未開載，宜照部覆依律完給，或契券有應償還、有不應償者，不難會訊等因。又爲移咨事，准貴將軍副都統移咨旗營庇棍等事，案内錢債未經照律完結，相應列單咨請示覆遵行緣由各到院，准此爲照。營債一事，本都院實軫念逐末窮民粉骨難償，故兩以捐賠咨請。而貴將軍副都統回示，以戎行冷曹捐賠無力。然本都院蒞任以來，飲冰茹檗，更爲清苦，此貴將軍副都統及杭民所深知。所云變産代賠，實出真情。今當立即遣人回滇措處，但往返二萬里行程，並措辦約須八個月方能得到期在明歲之夏。俟到另行咨請貴將軍副都統一併確查，實數代償完結，萬民感德。爲此合咨貴將軍副都統，煩請查照施行。

（清）汪輝祖《續佐治藥言》卷四《幕學舉要・錢穀》　國家於惠生民，何所不至。一遇災援，蠲租緩徵，開倉賑米，設場賑粥，其流離於外者，或酌章安插，不使有所失。立法之周，恩澤之渥如此，而無補門撥民者，所謂以官養民，則不足。以民自養，則有餘。民生於勤，平日不能務農重穀，荒其本業，則蓋藏少而生計疏，又兼吉凶賓嘉，踵事增畢，有一朝而耗終歲之需者，羅一不登，豈能自立？放救荒於未荒，其要在黜游惰禁奢靡，庶幾家有饒蓄，緩急可情。《詩》曰職思其居，職思其憂。《禮》曰國奢示儉，國儉示禮，是在父母斯民者，風示之耳。

（清）董誥《全唐文》卷九五四《邱真孫・對工商貨幣策》　問：夫貿遷化居，資貨以通，守位聚人，理財爲用。故龜貝贍於夏殷，金幣富於周漢。頃國弗崇侈，而府無盈儲，賦不加厚，而黎庶彌貧，實由貨重物輕，以臻斯弊。若有單子推權之宜，賈生斂散之術，其具陳之。

對：

臣聞哲王之統俗也，陳貨洪範，通有無之用，取市噬嗑，致交易之所。至乎九府立其法，資幣諒其宜，蓋理本救人，而輕重隨代。故周景鑄金，穆公規其實；漢文造幣，梁傅議其違。雖貫朽賁濫，而市非物輕，粱肉不匱，而家非貨重。何者？淳樸既散，澆僞成俗，惰農奪其歲功，徇利昧其日用。所以負販盈廛，分穀布野。崇朝思餐，則物不得貴，爭利因阜，則貨不得賤。故弋綈雖御國之所先，烝人乃乂邦之攸本。故賈誼慷慨陳力農之戒，仲舒殷勤明重穀之説。今宜思五土之宜，勤三時之務，教養殖人，常課田畯。重游適之賦，輕力穡之役，師李悝於魏邦，式蔡癸於漢代。用能遺穗委畝，紅粟露積，垂拱岩廊，擊壤衢巷，咏歌升平，豈不盛歟？臣學不師古，識昧政化，勉酬枉問，敢獻瞽言。

（清）羅正鈞《劬盦官書拾存》卷一《令民間婚姻錢債書寫婚書借帖懇准立案稟》　敬稟者。竊維州縣以清理詞訟爲第一義，而詞訟中莫繁於婚姻錢債等細故。其事初起雖微，而至案懸莫結所關甚鉅。查卑縣環山濱海，地狹人稠。往日民多貿易關東，藉謀衣食，自火車通行本地，無大宗出産生意，日就蕭條。家鮮蓋藏，以致詐訛之事層見疊出。一經涉訟，展轉拖延，爲累難以言狀。卑職去臘抵任以來，留心體察，每閱告期當堂親自收狀，每期多至四五十張不等，而錢債之案率居三分之二，且有歷年未經斷結者。比傳兩造訊問，原告輒執私賬爲憑，亦有并私賬而亦無者，事因錢債涉訟，所憑僅止私賬。在索債者，既得任意僞造；欠債者，自得肆口抵賴。推求其原，皆由通挪錢文不及書寫借帖之故。卑職細加詢訪，蓋撫邑舊俗皆係如此。曩日人心樸厚，家道殷實，有無相通應時歸還，誠無須書立字約。今昔情形已經判然不同，而無字約以昭信守，固無怪其轇轕繚繞，互相抵賴，以至興訟不休也。又訪聞民間婚姻向不寫立婚書，查律載男女定婚之初，均須兩家寫立婚書，依禮聘嫁。無媒妁婚書者，謂之私約，關係禮教，尤非淺鮮。凡此二端，實爲致訟之源，亟應更正。卑職悉心核酌，已往無從挽救，擬即出示曉諭，自光緒二十五年正月初一日起，期以兩月後，凡借貸必書借約，婚姻必書庚帖。兩月以後因此二事涉訟，婚姻無婚書、錢債無借約者，地方官不爲准理，以期流弊祛而訟端絶，無負憲台體恤民隱之至意。除刊刷告示徧行張帖曉諭永遠遵行外，所有卑職擬令民間婚姻錢債書寫婚書借帖，懇准立案緣由理合録同告示稟呈查核，俯賜批示立案，實爲公便。

綜述

（宋）李元弼《作邑自箴》卷六《勸諭民庶牓》 鎮市中，并外鎮步逐鄉村店舍多處，各張一本，更作小字刋板，遇有耆宿到縣給與，令廣也。

知縣勸戒民庶如後

一、耆宿常切教誨卑幼，及誘諭鄰里眷屬等，孝順父母，友愛兄弟，和睦親知，切勿躭酒賭錢，非理作事。

一、父母教訓子孫，當揀擇業次，稍有性格者，自幼便令親近好人，讀書應舉，忽爾及第，光榮一鄉，信知詩書之貴也。不能讀書便學爲農，農者，質朴悠久，治身之本也。

一、農工商販，各務勤儉，不得因循破蕩家產，上失父母甘旨，下闕妻男衣食，一失思慮，猝難拯救。

一、少長相逢，雖非親識，各存禮皃。如有後生，未甚歷事，或得耆宿苦口相勸，乃是至誠相愛，切須聽受，仍加遜謝，不得輒生嫌恨。

一、大凡娶妻，要正家道，或嫌嫁裝微薄，親家不和，婦人年高，男子年小，有亂婚姻之理。但得夫婦年齒相當，不必論緣房之多少也。

（宋）李元弼《作邑自箴》卷六《落頑惡姓名》 一、浮浪及行止不明，或憑恃頑惡，出不遜言語，欺陵街巷，非理搔擾，乞托爲活等人，仰鄰保衆共起遣出離縣界。如不伏起遣，密來告官，當議依法施行。

一、民間多作社會，俗謂之保田，蠶人口求福禳災而已，或更率斂錢物，造作器用之類，獻送寺廟。動是月十日有妨經營，其間貧下人户，多是典剥取債，方可應副。又以畏懼神明，不敢違衆，或是争氣强須入會，愚民無知求福者，未必得福，禳災者未必無災。汝輩但孝順和睦，省事長法，不作社會獻送，自然天神祐助，家道吉昌。汝若不孝不睦，非理作事，雖日日求神禱佛，亦不免災禍也。

一、夏秋税賦，并預買匹帛，及合納錢物，諸般欠負等，纔見縣司起催，切依牓上日限，便趂有物之際，送納了足。不得却將錢與户長甲頭承催之人，拖延過時，直至勾追，枉遭刑責。其合納錢物，終要輸官，何緣蠲免？

一、誤放牛馬之類，踐食田苗，或蓋屋築墻，偶侵疆界，地主未得經官陳訴，先且以理咨問犯人，犯人便須謝過陪備退還。若是不伏，便仰告官，罪必有歸。

一、凡有賊發火起，仰鄰保立便遞相叫喚，急疾救應，不須等候勾追，却致悮事。若官司點檢，或保衆首説，有不到之人，其牌子頭并地分幹當人，一例勘决。

一、鎮市鄉村有行止不明、無圖運作過之人，并開櫃坊沽賣私酒之家，仰地分幹當人，或鄰保密來告官，若或隱情因事彰露，被別保人户告發，其鄰保及幹當人的不容恕。

一、諸色行鋪，不得輒將人户寄付，並修整及染練物色之類解賣。其知情收解，承買之人亦當嚴斷。

一、有田園之人，切須時復躬親照管，明立界至耕種，及時斷賃如約，佃客誠實，須加饒潤。

一、佃户勤强便足衣食，全藉主家照顧，不得偷瞞地利，作事誠信，須曉尊卑，莫與主家争氣，邀勒主人，待要移起，被人窺見所爲，便是養家之道。

一、放債人户，切須饒潤，取債之人，輕立利息，寬約日限，即不得計套貧民，虛裝價錢，質當田產，及强牽牛畜，硬奪衣物動用之類，準折欠錢。其欠債人户，亦不得昏賴失信，須防後來闕乏，全藉債主緩急接濟。

一、凡作營運，務要久長取利，豈可便要？成立家資，切不可貨賣假僞物色，及用私斗秤尺，大收小出，剥刻貧民，却將錢財非理破使，惡積禍生，汝宜前悔。

（宋）李元弼《作邑自箴》卷九《勸諭牓》 與戒民庶牓，大率相似或不能刻版，止用佳紙精札，每鄉井寺觀張一本。

余忝命來長是邑第愧無以及民。朝廷法令明白，頒告郡縣，欲納民於厚，守今職在宣化。今採摭風俗之疵者，直書勸言，聞諸鄉黨。

一、農惰則地利薄，而衣食不足，既失思慮，致夫身爲竊盗，陷於罪辱者多矣。農者，生之本也。但勤於耕種，自然豐足，不求於人。

一、邑人修學者，少蓋有可學之材，而棄之不教也，大率愚民以經營財利爲先，不知有詩書之貴。宜擇其子弟有性格者，使之就學，爾之門第光榮可待。

一、父能教子，不能擇其業，而教之爲商販者，不如爲工巧。商販者，食其財而財有盡，工巧者，食其藝而藝無窮也。教子爲工，又不如爲農，工巧浮僞，而農專朴也。

一、所在作社會祈神禱佛，多端率歛，或爲奇巧之物貢獻寺廟，動經旬月，奔走失業，甚則傷財破産，意在求福禳災而已。因會喧競返遭刑責者，往往有之，求福未必得福，禳災未必無災，神佛正直，世乃欽重，豈利兇惡之徒供獻便增福祥，吉人不能供獻，輒貽災禍，此乃愚下之民，不經思慮，爲人瞽惑。又以衆喜成俗，爭氣相高，以不隨衆爲耻，鄉風習慣，不聞至言，終未開悟。爾輩但心行慈孝，自然享福，不作非理，便是禳災。

一、先聖有言，謹身節用，以養父母，庶人之孝也。大率愚民，不根義理，恣縱其性，懶惰則廢業，踈散則躭酒，貪奪則賭博，爭氣則鬪訟，恃强則相擊，皆不能謹身之過也。身既不謹，則費用無節，財産破散，日用不足，由此冒犯鹽酒之禁，以至屠牛鑄錢，刼掠爲事，一陷深刑，追悔何及？汝宜念父母之恩，厚重難報，謹身節用，自然家道吉昌。

一、兄弟恩義不輕，或有父母在堂已各居止，或異財。本父母既亡，則爭分而興怨，此乃不顧廉耻，貪利忘義者也。汝宜三省之。

一、小人娶妻則論財，以至於失懽，此無恩義者也。婦年長而夫幼，弗合婚姻之理，而家道不正。夫婦，家道之本，不可不正也。

一、頑民以欺詐爲心，不顧敗露之禍，冒耕田土，侵占地界，藏家財以瞞骨肉，寄産業以避差傜，撰造語言，扇摇人衆，虚裝詞訟，煩紊官方，不唯禍速其身，亦爲子孫之患，汝宜省己，以務誠實。

一、民有兇悍而好習武藝者，收藏兵器，結集殺奪，便置極刑，小或流配，父母妻子相隨滿獄，救汝不能，此常聞也，宜鑒戒之。

一、豪横兼并之家，放債倍取利息，略無猒足。又於斗秤之間，大收小出，刻剥貧民，取其膏血，以爲歌舞飲博之用。婚姻喪葬奢僭過度，惡積貫盈，災禍連至，汝宜前思，無致後悔也。

一、推玆過惡民庶，易習而難改，縣令欲教之，不能家至户到，惟汝衆耆宿委曲，諭之於鄰里親知，使祇縣令之言，無忽。

月日具位押

（宋）趙鼎《家訓筆録》　第一項　閨門之内，以孝友爲先務，平日教子孫讀書爲學，正爲此事。前人遺訓，子孫自有一書，并司馬温公《家範》，可各録一本，時時一覽，足以爲法，不待吾一一言之。

第二項　凡在士宦，以廉勤爲本。人之才性，各有短長，固難勉强，唯廉勤二字，人人可至。廉勤所以處己，和順所以接物，與人和則可以安身，可以遠害矣。

第三項　諸位中以最長一人主管家事，及收支租課等事務，願令已次人主管者聽，須衆議所同乃可。

第四項　子孫所爲不肖，敗壞家風，仰主家者集諸位子弟，堂前訓飭，俾其改過，甚者影堂前庭訓，再犯再庭訓。

第五項　歲時享祀，主家者率諸位子弟協力排辦，務要如禮，以其享祀酒食，合族破盤。

第六項　旦望酌酒獻食如平日，長幼畢集，不得懈慢。

第七項　遠忌供養飯僧追薦如平日，合族食素。

第八項　應本家田産等子子孫孫，並不許分割，自有正條，可以檢照遵守。

第九項　歲收租課，諸位計口分給，不論長幼，俱爲一等。五歲以上，給三之一，十歲以上給半，十五歲以上全給，止給骨肉。女雖嫁未離家，并壻甥並同。其妳婢奴僕，並不理口數，不在分給之限。

第十項　宅庫租課收支等，應具文歷並收支單狀，主家者與諸位最長子第一人，通行簽押，其餘非泛增損事務，亦須商議。

第十一項　甲年所收租課，乙年出糶收索，至丙年正月初，據所收之數，十分內樁留一分，約度有餘即量增。以備門户緩急，內有官人到官支住，罷官到家，仍舊支給。

第十二項　樁留錢歲終有餘，即撥入租課，歷正初混同計數，分給樁留。

第十三項　田産既不許分割，即世世爲一户，同處居住，所貴不遠墳壠。

第十四項　士宦稍達，俸入優厚，自置田産，養贍有餘，即以分給者均濟諸位之用度不足。或有餘者，然不欲立爲定式，此在人義，風何如耳！能體吾均愛子孫之心强行之，則吾爲有後矣。

第十五項　他日無使臣使喚，即於宣借内擇一二人善幹事能書算者，令主管宅庫租課等事，稍優其月給，庶或盡心。所給錢米，正初分給時撥出，或季給，或月給。

第十六項　主管宅庫人，專管宅庫應干事務，諸位不得私役及非理凌虐。

第十七項　罷官於他處寄居者，更不分給租課。

第十八項　每歲收索租課，預告報管田人，候見本宅諸位子孫同簽頭引，及主管宅庫人親身到彼，方得交付。如諸位子弟，懷私取索，即不得應副，如輒支借來年計算，本宅並無認數。

第十九項　諸位子弟不得於管田人處私取租課，如敢違者，重行戒約，及時私取錢物，於分給數内尅除外，更令倍罰。謂如私取十貫，已尅除十貫，更尅除十貫之類。

第二十項　每正初契勘當年内如有合赴官者，據闕期遠近，展一季分給，如代者補填，俟接人到，據所展日月，於椿留貼支。契勘當年有任滿者，即約度計口存留，在官者先以書報。候到家日，依舊分給，所留不即於椿留内貼支，有餘撥人椿留歷。

第二十一項　每正初合分給時，即契勘當年内諸位如有婚嫁，每分各給五百貫足，男女同。

第二十二項　增添人口，展修房户等，應有所費，並於椿留内支破，其餘些小修造，諸位自辦。

第二十三項　應婚嫁，主家者主之，有故以次人主之。除資送禮物等，已給錢諸位自行措置外，其筵會及應干費用，並於椿留内支破。主家者與本位子孫協力排辦，務要如禮。

第二十四項　非泛支用，除婚嫁資送等已有定數外，如祭祀忌日旦望等，名色不一，難爲預定，仰主家者公共商量，隨事裁處，務要合中，兩無妨闕。

第二十五項　應祭祀忌日旦望，供養之物及禮數等，吾家自祖父以來，相傳皆有則例，人人能記，不必具載，亦不必增損。

第二十六項　他日吾百年之後，除田産房廊不許分割外，應吾所有資財，依諸子法分給。諸子公自有正條。

第二十七項　三十六娘吾所鍾愛，他日吾百年之後，於紹興府租課内，撥米二百石充嫁資，仍經縣投狀，改立户名。

第二十八項　同族義居，唯是主家者持心公平，無一毫欺隱，乃可率下，不可以久遠不慎，致壞家法。

第二十九項　古今遺法，子弟固有成書，其詳不可概舉，唯是節儉一事，最爲美行，司馬温公訓儉文，人寫一本，以爲永遠之法。

第三十項　應該載不盡事件，並仰主家者公共相度，從長措置行之。

右三十項，恐太繁，更在臨時擇而行之。大應止是應田産不許分割，每歲計口分給約束，應本家所有田産，並不許分割。每歲據所入計口分給，其詳在私門規式册中，可以檢照遵守，子孫世守之，不得有違。紹興十四年九月初七日。

（宋）董煟《救荒活民書》拾遺《清江縣社倉規約》　一、所給借貴均平，亦慮失陷米本。其支借時，鄉官審問社首及甲内人，某人可借若干，衆以爲可，方可支借。其素號游手，及雖農業，而衆以爲懶惰頑慢者，亦不支貸。

一、鄉官踏逐善書寫百姓一人，不得用罷任過犯人。專充書寫簿書，如收支執槩，就差社首。遇收支日，日支飯米一㪷。

一、倉中事務，並委鄉官掌管。差使保正編排人户，驅磨簿歷，彈壓斂散，踏逐倉廒，追斷逋負之類，須官司行遣，於縣官内，擇一時可委之人，以司其事。

一、鄉官從本軍給帖及木朱記，主執行遣。

一、籍歷紙札，每歲於息内支破。

煟曰：社倉規約雖不同，使天下郡邑，皆能欽此意以行之，雖有水旱，民不困乏矣。

（宋）真德秀《西山先生真文忠公文集》卷四〇《潭州諭俗文》　太守叨蒙上恩，擢守湘土，深惟朝廷委寄之重，非特責以有司常務而已，布宣德化，導廸人心，實守臣之事。顧此邦風俗，初未詳知，今以天性人倫之大者，與夫遷善改過之方，首爲爾民告，名之曰諭俗三事。今具于後：

一、古者教民，必以孝悌爲本，其制刑亦以不孝不悌爲先。蓋人之爲人，異乎禽獸者，以其有父子之恩，長幼之義也。《詩》云：父兮生我，母兮鞠我。繼之曰：欲報之德，昊天罔極。此言父母之恩，與天同大。爲人子者，雖竭其力，未足以報也。今乃有親在而別籍異財，親老而供養多闕，親疾而救療弗力，親没而安厝弗時，不思此身，從何而有？罔極之報，當如是乎？至於兄弟天倫，古人謂之手足，以其本同一體也。今乃有以唇舌細故而致争，錐刀小利而興訟，長不卹幼，卑或陵尊，同氣之親，何忍爲此？潭湘舊俗，素稱淳厚，如前數者，未必有之。太守此來，欲以義理訓民，未免預陳勸戒，已行下州城及十二縣。自今民間有孝行純至，友愛著聞者，采訪得實，具申本州，當與優加旌賞，以爲風俗之勸。或其間有昧於禮法之人，爲不孝不悌之行，鄉里父老，其以太守之言，曲加誨諭，令其悛改。昔後漢陳元，爲母所訟，亭長仇香，親到其家，教以人倫大義，遂爲孝子。《北史》，清河之民，有兄弟争財者，郡守蘇瓊，告以難得者兄弟，易得者田宅，遂感悟息訟，同居如初。況此邦之人，本來易化，以理開曉，必無不從。若上違太守之訓言，下拒父老之忠告，則是敗常亂俗之民，王法所加，將有不容已者一陷刑戮，終身不齒，雖悔何及？爾民其思之，仍毋忽。

一、古人於宗族之恩，百世不絶，蓋服屬雖遠，本同祖宗，血脈相通，豈容間隔？至於鄰里鄉黨，雖比宗族爲踈，然其有無相資，緩急相倚，患難相救，疾病相扶，情義所關，亦爲甚重。今人於此二者，往往視以爲輕，小有忿争，輒相陵犯，詞訟一起，便爲敵讎，有一于斯，皆非美事。昔江州陳氏累世同居，聚族至七百餘口，前代常加旌表，至今稱爲義門。近者吉州孫進士，以惠施一鄉，諸司列奏，蒙恩特免文解，士夫以爲美談。江湖之間，境土相接，豈有江西之人能爲義舉，而此獨不能？今請逐處老成賢德之士，交相勸率，崇宗族之愛，厚鄰里之歡。時節往來，恩義浹洽，小小乖忤，務相涵容，不必輕啓訟端，以致結成怨隙。若能和協親族，賙濟里閭，爲衆論所推，亦當特加褒異。如其不體教訓，妄起訟争，懲一戒百，所不容已。爾民其勉之，毋忽。

一、官之與民，誼同一家，休戚利害，合相體恤。爲有司者，不當以非法擾民，爲百姓者，亦不當非理擾官。太守平時，以愛人利物爲心，不啻飢渴，視事之始，切切講求，已轉牒州縣官，各以四事自勉，而爲民除其十害。何謂四事？律己以廉，撫民以仁，存心以公，涖事以勤是也。何謂十害？斷獄不公，聽訟不審，淹延囚繫，慘酷用刑，泛濫追呼，招引告訐，重疊催税，科罰取財，縱吏下鄉，低價買物，是也。十者有無，所未詳之，萬一有之，當如拯溺救焚，不俟終日，務令田野安帖，愁歎不生。或民間有公共利病，太守所未及知，許明白具狀，前來陳述，但不許匿名實封，訐人私過。言而有理，即當詳酌以次施行，爾民亦宜體太守此心，更相勸戒。非法之事勿妄作，如豪强兇横，吞謀餐溺，姦佼詐僞，欺驅良善，教唆詞訟，計屬公事，聚衆鬬毆，開坊賭博，居停盗賊，屠宰耕牛，沽賣私酒，興販禁物。如此之類，皆係非法。無理之訟勿妄爲。如事不干己，輒説行告訐，撰裝詞類，夾帶虚實。如此者，皆是無理。或日前所爲，未免害義，若能幡然悔悟，去惡從善，如湯沃雪，舊迹都消。人誰無過，改之爲貴，周處三害，終爲名賢。父老其以此意，爲鄉閭子弟，反復解説。必若教之不悛，則國家有法，官司有刑，太守雖欲從寬不可得，爾民其幸聽之，毋忽。

右諭俗三事，開具在前，太守之於爾民，猶父兄之於子弟。爲父兄者，只欲子弟之無過，爲太守者，亦只欲爾民之無犯。故於到任之初，以誠心實意，諄諄告諭。其不識文義者，鄉曲善士，當以俗説，爲衆開陳，使之通曉。庶幾人人循理，家家畏法，田里無追呼之跡，公庭無鞭扑之聲，民情熙然，化爲樂衆，豈不美哉？故今榜示，各宜知悉。

（宋）真德秀《西山先生真文忠公文集》卷四〇《浦城諭保甲文》

古者，於鄉田同井之義甚重，出入相友，守望相助，疾病相扶持。今之里社，亦古之遺意，然今人少知此義，鄰里相視，往往皆如路人。近因官司舉行保甲，某甚以爲喜，蓋不惟可備不虞之患，亦欲因此與里社相親，漸還古意，以諸隅區處未定，故未能行。近者，官司又再催促，而各隅之人，返生疑惑者，恐其別有差使故也。某嘗聞令君與丞公之議矣。大抵保甲之行，止是隄防小竊與遺漏而已。一家有盗，不能自獲也，鄰里畢至，則其獲必矣。一家有火，不能自滅也，鄰里畢至，則其滅必矣。若夫扞禦外盗，近則有尉寨之兵，遠則有朝廷之大兵，不以責之保甲也。一家一名，特其大綱耳！貧士之無僕者，單丁之老弱者，不强之使出也。五日一點，欲見其大數耳！雖有拽隊巡警之說，未必常行也，此皆縣官本意。而外人未盡知，故有疑論，不知此法之行，實以卹民，而非擾民，特疑之者過耳！某卜居于此，倏已六年，闔邑之人，皆吾鄰里鄉黨也，思一聚會而未能。今因此遍會吾同邑之人，而力有所不及，將以此月中旬，與同社百家，修祀于本坊之社，牲牢酒醴，皆一力自備，退而分胙，則百家之人皆預，不以士農工商爲問，庶合古人崇重鄉社之意。其坐次，則別有區處。是日，當爲陳說鄰里鄉黨，相親相睦之義，及官司所以團結保甲本意，庶幾衆心曉然，無復疑惑。今先浼隅官總首，遍行告報，仍爲此文，揭之門首，庶鄰里通知焉。

（宋）真德秀《西山先生真文忠公文集》卷四〇《再守泉州勸諭文》

太守將至，郡人歡迎，自慚薄德，莫副民望。視事之始，合有教條，不憚諄諄，爲爾開說。凡爲人子，孝敬是先，其次友愛，協和兄弟。人非父母，豈有此身？父母生兒，多少艱辛，妊娠將免，九死一生，乳哺三年，飲母膏血，携持保抱，日望長成，如惜金珠，如護性命。慈烏反哺，猶知報恩，人而不孝，鳥雀不若。兄弟之愛，同氣連枝，古來取喻，名爲手足，人無兄弟，如無四肢，痛痒相關，實同一體。長當撫幼，弟當敬兄，或值急難，尤須救助。其次族屬，雖有親疎，論其源流，皆是骨肉。譬如大木，枝葉分披，本同一根，氣脉未遠，豈宜相視，便若路人。其次鄉鄰，情義亦重，忠難相扶，疾病相救，恩義往來，亦不可闕。以上四事，人道大端，凡爾良民，首當加勉。家家孝友，人人雍和，息事省爭，安分循理，得已且已，莫妄興詞。一到訟庭，終身仇敵，更相報復，無有休期，壞産破家，多由於此。語言喧競，或不能無，鄰里之間，急宜勸止，莫令交手，致有鬬傷。彼中汝拳，汝受官棒，本因小忿，近結深讎，何似始初，便從忍耐。觸來莫競，心下清涼，市井經營，雖圖利息，亦須睹是，莫太虧瞞。秤斗稱量，各務公當，大入小出，天理不容。濕米水肉，太爲人害，放債收息，量取爲宜。分數太多，貧者受苦。舉債營運，如約早還，莫待到官，然後償納。飲酒無節，少不生災，賭博不戒，多至爲盜，游手浮浪，久必困窮，勤謹服業，終是得力。太守今此，爲民復來，有大不平，當爲伸雪。有大不便，當爲蠲除。事若細微，不必相撓，於爾無益，於我徒勞。違法犯刑，最不可作。舊來有過，各許自新，教而不從，刑斯無赦。有過能改，即是善良。耆艾老成，宜推此意，誨爾子弟，及其鄉人。有違此言，衆共誚責。凡此切怛，欲曉編民。讀書爲儒，師慕聖哲，自知義理，不待鄙言，所望以身，率先閭里，一方一所，有一仁賢，以善教人，人必感動，去薄從厚，弭災召和。其始自今，永爲樂國。

《通制條格》卷四《户令·嫁賣妻妾》 至元三十一年十二月，中書省。御史臺呈：山東廉訪司申：去歲災傷，百姓饑荒，以致父子兄弟離散，質妻鬻女，不能禁止。又有指稱買休，明受其價，將妻嫁賣。禮部議得：父子夫婦，人倫至重，比年闕食，往往嫁賣，俱係違法，擬合禁約。都省准呈。

《通制條格》卷二七《雜令·障車害禮》 至元五年八月，中書省。右三部呈：契（酌）〔勘〕嫁娶必用吉時。今有一等不畏公法，游手好閑人等，但遇嫁娶，糾集人衆，以障車爲名，刁蹬婚主，取要酒食、財物，故將時刻阻誤，又因而起鬬，致傷人命，擬合嚴加禁治。都省准呈。

《元典章新集·朝綱·户部·田宅·家財·父母未葬不分異》 延祐六年十月□日，江西行省准中書省咨：

御史臺呈：山東廉訪司申：大使安正奉牒：比見庸愚，不思父母亡歿猶未安葬，先已分財異居，各爲不均，互相毀訐。莫若今後凡民間弟兄遇父母亡歿、未曾大葬者，不許析居，須候葬畢，方許分另。願永遠同居者聽。如准所言，庶裨風教。送刑部，約會禮部一同議得：喪葬之禮，除蒙古、色目例從本俗，別無定奪，其餘人等凡居父母之喪，葬事未畢，弟兄不得分財異居。雖已葬訖，服制未終而分異者，並（不）〔行〕禁止。具呈照詳。都省咨請依上施行。

《宋史》卷四八九《外國傳·占城》 刑禁亦設枷鎖，小過以四人拽伏於地，藤杖鞭之，二人左右更互捶扑，量其罪或五六十至一百。當死者以繩繫於樹，用梭槍舂喉而殊其首。若故殺、劫殺，令象踏之，或以鼻卷撲于地。象皆素習，將刑人，即令豢養之人以數諭之，悉能曉焉。犯姦者，男女共入牛以贖罪。負國王物者，以繩拘於荒塘，物充而後出之。

（元）鄭文融《鄭氏規範》 一、立家之道，不可過剛，不可過柔，須適厥中。凡子弟，當隨掌門户者，輸去州邑練達世故，庶無懵暗不諳事

幾之患。若年過七十者，當自葆綏，不宜輕出。【略】

一、立春當行會族之禮，不問親疏，户延一人，食品以三進爲節。

【略】

一、男女六十者，禮宜異膳，舊管盡心奉養，務在合宜。違者罰之。

【略】

一、喪禮久廢，多惑於釋老之説，今皆絶之。其儀式竝遵《文公家禮》。

一、子孫臨喪，當務盡禮，不得惑於陰陽，非禮拘忌，以乖大義。

一、喪事不得用樂。服未闋者，不得飲酒食肉，違者以不孝論。【略】

一、家中燕饗，男女不得互相獻酬，庶幾有別。若家長、舅姑禮宜饋食者，不拘。【略】

一、男女不共圊溷，不共湢浴，以謹其嫌。春冬則十日一浴，夏秋不拘。

一、男女不親授受，禮之常也。諸婦不得用刀鑷工剃面。

《大明令・禮令・旌表節義》 凡孝子順孫、義夫節婦，志行卓異者，有司正官舉明，監察御史、按察司體覆，轉達上司正官，旌表門閭。

《御製大誥・民知報獲福》 方今富豪之家，中等之家，下等之家，富者富安，中者中安，下者下安。去古既遠，教法不明，人不知其報，反造罪以陷身。富者田多詭寄，糧稅灑派他人；中者奸頑少同；下者因無可恃，歲被靠損者有之。上中數犯罪責者有之，有傾家覆産者有之，蓋由不知其報而致然耶。若使知報之道，知感激之理，則於閑中起居飲食，不時舉手加額，乃曰：稅糧供矣，夫差役矣，今得安閑，上奉父母於堂，下撫妻子於室。雖篤廢殘疾，富有家資，除依差稅外，餘廣家資。本身生不能捍本家之患災，其兇頑之徒，孰敢稱名道姓而盜取之。云何？蓋君禮之所治也。禮，人倫之正，民間安分守禮者多；法，治奸繩頑。二者并舉，遍行天下，人民大安。所以孝子順孫，得奉祖宗父母。父母已逝者，除歲時祭祀外，餘有其有，優游於家庭，遂歡妻撫子於一生，絶無禍殃。爲何？蓋爲知其報矣。

《御製大誥・鄉飲酒禮》 鄉飲酒禮。朕本不才，不過申明古先哲王教令而已。所以鄉飲酒禮，叙長幼，論賢良，別奸頑，異罪人。其坐席間，年高有德者居於上，高年淳篤者并之，以次序齒而列。其有曾違條犯法之人，列於外坐，同類者成席，不許干於善良之席。主者若不分別，致使貴賤混淆，察知，或坐中人發覺，主者罪以違制。奸頑不由其主，紊亂正席，全家移出化外，的不虛示。嗚呼！斯禮始古先哲王之制，妥良民於宇內，亘古至今。興者，鄉里安，鄰里和，長幼序，無窮之樂，又何言哉。吾今特申明之，從者昌，否者亡。

《御製大誥續編・耆宿》 從古至今，所在有司，凡公事有大者，非高年耆宿不備。所以古設耆宿，務必德行超群，市村稱善，所以拔居群民之上，名爲耆宿。凡賢人官於是方，公事疑難，則會而請決之。所以必此而事備，以其高年，歷事也多，聽記也廣，其善惡，易難之事，無不周知，以其決事也必當。凡諸有司，用是耆宿，無不昌焉。今之爲官者，官雖善而吏不善。官雖善，不知用耆民之道；吏不善，惟務贓貪；更加所用耆宿，又非其人，官雖善而事不行矣。至此而事不行者何？蓋吏貪而揑巧，耆宿不才以同謀，虐民之禍，由是而蜂起。所以甚者云何？蓋謂充耆宿者，皆係無藉小人。苟延壽至於高年，是等有昔爲皂隷者，有爲簿書者，有屢犯過惡者，有弓兵者，有説事過錢者，皆爲今之耆宿。其善人官於一方，皆不審實明白，去此之徒，崇尚德人，又將同惡相濟，以患吾民。《誥》至，所在有司，務必崇尚德人，上助朕躬，下福生民。無藉之徒見此，即早退去。若或年高不能生理，居家格非，撫兒孫以善己，得終天年，豈不智哉。設若不奉朕命，仍復在官應當耆宿，運不良之謀，陷有德之官，害天民之善者，非有天災，又必假手於法司，身亡家破有日矣。《誥》至，所在高年有德者，一聞有司禮請，速出贊襄，廣吾求治之道，以安生民。不言天佑之，陰騭既行，豈有不昌耶。

《明會典》卷八〇《禮部・養老》 國初養老，令貧者給米肉，富者賜爵，惟及於編民。天順以後，始令致仕官七十以上者，皆得給酒肉布帛，或進階。其大臣八十九十者，特賜存問，蓋古者尊高年養國老之遺意。今並列于後。

洪武元年，詔民年七十之上者，許一丁侍養，與免雜泛差役。十九年，詔：所在有司，審耆老不係隸卒倡優，年八十、九十，鄰里稱善者，備其年甲行實，具狀奏聞。貧無産業者，八十以上，月給米五斗，肉五斤，酒三斗；九十以上，歲加給帛一疋，絮五斤；雖有田產，僅足自贍者，所給酒肉、絮、帛亦如之。其應天、鳳陽二府富民，年八十以上賜爵；里士，九十以上，賜爵；社士，皆與縣官平禮，並免雜差。正官歲一存問，著爲令。永樂十九年，詔：民年八十以上，有司給與絹二疋、布二疋、酒一斗、肉十斤，時加存恤。二十二年，令民年七十以上及篤廢殘疾者，許一丁侍養，不能自存者，有司賑給；八十以上者，仍給絹二疋，綿二斤，酒一斗，時加存問。天順二年，詔：軍民有年八十以上者，不分男婦，有司給絹一疋，綿一斤，米一石，肉十斤；年九十以上者，倍之；男子百歲，加與冠帶榮身。又詔：四品以上官，年七十以禮致仕，不能自存者，有司歲給米五石。八年，詔：凡民年七十以上者，免一丁差役，有司每歲給酒十瓶，肉十斤；八十以上者，加與綿二斤、布二疋；九十以上者，給與冠帶，每歲設宴待一次；百歲以上，給與棺具。成化二十三年，詔：在京文職以禮致仕，五品以上，年及七十者，進散官一階。其中廉貧不能自存，衆所共知者，有司仍每歲給與食米四石，不許徇情濫給。弘治十八年，詔：文職官員五品以上，以禮致仕。在家者，各進階一級；其二品以上大臣，年及八十者，有司備采幣、羊、酒問勞；九十以上者，具奏，遣使存問。嘉靖元年，詔：文職致仕，一品未受恩典者，有司月給食米二石，歲撥人夫二名應用；二品以上，年及八十者，備采幣、羊、酒問勞；九十以上者，具實奏來，遣使存問；五品以上，以禮致仕，年七十以上者，進散官一階。其中廉貧不能自存，衆所共知者，歲給米四石，以資養贍。又詔：內外大小文武官員人等，死於忠諫，老親寡妻無人侍養者，有司量加優恤。

《明會典》卷八〇《禮部·恤孤貧》 國初，立養濟院以處無告，立義塚以瘞枯骨，累朝推廣恩澤。又有惠民藥局，漏澤園，旛竿、蠟燭二寺，其餘隨時給米，給棺之惠，不一而足。茲備列之。

洪武初，令天下置養濟院，以處孤貧殘疾無依者。三年，令民間立義塚。仍禁焚尸。若貧無地者，所在官司擇近城寬閒之地，立爲義塚。十九年，詔：所在鰥寡孤獨取勘明白，田糧未曾除去差撥者，即與除去。若不能自養，每歲給米六石。其孤兒有田，不能自立，既免差役，責令親戚收養，無親戚，鄰里養之。其無田者，一體給米六石，候出幼，同民當差。宣德三年，令天下軍民貧病者，惠民藥局給與醫藥。天順元年，令收養貧民於大興、宛平二縣，每縣設養濟院一所於順便寺觀，從京倉支米煮飯，日給二餐，器皿，柴薪，蔬菜之屬，從府縣設法措辦。有疾者，撥醫調治，死者，給與棺木。四年，令京城崇文、宣武、安定、東直、西直、阜城門外，各置漏澤園，仍令通州，臨清沿河有遺胔暴露者，一體掩藏。嘉靖六年，詔：在京養濟院止收宛、大二縣孤老，各處流來男婦、篤廢、殘疾之人，工部量出官錢，於五城地方各脩蓋養濟院一區，盡數收養。户部於在官倉庫，每人日給米一升。巡城御史稽考，毋得虛應故事。

（明）何廣《律解辯疑》大明律卷一二《禮律·儀制·鄉飲酒禮》

凡鄉黨序齒及鄉飲酒禮，已有定式。違者，笞五十。

議曰：已有定式，謂鄉飲之際，高年有德居於上。有德，謂有德行賢良君子。淳篤並之，謂敦厚禮義之人，以次序齒而列。違者，笞五十。

《教民榜文》 一、本鄉本里有孝子順孫、義夫節婦，及但有一善可稱者，里、老人等以其所善實跡，一聞朝廷，一申上司，轉聞於朝。若里、老人等已奏，有司不奏者，罪及有司。此等善者，每遇監察御史及按察司分巡到來，里、老人等亦要報知，以憑覈實入奏。

《教民榜文》 一、鄉里人民，貧富不等，婚姻、死喪、吉凶等事，誰家無之？今後本里人户，凡遇此等，互相賙給。且如某家子弟婚姻，某家貧窘，一時難辦，一里人户，每户或出鈔一貫，人户一百，便是百貫；每户五貫，便是五百貫。如此資助，豈不成就？日後某家婚姻，亦依此法輪流賙給。又如某家，或父或母死喪在地，各家或出鈔若干，或出米若干資助，本家或棺槨，或僧道修設善緣等事，皆可了濟。日後某家倘有此事，亦如前法，互相賙給，雖是貧家些小錢米，亦可措辦。如此，則衆輕易舉，行之日久，鄉里自然親愛。

《教民榜文》 一、每鄉每里，各置木鐸一個。於本里內選年老或殘疾不能生理之人，或瞽目者，令小兒牽引，持鐸循行本里。如本里內無此等之人，於別里內選取。俱令直言叫喚，使衆聞知，勸其爲善，毋犯刑憲。其詞曰：孝順父母，尊敬長上，和睦鄉里，教訓子孫，各安生理，毋作非爲。如此者，每月六次。其持鐸之人，秋成之時，本鄉本里內衆人隨其多寡，資助糧食。如鄉村人民住居四散窵遠，每一甲內置木鐸一個。

易爲傳曉。木鐸式。以銅爲之，中懸木舌。

《教民榜文》 一、本鄉本里，但有無藉潑皮，平日刁頑，爲非作歹，不受教訓，動輒把持挾制，此非良善之民，衆老人嚴加懲治。如是仍前不改，拿送有司解赴京來。若有司循情脱放不解者，許老人奏聞。

《教民榜文》 鄉飲酒禮，本以序長幼，別賢否，乃厚風俗之良法，已令民間遵行。今再申明，務要依頒降法式行之。長幼序坐，賢否異席，如此日久，豈不人皆向善避惡，風俗淳厚，各爲太平之良民。

《皇明詔令》卷二《太祖高皇帝・勸興禮俗詔洪武五年五月》 奉天承運皇帝詔曰：朕聞三皇立極，導民以時，庖廚稼穡，衣服始制，民居舍焉。吾帝之教以仁義，不過遵三皇之良規，益未備之時宜。當時之君，示其所以，天下從之，民用和睦。自周至於漢、唐、宋，增減益周，國乃用昌，民受時宜，家和永康。朕蒙皇天后土之恩，命統天下，宗祖之靈，百神祐護，得正帝位，紀元五年。朕本草芥之士，失習聖經，況摧强撫順，二十有餘年常無寧居，一概粗疏，故道理未臻，民不見化，鄉市閭里，尚染元俗。天下大定，禮儀風俗，可不正乎！茲有所示，諭爾臣民。詔書到後，敢有不遵者，問擬如律。今將條畫事宜，開列於後：

一、曩因元末大亂，所在人民，或歸鄉里，或避難他方，勢孤力弱或貧乏不能自存，於庶民之家爲奴者，詔書到日，即放爲良，毋得羈留强令爲奴，亦不得收養。違者，依律論罪，仍没其家人口，分給功臣爲奴驅使。功臣及有官之家，不在此限。

一、城市鄉村，若有家貧殘疾并老幼少壯男子婦女，一時不得已而乞覓者，本里里長及同里上中人户，助以資給。是工商，聽其工商；是農民，聽其農種。候其培養成家，復還人户所資之物。有司常加檢察，毋令失所。此則古之鄰保相助，患難相救，疾病相扶持之義也。爾民誠能遵守而行，他日爾子孫或有貧乏，同里必相助借矣。敢有見乞覓之人，不行資給，同里上中人户，驗其家所有糧食，存留足用外，餘没入官，以濟貧乏。若遇旱澇饑荒，人民流移者，不在此限。若鄉里果有富貴之家，願出物周給，有司具奏。

一、孤獨殘疾不能生理，許入孤老院，官爲依例養贍。如或出外乞覓，鄉市人民聽將餘剩之物，助養其生。敢有箠楚者，有司以鬥毆論，誣告者抵罪。此等殘疾之人，如或痊可，願出爲民復籍者，聽從其便，有司毋得羈留。

一、鄉黨序齒，從古所尚。今後民間士農工商人等，平居相見及歲時宴會拜揖之禮，幼者先施；坐次之列，長者居上。佃户見田主，不論齒序，並以少事長之禮。若在親屬，不拘主佃，止行親屬禮。

一、鄉飲酒禮，廢缺已久，宜令中書省詳定條式，頒行遵守，使民歲時宴會習禮讀律，期于申明朝廷之法，敦叙長幼之節。

一、古之婚禮，結兩姓之好，以重人倫。近代以來，專論聘財，習染奢侈。宜令中書省集議定制，頒行遵守，務在崇尚節儉，以厚風俗。違者，論罪如律。

一、古之喪禮，以哀戚爲本，治喪之具，稱家有無。近代以來，富者奢僭犯分，力不及者揭借財物，炫燿殯葬，及惑於風水，停柩經年，不行安葬。宜令中書省集議定制，頒行遵守。違者，論罪如律。【略】

一、兵興以來，所在人民拋棄産業，逃避地方，天下既定，乃歸鄉里。其間若有丁力少而舊田多，不許依然佔護，止許儘力耕種到頃畝，以爲己業。若有去時丁少，歸則丁多而舊産少者，許令於附近荒田内，官爲驗其丁力，撥付耕種。敢有以爲舊業，多餘佔護者，論罪如律。

一、曩因中國衣冠狃於胡俗，已嘗考定品官命婦冠服，及士庶衣冠，通行中外，俱有定制。惟民間婦女首飾衣服，尚循舊習。宜令中書省集議冠服定制，頒行遵守，務復古典，以革近俗。

一、僧道之設，本以誘民爲善。近代以來，凡遇爲僧爲道，遇民間喪事修齋之際，男女混雜，飲酒食肉，甚非所宜。宜令有司嚴加禁約，違者治罪。

一、福建、兩廣等處豪户之家，多有乞覓他人之子，閹割驅使，名曰火者。敢有違犯，以閹割抵罪，没官爲奴。

於戲！風俗頹靡，胡禮拘焉。再整彝倫，務遵先王之法；恤念孤寡，實爲善政之先。顧以德薄，恩澤未孚，倉庫未盈，六軍四戍，尚慮未悦下民之心，恐貽上天之怒，夙夜祗懼，若履淵冰。咨爾臣庶，體予至懷，期臻禮義之風，永底昇平之治。故茲詔示，想宜知悉。

（明）張楷《律條疏議》卷一二《鄉飲酒禮》 凡鄉黨序齒及鄉飲酒

禮，已有定式，違者，笞五十。

疏議曰：古者，萬二千五百家爲鄉，五百家爲黨。今一縣一里總稱鄉黨。凡鄉黨老少，務序年齒及鄉飲酒之禮，載在職掌，已有定式。若有違者，笞五十。

謹詳律意，鄉黨尚齒，長幼之倫貴不得加賤不能下。鄉飲養老之禮，其式著在禮文，若有故違，並笞五十。一則責其不悌，一則罪其亂禮也。

（明）雷夢麟《讀律瑣言》卷一二《鄉飲酒禮》 凡鄉黨序齒及鄉飲酒禮，已有定式，違者笞五十。

瑣言曰：鄉黨序齒，指平時行坐而言，鄉飲定式，指會飲禮儀而言，自是兩事。

《皇明條法事類纂》卷二二《禮部類·禁約織金寶石大樣餅錠等件例》

成化六年十二月二十六日，刑部尚書陸題，爲救荒事。户科等科都給事中丘弘等題，近來京城内外，風俗多尚奢侈，不拘官民軍匠，娼優下賤，既用織金衣服、寶石首飾，僭擬無度。及遇婚冠大小一切酒席，皆用簇盤糖纏餅錠，上下倣（倣）〔效〕，習以成風。民之窮困，殆由於此。訪得在京有等（躬）〔射〕利之徒屠宗順等數家，專以販賣寶石爲事。高擡無根之價，本值一兩，擡至一百兩。本值十兩，擡至千兩。甚至以進獻爲名，或邀取官職，或倍獲價銀，以〔此〕富過王候，名跨都邑。若不禁革編配，誠恐日復日，歲復歲，官私之利皆爲（已）〔其〕有，府庫之財多入其室，蠹國病民，莫甚於此。已敕該衙門照例嚴加禁革，一應官民人等，務照定制服用，敢有仍前越分僭用織金花樣寶石首飾，及用簇盤糖纏餅錠，造者、買者，許錦衣衛官校及巡城御史緝拿治罪。仍將屠宗順等前後倍價賣過寶石等物銀兩，追徵入官，給發賑濟，以警將來，具題。奉聖旨：該衙門便計議停當來説。欽此。欽遵抄出送司。查得成化二年二月十二日，該禮部官欽奉聖旨：如今官員軍民人等，多有不遵定制，僭用服色花樣，及婦女僭用渾金衣服、寶石頭面，好生違禮犯分！恁禮部便出榜於南、北二京張掛，今後敢有仍前僭用者，輕則依律問罪，重則必殺不饒。欽此。欽遵。本部查洪武、永樂年間，頒降官民服舍定式，不許僭用奢侈，禁例通行，備榜遵守外，查無冠婚一切大小酒席，皆用簇盤糖〔纏〕餅錠禁例，所言訪得在京有等射利之徒屠宗順等數家，專以（敗）〔販〕賣寶石爲事，高擡無根之價，本值一兩，擡至百兩，本值十兩，擡至千兩，甚至以進（憲）〔獻〕爲名，或邀取官職，或倍獲價銀一節，此等之徒，委的蠹國病民，但無指證實跡，必須拿問，庶可禁革。案呈到部。臣等議得，都給事中丘弘等所言，救荒禁革奢侈一節，深切時弊。緣京師人煙湊集，官民混居，富豪之家，服用僭分，習以爲常。合再申明禮部先奉欽依榜文事例，通行錦衣衛巡捕官校及巡城御史、五城兵馬司緝拿送問，違禁之物入官；犯人問罪，送順天府照例納米。其言冠婚酒席皆用簇盤糖纏餅錠，雖無禁例，即今歲歉民饑，合行禁約。冠婚之家，酒席宜從省儉，鋪者不許做賣大樣簇盤糖纏餅錠，虛費財用。違者依律問罪，納米發落。候豐年從宜而用。所訪射利之徒屠宗順等數家，欲先提屠宗順，追拿數家。干礙軍民職官，俱要正犯到官，招出前後倍價賣過是何寶石等物、若干，追其多餘價值銀兩入官，給散賑濟。仍前各犯問罪，奏請發落，以革蠹弊。（其）〔具〕題。奉聖旨：屠宗順等且不追究。〔所〕言幾事，還通行給榜申明禁約。犯了的都不饒。欽此。

《皇明條法事類纂》卷二二《禮部類·申明律令禮儀并禁〔約〕遇官不行讓道及僭用服飾例》 弘治元年四月初二日，禮部尚書周等題，爲遵舊章以厚風化事。該都察院左都御史馬等題，洪惟我太祖高皇帝膺天眷命，（以）〔掩〕有萬方，君臨天下。始著《大明令》以教之於先，續定《大明律》以齊之於後，既製《大誥》三編以告諭臣民，復編《禮儀定式》等書以頒示天下。當時名分以正，教化以明，尊卑貴賤，各有等差，無敢僭越。真可以遠追三代之盛，而非漢、唐、宋之所能及矣。〔迨我太宗文皇帝克平内難，正位宸極，下至〕列聖相承，禮儀不紊，法令嚴明，人尚節儉，不事奢靡。至景泰年間，祖宗成憲，所司奉行未至，風俗漸移。近年以來，群小用事，恣肆姦欺。販賣寶石之徒，盜竊府庫銀兩，（倶）〔供〕帳、服飾擬於王者，飯食房屋勝於公侯。以致京城之内，互相倣（倣）〔效〕，習以成風。雖常禁約，玩法不遵。軍民之家僭用渾金織成衣服、寶石（廂）〔鑲〕成首飾，僧道俱着絲絹綾羅，指揮亦用麒麟繡補。其官員相遇，（遵）〔尊〕卑不分，俱不迴避。倡優吏卒，騎坐驢馬，亦不讓道。非禮僭分，無所不爲。名分不正，風俗偷薄，舊章廢墜，禮制因循，未有甚於此時也。且治天下莫先於禮，禮莫先於〔正〕名分，名分不正，何以（官）〔言〕治！仰惟皇上嗣登寶位，親決萬機，圖治之心，可謂切矣。然圖治莫先於遵舊章，而舊章莫重於《大誥》三編、《大明律》、《令》、《禮儀定式》、《稽古定制》、《教民榜》諸書，若不通行申明，使人遵守，而欲治道之隆，風俗之厚，蓋亦難矣。如蒙乞敕禮部，將前項《禮儀定式》、《稽古定制》二書内所載，摘其緊要者奏請出榜，曉（論）〔諭〕禁約。但有前項僭越之徒，在京，本院行令巡城御史督令五城兵馬及錦衣衛坐城官校，在外，行令巡按御史按察司緝拿問罪，重加懲治。違禁衣脹、首飾等物入官。婦人有犯、罪坐家長〔夫〕男。及通行兩京各衙門大小官員（知）知會，凡在道官員往來相遇之間，各要遵守禮制，當迴避者迴避，當讓道者讓道。各守尊卑之分，共敦節儉之風。仍通行浙江等布政司及應天、順天二府，各將《大明律》、《令》、《大誥》三編、《教民榜》、《禮儀定式》、《稽古定制》諸書支給官錢刊板，在官印造完備，布政司發仰所屬軍衛有司，應天、順天二府發去南北直隸，各府各發所屬州縣并鄰近衛所大小衙門，每處各一本，如法收貯，用心講習，務要遵守，不許故違。各學生員並社學子弟亦須誦讀，勿視虚文，原有板者不必再刊等因，（其）〔具〕題。奉聖旨：是。風俗奢侈，甚（言）〔害〕（沿）〔治〕道。禮部便備榜，嚴加禁約。犯了的，着實懲治他不饒。欽此。

《皇明條法事類纂》卷二二《禮部類・奏違式》　弘治元年十二月初二日，都察院左都御史馬等題，爲儆戒無虞，益隆治道事。成化二年二月十一日禮部尚書姚等欽奉憲宗皇帝聖旨：如今官員軍民人等，多有不遵定制，僭用渾金衣服、寶石頭面，（而）好生違禮犯分！恁禮部便出榜，於南、北二京張掛禁約，敢有仍前僭用者，輕則依律問罪，重則必殺不饒。欽此。又查得本院左都御史馬奏稱，近年以來，販賣寶石之徒，盗竊府庫銀兩，供帳服飾擬於王者，飯食房屋勝於公侯。以致京城之内，互相倣效，習以成風。雖常禁約，玩法不遵。軍民之家，僭用渾金織成衣服，寶石（廂）〔鑲〕成首飾。僧道俱着紵絲綾羅，指揮亦用麒麟繡補等因。合無出榜禁約，但有前項僭越之徒，在京，本院行令巡城御史督令五城兵馬及錦衣衛坐城官校；在外，行巡按御史、按察司緝拿問罪，重加懲治。違禁衣服首飾等物入官。婦人有犯，罪坐家長夫男等因，奏奉聖旨：是。風俗奢侈，（世）〔甚〕害治道。禮部備榜，嚴加禁約，犯了着實懲治不饒。欽此。

《皇明條法事類纂》卷二二《禮部類・申明禁奢僭服用縱容犯奸例》

弘治二年三月十二日，都察院右都御史屠等題，爲陳言時政事。該南京錦衣衛帶俸閑住指揮僉事吴綬奏：六曰調度財用。天下所生之財在農在商，天下所産可足天下之用。官少民多，貴少賤多，而服力者衆，生財自廣。近年軍民官員較於洪武年間，武職已增百倍，其歲支俸禄亦支消百倍。所設文職，亦增三倍。皂隸錢馬夫人役取利尤多。政事不增於前，俸禄有加於昔，此其公取於在官者也。其私取科擾（此）〔比〕前又加數倍。官員既多，富盛相尚，奢侈費用，强勉相習。天地之間，水土之利，古今無多寡。官民所用，奢侈無限極，所以公私積蓄皆虚。但遇水旱，即至流移饑殍。爲今之計，乞敕法司着落巡按御史，凡出巡地方，禁奢從儉。訪問奢者，十倍追所奢物價，加與遠重差役。武職官員奢縱，量罰俸給，革去管事。文職有犯，降調遠方。如此嚴禁，庶可以少救頹風，復還正俗。軍民有犯者一體追物，仍加遠重差役。陰積省費，家給人足，可立見也。前件，查得成化二十年十二月初六日，該本院題該監察御史林誠奏：爲禁奢侈以需國課。該刑部查得成化七年正月初七日本部欽奉憲宗皇帝聖旨：近年京城風俗日見奢侈，官員軍民人等之家，衣服用度（不）〔多〕有不遵定制。婦女不分良賤，概用織金衣服、寶石頭面，婚姻喪葬，僭侈無度。一切酒席，多用大樣簇盤糖纏餅錠。甚至有等射利之徒，專以販賣寶石爲名，（臺）〔高〕擡價值，取利肥己。論這等情，罪本難容，今且不問。恁法司便出榜，通行禁約，今後官民人等，衣服首飾各遵定制，不許僭分。凡遇嫁娶及置酒席，悉從禮節，不許競爲奢麗。一應鋪户人等，並不許仍前販賣寶石及做大樣餅錠物件。（常）〔違〕了的，給事中、御史指實糾舉，仍行錦衣衛分巡并五城兵馬緝拿送問。違禁之物入官。犯人輕則依律照例發落，重則發邊遠充軍不饒。欽此。欽遵節該通行禁約外，今監察御史林誠又奏前因。緣前項事例行之已久，人心玩怠，奢僭易生，誠如本官所言，合無申明舊例。兩京，本院出榜。直隸、浙江等處，有巡撫官處行巡撫官，無巡撫處行各該巡按御史，出榜曉諭禁約。官吏軍民人等服色，各要遵守欽奉榜例，不許僭用。如有所違，兩京許六科、十三道及錦衣衛巡捕官、五城兵馬緝拿送官，在外許里老、鄰佑、火甲人等赴官首告，追究明白。違犯之人依律問罪，依欽奉聖上榜例發落，違禁之物入官等因，具題。奉憲宗皇帝聖旨：准擬，欽此。欽遵。又查得成化二十一年正月初七日詔書内一款：在京官員軍民之家，衣服飲食奢侈僭用，不無濫費財物。禮部便查例出榜禁約。欽此。欽遵。節經通行出榜禁約外，今吴（緩）〔綏〕奏稱，近年官員官民，相尚奢侈。要將武職奢縱，量罰俸給，革去管事。文職有犯，降調遠方。軍民有犯，十倍追所奢物價，仍加〔與〕遠重差役。比之欽奉榜例，又爲稍輕。況前項榜例詔書，行之未久，難再覆奏。但恐所司奉行未至，以致奢靡成風，風俗日薄。民（難）〔艱〕於食，一遇災傷，多有餓殍。合再通行兩京刑部及各處巡撫、巡按，嚴加禁約。如有前項違犯之人并文武職官有犯，應提問者，提問如律，應參奏者，參奏提問，悉照前項奏行及聖旨榜文内事理施行。七曰清風俗，乃彝倫之大要，教化之大經。近年，在京在外武職官舍、軍民人等，嗜酒賭博，以爲常行，妄求奢用，以爲美事。因此游逸破家，别無藝能，無方取利，以致多買妻妾，縱容爲非，敗壞倫禮。若逼良人化爲倡優，（耳）〔而〕以常人變爲伶人。自景泰年間至今，日增月盛。南北直隸十三布政司府衛鎮市去處，多者聚有數千（門）〔人〕，少者不下數百人。因奸爲盜，不勝其多。因到所住之處，自知來〔歷〕不明，屈意奉承，所在官司樂其趨媚，供給浸潤，不究所爲之非，不問所避之由，反爲親厚，用爲門子、快手、機察、馬夫等項名目，出入衙門，〔蠹〕害良善。有此良賤不分，淫風混染。爲今之計，敕令巡按御史查理前項文引，窮妻女來歷，正犯就彼充軍，婦女有主寧家，無主給配無妻軍民。仍究出販賣媒妁之徒，一體充軍。如此，無賴無逃避之所，衛所得軍餘之用。官吏只知供給親厚，不知禮義廉耻。廉耻既喪，禮義必亡。爲政（旱）〔早〕治則無患，（故）〔姑〕息必有害，舍此決不可也。前件，查得弘治元年十一月二十二日該刑〔部〕看得，巡撫山東右僉都御史錢奏稱，山東臨清張秋鎮等處地方，有等無耻之徒，專（賣）〔買〕良家子女，一家二三口，或四五口，甚至七八口。在家稱爲義女及妾名色，彈唱接客，覓錢使用，有傷風化，及天下郡縣多有此風。要查在京見行事例行天下，但有此等人（犯）犯，許諸人首告，并應捕人訪拿到官。初犯，本夫、義父、姦夫依律問罪，照例枷號一個月，滿日發落，女子歸宗。再犯，本夫、義父，不分軍民舍餘人等，問罪畢日，追連（常）〔當〕房家小俱發邊衛充軍一節。緣南、北二京并各處碼頭市鎮處所，人煙湊集，客商往來，姦淫之風，積習已久，誠有如都御史錢所議者。若非嚴加禁約，何以扶持風化。但所（緣）〔據〕此等人犯再犯俱發充軍，似乎立法過嚴。合無本部通行南京刑部并山東等十三布政司、南北直隸府分，南京行令五城兵馬司，各布政司并直隸府分各轉行所屬，俱於人煙輳集去處，出給告示，嚴加禁約。省諭火甲人等詢訪地方，果有此等無籍之徒，多買良家子女一二口以上，在家作妾及義女等項名色，縱客與人通姦覓錢使用者，許限一個月以裏首告。改過自新，各務本等生理者，免罪。如是限内不首及今後有犯者，事發到官，俱照在京見行事例，不分初犯、再犯，問罪畢日，將本夫、義父、姦夫俱枷號一個月，滿日照例發落。地方火甲敢有容留不首，及軍民人等容止通姦者，事發一體問罪等因，具題。奉聖旨：是。欽此。欽遵。已經通行禁約外，今吴（緩）〔綏〕又奏稱，在京在外武職官舍軍民人等，多買妻妾縱容爲非，要將正犯就行充軍，婦女有主者寧家，無主者給配無妻軍民。仍究出販賣媒妁之徒，一體充軍。緣前項事例行之未久，若將媒證之人俱發充軍，委的似乎太過。但恐所在軍衛有司巡捕、火甲人等，乘此事例，不行禁革，反爲詐錢之計，人不知懼，益致風俗不惇，誠爲新政之累。合再通行南、北兩京巡城御史并五城兵馬司及各該巡按御史按察司分巡官，各行所屬府州縣，嚴加禁約，逐門查訪。果有此等之徒，行拿到官，務要依律問罪，照例枷號，滿日發落。其所買婦女，當給主者給主。若有容留不首及容止爲姦，并開店之家，一體究問如律，照例施行。如此，則法令（照）〔昭〕明而民俗歸厚矣。

《皇明條法事類纂》卷二二《禮部類·禁約濫（典）〔與〕鄉飲定奪考補廩膳》 成化十五年二月二十五日，禮部等衙門建言民情等事。會同各部、都察院、通政使司、大理寺、六科給事中會議得，所言事件，宜從吏部等衙門查勘定奪，照例施行。具題。奉聖旨：照例。欽此。計開：

一件，鄉飲酒禮。直隸廣平府廣平縣知縣紀傑言，臣看各處府州縣，先年鄉飲已有定規，許有司與境内年高有德者老，依式會飲，以厚風俗。近年以來，有等不才官員，在任多犯贓罪等項，問發革職爲民，遇例納粟、納草、納馬、納銀冠帶，卻朦朧回籍，仍着復授職事。用財買求儒學教官，預令生員邀請赴學，安坐正賓。況各官犯法，係有贓官員，革去原授職事，發回原籍爲民人數。縱有冠帶，只是義官名色，卻與鄉飲之例。且如聽選依親監生、給假省祭官，但是習政待用人之數，正好與其會飲，請讀律令，以資他日任用。如蒙乞敕禮部，行移在外司府州縣，着令掌印正官，今後鄉飲務要推請年高有德者老，并無礙致仕官及聽用依親監生、給假省祭官員，依式會飲，講讀律令。不許教官令生員，邀請問發革職爲民納糧、草、馬、銀等項官員會飲。庶使鄉飲依式，而人無濫飲矣。

《皇明條法事類纂》卷二二《禮部類・鄉飲酒監生并省祭官不許預席》

成化十九年二月十七日，户部等衙門尚書等官余等題，計開：

一、定禮制以決猜疑。擬湖廣寶慶府武岡州申照得本州鄉飲合用豬、羊等項，因係邊方，人民貧困，物價高貴。先年會飲人少，近年添請依親監生、省祭官，會飲人多，官錢不（數）〔敷〕，累民出辦，申乞照詳等因。查得湖廣布政司承准禮部勘合，節該工部營繕所張賢、廣平縣紀傑各奏，要將鄉飲推請年高有德者老并無礙致仕官，又稱依親監生、給假省祭官員，俱是習政待用人數，正好與其會飲，講讀律令。會官議奏，奉欽依照例，本部欽遵通行。今後行鄉飲〔酒禮〕，務要照例敦請相應人員，依式會飲。其各該有司，因見各官所言，有依親監生并給假省祭在外，疑是例該會飲，故一概敦請。臣嘗觀故制，鄉飲之禮，所以尊高年，尚有德，興禮讓。六十者坐，五十者立侍，以聽政役，所以明尊長也。六十者三豆，七十者四豆，八十者五豆，九十者六豆，所以明養老也。及圖式内開，東坐僚屬序爵，西坐衆賓序齒，其監生、省祭官非有爵級，齒亦不高，圖内不曾序有坐席。若以俱是習政待用人數，正好聽講律令，只宜依禮（待）〔侍〕〔立〕，以聽政役。且鄉飲酒禮，洪武年間，已有定制，彼時監生不曾於放回依親讀書，吏員冠帶者亦不曾放回省祭，初無此流人也，而今始有之。在舊制則有違，在禮文則無據。況各處儒學明倫堂窄狹，前項依親監生、省祭人員數多，俱要會飲，未免相争坐席者，辯説諠譁，有壞朝廷（遵）〔尊〕老尚德、正風善俗之盛典。如蒙乞敕該部，查照鄉飲禮制，若依親監生并省祭官不許預席，再行申明遵守。如此，則有定制而民無繁擾矣。

（明）王守仁《王文成公全書》卷三一《再禁詞訟告諭十二月》 照得本院屢出告示曉諭軍民人等，令其含忍寧耐，止息争訟，而軍民人等全不體息，紛紛告擾不已。及看所告情詞，多係小事忿争，全是繁文牽摿，細字疊書，殊可厭惡。當此多事，日不暇給，詞狀動以千百，徒費精神，何由遍覽？除已前情詞俱已不行外，爲此再行曉諭：敢有仍前，不遵告諭，故違告擾者，定行照例枷號，從重問發，的不虚示。

（明）王守仁《王文成公全書》卷三一《禁省詞訟告諭十二月十七日》

近據南昌等府州縣人等訴告各項情詞，到院看得：中間多係户婚、田土等事，雖有一二地方重情，又多繁瑣牽摿，不干已事。在狀除情可矜疑者，亦量輕重准理，其餘不行外，爲照江西地方近因寧王變亂，比來官軍見省城空虚，況聞聖駕將臨，有司官員俱各公占委用，分理不暇，遠近居民又有差役答應，奔走無休。本院志在撫安地方，休息軍民。當此多事之時，豈暇受理詞訟，必俟地方寧靖，兵衆既還，官府稍暇，方從容聽斷。爲此合行出給告示，曉諭各府州縣軍民人等，暫且各回生理，保爾家室，毋輕忿争，一應小事，各宜含忍，不得輙興詞訟。不思一朝之忿，錙銖之利，遂致喪身亡家。始謀不臧，後悔何及。中間果有贓官、酷吏、豪奸巨賊虐衆殃民、患害激切者，務要簡切直言，字多不過一二行。陳告亦須自下而上，毋致蓦越。其餘一切事情俱候地方寧謐，官軍班還之日各赴該管官司告理。若剖斷不公或有虧枉，方許申訴。敢有故違，仍前告擾者，定行痛責。仍照例枷號，問發，決不輕貸。

《雷應龍禁約》 一曰：戒飭司屬運司之職，要在保安竈丁，剔除姦弊，竈丁安，則鹽課足，姦弊去，則鹽法通。訪得往等之官，但以持身之潔，簿書期會之集，便謂之賢，若於此二者少有所歉即於職業有虧，何足爲賢？今後運司掌印，拜佐貳分司官，凡竈丁一切疾苦，本司及各場司所官吏，庫皁弓兵總催工脚人等，玩法害人，與商竈、鹽徒、經紀、地主、埠頭、鋪户等，興販夾帶，截買偷爬等弊，務要留心咨訪，小則徑自處治，大則呈來施行。若本院或偏行，偶欠平當，亦要反覆執論。不可苟從。内外人等，或假借欺瞞，作弊騙人，亦要稟白挐問，不可虚應以負所望。其各場一應事宜，仍責成於分司，催令以時出巡，期於了事，不限時月回日，將保安過竈丁事件，查訪出各色姦弊，追過鹽銀問過刑名，逐一開報。如或怠玩廢職，法不爾私。

二曰：申重教養。查得各場社學，無者尚未建立，有者徒具虚名，教讀非人，教養無法，鄉俗何由而善。今後各場，必推殷實有行止一人爲主，擇請學行端潔之人，以居師席，讀書必以小學爲先，教人必以孝弟爲本。講之必明，行之必力。冠婚喪祭，必行文公家禮，婚姻不許過侈，喪葬不許用僧道，各要稱家有無。民間鰥寡孤獨，無有親屬者，照例行有司收養。若年八十以上，雖有親屬，貧不能養者，與孝子、順孫、義夫、節婦，有曾旌異而貧不能存，并未曾旌異者，及有不孝不義，大姦大惡，爲害一鄉，敗壞風俗者，各查訪實跡以憑周贍。旌異究治施行，毋得變易名實，顛倒是非，查出責有所歸。其無社學場分，各查相應淫祠改修。各分司、各場衙門廨舍倒塌者，亦許查毁淫祠拆修，無淫祠者，申來議處修蓋。各分司先將各場一應祠廟、庵堂備查所祀之神，并修建年月，祀典載否緣由，分豁何者可爲社學，何者可爲分司，何者可爲各場衙門廨舍，何者應留，何者應毁，開具揭帖，呈來定奪。

三曰：禁治包納。訪得各場，有等姦惡總催，不容甲下竈丁親自納鹽，用强包攬，多收鹽價，却賤買鹽斤上納。又有通同官吏，將鹽包與總催虚出木籌，又或折收價銀入己，插和泥土奏數，又多將鹽收至八分，即報作完，虚出通關。及查先年收鹽，每總堆作一廩，派鹽坐以總催名數，是以勤惰易分，美惡易見，虚實易查。近來官吏總催欲便己私，多將各總鹽斤，堆收一廩，致無分別，百弊由生。除選委廉能官員到場查盤，及本院親臨閲視外，仰運司即行各分司，督令各場官吏自禁約到日爲始，責令富安、安豐、梁垛、東臺等場，但係先年查准歸併者，俱將先徵鹽斤，各總另堆一廩，如有十總者，即另堆作十廩，不許仍前混收。如違，該場官吏，問擬贓罪，分司官别議，仍禁各總催各户鹽斤，聽從各人自納本色，俱要潔净，再不許用强包攬，及折收價銀，插和泥土，私賣木籌，虚出通關。如有此等，官吏依前問擬，總催從重問罪。

四曰：體悉團竈。竈丁辦鹽，以丁力爲主，以滷池爲本，以草蕩爲資，以盤鐵爲器，以竈房爲所數者，一有未備，則鹽業有妨。訪得各場竈丁，逃移甚多。滷池下欠開濬，上乏苫蓋，草蕩多被勢豪侵占，開墾爲田，或取草載船發賣，盤鐵缺壞，竈房倒塌，俱不修整。亦有因欠私債，將弟男拜滷池埣場，准折與人者，本院節備行招撫清查，濬蓋修整，未見成效，分司與各場官吏，其何辭責。除姑記外，運司即行各分司官，嚴督各場官吏，即將竈丁見在者，用心安集，逃移者設法招撫，窩藏乞養准債者，照例許其自首，有來復業者，照舊存恤一年，公私負欠，不許追取。草蕩照依清查數目分管，有未清、未分，或勢豪准折奪占，不退不分者，呈來施行。滷池竈房，除已行令刻期修濬苫蓋外，以後務要隨其傾塞即便修濬，其盤鐵少有缺壞者，各隨力修補。

五曰：防究掣驗。其稱掣之法，悉如舊規。但掣鹽之官，雖經選委，聞近亦有以贓敗者，其格眼文移簿舊法止載餘鹽數目，其原秤各包總數，俱不開載，本院既以無憑查考，書算人未必不緣是作弊，且訪得往時看秤搭鉈之人，常輕重其手，以爲騙財之計，得錢則秤之重，不得錢則秤之輕。蓋由覆驗之法，重者獨罪商人，輕則不罪各役；重者仍算徵，輕者不折補，是以得逞其姦，而法似亦欠平當。知人立法，其難如此，然掣之公私，衆目昭彰，未有不敗者。姦商貪官銀鹽，既該没官，身又遭罹重罪竟何益哉？宜痛加懲戒。又訪得淮北堆鹽所在，已掣未掣，相去不遠，商人每於夜間，乘機將未掣之鹽，盗藏已掣堆内，其已掣之鹽，又重行細包以便夾帶。今後運司備行各委官照依臣定格眼文簿，每掣一號，該委官即將秤出總數，親筆填寫本格之下，以杜弊源。仍嚴禁商人，及看秤搭鉈之人，各改前非，務要針對公平，不許買求作弊。若覆驗斤數重者，商人既算追價銀，仍同看秤搭鉈之人，一體治罪。若數輕少者，獨將看秤搭鉈之人問罪，商人仍照數扣鹽補還。其掣鹽看秤搭鉈之人，覆驗之時，不許再用淮北掣鹽委官，仍將應掣鹽船，照舊編定號數，挨次驗放。已掣者，責令離遠堆收，不許重細，如違，商人照例問遣，縱容官吏究治。

六曰：公收餘銀。徵收餘銀，俱合照舊遵行。但往時收銀，止給掛號收票，不給號簿，致使淮北經紀，得以隱瞞侵費。今後運司，置立印給收銀小票號簿，每本用紙五十幅，每幅止掛八號，各所印到收票俱依一二三四五次序，掛至四百爲上，連簿給發經收人役，逐日依次對號，將收過商人銀兩數目，眼同商人，各註於本號之下，與收票相同。除該所五日一報外，收完一簿，總計數目，連簿申繳運司。又將收票掛號，如前給發收填，庶易查考。及訪得各所經紀地主收銀，將天平作弊，止用一頭秤兑，商人出入運司，門隸往往刁難，追收餘鹽銀兩，期限大逼，致使借貸出息，各商店主經紀，天平輕重不一，有虧商人。仰運司自今餘鹽銀兩，俱寬限一月以裏完納，給示禁論門隸人等，不許仍前刁難，各經紀地主秤銀天平，吊取到司，較勘無弊，給示秤銀務要兩頭遞秤。如納銀十兩，每頭秤銀五兩，聽各商自行敲兑，仍拘各店主拜儀真各經紀。責令各造天平法子一付送司，眼同商人、店户、經紀，將本司較過法子，逐一較勘相同，鑿刻運司較同四字發用。淮安行分司官如法較勘。故違與换法子者，許被害商人，指陳問罪。

七曰：清查宿弊。運司分司各場官，徵鹽過限，住俸降級事例，客商支鹽賣鹽期限，南京户部坐派合用青白鹽拜各王府、南京各衙門關支食鹽，與每年二次賑濟，按月追銷、退引、賑濟餘鹽，没官鹽，水鄉竈户户口食鹽，囚徒加煎泥鹽，包索引紙脚價贓罰耗銀等項銀兩，馬丁、紙候、隸兵、門庫斗級、京鹽船户，及各衙門吏典，工脚、弓兵等役，俱有定數，定期、定法，合該相與遵守勿失。但查訪得鹽課連年不完，囚徒多被賣放。賑濟銀兩，每爲公斂私債所奪門隸人等，多是積年包當，本司分司既有額設人役，却又擾取各場工脚役使。條件到日，本司即便逐件催督查究禁革，先將鹽自有未完年分查起，要見該年額鹽若干，已完若干，見在何處，曾否出給果字號通關，未完若干，是何總催竈丁拖欠或是何官吏總催侵欺。商人自有未支年分查起，要見該年投到勘合商人若干名，該支鹽若干引，已派若干，未派若干，已派者已支若干，見在何處，曾否秤掣。未支若干，是何場分，何總催拖欠。其賑濟餘鹽，没官鹽，水鄉竈户户口食鹽，囚徒加煎泥鹽，包索、引紙、脚價、贓罰、耗銀，空月馬下紙候吏農納例，竈下上納義民散官等項銀兩，本院先後有行，一應未完事件，開立前件，并承行該吏，俱照前法，同本司見在吏農，編僉在官門隸之類，與京鹽船户原額名數籍貫，分豁見在事故，并見監一應輕重囚犯，略節緣由，違限在繳退引商人店主經紀名數，各另類造方册一本，以次送院查審。以後本司倉庫，每季終各分司督收過一應鹽銀，每月終照舊置簿，循環倒换查考，其奉到本院勘合牌案批呈批詞等件，并同知以下分管事件，承受詞狀，俱每月終於各承行前件簿内，已完者逐條填註已完緣由日期。未完者空下，首領官帶領各承行該吏，賫簿赴院查比。

《嘉靖新例·檢踏災傷田糧》　一、嘉靖陸年貳月拾叁日詔令：朝廷遇有災傷，輒行蠲免。但各該官吏奏報稽遲，及行覆勘文移，往來耽延月日。覆勘來報，一面徵收，及至蠲免文書到日，良善小民，懼怕刑責，多已典賣於運送到倉，徒遂糧里侵漁之計，今後遇有重大災傷，勘定分數，即便出給告示，曉諭人民知悉，姑且停徵，待明文至日施行。

（明）朱淛《天馬山房遺稿》卷六《鄉約·誓禁屠牛鄉約》　君子在朝，則美政，在野，則美俗。風俗薄惡，非吾士夫之責哉！吾鄉科甲，輝聯人物，富厚屋宇之盛甲於海邦，廉耻之風傳諸故老，民生既庶，人心靡齊，間有慣習屠牛，陰通盜賊，行兇逞暴，作過爲非。凡有失盜之家，便來此中尋覔，叫號喧鬧，無日無之，雞犬爲之不寧，鄉里被其污衊。今逢府主雲泉吴老先生嚴加禁約，吾輩視此寧無靦顔。夫牛出力耕作，殺而食之，誠爲殘忍。況夫盜而得者，鈎其舌以出穴，錐其肉以速行，或殺母及子，或剖腹墜胎，慘毒之形不可名狀。吾輩具知其情，買而食之，充類至義之盡，是亦賊而已矣。夫水名貪泉，志士不飲，況親於其身爲不善者乎？今鄉中父兄子弟同興善心，共立約會，就於天日之下，重發誓願，除老疾暫食之外，斷絶此味。如有私買其肉及焙乾者，烹之於鍋，嘗之於口，餽之於人者，天神誅殛，使身生惡瘡，家遭凶疫，滅姓墜氏，以償此牛之命，以雪貧民之冤。夫山毛海錯百品千般，俱足養生，奚須於此。亦有置客買諸他處，欲清弊源，宜併禁絶，如有故犯并宜遭譴。今立此簿與各人的筆，自書名姓，歲時朔望，告於里社，呈於鄉衆，期於共守以還淳風。如有習惡不悛，怙終無忌，此真口體小人，穿窬下類，鄉人共舉，不與並齒，謹告。十四年乙未秋約。

（明）朱淛《天馬山房遺稿》卷六《鄉約·申禁鄉屠牛鄉約》　吾鄉士夫耆宿前年禁約屠牛，漸成美俗。吴府尊先生就明倫堂上對衆稱説，洗舊日惡名。夫牛出力耕作，殺而烹之，食者甚美，死者甚苦，有傷陰隲，遺累子孫，禁之數年，侍客養生，未嘗闕乏。夫事易忘，人心易怠。近聞鄉間漸爾開禁，家中食用多買此物，以致外鄉賊徒横挑此物入境，公然無畏，亦甚可惡。前年指天共誓，凡以牛肉入口，煮之於鍋，餽之於人者，身生惡瘡，家罹横禍，以償此牛之命。今再申誓如前，倘有不願入約者，姑亦聽之。古人云父母愛之，鄉人稱之，諸君何不爲君子。吾輩父祖子孫世居于此，共相觀勉以成善俗，甚幸。十九年八月申誓。

（明）朱淛《天馬山房遺稿》卷六《鄉約·申禁屠牛小帖》　屠牛之禁，行已十年，風俗齊同，遠近安帖，各家父兄所宜訓飭子弟鈐束童僕，毋更復爲此事，以啓惡業之端。夫治生百方，何取此事。養生百味，何須此物。君子能舍之不用，小人自止而不爲。口體之奉甚微，風俗所關甚大。嘉與吾黨，共守前盟。二十五年秋九月申約。

（明）楊慎《升菴集》卷六八《寒食火禁》　《容齋隨筆》謂寒食禁火，不由介推，其言似矣。近觀十六國春秋，石勒下令寒食不許禁火，後有冰雹之異。徐光曰：介推，帝鄉之神也，歷代所尊，未宜替也，宜令百姓奉之。勒又令尚書定議以聞。韋謏曰：子推忠賢，令緜介之間，奉之於天下則不通矣。勒從之，令并州復寒食如初。《容齋》豈未考此耶？然勒禁天下寒食而至隋唐已復禁改火。觀隋李崇嗣，普天皆滅燄，匝地盡藏烟之句，及元稹連昌宫詞自注，唐時京城寒食火禁，以鷄羽入灰有焦者皆罪之，亦極嚴矣。火禁迨今則絶不知，而四時亦不改火。自元人入中國，鹵莽之政也，然寒食不必復改火，乃先聖節宣天道者可因元人而廢之乎？

（明）薛應旂《方山薛先生全集》卷五三《公移·曉諭齊民》　照得慈谿爲縣，素稱文獻，絃歌比屋，章甫蒲朝，誌載其勤穡力本，尚禮好文。王介甫亦謂慈谿小邑，其俗一而不雜，其人畏刑而易治，但世降俗末則有不盡然者。今欲啓迪其本心，復還其舊俗，愚雖不敏，竊有志焉。昔程明道爲晉城令，嘗謂圖治於長久者，雖聖賢爲之，且不能倉卒，苟簡而就，蓋必本之人情而爲之法度。紀綱條教必審定而後下，本職菲薄，叨領是邑，蒞政甫及四月兢業，實有百端民情事體固未周悉，而誠心直道，則不敢欺。敬述數條與吾民約之於始，而愼之於終，不能以身先而徒以言教，自友之下，固有愧焉。惟願吾民相與體之。

一、民間有孝敬父母、友愛兄弟、親厚宗族、和睦鄉里，具有實跡者，本職訪知，量加優賞。

一、懷才抱德、守正特立之士，高蹈山林，不識官府，真足以表正鄉閭輓回風俗者，本職自當造訪請教。

一、冠婚喪祭，俱當以朱子家禮爲則，有患疾病者，止宜延醫服藥，並不得用師巫邪術。

一、年高有識者，知民間疾苦，有司所當就問。本職到任之初，亦欲禮待一二，將做橫渠月吉具酒食於庭，親爲勸酬之禮，奈民心不古，輒有要求，自取薄待。從今以後，切宜戒之。

一、在學生員及儒士民生，果有能潛心大業，奮志六經，以古豪傑自期者，本職亦願相與講明討論，若徒務口耳眩飾觀聽者，不必相聞。

一、本縣人民多有宗族相殘，兄弟告訐，或同居共户而稱爲世讐，或小嫌私忿而搆成大獄，或捏詞誣牒而徑赴上司，或旁引曲證而牽連累月，今後務宜平心自反，深思是非利害，各宜含忍。況一人繫獄，舉家不安，而陟虚招誣罪，且不免只此一事已。屢經告示，若再不相體，必置之法。

一、白蓮、無念等社，及婦人入寺觀燒香，亦屢行禁約，敢有犯者，許諸人拿送到縣，以憑問擬如律。其里老鄰佑人等互相容隱，事發一體治罪。

一、民間各樣生理，皆可營爲過活。況本縣爲東南文獻之邑，尤當慎於擇術。奈何敝風相沿。游花子弟不務四民之業，專一鳩集徒黨搬演雜劇，粧出醜態，務以悦人，貽羞鄉黨，取笑他邑，傷風敗俗，侈費耗財，莫此爲甚。凡我良民宜自思之。

一、章服自有制度，不容僭濫。本縣人民，或沽漿賣餅，或守宿巡更，輒戴角巾，甚褻體統，有紊觀瞻，此皆本職所親見者。今後務宜安分守禮，犯者坐以違式罪名。

一、民間行使升斗秤尺，務要較勘相同，如有不依官法，仍前有鄉斗、官斗之名者，定依私造律問擬，其欺騙愚民者，計贓從重究治。

一、凡僞造假銀行使及知情買使之人，俱照例重治，枷號不恕。

一、本縣境内祠觀寺廟，但祀典縣誌所不載，而私自修建者，各該里老從實開寫修建年月呈報，以憑議處。

一、鄉隅老人不許濫受詞狀，覔詐民財。其有官府批行及查勘等項，必須從公着實將事情明白繳報，毋得朦朧妄呈捏結，自取罪戾。

一、都頭里長人等，催辦粮料，勾攝公務，若依期完報，隨即放回生理。況事務在身，不得推避，何苦遲延躭悞，致累官府督催，自受杖責。

一、里長舊有餽送供辦常例，盡行革去，再不許指稱衙門使用，科斂甲首小户。

一、在官粮長收頭解户庫役人等，多有侵欺錢粮，問擬軍徒，變賣家産，監死刑獄，累及官民，禍延子孫者，固是大姦大惡，亦爲至蠢至愚。中間無藉光棍、恣意貪饕，捹身亡命者，固不足恤，亦有計領官錢，初欲經營以取利者，不知錢一入手，不免妄用，遂一散不能復聚，卒至喪身亡家，以貽無窮之患。今後此輩務宜深思利害，保重身家，顧惜子孫，無起妄念，一遇徵收轉解，務須刻期完事，歸家生理，以享安閒之福。縱是貧窮，多少自在。凡我良民戒之慎之。

一、街市鄉村諸色牙行人等，每月朔望投遞執結開報貨物時估貴賤價值，不許把持行市，多索牙錢，兆截貨物，做定價目，欺騙鄉民。違者，定照喇唬例問擬。軍發邊衛民發口外，中詳發遣，決不輕貸。

一、訪得永明寺前布市有等婁頭光棍，專一行使假銀騙買鄉民布絹，到手輒又截長扣短，暗令黨類易敝衣破帽，扮作鄉民騙賣與人，展轉覔利。本鄉小民、異鄉遠客俱受其害，許地方拿送究治。

一、徐家巷口、平政橋、竹巷口、大方橋市心等處，有號爲人王閣老學士，主事提控處士等項名色，八九成羣，在於東西二原嶺下、夾田三板橋等處兆截鄉民，魚蝦螄蛤，不容到縣自賣，及至到手，又塞泥拌土重等輕秤，做定高價。似此等項，本即拿問。本職以父母之心，姑許速改，如再仍前縱惡，罪在旦夕。

一、本縣豬行屠户，專一交通牙家行使，七色錘沁，九色印沁低銀，及巧用蝦亏套頭，攀紐扶幹，緉錘長人矮人等項手法，似此姦徒，深爲可惡。如再仍前不改，事發定行重治。

一、本縣遇有發賣官塩，及有巡獲私塩，俱被積年慣弊鹽牙串通吏書撰捏鹽大户名色，示令坊里開報誆騙民財，今後俱發鹽行人編班領賣，違者究治。

一、飲酒最能亂性害事，大禹聖人必惡旨酒，成周盛時羣飲者殺。本縣人民率多好飲，雖至縣庭，猶乘醉妄言甘心受責，推原其故，皆因酒肆過多，便於沽飲。今後縣前直街左右止許賣飯，以便鄉民，不許鋪設酒殽誆誘民財，荒廢事務。如有犯者，著地方總甲送縣懲治。

一、山鄉居民砍伐柴薪，托載出賣，多被光棍把持，任意喝騙。今後照依時價，聽其自買自賣，不許仍前恃強抑勒。

一、養濟院本以收養無告窮民，先前里老受財輒將壯徤得過人户冒支官粮。本縣已行審革，姑且免行追究，今後務要從實開報，必使澤及窮民。

一、凡陂塘溝渠水利所在，官民田畝賴以灌溉，不許豪民侵僭自用，或壅或瀉，以爲民患，其海堤去處，尤當修防，無得走泄水勢，崩潰堤岸。

一、代人捏寫詞狀，教唆扛幫者，許各該地方人等指名呈告，照例重治。

一、民間有等姦徒，因告争他人田土不遂，輒朦朧捏寫契書投獻勢家，其家人一時昧於理法，收留僭種者，容或有之。如仍前不行改正者，本職雖懦弱，亦當追究，並擬如律。

一、訪得本縣多有外里移民，或躲避軍匠，或畏懼差徭流移居住，不務本等營生，縱容妻小爲娼，往來酒肆，誆誘良家子弟，爲害不小。着坊長總甲人等，責令各歸鄉里，本業營生，敢有容隱者，究問不貸。

一、聞得本縣盜賊自來稀少，近來時或竊發，不可不嚴爲之防。各地方該鋪總小甲火夫人等，遇夜各要巡警提更唱號，以防一切不測之事，其當設民壯弓手巡捕官并兩巡檢司，務選年力精壯通曉技藝者，充當分派各該緊要地方巡視，并隅都里老總甲人等，務要盤詰異言異服面生可疑之人，不得入境。其民家客店，如遇投宿客人，俱要附寫姓名、籍貫、來歷明白，每月朔望開報送縣以憑稽考。

一、民間但有不孝、不悌、不睦九族，欺虐鄉里者，許里老人等指名具報，以憑懲治。

一、有不務生理，專一三五成羣，賭博撒潑，夜聚曉散，誘害良家子弟者，俱照律例問擬枷號，痛治不宥。

一、前項禁約止具畧節曉諭吾民，使知所趨避，倘自今以往，雖平日有過者，若能悔悟遷善，即係良民，本職決不追念舊惡。其縱恣不悛者，明憲典章昭布森列，本職亦不能汝貸矣。

（明）郭應聘《郭襄靖公遺集》卷一四《禁約僭侈檄》　爲禁約事。照得廣西地方，土瘠民貧，閭閻困苦，生論男女輒用鼓吹送迎，不問晨昏，輒用銃炮起火。雖路遇官府而公然往來，雖居近衙門而全無顧忌。况金鼓銃炮皆係軍中號令，乃敢犯禁擅用，又豈知禮守分者之所爲乎？其他僭妄侈靡之事難以盡數，不惟糜費錢財，尤且玩違禮法。相應通行嚴禁以成禮俗，爲此牌仰本司大書告示張掛通衢，曉諭士庶、軍民人等知悉：今後凡有喪葬婚姻等事，悉照文公家禮遵行，不得妄用紙人、紙馬、獅、象、虎、豹及金鼓響器銃砲起火等項。該司仍行長史司啓王知會嚴禁各宗，今後務要敦禮尚朴，不得如前妄費，以致缺乏之悔。敢有故違者，士民拿究，宗室參治，并將吹打人役，製造工匠，通行拿問，決不姑縱。

（明）吕坤《實政録》卷三《民務・禁約風俗》　爲禁奢侈以養財用事。照得風俗儉奢係小民生死。自萬曆十二年以來，五穀不登，萬民艱苦，或逃移滿路，流落他鄉，或餓死在溝，暴露尸體，或父母痛哭，殺食兒女，或聚衆搶掠，喪命監倉。假使那豐年，醉飽風流之餘，積布積糧，豈至凶年，食糟糠土石之物，凍死饑死。便是富貴之家，敦崇朴素，散其餘積，賑濟饑民，爲子孫留多少陰德，在世間傳多少香名。彼争誇滿身，錦繡互鬥，驚眼樓臺，鼓樂震心，肥甘厭口，不思一飽一煖之外，安用許多。生在足衣足食之家，亦當惜福。况老成安静者，君子之德，夸張炫燿者，兒童之識。由此觀之，節儉無非美俗，奢華盡是邪心，但愚頑之輩，千説萬説，不依浮詐之徒，好吃好穿不改。若不申明法度，禁約森嚴，誠恐踵習已成，不肯遽變。夫風俗紀綱，本院之職也，振揚風紀，本院之事也，如有不從，則明罰勑法自有。

（明）吕坤《實政録》卷三《民務・禁約風俗》　爲特禁惡風，以安良善事。照得爲惡條欵已載鄉約惡行之中，但恐有司以爲鄉甲之事，不復留心。鄉甲以爲横暴之民不敢犯手。是民間陰受其害，官府莫知其惡也。爲此，特將民間患苦之人，另摘嚴禁之内，有司不時訪拿重治，庶於良善得安。若曰此鄉約事也，官以爲輕，鄉約敢以爲重哉。官不察奸，鄉約敢與人爲讎哉。故雖責備鄉約，而又申重有司。

云惡風當戒者十。

一、孤兒所遺産業，或自己管理，或尊長寄收，雖有重大緊急事情，受寄之人不許分毫典賣。但有典賣者，即將犯人十倍重處。仍於本犯名下勒限嚴追。雖鬻妻變産，亦令賠完。中人一例重究。其奸富恃財知情擅買者，除重究外，産給原主，價不退還。

一、寡婦守志，果係家道殷實，有繼嗣者，照律全承本業。無繼嗣而有養子者，照例量給産業三分之一，餘令同門均分。無養子而有女者，亦量給三分之一，以供禮節之用。子女俱無者，量留上地二頃，以爲衣食之資。仍聽其揀擇庄宅各一處，一切差糧俱令分業之人代納。地不及一頃者，盡令寡婦領業差糧自納，不許伯叔兄弟人等侵占分毫。果守志終身者，原産聽其變賣度日。親戚往來任其與借，不許宗人攔阻，違者稟官。除本婦聽母家唆調，改嫁他人者，所遺財産聽同産告争外，其餘但有指姦指盜，逼嫁逼分，强侵强賣者，許本婦指實訴官，將本犯盡法重究，仍枷號游迎。盗買寡婦田宅者，亦同重究，業給原主，價追入官。

一、孤子少年承受先業，無耻棍徒三五成群，或誘幫嫖衏，或駕使揭銀，或唆調告狀，將田宅事産蕩然一空，此良民之大害。城市鄉村但有此等奸民，許被害及鄉約保甲人等綁縛到院，以憑盡法重治。

一、兇暴游民結黨飲血，或假稱欠債，或捏騙賭博祭棍操刀，或夜劫財物，或晝搶平人。一人有讎，則聚衆同報。一人告狀，則彼此扛幫。又結交衙門皂快，扶同詐財，互相容隱。除宗室行各管理府分鈐束，罪重者自有國法，奏請施行。其郡府不能管理者，一並參究外，其餘棍黨，告示一出，限五日不即解散者，本院訪拿，盡行重治，各重性命身家，其勿悔。

一、朝廷自有法律，一省多少衙門，果負冤屈，大則進本，小則告狀。何氣不出，何冤不伸。有等愚民，受氣不過，服毒，跳崖，自縊，自刎。屍親視死者爲奇貨，或擡屍上門，或錐棒毆打，或棄毀器物，或混檢家財。不知自殺人命只該杖罪，追棺木銀三兩。告狀牽連數月，所追不勝盤費。將一箇死身子換了别人一頓杖條，有何便宜。以後自死人命，有司衙門休與准理。同居父母、伯叔、兄弟、妻子，見死不救者，仍以重利輕倫，不孝不義，重責枷號。其屍親指倚人命，傷人搶財，依律以兇徒聚衆，定問徒罪充軍。愚民大家思想，自死有何益哉。

一、刁民心懷奸僞，志在得財。家中但無營生，就要搜尋告狀。或教唆别人，或投充勁證，或捏寫無影虚詞，或隱匿年月名姓，或以活人作死，或垉人墓檢屍，或混告二三十人，或牽連無干婦女，或一狀未問一狀又投，或上司衙門連遞數紙。以致批問紛紛，提人亂亂。有分毫小事而經年不結者，有東審西解往返千餘里者。饑寒、疾病、老弱之人連累常死，庄農買賣傭工之家盡悮生活。及至事完之日，不過笞杖罪名，多半全無指實。如此奸詐之徒，擾亂民生，死有餘罪。往往反坐，通不知懲。以後問刑衙門遵照本院在按察司時所發無耻刁民簿一扇，除告狀依本院發去新式，及所告得實者，不分曾告幾次，原爲辯冤訴屈，免其登記外，其餘但係半虚者，即登此簿。簿登三次及狀一狀十人者，即將本犯扭解本院，以憑盡法重治。所告多人除緊關證佐外，其無干牽告之人，所費盤纏即於本告名下，計一日追銀二分，給牽告人收領。仍以無耻刁民某人，寫大字豎牌一面，釘於本告門左申明亭紀惡朔望念堂。良民不與爲禮，教唆主謀之人，依律定擬重罪。

一、造言之人無端捏事，見影生風，或平起滿街議論，或寫貼匿名文書，或擅編歌謡劇戲，或講説閨門是非。除致出人命者即與抵命外，鄉約人等但有指實者，即便綁縛到官，有司盡法重治，徧於城市鄉村游迎。仍寫姦詐賊民某人大字豎牌一面，釘於本犯門左申明亭紀惡朔望念堂，良民不與爲禮。

一、男婚女嫁，本爲長子生孫，豈以貪財求富。女子出門，須要費用，女家争財雖非禮義，然《大明會典》尚有多不過十兩之説。索求賠送，何處明文。近日惡婆貪壻行禮下財，一切都從鄙吝。過門之後，從來定禮節禮衣物，既向新婦找尋，嫁裝不厚不多，又將新婦作踐。女一過門，歲月追節日時供饋稍不遂意，或不許往來，或時常打罵。有致令病死者，有致令自盡者，不思人家養女一場，千辛萬苦替我家生子做活，又着人家賠錢受氣。此是良心滅絶之人，廉耻盡喪之物。所以江南溺女，只緣此事傷心。以後女家賠送供給厚薄，有無，各從所便。但有因勒財物致傷人命者，公婆枷椤徧鄉村城市游迎，本夫盡法重究。仍將女家原賠衣妝、首飾、節年供給，盡數還主，雖變賣家産，亦不准饒。

一、勾引人家婦女，强占在家，因而拐帶財物，及外包娼女，内毆妻室，蕩費妻物，因而致命者，盡法重治，枷號游迎，釘牌紀惡。至於兄收弟妻，弟收兄妻，法當兩絞。而鄉村愚人，乃以就和名色，公然嫁娶，甚至父母主婚，親朋相賀，大可痛恨。自今以始，但有舊日不知而犯法者，告示一出，即日離異改正。如瞞昧因循者，訐告到官，定問死罪不恕。

一、賭博乃敗家之緣由，做賊之根本。開場者，譬如窩主。束手分財賭博者，譬如盜賊，夥瞞痴幼。此徒若不嚴緝重究，地方豈得安寧。各州縣衛所官，於所屬城市鄉村印貼告示，但有拏獲真正賭博者，即於各犯名下追銀十兩充賞。

（明）張鹵《節行事例・鄉飲酒禮律儀》 一、鄉飲酒禮，每歲正月十五日、十月初一日，二次舉行。

一、各處府州縣於儒學行鄉飲酒禮，酒殽於係官錢内，從實約量支辦，務要豐儉得宜。

一、凡府州縣行鄉飲酒禮，除僎賓外，衆賓序齒列坐，其僚屬則序爵。

一、鄉飲之設，所以尊高年，尚有德，興禮讓。敢有諠譁失禮者，許揚觶者以禮責之；其或因而失禮者，主席之人會衆罪之。觶音至，罰盃也。

一、儀注：凡鄉飲酒禮，主官、衆官於庠門外，會集衆賓，贊禮四人，立東西階之側。通贊唱：排班，班齊。唱：揖，平身。主肅賓至進賢樓下。唱：揖，平身，至次門下，唱：揖，平身。至明倫堂下，三讓。主賓舉禮三讓。唱：陞階。至月臺中，執事擊鼓。唱：陞堂。執事鋪席，唱：排班。班齊，唱：拜興，拜興，兩拜平身。唱：主賓以下，各就席坐。坐畢，通贊唱：揚觶。引贊至司正前，唱：詣揚觶所。通贊唱：主賓以下皆起。引贊引司正至所，執事者以酒授司正。唱：揚觶。揚觶畢，引贊、通贊同唱：揖，平身。引贊唱：飲酒。飲畢，引贊、通贊同唱：揖，平身。引贊唱：復位。通贊唱：主賓以下皆坐。坐畢，通贊唱：讀《律》、《誥》。引贊至讀《律》、《誥》生前，唱：詣讀《律》、《誥》所。通贊唱：主賓以下皆起。引贊引生至所，遂展《律》、《誥》。引贊、通贊同唱：揖，平身。引贊唱：讀《律》、《誥》。讀畢，引贊、通贊同唱：揖，平身。引贊唱：復位。通贊唱：主賓以下皆坐。坐静，通贊唱：供案。唱：斟酒。執事者斟酒。斟畢，唱：飲酒。酒三行，通贊唱：供湯。執事遞湯，遞畢。唱：請湯。主賓皆請湯畢，通贊唱：供饌。執事充囥，披割猪首畢，執事下饌遞畢，通贊唱：請饌。訖，通贊又唱：讀《律》、《誥》。其禮如前。讀訖，執事者按行斟酒，或五行，或十行，供湯，供饌，其禮俱如前。至畢，通贊唱：撤案。撤畢，執事鋪席。唱：主賓以下皆起。唱：賓酬主，主酬賓，賓主相酬。皆行兩拜禮。唱：排班。班齊，唱：鞠躬，拜興，拜興，平身。主賓皆兩拜，平身。唱：主送賓。引禮四人，引送庠門外，唱：排班。班齊，主賓東西相向。唱：揖，平身。禮畢，乃退。

（明）張鹵《節行事例・鄉飲酒賓主介僎序列圖》 主，府知府、州知州、縣知縣如無正官，以佐貳官代，位於東南。大賓，以致仕官爲之，位於東北。僎賓，擇鄉里年高有德之人，位於西北。介以次長，位西南。三賓，以賓之次者爲之，位於賓主介僎之後。司正以教職爲之，主揚觶，以罰之。贊禮者，近皆以生員爲之。按鄉飲酒義，賓主，象天地也；介僎，象陰陽也；三賓，象三光也。讓之三，象月之三日而成魄也。四面之坐，象四時也。六十者坐，五十者立，侍以聽政役，所以明尊長也。六十者三豆，七十者四豆，八十者五豆，九十者六豆，所以明養老也。

（明）佚名《重刻律條告示活套》卷三《鄉飲酒禮》 前件某府爲鄉飲酒禮事，竊惟鄉飲以時舉行，乃朝廷之舊典，齒爵損讓，實儀之常存。詔律宜遵，所以旌别淑慝維持名教，今當舉飲之期，中間多違舊章，有當飲而徇私阻隔者，有不當飲而蒙蔽濫預者，有齒幼豪强而僭於齒尊之上者，有爵卑高傲而僭於爵尊之上者，有起坐溷亂言語諠譁者，有因舊忿飲酒相歐者，有因艱窘無耻竊取器皿者。似此之端，應合出給告示曉諭預飲官員人等知悉，各遵制体，各守理法，敢有故違者，事發依律坐罪不恕。

（明）魏校《莊渠遺書》卷九《禁火化以厚人倫》 孝順父母，是我太祖高皇帝親口教詔，汝民第一件好事。父母生我愛我如金玉，痛我如肺肝，子一有病，爲父母者，祈天禱地問卜求醫，以至廢寢忘食，惟恐子身一日不安，人子或湯爛火傷，父母即撫胸涕淚。愛子之心，人人如此。爲人子者，以父母愛我痛我之心，去愛痛父母，何患不能孝順父母者乎？今四民之中，有父母生時，觸怒得罪，可殺可咼，父母死日即火燒路棄，可痛可傷。此固久安之陋習，亦由有等師巫謬彰邪説惑亂民心，以西天爲極樂，火化爲歸仙，不知西天是夷鬼之地，父母何居；火化乃炮烙之刑，父母何罪。不思愛痛深恩，顧乃以仇報德，既煎熬其骨肉，必飄散其神魂，日後雖有思親之時，祭之不享，哀之無益，禽獸同歸，天人共怒。家道凶亡，子孫哀替，皆本於此。自今以後，切須聽我教誨，生時盡心孝順，死後隨力葬埋。葬者，藏也，欲人不得見也。貧者，穴土藏棺存禮而已，不許輕信風水家禍福之説，及興廢某房之説，停藏父母，至數十年不葬，以致屍棺暴露，鴉餐狗食，傷害天和，變生瘟疫。惜哉！痛哉！曉諭明白，聽者省之。

一、民間有義舉助喪，及周恤患難孤幼者，里人當報於社學，師書於簿內，待本職查賞褒勸。

一、禁約之後有火化者，子孫依律死罪，工人各行重治。

一、未葬者，限一月葬畢，違者，里甲、鄰人、族長呈送問罪，如過限不呈，訪出一體治罪。

一、葬親者，不許乘時强占他人墳地，違者，治罪不恕。

（明）魏校《莊渠遺書》卷九《息争訟以免刑罪》 照得廣東多好詞訟，其故何也？民不被教，喪失良心故也。陰險詭詐，是殺身之藥；貪利害人，是斬身之刀。强梁者，不得好死；教唆者，到底傷身。賭博淫行者，終身破敗；剛忿不忍者，多致官刑。今持與爾民約：凡有父子、兄弟、夫婦不相親睦及争財異業，以致飲酒、博奕、打鄰駡里，教唆賭博、姦淫、盗惡、謀爲不善、打點、誆騙等項，以每月朔望兩日相會，里人於社里中有過失者，許自陳説，或族長鄰人陳説。如小事有不平者，衆人勸戒處和，事關大惡者，衆人明言責救。如有不從，擇老者數人同至其家責勸，如再不從，許地方隣人同族長赴各該衙門呈治。如有互相容忍，不行勸責呈治者，事發之日，一體治罪。

一、里中如有能改過自新、變惡爲善、以循理教者，許里中老而有德者告社學之師，訪問的實，書於改過簿内，以待本職查賞。

（明）劉時俊《劉時俊告示》 一、事有人己俱利，如築圩等項，多互相推諉。乃有利己害人，如灌網等項，反屢革不悛。若頑民之窩留異棍，行使假銀，渡夫把截官河，勒阻行旅，經紀壟斷，取利强索窮民，諸如此類，不可枚舉，皆良心陷溺之人也。不思汝若身當此害，豈不痛恨他人。人心本同，何不自忖。且富厚人家，吃着之外皆爲無用，固宜知足知止。即貧窶之夫，一生衣食皆係前定，亦不必過分强求，若存一損人利己之心，反違天理，自虧受用。爾等宜急省改，毋再癡迷。同約之人，仍須互相勸諭。

一、本地大户，異境客商，放債收息，合依常例，毋得隳筭。或有貧難不能償者，亦宜以理量寬。有等不仁之徒，隳利磊取，致令窮民無告，賣産鬻身，或有謂蕩子易於收息，而授以滛敗之資，其父兄方切恨入骨也。比其欠負，又反責償於父兄，或將田土權爲典當，而歲收租入之利其所得已不啻幾倍也。比至結筭，仍復取盈而堆折，蓋惟知有利，遂昧良心，不思與其刻骨刻髓，積爲廂中不用之財，何如從緩從寬，留爲子孫不盡之福。今後有此諸約，長等與之明白，償不及數者，量與處分，欠債之人亦毋得負心啚騙。

（明）莊起元《檄示八種·力行節儉公約一道》 竊惟儉之爲德，于禮著美，在傳稱恭，復古君子每兢兢，依以幅限，勿使過度。而江河之趋，逝波莫砥，日月之往，逐影難迴。顛多賈笑于不萃，孰有表貞于太朴。此浙西饒富，久已風靡，而浙東瘠薄，不宜日汨者也。迺今觀瀫水之區，月異而歲不同矣。飲食燕會，水陸哀珍，啓牘揭牋，玄黄繪彩，問遺餽送，筐篚萃異，創始若駭，沿習成常，彼此往來非是不虔，不知數年之後，作何樣觀矣。爲此定爲公約，戮力同心，務相遵守。上之薦紳先生倡爲標準，下之編户齊民隨爲法程。可以節嗇財用，而不犯好盡之戒，可以坊止淫佚，而不罹抒罔之愆，或有稗益，列欵如左。

計開

一、燕飲宜儉。山海之錯，宜貢天府，沼溪之毛，可羞王公，故宴不過乎三爵，箸何下于萬錢，儲費以養有餘，惜福以留不盡，此物此志也。今之會客者亦太甚矣，撮拾方物，無取宫中拮据，兼晨不敢嘗食，而不知三簋之可享，一葉之足嘗，悃幅自真，萃靡直僞耳。今擬爲定式，尋常偶集，果四殽六湯，點各壹時暇坐久，加以小盒裁取，洽情不煩，浮費雖大，宴饗殽不過十，果不過五，湯點不過三，攢盒不過一。倘有醢虎加籩之類，賓告主人三肅而退，凡我同志，幸勿渝盟。

一、牋帖宜儉。古人文字書之以行，貫之以革，載之以車。孔子好易，韋編三絶，惠子多方，其書五車是也。竹簡之修短，隨文字之繁省，餘即折之。今易以赫號而尚仍折簡之名，志其舊也。世之趋也，揭用綾紈，牋加金翠，雲霞燦斐，亹之色刻，盡彪陸離之光，一目即過，擲之烏有。終年約費，積且不貲。今與吾輩相約：除上任、新婚、賀壽等外，一應平常交謁，悉用白帖，燕見並不用帖，遣問止用單帖，小吉慶禮只單紅帖，非問人他邦，小套足矣，護封可省，非難封人言，書端可矣，副啓可省。某揀先祖大条，公與知交，往復舊書，朴狹特甚，此不過嘉靖年間，而今已極靡矣。妄列前約，雖云不文，或有禆耳，幸各如約。

一、問餽宜儉。殷戒苞苴，湯禍自問，漢嚴筐篚，賈疏傷時，若之何？公行無忌，以程席之豐薄，爲恭敬之隆殺也。夫禮尚往來，古所不廢，今豈能逃絶孑處，自標榜以爲高顧，斟酌于彼我可行之間，而条定于情文不畸之際。務使足表羔羊之節，而毋貽象齒之訊，則亦宜定爲規制，俾可末遵。如上司不應餽送外，其平等交際必不能自已者，始初贄見，家織不過二端，土物不過四件，而金花羊酒之縟儀，亦何益之與。有至歲時，伏臘通候，或四盤，或六盤，而止其最相知者，即一脯足矣。兩不縻費，亦便報酬，而何必縮取備物，俾不可繼也。此其或者可以崇實，可以黜浮，可以樹檢，可以免謗，幸相固守。

以上三端皆係官箴，且不可廢。故特揭之。至于冠婚之鄭重，喪祭之慎追，屋居之樸素，服乘之畧簡，僕從之减省，不能一一闌悉。凡我同志君子幸推類而悉加意節約焉。

（明）莊起元《檄示八種・禁止三事告示一道》　金華府蘭谿縣爲嚴禁三事，以防邪民，以革敝治事。照得浙東山多田少，地瘠民稠，而蘭谿尤爲水陸交衢。四方游民雜處此土，往往與地著不肖之流朋比爲奸，故其風氣習俗每競花蕩之歡，而尠樸實之致。是以賭博、嫖娼、飲酒三事習以爲常。雖紳韋藉口爲高，備將氓蚩甘心干没溺。若不禁止，小者貽敗名壞行之殃，大者釀喪身亡家之禍。思之痛心，言之切齒。特諭爾民，亟加警省。有則速改覆轍，無則罔投陷阱，畧陳利害，以示趋避。如不遵依，三尺勿貸。

計開

一、事賭博。凡民無行義之尤者，不業四民之業，而以六博蹋鞠爲生。此宜家無擔石，朝不謀夕者爲之。而崗中有身家者，多曬習焉。士廢詩書，農釋耒耜，工棄規矩，商忘子母。無不潛跡開場之家，徹昏夜饕飲食。拚性命争取一擲萬錢之利，而竟不思賭而敗裂者什有九，賭而完好者什無一。其根原皆起于主家窩匿擅利，幫者引誘分潤，爲之崇也。今訪的開場主名，若而人幫閑誘賭，若而人入夥同博，若而人引繩批根，務當其實，屈首就法，俾伏其辜。倘上之人不行嚴禁，下之人不知痛改，將使祖宗豐厚之産傾陁，而凌夷自己清白之名潰壞，而决裂一念不謹萬有餘喪。思之，思之。

二、事嫖娼。凡人烟凑集之區，逐什一而熙熙攘攘以至者爲愛糈也，蘭第一巖邑耳。上不如閩廣之盈衍，下不及蘇杭之殷鞠。而當兩京八省之衢，仕客屢踵相襲，彼彈箏扣絃，掀幕曳裾，目挑心招，以爲容者，亦多有之。柳巷花街，國不禁絶，俾商旅經年在外，稍通男女之情，而非令本土有妻室者迷恋，而忘其家也。今訪有貴介子弟，豪富少年，溺于妓而傾盡囊橐之藏，娶爲妾而離異琴瑟之好。甚至有争寵相殺，訐告不休。試念初終，殊可灰冷。本縣初到，驅逐妓家。間有一二留住塔邊者，止許過往游客暫時止宿，並不許城鄉子民尋常花嫖。倘或有犯，着地隣拿送，枷責以杜淫風。

三、事飲酒。《毛詩》曰，毋荒湛于酒。《左傳》曰，酒以成禮，不繼以淫，麴蘖之設，所以合歡，禍敗之流，至于召亂。細訪本邑，有一種狂逞之徒，豪飲酒家，不醉不休。富者杖頭有餘，貧者典衣不足。日日酩酊，竟忘生涯。至于歲時伏臘之會，冠婚喪祭之期，亦多罔顧。禮讓惟圖沉沔，不勝杯勺，旋起囂紛，甚而嬉笑之間竟成擊殺之變。夫灌夫罵坐釁極亡家，畢卓盜醪耻貽喪檢。唯爾士庶，當思聚會有禮，燕飲有節。酒或三五行而止，宴或逮昏而撤，預防荒淫之漸，使無訴諍之端。可以節嗇精神，勿至敗禮敗度，可以保護基業，勿至或播或遷。是所宜日夕警省，以嗜酒爲痛戒者也。如或仍迷錮習，不知悛改，輕犯不赦之律，決不以始初杯酒之故而爾貸也。尚其惕之。

（明）佚名《大明律講解》卷一二《喪葬》 凡有喪之家，必須依禮安葬，若惑於風水及托故停柩在家，經年暴露不葬者，杖八十。其從尊長遺言，將屍燒化及棄置水中者，杖一百，卑幼並減二等。若亡殁遠方，子孫不能歸葬而燒化者，聽從其便。其居喪之家，修齋設醮，若男女溷雜飲酒食肉者，家長杖八十，僧道同罪還俗。

（明）佚名《大明律講解》卷一二《鄉飲酒禮》 凡鄉黨序齒及鄉飲酒禮，已有定式，違者，笞五十。

（明）盧象昇《撫鄖公牘》卷二《禁止詞訟示》 照得鄖屬地方，遭流寇焚傷特甚。本院初涖茲土，惟一意撫恤瘡痍，剿除强寇，休養民力，保障地方。所有詞訟一節，合行停止。爲此示仰督屬軍民人等知悉。凡户婚、田土小事，務各捐忿息争，即有重大事情，亦姑俟寇患削平，人民樂業之日，方赴各該衙門告理。如違，定以嚚訟刁民論罪，特示。

（明）王肯堂《王儀部先生箋釋》卷一二《鄉飲酒禮》 釋曰：鄉飲酒禮條式，使民歲時燕會，習禮讀律，期於申明朝廷之法，敦叙長幼之節，遂爲定制。云鄉黨序齒，指平時行坐而言。鄉飲酒禮，指會飲禮儀而言。自是兩事，凡序齒與鄉飲酒禮，已有定式頒行天下，在臣民所當遵守。違者，笞五十。

按舊鄉飲酒禮，在内順天府及直隸府州縣，每歲孟春正月，孟冬十月，有司與學官，率士大夫之老者行於學校，在外行省所屬府州縣，亦皆取法於京師。其民間里社，以百家爲一會，糧長或里長主之，百人内以年最長者爲正賓，餘以齒序坐，每季行之於里中。若讀律令，則以刑部所編申明戒諭書兼讀之。其内外武職衙門，每月朔日，亦以大都督府所編戒諭書，率僚佐並讀之。又制鄉飲圖式，頒行各處府州縣，每歲正月十五日，十月初一日，於儒學行鄉飲酒禮。酒肴於官錢約量支辦，務要豐儉得宜。除賓僎外，衆賓序齒列坐，其僚屬則序爵。前一日，執事者於儒學之講堂，依圖陳設坐次，司正率執事習禮。至日黎明，執事者宰牲，具饌，主席及僚屬司正先詣學，遣人速賓僎以下。比至，執事者先報曰：賓至。主席率僚屬出迎於庠門之外以入，主居東，賓居西，三讓三揖，而後升堂，東西相向立，贊兩拜，賓坐。執事又報曰：僎至。主席又率僚屬出迎，揖讓升堂，拜坐如前儀。賓僎介至，既就位，執事者唱，司正揚觶，執事者引司正，由西階升詣堂中，北向立，執事者唱，賓僎以下皆立，唱揖。司正揖，賓僎以下皆報揖，執事者以觶酌酒授司正，司正舉酒曰：恭惟朝廷率由舊章，敦崇禮教，舉行鄉飲，非爲飲食。凡我長幼，各相勸勉，爲臣盡忠，爲子盡孝，長幼有序，兄友弟恭，内睦宗族，外和鄉里，無或廢墜，以忝所生。讀畢，執事者唱，司正飲酒。飲畢，以觶授執事，執事者唱揖，司正揖，賓僎以下皆報揖。司正復位，賓僎以下皆坐。唱讀律令，執事者舉律令案於堂之中，引禮引讀律令者詣案前，北向立唱，賓僎以下皆拱立行揖，禮如揚觶儀，然後讀律令。有過之人，俱赴正席立聽。讀畢，復位。執事者唱供饌案，執事者舉饌案至賓前，次僎，次介主，三賓以下，各以次舉訖。執事者唱獻，賓主起席，北面立，執事斟酒以授主，主受爵，詣賓前，置於席，稍退，贊兩拜，賓答拜訖，執事者又斟酒以授主，主受爵，詣僎前，置於席，交拜如前。儀畢，主退復位，執事者唱賓酬酒，賓起，僎從之。執事者斟酒授賓，賓受酒詣主前，置於席，稍退，贊兩拜。賓僎主交拜訖，各就位坐，執事者分左右立，介三賓衆賓以下，以次斟酒於席訖，執事者唱飲酒，或三行，或五行，供湯，又斟酒，飲酒供湯，三品畢。執事者唱徹饌，候徹饌案訖，唱賓僎以下皆行禮。僎主僚屬居東，賓介三賓衆賓俱西，贊兩拜訖，唱送賓，以次下堂。分東西行，仍三揖出庠門而退。

一、里社，每歲春秋社祭會飲畢，行鄉飲酒禮，所用酒肴，於一百家内供辦，毋致奢靡。百家内除乞丐外，其餘但係年老者，雖至貧，亦須上坐，少者雖至富，必序齒下坐，不許攙越，違者以違制論。其有過犯之人，雖年長財富，須坐於衆賓席末，聽講律，受戒諭，供飲酒畢，同退，不許在衆賓之上坐。如有過犯之人不行赴飲，及强坐衆賓之上者，即係頑民，主席及諸人首告，遷徙邊遠住坐。其主席者，及衆賓推讓有犯之人在上坐，同罪。其各里社以百家爲一會，百家之内，以里長主席，其餘百人，選年齒最高有德人所推服者一人爲賓，其次一人爲介，其餘各依年齒序坐。如有鄉人爲官致仕者，主席請以爲僎，擇通文學者一人爲揚觶，一人爲讀律，二人爲贊禮。前期一日，主詣賓門，賓出迎大門之外，肅主以入。至中堂，主賓相揖訖，主稍前曰：某日行鄉飲酒禮，吾子年高德卲，敢請爲賓。曰某固陋，恐辱命，敢辭。主曰：詢諸衆，莫若吾子賢，敢固請。賓曰：夫子申命之，某不敢辭。主再拜，賓答拜。介亦如之。執事者設賓席於堂中，稍西，南向，設主席於堂東南，西向。賓六十以上者，席於堂中上兩序東西相向。如賓多年幼者，席於堂下阼階之南，北面西上。是日清晨，賓及衆賓皆至門外，主出迎，西向揖，賓東向答揖。主先入門而右，賓入門而左，至階。主揖賓，賓揖主，主先升自東階，賓升自西階。至中堂，主西向立，賓東向立。贊禮唱拜興，二主賓皆兩拜。主肅賓，各就位，贊禮唱揚觶。揚觶者，舉觶酌酒。詣中堂，北向立，贊禮唱在坐皆起，賓主以下皆起，拱立揚觶者，迺揚觶而言恭惟云云，同前讀畢，唱揖。揚觶者揖，主賓以下皆揖。揚觶者遂飲酒訖，復揖，主賓以下皆揖。以爵授執事者復位，賓主以下皆坐。贊禮唱讀律，執事者設案於堂中，次引讀律者詣案前，贊禮唱在坐者皆起揖，讀律者揖，賓主以下皆立，遂展律於案，詳緩讀之訖。復以申明戒諭讀之畢，贊禮唱揖，讀律者揖，賓主以下皆揖。讀律者復位，贊禮唱衆皆坐，賓主以下皆坐。執事者供饌案行酒，贊禮唱飲酒，衆賓皆飲，或五行，或七行，禮同前。食畢，徹案。贊禮唱畢，主先行而西向立，贊禮引賓以下東向立，贊拜興，拜興主賓皆兩拜。主送賓於門外，東西相揖，乃退。明日賓介僎衆賓，詣主家拜謝鄉飲之賜。主出門外拜，謂辱屈昨日之來。

一、鄉飲之設，所以尊高年，尚有德，興禮讓。敢有喧譁失禮者，許揚觶者以禮責之，其或因而致争競者，主席者會衆罰之。

鄉飲酒禮，序長幼，重賢良，別姦頑，異罪人。其坐序以高年有德者居上，高年淳篤者並之，以次序齒而列。其有曾違條犯法之人，列於外坐，同類者成席，不許干於善良之席。主者若不分別，致使貴賤混淆，察知，或坐中人發覺，罪以違制。姦頑不由其主，紊亂正席，全家移出化外。

凡良民中年高有德，無公私過犯者，自爲一席，坐於上等。有因户役差税遲誤，及曾犯公杖私笞，招犯在官者，又爲一席，序坐中門之外。其曾犯姦盜詐僞，説事過錢，起滅詞訟，蠹政害民，排陷官長及一應私杖徒流重罪者，又爲一席，序坐於東門之内，執壺供事，各用本等之家子弟，務要分別三等坐次，善惡不許混淆。其所行儀注，並依定式，如有不遵圖式序坐，及有過之人不行赴飲者，以違制論。

主，府知府、州知州、縣知縣，如無正官，佐貳官代，位於東南。

大賓，以致仕官爲之，位於西北。

僎賓，擇鄉里年高有德之人，位於東北。

介以次長，位於西南。

三賓以賓之次者爲之，位於賓主介僎之後。

司正以教職爲之，主揚觶以罰。

贊禮者，以老成生員爲之。

（清）李漁《資治新書二集》卷九《詞訟·謊狀必究訟師諭》 照得健訟之戒，已經三令五申，冀爾民止鬥息争，用力田畝。詎料積習難更，愈懲愈熾，每一放告，楮牘盈庭，及至據詞審理，百無一實。揆厥所由，非小民之好訟，實有陰持訟柄之人，不喜無争，樂於有事，所謂訟師硬證之流是也。自今以後，凡有詞訟審虚，先責干證，後懲原告，立拿代書，一併究擬。但使唆鬥無人，則争者不勸而自息矣。合行嚴飭。爲此示仰訟師干證人等知悉：自後各安己業，休管閑非，勿以幫助爲忠，勿以挑唆爲智。如有怙惡不悛，仍前爲人扛訟者，審虚之日，罪歸爾等。不是唆人害人，乃唆人害己也。

（清）潘杓燦《未信編》卷三《刑名·章程·飭禁刁訟并訪拿訟棍示》

爲嚴禁刁訟，以安民生事，照得訟告一事，最能廢業耗財。愚人不知，甘於輕試，無論呈狀一入公門，每爲貪墨居奇。即清官廉吏，聽斷無私，而提解待審，道路之跋涉，居停之守候，斷不能免。在未審之前，勝負難料，憂懼謀畫。不但自己焦勞，凡係親屬，皆累掛念。乃臨審之際，處處仰面事人。凡書胥役隸，無不輸情盡禮，囑託幫襯照管。到既審之後，幸而偶勝，則前此焦心勞身，費錢失業，將來家道定就艱窘。若理虧坐罪，則破家蕩産，身受刑繫，玷辱家聲，羞對妻子，雖悔無及，良可憫恨。然此致訟之由有三：一種倔强之徒，見理不明，好剛鬭勝，略有小事，以出頭告狀爲才能，以熟識衙門爲體面，此由情性之乖戾也。一種貪惡之人，意想詐人遇事生風，訐私揚短，未告則放風熏嚇，已告則使黨圈和，不遂其欲，疊告無已，地方之喇唬也。更有一種教唆訟棍，心實虎狼，跡同鬼蜮，原無恒業，專哄平人告狀。訟端既興，則運用筆鋒，播弄詭計，代爲打點。愚者落局傾財，彼則暗中分扣。又多首鼠兩端，原被俱收掌股，甚至鳩衆公舉，匿名揭告，謀代調停，撞嚇大錢，迨詞虛伏法，罪坐出名之人，而彼乃居然事外，有利無累。此等狡黠，真不可一日容於盛世。本縣曰以甦恤民瘼爲心，且以剪惡除奸爲任，合行飭禁。爲此示仰軍民人等知悉：除真命逃盗大案，宜赴官司首告外，凡係户婚田土、債負等事，止應自相理諭，不必輕於舉詞。若一時口角，細微忿怨，斷該情恕理遣，各安生業，保守身家，何得任性使刁，自蹈法網，至於所在地方。或有前項棍徒包攬詞訟，把持起滅誘害良善者，地方鄉保不時據實首報，以憑盡法痛處，申憲决配，斷不容貸。凛之凛之，須至示者。

（清）陳枚《憑山閣增輯留青新集》卷二一《告示·申禁刁民具詞捕衙示施宏》 爲再行嚴飭恪遵功令事。奉本府憲牌内開，照得佐貳受詞，久干嚴禁，夾棍酷刑，非命盗重情，不許擅用，均奉旨憲禁例諄諄戒諭，嚴且切矣。近聞有等不肖屬員罔遵功令，推勘細事，而擅行夾訊。佐貳等官敢於濫受民詞，狥私曲斷，顛倒是非。種種滋弊，難以枚舉。除現在密訪詳叅外，合行嚴飭，仰縣即便轉飭所屬各官：嗣後凡承奉審勘事件，非命盗重情，不許擅加酷刑，妄行夾訊。至於民間詞訟，俱聽印官審理。如佐貳仍前違例受詞，枉法滋弊，一經訪聞告發，定即列揭詳叅，斷不姑貸等因，到縣。奉此爲照，居官奉職，各有定例，凡佐貳官擅受民詞，降一級調用。正官失察，罰俸一年。承審官將不應夾訊之人行夾，降一級。另用非刑者，革職。載在令典。本縣宰臨已經四載，不肯濫准一詞，不忍輕用桚夾。蓋以訟費人財，刑損人命，惜物力，養天和也。惟是世澆俗戾，健訟者詞必無情，正官斥其虛誣，必向散員膚愬，以散員易於强准也。况散員喚質有力者，便可立而對簿，要夾要□，把持任意，此樂於赴控者，一也。無力者亦以易於求請，要和要審，起滅自如，此樂於赴控者，一也。更有一種訟棍，教唆害人，以多訟、久訟爲貴，即些小之事，哄人分頭呈告。一詞投堂，必以一詞投衙，堂詞未准，衙詞先行。堂詞已結，衙詞未完，纏延月日便於取利，此樂於赴控者，又一也。尤可痛恨者，村畾好事保長將人家婦姑夫妻之反唇，揑以不孝、不貞之題目，寫一報呈混遞，騙得准查二字。則勾領皂隸，拴同惡黨，恐嚇婦女，局賺懦愚，武斷包攬，詐酒婪錢。官受不美之名，彼收自然之利。此樂於赴控者，又一也。臨邑原無佐貳，止設捕衙一員，民詞投受屢經飭禁在案。今奉前因除重刑之禁，另檄該衙官攢外，合將受詞一條再示曉禁。嗣後爾人民務須洗除健訟舊習，其有大于律例，敗傷風化、大冤大枉，必不可已之事，詐赴本縣呈告，或親拘、或批衙，静候公斷，不得希圖起滅把持，私向該衙混控本縣。現今差役在於大門不時稽查，查有以詞赴衙投遞者，係生員牒送儒學收管，係庶民先責三十板，并同原詞詳憲究處。倘該衙不奉批發，擅自喚審，立即揭報，請憲處分。至於訟棍虐民，現奉憲訪，保長生事，現奉憲禁。敢有故違，身命攸係，爾人民毋思害人，竟至害官，仍以自害也。本縣執法如山，斷不姑狥，自貽失察之咎。各各凛遵，須至示者。

（清）陳枚《憑山閣增輯留青新集》卷二一《告示·息訟示章紱》

爲誡諭息訟，以安民生事。照得立品持身，懲忿爲上，保家守法，忍辱宜先。爾民健訟之風，真甚髮指。本縣坐堂，則抱牒紛投；出外則擁輿喊稟。閲其情詞，争山則狀開掘骸毁塚，口角則詞告鋒刃衝抄；孀婦改適則云綁嫁、摟姦；債票未償則曰叛弁、拷寫；已和復訟則稱宦衿套壓；已結圖翻則稱金蔽沉冤。刀筆活套，千紙雷同。止求騙唯一時，不顧王章天理。雖本縣量准狀詞，俱令原告自拘，嚴禁衙役詐索。然爾民往返奔馳，歇家飯費，與夫代書潤筆，証佐酬勞，失業妨工，勢皆不免，費去錢財，抛荒田地，及事完，追悔無及。皆因訟師唆誘，加以劣衿惡棍鼓煽揚波，愚民悮墮術中，不能自脱，不思此輩利爾財耳？豈真有肝胆義氣，路見不平，甘爲援刀之助耶？况邑民遭此慘刦，尤須修德存誠，挽回天運，猶如人當大病之後，滋補培養，尚恐元氣難復，豈可再加尅削之劑，愈耗根本。合急切誡曉諭，爲此示仰闔邑軍民人等知悉。各宜猛省，息訟安生。户婚、債産，原中理直，口角争鬭，親族調和，鄉村鄰佑，寧無公直闗練里甲，並可解紛。本縣必不濫准濫拘，專務與民休息。庶合哺擊壤之風，或再見于今日也。倘再不悛謊狀圖勝，本縣冷面無私，審出虛誣，定行反坐，提究教唆。本縣婆心勸誡，特爲長篇曲論以醒痴迷，惟願吾民家粘一紙，人傳户曉，毋視虛文，使縣庭門可羅雀，方遂本縣拊循灾難殘黎之意也。特示。

（清）趙吉士《牧愛堂編告諭》卷九《興除・爲嚴禁樵牧事》　照得卦缶形勝嵯峨，素稱西晋名山，實爲交邑屏翰扶峯直上，錯節盤迴，列城市于蹊谷之間，收烟雲于簾閣之際，古廟、殘碑、虬松、蒼栢歷經有年。凡山有木則秀，秀則文才茂蔚，都人庥賴無窮也。近見樵夫牧子，不問其爲松、爲栢，旦旦而伐，牛羊從牧焉。至正月燈節，各家俱取松栢浮栽門前。移來陵上不過片刻青青，砍之山中已害千年鬱鬱，傷根禍烈，尤當永禁。爲此，示仰該都鄉保併本山住持知悉。嗣後有向山樵牧，致損松栢者，定行拿究不貸。

（清）戴兆佳《天台治略》卷六《告示・勸諭富室封印後緩取租債事》　一件勸諭富室封印後緩取租債使窮人共樂昇平事。

照得時届歲暮，諸事蝟集，各項帳目俱要清楚。不但窮人苦，而富室亦苦。然而富室家多蓋藏，平時有進而無出，到得年終不過有進亦有出，究竟所進者多，所出者少，其苦有限。至若窮人，室如懸磬，平時胼手胝足，尚不足以餬其口，到得年終啼饑號寒，租催債逼，交謫之聲不絶于耳，剥啄之聲不絶于門，實匕有死之心、無生之樂。古云：年匕常説，去年好日，匕無如今日難，摹寫窮人口吻，可謂殆盡。此種苦景，言之令人酸鼻。爲富者，此時於各項債租上，能寬緩一分，使窮人叨一分之惠，便是造福十分。今訪聞天台富室每于封印後一切佃租、利債恃强凌逼，不容緩欵須臾，縱容豪奴、悍僕如虎如狼，成羣結隊，恣意胡行。一到佃户債主之家，先索酒食饕餮醉飽，方逼銀錢。倘或無獻，或獻不如數，不論布帛、粟菽、鷄鵝、猪鴨，舉凡室中所有罄掠一光，甚至鎖縛、拷打，辱及父母、妻孥。如此行徑，設或窮人無知，挺而走險，則懸梁服滷，迸井投河，短見輕生之事，勢所必有。到得此時身家干係悔艾無及，何苦何苦。合行出示勸諭，爲此示仰闔邑紳衿富民知悉：今當歲暮封印之時，除一切店帳乃係小本經紀拖欠不起，應一一清還外，所有佃租、利債遲到來年麥熟之後，子母清還。届期敢有恃頑不楚，許爾等富户具禀本縣，以憑究追。目下暫爲寬緩，使各熙匕皡匕共樂升平。倘敢藐抗不遵，仍逞故智，肆行拷掠無忌者，訪聞得實，定行差拿究治。本縣决不因封印，便爾高卧衙齋，如入定之老僧，竟置民瘼于不問也。百爾君子具有心胸，自不以本縣之言爲河漢云。特示。

（清）戴兆佳《天台治略》卷七《告示・示諭放告日期事》　一件示諭放告日期事。

照得訟獄之興，最能耗財廢業。蓋呈狀一入公門，吏胥皆視爲奇貨，即本縣嚴行禁飭，或免需索。而跋涉道途守候審理，盤纏費用勢不能免，故爾民遇非意相加之事，苟能情恕、理遣自可弭訟息争？然人心浸薄，世俗日漓，保無强凌弱、衆暴寡、小加大、公私害者。况台邑刁健成風、頑梗不化，若不經官司審斷，安能雪枉除奸？今届八月，正當遵例開期受理詞訟，爲此示仰闔邑軍民人等知悉：除真正人命、强盗、打降、抄殺、奇冤、異枉許不時赴縣首告外，其餘一應户婚、田土、錢債、鬭毆諸務，親族、鄰保難以處明者，只須據事直書，遵照頒發狀式書寫端正，俱于三六九日期當堂投遞，候本縣閱准審理。敢有刁唆棍徒包攬詞訟，把持起滅，詐害良善，一經本縣察出，立拿枷斃，仍將聽唆原告嚴行治罪。至有一種不法刁棍，不遵告期駕揑虛詞，攔輿喊呌、繞署鳴冤者，除原狀不准外，定行重處，决不輕貸。特示。

（清）戴兆佳《天台治略》卷七《告示・遵例曉諭停訟事》　一件遵例曉諭停訟事。

照得歲終停訟，原因小民胼手胝足終歲勤動，當兹塞向墐户之時，正宜恬養休息，以待東作，此定例本旨也。况台邑地瘠、民貧，今年又遭荒旱，時届歲暮隆冬，天寒日短，爾等小民即竭盡心力趕趁分文，以爲卒歲之計，尚恐惟日不足，倘再投呈具禀，守候公庭，又加差唤票拘，豈不廢時失業？合行遵例停訟，爲此示仰闔邑四民人等知悉。示後除真正命盗逃人、賊情、棍蠹、詐贓、姦拐、賭博、打降等項各重情，許即據事直書、不時赴禀拘究外，其一切户婚、田土、錢債、口角、細故俱聽親族、里鄰從公處明。如有不得已必需告理者，應候來年開期赴禀，目下一槩不收，不得違禁逞刁瀆告，致干罪譴。但本縣痌瘝念切，際此歲暮之時，思貧家則有積逋逼迫之苦景，富户則有恃强凌逞之嚚風，奸徒則乘閒以行私，孱弱則吞聲而受制。此種惡習在在皆然，天台尤甚。要知歲終停訟之例，是與小民休息之意，會得此旨即便了然。本縣諸事認真到底，爾百姓當守法奉公，各勸職業，共享昇平。倘有以强欺弱、恃衆凌寡，一經訪聞，仍行嚴拏從重治罪，決不因停訟而稍爲寬假，致長横惡刁風也。特示。

（清）張我觀《覆甕集刑名》卷一《嚴禁婦女等事雍正二年六月》　照得婦女入廟燒香奉旨嚴禁，業經遍示在案。近訪有等無知婦女懶習女紅，相率入廟，以打扇爲名，不知時值酷暑，男子裸身露體者甚多，婦女雜集乘涼大爲不便。況神明正直當炎暑而爲神打扇，豈嚴寒而爲神烘火乎？褻神越禮，殊可痛恨。合行嚴禁。爲此示仰該地方總甲及住持知悉。嗣後如有婦女入廟打扇者，許該總住持查明該婦夫男姓名報縣，以憑拿究。如敢通同容隱，察出責革不饒。特示。

《西寧青海番夷成例·過往之人不令歇宿》　一、凡過往之人如有不令歇宿，以致凍死者，抵賠外，罰一九；未死者罰二歲牛。留宿被竊財畜者，着落房主賠償。

《大清律例》卷二六《刑律·人命·弓箭傷人》　凡無故向城市及有人居止宅舍，放彈射箭，投擲磚石者，雖不傷人笞四十。傷人者，減凡鬥傷一等雖至篤疾，不在斷付家産之限。因而致死者，杖一百、流三千里。若所傷係親屬，依名例律，本應重罪，而犯時不知者，依凡人論。本應輕者，聽從本法。仍追給埋葬銀一十兩。

《大清律例》卷三四《刑律·雜犯·不應為》　凡不應得爲而爲之者，笞四十；事理重者，杖八十。律無罪名，所犯事有輕重，各量情而坐之。

《蒙古律例》卷一〇《雜犯·發塚》　一、官員、平人刨發王、貝勒、貝子、公及其妻之墳塚者，首犯一人擬斬立決，抄没其妻子産畜；爲從者鞭一百，罰三九牲畜。將正法之賊人妻子、産畜一併給付墳主。刨發台吉、塔布囊等墳墓者，爲首一人絞監候，爲從者鞭一百，罰二九牲畜給付墳主。刨發官員墳墓者，爲首一人鞭一百，罰三九牲畜，其餘鞭一百，罰一九牲畜，俱給付墳主。刨發平人墳墓者，爲首一人鞭一百，罰一九牲畜，其餘鞭八十，罰一九牲畜，俱給付墳主。若有欲修築墳墓者，准其修築。若伊等欲從蒙古例葬埋，各聽其主便。人死毋許殺馬，毋插嘛呢杆子，渡口、山嶺毋掛絹條、手巾。如違禁而行，如有人見，則見之者罰給五牲畜。

（清）雅爾圖《雅公心政録》卷三《檄示·為通飭緩收佃户積欠以紓貧民之困事》　照得豫省上年被水州縣，雖蒙皇恩破格賑卹，然民力已困，今届二麥登場之期，在有地之家，粗衣、糲食可望温飽，而佃地貧民，交還本年租息之外，再償舊欠，不免有年豐啼飢之歎！查朝廷錢糧除蠲免外，其餘銀米尚蒙分别緩徵，帶徵各業户舊欠租稞亦當仰體皇上愛民之心，酌量多寡，分年取收，使窮佃得以飽食。況佃户力量寬餘，可以加工，于地土收租自豐；若使之筋疲力盡，則逃亡拋荒，違條犯法，仍爲業主之累。合行通飭，爲此仰司官吏照牌事理，即便轉飭上年被水州縣出示曉諭。各業主分收租稞，除本年正租外，其歷年舊欠務令分年帶完，不得盡行逼取，致使窮佃衣分無資。本部院爲豫民深謀遠慮，卹佃户即爲業主，各州縣須明白開導，毋得止顧目前之多取，致貽日後之累也。

乾隆五年四月十五日。

（清）凌燽《西江視臬紀事》卷四《勸諭民俗十條》　一、勸讓利取當。曲質之家多緣貧乏，迨至年終始行趕贖，則不由變鬻，必出借資，徒以卒歲所需，不得不力勉討取，其掾持計畫之苦，意想可知。在典鋪挾本求息，原出情理至公，但既屬素封，何爭毫末，睹兹貧窘，宜在矜憐。嗣後各典鋪務宜遵照詳定之例，各量利息，戥頭銀水，勿過苛求，于富户原無所損，而貧民實獲利益。況積善餘慶，明損暗增，獲報定自不□，其各凜奉，如有立心刻薄，剥削窮民者，必拏懲處。

（清）陸耀《切問齋集》卷一〇《檄·訪拏訟師檄》　照得東省民情，號爲淳朴，然而訐訟之風日甚一日。一則有准受詞狀不即審斷，小民久候情急，因而奔控上司。一則不肖生監與被革書役借舞文爲活計，以刀筆作生涯，愚民惑其甘言，慫爲作狀，及至審屬虚誣，身罹罪譴，家業錢財已半入訟師之室。而彼方以案内無名飄然事外，害民蠹政，莫此爲甚，言之深可痛恨。

查例載積慣，訟棍串通胥吏播弄鄉愚、恐嚇詐財，一經審實，即依棍徒生事擾害例發雲貴、兩廣極邊煙瘴充軍。又例載教唆詞訟及爲人作詞狀，增減情罪，誣告并架詞越告，以致傷財害俗者，地方官失於覺察，罰俸一年。若明知訟師誘惑愚民、教唆誣捏等事，不報經上司訪拏，將該地方官降一級調用各等語。今東省百姓往往在州縣控准未結，或道府批查未覆，即赴院司告理，固由州縣官審訐遲延所致，其有情非真實架詞捏控，或兇手論抵而思及餘人，或傷杖相符而力求蒸撿，或以微嫌而誣稱叛逆，或因小竊而指爲强劫，甚至户婚田土雀角細故，亦復奔走，不遑投牒院司，迹其譸張爲幻之狀，必有主謀造意之人。此等訟師皆例應煙瘴充軍，地方不行查究，即并干降罰之條，何以未聞各府州縣訪拏一二，以示懲儆。除現在嚴飭各屬，無論新舊一切詞訟應審斷者，即行審斷，應訊詳者，即行訊詳。不得因循延玩致干參究外，至各屬内查有素不安分之生監，及已革書役人等，在外包攬詞訟，代人繕寫呈狀，一經訪聞，亦即密拏究治。其審理案情，察看原告之人非甚刁健，而詞内虚僞層出矯誣特甚者，必嚴追唆使之人，指名查拏盡法究處。并將查獲訟師姓名按月稟報，以憑察核。本司將以此覘各該守令之是否認真，以别賢否，慎毋仍視爲泛常文告，致干併咎。其各凜遵，毋忽。

（清）王明松《王氏族譜》卷一《家訓·戒争訟》　訟者，喪德敗家之事也，果其真冤實枉欝抑難伸，鄉族不能决，不得已而鳴官，猶之可也，若好争健訟，兜攬刁唆，壞人身家，損己陰德，怨聲載道，殃禍及身，天理昭彰，報應不爽，族人省之。

（清）王明松《王氏族譜》卷一《家訓·矜鰥寡》　鰥寡孤獨之人，凄風苦雨，即無父子以相慰；良辰美景，又無骨肉以言懽。古者八家同井，尚相憐助，况一脉流傳，何忍坐視。凡遇此等不足者，賙恤之有餘者維持之，庶見同族之義。若有欺孤虐寡、毁名喪節者，無良之甚，族共攻之。

（清）王明松《王氏族譜》卷一《家訓·恤患難》　人之患難有五，水火、盗賊、病疾、死喪、誣枉，此皆變生於不測者，吾族比里而居，如遇此等，當爲救護扶持賑濟申辨，既盡親誼，亦有陰德，如有幸災樂禍、藉事生端，忍爲不仁不義之人者，族共斥之。

（清）董誥《全唐文》卷一九《睿宗·誡勵風俗勅》　勅，建立州縣，列樹官司，所以導俗宣風，懲奸息暴。頃以承平既久，中外晏安，人懷弛慢之心，官無警覺之意，遂使潁宋、二州，屢奏亂常之黨，荆并兩府，頻言搆逆之徒。發露雖復數州，包藏猶慮未絶。此等妖瞢，尋自伏誅。旬日之間，驚害良善，誠由按察寬縱，禁止不明，或使無辜，陷於非命，興言及此，深用隱惻。自今以後，所在州官縣僚，各宜用心檢校，或惰於農作，專事末游；或妄説妖訛，潛懷聚結；或棄其井邑，逋竄外州；或自衒醫占，誘惑愚昧。諸如此色，觸類旁求，咸須防糾，勿許藏匿；又屬當首夏，務在田蠶，雖則各解趨時，亦資官府敦勸。若能肅清所部，人無犯法，田疇墾闢，家有餘糧，所由官人，宜加等第。功狀尤異者，别外加擢。若爲政苛濫，户口流移，盗發罕能自擒，逆謀爲外境所告，輕者年終貶考，甚者非時解替。御史及臺郎出使，審加訪察，各以狀聞，宜宣示諸州，各令所在知悉。

（清）董誥《全唐文》卷一九《睿宗·申勸禮俗勅》　門下，朕克纘丕業，誕膺景命，憲章昔典，欽若前王。克己勵精，緬思至道，宵衣旰食，勤修庶政，夙夜寅畏，匪遑底寧，若涉泉水，罔知攸濟。頃屬殷憂啓運，多難興邦，禮章載復，品物咸茂。思欲致萬姓於仁壽，歸六合於昇平，永言政途，庶幾沿革。猶恐學校多闕，賢俊罕登，牧宰不存政理，農桑未加勸導，樽俎之儀不習，冠婚之禮莫修。

朕所以當寧興嗟，載懷兢惕者矣。痒序者，風化之本，人倫之先，仰州縣勸導，令知禮節。每年貢明經進士，不須限數，貴在得人。先聖廟及州縣學，即令修理。春秋釋菜，使敦講誦之風。天下有奇才異行，沈伏不能自達，及官人百姓，有能諫言時政得失者，並令本州，責狀封進。鄉飲禮廢，爲日已久，尊德尚齒，宏益極深，宜令諸州，每年遵行鄉飲之禮，令有勸慕，王公卿士，務存訓獎。子弟成立，則有冠婚。婚禮糟粕或存，冠禮久爲廢闕。自今以後，並行冠義，責以成人之道，使知負荷之難。食爲人天，農爲邦本，綏撫萌庶，勸課農桑，牧宰之政，莫過乎此。刺史縣令，有課最尤異，委廉察使名聞，當别加甄擢。縣令字人之本，明經爲政之先，不稍優異，無以勸獎。縣令考滿，考詞使狀有清字，無負犯，明經及第，每至選時，量加優賞，若屬停選，並聽赴集。真如設教，理歸清净，黄老垂範，道在希微。僧尼道士女冠之流，並令修習真寂，嚴持誡行，不得假託功德，擾亂閭閻，令州縣嚴加檢察，私度之色，即宜禁斷。諸州縣官，有不因選序，别犯贓賄，非時除授官等，皆依倚形勢，恣行侵剥。如有此色，仰州長官録事參軍，速勘責奏聞訖，宜停務待進止，仍委吏部兵部速勘責處分。諸州百姓，多有逃亡，良由州縣長官，撫字失所。

或住居側近，虚作逃在他州，横徵鄰保，逃人田宅，因被賊賣。宜令州縣，招攜復業。其逃人田宅，不得輒容賣買。其地任依鄉原例租，納州縣倉，不得令租地人代出租課。寺觀廣占田地，及水碾磑侵損百姓，宜令本州長官檢括，依令式以外，及官人百姓，將莊田宅舍布施者，在京並令司農即收，外州給貧下課户。

凡此數事，或宜區分，繫乎風俗，義存獎勸。刺史縣令等，各申明舊章，勉思撫輯，罷彫弊之務，歸淳厚之源，訓導黎蒸，宜我朝化。《書》不云乎，德惟善政，政在養民。布告天下，咸知朕意。

（清）董誥《全唐文》卷二七《玄宗・整飭民風詔》 堯屋可封，孔門無倨，此由淳風，彼洽德教。宏之在人，職歸所屬。如聞輦轂之下，閭閻之内，口無擇言，行不近禮，則失長幼之序，豈儀刑之政。宜令府縣長官左右金吾，明加訓導捉搦。若有犯者，隨事科繩。

（清）張五緯《風行録》卷四《衡州府・曉諭查拿糧食行奸牙陳昌傅》

爲曉諭事：照得該犯陳昌傅係衡郡糧食行奸牙也。訪聞該犯包攬本城各大字號店鋪，囤貯穀米，買通役保、棍徒，肆行無忌，以致城厢内外貧人食貴，節經剴切示禁，復敢於初八日五鼓時分違禁下米，無怪米價有增無減，民情日形拮据。今日始悉害首弊源，當將奸牙、地保等委員鎖拿到案。並未加刑，已據該犯供認初八日五鼓違禁下米情形，並據供出前後囤販各大字號店鋪招牌、姓名，及現在囤積之人。查米穀流通原所不禁，囤積漁利即屬違例病民，土著尚且不可，况外省寄居之客民？既獲本地之財，又搬此地之米，類乎布鋪生理，大半係取貧人之利，反使貧人典賣食貴，似此惟利是圖，不但法不可容，既天理亦難寛貸。既經審悉前情，自應分别究辦。姑念事非今始，且該行店鋪户等利令智昏，致昧今昔情形，尚屬情有可原。是以不但不加深求，即本府親記字號姓名亦未發房存案，蓋恐衙門差役以及地保棍徒知名嚇詐耳。爾客民向來作此囤積營生者，各宜激發天良，痛改前愆，若暫遵於法令之初，而此後仍敢以本地所獲之利囤販生財者，再經訪獲，悔毋及矣。除將該奸牙陳昌傅先行枷號游示，並傳各客總面諭外，合行出示曉諭，各宜感愧猛省，慎毋再犯，致干嚴拿究辦。土著店鋪生理者，亦宜凛遵，均毋故違。特示。

（清）張五緯《風行録》卷四《衡州府・既除弊藪再防弊生永平糧價》

爲既除弊，再防弊生，永平糧價事：照得郡城殷實行店鋪户，將賣貨銀積囤米穀，販賣趨利，不顧貧民難苦，不計近日情形，此固生意經紀人之通病，究由奸牙慫恿包攬所致。假使無牙人，則無人從中説合；牙而非奸巧，則不能誘人信託。明取暗剥客錢，廣爲交結，由是役保爲之包蔽，棍徒聽其指使。陳昌傅真奸而巧者也，此外豈再無人？不過因陳昌傅在前，急切不能出頭耳。此該牙人中聞見而欣然有喜色者，即此類也。本府既能知陳昌傅之行爲，又豈能放心於效尤之輩？既深悉此日米價增漲弊源，豈不慮奸牙將來另謀别法？除現在悉心籌畫嚴密確查隨時辦理外，合再出示曉諭。爲此，示仰城内殷實行店鋪户，並牙行鬻人等知悉，各宜自顧一生之顔面，保守百世之根基，應知本府今日之曲貸，所以策勵爾等激發天良，永遠保全顔面、根基耳。嗣後切勿再商别法，至干訪拿究辦。凛之慎之毋違。特示。

（清）張五緯《風行録續集》卷二《長沙府續集・禁挖黄泥》 爲傍塚近城處所嚴禁掘挖黄泥以保棺骸而培地脈事：照得埋胔掩骼，垂明文於《月令》之書；發塚傷棺，嚴罪犯於憲章之禁。凡窮民之力難卜地營葬者，定例既責成地方官擇高原隙地多設義塚，好爲掩葬；而每届清明、中元等節，復有厲祭之典，矜亡恤死，恩至渥也。查黄泥一項，雖民間如堊壁、砌墻、修竈和煤等事，在所需用，但祇宜於河西一帶空曠地面挑取。若近省之郊原牧野，不獨來龍過脈，風水攸關，且隨處皆墳，豈容侵犯？乃南門外之白沙井、社壇嶺，劉陽門外之燈籠橋、鱺魚山，小烏門外之烏竈坡、練山坡等處，近有一班敗類祇圖自己之取携就便，不顧他人之墳墓遭殃，荷畚挑鋤，混行掘挖，竟至零骸碎骨，雜黄土以承肩；朽櫬斷棺，暴青郊而慘目。查義塚及俗諺所稱亂葬岡，其死者非異鄉孤客，即本籍窮人。函屍僅具薄材，覆面唯填抔土，一加鍬钁，立見棺骸。他如藁葬裸埋者，則更易於暴露。此等墳冢既無碑碣，又無親屬，雖遭掘發，誰爲申雪？即有仁人義士目擊心酸，亦不過咨嗟淒惋已耳。不識若輩於畚鍤並陳之下，亦念及夜臺怨鬼啾啾飲泣否？又念及本身死後，天理循環，必遭暴骨陷棺之慘報否？除密飭員役改裝易服查拿外，合行示禁。爲此，示仰挑賣黄泥人等知悉，嗣後祇許在河西隙地挖泥，用渡船裝運過河售賣，不得在於附近省城之白沙井、社壇嶺、燈籠橋、鱺魚山、烏龜坡、練山坡等處仍前混挖，倘祇顧蠅頭小利，妄施狼子野心，敢將地脈傷殘，墳塋侵犯，以致大坑深塅，害及幽泉者，無論工僕子弟，除將本犯按照發掘他人墳塚開棺見屍分别治罪外，其東主父兄一併嚴加懲處。而瞻狥之保甲於容隱之地鄰，責有攸歸，均無輕貸。本府爲推恩枯骨，加惠荒塋，並培護省城地脈起見，言無空發，罪在必誅。其各凜遵，毋貽後悔。特示。

（清）張五緯《風行録續集》卷二《長沙府續集·嚴禁分家之積習以厚風俗》　爲嚴杜分家之積習，以厚風俗事：

照得聚則豐滿，分則涣散，凡事之理固然。而家道聚散之機爲尤甚。本府前守是邦，每見控争田山、錢債等事起於昆季者不少。細爲察訪，則知殷實富户及中人之産，並薄有田山者，一人若有數子，其長次諸子惟恐幼弟不速授室。迨至幼婦進門，父母快了向平之願，諸子遂百計經營，以人口衆多聳恿父母，始曰各提爐鍋，繼曰各撑門户，由是父母狃於積習，且疑且懼，惟恐産不均平，必眼同親族將田塘屋宇品定數目，山林園圃區别隄塍，親族有挾私偏袒者，即高下其手，不顧利己損人。及至分家未久，弟兄以毫末傷和，妯娌以升斗起釁，甚至山内荀蕨之微，塘中魚蝦之細，亦復攘臂而争。又或昆季中不能操作，負債賣産，兄若弟立意措勒，其人迫不得已轉售外姓，父母則稱謀買膳産，兄弟則稱未問親房，訐訟多端，俾各分之資財不轉瞬而同歸於盡。

凡此弟不讓兄，兄不友弟，子觸其父，其釁皆肇於分家。又聞分家之時，父母確有定見者，或爲酌留膳産，或爲議分租穀，其父母游移遷就者，惟聽其子專主，各按月日酌量授食，名曰輪供。倘如諸子同在一院，或住居不遠，則父母就食尚便。如子舍迢遥，父母必扶杖奔馳，歲無寧息。且虞逆子妬媳，鮮美自甘，冷菜殘羹，勉爲供給，父母惟垂首喪氣，莫發一言。回憶早歲勤劬，寸積銖累，創此家業，曾不能及身自受，撫今追昔，計已左矣。其爲子爲媳者，非無人心，乃因宅爾宅，畋爾田，於昏定晨省之道，自問茫然，心能安乎？嘗見食力之家，數子傭工，每當歲時伏臘，烹一鷄豚，父兄子弟相聚怡然，視彼高門大厦，孰歡孰戚，相去奚啻天淵。本府於守岳郡時，有平江縣監生劉宏道與弟侄分家，獨占良田，復將弟侄已分之田霸踞不與，越控院司衙門批府核契訊斷。劉宏道復揑伊弟偷竊銀契，赴本府衙門呈控。經本府究出誣揑各情，立予重杖。其弟皆環庭號泣，爲兄替刑。可見友愛之情，人所同具。而貿然罔恤者，皆身家之慮太重，孝友之念汩忘甚矣。分家於親殁之後，已屬不友；若分家於親在之時，殊乖子道。

今亟剴切勸諭，爲此，示仰郡屬士民人等知悉，須念高堂具慶，係人生難得之遭逢，正須及時侍奉。且田業係父母之田業，不能强令父母爲兒孫作馬牛。即或雙親永感，亦須秉公酌分，不可各存私見。一門内訢諍無聞，隙嫌永絶，則兄知友弟，弟必敬兄，將見姜家大被，田氏紫荆，前代懿行，於今復見。如以此示爲泛常勸諭。仍有前項逼勒分家及架誣控告等事，一經本府提究，惟有盡法懲創，決不寬貸。本府爲力挽惡習起見，切切言之。各宜凜遵毋違。特示。

（清）宋廷璣《長洲宋氏世譜》卷一二《規條》　一、孀居宜加恤也。凡嫠女寡婦實無恒産煢煢無依者，於月給食米外，每月加恤寡銀三錢。即本房有居官之同祖同父者，照管，不支月米，此項恤寡銀仍給。女已出嫁貧寡無依及適人不淑者，亦准給照支領銀米。銀折中定價，每分實給大錢八文，餘准此。

一、年老宜加敬也。凡男女年過六十者，每月食米照常支給，外加頤老費銀三錢；過七十者，每月加銀五錢；過八十者，每月加銀八錢；過九十者，每月加銀一兩；壽登百歲，加倍致贈。

（清）楊捷《平閩紀》卷一三《給示洛陽橋》　爲嚴禁販賣人口，以遂團聚，以保民生事。照得閩南百姓向遭寇虐，流離失散，困苦已極。茲當山海甫平，幸登衽席，正小民隨分耕鑿骨肉團聚之時，奈瘡痍未起，荒歉頻仍，間有資生無策，不得已至鬻賣子女，以延殘喘者，此實貧窮計短，悽惻堪憐。若使泉南子女只賣泉南，雖暫爾抛離，尚可希圖見面。詎有一種巨憝奸棍，假冒旗營名色，只顧自己覓利，不管他人骨肉生離，專一哄買民間穉男幼女，帶出别郡，多索身價，轉賣遠方，致男女悲號載道，觸目傷心。

查販買人口新例，飭禁甚嚴，豈容此等棍徒貪惡無忌，誘害民生？合行嚴禁，爲此示仰防守洛陽橋將弁併遠近兵民人等知悉：嗣後凡有别郡奸徒潛匿境内，收買民間子女人口，及本地土棍代作牽頭，勾引販賣者，着洛陽營守橋將弁兵丁不時盤查的實立刻擒拿，解赴本將軍轅門，訊實究處。仍發該有司衙門依律定罪。如該汛防弁目狥私賄縱，不加盤緝，察出一併重處，決不輕貸。各宜凛遵，勿自貽戚。特示。

康熙十九年九月十八日。

（清）楊捷《平閩紀》卷一三《給示雙門》 爲嚴禁私債剥民，以剪豪强，以甦窮困事。照得民間有無相通，部議三分起息，富者既生子錢，貧者得資迫用，誠爲兩便。無奈豪富之徒嗜利無厭，月息每浮於加一，取盈獨甚於荒年。泉南百姓，向遭海賊蹂躪，凋殘未起。際此凶年，米價騰貴，半粟不飽，終窶堪憐。乃聞有等勢豪惡棍影借營頭名色，重利放債，任意剥民，稍有稽遲，即肆百般凌逼。甚至盤家折産，奪人衣食，割取田禾，恃富行兇，誠堪髮指。除經本將軍密訪嚴拿懲處外，合行出示嚴禁。爲此示仰兵民人等豪强惡棍知悉：嗣後，揭本通財，務宜祇遵部例，按月三分起息，不得違禁取利。凡有逋欠，俱於七月收成之後，方行取討。敢有前項棍徒盤折貧民，非時横索，威逼侵凌者，許爾被害人等指名控稟，以憑鎖拿，發付有司從重究擬，決不輕貸。爾等富家務須恪遵功令，利己便人，存桑梓之親情，保身家之温厚，毋得怙惡不悛，自罹法網。須至告示者。

康熙十九年五月二十日。

（清）紀大奎《雙桂堂稿續編》卷八《諭什邡縣民各條告示丙寅五月》

一、買賣田産宜各從其願也。查有當業之人强控當户承買，又或有力之家故意措勒刁難，二者皆非善類，嗣後務各憑中理説，倘輒因此搆訟，必兩造均干察究。

一、起墳賣地惡習，必按律嚴究也。查有不法之徒自起祖父墳冢，將地控賣他人訛詐錢文，又或發掘遠年古墳，將地控賣。此等匪人實屬可惡。嗣後有此，必按律分别問擬斬、絞、徒、流，或到官之日盡法處死，斷不寬貸。

一、强佔水分之風應嚴禁也。查田間水利原應彼此均平，遇有盈歉悉聽於天。豐年固同樂相慶，歉歲亦同病相憐。若逞强聚衆霸佔水分，損人利己，鬭很争訟，非特官法難宥，抑亦天道不容。此等必從重嚴究，斷不寬貸。

一、骨肉争訟惡習，必加倍重懲也。查有兄弟、叔姪或因争産搆訟，或因婦女起衅，罔顧天倫，全無禮義，既甘同於禽獸，又何惜其身命，必加嚴刑，無貽後悔。

一、捏詞興訟之風必嚴懲也。民間詞訟但當據實呈訴，果有屈抑自能昭雪，若架虚捏飾，冀圖朦混不知，當堂一訊，決然難逃監察，徒自取重責，何益於事。

一、刁健好訟之徒必嚴懲也。查有無情之詞，業經批駁旋又瀆呈，又或已經斷明復又翻控，此等刁健莠民重法處治，實由自取。

一、唆訟訟棍必嚴懲也。民間鄉愚往往聽人挑唆，受人包覽，動輒搆訟，此等唆棍必用嚴刑處治，死不足惜。

（清）劉衡《庸吏庸言》卷下《勸民息訟告示》 爲勸民息訟以保身命事。

照得錢債、田土、墳山及一切口角細故，原是百姓們常有的，自有一定的道理。若實在被人欺負，只要投告老誠公道的親友、族鄰，替你講理，可以和息也，就罷了，斷不可告官訐訟。在訟棍必勸你説，他熟識衙門，不消多費可以替你告官出氣。若依本縣府看來，這話萬萬聽信不得。大凡告狀的人，自做呈之日起，到出結之日止，無事不要花錢。到城市便被店家捉弄，到衙門便受書差嚇索。過了好些時，花了好些錢，還未見官的面。等到示期審訊，先要邀請鄰證，早早守候房租，喫喝夫馬，那一樣不是錢？剛要審了，却又掛出牌來，改了日期，你從前那些錢都白花了。又等了好些時，探聽了好幾回，到書辦房裏催了好幾次。做工商的丢了生涯，耕田的雇人代替，算起來也不知花費了多少錢，纔得見官的面，不問是輸是贏，你的家産已先典賣空了，你的身子已先折磨壞了。若是輸了，枷杖收卡，身受苦楚，被人耻笑，氣也氣死，還要花許多嘔氣的錢。若是贏了，那對頭人喫了虧，記了仇，斷不肯和你干休，總要想出主意來害你，叫你防備不得。便到子孫手裏，還要報復，鬧出人命，也不定更是可怕。這都是你自己不能忍氣，又被訟師哄騙，所以到這個田地。

本縣府不忍見你如此，所以苦口勸你，爲此示諭百姓們知悉：你們日後若遇田土、錢債等小事，就算有十分道理，也要忍氣，牢牢記得本官的話。只要投告親族和息，就喫點虧，總比到官較有便宜。若還只有五六分道理，便要快快和息。你若不聽本縣府的話，到聽訟師的話，只肯告狀，不肯和息，你父母、兄弟、妻子一家不安還是小事，只怕敗了你的身家，還要送了你的性命，那時想起本縣府的話，悔恨不該告狀，却已遲了。本縣府在江西也是百姓，我家二百年來不敢告狀訐訟，暗中得了多少便宜，也只是忍氣的好處。你們不可辜負我教你一片苦心，切記切記！毋違。特示。

（清）蔡澍《澄江治績續編》卷二《集文告・申嚴訟師告示》　爲指出訟師之伎倆、使民毋受蠱惑事。

照得禍莫大於訐訟，而害莫甚於訟師。有兩造本無嫌隙，從中爲交搆之詞，當局本無成心，從旁握把持之柄，片言釁勺水生波，此興訟之棍也。亦有鄉農村父畏入公庭，而簧鼓鴟張，逼勒具名而列狀，正人善類耻於對簿，而危詞切聳指揮，匍匐於公堂，此唆訟之棍也。亦有詭爲心腹，甘作爪牙出力經營，恣其刀筆指稱，徑實教導夤緣多方侵耗其苞苴，此幫訟之棍也。又有瞷人涉訟招伊投託，而爲講勸多金，裝砌牘詞，串通胥役而爲勝負由己，此包訟之棍也。更有鬼蜮情形，善窺意旨，知官長可動以浮詞者，則爲架空中樓閣設紙上戈矛，知官長可動以實情者，則又陳理勝之詞，裝膚受之愬，因此而得以持其短長，邀人趨鶩，此又諸棍中之尤爲狡黠者也。凡此棍徒莫不自以爲工於伎倆，小民一受其惑，無不傾墮身家，思之可哀，言之可恨。除密訪嚴拿外，合再痛切曉諭，爲此示諭合屬人等知悉：嗣後民間如有真正冤抑，不必投奔訟師裝點填砌，只須簡書情節，詞順理明，本縣自能照察硎訊。倘誤信於興訟唆訟之奸徒，被惑於幫訟、包訟之光棍，務情詞之迎合，倖批准於一時，不但推鞫之候有以燭其隱微而莫能逃遁，即披閱之下已早窺其變幻，而斷不姑容。一經發覺，身命立喪，各宜凜遵，須至諭者。

乾隆元年二月　日

（清）李璋煜《視己成事齋官書》卷八《俚語勸民歌》　俚語勸民歌十六首，欲令婦孺能解，若方之何公諭民詩，吾滋愧矣。

勸我民，孝雙親。兒身本是父母身，棄親不顧一朝忿，三年懷抱是何人。

勸我民，和兄弟。兄弟原來本同氣，總不一母也一父，些須田產何必計。

勸我民，和宗族。相傳一脈分五服，强幹弱枝雖分明，祖先視同親骨肉。

勸我民，睦鄰里。從前仇怨休提起。罰戲插標太逼人，早遞檳鄉事可已。

勸我民，保貞節。節婦之心如冰雪，一分絶產值多少，何忍把我貞節滅。

勸我民，勤種田。種田便可遇豐年，稻毁蔗焚無生理，靠甚吃來靠甚穿。

勸我民，莫輕離。女兒布製新郎衣，恩義疎時夫婦棄，棉陽有葛空鳴機。

勸我民，莫械鬭。攔牌當先竹銃後，此斷脰兮彼洞胷，縱不畏法天難宥。

勸我民，莫頂兇。無知螻蟻尚貪生，白鴨斷頸誰能續，香燈一盞光熒熒。

勸我民，莫撥名。擇肥而噬囊橐盈，殺人是甲不是乙，已讐頓忘人家傾。

勸我民，莫擄人。木鶩鉗足何由伸，駢首焚廬報亦速，那有錢財到子孫。

勸我民，莫搶劫。白日黄昏互相結，一旦就縛悔已遲，三尺刀染街頭血。

勸我民，莫抗糧。黜革荷枷律例詳，兩忙趕早完糧户，阿總何須更下鄉。

勸我民，莫賭錢。三十六門批館懸，送汝盖棺一張紙，乞夢求神更枉然。

勸我民，莫吹烟。五臟六腑都熬煎，甘之如飴真鴆毒，速死由已不在天。

勸我民，莫買贓。知情買短罪難當，省錢有限犯法重，官司拖累差空囊。

懲之以法，法有時而弛。動之以情，情有感輒應。豚魚可格，况蚩蚩乎，鼓舞而倡導之者，所望於都人士矣。

（清）李璋煜《視已成事齋官書》卷一〇《嚴飭捏控四弊示》爲訪明捏控各情，嚴行禁止事。本道披閱呈詞，詳稽舊牘，譸張爲幻，真僞混淆，因臚舉四條，用昭炯戒。

一、各邑山地，多係官山，間有風水稍秀，尚可耕種者，奸民輒圖爭佔。或於山內築立窨堆，或將無主古塚，冒爲遠年祖墳。此則歲時祭掃，彼則設立墓碑，互相控告。如有在附近添葬，即以逼近禁步，騎龍斬脈等情瀆訴。甚將古墳自行毀壞，控人發塚滅骸，其實皆係冒墳佔山。試思山界縱欲互爭，而遠祖豈可冒認，慎勿惑於地師風水之説，自貽伊戚也。

一、各邑每有借人錢財，負欠不還，債主强取其什物牲畜，准折抵欠。或有中途撞遇，索討不遂，將其身帶銀錢奪取。或剥衣作抵，負欠者即邀同多人，至債主家中，將所取之物，復行奪回，甚將債主綑送到官，反張大其詞，以夥衆劫掠，中途截搶等情呈控。債主亦掩匿真情，架詞赴訴，經官傳訊，又避匿不到。試思誣控搶奪劫掠，當坐何罪乎？

一、各邑遇有路斃死屍，匪徒冒認屍親，擇其附近有力之家，誣賴索詐。每有在家病篤未死之前，或與人口角，輒以身死不明，架捏衅由，臚列多人呈告。懦弱之人畏累和息，其不甘被詐者，亦以自行謀斃詐擾等情互抵。甚至支節叢生，激成上控。試思藉屍圖賴，例有明條。一經研審，情節昭然，豈能遂其索詐之谿壑邪。

一、各邑每因細故爭毆，赴縣報驗彼造無可抵飾，輒以妻女被姦、被拐等詞抵控。甚有婦女赴案喊禀者，實在毫無影響。試思婦女最重名節，豈可自誣以誣人邪。

以上四條，於接閱呈詞時，立即拘傳到案，究出實情，隨時懲辦，刁風自可止息矣。

（清）賈臻《退厓公牘文字》卷一《署河南府任·嚴拿訟棍稟臬臺》

某出省時叩別鈞顔，蒙憲臺諄諭，查拿訟棍，以清訟源。仰見明刑肅政，除莠安良至意，尋繹訓詞，實深欽服。某抵任後，將前任移交上控批提各案催提到府，連日親提研鞫察。其情節支離，或内有指告聽人主唆者，即恪遵憲諭，逐一根究。業經審出洛陽縣民王朋月控王臣等勾串押詐一案，内有訟師吴法因挾王得升勸架不公之嫌，代作呈詞，主唆王狗誣告王得升誘拐崔王氏等情。又鞏縣孀婦吴衛氏控吴景等霸姦害命等情，一案内有吴景因挾吴小四等村斥之嫌，代作呈詞，主唆吴賀氏誣告吴小四等圖財搶賣等情，又有洛陽縣童生李曰連爲單永福代作呈詞，雖未主使省控，然在府縣唆訟之案，不一而足。現均審得確供發縣收禁，照例訊供通詳，仍由某將控案審結，詳銷。一面札飭各縣趕緊認真清釐，務使控案不致積壓，以免延累。再查得洛陽縣民人馬興來即馬明聲係上年買朝仕京控案内，擬遣馬階平之姪，曾有被控棍徒索詐武斷鄉曲之事。自洛陽鄭合到任後，稍知斂跡，或稱業已病故，現仍飭該縣嚴密查拿，一有端倪即由該縣拘案，從重究辦，以昭法紀而安善良云云。

（清）賈臻《退厓公牘文字》卷一《署河南府任·呈狀條款示》爲曉諭事。照得民性貴乎樸誠，閭閻欲其安静。强詞健訟害及身家，易俗移風事在守令。本署府前在開封讞局幫審京控案件，見各州縣士民多有捏造情節，妄行呈控。或以輕爲重，或以曲爲直，或任意牽連希圖拖累，或心存訛詐罔顧天良。此等積習難以枚舉，迨經審實坐誣，而原被之家産已破，吏胥之慾壑未盈，顧此顓蒙，惻然動念。兹膺憲檄，承乏東都，入境伊始，即有攔輿投遞紅呈者，深知弊竇叢生，一概未經收受，諭令告期呈遞。查河南一郡民氣素淳，惟雜處五方，恐其間好訟滋事之徒，如前項弊端者，亦必不一而足。今特開示規條，添列狀式，除飭代書遵照外，合行曉諭，並將各條詳列於後。嗣後凡三八告期赴本府衙門具控呈詞，必須遵照各條，向該代書言明實在情形繕寫，蓋戳親身投遞。如敢故違，除不准外，仍將遞詞之人治以應得之罪。所列條款鄉民未必盡知，責令代書於遞詞時，詳悉與原被言明，俾知言出法隨，決難寬貸。守令職在親民，方今新政修明，庶事整飭，方懼無以宣上德而通下情，豈敢意存壅闕？然去僞乃所以存真，善俗莫先於息訟。本署府外任初膺德薄能鮮，烏敢希三月之治，亦斷不存五日之嫌。惟願我士民返淳厚之風，享無事之福，是所厚望。各宜凜遵。特示。

計列條款十七

一、事在赦前復行訐告者，不准。

一、不開明起事年月日期，及不叙明地方官原批者，不准。

一、呈告詐贓必實有過付實在憑據，如無過付實據確詞，告言人罪，除不准外，仍提重懲，代書並責。

一、凡錢債、田土、户婚並無確據，僅以空言混告者，不准。至應呈約據書券，即於初詞抄呈，不得虚寫臨審呈電字樣，違者，代書並責。

一、控詞只據本事簡明直書，若混牽他案及添砌已過事件者，除不准外，代書重責。

一、事非重大，牽控至五人以上，及牽連婦女者，不准。

一、生監、婦女、老幼、殘疾之人，並無抱告，及列老幼、殘疾之人作抱告者，不准。

一、未經縣控，或控縣准理，不候審斷，輒行府控者，除不准外，仍照越訴責懲。

一、上控批府並控府准理，原告意圖拖累遠颺不案業過兩月提不到者，照例詳銷，再控不准。

一、非緊要事件不候告期，攔輿喊禀者，不准。

一、連控三次未經准理，不准再控，並經府批發縣審斷，不遵回縣聽審，在府屢瀆者，即予押發。

一、牽引支詞雙行騎格謄寫並無副狀及無官代書戳記者，不准。

一、非利害切己、妄稱公議，及案外插訟，除不准外，仍究明架唆之人，照例懲辦。

一、初詞無名，被證不准，續請添提，被告具訴呈懇添提要證，亦只准於初次訴詞内聲請候奪，其有陸續具懇者，一概不准。仍責代書。

一、每逢放告，遞詞人務須本人，不准預替該代書作呈，先行查明，如有捏名頂替，當堂重懲，原呈擲還，代書並責。

一、聯名投遞公呈，必須其人到案聽候問話，如有名無人不准列入。違者，重責代書。

一、不開明歇家住址者，不准。

（清）賈臻《退厓公牘文字》卷二《河南府任・訪拿訟棍行鞏縣札》

本府來自田間，深知良民最苦訟累，屢經諄飭各屬清釐積牘。近日上控案件，漸見稀少。惟查閲該縣詳銷各案，每每甫結復翻，即疑其中有教唆架弄之人。因之留心訪察，果有該縣職員劉朝宗者，聞其素不安分，以健訟爲能，控案纍纍，形同積慣訟棍。即如所控劉蘆州等一案，錢債細故拖延數載，牽控多人。去歲該縣會同委員審理積案時，劉朝宗俯首乞恩，具結完案，由府詳銷。乃事未逾年，仍以前情驀越赴藩憲衙門具控，並於詞内隱去訊結詳銷一節，希圖熒聽藩憲，甫經批發輒復不俟詳辦。又砌詞赴撫部院控告，好訟逞刁已可概見。除此案遵批轉飭該縣録案詳奪，一面秉公確訊，務有以折服其心，不至再行翻異外，合再札飭查辦。札到該縣即速明查暗訪，務得該職員教唆詞訟實據，在縣涉訟共若干次，有無重情及懸宕未結之案。此外有無别項劣蹟，一並查訪的實，并摘録各案由，開摺密禀，毋得少有徇飾遺漏。候本府查閲案情，參酌所聞核飭辦理，總期訟棍斂跡，良民安枕，以清案牘而靖地方。本府到任以來，懲辦各縣訟師、地棍，如嵩縣之候選知州張繼周即張韜、登封之職員趙冠等，不一而足，各縣當早有見聞。即該縣之訟棍張世彦亦經查案懲辦，因其年老，姑寬一綫，未予重懲，此係本府格外之仁。凡兹同類，自當知懼、知感，各愛身名，毋罹法網。不料尚有劉朝宗其人，不知悛改，不可化誨，仍敢興風作浪，把持官府，魚肉鄉愚。此而不嚴辦示懲，何以收除莠安良之效耶？該縣即體此意，密速查辦。如劉朝宗聞風遠颺，惟該縣是問。

（清）戴肇辰《從公三録・嚴拏訟棍示》　爲嚴拏訟棍以除民害事，照得安民以理訟爲先，而欲清訟源必痛懲訟棍。府屬民情本非刁詐，惟性多浮動即易聽挑唆。蓋訟棍以刀筆爲生涯，以煽惑爲長技，潛藏城市，遇事生風。人本氣平，激之使怒；衅本微細，攬之成仇。迨具控到官，便視爲利藪，於是經年累月糾纏不休，節外生枝，蘊釀滋大，鬼蜮之謀，胡底譸張之幻何窮，即兩造情愿干休，而慾壑未盈，波瀾又起。即官司秉公斷結，而禍根未拔，舊案重翻，種種禍端擢髮難數。本府前守各郡獄鮮稽留，今調會垣事更繁重，第理劇必握其要，正本胥清其源。現已訪得積慣訟棍住址、姓名，因不忍不教而誅，姑先出示以誡，爲此示諭府屬軍民人等知悉：爾等具有知識，何事不可營生，奈何澌滅天良作此忍心事業？縱暫圖温飽，亦貽害兒孫；即幸漏刑章，仍難逃天譴。自示之後務宜洗心滌慮，猛省回頭，痛改前非，另圖正業。倘仍怙惡不悛，故智復萌，爾之出處踪跡已在本府掌中，爾之罪孽案由備載本府檔卷，禍臨不測，後悔無追。各宜凛遵毋違。特示。

（清）阮本焱《求牧芻言》卷四《各大憲諭典減利通詳》　奉本府札奉藩司札轉奉院憲批府詳，阜邑李振新典因當滋鬧、飭委彈壓開張情形，由奉批飭典妥議，劃一章程通詳核奪等因，下縣奉此遵經由縣飭令本境紳士舉人顧皋蘭等赴典，再三勸導。一面諭飭李振新典另行妥議去後，茲據該典商李振新稟稱，竊商前奉縣諭轉奉府札，以隆冬讓利飭董傳諭，一再勸勉，不得不格外勉力以期加惠貧民，擬請無論災歉常年，凡取贖衣物，統以十二月初一日起至除夕日止，於二分取息之中，一律讓利五釐，概照一分五釐放贖等情，具復前來。查該典商所稱力有未逮，亦屬實情，今因縣中督同紳士竭力勸諭，勉從民便，較之前督憲所定典章減而又減，足見該典商尚知大體。士民聞之亦均帖然，所議似屬妥洽，可期商民日久相安，諒不致再有異説。此爲體卹民艱起見。瞬届冬令相應遵飭代爲轉詳，仰祈迅賜核飭遵照，以免歧異。

（清）嚴作霖《陝衛治略》卷六《嚴拿訟師訟棍以息訟端》 爲再行出示嚴禁查拿以安良善而息訟端事。

照得訟棍、訟師大爲地方之害，前經本州出示嚴禁在案。茲奉巡撫部院涂札開訟師教唆詞訟爲害，擾民、牟利、逞奸百計，教唆愚民墮其術中，遂爾執迷不悟，勢成騎虎。小則廢時失業，大則蕩産傾家。兩造受害，靡窮言之，殊堪痛恨！通飭各屬嚴行查拿懲辦，務使刁徒斂迹，訟獄日稀，而良善得以安堵矣等因。奉此查陝屬向來風俗樸實，民情純厚，惟積習相染，往往逞一時之忿，告狀遞呈。察其情節，率多細故，第恐不能准理，任意裝點其詞。迨至傳案，供詞與狀詞互異，多係誣賴謊言。一經堂訊，真情畢露。被告不過受些須之累，而原告子虛者，即披枷帶鎖，笞杖交加矣。推原其故，凡一州一縣之人，無非同鄉同里，本無夙仇深怨，不過睚眦之爭，口角之嫌。在本人原無滋訟之心，而訟棍、訟師在旁已生覬覦之望，甘言慫恿，或希圖銀錢，或希圖酒食，動言鄉黨之中不可被人欺負，非經官不能伸冤争氣。鄉愚無知，遂爾墮其奸術，任其捏造情節，顛倒是非。一紙入官，身不自主。而訟師得利昧良，祇圖有益於己，不顧貽害於人。最可憫者，爾等被訟師教唆一時，受其愚弄，奉爲規模，將自己省吃儉用之銀錢飽其貪慾。財物既去，真情難諱。及至案時，是非立辨，因而坐誣後悔無及，甘受刑法而不肯指出教唆之人，豈非愚之極、痴之至耶？

本州仰體上憲垂念民隱之意，不憚三令五申，苦口勸誡，除嚴密查拿訟棍、訟師，務獲從重治罪。合再行出示曉諭，爲此示仰合屬軍民人等一體知悉：自示之後，鄉民各宜安分，不可誤聽教唆之言，害人悮己。訟棍、訟師各宜斂迹，不可貪圖蠅頭之利，教唆扛帮。查例載，凡誣告人流、徒，杖罪者加三等，死罪者反坐。又凡教唆詞訟，爲人作詞狀增減罪情誣告人者，與犯人同罪，法律昭彰，不能寬貸。如敢玩違，或被指名告發，或經本州查出，惟有執法相從，勿貽後悔。各宜凛遵毋違。切切。特示。

《大清新法令》第四卷《光緒新法令・光緒二十七年十二月二十三日上諭》 朕欽奉慈禧端佑康頤昭豫庄誠壽恭欽獻崇熙皇太后懿旨，我朝深仁厚澤，淪浹寰區。滿漢臣民，朝廷從無歧視。惟舊例不通婚姻，原因入關之初，風俗、語言或多未喻，是以著爲禁令。今則風同道一，已歷二百餘年，自應俯順人情，開除此禁。所有滿漢官民人等，著准其彼此結婚，毋庸拘泥。至漢人婦女，率多纏足，由來已久，有傷造物之和。嗣後搢紳之家，務當婉切勸導，使之家喻户曉，以期漸除積習。斷不准官吏、胥役借詞禁令，擾累民間。如遇選秀女年分，由八旗挑取，不得采及漢人，免蹈前明弊政，以示限制，而恤下情。將此通諭知之。欽此。

《大清新法令》第四卷《光緒新法令・商部頒發各商會理結訟案格式劄光緒二十二年 月》 案據本部議員、江南商務總會總理申稱：商會之設原以組織群情，維持公益爲宗旨。自總會開辦以後，所有一切舉措設施，靡不悉准定章决諸公議。中國商界教育夙所未興，所謂信義、道德諸端，均不無稍有缺陷之處，以是該處各業商鋪興衰更易，至爲無常，而其中因倒欠錢債以糾纏於訟累者，乃時有所聞。議員等奉飭總理該會，究心於此，竊謀挽回，每以扶持公益、革除群害爲議務，與該會理事、員董等互相激勸，凡遇各業此等倒欠錢債訟案，一以竭力勸導，從速理結以息訟累爲宗旨，故凡有赴商局控追以及奉督憲發局飭訊之案，皆由議員隨時飭由該會各業商董，遵照奏定章程，傳齊中證開會集議，憑兩造當面秉公議勸理結，俾其勿延訟累。

《大清新法令》第四卷《光緒新法令・商部修律大臣會奏議訂〈商律〉，續擬〈破産律〉摺》 竊維《商律》之有公司一門，所以使已成之商業咸得有所維護。乃或因經營未善、或因市價不齊即不能不有破産之事，而狡黠者往往因緣爲奸以致弊端百出，貽害無窮，故刑部于光緒二十五年十月間議覆前兩江督臣劉坤一奏：奸商倒騙請照京城錢鋪定例分別辦理摺，内申明治罪專條，自枷杖、軍流以至永遠監禁。蓋謂近來商情變幻，倒騙之局愈出愈奇，必如此嚴懲，庶奸商知所畏服。然詐僞倒騙者之出于有心，與虧蝕倒閉者之出于無奈雖皆謂之破産，而情形究有不同，詐僞倒騙洵屬可恨，虧蝕倒閉不無可原，若僅以懲罰示儆之條預防流弊，而無維持調護之意，體察下情，似于保商之道猶未盡也。

《大清新法令》第四卷《光緒新法令・商部咨南洋嗣後公司及商業註册咨行保護之文該州縣限期示諭具報咨復文光緒二十二年四月十一日》 案查現在各省設立公司及各項商業遵章赴部註册，由部核准後咨行各省督撫飭屬一體保護，歷經辦理在案。乃本部風聞近日各省、州、縣，往往接督撫劄飭保護之案，并不實力奉行，即時出示曉諭，間有一二官吏於給示時，甚至借端需索，多方刁難，致良法美意不行於下，言之可爲太息。邇來朝廷重視商政，本部不惜極力提倡，仍以地方官爲辦事關鍵，而以商會輔之。須知此項商務與吏治上有密切之關係，當此商戰劇烈之秋，地方官宜如何維持調護，埽除從前官商隔閡之習，藉以振興實業挽回利權，豈容顯分畛域，使萌蘖方新之商政又聽其澌滅而後快。嗣後遇有各省設立公司及各項商業赴部註册，經部核准後咨行各省督撫飭屬保護之案，督撫接到部文應即行文該州、縣，於文到一個月内查照原案，出示曉諭，妥爲保護。該州、縣應將何日接文、何日出示專案申詳督撫，咨部復核。如查有前項情弊，或經告發，本部定行將該州縣嚴參不貸，相應咨行貴大臣查照辦理可也。

《大清新法令》第一卷《光緒新法令・光緒二十八年三月二十五日上諭》 通商惠工，爲古今經國之要政。自積習相沿，視工商爲末務，國計民生日益貧弱，未始不因乎此。亟應變通盡利，加意講求。前據政務處議覆載振奏請設商部，業經降旨允准。兹者派載振、袁世凱、伍廷芳，先訂商律，作爲則例。俟商律編成奏定後，即行特簡大員開辦商部。其應如何提倡工藝，鼓舞商情，一切事宜，均著載振等悉心妥議，請旨施行，總期掃除官習，聯絡一氣，不得有絲毫隔閡，致啓弊端。保護維持，尤應不遺餘力。庶幾商務振興，蒸蒸日上，阜民財而培邦本，有厚望焉。欽此。

《大清新法令》第四卷《光緒新法令・商部諮南洋小輪傾煤入水籌法永禁文光緒三十年二月十二日》 光緒三十年二月初六日，據翰林院侍讀學士惲毓鼎等呈稱：竊江蘇運河一帶，河道深通溝洫縱横，三農利賴。河中一歲之淤，小民每於農隙掉舟挖取，用以治田。在官無挑浚之勞，而於民得肥苗之用。自小輪行駛以來，所燒煤滓沿途傾棄入水，淤泥之中雜入滓質，農田誤取損害良苗。近年，大河行輪之處，小民不復挖淤，支河溝渠積淤無多，時有爭奪之事。計小輪一日夜燒煤四五噸，大者更多，其滓以五成計算，是每輪每日常有四五千斤煤滓入水。現今華輪、洋輪往來如織，淤河一寸，旱時水不能上，潦時易於氾濫，農田常受數寸之害；至河道淺阻，行輪亦將自受其弊，届時再謀開浚，工程必大，費用更巨。天下之患當其始時忽而不覺，及其既著補救甚難，往往如此。伏思小輪行駛内河所以推廣商務，在今日萬無禁阻之理。惟傾煤入水，查照上海、天津租界河巡章程皆行明禁，如有違犯送領事官辦理，分别議罰。蓋泰西公法最重河道，辦法特嚴，内河等處自應照辦，爲此環求賜准諮行。兩江總督、江蘇巡撫劄飭各關道會同税務司查照租界河巡章程，凡内河行走小輪之處，相度情形妥籌善法，永禁小輪不准傾煤入水，違者照章議罰，並諮行各國領事官令洋商各小輪一體遵守。此係中國自主之權，外人斷無異議。推之各省内河及長江鄱陽、洞庭諸湖並海輪近口一百里内，皆可一律照辦。庶水道無淤阻之患，農務、商務兩受其益。伏候大部鑒核俯准迅諮辦理等情前來。查内港行輪既經定有專章，嗣後内河航路自必日多一日，若任聽該輪傾倒煤滓入水，不特於農田水利兩有所損，並恐河身淺阻即行船亦屬不宜。除批掛發外，相應諮行貴督查照迅飭各關道會同税務司妥籌切實辦法，一俟籌定後即行示禁，華洋各輪一體遵守，以清河道，仍將如何辦法諮覆本部察核可也。

《少數民族法典法規與習慣法・章程永固碑》 嘗聞朝廷立法，鄉黨立規，法立則民安，規立則俗厚，所以古人觀治於鄉，而知王道之易易也。緣我境舊屬溶江十甲之地，瑶漢共居，並非五排之地，列鄉先輩皆宜樸，雖居山僻，尚稱仁里。殊延年歲歉，而心不古，或盡契賣斷而翻田增找，或藉稱脱業而油火訴索，甚至串棍訴控，夥盗偷竊，傷風敗俗，殊堪痛恨。傾，羅進發被人翻找誣控，司主地方，共搶不平，樂助幫資。後叩縣浪，蒙請官愛息訟，賞示永禁。除費用外，地方將餘錢以謝予等上縣跋涉之勞，予等慨然辭之，曰：事爲公事，錢屬公錢，以公錢爲公事，乃爲無愧。爰僱匠勒以庶章程，永垂不朽，俾善良得以相安，則風俗日進，人純厚矣。【略】

附公議條規並各户金名列後：

一、地方買賣田業山場，或先當後賣，儘量□□價，一比不得錯勒，必自立書賣斷絶契據，日後不得復嚮買主增補找索，致於稟究。

一、地方團長頭人通事，必秉公理勸慕，以無頌爲貴，不得挾嫌唆使，致釀訟爲。如有此蔽，查出公罰。

一、地方如有雀角事故，必經團理剖曲者公罰，不得恃横掄控。如有串棍夥差妄控者，究同稟處。

一、被盜，或追尋補捉，或拿獲送究，一切費用，公人公出，不得獨累失主。

一、辦盜，輕則罰，重則送，凡一切罰款，必鳴團充公，不得私受。如查出，加倍重罰。

首士：趙玉春、趙龍武、趙安敦、羅進虎、趙榮田、趙榮清（以上均瑶族）。

團衆：趙榮有、趙成貴、趙榮賢、趙成寶、羅進情、趙龍虎、趙貴現、秦子鴻（漢）、趙成文、羅金玉、趙貴信【略】

境内田畝，腴磽不均，公認上田每穀一擔，作畫賣價錢五千文，中田每擔價錢四千文，山陰水旱下田作價三千五百文，買契不得增短勒索。

大清光緒四年歲次戊寅仲冬月上浣之吉。

吴朝連合團衆等公立。

紀事

《國語·周語上》 三十二年春，宣王伐魯，立孝公，諸侯從是而不睦。宣王欲得國子之能導訓諸侯者，樊穆仲曰：魯侯孝。王曰：何以知之？對曰：肅恭明神而敬事耇老；賦事行刑，必問於遺訓而咨於故實；不干所問，不犯所咨。王曰：然則能訓治其民矣。乃命魯孝公於夷宫。

《漢書》卷四三《陸賈傳》 賈因説佗曰：足下中國人，親戚昆弟墳墓在真定。【略】漢誠聞之，掘燒君王先人（家）〔冢〕墓，夷種宗族，使一偏將將十萬衆臨越，即越殺王降漢，如反覆手耳。

《漢書》卷六六《楊惲傳》 楊敞，華陰人也。子忠嗣。【略】忠弟惲，字子幼。【略】初，惲受父財五百萬，及身封侯，皆以分宗族。後母無子，財亦數百萬，死皆予惲，惲盡復分後母昆弟。再受訾千餘萬，皆以分施。其輕財好義如此。

《漢書》卷八九《循吏傳·黄霸》 黄霸，字次公，淮陽陽夏人也。【略】天子以霸治行終長者，下詔稱揚曰：潁川太守霸，宣布詔令，百姓鄉化，孝子弟弟貞婦順孫日以衆多，田者讓畔，道不拾遺，養視鰥寡，贍助貧窮，獄或八年亡重罪囚，吏民鄉于教化，興於行誼，可謂賢人君子矣。《書》不云乎？股肱良哉！

《漢書》卷九一《貨殖傳》 〔范蠡〕以爲陶天下之中，諸侯四通，貨物所交易也，乃治産積居，與時逐而不責於人。故善治産者，能擇人而任時。十九年之間三致千金，而再散分與貧友昆弟。後年衰老，聽子孫脩業而息之，遂至鉅萬。

《漢書》卷九四上《匈奴傳》 〔匈奴〕無文書，以言語爲約束。兒能騎羊，引弓射鳥鼠，少長則射狐菟，肉食。士力能彎弓，盡爲甲騎。其俗，寬則隨畜田獵禽獸爲生業，急則人習戰攻以侵伐，其天性也。其長兵則弓矢，短兵則刀鋋。利則進，不利則退，不羞遁走。苟利所在，不知禮義。自君王以下咸食畜肉，衣其皮革，被旃裘。壯者食肥美，老者飲食其餘。貴壯健，賤老弱。父死，妻其後母；兄弟死，皆取其妻妻之。其俗有名不諱而無字。

《後漢書》卷二七《宣秉傳》 宣秉字巨公，馮翊雲陽人也。【略】〔光武〕四年，拜大司徒司直。所得禄奉，輒以收養親族。其孤弱者，分與田地，自無擔石之儲。

《後漢書》卷四三《朱暉傳》 朱暉字文季，南陽宛人也。【略】初，暉同縣張堪素有名稱，嘗於太學見暉，甚重之，接以友道，乃把暉臂曰：欲以妻子託朱生。暉以堪先達，舉手未敢對，自後不復相見。堪卒，暉聞其妻子貧困，乃自往候視，厚賑贍之。暉少子頡怪而問曰：大人不與堪爲友，平生未曾相聞，子孫竊怪之。暉曰：堪嘗有知己之言，吾以信於心也。暉又與同郡陳揖交善，揖早卒，有遺腹子友，暉常哀之。及司徒桓虞爲南陽太守，召暉子駢爲吏，暉辭駢而薦友。虞嘆息，遂召之。其義烈若此。

《後漢書》卷七六《循吏傳·任延》 任延字長孫，南陽宛人也。【略】掾吏貧者，輒分奉禄以賑給之。省諸卒，今耕公田，以周窮急。每時行縣，輒使慰勉孝子，就餐飯之。

《後漢書》卷七九下《儒林傳·孫堪》 建武中，仕郡縣。公正廉絜，奉禄不及妻子，皆以供賓客。

《後漢書》卷八一《獨行傳·王烈》 王烈字彦方，太原人也。少師事陳寔，以義行稱。鄉里有盜牛者，主得之，盜請罪曰：刑戮是甘，乞不使王彦方知也。烈聞而使人謝之，遺布一端。或問其故，烈曰：盜懼吾聞其過，是有耻惡之心。既懷耻惡，心能改善，故以此激之。後有老父遺劒於路，行道一人見而守之，至暮，老父還，尋得劒，怪而問其姓名，以事告烈。烈使推求，乃先盜牛者也。諸有爭訟曲直，將質之於烈，或至塗而反，或望廬而還。其以德感人若此。

《後漢書》卷八一《獨行傳·王忳》 王忳字少林，廣漢新都人也。忳嘗詣京師，於空舍中見一書生疾困，愍而視之。書生謂忳曰：我當到洛陽，而被病，命在須臾，腰下有金十斤，願以相贈，死後乞藏骸骨。未及問姓名而絶。忳即鬻金一斤，營其殯葬，餘金悉置棺下，人無知者。後歸數年，縣署忳大度亭長。初到之日，有馬馳入亭中而止。其日，大風飄一繡被，復墮忳前，即言之於縣，縣以歸忳。忳後乘馬到雒縣，馬遂奔走，牽忳入它舍。主人見之喜曰：今禽盜矣。問忳所由得馬，忳具説其狀，並及繡被。主人悵然良久，乃曰：被隨旋風與馬俱亡，卿何陰德而致此二物？忳自念有葬書生事，因説之，並道書生形貌及埋金處。主人大驚號曰：是我子也。姓金名彦。前往京師，不知所在，何意卿乃葬之。大恩久不報，天以此章卿德耳。忳悉以被馬還之，彦父不取，又厚遺忳，忳辭讓而去。時彦父爲州從事，因告新都令，假忳休，自與俱迎彦喪，餘金俱存。

《後漢書》卷八一《獨行傳·陳重》 陳重字景公，豫章宜春人也。【略】有同署郎負息錢數十萬，責主日至，詭求無已，重乃密以錢代還。郎後覺知而厚辭謝之。重曰：非我之爲，將有同姓名者。終不言惠。又同舍郎有告歸寧者，誤持隣舍郎絝以去。主疑重所取，重不自申説，而市絝以償之。後寧喪者歸，以絝還主，其事乃顯。

《後漢書》卷八五《東夷傳·倭》 倭在韓東南大海中，依山島爲居，凡百餘國。【略】男子皆黥面文身，以其文左右大小别尊卑之差。其男衣皆横幅結束相連。女人被髮屈紒，衣如單被，貫頭而著之；並以丹朱坋身，如中國之用粉也。有城栅屋室。父母兄弟異處，唯會同男女無别。飲食以手，而用籩豆。俗皆徒跣，以蹲踞爲恭敬。人性嗜酒。多壽考，至百餘歲者甚衆。國多女子，大人皆有四五妻，其餘或兩或三。女人不淫不妒。又俗不盜竊，少爭訟。

《三國志》卷二三《魏志·常林傳》 常林字伯槐，河内温人也。【略】林乃避地上黨，耕種山阿。當時旱蝗，林獨豐收，盡呼比鄰，升斗分之。

《三國志》卷五七《吴志·陸瑁傳》 陸瑁字子璋，丞相遜弟也。少好學篤義。陳國陳融、陳留濮陽逸、沛郡蔣纂、廣陵袁迪等，皆單貧有志，就瑁游處，瑁割少分甘，與同豐約。同郡徐原，爰居會稽，素不相議，臨死遺書，託以孤弱，瑁爲起立墳墓，收導其子。瑁從父績早亡，二男一女，皆數歲以還，瑁迎攝養，至長乃别。

《陳書》卷九《吴明徹傳》 吴明徹字通昭，秦郡人也。【略】及侯景寇京師，天下大亂，明徹有粟麥三千餘斛，而隣里饑餧，乃白諸兄曰：當今草竊，人不圖久，柰何有此而不與鄉家共之？於是計口平分，同其豐儉，羣盜聞而避焉，賴以存者甚衆。

《陳書》卷二六《徐陵傳》　徐陵，字孝穆，東海郯人也。【略】陵器局深遠，容止可觀，性又清簡，無所營樹，禄俸與親族共之。太建中，食建昌邑，邑户送米至于水次，陵親戚有貧匱者，皆令取之，數日便盡，陵家尋致乏絶。府僚怪而問其故。陵云：我有車牛衣裳可賣，餘家有可賣不？其周給如此。

《南史》卷七六《隱逸傳·沈麟士》　沈麟士字雲禎，吴興武康人也。祖膺期，晋太中大夫。父虔之，宋樂安令。

麟士幼而俊敏，年七歲，聽叔父岳言玄。賓散，言無所遺失。【略】及長，博通經史，有高尚之心。親亡，居喪盡禮。服闋，忌日輒流淚彌旬。居貧織簾誦書，口手不息，鄉里號爲織簾先生。嘗爲人作竹誤傷手，便流淚而還。同作者謂曰：此不足損，何至涕零。答曰：此本不痛，但遺體毁傷，感而悲耳。嘗行路，隣人認其所著屐，麟士曰：是卿屐邪？即跣而反。隣人得屐，送前者還之，麟士曰：非卿屐邪？笑而受之。

《隋書》卷四六《趙煚傳》　趙煚字賢通，天水西人也。【略】嘗有人盜煚田中蒿者，爲吏所執。煚曰：此乃刺史不能宣風化，彼何罪也。慰諭而遣之，令人載蒿一車以賜盜者，盜者愧恧，過於重刑。其以德化民，皆此類也。

《舊唐書》卷一八五上《良吏傳·張允濟》　張允濟，青州北海人也。【略】嘗有行人候曉先發，遺衫於路，行十數里方覺，或謂曰：我武陽境内，路不拾遺，但能迴取，物必當在。如言果得。

《舊唐書》卷一八九下《儒學傳·尹知章》　尹知章，絳州翼城人。【略】知章雖居吏職，歸家則講授不輟，尤明《易》及莊、老玄言之學，還近咸來受業。其有貧匱者，知章盡其家財以衣食之。性和厚，喜愠不形於色，未嘗言及家人産業。其子嘗請併市樵米，以備歲時之費，知章曰：如汝所言，則下人何以取資？吾幸食禄，不宜奪其利也。竟不從。

《舊唐書》卷一九八《西戎傳·吐谷渾》　吐谷渾，其先居於徒河之清山，屬晋亂，始度隴，止於甘松之南，洮水之西，南極白蘭，地數千里。有城郭而不居，隨逐水草，廬帳爲室，肉酪爲糧。其官初有長史、司馬、將軍。近代已來，有王公、僕射、尚書、郎中。其俗頗識文字。男子通服長裙繒帽，或戴羃䍦。婦人以金花爲首飾，辮髮縈後，綴以珠貝。其婚姻富家厚出聘財，貧人竊女而去。父卒，妻其庶母；兄亡，妻其諸嫂。

《新唐書》卷一七七《錢徽傳》〔錢徽字蔚章〕大和初，復爲華州。俄以吏部尚書致仕。卒年七十五，贈尚書右僕射。

徽與薛正倫、魏弘簡善，二人前死，徽撫其孤至婚嫁成立。

（宋）李燾《續資治通鑑長編》仁宗嘉祐三年秋七月　癸酉，福州進士周希孟爲國子監四門助教、本州州學教授，以知州蔡襄言其文行爲鄉里所推也。

襄世閩人，知其風俗。往時閩士多好學，而專用賦以應科舉。襄得希孟，專用經術傳授，學者嘗至數百人。襄親至學舍，執經講問，爲諸生率。延見處士陳烈，尊以師禮。陳襄、鄭穆，學行著稱，襄皆折節待之。閩俗重凶事，其奉浮屠，會賓客，以盡力豐侈爲孝，往往至數百千人，至有親亡不舉哭，必破産辦具，而後敢發喪者。有力者乘其急時，賤買其田宅，而貧者立券舉債，終身困不能償。襄下令禁止。至于巫覡主病、蠱毒殺人之類，皆痛斷絶之。其子弟有不率教令者，條其事作《五戒》以訓敕之。及襄去，閩人爲立德政碑。襄、穆，皆福州人也。

《宋史》卷一一三《禮·嘉禮·賜酺》　天禧五年，以畿縣追集、老人疲勞之故，止召兩赤縣、坊縣父老預會，其不預名亦聽，給以賜物。天下賜酺，各令州、府會官屬父老，邊州或遣中使就賜。又詔開封府：賜酺日，罪人酗酒而不傷人者，咸釋之，再犯論如法。後賜酺皆準此。宋之繁庶，於斯爲盛，後遂爲定制云。

《宋史》卷一七三《食貨志·農田》〔景定四年〕是歲七月，彗見于東方。下詔求言，京學生蕭規、葉李等三學六館皆上封章；前祕書監高斯得亦應詔馳驛上封事，力陳買田之失人心、致天變。

《宋史》卷二六五《李昉傳》　李氏居京城北崇慶里，凡七世不異爨，至昭述稍自豐殖，爲族人所望，然家法亦不隳。

《宋史》卷二八二《王旦傳》　王旦字子明，大名莘人。【略】旦事寡嫂有禮，與弟旭友愛甚篤。婚姻不求門閥。【略】且不置田宅，曰：子孫當各念自立，何必田宅，徒使争財爲不義爾。

《宋史》卷二八四《宋祁傳》　又自爲誌銘及《治戒》以授其子：三

日斂，三月葬，愼無爲流俗陰陽拘忌也。棺用雜木，漆其四會，三塗即止，使數十年足以腊吾骸、朽衣巾而已。毋以金銅雜物置冢中。且吾學不名家，文章僅及中人，不足垂後。爲吏在良二千石下，勿請謚，勿受贈典。冢上植五株柏，墳高三尺，石翁仲他獸不得用。若等不可違命。若等兄弟十四人，惟二孺兒未仕，以此諉莒公。莒公在，若等不孤矣。後贈尚書。

《宋史》卷三四〇《蘇頌傳》〔蘇頌字子容〕頌因治訊他事，互問民鄰里丁産，識其詳。及定户籍，民或自占不悉，頌警之曰：汝有某丁某産，何不言？民駭懼，皆不敢隱。遂剗剔夙蠹，成賦一邑，簡而易行，諸令視以爲法，至領其民拜庭下以謝。凡民有忿爭，頌喻以鄉黨宜相親善，若以小忿而失歡心，一旦緩急，將何賴焉。民往往謝去，或半途思其言而止。時監司王鼎、王綽、楊紘於部吏少許可，及覩頌施設，則曰：非吾所及也。

《宋史》卷三四四《孫覺傳》〔孫覺字莘老〕閩俗厚於婚喪，其費無藝。覺裁爲中法，使資裝無得過百千。令下，嫁娶以百數，葬埋之費亦率減什伍。

《宋史》卷三七九《范如圭傳》〔范如圭字伯達〕又論：東南不舉子之俗，傷絶人理，請舉漢《胎養令》以全活之，抑亦勾踐生聚報吴之意也。帝善其言。

《宋史》卷三八八《李燾傳》〔李燾字仁甫〕紹興八年，擢進士第。**【略】**知雙流縣。仕族張氏子居喪而爭産，燾曰：若忍墜先訓乎？盍歸思之。**【略】**又有不白其母而鬻産者，燾置之理，豪强斂迹。於是以餘暇力學。

《宋史》卷四三七《劉清之傳》劉清之字子澄，臨江人。嘗序范仲淹《義莊規矩》，勸大家族衆者隨力行之。本之家法，參取先儒禮書，定爲祭禮行之。高安李好古以族人有以財爲訟，見清之豫章，清之爲説《訟》、《家人》二卦，好古惕然，遽舍所訟，市程氏《易》以歸，卒爲善士。

《宋史》卷四八七《外國傳·高麗》男女自爲夫婦者不禁，夏月同川而浴。婦人、僧、尼皆男子拜。**【略】**堂上設席，升必脱履，見尊者則膝行，必跪，應必唯。其拜無不答，子拜，父猶半答其禮。性仁柔惡殺，不屠宰，欲食羊豕則包以蒿而燔之。

《元史》卷一九七《孝友傳·孫秀實》孫秀實，大寧人。性剛毅，喜周人急。里人王仲和嘗托秀實貸富人鈔二千錠，貧不能償，棄其親逃去。數年，其親思之，疾，秀實日饋薪米存問，終不樂。秀實哀之，悉爲代償，取券還其親，復命奴控馬賫金，訪仲和使歸，父子歡聚，聞者莫不嗟美。又李懷玉等貸秀實鈔一千五百錠，度（以無）〔無以〕償，盡還其券不徵。

《元史》卷一九七《孝友傳·王薦》王薦，福寧人。性孝而好義。父嘗疾甚，薦夜禱於天，願減己年益父壽。父絶而復甦，告其友曰：適有神人，黄衣紅帕首，恍惚語我曰：汝子孝，上帝命錫汝十二齡。疾遂愈，後果十二年而卒。母沈氏病渴，語薦曰：得瓜以啖我，渴可止。時冬月，求於鄉不得，行至深奥嶺，值大雪，薦避雪樹下，思母病，仰天而哭。忽見巖石間青蔓離披，有二瓜焉，因摘歸奉母。母食之，渴頓止。

兄孟齡早世，嫂林氏更適劉仲山。仲山嘗以田鬻於薦，及死，不能葬，且無子，族以其貧，莫肯爲之後。薦即以田還之，使置後，且治葬焉。州禁民死不葬者，時民貧未葬者衆，畏令，悉焚柩，棄骨野中。薦哀之，以地爲義阡收瘞之。有死不能斂者，復買棺以贈，人皆感焉。至大四年，其鄉旱，民艱糴，薦盡出儲粟賑之。有施福等十一家，饑欲死，薦聞，惻然欲濟之，家粟已竭，即以己田易穀百石分給之。福等德其活己，每月朔，會佛祠爲祈福。

《元史》卷一九七《孝友傳·訾汝道》訾汝道，德州齊河人。父興卒，居喪，以孝聞。母高氏治家嚴，汝道承順甚恭。母嘗寢疾，晝夜不去側。一日，母屏人授以金珠若干曰：汝素孝，室無私蓄，我一旦不諱，此物非汝有矣，可善藏之，毋令他兄弟知也。汝道泣拜曰：吾父母起艱難，成家業，今田宅牛羊已多，汝道恨無以報大恩，尚敢受此，以重不孝之罪乎！竟辭之。母卒，哀毁，終喪不御酒肉。

性尤友愛，二弟將析居，汝道悉以美田廬讓之；二弟早世，撫諸孤如己子。鄉人劉顯等貧無以爲生，汝道割己田各畀之，使食其租終身。里中嘗大疫，有食瓜得汗而愈者，汝道即多市瓜及糴米，歷户饋之。或曰：

癘氣能染人，勿入也。不聽，益周行問所苦，然卒無恙。有死者，復贈以棺櫝，人咸感之。嘗出麥粟貸人，至秋，蝗食稼，人無以償，汝道聚其券焚之。縣令李讓爲請旌其家。

《元史》卷一九八《孝友傳·魏敬益》 魏敬益字士友，雄州容城人。性至孝，居母喪，哀毁骨立。素好施與，有男女失時者，出貲財爲之嫁娶；歲凶，老弱之饑者，爲糜以食之。敬益有田僅十六頃，一日語其子曰：自吾買四莊村之田十頃，環其村之民皆不能自給，吾深憫焉。今將以田歸其人，汝謹守餘田，可無餒也。乃呼四莊村民諭之曰：吾買若等業，使若等貧不聊生，有親無以養，吾之不仁甚矣，請以田歸若等。衆聞皆愕眙不敢受，强與之，乃受而言諸有司。有司以聞于中書，請加旌表。丞相賀太平歎曰：世乃有斯人哉！

《明實録》太祖洪武七年八月〔辛丑〕 詔天下曰：曩因天下大亂，死者不可勝數，生者備歷艱辛，已有年矣。朕起自布衣，削群雄、定禍亂，改元洪武，今已七年。才踈德薄，日夕慮上帝有責，思之再三，惟因兵戈罹殃者，朕失撫養存問。蓋軍士爲朕開拓疆宇，奮不顧身，殁於戰陣，屍不至家，魂無所依。父母年高，妻寡子幼。一旦捐棄，至今不能存活。此朕之過也。民間經兵避難，眷屬乖離，至今不能會聚者有之。或子殁，親老而無養，親殁，子幼而無依者有之，亦朕之過也。興言及此，實可憫傷。今詔天下有司，用心體訪，各各具名以聞，朕當存養，使不失所。凡出征軍官間有殁於戰鬭，或鎮守邊境身死還方，父母年老，妻寡子幼，雖當給糧養贍，猶慮未周，各衛所宜審訪優給。待其子稍長，即令承襲。如無應襲之人，所司廪送至京，官爲存養。其南北征戍軍士，殁於邊遠，棄遺父母妻子，貧窮無依，所司驗實，廪送至京，官爲存養。若子雖幼，可依及有親屬而願留者，從其便，官仍給糧養贍。兵興以來，各處人民避難流移，或有父南子北，骨肉離散。願完聚者，有司送還鄉里。或有身死他鄉，所遺老幼願還鄉者，聽。及各處鰥寡孤獨并篤疾之人，貧窮無依不能自存，所司官給衣糧養贍。官員仕宦遠方，没於任所，妻子貧窮不能回鄉者，所在有司送還鄉里。於戲，君臨天下者，所以爲民也。或君思治而民乖，或民樂善而君昏，臣或賢而君不德，君或懦而臣剛，此古今所難也。所司奉行者，勿倚仁爲弊歲，以干刑憲。

《明實録》太祖洪武十九年五月〔甲辰〕 大明今十有九年，然奸臣在位，諜問臣民。恩本施而弗及，德將布而沮行，政乖理悖，莫甚此艱。先王之道未究于行，失存問于高年及矜恤於鰥寡孤獨。去歲《大誥》頒行，民從朕命，至奸擾吾民者，循治而斂跡。進士、監生職任於諸司，想吾民樂生有漸矣。今特命有司存問於高年，恤鰥寡孤獨者，必得其所，篤廢殘疾者，收入孤老，歲給所用，使得終天年。所有合行事理，條列于後。凡民年八十、九十而鄉黨稱善者，有司以時存問。若貧無産業、年八十以上者，月給米五斗、肉五斤，酒三斗；九十以上者，歲加賜帛一匹，絮一斤；其有田産能贍者，止給酒肉，絮、帛惟應天、鳳陽二府；富民年八十以上，賜爵；里士九十以上，賜爵；社士皆與縣官平禮，復其家，冠帶服色別議，頒行各處。鰥寡孤獨不能自給者，悉蠲其差徭。若孤兒有田不能自藝，則令親戚收養，無親戚者，隣里養之。其無田者，歲給米六石，亦令親隣養之，俱俟出幼收籍爲民。篤廢殘疾不能自存者，即日驗口收籍，依例給米布，俾遂其生。累年開邊士卒親冒矢石，或肌膚傷殘，或因傷死亡，子息見存不能生理者，悉放回原籍爲民，復其家。垜集土軍因征伐傷殘者，優免軍役三年，改爲貼户，因傷死亡者，優免軍役十年，本户改爲民籍，仍免差役三年。軍官從大將征討没於行陣，子見存者，厚加撫恤，仍令世襲，未陞者陞一級。逃軍逃囚能赴官自首者，免罰。山林巖穴隱逸之士，有司旁求博訪，以禮敦遣赴京量材録用。於戲。禮壽，尊賢，報功，崇德，恤孤，賑寡，古哲王之大典，今出恩沾，有司如命。故兹詔諭，想宜知悉。

《明宣宗寶訓》卷二《正風化》 宣德元年四月甲戌，安東屯衛指揮僉事姜通奏爲其子裕聘朔州衛指揮使周忠女爲配，今已二年，近爲平陽王選妃，不得成婚。上謂行在禮部尚書胡濙曰：婚姻人道之始，風教所關。昔唐太宗聘鄭仁基女爲充華，聞其已許陸氏，遂罷之，亦是重禮教。忠女宜歸姜氏，令平陽王別選妃。

（清）龍文彬《明會要》卷五一《民政·風俗》 洪武元年，御史高元侃言：京師人民循習舊俗。凡有喪葬，設宴會親友，作樂娛尸，無哀戚之情。請禁止以厚風俗。乃令禮官定民喪服之制。

四年，諭羣臣曰：世之治亂，本乎風俗。京師天下之根本，四方所取則。而積習之弊，以奢侈相高，浮薄相誘，非所以致理也。禮部尚書陶凱曰：道之以政，齊之以刑。欲整齊風俗，必以政刑先之，然後教化可行。太祖曰：教化必本諸禮義。徒急於近效，而嚴其禁令，是欲澄波而反汨之也。魏觀爲蘇州知府，以明教化、正風俗爲治。

五年，詔曰：一天下大定，禮儀風俗不可不正。諸遭亂爲人奴隸者，復爲民。凍餒者，里中富室假貸之。孤寡殘疾者，官養之。鄉黨論齒，相見揖拜無違禮。婚姻毋論財。喪事稱家有無，毋惑陰陽拘忌，停柩暴露。流民復業者，各就丁力耕種，毋以舊田爲限。僧道齋醮，雜男女，恣飲食，有司嚴治之。閩、粵豪家，毋閹人子爲火者。犯者抵罪。

二十二年，太祖與劉三吾論治民之道。三吾言：南北風俗不同，有可以德化，有可以威制。太祖曰：地有南北，民無兩心。帝王一視同仁，豈有彼此？汝謂南方風氣柔弱，可以德化，北方風氣剛勁，可以威制。然君子、小人何地無之！君子懷德，小人畏威，施之各當，烏可拘以成見？洪熙時，李信圭爲清河知縣，設教戒十三條，令里民書於牌，月朔望儆戒之，且令書其民勤惰善惡以聞。俗爲之變。

張紞爲雲南左布政使。民間喪祭冠婚，咸有定制，務變其俗。滇人遵用之。宣德二年，朱鑑擢御史，巡按湖廣，按行所部，問民疾苦，湖湘俗，男女婚嫁多踰三十。鑑申明禮制，其俗遂變。

正統中，御史陳鑑言：京師風俗澆漓，其故有五：一、事佛過甚，二、營喪破家，三、服食靡麗，四、優倡爲蠹，五、博塞成風。章下禮部，格不行。景泰五年，段堅爲福山知縣，刊布《小學》，俾士民講誦。俗素陋，至是一變。村落皆有絃誦聲。周濟爲安慶知府，爲定婚喪制，禁侈費，愆嫁、葬期者，有罰。風俗一變。陳鋼爲黔陽知縣。楚俗居喪，好擊鼓歌舞。鋼教以歌古哀詞。民俗漸變。

弘治中，給事中賀欽言：陛下紹基之初，舉行朱子喪葬之禮，而頽敗之俗未變。乞申明禮制，革去教坊俗樂，以廣治化。丁積爲新會知縣，申洪武禮制，參以《朱子家禮》，擇耆老誨導百姓。良家子墮業，聚廡下，使日誦《小學》書，親爲解說。風俗大變。

（清）龍文彬《明會要》卷五一《民政・尊高年》　明初，養老，令貧者給米肉，富者賜爵。惟及於編民。天順以後，始令致仕官七十以上者，皆得給酒肉布帛，或進階。其大臣八十九十者，特賜存問。

洪武元年八月，詔：民年七十以上者，許一丁侍養，免其雜泛差役。

五年五月壬子，詔中外學官行養老之政。

十九年六月，詔有司存問高年。貧民年八十以上者，月給米五斗、肉五斤、酒三斗；九十以上者，歲加帛一疋、絮一斤。有田産者，罷給米。應天、鳳陽富民，年八十以上，賜爵社士；九十以上，鄉士；天下富民，年八十以上，里士，九十以上，社士；皆與縣官均禮。復其家。

二十年，命禮部申諭有司，行養老之政。

二十二年八月，詔天下舉高年有德識時務者。

二十六年，詔免天下耆民來朝。先是，詔天下民年五十以上來朝京師，訪民疾苦。有才能者拔用之；其年老不通治道，則宴賚而遣之。自是，來者日衆。上諭詹徽遣人馳傳，於所在止之。

建文元年二月，賜民高年米肉絮帛。

永樂七年二月乙亥，遣使於巡幸所經郡縣，存問高年。八十以上賜酒肉，九十加帛。

十一年二月乙丑，車駕發京師。令給事中、御史所過存問高年，賜酒肉及帛。

十四年九月，車駕次鳳陽，賜耆民酒肉帛。

十九年，詔：民年八十以上，有司給絹二疋、酒一斗、肉十斤。

二十年，令：民年七十以上，及篤廢殘疾者，許一丁侍養。不能自存者，有司賑給。

天順二年，詔：軍民年八十以上者，不分男婦，有司給絹一疋、絮一斤、米一石、肉一斤。

九十以上者，倍之。男子百歲，給與冠帶。

八年，詔：凡民年七十以上者，免一丁差役；有司歲給酒十瓶、肉十斤；八十以上者，加絮二斤、布二疋；九十以上者，給與冠帶。

成化二十三年，詔：在京文職以禮致仕，五品以上，年及七十者，進散官一階。廉貧不能自存者，歲給米四石。

弘治十八年，詔：文職官員五品以上，以禮致仕在家者，各進階一級。其二品以上大臣，年及八十者，有司備采幣羊酒問勞；九十以上者，具奏，遣使存問。

正德六年五月，賜京民八十以上粟帛。

嘉靖元年，詔：文職致仕一品未受恩典者，有司月給米二石，歲撥人夫二名。二品以上，年及八十者，備采幣羊酒問勞；九十以上者，具奏，遣使存問。五品以上，年及七十者，進散官一階。廉貧不能自存者，歲給米四石。

十五年三月，帝如天壽山謁陵，賜高年粟帛。

（清）龍文彬《明會要》卷五一《民政・恤鰥寡孤獨》 洪武元年七月庚寅，振恤中原貧民。八月己卯，詔：鰥寡孤獨廢疾者，存恤之。

五年五月，詔天下郡縣置養濟院。

八年正月癸酉，命有司察窮民無告者，給屋舍衣食。諭中書省曰：昔吾在民間，目擊鰥寡孤獨，飢寒困踣之徒，心常惻然。今代天理物已十餘年，若民有流離失所者，非惟昧朕之初志，於代天之工，亦不能盡。爾等爲轉相，當體朕懷，不可使有一夫不獲也。

十二年二月乙巳，詔曰：今春雨雪經旬，天下貧民困於飢寒者多有，其令有司給以鈔。

十九年四月甲辰，詔：鰥寡孤獨不能自存者，歲給米六石。

二十二年四月，賜江西、山東、湖廣貧民鈔。

二十三年二月，發河南、山東倉粟振貧民。

二十七年正月，發天下豫備倉穀，貸貧民。

建文元年二月，詔：鰥寡孤獨貧不能自存者，歲給米三石，令親戚收養。篤廢殘疾者收養濟院，例支衣糧。

宣德元年十一月，諭順天府尹，加意孤窮，悉收入養濟院。

天順元年，令收養貧民，於大興、宛平二縣各設養濟院一所，日給二餐。

成化二年十一月，收京城貧民盡入養濟院，從禮部尚書姚夔請也。

四年五月，詔順天府存恤孤貧。

十年正月丁亥朔，振京師貧民。

十六年，户部言：大興、宛平歲廩孤老七千四百九十餘人，凡贍糧二萬六千九百餘石，布如人數。近有司疎於稽察，董其事者，日肆侵牟，無告之民不濡實德。宜敕府尹月再巡視，俾惠澤下流，毋負朝廷恫瘝至意。帝俞其請，且詔天下有司殫心存恤。所在巡按御史廉其怠者，奏聞治罪。

弘治十五年四月壬寅朔，詔恤京城貧民。

嘉靖元年正月，詔收養京城貧民。

六年，詔在京五城地方各設養濟院一區，盡數收養。又令巡城御史行各城地方，有在街啼號乞匄者，民籍送順天府發養濟院，軍籍送旛竿、蠟燭二寺給濟。

九年二月，詔天下脩舉養濟院實政。

十年十二月，詔收養京師貧民。

十一年，詔順天府發銀二百七十五兩，於五城市衣給貧民。

十六年正月，發太倉米平糶，收養在京窮民。

二十二年，御史何贊言：京師苦寒，小民凍餒枕籍。乞多方振救，併行江北諸郡加惠，以廣德意。帝曰：今歲嚴寒，困窮可憫，亟行一體振之。

三十九年十二月己亥，振京師貧民。

契約文書

《清代乾嘉道巴縣檔案選編・李仲選叔侄請字約》 立出請字人李仲選，同侄李長榮、李長禄叔侄三人。

情因負債無措，以業出當。邇時人口繁衆，業當無耕，擧家乏食，凍餒頻仍，難以度日。叔侄商議，將業合賣，以全養畜。自七月二十六日備席請族鄰并中證等，節次挨向承買確主。八月初三日，中證等即向當主李正和、李正倫向售，不料踞當堅辭；又向鄰親張永忠出售，亦推不買，又向鄰人諶一陽，更推無力；又向族弟李耀魯，因合價不符亦致擱賣。時遭債帳催逼，食乏歲暮，掣肘無措。中證苦於煩數，是以叔侄剖心給字爲憑，惟希即覓主售，故同請到諶一載、費正綱、万年泰、李耀魯、張世坤等爲中作合。倘有主承買，仲選叔侄不得異心別言。今欲有憑，立出請字爲據。

憑衆人　鄭時會

劉儀章

清一陽

乾隆五十七年十一月二十八日　立請字人李長榮、李仲選、李長禄

案例文書

（宋）陳襄《州縣提綱》卷二《呈斷憑元供》 二競者之詞，悉見於親供，或憚案牘之繁，不暇遍覽。將結斷時，案吏則以案具始末情節引呈，蓋欲便於觀覽也。不知甲乙對競，甲之賂厚，則吏具申之詞必詳。乙之詞雖緊要者，亦且節去，以此誤長官之判多矣。既有元詞，自當詳覽以定曲直。又具情節，適爲贅耳。

（宋）鄭克《折獄龜鑑》卷八《矜謹・郎茂陸襄附》 按梁陸襄爲鄱陽內史。有彭、李二家先因忿争，遂相誣告。襄引入內室，不加責誚，但和言解諭之。二人感恩，深自咎悔。乃爲設酒食，令其盡歡，酒罷同載而還，因相親厚。夫異姓之疏也，誣告之怨也，猶可和解使相親厚，况親族之不睦者乎？彼猶未容責誚，此可遽加嚴法乎？矜謹之士，宜鑒於兹，故並著焉。

《名公書判清明集》卷一〇《人倫門・鄉鄰之争勸以和睦》 大凡鄉曲鄰里，務要和睦。纔自和睦，則有無可以相通，緩急可以相助，疾病可以相扶持，彼此皆受其利。纔自不和睦，則有無不復相通，緩急不復相助，疾病不復相扶持，彼此皆受其害。今世之人，識此道理者甚少，只争眼前强弱，不計長遠利害。纔有些小言語，便去要打官司，不以鄉曲爲念。且道打官司有甚得便宜處，使了盤纏，廢了本業，公人面前陪了下情，着了錢物，官人廳下受了驚嚇，喫了打綑，而或輸或贏，又在官員筆下，何可必也。便做贏了一番，冤冤相報，何時是了。人生在世，如何保得一生無横逆之事，若是平日有人情在鄉里，他自衆共相與遮蓋，大事也成小事，既是與鄉鄰讐隙，他便來尋針覓線，掀風作浪，小事也成大事矣。如此，則是今日之勝，乃爲他日之大不勝也。當職在鄉里，常常以此語教人，皆以爲至當之論。今兹假守于此，每日受詞，多是因閑唇舌，遂至興訟。入詞之初，說得十分可畏，及至供對，原來却自無一些事。此等皆是不守本分，不知義理，專要争强争弱之人，當職之所深惡，正要懲一戒百。今觀唐六一訴顔細八、顔十一之由，只是因楊四唆使之故。楊四處

鄉鄰之間，不能勸諫以息其争，而乃鬭喋以激其争，遂使兩家當此農務正急之時，抛家失業，妄興詞訴，紊煩官司，其罪何可逃也。楊四杖六十，唐六一、顏細八、顏十一當廳責罪賞狀，不許歸鄉生事，並放。仍各人給判語一本，令將歸家，遍示鄉里，亦興教化之一端。

《名公書判清明集》卷一〇《人倫門·勉寓公舉行鄉飲酒禮爲鄉閭倡》

當職猥以非才，承乏守郡，每自惟念公朝推擇之意，豈徒責以簿書期會之最，刀筆廂篋之務而已，固將使之宣明教化，以厚人倫而美習俗也。故自交事以來，凡布之於榜帖，形之於書判，施之於政事，莫不拳拳然以入事其父兄，出事其長上者，爲吾民訓。今既數月矣，近者見而知之，遠者聞而知之，其比閭族黨之間，自宜詳體此意，長者勉其少者，智者誨其愚者，賢者誘其不肖者，相率而爲禮義之歸，而舊俗爲之一變矣。然每閲訟牒，乖争凌犯之習，曾不少衰。其間利害不能以稊米，即爲欺詐以相傾，挾財力以相勝，結黨仇以相攻，不特親戚鄉里反眼若不相識，雖父子伯叔兄弟亦復相視如寇讐然。嗚呼！天惟與我民彝，豈若是哉！蓋移風易俗，使夫人回心而向道，類非俗吏之所能爲爾。當職其敢不自咎，徒忿疾于頑，而弗思所以爲迪吉康之道乎！

竊惟三代教民之法，莫切於鄉飲酒禮，觀其致尊遜以教不争，致潔敬以教不慢，父坐子立以教孝，老坐少立以教悌，序賓以賢以貴德，序坐以齒以貴長，序僎以爵以貴貴，飲食必祭以示不忘本，工歌必獻以示不忘功，燕及沃洗以示不忘賤，凡登降辭受獻酬之義，籩豆鼎俎之器，升降合樂之節，無非教也。當是時也，父與父言慈，子與子言孝，兄與兄言友，弟與弟言順，少而習焉，長而安焉，其父兄之教，不肅而成，其子弟之學，不勞而能。故其俗既成之後，雖衰世之公子，皆篤於信厚，而非止於麟趾之盛時也；雖江漢之匹夫，皆知無思犯禮，而非止於京邑之近也；雖抱衾之賤妾，皆知自克以義，而非止於關雎之后妃也；雖牛羊之賤吏，皆知有所不忍傷，而非獨公卿大夫之賢也。是以孔子曰：吾觀於鄉而知王道。又曰：鄉飲酒之禮廢，則長幼之序失，而争鬭之獄繁矣。然則是禮之廢興存亡，其所繫豈不重歟！萬世之下，有志於化民成俗者，舍此而將奚先焉。唐李正一爲常州刺史，大起學校，堂上畫孝友，傳示諸生，爲鄉飲酒，而人人知勸。裴煥之爲宣州刺史，亦舉行此，歌至白華、華黍、南陔等章，言孝子養親。及物遂性之義，聞者至於泣下。天理之在人，其不可泯滅也如此。夫當職不自揣度，輒有傚顰之心將與諸君子講明肄習而推行之，使郡之父老子弟相與周旋揖遜乎其間，日就月將，耳濡目染，遷善遠罪，而不自知，獄訟止息，刑措不用，則期民不愧於齊、魯之民，而太守亦庶幾不爲龔、黄之罪人矣。獨抱此志，未知所遂，而劉司户乃先得我心之所同然，首以爲鄉曲倡。亹亹一紙，藹然仁義之言，當職撫卷三歎，真不圖爲樂之至于斯也。魯無君子，斯焉取斯，吾今而後，益信郡人之猶足用爲善也。昔王豹處于淇，而河西善謳，緜居處于高唐，而齊右善歌，爲其事而無其功者，未之有也。願司户與同志之士力行之。異時有争訟曲直者，望王烈之廬而復還；人之欲爲不善者，恐司馬公、邵先生知之而止。如州則豈惟郡人有耻且格，雖由之兼善天下不難矣，豈不盛歟！請今遇行禮時，録名見示，庶可因其從違，察其所嚮，且欲薄助錢酒，以見區區勸勉之意。併榜市曹及兩縣，如各鄉士民有能傚此者，仰各縣采實具申，當行褒賞，以爲風俗之勸。

《名公書判清明集》附録二《徐莘首賭及邑民列狀論徐莘》 稂莠不去，則穀不能以自植，敗羣者不斥，則羊不能以自肥。本縣實緣敗壞之久，姦豪得志，細民被害，歷考其尤者，則寄居中蓋有其人，而士人則徐莘是也。徐莘僥倖一舉，本不足道，乃恃强狠，大爲一縣之害，兩經縣道牓示，尚不悛改。去年又與寄居扶同論訴縣道，權縣已被行遣，合干人亦將斷配，自此愈見恣肆。本縣雖訪聞本人頗爲民害，然人户不敢論訴，亦且暫已。今探聞當職時暫差出，便復論訴人吏，全無着實。尋又據市民列狀，賫出縣牓論訴，顯見徐莘擾害鄉民。照得朝廷日來深慮寄居等人擾害鄉曲，故雖樂安鄉山，曾復係是命官，亦且押送他州居住，蓋投之四裔，屏之遠方，古人所以治頑民者，不若是則終無以絶其本根。今徐莘者若不屏逐，無以遏絶姦惡。今備詞并縣牓申解使軍，欲乞將徐莘押送外州居住，庶絶後患。本縣除已將一行人疎放外，其徐莘合行申解。奉軍判，徐莘押送吉洋拘管，申朝省及諸司會。

《名公書判清明集》附録二《龔儀久追不出》 朝廷差守令，以爲千里，百里之長，則凡在部封之内，雖有貴賤貧富之不同，皆部民也。人户詞訴，官司追逮，雖曲直未可知，自當應時出官供對。今鄉村豪民遇有詞訴追逮，率是累月以致年歲不肯出官，保正虚受杖責，使人户詞訴無由結絶，官吏文移日見壅滯。本縣豪户大率皆然，而其尤甚者，則排風龔儀是也。自去歲七月間，有陳暘叔者，訟其起屋侵占墳地，追逮半年，不伏出官，及至差官親至地頭驗實，龔儀亦端坐不出，卒使詞人坐困，甘心移改墳墓，不與之争，何等頑民，乃敢如此！自是以後，訟其奪牛，訟其占山，訟其占屋，訟其不收税，凡七八件，皆是累月不出。本縣將其安下主人監繫追逮，方肯出官，使人人皆如龔儀，則國家守令、條法皆爲無用矣。且龔儀自稱士人，豈應不畏名義，不畏條法，以至於此。合將龔儀重行勘斷，念其自稱士人，秋試在近，且與免罪，踈枷押下安下人葉萬卿保管，伺候理對公事，安邦只今取保狀申。

（明）蘇茂相《新鐫官板律例臨民寶鏡》卷七《姦類審語·姦情》

馮口、錢氏原非至親，一日往來不絶。日久情密，姦聲已露，致其夫之有詞也。而馮日旋欲避瓜李之嫌，噬臍已莫及矣。均治如律。欒月處家不嚴，不應，當懲。

（明）蘇茂相《新鐫官板律例臨民寶鏡》卷七《姦類審語·私奔斷離》

吴氏夫死二十餘年而改嫁。嫁吴尚德二日而生子。若非先姦後娶，寧有學養後嫁者耶？吴夫吴婦同姓嫌疑，本宜斷異。有子有産，宣淫敗露，更合歸宗。其懷開呱呱者，明係尚德骨肉血，自當帶回乳哺，不得與阿母同周，以斷尚德之體胤，而潛留餘息，以圖私開奔之便門。周標孝子也，尚肯撥田分房於出廟之母，而豈不能饔飧菽水於歸宗之母乎。萬一凱風日競必不安所，則他門别室何所不可。奚必從亂命，縱私情，爲亡父之罪人也。周希烈本僉婚書之中嗣，以分臟不平，難於公訟。既詭名吴啓春於巡司，復謀倩黄廷選而檢舉，露尾藏頭，奸詭反覆之徒也。與吴尚德併杖。

（明）毛一鷺《雲間讞略》卷八《一件巡警事》　兵道蔡批駁本府詳犯李用賓等。

前件審得：妖婦楊氏狐媚宣淫，十年而七易夫，且又人盡夫也。或與厮僕通姦，或與親鄰搆醜；或假群婢爲傳消遞息之資，或通喜娘爲鑽穴踰墻之竇。甚至不問姓字，即通情於烏合，不顧倫常，漫夥淫於麀聚。正所謂罄竹作書，難描醜態者也。宋國無子，禍娶爲妾，抉老蚌之肉，而竭枯楊之髓，遂罹霜露不起。乃國存日，曾繼猶子承祖，又抱血嗣耀祖。國死而楊氏據耀祖爲己出，愈益淫縱無憚。國所遺家貲，半爲買姦倩淫之費，遂致用賓父子附羶逐臭，亦穴入其中，以爲愛河，又以爲利藪也。先假繼妹以納交，再假館師爲中籌，遂積姦成盜，而國遺券契盡被竊匿。淫棍姦胥，用賓可謂兼之矣。一杖不足盡辜，仍請加責示懲。楊氏以萬醜俱備之婦，而又旦暮蕩耗貲産以供淫冶，奚怪宋氏之不容也，宜即逐出宋門，暫着親弟楊曾繼領歸别嫁。其宋國先經分之業，與今費存之業，斷令耀祖、承祖平分，以全國立嗣苦腸，且踐其臨没遺言。第耀祖髮尚不燥，焉能成立？暫歸龔煌教育，蓋煌其生身父也。長歸宋門享業承祀，蓋從血抱依姓之義。丘曙係耀祖外父，曾貸國銀二百金，合斷其半爲聘儀，仍斷追百金歸承、耀均受。其耀祖名下田房等業，止許龔煌料理，糧差丘曙幫收照管，無得視爲奇貨，盜賣侵匿。如有此弊，許承祖告發，倍追歸宋。楊氏情甚可恨，法無可加，姑照舊擬罪。宋承祖既爲國嗣，閨門疏縱，枉爲男子。丘曙貪利許女，致爲淫婦左袒，卑鄙甚矣，與承祖各杖。錢喜娘説合通姦，令人切齒，坐罪照提。

（明）顔俊彦《盟水齋存牘》卷一《越佔孀産董士昇等杖》　審得方氏爲已故諸生譚萬益之妻，萬益早夭，氏止生一女，年甫二十，煢煢稱未亡人，冰操自礪，誓不移天，下撫其女，上奉兩孀，姑李氏勞氏以相朝夕，固行路所心惻者。有叔萬年浪蕩善費，氏慮其費盡無以自存，且無以奉兩姑饘粥也，赴控前府，分爲兩股，給有印單，氏與萬年各執管業矣。無何萬年亦化爲異物，外戚董士昇及生員李鳳鳴、趙有權等乘機捏稱萬年賣契，並方氏印單中之業而侵越之。方氏所哀哀爲秦庭之哭也，紅顔少姿，早失所天，又無子息，而戀戀於衰颯之姑，伶仃之女，靡他矢節，凡有人心，誰不悲感，而忍攫其養生送死之産？噫，亦太横矣。除譚萬年名下尚有剩産，聽各買主照契管業，其方氏印單房産有敢私自踞佔者，有强佔之律在，三尺斷不爲此輩寬也。仍行縣委官一一□釘明白，另召承佃，地方有節婦尚應旌表其閭，而不能爲其誅鋤强横，使安其故業，有司之耻也。董士昇杖不盡辜，佃惡區道洪並杖，餘人姑免深究，以聽其悔。招詳。

察院批：董士昇、區道洪攘孀婦之産，絶其養生送死之資，良心澌滅殆盡，杖不盡辜，姑依擬贖決，仍即委官阡明，有再强佔，即拿究解。

庫收繳。

軍門批：如擬董士昇、區道洪各杖示懲，餘如照，庫收繳。

（明）顏俊彦《盟水齋存牘》卷二《侵墳黄敦尹等杖》 前件審得梁宦衍泗父祖葬象拔崗有年，無論發福善地不容衝破，而所以妥先靈在此，豈容他人鼾齁卧榻傍耶？黄敦尹一富民，面敢於肆其侵逼，無法甚矣。據稱買自陳少卿，乃猶然梁宦界内，少卿安得擅賣？土宄陳起東亦安得居間覓利也？夫人家久葬之地，傷龍斬脉，即簪紳施之平民不可，況倒行而逆施之乎？法應重究，念即遷去，尚是不遠之復。黄敦尹、陳起東、陳少卿各從杖治，餘免株求。招詳。

察院批：黄敦尹等以齊民而敢侵及鄉紳祖墓，亦咄咄怪事哉。既經遷去，依擬各杖示警。庫收繳。

（明）顏俊彦《盟水齋存牘》卷二《争山何憲峰等杖》 審看得粤中争墳之訟無日無之，然未有捏一空冢指稱殤祖，如何憲峰等之誕妄者也。祖而曰殤，不寫其名號，而曰三秀才。考其歷數，而曰三百年前，天下寧有人焉？題其墓道言：殤祖何三秀才三百年前之墓，見者有不絶倒乎？及明知與鄧業墳山全無干涉，而又爲之轉一語曰：此山何祖送於鄧族，此祖又不知在殤祖之前，在殤祖之後，墳山相送爲三百年以上事，爲三百年以下事，幾於丘壠中鬼語矣。經縣勘明，歷歷如繪，應立破曹瞞之疑冢，永清楚漢之鴻溝，盧際龍依契造□，何憲峰等依律正罪，俱仍縣擬，招詳候奪。

兵巡道批：殤而稱祖，已可笑矣，又能識其墓於三百年之後乎？何憲峰實爲戎首，姑與何球收贖。何夢麟、何鬱之併杖，墳聽盧造。庫收繳。

（明）顏俊彦《盟水齋存牘》卷二《争田周卿爵杖》 審得簡氏二子，長子亮，次子詔。子永，其庶出之子也。子亮、子詔相繼淪没。簡氏目下已依子永，家政子永操之。據譚肖諭於崇禎二年曾佃到子詔土名拱腦西尖田四十畝，而馮上捷亦稱於是年憑周卿爵從子亮佃到此田，遂以争割取讐。但簡氏與子永稱，此田批佃肖諭是實，從不知有馮上捷者。一田無兩佃之理，以死無對證而不負肖諭，獨何心負上捷乎？或卿爵從中播弄，未可知也。上捷果曾有所費，只須向卿爵討償。田憑主判，聽肖諭耕佃可也。此事之波浪多起於周卿爵，薄杖之。餘免科。

（明）顏俊彦《盟水齋存牘》卷二《訟産何孔美杖》 審得陳洪範之買何孔美鋪四間，已經收明管業，現有税契。此賣也，非按也。據用價壹百貳拾伍兩，開税銀叁拾兩，一年租息僅取貳兩餘，不爲不貴矣。近何孔美乘届造勒贖。夫欲贖則應如契取贖，未爲不可。洪範一貧士，詎有餘貲置産？其銀未免轉貸之人，未曾稍享其利，而欲攫而還之，情理亦不能堪。窺孔美之意，亦不過以贖爲名，其欲再索些小洗業是實。如是則得産者已據其勝，應斷洪範出銀拾兩以資困乏，是情理之所有也。孔美以已經交割之産勒索不休，杖懲之，餘姑免科。招詳。

使司清軍道批：何孔美屋既絶賣，索貼不休，是貪夫也。復斷洗業，情浮於法矣。姑依擬杖贖發落。庫收領狀繳。

提學道批：何孔美依擬杖警，餘如斷，庫收領狀繳。

（明）顏俊彦《盟水齋存牘》卷三《獻田梁大龍詳銷》 審得梁大龍賣田張煥復行獻賣一案，已經縣審明詳結。今大龍與殷光漢俱經犴斃，而鄺卓達等犯即嚴拘齊集，亦無憑對訊。合依縣審准銷，惟復別奉定奪。具繇呈詳。

布政司批：梁大龍射利重復鬻田，無良甚矣。今既瘐死，而前買主張禎亦得地抵價，姑免深求。仰照縣審前招發落，繳。

（明）顏俊彦《盟水齋存牘》卷四《争山劉光庭杖》 審得劉光庭與脱繼光以争墳起訟司府，叠告不已。劉以透官殺佔告，脱以平墳盗葬告。庭質之日，各繪一圖，堅持不下，則亦不能據圖懸斷也，不得不聽之清丈。因委本府經歷范無激，一詣其地踏勘，而劉光庭之真情畢露矣。光庭自供此地得之外父賴念涯，婿承翁業，其地之界址原不甚了了，而營葬于脱氏之田。此時，聞有人説此處係脱山界，即走向脱家查問，而不意其認指揮脱世勳爲千户脱繼光也。世勳與繼光同姓異宗，原有夙隙，遂漫然答應，許其築墳，欲兩家構訟，以泄其忿，而光庭竟落其彀中而不知也。此劉光庭誤葬脱山之緣繇也。今已願起柩遷葬，退還繼光，俯首無辭。念其不知而葬，非有意佔田，薄杖示儆。繼光稱挖掘殤墳，查實無殤墳，不過因光庭擅行硃票之駕詞，而亦駕詞應之。倘蒙憲度汪洋，免其究擬，此非卑職所敢請也。具招呈詳。

布政司批：劉光庭誤葬起爭，既願起遷，姑依擬贖發。脱繼光免究，庫收繳。

（明）顔俊彦《盟水齋存牘》卷五《息詞余桂灣杖》 審得余桂灣與鄧昌家守山人梁毓秀切鄰，素有口角之隙，桂之耕牛走入墳傍，情似有之，而毓秀輕事重報，致有巡司之投。而桂灣抄詐之控，則不情特甚矣。鄧昌之詞似不容已，今兩造悔息，姑免深求。桂灣放牛起釁，又添入贓情，擬杖以懲。招詳

按察司批：余桂灣依擬杖折發落，庫收繳。

（明）佚名《新纂四六合律判語》卷下《禮律・鄉飲酒禮》 上庠下庠，《周禮・王制》：有虞氏養國老於上庠，養庶老於下庠。虞廷養老；執醬執醋，漢室尊年。覩冠帶之圜橋，漢明帝初即位，幸而辟廱行養老禮，以李躬爲三老，桓榮爲五更，親執醬執醋，袒割以饗之。畢，引諸生問難於冠帶之士，圜橋門而聽者以萬計。注：食物必以醬、醋、酒也。袒割，親自割肉執醬醋欲其精潔，恐傷生也。振藍田之鄉約。藍田吕氏有鄉約。將以移風易俗，豈徒具禮飾客。今某故違憲章，罔遵定式。春望冬朔行之，雖以其時；乞言割圭用之，動過其則。拜至拜洗拜送，視爲彌文；三揖三讓三終，厭爲末節。作竹葉八風之舞，唐中宗宴近臣，國子祭酒祝欽明作八風舞，備諸醜態。動蓮花衆口之譏。唐武后宴公卿，酒酣戲再思曰：楊内史面似高麗。再思剪紙貼一面，作高麗舞。或美之曰：六郎面似蓮花。既失威儀三千，合擬笞杖五十。

（明）張肯堂《𤲃辭》卷四《姚化鳳清豐人》 清豐駱光玉之被訟於姚化鳳者數矣。然此穽一入，雖終身不能脱也。蓋光玉之婚於郎氏，在化鳳不勝去帷之慘焉。然始則惟恐其不售也，故已則詭托以死，而令父姚三相主婚，越一年而化鳳復生矣，則執詞以討曰：爾胡以生奪人妻也？一告署縣，斷銀十兩給之；再告本縣，斷銀六兩五錢給之；三以滑籍告府，則不復斷銀，而坐之以罪。合兹訟而四矣。夫給銀既易啓其貪心，而坐罪又復拂其本願，如是則訟將何時而已乎！雖然積金至斗，婪壑難填。徒濟其欲，無寧使之窮而思返也。决杖或有警乎！光玉不慎於初，禍繇已掇，頫首服杖，誰謂荼苦矣。

（明）李清《折獄新語》卷三《産業・一件慘傷事》 審得王元忠之迭訟生員李文紋也，殆有隱情焉。蓋因文紋之居，華棟雕檐相接如繡；而元忠獨以敝陋數間，逼處其旁，是李氏之附庸也。季氏將有事於顓臾，吾甚恐，而姑爲先發制人計也。求善價而沽諸，亦其本懷。而若不以咀嚙時加者，爲文紋之毛間蟲，則不速買，亦不重買。於是以小屋三間，爲陳文龍兄弟賣與文紋，而得價二兩九錢者；又以小屋兩間一庫，並空地一片，爲文壽等賣之陳越，越又轉賣文紋，而得價七兩五錢者，皆謬指爲己有。明知鄒人與楚人戰，則鄒必不勝。然鼠能穿鼻，而蛙終聒耳。正元忠攻心妙計，而迫文紋以眼釘之急拔者也。時微察其情，姑置二契之僞於弗問，而以房屋八間與行路二條，爲元忠鱗次而居者，俾文紋以重價買，則兩家皆欣然從命。今中人楊懷等，業定價一百兩矣。然以祖遺數椽，而此爲蓬飄萍流之他徙，彼爲歌賓娱孥之永據，是未可以常價論也。合無照寧俗例，再加三十兩；而外有隔河園地一片，則定價十二兩；又有族人公分之地，而爲元忠所有之三尺者，則定價十兩。俾飽其所欲，矯翮而去。今而後，無曰春燕將辭，猶徘徊於大厦，而謬思以過我門者入我室也。王元忠誣揑有據，合杖懲。

（明）李清《折獄新語》卷三《産業・一件佔産事》 審得陳嘉相、陳嘉慶，皆裘氏叔，而裘秉彝則裘氏堂兄也。先因裘氏夫亡身寡，有稚子三。想其嗷嗷待哺者，難以推讓之棗梨啖兒矣。於是已故長伯出其置田二畝以贍，而嘉相、嘉變則貧無立錐耳。故集親族公議，照月輪養，此非得已也。無荆何分，無牛安射，想叔氏之捐數粒以飼貧孤，亦食無求飽矣。此於秉彝何與？而告縣、告廳，不一而足，其志將以求食也。既經軍廳審明，仍照月輪養，胡爲秉彝者，反有妹飽兄饑之怨，而以通叔誣？中冓之丑，不可道也。兄爲妹隱，直在其中矣。况妹不寄猳，兄乃證羊耶？問其故，則因裘氏解紛有心，佐門無舌耳。夫昔有盗嫂受謗，而曰我乃無兄者。嘉相等有兄矣，何以解謗？然言出彼兄，得無難乎爲妹，而裘氏之聞言頰赤，忽作一轉語者，不又曰不如無兄耶？則如今者所供，曾素謝有心，而所求不得，乃爲無題之嫁者，恐非彼婦之口也。既衆口交攻，而秉彝亦搏頰求哀，認過不暇。妄人乎？妄言乎？姑罰穀十二石，以修該學儀門。夫以此爲修者何也？無亦有人而無儀之戒，而姑借此舉以動其自修乎？其助門之陳曾龍，與各詐嘉相等三錢之孟皋、陳陽，皆秉彝之張波而

鼓焰者耳。民之秉彝，好是懿德。何三人反爲不德者助也？合各杖治，以醒秉彝。

（清）李之芳《棘聽草》卷一《讞詞・人命・按院一件為酷蠹燒詐事》

審得陳豪乃生員陳爾中之胞弟，吴氏之夫王和尚向佃其田耕種，於上年四月内，已將前田退訖，尚欠租銀二錢。陳豪於十二月二十八日往索，而和尚貧無以應，答以新年。陳豪遂取其鍋，和尚苦奪，乃被推其三推，手摑一把，踢一脚，而次日廿九夜和尚身死。此吴氏所由控縣，控府，而復控院也。王士偉、王正、王觀等乃和尚族屬，因士偉且充縣吏，童靈之乃吴氏初狀干證，故爾中將諸人鳴之於憲，其意將以燒詐可掩死命，孰顧其詞之全虚也。據該縣驗屍，謂和尚周身無傷，止有左乳旁破損六點，無黑腫血痕，臂上有紅色沙痕，此係腹痛暴故，適當其會。雖然，乳旁破損，即有傷不足致命，而推踢情真，致死豈謂無因？總之，未經細檢出入生死，難以據定爰書。該縣已奉院行，合無併縣檢審結案。

覆審得陳豪之索取王和尚租銀而致其死也，論銀衹二錢耳。彼以貧人歲逼，苦愁不堪，而不少加寬假，必至奪鍋，推踢，越日而死，伊誰之過歟？及行檢審，初檢皮破六點之傷，檢時惟有連皮血瘢，而屍骨半皆殘毁，復多出領頦一塊。究其何以致此，因貧無棺置，盛以蒲包，舁至城外，屍親王正又時時爲人傭工，不能看守，或犬嚙其餘爾。傷哉，貧也！生無半菽之充，死無一棺之蓋，死而無知則已，死而有知，其能俛首瞑目於泉下乎？當檢屍之日，晴空皎爽，狂飈不作，而微風忽動，將掩屍之紙飀飀直入雲際，若紙鳶然，衆目共睹，此何爲者耶？職亦訝然，以爲異也。隨於檢屍處問龔明云：王和尚平日曾有何病？則應之曰：無。不過饑餓，氣息奄奄，不堪其楚耳。並未言及刮沙。至庭質之日，則又言刮沙，問之陳禄，則亦言刮沙矣。先次審理，再三詰問，何以並無此言？即陳爾中原狀在正月二十三日控憲，何亦不言刮沙，但言久病？夫久病即饑餓所迫也，當食不聊生之際，而陳豪以如此大姓，略不恤貧，手足交加，彼羸然者，復能堪此乎！即檢無致命，而當日情景則大可恨也。問鄰佑何以改口？吴氏、王正泣訴以無飯供養之故。死者未伸於九泉，生者將轉於溝壑。竊恐吴氏、王正併爲和尚之續耳。斷給埋葬銀兩，以示爲富不仁之戒。至於告稱王士偉等燒詐情由，已經前詳審明，毋俟再議。

（清）李之芳《棘聽草》卷六《讞詞・産業・本府一件為滅門搗巢事》

審得季天、季方、季惟章等因季七九葬妻於園地，惑青烏家言，以爲礙於風水，且值惟章之母葉氏於正月初三日病死，竟疑煞犯，羣然蜂聚而搶其家，毁其屋，並將壽棺抬回，則器皿等物被搶可知。一族之中，操戈相向如此，是何法紀耶？況九七之園與惟章相隔甚遠，若言葉氏因其鑿葬而致犯，設未葬之先，季氏合族豈盡皆老而不死者乎？何見之愚而計之拙也！雖當日搶擁者實繁有徒，試問誰爲禍首而發難端，實始於季天、季方二人，不能逭於併杖。但搶物纍纍，人衆搬散，不能逐一追還，其棺木並現存什物給主收領，姑念親屬，杖此二兇，亦可平九七之憤矣。

（清）李漁《資治新書二集》卷二〇《田産・考察事》　看得孫某者，以清白名臣之後被論追贓。房杜門風，觀者浩嘆。既然有屋田可貿，何不開論親族，而蔓延于風馬牛不相及之人？如景及等田，既勒孫舜源承買矣，猶曰水木一源，難坐視也。翁士炳等既非瓜葛，又無交易，使山鄉細民移而置諸簪笏蟬聯之堂構，有不驚愕而退避者，非人情矣。如謂此屋係發祥之地，貴且賤售，則楚弓楚得，又未可借他人之鼾睡也。煌煌明旨，株累有禁。翁士炳等之抵死不輸，有自來矣。除孫舜源田價四百兩既經面認仍照廳斷速追外，餘悉于孫成名下勒限完納。其餘田及屋，聽自召賣同居親族，不得舍近扳遠，舍親扳疏，有違明禁。

（清）李漁《資治新書二集》卷二〇《争毆小忿・黑夜冲殺事》　看得王敬止，魏德一之互訟也，其端自婦人而起。王、魏二婦屋宇相連，小事角口容或有之，乃出言傷心，魏婦不無已甚耳，屬于垣者，奚能堪之乎？德一之子雲生執敬止而奮老拳，敬止計無所出，揪雲生之腎囊而碎其皮。在敬止原欲解危，而雲生因受重傷。夫腎囊何地，而堪受創乎？使雲生爲患稍深，敬止豈能脱禍？姑念起衅有由，一併從寬免擬。仍斷敬止出銀一兩，給雲生以資藥餌。

（清）盧崇興《守禾日紀》卷四《讞語類・一件號憲先餉等事》　審得：汪建業天賦窮奇，而已故錢仲芳及已故陸三與褚大、王八、錢二、裴大、鄒忠、鐘二、朱大、沈五、孫卯卯等，皆連來惡孽，結黨横行者也。查建業與吴淙、吴濱積怨深仇，已非一日。自淙與濱徒配以後，業自矜得志，欺模勢孤援寡，愈肆鴟張。如毁祠暴櫬，黎鬼夜號；砍樹伐蔭，山靈露泣。拆房七十三所，嗟瓦礫之徒，存劫租二百餘石，儼兇荒之立，至遇其辣手，毒甚蛇虺，聞其梟聲，威同虎豹，以致擇人而噬，風聲鶴唳皆兵；遇物便摧，雷震風馳猶後。或侵及孀媪，風雨飄零；或辱及青衿，衣冠淪喪；或披荆而引蔓，禍延吴氏親鄰；或撥草以尋蛇，灾遍吴家僮僕；又或借題搜索，啣泪輸金；抑或倚勢侵凌，吞聲納幣；或擊頸涂面，談笑而戮人於市朝；或扛打投河，指顧而制人之死命。横行一市，聲震三湖，惡燄炎炎，贜私疊疊。如建業者真四兇而五，九黎而十矣。

伏讀新例：光棍結黨成羣，指勒行詐，爲首者，立絞；爲從者，係民，責四十板、充軍。等語。查建業聚衆横行，設法苛詐，擊頸毆打，勒約騙財，應照光棍例擬絞立決。錢仲芳、褚大、王八、錢二、裴大、鄒忠、鍾二、朱大、沈五、孫卯卯、陸三等，助惡行兇，應照光棍爲從例，責四十板、充軍。查錢仲芳、陸三已經物故，應免議；朱大脱逃照提。至案内各犯，有偶或同行，及許贜無幾，如拆吴侍山廳樓及拆賣房料之江渭元，拆房之姚先生、陳三，拆房並搬鄒彩米石之馮三，又拆房並開行夥賣拆去木石之丁龍山，拆幫岸磚石及詐李二銀之江弟，拆大平橋房係孫思橋房之錢晋壽，詐李用章等銀及馮太華米之李八，騙張憶溪之鄒耀南，騙鄒耀南之王守溪，詐倪橋及徐文之周三，詐徐元之褚振公，拆俞允瑞房之俞伯珍，詐崔三之錢大，詐潘曙之陳禹疇、陳君玉、李登凡等，雖惡迹不同，均應杖儆。查江弟、錢晋壽、陳禹疇、陳君玉、李登凡審未到官，亦應照提。其所拆房屋及所詐銀米，併斷給銀兩，俱應于各犯名下，照數追給原主。錢仲芳、陳子韜、褚振公、李八雖經身故，贜應于家屬名下追給。再查此案前奉憲批省釋，及釋後逃，故併今審未到，與拆房雇覓人等已經散去無憑查訊者，不敢復事誅求。其毁祠砍樹，拆屋搶租各件，及李繼山等詞内詐銀勒契等事，搶佔有據，付證有人，俱遵照憲批審明年月日期，併逐案加看，每事各爲一條，挨叙口供，另册登答。又前府審詳口供，仍彙爲一册，一併具詳外，至於被騙之害證、收租之佃户、牽連之證佐，不下百四五十人，若盡行解審，天寒歲暮，勢必拖累窮民，應否免解，仰候憲奪。若錢琦等十二紙，不過各犯虚謬展飾之詞，一併審明登答，毋庸擬議者也。

看得：汪建業借事風生，不一而足；而李繼山一案，亦其一端也。查李繼山移居王店，媳死歸殯。建業輒啣火案之仇，借名勒索。今據犯證供稱，兩次得銀七十兩，鄒忠即元升，得銀三兩，供證鑿然，何辭？指詐應于主僕各名下照數追給李繼山收領，仍應從重歸結，以清塵牘，伏候憲裁。

看得：汪建業、鄒耀南一班無賴，借名局騙者也。查鄒耀南以失犬起釁，詐騙憶溪，而汪建業、王守溪又以扛幫説和，穿鼻取事。今審：鄒耀南得張憶溪蠶絲八十兩、大布二疋、蠶豆一石、大小猪隻一十六口；汪建業、王守溪各分憶溪身契銀，守溪二兩，建業四兩，皆衆口供證確然者，相應于各犯名下照數追給憶溪收領，庶奸騙知有今日，而小民冤抑少伸矣。伏候憲裁。

看得：汪建業天賦狼殘，心粗手滑，摇頭山屹，一味要錢。如倪橋者，風馬牛不相及之人也，冤其女夫做賊，挾勢要求，統僕鄒忠等，坐索其家，詐銀二兩，錢二千文，而過付者，則桂慕泉、陳光宇二人也，供認既真，相應照數追給倪橋收領，周三另擬。汪建業等從重歸結可也。伏候憲裁。

看得：徐元告汪建業一案。詞開：詐其銀米，撑其船隻，過付有人，勒騙有數。今兩造面質，建業實得銀三兩二錢，又銀二兩七錢、並米三石二斗，則爲褚大之兄褚振公所得。撑船一事，堅不招認，似難深求。兩犯所詐銀米，應各照追給發徐元收領者也。查褚振公身故，應于褚大名下追給。伏候憲裁。

看得：汪建業横行王店，嚇詐多人，屢借火案一題，幻作蜃樓百尺。如吴尚德者，吴濱雁行也，結仇既深，遷怒昆弟，縱僕裴大、沈五等，索其細二疋、銀三兩，以饜谿壑，業可謂止見金不見人矣。庭訊既真，相應追給。伏候憲裁。

看得：汪建業滿腹戈矛，動佈穽陷。如龐順寰者，吴家佃户也。仇其田主，涎及老農，既索銀錢，復剪桑葉，以致春蠶不飽，機杼空懸，如此而曰絶命，是真絶命也。詐銀照數追還，該犯另從重擬，伏候憲裁。

看得：汪建業真恣睢横惡之徒也。查王選係吴淙姻親，乃借買盜扳陷爲辭，率裴大、褚大、鍾二等，毆以鐵尺短棍兇器，又復推落河中，向非丁大、張成力救，豈將曰膠舟不返君，其問諸水濱耶？乃餘忿未淺，恣取多金，十六兩之獻，無異狗馬皮幣之將矣。暴惡之狀，供證既真；橫詐之贜，追給允當。伏候憲裁。

看得：王復旦，吳濱兒女姻戚也。查濱自問擬徒配以後，建業省回，輒肆然橫行，而青衿復且首禍及之，詐其銀復勒其契業，無乃已甚乎！今庭訊之下，文契供已交還，而勒索銀兩，仍應照數斷給，以服士心，可也。伏候憲裁。

看得：于允瑞，火居道士也，與閔寡婦偶爾口角，事或有之。乃建業突認爲表嬸，欲得志於允瑞，而甘心焉則謬矣。藉口傷手調理，詐銀四兩五錢，兼統多人，復毁其屋，豈真高明之家鬼瞰其室耶！横焉肆志，旁及羽流。法應於建業名下追給原詐之贜，仍量斷銀二兩，爲允瑞重修之費。若許時用，審係拖害，應先行省釋者也。伏候憲裁。

看得生員吳荇，吳濱昆弟也。濱向有房一間，托荇轉賣，先立一契，存交吳荇笥中，其意不過欲速售耳。乃濱則善價以求沽，而業固欲鵲巢而鳩占。始索其契，繼詐以銀。此二十兩之過付，陳子益與受有憑，而亦供證鑿鑿者也。吳荇輸銀存契，無虧華萼之誼，建業按數追贜，祇取金夫之誚。伏候憲裁。

看得：汪建業等一羣餓虎，不擇人而食者也。查鄒彩鄉愚，偶以肩柴脱擔，誤中周三，此亦無心之失，不足深較者。乃鎖至建業之家，恣情嚇詐，騙銀十二兩。而馮三、王八又各詐米二斗、鵝一隻而後快志焉。噫！亦過矣！審訊情真，合應照斷。周三無贜，姑免議。伏候憲裁。

看得：徐文，吳濱家僕也。建業以火案啣仇，屬在吳濱親友，莫不徧肆搜求。若徐文者，拘縶之、鞭笞之，追籠雞壅鱉耳。今審建業詐銀一十四兩，周三、褚大各詐銀一兩，徐鹿侯賣絲可憑，而徐子晋過付有據者。横詐既無疑情，追還庶爲允當。伏候憲裁。

看得：魯漢之受騙也，禍始於吳淙與魯漢夥賣典衣。業，兇人也，火案仇深，何難延詐。蓋惡木之林，既無良禽，則毁巢之下，安有完卵。此魯漢治酒輸銀所由來也。今審建業得銀九兩，自認無辭。想孽鏡臺前山魈無所遁迹耳，照數斷給，想可平情矣。伏候憲裁。

看得張弘緒，吳濱表兄弟也，向以吳濱被訪，遞有公呈。而緒屬至親，列名詞首，推以雁行之誼，非過舉也。乃業以左袒吳濱，啣仇勒騙，詐其銀四兩，錢六千文。而裴大乘機亦有銀六錢、錢四百文之得，主僕横詐，真不知三尺爲何物矣！審訊既明，相應追給。若砍樹賣錢，係宋家故物，弘緒何得誣争？倪橋一案，前經研審，毋再爲羅織者也。伏候憲裁。

看得汪建業，吳濱敵國也。濱自徒配以後，柱一軍孤懸，嗒焉喪氣。業於是巧爲阻運之計，密定諂吳之謀，多駕械船絶其刈獲。柱方畏蜀如虎，不能不請成於汪氏之庭矣。崔湘秋、陳子益硤石北寺之議，業實得銀一百二十兩。夫非弱肉强食之惡歟？挾詐既已有憑，追給當無異議。伏候憲裁。

看得：戴氏係吳模外祖母，孀守持齋，供養蓮花金身，蓋嫠婦而優婆夷者也。年已六十，苦節可憐。業乃自恃魔君，顛翻净土，統僕裴大、褚大、鄒忠等拆去住房三帶，計房十有五間，移建魚池，披風坐嘯。而惡獠裴大亦乘機拆運，自建住房。嗟乎！清孀净宇，片瓦不留，山鬼弄人，孑然孤露。情亦慘矣！供證既明，相應仍照前斷于建業、裴大名下，照數拆歸戴氏，庶刹鬼天魔，到此都盡；而人天惡報，真毫髮不爽矣。伏候憲裁。

看得：裴大、褚大，汪建業惡僕而借勢横行者也。查建業投穽陷人，而裴大等亦因風縱火。如張順，鄉愚也，借口依子假名裴大，設騙建業表妹爲由，拘擊而拷勒之。裴大、褚大各分錢米有差，庭訊之下，實吐真情，蓋亦盗跖不死之心，間不容昧耳。搆詐既有多贜，追給初無可貸。伏候憲裁。

看得：張榮猪行牙儈而吳濱表親也。向因吳濱被訪，榮曾列名公呈，業固心啣之。迨事寢之後，而榮禍端起矣。藉口索猪，勒銀四兩。沈龍山過付有憑，汪建業亦自供不諱，相應照數斷給，以儆婪詐者也。伏候憲裁。

看得：汪建業與已故錢仲方、陸三潛逃，朱大及鍾二等一班羅刹，毒霧霾天。如潘曙，青衿也，與業何許深仇，乃入其室，奪其資，拉其婢女月娜而去；而且擊頸涂面，撻之市廛，毆以鐵圈，灌以穢惡，污辱備至。士類蒙羞，恣睢暴横，一至此極乎？至若挾取銀米，勒寫田房，撑船、佔屋，詐銀諸事，則又惡不勝書。即此一事，建業首戎已無生理矣。

各犯庭審伏辜，相應逐項按數及未繳文契一併嚴行追給，以扶士氣，以快士心。可也。伏候憲裁。

看得：裴大奸貪淫惡之徒也。查錢所年已七十，有媳少姿，大欲涎佔久矣。孰意淫謀未遂，空賦南山。乃漁色之心，轉而漁利。誣其竊扳拷之私家，嚇以刺目，詐銀六兩。傷哉！龍鍾老叟，豈遂甘心，宜其列欵號冤，呼搶而不能已也。今查所開款件，除原審未到，身死無憑及奉憲省釋毋庸復議外，如一欵開，酷嚼左右殷民，審係吳茂芝爲吳濱之兄，建業實詐銀五兩；一欵開，詐吳澄宇銀二十四兩，審係澄宇開有魚行，錢仲芳挾勢把持，實詐銀六兩；一欵開，詐徐公來銀二十四兩，審係公來爲吳濱之親，建業實詐銀十二兩；一欵開，詐沈九溪銀二十兩，審係九溪爲吳濱之僕，建業實詐銀二兩四錢；一欵開，詐趙敬溪銀十六兩，審係裴大以敬溪公呈啣怨，實詐錢四千文。以上各欵勒騙有據，過付有人，要皆證確贓明，而亦各犯俯首伏辜者也。相應照數追還，以快輿志。錢仲芳已經物故，應于家屬名下照追。伏候憲裁！

看得：汪建業等，直一羣魍魎，虛弄神通者也。查汪建業與吳淙、吳濱積恨深仇，日圖報復，如毀祠砍樹，拆房搶租等項，滅法橫行，業經屢審情真，乃建業不思孽由己作，復唆羽黨錢琦等，各出頭面，虛揑情詞，妄欲粉飾前愆，掀翻罪案。今庭訊之際，非云不識其人，即云未有其事，非供借端謊告，即稱建業主唆，況其子汪渭元亦供銀子，没有打也没有狀，是父親叫告的。等語。則建業夥誣，架害其子，已和盤托出，其他更不問可知矣。汪建業等歷審確供，法應從重，歸結今十二詞，一派夢語，似毋庸復議者也。伏候憲裁。

看得：汪建業忍人也。挾火案之私仇，乘勇戰之勝氣，毀其宗祠，暴其棺櫬，雖無挖掘之慘，何辭風雨之侵。且木植磚石等項，移造己房，尤爲强横，應於建業名下，拆還重建，以妥吳氏先靈。伏候憲裁。

看得：松楸茂鬱，垂蔭後昆，尤先人魂魄之所憑依也。何物汪建業欲逐亡猿，禍延林木，閧然斬刈，慘戮山靈。據詞，伐木三章，深用痛惜。應於建業名下量斷銀五兩，給吳模收領，以資栽植，以培餘蔭。可也。伏候憲裁。

看得：汪建業賦性兇頑，自與吳淙等結訟以後，深仇既洩，滿肚矜張，辣手貪心，肆焉橫發乃爾。暴其死骨，風雨飄零，禍及孤孀，侵凌寡弱，挾方張之勢，欺壓羣兒，統稔惡之兇，縱横鬧市。如拆毁戴氏住房一十五間，驅逐程瑞生等租户十一農，拆去租房三十八間，又驅逐租户許敬宇、朱公振等七十三家，拆毁市房七十三所，要皆開註極明，月日可據，被害供證鑿然，而亦建業、錢二、鄒忠、王八等諸惡自認不諱者也。兇鋒四射，惡燄彌天，愚民畏威，聞聲膽落。如建業等，真盛世之檮杌也。除燒房一百八十四間，據原被咸供已結之案，並戴氏家資抄搶無憑，姚先生錢二十文設酒費用免追，俱毋庸復議外；又查房料磚石等項，俱令丁龍山開行市賣，尤見貪恣，法應于建業名下將拆去戴氏之房，著令建業拆還戴氏。仍于建業名下，斷銀三百兩，給吳模收領，以資重葢之費，以平其氣，以褫其惡。可也。伏候憲裁。

看得：汪建業知進而不知退者也。自業與吳淙等結訟之後，矜容驕氣，驅市人如驅羊，何有乎吳模之藐孤？即吳模勢敗後，市人胸中亦各有一建業，又何有乎吳家之弱子？此鵲巢鳩占所由來也。據供：李季奕得洪甫銀一兩六錢，柯肇暘等，法應究擬，但念愚昧無知，誤聽建業主使，且房已退出，所受銀兩已經買板裝修，李季奕等姑免追擬。可也。房斷吳模執業。伏候憲裁。

看得：搶租一案，真非其有而取之者也。查汪建業與吳淙結訟之後，勝氣凌人，人未有敢輕犯其鋒者。於是誅求無已，濫及租户。業即挾勢而求，而姚端甫等又莫不拱手而與。今據汪明華供稱：他來説我與吳家打官司，没有銀子用，要把租銀與我。等語。其意葢欲因糧于敵耳。噫！業可謂得上策矣。今審勒收銀錢等項，與受有人，收受有據，質之被害，何啻禦人。供證既明，相應于汪建業、沈五、李八等各名下，照數追給吳模以結搶租一案。可也。江弟未到，照提另結。伏候憲裁。

看得：汪建業勒收許順寰、錢明山等租米一案，係陳子韜存日，借代完糧米名色。恣取多租，而汪建業等因以爲利者也。查陳子韜有田九十二畝，契賣吳濱向以過割未清，致有收租代完之事。葢緣吳濱徒配失勢之後，建業因風縱火，慫恿子韜；而韜亦借名代輸，割租肥己。於是沈五、錢大、錢二、錢仲芳等各利其私，而沈五又其袖領矣。查陳子韜、錢仲芳已經物故，應於各家屬名下追給，餘仍於建業等各犯照供追給吳模，以清宿案。若夫拔去李君甫青苗、砍劫龐順實桑葉、打落秦愛溪牙齒、闌取許順、明德銀兩，又皆羣獠餘勇各犯，應從重歸結，此案似應免其深究者也。伏候憲裁。

看得：汪建業搶絲奪銀一案，查挾絲者，鄒二；携銀及錢者，姚義也。同行者二人，而乃見奪於卯卯，豈建業之勢，直可辟千人耶？今據建業供稱，絲止一車，銀無確據，而卯卯又供爲建業所使。業可謂刻刻不忘闔閭之仇矣！供證既明，相應於建業名下追絲一十九兩給吳模收領。李八搶絲無憑，應免議。伏候憲裁。

（清）盧崇興《守禾日紀》卷五《讞語類・吳模呈控伐祠一條》 看得：吳氏之祠，乃貯棺之所也。汪建業縱與吳氏之生者有仇，其死者又何罪乎？乃駕一葉之舟，揮成羣之衆，毀其祠屋，暴其棺櫬，剪伐其樹木，靡有孑遺。且載其磚石木植以歸，而新其居。抑何忍也？人怨鬼怒，禍延枯骨，宜其及矣。按糾聚行惡之例，以蔽生者之罪，仍責令葢還祠屋，以妥死者之靈。可也。伏候憲裁。

（清）董誥《全唐文》卷九八二《闕名・對奴死棄水中判》 丙奴死，不埋棄水中。人告之。

丙爲不道，魚鱉何親，情之不良，僮僕是棄。愛其有力，未聞削舟之恩，欺其游魂，更比懷沙之慘。雖不封不樹，家僮無葬送之儀。而載沉載浮，甲令有棄屍之禁。告言不謬，刑典宜申。

（清）熊賓《三邑治略》卷六《堂判天門縣任内・訊熊德厚等一案》 查訊陳焕章等祖墳豎有碑記，羅圍内尚有墳一塚。據陳焕章供，亦係伊等祖墳；質之熊德厚等，供此二塚係伊之祖墳，另有羅圍外四塚，合共六塚，載在譜内。然年長月久，僅憑族譜，係以後所刻，不能爲憑。而陳姓除一塚有碑外，其餘圍内二塚無碑，亦無實據。惟陳焕章供稱，此墳有三百餘年，無人葬棺，而熊姓亦稱不願再葬。斷令中間有碑之墳一塚，仍歸陳姓，將碑豎好。其餘中間無碑二塚，由陳姓包修，不必豎碑。如熊姓情願認祖，亦可焚香祭掃。至圍外四塚，由熊姓自行包修，不與陳姓相干。兩造以後均不准再葬，候出示封山嚴禁，各具結完案。此諭。

（清）熊賓《三邑治略》卷六《堂判天門縣任内・訊曾星禄一案》 查訊曾星禄修榨一所，據程必學供，與衆姓墳塋有礙，前經派差丈量，稟稱距朱子模族内公墳七十一弓半。稍嫌太近。既據程必學供稱，情願代曾星禄將榨移至伊住宅後面，所有築臺葢屋，均歸伊等出錢。先將程必學取連環的保，派妥差一名，押令程必學限一月内修齊，如不修齊，曾星禄只得在舊基打榨，爾等不得再問。先行取結，俟修齊後，仰原差即將兩造並彭文德帶案稟覆了事。此諭。

（清）沈衍慶《槐卿政蹟》卷一《示諭・諭張探珠等息訟道光三十年五月》 諭監生張探珠、張大醇、王室蕃等知悉。照得男女居室，《禮》稱大倫，終訟多凶，《易》垂明訓。該生張探珠之女許聘王室蕃之子士衡。門户相當，絲蘿久締，男婚女嫁，理宜及時。詎探珠之子大醇妄挾訟嫌，背乃婚約，致室蕃再三呈控。本縣飭差傳訊，探珠父子匿不赴案。本縣執法如山，原不難添差勒拘。但念兩造姻誼攸關，與其固結滋仇，莫若曲予排解。夫男子生而願爲之有室，女子生而願爲之有家，此固人道之常。悔婚違期，例應分別笞責。該生張探珠等係屬温飽殷户，自宜知禮守法以保身家。況婦人之義，從一而終，試思該女許聘有年，此時能改婚别適乎？抑將終身不嫁乎？且乃婿王士衡現讀書應試，閲其文理，尚屬明順可造。似此東床坦腹亦頗無忝門楣。至兩造爭田互毆，事在六七年前，久經本縣持平審結，迄今事過情遷，應亦各蠲夙忿。就使芥蒂未忘，而前事究與士衡無涉；親家之情雖恝，翁婿之分未乖；郎舅之交縱疏，夫婦之義難絶。此情此理，萬無可逃於天地之間。惟王室蕃未能委婉相商，遽行速訟，欲急之而反緩之，亦非善處之道。本縣爲民父母，一視同仁，斷不肯因瓜代在即，稍存五日京兆之見。兹特剴切曉諭。諭到，該生王室蕃即邀同原媒、親友，善爲説辭，訂擇吉辰，備禮迎娶。該生張探珠父子依期出嫁，毋得終始固執違約兩誤。務各棄小嫌以敦大義，使親者無失其爲親，泯鼠雀之爭，修朱陳之好。則梅實雖摽，可占歸妹之有時；桃夭方穠，共樂宜家之之子。該原媒等仍將兩造是否遵依緣由，速赴案稟覆，以憑察核。嗚呼，妻子原以好合，不癡聾難作阿翁；王化始於閨門，非輾轉何求淑女。各宜回首，毋負苦心。此諭。

《盛京滿文檔案》崇德三年七月 二十六日，鑲紅旗朱木布魯旗下自錦州來歸，張成功將所配之妻，未經牛録章京應允，以銀三十兩私賣與正紅旗碩古里牛録下莫天錐，鑲紅旗牛録章京韋雲登作保定税。是以，牛録額真朱木布魯送法司審實，遂以賣妻者張成功已故無罪，索其婦女給朱木布魯，令莫天錐追賣妻銀三十兩，以章京韋雲登他旗賣人時作保定税，擬鞭八十二，貫耳，准以銀三十三兩三錢三分折贖。

《清代名吏判牘七種彙編》卷上《清官第一于成龍・復活》　審得萬福林控牛章氏、萬牛氏、林如松一案。本縣鞫訊明白，牛章氏利令智昏，貪圖林如松五十千之聘金，而竟教女無恥，將女改醮，實屬邪僻無耻。本案禍首，牛章氏不能不屍其咎。應重鞭背鞭二百，以儆貪邪。萬牛氏夫婿出門，不過半載，雖音信杳然，而有田有宅，不患無謀生之路。況既有田有宅，亦决不至一去不返，乃時不我待，一聞母牛章氏之言，即甘以抛棄前情，亟亟改醮，亦屬無耻。著掌頰五百，以儆淫慝。林如松既有錢五十千，盡可娶一閨女，何必買此已嫁之婦，況本與牛章氏爲姻親，是必先與萬牛氏有曖昧行爲，故乘萬福林出外，即出錢價買。亦應重笞五百以儆。萬牛氏應仍歸前夫，由萬福林領回管束，但不得加以虐待，或有毆打等情。須知爾妻正在年輕，爾一去半載，音信全無，致春閨少婦，盼斷秋水，其情亦極可憐。如爾以爾妻失身他人，不願重收覆水，則依背夫私逃律，將牛氏發交官媒價賣。萬福林聘金五十千，著牛章氏如數繳出，送恤嫠局充公。此判。

雜録

《詩經・豳風・七月》　七月流火，九月授衣。一之日觱發，二之日栗烈。無衣無褐，何以卒歲？

三之日於耜，四之日舉趾。同我婦子，饁彼南畝。田畯至喜。

七月流火，九月授衣。春日載陽，有鳴倉庚。女執懿筐，遵彼微行，爰求柔桑。春日遲遲，采蘩祁祁。女心傷悲，殆及公子同歸。

七月流火，八月萑葦。蠶月攸桑，取彼斧斨。以伐遠揚，猗彼女桑。七月鳴鵙，八月載績。載玄載黄，我朱孔陽，爲公子裳。

四月秀葽，五月鳴蜩。八月其獲，十月隕蘀。一之日於貉，取彼狐狸，爲公子裘。二之日其同，載纘武功。言私其豵，獻豣於公。

五月斯螽動股，六月莎雞振羽。七月在野，八月在宇，九月在户，十月蟋蟀，入我床下。穹窒熏鼠，塞向墐户。嗟我婦子，曰爲改歲，入此室處。

六月食鬱及薁，七月亨葵及菽。八月剥棗，十月獲稻。爲此春酒，以介眉壽。

七月食瓜，八月斷壺，九月叔苴，采荼薪樗。食我農夫。

九月築場圃，十月納禾稼。黍稷重穋，禾麻菽麥。嗟我農夫，我稼既同，上入執宫功。晝爾于茅，宵爾索綯，亟其乘屋，其始播百穀。

二之日鑿冰衝衝，三之日納于凌陰。四之日其蚤，獻羔祭韭。九月肅霜，十月滌場。朋酒斯饗，曰殺羔羊，躋彼公堂。稱彼兕觥：萬壽無疆！

（晉）張華《博物志》卷二《異俗》　越之東有駭沐之國，其長子生，則解而食之，謂之宜弟。父死則負其母，而弃之，言鬼妻不可與同居。

（晉）陶潛《搜神後記》卷五　晉安帝時，侯官人謝端少喪父母，無有親屬，爲鄰人所養，至年十七八，恭謹自守，不履非法。始出居，未有妻，鄰人共愍念之，規爲娶婦，未得。

（北齊）劉晝《劉子》卷九《風俗》　燕丹結客，納勇士於後宫，其俗侍妻妾於賓客。【略】越之東有軫沐之國，其人父死，即負其母而棄之，云是鬼妻，不可與同居。其長子生，則解肉而食其母，謂之宜弟。楚之南有啖人之國，其親死，拆其肉，而埋其骨，謂之爲孝。

（宋）莊綽《雞肋編》卷上《近時婚喪禮文亡闕》 禮文亡闕，無若近時，而婚喪尤爲乖舛。如親王納夫人，亦用拜先靈、合髻等俗禮。李廣結髮與匈奴戰，謂始勝冠年少時也，故杜甫《新婚别》云結髮爲君婦。而後世初婚嫁者，以男女之髮合梳爲髻，謂之結髮，甚可笑也。其不經不可以概舉。南方之俗，尤異於中原故習。如近日車駕在越，嘗有一執政家娶婦，本吴人也，用其鄉法。以灰和蛤粉，用紅紙作數百包，令婦自登輿，手不輟擲於道中，名曰護姑粉。婦既至門，以酒饌迎祭，使巫祝焚楮錢禳祝，以驅逐女氏家親。婦不輿，使女之親男女抱以登牀。尊章會客，三爵之後，其子出拜坐。入設席子父傍，飲三杯，乃行合髻等諸禮，頗多異事。如民家女子，不用大蓋，放人縱歡。處子則坐於榻上，再適者坐於榻前。其觀者若稱歡美好，雖男子憐撫之，亦喜之而不以爲非也。喪家率用樂，衢州開化縣爲昭慈太后舉哀亦然。今適鄰郡，人皆以爲當然，不復禁之。如士族力稍厚者，棺率朱漆。又信時日，卜葬嘗遠，且惜殯攢之費，多停柩其家，亦不設塗甓，至頓置百物於棺上，如几案焉。過卒哭則不祭，唯旦望節序，薄具酒筭祭之，亦不哭，是可怪也。

（元）陶宗儀《輟耕録》卷五《嫁故人女》 沈仲説，右姑蘇人，年四十，未有子。其妻鄒氏，候其他適，爲置一年少貌美之妾。及歸，命出拜，將以奉枕席。仲説詢其鄉貫祖父來歷，始不肯言，詢之再泣，而曰妾范復初女也，父喪家貧，老母見粥於此。仲説惻然淚下，因囑妻曰此女父吴中名士乃吾故人，豈可以爲妾？當如己子視之。即尋其母，使擇壻，仲説備奩具嫁之，邦人稱之，至今不置。夫嫁人之女爲妾、爲妓、爲娼者，古有其人矣，今則未聞也，仲説誠賢矣哉！

尊卑貴賤分部

論説

《墨子・兼愛上》 聖人以治天下爲事者也，不可不察亂之所自起。當察亂何自起？起不相愛。臣子之不孝君父，所謂亂也。子自愛不愛父，故虧父而自利；弟自愛不愛兄，故虧兄而自利；臣自愛不愛君，故虧君而自利。此所謂亂也。雖父之不慈子，兄之不慈弟，君之不慈臣，此亦天下之所謂亂也。父自愛也，不愛子，故虧子而自利；兄自愛也，不愛弟，故虧弟而自利；君自愛也，不愛臣，故虧臣而自利。是何也？皆起不相愛。雖至天下之爲盜賊者，亦然。盜愛其室，不愛異室，故竊異室以利其室；賊愛其身，不愛人，故賊人以利其身。此何也？皆起不相愛。雖至大夫之相亂家，諸侯之相攻國者，亦然。大夫各愛其家，不愛異家，故亂異家以利其家；諸侯各愛其國，不愛異國，故攻異國以利其國。天下之亂物，具此而已矣。

察此何自起？皆起不相愛。若使天下兼相愛，愛人若愛其身，猶有不孝者乎？視父兄與君若其身，惡施不孝？猶有不慈者乎？視子弟與臣若其身，惡施不慈？故不慈不孝亡。猶有盜賊乎？視人之室若其室，誰竊？視人身若其身，誰賊？故盜賊有亡。猶有大夫之相亂家、諸侯之相攻國者乎？視人家若其家，誰亂？視人國若其國，誰攻？故大夫之相亂家、諸侯之相攻國者有亡。若使天下兼相愛，國與國不相攻，家與家不相亂，盜賊無有，君臣父子皆能孝慈，若此則天下治。

故聖人以治天下爲事者，惡得不禁惡而勸愛。故天下兼相愛則治，交相惡則亂。故子墨子曰不可以不勸愛人者，此也。

《墨子・兼愛中》 子墨子言曰：仁人之所以爲事者，必興天下之利，除去天下之害，以此爲事者也。然則天下之利何也？天下之害何也？子墨子言曰：今若國之與國之相攻，家之與家之相篡，人之與人之相賊，君臣不惠忠，父子不慈孝，兄弟不和調，則此天下之害也。然則崇此害亦何用生哉？以相愛生邪？子墨子言曰：以不相愛生。今諸侯獨知愛其國，不愛人之國，是以不憚舉其國以攻人之國；今家主獨知愛其家，而不愛人之家，是以不憚舉其家以篡人之家；今人獨知愛其身，不愛人之身，是以不憚舉其身以賊人之身。是故諸侯不相愛，則必野戰。家主不相愛，則必相篡。人與人不相愛，則必相賊。君臣不相愛，則不惠忠。父子不相愛，則不慈孝。兄弟不相愛，則不和調。天下之人皆不相愛，强必執弱，衆必劫寡，富必侮貧，貴必敖賤，詐必欺愚。凡天下禍篡怨恨，其所以起者，以不相愛生也。是以仁者非之。

既以非之，何以易之？子墨子言曰：以兼相愛、交相利之法易之。然則兼相愛、交相利之法將柰何哉？子墨子言：視人之國，若視其國；視人之家，若視其家；視人之身，若視其身。是故諸侯相愛，則不野戰。家主相愛，則不相篡。人與人相愛，則不相賊。君臣相愛則惠忠，父子相愛則慈孝，兄弟相愛則和調。天下之人皆相愛，强不執弱，衆不劫寡，富不侮貧，貴不敖賤，詐不欺愚。凡天下禍篡怨恨可使毋起者，以相愛生也，是以仁者譽之。

《吕氏春秋・孝行覽・孝行》 故論人必先以所親，而後及所疏；必先以所重，而後及所輕。今有人於此，行於親重，而不簡慢於輕疏，則是篤謹孝道。先王之所以治天下也。故愛其親，不敢惡人；敬其親，不敢慢人。愛敬盡於事親，光耀加於百姓，究於四海，此天子之孝也。

《荀子・子道》 入孝出弟，人之小行也；上順下篤，人之中行也；從道不從君，從義不從父，人之大行也。若夫志以禮安，言以類使，則儒道畢矣，雖堯、舜不能加毫末於是矣。孝子所以不從命有三：從命則親危，不從命則親安，孝子不從命乃衷；從命則親辱，不從命則親榮，孝子不從命乃義；從命則禽獸，不從命則脩飾，孝子不從命乃敬。故可以從而不從，是不子也；未可以從而從，是不衷也。明於從不從之義，而能致恭敬、忠信、端愨以慎行之，則可謂大孝矣。《傳》曰：從道不從君，從義不從父。此之謂也。故勞苦彫萃而能無失其敬，災禍患難而能無失其義，則不幸不順見惡而能無失其愛，非仁人莫能行。《詩》曰：孝子不匱。此之謂也。

魯哀公問於孔子曰：子從父命，孝乎？臣從君命，貞乎？三問，孔子不對。孔子趨出，以語子貢曰：鄉者君問丘也，曰：子從父命，孝乎？臣從君命，貞乎？三問而丘不對，賜以爲何如？子貢曰：子從父命，孝矣；臣從君命，貞矣。夫子有奚對焉？孔子曰：小人哉！賜不識也。昔萬乘之國有爭臣四人，則封疆不削；千乘之國有爭臣三人，則社稷不危；百乘之家有爭臣二人，則宗廟不毁。父有爭子，不行無禮；士有爭友，不爲不義。故子從父，奚子孝？臣從君，奚臣貞？審其所以從之之謂孝，之謂貞也。

《韓非子·六反》 古者有諺曰：爲政猶沐也，雖有棄髮，必爲之。愛棄髮之費而忘長髮之利，不知權者也。夫彈痤者痛，飲藥者苦，爲苦憊之故不彈痤飲藥，則身不治，病不已矣。今上下之接無子父之澤，而欲以行義禁下，則交必有郤矣。且父母之於子也，産男則相賀，産女則殺之。此俱出父母之懷衽，然男子受賀，女子殺之者，慮其後便，計之長利也。故父母之於子也，猶用計算之心以相待也，而況無父子之澤乎？今學者之説人主也，皆去求利之心，出相愛之道，是求人主之過於父母之親也，此不熟於論恩，詐而誣也，故明主不受也。

《管子·弟子職》 先生施教，弟子是則。温恭自虚，所受是極。見善從之，聞義則服。温柔孝悌，毋驕恃力。志毋虚邪，行必正直。游居有常，必就有德。顔色整齊，中心必式。夙興夜寐，衣帶必飭。朝益暮習，小心翼翼。一此不解，是謂學則。

少者之事，夜寐蚤作。既拚盥漱，執事有恪。攝衣共盥，先生乃作。沃盥徹盥，汎拚正席，先生乃坐。出入恭敬，如見賓客。危坐鄉師，顔色毋怍。受業之紀，必由長始。一周則然，其餘則否。始誦必作，其次則已。

凡言與行，思中以爲紀。古之將興者，必由此始。後至就席，狹坐則起。若有賓客，弟子駿作。對客無讓，應且遂行。趨進受命，所求雖不在，必以命反。反坐復業，若有所疑，捧手問之，師出皆起。

至於食時，先生將食，弟子饌饋。攝衽盥漱，跪坐而饋。置醬錯食，陳膳毋悖。凡置彼食，鳥獸魚鱉，必先菜羹，羹胾中別，胾在醬前。其設要方，飯是爲卒。左酒右醬，先具而退。捧手而立。三飯二斗。左執虚豆，右執挾匕。周還而貳，唯嗛之視。同嗛以齒，周則有始。柄尺不跪，是謂貳紀。先生已食，弟子乃徹。趨走進漱，拚前斂祭。先生有命，弟子乃食。以齒相要，坐必盡席。飯必捧攬，羹不以手。亦有據膝，毋有隱肘。既食乃飽，循咡覆手。振衽掃席，已食者作。摳衣而降，旋而鄉席。各徹其餽，如於賓客。既徹並器，乃還而立。凡拚之道，實水於盤，攘臂袂及肘。堂上則播灑，室中握手。執箕膺揲，厥中有帚。入户而立，其儀不忒。執帚下箕，倚於户側。凡拚之紀，必由奥始。俯仰磬折，拚毋有徹。拚前而退，聚於户內。坐板排之，以葉適己。實帚于箕。先生若作，乃興而辭。坐執而立，遂出棄之。既拚反立，是協是稽，暮食復禮。錯將舉火，執燭隅坐。錯總之法，横於坐所。櫛之遠近，乃承厥火。居句如矩，蒸間容蒸，然者處下，捧椀以爲緒。右手執燭，左手正櫛，有墮代燭。交坐毋倍尊者。乃取厥櫛，遂出是去。先生將息，弟子皆起。敬奉枕席，問所何趾。俶衽則請，有常有否。先生既息，各就其友。相切相磋，各長其儀。周則復始，是謂弟子之紀。

《孟子·離婁上》 孟子曰：不孝有三，無後爲大。舜不告而娶，爲無後也。君子以爲猶告也。

《禮記正義》卷二《曲禮上》 從於先生，不越路而與人言。遭先生於道，趨而進，正立拱手。先生與之言則對，不與之言則趨而退。從長者而上丘陵，則必鄉長者所視。

登城不指，城上不呼。將適舍，求毋固。將上堂，聲必揚。

户外有二屨，言聞則入，言不聞則不入。將入户，視必下。入户奉扃，視瞻毋回。户開亦開，户闔亦闔。有後入者，闔而勿遂。毋踐屨，毋踖席，摳衣趨隅，必慎唯諾。

大夫、士出入君門，由闑右，不踐閾。

凡與客入者，每門讓於客。客至於寢門，則主人請入爲席。然後出迎客，客固辭，主人肅客而入。主人入門而右，客入門而左。主人就東階，客就西階。客若降等，則就主人之階。主人固辭，然後客復就西階。主人與客讓登，主人先登，客從之，拾級聚足，連步以上。上於東階，則先右足。上於西階，則先左足。

帷薄之外不趨，堂上不趨，執玉不趨。堂上接武，堂下布武。室中不翔。并坐不橫肱，授立不跪，授坐不立。

凡爲長者糞之禮，必加帚於箕上，以袂拘而退，其塵不及長者，以箕自鄉而扱之。奉席如橋衡。請席何鄉，請衽何趾。席南鄉北鄉，以西方爲上；東鄉西鄉，以南方爲上。

若非飲食之客，則布席，席間函丈。主人跪正席，客跪撫席而辭。客徹重席，主人固辭。客踐席，乃坐。主人不問，客不先舉。將即席，容毋怍。兩手摳衣，去齊尺。衣毋撥，足毋蹶。

先生書策琴瑟在前，坐而遷之，戒勿越。虛坐盡後，食坐盡前。坐必安，執爾顏。長者不及，毋儳言。正爾容，聽必恭，毋勦說，毋雷同，必則古昔，稱先王。侍坐於先生，先生問焉，終則對。請業則起，請益則起。父召無諾，先生召無諾，唯而起。侍坐於所尊敬，毋餘席，見同等不起。燭至起，食至起，上客起。燭不見跋。尊客之前不叱狗。讓食不唾。侍坐於君子，君子欠伸，撰杖屨，視日蚤莫，侍坐者請出矣。侍坐於君子，君子問更端，則起而對。侍坐於君子，若有告者曰：少間，願有復也。則左右屏而待。毋側聽，毋噭應，毋淫視，毋怠荒。游毋倨，立毋跛，坐毋箕，寢毋伏。斂髮毋髢，冠毋免，勞毋袒，暑毋褰裳。

侍坐於長者，屨不上於堂，解屨不敢當階。就屨，跪而舉之，屏於側。鄉長者而屨，跪而遷屨，俯而納屨。

離坐離立，毋往參焉。離立者不出中間。男女不雜坐，不同椸枷，不同巾櫛，不親授。嫂叔不通問，諸母不漱裳。外言不入於梱，內言不出於梱。女子許嫁，纓，非有大故，不入其門。姑、姊、妹、女子子已嫁而反，兄弟弗與同席而坐，弗與同器而食。

父子不同席。男女非有行媒，不相知名。非受幣，不交不親。故日月以告君，齊戒以告鬼神，爲酒食以召鄉黨僚友，以厚其別也。取妻不取同姓，故買妾不知其姓，則卜之。寡婦之子，非有見焉，弗與爲友。

賀取妻者，曰：某子使某，聞子有客，使某羞。

貧者不以貨財爲禮，老者不以筋力爲禮。

名子者不以國，不以日月，不以隱疾，不以山川。

男女異長。男子二十，冠而字，父前子名，君前臣名。女子許嫁，笄而字。

凡進食之禮，左殽右胾。食居人之左，羹居人之右。膾炙處外，醯醬處內。葱渫處末，酒漿處右。以脯脩置者，左朐右末。客若降等，執食興辭。主人興，辭於客，然後客坐。主人延客祭。祭食，祭所先進。殽之序，偏祭之。三飯，主人延客食胾，然後辯殽。

侍食於長者，主人親饋，則拜而食。主人不親饋，則不拜而食。

共食不飽，共飯不澤手。

毋摶飯，毋放飯，毋流歠，毋咤食，毋齧骨，毋反魚肉，毋投與狗骨，毋固獲，毋揚飯，飯黍毋以箸，毋嚃羹，毋絮羹，毋刺齒，毋歠醢。客絮羹，主人辭不能亨。客歠醢，主人辭以窶。濡肉齒決，乾肉不齒決，毋嘬炙。

卒食，客自前跪，徹飯齊，以授相者。主人興，辭於客，然後客坐。

侍飲於長者，酒進則起，拜受於尊所。長者辭，少者反席而飲。長者舉未釂，少者不敢飲。

長者賜，少者、賤者不敢辭。

賜果於君前，其有核者懷其核。御食於君，君賜餘，器之溉者不寫，其餘皆寫。

餕餘不祭，父不祭子，夫不祭妻。

御同於長者，雖貳不辭。偶坐不辭。

羹之有菜者用梜，其無菜者不用梜。

爲天子削瓜者副之，巾以絺。爲國君者華之，巾以綌。爲大夫累之，士疐之，庶人齕之。

父母有疾，冠者不櫛，行不翔，言不惰，食肉不至變味，飲酒不至變貌，笑不至矧，怒不至詈，疾止復故。有憂者側席而坐，有喪者專席而坐。

水潦降，不獻魚鼈。獻鳥者佛其首，畜鳥者則勿佛也。獻車馬者執策綏，獻甲者執胄，獻杖者執末，獻民虜者操右袂，獻粟者執右契，獻米者操量鼓，獻孰食者操醬齊，獻田宅者操書致。凡遺人弓者，張弓尚筋，弛弓尚角，右手執簫，左手承弣。尊卑垂帨。若主人拜，則客還辟，辟拜。

主人自受，由客之左，接下承弣，鄉與客並，然後受。進劍者左首。進戈者前其鐏，後其刃。進矛戟者前其鐓。

進几杖者拂之。效馬效羊者右牽之，效犬者左牽之。執禽者左首。飾羔鴈者以繢。受珠玉者以掬。受弓劍者以袂。飲玉爵者弗揮。凡以弓劍、苞苴、簞笥問人者，操以受命，如使之容。

《禮記正義》卷一三《王制》 道路，男子由右，婦人由左，車從中央。

《禮記正義》卷二七《内則》 男不言内，女不言外。非祭非喪，不相授器。其相授，則女受以篚，其無篚，則皆坐奠之而後取之。外内不共井，不共湢浴，不通寢席，不通乞假。男女不通衣裳。内言不出，外言不入。男子入内，不嘯不指；夜行以燭，無燭則止。女子出門，必擁蔽其面；夜行以燭，無燭則止。道路，男子由右，女子由左。

《禮記正義》卷二八《内則》 禮始於謹夫婦。爲宫室，辨外内。男子居外，女子居内，深宫固門，閽、寺守之，男不入，女不出。男女不同椸枷，不敢縣於夫之楎、椸，不敢藏於夫之篋、笥，不敢共湢浴。夫不在，斂枕篋簟席，襡器而藏之。少事長，賤事貴，咸如之。

《漢書》卷七二《王吉傳》 吉意以爲夫婦，人倫大綱，夭壽之萌也。世俗嫁娶太早，未知爲人父母之道而有子，是以教化不明而民多夭。聘妻送女亡節，則貧人不及，故不舉子。又漢家列侯尚公主，諸侯則國人承翁主，使男事女，夫詘於婦，逆陰陽之位，故多女亂。古者衣服車馬貴賤有章，以褒有德而别尊卑，今上下僭差，人人自制，是以貪財趨〔誅〕利，不畏死亡。周之所以能致治，刑措而不用者，以其禁邪於冥冥，絶惡於未萌也。

《漢書》卷八一《匡衡傳》 臣又聞室家之道修，則天下之理得，故《詩》始《國風》，《禮》本《冠婚》。始乎《國風》，原情性而明人倫也；本乎《冠婚》，正基兆而防未然也。福之興莫不本乎室家，（之道）〔道之〕衰莫不始乎梱内。故聖王必慎妃后之際，别適長之位。禮之於内也，卑不踰尊，新不先故，所以統人情而理陰氣也。其尊適而卑庶也，適子冠乎阼，禮之用醴，衆子不得與列，所以貴正體而明嫌疑也。非虚加其禮文而已，乃中心與之殊異，故禮探其情而見之外也。聖人動静游燕，所親物得其序；得其序，則海内自修，百姓從化。如當親者疏，當尊者卑，則佞巧之姦因時而動，以亂國家。故聖人慎防其端，禁於未然，不以私恩害公義。陛下聖德純備，莫不修正，則天下無爲而治。《詩》云：於以四方，克定厥家。傳曰：正家而天下定矣。

（漢）班固《白虎通義》卷八《三綱六紀》 三綱者何謂也？謂君臣、父子、夫婦也。六紀者，謂諸父、兄弟、族人、諸舅、師長、朋友也。故《含文嘉》曰：君爲臣綱，父爲子綱，夫爲妻綱。又曰：敬諸父兄，六紀道行，諸舅有義，族人有序，昆弟有親，師長有尊，朋友有舊。何謂綱紀？綱者，張也；紀者，理也。大者爲綱，小者爲紀，所以張理上下，整齊人道也。人皆懷五常之性，有親愛之心，是以綱紀爲化，若羅綱之有紀綱而萬目張也。《詩》云：亹亹我王，綱紀四方。

君臣、父子、夫婦，六人也。所以稱三綱何？一陰一陽謂之道，陽得陰而成，陰得陽而序，剛柔相配，故六人爲三綱。

三綱法天、地、人，六紀法六合。君臣法天，取象日月屈信，歸功天也。父子法地，取象五行轉相生也。夫婦法人，取象人合陰陽，有施化端也。六紀者，爲三綱之紀者也。師長，君臣之紀也，以其皆成己也；諸父兄弟父子之紀也，以其有親恩連也。諸舅、朋友、夫婦之紀也，以其皆有同志爲紀助也。

君臣者，何謂也？君，群也，群下之所歸心；臣者，繵堅也，厲志自堅固也。《春秋傳》曰：君處此，臣請歸也。

父子者，何謂也？父者，矩也，以法度教子也。子者，孳也，孳孳無已也。故《孝經》曰：父有争子，則身不陷于不義。夫婦者，何謂也？夫者，扶也，以道扶接也。婦者，服也，以禮屈服也。《昏禮》曰：夫親脱婦之纓。《傳》曰：夫婦判合也。朋友者，何謂也？朋者，黨也。友者，有也。《禮紀》曰：同門曰朋，同志曰友。朋友之交，近則謗其言，遠則不相訕，一人有善，其心好之，一人有惡，其心痛之，貨則通而不計，其憂患而相救。生不屬，死不托。故《論語》曰：子路云：願車馬衣輕裘與朋友共，敝之。又曰：朋友無所歸，生於我乎館，死於我乎殯。朋友之道，親存不得行者二。不得許友以其身，不得專通財之恩。友飢，則白之于父兄，父兄許之，乃稱父兄與之，不聽則止。故曰：友飢，爲之減餐，友寒爲之不重裘。故《論語》曰：有父兄在，如之何其聞斯行之也！

男稱兄弟，女稱姊妹何？男女異姓，故别其稱也。何以言之？《禮·親屬記》曰：男子先生稱兄，後生稱弟。女子先生爲姊，後生爲妹。父子昆弟，不俱謂世父，父之女昆弟俱謂之姑，何也？以爲諸父曰内，親也，故别稱之也。姑當外適人，疏，故總言之也。至姊妹亦當外適人，所以别諸姊妹何？以爲事諸姑禮等，可以外出又同，故稱畧也。至姊妹雖欲有畧之，姊尊妹卑，其禮異也。《詩》云：問我諸姑，遂及伯姊。謂之舅姑者何？舅者，舊也。姑者，故也。舊故，老人之稱也。謂之姊妹何？姊者，咨也。妹者，末也。謂之兄弟何？兄者，況也。況父法也。弟者，悌也。心順行篤也。稱夫之父母謂之舅姑何？尊如父而非父者，舅也。親如母而非母者，姑也。故稱夫之父母爲舅姑也。

（漢）王充《論衡》卷二三《薄葬篇》　孝子之養親病也，未死之時，求卜迎醫，冀禍消、藥有益也。既死之後，雖審如巫咸，良如扁鵲，終不復生。何則？知死氣絶，終無補益。治死無益，厚葬何差乎？倍死恐傷化，絶卜拒醫，獨不傷義乎？親之生也，坐之高堂之上，其死也，葬之黄泉之下。黄泉之下，非人所居，然而葬之不疑者，以死絶異處，不可同也。如當亦如生存，恐人倍之，宜葬於宅，與生同也。不明無知，爲人倍其親，獨明葬黄泉，不爲離其先乎？親在獄中，罪疑未定，孝子馳走，以救其難。如罪定法立，終無門户，雖曾子、子騫，坐泣而已。何則？計動無益，空爲煩也。今死親之魂，定無所知，與拘親之罪决不可救何以異？不明無知，恐人倍其先，獨明罪定，不爲忽其親乎？聖人立義，有益於化，雖小弗除；無補於政，雖大弗與。今厚死人，何益於恩？倍之弗事，何損於義？

（漢）應劭《風俗通義·佚文·獄法》　南郡讞：女子何侍爲許遠妻，侍父何陽，素酗酒，從遠假求，不悉如意，陽數駡詈，遠謂侍：汝公復駡者，吾必揣之。侍曰：共作夫妻，柰何相辱，揣我公者，搏若母矣。其怒後陽復駡，遠遂揣之。侍因上堂搏姑耳三下。司待鮑宣决事曰：夫婦所以養姑者也，今聟自辱其父，非姑所使；君子之於凡庸，尚不遷怒，況所尊重乎？當減死論。

（晉）傅玄《傅子·義信篇》　講信修義，而人道定矣。君不信以御臣，臣不信以奉君，父不信以教子，子不信以事父，夫不信以遇婦，婦不信以承夫。則君臣相疑于朝，父子相疑于家，夫婦相疑于室，大小溷然，而懷姦謀，上下紛然，而競相欺，人倫于是亡矣。

（北齊）顔之推《顔氏家訓》卷二《風操》　梁世謝舉，甚有聲譽，聞諱必哭，爲世所譏。又有臧逢世，臧嚴之子也，篤學修行，不墜門風；孝元經牧江州，遣往建昌督事，郡縣民庶，競修箋書，朝夕輻輳，几案盈積，書有稱嚴寒者，必對之流涕，不省取記，多廢公事，物情怨駭，竟以不辦而退。此並過事也。【略】

凡與人言，稱彼祖父母、世父母、父母及長姑，皆加尊字，自叔父已下則加賢字，尊卑之差也。王羲之書，稱彼之母與自稱己母同，不云尊字，今所非也。

《春秋左傳正義·莊公二十四年》　夏，公如齊逆女。秋，公至自齊。八月，丁丑，夫人姜氏入。戊寅，大夫宗婦覿，用幣。【略】

秋，哀姜至，公使宗婦覿，用幣，非禮也。御孫曰：男贄，大者玉帛，公、侯、伯、子、男執玉，諸侯、世子、附庸、孤卿執帛。小者禽鳥，卿執羔，大夫執鴈，士執雉。以章物也。女贄，不過榛、栗、棗、脩，以告虔也。今男女同贄，是無别也。男女之别，國之大節也，而由夫人亂之，無乃不可乎？

《春秋左傳正義·僖公二十二年》　丙子晨，鄭文夫人芈氏、姜氏勞楚子於柯澤。楚子使師縉示之俘馘。

君子曰：非禮也。婦人送迎不出門，見兄弟不踰閾，戎事不邇女器。

《春秋左傳正義·文公二年》　君子曰禮，謂其后稷親而先帝也。《詩》曰：問我諸姑，遂及伯姊。君子曰禮，謂其姊親而先姑也。

《春秋穀梁傳注疏·隱公七年》　齊侯使其弟年來聘。諸侯之尊，弟兄不得以屬通。禮：非始封之君，則臣諸父。昆弟，匹敵之稱。人臣不可以敵君，故不得以屬通，所以遠别貴賤，尊君卑臣之義。

《春秋穀梁傳注疏·哀公二年》　晉趙鞅帥師納衛世子蒯聵於戚。納者，内弗受也。帥師而後納者，有伐也，何用弗受也。以輒不受也。以輒不受父之命，受之王父也。信父而辭王父，則是不尊王父也。其弗受，以尊王父也。

《春秋穀梁傳注疏·莊公二十四》 戊寅，大夫宗婦覿，用幣。覿，見也。禮，大夫不見夫人，不言及，不正其行婦道，故列數之也。男子之贄，羔、鴈、雉、腒。婦人之贄，棗、栗、鍛脩。用幣，非禮也。用者，不宜用者也。大夫，國體也，而行婦道，惡之，故謹而日之也。

（宋）王溥《唐會要》卷四《儲君》〔貞觀十六年〕大夫褚遂良諫曰：昔聖人制禮，尊嫡卑庶，謂之儲君。道亞霄極，其爲崇重，用物不計，泉貨財帛與王者共之。庶子體卑，不得爲例，所以塞嫌疑之漸，除禍亂之源。而先王必本人情，然後制法，知有國家，必有嫡庶。然庶子雖愛，不得超越嫡子，正禮特須尊崇。如當親者疎，當尊者卑，則佞巧之奸，承機而動，私恩害公，或至亂國。

（宋）吕大鈞《鄉儀·拜揖》 見長者，旅見則旅拜，主人辭則特拜，若辭不拜，則揖之。昔嘗納拜者，皆四拜，主人辭則再拜，堅辭則揖之。若欲納者，主人納則四拜，如不納，則再拜。燕見不拜，惟嘗納拜者不見三日以上，皆再拜，主人辭，則揖之。

（宋）吕大鈞《鄉儀·長少之名》 長者謂長於己十歲以上者，敵者謂與己上下不滿十歲者，少者謂少於己十歲以上者。

（宋）陳襄《州縣提綱》卷一《燕會宜簡》 爲縣官者，同僚平時相聚，固有効郡例，厚爲折俎，用妓樂倡優，費率不下二三十緡者。夫郡有公帑，於法當用，縣家無合用錢，不過勒吏輩均備耳。

（宋）葉夢得《石林家訓·戒諸子侄以保孝行》 君子行其孝，必先以忠，竭其忠，則禄至矣。故得盡愛敬之心，以養其親，施及於人。《詩》云：孝子不匱，永錫爾類。汝等讀書，獨不觀聖人之言，渾是教人一箇孝悌忠信，且只是一箇孝字，無處不到。故曰：求忠臣必於孝子之門。汝等能孝於親，然後能忠於君，忠孝不失，庶克盡臣子之職矣。

（宋）葉夢得《石林家訓·又家訓後四條》 古之人以立身揚名爲孝，而口體之奉不與焉。推此非特爲天下孝子，亦當爲天下忠臣也。

兄弟輯睦最是門户久長之道，然必須自少積累，使友愛出於至誠，不敢纖毫疑間，乃能愈久愈篤。若纔有一毫異心萌於胸中，則必有因而乘之者。

（宋）袁采《袁氏世範》卷一《睦親·性不可以强合》 人之至親，莫過於父子兄弟。而父子兄弟有不和者，父子或因於責善，兄弟或因於争財。有不因責善争財而不和者，世人見其不和，或就其中分别是非，而莫明其由。蓋人之性，或寬緩，或褊急，或剛暴，或柔懦，或嚴重，或輕薄，或持檢，或放縱，或喜閒静，或喜紛拏，或所見者小，或所見者大，所禀自是不同。父必欲子之性合於己，子之性未必然；兄必欲弟之性合於己，弟之性未必然。其性不可得而合，則其言行亦不可得而合，此父子兄弟不和之根源也。況凡臨事之際，一以爲是，一以爲非，一以爲當先，一以爲當後，一以爲宜急，一以爲宜緩，其不齊如此。若互欲同於己，必致於争論。争論不勝，至於再三，至於十數，則不和之情，自兹而啓，或至於終身失歡。若悉悟此理，爲父兄者通情於子弟，而不責子弟之同於己；爲子弟者仰承於父兄，而不望父兄惟己之聽，則處事之際，必相和協，無乖争之患。孔子曰：事父母幾諫，見志不從，又敬不違，勞而不怨。此聖人教人和家之要術也，宜孰思之。

（宋）袁采《袁氏世範》卷一《睦親·人必貴於反思》 人之父子，或不思各盡其道，而互相責備者，尤啓不和之漸也。若各能反思，則無事矣。爲父者曰：吾今日爲人之父，蓋前日嘗爲人之子矣。凡吾前日事親之道，每事盡善，則爲子者得於見聞，不待教詔而知傚。儻吾前日事親之道，有所未善，將以責其子，得不有愧於心！爲子者曰：吾今日爲人之子，則他日亦當爲人之父。今吾父之撫育我者如此，畀付我者如此，亦云厚矣。他日吾之待其子，不異於吾之父，則可以俯仰無愧。若或不及，非惟有負於其子，亦何顔以見其父？父然世之善爲人子者，常善爲人父。不能孝其親者，常欲虐其子。此無他，賢者能自反，則無往而不善；不賢者不能自反，爲人子則多怨，爲人父則多暴。然則自反之説，惟賢者可以語此。

（宋）袁采《袁氏世範》卷一《睦親·父子貴慈孝》 慈父固多敗子，子孝而父或不察。蓋中人之性，遇强則避，遇弱則肆。父嚴而子知畏，則不爲敢非；父寬則子玩易而恣其所行矣。子之不肖，父多優容；子之願愨，父或責備之無已。惟賢智之人，即無此患。至於兄友而弟或不恭，弟恭而兄或不友；夫正而婦或不順，婦順而夫或不正，亦由此强即彼弱，此弱即彼强，積漸而致之。爲人父者能以他人之不肖子喻己子，爲人子者，能以他人之不賢父喻己父，則父慈而子愈孝，子孝而父益慈，無偏勝之患矣。至於兄弟、夫婦，亦各能以他人之不及者喻之，則何患不友、恭、正、順者哉。

（宋）袁采《袁氏世範》卷一《睦親·處家貴寬容》 自古人倫，賢否相雜。或父子不能皆賢，或兄弟不能皆令，或夫流蕩，或妻悍暴，少有一家之中，無此患者，雖聖賢亦無如之何。譬如身有瘡痍疣贅，雖甚可惡，不可决去，惟當寬懷處之。能知此理，則胸中泰然矣。古人所以謂父子、兄弟、夫婦之間，人所難言者如此。

（宋）袁采《袁氏世範》卷一《睦親·父兄不可辨曲直》 子之於父，弟之於兄，猶卒伍之於將帥，胥吏之於官曹，奴婢之於雇主，不可相視如朋輩，事事欲論曲直。若父兄言行之失，顯然不可掩，子弟止可和言幾諫。若以曲理而加之，子弟尤當順受，而不當辨，爲父兄者又當自省。

（宋）袁采《袁氏世範》卷一《睦親·孝行貴誠篤》 人之孝行，根於誠篤，雖繁文末節不至，亦可以動天地、感鬼神。嘗見世人有事親不務誠篤，乃以聲音笑貌繆爲恭敬者，其不爲天地鬼神所誅則幸矣。況望其世世篤孝而門户昌隆者乎！苟能知此，則自此而往，應與物接，皆不可不誠。有識君子，試以誠與不誠者，較其久遠，效驗孰多？

（宋）袁采《袁氏世範》卷一《睦親·人不可不孝》 人當嬰孺之時，愛戀父母至切。父母於其子嬰孺之時，愛念尤厚，撫育無所不至。蓋由氣血初分，相去未遠，而嬰孺聲音笑貌，自能取愛於人，亦造物者設爲自然之理，使之生生不窮。雖飛走微物亦然，方其子初脱胎卵之際，乳飲哺啄，必極其愛，有傷其子則護之，不顧其身。然人於既長之後，分稍嚴而情稍疏，父母方求盡其慈，子方求盡其孝。飛走之屬稍長，則母子不相識認，此人之所以異於飛走也。然父母於其子幼之時，愛念撫育，有不可以言盡者。子雖終身承顔致養，極盡孝道，終不能報其少小愛念撫育之恩，況孝道有不盡者。凡人之不能盡孝道者，請觀人之撫育嬰孺，其情愛如何，終當自悟。亦猶天地生育之道，所以及人者，至廣至大，而人之回報天地者何在？有對虚空焚香跪拜，或召羽流齋醮上帝，則以爲能報天地，果足以報其萬分之一乎？況又有怨咨乎天地者，皆不能反思之罪也。

（宋）袁采《袁氏世範》卷一《睦親·父母不可妄憎愛》 人之有子，多於嬰孺之時，愛忘其醜，恣其所求，恣其所爲。無故叫號，不知禁止，而以罪保母。陵轢同輩，不知戒約，而以咎他人。或言其不然，則曰小未可責。日漸月漬，養成其惡，此父母曲愛之過也。及其年齒漸長，愛心漸疏，微有疵失，遂成憎怨，摭其小疵，以爲大惡。如遇親故，裝飾巧辭，歷歷陳數，斷然以大不孝之名加之，而其子實無他罪，此父母妄憎之過也。愛憎之私，多先於母氏，其父若不知此理，則徇其母氏之説，牢不可解。爲父者須詳察此，子幼必待以嚴，子壯無薄其愛。

（宋）袁采《袁氏世範》卷一《睦親·子弟須使有業》 人之有子，須使有業。貧賤而有業，則不至於飢寒；富貴而有業，則不至於爲非。凡富貴之子弟，耽酒色，好博奕，異衣服，飾輿馬，與羣小爲伍，以至破家者，非其本心之不肖，由無業以度日，遂起爲非之心。小人贊其爲非，則有餔啜錢財之利，常乘間而翼成之，子弟痛宜省悟。

（宋）袁采《袁氏世範》卷一《睦親·父母愛子貴均》 人之兄弟不和而至於破家者，或由於父母憎愛之偏。衣服飲食，言語動静，必厚於所愛而薄於所憎。見愛者意氣日横，見憎者心不能平。積久之後，遂成深讐。所謂愛之適所以害之也。苟父母均其所愛，兄弟自相和睦，可以兩全，豈不甚善？

（宋）袁采《袁氏世範》卷一《睦親·父母常念子貧》 父母見諸子中有獨貧者，往往念之，常加憐恤，飲食衣服之分，或有所偏私，子之富者或有所獻，則轉以與之。此乃父母均一之心。而子之富者或以爲怨，此殆未之思也。若使我貧，父母必移此心於我矣。

（宋）袁采《袁氏世範》卷一《睦親·父母多愛幼子》 同母之子，而長者或爲父母所憎，幼者或爲父母所愛，此理殆不可曉。竊嘗細思其由，蓋人生一二歲，舉動笑語，自得人憐，雖他人猶愛之，況父母乎！纔三四歲至五六歲，恣性啼號，多端乖劣，或損動器用，冒犯危險。凡舉動言語皆人之所惡。又多痴頑，不受訓戒。故雖父母，亦深惡之。方其長者可惡之時，正值幼者可愛之日，父母移其愛長者之心而更愛幼者，其憎愛之心，從此而分，遂成迤邐。最幼者當可愛之時，不無可惡之者，父母愛無所移，遂終愛之。其勢或如此，爲人子者，當知父母愛之所在。長者宜少讓，幼者宜自抑。爲父母者又須覺悟，稍稍回轉，不可任意而行，使長者懷怨，而幼者縱欲，以致破家可也。

（宋）袁采《袁氏世範》卷一《睦親・祖父母多愛長孫》 父母於長子多不之愛，而祖父母於長孫常極其愛，此理亦不可曉，豈亦由愛少子而遷及之耶？

（宋）袁采《袁氏世範》卷一《睦親・舅姑當奉承》 凡人之子，性行不相遠，而有後母者，獨不爲父所喜。父無正室而有寵婢者亦然。此固父之昵於私愛，然爲子者要當一意承順，則天理久而自協。凡人之婦，性行不相遠，而有小姑者獨不爲舅姑所喜。此固舅姑之愛偏，然爲兒婦者要當一意承順，則尊章久而自悟。或父或舅姑終於不察，則爲子爲婦無可奈何，加敬之外，任之而已。

（宋）袁采《袁氏世範》卷一《睦親・友愛弟姪》 父之兄弟，謂之伯父、叔父。其妻，謂之伯母、叔母。服制減於父母一等者，蓋謂其撫字教育，有父母之道，與親父母不相遠。而兄弟之子謂之猶子，亦謂其奉承報孝，有子之道，與親子不相遠。故幼而無父母者，苟有伯叔父母，則不至於無所養；老而無子孫者，苟有猶子，則不至於無所歸。此聖王制禮立法之本意。今人或不然，自愛其子而不顧兄弟之子。又有因其無父母，欲兼其財，百端以擾害之，何以責其猶子之孝？故猶子亦親其伯叔父母如仇讎矣。

（宋）袁采《袁氏世範》卷一《睦親・和兄弟教子善》 人有數子，無所不愛，而於兄弟則相視如仇讎。往往其子因父之意，遂不禮於伯父叔父者。殊不知己之兄弟，即父之諸子；己之諸子，即他日之兄弟。我於兄弟不和，則己之諸子，更相視傚，能禁其不乖戾否？子不禮於伯叔父，則不孝於父，亦其漸也。故欲吾之諸子和同，須以吾之處兄弟者示之。欲吾子之孝於己，須以其善事伯叔父者先之。

（宋）朱熹《近思録》卷六《家道》 伊川曰：孟子曰，事親若曾子可也。未嘗以曾子之孝爲有餘也。蓋子之身所能爲者，皆所當爲也。此因孟子稱曾子之孝而申言其義，明孝道乃人子盡分之事也。古來善養志者必推曾了，然孟子稱之，祇云事親若曾子可也。則雖以曾子之孝，孟子未嘗謂其於孝有餘量也。蓋人子之身，即是父母之身。人之自養其身，未嘗以所能爲者，爲身不當爲之事。以子事親，又安得以子身所能爲者，爲事親不當爲之事。所以古來之純孝，祇有事父未能之心，初無當然已盡之意。誠以孝道之大原，無處説得起也。然則如曾子，然後可以事親，而未能如曾子，皆其不可爲子、不可爲人者也。普天下子舍中，所當爲者何事？所能爲者何事？但求盡其分内亦足矣。【略】

伊川曰：《蠱》之九三，以陽處剛而不中，剛之過也，故小有悔。然在巽體不爲無順。順，事親之本也。又居得正，故無大咎。然有小悔，已非善事親也。此釋《蠱》九三爻義也。蓋幹父之蠱，當以承順爲主，九三以陽之德，處剛之位，而下之上，不得其中，乃剛之太過者也。過剛則爲拂逆之病，其小悔所必有。然猶在《巽卦》之體，不可謂無巽順之意。巽順者，所以事親之根本也。且以陽居剛爲得正位，故無大咎。但既小有悔，則與下氣怡色柔聲以諫，必與之一而未始有遠者，不相侔矣。幹蠱若九三，亦非可謂善於事親者也。

伊川曰：正倫理，篤恩義，《家人》之道也。古今莫難於齊家，而家之所以齊者，分與情耳。分之不嚴，則尊卑長幼，不能各安其所，而家道紊矣。情之不親，則愛敬綢繆，不能相通無間，而家道乖矣。故必正倫理，使父父子子，兄兄弟弟，夫夫婦婦，有秩然不敢干之名分。然後大小相畏，上下相維，而家道以正，家運以興。又必篤恩義，使父慈子孝，兄友弟恭，夫和妻柔，有肫然不可解之至情，然後天合者不拂，人合者無違，而家道以和，家聲亦振。家人之道，孰有逾於此乎？

伊川曰：人之處家，在骨肉父子之間，大率以情勝禮，以恩奪義。惟剛立之人，則能不以私愛失其正理。故《家人卦》，大要以剛爲善。此見處家之道，不可無剛方之意也。人之處家，所與朝夕者，無非至親之人。其在骨肉父子之間，大抵動於情之不能已，而禮法之嚴，在所不拘，是以情勝禮也。出於恩之不忍薄而義理之正，或所不計，是以恩奪義也。惟剛方卓立之人，自能至公無私，不以一偏之愛，失其至正之理。故《家人》一卦之爻，大要以剛陽爲善，覩聖人所繫辭可見矣。

伊川曰：《家人》上九爻辭，謂治家當有威嚴。而夫子又復戒云，當先嚴其身也。威嚴不先行於己，則人怨而不服。此釋《家人》上九爻辭及小象之義也。上九爻辭，有孚威如終吉。是謂治家之道，當有威嚴之意以行之，則整齊嚴肅而終吉。而夫子繫象又曰，威如之吉，反身之謂也。乃言欲嚴以治家，當先嚴其身，如視聽言動，與應事接物，皆必恭敬自持，以爲一家之率。然後一家之人畏而服之，而家可齊。若威嚴之意，不先行於一身，則一家將怨其拘束之嚴，而不服其整齊之教矣。《大學》言，欲齊其家者先修其身，孟子亦言，家之本在身，正是此意。

伊川曰：《歸妹》九二，守其幽貞，未失夫婦常正之道。世人以媟狎爲常，故以貞静爲變常，不知乃常久之道也。此釋《歸妹》九二及小象之義也。《歸妹》九二爻辭，言利幽人之貞者，乃陽剛得中，能堅守其幽閒貞静之德，未失夫婦常正之道。世人以媟褻玩狎，習爲故常，故以貞静之德爲異而反目之變常。不知貞静乃夫婦常久不易之道。故孔子繫象，特表而出之，曰：未變常也，所以明幽貞之可貴也。【略】

伊川曰：人無父母，生日當倍悲痛，安忍置酒張樂以爲樂？若具慶者可矣。具慶，父母俱存也。言人子初生時，正是父母鞠育艱難之日，人若既無父母，則此日更是人子念親彌切之日，故當倍加悲傷痛悼，更安忍置酒高會，張樂娱賓，以自愽快樂？此惟父母俱存稱具慶者，或假此日爲嬉戲娱親之事，則庶乎可耳。

問：第五倫視其子之疾與兄子之疾不同，自謂之私，如何？

伊川曰：不待安寢與不安寢，只不起與十起，便是私也。父子之愛本是公，才著些心做，便是私也。第五倫，漢時人，字伯魚。爲人長厚誠篤。人有問之曰：公有私乎？對曰：吾兄子嘗病，一夜十起，退而安寢。吾子有病，雖不省視，而竟夕不眠，豈可謂無私乎？或疑其自謂私者，未必是私。伊川據理答之曰：公私之辨甚微。純乎天理，無一毫私意較計，方謂之公。如倫所言，不待論其安寢與不安寢，方謂之私，只就其有意不起，有意十起，便是私也。子疾既關切，何得不起？不起者，畏人議其私也。兄子之疾，亦同關切，又何必十起？十起，欲人見其公也，即此畏人議私，欲人見公，便是私意。蓋盡父子之愛，本是天理人情之至，才著些少意見周旋做去，即是私，即與渾然天理之公不合也。又問：視己子與兄子有間否？曰：聖人立法曰：兄弟之子猶子也。或又疑倫之異視己子與兄子，亦未謂不是。因問人情之視己子與視兄子，原亦有間否？伊川曰：聖人立人倫之法曰：兄弟之子猶子，既謂猶子，則亦何得以有閒視之？蓋分形雖微有閒，而視子之情，其親愛原不當以有閒分也。又問：天性自有輕重，疑若有閒然，曰：只爲今人以私心看了。孔子曰：父子之道，天性也。此只就孝上説，故言父子天性，若君臣、兄弟、賓主、朋友之類，亦豈不是天性？只爲今人小看，卻不推其本所由來故爾。己之子與兄之子，所争幾何？是同出於父者也，只爲兄弟異形，故以兄弟爲手足。人多以異形故，親己之子異於兄弟之子，甚不是也。又問：孔子以公冶長不及南容，故以兄之子妻南容，以己之子妻公冶長，何也？曰：此亦以己之私心看聖人也。凡人避嫌者，皆内不足也。聖人至公，何更避嫌？凡嫁女，各量其才而求配。或兄之子不甚美，必擇其相稱者爲之配。

（宋）朱熹《朱子全書·家禮》卷一《司馬氏居家雜儀》　凡爲家長，必謹守禮法，以御群子弟及家衆。分之以職，謂使之掌倉廩廄庫庖厨舍業田園之類。授之以事，謂朝夕所幹及非常之事。而責其成功。制財用之節，量入以爲出，稱家之有無以給。上下之衣食，及吉凶之費，皆有品節，而莫不均壹。裁省冗費，禁止奢華，常須稍存贏餘，以備不虞。

凡諸卑幼，事無大小，毋得專行，必咨禀於家長。《易》曰：家人有嚴君焉，父母之謂也。安有嚴君在上，而其下敢直行自恣不顧者乎？雖非父母，當時爲家長者，亦當咨禀而行之。則號令出於一人，家政始可得而治矣。

凡爲子爲婦者，毋得蓄私財，俸禄及田宅所入，盡歸之父母、舅姑，當用，則請而用之，不敢私假，不敢私與。《内則》曰：子婦無私貨，無私蓄，無私器，不敢私假，不敢私與。婦或賜之飲食、衣服、布帛、佩帨、茝蘭，則受而獻諸舅姑；舅姑受之，則喜，如新受賜；若反賜之，則辭；不得命，如更受賜，藏之以待乏。鄭康成曰：待舅姑之乏也。不得命者，不見許也。又曰：婦若有私親兄弟，將與之，則必復請其故賜，而後與之。夫人子之身，父母之身也。身且不敢自有，況敢有私財乎？若父子異財，互相假借，則是有子富而父母貧者，父母饑而子飽者。賈誼所謂：借父耰鉏，慮有德色。母取箕箒，立而誶語。不孝不義，孰甚於此。

凡子事父母，孫事祖父母同。婦事舅姑：孫婦亦同。天欲明，咸起，盥漱，櫛，總，具冠帶。昧爽，適父母、舅姑之所省問。父母、舅姑起，子供藥物，婦具晨羞。供具畢，乃退，各從其事。將食，婦請所欲於家長，退具而共之。尊長舉筯，子婦乃各退就食。丈夫婦人各設食於他所，依長幼而坐，其飲食必均壹。幼子又食於他所，亦依長幼席地而坐，男坐於左，女坐於右，及夕食亦如之。既夜，父母、舅姑將寢，則安置而退。居閒無事，則侍於父母、舅姑之所。容貌必恭，執事必謹。言語應對，必下氣怡聲；出入起居，必謹扶衛之。不敢涕唾、喧呼於父母、舅姑之側。父母、舅姑不命之坐，不敢坐；不命之退，不敢退。

凡子受父母之命，必籍記而佩之，時省而速行之，事畢則返命焉。或所命有不可行者，則和色柔聲，具是非利害而白之，待父母之許，然後改之。若不許，苟於事無大害者，亦當曲從。若以父母之命爲非，而直行己志，雖所執皆是，猶爲不順之子，況未必是乎？

凡父母有過，下氣怡色，柔聲以諫。諫若不入，起敬起孝，説則復諫；不説，與其得罪於鄉黨州閭，寧孰諫。父母怒，不説，而撻之流血，不敢疾怨，起敬起孝。

凡爲人子弟者，不敢以貴富加於父兄宗族。

凡爲人子者，出必告，反必面。有賓客，不敢坐於正廳。升降，不敢由東階。上下馬，不敢當廳。凡事不敢自擬於其文。

凡父母、舅姑有疾，子婦無故不離側，親調嘗藥餌而供之。父母有疾，子色不滿容，不戲笑，不宴游，舍置餘事，專以迎醫、檢方、合藥爲務。疾已，復初。

凡子事父母，父母所愛，亦當愛之；所敬，亦當敬之。至於犬馬盡然，而況於人乎？

凡子事父母，樂其心，不違其志，樂其耳目，安其寢處，以其飲食忠養之。幼事長，賤事貴，皆倣此。

凡子婦未敬未孝，不可遽有憎疾，姑教之；若不可教，然後怒之；若不可怒，然後笞之；屢笞而終不改，子放婦出，然亦不明言其犯禮也。子甚宜其妻，父母不悦，出；子不宜其妻，父母曰是善事我，子行夫婦之禮焉，没身不衰。

凡爲宫室，必辨内外。深宫固門，内外不共井，不共浴室，不共厠。男治外事，女治内事。男子晝無故不處私室，婦人無故不窺中門。男子夜行以燭，婦人有故出中門，必擁蔽其面。男僕非有繕修及有大故，不入中門，入中門，婦人必避之，不可避，亦必以袖遮其面。女僕無故不出中門，有故出中門，亦必擁蔽其面。鈴下蒼頭，但主通内外之言，傳致内外之物，毋得輒升堂室，入庖厨。

凡卑幼於尊長，晨亦省問，夜亦安置。坐而尊長過之則起；出遇尊長於塗則下馬。不見尊長經再宿以上，則再拜；五宿以上，則四拜。賀冬至、正旦，六拜；朔望，四拜。凡拜數，或尊長臨時減而止之，則從尊長之命。吾家同居，宗族衆多，冬正、朔望，聚於堂上。丈夫處左，西上；婦人處右，東上。皆北向，共爲一列，各以長幼爲序。共拜家長畢，長兄立於門之左，長姊立於門之右，皆南向。諸弟妹以次拜訖，各就列。丈夫西上，婦人東上，共受卑幼拜。受拜訖，先退。後輩立受拜於門東西，如前輩之儀。若卑幼自遠方至，見尊長，遇尊長三人以上同處者，先共再拜，叙寒暄，問起居訖，又三再拜而止。

凡受女婿及外甥拜，立而扶之。外孫，則立而受之可也。

凡節序及非時家宴，上壽於家長，卑幼盛服序立，如朔望之儀。先再拜，子弟之最長者一人，進立於家長之前。幼者一人搢笏執酒盞，立於其左；一人搢笏執酒注，立於其右。長者搢笏，跪斟酒，祝曰：伏願某官備膺五福，保族宜家。尊長飲畢，授幼者盞注，反其故處。長者出笏，俛伏興，退。與卑幼皆再拜。家長命諸卑幼坐，皆再拜而坐。家長命侍者徧酢諸卑幼，諸卑幼皆起，序立如前，俱再拜。就坐飲訖，家長命易服，皆退易便服，還復就坐。

凡子始生，若爲之求乳母，必擇良家婦人稍温謹者。子能食，飼之，教以右手。子能言，教之自名及唱喏、萬福、安置。稍有知，則教之以恭敬尊長，有不識尊卑長幼者，則嚴訶禁之。六歲，教之數與方名。男子始習書字，女始習女工之小者。七歲，男女不同席，不共食。始誦《孝經》、《論語》，雖女子亦宜誦之。自七歲以下，謂之孺子，早寢晏起，食無時。八歲，出入門户，及即席飲食，必後長者。始教之以廉讓。男子誦《尚書》，女子不出中門。九歲，男子誦《春秋》及諸史，始爲之以講解，使曉義理，女子亦爲之講解《論語》、《孝經》及《列女傳》、《女戒》之類，略曉大意。十歲，男子出就外傅，居宿於外。誦《詩》、《禮》、《傳》，爲之講解，使知仁義禮知信。自是以往，可以讀《孟》、《荀》、《楊子》，博觀群書。凡所讀書，必擇其精要者而讀之；其異端非聖賢之書傳，宜禁之，勿使妄觀，以惑亂其志。觀書皆通，始可學文辭。女子則教以婉娩聽從，及女工之大者。未冠笄者，質明而起，總角，靧面，以見尊長。佐長者供養，祭祀則佐執酒食。若既冠笄，則皆責以成人之禮，不得復言童幼矣。

凡内外僕妾，鷄初鳴，咸起，櫛、總，盥漱，衣服。男僕灑掃廳事及庭，鈴下蒼頭灑掃中庭，婦僕灑掃堂室，設倚卓，陳盥漱、櫛、靧之具。主父主母既起，則拂牀襞衾，侍立左右，以備使令。退而具飲食，得間，則浣濯、紉縫，先公後私。及夜，則復拂牀展衾。當晝，内外僕妾，惟主人之命各從其事，以供百役。

凡女僕，同輩謂長者爲姊，後輩謂前輩爲姨，務相雍睦。其有鬬爭者，主父主母聞之，即訶禁之。不止，即杖之。理曲者杖多。一止一不止，獨杖不止者。

凡男僕有忠信可任者，重其祿；能幹家事，次之。其專務欺詐，背公徇私，屢爲盜竊，弄權犯上者，逐之。

凡女僕年滿，不願留者，縱之。勤奮少過者，資而嫁之。其兩面二舌，飾虛造讒，離間骨肉者，逐之。屢爲盜竊者，逐之。放蕩不謹者，逐之。有離叛之志者，逐之。

（宋）陸游《放翁家訓》 人士有與吾輩行同者，雖位有貴賤，交有厚薄，汝輩見之，當極恭遜。已雖官高，亦當力請居其下。不然，則避去可也。吾少時，見士子有與其父之朋舊同席而劇談大噱者，心切惡之，故不願汝曹爲之也。

（宋）陸游《放翁家訓》 後生才鋭者，最易壞。若有之，父兄當以爲憂，不可以爲喜也。切須常加簡束，令熟讀經子，訓以寬厚恭謹，勿令與浮薄者游處，如此十許年，志趣自成。不然其可慮之事，蓋非一端。吾此言，後人之藥石也，各須謹之，毋貽後悔。

（宋）真德秀《西山先生真文忠公文集》卷四〇《泉州勸孝文》 當職昨以三事諭民，首及孝悌。數月以來，累据諸厢申到，如黄章取肝以救母，劉祥取肝以救父。近又有承信郎周宗强者，其母安人陳氏，得疾幾危，宗强割股救療，母遂平復，雖非聖經所尚，然其孝心誠切，實有可嘉。今忽據百姓吴拾同妻阿林，愬其子吴良聰不孝，再三審問，具言其詳。當職忝爲郡守，不能以禮義訓人，致使民間有此悖逆，日夕慙懼，無地自容。周承信除依條支賞外，特請赴州，置酒三行，以示賓禮之意。用旌幟，鼓樂，鞍馬，繖扇，送歸其家。吴良聰罪該極刑，姑與從輕，杖脊二十，髡髮拘役一年，仍就市引斷，使人知孝於其親者，有司所深敬，不孝其親者，王法所必懲。兼此邦之人，本來易化，只緣官司不加訓勵，故有無知而輕犯者。今爲爾民，略陳大義。

昔者，聖人作《孝經》一書，教人以事親之道。其《紀孝行章》曰：孝子之事親也，居則致其敬，養則致其樂，病則致其憂，喪則致其哀，祭則致其嚴。五者備矣，然後能事親。孝之始終，無出於此。所謂居則致其敬者，言子之事親，常須恭敬，不得慢易。蓋父母者，子之天地也，爲人而慢天地，必有雷霆之誅。爲子而慢父母，必有幽明之譴。昔太守侍郎王公，見人禮塔，呼而告之曰：汝有在家佛，何不供養？蓋謂人能奉親，即是奉佛。若不能奉親，雖焚香百拜，佛亦不佑，此理明甚，幸無疑焉。所謂養則致其樂者，言子之養親，當有以順適其意，使之喜樂也。大凡高年之人，心常歡悦，其疾病必少，中懷戚戚，則易損天年。昔老萊子，雙親年高，常着綵衣，爲兒童戲，正以此也。今貧下之民，固無美衣珍膳以奉其親，但能隨力所有，盡其誠心。父母未食，子不先嘗；父母尚寒，子不獨煖；父母有怒，和顏開解，父母有命竭力奉承，則尊者之心，自然快樂，閨門之内，盎然如春矣。所謂病則致其憂者，言父母有疾，當極其憂慮也。昔人有母病三年夜不解帶者。親年既高，不能無疾，人子當躬自侍奉，藥必先嘗。若有名醫，不惜涕泣懇告，以求治療之法，不必剔肝刲股，然後爲孝。蓋身體髮膚，受之父母，或不幸因而致疾，未免反貽親憂。若貧乏至甚，無力請醫，許詣州自陳，當爲遣醫診親，藥粥之資，與從官給。於於喪祭二事，皆當以盡誠爲主，不暇一一開陳，獨有兩説，願因而勸戒。竊聞民間，不幸有喪，富者則侈費而傷於禮，貧者則火化而害於恩。夫送終之禮，稱家有無。昔人所謂必誠必信者，惟棺槨衣衾，至爲要切，其它繁文外飾，皆不必爲。至如佛家追薦之説，固茫昧難知。然昔賢有言，天堂無則已，有則君子登；地獄無則已，有則惡人入。苟明此理，則諂奉僧尼，廣修齋供，其爲無益，灼然可知。又聞鄉俗相承，親賓送葬，或至刲宰羊豕，酣醬杯觴，當悲而樂，尤爲非禮。至於貧窶之家，委之火化，積習歲久，官以爲常。曾不思古者背叛惡逆之人，乃有焚骨揚灰之戮。今親肉未寒，爲人子者，何忍付之烈焰，使爲灰燼乎？言之猶可痛心，況復忍爲其事？自今而後，富者則願其削世俗不正之禮，省虛華無益之費。審欲爲親祈福，豈若捐金穀以濟饑貧？有若施藥施棺，無非美事。儻能行此，福報自臻，何必案之渺茫，妄希因果。貧者則願其勿以火化爲便。苟稍可趂辦，何惜辦尋丈之地，以葬其親，必不獲已，即仰陳乞於官地安厝。但深掘坑坎，築土實封，亦勝於焚屍之慘。經曰：孝悌之至，通於神明，天下萬善，孝爲之本。若能勤行孝道，非惟鄉人重之，官司敬之，天地鬼神，亦將佑之。如其悖逆不孝，非惟鄉人賤之，官司治之，天地鬼神，亦將殛之。此州素稱佛國，好善多。今請鄉黨鄰里之間，更相勸勉，其有不識文義者，老成賢德之士，當與解説，使之通曉，庶幾人人興起，家家慕傚，漸還淳古之俗，顧不美歟。

（宋）羅大經《鶴林玉露》卷三《五教三綱》 舜命契敷五教，孟子以爲君臣、父子、夫婦、兄弟、朋友是也。《左氏傳》：晏子曰：君令臣共，父慈子孝，兄愛弟敬，夫和妻柔，姑慈婦聽。去朋友而言婦姑。又曰：君令而不違，臣共而不貳，父慈而教，子孝而箴，兄愛而友，弟敬而順，夫和而義，妻柔而正，姑慈而從，婦聽而婉。五者之中，唯兄弟婦姑專主於和順，至於君，雖得以令臣，而不可違於理而妄作，臣雖所以共君，而不可貳於道而曲從。父慈其子，必教以義方。子孝其父，必箴其闕失。夫以和倡婦，尤當制之以義。妻以柔從夫，尤當自守以正。蓋三者乃三綱也。所繫尤重，故於睦雍敬愛之中，必有檢方規正之道，庶幾各盡其分，而三綱立矣。

（宋）羅大經《鶴林玉露》卷六《兄弟偈》 法昭禪師偈云：同氣連枝各自榮，些些言語莫傷情。一回相見一回老，能得幾時爲弟兄。詞意藹然，足以啓人友于之愛。然余嘗謂人倫有五，而兄弟相處之日最長。君臣之遇合，朋友之會聚，久速固難必也。父之生子，妻之配夫，其早者皆以二十歲爲率。惟兄弟或一二年，或三四年，相繼而生，自竹馬游嬉，以至鮐背鶴髮，其相與周旋，多者於七八十年之久。若恩意浹洽，猜間不生，其樂豈有涯哉！近時有周益公以太傅退休，其兄乘成先生以將作監丞退休，年皆八十，詩酒相娛者終其身。章泉趙昌甫兄弟，亦俱隱玉山之下，蒼顔華髮，相從於泉石之間，皆年近九十，真人間至樂之事，亦人間希有之事也。

（明）林俊《見素集》卷二八《家範》 吾林子孫，父慈子孝，兄友弟恭，夫義婦順，内外有别，長幼有序，嫡妾有分，子弟有學，貧難相救，昏喪相助，各治一業。毋干外事，毋好遊逸，毋學賭博，毋近聲色，毋涉勢利，毋信婦言，毋及人過。立志必希文，爲學必仲晦，居官必閲道，處鄉黨必彦方自期。婦女必貞潔，必勤儉，必絶淫妬。臣不事二君，女不嫁二夫，以共綿忠孝之澤。敬之，戒之，毋忽。

（明）鄭潛《樗庵類藁》卷一《忠孝行為江西行省右丞呼圖克布哈作》 孝爲百行原，忠乃萬世則。乾坤微忠孝，何以立人極。英英省右轄，出佐大江西，拜命辭魏闕，含情别慈闈。親年八十餘，子仕萬里外，王事有程期，何由遂歡愛。籌邊計軍務，排雲叩天閽。馮夷護旌棨，瀚海無波瀾。還家慰親顔，伏闕上封事，方憂聚斂臣，追恤忠孝士。明廷忽異政，法令非常情，都人不敢議，達官爲之驚。免官亦何憂，從戎亦何愧，節義竄遐荒，姦貪擁虛位。煌煌中興業，本在植綱常。民彝幾淪没，政化期更張，薄俗非亂離，何以辨忠孝。大厦非棟梁，何以正廊廟。我歌忠孝行，送公涉滄濱，歸朝慶眉壽，報國躋隆平。

（元）孔齊《至正直記》卷二《和睦宗族》 諺云：要做好人者，自做好人。不要做好人者，自不做好人。此言雖鄙，然實不得已而自警也。近世士大夫家，猶多此患，至於吾家亦然。吾亦處得自好。他日子孫長成，必效浦江義門家法也。然亦無難之，行事在吾一人，有志者行之，恐甚易也。至正庚子冬十月癸巳，燈下有感，書此以誌之。時寓鄞之東湖上水居。

（明）胡廣《性理大全》卷九《皇極經世書・觀物内篇》 生生者，修夫意者也。生長者，修夫言者也。生收者，修夫象者也。生藏者，修夫數者也。長生者，修夫仁者也。長長者，修夫禮者也。長收者，修夫義者也。長藏者，修夫智者也。收生者，修夫性者也。收長者，修夫情者也。收收者，修夫形者也。收藏者，修夫體者也。藏生者，修夫聖者也。藏長者，修夫賢者也。藏收者，修夫才者也。藏藏者，修夫術者也。

（明）胡廣《性理大全》卷一〇《皇極經世書・觀物内篇》 親親而仁民，仁民而愛物，老吾老以及人之老，幼吾幼以及人之幼，其趨利避害，好生惡死之心，我之與人，人之與物，未嘗異也。一有我於其間，則責於己無所不恕；責於人無所不備。施於己無所不厚，施于人無所不薄。推是心往，則無所不至。是皆聖人之罪人也。

（明）胡廣《性理大全》卷三六《性理・仁義》 昔者聖人立人之道，曰仁，曰義。孔子曰仁者，人也。親親爲大。義者，宜也。尊賢爲大。唯能親親，故老吾老以及吾之老，幼吾幼以及人之幼。唯能尊賢，故賢者在位，能者在職，唯仁與義盡人之道，則謂之聖人。【略】

親親，仁也；敬長，義也。仁義之道，根於吾心之固有。初非有甚高難能之事也。存之於虛静純一之中，推之於動作應酬之際，則仁義之道在我矣。

(明) 梁潛《泊菴集》卷二《別集類・親親》 維持國本莫良於封建，維持封建莫良於親親。《傳》曰：親親而仁民。封建者亦帝王推親親之恩以仁民也。上古制治保邦，用此道焉。故久而不亡，其亡非封建之失也，失親親之道也。夫王者之有天下，不敢私之，分封子弟，使之各保其土以寧其民。爲之諸侯者亦不敢私之，爲天子守其土疆以保其民。上下之間如木資枝榦以蔭其本根，資本根以榮其枝榦。枝榦剪必傷其本，本根撥必悴其枝，榮悴相係，豈得自弊其蔭反戕其本也哉。是故伐大木者，必先落其旁枝；毁人國者，必先殄其同類。先王知其然，於是内外相維，首尾相制，内之權足以弭外之變，外之勢足以戢内之姦，彼有所畏而不敢肆，此有所忌而不敢發，長治久安之道，莫良於此。故曰：維恃國本莫良於封建也。叔伯昆弟自祖宗而視之，其始本一人之身。自一身而視之，固皆手足股肱也。居一家之内，合一人之身，當使其身之氣脈，常相流通，或壅而爲疣贅，或結而爲癥瘕，滯而爲跛蹩，舒而爲痿痹，皆其氣脈之不相流通。故疾見於身不得爲完身，是不謹疾之過也。昆弟叔父之親，彼此常相知，不至有猜疑。心志常相通，不至有間隔。恩意常浹洽，不至有疎忌。則籓籬堅固，孰敢趾其垣穴其基，而毁我墻壁也歟。故保封建莫良於親親也。或曰周之衰，諸侯相伐無寧時，天子下同於列國，封建之失。如此吁此非封建之失也，親親之道不行也。危而不知恃，顛而不知扶，上則並禮樂征伐而忘之，下則並禮樂征伐而竊之。然猶足以久存者，枝榦雖强終不足以撥其本根也。及秦滅周，諸侯莫顧，周亡而諸侯隨之。本根既撥，枝從而亡，勢所必至也。秦懲此失，列而爲郡縣，楚人一呼而亡秦，若反鋤以振朽枝，此無枝榦以蔽其本也。漢懲秦失，大封諸侯王，又脛大於腰，指大於股之病。又失其中道也。然有如文帝篤親親之道，吴楚之禍，何自而發哉？鑒亡秦而制封建，懲周漢而篤親親，治天下之道不能易也。

(明) 方孝孺《遜志齋集》卷一《雜著・家人箴十五首・重祀》 身烏乎生？祖考之遺。汝哺汝歠，祖考之資。此而可忘，孰不可爲。尚嚴享祀，式敬且時。

(明) 方孝孺《遜志齋集》卷一《雜著・宗儀九首》 君子之道，本於身，行諸家，而推於天下，則家者身之符，天下之本也。治之可無法乎？德修於身，施以成化，雖無法或可也。而古之正家者，常不敢後法。蓋善有餘而法不足，法有餘而守之之人不足，家與國通患之，况俱無焉者乎！余德不能化民，而竊有志於正家之道，作宗儀九篇，以告宗人。庶幾賢者因言以趨善，不賢者畏義而遠罪。他日於大者有行焉，或者其始於此。

(明) 方孝孺《遜志齋集》卷一《雜著・宗儀九首・廣睦》 人之親疏有恒理，而無恒情。自同祖推而至於無服，又至於同姓。愛敬之道，厚薄之施，固出於天，而不可易。然有親而若疏者，有疏而若親者，常情變於所習也。閲歲時而不相見，則同姓如路人。比廬舍，同勞逸，酒食之會不絶，則交游之人若昆弟。使同姓如路人，他人如昆弟，斯豈人之至情哉？物有以移之，君子未必然，而常情所不能免也。聖人之治人，以常人之情爲中制，俾厚者加厚，而薄者不至於離。恐其以不接而疏，疏而不相恤也。故爲之祭酺之法，合之以燕樂飲食，以洽其歡忻慈愛之情。恐其徇於利，而不知道也。肅之以鄉射、讀法，使之祗敬戒慎，而不至於怠肆。祭而酺所以爲樂也，讀法所以爲禮也。約民於禮樂，而親者愈親，疏者相睦，此先王之所以爲盛也哉！舉而行諸天下。今未見其不可也。然非士之職也。故欲自族而行之鄉，爲之制。其制曰：

宗族歲爲燕樂之會四，其時則二月也，五月也，八月也，十有一月也。其物則時祀之餘也，其品則豕與羊各一，酒醴羞果惟所有而不必侈也。酒以七行老九行爲節也，位以尊卑長幼爲序也。苟尊矣，雖稚子猶位乎上也，苟長矣，雖貧且賤以齒也。其言惟孝弟忠信，而勿褻也，勿讙也，勿慢也，飲雖醉而勿違禮也。立子弟二人爲執禮，以佐酒。酒至，揖請飲，既飲揖請酬。既酬，揖請殽羞。二人歌詩，其詩則《蓼莪》、《棠棣》、《葛藟》、《東門》、唐之《杕杜》、《谷風》、雅之《黄鳥》之類，貴其能感人而敦倫理也。其數則如酒也。立二人講説嘉言，古之人及乎教者，皆在所取也。將歌也，將説也，執禮揖曰：請肅以聽。皆拱而坐，坐則肱相比，行則武相銜，舉爵飲酬食羞皆後長者。畢則旅揖，辭而退，少者送長者於家然後返。

歲爲禮儀之會三，冬至也，歲之初吉也，夏至也。冬至，陽之始生也，君子之道自此始亨矣，宜有慶也。是日昧爽，舉族自勝冠以上，咸盛服造祠下相揖趨。及門祝啓門，以次入，序立。以時羞獻奠酒皆再拜，班趨出。族之長坐別堂，次長者率群昆弟子姓，捧觴稱壽畢，皆拜。遂以次飲酒，相拜如禮，典禮以譜至。北向坐讀之，長者命衆坐，衆坐聽。善惡之在書者，咸讀無隱。設席於南楹之東，北向，署其上曰：旌善之位。善之多者，長者命之酒，俾少者咸拜之，典禮翼以就位。署南楹之西曰：思過之所。惡之累書而不改者，俾立其下。於是長者以譜所列傳緒盛衰絶續之故，明言之，而告以常訓。曰爲善如嗜飲食，去惡如去毒螫，慎思哉，勿墜爾先祖之祀。衆拱而聽，皆俯首就班，再拜出。少者授長者杖。以序行，乃還於家。夏至，陰之始生也，君子所宜慎也。是日素服謁祠，如冬至禮，不飲酒，不相拜，讀譜之儀亦如之。歲之初吉，慶拜如冬至禮，不讀譜。

鄉黨之制，歲爲燕樂之會一。其時以秋，其物以祭社之餘，其坐以齒，以德、以爵。其禮主於讓，其儀如宗族之會。歌詩説嘉言亦如之。其詩以《伐木》《魚麗》、《南有嘉魚》《菁菁者莪》、《賓之初筵》，擇鄉人子弟群歌之。其誦嘉言也，耆老之賢者，舉以教，在坐者皆起。應曰：祗奉長者之訓。凡族人鄉人不與於會者八：悖倫紀者、鬥争者、相訟者、使酒而酗者、博奕者、過累書而不改者、虐鄉里者、言僞而違者，皆君子之所棄也。不善者棄而後知所戒，然後善者尊而益勸。勸戒立而俗寧，有不美者乎！

（明）方孝孺《遜志齋集》卷一《雜著·宗儀九首·奉終》 愛敬以養生，哀戚以送死，墓焉而葬，位焉而祭，皆本於禮而不敢忽者，先王教民之通法也。喪而用浮屠之術，葬而信葬師之説，資冥報於不可致詰之間，徼休咎於無情難驗之川阜，上以爲親謀，下以爲身利者，此古之所未聞也。後世閭夫野人多趨信而甘心焉。親没於床，不事禮而事浮屠，不哭泣擗踴，而事鐘磬鐃鈸。非是之務，則人交笑以爲簡。時可葬矣，泥於山川之利否，而不即葬。或至於終身，或身死而委櫝於子孫，甚者子孫恐葬之禍其身，舉而棄諸水火。葬親以禮者，世反非之爲愚。於乎，是何其不察而至於此極乎！彼浮屠之所謂輪回者果可信耶？

天之生人物者，二氣五行也。其連也無窮，其續也無端。先者過而後者來，未嘗相資以爲用者，二氣五行之常也。自草木而觀之，發榮於春，盛壯奮長，蔚乎而不可遏。及乎戒之以凛風，申之以霜露。昔之沃澤茂美一旦飄而爲浮埃，化而爲污泥，蕩滅殫盡，無跡可窺矣。其發生於明年者，氣之始至者爲之也，豈復資既隕之餘榮乎？惟人也亦然，得氣而生，氣既盡而死，死則不復有焚炙刲割，佚樂適意，身且不有，而何以受之？形盡氣盡，而魂升魄降，無所不盡，安能入人胸腹重生於世，而謂之輪回也哉。天地至神之氣以其流行不窮，故久而常新，變而不同。使必資已死之人爲將生之本，則造化之道息矣，烏足爲天地。倘或有之，人固不知之也。浮屠亦人耳，何自而獨知之？彼以其茫昧不可揣索，故妄言以誣世，夫豈可信而事其教乎？孔子謂祭之以禮爲孝。則事異端之妄，棄聖典而不信者，其爲非禮也大矣，不孝孰加焉！而闇者顧安之而不以爲非，胡可哉？

葬師之動人以禍福，而其説尤怪。人之昌隆盛熾者，其先必有厚德之遺，賤貧夭絶者，必有餘惡之著，山川何與焉！誕者則不然，聞有貴富之人於此，則歸福於其塋冢。曰此某形也，此某徵也，於葬之法宜爾也。聞有貧賤之人於此，則曰此葬之罪也，此於法宜至於斯也。信斯言也，則人之多財而力足者，皆相率而爲不善，及乎死也，求善地以葬其身，則可免子孫於禍。夫孰肯爲善乎？由大者而論之，繫乎盛衰者，莫大乎國。都殽函河渭無異也，秦帝之亡，漢帝之昌，隋據之而促，唐據之而長，果在於善地乎？帝王之尊，家天下而役海内，使地善而可興，竭智以營陵廟，奚求而不致？而亡國敗主相屬，則果不在乎此也，審矣。古之卜宅兆云者，以神道定民志耳，非視岡阜之向背逆順，臆度目斷如世之葬師之爲也。葬師祖晋郭璞書，其書苟可信，璞用之以葬其祖考，宜有奇驗不誣。而璞卒死於簒賊，其身不能福，而謂能福乎人，其可信否耶？世之人多信之，不知自陷於不孝而莫之贖也。

於乎，先王之禮一失而流於野，再壞而化於夷，暨其大壞而不可爲，忽乎入於禽獸而不之覺，寧不哀哉。天下之人，其小者化爲夷，由夷而往，吾不能知其所至矣。其心淫浸膠固，非空言所能革也。吾獨以告吾族人：

親喪必以三年，三年之制必循禮，勿以浮屠從事。違者生罰之，死不祀於先祠。葬卜吉凶而勿泥葬師之説，期必以三月，三月不能至五月，五月不能止七月，過一歲者，如違喪禮之罰，必刻壙志墓銘，力不足者刻其名，俾後有考。作方氏喪葬儀。

（明）李時勉《古廉文集》卷七《化導説》　夫父子、君臣、夫婦、兄弟、朋友之倫，人之所固有者，不以華夷而有間。但其日用由之，而不知其自有聖賢者。懼其終不之知，則三綱五常之道壞亂極矣。不惟壞亂胥入於鳥獸之羣，而不能變也矣。於是筆之於書，庶乎有能以之而教乎民，使知其道。

（明）薛瑄《敬軒文集》卷一二《戒子書》　人之所以異於禽獸者，倫理而已。何謂倫？父子、君臣、夫婦、長幼、朋友五者之倫序是也。何謂理？即父子有親，君臣有義，夫婦有別，長幼有序，朋友有信，五者之天理是也。於倫理明而且盡，始得稱爲人之名。苟倫理一失，雖具有人之形，其實與禽獸何異哉。蓋禽獸所知者，不過渴飲饑食，雌雄牝牡之欲而已。其於倫理，則蠢然無知也。故其於飲食、雌雄、牝牡之欲既足，則飛鳴、躑躅、群遊、旅宿，一無所爲。若人但知飲食、男女之欲，而不能盡父子、君臣、夫婦、長幼、朋友之倫理，即煖衣飽食終日，嬉戲遊蕩，與禽獸無别矣。聖賢憂人之陷於禽獸也如此，其得位者則修道立教，使天下後世之人皆盡此倫理。其不得位者則著書垂訓，亦欲天下後世之人皆盡此倫理。是則聖賢窮達雖異，而君師萬世之心則一而已。汝曹既得天地之理氣，凝合父祖之一氣流傳，生而爲人矣，其可不思所以盡其人道乎。欲盡人道必當於聖賢脩道之教，垂世之典，若小學、若四書、若六經之類，誦讀之、講貫之、思索之、體認之，反求諸日用人倫之間。聖賢所謂父子當親，吾則於父子求所以盡其親。聖賢所謂君臣當義，吾則於君臣求所以盡其義。聖賢所謂夫婦有别，吾則於夫婦思所以有其别。聖賢所謂長幼有序，吾則於長幼思所以有其序。聖賢所謂朋友有信，吾則於朋友思所以有其信。於此五者，無一而不致其精微曲折之詳，則日用身心自不外乎倫理。庶幾稱其人之名得免流於禽獸之域矣。其或飽煖終日，無所用心。縱其耳目口鼻之欲，肆其四體百骸之安，耽嗜於非禮之聲色臭味，淪溺於非禮之私欲宴安，身雖有人之形，行實禽獸之行。仰貽天地凝形賦理之羞，俯爲父母流傳一氣之玷，將何以自立於世哉。汝曹其勉之敬之，竭其心力以全倫理，乃吾之至望也。

（明）薛瑄《讀書録》卷三　親親，仁也，敬長，義也，無他達之天下也。故知惟孝友於兄弟爲爲政之本。

（明）胡居仁《胡文敬集》卷二《論·窮理》　一理之自然而萬殊自不容已，故本末、精粗、大小、遠近皆所當窮，請申論之。其氣之運動周旋，包覆無涯，以爲生物之主者，謂之天。隤然成質，至靜至厚，位乎其中，爲萬物之依載，而萬物之所資以成者，謂之地。生生之中，得其氣之秀而性之靈者爲人，得其氣之偏濁而洪纖動植各有其性者爲物。雖有天地人物之分，無非此理之自然，不容已者也。以五倫言之，首出庶物綜理民事，爲天下之主者，謂之君。佐承其君，宣布治化者，謂之臣。生育慈養者爲父，受生成形者爲子。陰陽判合者爲夫婦，尊卑先後秩然者爲長幼，交游輔翼以成其德者爲朋友。雖五倫不同，莫非理之自然，而不容已者也。君之所施以正百官萬民者謂之政，治惡禁非以弼教者謂之刑，憫其愚而誨其不能謂之教，感其同然之善而變其惡謂謂之化。雖政刑教化不同，亦莫非理之自然。而不容已者也。

（明）鄭紀《東園文集》卷一〇《簡魏國公》　又曰祭有十倫，見事鬼神之道焉，見君臣之義焉，見父子之倫焉，見貴賤之等焉，見親疏之殺焉，見爵賞之施焉，見夫婦之别焉，見政事之均焉，見長幼之序焉，見上下之際焉。人君之治天下，其有外君臣、父子、爵賞、貴賤等第而别有所爲耶？故堯、舜、禹，萬古之大聖也。

（明）夏良勝《中庸衍義》卷六《達道之義》　《孝經》曰：昔者明王事父孝故事，天明；事母孝故事，地察。臣良勝曰：明王事父母，固所以明察天地之理，然必能明察天地之理而後盡事父母之道也。蓋天地，萬物之父母也；吾父母，天地之子也。天下人物，亦天地之子也。吾視父母猶天地也，則視天地之所子者皆吾父母之子者。故曰：斷一樹，殺一獸，不以其時，非孝也。况天地、父母至公無私，其所望於子以事之者，亦至公無私也。惟其公也，則菽水之奉在所歡也，特羊之薦在所享也，不得不可以爲悦，無財不可以爲悦。若必遂其私而有所偕、有所假焉，豈天地父母之心哉？

仲尼居，曾子侍，子曰：先王有至德要道以順天下，民用和睦，上下無怨，爾知之乎？曾子避席曰：參不敏，何足以知之？子曰：夫孝德之本也，教之所由生也。

臣良勝曰：孔門弟子曾參以孝稱，而夫子開示之者，以先王之至德要道也。夫德而謂之至德，道而謂之要道。所以立德，所以成教，不外乎孝而已矣。其所以爲孝順於天下而已矣。夫以一人之孝而順於天下者，順於理而已矣。一人之心，天下人之心也；一心之理，天下人心之理也。吾之心順，天下之心亦順也。吾之理順，天下之理亦順也。故有順於一人而逆於天下，不可以言順也。逆於一人而順於天下，不害其爲順也。一人或繫於私，而天下之理則公也。故君子之爲孝，不以順己而以順理，不以順一人而以順天下，成於己而爲德，施於天下而爲教，民用和睦，又何上下之怨懟者乎？

祭義曰：孝有三，大孝尊親，其次弗辱，其下能養。

臣良勝曰：孝者，百行之本，其所以行之，固亦多端也。尊親者，孟子所謂孝子之至，莫大乎尊親。尊親之至，莫大乎以天下養。是養爲至孝，而非爲下也。然有分焉。若魯用天子禮樂而三家以雍徹，亦得謂之尊親已乎。弗辱云者，若曾子所謂居處不莊，事君不忠，莅官不敬，朋友不信，戰陣無勇，皆辱及其親也。然有納汙含垢，囚服變形，蹈刃膏野，世方以爲大辱，亦將謂之辱親已乎。養之下者，口體之謂也。如先意承志，諭之以道。若文王，食上，在視寒煖，食下，問所膳。命膳。宰曰：末有原。亦謂之下可乎。

又曰：孝有三，小孝用力，中孝用勞，大孝不匱思。慈愛忘勞，可謂用力矣。尊仁安義，可謂用勞矣。博施備物，可謂不匱矣。

陳澔曰：庶人思父母之慈愛而忘己窮耕之勞，可謂用力矣。此其下能養之事也。諸侯、卿大夫、士，尊重於仁，安行於義，功勞足以及物，可謂用勞矣。此其次弗辱之事也。博施謂德教加於百姓，刑於四海也。備物謂四海之内，各以其職來助祭，可謂不匱矣。此即大孝尊親之事也。

子夏問孝。子曰：色難。有事弟子服其勞，有酒食先生饌，曾是以爲孝乎？

朱熹曰：孝子之有深愛者，必有和氣。有和氣者，必有愉色。有愉色者，必有婉容。故事親之際，惟色爲難耳。服勞奉養未足爲孝也。

（明）夏良勝《東洲初稿》卷七《祀典》　祀，國之大事。志之有以也，曰法施於民，曰死勤事，曰勞定國，曰禦災，曰捍患。皆有烈於民者也。非此族者非祀也，胡可志也。

（明）夏良勝《東洲初稿》卷一四《冠禮議》　嘉靖元年九月之既，卜筮并吉，今上舉昏禮，禮官有議冠禮從畧者。良勝曰：冠者，始乎禮義以成人，以著代爲國本也，而可不敬且重乎？

或曰：《儀禮》有士冠禮，大夫則畧焉。又曰：今天子無賓，衮冕御已，則孰致醮與加乎？又曰：責以成人之禮而君臨天下者，逾年成人之道備矣。殊不知禮者終身之所履也，是所以爲人而別乎禽獸者也。爲凡人爲士，不可不敬且重也，而況天子乎？人臣事君，將以爲堯舜，爲聖人也，是億兆之人也。則於成人之禮也，又可不敬重乎。夫冠禮，備於士，大夫畧焉者，古者五十命爲大夫，則冠與娶皆爲士時也。大夫何冠禮之有？自世官之制行，而命爵或不限年於五十。孔穎達曰：大夫雖冠，用士禮也。諸侯世國以上則有冠禮，故天子諸侯十五而冠，以娶，必先冠。《春秋傳》曰：公冠用祼享之禮行之，金石之樂節之，其加則四，加而有玄冕也。《大戴禮》曰：公冠四加諸侯。尚四加，則天子亦當五加衮冕也。士冠於廟，注謂稱禰廟。冠義，謂尊先祖。士一廟，祖禰共廟故也。諸侯則冠於太祖之廟，《左氏傳》曰：先君之祧以處之。聘禮不腆。先君之祧，鄭康成注以爲始祖之廟，則天子當冠於始祖廟也。冠於廟則祖命之屍以代祖，則贊以致詞，其可也。冕服御則盡乎冠，然未束髮，終未成乎冠也。古有朝委裘者，周公負成王以朝，諸侯未必其無所服也，而成王之冠禮不廢也。成人之道至君天下而盡，固若無所於責之者。凡命爲人，出襁褓則爲人子，爲人弟，爲人少。初命爲士，亦爲人臣，冠而責成人之禮。曰：將責爲人子，爲人弟，爲人臣，爲人少者之行焉。士二十迺冠，冠而列丈夫，恐未可云，未冠之先無與，是禮者也，固知雖爲君而所以成人之禮，亦成君之道也。況夫爲男女夫婦之道，自茲始，爲父母之道，自茲始。

《禮》曰：男女有別，而後夫婦有義；夫婦有義，而後父子有親；父子有親，而後君臣有正。則謂既爲君而於成人之道無責焉者恐未然也。禮家者曰：天子十五而冠。上初臨御，適冠時已以喪而未及舉爾。嗚呼！禮有喪冠，而冠者，士不以喪廢冠，而況天乎！是蓋未之考也。失行於往而追行之於今，何爲而不可也。故又曰：先帝十五而嗣位，以喪而未之行也。英廟九齡而嗣位，除喪而未之行也，獨不曰：《集禮》所定高皇之垂訓也，《會典》所載，及於諸王世子也，不知遵用古今之成禮，而每每欲襲簡畧之常情，未知其何以爲可也。

嗚呼！凡人而弗爲禮也者弗成乎爲人也，君而弗爲禮也者弗成乎爲君也。英廟北狩幾於辱國，先帝南征卒以殞身，兹人臣之不忍言者，而可以爲訓乎？而可以望今日欲爲堯舜之君者乎？君子曰：與其廢也，寧有舉也。故曰亡於禮者之禮也。

（明）湛若水《格物通》卷三五《事親長下》　親親，仁也；敬長，義也，無他達之天下也。又曰：凡有四端於我者，知皆擴而充之矣，若火之始然，泉之始達。苟能充之，足以保四海；苟不充之，不足以事父母。夫孝弟者，人之真心也，善端也。所謂良知，良能也，在擴充之而已。達者，擴充之謂也。充之則仁義不可勝用，可放之四海而準矣。孝昭天性之美，苟能由此真心學問涵養而擴充之，何堯舜之德業不可爲乎？惜乎其不能也。人君有孝弟之資者，盍求充養之道乎？

（明）湛若水《格物通》卷四六《立教興化上》　祭祀之禮，所以事天也，而教乎人，所以事先也，而教乎後，外祭天地，使人知有尊尊之義也。然而諸臣服從矣。內祭宗廟使人知有親親之義也。然而子孫順孝矣。孝敬盡於一人，德教興於一國，然則盡道端義者，其惟君乎？人君之學，求之此心而已矣。孝敬存於心而教化立於家，行於國，達於天下，是之謂要道也。

（明）程新春《賓山公家議・契薄・和溪公遺文》　《小學》、《論語》二書，乃聖賢建立千萬世賢不肖的人情，不過欲人惇篤倫理而已。惇篤倫理，不過在於（辦）〔辨〕別義利而已。人能遵而行之，是爲君子；違而背之，則爲惡人。遵而行之，必獲福祉；違而背之，必罹禍患、灾殃。苟心存乎義，其於倫理自無不厚；必而利，如火燃泉達，並無所不至。至於劫奪弑逆之事，亦莫不自此一念利心而生。夫男子之心，本無不善；婦言一入，少有不遷。故欲（辦）〔辨〕別義利，當於婦言絶之可也。蓋嘗觀之，利必有害，義無不利，俱有明驗。不必遠求諸石，姑以主近者言之。且如昂兄、普、昱弟之處兄弟也，建立家產，創治居室，與兄弟均之，事如切身，朝不及夕，何嘗要動弟、幼姪齊共出力，亦何嘗夸功，討要便宜。即今後人之繁盛，蓋可征已。若夫人各惟知爲己，不相體悉，掩取小利，事要便宜，不顧大義，是以至親骨肉，情義隔離，不相雜繫，至如秦越相視，藏怒宿怨，互相報施，至如仇讎相傾，此乖戾之事，充塞天地，神人共惡，豈不致禍召灾？夫人生如白駒過隙，人身所用幾何，所享幾時？子孫之成敗，懼不係於前人之遺產多寡有無。不必遠求其人，觀諸我祖、我父、我叔輩，何嘗薄於骨肉之情，汲汲於利以經營家產，爲子孫之計，而今後人何如。若夫敗子敗孫，眼中何限。是果其祖父無所遺乎？抑亦其祖父有所遺乎？鑒戒昭然，如此人亦何苦孜孜於利，而甘爲惡人以貽禍於後人耶？俗語云：專保水牸牛一脚。此言亦有至理，蓋全牛已倒，一脚豈能獨支。又如一堆數塊之火，叢作一堆，氣焰相通，自然難過，如或撥離遠隔，氣不相通，焰不相聚，豈不（媳）〔熄〕哉！各宜思之。

（明）楊慎《升菴集》卷六九《羃䍦考》　古者，女子出門必擁蔽其面，後世宮人騎馬，多著羃䍦，全身障之。猶是古意。又首有圍帽，謂之席帽，垂絲網之，施以珠翠。至煬帝淫侈，欲見女子之容，詔去席帽，戴皂羅巾幗，而以席帽油御雨云。唐永徽中，皆用帷帽施裙到頸，漸爲淺露。開元初，宮人馬上著大帽，靚粧露面，古制蕩盡矣。今山西蒲州，婦人出以錦帕覆面，至老猶然。雲南大理，婦女戴次工大帽，亦古意之遺焉。

（明）羅洪先《念菴文集》卷四《答問喪禮》　喪禮之廢久矣，士大夫鮮談及之，孰能於昏迷中勤勤懇懇，惟恐不合於禮耶？夫禮緣人情，爲之非有一定。古之禮節，未可盡同於今，今之人情未始頓異於古。君子者，權衡其間耳。《禮》曰：支子不祭。又曰：廟無二主。此爲宗法言之也。又曰：仕於他國別爲祖立廟，此權衡也。身爲國賓不得以終喪，請今制也。情之在己者，不有得爲者乎？禮聞喪未得，奔即爲位而成服，此虛位也。古之爲位若此。後世有以衣冠，有以几杖，有以圖像，而程子曾用木牌紙書，此可爲法。《禮》曰：知神之在此乎，在彼乎？可謂達鬼神之說，情有所感，洋洋如臨，何嫌於兩在乎。即寓設位，朝夕朔望，奠如禮，居則衰麻終喪，出則襲衰從事，錦綺不御，宴飲不赴，此皆情所得爲者也。古有墨衰今不行，惟襲衰近之。紗帽覆白巾青布員領覆麻衣之類。如有國君之事，則易衰以行。國君事如祭祀朝賀之類，行之亦非浹日，故可權。朞年之內，事有可已者，姑遲待吉，此皆所謂權衡也。事得已，如奉差遠行之類。雖然此文耳，至於哀親之情，存乎其人，如其哀未忘本也。雖服吉何害如以儀文耳矣。雖衰終身何益哉！故曰三年之喪，如白駒過隙，時易情涣，鮮能終禮，此古人所以病厚慈而薄孝也。吾再執親之喪者也，知其難故言之不易。孔子曰：喪事不敢不勉，聖人且然，矧吾輩乎。

（明）海瑞《海瑞集·興革條例·吏屬》　聖制里長老人聽各里之訟於申明亭。是一里之事皆里老之責也。於民最親，朝與游，夕與處，凡一里之中，誰善誰惡，誰貧誰富，誰困苦，誰逃流，誰人田地有無管業，誰人户丁口多少，彼皆明知。若果不好錢、無私向，有天理、心不刻剥，好縣官孰能如之！嘗以爲若欲平治天下必自里老始。當如周之里宰黨正，禄秩榮其身。漢之三老嗇夫，取之譽望之名士，紀綱脈理，實是如是。

（明）海瑞《海瑞集·興革條例·刑屬》　一、詞訟。《易》：天與水違行訟，君子以作事謀始。説者謂慎交結於相與之初，明契券於交易之際，訟無由生矣。然此特言其一爾。淳安縣詞訟繁多，大抵皆因風俗日薄，人心不古，惟己是私，見利則競。以行詐得利者爲豪雄，而不知欺心之害；以健訟得勝者爲壯士，而不顧終訟之因，而又倫理不惇，弟不遜兄，姪不遜叔，小有蒂芥，不相能事，則執爲終身之憾，而媒孽訐告不止。不知講信修睦，不能推己及人，此訟之所以日繁而莫可止也。【略】

淳俗多訟，大抵是先因口舌，先因一事訟官成隙，以後遂互媒孽訐告，終不休止。昔人云：邱山之憾，一笑可散；蒂芥之□，千河不改。人若能寬容其心，念此非殺父兄事也。言語訟争，何仇之有！誦以直報怨之言，得失在僕之語，久之而心有明焉。昔之如仇如敵，欲其死不欲其生者，真可漠然無迹而不留於心矣。

淳俗好勝，姑以勝道論。本職每見訟者求勝，多通賄賂求情囑，百計取財爲訟事費，此則敗行之甚也。敗行復仇，縱訟事得勝而我落仇人下矣。昔人謂好色是色鬼迷，好貨是貨鬼迷。淳民喜訟是被訟鬼迷也。迷不能返，不知何故！

淳浴好訟，求勝人也。然勝人在行己有德，在名聞稱賢，逞訟者在今日就俗見論亦若勝矣。畏訟者不敢與校而遜之，亦有之矣。然人人心惡之，在背後稱惡人則指之，甚則遭訪拏陷刑辟不得其死，究竟勝乎？不勝乎？【略】

一、止訟。問之識者多説是詞訟作四六分問，方息得訟。謂與原告以六分理，亦必與被告以四分。與原告以六分罪，亦必與被告四分。二人曲直不甚相遠，可免忿激再訟。然此雖止訟於一時，實動争訟於後。理曲健訟之人得一半直，纏得被誣人得一半罪，彼心快於是矣。下人揣知上人意向，訟繁興矣。小官問事怕刁人，兩可和解，俗以老人和事笑之。四六之説非和事老人乎？《易》：噬嗑亨。健訟之人，正吾頤中之梗，利用刑獄也。可畏訟而含糊解之乎？君子之於天下曲曲直直，自有正理。四六之説，鄉願之道，興訟啓争，不可行也。

一、疑獄。兩造俱備，五聽三訊，獄情亦非難明也。然民僞日滋，厚貌深情，其變千狀，照明者十之六七，兩可難決亦十而二三也。二三之難不能兩舍，將若之何？古稱：與其殺不辜，寧失不經；與其失善，寧其利淫，處疑大概也。即此推之，竊謂凡訟之可疑者，與其屈兄，寧屈其弟；與其屈叔伯，寧屈其姪；與其屈貧民，寧屈富民；與其屈愚直，寧屈刁頑。事在争産業，與其屈小民，寧屈鄉宦，以救弊也。鄉宦計奪小民田産債軸，假契侵界威逼，無所不爲。爲富不仁，比比有之。故曰救弊。事在争言貌，與其屈鄉宦，寧屈小民，以存體也。鄉宦小民有貴賤之别，故曰存體。若鄉宦擅作，打縛小民，又不可以存體論。上官意向在此，民俗趨之。爲風俗計，不可不慎也。

一、各衙門日日聽訟，迄不能止訟者何？失其本也。考之龔、黄、卓、魯，專以德禮勸諭，魯父子訟者而孔子繫之三月。豈以孔子而不能别其情哉！求其心也。虞芮争田，文王決之；鼠牙雀角，召伯辯之。聖賢未嘗不聽訟也。其轉移化導之機，則别有所在而不在於是。今上司每以未完責下，下司惟求完事以避責。感化之意微，了事之情切，獄訟日繁而不可止，不有由哉！今時風俗健訟，若聖賢當於其問，當必有止訟之方，而不徒聽訟之爲尚也。

（清）董誥《全唐文》卷七〇一《李德裕·論喪葬逾制疏》　應百姓厚葬，及於道途盛陳祭奠，兼設音樂等。閭里編甿，罕知教義，生無孝養可紀，没以厚葬相矜，器仗僭差，祭奠奢靡，仍以音樂，榮其送終，或結社相資，或息利自辦，生産儲蓄，爲之皆空，習以爲常，不敢自廢，人户貧破，抑此之由。今百姓等喪葬祭奠，並請不許以金銀錦繡爲飾。其陳設樂音者，及葬物稍涉僭越者，並勒毀除。結社之類，任充死亡喪服糧食等用使，如有人犯者，並準法律科罪。其官吏已上不能糾察，請加懲責，仍請委出使郎官、御史察訪。臺司伏請令文及故實不載者，令更條檢校官。令文不載令請檢校官一品，二品請同五品，五品已下並請同九品。如有曾任正官。依本官品第儀則；其準敕試官亦仝九品儀；如升朝官者，請據本官品第升降𨷖例。凡喪皆有品第，恐或無知之人，妄稱官秩，自今以後，除升朝官、見任官亡殁外，餘官去事前五日，須除將告語或敕牒於本巡使呈過，判押文狀，行人方可供應。佐命殊功，當朝立功，名傳遐邇，特敕優旨，準《會典》例，本品數十分加三分，不得別爲華飾。右具本朝舊本例如前。今後令兩巡使祇據官秩品級與判狀，其餘一物已上，不得增加。兼勒驅使官與金吾司并門司同力轄鈐。如有大段踰越，即請據罪科斷行人，兼不得追領，喪葬之家，別有勘責，奉敕。如過制度，不許尺寸事數，其假賃行人徒二年，喪葬之家，即不問罪，仍付所司。

（清）沈欽韓《幼學堂文稿》卷二《妾母不得為夫人論》　《服問》曰：君之母非夫人，則羣臣無服，惟近臣及僕驂乘從服，惟君所服服也。按《不杖期章》，爲君之母期曰非夫人，無服，則羣臣不以夫人禮禮之也。何也？傳重於先曰近臣惟君所服，明君非三年服君又不敢以夫人禮禮也。何也？傳重於先君也。妾母爲夫人，母不加尊父，屈於齊矣。鄭注《曾子問》，云天子練冠以燕居，蓋庶子王爲其母，此禮之正也。鄭以禮無承重，爲妾母服之義。據《喪服》，庶子爲父後者，其爲其母緦而明之也。若緣《公羊》母以子貴之説，則庶子後者，何故降其母緦？若遵爲後，厭屈之禮，則社稷宗廟之主，豈不所傳彌重？然則練冠麻衣附於公子，爲其母之例，無可疑也。又不可尊同於適，而猶以妾母服服之也。春秋時諸侯專恣，禮樂征伐之大者，皆不可復問。緣骨肉之愛，隆其所生，未遽爲誅絶之罪，豈便謂之禮哉？《春秋》書之以爲彼既違禮，而成之夫人、成之小君。《穀梁傳》曰：夫人之，我可以不夫人之乎？夫人卒葬之，我可以不卒葬之乎？此孔子之意也。定姒之薨，季文子喪之不反哭，不殯廟，不設屬榫。季文子忠於君者也。非弱其君，以禮固如是耳！文子所行，禮之正也。匠慶所争，俗之變也。鄭《服問》注云：時若小君在則益不可，皇侃不達大義，遂謂適小君殁則得伸，若小君猶在，則其母壓屈。不知鄭之言此，正爲《公羊》説，云妾子立爲君，母得稱夫人，故上堂稱妾，屈於適也。下堂稱夫人，尊於國也。儼然爲適庶並尊之倡，故鄭破之耳！夫死其適母是死人其先君也，可乎哉？自《公羊》之邪説行，杜預輩傅會以趨世，後代循之，則一太后、一太妃矣。以爲不足則兩宫並尊。又有未慊，乃多行無禮，如周貴妃之於錢皇后焉！大防一隳，人心亦何所不至。嗚呼！其禍則俗儒之長之也。

綜　述

《魏書》卷五《高宗紀》〔和平三年〕十有二月辛丑，詔曰：名位不同，禮亦異數，所以殊等級，示軌儀。今喪葬嫁娶，大禮未備，貴勢豪富，越度奢靡，非所謂式昭典憲者也。有司可爲之條格，使貴賤有章，上下咸序，著之於令。

《唐律疏議》卷一二《户婚·養雜户等爲子孫》　諸養雜户男爲子孫者，徒一年半；養女，杖一百。官户，各加一等。與者，亦如之。

疏議曰：雜户者，前代犯罪没官，散配諸司驅使，亦附州縣户貫，賦役不同白丁。若有百姓養雜户男爲子孫者，徒一年半；養女者，杖一百。養官户者，各加一等。官户亦是配隷没官，唯屬諸司，州縣無貫。與者，各與養者同罪，故云亦如之。雖會赦，皆合改正。若當色自相養者，同百姓養子之法。雜户養官户，或官户養雜户，依《户令》：雜户、官户皆當色爲婚。據此，即是别色準法不得相養。律既不制罪名，宜依不應爲之法：養男從重，養女從輕。若私家部曲、奴婢，養雜户、官户男女者，依《名例律》部曲、奴婢有犯，本條無正文者，各準良人，皆同百姓科罪。

若養部曲及奴爲子孫者，杖一百。各還正之。無主及主自養者，聽從良。

疏議曰：良人養部曲及奴爲子孫者，杖一百。各還正之，謂養雜户以下，雖會赦，皆正之，各從本色。注云無主，謂所養部曲及奴無本主者。及主自養，謂主養當家部曲及奴爲子孫。亦各杖一百，並聽從良，爲其經作子孫，不可充賤故也。若養客女及婢爲女者，從不應爲輕法，笞四十，仍準養子法聽從良。其有還壓爲賤者，並同放奴及部曲爲良還壓爲賤之法。

《宋刑統》卷一四《户婚律·監臨婚娶枉法娶人妻妾》　諸監臨之官娶所監臨女爲妾者，杖一百。若爲親屬娶者，亦如之。其在官非監臨者，減一等。女家不坐。即枉法娶人妻妾及女者，以姦論，加二等。爲親屬娶者亦同。行求者各減二等。各離之。

疏：諸監臨之官娶所監臨女爲妾者，杖一百。若爲親屬娶者，亦如之。其在官非監臨者，減一等。女家不坐。

議曰：監臨之官，謂職當臨統案驗者，娶所部人女爲妾者，杖一百。爲親屬娶者，亦合杖一百。親屬謂本服緦麻以上親，及大功以上婚姻之家。既是監臨之官爲娶，親屬不坐。若親屬與監臨官同情强娶，或恐喝娶者，即以本律首從科之，皆以監臨爲首，娶者爲從。其在官非監臨者，謂在所部任官而職非統攝案驗，而娶所部之女，及與親屬娶者，各減監臨官一等。女家並不合坐。其職非統攝，臨時監主而娶者，亦同。仍各離之。

又云，即枉法娶人妻妾及女者，以姦論，加二等。注云，爲親屬娶者亦同。又云，行求者各減二等。各離之。議曰：有事之人，或妻若妾，而求監臨官司曲法判事，娶其妻妾及女者，以姦論，加二等。其娶者有親屬應加罪者，各依本法，仍加監臨姦罪二等。爲親屬娶者亦同，皆同自娶之坐。行求者各減二等。其以妻妾及女行求，嫁與監臨官司，得罪減監臨二等。親屬知行求枉法，而娶人妻妾及女者，自依本法爲從坐。仍各離之者，謂夫自嫁妻妾及女，與枉法官人兩俱離之。妻妾及女理不自由，故並不坐。

準：《户令》，諸州縣官人在任之日，不得共部下百姓交婚，違者雖會赦仍離之。其州上佐以上及縣令，於所統屬官亦同。其定婚在前，任官居後，及三輔内官門閥相當情願者，並不在禁限。

《宋刑統》卷二六《雜律·營造舍宅車服違令侵巷街阡陌　占固山野之利》　諸營造舍宅、車服、器物及墳塋、石獸之屬，於令有違者，杖一百，雖會赦皆令改去之。墳則不改。其物可賣者聽賣。若經赦後百日不改去，及不賣者，論如律。

疏：諸營造舍宅、車服、器物及墳塋、石獸之屬，於令有違者，杖一百，雖會赦皆令改去之。注云，墳則不改。

議曰：營造舍宅者，依《營繕令》，王公已下，凡有舍屋，不得施重栱藻井。車者，《儀制令》，一品青油纁通幰虚偃。服者，《衣服令》，一品衮冕，二品鷩冕。器物者，一品以下食器不得用純金、純玉。墳塋者，一品方九十步，墳高一丈八尺。石獸者，三品以上六，五品以上四。此等之類，具在令文，若有違者，各杖一百，雖會赦皆令除去，唯墳不改。稱之屬者，碑碣等是。釋曰：墳塋、石獸具《喪葬令》。若有犯者，並同此坐。

又云，其物可賣者聽賣。若經赦後百日不改去，及不賣者，論如律。

議曰：舍宅以下，違犯制度，堪賣者須賣，不堪賣者改去之。若赦後百日不改，及不賣者，還杖一百，故云論如律。

諸侵巷街阡陌者，杖七十，若種植墾食者，笞五十，各令復故。雖種植無所妨廢者，不坐。其穿垣出穢汙者，杖六十，出水者勿論。主司不禁與同罪。

疏：諸侵巷街阡陌者，杖七十，若種植墾食者，笞五十，各令復故。雖種植無所妨廢者，不坐。議曰：侵巷街阡陌，謂公行之所，若許私侵，便有所廢，故杖七十。若種植墾食，謂於巷街阡陌種物及墾食者，笞五十。各令依舊。若巷陌寬閑，雖有種植，無所妨廢者，不坐。

又云，其穿垣出穢污者，杖六十，出水者勿論。主司不禁與同罪。議曰：其有穿穴垣墻以出穢污之物於街巷，杖六十。直出水者無罪。主司不禁與同罪，謂侵巷街以下，主司并合禁約，不禁者，與犯罪人同坐。

諸占固山野陂湖之利者，杖六十。

疏議曰：山澤陂湖，物産所植，所有利潤，與衆共之。其有占固者，杖六十，已施功，取者不追。

（宋）李元弼《作邑自箴》卷九《戒約夫隊頭》 知縣事今戒約夫隊頭某人如後：一、不得斂掠夫衆錢物。

一、點檢合用、動使之類，各須如法齊足。

一、揀擇雇召人夫，如有疾病老弱之人，押出頭呈驗。

一、土簍兒面闊一尺五寸，底闊八寸，深七寸，仍須壯實。檐索須新麻麄打。

一、嚴切指納夫衆，不得喫酒賭錢，及作非違並喧閙争打。

一、夫衆雖未到工役處，亦須於寨内止宿。

一、夫衆有不安者，晝時具姓名，申乞毉療。

一、常切點檢火長，如法做造飯食，不得令減刻米麵之類，衷私糶賣。

一、部轄人夫不得驀越謂如第二隊不得過第一隊。工役處，出寨歸寨亦依次第。

一、逢見别縣人夫，放令先行，不得作閙。

一、經過州縣鎮市，更須齊整，不得喧閙。

一、做罷飯食，便令打滅火燭。夜間仍不得留燈。

一、工役處分得地料，須管飽及元抛丈尺。

右畫一約束在前，仰隊頭某人依應遵守，如稍有違，必定依理施行。

年月　日具位　押。

（宋）佚名《宋大詔令集》卷一八六《政事・蠲復・監司分按居養安濟漏澤詔崇寧五年六月十一日》 朕述追先志，作新法度。昨緣星變，恐懼修省，不敢自以爲是，乃詔有司，審量可否，詳度利害，改其未便者，以承天休。訪聞小人乘間覬望，全不遵奉，已行之令，公然弛廢。懷姦害政，如居養鰥寡孤獨、漏澤園安濟坊之類，成憲具在，輒廢不行。監司坐視，不復按舉。天之窮民，朕所矜恤，頗聞失所，其何以上當天心乎？仰監司分按本道，舉行如法，有違慢觀望、不修厥職者，按罪以聞，必罰無赦。監司失於按舉，令御史臺彈奏，故兹詔示，想宜知悉。

（宋）佚名《宋大詔令集》卷一八六《政事・蠲復・居養依大觀三年四月以前指揮御筆政和二年五月二十五日》 鰥寡孤獨，有院以居養，疾病者有坊以安濟，死者有園以葬，王道之本也。詔令具在，而吏不奉法。觀望廢弛，至或徹屋鬻器，播棄孤老，甚失惠養元元之意。其令轉運提刑司條具廢弛事狀及違法官吏以聞。自今敢有廢法，以違制加二等論，即不得接便過爲騷擾，仍並依大觀三年四月以前指揮施行。

（宋）佚名《宋大詔令集》卷一八六《政事・蠲復・居養安濟漏澤事務仰監司廉訪分行所部按察御筆宣和元年五月九日》 法以立政，政在於人，吏慢不承，法爲徒法也。頃以孤獨鰥寡不能自存，爲室廬衣食以居養；貧無以葬，或遺棄水中，爲園以收瘞，疾恙不能自救，爲之醫藥，惻仁元元，意甚篤至，法令具在。歲久浸怠，比覽四方奏文，吏趨目前，無一吏稱述居養漏澤安濟者，士失所守，廢法自便，不知享上惠下，罪不可貸。仰諸路監司廉訪使者，分行所部，按吏之不虔者，當重寘以法，胥吏配流千里，若失按容庇，其罪依此。

（宋）佚名《宋大詔令集》卷一九一《政事・誡飭・誡約屬辭浮豔令欲雕印文集轉運使選文士看詳詔大中祥符二年正月庚午》 國家道蒞天下，化成域中，敦百行於人倫，闡六經於教本。冀斯文之復古，期末俗之還淳。而近代已來，屬辭之弊，侈靡滋甚，浮艷相高，忘祖述之大猷，競雕刻之小技，爰從物議，俾正源流。咨爾服儒之文，示乃爲學之道。夫博聞强識，豈可讀非聖之書；修辭立誠，安得乖作者之制？必思教化爲主，典訓是師，無尚空言，當遵體要。仍聞別集衆弊，鏤板已多。儻許攻乎異端，則亦誤於後學。式資誨誘，宜有甄明。今後屬文之士，有辭涉浮華、玷於名教者，必加朝典，庶復素風。其古今文集，可以垂範，欲雕印者，委本路轉運使選部内文士看詳，可者，即印本以聞。

（宋）佚名《宋大詔令集》卷一九八《政事・禁約・禁採捕詔建隆二年二月己卯》　王者稽古臨民，順時布政。屬陽春在候，品彙咸亨，鳥獸蟲魚，俾各安於物性。罝罘羅網，宜不出於國門。庶無胎卵之傷，用助陰陽之氣。其禁民無得採捕蟲魚，彈射飛鳥，仍永爲定式。每歲有司具申明之。

（宋）佚名《宋大詔令集》卷一九八《政事・禁約・禁斫伐桑棗詔建隆三年九月》　桑棗之利，衣食所資。用濟公私，豈宜剪伐。如聞百姓斫伐桑棗爲樵薪者，其令州縣禁止之。

（宋）佚名《宋大詔令集》卷一九八《政事・禁約・禁新小鉛鑞等錢及疎惡綿帛入粉藥詔乾德五年十二月丙辰》　錢刀所以通貿易，布帛所以備財用，民之急務，不可闕焉。故弊之輕姦，國家所禁。物之枉濫，律令甚明。近聞都市之中，賈人作僞，或刮銅取鉛，盜鑄公行。或塗粉入藥，詐欺規利。是致貨泉日弊，偷薄萌生，禁而止之，抑惟舊典。自今京城及諸道州府，不得行用新小鉛鑞等錢，兼不得以疎惡綿帛入粉藥，違者重寘其罪。

（宋）佚名《宋大詔令集》卷一九八《政事・禁約・禁止上供錢帛不得差擾居人詔乾德六年五月乙未》　王者之治，使人以時。非惟不奪於農功，亦冀無煩於民力。自今應諸道州府軍縣，上供錢帛，並各車乘輂從。其西川諸路合般錢物，即於水路官自漕運，不得差擾所在居人。仍於諸路粉壁，揭詔書示之。

（宋）佚名《宋大詔令集》卷一九八《政事・禁約・二月至九月禁捕獵詔太平興國三年四月丙辰》　方春陽和之時，鳥獸孳育。民或捕取以食，甚傷生理，而逆時令。自宜禁民二月至九月，無得捕獵，及持竿挾彈，探巢摘卵。州縣吏嚴飭里胥，伺察擒捕，重寘其罪。仍令州縣於要害處粉壁，揭詔書示之。

（宋）佚名《宋大詔令集》卷一九八《政事・禁約・禁天文相術六壬遁甲三命及陰陽書詔太平興國二年十月甲戌》　兩京及諸道州府，陰陽卜筮人事，向令諸州傳送至闕，詢其所習，皆不通其業，無所取其所由，蓋持禍福之言，於閭里間誑耀愚民，以資取給耳。自今後除二宅及易筮外，其天文、相術、六壬、遁甲、三命及他陰陽書，民間並不得私習。先有蓄者，限詔到一月，悉以送官。限外不送及違詔私習者，悉斬。有能告者，賞錢十萬。州縣吏匿不以聞者，亦重寘其罪。

《通制條格》卷二七《雜令・卑幼私債》　中統四年六月十三日，欽奉聖旨：據燕京路總管府同知郭汝梅奏告：本路官員、百姓富家子弟，不問尊長，暗與財主作弊，取借債負及冒賣田宅，虚錢實契，一同非理使用，意望尊長亡殁歸還，以致臨時破壞家業，乞行禁約事。准奏。仰尊長在日，卑幼不得私借錢債，及典賣田宅、人口，財主亦不得與富家通同故行借與錢債。如違，其借錢人並借與錢人、牙保人等，一例斷罪，及將元借錢物，追没入官。仍仰中書省遍行隨路，一體禁斷施行。欽此。

（元）沈仲緯《刑統賦疏・第六韻》　通例：至元七年正月，尚書省刑部呈：蘇三十五因與周仲義驅男來的相争，於本人不應處用曲睞招招瓦死。即係良人因鬬毆殺他人奴婢，擬杖一百七下，仍追燒埋銀五十兩給付苦主。都省準擬。

《宋史》卷一一四《禮志・嘉禮・鄉飲酒禮》　鄉飲之禮有三：《周禮》：鄉大夫，三年大比，興賢者、能者，鄉老及鄉大夫帥其吏，與其衆寡，以禮賓之，一也；黨正，國索鬼神而祭祀，則禮屬民而飲酒于序，以正齒位，二也；州長，春秋習射于序，先行鄉飲禮，三也。後世臘蜡百神，春秋習射，序賓飲酒之儀，不行於郡國，唯貢士日設鹿鳴宴，猶古者賓興賢能，行鄉飲之遺禮也。然古禮有賓主、僎介，與今之禮不同。器以尊俎，與今之器不同。賓坐於西北，介坐於西南，主人坐東南，僎坐東北，與今之位不同。主人獻賓，賓酢主人，主人酬賓，次主人獻介，介酢主人，次主人獻衆賓，與今之儀不同。今制，州、軍貢士之月，以禮飲酒，且以知州、軍事爲主人，學事司所在，以提舉學事爲主人，其次本州官入行，上舍生當貢者，與州之群老爲衆賓，亦古者序賓、養老之意也。

是月也，會凡學之士及武士習射，亦古者習射于序之意也。

（元）鄭文融《鄭氏規範》　一、主母之尊，欲使家衆悦服，不可使側室爲之，以亂尊卑。

一、每歲畜蠶，主母分給蠶種於諸婦，使之在房畜飼。待成熟時，却就蠶屋上箔，須令子弟值宿，以風燭。所得之繭，當聚一處抽繅。更預先抄寫各房所畜多寡之數，照什一之法賞之。

一、宗子上奉祖考，下壹宗族。家長當極力教養。若其不肖，當遵横渠張子之説，擇次賢者易之。

一、子弟未冠者不許以字行，不許以第稱，庶幾合於古人責成之意。

一、子弟年十六以上許行冠禮，須能暗記《四書》一經正文，講説大義，方可行之。否則，直至二十一歲。弟若先能，則先冠以媿之。

一、子弟當冠，須延有德之賓，庶可責以成人之道。其儀式並遵《文公家禮》。

一、子弟已冠而習字者，每月十日一輪，挑背已記之書及譜圖、《家範》之類。初次不通，去巾一日；再次不通，則倍之。三次不通，則分紒如未冠時，通則復之。【略】

一、子孫器識可以出仕者，頗資勉之。既仕，須奉公勤政，毋蹈貪黷以忝家法。任滿交代，不可過於留戀，亦不宜恃貴自尊以驕宗族。仍用一遵《家範》，違者以不孝論。

一、子孫倘有出仕者，當蚤夜切切以報國爲務。撫恤下民，實如慈母之保赤子。有申理者，哀矜懇惻，務得其情，毋行苛虐。又不可一毫妄取於民。若在任衣食不能給者，公堂資而勉之。其或廩禄有餘，亦當納之公堂，不可私於妻孥，競爲華麗之飾，以起不平之心。違者天實臨之。

一、子孫出仕，有以贓墨聞者，生則於譜圖上削去其名，死則不許入祠堂。如果被誣指者則不拘此。【略】

一、子孫倘有私置田業、私積貨泉，事迹顯然彰著，衆得言之家長，家長率衆告於祠堂，擊鼓聲罪而榜於壁。更邀其所與親朋，告語之所私，即便拘納公堂。有不服者，告官以不孝論。其有立心無私，積勞於家者，優禮遇之，更於《勸懲簿》上明記其績，以示於後。

一、子孫賭博無賴及一應違於禮法之事，家長度其不可容，會衆罰拜以媿之。但長一年者，受三十拜。又不悛則會衆而痛箠之；又不悛則陳於官而放絶之。仍告於祠堂，於宗圖上削其名。三年能改者，復之。【略】

一、子孫須恂恂孝友，實有義家氣象。見兄長坐必起，行必以序，應對必以名，毋以爾我。諸婦並同。

一、子孫之於尊長，咸以正稱，不許假名易姓。

一、兄弟相呼，各以其字冠於兄弟之上，伯叔之命姪亦然。姪之稱伯叔，則以行稱，繼之以父。夫妻亦當以字行，諸娣姒相呼並同。

一、子姪年非六十者，不許與伯叔連坐，違者家長罰之，會膳不拘。

一、卑幼不得抵抗尊長，一日之長皆是。其有出言不遜、所行悖戾者，姑誨之。誨之不悛者，則重箠之。

一、子孫受長上訶責，不論是非，但當俯首默受，毋得分理。

一、子孫固當竭力以奉尊長，爲尊長者亦不可挾此自尊，攘拳奮袂，忿言穢語，使人無所容身，甚非教養之道。若其有過，反覆諭戒之；甚不得已，會衆箠之，以示耻辱。

一、子孫黎明聞鐘即起。監視置《夙興薄》，令各人親書其名，然後就所業。或有託故不書者，議罰。

一、子孫飲食，幼者必後於長者。言語亦必有倫，應對賓客不得雜以俚俗方言。

一、子孫不得謔浪敗度、免巾徒跣。凡諸舉動，不宜掉臂跳足以蹈輕儇。見賓客亦當肅行祗揖，不可參差錯亂。

一、子孫不得目觀非禮之書，其涉戲謔淫褻之語者，即焚毁之。妖幻符呪之屬，並同。

一、子孫不得從事交結，以保助閭里爲名而恣行己意，遂致輕冒刑憲，隳圮家業。故吾再申言之，切宜刻骨。

一、子孫毋習吏胥，毋爲僧道，毋狎屠豎，以壞亂心術。當時以仁義二字銘心鏤骨，庶或有成。

一、子孫年未二十五者，除綿衣用絹帛外，餘皆衣布。除寒凍用蠟屐外，其餘遇雨皆以麻屨。從事三十里内，並須徒步。初到親姻家者不拘。

一、子孫年未三十者，酒不許入唇，壯者雖許少飲，亦不宜沈酗杯酌，喧嘩鼓舞，不顧尊長。違者箠之。若奉延尊客，惟務誠慤，不必强人以酒。

一、子孫當以和待鄉曲，甯我容人，毋使人容我，切不可先操忍人之必。若屢相凌逼進，進不已者，當理直之。【略】

一、子孫不得惑於邪説，溺於淫祀，以邀福於鬼神。

一、子孫不得修造異端祠宇，妝塑土本形像。

一、子孫處事接物，當務誠朴，不可置纖巧之物務以悦人，以長華麗之習。

一、子孫不得與人眩奇鬬勝，兩不相下。彼以其奢，我以吾儉。吾何害哉！

一、既稱義門，進退皆務盡禮，不得引進倡優，謳詞獻技，娱賓狎客，上累祖考之嘉訓，下教子孫以不善。甚非小失，違者家長箠之。

一、家業之成，難如登天，當以儉素自繩是準。惟酒器用外，子孫不得別造，以敗我家風。

一、俗樂之設，誨淫長奢，切不可令子孫聽，復習肄之，違者家長箠之。

一、棋枰、雙陸、詞曲、蟲鳥之類，皆足以蠱心惑志，廢事敗家，子孫當一切棄絶之。

一、子孫不得畜養飛鷹、獵犬，專事佚游，亦不得恣情取饜以敗家。違者以不孝論。

一、吾家既以孝義表門，所習所行無非積善之事。子孫皆當體此，不得妄肆威福，圖脅人財，侵凌人産，以爲祖宗植德之累。違者以不孝論。

一、子孫受人贄帛，皆納之公堂，後與回禮。

一、子孫不得私造飲饌，以徇口腹之欲。違者姑誨之；誨之不悛，則責之。産者、病者不拘。

一、凡遇生朝，父母、舅姑存者，酒果三衍；亡者則致恭祠堂，終日追慕。【略】

一、子孫年十二，於正月朔則出就外傅。見燈不許入中門，入者箠之。

一、立祠堂一所，以奉先世神主，出入必告。正至朔望必參，俗節必薦時物。四時祭祀，其儀式並遵《文公家禮》，然各用仲月望日行事，事畢更行會拜之禮。

一、時祭之外，不得妄祀邀福。凡遇忌辰，孝子當用素衣致祭。不作佛事，象錢寓馬亦併絶之。是日不得飲酒、食肉、聽樂，夜則出宿於外。

一、祠堂所以報本，宗子當嚴灑埽扃鑰之事，所有祭器服不許他用。

一、祭祀務在孝敬，以盡根本之誠。其或行禮不恭，離席自便，與夫跛倚、欠伸、噦噫、嚏咳，一切失容之事，督過議罰。督過不言衆，則罰之。

一、撥常稔之田一百五十畝，世遠逐增。別畜其租，專充祭祀之費。其田券印義門鄭氏祭田六字。字號步畝亦當勒石祠堂之左，俾子孫永遠保守。有言質鬻者以不孝論。

一、子孫入祠堂者，當正衣冠。即如祖考在上，不得嘻笑，對語、疾步。晨昏皆當致恭而退。【略】

一、朔望，家長率衆參謁祠堂畢，出，坐堂上，男女分立堂下，擊鼓二十四聲，令子弟一人唱云：聽，聽，聽。凡爲子者必孝其親，爲妻者必敬其夫，爲兄者必愛其弟，爲弟者必恭其兄。聽，聽，聽。毋徇私以妨大義，毋怠惰以荒厥事，毋縱奢以干天刑，毋用婦言以間和氣，毋爲橫非以擾門庭，毋耽麴糵以亂厥性，有一於此，既殞爾德，復隳爾允。睠茲祖訓，實繫廢興，言之再三，爾宜深戒。聽，聽，聽。衆皆一揖，分東西行而坐。復令子弟敬誦孝弟故實一過，會揖而退。

一、每旦，擊鐘二十四聲，家衆俱興。四聲咸盥漱，八聲入有序堂。家長中坐，男女分坐左右，令未冠子弟朗誦男女訓戒之辭。男訓云：人家盛衰，皆繫乎積善與積惡而已。何謂積善？居家則孝弟，處事則仁恕，凡所以濟人者皆是也。何謂積惡？恃己之勢以自强，剋人之財以自富，凡所以欺心者皆是也。是故能愛子孫者遺之以善，不愛子孫者遺之以惡。《傳》曰：積善之家必有餘慶，積不善之家必有餘殃。天理昭然，各宜深省。《女訓》云：家之和不和，皆繫婦人之賢否。何謂賢？事舅姑以孝順，奉丈夫以恭敬，待娣姒以温和，接子孫以慈愛，如此之類是已。何謂不賢？淫狎妒忌，恃强凌弱，搖鼓是非，縱意徇私，如此之類是已。天道甚近，福善禍淫，爲婦人者不可不畏。誦畢，男女起，向家長一揖，復分左右行，會揖而退，無聲。男會膳於同心堂，女會膳於安貞堂。三時並

同。其不至者，家長規之。【略】

一、祖父所建義祠，蓋奉宗族之無後者。立春祀先祖畢，當令子弟設饌祭之，更爲修理，毋致隳壞。

《大明令・刑令・告人子孫為證》 凡告事者，告人祖父不得指其子孫爲證，告人兄不得指其弟爲證，告人夫不得指其妻爲證，告人本使不得指其駈奴婢爲證。違者，治罪。

（明）何廣《律解辯疑》大明律卷一二《禮律・儀制・喪葬》 其從尊長遺言，將屍燒化及棄業置水中者，杖一百。卑幼並減二等。

議曰：卑幼從尊長遺言，將屍燒化及棄置水中者，並杖一百。卑幼減二等，合得杖八十之類。

（明）何廣《律解辯疑》大明律卷二一《刑律・罵詈・罵尊長》 議曰：尊屬，與父母同輩者，如同堂伯叔父母及母舅、母姑之類。

《皇明詔令》卷二《太祖高皇帝・勸興禮俗詔洪武五年五月》 奉天承運皇帝詔曰：朕聞三皇立極，導民以時，庖厨稼穡，衣服始制，民居舍焉。五帝之教以仁義，不過遵三皇之良規，益未備之時宜。當時之君，示其所以，天下從之，民用和睦。自周至於漢、唐、宋，增減益周，國乃用昌，民受時宜，家和永康。朕蒙皇天后土之恩，命統天下，宗祖之靈，百神祐護，得正帝位，紀元五年。朕本草芥之士，失習聖經，況摧强撫順，二十有餘年常無寧居，一概粗疏，故道理未臻，民不見化，鄉市閭里，尚染元俗。天下大定，禮儀風俗，可不正乎！玆有所示，諭爾臣民。詔書到後，敢有不遵者，問擬如律。今將條畫事宜，開列於後：

一、曩因元末大亂，所在人民，或歸鄉里，或避難他方，勢孤力弱或貧乏不能自存，於庶民之家爲奴者，詔書到日，即放爲良，毋得羈留强令爲奴，亦不得收養。違者，依律論罪，仍没其家人口，分給功臣爲奴驅使。功臣及有官之家，不在此限。

一、城市鄉村，若有家貧殘疾並老幼少壯男子婦女，一時不得已而乞覓者，本里里長及同里上中人户，助以資給。是工商，聽其工商；是農民，聽其農種。候其培養成家，復還人户所資之物。有司常加檢察，毋令失所。此則古之鄰保相助，患難相救，疾病相扶持之義也。爾民誠能遵守而行，他日爾子孫或有貧乏，同里必相助借矣。敢有見乞覓之人，不行資給，同里上中人户，驗其家所有糧食，存留足用外，餘没入官，以濟貧乏。若遇旱澇饑荒，人民流移者，不在此限。若鄉里果有富貴之家，願出物周給，有司具奏。

一、孤獨殘疾不能生理，許入孤老院，官爲依例養贍。如或出外乞覓，鄉市人民聽將餘剩之物，助養其生。敢有箠楚者，有司以鬥毆論，誣告者抵罪。此等殘疾之人，如或痊可，願出爲民復籍者，聽從其便，有司毋得羈留。

一、鄉黨序齒，往古所尚。今後民間士農工商人等，平居相見及歲時宴會拜揖之禮，幼者先施；坐次之列，長者居上。佃户見田主，不論齒序，並以少事長之禮。若在親屬，不拘主佃，止行親屬禮。

一、鄉飲酒禮，廢缺已久，宜令中書省詳定條式，頒行遵守，使民歲時宴會習禮讀律，期於中明朝廷之法，敦叙長幼之節。

一、古之婚禮，結兩姓之好，以重人倫。近代以來，專論聘財，習染奢侈。宜令中書省集議定制，頒行遵守。務在崇尚節儉，以厚風俗。違者，論罪如律。

一、古之喪禮，以哀戚爲本，治喪之具，稱家有無。近代以來，富者奢僭犯分，力不及者揭借財物，炫耀殯葬，及惑於風水，停柩經年，不行安葬。宜令中書省臣集議定制，頒行遵守。違者，論罪如律。【略】

一、兵興以來，所在人民拋棄産業，逃避地方，天下既定，乃歸鄉里。其間若有丁力少而舊田多，不許依然佔護，止許盡力耕種到頃畝，以爲己業。若有去時丁少，歸則丁多而舊産少者，許令於附近荒田内，官爲驗其丁力，撥付耕種。敢有以爲舊業，多餘佔護者，論罪如律。

一、曩因中國衣冠狃於胡俗，已嘗考定品官命婦冠服，及士庶衣冠，通行中外，俱有定制。惟民間婦女首飾衣服，尚循舊習。宜令中書省集議冠服定制，頒行遵守，務復古典，以革近俗。

一、僧道之設，本以誘民爲善。近代以來，凡遇爲僧爲道，遇民間喪事修齋之際，男女混雜，飲酒食肉，甚非所宜。宜令有司嚴加禁約，違者治罪。

一、福建、兩廣等處豪户之家，多有乞覓他人之子，閹割驅使，名曰火者。敢有違犯，以閹割抵罪，没官爲奴。

於戲！風俗頹靡，胡禮拘焉。再整彝倫，務遵先王之法；恤念孤寡，實爲善政之先。顧以德薄，恩澤未孚，倉庫未盈，六軍四戍，尚慮未悦下民之心，恐貽上天之怒，夙夜祗懼，若履淵冰。咨爾臣庶，體予至懷，期臻禮義之風，永底昇平之治。故兹照示，想宜知悉。

《御製大誥續編・申明五常》　今再《誥》一出，臣民之家，務要父子有親，率土之民，要知君臣之義，務要夫婦有別，鄉里親戚，必然長幼有序，朋友有信。衆尊有德，不拘年之壯幼，不序長幼之分，此古人之大禮也。此《誥》也，朕本非能，不過申明先王之舊章，而民從之，家和户寧，吉哉！倘有不如朕言者，父子不親，罔知君臣之義，夫婦無別，卑凌尊，朋友失信，鄉里高年並年壯豪傑者，會議而戒訓之。凡此三而至五，加至七次，不循教者，高年英豪壯者拿赴有司，如律治之。有司不受狀者，具在律條。慎之哉，而民從之。

《洪武永樂榜文》　洪武二十七年三月十四日，禮部署部事主事蓋霖等奉聖旨：古者先王，以至德要道順天下。何謂至德？父子有親，君臣有義，夫婦有別，長幼有序，朋友有信，是爲至德。何謂要道？五者在人最爲切要，能日逐行此五者，是爲要道。所以歷代人君，咸執此道，則民用和睦，而天下大治。自胡元入主中國九十三年，華風傾頽，彝倫不敍，致有子烝父妾，弟收兄妻，兄收弟婦，甚者以弟爲男，至於姑舅姊妹亦得成親，以致中國人民，漸染成俗，亦有是爲者。朕膺天命，代元爲治，立綱陳紀，復我中國先王之教，務必父子親，君臣義，夫婦別，長幼序，朋友信，已嘗誥諭天下遵守。爾來聞知，尚有愚頑，不循教化，有以弟爲男者，甚乖倫序。設若以弟爲男，不思弟之母爲何人？嗚呼！人所以異於禽獸者，以其備此五常之德。今所爲若此，何異禽獸？欲其不罹刑禍，未之有也。爾禮部出榜申明，務必使民從教。今後敢有以弟爲男及姑舅姊妹成婚者，或因事發露，或被人首告，定將犯人處以極刑，全家遷發化外。

（明）陳永《法家裒集》　一、卑幼將尊長墳塚平治作地，得財賣人，訪出告官，何斷？

答曰：棄屍賣墳地者，如將屍焚燒，或丢棄水中之類，方可坐以斬罪。今止平治賣銀，不曾發掘毁棄，止問誆騙人財。

（明）張楷《律條疏議》卷一二《服舍違式》　凡官民房舍車服器物之類，各有等第。若違式僭用，有官者，杖一百，罷職不敘。無官者，笞五十，罪坐家長。工匠並笞五十。

疏議曰：依令，官民房舍、車輿服色、冠帶、器皿、傘蓋之類，各有等第，上可兼下，下不可僭上。如有不遵令制則爲違式僭用者，如庶民房屋用歇山、轉角、斗拱、彩畫，六品以下官涼傘用褐羅之類。如官員違式僭用則杖一百，罷職不叙。無官者而犯則笞五十。其罪坐於家長，造作工匠笞五十。若僭用違禁龍鳳文者，官民各杖一百，從二年。工匠杖一百，連當房家小，起發赴京，籍充局匠。違禁之物並入官。首告者官給賞銀五十兩。若工匠能自首者免罪，一體給賞。

疏議曰：按令，官民輿車鞍轡，不許用雕飾龍鳳文，帳幙並不得用赭黄、龍鳳文，器皿不許龍鳳文。蓋龍鳳乃乘輿服御物所用，惡其儗工，故禁之。若官民車服器皿等物違禁僭用，或龍或鳳之文彩者，官民各杖一百，徒三年。工匠杖一百，連當房家小，起發赴京，抄隸各局充匠。其違禁僭用之物並入官。若有首告人僭用龍鳳文者，給銀五十兩充賞。若造違禁物件之工匠能自赴官首告者，免其本罪，依凡人一體給賞。

問曰：違禁之物入官，違式不入官，何也？

答曰：僭用龍鳳文者，或雕刻或綵繡織造，皆已做定，難於改作，況非官民之家所有，故皆入官。違式者，止是不依式樣，如大小、高卑、多少之類，皆可改造，又非上御之比，故不入官。

謹詳律意，貴賤分殊，服用攸別，違定式而僭用則於分爲不安，官坐重杖，責備於賢也。民坐家長，命出於尊也。僭用禁文非違式比，坐徒而遷其工匠，没物而賞其告人，匠能自陳免罪給賞，恕其自悔，旌其不欺也。

（明）雷夢麟《讀律瑣言》卷一二《乘輿服御物》　凡乘輿服御物，收藏修整不如法者，杖六十。進御差失者，笞四十。其車馬之屬不調習，駕馭之具不堅完者，杖八十。若主守之人，將乘輿服御物，私自借用，或轉借與人，及借之者，各杖一百，徒三年。若棄毁者，罪亦如之。遺失及誤毁者，各減三等。若御幸舟船誤不堅固者，工匠杖一百。若不整頓修飾，及在船篙棹之屬缺少者，杖六十。並罪坐所由。監臨提調官，各減工匠罪二等。並臨時奏聞區處。

瑣言曰：

乘輿服御物，收藏不如法，或致有弊壞修整不如法，或不堪使用，杖六十。收藏修整如法矣，而進御之時或有差失者，笞四十，以未有害也。若車馬之屬不調習，駕馭之具不堅完，馬驚車敗，不無震懾懾之虞，故杖八十。若主守之人以乘輿服御物私自借用，或借與人，及借之者，皆以匹夫而僭天子之制，是謂違禁，各杖一百，徒三年。雖不借用，輒有心棄毁之，是亦無君者也，與僭用罪同。若御幸舟船不堅固，中流而遇風波不無覆溺之患，故工匠杖一百。不修飾及缺少者，亦不爲害，故杖六十。舟船不言借用者，蒙上杖一百，徒三年之文也。以上人犯，雖非應奏之人，以其所犯之事關於御用，不得輒擅斷决，並臨時奏聞區處，取自上裁。

（明）雷夢麟《讀律瑣言》卷一二《服舍違式》 凡官民房舍、車服器物之類各有等第，若違式僭用，有官者，杖一百，罷職不叙。無官者，笞五十，罪坐家長。工匠並笞五十。若僭用違禁龍鳳文者，官民各杖一百，徒三年。工匠杖一百，連當房家小起發赴京，籍充局匠。違禁之物並入官。首告者，官給賞銀五十兩。若工匠能自首者，免罪，一體給賞。

瑣言曰：各有等第，所謂式也。龍鳳文，上御之物，官民並不許用，所謂禁也。違式者，雖是僭用，猶非上御之比，故有官者，杖一百，法行自貴始也。無官者及工匠，止笞五十，違式之物責令改正。若違禁僭用龍鳳文者，則是僭天子之分矣。故官民並杖一百，徒三年。工匠杖一百，其工匠起發赴京，籍充局匠。違禁之物入官。首告違禁者，官給賞銀五十兩。工匠自首者，免罪，與凡人一體給賞，仍起發赴京充匠。

一、軍民僧道人等服飾、器用，俱有著制。若常服僭用錦綺、紵絲、綾羅、彩繡，器物用創金、描金，酒器純用金銀，及將大紅銷金製爲帳幔被褥之類；婦女僭用金繡閃色衣服，金寶首飾鐲釧及用珍珠綠綴衣履，並結成補子蓋額纓絡等件；娼妓僭用金首飾鐲釧者，事發各問以應得之罪，服飾器用等物並追入官。

一、官吏、軍民人等，但有僭用玄、黄、紫三色，及蟒龍、飛魚、斗牛，器皿僭用硃紅、黄顔色及親王法物者，俱從重治罪，服飾器物追收入官。

一、兩京堂上文職四品以下，及五府管事，並在京在外鎮守、守備等項，公、侯、伯、都督等官，不分老少，俱不許乘轎，違者參問。其餘軍職，若上馬掔交床、出入擡小轎者，先將服役之人問罪，指揮以下參問。京衛調外衛，外衛調邊衛，俱帶俸差操。

（明）雷夢麟《讀律瑣言》卷一二《喪葬》 凡有喪之家，必須依禮安葬。若惑於風水及託故停柩在家，經年暴路不葬者，杖八十。其從尊長遺言，將屍燒化及棄置水中者，杖一百。卑幼並減二等。若亡没遠方，子孫不能歸葬而燒化者，聽從其便。若居喪之家，修齋設醮，若男女混雜，飲酒食肉者，家長杖八一。僧道同罪，還俗。

瑣言曰：職官庶民，三月而葬，載在《大明集禮》。若有經年暴露者，杖八十。其子孫棄毁祖父母、父母，卑幼棄毁緦麻以上尊長死屍者，據法應斬。若從尊長遺命，將屍燒化及棄置水中者，杖一百。以其有尊長之遺命，而宜之也。言尊長，自祖父母以下至緦麻以上皆是。其祖父母、父母棄毁子孫死屍者，囬杖八十。尊長棄毁緦麻以上卑幼死屍，各遞減凡人一等。若從卑幼死者之言，將屍燒棄者，並減從尊長命燒棄尊長死屍罪二等，亦杖八十。蓋子孫遺言在父祖本無可受之義，故與棄毁之罪有異同耳。其亡殁遠方不能歸葬而燒化死屍，取灰骨以歸葬，乃出於不得已之情也，故從其便。若無遺言又非遠方，並以棄毁科斷。

《皇明條法事類纂》卷二二《禮部類·官員人等不許僭用服色例》

成化二年二月二十二日，禮部儀制清吏司爲禁約事。該本部尚書姚奉天門欽奉聖旨：如今官員軍民人等，多有不遵定制，僭用服色花様，及婦女人僭用衣服、寶石頭面，好生違禮犯分。恁禮部官出榜，於南、北二京張掛禁約。今後敢有仍前借用者，輕則依律問罪，重則（以）〔必〕殺不饒。欽此。欽遵到部除補覈奏外，查得永樂二十年十月二十一日，禮部官欽奉聖旨：洪武年間定立官員人等冠衣〔服〕器皿、房屋等項制度，明著條章，頒行天下。曩者廖永忠、胡惟庸、藍（王）〔玉〕擅作威福，謀爲不軌，皆因其所用器皿服飾僭分，一旦敗露，滅族亡家，人所共知。及朕即位以來，都督陳質不悛前非，仍蹈覆（輒）〔轍〕，居處僭用親王法物，置造龍鳳袍服，朱紅器皿，事敗身亡家破。恐官員軍民人等不知禮法，誤罹刑憲，已敕該部遵依舊制，出榜申明中外，使其安分守禮，共享太平之〔福〕。近者官員人等猶有越禮僭分者，恁禮部將冠服等項制度畫圖出榜，再行申明，教多人知道。敢有仍前犯者，治罪如律。欽此。欽遵。及查得先準都察院咨，天順二年閏二月初六日，節該欽奉聖旨：蟒龍、飛魚、斗牛、大鵬、象生獅子、四寶相花、大西番蓮并玄黃紫及玄色様，黑緑、柳黃、姜黃，俱係内府供應之數。今在京在外無知之徒，往往私自織繡染造僭用，以致貴賤不分，尊卑無別，越禮犯分，莫甚於此。恁都察院便出榜曉諭禁約，今後敢有仍前偸效先等花様、顔色、織繡、染造私賣僭用的，拿來本身處死，全家充軍。欽此。已經通行出榜禁約去後。今奉前因，合行連送該司，仰行刑部該司呈堂，一體欽遵施行。

《皇明條法事類纂》卷二二《禮部類・申明僭用服飾器用並挨究製造人匠問罪例》 成化二年八月初二日，禮部尚書姚等題，爲陳言事。儀制清吏司案呈，準別卷付户科抄出本科給事中丘弘題一本：抑奢僭。臣聞民俗奢儉，國脈之盛（衷）〔衰〕繫焉。《易》曰：節以制度，不傷財，不害民。誠知爲國者，不可不因民之流弊而爲之節也。竊照近年民俗，日事奢侈，富貴之族，食禄之家，竊奢極巧，驕肆無度。至有一服器價值千金，一筵宴用費萬錢。軍民僧道，皆得以服錦繡之服、金綫之靴，娼優下賤，皆得以用寶石首飾，金織衣袍。床（惟）〔帷〕屋壁，擬於（官）〔宫〕闕，飲食器皿，僭以金玉。惟事（閏）〔門〕麗而誇多，不顧踰禮以僭分。民之奢侈，一至於此。若不痛爲禁革，將見財竭民窮，爲患非輕。臣昔大禹卑（官）〔宫〕非食，率天下以儉而民從之，故孔子稱其無間。臣願陛下師法大禹，以道德仁義爲麗，以敦本尚質爲文。遠珍奇，絶玩好，痛自裁抑，以先天下。〔仍〕敕禮部、都察院定議禮（儀）制度、等第，出榜通行天下，以禁流弊。除文武大小官員衣服許用紗羅紵絲，花様照依品級，器皿止許用銀，首飾不許用金，其餘軍民、舍餘、僧道、吏典、倡優人等，衣服許用綾絹布，不得僭用織金花様、金綫皀靴，首飾不許用銀，器皿止用磁漆。其寶石，一應官民不許僭用。敢有似前違禁越分僭用者，將犯人並製造匠人通行拿送法司，枷號示衆，治以重罪。如此，則上下有章，用度有禮，非惟可以去奢侈而禁僭踰，抑亦可以節財用而厚民生矣。具奏。成化二年七月二十四日，本官於奉天門欽奉聖旨：該衙門知道，可行的具奏施行。欽此。欽遵抄出到部。議得前件，查得永樂七年四月二十二日，該行在禮部右給事中張益同科都給事中張信於奉天門，節該欽奉太宗文皇帝聖旨：服飾器用，已有定制。如今又有不依着行的，恁說與禮部，着他將那榜上式様畫出來，但是匠人每，給與他一個様子，着他看做。敢有違了式做的，拿來凌遲了。欽此。欽遵已（禁）〔經〕榜示通行禁約外。查得成化二年二月二十二日，本部官〔於〕奉天門欽奉聖旨：如今官員軍民人等，多有不遵定例，僭用服色花様，及婦人僭用渾金衣服、寶石頭面，好生違禮犯分！恁禮部便出榜，於南北二京張掛禁約。今後敢有仍前僭用者，輕則依律問罪，重則必殺不饒。欽此。欽遵，已經查照永樂年間聖旨事例，通行備出榜〔示〕欽遵去後。今給事中丘弘又奏，要定以禮儀、制度，通行禁約。緣服舍器用俱有定例，合無將本官所言事理，再行申明禁約，在京行巡（衙）〔城〕御史及五城兵馬，在外行各布按二司直隸、順天等府州縣官員，嚴督官吏、軍民人等遵守奉行。如有違犯，就便捉拿犯人，並挨究製造人匠，照依原奉欽依事例問罪發落。緣係申明事例，不敢擅便，具題。奉聖旨：是。欽此。

《皇明條法事類纂》卷二二《禮部類・禁約官員軍民人等服器屋（會）〔舍〕嫁娶喪葬等項不許僭用奢侈例》 成化四年三月初七日，禮部尚書姚等題，爲陳言治道事。禮科抄出翰林院修撰羅璟題前事，内一件：崇尚節儉，以厚天下之俗。臣聞奢侈則用必多，用多則財不足，不足則貪暴行，風俗安得不澆薄乎？節儉則用必少，用少則財必足，財足則禮義行，風俗安得不醇厚乎？然天下之人不自奢侈也，必有以倡之於先，不自（飾）〔節〕儉也，必有以（卒）〔率〕之於上。《易》曰：節以制度。《書》曰：慎乃儉德。古昔盛時，所以黎民醇厚，國祚長久也〔者〕，良由上之所以維持（福）〔倡〕率之有其道也。我太祖高皇帝受天明命，混一海宇之初，即修明禮樂，以定民志，崇節儉，戒奢侈，一掃胡元之弊俗。太（祖）〔宗〕文皇帝嗣位，復加申明，天下之人無敢奢侈，〔以〕犯禮禁。休養生息，至宣德、正統年間，公私富足，（度）〔庶〕幾成、康之世，此祖宗崇節儉之（放）〔效〕也。（此）〔比〕年以來，竊見風俗崇尚奢侈。服器雖有定制，而僭之者多；房舍雖有定式，而（道）〔違〕之者衆。嫁娶論財，惟華靡之相誇；喪葬務外，惟多儀之相衒。一筵之費，或至百金。一葬之營，或至蕩産。故富强者肆爲貪暴，貧弱者室無宿儲，争訟不息，盗賊繁多。一有水旱之災，公廩既虚，私藏又乏，民不聊生，或至相食。言之及此，可爲痛心。究厥弊源，率由奢侈。此而不救，弊將何如！伏乞陛下敕禮部，申明洪武、永樂舊制，俾臣民永〔承〕遵守，所司時〔行〕覺察，有奢侈犯禁者，痛加懲治。庶幾富足之效可臻，醇厚之俗可成，然此猶以法制禁令之也。孔子曰：以身教人者從。〔從〕又曰：上有好者，下必甚焉者〔矣〕。昔漢文帝在位二十三年，宫室苑囿，車騎服御，無所增益，嘗欲作露臺，費中人十家之産，曰：吾奉先帝宫室，〔嘗恐〕羞之，何以臺爲?身衣弋（飾）〔綈〕，帷帳無文繡，示敦樸爲天下先。其時後（官）〔宫〕亦皆賤瑇瑁而疏珠璣，卻翡翠之飾，除雕琢之巧，惡麗靡而不近，斥芬芸而不御。抑止絲竹曼衍之樂，（僧）〔憎〕聞鄭、衛違幻眇之聲，是以天下化之，家給人足。三代以後，躬身節儉，致治之盛，若漢文帝其卓然者也，伏願陛下念祖宗創業之艱難，（惡）〔思〕今日守成之不易。法大禹之克儉，文王之（早）〔卑〕服，不役耳目之好，萬邦惟正之供，進一美膳，即思天下之有饑者；進一美服，即思天下之有寒者。寫周公《無逸》之書、《豳風》七月之詩於〔便殿游豫之所，常使人誦之，以防逸志，將見〕宫闈近習之人亦皆漸被聖化，以節儉爲尚矣。宫闈近習既尚節儉，則貴戚大臣亦皆欣慕聖德，以節儉爲尚矣。貴戚大臣既尚節儉，則京城幾甸之民亦皆化之，知節儉之爲美、奢侈之可惡矣。京城幾甸之民既化，則天下之大，四方之遠，聞風而向，慕義而趨，亦皆自化爲節儉而不知爲之者矣。此乃不禁之禁，感人尤深，得效尤〔速〕。陛下誠不棄芻蕘之言，崇尚節儉。既申之以法制，又率之以躬行，如此，則上無侈用傷財之弊，下無貪殘暴歛之害，陛下之府庫必日克滿，公廩必日盈足，四方之民生必日〔富庶，禮讓必日〕興，爭訟必日息，盜賊必日消，縱有水旱，民必無虞。風俗歸厚，將遠配三代，又豈特如漢〔文帝之時〕而已哉，惟陛下留神等因，具奏。成化四年二月二十五日，通（行）〔政〕使司官於奉天門奏。奉聖旨：所言有理。朕當行〔的〕，自行，其餘該部知道。欽此。欽遵抄出到部，臣等議得，本官所言，崇尚節儉以厚天下之俗，又欲皇上躬行儉德以化天下，情意懇切，誠有忠愛之心。伏惟聖明留意，實天下之慶幸。所據要行申明洪武、永樂舊制，俾臣民永（永）〔承〕遵守，有司時行覺察一節，查得永樂七年四月二十二日，行在禮科右給事中張益同刑科給事中張信於奉天門欽奉太宗文皇帝聖旨：服飾器用已有定制，如今又有不依着行的。恁説與禮部，着他將那榜上的式樣畫出來，（具）〔但〕是匠人每，給與他一個樣子，着他看着做，敢有違了式做〔的〕，拿來凌遲了。欽此。欽遵。永樂二年十月二十日，本部官於奉天門欽奉太宗文皇帝聖旨：洪武年間定立官員人等冠服、器皿、房屋等項制度，明著條章，頒布天下。曩者廖（未）〔永〕忠、胡惟庸、藍玉等擅作威福，謀爲不軌，因其所用器皿、服飾僭分，一旦敗露，滅族亡家，人所共知。及朕即位以來，都督陳質不鑒前非，仍蹈覆（輒）〔轍〕，居處僭用親王法物，置造龍鳳袍服、硃紅器皿，事敗身亡家破。慮恐官員軍民人等不知禮法，誤罹刑憲，已敕該部遵依舊制，出榜申明中外，使其安分守禮，共享（大）太〔平〕之福。近者官員人等猶有越禮僭分者，恁禮部將冠服等項制度畫圖出榜，再行申明，教多人知道，敢有仍前犯者，治罪如律。欽此。欽遵。又經榜示通行〔禁〕約外，又查得户科給事中丘弘奏一件：抑奢僭。禮儀制度等第，要行出榜，通行天下，以禁流弊。除文武大小官員衣服許用紗羅紵絲，花樣照依品級，器用止許用銀，首飾不許用金。其餘一應軍民、舍餘、僧道、吏典、倡優人等，衣服許〔用〕綾紬絹布，不得僭用織繡花樣、金線皀靴，首飾許用銀，器皿止用磁漆。其寶石，一應官民不許僭用。敢有似前違禁越分僭用者，將犯人及製造匠（人）〔作〕通行拿送法司，枷號示衆，治以重罪。如此，則上下有章，用度有禮，非惟可以去奢侈而禁僭踰，抑亦可以節財用而厚民生，具奏。成化二年七月二十四日，本部官於奉天門奏，奉聖旨：該衙門知道，可行的具奉〔奏〕施行。欽此。欽遵本部已經題準，通行内外大小衙門，嚴加申明禁約外。又查得成化二年二月二十二日，本部官於奉天門欽奉聖旨：如今官員軍民人等，多有不遵定制，僭用服色花樣，及婦女人〔等〕僭用（潛）〔渾〕金衣服，寶石頭面，好生違禮犯分！恁禮部便出榜，於南、北二京張掛禁約。今後有敢仍前僭用者，輕則依律問罪，重則必殺不饒。欽此。欽遵。又經查照永樂年間聖旨事例，通行備〔去〕〔出〕榜示遵守去後。今修撰羅璟題稱，在京在外官員軍民人等，雖有禁例，往往服器、屋舍，嫁娶、喪葬等項故違僭用，奢侈者多，以致公私匱乏，盜賊繁多，亦爲切中時弊，誠宜痛加禁革，合再通行申明禁約。今後官員軍民人等，務要照依洪武、永樂頒降定式，不許僭用奢侈。如有仍前違犯者，照依成化二年二月二十二日欽奉聖旨事例施行。具題。奉聖旨：是。務要嚴加禁約。欽此。

《皇明條法事類纂》卷二二《禮部類·禁約京城服飾酒席奢僭並（敗）〔販〕賣寶石及〔大〕樣餅錠重則編發充軍例》　刑部爲禁約事。成化七年正月初七日，本部尚書等於奉天門欽奉聖旨：近來京城風俗日見奢侈，官員軍民人等之家，衣服用度多有不遵定制，婦女不分良賤，概用織金衣服，寶石頭面，婚姻喪葬，僭儗無度。一切酒席，多用大樣簇盤糖纏餅錠。甚至有等射利之徒，專以販賣寶石爲事，高擡價值，取利肥己。論這等情罪本難容，今且不問，恁法司便出榜通行禁約。今後官民人等，衣服首飾，務遵定制，不許僭分。凡遇嫁娶及置酒席，悉從禮節，不許競爲侈靡。一應鋪户人等，並不許仍前販賣寶石，及做賣大樣餅錠等件。違了的，聽給事中、御史指實糾舉，仍聽錦衣衛分巡官並五城兵馬緝拿送問。違制之物入官。犯人輕則依律照例發落，重則編發邊衛充軍不饒。欽此。

《皇明條法事類纂》卷二二《禮部類·禁約僭用渾金禁色緞疋花樣》

成化十六年十二月二十二日，禮部爲陳言事。錦衣衛親軍指揮使司帶俸署指揮同知、指揮僉事趙承文條陳五事，具本。該通政使司官奏。奉聖旨：該部知道。欽此。欽遵。内一件：遵舊章。臣聞古之人君善繼善述者，必先於遵舊章。《詩》曰：不愆不忘，率由舊章是也。誠以創業垂統之君，憂深而慮遠，研精而殫思。立爲制度，必慎必（祥）〔詳〕，著爲〔章〕程，必中必正，不可以不遵也。洪惟我太祖高皇帝以神武定天下，以聖仁建皇極，以酌古準今立法度，以（太）〔大〕公至正弘典章，通天下人情而爲法律，計水土所宜而爲供賦，分政務統屬而嚴委任，審内外輕重而設武衛，别貴賤等階而爲程式，較上下名分而謹經常。與凡一事（而）〔有〕一事之則，一物有一物之規。極曠（故）〔古〕所無，以〔抵〕治平，垂萬世（所）〔之〕法，以爲統緒。所謂舊章，在今不可須臾違也。臣見近年以來，人情流於僭越，習俗過於侈靡。人情日變，習俗日偷，誠政務之急，所當先問也。且如貴賤有定（試）〔式〕，所以立天下之防，今軍民富豪僭用禁色段疋，奇異花樣以爲衣服，雖文官有不如。甚至娼優之賤而朱紫遍體，奴隸之卑而金線做靴。又（姑）〔如〕婚禮有儀，所以嚴上下之分，今軍民恃財多，張錦綺僭造床（張）〔帳〕，及用渾金羅緞做衣服，以爲嫁娶，而炫耀於通衢，顯榮於大市，僭擬之極，一至如此。往年太監汪直見得臣民踰禮犯分者多，亦嘗具奏，禁革織造違制顔色花樣羅緞等件，又將違法之家各治以罪。以此，人知警懼，市不敢鬻，人不敢僭，天下臣民侈心纔革，甚爲便益。

《皇明條法事類纂》卷二二《禮部類·軍民之家服飾不許違禁例》

成化二十年十月十四日，太子太保、都察院右都御史朱題，爲禁約奢僭事。該巡按浙江監察御史林誠（奉）〔奏〕一件：禁約奢僭，以需國課。照得天生五材，軍需藉〔此〕以辦，國課賴此以供。天下軍民，宜其安分節奢，以愛惜之也。臣訪得蘇、杭等府織造（沙）〔紗〕羅緞疋等項，較之正統年間，其價高而物（及）〔反〕不（知）〔如〕。竊聞鄉者，皆因地方養蠶出絲，與工匠織造，比前不能加多，〔而〕近年天下風俗奢侈，僭用加前百倍。臣訪得蘇、杭等州、江南繁華之地，不（恃）〔特〕富豪之家，甚至賤品市井之人，（屬）〔屠〕沽閭閻之（章）〔輩〕，婚男嫁女及倡優歌妓，夏則紗羅，冬則段疋，織金繡綵，花樣服色，争尚奇巧，全無忌憚。以此有（恨）〔限〕之産物，給彼無窮之濫費，宜其物價騰湧，人趨濫惡，以致供應織造，往往多不如法。不（恃）〔特〕官加以罪，民受重陪，而天下風俗所係，國家名分所係。如蒙乞敕都察院並工部，查照上年事例申明，備榜〔嚴〕加禁約。京城内外雜行賤品及市井屠沽倡優歌妓之流，不許奢侈僭用。仍議定民間應用之數，開坐昭示，使易遵守，不敢犯分。仍備行浙江等布政司及直隸、蘇、松等府巡撫、巡按等官，亦照例出榜禁約，仍著提舉風憲官時常訪查，但有違例犯（革）〔禁〕者，即將所禁之物納官，變賣銀兩雜糧，本犯照例重加罰贖，通備賑濟。里老、鄰佑、火甲一體究治。如此？則僭〔侈〕以革，民用有經，而（明）〔名〕分日正，風俗日厚等因。奏奉聖旨：該衙門看了來説。欽此。欽遵。臣等伏睹《大明令》内一款：庶民男女衣服，並不得僭用金繡，許用紵絲綾羅、細絹素紗。欽此。欽遵。又查得《禮儀定式》内一款：凡文武百官軍民人等，衣服帳幔，並不許用玄、黄、紫三色，並〔織〕繡龍鳳之紋。又查得成化二年二月二十日該禮部官於奉天門欽奉聖旨：如今官員軍民人等，多有不遵定例，僭用服色花樣，及婦女人僭用渾金衣服、寶石頭面，好生違禮犯分！恁禮部便出榜，於南北二京張掛禁〔約〕，今後敢有仍前僭用〔者〕，輕則依律問罪，重則（則）必殺不饒。欽此。欽遵。又查得成化七年正月初七日，刑部尚書陸等於奉天門節該欽奉聖旨：近年京城日見奢侈，官員軍民人等，衣服用度多有不遵定制。婦女不分良賤，概用（織）〔渾〕金衣服、寶石頭面。今後官同民人等，衣服首飾各遵定例，不許僭分。違了的，聽給事中、御史指實糾舉，仍聽錦衣衛分巡官並五城兵馬緝拿送問。違禁之物入官。犯人輕則依律照例發落，重則編發邊衛充軍不饒。欽此。欽遵節經通行禁約外，今監察御史林誠又奏前因。緣前事例行之既久，人心玩怠，奢僭易生。誠如本官所言，合再申明禁約。但要議定民間聽用之數，開坐昭示，及要提學道官時常訪察一節，緣軍民之家貧富不等，難以拘定數目。提學官各有（榜）〔職〕掌，亦難干預他事，合無申明舊例，兩京本院出榜禁約。直隸並浙江等處，有巡撫處，行巡撫官；無巡撫官，行各該巡按御史出榜曉諭禁約。官〔吏〕軍民人等，衣服首飾各要遵守前項舊制。並節奉欽依榜文事例，不許僭用。如有故（禁）〔違〕，兩京許六科十三道糾劾〔及〕錦衣衛巡捕官、五城兵馬緝拿送官；在外許里老、鄰佑人等赴官首告，追究明白。違犯之人，依律問罪，照例發落。違禁之物入官。如此。則法令嚴明，人知警懼。具題。奉聖旨：準擬。欽此。

《皇明條法事類纂》卷二二《禮部類・內外大小衙門官員聞喪回家守制不〔許在〕任賫緣妄奏保留奔喪奪情例》 成化三年七月初五日，禮部等題，爲陳言事。户科給事中劉昊題內一件：罷奪情。夫在天有日月，在地有山河，在人有忠孝也。〔忠〕孝之在人心，及天地之賦（卑）〔裨〕，日月之融結，山河之凝注。故人能（人）〔擴〕充忠孝之理而力行之，則天地因之而悠久，日月賴之以常明，山河全而國運隆盛也。苟失其忠孝，則綱維潰散，天雖不墜獲墜也，地雖不陷猶陷也，日月〔雖〕明猶不明，山河〔雖〕全猶不全，身雖生而猶斃，國雖存而猶（去）〔亡〕也。故孔子有曰：民之於仁也，甚於水火。夫人統天下之善，而忠孝即人之實理切於民用者，（宜）〔豈〕可一旦一刻忘去之。然是忠孝之理，必須天子所宰以執持於上，人臣扶遵以篤行於中，使士庶效法之於下，四夷觀感之於外，翕然不（諭）〔渝〕，於污不可也。臣考近世（宗）〔宋〕淳祐中丞相史嵩之父没，詔令起復，嵩之泣血，堅辭不起。時有太學生攻之曰：天子當爲國家扶綱常，爲天地立人極，奪情非令典，起復非美名。朝臣徐元杰亦上疏，乞令嵩之終制，上（充）〔允〕之。故謝枋得謂嵩之所以壽終，宋之所〔以〕有三百年天下也。至咸淳中，不復〔知〕有禮法。賈（以）〔似〕道起復爲平章，徐直方起復爲尚書，劉黻起復爲執政，其他忍心害理之徒，若穿窬昏定叩人門户以鑽謀起復者甚多。致使三綱斷絶，四維廢馳，此宋所以移祚也。忠孝之興廢關乎運祚，有如此者。近有修撰羅（倫）〔倫〕疏論之後，而皇上猶詔大臣起復。臣深有以知皇上愛養黎元之心，謂必得賢共治，而俊民可安，事可理，所以必欲大臣起復。然大臣之應詔而來，亦（問）〔間〕有出於不得已者。蓋此身已（然）〔受〕朝廷任使，食禄被榮已久，非在賓師之位者可比，因見屢辭〔不〕允，所以不敢再辭。臣但恐細民不解此意，必以爲朝廷尚不重制，我何制拘？大臣尚不行孝，我何孝爲？民心纔解而天理遂滅，以致處父子若敵國，視兄弟如路人，事長上若（寇）讎，未必不（托）〔始〕於此。欲望斯民之親睦九族，移（患）〔忠〕報國，抑（不）〔亦〕難矣！其故實非細細也。伏望皇上以仁孝治天下，今後有大（者）〔臣〕丁喪，俯令終制以盡伊人子之心。爲忠道立墓址，爲生民立命脈，爲天地作防範，使大綱炳炳烺烺於天下萬世，顧不偉歟！臣豈不知羅倫故事，乃敢自不戒覆（輒）〔轍〕而又此爲言。蓋以天理民彝之在人心，不可泯滅，雖欲强之不言，（而）自不容。其輕重取舍之分已明之矣，至於利害不較也。今若又不蒙皇上允臣犬馬之言，則繼（續）臣言於將來者，又不知幾何人也。所以然者，由乎士類已蒙朝廷作養培（值）〔植〕日久，所以不欲將教化淪（潰）〔潰〕之於天下後世，而爲後世之所鄙論也。伏乞聖朝特加容納，罷了奪情之典，則天下後世不勝慶幸之至。具題。成化三年六月三十日奉聖旨：所言中間多見行的，該衙門看了來說。欽止。欽遵抄出到部。查得天順元年四月十六日，刑科都給事中喬毅等題一件：敦忠孝以正綱常。竊惟君親乃人道之大（倫）〔倫〕，忠孝實臣子之大節，近年以來，廉耻道喪，（奢）〔奔〕競成風。奪情起復者自爲能官，終喪守制者稱爲不職，子道虧之甚矣。子道既虧，臣節安保？綱常所關，誠非細故。幸賴皇上復登寶位，大正人心，奪情之典，固不復行。奈臣下奔（兢）〔競〕之風猶未息，故戒之不可不嚴。乞敕內外諸司，今俊敢有奪情起復者，彼此治以重罪。節奉英宗皇帝聖旨：敦忠孝，準言。欽此。欽遵，已經通行遵守去後。近該在京衙門堂上及各處欽差巡撫官員，遇有親喪，移文到部，俱各照例具題，準令守制。中間亦有出自特恩着令奔喪奪情者，今給事中劉昊又奏乞罷奪情一節，雖係見行事例，合無仍行内外大小衙門一體申明，今後但有官員聞喪，悉照前項事例回家守制，不許在任夤緣妄行奏保。如有仍前保留奔喪奪情者，各治以罪。緣係節奉欽依該衙門看了來説，未敢擅便，具題。次日奉聖旨：是。欽此。

《皇明條法事類纂》卷二二《禮部類·父母亡没不許焚毁例》 成化四年二月二十日，巡按江西監察御史趙題，爲陳言事。奉都察院勘合，内該南京吏科給事中王讓奏一件：厚風俗。竊照南京軍民之家，父母亡故入棺之後，數日之〔問〕〔間〕隨即用火焚之，或收埋其燼，或抛散其骨。行之既久，習以爲常，見者恬然莫之怪。此等之風，逆天害理，有同胡俗，不祥之甚。然以南京法度之區，治化之源，尚且如此，恐天下之風亦皆如此。〔源〕〔深〕爲聖朝仁政之慮。如蒙乞敕都察院備榜嚴加禁約，〔事〕〔軍〕民之家，敢有仍前焚毁父母死屍者，治以極刑等因，具本。該通政使司官奏，奉聖旨：該衙門知道。欽此。欽遵抄粘移咨備劄到道，呈乞轉行各處，嚴加申明禁約，今後軍民人等，遇有父母亡没，其殷實之家，各要依禮安葬。若有貧難人户，在京，並聽於離城僻遠去處埋葬；在外州縣府郭，若有義阡去處，聽送義阡安葬。並不許用火焚毁抛散骸骨，及假此停柩在家經年不葬，暴出屍骸。如違，究問如律，照例發落。其遠方亡故，不能歸葬而燒化者，依律聽從其便。

《皇明條法事類纂》卷二二《禮部類·奏居喪》 弘治元年十二月初二日，都察院左都御史馬等題，爲儆戒無虞，益隆治道事。成化二十三年十一月十七日，太子少保、禮部尚書周等奏，該吏部聽選監生許鑒奏，内一件：去浮屠以厚風俗。竊見京城内外軍民之家，凡於父母之喪，全〔無〕哀戚之情，日則延請僧道，揚幡揭榜，行道演法，夜則裝扮雜劇以樂屍〔櫬〕。甚至男女同席會飲，〔顴〕〔歡〕謔自如。雖士大夫之家，亦染此俗。該部議得，士庶之家凡遇居喪，自合遵依國朝禮制及家禮行事，奈何愚俗無知，往往聽信浮屠之言，供佛飯僧，業蔑禮法。本部雖已累行禁約，但習俗已久，猝難盡革。今合仍行都察院轉行巡城監察御史並錦衣衛巡城官校及五城兵馬指揮司，仍通行天下，一體申明，嚴加禁約。如有故違者，宜從緝拿，依律究問等因，具題。奉聖旨：準擬。欽此。欽遵外，今給事中王倫又奏前因。所據各衙門分罰京城中術士，及斂銅鑄佛玉帶鬧裝，入醉光禄，出卧長安之徒，俱合究治，及無額僧寺，亦合拆毁。緣無指實，雖有前項奏準見行禁例，但所司奉行未至，及有等〔貧〕〔貪〕贓官員，接受各寺觀僧道錢物，將該拆寺觀不行拆毁，無度牒行童，照舊存留。以致法令不行，人心怠玩，其於治道，不無有損，誠如本官所言。合無通行申明前例，不必出榜，本院備行兩京吏部等衙門及各處巡撫、巡按官員轉行各該所屬及巡城御史、五城兵馬、錦衣衛坐城官，今後内外大小衙門，敢有仍前擅自公罰紙劄柴炭、銀兩等物，京城中敢有仍〔晋〕〔留〕〔街〕〔術〕士在家，妄言禍福，煽惑人心，及查各處私創寺觀，如果未曾拆毁，尚有斂錢鑄佛之僧，並官員軍民僭用服色、游惰之徒，不畏禮法，入醉光禄之流，有違禁〔今〕〔令〕修齋設醮，應拿問者，就使緝拿送問。應參奏者，指實參奏。俱照前例施行。敢有故違，事發一體治罪。如此，庶使法令不廢，而人心知所警懼矣。

（明）葉春及《惠安政書·祭五條》 凡祭禮所以報本追遠，不可不重。近世多不行四時之祭，惟於忌日設祭。前期不齋，臨祭無儀，祭畢請客飲酒，皆非禮也。今宜悉遵《朱子家禮》，上户立祠，中户以下就正寢設韜櫝奉祀，歲時朔望如禮。

凡庶人祭其先禮也，宜如式製，爲木主，不許事觀音、菩薩等神像，以前事者即毁，私藏事之，發覺治罪。

凡祖禰逮事者，忌日有終身之喪，是日素服，不飲酒食肉，居宿於内。曾祖以上不逮事者，服淺淡衣，禮視祖禰，逮事者爲殺。

凡時祭屬吉禮，上户有祭田者，祭畢，胙於教讀及約正副。

凡有疾病，惟禱於祠堂，里社不許設醮禳星，聽信巫覡，違者罪之。

知縣曰，吾民幸生聖世，上遵六諭，下行四禮，足稱良矣。振德者，長民職也。申以四事：一曰明倫，二曰禁邪，三曰務本，四曰節用，瑣科條之，願聽毋忽。

（明）葉春及《惠安政書·喪八條》 凡居喪以哀戚襄事，爲主不許匿喪成昏，弔賓至不許用幣，不許設酒食，惟自遠至者，爲具素食，令無服人待之，不用酒。孝子不許易兇爲吉，赴人酒席。鄉俗旬七會飲及葬於山會飲，皆深爲害義，犯者有罪。

凡喪不得作佛事，不得用樂及送殯，不得用鼓吹雜劇、楮幡楮鬼等，違者罪之。

凡居喪始惟食粥蔬素，不得飲酒、食肉。寢處於内禫。而後飲醴酒、食乾肉，有能用禮者，衆共褒賓，以憑旌奬。

凡停柩踰年不葬，及溺於風水、兄弟相推不葬者，各行戒諭，違者罪之。

凡致奠，上户用猪羊各一，所費銀不過三兩。中户用猪一，所費不過二兩。下户用牲五，所費不過一兩。不能具者，炙鷄絮酒盡哀亦可。僭用牛者罪之。

凡三等人户之下葬，用薄棺，不許焚屍。貧不能葬，約正率閭里科少錢助之，毋令暴露。

凡火化者，忍心害理，宜送官嚴懲。子孫依律死罪。工人重治瓦棺，毋鬻於市。

凡葬埋宜依旅瘞之禮，左昭右穆，不得淆亂。其强佔他人墳地，送官懲治。

（明）葉春及《惠安政書·冠四條》　凡冠禮，士大夫，延賓行於家，鄉人行於鄉校，以教讀爲賓。衣服之美惡，酒食之豐儉，以上中下户爲差。下户不可越中，中不可越上。三等之户以田産厚薄爲差，十頃以上者爲上户，五頃至九頃者爲中户，一頃至四頃者爲下户。商賈之家，較其所積準是爲差，無財産者通爲一等。

凡子弟未冠者，不得以字行，冠而字之，毋犯古聖賢及先世之諱。

凡謝賓束帛不必如古人之數。上户絹一疋，中户布一疋，下户帕一方。

凡月朔，各鄉教讀以子弟之始冠者，見有司，有司誨以成人之道。

（明）葉春及《惠安政書·明倫五條》　一、孝順父母，乃高皇帝口授吾民第一義。欲盡斯道，宜如《孝經》。《孝經》曰：用天之道，因地之利，謹身節用，以養父母，此庶人之孝也。蓋分之能爲者如此。嗟夫！父母之德，豈有極哉！吾父退齋府君，老儒也，生不肖孤以爲晚，未嘗易教。年十歲，授《古文尚書》。十二，授《詩》。十四，授《易》。十五，教觀宋儒之書，使從事聖賢之學。見吾不以伯氏之喪而有妻，又不飲酒，喜矣。母方夫人見吾端居而嘆，問兒何爲，對以欲生益於時，死傳於後耳。母曰：汝父言天地十二萬九千六百年而終，即孔子孰傳之，强爲善耳。又吾常喜道壞麻折檻事。母曰：吾死不願汝有此也。孔子如清風明月，汝如烏風黑雨。雷劃劃聲。悲夫！父母愛子之心一也，即爾父母何異於是。吾不幸年十七而喪父，二十二母又喪，即今受朝廷恩，妻子皆得食民之食，不能一一及於黄泉之下，此曾子所以北鄉而涕泣也。故曰往而不可還者，親也。至而不可加者，孝也。子欲養而親不待也，木欲直而風不待也。傷哉！既不能養，又不能立身揚名後世以爲父母光顯，尚何面目立百姓之上哉？爾輩當以爲鑒。親在愛日不幸而没，將爲善思，貽父母令名必果，將爲不善思，貽父母羞辱必不果，毋效吾終身之悔可也。

一、創家者必立宗法。大宗一統小宗四。别子爲祖，以嫡承嫡，百代不絶，是曰大宗。大宗之庶子，皆爲小宗。小宗有四五世則遷。己身庶也，宗禰宗；己父庶也，宗祖宗；己祖庶也，宗曾祖宗；己曾祖庶也，宗高祖宗。己高祖庶也，則遷。而惟宗大宗，大宗絶，則族人以支子後之。凡祭主於宗子。其餘庶子，雖富且貴皆不敢祭。惟以上牲祭於宗子之家。宗子死，族中雖無服者，亦齊衰三月。祭畢，而合族以食。朞而齊衰者，一年四會。大功以下，世降一等。異居者，必同財，有餘則歸之宗，不足則資之。宗族大事繁則立司貨、司書各一人。宗子愚幼，則立家相以攝之。各修族譜，以敦親睦。或有骨肉爭訟者，衆共罰之。若肯同居共爨者，衆相褒勸。

一、孔子宰中都，制爲别塗之教，蓋禮始於閨門。男女必有别，妻妾必有序，宫室必辨外内。男子毋得晝寢於内，婦女毋得踰閾行市。雖奴婢亦必動遵禮度。其有貞節，衆共歌揚以爲閨門之助，聞於有司。

一、曾子問曰：取女有吉日，而女死如之何？孔子曰：壻齊衰而吊，既葬而除之，夫死亦如之。蓋既婚媾，將期百年，豈願有此，誠痛之矣。今男女未婚而死，必索聘財，至於相訟，一何薄也。又女已嫁常庸奴其夫，亡抵他人。官以法合之，則至决絶而死。嗟夫！宋人之女，嫁而夫有惡疾，竟不改也，即庸不猶愈於疾乎？又夫死不嫁，從一而終者也。燕有貞，鳶有烈，可以人而不如鳥乎？高皇帝以衆人待人，能秉斯義，則表其閭，載於令甲。不能免喪而嫁又多乎哉？實兩年耳。今愚婦夫死未寒，輒歸別室，朝尚括髮，夕即畫眉，忍矣！忍矣！環而視之，欲以此婦爲利又嘗數輩，此皆無行義之尤者也。昔孔子爲政而公慎氏出其妻，蚤正以待之也。幸得備位爲邑表率，不能宣明教化，視事朞月，其風未變。重使父母受其恥，咎在知縣，各宜戒諭，犯者如法。

一、吾民甘其食，美其服，安其俗，樂其業。田廬妻子，雖有强暴立於其傍，莫敢睨者，非君恩哉？是故民者出粟米、絲麻，作器皿，通貨賄以事其上者也。豈必服官守職，而後能盡君臣之道。力農奉公供輸以時，庶人之義盡矣。如是又何箠楚之加。

（明）海瑞《海瑞集・諭老人》 贛州府興國縣海爲推選老人事：欽奉聖制老人里長聽各里之訟於申明亭。老人原非輕任，近日府縣官奉行不謹，不加禮貌，遂至身充里老之人，亦自輕賤不肯學做好人，不公不法，刻剥小民。加一老人，反生一害。本縣今日省令各里里長排年地方人，推選實是年高有德之人充當斯任。照舊同里長聽各里訟。本縣隆禮相待，不敢如前輕視爾等。爾等身爲老人，須慎自愛惜，不可妄取小民一分一釐一升一合，公直存心，均平處事，捧聖諭：孝順父母，尊敬長上，和睦鄉里，教訓子孫，各安生理，毋作非爲六事，朝夕爲爾里內之人勸諭，必使遵行。凡一里之人，誰善誰惡，誰貧誰富，誰困苦，誰强暴，誰戶是虚糧虚丁，誰戶是漏丁飛詭，縣官遠而不能察，爾等近而知之真者，一以公心直言爲縣官告。使縣官刑賞不差，政事恰當，是爾等能稱斯任也。如或不然，是加一老人，生一大害也。律有明條，本縣必不爾貸。

（明）佚名《重刻律條告示活套》卷三《服舍違式》 前件某府爲禁約事。竊惟官民自有名分，服舍各有定式，禮制明載，律令昭然，各宜遵行，豈可僭越。近訪得所屬地方等驕奢之徒，不拘名分等第，輒倚貼廣任爲無忌，或起蓋房屋，擅用七檁、雕梁，硃紅漆、槅斗拱吻獸山藻粧脩，或穿着衣服僭用金彩錦繡或鳳彩龍文，以及造作器物之類，或有竊同宮禁所造之式，或有僭從王公所用之制。若不嚴加禁約，但恐愚民止知眼前徒誇富麗，不思身後干重刑愆。爲此合出告示，發仰所屬地方人烟輳集去處張掛曉諭。前項官民人等有此者，即爲出首改過，無此者知避安生。敢有仍前故違，事發，定行提問如律，拆毁改正，決不姑恕。

（明）莊起元《檄示八種・諭齊民檄》 一、凡有同居兄弟爲産相争，異姓姻親因事互許，緣小忿而成大獄，逞一朝而悔終身。試思百年有盡，好訟何爲！此欲求强，彼寧其弱！可行唯一恕，橫逆當三反，此孔孟家法，勸民息訟，再三叮嚀，不遵者定置之法。

（明）王肯堂《王儀部先生箋釋》卷一二《服舍違式》 釋曰：此律四節，統講凡官民之家房舍車服，冠帶器皿之類，如律所載，尊卑上下等第各有一定之式，故凡不遵令制，越分僭用者，皆違式也。但法行必自貴始，故有官之人犯者，杖一百，罷職不叙。軍官降充總旗。無官之人犯者，笞五十，罪坐家長，事由專制故也。違式之物，責令改正。其工匠，不問爲官民之家造作，並笞五十。其父祖有官身没，非犯除名不叙，子孫許居原造房屋，不得以無官違式論。違式者，但踰其制度，非所不當造也。若違禁，則非私家所當造而爲僭用矣。龍鳳紋乃用之以飾乘輿服御物者，官民之家違禁擅用，各杖一百，徒三年。文官罷職，依律配役。軍職發二千里內衛分充軍。民犯仍坐家長。其工匠各杖一百，連當房家小起發赴京，收籍充當局匠。違禁龍鳳紋之物，並追入官。有人首告者，官司給賞銀五十兩。若雕飾織造違禁之物，工匠有能自首者，與免本罪外，亦依常人一體給賞。違禁官員，不再言罷職者，蓋於其輕者言之，則重者可知矣。且《名例》文，官犯私罪杖一百者，罷職不叙。故凡律於犯徒以上，皆無俟乎言者也。至如姦盗行止有虧，例該革職爲民者，則又不拘於杖一百之限。違禁之物入官而違式不言入官者，蓋違式止是不依式樣，猶可改正，又非御用之比。若違禁之物，非官民之家所當有，自應入官，故不同耳。違禁者，工匠猶得自首免罪。若違式自首，雖不給賞，亦得免罪也。

條例

第十一條。此條不言官吏，官吏所不禁也。軍民僧道娼妓人等，犯者，俱除。違式、僭用，依違制，罪坐家長，其物入官。

第二十條。此條兼言官吏。以違禁故也。

《律條直引》卷二《禮律・儀制・喪葬》 一、趙甲依從尊長遺言將屍燒化、棄置水中律，杖一百。錢乙依從卑幼遺言將屍燒化、棄置水中者律；孫丙依有喪托故停柩在家經年暴露不葬者律；李丁依居喪之家脩齋、設醮，男女溷雜飲酒食肉者律；道經、了空俱依僧、道，與丁同罪律，各杖八十。俱有《大誥》減等，趙甲杖九十，錢乙、孫丙、李丁、道經、了空杖七十。俱軍民僧道，有力納米等項，無力的決，趙甲等寧家，道經、了空還俗當差，度牒追繳禮部收銷，屍柩另行遷葬。

《律條直引》卷一二《禮律・儀制・鄉飲酒禮》 一、趙甲依鄉黨序齒、鄉飲酒禮已有定式，違者律，笞五十。有《大誥》減等，笞四十。係軍民無力決，有力與官吏人等納米等項，完日還職役，寧家著伍。

《嘉隆新例・刑例》 萬曆二年三月，刑部題準，【略】其民間寡婦不能守志者，聽其改嫁。敢有假以子女幼小及翁姑年老無人侍養招贅後夫，事發，比依和姦者律問罪，離異。情重者，從重科斷。

（明）佚名《大明律講解》卷一二《服舍違式》 凡官民房舍車服器物之類，各有等第，若違式僭用，有官者杖一百，罷職不叙。無官者，笞五十、罪坐家長，工匠並笞五十。若僭用違禁龍鳳文者，官民各杖一百，徒三年。

《盛京滿文檔案》天聰三九九月 初八日，有一漢人張義宗者，攜一馬自錦州逃至。經掣簽，正黃旗得之，即交付薩木哈。賜該漢人奴僕二對，並以漢人女爲妻。分該人時，汗曰：嗣後，凡人逃至，有主則歸還原主，無主則掣簽分之。

《大清律集解附例》卷一《名例・十惡》 七曰不孝。謂告言、咒罵祖父母、父母，夫之祖父母、父母；及祖父母、父母在，別籍異財；若奉養有缺。居父母喪，身自嫁娶，若作樂、釋服從吉；聞祖父母、父母喪，匿不舉哀；詐稱祖父母、父母死。

八曰不睦。謂謀殺及賣緦麻以上親，毆告夫及大功以上尊長、小功尊屬。

（清）李漁《資治新書二集》卷一四《風俗・禁止錮婢不婚等事》 照得男女匹配，理合陰陽；婚嫁蹉跎，事干倫理。男子弱冠而婚，女子及笄而嫁，此古今不易之規例也。訪得婺州惡習：民間婢女有年至三十、四十而未嫁者，甚有禁錮終身，髮白齒落而未經字人者。是天地間陰陽二道竟屬徒然，夫婦一倫總成虛設，悖理傷化，干犯天和，莫此爲甚。此皆富家大族喜用無夫之女，便於出入房幃，恐其一經配合，即分事主之勤，以修愛夫之好，是以日復一日，年復一年，遂不覺老之將至。及其老也，欲行配合，又無樂受之人，此其所以孑處一生，永乏於歸之日也。大姓若此，貧家小户又復尤而效之。父傳之子，子傳之孫，遂成今古相沿之惡習。若不遇一辣手之官嚴加禁革，擇一二頑梗不遵者盡法懲之，則此陋習頹風流將安底？試問呼奴使婢之人，孰不有兒有女，胡不設身處地試一忖量，親生兒女過期不嫁，父母有不哀憐兒女者乎？兒女不怨恨父母者乎？人有尊卑，情無上下，何恕於待己而刻於待人乎？且凡民之家畜一牛、羊、犬、豕，尚思爲雄覓雌，稱牝就牡，而獨於婢子不然，何慈於待物而忍於待人乎？汝身自有妻妾，汝之兒女亦各有夫婦，皆其習聞而熟睹者，窺此琴瑟之歡，增彼向隅之泣，此種人情不加體貼，豈真鐵石爲心者乎？合行嚴飭，爲此示仰闔屬軍民人等知悉：凡有丫環婢女年過二十以上者，不論大家小户，總以一月爲期，或外嫁良民，或内婚童僕，盡行配合。如過期不嫁不配者，許地方鄉保人等指名首告，以憑盡法嚴處。其婢女即着地方鄉保擇貧窮男子之無妻者，至本廳當堂配合，量給聘資，不準全禮，此後著以爲例。凡屬民間使女，婚嫁之年總不得過二十以外。玆本廳一面出示，一面申詳各上臺。事關移風易俗，諒無不批允飭行者也。特示。

（清）沈之奇《大清律輯註》卷五《户律・田宅・檢踏災傷田糧》 凡部内有水旱霜雹，及飛者曰蝗走者曰蝻爲害，一應災傷應減、免之田糧，有司官吏應準告而不即受理申報上司親行檢踏，及本管上司不與委官覆踏者，各杖八十。若初覆檢踏有司承委官吏，不行親詣田所，及雖詣田所，不爲用心從實檢踏，止憑里長、甲首朦朧供報，中間以熟作荒，以荒作熟，增減分數，通同作弊，瞞官害民者，各杖一百，罷職役不叙。若致有災傷當免而徵，曰枉徵。無災傷當徵而免，曰枉免。枉有所徵免糧數，計贓重者坐贓論。枉有所徵免糧數，自奏準後發覺謂之贓，故罪重於杖一百，並坐贓論。里長、甲首，各與同罪。受財官吏、里長受財，檢踏開報不實，以致枉有徵免者，並計贓以枉法從重論。其檢踏官吏，及里長、甲首，原未受財，止失於關防，致使荒熟分數有不實者，計不實之田十畝以下免罪，十畝以上至二十畝，笞二十，每二十畝加一等，罪止杖八十。官吏係公罪，俱納贖，還職役。若人户將成熟田地，移坵換段，冒告災傷者，計所冒之田，一畝至五畝，笞四十，每五畝加一等，罪止杖一百。其冒免之田合納稅糧，依額數追徵入官。

〔律後註〕：災傷，民害之至大者，被災田糧，例應減免。所部之民，陳告有司官吏，即當一面準受申報，一面親詣檢踏；上司聞報，即與委官覆踏，所以急民事也。若有司將所告應準災傷，不即受理申報、檢踏，則罪在有司；已申而上司不與委踏，則罪在上司，各杖八十。若有司初踏、委官覆踏不親詣及不用心，止憑里甲朦朧供報，中間無災之熟田反報爲荒，被災之荒田反報爲熟，與增減其成災分數，通同作弊瞞蔽上司之官，致害災傷之民者，有司及承委官吏，各杖一百，罷職役不敘。因檢踏荒熟不實，增減分數，若致荒者應免而反枉徵，熟者應徵而反枉免，增者有枉免分數，減者有枉徵分數，將枉徵枉免之糧數，照坐贓計之，重於杖一百者，坐贓論。里甲亦同杖一百及坐贓之罪。受財者，並計贓以枉法，與杖一百、坐贓罪從重論。其初覆檢踏官吏、里甲，非係有心瞞官害民，通同作弊，止因失於開防覺察，誤憑人户捏報，而致所勘荒熟有不實者，十畝以下免罪，十畝以上到二十畝，笞二十，加等至一百四十畝之上，罪止杖八十。若人户將無災傷熟田，移换作災傷丘段，詐冒陳告者，一畝至五畝，笞四十，加等至三十五畝之上，罪止杖一百。合納税糧，依數追徵入官。

〔律上註〕：報災限期，勘災蠲免等，皆有新例。夏災不過五月，秋災不過九月；被災四分以下不免，五六分災免一分，七分分災免二分，九十分災免三分，此今之定例。

此條亦勘災之通例。一應字連下災傷田糧讀，謂曰水旱、霜雹、蝗蝻爲害，則災傷盡矣。凡被災傷，不論何等田糧也。諸解將一應字亦指災傷言，謂六傷之外，如大風、非時雨雪之類。可笑。

有司不準報檢踏，上司不委踏，是遲慢之罪；初、覆檢踏不實，是欺瞞之罪，皆無恤民之心，而欺瞞情重，故加罪二等，並罷職役。增減分數，如被災五分而增爲十分，則枉免五分田糧矣；如被災十分而減爲五分，則枉徵五分田糧矣。

官吏雖與里甲通同，然枉徵者在官，枉免者在民，未有入已之贓也。坐贓者，本無受贓而以贓坐之，故引以科枉徵、免之罪。徵者、免者，皆虛贓也。受財而瞞官害民，故坐枉法。坐贓則通算徵、免之數，受財則各論入已之贓也。

後冒告災傷者，仍追税糧，以原係合納者也。此枉徵、免者律無文，里甲供報不實，官吏通同作弊，與民無與也，豈得枉免者不追，枉徵者不還乎？如受財者，必有以財行求之人，始以熟作荒而爲之枉免，又必有索財不遂之人，始以荒作熟而加以枉徵，若不追不還，則奸民受枉免之利，貪民受枉徵之害矣。蓋此止論官吏、里甲之罪，而以財行求，自有本法，枉免者當追徵，枉徵者當給還，不待言也。

失於關防，是知慮不及，無心之過，故輕之。

條例

天下有司，凡遇歲饑，先發倉廩賑貸，然後具奏請旨寬恤。

（清）沈之奇《大清律輯註》卷六《户律・婚姻・娶樂人為妻妾》

凡文武官並吏娶樂人妓者爲妻妾者，杖六十，並離異。不給於官吏，亦不還樂工，斷離歸宗，財禮入官。若官員子孫乃應襲廕者娶者，罪亦如之。附過，候廕文襲武之日照應襲本職上降一等，於邊遠叙用。其在順治元年赦前娶者，勿論。

〔律後註〕：官兼文武言。官員子孫，止指應襲廕者言。樂人，乃教坊司之妓者，今無教坊，但有樂籍娼家。良賤尚不得爲婚，樂人則賤之甚者，官吏及應襲廕之子孫娶爲妻妾，辱褻已甚，行止有虧，故坐杖六十，並離異。子孫仍附過、降叙。官吏不言者，自照《名例》解任、降等、罷職役、不叙諸法，分別科之。不言舉人、貢監、生員者，宿娼尚礙行止，例應斥革，況娶之乎？不言庶民者，以爲不足責也。

〔律上註〕：此條當與犯姦內官吏宿娼律參看。

官吏及子孫有主婚者，獨坐主婚。樂人主婚嫁者，似可從輕，不當同坐。或曰擬不應笞罪，亦是。媒人則自照本法也。

（清）沈之奇《大清律輯註》卷一二《禮律・儀制・鄉飲酒禮》 凡鄉黨叙齒及鄉飲酒禮，已有定式。違者，笞五十。鄉黨叙齒，自平時行坐而言。鄉飲酒禮，自會飲禮儀而言。

〔律後註〕：禮有一定之式，朝廷頒行，天下遵守，違者笞之。

條例

鄉黨叙齒，士農工商人等平居相見，及歲時宴會揖拜之禮，幼者先施。坐次之例，長者居上。如佃户見田主，不論齒叙，並行以少事長之禮。若親屬，不拘主佃，止行親屬禮。

鄉飲坐叙，以高年有德者居於上，高年淳篤者並之，以次叙齒而列。其有曾違條犯法之人，列於外坐，同類者成席，不許干於善良之席。主者若不分别，致使貴賤溷淆，察知或坐中人發覺，主者罪以違制。姦頑不由其主，紊亂正席，全家移出化外。

《西寧青海番夷成例・毁謗頭目》 一、凡平人公然毁謗千户者，罰二九；毁謗百户者，罰一九；毁謗管束部落之百長者，罰牲畜七件。如背後毁謗者，質訊是實，亦照此例問擬。詈駡小百長者，罰牲畜五件；詈駡小頭目者，罰牲畜三件。

《大清律例》卷四《名例律・十惡》 七曰不孝。謂告言咒駡祖父母、父母、夫之祖父母、父母，及祖父母、父母在，别籍異財；若奉養有缺，居父母喪身自嫁娶，若作樂釋服從吉；聞祖父母、父母喪，匿不舉哀，詐稱祖父母、父母死。

《大清律例》卷一七《禮律・儀制・棄親之任》 凡祖父母、父母，年八十以上，及篤疾，别無以次侍丁，而棄親之任，及妄稱祖父母、父母老疾，求歸入侍者，並杖八十。棄親者，令歸養，候親終服闋降用，求歸者，照舊供職。若祖父母、父母及夫犯死罪，見被囚禁，而筵宴作樂者，罪亦如之。筵宴不必本家，併他家在內。

條例

一、凡應補、應選人員，有親老情願終養者，於本省起文時，即具呈該地方官，轉詳咨部，在籍終養。若現任官員，祖父母、父母年七十以上，家無次丁者，或有兄弟而篤疾不能侍養，及母老雖有兄弟而同父異母者；其父母年至八十以上，雖家有次丁，願請終養者；或出仕後兄弟忽遭事故，無人奉事者；均不拘歷俸三年之限。該督撫查明該員倉穀錢糧並無虧空，任内並無詿誤，取具印結具題，得準其回籍終養。俟親終服滿之日，該督撫給咨赴部銓補。如有捏報，借名詭避者，發覺之日，將呈請終養之員，按律究擬。並將出結各官，一併參處。

《大清律例》卷二八《刑律・鬥毆・奴婢毆家長》 一、旗人故殺白契所買並典當之人，俱照故殺雇工人律，擬絞監候。若毆打死者，照律治罪。【略】

一、凡八旗官員、平人將奴婢責打身死，及故殺者，除照例治罪外，其奴僕之父母、妻子情願仍在伊主家者，聽其存留，不願者，悉行開放；係旗人，聽其在旗投主；係民人，放出爲民，不得追收身價。

一、凡民人奴僕背主投營，挾制家主勒索原契，及妻子、財物，不分首從，得財與未得財，皆斬立決。若止背主投營，審無挾制勒索者，枷號四十日，杖一百，交還原主。該營初雖不知，後知而不舉發者，交該部議處。

一、凡漢人家生奴僕，印契所買奴僕，並雍正五年以前白契所買及投靠養育年久，或婢女招配生有子息者，俱係家奴，世世子孫永遠服役，婚配俱由家主，仍造册報官存案。其婢女招配，並投靠及買奴僕，俱寫立文契，報明本地方官鈐蓋印信，如有事犯，驗明官册印契，照例治罪。

《大清律例》卷三〇《刑律・訴訟・子孫違犯教令》 凡子孫違犯祖父母、父母教令，及奉養有缺者，杖一百。謂教令可從，而故違；家道堪奉，而故缺者。須祖父母、父母親告乃坐。

條例

一、子貧不能營生養贍其父，因致其父自縊死，子依過失殺父律，杖一百、流三千里。

《大清律例》卷三〇《刑律・訴訟・干名犯義》 若女婿與妻父母果有義絶之狀，許相告言，各依常人論。義絶之狀，謂如身在遠方，妻父母將妻改嫁，或趕逐出外，重别招婿，及容止外人通姦；又如女婿毆妻至折傷，抑妻通姦，有妻詐稱無妻，欺妄更娶妻，以妻爲妾，受財將妻妾典雇，妄作姊妹嫁人類。

條例

一、八旗有將家人爲養子、分户、開户之人，年久值伊原主之子孫庸懦，或至絶嗣，伊等自稱原爲養子，或謊稱近族兄，反行欺壓，希圖占産争告者，審明，係官，革職，枷號一個月，鞭八十；平人，枷號三個月，鞭一百；將養子、分户、開户之檔銷燬，仍給與原主子孫爲奴。

一、凡奴僕首告家主者，雖所告皆實，亦必將首告之奴僕，仍照律從重治罪。

《蒙古律例》卷一〇《雜犯・王等姦平人之妻》 一、已未管旗王等姦平人之妻者，罰九九牲畜，貝勒、貝子、公等罰七九牲畜，台吉、塔布囊等罰五九牲畜，將所罰牲畜給姦婦之夫。

（清）陳生雄《義門陳氏宗譜》卷首《家法三十三條》 一、男女冠笄之事，男則年十五裹頭，各給巾帶一副，女則年十四合頭髻，各給釵子一雙，出庫司紐計者。

（清）董誥《全唐文》卷一《高祖皇帝·旌表孝友詔》 民禀五常，仁義斯重；士有百行，孝敬爲先。自古哲王，經邦致治，設教垂範，莫尚於兹。叔世澆訛，民多僞薄，修身克己，事資誘勸。朕恭膺靈命，臨馭遐荒，愍兹弊俗，方思遷導。雍州萬年縣樂游鄉民王世貴，孝性自天，力行無怠，喪其所怙，哀毁絶倫。負土成墳，結廬墓側，鹽酪之味，在口不嘗，哭泣之聲，感於行路。安福鄉民宋興貴，立操雍和，主情友睦。同居合爨，累世積年，務本力農，崇讓履順。宏長民教，敦睦風俗，宜加褒顯，以勸將來。可並旌表門閭，蠲免課役，布告天下，使明知之。

（清）宋廷璣《長洲宋氏世譜》卷一二《規條·子孫犯規罰例》 一、遇掃墓日，已冠子孫無事故不與祭者，罰銀一兩。

一、參差不依長幼次序行坐者，罰銀三錢。

一、臨祭時左右顧盼嘻笑者，罰銀三錢。

一、異言服樂放縱者，罰銀三錢。

一、不遵尊長命擅自舟中奕棋者，罰銀一錢。

已上所罰一有所犯是日即共舉其非登記存簿備祭器之用。

（清）姚雨薌《大清律例會通新纂》卷一六《禮律·儀制·匿父母夫喪》 凡聞父母若嫡孫承重，與父母同。及夫之喪，匿不舉哀者，杖六十，徒一年。若喪制未終釋服從吉，忘哀作樂及叅預筵宴者，杖八十。若聞期親尊長喪，匿不舉哀者，亦杖八十。若喪制未終，釋服從吉者，杖六十。若官吏父母死，應丁憂，詐稱祖父母、伯叔、姑、兄姊之喪，不丁憂者，杖一百，罷職役不叙。若父母見在，無喪詐稱有喪，或父母已殯舊喪詐稱新喪者，與不丁憂罪同。有規避者，從其重者論。若喪制未終，冒哀從仕者，杖八十，亦罷職。其當該官司知而聽行，各與同罪。不知者，不坐。其仕宦遠方丁憂者，以聞喪月日爲始。奪情起復者，不拘此律。【略】

條例

一、内外官員例合守制者，在内，經由該部具題，關給執照，在外，經由該撫照例題咨，回籍守制。京官取具同鄉官印結，外官取具原籍地方官印甘各結，將承重祖父母，及嫡親父母。與爲所後父母，例應守制，開明呈報。如有詐冒，照律例治罪。俱以聞喪月日爲始，不計閏，二十七箇月，服滿起復，若服滿果無事故，在家遷延者，交該部照例議處。

一、官吏丁憂，除公罪不問外，其犯贓罪及係官錢糧，依例勾問。

一、凡内外大小官員遇父之生母病故，父已先故，又無父之同母伯叔及父同母伯叔之子准其回籍治喪。其本身出繼爲人後者，遇本生父母之喪，令其回籍守制，除路程外俱定限一年，限滿咨部赴補。其匿喪不報及無喪詐稱有喪，舊喪詐稱新喪規避者，革職。若文武生童及舉貢監生遇生祖母並本生父母之喪，例應治喪及守制者，期年内俱不許應試，有隱匿不報朦混干進者，事發照匿喪律治罪，其月課等試無關功名棄取者，不在此例。

一、凡官員出繼爲人後者，於起文赴部選補之時，即將本生三代姓氏存殁，一并開列，選補之後，即行知照該省。如有出仕之後，始行出繼歸宗者，即著該員取具本旂原籍印結，詳報咨部，改正三代。倘有臨時先謀出繼歸宗，預爲匿喪戀職地步者，一經發覺，將本官照匿喪例革職，不准原赦。扶同出結之旂籍各官，俱交該部照例議處。其扶同具結之鄰族，照不應重律，杖八十。

（清）姚雨薌《大清律例會通新纂》卷一六《禮律·儀制·棄親之任》 凡祖父母、父母，年八十以上，及篤疾，别無以次侍丁，而棄親之任，及妄稱祖父母、父母老疾，求歸入侍者，並杖八十。棄親者，令歸養，候親終服闋降用。求歸者，照舊供職。若祖父母、父母及夫犯死罪，見被囚禁，而筵宴作樂者，罪亦如之。筵宴不必本家，併他家在内。

年老有疾必待子孫侍養，而後得所，若子於父母，孫於祖父母年至八十以上及有篤疾，其家别無以次侍養人丁，而貪戀榮禄，棄親之任，及其親本未老疾而妄稱老疾求歸入侍，一則遺禮不仁，一則後君不義，故並杖八十。若祖父母、父母及夫不幸身犯死罪，見被囚禁，子孫妻妾乃忘其親在囹圄而□悲痛之念，忍於肆筵張席以爲樂是棄其親矣，故亦論如棄親之任之罪。

條例

一、凡應補、應選人員，有親老情願終養者，於本省起文時，即具呈該地方官。轉詳咨部，在籍終養。若現任官員，祖父母、父母年七十以上，家無次丁者，或有兄弟而篤疾不能侍養，及母老雖有兄弟而同父異母者，其父母年至八十以上，雖家有次丁，願請終養者，或出仕後兄弟忽遭事故，無人奉事者，或繼父母已故其本生父母老病願請終養者，均不拘歷俸三年之限。該督撫查明該員倉穀錢糧並無虧空，任內並無罣誤，取具印結具題，俱准其回籍終養。俟親終服滿之日，該督撫給咨赴部銓補。如有捏報，借名詭避者，發覺之日，將呈請終養之員，按律究擬，並將出結各官，一併參處。

（清）魏際瑞《四此堂稿》卷一《禁錮婢不嫁》 爲諭禁錮婢以正風化事。照得人之貴賤雖有等殊，男女大倫原無差別，貧家之女不幸賣身爲婢，受人驅役，情既可憐，服事代勞，義尤當念，至於匹配婚媾之際，尤切鰥寡怨曠之心，苟逆人情，必傷天理。近訪該屬士民家婢多不遣嫁，只圖自便，錮人終身，以至愚者每飲煢獨之泣，黠者遂多奸穢之私，積怨誨淫，敗常亂俗，不仁不義之家主安之無慚，素餐尸位之有司知而不禁，違理悖法，莫甚於斯。合行嚴禁，爲此示仰士民人等知悉，凡畜養婢女年及二十者，悉宜遣嫁，不許羈留，即謂熟用之人不肯遠離，亦當選擇家僮與爲婚配。汝等當思婢亦人子，何堪無罪錮閉終身，怨詈所鍾，身世子孫必無昌茂。況又穢聲昭著，玷及家門，憲禁不遵，必貽罪罰，誡諭至此，雖至愚者亦當醒矣。如敢故違，決不寬恕。

紀事

《國語·魯語上》 哀姜至，公使大夫、宗婦覿用幣。宗人夏父展曰：非故也。公曰：君作故。對曰：君作而順則故之，逆則亦書其逆也。臣從有司，懼逆之書於後也，故不敢不告。夫婦贄不過棗、栗，以告虔也。男則玉、帛、禽、鳥，以章物也。今婦執幣，是男女無別也。男女之別，國之大節也，不可無也。公弗聽。

《國語·魯語下》 公父文伯之母，季康子之從祖叔母也。康子往焉，閽門與之言，皆不踰閾。祭悼子，康子與焉，酢不受，徹俎不宴，宗不具不繹，繹不盡飫則退。仲尼聞之，以爲別於男女之禮矣。

《國語·晉語四》 公子過宋，與司馬公孫固相善，公孫固言於襄公曰：晉公子亡，長幼矣，而好善不厭，父事狐偃，師事趙衰，而長事賈佗。狐偃其舅也，而惠以有謀。趙衰其先君之戎御，趙夙之弟也，而文以忠貞。賈佗公族也，而多識以恭敬。此三人者，實左右之。公子居則下之，動則諮焉，成幼而不倦，殆有禮矣。樹於有禮，必有艾。《商頌》曰：湯降不遲，聖敬日躋。降，有禮之謂也。君其圖之。襄公從之，贈以馬二十乘。

《國語·晉語八》 趙文子爲室，斲其椽而礱之，張老夕焉而見之，不謁而歸。文子聞之，駕而往，曰：吾不善，子亦告我，何其速也？對曰：天子之室，斲其椽而礱之，加密石焉；諸侯礱之；大夫斲之；士首之。備其物，義也。從其等，禮也。今子貴而忘義，富而忘禮，吾懼不免，何敢以告。文子歸，令之勿礱也。匠人請皆斲之，文子曰：止。爲後世之見之也，其斲者，仁者之爲也，其礱者，不仁者之爲也。

《國語·楚語下》 子期祀平王，祭以牛俎於王，王問於觀射父，曰：祀牲何及？對曰：祀加於舉。天子舉以大牢，祀以會；諸侯舉以特牛，祀以太牢；卿舉以少牢，祀以特牛；大夫舉以特牲，祀以少牢；士食魚炙，祀以特牲；庶人食菜，祀以魚。上下有序，則民不慢。

《史記》卷一《五帝本紀》 舜舉八愷，使主后土，以揆百事，莫不時序。舉八元，使布五教於四方，父義，母慈，兄友，弟恭，子孝，內平外成。

《漢書》卷八八《儒林傳·施讎》 施讎字長卿，沛人也。沛與碭相近，讎爲童子，從田王孫受《易》。後讎徙長陵，田王孫爲博士，復從卒業，與孟喜、梁丘賀並爲門人。

《漢書》卷九二《游俠傳·陳遵》 後司直陳崇聞之，劾奏遵兄弟幸得蒙恩超等歷位，遵爵列侯，備郡守，級州牧奉使，皆以舉直察枉宣揚聖化爲職，不正身自慎。始遵初除，乘藩車入閭巷，過寡婦左阿君置酒謳，遵起舞跳梁，頓仆坐上，暮因留宿，爲侍婢扶卧。遵知飲酒飫宴有節，禮不入寡婦之門，而湛酒溷肴，亂男女之別，輕辱爵位，羞汙印韍，惡不可忍聞。臣請皆免。遵既免，歸長安，賓客愈盛，飲食自若。

《後漢書》卷七九上《儒林傳·歐陽歙》 〔歐陽〕歙在郡，教授數百人，視事九歲，徵爲大司徒。坐在汝南臧罪千餘萬發覺下獄。諸生守闕爲歙求哀者千餘人，至有自髡剔者。平原禮震，年十七，聞獄當斷，馳之京師，行到河內獲嘉縣，自繫，上書求代歙死。曰：伏見臣師大司徒歐陽歙，學爲儒宗，八世博士，而以臧咎當伏重辜。歙門單子幼，未能傳學，身死之後，永爲廢絶，上令陛下獲殺賢之譏，下使學者喪師資之益。乞殺臣身以代歙命。書奏，而歙已死獄中。歙掾陳元上書追訟之，言甚切至，帝乃賜棺木，贈印綬，賻縑三千匹。

《後漢書》卷八一《獨行傳·李善》 李善字次孫，南陽淯陽人，本同縣李元蒼頭也。建武中疫疾，元家相繼死没，唯孤兒續始生數旬，而貲財千萬，諸奴婢私共計議，欲謀殺續，分其財産。善深傷李氏而力不能制，乃潛負續逃去，隱山陽瑕丘界中，親自哺養，乳爲生湩，推燥居溼，備嘗艱勤。續雖在孩抱，奉之不異長君，有事輒長跪請白，然後行之。閭里感其行，皆相率脩義。續年十歲，善與歸本縣，脩理舊業。告奴婢於長吏，悉收殺之。

《晉書》卷三《武帝紀》 〔泰始十年春閏正月〕丁亥，詔曰：嫡庶之別，所以辨上下，明貴賤。而近世以來，多皆內寵，登妃后之職，亂尊卑之序。自今以後，皆不得登用妾媵以爲嫡正。

《梁書》卷三三《劉孝綽傳》 劉孝綽字孝綽，彭城人，本名冉。**【略】**初，孝綽與到洽友善，同游東宮。孝綽自以才優於洽，每於宴坐，嗤鄙其文，洽銜之。及孝綽爲廷尉卿，攜妾入官府，其母猶停私宅。洽尋爲御史中丞，遣令史案其事，遂劾奏之，云：攜少妹於華省，棄老母於下宅。高祖爲隱其惡，改妹爲姝。坐免官。孝綽諸弟，時隨藩皆在荆、雍，乃與書論共洽不平者十事，其辭皆鄙到氏。

《南史》卷七一《儒林傳·嚴植之》 嚴植之字孝源，建平秭歸人也。少善《莊》、《老》，能玄言，精解《喪服》、《孝經》、《論語》。及長，偏習鄭氏《禮》、《周易》、《毛詩》、《左氏春秋》。性淳孝謹厚，不以所長高人。少遭父憂，因菜食二十三載。**【略】**植之自疾後便不受稟奉，妻子困乏。及卒，喪無所寄，生徒爲市宅，乃得成喪。

《南史》卷七三《孝義傳·嚴世期》 嚴世期，會稽山陰人也。性好施，同里張邁等三人妻各産子，歲饑，欲棄而不舉。世期分食解衣以贍其乏，三子並得成長。同縣俞陽妻莊年九十，莊女蘭七十，並老病無所依，世期飴之二十年，死並殯葬。宗親嚴弘、鄉人潘伯等十五人，荒年並餓死，露骸不收。世期買棺殯埋，存育孩幼。

《南史》卷七三《孝義傳·許昭先》 許昭先，義興人也。叔父肇之坐事繫獄，七年不判。子姪二十許人，昭先家最貧薄，專獨料訴，無日在家，餉饋肇之，莫非珍新。資産既盡，賣宅以充之。肇之諸子倦怠，唯昭先無有懈息，如是七載。**【略】**昭先舅夫妻並疫病死亡，家貧無以殯送，昭先賣衣物以營殯葬。舅子三人並幼，贍護皆得成長。

《北史》卷八五《節義傳·石文德》 石文德，中山蒲陰人也。有行義。真君初，縣令黃宣在任喪亡。宣單貧，無期親。文德祖父苗以家財殯葬，持服三年。奉養宣妻二十餘載，及亡，又衰絰斂祔，率禮無闕。自苗逮文德，刺史守令卒官者，制服送之。五世同居，閨門雍睦。

《北史》卷八五《節義傳·門文愛》 門文愛，汲郡山陽人也。早孤，供養伯父母以孝謹聞。伯父亡，服未終，伯母又亡。文愛居喪持服六年，哀毀骨立。鄉人魏仲賢等相與標其孝義。

《舊五代史》卷七一《唐書·馬縞傳》 馬縞，少嗜學儒，以明經及第，登拔萃之科。仁梁爲太常修撰，累歷尚書郎，參知禮院事，遷太常少卿。梁代諸王納殯，公主下嫁，皆於宮殿門庭行揖讓之禮，縞以爲非禮，上疏止之，物議以爲然。

（宋）王溥《五代會要》卷六《雜録》 梁開平二年七月敕：車服以庸，古之制也；貴賤無別，罪莫大焉。應内外將相，許以銀飾鞍勒；其刺史、都將、内諸司使以下，衹許用銅飾，仍永爲定式。

四年五月敕：奇邪亂正，假僞奪真，既典刑之不容，宜犯違而莫赦。應東西兩京及諸州府，製造假犀玉、真珠腰帶、簪珥并諸色售用者等，一切禁斷。應公私人家先已有者，所在送納長吏面前毀棄。

後唐天成二年正月敕：今後三京及諸道州使職員名目，是押衙兵馬使、指揮使已上，騎馬得有暖坐。諸都將衙官使下係名糧者，衹得衣紫皁衣。庶人商旅，衹著白衣。庶人有富户或投名於勢要，以求影庇；或希假於攝貴，以免丁徭：如此色人，仰所在禁勘，以肅姦欺。

（宋）李昉等《太平御覽》卷四一三《人事部・孝中》 《燕書》曰：周存，字道名，上谷俱陽人。王彭祖叛，母遇寇離失。所在分崩，州郡隔異。存謂難尋求，自河以北，無不周遍，存亡無問。後傳在昌黎，而存已屬段氏。昌黎土地，燕之所統，存徑投高祖，客之，爲置酒於坐，問存：君失母來幾年，相見當識否？高祖言音未止，存涕泗覆面，尋聲而對，辭甚悲酸。舉坐莫不忼慨，高祖亦爲之動容，由是意遇倍加。存停朞不得母問，將辭歸，高祖意欲留之，而未顯也。存覺微旨，陳謝曰：聶政荆軻，刺客之流，意氣之顧，甘死秦韓。今明公無求於微用，而見接以國士，應終身奉給，以答厚恩。然老母未審存亡，弟小無所依倚，寢食未敢廢心。昔徐庶指方寸以未亂，今存披肝以表情，願明公恕之。高祖矜而聽去。

（宋）李昉等《太平御覽》卷四一四《人事部・孝下》 《郭林宗别傳》曰：茅容字季偉，陳留人。年四十餘，耕於野，時與等輩避雨樹下，衆皆夷倨，容獨危坐。惟林宗見而奇異，與共言，因請寓宿。旦日，容煞雞爲饌，林宗爲己設，既而以供其母，自以菜蔬，與容同飯。林宗起拜之曰：卿賢乎哉。因勸令學，卒以成德。

（宋）李昉等《太平御覽》卷五〇〇《人事部・奴婢》 《誥林》曰：裴秀年十八，有令望。母是婢，而嫡母妬猶令秀母親役。後大集客，秀母下食，衆賓見，並起拜之。答曰：微賤豈宜如此，當爲小兒故耳。於是大母乃不敢復使之。【略】

漢王褒《僮約》曰：蜀郡王褒以事止寡婦楊惠舍，有一奴名便，倩行酤酒。便曰：大夫買便時，但要守家，不約爲他家男子酤酒也。褒大怒曰：寧欲賣耶！奴復曰：欲使便，皆當上券。不上券，便不能爲也。褒乃爲券曰：奴百役不得有二言，晨起早掃，飲食洗滌，居當穿臼縛帚，裁盂鑿斗。出入不得騎馬載車，踑坐大呶，下床振頭，垂鈎刈芻，織履作麤，黏雀張鳥，結網捕魚，繳雁彈鳧，登山射鹿，入水捕龜，後園縱魚，雁鶩百餘，驅逐鴟鳥，持梢牧猪，種薑養羊，長育豚駒，糞除堂廡，飲馬食牛。鼓四起坐，夜半益芻。舍中有客，提壺行酤，汲水作餔，滌杯整按。奴但當飯豆飲水，不得嗜酒。欲飲美酒，唯得染脣口，不得傾盂覆斗。不得晨出夜入，交關伴偶，多取蒲茅，益作繩索。雨墮無所爲，當編蔣織。植種挑李梨柿柘桑，三丈一樹，八尺爲行。菓類相從，縱横相當。果熟收斂，不得吮嘗。犬吠當起，驚告隣里，槍門柱户，上樓擊柝，持楯曳矛，還落三周，勤心疾作，不得遨遊。奴老力索，種莞織席。事訖欲休，當舂一石，夜半無事，浣衣當白。若有私錢，主給賓客。奴不得有姧私，事當聞白，奴不聽教，當笞一百。讀券文訖，辭窮咋索，仡仡叩頭，兩手自搏，目淚下落，鼻涕長尺。審如王大夫言，不如早歸黄土，陌丘蚓鑽額早知當爾，爲王大大酤酒，真不敢作惡。

《新唐書》卷一一二《韓思彦傳》 韓思彦字英遠，鄧州南陽人。【略】授監察御史。【略】

巡察劍南，益州高貲兄弟相訟，累年不決，思彦敕廚宰飲以乳。二人寤，齧肩相泣曰：吾乃夷獠，不識孝義，公將以兄弟共乳而生邪！乃請輟訟。

《宋史》卷二四九《王溥傳》 王溥字齊物，并州祁人。【略】子貽孫、貽正、貽慶、貽序。【略】太祖嘗問趙普，拜禮何以男子跪而婦人否，普問禮官，不能對。貽孫曰：古詩云長跪問故夫，是婦人亦跪也。唐太后朝婦人始拜而不跪。普問所出，對云：大和中，有幽州從事張建章著《渤海國記》，備言其事。

《宋史》卷二六三《張昭傳》 張昭字潛夫，本名昭遠，避漢祖諱，止稱昭。【略】時皇子競尚奢侈，昭疏諫曰：【略】臣又聞古之人君，即位而封太子、拜諸王，究其所由，蓋有深旨。使庶不亂嫡，疏不間新，禮秩有常，邪慝不作。近代人君，失於此道，以至邦家構患，釁隙萌生。

《宋史》卷三四〇《蘇頌傳》〔蘇頌字子容〕頌議以爲：禮，大夫士有田則祭，無田則薦，是有土者乃爲廟祭也。有田則有爵，無土無爵，則子孫無以繼承宗祀，是有廟者止於其躬，子孫無爵，祭乃廢也。若參合古今之制，依約封爵之令，爲之等差，錫以土田，然後廟制可議。若猶未也，即請考案唐賢寢堂祠饗儀，止用燕器常食而已。

（明）烏斯道《春草齋集》卷二《孝義傳》尹成立，字能敬，吉安泰和人也。世居邑之灌溪，父務德，娶蕭氏。蕭氏殁，再取羅氏。生子四人，長成吉，成器、成立、成遠、成達，羅出也。成吉生七歲以母殁，育於羅氏。性孝友，既長，能幹蠱，凡官府事必身先父兄。歲在甲辰夏五月，天兵下吉之郡縣檄袁州，兵合次泰和。城既下，軍剽掠鄉落殊衆。成吉與父母兄弟俱避處里之簭竹坪。軍至，父兄先奔走。成立與母若弟匿山木中。軍又群至，咸被虜，軍各執一人以行及下山，母與弟即不相見。成立竊自念曰：吾與母弟走難磬，無所攜，可以丐生，雖欲同母與弟同死生，度非計也。不若先遁逃，徐謀取母弟。因跳身岩谷間，尋又爲所執。至城中，成立以善卜，軍優遇之，乃狎昵。遂賣卜，徧游軍中，求母弟，月餘不得。間見里人，輒泣涕問母弟所在，有知母氏在袁之新昌。軍戴所下，遂偕往，果見母氏，相抱攜慟哭。成立懇懇告於軍曰：願以白金贖母氏，全母子情。軍感其言，願款許之。乃潛出城，從間道，訪所親，貸白金一斤，再入城，遺軍，軍乃縱母氏與歸元。執成立，軍竟莫之知也。母既歸，言曰：吾求死者，數不可得，今可死矣。成立泣曰：母死，子等可獨生乎？遂止。

成立又以不見弟爲恨，弟時年十有一歲，不能以音耗通。明年，成立詐爲賈客，往袁州蹤跡弟，數十日寂無所聞，迺手書弟之姓名、春秋、顔貌，與所識，且曰：吾姑邁，鄉里有見吾弟，具以實告者，當以白金爲報。至戊申歲，果有一人告曰：汝弟袁州田舍間。成立即以白金二斤餘，俱往而得焉。歸而問其故，蓋爲軍載馬上，先至袁州，爲其食馬。報者利其金而誘吾逃耳。於是父母兄弟相聚者，歡愛如初。嗚呼！成立之厚天倫也，何其至歟！昔朱壽昌誓求母氏，求數十年，行以桐州得焉。成立求母氏，雖不似其久而其立心之誠，復何異哉？陶朱公之長子齎金過楚，救仲氏，終以靳惜滅仲氏身。成立雖在喪亂，餘乃以白金求弟歸，無靳惜意，其遠陶朱公之子遠矣。世道即降天下以孝友稱者殆寡，今成立獨若此，誠足以勵風俗也。使邑之大夫有聞，宜何如哉！

（明）烏斯道《春草齋集》卷二《丁孝子傳》丁孝子，名鶴年，字鶴年，西域人也。性狷介，窮經博史，尤工於詩。自其祖入中夏，世爲顯官，父職馬禄，丁公官武，昌縣最長，有善政，殁而就葬武昌。後兵亂，鶴年倉卒奉母夫人走南，徐世父家，生母馮氏先匿邑之東村，東村首難，竟阻絶莫之知也。餘十載，母夫人殁，鶴年又避地，明之定海，聞父墓嘗爲盗發掘，生母又病死，葬洪道鄉日夕憂悸，且却絶酒肉，鹽酪，示自貶。又二十載，道日通即，告牒還武昌至，則別窴地，樊山窆父棺卜日襄事日巳，迫而淋雨，十日不止。鶴年先一日拜雨中願，翌日，雨止，半日終事，竢至質明，密雲雖四，塞雨則强不澍也，及發引，視窆而反雨，傾瀉如故，已而訪生母葬地村，聚中村，聚自兵後草莽，極目父老皆淪喪。間有存者又轉徙他地，故母之葬地，漫不省，何所自，秋至冬，徧詢之，終莫有知者，鶴年無以措意，惟作母主，蚤暮拜母，主前求五旬，浹有報拜，至七日夜，夢母氏出高堂中，鶴年遽牽母衣，慟哭以慟，即寤晨起，隣老楊重者，至云吾昨夜夢子之，母氏堂宇間自内出以酒肉見賜與三人同食，飲内一人不御也，鶴年以夢母氏與隣老同所夢，堂宇皆在舊業之西，又同因具畚，鍾偕往徘徊顧視見平陸土有陷下者，鶴年意謂吾聞母葬，時無棺槨，下幬土磚，上覆敗舟，板人與板腐，盡乃爾，玆迨可啓而觀歟，遂陳肉酒以祭，祭畢劃其土骨，果見板僅有松節土磚，亦具良在是矣。然恐他墓偶有同者，復嚙指血骨上試之，良久化去，血骨通變茜色，可驗母一齒，當正中，如漆視之，亦驗。時四人同往，享祭餘，鶴年未當入口正，與隣老夢無少異，爽乃收骨棺斂，葬是鄉，慈母王氏墓在寒溪塘，併加封樹，鶴年就廬於父墓，將終其身。

《元史》卷一九七《孝友傳·鄭文嗣》鄭文嗣，婺州浦江人。其家十世同居，凡二百四十餘年，一錢尺帛無敢私。至大間表其門。文嗣殁，從弟大和繼主家事，益嚴而有恩，家庭中凛如公府，子弟稍有過，頒白者猶鞭之。每遇歲時，大和坐堂上，羣從子皆盛衣冠，雁行立左序下，以次進。拜跪奉觴上壽畢，皆肅容拱手，自右趨出，足武相銜，無敢參差者。見者嗟慕，謂有三代遺風。狀聞，復其家。部使者余闕爲書東浙第一家以褒之。

大和方正，不奉浮屠、老子教，冠昏喪葬，必稽朱熹《家禮》而行執。親喪，哀甚，三年不御酒肉，子孫從化，皆孝謹。雖嘗仕宦，不敢一毫有違家法。諸婦唯事女工，不使預家政。宗族里閭，皆懷之以恩。家畜兩馬，一出，則一爲之不食，人以爲孝義所感。有《家範》三卷，傳於世。

《明實録》太宗永樂十二年三月〔庚寅〕晚，次清河，京城官吏耆老送駕者辭，上進其耆老，諭之曰：京師人烟輻輳，欺詐者多，爾等宜督子弟務生業，毋事游惰。人衣食足則廉耻興、風俗厚，而皆本於父兄之教也，爾等勉之。

《明宣宗寶訓》卷二《正風化》 五月庚子，行在禮部奏：錦衣衛總旗衡整女，母病篤，刲肝煑液飲之而痊，宜旌表。

上曰：爲孝有道。孔子曰：身體髮膚，受之父母，不敢毀傷。剖腹割肝，此豈是孝？若致殺身，其罪尤大。況太祖皇帝已有禁令，今若旌表，使愚人效之，豈不大壞風俗？女子無知，不必加罪，所奏亦不允。

《明史》卷一六九《王直傳》 王直，字行儉，泰和人。【略】比家居，嘗從諸佃僕耕蒔，擊鼓歌唱。

《明史》卷二八三《儒林傳·錢德洪》 錢德洪，名寬，字德洪，後以字行，改字洪甫，餘姚人。【略】七年冬，偕畿赴廷試，聞守仁訃，乃奔喪至貴溪。議喪服，德洪曰：某有親在，麻衣布絰弗敢有加焉。畿曰：我無親。遂服斬衰。喪歸，德洪與畿築室于場，以終心喪。

《明史》卷二八三《儒林傳·歐陽德》 歐陽德，字崇一，泰和人。【略】會有詔，二王出邸同日婚。德以裕王儲貳不當出外，疏言：曩太祖以父婚子，諸王皆處禁中。宣宗、孝宗以兄婚弟，始出外府。今事與太祖同，請從初制。帝不許。德又言：《會典》醮詞，主器則曰承宗，分藩則曰承家。今裕王當何從？帝不悦曰：既云王禮，自有典制。如若言，何不竟行册立耶？德即具册立儀上。帝滋不悦，然終諒其誠，婚亦竟不同日。

《明史》卷二九六《孝義傳·劉謹》 劉謹，浙江山陰人。洪武中，父坐法戍雲南。謹方六歲，問家人雲南何在？家人以西南指之，輒朝夕向之拜，年十四，矍然曰：雲南雖萬里，天下豈有無父之子哉！奮身而往，閱六月抵其地，遇父於逆旅，相持號慟。俄父患瘋痹，謹告官乞以身代。法令戍邊者必年十六以上，嫡長男始許代。時謹未成丁，伯兄先死，乃歸家攜兄子往。兄子亦弱未能自立，復歸悉鬻其産畀兄子，始獲奉其父還，孝養終身。

《明史》卷二九七《孝義傳·崔鑑》 崔鑑，京師人。父嗜酒狎娼，召與居。娼恃寵，時時陵鑑母，父又被酒，數侵辱之。一日，娼惡言詈母，母復之，娼遂擊敗母面。母不勝憤，入室伏牀而泣，將自盡。

《明史》卷二九七《孝義傳·唐儼》 唐儼，全州諸生也。父蔭，郴州知州，歸老得危疾。儼年十二，潛割臂肉進之，疾良已。及父歿，哀毁如成人。其後游學於外，嫡母寢疾。儼妻鄧氏年十八，奮曰：吾婦人，安知湯藥。昔夫子以臂肉療吾舅，吾獨不能療吾姑哉？於是割脅肉以進，姑疾亦愈。儼聞母疾，馳歸，則無恙久矣，拜其妻曰：此吾分也，當急召我，何自苦如此！妻曰：子事父，婦事姑，一也。方危急時，召子何及。且事必待子，安用婦爲。儼益歎異。嫡母歿二十年，而生母歿，儼廬墓三年。嘉靖四年貢至京，有司奏旌其門。

《清實録》乾隆元午六月〔己丑〕兩淮鹽政尹會一疏稱：兩淮地方，水陸叢雜，陸路車輛頭匹馱載，販運鹽觔，盈千累百，應與水路之船裝，一並嚴禁。其年少婦女，孤行負賣，有關風化，應行禁止。

契約文書

（明）程新春《寶山公家議》卷二《墓塋議》 古不修墓，非不修也，慎之於初，無庸於修也。蓋以人之根本在是，不宜輕動耳。苟輕動之，猶植木而戕其根，欲枝葉之茂得乎？故凡所當保者，不可忽也。述墓塋議第二。

議曰：自尚書胡夫人以下十墓，清明合祭宗祠，各捧紙錢分往各墓摽掛。自汝霖公以下拾壹墓，清明合祭宗祠後，五房輪備祭品，往各墓所致奠摽錢。寶山公以上叁墓，以下叁墓，俱於清明合祭宗祠，數日後，五房輪備祭品致奠各墓摽錢，長幼畢集百花園墓祠散胙，即日每房各一人至章溪劉孺人墓致奠摽錢，不至者罰銀伍分。前項奠儀，俱有祭穀，有定式。

始祖以下墓塋拾所，多屬湮没，先叔貫倡義稽證修復，各結砌完整，立碑石於上，至今世守不失其故，皆其力也。使後人能繼其善，豈復有迷失之憾。

自今以上祖墓，各得山水環聚之所，俱係前人積德所致，有非偶然。然所據一席之地，已盡翕聚之理，再無餘蘊，觀其發散於後人者可驗。其有尼而侵袝者，斯兩失之，以往勿論，日後倘有各房子孫侵袝祖墓者，衆共攻之，責令立時改正，仍加重罰。如有不伏，衆即立時舉起，仍行告鳴理治，以不孝論。

歷觀祖墓，咸協吉康，無論已。但佐公、庭公二墓，竊有議焉。嘗聞子雖齊聖不先父食久矣。佐公乃寶山公之父，庭春公乃其兄也。今子祠屹然中立，而父兄之墓旁袝，子享大庭豐祀，而父兄兀坐旁觀。塋域未聞專祀之典，祠奠徒增向隅之悲，匪惟子孫惻然不安，寶山公之心豈若是恝乎？且二公捐身萬里，艱苦萬狀，體魄雖泯，靈爽猶存，故園松楸之思，寒暑變遷之感，曾謂子孫而可以若斯報之乎。況佐公爲人好善樂施，鄉稱長者。緣户啓尤，因人受累，原非自致之辜。庭公年方十六，仰承祖命，毅然代父繼役，不累兄弟，遑恤家室，非孝且義者不能。二公韜德於身，留福於後，其奕葉樂利安榮相仍而未艾者，皆二公之所詒也。爲子孫者，可食其報而忘所自乎？愚意謂宜別選吉地，改卜宅兆，大啓規模，建祠樹石，庶少慰我二公之靈。其見在墓地兩旁加造寢室二間，內立用行十三公神主，左右從祀，則一舉數得，父子兄弟各安其位，罔怨罔恫，寧不爲子孫之一大快乎？倘有興念及此者，宜急圖之，幸毋以言爲迂焉。

各處墓塋樹木，屬前遮蔽者可少剪除，係庇蔭者宜慎保守，各房毋得縱容奴僕擅自盗伐，及外人侵損，管理者查訪，從重處治。

百花園墓，今立莊僕看守，凡有折一草木，責必歸之，管理者宜不時曉諭。其程乞住邊方墳背後山地，係五房久業，衆墳在上，清明會祭日一體摽祀。

墓塋各具於後，餘詳族譜足徵録。

尚書公墓（在浮梁錦里潘村韓嶺之麓，丙向）。

尚書胡夫人墓（在本里下東山中培，辛向）。

中奉公墓（在本里楊坑江家嶺下上冢，寅向）。

承津公墓（附中奉公墓左，寅向）。

貴昂公墓（在本里汪村園塘尾，卯向）。

穎公墓（在住後降背塢口，坤向。孺人洪氏袝壙右）。

宿三公墓（在本里下村宅後，巳向）。

甡九公墓（在本里汪村園皺皵培，見在宗渠買業墻圍內，子癸向）。

甡九公夫人佘氏墓（在報慈庵後，巳向）。

伯彥公墓（在本里楊坑中八畝段楊樹橋東，坤向）。

伯彥公孺人張氏墓（在學堂山程巖往後，丁向）。

汝霖公墓（在八都巧坑麻榨塢，係官字九百二十號程必成經理山四畝，坤向）。

汝霖公孺人余氏墓（在二都雍家嶺背楚溪頭莊婆塢，午向。秋字壹百三十號程萬三進名目山六畝。潤公墓袝左。向因地鄰王初等侵損，萬曆二年狀告府縣，責令改正，僞契七紙涂抹附卷抄招給帖存照）。

滋公墓（在本里外江家冢背，近許五塢口，酉向）。

有亨公墓（在江家冢背上邊，近柘木坑，酉向）。

光嶽公墓（在本里上東山胡家園上培，丁向。孺人方氏合葬）。

國寶聖佑公墓（在本里許五塢口，未向）。

如柏公墓（在本都項源磜上宋家山，丁向）。
如柏公孺人于氏墓（在本里黄坑桂家塢口，坤向）。
仕榮公墓（祔如柏公壙右）。
仕榮公孺人陳氏墓（在住後降背塢口穎公墓旁，午向）。
仁山公墓（在本里溪頭觀音堂後，午向）。
仁山公孺人汪氏墓（祔如柏孺人壙右）。
佐公墓（在本里中村書院後，午向。庭春公墓附後）。
佐公孺人蔣氏墓（在本里下東山，乾向）。
竇山公墓（在本里楊坑百花園，卯向）。
竇山公孺人汪氏墓（附佐孺人壙右）。
竇山公孺人劉氏墓（在本都章溪江村，申向）。
竇山公繼孺人查氏墓（在住後下塢口左山麓，丙向）。

（明）程新春《竇山公家議》卷三《祠祀議》 追遠報本，莫重於祠。予宗有合族之祠，予家有合户之祠，有書院之祠，有墓下之祠，前人報本之義，至矣！盡矣！思報本之義而祀事謹焉，神妥人輯，吉之趣也。述祠祀議第三。

議曰：合族祠堂原附立於報慈庵後，祀始遷祖以下神主，各割田以供香火，前輩重祠之意可見。今人衍祠隘，且祠字傾圯，而祀事又多潦草瀆慢，有乖繼述大義，創制宏規，則在乎後人焉。

正居祠堂，東西二房不時致奠，每歲除夕、正旦，少長畢集，照次叙拜，各房爲首者各備果酒，奠後相慶，四禮舉行率集於此，愛護保守實宜爲先。

正居據一村之中，負山面離，左踞右蟠，且棟宇宏壯，甓墁周密，前人功業非尋常可倫，然報禮未盡合義，穢礙日以相循，此乃美中不足。正祠典，盡仁孝，良非細故，試共思之。

正居門路古從右行，磬折而南，對印山以達瀕溪之路。今之東旁行路，乃竇山公己取，補塘西岸而通。

竇山公功德兼隆，祠而祀之宜矣。先時於中村建書院，即堂後立祠像奉祀，予嘗題對云：進士登科之録四次書名，狀元及第之基萬年享祀。其祀事歲凡六舉：正旦、生忌二辰、清明、中元、冬至。惟中元、冬至，管理者動支衆物備設，其三舉則各房輪備。俱有祭穀，有定額。惟清明祠祭，每人出穀拾叁斤半付，爲首者照例管辦。

祭以奉先，非爲胙也。近有計胙多寡，不出祭穀者，殊可鄙笑。人人若爾，不幾於廢祀乎？今後但非遠行大故，應出祭穀而不出者，中元、冬至二祭俱不許領胙。

中元、冬至祭品俱照式設，但務加鮮潔整齊。其酒醴係衆穀見造，亦當較其美惡多寡，庶無後弊。

生忌祭日，每房止長者貳人預祭，仕宦家居者亦預。輪值備辦者，止一人陳設。

書院祠堂本妥神之所，務宜潔净，秩下子孫在此讀書，於祖有光。今除讀書外，如有秩下子孫將物料堆塞污穢祠宇者，管理訪出，即時責令移徙，仍罰。其守祠佃僕，尤宜嚴加禁令，不許安頓農具、灰糞、柴薪，并不許曬物養畜等項。一切污穢，悉在所禁。有不聽令者，管理即告家長家衆，重加責罰。倘祠宇損壞，管理不時修整。若非祭祀、讀書之時，管理即將門鎖閉。其東邊耳門，宜移舊處，以便關鎖。如此則祠宇静潔，神自安妥，且無人畜作污，亦杜水火之患。此急務也，宜即行之。

百花園墓祠，深得建立之善，但未盡建立之規，須寬敞拱顧，以叙百餘長幼，不致參差溷亂爲美。

祭祀乃是大事，必精潔，必誠敬，否則祖宗不歆。如苟且以應故事，當事者從公聲罰，毋得徇情緘默。且祖宗之靈無所不鑒，可不致慎？

中元、冬至之祭，五房十八歲以上者畢集，因以受訓受事，其義深矣。預祭者不思其義，惟圖散胙，是自絶於竇山公也。今後祭畢之時，管理將預祭者書名於本年手册後，以憑照序散胙，亦使各知所議以遵守也。

祠祀規條詳具於後：

合族祠，在居南宋嘉塢報慈庵後，每歲正旦，合族爲首者具酒餅致奠。奠畢，分長少叙拜散餅。本家人衆，凡輪派爲首者，不許推延，以致衆議。每年清明各門致祭。

合户祠，各房不時奠祭。

七分墓祀儀各開於後：

八都汝霖公墓方村辦物。

鮮明五色粿拾五斤，精潔細和菜五斤，鴨彈柒枚，以上俱爲首者管辦。熟猪肉貳斤肆兩，計生肉叁斤。好酒五瓶，白紙拾張，火紙肆兩，紙錢貳竿，象生肆串，官香三炷，祝文一紙。以上俱衆備。

二都汝霖孺人墓仁山公首人辦物。

鮮明五色粿拾五斤，精潔細和菜五斤，鴨彈柒枚，以上俱爲首者管辦。祝文一紙，熟猪肉貳斤肆兩，生同前。好酒五瓶，白紙拾張，火紙肆兩，紙錢貳竿，象生肆串，官香三炷。以上俱衆備。

項源如柏、仕榮二公墓。

鮮明五色粿貳拾斤，精潔細和菜五斤，鴨彈柒枚，以上俱爲首者管辦。祝文一紙，熟猪肉貳斤肆兩，生同前。好酒五瓶，鷄壹隻，係汪住保等佃出備。紙錢壹竿，白紙貳拾張，火紙肆兩，象生陸串，石燭壹對，官香三炷。以上俱衆備。□菜二兩，山林果十二碟，撥墳二碟，和菜四碟，肉一碟，炒骨四兩。發山林果各姓四十個，撥墳二碟，肉菜各二。外又西房墳肉、菜、果各一碟。

溪頭仁山公墓及許五塢、江家冢背等處墓。

鮮明五色粿叁拾斤，精潔細和菜拾貳斤，鴨彈拾伍枚，以上俱爲首者管辦。祝文伍紙，生猪肉拾斤，好酒拾貳瓶，鷄壹隻，係林天生地租鷄。石燭壹對，白紙陸拾張，火紙壹斤，象生拾串，紙錢伍竿，官香壹束。以上俱衆備。挑擡各四十個，莊屋内每人果、肉、菜各一碟，撥墳各二碟。

黃坑塢如柏孺人墓及村裏等處墓。

鮮明五色粿肆拾斤，精潔細和菜拾柒斤，鴨彈貳拾枚，以上俱爲首者管辦。生猪肉拾伍斤，好酒拾伍瓶，白紙伍拾張，火紙壹斤，象生捌串，石燭壹對，紙錢伍竿，官香壹束，祝文肆紙。以上俱衆備。撥墳二碟，肉二碟，菜二。山林果貳碟，菜三，無肉。查氏孺人果一碟，肉一碟，和菜一碟。

墓下祠在本里楊坑百花園墓左山下，每年正旦、清明會祀。

正旦祭儀

好舊臘肉壹斤，去肥皮、黑膜。猪肚壹斤，新鮮油煎塘魚壹斤，去頭尾，醃魚不用。猪心腰舌壹斤，以上俱切細片各稱。好冰梅糖串拾貳兩，租秤稱。堪用水菜隨備，大申文紙貳拾張，計長貳尺貳寸。火紙半斤，價秤稱。中印絲象生貳百錠，石燭壹對，官香壹束，祝文壹紙，以上俱爲首者管辦。好酒拾貳瓶。衆備。

清明祭儀

寶山公墓及汪氏孺人墓。

鮮明五色粿壹百斤，精潔細和菜貳拾斤，鴨彈伍拾叁枚，大申文紙貳拾張，式同前。火紙半斤，價秤稱。中樣印絲象生貳百錠，石燭貳對，紙錢肆竿，官香貳束，枝員果子伍套，不散。祝文并后土文各貳紙。以上俱爲首者管辦。生猪肉伍拾斤，係汪金富等養辦。油煎塘魚，臘肉柒斤，係冬至祭肉内存醃拾斤。肥鷄柒隻，係楊坑中村租鷄。好酒貳拾瓶。以上俱衆備，付爲首者。下東山撥墳肉、菜、果各二碟。

章溪江村劉氏孺人墓。

鮮明五色粿貳拾斤，精潔細和菜肆斤，鴨彈柒枚，紙錢叁竿，以上每竿俱七節叁十層。大申文紙貳拾張，式同前。火紙肆兩，價秤稱。中樣印絲象生壹百錠，石燭壹對，祝文后土文各壹紙，官香壹束。以上俱爲首者管辦。無骨熟猪肉貳斤半，炒骨肝雜，各貳碟。油煎塘魚、臘肉，各壹碟。鷄壹隻，係林法春坦租。好酒伍瓶。以上俱衆備。下東山并果二十□。漳溪上墳山林果四十個，五人吃四十個。

書院祠在本里中村宅里塢口，每年生、忌二辰致奠。

清明、中元、冬至會祀。

生辰祭儀忌辰同。生辰正月十六日，忌辰九月二十一日。五十五年分以正用熟肉二斤，炒骨一斤。

去骨熟猪肉壹斤半，炒骨壹斤半，頭、脚、骨俱不用。新鮮油煎塘魚壹斤，去頭尾，醃魚不用。好舊臘肉壹斤。以上俱切碎各稱。飯十斤，和菜五斤，肥母鷄壹隻，俱係中村張壽、乞保租鷄。二次俱係文孝廟前租鷄，上好大樣枝員各拾貳兩，九月用栗一斤，大堆糖貳個，大拖禄五碟。原係六斤大秤，因戊午年起係八斤大秤。堪用水菜拾碟。俱要豐潔。石燭壹對。今用三對，四座各一枝，大申文紙貳拾張，式同前。火紙半斤。價秤稱。用福錢并火紙。中樣印絲象生壹百錠，官香壹束。加金銀乙百。祝文壹紙。以上俱爲首者管辦。好臘酒捌瓶。係衆備。

清明祭儀

祭猪壹口，祭羊壹羫，席面壹張，油煎塘魚，熟鷄壹只租秤拾貳兩，猪肉，炒骨，臘肉俱要豐潔，高五寸。塘魚陸尾，大枝員堆糖共伍碟，拖禄伍碟，笋蕨水菜伍碟，要豐潔。大申文紙壹百張，紙錢貳竿，七節叁拾層。大小告示榜紙，共拾壹張。石燭叁對，好臘酒叁拾瓢，祝文壹張。餘物俱照簿式。以上俱爲首者管辦。

中元祭儀（冬至同。

祭猪貳口，共計壹百貳拾斤，永爲定則。祭羊壹羫，定銀柒錢。塘魚，定銀伍錢。枝員時果，定銀肆錢五分。拖禄壹棹麵食，共定銀貳錢伍分。水酒拾瓶，糖尖，定銀貳錢伍分。好臘酒貳拾伍瓶，大申文紙壹百張，建白紙貳百張，打錢。石燭叁斤，中様印絲象生壹仟錠，檀香叁錢，速香，貳兩。長紅緑紙表白黄紙，大椒、花椒，各肆兩。大料并紅麯、閩笋、木耳，各捌兩。鹽，伍斤。醬，貳斤。醋壹瓶，香油貳斤，羹飯米，時菜葱，柴叁担，係青真塢管辦。炭拾斤。係中村管辦。

前開中元、冬至祭儀，衆議定式，日後照式無過。蓋人生日繁而衆物有限，憑此散胙，難以復加矣。

其祭儀位席、肴品，俱照後開定式：不在多冗，但要精潔馨香。

神位各一席

羹（酒三獻）飯

菜　猪脯　麵食　果

菜　煎魚　麵食　糖

菜　鷄脯　麵食　果

菜　炙肝　麵食　糖

菜　猪醢　麵食　果

牲飣共設於前

羊肘　魚　猪肘

寶山公席饌外加猪肚壹品，用油醬涂炙，加撲大料。脯，用無骨猪肉各壹塊，約重陸兩，煮半熟，以油醬涂透煎燒，加撲大料。鷄，用肆隻，煮半熟，切大塊，用香油烤熟，加撲大料。魚，用鮮活者五斤，去腮、鱗，油煎，加撲大料。猪肝一付，略煮切片，以鹽、醬、酒醃一霎，炙熟，加撲大料。醢，用精猪肉貳斤，切骰子大塊，以紅麯、鹽、酒醃一霎，取出蒸熟，加撲大料。大料，用净花椒三兩，大茴香一兩揀净，白芷五錢，共研爲細末聽用。

每次用厨役一名，給工銀叁分，胙肉一斤。

青真塢及中村三家役使一日。青真塢與熟肉四兩，中村共與熟肉六兩。

前項祭儀，管理者如式備辦陳設。各位俱用紙牌書主，主稱各照後祭文。神像左右，設二孺人位。堂中南向設五位，餘俱東西叙。至期，先祭二墓畢，闔門，然後祠祭，禮庶兩盡。其熟祭俱照舊規。

書院墓祭儀節：

序立，奠酒，鞠躬四拜，讀祝，侑食，焚帛，禮畢。

書院祠祭儀節：

序立，鞠躬四拜，興，平身，詣香案前，跪，初獻酒，酌酒，祭酒，奠酒，讀祝，亞獻酒，終獻酒俱如初獻，俯伏，興，平身，復位，鞠躬四拜，興，平身，侑食，焚帛，禮畢。

墓祭祝文式：維大明　年歲次　月朔祭日，嗣孫程鏌、程　程　程　五大房人等，敢昭告於六◀七▶世祖考佐一府君之墓曰：歲序流易，時維孟秋、長至。追感歲時，不勝永慕，謹以粢盛庶饈祇薦歲事。尚饗。

高◀六世▶伯祖考春三府君。祭文式同前。

祠祭祝文式：

維大明萬曆三年歲次乙亥秋七月朔祭日，嗣孫程鏌，程鈴、程餅、程鈳、程銷五大房人等，敢昭告於顯高◀七世▶祖考寶山春四府君、顯高◀七世▶祖妣汪氏孺人、顯高◀七世▶祖妣劉氏孺人、曾◀高▶祖考守拙載二府君、曾◀高▶叔祖考朝列大夫左長史慎庵載四府君、曾◀高▶叔祖考存善載五府君、曾◀高▶叔祖考淳庵載六府君、曾▶高▶叔祖考澹庵載七府君、先◀曾▶伯祖考正治卿河南左布政使竹岩用一府君、先◀曾▶伯祖考鬆岩用二府君諱貫、先◀曾▶伯祖考壽官梅岩用三府君諱通、先◀曾▶伯祖考静庵用五府君諱容、先◀曾，以後俱曾▶、先祖考弘庵用八府君諱密、先叔祖考逸儒栢岩用九府君諱復、先叔祖考養性軒用十府君諱憲、先叔祖考誠齋用十一府君諱宿、先叔祖考掌教簡庵用十三府君諱文、先叔祖考壽官敦素用十四府君諱雲、先叔祖考劣翁用十六府君諱騰、先叔祖考古愚用十七府君諱循、先叔祖考儉齋用十九府君諱度以暨堂中男女該祀之神曰：歲序流易，時維孟秋、長至追感歲時，不勝永慕，謹以潔牲粢盛庶品祇薦歲事。尚饗。

各處墓祭祝文式。

正旦祝文：

維大明　年歲次　月朔祭日，嗣孫程　程　程　程　程　五大房人等，敢昭告於高祖考竇山春四府君之墓前曰：歲序流易，時維履端，追感歲時，不勝永慕，敬陳菲奠，用表孝忱。尚饗。

生忌二辰祝文：生辰正月十六日，忌辰九月廿一日

維大明　年歲次　月朔祭日，嗣孫程　程　程　程　程　五大房人等，敢昭告於高祖考竇山春四府君暨高祖妣汪氏孺人、高祖妣劉氏孺人之神曰：歲序流易，時維孟春、季秋恭遇高祖考生、忌辰復臨九月廿一日不用，存既有慶，歿寧敢忘，追感音容，◀歲時▶不勝永慕，謹以清酌庶饈敬伸奠獻。尚饗。

清明祝文：

式同前。曰：歲序流易，時維清明，瞻掃封塋，不勝永慕，謹以酒粿殽饈敬伸奠獻。尚饗。

后土祝文式：

大明　年　月　信士程　程　程　程　程　五大房人等，敢昭於后土之神曰：歲序流易，時維清明，某等恭修祀事於我祖竇山府君之墓，維時保佑，實賴神庥，謹以酒粿殽饈敬伸奠獻。尚饗。佐公清明棹面：拖祿一副四斤大秤。糖尖五個。羊肉十二斤，內雜二斤帶角。鷄一斤二兩，帶爪血稱。火肉一斤二兩，去骨。炙肉一斤四兩，去骨。炒骨十二兩。炙魚一斤二兩。笋蕨菜五碟。弓單。金銀。

案例文書

（唐）白居易《白居易集》卷六六《判·得丁為郡守，行縣，見昆弟相訟者，乃閉閤思過。或告其矯。辭云：欲使以田相讓也》：化本自家，政先爲郡。禮寧下庶，宜寬不悌之刑；訓在知非，是得長人之道。況天倫不睦，地訟攸興：利方競於膏腴，思難虧於骨肉。教宜引古，過貴自新。雖聞爭以閱牆，有傷魯衛之政；庶使愧而讓畔，將同虞芮之風。苟無訟之可期，則相容而何遠。推田以讓，爾誠謝於孟光；閉閤而思，吾何慚於延壽？宜嘉靜理，勿謂矯誣。

（唐）白居易《白居易集》卷六七《判·得丁喪親，賣宅以奉葬。或責其無廟。云：貧無以為禮》：慎終之道，必信必誠；死葬之儀，有豐有省。諒欲厚於卜宅，亦難輕於慮居。丁吴天降兇，遠日叶吉。思葬具之豐備，欲祔九原；顧家徒之屢空，將鬻三畝。愛雖深於送死，義且涉於傷生，念顔氏之貧，豈宜厚葬？覽子游之問，固合稱家。禮所貴於從宜，孝不在於益侈。盍仲破産之禁，以避無廟之嫌。

《名公書判清明集》卷一〇《人倫門·兄弟爭財劉後村》：棠棣之華，鄂不韡韡。凡今之人，莫如兄弟，豈非天倫之至愛，舉天下無越於此乎！徐端之一弟、一兄，皆以儒學發身，可謂白屋起家者之盛事，新安教授乃其季氏也。鴻雁行飛，一日千里，門户寖寖榮盛，徐端此身何患其不温飽，而弟亦何忍坐視其兄而不養乎？塤以倡之，箎以和之，此天機自然之應也。今乃肆作弗靖，視之如仇敵，乘其迓從之來，陵虐之狀，殊駭聽聞。且其家起自寒素，生理至微，鄉曲所共知也。端謂其游從就學之日，用過衆錢一千緡，是時雙親無恙，縱公家有教導之費，父實主之，今乃責償，以此恩愛何在？況徐教授執出伯兄前後家書，具言其家窘束之狀，歷歷如此，徐端雖竄身吏役，惟利之饕，豈得不知同氣之大義，顛冥錯亂，絶滅天理，一至於此乎！前此見於兩府判之詳議者至矣，盡矣，州家恐爲風教之羞，且從僉廳所申，俻以和議。過此以往，或徐端更肆無饜之欲，嚚訟不已，明正典刑，有司之所不容姑息也。

（宋）劉克莊《後村先生大全集・上饒縣申劉熙為舉掘祖墳事》 劉熙若以墳山不利爲說，當別辦棺槨衣衾，可以改葬高燥可也，今乃發冢取其棺中之物，以至磚石、棺釘、墓山皆行賣錢，又將大父遺骸用小板兩片安碑遮蓋，埋在淺土，孝子仁人之掩其親，恐不如此。法司撿坐條令呈，奉判：爲人子孫，輒將祖父冢墓發掘，屍骨焚毀，磚石出賣，亦可謂之悖逆矣。帖縣驗視其人有無疾患，並要見本人母別有無兒女供贍申，十日。

（明）蘇茂相《新鐫官板律例臨民寶鏡》卷八《產業類審語・影占田地》 審得某兄弟同爨，侄輩尚幼，弟死遽爾分異，恤寡憐孤者，不如是也。侄幼分家，不無影占田地之心。弟婦出嫁，不無瓜分財禮之事。某不敢以卑而犯尊，某當視侄而猶子。即自創田產亦合判三分之一濟之。取供。

（明）蘇茂相《新鐫官板律例臨民寶鏡》卷九《彝倫類審語・犯倫》 骨肉不宜傷，名分不宜越，以弟犯兄則弟認罪，以侄犯叔則侄認罪，各下禮以全和息。

（明）祁彪佳《按吴親審檄稿・一件地方世反事》 行據崑山縣解犯俞奉等到院，審得姚會不幸子死，有媳施氏頗能守節，以奉公姑，育一子年八歲矣。乃有俞奉者，住居與姚家不遠，輒夥多人入姚會之門，搶其媳以與子配，賴地方半途邀歸。此事之最奇者矣，俞奉稱曾央媒過禮，則豈有不聞之其公、不聞之其父，而可稱明媒者乎！其爲搶親明甚。奉重責之，俞明拘出，枷號一月，仍斷銀十兩與施氏，償其搶失物件。

右行崑山縣。

（明）佚名《新纂四六合律判語》卷下《禮律・喪葬》 喪欲速朽，不當拘年月之祥。以土爲安，豈可罹水火之厄？蓋死者藏其遺體，則生人庇其餘休。今某惑於堪輿之言，迷於葬埋之禮。避兇趨吉，故稽封樹之期。隨俗習非，示免焚溺之舉。且飲酒而食肉，更設醮而修焚。試藉口於象罔所傷，實泚顙於蠅蚋所嘬。不思壬戌死而癸亥殯，安得延留；盍念窀穸《左傳》：獲保首領以歿於地，唯是春秋窀穸之事，窀，厚也；穸，夜也。謂葬埋於地，猶長夜而終不復有晝也。啓而魂魄歸，豈容暴露？若欲教之以禮，必先加之以刑。

（明）張肯堂《螢辭》卷三《齊三戒滑縣人》 滑民齊三戒雖爲齊文秀族叔，然已在袒免外矣。尊卑之分固不可踰，然使挾其尊長凌卑幼以不堪，誰則甘之。三戒之毆文秀，至於肉綻骨露而不止，是何訓誨哉。宜文秀之受毆半載，而餘痛尚未消也。三戒當被告時，已則匿情而以耄父具訴，想亦有内疚於衷者矣。曾訟本縣，剖斷當得其平，而故牘已不可問，酌其事理，三戒一杖未可謂倒行而逆施也，文秀興訟便乖名義，得與三戒同服杖刑，亦所甘心矣。

（清）李之芳《棘聽草》卷六《讞詞・產業・本府一件為滅門搗巢事》 審得季天、季方、季惟章等因季七九葬妻於園地，惑青烏家言，以爲礙於風水，且值惟章之母葉氏於正月初三日病死，竟疑煞犯，羣然蜂聚而搶其家，毀其屋，並將壽棺抬回，則器皿等物被搶可知。一族之中，操戈相向如此，是何法紀耶？況九七之園與惟章相隔甚遠，若言葉氏因其鑿葬而致犯，設未葬之先，季氏合族豈盡皆老而不死者乎？何見之愚而計之拙也！雖當日搶擁者實繁有徒，試問誰爲禍首而發難端，實始於季天、季方二人，不能逭於併杖。但搶物纍纍，人衆搬散，不能逐一追還，其棺木並現存什物給主收領，姑念親屬，杖此二兇，亦可平九七之憤矣。

（清）李之芳《棘聽草》卷六《讞詞・婺邑・本縣一件為憲究豪勢等事》 審得汪應宿之侄汪福壽，其父於順治四年賣與陳八五二爲義男，改名陳春，券可憑也。今應宿老而無子，孤獨一身，現充坊長，欲贖歸其侄，生則幫役，死則紹後，其情亦可矜已。在八五二不願聽贖，但念僕役可以別尋，血嗣不能更得，姑令應宿於原價之外，量加銀二兩交還八五二，聽令福壽歸宗，以全汪嗣。自後福壽須念故主五年撫育之恩，盡情盡禮，勿得視同陌路也。

（清）李之芳《棘聽草》卷七《讞詞・誣妄・分守道一件為男命慘冤事》 審得鮑肅二向因染病，於去年十月内託媒王廿二將妻改醮於邵三二，原聘銀二十七兩，因有三歲之男隨母携去，故於前聘内拔銀七兩以作飯食費。斯時母愛子抱，即邵三二豈不欲其成立以全鞠育之恩？無奈本年四月十七日，一病而殤，於是肅二往索前之飯銀，而潘開悌等即爲講處，在三二業已首肯，故寫有收票。若何肅二猶呶呶於赴告，以致三二收回其銀，則今日之鳴，豈非肅二好此多事耶？況所告人命既虛，三歲病孩檢無可檢，仍令邵三二給還飯銀七兩，合杖肅二以儆其虛。若夫王廿二不能調停，反禁邵三二之還銀，以啓此訟，併杖不枉。

（清）李之芳《棘聽草》卷八《讞詞·攝郡·本府一件為親究滅倫事》

審得黃德卿賣其妻劉氏，而復娶應氏，忘情敝屣，偏愛新綀，此婦翁劉長高欲索其原贈嫁銀一兩，併索還綿被一床也。夫朝爲行雲，暮爲行雨，何儵忽之變遷，其新孔嘉，其舊如何？笑恩情之浮薄，尚何戀戀於合歡之衾耶！杖之，追銀一兩給長高，綿被姑捨之，令其衾影負慚可耳。

（清）李漁《資治新書二集》卷一六《人命·苦死人命事》　看得孟如松，狼心狗行之人也。有女孟氏，嫁與金玉爲妻，養子已六歲矣。懶婦好動，屢欲歸寧。金玉以農事匆忙，阻勿令出，松妻復來婿家，故作依戀之態。孟氏送母出門，瞻眺弗及，泣涕如雨，嗔夫絶袂，遂爾反目，因致投繯自盡。愚婦輕生，於金玉無尤也。如松始近代本縣，斷孝布二十兩，尚欠五兩，無從出辦。何物訟棍孟如林唆松勒討，立待取盈，逼以氏生六歲之兒鬻於完局，嗟乎，甥猶子也，獸不食子，如松竟欲自啖其肉乎！天理良心，澌滅盡矣，再控襄陵，三控憲臺，總爲鬻甥計耳。金玉既喪其妻，旋令鬻子，人非木石，奚能堪此酸痛耶？舍其虎岳孟如松，而攻訟棍孟如林，誠亦情不得已，而計固無可奈何也。孟如松既不能訓女相夫，致令輕生以基禍，而且欲吞甥詐婿，叠訟不休，狼心狗肺，不是過矣。所當與主唆之如林一并均杖，猶有餘辜。至於妻死非義，不同毆逼，令其夫瘞之足矣，何斷給之有焉？先經寧鄉縣所追十五兩之孝布，速令如松吐出，以爲醮埋孟氏之資，後欠五兩註銷不給，以斬葛藤可也。

（清）李漁《資治新書二集》卷二〇《田產·謀殺人命事》　宋文義本名張胎，工雇子宋廷寶之家。廷寶無兒，請爲養子。寶爲聘媳張氏蓋已有年，詎寶死而義心變矣，私賣父業，謀歸本宗。寶侄宋文禮者，亦黠棍也，見義不仁，得乘隙而欺之，賺屋三間，轉賣與上官位，受價十八兩，分半與義，而餘入己囊，致義不甘，彼此成隙。適義妻死莫殯，向禮追討屋價。禮不從，而義以妻命控，實誣之也。詎禮久蓄傾義之心，素善事寶妻聶氏，故聶氏德禮而惡義，言多右袒。嗟乎！禮亦非能愛聶氏也，利其有耳。雖然，較義之顯爲不孝，則差愈焉。且禮於廷寶，分則侄也，親疏

亦殊。合令族長押令收埋寶骨，然後承業，以奉聶氏餘年可也。宋文義背恩叛母，决杖逐之。

（清）李漁《資治新書二集》卷二〇《婚姻·冒死鳴冤等事》　沈氏，名家女也，適倪大，而大投空門。王奎故宦祖某之僕也，聞其色而悦之，遂謀爲妾，而實受命於主人。夫人各有偶，偶分良賤，豈有良婦娉婷而狂奴畜爲侍妾者乎？奴不足論，爲主人者，獨不念嫁前令之女還故家之妾，爲士大夫美談也？乃使王奎淫縱至此！奎徒；斷沈氏離，另擇配。

（清）董誥《全唐文》卷八六〇《張皓·對去師之妻判》　甲受業於乙，乃去乙之妻。同門以爲失弟子之禮，郡欲科罪甲，云行古之道也。所由不能定。學以居士，人斯守業。曾射御之必習，在師資而有敬。甲性匪生知，才殊特達。將祈代耕之禄，式執摳衣之訓。既而請益不倦，寧止於五經。廣業惟勤，實包乎六藝。庶將貽厥小學，冀亦臻夫大成。判孔氏之四科，登周官之一命。且猶父之禮，義固非輕。從夫而尊，敬亦宜廣。厥妻雖忘於母訓，惟乙且豫於人師。縱鄰樹以致嫌，匪門生之或譴。何乃窺其家室，專務去彼。遂使老萊之婦，坐失齊眉之歡。買臣之妻，終成反目之恨。況人實有偶，甲則無良。訐以爲直，嘗聞君子之惡。犯而不隱，乃昧事師之迹。失禮之告，誠爲有乎。行古之道，未知其可。

（清）董誥《全唐文》卷九八三《闕名·對為父殺牛判》　韓孝隨父行，牛驚觝人，恐損父，遂以刀殺牛。牛主論告，孝請價賠填事。天經地義，道冠生靈，立身揚名，德光終始。見危授命，宣尼以爲美談；臨難捐軀，馬遷述其遺烈。韓孝忝曰人子，先隨父行。逢犖角之初驚，似衝燕壘；遇奔蹄之暫躍，若走秦郊。倉黄貽性之憂，倏忽慮庖之患。霜鋒一舉，若庖丁之刃游。冰鍔聊揮，似宰夫之斷割。原始雖稱犯罪，要終未可論辜。既符名教之規，還申壯勇之節。酬價匪虧公理，與直有愜私家，庶叶平反之詞，以表從輕之典。

（清）蒯德模《吳中判牘》　陳曾錫之姊許字於同邑之金元銓，生方綺歲，母不曾離，養在深閨，人多未識。乃因追薦其父，偶到剎宮，將歸其家，忽逢暴客。是何意態，霍霍怕人；不識姓名，卿卿呼我。客何爲者，直欲舁之以歸。衆皆茫然，竟至爭之不下。當經陳某扭稟，本縣查詢，乃知其爲金陵民人王正坤，曾收某家之棄婢，旋爲踰里之逃人。落花

堆裏偶拾殘紅，蔓草叢中又成野緑，以致求之不得，因恨成癡，立而望之，雖非亦是。再三研詰，堅執不移。然而里居姓氏之不同，亦笑貌聲音之弗類，十年未字，幽蘭尚傍萱居，一去無蹤，僵李何能桃代？惟念癡情若夢，積想成迷。實霧眼之朦朧，非色膽之敢大。姑予杖遣，以蔽其辜。

（清）熊賓《三邑治略》卷四《堂判利川縣任内·訊羅廣愛一案》　訊明張正常買羅海成陰地一穴，據中證高方林等供稱，羅海成原賣之處，本係墳下熟地，而張正常埋棺之時，竟挨羅姓拜臺，本非原賣之地，且查惲捕衙勘後申文，亦稱張正常新葬墳塋，本與羅姓之墳相隔僅有數盡，似覺太近，張正常稟稱，原將棺柩起遷等語。斷令張正常限五日内，速將棺遷他處。至羅廣愛之姪羅海成得錢六串，即作爲修補拜臺之費。約據當堂註銷存卷，各具結完案。此諭。

（清）趙幼班《歷任判牘彙記》卷一《判嚴許氏等堂詞》　嚴德全傷痕驗明，馬大男兒就行責究。姑念馬成桃與嚴許氏係姨姊妹，親上加親，將來結成不解之讎，嚴德壽更生反目之怨。從寬處理，爲之作一調停。飭原差協同鄉約，帶馬成桃往嚴家服禮，並出養傷費四串文，以了其事。後馬應管教其女，聽姑訓示。許氏亦不得因此虐待其媳。兩造仍歸於好，以敦戚愛，免開訟端，彼此各受其累也。取結附卷。此判。

雜録

（陳）徐陵《徐孝穆集箋注·本傳》　陵器局深遠，容止可觀，性又清簡，無所營樹，禄俸與親族共之。大建中食建昌邑，邑户送米，至於水次，陵親戚有貧匱者，皆令取之，數日便盡，陵家尋致乏絶。府僚怪而問其故，陵云：我有車牛衣裳可賣，餘家有可賣不？其周給如此。

（宋）李昉等《太平御覽》卷四一二《人事部·孝上》　《東觀漢記》曰：汝郁，字叔異，陳國人。年五歲，母病不能飲食，郁亦不肯飲食。母憐之，强爲飡飯，欺言已愈。郁察母親色不平，輒復不食。宗親共奇異之，因字曰異。

又曰：蕭彪，字伯文，京兆杜陵人。累官巴郡太守，父老乞供養。父有賓客，輒立屏風後，應受使命。父嗜䴵，每自買進之。

又曰：張霸，字伯饒，蜀郡成都人。年數歲，有所噉必先讓父母，鄉里號曰張曾子。九歲通《春秋》，復欲進業，父母語：汝小何能多曰？

又曰：趙咨，字文楚，東郡燕人。大司農陳奇舉，咨至孝，躬率子孫耕農爲養。盜嘗夜往刧之，咨恐母驚懼，乃先至門迎盜，因設爲食，謝曰：老母八十，疾病須養，居貧無儲，乞少置衣糧，妻子餘物，一無所請。盜皆慙，奔走。

又曰：黄香，字文彊。父兄舉孝廉，貧無奴僕，香躬勤苦盡心供養。冬無被袴，而親極滋味，暑即扇枕，寒即以身温席。

又曰：鮑永，字君長，上黨人。少有志操，事母至孝，妻常於母前叱狗，永即去之。

又曰：樊儵，字長魚，事母至孝，母常病癰，儵晝夜匍伏不離左右，至爲吮癰。

又曰：張表，字公儀，奉之子也，遭父喪，疾病曠年，目無所見，耳無所聞，服闋醫藥救療，歷歲乃瘳。每彈琴，惻愴不能成聲，見酒肉未嘗不泣。宗人親厚節會飲食宴，爲其不復設樂。

又曰：廉範，字叔度，京兆人也。父客死蜀漢，範與客步負喪歸，至葭萌，舡觸石破没，篼持棺柩遂俱沈溺。衆傷其義，鈎求得之，僅免於死。

又曰：李充兄弟六人，出入更衣，家貧親老。充妻勸異居，充使釀酒會親戚，充啓其母曰：此婦勸異居，不可奉祭祀，請去之。遂叱出其婦。

（宋）魏泰《東軒筆録》卷一 雷德驤判大理寺，因便殿奏事，太祖方燕服，見之，因問曰：古者以官奴婢賜臣下，遂與本家姓，其意安在？德驤曰：古人制貴賤之分，使不可瀆，恐後世譜牒不明，有以奴主爲婚者。太祖大喜曰：卿深得古人立法意。由是歎重久之。自後，每德驤奏事，雖在燕處，必御袍帶以見。

（宋）郭茂倩《樂府詩集》卷三二《相和歌辭・君子行》 君子防未然，不處嫌疑間。瓜田不納履，李下不正冠。嫂叔不親授，長幼不比肩。勞謙得其柄，和光甚獨難。周公下白屋，吐哺不及餐。一沐三握髮，後世稱聖賢。

（宋）洪邁《夷堅志》卷二《姜七家豬》 壽春民姜七，居於府市，邀接商旅作牙儈。慶元三年七月，常聞後園有悲泣之聲，開户審視，則無所睹。又兩月，五客負販南藥至，一姓陶，一姓祝，一姓何，一姓吴，一姓董，同宿房中。其夜，聞泣聲切切，於門隙窺之，乃圈中牝豬也。五客偕出，呼問之曰：爾已墮畜類，故應受業，何得示此變怪？豬應答如人言：我是姜七之祖婆。緣在生之日，專養母豬，多育豚子，貿（呂本作貨）易與人，一歲之間，動以百數，用此成立家計，遂受罰償填，追悔無及。明日，衆以告姜，勸其如法飼養。姜怫然曰：畜生之言，何足爲信，我已數月來知之矣。見怪不怪，其怪自壞。設若真個是祖母，又且如何？不可聽他，一任自在。衆皆不復語。祝客者，建昌人，申戒尤力。姜發怒責之。纔兩日得疾，恨豬爲祟，喚王屠執縛去，宰殺取錢。閲三日，姜手足盡生黑毛，化爲四脚，呻叫痛苦，若就刃時。到晚而絶。妻正懷孕，滿十月生女，頭面兩手是人形，惟兩豬足，而徧體黑毛。母抱棄於水中。

（宋）洪邁《夷堅志戊》卷四《張氏煮蟹》 平江細民張氏，以煮蟹出售自給，所殺不可億計。紹熙五年七月，買兩簖置室中，凡數百枚。夜聞鴨聲嘈嘈，父子秉炬尋索，無所睹。迨復寢，其聲又作。審聽之，正在簖内，乃起坐咄之。蟹作人言曰：只是死了住。夜半後，又覺有人著屐游行，以爲盜也，走報鄰里，欲拘執，寂無影響。其女五七娘，驚而病卧於床三日，聞外人唤云：五七可同去。應曰：待我來。至晚而死。後九日，張妻亦病，見女坐床下，呼之使上。已而張父子及妻相繼亡，但存一小女曰阿感，無人養育。所親周二爲取致其家，便見父母來就唤，亦死。張門遂絶。

（元）陶宗儀《輟耕録》卷一一《賢孝》 前至元間，杭州有鄭萬户者，天性峻急不能有所容，而奉事母夫人備極孝道。母誕日垂至，預市文繡氁段製袍爲壽。鍼工持歸，縫綴既成，爲油所污。時估貴重，工莫能償，自經不死。隣婦有識其母者，潛送入，白之。至日卧不起，子至候問安否，見有憂色，請其故。曰：昨莫偶視新袍，適几上油缶飜濺漬成玷，我情思，殊不佳耳。子告曰：一袍壞復製一袍可也，夫人何重惜。乃爾母陽爲自解，遂起受子孫拜賀如常歲儀。人咸以此爲賢母，而益見萬户之孝。國朝婦人禮服，達靼曰袍，漢人曰團衫，南人曰大衣。無貴賤皆如之，服章但有金素之别耳。惟處子則不得衣焉。今萬户有姓者而亦曰袍，其母豈達靼與。然俗謂男子布衫曰布袍，則凡上蓋之服或可槩曰袍。

（明）董紀《西郊笑端集》卷一《胡彦章孝行詩》 長孫年老齒俱無，新婦晨昏事舅姑。考叔君前猶舍肉，老萊親側故將雛。家庭只種忘憂草，林木都栖反哺烏。莫恨無錢奉甘旨，何妨菽水盡歡娱。

（明）謝晋《蘭庭集》卷下《壽金秀才鉉母八十》 鉉也慈親壽且康，鬖鬖垂白在高堂，每逢初度中秋近，况是今年八十强。親友懽趨同預席，兒孫拜舞各稱觴，雲中冉冉來王母，持賜蟠桃一顆嘗。

（清）曹雪芹《紅樓夢》第一六回《賈元春才選鳳藻宫 秦鯨卿夭逝黄泉路》 説話時賈璉已進來，鳳姐便命擺上酒饌來，夫妻對坐。鳳姐雖善飲，卻不敢任興，只陪侍著賈璉。一時賈璉的乳母趙嬤嬤走來，賈璉鳳姐忙讓吃酒，令其上炕去。趙嬤嬤執意不肯。平兒等早於炕沿下設下一杌，又有一小脚踏，趙嬤嬤在脚踏上坐了。賈璉向桌上揀兩盤肴饌與他放在杌上自吃。

鳳姐又道：媽媽很嚼不動那個，倒没的矼了他的牙。因向平兒道：早起我説那一碗火腿燉肘子很爛，正好給媽媽吃，你怎麼不拿了去趕著叫他們熱來？又道：媽媽，你嘗一嘗你兒子帶來的惠泉酒。

趙嬤嬤道：我喝呢，奶奶也喝一盅，怕什麼？只不要過多了就是了。我這會子跑了來，倒也不爲飲酒，倒有一件正經事，奶奶好歹記在心裏，疼顧我些罷。我們這爺，只是嘴裏説的好，倒了跟前就忘了我們。幸虧我從小兒奶了你這麼大。我也老了，有的是那兩個兒子，你就另眼照看他們些，别人也不敢呲牙兒的。我還再四的求了你幾遍，你答應的倒好，到如今還是燥屎。這如今又從天上中跑出這一件大喜事來，那裏用不著人？所以倒是來和奶奶來説是正經，靠著我們爺，只怕我還餓死了呢。

鳳姐笑道：媽媽你放心，兩個奶哥哥都交給我。你從小兒奶的兒子，你還有什麼不知他那脾氣的？拿著皮肉倒往那不相干的外人身上貼。可是現放著奶哥哥，那一個不比人强？你疼顧照看他們，誰敢説個不字兒？没的白便宜了外人。我這話也説錯了，我們看著是外人，你却看著内人一樣呢。説的滿屋裏人都笑了。趙嬤嬤也笑個不住，又念佛道：可是屋子裏中跑出青天來了。若説内人外人這些混帳原故，我們爺是没有，不過是臉軟心慈，擱不住人求兩句罷了。鳳姐笑道：可不是呢，有内人的他才慈軟呢，他在咱們娘兒們跟前才是剛硬呢！趙嬤嬤笑道：奶奶説的太盡情了，我也樂了，再吃一杯好酒。從此我們奶奶作了主，我就没的愁了。

（清）曹雪芹《紅樓夢》第二〇回《王熙鳳正言彈妒意　林黛玉俏語謔嬌音》　正説著，可巧鳳姐在窗外過。都聽在耳内。便隔窗説道：大正月又怎麼了？環兄弟小孩子家，一半點兒錯了，你只教導他，説這些淡話作什麼！憑他怎麼去，還有太太老爺管他呢，就大口啐他！他現是主子，不好了，横豎有教導他的人，與你什麼相干！環兄弟，出來，跟我頑去。賈環素日怕鳳姐比怕王夫人更甚，聽見叫他，忙唯唯的出來。趙姨娘也不敢則聲。鳳姐向賈環道：你也是個没氣性的！時常説給你：要吃，要喝，要頑，要笑，只愛同那一個姐姐妹妹哥哥嫂子頑，就同那個頑。你不聽我的話，反叫這些人教的歪心邪意，狐媚子霸道的。自己不尊重，要往下流走，安著壞心，還只管怨人家偏心。輸了幾個錢？就這麼個樣兒！

（清）劉鶚《老殘游記》卷一四《大縣若蛙半浮水面　小船如蟻分送饅頭》　翠花道：俺這個爹不是死了嗎？喪事裏多花了一百幾十吊錢；前日俺媽賭錢，擲骰子又輸了一二三百吊錢。共總虧空四百多吊，今年的年，是萬過不去的了。所以前兒打算把環妹賣給蒯二秃子家，這蒯二秃子出名的利害，一天没有客。就要拿火筷子烙人。俺媽要他三百銀子，他給了六百吊錢，所以没有説妥，你老想，現在到年，還能有多少天？這日子眼看著越過越緊，倘若到了年下，怕他不賣嗎？這一賣，翠環可就夠他難受了。

（清）徐珂《清稗類鈔・禮制類・馮柯亭以禮事親》　馮孟亭侍御爲伯陽司寇之嫡孫，司寇庶子柯亭中丞鈐撫安徽時，將葬其生母曹夫人，祔於其父伯陽司寇之塋，相與並列，侍御持不可，曰：是並嫡也。柯亭曰：有子之妾，禮當祔，何並列之疑。孟亭退而考之，得韓魏公葬所生母胡其匱後於嫡夫人尺許，魏公自爲誌銘曰：棺槨之制，悉用降等，安神之次，卻而不齊，示不敢瀆也。柯亭無以難，議乃定。然孟亭亦禮嚴甚，嘗入覲高宗，詢及家事，諭曰：汝母有賢子，今封夫人矣，將不爲正室乎？孟亭叩首謝，敬對曰：臣父未有遺命。上霽顔曰：是也，汝父未有命。遂已。

（清）徐珂《清稗類鈔・教育類・施愚山講學》　宣城施愚山，名閏章，任湖西道參議時，暇日，與諸生講學，有具牒請質者，施曰：此講習地，聽訟有官署。令就坐。講長幼有序，極陳兄弟之恩，且曰：某少孤，終鮮兄弟，見友恭者固欣然慕，即見鬩墻者亦心動，以爲彼尚有同氣，或猶可轉乖爲和也。言下涕泣。忽末座二客相持大慟，各出袖中牒燔之，蓋兄弟訟産十年不决者。曰：吾小人，今遇賢賢而不洗心者，非人也。遂讓所争者爲祀産。

（清）徐珂《清稗類鈔・教育類・鄭板橋教子》　鄭板橋嘗誡其子曰：一捧書本，便想中舉、中進士作官，如何攫取金錢，造大房屋，置多田産。其不能發達者，鄉里作惡，小頭鋭面，更不可當。又云：新招佃地人，必須待之以禮，彼稱我爲主人，我稱彼爲客户，主客原是對待之義。

（清）徐珂《清稗類鈔・獄訟類・查許墳地案》　海寧許季覺與其同邑查某友善，查掇巍科，躋顯仕，許杜門隱居，甘貧食淡。查没，賜祭歸葬，勢烜赫。葬地侵許氏祖墳，兩家子弟交搆，許曰：吾終不以死友賣祖父也。挺身訟之官，連年不决。查、許本通家姻戚，居間者以十數，至是，許攘袂奮髯而誓曰：頭可斷，地不可讓！聞者乃止。後查以通海客誣季覺，大吏鍛鍊周内，置於獄，會有知其誣者，營護得解。仇者百出其計，欲殺之，乃避之山陰。數年，卒蹤跡得之，使幹役十餘人縶以去。許知不得復生，義不辱，因於獄中碎瓷器作屑，吞之而斃。

（清）徐珂《清稗類鈔・獄訟類・藍某折獄》 藍某令潮陽時，陳氏兄弟以争父遺田七畝搆訟，謂兄弟本同體，何得争訟？命役以鐵索縶之，坐卧行止，頃刻不能離。更使人偵其舉動詞色，日來報。初悻悻不相語，背面側坐，至一二日，則漸漸相向，又三四日，則相對太息，俄而相與言矣，未幾，又相與共飯矣。知其有悔心也，問二人有子否，則皆有二子，命拘之來，謂曰：汝父不合生汝二人，是以搆訟，汝等不幸又各生二子，他日争奪，無有已時。吾爲汝思患豫防，命各以一子交養濟院與丐頭爲子。兄弟皆叩頭哭曰：今知悔矣，願讓田，不復争矣。曰：汝二人即有此心，汝二人之妻未必願也，且歸與計之，三日後定議。翌日，其妻邀其族長來求息，請自今以後，永相和睦，皆不願得此田。乃命以田爲祭産，兄弟輪年收租備祭，子孫世世，永無争端。由是，兄弟妯娌皆親愛異常。

（清）徐珂《清稗類鈔・獄訟類・方某讞獄》 光緒時，直隸棗强縣有孀艾而美，夫弟瞰其有千金遺産也，迫其再醮，拒之。乃訟之於令，謂其不貞。令爲桐城方某，孀至，語之曰：爾夫弟控爾不貞誠謬，然與之同居，亦非計也，今又年少無子女，可再醮。孀曰：醮則如産何？方曰：毋慮，彼不得奪爾産也。孀稱謝。方即傳一縫工至，命面孀而告之曰：爾二人可相配。皆首肯，因令當堂成禮，二人叩頭去。方即遣隸取孀奩物至署，千金之契亦在焉，則飾辭言宜入官也。

（清）徐珂《清稗類鈔・義俠類・張惻庵掩骼養童》 康、雍間，山左大饑，白骨枕籍，鬻子女者值僅數百錢。某州築萬人坑，以埋胔掩骼。有路遠不能致者，多委棄而去，積户塞途，爲烏鳶犬彘食。歙張惻庵自京師歸，過其地，惻然憫之，立解橐中金，金盡，復假貸於同行者。雇人荷鋤畚，送枯骸數百於某州以瘞焉。更出錢買童子之嗁號將斃者數百人，攜之歸里門，給其衣食。次年秋熟，悉縱之歸，還其父母，皆涕泣叩頭而去。山左人皆設主於家，朔望祀之，每垂涕告其子女曰：張公，爾再生父母也。

（清）徐珂《清稗類鈔・義俠類・趙宗夫完佃夫婦》 分宜趙士沆，字宗夫。有質行，家小康。佃人羅光廷苦赤貧，將嫁其妻，宗夫聞之，曰：吾之佃，乃有此苦況耶？予以銀米，周恤之，其婦得不嫁。

誠實信用分部

論說

《論語・學而第一》 曾子曰：吾日三省吾身。爲人謀而不忠乎？與朋友交而不信乎？傳不習乎？

《論語・為政第二》 子曰：人而無信，不知其可也。大車無輗，小車無軏，其何以行之哉？

《論語・鄉黨第十》 君子不以紺緅飾，紅紫不以爲褻服。當暑，袗絺綌，必表而出之。緇衣，羔裘；素衣，麑裘；黄衣，狐裘。褻裘長，短右袂。必有寢衣，長一身有半。狐貉之厚以居。去喪，無所不佩。非帷裳，必殺之。羔裘玄冠不以吊。吉月，必朝服而朝。

齊，必有明衣，布。齊必變食，居必遷坐。【略】

鄉人飲酒，杖者出，斯出矣。【略】

見齊衰者，雖狎，必變。見冕者與瞽者，雖褻，必以貌。凶服者式之。式負版者。有盛饌，必變色而作。迅雷風烈必變。

《呂氏春秋・離俗覽・貴信》 君臣不信，則百姓誹謗，社稷不寧。處官不信，則少不畏長，貴賤相輕。賞罰不信，則民易犯法，不可使令。交友不信，則離散鬱怨，不能相親。百工不信，則器械苦僞，丹漆染色不貞。夫可與爲始，可與爲終，可與尊通，可與卑窮者，其唯信乎！信而又信，重襲於身，乃通於天。

《管子・君臣下》 君以利和，臣以節信。則上下無邪矣。故曰：君人者制仁，臣人者守信，此言上下之禮也。

《孟子・離婁上》 居下位而不獲於上，民不可得而治也；獲於上有道：不信于友，弗獲於上矣；信于友有道：事親弗悦，弗信于友矣；悦親有道：反身不誠，不悦於親矣；誠身有道：不明乎善，不誠其身矣。是故誠者，天之道也；思誠者，人之道也。至誠而不動者，未之有也；不誠，未有能動者也。

《春秋左傳正義・隱公三年》 鄭伯怨王，王曰：無之。故周、鄭交質。王子狐爲質於鄭，鄭公子忽爲質於周。王崩，周人將畀虢公政。四月，鄭祭足帥師取温之麥。秋，又取成周之禾。周、鄭交惡。君子曰：信不由中，質無益也。明恕而行，要之以禮，雖無有質，誰能間之？苟有明信，澗谿沼沚之毛，蘋蘩薀藻之菜，潢汙行潦之水，可薦於鬼神，可羞於王公。《風》有《采蘩》、《采蘋》，《雅》有《行葦》、《泂酌》，昭忠信也。

《春秋左傳正義・襄公八年》 冬，楚子囊伐鄭，討其侵蔡也。子駟、子國、子耳欲從楚，子孔、子蟜、子展欲待晉。

子駟曰：《周詩》有之曰：俟河之清，人壽幾何？兆云詢多，職競作羅。謀之多族，民之多違，事滋無成。民急矣，姑從楚以紓吾民。晉師至，吾又從之。敬共幣帛，以待來者，小國之道也。犧牲玉帛，待於二竟，以待彊者而庇民焉。寇不爲害，民不罷病，不亦可乎？子展曰：小所以事大，信也。小國無信，兵亂日至，亡無日矣。五會之信，今將背之，雖楚救我，將安用之？親我無成，鄙我是欲，不可從也。不如待晉。晉君方明，四軍無闕，八卿和睦，必不棄鄭。楚師遼遠，糧食將盡，必將速歸，何患焉？

舍之聞之：杖莫如信。完守以老楚，杖信以待晉，不亦可乎？

子駟曰：《詩》云：謀夫孔多，是用不集。發言盈庭，誰敢執其咎？如匪行邁謀，是用不得於道。請從楚，騑也受其咎。乃及楚平，使王子伯駢告於晉，曰：君命敝邑：脩而車賦，儆而師徒，以討亂略。蔡人不從，敝邑之人不敢寧處，悉索敝賦，以討于蔡，獲司馬燮，獻于邢丘。今楚來討，曰：女何故稱兵於蔡？焚我郊保，馮陵我城郭。敝邑之衆，夫婦男女，不遑啓處，以相救也。民死亡者，非其父兄，即其子弟。夫人愁痛，不知所庇。民知窮困，而受盟于楚。孤也與其二三臣不能禁止，不敢不告。知武子使行人子員對之，曰：君有楚命，亦不使一介行李告于寡君，而即安于楚。君之所欲也，誰敢違君？寡君將帥諸侯以見于城下，唯君圖之！

《春秋左傳正義·襄公二十七年》 辛巳，將盟於宋西門之外。楚人衷甲。伯州犁曰：合諸侯之師，以爲不信，無乃不可乎？夫諸侯望信於楚，是以來服。若不信，是棄其所以服諸侯也。固請釋甲。子木曰：晉、楚無信久矣！事利而已。苟得志焉，焉用有信？大宰退，告人曰：令尹將死矣，不及三年。求逞志而棄信，志將逞乎？志以發言，言以出信，信以立志，參以定之。信亡，何以及三？趙孟患楚衷甲，以告叔向。叔向曰：何害也？匹夫一爲不信，猶不可，單斃其死。若合諸侯之卿，以爲不信，必不捷矣！食言者不病，非子之患也。夫以信召人，而以僭濟之，必莫之與也，安能害我？且吾因宋以守病，則夫能致死。與宋致死，雖倍楚可也。子何懼焉？又不及是。曰弭兵以召諸侯，而稱兵以害我，吾庸多矣，非所患也。

（宋）李昉等《太平御覽》卷四三〇《人事部·信》 晉陽秋曰：陸抗羊祜推信禮之好，抗嘗遺祜酒，祜飲之不疑。抗有疾，祜饋之藥，抗亦推心服之。

《春秋公羊傳注疏·僖公二十一年》 楚人使宜申來獻捷。此楚子也，其稱人何？貶。曷爲貶？爲執宋公貶。曷爲執宋公貶？宋公與楚子期以乘車之會，公子目夷諫曰：楚，夷國也，强而無義，請君以兵車之會往。宋公曰：不可。吾與之約以乘車之會，自我爲之，自我墮之，曰不可。終以乘車之會往，楚人果伏兵車，執宋公以伐宋。宋公謂公子目夷曰：子歸守國矣。國，子之國也。吾不從子之言，以至乎此。公子目夷復曰：君雖不言國，國固臣之國也。於是歸，設守械而守國。楚人謂宋人曰：子不與我國，吾將殺子君矣。宋人應之曰：吾賴社稷之神靈，吾國已有君矣。楚人知雖殺宋公，猶不得宋國，於是釋宋公。宋公釋乎執，走之衛。公子目夷復曰：國爲君守之，君曷爲不入？然後逆襄公歸。惡乎捷？捷乎宋。曷爲不言捷乎宋？爲襄公諱也。此圍辭也，曷爲不言其圍？爲公子目夷諱也。

（元）王結《文忠集》卷六《善俗要義·三十一曰明要約》 作事謀始，古人所貴。後世文約契券，蓋亦謹始之道，所以防其爭且欺也。近年風俗偷薄，巧僞日增，凡田宅婚姻債負良賤，偶因要約不明，多致爭訟昏賴，紊亂官府，動涉歲年，干礙平人，妨誤生計。亦有詐立契約，公肆欺謾者，然理曲之人，終亦敗露，身負罪責，名陷凶徒，竟亦何得也？今後民間婚姻、田宅等事及兩相貿易，合立文約者，皆須分明開寫年月、價值、期限、證佐，以備他日檢勘。防閑既密，爭告漸稀，欺僞之徒，自有刑憲，是亦善風俗止詞訟之一事也。

（元）魏初《青崖集》卷四《奏議》〔至元十年〕六月二十一日。竊惟際天之下，皆朝廷赤子，初無内外之間。古人由近以及遠，故有先後緩急之勢。大抵京師根本也，四方枝葉也，根本盛實則枝葉茂密，此必然之理也。殷、周王畿千里，諸侯大者方百里；秦、漢徙天下豪强以實京師，亦所以强干弱枝，隆上都而觀萬國之意也。若京師根本不固，四方脱有風塵之警，饑饉之虞，則何以鎮遏寇掠？今竊觀大都形勢，則四方之根抵也，其百姓宜加愛養，厚其力以固根本。廼者近餘年間，其賦役科差比之外方更爲煩重，每歲除包銀、絲料、課程、税糧外，略於總管府各科分取問得，打造石材、般載木植及一切營造等處不下一百五六十萬工，和買稈草，燒草又不下數十百萬束，料粟不下數十萬石，車具不下數千餘輛，其餘雜細，不能縷數也。今來參詳：曰買曰顧，非常法也，前代不測則用之。今一一逐旋顧買，侵漁之徒又因而剋減，致使官民不相信。凡所給價以十分爲率，必揩留一二分，俟估計體度定然後破除放支。行移遷調，有數年不得足其價者。今營造方始，此等事不能遽已，要當講求良方，擬定價直，明示榜文，鈔出則貨入，貨入則鈔出，使侵漁之徒不能少有剋減。倘計置不盡不測必用之物，宜比市價稍加增添。利之所在，民爭趨之，何患有不辦者哉！

（元）劉敏中《中庵集》卷一五《奏議又二事·除民患》 公家百須，皆民所出，取之有法，民不知病。今夫夏絲秋税，乃其常賦，和買和雇，官皆給價，宜無所病者。然和買和雇，名件不一，駢至疊出，責辦須臾。故和買必至望户科着，貪吏憸人，得緣爲姦。易新鈔爲爛鈔者有之；給價撙除者有之；繆指其物惡，賂焉而受者有之；預嚇以多買而取賂者有之；受賂當買之户，而移之下户者有之。而又追呼停留，費用過當，民不勝擾矣。其和雇，則十車之運而爲百車之雇，有車之家，闔境追攝，必賂而後免。故和買和雇，姦民之利，而細民之病也。今後一切和買和雇憲司必須密爲體察，仍許諸人首告，似前犯者，痛行追斷。監臨有失防禁，罰俸摽過，甚者降等，憲司不察同坐。惟復止於大都。將年例和買段疋、絲絹等物，預期張立榜文，各開色樣幅尺，麄細輕重，添價收買，仍許中買鹽引，商旅四集，旬月可辦，不惟省減脚力、防押官兵及免水火盜賊之虞，實永絶姦人因公規利害民之弊。若慮或有耽誤，且可內外分買。若大都果便，來歲通行。斯亦惠民弭灾之切務也。

（明）曹端《通書述解》卷上《誠上》 誠者聖人之本。誠者，實理而無妄之謂，天所賦物所受之正理也。人皆有之，然氣稟拘之，物欲蔽之，習俗誘之，而不能全此者衆。聖人之所以爲聖人者，無他，焉以其獨能全此而已。【略】

誠五常之本百行之源也。五常，仁義禮智信，五行之性也。百行孝弟忠順之屬，萬物之象也。實理全則五常不虧，而百行修矣。是則五常百行之本、之源，一誠而已。

（明）曹端《通書述解》卷下《家人睽復無妄》 身端心誠之謂也，身之所以正者以其心之無不誠也，誠心復其不善之動而已矣。所以誠心者不善之動息於外則善心之生於內者，無不實矣。不善之動妄也。妄者人爲之僞，妄復則无妄矣，妄去則是无妄，无妄則誠矣。程子曰无妄則謂誠，誠者天理之真也。

（清）董誥《全唐文》卷九七三《闕名・請禁業主牙人陵弱商賈奏》

商賈及諸色人等訴稱，被牙人店主人引領百姓，賒買財貨，違限不還其價。亦有將物去，便與牙人設計，公然隱沒。又莊宅牙人，亦多與有物業人通情，重疊將店宅立契典當，或虛指別人產業，或浮造屋舍，僞稱祖父所置。更有卑幼骨肉，不問家長，衷私典賣，及將倚當取債，或是骨肉物業，自己不合有分，倚强凌弱，公行典賣。牙人錢主，通同蒙昧，致有爭訟。起今後欲乞明降指揮，應有諸色牙人店主，引致買賣，並須錢物交相分付，或還錢未足，仰牙人店主明立期限，勒定文字，遞相委保。如數內有人前卻，及違限別無抵當，便仰連署契人同力填還。如諸色牙行人內有貧窮無信行者，恐己後誤業，即許衆狀集出。如是客旅自與人商量交易，其店主牙行人，並不得邀難遮占，稱須依行店事例引致。如有此色人，亦加深罪，其有典質倚當物業，仰官牙人業主及四鄰人同署文契，委不是曾將物業已經別處重疊倚當，及虛指他人物業。印稅之時，於稅務內納契日，一本務司點檢，須有官牙人鄰人押署處，及委不是重疊倚當錢物，方得與印。如違犯，應關連人並行科斷，仍徵還錢物。如業主別無抵當，只仰同署契牙保鄰人均分代納。如是卑幼不問家長，便將物業典賣倚當，或雖是骨肉物業，自己不合有，輒敢典賣倚當者，所犯人重行科斷，其牙人錢主並當深罪。所有物業，請准格律指揮。如有典賣莊宅，准例房親鄰人合得承當。若是親鄰不要，及著價不及，方得別處商量，和合交易，只不得虛抬價例，蒙昧公私，如有發覺，一任親鄰論理，勘責不虛。業主牙保人並當科斷，仍改正物業，或親戚實自不便承買，妄有遮吝阻滯交易者，亦當深罪。

綜　述

《天盛改舊新定律令》卷一七《急用不買門》　諸司有應派人買種種官之物、雜財産、樹草炭等，及臨時買畜、物等，諸家主雙方情願，可買賣，不許强以逼迫買取。若違律强以逼迫買取等時，大人、承旨、都案、案頭、局分人等之罪，一律以强買取物之價與所予之價相較，令家主所損失幾何少則徒一年。若倚官買時行欺騙，本人已留，壓低價，則令家主損失幾何，物多索幾何當計之，比偷盗罪當減一等。倘若非因私食之，雖因公買之，然壓低家主之價值，則當計超出幾何，依前比本人因私已留罪當再減一等判斷。

（宋）李元弼《作邑自箴》卷六《勸諭民庶牓》　一、諸色行鋪不得輒將人户寄付并修整及染練物色之類解賣，其知情收解承買之人亦當嚴斷。一、放債人户切須饒潤取債之人，輕立利息寬約日限，即不得計套貧民，虚裝價錢質當田産，及强牽牛畜，硬奪衣物，動用之類，準折欠錢。其欠債人户亦不得昏賴失信，須防後來闕乏全籍債主緩急接濟。一、凡作營運務要久長取利，豈可便要成立家資。切不可貨賣假僞物色，及用私斗秤尺大收小出，剥刻貧民，却將錢財非理破使，惡積禍生，汝宜前悔。

（宋）黄榦《勉齋先生黄文肅公文集·免行户買物牓文》　官司收買應用物色，若有見錢，何處不可收買。今來本軍應買一文以上零碎雜物，並是出引追行户供物。想持引上門之人，必有乞覔需索，及至供認，又須被人吏揀擇邀求，至於請錢，又被公使庫拖延除尅，今至外廳，亦復出引搔擾民户，深屬不便。今後本軍收買雜物，徑差人就鄂州收買，並不得出引追擾行户，外廳更敢似前追擾，許行户前來陳告。切待重作施行，備牓市曹曉示，别引追李裕同詞人對，仍轉牒諸廳取遵稟申。

（元）沈仲緯《刑統賦疏·第五韻》　通例：延祐五年三月，刑部議：諸人赴市貨賣牛馬、駝騾驢隻，須問來歷明白，對主兩平定價，不得欺瞞。若有贓主認得實，當官給付元價，著落經手牙人追還，杖斷三十七下，提控牙人減等斷罪，並許革去。知情故犯者，准盗論，後獲正贓依例追斷。

《通制條格》卷一八《關市令·牙保欺蔽》　至元十年八月，中書省。斷事官呈：大都等路，諸買賣人口、頭疋、房屋一切物貨交易，其官私牙人，僥倖圖利，不令買主、賣主相見，先於物主處撲定價直，却於買主處高擡物價，多有尅落，深爲未便。今後凡買賣人口、頭疋、房屋一切物貨，須要牙保人等，與賣主、買主明白書寫籍貫、住坐去處，仍召知識賣主人或正牙保人等保管，畫完押字，許令成交，然後赴務投税。仍令所在税務，亦仰驗契完備，收税明白，附曆出榜，遍行禁治相應。都省准呈。

《通制條格》卷一八《關市令·和雇和買》　至元二十一年四月，中書省。户部呈：大都管下州縣和糴和買米糧、料草一切所須，官給價錢内，有給不到數目，及將元降料鈔，私下换作爛鈔，散與百姓。都省議得，如遇關支和買、和糴鈔數，明白開寫，行移合屬須管依數給散，毋致因而换易違錯。御史臺嚴加體察。

《通制條格》卷一八《關市令·牙行》　皇慶元年八月，中書省。照得大都羊市，設官恢辦税課皮毛，若遇官買，亦須兩平支價。其所委買羊之人，往往揹勒羊主賤買，或不即給價，營利轉賣，及權豪勢要之家，挾勢强買，又一等無賴之徒，迎接絟占，乾要盖利，羊牙人等，多取牙錢，驚擾羊客，公私不便，已嘗禁治。今體知得，諸衙門往往亂行批寫印帖，就市强行奪買羊口，無賴之徒擾害客旅。如有違犯之人，許諸人捉拏到官，嚴行治罪，及劄付御史臺體察。

《元典章》卷五九《工部·造作·船隻·禁停櫓取渡錢》　大德二年八月，行御史臺：據監察御史呈：

鎮江西津渡，六月初五日梢水沈興等乘駕渡船滿載過江，欲至中流才方停櫓勒取船錢，不將風蓬放落。須臾風雨大來，爲無防閑，以致將船打翻。除金山寺救護得活人數外，渰死軍民客旅甚衆。除已責令當該官司將沈興等枷禁取問外，看詳：上項事理事關人命，又恐其餘渡口亦有似此刁蹬客旅、勒取錢物未便，宜遍行禁約。憲臺除外，合下仰依上嚴加禁治，行移合屬，一體施行。

《元典章》卷五九《工部·造作·船隻·禁治河渡取要》　大德七年十二月，行臺：據監察御史呈：

會驗欽奉聖旨條畫内一款：隨路鋪驛及關津渡口橛橋梁，若修治不如法者，及刁蹬行旅一切違枉等事，並可糾察。欽此。除欽依外，切見沿江渡口設立擺渡官船去處，其梢水人等往往刁蹬過往客旅，取要船錢，停滯人難。亦有乘駕船隻直至中流，倚恃險惡，勒要錢物，延遲不行，以致或因潮來，或因風起，害傷人命，深爲利害。呈乞照詳，行下合屬，嚴加禁治施行。憲臺仰行移合屬禁治，更爲體察施行。

《至正條格・斷例》卷三《職制・虚契典買民田》　大德元年二月，御史臺（宣）〔呈〕：武岡路府判昔里（宣）〔吉〕思，爲武岡縣民户舒德與徐端等，被本縣科差生受，託昔里吉思照虐覷雜役，將各户田畝虚錢實契，典賣與本官爲主，各人自行種佃送納税糧外，每年認納本官租錢米石。刑部議得：昔里吉思所招數内，以要訖徐端中統鈔肆定爲重，比依不枉法例斷罪，解任標附。都省准擬。

《至正條格・斷例》卷三《職制・減價買馬》　天曆二年七月，刑部議得：保定翼萬户張武昌，因奔祖父喪，回還保定，減價勒買軍户張子京玉面赤騸馬壹疋，與訖中統鈔壹拾定，令張子京家人卲成，於契上代替畫字。聞知事發，令王德義，於契内填作軍人王鎮撫名字，印税赴官，遮掩己罪。武昌路估計馬價，實直中統鈔壹拾捌定，即與軍官人等，徧詣軍家，非理擾害，取要飲食、草料，事例不同。況兼保定與武昌時價貴賤各異。合准湖北道廉訪司所擬，量笞參拾柒下，依舊勾當，罪幸遇免，標附。都省准擬。

《皇明條法事類纂》卷一二《户部類・分過（財）〔家〕産賣過田地不許重分贖取》　弘治二年八月初三日，大理寺卿馮等題，爲傳奏事。計開：一、禁刁潑。近者，在京在外有等官舍並富豪子弟，平昔不務（正）〔生〕理，專一飲酒、宿娼、賭博，將受分家産蕩盡，欲乃（以）〔撒〕潑，將遠年久（祖）分之家産，收其分書，尋捏別故具告，意圖重分。又有一等遠年實賣過田宅，曾經税契過割，見在上住種者，前項無籍之徒，或捏作虚錢實契，或詐要備價收贖，多方設法牽告買（住）〔主〕，（亦）〔以〕圖添價。官司（户）〔乃〕得受理。及至提對，百虚一實。卻又勘令被告念親情，重分與伊家財（得）産業，再添與伊價資。似此移法就情，刁潑反得以肆〔志〕，展轉牽告，經年累月，案無杜絶。合無今後内外衙門遇有此等之徒，捏告父祖以來分居（以）〔已〕定，親祖寫有分書明白，及田宅（以）〔已〕經實賣，過割年遠，及查有問過卷案者，悉照先年（契）〔兵〕科給事中官榮奏行事例，斷令管業，不許重分、再贖，仍將本犯問擬如律。所奏告情詞，立案不行。違者（通純）〔繩之〕以法，庶刁潑知懼，良善獲安。

《問刑條例》　一、凡將妻妾作姊妹，及將拐帶不明婦女，或將親女，並居喪姊妹，嫁賣與人作妻妾使女名色，騙財之後，設詞託故，公然領去；或瞰起程，中途聚衆行兇，邀搶人財者，除真犯死罪外，其餘屬軍衛者發邊衛充軍，屬有司者發口外爲民。媒人知情，罪同。若婦人有犯，罪坐夫男。若不知情，及無夫男者，止坐本婦，照常發落。

（明）葉春及《惠安政書》卷九《禁邪七條》　一、王制用器不中度，不粥於市；布帛精麤不中數，幅廣狹不中量，不粥於市；五穀不時，果實未熟，不粥於市；木不中伐，不粥於市；魚鱉不中殺，不粥於市。故孔子爲政，器不彫僞，百姓遵用韓延壽者，賣偶車馬下里僞物者，棄之市道。今後我民有賣鬼面諸淫巧物，與斗斛秤尺不如較勘市而二其價者，并罪之。

（明）吕坤《實政録》卷五《鄉甲約卷之五》　一、物價有千般，斗秤無兩樣。以後民間秤只用十六兩，斗尺照官定法式。物貴物賤，只在價上消長，不許使假瞞人。以後敢有私用大小斗秤尺者，甲中舉出重究。有能奪來稟官者，准於犯人名下追銀三兩給賞。

（清）李之芳《李文襄公別録》卷五《示禁渡夫勒詐康熙十二年十二月**》**

爲嚴禁渡夫勒詐以甦商民積困事。

照得錢江渡口原係杭紹往來通津，其間客商絡繹。當恐淏濤巨浪一時覆溺堪虞，向因渡夫乘機勒詐立有碑禁，不許多載人貨横索銀錢，特建靖浪亭房以便行人休息。凡遇風波偶作，鳴鐘止渡，不許舟人嗜利冒險，誠屬便民利濟至計。兹值歲暮，一應手藝窮民賈易商賈以及訓館書生終歲勤勞異鄉，自然各思歸里度此新年。近聞渡夫仍蹈故轍，任意勒詐，每每將船拋泊江心，遇有行人肩挑背負而來，一夫攘奪行李，一夫拉扯行人，遂使人貨兩離，伴侣疎失，形同邀截。及孤客鄧舟，名爲載頭延捱招攬，挨擠滿船猶不輕易開行。常至潮頭驟到，激浪排空，危險異常，悍然不顧。

每遇霜雪之朝，風雨之夕，行人忍饑受淒，慘不可言。幸而將近江岸復停楫中流，迫索重資，校諸尋常不至數倍不止。更窺隻身行囊，沙灘遼闊，四顧無人之時，掯留不還，種種肆害，殊爲可恨。

除見在責令巡察官兵查拏解究外，合行出示嚴禁。爲此示仰該地方民人及過往客商人等知悉。嗣後如有渡口舟人不遵碑禁，仍前攘奪行李、多載人貨，延捱不開，半江勒掯銀錢等弊，俱許被害於登岸時喊鳴該地方，即行捉拏。其巡察官兵協力追擒，押解本部院轅門以憑重責枷示。如該地方徇縱及巡察官兵賄脱，訪出一體嚴拏重究不貸。

（清）李之芳《李文襄公别録》卷六《嚴禁營債告示康熙二十一年七月**》**

爲嚴禁營債剥民、察拏奸惡縴棍以遵功令，以甦民困事。

案准兵部咨開僉都御史張疏稱，營官歷勒地方官員攬事説情，官兵占行賈易恣行放債，將民間之妻子忍拆，嚴行禁止等語，應將此處行文督撫等通行滿漢營官兵丁。若有擾害地方情弊者，該督撫等即指名題參。若督撫等徇情不行題參，或被科道題參，該督撫等一併嚴加議處等因，奉有俞旨，欽遵通行禁飭。又查現行則例，内開旗下人既不准出境外放債，與境外州縣民控告者，槩不准行。其境内之人欠債能還而刁蹬年久不還者，准行審理。若借債之後身死，而家業實無可還之物者，債主雖告亦不准行等因，頒行在案。是營債剥民久有禁令，其如浙省無籍惡棍，每多駕營滚利違旨殃民，本部院屢經禁飭，悍兵惡棍全不悔禍自悛，流毒閭閻日甚一日。凡遇民人借債，止有七折八折票約則勒寫足數，又加每月每兩行利三分。此外，又科索東道錢、保人錢種種名色，窮民借銀到手十不及半，追至取債不容少寬時日，或利息過月不還，又勒展票，利上加利。不數月間，貲産吸盡，禍及妻拏。始慮民人不即依從，先肆兇威登門毒毆，吊營拷打，百般狼籍，命若懸絲，勢不得不鬻妻賣子，甚至踢打傷重慘致殞身，又或窘迫無聊因而自盡。而狼丁惡棍方且張牙磨吻，擇人飛食，里鄰親族咸遭波累。本利疊算，孰敢逋欠分毫？營債之害一至於此。惟是推原禍始，旗營與民人原不相識，乃有一種縴棍勾通引誘輒墮牢籠。今欲除違旨剥民之大害，必先除釀禍設阱之根源。除暴安良惟此爲亟，除咨會鎮浙將軍外，合再嚴示禁飭。

爲此示仰官吏旗民里甲人等知悉。嗣後旗營兵厮務須恪遵功令，不許重利盤剥及違例出境放債。凡從前未清債負，止許照依本利清還。如果有刁蹬不還，止照許例呈告審理。如敢仍前怙惡肆行，吊打逼勒妻帑飛害親朋鄰里者，被害之人據實呈告，以憑會審治罪。至奸惡縴棍亟宜痛改前非，毋許交結旗營影射詐害。如再容留旗厮交結往來，公然放債及巧立印子錢百日錢等項名色代爲中保圖利者，兩鄰總甲報鳴該地方官拏解本部院，軍前審實立斃杖下。如兩鄰總甲通同容隱，告發訪聞定行一併嚴究懲處。爾等百姓亦須仰體軫恤，毋得甘墮術中自貽噬臍，有負本部院恤民至意。

《大清集解附例》卷九《户律・錢債・違禁取利》 凡私放錢債及典當財物，每月取利並不得過三分。年月雖多，不過一本一利，違者，笞四十，以餘利計贓重於笞四十者，坐贓論，罪止杖一百。若監臨官吏於所部内，舉放錢債，典當財物者，不必多取餘利，有犯即杖八十。違禁取利，以餘利計贓，重於杖八十者，依不枉法論。各主者，通算折半科罪。有禄人三十兩，無禄人四十兩，並杖九十，每十兩加一等，罪止杖一百，流三千里，罷職，追奪除名。並追餘利給主。兼庶民官吏。其負欠私債，違約不還者，五兩以上，違三月，笞一十，每一月，加一等，罪止笞四十。五十兩以上，違三月，笞二十，每一月，加一等，罪止笞五十。百兩以上，違三月，笞三十，每一月，加一等，罪止杖六十。並追本利給主。若豪勢之人，於違約負債者。不告官司，以私債强奪去人孳畜産業者，杖八十。無多取餘利，聽贖不追。若估所奪畜産之價過本利者，計多餘之物，罪有重於杖八十者。坐贓論。止杖一百、徒三年。依多餘之數追還主。若准折人妻妾、子女者，姦占即從和姦論。杖一百，强奪者，加二等。杖七十、徒一年半。因而姦占婦女者，絞。監候。所准折强奪之人口給親，私債免追。

條例

一、凡勢豪舉放私債，交通運糧官，挾勢擅拿官軍綁打凌辱，强將官糧准還私債者，問罪。屬軍衛者，發邊衛充軍；屬有司者，發邊外爲民。運糧官參究治罪。官糧與軍糧不同。官糧者，漕運赴京上納正糧也；軍糧，行月二糧也。

一、聽選官吏、監生人等借債，與債主及保人同赴任所取償，至五十兩以上者，借者革職，債主及保人各枷號一個月，發落，債追入官。

一、凡舉放錢債，買囑各衛委官，擅將欠債軍官、軍人俸糧、銀物領去者，問擬詐欺，委官問擬受財聽囑罪名。

一、在京兵部並在外巡撫、巡按、巡察司官，點視各衛所印信，如有軍職將印當錢使用者，參問帶俸差操。執當之人問罪，枷號一個月，債追入官。

一、内外放債之家，不分文約久近，係在京住坐車、匠人等揭借者，止許於原借之人名下索取，不許赴原籍逼擾。如有執當、印信、關單、勘合等項公文者，提問。債追入官。

一、凡負欠私債，在京不赴法司而赴別衙門，在外不赴軍衛有司而越赴巡撫、巡按、三司官處各告理，及輒具本狀奏訴者，俱問罪。立案不行。若本京別有衙門，聽從施行者，一體參究。私債不追。

（清）凌燽《西江視臬紀事》卷三《禁渡夫勒索》　爲嚴禁渡夫勒索，以便商民事。照得河道渡口既無橋梁，即需舟楫，庶來往可通，民無病涉。則渡船之設本以便民，然以便民之事而作病民之具，未有如渡子之甚者也。本司訪查章德二渡，路通京廣，行商絡繹，該處渡夫輒爲利藪，凡商民擺渡，任意勒索，每人需錢十文或十餘文。遇有小車等項，索錢三四十文。倘不飽欲，即將船開至中流，停留不渡。商民既已登舟，不得不任其需勒。若不核定章程，苛索將無所底。查各渡過往行人，日約數千，渡船輪流擺送，日約十次，每次約載七八人至十餘人。今本司適中酌定，嗣後過渡，每人給錢二文，春夏水漲給錢三文，小車一輛算作二人。在渡夫足資家口，而商民亦免欺詐，永爲定額。除每船設一木板刊刻給錢數目，并渡夫姓名寔釘船艄艙内張示。仍委南浦驛驛丞并新建縣典史逐日巡查外，合行示諭各渡夫及經過商民人等一體知悉：嗣後各遵本司酌定之數分別給與，倘該渡夫仍敢留難、多索，及將刊刻錢數、渡夫姓名木板藏匿不釘者，即赴該委管官喊稟拏解赴轅，以憑重究。

（清）凌燽《西江視臬紀事》卷三《禁奸牙侵吞客本》　爲嚴禁奸牙侵吞客本，以恤商旅事。照得客商負本經營，涉歷風濤，以圖微息，全賴牙行信實買賣公平，俾客至如歸，則遠近胥集，況行家藉客資生，尤貴招徠有道。乃訪聞江省各處牙行，每遇客貨運至河干，並不由客自便，率多甜言蜜語，誘其投止。及至貨物起入行内，即視爲己物，侵肥、扣減、剥取不貲。甚至勾通地棍，東賒西放，按簿則有名有姓，求資則此卸彼推。本利既歸烏有，守候無復了期，控之有司又視錢債細務，了不關心。而姦牙猾儈早已賄串，經差即准批查，終歸捺擱，幸而審理究亦有斷無追，以致異客孤商進退維谷。現在赴本司衙門控告者，不一而足，深可痛恨。除檄行地方有司立限究追外，合亟示禁，仰按屬商旅牙行人等知悉：嗣後客商貨物，聽其自便投行，無許攔誘，發脱貨物須三面公議，公平估價。議定價銀務須照約清還，毋得久羈客旅。倘牙行抗玩不遵，再敢仍前騙害，許客商即赴地方官控追。該地方官即行准理，定限半月審結。審明侵吞是實，亦定限半月照欠追償。仍將欺客行店立即追帖斥革，不得任聽胥役捺擱，致令旅客匍匐公庭，守候月日，是亦柔遠通商之道。各宜凛遵毋違。

（清）凌燽《西江視臬紀事》卷四《再禁渡夫勒索》　爲再行嚴禁事。照得章、德二渡，乃行商必由之所，每船裝載人數，應給渡錢，本司久已定有成規，不許多索，仍委官輪流稽察，以防陽奉陰違。距日久法弛，訪聞各委員並不親身稽察，僅委差役往查，惟日向渡夫索取酒錢，自數十文至百文不等。地保爲之串合分肥，渡夫藉此益無所忌，多載横索，滋累客商，藐玩殊甚。合再嚴示查禁，爲此示仰巡查官役、渡夫人等知悉，嗣後務遵本司示禁定式，不許任意多載、多索，值月巡查官員務須親身查視，毋許委役代查，致滋需索擾累，如再仍前陽奉陰違，一經察出，官則詳究，役則重處，渡夫立拏枷示河干，決不寛貸，各宜凛遵毋違。

《大清會典》卷一六《户部·關税》　凡貨財之經過關津者，必行商大賈挾貲貨殖以牟利者，廼徵之物有精麤，直有貴賤，利有厚薄，各按其時地以定應徵之數部，設科條頒於各關，刊之木榜，俾商賈周知，而吏不能欺，其有匿應税之物者，論如法。至小民日用所需擔負奇零之物，皆不在徵榷之條。

《大清會典》卷七二《工部·物材》　凡物價木辨良楛，量其長徑，石辨堅疏，度其厚薄，甎甓辨精粗，計其大小，以差等其價之高下。若采飾之用，雜需之材，均因時採訪刊頒定，則以便遵循俾百物之良要於平準。

《大清會典則例》卷三八《户部·權量》　一、尺秤，順治十五年題準，各關量船稱貨務使秤尺準足，不得任意輕重長短。康熙元年題準，直省尺斗等秤均照部頒前式畫一遵行，違制者究處。

一、法馬，順治十一年諭，徵收錢糧各督撫嚴飭有司務遵部頒較定法馬，有私自增加者不時稽察，欽此。

《大清會典則例》卷四五《户部・鹽法》　雍正十七年議準，河南汝寧府屬，皆食淮鹽，每斤定價二分，惟上蔡西平遂平三縣與行銷蘆鹽地方接壤。蘆鹽每斤賣錢十有六文，較賤於淮，小民多食私鹽，以致淮鹽引壅課絀，地方官每罹處。自乾隆三年議將三縣鹽價每斤酌減一釐，已與蘆鹽價等，而不肖鹽店以銀數作爲錢數出售，仍不免於食私，應將該三縣鹽價每斤減銀二釐，定爲一分七釐，如有以錢赴買者務按换錢時價折算，不得仍行欺誑，至所減鹽價水商本小利微，難令虧折，應令上蔡西平遂平等商赴淮辦鹽之時，即將辦運引數報明該縣，轉報鹽政，飭知淮北綱商酌覈貼銀數，自爲攤派給發水商歸本。如商店籍口虧本插和沙土重等短秤等弊，應令地方官不時察究。

（清）張五緯《講求共濟録・大名府任内頒發示禁男婦鬬花等項積習各條講解示諭》　今訪聞各屬有頹風惡習，開列於後。【略】民間當賣田産、房屋，設有經紀，原所以杜來歷不明，故有中間註明買賣銀業清楚，並恐日後涉訟糾纏也。今有大名縣婦孀居李李氏呈送其子李梅忤逆、浪蕩、瞞母當地肆賭一案，係經紀爲之説合、並不告之其母，已將李梅照例治罪、拿問同賭，並將圖利之經紀申高重責，地仍李氏贖回。因思各屬中，似此浪蕩逆子瞞其邁父孀母偷典當賣房産者，自復不少，犯則必辦。本府深不願有再犯，因此先頒示禁。嗣後凡充房産經紀的人，遇有家有孤老孀居之子孫，及家有父兄，及有同居伯叔之子弟，售房變地，務要親往查問明白，果知其情，定須令其男著花押婦打手摹再成交易。切不可狥一面之情，貪圖多得用錢之利，致被告發或被訪拿，自取刑辱拖累，各宜凛遵、痛改。還要知道刑罰是皇上家的刑罰，身家是你們的身家，臉面是你們各家子子孫孫、世世代代的臉面。切莫心存一官一令暫顧暫時，有負本府愛民重士所望久遠，所全衆多之至意也。此諭。

（清）常恩《安順黎平府公牘・道光二十七、八年安順黎平府告示稿》　爲曉諭事，照得户房呈。本府蒞任之初，訪聞民間買置田土、房屋等業，並不投稅，永遠將白契藏匿，以致屢奉憲催，用契尾課銀，日久未能批解。兼之每遇控争到官呈驗時，真僞難辨。既犯匿稅之罪，又開争訟之門，希圖眼前減省稅銀，致遺日後追罰之苦。況稅契係屬正課，豈容任意玩法營私？此等積弊相沿，殊爲可恨。合行明白曉諭，爲此示諭府屬紳士、民、苗人等知悉：凡爾等買明田土、房屋，未經投稅者，無論價值多寡，年月遠近，限爾等一月内趕緊赴府照例投稅，立等批解。其從前隱匿之罪，概從寬免。自示之後，倘仍蹈前轍。私執白契，以爲可以管業，一月之後經差查出，或被人告發，定即照例罰半充公，並重治以匿稅之罪。本府言出法隨，決不姑寬。各宜痛改前非，毋遺後悔。凛之、慎之毋違。特示。

（清）李璋煜《視已成事齋官書》卷三《禁奸媒串賣示》　爲嚴禁姦媒勾串販賣，以端風化而保廉耻事。照得婦女以名節爲重，風化以廉耻爲先，女嫁從夫，終身不改，非特夫婦爲人倫之始，當守此義。即不幸而身爲妾媵，亦應堅持名節，從一而終。無如揚城地當孔道，五方雜處，每有奸媒收養幼女在家，勾串無耻之人，將女嫁賣與人爲妾，既已得其厚資，復又誘其父母，教令此女於售賣後，或不數日而逃歸，或多方吵鬧不休，使買主不堪其擾，不得不退回母家，名曰放鴿子。其女一回母家，又從而轉賣，父母貪利，媒妁分肥，每至輾轉販賣，一女而數易其夫，以致終身無依靠者，廉耻喪盡，名節何存。於風化人心，大有關係，不可不嚴行禁止。除飭各屬一體查拏外，爲此示仰軍民人等知悉。自示之後，務當革面洗心，痛改前非。如再有奸媒潛匿勾串，輾轉販賣利資分肥，一經訪聞得實，或被告發，定即嚴拏到案。比照京城奸媒誘姦誘拐之例，罪坐本婦，實發駐防爲奴，決不稍爲寬貸，各宜凛遵。毋違。特示。

《户部則例》卷四〇《漕運・漕船・剥船》　一、漕船行抵北河楊村地方官辦理剥船總以裝載一百石以上者量爲封雇，以備旗丁雇剥輪流轉運。其裝載不及百石之船，毋庸封雇，地方官務須實力督辦出示曉諭。如有胥吏藉端留難以大爲小，賣放營私，以小爲大揹詐客商等弊，即嚴行查辦，從重究治。

一、通州石壩裏河剥船一百隻、内撥石壩二十四隻、普濟閘二十隻、平下閘一十五隻、平上閘二十二隻、慶豐閘一十九隻，又白糧經紀剥船二十五隻，土壩裏河車户剥船二十隻，十年排造一次，每隻給銀二百九十八兩三錢有奇。於經紀車戸，應領腳價銀内分作十年扣還。如有攙用舊料，將經紀治罪賠造，每年修艌各役，俱預支腳價，自行辦理，不動正項錢糧。又土壩裏河白糧經紀，自備剥船五隻，不支排造銀兩。

一、大通橋至朝陽門剥船二十八隻，十年排造一次，每隻借給通濟庫銀一百三十兩，分作十年，於車户腳價銀内扣還。

《户部則例》卷四一《漕運・禁令・通漕例禁》　一、州縣收漕驗明米色，隨到隨收，倘有淋尖踢斛，或剗去斛裏，或改换斛面，或額外別取樣米，或斛面餘下之米作爲席墊，不准業户取回。或借米色爲辭，私自外加，以及蠹役刁蹬留難，包攬代完，侵蝕飛派等弊，督撫糧道嚴条究治。如有徇隱，一併議處。又蘇松等二府，如糧道臨倉盤驗計丁兑外，米有盈餘，核明數目，留爲修倉賑濟之用。如該道扶同徇隱，一併題条治罪。

一、州縣收漕，或借米色爲辭，或度倉有餘米私收折色者，查出嚴条治罪。或書役將應上米石私相折銀，以致米石虧缺者，其侵虧米石，著官役各半追補。糧户業已有印串，不得扳指私折再爲追完。如糧户私向折銀，經官拿獲現銀者，通詳究治，將銀入官，仍追應完米石交倉。

一、各省正耗漕糧及贈耗，行月各米監兑官逐一驗明，交兑官丁，不許私折顆粒兑糧，完日監兑官同州縣出具並無折乾扶同情弊印結，申報開行時，糧道親行查驗，出結報部。倘有州縣串通弁丁，私自折給，監兑等官徇隱不究，漕運總督一併查明劾条。

一、州縣收兑漕糧及過淮盤驗，有攙和糠粃砂土潮濕米色霉變，將經徵州縣監兑官題条該管道府廳，均予議處，運弁革職留任。俟糧船抵通，如有虧折，勒限賠補，限内不完，題条革任追賠。

一、漕糧到通驗看，質嫩色暗，不能一律純潔，或攙和砂土糠粃潮濕者，押運領運員弁及該管糧道交部議處。如有霉變，米石倉場侍郎驗明，尚堪起卸，飭廳酌量收受，不堪起卸之米，責令賠補，并押運領運員弁報条議處，漕運總督亦一併察議。

一、糧艘過淮，總漕眼同弁丁逐船比對，務期米色一律純潔，方准過淮。倘有攙雜低潮，如江蘇浙江二省，係監兑之員押運，即將監兑押領各員弁同經管各員一併嚴条議處。仍將米石著落各該員，分別立限追賠。其安徽江西湖廣等省監兑不押運赴淮，只有糧道并押領各廳弁督率照料。倘查有原兑，本係好米，中途不勤加風晾，甚或舞弊攙和，皆非監兑官所能查察，止將在幫各員条處追賠。至過淮驗明以後，已屬好米，如有以霉暗之米交倉，則係弁丁等中途不勤加風晾所至，即將押領員弁条處，並將不堪米石著落追賠。

一、旗丁使水攙和漕糧，將旗丁治罪，押運員弁，分別議處。

一、漕船艙底用蘆席鋪墊，於過淮時總漕查驗取結存案。如查有以石灰鋪墊者，無論米色曾否潮濕，即將該旗丁從重治罪，該管官一併議處。

一、弁丁沿途盜賣正項漕糧，并行月米石，拿獲，按律分別治罪。頭舵私受錢財，及知而不舉者，亦分別治罪。押運領運員弁均按例議處，所缺米石照數追賠。如本人無可賠補，著落原選委衙門官代賠。盜賣盜買之人，一體治罪，糧米交還本船，仍追米價入官充餉。其往來搬運之船，減等發落。地方巡查各官能拿獲者，按次分别議叙，汛兵實力查獲，將入官米價照追賞給巡查各官。失於查察者，按照起數及米石數目，分別議處。

一、失風船隻到壩，如奸丁因有准其易賣買補之例，乘機將好米攙和盜賣者，從重治罪。

一、湖南省漕船如有舵工包攬運務，於抵通時少米五石以上，累及衆丁代完者，令領運千總據實報明，將該船舵工拿訊，審實侵盜情弊，即送部發遣。

一、旗丁原備三升八合，餘米盡數給價進倉外，米價詳交收類。其存剩行月等米坐糧廳給票，聽沿途售賣。若非奉特旨而私自在通私糶者，查出嚴加究治。

《户部則例》卷四一《漕運・禁令・約束弁丁》　一、運弁領運違限及管押，重運擅自離帮，正丁在南浼托別丁包運，並隨帮與副丁，不親身押帮回空者，弁丁從重治罪，糧道一併題条。

一、每帮十船各丁，連環保結，相互稽察，如有折乾盜賣等弊，能出首者，酌量賞給。隱匿不首者，事發之日，本丁治罪，其餘九丁一體責懲。

一、有頂帶之丁干犯漕規，照運丁例一體治罪。

一、糧船頭舵水手，於本軍内擇其能撑駕者充當。如有雇募匪人於漕糧兑足後，不即開行包攬貨物，回空時收帶私鹽、聚衆行兇、登岸滋事、及擾害過往船隻，並砍伐官柳、拆毁橋板、奪取民間堆貯蘆葦等物，俱從重治罪，押運官弁分别議處。

《大清新法令》第四卷《光緒新法令·直隸總督袁奏擬試辦直隸公債票折並清單又片》 今欲開幕債票，宜自公家嚴守信實，俾民間便利通行，方足以挽澆風召天下，然示信之道，非可空言。又宜預籌的款備償本息，無論何項不得挪用，又准其交納本省庫款關税各項，隨處皆可兑用，信如四時，令如流水，既宜籌集，尤便推行，在國家無利源外溢之虞，在商民得子母流通之益，維挽民心，恢張國力，皆在此舉。

紀事

《國語·周語上》 内史過歸，以告王曰：晋不亡，其君必無後。且吕、郤將不免。王曰：何故？對曰：《夏書》有之曰：衆非元后，何戴？后非衆，無與守邦。在《湯誓》曰：余一人有罪，無以萬夫；萬夫有罪，在余一人。在《盤庚》曰：國之臧，則惟女衆。國之不臧，則惟余一人，是有逸罰。如是則長衆使民，不可不慎也。民之所急在大事，先王知大事之必以衆濟也，是故祓除其心，以和惠民。考中度衷以涖之，昭明物則以訓之，制義庶孚以行之。祓除其心，精也；考中度衷，忠也；昭明物則，禮也；制義庶孚，信也。然則長衆使民之道，非精不和，非忠不立，非禮不順，非信不行。今晋侯即位而背外内之賂，虐其處者，棄其信也；不敬王命，棄其禮也；施其所惡，棄其忠也；以惡實心，棄其精也。四者皆棄，則遠不至而近不和矣，將何以守國？

《國語·周語上》 内史興歸，以告王曰：晋，不可不善也。其君必霸，逆王命敬，奉禮義成。敬王命，順之道也；成禮義，德之則也。則德以導諸侯，諸侯必歸之。且禮所以觀忠、信、仁、義也，忠所以分也，仁所以行也，信所以守也，義所以節也。忠分則均，仁行則報，信守則固，義節則度。分均無怨，行報無匱，守固不偷，節度不攜。若民不怨而財不匱，令不偷而動不攜，其何事不濟！中能應外，忠也；施三服義，仁也；守節不淫，信也；行禮不疚，義也。

《國語·晋語四》 晋饑，公問於箕鄭曰：救饑何以？對曰：信。公曰：安信？對曰：信於君心，信於名，信於令，信於事。公曰：然則若何？對曰：信於君心，則美惡不踰。信於名，則上下不干。信於令，則時無廢功。信於事，則民從事有業。於是乎民知君心，貧而不懼，藏出如入，何匱之有？公使爲箕。及清原之蒐，使佐新上軍。

《史記》卷三一《吴太伯世家》 壽夢有子四人，長曰諸樊，次曰餘祭，次曰餘眛，次曰季札。【略】季札之初使，北過徐君。徐君好季札劍，口弗敢言。季札心知之，爲使上國，未獻。還至徐，徐君已死，於是乃解其實劍，繫之徐君冢樹而去。從者曰：徐君已死，尚誰予乎？季子曰：不然。始吾心已許之，豈以死倍吾心哉？

《後漢書》卷八一《獨行傳・范式》 友人南陽孔嵩，家貧親老，乃變名姓，傭爲新野縣阿里街卒。式行部到新野，而縣選嵩爲導騎迎式。式見而識之，呼嵩，把臂謂曰：子非孔仲山邪？對之歎息，語及平生。曰：昔與子俱曳長裾，游（集）〔息〕帝學，吾蒙國恩，致位牧伯，而子懷道隱身，處於卒伍，不亦惜乎！嵩曰：侯嬴長守於賤業，晨門肆志於抱關。子欲居九夷，不患其陋。貧者士之宜，豈爲鄙哉！式勑縣代嵩，嵩以爲先傭未竟，不肯去。

《梁書》卷二七《明山賓傳》 山賓性篤實，家中嘗乏用，貨所乘牛。既售受錢，乃謂買主曰：此牛經患漏蹄，治差已久，恐後脱發，無容不相語。買主遽追取錢。

《陳書》卷九《歐陽頠傳》 初，交州刺史袁曇緩密以金五百兩寄頠，令以百兩還合浦太守龔蔿，四百兩付兒智矩，餘人弗之知也。頠尋爲蕭勃所破，貲財並盡，唯所寄金獨在。曇緩亦尋卒，至是頠並依信還之，時人莫不嘆伏。其重然諾如此。

《南史》卷七五《隱逸傳・朱百年》 朱百年，會稽山陰人也。祖凱之，晋左衛將軍。父濤，揚州主簿。

百年少有高情，親亡服闋，攜妻孔氏入會稽南山，伐樵採箬爲業，每以樵箬置道頭，輒爲行人所取，明旦已復如此。人稍怪之，積久方知是朱隱士所賣，須者隨其所堪多少，留錢取樵箬而去。

（唐）韓愈《韓昌黎文外集》卷下《順宗實録卷第二》 舊事：宫中有要市外物，令官吏主之，與人爲市，隨給其直。貞元末，以宦者爲使，抑買人物，稍不如本估。末年不復行文書，置白望數百人於兩市並要鬧坊，閲人所賣物但稱宫市，即斂手付與，真僞不復可辨，無敢問所從來，其論價之高下者。率用百錢物買人直數千錢物，仍索進奉門户並脚價錢。將物詣市，至有空手而歸者。名爲宫市，而實奪之。嘗有農夫以驢負柴至城賣，遇宦者稱宫市取之，纔與絹數尺，又就索門户，仍邀以驢送至内。農夫涕泣，以所得絹付之，不肯受，曰：須汝驢送柴至内。農夫曰：我有父母妻子，待此然後食。今以柴與汝，不取直而歸，汝尚不肯，我有死而已！遂毆宦者。街吏擒以聞，詔黜此宦者，而賜農夫絹十匹。然宫市亦不爲之改易。諫官御史數奏疏諫，不聽。上初登位，禁之；至大赦，又明禁。【略】

貞元末，五坊小兒張捕鳥雀於閭里，皆爲暴横以取錢物。至有張羅網於門，不許人出入者。或有張井上者，使不得汲水，近之輒曰：汝驚供奉鳥雀，痛毆之。出錢物求謝，乃去。或相聚飲食於肆，醉飽而去，賣者或不知，就索其直，多被毆駡。或時留蛇一囊爲質，曰：此蛇所以致鳥雀而捕之者，今留付汝，幸善飼之，勿令飢渴。賣者愧謝求哀，乃攜而去。上在春宫時則知其弊，常欲奏禁之。至即位，遂推而行之，人情大悦。

《舊唐書》卷八〇《褚遂良傳》 褚遂良，散騎常侍亮之子也。大業末，隨父在隴右，薛舉僭號，署爲通事舍人。舉敗歸國，授秦州都督府鎧曹參軍。貞觀十年，自秘書郎遷起居郎。遂良博涉文史，尤工隸書，父友歐陽詢甚重之。太宗常謂侍中魏徵曰：虞世南死後，無人可以論書。徵曰：褚遂良下筆遒勁，甚得王逸少體。太宗即日召令侍書。太宗嘗出御府金帛購求王羲之書迹，天下争齎古書詣闕以獻，當時莫能辯其真僞，遂良備論所出，一無舛誤。

《舊唐書》卷一二〇《郭子儀傳》 郭子儀，華州鄭縣人。【略】時議以西蕃侵寇，京師不安，【略】乃以子儀兼邠寧慶節度，自河中移鎮邠州，【略】迴紇赤心賣馬一萬匹，有司以國計不充，請市千匹。子儀以迴紇前後立功，不宜阻意，請自納一年俸物，充迴紇馬價，雖詔旨不允，内外稱之。

《舊唐書》卷一七二《牛增孺傳》 牛增孺字思黯，隋僕射奇章公弘之後。【略】敬宗即位，加中書侍郎、銀青光禄大夫，封奇章子，邑五百户。【略】江夏城風土散惡，難立垣墉，每年加板築，賦菁茆以覆之。吏緣爲奸，蠹弊綿歲。僧孺至，計茆苫板築之費，歲十餘萬，即賦之以塼，以當苦築之價。

《舊唐書》卷一七四《李德裕傳》 寶曆二年，亳州言出聖水，飲之者愈疾。德裕奏曰：臣訪聞此水，本因妖僧誑惑，狡計丐錢。數月已來，江南之人，奔走塞路。每三二十家，都顧一人取水。擬取之時，疾者斷食葦血，既飲之後，又二七日蔬飧，危疾之人，俟之愈病。其水斗價三貫，而取者益之他水，沿路轉以市人，老疾飲之，多至危篤。昨點兩浙、福建百姓渡江者，日三五十人。臣於蒜山渡已加捉搦。若不絶其根本，終無益黎甿。昔吴時有聖水，宋、齊有聖火，事皆妖妄，古人所非。乞下本道觀察使令狐楚，速令填塞，以絶妖源。從之。

（宋）王溥《唐會要》卷六二《御史臺下·諫諍》　景雲二年，監察御史韓琬陳時政，上疏曰：臣敢以耳目所聞見而陳之，伏願少留意省察。臣竊聞永淳之初，尹元任岐州雍縣令，界内婦人修路，御史彈免之。頃年婦人夫役，修平道途，蓋其常也。調露之際，劉憲任懷州河内縣尉，父思立在京身亡，選人有通索關者。於時選司，以名教所不容。頃者，以爲見機俊人矣。頃年國家和市，所由以刻剥爲公，雖以和市爲名，而實抑奪其價。

（宋）王溥《唐會要》卷八六《市》　景龍元年十一月勑：諸非州縣之所，不得置市。其市當以午時擊鼓二百下，而衆大會；日入前七刻擊鉦三百下，散。其州縣領務少處，不欲設鉦鼓，聽之。車駕行幸處，即於頓側立市，官差一人權檢校市事。其月，兩京市諸行，自有正鋪者，不得于鋪前更造偏鋪，各聽用尋常一樣偏厢，諸行以濫物交易者没官，諸在市及人衆中相驚動令擾亂者，杖八十。【略】

貞元十四年八月，右金吾將校趙洽、田岩並配流天德軍。時屢有中官於京城市肆强買人間，率用直百錢物，買人數千錢物，仍索脚價，及進奉門户，謂之宫市。是時吴湊爲京兆尹，數上言，切爲條理。無幾，中貴人等奏云百姓蒙宫市存養，頗獲厚利。吴湊再論奏者，湊之金吾舊吏趙洽等獻計也，故洽等坐焉。湊，代宗元舅，早承恩顧。上即位，復寵遇之。潔廉謹慎，未嘗不以公忠之言匡啓於上。至是，又以宫市事懇論於上前，事雖不從，時論歸美。

二十一年二月赦文：應緣宫市並出正文帖，依時價買賣，不得侵擾百姓。

（宋）李昉等《太平御覽》卷四三〇《人事部·信》　《會稽典録》曰：卓恕字公行，上虞人。恕爲人篤信，言不宿諾，與人期約，雖遭暴風疾雨雷電冰雪，無不必至。嘗從建業還家，辭太傅諸葛恪，恪問：何當復來？恕對曰：某日當復親覲至。是日，恪欲爲主人停不飲食，以須恕至。時賓客會者皆以爲會稽建業相去千餘里，道阻江湖風波，難必豈得如期。須臾恕至，一座盡驚。

（宋）李燾《續資治通鑑長編》太祖開寶七年三月　京師民有市官物或不當價者，馬軍都軍頭史珪密遣人伺之，告其誣罔，往往坐誅，列肆爲之晝閉。上既聞其事，乙丑，降詔曰：古人以獄市爲寄者，蓋知小民惟利是從，不可盡繩以法也。且先甲之令，未始申嚴，苟陷人於刑辟，深非理道，將禁其二價，宜示以明文。自今應市易官物有妄增損價直、欺罔官錢者，案鞫得實，並以枉法論。其犯在詔前者，一切不問。自是，珪所言上愈不用矣。

《元史》卷一九七《孝友傳·趙一德》　趙一德，龍興新建人。至元十二年，國兵南伐，被俘至燕，爲鄭留守家奴。歷事三世，號忠幹。至大元年，一日，拜請於其主鄭阿思蘭及其母澤國太夫人曰：一德自去父母，得全生依門下者，三十餘年矣，故鄉萬里，未獲歸省，雖思慕刻骨，未嘗敢言。今父母已老，脱有不幸，則永爲天地間罪人矣。因伏地涕泣，不能起。阿思蘭母子皆感動，許之歸，期一歲而返。一德至家，父兄已没，惟母在，年八十餘。一德卜地葬二柩畢，欲少留事母，懼得罪，如期還燕。阿思蘭母子嘆曰：彼賤隸，乃能是，吾可不成其孝乎！即裂券縱爲良。

一德將辭歸，會阿思蘭以冤被誅，詔簿録其家。群奴各亡去，一德獨奮曰：主家有禍，吾忍同路人耶！即留不去，與張錦童詣中書，訴枉狀，得昭雪，還其所籍。太夫人勞一德曰：當吏籍吾家時，親戚不相顧，汝獨冒險以白吾枉，疾風勁草，於汝見之。令吾家業既喪而復存者，皆汝力也，吾何以報汝？因分美田廬遺之。一德謝曰：一德雖鄙人，非有利於是也。重哀吾主無罪而受戮，故留以報主。今老母八十餘，得歸侍養，主之賜已厚矣，何以田廬爲！遂不受而去。皇慶元年，旌其門。

《明仁宗寶訓》卷二《正風化》　永樂二十二年九月乙酉，靈山衛指揮張忠過真定，取民女子爲妾，已納聘。蓋女子先受他聘矣，而父母利厚貲更許忠，未行其先聘者訴於官，事聞。

上曰：婚姻風化之原，既有成言，義不可易，今嗜利而中易之，循夷虜之陋，以敗風化，此父母之過，命法司罪主婚者，女子歸先聘者。如忠不知，即不坐。

（清）徐松《宋會要輯稿・食貨一・農田》〔紹興二十七年〕九月二十四日，知鼎州周□言：諸軍揀罷離軍使臣許請佃官田，借支一年請受收買耕牛、農具，又招置客户等，已是優卹，自當以時耕種。如聞多將所請錢别作他用，恐失歲計，更致狼損。詔依，令户部行下諸路監司守令勸諭約束，仍常切覺察，如日後更不耕種，即將元請佃官田拘收，並追索借過錢入官。其迯竄人立賞告捉，以所請過官錢計贓斷罪施行。

（清）徐松《宋會要輯稿・食貨二五・鹽法》〔建炎四年〕七月十五日，詔：淮浙鹽場買納亭户鹽監官、公吏大秤斤重，罪輕者並徒一年。許亭户越訴。即將大秤到鹽妄作亭户支請官鹽錢入己，計贓以自盜論，並許人告捕，實錢二百貫文。提舉官常切檢察，知而不舉，並監官知情，與同罪；不覺察者，各杖一百。

（清）徐松《宋會要輯稿・食貨二五・鹽法》〔靖康元年〕五月十八日，尚書省言：朝廷興復陝西解鹽鈔，已令榷貨務過數樁給鈔本，遇客人投錢，盡時支給。所有未降新鈔以前逐路給降過見錢公據文鈔，亦乞措置支還商賈，以示大信。詔未支見錢公據文鈔，令榷貨務支還。

（清）徐松《宋會要輯稿・食貨三二・茶鹽雜録》〔宣和三年〕三月二十九日，都茶場狀：政和三年二月六日朝旨：應與販雜草木用作頭貨，並收買拌和真茶，計所拌和數，並乞依私茶罪賞法。近見在京並京畿等路州路鋪户，自買客草茶入鋪，旋入黄米、蒙豆、炒麵雜物拌和真茶，變磨出賣，苟求厚利，不唯阻害客販，實有侵奪買引課額。欲乞立法禁止，許磨工、知情人陳告。詔依政和三年二月六日指揮施行，仍許磨工、知情人告。

（清）徐松《宋會要輯稿・食貨六四・和買》〔大中祥符二年〕二十三日，詔：雜買務要有買賣畫時支給價錢，不得邀滯。五年八月，詔雜買務市物並須支一色見錢。

案例文書

（明）祁彪佳《按吴親審檄稿・一件勢没事》行據松江府解犯馮觀等到院，審得陸考有田四畝零，賣之鄭榮考，索找無已，榮造房二間於田上，考又索之，榮不得已賣之唐舉人，考乃並榮與舉人而告之矣。考之所以告者，因田去役存耳。乃考實收過貼役銀二兩，何嘵嘵焉。考責之。

右行松江府。

（明）祁彪佳《按吴親審檄稿・一件出巡事》行據吴縣解犯陳賢等到院，審得陳賢、陳七父將田三畝賣與周依，則是周依之業矣。乃賢、七尚欲將父棺安厝其田，則所以有此争端也。乃周依輒捏里排公呈，亦爲可恨。賢責之父棺另擇地埋葬，不許溷入田内。相應立案。

又行吴江縣。

（明）祁彪佳《莆陽讞牘》卷一《一件滅騙事林實告林獻池等》審得林實稱父有田園五畝，託叔祖次川管業。次川死，子獻賦賣之林起殷，今已十餘年矣。質其言則賣者獻賦，祇宜向獻賦索之，於殷何尤？而況審林滄及獻賦絶無田園，絶無賣田之事。林實説鬼説夢，怪哉其言也。究係林滄不敢硬證，姑免罪。林實一杖不在枉。

（明）祁彪佳《莆陽讞牘》卷二《本館一件巨鰐踞騙事》據涂楊詞稱，涂宦付價五兩買地，已經收户，是世爲涂氏業矣。如宋存仁垂涎起釁，許楊告明，以憑重究。此繳。

（明）祁彪佳《莆陽讞牘》卷二《一起滅憲逆奪事陳宗香告陳淑鼎等》審得陳申伯與淑鼎、淑兆等於四十四等年，將田二十七畝零賣之陳宗香，得價二百五十餘兩，申伯等又陸續收其找價，而立付收除，尚何説哉？乃淑鼎以赤貧無賴，每欲索找，找之不得則欲投獻，詭稱有田三十畝爲香所收，總是無賴妄扯之計耳。田聽香永業，淑鼎杖決，淑兆姑免究。

（明）顔俊彦《盟水齋存牘》卷一《争山黎民福二杖》審得黎民福與黄兆龍告争老虎坑墳山，集山鄰庭質之，民福未嘗有墳也，委官踏勘之，民福未嘗有墳也。其捏無墳爲有墳，瞰兆龍之愚爲跳詐計耳。國中有此等人，罪不勝討也。通同串詐者爲黃參閣，不然，民福城市之棍，若鞭長不及馬腹，何能爲祟於鄉民哉？二棍法應徒創，念未得贓，姑從杖治，並請加責枷示，以儆其餘。招詳。

布政司批：黎民福與黃參閣皆係惡棍，串指山墳，誣告詐局愚民，法應重懲。姑依擬各加責二十板，仍枷號一月以示警，餘如照，庫收繳。

（明）顔俊彦《盟水齋存牘》卷一《受獻田産何憲武等一徒一杖》 審得郭義興冒郭有富、郭紹鸞、蔡氏之田獻之豪家，業經縣擬，案墨未乾也。當日之止責興枷示，不及其受獻者，亦冀懼而知返耳。而據占如故，有富安得不迫而上控乎？及問其所受獻者何人？則所謂何憲武者，一無賴之土棍也。職始受命視篆香邑，初至之日，稚子扶其老父，嫠婦携其孤兒，號冤於道，哭訴於門，收其狀而視之，則皆訟憲武也。及簡舊案而覆視之，或控本縣，或控本府，或控諸上臺，或以人命訟，或以錢債訟，或以田土訟，不下數十宗，憲武之爲憲武可知也。職因問該承，何以此人訟案件件未了？則對以前幾官大索之而不至也。職笑曰：豈有縣令而不能致一土棍哉？訪其所在而密擒之，憲武得矣。類其案同一日審之，環而觀者以千計，凡其名下田産無一非獻佔者，而郭有富之一案則尤其彰彰較著者也。至忽而爲何祥瑞，忽而爲何耀日，皆憲武之棍黨分身而魚肉小民者也。嚴投獻之禁，引例宜戍，姑依本律坐徒，更請加責枷示，滿日發配，田照原斷，聽有富等管業。匪是則香山之二三赤子人人自危也。何祥瑞不到想無是公也，耀日助惡，杖不盡辜。招詳。

巡視海道批：何憲武雄霸一方，甘受投獻，配有餘辜，依擬與郭義興各加責三十板，枷號一個月，序發□□、水東二驛，各照限擺站滿放。何耀日杖贖，餘照斷□發落。庫收收管繳。

布政司批：何憲武么麼土棍，輒敢張牙露爪擇人而食，皆何耀日等爲之濟惡，郭義興等爲之網羅也。惡口可恨，莫甚投獻，免戍爲幸，依擬何憲武加責四十板，枷號一月。郭義興加責三十板，序發松口大陂驛，照限充徒滿放。何耀日贖杖。餘如照，庫收收管繳。

（明）顔俊彦《盟水齋存牘》卷一《捐契搶割何憲武杖》 審得黃紹賓土名白蜆坑之田，即高用熙所賣以贖何憲武竹林仔之田契者也。銀入而契不出，用熙方號其冤而統衆割禾，並紹賓之田而捲之。噫，真有天無日矣。香邑即漢夷雜處，不在化外，何得令鼠輩縱橫，乃爾憲武其長惡不悛，國家三尺專爲若曹設也。姑薄杖之，以觀其後。

（明）顔俊彦《盟水齋存牘》卷一《争産陳永發杖》 審得陳徵之、鍾鼎鉉所買之田，同是土名茶崗六畝二分七厘，同是陳姓所賣，一契良壁，一契炳衡，總一人而異名也。據鼎鉉用價八十兩於天啓二年五月間買，據徵之用價四十兩於天啓二年七月間買。期有先後，價有低昂，此田似當從價高在前之主。但事干重賣，賣主既故，徵之堅稱賣主之子陳永發擡年盜賣，或非無因，價之高月之前，要不可爲據也。合斷兩家各得田三畝一分三厘五毫，其餘銀即作找價，令永發另立一契交割明白。若兩家必欲得六畝二分七厘之正額，則既不能起死者而證之，永發一貧如洗，又不能代理，蠻觸之門何時已也。永發含糊致訟，薄杖以懲，餘姑免擬。

（明）顔俊彦《盟水齋存牘》卷二《争地許景犖等杖》 審得許於旦所買許景豪二分之地，中契兩明，乃景豪物故，而豪地景犖遂思藉端圖賴，亦知中人許濳夫現在，上下手契甚明，訟必不騰，而借一老憊之許氏出頭上控。不思許姓之産，許姓之族得問，豈許氏出嫁之女所得主張？況理直詞强，景犖何不自聲？而倩許氏以聲也。狡而實愚矣。地聽於旦照舊管業，景犖應杖，許氏女流免擬。許爲藝自稱族長，不早禁止，及庭質而始推不知，亦奸民也，併杖之。具招呈詳。

審司批：許景犖等依擬杖贖，餘如照，庫收繳。

（明）顔俊彦《盟水齋存牘》卷二《争田杜湛卿杖》 審得杜敬純之田買自杜仲文，轉買蒲伯齡，中人杜儀廷，現質仲文，擡起年月復寫與杜湛卿。今仲文托言遠商，不出對證，賣主自應理直，湛卿又向誰明白也？衙官之審，語甚支吾。審仲文授之敬純，已經敬純管業納糧，糧票較文契更有據耳。田聽蒲伯齡管業，仲文僞契，塗抹附卷。湛卿之交易俟自覓仲文清楚，湛卿併擬杖示懲。招詳。

布政司批：據審杜仲文重復盜賣，而杜敬純有糧票文契可據，則其受業非一日矣。乃轉售於蒲伯齡也，似屬明正，應伯齡管業。杜湛卿契擡年月明知故買，聽其與仲文自爲清楚，情理允當。依擬湛卿杖儆贖發，庫收繳。

（明）顔俊彦《盟水齋存牘》卷二《訟産鄧民表杖》 審得鄧民表以

芙蘆田按歐光裕銀伍拾兩在先，賣黃宗倫在後，按與賣不同，而後與先亦不同。總之，民表一貧亡賴，兩家爲其所朦朧耳。今田既歸宗倫，而光裕之銀竟付之流水，豈肯甘心？該州初斷未賣半截之田，令宗倫仍買以給光裕，究竟未嘗有未賣者，原中鄧寰宇可證也。

後州又斷民宗倫買屋以給光裕，而屋已歸光裕作利，更無可買者。原中鄧寰宇可證也。州之兩審俱黃葉止啼語耳，今於萬無可處之中爲之調停，唯有兩損之法，其屋歸光裕，作貳拾伍金之息者。今請作本而捐其息，宗倫既得田，斷令出貳拾伍金作洗業，補給光裕，完伍拾兩之數。光裕之銀貸人數年而不得分毫之息，未免泱泱然。放債圖利，往往同於水月鏡花，猶愈併其本而不可問也。宗倫以洗業太重，然光裕捐數年之息，當不止此，兩家撞此貧漢，與之作緣，便是破耗星入命宮，更有何説？若再訟不已，又添一破耗星矣。杖民表以爲負心者之戒，餘不堪再苛求也。招詳。

糧儲道批：鄧民表赤棍無賴，以一田而兩賣，屢斷無從追償，亦付之無可奈何矣。該廳酌盈濟虛，兩造庶得其平也。俱如斷，民表杖儆，庫收繳。

（明）顏俊彦《盟水齋存牘》卷二《訟産羅繼芳杖》 審得何氏，故生員羅汝俊之妻也。汝俊乏嗣，繼子又接踵朝露。見存繼孫羅煜麟，則汝俊之薪傳寄焉。何氏以夫族無倚，歸依本族，何之子姓憐而膳之，誠高誼也。□人瞷其家黨，漢吕后方不難以天下私産禄，況此區區？其有無已不可問。但何洌所買之屋，云得之郭承宗，郭承宗得之羅榮寰，乃兩契俱無，一羅姓僉證生員李必顯爲何氏嫡婿，亦無與焉，真耶，贋耶？何洌於何氏爲姑以逕得爲嫌，而借所認郭承宗者，以迂回其説，抑誰欺乎？何氏身歸本族，汝俊所遺已不難挈之俱去，留此一屋以存汝俊之香火可也。何洌果曾廢價，自向郭承宗索之。二契塗抹附卷。羅繼芳之呈假公濟私，開列多人，非真有存孤之意者，倘汶陽之田復爲族虎所踞，在此猶在彼也，於孺子何利焉？則聽通族共持之，俟煜麟之長成授焉。詞稱廣肇列有舉貢對質，止繼芳耳。杖之儆其誣也。招詳。

布政司批：羅煜麟，羅汝俊之遺孤也，數椽樓屋他人，不得而問焉。何洌據非其有，作僞契以塗飾，羅繼芳亦垂涎其産，假公祠以告争，似不利於孺子者也。今議通族守之，待煜麟出幼而歸焉。楚弓楚得，誰曰不宜？繼芳杖發，庫收繳。

（明）顏俊彦《盟水齋存牘》卷二《訟産胡日昭杖》 審得沈泰嵩用價買胡日昭土名牛角嶺田九畝二分在崇禎元年，中契甚明。日昭忽以老母出注，駕賭翻覆。泰嵩一蚩蚩之氓，豈解呼盧事？且事經五年，何至今日始告？問之不能置一語。此計可行，凡有田土者俱岌岌不自保矣。日昭杖不盡辜，並請加責，以儆其餘。招詳。

按察司批：胡日昭一片虛詞，杖豈蔽辜，加責三十板，姑杖折發落。田照斷沈太〔泰〕嵩管業。庫收繳。

（明）顏俊彦《盟水齋存牘》卷三《息訟鍾勝田等杖》 審得鍾勝田等向欠陳聘三銀，聘令義男陳保往索，陳保失銀中途，不敢面主，竟逃回廣西父母之家。聘三見久不歸，疑勝田等所害，遂有謀財殺命之控。今水落石出，陳保已查有踪迹，兩家悔息，具詞在案。合無俯俞下情，薄杖勝田示儆。具招請奪。

兵巡道批：依擬鍾勝田贖完發落，庫收繳。

（明）顏俊彦《盟水齋存牘》卷四《争産張其柱杖》 審得張其柱，以獻殺訟張旋宇、林滿鄉。據稱有輪掌軍田，爲兄張其倫等瞞賣旋宇、滿鄉也。兩造面質，據旋宇出契壹紙，用價壹拾陸兩，買田拾玖畝零。據滿鄉出契壹紙，用價貳兩，買田伍畝三分零。職訝其田何賤至此，俱云：荒田不可耕也。因諭其柱，用原價贖回，其柱歡然，因封其契在案，聽其收贖，以平兩家之訟。至所稱獻宦殺軍，則不根之甚也。其柱之杖，殆不可已。招詳。

清軍道批：張其柱依擬贖發，餘如照，庫收領狀繳。

（明）顏俊彦《盟水齋存牘》卷五《息詞戴旭午杖》 審得戴旭午以賣糖土户先收異客定價，後因時值低昂，彼此較論，致林平有抄殺之控。隨有兩造親知折中處明，具詞乞息，交易細故，姑免深窮。旭午輕喏於先，膠執於後，召訟有因，杖懲。招詳。

按察司批：戴旭午悔盟騰價，依擬杖贖發落。庫收繳。

（明）佚名《新纂四六合律判語》卷上《户律·典買田宅》 文王既亡，已無虞芮之讓；文王時，虞、芮二國争田不已，聞文王德政，往質之。至其境，見行者讓路，耕者讓畔，二國耻曰：吾輩小人，豈可入君子之國？遂讓其田爲義田。蘇瓊雖在，尚有兄弟之爭。故田宅典買不明，斯官司訟獄不息。今某奸心肆起，巧詐百端。不稅契書，欲使朦朧照證；不收籍册，復圖隱蔽差糧。若此玩法之徒，宜坐笞杖之罪。

（明）張肯堂《䓦辭》卷八《李學禮長垣人》 蒲民李學禮貧而無賴，其産已盡棄之宋芳矣。得價既厚，騙術綦窮，遂以地去糧存爲名，妄求丈量。芳置不聽，因訟巡司。差弓兵趙士魁拘攝。士魁轉委代役賈文升入鄉，迫以徽纆詐銀一兩五錢。芳之衰控有繇也，盡法懲之，兩配何疑。第對簿之時，兩造已合詞願息矣。公法宜伸，而下情亦當曲軫。學禮、士魁與一杖，文升詐贓甚確，該縣向未關發，姑於士魁名下嚴追入官，以警虎翼而厲吾民者。

《盛京滿文檔案》崇德三年七月 二十八日，正白旗范蘇爲本牛録佟延功赴法司首告：往征瓦爾喀時，斂取本牛録衆人銀六十兩，言稱遺其良馬一匹，饒餘貝勒亦閱視允准。出師時未之遺，而遺老傷馬一匹替之。本年正月，復以往蒙古買馬爲辭，取牛録下董文年銀四十兩，未買馬與之。審實，范蘇鞭八十，罷管牛録，取其良馬本牛録下劉有才，令范蘇撤回從軍老傷馬，令董文年追其買馬銀四十兩。

（清）李之芳《棘聽草》卷四《讞詞・科詐・分守道奉撫院一件為豪蠹抄洗事》 審得朱一範係駱萬春之堂妹夫，而駱義則一範之親舅也。萬春以逼死佃户張道龍訟縣拘究，時一範兜攬説情，保其無事，當收萬春銀一百十七兩，又駱長春銀六十兩，過付爲黄永日、金守道、樓汝義等現證，其龔靜之又過付銀四十兩，皆鑿然有據。前招所稱寫田契銀一百兩而後退還，止欠四十五兩者，皆一範僞爲契約飾詞，以圖掩其多金也。後萬春之事解院審明，斷給葬埋，亦已盡法，一範保全之力居然未效，則萬春兄弟之多金，在受者無名，而出者不甘，屢索不吐，萬春所以控憲也。一範身爲選士，不思自愛吾鼎以圖騰達，而説事誆銀，欺其親戚，殊爲無行。駱義串其妹夫以誑堂兄，惡得無罪？一範誆騙詐欺，取財盈貫，依律准徒五年。駱義擬杖，倖逢宥免，贓銀照數追給。差役陳京婪索駱萬春銀五兩，駱長春銀四兩八錢，金仲銀四兩，律應杖擬，邀宥贓仍照追。

覆審得朱一範因妻屬駱萬春别案致訟，而爲之關説受賕也，先得萬春銀一百十七兩，又龔靜之付銀四十兩，又得駱長春銀六十兩，問之黄永日等，過付見證最詳。蓋當時永日設帳於駱，授銀事皆目繫，且有彼之親舅駱義同來見付。然義之虚詞相飾，特因姊夫至戚，爲親者諱，理有固然；况其初又係串通一範互相誆騙，無惑乎供吐之不實也。今一範之呶呶不已者，自以家徒壁立，甑冷囊空，知不能抵前數，故逞此懸河之口以救敗。然過付證佐供吐既確，雖欲寬之，安得而寬之？相應仍照原擬，分别入官、給主。朋謀説事之駱義，因義詐贓之陳京，前招已明，毋容再議。

（清）李漁《資治新書二集》卷二〇《田産・豪謀叛殺事》 傅同祖之復控黄湯五也，總由於田房找價終不滿欲而起。同祖臨川宦裔，崇仁遺産，於順治初年間售與黄湯五爲業，迄今二十餘載。如果價值不敷，何妨贖回别賣？既不備價取贖，又復疊控求找，豈人皆愚而我獨智乎？抑昔日之産爲賤而今日之産反貴乎？况傅家墳山與黄生置産兩不相涉，復捏墳破山崩，希圖聳聽。黄錢八供吐既確，同祖其何辭以自解也？獨是張天儀、張萬邦於同祖固有甥舅之親，於湯五亦屬朋友之誼，排難解紛，自是正理，因端唆釁，豈是人爲？姑念傅黄二姓，搆訟無已，淪胥以敗，合令立約處息，永不許再生枝節，以全各人身家可也。

（清）葉晟《求芻集・讞語・土豪騙財不償假捏姻事枉誣等事》 審得：秦俗爲婚，行聘納財，舉動多不光明。不幸而男女或有夭折者，必追索其聘財，甚至見於辭訟，陋習相沿，已屬薄惡，而生員張汶則又愈出愈奇者矣。汶弟張元與朱永冬結兒女之歡，永冬諸事不自主，一唯其兄永夏是聽。張淪爲汶族弟，而與朱永夏戚，因爲之執柯，九兩三錢之聘，張滄送而永夏受，納財有實，而六禮之行，殊屬艸艸。未及一年，永冬之女病歿，厥後永夏亦作故人。張汶思爲弟張元退禮，乃持借約一紙來告永冬，謂爲假婚賴債。及閱文約，則係永夏借銀，張淪爲中，心竊疑之。夫永夏借銀，應永夏償還耳，胡爲有永冬之告？若謂永冬借銀，應永冬出券耳，胡爲有永夏之約？其爲定婚之物，讞者已十料其八九，奈永冬不能暢所欲言，張淪摇唇鼓舌，幾令雌黄莫辯。因紿之曰：爾兩造惟有質諸神耳，各具誓辭送驗，投牒於城隍而後判可乎？越日各持狀來，則張淪之誓乃恍惚其辭，若惟恐道實也者。因極窮之張汶恐其弟急，不覺失口，以生員朱舜英、陳言等曾爲處銀，足可證據。時三生俱在堂下觀審，嘑而詢之，初無他説，惟服讞者之明快。因窮其顛末，則張淪之爲媒，汶婦之看女，元妻之視病，處銀之未如所願，説事時永夏之一息尚存，歷歷如畫，而文約則無是公，張汶乃始語塞，叩首謝過。嘻！張汶身列青衿，不能變俗而殆又甚焉，其可謂爲名教中人耶？三生索處，因付之，亦猶金錢之媿雲爾？張淪爲媒喪心，理應重究，姑念諸生乞饒，批其頰而逐之。

（清）葉晟《求芻集·讞語·姦棍作媒事》 審得：婚姻人倫之始，豈容妄冒？杜必壽定情，以杜三奇，看壻。奸媒滕天才貪許五百媒錢，通同串詐，至祁氏寡婦悞將十二歲之幼女許而受聘。在祁氏以爲得壻乃弱冠之三奇而不知實須眉如戟之必壽也。男齒長而女齡稚，年歲既不相若，兄聘婦而弟呈身，名目更屬不正。所當均爲按律究治，姑念尚未成婚，從寬懲責。三奇已定有婚，不在原定之限。男家妄冒，律有不追財禮之文。但祁氏自願退還，姑聽之，以存厚道。着媒人取男家領狀投驗。必壽另聘，祁女另許，以杜葛藤。與其不諧於他年，毋寧斷絕於今日。敢再嘵嘵，定行究擬如律。

（清）徐士林《徐公讞詞·守皖讞詞·王西士等互争棉地案》 審得桐民王西士與張聯芳互争棉地一案。謝令聽斷，實屬乖謬。雍正七年，西士買聯芳田十七畝零，並河灣竹園、棉地、草屋，俱載底契、議約。西士投税管業已二載矣。乃今年四月內，聯芳索加未遂，忽將河灣竹樹砍伐平基，互控於縣。縣責西士將棉地斷與聯芳。西士控府。

提卷查核，據謝令看稱西士印契棉地二字，係加紙浮帖，下係俱全二字。河灣二字，改爲嘴字；所粘議約棉地數字，密於他行，墨亦微重。張聯芳棉地，現有另契，未賣於王。明係因聯芳砍伐已賣竹樹，乘隙添揑圖占等語。查聯芳原立底契，現有棉地字樣，赤印議約，棉地、河嘴等字，毫無洗補痕跡。而底契、議約，又皆出自方敦益之筆，逐字細閱，總屬一致。至於司頒印紙，率皆經承照契摘寫，蓋底契爲主，謄寫不必俱全，各處皆然。此契先寫俱全，改貼棉地，不過房書一時舛錯。謝令不論底契，不訊代筆之人，只泥印紙貼改二字，反以一筆揮成之議約，疑其字密墨重，斷爲揑改，何其固也！且議約果屬洗補，再三磨核，不能窺其形跡，西士之手，可以偷天換日矣。何印紙內俱全二字，不能刮垢磨光，僅以紙浮貼於上，作此笨伯伎倆，令人一眼看破耶？即此斷之，其非西士之洗補議約，添改印契也，明甚。至謂聯芳棉地，現有另契，聯芳交於西士之老契，並無棉地字樣，其説亦太拘矣。查聯芳賣契內載將父分授字樣，並無照老契管業之語。蓋分授之産，原不止王玉台契賣之田，添搭總賣，是以賣契之價，與老契之價，多寡懸殊。而八年十二月議約，又有田上老契分關紙筆，日後撿出不用之批。則聯芳所執三十七年王任賣棉地一契，或即係賣與西士之棉地，匿契埋奸；或別處另有棉地，借契影射，皆未可知。惟是底契議約，確鑿可據。節外生枝，一筆刊落。謝令乃以老契所無，另契所有，執爲西士假揑左券。獨不思聯芳賣契內之河灣竹園樹木，亦屬老契所無，何又不照老契斷還聯芳耶？且中人僉供棉地即在竹園之內。竹園屬王，棉地何反屬張？張伐王竹，則斷追於王；張争棉地，何反斷歸於張？讞法草率，得毋自相矛盾乎？又稱西士原詞，並無棉地二字，因聯芳同日俱控，批發之詞內有棉地未賣之語，是以呈契詞內，添入棉地，故將印契改貼，兩相符合等語。是又以察察爲明，而未能洞悉情理者也。聯芳伐竹樹，西士自應告伐竹樹；聯芳未占棉地，西士焉能告占棉地？迨聯芳詞出，西上始知伐竹之舉，實爲占地之謀，就詞争辨，何謂添揑？又稱眾證鑿鑿，聯芳另有棉地，即西士亦雖以固執，遂遁詞，將所砍竹木之地，指爲棉地等語。查縣卷草供，佃田之倪尚友則供：雍正四年曾佃張姓棉地，張賣與王，今仍王地課也。原中之張書文、王盛宗、張宴友、王庭士等，則同供聯芳賣田，竹園棉地在內也。眾證如何鑿鑿？西士如何遁詞？求其解而不可得，直以爲西賓夢語耳。本府細鞫代筆原中人等，同供契約原有棉地，曾經踹過。惟王勳士爲聯芳左祖，串供不曾講棉地。但契約花押，已經承認，復經詰訊，供稱寫有河灣竹園，不知可有棉地。虚不抵實，情見乎詞矣。聯芳一派狡詞，不認議約，不認花押，混供只賣田，不曾賣棉地、竹木園。不知印契內只貼補棉地二字，並未貼補竹園樹木四字。今因經承書寫之訛：縣令聽斷之誤，竟欲争非改非貼之竹園樹木，奪爲己有，則不但底契不足據，議約不足憑，並司頒印契，皆可磨滅於鬼蜮之口。窺其情弊，明因兩造郎舅，聯芳會見契內貼補棉地二字，乘間生梟，伐竹占地，肆其貪暴。謝令偏執謬斷，反責西士改契占奪。以直爲曲，以曲爲直，何以服民心而平争訟？

張聯芳予以重杖，一儆刁膽，一償冤債。附和砍伐之張槐三，亦應責處，姑念年邁，從寬逐釋。所伐竹木，審係細小無多，著落張聯芳追價一兩，給王西士收領。竹園棉地，仍著王西士照契管業。謝令揭去浮貼棉地二字，較正俱全二字，墨痕濃重，今朱改棉地二字，以破疑團。張聯芳棉地印契一紙，本應塗銷，但查契載坐落沙河，與西士買契走馬岡地名不符，姑還聯芳領去，果有別地，伊自管業，如屬此地，即係廢紙。毋再藉端生事，致罹三尺也。立案行縣。

（清）董誥《全唐文》卷九八一《闕名・對行人供濫物判》　官市納帙，行人將濫物供，所由揀退。云被頡頏，不伏却領。四人異業，百工居次，事有資於軍國，理無隔於纖微。納帙所成，多慚美質，緝叢殘於鴛綺，同衆製於狐裘。行因針縷之工，坐得烟霞之迹，雖遠殊於法物，遂有入於官須。但物異新成，幸非科作，論市唯應見物，論濫寧可別求。物既不任供官，退亦何成頡頏。不伏却領，仍事薄言，豈可加刑。終希理遣。

（清）董誥《全唐文》卷九八二《闕名・對造瓦判》　甲雇乙造瓦，口五分。畢計其全。乙不伏。工商異等，埏埴殊制，故有質兹土化，均貨日中。乙也徇業求傭，偶鑿坯而取給；甲則溺情豐屋，冀如雪一作雲以自潤。雖載弄牀瓦，故無取於舉全，約以陶穴，亦何驚於敝漏。且全毀興訟，雇買異儀，雇則不可計全，買則合徵成算。乙之不伏，誠則有詞，甲之無良，訟宜從記。

（清）趙幼班《歷任判牘彙記》卷一《判繆登餘等堂詞》　訊據繆春耀所供，因租喜轎而生嫌隙。然總不能藉此衝毁其家，奪取其物，應行責懲。繆成魁並非貧寒之家，尤不應聽衆人之附和，混入其內隨同滋鬧，賠償百元，議罰百元，以爲好事者戒。繆文龍是殘疾窮氏，繆開祥等三人因借索不遂，擅取其糧食物件，殊屬逞强。飭繆銀餘爲之清查。其服物如有存者即行送還。其契據尚有留者從速交出。清理之後，所有無可搜尋之契據，即開明界址，田畝數目，由縣發給執照管業。其損失服物等件，着開祥等攤賠三十元了事。至繆銀餘有抵田枝節，將來仍備價取贖。繆春鴻繳租讓田。繆春桐照據還欠。陳朋書事不干己，從中挑唆，薄責示儆。繆春耀等自此次訊斷之後，均不得再向繆登餘家滋鬧。念屬一姓之親，何必結久訟之讐。繆登餘既聽開導不願深追，從此積恨自消，當不至復起風波矣。取具各結附卷，並候備文詳銷。此判。

（清）孫鏡寰《之游唾餘録・判詞》　查例載男女定婚之初，若有老幼，務要明白通知，各從所願。又律註老幼則年不相稱，非人情所願，又例載招婿須憑媒約，明立婚書，止有一子者，不許出贅各等語。此案萬明海供係辛巳年生，婚書改寫癸巳，計長黄女二十餘歲，則黄女之不願，本屬人情，改辛巳爲癸巳，更多隱匿。至黄女之母張氏，以青年孀居，不避與己年相若之萬明海，不憑夫家族戚，明立婚書，私自找媒，將女招萬明海爲婿。雖奏黄敏等之指姦，律得勿論。而不順人情，似尚有可原之處，其不合天理，恐致有難宥之端。且萬明海有兄，係母氏前夫之子，亦止一子，照例不許出贅。自應將黄女斷交黄奏敏及生員陳政倩媒擇婿，同黄張氏明立婚書。務期黄女得所，張氏有依。黄奏敏等不得貪受財禮，擇非其人，致黄張氏藉口。且搜出萬明海字包内有遭縱毒斃詞稿，詰訊委係架捏圖害。又存有盧前縣名片，及掣去本縣狀榜，更屬居心叵測，肆意妄爲。又有母吴氏身死，道家寫立七單，係死於上年八月二十日，今擇期自娶，尚居母喪，律應擬杖。種種妄謬，本應嚴辦。姑念俯首乞恩，從寬免究。嗣後當與黄張氏斷絶來往，以免物議。爾係游盪之徒，務即早謀生理，仍交保甲隨時稽查，敢再玩爲，定即拏究。取具各遵，依結完案。此諭。

（清）熊賓《三邑治略》卷六《堂判天門縣任内・訊張子元一案》　此案張子元等承修老團垸這隄，收費數百串，尚未修齊。經本縣勘明工程，尚不及半，而用費已至六百串之多，實堪詫異。據張子元等供，實收費三百八十餘串。查驗賬目，多半浮濫。後經本縣飭令張慶雲等，派夫加修，不准收費。甫及十日，居然修好。勘驗後，並飭令出具三年保固切結。足見從前費皆虚糜。惟興訟之時，卷内有五十九串期票未發，而張子元朦稱續修開工，貿然領去尤屬謬妄。此事既往不咎，所有續領之五十九串文，責成張子元等退出，以作張慶雲等獎賞之資，日後永不許張子元問隄工之事。仰楊家雄另舉妥當首事一兩人，再令張慶雲等公舉首事一兩人，會同合辦。至孫家灣搶險所存木料等件，據張子元供，已經程允執續修費用，應由程允執自行稟復可也。各具結完案。此諭。

（清）熊賓《三邑治略》卷六《堂判天門縣任内・訊楊繼先一案》　此案業經訊明，據楊繼先所呈分譜底單，共計六十套。質之楊蘭芳等，供稱所分之譜，惟大房多有重複，九房只有四套，照錢應分拾套，仰即補出六套；七房應分四套，已有二套，應補兩套。至乾鎮驛楊文清兩處，錢未繳齊，俟繳清每處各發一套。惟楊甫成、楊體邦兩支，譜板失去，即由楊繼先飭令譜匠，再刻兩頁，將已分之譜，查係某本短少，提出將此兩頁補入，以昭信守。如有錯訛之處，爾等公派校對四人，核明更正，以後務須同敦族誼，以承先志。所有訟詞，無論真僞，一概免究。各具結完案，繳册交楊蘭芳手。此諭。

雜録

《詩經・唐風・采苓》　采苓采苓，首陽之巔。人之爲言，苟亦無信。舍旃舍旃，苟亦無然。人之爲言，胡得焉？

采苦采苦，首陽之下。人之爲言，苟亦無與。舍旃舍旃，苟亦無然。人之爲言，胡得焉？

采葑采葑，首陽之東。人之爲言，苟亦無從。舍旃舍旃，苟亦無然。人之爲言，胡得焉？

（宋）李昉《太平廣記》卷一《神仙・老子》　老子有客徐甲，少賃於老子。約日雇百錢，計欠甲七百二十萬錢。甲見老子出關游行，速索償不可得，乃倩人作辭，詣關令，以言老子。而爲作辭者，亦不知甲已隨老子二百餘年矣，唯計甲所應得直之多，許以女嫁甲。甲見女美，尤喜。遂通辭於尹喜，得辭大驚。乃見老子，老子問甲曰：汝久應死，吾昔賃汝，爲官卑家貧，無有使役，故以太玄清生符與汝，所以至今日。汝何以言吾。吾語汝到安息國，固當以黃金計直還汝，汝何以不能忍。乃使甲張口向地，其太玄真符立出於地，丹書文字如新，甲成一聚枯骨矣。喜知老子神人，能復使甲生，乃爲甲叩頭請命，乞爲老子出錢還之。老子復以太玄符投之，甲立更生。喜即以錢二百萬與甲，遣之而去。

（宋）洪邁《夷堅志甲》卷一七《人死為牛》　永康軍導江縣人王某者，以刻核彊鷙處官。紹興五年，爲四川都轉運司幹辦公事，被檄榷鹽於潼川路，躬詣井所，召民强與約，率令倍差認課。當得五千斤者，輒取萬斤。來歲所輸不滿額者，籍其貲。王心知其不能如約規，欲没入之，使官自監煎。既復命，計使以鹽額倍增，薦諸宣撫使，得利州路轉運判官，未幾死。眉州彭山人楊師錫，以合州守待次田間，夢王來謁，公服後穿，出牛一上二字葉本作一牛。尾，方驚怛，侍婢亦魘寤，言：見王運使來，衣後有牛尾。相語未了，外報一犢生。遽取火視之，犢仰首泪下。事既著聞。有資中人馬某者，亦爲都漕司幹官，每出郡邑督錢，惟以多爲貴，不問額之虛實贏縮，必得爲期，且以此自負。蜀人以其虐於刷錢，目曰馬刷，或以王君事警之。馬曰：正使見世生兩尾，亦何必問！明鈔本作亦可不問。已而疽發於背之左。瘡稍愈，復發於右。兩疽相對，宛如杖瘡，其深數寸，隔膜洞見肺腑，臭滿一室。同僚往問病，馬生但云：當以某爲戒。某悔無及也。死時，與王相距纔一年。

（宋）洪邁《夷堅志乙》卷七《布張家》　邢州富人張翁，本以接小商布貨爲業。一夕，閉茶肆訖，聞外有人呻痛聲，出視之，乃晝日市曹所杖殺死囚也。曰：氣絶復蘇，得水尚可活。恐爲邏者所見，則復死矣。張即牽入門，徐解縛，扶置卧榻上，設薦席令睡，與其妻謹視之，飼以粥餌，雖子婦弗及知。經兩月，脊瘡皆平，能行。張與路費，天未曉，親送之出城，亦未嘗問其鄉里姓名也。過十年久，有大客，乘馬從徒，齎布五千疋入市，大駔争迎之，客曰：張牙人在乎？吾欲令貨。衆嗤笑，爲呼張來，張辭曰：家貲所有，不滿數萬錢。此大交易，願别擇豪長者。客曰：吾固欲煩翁，但訪好鋪户賒與之，以契約授我，待我還鄉，復來索錢未晚。張勉如其言。居數日，客謂翁：可具酒飲我，勿招他賓。既至，邀其妻共飲，酒酣，起曰：翁識我否？乃十年前牀下所養人也。平生爲寇刼，往來十餘郡，未嘗敗。獨至邢，一出而獲。荷翁再生之恩，既出門，即指天自誓云：今日以往，不復殺人，但得一主好錢，持報張翁，更不作賊。才上太行，便遇一人獨行，刼之，正得千餘緡，遂作買客販賣。今於晋絳間有田宅，專以此布來償翁媪恩。元約復授翁，可悉取錢營生産業，吾不復來矣。拜訣而去。張氏因此起富，貲至十千萬，邢人呼爲布張家。

（宋）洪邁《夷堅志乙》卷七《王牙儈》　乾道七年，鄱陽鄉民鄭小五合宅染疫癘，貧甚，飦粥不能給。欲召醫巫買藥，空無所有，但得一氈笠，倩牙儈王三鬻之，可值千錢。王乃呂本作輒。隱其半，才還家，即得病，昏不知人。六七日，鄰里以爲必不起，忽大聲疾呼，如受杖痛苦之狀。妻扣之，能言所見，云：恰被黄衫承局追出，到近理胡家步下，見巨船艤岸，大官正坐，左右擁侍皆朱紫，儀衛光赫，全如官府。承局領吾臨岸，大官問：爾何敢匿留鄭小五錢？吾不敢諱，遂遭皮鞭一百，擲置草中，痛不可忍。大官令急以凉虀與吾。旋移船過下岸，左右教我就水内取兩甕，使飲一盞，乃悸而覺，便得汗有瘳，臀痛愈劇。妻視之，生赤丁瘡約滿百。困卧幾月，始復初。既而下岸大疫，蓋所覩者瘟部云。

（宋）洪邁《夷堅志戊》卷二《阮秀才酒錢》　莆田士人王育卿，嘗預鄉薦。夢若入冥司，三人冠服坐於上，其一呼王臨階問之曰：頗相憶否？向曾與君同筆硯。王不能識也。又云：君大期殊不遠，故欲奉告耳。俄皆起入屏後。王望几案上有文書一册，就視之，皆細書人姓名，而詳其所爲善惡功過。其一曰：阮某不合賴人酒錢，減壽半紀。未暇它閲，三人出，謂王曰：過三年當再相見。出行廊下，見里巷張生，枷繫受訊，欲往問勞之，送吏不許。覺而不樂。試遣子詣張氏，則昨夕中風疾矣。經二年，自料不久於人世，乃扣謁阮秀才，從容言曰：吾子常日曾與人有訟事否？曰：素不好訟。固問之，乃言：但昔常開酒肆，有負我錢十五千而游販他鄉不歸者，因誣爲其兄所欠，訴於縣，逮治之，遂如數相償。王愀然曰：如是則冥司符有證，吾必不免。徐告阮以所見，阮亦悔之。王至期果死。

（明）何良俊《何氏語林》卷一《德行》　公沙穆嘗養猪，有病，使人賣之於市。云當告買者言病，賤取其直，不可言無病欺人，取貴價也。賣猪人到市即售，亦不言病，其直過價。穆怪問其故，齎半直追以還買猪人，語以猪實有病，欲賤賣錢，不圖賣者相欺乃取貴直。買者言買賣定約，亦復辭錢不取，穆終不受錢而去。

（明）何良俊《何氏語林》卷二《德行》　王義方初拜御史，意望殊高，忽畧人間細事。買宅既數日，忽對賓朋指庭中青梧樹一雙曰：此亡酬直。賓朋言侍御貴重不知交易，樹當隨宅無别酬例。義方曰：此嘉樹，非他物。比召宅主，付之錢四千。

公平分部

論說

（宋）陳襄《州縣提綱》卷一《防市買之欺》 始至之日，必密訪市之物價。如官價有虧，則從市價。晨起量其所買，先以錢給買者，仍書於牌，俾祗錢付物毋得賒鬻。所用權衡之屬，務在公平，過重，則買者不過强取於市而已。旬日若月終，又須刷其虧欠之有無，不然，則彼得以恃勢爲姦矣。

（宋）袁采《袁氏世範》卷三《治家・富家置産當存仁心》 貧富無定勢，田宅無定主，有錢則買，無錢則賣，買産之家，當知此理，不可苦害賣産之人。蓋人之賣産，或以闕食，或以負債，或以疾病死亡，婚嫁爭訟，已有百千之費，則鬻百千之産。若買産之家，即還其直，雖轉手無留，且可以了其出産欲用之一事。而爲富不仁之人，知其欲用之急，則陽距而陰鉤之，以重扼其價。既成契，則姑還其直之什一二，約以數日而盡償，至數日而問焉，則辭以未辦，又屢問之，或以數緡授之，或以米穀及他物，高估而補償之。出産之家必大窘乏，所得零微，隨即耗散，向之所擬以辦某事者不復辦矣。而往還取索，夫力之費又居其中，彼富家方自竊喜，以爲善謀，不知天道好還，有及其身而獲報者，有不在其身而在其子孫者，富家多不之悟，豈不迷哉。

（宋）袁采《袁氏世範》卷三《治家・假貸取息貴得中》 假貸錢穀，責令還息，正是貧富相資，不可闕者。漢時有錢一千貫者，比千户侯，謂其一歲可得息錢二百千，比之今時，未及二分。今若以中制論之，質庫月息，自二分至四分，貸錢月息，自三分至五分，貸穀以一熟論，自三分至五分，取之亦不爲虐，還者亦可無詞。而典質之家，至有月息什而取一者。江西有借錢約一年償還，而作合子立約者，謂借一貫文，約還兩貫文，衢開化借一秤禾而取兩秤。浙西上户借一石米而收一石八斗，皆不仁之甚。然父祖以是而取於人，子孫亦復以是而償於人，所謂天道好還，於此可見。

《天聰朝臣工奏議》卷上《高士俊謹陳末議奏六年正月初九》 書房秀才高士俊謹陳末議以備采擇事。臣備數書房，久叨恩眷，每欲建言，恐取笑大方；欲不言，又恐負作養。今出管見三條，爲皇上獻，乞賜葑菲之采，少罄涓滴之私焉耳。【略】

一曰諫新政。昨奉旨傳諭，養狗者挐去城外。然一家少有兩、三條，多有五、六條，是以一人吠形，百犬吠聲，臣恐盜賊生心。因見皮肉滿街，懇乞勅賜每家止存　條，姑俟昇平日，或路不拾遺，外户不閉，即不用亦可。至廣借銀一事，皇上原爲窮民，而窮民益不便，有衣物者當銀濟急，無則束手無措。望恩頒例：借一兩者，息止若干，十兩者止若干，以至百兩者止若干，不許違禁取利，亦不許利上取利，違例者坐其罪，光棍驅騙者作某罪。庶財物通阜，貧富兩便。此臣愚忠，敢冒昧以奏。

綜述

《唐律疏議》卷二六《雜律·校斛斗秤度不平》諸校斛斗秤度不平，杖七十。監校者不覺，減一等；知情，與同罪。

疏議曰：校斛斗秤度，依《關市令》：每年八月，詣太府寺平校，不在京者，詣所在州縣平校，並印署，然後聽用。其校法，《雜令》：量，以北方秬黍中者，容一千二百爲龠，十龠爲合，十合爲升，十升爲斗，三斗爲大斗一斗，十斗爲斛。秤權衡，以秬黍中者，百黍之重爲銖，二十四銖爲兩，三兩爲大兩一兩，十六兩爲斤。度，以秬黍中者，一黍之廣爲分，十分爲寸，十寸爲尺，一尺二寸爲大尺一尺，十尺爲丈。有校勘不平者，杖七十。監校官司不覺，減校者罪一等，合杖六十；知情，與同罪。

《唐律疏議》卷二六《雜律·器用絹布行濫短狹而賣》諸造器用之物及絹布之屬，有行濫、短狹而賣者，各杖六十；不牢謂之行，不真謂之濫。即造橫刀及箭鏃用柔鐵者，亦爲濫。

疏議曰：凡造器用之物，謂供公私用，及絹、布、綾、綺之屬，行濫，謂器用之物不牢、不真；短狹，謂絹疋不充四十尺，布端不滿五十尺，幅闊不充一尺八寸之屬而賣：各杖六十。故《禮》云：物勒工名，以考其誠。功有不當，必行其罪。其行濫之物沒官，短狹之物還主。

得利贓重者，計利，準盜論。販賣者，亦如之。市及州、縣官司知情，各與同罪；不覺者，減二等。

疏議曰：得利贓重者，謂賣行濫、短狹等物，計本之外，剩得利者，計贓重於杖六十者，準盜論，謂準盜罪，一尺杖六十，一疋加一等，計得利一疋一尺以上，即從重科，計贓累而倍併。販賣者，亦如之，謂不自造作，轉買而賣求利，得罪並同自造之者。市及州、縣官司知行濫情，各與造、賣者同罪；檢察不覺者，減二等。官司知情及不覺，物主既別，各須累而倍論。其州、縣官不管市，不坐。

《唐律疏議》卷二六《雜律·私作斛斗秤度》諸私作斛斗秤度不平，而在市執用者，笞五十；因有增減者，計所增減，準盜論。

疏議曰：依令：斛斗秤度等，所司每年量校，印署充用。其有私家自作，致有不平，而在市執用者，笞五十；因有增減贓重者，計所增減，準盜論。

即用斛斗秤度出入官物而不平，令有增減者，坐贓論；入己者，以盜論。其在市用斛斗秤度雖平，而不經官司印者，笞四十。

疏議曰：即用斛斗秤度出入官物，增減不平，計所增減，坐贓論。入己者，以盜論，因其增減，得物入己，以盜論，除、免、倍贓依上例。其在市用斛斗秤度雖平，謂校勘訖，而不經官司印者，笞四十。

《唐律疏議》卷二六《雜律·市司評物價不平》諸市司評物價不平者，計所貴賤，坐贓論；入己者，以盜論。其爲罪人評贓不實，致罪有出入者，以出入人罪論。

疏議曰：謂公私市易，若官司遣評物價，或貴或賤，令價不平，計所加減之價，坐贓論。入己者，謂因評物價，令有貴賤，而得財物入己者，以盜論，並依真盜除、免倍贓之法。其爲罪人評贓不實，亦謂增減其價，致罪有出入者。假有評盜贓，應直上絹五疋，乃加作十疋，應直十疋作五疋，是出入半年徒罪，市司還得半年徒坐，故云以出入人罪論。若應直五疋，評作九疋，或直九疋，評作五疋，於罪既無加減，止從貴賤不實坐贓之法。

（唐）李林甫《唐六典》卷二〇《太府寺·兩京諸市署》京、都諸市令掌百族交易之事；丞爲之貳。凡建標立候，陳肆辨物，按《周禮》：肆長各掌其肆之政令，陳其貨賄，名相近者，相遠也；實相近者，相邇也，而平正之。以二物平市，謂秤以格，斗以概。以三賈均市，精爲上賈，次爲中賈，麄爲下賈。凡與官交易及懸平贓物，並用中賈。其造弓矢、長刀，官爲立樣，仍題工人姓名，然後聽鬻之；諸器物亦如之。以僞濫之物交易者，沒官；短狹不中量者，還主。《周禮》：司市僞飾之禁，在人者十有二，在商者十有二，在賈者十有二，在工者十有二。《王制》亦云：用器、兵、車不中度，布帛精麄不中數，幅廣狹不中量，姦色亂正色，五穀不時，果實未熟，木不中伐，禽獸魚鱉不中殺，皆不鬻於市。凡賣買奴婢、牛馬，用本司、本部公驗以立券。凡賣買不和而榷固，榷謂專略其利，固謂鄣固其市。及更出開閉共限一價，謂賣物以賤爲貴，買物以貴爲賤。若參市而規自入者，並禁之。

《宋刑統》卷二六《雜律・校斗秤不平器物絹布行濫短狹　市價不平　私作斗秤　賣買不和而較固取者　買畜産不立市券》

諸校斛斗秤度不平，杖七十。監校者不覺，減一等，知情與同罪。

疏議曰：校斛斗秤度，依《關市令》，每年八月詣太府寺平校，不在京者，詣所在州縣官校，並印署，然後聽用。其校法，《雜令》，量以北方秬黍中者容一千二百爲龠，十龠爲合，十合爲升，十升爲斗，三斗爲大斗一斗，十斗爲斛。秤權衡以秬黍中者百黍之重爲銖，二十四銖爲兩，三兩爲大兩一兩，十六兩爲斤。度以秬黍中者一黍之廣爲分，十分爲寸，十寸爲尺，一尺二寸爲大尺一尺，十尺爲丈。有校勘不平者，杖七十。監校官司不覺，減校者罪一等，合杖六十。知情與同罪。

諸造器用之物，及絹布之屬，有行濫短狹而賣者，各杖六十。不牢謂之行，不真謂之濫。即造橫刀及箭鏃用柔鐵者，亦爲濫。得利贓重者，計利准盜論。販賣者亦如之。市及州縣官司知情，各與同罪，不覺者減二等。

疏：諸造器用之物，及絹布之屬，有行濫短狹而賣者，各杖六十。注云，不牢謂之行，不真謂之濫。即造橫刀及箭鏃用柔鐵者，亦爲濫。議曰：凡造器用之物，謂供公私用，及絹布綾綺之屬行濫，謂器用之物不牢、不真，短狹謂絹匹不充四十尺，布端不滿五十尺，幅闊不充一尺八寸之屬，而賣各杖六十。故《禮》云：物勒工名，以考其誠。功有不當，必行其罪。其行濫之物没官，短狹之物還主。

又云，得利贓重者，計利準盜論。販賣者亦如之。市及州縣官司知情，各與同罪，不覺者減二等。議曰：得利贓重者，謂賣行濫短狹等物，計本之外，剩得利者，計贓重於杖六十者，準盜論，謂準盜罪一尺杖六十，一匹加一等。計得利一匹一尺以上，即從重科，計贓累而倍併。販賣者亦如之，謂不自造作，轉買而賣求利，得罪並同自造之者。市及州縣官司知行濫情，各與造賣者同罪，檢察不覺者減二等，官司知情及不覺，物主既別，各須累而倍論。其州縣官不管市不坐。

諸市司評物價不平者，計所貴賤坐贓論，入己者以盜論。其爲罪人評贓不實，致罪有出入者，以出入人罪論。

疏議曰：謂公私市易，若官司遣評物價，或貴或賤，令價不平，計所加減之價，坐贓論。入己者，謂因評物價，令有貴賤，而得財物入己者，以盜論，並依真盜除免、倍贓之法。其爲罪人評贓不實，亦謂增減其價，致罪有出入者。假有評盜贓應直上絹五匹，乃加作十匹，應直十匹，減作五匹，是出入半年徒罪，市司還得半年徒坐，故云，以出入人罪論。若應直五匹，評作九匹，或直九匹，評作五匹，於罪既無加減，止從貴賤不實坐贓之法。

諸私作斛斗秤度不平，而在市執用者，笞五十，因有增減者，計所增減准盜論。即用斛斗秤度出入官物而不平，令有增減者，坐贓論，入己者以盜論。其在市用斛斗秤度雖平，而不經官司印者，笞四十。

疏：諸私作斛斗秤度不平，而在市執用者，笞五十，因有增減者，計所增減准盜論。議曰：依令，斛斗秤度等，所司每年量校，印署充用。其有私家自作，致有不平，而在市執用者，笞五十。因有增減，贓重者，計所增減准盜論。

又云，即用斛斗秤度出入官物而不平，令有增減者，坐贓論，入己者以盜論。其在市用斛斗秤度雖平，而不經官司印者，笞四十。議曰：即用斛斗秤度出入官物，增減不平，計所增減坐贓論。入己者以盜論，因其增減得物入己，以盜論，除免、倍贓依上例。其在市用斛斗秤度雖平，謂校勘訖而不經官司印者，笞四十。

諸賣買不和而較固取者，較謂專略其利，固謂障固其市。及更出開閉，共限一價，謂賣物以賤爲貴，買物以貴爲賤。若參市，謂人有所賣買，在旁高下其價，以相惑亂。而規自入者，杖八十。已得贓重者，計利准盜論。

疏：諸賣買不和而較固取者。注云，較謂專略其利，固謂障固其市。又云，及更出開閉，共限一價。注云，謂賣物以賤爲貴，買物以貴爲賤。議曰：賣物及買物人兩不和同，而較固取者，謂强執而市，不許外人買，故注云，較謂專略其利，固謂障固其市。及更出開閉，謂販鬻之徒，共爲姦計，自賣物者，以賤爲貴，買人物者，以貴爲賤，更出開閉之言，其物共限一價，望使前人迷謬，以將入己。

又云，若參市。注云，謂人有所賣買，在旁高下其價，以相惑亂。又云，而規自入者，杖八十。已得贓重者，計利准盜論。議曰：參市謂負販之徒，共相表裏，參合貴賤，惑亂外人，故注云，謂人有所賣買，在旁高下其價，以相惑亂，而規賣買之利入己者，並杖八十。已得利物計贓重於杖八十者，計利准盜論，謂得三匹一尺以上，合杖九十，是名贓重。其贓既准盜利，即合徵還本主。

諸買奴婢、馬牛駞騾驢，已過價不立市券，過三日，笞三十，賣者減一等。立券之後，有舊病者，三日内聽悔，無病欺者，市如法，違者笞四十。即賣買已訖，而市司不時過券者，一日笞三十，一日加一等，罪止杖一百。

疏：諸買奴婢、馬牛駞騾驢，已過價不立市券，過三日，笞三十，賣者減一等。立券之後，有舊病者，三日内聽悔，無病欺者，市如法，違者笞四十。議曰：買奴婢、馬牛駝騾驢等，依令並立市券，兩和市賣，已過價訖，若不立券，過三日，買者笞三十，賣者減一等。若立券之後，有舊病，而買時不知，立券後始知者，三日內聽悔，三日外無疾病，故相欺罔，而欲悔者，市如法，違者笞四十。若有病欺不受悔者，亦笞四十。令無私契之文，不准私券之限。

又云，即賣買已訖，而市司不時過券者，一日笞三十，一日加一等，罪止杖一百。議曰：賣買奴婢及牛馬之類，過價已訖，市司當時不即出券者，一日笞三十。所由官司依公坐，節級得罪。釋曰：節級猶等級也。其狹私者，以首從論，一日加一等，罪止杖一百。

（宋）李元弼《作邑自箴》卷七《牓客店户》 一、説諭客旅：不得信憑牙人説作，高擡價錢賒賣物色，前去拖墜不還，不若減價見錢交易，如是久例賒買者，須立壯保，分明邀約。

（宋）李元弼《作邑自箴》卷八《牙人付身牌約束》 某縣、某色牙人某人付身牌開坐縣司約束如後：

一、不得將未經印税物貨交易。

一、買賣主當面自成交易者，牙人不得阻障。

一、不得高擡價例，賒賣物貨，拖延、留滯客旅，如是自來體例，賒作限錢者，須分明立約，多召壯保，不管引惹詞訟。

右給付某人，遇有客旅欲作交易先將此牌讀示。

（宋）佚名《宋大詔令集》卷一八三《政事·財利·賜潭州造茶人户勑榜》 勑潭州管内造茶人等，逐年所行造納官湖南獨行號大方茶。近擬本州般到開寶五年六年獨號茶斤稍重，與自前入納棬模，輕重不同。切慮人户採摘打造不易事，惟兹茶茗，産在湖湘，斤片重輕，固有常式，既棬模之稍大，念製造之惟艱，兼慮輸納之時，或有邀難之弊，宜依舊例，用便烝民。凡爾衆多，體我優恤，宜令本州自今並依舊棬模製造茶貨，舊日每三十片重九斤者，不得令過十斤，即須知法製造，無令鹵莽夾雜。若是場司受納人員及州府固違勑命指揮，邀難人户，須令送納重茶要及十斤以上，並許人户上京論告。若勘鞫得寔，應干係官吏，並當重斷其論，告事人仍支賜賞錢二百貫文，兼與放本户下差税，故兹榜示，各令知悉。

（宋）佚名《宋大詔令集》卷一八三《政事·財利·賜通州煎鹽亭户勑榜》 勑通州係管煎鹽亭户等，朕臨御區宇，惠養烝黎，每推惻惻之恩，曲示優饒之意，所期衆庶，各遂蘇舒。自來官中每正鹽一石給錢五百文，並示將絹布茶斛㪷折支，深慮虧損人户，今議特行軫恤，宜令本州，自今後應支鹽本錢，一依舊定，每石正鹽價例，並給見錢與人户，不得更有折支。故兹榜示，各令知悉。

（宋）佚名《宋大詔令集》卷一八三《政事·財利·茶鹽榷酤不得增課詔太平興國元年十月壬戌》 先是募民掌茶鹽榷酤，民多增常數，求掌以規利。歲或荒儉，商旅不行，至虧失常課，多籍没其家財以償，甚乖仁恕之道。自今並宜以開寶八年額爲定，不得復增。

（宋）佚名《宋大詔令集》卷一八三《政事·財利·令茶官不售者受之輕價出之詔咸平二年正月壬申》 如聞榷茶之所，官不售者，必毁棄之，斯可惜也。自今第其品而受之，輕其價而出之，使物無棄而民獲利也。

（宋）佚名《宋大詔令集》卷一九八《政事·禁約·禁市易官物增價欺罔官錢詔開寶七年五月乙丑》 古人以獄市爲寄者，蓋知小民唯利是從，不可盡法而繩之也。況先甲之令，未嘗申明，苟陷人於刑，深非理道，將禁其二價，宜示以明文。自今應市易宜官物，有妄增價欺罔官錢，按鞫得實，並以枉法論。其犯在詔前者，一切不問。

（宋）佚名《宋大詔令集》卷一九八《政事·禁約·中外臣寮不得因乘傳出入齎輕貨邀厚利詔太平興國二年正月丙寅》 古者百乘之家，不畜雞豚，伐冰之家，不畜牛羊，蓋禁其與百姓争利也。凡我在位，莫匪令人，賦禄足以代耕，臨財豈思苟得？尚念戰争之後，頗虧廉耻之風，雖在搢紳之間，猶兢錐刀之末。乃至奉使郡國，守鎮藩方，罔守不貪之言，親與細民争利，宜申約束，以勸多方。自今後中外臣寮，不得因乘傳出入，齎輕貨，邀厚利，并不得令人於其諸處圖迴。有不如詔者，郡縣長吏以名聞奏。

（宋）佚名《宋大詔令集》卷一九八《政事·禁約·禁約上供物監臨官謹視秤者無得欺而多取詔太平興國三年七月庚午》 權衡之設，厥有常制，出納之吝，謂之有司。倘求羨餘，必恣掊克，苟視成而不戒，豈爲天下守財之道焉？左藏庫及諸庫，所受諸州上供均輸金銀絲綿及他物，監臨官當謹視秤者，無得欺而多取，俾上計吏受其弊。自今敢有欺度量而取餘羨，其秤者及藏吏皆斬，監臨官亦重寘其罪。

《天一閣藏明鈔本天聖令・關市令》　諸官有所市買，皆就市交易，不得乖違時價。市訖，具注物主户屬、姓名，交付其價，不得欠違，仍申所司勘記。

（宋）謝深甫《慶元條法事類》卷八《職制門・定奪體量》　諸訴縣理斷事不當者，州委官定奪。若詣監司訴本州者，送鄰州委官。

《通制條格》卷一八《關市令・和雇和買》　至元十九年十月，欽奉詔書内一款：和雇和買並依市價。不以是何户計，照依行例應當，官司隨即支價，毋得逗遛刁蹬。大小官吏、權豪勢要之家，不許因緣結攬，以營私利。違者治罪。

《通制條格》卷一八《關市令・牙保欺蔽》　至元二十八年三月，欽奉詔書内一款：數年以來，所在商賈，多爲有勢之家佔據行市，豪奪民利，以致商賈不敢往來，物價因而湧貴。在都令監察御史，在外令按察司，常切用心糾察按治。

《元典章》卷二一《户部・錢糧・買物先支七分》　大德元年六月，江西行省：

爲修葺官舍、和買諸物放支錢糧等事，省府議擬，自今後本路但有造作合用物料，並和買諸物，本路估體價錢相應，先支價錢七分，申省照會。餘上價錢，造作、和買完備，令不干礙官司覆實，别無虧官損民，抄録勘准文憑，保結申省貼支，同先支價錢通行申除，據此。

《元典章》卷二一《户部・雜例・變賣官物》　至大三年四月，行省准中書省咨：

御史臺備監察御史呈：照刷出河南行省文卷一宗内一件：大德十一年七月十七日，（安）〔汝〕寧府申：解到賊人棄下馬七疋。發下汴梁路，變賣作鈔解省。回據本府申：馬七疋賣到鈔一十八定三十八兩，内高平章宅買馬四疋，崔參政宅買馬三疋。照得馬價多者每疋不過三定，少者一定之上，校之市價，至甚虧官。其有司（佑）〔估〕體不實，本省官不應收買，事在革前。似此虧官，若不禁革，深爲未便。參詳，今後凡賣官物，須令有司估體時直，别無高擡少估，再令不干礙官司重行覆實相應，方許貨賣。聽從百姓交易，其見任官吏不得收買，違者究治，庶望少革姦弊。具呈照詳。送據刑部呈：參詳，今後諸衙門凡有變賣官物，合准監察御史所擬，從實估價，聽從百姓交易，見任官吏不得收買，誠爲允當。具呈照詳。都省准擬。

《元典章》卷二六《户部・科役・脚價・至元新格》　諸街市貨物，皆令行人每月一平其直。其比前申有甚增減者，各須稱説增減緣由，自司縣申府州，由本路申户部，並要體度是實，保結申報。凡年例必於本處和買之物，如遇物多價少，可以趁賤收買者，即具其直，另狀飛申。

《元典章》卷二六《户部・科役・和買・出産和買諸物》　至元二十一年，行中書省准中書省咨：

據合剌奴、脱脱等言便益事内一件：禹别九州，隨山濬川，任土作貢。古人立法取賦，必因其土地所生、風氣所宜以爲之也。今日和買，不隨其所有，而强取其所無。和買諸物不分皂白，一例施行，分文價鈔並不支給。生民受苦，典家賣産，鬻子雇妻，多方尋買，以供官司。而出産之處，爲見上司和買甚物他處所無，此處所有，於是高擡價鈔。民户唯知應當官司和買，不敢與較，惟命是聽。如此受苦，不可勝言。欲望明降旨揮，今後應有和買，祇於出産去處明立榜文，隨時收取，不得於州郡無處生事害人，天下幸甚。送禮部議得，所言可採。移咨行省，行下合屬，勿令於無處和買，若遇和買，當面給價。仍遍行合屬，依上施行。

《元典章》卷二六《户部・科役・和買・至元新格》　諸年例支持物件，用時有緩急，備時有難易。其當該官吏，凡合置備之數，各須以時點校，預爲舉呈，毋得急闕，公私不便。諸和買物，須驗出産停蓄去處，分俵均買。其官吏不得先以賤直拘收，揹勒人户多添價錢轉買送納。違者痛行斷罪，計其餘價，依數追還。

諸和買，須於收物處榜示見買物色、各該價錢，物既到官，鈔即給主，仍須正官監臨置簿。凡收物支價，開寫某人納到某物多少，支訖價錢若干，就令物主於上畫字。其監臨之官仍以印牌關防，以備檢勘。

《元典章》卷二六《户部・科役・和買・體察和買諸物》　至元二十九年，江西行省准中書省咨：

來咨：於課程地税内折收木綿白布，已後年例必須收納。目今各處申到時價不等，若令各各官司遞互體覆，緣前項木綿布疋處處折收，慮恐各處官吏扶同作弊，不肯從實折估，以致虧官損民。又兼廉訪司分守各路，專一體察公事，和買折收之物若依在先體例，令本路保結，移文廉訪司體覆相應，抄連牒文申省，然後准算，免致多破官錢，事難追改，似望官民兩便。咨請照驗事。都省議得：凡有和買折收物色，本路官司估到實直，從合屬宣慰司差官體覆。若有不實，所在廉訪司官依例體察。咨請依上施行。

《元典章》卷二六《户部・科役・和買・和買諸物對物估體支價》

至大三年五月，行臺准御史臺咨：

奉尚書省劄付：户部呈：照勘歲用諸物支持年例，預爲措置會計，至至大二年周歲已支並約支各各物色，比附得敷與不敷支持，議擬到至大三年合計置疋帛木綿等物，開具照詳。得此。照得在前計置諸物，倒官錢收買，憑准路府州縣保結到實直價錢，一一放支給主。其所在官司不詳上司恤民之意，一概椿配諸色人民，以高作低，以好作歹，刁蹬抑勒鈔兩。州縣官司風聞和買諸物，暗令所占佃户，或段疋，若絹布，督逼各户織造，將百姓所納之物百般疏駁，須要將已物添價就買送納。並其餘和買諸物，亦皆恃賴官勢，賤買貴賣，損民取利，及將價錢中間尅除好鈔，移易昏鈔，不得實徵到民。至如和買和雇遞運脚價，打角物色折收諸物，亦皆作弊。所有今歲和買，計置物色，科派到行省，腹裏下項路分各該數目，擬合令路府州縣見在爲長正官色目、漢兒各一員，親對物主，令牙行人相視堪中之物，照依街市實直兩平收買。如本管府州司縣别無屯塌可買，將物估體實直，於上中户計開張門面之家收買，須要隨即支價。所用價錢，於本處不以是何係官錢内放支，須要收買堪中之物，打角完備，差官管解等事。今將各處計置和買物色開坐前去，都省仰體察施行。承此。

數内：江西省木綿八萬疋，雙線、單線四萬疋，照依年例科派，先儘本省至大三年額定已定税糧認〔納〕，依例折收。外有不敷數目，摘委本省官，首領官，拘該路分廉幹正官、首領官不妨本職提調，就於本省管下不以是何係官錢内，驗出産之處，對物估體支價，收買夾密寬闊堪中支持木綿數足，兩頭條印關防打角，分作運次，差官管押，限至大三年九月終赴都納足。先具委定正官首領官職名，同管不違誤執結文狀，並税糧内折收和買木綿數足，先行咨來，毋致擾民。除已移咨本省，依上施行。

《元典章》卷二六《户部・科役・和買・和買照依市價》　至元二十年，湖廣等處行中書省：

爲起運諸物脚力價錢比腹裏路分爭懸，未有定例，移准中書省咨：照得至元九年十月初六日欽奉詔書條畫内一款節該：和雇、和買、和糴，並依市價，不以是何户計，照依行例應當，官司隨即支價，毋得逗留刁蹬。大小官吏、權豪勢要之家，不許因緣結攬，以營私利，違者治罪。欽此，咨請欽依施行。

《元典章》卷五九《工部・造作・船隻・入廣軍船》　皇慶元年四月，袁州路奉江西行省劄付：

准樞密院咨：欽奉聖旨：差官與本省官一同從新整治點數軍馬，體訪軍中不便事宜，從長講議咨院。欽此。除外，本省與樞密院官議得：入廣鎮軍馬合用船隻，若令有司應付，並令軍人減半和雇，不無擾民。抑今後憑准各萬户府關報入廣軍官軍人數目，合用船隻，有司依數應付，令軍人照依河例，與梢水人等兩平和議雇覓，明白立約，直到所指出卸地頭交卸。仍禁約船户毋得高擡價例，軍人亦不得捎負雇錢。如是軍人擾害船户，總兵官追問是實斷罪外，親管頭目亦驗事輕重科罪。省府仰依上施行。

《元典章》卷五九《工部・造作・船隻・禁治拘刷船隻》　至元二十年六月，行御史臺：

據監察御史呈：欽奉聖旨條畫節文：所在官司，却不得依前强行拘刷船隻，搔擾百姓，如違並行究治。欽此。上年江淮上下及淮浙等處小河，往來客船相望不絶水來。諸處官司指以雇船裝載官糧官物爲名，故縱公吏、祇候、弓手人等，强行拘刷捉拿往來船隻，雇一擾百，無所不爲，所以客船特少，以致物價騰貴，盜賊公行，實與官民爲害等事。得此。憲臺相度：仰行下合屬，果若各路起運官物，必須本處就便和雇船隻者，並依例兩平和雇，先支價錢，不得以和雇爲名强行椿配拘刷，阻當客旅。如有違拒去處，令本處糾察施行。

《至正條格・斷例》卷三《職制・和雇和買違法》　延祐二年五月，御史臺呈：大都路和雇、和買，冒濫作弊等事。都省議得：今後應報時估，各巡院、大興、宛平縣，每月分輪委官壹員，妨職理會上下半月，呼集輸首行人，躬親審覆諸物實直，若有增減，開寫緣由，取各結罪文狀，類寫牒司申府，移委正官壹員提調。比較無差，上半月不過初五日，下半月不過二拾日，申部判送覆實司。限五日體度。但有虛冒不實，開申本部，時估内所無物色，督責各行，須要盡實供報。若街市所無，不許稱闕，須要照依前月價直，從實估計呈報，拘該不盡名件，和買之際，元委官與覆實司對物，眼同估價收買。若以有作無，虧官損民，冒估價直，初犯參拾柒下，再犯加一等，參犯仍解見任。和買之物，着落行鋪之家，依元估物價收買，闕給價鈔。令當該官司，置立勘合，於上明寫納主行人姓名、合闕鈔數，闕狀，親臨提調官吏亦行圓書印押，繳申總府，再行比照無差，下庫放支，當官唱名，給付所買之物，憑納獲收附，限壹拾日内給價。違壹日決柒下，參日加一等，罪止伍拾柒。價不給主而官吏人等侵使者，以枉法論。諸官府權勢人等，轉行結攬，詭名中納，及冒支官錢者，犯人決柒拾柒下，再犯壹伯柒下，發還元籍。贓重以盜論，有職役人員，罷職不叙，其物没官，於内壹半，付告人充賞。仍於府衙門首粉壁，書寫罪名。當該官吏，通同計構，結攬中納者，伍拾柒下，罷職不叙。贓多者從重科，有失關防者，參拾柒下。其物不到官而虛給價鈔者，計贓以盜論。主司知情，罪亦如之，失覺察者，減三等。覆實司體度不實，但犯者，參拾柒下，受贓者，以枉法論。

《至正條格·條格》卷二六《田令·告争草地》 泰定元年，兵部議得：諸人告争草地，多因當該官府與所委官，不依先呈通例，循情懷私，理斷不當，致引百姓稱詞不絶。其或處斷公平，好訟之徒不捨前勞，巧捏飾詞，再行反告。儻不受理，營求各衙門近待官員，隔越聞奏興詞。今後若有似前争訟者，拘該官司須要照勘始初元斷文案，中間如何偏徇，擬斷不平，逐節指定明白。果有合行事理，方許呈省，以憑取問。各衙門近侍官員聞奏興詞者，亦合禁止。仍取誣告招伏，依條斷罪。都省准擬。

《至正條格·條格》卷二八《關市·禁減價買物》 至正元年正月初一日，詔書内一款：在内諸司，在外行省、行臺、宣慰司、廉訪司、軍民官吏，凡有私家所需一切物件，並依市價自行收買，不得使用印帖，着落行户，減價勒要。違者，以所虧價錢，準不枉法贓論罪。

《至正條格·條格》卷二八《關市·和雇和買》 泰定二年五月，户部議得：車駕臨行上都，年例一切所需之物闕少者，必須和買。切恐留守司官吏不肯盡心從公估買，不惟客旅生受，倘誤支持未便。擬合令上都留守司，摘委本司色目、漢人正官各一員、首領官一員，開平巡院官吏（鈐）〔鈐〕束各色行頭，與覆實司一同，審實時估，眼同估體，實直相應，隨即依例全行給價，似不停滯百姓，物能盡實到官。其覆實司不許迴還大都，每一周歲交换。留守司官吏并司屬人等，每季輪流，仍將和買各件，每五日一次，赴部勾銷。如省部迴還，每月闕報，中間若有稽違冒濫，虧官損民，受宣官取招呈省，受勑以下，就便究治。都省准擬。

《大明令·户令·較勘斛斗秤尺》 凡斛斗秤尺，司農司照依中書省原降鐵斗、鐵升較定則様製造，發直隸府、州及呈中書省，將發行省依様製造，較勘相同，發下所屬府、州。各府正官提調依法製造較勘，付與各州、縣倉庫收支行用。其牙行市鋪之家，須要赴官印烙。鄉村人民所用斛斗秤尺，與官降相同，許令行使。【略】

凡買賣田宅、頭疋，務赴投税。除正課外，每契本一紙，納工本銅錢肆拾文，餘外不許多取。

《大明令·刑令·燒埋銀兩》 凡殺人償命者，徵燒埋銀一十兩。不償者，徵銀二十兩。應償命而遇赦原者，亦追二十兩。同謀下手人，驗數均徵，給付死者家屬。

《皇明條法事類纂》卷二九《兵部類·陝西都司甘肅西寧等處遇有番人買賣不許勢要主使家人包收物貨逼令減價違者問發充軍》 一件，陳言預處計安邊事。成化十年七月内，巡撫甘肅右副都御史宋英奏，該兵部等題准：今後陝西行都司甘肅、西寧等處各城交易去處，（過）〔遇〕有番人到城，聽與軍民人等兩平交易，不許官豪勢要之家，主使弟男子姪、家人、頭目、軍伴人等，私自前去挾勢將好馬奇貨包收，逼令減價，以賤易貴，取覓用錢。輕則聽委官量情懲治，重則指實姓名拏問，送巡撫等官處問發充軍，干礙職官，具奏拏問發落。

（明）吕坤《實政録》卷五《鄉甲約卷之三》 一、買賣貨物不公，虧損人者，主令改正，不改者，紀惡呈報。

（明）余自强《治譜》卷四《詞訟門·田土》 田土一事有因疆界争者，有因買賣争者，有因推牧争者，有因價值争者，有因回贖争者，俱不可不爲之處。如疆界不明，但查原丈亏口，令中人隣佑處分。又不明，則親徃看之。徑自委官，未免多事。如係爭買，一儘本家，二儘業主，三儘近隣，如本家業主近鄰，必欲減價，則聽其別賣。糧米不明，則查户首糧數，及當日原丈亏口。又恐有豪强飛詭，小民懦弱，田盡賣而米尚存者，價值多寡，則問之民風土俗，證之中證交單，至應贖與否則有原契中在。如原契已改，原中已故，但驗之筆跡。若賣主力不能贖，又赴告者，多是意在加添，假名回贖耳，須是斟酌，加添之例，固不可開。虧折之事，亦不謂無，審處而詳問其風俗可也。按四方則例不同，典田典屋又不同，如典田者，典主已有籽粒之利，五年減半贖取，十年洗手交還。典屋如獲佃金同此。如無佃金，典主亦已住居，可以作利，還本便當退還。雖風俗不同，天理人情，大約所爭不遠，在人審酌之耳。

（明）莊起元《漆園卮言・政部・檄示類・諭齊民檄》 一、店鋪牙行操錙銖之本，逐什一之利，本縣每加體悉，令朔望投遞執結，開報貨物價目，貴賤高下，以平市法。其金珠細叚等，絶不取買，柴米油燭類，隨發平價。已經歷示外，如積行把持，多索牙用，市棍兇騙欺轄鄉民，及在官衙役朋比爲姦，假公濟私，指官赫詐等項，訪實依律究遣。

《大清律集解附例》卷一〇《户律・市廛・把持行市》 凡買賣諸物，兩不和同，而把持行市，專取其利，及販鬻之徒，通同牙行，共爲奸計，賣己之物以賤爲貴，買人之物以貴爲賤者，杖八十。若見人有所買賣，在傍混以己物高下比價，以相惑亂而取利者，雖情非把持。笞四十。若已得利物，計贓重於杖八十，笞四十。者，準竊盜論，免刺。贓輕者，仍以本罪科之。

條例

一、會同館内外四鄰軍民人等，代替外國人收買違禁貨物者，問罪，枷號一個月，發邊衛充軍。

一、凡外國人朝貢到京，會同館開市五日，各鋪行人等將不係應禁之物入館，兩平交易。染作布絹等項，立限交還。如賒買及故意拖延，騙勒遠人久候，不得起程者，問罪，仍於館門首枷號一箇月。若不依期日，及誘引遠人，潛入人家私相交易者，私貨各入官，鋪行人等，照前枷號。

一、凡外國差使臣人等赴京朝貢，官員與軍民人等交易，止許光素紵絲絹布衣服等件，不許將一應兵器，並違禁銅鐵等物私易。違者，處以極刑。

一、甘肅、西寧等處，遇有番夷到來，本都司委官關防提督，聽與軍民人等，兩平交易。若勢豪之家主使弟男、子姪、家人、頭目人等，將遠人好馬奇貨包收，逼令減價，以賤易貴，及將麤重貨物並瘦損頭畜拘收，取覓用錢，方許買賣者，聽主使之人，問發附近衛分充軍。干礙勢豪及委官知而不舉，通同分利者，參問治罪。

一、各處客商輻輳去處，若牙行及無籍之徒，用强邀截客貨者，不論有無誆賒貨物，問罪，俱枷號一個月。如有誆賒貨物，仍監追完足發落。若監追年久，無從賠還，累死客商，屬軍衛者，發邊衛；屬有司者，發附近，俱充軍。

《大清律集解附例》卷一〇《户律・市廛・市司評物價》 凡諸物牙行人評估物價，或以貴、爲賤。或以賤，爲貴。令價不平者，計所增減之價，坐贓論。一兩以下，笞二十；罪止杖一百、徒三年。入己者，准竊盜論，查律坐罪。免刺。其爲以贓入罪之罪人估贓增減不實，至罪有輕重者，以故出入人罪論。若未決放，減一等。受財受贓犯之財，估價輕；受事主之財，估價重。者，計贓，以枉法從重論。無禄人查律坐罪。

（清）李漁《資治新書二集》卷一三《民事・諭行户》 爲申飭行價，以蘇商困事。照得本院撫綏兩河，駐節凉城，無論是商，是民，皆吾赤子。自下車以來，目擊地方窮苦，時時軫恤在懷，期登豐裕。近察得本院衙門，一應買辦簿内取用各物，雖見發銀兩，毫不虧欠，其間開註價銀，俱較時值短少，循倣從前陋規，名曰官價，但貨物消長不定，價自隨時低昂，豈可官買一價，而民買又一價也？況爾等商賈，資本微薄，經年累月路涉艱辛，所獲蠅利能有幾何？而可堪此賠累乎？合行出示申飭，爲示仰各行户人等知悉。自後凡本部院衙門一應簿内註買各物，俱依時值市價，于所買物件之下，許行户親筆開註銀錢若干，以便如數給發。如有買辦人役執筆硬填，乘機冒破，以至多開少給，扣剋肥己者，查出定行重處不貸。

（清）李漁《資治新書二集》卷一三《民事・禁違例放債》 照得鳳屬兵燹之餘，百姓豈能家給人足？借債、放債情出通融，于理亦無妨害。然銀一兩，爲利不過三分；穀一石，爲利不過三升。要使與者、受者各得其平，斯爲天理良心之至當。本道下車以來，訪得有等貪詐之徒，借放債爲名，而遂其魚肉鄉民之實。加一、加二，利上盤利，年終合算數倍有餘。是子大于母，而指浮干臂矣！有是理乎？窮民無力償還，即折其子女，準其房産，豈止惡浮於虎狼，亦且行同於賊盗。爾等試思放債圖利，無非爲身家子孫計耳，如此忍心害理，刻剥成家，他日子孫豈能常享其福？本道意在易俗移風，不得不先爲告誡，合行出示禁諭。爲此示仰一切軍民人等知悉：以後借債、放債止以三分起息爲準，放者不得苛索于外，借者不得虧損于中。如有貪怙不悛，仍蹈前轍者，一經告發，罪有所歸。要知貪即至貧之由，而利乃叢害之藪也。慎之，誡之。

（清）于成龍《于清端政書》卷六《兩江書・禁田房找價檄》　照得民間田房彼此交相買賣，自必憑中按時估價，兩相情願，而後成議。未有絶賣之産復又告找、告增者。近訪江南陋習，索騙成風，當其棄産之時，未免田地荒蕪、房屋傾圮，或因賦税無出，或因婚喪乏資。彼時勢處燃眉急覓售主，及至憑中議價，契賣交割，買主執業之後，漸將荒田佈種成熟，頹垣修葺改觀，不知幾費經營。而原主突萌索找之念，遂有地方勢豪垂涎美産，設謀扛幫。更有一班訟師、地棍播弄風波，不曰半價鯨吞，即曰利債滚算，訐告經年，居間硬證。有司視爲置産之人，必皆殷實可啖，濫差勒索，稍不遂意，斷贖斷追，以至小民受其漁獵。甚至有衙蠹侵盗錢糧，追比不前，動以變産爲名掯賣良善，株連蔓引，貽累無辜，種種錮若不痛加剪除，民害何所底止？合行飭禁，爲此牌，仰該司官吏照牌事理，即便轉行各屬出示嚴禁。嗣後如有奸民將已賣田房告找、告增，並地方官擅行準理，以及勢豪訟棍夥同嚇詐者，許被害之人赴轅控稟，以憑參拏究處，仍將通飭遵行過緣由具文報查。

（清）趙吉士《牧愛堂編告諭》卷九《興除・為照值平買以清陋習示》

照得：向來衙署供用，自應行户支值，每多相沿官價陋規，有給半價者，有毫不給價者，有官發價而胥役中飽者，有官買一而役買二者，有延捱扣索攙換低銀者。種種弊端，更難僕數。不思牙行鋪户、肩挑小販終日營營，權子母博蠅頭以畜養父母妻子。一日失利，舉家怨歎。爲民司牧不能使之仰事俯育，而顧以口腹纍人，豈朝廷設官養民之意乎？本縣設身處地，曲意深思盡革從前陋弊。凡本縣日逐薪蔬之數，用之肩挑小販者，立有循環二簿，先發制錢，買辦人役執簿照值平買，即刻給付，不許短少分文。其需用布疋紙張等件，用之牙行鋪户者，另刻有照值平買信票，公同估填，每月定于初二日行户當堂執票領價，如有衙役借勒鋪户高擡，查出定行枷示，以爲立心不良者戒。本縣言無不實，法在必行，爾等其諒之。須至示者。

（清）魏際瑞《四此堂稿》卷一《告示・禁弁丁放賬買物各害》　爲嚴禁派買强放以甦民困以肅功令事。照得兩□之民先遭寇賊，復值貪官、衙蠹、營丁、豪奴、土棍重重剥削，皮骨僅存，致厪朝廷東顧之憂，是以旗債王商官買私徵加派諸弊嚴行禁絶。爲官司者，不能察弊除蠹、加意撫綏，罪已大矣。乃聞不肖營弁强悍兵目因放債之例不行，遂以糴穀買草、辦置食用爲題，凡麥豆、雞鵝、絲塩、柴炭等物，或封價交縣轉發里民，或經差營丁下鄉騷擾。每於春月發銀，至期勒收數倍。大斗、大秤索食、索錢，强捉百姓肩挑，挾拿民船裝載，穀一兩而納至十四五石，物一觔而賠至五六七觔。其或不能如期交納者，則又每月重利盤筭叱辱、弔打，無所不爲，以致富民賣屋貨田，典妻鬻子，户口因之逃散，賦税因之不完。甚至驅之而爲盗、爲賊。民之困阨大足傷心，弁丁之惡，不容於死也。合行嚴禁。爲此示仰官丁人等知悉：嗣後凡有必需之物，務須平價現買，不許先期發銀後收多倍，不許大秤、大斗淋斛加觔，以及捉民、捉舡，重利重費，並不得將價託官分派里下。如敢再犯一條者，或經訪聞，或被告發，該弁立刻拿參，兵丁盡法究治。如地方有司狥情受價發派里民，以及地方受害不行詳報者，一併參處。至於爾民亦當深思遠慮，勿圖目前方便，早受營價，以至日後勢賠。本院破情執法，原爲爾民，亦不可不仰體本院之心也。

（清）魏際瑞《四此堂稿》卷二《告示・因災禁偪債》　爲禁諭商民緩索債逋以紓窮黎災困事。照得欠債還錢固是一定之理，乘危索逋則爲刁薄之風。民因貧窮乃須借貸，况當災厄，窮愈難支，乃有爲富不仁之人肉視窮民，重利盤剥，或折數折色少放多收，或抵物、抵衣虚銀實契，或垂涎其妻女，或覬覦其田廬。又或貪其畜産，圖其工器，預先放債，臨時倍徵。甚者串指旗丁、倚藉豪勢，償不還契，索取無饜，乘其危急難還之時，合併盤算屢年之負，逼准妻子，勒獻家私。窮民啣冤而莫伸，天心赫怒而降禍。此災傷所致之由，即王法所不宥者也。至於平常百姓，有無相通以取薄利，原屬本分之事。但思人當極窮，雖催無辨，若或用强使勢必將意外生災，豈徒無利，反滋累害？是以本院既嚴禁飭之條，復申勸誡之語，合行出示，爲此示仰放債人等知悉。除旗丁奉旨嚴禁不許放債取有禁後復放者，許百姓不還外，其餘一切債負俱於來年秋成取償，毋得逼勒。災民致罹重困，敢有豪棍逞强拆人家私、妻女者，許本人鳴告地方有司，申究治罪，財本悉斷入官。其平人亦不得故違禁諭，乘危逼勒。此時朝廷正賦尚須減免，豈汝私債急於正供？且衆既困窮亡雖有財何能安享？若或迫之逃竄，則荒田棄税仍自喫虧，此皆本院愛汝深心。試一三思定知有益。至於欠債人等，亦不得因有禁飭故行騙賴。倘可設處必宜早還，庶再借不難。資生有藉毋負心以自困可也。

（清）盧崇興《守禾日紀》卷三《告示類·一件嚴禁田房加價以遏刁風以奠民生事》 照得：田房交易，此賣彼售，必憑中保官牙，照時值低昂，公評定價。一姓得銀，一姓受業，俱係情願。若價昂則售者不售，價虧則賣者不賣，原無勉强於其間也。或有倚勢逼勒，或借利債盤算，果有冤抑，在受害之人，當時必然呈控，何待遠年始行告理乎？揆其實情，不過借端裝頭，以饜其加找之欲耳。本府莅任以來，每閱投詞，多有此等之事，從未准理。間有架詞朦准，及至鞫實，則係陳事，或業已數傳，或産更他售，或頹廢而新經締搆，或破敗而另行修造，久歷年所，猶復藉口呶呶，以至田園風水，更多爭競。或架詞逼獻，或控告侵呑。稍近坵壠，則以風水興波；逼邇墻垣，則以湊錦生釁，種種刁勒，盡屬子虛。以健訟爲得意，視翻局爲居奇。雖坐誣懲處，而被害者已遭其荼毒矣。刁頑之風，殊爲可恨，合行出示嚴禁。爲此示，仰合郡士民人等知悉：嗣後一切田産、山場、水蕩，凡交易久定，年深日遠者，槩不許借端加價，指名貼絶。如有棍徒陽奉陰違，架控謊詞，希圖朦准者，本府審出實情，定坐以誣告之律，嚴行究處，仍行枷示，以儆刁風，決不輕貸。爾等慎之毋忽！

（清）趙士麟《讀書堂綵衣全集》卷四五《撫吴條約·正風俗》 一、訪得江南各處牙行，斗斛大小不等，全由姦儈乘時射利，客稀則故減以爲招徠，賈集則頓增以圖侵蝕，馴致混淆不可稽核。而蘇松等郡大户收租，至有造加一之斛，刻削貧佃者。今四海一家謹權同量之世，豈宜有此？嗣後公私所用，務遵照部頒倉場制斛出入，一例不許增減。違者許造發到官，按律問罪。

（清）沈之奇《大清律輯註》卷九《户律·錢債·違禁取利》 凡私放錢債及典當財物，每月取利，並不得過三分。年月雖多，不過一本一利。違者，笞四十。以餘利計贓重於笞四十者，坐贓論。罪杖一百。若監臨官吏，於所部內舉放錢債、典當財物者，不必多取餘利，有犯即杖八十；違禁取利，以餘利計贓重於杖八十者，依不枉法論。各主者，通算折半科罪。有禄人三十兩，無禄人四十兩，並杖九十。每十兩加一等，罪止杖一百、流三千里。罷職，追奪除名。並追餘利給主。兼庶民、官吏。其負欠私債違約不還者，五兩以上，違三月笞一十，每一月加一等，罪止笞四十。五十兩以上，違三月笞二十，每一月加一等，罪止笞五十。百兩以上，違三月笞三十，每一月加一等，罪止杖六十。並追本利給主。若豪勢之人，於違約負債者，不告官司，以私債强奪去人孳畜産業者，杖八十。無多取餘利，聽贖，不追。若估所奪畜産之價過本利者，計多餘之物，罪有重於杖八十者，坐贓論。罪止杖一百、徒三年。依多餘之數追還主。若準折人妻妾、子女者，姦占，即從和姦論。杖一百。强奪者，加二等。杖七十、徒一年半。因而姦占婦女者，絞。監候。所準折强奪之人口給親，私債免追。

〔律後註〕：放債典當，以通緩急之用，取利之中，有相濟之義。然必有乘人之急，而罔利無度者；亦必有遲欠違約，負賴不還者，故立此禁限也。凡民間私放錢債，及典當財物者，每月取利，並不得過三分，如借當銀一兩，每月止許加利銀三分；年月雖多，不過一本一利。如借銀一兩，按每月三分取利，積至三十三個月以外，則利錢已滿一兩，與本相等，是謂一本一利，雖年月之多，不得復照三分算利，即五年、十年，亦止還一本一利，此債當取利之禁限也。如違此禁限，而取利三分以上，及積算利錢過於其本者，笞四十。仍計三分之外及過於本錢之餘利，坐贓論罪。三十兩笞五十，則贓罪重於笞四十，應從贓論。至八十兩以上，罪止杖一百。若監臨官吏於所部之內，舉放錢債與部民，典當部民之財物，所取之利，雖不違禁，亦杖八十。若違禁多取利息，則照前節計其餘利，依不枉法論：有禄人三十兩，無禄人四十兩，應杖九十，則贓罪重於杖八十，應從贓論；至一百二十兩以上，罪止杖一百、流三千里。並追餘利給主，總承兩節言之，既已違禁，即屬取與不和，故並給主。其民間私債，必有歸還期約，其負欠私債，有故違原約之期不還，未至三月，弗論；至三月者，以所欠多寡分三項論罪，第一月加一等：五兩以上，笞一十，罪止笞四十；五十兩以上，笞二十，罪止笞五十；一百兩以上，笞三十，罪止杖六十。三項皆至六個月之上，爲罪止之限，并追本錢并應得之利給主。若豪强勢要之人，私放錢債，因其違約不還，不告官司而恃强奪去欠債人之孳畜産業者，杖八十。若估所奪畜産之價，過於應還本利之數者，計所多餘之物，坐贓論。如至七十兩，則重於杖八十，應從贓論。依所多之數，照追還主，不言準折孳畜産業者，所欠本利原應償還，畜産價值相當，彼此情願，自弗論也。若欠債人之妻妾子女，則非畜産之比，可以準折還債者，若豪勢以私債而準折欠債人之妻妾子女，雖非强奪，亦必有逼迫不得已之情，故杖一百。强奪者，加二等，杖七十，徒一年半。因强奪而姦占婦女者，絞。人口給親，私債免追，此二句，承上準折强奪而言。

〔律上註〕：凡民間錢債，均謂之私債。

年月雖多，不過一本一利，謂本利皆未還，而積至年月久遠者也。若年年納利，本錢未還者，不得統計已還之利，而算一本一利也。

一本一利，猶《名例》賃錢雖多，不得過其本價之意。

監臨係統攝部民之人，乃放債典當，而取部民之利，雖不違禁，亦屬不應，故但犯即杖八十。違禁亦非强取，故止依不枉法。

按：《刑律》在官求索條，監臨官吏將自己物貨散與部民，多取價利者，計贓準不枉法論，註曰：附過還職，此註曰：罷職追奪除名，蓋律稱依某律斷者，明其與真犯相同，與稱準者不同也。

按：不枉法贓，無禄人罪止杖一百、流三千里，有禄人一百二十兩以上爲真絞，此皆註罪止云云，謂債當取利，非比受財，不應科至於死也。

强奪畜産者，即估計所值不及應還本利之數，亦杖八十，惡其强奪也。畜産之價，未過本利，則無餘利可追。然本利應償，而畜産不應强奪，故註云聽贖不追也。

準折人妻妾子女節，承上豪强之人而言。準折者，謂將他物準照其數，而折作錢債以還之，係兩相和同之事，非由逼勒也。然在他物如畜産之類則可，至準折妻妾子女，其人甘于離散骨肉，則豪勢之聲勢，可以想見。雖曰和同，必非本心，雖無逼勒，必非得已也。

律不曰以妻妾子女準折還債，而曰準折人妻妾子女，其義可見。故既坐罪給親，而債亦免追，以倍罰之也。

註曰：姦占，即從和姦論，謂準折非同强奪，有姦亦係和同也。但本律準折即杖一百，而和姦止杖八十，俟考。

强奪者，亦爲準債而奪，非謂姦占而奪也，故止加準折罪二等。觀下姦占婦女者，有因而兩字，其義甚明。姦者，姦宿；占者，占爲妻妾，或配與子孫、弟姪、家人，皆是占也。

或謂强奪而配與子孫、弟姪、家人，應依豪勢之人强占良家妻女律，坐絞，非也。兩律之罪相等，而所因不同，彼原爲强占而搶奪，此先爲準債而强奪，既奪之後，因而姦占也。

條例

凡勢豪舉放私債，文通運糧官，挾勢擅拏官軍，綁打凌辱，强將官糧准還私債者，問罪。屬軍衛者，發邊衛充軍；屬有司者，發邊外爲民。運糧官，參究治罪。官糧與軍糧不同。官糧者，漕運赴京上納正糧也；軍糧，行月二糧也。

聽選官吏、監生人等借債，與債主及保人同赴任所，取償至五十兩以上者，借者，革職，債主及保人，各枷號一個月發落。債追入官。

凡舉放錢債，買囑各衛委官，擅將欠債軍官、軍人俸糧銀物領去者，問擬詐欺。委官問擬受財聽囑罪名。

在京兵部，并在外巡撫、巡按、按察司官，點視各衛所印信。如有軍職，將印當錢使用者，參問，帶俸差操。執當之人，問罪，枷號一個月。債追入官。

内外放債之家，不分文約久近，係在京住坐軍匠人等揭借者，止許於原借之人名下索取，不許赴原籍逼擾。如有執當印信、關單、勘合等項公文者，提問。債追入官。

凡負欠私債，在京不赴法司而赴別衙門，在外不赴軍衛有司而越赴巡撫、巡按、三司官處各告理，及輒具本狀奏訴者，俱問罪，立案不行。若本京别衙門聽從施行者，一體參究，私債不追。

（清）沈之奇《大清律輯註》卷一〇《户律·市廛·私造斛斗秤尺》

凡私造斛斗秤尺不平，在市行使，及將官降斛斗秤尺，作弊增減者，杖六十。工匠同罪。若官降不如法者，官吏、工匠杖七十。提調官失於較勘者，原置官吏、工匠減一等；知情與同罪。其在市行使斛斗秤尺雖平，而不經官司較勘印烙者，即係私造，笞四十。若倉庫官吏，私自增減官降斛斗秤尺，收支官物而不平納以所增，出以所減。者，杖一百。以所增減物計贓重於杖一百者，坐贓論；因而得所增減之物入己者，以監守自盗論。并贓，不分首從，查律科斷。工匠杖八十。監臨官知而不舉者，與犯人同罪；失覺察，減三等，罪止杖一百。

〔律後註〕：同律度量衡，王制也。斛斗秤尺，乃百物之所受裁以爲平者，官降一定之式，民間遵依製造，赴官交勘印烙，而後行使，所以同風俗，一制度，不得私有增減。若私造斛斗秤尺，大小、輕重、長短不平，在市行使，及將官降斛斗秤尺作弊增減者，行使人杖六十，爲其私造增減之工匠同罪。若官降而不如原頒法式者，杖七十。作法於民，而先自弊之，故視私造不平者，加等科之。提調官吏失於較勘者，猶是疏慢之過，故減一等；知其不如法之情，而不較勘，則是有心之過，故與同罪。其在市行使斛斗秤尺，雖平準無大小、輕重、長短之差，但不經官較印者，亦笞四十，恐開私造之端，漸致不平之弊也。若在倉庫之斛斗秤尺，原由官降，以收支錢糧，主守倉庫官吏私自增減，以致收支官物，增多減少不平者，杖一百。以所增所減物數，計贓，照坐贓通算折半，贓罪重於杖一百者，依坐贓論罪。因而將增收所多，減支所餘之物入己者，以監守自盗，不分首從，并贓論罪。工匠爲之增減，亦杖八十。監臨官知其收支不平及得物入己之情，而縱容不舉問者，與犯人同罪，至死減一等。若不知情，而失於覺察者，減犯人罪三等，罪止杖一百。

〔律上註〕：不平，謂不遵官降之制，即不如法也。

增減，如貼補斲削之類。

官降於民，必有主司監造之人與工匠以式，而令之如法造作。若與式不如法，則罪在主司；造作不如法，則罪在工匠。律不言坐罪之人者，以有罪坐所由之通例也。

多收税糧斛面，以坐贓論罪，止杖一百。此收支不平即杖一百，坐贓論至滿徒，彼是斛面，此是增減，以其倚法爲姦也，故入己即以監守自盗論。工匠罪其助姦，監臨罪其縱姦，即失察猶罪其失姦也。增收所多，減支所餘，雖由不平而來，已是在官之物，因而入己，即監守自盗矣。官吏作姦，而令工匠增減，豈能拒之？如論工匠之罪，亦當推其所由。

監臨止言官，不及吏者，以覺舉之權不在吏也。

此條惟第三節不送官勘印，不罪工匠，以所造無不平也。餘三節皆科之，其意甚微。

（清）沈之奇《大清律輯註》卷一〇《户律·市廛·器用布絹不如法》

凡民間造器用之物，不牢固真實，及絹布之屬，紕薄短狹而賣者，各笞五十。其物入官。

〔律後註〕：器用布絹，亦皆有法。不牢固真實，紕薄短狹，即不如法也，造織而賣者，近於詐欺，故各笞五十。其物入官。賣者令人不如法造織，則并坐之。

〔律上註〕：此市廛之法。若官府則别有造作不如法之條。

各字，指賣器用、布絹等人也。

（清）沈之奇《大清律輯註》卷一〇《户律·市廛·市司評物價》

凡諸物牙行人評估物價，或以貴爲賤，或以賤爲貴，令價不平者，計所增減之價，坐贓論。一兩以下，笞二十，罪止杖一百、徒三年。入己者，準竊盗論，查律坐罪。免刺。其爲以贓入罪之罪人估贓增減不實，致罪有輕重者，以故出入人罪論。若未决放，減一等。受財受贓犯之財，估價輕；受事主之財，估價重。者，計贓，以枉法從重論。無禄人，查律坐罪。

〔律後註〕：行人即牙人，諸色貨物之美惡，時價之高低，以行人評估爲準，故曰市司。或估賤爲貴，或估貴爲賤，致令物價不得其平者，計所估貴增賤減之價，坐贓論罪。若於中作爲奸弊，將所增減之價入己者，準竊盗論，至死減一等，免刺。犯人有應計贓論罪者，其爲估贓不實，以致罪有輕重者，以故出入人罪論。若未决放，聽減一等。受財者，計贓以枉法罪，與故出入罪從重論。

〔律上註〕：或貴或賤，不過不平之罪，本是虚贓，故坐贓論。至於入己，即是詐欺之贜，故準竊盜論。

如竊盜人衣服什物，受人緞疋器玩之類，皆須估計所值之價，以定贜數之罪。增輕作重，減重作輕，決於評估之人。行人必知時值，未有失錯誤估之理，致有輕重，自屬有意增減，故以故出入論。若竊盜贜本值一百二十兩，是流罪，增一兩則絞矣；枉法贜本值七十九兩，是流罪，增一兩則絞矣。贜多者至關生死，犯人必有行賄求減，讐家必有行賄求增之事，故特嚴之，至死不減也。

《會典》一應貨物，皆有一定之價，纖悉畢載，仍月取時估，非限定也。

（清）沈之奇《大清律輯註》卷一〇《户律・市廛・把持行市》 凡買賣諸物，兩不和同，而把持行市，專取其利，及販鬻之徒，通同牙行，共爲姦計，賣己之物以賤爲貴，買人之物以貴爲賤者，杖八十。若見人有所買賣，在旁混以己物高下比價，以相惑亂而取利者，雖情非把持，笞四十。若已得利物，計贜重於杖八十、笞四十者，準竊盜論，免刺。贜輕者，仍以本罪科之。

〔律後註〕： 兩不和同，謂使買者賣者，皆不情願之意。與下把持二句，語意相承。如己買物，則把持賣者，如己賣物，則把持買者，即俗所謂强買强賣，而又不許他人買賣也，故曰專取其利。凡市集買賣諸物，致使兩不和同，而把持行市，高下其價，不許他人作主，自專其利者，及販買鬻賣之徒，通同牙行，共爲姦計，賣己物則高其價，而以賤爲貴，買人物則低其價，而以貴爲賤者，並杖八十。若見人有所買賣，在傍故以物之價錢高下比并，以惑亂買賣之人，因而於中規取牙利，雖非把持，其情可惡，故笞四十。以上二節内，把持行市者曰專取其利；通同爲姦者曰買賣貴賤；在旁比價者曰惑亂取利，則此三項，皆有分外多得之利物也。若已得利物，即計以爲贜，準竊盜論。前二項之贜罪，重於杖八十，後一項之贜罪，重於笞四十，則從盜科斷，免刺，至死減一等。

〔律上註〕： 把持行市，則公然恃强以取利； 通同爲姦，則暗地作弊以謀利，情雖不同，而皆擾害市廛，故其罪同。

條例

會同館内外四鄰軍民人等，代替外國人收買違禁貨物者，問罪，枷號一個月，發邊衛充軍。

凡外國人朝貢到京，會同館開市五日，各鋪行人等，將不係應禁之物入館，兩平交易。染作布絹等項，立限交還。如賒買及故意拖延騙勒遠人，久候不得起程者，問罪，仍於館門首枷號一個月。若不依期日及誘引遠人潛入人家私相交易者，私貨各入官；鋪行人等，照前枷號。

凡外國差使臣人等赴京朝貢，官員與軍民人等交易，止許光素紵絲、絹布、衣服等件，不許將一應兵器並違禁銅鐵等物私易，違者，處以極刑。

甘肅、西寧等處，遇有番夷到來，本都司委官關防提督，聽與軍民人等兩平交易。若勢豪之家，主使弟男子姪、家人、頭目人等，將遠人好馬奇貨包收，逼令減價，以賤易貴，及將粗重貨物並瘦損頭畜拘收，取覓用錢方許買賣者，聽主使之人，問發附近衛分充軍；干礙勢豪及委官知而不舉，通同分利者，參問治罪。

各處客商輻輳去處，若牙行及無籍之徒，用强邀截客貨者，不論有無誆賒貨物，問罪，俱枷號一個月。如有誆賒貨物，仍監追完足，發落。若監追年久，無從賠還，累死客商，屬軍衛者，發邊衛；屬有司者，發附近，俱充軍。

楊村、蔡村、河西務等處，如有用强攔截民運糧船，在家包雇車輛，逼勒多出脚錢者，問追給主，仍發邊衛充軍。

凡捏稱皇店，在於京城内外等處，邀截客商，指勒財物者，俱拏送法司問罪。就於害人處所，枷號三個月，發極邊衛分，永遠充軍。

（清）戴兆佳《天台治略》卷六《告示・勸諭富室歲暮善取租債事》

一件勸諭富室歲暮善取租債以甦民困以保天和事。

照得民間平時稱貸，原以通緩急、濟有無，到得年終，自宜子母並權一一償還。至于房租、田租等項，諺語所謂蓋身之實、活命之源，更宜及早清楚，不可拖欠，此情也、理也。但天台連年荒歉，今歲幸獲有秋二月絲，而五月糓久已寅，虛卯抵窮人仍然十室九空，元氣未復，所以一切租債迫切難償，亦時也、勢也。爲富室者，斷要因人斟酌，舒疾合宜，斯爲仁人君子之用心。奈何台人多爲富不仁、惟利是視，訪聞每於歲暮封印之後，差遣悍僕、豪奴分頭四出，如虎如狼逼取租債，舉其室中所有，搜攫一室，甚而掀瓦掇門，拴妻縛子，又甚將本人鎖押私家，百般弔打。如此肆横胡行，非惟干犯王章，不亦大傷天理乎？今當歲聿云暮之時，爲富室者止宜善取，不宜横追，方是保守身家之道。葢爾等坐處華堂，須念有風雨不蔽者之苦；美味悦口，須念有藜藿不充者之苦；貼體輕温，須念有身無敗絮者之苦；毡幃綉帳，坐褥擁爐，須念有冒雪披霜者之苦；銀燭高燒，賞年鬧節，須念有兒啼女號者之苦。苟能念及種匕苦楚，寬緩一分，使窮民得受一分之惠，子孫得受一分之福，此真名實兼收，義利兩得之道。爲此示仰合邑軍民人等知悉：一應陳租、宿債概行善取，不許横追。倘冒利不遵，强取無忌，訪聞告發立拿懲究，言出法隨，決不寬縱。至於欠租、欠債窮民，亦宜打點良心，目下稍可設措，便當勉力清完，不得以本縣告示藉口，就想賴過今冬，恃刁不還。日後被人告發，本縣定當以爾來生果報現之今生嚴追。痛比之下，非復人形，與變牛變馬無異也。特事。

（清）趙申喬《趙恭毅公自治官書類集》卷九《告示·户政類·禁買辦短價賒取示》爲曉諭事，照得本都院，素歷艱辛久甘澹薄，今雖叨膺節鉞，猶是寒儒色相，况俸金之外再無分文，每日需用不過米薪蔬腐，悉登紅簿給發銙銀現錢，照市價平買，並不許買辦人役托詞賒取，短少絲毫。合行出示嚴飭。爲此示仰闔屬軍民人等知悉。凡係本都院日用物件，俱現發銀錢照民間價直平買。如該役□换低潮及給價遲延故意侵扣者，許爾等即時扭稟以憑查實究處，決不姑貸。

（清）趙申喬《趙恭毅公自治官書類集》卷九《告示·户政類·禁當鋪違例取息示》爲嚴禁違例取息事，照得典當之設原以便民。第查湖南地方當銀，則戥有出入輕重之分，呈色高低之別。當錢則不論時價之貴賤，且逾月五日即扣一月之利，名曰加三，實倍加四，甚至年蒲愆期不允取贖，竟行發賣。本都院蒞任以來，深知此情業經通飭在案。近訪聞各屬當舖竟不遵依，仍然如故。地方官亦漫不稽察，殊屬疎忽，合行示諭。嗣後開典當鋪務須公平交易，不得輕出重入，掯勒小民。其票内須填明日期，按日照數加筭，不許執月不過五之説，多勒利錢。亦不許借讓利五日之名，反多取二十五日之利。如年蒲愆期，亦宜按月照數扣筭，毋得徑行發賣。其當錢必扣明時直錢價作銀，填票總不許違例取息於三分之外，如有不遵，仍前多勒重利尅剥窮民者，許受害人等執票扭稟地方官查明重處。倘該地方官瞻狥不究，或經訪聞或被告發，定以曠職指參，各宜凛遵，毋貽後悔。慎之，思之。

（清）田文鏡《撫豫宣化録》卷四《條禁事》照得户婚、田土、錢債等事，俱要原媒、原中爲證婚、書契券爲凴，方許告争。如無確實證據及年遠日久之事，原不許捏詞妄控官，亦不得濫行準理。今訪得各屬刁健之徒，脱空告狀騙准之後，經年不結，差拘候審，曠悮農工，鄉民施累不起，聽凴講處以飽貪壑，甫得和息，又復興誦。如此刁風，豈容漸長？合行分條飭禁，爲此示仰撫屬官吏、軍民人等知悉：嗣後各遵後開條禁息訟寧民，毋得仍前故犯，致干罪戾。所有應禁各條開列於後，須至示者。

計開

一、禁假冒復業。循良土著自不肯輕去其鄉，惟游手惰民易於遷徙，遺下差徭累及同族、同里之人。至他鄉無依，原籍豐收仍回故里。如果有舊田載入赤曆，止許開明坐落四至，報官入籍行糧。倘並無舊田，借稱還鄉復業，混争他人田地，擇肥而食，地方官即行按律治罪。

一、禁瓜分絶産。老年無子之人，宗房族長自應依律立繼以承宗祧，所遺家産俱歸繼子管業。如無子之人死後，兄弟子姪並不立繼，將絶産瓜分，以致此門意絶，屍骨、香火無人收管，一經告發，地方官明立繼嗣，追還田産，照律治罪。

一、禁漏税不過。民間置買田地，自應立時過割，以杜争端。豫省田糧有經年累月並不過割者，甚至買主轉賣而地糧尚在原業主户下者，以致重叠典賣，有糧無地等弊，紛紛訐告。日遠年長，官亦無從稽查，案久不結。嗣後買地不即過割者，按律治罪。

一、禁换鍾定親。婚嫁大事，自應明媒正聘，寫立婚書，禮帖。即小户窮民亦不應草率從事。豫省男女婚姻，止凴换鍾，並無媒聘、婚帖，以致男家棄親不娶，女家賴婚另配，訐訟不休。查割襟、指腹，律禁甚嚴，换鍾結親與此何異？地方官嚴行禁止，違者按律治罪。

一、禁先儘業主。田園、房産爲小民性命之依，苟非萬不得已，豈肯輕棄？既有急需，應聽其覓主典賣，以濟燃眉。乃豫省有先儘業主隣親之説，他姓概不敢買，任其乘急掯勒，以致窮民不得不減價相就。嗣後不論何人許買，有錢出價者即係售主。如業主隣親告爭，按律治罪。

一、禁重叠典賣。凡將地畝田産典當與人，應俟年限滿日備價贖出，另行出賣。倘未回贖，不許另賣。違者重究，業歸典主，價追入官。如典業未滿，强行回贖，與年限既滿、揹不許贖者，一併治罪。

一、禁搶割强犁。民間地土不清，應告官審理。乃豫省刁民竟有並不告官，及既經官斷之後，並不遵依，或乘穀麥成熟之時，率衆搶割，或於地主佈種之後，用强犁毁，以致各持兇器互相鬭毆，每至喪命亾軀。地方官嚴行禁止，違者立拿解轅，從重究處。

一、禁重利放債。律載私放錢債，每月取利不得過三分。年月雖多，不過一本一利。訪得豫民違禁取利，竟有每月加五六分，至大加一五不等。窮民任其盤算，凡有勢力之人，官亦聽從指使，代爲追比，殃民殊甚。除從前借欠者照律交還本利外，嗣後不許再犯。如違重究。

一、禁錢行私抽。市集設立牙行經紀，原令估物、平價、息争、杜僞，如用斗、用秤之物，恐不公平交易，馬、牛牲畜之類，恐有來歷不明，必須經由牙行，許其照例量抽用錢。至於以銀换錢，自有定價，彼此可以交易，何用牙行從中抽税，苦累小民？地方官嚴行禁止，不許濫給牙帖，如違並究。

以上九條雖屬細事，而豫省人民多易犯此。本都院爲地方起見，諄諄告誡，倘不悛改，則三尺具在，不能爲爾民寬也。凛遵毋忽。

雍正三年二月　　日

《大清律例》卷一五《户律・市廛・市司評物價》　凡諸物牙行人評估物價，或以貴，爲賤。或以賤，爲貴。令價不平者，計所增减之價，坐贓論。一兩以下笞二十，罪止杖一百，徒三年。入己者，準竊盗論，查律坐罪。免刺。

其爲以贓入罪之罪人估贓，增減不實，致罪有輕重者，以故出入人罪論。若未决放，减一等。受財受贓犯之財估價輕，受事主之財估價重。者，計贓，以枉法從重論。無禄人，查律坐罪。

《大清律例》卷一五《户律・市廛・把持行市》　凡買賣諸物，兩不和同，而把持行市，專取其利，及販鬻之徒，通同牙行共爲姦計，賣己之物以賤爲貴，買人之物以貴爲賤者，杖八十。若見人有所買賣在旁，混以己物。高下比價，以相惑亂而取利者，雖情非把持，笞四十。若已得利，物計贓，重於杖八十、笞四十。者，準竊盗論，免刺。贓輕者，仍以本罪科之。

條例

一、會同館内外四鄰軍民人等，代替外國人收買違禁貨物者，問罪，枷號一個月、發邊衛充軍。

一、凡外國人朝貢到京，會同館開市五日，各鋪行人等，將不係應禁之物入館，兩平交易。染作布絹等項，立限交還。如賒買及故意拖延，騙勒遠人久候，不得起程者，問罪，仍於館門首枷號一個月。若不依期日，及誘引遠人潛入人家，私相交易者，私貨各入官，鋪行人等照前枷號。

一、甘肅、西寧等處，遇有番夷到來，所在該管官司委員官關防督查，聽與軍民人等兩平交易。若勢豪之家，主使弟男、子姪、家人等，將遠人好馬奇貨包收，逼令減價，以賤易貴，及將一切貨物、頭畜拘收取覓，用錢方許買賣者，主使之人，問發附近衛分充軍；聽使之人，减主使一等。委官知而不舉通同分利者，參問治罪。

一、各處客商輻輳去處，若牙行及無籍之徒，用强邀截客貨者，不論有無誆賒貨物，問罪俱枷號一個月。如有誆賒貨物，仍追比完足發落。若追比年久，無從賠還，累死客商者，發附近充軍。

一、凡内府人員家人，及王、貝勒、貝子、公、大臣、官員家人，領本生理，霸占要地關津，倚勢欺陵，不令商民貿易者，事發，將倚勢欺陵之人擬斬監候。如民人借貸王以下大臣、官員銀兩，指名貿易，霸占要地關津，恃强貽累地方者，亦照此例治罪。又内府人員家人，及王以下大臣、官員家人，指名倚勢網收市利，挾制有司，干預詞訟，肆行非法，該主遣去者，本犯枷號三個月、鞭一百。本犯私去者，照光棍例治罪。王、貝勒、貝子、公失察者，俱交與該衙門照例議處。管理家務官，革職。大臣、官員失察者，亦俱革職。不行察拿之該地方文武官，交該部議處。

一、漢、潘交界之處，每月定場期三次，併令公平交易。該管衙門選差兵役稽查，如有强買强賣，及短少價值者，照把持行市律治罪，仍追原價。兵役借端勒揹者，照衙門人役恐嚇索詐例，計贓治罪。如有私人夷穴交易者，照私與外國人交通買賣例，分别治罪。不嚴行約束之地方官，及該管上司，併交部議處。

一、大小衙門公私所需貨物，務照市價公平交易，不得充用牙行縱役私取。即有差辦，必須秉公提取，毋許藉端需索。如有縱役失察，交部分别議處。其衙役照牙行及無籍之徒用强邀截客貨者，不論有無詐賒貨物例，枷號一個月，杖八十。如贓至三十五兩者，照枉法贓問擬，所得贓私貨物，分别給主、入官。

《大清律例》卷一五《户律·市廛·私造斛斗秤尺》 凡私造斛斗秤尺不平，在市行使，及將官降斛斗秤尺作弊增減者，杖六十，工匠同罪。

若官降不如法者，官吏工匠。杖七十。提調官失於較勘者，減原置官吏、工匠罪一等，知情，與同罪。

其在市行使斛斗秤尺雖平，而不經官司較勘印烙者，即係私造。笞四十。

若倉庫官吏，私自增減官降斛斗秤尺，收支官物而不平，納以所增，出以所減。者，杖一百，以所增減物，計贓重於杖一百者，坐贓論。因而得所增減之物入己者，以監守自盗論。併贓，不分首從，查律科斷。工匠，杖八十。監臨官知而不舉者，與犯人同罪。失覺察，減三等，罪止杖一百。

《大清律例》卷一五《户律·市廛·器用布絹不如法》 凡民間造器用之物，不牢固正實，及絹布之屬，紕薄短狹而賣者，各笞五十。

《蒙古律例》卷六《盗賊·所罰牲畜分别賞賜》 乾隆三十一年四月奏准增入

一、扎薩克旗罰得從盗牲畜，分爲三股：一償事主；一給拿獲盗犯之人；其一存公，以備鼓舞效力人等賞賜之需。

（清）凌燽《西江視臬紀事》卷三《禁脚夫勒索》 爲嚴禁脚夫勒索，以便商旅事。照得客商賴脚夫以挑運，脚夫藉挑運以糊口，彼此相須，脚價自當公平畫一，豈容恣意苛索？今訪得省城灣船之所有等無籍强夫，凡有客船甫經到岸，即蜂擁争先登舟搶嚷，混將行李搬置岸上，星分零搭，既不容減其脚價，又不容任其别唤，致令孤客照顧不遑，不得不隱忍多費。及至起肩，又復就輕避重，另起争端，勒索無已。甚有挑至稠人廣衆之中，客行稍後，竟將行李挑匿。種種刁詐，深爲民害。除行地方官飭禁外，合即定額示禁，仰商民脚夫及該地保甲人等知悉：嗣後會城河干挽船口岸，除客商有貨投行者，俱令行家檢點發夫，河夫不得搀挑。其挑送商民行李，每口岸原有夫頭，即令夫頭立簿登記某客行李若干，交送某處，僱夫某人。倘有踈失，惟夫頭是問。每担行李在一里以内者，給時錢十文；一里以外者，每里遞加三文。夫頭無論遠近，仍每擔客給夫頭錢一文，俾令登記簿籍查覈。如客人情願自挑，或另僱熟人挑送者，聽其自便，不得措踞强挑。倘敢故違，仍前多索强踞，以致踈虞許爾客民立即扭稟，該地方官竝拿，夫頭一并究處。該地保甲仍不時巡查，稟報，毋得扶同狥隱，致干察究。

（清）凌燽《西江視臬紀事》卷三《禁車行勒索示》 爲嚴禁車行勒索，安商旅，以恤窮夫事。照得水陸要道開設車行，原以便商民之來往，察夫役之奸良，行家每兩例取用銀三分，俾之登記簿籍以防行李踈虞，實爲行客交便，並非專爲地棍開財利之端也。今本署司訪聞，離省三十里之謝埠地方，爲撫建通衢客商，至省舟楫不通，行李貨物必須僱車運載。先因該地之李姓倚恃人衆，私充强霸，勒索刁難，曾經前司訪拿責懲，并發示嚴禁，不許土棍壟斷把持，商民俱投託車行雇載，往來稱便，詎日久弊生。近訪該埠車行每遇商民僱車，輒先令車夫四散，彼則揑稱車少貨多，高擡車價。或客商自覔回車，彼復於中阻撓，不許攬載。行客惟恐羈程，不得不吞聲忍受，任其飽槖。復又越例抽用每錢一百文，自十文至二三十文不等。客商之苦積錙銖，車夫之辛勤血汗，徒爲此輩把持安享，病客病夫，殊爲民害。合即出示刻榜嚴禁，嗣後如遇商旅僱車進省者，無論本地及别處車夫，酌定每車一輛給時錢一百二十文，至回車攬載，任客自便，車行土棍並不得藉端阻撓，仍每錢一百給該行錢三文，令其登記客夫姓名，便於稽查，永爲定額。倘該行仍敢壟斷，指使車夫刁難措勒，以及阻撓回車攬載，并多索牙用，許爾客民赴轅指名具稟，以憑嚴拿盡法究處。本署司言出法隨，斷不留此等奸徒以害商民也。特示。

（清）張五緯《風行録》卷二《岳州府·分别當贓酌定取贖章程》

爲分别當贓酌定起贖章程，以免擾累，致啓畏難事：竊照鄉間食力貧民，每遇青黄不接，或年歲歉收，以及婚嫁急不可緩之事，離典鋪遼遠，艱於典當，並有向無典鋪之縣鎮，均不能不仰賴都圖、甲里之富户質押錢穀，以濟眉急，而救饑饉。前因地方棍徒常藉私典挾詐，本府於前次涖任，業經禁革在案。今次回任，悉心確訪輿情，挾詐之風雖息，而富户畏難措當之事仍復不免。大都俱以頭穀擔保爲定。此等鄉例章程正所以杜無賴之滋擾，而防來歷之無憑，實慎重出入之道，原不得謂爲勒措刁難，且誤當賊贓或曾受鄉里棍徒之肆詐，或備嘗衙門蠹役之串害，亦無怪有畏難推托之事。但人生貧富無常，人品先後不一，其中先富饒而後貧寒，先入邪而後歸正者，各家俱有親眷相知，類乎此者，定不乏人。以今昔聞見參觀，真有不可概論之勢。

第查暴貧之户，多係無用愚夫。既不諳典借規例，又不託人擔保先容，更羞向熟識人家出頭人家出頭露面，因不知其底里，遂扼以向日章程，不允質押，未免有偏枯之嘆。至來歷不明一説，凡典押什物，即官典亦止認票不認人。因其人之邪正不能辨别，故惟估其物之貴賤以定價值。况素習穿窬之輩，其夜竊之物必向夜市之家銷受質押，斷不敢赴彰明較著之良户自取敗露。其從前無知誤犯，旋即愧悔痛改，或經官長、父兄懲戒，畏法洗心，果有此等改惡從善之人，親族閭閻定有公論，不可以其從前誤犯之短，遂指其人爲必不可交易之人，稱其物爲斷不可典押之物，致阻愚人自新之路。此外如托典誤當之事，自亦不少。其獲賊認明典押之家，除實係窩户，照例查起還主送官究治外，所有良户誤當賊贓之處，向日如何查起取贖，鄉里自有公議。第各處情形不一，互鄉仁里不同，其間丁單族小，落落寡交之户，即難保無藉端嚇詐之害。若經官差起，不但當本烏有，更兼擾累難堪。是以鄉例擇人並須擇物，認票還須認人。似此同一典物之人，其中有幸有不幸。行之常年尚且不可，况值閏在仲春，閒月較長之歲乎？民間隱情疾苦，原非體察經見，不能備悉。日前有鄉人獲賊送究之案，當發經歷司嚴行勘問，訊明後即釋事主寧家，以省拖累。旋據該員録供，稟請飭縣查起押穀原贓，給主認領前來。本府查閲之下，因而悟悉前情，隨傳團總面諭此案，押穀之家説明並非窩户，即着事主先行自備本利，親往取贖所有當資本利數目，赴案呈明，候於賊犯名下着追給領，不許棍徒藉端滋擾，定讞在案。蓋恐因噎廢食，畏難苟安，幾致有物可押之窮人，竟成無門可告之絶户耳。除飭各縣遵照備案，嗣後凡遇賊匪當贓之案，如實係向有穀之家，以物押穀，或以銀錢代穀者，訊非窩户，其誤當之贓，即令事主自備本利親往取贖，所有當資本利即於賊犯名下如數追出給領，毋任地方棍徒訟師串通衙門刑書、捕役，仍前混照事主報詞捏開窩户，朦混送票查拘差起擾害，至干訪拿究辦外，誠恐窮鄉僻壤未能琺知，合行頒示曉諭。

爲此，示仰閤屬出當錢穀之善士、良户人等知悉，嗣後凡有以物質押者，止須論其物之所值，其人若非素有醜聲，近有賊名，聞見真切者，概不必畏難措當。其先年不端，若共知其革面洗心者，更不必追其既往，冷人愧悔之心。如有無力回贖逾期者，仍准照鄉例辦理，本府計當户穀，本計生民日食，爲富户除害，爲貧人興利，不憚煩勞，籌畫備至，實與貧富兩有裨益。而良善富户人等切勿仍前托詞畏難，藉以刁難。倘有昧良之徒，乘有此示，任意以不值之物强押勒典，以及藉端訛詐擾害者，一經訪聞或被告發，定即嚴拿重辦。本府權衡庶政，先教後懲，言出法隨，不作空文，不務虚名之處，諒爾等亦知之切矣。各宜凛遵，慎勿輕嘗。特示。

（清）張五緯《風行録》卷三《長沙府・嚴禁私開小押》 爲嚴禁私開小押，重利盤剥，以恤窮黎，以靖盗源事：照得設立典當，便民緩急，將本求利，原所不禁。然必須請領當帖，完納税銀，方准開張。每月取利照律不過三分，若私開小押，屢奉各上憲嚴禁，無如日久玩生，仍然開設。且有不肖之徒，衹知惟利是趨，竟出貲本串同軍流，擅開小押，每押本百文，於額利三分之外，重取利息。甚至按月二三十文不等，兩月爲限，其盤剥窮民已屬有傷天理。更有一班無賴匪徒，將所偷贓物得以押錢應用，毫無顧忌。是賊匪藉小押以消贓，致押店收賊贓而圖利，情同窩黨，爲害地方何可勝言？合行示禁。爲此，示仰軍民地保及該軍流人等知悉，爾等既將本以求利，何事不可營生？以優游自在之人，何甘於軍流爲伍。嗣後務宜别謀生理，不得違禁串通軍流，朋開小押。其前押物件，照例三分取贖，不得舞留需索。倘敢怙惡不悛，仍然暗地朋開典押，賊贓重利盤剥，一經本府訪聞，定即嚴拿究辦。斷不稍爲寬貸。至爾等軍流，從前既已誤罹法網，尤宜改過自新，將來得逢恩詔，可以釋回。不得違禁取利，代賊銷贓。再干法紀，後悔莫及。各宜凛遵毋違。特示。

（清）李璋煜《視已成事齋官書》卷四《禁重利盤剥示》 爲嚴禁外來奸賈剥削窮民事。查例載放債之徒，用短票扣折，違例巧取重利者，嚴拏治罪。其銀照例入官。受害之人，許其自首免罪，並免追息各等語。所以安良善而杜詐僞也。蘇城内外有山西客人，專放重利，朘剥人財，名曰鞭子錢，又名爲箇洋。每日或一千八千不等，借洋十箇，每日收利。又有名曰印子錢，借錢八千，作通足錢十千，自借貸之日起，五日一期，至期收五百文，百日算清，其借票上利息，則寫照票典起息。至期收錢後，鈐小印子，故名曰印子錢。在手藝營生，開設小鋪之人，不得已取其重利，倘到期無錢還利，輒行聚衆鬨鬧。若欠至兩期不付，輕則剥去衣服，搬取什物，重則持械持刀，百般恐嚇，甚至見有幼女少婦，竟有强拉爲質者。小民生計維艱，何堪受奸賈之擾累邪？況值歲暮隆冬，尤虞逼迫，若不嚴加懲創，反恐强者肆志，懦者吞聲。除飭縣密訪查拏外，爲此示諭坊保人等知悉，如遇有重利盤剥，復逞兇逼索者，即扭禀來轅，治以應得之罪，決不寬貸。此示。

（清）李璋煜《視已成事齋官書》卷五《禁把持行市示》爲出示嚴禁事。照得江寧省會，地廣人稠，必藉商賈流通，以資食用。若奸徒把持壟斷，擾害市廛，既使買賣兩不和同，且得高下其價，不評時值。又有外來匄匪，擺賣鉛錢，以致錢店經紀人等，視爲利藪，攙和行使，病民累商，殊干例禁。兹本署司訪得南門外河下地方，有一種地棍，恃强把持，凡遇米船自北河下關而來者，不令與客交易，盡數邀截，歸伊經賣，名爲接江。城廂内外礱坊人等，平日囤積，偶逢陰雨，抬價居奇，民間日易升米，多費數十文，貧乏之家，何以堪此。除密訪查拏外，合行出示嚴禁，爲此示仰商民人等知悉，嗣後一切買賣，俱聽商販自投牙行，評價發賣。如有不法衿棍，仍敢攔截囤積，把持滋累，及各處錢店經紀人等，仍敢勾通營私攙和小錢行使，許即指名禀首，聽候提究，毋違特示。

《户部則例》卷三五《漕運·交收·進倉驗耗》一、京倉兑收漕糧，每正米一石，原帶耗米二斗五升，内除顛抗折耗米二升，實進倉正耗米一石二斗三升，倉中收受入廒正米一石，收耗米七升，尖米四升二合，又耗尖米二合九勺四抄，盤折作正新耗米三升，共收正耗平斛米一石一斗四升四合九勺四抄。其餘八升五合六抄，以三升八合爲旗丁，餘米四升七合六抄爲進倉，曬颺折耗作正交納，如改進通倉，不除顛抗折耗。

一、通倉收兑漕糧，每改兑米一石，原帶耗米一斗七升，收兑入廒正米一石，收耗米四升，尖四升二合，耗尖米一合六勺八抄，共收一石八升三合六勺八抄，餘米八升六合三勺二抄。以三升八合爲旗丁，餘米四升八合三勺二抄爲進倉，曬颺折耗作正交納，如改進京倉，照運京倉例準除顛抗，折耗米二升。

一、白糧進倉，白糙正米，每石加耗一斗、白熟正米每石加耗五升三升不等，照全單開載數目兑收。

一、漕糧抵壩時，巡漕御史會同倉場逐一驗看，除乾潔者，照例起卸外，其潮濕米石，責令旗丁自行曬颺，按數買別幫食米抵補，抵不足額照起米掛欠例，將弁丁条處，米石下年搭解完交。

一、漕糧進倉時，監督抽驗一二袋，如有潮濕，計其折耗，將未驗之米，俱照此核算，以原備曬颺折耗之米抵補。如有餘剩，歸入正項，仍有不敷，再行買補。倉監督出具印結，報部查核，倉場仍不時查訪。如有以少報多，希圖掩覆，侵虧情弊，立即指名叅劾追賠治罪。

一、坐糧廳收兑糧米俱用紅斛，進京倉紅斛每石較倉斛大二斗五升，進通倉紅斛每石較倉斛大一斗七升。

一、漕船搭運無耗平米，到壩石土兩壩，概以加二五紅斛折算，正米起運京通各倉，給發脚價，倉中仍照平斛收受入廒。

一、起運德州倉糧，改兑平粟米到通，如坐京倉者，石壩以加二五紅斛，坐通倉者，土壩以加一七紅斛折算，正米起運進倉，給發脚價，倉中照平斛米數收受入廒。

一、旗丁在倉交剩三升八合，餘米除無故掛欠者，不準買餘米抵補。如失風事故及經紀車户掣欠，俱準買交抵補，再有餘剩之白米、粳米，每石作價七錢，稜米每石六錢，粟米每石五錢，動用茶果銀兩給與旗丁。倘茶果銀兩不敷，即將通濟庫銀給發所有餘米通行，留倉作正支放。

《户部則例》卷三六《漕運·支給·截留停運支費》一、各省截留漕糧，如未經兑開之船，照停運例給與，減半月糧。已兑未開之船，於減半月糧外，將三修銀兩全行給與。若已兑開行在途截留漕船，除支給三修銀兩以及一半月糧外，山東河南二省每船酌給幇費銀五十兩，江蘇安徽浙江三省每船酌給銀六十兩，江西省每船酌給銀九十兩，湖北湖南二省每船酌給銀七十兩。其餘一半月糧以及行糧贈耗等項銀米，山東、河南、江南、浙江將路程與銀米俱勻作十分計算，按程核給，遇有長支照數著追。江西、湖北、湖南三省漕船，如未過江截留者，餘剩行月各項銀米，一體按程追給。其已歷長江尚未渡黄截留者，給與四分之三。至渡黄以北，在臨清德州等處截留者，各項銀米准其全給。

一、各省截留及停運軍船，支給月糧，江西省照每船原派運米四百石給銀四十八兩之數，減半給銀二十四兩，其餘各省均照出運糧船應支本折各數，減半給發。買補雇募等船，於減半之中，再行減半支給。

一、漕糧截留北倉轉運每米一百石，旗丁交船價銀六兩，地方官會同坐糧廳，雇募剥船，飭令經紀等親身押運。又自河至倉每石交抗價制錢六文，又每米百石旗丁出米二石，内一石備補。沿途折耗五斗，作經紀。飯米五斗，幫貼經紀等轉運夫役雜費。

一、漕糧從北倉轉運羡餘銀兩，照數全給，支給銀數詳前貼贍雜款條。簣夫銀每石給銀五釐。

《户部則例》卷四三《錢法・解運・兑收》 一、每運銅鉛錫兩個月，全數進局之後，該監督呈請錢法侍郎驗色開兑，亦不得逾兩個月之限。若前運甫兑後運踵至，以前運限内收竣之日起扣後運之限，挨次兑收。凡秤頭短少，限運官十日内以餘銅餘鉛餘錫補交，違限議處。

一、銅色以十成爲則遞至九五、九成、八五、八成等色亦准兑收。八成以上准作八五，八五以上准作九成，九成以上准作九五，九五以上准作十成，八成以下不准交納。其成色低潮摻雜者，該監督公同運官鎔化淨銅，照斤數作十成秤收，所虧斤數著落該省賠解辦官參處。凡辦銅價值總按十成銅色給發，其驗在十成以下八成以上者，責令承辦官按成減價報銷。

（清）阮本焱《求牧芻言》卷一《禁差草示》 牙行取用例有定制，鄉間貧民賣草爲生，若非貿販微資，即由力耕所獲，合家數口靠此養生，設再剥削及之民窮何堪設想？現經本縣定議所有縣署、捕署各衙門，差草名目一概禁革，其駐防營勇日需柴草已商之管帶營官，蒙其慨允悉照民價平買，爾草行獲利已多，則行用不能照前多取，自應照例酌中核定。凡有鄉民賣草投行，務各公平交易，聽客自便，不準壟斷把持。每草百个照提兩个，以作用錢，必須賣出後再提。若有先取、多取情事，準爾鄉民攔輿喊控。無論草行在何地段，均照此一律辦理。倘敢仍前自分疆界故作低昂，一經訪聞或被告發，恐該草行不能當此重咎也。

（清）嚴作霖《陝衛治略》卷六《嚴禁祲時所賣田產不准同宗戚黨回贖强割私偷麥禾》 爲出示嚴禁事，照得置買田產本屬兩無異説。前因大祲之後，當時百姓困苦流離，棄田地如敝屣，地多價少，得資且顧目前，本屬萬不得已之事。若稍可謀生，亦斷不肯輕棄故産，是以有准令回贖之章，乃格外體恤之舉。准其回贖者，係指彼時賣地之本人、及本人之父子兄弟而言，非謂同宗族、及戚黨皆可回贖也。連年飢饉，令人心惻。本州到任半載以來，凡籽種、牛具有益於農民者，無不設法極力籌置，藉以稍培元氣。所幸入春以後，甫暘時若，轉眴麥熟，即可刈穫登場。各農民萬苦千辛，始能盼有今日。如有不法之徒强割、私偷，以及婦女成羣結隊借拾麥爲名，任意攫取，凡此皆非善良之輩。本州密派丁役四處嚴查，並不時親身周歷各鄉，有犯必懲，加倍治罪，毋得輕自嘗試，致貽後悔。合行出示曉諭，爲此示仰合屬軍民人等一體凜遵，本州言出法隨，毋謂言之不預也。禀之切切。特示。

《大清新法令》第一卷《光緒新法令・光緒二十八年九月初一日上諭》 商部奏請飭力行保商之政一摺，中國自互市以來，商務日盛。現在設立商部，正宜極力整頓，相與維持。惟中國商民平日與官場隔閡，情誼未能遽孚。而不肖官吏，或且牽掣抑勒，甚至報完關税多所需索，商船驗放到處留難。遇有詞訟，不能速爲斷結，辦理不得其平，以致商情不通，諸多阻滯。著各直省將軍督撫，通飭所屬文武各官及局卡委員，一律認真恤商持平，力除留難延擱各項積弊，以順商情而維財政。倘有不肖官吏仍前需索，刁難，著隨時嚴查恭辦，勿稍徇縱。欽此。

紀事

《史記》卷四《周本紀》 西伯陰行善，諸侯皆來決平。於是虞、芮之人有獄不能決，乃如周。入界，耕者皆讓畔，民俗皆讓長。虞、芮之人未見西伯，皆慚，相謂曰：吾所争，周人所耻，何往爲，只取辱耳。遂還，俱讓而去。諸侯聞之，曰：西伯蓋受命之君。

《漢書》卷二四下《食貨志》 〔元封元年〕桑弘羊爲治粟都尉，領大農，盡代僅斡天下鹽鐵。弘羊以諸官各自市相争，物以故騰躍，而天下賦輸或不償其僦費，乃請置大農部丞數十人，分部主郡國，各往往置均輸鹽鐵官，令遠方各以其物如異時賈所轉（眨）〔販〕者爲賦，而相灌輸。置平準於京師，都受天下委輸。召工官治車諸器，皆仰給大農。大農諸官盡籠天下之貨物，貴則賣之，賤則買之。如此，富商大賈亡所牟大利，則反本，而萬物不得騰躍。故抑天下之物，名曰平準。天子以爲然而許之。【略】

諸司市常以四時中月實定所掌，爲物上中下之賈，各自用爲其市平，毋拘它所。衆民賣買五穀布帛絲綿之物，周於民用而不讐者，均官有以考檢厥實，用其本賈取之，毋令折錢。萬物卬貴，過平一錢，則以平賈賣與民。其賈氐賤减平者，聽民自相與市，以防貴庾者。民欲祭祀喪紀而無用者，錢府以所入工商之貢但賒之，祭祀無過旬日，喪紀毋過三月。民或乏絶，欲貸以治産業者，均授之，除其費，計所得受息，毋過歲什一。【略】

羲和置命士督五均六斡，郡有數人，皆用富賈。洛陽薛子仲、張長叔、臨菑姓偉等，乘傳求利，交錯天下。因與郡縣通姦，多張空簿，府臧不實，百姓俞病。莽知民苦之，復下詔曰：夫鹽，食肴之將；酒，百藥之長，嘉會之好；鐵，（曰）〔田〕農之本；名山大澤，饒衍之臧；五均賒貸，百姓所取平，卬以給澹；鐵布銅冶，通行有無，備民用也。此六者，非編户齊民所能家作，必卬於市，雖貴數倍，不得不買。豪民富賈，即要貧弱，先聖知其然也，故斡之。每一斡爲設科條防禁，犯者辠至死。

《漢書》卷七七《孫寶傳》 孫寶字子嚴，潁川鄢陵人也。【略】

鴻嘉中，廣漢羣盜起，選爲益州刺史。【略】時帝舅紅陽侯立使客因南郡太守李尚占墾草田數百頃，頗有民所假少府陂澤，略皆開發，上書願以入縣官。有詔郡平田予直，錢有貴一萬萬以上。寶聞之，遣丞相史按驗，發其姦，劾奏立、尚懷姦罔上，狡猾不道。

《宋書》卷三《武帝紀下》 〔永初元年秋七月丁亥〕臺府所須，皆別遣主帥與民和市，即時裨直，不復責租民求辦。又停廢虜車牛，不得以官威假借。

《宋書》卷六《孝武帝紀》 〔元嘉三十年秋七月辛酉，詔曰：〕官私交市，務令優衷。

《宋書》卷四五《劉道濟傳》 初，道濟以五城人帛氐奴、梁顯爲參軍督護，費謙固執不與。遠方商人多至蜀土資貨，或有直數百萬者，謙等限布絲綿各不得過五十斤，馬無善惡，限蜀錢二萬。府又立冶，一斷民私鼓鑄，而貴賣鐵器，商旅吁嗟，百姓咸欲爲亂。

《晋書》卷二六《食貨志》 孫權嘉禾五年，鑄大錢一當五百。赤烏元年，又鑄當千錢。故吕蒙定荆州，孫權賜錢一億。錢既太貴，但有空名，人間患之。權聞百姓不以爲便，省息之，鑄爲器物，官勿復出也，私家有者，並以輸藏，平卑其直，勿有所枉。

《南史》卷七〇《循吏傳·何遠》 何遠字義方，東海郯人也。【略】

遷武昌太守。遠本倜儻，尚輕俠。至是乃折節爲吏，杜絶交游，饋遺秋毫無所受。武昌俗皆汲江水，盛夏，遠患水温，每以錢買人井寒水。不取錢者，則摙水還之，其他事率多如此。

《舊唐書》卷一九八《西戎傳》 元和九年五月，復置宥州以護党項。十五年十一月，命太子中允李寮爲宣撫党項使。以部落繁富，時遠近商賈，齎繒貨入貿羊馬。至大和、開成之際，其藩鎮統領無緒，恣其貪婪，不顧危亡，或强市其羊馬，不酬其直，以是部落苦之，遂相率爲盜，靈、鹽之路小梗。

（宋）李昉等《太平御覽》卷四二九《人事部·公平》 華嶠《後漢書》：蔡孟喜，汝南頓人，以禮化鄉里，鄉里有諍訟者，輒詣喜決之，其所平處，皆曰無怨。

《新唐書》卷一一二《王義方傳》　王義方，泗州漣水人。【略】義方爲御史時，買第，後數日，愛廷中樹，復召主人曰：此佳樹，得無欠償乎？又予之錢。其廉不貪類此。始，魏徵愛其材也，每恨太直，後卒以疾惡不容于時，既死，門人員半千、何彦先行喪，蒔松柏冢側，三年乃去。

《新唐書》卷二一七上《回鶻傳》　回紇之留京師者，曹輩掠女子於市，引騎犯含光門，皇城皆闔，詔劉清潭慰止。復出暴市物，奪長安令邵說馬，有司不敢何詰。自乾元後，益負功，每納一馬，取直四十縑，歲以數萬求售，使者相躡，留舍鴻臚，駘弱不可用，帝厚賜欲以愧之，不知也。復以萬馬來，帝不忍重煩民，爲償六千。

《新唐書》卷二二一上《西域傳》　元和時復置宥州，護党項。至大和中寖彊，數寇掠，然器械鈍苦，畏唐兵精，則以善馬購鎧，善羊貿弓矢。鄜坊道軍糧使李石表禁商人不得以旗幟、甲胄、五兵入部落，告者，舉罪人財畀之。至開成末，種落愈繁，富賈人齎繒寶鬻羊馬，藩鎮乘其利，彊市之，或不得直，曾，鹽、夏、長澤屬李鄂，靈武、麟、勝屬鄭賀，皆緋衣銀魚，而功不克。

（宋）彭百川《太平治跡統類》卷二九　范鎮言：內藏、榷貨務同是國家之物，豈有榷貨務固欲滯商人算財，而令內藏乘賤以買之，與民争利傷體壞法？上諾鎮言，遽罷之。自皇祐二年改用見錢法，而京師積錢少，不能支入中之費，帝出內庫錢帛百萬，以賜三司，久之入中者寖多，京師帑藏益乏。商人持券，以俟動稽歲旬月則至，損其直，以售於蓄費之家。故言利者欲革之，朝廷既行即止，然自此凡並邊虚估之弊復起。皇祐四年壬戌三月，出絹十萬，七月，錢三十萬，絹十萬。五年七月，錢十萬，絹三十萬，緜十萬。今年六月，綢絹五十萬，緜錢三十萬，官兵吏祭費用，時命官裁節，無所建明。

（宋）李燾《續資治通鑑長編》太宗淳化五年三月　初，環州民與吐蕃相貿易，多欺奪之，或至鬭訟，官又弗直，故蕃情常怨。及崇儀使柳開知州事，乃命一其物價，平其權量，擒民之欺奪者寘于法，部族翕然嚮化。是春，徙知邠州。時調民送軍儲環州，歲已再運，民皆蕩析産業，而轉運司復督運。民數千人入州署號訴，且曰：力所不逮，願就死矣。開即移書轉運使曰：開近離環州，知其芻粟，計不增大兵，可支四年。今蠶農方作，再運已勞，老幼疲弊，畜乘困竭，奈何又苦之！如不罷，開即馳詣闕下，白於上前矣。卒罷之。

（宋）李燾《續資治通鑑長編》真宗大中祥符二年九月　又詔崇真資聖禪院，自今於雜買務市物，具數以聞，慮擾人也。

（宋）李燾《續資治通鑑長編》神宗熙寧五年三月　丙午，詔曰：天下商旅物貨至京，多爲兼并之家所困，往往折閱失業。至於行鋪、稗販，亦爲取利，致多窮窘。宜出內藏庫錢帛，選官於京師置市易務，其條約委三司本司詳定以聞。

先是，有魏繼宗者自稱草澤，上言：京師百貨所居，市無常價，貴賤相傾，或倍本數，富人大姓皆得乘伺緩急，擅開闔斂散之權，當其商旅並至而物來於非時，則明抑其價，使極賤而後争出私蓄以收之；及舟車不繼而京師物少，民有所必取，則往往閉塞蓄藏，待其價昂貴而後售，至取數倍之息。以此，外之商旅無所牟利，而不願行於途；內之小民日愈朘削，而不聊生。其財既偏聚而不洩，則國家之用亦嘗患其窘迫矣。古人有言曰：富能奪，貧能與，乃可以爲天下。則當此之時，豈可無術以均之也！況今榷貨務自近歲以來，錢貨實多餘積，而典領之官但拘常制，不務以變易平均爲事。宜假所積錢別置常平市易司，擇通財之官以任其責，仍求良賈爲之輔，使審知市物之貴賤，賤則少增價取之，令不至傷商；貴則少損價出之，令不至害民。出入不失其平，因得取餘息以給公上，則市物不至於騰踴，而開闔斂散之權不移於富民，商旅以通，黎民以遂，國用以足矣。

於是，中書奏：古者通有無、權貴賤以平物價，所以抑兼并也。去古既遠，上無法以制之，而富商大室得以乘時射利，出納斂散之權一切不歸公上，今若不革，其弊將深。欲在京置市易務，監官二，提舉官一，勾當公事官一。許召在京諸行鋪牙人充本務行人、牙人，內行人令供通己所有或借他人産業金銀充抵當，五人以上充一保。遇有客人物貨出賣不行願賣入官者，許至務中投賣，勾行、牙人與客人平其價，據行人所要物數先支官錢買之，如願折博官物者亦聽，以抵當物力多少許令均分賒請，相度立一限或兩限送納價錢，若半年納即出息一分，一年納即出息二分。已上並不得抑勒。若非行人見要物而實可以收蓄變轉，亦委官司折博收買，隨時估出賣，不得過取利息。其三司諸司庫務年計物若比在外科買，省官私煩費，即亦一就收買。故降是詔。四月七日檢繼宗文字，《國是論》曰：興利之中，其罪亦有輕重。青苗、均輸、助役，世以是爲安石大罪，猶可恕也。何者？安石之始學在此而始謀出此也。市易、免役、征利及於瑣屑，皆小人之附安石者爲之，而安石以爲王政，將誰欺乎？

（宋）李燾《續資治通鑑長編》神宗熙寧五年十一月　明日，進呈内東門及諸殿吏人名數白上曰：從來諸司皆取賂於果子行人，今行人歲入市易務息錢，幾至萬緡，欲與此輩增禄。上曰：諸殿無事，惟東門司事繁，當與增禄。安石曰：如入内内侍省吏人亦當與增禄，蓋自修宗室條制，所減貨賂甚多故也。上又曰：大宗正司吏人亦宜與定禄法，免困擾宗室。宗室漸有官卑及不得官者，不宜更令吏人乞取困擾之。先帝每遷官，此輩所乞取須數十千。安石曰：宗正吏止十二三人，更與量增禄，即可行重法。

安石又言：市易務如果子行人事，才立得七行法，如此類甚衆，但以陛下檢察太苛，故使臣畏縮不敢經制。臣以謂陛下不當擾之使怠惰因循，令細民受弊也。王省惟歲，歲、月、日、時無易，乂用明，俊民用章。今陛下未見叢脞，乃責市易務煩細，此乃所謂歲月日時既易。士之有能、有爲者畏縮不敢有爲，俊民與怠惰無能之人同，即微而不章矣。

又録廛人、泉府事白上曰：此周公所爲也。上曰：周公事未能行者豈少？安石曰：固有未能行者。若行之而便於公私，不知有何不可，而乃變易以從流俗所見？上因言重禄法，曰：聞吏舊日受賕多於今禄所得。安石曰：所得雖多，然須姦猾敢犯法者乃多得，而懦善畏法者所得未必多於今也。左藏自來號爲脂膏，然招人常不足，自賦重禄以來，所招人乃不闕。上曰：賦禄立重法，兼可召得顧惜行止人，兼爲免刺面，所以人樂應募也。朱史以重禄法附三年八月二十三日，今仍見於此。陳瓘論曰：神考聖訓謂市易法苛細，恐其有害細民，故初欲罷之，所以懷保小民也。而安石則曰非帝王大體，此《書》所謂元首叢脞也。神考沮抑吕嘉問，所以去蠹賊而養嘉穀也，乂之用明，何以加此？安石則曰俊民不章矣。借《典》、《謨》、《洪範》之言以文私意，豈獨此哉！

（宋）李燾《續資治通鑑長編》神宗熙寧六年春正月　〔辛亥〕樞密使文彦博言：臣近言市易司遣官監賣果實，有損國體，斂民怨，乞寢罷，至今涉旬，未聞施行。切慮陛下以事小不卹，而臣愚以所損甚大，決不可爲。且京邑翼翼，四方取則，魏闕之下，治象所觀，今令官作賈區，公取牙儈之利，古所謂理財正辭者，豈若是乎？凡衣冠之家罔利于市，搢紳清議尚所不容，豈有堂堂大國皇皇求利，而不爲物議所非者乎？斯乃壟斷之事，聚斂小臣希進妄作，侵漁貧下，玷累朝廷，乞賜詳擇。於是王安石白上曰：陛下近歲放百姓貸糧至二百萬，支十斗全糧給軍，一歲增費亦計數十萬緡，以至添選人俸、增吏禄、給押綱使臣所費又有百萬緡，天下愚智孰不共知陛下不殖貨利？豈有所費如此，而乃於果實收數千緡息以規利者？直以細民久困於官中需索，又爲兼併所苦，故爲立法耳。彦博所言遂寢不報。

（宋）李燾《續資治通鑑長編》神宗熙寧六年四月　〔庚辰〕詔提舉在京市易務及開封府録司同詳定諸行利害以聞。

初，京師供百物有行，雖與外州軍等，而官司上下須索，無慮十倍以上，凡諸行陪納猥多，而齎操輸送之費復不在是。下逮稗販、貧民，亦多以故失職。肉行徐中正等以爲言，因乞出免行役錢，更不以肉供諸處，故有是詔。上因謂執政曰：近三司副使有以買靴皮不良決行人二十者。今兩府尚不下行人買物，而省府乃擾民如此，甚非便也。

（宋）李燾《續資治通鑑長編》神宗熙寧七年三月　初，吕嘉問以户部判官提舉市易務，挾王安石勢，陵慢三司使薛向，且數言向沮害市易事，安石信之。其實向於嘉問未嘗敢與之校曲直，凡牙儈市井之人有敢與市易爭買賣者，一切循其意，小則笞責，大則編管。嘉問自知不直，慮問己，故先以沮害加之，使其言不信於安石。市易本隸三司，而嘉問氣燄日盛，三司固多出其下。及曾布代向爲三司使，素知嘉問驕恣，懷不能平，又聞上數以市易苛細詰責中書，意欲有所更張，未得間也。

（宋）李燾《續資治通鑑長編》神宗元豐八年七月　〔甲午〕詔諸鎮寨市易、抵當並罷，仍依條立法。《舊録》云：先帝詔有司買賤賣貴，以平物估，姦人未敢悉廢，故先鎮寨。《新録》辨曰：買賤賣貴，是何等語？而謂先帝有詔，可乎？今删去。王巖叟月章論市易，或可先見乎此。據巖叟《朝論》，則十月十六日乃言事，此詔不因巖叟也。《政目》乃無此。

（宋）李燾《續資治通鑑長編》神宗元豐八年八月　〔己巳〕户部

狀：勘會諸路，自去年推行市易、抵當，至今一年有餘，逐旋申明條畫頒行。訪聞諸處商賈，少願市賣物貨入官，本處官吏或不曉法意，即不免拘攔障固，本部雖屢行約束，尚恐未能止絶。歲課未集，已有侵擾之患。兼勘會鎮寨市易、抵當，已準敕旨更不與置，今相度，除諸路州軍抵當收息至薄，以濟民間緩急，可存留外，其州縣市易及餘處抵當，一切可皆省罷。從之。仍詔抵當如敢抑勒，依給納常平錢物法。此據《法册》。《舊録》：户部言：諸路州軍抵當，可以省罷。從之。抑勒仍依給納常平錢物法。《新録》：詔：諸路州軍抵當，取息至薄，民間緩急賴之，可以存留。其中市易并罷。如抑勒，依給納常平錢物法。從户部請也。二《録》並脱誤，不可曉。今以《法則》全文增入。《政目》云詔罷州縣市易、縣鎮抵當。《玉牒》云詔罷諸路州軍市易、抵當。《玉牒》又誤也。抵當元不罷，但罷市易耳。

（宋）李燾《續資治通鑑長編》哲宗元祐元年二月 〔癸酉〕詔户部郎中黄廉按察川路茶法，具利害以聞。先是，劉摯言：

臣伏覩陛下即位聽政以來，喜與天下休息於治安，凡法令之弗宜於民者，疏通損益之；官吏之弗良於政者，罷免放黜之。中外欣戴，人人如被大賚。然事猶有在遠方重地爲害尤甚者，則河北、江、湖之鹽法，福建川蜀之茶禁是也。數路之害同，而河北、江、湖、福建已蒙朝廷遣使廉治之，獨蜀之茶害，未聞詔旨。

臣竊嘗博訪於知其事者，槩得其説曰，蜀地陋而陿，茶之所出不過數十州而已。始時人賴以爲生，今茶司盡榷而市之。大約園户有茶一本，而官市之額，已至數十斤矣。官所給錢，靡耗於公者，名色不一，如預借息錢、驗引頭子錢、税錢之類，費用常以過半。每歲春，官司預以券給借錢糧，必以牙儈保任之，及輸入之日，驗引交稱，又牙儈主之，故其費於牙儈者，又不知幾何。則是於園户，名爲平市而實奪之也。園户有逃以免者，有投死以免者，已而，其害猶及鄰伍。欲伐茶則有禁，欲增值則加市，故其俗論謂地非生茶也，地實生禍也。茶場司以茶爲息，始者息一出於茶也，其後市之價愈下，取之息愈多，園户不勝爲之也，故作茶日少，裁足以應官額而已。於是主茶息者議不獨賴茶，而又爲博易以充之也。博易之事，他貨百物，貿販苛刻，錐刀瑣屑，無不爲者，依茶爲名，通曰茶息。商税務坐視漏失歲課，而不敢有所論也。至於商賈請算者，平時便私散之州郡茶地，今則一集於成都一都場，高其估以與之，又總計平時所之州郡遠近道里之費入之。故都場之取息又如此，商旅之所以難行也。官吏以息爲功，以功第賞，既進官減年矣，又以息額之餘錢，使與胥吏牙儈分取入己，曰用市易法也。市易之賞，固非法也，然其取息猶曰與民和市。而茶之取息，一用嚴刑重禁網羅致之，亦爲功異矣，奈何均用一法賞之也？今一任有分錢，少者至數千緡，而減年磨勘至有三十餘年者，此何理哉？法亦可謂敝矣！而朝廷遣使未之及者，豈非以蜀之茶法與熙河蘭會之經制相爲用者歟？蜀茶之利，以給熙河蘭會者天下十之三。熙河蘭會之費不止，而蜀茶之害未可息也。然熙河蘭會之費，今昔宜有不同。昔者事邊之外，前有王韶，後有李憲，提兵革財用之大權，朝廷捐金帛市租，莫知紀極，聽其自用，不領於有司，無所會計。非徒私二家也，於是依倚苟合之客，圖功興事，以利相市之徒，公取公予，莫見其跡。則熙河蘭會大費外，又有以泄之者如此也。今既制之於有司，無二人者之横費，若又於邊計外，凡宂名濫費，一切大爲之節約，則蜀之茶雖未可以弛其禁，而所謂十之三者殆必可損矣。伏望聖慈選遣使者，考茶法之敝欺者，會計緣茶公家之所費與實息之數，大減歲市之額，稍增斤直之價，削納茶無名之錢，以完養園户；裁官吏之員、牙儈之數，以省宂給；罷息賞之濫、分錢之敝，以革欺倖，而以其事與轉運司通治之。如此，則蜀民之困苦庶乎可以蘇也。臣待罪言路，既有得於人之言，敢不亟以聞？然此其大略，至於利害纖悉，則願敕使者詳究焉！

（宋）李燾《續資治通鑑長編》哲宗元符二年十月 〔辛亥〕新永興軍路安撫使陸師閔言：陝西見行措置錢幣之法，既已揀毁私錢，禁銅罷冶，則物價當減，合自官司爲始，乞下陝西諸司，州、縣應有買賣，並須準度銅錢之直，以平其價。從之。

《宋史》卷二六五《張齊賢傳》 張齊賢，曹州寃句人。【略】時戚里有分財不均者更相訟，又入宮自訴。齊賢曰：是非臺府所能決，臣請自治。上俞之。齊賢坐相府，召訟者問曰：汝非以彼所分財多、汝所分少乎？曰：然。命具款。乃召兩吏，令甲家入乙舍，乙家入甲舍，貨財無得動，分書則交易之。

《宋史》卷三二九《鄧綰傳》 鄧綰字文約，【略】出知湖州。初，惠卿弟和卿創手實法，緡曰：凡民養生之具，日用而家有之。今欲盡令疏實，則家有告訐之憂，人懷隱匿之慮，無所措手足矣。商賈通殖貨財，交易有無，不過服食、器用、米粟、絲麻、布帛之類，或春有之而夏以蕩析，或秋貯之而冬已散亡，公家簿書，何由拘録，其勢安得不犯？徒使嚚訟者趨賞報怨以相告訐，畏怯者守死忍困而已。詔罷其法。

《宋史》卷三四〇《吕大防傳》　吕大防字微仲，其先汲郡人。【略】故時，圭田粟入以大斗而出以公斗，獲利三倍，民雖病不敢訴，大防始均出納以平其直，事轉聞，詔立法禁，命一路悉輸租于官概給之。

《宋史》卷四〇一《辛棄疾傳》　棄疾豪爽尚氣節，【略】嘗謂：人生在勤，當以力田爲先。北方之人，養生之具不求於人，是以無甚富甚貧之家。南方多末作以病農，而兼并之患興，貧富斯不侔矣。故以稼名軒。

《明實録》宣宗宣德元年六月〔癸亥〕敕守肅州都督王貴曰：比聞外夷以羊馬來與軍民爲市，爾宜戒飭下人，必準時直，不可抑買財者。人之心若虧其直，則沮向慕之意，宜嚴加約束，違者罪之。

《明實録》英宗正統二年五月〔庚申〕順天府尹姜濤奏，昨修靈濟宫，市物民間，應給鈔十二萬貫。上命御史一人監給之，且曰：凡市物民間，所司即給直，毋遲緩，以困民。

《明史》卷八一《食貨志·商稅》　初，京師軍民居室皆官所給，比舍無隙地。商貨至，或止於舟，或貯城外，駔儈上下其價，商人病之。帝乃命於三山諸門外，瀕水爲屋，名塌房，以貯商貨。

《明史》卷八一《食貨志·馬市》　永樂間，設馬市三：一在開原南關，以待海西；一在開原城東五里，一在廣寧，皆以待朶顔三衛。定直四等：上直絹八疋，布十二，次半之，下二等各以一遞減。既而城東、廣寧市皆廢，惟開原南關馬市獨存。

大同馬市始正統三年，巡撫盧睿請令軍民平價市駝馬，達官指揮李原等通譯語，禁市兵器、銅鐵。帝從之。十四年，都御史沈固請支山西行都司庫銀市馬。時也先貢馬互市，中官王振裁其馬價，也先大舉入寇，遂致土木之變。

《明史》卷八二《食貨志·上供採造》　先是上供之物，任土作貢，曰歲辦。不給，則官出錢以市，曰採辦。其後本折兼收，採辦愈繁。於是召商置買，物價多虧，商賈匿迹。二十七年，户部言：京師召商納貨取直，富商規避，應役者皆貧弱下户，請覈實編審。給事中羅崇奎言：諸商所以重困者，物價賤則減，而貴則不敢增。且收納不時，一遭風雨，遂不可用，多致賠累。既收之後，所司更代不常，不即給直，或竟沈閣。幸給直矣，官司折閲於上，番役齮齕於下，名雖平估，所得不能半。諸弊若除，商自樂赴，奚用編審。帝雖納其言，而仍編審如户部議。

（清）徐松《宋會要輯稿·食貨二五·鹽法》〔政和元年〕三月二十一日，左司員外郎張察奏：奉聖旨均定東西六路鹽價，已均定奏聞。契勘自祖宗以來，東南六路賣鹽，惟紹聖之間最爲增羡，臣今來所定，比紹聖價上每斤增錢二文，至九文足，以酌中紐筭，每歲以增及一百八十餘萬貫。若候轉運司會到，止是一路利害，互爲異見，與臣將諸路地理遠近照應相接，州縣通行均定利害不同。伏乞以臣所定價例先次頒行，如或逐路更有增廢去處，只乞下逐路轉運司比附相近場務立價聞奏。詔從所奏。尋又詔：東南六路鹽於張察所定價上每斤各添錢一文。【略】

三年二月一日，中書省言：勘會東南六路見行末鹽去處，其年例合支蠶鹽萬數不少，依條取問人户願與不願請鹽，内不願請鹽者，即據合散鹽數止約六分價錢，除依久例外，不得創行支移折變，遇灾傷隨稅除放。契勘昨熙寧四年内府界、京東等處蠶鹽人户請領，例有縻費，縣司公人減尅，民户多不願請。遂降朝旨：減定數更不支俵。見今開封府界、京東、京西等處更不支俵，止令人户送納六分價錢。今來東南六路，依條雖合取問人户願與不願請鹽，竊恐州縣利於十分催納，或人户不願請鹽，更不取問，不肯減納分數，不唯於民非便，兼恐引惹夾帶私鹽，侵害客販。内兩浙、淮南係産鹽去處客販，順便街市易得鹽貨，可以不行支俵外，其江湖四路地里遠闊，慮村民却有要鹽去處，緣利害在遠，難以遥度。詔淮南、兩浙蠶鹽更不支俵，依條以減定分數送納外，其江湖四路令逐路提舉鹽事、提舉常平司共相度聞奏。【略】

〔宣和四年〕六月二十三日，権貨務奏：伏見南、北二鹽私煎盗販，侵害課額，難以禁止。蓋緣内外米斛價例比舊增添數倍，其亭户所輸鹽貨價例抵小，畏贍不足，是以抵冒重法，將鹽私賣，滋長盗販。古有斗米斤鹽之説，熙、豐以前，每碩米價不過六七百，是時鹽價每斤六七十，今來價每碩二貫五至三貫，而鹽價依舊六十，實所未諭。况崇寧年曾定鹽價，買鈔折算，每斤酌中者四十足，今每斤二十七文足，所虧官鈔稍多。欲將見今鹽價每袋作一十貫文入納，却將亭户所輸官鹽並行增價，庶幾養贍得足，私鹽盗販自然畏法，客販通行，無所防阻。并據提舉淮南等路鹽事朱百藥等狀：管下買納鹽場見買亭户鹽價，比年以來，柴米價貴，亭户所得本錢委是裹費不着，即今客旅般請浩瀚，廣要鹽貨打袋應副支遣。若不量添價錢買納，慮恐虧失課額。奉御筆：榷貨務及諸路鹽事司奏諸州鹽場價小，亭户不易，乞增買鹽價錢，却於算請價上量行增添，接濟亭户，以廣客販，杜絶私賣。可依所乞。同日，詔：東南、東北鹽，每袋三百斤，納錢一十三貫筭請，所有客人鋪户見有舊鹽係用舊價算請。仰自今降指揮到日，並行住賣，特免抄劄，限十日經所在具數目陳州縣，置簿記録數目，並依新價，每袋令隨處州縣貼納錢三貫。仍用新鈔鹽，每袋帶賣一袋，收到錢隨處封樁，不得支用。每季令提舉鹽事司類聚申尚書省，仍報榷貨務。【略】

〔建炎四年二月〕五日，詔：福建路提舉茶鹽司幹辦公事陳麟令於漳州直司，依所乞改鑄新印，及量添吏額二人。舊鹽亭户納鹽每斤支四文五分，於舊價上增二文五分，通計七文。應受納鹽貨、亭户合支鹽本，並限當日支還。

（清）徐松《宋會要輯稿・食貨六四・和買》〔高宗紹興六年二月〕二十三日，詔太府寺置牙人四名，收買和劑局藥材，每貫支牙錢五文，於客人賣藥材錢内支。如入中，依市值定價，責牙人辨驗無僞濫堪充修合狀，監官再行審驗，定價收買。如受情中賣僞濫，并例外收買錢物，許人告，每名支賞錢五十貫，並依僞濫律斷罪。及官知情，各與同罪。不覺察，減二等。【略】

大中祥符二年五月十一日，上封者言：雜買務與内東門司出納，因緣爲姦。真宗曰：此二句屢曾制置，常給錢伍百萬於本司，以備支遣，不欲稽滯價直也。先帝時常以錢百萬命宋思恭檢校，凡宫中市物，令即時面給其直，用訖復增，常滿其數，仍聞思恭亦不能盡副先旨。近日宫中凡所須索，並付左藏庫，雖動須變轉，且免擾民也。

案例文書

（明）蕭良泮《重刻釋音參審批駁四語活套》卷一《參語》 趙三以虚價買田，故不還夫衆伯；趙四以假契賣業，故不告於主婦。弱寡欺孤，乘機攘利，心亦忍矣。趙大不思愛弟以及親，反借立嗣而構釁，凌轢寡婦，構，結也。轢音力。凌轢，欺辱也。誣架姦情，尤忍心之甚者也。本應折屋退還，但念成功難毁，親誼當全，合將地價斷給。仍行擬罪，庶足懲姦。

（明）蘇茂相《新鐫官板律例臨民寶鏡》卷八《把持類審語・虎牙把持》 鄭貴華倚官充牙，已經論革。翁君謙告官頂補，止應一人供事。而串棍徒李團等把持行市，但舊牙之例，止及船裝不及肩販。今一概抽税是屬漁獵。據牙税供納七錢，而税所入一歲多至數十金。假官府一帖，而税萬民膏血，殊爲可惡。合行禁革。每船一隻，只許一分。其肩挑者，不許概税。如復違禁設處取，許被害之人竟執告。君謙等杖。據倪元告詞，打奪銀三兩，至面審則云：買豆尚未成交，陳朝以奪牙打失。夫豆未成交，則銀屬買主之銀，何買主不告，而倪元告也？要見買主何人？銀兩幾件？漫無對證，誣告爲的。蓋陳朝原係官牙，而方少吾、吴達欲以私牙抽税，及陳朝與之争，即推倪元出頭求勝耳。物須憑價，陳朝不得勒賤，倪元不得高抬，而方少吾、吴達以高價哄倪元，倪元利價高而援少吾等到爲狀，其真情也。起釁之罪不在倪元而在陳朝也。

（明）顔俊彦《盟水齋存牘》卷二《争田蔡茂誠等行縣勘》 查得蔡茂誠與霍蒙溥所争之田，據番禺縣審謂：蒙溥田貳拾餘畝坐落老鴉岡村，土名石龍洲、園門口等處，此田税載南海深村堡，蓋連流接壤，粤例寄税往往有之。斷蔡茂誠以土惡搶割擬罪在案，此初審之鑿鑿者也。乃後經南海一審，發衙官查勘，又爲平分之説。後又一審而斷田爲蔡茂誠之業，且稱蒙溥田貳拾貳畝，土名門口園等處田原在南海，與蔡茂誠土名大石下等處田坐在老鴉岡兩無干涉。三審三異。事干田土，非可臆斷。即據委官勘報，未足爲憑。行南海縣吊齊兩縣田册，從公推勘。要見此田果係誰業？

是否寄税？抑果無涉？毋爲調停之論，永杜紛紜之争。具由到府，以憑轉奪。

（明）顔俊彦《盟水齋存牘》卷二《争産岑希貽繇詳》 覆審得麥大積與龐爾珍俱與岑希景、岑希貽有交易者，爾珍契買希景、希貽之園，現琚而有之，大積以二百兩典希景園塘，則希景已逝，未有處也。今麥欲誅債於岑，則岑已無可處，爾珍之園當日之價原相懸絶，倘肯任岑清麥之債，則聽其管業無異。非是，聽岑希貽等贖回前産别賣，儘足清兩家之帳也。捨是亦更無别法以斬葛藤矣。原告陳氏已故，爾珍、大積一衿一紳且已經前審有案，姑免再擬，伏候憲裁，具繇呈詳。

按察司批：麥大積無銀，園兩失之理，據詳龐爾珍原價本縮，肯任麥銀甚善，不然許岑希貽贖回别賣，清還兩家之帳，法無善於此。即照行追紙，庫收繳。

布政司批：龐爾珍、麥大積俱與岑希景兄弟有交易者，爾珍得其塘園，而麥債尚無抵償，所以搆訟不休也。今岑氏既産盡人亡，若園值果有未敷，則爾珍應貼價以圖割絶，不然亦聽岑氏取贖，别賣以完麥逋。捨是無以結兩家之局。廳審既確，俱如斷，免追紙繳。

（明）顔俊彦《盟水齋存牘》卷四《争屋鄺太一等杖》 審得葉遂榮之屋於萬曆四十七年，得鄺太一價銀叁百肆拾兩，明中正契，賣付管業，已推收過户，今拾壹年矣。太一既收入册，一整而新之，遂榮起而告贖。夫過册之業，改造之屋，可以翻覆，人何憚而不以屋嚮人，伺其修造完畢而即贖之也。此風何可長也。已經前府斷明，申詳批允在案。遂榮復叠告不休，亦貪而狡哉！但三百四十金之産而洗業僅五兩，不既太寡，應以十分之一加之。除前五兩則二十九兩也。太一若復有吝色，其曲在一。若遂榮復有後言，則以賣産爲詐局，有三尺在矣。遂榮杖不盡辜，太一以慳起釁，併杖。太一慮遂榮無賴索詐無厭也，仍請嚴批給照，以杜後累。具招呈詳。

兵巡道批：葉遂榮以賣産爲奇貨，索詐不已，杖有餘辜，姑依擬與鄺太一併罪發落，餘照斷，給領批照杜後。如遂榮再行刁索，定行重處。庫收領狀繳。

《盛京滿文檔案》崇德三年九月二十日，正黃旗戴都在前往修路時，令本甲喇張松弟牛錄下十二人留下爲伊叔父伊哈納牛錄替工二日，張松弟因告於法司，審實。戴都應解甲喇任，鞭五十，計算工價折銀二兩四錢，付還替工之人。奏聞，上命：戴都仍管甲喇，鞭五十之罪准折贖，另罰二兩四錢銀給替工之人。《刑部檔》。

（明）張肯堂《㽦辭》卷五《申可友東明人》 東明人申可友所告八人，文移中能致者，僅程一坤、曹景燦、曹大燦三人而已。姑就此三人鞫之。其告一坤也，則謂向嘗馳斃其騾，議價八兩，迄今未償也。其告景燦也，則謂向嘗取其夏布八疋，負價不償。而大燦爲景燦弟，因併及之，無他意也。細研一坤死騾是實，然亦羸甚，安所得高價，量斷銀三兩給之。至若景燦尺布一縷，從無交涉，又安得訟之而株連其弟乎？因三人而五人所以被訟者，概可見矣。況不願對簿而惟利關文往返，以展其期，心事又路人所知乎哉。故可友之杖，不以其一實而姑貫之也。乃其粘單諸人，爲阱有在。本縣並不敢置之拘牒中，以擾他境之赤子矣。

（明）張肯堂《㽦辭》卷八《楊明世長垣人》 蒲民吴臣力、田逢年，家饒甔石。然神游栗陸，絶不知世間有機巧事也。遂有趙一望者，窺其易與，强以磽确數畝售之。而復有楊明世者，挺身作保，横索牙用。臣肉幾何？堪兹二虎之噬也。婪壑不厭，妄訟衙官以不識。城市之人遭此奇厄，公私困迫。蓋積年胼胝而累之者，求以紓目前之難而不足矣。殷如即執票伍伯也，詐贓不知有無，該縣既未關發，無憑審坐。一望、明世各杖警之，仍請加責。狀内銀錢原屬田價，不無受虧，然既已得産矣，應免追給。

（清）李漁《資治新書二集》卷一六《人命・地方人命事》 看得韋嘉佑刎死一案，衅起於兒童之風筝，而禍成於兄弟之雀角。韋嘉義之妻談氏，以毆其子而嘵嘵。談氏之父談文，復以訟其女而汹汹。嘉佑之激而自刃，致之者韋嘉義，促之者，談文也。太陽、眼眶、腮頰、鼻梁諸傷，載於屍單甚明，先毆後刎，至直至確，謂非威逼，其誰信之？該縣因屍親控息，止給葬埋，恐無以瞑死者之目。相應改擬威逼滿杖，韋嘉義仍追給葬埋銀十兩，庶幾允協。談文情雖爲女，法難寬縱，並杖不枉。職府未敢擅便，伏候憲裁。

（清）李漁《資治新書二集》卷二〇《田産・爲憲斬事》 智者寺僧

道化，於順治四年間，有張協鎮者出銀二十兩，買張明肇之山一片，布施與道化爲焚修之資。夫既以兵官之勢臨之，其於交易之間非出於大公至正也明矣，宜其退有後言，而致爲今日之控也。夫道化長齋綉佛，本應四大皆空，猶留連於一片青山，恐亦難稱解脱。況又因張協鎮得之，彼現將軍身而説法者，豈盡能以黄金布地而作祇園善事耶？今斷找價四十兩，以補前虧，庶明肇可以卷舌而退矣。姑擬道化一杖，以作棒喝何如？

（清）李漁《資治新書二集》卷二〇《墳墓・勢謀鎖詐事》 看得陳顯二七住鄒姓之莊屋，看鄒姓之墳山。因張姓墳山與鄒姓相近，亦復代爲照管。鄒、張二姓，雖宦族平民之不同，在顯二七，則均是看山之主也，張姓山木即非顯二七私砍，亦難辭於典守之責。乃捏張雲四等盗伐山木，當時既未執獲，詞内中證間有供與相同者，又皆云出自顯二七之口，其不足憑也明甚。張心二具呈照幕，固屬不揣，自啓衅端。彼烏知鄒姓之欲騙無由，正借此爲居奇之柄乎？鄒循九既借伊叔孝廉之威，勒寫張姓田租六百五十斗。鄒某復欲逞其青衿之勢，索詐牛猪衣服等物，其心尚知有公論乎？不正其名爲詐贓，乃巧其詞曰服禮，豈三尺之法寬於豪勢而獨嚴於編户耶？鄒某本宜申褫，姑從寬政，追贓給主，擬杖示懲。鄒循九狐假虎威，均應一杖。張心二、雲四不忍小忿，貽累全家，並杖以儆其後。

（清）李之芳《棘聽草》卷一《讞詞・人命・兵巡道一件為天斬事》 審得姜陽龍之伯姜六七年望八旬，雖崦嵫已逼，而死之因則有由也。先是張夢梅與郭十六比屋而處，同巷往來，郭聞其妻胡氏與潘蟾明者有墻茨之聲，乃欲另置一巷，獨行出入，以示别嫌之意，而夢梅不之許。姜六七爲之處分，郭出銀七錢，夢梅始允其議，遂將前銀置酒，與六七歡飲。不圖鄉保姜四六者嗔其既不投明，又不招飲，而酒狂罵座之事起。孰知六七次日身殂，此八年六月初二日事也。陽龍以猶子之親，控姜四六於縣固宜；奈何以事外無辜之龔世賢，因與家長姜克之有欠酒肉債銀致争之隙，聽唆妄害？及本告自拘，而地方陳五八持牌相嚇，欲禀改差，明乘株累爲詐端耳。於是陳五八得銀二兩，燭五斤，榖二擔；姜克之得銀四兩，酒肉銀五兩；姜陽龍得榖、麥各五十斤，並勒回原賣田一斗；而講事之趙五九得銀二兩，包頭十個；鄭八一得銀三兩，係龔仲、姜一驥過付甚明，紛紛婪詐。世賢受此剥膚，安得不赴憲激鳴乎？並杖追給，夫復何詞！郭十六、趙五九、鄭八一不到，另行提結。至姜六七人命一案，雖暮年由於天數，但因争次日而斃，姜四六不能逭議，應斷埋葬，杖以示懲，庶地下其少慰也。

（清）李之芳《棘聽草》卷七《讞詞・誣妄・分道一件為沸冤事》 審得凌一芳父凌志義典凌志醇之屋，原價十三兩，因其稍加修葺，志醇出十八兩以贖前屋，尚何勒契不吐，以致訟縣，則不直全在志義矣。後雖議和息訟，凌文起亦與其事，然不過從族誼起見，安得保其和而必息，審而不責？即該縣杖志義，斷令還屋，理固宜也。在一芳盡子道者，亦惟有號泣而諫前事之非，卜居以息後此之訟，乃憤然而興此詞，則多事矣。並向年堆積豆、麥以穢先祠，其時爲祠長者即文起；曾禀捕官責板之事，亦牽告之，不更多事乎？詐贓抄家，盡屬虚妄，本應重懲，念其冥頑，姑從杖警，前房仍速退還志醇管業。

（清）李之芳《棘聽草》卷七《讞詞・誣妄・府送一件為憲救仇害事》 審得徐三六即徐榮因其妻黨顧三犬與范慶争水之隙，而即機乘雩禱，首其兄范德全之私宰，可謂敦姻親之契而善攻其短者矣。夫三犬之與范門，韓盧東郭，彼自相持，此曾何與三六事，而甘爲桀犬之吠，已屬不情。況徐子方者，困其一首遂勒銀六兩六錢，則剥膚之痛，安能免於此控哉？應與三六併杖，受贓追給。

（清）盧崇興《守禾日紀》卷六《讞語類・一件憲勦叛萌事》 審得：稽云乃貪饕而罔知功令者也。云有田售於陳康永，正價之外，業已索加，得其米與布矣，而猶索加不已。永不能應，云遂誣永以打造軍器，曉夜習練等事，以爲朦准之計。今經質訊，盡屬子虚，而其實則爲加價起釁。夫田産加價已違憲禁，況誣人以萌叛之事乎？利欲薰心，罔知三尺，應從重擬，念其貧而且愚，姑痛加責懲，仍枷示通衢，俾加價誣告之徒，咸知有所儆而少戢焉。

（清）董誥《全唐文》卷九八一《闕名・對熟羌市易判》 當州熟羌，十月來導江縣市易。按察使科彭州刺史罪。訴云，並蠶崖外，不伏。

當州導江，山川雖間，貿絲抱布，來往是常。矧今赤羽開元，黄旗啓聖，布堯心於萬國，復禹迹於九州，書等同文，車無異軌，雖夷夏殊俗，而交易何妨？趙璧尚入秦庭，楚材猶歸晋用，使人志清天下，望重星軒。

標鐵柱之嚴班，握金龍之使節，未聞從善，翻見求瑕。鳥隼爲族，有虧於正直；鷹鸇逐雀，稍涉於煩苛。事不可詢，期乎勿用。

（清）董誥《全唐文》卷九八一《闕名·對和市給價判》 和市緒帶準法，合即給價直，少府監以稍入供之。

聖人有作，鬱爲令典，車服禮器，貴賤有班，文物采章，高下無濫。我君開運，朝儀式序，敦樸素之風，無虛麗之飾，錦文不鬻於肆，冠佩必加於賢。而聲厲沓光，事華來今；鑾蕤靄飾，理煥前古。瞻彼緒帶，有標令則，官所云市，法乃酬傭。盍亦採均輸之餘，濟鹽鐵之潤。焉可減茲稍廪，以虛國財？靜言所司，或匪通論。

（清）董誥《全唐文》卷九八二《闕名·對剉草誤斬指斷判》 甲雇乙剉草。乙睡誤斬指斷，請保辜。不伏。

變古易俗，因物造器，蓋取諸用，有適於時。六職五材，既攻金而攻木；服牛乘馬，亦秣之而策一作莝之。甲有雇求，乙爲傭保。徇乎輕傒，式供朝夕之資；摧以生芻，無乖皁養之事。人或因寐，譬驪龍而自失；指致見傷，瞻蝃蝀而誰敢？遂令食黿不效，空怒子公；喻馬元非，豈齊莊叟？誤由彼己，歸全既謝於垂堂；損乃自貽，在理孰當於毀櫝。保辜之請，法未可依。

（清）趙幼班《歷任判牘彙記》卷一《判王紹堯等堂詞》 王紹堯控追朱品三欠銀五百兩，本利未償等情一案。訊據朱品三供稱，此款於光緒三十三年三月，因該職店中虧本，外欠莊款等項甚巨。王紹堯等出爲調解，分年攤還各莊款，均議分八年止利還本，似尚公道。而王紹堯自己之款，依然行息，並不分年，輒行控追，顯係圖私自利。本年應議罰以重商務，姑念與朱姓有情在先，從寬免議。判令朱品三所欠王紹堯五百兩紋銀，自本年起，分五年攤還，不起月息，以示公道。飭令各具切結附卷。此判。

（清）趙幼班《歷任判牘彙記》卷一《判王長禮等堂詞》 歸併杜斷，契已投税，無論有無情弊，總不能勒贖也。且從前田價甚廉，近年昂貴。若趁此價值，可以挾贖，而概欲以原價抵制，竊恐此風一開，管田業者不勝其擾。候傳族親等來案，再行議斷。此判。

（清）熊賓《三邑治略》卷四《堂判利川縣任内·訊牟奇翠一案》 此案牟奇翠承買劉松魁田地，本無錯悞。因劉名著等有祖墳在內，先經楊煥章勸劉名賢承買，而劉名賢故意措賤，致使劉松魁轉賣牟姓，始終錯誤，即在劉名賢一人。斷令此地仍歸劉姓户族劉銀魁接買，將牟姓所出之税契中資各費，均歸劉銀魁户族付給。楊煥章另代牟奇翠再買田地一分，以免轇轕。牟奇翠此次所買之約，着原中楊煥章送來繳銷，仍同楊煥章邀劉姓闔族，及牟奇忠等到面書立約據，賣於劉銀魁名下，以作護墳之田。嗣後亦不得再賣他姓，各具結完案。此諭。

（清）熊賓《三邑治略》卷五《堂判東湖縣任内·訊譚光典一案》 訊説甘長發係做裁縫手藝，屢次掌訟包攬，從前指衙門訛詐，聲名極壞。乃本縣到任，猶敢嘗試，早欲拿辦。茲據看役劉福供稱，甘長發昨至差廳爲譚炳榮主持，速行寄錢，再行翻控。質之譚炳榮供，教譚光典寄錢一百串，係爲繳斷款八十串外，出口食錢二十串等語。足見藉案訛詐是實。甘長發非親非戚，膽敢出頭，在差廳與譚炳榮商議寄錢之事。足見爾既爲歇家，又兼主謀，其爲訟棍無疑。甘長發責懲交差，聽候嚴辦。譚炳榮交差外帶，限五日地斷款八十串繳出，免予詳革。到期不交，即行繳照詳革，並先將此案造報各憲備查，以儆刁訟。此諭。

雜録

（宋）羅大經《鶴林玉露甲編》卷一《利市》 俗語稱利市，亦有所祖。《左氏傳》：鄭人盟商人之辭曰：爾無我叛，我無强賈，爾有利市寶定賄，我勿與知。

（清）徐珂《清稗類鈔·獄訟類·吴墨謙爲人釋訟》 雍正時，松江有吴墨謙者，通曉律例，人倩其作呈牘，必先叩實情，理曲，即爲和解之，若理直，雖上官不能抑也。

於紙縫上鈐印，魏、晋律令謂之款縫。顔師古云：應作鏉縫。鏉，刻也。古未有紙之時，凡簡牘編連處，恐有改動，故於縫上刻記之，謂之鏉縫。今紙上署縫，猶仍舊名呼爲款縫耳。按此亦合契遺法也。黄伯思謂：梁御府所藏前代法書，皆有朱異、唐懷克等題名於首尾紙縫間，謂之押縫，則并移此法於書畫矣。《元史》：桑哥拆印縫，持其半以陷人，徹里曰：用朱印以封紙縫者，防欺也。今尚書省拆卷破印，豈非教吏爲奸？然則雖有鈐縫之法，尚不能防弊，宜時俗僞契之紛紛不止也。

自願分部

論説

（宋）包拯《包孝肅奏議》卷七《民事·論江西和買絹》　臣竊聞江南西路今年和買絹價，轉運司並以米鹽充折，并轄下州軍和糴斛斗，多是抑配人户。緣本路亦係災傷地分，民食甚艱，若重有搔擾，必致流亡。伏覩慶歷七年南郊赦文内，江西一路，多以米鹽充折絹價，虧損下民，仰轉運司今後須管支見錢和買。今本路轉運司顯是故違制旨，專輒施行。且命令者，人主之柄，而治亂繫焉。凡朝廷降一命令，所以示信於天下。若有司承受，委而不顧，乃是命令之不足遵守，俾四方何以取信？則朝廷綱紀，亦緣此寖隳矣。欲望聖慈特賜勘問施行，所有斛斗，並令依舊例和糴，不得抑配人户。

（清）趙翼《陔餘叢考》卷三三《合同》　今俗作契券，有所謂合同者，以兩紙尾相並，共寫合同二字於其上，而各執其一以爲驗，蓋本古法也。鄭康成文註書契云：書之於木，刻其側爲契，各持其一，後以相考。則已肇其端。《周禮》地官有質劑之制。《國策》：馮煖爲孟嘗君之薛收責，召諸民當償者，悉來合券。注：凡券取者與者各收一責，則合驗之。又《韓策》：或謂韓公仲曰：秦操右契，而爲公責。注：左契待合而已，右契可以責取，此即今合同之法也。然老子任契章，聖人執左券而不責于人。《史記》：蘇代謂田軫曰：公常執左券，以責於秦韓，則左券亦可以責取者。《北史·盧同傳》：請令軍功立明文案，即給以券，其券一紙之上，當中大書統軍位號，勳人甲乙，及斬級被傷之數，各盡一行，當行豎裂其券，前後皆起年號月日，一付勳人，一咨行臺，此亦本古人合券遺法。蓋不特民間市易所用，而官曹亦用之以防作僞也。又官曹文案：

綜述

《唐律疏議》卷二六《雜律・賣買不和較固》 諸賣買不和，而較固取者；較，謂專略其利。固，謂障固其市。及更出開閉，共限一價；謂賣物以賤爲貴，買物以貴爲賤。

疏議曰：賣物及買物人，兩不和同，而較固取者，謂强執其市，不許外人買，故注云較，謂專略其利。固，謂障固其市；及更出開閉，謂販鬻之徒，共爲姦計，自賣物者以賤爲貴，買人物者以貴爲賤，更出開閉之言，其物共限一價，望使前人迷謬，以將入己；

若參市，謂人有所賣買，在傍高下其價，以相惑亂。而規自入者：杖八十。已得贓重者，計利，準盗論。

疏議曰：參市，謂負販之徒，共相表裏，參合貴賤，惑亂外人，故注云謂人有所賣買，在傍高下其價，以相惑亂，而規賣買之利入己者：並杖八十。已得利物，計贓重於杖八十者，計利，準盗論，謂得三疋一尺以上，合杖九十，是名贓重，其贓既準盗科，即合徵還本主。

《唐律疏議》卷二六《雜律・買奴婢牛馬不立券》 諸買奴婢、馬牛駝騾驢，已過價，不立市券，過三日笞三十；賣者，減一等。立券之後，有舊病者三日内聽悔，無病欺者市如法，違者笞四十。

疏議曰：買奴婢、馬牛駝騾驢等，依令並立市券。兩和市賣，已過價訖，若不立券，過三日，買者笞三十，賣者減一等。若立券之後，有舊病，而買時不知，立券後始知者，三日内聽悔。三日外無疾病，故相欺罔而欲悔者，市如法，違者笞四十；若有病欺，不受悔者，亦笞四十。令無私契之文，不準私券之限。

即賣買已訖，而市司不時過券者，一日笞三十，一日加一等，罪止杖一百。

疏議曰：賣買奴婢及牛馬之類，過價已訖，市司當時不即出券者，一日笞三十。所由官司依公坐，節級得罪；其挾私者，以首從論。一日加一等，罪止杖一百。

《宋刑統》卷四《名例律・贓物没官及徵還官主並勿徵》 諸彼此俱罪之贓，謂計贓爲罪者。及犯禁之物，則没官。若盗人所盗之物，倍贓亦没官。取與不和，雖和，與者無罪。若乞索之贓，並還主。即簿斂之物，赦書到後，罪雖決訖，未入官司者，並從赦原。若罪未處決，物雖送官，未經分配者，猶爲未入。即緣坐家口雖已配没，罪人得免者亦免。

疏：諸彼此俱罪之贓。注云，謂計贓爲罪者。議曰：受財枉法、不枉法及受所監臨財物，并坐贓罪。依法，與財者亦各得罪。此名彼此俱罪之贓。謂計贓爲罪者。

又云，及犯禁之物，則没官。議曰：謂甲弩、矛矟、旌旗、幡幟及禁書、寶印之類私家不應有者，是名犯禁之物。彼此俱罪之贓以下，並没官。

注云，若盗人所盗之物，倍贓亦没官。議曰：假有乙盗甲物，丙轉盗之，彼此各有倍贓，依法並應還主。甲既取乙倍備，不合更得丙贓。乙即元是盗人，不可以贓資盗，故倍贓亦没官。若有糾告之人應賞者，依令與賞。

問曰：私鑄錢事發，所獲作具及錢銅，或違法殺馬牛等肉，如此之類，律令無文，未知合没官以否？

答曰：其肉及錢，私家合有，準如律令，不合没官。作具及錢不得仍用，毁訖付主，罪依法科。其鑄錢見有別格，從格斷。餘條有別格見行破律者，並准此。

又云，取與不和。注云，雖和，與者無罪。議曰：取與不和，謂恐喝詐欺、强市有賸利、强率斂之類。雖和與者無罪，謂去官而受舊官屬士庶饋與，或和率斂，或監臨官司和市有賸利，或雇人而告他罪得實，但是不應取財，而與者無罪皆是。

《宋刑統》卷四《名例律・會赦不首故蔽匿及不改正徵收》 諸略和誘人，若和同相賣，及略和誘部曲奴婢，若嫁賣之，即知情娶買，及藏逃亡部曲奴婢，署置官過限，及不應置而置，詐假官，假與人官，及受假者，若詐死，私有禁物，謂非私所應有者及禁書之類。赦書到後百日，見在不首，故蔽匿者，復罪如初，媒保不坐。其限内事發，雖不自首，非蔽匿。雖限内，但經問不承者，亦爲蔽匿。即有程期者，計赦後日爲坐。其因犯逃亡，經赦免罪，限外不首者，止坐其亡，不論本罪。謂赦書到後百日限外計之。

疏：諸略和誘人，若和同相賣。議曰：不和爲略，前已解訖。和誘者，謂彼此和同，共相誘引，或使爲良，或使爲賤，限外蔽匿，俱入此條。輕重之制，自從本法。若和同相賣者，謂兩相和同，共知違法。

又云，及略和誘部曲奴婢，若嫁賣之，即知情娶買。議曰：上文皆據良人，此論部曲、客女、奴婢等，略和誘義並與上同。或得而自留，或轉將嫁賣，或乞人亦同。其知情娶買者，謂從略和誘以下，不問良賤，共知本情，或娶或買，限外不首，亦爲蔽匿。

《通制條格》卷一八《關市令·和雇和買》　至元五年八月，中書省奏：　中都路每年應辦馬駝稈草，據忙兀魯海牙、那懷、吕合剌、也的迷失等所管人匠，合無與民一體和買。准奏：今後仰忙兀魯海牙、那懷、吕合剌、也的迷失等所管人匠，並不以是何諸色人等，但種田的都教和買者。其合該價錢，照依街市實直，劃時給散，毋致尅減，刁蹬人難。

《元典章》卷一八《户部·婚姻·嫁娶·女婿在逃依婚書斷離》　至元十年十二月，中書户部：

承奉中書省判送本部元呈：據太原路申宋德榮告：　至元五年七月，立婚書，召到府北關石顯弟石虎虎，與姪女小梅一面改嫁。石顯、石虎虎並不争告，立下如此婚書。其婿石虎〔虎〕自至元七年七月内在逃。當月十五日，却有女婿石虎虎在於親家石顯家内，至十七日，本關苗社長送來本家，十八日，又行在逃，不知所在。勾到一干人等指證相同詞因。照得石虎虎在逃經今三年，根尋不見，若依元立文字歸斷，不見斷過如此體例，乞照驗事。得此。本部略行照得在先據大都、衛輝等路狀申楊阿王等數家告召到女婿在逃公事數内：　楊阿王狀告：　至元二年九月内，憑媒寫立婚書：　召馬得信男實哥與女張哥作養老女婿。如馬實哥不肯作活，不紹家業，此文字便當休離，更罰鈔五十兩。住至至元六年四月二十三日，有婿馬實哥將訖本家錢本在逃。至至元八年六月二十三日，馬得信並妻及媒人趙娘將婿馬實哥送本家，立到再不在逃走生死文字，依舊住坐。至十月初六日，馬實哥又將金銀釵釧偷盗在逃。又張榮告：　寫立婚書：　召張阿馮男張小興與外男甥女福仙作舍居養老女婿。老爺、老娘指教，不紹家業，在逃六十日不來還家，此文字便同休書，張福仙改嫁他人，並不争告。如却行事告者，情願罰通行鈔一百貫，没官使用不詞。如此寫婚書。至元四年七月二十八日過門，至元七年五月十八日，有婿張小興不因嗔責在逃。九月内告到本路，淇州官司督勒張小興兄張二於十二月内將婿張小興尋見前來，官將婿張小興斷訖二十七下，省會於榮家内作活住坐。六月十七日，有張小興在逃。及蒙州判兼捕盗官將榮勾追到官取問該，準南京路録事司文字，有婿張小興作賊，見行在逃。

又安林告：　至元二年八月内，令孟得禄爲媒，召到本都燒羊李大隨母男王驢哥與女秀哥爲養老女婿，寫立合同婚書：　若女婿驢哥游手好閑，打出調入，不紹家業，不伏丈母教令，此文字便同休離。成親之後，至元五年七月内，爲王驢哥不紹家業，投井自抹，行兇將丈母推倒，在逃，告到宛平縣並本投下官司，再立死活文字，該寫若已後驢哥但有一切横灾，不干丈人、丈母之事，燒羊李大情願一面承當。若驢哥已後似前刁蹬，不紹家業，將此文字便同休離不詞。在後女婿王驢哥依前不肯作活，故壞本家買賣刁蹬，告到宛平縣官司。至元八年二月内，申奉到尚書户部符文，又將王驢哥斷訖二十七下，省會本家，依舊爲婿。如已後似前違非，不紹家業，赴官告實，即便聽離。在後挾恨將女秀哥誣告姦事賊謀，買休爲娼，及行兇將伊丈母左眼打傷公事。大都路取訖本人招伏，欲行歸斷，又行在逃。

又王得林告：　至元三年四月内，召到本路孟甫男孟野驢與女哇哥爲婿，一十五年入舍。立到婚書：　已後並不得走出調入，不着家業，不做活計，此文字便當休離。立如此婚書。至元五年五月十九日，女婿孟野驢不因嗔責在逃。各路俱申，擬合照依婚書歸結，却緣不曾斷過體例。本部已經行下各路，照依各所申事理施行去訖。及照得至元六年二月内，尚書户部：　爲民間男女婚姻不一，〔有立〕婚書文約者，亦有不立元議聘財婚書，憑媒妁爲婚，已定之後，爲無婚書，增減財錢，女婿争差年限，以致詞訟不絶，議定：　今後爲婚姻者，寫立婚書文約，元議聘財並女婿養老出舍年限，主婚、保親媒妁畫字，依理成親，庶免争告。如此遍行各路禁約，依上施行。具呈中書省照詳。又至元八年六月内，承奉尚書省劄付該：　招養老女婿，照依已定聘財等第減半，須要明立媒妁婚書成親。亦已行下各路，依上施行去訖。今據太原路見申宋德榮所告女婿不依元立婚書在逃等事，係在至元六年二月已前召到爲婿，其作婿之人在後不紹家業，故違元立婚書在逃。本部若憑見在婚書處斷，别無定例。爲此，略行照依各路申到各項告婿在逃事理，以此議得：　民間召婿之家，或無子嗣，或兒男幼小，蓋因無人養濟。内有女家下財，召到養老女婿，圖藉氣力，及有男家爲無錢財，作舍居年限女婿。其夫家與女家，兩家相和同明白立到婚書取信，該寫不紹家業在逃等事，便當休離，止是鼇勒爲婿之人，肯爲妻家依理作活。非理飲酒，游手好閑，打出調入，不紹家業，不伏丈母教令，及有該寫在逃一百日或六十日不還本家，所立婚書便同休棄，任便改嫁。兼有先爲不紹家業，告求妻家收留，再立文字，該寫如後似前不紹家業，此文字便同休棄。所有前項節次申到事理，已經行下各路，歸着到今，不能結絶。原其作婿之人，就妻成婚之後，有父母者思歸本家，無尊親亦謀另居，雖是有心，計無得出，止於妻家不肯作活、非理飲酒、游手好閑、偷錢在逃，皆由此而生。其妻家陳告到官，累年不決，紊亂官司，深爲未便。以此參詳，若不憑准私約婚書歸結，別無依據。擬合將各路所申，女婿照依兩和自願立到婚書，斷聽兩離，別行改嫁，以戒後來。庶免肯於妻家依理作活，格去前弊，漸成淳厚。

呈奉到都堂鈞旨，送本部：如作婿之家別無異詞，依准所擬施行。本部再行披詳得：各路所擬申，若便照依元立婚書歸斷，別無斷過如此體例，又無男與女家兩各詞理，累年不能歸絶，及女婿見今在逃，若不憑准私約婚書歸斷，別無依據。今承見奉，其作婿之家已違元約，其間多有裝飾，不能別無異詞。以此參詳，擬合依準本部已擬，照依兩各自願立到私約婚書，斷聽兩離，似有依據，庶免不致紊煩官司。呈奉都堂鈞旨：送本部，准擬施行。

《大明令・户令・和顧和買》　凡內外軍民官司，並不得指以和顧和買，擾害於民。如果官司缺用之物，照依時值，財物兩平收買，或客商到來中賣物貨，並仰隨即給價。如或減駁價值及不給價者，從監察御史、按察司體察，或赴上司陳告，犯人以不應治罪。

《御製大誥續編・牙行》　天下、州、縣、鎮店去處，不許有官牙、私牙。一切客商應有貨物，照例投税之後，聽從發賣。敢有稱係官牙、私牙，許鄰里坊厢拿獲赴京，以憑遷徙化外。若係官牙，其該吏全家遷徙。敢有爲官牙、私牙，兩鄰不首，罪同。巡闌敢有刁蹬多取客貨者，許客商拿赴京來。不應税而税者，且如海南民有娶新婦者，其縣官將下禮牲口並新婦俱要税錢，已行拿赴京師，治以死罪。今山東膠水縣丞歐陽祥可，不鑒前非，又將人家下禮牲口索要税錢，詐取財物，自取之罪，安可逃乎？所以罪同海南縣官者，爲其蹈惡也。

《御製大誥三編・私牙騙民》　軍民有違令而不從教者，莫甚於應天府上元、江寧兩縣民劉二等，軍丁王九兒等一十四名。先爲天下府、州、縣及人烟輳集村店、馬頭去處，客商人等販賣物貨，多被官私牙行等高擡低估，刁蹬留難，使客商不得其便。商有强者，本利無虧。纔有淳良者，皆被牙行所制，本利俱傷，亦且留難遲滯。所以《續誥》頒行，明彰禁治。其劉二等暗出京師百里，地名邊湖，稱爲牙行，恃强阻客，以致拿縛赴京，常枷號令，至死而後已，家遷化外。此《誥》一出，所在人民，觀此以爲自戒。倘不奉命，罪同劉二等。

（清）李漁《資治新書二集》卷一三《民事・禁官價》　爲嚴禁官價買物，以蘇商困事。照得官價剥民、取用行户，爲官方第一陋規，爲俗吏最下行徑。夫取非其有，名之曰盗。凡民稍知自愛者，所不屑爲也。不意位居民上者，偏屑爲之。夫作朝廷命官，而與市井小民争競刀錐之末，較量尺寸之微，其薄於自待，固無足論，不幾羞朝廷，而辱衣冠之士哉？本部院下車之初，即行首先禁革，淮陰近地，凜凜奉行，未有復肆漁獵者。但本部院時行密訪，備知維揚一帶此風甚熾，不待緞鋪諸商呈訴，而始悉其弊也。乃緞鋪之困苦爲尤甚。近時係價高昂，數倍往昔，而蟒緞織金等物，其價更復不貲。常有官買一物，而行户賠至數金，以至十數餘金者。況所用不止一疋，所取不止一官。商力幾何，其能堪此？更可憾者，官之谿壑易盈，役之饕餮難厭。或假公以濟私，或借一而冒十。試思出身加民，前程不薄，俸薪所入，盡足養廉，何至因此纖微，而賈怨賈害？美利則蠹享之，惡名則已當之。愚而不才，未有若此之甚者也。更有不發官票，徑行擅取，真假難辨，多寡無憑，不發則恐，或逢官怒，發之則疑，白被役侵。此中奸弊，更無窮極。至於公館鋪設，奉旨禁革。是何衙門敢復巧取，以上種種貪暴陋規，合行禁飭，爲此示仰各該衙門官吏人等知悉：此後一切日用諸物，俱照民間時價，公平交易，敢有復持一票，復遣一差，有所取用，或致短少，以至假鋪設借用等名色，及無票口取等項，許諸受害鋪户，或赴本部院告理，或扭稟所在官司，以憑轉報施行，官參役處，決不姑貸。

（清）沈之奇《大清律輯註》卷一〇《户律・市廛・私充牙行埠頭》　凡城市鄉村，諸色牙行，及船之埠頭，並選有抵業人户充應。官給印信文簿，附寫逐月所至客商船户，住貫姓名，路引字號，物貨數目，每月赴官查照。其來歷引貨，若不由官選私充者，杖六十，所得牙錢入官。官牙埠頭容隱者，笞五十，各革去。

〔律後註〕：凡城市集鎮，貿易物貨去處，則必有牙行。各路河港，聚泊客船去處，則必有埠頭。此二項人，皆客商貨物憑籍以交易往來者也，有司官必選有抵業人户充應。彼重身家，自知顧惜，而無非分之爲，誆騙之弊，即或有之，亦有産業可以抵還，無虧折之患。官給印簿，附寫查照，則客商貨物，皆有所稽查，且可以防意外非常之變，此立法之意也。若不由官司選充，而私充或行埠頭者，杖八十，並追所得或用入官。若官牙埠頭，容隱私充者，笞五十，各革去，另召有抵業人充應。

條例

凡客店，每月置店曆一扇，在内赴兵馬司，在外赴有司，署押訖，逐日附寫到店客商姓名，人數，起程月日，各赴所司查照。如有客商病死，所遺財物别無家人親屬者，官爲見數移招，召父兄子弟或已故之人嫡妻識認給還。一年後無識認，入官。

（清）羅正鈞《劬盦官書拾存》卷一《通令民間婚姻錢債書寫婚書借帖示》 爲出示曉諭事。照得婚姻爲人倫始基，通財乃朋友高義，然必須訂盟立約方昭信守，此自古迄今未之有易也。查撫邑婚姻向無庚書，僅憑媒妁口語，通財亦無借帖，僅執私賬爲憑。以致積月累年别無證據，任意訛賴，莫究端倪。小則致傷睦誼，釁搆兇終，大則釀成訟端，案懸莫結。以一時信約之未周，受無窮拖累之至苦。本縣權篆是邦入境問俗，首此二端亟應更正，特與爾等約，既往無從挽救，自今以後婚姻必書庚帖，通財必書借約。本人不能書者，則倩人代筆，而於紙尾註明自光緒二十五年正月初一日始，期以兩月後一律遵辦。兩月以後，如因此二端涉訟，無婚書，無借約者，地方官不爲准理。除由本縣通禀上憲查覈立案外，合行出示曉諭，爲此仰閤邑士民人等一體知照遵辦，毋得自誤。切切。此示。

紀事

《國語・晉語八》 秦后子來仕，其車千乘。楚公子干來仕，其車五乘。叔向爲太傅，實賦禄，韓宣子問二公子之禄焉，對曰：大國之卿，一旅之田，上大夫，一卒之田。夫二公子者，上大夫也，皆一卒可也。宣子曰：秦公子富，若之何其鈞之？對曰：夫爵以建事，禄以食爵，德以賦之，功庸以稱之，若之何以富賦禄也！夫絳之富商，韋藩木楗以過於朝，唯其功庸少也，而能金玉其車，文錯其服，能行諸侯之賄，而無尋尺之禄，無大績於民故也。且秦、楚匹也，若之何其回於富也。乃均其禄。

（宋）王溥《唐會要》卷六一《御史臺中・彈劾》 永徽元年十月二十四日，中書令褚遂良抑買中書譯語人史訶擔宅，監察御史韋仁約劾之。大理丞張山壽斷，以遂良當徵銅二十斤。少卿張叡册以爲非當，估宜從輕。仁約奏曰：官市依估，私但兩和耳。園宅及田，不在市肆，豈用應估。叡册曲憑估買，斷爲無罪。大理之職，豈可使斯人處之。遂遷遂良及叡册官。

《舊五代史》卷一三八《外國傳・并摩尼》 周廣順元年二月，遣使并摩尼貢玉團七十有七，白氎、貂皮、氂牛尾、藥物等。先是，晉、漢已來，回鶻每至京師，禁民以私市易，其所有寶貨皆鬻之入官，民間市易者罪之。至是，周太祖命除去舊法，每回鶻來者，聽私下交易，官中不得禁詰，由是玉之價直十損七八。顯德六年二月，又遣使朝貢，獻玉并硇砂等物，皆不納，所入馬量給價錢。時世宗以玉雖稱寶，無益國用，故因而却之。

（宋）李燾《續資治通鑑長編》神宗元豐二年三月 〔辛卯〕上批：西驛交市，舊法除賣於官庫外，餘悉聽與牙儈市人交易。提舉市易司近奏並令市易上界管認一切，禁其私市，聞戎人甚不樂。昨正旦使所須物，本務又不能盡有，不免責買於市肆，今會其贏數亦不多，宜令仍舊。

（宋）李燾《續資治通鑑長編》神宗元豐八年二月 〔丁卯〕詔邵州芙蓉、石驛、浮城等峒已修寨鋪，其歸明户及元省地百姓，如省地法應婚姻、出入、典賣田、招佃客，並聽從便。從知邵州關杞請也。

《宋史》卷三四三《元絳傳》 〔元絳字厚之〕豪子龍聿誘少年周整飲博，以技勝之，計其貲折取上腴田，立券。久而整母始知之，訟于縣，縣索券爲證，則母手印存，弗受。又訟于州、於使者，擊登聞鼓，皆不得直。絳至，母又來訴，絳視券，呼謂聿曰：券年月居印上，是必得周母他牘尾印，而撰僞券續之耳。聿駭謝，即日歸整田。

（清）徐松《宋會要輯稿·食貨二五·鹽法》 高宗建炎元年十一月二十一日，户部尚書黄潛厚言：東京係東北鹽地分，邇來客販稀少，使民闕食。契勘淮鹽地分最近，道路通快，雖兩界鹽不許相侵，若客人願販淮鹽入東北鹽地分相兼貨賣者，聽每袋加納借路錢。詔令每袋借路錢二貫，候客販末鹽稍通日依舊。

（清）徐松《宋會要輯稿·食貨三二·茶鹽雜録》 〔紹興三年〕八月七日，権貨務都茶場言：客人般販茶鹽到住賣處，欲用牙人貨賣者，合依已立定係籍等三等户充牙人交易，如願不用牙人，自與鋪户和議出賣，或情願委托熟分之人作牙人引領出賣者，即合依政和四年十二月二十四日朝旨，聽從客便。從之。

（清）徐松《宋會要輯稿·食貨三二·茶鹽雜録》 〔宣和二年〕十月七日，訪聞陝西、河東路近因推行錢法，平定物價，輒將買賣茶鹽錢一例紐定分數，有害客販。可應陝西、河東路買賣茶鹽，並聽從便，其價直許隨逐處市色增減，官司不得輒有抑勒，立爲定價，虧損客人。如違，並依扇搖茶鹽法罪施行。仰尚書省劄下陝西、河東路監司，及令户部遍牒兩路州縣遵守，違戾去處，許客人徑詣尚書省越訴。

契約文書

《清代巴縣檔案彙編·乾隆二十五年五月十八日出奇坊、南紀坊炭户楊世美、李思孔等禀狀》 爲懇恩飭遵，以均苦樂，以免誤公事。

緣蟻等係裝炭屯賣之人，並無行帖，故無專行。且賣炭者，止有七門炭户，七家公辦鉛局官炭。至於文官各衙門需用炭斤，蟻等七户分衙各辦。後因山木伐盡，炭遂稀少，價亦騰貴，有三門炭户歇作，改圖生理，止蟻南紀、出奇、東水、千斯四門炭户分辦差務。昨東水門炭户卸差具結改業，而東水門炭户原辦正、三府祖炭斤，今既卸差，無人承辦。蟻等二門炭户與千斯門炭户公議，人少差多，分辦不便，應將文職各衙門炭斤照鉛局之例，輪流值月，合力公辦，炭價均分。又議南紀門賣炭稀少，止宜辦差半個月，至蟻出奇、千厮各辦一個月。如此，則苦樂得均，事無偏祐，不致誤公，不致爭競。無如千厮門炭户汪君選、劉耀先、唐宗舉、周朝泰、李仕堯等倔强，止認辦道憲炭務一處，其餘不理，不從公辦。蟻等兩門炭户，何堪多累？只得陳情賞飭遵照鉛局之例，公辦炭斤，苦樂公當。霑恩。上禀太老爺臺前俯準飭遵施行。

縣正堂批：候飭差押回。各炭户公議妥協具禀。

《臺灣私法物權編·物權·業主權·業主權之沿革·厝地之業主權·合約字》 立合約字劉經緯、林元梅、徐鳴崗、邱秀章、詹康、陳得耀、詹文光、詹捷寧、張雄才、張蔭、劉玉成、劉仕壯、邱良木、張督、張居賢等。竊思貿易通商，王政之大典；化居無有，億兆之良圖。茲予等粤莊人周地密，趨赴各市維艱，衆議在關帝廳莊前置田一十六甲零，建爲街市，共費去銀四千六百八十元，共勸此舉，蒙縣主楊氏桂森賜予永靖嘉名。現規模已整，又不可無良規垂後，爰立合約八紙，交各首事分執照行，俾後人有所遵守，庶交易有資，共慶財源廣進，商民得所，咸賡利路亨通。合將各款議規，六份出銀姓名開列於左：

一、議：設此街市，祇因昔處辛城故土，今爲海外，鄉親星散，各莊欲敦鄉誼而來，由兹建街聚處，雖在異地，何殊家鄉！永保兹土，全親後人。倘有大小店出賣，不通聞首事，不蓋永靖街公記，是背鄉親之誼，起害街之端，議將店宇拆毁，店地還衆，此議。

一、議：三山國王護國庇粤之神，宜建廟崇祀。茲議街中留廟基一所，左右店基各二間，立爲費祀，此議。右加一間。

一、議：大街兩行，及國王廟前左右前後之店均要蓋瓦，不得用茅，此議。

一、議：此横街店後及大街店後各留車路三丈，至周圍竹下各留車路三丈，街人不得侵佔控壞；如違重罰外，仍押填補，此議。

一、議：兩片東西大街店地，均有派出銀元，其店地包亭仔脚，定深一十九丈，闊則一丈五尺，或一丈七尺不等。北勢横街店地未有派出銀元，定深一十五丈，闊一丈六尺。南勢對面横街，深一十二丈，闊一丈七尺。王宫前兩片横街，深一十二丈，闊一丈七尺。每間年納税銀元一元，三年後年納税銀四元，不得争多減少，此議。

一、議：街中大小店餘地、魚池諸項，難以獨理，衆議分鬮六份，各理各收，不得違鬮越規，此議。

一、議：六份内有大小店屋居住之人，係各份内頭人約束；如某份内店屋有人開場設賭，包娼容匪打擾滋事，係某份内之人約束不嚴，即該份内抵擋，不干别份，此議。

一、議：六份内店屋之人若有恃强逞衆，作慝犯規，不聽約束，該份内頭人或要禀官，或要拴挐，力弱難當，即要自行爲首投明，五份頭人據理帮辦，不干他份，此議。

一、議：六份鬮分餘地無論闊狹，種作唯許五穀，不許插竹栽種菓木，以害街地，此議。

一、議：圍内簕竹不許砍伐；如有砍伐，捉獲罰銀二元存公，違者六份合攻，此議。

一、議：街中遇有修栅橋溝路，及緊要正項公銀，照六份派出，不得違拗，此議。

一、議：街内開有大、小圳卸水，一遇壅塞，查明某處某所轄，即要督理疏通，勿延諉害街；違者公罰，此議。

一、議：六份每年要抽出銀五元，合存公放，永爲街中公費，後人不得分散，此議。

一、議：吴業主大租年納銀一百八十九元三角六釐四毫二絲，施業主大租年納銀十八元二角九釐八毫，共銀二百一十七元六角六釐二毫二絲，禀官存案，六份匀納，每份年納銀三十六元三角，限六月十一日清；如有不清，該某股份内賠清，不干别份，此議。

一、議：六份各鬮定大小店餘地、魚池諸項，俱註明各份簿内。

一、議：徐鳴崗、邱秀章、邱華、汪文相，傳添李良生、羅士俊，巫厝莊吴純、徐觀明、何旺華、何興觀、吴觀河、熊義成、温文楊、曾鳳生等共一股，共銀七百八十元正。

一、批：詹康、陳德耀、詹善生、詹渡、劉龍福、陳神祐、詹廳、詹春蕩、陳觀、詹順、詹盛、詹庚、劉媽德等共一股，出銀七百八十元正。

一、批：詹文光、詹捷寧、陳臣思、邱水生、黎成宗、詹濬源、陳天思、詹木、張鼎常、胡世俸等共一股，出銀七百八十元正。

一、批：張雄才、張蔭、張正三公、張麟、羅恭伯、張耳順、張友、張企、王文、高發等共半股，出銀三百九十元正。

一、批：劉五成、劉士壯、劉祖、賴士遠、俊興號廖老二、鐘北生等共半股，出銀三百九十元正。

一、批：邱良木、邱學班、邱行、邱新、邱賢、邱德據、邱成龍、邱輔、邱成實公等共半股，出銀三百九十元正。

一、批：張督、張居賢、張足、張瓊、劉藩衍、鄧曹曾水等共半股，出銀三百九十元正。

一、批：此街買田一十六甲八分四釐三毫四絲正，立契共一十二紙，交各首事收存，註明各份簿内。

一、批：南門内外餘地，及東邊園地、北門内牛墟、西門内車坪，俱是六份公地，長潤註明各份簿内。

一、批：學校所以作養人材，茲此街日後要起文祠，六份内餘地有合用者，長潤將别店地易换。

一、議：此街六份匀分，現有出店地銀者九十六間，已起者七十餘間，未起者二十餘間，限三年内起齊；如有不起，將店抵銀，除消公充，此議。

一、議：南門外竹下，及西北溝面各闊一丈，日後修開，不得阻遏，此議。

嘉慶十八年九月　日。

依衆代筆人　李興玉
張　督
張　蔭
劉玉成
監生　詹捷寧
張雄才
詹文光
劉經緯
生員　徐鳴崗
同立合約人　林元梅
陳天思
詹英楊
張居賢
邱學班
劉仕壯
邱良木
陳德耀
詹　康
監生　邱秀章

案例文書

《名公書判清明集》卷四《户婚門・契約不明錢主或業主亡者不應受理》　讀刑臺台判，洞燭物情，亦既以郟氏爲不直矣。然郟氏非，則湯氏是，二者必居一，於此而兩不然之，舉而歸之學官，此湯執中之所以不已於訟也。披閱兩契，則字跡不同，四至不同，諸人押字又不同，真有如刑臺之所疑者，謂之契約不明可也。在法：契要不明，過二十年，錢主或業主亡者，不得受理。此蓋兩條也。謂如過二十年不得受理，以其久而無詞也，此一條也。而世人引法，併二者以爲一，失法意矣！今此之訟，雖未及二十年，而李孟傳者久已死，則契之真僞，誰實證之，是不應受理也。合照不應受理之條，抹契附案，給據送學管業。申部照會。

（明）蘇茂相《新鐫官板律例臨民寶鏡》卷六《婚姻類審語・退婚復争》　審羅光明初聘吴昭使爲妻，有媒有幣。後以女幼翁貧，不願作贅，央媒憑衆，自求告休，聘財退矣，婚書毀矣。昭使嗣偶藍龍四載，以抱子焉，更復興詞告争，夫近棄自己親結之髮，遠攘他人已締之婚，始則貪財而棄婦，今則挾婦而謀財，人之無良一至於此。婚書不假不足憑，覆水收不容載。姑量給財禮三兩，以爲阿母饘粥之資，原媒取親筆退書，以杜後來無饜之求也。

（明）蘇茂相《新鐫官板律例臨民寶鏡》卷八《錢債類審語・僥負本銀唆父僥債》　契在債則誰諉，父在子難擅賣。原銀陳君舉，自借自還不得混。以老父凄身之區，作己債搪抵之注，而巧生騙局，更唆老悖以出辭也。

（明）蘇茂相《新鐫官板律例臨民寶鏡》卷八《墳山類審語・私債執契葬墳》　山有定主，謀者妄焉。債有定額，負者非矣。王某只可據理取債，不可執典契而妄葬李某之山，李某合認還父債，不可昧天理而負王之銀。仰中親鄰里，速爲允釋，毋效鷸蚌相持。

（明）顔俊彦《盟水齋存牘》卷一《争田鄒如璧杖》　審得鄒如璧用價明買周瑞琚兄弟税田二契共七畝零，中契兩明，瑞琚之無端興詞，至添人不根之語，何其詐也？大約貧而無聊思爲洗業計耳。姑斷如璧出銀三兩，加價斷絶後聽。如再有言，當以三尺從之。如璧之稱盗割、瑞琚之稱捆捉皆虚詞也，各杖之。

（清）張五緯《未能信録》卷一《原起總論》 余任進賢縣時，有貧富相争山地一案，乾隆初年事也。歷經前任各令審訊，屢斷屢翻。卷以年分竟有三十餘宗，黴爛蟲傷已不齊全，人齊承行，書役呈送牌卷到單，稟請示期審訊。余看名單人數四十餘名，卷已尺有過半，斷非一半日所能閲遍熟記，須俟看，完示期，書夜兼看，三日始完。三十餘宗俱編字號，挨年分看去，内中應記者，以筆記之。年深日久，兩造各有摺矛盾，均不能懸斷。看去似係貧者以既賣復占山場，牽告山鄰詞證，藉以魚肉，不但屢審虚誣不服，抑且屢以富户以財行求形之詞句。及查閲各前任堂斷，殘缺不全，大概皆以理斷究，未能指其誣詐之據。由是將其抄粘十餘契紙，並於前任當堂呈出税過各契，逐張細核比對，對出抄契一張與正契所寫筆迹相同，反覆細看，如出一手，惟正契年月數字筆迹不同。查其正契爲百十年前所立，年月上税有印信，素知税契用印總在銀數之上，並不蓋於年月，乃契内銀數上並未蓋印，却又有半印錯用在契紙之邊，愈覺可疑。隨於被告富家所呈是年印契比對，又無私雕形迹。隨將其契於粘連處起下展開，再看中有摺痕一道，痕迹紙色迥乎不同，始悟悉爲先年用印里書廢册，蓋年月先後蓋印者也。看出僞造誣控實據，似可片刻一堂斷結矣。但僞造者爲誰？必須先試原告。即日示審唤到原告，令其先將所呈各契寫出清單，以便與各契當堂查對，只須寫某契係某人賣，不必細開。頃刻開呈，與抄、正兩契比對，筆迹實出一手，其爲原告自造無疑。隨逐層指問，原告供認造誣乞饒，觀者點首，書役駭然，不意叫一人而數語斷結。惟恐再翻，當令其自將捏造誣控，如何審出各情，寫出附卷，永斷葛藤。然後唤齊全案人證，並與之互相閲看，隨對衆將原告枷號署前。次日並繕讞語，發貼四門曉諭。此看卷斷决之案也。

（清）張五緯《風行録續集》卷一《岳州府續集·堂判臨湘縣民姜文東案》 審看得臨湘縣民姜文東呈控王同畢等争佔白泥湖，朦縣塗銷印契一案，緣姜文東之祖姜夢熊於康熙四十九年價買王行五之祖王倫秀等白泥大湖，並汊港等處，有契可據，是年又買王全人、王大賓白泥大湖並汊港等處，亦有契據。因王同畢户下尚有王非石、王百受二分未買，以致大湖錁銀，姜姓惟伴王姓户内當差，錁未分晰，二姓輪流派管。三年内姜姓當管一年，此即契載四年三空之原委也。至康熙五十二年王同畢之祖王非石、王百受概將大湖並汊港二分，出賣於姜夢熊三分之一並原分麻鐵護錁銀一兩四錢，始過户當差姜姓子孫管業，取魚百有餘年。迨嘉慶元年王同畢藉契載四年三空，控經前任杜、張二令斷令照契管業，經吴鏡萬等立有和息合約。可據嘉慶六年王同畢在縣串書舞弊，將杜令任内出具遵結更换，旋於周令任内翻控，周令以康熙四十九年王倫秀、王全人兩契誤認計開行下添載大湖網錁，於蔣王喻大業甲三分之一字樣，紙舊墨新，筆迹互異，將計開行下用朱筆塗銷，止准姜姓在於汊港管業，不准在大湖取魚。姜文東不甘，控經前署府批飭該縣録案。

嗣經該縣録案詳府，又經前署府批飭提訊。兹本府提齊一干，訊悉前情，查閲姜姓陸續置買王姓三契，大湖開載明晰，其周令所稱計開行下紙舊墨新，係屬錯誤，且查契内批註之字，與正契字迹，筆之輕重大小一律符合，並無互異之處。其爲王同華藉四年三空之例，疊次呈控，周令誤閲契紙錯斷無疑。今契已塗銷，姜姓無憑管業，著湖鄰吴鏡萬、李英彩等公立合同，令姜、王兩姓各自收執。嗣後王姓户内不得藉端强佔姜姓契内大湖三分之一，姜姓亦不得以三分之一侵滅王喻三姓三分之二。至原契内載本湖當管之年，大湖正銀六錢，原未分晰，計開下係註明大湖網錁與蔣、王大業户三分之一，可見並非後添。周令稱爲詐捏，更見誤會。着各取遵結備案，並將此讞飭縣遵照周令塗銷兩契，仍發姜文東領回，於新立合同並舊合同一併執收。王同畢屢次滋訟，且串縣書更改杜令任内結紙，以致朦縣塗契翻案，實屬刁詐可惡。但究係該縣經承舞弊，抽换朦官翻異。倘非經承膽大，王同畢亦不敢始終捏誣。現據到案供明，着姑從寬免。惟飭提此案改結之經承鎖拿到府重處，以爲猾吏作弊改案者戒。此判。

（清）李鈞《判語録存》卷四《退婚事道光十二年閏九月初八日》 審得洛陽縣民張永昇控郭堆誆斷訛婚等情一案。緣張永昇有女文姐，現年十三歲。道光三年，憑郭書明等媒合，許字郭堆次子郭喜朝。即席易盞，先换庚帖。繼知喜朝病啞，將事寢擱，未通婚啓。五年，郭堆强欲納聘，永昇遂以訛婚具控。該前縣嗚以既未通啓，批準離異。八年，永昇仍憑郭書明爲媒，另與郭登科聯姻，受聘通啓。十一年，郭堆隱昧前斷，但以一女兩許等詞，在縣翻控。將當日同席飲酒之郭二虎等，引爲媒證。二虎捏稱曾以耳環爲聘。夫使果有聘物，當五年興訟之時，郭堆豈甘緘默？明係袒供。詎該縣未查原卷，仍予判合。永昇不服，由府迭控兩司，奉批提訊。查三年議姻之時，郭喜朝年甫四齡，尚未能言，烏知其啞？永昇自願結婚，原非受人朦蔽。迨少長而知其殘廢，幸未通啓，猶可渝盟。故訟牒一投，該前縣遂准其改字。揆之情理，的的無疑。乃永昇謂相婿之時，郭堆暗令長子喜林替代，查喜林彼時年已六歲，身材長短當必有異，何以能售其欺？永昇又稱原議即其長子，後經移易。詢之郭書明等，原議之子，年甲究係若干，僉供未悉。世有不知其年，而遽執斧柯者乎？飾詞可笑。總緣張永昇懼招啞婿，爲此曲捏聱說。不知此事專以婚啓爲憑，其原未通啓之語，既從郭堆口内招出，則一言鑄鐵，不虞衆口鑠金。縱使爲能言之鳥，已不得爲比翼之禽。况籧篨戚施，天生缺陷，何足副燕婉之求耶？太不自量。張永昇仍准與郭登科聯姻，婚啓當堂發還，郭二虎捏詞幫訟，掌責示儆。

郭堆從寬免究，取結釋回，行縣知照。並詳覆藩臬憲可也。此判。

（清）趙幼班《歷任判牘彙記》卷二《判袁王氏等堂詞》　此案訊據袁立仁出撫與袁湘爲嗣，係袁湘在日憑族戚立據，歷年相安無異。袁湘歿後，其母袁王氏因議備膳養之費，向立仁取用，常有短缺，以致控案，欲作悔繼之謀。袁立仁既出撫與袁湘爲嗣，自應供養母親，何能違抗。仍照原議，所有洋銀三十元之利息以及應備錢米，須按月繳歸王氏手收。其母年邁，身後衣棺等項，即當早爲預備。故父袁湘停柩未葬，尤宜趕緊妥安窀穸，以慰幽靈而盡孝道。並飭令潘明高從中開導。以後母子毋得爭論，原粘繼書一紙，允約一紙，洋條三紙均發還。遵結附卷。此判。

雜　録

（南朝宋）鮑照《鮑明遠集》卷七《見賣玉器者》　見賣玉器者，或人欲買，疑其是珉。不肎成市。聊作此詩，以戲買者。

涇渭不可雜，珉玉當早分。子實舊楚客，蒙俗謬前聞。安知理孚采，豈識質明温。我方歷上國，從洛入函轘。揚光十貴室，馳譽四豪門。奇聲振朝邑，高價服鄉村。寧能與爾曹，瑜瑕稍辨論。

（清）曹雪芹《紅樓夢》第二四回《醉金剛輕財尚義俠　癡女兒遺帕惹相思》　賈芸道：有件事求舅舅幫襯幫襯。我有一件事，用些冰片麝香使用，好歹舅舅每樣賒四兩給我，八月裏按數送了銀子來。蔔世仁冷笑道：再休提賒欠一事。前兒也是我們鋪子裏一個夥計，替他的親戚賒了幾兩銀子的貨，至今總未還上。因此我們大家賠上，立了合同，再不許替親友賒欠。誰要賒欠，就要罰他二十兩銀子的東道。况且如今這個貨也短，你就拿現銀子到我們這不三不四的鋪子裏來買，也還没有這些，只好倒扁兒去。這是一。二則你那裏有正經事，不過賒了去又是胡鬧。你只説舅舅見你一遭兒就派你一遭兒不是。你小人兒家很不知好歹，也到底立個主見，賺幾個錢，弄得穿是穿吃是吃的，我看着也喜歡。

民事關係組織部

官府分部

論說

（唐）白居易《白居易集》卷五八《奏狀·論和糴狀·今年和糴折糴利害事宜》　右，臣伏見有司，以今年豐熟，請令畿內及諸處和糴，令收錢穀，以利農人。以臣所觀，有害無利。何者？凡曰和糴，則官出錢，人出穀，兩和商量，然後交易也。比來和糴，事則不然，但令府縣散配户人，促立程限，嚴加徵催；苟有稽遲，則被追捉，迫蹙鞭撻，甚於稅賦。號爲和糴，其實害人。儻依前而行，臣故曰有害無利也。今若有司出錢，開場自糴，比於時價，稍有優饒，利之誘人，人必情願。且本請和糴，只圖利人；人若有利，自然願來。利害之間，可以此辯。今若除前之弊，行此之便，是真得和糴利人之道也。二端取舍，伏惟聖旨裁之。必不得已，則不如折糴。折糴者，折青苗稅錢，使納斛斗，免令賤糶，別納見錢。在於農人，亦甚爲利。況度支比來所支和糴價錢，多是雜色匹段，百姓又須轉賣，然後將納稅錢。至於給付不免侵偷，貨易不免折損，所失過本，其弊可知。今若量折稅錢，使納斛斗，既無賤糶麥粟之費，又無轉賣匹段之勞，利歸於人，美歸於上。則折糴之便，豈不昭然。由是而論，則配户不如開場，和糴不如折糴，亦甚明矣。臣久處村閭，曾爲和糴之户，親被迫蹙，實不堪命。臣近爲畿尉，曾領和糴之司，親自鞭撻，所不忍睹。臣頃者常欲疏此人病，聞於天聰，疏遠賤微，無由上達。今幸擢居禁職，列在諫官，苟有他聞，猶合陳獻，況備諳此事，深知此弊，臣若緘默，隱而不言，不唯上辜孤聖恩，實亦內負夙願。猶慮愚誠不至，聖鑒未迴，即望試令左右可親信者一人，潛問鄉村百姓，和糴之與折糴，孰利而孰害乎，則知臣言不敢苟耳。或慮陛下以敕命已下，難於改移。以臣所見，事又不然。夫聖人之舉事也，唯務便人，唯求利物，若損益相半，則不必遷移，若利害相懸，則事須追改，不獨於此，其他亦然。伏望宸衷，審賜詳察。謹具奏聞。謹奏。

（宋）李昉等《文苑英華》卷五〇一《泉貨·不奪人利議鹽鐵與榷酤誠厚斂及雜稅白居易》　問鹽鐵之謀，榷酤之法，山海之利，關市之徵，皆可以佐助征徭，又慮其侵削黎庶，舍之則乏用於軍國，取之則奪利於生人，取舍之間孰爲可者？

對

臣聞君之所以爲國者，人也，人之所以爲命者，衣食也，衣食之所從出者，農桑也。若不本於農桑，而興利者，雖聖人不能也。苟有能者，非利也，其害也。何者？既不自地出，又非從天來，必是强取於人，曲成其利。利則日引而月長，人則日削而月朘。至使人心窮，王澤竭。故臣但見其害，不見其利也。所以王者不殖貨利，不言有無，耗羨之財不入於府庫，折毫之計不行於朝廷者，慮其利冗開而罪梯構。然則聖人非不好利也，利在於利萬人，非不好富也，富在於富天下。節欲於中，人斯利矣，省用於外，人自富也。故唐堯、夏禹、漢文之代，雖薄農桑之稅，除關市之征，棄山海之饒，散鹽鐵之利，亦國足而人富安矣。何則？欲節而用省也？秦皇漢武隋煬之時，雖收大半之賦，征逆折之租，建榷酤之法，出舟車之筭，亦國乏用而人糜弊矣。何則？欲不節而用不省也。蓋所謂山林不能給野火，江海不能實漏巵。夫利通《集》作散於下，則人逸而富，利壅於上，則人勞而貧。故下勞則上無以自安，人富則君孰與不足。《記》曰：人以君爲心，君以人爲體。《詩》曰：愷悌君子，人之父母。由此而言，未有體勞而心逸者也，未有子富而父貧者也。臣又聞之，地之生財，多少有限，人之食利，衆寡有常，若盈於上，則耗於下，利於彼，則害於此。而王者四海一家，兆人一統，國無異政，家無異風。若奪其利則害生，害不加於人，欲何加乎？若除其害則利生，利不歸於人，欲何歸乎？故奪之也，若皮盡於毛下，本或不存；與之也，同囊漏於貯中，利將焉往？與奪利害，斯可知焉。是以善爲國者，不求非農桑之產，不重非衣食之貨，不用計數之利，不畜聚斂之臣，聞榷筦之謀，則思侵削于下，見羡餘之利，則念誅求於人，然後德澤流而詠歌作矣。故曰利出一孔者王，利出二孔者强，利出三孔者弱。此明君立國子人者，貴本業而賤末利也。

《新唐書》卷五二《食貨志》 頃師旅亟興，官司所儲，唯給軍食，凶荒不遑賑救。人小乏則取息利，大乏則鬻田廬。斂穫始畢，執契行貸，饑歲室家相棄，乞爲奴僕，猶莫之售，或縊死道途。天災流行，四方代有。税茶錢積户部者，宜計諸道户口均之。穀麥熟則平糴，亦以義倉爲名，主以巡院。時稔傷農，則優價廣糴，穀貴而止；小歉則借貸。循環斂散，使聚穀幸災者無以牟大利。

《新唐書》卷一五七《陸贄傳》 陸贄字敬輿，蘇州嘉興人。【略】乃上陳其弊曰：【略】臣愚謂宜罷四方之防秋者，以其數析而三之：其一，責本道節度，募壯士願屯邊者徙焉；其一，則弟以本道衣稟，責關内、河東募用蕃、夏子弟願傅軍者給焉；其一，以所輸資糧給應募者，以安其業。詔度支市牛，召工就諸屯繕完器具。至者家給牛一，耕耨水火之器畢具，一歲給二口糧，賜種子，勸之播蒔。須一年，則使自給，有餘粟者，縣官倍價以售。既息調發之煩，又無幸免之弊，出則人自爲戰，處則家自爲耕。與夫暫屯遽罷，豈同日論哉！

（宋）包拯《包孝肅奏議》卷七《民事·論放欠》 臣伏覩明堂赦書，應今日以前，天下欠負官物，并於干繫保人名下催納，無非侵欺盗用，或雖是侵盗，見今本家并干繫保人内，委無抵當者，并令本屬及轉運司保明聞奏，其累經官吏保明，三司未與除放者，限赦到一月内，令本處先具自來保明度數，申本路轉運司，疾速保明，繳連聞奏，當議並與除放，此誠陛下優卹元元如是之至也。然臣歷觀前後赦文，凡所恩貸，無不周悉，而有司往往廢格，不即遵行。臣竊聞真宗咸平年中，親御便殿，放三司所引諸色違欠，凡四千一百六人，計物八萬三千數，蓋先帝以恩詔每宥，通責有司，必究問本末。或縲繫追逮，益爲煩擾，故命以籍引對而面釋之。大哉先帝憂民軫物之心，惟恐不及。伏望陛下特降指揮，委三司將應係諸色逋欠人，各具因依，一一類聚，備録申奏，並令引見，詳酌除放，如此則恩出於上，澈絶於下矣。

（宋）包拯《包孝肅奏議》卷七《民事·請權罷陝西州軍科率》 一、鳳翔府斜谷造船務，每年造六百料額船六百隻，方木物料等，自來分擘與秦隴鳳翔府諸處採買應付。

慶歷六年七年，材料等共三十二萬，見欠七萬有零。

慶歷八年，材料等共二十一萬七千有零，全欠。

一、斜谷務又打造咸陽陝府橋脚船四十四隻，合用材料共三萬一千有零，見配買次。

一、修河椿橛，共四十五萬一千六百五十二條，係七州科買。

一、上京材木，共九萬三千一百五條，各係大料木植，十四州科買。

一、採斫澶州河中府纜索竹，一百五十萬三千八百二十竿，見差人司竹監斫次。

一、買上供肉羊兔千口，係十九州軍。

一、買紫草一萬斤，係十州軍。

一、買紅花四千斤，係六州軍。

右具如前，臣勘會鳳翔府造船場，每年額船六百隻，其方木料，並是本府並隴州量支官錢收買，及於秦州採斫。所差衙前，例各倍錢一二千貫，前後人户，破蕩家産不少，每户錮身者，不下三兩人，經年未得了，當時準三司牒，買修河椿橛四十三萬餘條，亦於永興等七州軍配買，比之常歲，多兩倍已上。并河中府澶州要纜索竹，一百五十萬竿，見差人司竹監斫次。今又準三司牒，採買上件材木九萬三千條有零，亦是分配永興等十四州收買，緣並係大料木植，祇是秦州出産，又聞深入番界，採斫至難，其餘不産州軍，須全差衙前分買。况陝西州軍，一年之内三五次，各是大段科配，兼又錢法改更之後，民間即目大段不易。若稍不行寬恤，則疲困之民無保全之望。雖詳省中書劄子，住九年十年科買，又祇聞説肉羊紫草紅花之類，並是小可物色，亦易爲應副，所有逐年買造船場材木物料及椿橛等，最爲大害。乞賜詳酌指揮，權與蠲免。

（宋）蘇轍《欒城應詔集》卷九《進策五道·第五道》 臣聞近代以來，天下之變備矣。世之君子隨其破敗而爲之立法，補苴缺漏，疏剔棼穢，其爲法亦已盡矣，而後世之弊，常不爲之少息。其法既立而旋亡，其民暫享其利而不能久。因循維持，至於今世，承百王之弊，而獨受其責，其病最爲繁多，而古人已行之遺策，又莫不盡廢而不舉。是以爲國百有餘年，而不至於治平者，由此之故也。

蓋天下之多虞，其始自井田之亡。田制一敗，而民事大壞，紛紛而不可止。其始也，兼并之民衆而貧民失職，貧者無立錐之地，而富者連阡陌，以勢相役，收太半之税。耕者窮餓而不耕者得食。以爲不便，故從而爲之法曰：限民名田，貴者無過若干，而貧者足以自養。此董生之法也。天下之人，兼并而有餘，則思以爲驕奢。驕奢之風行於天下，則富者至於破其資畜，而貧者耻於不若，以争爲盜而不知厭。民皆有爲盜之心，則爲之上者甚危而難安。故爲之法曰：立制而明等。使多者不得過，而少者無所慕也，以平風俗。此賈生之法也。民之爲性，豐年食之而無餘，饑年則轉死溝壑而莫之救。富商大賈乘其不足而貴賣之，以重其灾；因其有餘而賤取之，以待其弊。予奪之柄歸於豪民，而上不知收，粒米狼戾而不爲斂，藜藿不繼而不爲發。故爲之法曰：賤而官爲糴之，以無傷農；貴而官爲發之，以無傷末。小饑則發小熟之斂，中饑則發中熟之斂，大饑則發大熟之斂。此李悝之法也。古者三代之兵，出而爲兵，入而爲農。出兵臨敵，則國有資糧之儲；而兵罷役休，則無復養兵之費。及至後世，海内多故，而征伐不息，以爲害農，故特爲設兵以辦天下之武事。其始若不傷農者，而要其終，衣食之奉，農亦必受其困。故爲之法曰：不戰則耕以自養，而耕之閒暇則習爲擊刺以待寇至。此趙充國之法也。

蓋古之遺制其可施於今者甚多，而臣不敢復以爲説。而此四者，皆天下之所共知而不行者也。未知之而不行，此其故何歟？臣聞事固有可以無術而行者，有時異事變無術而不可行者。均民以名田，齊衆以立制，是無術而可以直行者也。平糴以救灾，屯田以寬農，是無術而不可行者也。古者賢君在上，用度足而財不竭，捐其有餘以備民之所不足，而不害於歲計。今者，歲入不足以爲出，國之經費猶有所不給，而何暇及於未然之備？古者將嚴而兵易使，其兵安於劬勞，故雖使爲農而不敢亂。今者天下之兵，使之執勞者，皆不知戰，而可與戰者，皆驕而不可使，衣食豐溢，而筋力罷憊，且其平居自處甚倨，而安肯爲農夫之事？故屯田平糴之利，舉世以爲不可復者，由此之故也。曷亦思其術矣？

臣嘗聞之，賈人之治産也，將欲有爲而無以爲資者，不以其所以謀朝夕之利者爲之也，蓋取諸其不急之處而蓄之，徐徐而爲之，故其業不傷而事成。夫天子之道，食税衣税，其餘之取於民者，亦非其正矣。茶鹽酒鐵之類，此近世之所設耳，夫古之時，未嘗有此四物者之用也，而其爲國亦無所乏絶。臣愚以爲可於其中擇取一焉，而置之用度之外，歲以爲平糴之資。且其既已置之用度之餘，則不復有所顧惜，而發之也輕。發之也輕，而後民獲其利。其與今之所謂常平者，亦已大異矣。抑嘗聞之，當已牧馬者，不可使之畜豚彘。馬彘之相去未能幾也，而猶且不可使。今世之兵，以兵募之而欲强之以爲農，此其不從固無足怪者。今欲以兵屯田，蓋亦告之以將屯田而募焉。人固有無田以爲農而願耕者，從其願而使之，則雖勞而無怨。苟屯田之兵既多而可用，則夫不耕而食者，可因其死亡而勿復補，以待其自衰矣。

嗟夫！古之人其制天下之患，其亦已略盡矣，而其守法者，常至於怠惰而不舉，是以世之弊常若近起於今者，而不求古之遺法而依之以爲治，可不大悲矣哉！

（宋）蘇轍《欒城集》卷三六《右司諫論時事十首·論蜀茶五害狀二十四日》

右臣伏見朝廷近罷市易事，不與商賈争利，四民各得其業，欣戴聖德無有窮已。唯有益、利、秦鳳、熙河等路茶場司，以買賣茶虐害四路生靈，又以茶法影蔽市易，販賣百物。州縣監司不敢呵問，爲害不細，而朝廷未加禁止。

臣聞五代之際，孟氏竊據蜀土，國用褊狹，始有榷茶之法。及藝祖平蜀之後，放罷一切横斂，茶遂無禁，民間便之。其後淳化之間，牟利之臣始議掊取。大盜王小波、李順等因販茶失職，窮爲剽劫，凶燄一扇，兩蜀之民肝腦塗地，久而後定。自後朝廷始因民間販賣量行收税，所取雖不甚多，而商賈流行，爲利自廣。近歲李杞初立茶法，一切禁止民間私買，然猶所收之息，止以四十萬貫爲額供億熙河。至劉佐、薄宗閔提舉茶事，取息太重，立法太嚴，遠人始病。是時知彭州吕陶奏乞改法，只行長引。令民自販茶，每茶一貫，出長引錢一百，更不得取息，得旨依奏。民間聞之，方有息肩之望。又却差孫迥、李稷入川相度，始議極力掊取，因建言乞許茶價隨時增減。茶法既有增減之文，則取息依舊，由是息錢、長引二説並行，而民間轉不易矣。而稷等又益以販鹽布，乃能增額及六十萬貫。

及李稷引陸師閔共事，又增額至一百萬貫。師閔近歲又乞於額外以一百萬貫爲獻，朝廷許之。於是奏乞於成都府置都茶場，客旅無見錢買茶，許以金銀諸貨折博。遂以折博爲名，多遣公人牙人，公行拘攔民間物貨入場，賤買貴賣，其害過於市易。又以本錢質典諸物，公違條法，欺罔朝廷。

蓋茶法始行至今，法度凡四變矣。每變取利益深，民益困弊。然供億熙河止於四十萬貫，其餘以供給官吏及非理進獻，希求恩賞。而害民之餘，辱國傷教，又有甚者。夫遂州通判本以按察吏民，諸縣令佐亦以撫字百姓。而計算息錢，均與牙儈分利。至於監茶之官，發茶萬馱，即轉一官，知縣亦減三年磨勘。國之名器，輕以與人。遂使貪冒滋章，廉恥不立，深可痛惜。又案盜賊之法，贓及二貫，止徒一年，出賞五貫。今民有以錢八百私買茶四十斤者，輒徒一年，出賞三十貫。又遞鋪文字，事干軍機及非常盜賊，急脚遞日行四百里，馬遞日行三百里，違二日者止徒一年。今茶遞往還，日行四百里，違一日，輒徒一年。立法太深，苟以自便，不顧輕重之宜。蓋造立茶法，皆傾險小人，不識事體。但以遠民無由伸訴，而他司畏憚，不敢辯理，是以公行不道，自始至今十餘年矣。

臣竊聞朝廷近日察知其弊，差官體量。然猶恐未知其詳，臣今訪聞，稍得其實。謹具條件五害如左：

其一曰：益利路所在有茶，其間邛、蜀、彭、漢、綿、雅、洋等州、興元府三泉縣人户，以種茶爲生。自官榷茶以來，以重法脅制，不許私賣。抑勒等第，高秤低估，遞年減價，見今止得舊價之半。乞委所差官取榷茶至今遞年所估價例對定，即見的實。茶官又於每歲秋成糴米，高估米價，强俵茶户，謂之茶本。假令米石八百錢，即作一貫支俵，仍勒出息二分。春茶既發，茶户納茶又例抑半價，兼壓以大秤，所損又半，謂之青苗茶。元條：園户茶，一百斤許收十斤市例。内一半入官，一半饒潤客旅。今逐場一百斤，有收至二十餘斤，出剩者，往往却僞作園户中茶虛，旁支出官錢入己，近年邛州常有此獄。又有見出剩數多，陰與客旅商量，納賂不貲，指教出賣者。及至賣茶本法，止許收息二分，今多作名目，如牙錢、打角錢之類，至收五分以上。買茶商旅，其勢必不肯多出價錢，皆是減價虧損園户，以求易售。又昔日官未榷茶，園户例收晚茶，謂之秋老黄茶，不限早晚，隨時即賣。榷茶之後，官買止於六月。晚茶入官，依條毁棄。官既不收，園户須至私賣，以陷重禁。此園户之害一也。

其二曰：川茶本法止於官自販茶，其法已陋。今官吏緣法爲姦，遂又販布，販大寧鹽，販瓷器等物，并因販茶還脚，販解鹽入蜀。所販解鹽，仍分配州縣多方變賣，及折博雜物貨，爲害不一。及近歲立都茶場，緣折博之法，拘攔百貨，出賣收息，其間紗羅皆販入陝西，奪商賈之利。至於買賣之餘，則又加以質當。去年八九月間，爲成都買撲酒坊人李安典糯米一萬貫，每斗出息八錢，半年未贖，仍更出息二分。其他非法，類皆如此。今四方蒙賴聖恩，罷去市易抵當之弊，而蜀中茶官，獨因緣茶法，潛行二事，使西南之民獨不蒙惠澤。此平民之害二也。

其三曰：昔官未榷茶，陝西商旅皆以解鹽及藥物等入蜀販茶，所過州軍，已出一重税錢。及販茶出蜀，兼帶蜀貨，沿路又復納税，以此省税增羡。今官自販茶，所至雖量出税錢，比舊十不及一，縱有商旅興販，諸處税務畏憚茶司，又利於分取息錢，例多欺詐，以税爲息，由此省税益耗。假有作税錢上曆，歲終又不撥還轉運司，但添作茶司歲課，公行欺罔。訪聞元豐七年八月，陸師閔劄子奏，茶司全年課利，内有一項係茶税錢。又茶官違法，販賣百物，商旅不行，非唯税虧，兼害酒課。蜀中舊使交子，唯有茶山交易最爲浩瀚。今官自買茶，交子因此價賤。舊日蜀人利交子之輕便，一貫有賣一貫一百者。近歲止賣九百以上。此省課之害三也。

其四曰：蜀道行於溪山之間，最號險惡。般茶至陝西，人力最苦。元豐之初，始以成都府路廂軍數百人貼鋪般運，不一二年，死亡略盡。茶官遂令州縣和雇人夫。和雇不行，即差税户。其爲搔擾，不可勝言。劉庠知永興日，有洋州般茶人，以疲勞不堪告訴。庠令取狀在案，判云：候本府雇人般茶日呈，後來永興即不曾雇人。後遂添置遞鋪，十五里輒立一鋪，招兵五十人，起屋六十間，官破錢一百五十六貫，益以民力，僅乃得成。今已置百餘鋪矣。若二百鋪皆成，則是添兵萬人，衣糧歲費二十萬貫。見招填不足，旋貼諸州廂軍。逐州闕人，百事不集。又茶遞一人日般四馱，計四百餘斤。回車却載解鹽。往還山行六十里，稍遇泥潦，人力不支，逃匿求死，嗟怨滿道。至去年八九月間，劍州劍陽一鋪人全然走盡，沿路號茶鋪爲納命場。此遞鋪之害四也。

其五曰：陝西民間所用食茶，蓋有定數。茶官貪求羡息，般運過多，出賣不盡，逐州多虧歲額，遂於每斤增價俵賣與人。元豐八年鳳州准茶官指揮每茶一斤添錢一百。其餘州郡，准此可見。又茶法初行，賣茶地分止於秦鳳、熙河，今遂東至陝府，侵奪蠟茶地分，所損必多。此陝西之害五也。

五害不除，蜀人泣血，無所控告。臣乞朝廷哀憐遠民，罷放榷法，令細民自作交易，但收稅錢，不出長引。止令所在場務據數抽買博馬茶，勿失朝廷武備而已。如此則救民於網羅之中，使得再生，以養父母妻子，不勝幸甚。如朝廷以爲陝西邊事未寧，不欲頓罷茶事，即乞先弛榷禁，因民販茶，正稅之外，仍收長引錢，一歲之入不下數十萬貫。以見今長引錢數計之可見。而商旅通行東西，諸貨日夜流轉。所得茶稅、雜稅錢及酒課增羡，又可得數十萬貫。以未榷茶以前及榷茶後來年分，自蜀至陝西沿路酒稅務歲課較之可見。而罷置茶遞，無養兵衣糧及官吏緣茶所費息錢食錢之類，其數亦自不少。則榷茶可罷，灼然易見。若異日西邊無事，然後更罷長引錢，如舊收稅而止。

然臣再詳師閔所營茶利，雖使之裒斂一一如數，止於二百萬貫，無復贏餘矣。若以前件茶引、茶稅、雜稅、酒課等錢約七八十萬貫折除，即止約有利一百二十餘萬貫。若更除茶遞養兵衣糧食及官吏緣茶所費約三四十萬貫，即是師閔百端非理，凌虐細民，止得八十萬貫。前件兩項錢并且從小約計，故師閔所得利有八十萬貫。若依實計之，恐不得及此數。假令萬一蜀中稍有饑饉之灾，民不堪命，起爲盜賊，或如淳化之比，臣不知朝廷用兵幾何，費錢幾何，殺人幾何，可得平定？今但得七八十萬貫錢，置此不慮，臣竊惑也。

兼臣訪聞陸師閔去年自成都移治永興，仍取成都供給，有本府衙前楊日新者爲之賣酒。至十一月中，師閔自覺非法，始移牒永興、成都，止就用永興供給。其違法差衙前賣酒及多請過成都供給，即不曾舉覺。其貪冒無耻，一至如此。亦乞令所差官便行體量，如是詣實，乞重行黜謫。以慰遠方積年之憤。謹録奏聞，伏候敕旨。

貼黃：陸師閔久擅茶事，欺罔朝廷，奏請如意，爲吏民所畏憚。若留在本職，雖特遣使命，恐必難以體量實害，欲乞先罷師閔職任。及利州路轉運使蒲宗閔昔同建議榷茶，曾竊冒恩賞，顯有妨礙。亦乞指揮不得同簽書體量事。所貴官吏不憂後害，敢以實告。

（宋）蘇轍《龍川略志》卷三《與王介甫論青苗鹽法鑄錢利害》

熙寧三年，予自蜀至京師，上書言事，神宗皇帝即日召見延和殿，授制置三司條例司檢詳文字。時參政王介甫、副樞陳暘叔同管條例事，二公皆未嘗知予者。久之，介甫召予與吕惠卿、張端會食私第，出一卷書，曰：此青苗法也，君三人閱之，有疑以告，得詳議之，無爲他人所稱也。予知此書惠卿所爲，其言多害事者，即疏其尤甚，以示惠卿。惠卿面頸皆赤，歸即改之。予間謁介甫，介甫問予可否，予曰：以錢貸民，使出息二分，本以援救民之困，非爲利也。然出納之際，吏緣爲姦，雖重法不可禁；錢入民手，雖良民不免非理之費；及其納錢，雖富家不免違限。如此，則鞭箠必用，自此恐州縣事不勝繁矣。唐劉晏掌國用，未嘗有所假貸，有尤其靳者，晏曰：民僥倖得錢，非國之福；吏以法責督，非民之利便。吾雖未嘗假貸，而四方豐凶貴賤，知之不逾時，有賤必糴，有貴必糶，故自掌利柄以來，四方無甚貴甚賤之病，又何必貸也？晏之所言，則漢常平之法矣。今此法見在，而患不修舉；公誠有意於民，舉而行之，劉晏之功可立俟也。

介甫曰：君言甚長，當徐議而行之。此後有異論，幸相告，勿相外也。自此逾月不言青苗法。會河北轉運判官王廣廉召議事，予閱條例司所撰諸法，皆知其難行，而廣廉常上言乞出度牒數十道鬻，而依關中漕司行青苗事，春散秋斂以侔利，與惠卿所造略相似，即請之以出施河北，而青苗法遂行於四方。予在條例司，王介甫問南鹽利害，對曰：舊説有三而已：其一，立鹽綱賞格，使官鹽少拌和，則私鹽難行；其二，减官價，使私販少利；其三，增沿江巡檢，使私販知所畏。若三説並用，則鹽利宜稍增。然利之所在，欲絶私販，恐理難也。介甫曰：不然，但法不峻耳。對曰：今私鹽法至死，非不峻也，而終不可止，將何法以加之。介甫曰：不然。一村百家俱販私鹽，而敗者止一二，其餘必曰：此不善販，安有敗？此所以販不止也。若五家敗，則其餘少懼矣；十家敗，則其餘必戢矣；若二十家至三十家敗，則不敢販矣。人知必敗，何故不止？此古人所謂鑠金百鎰，盜跖不掇也。對曰：如此誠不販矣，但恐二三十家坐鹽而敗，則起爲他變矣！一日復問鑄錢，對曰：唐開通錢最善，今難及矣！天禧、天聖以前錢猶好，非今日之比，故盜鑄難行。然是時，官鑄大率無利，蓋錢法本以均通有無，而不爲利也。舊一日鑄八九百耳，近歲務多以求利，今一日千三四百矣。熙寧初止此，間後又增僅二千矣。錢日濫惡，故盜鑄日多，今但稍復舊，法漸正矣。介甫曰：何必鑄錢？古人以銅爲器皿，精而能久，善於瓷漆。今河東銅器，其價極高，若官勿鑄錢而鑄器，其利比錢甚厚。對曰：自古所以禁鑄銅爲器皿者，爲害錢法也。今若不禁銅器，則人争壞錢爲器矣。介甫曰：鑄錢不如鑄器之利，又安以錢爲？對曰：人私鑄銅器，則官銅器亦將不售。介甫曰：是不難，勒工名可也。不對而退。其後銅器行而錢法壞。

（宋）蘇轍《龍川略志》卷三《論榷河朔鹽利害》 張端與予同在條例司，暘叔門下士也，深非介甫論事，時對予深言，予曰：君如此，意將何事？曰：河朔財賦常患窘急，然鹽獨未榷，今誠榷之，利不貲矣。予曰：予頃在河朔，聞鹽本末稍詳。河朔地鹻，民刮鹻煎鹽，不買而足用。周世宗常榷海鹽，共得三十萬緡，民多犯法，極苦之。藝祖征河東還，父老進狀，乞隨兩税納錢三十萬緡而罷榷法。藝祖許焉，今兩税外食鹽錢是已。是時，民於澶洲河橋作感聖恩道場，父老至今能道之。仁宗朝，王君貺爲三司使，復議榷法，未定，君貺去職，張安道繼之，具本末以奏，且曰：河朔歲有河隄、國信之勞，比之諸道爲苦，恐不宜復榷鹽以困之。仁宗驚曰：朕不知也，奈何重困河朔生靈！卿爲朕撰數句語，朕將親批出，使河朔人知此意。即批奏牘後曰：朕恐河朔軍民復食貴鹽，所請宜不行。時賈魏公昌朝留守北京，聖語至，即刻石於府園騎山樓瘿木亭上。及賈公再守魏，而提刑薛向密奏乞行榷法，託以他事入議，朝廷許之。賈公具知其計，及其還，置酒邀之，中食，引至騎山瘿木亭相對，酒五行，無他語。向顧見石刻，知事已露，遂不復議榷事，魏人以此深德賈公。君奈何復言此論？曰：我初微聞此，不意君知之詳也。即不敢措口，然元豐間竟聽議者榷之，至元祐而罷，今又復榷矣。

（宋）李燾《續資治通鑑長編》哲宗元符二年秋七月 所謂錢輕之害者，凡有八。熙寧、元豐十餘年間米價，除元豐五年係軍興，每斗三百四十文外，其餘年分，賤止八十文，貴不過一百八十文。自元祐、紹聖以來，鐵錢日益輕，故米價日長。見今延安府官糴米價五百二十文足，市新米七百八十文足，陳米七百二十文足。官中見收糴不行，只以見今官糴價計之，比元豐五年用兵時最貴價已多一倍以上，比五年以前價幾三五倍。延安府裹外每歲糴買，無慮一百七十餘萬，草亦稱是，不知枉費幾何也？以一府觀之，則一路可知，以一路觀之，則陝西五路可知，此錢輕之害一也。鑄錢鐵炭、人工、糧食增貴，則所費多不止五百，假令止用五百，鑄錢一貫文，只當得五百文支用，而般運至邊上，腳乘所費幾半，況於所用工錢，不止五百乎！則是官中鑄錢，非特無息而已，若不鑄，則無錢支用，此錢輕之害二也。官中除糧斛外，如軍器、物料、應軍需物，計陝西一路不啻百萬，盡買於民間，其價比舊數倍，此錢輕之害三也。芻粟百物既貴，故官中和顧腳乘人工之直，比舊亦皆數倍，此錢輕之害四也。昔日鐵錢與銅錢等及腳乘易得之時，内地鑄到鐵錢，猶可般運。今鐵錢腳乘貴，雖鑄得錢，般運至邊上，不足償腳乘之費，以此般運不行，則衙前之類，不得不將官錢轉易，往往遂至失陷破産，自罹重罪，此錢輕之害五也。茶鹽酒税之類，每歲所得錢有定額，今一貫只當五百文用，則見税額暗虧其半，此錢輕之害六也。官員、軍人所得俸入亦然，則是無罪而月常奪半，俸禄重者固不足言，使臣選人無以自給，豈無怨咨？此錢輕之害七也。免役公人雇直，但有減於舊日，而物貴錢輕，費用不足，以此所在召募不行，深害良法，此錢輕之害八也。

所謂所以致錢輕之由，凡有五。熙寧、元豐中銅錢鐵錢兼行，若欲齎鐵錢一貫，即可齎銅錢倍之，及欲過銅錢地分，有銅錢可换，即鐵錢可以流行。自元祐間不用銅錢，其欲遠行及過銅錢地分，無銅錢可换，此所以致錢輕之由一也。熙寧、元豐間鈔價，東南鹽鈔每席貴不過六貫，賤止五貫。若往京師出賣，反有利息。遇邊事，如熙河用兵之時，邊上鈔價至賤，在京官中卻用元價收買以平之，度支錢往邊上，以故不計其費。今鹽鈔一席至十貫文，在京雖用本價收買，所失幾半，此所以致錢輕之由二也。熙寧、元豐間，遇有邊事，許諸色人於邊上入便錢，卻於在京向南請領，仍支與加擡及腳乘錢，不記其數。今官員俸餘既不許入便，又已入便下錢者，足錢支與省錢，是官中自輕鐵錢，此所以致錢輕之由三也。官中每歲糴買，有出無入，錢並散民間，此所以致錢輕之由四也。官中出度牒及銀絹之類，雖價例稍高，其實不得舊時銅錢之價，皆是助錢輕之事，此所以致錢輕之由五也。

所謂所以救錢輕之法者，亦有五。體聞得陝西雖不行使銅錢，聞轉運司尚有五百餘萬貫，若便鼓鑄相添，令依舊運致沿邊相兼支使，以爲遠賫及過銅錢地分之用，此救錢輕之法一也。出賣鈔價及糴買支用，不得過鈔面錢，令入中糴草并商旅買賣，不能賫錢者，有鈔可買，不折錢，則鐵錢流轉，此救錢輕之法二也。若刷東南合上供錢及坊場剩錢，許諸色人於沿邊入便，卻於內地請領支還貫數，令民間錢俱入官中，不煩鼓鑄，般運而自足，民間渴錢則錢重而物輕，候邊費稍減即罷，此救錢輕之法三也。官中出賣度牒、銀絹之類，亦約銅錢估價，毋過求利，令商旅皆有回貨，則鐵錢流通，此救錢輕之法四也。今所患民間錢多，官中錢少，欲將見錢糴買，無錢支使，先爲民間蓄積以待價，而舊來民間所蓄錢，皆是貴價官中所得。今來如欲救錢輕之弊，即已上所陳四事，皆未可頒下，令民預知，恐錢不出。須密諭陝西轉運司并經略等司，先將所有銀絹、度牒、鹽鈔等除量留充軍賞及相兼入買外，其餘據市色量減一二分價出賣，並量加分數，許諸色人沿邊入納見錢，於內地請領，或足數錢支與省錢，候收蓄民間錢入官稍有次第，然後盡行上四條。其遠行賫擎并過銅錢地分，既有銅錢相兼行用，即不須倍價換易，糴過買鈔，又只依鈔面，及銀絹、度牒等，并準銅錢之價支給，又許諸色人入便，支還實數，則所中賣到錢不患無回貨，而所出錢復入中。如此則錢益重物益輕，可復如熙寧、元豐之間，無輕重之異矣，此救錢輕之法五也。此五事者，如蒙盡依所陳施行，則八害可除，而八利可復矣。

何謂八利？糴買價值，必減大半，一利也。鑄錢如舊有息，二利也。收買諸物，價減半，三利也。和顧腳乘人工之直減半，四利也。腳乘可顧，鐵錢般運得行，五利也。茶鹽酒税所入，暗復舊額，六利也。官員、軍人俸不減半，人無怨咨，七利也。免役公人，漸可顧召，八利也。然此特論官中之費用而已，若因此軍民皆食賤物，百用倍省，其利又不可勝言。若雖施行而不能盡，譬有用藥而不盡疾之根源，少愈而亦不能盡除矣。

（宋）吕祖謙《宋文鑑》卷六〇《奏疏·請依舊法賑濟免河北貸糧出息》 臣伏以救災卹患，惟恐有所不至以傷其仁者，先王之用心也。隨施以有求，乘危以論利，蓋不忍焉。臣按祖宗賑濟舊法，災傷無分數之限，人户無等第之差，皆得借貸，但令隨税納元數而已，未嘗有息也。故四方之人，霑惠者普，銜恩者深，郡縣倉庾，以陳易新者多。其後刻薄之吏，陰改舊法，必待災傷放税七分已上，方許貸借；而第四等以下，方免出息，殊非朝廷本意。緣災傷放税，多是監司以聚斂爲急，威脅州縣；州縣又承望風旨，不復體心朝廷，以災傷的實分數除放。若放及七分者，災傷已是十分，況少有及七分；又六分之與七分，相去幾何，毫釐之間，何以辨别？幸而得爲七分，則有借貸；不幸而爲六分，則無借貸；但緊檢災官吏一言之高下，而被災百姓幸不幸相遠如此。不可不察也。三等而上，均爲赤子，均遇天災，豈容因災，偏令出息？計其所得則甚少，論其所損則實多，乖陛下平一之心，虧朝廷光大之施。臣乞復如舊法，不限災傷之分數，並容借貸；不拘民户之等第，均令免息。庶幾聖澤無間，感人心於至和，天下幸甚。如允臣所奏，其河北、京西、淮南等路，昨來水災州縣，乞先次指揮施行。

（宋）董煟《救荒活民書》卷二《義倉》 煟曰：義倉，民間儲蓄，以備水旱者也。一遇凶歉，直當給以還民，豈可吝而不發，發而遽有德色哉。謹按隋開皇五年，長孫平建言，諸州立社倉，於常社委社司執帳，檢校每年收積，遇歲不熟，則均給之。唐貞觀初，尚書左丞戴冑上言，隋開皇置天下社倉，終文皇得無饑。太宗曰：爲百姓先作儲貯，以備凶年，亦非橫斂，宜下有司具爲令，王公以下墾田畝税六升。天寶八年，天下義倉，無慮六千三百七十萬餘石。長慶大中以來，約束既嚴，貯貸不絶。至於五代，因之以饑饉，加之以戰伐，而義倉不得不廢矣。慶曆間，王珙上言，以爲舊事久廢，當酌輕法以行之，如唐田畝之税，其費太重，永徽中，别頒新格，自上户以降，出粟又且不均。方今之宜，莫若第五等以上，於夏秋正税之外，每二㪷納一升，隨常賦以入，各於州邑擇其便地，别置倉以儲之，領於本路轉運司。今天下大率取一中郡計之，夏秋正税粟麥之屬，且以十萬斛爲率，則義倉米，一中郡歲得五千石矣。若大官斗一升則又倍之。矧天下所入之廣乎。使仍歲豐熟，損有餘，補不足，實天下之利。上於是詔天下立義倉。然今之州縣，因仍既久，忘其所以爲斯民所寄之物矣。

（宋）董煟《救荒活民書》拾遺《雜記條畫》 建州甌寧縣，有洞曰回源，其北與建陽接境，乃建炎初劇賊范汝爲竊發之地，民性悍而習爲暴，小遇饑饉，羣起剽掠。去歲因旱，凶民社八子，乘時嘯聚，首破建陽，逐官吏，殺居民。至夏，張大一李大二復於洞中作過。本路帥臣仍歲遣官軍蕩定。時進士魏掞之，謂民易動，蓋緣艱食，乃請于提舉常平官，得米一千六百石，以貸鄉民，至冬而取。遠置倉于邑之長灘鋪，自後每歲散斂如常，民得以濟，不復思亂，而草寇遂息。人謂掞之所請，乃社倉遺意，使諸鄉各有倉儲粟，則緩急可恃矣。

煟曰：社倉乃公私儲積，救濟小民，使兼併者無所肆其侵漁之心，儻天下郡邑諸鄉，皆能行之，爲利甚薄。今列社倉規約於後。

朱熹社倉奏請

淳熙八年十一月，浙東提舉朱熹奏：臣所居建寧府崇安縣開耀鄉，有社倉一所，係乾道四年，鄉民艱食，本府給常平米六百石，委臣與土居朝奏郎劉如遇同共賑貸，至冬收到元米。次年夏間，本府復令依前貸與人户，冬間納還。臣等申府措置，每石量收息米二斗。自後逐年從此斂散，或遇少歉，即蠲其息之半，大歉則盡蠲之。至今十有四年，量支息米，造成倉厫三間收貯，已將元米六百石納還本府。其見管三千一百石，並是累年人户納到息米已申本府，照會人衆，依前斂散，更不收息，每石只收耗米三升，係臣差本鄉土居官及士人數人同共掌管。遇斂散時，即申府差員官一員，監視出納。以此之故，一鄉四五十里之間，雖遇凶年，人不闕食。竊謂其法可以推廣行之他處，而法令無文，人情難保，妄意欲乞聖慈，特依議役體例，行下諸路州軍，曉諭人户。有願依此置立社倉者，州縣量支常平米斛，責與本都上富等人户主執斂散，每石收米二斛，仍差本都土居或寄居官員士人有行義者，與本縣同共納收。到息米十倍本米之數，即送元米還官，却將息米斂散，每石只收耗米三升。其有富家情願出米本者，亦從其便。息米及數，亦與撥還。如有鄉土風俗不同者，更許隨宜立約，申官遵守。實爲人遠之利。其不願置立去處，官司不得抑勒，則亦不至紛擾。此在今日言之，雖無濟於目前之急，然實公私儲蓄，預備久遠之計，人必願從者。伏望聖慈詳察施行。聖旨户部看詳聞奏，本部看詳欲行下諸路州縣曉示，任從而便。如照依上件施行，而本鄉土居或寄居官員有行義者，具狀赴本州縣自陳，量於義倉米内支撥。其斂散之事，與本鄉耆老公共措置，州縣並不得干預抑勒。十二月日三省同奉聖旨，依户部看詳到事理施行。

崇安社倉條約

一、逐年二月，分委諸都社首保正副，將舊保簿重行編排，産錢六百文以上，及有營運衣食不缺之人，即注不合請米字外，有合請米人户，即仰詢問願與不願請米，各令親押字，三月内將所排保簿赴官交納。鄉官點檢抽摘審問，仍出榜許人告首，如有漏落，及新添一户一口不實，即申縣根治。如無欺弊，即與支貸。

一、逐年五月下旬前後，新陳未接之際，預於四月上旬申縣，乞依例支貸。

一、申縣訖，一面出榜，排定日分，分都支散，先後遠近。曉示人户，各依日限具狀狀内開説大人小兒口數。結保。每十人爲一保，遞相委保。如保内有逃亡之人，同保均填取足，十人以下不成保不支。正身赴倉請米，仍仰社首保正副隊長，並各赴倉，辦認面目，照對保簿。如無僞昌重疊，即與全押保明。其日鄉官同入倉，據狀支散給關子，具本息耗米數付令收執。

一、人户所貸官米，至冬納還。不得過十一月下旬。先於十月上旬，定日申縣，乞差吏斗前來收納，兩平交量。每石收息米二斗，小歉除息之半，大歉全免收息。候滿十年，以本米送去元借官司，每石量收耗米三升，準備折閱及支吏斗等人飯米。其米正行附歷收支，每遇支散交納日，本縣人吏一名，斗子一名，倉子二名，每名支飯米一斗，鄉官併人役，每名支飯米五升。人從每位不過二人。

金華縣倉規

社倉穀本五百石。

社倉只置都簿一面，紙盡置第二面。

一甲不許過三十人，甲頭一人，不滿十人附甲，不許詭名冒借。犯者出社，甲頭改替，許同甲告罰甲頭所納給賞。

散穀以三時。謂除夜，或舊不按新，並須甲頭相度。

一户借一户，甲頭倍之，無居止及有藝人不得，若口累家多，作田廣，甲頭保明，別議增倍。

借穀上簿不立契。還穀就簿内銷。

借穀日，每户納錢五十文，甲頭免。十五文給甲頭，十文守倉人，十文雜支，十五文掌倉量錢。此外不許分文乞索，許甲内人告，以所得錢支賞。

量穀，本甲甲頭執槩。並見清量掌倉分擅執槩改替。

選以三限，限以三日。謂如十甲，每甲若干人，一限納若干，並甲頭預報定日子，一人不到，用内穀並留倉，候足交量。

息穀二分，謂石取穀二斗。中饑減半，大饑盡免。本户納息已滿十年免收息。謂第一年納至十一年免。

耗穀三蠹。謂穀一石，取耗三升，以備折閲及充每歲社倉雜費。

甲内逃亡，甲頭同甲内均填，甲頭倍之。若係時疾户絶，甲頭申倉，差人審實，候還穀日填落。若不循理者，雖已還出社。

息穀有餘，遇饑荒給散。計所有，每人大人二升，大兒一升，十日止，並以户口爲定。

社衆於規約犯一事不借，一年再犯出籍。

清江縣社倉規約

一、所給借貴均平，亦慮失陷米本。其支借時，鄉官審問社首及甲内人，某人可借若干，衆以爲可，方可支借。其素號游手，及雖農業，而衆以爲懶惰頑慢者，亦不支貸。

一、鄉官踏逐善書寫百姓一人，不得用罷任過犯人。專充書寫簿書。如收支執槩，就差社首，遇收支日，日支飯米一𣂋。

一、倉中事務，並委鄉官掌管。差使保正編排人户，驅磨簿歷，彈壓斂散，踏逐倉厫，追斷逋負之類，須官司行遣，於縣官内，擇一時可委之人，以司其事。

一、鄉官從本軍給帖及木朱記，主執行遣。

一、籍歷紙札，每歲於息内支破。

熠曰：社倉規約雖不同，使天下郡邑，皆能欽此意以行之，雖有水旱，民不困乏矣。

（宋）華岳《翠微先生北征録》卷一《財計》 臣嘗聞，善生財者不生財，節其用，則財乃生。善致富者，不致富，去其弊則富自致。自今觀之，紹熙慶元之間，朝廷行下諸路賣田，今雖住賣，而州縣之賣者如故，官産所存已無餘蘊矣。何舊賣之錢提舉司未爲理解，而新賣之錢諸州縣又復隱匿邪？

乾道、淳熙之間，朝廷行下沿江諸路，起理蘆場租錢，今雖住理，而州縣之追者如故，欠籍所存已無餘數矣。何積年已理之錢總領所不爲令項申發，而未理之錢，各州縣不爲摘出別解邪？江東西之净課利錢，每貫收椿管錢四十文。省向立椿之初，本爲解發京師堆垛貫索之費，而今之净課利錢，截支於諸州之大軍矣。此椿管一項之錢果何隸邪？淮東西之大禮銀絹錢，每業錢一貫科數二百文。向起此銀絹錢之初，本爲三歲一科，以爲蕆事天地明堂之費。今則無歲不科，而遂成常賦之定額矣。此銀絹一項之錢果何屬邪？州用三分，軍資庫分隸之錢也，今入公使庫，而國用司之不問也。罰直贖銅贓罰庫之制錢也，今入公使庫，而國用司之不根也。營田、力田之租，逃户、絶户之課，不入省司庫，而入公使庫矣。何國用司之不及也？新建房廊之錢，新填白地之錢，不入省司庫，而入公使庫矣。何國用司之不具也？錢會中半，祖宗之舊法也。近日之支散軍收兵、買軍須，百官茶湯、宗子孤遺、公吏重禄、月幫供給、津發夫轎、過軍驛券，養老軍員、添差歸正，是十者之錢，既全支於會券，其贏餘之錢果何歸邪？撙節浮靡，兵興之新制也。近日之朝官白直、州郡饋送、過官船脚、時官月會、親戚會錢、糴局虚幫、監司助會、交送合食、公用銀器、供使陳設，是十者之錢，既比舊爲尤盛，其妄費之錢果何出邪？白地樓店之錢，秋苗事例之錢，夏税縻費之錢，額外水利之錢，米麥變糴之錢，印簿俵付之錢，實封賣産之錢，誤鈔突納之錢，高價攙佃之錢，回易官會之錢，州郡根括而無餘矣，果附於何歷邪？抽分竹木之錢，抽解甎瓦之錢，寨兵虚券之錢，弓手虚傭之錢，溢數免丁之錢，賣帖住持之錢，互争没官之錢，犯事家業之錢，吕佃夭野之錢，江灘河步之錢，州郡根括而無餘矣，果解於何所邪？比較務之要鬧拍户，城下務之要鬧地分，户部贍軍庫之要鬧脚店，總領所酒庫之要鬧樓館，今盡歸於公使庫，而監司之不舉覺邪！城□之糞土，橋道之樸賃，放生池之菱藕荷蓮，新生洲之蘆荻魚鰷，今盡歸於諸州之公使庫，而御史臺之不檢按邪！銅監鐵監之附鑄，倍於疇昔之數，何鼓鑄之額比舊爲不增邪？銀坑銅坑之烹煉，過於祖宗之額，何泉貨之數比舊爲反欠邪？且酒務之中，打搦炭團之錢，洗榨槽水之錢，淘米泔漿之錢，榨下渾頭之錢，賣牌糟粕之錢，篩播糠碎之錢，蕩缸餧豬之錢，煮酒燭脚之錢，以至酒匠量酒、專知上牌之錢，昔爲官吏之所有，而今爲州郡之額解矣。又何以爲酒課之不及常額邪？稅務之中，官船梢搭之錢，牌筏附帶之錢，鹽船力勝之錢，上商住稅之錢，漏稅倍輸之錢，過纂賞罰之錢，官茶批發之錢，就務回稅之錢，以至豬羊用印、門鋪發官之錢，昔爲官吏之所有，而今爲州郡之帑籍矣。又何以爲稅課之不及常額邪？州縣催科，一項交易，未曾關割，錢業俱追，則兩家俱納，此疊納之錢不入於公家矣。或年例幹佃代名輸解，田主被追，則無鈔重納，此透納之錢不入於公帑矣。州縣受納，正苗重而義倉輕，故民户以正苗而爲義倉，則將重作輕；官司復使之再納，則先納之輕者，難以望官司之復還也。本色賤而折帛貴，故民户以本色而納折帛，則將貴易賤；官司復使之再輸，則先納之賤者，遂以爲官司之白得也。今諸州公使庫界轄，盡占贍軍、比較都務之要鬧界轄，悉令拍請酤賣，猶可説也。今乃侵佔四務界轄，而盡立爲乾息之額，全奪諸務拍户，而盡起爲槽榨之店，動置百十處，所過若正庫，恣意酤賣，致使鄰近常平坊場，并抵界省務盡被攙奪，敗壞停閉。公使庫之所入，雖曰浩瀚，而省務淨課利之虧欠多矣。有司胡爲而不嚴禁其乾息槽榨，使拍户盡歸於省務也？今諸縣檢放旱潦田一萬畝，則重疊寫爲兩本，遂作二萬畝細算。及有歸熟，妄訴反正者，皆不除豁，盡令其衮擡放數。且一縣元苗計二萬石，雖已申州放一萬，而民間合催止一萬石。今保長帖内尚催一萬五千石者，蓋五千石暗催之米，俱係縣帑偷匿。縣司復恐民户盡將偷匿暗催之米赴倉送納，突過合催一萬之數，則必致敗露，遂先於上户并攬户名下預借苗錢，入於縣帑，就縣自印朱鈔，則上司無考究之隙。有司胡爲不嚴禁縣官預借折錢之弊，使苗米盡納於州倉也？

臣嘗見當塗有常平樁管米二千石，別貯一廒，緣其所積之米，風飄雨灑，皆已腐爛，不堪食用。時一换支，却於新倉撥填，以足其數。委本州司理，提督月添支二十千，樁管至今已三十三年矣。較其米價，不及於三千緡，而提督官之所請，已八千緡矣。今所謂廒倉之米，猶能蠶食吾國家八千緡之錢，而況於官吏乎？臣又嘗見池陽有民兵甲仗庫一所，内有舊弊衣甲數百副，皆破碎不全，不堪披用。遇有春秋兩教，自赴都統司關借堪好者，以應其點。乃委本州押隊，提督月添支十千，有庫至今已五十年矣。計其器甲，不及百千，而提督官之所請，已六千緡矣。今所謂數百件之弊器，猶能蠹蝕吾國家六千緡之錢，而況於州縣之官吏乎？其他如一御書庫也，而提督官月給五千者，凡數十員額焉。一書籍庫也，而提督官月支十千者，凡五七員額焉。一場務以一官監而猶不能辦集也，乃復添一稽察，添一措置，而争漁侵焉，場務皆歸於三官之私，而公家罄矣。況所謂稽察、所謂措置者，非監司之親舊，即守倅之姨表也，是宜場務之虧欠也。一酒務以一官監而猶不能辦集也，乃又添一提督，添一監轄，而争蠶食焉，酒務皆歸於三官之私，而公家竭矣。況所謂提督、所謂監轄者，非朝士之闒匾，則當路之寵嬖也，是宜酒務之不敷也。如巡檢寨額管一百人，見止有三十人，而州郡皆見破一百人之糧券，彼七十人之糧券歸何所也？如縣尉司弓級額管八十名，見止有四十名，而州縣見破八十名之傭值，彼四十名之傭值歸何地也？如錢監之鑄卒，或減半，或盡罷矣，其請券尚如故也。如作院之作兵，或減數，或住作矣，其請俸尚未除也。逃閣之苗，逃閣之稅，天下州縣皆申逃而倚閣也。然足遍天下，而未聞有無人耕種之田畝；目遍天下，而未見有無人拘占之屋宅。今州縣之所謂逃閣，皆召佃收租入於縣帑，復妄申爲逃絶，而偷閣官賦。國家胡爲不委巡尉官勒本縣常平案吏人，下鄉標垡出無人耕布之地，方爲蠲除，而即令召佃，則逃閣一項之賦，不得以肆欺矣。折納苗錢，折納稅錢，天下縣邑皆正苗正稅解足，而後始令民户折納錢會也。今正苗未足，而本縣先折收見錢；正稅未足，而本縣先折收官會，皆縣邑恐額少納多，致赴州倉州場突納過數而致被覺察，故就縣叩數而折錢也。國家胡不嚴行禁戢，而使應干苗稅官物盡令諸州置受納，而無使縣官干預，則折苗折稅二項之錢，不得以偷匿矣。

今諸州多收斛面於交量之官，覆出量賸，而勒攬户之買乾鈔者未戢也。今諸州妄裝瓶罌而爲供給，折色之酒堆積寄賣，而抑娼家店户之邀買者未止也。朝士生辰獻壽之錢，時新土物之錢，侵蠹於公帑者，月發而如舊也，猶可諉也。虛作文單，出官庫而入私庫者千萬也。諸州交送折酒之錢，交送節儀之錢，易入於宅庫者，日發而如舊也，猶可諉也。僞作回劄，出公庫而入宅庫者千萬也。茶鹽客欠，催理寄庫，客死不還，今何入也？官吏犯事，閣罰請俸，任滿不還，今何歸也？爲今之計，莫若將諸監司、諸州軍之公使錢庫，改爲國用錢庫，應干科名，盡隸受納，專差錢糧官一員，獨主其事，使一州之官錢，不出此庫之收支。州令長貳、路令漕臣，專一稽察其本州應合支破之錢，並令於國用庫内支破，具申尚書省以憑考驗，庶使天下之錢，自國用之外無餘錢。州郡輒敢自置專擅，私收分文，即坐入己、追褫、勒停之法。如此則帑藏不得以自私，而是錢所積，非君則民，而國用充矣。莫若將諸路、總所、轉運、安撫、都統、州軍之激賞、贍軍、公使酒庫，權改爲國用酒庫，應干酒錢，盡隸一所受納，亦係錢糧官專主其事。州令長貳、路令漕臣，稽考其州郡應合干支之酒，並令於國用酒庫内支破，具數申尚書省點對，庶使天下之酒，自國用之外無餘酒。州郡輒敢造賣涓滴，即坐入己、追褫、勒停之法。如此則糟榨不得以自私，而是酒之利，非民則國，而國用足矣。印給簿歷，省差專攢，使催科之官不得預於受納，酤賣之官不得預於糴買，錢庫不得令寄收，酒庫不得令寄造。庶使主是財者，知其不出於己，而不敢以私予；倖是財者，知其不專於彼，而不敢以覬望。在彼者仍不沮其所當支，在我者復不被其所私匿也。他日混一之後，國用充則復還其爲監司、州郡之舊，則猶可以爲重外之本。此財計之大略也。

（宋）黄震《黄氏日抄》卷七一《申乞添人户賣鹽袋蒲草價錢狀》 昨準使牒催鹽，未買蒲束拖，照牒内開列，寶祐四年五年六年欠四萬六千八百七十七斤，去歲開慶元年欠三萬四千三百二十六斤，今歲景定元年，併續此本申數上，欠一萬八千七百六十三斤。舊欠反多，今新欠入今歲未及兩月而蒲已垂足，其事甚怪。

及行逐一訪問，乃知蒲束元係隔歲，預買今歲之蒲買於去歲，屢歲皆不足，而今歲獨以足聞者去歲毛分司力也。某因竊伏自念此事雖若可爲，今歲已買蒲束喜亦不能不預爲來歲未買蒲束憂。蓋毛分司見爲酷刑，數月之間死者七八人，見於縣家之公牘，而訟海之民，至今怨入骨髓，箠楚之下，何求不得？其催足固宜，天下忍人不多，毛分司驟足於此時，必將愈不足於他日，而催數之所以常不足，其情亦必當察者。每鹽一袋用席三領，每席一領，用蒲斤半，每蒲一斤，用買價錢七十五文，舊會竊謂此往昔價也。蒲無種賣者，惟於海漲蕩地刈薪之人搜買。每薪一擔可揀蒲二斤，得之亦艱矣。而斤價七十五文，舊會展足錢，今不過四文，蒲固賤物，一日之力可揀幾斤。蒲而揀者，可給食耶。本司管下華亭倉，織席於祇園局，至其餘平江等倉，織席於福山局，歲各用蒲二十萬斤，共四十萬斤。例差近海金山戚崇杜浦三寨，兵催買於牙人之手，復差華亭兩尉司弓手以催督，三寨之兵催督煩苛，人情畏避，牙人舊三十家，今次第逃亡，是存者止四家，曰夏百十，曰孫百一，曰陳亞七，曰夏千四而已。夫以斤數如此之多，價買如此之少，其出甚難，其催甚煩，而牙人多逃亡，當毛分司威猛竭澤之餘，其事豈易繼耶？竊謂天下事已極，則當變通，本司弊事已無一不極。若亭民逃亡，鹽課折陷，弊亦極矣。提舉左司一建臺之初，凡民户所欠官司之舊鹽盡皆蠲放，凡官司所失民户之舊錢，即與支還，民多復業，課亦旋登，此近事變通之明驗也。買蒲雖若甚微，而關係鹽事爲最切，其虧額雖不若鹽課之顯見，而積欠官司價錢亦不少。其牙人逃亡，與人户納數多而價錢少，雖不若亭户受弊者衆人所共知。切計閭閻之疾苦，亦未必不與亭户等，謂宜變而通之。或將往歲積欠無斤兩納到數目，而徒費帖匣催督者，特賜蠲放，或契勘一歲。客人所入袋席窠名錢數，與本司所給買蒲織席錢數，有無可以增添，買價及席勘，先來立價，七十五文一斤之時，會價必是七十七，陌未曾減落。會價既減之後，曾與不曾，令客人補添錢數，如無補添，亦合區處。某聞官與民爲市，其弊多失於貪。古人一夫不獲，如已隱憂，催蒲四十萬斤不獲者，當不一夫而止，况鈔客入錢買袋，官司不過用吾之錢買之民，豈可不持衡於上，使之兩得其平等？以政場之道論，則予者乃所以爲取，往歲不知變泄出錢之數雖多，而收蒲之數不足。官司白析此錢，不可復得，其與增價於民何異？官不明增民亦昏賴，特不以爲恩，而以爲怨耳。幸今上臺清明，事事務從優卹，人人欣若更生。此事若知而不以告，則爲坐失良機，後將誰問？備述所得細大謹一一以聞，取自裁擇，買蒲又近，或速得見之施行，庶不誤將來官事。

（明）章懋《楓山集》卷二《與許知縣補之完》 今年荒旱，積年所無甚爲可憂，《周官》十二荒政所宜講求，先輩有救荒活民之書，亦宜時常檢看，早爲處置以防後患。近聞官府榜示，不許外郡來此販糴，此乃世俗私小之見，非公平正大之道。既犯五伯之禁，亦非朝廷之法，一言之失，弊端隨起。小民因此但見有穀船、米船來往者，盡行搶奪，搶奪不已，將成大盜。先年曾有明鑒矣，不可不謹其始。小民訛言，皆謂官府，許其搶奪，此聲傳揚，恐非美事，必有受其咎者。客商被奪，必不甘休，若往上司訴理，來此追捕，縣中將被其擾，《易》所謂行人得牛，邑人灾者，亦所不免。又況今官府催併物料，皆要銀兩，設不糶糴，銀兩何從而出。此皆理勢之必然，不可止遏者也。乞早除遏糴之令，及嚴行搶奪之禁，以免數者之患，乃今日爲政之急務也。某居林下，本不敢干預官府之政，但以執事相愛之厚，偶有所聞，深懷隱憂，不敢不以直告，惟執事察焉。

（清）董誥《全唐文》卷二六九《張廷珪·論置監牧登萊和市牛羊奴婢疏》　臣廷珪言，竊見國家於河南北和市牛羊，及荆、益等州市奴婢，擬於登萊州置監牧，此必有人謂頃歲以來，軍裝所資，國用不足，或將見陶朱公、公孫宏、卜式之事，而爲陛下陳其策耳。臣愚以齷齪小算，有損無益，不足爲盛明天子行法於代也。何以明之？彼三人者，實爲匹夫，籍空虛之地，罄勤勞之力，畜牧積歲，增致千金，苟以一家言之，其計得也。

今聖朝疆城四海，臣妾萬方，天覆地載，莫非所有，而欲必取於人，從牧於國，何示人之不廣，而近樹私也。況和市遞送，所在騷然，公私煩費，不可勝計。臣聞諸古人曰，百姓足，君孰與不足。百姓不足，君孰與足。蓋君之與人，上下同體，無所閒也。令河南牛疾甚處，十不一存，農傷豈徒百姓而已。又令牧童取其牛在牸者，下俚尤要，一則利其孳産，二則不廢營農家，家保之，豈願輒賣。今雖和市，甚於抑奪百姓之望，是牛再疫而農重傷，此則有損無利一也。頃者諸州雖定估價，既緣併市，則雖平準，如其簡擇，事須賄求，侵刻之端，從此而出。牛羊踴貴，必倍於常，百姓私陪，則破家業。雖官得一牛一羊，而百姓已失兩牛兩羊價矣，此則有損無利二也。登萊之境，是稱海隅，因之水氯加以風迴，秋則早寒，春則晚煦，深山大澤咸生蛟蛇，若置羣牧，必多死損，此則有損無利三也。高原之田，百姓耕植，下濕之地，不堪放牧，若奪百姓高處，兩州皆失丁田，至於牛羊，復相踐暴，久長如此，闔境不安。非直百姓被侵，蓋失國家租賦，則有損無利四也。且又荆益等州和市奴婢，多是國家户口，姦豪掠來，一入於官，永無雪理。況南北即遠，風土非宜，乍到登萊，必生疾疫，此則有損無利五也。且方今東泊滄海，西泊流沙，亭障多虞，甲胄未息，戎機調發，歲時相繼。由是丁兵逃散，户口流亡，畧舉大凡，十有數四。陛下天憐黔首，光啓元猷，將命使臣，分道巡撫，簡而靜鎮，難必乂安，矧乃征伐外繁，徵求内廣，欲使萬方兆庶，安堵復業，亦猶翦鳥之翼，而望其騰翥；脱魚之鱗，而願其游泳。

臣又聞之，君所恃者人，人所生者食，食所資者耕，耕所恃者牛。廢耕則去食，去食則無人，人無以生，君將何恃？然則牛者君國字人之本，豈可無故一旦取之哉？臣又度羊之爲須，非軍國切要，假令畜牧能遂繁滋，三數歲閒，億萬可致，陛下豈可鬻之於外蕃，射其利爲用乎？又可鬻之於中土，割其命爲資乎？牛之爲損則如彼，羊之無益則如此，臣雖愚戇知其必不可也。伏願陛下特加審慎，詳圖損益，諸有所和市及新置監牧等，儻回聖慮，即日停絶，天下蒼生，豈勝幸甚！昧死上奏以聞。

（清）董誥《全唐文》卷七五〇《李德裕·請市蕃馬狀》　右，訪聞蕃、渾羊馬，多在渾河川，恐啓戎心，更來侵掠，回鶻未退，尤須備邊。朝廷比來所乏，最在戎馬，因此收市，深得事機。宜收壯馬，令入東關保無散失。臣等商量，望委劉沔誘諭蕃人，緣回鶻常有意刦奪，恐蕃人作主不得，應堪服衣甲壯馬。並與收市，其以太原見貯户部物充賞價。如市收得後，旋送樓煩監收管。諸道若有欠缺，即量賜與。如蒙允許，望付翰林賜劉沔詔處分。未審可否。

《資政院議場會議速記録·資政院第一次常年會第二十五號議場速記録》

議長：請方議員還報告。

一二一號〔方議員還〕：這個報告書是因上海橡皮公司虧空〔的〕，市面大受恐慌，兩江總督替他代還三百五十萬兩，一百五十萬還洋商款子。這個風氣一開，真不得了。凡華商欠洋人款子，官吏只能代他擔任追償責任，不能替他擔任代償責任。交通時候，各國往來很密，一切華洋欠款也很多的，若都要督撫替他償還，實在不得了。頭一次三百五十萬兩是由上海道蔡乃煌並商務總會負擔責任，第二次三百萬兩以六年爲期。這兩件事情應該本省諮議局議，第一次没有交諮議局，第二次又没有交諮議局，去問他，他也没有交到諮議局來，顯係侵權違法。第一件，中國向來没有官吏替人民還債的責任，并且洋商將來借款皆以官吏代還，而不肖商民也就恣意借債，倚仗官吏可以代還，將來關係實在很大。本股審查第一件，實在違背法律侵奪權限，是關係全國事情。審查的結果大概如此。

綜述

《舊唐書》卷四三《職官志》 凡和糴和市，皆量其貴賤，均天下之貨，以利於人。**【略】**

凡官私互市，物數有制。

《宋刑統》卷一三《户婚律·婚田入務》 準：《雜令》，謂訴田宅、婚姻、債負，起十月一日，至三月三十日檢校，以外不合。若先有文案交相侵奪者，不在此例。

臣等參詳，所有論競田宅、婚姻、債負之類，債負謂法許徵理者。取十月一日以後，許官司受理，至正月三十日住接詞狀，三月三十日以前斷遣須畢，如未畢，俱停滯刑獄事由聞奏。如是交相侵奪及諸般詞訟，但不干田農人户者，所在官司隨時受理斷遣，不拘上件月日之限。

（宋）王溥《五代會要》卷一八《史館雜録》 〔周顯德〕二年十二月詔曰：史館所少書籍，宜令本館諸處求訪補填。如有收藏書籍之家，並許進納。其進書人據部帙多少等第，各與恩澤；如卷帙少者，量給資帛。如館内已有之書，不在進納之限。

（宋）宋敏求《唐大詔令集》卷六九《典禮·南郊·乾元元年南郊赦》 除正租庸外，一切不得别有使役。如緣軍務所要，自令和市。兵士有尫弱羸老，並揀釋放。其長安、萬年兩縣，各借一萬貫，每月收利，以充和雇。其别敕索物，及供諸司並蕃客等左藏，雖給價值，奏請每引時月，宜先給兩縣各五千貫，貯於兩市，差官專知，旋還價值。其州府縣門夫助官，並於舊額數減一半。其庸丁殘疾人等，不須更差。其州縣官上什物，並以公廨及官人料錢，依時價和雇造買，不得分配典正。其年支口味，宜減一半。諸使應進鹰鷂狗豹等，一切並停。應緣南郊百司張設，有損百姓苗稼者，委京兆尹隨損多少賠酬。所損錢物，便即聞奏。

（宋）宋敏求《唐大詔令集》卷六九《典禮·南郊·貞元元年南郊大赦天下制》 宜令京兆尹與度支計會，長安萬年兩縣，每縣委與貯備錢五千貫文，於縣庫收納，定清干官專知。應緣卒須别索，及雜供擬並工匠等，縣令與專知官先付給價錢，季冬之後，申度支勘會所是和市和雇，並須先給價錢。兩税外一物已上，不得科配百姓。

（宋）宋敏求《唐大詔令集》卷七六《典禮・大行太后山陵修奉事敕》

緣上陵所要車牛夫役等，除官中自有外，並須和雇，仍先折本户夏税錢訖，度支以不折估匹段充填。如本户所折税錢已盡，即所司給付，無令損折。仍委山陵使與所司切加句當，不得輒令侵欺。

元和十一年三月

（宋）佚名《宋大詔令集》卷一八一《政事・常平・約束謹守常平之法詔宣和元年七月九日》　朕惟神宗皇帝，藴英睿不世出之資，當大有爲之時，修飭百度，措治三王之上，所以加惠海内甚渥。常平之法，實本周官，其斂散有時，其取與有義，視年豐耗，權其開闔，必使上常有餘，下無不足，此成康所以致太平也。當時論者，不深惟其故，譁説妄議，以非沮建立爲能。逮元祐餘黨尚熾，抵巇投隙，肆爲紛更，哲宗皇帝發日月之明，奮雷霆之斷，拔邪舉直，振而起之。故元豐美政，鬱而復彰，仰惟神宗作之於衆説方異之初，哲宗續之於良法既壞之後，二聖之烈，爲萬世法。朕祗遹先猷，夙寤晨興，罔敢暇逸，所賴忠信之長，慈惠之師，相與往來播敷，使實德降於國人，乃不務是，習爲苟簡。一方水旱，則恬視轉徙，漫不省察，部使者督制郡縣，寔天子耳目，所爲若此，朕復何望？夫繼其志，述其事，古所難也。予一人躬任之，祗率厥常，監于成憲，今所易也，爾尚勉焉。繼自今以往，惟謹守無怠。儻或弗恪，罰不可逭。咨爾在職，其體朕懷。

（宋）佚名《宋大詔令集》卷一八一《政事・常平・約束常平散斂糶糴等詔宣和元年八月十二日》　常平之法，先帝力辨異議，斷以獨智，建立至艱，付畀爲重。比年以來，提舉官任非其人，法令日以弛廢，已兩降親詔令及三省措置，及慎選使者外。比覽奏牘，有一年之間，一縣拖欠常平免役坊場等錢至數萬貫石，并逃亡詭名，失陷本息者，不可勝計。或人吏冒税户姓名給納拖欠，或當職官縱容知情，冒請錢穀，以新蓋舊，支收不寔，顧按劾所聞者，如此其衆。舉天下言之，則姦汙偷惰之吏，不特擅支借用，公違先帝成憲，積累失陷，日侵月削，斂散糶糴，何緣辦足？其前項違法官吏等，中書省候按到將上取旨，重行竄責，仰諸路提舉常平官候指揮到，躬詣遍行取索點檢違法廢令去處，按劾以聞。仍開具所部有無拖欠及失陷本息，逐一具旁通聞奏，今後給納□散，如申狀不寔，差公吏人并命官之家，詭名假冒卑幼私請，并兩經倚閣。或年終有欠，轉行給散，差公吏人緣給納受乞，或將新蓋舊，抑勒留難，一切違法，當職官及管勾官不按劾。仰漕憲并廉訪使者互察聞奏，當議重行黜責，仍許人户越訴，疾速行下。

（宋）佚名《宋大詔令集》卷一八四《政事・財利・通商茶法詔》

敕，古者山澤之利，與民共之，故民足於下而君裕於上，國家無事，刑罰以清。自唐末流，始有茶禁，上下規利，垂二百年。如聞比來，爲患益甚，民被誅求之困，日惟咨嗟，官受濫惡之入，歲以陳積，私藏盜販，犯者寔繁，嚴刑重誅，情所不忍，使田閭不安其業，商賈不通于行。嗚呼！允若兹，是以江湖之間，幅員數千里，爲陷穽以害吾民也。朕心惻然，念兹久矣，閒遣使者，往就問之，而皆歡然，願弛榷法，歲入之課，以時上官。一二近臣，件析其狀，朕嘉覽于再，猶若慊然，又於歲輸，裁減其數，使得饒阜，以相爲生。刬去禁條，俾通商賈，歷世之弊，一旦以除，著爲經常，弗復更制，損上益下，以休吾民。尚慮喜於立異之人，緣而爲姦之黨，妄陳奏議，以惑官司，必寘明刑，用戒狂謬，布告遐邇，體朕意焉。

（宋）佚名《宋大詔令集》卷一八四《政事・財利・誡約臣僚言財利詔皇祐三年正月庚子》　朕惟古之善爲國者，使變通不倦而公私兼足。自頃食貨之法弊，而芻粟之價益倍，縣官之費日長，商旅不行，而豪富之家，乘時牟利，本末相病，吏緣爲姦，故詔近侍之臣，考決本議。令定已下，利害曉白，尚慮輕肆之人，陳述空言，幸揺其端。夫利百而法乃變，令下而議不起，然後民聽不眩，而憲度行焉。自今有依前事爲議者，並須究知始末，審可施用。若其事已上，而驗白無狀，事效不著，當施重罰。布告中外，咸使聞知。

（宋）佚名《宋大詔令集》卷一八四《政事・財利・令三司判官等上財用利害詔熙寧二年》　朕以爲欲致治於天下者，必富之而後可。今縣官之費不給，而民財大屈，雖焦勞乎昃食之間，其將何所施哉？故特詔輔臣，置司於內，以革其大弊，而使美利之源，通流而不竭，則庶乎孔子適衛之言，朕有所冀焉。夫事專於所習，則能明乎得失之源。今將權天下之財賦，蓋亦資之於有司能習知其事者焉，則其所得必積，所言必通，聚而求之，固足以成吾富民之術。若夫苛刻之論，務欲朘削於下而斂怨於上，斯亦朕之不取，宜令三司判官，發運轉運使副判官，以及提舉輦運便糴市舶榷場，提點鑄錢制置解鹽等臣僚，限詔到後兩月，各具所知本職及職外財用利害聞奏。仍令三司舉催，科其不以時上者。

（宋）佚名《宋大詔令集》卷一八四《政事・財利・言財利可採録施行者甄賞詔》 朕惟理財之臣，失於因循，其法遂至於大壞，而天下之貨，留積而不通。故特詔輔臣，俾之置司，講求利病，將捄其宿弊而更張之，上以裨於國，下以足於民。而或者不察，以爲專務苛碎刻削，以趨公家之急，玆豈朕之意哉？然而商天下之衆智而集成之，則理盡而不悖，事行而不跲，於是利源通而富庶之俗成矣。內外臣僚有知財用利害者，詳其事狀聞奏，其諸色人亦許具事理於制置三司條例司陳狀，在外者隨所屬州軍投狀，繳申條例司。夫有言不酬，不足以勸，事如可行，何恪於賞？如所言財利，有可採録施行者，當量其事之大小而甄賞之。

（宋）佚名《宋大詔令集》卷一八四《政事・財利・置市易務詔熙寧五年三月戊午》 天下商旅物貨至京，多爲兼并之家所困，往往折閱失業，至於行鋪轉販，亦爲轉圖取利，致多窮窘。宜出內藏庫錢帛，選官於京師置市易務，商旅物貨，滯於民而不售者，官爲收買，隨抵當物力多少，均分賒請，立限納錢出息。其條約，委三司官詳定以聞。

（宋）佚名《宋大詔令集》卷一八四《政事・財利・誡厲諸道轉運使經畫財利寬恤民力詔》 夫仁閔百姓，而無奪其時，無侵其財，無耗其力，使其無憾于衣食，而有以養生送死，此禮義廉恥之所興，而二帝三王誠敕百工諸侯之所先，後世不可以忽者也。朕夙興夜寐，聽治不怠，園囿宮室之觀，無所增飾，而躬以節儉先天下之士，然而不忍之政，考諸先王，未有以及之也。凶年饑歲，民之父子夫婦，猶有不得保其家室，而放乎溝壑。意者吏或不良，不知所以振救省憂之方，而使之至此耶。今吾於諸道置使者，使得察吏之良否，而視民之疾苦，輒具以言。而任事者，或不惟朕志之所急，而以侵牟爲政，甚非所以遣使者慰安元元之意也。夫轉輸天下之財，以給有司之費，皆有常數，而無横求，誠能御輕重斂散之權，而禁因緣之姦，則何患乎經入之不足？彼前世良吏，能紓其民，而官事亦不耗廢者，豈有他哉？亦在乎勉之而已。若乃操聚斂之嬴以爲功，而不知百姓與足之義，非惟逆於朕志，而有司考績之法，亦將不汝容焉。朕言維服，其聽毋怠。

（宋）佚名《宋大詔令集》卷一八四《政事・財利・川蜀錢引減價令運司分析御筆大觀元年六月二十五日》 川蜀四十二界以後錢引，訪聞官司奉法不謹，縱民減價，慢令失職，莫此爲甚。可令逐路轉運司分析聞奏，自今如縱而不治，與同罪，仍當重行黜責。

（宋）佚名《宋大詔令集》卷一九八《政事・禁約・禁市易官物增價欺罔官錢詔開寶七年五月乙丑》 古人以獄市爲寄者，蓋知小民唯利是從，不可盡法而繩之也。況先甲之令，未嘗申明，苟陷人於刑，深非理道。將禁其二價，宜示以明文，自今應市易官物，有妄增價直欺罔官錢，按鞫得實，並以枉法論。其犯在詔前者，一切不問。

《通制條格》卷一六《田令・理民》 至元七年閏十一月，尚書省。司農司呈：大名、彰德等路在城居民俱係經紀買賣之家，並各局分人匠，恐有不務本業游手好閑兇惡之人，合依真定等路選立社巷長教訓，於十一月十八日奏奉聖旨：既是隨路有已立了社呵，便教一體立去者。又奏：中都、上都立社呵，切恐諸投下有不愛的去也。奉聖旨：立社是好公事也，立去者。欽此。除已行下各路，及令所屬州縣，在城關厢見住諸色户計，欽依聖旨事理並行入社。

《通制條格》卷一六《田令・農桑》 至元二十三年六月十二日，中書省奏：立大司農司的聖旨，奏呵，與者。麼道，聖旨有來。又，仲謙那的每行來的條畫，在先也省官人每的印信文字行來。如今條畫根底，省家文字裏交行呵，怎生？麼道，奏呵，那般者。麼道，聖旨了也。欽此。今將奏奉聖旨定到條畫開立于後：

一、諸縣所屬村疃，凡伍拾家立爲壹社，不以是何諸色人等，並行入社，令社衆推舉年高、通曉農事、有兼丁者，立爲社長。如壹村伍拾家以上，只爲壹社，增至伯家者，另設社長壹員。如不及伍拾家者，與附近村分相併爲壹社。若地遠人稀，不能相併者，斟酌各處地面，各村自爲壹社者聽。或叁村，或伍村，併爲壹社，仍於酌中村内選立社長。官司並不得將社長差占，别管餘事，專一照管教勸本社之人務勤農業，不致（隋）〔惰〕廢。如有不肯聽從教勸之人，籍記姓名，候提點官到彼，對社衆責罰。所立社長，與免本身雜役。年終考較，有成者優賞，怠廢者責罰。仍省會社長，却不得因而搔擾，亦不得率領社衆，非理動作聚集，以防農時外，據其餘聚衆作社者，並行禁斷。若有違犯，從本處官司就便究治。

《皇明詔令》卷九《宣宗章皇帝·南畿被災賑貸敕宣德九年十月二十四日》 皇帝敕諭巡撫侍郎周忱及巡按監察御史并南京、江南、直隸衛府州縣：比聞直隸亢旱，兵民饑窘，良用惻然。今將寬恤事件，特敕頒示。爾等其欽承朕命，毋怠！故諭。

一、被災傷之處，人民乏食，爾等即委官前去所在官倉，量給米賑濟，毋得坐視民患。

一、被災府州縣，今年該兑運起運臨清、南京等倉糧米，俱於本處存留備用。原定南北二京光禄寺等衙門供應之數，及折色布、絹、絲、綿等項，仍照原定起運了納。

一、不被災府州縣，該兑運起運臨清等倉糧米，俱於南京倉收。

一、宣德十年價運糧儲，每年於淮安、徐州支運一十五石赴京，並通州中半上倉。

一、各府州縣逃移人户，其遞年拖欠并見徵糧草，爾等即同府州縣堂上官從實取勘見數，俱令停徵，仍設法招撫。其復業者，蠲免糧、差一年。

一、各府州縣，有全家充軍並死絶人户遺下田地，爾等即同府州縣堂上官從實取勘見數，召人佃種。如係官田，不分古額近額，俱照民田例起科。其遞年拖欠税糧、草束免徵。

一、各府州縣見收税課，及車船、門攤、地畝、果木等項一應鈔貫，除徵額外，但有鈔法增加之數，以十分爲率，俱免四分。

一、各處軍民，有遞年倒死馬、騾、驢、牛、羊該納皮張等項，自宣德九年十月二十一日以前拖欠，悉皆蠲免。

（明）張楷《律條疏議》卷七《私借官物》 凡監臨主守，將係官什物衣服氊褥器玩之類，私自借用，或轉借與人，及借之者，各笞五十。過十日各坐贓論，減二等。若有損失者，依毁失官物律，坐罪追陪。

疏議曰：凡監臨主守，將一應在官之什物衣服氊褥器玩之類，私自借用，或轉借他人，及借之者，各笞五十。若借用過十日者，各坐贓論，減二等。若因借用而有損壞遺失者，依毁失官物律，坐罪追陪還官。

謹詳律意，官物着令看守，本防外人私將，監守之人私自借與，監守固爲擅專，借者亦係非理，並坐笞刑，瞞官一也。過十日而不還，則恐掩爲己有，論以坐贓減等。責其重於欺官。若因借而或損或亡，是爲私而虧耗官物，依毁失律，治罪追陪。

（明）雷夢麟《讀律瑣言》卷七《私借官物》 凡監臨主守，將係官什物衣服氊褥器玩之類，私自借用，或轉借與人及借之者，各笞五十，過十日各坐贓論，減二等。若有損失者，依毁失官物律，坐罪追陪。

瑣言曰：係官什物是官府所制，在官公用者，與錢糧等物不同。故自借者，借與人者，及借之者各笞五十。然亦自其暫借用者言之也，若過十日，則並計所借之物價爲贓，坐贓論罪減二等。罪止杖八十，徒二年。雖過十日，其贓不及三一貫者，仍笞五十。私借官車船計賃錢，重者坐贓論，此不計賃錢，何也？車船等物爲利慱可以責庸，衣服諸事爲物微，故即計直。

（明）佚名《重刻律條告示活套》卷二《私借官物》 前件巡按監察御史某爲禁約事，竊惟官物既收在官用，則專於公用。官吏循情私借，其法難以姑容，訪全身家，敢有仍前作弊事發，挐問重罪，干礙應參官，一併參問不恕。

（明）陳龍正《救荒策會》卷三《清江縣社倉規約五欵》 一、給借貴均，亦慮失陷米本。臨時鄉官審問社首及甲内人，某人可借若干，衆以爲可，方准支借。其素號游手，及雖農業，而衆以爲懶惰頑慢，亦不支貸。

一、鄉官踏逐善書寫百姓一人，不用罷役過犯人專充簿書。如收支執槩，就差社首，遇收支日，日支飯米一斗。

一、倉中事並委鄉官掌管，但差保正、編排人户、驅磨簿曆、彈壓斂散、踏逐倉廒、追斷逋身之類，須官司行遣。

一、鄉官從本軍給帖，及本末記主執行遣。

一、簿曆紙札，每歲於息米內支取。

（清）黄六鴻《福惠全書》卷二《莅任部・看須知》 户房經管應徵解給、夏税秋糧、丁差徭役、雜課等項亦有户房止經管田糧丁口，其雜課另設户雜科者。如地畝若干、應徵銀糧若干、有無某年蠲增人丁若干、內除優免應徵額銀若干、地丁應起運若干、存留若干、應支款若干、某年起運支給若干，有無未解未給及有無未完民欠、每歲額銷鹽引若干、牛驢牙雜田房契税當鋪等税若干；自某年起及卸事止，某某年月日徵收起解若干、有無未完若干、每年捐積穀若干；有無動支、實存倉若干及每年經收錢糧總書里長倉書收役花户等册。

（清）雅爾圖《雅公心政録》卷一《檄示・為嚴行飭禁事》 照得本部院奉命撫豫，惟以除害安民爲要務。凡利所當興者，必行興舉；害所當禁者，急行禁革。今訪聞各屬有違例抽税，强拿車騾，攔索煤車，霸賣石灰等事，甚爲累民。合行條列示禁，爲此示仰撫屬州縣牙行各役人等知悉：嗣後務須恪遵功令，不得妄行勒取。倘敢仍蹈前轍，擾累小民，或經訪聞，或被告發，定行嚴拿，盡法究治。該管州縣或知情故縱，或失於覺察，分别叅處，决不寬貸。特示。

計開：

一、零星微物原無抽税之例，今各屬集鎮市棍每每串通經承，或領州縣私帖，或將别帖影射，凡遇民間肩挑瓜果、手携雞糠等項微物貿易餬口，槩行抽取牙用，剥削貧民。各州縣務將從前所給私帖盡行收回，如有奸牙霸攔影射、勒取微物用錢者，即行拿究，毋得故縱疎忽，並干咎戾。

《六部處分則例》卷二六《長蘆代銷鹽引》 一、長蘆州縣督銷鹽引，如實遇水旱災傷，鹽引不能銷售，經鄰邑代銷者，該督暨該鹽政據實聲明，免其議處。其並非災歉之歲，銷引不及分數，雖鹽已代銷，仍按其未完分數查參，照例議處。於次年詳加察覈，如能比上年多銷一分，准將上年處分，題請開復，祇將本年未完分數照例查參，儻不能多銷或更不及上年分數，除上年處分不準開復外，仍按本年未完分數查參議處，統俟再次年比較多少，分别查辦。至本地督銷額引已至八分以上，其鄰邑通融代銷僅止一二分者，無庸參處。

《六部處分則例》卷二七《解辦顔料》 一、額買顔料庫物件等項，該督撫限本年二月內，令布政使估價題報，如布政使不照時價確估，多開價值者，罰俸一年。私罪。督撫罰俸六個月。公罪。該督撫將估價題報遲延者，亦罰俸六個月。公罪。

一、采辦顔料等項錢糧，各州縣於本年三月內解銀到府，知府即行採辦。於十月內差官押運進京。如州縣解銀遲延，或解不足數者，俱降職一級，完日開復。公罪。或知府採辦稽遲，將該府降職一級，完日開復。公罪。督催不力之布政使罰俸六個月。公罪。若年內不能全完，以致起運違限，將督催之督撫布政使，俱降俸一級，戴罪督催完開復。公罪。如經該督撫以不能按限完解，題請展限，部議准行，迨限滿仍不完解者，將該府罰俸一年，題請之督撫罰俸六個月。公罪。

一、採買顔料等項，有不堪用者，罰俸一年。私罪。

一、顔料等項不送上司驗看，徑行解部者，罰俸六個月。私罪。

一、知府因採辦稽遲，先給空批諉罪於解官者，降一級調用。私罪。

《大清會典則例》卷三九《户部・倉庾》 又覆準：京通倉支發各旗米，向繫旗人自行載運，乃希省脚費，並圖簡便賣於官局，則官局於各旗領完後赴倉支領，賣於民局則總票中分出小票，自行支領，其故不過串通書役花户甲斗人等，揀擇好米斛面滿足，遂致倉儲有虧無盈。嗣後監督發米務照總票數目，令該旗全運出倉，聽其自行售賣。倘領催及領米之人仍前舞弊，聽稽察御史指名題參將該領催等從重治罪。並曉諭官民米局，如有於總票中私分小票，或於封倉後私赴支領者，經步軍統領等衙門察出，將賣米之人，無論王公大臣官員，皆即指名題參。其倉役及賣米人等，照偷盜例究處，所賣之米全數留倉。

《大清會典則例》卷一二八《工部・營繕清吏司》 順治初年定專委滿司官一人，監督一年更代。

六年題準：各工需用架木，部委官詣江南，會同地方官召買。

八年題準：各工需用木植，令正定、山西、江西、浙江、湖廣五處地方購買。

十五年題準：各工需用架木，水路不能速到，行文江寧巡撫，自本年起，動支正項歲解二千根備用，仍將木植長徑尺寸及用過錢糧數目報部覈銷。

康熙六年，修造太和殿，令江西、浙江、湖廣、四川督撫訪有採就大楠木或山中見産大楠木，將長徑尺寸根數並所需錢糧確估報部。凡産於民間住屋内及塋内之木，不得採，非楠木，及楠木長徑尺寸不中度者，不得採。

七年題準：太和殿工程需用杉木，委官會同江南督撫，動支正項錢糧，照時價買辦，運工應用。

八年諭：修理宫殿所用楠木不敷量，將松木間用，停止各省地方採取，欽此。

十四年題準：停止江寧採買架木。

十九年題準：江寧巡撫動支正項，先買架木六千根解部，嗣後仍照舊例每歲辦解二千根。

二十一年具奏：重建太和殿，委官分往江南、江西、福建、浙江、湖廣、四川、廣東、廣西等省，會同督撫尋取合式楠林、杉木及運費，一併估報。其官弁商民土司人等有捐助楠木者，視所捐多寡大小，交部議敘。奉旨：該委官及地方官毋藉端生事，苦累土司，擾害民人，通行禁飭。

二十三年議準：採運木植工價脚費，該地方官捐輸運京，如有不敷，督撫具題，户部撥給正項。其江南等省分署楠木並商販杉木停其運送。

二十六年奉旨：四川酉陽楠木産於崇山懸巖，若必令其挽運，恐致有累土司，著免解送。又諭：向來各省捐錢輸木，名爲急公，不過先報虚數，並無交庫，即行具題，希圖利己。及至實在支用之時，皆係科歛民財，以充原數，甚至用少徵多，仍侵漁肥己，即此一事，他皆可知，總因沿習陋弊，視爲固然，以致滋累民生，殊非實心急公之誼。著通行嚴飭，欽此。又題準：令江南、江西、湖南動支正項，每歲各辦解桅木二十根，杉木三百八十根，江南解架木二千四百根，江西湖南各一千四百根，每省各解桐皮杉槁二百根，浙江省捐辦一千四百根，桐皮杉槁二百根。又議準：房山縣額存揪棍山地，每歲應解揪棍十有九萬千二百九十八根，解部以備各工取用。

二十七年覆準：嗣後採買竹木等項，準動正項錢糧採買，年終奏銷。

三十四年重建太和殿，應用木料奉旨停免採取，一應工料發帑購買。三十五年題準：桅木、杉木、架木存貯者足用，停其辦解。

三十八年題準：令江南、江西、浙江、湖南仍照舊例，每辦解桅木、杉木、架木。六十年題準：木倉監督委本部滿漢司官各一人管理，一年更代。又題準：木倉見貯揪棍十萬有奇，嗣後令各管工官於工竣時，按數繳回，足敷各工取用房山縣額徵揪棍停其辦解。

雍正五年覆準：行令步軍統領，嗣後凡有官房拆卸楠木，驗明報部委官，運貯木倉，以備各工應用。

十一年題準：木倉滿漢監督，一年差滿，如一同更代，恐新委之人，一時未能諳練，嗣後一年期滿，新舊滿漢監督互相更代。

《大清會典則例》卷一二八《工部・營繕清吏司》 順治初年，定大工需用石灰，委本部官開採燒造，於大石窩採白玉石、青白石，馬鞍山採青砂石、紫石，白虎澗採豆渣石，牛欄山採青砂石，石景山採青砂石，青砂柱頂階條等石。其青白石灰於馬鞍山、磁家務、周口、懷柔等處置廠燒造，運京應用。

十六年覆準：石灰二差并爲一差。

康熙三十五年奉旨：辦買石灰，著照户部例，專設監督一人管理。

四十五年題準：大工需用石灰選本部司官請領，工運價直開採燒造册報覈銷，事竣徹回。

《大清會典則例》卷一三〇《工部・虞衡清吏司》 順治初年，定八旗試演槍砲，及盛京各駐防等處每歲操演，需用火藥硫黄，於西什庫支取。硝令直隸、山東、山西、河南四省辦解，部委官監製存貯蕩氛廠，取用時，赴廠給發，完日酌量造備。又定内務府取用硝黄，於西什庫支給藥線，及催藥部發工料造給。又定内務府取用鳥槍鉛子噴砂，照來文給發工料造給。

康熙三十一年題準：八旗試演槍砲火藥，移濯靈廠收貯取用。又題準：濯靈廠每歲造演放火藥二十餘萬斤，烘藥二三千斤外，備貯軍需火藥三十萬斤，烘藥四千斤，如逢運用之年，隨時補造足額，簡委司官一人經理，豫領錢糧督匠辦造。

雍正二年奏準：軍需火藥存貯已過十年者，許改作演放火藥，陸續取用，其額貯之數，即行補造。

三年奉旨：特命大臣管理炎藥事務，覈定價直，軍需火藥每斤工料銀二分六釐，演放火藥每斤銀一分八釐，烘藥均每斤銀一錢五分。

十年奏準：直隸、山東、山西、河南每省每次取硝各十有五萬斤，解部應用，直隸、山東、河南題銷工運價直每斤銀二分五釐至二分八九釐不等，山西一省每斤題銷銀五分六釐，較之三省價直懸殊，緣山路崎嶇，雇贏馱運，不能照直隸等省覈給。且所解之硝成色亦不及三省，應將山西例解之硝停其辦運，令直隸山東河南各增辦五萬斤，解部應用。

十二年奉旨：八旗操演營兵等演放鳥槍所需鉛子，均不拾回，徒然抛棄外省。兵丁演放鉛子，既有拾回之例，京城所放鉛子作何拾取之處，著八旗並操演營火器營大臣等會議具奏，欽此。遵旨議準：嗣後京城兵等演放鳥槍之鉛子，各旗委官兵用心拾取，務將實得數目注册收貯，俟歲終各營將每月由部領回鉛子數目，並各營各旗每月拾回數目合算，分數彙奏，交納工部。倘有不肖兵丁苟且塞責，拾取無幾，或希圖較多私行增買等情，察出將該管官題參。

乾隆七年奏準：每逢碾造軍需火藥完日，奏請欽點大臣驗看，如果合式，準其貯庫備用。

十八年奏準：自十四年辦造演放火藥三十萬斤，又於本年換出貯久軍需火藥三十萬斤，作爲演放火藥，並舊存演放火藥四十一萬一千四百四十八斤十三兩有奇，共火藥一百一萬一千四百四十八斤十三兩有奇，每歲春秋二季給發盛京綏遠城右衛熱河及健鋭營八旗操演槍砲，共發過演放火藥一百萬一千七百六十六斤十兩有奇，僅存九千六百八十一斤十四兩有奇，向例軍貯演放火藥除足支本年應用外，多貯三四十萬斤。今因碾造軍需火藥，未得辦造，所存無幾，應製造演放火藥四十五萬斤，烘藥六千斤，以備應用。計火藥每萬斤用硝八千斤，硫黄一千五斤十兩，廣膠六斤四兩。烘藥每百斤用硝八十三斤十兩八錢，硫黄十有四斤七兩五錢，均移西什庫照數給發，仍委官監稱，廣膠行文户部支領部給工價銀四千五十兩錢四千五十串。

《大清會典則例》卷一三七《工部·屯田清吏司》 一、内庭需用木柴煤炭，順治初年由部召商發價備辦。十一年設惜薪司管理。十八年裁惜薪司，仍歸部辦，遞年照内務府具題數目運送。康熙四十年歸内務府商人辦置。五十六年煤炭仍歸部辦。雍正元年木柴亦歸部辦，差滿司官一人管理，内務府營造司出具紅票，由部登記數目歲終覈銷。

八年奏準：煤炭監督照木倉監督之例鑄給關防，奏委滿司官一人遞年掌管，期滿更换，並令内務府支取煤炭紅票鈐用印信，以便按年察覈。

十年議準：煤炭監督内務府委監督一人公同辦理。乾隆七年，增設木柴監督一人，照煤炭監督之例，鑄給關防，於滿司官内，委掌管並以一年爲期。八年議準辦理。

一、車駕巡幸南苑，需用柴炭，内務府行文到部，由部咨取，兵部驛車，裝運差官，支放湯泉等處，照内務府印文先期委官，協同地方官照時價辦買。康熙六十年奏準：熱河進哨應用柴炭由部委司官二人賫銀前往豫備。

乾隆十四年議準：凡遇車駕巡幸，將每日各處應用柴炭數目若干，先期知照該地方官按數備辦，運往堆貯。届期委司官賫銀前往，按照時價採買，會同地方官如數支放據實報部，由部咨送内務府，察對核銷。其圍場内需用柴炭，向繫熱河同知四旗通判喀喇河屯通判等先於圍場外石片子等處購買，雇車運送，其木柴間有不敷，在圍場内砍伐者，準銷運費，但圍場以内繫産木之所，乃稱由外運往，不免浮冒。嗣後惟應用之炭仍在圍場外，先爲堆貯，臨期運往，所需木柴價直，槩不準銷。又奉旨：嗣後凡遇巡幸所用柴炭，該地方官酌量應用數目，不得多行豫備，致滋糜費，著内務府臨期奏差，該堂官一人稽察辦理。

十八年議準：凡遇巡幸，由部將尚茶尚膳等處，日用柴炭數目，刊刻印票交内務府轉給各該處持票，向地方官支領，地方官驗票照數給發，本部不必委官前往，所需銀即令地方官動款豫備，事竣報部覈銷。

一、内廷需用炭墼，本部發價，令鋪户成造供用。

一、壇廟需用柴炭，照太常寺咨呈給發炭墼發價，令鋪户成造。

一、陵寢每歲祭祀需用柴炭，即令本處州縣動項採買報部覈銷，昭西陵景陵，由薊州孝陵孝東陵，由豐潤縣泰陵，由易州淶水縣孝賢皇后陵寢，由遵化州。

一、在京各衙門及執事人員需用柴薪煤炭，各照經制定數支給，其無定數者，臨時憑文覈發，一文武會場需用柴炭照禮兵二部文移支給。

一、外國貢使人役所用柴薪，由禮部行文支取，會同館大使驗給。外藩來朝公主蒙古王以下暨畨僧等，由理藩院咨部照數給發一紅籮炭。順治初年定，每歲燒造八十萬斤，動支保定府柴夫等銀一萬三千五百三十兩。十年題準：差主事一人隨裁歸保定府通判管理。十二年仍歸部辦。康熙三年於户部支銀燒造。五十六年令煤炭監督於易州地方採辦供應，每歲與煤一并報銷。

一、價直舊例隨時價低昂，由部給銀備辦。

康熙四十五年題準：內廷木柴，每斤定價銀三釐七毫，黑炭每斤七釐八毫，煤每斤二釐三毫，紅籮炭每斤一分六毫，白炭每斤一分三釐。其在外支用木柴，每斤二釐六毫六絲，黑炭每斤五釐九毫六絲，煤每斤二釐六絲，紅籮炭白炭價同內廷。

乾隆元年議準：內廷木柴每斤銀三釐，黑炭每斤六釐，煤每斤二釐七絲，白炭每斤一分一釐。在外支用木柴每斤二釐一毫二絲八忽，炭每斤五釐。

三年奏準：黑炭每斤增銀四毫。

十九年奏準：內廷圓明園應用煤炭，舊例煤每斤價銀二釐三毫，黑炭每斤價銀七釐八毫，紅籮炭每斤價銀一分六毫。乾隆元年由部會九卿議定，煤每斤價銀二釐七絲，減銀二毫三絲，黑炭每斤價銀六釐，減銀一釐八毫，紅籮炭照舊準給。嗣於乾隆三年因黑炭價直昂貴，照減定價直不敷採辦，每斤增價銀四毫。近年以來煤炭價直愈昂，該監督屢以減定價直，不敷採辦，呈請增加。察訪見今煤炭價直較前實屬加增，如仍照減定價直給發，實屬不敷。請照訪察實用數目，煤每斤酌給銀二釐五毫，黑炭每斤酌給銀七釐二毫，紅籮炭每斤酌給銀一分四釐，飭發該監督悉心撙節辦理，如有餘剩存爲下年之用，於應領項下扣除。倘有侵蝕遺誤，察參治罪追賠。將來時價稍平，仍照減定數目覈給。

一、蘆葦舊例直隸静海縣每年解送萬斤。雍正元年歸并天津縣辦解。

一、開採煤窰。順治六年清理宛平房山兩縣煤窰，分爲四則，上則納税煤千五百斤，中則千斤，下則五百斤，下下則二百五十斤。十年題準：煤税累民准予豁免，遞年應用之煤照時價，召商辦用，煤窰事件，聽五城及州縣管理。

康熙三十二年奉旨：京城炊爨均賴西山之煤，將於公寺前山嶺修平於衆，甚屬有益。著户工二部差官，將所需錢糧確算具題。

乾隆五年題準：各省産煤之處，無關城池龍脈，古昔陵墓隄岸通衢者，悉弛其禁，該督撫酌量情形開採。

又覆準：直隸地方如在邊疆口外，照古北口三道溝等處，酌定税額，咨部給票。張家口外之土木路等處，令在懷安萬全二縣口內設廠，獨石口外之東槽碾溝等處，令在盤道塘子二口內設廠報部給票，各應輸税銀彙入雜税奏册内報解。其在内地官山給發司帖，照例納税，餘凡屬民業，悉聽自行開採。

一、煤窰禁令。順治十二年題準：西山過街塔山、玉泉山、紅石口、杏子口一帶煤窰，永行封禁。

十七年題準：渾河大峪山場關繫京城風水，不許開窰採石，違者從重治罪。

康熙三十七年題準：宣化之采馬坡馬鞍寺等處勒石，永禁私採。

六十一年議準：開採采馬坡等處各窰，每年納課銀三千兩，其小西口四處悉行禁止私採。雍正元年奉旨：采馬坡等處煤窰，仍準民間開採。

《大清會典則例》卷一三九《盛京户部・官莊》 國初定興京附近官莊二十所，每莊歲徵米九十石，穀草四千束；盛京附近官莊九十六所，内二十莊，每莊歲徵米百二十石，穀草四千束，餘七十六莊，每莊歲徵米百二十石，穀草千五百束，芻草三千束，各莊並徵線麻檾麻鵝雞等物；鹽莊三所，每莊歲徵鹽萬二千斤；棉花莊五所，每莊歲徵棉七百斤。莊設壯丁十名，牛六頭，鹽莊加牛二頭，共設領催八名，承管應徵米鹽木棉等物，按定數作爲十分，如欠不及一分，莊頭免責，欠一分鞭五十，欠二分鞭八十，皆令賠補。欠三分，枷兩月，鞭一百，交内務府當差。承管領催，各照各管定數作十分，欠一分、二分，鞭責，與莊頭同。欠三分，枷一月，發爲官莊奴僕。專管官，各照總管定數作十分。欠不及一分，罰俸半年；欠一分罰俸一年；欠二分降一級，罰俸一年；欠三分降二級。調用盛京户部侍郎，亦照所管作十分。欠不及一分，罰俸三月，欠一分罰六月，欠二分罰一年，欠三分降一級，罰俸一年，留任。其額外多輸米一石、鹽百斤、棉十斤，莊頭賞銀五錢，積賞至五兩，承管領催賞銀一兩。

如遇旱澇災傷，委司官筆帖式勘驗，被災每六畝免米一石、棉五十斤。若地畝全荒，給莊頭口糧田種及耕牛草豆，耕耘時，屯丁及牛有闕，每丁免米五石，棉五十斤，鹽五百斤，每牛免米十石，棉百斤，鹽千斤。又定屯丁逃亡，移咨盛京將軍註册，仍從户部撥補，牛倒斃，動帑買給，牛皮解交工部。

康熙四十年，定興京等處官莊二十所，一應差徭均歸驛站供應，每莊增糧三十石，歲輸糧百二十石。五十八年，定盛京户部所管官莊百二十六所，每年一莊牛倒斃不得過二頭，每牛定價七兩。如倒斃過多，將該部堂司官、管屯官一并從重議處。

五十九年，定官莊所報米糧數目，嗣後自京遣部院堂官一人會同盛京户部監收。

雍正三年，定寧錦廣三州縣官莊，收貯米穀，自本年以後掘地置窖盛貯，其工料動支正項錢糧所用地畝，照蓋倉之例，將别處地畝補給。

八年，定盛京户部官莊百二十六所，從前均繫按丁徵糧，但糧米出自地畝。嗣後將官莊編定等次，停其按丁徵收，内棉莊五所，鹽莊三所，並無别項差使，均作一等糧莊。其一百十有八所，分一等十有二所，每莊歲徵米三百十二倉石；二等二十所，每莊歲徵米三百五十二倉石；三等三十七所，每莊歲徵米三百七倉石；四等四十九所，每莊歲徵米一百九十二倉石，共征米三萬二千三百九十一倉石，除折糧存留、供應三陵及各祭祀蘇麥米豆高酒，並匠役牧場人口糧、過往差役飼馬人丁口糧、馬豆又需用雞鵝鴨卵、茜草、檾麻、線麻、羊草、青草、油柴、炭席、瓢刷、箕箒、木掀等項外，餘悉交内倉收貯。

乾隆十二年，定官莊額丁子弟例，應分交莊頭，給地耕種。見在莊頭，生齒日繁，並無餘地可給，而額丁内倉軍樓、軍傳、事人、匠人、趕車官丁等子弟均隨其父兄在城居住，若不令當差，恐游逸成習。按鹽莊每年所交鹽不敷公用，由盛京内務府領用一萬三四千斤不等，將此五項額丁子弟分隸鹽場煎鹽，令歲輸鹽一萬四千斤作爲定額，專設領催一名，司管束收納。

《大清會典則例》卷一三九《盛京户部·旗地》 康熙十九年，定奉天地，東自撫順起，西至寧遠州老君屯止，南自蓋平縣闌石起，北至開原縣止，共丈出荒甸地三十四萬八千八十五頃二十六畝，除燒甎及打草甸馬場甸羊草甸地，共萬九千三十五頃九十六畝，實丈出三十二萬九千四十九頃三十畝，分定旗界内地二十七萬六千三百二十二頃八十畝，餘繫民界内地。又定旗丁力不能墾，又復霸占者，嚴察治罪。

二十四年，特遣大臣督領盛京官兵至黑龍江，分給牛種，墾地九十頃有奇。

二十五年，定錦州府鳳凰城等處荒地，分撥旗丁，給牛屯墾，每十六丁内，二丁承種，十四丁助給口糧農器，合民丁所墾，共地一千四百七十九頃。又定錦州府鳳凰城等處，遣大臣三人、司官八人前往，會同盛京將軍户部侍郎酌量屯墾。

二十八年諭：奉天等處地方旗民雜處地畝，隴界交連，耕種者甚多，旗地界内居民有力墾種者，許其耕種，照例徵收錢糧。若旗丁有力開墾，亦聽墾種，不許互相攔阻，欽此。又諭：奉天等處旗地民地所立界限不明，著將各部賢能司官具題差往，會同盛京侍郎府尹，將旗地民地並牧場逐一確察，各立界限，詳議具奏，欽此。遵旨議準：旗民互相墾種，以致争告不已，嗣後旗丁不許在民界内墾種。又定盛京所屬如有多餘荒地，旗丁情願耕種者，務將地名畝數呈明盛京户部，在各界内聽部丈給。

三十二年議準：盛京旗丁所種地畝，每地六畝歲徵豆一升、草一束，今將地畝丈量，不論何項人，均照八旗十四城所管地界，交與協領城守尉徵收。

三十七年奉旨：著停止差往種地，嗣後不必具題，如差往種地，再行降旨。三十九年，定旗丁所種地畝，交該管官徵收。

五十四年諭：奉天地方旗民雜處，生事之人及盗賊命案較前甚多，必照旗兵駐防省分旗民分居之例，方可無事，亦與地方有益，九卿議奏，欽此。遵旨議準：旗民雜處年久，暫停其般移，嗣後有賣房者在旗界内之民房，令其賣與旗丁，若不照此遵行，仍越界居住，照侵奪例治罪。

五十五年，定除見在旗民在情願互相調换房屋者，即令般移居住外，嗣後所勘旗界内房屋不許賣給民人賣買者，各呈報該管官，違者治罪。又定旗丁開墾地畝，令該管官出具保結呈報盛京户部，將墾過畝數於年終匯報户部察覈。

雍正二年，定盛京旗丁所種地畝仍照舊例在何界内種地，即將彼界協領城守尉爲督催之官，佐領驍騎校爲經催之官，如有抗欠不交者，督催官即拘拏治罪，如有催追不完之數，計分數題參。

四年定盛京旗地，自康熙三十二年輸草豆以來，未經覈丈册籍舛錯，旗民彼止争告，經年不絶，將王以下至閒散宗室盛京所有地畝内管領莊頭壯丁捕牲人等姓名居住村落詢明，某王府某閒散宗室之人，行文八旗，分别造册送盛京將軍户部，以便於核丈地畝之大臣會同稽察，仍將丈過地畝若干，輸納草豆若干，造册具題察覈。又定盛京地畝，令將軍户部侍郎府尹，會同差往丈量大臣，將十四城界内旗地公同委賢能屬官勘丈。其皇莊捕牲人三陵内，佐領官兵屯莊執事人閒散人等，千丁驛站臺上園丁户禮工三部屯莊官丁僧道各項人等地畝，率領各該管官公同勘丈，務期詳悉清楚，丈完之日，將丈過地畝數目造册送部，倘有隱匿不清之處，發覺日將勘丈之官從重治罪。

五年定錦寧等州縣莊頭圈餘退出地畝，照各州縣徵糧數目，一例徵收。

七年定錦寧等州縣旗丁承種莊頭圈餘地畝，額徵每多逋欠，緣民官無懲責旗丁之例，是以抗比挨延。嗣後交與旗官追比，以十分計算，考成如有未完，照地方官未完分數例處分。

乾隆元年，定錦寧等州縣旗丁承種莊頭圈餘地畝，每年額徵米穀每米一石，折徵黑豆二石，轉交錦州副都統酌撥牧養馬匹，餘照例貯倉。

二年定盛京旗丁地畝，應徵銀米各項並不按各屬地界，就近催追，率皆令該管州縣官督催，以致遲緩積欠難清。嗣後十四城旗丁地畝照奉天民地，按界催追，令各該城守尉先將本界内何人地畝及承種各姓名逐一稽察明白，其應徵銀米等項，如業户在本界居住者，向業户催納，業户住居别界，即於承重之人名下催追，準於業户租息内扣除。遇有典賣更易，均就近呈報立案。更名不行呈報者，照例懲治，督催承追，各官分别考成。

《大清會典則例》卷一六五《内務府營造司・官房取租》 雍正四年奏準：凡買辦奇零物料，令承辦官聲明所用數目，移會官房收租庫領取，年終將用過銀數造册呈堂，覈銷具題。

《大清會典則例》卷一六八《内務府・採買物料》 康熙四十八年題準：造櫜鞬、刀鞘、皮韡等項用贏皮，拴鞍，造韉夾版、纏虎槍、牛皮、熟皮、硝五棓子，並浩箭、青鶴等翎，每年共動用崇文門税務銀千兩，採買所餘銀交廣儲司庫，如不敷用奏請再取。雍正四年奏準：採買皮料、箭翎於原支崇文門税務銀千兩内，將五百兩交廣儲司，由院領銀五百兩，採買應用。如有餘銀，仍交廣儲司，若遇款項繁多之年，本院存項不能敷用，於廣儲司領取應用。仍將採買物料數目年終奏聞。乾隆六年奉旨：嗣後採買餘銀若至百兩，交送廣儲司，如不至百兩，著收貯備用。

《户部則例》卷三四《漕運・兑運・河閘事宜》 一、各省運漕河道，令河道總督、漕運總督督率各官挑淺疏通，倘有不預行挑濬致悮運艘，及有石塊、木樁阻礙中河，不行起除以致抵觸漕船者，題參議處。

一、山東運河每年於十一月初一日煞壩挑濬，其開壩日期以南漕船隻頂臺莊爲準。如有逾期不築及糧船未至，臺莊先行開壩，該督撫將該管官查參議處。

一、閘座啓板均俟漕船齊帮始行開放，官商民船隨漕過閘，不許越漕啓板。倘閘官瞻徇私啓以致洩水悮漕者，將閘官及該管廳員分别議處。其糧船因守候齊幫躭延時日，準於單内註明，免其查參。

一、山東省運河各閘遇春夏水微之時，遵照漕規啓閉。如糧船到閘，必俟上下兩閘閘板緊閉，會牌俱到，始行開閘。如會牌已到，而閘官尚未啓板，催漕員弁一面暫令閘官開閘放船，一面詳報總河、總漕查參。如會牌未到，不得逼勒啓板，其會牌亦不得稽遲。如河水充足相機啓閉以速漕運，總不得兩閘齊開過洩水勢。

一、大通等閘每逢秋令水旺之際，俱各嚴閉蓄水，以便漕船到通需水時，上游各閘提板放水，以濟漕運。

一、北運河額設標夫三十三名，自重運入汛起至回空出汛止，令其多置標竿，指引糧船。

一、北運河六汛額設刮板二十八副内，楊村一汛設立三副，其餘五汛各設五副，每副設淺夫二十名，按名給與年貌、籍貫、執照，令通永道并漕運通判管轄。每歲於漕船到時，實力疏刮，遇有更換，照僉丁例隨時報部，倘有冒名缺額等弊，將該管官查參。

一、北運河六汛額設刮板二十八副，間不敷用增添五副臨時酌帮各汛應用。每副設淺夫二十名，共設淺夫一百名。

《户部則例》卷三七《漕運・督運・押運》　一、各省押運漕糧，河南省重運船隻，令糧道於同知通判内選派一員，隨水次公同監兑該道督押出境後，即回任辦事，令廳員守凍。俟冰泮開行管押抵通山東省閘内，漕船糧道親押抵通閘外漕船，另派通判一員督押赴通，并管押閘内空船回次。江蘇、安徽、江西、浙江、湖北、湖南等省漕船，各糧道親押至淮，總漕盤驗後，令在次。原派之押運同知通判等官，江安派委二員，蘇松五員，江西省二員，浙江省三員，湖北湖南二省各一員。接運抵通。江南糧艘過淮時，遇運河水小需大員接濟者，總漕臨期於江安、江蘇二糧道内奏派一員前往督押。至山東之臨清地方，俟本省糧艘盡數過淮，即回本任。若運河水足無憂遲滯，其督押道員毋庸專派。各省糧道以漕務爲專責，如值開行督儹之期果有經辦緊要事件，實難分身督押，詳明督撫總漕核實，委員代押。

一、江南省蘇州、松江、常州、鎮江、太倉五府州船糧，浙江省杭洲、嘉興、湖州三府船糧，俱令監兑官兼司押運抵通。安徽、湖廣、江西、山東、河南等帮另行委員押運，其米色有無攙雜短缺，令監兑押運各官於水次眼同面交，以專責成。

一、押運同知通判等官，三次以上並無事故，總漕奏明出具考語，咨送户部，帶領引見。

《大清新法令》第四卷《光緒新法令・度支部奏遵旨妥議清理財政辦法摺》　三　覆奏稱各省官銀號所出紙票應由公家擔其責成，自應由部稽核，但須聲明此舉專爲稽查票數成本起見，所有盈利仍歸該省支銷，并不提撥一節，查各省官銀號發出紙票，其溢惡實過於日本明治初年之藩札秕政，日深隱憂滋大，聞湖北、江蘇等省爲數尤巨，近外人以事關商務，曾照會此等紙票是否國家擔認，各省既向不咨報，無從知其底蘊，實屬難以答復。近日各商埔銀根奇緊，危險迭出，滔滔之勢爲害何堪，設想各疆臣既浚此利源，自當擔此責任，籌本金保信用，必已夙有權衡，而臣等私憂過計，作此未雨之綢繆，蓋懼其害非冀其利也，覆奏謂由公家擔其責成，且沾沾以盈利爲言，均未深明此中弊害。應請旨飭下各省督撫所有現開官銀號，無論舊設新設，將開設年月及資本實數現在發出紙票若干、豫備金若干、經理協理何人，限六個月逐一詳細列表送部，以憑稽考而期核實，郵傳部交通銀行亦一律辦理。

《臨時臺灣舊習慣調查會第一部調查第三回報告書・第一款・養濟院》

《大清會典・户部・蠲卹》曰：

振煢獨，設養濟院以居窮民無告者，自京師以逮直省皆有養也。土著之民願入者收之，如流落異鄉，視其年尚能歸籍者，詢其里居，移文本籍收養。其不能歸籍者，察實隨在收養，歲給銀米、冬衣、棉衣各有差。民有力者，能出財佽助，爲嘉獎以勵之。道府以事至所屬州縣必親爲巡視，如屋宇不修，事廢弛者，胥役侵漁者，經理之官劾，道府容隱，並論如法。

可知設置養濟院是清代卹政之一，其目的在救卹鰥寡孤獨無依的窮民，不論土著或流民皆給與銀米衣服，並鼓勵慈善家贊助本事業。養濟院是官府經營的事業，其經費由地丁正項銀或耗羨項下支付，而噶瑪蘭志風教曰：

直省會城設有養濟院，境内鰥寡孤獨殘疾無告之人照額收養。人多於額，以額外收養，在地丁正項銀米及耗羨項下分別動支。【略】

養濟院皆有基本財産，且有以官民捐銀買置的田園、房屋等不動産，收益悉充爲養濟事業經費。

《臨時臺灣舊習慣調查會第一部調查第三回報告書・第二款・普濟堂》

《大清會典・户部・蠲卹》曰：

廣寧門外設普濟堂，貧給飲食、病有醫業、歿爲斂瘞，起於紳民好義者捐設。歲頒崇文門税銀千兩、京倉米二百石以倡率之。

即由士紳捐設普濟堂於京師收容羈旅窮人，並由官府撥給銀米倡率。通都大邑亦有士紳捐設及官府設立的普濟堂。【略】

臺灣亦在乾隆十二年由巡臺御史六十七及范咸首倡，命令臺灣知縣李閶權撥出官帑一千餘元創設普濟堂於臺灣府城内，並附設棲流所，頒發新建普濟堂啓獎勵地方士紳捐款，【略】

本堂在臺南城内竹巷口街福州公廟後，收容貧困盲人十三名，俗稱十三寮。附屬財産係以官民義捐購置者，創立當時在蕭壠堡後營莊有園地二十五甲六分，並稱爲養贍園，另有一兩六錢的租銀，明治三十二年歸於臺南慈惠院。【略】

普濟堂與養濟院相同由官府經營，附屬財產亦由官府管理，但以該堂爲附屬財產的權利主體，亦屬於地方財團，即屬於明治三十年十二月訓令第一六一號規定範圍內。

《臨時臺灣舊習慣調查會第一部調查第三回報告書・第三款・育嬰堂》

一、育嬰堂的性質

育嬰堂的事業亦是清代卹政之一，《大清會典・户部・蠲卹》曰：養幼孤，京師廣渠門設育嬰堂，收養嬰孩之遺棄者。給庫帑立産，歲收租息，以供乳哺之費。順天府尹覈其實而支給之，直省則有司經理。倡好義之民以廣其惠濟，擇良善爲衆所信服者董其事。所收嬰孩識其年月日時，及長有願收爲子孫者，登諸籍而予之，其本家有訪求者歸之。【略】

臺灣在清治之初禁止攜眷渡來居住，因而棄兒甚少。道光年間解禁此令以來，生齒日繁，且傳來溺女惡習，尤以澎湖孤島爲甚。【略】

四、育嬰堂的財産

育嬰堂由官府經營，並以公款充爲經費，因而可視爲官業，附屬財産亦可視爲官有。但就由地方士紳捐款及擔任董事言之，視爲一種地方公共事業，其附屬財産以該堂爲權利主體較宜，《大清會典》：直省則有司經理，倡好義之民以廣其惠濟，擇良善爲衆所信者董其事，即表明此意。清代有以育嬰堂名義具領執照或典買田園之例。

紀事

《漢書》卷八《宣帝紀》〔五鳳四年春正月〕大司農中丞耿壽昌奏設常平倉，以給北邊，省轉漕。

《漢書》卷八《宣帝紀》〔地節四年〕九月，詔曰：朕惟百姓失職不贍，遣使者循行郡國問民所疾苦。吏或營私煩擾，不顧厥咎，朕甚閔之。今年郡國頗被水災，已振貸。鹽，民之食，而賈咸貴，衆庶重困。其減天下鹽賈。

《漢書》卷二四上《食貨志》〔元帝二年〕在位諸儒多言鹽鐵官及北假田官、常平倉可罷，毋與民爭利。上從其議，皆罷之。又罷建章、甘泉宫衛，角抵，齊三服官，省禁苑以予貧民，【略】其後用度不足，獨復鹽鐵官。

《漢書》卷二四上《食貨志》漕事果便，壽昌遂白令邊郡皆築倉，以穀賤時增其賈而糴，以利農，穀貴時減賈而糶，名曰常平倉。民便之。

《漢書》卷二四下《食貨志》羲和魯匡言：名山大澤，鹽鐵錢布帛，五均賒貸，斡在縣官，唯酒酤獨未斡。酒者，天之美禄，帝王所以頤養天下，享祀祈福，扶衰養疾。百禮之會，非酒不行。故《詩》曰無酒酤我，而《論語》曰酤酒不食，二者非相反也。夫《詩》據承平之世，酒酤在官，和旨便人，可以相御也。《論語》孔子當周衰亂，酒酤在民，薄惡不誠，是以疑而弗食。今絶天下之酒，則無以行禮相養；放而亡限，則費財傷民。請法古，令官作酒，以二千五百石爲一均，率開一盧以賣，讎五十釀爲準。一釀用麤米二斛，麴一斛，得成酒六斛六斗。各以其市月朔米麴三斛，並計其賈而參分之，以其一爲酒一斛之平。除米麴本賈，計其利而什分之，以其七入官，其三及醩截灰炭給工器薪樵之費。

《漢書》卷九九中《王莽傳》〔始建國二年二月〕初設六筦之令。命縣官酤酒，賣鹽鐵器，鑄錢，諸采取名山大澤衆物者税之。又令市官收賤賣貴，賒貸予民，收息百月三。犧和置酒士，郡一人，乘傳督酒利。

《三國志》卷四一《蜀志・王連傳》王連字文儀，南陽人也。劉璋時入蜀，爲梓潼令。先主起事葭萌，進連來南，連閉城不降，先主義之，不强偪也。及成都既平，以連爲什邡令，【略】遷司鹽校尉，較鹽鐵之利，利入甚多，有裨國用。

《宋書》卷四七《劉敬宣傳》 劉敬宣字萬壽，彭城人，漢楚元王交後也。【略】安帝反正，自表解職。於是散徹，賜給宅宇，月給錢三十萬。高祖數引與游宴，恩款周洽，所賜錢帛車馬及器服玩好，莫與比焉。尋除冠軍將軍、宣城內史、襄城太守。宣城多山縣，郡舊立屯以供府郡費用，前人多發調工巧，造作器物，敬宣到郡，悉罷私屯，唯伐竹木，治府舍而已。亡叛多首出，遂得三千餘户。

《南齊書》卷四《鬱林王紀》 〔永明十一年八月癸未詔曰〕御府諸署池田邸治，興廢沿事，本施一時，於今無用者，詳所罷省。公宜權禁，一以還民，關市征賦，務從優減。

《魏書》卷一一〇《食貨志》 三門都將薛欽上言：計京西水次汾華二州，恒農、河北、河東、正平、平陽五郡年常綿絹及貲麻皆折公物，雇車牛送京。道險人弊，費公損私。略計華州一車，官酬絹八匹三丈九尺，別有私民雇價布六十匹；河東一車，官酬絹五匹二丈，別有私民雇價布五十匹。自餘州郡，雖未練多少，推之遠近，應不減此。今求車取雇絹三匹，市材造船，不勞採斫。計船一艘，舉十三車，車取三匹，合有三十九匹，雇作手并匠及船上雜具食直，足以成船。計一船剩絹七十八匹，布七百八十匹。又租車一乘，官格四十斛成載；私民雇價，遠者五斗布一匹，近者一石布一匹。準其私費，一車布遠者八十匹，近者四十匹。造船一艘，計舉七百石，準其雇價，應有一千四百匹。今取布三百匹，造船一艘并船上覆治雜事，計一船有剩布一千一百匹。又其造船之處，皆須鋸材人功，並削船茹，依功多少，即給當州郡門兵，不假更召。汾州有租調之處，去汾不過百里，華州去河不滿六十，並令計程依舊酬價，車送船所。船之所運，唯達濡陂。其陵路從濡陂至倉庫，調一車雇絹一匹，租一車布五匹，則於公私爲便。

《魏書》卷一一〇《食貨志》 自徐揚内附之後，仍世經略江淮，於是轉運中州，以實邊鎮，百姓疲於道路。乃令番戍之兵，營起屯田，又收内郡兵資與民和糴，積爲邊備。有司又請於水運之次，隨便置倉，乃於小平、石門、白馬津、漳涯、黑水、濟州、陳郡、大梁凡八所，各立邸閣，每軍國有須，應機漕引。

《晋書》卷二六《食貨志》 永平五年作常滿倉，立粟市於城東，粟斛直錢二十。

《晋書》卷二六《食貨志》 〔泰始四年〕乃立常平倉，豐則糴，儉則糶，以利百姓。

《晋書》卷二六《食貨志》 〔尚書張林言〕又，鹽者食之急也，縣官可自賣鹽，武帝時施行之，名曰均輸。於是事下尚書通議，尚書朱暉議曰：王制，天子不言有無，諸侯不言多少，食禄者不與百姓争利。均輸之法，與賈販無異。以布帛爲租，則吏多姦。官自賣鹽，與下争利，非明王所宜行。帝本以林言爲是，得暉議，因發怒，遂用林言，少時復止。

《梁書》卷三三《王僧孺傳》 王僧孺，字僧孺，東海郯人，魏衛將軍肅八世孫。【略】天監初，除臨川王後軍記室參軍，待詔文德省。尋出爲南海太守。郡常有高涼生口及海舶每歲數至，外國賈人以通貨易。舊時州郡以半價就市，又買而即賣，其利數倍，歷政以爲常。僧孺乃歎曰：昔人爲蜀部長史，終身無蜀物，吾欲遺子孫者，不在越裝。並無所取。【略】僧孺幼貧，其母鬻紗布以自業，嘗攜僧孺至市，道遇中丞鹵薄，驅迫溝中。

《隋書》卷二《高祖紀》 〔開皇十四年〕六月丁卯，詔省府州縣，皆給公廨田，不得治生，與人争利。

《隋書》卷二四《食貨志》 〔開皇〕五年五月，工部尚書、襄陽縣公長孫平奏曰：古者三年耕而餘一年之積，九年作而有三年之儲，雖水旱爲災，而人無菜色，皆由勸導有方，蓄積先備故也。去年亢陽，關内不熟，陛下哀愍黎元，甚於赤子。運山東之粟，置常平之官，開發倉廩，普加賑賜。少食之人，莫不豐足。鴻恩大德，前古未比。其强宗富室，家道有餘者，皆競出私財，遞相賙贍。此乃風行草偃，從化而然。但經國之理，須存定式。於是奏令諸州百姓及軍人，勸課當社，共立義倉。收穫之日，隨其所得，勸課出粟及麥，於當社造倉窖貯之。即委社司，執帳檢校，每年收積，勿使損敗。若時或不熟，當社有饑饉者，即以此穀賑給。自是諸州儲峙委積。

《隋書》卷二四《食貨志》 又以西域多諸寶物，令裴矩往張掖，監諸商胡互市。啖之以利，勸令入朝。自是西域諸蕃，往來相繼，所經州郡，疲於送迎，糜費以萬萬計。

《隋書》卷二四《食貨志》 開皇三年正月，帝入新宫。【略】先是尚依周末之弊，官置酒坊收利，鹽池鹽井，皆禁百姓採用。至是罷酒坊，通鹽池鹽井與百姓共之。遠近大悦。

《隋書》卷二四《食貨志》〔開皇八年五月〕先是京官及諸州，並給公廨錢，迴易生利，以給公用。至十四年六月，工部尚書、安平郡公蘇孝慈等，以爲所在官司，因循往昔，以公廨錢物，出舉興生，唯利是求，煩擾百姓，敗損風俗，莫斯之甚。於是奏皆給地以營農，迴易取利，一皆禁止。十七年十一月，詔在京及在外諸司公廨，在市迴易，及諸處興生，並聽之。唯禁出舉收利云。

《隋書》卷二四《食貨志》〔開皇〕十四年，關中大旱，人飢。上幸洛陽，因令百姓就食。從官並準見口賑給，不以官位爲限。明年，東巡狩，因祠泰山。是時義倉貯在人間，多有費損。十五年二月，詔曰：本置義倉，止防水旱，百姓之徒，不思久計，輕爾費損，於後乏絶。又北境諸州，異於餘處，雲、夏、長、靈、鹽、蘭、豐、鄯、涼、甘、瓜等州，所有義倉雜種，並納本州。若人有旱儉少糧，先給雜種及遠年粟。

《隋書》卷二四《食貨志》 山東、河南大水，漂没四十餘郡，重以遼東覆敗，死者數十萬。因屬疫疾，山東尤甚。所在皆以徵斂供帳軍旅所資爲務，百姓雖困，而弗之恤也。每急徭卒賦，有所徵求，長吏必先賤買之，然後宣下，乃貴賣與人，旦暮之間，價盈數倍，裒刻徵斂，取辦一時。强者聚而爲盜，弱者自賣爲奴婢。

《舊唐書》卷一一《代宗紀》〔永泰二年〕其諸州府縣官，及折衝府官職田，據苗子多少，三分取一，隨處糶貨，市輕貨以送上都，納青苗錢庫，以助均給百官。

《舊唐書》卷一一《代宗紀》〔永泰九年〕五月庚戌，廢泜州。庚申，詔度支使支七十萬貫、轉連使五十萬貫和糴，歲豐穀賤也。

《舊唐書》卷一二《德宗紀》〔建中三年〕九月丁亥，以李洧部將高承宗爲徐州刺史、徐海沂都團練使。判度支趙贊上言，請爲兩都、江陵、成都、揚、汴、蘇、洪等州署常平輕重本錢，上至百萬貫，下至十萬貫，收貯斛斗匹段絲麻，候貴則下價出賣，賤則加估收糴，權輕重以利民，從之。

《舊唐書》卷一二《德宗紀》〔貞元二年十二月〕壬申，京城畿内榷酒，每斗榷錢一百五十文，蠲酒户差役，從度支奏也。

《舊唐書》卷一三《德宗紀》〔貞元十三年〕冬十月癸酉，以歲凶穀貴，出太倉粟三十萬石，開場糶以惠民。

《舊唐書》卷一五《憲宗紀》〔元和八年夏四月〕丙戌，以錢重貨輕，出庫錢五十萬貫，令兩常平倉收市布帛，每段匹於舊估加十之一。

《舊唐書》卷一七《敬宗紀》〔長慶四年〕辛丑，上始御紫宸殿受朝。既退，幸飛龍院，厚賜内官等物有差。以米貴，出太倉粟四十萬石，於兩市賤糶，以惠貧民。癸未夜，太白犯東井北轅。乙巳，上率群臣詣光順門冊皇太后。丁未，御中和殿擊毬，賜教坊樂官綾絹三千五百匹。戊申，擊毬於飛龍院。己酉，大合樂於中和殿，極歡而罷，内官頒賜有差。

《舊唐書》卷一七《文宗紀》〔開成元年閏五月〕己丑，湖南觀察使盧周仁進羨餘錢二萬貫、雜物八萬段；不受，還之，使貸貧下户征税。

《舊唐書》卷四八《食貨志》 儀鳳四年四月，令東都出遠年糙米及粟，就市給糶，斗別納惡錢百文。其惡錢令少府司農相知，即令鑄破。其厚重徑合斤兩者，任將行用。時米粟漸貴，議者以爲鑄錢漸多，所以錢賤物貴。於是權停少府監鑄錢，尋而復舊。

《舊唐書》卷四九《食貨志》 會昌六年九月敕：揚州等八道州府，置榷麴，并置官店沽酒，代百姓納榷酒錢，并充資助軍用，各有榷許限，揚州、陳許、汴州、襄州、河東五處榷麴，浙西、浙東、鄂岳三處置官沽酒。

《舊唐書》卷四九《食貨志》 長慶四年二月，敕出太倉陳粟三十萬石，於兩街出糶。其年三月制曰：義倉之制，其來日久。近歲所在盜用没入，致使小有水旱，生人坐委溝壑。永言其弊，職此之由。宜令諸州録事參軍，專主勾當。苟爲長吏迫制，即許驛表上聞。考滿之日，户部差官交割。如無欠負，與減一選。如欠少者，量加一選。欠數過多，户部奏聞，節級科處。大和四年八月，敕：今年秋稼似熟，宜於關內七州府及鳳翔府和糴一百萬石。

大中六年四月，户部奏：諸州府常平、義倉斛斗，本防水旱，賑貸百姓。其有災沴州府地遠，申奏往復，已於流亡。自今已後，諸道遭災旱，請委所在長吏，差清强官審勘，如實有水旱處，便任先從貧下不支濟户給貸。從之。

《舊唐書》卷四九《食貨志》 貞元八年十月，敕：諸軍鎮和糴貯備，共三十三萬石，價之外，更量與優饒。其粟及麻，據米數準折虚價，直委度支，以停江淮運脚錢充，並支綾絹絁綿，勿令折估。所糴粟等，委本道節度使監軍同勾當別貯，非承特敕，不得給用。

《舊唐書》卷四九《食貨志》 元和元年正月，制：歲時有豐歉，穀價有重輕，將備水旱之虞，在權聚斂之術。應天下州府每年所税地子數内，宜十分取二分，均充常平倉及義倉，仍各逐穩便收貯，以時出糴，務在救人，賑貸所宜，速奏。

六年二月，制：如聞京畿之内，舊穀已盡，宿麥未登，宜以常平、義倉粟二十四萬石貸百姓。諸道州府有乏少糧種處，亦委所在官長，用常平、義倉米借貸。淮南、浙西、宣歙等道，元和二年四月賑貸，並且停徵，容至豐年，然後填納。

九年四月，詔出太倉粟七十萬石，開六場糶之，并賑貸外縣百姓。至秋熟徵納，便於外縣收貯，以防水旱。

十二年四月，詔出粟二十五萬石，分兩街降估出糶。其年九月，詔諸道應遭水州府，河中、澤潞、河東、幽州、江陵府等管内，及鄭、滑、滄、景、易、定、陳、許、晋、隰、蘇、襄、復、台、越、唐、隨、鄧等州人户，宜令本州厚加優恤。仍各以當處義倉斛斗，據所損多少，量事賑給。

《舊唐書》卷四九《食貨志》 武德元年九月四日，置社倉。其月二十二日詔曰：特建農圃，本督耕耘，思俾齊民，既康且富。鍾庾之量，冀同水火。宜置常平監官，以均天下之貨，市肆騰踴，則減價而出；田穡豐羨，則增糴而收。庶使公私俱濟，家給人足，抑止兼并，宣通壅滯。至五年十二月，廢常平監官。

《舊唐書》卷五七《趙文恪傳》 趙文恪者，并州太原人也。隋末，爲鷹揚府司馬。義師之舉，授右三統軍。武德二年，拜都水監，封新興郡公。時大亂之後，中州少馬，遇突厥和親，令文恪至并州與齊王元吉誘至北蕃，市牛馬以資國用。

《舊唐書》卷五七《劉世龍傳》 劉世龍者，并州晋陽人。大業末，爲晋陽鄉長。高祖鎮太原，裴寂數薦之，由是甚見接待，亦出入王威、高君雅家，然獨歸心於高祖。【略】

時草創之始，傾竭府藏以賜勳人，而國用不足，義節進計曰：今義師數萬，並在京師，樵薪貴而布帛賤。若採街衢及苑中樹爲樵以易布帛，歲收數十萬匹立可致也。又藏内繒絹，匹匹軸之使申，截取剩物，以供雜費，動盈十餘萬段矣。高祖並從之，大收其利。

（宋）王溥《唐會要》卷六六《少府監》 顯慶六年二月十六日敕：南中有諸國舶，宜令所司，每年四月以前，預支應須市物。委本道長史，舶到十日内，依數交付價值。市了，任百姓交易。其官市物，送少府監簡擇進内。

景龍二年四月十四日敕：少府季別先出錢二千貫，別庫貯。每別敕索物，庫内無者，即令市進。皆須對主付值，不得且令供物，於後還錢。其錢兼以絹布絲綿充數，其祠進明衣及布，亦用此物充。

（宋）王溥《唐會要》卷八五《籍帳》 武德六年三月令：每歲一造帳，三年一造籍，州縣留五比，尚書省留三比。

儀鳳二年二月二十四日敕：自今已後，裝潢省籍及州縣籍。

景龍二年閏九月敕：諸籍應送省者，附當州庸調車送。若庸調不入京，雇脚運送，所須脚直，以官物充。

（宋）王溥《唐會要》卷八九《泉貨》 至開元六年正月十八日，敕禁斷惡錢，行三銖四絫已上舊錢，更收人間惡錢，鎔破復鑄，準樣式錢。敕禁出之後，百姓喧然，物價搖動，商人不甘交易。宰相宋璟、蘇頲奏請出太府錢五萬貫，分於南、北兩市平價買百姓間所賣之物堪貯掌官須者，庶得好錢散行人間，從之。又降敕：近斷惡錢，恐人少錢行用，其兩京文武官夏季防閤、庶僕，宜即先給錢，待後季任取所配物貨賣，準數還官。

（宋）王溥《唐會要》卷九三《諸司諸色本錢上》 乾元元年敕：長

安、萬年兩縣，各備錢一萬貫，每月收利，以充和雇。時祠祭及蕃夷賜宴别設，皆長安、萬年人吏主辦。二縣置本錢，配納質債户收息以供費。諸使捉錢者，給牒免徭役。有罪府縣不敢劾治。民間有不取本錢，立虚契，子孫相承爲之。

寶應元年敕：諸色本錢，比來將放與人，或府縣自取，及貧人將捉，非惟積利不納，亦且兼本破除。今請一切不得與官人及窮百姓并貧典吏，揀擇當處殷富幹了者三五人，均使翻轉迴易，仍放其諸色差遣，庶得永存官物，又冀免破家。

大曆六年三月敕：軍器公廨本錢三千貫文，放在人上，取利充使以下食料紙筆，宜於數内收一千貫文，别納店鋪課錢，添公廨收利雜用。

貞元元年四月，禮部尚書李齊運奏：當司本錢至少，廚食闕絶，請準秘書省、大理寺例，取户部闕職官錢二千貫文，充本收利，以助公廚。可之。

其年九月八日敕：自今後應徵息利本錢，除主保逃亡，轉徵鄰近者放免，餘並準舊徵收。其所欠錢，仍任各取當司闕官職田，量事糶貨，充填本數，并已後所舉，不得過二十貫。

十二年，御史中丞王顔奏簡勘足數：十王廚、二十貫文。十六王宅、三百九十二貫八百二十五文。門下省、三千九百七十貫四十文。中書省、五千九百九十八貫文。集賢院、四千四百六十八貫八百文。崇玄館、五百貫文。弘文館、七百二十六貫二百文。太清宫、一千貫文。史館、一千三百一十貫四百文。尚書都省、一萬二百一十五貫二百三十八文。吏部尚書銓、三千一百八十二貫二十文。東銓、二千四百四十五貫三百一十文。西銓、二千四百三十三貫六百六十一文。南曹、五百八十貫文。甲庫、二百八十四貫六十五文。功狀院、二千五百貫文。流外銓、三百貫文。急畫、五百貫文。主事、五百貫文。白院、五千六百二十三貫文。考功、一千五百二十六貫一百九十五文。司勳、二百二十八貫文。兵部、六千五百二十貫五百五十二文。户部、六千貫五百五十六文。工倉部、四百二十七貫三百三十文。刑部、六十貫文。禮部、三千五百二十八貫五百三十七文。工部、四千三百二十貫九百五十九文。御史臺、一萬八千五百九十一貫文。東都御史臺、五百貫文。西京觀察使、五千四十六貫八百五文。三衛使、五百貫文。軍器使、二千一百九十一貫一百三十文。監食使、七十四貫五十文。秘書省、四千七十貫文。殿中省、二百三十八貫五百文。太常寺、一萬四千二百五十四貫八百文。太常禮院、一千七百貫文。光禄寺、一百五十六貫文。衛尉寺、一千二百四貫八百七文。宗正寺、一千八百八十四貫文。大埋寺、五千九十二貫八百文。大僕寺、三千貫文。鴻臚寺、六千六百五貫一百二十九文。司農寺、五千六百五貫二百八十二文。太倉諸色供、七百八十七貫四百二十四文。太府寺、二千二百八十一貫六百三文。左藏庫、將作監、七百貫文。少府監、六百七十八貫七百文。中尚、七百七十貫文。國子監、三千三百八十二貫三百六十文。詹事府、一千七百一十六貫七百三十二文。家令寺、七百八十七貫九百文。僕寺、四百貫文。左春坊、一百八十四貫六百文。右春坊、二百八十貫文。崇文館、八百一十貫文。司天臺、二百八十貫文。皇城留守、一千二百三十四貫八百文。右金吾衛、九千貫文。右金吾引駕仗、三千三百六十九貫文。右街使、一千八百六十貫八百三十文。左金吾衛、九千九貫五百文。左金吾引駕仗、六千一百二十貫文。左街使、三千九百十六貫三百八十文。總監、三千貫文。京兆府、四萬八千八百八十九貫二百二十四文。京兆府御遞院。二千五百貫文。

二十一年正月制：百官及在城諸使息利本錢，徵放多年，積成深弊，宜委中書門下與所司商量其利害，條件以聞，不得擅有禁錢，務令通濟。

其年七月，中書門下奏：敕釐革京百司息利本錢，應徵近嚴，及重攤保，并遠年逃亡等；今年四月十七日敕，本利並放訖，其本事須借錢添填，都計二萬五千九百四十三貫六百九十九文。伏以百司本錢，久無疏理，年歲深遠，亡失頗多。食料既虧，公務則廢，事須添借，令可支持。伏望聖恩，許令準數支給，仍請以左藏庫度支除陌錢充。敕旨：宜依。

（宋）王溥《唐會要》卷九三《諸司諸色本錢上》　武德元年十二月，置公廨本錢，以諸州令史主之，號捉錢令史。每司九人，補於吏部，所主纔五萬錢以下，市肆販易，月納息錢四千文，歲滿授官。

貞觀元年，京師及州縣皆有公廨田，以供公私之費。其後以用度不足，京官有俸賜而已，諸司置公廨本錢，以番官貿易取息，計員多少爲月料。

十一年，罷諸司公廨本錢，以天下上户七千人爲胥士，視防閤制，而收其課，計官多少而給之。

十二年，復置公廨本錢。

《舊五代史》卷九七《晉書·盧文進傳》 初，莊宗得山後八軍，以愛弟存矩爲新州團練使以總領之。莊宗與劉鄩對壘於莘縣，命存矩於出後召募勁兵，又令山北居民出戰馬器仗，每鬻牛十頭易馬一匹，人心怨咨。

《舊五代史》卷八九《晉書·趙瑩傳》 趙瑩字玄輝，華陰人也。**【略】**初，瑩爲從事，丁母憂，高祖不許歸華下，以麤縗隨幕，人或短之。**【略】**少帝嗣位，拜守中書令。明年，檢校太尉本官，出爲晉昌軍節度使。是時，天下大蝗，境内捕蝗者獲蝗一斗，給粟一斗，使饑者獲濟，遠近嘉之。未幾，移鎮華州，歲餘入爲開封尹。

《舊五代史》卷九〇《晉書·楊彦詢傳》 楊彦詢，字成章，河中宜鼎人。**【略】**〔天福〕七年春，授華州節度使、檢校太尉。在任二年，屬部内蝗旱，道殣相望，彦詢以官粟假貸，州民賴之存濟者甚衆。

《舊五代史》卷一四七《刑法志》 晋天福二年八月，勅下刑部大理寺御史臺及三京、諸道州府：今後或有繫囚染疾者，並令逐處軍醫看候，於公廨錢内量支藥價，或事輕者，仍許家人看候。

（宋）王溥《五代會要》卷八《經籍》 後唐長興三年二月，中書門下奏：請依石經文字刻《九經》印板。敕：令國子監集博士儒徒，將西京石經本，各以所業本經句度抄寫注出，子細看讀，然後顧召能雕字匠人，各部隨帙刻印板，廣頒天下。

《新唐書》卷五二《食貨志》 文宗大和九年，以天下回殘錢置常平義倉本錢，歲增市之。非遇水旱不增者，判官司罰俸，書下考；州縣假借，以枉法論。

《新唐書》卷五二《食貨志》 是時，宫中取物於市，以中官爲宫市使。兩市置白望數十百人，以鹽估敝衣、絹帛，尺寸分裂酬其直。又索進奉門户及脚價錢，有齎物入市而空歸者。

《新唐書》卷五三《食貨志》 天寶中，歲以錢六十萬緡賦諸道和糴，斗增三錢，每歲短遞輸京倉者百餘萬斛。米賤則少府加估而糴，貴則賤價而糶。

《新唐書》卷五五《食貨志》 於時祠祭、蕃夷賜宴、别設，皆長安、萬年人吏主辦，二縣置本錢，配納質積户收息以供費。

《新唐書》卷一四〇《高季輔傳》 陛下身帥節儉，而營繕未息，丁匠不能給驅使，又和雇以重勞費。

《新唐書》卷一六一《庾敬休傳》 庾敬休字順之，鄧州新野人。**【略】**文宗將立魯王爲太子，慎選師傅，敬休以户部侍郎兼魯王傅。初，劍南西川、山南道歲征茶，户部自遣巡院主之，募賈人入錢京師。大和初，崔元略奏責本道主當歲以四萬緡上度支。久之，逗留多不至。敬休始請置院秭歸，收度支錢，乃無逋没。又言：蜀道米價騰踊，百姓流亡，請以本道闕官職田賑貧民。詔可。再爲尚書左丞。卒，贈吏部尚書。

（宋）沈括《夢溪筆談》卷一二《官政》 國朝六榷貨務，十三山場，都賣茶歲一千五十三萬三千七百四十七斤半，祖額錢二百二十五萬四千四十七貫一十。其六榷貨務，取最中，嘉祐六年，拋占茶五百七十三萬六千七百八十六斤半，祖額錢一百九十六萬四千六百四十七貫二百七十八。荆南府祖額錢三十一萬五千一百四十八貫三百七十五，受納潭、鼎、澧、岳、歸、峽州，荆南府片散茶共八十七萬五千三百五十七斤。漢陽軍祖額錢二十一萬八千三百二十一貫五十一，受納鄂州片茶二十三萬八千三百斤半。蘄州蘄口祖額錢三十五萬九千八百三十九貫八百一十四，受納潭、建州、興國軍片茶五十萬斤。無爲軍祖額錢三十四萬八千六百二十貫四百三十，受納潭、筠、袁、池、饒、建、歙、江、洪州、南康、興國軍片散茶共八十四萬二千三百三十三斤。真州祖額錢五十一萬四千二十二貫九百三十二，受納潭、袁、池、饒、歙、建、撫、筠、宣、江、吉、洪州、興國、臨江、南康軍片散茶共二百八十五萬六千二百六斤。海州祖額錢三十萬八千七百三貫六百七十六，受納睦、湖、杭、越、衢、温、婺、台、常、明、饒、歙州片散茶共四十二萬四千五百九十斤。十三山場祖額錢共二十八萬九千三百九十九貫七百三十二，共買茶四百七十九萬六千九百六十一斤。光州光山場買茶三十萬七千二百十六斤，賣錢一萬二千四百五十六貫。子安場買茶二十二萬八千三十斤，賣錢一萬三千六百八十九貫三百四十八。商城場買茶四十萬五百五十三斤，賣錢二萬七千七十九貫四百四十六。壽州麻步場買茶三十三萬一千八百三十三斤，賣錢三萬四千八百一十一貫三百五十。霍山場買茶五十三萬二千三百九斤，賣錢三萬五千五百九十五貫四百八十九。開順場買茶二十六萬九千七十斤，賣錢一萬七千一百三十貫。廬州王同場買茶二十九萬七千三百二十八斤，賣錢一萬四千三百五十七貫六百四十二。黄州麻城場買茶二十八萬四千二百七十四斤，賣錢一萬二千五百四十貫，舒州羅源場買茶一十八萬五千八十二斤，賣錢一萬四百六十九貫七百八十五。太湖場買茶八十二萬九千三十二斤，賣錢三萬六千九十六貫六百八十。蘄州洗馬場買茶四十萬斤，賣錢二萬六千三百六十貫。王祺場買茶一十八萬二千二百二十七斤，賣錢一萬一千九百五十三貫九百九十二。石橋場買茶五十五萬斤，賣錢三萬六千八十貫。

（宋）方勺《泊宅編》卷六　京師不搉酤，官司置院造麴，增其直出貿，凡酒户定年額斤數占買，雖不搉亦搉也。院之井滓穢，不堪汲用，唯以造麴特善，它井皆不如。

（宋）李燾《續資治通鑑長編》神宗熙寧五年閏七月　先是，上批付王安石：聞市易買賣極苛細，市人籍籍怨謗，以爲官司浸淫盡收天下之貨自作經營。可指揮，令只依魏繼宗元擘畫施行。

於是，安石留身，白上曰：陛下所聞必有事實，乞宣示。上曰：聞榷貨賣冰，致民賣雪都不售。安石曰：賣冰乃四園苑，非市易務。上曰：又聞買梳朴即梳朴貴，買脂麻即脂麻貴。

安石曰：今年西京及南京等處水脂麻不熟，自當貴，豈可責市易司？若買即致物貴，即諸物當盡貴，何故脂麻獨貴？賣梳朴者，爲兼并所抑，久留京師，乃至經待漏乞指揮，臣諭令自經市易務，此事非中所管。尋問吕嘉問，才買梳朴，兼并即欲依新法占買，嘉問乃悉俵與近下梳鋪，此所以通利商賈，抑兼并，榷估市井。元立法意政爲此，不知更有何事？上曰：或云吕嘉問少年不練事，所置勾當人盡姦猾，嘉問不能檢察。

安石曰：在京師官司，若寤寐飲食不忘職事，又能曉達事情如吕嘉問，即朝廷可以無事，所置勾當人如沈可道、孫用勤，若不收置務中，即必首爲兼并害法，今置之務中，所謂御得其道，狙詐咸作使也。今兼并把持條貫，伺市易之隙者甚衆，若違法抑勒百姓，豈肯已？上曰：又聞立賞錢捉人不來市易司買賣。

安石曰：此事尤可知其妄。吕嘉問連日或數日輒一至臣處爲事。初，臣要見施行次第，若有牓如此，臣無容不知，若不出牓，如何脅得商賈？果有此事，則是臣欲以聚斂誤陛下，相與爲蔽欺。陛下當知臣素行不至此污下，若臣不如此，即無緣有此事。上曰：卿固不如此，但恐所使令未體朝廷意，更須審察。

安石曰：此事皆有迹，容臣根究勘會，别具聞奏。吕嘉問見今買賣，亦輒取問客旅、牙行人，自來買賣與今來市易務買賣利害何如，各令供狀，即見行新法利害。既有文狀，即事皆可覆案。陛下未能昭然，即不妨覆案。今爲天下立法，固有不便之者。陛下初欲更法度，先措置宗室條貫，非但宗室所不便，前後兩省内臣以至大宗正司管勾所公人並官媒之類皆失職。既而修倉法，即自來説綱行賕之人又皆失職。既而修左藏、内藏庫法，即説綱行賕之人又皆失職，在掖門外僦舍幾爲之空，以自來説綱行賕人力不能復據要便處僦舍故也。既而又修三班、審官東西院、流内銓法，即自來書鋪計會差遣行賕之人又皆失職。今修市易法，即兼并之家，以至自來開店停客之人并牙人，又皆失職。兼并之家，如茶一行，自來有十餘户，若客人將茶到京，即先饋獻設燕，乞爲定價，此十餘户所買茶更不敢取利，但得爲定高價，即於下户倍取利以償其費。今立市易法，即此十餘户與下户買賣均一，此十餘户所以不便新法造謗議也。

臣昨但見取得茶行人狀如此，餘行户蓋皆如此。然問茶税，兩月以來倍增，即商旅獲利可知。不知爲天下立法，要均天下之利，立朝廷政事；要使兼并游惰姦人、侵牟食力之人以自利如故？若均天下之利，立朝廷政事，即凡因新法失職者皆不足恤也。又如保甲，誠足以除盗賊，便良民。前日曾進呈襄邑一縣未立保甲以前八月之間，强、竊盗各二三十火，强、竊盗其侵害驚恐良民，可謂甚矣。假令保甲未能無擾，當未如頻遇盗竊之苦，然此法行，即自來爲盗及藏盗皆所不便，不便即架造扇摇，無所不至。天錫陛下聰明曠絶，如拔王韶於選人以治邊，韶材果可以治邊；拔程昉於近習以治河，昉果可以治河，乃天錫陛下聰明曠絶也。然韶屢見疑沮，幾爲讒誣所廢；昉盡力公事，而陛下乃用讒説，謂其所舉人有私。此則陛下雖有曠絶之聰明，而每爲小人所蔽，不能稱天所以錫陛下之資。上笑。

安石又曰：陛下好惡不明，容長小人大過，若欺誣有狀終不治，此人所以敢爲欺誣，無所畏憚也。陛下欲廣聰明，故博延人言，臣不知陛下以謂博延欺誣即能廣聰明，博延忠信然後能廣聰明？上曰：固欲其忠信也。安石曰：今忠信者極少，欺誣者極多，此事不可責人，陛下正當自反。欺誣既衆，而陛下不忍有所懲；忠信既少，而陛下每惑於欺誣而深求其失，則人臣自非本性篤於仁義，孰肯不相朋比爲欺誣而欲獨爲忠信？凡今欺誣衆而忠信少，乃是陛下致其如此，不可以責人臣也。

（宋）李燾《續資治通鑑長編》神宗熙寧三年五月〔庚戌〕制置修例司言：諸路科買上供羊，民間供備幾倍。而河北榷場博買契丹羊歲數萬，路遠抵京則皆瘦惡耗死，屢更法不能止，公私歲費錢四十餘萬緡。近委著作佐郎程博文訪利害，博文募屠户，以產業抵當，召人保任，官豫給錢，以時日限口數斤重供羊，人多樂從，得以充足歲計。除供御膳及祠祭羊依舊別圈養棧外，仍更棧養羊常滿三千爲額，以備非常支用。從之。博文所裁省冗費凡十之四，人甚以爲便。先是進呈條例，上批曰：屠户情願本家宰殺亦聽一節可删去。恐以死肉充故也。羊事條目極多，而上一閱遂見此，人莫不稱嘆。蓋上於天下所奏報利害，擿其精要類如此。

（宋）李燾《續資治通鑑長編》神宗熙寧五年三月丙午，詔曰：天下商旅物貨至京，多爲兼并之家所困，往往折閲失業。至於行鋪、稗販，亦爲取利，致多窮窘。宜出內藏庫錢帛，選官於京師置市易務，其條約委三司本司詳定以聞。

先是，有魏繼宗者自稱草澤，上言：京師百貨所居，市無常價，貴賤相傾，或倍本數，富人大姓皆得乘伺緩急，擅開闔斂散之權，當其商旅並至而物來於非時，則明抑其價，使極賤而後爭出私蓄以收之；及舟車不繼而京師物少，民有所必取，則往往閉塞蓄藏，待其價昂貴而後售，至取數倍之息。以此，外之商旅無所牟利，而不願行於途；內之小民日愈朘削，而不聊生。其財既偏聚而不洩，則國家之用亦嘗患其窘迫矣。古人有言曰：富能奪，貧能與，乃可以爲天下。則當此之時，豈可無術以均之也！況今榷貨務自近歲以來，錢貨實多餘積，而典領之官但拘常制，不務以變易平均爲事。宜假所積錢別置常平市易司，擇通財之官以任其責，仍求良賈爲之輔，使審知市物之貴賤，賤則少增價取之，令不至於傷商；貴則少損價出之，令不至害民。出入不失其平，因得取餘息以給公上，則市物不至騰踴，而開闔斂散之權不移於富民，商旅以通，黎民以遂，國用以足矣。

於是，中書奏：古者通有無，權貴賤以平物價，所以抑兼并也。去古既遠，上無法以制之，而富商大室得以乘時射利，出納斂散之權一切不歸公上，今若不革，其弊將深。欲在京置市易務，監官二，提舉官一，勾當公事官一。許召在京諸行鋪牙人充本務行人、牙人，內行人令供通己所有或借他人產業金銀充抵當，五人以上充一保。遇有客人物貨出賣不行願賣入官者，許至務中投賣，勾行、牙人與客人平其價，據行人所要物數先支官錢買之，如願折博官司物者亦聽，以抵當物力多少許令均分賒請，相度立一限或兩限送納價錢，若半年納即出息一分，一年納即出息二分。已上並不得抑勒。若非行人見要物而實可以收蓄變轉，亦委官司折博收買，隨時估出賣，不得過取利息。其三司諸司庫務年計物若比在外科買，省官私煩費，即亦一就收買。故降是詔。

（宋）李燾《續資治通鑑長編》神宗熙寧五年夏四月先是，三司起請市易十三條，其一云兼并之家，較固取利，有害新法，令市易務覺察申三司，按置以法。御批：減去此條，餘悉可之。御史劉孝孫言：于此見陛下寬仁愛民之至。因言宜約束市易務。王安石曰：孝孫稱頌此事，以爲聖政。臣愚竊謂此乃是聖政之闕。天付陛下九州四海，固將使陛下抑疆豪彊，伸貧弱，使貧富均受其利，非當有所畏忌不敢也。較固法，是有律已來行用，今但申明所以爲均，均無貧，蓋孔子之言，於聖政有何害？陛下不欲行此，此兼并有以窺見陛下於權制豪强有所不敢，故内連近習，外惑言事官，使之騰口也。上笑曰：已有律，自可施行，故不須立條。安石曰：雖有律未嘗行，又未嘗委官司振舉，須先申明，使兼并知所避。上曰：若但設法傾之，即兼并自不能爲害。安石曰：若不敢明立法令，但設法相傾，即是紙鋪孫家所爲。孫乃百姓，制百姓不得，止當如此，豈有天下主亦爲孫家所爲也？上又言：新法行，故油貴。安石曰：以理論之，必無此。當是市人未喻耳。安石退，取市估及油店户私簿閲視。明日，亟白上曰：油未嘗增價也。又言：茶籠行人狀稱新法便民。牙人有誘人經三司陳訴嘗試官司如何者，不可不斥逐。茶籠行人乃曉此，朝廷豈不可喻此事？

（宋）李燾《續資治通鑑長編》神宗熙寧五年六月〔乙丑〕詔環慶荔原堡、大順城降羌每口給地五十畝，首領加倍，不足，以裏外官司職田及逃絶田充，又不足即官買地給之。王安石以環慶奏臧嵬等給田圖進呈，曰：雖見圖，然無由知臧嵬等所得地足與未足。據所給價錢，即是非良田，恐未足存濟。今臧嵬等自拔内附，若令失所，即恩信不孚，於邊事所損不細。臣以謂倍以錢買番户地，多給與頃畝，須管優足；未買得地，即且振以糧食，令無失所。況見在人只數百口，不及千口，就以千口計之，每口除見地外歲給兩石物，一歲所給才二千石；倍價買地，不過費數百緡。或疑無地可買，安石曰：若以倍價買，必可買，料邊人亦必有典賣地者，今以倍價招之，何患無地？上以爲然，曰：須明説與王廣淵，彼不知朝廷意如此，即不敢如此擘畫。

（宋）李燾《續資治通鑑長編》神宗熙寧五年十一月　上謂王安石曰：市易賣果實，審有之，即太繁細，令罷之如何？

安石曰：市易司但以細民上爲官司科買所困，下爲兼并取息所苦，自投狀乞借官錢出息，行倉法供納官果實。自立法已來，販者比舊皆即得見錢，行人比舊官司兼并所費十減八九，官中又得好果實供應，此皆逐人所供狀及案驗事實如此。每年行人爲供官不給，輒走却數家，每糾一人入行，輒訴訟不已。今自立法數月以來，乃有情願投行人，則是官司利便可知。止是此等皆貧民無抵當，故本務差人逐日收受合納官錢，初未嘗官賣果實也。陛下謂其繁細，有傷國體，臣愚竊謂不然。今設官監酒，一升亦賣，設官監商税，一錢亦税，豈非細碎？人不以爲非者，習見故也。臣以爲酒税法如此，不爲非義。何則？自三代之法固已如此。《周官》固已征商，然不云須幾錢以上乃征之。泉府之法，物貨之不售，貨之滯於民用者，以其價買之，以待買者，亦不言幾錢以上乃買。又珍異有滯者，斂而入於膳府，供王膳，乃取市物之滯者。周公制法如此，不以煩碎爲耻者，細大並舉，乃爲政體，但尊者任其大，卑者務其細，此先王之法，乃天地自然之理。如人一身，視、聽、食、息，皆在元首，至欲搔癢，則須爪甲。體有小大，所任不同，然各不可闕。天地生萬物，一草之細，亦皆有理。今爲政但當論所立法有害於人物與否，不當以其細而廢也。市易務勾當官乃取買人爲之，固爲其所事煩細故也，豈可責市易務勾當官不爲大人之事？臣以謂不當任煩細者，乃大人之事。如陛下朝夕檢察市易務事，乃似煩細，非帝王大體，此乃《書》所謂元首叢脞也。陛下修身，雖堯、舜無以加，然未能運天下者，似於大體未察，或代有司職，未免叢脞。《書》稱庶績咸熙，又曰庶績其凝。帝王收功，當如陽之熙，如陰之凝。陛下於政事尚未能熙，固未能凝。譬如天方春時，陽氣將熙，乃吹以凉風，摧以霜霰，即萬物豈能敷長？物尚不能敷長，即何由致成實？

上笑且曰：買得果實，誠比舊極佳，行人亦極便，但行人皆貧弊，宜與除放息錢。安石曰：行人比舊已各蘇息，可以存活，何須除放息錢？若行人已蘇息，比舊侵刻之苦已十去八九，更須除放息錢，即見今商税所取，不擇貧富，固有至貧乏人尚爲税務所困，亦合爲之蠲除。既未能蠲除彼，何獨蠲除此？今諸司吏禄極有不足，乃令乞覓爲生，不乞覓即不能自存，乞覓又犯刑法。若除放息錢，何如以所收息錢增此輩禄。

安石又曰：陛下不殖貨利，臣等不計有無，此足風化天下，使不爲利。至於爲國之體，摧兼并，收其羸餘，以興功利，以捄艱阨，乃先王政事，不名爲好利也。

（宋）李燾《續資治通鑑長編》神宗熙寧七年三月〔庚戌〕又詔：聞鎮、定州民有拆賣屋木以納免役錢者，令安撫、轉運、提舉司體量，具實以聞。其後逐司奏，體量得諸縣去秋旱災，以故貧下户亦有拆屋賣錢以給己家糧及官中諸費者，非專爲納免役錢也。王安石白上：百姓賣屋納役錢，臣不能保其無此。緣以今之官吏行今之法，必多輕重不均之處，然論事有權，須考問從前差役賣屋納役錢孰多孰少？即於役法利害灼然可見，在遠或難遽見，但問鄭、滑則天下事理可知矣。

上又批問安石，百姓爲貸市易抵當所錢，多没産及枷錮者，安石對：自置市易以來，有六户賣抵當納欠錢，然四人以欠三司錢或以他事折欠故賣産。有納户教唆，令衆人並不須納錢，且申展限，故送三司枷錮納錢。若請官錢不立供抵保法，即理不可行，若供抵當，即本備違欠出賣償官；若不許出賣償欠，即亦理不可行。兩年之間，而賣産償欠及枷錮催欠，止於如此，乃無足怪。今天下三年一郊，所放欠至一百餘萬貫，即其賣産償欠及枷錮催理多少可知，然議者何以不言，陛下何以不怪而問之？

上曰：人言賣産極多枷錮，乃至無人可監守。安石曰：人言必知賣産主名及見枷錮人所在，陛下何不宣示言者姓名，付所司推問？若實有之，市易司蔽匿不言，即罪固不可輕斷，若實無此而妄言，不知陛下含容此人於政事何補？上曰：言市易擾人不便者衆，不知何故致令如此？

安石曰：文彥博之徒，言朝廷不合言利，此乃爲臣而發。其餘左右近習誣罔市易，即以吕嘉問首公奉法，與內藏庫、內東門司、都知、押班、御藥争曲直，其事皆經論奏。又嘉問每事欲盡理，與三司、開封府屢争職事，雖未嘗不直，然衆怨由此起。向時有言市易賒物後抵當納欠不足，乃令私下買所賒人物者償欠。及根究，乃是三司賒糴糯米，如此追逮，直至河北、京西。若市易但有如此一事，必無不上聞之理。今三司如此，陛下亦聞之乎？不知陛下何故乃不聞此，而但聞市易擾人？此無他由，憑附近習與不憑附近習故也。今人臣皆憑附近習，然後免責，一與近習忤，即吹毛求疵，無所措手足，臣恐治世無此事。【略】

是日，上謂輔臣曰：成都且休置市易務，如何？王安石曰：已遣李杞相度，竢其還，不置亦無傷。上曰：若不置更相度，即蜀人必致驚擾。安石曰：不知置市易有何驚擾？況但相度，因何驚擾？上曰：天旱民饑，欲且省事。安石曰：若因天旱人饑，便廢修政事，恐無此理。臣初固言成都市易必致異論。今市易近在闕門之內，然讒訴日出，若於萬里之外置務，即異論必更多。當此時，陛下便令不相度即已，今既遣使相度，乃憂蜀人驚擾爲變而罷，此豈不爲四方有識所笑，以爲朝廷臨事憂怯如此。上乃已。

（宋）李燾《續資治通鑑長編》神宗熙寧七年八月 丙寅朔，鄜延經略使趙卨言：秋稼不登，欲不候民訴放税。及自冬初，日給闕食弓箭手常平米人一升半，不足，於省倉借給。從之，並詔近縣城寨秋田未成者，亦優加賑濟。

上批：提舉市易司奏，市易二年收息錢九十六萬餘緡，累準朝旨，已支九十五萬緡。可契勘何月日指揮，支往何處。訖無行遣。朱史削去，以爲支撥息錢不合書，新本亦削去。今復存之，此亦可見市易司爲欺也。【略】

樞密院進呈：入內供奉官、保州廣信軍走馬承受公事任克基奏：體量得廣信軍榷場，北客算請行貨急速。及皇城使知廣信軍王臨、殿中丞通判廣信軍路拯奏：本軍榷場，北客近來入納行貨稀少，算請行貨比舊日稍似緊急。并據定州路都總管、兼安撫監牧薛向奏：體量得廣信軍榷場，見今北客買賣並依常例，兼比算得見今錢物卻少，如遞年別無急要，大段結計還前數。詔：王臨、路拯、任克基所陳，與體量事實各有異同，王臨、路拯令河北西路轉運司，任克基令開封府，並勘罪以聞。

（宋）李燾《續資治通鑑長編》神宗熙寧八年六月 戊申，中書言：近詔運米百萬石往澶州、北京，計道路縻費不少，請歲給米鹽錢鈔、在京粳米總六十萬貫石，付都提舉市易司貿易。度民田入多寡，預給錢物，至收成時，令於澶州、北京及緣邊州軍入米粟麥封樁，候有備。遇物價貴，聽糴便司權住入中借兑支用，須歲豐補還。其市易司所糴，如價高，令以漸計置。從之。先是，上令中書勘會運米費錢若干，中書進呈約三十七萬貫。上怪其多，曰：向曾比較，那得費如許？

王安石曰：此乃約數，然亦必不少，俟更比較實數進呈。安石因言俵糴事，以爲非特歲漕百萬石，比今法可省六七十萬貫錢，又可榷河北入中價。河北大河無事，諸河又已循道，所出地及淤田至多，即歲增出斛斗不少。既遇斛斗貴，住糴即百姓米無所糴，自然價減。是雖有住糴之名，而實須有物可糴。府界淤田歲須增出數百萬石，民食有限，物價須歲加賤俵糴轉之。河北非惟實邊，亦免傷農。上以爲然。《吕惠卿日録》：八年九月十六日進呈罷運米，令市易俵放文字，余曰：元初只見在京八十價糴了米，司農寺以一百價賒糴了米，又東南八十價折斛，即是不得八十價米，又以二十文致到河北，不過一百文糴一斗六七分粟米，不爲貴。然本欲以外來物去河北，令官中有備，則和糴價可減，不爲商賈所操。安石欲以粟米易之，固甚善，然綱船兵梢也不易，許多時安排得成次第，且待糴得粟米後，換粳米也不妨，是他須要直罷了，亦不奈何。然因換得粟米後，便説道轉變得息錢一百萬，總是亂道。除以粟米易粳爲異外，等是從外處般物，由黄河到河北，其餘百般變轉得利，只是市易司買賣，干他運米甚事！才與商量便惡發。安石去後，是他所立底法，爲愛護如此，只是恐他來不得。聞朝班中有曹號呼臣爲護法善神，是他到來措置過，事須要改盡。只如市易事，吴安持怎盡會得？只見韓絳、馮京要壞此事，臣計算到約有一百三十萬貫息，故每起請，須要他看過行得，方教入遂貼地，没人語言。自吕嘉問到來，説並措置得不是，道是無他不得。臣見安石來便不能管得，而今也又有一百一十餘萬息錢，其餘措置若無本末，臣怎敢做？臣亦量臣力，尋常事開陳得官家，一時會盡，方始奉行。

見得安石奏事，陛下有沈吟，中間安石便自道了：你既如此，須是無心始得。然其他不曾見別有事，只是臣面上如此許多年相知，斷共做了許多事，下梢卻恁地？按：此事即八年九月二十六日，惠卿云安石欲罷河東運米，而行市易俵放之法，惠卿以爲非便者也。初令運米河北，乃六月十八日事，不知安石罷此，卻行市易俵放之法，的係何時？今附注此，更徐考之。

（宋）李燾《續資治通鑑長編》神宗元豐六年三月　癸酉，户部言：恩州至滄州等處，見有寄糴斛約八十餘萬石。欲乞下河北路都大提舉糴便司，令隋本處州縣人户賒借，内第三等不得過兩石，第四等、第五等不得過一石，即不得抑勒，候次年夏秋收成日輸納。其已有賒欠者勿給。從之。

（宋）李燾《續資治通鑑長編》神宗元豐七年四月　〔甲子〕尚書省言：自行官制以來，諸寺、監不治外事，唯太府寺市易案事與諸路相關。看詳興置市易，當令所在官司量度州縣閙要，遇賤則買，遇貴則賣。元置市易詔，半年出息一分，一年以上出二分。然所在物價增減，難以期定，而一州、一縣價所增減，相去亦必不甚遠，則或積而難售。所在州縣物價不同，又不能遍知，今若每旬令一路州軍估定物價，報提舉司，提舉司報轄下州，州下所屬，榜募人出抵當或見錢，市易司收息一分至二分，令商人自賣，則官已收二分之息，而又有餘利以資販者，則商賈流通，貨無湮滯，税額敷羡，物價常平。若無可抵當而貨須變易者，但不虧元價亦許賣。詔具爲令。

（宋）李燾《續資治通鑑長編》哲宗元祐元年十一月　〔壬午〕先是，左司諫王巖叟言：伏以救災卹患，惟恐有所不至，以傷其仁者，先王之用心也。隨施以有求，乘危以論利，蓋不忍焉。臣按：祖宗賑濟舊法，災傷無分數之限，人户無等第之差，皆得貸借，但令隨税納元數而已，未嘗有息也。故四方之人，霑惠者普，銜恩者深，郡縣倉庾以陳易新者多。其後刻薄之吏陰改舊法，必待災傷放税七分已上方許貸借，而第四等以下方免出息，殊非朝廷本意。緣災傷放税，多是監司以聚斂爲急，威脅州縣，州縣又承望風旨，不復體念朝廷，以災傷的實分數除放。若放及七分者，災傷已是十分，況少有及七分？又六分之與七分相去幾何？毫釐之間，何以辯別？幸而得爲七分，則有借貸，不幸而爲六分，則無借貸，但繫檢災官吏一言之高下，而被災百姓幸不幸相遠如此，此不可不察也。三等而上，均爲赤子，均遇天災，豈容因災偏令出息？計其所得則甚少，論其所損則實多，乖陛下平一之心，虧朝廷光大之施。臣乞復如舊法，不限災傷之分數，並容借貸，不拘民户之等第，均令免息。庶幾聖澤無間，感人心於至和，天下幸甚！如允臣所奏，其河北、京西、淮南等路昨來水災州縣，乞先次指揮施行。貼黄：臣竊見諸處借貸斛斗，必依年分支給，往往皆是陳次。次年人户所納，盡是一色新物。陳次一石，未得十斗之實；新物十斗，過倍一石之入。公家雖云無取，而所得亦已多矣。

巖叟又言：臣訪聞昨來河北等路水災十分去處，上等人户亦苦全闕糧斛。今倉廪幸皆有餘，何惜均令借貸，以濟其艱？此等户且無失陷之理，有益民下而無損公上，臣意朝廷優爲之耳。臣竊詳舊來雖不定災傷分數，並得借貸。若是所傷不多，委不至闕乏，州縣亦不敢借貸，民户亦自不願請領。惟恐災傷多處，其間有不幸偶然放税不及分數，則實被災之民無由霑借貸之惠，臣所以言必當復舊法，以除此弊也。

巖叟又言：臣於九月十四日曾論奏賑濟災傷，乞依舊法，令州縣體量，不限災傷之分數，并容借貸，不拘民户之等第，均令免息，庶幾聖澤無間，以召至和，並乞契勘昨來水災路分，先次施行，至今未蒙指揮。臣訪聞河北、京東西、淮南等路昨被災之民，不獨下户全仰救卹，雖中等而上今亦皆艱食，渴望濟接。若不早復舊法，寬借貸之惠，深恐入春難得種糧，以興農功，歲可望而人事不足，洊成饑乏，爲朝廷憂。伏望指揮檢會臣前奏，早賜施行。貼黄：臣以謂舊法具在，不須旋行修立，惟乞更賜申敕災傷郡縣，子細體量，約度借貸。其有以見錢紐折斛斗者，乞嚴賜指揮，必用平價，令艱急之民得霑實惠。詔户部看詳，別立新法。

《金史》卷五七《百官志・中都買物司》　使一員，從八品。副使一員，正九品。掌收買官中所用諸物。都監四員，從九品，掌支應等事。司吏二人。

《金史》卷五七《百官志・中都流泉務》　大定十三年，上謂宰臣曰：聞民間質典，利息重者至五七分，或以利爲本，小民苦之。若官爲設庫務，十中取一爲息，以助官吏稟給之費，似可便民。卿等其議以聞。有司奏於中都、南京、東平、真平等處並置質典庫，以流泉爲名，各設使、副一員。凡典質物，使、副親評價直，許典七分，月利一分，不及一月者以日計之。經二周年外，又逾月不贖，即聽下架出賣。出帖子時，寫質物人姓名，物之名色，金銀等第分兩，及所典年月日錢貫，下架年月之類。若亡失者，收贖日勸合干人，驗元典官本，并合該利息，陪償入官外，更勒庫子，驗典物日上等時估價之，物雖故舊，依新價償。仍委運司佐貳幕官識漢字者一員提控，若有違犯則究治。每月具數，申報上司。大定二十八年十月，京府節度州添設流泉務，凡二十八所。明昌元年，皆罷之。

二年，在都依舊存設。

使一員，正八品。副使一員，正九品。掌解典諸物，流通泉貨。

勾當官一員。攢典二人。

（元）馮福京等《昌國州圖志》卷二《敘州·學校·貢士莊》 舊於往宋咸淳年間，令姚濂任内以邑民張氏爭訴立嗣，縣以其家產業五分之一申于府，于臺，于部，照應學置莊，專爲貢選士人計偕之費。歸附後，至元十七年升州存縣，以本莊田糧歸學。後縣革而學亦廢，有司收係入官，逮至元甲午，欽奉聖旨節該贍學地土產業及貢士莊諸人毋得侵奪。欽奉如此，雖屢告於有司，迄今未歸諸學。 舊管

地八十二爲畝三角四十五步，山二百丹二畝三角一七步，内除亭户占種及撥付文昌宫，實管數見後係官項下。

舊收

米一十二石七斗，穀八十八石一斗，小麥三十石一斗五升，烏豆一十二石六升，租錢四十六貫十八界，除見徵數見官租項下餘無所稽。

（元）馮福京等《昌國州圖志》卷三《敘賦·田糧》 廣惠院田土一頃四十四畝一分，院在慶元路。往宋縣以是田所入之租悉送上府，以助供給孤老之用，亦良法也。

（元）單慶修《至元嘉禾志》卷一七《碑碣·廣惠院記》 按國朝初，在京置四福田院，收養老疾孤幼無依者。列聖相傳，膏澤愈沛。如曰鰥寡孤獨不能自存者，州知通縣令佐驗實，官爲養之。此元符元年十月八日詔書也。如曰自京師至外路，皆行居養法。猶慮雖非鰥寡孤獨，而癃老疾廢貧乏，實不能自存，可立條，委當職審察詣實，許與居養，速著文行下。此崇寧四年十二月二十八日詔書也。如曰諸處有癃老廢疾之人，可依臨安府例，令官司養濟，此紹興十三年九月十五日詔旨也。

其在古先帝王，則不虐無告，不廢困窮。發政施仁，必先斯四者，門闕之，委積以養老孤。我祖宗之法制實與唐虞三代仁誼道德相爲表裏，大要以民爲心，尤以民之鰥寡孤獨瘖聾跛躃顛連而無告者爲心。嘉興爲馮扶緊郡，户籍繁夥，生齒衆多，則夫鰥寡孤獨瘖聾跛躃顛連而無告者，宜不能免焉。而長民者不知養，非所以布宣上德也。曩郡守相臺岳公珂嘗有志於斯矣，會去官不克，僅儲緡錢萬以屬來者。悠悠一紀，未有過而問焉，而此錢因以轉移，不復爲州家有。自濬爲州郡别駕，已慨然興惻。洎領郡事，即經營卜度，寸積尺累，或墾閑田，或市良田，或括公田，或民之化於善者樂助田，歲餘得米二千七百石有奇。迺治新材，刱屋一區，爲程六十有五，凡門廡，直舍，倉室，廚湢皆備。繚以垣墻，環以溝洫，扁曰廣惠，聚民之鰥寡孤獨瘖聾跛躃顛連而無告者，俾居焉。額以二百人，老者病者，月廩米五斗，錢千；少者，月廩米三斗，錢半之。取米於倉，取錢於米。於是烈日之晝，虐雪之夜，風雨之朝昏，哀號啼苦，乞食道路者不接於耳目矣。自念畎畝孤生，幼被先人之教，既長，蒙先帝大恩，錫之上第，摧頹剥落之餘，又蒙主上大恩，内登館殿，外領麾收，當四郊多壘之時，不能宣勞疆埸，致命戎行，徒有撫問閭閻，蠲除疾苦，護養元氣，共培國脈，庶幾報稱之萬一云爾。後之君子其與永久之！時紹定辛卯七月旦日，朝散郎、權發遣嘉興軍府兼管内勸農事，節制金山水軍吳濬記。

（元）熊夢祥《析津志·工局食廩·柴炭局》 元貞二年，欽奉聖旨設立詹事院。本院呈准省部文字，依本位下柴炭局例，鑄到本局從七品銅印一顆。設局官達魯花赤、大使、副使各一員，俱受勑牒。至治二年例革，天曆二年復立。徽政院除受院劄提領大使，副使各一員。本局設官俱受院劄提大付攢管，領廣平、彰德路等處課麥提領所。至大三年，敬奉皇太后懿旨，廣平磁州田土，元與可伏兒來那田地，如今失列監姑根底與者磨道，敬此劄付内宰司，行下彰德等處課麥提舉所，敬依施行。至元二年拘收還官。本所行從七品銅印一顆。設本所官，提領二員，俱受院劄。地五百十一頃三十一畝五分六釐，歲辦錢中統鈔二十四錠二十九兩五錢；糧粟麥一千九百五十八石二斗三升。

管房提領所徽政院都事呈禮部符，承奉中書省劄付本部呈徽政院。至元二年奏准管房提領所，比依隆祥總管府管房提領所例，鑄到正九品銅印一顆，設官隸本院照磨所管。

至正五年，撥付諸色府管領。於概管人户内選保提領大使各一員，受

院劄。房舍一千一百二十五間半，地土三十二頃三畝四分二釐。

（元）蘇天爵《元文類》卷四〇《雜著・經世大典序録・惠民藥局》

聖朝自太宗皇帝九年丁酉，始立惠民藥局，自燕京至南京，凡一十路。逮大德三年，詔各路分置之，官給鈔本各有差，月營子錢，修備藥物，仍擇良醫主典，救疗貧民，俾無疾痛之患。

《元史》卷九《世祖紀》〔至元十四年二月〕丙寅，改安西王傅銅印爲銀印。立永昌路山丹城等驛，仍給鈔千錠爲本，俾取息以給驛傳之須。

《元史》卷八九《百官志》 廣惠庫，大使一員，副使一員。至元三十年，以鈔本五千錠立庫，放典收息，納于備用庫。

《元史》卷九六《食貨志・常平義倉》 常平起于漢之耿壽昌，義倉起于唐之戴胄，皆救荒之良法也。元立義倉於鄉社，又置常平於路府，使饑不損民，豐不傷農，粟直不低昂，而民無菜色，可謂善法漢、唐者矣。

今考其制，常平倉世祖至元六年始立。其法：豐年米賤，官爲增價糴之；歉年米貴，官爲減價糶之。於是八年以和糴糧及諸河倉所撥糧貯焉。二十三年定鐵法，又以鐵課糴糧充焉。義倉亦至元六年始立。其法：社置一倉，以社長主之，豐年每親丁納粟五斗，驅丁二斗，無粟聽納雜色，歉年就給社民。於是二十一年新城縣水，二十九年東平等處饑，皆發義倉賑之。皇慶二年，復申其令。然行之既久，名存而實廢，豈非有司之過與。

《元史》卷九六《食貨志・惠民藥局》 《周官》有醫師，掌醫之政令，凡邦有疾病疕瘍者造焉，則使醫分而治之，此民所以無夭折之患也。元立惠民藥局，官給鈔本，月營子錢，以備藥物，仍擇良醫主之，以療貧民，其深得《周官》設醫師之美意者與。

初，太宗九年，始於燕京等十路置局，以奉御田闊闊、太醫王璧、齊楫等爲局官，給銀五百錠爲規運之本。世祖中統二年，又命王祐開局。四年，復置局於上都，每中統鈔一百兩，收息錢一兩五錢。至元二十五年，以陷失官本，悉罷革之。至成宗大德三年，又準舊例，於各路置焉。凡局皆以各路正官提調，所設良醫，上路二名，下路府州各一名，其所給鈔本，亦驗民户多寡以爲等差。

《明會典》卷三五《户部・各司局衙門》 歷朝建革不一，其已革衙門課程，仍於該府州縣及附近司局帶管，或於均徭内編補，或將革過巡攔工食銀抵補，歲辦不缺，今並存之。

《明實録》宣宗宣德三年六月 己亥，上諭都御史劉觀等曰：北京各廠庫局所貯木石磚瓦等料，皆勞苦軍民，以積于此，而工部及主守之人略不念其所自，視同己物，私以與人，不可勝計，比來事覺，已置諸法。爾即揭榜曉諭各廠庫局，所蓄之物，皆具實數收支，務令明白，不許絲毫侵欺，如仍舊弊不悛者，犯人處死，全家發戍口外。

《明實録》武宗正德九年正月〔丙戌〕十三道監察御史羅縉等言六事：【略】一、自逆瑾用事，創立皇店，内自京城九門，外至張家灣，河西務等外，拉截商賈，横斂多科，無藉之徒恃勢張威，私藏厚殖，皆宜查革。【略】疏入，得旨：此疏假以求言，奏事煩瑣，不允。

《明實録》武宗正德九年九月 甲子，贈御馬監太監于經父泰爲錦衣衛都指揮使，【略】從經請也。經寵倖，嘗導上於通州、張家灣置皇店，榷商賈舟車徵，至擔負之利，亦皆有税，中外怨之。其請祠額者，則香山碧雲寺所自治塋域也。工作靡費以百萬計。上亦嘗幸焉。

《明史》卷一五《孝宗紀》〔弘治十一年〕十一月壬子，免陝西織造羊絨。閏月壬戌朔，日有食之。乙酉，罷福建織造綵布。

《明史》卷一五《孝宗紀》〔弘治十七年〕五月壬辰，罷南京、蘇、杭織造中官。

《明史》卷一七《世宗紀》〔嘉靖十七年〕秋七月辛卯，開河南、雲南銀礦。

《明史》卷一八《世宗紀》〔嘉靖二十七年〕十一月乙未，詔撫按官採生沙金。

《明史》卷一九《穆宗紀》〔隆慶元年〕方士悉付法司治罪，罷一切齋醮工作及例外採買。

《明史》卷二〇《神宗紀》〔萬曆三十三年冬十二月乙卯〕罷採廣東珠池、雲南寶井。

《明史》卷二三《莊烈帝紀》〔崇禎九年十二月〕丙申，命開銀鐵銅鉛諸礦。

《明史》卷七九《食貨志·倉庫》 預備倉之設也，太祖選耆民運鈔糴米，以備振濟，即令掌之。天下州縣多所儲蓄，後漸廢弛。于謙撫河南、山西，修其政。周忱撫南畿，別立濟農倉。他人不能也。正統時，重侵盜之罪，至僉妻充軍。且定納穀千五百石者，敕獎爲義民，免本户雜役。凡振饑米一石，俟有年，納稻穀二石五斗還官。弘治三年限州縣十里以下積萬五千石，二十里積二萬石；衛千户所萬五千石，百户所三百石。考滿之日，稽其多寡以爲殿最。不及三分者奪俸，六分以上降調。十八年令贖罪贓罰，皆糴穀入倉。正德中，令囚納紙者，以其八折米入倉。軍官有犯者，納穀準立功。

《清實録》乾隆二十年八月 丙辰，吏部等部會議：兩廣總督應琚奏：【略】又永安、豐順等縣開採黑鉛，實存餘鉛三十萬餘觔，請酌留十萬觔，餘變賣充餉。將來配鑄餘存積至五萬觔，即照例變賣。均應如所請。從之。

《清實録》乾隆四十三年三月 工部議復：大學士管雲貴總督李侍堯疏稱：滇省各標營需用硝磺，向係營員自行采辦，應嚴定章程，以杜偷漏。

《清實録》乾隆四十七年三月 〔丙寅〕貴州布政使孫永清奏：黔省柞子廠，出產黑鉛，向例以二成抽課，餘鉛給價官買，撥供京局鼓鑄。嗣因廠衰鉛少，改歸湖南省解辦，按年撥五萬餘觔運楚，以備直隸、山西兩省之用，偶遇採辦之年，不敷分撥。近日該廠出鉛較旺，嗣後遇解運白鉛赴楚時，即搭撥黑鉛十萬觔交局存貯，以備採買。得旨：嘉獎。

《清實録》道光十四年正月 〔甲戌〕著照所請，准其借買長蘆官鹽五萬引，即援照歷屆借鹽各章程，由浙江省委員，帶領浙商與蘆商前赴各場，照價收買，仍按浙江省引斤捆包。

《清實録》道光二十二年八月 〔己卯〕兩江總督牛鑑等奏：遵議徐州府屬八州縣係產硝之區，現在海氛不靖，誠恐姦匪偷漏，已飭屬於產硝適中處，設立局廠，凡民間埽取硝斤，均令赴廠秤收，按斤給價。

《清實録》道光二十三年五月 〔丙午〕至松所商力疲乏，自應量加調劑，著準其於運庫外輸雜款項下，酌借銀四萬兩，給發各商，飭即收買場鹽轉運，不准移作別用。

《清實録》咸豐二年九月 〔庚午〕著倉場侍郎、直隸總督，即飭將楊村剥船調集一千五百隻，迅赴臨清牐，與東省額設官剥，並例添二雇民剥各船，挨次剥運，毋得稍有稽延。

《清實録》咸豐五年十月 〔己亥〕現在軍餉浩繁，籌撥維艱，楚茶、浙鹽既可彼此交易，自應亟籌互運，以便民用而裕餉需。

《清實録》咸豐十一年十月 〔癸酉〕著江蘇巡撫會同漕運總督，採辦乾潔粳米二十萬石，於明年二、三月運赴天津。其買米價值，先由該處按照市價覈實酌定，一有商人認辦，即行專摺奏報。

《清實録》同治五年十二月 〔丁亥〕又諭：馬新貽奏：海運商船賠累，請酌加水脚，並請飭產船地方，雇船協濟一摺。近年海運漕糧，均係借資商船，該商等承運官糧，往返動逾半年，費用加增，每多賠累，自應優加體恤，以廣招徠。著準照馬新貽所請，此次海運封雇各商船，於例給水脚之外，每石酌增銀一錢五分，以資津貼。

（清）徐松《宋會要輯稿·食貨六四·和買》 太宗太平興國八年四月詔：内外諸司庫務及内東門諸處造作，如官庫内有物，不得更下行收市，應要委三司職官，常預計度。若急須物色，官庫内無，即於出產處收市。若不及，即從三司下雜買務收買，即不得直下行鋪。如違，許諸色人陳告，監官劾罪嚴斷。真宗咸平二年五月十一日詔：官中市物，勒行人於雜買，務納下本，務令人供應。二十二日詔：雜買務買物，支價錢，委監官，當面將旬價，紐計錢數責領。若三司乞破之時須繳元帖，並領狀申三司。景德三年五月九日詔：内東門買賣司應内降出賣匹段，自今明上簿曆，令使臣當面差人印記，具關子送下，雜買務出賣所有金銀，即封記交付，更不得私將抵換匹帛，下行出賣。所有諸宮院亦令依此置曆抄上。又内中自來有直賣諸般物色，並令抄上簿曆拘管，依例具關子下，雜買務取索供納。又内中降出見錢，令雜買務收買供應物色，自今便仰據數送下、依例下行收買供應，更不得令將見錢轉換，不堪匹緞充賣。又内中所買羊肉，自今並令使臣上曆出給印押帖子，差箠官下行取買，諸宮院准此。

契約文書

《吐魯番出土文書》第一册《阿斯塔那三〇五號墓文書·倉曹屬為買八緵布事》

倉曹樊霸梁斌前屬催奸吏買八緵。

布四匹，竟未得。今日盡，急須。屬至，亟催。

買，會廿六日。屬官付。

三月廿四日屬

統軍　玢　主簿　謙

《吐魯番出土文書》第一册《阿斯塔那一號墓文書·某人條呈為取床及買毯事》

〔前缺〕

楊奣從劉普取官床四斛，爲絲十三兩。

□□得床十一斛，作絲二斤三兩半，闔兒前買毯（賈）〔價〕。

［　］條呈。

《吐魯番出土文書》第一册《阿斯塔那一號墓文書·劉普條呈為得麥事》

〔前缺〕

合得麥七十斛九斗五升，下𨒁麥一斛，倍爲二斛。［　］

都合麥五百卅斛八斗。請副内紀識。

五月十日劉普條呈

《吐魯番出土文書》第一册《阿斯塔那一號墓文書·劉普條呈為綿絲事》

〔前缺〕

都合綿七斤［　］

楊瓜生絲一斤，索盧來絲十兩。自出〇〇〇毯一張。

請副内紀識。

五月十日劉普條呈

《吐魯番出土文書》第一册《阿斯塔那六二號墓文書·翟彊辭為負麥被拙牛事》

〔前缺〕

□春從人［　］奴，奴佛流

□二斛夏［　］償麥三斛，

㕥夏麥［　］□茈惡，已償

麥一斛五斗，殘負麥一斛五斗，比

爾當方宜索償。彊是貧

□，外□□牛一頭載致。流拙牛

□去，經四日□願賜教付曹，

□流以牛見還，比爾當舉便

償流。謹辭以聞。

《吐魯番出土文書》第一册《阿斯塔那六二號墓文書·翟彊辭為共治葡萄園事一》

〔前缺〕

［　］秋當与□［　］

□殘少多，用了外（責）〔債〕［　］

今年風虫，蒲陶二分枯花。□□

□彊家理貧窮，每調（陪）〔賠〕□

与績辭索，訴詣曹久，績投了□

［　］与共各解。績作高□□身知剪

［　］獲曹符下，累次下積

［　］欲行被刺。彊共積有要

［　］要從人例，惟有殘少

［　］東垂麥際，爲賊所□

［　］保察督□

［　］分處。謹辭。

《吐魯番出土文書》第一册《阿斯塔那六二號墓文書·翟彊辭為共治葡萄園事二》

〔前缺〕

□□乏，外有（責）〔債〕負。［　］

□績蒲陶六畝，與共分治。［　］

爲埋。去春爲出責棵［　］

糞十車□秋當［　］

望殘少多，用俟結要。若［　］賊要［　］

貧民不[ ]年多[ ]
一枯花[ ]□□有[ ]
爲分處[ ]水火合[ ]
教付曹。[ ]
辭。

《吐魯番出土文書》第三册《阿斯塔那四八號墓文書・高昌延昌二十七年四月兵部條列買馬用錢頭數奏行文書》

[ ]子傳：高伯
亮邊買赤馬一匹，用錢
[ ]邊買瓜馬一匹，用錢卅七文；次阿浮利沙
[ ]錢卅五文。有馬三匹，付匡安受。
都合□□叁匹，用錢壹（伯）〔佰〕壹拾捌文。
謹案條列買馬用錢頭數，列別如右，記識奏諾奉　行
門下校郎　□　瓊
通事令史□　患
侍郎　史□　養生
延昌廿七年丁未歲四月廿九日兵部　奏
□軍將軍高昌令尹麴　伯雅
□衛將軍綰曹郎中麴　紹徽
□□□□□部事麴　歡
嚴　佛圖
翟　奇乃
鄭　僧道

《吐魯番出土文書》第三册《阿斯塔那四八號墓文書・高昌延昌二十七年六月兵部條列買馬用錢頭數奏行文書》

起六月八日，侍郎僧子傳：翟呼典畔陀邊買赤馬一匹，用錢卅五文。
都合買馬壹匹，用銀錢肆拾伍文，付匡安受。
□案條列買馬用錢頭數，列別如右，記識奏諾奉　行。
通　事　令　史　和　樂
□　郎　史　養生

[ ]日兵部　奏
□軍將軍□□□麴□伯雅
右衛□軍綰□郎中麴　紹徽
平遠將軍領兵部事麴　歡
嚴　佛圖
翟　奇乃
鄭　僧道

《吐魯番出土文書》第三册《阿斯塔那四八號墓文書・高昌延昌二十七年六月廿九日兵部條列買馬用錢頭數奏行文書》

□□□四日阿都瓠[ ]
用錢卅七文，[ ]
馬一匹紫馬四匹[ ]
□邊買赤馬七匹，紫馬四匹，瓜[ ]
瓜留馬二匹，赤餘馬一匹，駮馬一匹[ ]
都合買馬肆拾捌匹，用銀錢壹[ ]
謹案條列買馬用錢頭數，列別如右，記識□□　□
□□□郎麴　患
通事令史楊　友
麴　慶濡
延昌廿七年丁未歲六月廿九日兵部　奏
中軍將軍高昌令尹麴　伯雅
右衛將軍綰曹郎中麴　□□
（後缺）

《吐魯番出土文書》第三册《阿斯塔那四八號墓文書・高昌延昌二十七年七月十五日兵部條例買馬用錢頭數奏行文書》

起七月一日侍郎僧[ ]
□□受邊買青[ ]
[ ]文次；董阿[ ]
[ ]邊買青馬一匹，[ ]
□□八文；次阿都瓠珂頓[ ]

［　　］邊買赤馬一匹，用錢［　　］
都合買馬拾捌［　］文。
謹案條列買馬用錢頭□□□□□□□□□奉　行。
通事令史和　樂
侍郎史　養生
延昌廿七年丁未歲七月十五日兵部　奏
中軍將軍高昌令尹麴　伯雅
右衛將軍綰曹郎中麴　紹徽
平遠將軍領兵部事麴　歡
嚴　佛圖
翟　奇乃
鄭　□□
［　　］傳康秋兒邊買［　　］

《吐魯番出土文書》第三册《阿斯塔那四八號墓文書・高昌延昌二十七年八月兵部條例買馬用錢頭數奏行文書》〔前缺〕

四紫馬二匹，瓜馬二匹，［　］用錢卌三
一匹，白青馬二匹，鐵青馬一匹，□□馬一匹，白［　　］
一匹，瓜留二匹，留一匹，餘馬一匹，［　　］
□次□離殘邊買赤馬三匹，［　］馬一匹，黃馬一匹，
□馬一匹，用錢卌三文，驃馬一［　］匹，赤馬二匹，用錢卌
二文。
都合買馬□□□匹，用錢壹遷肆伯捌拾文。
謹案條列買馬用錢頭數，列別如右，記識奏諸奉　行。
通□令史和　樂
侍郎史　養生
延昌廿七年丁未歲八月十五日兵部　奏
中軍將軍高昌令□□　伯雅
右衛□□□□□□□　紹徽
平遠將軍領兵部事麴　□
嚴　□□

翟　□□
鄭　□□

《吐魯番出土文書》第三册《阿斯塔那四八號墓文書・高昌延昌二十七年某月兵部條列買馬用錢頭數奏行文書》

［　　］日，侍郎僧子傳康稱但邊買瓜馬一匹，用錢卌
［　　］赤馬一匹，用錢卌二文。右馬二匹，付主簿宣賢。
都合買馬貳匹，用銀錢陸□柒文。
□□□□□錢頭數，列別如右，記識奏諸奉　行。
□□校郎麴　患
□□□史楊　友
麴　廢儒
延昌廿七年□□□□月廿□日兵部　奏
□□□□□□□□　伯雅
□□□□□□□□　紹徽
□□□□□□□□麴　歡
嚴　佛圖
翟　奇乃
□　僧道

《吐魯番出土文書》第三册《阿斯塔那一五五號墓文書・高昌某年傳始昌等縣車牛子名及給價文書》〔前缺〕

［　　］銀錢陸文。□□保牛得銀錢拾壹文。［　　］
□□牛貳具。次始昌孫延□牛得銀錢拾壹。［　　］
安足牛得銀錢拾壹人。［　　］
拾具，乘牛壹頭，得近道價，□□□□往河畔中取帳木。次
十［　　］
傳始昌遠行車牛了名：董安伯牛，得銀錢貳拾陸文。［　　］
叁文，參軍師祐牛，得銀錢貳拾陸文。劉延明車［　］延車牛
壹具，得銀錢叁拾究文。張延叙牛，得銀錢貳拾［　］錢拾叁文。
羅寺道明車牛壹具，得銀錢叁拾究文，張伯兜車牛壹具，得銀錢叁
拾究

文。張伯臭牛得銀錢貳拾陸文。唐懷願車得[ ]文。田來得牛
得銀錢貳拾□。
□海憙車，得銀錢拾叁文。合車牛捌具，供侍郎史歡太馱往塢耆得
遠道價。
□□歲二月廿二日，酒泉令陰世畋宣，門下校郎司空明犖、通事令
史辛孟護貳人傳：高
[ ]官車牛伍具，單車壹具乘，合得銀錢究拾壹文。次東宮
車牛
[ ]錢伍拾壹文，○○單車壹乘，壹脚破軋付主，得銀錢拾
伍
□□軸壹，得銀錢貳文。合得銀錢陸拾捌文，并合車牛[ ]
次
□□□付麴顯伯、虎牙張海瑚貳人，往天公薗中取木去。
□□校郎司空明犖、通事令史辛孟護貳人傳：西頭遠行牛名：安
樂□□
[ ]得銀錢拾壹文，永安東寺[ ]壹文。次洿林主簿康虎，
皮牛死生
[ ]價，得銀錢壹佰貳拾壹文，買肉去；得銀錢拾肆
文□□
銀錢肆文，破□□□付主□□頭，付麴□□□□□□人乘往天分薗中
去。次□
月廿九日，酒泉令陰世畋宣門下□□□□□□□□□令史卒□
護[ ]
頭遠行車牛子名□□官寺牛[ ]
（後缺）

《吐魯番出土文書》第六冊《阿斯塔那四號墓文書·唐支用錢練帳一》

[ ]三將去五疋，校尉買去二疋，用買何增馬。
練[ ]
□職城下。用練一疋羅馬蹹。更錢八文，亦用羅胡乍城。更用練
一疋
[ ]用錢拾文，憧[ ]羅麥。用麥造糧據史德城。用
錢[ ]
□文，校尉用四文，羅蹹。用錢二文，買弦。更練一疋，曹師邊用
羅蹹。
□心渾。用練一疋，羅麥來，迴河頭。用一疋，曹頭願住處買羊。
更用錢
□□住內撥換城。用練半疋，羅米買婢，闕練一疋。更用
錢[ ]
□□買宍。更用一疋，買白氈。用練半疋尾礼處買氈。用錢三
文[ ]
□安西。用錢三文，羅蹹。更用錢一文，買草。更用同錢貳拾二文
數。[ ]
[ ]蓿。更用同錢六文，羅麫。更用同錢十四文，
羅[ ]
[ ]錢一十八文羅麫，更用同錢[ ]
[ ]蠟用銀錢二文買一脚宍。更用錢廿一文買數[ ]
[ ]練[ ]
（中缺）
[ ]錢[ ]作用□
□□區一文索[ ]用練一疋與作□。用
錢壹拾三文，更錢[ ]校尉下。銀錢六文，銅錢六十文。
安校尉下。銀錢六文，銅錢卅一文，韓校尉下。銀錢六，銅錢伍十
文，趙師下。
銀錢十文，銅錢六十文，更銅錢廿十六文，張師下。銀錢七文，銅
錢卅文。

《吐魯番出土文書》第六冊《阿斯塔那四號墓文書·唐支用錢練帳二》

[ ]二疋用買何堉
[ ]疋，羅馬蹹。更錢
[ ]練□□馬蹹。更用錢十

□粮。據史德城用錢四文，与
索□用錢二文，買弦。更用練一疋
曹師邊用糴□迴來河
頭。用練一疋，曹願住處買羊。□用錢□還買肉。
撥換城用練半疋，糴米。買婢，䦨□二文
願住處買肉。更用練一疋買白□□用□□
用錢三文，作齋。更到安西用三文，糴䜺。□
用同錢廿二文買麨。用同錢六文，買苜□
更用同錢八文，買四□苜蓿。更□
用錢六文，買三束苜蓿。更用同□
文，買一脚。更用同錢□

案例文書

《名公書判清明集》附録二《彭念七論謝知府宅追擾》　普天之下，莫非王民，雖有貴賤貧富之不同，其爲國家之赤子，則一而已。張官置吏，務以安存百姓，而形勢之家專欲搔擾細民，所謂寄居者，既叨冒朝廷官職，寄寓州縣，尤當仰體國家矜百姓之意，今乃倚國家之官職，害國家之百姓，此豈士大夫所當爲哉！近據彭念七狀稱，有次弟彭念九充謝知府宅甲頭，與彭彦、彭念七及小弟彭三一各無干涉。忽覩謝知府宅幹人郭勝同胡甲頭賫引前來，稱是謝知府宅文字，追喚彭念七、彭三一赴本宅根究，委實懼怕，不敢前去。尋追到胡甲頭取問追擾無干涉人因依。却據胡甲頭名成供，有彭彦者充謝宅甲頭，彭念七、彭念九、彭三一皆彭彦之子，緣彭念九走閃，遂追上彭念七、彭三一。再索到知丞廳權縣日，有謝知府宅幹人睦晟狀，論甲頭彭彦不肯前來支量米穀，贍給佃户，心曲走閃，遂喚得本人親弟彭二一前來，未到本宅，被本人至親曾少四奪去彭三一。尋據丞廳追到曾少四供，即不曾有奪去彭三一因依。再追上睦晟，所供亦與胡成無異。今以睦晟初狀觀之，既稱彭三一爲彭彦親弟，則彭彦乃是彭念九，與彭念七、彭三一爲兄弟也，今却妄供彭彦爲念七、念九、三一之父，蓋亦自知彭念九之走閃，與彭念七、彭三一不相干涉，而遂變其詞，以爲父子也。却不思其初詞以爲兄弟，而今豈得變以爲父子耶？彭念九之走閃，與其兄弟不相干涉，乃輒追擾其兄弟，彭念七之不伏勾追，與其親戚曾少四尤不相干涉，又輒論訴其親戚，如此支蔓，害及無辜，使細民何自而得安其生業耶？使謝知府存心平恕，不務刻削，爲甲頭何苦逃竄？至於逃竄，亦只得經官追其正身，豈得私出文引，追擾其兄弟，妄興詞訴，殘害其親戚？則是但知官職形勢可以欺壓細民，而畧不體朝廷張官置吏，存恤百姓之意，委實切害。據胡成自稱，已七十有一，且與免斷。睦晟不合妄狀搔擾細民，勘杖八十，枷項下案，監納未盡苗米，日呈夜寄收，候納足日放，餘人放。

（清）盧崇興《守禾日紀》卷三《告示類・一件遵示詳酌育嬰條款候憲裁奪以廣浩盪洪慈事》 據生員馬熾曾即馬輝曾條議到府，業經允議，逐一舉行在案。今據本生又爲報明收嬰，懇憲賜名，以便入册安頓事。稟稱：恩蒙俯准收育棄嬰，現在議建公所，酌募資斧。昨有張太傳言，北莊西馬橋遺棄一火龍，熾急往視，果有一嬰女，昏暮收回，見懷中開載本嬰年庚併住址、姓氏等項，抱嬰安頓，遍行覓乳。有本坊貧民嚴茂林妻吴氏有子驚風初夭，隨捐大布一匹，爲襁褓之需，又米三斗、銀三錢爲一月乳哺之費。目今憲恩方渥，貧儒勉力那應，伏乞速飭通行屬邑，曉諭四門並本所，即日起建公所並賜印簿九扇，兩給本所。七頒各縣，以便廣募鳩工，安頓將來之嬰，則老安少懷，直與聖心齊量矣！等情。並開收嬰寅娜前來准批。本生首倡收嬰，足是實心好義，准如議行。收到嬰女，原名注册在案。其屬縣候巡廳牒覆，另檄頒行外，合行曉諭。

爲此示仰本所收育棄嬰耑管人等知悉：嗣後如有四方貧民，育子無養，遺棄道路，收送到所，着即開報本府，以憑註册。其馬生員條議梅、王、姚、卜等姓房地，爲本所基址，務將募收紳士軍民人等捐助銀兩，鳩工修葺。又所後普同塔二座，收瘞無主骸骨。既有俞、梅等各發願募建，誠屬樂善。如有地方豪棍生事，阻撓不法，許即協同坊保，指名稟報本府，以憑嚴拿，究處不恕。

《清代巴縣檔案彙編・巴縣各廠行應差維修縣衙及具領錢狀》 一、乾隆四十七年正月二十六日木行户王洪仁稟狀今於太爺臺前爲獨行難辦，懇着公辦事。

情蟻木行，五家領帖五張開設，應差規定久矣。如遇些需小差，值月承辦，倘有大差，修理各衙署需木頗多，向着五行公辦，歷來久矣。今恩奉文修理衙署，票着蟻承辦大圓木二十根，大棍三十根，送轅應用，蟻應遵辦，焉敢煩瀆。但蟻實屬窮牙，兼獨力實難辦繳，懇恩賞照向例票着五行公辦。庶分事急躍，免致遲誤。爲此，稟乞太爺臺前施行。

縣正堂批：準飭公辦。票銷。

二、四十九年二月十八日泥水匠裴光彩領狀

今於太爺臺前與領狀事。

情蟻實領得署内修理、夾泥、灰旋、作竈、檢瓦。二月初八日啓，十八日止，共計用工匠九十六名，每工錢三十二文，共合錢三千零七十二文，懇賞給發，如數領明。中間不虛，領狀是實。縣正堂批：準領七十四工，給錢二千三百六十八文。

《清代巴縣檔案彙編・乾隆三十一年川東道修理衙署卷》 一、正月二十三日鐵貨鋪楊顯彩認狀

今於太爺臺前與認狀事。

實認得修理道憲衙署需用鐵料角釘，每斤價銀四分半，門斗釘每斤價銀四分，蟻等一並運送道轅，不得違誤。中間不虛，認狀是實。

縣正堂批：準認。

二、二十三日木匠頭熊煥章、任德福認狀今於太爺臺前與認狀事。

實認得修理道憲衙署需用工匠等項，蟻等一並承領修理，不致違誤。中間不虛，認狀是實。

縣正堂批：準認。

三、二十三日通遠坊石匠頭許令德認狀

今於太爺臺前與認狀事。

認得修理道憲衙署需用石料，每個石磤價銀三分八厘，各石每丈銀三錢，石磉磤每個一錢五分。蟻等一並抬運修安砌，不得違誤。中間不虛認狀是實。

縣正堂批：準認。

雜録

（唐）白居易《白居易集》卷四《諷諭・陰山道》 陰山道，陰山道，紇邏敦肥水泉好。每至戎人送馬時，道傍千里無纖草。草盡泉枯馬病羸，飛龍但印骨與皮。五十匹縑易一匹，縑去馬來無了日。養無所用去非宜，每歲死傷十六七。縑絲不足女工苦，疏織短截充匹數；藕絲蛛網三丈餘，迴鶻訴稱無用處。咸安公主號可敦，遠爲可汗頻奏論。元和二年下新敕，内出金帛酬馬直。仍詔江淮馬價縑，從此不令疏短織。合羅將軍呼萬歲，捧授金銀與縑綵。誰知黠虜啓貪心，明年馬多來一倍。縑漸好，馬漸多；陰山虜，奈爾何！

（宋）莊綽《雞肋編》卷下《王琪乞立義倉》 王琪爲三司判官，景祐中，上言乞立義倉曰：謹按隋開皇五年，工部尚書長孫平，建言諸州共立義倉於當社。唐貞觀初，尚書左丞戴胄議立條制，王公已下墾田，畝税二升。至天寶八年，天下義倉共六千三百八十七萬七千六百餘石。臣上此議，今十七年矣。若於夏秋正税外，每二升别納一升，計一中郡，歲可得五千石，豈減天寶之多乎？於是詔天下皆立義倉。惟廣南以納身丁米故，獨不輸。

（宋）周去非《嶺外代答》卷四《經略司買馬》 自元豐間，廣西帥司已置幹辦公事一員於邕州，專切提舉左、右江峒丁同措置買馬。紹興三年，置提舉買馬司于邕。六年，令帥臣兼領。今邕州守臣提點買馬經幹一員，置廨於邕者，不廢也，實掌買馬之財。其下則有右江二提舉，東提舉掌等量蠻馬，兼收買馬印；西提舉掌入蠻界招馬。有同巡檢一員，亦駐劄横山寨，候安撫上邊，則率甲兵先往境上，警護諸蕃入界。有知寨、主簿、都監三員，同主管買馬錢物。産馬之國曰大理、自杞、特磨、羅殿、毗那、羅孔、謝蕃、滕蕃等。每冬，以馬叩邊。買馬司先遣招馬官，齎錦繒賜之。馬將入境，西提舉出境招之。同巡檢率甲士往境上護之。既入境，自泗城州行六日至横山寨，邕守與經幹，盛備以往，與之互市，蠻幕譙門而坐，不與蠻接也。東提舉乃與蠻首坐於庭上，羣蠻與吾兵校博易、等量於庭下。朝廷歲撥本路上供錢、經制錢、鹽鈔錢及廉州石康鹽、成都府錦，付經略司爲市馬之費。經司以諸色錢買銀及回易他州金銀彩帛，盡往博易。以馬之高下，視銀之重輕，鹽錦綵繒，以銀定價。歲額一千五百匹，分爲三十綱，赴行在所。

紹興二十七年，令馬綱分往江上諸軍。後乞添綱，令元額之外，凡添買三十一綱，蓋買三千五百匹矣。此外，又擇其權奇以入内廄，不下十綱。馬政之要，大略見此。

（宋）周去非《嶺外代答》卷四《宜州買馬》 馬産於大理國。大理國去宜州十五程爾，中有險阻，不得而通，故自杞、羅殿皆販馬於大理，而轉賣於我者也。羅殿甚邇於邕，自杞實隔遠焉。自杞之人强悍，歲常以馬假道於羅殿而來，羅殿難之，故數至争。然自杞雖遠於邕，而邇於宜，特隔南丹州而已。

紹興三十一年，自杞與羅殿有争，乃由南丹徑驅馬直抵宜州城下。宜人峻拒不去，帥司爲之量買三綱，與之約曰：後不許此來！自是有獻言於朝：宜州買馬良便。下廣西帥臣議，前後帥臣，皆以宜州近内地不便。本朝隄防外夷之意，可爲密矣，高麗一水可至登、萊，必令自明州入貢者，非故迂之也，政不欲近耳。今邕州横山買馬，諸蠻遠來，入吾境内，見吾邊面闊遠，羈縻州數十，爲國藩蔽，峒丁之强，足以禦侮，而横山敻然遠在邕城七程之外，置寨立關，傍引左、右江諸寨丁兵，會合彈壓，買馬官親帶甲士以臨之，然後與之爲市。其形勢固如此。今宜州之境，虎頭關也，距宜城不三百里。一過虎關，險阻九十里，不可以放牧，過此即是天河縣平易之地，已逼宜城矣，此其可哉？

（宋）周去非《嶺外代答》卷四《馬綱》 蠻馬入境，自泗城州至横山寨而止。馬之來也，涉地數千里，瘠甚。蠻縛其四足拽仆之，啗鹽二斤許，縱之，旬日自肥矣。官既買馬，分定綱數。經略司先下昭、賀、藤、容、高、雷、化、欽、廉、宜、柳、融、貴、潯、鬱林州，差見任使臣三十三人，前來横山押馬。不足，聽募寄居、待闕官。常綱馬一綱五十匹，進馬三十匹。每綱押綱官一員，將校五人，獸醫一人，牽馬兵士二十五人。進馬綱則十五人，蓋一人牽二馬也。諸州差官兵既定，押馬官借請贍家錢二百餘緡，將校軍兵各有借請，前往横山寨提點買馬司公參。

既領綱，則自横山七程至邕州，又十八程至經略司公參，呈驗綱馬。經略司覆量尺寸，加以火印，養之馬務，以觀馬之羸壯，體察押馬使臣之能否而進退之。遂再分綱責領，發往行在，或江上諸軍交納。沿路州縣，皆有馬務，爲之宿程。有口食券、草料，爲人馬之須費。既至，朝廷又有賞罰以勸懲之。凡全綱不死損者，押綱官轉一官，減三年磨勘。死損三分者，有降官之罰。其餘賞罰有差。將校軍兵，各以所牽馬爲賞罰，賞則補以階級，不願則請錢；罰則加杖而遣之。然而押馬亦有法焉，其法：買鹽留以自隨，每日晚以鹽數兩啗之，自然水草調而無疾，此求全綱之法也。大抵押馬乃武臣軍校速化之途，而副尉累以賞轉至正使者，不可勝數。

（宋）周煇《清波雜志》卷一二《惠民司》 神宗朝剏置賣藥所，初止一所，崇寧二年增爲五局，又增和劑二局，第以都城東西南北壁賣藥所爲名，議者謂失元創藥局惠民之意。歲得息錢四十萬以助户部經費。今行在所置局，歲課雖視昔有損，意豈在夫羡赢，其於拯民瘼、施實惠，亦云博矣。

（宋）李心傳《建炎以來朝野雜記甲集》卷一五《義倉》 義倉創始於慶曆元年，其法：令民上三等，每税米二斗，輸一升，以備水旱。後亦廢。

熙寧初，神宗嘗欲復之，會王介甫主青苗，因爲上言：人有餘粟，藏之於家何害，而顧乃使之輸官，非良法也。乃止。二年七月。熙寧末，王尚書古爲司農簿，奏復行之，仍令就縣倉輸，自是義倉入縣倉矣。十年九月。元豐八年，又罷之。

紹聖初，復立。然議者謂義倉當留諸鄉，以備水旱可也，今併入縣倉，悉爲官吏移用。後又命上三等户輸郡倉，轉充軍倉，或資他用，故凶年無以救民之死，失古人立法之意矣。

紹興末，趙郡王令詪在户部，言州縣義倉多陳腐，請歲以三之一出陳易新；又請水旱傷灾檢放不及七分，即許振濟。沈守約丞相持不可，上獨許之。明年，浙西提舉吕廣問言：諸道常平、義倉，名存實無，請遣使覈實，除其虚數，禁其移用。遂命司農寺丞韓元龍往浙西覈實，得糴米錢六十餘萬緡，詔别行收糴。今成都一路義倉，歲額二萬七百斛有奇，除振給貧丐人外，所餘無幾。

紹興五年，高平續耆爲提舉，遂刷本道義倉錢及金銀總爲七萬五千餘緡，别儲米於彭、漢、蜀三州，以備糴濟。

慶元六年，宣城孟綸爲提舉，又欲取本道抵當本錢六千餘萬緡，以市義倉米，朝廷不從。近歲制置司又有廣惠倉，乃丘宗卿所創，凡爲米三十餘萬石，制司自掌之，凶歲頗資其用。惟閩中魏元履處士、朱元晦先生，嘗置於里社，每歲以貸鄉民，至冬而取，有司不與焉。今若以義倉米置倉於鄉社，令鄉人之有行誼者掌之，則合先王之遺意矣。

（宋）李心傳《建炎以來朝野雜記甲集》卷一五《市舶司本息》 市舶司者，祖宗時有之，未廣也。神宗時，始分閩、廣、浙三路，各置提舉官一員，本錢無慮千萬緡，海貨上供者山積。

宣和後，悉歸應奉。建炎初，李伯紀爲相，省其事歸轉運司。明年夏，復閩、浙二司，賜度牒直三十萬緡爲博易本。元年七月己亥廢，二年五月丁未復。四年春，復置廣司。二月。紹興二年秋，廢閩司，七月甲子。尋併廣、浙，提舉官皆罷。八月。已而，閩、廣復置。六年冬，福建市舶司言：自建炎二年至紹興四年，收息錢九十八萬緡。詔官其綱首。十二月乙巳。十四年，命蕃商之以香藥至者，十取其四。十七年，詔於沈香、豆蔻、龍腦之屬，號細香藥者，十取其一。

至紹興末，三舶司抽分及和買，歲得息錢二百萬緡，隸版曹。然所謂乳香者，户部常以分數下諸路鬻之。郴州，當湖、湘窮處，程限頗急，宜章吏黄谷、射士李金數以此事受笞，不堪命。乾道元年春，因嘯聚峒民作亂，遂陷桂陽軍。上命劉恭甫爲帥，調鄂州兵討平之。蓋利之所在，害亦從生，此可爲理財者之戒。

（宋）王栐《燕翼詒謀録》卷三《公使庫不得私用》 祖宗舊制，州郡公使庫錢酒，專饋士大夫入京往來，與之官罷任旅費，所饋之厚薄，隨其官品之高下，妻孥之多寡，此損有餘補不足，周急不繼富之意也。其講睦鄰之好，不過以酒相遺，彼此交易，復還公帑。苟私用之，則有刑矣。治平元年，知鳳翔府陳希亮自首，曾以鄰州公使酒私用，貶太常少卿，分司西京，乃申嚴其禁。公使酒相遺，不得私用，並入公帑。其後祖無擇坐以公使酒三百小瓶遺親故，自直學士謫授散官安置，況他物乎。故先世所歷州郡，得鄰郡酒皆歸之公帑，换易答之，一瓶不敢自飲也。

（清）徐珂《清稗類鈔·度支類·令民稱貸公家》 光緒朝，揚州陳六舟京兆彝，巡撫安徽，條陳便民如干事，有令民稱貸公家春借秋還一條。

户族分部

論　說

（漢）班固《白虎通義》卷八《宗族》　宗者，何謂也？宗尊也，爲先祖主也，宗人之所尊也。《禮》曰：宗人將有事，族人皆侍。聖者所以必有宗何也？所以長和睦也。大宗能率小宗，小宗能率群弟，通於有無，所以紀理族人者也。宗其爲始祖後者爲大宗，此百世之所宗也。宗其爲高祖後者，五世而遷者也，高祖遷於上，宗則易於下。宗其爲曾祖後者爲曾祖宗，宗其爲祖後者爲祖宗，宗其爲父後者爲父宗。以上至高祖皆爲小宗，以其轉遷，别於大宗也。别子者，自爲其子孫爲祖，繼别也，各自爲宗。小宗有四，大宗有一，凡有五。宗人之親，所以備矣。諸侯奪宗，明尊者宜之。大夫不得奪宗何？曰：諸侯世世傳子孫，故奪宗；大夫不傳子孫，故不宗也。《喪服經》曰：大夫爲宗子。不言諸侯爲宗子也。

族者何也？族者，湊也，聚也，謂恩愛相流湊也。生相親愛，死相哀痛，有會聚之道，故謂之族。《尚書》曰：以親九族。

族所以九何？九之爲言究也，親疏恩愛究竟也，謂父族四，母族三，妻族二。父族四者，謂父之姓一族也，父女昆弟適人有子爲二族也，身女昆弟適人有子爲三族也，身女子適人有子爲四族也；母族三者，母之父母一族也，母之昆弟二族也，母昆弟子三族也；母昆弟者男女皆在外親，故合言之。妻族二者，妻之父爲一族，妻之母爲二族，妻之親略故父母各一族。《禮》曰：惟氏三族之不虞。《尚書》曰：以親九族，義同也。一説合言九族者，欲明堯時俱三也，禮所以獨父族四何？欲言周承二弊之後，民人皆厚於末，故興禮母族，妻之黨廢，禮母族父之族，足以貶妻族，以附父族也。或言九者，據有交接之恩也。若邢侯之姊，覃公惟私也。言四者，據有服耳，不相害所異也。

（北齊）顔之推《顔氏家訓》卷下《止足篇》　《禮》云：欲不可縱，志不可滿。宇宙可臻其極，情性不知其窮，唯在少欲知止爲立涯限爾。先祖靖侯戒子姪曰：汝家書生門户，世無富貴。自今仕宦不可過二千石，婚姻勿貪勢家，吾終身服膺，以爲名言也。天地鬼神之道，皆惡滿盈謙，虚冲損可以免害人生，衣取以覆寒露，食取以塞饑乏爾。形骸之内，尚不得奢靡己身，之外而欲窮驕泰耶。周穆王秦始皇漢武帝富有四海，貴爲天子，不知紀極，猶自敗累，况士庶乎？常以二十口家，奴婢盛多，不可出二十人，良田十頃，堂室纔蔽風雨，車馬僅代杖策，蓄財數萬，以擬吉凶急速，不啻此者，以義散之，不至此者，勿非道求之。

（唐）杜佑《通典》卷七《食貨・歷代盛衰户口》　融又上言：天下所檢責客户，除兩州計會歸本貫以外，便令所在編附。年限向滿，須准居人，更合所有優矜，即此輩徼幸，若徵課税，即目擊未堪。竊料天下諸州，不可一例處置，且請從寛鄉有賸田州作法。竊計有賸田者減三四十州，取其賸田，通融支給。其賸地者三分請取其一分以下。其浮户，請任其親戚鄉里相就，每十户以上，共作一坊。每户給五畝充宅，并爲造一兩口室宇，開巷陌，立閭伍，種桑棗，築園蔬，使緩急相助，親鄰不失。丁別量給五十畝以上爲私田，任其自營種。率十丁於近坊更共給一頃，以爲公田，共令營種。每丁一月役功三日，計十丁一年共得三百六十日。營公田一頃，不啻得之，計平收一年不減百石，便納隨近州縣。除役功三十六日外，更無租税。既是營田户，且免征行，安堵有餘，必不流散。官司每丁納收十石，其粟更不别支用，每至不熟年，斗别二十價，然後支用。計一丁年還出兩丁以上，亦與正課不殊。則官收其役，不爲矜縱，人緩其税，又得安舒，倉廩日殷，久長爲便。其狹鄉無賸地客多者，雖此法未該，准式許移窄就寛，不必要須留住。若寛鄉安置得所，人皆悦慕，則三兩年後，皆可改圖，弃地盡作公田，狹鄉總移寛處，倉儲既益，水旱無憂矣。

（宋）蘇轍《龍川略志》卷四《議賣官麴與榷酒事》　真宗皇帝自亳還過宋，御樓宣赦，以宋爲南都，仍弛其酒禁，使民賣官麴，十餘家共之。更七八十年，官課不虧，有監麴院官。神宗立，監司建議罷賣麴而榷酒。時轉運司方苦財賦不足，其判官章棨大喜，親至南都集官吏議之，予曰：南都賣鞠與建都同一敕，今都邑如舊而罷賣麴，一不便也。昔南都、西都皆賣麴，近年西都已榷酒矣，此轉運司所據以爲例也。然西都麴户敗折，列狀求罷，官不得已而聽，今南都麴户未嘗欠官一錢，無故罷之，二不便也。使改法而官獲厚利，不顧而行，尚可也；今八家造酒，每家父子兄弟同幹酒事者不下三人，三八二十四人，乃能辦此課利，今議罷榷酒，欲分城内與河上爲兩務，每務不過監官二人，衙前四人，共十二人，比酒户減半。若較其忠志，公私相遠，至於官本，於所費亦復不少，但恐榷酒之利不如賣麴，三不便也。今不顧三害而決，爲之柰何！棨不能難，但言本司窘迫，萬一有利耳。議未決，而予謫筠州，棨遂決成榷法。後五年，予過南都，聞酒課不旋踵而敗。又七年，予適預議郊赦，乃罷酒榷而復賣麴，南都人大喜。

（宋）真德秀《西山先生真文忠公文集》卷二七《萬桂社規約序》

林君彬之，以萬桂社規約示余，余歎曰：嘗知飢者，可與語耒耨之利，嘗知寒者，可以論蠶織之功，否則以爲漫然而已。憶余初貢于鄉，家甚貧，辛苦經營，財得錢萬，囊衣笈書，疾走不敢停，至都則已憊矣。比再舉鄉人迺有爲所謂過省會者，人入錢十百八十，故云。偶與名其間，獲錢凡數萬，益以親友之贐，始舍徒而車，得以全其力於三日之試，遂中選焉。吾鄉去都，故自轉輸江左，以迄于今，每舉輒助錢二十萬，示不忘本也。吾鄉去都，十日事爾，其難若是，則温陵之士，其尤難可知也。林君此約，其爲益又可知也，蓋紓其行以養其力，一也。無怵迫以養其心，二也。無匄貸以養其節，三也。一舉而三益俱焉。此余所以深有取也，然吾鄉與約者，幾千人，林君爲此二十年矣，同盟僅三百有奇，濂溪楊公所以嘆其不如莆之盛也。林君其思所以廣之，使與者愈多，則獲者愈厚，余所謂三益者，庶乎其可望也。若夫身爲勸駕之官，而未能復續食之制，竊有愧焉，姑捐庫緡五萬佐之，且以爲此邦故事，雖未能贖吾愧，亦以見吾志云。林君好義之士也，凡鄉閭有義舉，皆勇爲之先，又非特此社而已。

（宋）真德秀《西山先生真文忠公文集》卷四〇《勸立義廩文》

太守到任以來，無一念不在斯民。近因禱雨，思所以爲邦人久遠之計，在城則置惠民倉，儲米數萬石，歲歲出糶，在諸縣，則廣置社倉，儲穀數萬石，歲歲出貸，其爲慮悉矣。又念社倉貸穀，止及末等有田之人，而細民無田者，不得預也。復請於常平司，以今歲義米，附納社倉，爲賑糶之備。然義米有限，而貧民至多，豈能均及？於是又以居鄉之日，所爲義廩規約，以勸有力之家，蓋欲公私叶力，共濟斯民，使無餓莩流離之害。夫人之貧富，雖有不同，推其由來，均是天地之子。先賢有言：凡天下之疲癃殘疾，惸獨鰥寡，皆吾兄弟之顛連而無告者也。我之與彼，本同一氣，我幸而富，彼不幸而貧，正當以我之有餘，而濟彼之不足。自古及今，能以惠卹爲念者，其子孫必賢，其門户必興。蓋困窮之民，人雖忽之，天地之心，則未嘗不憫之也。我能惠卹困窮，則是合天地之心，合天地之心，則必獲天地之佑，此以理言者也。若以利害計之，無饑民，則無盗賊，無盗賊，則鄉井安，是又富家之利也。況義廩云者，非捐所有以與之，特出所有以糶之而已，於富家初無損，而於貧民實有益。且每歲勸分，出於官司，豈能無擾？今舉行義廩，使上中之户，自相推排，隨力出備，官司不計産强敷之也。自置糶場，自收糶錢，官司不遣吏監臨之也。價直高下，視時稍損，官司不抑令痛減也。況常歲艱食，悉仰勸分，今州郡既立社倉，又糶義米，則與爾富民分任其責者，爲不少矣，其可不體官司美意，相率而樂從哉？今去秋成不遠，已委諸縣官，各行勸諭，期以十月終，逐都結成規約，申聞于縣，縣以聞于州，其能率先爲倡者，當加褒賞。或謂潭人未易告諭，諸縣勸糶，自有成式，何以義廩爲哉？爲是説者，是以薄待吾民也，十二邑之廣，豈無好義樂善之君子。且兩歲勸分，亦有欣然出粟，爲數頗多，如長沙之賈熊、袁簡，湘陰之鄧居中、毛以大，攸邑之武當世，瀏陽之龍世永、李天覺、羅廷圭，安化之劉孝錫、陳洪範、李曉、張奉世，湘鄉之馮楷，禮陵之曹應龍、周霖、丁大謙，湘潭之羅邦臣、楊仁老、向堯俞者，州郡或借補官資，或特立坊名，或量與免役，以旌異之矣。又安知無聞風欣慕者，必若諭之而不從，則勸糶舊例，蓋有不得而發者，特不若人自爲之，則義風興行，羣情感悦，其氣象爲不同爾。譬之役法然，爲義役則有輯睦之風，行差役，則有争競之訟，義廩猶義役也，勸分猶差役也，二者利害，至爲明白，爾民其詳之。

（元）孔齊《至正直記》卷二《和睦宗族》

和睦宗族，置義莊廣宅，最是第一件好事，亦是最難之事。使其皆得如今浦江鄭氏有家規以制之，則無愚不肖之患。賢者既守詩禮，愚者又能修教，志氣相若，家法歸一，長幼之中，循規守矩，焉有不同居不和睦者乎？或有愚者愈愚，不肖者愈不肖，日習下流，自暴自棄，一家之中，賢愚相別，則難睦矣。且如兄弟之氣禀，猶自不同。有尚志氣者，所爲皆上等之事，日篤行父師之訓，唯恐不及。有狗貪鄙者，則反是，至于交友婚姻，亦下等之人，非無嚴父師之教也。又有一等，氣質雖美而不學無術，聞父師之教爲不足行，論才行之士爲不足法，甘心庸碌而不知，熏染污俗而不耻。使其交友姻戚，一旦與之往復，非惟污降志氣，抑且壞亂家規，爲子弟害，若遽然絶之，又失親情之道，若此等事，最是難處。

（明）胡廣《性理大全》卷六七《治道·宗法》 凡合族中有大事，一當禀大宗而後行小宗，所以統其兄弟如同禰者，有大事則同禰之，兄弟當禀繼禰之，小宗而後行。一族之中大宗，只是一人，小宗儘多，故一人之身從下數至始祖，大宗惟一數至高祖，小宗則四，此古者宗族人情相親，人倫不亂，豈非明嫡庶之分，有君臣之義，由大宗小宗之法而然歟。

（明）李東陽《懷麓堂集》卷七〇《與闔族書》 家門不幸，兒子兆先遽爾夭折。哀痛摧裂，不知所措。吾兄弟子姪聞之，當同此一慟也。近累得家信，要還居茶陵。蓋聞有買田常州之説，故爾緣常州去京稍近，地利甚饒，而田價驟賤。又有諸知舊借價買田數畝，因令李順父子前去一看，實未能遠棄墳墓以往，況今遭此大變，就使得脱職務，亦不過老於京邑，非但不能歸茶陵，亦决不能居常州。姑俟葬畢，即呼去僕回京也。比得董太守書云爲我造屋，已蒙巡按准行。令人驚愕，累日自念作官四十年，不能一日庇鄉里，乃復以土木筋力爲之累，縱令出自宗族，亦必借官府之聲勢財力。於心誠不安而怨怒誚謗亦所不免，使得歸而居之，猶爲得不償失。今乃以虚名招實怨，亦何所苦而爲之哉？往歲牌坊之作，在本家已爲多費，而官府復屢爲之，苦不早聞。及其書辭免，則其事已遂。不意今者復蹈前轍，而又甚焉。悲愴之餘，增我欝悒，用是銜哀，孰筆亟達。此情望我同姓深相體念，亟告于官，停此大役，乃見骨肉之情，非道路比也。湖廣鄉録尚未至，二姪不審消息如何。懸渴懸渴。

（明）程新春《竇山公家議》卷一《管理議》 傳曰：爲政在人，人存政舉。夫家國一理，齊治一機。況國易而家難，家之齊者尤難乎！苟匪其人，孰濟於事。述管理議第一。

議曰：管理衆事，每年五房各壹人輪值，壹年事完，先期邀下年接管人算明，將所領家議手册填註明白，復別具一册，填下年接管人名。至中元會祭日，三獻後，當年管理者捧手册齊至竇山公神像前，置棹上，跪宣告文。祭畢，仍設神壇於月臺，管理五人跪讀誓狀訖，接管五人剪牲歃血，以一其心，庶懷私者皆有所警矣。誓畢，每房家長一人同家衆，將當年手册查果無弊，家長酌衆議於功最款下書其多寡有無收匣，復將接管手册應值人名，令其親書押號付領承管。或查出有弊，及接管非時、交代不明者，家長同家衆即時舉罰。

中元祭畢，各房家長同家衆於接管中舉一人領銀匣，一人領匙鑰，一人領手册，一人領印秤，一人領什物，填於接管手册各名下。至一年事完，送出點檢交遞。

遞年管理開注手册在匣凡若干本，及後開新舊文契一應什物，中元交遞之時，管理同接管告家長家衆，照依上年交遞手册，眼同檢點明白。如有失落手册一本並失一契一物者，接管務要告家長家衆，即時追出，仍加重罰，方許交遞。倘容隱不舉，責在接管者。

凡事屬興廢大節，管理者俱要告各房家長，集家衆，商権幹辦。如有徇己見執拗誤事者，家長家衆指實從公糾正，令其即行改過。如能奉公守正者，家長核實獎勸，家衆毋許妄以愛憎參之，以昧賢否。

各房如有不肖子孫妄將衆共田地山場祠墓等件盗賣家外人者，管理者訪實，告各房家長會衆即行理治追復，或告官治罪，以不孝論。此實興衰之機，不可容忍顧惜。

凡事有關鄉族，視理曲直以爲舉止，毋分外生事相凌。

各房有干法干義，管理者宜以情理相諭，務期敦崇禮義，無墜家聲。

竇山公文契原貯衆匣，後因各房陸續檢去，在匣無幾，各宜賫出，盡歸衆匣，便後查考。如不肯賫出者，查明還衆收領。其後續買者，管理遞年謄録上簿，即刊於家議，契歸衆匣，毋得各人私收。

竇山公親筆謄契文簿及逐年流水親筆買業文簿，宜歸衆付匣珍藏爲是。

户門税糧原係衆者，各房分納。人衆弊生，至嘉靖三十一年間，照依舊額，盡行扒出入衆。今續買並舊額，共米壹拾叁石叁斗柒升捌合捌勺，麥陸石叁斗玖升肆合，立例於後，遞年填注糧額若干。其里役糧差一應公事，俱係管理將衆銀應辦。日後不許分析，苟有倡言分析者，即是陰壞衆業弊端，管理告家長家衆，即時舉罰。

凡管理修治祠宇田地並塘塿甽堨等事，或監視，或估斷，用過銀穀必要從實開帳。倘有交通工匠，故意虚揑工帳，於内竊取銀穀者，家長家衆查出，重罰不恕。

名門右族，未有不以作興斯文爲急務。我祖宗時，有作興事例，其賙恤愛護之者無不周至，以故當時英賢濟濟，奮庸廊廟，於祖有光，於衆有補。吾程爲鄉邑稱首者，恃有此也。今也作興事例，久已不聞，而娼嫉之徒，反加沮抑。且如致禮本縣，大家門户攸關，尚令斯文自備，而衆若罔聞焉，不知衆存銀穀將焉用之？輕其所重，寧非上逆祖宗之志意哉？無惑乎斯文寥寂，科目久湮，家聲漸泯，衆事日非。於此不加振作之方，後來日趨將不知所終矣。今議：本縣迎送禮儀及遞年二節禮義，俱係管理將衆銀買辦，憑斯文開具往縣將送。其脚力飯食，係斯文自備，斯亦去禮存羊之意也。苟有能復祖宗之舊者，安知斯文不復振如前乎？

衆賓有事往來，應款酒飯。官長公務按臨，合具禮筵。管理者酌量事宜，或取給於軍裝，或取給於東房，先期預備，務期成享，毋得推挨，臨時誤事。

册中所議事體，專一責之管理，雖治山者亦屬焉，所以示家政之歸於一也。倘有祠墓田地山場横遭外侮内患，事關重大，情非得已者，家長家衆俱要同心齊力禦侮杜患，毋得坐視，獨委之管理、治山者，以致僨事。

當年管理及下年接管，互有算帳交帳酒酌，治山者皆予焉。每次議用銀陸錢，後照此毋過。

其東西二房軍裝田租並一應事務，俱係管理者一體帶管，同時交遞。

家長程　　程　　程

程　　程

輪值管理程　　程

程

程

程

其手册、銀匣、匙鑰、印秤、什物，中元祭日，家長同家衆於前管理内五人分派舉領，臨時填注某人名下。

告文式

維

萬曆三年七月十五日，管理衆事嗣孫程

程　程　程　壹年已完，今將事宜手册謹告於我祖考竇山公之神前，維是今年　　等，遵委管理一應衆事，敢不同志協力，潔己虚心，上體我祖志意，以竭愚衷。如有怠惰以應故事，如有影射以私毫髮，如有賣公沽直以示己恩，如有徇情託好以廢公道，有一於是，我祖殛之，俾墜其家，業盡些須，俾殞其軀，灾極於嗣。其慎遵守，兢業弗違。我祖鑒之，降以福祉，身康胤衍，奕世可師。我祖在上，洋洋若臨，正此法綱，孰不用情，醴殽再酹，惟神其享。

誓狀式另刻板一張，臨祭將黄紙刷印填注，管理共宜。

功最

今將竇山公分下遞年税糧米麥開具於後：

舊管

米

麥

新收

米

麥

實在

米乙十八石乙斗九升六合四勺，又收楷米一升零四勺，共十八石二斗六合八。

麥八石零七升三合五勺。

綜　述

《宋刑統》卷一二《户婚律·脱漏增減户口疾老丁中小》　諸脱户者，家長徒三年。無課役者減二等，女户又減三等。謂一户俱不附貫。若不由家長，罪其所由。即見在役任者，雖脱户及計口多者，各從漏口法。脱口及增減年狀，謂疾老中小之類。以免課役者，一口徒一年，二口加一等，罪止徒三年。其增減非免課役及漏無課役口者，四口爲一口，罪止徒一年〔半〕，即不滿四口杖六十。部曲奴婢亦同。

疏：諸脱户者，家長徒三年。無課役者減二等，女户又減三等。注云，謂一户俱不附貫。若不由家長，罪其所由。即見在役任者，雖脱户及計口多者，各從漏口法。

議曰：率土黔庶，皆有籍書，若一户之内，盡脱漏不附籍者，所由家長，合徒三年。身及户内並無課役者減二等，徒二年。若户内並無男夫，直以女人爲户而脱者，又減三等，合杖一百。注云，謂一户俱不附貫。此文不計人數，唯據脱户，縱一身亦爲一户，不附即依脱户，合徒三年。縱有百口，但一口附户，自外不附，止從漏口之法。若不由家長，謂家長不知脱户之情，罪其所由，家長不坐。即見在役任者，謂身見在官驅使，而户籍無名，雖脱户，從漏口法。既見在役任，即無課調，釋曰：課調具在《役令》。若一身脱户，合杖六十。及計口多者，從漏口法。漏有課口罪止徒三年，漏無課口罪止徒一年半。

又云，脱口及增減年狀。注云，謂疾老中小之類。又云，以免課役者，一口徒一年，二口加一等，罪止徒三年。議曰：謂脱口及增年入老，減年入中小，及增狀入疾，其從殘疾入廢疾，從廢疾入篤疾，廢疾釋曰：老小中疾具在下條。雖免課役，若入篤疾，即得侍人，故云之類，罪止徒三年。又云，其增減非免課役及漏無課役口者，四口爲一口，罪止徒一年半，即不滿四口杖六十。注云，部曲、奴婢亦同。議曰：口雖有所增減，非免課役者，謂增減其年，不動課役。其漏無課役口者，謂身雖是丁，見無課役，及疾老中小若婦女，四口爲一口，罪止徒一年半。漏四口徒一年，十二口徒一年半，不滿四口杖六十，併謂無課役者。若其户内漏口或有課役、無課役，罪名不等者，從併滿之法，以課口累不課口科之。若課口自一口至罪止，或累併不加重者，止從一重科。奴婢、部曲亦同不課之口。律稱以免課役，課役理不相須，一事得免，即從脱漏之法。

諸里正不覺脱漏增減者，一口笞四十，三口加一等，過杖一百，十口加一等，罪止徒三年。不覺脱户者，聽從漏口法。州縣脱户亦准此。若知情者，各同家長法。

疏議曰：里正之任，掌案比户口，收手實造籍書，不覺脱漏户口者，脱謂脱户，漏謂漏口，及增減年狀，一口笞四十，三口加一等，過杖一百，十口加一等，罪止徒三年。里正不覺脱户者，聽從漏口法，不限户内口之多少，皆計口科之。州縣脱户亦准此，計口科罪，不依脱户爲法。若知脱漏增減之情者，總計里内脱漏增減之口，同家長罪法。州縣計口，罪亦准此。其脱漏户口之中，若有知情、不知情者，亦依併滿之法爲罪。

諸州縣不覺脱漏增減者，縣内十口笞三十，三十口加一等，過杖一百，五十口加一等。州隨所管縣多少，通計爲罪。通計謂管二縣者，二十口笞三十，管三縣者，三十口笞三十之類。計加亦准此。若脱漏增減併在一縣者，得以諸縣通之。若止管一縣者，減縣罪一等。餘條通計准此。各罪止徒三年。知情者，各同里正法。不覺脱漏增減，無文簿者，官長爲首，有文簿者，主典爲首，佐職以下節級連坐。

疏：諸州縣不覺脱漏增減者，縣内十口笞三十，三十口加一等，過杖一百，五十口加一等。州隨所管縣多少，通計爲罪。注云，通計謂管二縣者，二十口笞三十，管三縣者，三十口笞三十之類。計加亦准此。若脱漏增減併在一縣者，得以諸縣通之。若止管一縣者，減縣罪一等。餘條通計准此。又云，各罪止徒三年。知情者，各同里正法。議曰：州縣不覺脱漏增減者，與上條里正不覺脱漏增減義同，十口笞三十，三十口加一等，即是二百二十口杖一百，過杖一百，五十口加一等。州隨所管縣多少，通計爲罪，若管二縣以上，即須通計，謂管二縣者，二十口笞三十，管三縣者，三十口笞三十之類。計加亦准此，謂一縣三十口加一等，即州管二縣者，六十口加一等，管三縣者，九十口加一等，若管十縣三百口加一等。若脱漏增減併在一縣，謂管三縣，一縣内脱漏三十口，州始笞三十，若管四縣，一縣内脱漏四十口，州亦笞三十，故云得以諸縣通之。若止管一縣者，減縣罪一等，謂縣脱三十口，州得笞二十之類。餘條通計准此，謂一部律内州管縣，監管牧，折衝府管校尉，應通計者，得罪亦准此。各罪止徒三年，知情者各同里正法，其州縣知情，得罪同里正法，里正又同家長之法，共前條家長脱漏罪同。

注云，不覺脱漏增減，無文簿者，官長爲首，有文簿者，主典爲首，佐職以下節級連坐。議曰：不覺脱漏增減，無簿帳及不附籍書，宣導既是長官，事由檢察違失，故以長官爲首，皆同不覺脱漏增減之坐，次通判官爲第二從，判官爲第三從，典爲第四從。見有文簿，致使脱漏增減者，勘檢既由案主，即用典爲首，判官爲第二從，通判官爲第三從，長官爲第四從。其閒有知情之官，並同家長之罪，即從私犯首從科之。不知情者，自依公坐之法。

諸里正及官司妄脱漏增減，以出入課役，一口徒一年，二口加一等。贓重入己者，以枉法論。至死者加役流，入官者坐贓論。

疏議曰：里正及州縣官司，各於所部之内妄爲脱漏户口，或增減年狀，以出入課役，一口徒一年，二口加一等，十五口流三千里。若有因脱漏增減，取其課調入己，計贓得罪，重於脱漏增減口罪者，即准贓以枉法論。計贓至死者，加役流。其贓入官者，坐贓論。其品官受贓雖輕，以枉法論，一匹以上即除名，不必要須贓重，衆人之物亦累倍而論之。

准：《户令》，諸男女三歲以下爲黄，十五以下爲小，二十以下爲中。其男年二十一爲丁，六十爲老，無夫者爲寡妻妾。

又條，諸一目盲、兩耳聾、手無二指、足無三指、手足無大拇指、秃瘡無髪、久漏下重、大癭瘇，如此之類，皆爲殘疾。痴痖、侏儒、腰脊折、一支廢，如此之類，皆爲廢疾。□疾、癲狂、二支癈、兩目盲，如此之類，皆爲篤疾。

又條，諸鰥寡孤獨、貧窮老疾，不能自存者，令近親收養。若無近親，付鄉里安恤。如在路有疾患不能自勝致者，當界官司收付村坊安養，仍加醫療，並勘問所由，具注貫屬、患損日移送前所。

准：唐天寶十三載十二月二十五日制節文，自今以後，天下百姓宜以十八已上爲中男，二十三已上成丁。

准：唐廣德元年七月二十二日敕，天下男子宜令二十五成丁，五十五入老。

《宋刑統》卷一二《户婚律・相冒合户》 諸相冒合户者，徒二年，無課役者減二等。謂以疎爲親，及有所規避者。主司知情與同罪。即於法應別立户而不聽別，應合户而不聽合者，主司杖一百。

疏：諸相冒合户者，徒二年，無課役者減二等。注云，謂以疎爲親，及有所規避者。又云，主司知情與同罪。議曰：依《賦役令》，文武職事官三品以上，若郡王期親及同居大功親，五品以上及國公同居期親，並免課役。既爲同居，有所蠲免，相冒合户，故得徒二年。無課役者，或藉資蔭贖罪，事既輕於課役，故減二等，得徒一年。注云，謂以疎爲親，律令所蔭，各有等差，若以疎相合，即失户數，規其資蔭，即失課役，如斯合户，得此徒刑。若蠲免更多，或假蔭重者，各依本法，自從重論。主司知情與同罪。主司謂里正以上，知冒户情，有課役、無課役，各與同罪。

又云，即於法應別立户而不聽別，應合户而不聽合者，主司杖一百。議曰：應別謂父母終亡，服紀已闋，兄弟欲別者。應合户謂流離失鄉，父子異貫，依令合户，而主司不聽者，各合杖一百。應別、應合之類，非止此條，略舉爲例，餘並准此。

（宋）謝深甫《慶元條法事類》卷四七《賦役門・閣免税租》 令

户令

諸税租户逃亡，廂耆鄰人即時申縣，次日具田宅四至、家業什物、林木苗稼申縣，縣録狀並具本户丁口及應輸納物數申州。

諸税租户逃亡，州縣各置籍，開具鄉村坊郭户名、事因、年月、田産頃畝、應輸官物數，候歸請日銷注。已請縣籍注所經料次，依税租法。其田宅標立四至，林木什物亦各注註籍，勒廂耆鄰人守管，應收地利以時拘納。須雇人收治者，以所收物依鄉原例准價充直。限滿不歸，合宅什物估賣入官。

諸逃户，縣限三日，令、佐親詣檢視，兩户以上相去遥遠及户數衆多者，量展日限，共不得過十日。覆檢訖，其帳限六十日申州，仍具檢官被差起發、檢畢月日申。曾展日限者，仍開析事因。

（元）鄭交融《鄭氏規範》 一、廣儲書籍，以惠子孫，不許假人，以至散逸。仍識卷首云：義門書籍，子孫是教。鬻及借人，兹爲不孝。

【略】

一、子孫自八歲入小學，十二歲出就外傅，十六歲入大學，聘致明師訓飭。必以孝悌忠信爲主，期底於道。若年至二十一歲，其業無所就者，令習治家理財。向學有進者不拘。【略】

一、設羞服長一人，專掌男女衣資之事。宜先措置，夏衣之給須在四月，冬衣之給須在九月，不得臨時猝辦，如或過時不給，家長罰之。凡生男女，周歲即給。

一、男子衣資，一午一給。十歲以上者半其給，給以布；十六歲以上者全其給，兼以帛；四十歲以上者優其給，給以帛。仍皆給裁製之費。若年至二十者，當給禮衣一襲。巾履則一年一更。

一、婦人衣資，照依前數，兩年一給之。女子及笄者，給銀首飾一副。

一、每歲羞服長除給男女衣資外，更於四時祭後一日，俵散諸婦履材及油澤、脂粉、針花之屬。

一、各房染段，羞服長斟酌爲之，仍置簿書之，毋使多寡不均。

一、子孫須令飽煖，方能保全義氣。當令廉謹有爲者以掌羞服之事，務要合宜，而無不足之歎。

一、設掌膳二人，以供家衆膳食之事。務要及時烹爨，不許干預舊管雜役，亦須一年一輪。【略】

一、子弟未冠者，學業未成，不聽食肉，古有是法。非惟有資於勤苦，抑欲其識齏鹽之味。

一、宗人實共一氣所生，彼病則吾病，彼辱則吾辱，理勢然也。子孫當委曲庇覆，勿使失所，切不可恃勢凌轢以忝厥其祖。更於缺食之際，揆其貧者，月給穀六斗，直至秋成住給。其不能婚嫁者，助之。

一、爲人之道，舍教其何以先？當營義方一區，以教宗族之子弟，免其束修。

一、宗族之無所歸者，量撥房屋以居之。更勸勿用火葬，無地者聽埋義冢之中。

一、立義冢一所。鄉鄰死亡委無子孫者，與給槥櫝埋之。其鰥寡孤獨果無以自存者，時賙給之。

一、宗人無子，實墜厥祀堂，擇親近者爲繼立之，更少資之。

一、宗人若寒，深當憫惻。其果無衾與絮者，子孫當量力而資助之。

【略】

一、里黨或有缺食，裁量出穀借之，後催元谷歸還，勿收其息。其産子之家，給助粥穀二斗五升。

一、展藥市一區，收貯藥材。鄰族疾病，其證章章可驗，如瘧痢、癰癤之類，施藥與之。更須診察寒熱、虛實，不可慢易。此外不可妄與，恐致悞人。

一、橋圮路淖，子孫倘有餘資，當助修治，以便行客。或遇隆暑，又當於通衢設湯茗一二處，以濟暍者。自六月朔至八月朔止。

一、里黨之痌瘝疾痛，吾子孫當深念之。彼不自給，況望其饋遺我乎？但有一毫相贈，亦不可受，違者必受天殃。

一、拯救宗族里黨一應等務，令監視置推仁簿，逐項書之，歲終於家長前會算。其或沽名失實及執吝不肯支者，天必絶之。此吾拳拳真切之言，不可不謹，不可不慎。【略】

一、秋成穀價廉平之際，糴五百石，別爲儲蓄。遇時缺食，依元價糶給鄉鄰之困乏者。

一、擇端嚴公明、可以服衆者一人，監視諸事。四十以上方可，然必二年一輪。有善公言之，有不善亦公言之。如或知而不言，與言而非實，衆告祠堂，鳴鼓聲罪，而易置之。

一、監視涖事，告祠堂畢，集家衆於有序堂，先拜尊長四拜，次受卑幼四拜，然後鳴鼓，細説家規，使肅聽之。

一、監視糾正一家之是非，所以爲齊家之則，而家之盛衰繫焉，不可顧忌不言。在上者，必當犯顔直諫，諫若不從，悦則復諫。在下者，則教以人倫大義，不從則責，又不從則撻。【略】

一、家長總治一家大小之務，凡事令子弟分掌，然須謹守禮法以制其下。其下有事，亦必咨稟而後行，不得私假，不得私與。

一、家長專以至公無私爲本，不得徇偏。如其有失，舉家隨而諫之，然必起敬起孝，無妨和氣。若其不能任事，次者佐之。

一、爲家長者當以至誠待下，一言不可妄發，一行不可妄爲，庶合古人以身教之之意。臨事之際，毋察察而明，毋昧昧而昏，更須以量容人，常視一家如一身可也。【略】

一、凡遇凶荒事故，或有缺支，家長預爲區畫，不使匱乏。【略】

一、設主記一人，以會貨泉穀粟出納之數。凡穀匣收滿，主記封記，不許擅開，違者量輕重議罰。如遇開支，主記不親視，罰亦如之。鑰匙皆主記收，遇開則漸次付之，支訖，復還主記。

一、選老成有知慮者通掌門户之事。輸納賦租，皆稟家長而行。至於山林、陂池，防範之務，與夫增拓田業之勤計，會財息之任，亦併屬之。

【略】

一、增拓産業，長上必須與掌門户者詳其物與價等，然後行之。或掌門户者他出，必俟其歸，方可交易。然又預使子弟親去，看視肥瘠及見在文憑無差，切不可魯莽，以爲子孫之害。

一、凡置産業，即時書於《受産簿》中，不許過於次日。仍用招人佃種。其或失時不行，家長朔望點檢議罰。

一、增拓産業，彼則出於不得已，吾則欲爲子孫悠久之計，當體究果值幾緡，盡數還足。不可與駔儈交謀，潛萌侵人利己之心，否則天道好還，縱得之，必失之矣。交券務極分明，不可以物貨逋負相準。或有欠者，後當索償，又不可以秋税暗附他人之籍，使人陪輸官府，積禍非輕。

一、每年之中，命二人掌管新事，所掌收放錢粟之類；又命二人掌管舊事，所掌冠婚喪祭及飲食之類。然皆以六月而代，務使勞逸適均。

一、新舊管輪當，須視爲切己之事。計會經理，自二十五歲至六十歲止。過此血氣既衰，當優遇之，毋任以事。

一、新舊管皆置日簿，每日計其所入幾何，所出幾何，總結於後，十日一呈監視。果無私濫，則監視書其下曰：體驗無私。若顯露，先責監視，次及新舊管。

一、新管置一總租簿，明寫一年逐色穀若干石，總計若干石，又新置田若干石。此是一定之額，却於當年十二月望日，以所收者與前數總較之，便知實欠多少，以憑催索。後索到者，别書於畸零簿，至交代時，却入總租簿内通算。

一、新管所收穀麥，每匣收訖，即結總數報於主記。置税賦簿，令其親書某號匣係某人於某年月日收何等穀麥若干石。量出之時，亦須置簿，書寫某匣舂磨自某日支起至某日用畢，以憑稽考。

一、新管所管穀麥，必當十分用心，及時收曬，免致黰爛；收支明白，不至虧折，關防勤謹，不至透失。賞則及之，若有前弊，罰本年衣資綿線不給。如遇稱收繁冗，則撥子弟分收之。

一、佃人用錢貨折租者，新管當逐項收貯，别附於簿，每日納諸家長。至交代時通結大數，書於總租簿，云收到佃家錢貨若干，總記租穀若干。如以禽畜之類準折者，則付與舊管，支錢入帳，不可與雜色錢同收。

一、田地有荒蕪者，新管逐年招佃。或遇堋江亦即書簿，以俟開墾。既畢，復入原簿，免致失於照管。

一、田租既有定額，子孫不得别增數目。所有逋租亦不可起息，以重困里黨之人。但務及時勤索，以免虧折。

一、佃家勞苦，不可備陳，試與會計之，所獲何嘗補其所費。新管當矜憐痛憫，不可縱意過求，設使爾欲既遂，他人謂何。否則貽怒造物，家道弗延。除正租外，所有佃麥、佃雞之類，斷不可取。【略】

一、新管簿書不分明者，不許交代。一應催督錢穀，須是先期逐項詳注已未收索之數，於交代日分明條説，併承帳人交付。雖累更新管，要如出於一手，庶不使人欺隱。舊管簿書不分明者，亦不許交代。【略】

一、擇廉謹子弟二人，收掌錢貨。所出所入，皆明白附簿。或有折陷者，勒其本房衣資首飾補還公堂。

一、擇廉幹子弟二人，以掌營運之事。歲終會算，通計其數，呈於家長。監視嚴加關防，察其私濫。

一、子孫以理財爲務者，若沉迷酒色、妄肆費用以致虧陷，家長覆實罪之，與私置私積者同。

一、委人啓肆，皆公堂給本與之，一年一度，新管爲之結算，其子錢納諸公堂。

一、畜收樹藝，當令一人專掌之。須置簿書，寫數目，以憑稽考。然須常加點檢，務要增益。如或失時不辦，住本人本年衣資不給。

一、立《勸懲簿》，令監視掌之，月書功過，以爲善善惡惡之戒。有沮之者，以不孝論。

一、造二牌，一刻勸字，一刻懲字，下空一截，用紙寫帖。何人有功，何人有過，既上勸懲簿，更上牌中，掛會揖處，三日方收，以示賞罰。

一、設知賓二人，接奉談論，提督茶湯，點視牀帳被褥，務要合宜。

一、親賓往來，掌賓客者禀於家長，當以誠意延款，務合其宜。雖至親，亦宜宿於外館。

一、親朋會聚若至十人，舊管不許於夜中設宴。時有小酌，亦不許至一更，晝則不拘。

一、親姻饋送，一年一度，非常慶吊則不拘此。切不可過奢，又不可視貧而加薄，視富而加厚。【略】

一、姻家初見，當以幣帛爲贄，不用銀斝。他有饋者，此亦不受。

一、立嘉禮莊一所，撥田一千五百，世遠逐增。別儲其租，令廉干子弟專掌，充婚嫁費。男女各穀一百五十石爲則。

一、設典事二人，以助家長行事。必選剛正公明、才堪治家、爲衆人之表率者爲之，竝不論長幼、不限年月。凡一家大小之務，無不與焉。每夜須了諸事，方許就寢，違者，家長議罰。

一、每夜聚會之際，典事對衆商確，何日可行某事，書之於籍。上半月所書，下半月行之；下半月所書，次上半月行之，庶無迂滯之患。事當即行者不拘。

（明）葉春及《惠安政書》卷九《明倫五條》　一創家者必立宗法，大宗一統，小宗四別，子爲祖以嫡承，嫡百代不絶是曰大宗。大宗之庶子皆爲小宗，小宗有四五世則遷己身庶也。宗禰宗己父庶也，宗祖宗己祖庶也，宗曾祖宗己曾祖庶也，宗高祖宗己高祖庶也。則遷而惟宗大宗，大宗絶則族人以支子後之。凡祭，主於宗子，其餘庶子雖貴且富，皆不敢祭，惟以上牲祭於宗子之家。宗子死，族中雖無服者，亦齊衰三月，祭畢而合族以食，期而齊衰者，一年四會，大功以下世降一等。異居者，必同財有餘則歸之宗，不足則資之宗族大事，繁則立司貨司書各一人，宗子愚幼則立家相以攝之，各修族譜以敦親睦。或有骨肉爭訟者，衆共罰之，若肯同居共爨者，衆相褒勸。

（清）沈之奇《大清律輯註》卷四《户律·户役·脱漏户口》　凡一家曰户全不附籍，若有田應出賦役者，家長杖一百；若係無田不應出賦役者，杖八十，准附籍有賦照賦，無賦照丁。當差。若將他家人隱蔽在户不另報立籍，及相冒合户附籍，他户有賦役者，本户家長亦杖一百；無賦役者，亦杖八十。若將内外另居親屬隱蔽在户不報，及相冒合户附籍者，各減二等。所隱之人，並與同罪，改正立户，別籍當差。其同宗伯叔、弟姪及婿，自來不曾分居者，不在此斷罪改正之限。其現在官役使辦事者，雖脱户，然有役在身，有名在官。止依漏口法。若曾立有户，隱漏自己成丁十六歲以上。人口不附籍，及增減年狀妄作老幼廢疾以免差役者，一口至三口，家長杖六十，每三口加一等，罪止杖一百；不成丁，三口至五口，笞四十，每五口加一等，罪止杖七十。所隱人口入籍，成丁者當差。若隱蔽他人丁口不附籍者，罪亦如之。所隱之人與同罪，發還本户附籍當差。若里長失於取勘，致有脱户者，一户至五户，笞五十，每五户加一等，罪止杖一百。漏口者，一口至十口，笞三十，每十口加一等，罪止笞五十。本縣提調正官、首領官吏，失於取勘，致有脱户者，十户笞四十，每十户加一等，罪止杖八十。漏口者，十口笞二十，每三十口加一等，罪止笞四十。知情者，並與犯人同罪。受財者，計贓以枉法從重論。若官吏曾經三次立案取勘，已責里長文狀，叮嚀省諭者，事發，罪坐里長。如里長官吏，知其漏脱之情而故縱不問者，則里長官吏與脱漏户口之人同罪。若有受財者，並計贓，以枉法從重論。

〔律後註〕：一應户口，俱應記載于册。凡諸色人，將一户人口全皆脱去，不附著版籍者，查其有無田糧之賦、差徭之役，分别科之：有賦役者，家長杖一百；無賦役者，家長杖八十。一家之事，必由家長爲主，故獨坐之。俱責令附籍當差，謂有賦役者當賦役，無賦役者當丁差也。曰他人者，所以別於親屬也。既非親屬，不得同居，應當別立户籍。若將他人一家户口，隱藏蔽蓋在已户内，而不報官立户，及相冒他人，作爲已户之人報官，而與之合户附籍，陷蔽與相冒，雖有附籍不附籍之分，而他人之户已脱矣。他人之户，由我而脱，故論如自己脱户之罪，亦分有無賦役，以杖一百、杖八十科之。親屬雖與他人不同，而另居即當別籍，故隱蔽合另居親屬之罪，減隱冒他人之罪二等：有賦役者杖八十，無賦役者杖六十。所隱之人並與本犯同罪：他人同杖一百、杖八十之罪，親屬同減二等之罪。並獨坐家長，仍改正户籍。至于親屬之應得合户者，自不用此律也。其在官役使辦事之人，雖脱户籍，而身既有役，名亦在官，猶之立户矣，止計其家中未役之人，照下文漏口法科之。人年四歲即附籍，十六以上曰成丁，始當差役；十五以下曰幼，六十以上曰老，及有殘廢之疾者，俱免差役，此古之定制也。隱漏者，雖曾立户當差，而一户人口供報未盡，尚有隱瞞遺漏者也。若所隱漏係成丁人口，及雖不隱漏，而增減所報之年狀，非老幼而妄作老幼之年，非廢疾而妄作廢疾之狀，以圖免差役者，家長計口論罪：一口至三口，杖六十；至十五口之上，罪止杖一百。若所隱漏係未成丁人口，家長亦計口論罪：一、二口勿論；三口至五口，笞四十；至二十口之上，罪止杖七十。雖有隱漏，尚未免差，故其罪輕也。其所漏人口，俱令入籍，驗丁當差。若他人自有户籍，却將其户内丁口隱蔽在家，不行附入彼籍者，成丁未成丁，各驗口坐罪，亦論如隱漏自己丁口之律。所隱之人，與本犯同罪，并獨坐家長。前隱蔽脱户者，分他人、親屬，此止言他人，不及親屬，則隱蔽另居親屬者，當與他人同論，蓋以罪輕不復分别耳。失于取勘者，無心之過，非有縱容之情也。里長有稽查之責，官吏有統攝之司，失勘脱户漏口，均不能無罪。里長脱户之罪，一户至五户，笞五十，至三十户之上，罪止杖一百；漏口之罪，一口至十口，笞三十，至三十口之上，罪止笞五十。官吏脱户之罪，九户以内勿論，〔一〕十户笞四十，至五十户之上，罪止杖八十；漏口之罪，九口以内勿論，〔二〕十口笞二十，至七十口之上，罪止笞四十。蓋里長與人户雜處，近而易知，官吏與人户懸隔，多而難察，故罪有不同也。如里長、官吏知其脱漏之情，而故縱不問者，並與脱户漏口之人同罪。若有受財者，並計入己之贓，以枉法從重論。若官吏取勘之事已盡，而里長不行用心查檢，以致脱漏隱蔽者，則非官吏之失矣，故獨坐里長。

〔律上註〕：脱户者，一户之人，全不當差，與脱逃者無異，故曰脱。漏口者，一户之人，不盡當差，猶物之有缺漏也，故曰漏。

計家而言之曰户，計人而言之曰口，將户口開報入册曰附籍。田地税糧曰賦，人丁差徭曰役。有賦役，謂有田糧當差者也；無賦役，謂無田糧止當本身差徭者也。以賦定役，視貧富爲之差等，非盡出于力也，故曰賦役。此條專以役言，因載於户役之首。

首節言脱自己之户；次節言隱冒他人及親屬之户；三節言雖脱户而止依漏口之法；四節言漏自己丁口；五節言隱蔽他人丁口；六節言里長官吏失勘知情受財之罪。

脱户之罪分二等，有賦役則所避者多，無賦役則所避者少；漏口之罪亦分二等，已成丁者有所規避，未成丁者無所規避，故罪各有輕重。

脱漏自己户口，與脱漏人之户口一也，故其罪同。所隱之人，猶脱漏自己户口也，故其罪亦同。

親屬于罪犯得相容隱，而户口非罪犯之比，亦减他人二等者，蓋隱蔽他人，而有奸貪之弊，隱蔽親屬，猶出親愛之意也。

此在官役使辦事者，係經制正役，與後豪民跟隨官員隱蔽差役者不同。

隱蔽親屬者，提出另居二字言之，則凡同居，不限籍之同異，均不在此限。而下文曰同宗伯叔、弟姪及婿，自來不曾分居者，謂此等另居，則當立户，同居則非隱蔽也。

此條脱漏、隱蔽等項，與所隱之人，其罪皆獨坐家長。《箋釋》謂隱蔽户口者，所隱之人，即指其人，不同脱户者獨坐家長。非也。按：本律脱户與漏口，皆分兩節言之，前節俱有家長字，而下節俱無，蓋律文簡嚴，以上貫下，不煩重見也。要知在此爲隱蔽，在彼即是脱漏，故其罪相同。假如家長將同居之卑幼隱蔽于人，即科其人同隱蔽之罪，而不問家長，恐非律意也。况本法應計口論罪，非坐家長，亦無計口法矣。

隱蔽他人户口，不言受財之事，如有受財者，亦計贓，以枉法照無禄人從重論。

《大清會典則例》卷一四〇《理藩院·旗籍清吏司》 康熙四十四年覆準，蒙古台吉等不立族長，無所統屬，應每族各設族長稽察本族内、酒行、等事。

《大清會典則例》卷一七七《八旗都統·公式》 族長果能教導族人，日進於善者，三年量給紀録，以上條款，著永爲例。五年奉旨，嗣後八旗將紀録人員於歲底彙奏之時，但令直月旗叙入案呈，具奏各旗，不必將案呈叙入。若特旨賞給紀録者，著照常彙奏其旗下應給紀録者，各旗都統於奏事之便，奏聞再於歲底彙奏。

乾隆三年覆準，族長所管本族内並無匪人，出結呈佐領驍騎校加具印結，每月終呈該旗存案，年終考察一次，如三年無過者，交兵部照例議叙，至佐領驍騎校教導所部乃其分内之事，如果實心教導者，該都統於應升處列名，無庸議叙。

四年覆準，已滿三年之族長，繫見任官，照例咨部議叙，外其未得官之族長，造册二本各鈐印，一送兵部，竢補官日，覈對該旗來文補給紀録。一存本旗，如未得官之前，有應議之罪，一并咨部，準其將紀録抵銷。五年議準，印房俸餉房及各叅領承辦之事，於一年内依限全完者，準給紀録一次，佐領事簡於三年内均依限全完者，佐領驍騎校領催，各準給紀録一次，應紀録之叅領，以歲終佐領驍騎校以三歲均彙册具奏咨部，其領催應得紀録註册，竢補官日照例覈給，如於未得官之前，有應議之罪者，准將紀録抵銷。

六年議準，佐領驍騎校教導所部，向例議叙之處，已經停止。則叅佐領訓練兵丁，嫻習騎射，期會無誤，並叅佐領。及各校，遵循禁令訓示，所部正己率屬守分急公散秩官勤職工射器械修理，均繫分内應爲之事，槩予議叙轉滋冒濫，應請停止，再八旗應紀録官，均由本旗彙奏，其由直月旗具奏之處，亦應停止。

七年奏準，族長内有文職，應得紀録者，仍行兵部，轉行吏部，註册仍知照該旗。

十八年奏準，佐領拏獲逃人賭博，監倉官五年無弊監工官節省錢糧，工程完固，奉差官實心辦事，均分所應爲，於錢糧册籍稟首情弊。定例以來未有，其事例爲虚設，向例給予紀録之處，均請停止。再八旗奏給官員紀録，既於本年照數奏給。其次年歲終奏銷事屬繁冗，亦應停止。至領催族長，無官職者，其紀録註册，毋庸入奏。俟補官日，入於見年，應請紀録官員摺内聲明具奏。

（清）李璋煜《視已成事齋官書》卷七《設立房約正副諭》 潮郡聚族而居，各有祖祠，各有公當，墓必樹碑，於考則書字曰某公，於妣必加私謚，尊祖敬宗之心，潮之人，皆有之，好生惡死重義輕利之念，潮之人，何獨無之。其所以習爲鬬擄劫搶者，由於結怨，結怨由於負氣，負氣由於不明道理，一事之傳播，一言之差池，並不詳細思量，十分忍耐，銃械既出，遂開衅端，爛匪以此爲生涯，主謀以此而派費，從此雇銃手有錢，購火藥有錢，給屍屬有錢，營雜費有錢，以有限之資財，供無窮之浪費，鄉間之元氣既耗，富室之朘削尤甚，弱者飲泣吞聲，甘心附和，强者揚眉吐氣，百計刁難，豈知殺人之父兄子弟，人亦殺其父兄子弟，是借人之刃，而加於頸也，毁人之房屋田疇，人亦毁其房屋田疇，是假人之手，而燎其原也，一旦會破，競遞檳榔，在一切物産，縱可賠償，而死者豈可復生，斷者豈可復續，無子者雖有螟蛉，終非骨血，無夫者雖得埋葬，究屬零丁，是皆一二主持科斂之人，寡人之妻，孤人之子，傾人之産，肇其衅而厲其階也，本道目擊情形，終夜不能安枕。如一家然，其子弟蕩檢踰閑，日不聊生，爲之尊長者，縱之乎，抑責之乎？官之於民猶尊長之於子弟，官爲民計，尊長獨不爲子弟計邪？官民之情不通，皆由差役人等，不能仰體地方官愛民如子之心，遂多睽閡耳。爾等以各族之支長，立本房之規條，族大者設立族長房長，族尤大者添設房正房副，或擇各房中力能鈐制爛匪者充之，使之各自約束子弟，禁止紛争，如本房中有犯鬬擄劫搶等案，惟房長等是問。再爾等類多舊案被控有名，爾等父兄子弟之名，更不能免，如能出爲我用，奉公守法，必當貰其夙愆，責其新效，差役人等，不得藉案訛詐。本道以誠待人，向不失信於鄉黨，豈肯失信於百姓，爾等即來謁見，不必疑懼退沮，此諭。

設立房約正副章程

一、大鄉係聚族而居者，應令分開支派，按其若干支，每支各舉房正一人，房副一二人或三人，若一支之下，人丁至五百以上，或千餘人者，則令於房正副之外，每支各添舉輔理二三人，即四五人亦可，約束本支下子弟。

一、大鄉中聚族而居者，已令舉房正副及輔理，如有雜姓插居者，應令插居之雜姓另於雜姓之内，公舉約正約副，約束雜姓人丁子弟，如有以不能約束雜姓爲詞，則每姓設立房正副約束亦可，人少者則衹舉房正一人。

一、小鄉聚族而居，人丁不及三百者，則令舉房正一人，房副一二人，約束子弟。

一、雜姓大鄉，如人户衆多，則令分開段落，或分爲二，或分爲東南西北，令各分舉約正一人，約副二三人，約束段落内各姓子弟，如人多，亦再設輔理數人，如以不能約束雜姓爲詞，則每姓設立房正房副亦可。

一、雜姓小鄉，人户無多，不及三百丁者，則設一約正，其約副或一人或二人。

一、大鄉名之外，另有小鄉名者，令其將小鄉名，於稟内註明其舉之人，一人而有二三名字者，亦註明稟内，聲明某人即某人。

一、各鄉須將四至地界開明，與某鄉某村某甲毘連。

一、各房正等所管派下，各人住處地段，亦須將四至開明，如有犬牙相錯者，將總四到開明。

一、各約正等所管雜姓住址地段，亦須將四至開明如有犬牙相錯者，將總四至開明。

一、某房正等所約束者，係第幾房，第幾支，某人派下，人丁共若干名，亦須於稟内開明。

《户部則例》卷一《户口・八旗户口・族長》 一、八旗佐領下各設族長，責令管束同族之人，獨户小族並令兼管。由該都統於男爵、輕車都尉、騎都尉、雲騎尉等官，及舉貢生監、護軍領催等項人内揀選補放，若能盡心教導族人三年無過，由該旗核實咨送兵部議叙。係官於現任内紀録一次，係舉貢生監、護軍領催等人，於得官日紀録一次。

（清）薛允升《唐明清三律彙編・户律・户役・人户以籍為定》

《唐律》無專條，《詐僞門》内數條有類於此。諸詐除去死，免官，奴婢及私相博易者，徒二年。即博易贓重者，從貿易官物法。

其匿脱者，徒一年，産子不言，爲匿；典吏不附，爲脱。主司不覺匿脱者，依里正不覺脱漏法。

諸詐自復除，若詐死及詐去工、樂、雜户名者，徒二年。

即所詐得復役使者，徒一年。其見供作使而許自脱及脱之者，杖六十，計所作，庸重者，各坐贓論。

又《名例》：諸官户部曲，部曲妻及客女亦同。官私奴婢有犯，本條無正文者，各准良人。

《疏議》曰：官户隸屬司農，州縣元無户貫，部曲謂私家所有。其妻通娶良人客女奴婢爲之部曲之女亦是。本條有正文者，謂犯主及毆良人之類，其本條無正文，謂闌入越度及本色相犯之類，各准良人之法。

若犯流徒者，加杖免居作。

《疏議》曰：犯徒者，准無兼丁例，加杖。徒一年，加杖一百二十，一等加二十。徒三年，加杖二百。准犯三流，亦止杖二百。決訖，付官主，不居作。

應徵正贓及贖無財者，准銅二斤，各加杖十。

《疏議》曰：銅數雖多，不得過二百杖。

若老小及廢疾不合加杖，無財者，放免。

即同主奴婢自相殺主求免者，聽減死一等。親屬自相殺者，依常律。

《疏議》曰：奴婢賤人，律比畜産，相殺雖合償死，主求免者，聽減。若部曲故殺同主賤人，亦得同減法。

《臨時臺灣舊習慣調查會第一部調查第三回報告書・祠堂》 祠堂又稱家廟，是基於儒教的崇拜祖先宗旨，由同姓爲奉祀其祖先而設的宗教營造物，亦於第二編詳述。臺灣的祠堂依創設人係同宗與同姓有大宗與小宗之别。稱爲大宗及小宗是緣於古代爲諸侯别子而設的别子宗法，但實際上却與别子宗法的大宗、小宗完全不同其趣，而且大宗所奉祀的始祖大多不知是否爲其始祖。

一、小宗：典禮規定要依身分立廟，庶人不得立之，要在自家的正廳設祖龕奉祀，但臺人不遵行此規定，凡有資力即可自由與同宗共同設立小宗祠堂，而與其他祠廟不同之點是：由同宗共同設立及奉祀祖禰。

小宗的祠堂甚多擁有附屬財産，並以祭祀公業、祖公會的收益或同宗捐款設立，因而隨設置方法不同，祠堂及附屬財産的性質亦不同，而有可視爲屬於祭祀公業、祖公會或家産的一部份者。【略】

二、大宗：即同姓爲奉祀其始祖而設的祠堂，與其他祠廟不同之點在設立人限於同姓及祭神限於始祖。然而臺灣的大宗亦有合祀古代的同姓先賢，或不知祭神是否爲其始祖者。設立時捐款人大多住於同一地區，亦有遍及全島者，捐款額不僅依貧富，依信仰程度亦有差異。

大宗亦甚多擁有附屬財産，此財産係由同姓捐獻者，並以祠堂爲業主，置董事管理。董事通常推舉有名望的同姓擔任，亦有將附近街莊分區，置角頭輪流管理者。

《朱子家禮》曰：置祭田以代祭祀，多寡隨宜，立宗子主之。不許典賣，世世共守。即祭田要永遠保存。臺灣亦遵守家禮之言，但是並無宗子。

大宗的祠堂與同祖籍或同業所建的寺廟相同，大多具有財團性質。亦有屬於社團（祖公會）者。

紀事

（唐）杜佑《通典》卷七《食貨·丁中》 按開元二十五年《户令》云：諸户主皆以家長爲之。户内有課口者爲課户，無課口者爲不課户。諸視流内九品以上官及男年二十以上、老男、廢疾、妻妾、部曲、客女、奴婢，皆爲不課户。無夫者爲寡妻妾。餘准舊令。諸年八十及篤疾，給侍丁一人，九十二人，百歲三人，皆先儘子孫，次取近親，皆先輕色。無近親外取白丁者，人取家内中男者，并聽。諸以子孫繼絶應析户者，非年十八以上不得析，即所繼處有母在，雖小亦聽析出。諸户欲析出口爲户及首附口爲户者，非成丁皆不合析。應分者不用此令。諸户計年將入丁、老、疾應徵免課役及給侍者，皆縣令貌形狀以爲定簿。一定以後，不須更貌，若有姦欺者，聽隨事貌定，以附於實。

九載制：天下雖三載定户，每載亦有團貌，自今以後，計其轉年合入中男、成丁、五十九者，任退團貌。廣德元年制，天下百姓二十五成丁，五十五入老。

（宋）王溥《唐會要》卷八五《逃户》 〔開元〕十八年，宣州刺史裴耀卿論時政，上疏曰：竊見天下所檢客户，除兩州計會歸本貫已外，便令所在編附。年限向滿，須準居人，更有優矜，即此輩僥倖，若全徵課税，目擊未堪。竊料天下諸州，不可一例處置，且望從寬鄉有賸田州作法。竊計有賸田者，減三四十州，取其賸田，通融支給。其賸地者，三分請取一分已下，其浮户請任其親戚鄉里相就，每十户已上，共作一坊，每户給五畝充宅，並爲造一兩口屋宇，開巷陌，立閭伍，種桑棗，築園蔬，使緩急相助，親鄰不失。丁别量給五十畝已上爲私田，任其自營種，率其户於近坊，更供給一頃，以爲公田，共令營種。

《舊五代史》卷七六《晉書·高祖紀》 〔天福元年十一月己亥〕其在京鹽貨，元是官場出糶，自今後並不禁斷，一任人户取便糶易，仍下太原府，更不得開場糶貨，其麴每斤與減價錢三十文。

（宋）李燾《續資治通鑑長編》神宗熙寧八年二月 甲子，詔酒户貸市易司糯米，自去年中限至末限，息錢竝減半。初，市易司権糴糯米，以貸酒户收息，犯者聽人告，賞錢至三百千，米没官。商人以官糴賤，不至；又值歲儉，京師糯米少，價益高，本息錢厚，故有是詔。

（宋）李燾《續資治通鑑長編》神宗元豐元年十一月 韓存寶言：羅、胡、苟姓作過夷賊，係八母姓，共五十六村，除已討殺及投降外，有四十七村，内四十二村累次各以銅鼓、器甲、水牛等銜草乞命投降，及獻逐村地土，歲認租税。尚有斗忙、箇斗等五村未降，據招安將楊方簡等稱，各攜其家人遠遁，今見官軍在納溪寨，實驚懼未敢出漢。今且以降夷村分頭領、强壯、老小人口山坡水噌地土，逐年認納租税，仍各令打誓歸業，依舊住坐訖。詔：請降夷人舊來納税租者，聽量納，其已納者，止依舊額。

（宋）李燾《續資治通鑑長編》神宗元豐四年十二月 朝散大夫賈青言：準朝旨下朱初平奏，令臣相度新建徽、誠州乞招納元屬溪峒地分道路，以至地里遠近，並附入州縣圖籍，令縣邑城寨常切開廣，于新城地買官田及許百姓置田，其少牛具、種糧之類，聽結保赴官借貸。乞並如初平所奏。從之。

（宋）李燾《續資治通鑑長編》神宗元豐七年七月 〔辛丑〕夔州路轉運使王宗望乞就成都府置榷鹽司，即兩蜀産鹽之地置場，其井盡榷於官，然後售之於民，收無過一分五釐，歲入無慮三十萬緡，乃乞量損蒲江鹽直，庶幾興利除害，以惠遠民。成都府、梓州路並爲榷鹽禁地，煎鹽户赴官入中，不得私買賣。陵井監之井研、榮州之應靈專置場，各差監官。其餘州縣鹽井少處，就差税務官兼。無税務處，委令、佐置場。成都府置轉般都鹽務，受諸場運鹽，先留息錢一分，爲元買場課額，令都務增脚税約時價賣，漸抑兼并，常平鹽價。略計兩路共六百井，大井日煎鹽千斤，小井二百，計日收十八萬斤，歲得鹽六千三百七十二萬。約百斤之價爲四千錢，爲二百五十四萬八千八百緡，每緡收息一分五釐，歲收息三十八萬二千三百二十緡。乞降度僧牒五百、銀十萬兩，借兩路轉運提舉司錢四十緡爲本，候三年撥還。其本錢雖當用二百五十四萬有奇，若以法支移，止用今所乞數可足。詔下逐路轉運司詳具可否利害以聞。

（宋）李燾《續資治通鑑長編》哲宗元祐元年八月 〔乙丑〕司馬光

劄子乞約束州縣抑配青苗錢曰：檢會先朝初散青苗，本爲利民。故當時指揮並取人户情願，不得抑配。自後因提舉官速要見功，務求多散，諷脅州縣，廢格詔書，名爲情願，其實抑配。或舉縣勾集，或排門鈔劄。亦有無賴子弟謾昧尊親，錢不入家。亦有他人冒名詐請，莫知爲誰，及至追催，皆歸本户。朝廷深知其弊，故悉罷提舉官，不復立額考校，訪聞人情安便。昨於四月二十六日有敕令給常平錢穀，限二月或正月，只爲人户欲借請者及時得用。又令半留倉庫，半出給者，只爲所給不得輒過此數。至於取人户情願，亦不得抑配，一遵先朝本意。慮恐州縣不曉朝廷本意，將謂朝廷復欲多散青苗錢穀，廣收利息，勾集抑配，督責嚴急，一如向日置提舉官時。今欲續降指揮，令諸路提點刑獄司告示州縣，並須候人户自執狀結保赴縣，乞請常平錢穀之時，方得勘會，依條支給，不得依前勾集鈔劄，强行抑配。仍仰提點刑獄常切覺察，如有官吏似此違法騷擾者，即時取勘施行，若提點刑獄不切覺察，委轉運安撫司覺察聞奏。詔從之。

（宋）真德秀《西山先生真文忠公文集》卷二四《建寧府廣惠倉記》

寶謨閣直學士史公守建之明年，修廢佤僵，百度咸飭，鄙山鄞水之念，油然有動于中，猶惠顧吾民，思所以澤潤於亡窮者，迺以書諗於朝曰：維建之爲州，統縣凡七，皆山谷延袤相屬，田居其間，裁什四三，歲其豐，民食堇告足，一或小歉則彊者相挺爲虣，弱者轉死溝隍中。備豫之政，在此邦尤不可後。謹按故侍講朱文公熹，當建白立倉于里社，建人賴之，今遺規具存。郡之賦入雖狹，然節用而計其贏，爲緡錢凡五萬，願悉舉以平羅，散儲屬邑田野間。某誠力憊，不能任郡事，請得上還印紱，竢繼至者卒成之。子以丕闡聖主如天之仁，俾人蒙施，永永無極。大臣以其書奏，天子曰：嘻，是足以廣吾之惠矣，其令迄終厥事，條其所當措畫者以聞。公拜命愯然，不敢言去，於是顓爲一司奉行之，屬通判府事張侯佖，總其綱，觀察推官鄭某，掌凡糾察之事。又惟俗利疚，非卿大夫之賢者不能知，則以禮屈新知信州朱侯在，前知黄州謝侯汲古，主其議。凡七邑措置之任悉屬焉，諉令佐之能者，各董其事，而以寓士二人相之。凡倉，以里居之有行誼者二人，職其出納。眂其境之廣狹，爲置倉之疏密，故在建安甌寧者，凡十有三，在建陽者，二十有五，在浦城者，二十有二，在崇安者，十有八，松溪眂崇安之半，政和又損其二焉，此其大較也。初議用社倉法，穀貴時，出以貸民，至秋責其入。既又慮其有督索之煩，均備之擾，或反以爲病，於是祖常平斂散之舊，糴以夏，糶以秋，糶價視時之高下而糴，則少損焉。是冬，條約成，某自泉徙江西，公命以識曰：庶來者之有考也。吁，公其可謂有志於民矣。

蓋古今之法，莫善於常平，然其禁防密，興發難，非歲丁大侵，不敢舉而貸也。縣不稟之州，州不稟之部使者，不敢擅而出也，幸而有司急民之隱，不旋踵而予之，然邇者易賙，遯者易遺，又其勢然也。世之君子，深思博慮，以左右其所不及，故社倉立焉。社倉之行，垂五十年，復不能亡弊，而廣惠出焉，凡以推德意而活民命也。或曰，社倉既弊矣，議者方欲舉而廢之，奚以廣惠爲哉？行之數十年，殆又一社倉也。是不然，古之君子，將有所爲，患己之不盡其方，不慮人之莫我繼。社倉之弊，非法之辠也，使在位者，有朱公之心，修而復之，易矣。孟子曰：無惻隱之心，非人也，己欲有爲，而慮人之莫我繼，是以不仁待人也，不亦薄乎？惟後之人，毋忘公經始之囏，續其緒於既成，而杜其罅於未兆，雖以之百世可也，奚弊之足憂耶？若夫分畫布置之詳，則有故府之牘在，此不悉書，具位真某記。

（宋）真德秀《西山先生真文忠公文集》卷二四《蘄州惠民倉記》

嘉定某年某月，金華李公守蘄，始至，曰：城郭完乎？有司以圮告，則命繕而新之，凡若干丈尺。又曰：城完矣，兵械具乎？有司以乏告，則命爲某器若干，某器若十。既又曰：吾城堅而械良，於守易矣，無其人可乎？則舉凡兵之在籍，若寓于壄者，教之率以法。期年，士咸就紀律。公曰：可矣？猶未也。夫守恃兵，兵恃民，民恃食，故食，民之大命也，邊之首政也。蘄故號沃壤，中興以來，流痛未盡復，荒茀未盡治，歲所出，不能當中州一大縣，而輸于公家者，財萬斛焉，以廩吾兵且不給。設不幸有旱濫之菑，蟲螟之孽，其奚以相恤哉？予爲二千石於此，而奉養嗇於斗食吏，非矯也，重民之脂膏，不忍褻而用也。覬圭勺之赢，還以遺吾甿也。時會而月計之，泉之在官者，廑有餘，歲幸比登，粟之在民者，亦廑有餘。以其餘於官者，易其餘於民者，不幸告儉，則以藏之官者，復散之民，此備豫之善畫也。迺簡僚吏之材者涖厥事，凡樂售者，優其直予之。未幾，得粟爲萬石者二，靡錢緡若干萬千百有奇，築屋若干楹，以謹其出納，命之曰惠民倉，著公志也。

夫民食足，然後有固心，人心固，然後可冀以死守。昔者孟子談王道於戰國，皆是物也，彼争地争城之將，從横馳説之士，未有不哂其迂，卒之莫或能易者。蓋民弗自安，而欲與俱危，不卹其生而欲責之死，無是道也。公之學醖以深，其氣剛以大，蓋淵源乎孟氏者，故其治遏之政，大抵以保民爲本，是倉特其一爾。始倉之成，公既以告於朝，下部使者核其實，又收來命某識之，其欲以諗後人俾勿廢乎？予謂使繼至者，有公之心，雖毋識焉，可也？不然，則金版玉書，猶弗足紀，恃此以存，難哉。雖然，仁人心也，人心不可泯，則是倉不可廢，姑識之，庶異時有考云。公名某，字茂欽，十三年夏五月辛卯，朝散大夫，集英殿修撰，權發遣隆興府，主管江南西路安撫司公事，馬步軍都總管真某記。

（宋）真德秀《西山先生真文忠公文集》卷二六《建陽縣復賑糶倉記》

環邑皆有社倉，歲貸民爲種食，自朱文公始也。獨縣無耕農，不可貸，故弗置倉，舊仰糴常平，常平法久壞，吏徒持空鑰相授。歲五六月，舊穀没，新穀未升，邑人婦子，盻盻然無所於糴，縣大夫熟視亡策。則剸配之令出焉，吏舞智其間，細民未遽飽，而中家以上先病矣。慶元二年，諸侯用始置倉藏米，幾四千石，市直翔則糴，平則止，民歌舞之。諸侯既去十餘年，弊日甚，關侯峪稍修復之。未幾，又大弊。寶慶元年，劉侯克莊寔來，覈舊藏不能五之一，歎曰：此文公之意，諸侯之澤，可使壞不修至是乎？越明年，政成惠浹，歲以大穰，則斥經費之餘財，凡三千餘緡爲糴本，始諸侯之糴也。先期予錢，至秋獲乃入，侯曰：此致弊之本也，夫富民不願請，而願請多貧民，輸不以時，則有督索之煩，召呼之擾。甚者，錢有出而米無償，夫焉得不速弊？則爲更故約，以見緡貿見米。若時俗所宜，有未盡叶者，亦變通之，要以便民而止，不苟異也。按春秋莊公二十八年，書大無麥禾，臧孫辰告糴於齊。傳者曰：一年不艾，而百姓饑，君子非之。蓋昔之爲國者，大抵父母其民，故常先事豫圖，使雖水旱，不得病吾赤子。莊公在位久，不儲之素，而糴於既饑，固春秋之罪人矣。後世爲吏者益苟，平居視民歡慼，漠焉不以槩諸心，至旱乾水溢之弗時，死者相枕藉，則諉曰：非吾責。是又莊公之罪人也。侯之尹是邑，朝夕汲汲，如卹其私，一物失理，居爲之弗寧，一夫罹罰饋爲之弗飽，故晝而庭空，夜而圄寂，四境之内，疾痛必察，皆若親臨其家。侯方以爲未也，窃然之慮，且及於數世百年之外，此其用心，豈不甚仁矣哉？

夫今之縣，亦昔之縣爾，前乎爲令者，急民賦不肯失毫芒，猶戚嘆苦弗給。侯書生，無孔桑術鞭笞束不用，獨飭吾政，聽民自樂輸下貧户挂逋籍者。蠲弛動十計而公家未嘗以匱告。餘力猶能及是倉，顧豈有他智巧哉？夫不以利私其身，故能以利公於人，其本固有在也。倉之棟楹階序，皆因諸侯之舊一新之。起丁亥冬，迄明年秋，積米凡四千斛有奇，侯懼來者莫之繼也。以書屬予志其事，予聞侯書其倉之兩扉曰：聊爲吾民留飯盌，豈無來者續心燈。嗚呼，此父母之心，仁人之言也。予雖累千百語，其能有加乎？孟子曰：惻隱之心，人皆有之，夫必秉彝盡亡，然後是倉可廢，若猶也。後之君子，必有以侯之心爲心者，以似以續，雖到於無窮，可也。若夫施置纖悉，則有兩侯規約在，此弗書。

（元）程文海《雪樓集》卷八《墓銘表傳·汪氏節婦傳》 夫人姓俞氏，世爲新安婺源人，主簿奇翁孫女也，嫁同邑汪惟德。【略】

汪氏世有贍塋田及地産合三百餘畝，世變，夫人慮他子孫不能久守，無以供祠祭，將備價買入己户，歲輸賦而租入不以私己，更割田二百畝益之作永思堂，擇堪任使者掌守，司春秋祠祭事，經費外有餘以延師訓族，皆有成法。

（元）袁桷等《延祐四明志》卷一四《學校考·本路鄉曲義田莊》

太師史忠定王鎮□稽日，捐公帑之金市田數百畝，名曰義田。凡仕族有親喪之不能舉，與孤女之不能嫁者，以其租入差給之。既閒居里閈端憲，沈公煥請曰：吾鄉義風素著，相賙相□不待甚富者能之，而求者日衆，授難繼也。舉□稽近比行於此，其可乎？王韙其言，乃與沈及少師汪公，暨其子尚書大猷合辭以倡好義者。於是捐地産，或輸財以廣賚，積田漸多，郡太守相繼輟在官之田若錢。今丞相史魯公又捐楮券附益之，歲得穀斛六百，米半之，買地作屋十五楹於郡之望京門裏，扁曰義田莊，擇鄉之賢有力者掌焉，仕族親喪之不能舉者給三十緡，孤女之不能嫁者給五十緡，其親屬若鄉里以聞于郡，郡覈實，俾主者行之，非二者勿與。先後緩急，間從權宜，而郡守與主者皆不得私焉。提刑程覃攝郡日許人徑投狀于主者。始自紹熙初元，於今四十載。義田之增置未已也，忠定王之言曰：是田之設，非止濟人之急，抑以崇廉耻之風，將使從官者清白自持，爲士者專意學業，人人知身修有所恃，不汨喪素節，斯其惠大矣。參政樓公鑰記之。

《宋史》卷三一四《范仲淹傳》　范仲淹字希文，唐宰相履冰之後。**【略】**

仲淹内剛外和，性至孝，以母在時方貧，其後雖貴，非賓客不重肉。妻子衣食，僅能自充。而好施予，置義莊里中，以贍族人。

《宋史》卷三一六《吴奎傳》　吴奎字長文，濰州北海人。**【略】**少時甚貧，既通貴，買田爲義莊，以賙族黨朋友。没之日，家無餘資，諸子至無屋以居，當時稱之。

《宋史》卷三七七《向子諲傳》　向子諲字伯恭，臨江人。**【略】**友愛諸弟，置義莊，贍宗族貧者。

（元）黄溍《金華黄先生文集》卷一〇《傅氏義田記》　烏傷之北鄙有義門者，里人傅氏之居也。傅氏之長曰某，過予而言曰：家故有田四百畮，合族而食五世矣。以羣從子姪之蕃衍也，歲率用八畮之入食一人，而籍其餘可當十人之食，以給賓祭百須之費。吾懼夫久且弗繼，而無以善其後也，吾竭吾私焉耳矣，蓋得田凡若干畮，别儲其入爲子本，而權其奇贏，俟它日更購田以附益焉。是不可無告來裔，使成吾志，以惟子也請。嗟乎！義之名，孰從生乎？親親，仁也，因時制宜，義也，禮之所由起也。

（元）黄溍《金華黄先生文集》卷一〇《湯氏義田記》　湯氏在龍泉爲鉅族，宋南渡時，岐國公思退以文章家致位宰相，族益著。岐公之伯祖太中大夫稻後九世，是爲武翼大夫節。武翼生望，以父廕讓其弟，始不有世官。有子曰鏞，字伯韶，生十三年，而德祐失國，遂隱不仕，人稱之曰石屋處士云。處士君既不仕，則混迹民間，務爲生産作業，家以苟完。自奉甚簡薄而樂振人之窮急。謂仁民愛物，宜始於親親，乃置義田以贍同族。其爲田二百畝，歲可得穀四百石，擇族人廉謹而有幹局者，俾任其出納。月給人五斗，有喪者二石，葬則半之；産子者一石，再有子則倍之；子始入學，予錢三十緡，嫁女如入學之數，娶婦則减三之一；年七十者每歲帛一疋，能自業者弗預，不知檢飭而有子弟之過者罷之。大畧倣范文正公之成規，而微有所損益。其爲施貧活族之義，則無以異也。蓋范公有志於是者三十年，暨出臨方面，入踐政途，位充而禄厚，始克終范志。

（元）黄溍《金華黄先生文集》卷一〇《白牛鎮戴氏義塾記》　嘉興郡城東北六十里曰白牛鎮，居人數百家。爲其鄉之望者，曰暘谷處士戴氏，諱某字某。患鎮學之弗立而後生小子無所受教，規創義塾，以私淑乎里人，有志未遂而没。後二十年，其子曰光達，字君實，始因其經畫之素，底地於鎮東若干步，廣袤可二十畝而贏，程土物、略基址，考正面勢，召匠備材，揆日興作。先聖先師之殿峙其中，論堂踞其後，齋廬翼其旁。邃廡穹門，下至庖湢、庫庾、直舍之屬，爲屋總四十有五間，陶甓黝堊，縝壯而不華，圖史之藏，什器之須，纖悉畢備。周以繚垣環以幽篁佳木，花徑果蹊，而瀦其流泉，爲芰荷菰蒲之區，又十畝不啻。起至正某年某月，訖七年某月而告成。八年春二月，乃延儒師招來學，用仲丁行舍萌之禮，退即講席，俾序進而請業焉。四齋職教者各一人，生員恒百五十人，割上腴之田五百畝以贍之。既卒成前人之志，又將有以昭示後人，而圖其永久。於是，慈谿黄伯成甫以高文宿德主領教事，伻來求予記之。

（元）黄溍《金華黄先生文集》卷一〇《沈氏義莊記》　湖之歸安東七十里是爲花城。爲其鄉之望者曰沉君，家故業儒。君之父處士公，遺外聲利，不有仕禄，而樂出私財以賑人之急。謂親親仁民，宜有本末次第，首圖創義莊，以教養其族人，未及就緒而殁。君以爲前人之志不可不續，爰以至順辛未，捐田五百畝建義塾，構殿宇，妥先聖先師像其中，以春秋修釋奠之儀。闢講舍齋廬，延宿儒爲之師，而聚族之子弟，俾隨材以受業，鄉人來學者弗拒也。尋復以至正乙酉，捐田五百畝，即義塾之南立義莊，屋以間計者若干，歲取其田之所入以實之，擇族中之長且賢者，同主其出納。貧無以給昏喪諸費者，量厚薄之宜，制隆殺之等，而周給焉。大抵本於昔人之成規而微有所損益。懼來者弗克嗣其事，則以聞於外宰相執政及部使者，咸報如所請。沈君既求里之寓公記其義塾，而義莊未之有記，乃叙次其事，以屬筆於予。古之有國家者，必度田授民，以厚其生，立宗收族以教之親愛。自其法不行於後世，而民之失其養者日多，風俗亦日益衰薄。然而萬古一心，萬心一理，田制壞而此心不與之俱壞，宗道廢而此心不與之俱廢。仁人君子，苟充其一念之良心，推吾有餘，資彼不足，使得遂其生而發其油然親愛之心，豈非禮之以義起者哉？是則生乎千載之下猶爲三代之民也。

(元)貢師泰《玩齋集》卷七《記黄氏義田記》 四明城南有黄氏者，兄弟六人，曰景振、景文、景誠、景華、景行、景賢，志剛氣和，且能拓其人以致豐，約其出以爲羨，久而家益饒。景振問飲諸弟而告之曰：我等雖未能力學以施諸用，猶幸不失先人之遺，顧吾宗多貧窶，其可不思所以爲淑後之計乎？請以租田五百畝倣范文正公義莊之制，而稍損益之，其庶幾盡吾情哉？行之未久，兄弟相繼物故，獨景賢在。一日，慨然曰：自兵起，南方征徭無度，雖破家不足以給用，况所謂義田乎？今幸大府令有司計畝受役，民力亦少紓矣。若是而不思有以繼吾兄之志，將何以慰其魂魄於地下哉？於是更益田一百畝，市里人王氏地若千步，構屋若千楹，以貯其歲入，斟酌時宜，定爲規約，凡所以贍宗族。時祭祀給廬墓之營葺，婚喪出入，助各有差。

(元)劉岳申《申齋集》卷九《碑誌・有元隱君子冷正叔桐鄉阡碣》 方義田之未成也，族多不舉子，有不娶者，有流落無死所者。及義田既成，族無不舉子，男女無無室家者矣。有過五十而娶有子者；有六十始育八十而以天年終者，有老且死他邦、不遠千里而來歸者；有濱死而生者，死而得所歸者。然其法與文正少異，再嫁者削之，守志者倍給之，壯能自食其力者量給之，離族者削之，無恒心者削之，又皆有意然。後次及親黨隣里，又次及故人遠客，無不隨事多方，各用其情。

(元)吴澄《吴文正集》卷一五《墓誌銘・元故榮禄大夫江西等處行中書省平章政事李公墓誌銘》 率家人行禮，雖晚年小疾，未嘗使人代。嘗至淄淄聚族，戒曰此吾祖初基，今族大蕃衍，以淄川公視之，豈容有親疏之異。族人無子孫，或孤弱客死遠方，爲歸其喪，就祖塋序昭穆以葬。有義田供展省之費，族之婚喪皆取給於斯。

《明會典》卷一九《户部・户口》 國初覈實天下户口，具有定籍，令民各務所業，其後休養既久，生齒漸繁，户籍分合及流移附屬，并脱漏不報者多，其數乃减于舊，今以近歲造册數目備列之，以見增减之故云。

(明)夏良勝《東洲初稿》卷七《家譜略・盱江夏氏家乘序・修譜凡例》 一、夏姓自禹受夏后氏，顓頊後也。湯封夏後於杞，其非爲後而不得封者，以夏爲氏，歷代因之，賢哲輩出，簡册可稽。至宋末三承士猶爲仁和人，以真州制置使，治淮西軍，世擾攘避居南城，始遷，即爲祖，亦昉始封爲祖之義，故斷自三承士爲譜宗，不敢遠紹，以取遥遥華胄之議，仁和譜牒亦盛，先世未通，兹亦不備。

一、五世一圖服，盡五世故也。第二圖仍舉五世者，知六世所自出也。第三圖舉九世者，放此。

一、宗子，貴三傳至必達，而止又以必順爲宗。再傳至受一而殤，以受三爲宗。一傳至興孫而殤，興孫無可繼者，復上自必順下，次子克讓，長子宗堯爲宗。五傳至燦而止，又以宗堯長子隆生下次子潤爲宗。今又四傳矣。

一、庶子爲宗，自與古大宗不類。故譜法亦難於大别，世次圖並以統宗分派爲序，聯屬相生，兄弟行長幼亦有不能如常。叙者但生年行次皆書，自可考見。

一、異姓子爲後，雖已成派，今黜之本宗子出爲異姓後，雖已易姓，猶書之。

一、世次應爲後，於本生父及繼父下各書之，其有以弟繼兄者，一切改正。

一、夏氏世居雍熙街，後一遷金斗窠懷德坊，一遷橋東狀元坊，一遷西湖，一遷塔埠，其散處僦屋居者亦多。然世次未遠，尚可統繫，故不得遵歐公五世六派之例。

一、譜以聯族重祖也，自作者視之有親若踈，自祖視之一也，故行名字號及事跡可詳者一例致詳，不能詳者已。是又不敢師蘇公譜吾自作之意。

一、譜無載婦，初異姓也。然娶者，合二姓以爲宗廟，主天地，配合酒有生成子，以繫宗母，以廟祭禮。稱妾有子者亦祔祖，姑可祔廟，或亦可祔譜，故以義起娶妻，必書，有不書者，義絶也。妻無子、妾有子以承宗者，書妻有子。妾雖有子，不書妾之子，則書仍注庶出，以别之重嫡妾之分也。

一、譜稱號或以官，或以行，或稱某公，初無定格，然竊意自祖宗而下視，則宜名；自子孫而上視，亦可字。世遠族繁，名字容或有干諱者，故或名，或字，有所避也。但名則注字，字則註名，不得其字與名者，則書行其官稱私號，備見注下。若有官者，一以名稱當通籍也，兄弟行而下，均以名稱壓於所尊也。

一、凡有子者，注幾子。既娶無子而卒者，書止遵歐法也。未娶而卒者，書殤。殤而有成人行迹可指驗者，書蚤卒二字，以旌之禮，曰能執干戈以衛社稷，雖欲勿殤也，不亦可乎？

一、凡未及六十而卒者，書年，踰六十者，書壽。婦不紀年，躋壽者紀之，尚齒也。

一、或曰名，或曰諱，生死之別也。別葬書葬從祖書祔，示有尊也。

一、祭田有原祖置者，有各位自置者，往時於清明旬日内，各以供墓祭之費，但賢愚、貧富自有難以齊者，故百年間墟夷其墓者有矣，甚可哀也！今欲建置祠堂，每歲於清明冬至各設一祭，其儀物及掃墓規制，俟定議別載。凡我宗人言歸於義，其祭田既合於一，即非已有祠堂，工訖歲積羨餘義田舊規，循可克復。其後宗人立有伏臘，考終之後，仍入祠堂助祭，永爲家式。其故違者，宗長率宗人以義責之。不聽，以法治之。凡條段界至糧畝，皆須詳載，以防後虞，仍註各位所出，不没其善也。若宗人不緣伏臘醮祭，而願有所出以佐公者，特書表之。

一、山圖備載形勢，從俗也，且使後人易於尋究也，仍注祖置續置及某位下，分守俗，尚風水，世家右族往往以此大有悖戾圖之者，杜爭以全義也，歷年既久，亦有失其處者，凡我宗人多方訪究，俟得之後續具圖載。

一、先世行能俱有可稱，其卓然在人口耳！足爲後人程法者，分條書之爲家規輯畧，章善也。其傅會文飾適爲上誣，故不敢濫録。若考問不及，記載未詳，俟別有得，又當續紀。

一、先世或有銘誄贈文，及宗人所作有關宗義者，附録於後，文獻有徵，不敢廢也。

《明史》卷七七《食貨志・户口》 凡户三等：曰民，曰軍，曰匠。民有儒，有醫，有陰陽。軍有校尉，有力士，弓、鋪兵。匠有廚役、裁縫、馬船之類。瀕海有鹽竈。寺有僧，觀有道士。畢以其業著籍。人户以籍爲斷，禁數姓合户附籍。漏口、脱户，許自實。里設老人，選年高爲衆所服者，導民善，平鄉里爭訟。其人户避徭役者曰逃户。年饑或避兵他徙者曰流民。有故而出僑於外者曰附籍。朝廷所移民曰移徙。

凡逃户，明初督令還本籍復業，賜復一年。老弱不能歸及不願歸者，令在所著籍，授田輸賦。正統時，造逃户周知册，核其丁糧。

凡流民，英宗令勘籍，編甲互保，屬在所里長管轄之。設撫民佐貳官。歸本者，勞徠安輯，給牛、種、口糧。又從河南、山西巡撫于謙言，免流民復業者税。成化初，荆、襄寇亂，流民百萬。項忠、楊璿爲湖廣巡撫，下令逐之，弗率者戍邊，死者無算。祭酒周洪謨著流民説，引東晋時僑置郡縣之法，使近者附籍，遠者設州縣以撫之。都御史李賓上其説。憲宗命原傑出撫，招流民十二萬户，給閒田，置鄖陽府，立上津等縣統治之。河南巡撫張瑄亦請輯西北流民。帝從其請。

凡附籍者，正統時，老疾致仕事故官家屬，離本籍千里者許收附，不及千里者發還。景泰中，令民籍者收附，軍、匠、竈役冒民籍者發還。

其移徙者，明初，嘗徙蘇、松、嘉、湖、杭民之無田者四千餘户，往耕臨濠，給牛、種、車、糧，以資遣之，三年不征其税。徐達平沙漠，徙北平山後民三萬五千八百餘户，散處諸府衛，籍爲軍者給衣糧，民給田。又以沙漠遺民三萬二千八百餘户屯田北平，置屯二百五十四，開地千三百四十三頃。復徙江南民十四萬於鳳陽。

《少數民族法典法規與習慣法・李氏族衆捐言修宗姓綽撰略言碑》

夫木本水源，吾人之所追溯，祖宗功德，百世之所不忘。我波州世族，原分支自匏陰，傳襲及二十餘代，未嘗建立宗祠，以報其先祖，後人蟄蟄繩繩，何所辨其昭穆，與大祠嘗也。族子廷懋、成林、元清、元瑭、李宗、秉華並閤族等，徒起建宗祠之念。值前輩永買就老二房之子秉儀姪緝喜房屋二座，併其地基。現遺存永契爲據。因年久房屋損壞乏營，閤族從事損簽，踴躍輸將之，距不及日，而全獲盈笏，即涓吉興工，丹盡一，功巨勞成，不泯所自，餘及大宗，用弁數言於綽楔，蓋紀善也。凡我族姓，今春秋報祀有其地，拜尊祖宗有所矣。此後各守，永遵祖制，勿相欺，勿相凌，勿爲奸，勿爲萬，勿犯上，勿仇下，彬彬然循倫常之分。尊尊親親，承愛相戚，勿相訴相詎，而爲人所嗤笑也。如有乘於道者，族姓起而攻之。不使入太祖之廳與祭，今書名姓於左【略】。

春餘捐錢一十二千文。

春榮捐錢四千五百文。【略】

以上捐錢一千二百文。【略】

道光二十一年歲在辛丑仲春十二日同敬立。

以上捐錢一千一百文。【略】

（清）李遇孫《續括蒼金石志》卷四《碑陰·石屋老人義田跋書》

余嘗讀范文正公《義田記》，慨然有感于心。然公未貴時有志于於是而力不逮，及參大政得禄賜之入，始克遂其志。余山林寒士耳，豈敢冀其萬一哉。雖然，余心慕其義，樂其事，終不能自釋。況衣食粗足，皆祖宗之德。余之親族有不自振者，安得不少加恤乎？今以伏臘之餘，撥田二百畝，歲可得租四百石，爲五世祖十宣義派下子孫，少助養生送死、嫁娶、入學之費，支給各有差。其衣食稍充者不在此限，如不孝、不義，不務本業者，吾不與也。擇族之賢而能者主其計，而時其出納焉。子孫善繼志述事，增而廣之，實余之所願也。或有侵欺借貸，擅自互易者，準不孝、不義論。所有支給數目及田段詳具於後。至元三年丁丑歲下元日，石屋老人丘跋。

右上列

義莊支給數目：

一、月給人伍斗；

一、嫁女者叁拾千；

一、娶婦者貳拾千；

一、育子者壹石，其已育二男再育男者，已育二女再育女者，並給貳石；

一、八歲入小學者歲支鈔拾千，十二歲以上，貳拾千，十五歲以上叁拾千；

一、七十以上者歲帛壹疋；

一、治喪者貳石；

一、治葬者壹石。

義莊收支規式：

一、交量子粒須要乾浄，不可苟容以致腐壞；出入並要平量，毋得輕重。

一、擔租赴莊者各與酒一升，歲支秫一石，以備時醞。

一、月支並於朔日，不可那前趲後，及貸借稱息。

一、每遇生子、嫁娶、喪葬並要及時支送，毋得稽緩。

一、老者歲帛須要中着可用者，於十月十五日支送，毋得紕薄。

一、生子者必送晚禾，喪葬者必送早禾，其餘各支鈔貫，欲取子粒者聽。

一、每歲支壹拾石，以酬掌計者之勞。

一、每歲新舊交承之際，公同計算明白，或有羡餘續置田土。

案例文書

《名公書判清明集》卷七《户婚門・出繼子不肖勒令歸宗》 昨來僉廳擇狀之日，有何氏訴其男石豈子，而石豈子亦訴其弟國子，而上及其母。母子同日有詞，已是背理傷道，然慮其母有憎愛之心，而其子有號泣於旻天之意，不可使之上達。及僉廳責令面對，乃知石豈子係何氏夫石居敬存日，於本族必先位下命繼爲子，因去歲石氏三位合充保役半年，何氏輪充六月分、十月分兩月，往來聽限者有人，豈子止幹其大略，及因此爲游蕩之資，於是擅賣耕牛，私佃田地，盗用銀釧、紗羅等物，借會孫客等錢。此猶未足深責，所可罪者，其祖父石韞玉及其父居敬相繼亡歿，骨猶未寒，豈子在小祥未除之日，當居喪讀禮之時，恣爲非禮之事。去年九月一出，改歲不歸，其母遣僕五千一往取之，猶拒母命，反將五千一行打，何以慰母心乎！乃祖乃父，松楸在望，豈子流蕩亡返，不以時拜掃，安用若孫哉！甚至五月十四日，登門撓罵其母，指斥母親，至於持刃執棒，豈子欲何爲邪？喚到陳十、翟七六、周十證對，一一分明，及審會豈子族長石某等狀，證據尤白。准令：諸養同宗昭穆相當子孫，而養祖父母、父母不許非理遣逐。若所養子孫破蕩家産，不能侍養，及有顯過，告官證驗，審近親尊長證驗得實，聽遣。今來石豈子所犯，委是有傷風教，令照條施行，欲將石豈子押下巴陵縣，遣還所生父母，取管狀申。取台旨，奉徐知郡台判，石豈子無狀如此，何可不斷，勘杖一百，勒令歸宗，餘照所擬行。

《名公書判清明集》卷七《户婚門・出繼子破一家不可歸宗》 《春秋》書莒人滅鄫，傳者曰：立異姓爲後，滅亡之道也。然《春秋》不罪鄫，而罪莒者，過莒之包藏禍心也。何存忠以子康功爲黄氏後，而蕩黄氏之業，何以異此。然而天道好還，出爾反爾，何存忠知以子爲人後，而不知己之無後也，知挾其子以禍黄氏之家，而不知終之適以自禍也。自歿，肉未寒，争者四起。黄康功以出繼之子欲歸宗，而黄傑夫者訟之；康功既不得歸宗，陳靖夫挾其子以立，而何存忠輩訟之；陳靖夫既退，何麟夫等舉斗煥，而向也出繼之黄康功復起而争之。六年之中，訟無虚日，於是何存忠之家産，半爲其女所抽撥，半爲其出繼之子黄康功所典賣，而所存無幾矣，非天道好還之驗乎？倅廳所申，謂其家禍皆存忠之所自致，可謂得春秋誅心之義矣。拖詳始末，惟其説又有未盡善，宜其訟之未遽已也。蓋何斗煥者，存忠之族子也；黄康功者，存忠之庶子也。斗煥之立，在寶祐三年，而官司出給除附公據，乃遲遲在五年之後，是必何氏族議有所未盡協而然也。黄康功以庶子出繼於姑，本生之家既無後，反而歸宗，豈曰不可。然使康功以庶子出繼之家，田産無恙，痛本生之無後，擇黄族之賢者，爲所繼父之後，而已歸奉本生之祀，如是則名正辭順，恩義兩盡矣。今黄康功既與其所生父蕩黄氏之業，黄氏之種不存，乃爲舍黄而爲何，彼豈真有念父之心哉，不過以黄家已破，欲以其禍黄者而禍何矣，此其不可一也。康功身爲姑夫黄縣尉後二十有七年矣，爲之後者，爲之子也。康功之子，乃縣尉之孫也，今欲舍黄而爲何，乃以其子奉黄縣尉之香火，是以孫承祖，彼以一人而包兩家之業，天下豈有無父母之國哉！此其不可二也。康功所生母楊氏，念其父之遺體，與其親女俱私自摽撥田業以與，以初意非薄康功也。康功得隴望蜀，必欲掩而有之，因何斗煥有取田之訟，憲司有存忠自有子之判，于是再起歸宗之想，至於訐母以曖昧之事，則是母子之情已暌矣。楊氏年老孀居，必欲令立康功爲子，則康功决不能承順顔色，楊氏决無憀賴，此其不可三也。疊是三者，則與其立敗家之子，雖有不可者三，然本何氏之一脈也，彼其破蕩黄氏之産，了無孑遺，望其保守門户，猶可自附於夫亡從妻之條也。抑又有説焉，康功出繼之訐母出繼庶子之康功，誠不若立同宗幼穉之斗煥，猶可與母子相安，猶可無常産，無常心，覩其本生之家，有田可耕，有屋可居，覬覦之心由是而生，亦勢之所必至。官司若不爲何氏善後之計，酌情區處，則斗煥、康功之争，不至盡碎其産不已，是立康功，何氏之家破，不立康功，何氏之家亦破也。今據何斗煥狀，稱父存忠歿後，見存之業二十八種。欲帖縣丞，令何氏家長何天麟等從公分析，就内以一半與出繼子康功，一半與立繼子斗煥。從使康功破家，不能保有其業，何氏猶可以保全其半，而寒衣、盂茶、盂飯猶有所資。以存立已，不猶愈於黄與何兩俱掃地乎！其黄康功盗賣若過十四種之數，官司合與撥還斗煥，如此則康功自今詞訟可息矣。

斷。　　韓竹坡

黄康功生髪未燥，已爲黄氏養子，今已二十七年，蕩盡物業，又輒盜賣本宗之田，以一身而爲兩家不孝子，其何以立於戴履間哉？今又逐去斗煥，而復歸何氏，則非惟何氏田業將無孑遺，而其母既不相安，必至飲恨，不得其所，是何存忠之殘業、遺孀，併爲此不肖子所折。今揆之天理，決不可容，僉廳所擬，已盡情理，照行。

《名公書判清明集》卷七《户婚門·宗族欺孤占産》　宗族親戚間不幸夭喪，妻弱子幼，又或未有繼嗣者，此最可念也。悼死而爲之主喪，繼絶而爲之擇後，當以真實惻怛爲心，盡公竭力而行之，此宗族親戚之責之義也。近來詞訴乃大不然，死者之肉未寒，爲兄弟、爲女壻、爲親戚者，其於喪葬之事，一不暇問，但知欺陵孤寡，或偷搬其財物，或收藏其契書，或盜賣其田地，或强割其禾稻，或以無分爲有分，或以有子爲無子，貪圖繼立，爲利忘義，全無人心，此風最爲薄惡。非特小人，如梁萬三、阿曹等之訟而已，甚至儒衣儒冠，亦有此訟，太守甚竊愧之。今姑剖決阿曹一事，以爲薄俗之戒。劉傳卿有一男一女，女曰季五，男曰季六，季六娶阿曹爲婦，季五娘贅梁萬三爲壻。傳卿死，季六死，季五娘又死，其家産業合聽阿曹主管，今阿曹不得爲主，而梁萬三者乃欲奄而有之，天下豈有此理哉！使季五娘尚存，梁萬三贅居，猶不當典賣據有劉氏産業。季五娘已死，梁萬三久已出外居止，豈可賣占據其産業乎？既攫取其家財，後盜賣其産業，既占據其茶店，又强取其田租，至於劉季六之喪與其妻之喪，至今暴露而不葬，則悉置之不問，有人心者，何忍如此！劉仲高、劉季安雖爲劉氏房族，往往或利於併吞，或利於繼立，反左袒梁萬三，以攻阿曹。阿曹自欲守節，則誣以改嫁，阿曹自有子春哥，則告以無子。或爲子姪，不念同宗共祖，而反符合異姓，以凌滅孤寡，是誠何心哉！梁萬三便合科斷，畢竟尚是親戚，未欲遽傷恩義，牒押一行人下朱兼僉廳，請根索劉傳卿應干家業契書點對，其已典賣若干，其見存若干，如阿曹果能守節，而春哥又果是撫養之子，即將見存産置籍印押，責付阿曹管業，不許典賣，以俟其子之長。但於其間會計所費，給之資，速將其夫季六安葬，仍略支撥錢物，責付梁萬三自葬其妻。所有梁萬三已據占典賣田業，仍合理還，庶幾天理人情，各得其當。如梁萬三尚敢恃强，欺凌占據，即請申解，切將送獄研究，照條施行。仍榜市曹，以示勸戒。

《名公書判清明集》卷七《户婚門·辨明是非》　據韓時覲狀，稱伯父韓知丞不禄於永豐，扶護棺柩，方歸到家，忽桑百二、董三八等持刀擁入，擣破門户，打拆籬障。次據阿周名蘭姐狀，稱男董三八原係韓知丞男，今韓時宜不容入屋守孝。看詳所供，見得周蘭姐乃韓知丞之舊婢。嘉定二年，出嫁董三二，而生董三八，今名阿蘭，已年及二十七歲矣。兹因韓知丞身故，遂認爲韓知丞親子，欲歸宗認産業，且引韓妳婆。蓋韓知丞在日，曾治韓妳婆之子盜掘祖墳，監勒移葬，因此挾讐編詞，固不可憑。但韓知丞已往矣，無從考問，安知是與不是懷妊之子。今以情節推之，顯然易見。韓知丞通經名士，晚登科第，可見洞明理義，飽閲世故，豈不知愛妾之子，猶龍生於蛇腹耳。何忍委棄於賣菜之家，經涉年歲，不復收養，乃自輕遺體如此，何邪？其不可信者一也。周蘭姐若果懷妊而出，逾月而産，便當時挈還韓知丞之家。設若主母不容，亦合經官陳詞，以爲後日證據之地。今其子董三八已娶妻生子矣，二十七年間，杳然無一狀及此，何邪？其不可信者二也。韓知丞已曆數任，脱寒素而享榮貴，棄虀鹽而植菑畬，非曩日比矣。周蘭姐不思抱衾之舊恩，耻破敗之窮態，反甘心聽其子之貧賤，鬻蔬菜於通衢，忍凍餒以度日，畧不携造官所以求飽，何邪？此不可信者三也。韓知丞亦非多男，僅有前妻所生時宜一子而已。且體羸唇闕，未必愜幹蠱之望。設使韓知丞果有所生之子在外，豈不及早收養，飽之以膏粱，教之以詩禮，庶使子舍衆多，書種不絶。今乃恝然不恤，何邪？此不可信者四也。且周蘭姐稱，韓知丞甚有意收拾，奈何前孺人林氏妬忌，不容取歸，所以狼狽街頭日久。此説亦是，但林氏於寶慶二年已身故，是時内無嫉妬之妻矣，董三八何不歸來舉服承重，韓知丞何不乘機收回撫養，此十餘年間，又略無一語及所生子，何邪？其不可信者五也。以此五項觀之，韓知丞不收養董三八於生前，非其子明矣。董三八欲歸宗於韓知丞之死後，其將誰欺乎？官司見得阿周無所憑據，若不從其初而折其萌，何以絶後紛紛之訟。今仰韓時宜自保守韓知丞之業，阿周、董三八妄詞，各勘杖八十，案候催押上桑百二，勘斷聚衆喧争情罪。餘人放。

《名公書判清明集》卷八《户婚門·子隨母嫁而歸宗》　提幹所擬，

已得其情。昔范文正公隨母嫁朱家，冒姓朱氏，既長，知其家世，泣而去之，終身不忘朱家之恩。前賢所爲，昭昭可法。舒常容其後妻傅氏帶來之子，冒姓舒氏，雖是礙法，然近二十年，長幼無間言，似有古人忠厚之風，今世未易有此。但薛龍孫等於其義父舒常身死之後，却宜自歸本宗，而爲傅氏者亦宜以義遣之。今乃盤旋不去，宜乎舒氏之族人不能平也。婦人何所知識，但見其帶來之子冒姓命名，已歷年久，將謂可分舒氏之業，而薛龍孫年長，主張家事，舒氏親子反拱手聽命，天下安有是理哉！此舒希説等之訟所由起也。舒常親子舒思義已自長成，觀其狀詞，知母親之當愛，而謂舒希説等之侵擾其家，亦是有見識之人，正不待薛龍孫代之幹蠱。仰薛龍孫、龍弟各自歸奉薛氏之祀，不得更冒姓舒氏，及干預舒氏家事。傅氏亦宜以至公爲心，留意俯育三子，不得更引惹薛龍孫等。薛氏二子既各歸姓，則舒希説、馮景揚之訟自此當息。如更强聒，則是有意欺騙孤寡，别當議罪。馮景揚爲人之壻，不能調亭，率其妻以訟其母，多是謀利，此豈真有爲舒氏之心哉！僉廳所擬分爲三分之説，不知法意如何，别呈。各人責遵從狀入官訖，並放。續僉廳官擬再呈，奉台判，只依擬撥法。

《名公書判清明集》卷八《户婚門・出繼不肖官勒歸宗》 盧公達爲侍郎之孫，不幸無子，遂養同姓人盧君用子應申爲子。又不幸不肖，挾侍郎之蔭，生事鄉鄰，背所養，從所生，犯贓犯盗，蒙本州將應申決脊杖，編管撫州，此尚可以繼侍郎之後，而奉其香火乎？既不可爲侍郎後，則尚得名爲盧公達之子乎？父之所以生子者，爲其生能養己，死能葬己也。今問盧應申，則稱與乃父公達各居異食，是生不能養之矣。公達死後，義子陳日宣經縣投詞，稱應申不出錢營葬。生既不能養，死又不肯葬，父子之道固如是乎？人倫天理，至此滅矣！今據盧應申、陳日宣各執出公達生前遺囑，乃應申未犯罪之前，今年六月、七月遺囑及狀互相反覆，皆是公達臨終亂命，不可憑信。今但以大義裁之，則應申既同所生父君用受刑，則決不可玷辱衣冠，况生不養公達，死不葬公達，委難爲子，引勒盧應申仍舊歸宗，爲君用之子。公達産簿，當廳給付房長盧景愈等，從公擇本宗昭穆相當人，立爲公達之後，仍監檢索侍郎誥敕，與之主掌。應申手内賣過田業，用過錢物，並免根問。陳日宣自係外姓人，隨母嫁於公達，所有公達户下物業，日宣不得干預惹詞。申州、提舉司照會。

《名公書判清明集》卷八《户婚門・衣冠之後賣子於非類歸宗後責房長收養》 父子，人倫之大，父老而子不能事，則其罪在子，子幼而父不能養，則其責在父。劉珵爲衡州知郡孫，有男元老，幼不撫養，而賣與鄉民鄭七，棄衣冠而服田畝，情亦可憐，此猶可諉也，曰劉珵一時爲貧之故。已而元老不安於鄭七家，逃歸本父，劉珵固宜復回天理，自子其子矣。乃復以元老賣與程丨乙，則其意安在哉？可謂敗人倫，滅天理之已甚者！今鄭七入詞，欲取回元老於已去三年後，此決無復合之理。元老宦裔，鄭七農夫，非我族類，其心必異，不應更來識認。劉珵兩將元老賣弄，爲父不父，本合勘杖，且與從蔭，决小杖二十。元老牒押往族長劉萬二宣教宅，聽從收養。觀此子情貌姦狡，兼所習已乖，請萬二宣教嚴與鈐束，庶免墮落下流，爲衣冠之玷，亦一美事。

《名公書判清明集》卷九《户婚門・親鄰之法》 照得所在百姓多不曉親鄰之法，往往以爲親自親，鄰自鄰。執親之説者，則凡是同關典賣之業，不問有鄰無鄰，皆欲收贖；執鄰之説者，則凡是南北東西之鄰，不問有親無親，亦欲取贖。殊不知在法所謂應問所親鄰者，止是問本宗有服紀親之有鄰至者。如有親而無鄰，與有鄰而無親，皆不在問限。見於慶元重修田令與嘉定十三年刑部頒降條册，昭然可考也。今譚亨所欲執贖堂弟出典之田，既是有親無鄰，則是於法有礙，合照僉廳所擬行。

（清）李漁《資治新書》卷九《人命・急究人命事》 周其山武斷一方，乘麥之時，糾族禁盗。族人周其義失麥，山爲沿門大索，搜及洪充之家。夫斗粟斛麥，誰家蔑有？且本族之禁規，既不可概施於外姓；而竊盗之穢事，又不可濫加於平民：山於此有二失矣。充偶他出，妻子驚惶出奔，幼女墜入塘中，遂爾畢命。據云女自失足，非關己事，獨不思此處之塘不自今日有也，此女之往來塘岸亦不自今日始也，何以他日不淹而忽淹於今日？山雖百喙何辭！合於其山名下，追埋葬銀若干；與揚波助瀾之其義，分别杖儆。

《清代巴縣檔案彙編・乾隆三十四年八月二十四日米户高零風獄米錢文領狀》 米户高零風，今於太爺臺前與領狀。遵依領得恩票取蟻獄米一石四斗，每石價錢一千四百文，共錢一千九百六十文。蟻如數領明，中間不虛，領狀是實。

縣正堂批：準領。

（清）熊賓《三邑治略》卷五《堂判東湖縣任内·訊趙龍新一案》此案前已訊明，因趙時舜所有田地已賣於趙海萬等名下，雖無鋪面二字，田地確係盡賣。然此鋪面現在趙龍新稞佃，每年繳稞錢五串文，因念趙海萬等從前曾將趙時舜田地盡買，始斷令此處鋪面仍歸趙海萬等經理，每年給稞錢四串文，作爲趙時舜祭掃，亦屬格外從權。乃該族人，心不甘服，聯名具控。訊詰趙海萬等有無歸併趙時舜鋪面字據，供稱未有；即賣田約内，亦未説明鋪面字樣，自不能與族人强争。斷令此處鋪面仍歸趙時舜名下祭掃；另外招旁姓居住，每年認錢五串文。趙龍新亦不能一人居住此屋，以後交户族趙梅山、趙芹山等代管，具結完案。此諭。

雜録

（清）徐珂《清稗類鈔·門閥類·九經孟家》山東章邱有九經孟家者，其家法：祖遺産業不得分析。每添男丁，由族長月致所應得之錢。婦喪夫者，必先問其志願，若欲嫁，則備奩具一份，由族中爲擇大家嫁之；若經三年不嫁，則贈以鴉片烟具一份，吸否亦聽之，月致金如故。男子令識字，讀四書，取粗通文字，不令作帖括，惟許武試，然亦得武舉而止。倘必欲仕宦者，亦聽其自由，惟不得分金。族人有小過由族斷之，犯大惡，即令出族而聽官處置。

（清）徐珂《清稗類鈔·風俗類·哈薩克不講宗法》 哈薩克族不講宗法，無譜牒可稽，父業子受，無子者，繼親族兄弟之子爲後。父死，則均其財産，子與女共分之。其俗與纏回大略相同，自祖以上，即無稱述之者。回人之言曰：厥初一人，生二男子，一子强狠好盗竊，不事耕作，其父逐之，是爲哈族之祖；一子巽懦畏事，是爲纏族之祖。

商號分部

論說

（元）徐元瑞《吏學指南・良賤孳產》　邸店：收藏物貨曰邸，賣物之處曰店。

（清）董誥《全唐文》卷七四〇《李德裕・論兩京及諸道悲田坊狀》　臣等聞卹貧寬疾，著於周典，無告常餼，存於王制，國家立悲田養病，置使專知。開元五年，宰臣宋璟、蘇頲奏，所稱悲田，乃關釋教，此是僧尼職掌，不合定使專知，請令京兆按此分付其家，元宗不許。至二十二年十月，斷京城乞兒，悉令病坊收管，官以本錢收利以給之。今緣諸道僧尼，盡已還俗，悲田坊無人主管，必恐病貧無告，轉致困窮。臣等商量，緣悲田出於釋教，並望更爲養病坊，其兩京及諸州，合於子録事耆年中，揀一人有名行謹信爲鄉閭所稱者，專令勾當。其兩京望給寺田十頃，大州鎮望給田七頃，其他諸州，望委觀察使量貧病多少，給田五頃三二頃，以充粥飯。如州鎮有羨餘官錢，量與置本收利，最爲穩便。若可如此方圓，不在更望給田之限。各委長吏處置訖聞奏。

（清）董誥《全唐文》卷七四三《裴休・請革横税私販奏》　諸道節度觀察使置店停上茶商，每斤收拓地錢，并税經過商人，頗乖法理。今請釐革横税，以通舟船。商旅既安，課利自厚。今又正税茶商，多被私販茶人侵奪其利。今請强幹官吏，先於出茶山口及廬、壽、淮、南界内布置把捉，曉諭招收，量加半税，給陳首帖子。令其所在公行，從此通流，更無苛奪。所冀招恤窮困，下絶姦欺，使私販者免犯法之憂，正税者無所之歎。欲究根本，須舉綱條。

綜述

（宋）王溥《五代會要》卷一五《户部》　一、諸州鎮郭，下及草市，見管屬省店宅、水磑，委本處常切管句，其徵納課利，不得虧失。若有人收買，具見直價例申省，仍仰本户承認元本税錢。如是元本税錢重大，即減價出賣。如無税錢，亦仰量事出税，管認輸納。其空閑倒塌店宅及空地，亦准此指揮。所有貨賣宅舍，仍先問見居人，若不買，次問四隣。不買，方許衆人收買。其元隨宅舍諸般物色，亦仰隨本業貨賣。其兩京城内及草市屋宅店舍，不在此例。宜令諸道州府准此。

其年九月敕：京兆府耀州莊宅，三白渠使所管莊宅，宜並屬州縣。

（宋）李元弼《作邑自箴》卷六《勸諭民庶牓》　一、應寫狀鈔之人，縣司已籍定姓名，各給木牌於門首張掛，并有官押印子於鈔上印號，仰人户子細詢問即不得令無木牌印子人書寫狀鈔之類，如人户自能書寫，即於狀鈔上稱説，係某親書並湏楷書寫。

（宋）李元弼《作邑自箴》卷六《勸諭民庶牓》　某鄉、某村，耆長某人耆分第幾等人户姓某見住處至縣衙幾里如係客户即云係禁人客户所論人係某鄉村居住至縣衙幾里右某年若干在身有無疾蔭婦人即云無娠孕及有無疾蔭。今爲某事伏乞縣司施行謹狀。

年月　日姓某押狀

一、應籍定寫狀鈔書鋪户不得爲見縣司指揮不係籍人不得書寫狀鈔却致邀難人户多要錢物，如察探得知必定開落姓名。

一、應百姓年七十或篤疾及有孕婦人並不得爲狀頭。

一、應係州城下居住人户不得詣縣中陳狀。此一項唯倚郭縣可用。

一、應官私債負今並寬給日限還納不得更似日前故作拖延。

右各知委　年月　日

（宋）李元弼《作邑自箴》卷八《寫狀鈔書鋪户約束》　某縣　今籍定書鋪户某人許今書寫狀鈔諸般文字具約束下項

一、詞狀前朱書事曰。

一、狀鈔中緊切處不得手續揩改。

一、據人户到鋪寫狀，先須子細審問，不得添借語言，多入閑辭，及論訴不干己事，若實有合訴之事，須是分明指定某人行打或某人毀駡之類，即不得稱疑及虚立證見妄攀人父母妻女赴官，意在凌辱，若勘見本情，其寫狀人亦行勾勘。

一、不得爲見不係籍人不得書寫狀鈔等便輒邀勒人户多要錢物，方肯書寫，如縣司察探得知，必行根治。

一、已有判狀或文帖勾追對會事理并已認還錢未了再押出頭並不得寫狀却來煩紊官方如有詞説但隨着到當官分析。

一、百姓年七十或篤疾及有孕婦人並不得爲狀頭。

狀式

某鄉某村耆長某人耆分第幾等人户姓某見住處去縣衙幾里。

所人係某鄉村居住至縣衙幾里

右某年若干在身有無疾蔭婦人即云有無孕及有無疾蔭。

今爲某事伏乞縣司施行謹狀。

年月　日姓某押狀

一、應係狀鈔之類並要真揩書寫將給去木皼子分明印於年月前，其狀内干錢穀數目並闘打月日並作大字謂一作壹之類。

右給牓付某人切在依稟如違前項指揮，必定勘決毀劈木皼子，更不得書寫文字，的不虚示。

年月　日

（宋）真德秀《政經·諭俗榜文》　一、古人於宗族之恩，百世不絶。蓋服屬雖遠，本同祖宗，血脉相通，豈容間隔。至於鄰里鄉黨，雖比宗族爲踈，然其有無相資，緩争相倚，患難相救，疾病相扶持，情義所關，亦爲甚重。今人於此二者，往往視以爲輕，小有紛争，輒相凌犯。詞愬一起，便爲敵讎，有一于斯，皆非美事。昔江州陳氏，累世同居，聚族至七百餘口。前代嘗加旌表，至今稱爲義門。吉州孫進士以惠施一鄉，諸司列奏。蒙恩特免文解。士夫以爲美談，江湖之間境土相接。豈有江西之人能爲義舉而此獨不能。今請逐處老成賢德之士，交相勸率，崇宗族之愛，厚鄉里之歡。時節往來，恩愛浹洽。小小乖忤，務相涵容，不以輕啓訟端，以致結成怨隙。若能和叶親族，賙濟里閭。爲衆論所推，亦當特加褒異。如其不體孝訓，妄起訟争，懲一戒百所不容已，爾民其勉之無忽。

《通制條格》卷八《關市令·牙保欺蔽》　至元十年八月，中書省。斷事官呈：大都等路，諸買賣人口、頭疋、房屋一切物貨交易，其官私牙人，僥倖圖利，不令買主、賣主要見，先於物主處撲定價直，却於買主處高擡物價，多有尅落，深爲未便。今後凡買賣人口、頭疋、房屋一切物貨，須要牙保人等，與賣主、買主明白書寫籍貫、住坐去處，仍召知識賣主人或正牙保人等保官，畫完押字，許令成交，然後赴務投税。仍令所在税務，亦仰驗契完備，收税明白，附曆出榜，遍行禁治相應。都省準呈。

《通制條格》卷一八《關市令·牙行》　至元二十三年六月，中書省。照得先爲蓋里赤擾害百姓，已行禁罷。况客旅買賣，依例納税，若更設立諸色牙行，抽分牙錢，刮削市利，侵漁不便。除大都羊牙及隨路買賣人口、頭疋、莊宅牙行，依前存設，驗價取要牙錢，每拾兩不過貳錢，其餘各色牙人，並行革去。

《通制條格》卷二七《雜令·解典》　至元十六年六月，中書省。欽奉聖旨：石招討奏：亡宋時，民户人家有錢，官司聽從開解。自歸附之後，有勢之家，方敢開解庫，無勢之家，不敢開庫，蓋因怕懼官司科擾，致阻民家生理。乞行下諸路，省會居民，從便生理。仍禁戢録事司，不得妄行生事，斂歛民户。縱有誤典賊贓，只宜取索，却不可以此爲由，收拾致罪。

《元典章》卷二二《户部·課程·酒課·寺院酒店課程》　至元三十一年正月，江西行省准中書省咨：

至元三十一年十月初九日欽奉聖旨：屬寺家的酒店、做買賣的店裏出辦的課程，更阿你哥的酒店裏出辦的錢，盡數者交收拾者。麽道，聖旨了也。又：揚州有的屬寺家酒店，并其餘税課程，誰説來：那的也交收拾者道來。您收拾來。麽道，聖旨有呵，是俺説來，未曾收拾裏，和宣政院官人每衆人同一處奏麽道説來。奏呵，休疑惑，都交收拾了者。不是咱每的言語，是在先已定體例的勾當有。他每根底休與者，無那體例。荅失蠻那的每根底説者。麽道，聖旨了也。又奏：阿你哥的酒店裏的錢，今春交別收拾者麽道，聖旨有呵，另交收拾來。奏呵，不索另收拾，您每收拾者。麼道，聖旨了也。欽此。

《至正條格・條格》卷二八《關市・牙行欺弊》 至元二十三年六月，中書省照得：先爲牙行擾害百姓，已行禁罷。況客旅買賣，依例納稅，若便設立諸色牙行，抽分牙錢，割削市利，侵漁不便。除大都羊牙及隨路買賣人口、頭疋、莊宅牙行，依前存設，驗價取要牙錢，每十兩不過二錢，其餘各色牙人，並行革去。

《大明令・户令・店曆》 凡客店，每月置店曆一扇，在内付兵馬司，在外付有司，署押訖，逐日附寫到店客商姓名、人數、起程月日，月終各赴所司查照。如有客商病死，所遺財物，别無家人親屬者，告官爲見數，行移招召父兄子弟或已故之人嫡妻，識認給還。一年後無識認者，入官。

（明）王守仁《公移告諭五種》卷五《立社學示各教讀以訓蒙大意》

古之教者，教以人倫，不重記誦。今教童子，惟當以孝弟、忠信、禮義、廉耻爲專務，其培植涵養之方，則宜誘之歌詩，以發其志意，導之習禮，以肅其威儀，諷之讀書，以開其知覺。今人往往以歌詩習禮，爲不切時務，此皆末俗庸鄙之見，烏足以知古人立教之意哉？大抵童子之情，樂嬉游而憚拘檢，如艸木之始萌芽，舒暢之則條達，摧撓之則衰痿，必使之趨向鼓舞，中心喜悦，則其進自不能已。譬之時雨春風霑被卉木，莫不萌動發越，自然日長月化。若冰霜剥落，則生意蕭索，日就枯槁矣。故凡誘之歌詩者，非但發其志意而已，亦所以洩其跳號呼嘯於詠歌，宣其幽抑結滯於音節也。導之習禮者，非但肅其威儀而已，亦所以周旋揖讓而動蕩其血脈，拜起屈伸而固束其筋骸也。諷乏讀書者，非但開其知覺而已，亦所以沉潛反復而存其心，抑揚諷誦以宣其志也。凡此皆所以順導其志意，調理其性情，潛消其鄙吝，默化其麤頑，日使之漸於禮義而不苦其難，入於中和而不知其故，蓋先王立教之微意也。若近世之訓蒙穉者，日惟督以句讀課倣，責其檢束，而不知導之以禮；求其聰明，而不知養之以善；鞭撻束縛，若待拘囚。彼視學舍如囹獄而不肯入，視師長如寇仇而不欲見，窺避掩覆以遂其嬉游，設詐飾詭以肆其頑鄙。求其爲善也，得乎？凡吾所以教，其意實在於此，恐時俗不察，視以爲迂。且吾亦將去，故特叮嚀以告，爾諸教讀其務體吾意，永以爲訓，毋輒因時俗之言，改廢其繩墨，念之，念之。

（明）魏校《莊渠遺書》卷九《有司嚴加禁革責令遵行喪葬家禮》

一、書鋪當禁之書，一曰時文蠹壞學者心術；二曰曲本誨人以淫；三曰佛經；四曰道經扇惑人心。先已通行禁革，委官宜責取各鋪，並地方總小甲隣佑結狀。如再發賣前項書籍，重治以罪，再不許開書鋪。仍大書告示，張掛關隘去處，不許從外省販賣。前項書籍私入廣東境内，不時差官盤驗以詰姦弊。

《大清律集解附例》卷一〇《户律・市廛・私充牙行埠頭》 凡城市鄉村，諸色牙行及舡之埠頭，並選有抵業人户充應，官給印信文簿，附寫逐月所至客商舡户住貫、姓名、路引、字號、物貨數目，每月赴官查照。其來歷引貨，若不由官選私充者，杖六十，所得牙錢入官。官牙、埠頭容隱者，笞五十，各革去。

條例

一、凡客店，每月置店曆一扇，在内赴兵馬司，在外赴有司署押訖，逐日附寫到店客商姓名、人數、起程月日，各赴所司查照。如有客商病死，所遺財物别無家人親屬者，官爲見數移招，召父兄子弟或已故之人嫡妻，識認給還。一年無識認，入官。

（清）趙士麟《讀書堂綵衣全集》卷四四《撫浙條約下・飭牙行》

爲瀝陳公私交困之由，懇賜禁止以除積弊、以解倒懸事。據直省各府州縣商人具呈，前事照得商旅在數千百里之外，遠出鄉井，背棄妻孥，秋霜夏日，無時休息。又且身犯波濤、心驚盜賊，只圖蠅可覓，無如狡獪牙行星羅碁布，或係官勢、或緣武衿、或恃結納於旗營、或藉聲援於衙役，視眈眈而欲逐逐。沿途接貨勢同搶刦，執盤打算，賺貨肥囊。甚至席捲兔脱，客去重來。又或那東掩西、張冠李戴，及水落石出，血本化爲烏有。可憐異鄉孤客進退兩難，吞聲飲恨，或淹爲乞丐流離，或因而輾轉溝壑。種種苦情，無門可訴。即有一二不甘吞噬，控鳴府縣告理，非爲情面註銷，即置終歲不結。幸而執法追比，則又將敝衣破物抵死搪塞，十不得一，以致商賈視爲畏途。合行出示嚴禁，爲此牌仰該府查照來文，并單開各條轉行所屬遍示城鄉鎮店曉諭：各牙行嗣後務當凛守禁約，信實通商，敦誠待客，期約無逾時日，授受不爽分毫。使遠人慕義，客至如歸。是即爲爾衣食之源，何必用此奸狡之術？敢有藐法故違，許商人指名控告，該管府州縣官即爲按法究處，追償貨本，毋致有徇情賄延，准折掯抵等弊。本都院仍不時訪拿，照光棍例治罪。倘該管官視爲具文，任其横行，一經訪聞告發，該府縣亦干未便取具，各遵依報查，毋違。

（清）趙士麟《讀書堂綵衣全集》卷四五《撫吴條約上·正風俗》

一、典鋪之利與徒手告貸者不同，蓋既挾物爲質，則永無失脱之虞，而又没入有期，則預估貿易之價不得，仍執律令不過三分爲辭也。查前院已經頒示計兩，計錢，酌定低昂，允爲至當，各屬典鋪俱當一體遵奉，不許浮溢。違者，提管典人，重究不貸。

（清）魏錫祚《盱江治牘》卷中《召商開當示》　爲召商開當以便民生事，照得民無貧富，誰免緩急之需，歲有豐凶，安得蓋藏盡裕，世風不古，既無周急之人，友道式微，亦乏通財之義。一旦燃眉莫濟，霎時枵腹堪嗟。計惟典質須臾，較勝倉皇稱貸，蓋當鋪利遵令典，不憂子母之相衡，物值公平，莫慮浮沉之有告。故便民裕課設典原有深心，而巨室富商開當亦堪生息，乃盱江一郡惟新城尚有數典，其餘四邑當鋪取利悉遵功令。贖限照依大例，公平出入，輸課利民。倘有外來客商情願開典者，地方棍蠹不得阻撓。至於報名請帖，郡縣吏書毋許需索勒措，開典之後，亦不許無賴棍徒强當勒贖。如有故違，俱即稟究。一切私當槩行嚴禁，仍敢怙終不悛，一經察出，定即究治重罰。商民務各踴躍争先，慎勿延捱觀望。

《大清律例》卷一五《户律·市廛·私充牙行埠頭》　凡城市鄉村諸色牙行，及船之埠頭，并選有抵業人户充應，官給印信文簿，附寫逐月所至客商船户住貫姓名、路引字號、物貨數目，每月赴官查照。其來歷引貨若不由官選，私充者，杖六十，所得牙錢入官。官牙、埠頭容隱者，笞五十，各革去。

條例

一、凡客店每月置店簿一本，在内赴兵馬司，在外赴有司，署押訖，逐日，附寫到店客商姓名、人數、起程月日，各赴所司查照。如有客商病死，所遺財物别無家人親屬者，官爲見數，移招召其父兄子弟或已故之人嫡妻識認給還，一年後無識認者，入官。

一、旗、民遇有喪葬，聽憑本家之便，雇人抬送。不許作私分地界，霸占扛抬，分外多取雇值。如有恃强攙奪，不容本家雇人者，立拿，枷號兩個月，杖一百。

一、凡在京各牙行，領帖開張，照五年編審例，清查换貼。若有光棍頂冒朋充，巧立名色，霸開總行，逼勒商人，不許别投，拖欠客本，久占累商者，問罪，枷號一個月，發附近充軍。地方官通同徇縱者，一併參處。

一、京城一切無帖鋪户，如有私分地界，不令旁人附近開張，及將地界議價若干，方許承頂；至發賣酒觔等項貨物，車户設立名牌，獨自霸攬，不令他人攬運，違禁把持者，枷號兩個月，杖一百。

一、各處關口地方，有土棍人等，開立寫船保載等行，合夥朋充，盤踞上下，遇有重載雇覔小船起剥，輒敢恃强代攬，勒索使用，以致擾累客商者，該管地方官查拿，按律治罪。

《大清律例》卷一三《户律·舶商匿貨》　凡泛海客商舶大船到岸，即將貨物盡實報官抽分，若停塌，沿港土商牙儈之家不報者，杖一百。雖供報而不盡實，罪亦如之。不報與報不盡之物貨並入官。停藏之人同罪。告獲者，官給賞銀二十兩。

（清）佚名《乾隆朝山東憲規》第一册《當鋪被竊照當本多寡減半賠償通飭》　東臯臺爲報明事。查得樂陵縣高仁義當店被竊，獲賊魯三甫一案，緣魯三甫與直隸滄州民素相熟識，乾隆十八年十月三十日，劉五與丁三、丁四携帶錢文赴樂陵買棗，至魯三甫家等候集期，丁四至東店閑行，探知高仁義當店可偷，回告劉五、丁三，糾約同行，各犯允從。至晚，劉五等辭别三甫出門，丁四順取柴房杉槁，用繩綁成順梯，二更時分，由當鋪南鄰土房之旁，端梯入院，丁四身帶小刀，挖孔入室，竊得衣物，遞與劉五、丁三，仍由南路而逸回。至魯三甫家扣門，三甫詢知前情，丁四等當給三甫綢衣七件，囑勿聲張，解餘贜各犯携回，俵分而散。該縣據報驗詳飭緝，旋經緝獲魯三甫並贜衣到案，供出劉五等偷竊情由，該縣差捕朱奇山前往察緝。該捕等復轉邀滄州捕役丁士秀協拿，丁士秀素知劉五兇惡，不敢遽拿，先將劉五夥黨楊朝相等拘獲送縣，劉五趕赴中途將丁士秀毆斃，揑稱士秀媾通外捕誣良，狡不認竊，經該縣將魯三甫並捕役朱奇山等，業牒滄州質詢，報據劉五等供認偷竊分贜情事，並於該犯等名下起出原贓，牒發樂陵縣收審。茲據該縣以首犯丁四弋獲無期，先將現犯審擬，由府詳轉前來。本署司官查丁四糾約劉五、丁三行竊，魯三甫監後分贓之處，既據牒准滄州移關劉五等口供，承認確鑿，並該縣提訊魯三甫供認不諱，各犯名下，起有原贓，經主識領，其爲正賊無疑，除劉五、丁三應於滄州毆死捕役丁士秀案内，從重歸結外，查魯三甫先留丁四等居住，原因丁四等係販棗之客，後丁四一時起意糾約行竊，三甫豈不知情？直至得贓而回，始報詢知衣物來歷，分受贓物，與窩主不造意分贓不行有間，魯三甫所分之贓，在十兩以下，應照知竊盗後而分所盗贓者，計所分之贓，准竊盗爲從論，一十兩，杖七十，爲從減一等，杖六十，免刺。事犯到官，在乾隆二十年六月初七日，暨二十一年二月二十五日恩旨以前，應請援例。逸犯丁四飭緝獲日另結。已獲之贓，經主認領，未獲贓物，據商人高仁義賠還當户，應飭嚴查各犯家産變追還償。各犯詢無同居父兄伯叔與弟知情分贓情事，應毋庸議。丁四等在外爲匪，原籍牌甲無從查察，且事在屢次恩旨以前，應毋庸議。丁三所分白布衫等贓，俟滄州牒送到日，傳主認領。再據該府詳稱：當鋪失火省例：本銀一兩，在十月以内者，賠銀三錢；十月以上者，賠銀二錢；已過二十個月當絶者，概免賠償。至該擬罪，應將所失當衣，傳經計逐件約估確數定擬，不得照當本，亦未便照月分賠償，並加賠償還之數問擬。呈詳通飭遵照等語。查東省當店失竊案件，向係賠償之數，均不畫一，且有未經議賠者，但質當各户，多屬貧難，自應酌量賠償。查乾隆二十年十一月初二日，金鄉縣秦紫陽當店被竊一案，奉前督院白批飭各照當本多寡，減半賠償，以慰貧民等因，遵照在案。似屬簡便易行，應請通飭各屬遵照辦理，以昭畫一。至賊犯擬罪之處，應如該府所請按照失贓逐件估計擬合，並詳請明，伏祈本部院鑒核批示遵行。乾隆二十三年五月二十三日，蒙撫院阿批魯三甫如詳杖責援免解，餘照議行，仍將當店被竊應議賠償之處，查照前署院批定，各照當本多寡減半賠償成例，通飭遵照繳。

（清）佚名《乾隆朝山東憲規》第一册《當鋪常年二分起息冬月免其讓利通飭乾隆二十三年三月東撫阿批**司詳》**　山東布政司爲當鋪減利便民事。蒙撫院阿批本司呈詳濟南府，詳請長山縣通濟當典常年二分起息，冬月免其讓利，並請通行各屬一體辦理。蒙批當鋪冬月減利一分，原加惠窮黎，長山縣南北通濟二當，向係通年加二起息，因有冬月減利之舉，遂改爲三分起息，是窮民未得冬月減息之惠，而反受通年加利之累，殊非歷年曉示飭遵之意。今據詳如有一分起息之當鋪，冬月免其減利，事屬可行，仰即通飭各屬，出示曉諭，畫一辦理。遵照納等因。云云。即便通行所屬，出示曉諭，如有二分行利之當鋪，俱照舊通年二分起息，冬月免其減利。如有情殷桑梓，自願冬月一體讓息者，聽從其便，並不得借冬月減利改爲三分起息，使窮民陰受加利之累。其借端短利强贖等事，並即一體嚴禁毋違。

（清）佚名《乾隆朝山東憲規》第二册《當鋪冬月讓息》　東省當鋪，每年冬季，奉院通飭，出示勸諭，各典自十一月起，至年底止，於常利之内讓息一分，開春仍照舊例加息。嗣奉通飭每年三分起息者，讓息；二分者，不讓。

（清）佚名《乾隆朝山東憲規》第三册《當鋪通年二分行息應詳立案》　東藩徐爲當鋪減利便民等事。乾隆二十三年五月廿一日司批，據陽信縣呈詳當鋪畢萬盛、萬聚二商，自願通年二分起息，永不更改三分，批據詳該縣典商畢萬、聚二商，自願通年二分起息，永不更改三分，切殷桑梓，殊可嘉尚。仰武定府轉飭獎予並令冬月免其減息，各屬有似此者，均飭一體詳明立案，其照舊三分行息者，不必强令通年讓利。

（清）佚名《乾隆朝山東憲規》第四册《當店失火分别賠償》　東藩崔詳霑化縣協順當店，被鄰火延燒衣物一案。内開：查東省從前當店失火，被燒衣物，有按照當本，分别十月内外，每兩賠銀三四錢不等，係就失火情形，商人力量，酌引成案辦理，未有一定章程，且當店自行失火，與被鄰火延燒，情節迥不相同，賠償若無區别，亦屬未協。竊思當商挟資貿易利在當主，取贖，庶本利得以輪轉生息，斷無故爲禁燒希圖瞞昧之事。即棄火偷匿，亦事出偶然，在典鋪自行失火，因其防範不謹，毁失資本，累及他人，固應着賠，以示懲儆。至於鄰家起火，或風勢猛烈，或黑夜倉猝搶救不力，致被延燒，在該典已屬被人連累，即以賃典貨物，多出貧民，竟予免賠，恐啓乖機隱匿之漸，亦當較自□行起火者量爲輕減。本司卷查近年辦過成案，當店自行失火，有乾隆十九年七月，平原縣永順當店案内，詳奉批准：當本一兩，在十月以内者，賠銀三錢；十月以上者，賠銀二錢，其已過二十個月，概免賠償，頗爲酌中。是以二十五年聊城縣王萬順當鋪失火一案，經本司援照前案議賠，奉本部院批允飭遵在案。請嗣後當店失火，應即以此案爲定。至於當店被鄰火延燒，未有議定之案，本司詳加斟酌，應即照前例，以十分減四議賠。如前賠銀三本，每本減去四分，蓋三六一錢八分也。如當本一兩，在十月以内，賠銀一錢八分；十月以上，賠銀一錢二分；已過二十個月者，概免賠償。仍於失火之時，令該管官詳查當號，分别實在被燒確數，取具該商及地鄰人等，並無乘機隱匿甘結，該縣加具印結附詳察奪。儻有隱瞞情弊究實，將該商照費用受寄財物律治罪，所瞞物照追給主，不給當本。通飭各屬，一體遵照辦理。庶援引有所依據，定例不致參差等情。蒙批如詳飭遵繳。乾隆二十五年正月十五日

乾隆三十七年十一月，藩司詳院通飭，當鋪失火，分别賠償之□應照二十五年議定章程辦理。其三十四年署臬司議詳當鋪被竊酌賠，其當鋪失火，亦照失竊之例，照本加利賠償之處停止。有府文存。

（清）凌燽《西江視臬紀事》卷四《禁典鋪開遲閉早》　爲曉諭事。照得江右典鋪率多開遲閉早，當兹臘暮，貧民爲終歲之計，工忙事迫，或持本取質，或携物當錢，皆屬急需燃眉待濟，乃或早或晚，偶非其時，不係未開，則係已閉，輒令貧民守候典門，任呼不應，以致擁擠嘈雜，漸滋事端。既非所以便人，亦非所以自便。合即曉諭，爲此示仰典户人等知悉，屆兹歲暮，質錢、贖當之人十倍平時，務宜愈加勤早量時啓閉，不得仍前開遲閉早，致使貧民奔走守候。須知濟人即以利己，事屬兩便，慎勿故違，致干察究。

（清）凌燽《西江視臬紀事》卷四《示當鋪》　爲曉諭事。照得典鋪酌讓利息，原經本司會議，除行息仍照舊二分外，如有當物期滿一年取贖者，讓利一月；二年取贖者，讓利二月。久經通行，并頒示飭遵在案。兹届歲暮，民間典取倍于平時，誠恐法久禁弛，合再通示曉諭，仰典商人等知悉：務遵詳定成規，期滿一年，讓利一月，二年讓利二月，戥頭銀水務要出入一例，毋得恣意苛剋。至于鄉民遠來取贖，尤宜隨時給發，不得任意刁措，致累守候。倘或視爲故套，不遵勸諭，一經訪出，法在必懲。慎之毋忽。

（清）凌燽《西江視臬紀事》卷四《設立行票示》　爲設立行店，聯票之法，以杜侵騙，以恤商賈事。照得一應客商載貨投行，憑牙發店，評價歸賬，皆藉牙行于中交易，客人與店家别無執據，以致不法牙行往往侵吞客本，貽累客商。今本司特立聯票之法，詳奉撫憲通頒各屬，合行曉示，爲此示仰按屬地方各牙行店家及往來商賈人等一體知悉：嗣後各行照式設立合同聯票，凡客貨到行，行家代爲發店，後即將客貨若干議價、若干付過、下欠若干、約之何日，兑交三面填明合同，票内中用本客本店圖記花押，將聯票裁分，一付本客收執，一存本店查對。至日清賬，店家合票發銀，如無合同對驗，店家槩不許發銀。如有無票私給者，槩不作準，仍照客執聯票清追其銀。或不能一次全還，即將陸續還過完欠數目填明票内，如有拖欠，任客同經手牙行執票鳴官。爾行家務宜公平立票，以彰信實。爾商賈務宜收票作憑，以免私侵。爾店家務宜憑票發銀，以免重索。牙行如有匿示不掛，不遵設立合同，即屬存心欺騙，察出即行追帖，革牙不許復充。各宜凛遵毋違。特示。

《大清會典則例》卷一八《吏部·考功清吏司》　康熙二十五年議準，各處牙行領帖開張，照五年編審例清察换照，若有光棍頂冒朋充，巧立名色，霸開總行，逼勒商人，不許别投，拖欠客本，久占累商者，該地方官不時嚴行察拏，照律治罪。如地方官有意徇縱者，降二級調用。如有受財故縱者，計贓以枉法論。

又議準，牙行經紀除税課内應立牙行者，準設立外，其姦宄之輩揑稱牙行，於良民買賣濫行索詐者，在外責成州縣官，在京責成順天府尹通判、大宛二縣五城兵馬司，不時嚴行察拏，照例治罪。如該管地方官不行嚴拏，仍留積年姦匪，以致累民將失於覺察之人，罰俸一年。有意徇縱者，降二級調用。受財故縱者，計以贓枉法論。

雍正十二年議準，各省牙帖悉由藩司鈐美盖印信頒發，不許州縣濫給滋弊，倘各省州縣仍有私行濫給牙帖者，該督撫題叅，照地方官妄用印信例，降一級調用。

十三年覆準，民間開設鋪面，聽民間便益，不得私分地界，不令旁人附近開張。更不得以本身無力開設，將地界議價若干，然後允其承頂。至酒坊賣酒，應聽雇車載運，毋許車户設立車牌，開寫姓名，認定一店，不

令別人攬運。惟估衣行給有牙帖，每年納有牙税，應聽其安分營生，仍照五年編審例，清察换帖。毋許無籍之徒往來市上，借名影射左右，觀望覬覦分肥。至於鋪行一切什物，皆係本商自置，倘本身無力開設，而所置什物復不許售與承頂之人，則本錢不免虧折，似屬未便，除地界之外，此項不在禁内。又如無籍之徒，違禁把持，仍犯前項情弊者，即將該犯照例治罪，仍令地方該管各官嚴飭捕役人等不時稽察，如番役人等，不行察拏者，按律治罪。該管地方官奉行不力者，照失於察參例罰俸一年；有意徇縱者，照徇情例降二級調用；受財故縱者，計贜從重以枉法論。

乾隆二年覆準：大小衙門，凡公私所需貨物，務照市價，公平交易，不得充用牙行，縱役私取，即辦官差必須秉公提取。毋許借端需索，作踐良民。如有不肖官役陽奉陰違，或被地方告發，或被上司察出，參劾該管官。如係縱役私取，將該管官照縱役犯贜例革職。如係失於覺察，照失察衙役犯贜例分別議處。

又覆準，直隸山東、河南、山西、陝西等處富商巨賈，廣收小麥，肆行躧麴，大開燒鍋者，嚴行禁止。其失察之地方官，每一案降一級留任；失察至三案者，降三級調用。

三年奏準，民間制麴，自用爲數無多者，仍免察禁外，如有廣爲收麥，開坊躧麴，牙行經紀、車户船家代爲交易，運送關津隘口，一例察拏。隱漏出境者，經過失察之地方，每一案罰俸六月。

九年覆準，地方官濫給牙帖，該管上司失於覺察者，將知府照失於覺察例，罰俸一年。

十四年覆準，失察製造紅麴紅糟，船裝興販，與失察躧麴事同一例，所有失察之地方官，比照失察躧麴之例察議。

《六部處分則例》卷二三《關市・清查牙行》　一、各省牙帖，由布政使鈐印頒發。奉天牙帖，係旗員徵收者，由盛京户部頒發，係民員徵收者，由府尹頒發。地方官務查殷實良民，取具保鄰甘結，方准領帖承充。其素行無賴，産業毫無者，不許濫給，仍將充牙行。經紀姓名按季造册，申送布政使存案。如地方官查察不實，濫給牙帖，以致吞騙客本者，降一級調用。公罪。不用司頒印帖，輒自用印私給者，亦降一級調用。私罪。該上司不將私帖查參，知府罰俸一年，布政使道員俱罰俸六個月。俱公罪。

一、牙行領帖開張，每届五年編審一次，清查换照，若有頂冒朋充，巧立名色，霸開總行，擾累商民等事，地方官失於查拏，罰俸一年。公罪。有意徇縱者，降二級調用。私罪。受財故縱者，計贜以枉法論。

一、額設牙行照舊税課，不得於額外增添。如有姦宄之徒，捏稱牙行，混行索詐，在外令各州縣官，在京令順天府通判，大宛二縣五城兵馬司，發拏治罪。如失於查拏，照前例分別議處。

一、生監書役更名捏姓，承充牙行，地方官查實，即應追回印帖，勒令歇業，如不行追帖，照前例分別議處。

一、各省地方，遇有客商控追牙行侵欠之案，令經理之員，按月册報巡道，查覈按册提比。若經理之員，拖延不結，逾限不及一月者，罰俸三個月。一月以上者，罰俸一年。半年以上者，罰俸二年。一年以上者，降一級留任。俱公罪。係有意徇縱牙行者，降二級調用。私罪。受財故縱者，計贜以枉法論。

《大清會典則例》卷五〇《户部・雜賦》　乾隆元年又覆準，牙户如各牙行式微，無力貿易，有情願報官歇業者，即令其開除報部，不必俟頂補有人方準退帖，違者照例處分。

四年諭，昔我皇考患愛商民，恐州縣牙行，歲有加增，於雍正十一年諭令各督撫，飭令藩司因地制宜，著爲定額，報部存案。不許有司任意加增，止許將額内各牙退帖頂補之處察明，换給新帖，再有新開集場，應設牙行者，酌定給帖報部，不許濫增。近聞江蘇各屬於額帖之外，陸續增請者一縣竟有數十張以至白餘張不等，此必州縣官聽信吏胥播弄，借新開集場準其增設之例，或舊業而捏爲新設，或裁牙而溷請改充，徒使貿易小民受其苛索，莫可申訴。江蘇如此，則各省亦必皆然。該部即通行各省督撫轉飭布政使司出示曉諭，該地方若有新開集場應設牙行者，該印官詳確察明，取具印結，由府州覈實詳司，給發牙帖，如非新開集場朦溷請增者，即行題參，從重議處，欽此。

五年諭，近聞外省衙門胥吏多，有更名捏姓兼充牙行者，此輩倚勢作姦，壟斷取利。其爲市廛之蠹，尤非尋常頂冒把持者可比。嗣後作何定例，嚴禁及地方官失於稽察，作何處分之處，該部定議具奏，欽此。遵旨議準，嗣後胥役見在，更名捏姓兼充牙行者，令地方官嚴察確實，即行追帖，勒令歇業，並將胥役充補牙行之弊，永行嚴禁。倘不法胥役仍更名捏姓，兼充牙行者，照例杖一百，徒三年。如誆騙客貨，累商久，一經告發，照例枷一月，發附近充軍。若地方官奉行不力，失於稽察，罰俸一年；有意徇縱者，降二級調用；如有受財故縱，計贓從重，以枉法論。

七年覆準，客商販買米豆，皆須投託牙行，恐狡獪牙行有意把持，高擡價直，於中取利，行令直省督撫轉飭該地方有司通行，出示嚴切曉諭，商人既不得藉貨居奇，行家更不得把持增價。倘有居奇把持等弊，即察明究治。

九年題準，嗣後地方官濫給牙帖者，該管上司失於稽察，將知府照巡綽官失於稽察例，罰俸一年，司道照不行詳察例，罰俸六月。若該管上司知情不據實揭報題參者，照徇情例，降二級調用。牙行承充之時，向本殷實厥後漸次式微，致有拖欠客本者，隨時革換。倘州縣仍將銷乏牙行不即革退，及並非殷實之人，出結申送，照衿監充認牙行州縣官奉行不力例，分別失察徇縱議處。如有枉法受贓等項，按律處分，並飭令地方官出示曉諭。如有姦牙狡獪於發貨之日，不令客人與鋪户三面議價，立定合同，限帖屆期同索者，許客商赴官具控，將該牙革退，別募充當。如鋪户過限不清，有意侵吞客貨者，仍將鋪户嚴追。地方官倘有陽奉陰違，釀成積案者，以玩視民瘼題參。

又題準，安徽等十三府州屬雜税項下，牛、驢、花、布、煙、油等項銀，或係有款無徵印官捐解，或空有地名並無市集，或重徵經行牙行或雜於鋪家煙户，實爲擾累，悉準予豁免。

十一年奏準，湖廣衡州府設立賣鉛牙行，頒給印照官秤，凡赴買者，該牙依次發貨，如官買客販並至，先盡官後給客，仍聽買賣人等當面議價，該牙在旁眼同兑交銀貨，以免爭競，倘有把持欺壓等事，即行革究。

《大清會典則例》卷一二八《工部·營繕清吏司》 順治初年，定通州張灣二處，各設木廠，每廠差筆帖式二人，驗收運京木植。

康熙二十六年題準，通州木廠停差筆帖式，將潘桃、古北等口運解木植，歸通惠河分司管理，造册報部。其張家灣木廠，於本部司官内選一人，監督管理一年，更代凡江南、江西、浙江、湖南辦解。桅杉、架槁等木，到日部委官丈量，記印斧號後，交該監督如數暫行收貯，竢部委運木官到廠，即將木植照數點驗，交運木倉額，設廠役八名，以資看守。

四十年題準，裁通惠河分司，通州木廠歸通永道管理。

《大清會典則例》卷一五〇《都察院》 每月置店簿一本，赴兵馬司署押訖，逐日附載。歇店客商姓名、人數、起程月日，各赴所司察照。如有客商病故，所遺財物，别無家人親屬者，官爲封識，移招已故之人親屬識認，給還。一年後無識認者，入官。

《大清會典則例》卷一五〇《都察院》 乾隆五年議準，嗣後京城酒行經紀，除每兩應得用銀三分外，不得絲毫多取，朘削商民，違者，司坊官察拏治罪。

（清）董誥《全唐文》卷二六《玄宗·停鵝鴨坊米粟詔》 朕聞鵝鴨坊比供米粟，恨不早知，久令虚費。今百姓饑阻，未能周給，鳥享人食，是何理焉。其料宜即停，并鷄坊亦準此。

（清）董誥《全唐文》卷二六《玄宗·禁坊市鑄佛寫經詔》 佛教者，在於清净，存乎利益。今兩京城内，寺宇相望，凡欲歸依，足申禮敬。下人淺近，不悟精微，睹菜希金，逐焰思水，浸以流蕩，頗成蠹弊。如聞坊巷之内，開鋪寫經，公然鑄佛。口食酒肉，手漫羶腥，尊敬之道既虧，慢狎之心斯起。百姓等或緣求福，因致飢寒，言念愚蒙，深用嗟悼。殊不知佛非在外，法本居心，近取諸身，道則不遠。溺於積習，實藉申明。自今已後，禁坊市等不得輒更鑄佛寫經爲業。須瞻仰尊容者，任就寺拜禮。須經典讀誦者，勒於寺取讀。如經本少，僧爲寫供。諸州寺觀並準此。

（清）董誥《全唐文》卷三二《玄宗·令正月夜開坊市門詔》 重門夜開，以達陽氣。群司朝晏，樂在時和。屬此上元，當修齋籙。其於賞會，必備葷羶。比來因循，稍將非便。自今已後，每至正月，改取十七八十九日夜開坊市門。仍永爲常式。

（清）董誥《全唐文》卷三二《玄宗·禁賃店干利詔》 南北衛百官等，如聞昭應縣兩市及近場處，廣造店鋪，出賃與人，干利商賈，莫甚於此。自今已後，其所賃店鋪，每間月估不得過五百文。其清資官準法不可置者，容其出賣。如有違犯，具名録奏。

（清）蔡澍《澄江治績續編》卷一《集政令·清釐通行帖》 牙行雖屬微業，而同量衡通有無，評物價亦市井之所必需也。江邑城鄉各鎮牙行輻輳，從前冒充濫設，地棍白拉槩稱牙行，把持貿易，侵蝕遠商，大爲商民之累。乾隆戊午，夫子立法清查，親歷各鄉，按照市集大小，飭令該保詳慎查報，酌設諸色牙行，定有成額，詳請給帖開張，交易市肆肅清。比年以後，陽奉陰違，仍復有人或一帖而數户朋充，或一行而諸貨並集，甚至濵江利城後梅後城等處地方，仍有地棍降究拉截，要□擺設斗斛，公行壟斷鄉民賣花易粟，動即搶奪代售，勒用吞本，肆行無忌，夫子訪查得實，飛即密拿嚴訊，究黨法懲。給示永遠禁革，仍遍弔通縣行帖，逐户查對底册。凡朋充兼賣諸弊，除已往不究外，悉行划革盡絶并裁減額外浮用，不許絲毫多勒。其設用斗斛法馬，俱照定制畫一通行。至於牙行代客發貨，遵例設用三聯照票。倘有侵欠，許各商執票告追。各牙畏法，一遵禁令，懋遷化居市廛，熙熙無復欺僞之習矣。

《福建省例》卷一六《當税例・民間開張大小典當，分别行息章程》

一件籲請憲示事。乾隆四十八年四月初五日，奉總督部堂富批本司呈詳：奉總督部堂富批譚署司呈詳：　查得民間開張典當，案於乾隆二十九年間，經朱署司議定章程。嗣後報開小典，每兩每月行息二分四釐，限期二十四個月爲滿。大當每兩每月行息二分，限期三十六個月爲滿。詳奉前憲批允通飭遵照。又於乾隆三十九年間，經錢前司以前議本銀，未定若干者爲小典、若干者爲大當，各屬奉行殊無定則，議請嗣後凡有開張典當，如本銀在五百兩以上者概照大當行息二分，限期三十六個月爲滿，如在五百兩以下者悉照小典行息二分四釐，限期二十四個月爲滿。於詳報開典文内聲明本銀多寡確切數目，分别辦理。詳奉前憲批允通飭遵照各在案。嗣據閩縣當户鄭協等，侯官縣當户林茂等赴縣，以各當遇有荒歉、青黄不接之時，民間多當，不能限制，未免借貸湊本接濟。大當直增萬餘，並所不禁，小典亦積數千，或及萬餘。而地棍藉端串詐擾害。但典分大小，原視物之高下，隨地因時。僉請詳明於原報本銀外，間遇多當，准予借添接濟，以通貧民緩急，而絶地棍串詐等情具呈。經該二縣查察情形，典當按照本銀五百兩上下，分别大小行息限期，正以各屬奉行得有定則，並非小典本銀必以五百兩爲止。如大典原報五百兩以上，現在增至萬餘，既所不禁，而小典原報五百兩以下，不准稍增，是報開小典，不無後累。總之，通民便商，均宜平允。除乾隆三十九年以前報開小典，應照原議准各照舊開張，免其紛更，及大典原報五百兩以上，本銀不拘定數，均毋庸置議外，所有三十九年以後報開小典，聲明本銀五百兩以下者，似應各准添本，以五千兩爲率，一逾五千，即照大典呈改息限。如遇新報開典，體照畫一辦理，於原定章程，益覺周密，而民間亦各得其便等因，先後通詳，奉撫憲批司，飭府查議詳奪。又奉憲臺批司確核妥議，通詳察奪各等因。遵經轉飭福州府確查核議詳覆去後。

兹據該府詳稱：　查大典、小典年額輸税，均係五兩，並無區别，而持物向質，悉聽當者自擇，又非强之使來。該縣議以小典准各添本五千兩爲率，亦屬因時制宜起見。況查省會五方雜處，絡繹告質，設若小典格於原報，不敢添本多當，勢必轉向私當短胎，反非所以恤貧民而通緩急。細加籌酌，通商貴先便民，立法尤期平允。除乾隆三十九年以前報開小典，應照原議准各照舊開張，免其紛更，及大典原報五百兩以上，本銀不拘定數，均毋庸置議外，所有從前開報小典，請如縣擬，准其隨時添本接濟，准以五千兩爲率，若逾五千，呈改大典息限，不得影射，違者按律究治。如此立定章程，而民商咸得其宜等由，詳覆前來。

本署司查民間開設當鋪，原屬通民緩急。至於當之大小，本之多寡，輸税均係五兩，並無輕重，其中有大小之分，則視物之高下。如物之高者價重，則向大典質當。物之下者價輕，則向小典質當。民商兩便，本無礙於税額。省會地廣人稠，貧苦之家，十有六七，以零星衣物質當，亦此輩爲多。如小典僅限原本五百兩，必難轉運，又難停止。若添本便民，既慮地棍生端串詐，若改開大當，則限寛一年，而所當低物易於霉爛，發賣虧折本銀。所以紛紛告止。急需之貧民，既無小典可以收質，不得不轉向私當短胎，任其重利剥削，實失便民之道。伏查原議章程，本銀五百兩以上者爲大當，五百兩以下者爲小典，似係耑指初開當本而言。若開張年久，積息計本，自必較增。在大當原報五百兩以上，遞增累萬，地棍從無一言。其小典一逾五百兩，即多方嚇詐。推原其故，蓋因小典原報在五百兩以下，以致藉此生端。今該府縣所議小典，准其添本五千兩，實爲杜弊便民起見。然猶恐青黄不接之時，或遇收成歉薄之候，贖少當多，不得不添本接濟。若限以五千兩爲率，必致又啓串詐之弊，仍須止當，窒礙貧民。本署司體察地方現在情形，應請准其隨時酌量，添本接濟，以通貧民緩急，毋庸拘定成數，則弊端自可永絕。凡嗣後新報開典，仍於結內填明本銀五百兩上下，以憑分別大小行息限期，並聲明聽其隨時酌量添本字樣。似此既不紊於原定章程，復於民商咸稱利便矣。再該府詳內有轉向私當短語胎之，查私當並不領帖輸税，實屬重利剥民，應請並飭該二縣出示嚴禁究除，以舒民困。緣奉前批，合就核議，轉詳察奪，批示遵行等由。

奉批：如詳飭遵。仍候撫部院批示。繳。奉此，又先奉巡撫部院雅批：查典分大小，原因取利有多寡之不同，年限有久暫之各別。今該司議請嗣後新報開典，仍以本銀五百兩上下分別大小行息限期，過後則聽其隨時增添，並不定以限制。是使大小漫無區別，則牟利之徒無不以小典開報，暗增貲本以收重息。該司雖稱永杜弊端，而於行息限期全未計及，適足以啓滋弊之由，紛争更所不免，殊未允協。仰再妥確核議，另詳察奪。仍候督部堂批示。繳。

奉此，本司遵查典當之設，原以通商便民，而便民尤重。閩省向日分別大小典户，必其資本實有多寡。小典本銀既少，所當亦非貴重之物。欲使質物者之急於取贖，開典者之得以流通，故重其行息，短其限期。又恐姦巧之徒，擁厚貲而張小典，朘削愈甚，所以復有限定當本之議。但限期行息雖有區分，多典增資原無查察。名似近於核實，法未極於周詳。今省會兩縣當户，以典質者多，原本五百，竟有添至萬餘兩者，每被地棍藉端詐擾，呈請准予添本。該縣府等議以五千兩爲率，如逾此數，即令呈改息限，續開新典鋪，仍於結內填明本銀五百兩上下，以憑分別行息限期，並聲明畫一辦理。前署司恐又啓串詐之弊，議請不拘成數，並嗣後報開典當，聽其隨時添本字樣，詳奉撫憲批駁另議。本司遵加籌核，該縣府所議當本五千兩爲率，原未允協。即如原定五百，現增萬餘，不聞前此地方官查核及此。今若限以五千，亦屬有名無實，又安得逐鋪稽查，按時盤察，以絕商人之影射，而禁書役之擾累？至於前署司所議不拘成數之處，誠如憲諭取利有多寡之不同，年限有久暫之各別，聽其隨時增添，並不定以限制，是使大小漫無區別，則牟利之徒，無不以小典開報，暗增資本，以收重利，雖稱永杜弊端，適足以啓滋弊之由，紛争更所不免。本司伏查每年徵納税銀，原無大小之分，各省開設當鋪，亦無大小之別，惟以當值之多寡，計利息之重輕。閩省似應改立章程，一體照辦，應請嗣後各屬典當，

銀三兩、錢三千以上、二分行息、三十六個月爲滿，銀三兩、錢三千以下、二分四釐行息、二十四個月爲滿。如此酌量分別，在貧民緩急可通，無大典不收之病；在當户本資既裕，無小典改報之煩。立法仍有等差，奸徒無從索詐。倘蒙憲允，即飭各屬州縣，出示曉諭，統以乾隆四十八年五月初一日爲始，改設當票，注期行息、限期，如有逾額多取，查出重究。臺灣地隔重洋，應以八月初一日爲始。各屬續開新典，一體照辦。其請頒當帖時，不須限定本銀，分別大小名目。從前所有當鋪原領司帖，本無大小字樣，亦毋庸換給。至本年五月、八月未經定例以前，所當物件，仍照舊時行息限期取贖，以杜紛争。是否允協，理合核議，詳覆察奪，批示飭遵等由。

奉督部堂批：仰候撫部院批示録報。繳。奉此，又先於初四日奉巡撫部院雅批：查該司所議典當不須限定本銀，無分大小名目，自屬簡便，免致時起争端。但所請銀三兩、錢三千以上二分行息、二十六個月爲滿，三兩、三千以下二分四釐行息、二十個月爲滿之處，尚未妥協。蓋求質者但期息減，而開典者惟冀利濃，則勒當壓估，各存私見，棍徒又得藉生事端。且當銀三兩、錢三千以下者，大概貧民居多，乃利既重而滿限又速，更非所以示公平也。必須詳加籌計，折中定以準則，庶商民均得樂於從事。今議當本既不定銀數，無分大小，自應不論銀錢之多寡，統定以二分起息。並將向來二十四月、二十六月滿限之處，亦折中核定，統改爲三十個月滿限。并擬定□□爲始，嚴飭通省出示曉諭，畫一辦理，則事不繁而人易知，一切争端自可永除。至當鋪原領司帖，本無大小字樣，毋庸另換。其未經定例以前，所當物件，仍照舊時行息限期取贖，不得別生枝節。仰即查照飭遵。仍候督部堂批示。繳。奉此，除録批呈報督憲，並通飭遵照在案。

又爲遵批付知事。本年五月初一日，奉巡撫部院雅批本司摺稟：竊照閩省當鋪，向分大小名目。本銀五百兩以上謂之大典，五百兩以下謂之小典。大典二分行息，二十六個月爲滿。小典二分四釐行息，二十四個月爲滿。歷久遵行在案。近因省會兩縣當户，原本五百，竟有增至萬餘兩者，每被地棍詐擾。當户呈請增本。本司以限期行息，既有區分，多典增資，並無查察，不如另定章程，無分大小，概以當本多寡，酌定利息重

輕。銀三兩、錢三千以下、二分四釐行息、二十四個月爲滿。銀三兩、錢三千以上、二分行息、二十六個月爲滿。雖於以大報小之弊可以革除，而於勒當壓估之情，實所不免。詳奉大人批示，利重限速，有傷貧民，折中核定，統以二分起息，三十個月爲滿。此誠畫一良法，愛民之美意。本司遵即轉行在案。前日面奉鈞諭，詢及是否稱便，並令再行察議，仰見大人愛民必先便民，本司敢不祗遵，悉心籌酌。伏思閩省地瘠民貧，多無恒産。每至青黄不接，輒資典質，以供升斗之需。向日分别大小典鋪者，實因低賤物件，易於朽壞。在大當既不肯收，而小典因利息較多，滿限較短，故樂於多出當本。此小典之所以沿留至今也。然頗聞小典之外，私典尚多，其息之重、限之短，更數倍於小典。今小典既除，又令畫一行息，小民急於求質，勢必趨於私典。現雖嚴飭禁革，而其弊實難盡杜。蓋緣持物向質，或拒或收，或多或寡，祗聽典家酌定，彼此情願，不能强從，故奸巧之徒可以坐收其利，非官法所能盡禁。私典如此，官典必將改絃張之矣。又聞省會典當，俱係就近開張。省外各縣地方，則皆省城民人攜資前往。其轉運需費，較之省會爲多。所典物件，又不貴重，濱海地方，更易朽壞。限期既寬，又少利息。一有報止，更不便民。良法美意，必求盡善，不敢不仰體慈愛殷懷，酌量變通，以求利便。查當銀三兩、錢三千以下者，大概貧民居多。若利既重而滿限又速，誠如憲諭，非所以示公平。本司議請行息仍照前詳，限期恪遵鈞示。如此酌定章程，在典户靳於出價，既有加息，則低物亦在所樂收。在民間喜於多當，既得寬期，雖重利亦不難取贖。私典無所漁其利，地棍無所逞其奸，似於商民兩有裨益。是否有當，合肅具稟，仰乞大人鑒核示遵等由。

奉批：查開設典鋪，原期裕商便民，兩無窒礙。前以息分多寡，月有久暫，恐紛紛争執，滋生事端，是以本部院酌中定議，以歸畫一，原無成見。今據請行息仍照前詳，分别銀三兩、錢三千上下，以二分及二分四釐起利，限期遵照批示，統以三十個月爲滿。私典無從漁利，地棍無可呈奸，於商民兩有裨益。仰即如稟通飭遵照可也。此繳。奉此，隨即報明督憲，並通飭遵照在案。

《福建省例》卷一六《當税例・典鋪應於開張之年起税》 一件遵例陞税事。道光三年四月二十二日，奉兼署巡撫部院趙批本司呈詳：查民間開典鋪，自應於開張之年，令其輸税，未便於未經開張之歲，預令陞科。今福清縣當户施大岳、同安縣當户金慶興，雖係上年十一月内赴縣呈報，而文内均有聲明，於道光三年正月初一及正月間開張字樣，是以王署司轉詳，請自道光三年起入額輸税。今奉憲臺以前於沙縣當户羅吉祥請免嘉慶二十四年分税銀案内，據前陞司呈覆，各屬報開典鋪，應於赴縣呈報之年陞科。現據另詳晋江縣當户許成美，於道光二年十一月二十三日赴縣報開典鋪，呈請自二年爲始，入額輸税。此案福清縣當户施大岳，亦係上年十一月二十三日赴縣呈報，又請自三年起開張輸税，殊屬兩歧。究竟是否呈報之年即當輸税，抑於給帖後徵輸，仰即畫一核議章程詳奪等因。當即細核沙縣當户羅吉祥開典原案，該縣原係請於嘉慶二十四年陞科，嗣領到當帖未及開張，該縣詳請免徵二十四年税銀，因與請徵年分不符，且已經入於奏銷案内報部，业將未完職名開報請參，是以不准請免。而晋江縣當户許成美，雖係十一月二十三日赴縣具呈，該當户呈請自二年爲始入額，自係呈報之日即行開張，與福清、同安二縣當户有聲明道光三年正月開張者情形迥别。惟本司衙門爲錢糧總匯，一切案件如無例案可以援引，自應準情酌理，議定章程，通飭遵照，俾免經胥高下其手之弊。應請嗣後凡有商民於上年十一、二月赴縣呈報開典，均須切實聲明。如係歲底開張，即於呈報之年入額輸税。如於次年正月内開張，即准其於次年入額起科。如此畫一辦理，庶於國課民生，兩無窒礙。所有福清縣當户施大岳、同安縣當户金慶興即照新定章程辦理。合就查明核議，詳覆察核，批示飭遵，並刊入省例通頒等由。

奉批：如詳飭遵，仍刊入省例頒遵。繳。册結存。奉此，除通飭外，遵刊入省例通頒遵照。

《福建省例》卷一六《當税例・永禁當鋪領買米穀》 一件詳請憲示、勒石永禁等事。乾隆四十一年四月二十五日，奉總督部堂鐘批據福州府申詳：竊照省會地方，居民叢集，貧富不同，緩急時有，全賴典當開張，可以暫將衣服首飾赴質，以濟急需。在開張當鋪者亦可權衡子母，藉此經營。通財便民，利至溥也。卑府蒞任以來，見各縣詳報止當者絡繹不絕。隨經遍加查訪，皆由閩省典鋪資本微薄，大當不過數千金，小當只有千餘兩。本少利微，出息有限。兼之年來當多贖少，贓物頓滯。資本不充，間遇地方官發辦傾銷，領買米穀，不無姦胥蠹役，借官騙噬，因此半多歇業。而民間貧乏者，亦緩急猝難通貸。現在各典鋪紛紛報止，職此之由。卑府查悉弊竇，當經出示嚴禁，並勸諭開張在案。茲據當户鄭潤等僉名具禀，大書勒石永禁，久遠遵循等情前來。卑府仰體憲慈念切民依，釐奸剔弊至意，所有州縣發辦傾銷、派買米穀一切擾累弊端，應請準其大書勒石，嚴行禁革。倘有地方官吏混行科派索擾，以及奸胥蠹役藉端勒詐等情，或經訪聞，或被指名告發，官則嚴參，役則重處。俾各當户永免滋累，共知踴躍開張，而窮簷百姓，亦得緩急通其有無，實於裕課利民，均有裨益。是否有當，理合據情詳請，察核示遵等由。

奉批：該府既察悉其弊，亟當永遠禁革。仰候布政司會同按察司立即查議，通詳飭遵。仍候撫部院批示，繳。奉此，先於四月二十二日，奉巡撫部院余批：質當原所以通緩急，因地方官發辦傾銷，領買米穀，遂致奸胥蠹役，乘機騙噬，是以紛紛報止。該府訪悉弊源，通詳禁杜，具見留心。仰布政司轉飭勒石通衢，永行禁革。違則官參役處。仍通行各屬，如有似此者，一體飭禁具報。並候督部堂批示。繳。奉此等因。業經録報督憲，並移行臬司、福州府查照辦理在案。

《福建省例》卷一六《當税例·當鋪大小行息限期》一件報開典當等事。乾隆二十九年二月十七日，奉巡撫部院定批本司呈詳：查得先據侯官縣詳報：當户韓朝海開張春鋪典當，每兩每月行息三分，限期三十六個月爲滿，當經轉詳請陞，奉憲臺鈞批：如詳給帖輸税。至各屬開張典當，大小既不畫一，行息輕重攸殊，嗣後應作何確查區別，不致捏稱小典，重利剥民之處，即日議詳察奪等因。遵行，據福州府詳稱：民間開張典當，如閩、侯二縣本銀稍殷，故前據報開二分、三分行息，限期概以三十六個月爲滿。如長樂等各縣，地處卑濕，衣服粗賤，難以久貯，故前報三分或二分四釐行息，期限二十四個月或二十六個月不等，相安已久。惟是現在開設既多，未免從中以大作小，捏飾剥民情弊，自應確查區別。但從前既經詳准者，若概以大當行息二分，第恐當户蠅頭難覓，勢必裹足他營，轉恐有妨濟急。請將閩等各縣典當，前經詳准者，依照各原報典當詳案取息扣限之外，不得暗行重利剥民。嗣後如有新開典當，依照各該縣地宜，於詳報日令其聲叙本銀多寡切實情形，取具地保、族鄰並無扶同捏報，以大作小，藉稱每兩每錢零日算月等弊甘結，送府確查給轉。倘詳報給帖之後，查有捏報盤剥情事，或被告發，即照違制律治罪等由詳覆前來。本署司覆查，開張典當各鋪，情形原不一致。從前報昇有行息二分、三分及二分四釐不等，而限期有三十六、二十六、二十四等個月之別，乃係酌量地宜，准其開張。第現在開設既多，大、中、小不一，行息輕重懸殊，難免以大作小，捏報剥民情事，自應遵照憲批，確查區別，庶免本裕之商捏稱小典，重利剥民。今若概以大當畫一行息二分，誠恐本少當覓，覓利無多，勢必裹足，別爲生計，於民間有妨濟急。若照該府所議，仍照詳准原案辦理。未經立有章程，難免捏大報小，滋生弊端，應請量爲區別。如當大仍應以行息二分、限期三十六個月爲滿，小典行息二分四釐、限期二十四個月爲滿，通飭各屬畫一，遍行曉諭，遵照奉行。務期嚴密查訪，毋任陽奉陰違。仍令於詳報開典詳内，查明本銀多寡，切實聲明，分別大小行息限期，取具族鄰地保並無扶同捏報，以大作小，藉稱每兩每錢、零日算月等弊甘結，詳送察核請陞。倘詳報給帖之後，查有捏報盤剥情事，即以違制律治罪。所有從前已經開張各當鋪，應准照舊辦理，毋庸即爲紛更。再查閩省更有一種名曰私當，三月爲限，加一起息，閭閻受其剥削。兼收當賊贜，深爲民害。並請飭令該地方官實力稽查，嚴加訪拏詳究，毋任胥役包攬狗庇。俾當户無影射小典之弊，貧民受利濟緩急之便矣。是否理合核議詳覆，伏候憲臺察奪批示，以便通飭遵照等由。

奉批：如詳通飭遵照。至既稱另有一種私當，三月爲限，加一起利，閭閻受其剥削，兼收賊贜，殊干功令，仰飭各該縣實力訪查，嚴行示禁革除。倘有胥役包攬狗庇，陽奉陰違，立即嚴拏詳究，毋得玩縱，致干未便。繳。奉此。

《福建省例》卷三四《雜例·染店收染民間布疋被竊賠償辦法》一件染店被竊等事。乾隆五十一年九月二十一日，奉署總督部堂常批本司兼理按察使司事覺羅伍詳：查得建陽縣詳報汪德茂染鋪被竊一案，前據事主呈報該縣查對收染賬簿，勘訊估贜通詳，奉批飭緝贜賊務獲究報。其收染民間布疋，應行作何賠償，核議飭遵等因。行據建寧府核議詳覆前來。本司查染鋪收染民間布疋，原有典守之責，乃不小心管護，以致被竊，咎實難辭。且恐不肖鋪户乘機乾没。若必俟獲賊追贜，該鋪户轉得置身局外。况民間送染布疋等物，貧富不一，人數衆多，一聞失竊，勢必紛紛索討，以致釀成事端，亦不可不防其漸。乾隆二十一年，浙江歸安縣汪裕有染鋪被竊一案，奉批飭議。行據湖州府請照江省之例，分別染貨新舊，全賠量減，經前浙江按察使司臺核查各鋪得染貨物，是新是舊，並無憑據。若如江省之分別新舊賠償，在染鋪希圖減價，勢必以新作舊，民間欲增價值，亦必以舊作新，易啓争競之端。且染鋪非盡有餘之家，若令將新者全賠，亦不無苦累，未得其平。議將染鋪失竊，無分新舊，即着落該鋪户照估報贓數，先行酌賠一半，限一月内照號給還各主收領。俟獲賊追贓，分別還店給主等因，詳奉前浙江巡撫部院前宫保督部堂喀批準，通行浙省遵照在案。今汪德茂染店失竊情事相同，應如該府所請，照依浙省議定成規，無論新舊，先行酌賠一半，限一月内照號給還各主收領。俟獲賊追贓，分別還店給主。倘該鋪户有乘機乾没，以少報多情弊，究出從重治罪。如蒙批允，並請通行各府州一體遵照辦理，以歸畫一。除飛飭選差兵役嚴緝贓賊務獲究報外，是否允協，合就核議詳覆，伏候憲臺察奪，批示飭遵等緣由。

奉批：如詳通行遵照，仍即轉飭建陽縣，會營勒差比捕嚴緝此案贓賊，務獲究報，毋任疎縱。並候撫部院批示。繳。又奉巡撫部院徐批：如詳通行各屬一體遵照，仍飭勒緝贓賊，務獲究擬詳報。並候署督部堂批示。繳。奉此，經即轉飭所屬各州縣一體遵照辦理。

（清）嚴作霖《陝衛治略》卷三《曉諭田房税契》 出示曉諭事。照得田房税契，國課攸關。花户既不得隱匿不報，産行亦不得格外勒索。歷年辦理，向有定章。乃近來産行人等弊出多端，或向買房、買地之人誆詐錢財，捏不報粘紅契；或因需索不遂，買房地之家實已投税，而該各産行或稍有挾嫌，以無爲有平空捏造；或指本户之祖父、子孫名字，或指乳名藉詞滋訟，愚民因而受累；或買田房少，隨帶徵糧多；或買田房多，隨帶徵糧少，往往地盡糧存、糧盡地存，高下其手，殊堪痛恨！甚至刁滑之人一面成契，一面置備酒席，錢交點綴。産行私相授受，遂有竟不報粘紅契者，沿至多年，欲報税而不能。本族無賴知其地無紅契，借此需索，不可勝計。此等積習大干例禁，合行出示曉諭，爲此示仰合屬軍民、並各産行人等一體知悉：自示之後，務須恪遵功令。有置買田房者，成白契後隨即報粘紅契，子孫永遠守業。從前未經投税者，姑寬其既往，一律投税粘契，不得仍前玩違，扶同捏飾，致貽後悔。各産行祇圖一時小利，設或查出，除本户照匿税辦理。田房入官並懲治外，定將該産行比依差役詐贓例，計贓科罪，從重查究，決不姑寬。凜之毋違，切切。特示。

（清）嚴作霖《陝衛治略》卷六《曉諭代當寬期為滿恤商便民》 爲出示曉諭恤商便民、以昭公允事。照得開設典當原爲便民而設，以物質錢以濟一時緩急之用。前因江楚一帶有代當名目，准前署開封府劉傚照江楚成規，分別稟移轉行勸辦在案。查盧氏縣據洛陽監生王鈞等於同治十一年稟明，該縣開設王公興代當鋪生理三分行息，十二個月爲滿，業已開市七八年之久。似應查照該縣稟擬章程，飭令領帖改爲典商。惟據王鈞等稟稱，本金無多，係由機坊改作代當。且三四兩年旱魃爲虐，生意益形單薄。現在過期未贖之衣物尚多，實係迫於無力，並不敢居心抗違。本州再三研究，尚屬實在情形。然在縣率請歇業，未免起滅自由，碍難照准。飭令王鈞等於光緒七年正月起，照常開市代當，第以十二個月爲滿，時日太促，窮黎周轉不及，殊非便民之道。然便民尤須恤商，應有仍以三分行息，以二十四個月爲滿，過期不贖，准變價歸本，其三四兩年存架、未贖之衣物，查有號簿可憑者，無論目下已歷若干月日，統按當本以二十四個月利錢，准令回贖，不得勒掯。其無號可憑、以及實已滿後變價者，各居民亦不得硬贖滋事。一俟本金充裕，再行稟請當帖。除取王鈞等遵依甘結存查外，合行示諭，爲此示仰盧氏縣軍民人等一體知悉，各宜遵照示内事。理該代當，不得藉詞取巧，抑勒居奇。各居民不得疑慮、觀望，硬當强贖。如有不遵，或經查出、或被告發，定即提案，照例從重究辦，決不寬貸。毋違切切。特示。

（清）佚名《告示集》卷一《禁革胥役充牙》 爲禁革胥役充牙以卹商民事，照得牙行埠頭之設，原以通商便民，必須殷實，本分之人領帖充當，方不至有欺騙、勒索之事。至衙門人役作奸舞弊，魚肉良善，是其故智承充牙埠，則倚恃衙門權勢，或欺壓鄉愚，多索牙用；或凌鑠孤客，侵騙血本，甚至霸攔市集，創立獨行。被害告發，則經承差役一氣串通，朦官作弊，商民受其荼毒，州縣因之斂怨。本應立拏重究，姑念錮弊已久，一旦盡罹法網，便無自新之路。合飭禁單爲革此仰司官吏照牌事理，即便特飭各州縣確查上下衙門書吏、承舍皂快等役，有充當牙行埠頭者，盡行追帖，另募頂充。如恐假帖不能謀生，情願退役者，立押退役。倘敢隱瞞，仍然兼充，或名爲假帖，退役暗令父子兄弟改名私替，一經訪查告發，嚴拏究治。該州縣失察于查察之干，未便仍將追帖遲役姓名，限文到兩月內造册報查，毋違。

《大清新法令》第一卷《光緒新法令·光緒二十八年四月二十七日上諭》 商部奏擬於各省設立路礦、農務、工藝各項公司，請飭各將軍督撫會同籌辦等語。現在振興商務，全在官商聯絡一氣，以信相孚，內外合力維持，廣爲董勸，以期日有起色。著名省將軍、督撫於商部議設各項公司，會同籌畫，悉心經理。並飭該管道府州縣，隨時認真保護。倘有推諉因循，仍前膜視，該部即行據實奏聞，力除壅蔽，毋稍遷就。欽此。

《大清新法令》第一卷《光緒新法令·商部奏籌辦商船公會酌擬章程摺並章程》 謹擬商船公會章程十八條恭呈御覽

第一條 商船公會專爲保護整頓中國航業，由航業商人稟呈本部批准設立。

第二條 商船公會應視各埠航業繁簡情形分設總會、分會。分會設立之時，應先由總會認可，再由總會 報部立案。總會、分會應用之關防圖記照各處商會成案呈報本部酌核辦理。

第三條 商船公會應照商會章程，總會設總理一員、協理一員，分會總理一員。

第四條 商船公會總理、協理各員由航業商人中公舉熟悉航務、衆望素孚之人，稟請本部酌核加札委用，其任期及續舉等項悉照商會章程辦理。

第五條 商船公會應辦之事如下：

一 調查船隻之種類、籍貫、編列、號數；

二 檢查船隻之良窳；

三 編制航業商人名簿；

四 計劃航業之發達、航路之擴張。

第六條 商船公會有直接保護商民船隻之責，應製備船旗、船牌，發給船户收執，其格式由本部頒定。

第七條 船旗、船牌每年應換一次，由商船公會分大、中小三等；每年大號收費六元、中號四元、小號二元。惟須俟開辦後商情允洽，著有成效方准收納，不得抑勒强派。

第八條 除前條旗牌之外，凡運貨之船每次應另給行照一張，填明所裝貨物名目、件數及運往某處字樣，以爲沿途關卡呈驗之據。行照之費，應由商船公會另擬專章程報本部核定。

第九條 凡商民船隻領有旗牌行照者，應由商船公會註册，毋庸交納公費。

第十條 商船公會經費即就所收旗牌行照等費開支，開辦之初應由會中先行墊辦。

第十一條 商船公會除發給旗牌行照外，應再責令旗户自備船燈一份，至夜懸掛桅頭，以免碰撞。其不遵者，由商船公會查出議罰。

第十二條 凡拖帶貨船之小輪應由海關查取商名、船名，開單知照商船公會，以備稽查。其領有旗牌行照之船，亦應由商船公會隨時呈報海關查核。

第十三條 凡小輪冒稱洋商者，應由商船公會查訪屬實，勸令改領商船公會旗牌行照。其不遵者，稟請關道轉商領事核辦。

第十四條 商船公會既有保護航業之責，凡領旗牌行照之船運載貨物照章完納税厘，如遇關卡留難需索及地方差役抑勒等事，應即查明保護，一面稟報本部辦理。該商船亦不得夾帶私貨、偷漏税厘。倘查有夾帶、偷漏等弊，應由關卡將該貨提出充公，惟不得扣及照內報驗他貨及扣留船隻。

第十五條 凡地方官如因要公需用船，只可知照公會代僱，以免差役騷擾。所有船價應照民僱發給，不得扣減。

第十六條 凡航業商人如有不能申訴各事，商船公會體察屬實，應向就近地方官衙門伸訴，秉公訊斷。倘不得申理，准稟本部核辦。

第十七條 商船公會每季應將註册號數、收支款項及一切航業情形造册報部。

第十八條 凡會議辦事一切詳細規則應由商船公會斟酌情形擬定草章，稟請本部核定。

《大清新法令》第四卷《光緒新法令·商部新定查報礦務總表例言 光緒三十年**》** 一、表中言里數統以長三百六十步爲率，言畝數以積二百四十步爲率，每步合部尺五尺。

一、凡一局、一公司而開礦至十餘處、數十處者，應逐處分填，以免含混。

一、凡有已勘未開，已開今閉及已報未勘各礦，皆可用格式填寫，惟應將議辦、停辦情形略叙於後。

一、無論局、廠、公司，凡設立已逾一年者，其礦稅、礦産價值、銷運及贏虧情形應用比較表逐年分載，其開採未逾一年者，可以用計或以季計分別填報。

一、表中有未及條舉者，應另編一表（照原表尺寸）詳細補入，送部備查。

表目： 公司名目、坐落某屬、距治方向、四至界限、占地若干方里、官地民地若干畝、礦線道幾處、礦質若何、官辦商辦人數姓名籍貫、何時由何衙門奏准批准開採、礦師幾何、用何法開採、官款幾何、華洋商股幾何、每股銀數股息若干、借款幾何、息金幾何、餘利分法、報效成數、有無自備輪船鐵路。

以下六表各以年計： 礦稅比較表、礦産比較表、價值比較表、礦産售數比較表、礦廠出入贏虧比較表、運至市場里數貨數運費售價表。至某處若干里，礦質若干、運費若干、售價若干，應隨表咨送者，批准案據、議定章程、礦山圖説、招股章程、股票式樣、購地章程、合股合同、借款合同、僱用礦丁章程、洗煉礦法、所産礦質。

以上各款應按照本部發去紙樣眷寫，俾歸一律以便匯訂成册。

《大清新法令》第四卷《光緒新法令·商部咨行農工商綜計表填注格式》 一、各省已辦農工商諸政，若局、廠、學堂、公司等項，無論官立、私立均須列表咨部備核。

二、局、廠、學堂、公司等項，每所爲一表，不得並立。

三、表式大小悉照部尺寸刊刻填注，以便匯訂成帙，不得歧異。

四、表式分十一格，按格填注如下：

第一格 大書： 某省、某局、公司、學堂等仿此。

第二格 建置： 填注某年月日由某將軍督撫奏准設立，私立注某年月日由某某設立，如私立改歸官辦或官立招商續辦，其沿革一例填注。

第三格 地址： 填注設于某府、某縣之某地，占地若干，如農務須註明撥購官私地畝若干。

第四格 員董： 填注總辦某人，提調某人及各項辦事人員若干。私立注總董某人，經理某人及各項辦事人員若干，如有洋工程師、洋教習、洋匠等，更須註明某國、某人，訂立合同若干年分，學堂注教習若干員，學主若干。

第五格 資本： 填注官款若干，由該省何款項下籌撥，私立注股銀若干，每股銀數若干，共若干股，或官股、或商股、或洋股、或華股各若干，均須分別填注。

第六格 規則： 填注辦事章程若干條及一切規模分別詳載，如有更章，摘叙原委註明。

第七格 決算： 填注開辦經費若干，常年經費若干及各項開支分別詳載，其收項若干及贏餘花紅等項約須分別填注。

第八格 程功： 填注辦有何效。學堂注程度何處，卒業若干員；農務注開墾若干，頃有何等種植；工務注有何等製品，共製若干品；商務注轉運若干處，有何種利益抵制輸入品。

第九格 咨報： 填注某年月日立表咨部，曾否咨報別衙門立案。

第十格 提要： 填注該局、廠、學堂、公司等宗旨所在以及大略情形。

第十一格 隸入： 填注該局、廠等所有附屬之局、廠等項名目，公司學堂仿此。

五 凡隸入之局、廠等項有事實可報者，仍另立一表按格填注，而于建置格内添注隸入某局字樣，餘仿此。

六 此表每年一編，責令該局、廠、學堂、公司等自行按格填注，呈報匯咨到部備案。

《大清新法令》第四卷《光緒新法令·商部奏定公司註册試辦章程十八條》 第一條 本部于光緒二十九年十二月初五日具奏《商律》之公司一門，業蒙欽定頒行在案，凡商人經營貿易，均可照律載合資公司、合資有限公司、股份公司、股份有限公司，此四項中認明何項在本部呈報註册。無論現已設立于嗣後設立之公司、局、廠、行、號、鋪、店一經註册，即可享一體保護之利益。所有註册章程茲特厘訂于後，以資開辦。

第二條　註册局即于本部設立，遴擇正明干之司員專管公司註册事宜，局中立有公司註册檔案分類編號，按照《公司律》所載各項詳細注寫，不得疏漏。

第三條　凡公司呈報本部註册所應聲明各款如下凡屬公司，無論局、廠、行、號、鋪、店等均准此：公司名號，公司作何貿易，公司有限無限，合資人數及姓名住址，資本共合若干係指有限者言，公司股份總共若干，每股銀兩或元若干，每股已交銀若干，創辦人及查察人姓名住址，公司總號，設立地方如有分號一併列入，公司設立後布告股東及衆人或登報或通信均須聲明，設立之年月日，營業之年月日如無期限亦應聲明，鈔呈合同、規條、章程。

第四條　公司所擬出之股票款式，應于呈報註册時附粘一張存案，其票式照載第二十八條列入如下：　公司名號、註册之年月日，總共股份若干，每股銀數若干。股銀分期繳納者，應將每期所交數目詳載，附股人姓名、住址，其票必須公局董事簽押，加蓋公司圖記編號並登給發之年月日。

第五條　凡各省、各埠之公司、廠、行、號、鋪、店等，一經遵照此次奏定章程赴部註册給照後，無論華、洋商一律保護，其未經註册者，雖自稱有限字樣，不得沾《公司律》第九條、第二十九條之利益。

第六條　公司註册應按照律載，在開辦十五日前呈報本部方可開辦，各公司呈報註册應扣算程途遠近、郵寄遲速，早日呈報到部，隨到隨辦以免阻滯。

第七條　凡公司設立之處業經舉行商會者，須先將註册之呈商會總董蓋用圖記，呈寄到部以憑核辦；其未經設有商會之處，可暫由附近之商會或就地著名之商立公所加蓋圖記，呈部核辦。

第八條　合資公司，凡合資營業未聲明股本若干者，應繳註册公司費悉如後列之等次：甲、凡公司註册聲明合資人不過二十名者，繳銀五十元，每元合庫平銀七錢二分，以下照此；乙、合資人逾二十名在一百名內者，繳銀一百元；丙、合資人數如過百名外，每多五十名或不足五十名均加繳銀十元，依次遞加；丁、凡合資人數聲明無限者，即不論其人數多寡，繳銀三百元；戊、凡註册報明人數後，如慾續加合資人數，每加五十名或不足五十名均加繳銀十元，惟連原繳之數統計不得過三百元。

第九條　股份公司，凡股份營業者應繳註册公費悉如後列之等次：

甲　公司註册聲明股本不過一萬元者，繳銀五十元；

乙　股本過一萬元外，每多股本五千元或不足五千元均加繳銀十元，以至二萬五千元爲率；

丙　股本過二萬五千元外，每多股本一萬元或不足一萬元均加繳銀三元，以至五十萬元爲率；

丁　股本若過五十萬元，每多股本一萬元或不足一萬元均加繳銀三元；

戊　如報明股本若干，註册後續加股本，每加一萬元或不足一萬元均照以上丙、丁所列加繳銀數，惟連原繳之數統計不得過三百元。

第十條　註册公費均按銀元計算，如股本係銀兩者，其註册費即應按兩數計算，平色並從其股本爲准。

第十一條　凡公司遇有緊要情事報明本部立案，或按《公司律》應呈報註册立案者，每件應繳公費銀三元。

第十二條　公司開辦註册後，如有該公司股友或他體面商人欲至註册局檢視某公司註册詳情者，每人繳費銀一元，准其檢視一次。

第十三條　如公司股友或他體面商人欲抄録某公司在本部註册全案者，一百字內應繳抄費銀一元，過一百字每百字遞加銀半元，所抄之件如更須蓋用印信以爲證據者，除抄費外每件繳銀五元。

第十四條　註册局之設原爲利商起見，凡商人欲查問事件，盡可隨時赴局會晤，除章程載明應繳公費外，餘無他費。

第十五條　註册局收取各費當即掣付收據，蓋明商部註册局圖記，以昭信實。

第十六條　公司呈報註册到部，查明如不合式，立即飭令更正，其應行照准者即給發執照一紙，蓋用印信爲憑。

第十七條　無論何國商人、公司在本部呈報註册，悉以譯成華文爲憑，本部註册給照亦均用華文，以歸一律。

第十八條　如上所列作爲《公司註册試辦章程》，開辦後仍當酌量情形隨時增改。

合資公司註册呈式

具呈　省　府　縣　地方

公司爲呈請註册事，竊公司照章程内載所應聲明各款呈請註册，伏乞商部註册局查核施行。

須至呈者：

計開

名號、貿易、有限、無限、設立年月日、營業年月日、總號設立地方（如有分號一併列入）、合資人數，合資人姓名住址、資本共合若干、合同、規條、章程、布告。

光緒　年　月　日公司押

股份公司註册呈式

具呈　省　府　縣　地方

公司爲呈請註册事，竊公司照章程内載所應聲明各款呈請註册，伏乞商部註册局查核施行。

須至呈者：

計開

名號、貿易、有限、無限、設立年月日、營業年月日、總號設立地方（如有分號一併列入）、股份總銀數、每股銀數、每股已交銀數、創辦人及查察人姓名住址、合同、規條、章程、布告。

光緒　年　月　日公司押

《大清新法令》第四卷《光緒新法令・商部咨行各省獨資商業註册呈式文光緒三十二年》　查本部所擬《公司註册試辦章程》前已奏准通行，歷應經辦理在案。此項章程係指公司註册而言，乃商人往往以獨出資本所開之局、廠、行、號、鋪、店，按照公司呈式填寫到部呈請註册，殊屬誤會。兹特擬定獨資商業註册呈式，嗣後商人獨出資本所開之局、廠、行、號、鋪、店，不得稱爲，仍以局、廠、行、號、鋪、店名稱照後開呈式報部，歸入獨資商業註册，不得用有限、無限字樣，繳納公費銀兩悉按《公司註册章程》第九、第十、第十一各條辦理，核准後即行文該省地方官飭屬保護。其商業資本在銀五百兩以下者毋庸註册，相應咨行貴撫查照轉飭所屬，曉諭各商遵照辦理可也。

計開

名號、作何貿易、開張年月日、營業有無期限、總號設立地方如有分號一併列入、出資人姓名住址該局、廠、行、號、鋪、店如係祖遺産業，爲兄弟或伯叔所公有者，該册時進由居长者出名具呈，其餘産主可在呈内以次列入，如係婦人産業，即用門化呈請、資本数、總經理人姓名住址總經理人如有變更，應隨時赴該處商會報明，由商會呈部備案。

《大清新法令》第四卷《光緒新法令・破産律・公司律》　第一節　公司分類及創辦呈報法

第一條　凡湊集資本共營貿易者名爲公司，共分四種：

一　合資公司；

一　合資有限公司；

一　股份公司；

一　股份有限公司

第二條　凡設立公司赴商部註册者，務須將創辦公司之合同、規條、章程等一概呈報商部存案。

第三條　公司名號，後設者不得與先設者相同。

第四條　合資公司係二人或二人以上集資營業，公取一名號者。

第五條　合資公司所辦各事，應公舉出資者一人或二人經理，以專責成。

第六條　合資有限公司係二人或二人以上集資營業，聲明以所集資本爲限者。

第七條　設立合資有限公司，集資各人應立合同，聯名簽押，載明作何貿易，每人出資若干，某年、某月、某日起，期限以幾年爲度。限先期十五日將以上情形呈報商部註册，方准開辦。

第八條　合資有限公司招牌及凡做貿易所出單票、圖記，均須標明某某名號有限公司字樣。

第九條　合資有限公司如有虧蝕、倒閉、欠帳等情，查無隱匿銀兩、訛騙諸弊，只可將其合資銀兩之盡數並該公司産業變售還償，不得另向合資人追補。

第十條　股份公司係七人或七人以上創辦集資營業者。

第十一條　股份公司創辦人訂立創辦合同所應載明者如下：

一　公司名號；

二　公司所做貿易；

三　公司資本若干；

四　公司總共股份若干，每股銀數若干；

五　創辦人每人所認股數；

六　公司總號設立地方，如有分號一併列入；

七　公司設立後布告股東或衆人之法，或登報或通信均須聲明；

八　創辦人姓名、住址。

第十二條　設立股份公司者，應將第十一條各項限先期十五日呈報商部註册，方准開辦。

第十三條　股份有限公司係七人或七人以上創辦集資營業，聲明資本若干以此爲限者。

第十四條　股份有限公司創辦人應訂立創辦合同，與第十一條同，惟聲明有限字樣。

第十五條　股份有限公司招牌及凡做貿易所出單票、圖記亦均須標明某某名號有限公司字樣。

第十六條　股份公司不論有限、無限，如須招股，必先刊發知單並登報布告衆人，其知單及告白中所應聲明者如下：

一　公司名號；

二　公司作何貿易及所作貿易大概情形；

三　公司設立地方；

四　創辦人姓名、住址；

五　公司總共股份若干，每股銀若干，現招股若干及分期繳納之數；

六　收取股銀地方；

七　創辦人有無别得或他人應許之利益；

八　創辦人爲所設公司先與他人訂立有關銀錢之合同之類。

第十七條　凡創辦公司之人，不得私自有非分之利益隱匿以欺衆，股東倘有此項情弊，一經查出，除追繳所得原數外，並按照第一百二十六條罰例辦理，以示懲警。至其應得之利益，先在衆股東會議時聲明允認者不在此例。

第十八條　公司招股已齊，創辦人應即定期召集各股東會議，即由衆股東公舉一二人作爲查察人，查察股數是否召齊及公司各事是否妥協。

第十九條　如股東查出公司創辦人不遵照按第十六條聲明各項辦理及有他項弊竇者，衆股東可以解散不認。

第二十條　如股東查明公司創辦人確係遵照按第十六條聲明各項辦理，亦無他項弊竇，該公司應于十五日内呈報商部註册開辦。

第二十一條　公司呈報商部註册時所應聲明者如下：

一　公司名號；

二　公司作何貿易；

三　公司總共股份若干；

四　每股銀數若干；

五　公司設立後布告股東或衆人之法，或登報或通信均須聲明；

六　公司總號設立地方，如有分號一併列入；

七　公司設立之年、月、日；

八　公司營業期限之年、月、日，如無期限亦須聲明；

九　每股已交銀若干；

十　創人及查察人姓名、住址。

第二十二條　公司開辦三月後，限于一月内董事局須邀請衆股東會議，將開辦各事宜詳細陳説，俾衆股東知悉，如有關緊要者，即可請衆股東酌奪。

第二十三條　凡現已設立與嗣後設立之公司及局、廠、行、號、鋪、店等，均可向商部註册，以享一體保護之利益。

第二十四條　股份銀數必須劃一，不得參差。

第二十五條　每股銀數至少以五元爲限，惟可分期繳納。

第二十六條　每一股不得析爲數分。

第二十七條　公司必須遵照第二十一條聲明各項辦理方能刊發股票，違者股票作廢，他人因此受虧者准控官，向該公司索賠。

第二十八條　公司股票必須董事簽押，加蓋公司圖記爲憑，依次編號並將下列各項叙明：

一　公司名號；

二　公司註册之年、月、日；

三　公司總共股份若干；

四　每股銀數若干；

五　股銀分期繳納者應將每期所交數目詳細載明；

六　附股人姓名、住址。

第二十九條　股份有限公司如有虧蝕、倒閉、欠帳等情，查無隱匿銀兩、訛騙諸弊，只可將其股份銀兩繳足並該公司産業變售還償，不得另向股東追補。

第三十條　無論官辦、商辦、官商合辦等，各項公司及各局（凡經營商業者皆是）均應一體遵守商部定例辦理。

第三十一條　凡合資公司、股份公司于呈報商部註册時未經聲明有限字樣，應作無限公司論，如遇虧蝕，除將公司産業變售償還外，倘有不足，應向合資人、附股人另行追補。

第三十二條　無限公司或鋪户等欠帳虧短，可向股東、鋪東追償，並將自己名下産業變售封抵（詳倒帳追欠各專條内）。

《大清新法令》第四卷《光緒新法令・商部奏破産律第四十條請暫緩實行片》　再臣部接據上海南北市錢業元大亨等合詞稟稱：錢業定章遇有往來商號因虧倒閉所欠洋款、莊款，須俟結清後于欠户還款内按照成數，華洋各商一律公攤，歷經稟辦有案。今各省份滬銀行、官銀號既許各商號脱手，往來與莊等同，兹利益自應與莊等同其責任，設遇倒閉虧欠，亦惟查照定章于欠户還款内按成均攤，乞咨請財政處立案等情。核與臣部會同修訂法律大臣奏定《破産律》第四十條帑項公款經手商家倒閉，除歸償成數乃同各債主一律辦理外，地方官應查明情節，如果事屬有心，應照倒騙律嚴加治罪等語相符，當經據情咨商財政處去後旋准。

《大清新法令》第四卷《光緒新法令・農工商部札各省商務議員為各處當商註册應與錢業一律用無限字樣文光緒三十三年六月**》**　案查本部《公司註册章程》第一條内開無論局、廠、行、號、鋪、店，一經註册即可享一體保護之利益等語，故無論何業，凡係公司均准照章註册。繼查現在各處錢鋪貿易存款開票難于稽察，應負無限責任，故與三十二年六月于江蘇松江府青浦縣保裕錢莊案内批飭不得以有限註册，並札飭該處如有互保等例，應將保結抄呈方准註册，等因各在案。兹又查得當業一項，按照《大清律例・户部則例》，于該商限制綦嚴，且户律錢債門費用受寄産條下所載當商失慎賠償各節：自行失火者，照原典值十當五計算，鄰火延燒酌減十分之二，按月扣除，利息照數賠償；被竊者無論衣服、書畫、珠玉各貨概照當本加倍；被劫者照當本銀一兩再賠五錢各等語。核與本部《公司律》有限公司第九條、第二十九條：有限公司倒閉，將合資或股份銀兩繳足，變售公司産業還償，不另向合資人或股東追補等辦法殊屬不符。且當商多係與貧民交易，一號所存無數民家衣物，設有不慎援引有限公司辦法，則小民衣物等件均屬無着，在民間既受其虧累，在當商亦失其信用，不便莫大。於是現議定嗣後凡有當商呈請註册者，除抄録當帖原文備核外，仍與錢業一律以無限字樣註册，其業經以有限註册者，一併將原執照繳部換照，並無分毫公費。爲此札飭，札到即便遵照辦理可也，切切。

《大清新法令》第四卷《光緒新法令・商部奏籌辦商船公會酌擬章程折並章程》　竊前據辦理金陵鎮江招商河輪局委員候選同知朱馮壽稟稱：竊維各國通商廣植勢力，有造端甚微而流弊甚大者，莫如借採辦土貨、運銷洋貨爲名，使華民船隻懸掛洋旗一事。蓋洋商採辦土貨、運銷洋貨，準在就近海關請領三聯運單出入内地，沿途厘卡照單放行，從無留難。又華船一經洋商雇載，厘卡胥役不敢刁難需索，遇事無論曲直，均有洋商代爲力争，而華船無此便利。馮壽經辦江輪、河輪兩局，往來長江一帶及江淮蘇皖各内地，習見商船、民船懸掛洋旗者幾於無處無之。查掛旗之法，係由洋商制給洋旗一面、船牌一塊、船照一張。每年每船收旗照費略分三等：大船十元，中船八元，小船六元。但就鎮江至淮河一帶，約計掛洋旗者幾及二千餘隻，該船户等以華冒洋，不過因保護利便起見。馮壽管見，所及與其申請禁阻窒礙難行，何如設法挽回因勢利導。擬請創設商船公會明定章程，勸集各幫船户願掛華旗者發給船旗牌照，一律均歸公會保護。謹擬辦法八條，懇請核辦等情。臣等伏查沿江、沿海各省接近通商口岸川流交錯航業最盛，而華船冒掛洋旗者亦最多。推原其故，實由於華船行駛則關卡留難，官差需索，遇事涉訟往往隱受虧損，不得伸理。一掛洋旗則地方官及關卡胥吏不復過問，而該船户等往來内港時與華船相遇反得恃强逞兇，理法難施。每致滋生事端，洋商出而干預，釀成交涉失我主權，莫此爲甚。是以臣部于光緒二十九年九月間具奏力行保商，折内曾請痛除此種積弊。欽奉諭旨：通飭遵照在案。現該員朱凴壽擬請設立商船公會，發給船旗牌照俾華船與洋商一律同受保護。所陳甚爲有見，亟應妥定章程通行籌辦，惟是提綱挈領，臣部實總其成，而事屬創始，必須就近體察地方情形，詳加審慎庶幾推行，盡利不致稍有窒礙。當經參照奏定商會章程暨該員朱凴壽所擬辦法，酌定商船公會簡明章程十三條，諮商南北洋大臣。去後兹准覆稱：業經分别諮飭江北提督、輪船招商局、江海關、鎮江關，先後議覆略有增益，議送查核等因前來。臣等復將原定簡章重加厘訂，公同酌擬同船公會簡明章程十八條，謹繕清單恭呈御覽。如蒙俞允，即由臣部刊刻，並將船旗牌照等項式樣擬定，一併頒行。一面諮行沿江、沿海各督撫飭屬籌辦，隨時將辦理情形議部備核。嗣後遇有華旗船隻各該地方官暨關卡員役再有從前留難需索情事，即行分别懲辦以示保護，而期實效。謹奏。光緒三十二年三月初二日奉旨：依議。欽此。

《大清新法令》第四卷《光緒新法令·商部奏請飭下各督撫勸諭華商推廣内河行輪折附表》 竊于光緒三十年十一月初二日，接據臣部左參議王清穆函稱：竊維商業之盛衰，視乎商路之通塞。商路有二：曰軌道、曰航路。東、西各國軌道綺錯，而于開通航路，國家且歲籌補助，用是商業繁衍、運輸便利，民富而國强。中國物力支絀，軌道未能四達，干支各路往往借款籌辦，權利坐失。長江流域，其行輪之權亦幾與外人共之。清穆以爲，其有造端甚微而獲效甚宏，足以植商政之基礎者，莫如内河航路一事。凡軌路之尚未通者，可借航路控接之。凡軌路所不能達者，可由航路轉輸之。以清穆所經江鄂諸省而言，若漢湘、若九南，若鎮揚、鎮浦，若蘇杭、蘇滬、常鎮，各航路四通八達，往往爲外人所經營。其所設公司，多不過數萬金。視軌路之動需千百萬者，難易迥殊。華商之力尚能興辦，詢爲今日亟應注意之舉。可否仰懇奏請飭下各督撫查明所屬境内其有航路交通處所于華商所設行輪各公司，即予保護；其未曾設立者，提倡籌辦。如因河道於塞有礙商運，飭該各州縣會同本地紳商詳加查勘，設法開浚。務期商路交通轉輸便捷，内地土貨互相灌注，於商政大有裨益。一面由部頒定表格，劄飭各省商務議員，查明内河行輪已設、未設處所。無論官股、商股，或量加擴充，或合力創辦，填注報部。合各省之力，保全航路事尚易爲。清穆爲開通華商航路起見，理合懇請察核施行等因前來。臣等伏查中國幅員廣博，物産豐饒，只因腹地轉輸阻滯，遂致商貨未能流通，商業難臻發達。素推沿江、沿海各省川流交錯，航路縱横，故商務亦最稱繁盛。近年，江、浙、閩、粤等省通商口岸先後設立輪船公司，常川行駛内河，運載客貨尤爲便捷。惜多有洋商創始於前，而華商踵事於後，利權既分，遂有難與争衡之勢。是現在内河業經行輪處所亟宜提倡華商添設公司，實力推廣以爲抵制補救之策。況近年于英、日等國續議内港行輪修補章程，已許該國商人指明内港設輪行駛，事載約章勢難閉拒。各省内河凡屬接連通商口岸按照約章外人例准行輪者，尤當官商合力佔先興辦，借免利權外溢。該參議所陳各節不爲無見，擬請旨飭下沿江、沿海各督撫查明該省内河其有華商業經設立各輪船公司者，應飭令該管地方官妥爲保護。其僅有洋商設輪行駛暨輪船雖未通行體察該地情形外人援約呈請勢難禁阻者，尤當勸諭華商厚集貲本分别預籌辦理。一面飭屬詳細勘測，遇有河道於塞阻礙行路之處，應即設法疏浚，以暢航路，並由臣部酌定表格劄飭各省商務議員將各該省之内河已否行輪處所調查確切，繪圖貼説，迅速呈部。其行輪一切事宜應均按照光緒二十四年總理衙門所定内港行輪及近年英日等國新訂商約各章程辦理。至船隻載重噸數，更宜審慎妥定，以免疏虞。嗣後所有籌辦情形並即隨時報告，以憑稽核，總期官商聯絡逐漸推廣。俾已設者力與争衡，未設者佔先興辦，于挽回利權、維持航業，均有裨益。臣等爲保全華商利權、航業起見是否有當，謹奏。光緒三十年十一月十二日奉旨：依議。欽此。

附航路調查表

一、路線起訖自某省某府州縣起，至某省某府州縣止。

一、水程里數海里若干，英里若干。

一、經過城鎮有某某城邑、某某鎮市，是否繁榮？有何大宗土貨、大宗製造品？

一、公司名號或某某局，或某某公司。股董名籍股董若干名，詳注姓氏、籍貫、住址，或洋股、或華股、或華商合股均填注。

一、船隻名目共若干只，係何名目均詳注。貲本若干共若干股，每股銀數或洋數若干，已未收足股息按年若干厘。

一、往來日期或每日往來，或間日、或間數日往來。

一、沿途各埠沿途有客貨上下者若干？埠係何地名？有無棧局？

一、客票價目客分若干等，並詳每等價目。

一、貨票價目貨分若干類，各類價目一併詳列，大約以何類貨物爲大宗？

一、拖載價目約每次拖載民船若干隻？價目若干？

一、噸數若干機器係何廠□購？有馬力若干匹？能載若干噸重？艙位若干官艙、房艙、客艙、篷艙各若干位？

一、船局開支地畝、房屋、器具、飯食及各項雜耗，月約若干？年約若干？

一、每船開支器具、飯食、修理及各項雜耗，月約若干？年約若干？

一、船局司役司事若干名？丁役若干名？薪水約共若干？

一、每船司役司事若干名？茶房、水手、伙夫約若干名？船主係何人氏？約共薪水若干？

一、有無洋員局中有洋人若干名？船中有洋人若干名？係何國人？薪水每月若干？訂合同若干年？

一、開辦年月係某年月日開辦？某年月日賣票？年節有無停泊日期？

一、營業年月營業有無期限？

一、章程規則辦事章程若干條規則，若干條另抄黏附。何署稟准在何署稟准開辦？曾否報部曾否由地方官諮部或由本商報部註册？

《臺灣私法債權編·債權總論·債權之擔保·當店組合規約》 當店組合規約：

第一條　本組合乃臺南廳管内本島人當店營業者結合，號曰臺南當店組合，設置事務所，稟報臺南廳焉！

第二條　組合事務所須設備簿册：

一、組合營業者名簿。

二、金錢出入簿。

三、雜綴。

四、盗賍要查原簿。

五、組合重要記録綴。

六、諸達綴即官報所出入；如有關當店事項者，須萃撮也。

第三條　組合須設置正、副總理各一名，幹事二名。

第四條　總理及幹事由組合員互選，任期在一年。其姓名各稟報。

第五條　總理乃處理組合諸事務。副總理乃正總理之補佐也。其或正總理有事時，副總理亦必須出而代理。

第六條　幹事者，與總理協議金錢出入、細常監查、竝監視組合員所爲，而悉通報總理焉！又查役員勤怠；如有不信任者，即召集組合員，開設會議，其役員即行改選。

第七條　組合總會每逢一月、七月，貳回開設，決議緊要事項兼金錢出入事；前期份内要件，一概報告。但欲開設臨時會者，組合員五名以上，即可請求。

第八條　組合員於組合決議事項，各遵守懔蹈決議。組合經費由組合員處負擔。

第九條　役員無辛金；但設置臨時書記，須以適宜辛金與之。

第十條　新營業者，其有關組合營業願届書類，皆要總理連署。

第十一條　本組合經費，由組合員抽出，每月每人簽金二十錢。其金限每月三日内，向組合事務所納清。

第十二條　其利息定額，或高或超，不由組合員自裁：

一、貸金十錢以上，壹圓未滿，月八分以下。

一、貸金壹圓以上，五圓未滿，月六分以下。

一、貸金五圓以下，十五圓未滿，月五分以下。

一、貸金十五圓以上，三十圓未滿，月四分以下。

一、貸金三十圓以上，月二分以下。

但利息一日，即可算作一月；而過月即可算作兩個月也。

第十三條　當物限期，即限以二十四個月滿。

第十四條　罹天災盗賊，致使當物失去無踪者，當主不得向營業者强討原物；而營業者亦不得向當主求取原銀。

第十五條　倘遇腐朽、蟲咬、鼠咬等，其任不干營業者事；但營業者不著意，致使當物損壞，其時營業者須早通知當主，當面相談，照價賠償，不得强壓。

第十六條　總理接官命要查賍時，總理即將副本付送組合處，使組合員對照細查其有無，倘查有是物，事不容緩，務宜速報警官，以免後累。

第十七條　組合事務所另紙記載要項，作一定書類，交付組合員。將受交付之書，掛在當目之處，使當主易見。

第十八條　有違背此規約者，須開臨時總會，議以多扶爲決，即懲過怠一圓以上、七圓以下，以充組合支費。

第十九條　組合過半數即十人之內，六人同心者集決會議，欲將本規約變更者，其時入稟，以俟臺南廳認可。

第二十條　第十八條規約過怠金，須申告當廳轄處，俟其認可，而後徵收。倘該管轄廳不認可，即行再議。

第廿一條　過怠金既受通報，限以五日内納清。

第廿二條　過怠金徵收既受通知，而十日内尚不納付者，不要問總會，由總理處除其名籍。

第廿三條　既受除名通報，自廢業以待；若至此而心猶懷不服者，即續行前規，不要開總會，由總理處懲罰如前，同一過怠金懲收。

第廿四條　過怠金之懲收，不因廢業而遂可寬宥。

附則：

第廿五條　本規約由該廳認可，而後實行。

第廿六條　組合員於本規約已認識，即添名册捺印。

《臨時臺灣舊習慣調查會第一部調查第三回報告書・臺灣私法・租公會附父母會》　一、租公會的組識

租公會是同姓或同宗爲祭祀祖先而設的團體，亦有兼以會員子孫賢達爲目的者。【略】

二、租公會的財產

租公會的財產大多以會員捐金的孳息購置，並在規約註明：更約叔侄一百有奇，各拈花邊銀一元累積生放，爲始祖祭祀之需。至今嘉慶九年間，麟江共交出有母利四百六十元。臆此蠅頭之銀而得巨利等。此財產同於神明會及祠堂，置經理或董事、爐主等管理。【略】

四、父母會

臺灣有稱爲父母會或孝子會的互助團體，其目的在補助會員的父母、祖父母、伯叔等喪葬及祭祀費。是一種保險團體，因而此等尊屬全部亡故時，該團體原則上要解散。南部地區的父母會皆不置財產，中部地區的父母會大多擁有財產，亦有保險對象的尊屬全部亡故後仍不解散而繼續充爲祭祀費者。然而僅依會員協定存續而已，無論何時皆得以解散處分財產，所以亦有在杜賣所屬財產的契字註明：今因孝子會完滿，表示父母會的目的已達成，將附屬財產處分者。

父母會亦有置總理或爐主等管理財產、主持祭祀者，會員對此財產的持分通常以股份表示，是一種合股組織，其財產爲會員共有。

紀事

《魏書》卷一一〇《食貨志》 孝昌二年冬，稅京師田租畝五升，借賃公田者畝一斗。又稅市，入者人一錢，其店舍又爲五等，收稅有差。

《梁書》卷三《武帝紀》〔大同七年〕十二月壬寅，詔曰：又復公私傳、屯、邸、冶，爰至僧尼，當其地界，止應依限守視；乃至廣加封固，越界分斷水陸採捕及以樵蘇，遂致細民措手無所。凡自今有越界禁斷者，禁斷之身，皆以軍法從事。若是公家創内，止不得輒自立屯，與公競作以收私利。至百姓樵採以供煙爨者，悉不得禁；及以採捕，亦勿訶問。

《梁書》卷三《武帝紀》〔大同〕十一年春三月庚辰，詔曰：朕負扆君臨，百年將半。宵漏未分，躬勞政事；白日西浮，不遑飧飯。退居猶被布素，含咀匪過藜藿。寧以萬乘爲貴，四海爲富；唯欲億兆康寧，下民安乂。雖復三思行事，而百慮多失。凡遠近分置、内外條流、四方所立屯、傳、邸、冶，市埭、桁渡，津稅、田園，新舊守宰，游軍戍邏，有不便於民者，尚書州郡各速條上，當隨言除省，以舒民患。

《隋書》卷六六《李諤傳》 邳公蘇威以臨道店舍，乃求利之徒，事業汙雜，非敦本之義。遂奏高祖，約遣歸農，有願依舊者，所在州縣録附市籍，仍撤毁舊店，並令遠道，限以時日。正值冬寒，莫敢陳訴。諤因别使，見其如此，以爲四民有業，各附所安，逆旅之與旗亭，自古非同一概，即附市籍，於理不可。且行旅之所依託，豈容一朝而廢，徒爲勞擾，於事非宜。遂專决之，並令依舊。使還詣闕，然後奏聞。高祖善之曰：體國之臣，當如此矣。

《隋書》卷七八《藝術傳・楊伯醜》 楊伯醜，馮翊武鄉人也。好讀《易》，隱於華山。開皇初，被徵入朝，見公卿不爲禮，無貴賤皆汝之。人不能測也。【略】

伯醜亦開肆賣卜。有人嘗失子，就伯醜筮者。卦成，伯醜曰：汝子在懷遠坊南門道東北壁上，有青裙女子抱之，可往取也。如言果得。或者有金數兩，夫妻共藏之，於後失金，其夫意妻有異志，將逐之。其妻稱冤，以詣伯醜，爲筮之曰：金在矣。悉呼其家人，指一人曰：可取金來！其人赧然，應聲而取之。道士韋知常詣伯醜問吉凶，伯醜曰：汝勿東北行，必不得已，當早還。不然者，楊素斬汝頭。未幾，上令知常事漢王諒。俄而上崩，諒舉兵反，知常逃歸京師。知常先與楊素有隙，及素平并州，先訪知常，將斬之，賴此獲免。又人有失馬，來詣伯醜卜者。時伯醜爲皇太子所召，在塗遇之，立爲作卦，卦成，曰：我不遑爲卿占之，卿且向西市東壁門南第三店，爲我買魚作膾，當得馬矣。其人如此言，須臾，有一人牽所失馬而至，遂擒之。崖州嘗獻徑寸珠，其使者陰易之，上心疑焉，召伯醜令筮。伯醜曰：有物出自水中，質圓而色光，是大珠也。今爲人所隱。具言隱者姓名容狀。上如言簿責之，果得本珠。上奇之，賜帛二十匹。國子祭酒何妥嘗詣之論《易》，聞妥之言，倏然而笑曰：何用鄭玄、王弼之言乎！久之，微有辯答，所説辭義，皆異先儒之旨，而思理玄妙，故論者以爲天然獨得，非常人所及也。竟以壽終。

《舊唐書》卷一二《德宗紀》〔建中三年夏四月〕太常博士韋都賓、陳京以軍興庸調不給，請借京城富商錢，大率每商留萬貫，餘並入官，不一二十大商，則國用濟矣。判度支杜佑曰：今諸道用兵，月費度支錢一百餘萬貫，若獲五百萬貫，纔可支給數月。甲子，詔京兆尹、長安萬年令大索京畿富商，刑法嚴峻，長安令薛苹荷校乘車，於坊市搜索，人不勝鞭笞，乃至自縊。京師囂然，如被盜賊。搜括既畢，計其所得才纔十萬貫，少尹韋禎又僦櫃質庫法拷索之，纔及二百萬。

《舊唐書》卷一五《憲宗紀》 八年十二月辛巳，敕：應賜王公、公主、百官等莊宅、碾磑、店鋪、車坊、園林等，一任貼典貨賣，其所緣稅役，便令府縣收管。敕：張茂昭立功河朔，舉族歸朝，義烈之風，史册收載。如聞身殁之後，家無餘財，追懷舊勳，特越常典，宜歲賜絹二千匹，春秋二時支給。

《舊唐書》卷四八《食貨志》 元和十二年正月，敕：泉貨之設，故有常規，將使重輕得宜，是資斂散有節，必通其變，以利於人。今繒帛轉賤，公私俱弊。宜出見錢五十萬貫，令京兆府揀擇要便處開場，依市價交易，選清强官吏，切加勾當。仍各委本司，先作處置條件聞奏。必使事堪經久，法可通行。又敕：近日布帛轉輕，見錢漸少，皆緣所在壅塞，不得通流。宜令京城内自文武官僚，不問品秩高下，并公郡縣主、中使等，下至士庶、商旅、寺觀、坊市，所有私貯見錢，并不得過五千貫。如有過此，許從敕出後，限一月内任將市别物收貯。如錢數較多，處置未了，任於限内於地界州縣陳狀，更請限。縱有此色，亦不得過兩箇月。若一家内别有宅舍店鋪等，所貯錢並須計用在此數。其兄弟本來異居曾經分析者，不在此限。如限滿後有違犯者，白身人等，宜付所司，决痛杖一頓處死。其文武官及公主等，並委有司聞奏，當重科貶。戚屬中使，亦具名銜聞奏。其賸貯錢，不限多少，並勒納官。數内五分取一分充賞錢，止於五千貫。此外察獲，及有人論告，亦重科處分，并量給告者。時京師里閭區肆所積，多方鎮錢，王鍔、韓弘、李惟簡，少者不下五十萬貫。於是競買第屋以變其錢，多者竟里巷傭僦以歸其直。而高貲大賈者，多依倚左右軍官錢爲名，府縣不得窮驗，法竟不行。

《舊唐書》卷一八五下《良吏傳·宋慶禮》 宋慶禮，洛州永年人。舉明經，授衛縣尉。【略】俄拜慶禮御史中丞，兼檢校營州都督。開屯田八十餘所，追拔幽州及漁陽、淄青等户，并招輯商胡，爲立店肆，數年間，營州倉廩頗實，居人漸殷。

（宋）王溥《唐會要》卷五九《尚書省諸司下·工部尚書》 大曆六年十二月十一日敕：京城内諸坊市宅舍，輒不得毁拆，有犯聞奏。

十四年六月一日敕：諸坊市邸店樓屋，皆不得起樓閣臨市人家，勒百日内毁拆。至九月二十日，京兆尹嚴郢奏：坊市邸店舊樓請不毁。

（宋）王溥《唐會要》卷八六《市》 大曆八年七月敕：京城内諸坊市門，至秋成後，宜令所由勾當修補。

《舊五代史》卷九〇《晋書·趙在禮傳》 趙在禮，字幹臣，涿州人也。【略】開運元年，以契丹爲患，少帝議北征。八月朔，降制命一十五將，以在禮爲北面行營馬上都虞候。【略】

在禮歷十餘鎮，善治生殖貨，積財鉅萬，兩京及所莅藩鎮，皆邸店羅列。

（宋）王溥《五代會要》卷二六《市》 後唐天成元年十一月二十一日敕：在京市肆，凡是絲絹、斛斗、柴炭，一物已上，皆有牙人。百姓將到物貨賣，致時物騰貴，百姓困窮。今後宜令河南府一切禁斷。如是産業人口畜乘，須憑牙保，此外並不得輒置。仍委兩軍巡使覺察，切加捉獲。如違，並當嚴斷。

周廣順二年十二月，開封府奏：

商賈及諸色人訴稱，被牙人店主引領百姓，賒買財貨，違限不還，甚亦有將物去後，便與牙人設計公然隱没。又莊宅牙人，亦多與有物業人通情重疊，將産宅立契典當，或虚指别人産業，及浮造屋舍，僞稱祖父所置。更有卑幼骨肉，不問家長，衷私典賣，及將倚當取債，或是骨肉物業，自己不合有分，倚彊凌弱，公行典賣。牙人、錢主，通同蒙昧，致有争訟。起今後欲乞明降指揮，應有諸色牙人、店主人引致買賣，並須錢物交相分付。

（宋）李昉等《太平御覽》卷八二八《資産部·盧肆》 謝承《後漢書》曰：郭秦拔申屠子龍於漆工之中，嘉許偉康於屠酤之肆。

袁山松《後漢書》曰：世祖憐盆子，賞甚厚，以爲趙王郎中，後疾失明，賜滎陽均輸官地，以爲列肆，使食税，終其身。

晋中興《徵祥記》曰：烈宗世會稽王輔政，於府内園中穿池築山，山池之間，處處有肆。使婢酤賣肉於其中，道子將見幸乘舡至酒肆，輒携入肆，買酒肉，狀如市鄽，以爲笑樂。【略】

晋令曰：坐盧肆者，皆不得宿肆上。【略】

繁欽《嘲應德璉文》曰：應温德云：昔與季叔才，俱到富波，飲於酒肆，日暮留宿。主人有養女，年十五，肥頭赤面，形似鮮卑，偶悦之，夜與姦通，便生足下。

《新唐書》卷一七三《裴度傳》 大賈張陟負五坊息錢亡命，坊使楊朝汶收其家簿，閲貸錢雖已償，悉鉤止，根引數十百人，列箠挺脅不承。

（宋）宇文懋昭《大金國志》卷一三《海陵王煬》 除故盧馬鎮夏國、韃靼沿邊招討，提點兩國市場。

市場在雲中西北過腰帶上石楞坡，天德、雲内、銀甕口數處有之。契丹時亦置市場，唯鐵禁甚嚴，禁不得夾帶交易。至大金則不然，唯利是視，鐵禁遂弛。

《金史》卷五一《食貨志·榷場》 榷場，與敵國互市之所也。皆設場官，嚴厲禁，廣屋宇以通二國之貨，歲之所獲亦大有助於經用焉。

熙宗皇統二年五月，許宋人之請，遂各置於兩界。九月，命壽州、鄧州、鳳翔府等處皆置。海陵正隆四年正月，罷鳳翔府、唐、鄧、潁、蔡、鞏、洮等州并膠西縣所置者，而專置于泗州。尋伐宋，亦罷之。五年八月，命権場起赴南京。

國初於西北招討司之燕子城、北羊城之間嘗置之，以易北方牧畜。世宗大定三年，市馬於夏國之権場。四年，以尚書省奏，復置泗、壽、蔡、唐、鄧、潁、密、鳳翔、秦、鞏、洮諸場。七年，禁秦州場不得賣米麵、及羊豕之腊、并可作軍器之物入外界。

十七年二月，上謂宰臣曰：宋人喜生事背盟，或與大石交通，恐枉害生靈，不可不備。其陝西沿邊権場可止留一處，餘悉罷之。令所司嚴察姦細。前此，以防姦細，罷西界蘭州、保安、綏德三権場。二十一年正月，夏國王李仁孝上表乞復置，以保安、蘭州無所産，而且税少，惟於綏德爲要地，可復設互市，命省臣議之。宰臣以陝西隣西夏，邊民私越境盗竊，緣有権場，故姦人得往來，擬東勝可依舊設，陝西者並罷之。上曰：東勝與陝西道路隔絶，貿易不通，其令環州置一場。尋於綏德州復置一場。

十二月，禁壽州権場受分例。分例者，商人贄見場官之錢幣也。

章宗明昌二年七月，尚書省以泗州権場自前關防不嚴，遂奏定從大定五年制，官爲增修舍屋，倍設闌禁，委場官及提控所拘権，以提刑司舉察。惟東勝、浄慶州、來遠軍者仍舊，餘皆修完之。

泗州場，大定間，歲獲五萬三千四百六十七貫，承安元年，增爲十萬七千八百九十三貫六百五十三文。所須雜物，泗州場歲供進新茶千胯、荔支五百斤、圓眼五百斤、金橘六千斤、橄欖五百斤、芭焦乾三百箇、蘇木千斤、温柑七千箇、橘子八千箇、沙糖三百斤、生薑六百斤、梔子九十稱，犀象丹砂之類不與焉。宋亦歲得課四萬三千貫。

秦州西子城場，大定間，歲獲三萬三千六百五十六貫，承安元年，歲獲十二萬二千九十九貫。承安二年，復置於保安、蘭州。

三年九月，行樞密院奏，斜出等告開権場，擬於轄里尼要安置，許自今年十一月貿易。尋定制，隨路権場若以見錢入外界、與外人交易者，徒五年，三斤以上死。

宋界諸場，以伐宋皆罷。泰和八年八月，以與宋和，宋人請如舊置之，遂復置於唐、鄧、壽、泗、息州及秦、鳳之地。

宣宗貞祐元年，秦州権場爲宋人所焚。二年，陝西安撫副使烏古論兗州復開設之，歲所獲以十數萬計。

《遼史》卷六〇《食貨志》 征商之法，則自太祖置羊城于炭山北，起権務以通諸道市易。太宗得燕，置南京，城北有市，百物山偫，命有司治其征；餘四京及它州縣貨産懋遷之地，置亦如之。東平郡城中置看樓，分南、北市，禺中交易市北，午漏下交易市南。雄州、高昌、渤海亦立互市，以通南宋、西北諸部、高麗之貨，故女直以金、帛、布、蜜、蠟諸藥材及鐵離、靺鞨、于厥等部以蛤珠、青鼠、貂鼠、膠魚之皮、牛羊駝馬、毳罽等物，來易於遼者，道路繦屬。聖宗統和初燕京留守司言，民艱食，請弛居庸關税，以通山西糴易。又令有司諭諸行宫，布帛短狹不中尺度者，不鬻於市。明年，詔以南、北府市場人少，宜率當部車百乘赴集。開奇峰路以通易州貿易。二十三年，振武軍及保州並置権場。

《明實録》憲宗成化十年二月 〔辛未〕禁京城鋪户，毋得與夷人貿易違禁器物。

《明實録》神宗萬曆二十八年四月 〔壬辰〕户科都給事中李應策題：少監張燁請催取宛、大二縣所屬及户部等衙門珍寶睛緑金玉等項牙商與京城内外當鋪，卯曆逐查姓名，照原題每兩三分則例坐派銀一萬五千兩，委官輪管徵收。臣於長安門見各牙數百爲群，號哭攔訴其等無産無力，經紀度日，一大辰出，合室待暮歸而食。設有他故，竟日不舉火矣，身無完衣，安能措處一萬五千，活逼坑殺數千生命等語。臣且悲且懼。竊思徵銀一萬五千，必須各牙歲得五十萬金，設不及此，一萬五千於何取足？四海之遠，尚謂小民疾苦未盡睹聞。近地灾傷，日奏月聞，民間見幾輔若此而不少寬，安所望於遐荒！祲沴若此，即不少寬，安所望於豐稔，將盡喪其樂生之心而令其效死之志矣。乞令張燁停割牙税，致劉大倫於理以正誣奏欺誑之罪。不報。

《清實録》乾隆七年三月 〔丁卯〕户部議准四川巡撫碩色奏稱：建昌、永寧二道所轄銅鉛廠，礦苗甚盛，不礙田園廬舍，除例給廠費外，現議委員專司抽課，取具商匠結册，查核銅數彙報。其長寧、雲陽等處産黑白鉛礦，應准一體開採。從之。

《清實録》咸豐五年十二月　丁未，諭内閣：禮部奏，查議湖北巡撫胡林翼奏請生監准充行一摺。生監人等，例不准開設牙埠。胡林翼所奏，自因接濟軍需起見。惟生監既充牙行，若仍准其應試，漫無限制，與例不符。著照部議，所有捐充牙行之生監，均不准復行考試。如有情願報考者，先將牙帖呈明地方官註銷，咨部查核。俟軍務告竣，生監仍不准續行捐充，以符定制。

（清）徐松《宋會要輯稿・食貨三二・茶鹽雜録》〔政和三年八月〕十七日，尚書省言：勘會鋪户變磨到末茶，昨降指揮，許諸色人買引興販，長引納錢五十貫文，販茶一千五百斤；三十貫文，販茶九百斤。短引納錢二十貫文，販茶六百斤。緣近降指揮，販草茶更印給一等十貫文短引，其末茶未有十貫短引興販指揮。詔販末茶更印給十貫文短引，許興販三百斤，約束等並依前後已降指揮。

契約文書

《敦煌社會經濟文獻真蹟釋録》第一輯《唐大中九年九月廿九日社長王武等再立條件憑》　社長王武、社官索順潤？録事唐神奴等，爲城煌賊亂，破散田苗，社邑難營，不能行下。今大中九年九月廿九日，就張禄子家，再立條件爲憑。

燉煌一〔羣〕〔郡〕，禮義之鄉，一爲聖主皇帝，二爲建窟之因，三爲先亡父母追凶就吉，共結量緣，用爲後驗。

一　社内每年三齋二社。每齋，人各助麥一斗；每社各麥一㪷，粟一㪷。其社官録〔事〕，行下文帖，其物違時，罰酒一角。其齋，正月、五月、九月；其社，二月、八月。其齋社違月，罰麥壹碩，决杖卅；行香不到，罰麥一斗。

一　社内三大者，有死亡，贈肆尺祭盤一，布貳丈，借色布兩疋半。其贈物及欠少一色，罰酒半瓮。

（後缺）

《敦煌社會經濟文獻真蹟釋録》第一輯《唐大中某年儒風坊西巷村鄰等社約》　大中（□年□月□）日儒風坊西巷村鄰等就馬興晟家衆集再商量，一一具名如後：

梁闍梨一　主景翼　瞿神愛

僧勝惠幢　張曹二一　〇〇〇　張老老

瞿明明　氾堅堅，馬興晟一　馬曹件

氾英達　王安胡　僧神璨　馬苟子

宋苟子　王堅堅　氾骨崙　張子温一

張文誼　張懷潤　張像義　張云□

張順伽　憂婆夷情追她　索友友一　索神神一

張履屯　李仏奴　張小興　張友信

後入社人趙皮奴　張安屯　武誼誼

張善善　樂寶巖　郭小通

後入七人，若身東西，口承人張履屯、馬苟子、郭小通

一、若右贈孝家、各助麻壹兩。如有故違　者，罰酒壹勝。

右上件村鄰等衆，就翟英玉家結義相和，賑濟急難，用防凶變，已後或有詬歌難盡，滿說異論，不存尊卑，科稅之艱，並須齊赴。已年二月十二日爲定，不許改張。

罰酒壹瓮，决〔杖〕十下，殯（擯）出。晟馬清　王温　翟玉

一、所置義聚，備凝兇禍，相共助誠，益期賑濟急難。

一、所置贈孝家，助粟壹斗，餅貳拾飜，須白浄壹尺捌寸。如分寸不等，罰麥壹漢斗，人各貳拾飜。

一、所有科稅〔依〕　期集所歛物，不依期限齊納者，罰油壹勝，用貯社。

一、或孝家營葬，臨事主人須投狀，衆共助誠，各助布壹疋。不納者，罰油壹勝。

一、所遭事一遍了者，便須承月直，須行文帖，曉告諸家，或文帖至，見當家十歲已上夫妻子弟等，並承文帖。如不收，罰油壹勝。

一、所有急難，各助柴壹束。如不納，罰油壹勝。

丙寅年三月四日，上件巷社，因張曹二家衆集商量，從今已怕社內十歲已上有兇禍大喪等日，准條贈，不限付名三大，每家三贈了，須智〔置〕一延，酒一瓮，然後依前例，終如復始。

〔後空〕

《敦煌社會經濟文獻真蹟釋録》第一輯《唐景福三年五月十日立社條件憑記》　景福三年甲寅歲五月十日，燉煌義族，後代兒郎，雖擇良賢，人以類聚。結交朋友，追凶逐吉。未及政條，今且執編條。已後街懼（衢）相見，恐失禮度，或則各自家內有其衰禍，義濟急難。若有凶禍之時，便取主人指撝，不間車轝便雖營辦，色物臨事商量。立條後，各自識大敬小，切雖存禮，不得緩慢。如有醉亂拔拳，充（冲）突三官及衆社，臨事重有決罰。立此條後，於鄉城恪（格）令便推追逐行下。恐衆不知，故立此條，用爲憑記。

衆請社長翟文慶文　衆請社官梁海潤

請録事汜彥宗彥宗　梁加進（押）

索康三（押）　陳江慶（押）

高什德什德　張善緣　張

梁義深義深　梁海俊　海

索澤子　（押）　渾盈子（押）

盧忠達（押）

《敦煌社會經濟文獻真蹟釋録》第一輯《後周顯德六年正月三日女人社再立條件》　顯德六年己未歲正月三日，女人社，因滋新歲初來，各發好意，再立條件。蓋聞至城（誠）立社，有條有格。夫邑儀者，父母生其身，朋友長其值，遇危則相扶，難則相救，與朋友交，言如信，結交朋友，世語相續。大者若姊，小者若妹，讓語先登，立條件與後。山河爲誓，中不相違。一，社內榮凶遂（逐）吉，親痛之名，便於社格，人各油一合，白麵壹斤，粟壹㪷，便須駈駈濟造食飯及酒者。若本身死亡者仰衆社蓋白耽拽便送，贈例同前一般。其主人着侍，不諫厚薄輕重，亦無罰責。一，社內正月建福一日，人各稅粟壹㪷，燈油壹盞，脱塔印砂。一則報君王恩泰，二乃以父母作福。或有社內不諫大小，無格在席上喧（喧）拳，不聽上人言教者，便仰衆社就門罰醴醎一莚（筵），衆社破用。若要出社之者，各人快（決）杖叁棒後，罰醴・醎局席一莚（筵），的無免者。社人名目詣實如後。社官尼功德進（押）

社長侯富子（押）

録事印定磨柴家娘（押）

社老女子（押）

社人張家富子（押）

社人渦子

社人李延德（押）

社人吴富子（押）

社人段子（押）

社人富勝（押）

社人意定（押）

社人善富（押）

社人燒阿朶（押）

社人富連（押）
社人住連（押）
右通前件條流，一一丁寧，如水如魚，不得道説事非。更不於願者，山河爲誓，日月證知。恐人無信，故勒此條，用後記耳。

《敦煌社邑文書輯校·太平興國七年二月立社條一道〔社〕條一道》

竊以閻浮衆凡上生，要此福因。或則浮生耽福，或則胎生罪重，各各有殊。今則一十九人發弘後（厚）願，歲末就此聖巖，燃燈齋食，捨施功德，各人麻壹㪷，先須秋間齊遂，押磑轉轉主人。又有新年建福一日，人各鑪餅一雙，粟一斗，然（燃）燈壹盞，圈座設食。或若社衆等盡是凡夫種子，生死各續，掩就黄泉，須則一朝死亡之間，便須心生親恨，號叩大哭。或若榮葬之日，不得一推一後，須要榮勾，臨去之日，盡須齊會。舉棺擎上此車。合有弔酒壹瓮，隨車澆酹，就此填墓，一齊號叩。若是生死及建福，然（燃）燈齊會之日，或有後到者，罰酒半瓮；全不來，罰酒壹瓮。一十九人等並是高門貴子，文武超昇。今則入蠆，便須尊貴大小存立去冑。或若團座之日，若有小輩啾唧，不聽大小者，仍罰膿膩一筵，衆社破除，的無容免。昨者一十九人發弘誓，立此條件。後有人若是忽努（怒），不聽大小，先説出社者。願賢聖證知，勒此文憑，用爲他年驗約。

太平興國七年二月 日立。

《敦煌社邑文書輯校·甲辰年八月九日郭保員弟身亡轉帖社司 轉帖》

右緣郭保員弟身亡，准條合有贈送，人各鮮浄色物三丈，麥一斗，粟一斗，餅廿。帖至，限今日巳時於録事家送納，捉二人後到，罰酒一角；全不來，罰酒半瓮。其帖速遞相分付，不得亭（停）滯；如滯帖者，准條科罰。帖周却付本司，用憑告罰。

甲辰年八月九日録事高帖

社官石〔全〕 武社長〔足〕 羅流子〔足〕 羅英達〔足并〕（餅） 高山山〔足〕 吴加盈〔足〕 王清子〔足〕 石義深〔足〕 王骨子〔足〕 游留住〔足□〕 樊粉搥〔足〕 孔清兒〔足并〕（餅） 王〔再〕慶〔足并〕（餅）欠色物人羅流子欠二丈八尺，石義深全□，王骨子欠八尺，游流住欠九尺，王再〔慶〕新婦全欠滂（？）用，罰酒一瓮。武社長男德友買算入，人罰酒半瓮。

《敦煌社邑文書輯校·丁卯年二月八日張憨兒母亡帖》 親情社

轉帖

右缘張憨兒母亡 惟（准）條合有弔酒壹瓮，人各秉壹㪷，幸請諸公等，帖至，限今月九日辰時並身及粟於顯德寺門前取〔齊〕。

捉二人後到，罰酒壹角，全不來，罰酒半瓮。

其帖立弟（遞）相分付，不得停滯；如滯帖者，惟（准）條科罰。

帖周却付本司，用憑告罰。

丁卯年二月八日録事法律應浄〔帖〕。

社官氾〔●〕德子〔○〕 氾清子〔○〕 氾延受〔○〕 氾恩信〔○〕 氾定〔○〕遷 氾盈〔●〕達 氾骨〔●〕子 氾胡〔●〕僧 押衙陰〔○〕定安 氾清〔●〕兒 氾定子〔○〕 氾盈子〔○〕 氾王〔●〕三 氾醜〔●〕兒 唐〔○〕再〔●〕昌 令〔○〕狐〔●〕郎 少令〔○〕狐郎 大石〔○〕郎 小石〔○〕郎 曹〔○〕願昌 閻〔○〕子〔●〕張郎 王〔○〕郎〔●〕 大索〔○〕郎 荆〔○〕郎〔●〕大曹〔●〕郎 小〔○〕曹郎〔●〕唐〔●〕粉〔○〕子 兵馬〔○〕使〔●〕半王三 張吉〔●〕昌 水池小索〔●〕郎 兵馬〔○〕使陰〔●〕定奴 保元〔●〕張〔○〕郎

《敦煌社邑文書輯校·壬申年十二月氾再昌妻亡轉帖》 抄親情社

轉帖

右緣氾再昌妻亡，合有贈送，人各麵壹斤，油一合，粟壹㪷，柴一束，鮮浄綾絹色物叁丈。幸請諸公等，帖至，限今月廿九日卯時於官樓門前取齊。捉二人後到，罰酒壹角；全不來者，罰酒半瓮。其帖速遞相分付，不得停滯；如滯帖者，准條科罰。帖周却付本司，用憑告罰。壬申年十二月録事帖。

《敦煌社邑文書輯校·支秋坐局度轉帖抄》 社司 轉帖右緣年支秋坐局席，次至高順順家，人各麵貳斤，油壹合，粟壹㪷。幸請諸公等，帖至，限今月十八日卯時於主人家送納。捉二人後到，罰到四（到四衍）酒壹角；全不來者，罰酒半瓮。其帖立定（遞）相分付，不德（得）亭（停）滯；如滯帖者，准條科罰。帖周却付大（本）司，用憑告罰，録事。

《敦煌社邑文書輯校·社司筵席轉帖》 社司轉帖 右緣李住兒筵席，人各麥壹斗，粟壹斗，於主人家送納。幸請諸公等，帖至，限今月十三日於靈修寺門前取齊。捉二人後到，罰酒壹角；全不來者，罰酒半瓮。其帖立〔遞〕相分付，不德（得）停滯；如有滯帖者，准條科罰。帖周却付本司，用憑告罰。

三月十三日録事帖

社長石 社官鄧 安忠盈 翟再温 尹安三 陰留德 陰喻子 康付子 宋進子 李延德 張三子 宋閏子 高閏成 陰海員 鄧全慶 劉販漢

《敦煌社邑文書輯校·常年設齋轉帖》 社司 轉帖

右緣常年設齋，人各麥一㪷，幸請諸公等，帖至，限今月廿七日齋時於著光寺門取齊。後到，罰三㪷；全不到，罰麥五㪷。其帖立遞相分付，不得停滯；如滯帖者，准條科罰。帖周却付本司，用憑告罰。 正月十三日録事 帖。

社官郭某 社長武 虞侯游通信 竹胡奴

《敦煌社邑文書輯校·庚寅年正月三日建福轉帖》 社司 轉帖

右緣准例建福一日，人各鑪餅一雙，粟一斗。幸請諸公等，帖至，限今月四日卯時於大悲寺門前取齊。捉二人後到，罰酒壹角；全不來者，罰酒半瓮。其帖速遞相分付，不得亭（停）滯；如滯帖者，不（不字疑衍）准條取償。〔帖〕周却赴〔付〕本司，用憑告罰。

庚寅年正月三日録事董 帖咨。

太子 崔僧〔●〕正 曾僧〔●〕正 安僧〔●〕正

宋法〔●〕律戒随〔●〕閆梨 王僧〔●〕正 汜法〔●〕律馬法〔●〕律 王法〔●〕律 杨法〔●〕律 徐法〔●〕律閆押〔●〕牙

吳押〔●〕牙 陰押〔●〕牙 馬押〔●〕牙 高押衙〔●〕索草〔●〕場

宋押〔●〕牙司徒陰押牙

《敦煌社邑文書輯校·大中十二年四月一日少事商量轉帖》 社司轉帖

右緣少事商量，幸請諸公等，並限今月月生三日卯時於大垂（乘）寺門取齊。取人後到，罰酒半瓮。其帖火急遞第（第字衍）相分府（付），不得停滯帖；如滯帖者，罰麥三开。帖周將（?）府（?）（付）集使。

大中十二年四月一日社官李明振 緣（録）事左贇帖。

《敦煌社邑文書輯校·少事商量轉帖抄》 社司 轉帖

右緣少事商量，幸請諸公等，帖至，限今月十八日卯時於多寶蘭（蘭）若取齊。捉二人後到者，罰酒一角；全不來者，罰酒半瓮。其帖立弟（遞）相分付，不德（得）停滯；如滯帖者，准條科罰，帖周却赴（付）本司，用憑告罰。

十八日録事董奉安帖。

《敦煌社邑文書輯校·少事商量轉帖抄》 社司轉帖 右緣小（少）事商量，幸請諸公等。帖至，限今月廿日卯時於祆門前取齊。捉二人後到者，罰酒壹角；全不來者，罰酒半瓮，其帖立遞相分付，不得停滯；如滯帖者，帖（帖字衍）准條科罰。帖周却付赴（赴字衍）本司，用憑告罰。

《臺灣私法債權編·債權總論·債權之擔保·合股字》 同立合約字鄭開記、蔡泰記、李品三、杜順德、鄭登記、陳深記、林添記、林克記、王金慶，蓋聞猗陶致富經營，不乏芳規；鮑管知心貿易，自有成約。茲我同人芝蘭夙契，膠漆相孚，爰居今而則古；既合券以聯財，自宜宏茲大業，固厥新基：匾曰：德源，合共七股，得利就母均分，計本銀七仟員。既協同有九人之慶，允符獲利三倍之占，所賴大振宏規，更圖久遠，則不朽之盛業在茲矣！自宜各守條規，勿忘照約；庶幾管鮑之休風、猗陶之勝概，再見於今日，亦後人之所取法焉！爰立合約字一樣九紙，各執爲信。股分條目標明於俊：

一、公議：舉王遷記當事，在店總理各事。公議：得利拾元抽一元，以作全年辛勤謝勞。

一、議：本店生理必須在架充足，方準開支；得利開時不得預支，須待年終結算明白，照股分支，各宜自守規約。

一、議：本店股夥不能薦人，恐不能受喚用，多生情弊花費。

一、議：各股夥如欲抽本別圖生理，不得私退外人承坐；務先期通知當事及諸股夥，許抽方抽，毋得自便。

一、議：股夥不得向店內暫移銀錢借用；如有急需，必須別處移挪。

一、議：店內逐月銷號首飾、衣物，在股及當事店夥不得擅行抽摘，不致故衣難賣。

一、議：店內日清簿尾結存銀錢，總須實存。賬目如有虛存浮記，惟該當事是問賠補。

一、股夥公議：本店不出支單、期票。或至二、三四月間生理興旺，措手不及，由當事先邀齊各股夥面商，均無開款借與公司外，再由當事向他處暫借，不得擅專。

一、店內所用夥計，均係當事選用，如有舞弊賬目以及賍架失號，惟當事向保認人是問賠還。

一、店內各夥計辛金，由當事秉公議定，逐月宜向當事取用，不得自行擅專。

列在股本銀開列於左：

鄒登記　在本銀壹仟員　再添本銀四佰員

鄒開記　在本銀壹仟員　再添本銀四佰員

蔡泰記　在本銀壹仟員　再添本銀四佰員

李品三　在本銀壹仟員　再添本銀四佰員

陳深記　在本銀壹仟員　再添本銀四佰員

林添記　在本銀伍佰員　再添本銀貳佰員

林克記　在本銀伍佰員　再添本銀貳佰員

杜順德　在本銀伍佰員　再添本銀貳佰員

王金慶　在本銀伍佰員　再添本銀貳佰員

共九人，合柒股正，本銀七仟大員正。

另當事壹紙，共拾紙，各執爲炤。

柒股共再添本銀貳仟八佰員，合前在本銀，計共銀玖仟八佰員，再炤。

合約合符

同治七年參月　日　同立合約字

李　品　三　　杜　順　德

鄒　開　記　　林　添　記

鄒　登　記　　林　克　記

蔡　泰　記　　王　金　慶

陳　深　記

《臺灣私法債權編・債權總論・債權之讓渡・營業願交甘願字》　立營業願交甘願字人，媽宮街○町○番户○○號户主何某，所營雜貨商業，因年來商況不佳，本資缺乏，振作無力。茲有○町○番户户主何某，欲整生業，妥商依照結册內所有結存賬目、物品、家器，共銀若干圓，向某承買，憑册點交接收保管。其銀即日同中收訖，其賬、貨、家器等項，一切付交何某接管整理。或原號，或改號開張，任憑何某主裁，日後生業盈虧，皆憑何某造化，與某無干。保此店業係某自置之業，別無他人合股交加，來歷不明之事，亦無房親應份之弊；倘有不明等情，某當出首理論，不干承買主之事。此係二比甘願，各無反悔異議。口恐難憑，合立卸交甘愿字一紙，付執存炤。

即日同中見收來銀○○圓，再照。

光緒三十二年月日，立甘愿卸交商業約字人　○○○

澎湖廳媽祖○町何番户

知見人　○○○

作中人　○○○

代書人　○○○

接管人何某殿

《臺灣私法物權編・物權之特別主體・外國人・租店合約字》　同立租店合約字人黄合發號、德記洋行，緣合發有承祖父遺下瓦屋一座，內分連三進，坐落臺北府大稻埕之南街，前至大街車路，後至後街亭仔脚，左至德記行，右至林家厝；四至明白爲界。於本年西曆一千八百八十七年三月，即光緒十三年二月，租與英南德記洋行，當面議約，每年納租銀二百大元，經已立明合同約字。倘該厝如被風雨損壞以及水火不虞，應歸黄合發出資起造修理，不干德記行之事。其厝如黄合發不欲租與德記行，務須預先一年之前通知；德記行不欲承租者，均須預先一年之前通知黃合發。此係兩願交接，各無抑勒，恐口無憑，今欲有憑，同立合約字二紙一様，各執一紙存照，此據。

光緒十二年二月　日。

知見人　黃鼎元

黃神福

同立租店合約字人　黃合發號

德記洋行

《臺灣私法人事編・人・品性・宗教・神明會之規約書・新港郊規約書》　合立規約人新港郊金義順諸同人等，蓋街規市約，自古爲然；定賞議罰，於今爲例。茲我金義順内諸友，素本守拙經商，豚魚慕古，緣因邇來本街不幸，每有外方醜類滋投街端，以致四方商賈莫敢赴市貿易。於是爰邀相議，約立保衛條規，自此以後，務宜整束維新，有鱉互相救援，無事各安恒業；倘有臨事畏懼袖手自安者，定按公約稱法議罰。今將規約開列於左：

一、凡途中被盜劫搶，諸友内須當協力就莊究追；如有畏縮不前者，罰酒貳席，罰金壹合。

一、被盜劫搶，抗拒不還，致勞公庭，務宜會簽公稟。其應開諸費若干？諸友内應幫一半，若簽費事主開發，不得刁難；如有應幫吝出者，罰灑貳席，罰金壹合。

一、諸友内有口角細事，須同傳齊到爐主處商議定妥，不得擅生事端，挾勢凌辱；如違亦罰酒貳席，罰金壹合。

一、諸友内各字號圖章，無論街中公事，以及外人私事，應從金義順爲準，不得私自蓋出；如違亦罰酒貳席，罰金壹合。

一、歷年應項壹員五角六占，至入席時交繳，不消者，罰金一支。

一、郊中銀項有被欠不還者，諸同人又須協力争討；敢有埋頭不出者，亦罰酒貳席，罰金壹合。

一、郊中銀項諸友不得多費侵恃鯨吞；如違，即傳同諸友協力攻責。倘有袖手旁觀者，亦應罰酒貳席，罰壽金壹合。光緒拾年歲次甲申八月□日新港郊金義順聖母會計共十五份字號列於後：

廣生號壹份，出來六八銀四員

益春號　同

益泰號　同

源成號　同

順美號　同

怡成號　同

榮振號　同

盛發號　同

乾美號　同

振芳號　同

鼎隆號　同

瑞榮號　同

双喜號　同

元順號壹份，出來六八銀四員

源和號　同

以上拾五份，在來六八銀六拾大員正。

廣　生　堂　益　昌

振　芳　元　順

雙　喜　源　成

源　成

益　春

鼎　隆

新　源　興

怡　成　盛　發

鼎　榮　振　順　美

乾　美　瑞　榮

案例文書

（明）**蘇茂相《新鐫官板律例臨民寶鏡》卷八《把持類審語·脱漏客本》** 客人有貨，店主須要擔當。鋪户無錢，經紀豈宜出帳。有眼主，無眼客，千里投知己，典守者難辭其責。據訴某等之脱騙客本，出居停之主所誤也，理合某牙名下照數賠還。取供。

（清）盧崇興《守禾日紀》卷四《讞語類·一件漏税私典等事》 審得：王焯，刁棍也。有舅王心泉置開店面，所貨賣者，米數石、花數十包耳。是囤户，非當店也。焯乃以私開典鋪，玩法漏税爲辭。而親弟王啓元不念友于，同聲附和。今審心泉店内，既未懸有當牌，又無給有當票。夫無牌、無票，安得以私典科之？保長吴介供證鑿然，即各犯亦俯首語澁。王焯誣告小功尊長，杖擬加等何辭？王啓元附會扛幫，杖儆允當。餘審無干省釋。其嘉縣封貯賬本、花米等項，檄行給領，仍令照舊開店可也。立案。

《清代巴縣檔案彙編·乾隆五十九年李全盛拐騙方豫泰行棉花案》

三月十一日武全德、趙公佐等供詞

問，據武全德供：小的是陝西華州人，李全盛三十九年，小的與康有增共出銀八百兩交與李全盛買賣銅鉛生意。五十三年，李全盛生意做壞逃走，把小的們八百兩銀子都没有償還。五十三年，姚治珍與李全盛在方豫泰行裹賒取棉花，該欠銀一千多兩，没有償還告狀。五十六年姚治珍找不着李全盛，他説小的們是全盛的伙計，就把小的們押解到案，業已三載。如今姚治珍死了，這買方豫泰棉花，欠他銀兩，小的實無涉。只求開恩，放小的們回籍就沾恩典。

問，據方豫泰、吴行義供：小的們五十三年姚治珍在小的行賒欠棉花銀一千二百多兩，小的告狀審訊，限兩年找尋全盛到案質對償還。如令姚治珍他的伙計趙公佐現在案下，只求還給銀兩，行户償還各賬。這武全德、康有增是姚治珍找來的。小的不認識得。今蒙復訊，只求作主。

問，據趙公佐供：監生是成都人。五十三年監生的伙計姚治珍在方豫泰行買棉花，該欠銀一千二百多兩，是姚治珍出圖章代李全盛賒取下花。後來，全盛逃去，方豫泰、吴行義把姚治珍與監生們都牽告在内。如今姚治珍死了，這花賬銀兩實是李全盛找伙計姚治珍代賒，監生在省實不知道。今蒙復審，只求詳情開恩省釋監生回省，就沾恩典。

十一日巴縣審單及堂斷

計開審單　工房裏　皂差瞿貴　華珍

原禀行户　方豫泰　吴行義

被　禀　監生趙公佐　姚治珍（已故，即姚興盛）　武全德（之父光顯李全盛三十九年領過武康二姓銀八百兩）　康有增（之父卿雲）

縣正堂堂斷：昔日支騙棉花乃李全盛因借用興盛圖章。全盛逃債，以致方豫太、吴行義指定姚興盛索討，株累趙公佐。前經訊明有判。原令趙公佐、姚興盛找回李全盛還賬。如逾限兩年，全盛不來，賬歸趙姚二姓賠繳。不料興盛回陝，找不着李全盛，乃以全盛出本之財東康有增、武全德解渝，拖累二載。姚治珍已押斃。趙公佐旅食維艱，若再拘押，是實騙債者李全盛置身遠揚，而拖累死者又有三人矣。堂斷債銀既有全盛，理宜備文赴陝原籍查拿。康與武着帶文回去安業，趙公佐具結回省，各尋生理。俟李全盛獲日，再來對質，該房具詳。

十一日監生趙公佐結狀

今於大老爺臺前與結狀事。

實結得方豫泰控姚治珍用圖下花，株生在案。蒙恩訊明，治珍已故，花賬應該李全盛繳出，不與生相涉。生遵斷回省，結狀是實。

縣正堂批：准結。

（清）趙幼班《歷任判牘彙記》卷一《判劉寶書等堂詞》 袁漢泉等於光緒三十年三月，夥開保和樓葷館。計九股，每股出洋五十元。據稱是年七月，虧本閉歇，八月添招新股復開。原股居多，仍用保和樓牌名，尚無不合。劉松亭一股，既據拆出，應毋庸議。劉寶書一股，執有原日合同，並有先後，股東徐得元、吴培之等質寔，豈袁漢泉任意狡賴不認。且吴培之於三十三年承受袁漢泉名下一股，出洋八十元，而買五十元之原股，本可見該店並非無利。訊據袁漢泉將已分及劉寶書股本買出。應令袁漢泉認還劉寶書股本洋八十元，以清糾葛。吴培之、徐得元，亦皆稱允服。斷令一月内分三期，責成吴培之等將斷款如數繳案，以便給領。飭具遵斷切結，限狀並附。此判。

(清) 趙幼班《歷任判牘彙記》卷二《判金立生等堂詞》　金立生所開金庚源猪牙行，拖欠客款，顯係有意狡延，復敢揑帳朦禀。兹當堂核算，共欠猪客曹振棠洋五百二十四元一角。斷令曹振棠貼補金立生伙食洋二十四元一角，限令金立生於半個月内，如數備洋五百元繳案飭領，取具限狀存查。惟金立生刁狡性成，應予押追，着收拘留所，候繳款再行核奪。此判。

(清) 桂萬超《宦游紀略》卷三　訊于成宗請領煤行牙帖一案，判云治世之政在于便民，地方之害莫如罔利。查欒邑本不出煤，由山西經獲鹿車載而來，裝取棉花、布疋等物而去。百貨流通往來不息，煤不設行，亦無經紀，商民便之，由來已久。嘉慶十八年，王慶年等硬立煤局致興訟端，經汪前縣以照舊章詳結在案。道光十二年，于成宗請設煤行，捏詞控府，經漆前縣仍以照舊章詳結又在案。乃于成宗不知改悔，蒙蔽前縣，詳請牙帖，欲罔市利，以亂舊規，將使商旅裹足，百貨不通，詎非地方之大害。今斷令仍照舊章，聽從民便，永不許設立煤行、煤局、煤經紀，以爲民擾。于成宗予杖具結，其所請牙帖即詳司請銷矣。旋奉批准銷所辦，甚好。

《黄岩訴訟檔案及調查報告·梁洪秋呈為藐抗錮噬叩提訊追事　附批單一件光緒十一年三月初八日》　狀式

做狀人張維林　歇家飯鋪　保戳趙長華

寫狀人王士木

經承　原差

光緒十一年三月初八日

具呈梁洪秋　年三十三歲　住東鄉三十都　二啚　小九分莊　離城六十里

抱告　年　歲　係本人之

呈爲藐抗錮噬，叩提訊追事。竊身與族人梁洪梅合開染鋪，虧空歇業，乘身病在家，擅搬大小染布八十餘塊，寄藏伊好梁洪明藥鋪，獨自收錢付取，其將染布典當，應還身借存店款本息洋二十餘元，欺噬不還，賬又不算。身病痊查知僅就明鋪歸來大小布十三塊。以身催算理論不合，竟敢影射七年前重算、改正賬目爲詞，倒架身涂改賬簿，搬運多布大謊，赴場側罩倒累，經身不已瀝情叩案，奉批之下，回環捧誦，仰見明允。身遵經持批倩人傳諭，邀同理算，詎洪梅非惟置之不理，尤敢串囑場差，至身家倒拘未得，一面帶差截路圖拉，使身有路莫行，揆諸理法，兩難容已。爲此再叩，伏乞大老爺電賜飭提，親訊究追，懲噬杜累。上呈。如虛坐誣。

粘批一紙

欽加同知銜大計卓異調補浙江台州府黄岩縣正堂加三級隨帶加一級紀録三次歐陽　批：

查爾初詞爲梁洪梅搬運染布，向理，以影射五年重算爲詞。兹據續呈，又稱七年重算，若果言真語確，何致前後兩歧，其中顯有隱情，不准。

《黄岩訴訟檔案及調查報告·鮑舜田呈為頑夥噬款飭提訊追事　附賬單一件光緒十一年三月初八日》　狀式

做狀人鮑合元　歇家住城　保戳楊英三

寫狀人林金河

經承　原差

光緒十一年三月初八日

具呈鮑舜田　年四十六歲　住北城鄉一都　一啚

館驿巷莊　離城　里

抱告　年　歲　係本人之

呈爲頑夥噬款，飭提訊追事。竊身於光緒七年間，與陳良茂及印姓合夥頂開森瑞烟店，三股承分，至光緒十年正月止，盤結貨底，推除净洋虧空英洋八百九十八元，每股承洋二百九十九元零。身與邱姓各照股拼償清楚，獨出陳良茂除提支存本外，應找出投拼虧款洋一百八十八元，十年至十一年止，加利息洋三十九元零，單呈電清算後，良茂又將賬簿檢家，挽同鮑子章從中核算相符，又被分文不付。借進客款藉身經手，希圖吞噬，勒身賠償。身於上年正擬呈追問，當有鮑子章並邀局紳林鈞甫、解賓如等留理，許還身洋一百元，身原不允，經公人勸納加洋四十元，仍然誘噬，及原理之人亦無可奈何。但身商愚怕訟，無不曲從，詎被良茂如此刁頑，始終噬付。若身連年虧空殆盡，借進客款頗多，坐索燃眉，實迫身不得不呈求之勢，爲此抄粘迫叩，伏乞大老爺電賜飭提訊追，杜噬安良，上呈。

如虚坐誣。

粘單一紙

欽加同知銜大計卓異調補浙江台州府黄岩縣正堂加三級隨帶加一紀録三次歐陽批：

拚夥開店，若店虧短，自應照股認派，陳良茂豈能圖賴，既據鮑子章等向理在前，着再邀理清楚可也，毋遽肇訟。

（清）熊賓《三邑治略》卷五《堂判東湖縣任内·訊蔣丹墀一案》 訊明該生等各領牙帖一紙，開設青果行。蔣丹墀所執蔣義和帖，註明普溪鋪、分鄉場，係偏僻中則；謝鳳鳴所執謝其興帖，註明普溪鋪並無小地名，係偏僻下則。而謝鳳鳴乃在分鄉場開貿，本有不合。斷令謝鳳鳴改埠在普溪河，距分鄉場五里，不得到場貿易，候移知沙市牙釐局備案，先行將謝鳳鳴之帖，改爲普溪河，交伊收領，各具結完案。此諭。

（清）熊賓《三邑治略》卷五《堂判東湖縣任内·訊劉宏逵一案》 訊明劉宏逵當趙長萬田一分，計價一百六十串文。據趙長萬供，當有溜莊三十串，應歸劉宏逵補出。質之劉宏逵抱告供稱，只有莊錢二十三串，係屬空莊。細查約内莊錢在外字樣，是莊錢不能扣除，况劉姓家道豐裕，趙長萬係乞丐，即多付錢二十餘串文，亦無不可。斷令趙長萬先交之錢一百三十串，除莊錢二十三串外，尚少七串，仰原差將約據四張、稞據五張、收條一紙，外趙長萬繳條一紙，欠款七串，下堂即行兑付，交割清楚，具結完案。此諭。

（清）熊賓《三邑治略》卷五《堂判東湖縣任内·訊鄔長興一案》 查訊鄔長興於去年七月傭萬翰臣開設錢店，先付成本銀五百兩，據萬翰臣供，伊用去一千有零。核閱賬簿，約計銀四百兩，連錢並洋元共五百串有零，合計一千串之譜。至成本銀五百兩，尚未動用，質之何漢清，供亦不錯。但爾萬翰臣係經手之人，何以妄出花票，私借外帳？並欠漢票銀一千八百兩之多？鄔長興既情願將用錢一千串交出，書立期票，具連環的保，成本銀五百兩，亦一概不要，下餘均歸萬翰臣，自行清理。何漢卿長用錢七十餘串，取保交出。萬翰臣虧空太多，顯係有意侵吞，交差看守。何全修先行開釋。此諭。

（清）樊增祥《樊山批判》卷一五《判·譚泰盛具控鋪夥余禎錫判》

審得譚泰盛，山西臨晋縣人，向在渭南西關開設泰盛魁碗店。其同鄉余禎錫素賣破布鞋底爲生，譚泰盛見其誠實，於光緒二十一年正月將泰盛魁改爲泰盛福，鋪底家具共合對半錢一百九十串，憑管王作賓交余禎錫領做，言明人銀各半，有利均分。禎錫目不識丁，由譚泰盛另用同鄉温林鴻寫帳。二十三年正月，據譚泰盛控稱，禎錫兩年之中掏使錢一千六百餘串，内有六百餘金之烟土不知去向，均有帳目爲憑。當以情節荒唐，批飭總約許定君及西關十二家行頭公同查算。旋據余禎錫訴稱，伊領做二年，以一百九十串之本，至去臘結算，實存外帳及架貨合錢七百餘串，今正東家突稱帳項不清，將伊趕外，控以掏吞各情，又將管帳之温林鴻唆令回籍，捏情陷害等語。旋據總約行頭等稟稱，帳目實係不清，而鋪貨實屬有餘，民難治民，懇祈主斷前來。今經集訊，查閲帳簿，果有六百金烟土一款。訊據禎錫供稱，伊以碗店帶做土行，去年六月有客託買烟土若干包，合價六百餘兩，該客以土稀不要，暫存店内，旋以原價轉售他客，價交土客持去，不知温林鴻如何落帳，有入無出等語。即此一端，譚泰盛之明知故賴顯然矣。夫以九十五串銅錢設一小鋪，何來六百餘金囤買烟土？泰盛乃以代人買賣之銀硬作本鋪贏餘之款。照泰盛誣指各帳，禎錫共掏吞錢一千六百餘串，加以現存鋪貨外欠七百餘串，是一百九十串之本，僅僅兩年，當禎錫領做之始，言明人銀各半，兩年之中日新月盛，所有盈餘無論是錢是貨，禎錫均應分一半，譚泰盛意存脱騙，乃令温林鴻混寫帳目。彼得借舞弊爲名，將禎錫撵逐出門，而禎錫兩年苦挣之贏餘，歸彼一人獨得。又恐禎錫不甘，乃先以掏吞具控，復將温林鴻唆回原籍。今經訊質，總以帳目不清爲詞，意謂林鴻不到，則帳不得清，帳不清則案不結，案不結則禎錫終不能平分鋪貨。殊不知本縣早已洞見肺肝矣。查，余禎錫兩年之中賺錢五六百串，僅用錢一百零三串，判令譚泰盛再給錢一百九十七串，以酬其勞。至呈驗帳簿，本係譚泰盛請人混寫，余禎錫毫不知情，當堂一筆勾銷，永除後患。譚泰盛貪險愚詐，昧良喪心，著從重笞責，押候將錢交禎錫具領後，再予釋放，取結完案。

（清）魏息園《不用刑審判書》卷四　蘇州鄉人某甲負雞一籠入城喚賣。浦五房夥呼視之，與議價不合，還之。甲點之，少一頭，向索不服。浦五房者，熟肉鋪號，稱數百年老店者也。鄰佑皆叱甲，謂：豈有皇皇巨鋪家而賴汝一雞者？甲曰：使雞而盡爲吾有者，雖喪其一復何損？今者雞皆衆鄉付我代售者，而所失，吾又不辨爲誰氏物，歸無以償？以是爭耳。喧擾未已，會巡撫丁公日昌鳴騶過，甲遽呼冤。公廉其情，亦叱甲爲妄。甲益呼冤，倚壁以泣。旋元和令某公亦鳴騶來，甲復攔輿呼冤。令傳夥即輿前，詰之，夥曰：彼適於丁大人前呼冤，已蒙大人叱之矣。具與之論價者，鋪夥也。使賴其一雞，不過歸之於主人，夥不得攜以歸，於夥復何益？主人固擁厚資，何一雞之貪？夥亦不必以此進媚也。令曰：辯矣，然不足以服吾也。汝鋪中有鷄若干？曰：不知也。隨時購而畜之，亦隨時取而殺之，胡復能記其數。曰：汝今日買鷄否？曰：未也。問昨日，亦曰未。所存者，皆三日前所購耳。今呼役盡取其所存雞，搜尋備至，不使遺一頭。叱令前至署，並帶鄉人去。揚言曰：吾將訊鷄也。市人之闤隨以觀者如堵。咸竊竊然，議令之好奇而多事。至署升座，傳夥問曰：若素飼鷄者何物？曰：餵飯、糠粃耳。問甲曰：鄉人飼雞何物？曰：無所飼也，放之野處，使自覓食耳。乃呼役盡殺兩造鷄，剖其肫而驗之，則甲鷄肫肉皆砂石、青草之類，而浦五房之雞皆糠粃其中獨多一肫爲沙石、青草者，令顧夥曰：如何矣？汝言非不辯，而吾居此久，未補缺時，與爾蘇州人雜居，習知蘇人輕薄。若固非貪一鷄，然以甲爲鄉人也，故戲侮之，以爲嬉笑之助，是汝蘇人輕薄之性使然。固不能欺吾也。甲至吾前呼冤，吾詰汝，汝不〔作〕是非之辯，首曰丁大人已叱之矣，是欲以丁大人制吾，亦汝蘇人之伎倆也。今曲直既判，吾將與爾請示於丁大人。遂命駕率兩造帶所剖鷄肫詣撫院，陳顛末。丁公慚且怒曰：吾乃爲市儈所欺。斷令償甲鷄值，且罰巨款充善舉。浦五房字號，則勒令出境，不准復設於蘇州。

雜録

（宋）郭茂倩《樂府詩集》卷六三《雜曲歌辭・當壚曲梁簡文帝》

《漢書》曰：司馬相如與卓文君俱之臨邛，盡賣車騎，買酒舍，乃令文君當壚。相如身自著犢鼻褌，與庸保雜作，滌器於市中。【略】

十五正團團，流光滿上蘭。當壚設夜酒，宿客解金鞍。迎來挾琴易，送別唱歌難。欲知心恨急，翻令衣帶寬。

（宋）吴自牧《夢粱録》卷一三《團行》　市肆謂之團行者，蓋因官府回買而立此名，不以物之大小，皆置爲團行，雖醫卜工役，亦有差使，則與當行同也。然雖差役，如官司和僱支給錢米，反勝于民間僱倩工錢，而工役之輩，則歡樂而往也。其中亦有不當行者，如酒行、食飯行，而借此名。有名爲團者，如城西花團、泥路青果團、後市街柑子團、渾水閘鯗團。又有名爲行者，如官巷方梳行、銷金行、冠子行、城北魚行、城東蟹行、薑行、菱行、北猪行、侯潮門外南猪行、南土北土門菜行、壩子橋鮮魚行、横河頭布行、鷄鵝行。更有名爲市者，如炭橋藥市、官巷花市、融和市南坊珠子市、修義坊肉市、城北米市。且如橘園亭書房、鹽橋生帛、五間樓泉福糖蜜，及荔枝圓眼湯等物。其他工役之人，或名爲作分者，如碾玉作、鑽捲作、篦刀作、腰帶作、金銀鍍作、裹貼作、鋪翠作、裱褙作、裝鑾作、油作、木作、甎瓦作、泥水作、石作、竹作、漆作、釘鉸作、箍桶作、裁縫作、修香澆燭作、打紙作、冥器等作分。又有異名行者，如買賣七寶者謂之骨董行、鑽珠子者名曰散兒行、做靴鞋者名雙線行、開浴堂者名香水行。大抵杭城是行都之處，萬物所聚，諸行百市，自和寧門杈子外至觀橋下，無一家不買賣者，行分最多，且言其一二，最是官巷花作，所聚奇異飛鸞走鳳，七寶珠翠，首飾花朵，冠梳及錦繡羅帛，銷金衣裙，描畫領抹，極其工巧，前所罕有者悉皆有之。更有兒童戲耍物件，亦有上行之所，每日街市，不知貨幾何也。

（宋）吴自牧《夢粱録》卷一三《鋪席》　杭州大街，自和寧門杈子外，一直至朝天門外清和坊，南至南瓦子北，謂之界北。中瓦子前，謂之五花兒中心。自五間樓北，至官巷南街，兩行多是金銀鹽鈔引交易，鋪前列金銀器皿及現錢，謂之看垛錢，此錢備準榷貨務算清鹽鈔引，並諸作分打鈒鑪鞴，紛紜無數。自融和坊北，至市南坊，謂之珠子市，如遇買賣，動以萬數。又有府第富豪之家質庫，城内外不下數十處，收解以千萬計。向者杭城市肆名家有名者，如中瓦前皂兒水，雜貨場前甘豆湯、戈家蜜棗兒，官巷口光家羹，大瓦子水果子，壽慈宫前熟肉，錢塘門外宋五嫂魚羹，湧金門灌肺，中瓦前職家羊飯、彭家油靴，南瓦子宣家台衣、張家元子，候潮門顧四笛，大瓦子邱家篳篥。自淳祐年有名相傳者，如猫兒橋魏大刀熟肉、潘節乾熟藥鋪，壩頭榜亭安撫司惠民坊熟藥局，市西坊南和劑惠民藥局，局前沈家、張家金銀交引鋪，劉家、吕家、陳家綵帛鋪，舒家紙劄鋪，五間樓前周五郎蜜煎鋪、童家柏燭鋪、張俢生藥鋪，獅子巷口徐家紙劄鋪、凌家刷牙鋪、觀復丹室，保佑坊前孔家頭巾鋪、張賣食麪店、張官人諸史子文籍鋪、訥菴丹砂熟藥鋪、俞家七寶鋪、張家元子鋪，中瓦子前徐茂之家扇子鋪、陳直翁藥鋪、梁道實藥鋪、張家豆兒水、錢家乾果鋪，金子巷口陳花脚麪食店、傅官人刷牙鋪、楊將領藥鋪，市南坊沈家白衣鋪、徐官人幞頭鋪、鈕家腰帶鋪，市西坊北鈕家綵帛鋪、張家鐵器鋪、俢義坊北張古老胭脂鋪，水巷口戚百乙郎顔色鋪、徐家絨線鋪、阮家京果鋪、俞家冠子鋪、官巷前仁愛堂熟藥鋪，俢義坊三不欺藥鋪，官巷北金藥臼樓太丞藥鋪、胡家、馮家粉心鋪、染紅王家胭脂鋪、淮嶺傾錫鋪，清河坊顧家綵帛鋪、蔣檢閱茶湯鋪，昇陽宫前仲家光牌鋪、季家雲梯絲鞋鋪、太平坊南倪没門麪食店，南瓦子北卓道王賣麪店，腰棚前菜麪店，熙春樓下雙條兒劖子店，太平坊大街東南角蝦蟆眼酒店，漆器墻下李官人雙行解毒丸，抱劍營街吴家、夏家、馬家香燭裹頭鋪、李家絲鞋鋪、許家槐簡鋪，沙皮巷孔八郎頭巾鋪、陳家絛結鋪，朝天門戴家爊肉鋪，外沙皮巷口雙葫蘆眼藥鋪，朝天門裏大石版朱家裱褙鋪、朱家元子糖蜜糕鋪，太廟前尹家文字鋪、陳媽媽泥面具風藥鋪，大佛寺疳藥鋪，保和大師烏梅藥鋪，三橋街毛家生藥鋪、柴家絨線鋪、姚家海鮮鋪，壩橋榜亭側朱家饅頭鋪，石榴園倪家犯鮓鋪，張省乾金馬杓小兒藥鋪，三橋河下楊三郎頭巾鋪，清湖河下戚家犀皮鋪，里仁坊口游家漆鋪，李博士橋鄧家金銀鋪、汪家金紙鋪，炭橋河下青篦扇子鋪，水巷橋河下針鋪、彭家温州漆器鋪，沿橋下生帛鋪、郭醫産藥鋪，住大樹下橘園亭文籍書房，平津橋沿河布鋪，黄草鋪温州漆器、青白磁器，鐵線巷籠子鋪、生絹一紅鋪。薦橋新開巷元子鋪，官巷内飛家牙梳鋪、齊家、歸家花朵鋪、盛家珠子鋪、劉家翠鋪，馬家、宋家領抹銷金鋪、沈家枕冠鋪，小市裏舒家體真頭面鋪，周家摺揲扇鋪、陳家畫團扇鋪。自大街及諸坊巷，大小鋪席，連門俱是，即無虚空之屋。每日清晨，兩街巷門，浮鋪上行，百市買賣，熱鬧至飯前，市罷而收。蓋杭城乃四方輻輳之地，即與外郡不同。所以客販往來，旁午于道，曾無虚日。至于故楮羽毛，皆有鋪席發客，其他鋪可知矣。其餘坊巷橋道，院落縱横，城内外數十萬户口，莫知其數。處處各有茶坊、酒肆、麪店、果子、綵帛、絨線、香燭、油醬、食米、下飯魚肉鯗臘等鋪。蓋經紀市井之家，往往多于店舍，旋買見成飲食，此爲快便耳。

（宋）吴自牧《夢粱録》卷一三《天曉諸人出市》 每日交四更，諸山寺觀已鳴鐘，菴舍行者頭陀，打鐵板兒或木魚兒沿街報曉，各分地方。若晴則曰天色晴明，或報大參，或報四參，或報常朝，或言後殿坐；陰則曰天色陰晦；雨則言雨。蓋報令諸百官聽公上番虞候上名衙兵等人，及諸司上番人知之，趕趁往諸處服役耳。雖風雨霜雪，不敢缺此。每月朔望及遇節序，則沿門求乞齋糧。最是大街一兩處麪食店及市西坊西食麪店，通宵買賣，交曉不絶。緣金吾不禁，公私營幹，夜食於此故也。御街鋪店，聞鐘而起，賣早市點心，如煎白腸、羊鵝事件、糕、粥、血臟羹、羊血、粉羹之類。冬天賣五味肉粥、七寶素粥，夏月賣義粥、饊子、豆子粥。又有浴堂門賣麪湯者，有浮鋪早賣湯藥二陳湯，及調氣降氣並丸劑安養元氣者。有賣燒餅、蒸餅、糍糕、雪糕等點心者。以趕早市，直至飯前方罷。及諸行鋪席，皆往都處，侵晨行販。和寧門紅杈子前買賣細色異品菜蔬，諸般嗄飯，及酒醋時新果子，進納海鮮品件等物，填塞街市，吟叫百端，如汴京氣象，殊可人意。孝仁坊口，水晶紅白燒酒，曾經宣唤，其味香軟，入口便消。六部前丁香餛飩，此味精細尤佳。早市供膳諸色物件甚多，不能盡舉。自内後門至觀橋下，大街小巷，在在有之，有論晴雨霜雪皆然也。

（宋）吴自牧《夢粱録》卷一三《夜市》 杭城大街，買賣晝夜不絶，夜交三四鼓，游人始稀；五鼓鐘鳴，賣早市者又開店矣。大街關撲，如糖蜜糕、灌藕、時新果子、像生花果、魚鮮猪羊蹄肉，及細畫絹扇、細色紙扇、漏塵扇柄、異色影花扇、銷金裙、段背心、段小兒、銷金帽兒、逍遥巾、四時玩具、沙戲兒。春冬撲賣玉柵小毬燈、奇巧玉柵屏風、捧燈毬、快行胡女兒沙戲、走馬燈、鬧蛾兒、玉梅花、元子槌拍、金橘數珠、糖水、魚龍船兒、梭毬、香鼓兒等物。夏秋多撲青紗、黄草帳子、挑金紗、異巧香袋兒、木犀香數珠、梧桐數珠、藏香、細扇、茉莉盛盆兒、帶朵茉莉花朵、挑紗荷花、滿池嬌、背心兒、細巧籠仗、促織籠兒、金桃、陳公梨、炒栗子、諸般果子及四時景物，預行撲賣，以爲賞心樂事之需耳。衣市有李濟賣酸文，崔官人相字攤，梅竹扇面兒，張人畫山水扇。並在五間樓前大街坐鋪中瓦前，有帶三朵花點茶婆婆，敲響盞，掇頭兒拍板，大街游玩人看了，無不哂笑。又有鬚鰕賣糖，福公個背張婆賣糖，洪進唱曲兒賣糖。又有擔水斛兒，内魚龜頂傀儡面兒舞賣糖。有白鬚老兒看親箭鬧盤賣糖。有標竿十樣賣糖，效學京師古本十般糖。賞新樓前仙姑賣食藥。又有經紀人擔瑜石釘鉸金裝架兒，共十架，在孝仁坊紅杈子賣皂兒膏、澄沙糰子、乳糖澆。壽安坊賣十色沙糰。衆安橋賣澄沙膏、十色花花糖。市西坊賣蚫螺滴酥，觀橋大街賣豆兒糕一作膏、輕餳。太平坊賣麝香糖、蜜糕、金鋌裹蒸兒。廟巷口賣楊梅糖、杏仁膏、薄荷膏、十般膏子糖。内前杈子裏賣五色法豆，使五色紙袋兒盛之。通江橋賣雪泡豆兒、水荔枝膏。中瓦子前賣十色糖。更有瑜石車子賣糖糜乳糕澆，亦俱曾經宣唤，皆效京師叫聲。日市亦買賣。又有夜市物件，中瓦前車子賣香茶異湯，獅子巷口熝耍魚，罐裏熝雞絲粉，七寶科頭，中瓦子武林園前煎白腸、熓腸，灌肺嶺賣輕餳，五間樓前賣餘甘子、新荔枝，木檐市西坊賣焦酸餡、千層兒，又有沿街頭盤叫賣薑豉、膘皮牒子、炙椒、酸犯兒、羊脂韭餅、糟羊蹄、糟蟹，又有擔架子賣香辣罐肺、香辣素粉羹、腊肉、細粉科頭、薑蝦、海蟄鮓、清汁田螺羹、羊血湯、胡瀒、海蟄、螺頭瀒、餶飿兒、瀒麪等，各有叫聲。大街更有夜市賣卦：蔣星堂、玉蓮相、花字青、霄三命、玉壺五星、草窗五星、沈南天五星、簡堂石鼓、野菴五星、泰來心、鑑三命。中瓦子浮鋪有西山神女賣卦，灌肺嶺曹德明易課。又有盤街賣卦人，如心鑑及甘羅次、北算子者。更有叫時運來時，買庄田，取老婆賣卦者。有在新街融和坊賣卦，名桃花三月放者。其餘橋道坊巷，亦有夜市撲賣果子糖等物，亦有賣卦人盤街叫賣，如頂盤擔架賣市食，至三更不絶。冬月雖大雨雪，亦有夜市盤賣。至三更後，方有提瓶賣茶。冬閒，擔架子賣茶，饊子慈茶始過。蓋都人公私營乾，深夜方歸故也。

（宋）吴自牧《夢粱録》卷一三《諸色雜貨》　凡宅舍養馬，則每日有人供草料。養犬，則供餳糠。養猫，則供魚鰌。養魚，則供蟣蝦兒。若欲唤錮路釘鉸、修補鍋銚、箍桶、脩鞋、脩幞頭帽子、補脩魫冠、接梳兒、染紅緑牙梳、穿結珠子、脩洗鹿胎冠子、脩磨刀翦、磨鏡，時時有盤街者，便可唤之。且如供香印盤者，各管定鋪席人家，每日印香而去，遇月支請香錢而已。供人家食用水者，各有主顧供之。亦有每日掃街盤垃圾者，每支錢犒之。其巷陌街市，常有使漆修舊人，荷大斧斫柴閒，早脩扇子，打鑞器，脩竈，提漏，供香餅炭墼，并挑擔賣油，賣油苕、掃箒、竹箒、筅箒、鷄籠擔、聖堂拂子、竹柴、茹紙、生薑、薑芽、新薑、瓜、茄、菜蔬等物，賣泥風爐、小缸竈兒、天窗砧頭、馬杓，銅鐵器如銅銚、湯餅、銅罐、熨斗、火鍬、火筯、火夾、鐵物、漏杓、銅沙鑼、銅匙筯、銅瓶、香爐、銅火爐、簾鉤鑞、器如西半罇榼、果盆、果盒、酒盞、注子、偏提、盤、盂、杓，酒市急須馬盂、屈巵、滓斗、筯箸瓶，家生動事如桌、櫈、凉牀、交椅、兀子、長牀、繩牀、竹椅柎、笄、裙厨、衣架、棊盤、面桶、項桶、脚桶、浴桶、大小提桶、馬子、桶架、木杓、研槌、食托、青白瓷器、甌、碗、碟、茶盞、菜盆、油杆杖榾、轆、鞋楦、棒槌、烘盤、雞籠、蟲蟻籠、竹笊籬、蒸籠茥、箕、甑單、紅簾、斑竹簾、酒絡、酒籠、筲箕、瓷甏、炒銼、砂盆、水缸、烏盆、三脚罐、枕頭、豆袋、竹夫人、懶架、凉簞、藁薦、蒲合、席子，及文具物件如硯子、筆、墨、書架、書攀、裁刀、書翦、簿子、連紙，又有鐃子、木梳、篦子、刷子、刷牙子、减裝、墨洗、漱盂子、冠梳、領抹、針線，與各色麻線、鞋面、領子、脚帶、粉心、合粉、胭脂、膠煤、托葉、墜紙等物，又有挑擡抬盤架，買賣江魚、石首鮨、魚、時魚、鯧魚、鰻魚、鱭魚、鯽魚、白鰍魚、白蟹、河蟹、河蝦、田雞等物，及生熟豬羊肉、雞、鵝、鴨，及下飯海腊、鮝膘、鴨子、炙鰍、糟藏大魚鮓、乾菜、乾蘿蔔、菜蔬、葱薑等物，又有早閒賣煎二陳湯，飯了提瓶點茶，飯前有賣饊子、小蒸糕，日午賣糖粥、燒餅、炙焦饅頭、炊餅、辣菜餅、春餅、點心之屬。四時有撲帶朵花，亦有賣成窠時花，插瓶把花、柏桂、羅漢葉，春撲帶朵桃花、四香、瑞香、木香等花，夏撲金燈花、茉莉、葵花、榴花、梔子花，秋則撲茉莉、蘭花、木樨、秋茶花，冬則撲木春花、梅花、瑞香、蘭花、水仙花、臘梅花，更有羅帛脱蠟像生四時小枝花朵，沿街市吟叫撲賣。及買賣品物最多，不能盡述。及小兒戲耍家事兒，如戲劇糖果之類：行嬌惜、宜娘子、鞦韆稠糖、葫蘆、火齋郎果子、吹糖麻婆子孩兒等、糕粉孩兒鳥獸、像生花朵、風糖餅、十般糖、花花糖、荔枝膏、縮砂糖、五色糖、線天戲耍孩兒，雞頭擔兒、罐兒、楪兒、鑞小酒器、鼓兒、板兒、鑼兒、刀兒、鎗兒、旗兒、馬兒、鬧竿兒、花籃、龍船、黄胖兒、麻婆子、橋兒、棒槌兒，及影戲線索、傀儡兒、獅子、猫兒。又沿街叫賣小兒諸般食件：麻糖、鎚子糖、鼓兒餳、鐵麻糖、芝蔴糠、小麻糖、破麻酥、沙團、箕豆、法豆、山黄、褐青豆、鹽豆兒、豆兒黄糖、楊梅糖、荆芥糖、榧子、蒸梨兒、棗兒、米食羊兒、狗兒、蹄兒、蟹兒、栗稷、豆團、糍糕、麻團、湯團、水團、湯丸、餶飿兒、炊餅、槌栗、炒槌、山裏棗、山裏果子、蓮肉、數珠、苦槌、荻蔗、甘蔗、茅洋、跳山婆、栗茅、蜜屈律等物，並於小街後巷叫賣。遇新春，街道巷陌，官府差顧淘渠人沿門通渠；道路污泥，差顧船隻搬載鄉落空閒處。人家甘泔漿，自有日掠者來討去。杭城户口繁夥，街巷小民之家，多無坑厠，只用馬桶，每日自有出糞人瀽去，謂之傾脚頭，各有主顧，不敢侵奪，或有侵奪，糞主必與之争，甚者經府大訟，勝而後已。

（清）顧禄《清嘉録》卷三《犯人香》 府城隍廟，俗稱大廟。郡中市肆，懸旌入行，以及聚規、罰規，皆在廟臺擊牲演劇。

（清）董誥《全唐文》卷七六五《李遠・日中為市賦以日中而市，易志所明為韵**》** 曜靈正中，交易必萃。諒農皇之善制，著噬嗑之明志。蓋取諸酌中以畫一，用取夫定準於列肆。遂得販繒之子，候當午以員來；抱布之徒，恐移廛以忽至。於是旗亭滅影，賈旅協時。睹稠人之並凑，測端景以交期。雜錯相酬，而豈畏日之將夕；貿遷以退，寧夏其室信遠而。是前王之所則，實後代之攸資。當夫相高以夸，美言爲市。競駕肩以求進，争掉舌而明旨。貨聚於未央之標，州處於已逾之紀。咸寸陰而時惜，望兼贏以畫履。衆寶麇至，族蟻同風。當大明之方盛，求善價以不窮。葵藿未傾而靡僭其候，有無交鬻而久執厥中。物各以時，貨遷乃日。瞻陽烏之未旰，索青蚨以競出。質劑由是與行，權於焉積實。則知日以中爲政，市以利爲名。不求端以取表，奚立法而作程。俾居物致富之流，心之有待；方不盈不縮之際，時即可明。景既惟恒，人得其叙。何遠珍之不至，曷近利之爲阻。賈用不售者當此之歸，求之不得者於焉獲所。此乃時不差，利同射。亘五都之所共，歷百王而不易。是以知日中爲市之義，豈空書於往籍。

寺觀分部

論說

（明）**蔡清《虛齋集》卷四《民情四條答當路》** 天下僧田之多，福建爲最。舉福建，又以泉州爲最。多者數千畝，少者不下數百。以無君無父之人，兼飽食煖衣之奉，何所不至？而吾良民，旦夕疲筋骨，曾無卓錐之產者何限？各處無徵田糧，灑派貧民者，又何限？其僧田爲豪右巧計僭據者，又何限？經云君子裒多益寡，稱物平施。若以今富僧與貧民較之，可謂不均之甚矣。且古有限民名田之議，況於僧道？今日當道君子，盍請諸朝，量減寺院多餘田畝，分給貧民爲業，亦古者授民以田之意。或以補賠，無徵粮田，亦所謂截長補短之意。此其所大利者民也、官也，其謂不利者，特僧、道耳。而終莫決意舉行，不知其所顧惜者何居。其餘已當面論者，兹不及記。

（清）**董誥《全唐文》卷六三四《李翺·與本使楊尚書請停率修寺觀錢狀》** 伏見修寺疏，閣下出錢十萬，令使院共出十萬，以造石門大雲寺佛殿。翺性本愚，聞道晚，竊不諭：閣下以爲斂錢造寺必是耶，翺雖貧，願竭家財以助閣下成；如以爲未必是耶，閣下官尊望重，凡所舉措，宜與後生爲法式，安可舉一事而不中聖賢之道，以爲無害於理耶？天下之人，以佛理證心者寡矣，惟土木銅鐵，周於四海，殘害生人，爲逋逃之藪澤。閣下以爲如有周公、仲尼興立一王制度，天下寺觀僧道，其將興之乎，其將廢之乎？若將興之，是符融、梁武皆爲仲尼、周公也；若將廢之，閣下又何患其尚寡，而復率其屬合力建置之也？院中判官，雖副知己之命，然利禄遠仕，亦不以貪也，豈無羈孤親友由未能力及賙之歟，何暇出錢以興有損無益之務。衆情不厭，但奉閣下之命而爲耳，拳拳下情，深所未曉。伏惟憫其拙淺，不惜教誨。若閣下所爲竟是，翺亦安敢守初心以從而不爲也；若其所言有合於道，伏望不重改成之事，而輕爲後生之所議論。意盡辭直，無任戰越。

（清）**董誥《全唐文》卷六三四《李翺·再請停率修寺觀錢狀》** 率修寺觀錢事，前後已兩度咨聞，伏請停罷。前奉處分云：要與換寺觀家人院蒲葵屋，以爲火備，此後任停，既已計料支給訖。後奉處分又云且更待一兩月者。伏以前件錢於公家無補，但實置稅名，公議所非，爲日固久。不厭尚實，但苟思壯麗城池，開化源孰大於此？若閣下尚不改易，則弊終無已。何特愛於此，因循未革，自仲尼既殁，異學塞途，孟子辭而辟之，然後廓如也。佛法害人，甚於楊墨，論心術雖不異於中土，考教蹟實有蠹於生靈，浸溺人情，莫此之甚，爲人上者，所宜抑焉。閣下去年考制策，其論釋氏之害於人者，尚列爲高等，冀感悟聖明，豈不欲發明化源，抑絶小道。何至事皆在己，而所守遂殊。知之不難，行乃爲貴。況使司稅額，悉以正名，幸當職司，敢不備與舉？伏見朝廷故事，一人所見，或不足以定是非者，即下都省衆議，則物情獲申，衆務皆理。倘翺見解凡淺，或未允從，院中羣公，皆是材彥，伏乞令使院詳議，惟當是從，理屈則伏，不敢徇己。實下情所望，屢有塵黷，無任戰慄，翺再拜。

綜述

（宋）王溥《唐會要》卷五九《尚書省諸司下・祠部員外郎》　延載元年五月十一日勅：天下僧、尼、道士隷祠部，不須屬司賓。開元十年正月二十三日，勅祠部：天下寺觀田，宜准法據僧、尼、道士合給數外，一切管收，給貧下欠田丁。其寺觀常住田，聽以僧、尼、道士、女冠退田充，一百人以上不得過十頃，五十人已上不得過七頃，五十人以下不得過五頃。

《天盛改舊新定律令》卷一一《為僧道修寺廟門》　一、國境内番、漢、羌中僧人、道上所屬居士、行童中，及前僧人、道士等中爲座主者時，能完整解説般若、唯識、中道、百法、華嚴行願等之一部，解前後義，並知常爲法事者，國師及先住座主、別有巧智師傅等，當好好量其行，真知則居士、行童可人僧人中，衣緋，爲座主，勿得官。先前僧人、道士□道士者爲僧人，彼等一律先衣典者當衣緋而爲座主，好者可得官爵。其中番漢和尚不知切韻，不許爲座主。【略】

一、諸人修造寺廟爲讚慶，爾後年日已過，毁圮重修及另修時，當依讚慶法爲之，不許尋求僧人。又新修寺廟□爲讚慶，捨常住時，勿求度住寺内新僧人，可自舊寺内所住僧人分出若干。若無所分，則寺侍常住鎮守者實量寺廟之應需常住，捨一千緡者當得二僧人，衣緋一人。自三千緡以上者一律當得五僧人，衣緋一人。舍三千緡當得三僧人，衣緋一人。不許別舊寺内行童爲僧人，及新寺中所管諸人賣爲僧人。

一、諸人修造寺廟，捨常住物者，數當足，而爲讚慶。不許不聚常住物，欺騙官方。倘若違律，報者、捨者，局分人等有所欺瞞，依貪贓枉法罪之從犯判斷，擔保者當再比之減一等，常住數當置足。

《通制條格》卷一六《田令・典賣田産事例》　元貞元年十一月，中書省。陝西行省咨：安西路普净寺僧人侁吉祥，告西鄰王文用，將門面并後院地基偷賣與宮伯成爲主。不見各處軍民典賣田宅，若與僧道寺觀相隣，合無由問。禮部照擬得：僧道寺觀常住田地，即係欽依聖旨不納税糧，又僧俗不相干，百姓軍民户計，雖與寺觀相隣住坐，凡遇典賣，難義爲隣。參詳合准王文用已賣西鄰宫伯威爲主。者省准呈。

《元典章》卷一九《户部・田宅・民田・和尚與百姓争地》　至大四年十月初十日，中書省：

奏過事内一件：和尚每根底與來的常住地土，不揀誰休争者麽道，宣政院官奏過，開讀了聖旨來，將百姓每的田地，是常住麽道，昏賴的也有。倚着與來的常住混雜，不教争呵，不中也者。奏呵，不教争呵，不中。似這般相争的，教廉訪司官歸斷者。麽道，聖旨了也。欽此。

《元典章》卷一九《户部・田宅・典賣・賣業寺觀不為鄰》　至元八年三月，尚書省：

來呈：濟南路：延安院張廣金告：段孔目將相鄰本院田産賣與楊官人爲主。照得舊例：官人、百姓不得將奴婢田宅舍施、典賣與寺觀，違者價錢没官，田宅奴婢還主。其張廣金雖是地鄰，不舍批問成交。得此。本部義得，即今别無定例，如准前擬，似爲相應。呈奉者堂，准呈，劄付教總攝所施行。

《元典章》卷三三《禮部・釋道・釋教・和尚不許妻室》　至元二十八年十月初八日，宣政院官奏奉聖旨節該：

有媳婦的和尚有呵，宣政院官人分揀者。壞了的寺每根底修補者。種田呵，種納的數目，俺根底説者。道來。欽此。

《皇明條法事類纂》卷一三《户部類・禁革寺觀田土投獻典〔賣〕與王府例》　一、禁投獻。照得江西所屬僧道寺觀，不下千餘。自前至今，各以田糧爲籍，所司驗其田糧多寡，照依民間一體當差。近來多有鄰近寺觀大户，侵佔原額田土，不與納租。亦有無籍僧道，花費錢穀，失誤糧差，因而通同旗校人等，輒將寺觀田土投獻、典賣與王府，取銀使用。王府差人下鄉勘踏，攪擾不一。及至徵收租穀，不分豐歉，一概取盈，佃小民被害尤甚。又有官豪勢要之家，通同盗賣，及有等軍民，爲因兩家田土争（兢）〔競〕不明，或先賣與人，價銀低少，俱各朦朧獻與王府。其投獻之人，畏懼照例充軍，卻乃（典）〔寫〕立典賣文契，以爲掩飾。（往往）〔及至〕事發，因（而）〔有〕文契，止照常例發落。臣惟此等僧道（遇）〔軍〕民私將田土投獻、盗賣，非惟貽（罪）〔害〕小民，抑具有誤糧差，若不嚴加究治，慮恐傚尤者衆。乞敕該衙門計議，合無轉行巡按江西監察御史並按察司，今後但有僧道軍民人等將田地投獻王府者，事發，不拘有無典賣契書，僧道民人，一體照例問發附近衛所，(分撥)〔軍〕發邊衛，各充軍，田土斷還寺觀及原主管業。其官豪勢要之家並一應軍民人等，有盜賣寺觀田土，或侵佔，或耕〔種〕不與納租者，事發，買主、賣主、佃户俱依律問罪。倍追花利給主，回還寺觀，價追入官。仍行巡按御史出榜禁約。如此，則法令嚴明而姦弊不生矣。前件，會議得，太監劉倜奏稱，江西所屬寺觀田土，多被鄰近大户、僧道人等通同旗校，盜賣與王府及官豪勢要。軍民人等亦有盜賣，并包占佃耕，不與納租等項。係干詞訟，律有明禁。合行所司，遇有此〔等事項〕，依律問斷施行。(共)〔其〕稱僧道軍民人等，通同旗校，將争〔兢〕〔競〕不明並〔賣〕過〔田土〕及寺觀田土投獻王府，畏懼例該充軍，卻乃寫立典賣文契掩飾。及至事發，因有文契，止照常例問罪發落。要將僧道軍民人等投獻田土與王府者，不拘有無典賣文契，僧道民人問發附近衛所，軍發邊衛，各充軍一節。查得見行事例，妄報投獻田土，發邊衛永遠充軍。今若不拘有無典賣文契，一概問發充軍，中間恐有(無)典賣實情，未免用刑失當。合無行令各該衙門，(因)〔今〕後遇有此等(因)〔人〕犯，務要推審明白。如果將争(兢)不明並賣過田土，及僧道將寺觀田土，各典賣及盜賣與人，各依律問擬發落。若無典賣實情，止是朦朧投獻王府，假捏典賣文契掩飾者，照例問發邊衛充軍，田土給還寺觀及應得之人管業。如此，則用刑不濫，事體適宜。

《明會典》卷一七《户部·田土》 凡勳戚寺觀田土，洪武十五年，令天下僧道常住田土，不許典賣。

正統十三年，令各處寺觀僧道。除洪武年間置買田土，其有續置者，悉令各州縣有司查照散還於民。若廢弛寺觀遺下田莊，令各該府州縣踏勘，悉撥與招還無業及丁多田少之民。每户男子二十畝，三丁以上者三十畝，若係官田，照依減輕則例，每畝改科正糧一斗，俱爲官田。如有絶户，仍撥給貧民，不許私自典賣。

景泰三年，令各處寺觀田土，每寺觀量存六十畝爲業，其餘撥與小民佃納税糧。

成化十六年，令福建僧寺及有寺無僧田土，每寺除徵糧及百畝以下，其多餘田地，給與小民領種。

嘉靖八年，令各撫按官、委官查勘所屬州縣原額税糧内絶户無徵，並沙壓崩陷若干，就將所在原無糧差寺田，盡數查出照例起科，遇造黄册，編入里甲，一體納糧當差，以補前數，不許勢豪之家乘機侵奪。又令各撫按官查有荒廢寺觀無僧行住持，及遺下田産無人管業者，照彼中時價召人承買，改名入册，辦納糧差。

九年題准，查勘過順天、保定、河間、真定、廣平、順德六府，所屬通州大興等六十七州縣，勳戚内臣寺觀莊田、共四百一十九處，計地四萬四千一百二十五頃四畝七釐八毫五絲七忽一微七塵，除原係官民草場糧地，例該退給及雜占自種蘆葦等項外，實堪耕種徵銀不等地二萬八千六百六十五頃二畝九分零。照例每畝徵銀上則三分，中則二分，中下則一分五釐，下則一分，解部給領。其順天、保定、河間、廣平四府所屬昌平、大興等三十六州縣，勳戚等官開墾置買不行報官納糧，與旁枝等項應革莊田，并各莊田内，量出多餘地土，及先年查勘還官莊場同鷹房司革過草場等項，共一百九處，計一萬三千二百八十四頃一十七畝二分六釐九毫五絲五忽五微九塵。除雜占不堪耕種外，堪種徵銀不等地五千二百六十二頃八十二畝六分一釐二絲七忽七微七塵。另築封界，量地減輕徵銀解部，轉發太倉銀庫，接濟邊餉。管莊人役盡數取回，如違照例，問發邊衛充軍。各寺觀莊田，亦於佃户内審立莊頭一人，收解該州縣給領，不許僧道自行收租。

十六年題准，福建廢寺遺田實係拋荒者，召佃納租，依期與民糧帶徵，若係有僧行住持，編入里甲，納糧當差者，俱令照舊管業。

二十一年題准福建各寺觀田土已賣者俱要收入承買人户内，納糧當差，見在者若盈五頃，抽田一頃，五十頃抽田十頃，仍給僧道掌管。每畝除糧外納租銀一錢備賑，不及前數者勿論。

(清)董誥《全唐文》卷九八六《闕名·少林寺准敕改正賜田牒貞觀六年六月》 少林寺今得牒稱，上件地往因寺莊翻城歸國，有大殊勳，據格合得良田一百頃。去武德八年二月，蒙敕賜寺前件地，爲常住僧田，供養僧衆。計勳仍少六十頃。至九年，爲都維那故惠義不閑敕意，妄注賜地爲口分田。僧等比來知此非理，每欲諮改。今既有敕普令改正，請依籍次附爲賜田者。又問僧彥等：既云翻城有勳，准格合得賜田，當時因何不早陳論？翻城之時，頭首是誰？復誰委知？得款稱：但少林及柏谷莊，去武德四年四月翻城歸國，其時即蒙賞物千段。准格合得者，未被酬賚之間。至五年，以寺居僞地，總被廢省，僧徒還俗，各從徭役。於後以有翻城之功，不伏減省，上表申訴。至七年七月，蒙別敕：少林寺聽依舊置立。至八年二月，又蒙別敕：少林寺賜地肆拾頃、水碾磑一具。前寺廢之日，國司取以置莊。寺今既立，地等並宜還寺，其教敕案今並在府縣。少林若無功勳，即是雷同廢限，以有勳勳，別敕更聽存立。其地既張頃數，恩敕還僧。尋省事原，豈非賜田？不早改正，只是僧等不閑憲法。今謹量審，始復申論。其翻城僧曇宗、志操、惠等，餘僧合寺爲從。僧等不願官爵，惟求出家，行道報國。若論少林功勳，與武牢不殊，武牢勛賞合地一百頃，自餘合賞物及闕地數，不敢重論。其地肆拾頃，特敕還寺。既蒙此賚，請爲賜田，乞附籍從正。又準格以論，未蒙僉賞。但以出家之人，不求榮利，少亦爲足。其翻城之人，是誰知委者？僞轘州司馬趙孝宰，僞羅川縣令劉翁重，及李昌運、王少逸等，並具委者。依問僧彥、孝宰等所在，款稱其人屬游仙鄉，任饒州弋陽縣令無身。劉翁重往在偃師縣，李昌運、王少逸等二人屬當縣現在者。依狀牒偃師勘問翁重，得報稱：依追劉翁重勘問。得報稱：少林寺去武德四年四月內，衆僧等翻轘州歸國是實。當翻城之時，重見在城所悉者。又追問李昌運等，問得款與翁重牒狀扶同者。又問僧彥等，既稱少林僧等：爲歸國有功勳，未知寺僧得何官？款稱：僧等去武德四年四月二十七日翻城歸國，其月卅日即蒙敕書慰勞，敕書今並見在。又至武德八年二月，奉敕還僧地肆拾頃，敕書今並見在。當時即授僧等官職。但僧等止願出家，行道禮拜，仰報國恩，不取官位。其寺僧曇宗蒙授大將軍，趙孝宰蒙授上開府，李昌運蒙授儀同。身並見在者，並追在手敕教及還僧地符等勘驗有實者。少林僧等先在世充僞地，寺經廢省。爲其有功翻柏谷塢，功績可嘉，道俗俱蒙官賞，特敕依舊置立其寺。寺既蒙立，還地不計俗數，足明賚田非惑。今以狀牒帳次，准敕從實改正，不得因茲浪有出没。故牒。

《臨臺灣舊習慣調查會第一部調查第三回報告書·寺廟》 臺灣的寺廟大多未遵守律例規定的限制：由人民自由建造，因而通常由創立人任意決定規模大小，向境內民眾募款建造。亦有由同祖籍之人捐造者。【略】

臺灣的寺廟財產有田園、房屋、魚塭、山地及由公秤、渡船發生的收益權等，基隆慶安宮對海埔填築地徵收地基租，滬尾福祐宮對入港的船隻徵收燈塔費，寺廟的財產又稱公產或廟業。

一、設定：廟產大多由寺廟倡建入募款買置，例如由潮州籍捐款建造三山國王廟及購置土地，泉州籍捐款購置鳳山龍山寺公產，漳州籍醵資購置鳳山開漳聖王廟廟產，臺南三郊商人捐款建造水仙宮、天后宮、義民祠及購置廟產。亦有由人民直接向寺廟捐地基，或由寺廟承典、承胎田園之例。

二、管理：廟產通常置董事管理，未置董事則由爐主管理。

三、處分：廟產是爲永久經營寺廟而設者，原則上不得典賣。寺廟損壞必須修理時雖然得以典賣，但要經全體信徒同意。

四、廟產名義：大多以神佛爲業主，亦有以寺廟、董事、設定廟產的鳳體或該團體的代表人爲業主者。例如由臺南的六街民衆在道光年間捐設的武廟廟產（房屋）是以總簽首爲業主，臺南三郊創建的水仙宮、天后宮及義民祠廟產是以三郊代表人蘇萬利、金永順及李勝與爲業主。

臨臺灣舊習慣調查會第一部調查第三回報告書·神明會》神明會是由同鄉、同業、讀書人或親友等爲奉祀神佛而設的團體，其目的在皈依神佛，亦有兼顧會員各人的利益者。此等神明會均無營造物，僅以團體存立而已。【略】

神明會的會員要捐獻磧爐銀購買香爐及神像或佛像，並以結餘爲基金，如奉祀寺廟的神佛則不必購賣神像或佛像。亦有捐獻田園、家屋等不動產，或以歷年祭祀費的結餘購置此等財產者。【略】

神明會的附屬財產通常稱爲公業，並以神佛、會名、董事或首事爲業主，由爐主、首事或董事管理，收益依照章程所定充爲祭祀經費，有剩餘則（甲）充爲基金或公益經費，（乙）贈與其他寺廟，（丙）歸於會員或爐主等。公爲原則上不得典賣，但亦有經全體會員同意典賣者。【略】

神明會依注重會員與注重附屬財產分爲社團與財團。

一、具有社團性質的神明會會員，通常少而確定人數，入會及退會要

遵守慣例或規約，對會的財産及經費有權利與義務。【略】

權利義務：會員原則上對該會的財産及經費有平等的權利義務，此財産的持分稱爲股份或股額，亦有會員一人擁有有二股以上，其他會員皆擁有一股之例。該會的財産收益，章程規定得以分配時有權按股份分配，而且得以典賣，規定不得分配則要在該會解散後始得分配。會員的權利義務得由其子孫繼承，子孫有二人以上時以□分指定繼承人，或編人公業由各房輪流管理。

紀事

《舊唐書》卷九八《李元紘》 李元紘，其先滑州人，世居京兆之萬年。【略】元紘少謹厚。初爲涇州司兵，累遷雍州司户。時太平公主與僧寺争碾磑，公主方承恩用事，百司皆希其旨意，元紘遂斷還僧寺。竇懷貞爲雍州長史，大懼太平勢，促令元紘改斷，元紘大署判後曰：南山或可改移，此判終無摇動。竟執正不撓，懷貞不能奪之。

《遼代石刻文編・景州陳宫山觀雞寺碑銘大安九年》 以宣傳而自任，負才幹以時推。衆祈住持，兼命提點。計術有取，威惠胥均。積庫錢僅五千緡，廣莊土逮三千畝。增山林餘百數頃，樹菓木七千餘株。總佛宇僧房，洎厨房舍次，兼永濟院屬寺店舍，共一百七十間，聚僧徒大小百餘衆，物産豐美，惟附舊以增新：謀畫指令，凡一唱而百和。

《遼代石刻文編・添修縉陽寺功德碑記壽昌元年》 樞密院令史、太子洗馬鄭昉撰。

縉陽寺者，古之禪房院也，光啓二年，爲創置之始，雖年代寖遠，而壯麗（下闕）。我大遼國先朝聖宗皇帝，初以鑾輿南幸，駐蹕於此。登臨觀眺，深思物（下缺）寺殘僧少山院細路高，乃命筆題於壁面，於今一百三十餘載。龍鳳之（下缺）興宗皇帝偶因巡幸事，亦稽先太平間，賜號曰縉陽。蓋其形勝崇麗，（下缺）名與實相副矣。次至今上睿孝皇帝於清寧年，追思往事，駕幸於此（下缺）田之意。遂施銀一十兩，絹一十疋。有當寺持念沙門奉潤，幼拋俗愛，早悟（下缺）耆年而益進，如巖松老而不改，如海月高而愈明，其問受先君之遺（下缺）具萬矣。嘗念出家而爲俗務，實達人之所耻也。況知本性虚□忍（下缺）室散浮雲爲福田。盡出所蓄，咸集上善。遂命耆人而揆日，召梓匠（下缺）一所，并内藏金菴於内，共施錢七百餘貫。次於北隅建洞（下缺）建土地伽藍堂兩位，並神從五十餘事。復於寺前起五（下缺）壁畫彌陀□氏來迎相二壇皆以締搆者盡爽巧飾繪者（下缺）外猶有積餘積，仍每年筵僧二百人。迄今二十餘年，未當有（下缺）粟一千碩，錢五百緡，每年各息利一分。壽終之日，永入（下缺）

輪，如日月之運傳之無窮。自餘勝因，不可殫述。初録（初，一作粗。）（下缺）之詞多驗其所行，則實曰仁人之利溥。博俾千古（下缺）皇朝建號壽昌元年（下缺）

（宋）李燾《續資治通鑑長編》神宗熙寧八年四月　戊寅，司農寺言：州縣百姓多捨施、典賣田宅與寺觀，假託官司姓名。欲令所屬榜諭，聽百日自陳，改正爲己業，仍依簿法通供敷納役錢。從之。

（元）馮福京《昌國州圖志》卷七《叙祠・寺院・宫觀》道隆觀在州之南，奉東嶽行祠，往宋敕觀額。田一百餘畝，地一百畝，山五百畝。【略】文昌宫在州東學之側，往宋咸淳五年邦人士剏建，以祠事梓潼帝君，爲其司桂籍而主斯文也，恒産係於貢士莊内撥。田一十三畝一十六步，地三畝。【略】

普慈寺距州治三里許，【略】田三十六頃二十畝，地一十頃四十八畝，山六十五頃一十二畝。吉祥寺去州三十里，【略】田四十五頃十四畝，地六頃一十六畝，山七十三頃四十二畝。延福寺在富者鄉之三者，舊名羅漢院。【略】

田四十三頃七十八畝，地九頃五十五畝，山六十三頃七十七畝。萬壽寺在富都鄉之五都，舊名永福。【略】田四十九頃三十二畝，地九頃五十五畝，山一百二十八頃四十三畝。興善寺在富都鄉之溪口，【略】田八頃九十九畝，地九頃五十五畝，山二十頃六十六畝。回峯寺在金塘鄉之岑江，往宋建隆元年建賜。【略】田六頃六十五畝，地七頃八十八畝，山十頃七十九畝。隆教寺在富都鄉之七都，【略】田十六頃七十八畝，地七十頃六十七畝，山二十四頃四十七畝。祖印寺在州治東南寺，【略】田三頃四十六畝，地五頃七十九畝，山十四頃七十六畝。保寧寺在安期鄉之馬秦山，舊名保安，晋天福元年建。往宋治平二年賜今額。田七頃三十二畝，地四頃三十六畝，山十五頃五畝。潭石廣福寺在安期鄉之二都，舊名崇壽。往宋端拱二年建。熙寧元年易名壽聖，紹興三十二年賜今額。田一頃二十五畝，地二頃九十四畝，山四頃五十一畝。華雲寺在蓬萊之朐山，舊名香蘭周，顯德七年建。往宋高宗南渡，改錫今額郡人迂齋樓公有跋，石刻尚存。田三頃一十九畝，地四頃三十一畝，山四頃九十四畝。普明寺在蓬萊岱山，【略】地三十六畝，山三十三畝。資福寺在蓬萊鄉之五都，晋天福八年建。田一十二畝，山一十三畝。封崇寺在安期鄉之桃花，舊名資福，又名資國。周廣順元年建，往宋大中祥符三年賜今額。田四頃三十五畝，地一頃四十四畝，山八頃一十二畝。保安寺在州東北金塘鄉之蘭山，漢乾佑二年建。田三頃四畝，地一頃三十畝，山七頃九十四畝。廣福寺在金塘鄉之册子山，與回峰寺隔一渡，剏於往宋治平間，賜額壽聖，淳祐改名廣福。田七頃三十九畝，地八十五畝，山十頃五十九畝。翠蘿寺在金塘鄉之海西，成於唐開成，廢於會昌。往宋建隆中錫以銅鐘吴越國受封奉國，又鎮以鐵塔，寺一名金鐘。田四頃五十九畝，地二頃二十八畝，山六頃九十三畝。化城寺在金塘鄉之烈港，舊名羅漢。漢乾佑元年建，往宋治平二年賜今額。田一頃五十六畝，地二頃二十九畝，山二頃十二畝。普濟寺在金塘，周廣順元年，黄檗山僧神静開山，名山門院。往宋治平二年賜額。田一十三頃十七畝，地三頃六十九畝，山八十九畝。梵慧寺在金塘。【略】田二十八頃四十畝，地二頃三十七畝，山十六頃四十四畝。超果寺在蓬萊鄉之岱山，舊名資福，晋天福二年建。往宋治平二年賜今額。叅政樓公鑰有記。【略】田五頃二十五畝，地二頃四十七畝，山六頃九十六畝。

（元）單慶修《至元嘉禾志》卷一七《碑碣・報忠觀置田記》　淳祐己酉，南湖趙公諗於朝，願以聽履坊居宅改創道觀，以伸區區報親忠國之微忱。乞錫報忠爲額，仍撥長春一庵，割本家田十頃，隸觀常住，歲收租給道士熏修費，併贍其徒。中書省下之儀曹，儀曹下之郡，咸言宜蒙聽許。越明年，堂帖下，迺請四明戴廷圭主觀事，已而入爲太乙宫。高士義烏宗純一繼之，又以選爲金庭觀去。未幾，公亦蜕塵寰矣。二子，法曹君崇烈，登仕君崇憖克念厥紹，匪懈益虔。亡何，登仕君遽早世，法曹君恪遵先志弗渝，謂純一疇昔從公游最久，且經始預有勞，走介鄭重挽致，純一亦幡然以來。其再領衆也，觀事加治。圭，撮無私焉。純一，忠簡公五世孫，予外弟也。法曹君於是介純一屬予爲之記。【略】咸淳五年秋七月，朝散大夫，行太常丞，樞密院編修官兼權尚右郎官黄夢炎記。

（元）單慶修《至元嘉禾志》卷八《碑碣・興聖寺記》天以皇朝，世有明德，惠洽黎民，申眷命於高宗，中天立極，用再造我區夏。孝宗夙自秀邸，毓質少海，以承堯禪，祇若慈訓，誕保此丕丕基。精一執中之傳，有光往牒。維今嘉禾興聖禪院，則上聖載育之地也。斗樞繞電而壽丘輯慶，赤龍游河而慶都孕靈。帝命溥將百神，先後父老傳頌，可考不誣。慶元更元，州陞爲府。迨嘉定戊辰歲昉，因守臣希道之請，加賜軍額。仍即其所規作梵宮，扁以今名，所以紀長發之祥，示四海以有尊也。地接縣治，位置褊淺，無以肅視瞻。甫及四紀，而支傾植僕之不暇，守土者何以辭其責？今皇帝在位之二十八年，郡當擇牧。上念畿輔股肱，烈祖在天之靈不忘顧歆，命大臣差擇其可寄以赤子者，得太府丞臣與峕於班列，即日佩以章綬。始至，款謁廟廷，退而諏之僚吏曰：漢制，郡國得立祖宗原廟。我國朝陪京及車駕嘗所臨幸，咸即寺觀創殿，以奉於神御，而洛師之應天，啓聖則又即誕生而紀瑞也。維茲興聖，伯父臣希道實倡之。粤四十有五年，而臣與峕嗣領郡，寄臣與弼同時持常平使者節按部浙右。前此苟有而未全者，若有待焉。失今不圖，人謂斯何！往復究度，舊基之左右乃牙民產，倍其直以償之。由殿堂門廡以及庖庫皆革其故而取其新，不侈不陋，十閱月而崇功成。捐官莊田地二百七十有七畝，合舊田地爲一千八百二十有八畝，畀寺僧以給齋廚。費出於臺，郡撙節之餘，不以勞民。是役也，大宗正、嗣秀王臣師彌實主其議，拜疏闕下。上爲援筆大字書流虹聖地，興聖之寺八大字，命鋟梓塗金，揭之新刹。龍蟠鳳翥，日麗星暉，耆老聚觀，感慕灑泣。【略】淳祐十一年龍集辛亥仲夏初吉謹記。中大夫寶章閣待制、新知婺州軍州事兼勸農使、眉山縣開國子、食邑五百户、賜紫金魚袋程公許撰。

（元）程文海《雪樓集》卷九《玉堂類藁·敕賜碑記·大護國仁王寺恒產之碑》　本院若大都等處者得水地二萬八千六百六十三頃五十一畝有奇，陸地三萬四千四一百一十四頃二十三畝有奇，山林、河泊、湖渡、陂塘、柴葦、魚、竹等場二十九，玉、石、銀、鐵、銅、鹽、硝、鹼、白土、煤炭之地十有五，栗爲株萬九千六十一，酒館一。河間襄陽、江淮等處提舉司提領所者得水地萬三千六百五十一頃，陸地二萬九千八百五頃六十八畝有奇，江淮酒館百有四十，湖泊、津渡六十有一，税務閘壩各一，内個人户總三萬七千五十九，實賦役者萬七千九百八十八，殿宇爲間百七十五，櫺星門十，房舍爲間二千六十五牛具六百二十八，江淮之。官司者百三十有三。

（元）蘇天爵《元文類》卷一九《曲阜孔子廟碑》　國初封建宗室，畫濟、兖、單三州爲魯國大長公主駙馬濟寧王分地，置濟寧總管府，屬縣十六，曲阜其一也。濟寧守臣按檀不華恭承詔旨，會府尹、僚佐、鄉長者謀曰：方今對天子守成尚文，此鄉風化之源，禮義之所從出，爲守臣者敢不對揚休命，以廟役爲任。首出泉幣萬緡，衆翕然助之，傭工雇力，市木於河，輦石於山，掄材於野，宗棟、櫨、桷、楹、礎之屬悉具。又得泗水渠堰積石數百，石罫稱是，露階釦砌，咸足用焉。郡政之暇，躬爲督視，甄陶鍛冶，丹雘髹漆，以至工師廪積，各有司存。經始於大德二年之春，屬歲祲中止，蔵事於五年之秋，不期月而告成。殿矗得檐，亢以層基，繚以修廊。大成有門，七十二賢有廡，泗、沂二公有位。黼坐即遷，更塑鄆國像於後寢。締構堅貞，規模壯麗，大小以楹計者百二十有六，貲用以緡計者十萬有畸。落成之旦，遠近助祭者衣冠輻湊，衆庶瞻顒，千祀祖庭，頓還舊觀。於是衍對公治遣其子曲阜令思誠奉表以聞，且以廟碑爲請。會選胄子入學，擢思誠國子監丞。特敕中書賜田五千畝以供粢盛，復户二十八以應灑掃，仍卜翰林書其事於石。【略】

《元史》卷二〇《成宗紀》　〔大德五年二月〕詔節雲南行中書省減内外諸司官千五百一十四員。增江浙戍兵。戊戌，賜昭應宮、興教寺地各百頃，興教仍賜鈔萬五千錠；上都乾元寺地九十頃，鈔皆如興教之數；萬安寺地六百頃，鈔萬錠；南寺地百二十頃，鈔如萬安之數。

（清）張金吾《金文最》卷二四《記·大陽資聖寺記李俊民》　資聖寺在縣北四十里大陽社。北齊文宣天保四四年癸酉，梁元帝承聖二年也。號永建寺。至武成河清二年癸未，建石塔二級。後唐明宗長興四年癸巳，立尊勝幢。宋真宗天禧四年庚申，改賜資聖寺。周圍三百六十三步。屋宇二十八間，共一百二十椽。與碧落治平院、澤州浴室院，皆法眷也。本寺素乏常住，且過者稀。貞祐兵火後，居民蕩析，鄉井荆棘，寺機於廢。里人王簡等亦流落四方，艱苦萬狀，默有所禱，異日平安到家。當捨所有以答佛力。既歸，乃以所居之正堂五間與本寺，修香積位，其殿宇寮舍，缺者完之，弊者新之。靡不用心焉。且語耆老曰，本社宋阿李生前爲無後，將本户下地土一頃五十餘畝施於本寺充常住，見今荒閒有無，借衆力開墾，給贍本寺爲修飾潤色之費。仍與住持增添鉢，不負我輩報恩之願。衆衆欣然諾之，命本寺僧行廣主其事。

（清）張金吾《金文最》卷二九《記・孟子祠記貞祐元年》 唐口山北有陽山，陽山北有孟軻冢在焉，今四基山者是也。景祐五年春，置廟於其旁，取門人之高弟配焉。以此，子子孫孫，奕世相傳，居多近其所，歲時奉祭家廟。元豐六年十月，因吏部尚書曾孝寬言於朝曰，孟子有廟在鄒。未有封爵載在祀典，況先儒皆有封爵，孟軻氏，萬世所法，厥惟舊邦，古有祠宇。宜封爵以示褒崇，遂特加鄒國公。元豐七年九月，蒙朝廷詔賜庫錢三十萬，增修其祠，其像服九章，樂正子配享，公孫丑、萬章俱侍左右，給其賜田，以嚴洒埽，宜其後嗣蕃衍。

（元）俞希魯《至順鎮江志》卷五《田土》 道觀五百八十四頃七十七畝八分五釐。丹徒縣六十七頃九十六畝一釐：有司，民六十七頃一十一畝一釐：財賦，官五十八畝。丹陽縣，有司，民一百三頃一十六畝五釐七毫。金壇縣，民四百一十三頃六十五畝八分一釐三毫。

田二百八十七頃一十九畝二分三毫。丹徒縣三十四頃九十五畝九分四釐：有司，民三十四頃六十三畝六分九釐：財賦，宮三十二畝二分五釐。丹陽縣，有司，民七十二頃四十三畝三分四釐七毫。金壇縣一百七十九頃七十九畝九分一釐六毫。

地八十三頃六十四畝二分八釐一毫。丹徒縣二十九頃八十四畝四分一釐：有司，民二十頃三十一畝六分六釐：財賦，官五十二畝七分五釐。丹陽縣，有司，民二十六頃九十三畝一分。金壇縣，有司，民三十五頃八十六畝七分七釐一毫。

山二百九頃四十八畝二分二釐。並係有司，民。丹徒縣一十二頃一十五畝六分六釐。金壇縣一百九十七頃三十二畝五分六釐。

池塘九十四畝四分九釐六毫。並係有司，民。丹陽縣二十七畝九分三釐。金壇縣六十六畝五分六釐六毫。

雜產三頃五十一畝六分五釐。並丹陽縣，有司，民。

僧寺舊有一千二百三十五頃五十五畝四分四釐六毫。丹徒縣八百七十五頃五十八畝二分六釐六毫：有司，官司七十三頃二十八畝二分五釐二毫，民六百二十七頃九十一畝三分三釐五毫：財賦，官一百七十四頃三十八畝六分七釐九毫。丹陽縣，有司二百三十八頃古十九畝一分一毫：官七十二畝八分七釐三毫，民二百三十七頃六十六畝二分四釐五毫。金壇縣，有司，民一百二十一頃五十八畝六釐二毫。

四七百六十二頃八十六畝四分四釐四毫。丹徒縣四百九十頃七十七畝九分七釐四毫：有司，官七十頃九十九畝七分五釐二毫，民三百六頃一十五畝四分；財賦，官一百一十三頃六十二畝八分二釐二毫。丹陽縣，有司一百九十頃六十四畝八分二釐八毫：官七十二畝八分七釐三毫，民一百八十九頃九十一畝九分五釐五毫。金壇縣，有司，民八十一頃四十三畝六分四釐二毫。

地二百六十四頃五十二畝一分一釐四毫。丹徒縣二百一十七頃五十畝二分五釐四毫：有司一百九十頃五十五畝九分八釐三毫：官二頃二十八畝五分，民一百八十八頃二十七畝四分八釐三毫；財賦，官二十六頃九十四畝二分七釐一毫。丹陽縣，有司，民四十七頃一畝八分六釐。

山一百五十七頃三十九畝六分七毫。並係有司，民。丹徒縣一百一十六頃五十二畝七分五釐七毫。丹陽縣七十二畝四分三釐。金壇縣四十頃一十四畝四分二釐。

蕩一頃八十九畝四分三釐。並丹徒縣。有司，民一頃三十六畝一分七釐。財賦，官五十三畝二分六釐。

池塘六頃七十四畝三分五毫。並丹徒縣。有司，民六頃七畝八分五毫。財賦，官六十六畝五分。

雜產四十二頃一十三畝五分四釐六毫。並丹徒縣。有司，民九頃五十一畝七分二釐。財賦，官三十二頃六十一畝八分二釐六毫。

《金代石刻輯校・張温墓誌大定二十六年》 後至正隆間，於見居東南隅，係祖莊舊址，舍地建道院，目以會真庵。十方善士來而居者，以己財供給不綴，乃酬宿願。大定癸未，奉符應無名寺觀許買名額，乃備錢十萬送官降榜，金額曰太虛觀。請應州渾源縣岳神山龍泉觀道士王志水主持，仍度道士高洞真、張洞明、段洞玄等。觀有老君正殿，西有北極殿、廚庫、齋庵、廊廡門宇，營造一新。塑繪真像、靈官、賢聖安設如法。

契約文書

《清代乾嘉道巴縣檔案選編・嘉慶二十一年僧德懷賣約》　立出賣柏樹文約人興福寺住持德懷。

情因連年旱魃負下，會項沉重，僧於二月初十日請憑山主諸人恭議，今將寺柏樹四百根，出賣與蒙永順名下。彼即憑衆面議時市九八紋銀三百二十兩正，彼時僧憑衆收定銀十二兩五錢足，其餘下欠之項，定限四月初十日蒙姓進廠交銀二百伐木，以下之項，俟貨下河一半，價銀概楚，如若四月初間蒙姓有誤，其樹憑隨寺僧發賣，蒙姓不得問及僧定銀之事，亦不得借事生非。倘蒙姓伐木之日，若有人異言阻止，其有蒙姓進廠資用，亦應有僧道魁、僧明鑒、山主雷學謙、雷致和等亦應承擔。其餘未在之樹不得擅行打朽。恐在下河木料在途攀壞他人糧食，以及木料失落，概不與寺相涉。此係二家情願，其中並無敢屈從。今恐無憑，立出賣約一紙爲據。

雷開封
憑衆人　雷登賢
雷學祥
石占鰲筆

嘉慶二十一年丙子歲二月十八日　立出賣柏樹文約人住持僧

《清代乾嘉道巴縣檔案選編・福寧寺僧照文等當約》　立出當田地文約福寧寺僧照文，並值年會首張應昇、王澤遠、餘正昇、吴金繩、劉紹武等。

情因嘉慶十二年修造樂樓負債多金，難於支持，情處無奈請憑地方人等商議，將本廟木魚堡田土一段，正座土庫瓦房一向五間，草厢房二向，出當與范朝禮名下出銀承當，彼即面議，時值當價九七色銀六百兩整。其銀僧照文並值年會衆親收領訖。其田地四至界畔，憑會衆足踏手指明白，並無紊亂。自當之後，憑衆范姓招佃耕種，僧照文，會首等不得異言。至於軍需、倉谷、大糧、雜派等項，有僧照文承納，不與范姓相涉。年限五載，銀到田回，兩無異言。今欲有憑，立出當田地文約一紙爲據。

實計時值當價九七色銀六百兩整。係盧榮彩天平比兑。

嘉慶二十一年九月二十六日憑衆揭請此約故紙。

會首　吴金紳
張應坤
憑會衆　夏元明
趙廷舉

嘉慶十四年九月二十日　立當約寺僧照文

《臺灣私法人事編・人・品性・宗教・神明會及父母會・神明會股份之鬮分》　立分田會單字人國濱、國寶同姪阿來，承振文公遺下有田園神會之業，上年分家之時，此業係仍歸衆未分。本欲共守百世，相繼無窮者矣，然又恐子孫久遠，難以共守，所以又請叔姪前來，將田會各均相稱，再作三股，憑鬮分撥，編定福、禄、壽三字爲鬮。其正份田半過五分七厘壹毫貳絲正，又帶三山國王會壹份，上天燈會壹份，上天燈右邊福德會壹份，有應公會貳份，看天田會壹份，玄天上帝會壹份，新北港聖母會壹份，田尾福德會壹份，二永橋會壹份、七份聖母會壹份貳厘正，義渡會壹份，作壹股爲壽字鬮號。自分以後，各安其鬮分之業，永遠經管，日後不得異言生端，亦不得混争侵佔。他年熙翼詒謀，先祖之裕後已大；箕裘先緒，子孫之繼接彌長，又何難以瓜瓞螽斯之餘，承先志而復振家聲於邇日也哉！恐口無憑，再立分田會單三紙，各執一紙爲照。

一、批明：看天田會壹份，上天燈會壹份，上天燈福德會壹份，有應公會壹份，批明此四份退頂刈於長房伯國濱承頂。並田半過屋三間，共交長房伯經管，批明。

一、批明：此鬮壽字號之業，歸於二房永遠經管。

叔與雲
在場　弟寶山
兄據忠

光緒拾八年壬辰歲二月十三日

立分田會單字人　國濱　姪阿來　同立
國寶

《臺灣私法人事編・人・品性・宗教・臺灣之寺廟・民廟承典田産例》

立典契字大臺南市街枋橋頭前街四十五番户陳球，有承先遺下園壹宗，大小共貳坵；又帶藍拔草坪壹所，址在仁和里桶盤淺莊，土名大林社。現蒙政府土地調查：地番九零番，園甲數一甲八分五厘四毫五絲，全年地租四元八拾貳錢。今因乏銀費用，先儘問房親叔兄弟侄不肯承受，外托中引與重整法華寺繼起人總代張禹鼎出首承典，三面議定時價七三銀貳百大員。其銀即日同中收訖；其園併坪隨即對佃踏明界址，交付銀主前去掌管，收成納課。面限捌年爲滿，聽球備足契面銀贖回原典契字，鼎不得刁難。保此園並坪果係承先人之物業，與房親叔兄弟侄無干，亦無重張典掛他人財物爲碍，以及來歷交加不明等情；如有此情，球自出頭抵擋，不干銀主之事。此係二比甘願，各無反悔，口恐無憑，合立典契字壹紙，丈單壹紙，地租傾收證壹紙，共三紙，送執存照。

即日同中見收過典契面時價七三銀貳百元足，再炤。

一、批明：業主有祖先魂墓，在園邊坪地，典主不得侵犯墓地亦不得許他人建成魂墓；如俗要用墓地，典主與業主商議可也，再炤。

一、批明：典主繼實屬法華寺，其重整繼起人總代張禹鼎乃爲出首承典當管理人者，再炤。

一、批明：此宗業細二坵，東至車路；西至坪溝；南至陳家園；北至程家坪；四至明白爲界。其上手契劵業經遺失報明在案，合併聲明，再炤。

光緒三十一年四月　日

知見母　陳會氏
立典契字人　張　球
爲中人　蔡　昌
代書人　鄧汝山

案例文書

（清）李之芳《棘聽草》卷六《讞詞・產業・分守道一件為親殛違滅事》

審得徐紹興向從事於白寇，索寶巖寺僧徐元址之餉，此舊事也。寶巖寺者，乃宋時馬宦所建，置田飯僧，其墓即在寺傍，松楸鬱葱，責僧世守，則此清净焚修之地，非左道之可以混褫也。紹興自投誠歸田，復倡皈依茹齋之教，往來寺間，以致僧人控縣，冀免目前混擾之累，抑所以報疇昔索餉之愆。該縣責而懲之，紹興銜恨於心，然圖彎弓以報無由也。於是唆馬常告徐元址於武義縣，紹興父徐景七作証，已經審結，再唆控憲。夫馬常所控者，蓋指寶巖寺傍之墓爲祖隴，被僧殘毁故也。今查馬氏子若孫有自然、夏麗二派，向住東陽，距寺墳二百里，歷年拜掃，收寺租以供祭祀，即馬承祖、馬思傑、馬光卿等是相傳舊册，歷歷猶存，其爲嫡裔無疑。馬常相距寺墳百有餘里，乃永康安田之馬，向來祭掃、收租皆不得與，其非正派明甚，何呶呶不已耶？即所控毁碑盜葬，馬承祖等供無此事。夫人未有不自愛其祖墓，而反左袒於寺僧者，益知馬常欣然聽紹興之唆而有此鳴，特欲冒其宗爲將來墳之階耳。故承祖等辯其真僞，不得不力也。馬常、紹興相應併杖，而於寺僧元址亦不能無議焉。縣勘伐木亦真，雖藉爲修寺之用，但喬松古栢蔭庇攸關，而擅乃摧敗，甚非當日建寺守塋之意也，併杖示儆。

（清）李之芳《棘聽草》卷六《讞詞・產業・臬司一件為蠹國抄占事》

審得張六吉乃張文佃之子，寂源、寂繼係法隆寺僧，其本姓皆張也。究其起訟之初，不過因寺田四畝七分耳。原於萬曆十五年間，寺因修塔費用，得價一十八兩，經官給帖，賣與張姓。至崇禎十年，大造清田歸寺，其後住持僧寂德又將前田仍照原價，復盜賣於六吉父張文佃。今所以爭告者，在二僧謂寺田之宜歸寺，而六吉則謂萬曆年間給有官帖爲據，本以田土結訟。此皆事之小者，奈何六吉遂以僞劄誣之哉？前者謂此劄出於張文明之手，今細審文明並非寂源親叔，堅不肯認原劄之由來，衹云寂源等於上年六月初二夜半持至其家，彼即投明於張文佃。夫僞劄所關匪細，寂源何爲忽然而送於文明家，誠不可信。即言投明，又何不投於通都地保，而偏投於因田結訟之張文佃耶？再訊之劉繼仁、傳璘煥，供寂源原名張伯輕，而萓伯慶，則一字之訛已失千里。況僞劄種種疑情，憲臺洞察如犀燃而燭照乎！總之，金屬多事之餘，此等僞劄多難深論，據張應進言：必係兵營中所拾來者。此一語真足破千古之疑，而劄所從來俱不必究。第六吉持此誣人，而駱圖、黄永悉屬鬼名，青青子衿，何其善賦《子虛》乎？姑從杖儆。問誰爲附和發此難端，則張文明誠不能逭於並杖，但前田六吉原有價買，今賣田寂德既逃，相應提本僧至日，將原價追還六吉，而原田歸寺可也。

《清代巴縣檔案彙編·乾隆□□年正里九甲民郭延藩等告狀》　爲統兇估霸，叩憲拘究事。

情因白雲寺前僧累債數百金，力不能支，交僧修奇焚獻。無如常住無幾，山多田少，峻嶺石坡，無從開墾，每年僅收租二十餘石，不敷寺用，古刹將傾，蟻等寺鄰思係境内香火，不忍頹敗，約集甲内公議，共捐出錢三百千贖當。廟宇崩敗，神像不妥，更屬難安。因思四圍民業，皆在開硐挖煤，寺地無碍，荒山似可與民一體開挖煤碳、放佃收租，以培三寶。九月十二，蟻等合甲寺鄰，以懇示培修稟憲，沐准批，另録陳。惟慮棍徒滋累，懇示以杜滋擾，荷蒙賞示。蟻等向僧修奇出立佃約，每年納租錢二百千，培補神廟。現交錢一百千，修奇立給放約，隨蟻等挖煤，事屬允協。

雜録

（宋）洪邁《夷堅志甲》卷五《妙智寺田》　建昌新城縣妙智寺，有田皆上腴。會寺僧盡死，寓客吕郎中來郡城卜築，垂涎其産，囑諸邑宰張君，欲承佃。吕之女嫁軍守孔摺之弟，張畏其挾勢，遂給與之。寺以是廢，並屋室亦毁撤無遺。張臨受代，夢客通謁，自言爲妙智寺土地，以田爲請曰：可令吕公見還，而别命僧主持香火，脩理院舍。不然，且速禍。凡三夕，連夢皆然。及罷去，復夢來謁而加懇切。張悔懼，具告吕，吕殊不顧省。張調湖北安撫幹官，未赴而卒。吕夢張服緑袍如平生，偕寺土地來，斥數其貪，仍警以咎譴，申言再三，吕竟不聽，其長子又從而羽翼之。未幾，除守蜀中郡，行至武昌而死。長子繼亡。

（宋）洪邁《夷堅志戊》卷一〇《程氏買冠》　浮梁臧灣士人臧慶祖，娶妻程氏，恩義甚篤。程年不及三十而亡，臧念之不替。每日上食靈几，必自設匕箸於側，與相對飲饌，夜則寢其幃室，雖葬畢亦然。嘗往田舍收租，祝之曰：我今出西莊，暫捨汝去，勢須留一月。已戒某妾謹潔供饈矣，無用戚戚。遂行。有商客從臨川來，尋常以篦頭釵鑷就灣中販鬻者。客時到其家，程在簾下呼問：有何物？具以名色對。取而視之，擇買魚枕冠一頂，曰：要錢幾何？曰：千五百。程曰：年年買爾物，物有所值，何必索價？償爾百可乎？客初未肯爲市，徐念往來此地歲久，人情習熟，誼不應校，即留冠受直。暮還旅店，就主人語歎幹運之難，曰：今日趨走營營，只是細一官人宅買得一冠耳。交易費力，銷折本錢，去住無門，將若何而可？主人言：你且慢説本利，定見鬼，彼家孺人已歿，人口至少，那得更有婦女尚買冠子！客意貌惶擾，拊腰間布囊，摸所貯錢，頓覺怯薄。出而觀之，錢形固在，而絶輕。投諸溝水無聲，且浮而不沉。極驚異，亟再至臧宅，審正晝語言處，儼然如初。一妾出，扣所以至。客以事告，妾曰：吾娘子下世，只我與兩箇小兒共處，誰買汝冠！豈誤耶？客猶不深信。請入堂訪，只見原冠在靈席上。悚愕而退，汗下如雨，返視水中錢，成爛楮矣。

學校分部

綜　述

《通制條格》卷五《學令・廟學》 大德十年五月，中書省。御史臺呈：興舉學校關防錢粮等事。禮部議擬事理，都省准呈。

一、學官人品不同，真僞混淆。今後教官得代，如任内學粮未足，荒田未開，廟宇損壞，教養無實，不許朦朧給由。其或行止玷缺，文學疎謬，就便究停。本部議得，各處贍學錢粮，令路府州縣文資長官，提調關防知數，除廩給師生、修理廟宇外，不許破用。教授任滿，提調官照勘得別無侵欺粘帶，方許給由。或在任有行止不臧、忝居師席者，從廉訪司糾彈。

一、學校田土，本以養士修學，今學官職吏，或賣作荒閑，減額收租，或與豪家轉令僕佃兼併，及巧立名色，濫行支破，正俸之外，又作隨侍子弟等供。本部議得，諸處學田收租，各隨鄉土所宜，師儒俸廩，自有定例。學官、職吏，減額收租、轉令僕佃，豪户兼并、濫行支破等弊，令提調長官關防革去。

一、學校錢粮本爲作養人材而設，各學視爲已物，每歲派分。今後除學官禄米、貧士口粮外，所有錢粮，計其多寡，盡以養贍生員。提調正官，時一下學挑試生徒，其有講説不通，文理不明，以次責罰。在籍儒人，不遣子弟入學，别習他業，量事輕重，申各處提調官究治。本部議得，學粮贍養師生，天下通例。生員多寡，各隨所宜。至於試講程式，教訓規程，並勤墮賞罰，令各處提調正官，朔望依例詣學省視，嚴行課責。

一、貧寒老病之士，爲衆所尊敬者，月支口糧養贍，明有已降聖旨，所在學官多不欽承，却有伎術游謁之人，挾恃要取，虚糜廩粟。今後仰本學推舉衆所尊敬貧老之士，欽依養贍，鐵餘盡汰去。本部議得，貧寒老病之士，驗各處錢粮多寡，依例養贍。其間若有冒濫，從各處提調學校正官改正。今後應養之士，從學官列名保舉，府州司縣申覆到路，體覆是實，發下本學，令教官支付錢粮養贍，仍牒廉訪司體察。

一、學院所以教養人材，嚴祀先聖。先聖之所，褻瀆飲宴，明有禁例。間有各學容縱已替學官，將帶家小，公然占住，其爲褻瀆甚矣。今後似此占住學校之人，廉訪司官嚴行究治，并問本學官容弊之罪。本部議得，各處學官携帶家屬於廟宇内褻瀆居止者，擬合禁治。

《通制條格》卷五《學令・廟學》 至元三十一年七月，欽奉聖旨：諭中外百司官吏人等，孔子之道，垂憲萬世，有國家者，所當崇奉。曲阜林廟，上都、大都、諸路府州縣邑廟學書院，照依世祖皇帝聖旨，禁約諸官員使臣軍馬，毋得於内安下，或聚集理問詞訟，褻瀆飲宴，工役造作，收貯官物等。其贍學地土産業及貢士庄田，外人毋得侵奪，所出錢粮以供春秋二丁朔望祭祀及師生廩膳。貧寒老病之士爲衆所尊敬者，月支米粮優恤養贍。廟宇損壞，隨即修完。作養後進，嚴加訓誨，講習道藝，務要成材。若德行、文學超出時輩者，有司保舉，肅政廉訪司體覆相同，以備擢用。本路總管府，提舉儒學，肅政廉訪司，宣明教化，勉勵學校。凡廟學公事，諸人毋得沮壞。據合行儒人事理，照依已降聖旨施行。彼或恃此非理妄行，國有常憲，寧不知懼。宜令准此。

《元典章》卷三一《聖政・興學校・至元三十一年四月詔》 學校之設，本以作成人材。仰各處正官、教官欽依先皇帝已降聖旨，主領敦勸，嚴加訓誨，務要成才，以備擢用。仰中書省議行貢舉之法。其無學田去處，量撥荒閑地土給贍生徒，所司常與存恤。

(明) 海瑞《教約》卷七 一、學校類置公堂銀兩，蓋於生員之冠婚入學幫補起復等事，酌爲科歛以充學中費也。夫冠婚等事，諸生寧無小費乎，有力者當共助之，義也。今反科剥，其道何在。或又謂無公堂銀，則諸師費用無自平天下也。乃今不能小小以禮齊家耶。此等人不足與有爲，可知矣。

(清) 陳生雄《義門陳氏宗譜》卷首《家法三十三條》 一、立書堂一所，東佳莊弟姪子息有賦性聰敏者令修學，稍有功業應舉者見置書籍，外須令添置於書生中立一人，掌書籍出入，須令知悉者照管，不得遺失。

一、立院學一所於住之西上教授童蒙，每年正月擇吉日起舘，至秋九月解散，童子年七歲令入學，至十五歲出學，逐年於書堂内擇一人有養者爲先生，一人爲副，其紙筆墨硯並出庫宅主事收買應付。

《臨時臺灣舊習慣調查會第一部調查第三回報告書・書院的性質》

書院的沿革

中國古來有所謂郡國鄉黨之學，即由熱心教育的賢士及大夫設學舍於各地，招收學生的組織，並成爲後世書院的起源。【略】

書院的經營

書院通常以官民捐款設立經營，並由官府監督，例如學海書院受淡水縣，臺南海東書院最初受臺厦分巡道，後來受臺灣道監督。亦有由官府經營者，例如臺北登瀛書院由禮房兼辦董事的事務，由府儒學教授兼任院長，明志書院遷至新竹後由新竹縣禮房兼辦董事的事務。

《臨時臺灣舊習慣調查會第一部調查第三回報告書・書院田及書院租》

書院的財產不僅田園，亦包括房屋、魚塭、蔗廍、基金及大租權，並稱此等財產的收益爲書院租。臺灣的書院田始於康熙四十三年設崇文書院時置之，通常以官民捐款買置或以人民争訟田、隱田即隱瞞不報逃避糧的田園充用。亦有在寺廟與書院間互贈租穀者，此種情形通常在此方有餘而他方發生不足時爲之。明志書院的書院田在淡水縣内，因而由淡水即臺北與新竹兩地士紳協議後，經官府許可分贈給學海書院及明志義塾，亦有由官府命令分贈之例。書院租由董事管理，亦有官府管理者，據説學海書院租由淡水縣帳房管理，充爲員工薪俸及膏伙銀等。

書院租通常充爲：甲、院長、董事、監院、院丁薪俸及津貼。乙、書院修經費。丙、春秋祭祀費。丁、膏伙銀等。書院田通常以書院爲名義出□，亦有以官府地爲名義出□者。就書院田由官府管理或出□，移轉書院租亦要經官府許可言之，難免發生書院田是否爲官有的疑問，但書院田爲書院而設，要親爲屬於書院，明志書院租由臺北與新竹的士紳協定歸屬即其例證，且在光緒年間清丈時規定擁有小租權的書院，應由該書院領單承糧。

書院不僅有權使用收益書院租，且經官府許可後得以自由處分。明志書院經臺北府許可，將書院租贈與學海書院及明志義塾。學海書院撥出基金承典大租權。未見處分書院租之例，但要經官府核准始得爲之。

書院田的佃人通常由主管官署發給佃批字等或以諭示證明。書院租大多徵收稻穀，亦有依時價折銀者，納期通常在六月及十二月。佃人滯欠書院租時由官府派差役命令其完繳，據説仍抗繳則抓來坐牢，亦有在契字註明滯欠租穀時要換佃者。

《臨時臺灣舊習慣調查會第一部調查第三回報告書・學田及學租》

學田是屬於儒學的財産，其租穀或租銀稱爲學租，所以學租是一種官租。日據後，書院及爲奬學而設的財團的財産皆視爲學田，并視此等財産的收益爲學租，但其性質與從來的學租不同。【略】

學田屬於儒學，而文獻曰：學田歸學官經營，招佃收租。學田係大租權時，儒學是大租户。田園及房屋等不動産屬於儒學時，儒學是此等財産的業主。

學田的收益充爲濟助貧困生員及文廟祭祀經費。【略】

學田大多是永佃關係，並以儒學正堂名義對佃人發給佃批字等作爲徵收學租的憑據。學租通常徵收稻穀，亦有按時價折銀徵收者，房屋及園地則徵收銀兩。各儒學的學租徵收方法未必相同，例如鳳山縣儒學由佃人直接繳納儒學，安平及新竹兩縣儒學由學斗向佃户徵收，徵收時期亦不一定。據説滯欠學租時要派差役催收或拘留滯欠佃人至完納爲止，亦有在佃批註明制裁方法者。

紀事

（宋）真德秀《西山先生真文忠公文集》卷二六《建安縣學田記》

建安縣故無學，韓公元吉，昉立廟以祀先聖，王侯元應，又立講堂二齋，學之制略具矣，而亡以廩士，猶未始有學也。寶慶丙戌秋，清源留侯來，謁款於廟，顧學雖頗具而未完，則命撤其蔽，垣其闕，植以叢桂，氣象一新矣。獨廩給之費，莫知所自出，每春秋舍菜，先期補弟子員，賦以餐錢，俾與厥事。事已散去，惕焉爲弗寧。下車餘二年，畢力輕營，得在官之田若干，歲租僅百石，悉舉而歸之學，於是學之有田，侯實始之。書來諗予，願有志，予爲之歎曰：道二，仁與不仁而已矣，仁者視物由已，不仁者反是。蓋凡與吾並生天壤間者，皆同類也，於是同類之中，有位以爲之長，饑焉而哺，寒焉而衣，夫孰非吾責？況士者，又同類之秀乎，憫士之窮而無以養，此即惻隱之心，而仁之端也。且公卿大夫者，士之積耳，養之以成其材，勵其節，使善人衆多，當世有所賴，其仁不既大矣乎？世之爲吏者，鮮克知之，故常以學政爲弗急，雖養士之田素具，或轉而他用，或漫不省，聽其侵牟於吏，而奪攘於豪民。今建安有學無田，議者初不以咎，今留侯於此，迺獨恐焉，由已隱憂，朝思夕謀，必如所志而後已。推此念，其忍四境之内，有一民弗獲其養乎？予故曰：此惻隱之心，而仁之端也。雖然，侯之於士厚矣，士之所以自厚者，當何如耶？昔鄒孟氏之門人，有以不耕而食，疑其爲素餐者。孟子曰：君子居是國也，其君用之，則安富尊榮，子弟從之，則孝悌忠信。不素餐兮，莫大於是。今士之廩于官者，優游自佚，不幾於無事而食歟，吁養之厚，所以責之深也，夫用之則國安君榮。雖既往者之任，然培其可用之本，獨不在今乎？本者何？孝悌忠信是也。蓋四者，人之所以爲人，而士之的所以爲士者也。一或失是，且有愧於人，而況士哉？故聖門之教曰：行有餘力，則以學文，操觚吮墨，汲汲焉以徼利達爲事。而本焉之莫知？是則真素餐矣。有志之士，蓋亦竦然自厲，修之身以刑于家。有位焉，則推之以及於國，故人知君親臣子大義，大殖而弗渝，是則侯置田廩士本指。侯名元圭，字某，寔三朝賢相衛國忠宣公之孫云。紹定二年十月壬寅，浦城真某記。

（元）單慶修《至元嘉禾志》卷二五《碑碣·崇德縣縣學田記》　天下事無不可爲，利不主於己，則慮之必精，處之必當，行之必力。苟反是，則目睫之見，遑恤其它。惟志於得，寧論非據，顧護征營，首鼠弗確。事之小者猶不可爲，而況望其可以爲大乎！甚矣，利心之不可有也。一國、一家、一身，皆不可以利言。自其貪慾熏灼，患福相挺，則前日之所謂利者，皆害之藏也。爲士者修身厲行以爲常，隆師親友以求益。朝廷爲之設郡縣之學，爲人上者必將思其廩給，使之不以口腹之念分其理義之營。此所以學必有田，不可廢。闕田以養士，而士之有位於學者能盡心焉，則千歲之日猶一時也。輔公廣爲崇德縣主學，以其躬行君子者倡率其徒，以其師友淵源者出而浸灌之，謂學田之稽，其隱漏誠不可以已，然亦不可近於擿伏，非學之政。蓋慮田之僅存者，久復滿讕，當籍其數以防欺，又將有惡其害，已而去其籍，遂復勒之石，以期不渝，公可謂知所處而勇於行矣。嗚呼！公能私淑一邑之士，俾其深知理義，則斯石其可久。否，雖豐碑插棟，疾視在旁，乘罅排根，不去不止，恨不得駕十牛而仆之亟耳。是區區之尋尺者，果足恃乎！贍學舊凡八百斛，司存爲蠹。邑改以隸其庾氏，輾轉支謾，益漫漶不可考。慶元四年，有主學木君曇白之縣，遺簿曹行根括之令。所存僅八之一，士無以養，何責挑達？其時邑之由進士選者莫公元忠，號先達，與今知昭武蔡公開，知歷陽陸公垓合辭媲力，從漕、倉兩司乞撥沒官田若干，學又自置民産若干。今悉刊其畝步之所至，斗斛之所入，與租户若而人。《詩》不云乎我心匪石，不可轉也？後之人能知輔公之用心，斯其行也遠矣。嘉定六年五月初一日，朝散郎、權知嘉興軍府兼管内勸農事商逸卿記。

（元）單慶修《至元嘉禾志》卷一六《碑碣·府學重建小學置田記》

禾興爲今右輔，阜陵雨露醞淬，百姓蹈德詠仁，思樂泮水，鼓昕而袂襘如，廡士而誦琅如，獨小學爲闕。嘉定庚辰，吳君杜典教是邦，創學以淑侲子，誌未漫也。繼弗贍，暴者寒矣，曠焉幾五十年。咸淳丙寅，史君貳卿，星渚先生趙公以風教爲先務，請復舊觀。得沒入屋，僦直千芝，撙浮費益之，袤闢厥基，樸斲塈塗，器席纖鉅如式。補生徒額三十，延教導二員。日課《四書》，月試舉子業，歲而校。長陞，冠者列。行兩載，邦羈貫子願就學焉。校廩慳，懼無以裕來者。會畬齋先生王公自民部郎來守，下車戾頖，以《大學》詔諸生言，政必先及化。暇日以是白公，喜曰：教，校官事也；養，郡府事也。力勸於成，給芝楮萬，學爲貿田，董以前序，度宜立券。至有樂相其事者，得四百六拾六畝有畸，又撥没官田七畝三分，歲斂租米石共一百六十六餘。提學、漕使、敷文府卿蒲谿先生常公聞而嘉之，撥三十三畝有畸田以助，米石二十七有餘。於是别爲之儲，勑學職幾其出入。凡小學費辦於政，教養相資，庶幾其可久也。士相與言，禾校前所未有，是不可無志歲月，屬餘記之。【略】咸淳五年己巳三月望日，迪功郎、差充嘉興府府學增差教授方恢記。

（元）單慶修《至元嘉禾志》卷一六《碑碣·復學田記》 國家立學徧天下，學之制，小大不同，學士之版，衆寡不同，然莫不有土田以充儲廥焉。蓋迪士以教，贍士以養，可以兩備，不可以一闕。倘户外之屨孔多，廩人之粟不繼，此亦與教者所宜盡心也。官有閑田，猶將鰓鰓然謀之，我疆我理而不知求，可乎？惟嘉禾視漢三輔，宣德自近始。庠聲序音，日增月蕃，非下州遐障等。厥田宜與學稱，歲入乃素嗇，臺郡每捐羡賦以爲助。檢柅不恪，漁蠹交病，比歲滋以削聞。三山蕭君杞主教是邦，至之日，喟然曰：教，吾職也，而士慊一飽，徒教不能以自行，盍思爲續食計？舊田尚可考，無多求益，唯求其無所損。直學袁鎮、學諭沈應時善計會，遂命以簿正搜匿抉伏。未易枚算，其最甚則六和塔院昌據之田。初，院僧誘鶡冠顧氏取其田四百六畮，虚立賤買券約。已而夏姓民稱其家質田居十之一，僧不應言買，詣縣請贖。令從之，因論僧所受顧氏田不如律，告之郡，郡不私有，悉没以予學。僧屢訟屢衄，特以贖田者非質田子孫，有司僅給此田，餘在學，固無恙。會郡博士踐更，僧與胥爲市，乘罅去籍，併已没田揜而有之，涉年二十。閲儒官六七，弗究弗圖，稔僞成真。至是隱狀始盡白，乃疏於郡於臺中及漕。協心主盟，詰胥之姦，仍歸之學。僧怙囂，又訟之部，部亦坐僧非。是僧遂詘，乃合受田之數而歸其半。【略】嘉定十二年己卯三月既望，朝奉郎、充樞院編修官錢撫記。

（元）馮福京《昌國州圖志》卷二《叙州·學校·翁洲書院》 書院在州治之北，往宋師機應公傃讀書之所，登進士第，姪應公□接踵魁多士，官至參政，於淳祐年間理宗書賜翁洲二字，因以爲名。宗族媚黨之子弟肄業於中。聖朝混一各道，建立提學司，首以應翔孫任山長，而江浙行省例以爲闕。本院素無田産，翔孫於元貞乙未帥其子姪撥已分産，書院公其出納以爲教養之資。【略】

學官一員，山長。

屋宇：門樓五間，燕居一間，齋二，曰詩，曰禮。

講堂三間，扁曰德善堂。

祠堂二間，本晦庵朱文公儒先二應公。

田土：水田四十畝，塗田一百五十畝。

歲收：水田租穀六十二石九斗，塗田租穀每歲與佃户兩平抽分，豐歉不等。

錢糧

舊管：水田五百九十三畝四十五步二分，園地山地柴山一千一百三十二畝三角四十七步。砂岸三所，屋二座，坊基四所。

舊收：米二百二十一石一斗六升六合，穀四石，錢九百一十二貫六百八十七文十八界。

續添：田地園山，舊志無畝步，係郎孝祥没官業見徵。數内嚴耗十定，舊無之。始於元貞二年馮州判經理。

米折省斛一百五十九石七斗六升三合七勺五抄，穀二十七石四斗二升二合，小麥折省斛三十九石八斗五升八合六勺五抄，豆折省斛一十六石八斗二升五合，長短□岩租中統鈔一十錠。

（元）張鉉《至大金陵新志》卷九《學校志·建書院》 師府累政撥到田産四千九百八畝三角三十步，上元縣□三户，佃田七十三畝，又三十八畝，地二十一畝一角。縣戴自德等四十一户，佃田三百八十六畝二角四十二十步。溧水縣平登仕□一十四户，佃田三千伍伯四四百九十二。

（元）張鉉《至大金陵新志》卷九《學校志·建書院》 府累政撥到田産四千九百八畝三角三十步，上元縣徐提舉□三户，佃田七十三畝，又三十八畝，地二十一畝一角。江寧縣邵仁□一十户，佃田七十七畝三十八步。句容縣戴自德等四十一户，佃田三百八十八畝二角四十三步，地一十六畝一角二十五步，雜産二十六畝二角二十步。溧水縣平登仕等一十四户，佃田三千伍伯四十二畝四十七步。溧陽縣楊省四等□一十八户，佃田産四百九十二畝三十八步。歲入米一千二百六十九石有奇，稻三千六伯六十二石，菽麥一百一十餘石，折租錢一百一十貫七伯文，又有白地房廊錢。常州宜興縣管下房賃歲收見錢八十闕貫九伯文足，王監場獻列白地房廊三頃，右南廂丫頭巷北街白地賃錢，官減外日收一貫一百四十文足。崇道橋南馬司寨前白地賃錢，官減外日收四百二十五文。省係七十陌。鷄行街、魚市街、蘿行口房廊賃錢官減外日收二百六十文足。本府每月撥下贍士支遣錢五千貫。十七界官會並蘆柴四十束。凡錢粮官掌其出納，所支供奉有差，歲終有會。月俸山長一百貫，錢糧官二十貫，堂長一百貫，米二石，堂録六十貫，米一石五斗，講書五十貫，米一石五斗，堂賓二十六貫，米一石二斗，直學二十四貫，米一石二斗。講賓一十七貫，米一石二斗。司計一十二貫，米一石二斗。掌書一十五貫，米一石二斗。掌祠一十四貫，米一石二斗。齊長一十貫，米一石正供生員每名五貫。醫諭米七斗。日供職事生員米二升五合，造食錢三伯文。山堂長貼食錢七百文，堂録講書貼食錢五百文，堂賓至齋長貼食錢二百文。照親書、食簿支送不行。供者不支。宿齋職事、生員每夜支油錢二百文，堂長堂録講書每夜支油二兩，不宿齋者不支。寒月送炭自十月初一日爲始，至正月終，住支行食宿齋者全支，不宿齋者半支。凡支錢並用十八界官會。凡支米並用文思斛斗。官設山長、制置司幕官兼，後始朝除。

南軒書院祠南軒先生張栻本設精舍。

（元）張鉉《至大金陵新志》卷九《學校志·州縣學校》　句容縣學頽廢於兵火，至元三十年縣令烏延瑛創屋三間，扁曰芳潤。至大二年縣尹趙靖撤舊重建，繼以縣尹程恭延聘名士，訓誨生徒，遠近嚮慕。邑民獻地，增廣學宫，設唐劉鄴、張常洧二祠，於講堂西。後至元三年，刻累朝封號、綸音於石，置禮器、雅樂，繪兩廡從祀。至正二年，建屋於中堂，後扁曰止善。監縣尹閭、縣尹李允中、李博教諭、劉德秀□實綱紀焉。學計悉有常數。江寧縣學田一十二頃七十五畝有奇。上元縣學基地縱横三十丈，學田山地、水潭通計一千一百二十一畝二角三十三步，額租外荒地逐時開墾。句容縣學基一十九畝六分一厘，田一十六頃一十八畝七分一厘，地一頃六十二畝四分一厘，山五頃五十七畝三分一厘，塘五畝六分四厘。夏租小麥八十二石六斗三升，大麥一十四石三斗八升八合，中統鈔五定三十四兩七錢八分。秋租米二百二十六石五斗三升七合，黄荳一十六石八斗七升三合，中統鈔五定三十四兩七錢八分。

溧水州歸附初爲縣設主學、教諭。元貞元年陞州，設教授。二年知州儀武義，教授劉建行暨建大成殿及神庖，修理學舍一新，易明倫堂扁曰闕易四齋扁，曰篤實自得、明理觀善、鑄祭器闕元年同知倪顗、教授陳瑞□復蒲塘渡有記闕年以教思亭爲闕亭立，加封碑。延佑四年，繪從祀像。泰定三年闕□劄準監察御史順昌承德言增加田賦，置册立碑。至元元年，知州李衡、教授宋昇重建明德、尊道二堂，修殿及兩廡，增設訓導生徒，加舊其學，計見於碑刻。舊額田土田三十四頃六十二畝七分六厘，地一頃九十四畝七分二厘，山九十五畝五分，河渡一所，房屋一十四間隨屋地基租課，糙粳米七百二十四石七斗八升七合，小麥六十一石三斗六升三合，秈稻八百三十四斤，黄豆一石一斗，絲一十七兩二錢，中統鈔七定一十六兩二錢二分。新增田土田八十五畝四分九厘，地五十六畝三分，山二十七畝五分。堽地一十一畝七分九厘，蘆墩二畝五分，房屋三間半零一厦。隨屋地基及帶屋小巷一條，租課糙粳米二百七十五石七斗四升九合五勺，小麥二十一石六斗五升五合，黄豆一斗六升五合，絲六錢，中統鈔一十一定八兩六錢三分。

（元）張鉉《至大金陵新志》卷九《學校志·建設書院》　江東書院在城内永安坊塩倉街，至治元年五月郡人王進德剏建，子霖又爲營度。廟屋通六十餘間，地臨秦淮南，竹木脩茂，置田溧陽九百畝，供贍生徒。前翰林學士草廬吴公嘗於其中講授，羣士往從，受業甚衆。泰定元年定今額。

（元）張鉉《至大金陵新志》卷九《學校志·州縣學校》　溧陽州歸附初爲縣，設主學、教諭。元貞元年陞州，即以前宋縣學改爲學，設教授。大德五年，教授班惟志修學宫，建齋舍。東曰養正麗澤，西曰明德藻德，設小學齋，增學田三百八十餘石，卞應午記之。大德十一年改創大成殿，至治元年教授孔濤置雅。闕。建講堂及先賢祠，校官、廨舍規模有，加於舊其學計徵於官者，租糧白米二千□百二十三石四斗六升三合，貢士莊四百五十五石二斗六升五合，贍學一千九百五十七石三斗九升八合，租鈔一十九定。

（元）程文海《雪樓集》卷一一《記·重修南陽書院記》　大德五年冬，重修南陽書院成，大成殿，楚梓堂，日新、養正、尚志、立本四齋，凡新屋百八十礎，從祀兩廡武侯祠、鄉先賢祠，尊經閣，凡葺屋百八十八礎，木千有奇，瓦甓十四萬八千工萬二千二百，而殿之役最大。南陽書院者，宋淳祐中忠襄孟公所建也，時襄漢受兵士之流徙者聚於鄂公立學館六十間以處之，括田租、地利以養之，聘賓師陳俎豆以教之，又肖祀先正諸葛武侯，以表厲之，故名。某異時觀游其中而知公盛心也，後四十年。

（元）**袁桷等《延祐四明志》卷一四《學校考·義學》** 杜洲鄉學在慈溪縣西北三十里，至大二年童金創建。田四百畝一角二十七步，山三百二畝一角，地八畝，房舍五十五間，基地八畝，租穀九百五十九石一斗二升。減免分數高下收租蠟香爐花瓶四副，銅罍洗尊爵勺共一十隻，木俎豆共一十一隻，竹籩一十隻。

（元）**張養浩《張養浩集》卷一四《記·勅賜成都紫巖書院記》** 綿竹廣漢屬邑，北違邑二十里，爲岷山之麓，隆然復起者，爲紫雲巖，宋南軒先生張宣公栻故居也。餘皆蕪廢，惟讀書堂遺趾在焉。今光禄大夫行四川省平章政事趙公世延察判雲南憲司，時秩滿過蜀，偕同官郝如淵將起其廢以爲書院，其讀書堂則沿之爲祠，以奉先生之像，而未遑也。後公爲憲使四川，復申其議所屬，遂捐俸以先，且曰：里賢所居，存今僅此，不有以昭其遺烈，公論謂何？於是若吏若士民，欣助説從，合力以相厥役。乃命邑尹任某首創先聖燕居堂及先生之祠。功甫集，公改官西臺。會四川儒學提舉彭參嗣至，而公拜御史中丞，縣縣焉若負未庚，亟走書行省及爲憲司者，俾竟其事，而提舉彭參乃身任之。經始於延祐丙辰秋，潰成於戊午之春。地以畝計者二十，屋以楹計者二百有奇。齋序堂室，庫庚庖湢，凡學所需，靡不具。其先聖燕居堂，配以顔、曾、思、孟，西向列坐，應圖合禮。其制度精詳，規模宏敞，皆蜀所未有，臺臣圖之以聞，詔賜客曰紫巖書院。

（元）**虞集《道園學古録》卷七《記·西山書院記》** 建寧路浦城縣，真文忠公之故居在焉。其孫淵子言其族人用建安祠朱文公之比，築宮祠公，相率舉私田給凡學於其宮者，而請官爲之立師。江浙行中書省上其事，朝廷韙之，名之曰西山書院，列爲學官，實延祐四年四月也。是年，天子命大司農晏、翰林學士承旨某譯公所著《大學衍義》，用國字書之，每章題其端曰真西山云。書成奏之，上常覽觀焉。

（元）**虞集《道園學古録》卷八《記·滕州性善書院學田記》** 天曆庚午五月，滕州守洛陽曹侯振文，介前學正李德昭至京師來告曰：吾郡有性善書院者，大德四年，前守尚敏作義塾州治之南，其屋四楹，覆以瓦，其齋舍，茅茨而已。延師以教郡人之子弟，出己俸以率州士，得錢五千緡，貸諸人，取子息，以供師弟子之食。明年，以禮教鄉官地三頃給之。延祐元年，監察御史任居敬言於朝曰，昔滕文公嘗聞性善之説於孟子，宜表義塾曰性善書院。朝廷用其言，性善書院列於學官，置山長以爲之師。延祐二年，前守鄭某改築於滕之舊治。其宮之地凡八畝，右廟堂，以祠孟子，左講堂，翼以兩齋，以居業。張忙古歹繼成之，又給以使相鄉户絶地二頃一十五畝，如市鄉一十八畝。而鐸之來也，於學校之事不敢後，既爲深督其教養，脩完其宮墻屋室，治其用器之未備，究子息之亡失，地之見侵者，悉經理之。增給禮教鄉官地五頃，合其舊有凡爲田十頃三十餘畝。使滕縣簿明安荅兒、山長滕昂霄行田，表其畔，歲非甚侵，亦足以備用矣。鐸代者且至將去之，懼來者無所考，謹伐石載始末，請一言而表之。

（元）**蘇天爵《元文類》卷二九《記·考亭書院記》** 嗚呼！由文公以來，又百有餘歲矣。建考亭視魯闕裏，初名竹林精舍，後更滄洲。宋理宗表章公學，以公從祀廟庭，始錫書院額，諸生世守其學不替。龍門毋侯逢辰，灼見斯道之統有關於世運，故於此重致意焉。歲戊子，侯爲郡判官，始克修復，邑令古澶郭君瑛，又從而增辟之。乙巳，侯同知南劍郡事，道謁祠下，顧謂諸生曰：居已完矣，其盍有所養乎！書院舊有田九十餘畝，春秋祀猶不給，侯捐田爲倡，郭君適自北來，議以克協，諸名賢之胄與邦之大夫士翕然和之，合爲田五百畝有奇，供祀之餘，則以給師弟子之廪膳，名曰義學田。初，省府以公三世孫朱沂充書院山長，既殁，諸生請以四世孫朱椿襲其職。侯白之當路，仍增弟子員，屬其事於邑簿汪君蒙，且以書來曰：養可以粗給矣，而教之不可以無師也。謂禾猶逮前聞，俾與前貢士魏夢牛分教人小學，蓋有甚欲然者。既又屬禾記其事，其將何以爲詞？

（元）**黄溍《金華黄先生文集》續集卷八《碑文·上海縣學田記》**

上海由鎮爲縣之三年，縣始有學；又十年，學始有田；又九年，乃改作學於縣東如千步。延祐元年冬，張侯如砥來涖縣事。厥既延見諸生，視其居則，齋廬未備也，庖廪未充也；按其籍，則田之折於郡庠，若出於是邦之寓公者。歲爲米不盈四百石，惕焉深懼士失其養，而學政之弗舉。謀大其規制，爲久遠計而未知所出也。上人善能者聞之，請入私田四百九十五畮有奇，爲學官永業，以佐經費。侯既納其請，則白狀於縣，而輸券於學。主教事者方君遇，以爲向之克有學有田不易如此，而上大一念之頃，遽能不愛其所有，以弛吾乏絶之慮。是不宜使後之君子無述也，乃伐石，來徵文爲記。

（元）黄溍《金華黄先生文集》續集卷九《記・重修釣臺書院記》 釣臺有祠，創於范文正公作州之日，而重新於蕭侯燧。其有書院，則自陸侯子遹始，更王侯佖、趙侯汝歷，規制乃備。國朝仍其舊，設師弟子員，而鄰僧怙勢悉奪其恒産，以爲已有。訴之於官，僅復其半，所食者瘠田五十畝而已。間嘗入錢佃其旁官山三十頃，取鬻薪之奇贏以佐營繕之費，豪民欲擅其利，搆訟連數歲不决。至正元年秋，總管羅公下車，首務修明學政。偶閱其牘，亟命度其地之肥磽均而爲二，俾分佃之咸以爲平，而各安其業。山長沈元鼎方謀銖積寸累，以興壞而起廢，公復諭士人合私錢二千五百緡，助其弗給。土木之須，靡不畢具。元鼎尋書滿，徐天麟繼之。公以元鼎經畫有素，留使同竟其役。會達魯花赤高昌公適至，與公併志壹慮，臨事勸相焉，寮佐亦克交贊其事。而躬程督之勞，則縣達魯花赤亦剌馬丹也。屋以間計，凡四十有九。完舊者曰燕居殿，曰祠堂，曰清風堂，曰招隱堂，曰客星閣，曰山高水長閣，曰遂高樓，曰羊裘軒，曰懷仁、輔義兩齋。增新者，曰三公不换亭，曰天下十九泉亭，曰錦峯繡嶺亭，曰東臺、西臺兩亭。於登臺之路而爲門以識之，又作門其外，榜曰釣臺，曰富春山。庀事于是年之十月，而訖役於明年之五月。

《元史》卷一四《世祖紀》〔至元二十三年二月〕江南諸路學田昔皆隷官，詔復給本學，以便教養。

《元史》卷一七《世祖紀》〔至元二十九年正月〕甲辰，詔：江南州縣學田，其歲入聽其自掌，春秋釋奠外，以廪師生及士之無告者。貢士莊田，則令覈數入官。

（清）陳校風《滂湖陳氏宗譜》卷二《宗祠義學捐田碑記》 古之時，家有塾，黨有庠，術有序。入小學者，教之以禮樂射御書數之文；入大學者，教之以窮理正心修已治人之道。其上爲名臣碩儒，其次不失爲孝子悌弟温文爾雅之才，及後世學校衰而絃誦之風絀，然人不知學，家不知書，豈盡氣質使然歟？抑豈其性不慕歟？蓋有忠信之質，或生長於飢寒，雖甚有志，無由謁先生之廬而請業也。戊子歲，廷元假館於滂湖，宇尊陳先生家，先生每與余論此事，以爲常人重財，視宗族如路人者，大約過爲其子孫計耳。吾目之所見，祖父積勤積儉克長其子孫者，十不一二，而惟積學之家世澤最長。余欲族中子弟之無力者，皆得就學知書，奈無地可爲學舍，有志未逮。越明年，遷宗祠於茌山之麓堂廡室庭廊其有容慨然曰：是可以館先生授弟子業矣。乃捐田二十餘畝存祠爲修膳資，願學者聽其來，以成永久之計。蓋先生數十年之志於此始遂，他日孝子悌弟温文爾雅之才接踵而興進爲名臣碩儒，皆先生之造也。先生好義樂施，一切公舉無所讓，兹更以嘉惠來學爲己任，乃知其爲子孫計者，在此不在彼。

乾隆庚寅四月駱廷元記。

《臺灣私法物權編・物權之特別主體・學事・碑文》 聖天子御極二十有二年，海宇廓清，以其地置郡縣，南屬鳳山建宫於蓮池潭上，山明水秀，臺之登科自鳳山始。時事在草創，所建文廟啓聖祠制猶樸略也。十餘年來，鳳雨飄徭，僅存椽瓦，先聖廟堂窘於寒暑。四十三年，萊陽宋公永清以平川令，調宰兹邑，行釋菜禮，愴然念之曰：鳳山自有君天下來，版圖未入，文教不施，今聲名文物得與中士媲美，稱爲盛事；苟廟宇隘陋，無以禮聖天子尊師崇儒至意，伊誰之責哉！於是請上憲集紳衿捐俸輸將，鳩工興建，高丈前制，增兩廡櫺星門，因地制宜，靡不周備，垣墉丹漆，塗塈以法，誠壯麗巨觀也，侯之用心可謂至矣！侯猶慮無以廣聖澤，爰設義學，置學田，其爲厥廟籌更深也。士嶽來教是邑，諸往具陳其事，諸爲文以紀。士嶽謂：文廟告成，士皆歡戚，從此子益知孝，臣益知忠。上文章者顯當世，立事業者昭後代，莫不由文教中來。是則侯之爲政能達本也。功德大矣，豈特以廉明勤慎爲良吏也哉！謹刻石以記。康熙四十七年十月既望，鳳山縣儒學教諭施士嶽記並書。

契約文書

《清代乾嘉道巴縣檔案選編・嘉慶五年九月二十日巴縣申》　四川重慶巴縣爲樂施濟公，以據作育事。本月八十三日案據直里七里職員龔載鼎稟稱：現在東川書院肄業生童衆多，膏火不敷，職願將故祖龔文翰先年去制錢四百九十釧得買正里九甲萬元鄉弟兄等座落地名白碚田土一分，原在萬代相户内鏟撥條銀二錢六分，捐入東川書院。以作生童膏火。並將原買紅契繳案，撥糧招佃，以垂久遠，等情。據此。卑職查職員龔載鼎素來好義爲懷，居心慷慨，今情願將分受祖業捐入東川書院以作生童膏火，實屬可嘉。卑職應如所請，準其將田土一分捐入東川書院外，即飭書赴彼，勘明該處界址，查明條糧，飭撥院册，另募佃户劉天禄出備押銀七十兩，揭還前佃，每年認納租銀二十六兩，歸書院以資生童膏火。並添刊書碑記外，所有捐施招募緣由，除經報導憲外，理合具文申報憲臺，俯賜查核立案。爲此備由另文（册）申乞照驗施行。須至申者。

《臺灣私法物權編・物權之特別主體・學事・諭示》　欽加光禄寺署正銜，調捕新竹縣儒學正堂加五級劉，諭佃户張阿添知悉。該佃户今向本學承耕桃澗堡八張犁莊學田一段，每年應納大小租穀二十四石，限至六月早季收成之日，立即曬干過車，完納清款，不得濕有短少；如有短欠升合等弊，本學立即將田起耕調佃别贌；其租穀若年清年款，並無拖欠，其田準該佃户久遠耕種，不必調佃别贌，致滋事端。現本學驗明該佃户上年贌耕字内，有備出過但佛銀六元，付舊佃收去；日後新舊佃交接之日，亦應備出佛銀六元，交舊佃收回，相應批照，以昭平允，兩不得刁難。合給諭單，付執爲炤，各宜凛遵，毋違，此諭。

右諭佃户　張阿添

光緒七年二月十一日給。

案例文書

（元）佚名《廟學典禮》卷三《不許變賣學舍》　行御史臺，至元二十七年十一月十八日劄付：據察院呈，揚州在城宣聖廟學舍東西兩教授廳屋二所，及先儒鄒道鄉先生祠宇一所，於内四柏亭等係道鄉先生分教路學，手植四柏建亭，經今二百餘年。今有上司委官同録事司，將上項房屋等丈量出賣。參詳先儒祠宇，教授兩廳房屋，即與其餘係官房舍不同，若令出賣，似於崇儒重道之意有所未盡，乞照詳。及據江北淮東道提刑按察司申，亦爲此事。得此，憲臺看詳：各處文廟，有司相沿交割，理當增修，以宣風化。若與其餘無用房舍一例出賣，所得不多，有傷治體實甚。伏慮省府不知，呈奉到江淮等處行尚書省劄付該：省府相度，既是文廟房舍，有司不應一例供報發賣。除已劄會淮東道宣慰司行下合屬照勘存留外，可照會施行。承此，合下仰照驗施行。

雜録

（宋）周密《癸辛雜識》續集上《訟學業觜社》 江西人好訟，是以有簪筆之譏，往往有開訟學以教人者，如金科之法，出甲乙對答，及譁訐之語，蓋專門於此。從之者常數百人，此亦可怪。又聞括之松楊有所謂業觜社者，亦專以辨捷給利口爲能，如昔日張槐應，亦社中之琤琤者焉。

身份法總部

身份類別部

皇族分部

論說

《論語·季氏第一六》　邦君之妻，君稱之曰夫人，夫人自稱曰小童；邦人稱之曰君夫人，稱諸異邦曰寡小君；異邦人稱之亦曰君夫人。

《孟子·梁惠王下》　昔者文王之治岐也，耕者九一，仕者世祿，關市譏而不征，澤梁無禁，罪人不孥。老而無妻曰鰥，老而無夫曰寡，老而無子曰獨，幼而無父曰孤，此四者，天下之窮民而無告者。文王發政施仁，必先斯四者，《詩》云：哿矣富人，哀此煢獨。

《禮記正義》卷五《曲禮下》　納女於天子曰備百姓，於國君曰備酒漿，於大夫曰備埽灑。納女，猶致女也。壻不親迎，則女之家遣人致之，此其辭也。姓之言生也。天子，皇后以下百二十人，廣子姓也。酒漿、埽灑，賤婦人之職。埽，悉報反。灑，所買反，又山寄反。迎，魚敬反。賤婦人之職，本又有無婦字者。疏：納女至埽灑。正義曰：納猶致也。致者，婿不親迎，則女之家三月廟見，使人致之而爲此辭。姓，生也。言致此女備王之后妃以下百二十人，以生廣子孫，故云姓也。於國君曰備酒漿者，致女於諸侯也。酒漿是婦人之職也。故送女而持此爲辭。轉卑，不敢言百姓也。《詩》云無非無儀，唯酒食是議是也。於大夫曰備埽灑，彌賤也，不敢同諸侯，故不得言酒漿也。唯及大夫，不及士者，士卑故也。諸侯功成，得備八妾，重國廣嗣也。注納女至之職。正義曰：成九年夏，季孫行父如宋致女。此云納女，故云納女，猶致女也。知壻不親迎嫁女之家，使人致女者，以成九年二月伯姬歸於宋，時宋公不親迎，故魯季孫行父如宋致女是也。而天子亦有親迎以否者，《異義》云：《禮》戴說天子親迎。《左氏》說天子不親迎，使上卿迎之。諸侯亦不親迎，使上大夫迎。鄭《駁異義》云：文王迎大姒，親迎於渭。又引孔子答哀公：合二姓之好，以繼先聖之後，以爲天地宗廟社稷之主，冕而親迎，君何謂已重乎？此天子諸侯有親迎也。若不親迎，則宜致女，云備百姓也。

《禮記正義》卷四六《祭法》　天下有王，分地建國，置都立邑，設廟、祧、壇、墠而祭之，乃爲親疏多少之數。是故王立七廟，一壇一墠，曰考廟，曰王考廟，曰皇考廟，曰顯考廟，曰祖考廟，皆月祭之。遠廟爲祧，有二祧，享嘗乃止。去祧爲壇，去壇爲墠，壇、墠有禱焉，祭之；無禱，乃止。去墠曰鬼。諸侯立五廟，一壇一墠，曰考廟，曰王考廟，曰皇考廟，皆月祭之。顯考廟，祖考廟，享嘗乃止。去祖爲壇，去壇爲墠，壇、墠有禱焉，祭之；無禱，乃止。去墠爲鬼。大夫立三廟二壇，曰考廟，曰王考廟，曰皇考廟，享嘗乃止。顯考、祖考無廟，有禱焉，爲壇祭之。去壇爲鬼。適士二廟一壇，曰考廟，曰王考廟，享嘗乃止。顯考無廟，有禱焉，爲壇祭之。去壇爲鬼。官師一廟，曰考廟，王考無廟而祭之，去王考爲鬼。庶士、庶人無廟，死曰鬼。

《春秋左傳正義·宣公十六年》　冬，晉侯使士會平王室。定王享之，原襄公相禮。武子私問其故。王聞之，召武子曰：季氏，而弗聞乎？王享有體薦，宴有折俎。公當享，卿當宴，王室之禮也。

《春秋左傳正義·襄公九年》　公送晉侯。晉侯以公宴於河上，問公年。季武子對曰：會於沙隨之歲，寡君以生。晉侯曰：十二年矣，是謂一終，一星終也。國君十五而生子，冠而生子，禮也。君可以冠矣。大夫盍爲冠具？武子對曰：君冠，必以祼享之禮行之，以金石樂節之，以先君之祧處之。今寡君在行，未可具也。請及兄弟之國而假備焉。晉侯曰：諾。公還，及衛，冠於成公之廟。

《春秋穀梁傳注疏·僖公八年》　秋，七月，禘於大廟，用致夫人。用者，不宜用者也；致者，不宜致者也。言夫人必以其氏姓，言夫人而不以氏姓，非夫人也，立妾之辭也，非正也。夫人之，我可以不夫人之乎？夫人卒葬之，我可以不卒葬之乎？一則以宗廟臨之而後貶焉，一則以外之弗夫人而見正焉。

（明）徐一夔《明集禮》卷二六《嘉禮·皇太子納妃·總序》　皇太子納妃所以重胤嗣也。周秦已上，莫攷其儀。漢制：皇太子納妃，以奉常迎，而不親迎。宋文帝時，太子納妃儀文與納后不異，百官上禮於太極殿西堂，叙宴。北齊皇太子納妃，皇帝遣使，納采以宗正卿爲使，問名、納吉、請期皆如之，納徵則以司徒及尚書令爲使，親迎則以太尉爲使。三日，妃朝皇帝於昭陽殿，又朝皇后於宣光殿，擇日羣臣上禮，他日皇太子拜閣。隋皇太子納妃，皇帝臨軒遣使者，受詔納采、問名，次擇日納吉，又擇日納徵，告期訖，命有司以特牲告廟，行册禮。皇太子將親迎，皇帝臨軒醮戒，妃至宫之明日，朝見皇帝、皇后。唐皇太子納妃，皇帝臨軒遣使行納采、問名、納吉、納征、請期之禮，次遣官告宗廟，然後行册禮，皇太子將親迎，皇帝臨軒醮戒，妃至宫，同牢於内殿，明日朝見皇帝、皇后，皇帝會群臣於太極殿，如正至之儀。宋皇太子納妃，其六禮皆與唐同，妃朝見之明日又至皇帝、皇后閤内行盥饋之禮，皇帝、皇后復饗妃如宫中之儀。今擬國朝皇太子納妃，皇帝臨軒命使納采、問名既卜吉，復命使納徵，請期又遣官以特牲奏告宗廟，遣使備册禮，皇太子將親迎，皇帝臨軒醮戒。至妃第親迎還宫同牢於内殿，明日，妃朝皇帝、皇后，皇帝皇后閤内行盥饋之禮，皇帝、皇后宴饗妃及皇太子如宫中之儀。今考歷代儀文以著于篇。

（明）徐一夔《明集禮》卷二七《嘉禮・親王納妃・總序》　親王納妃之禮，自漢以上，不著其儀。漢高后時始定諸王聘禮。南齊武帝以昏禮奢貴，敕諸王納妃依禮上棗、栗、腶脩，其餘衣物停省，而其儀文不備。唐皇子納妃則命親王主昏，遣使納采、問名、納吉、納徵、請期，皆稱某王，亦行册禮。親王親迎妃，至宫之明日朝見皇帝、皇后。宋皇子納夫人，稱國夫人，不行册禮，其納采問名、納吉、納徵，請期，皆皇帝臨軒遣使。皇子將親迎，皇帝臨軒醮戒，夫人至宫之明日朝見皇帝、皇后，又明日行盥饋禮。今擬國朝親王納妃。皇帝御奉天殿，遣使納采、問名，既卜吉後，命使納吉、請期，又遣官奏告宗廟訖，遣使備册實行册禮，親王將親迎。皇帝臨軒醮戒，王至妃第迎入宫，行同牢禮，明日妃朝見皇帝、皇后，又明日至皇帝、皇后閤内行盥饋之儀。今具歷代儀文以著於篇。

（明）徐一夔《明集禮》卷二七《嘉禮・公主出降・總序》　古者天子嫁女不自主昏，以同姓諸侯主之，故曰公主。《春秋》莊公元年，築王姬之館于外，此天子嫁女而魯爲之主也。秦代因之，亦曰公主。兩漢之制，帝女稱公主，帝姊妹爲長公主，皆以列侯尚之。魏武帝以金鄉公主適駙馬都尉何晏。唐皇姑爲太長公主，亦謂之長公主，姊妹爲長公主，女爲公主。公主下嫁則以親王爲主昏，凡尚主亦拜駙馬都尉，其受聘禮皆於光順門外，公主至夫家，朝見舅姑，行盥饋禮。宋初，公主下嫁，選壻召見，即拜駙馬都尉，賜玉帶、襲衣，謂之繫親。出降則申第。壻家行五禮，皆令掌昏者於内東門納表，壻於東華門親迎公主。至壻家之明日謁見舅姑，又明日行盥饋之禮。今擬國朝公主下嫁，令掌昏者於内東門行五禮，至期壻服朝服詣東華門，親迎公主，至壻第之明日謁見舅姑，又明日盥饋。今具其儀以著于篇。

（明）崔銑《洹詞》卷四《雍集・禮由》　明於齊斬之别，然後於稱親之孰宜孰宜孰否，立廟之爲禮爲私，可坐而定也。夫時各有宜，故代各異制。臣子當世守之亂成瀆者，必服重刑。謹案今日世及條令，大宗果絶，必於旁支取其嫡長以繼，其庶不得而先之，所以一統序防忿争也。太祖高皇帝監于前代重臣宦豎乘機立弱，以遂其竊權之奸，乃立兄終弟及之制。後宗社常享長君之福，敢有紊者，其罪不貲。所謂長子不得爲人後，及如前代取宜爲後者，一人育之。宫中禮秩如太子者，皆窒且悖，而不得行於今矣。然則無處乎？夫武宗之無後，即孝宗之無後也，二世俱絶，痛如之何？武宗既拘於制而無可後者，幸而倫序之當立者，可後孝宗。孝宗有嗣，而武宗之心慰，是故尊及弟之制，以大位傳上，用繼宗之禮，以上嗣孝宗。《春秋》傳曰：太子亡，則立母弟，無則立長。荀悦曰：舍親取疏，非義也。以弟繼父，近於義。夫於兩難之中而得曲全之道，斯可法於萬世矣。夫爲嗣斯繼絶繼統，必其嗣天理人心皆然也。是故合前數義而釋之，故雖長子，果當倫序，則必繼。既繼，即嗣之，若乃避嗣，名以伸恩於所生，是始終利已也。議者，於繼位則曰宜於嗣，則曰不可泥古，而欲亂今之令，則不忠享其有，而忘立我者之悳，則不仁至於量恩於育，不育以差嗣不嗣之等，此市井推銖利之心，非可與語帝王之道也。

（清）董誥《全唐文》卷一四〇《魏徵・豫章公主薨素服踰制疏》
自豫章公主薨逝，陛下久著素服，羣情悚栗，咸不自寧。臣聞古之王者，絶於期服，此乃前書典禮，列代舊章。陛下發上聖之慈，深下流之慟，素服以來，遂經旬月，悼往之義，足爲加隆。伏願割無已之痛，從先王之禮，改御常服，以副羣下之心。臣濫蒙重任，不敢寢默。

（清）董誥《全唐文》卷二九七《裴耀卿・皇太子衣服稱謂議》 謹按衣服令，皇太子具服，有遠游冠，三梁加金博山，附蟬九首，施朱翠，黑介幘，發纓翠緌，犀簪導，絳紗袍，紅裳，白紗中單，皂領褾襈，白裙襦，白假帶，方心曲領，絳紗蔽膝，白襪，黑舄，革帶，劍佩綬等，謁廟還宮，元日、冬至、朔日入朝釋奠則服之。其絳紗袍則是冠衣之内一物之數。與裙襦劍佩等無別。至於貴賤之差，尊卑之異，則冠爲首飾，名制有殊，並珠旒及衣裳采章之數，多少有別，自外不可事事差異。亦有上下通服，名制是同，禮重則具服，禮輕則從省。今以至敬之情，有所未取，衣服不可減省，謂須更變名望。所撰儀注，不以絳紗袍爲稱，但稱爲具服，則尊卑有差，謙光成德。

（清）董誥《全唐文》卷五二四《穆質・論喪服疏》 臣聞三年之喪，自天子達於庶人。漢文帝以宗廟社稷之重自貶，乃以日易月，後世所不能革。太子，人臣也，不得如人君之制。母喪宜無厭降，惟晋既葬公除，議者詭辭以甘時主，不足師法。今有司之議，虧化敗俗，常情所鬱。夫政以德爲本，德以孝爲大，後世記禮之失，自今而始，顧不重哉。父在爲母期，古禮也。國朝服之三年，臣謂太重，唯行古謂得禮。

（清）董誥《全唐文》卷五二四《穆質・論服墨衰疏》 太子於陛下，子道也，臣道也。君臣以義，則撫軍監國有權奪，父子問安視膳，固無服衰之嫌。古未有服衰而廢者，舒王以下服三年，將不得問安視膳耶。太子、舒王，皆臣女也，不宜甚異。且皇后天下之母，其父母士庶也，以天下之母爲士庶降服，可也，太子臣子也，以臣子爲母降，可乎。公除，非古也，入公門變服，今期喪以下慘制是也。太子晨昏侍，非公除比。墨衰奪情，事緣金革。今不監國撫軍，何抑奪耶。子之於父母，禮異而情均。太子奉君父之日遠，報母之日少，忍使失令名哉？

（清）董誥《全唐文》卷八七三《陳致雍・婚禮壻見外舅姑儀議》 准禮部牒，議皇子儲君太保見外舅姑餉物。按開元禮，婿若不親迎女氏，婿往見，主人於内門之外拜迎。必見之，謂婿姻禮成，敬之道也。内門之外，親統於内也。若外舅外姑既。闕。女家因婿婦告廟，以榮得禮也。其上先靈銀器衣段，典禮無文。事須具回牒。

（清）董誥《全唐文》卷八七四《陳致雍・定皇太弟服魯國太妃喪儀議》 皇太弟繼統儲宮，不得申其喪紀，只服緦麻三月，服三日公除。按《喪服》傳曰，何以緦也，與尊者爲體，不敢私其親。今據《禮經》，則是子承父之禮，主鬯宗廟，承名器之重，不敢申私親之服。若服則是廢尊者之祭，謂於死於宮中者，三月不舉祭是也。又云，君之所不服，子亦不敢服。《開元禮》引《喪服》，比公子爲其母練冠麻衣纁緣，既葬而除。練冠則白練布爲素冠，麻衣纁緣。今之白練布爲衣裳，纁緣其裳也。近代庶俗，多用白布襴衫，非先王喪紀之法服。准令文，三日成服，朝晡五哭止。具成居處飲食，哭位則從其心喪。至葬期反服，既葬除服，禮也。

綜述

《戰國策·中山·陰姬與江姬争為后》　陰姬與江姬争爲后。司馬纘謂陰姬公曰：事成，則有土子民；不成，則恐無身。欲成之，何不見臣乎？陰姬公稽首曰：誠如君言，事何可豫道者。司馬纘即奏書中山王曰：臣聞弱趙强中山。中山王悦而見之，曰：願聞弱趙强中山之説。司馬纘曰：臣願之趙，觀其地形險阻，人民貧富，君臣賢不肖，商敵爲資，未可豫陳也。中山王遣之。

見趙王曰：臣聞趙，天下善爲音，佳麗人之所出也。今者臣來至境，入都邑，觀人民謡俗，容貌顔色，殊無佳麗好美者。以臣所行多矣，周流無所不通，未嘗見人如中山陰姬者也。不知者，特以爲神，力言不能及也。其容貌顔色，固已過絶人矣。若乃其眉目准纘權衡，犀角偃月，彼乃帝王之后，非諸侯之姬也。趙王意移，大悦曰：吾願請之，何如？司馬纘曰：臣竊見其佳麗，口不能無道爾。即欲請之，是非臣所敢議，願王無泄也。

司馬纘辭去，歸報中山王曰：趙王非賢王也，不好道德，而好聲色；不好仁義，而好勇力。臣聞其乃欲請所謂陰姬者。中山王作色不悦。司馬纘曰：趙强國也，其請之必矣。王如不與，即社稷危矣；與之，即爲諸侯笑。中山王曰：爲將奈何？司馬纘曰：王立爲后，以絶趙王之意。世無請后者。雖欲得請之，鄰國不與也。中山王遂立以爲后，趙王亦無請言也。

（明）張楷《律條疏議》卷二《合和御藥》　凡合和御藥誤不依本方，及封題錯誤，醫人杖一百。料理揀擇不精者，杖六十。若造御膳誤犯食禁，廚子杖一百。若飲食之物不潔淨者，杖八十。揀擇不精者，杖六十。不品嘗者，笞五十。監臨提調官各減醫人、廚子罪二等。

疏議曰：凡御藥餌，須要依據方書，分兩如法合和題封，上註寫藥性遲速、冷熱却寫本方俱進。如有誤不依本方、如加減多少之類，及題封錯誤者，則坐醫人，杖八十。料理謂熬削洗漬，揀擇謂去惡留善之類，其所合之藥材、料理、揀擇不精者，則坐醫人，杖六十。若造進御飲膳，誤犯飲食禁忌，如乾脯不得入黍米中，莧不得和鱉肉之類，廚子杖一百。若飲食不潔净而有穢惡之物者，杖八十。揀擇不精，如揀米擇菜不精細者，杖六十。品嘗謂鹹酸苦辣之味，宜用一樣之物，另置金砲。止將非供御者，嘗試適味，然後供進。若不品嘗者，笞五十。監臨提調官、如御膳所官、及太醫院使判御醫之類，若醫人誤不依方，及題封錯誤，監臨提調官減醫人罪止等，杖八十。料理揀擇不精，減揀醫人罪二等，杖八十。不潔净，杖六十。揀擇不精，笞四十。不品嘗，笞三十之類故曰各減醫人、廚子罪二等。

若監臨提調官及廚子人等，誤將雜藥至造御膳處所者，杖一百。所將雜藥就令自喫門官及守衛官失於搜檢者，與犯人同罪。並臨時奏聞區處。

疏議曰：若監臨提調官及廚子人等，如有誤將雜色藥料至御膳所者，杖一百。所將之雜藥就令將進之人自喫，門官謂内官，守衛官謂宿衛軍職，如有失於搜檢，致將雜藥入内者，與犯人同罪，亦杖一百。並臨時奏聞區處者，謂醫人、廚了監臨提調官有犯前項數事，問擬明白，臨時奏聞，然後區處。不得輒准律條發落。

謹詳律意：上用之物。必精必嚴，苟或不謹，是不敬也。廚子醫人皆其親手製造，監臨提調，亦其主掌，操持輕重，論刑因任以定罪也。御膳嚴密之所雜藥，豈兩宜將坐罪責當。以試其故，守者不謹，則與犯人同科。臨時奏聞，使断出乎上也

（明）雷夢麟《讀律瑣言》卷一二《合和御藥》　凡合和御藥，誤不依本方，及封題錯誤，醫人杖一百，料理揀擇不精者，杖六十。若造御膳誤犯食禁，廚子杖一百。若飲食之物不潔淨者，杖八十。揀擇不精者，杖六十。不品嘗者，笞五十。監臨提調官各減醫人、廚子罪二等。

若監臨提調官及廚子人等誤將雜藥至造御膳處所者，杖一百。所將雜藥就令自吃，門官及守衛官失於探檢者，與犯人同罪。並臨時奏聞區處。

瑣言曰，御用藥餌須依方書和合品味分兩，皆不得有所增減。既和合矣，而於包封之上題識，封内某方某藥須明白開寫，不得有所錯誤。若和合誤不依方書，及封題或有錯誤，雖皆過誤，所犯然其關係御用，恐致誤服爲害，故醫人杖一百，若但料理揀擇不精緻不爲大害者，醫人杖六十。

若造。

御膳誤犯食經禁忌，亦恐誤食爲害，故厨子杖一百。若飲食之物不潔浄者，亦能爲害，但比於犯食禁之害爲少輕耳，故厨子杖八十。揀擇不精者厨子杖六十。不每品嘗過者，厨子笞五十。其監臨提調合藥造膳之官各減醫人、厨子罪二等。以非所經手也。若監臨提調官及厨子人等誤將雜藥至

御膳所者，恐其爲害，亦杖一百。所將雜藥就令自喫，若藥能害人，則自當之矣。

御膳所門官及守衛官失於採檢致令將入雜藥者，雖無故縱，亦並與犯人同杖一百之罪。以上人犯雖依律問罪，並臨時奏。

《皇明條法事類纂》卷二一《禮部類·禮部為喪禮事》 成化二十三八月二十二日，該太監覃昌傳奉皇太子令旨：説與禮部，大行皇帝崩逝，合行喪禮事宜，恁部裏便會同翰林院計議，俱議來看。（欽）〔敬〕此。敬遵，會同少師兼太子太師、吏部尚書、華蓋殿大學士萬（委）〔安〕等，計議到合行事宜開坐，啓奉令旨：是。命婦免祭祀哭臨。敬此。計開：

二十二日發喪，不鳴鐘鼓，皇太子不視朝，小殮。是日頒遺詔。二十四日大殮。二十五日成服。二十六日，公、侯、駙馬、伯、（伍）〔五〕府六部等衙門共祭一壇，文武三品以上命婦共祭一壇。

一、在京文武民員聞喪，素服烏（鈔）〔紗〕帽黑角帶，自明白清晨爲始，俱詣思善門外哭，退於本衙門宿歇，不飲酒食肉。二十五日、二十六日、二十七日，各具斬衰服至思善門外朝夕哭臨（二）〔三〕日，朝臨七日，各十五舉聲而止。凡朝者及在衙門視事，用布裹（鈔）〔紗〕帽、角帶，素服，腰（經）〔絰〕麻鞋，退居既服孝服，通前二十七日而除。

一、文武官員、一品至三品令婦，麻布大袖圓領長衫，麻布蓋頭，清晨由西華門入思善門外，哭臨三日而止。不許帶金銀首飾，仍素服，二十七日而除。

一、外國四夷使臣行哭臨禮，工部造與孝服，隨朝官哭臨及行〔祭〕禮。

一、祭祀，翰林院撰祭文，光禄寺備辦祭物。

一、軍民素服婦人素服，不妝飾，俱以聞喪日爲始，二十七日而除。

一、聽選官、辦事〔官〕、監生、人材、史員、僧道、坊厢人等，聞喪即易素服，朝夕哭臨，自次日早赴順天府朝闕設香案，哭臨至二十五日，官各具斬衰服，監生人等素服，朝夕哭臨三日，各十五舉聲而止。仍各素服，通前二十七日而除。

一、内外文武官員人等，遵依遺詔，二十七日釋服。

一、在京常朝官每員給與麻布一疋，自造孝服。〔一一〕

（奉天承運皇帝詔曰：朕以菲薄，紹承祖宗丕業，二十有（四）〔三〕年矣。宵旰憂勤，圖臻至治，惟恐有（孤）〔辜〕先帝付託。今忽遘疾彌篤，殆弗能興。夫死生常理，古今人所不免。所幸繼統得人，宗社生民有賴，吾雖棄世，亦復奚憾焉。皇太子祐樘，聰明仁孝，德器夙成，宜即皇帝位。中外文武群臣其協心輔理。凡内外事（士）〔一〕依祖宗舊制行，用副予志。喪禮遵皇考遺制，以日易月，二十七日釋服，毋禁音樂嫁娶。宗室親王，藩並攸係，毋輒離封（減）〔域〕。各處鎮守、總兵、巡撫等官及都、布、按三司官員，各固守疆境，撫安軍民，〔不許〕擅離職守。聞喪之日，止於本處哭臨三日，進香遣官代行。廣東、廣西、四川、雲南、貴州所屬府州縣，並土官及各布政司、南北直隸七品以下衙門，俱免進香。詔諭中外，咸使聞知。

《明會典》卷五七《禮部·王國禮·婚姻儀演婚配及奏式附》 按祖訓親王妃宫人等，必須選擇良家子女，以禮聘取，勿受大臣進送，恐有姦計。但是娼妓不許狎近。我皇祖聖慮深遠已。嗣後擇婚有令，選婚有期，擅婚有禁，妾媵有限，至於濫妾花生等弊有罰，例益嚴云。

凡選擇婚配，弘治間定：王府選婚務要會同長史承奉教授等官，于本境内揀選家道清白、人物俊秀、年歲長成者，就行彼處按察司覈勘明白，方許具奏。並不許倫理失序，於例有違。若先通媒合，納賄營求及扶同保勘婚配不當者，經該官吏媒合人等，通坐以枉法罪名。營求撥置之人，發邊衛充軍。

《宗藩條例》卷上《改封長孫》 一、查得《大明會典》正統十四年令，郡王有長孫者授以長孫，給二品冠服。又查得嘉靖二十八年七月，慶成王表欒奏有嫡第一孫輔國將軍新堤，乞要改封長孫。該本部覆題，奉聖旨：是。欽此。又查得嘉靖三十年二月，潘王奏唐山王長子胤㮙嫡第一

子卒，嫡第三子恬熇蒙封輔國將軍，思係聽繼王爵人數，乞要改封長孫。該本部題奉聖旨：是。欽此。

前件臣等議得，郡王之孫封爲長孫，此定制也。但各王府請封長孫者，必須倫序相應，無別項情弊者，方許奏請。如違，聽本部參究。

《宗藩條例》卷上《初封禄米》　一、查得成化十一年十月內，該慶王奏討第六子豐林王邃垙禄米。該户部查照平涼、岐陽、弘農三郡王俱係初封，禄米各一千石事例，題奉憲宗皇帝聖旨：是欽此。

前件臣等議得郡王禄米二千石，襲封者比初封減半支給，此載在《祖訓》者也。其後韓府襄陵等王十七府，初封、襲封俱一千石，蓋不止平涼、岐陽、弘農三郡王爲然也。甚至岷府、善化等王十四府，初封、襲封俱五百石。在當時，多寡縣殊已如此，況蕃衍如今日乎。除已封郡王及岷府五百石俱照舊外，以後初封郡王禄米悉照成化年間例，俱一千石，仍照今題事例，三七本折兼支。合候命下，行文户部通行各該王府知會，永以爲例。

《宗藩條例》卷上《住支禄米》　一、查得正德四年七月魯府鎮國將軍當湞奏該本部議得，郡王絶嗣者，合照遼府承繼應山王宗祀寵波事，止以本職奉祀。其各王府自郡王、將軍而下，凡請繼封爵者，奉有成命之後，其原給禄米截日住支。候册封之日，方與所應得者，永爲定例等因。奉武宗皇帝聖旨：是。宗祀倫理，係是重事，當湞所言，深爲有理。郡王絶嗣，已有前旨照應山王例，不許紛更奏擾。各郡王、將軍以下，該繼封爵的，原給禄米截日住支。恁部裏還通行各處鎮、巡等官，查勘各府有無前項情弊，奏來定奪，該科記着。欽此。又查得嘉靖三十八十二月，崇王翊鏘奏稱，懷安王厚燫妃范氏病故無出，庶長子載坴亦故。乞要將庶第二子鎮國將軍載垌候令襲爵，其原該歲支禄米一千石住支。該本部查有改封長子事例，其禄米等項應停止等因。覆題，奉聖旨：是。欽此。

前件臣等議得宗室禄米，因爵而别其等。若既請繼封爵，則原給禄米不當復支明矣。今後如有請封而仍前冒支者，聽本部查參降革。一面轉行各該巡按御史，通查各府有無前項情弊，各另具奏定奪。

《宗藩條例》卷上《改封長子》　一、查得正德三年四月內，該魯王奏稱東阿王陽鏢年已六十，止生有庶長子當滰，乞要請封長子。本部查無郡王生前請封庶子爲長子事例。覆題，奉武宗皇帝聖旨：當滰准封長子。欽此。正德四年議准當滰事例，係出一時特恩。今後如有郡王年老，及正妃已故無出，乞封庶長子者，臨期請自上裁。又查得正德十一年奏准郡王妃病故，無嫡長子有庶長子者，不選繼室。其庶長子請封長子，長子之子請封長孫。又查得嘉靖元年十月，魯王奏鉅野王當涵年踰六十，並無嫡子，乞將庶第二子鎮國將軍健欙改封長子。該本部題，奉聖旨：是。健欙准封爲長子。欽此。

前件臣等議得親王庶子改封世子，載在《祖訓》，而郡王庶子改封長子，未有所據。奉有明旨，已准改封，著爲令。

《宗藩條例》卷上《請封曾孫》　一、查得嘉靖二十四年五月，靈丘王奏稱長孫充熼嫡生第一子廷址，見年長成，乞要請封。該本部看得郡王曾長孫之封，《祖訓》原未開載。但本王四世嫡長，宗室盛事，延址應否定擬曾長孫封號，伏乞聖裁。奉聖旨：曾長孫請封雖無事例；但王四世嫡長，壽考足徵，宗室鮮比，廷址准與封號。欽此。

前件臣等議得郡王請封曾孫，《祖訓》不載，以世所罕有也。廷址既奉明旨准封，今後遇有曾長孫請封者，宜悉照前例。

《宗藩條例》卷上《另城請封》　一、查得嘉靖四十二年五月，南渭王妃蔡氏奏，臣夫南渭工譽播，係南渭安和王妃吴氏嫡生第一子，不幸薨逝。所生三子，俱各夭亡，亦無庶生之子。即今拜賀萬壽、正旦等節並迎接詔敕及一應府事，俱缺掌管。有臣夫親弟鎮國將軍譽樅，係安和王妃吴氏嫡生第二子。乞要比照襄垣王第一子仕櫝革爵，第五子仕坯承襲王爵；交城莊僖王第二子榮惠工奇涓薨逝無嗣，第三子奇滽之子表杬襲封伯爵亦故乏嗣，第六子奇浀先故，其子表柚奏係莊僖王親孫，准襲祖爵事例，欲要照例遣官册封等因。該本部覆議，郡王無嗣，宗支止以本等官職奉祀，不許請封。此國家定制，遵行已久。及至襄垣恭簡王，其長子仕櫝革爵之後以罪廢革，罰止及於本身，理難絶其父爵。故以恭簡王第五子仕坯襲封。則仕坯者，乃承其父應襲者，非繼其兄已絶之嗣也。其後交城等府遂各朦朧請封。然自濫封查革之議行，並無比照承襲者。今譽樅猶引襄垣、交城之例。比襄垣則此非革爵，視交城則彼原冒濫。本部查無正例，難以議覆，止與請敕管理府事訖。因嘉靖三十二年議准另城事例，有帝孫、王孫之分，故覆行查。今據該府送到宗支圖，查得譽樅係高皇帝之六世孫南渭懷簡王之孫，委去帝係已遠，止是王孫，於例似難繼爵。合候命下，行令譽樅照例以鎮國將軍管理府事。伏乞聖恩，準令世授長子一人爲鎮國將軍，仍賜敕管理府事，約束宗儀。其次子止授世次本等官職，不得遞陞。以後另城郡王悉照此例等因。題奉聖旨：是。欽此。

前件臣等議得，郡王與親王同城居住而故絶者，其宗支自奉親王約束，止許以本等官職奉祀，不許請襲王爵。已有定例，無容議矣。至於分封別城故絶者，緣無畫一之規，遂至紛紜陳乞，希冀額外之恩，殊非政體。已經題奉明旨，今後有另城請襲者，悉照譽樅事例，長子授鎮國將軍管理府事，其次子止授世次本等官職，不得遞陞，永爲定例。

《宗藩條例》卷上《改封世子》 一、查得《皇明祖訓》：親王嫡長子年及十歲，朝廷授以金册、金寶，立爲王世子。正妃未有嫡子，其庶子止爲郡王。待王與妃年五十無嫡，始立庶長子爲王世子。又查嘉靖二十五年十二月，唐王宇温奏稱第二子宙棟年及十歲，乞改封世子。該本部查得唐王見年六十二歲，正妃已故，嫡子無存，止有庶第二子宙棟。合無照例封爲世子。奉聖旨：是。欽此。又查得嘉靖二十六年五月，岷王譽榮奏稱庶第二子定燿見年十歲，乞封世子。該本部查得岷王見年五十一歲，正妃早故無出，庶長子未封亦故，今有庶第二子定燿，合無照例封爲世子。奉聖旨：是。欽此。

前件臣等議得親王年及五十而無嫡子，始立庶子爲王世子，《祖訓》甚明。如唐王年六十二，岷王年五十一，正妃已故無出，始得改封世子，與《祖訓》無礙。今後各王府如有改封世子等項，俱照前例題請，不許朦朧瀆奏。

《宗藩條例》卷上《追封親王》 一、查得弘治十四年二月，周王奏稱庶弟睦棟等，係父周世子安潢追封周悼王之子，乞要加封郡王。該本部看得周悼王止是世子，故後追封王爵，比與親王實封王爵不同，其子仍授本等官職。奉孝宗皇帝聖旨：是。欽此。嘉靖四十二年，該本部題，爲申明事例以便遵守事。看得王世子次嫡、庶子封鎮國將軍，此則祖宗之定也。申明不許加封，止授本等官職，此則弘治年間之定例也。表槏等得以冒請加封郡王，是乃武宗皇帝之特恩也。今者兩例俱存，前後各異。本部遇有奏乞加封者，欲塞其冒濫之求，則引弘治年間之定例。苟遂其朦朧之請，則援武宗皇帝之特恩。是以宗藩事體雖同，而請乞之恩，有得有不得。本部題覆雖同，而援引之例，或與或不與。封爵重事，漫無一定之規，非政體也。除已前奉有成命者不敢輕議外，今後世子已故，追封王爵者，其次嫡、庶子，合無遵照弘治年間議問候語，申明祖制，止封鎮國將軍。惟復照依武宗皇帝特旨加封。伏候聖明裁定，著爲令典，俾臣等恪守奉行，垂之永久。奉聖旨：着照弘治年間例行。欽此。

前件臣等議得追封之典，蓋以卑不可以臨尊，而父亦得因子貴。故聖王緣情制禮，假以名號，而非實有其爵也。身非實有其爵，而子豈得實授其封耶。本部題奉欽依，悉照弘治年間例行。以後追封親、郡王者，次嫡、庶子止授本等官職，不許奏請加封，永爲定例。如違，聽本部將輔導官員從重參治。

《宗藩條例》卷上《改封世孫》 一、查得《大明會典》正統十四年令，親王有長孫者授以世孫，給一品冠服。又查得嘉靖三十一年十月，荆王妃孟氏奏夫厚烇薨逝，庶長子永定先故，嫡長孫翊鉅未封，乞授封世孫，暫給翼善冠服，降敕管理府事。該本部查得翊鉅委係先故永定王長子，例應改封世孫。今厚烇薨逝，相應請敕管理府事。其奏乞翼善冠服，恩典出自朝廷等因。奉聖旨：是。翊鉅准照例改封世孫，暫行管理府事。欽此。

前件臣等議得，親王之孫封爲世孫，此定制也。今後各府有嫡長孫如翊鉅，別無他故可議者，聽令照例請封，以正名分。

《宗藩條例》卷上《郡王革爵》 一、查得弘治十六年七月，遼府奉國將軍恩鈊奏祖貴燮係遼簡王第三子，先蒙册封爲遠安王。後因簡王薨逝，府地相去千有餘里，一時報訃不及，有失奔喪，因而革爵。臣係遠安王嫡長孫男，乞要此照長陽王事例，復襲祖爵。該本部查得弘治六年八年，遼王奏稱奉國將恩鈊乞要比照長陽等王事例，襲封祖爵。該本部議得貴燮降爲庶人，病故年遠，比與長陽等王事體不同。題奉孝宗皇帝聖旨：恩鈊祖爵既降革，年遠了，罷。欽此。【略】

再照天下王府宗支繁衍，中間多有爲事降爲庶人，或仍留本府，或看守祖陵，或發遣別府及鳳陽高墻居住者，多從法司及在外鎮、巡等官各徑自奏請定奪。及其乞恩請封等項，本部無所憑據。故如先年濟熿所犯，終無查考。

《宗藩條例》卷下《王親仕格》　一、查得嘉靖三十八年，該新選直隸揚州府推官王淑等奏稱，高祖王穩任江西南康府知府，曾祖允壽隨任選入寧府，爲崇仁郡儀賓。成化初年，郡主先故，並未有子女。續娶民間女黄氏生臣祖朝卿，張氏生臣叔祖彦卿，無子立繼。彦卿次子諫即臣父也，生臣淑及弟臣湜，已歷四世。今臣叨中嘉靖三十八三甲第一名進士，臣弟湜同科中第二甲第三名進士，於例得授京職。緣臣前項王親未經奏勘明白，臣淑已除授前職，臣湜除授直隸廬州府六安州知州。外伏睹《大明會典》内一款，凡文職本身及族屬有女爲王妃，或爲夫人，男爲儀賓等項，俱各見在，及有子孫者，本身不許陞除京職。如已故及無子孫者，行京官或行原籍官司保勘是實，一體除、授、陞、轉，誠萬世不刊之大典也。竊念臣曾祖允壽雖爲儀賓，郡主先已亡故，並無子女，正與《會典》所載已故及無子女相同。臣又查先任南京工部侍郎嚴時泰中正德六年進士，因兄時肅娶楚府安吉郡君，遂除外任。後郡於正德年間先故無出。復娶民間女鄧氏。時肅亦於嘉靖年間身故。時泰已經奏請原籍勘明史部，復奉欽依，歷任前職。況時泰事在近年，非若臣郡主亡故百年之比。兄弟期親，非若臣曾祖與曾孫大功之外。伏乞敕下吏部，轉行查勘，俾臣等得與内外臣工一體圖報等因。奉聖旨：吏部知道。欽此。隨咨都察院，轉行江西撫、按衙門，備據江西布政司行文查勘緣由明白，又行弋陽王府教授等官申結前來，題照《會典事例》行令，起送赴部改用。王淑改中書舍人，王湜改兵部武庫司主事，題奉欽依，欽遵改授訖。

前件臣等議得，民間連姻宗室，本爲榮寵，宜人之樂就也。乃多方規避，雖苦宗室之需索，亦以一屬王親，則例不得任京職故耳。及考先年有奏改京職如嚴時泰，近年復有比例奏改如王淑、王湜者。合再申明，以後除係王親同祖親枝外，其不係同祖，與係同祖而妃與儀賓、郡、鄉主君已故者，一體除授京職，以爲定例。

《宗藩條例》卷下《改正樂工》　一、查得嘉靖四十三年六月，益王厚炫奏稱，親王府例設樂工二十七户，俱於本王境内撥與，以供迎接詔敕、拜進表箋、朝賀宴饗等用，所定樂器、冠服之制，載在《會典》，無容議矣。但歷年滋久，中間致有生育男女，添補數多。不惟男樂糜費月糧，亦且女樂招引富豪惡少，生惹事端。且宗室因而私娶花生，冒濫泒瀆天潢。似此誨淫，相應裁革。乞敕該部行文布政使司，吊還食糧文册，查將見在男樂發回原籍當差，女樂令其從良改嫁。如遇前項迎接宴饗等用，即令本府原設旗下吹鼓手、軍人教演音樂，以代應用可也。如是，則有以感天地之和平，正人道之風俗等因。奉聖旨：禮部知道。欽此。

前件臣等議得樂工之設，本以供朝賀迎接詔書之用。有等廣置女樂，淫縱宴樂，或因而私娶花生濫封，爲害滋甚。既經益王陳列，今後合行裁革。即令布政司吊回食糧文册，通將男樂着籍當差，女樂從良改嫁。如遇迎接詔敕、拜進表箋、朝賀宴饗等項，即於本府吹鼓手教演充用。

《宗藩條例》卷下《儀賓婚配》　一、查得弘治十六年令，各王府子女不許於本府軍校之家選配。又查得嘉靖五年令，各王府選婚有失倫序者，不許保結起送。又查得嘉靖三十二年三月内，襄垣王奏稱，本府子女婚配選擇過嚴，以致嫁娶失時，怨曠年久。該本部議行山西巡按，嚴督府、州、縣、所掌印官員作速選娶，不許隱匿。仍咨王戒諭，各宗室毋得貪富棄貧，以致失時難處。通行有王府去處，今後宗虐害婚姻之家，及吞騙資産者，許呈告撫、按，見啓親、郡王參奏前來。先將撥置之人問擬充軍，宗室聽本部會同法司酌量事情輕重奏請。奉聖旨：是。欽此。又查得嘉靖四十三年八月内，武岡王顯槐奏内，有推廣事例以停工價一款。臣請自今伊始，除親、郡王儀賓外照舊，其餘概不關給工價，聽其從便成婚。其選中之後，許就各該王府冠帶，免其赴京謝恩。仍限三年一次類奏，請給應得誥命等因。奉聖旨：禮部知道。欽此。

前件臣等議得，儀賓連姻帝胄，至榮且貴，誠不可不重其先。但王親有迴避之條，而爲宗室者，輒又徇利忘義，需索太過，人多規避，往往有配合失宜者。今後悉照見行事例，務要選擇俊秀、倫序不紊者，方許具奏。亦不許宗室聽信撥置，恣情需索，及所司指勒遲滯，以致婚嫁愆期。其選中儀賓，除出親、郡王者，照舊赴京外，出鎮國將軍以下儀賓，及各中尉宗婿，俱聽各該王府選娶，長史司申呈撫、按詳允，就便冠帶成婚，一體免其赴京，年終類奏。其儀賓誥命、禄米、從人，本部照例題給。

《宗藩條例》卷下《教養儀賓》　又查得嘉靖三十四年六月，崇王奏稱，嫡第二女已封南陽郡主，見年一十四歲。預乞選婚，以便教養儀賓讀書習禮。成材之後，照例成婚。該本部查得，親王之女，年一十五歲，方准選婚。今崇王奏乞預先教養，合行本布政司照例揀選，候年歲足日具奏冠帶成婚等因。奉聖旨：是。欽此。

《宗藩條例》卷下《妾媵限制》 查得《大明會典》弘治年間定，凡郡王除正妃外，妾媵不過四人。鎮國、輔國將軍除夫人，奉國將軍除淑人外，妾媵各不過三人。鎮國中尉除恭人，輔國中尉除宜人，奉國中尉除安人，妾媵各不過二人。生子之日，先行開具姓名奏報，以憑請名、請封。庶無僭差。若濫收過數，輔導官隱匿不奏者，參提究問，奏請降調邊方。又查得嘉靖四十三年，兵科給事中劉世昌題，該本部看得選娶妾媵本爲嗣續之計。凡有嗣者，雖不娶妾媵可也。夫何各宗不思天潢之重莫可混淆，禁例之嚴所當恪守。乃縱慾懷私，濫收姦佔，甚至有一位而生數十子者。轉相仿傚，僞冒成風，淆亂宗枝，所係甚重。相應申定前例，合候命下本部，移咨都察院，轉行有王府去處巡按御史，行令各府長史、教授具啓親、郡王知會。以後郡王選婚之後年二十五歲嫡配無出，具啓親王長史司申呈巡按御史覈實具奏，許娶二人。以後不拘嫡庶，如生有子，則止於二妾，不許再娶。俟至三十歲復無出，方許仍前申呈巡按御史具奏，娶足四妾。將軍、中尉選婚之後年三十歲嫡配無出，具啓親王長史司申巡按御史覈實具奏，許娶一人。以後不拘嫡庶，如生有子，則止於一妾，不許再娶。俟至三十五歲復無出，方許仍前呈巡按御史具奏。將軍娶足三妾，中尉娶足二妾，俱不得概引額數必求娶足。至於庶人之妾，律有明條。必年四十以上無子，方許照前申呈奏選。各奏内務要明開見年幾歲，於何年月日奏請名、封，婚配，並無子嗣。本部查封相同，然後題請行令，於良家女内選娶。仍將選過緣由取結繳報，本部即爲登記案候查考。各王府仍將妾媵姓氏並入府年月攢造文册，年終送部。所生子女生年月日並名位、行次，即於本妾名下填註明白。奏請名、封，俱要明開委係何年月日，奏娶何處何人之女，爲第幾妾所生。本部查封相同，方與題覆。如有將私自收留者捏作曾經奏准，將生育不明者捏作額妾所出，及奏内不行遵例備開，朦朧保勘，聽本部參題。本宗革去爵秩結勘，宗枝罰住禄米，輔導等官並撥置入役從重究治，所生子女不許造入《玉牒》、其妾媵文册，每年造報，如過期不到，或開載模糊無從質封，則所奏名、封立案不行。仍將該府長史、教授並造册員役從重參治。其未奉新例以前妾媵，合無移文巡按御史嚴行查勘。如果係額妾，曾經奏選者，並所生子女逐一開造清册送部備照。若係額外濫妾並樂女姦婦及宫人多人名目，即行遣出。所生子女，着籍爲民。以後悉照比例，法在必行，無少假貸，則宗枝清正而封爵有經矣等因。奉聖旨：是。欽此。

前件臣等議得宗室妾媵之制，載在《會典》，蓋爲無子者而設，如有子，則數不必盈也。近經本部題奉欽依，申明典制。以後如有不遵明例，或未婚而先娶，或私合而多收，或年未及而預陳，或已生子而復娶，凡若此類，長史、教授等官檢舉，親王轉奏，以憑本部參治。輕則罰住禄米，重則革去爵職。輔導等官知而不舉，事發一體降黜。

《嘉靖事例·王府菜户》 陝西清吏司案呈，奉本部送准巡撫陝西等處地方都察院右副都御史黄咨，案照先據陝西布政司呈，蒙本院案驗内開：查得咸寧縣册開，每年編徵郃陽王府菜户銀一十二兩。看得各處親王、郡王位下，俱無菜户銀兩，而惟該府有此名色。已行該縣查無原行來歷文卷，止有遞年該府領狀存照等因。又據郃陽王府教授呈，本府郃陽惠恭王係秦康王第二子，於正統年間分封出府。因日用蔬菜不便，後於成化元年，奏准禮部誠字一千三百二十號勘合，類行陝西布政司，轉行該縣，遞年僉撥菜户二名，供辦菜蔬。後蒙熊都御史，案行該縣，遞年於均徭銀兩内徵銀一十二兩，解府自行買辦應用等因。雖稱奉有前項勘合，未云備細來歷，況該府郡王今已故絶年久，未審前項菜户應否革留？又經案行該司查議，原起來歷，援引何例？奏准於何年、月、日爲始編給？即今郡王故絶應否裁革？會議明白呈奪，如有别故，亦要明白聲説。依蒙再於本司收架卷内，並西安府及咸寧縣，與長史司查吊前項始奏文卷，各因年遠，檢尋不出。該布、按二司掌印官議照，該府舊僉菜户二名，雖稱奏有勘合，然本王故絶奉祀，似難仍受。況其餘郡王俱無菜户，事遠年湮，案卷俱無，或革〔或〕復，擅難議處。合無轉咨該部查明裁處，庶事體穩便。據此，該前巡撫都御史王看得各府親、郡王，俱無菜户銀兩，而郃陽王今已故絶無繼，似應革省。但稱查無原奉卷宗，委難定擬。已於嘉靖十二年十一月二十三日，咨行禮部定擬，去後至未見明示。近准户部咨爲乞恩事，該肅王貢鋐奏，稱次子淳化王真泓缺少菜户，乞賜撥給。該本部查得朝廷建封王府，原無撥給菜户事例，難以准擬。合候命下，通行各處撫、按官，轉行各長史司，啓王知會，要在體國恤民，毋再違例奏請等因，題奉欽依，備咨前來，通行遵依。訖今照郃陽王菜户據例似應革省。若謂當時出自特旨，而本王已故年久，猶難濫及奉祀食用。爲此，合行咨請查明定擬，明示施行等因，咨部送司。

案查先爲乞恩照例以宗親事，正德三年十二月内，該永和王表桻奏討菜户，該本部查得先年各王府長史、教授等官，除先奏奉特恩撥賜外，以後不許撥置比例再討。違者，各治以罪等因。題奉武宗皇帝聖旨：是。各王府既原無菜户定例，罷。欽此。又爲乞恩事，該靖安王表秩、旌德王表指各奏稱，例有菜户，未蒙恩賜。該本部看得，山西地方，先因大兵經過，往返供億浩繁，兼且連年災傷，民窮財盡，實不聊生。所據各王奏討菜户，本部查有前例，難以准行。合無轉行巡按御史，通行禁約遵守等因。正德十六年十月二十三日，本部左侍郎秦等具題。二十四日，奉聖旨：是，各王府既原無菜户事例，各該教授等官，不行輔導執阻，以致違例奏討，本當提問，且饒這遭。仍通行禁約遵守。欽此。又爲比例乞恩請封食鹽菜户事，該湖廣榮王祐樞奏稱，第三子厚煦，荷蒙皇旨賜封惠安王，例應歲支食鹽十引，菜户一名。查照臣第二子福寧王事例，一體賜給應用等因。該本部查得福寧王先於正德十二年六月内榮王祐樞奏，爲請封食鹽、菜户。該本部議擬，題奉武宗聖旨：撥與鹽十引、菜户一名。欽此。今惠安王比照福寧王事體相同，合行湖廣布政司，查照於兩淮運司支鹽一十引，該府縣撥與菜户一名，以咨食用等因。嘉靖九年正月初十日，題奉聖旨：是。欽此。又爲比例乞恩賜給食鹽、菜户事，該管理府事弋陽王拱欓奏稱，榮府福寧王厚熹、惠安王厚煦俱蒙賜給食鹽、菜户。臣與各王府事體相同，乞要查照福、惠二王事例，轉行撥給等因。該本部查得《大明會典》，弘治十三年令各王府不許奏討食鹽，及又看得國家鹽課專爲供給邊餉，撥給菜户不免僉派小民。近年福、惠二王雖蒙賜給食鹽、菜户，緣係朝廷特恩，不爲常例。今（常）〔如〕准其撥給，誠恐各處王府，比例奏討，不無有虧國課，貽累小民，似難輕議。合候命下，本部行移江西布政司，轉行該府教授，啓王知會，務在約己省費，以濟食用。本部仍通行天下王府，一體遵照等因。嘉靖九年十一月十八日具題。二十一日，奉聖旨：是。欽此。俱經通行欽遵外，近爲乞恩事，准禮部咨，該肅王貢鋐奏稱，庶次子淳化王真泓，荷蒙聖恩，賜給食鹽供用外，緣無菜户乞要比照榮王奏准事例撥給等因，奏奉聖旨：該部知道。欽此。欽遵備抄咨部，送司呈部。

隨該本部看得先年榮王祐樞二子奏討食鹽、菜户，皆出朝廷一時特恩，非爲定例。况今陝西地方〔面〕臨北虜，賦役繁重，供億艱難所在禄米尚且支撥不敷，較之他省，尤爲困累。所據肅王貢鋐比例奏討菜户，擅難准擬。合候命下，本部備行陝西布政司轉行長史司，啓王知會，要在體國恤民，毋再違例奏討。及通行各該撫、按官備行各府長史、教授等官，一體遵依，以理轉導。違者，聽本部將奏詞立案不行。仍查參長史、教授等官，行巡撫都御史，提問應得罪名，奏請發落等因。嘉靖十四年正月二十五日具題。二十七日，奉聖旨：是。欽此。已經備行巡撫陝西都御史黄，及通行天下有王府各該巡撫、巡按，照奉欽依内事理，（該）〔備〕行各該王府長史司，啓王知會。一體欽遵去後，今該前因，通查案呈到部，看得巡撫陝西都御使黄咨稱，先據陝西布政司呈，查得咸寧縣册開，每年編徵郃陽王府菜户銀一十二兩，及查各處親王、郡王俱無菜户，銀兩，惟該府有此名色。况郃陽土今已故絶無繼，前項菜户據例似應者省革，若謂當時出自特旨，而本王已故年久，猶難濫及。乞若查革定擬明示等情，爲照前菜户出朝廷特恩，原非定例。况今各處王府禄米歲撥不敷，而郃陽王今又故絶年久，菜户誠難濫及。既該巡撫官查咨前來，相應議擬，合候命下，本部備行巡撫陝西都御史黄再查。已故郃陽王如果故絶年久，無人承繼，將原編菜户轉行陝西布政司照例查革。仍通行各該撫、按官，備行各該長史、教授等官，查照各該王府，先年曾奉特恩，賜給菜户，即今故絶無（詞）〔嗣〕者，俱照郃王事例，一體欽遵查革，以蘇民困，伏乞聖裁等因。嘉靖十四年五月初九，本部尚書梁等具題。本月十一日，奉聖旨：是。

（明）王肯堂《王儀部先生箋釋》卷一二《合和御藥》 第一節、第二節合講。凡天子所用之藥曰御藥，食曰御膳。本方謂何症用何湯散，湯散用何藥品修製，生熟、分兩多少，皆按方書。封題錯誤，謂湯散不按古方本名，錯寫他方，及開寫本方藥性治症之法，有所差誤。料理，炮製也。如人參去蘆，防風去叉，沉木香忌見火之類皆是。揀擇選取精良也。食禁如羊肉忌豆醤，蕎麥、小豆、梅子。猪肉忌生薑、蕎麥、葵菜、胡荽。牛馬肉、羊肝、麋鹿黿鼈之類，具載本草。《周禮》内饔之職，辨腥臊羶香之不可食者。牛夜鳴則病，羊冷毛而毳羶，犬赤股而躁臊，鳥皫色而沙鳴，狸豕盲眡而交睫腥，馬黑背而般臂螻。又《内則》云，不食雛鼈，狼去腸，狗去腎，狸去正脊，兔去尻，狐去首，豚去腦，魚去乙，鼈去醜，是皆謂之食禁。品嘗者，即《周禮》凡王之羞，百有二十品，膳夫受祭，品嘗食，注謂每物皆先嘗之，防有毒也。監臨提調，如太醫院使院判、御醫、及提督御藥房内臣，醫人之監臨提調也。尚膳監官，厨子之監臨提調也。凡合和御藥而失誤不依本方，及雖依本方而包封上題寫錯誤者，杖一百。若止是料理揀擇不精虔者，杖八十。皆坐醫人。若造御膳誤犯食禁者，杖一百。若止是不潔净者，杖八十。揀擇不精細者，杖六十。不品嘗者，笞五十。皆坐厨子。監臨提調官，各減醫人厨子罪二等。

第三節：御膳所，非用藥之地。而監臨提調官及厨子人等，誤以雜藥將帶在身，至造御膳處所者，各杖一百。所將之藥，就令自喫，其直日門官及守衛官，失於搜檢者，亦杖一百。以上所犯，並臨時奏聞區處。國依本律，或有別議，皆取自上裁，不許擅問。或謂擬罪之後，乃奏聞區處，然則所謂臨時者，是何時耶？或又以爲若不議擬上聞，則不必云區處矣。審爾則皇親功臣占悋親屬不發，總兵將軍擅用印信，並云奏聞區處，亦何議擬之有？

《律條直引》卷一二《禮律·儀制·合和御藥》 趙甲依合和御藥誤不依本方、封題錯誤者律；錢乙依造御膳誤犯食禁者律；孫丙依誤將雜藥至御膳處所者律；李丁依門官，戊依守衛官，失於搜檢者，與孫丙同罪律，各杖一百。吴己依飲食之物不潔净者律，杖八十。鄭庚依合和御藥料理揀擇不精者律；王辛依飲食之物揀擇不精者律，各杖六十。馮壬依飲食之物不品嘗者律，笞五十。俱有《大誥》减等，趙甲、錢乙、孫丙、李丁、周戊各杖九十，吴己、做工，有力與李丁，周戊納鈔運炭等項。完日還職着役。

（明）佚名《大明律講解》卷一二《合和御藥》 凡合和御藥，誤不依本方，及封題錯誤，醫人杖一百。料理揀擇不精者，杖六十。講曰：凡合和御藥，須要依方書分兩多分合和，題封其上，注寫藥性、遲疾、冷熱，并寫本方俱進。如有誤不依本方及題封有誤者，杖一百。料理謂熬削洗漬，揀擇謂去惡留善之類，不精細者杖六十。若造御膳誤犯食禁，厨子杖一百。講曰：凡造御膳須依食經，設有禁忌，不得輒造。如乾脯不得入黍米中，莧菜不得和鱉肉之類。如有誤犯之者，杖一百。若餅食之物不潔净者，杖八十。講曰：謂有穢惡物在飲食中者揀擇不精者，杖六十。講曰：謂如揀米擇菜之類不精細者不品嘗者，笞五十。講曰：謂如酸鹹苦辛之味不品及應嘗不嘗應嘗不嘗者監臨提調官各減醫人、厨子罪二等。若監臨提調官及厨子人等誤將雜藥至御膳處所者，杖一百。所將雜藥就令自喫，門官及守衛官失於搜檢者，與犯人同罪。並臨時奏聞區處。

《宗室覺羅律例》卷下《宗室覺羅同與漢人結親》 凡宗室覺羅同與漢人結親者，已奉懿旨化除畛域，勿庸援違制律治罪。光緒二十七年十二月二十四日奉上諭：朕欽奉慈禧端佑康頤昭豫莊誠壽恭獻崇熙皇太后懿旨，我朝深仕厚澤，淪浹寰區，滿、漢臣民，朝廷從無歧視。惟舊例不通婚姻，原因入關之初，風俗語言或多未喻，是以著爲禁令。今則風同道一，已歷二百餘年。自應俯順人情，開除此禁。所有滿、漢官民人等，著准其彼此結婚，毋庸拘泥。至漢人婦女，率多纏足，由來已久，有傷造物之和。嗣後搢紳之家，務當婉切勸導，使之家喻户曉，以期漸除積習。斷不准官史胥役藉詞禁令，擾累民間。如遇選秀女年份，仍由八旗挑取，不得採及漢人。免蹈前明弊政，以示限制而恤下情。將此通諭知之。欽此。

《宗室覺羅律例》卷下《宗室覺羅不准與下五旗包衣結親》 凡宗室覺羅不准與下五旗包衣結親。違者照違制律治罪。同治七年，因覺羅瑞貴娶包衣李忠義之女爲妻，本府援照不准與民人結親之例奏明。李忠義之女生有子女，入檔時作爲庶出。並請嗣後如有宗室覺羅之女嫁與包衣爲妻，將主婚之宗室覺羅照違制律治罪。包衣之女嫁與宗室覺羅爲妻，將主婚之包衣照違制律治罪。

紀事

《漢書》卷一下《高帝紀下》〔七年夏五月丙午〕上歸櫟陽，五日一朝太公。太公家令説太公曰：天亡二日，土亡二王。皇帝雖子，人主也；太公雖父，人臣也。奈何令人主拜人臣！如此，則威重不行。後上朝，太公擁彗，迎門卻行。上大驚，下扶太公。太公曰：帝，人主，奈何以我亂天下法！於是上心善家令言，賜黄金五百斤。夏五月丙午，詔曰：人之至親，莫親於父子，故父有天下傳歸於子，子有天下尊歸於父，此人道之極也。前日天下大亂，兵革並起，萬民苦殃，朕親被堅執鋭，自師士卒，犯危難，平暴亂，立諸侯，偃兵息民，天下大安，此皆太公之教訓也。諸王、通侯、將軍、羣卿、大夫已尊朕爲皇帝，而太公未有號。今上尊太公曰太上皇。

《漢書》卷四《文帝紀》〔後七年夏六月己亥〕帝崩於未央宮。遺詔曰：【略】無禁取婦嫁女祠祀飲酒食肉。

《漢書》卷一一《哀帝紀》〔綏和二年六月〕又曰：制節謹度以防奢淫，爲政所先，百王不易之道也。諸侯王、列侯、公主、吏二千石及豪富民多畜奴婢，田宅亡限，與民爭利，百姓失職，重困不足。其議限列。有司條奏：諸王、列侯得名田國中，列侯在長安及公主名田縣道，關内侯、吏民名田，皆無得過三十頃。諸侯王奴婢二百人，列侯、公主百人，關内侯、吏民三十人。年六十以上，十歲以下，不在數中。賈人皆不得名田、爲吏，犯者以律論。諸名田畜奴婢過品，皆没入縣官。

《晉書》卷三《武帝紀》〔泰始九年秋七月丁酉朔〕詔聘公卿以下子女以備六宫，采擇未畢，權禁斷婚姻。

《南史》卷一五《徐湛之傳》徐羨之字宗文，東海郯人也，【略】武帝北伐，稍遷太尉左司馬。【略】子湛之字孝源，幼孤，爲武帝所愛。【略】元嘉中，以爲黄門侍郎。祖母年老，辭以朝直不拜。後拜秘書監。會稽公主身居長嫡，爲文帝所禮，家事大小必諮而後行。西征謝晦，使公主留止臺内，總攝六宫，每有不得意，輒號哭，上甚憚之。

《舊唐書》卷七一《魏徵傳》〔貞觀十二年〕太宗曰：國家所以立太子者，擬以爲君也。然則人之修短，不在老少，設無太子，則母弟次立。以此而言，安得輕我子耶？徵曰：殷家尚質，有兄終弟及之義，自周以降，立嫡必長，所以絶庶孽之窺覦，塞禍亂之源本，有國者之所深慎。於是遂可珪奏。

（宋）王溥《唐會要》卷二六《皇太子不許與諸王及公主抗禮》顯慶三年正月二十一日詔：父母之尊，人倫以極，舅姑之敬，禮經攸重，苟違斯義，有斁彝倫。如聞公主出適，王妃作嬪，舅姑父母，皆降禮答拜，此乃子道亡替，婦德不修，何以式序家邦，儀刑列閫。自今已後，可明加禁斷，一依禮法。

神龍元年二月十五日，制曰：朕臨兹寶極，位在崇高，負扆當陽，雖受宗枝之敬，退朝私謁，仍用家人之禮。近代已來，罕遵軌度，王及公主，曲致私情，姑叔之尊，拜於子姪，違背禮典，情用憮然。自今已後，宜從革弊，安國相王及鎮國太平公主，更不得輒拜衛王重俊兄弟及長寧公主等，宣示尊屬，知朕意焉。

《新唐書》卷二《太宗紀》〔武德四年二月〕高祖以謂太宗功高，古官號不足以稱，乃加號天策上將，領司徒、陝東道大行臺尚書令，位在王公上，增邑户至三萬，賜衮冕、金輅、雙璧、黄金六千斤，前後鼓吹九部之樂，班劍四十人。

《宋史》卷二四五《宗室傳》〔治平〕二年，乃詔禮官與待制以上議。翰林學士王珪等奏曰：謹按《儀禮·喪服》：爲人後者《傳》曰：何以三年也？受重者必以尊服服之。爲所後者之祖父母妻，妻之父母昆弟，昆弟之子若子。謂皆如親子也。又爲人後者爲其父母《傳》曰：何以期？不二斬，持重於大宗，降其小宗也。爲人後者爲其昆弟《傳》曰：何以大功？爲人後者降其昆弟也。

先王制禮，尊無二上，若恭愛之心分於彼，則不得專於此故也。是以秦、漢以來，帝王有自旁支入承大統者，或推尊其父母以爲帝后，皆見非當時，取議後世，臣等不敢引以爲聖朝法。

況前代入繼者，多宫車晏駕之後，援立之策或出臣下，非如仁宗皇帝年齡未衰，深惟宗廟之重，祗承天地之意，於宗室衆多之中，簡推聖明，授以大業。陛下親爲先帝之子，然後繼體承祧，光有天下。濮安懿王雖於陛下有天性之親，顧復之恩，然陛下所以負扆端冕，富有四海，子子孫孫萬世相承，皆先帝德也。臣等竊以爲濮王宜準先朝封贈期親尊屬故事，尊以高官大國，譙國、襄國、仙游並封太夫人，考之古今爲宜稱。

於是中書奏：王珪等所議，未見詳定濮王當稱何親，名與不名？珪等議：濮安於仁宗爲兄，於皇帝宜稱皇伯而不名，如楚王、涇王故事。

中書又奏：《禮》與《令》及《五服年月敕》：出繼之子於所繼、所生皆稱父母。又漢宣帝、光武皆稱父爲皇考。今珪等議稱濮王爲皇伯，於典禮未有明據，請下尚書省，集三省、御史臺議奏。

方議而皇太后手詔詰責執政，於是詔曰：如聞集議不一，權宜罷議，令有司博求典故以聞。禮官范鎮等又奏：漢之稱皇考、稱帝、稱皇，立寢廟，序昭穆，皆非陛下聖明之所法，宜如前議爲便。自是御史呂誨等彈奏歐陽脩首建邪議，韓琦、曾公亮、趙槩附會不正之罪，固請如王珪等議。

既而内出皇太后手詔曰：吾聞羣臣議請皇帝封崇濮安懿王，至今未見施行。吾載閱前史，乃知自有故事。濮安懿王、譙國夫人王氏、襄國夫人韓氏、仙游縣君任氏，可令皇帝稱親，濮安懿王稱皇，王氏、韓氏、任氏並稱后。

事方施行，而英宗即日手詔曰：稱親之禮，謹遵慈訓；追崇之典，豈易克當。且欲以塋爲園，即園立廟，俾王子孫主奉祠事。

《宋史》卷三四〇《呂大防傳》 呂大防字微仲，大防因推廣祖宗家法以進，曰：自三代以後，唯本朝百二十年中外無事，蓋由祖宗所立家法最善，臣請舉其略。自古人主事母后，朝見有時，如漢武帝五日一朝長樂宫。祖宗以來事母后，皆朝夕見，此事親之法也。前代大長公主用臣妾之禮。本朝必先致恭，仁宗以姪事姑之禮見獻穆大長公主，此事長之法也。前代宫闈多不肅，宫人或與廷臣相見，唐入閤圖有昭容位。本朝宫禁嚴密，内外整肅，此治内之法也。前代外戚多預政事，常致敗亂。本朝母后之族皆不預，此待外戚之法也。前代宫室多尚華侈。本朝宫殿止用赤白，此尚儉之法也。前代人君雖在宫禁，出輿入輦。祖宗皆步自内庭，出御後殿。豈乏人力哉，亦欲涉歷廣庭，稍冒寒暑，此勤身之法也。前代人主，在禁中冠服苟簡。祖宗以來，燕居必以禮，竊聞陛下昨郊禮畢，具禮謝太皇太后，此尚禮之法也。前代多深於用刑，大者誅戮，小者遠竄。惟本朝用法最輕，臣下有罪，止於罷黜，此寬仁之法也。至於虛己納諫，不好畋獵，不尚翫好，不用玉器，不貴異味，此皆祖宗家法，所以致太平者。陛下不須遠法前代，但盡行家法，足以爲天下。哲宗甚然之。

《元史》卷九五《食貨志·歲賜·諸王》 太祖叔答里真官人位：

歲賜，銀三十錠，段一百匹。

五户絲，丙申年，分撥寧海州一萬户。延祐六年，實有四千五百三十二户，計絲一千八百一十二斤。

江南户鈔，至元十八年，撥南豐州一萬一千户，計鈔四百四十錠。

太祖弟搠只哈撒兒大王〔子〕淄川王位：

歲賜，銀一百錠，段三百匹。

五户絲，丙申年，分撥般陽路二萬四千四百九十三户。延祐六年，實有七千九百五十四户，計絲三千六百五十六斤。

江南户鈔，至元十三年，分撥信州路三萬户，計鈔一千二百錠。

太祖弟哈赤温大王子濟南王位：

歲賜，銀一百錠，綿六百二十五斤，小銀色絲五千斤，段三百匹，羊皮一千張。

五户絲，丙申年，分撥濟南路五萬五千二百户。延祐六年，實有二萬一千七百八十五户，計絲九千六百四十八斤。

江南户鈔，至元十八年，分撥建昌路六萬五千户，計鈔二千六百錠。

太祖弟斡真那顏位：

歲賜，銀一百錠，絹五千九十八匹，綿五千九十八斤，段三百匹，諸物折中統鈔一百二十錠，羊皮五百張，金一十六錠四十五兩。

五户絲，丙申年，分撥益都路等處六萬二千一百五十六户。延祐六年，實有二萬八千三百一户，計絲一萬一千四百二十五斤。

江南户鈔，至元十八年，分撥建寧路七萬一千三百七十七户，計鈔二千八百五十五錠。

太祖弟孛羅古䚟大王子廣寧王位：

歲賜，銀一百錠，段三百匹。

五户絲，丙申年，分撥恩州一萬一千六百三户。延祐六年，實有二千四百二十户，計絲一千三百五十九斤。

江南户鈔，至元十八年，分撥鉛山州一萬八千户，計鈔七百二十錠。

太祖長子朮赤大王位：

歲賜，段三百匹，常課段一千匹。

五户絲，丙申年，分撥平陽四萬一千三百二户。戊戌年，真定晉州一萬户。

江南户鈔，至元十八年，分撥永州六萬户，計鈔二千四百錠。

太祖次子茶合䚟大王位：

歲賜，銀一百錠，段三百匹，綿六百二十五斤，常課金六錠六兩。

五户絲，丙申年，分撥太原四萬七千三百三十户。戊戌年，真定深州一萬户。延祐六年，實有一萬七千二百一十一户，計絲六千八百三十八斤。

江南户鈔，至元十八年，分撥澧州路六萬七千三百三十户，計鈔二千六百九十三錠。

太祖第三子太宗子定宗位：

歲賜，銀一十六錠三十三兩，段五十匹。

五户絲，丙申年，分撥大名六萬八千五百九十三户。延祐六年，實有一萬二千八百三十五户，計絲五千一百九十三斤。

太祖第四子睿宗子阿里不哥大王位：

歲賜，銀一百錠，段三百匹。

五户絲，丙申年，分撥真定路八萬户。延祐六年，實有一萬五千二十八户，計絲五千一十三斤。

江南户鈔，至元十八年，分撥撫州路一十萬四千户，計鈔四千一百六十錠。

太祖第五子兀魯赤太子。無嗣。

太祖第六子闊列堅太子子河間王位：

歲賜，銀一百錠，段三百匹。

五户絲，丙申年，分撥河間路四萬五千九百三十户。延祐六年，實有一萬一百四十户，計絲四千四百七十九斤。

江南户鈔，至元十八年，分撥衡州路五萬三千九百三十户，計鈔二千一百五十七錠。

太宗子合丹大王位：

歲賜，銀一十六錠三十三兩，段五十匹。

五户絲，丁巳年，分撥汴梁在城户。至元三年，改撥鄭州。延祐六年，實有二千三百五十六户，計絲九百三十六斤。

江南户鈔，至元十八年，分撥常寧州二千五百户，計鈔一百錠。

太宗子滅里大王位：

歲賜，銀一十六錠三十三兩，段五十匹。

五户絲，丁巳年，分撥汴梁在城户。至元三年，改撥鈞州一千五百八十四户。延祐六年，實有二千四百九十六户，計絲九百九十七斤。

太宗子合失大王位：

歲賜，銀一十六錠三十三兩，段五十匹。

五户絲，丁巳年，分撥汴梁在城户。至元三年，改撥蔡州三千八百一十六户。延祐六年，貫有三百八十八户，計絲一百五十四斤。

太宗子闊出太子位：

歲賜，銀六十六錠二十三兩，段一百五十匹。

五户絲，丁巳年，分撥汴梁在城户。至元三年，改撥睢州五千二百一十四户。延祐六年，貫有一千九百三十七户，計絲七百六十四斤。

太宗子闊端太子位：

歲賜，銀一十六錠三十三兩，段五十匹。

五户絲，丙申年，分撥東（京）〔平〕平路四萬七千七百四十一户。延祐六年，實有一萬七千八百二十五户，計絲三千五百二十四斤。

江南户鈔，至元十八年，分撥常德路四萬七千七百四十户，計鈔一千九百九錠。

睿宗長子憲宗子阿速台大王位：

歲賜，銀八十二錠，段三百匹。

又泰定二年，晃兀帖木兒大王改封并王，增歲賜銀一十錠，班禿大王銀八錠。

又泰定三年，明里忽都魯皇后位下，添歲賜中統鈔一千錠，段五十四，絹五十四。

五户絲，癸丑年，查過衛輝路三千三百四十二户。延祐六年，實有二千二百八十户，計絲九百一十六斤。

睿宗子世祖次子裕宗位：

裕宗妃伯藍也怯赤：

歲賜，銀五十錠。

江南户鈔，延祐三年，分撥江州路德化縣二萬九千七百五十户，計鈔一千一百九十錠。

裕宗子順宗子武宗：

五户絲，丁巳年，分撥懷孟一萬一千二百七十三户。

江南户鈔，大德八年，分撥瑞州路六萬五千户，計鈔二千六百錠。

睿宗子旭烈大王位：

歲賜，銀一百錠，段三百匹。

五户絲，丁巳年，分撥彰德路二萬五千五十六户。延祐六年，實有二千九百二十九户，計絲二千二百二斤。

睿宗子阿里不哥大王位。見前。

睿宗子末哥大王位：

歲賜，銀五十錠，段三百匹。

五户絲，丁巳年，分撥河南府五千五百五十二户。延祐六年，實有八百九户，計絲三百三十三斤。

江南户鈔，至元十八年，分撥茶陵州八千五十二户，計鈔三百二十四錠。

睿宗子撥綽大王位：

歲賜，銀五十錠，段三百匹。

五户絲，丁巳年，分撥真定蠡州三千三百四十七户。延祐六年，實有一千四百七十二户，計絲六百一十二斤。

江南户鈔，至元十八年，分撥耒陽州五千三百四十七户，計鈔二百一十三錠。

睿宗子歲哥都大王位：

五户絲，壬子年，元查認濟南等處五千户。延祐六年，實有五十户，計絲二十斤。

世祖長子朵兒只太子位：

腹裏、江南無分撥户。

世祖次子裕宗后位：

歲賜，段一千匹，絹一千匹。

江南户鈔，至元十八年，分撥龍興路一十萬五千户，計鈔四千二百錠。

又四怯薛伴當江南户鈔，至元十八年，撥瑞州上高縣八千户，計鈔三百三十錠。

世祖次子安西王忙哥剌位：

歲賜，段一千匹，絹一千匹。

江南户鈔，至元十八年，分撥吉州路六萬五千户，計鈔二千六百錠。

世祖次子北安王那木罕位：

歲賜，段一千匹，絹一千匹。

江南户鈔，至元二十二年，分撥臨江路六萬五千户，計鈔二千六百錠。

世祖次子（平）〔寧〕遠王闊闊出位：

歲賜，段匹物料，折鈔一千六百五十六錠；銀五十錠，折鈔一千錠。

江南户鈔，泰定元年，分撥永福縣一萬三千六百四户，計鈔五百四十四錠。

世祖次子西平王奥魯赤位：

歲賜，段匹物料，折鈔一千六百五十六錠；銀五十錠，折鈔一千錠。

江南户鈔，大德七年，分撥南恩州一萬三千六百四户，計鈔五百四十四錠。

世祖次子愛牙赤大王位：

歲賜，銀五十錠，折鈔一千錠；段匹物料，折鈔一千六百五十六錠。

江南户鈔，皇慶元年，分撥邵武路光澤縣一萬三千六百四户，計鈔五百四十四錠。

世祖次子鎮南王脱歡位：

歲賜，銀五十錠；段匹物料，折鈔一千六百五十六錠。

江南户鈔，皇慶元年，分撥福州路寧德縣一萬三千六百四户，計鈔五百四十四錠。

世祖次子雲南王忽哥赤位：

歲賜，銀五十錠，折鈔一千錠；段匹物料，折鈔一千六百五十六錠。

江南户鈔，皇慶元年，分撥福州路福安縣一萬三千六百四户，計鈔五百四十四錠。

世祖次子忽都怙木兒太子位：

歲賜，銀五十錠，折鈔一千錠；段匹物料，折鈔一千六百五十六錠。

江南户鈔，皇慶元年，分撥泉州路南安縣一萬三千六百四户，計鈔五百四十四錠。

裕宗長子晋王甘麻剌位：

歲賜，段一千匹，絹一千匹。

又朶兒只，延祐元年爲始，年例支中統鈔一千錠。

五户絲，闊闊不花所管益都二十九户。

江南户鈔，皇慶元年，分撥南康路六萬五千户。

又迭里哥兒不花湘寧王分撥湘鄉〔州、寧鄉〕縣六萬五千户，〔八〕計鈔二千六百錠。

順宗子阿木哥魏王位：

江南户鈔，皇慶元年，分撥慶元路六萬五千户，計鈔二千六百錠。

順宗子武宗子明宗位：

江南户鈔，延祐二年，分撥湘潭州六萬五千户，計鈔二千六百錠。

合丹大王位：

五户絲，戊午年，分撥濟南漏籍二百户。延祐六年，實有一百九十三户，計絲七十七斤。

阿魯渾察大王：

五户絲，丁巳年，分撥廣平三十户。延祐三年，實有五户，計絲二斤。

霍里極大王：

五户絲，丁巳年，分撥廣平等處一百五十户。延祐三年，實有八十七户，計絲三十四斤。

阿剌忒納失里豫王：

天曆元年，分撥江西行省南康路。

《元史》卷九五《食貨志・歲賜・后妃公主》 太祖四大斡耳朶：

大斡耳朶：

歲賜，銀四十三錠，紅紫羅二十匹，染絹一百匹，雜色絨五千斤，針三千箇，段七十五匹，常課段八百匹。

五户絲，乙卯年，分撥保定路六萬户。延祐六年，實有一萬二千六百九十三户，計絲五千二百七斤。

江南户鈔，至元十八年，分撥贛州路二萬户，計鈔八百錠。

第二斡耳朶：

歲賜，銀五十錠，段七十五匹，常課段一千四百九十匹。

五户絲，丁巳年，分撥河間青城縣二千九百户。延祐六年，實有一千五百五十六户，計江南户鈔，大德三年，分撥袁州路宜春縣一萬户，計鈔一千六百錠。

第二斡耳朶：

歲賜，銀五十錠，又七錠，段一百五十匹。

江南户鈔，至元二十一年，分撥袁州路分宜縣四千户，計鈔一百六十錠。大德四年，分撥袁州路萍鄉州四萬二千户，計鈔一千六百八十錠。

第三斡耳朶：

歲賜，銀五十錠。

江南户鈔，大德十年，分撥袁州路宜春縣二萬九千七百五十户，計鈔一千一百九十錠。

第四斡耳朶：

歲賜，銀五十錠。

江南户鈔，大德十年，分撥袁州路萬載縣二萬九千七百五十户，計鈔一千一百九十錠。

歲賜，段五百匹。

江南户鈔，大德二年，分撥三萬二千五百户。

宗斡耳朶：

真哥皇后位：

歲賜，銀五十錠，鈔五百錠。

江南户鈔，延祐二年，分撥湘陰州四萬二千户，計鈔一千六百八十錠。

完者台皇后位：

歲賜，銀五十錠。

江南户鈔，延祐二年，分撥潭州路衡山縣二萬九千七百五十户，計鈔一千一百九十錠。

阿昔倫公主位：

至元六年，分撥葭州等處種田三百户。

趙國公主位：

五户絲，丙申年，分撥高唐州二萬户。延祐六年，實有六千七百二十九户，計絲二千三百九十九斤。

江南户鈔，至元十八年，分撥柳州路二萬七千户，計鈔一千八十錠。

魯國公主位：

五户絲，丙申年，分撥濟寧路三萬户。延祐六年，實有六千五百三十户，計絲二千二百九斤。

江南户鈔，至元十八年，分撥汀州四萬户，計鈔一千六百錠。

昌國公主位：

五户絲，丙申年，分撥一萬二千六百五十二户。延祐六年，實有三千五百三十一户，計絲二千七百六十六斤。

江南户鈔，至元十八年，分撥廣州路二萬七千户，計鈔一千八十錠。

鄆國公主位：

五户絲，丙申年，分撥濮州三萬户。延祐六年，實有五千九百六十八户，計絲一千八百三十六斤。

江南户鈔，至元十八年，分撥横州等處四萬户，計鈔一千六百錠。

塔出駙馬：

五户絲，壬子年，元查真定等處畸零二百七十户。延祐六年，實有二百三十二户，計絲九十五斤。

帶魯罕公主位：

歲賜，銀四錠八兩，段一十二匹。

五户絲，延祐六年，實有代支户六百三十户，計絲二百五十四斤。

（大）〔火〕雷公主位：

五户絲，丙申年，分撥延安府九千七百九十六户。延祐六年，實有代支户一千八百九户，計絲七百二十二斤。

奔忒古兒駙馬：

五户絲，庚辰年，分撥眼户五百七十三户。延祐六年，實有五十六户，計絲二十二斤。

獨木干公主位：

五户絲，丁巳年，分撥平陽一千一百户。延祐六年，實有五百六十户，計絲二百二十四斤。

江南户鈔，至元十八年，分撥梅州程鄉縣一千四百户，計鈔五十六錠。

《明英宗寶訓》卷一《明禮》　正統五年九月庚子朔，復晋王書曰：所喻弟雲丘王欲娶儀賓陳斌庶次女，昔我太祖高皇帝革胡元之俗，定制立禮，姑舅不許爲婚，此雖庶出，姑實嫡母。人其謂何，書至可與本府及附近府衛官員士民之家别選賢德者具名來聞，庶免清議，王其亮之。

《宋史》卷一一五《禮·嘉禮·公主下降》　初被選尚者即拜駙馬都尉，賜玉帶、襲衣、銀鞍勒馬，采羅百匹，謂之繫親。又賜辦財銀萬兩，進財之數，倍於親王聘禮。出降，賜甲第。餘如諸王夫人之制。掌扇加四，引障花、燭籠各加十，皆行舅姑之禮。諸親遞加賜賚。其縣主繫親以金帶，賜辦財銀五千兩，納財賜賚，大率三分減其二。宗室女特封郡君者，又差降焉。

嘉祐初，禮官言：禮閣新儀，公主出降前一日，行五禮。古者，結婚始用行人，告以夫家采擇之意，謂之納采；問女之名，歸卜夫廟，吉，以告女家，謂之問名、納吉。今選尚一出朝廷，不待納采；公主封爵已行誕告，不待問名。若納成則既有進財，請期則有司擇日。宜稍依五禮之名，存其物數，俾知婚姻之事重，而夫婦之際嚴如此，亦不忘古禮之義也。時兖國公主下嫁李瑋，詔賜出降日，令夫家主婚者具合用雁、幣、玉、馬等物，陳於内東門外，以授内謁者，進入内侍掌事者受，唯馬不入。

《明史》卷五五《禮志・嘉禮・天子納后儀》 婚禮有六，天子惟無親迎禮。漢、晉以來，皆遣使持節奉迎，其禮物儀文，各以時損益。明興，諸帝皆即位後行册立禮。正統七年，英宗大婚，始定儀注。

凡納采問名，前期擇日，遣官告天地宗廟。至期，設御座、制案、節案、鹵簿、綵輿、中和大樂如儀。禮部陳禮物於丹陛上及文樓下。質明，皇帝冕服陞座，百官朝服行禮訖，各就位。正副使朝服四拜，執事舉制案、節案，由中門出，禮物隨之，俱置丹陛中道。傳制官宣制曰：茲選某官某女爲皇后，命卿等持節行納采問名禮。正副使四拜，駕興。舉制、節案由奉天門中門出。正副使取節及制書置綵輿中，儀杖大樂前導，出大明門。釋朝服，乘馬行，詣皇后第。第中設使者幕次於大門外左，南向，設香案於正堂，設制、節案於南，別設案於北。

使者至，引禮導入幕次，執事官陳禮物於正堂。使者出次，奉制書於案。禮官先入，立於東；主婚朝服出，立於西。禮官曰：奉制建后，遣使行納采問名禮。引主婚者出迎。使者捧制書及節，主婚者隨至堂，置制書及節於案。正副使分立案左右。主婚者四拜，詣案前跪。正使取納採製，宣曰：朕承天序，欽紹鴻圖。經國之道，正家爲本。夫婦之倫，乾坤之義，實以相宗祀之敬，協奉養之誠，所資惟重。祗遵聖母皇太后命，遣使持節，以禮采擇。宣訖，授主婚者。主婚者授執事者，置於北案上稍左。副使取問名制，宣曰：朕惟夫婦之道，大倫之本。正位乎内，必資名家。特遣使持節以禮問名，尚佇來聞。宣訖，授如前，置案上稍右。主婚者俯伏，興。執事舉表案，以表授主婚者。主婚者跪授正使，表曰：臣某，伏承嘉命。正使某官某等，重宣制詔，問臣名族。臣女，臣夫婦所生，先臣某官某之曾孫，先臣某官某之孫，先臣某官某之外孫。臣女今年若干，謹具奏聞。主婚者俯伏，興，退四拜。使者出，置表綵輿中。主婚者前曰：請禮從者。酒饌畢，主婚者捧幣以勞使者。使者出，主婚者送至大門外。使者隨綵輿入大明門左門，至奉天門外，以表節授司禮監，復命。

次納吉、納徵、告期，傳制遣使，並如前儀。但納徵用玄纁、束帛、六馬、穀圭等物，制詞曰：茲聘某官某女爲皇后，命卿等持節行納吉、納徵、告期禮。皇后第，陳設如前，惟更設玉帛案。使者至，以制書、玉帛置案上，六馬陳堂下。執事先設皇后冠服諸物於正堂。禮官入，主婚者出迎，執事舉玉帛案，止使捧納吉、納徵制書，副使捧告期制書，執節者捧節，以次入，各置於案。主婚者四拜，詣案前跪。正使取制書，宣曰：大婚之卜，龜筮師士協從。敬循禮典，遣使持節告吉。又宣曰：卿女有貞静之德，稱母儀之選，宜共承天地宗廟。特遣使持節，以禮納徵。宣訖，授主婚者。正副使又捧圭及玄纁以授主婚者，俱如前儀。副使取制書，宣曰：歲令月良，吉日某甲子，大婚維宜。特遣使持節，以禮告期。宣訖，授如前儀。主婚者四拜，使者持節出，主婚者禮使者，使者還，復命如初。

次發册奉迎，所司陳設如前儀。禮部陳雁及禮物於丹陛上，内官監陳皇后鹵簿車輅於奉天門外。制詞曰：茲册某官某女爲皇后，命卿等持節奉册寶，行奉迎禮。正副使以册寶置綵輿中，隨詣皇后第。至門，取制書册寶置案上。禮官先入，主婚者朝服出見。禮官曰：奉制册後，遣使持節奉册寶，行奉迎禮。主婚者出迎。執事者舉案前行，使者捧制書及節，執事者以雁及禮物從之。至堂中，各置於案。使者左右立，主婚者四拜，退立於西南。

女官以九龍四鳳冠褘衣進皇后。内官陳儀杖於中堂前，設女樂於堂下，作止如常儀。使者以節册寶授司禮監官，内贊導入中堂。皇后具服出閤，詣香案前，向闕立，四拜。贊宣册，皇后跪。宣册官宣訖，以授皇后。皇后搢圭，受册，以授女官。女官跪受，立於西。贊宣寶，如宣册儀。贊出圭，贊興，四拜訖，皇后入閤。司禮監官持節出，授使者，報受册寶禮畢。主婚者詣案前跪。正使取奉迎制宣訖，授主婚者。副使進雁及禮物。主婚者皆跪受，如前儀。主婚者興，使者四拜出。主婚者禮使者如初。

女官奏請皇后出閤。自東階下，立香案前，四拜。陞堂，南向立。主婚者進立於東，西向，口：戒之敬之，夙夜無違。退立於東階。母進，立於西，東向，施衿結帨，曰：勉之敬之，夙夜無違。退立於西階。内執事請乘輿，皇后降階升輿。導從出，儀杖大樂前行，次綵輿，正副使隨，次司禮監官擁導，從大明門中門入。百官朝服於承天門外班迎，候輿入，乃退。皇后至午門外，鳴鐘鼓，鹵簿止。正副使以節授司禮監，復命。捧册寶官捧册寶，儀杖女樂前導，進奉天門。至内庭幕次，司禮監以册寶授女官。皇后出輿，由西階進。皇帝由東階降迎於庭，揖皇后入内殿。帝詣更服處，具衮冕。后詣更服處，更禮服。同詣奉先殿，行謁廟禮。祭畢，還宫。合巹，帝更皮弁，陞内殿。后更衣，從陞。各陞座，東西相向。執事者舉饌案於前，女官取四金爵，酌酒以進。既飲，進饌。復進酒、進飯訖，女官以兩巹酌酒，合和以進。既飲，又進饌畢，興，易常服。帝從者餕後之饌，后從者餕帝之饌。

次日早，帝后皆禮服，候太后陞座。帝后進座前。宫人以腶修盤立於后左，帝后皆四拜。執事舉案至，宫人以腶修盤授后，后捧置於案。女官舉案，后隨至太后前，進訖，復位。帝后皆四拜。三日早，帝冕服，后禮服，同詣太后宫，行八拜禮。還宫，帝服皮弁，陞座。女官導后，禮服詣帝前，行八拜禮。后還宫，陞座。引禮導在内親屬及六尚等女官，行八拜禮；次各監局内官内使，行八拜禮。是日，皇帝御奉天殿。頒詔如常儀。四日早，皇帝服衮冕御華蓋殿，親王八拜，次執事官五拜，遂陞奉天殿，百官進表，行慶賀禮。是日，太后及皇后各禮服升座。親王入，八拜出，次内外命婦慶賀及外命婦進表箋，皆如常儀。五日行盥饋禮，尚膳監具膳修。皇后禮服詣太后前，四拜。尚食以膳授皇后，皇后捧膳進於案，復位，四拜，退立於西南。俟膳畢，引出。

《明史》卷五五《禮志·嘉禮·公主婚禮》 古者天子嫁女，不自主婚，以同姓諸侯主之，故曰公主。唐猶以親王主婚。宋始不用，惟令掌婚者於内東門納表，則天子自爲主矣。明因之。

凡公主出降，行納采問名禮，壻家備禮物表文於家庭，望闕再拜。掌婚者奉至内東門，詣内使前曰：朝恩貺室於某官某之子，某習先人之禮，使臣某請納采。以表跪授内使。内使跪受，奉進内殿，執雁及禮物者從入。内使出，掌婚者曰：將加卜筮，使臣某問名。進表如初，内使出曰：有制。掌婚者跪，内使宣曰：皇帝第幾女，封某公主。掌婚者俯伏，興。入就次，賜宴出。

納吉儀與納采同。掌婚者致詞曰：加諸卜筮，占曰從吉，謹使臣某敢告納徵。壻家具玄纁、玉帛、乘馬、表文如儀。掌婚者致詞曰：朝恩貺室於某官某之子某，有先人之禮，使臣某以束帛、乘馬納徵。請期詞曰：某命臣某謹請吉日。

親迎日，壻公服告廟曰：國恩貺室於某，以某日親迎，敢告。將行，父醮於廳，隨意致戒。壻再拜出，至内東門内。内使延入次，執雁及奉禮物者各陳於庭。

其日，公主禮服辭奉先殿，詣帝后前四拜，受爵。帝后隨意訓戒。受命訖，又四拜。降階，内命婦送至内殿門外，公主陞輦。至内東門，降輦。壻揭簾，公主陞轎。壻出次立。執雁者以雁跪授壻，壻受雁，跪進於内使。内使跪受以授左右。壻再拜，先出，乘馬還。公主鹵簿車輅后發，公侯百官命婦送至府。壻先候於門。公主至，壻揭簾。公主降，同詣祠堂。壻東，公主西，皆再拜。進爵，讀祝，又再拜。出，詣寢室。壻公主相向再拜，各就坐，壻東，公主西。進饌合巹如儀，復相向再拜。明日，見舅姑。舅姑坐於東，西向。公主立於西，東向，行四拜禮。舅姑答二拜。第十日，駙馬朝見謝恩，行五拜禮。

初，洪武九年，太祖以太師李善長子祺爲駙馬都尉，尚臨安公主。先期告奉先殿。

《清實録》嘉慶十八年六月 又諭：宗室覺羅定例不准與漢人聯姻。本日宗人府奏移居盛京宗室户口單内，開寫妻室氏族，内有張氏、李氏、白氏、陳氏。是否漢軍，抑係漢人？其闞氏或係瓜爾佳氏，童氏或係佟佳氏。亦當照本姓書寫，不應訛爲漢姓。著宗人府逐一查明。並普查宗室覺羅有無與漢人聯姻之户。據實奏聞。已聯姻者各予應得處分，不必離異。自此日始，申明定制，嚴行飭禁。【略】

又諭：昨因宗人府奏移居宗室户口單内，開寫妻室氏族，有張氏、白氏、李氏等姓，恐係與漢人聯姻，令宗人府查奏。兹據查明前次單開漢姓，博爾濟吉特訛寫白氏者，其中並無與漢人聯姻之人。凡分姓受氏，滿漢一理，滿洲之瓜爾佳氏、章佳氏，皆係相沿清語。亦如漢姓之張、李，並無文義可尋，豈容删減覆字，以訛傳訛，寖忘本始。嗣後書寫氏族，不但宗室妻室，宜照本姓收寫。其八旗滿洲蒙古人等，俱各照氏族書寫，不許改寫漢姓，以正根本，以杜訛僞，將此通諭八旗並各省駐防知之。

《清實録》嘉慶二十五年六月 宗室王公等納妾，向俱於該管包衣莊頭家挑選，綿志私買民人之女爲妾，事前並未稟知儀親王，直至生子後，始行稟明，已屬不合。李長幅因在綿志處往來，輒敢冒寫儀親王諭帖，擅戴翎頂，假冒職官，回籍詐騙。及逃走回京，向綿志懇請。綿志又不即時回明儀親王究辦，遷延多日。經朕將方受疇原奏令儀親王閱看，儀親王始知有此事。綿志種種錯謬，實屬咎無可辭。綿志著革去郡王職銜，仍留貝勒，革退鑲藍旗漢軍都統，署正紅旗漢軍都統，並拔去花翎，仍罰貝勒俸四年，作八年扣繳，以示懲儆。其宗室王公等、有買民人之女爲妾者，已往不究，此後概行禁止，如有違者，應作何懲處之處，著宗人府定議具奏。尋議，嗣後親王至奉恩輔國公，有私買民女爲妾者，一經查出，即行革爵。再包衣參領佐領，本有稽察包衣人丁户口之責。該員等應隨時稽察，如王公内生有子女，並請封側福晉、側夫人、側室等事。均責成該員等將所生子女之生母，其母家旗分佐領姓氏三代開寫清册，鈐用並防圖記，限三日内呈報臣衙門辦理。儻王公有私買民女爲妾，及生有子女，捏報包衣女子所生等事。該員等豫行查出，呈報者免議。如未查出，或竟附和捏報，一經發覺，即將該員等照例交部嚴加議處。從之。

案例文書

（明）王宗沐《敬所王先生文集》 一、爲選婚事蒙巡按鄭批據建安府輔國將軍拱桴具狀，令人役曾鑾抱告，爲遵例保選儀賓事，并蒙批，據該府鎮國將軍宸涂具狀，令人役胡鎮抱告，爲遵例選婚事，俱蒙批。按察司查行，繳依蒙已經通行。吉安、撫州二府保選及節行催取未報續。據金谿縣民鄒福一狀告爲除害伸冤事，内稱石城府差内使王國相在縣以選婚鎖騙財禮銀一百餘兩等情，就經批行該縣查理未結，隨該本司卷查，先會同布都一司議看得。

郡王位下縣主儀賓，禮數優厚，自有成規，難以輕議。及中尉以下宗女宗壻，奉有勘合婚儀，亦無容别議。外其鎮國將軍位下郡君儀賓，議擬聘禮各色，紵絲十二疋，紅羅二疋，各色絹十二疋，猪羊各十隻，以上該價銀六十兩，禮銀一百兩，共銀一百六十兩。輔國將軍位下縣君儀賓，聘禮各色紵絲八疋，紅羅二疋，各色絹八疋，猪羊各八隻，以上該價銀四十兩，禮銀九十兩，共銀一百三十兩。奉國將軍位下鄉君儀賓，聘禮各色紵絲六疋，紅羅二疋，各色絹六疋，猪羊各六隻，以上該價銀三十兩，禮銀八十兩，共銀一百一十兩。所議禮物既有定數，各府不許聽人撥置，分外多取，隨從人役亦不許過爲需索，其赴京請給冠帶，資費聽各儀賓自備，通行各教授郡王知會，將各府已授封未選并見年十歲以上宗女，盡數查出，備開所生名位年月日先行造册一本，限一月内送司，均派原定各府轉行各州縣掌印官，從公查選，務要出自情願，不許妄行拘擾，知果相應，即具由申司轉行各教授轉知，以禮聘取，入府讀書、習禮，候冠帶成婚以後，每年終各教授將應選年及十歲宗女照前造册送司，均派各府縣奉到，務要着實遵行，俱限三箇月以裏選報，不許遲違，過限者聽本司先將承行該史提究，職官别議。若各宗女年未十歲，添捏造報，及徑自差人坐名保選擾害者，許被害人開具實跡，赴司陳告，以憑拏問，發遣教授，及宗室從重參治。其見告拱榊等伊女選婚事情一併造册送司，行屬選配，其選中子弟不許再行更易，亦不許選中之家推避告擾，違者通行重究等，因呈奉本院批，據議詳當，但鎮國中尉以下宗女宗壻，原奉勘合所定，蓋婚之資，本無禄米，他儀一生止此官給一次耳，其男家聘儀，蓋未之及也，亦當並爲議處，仰候，具題施行此繳，並家巡按徐。批如所議，上可以成宗室納壻之儀，下可以遂俊秀連姻之願，或有嘉樂而無畏避矣，俟另題。請至日施行，繳依蒙遵行在卷，今又奉批及據告發等因。該本司按察使王某會議得宗室選婚節經奉有勘合及會議，呈奉兩院裁酌議處，已悉，本宜弊源絶清而遵行。靡疢，然在宗藩則室家及時之願未能悉遂，在列郡則假稱詐騙之弊，未能盡殄，各縣吏書利於停閣蓋必報婚遍於民間，滿其私圖，而後及於公事，王府家人利於詐騙蓋必親行張爲聲勢，遂其己意，而後及其主人。財禮無定規，則需索無紀，而人將畏避，選地無定所，則分派多簡擇，而吏緣爲姦。夫使宗室自選，而不由有司也，則詐害之弊固有必然，使宗室由有司而不得自行也，則稽留之弊，又將誰告，二者相倚，遂爲病源，議法防流勢，須委悉合無候呈詳，允日内除郡王及宗婿不議外，容本司轉行。

益淮王及宗婿不議外，容本司轉行。

授將應選未婚女子盡數查出，挨順所生年月，備造一册，以後每歲終亦照類造通送布政司收架，凡女子年至十五，例應選婚，許各宗備詞具告，巡按察院批行按察司，按察司備造流水簿一本，内除饒建以待。淮益南贛路遠，兵戎不及外，首南昌，次吉安，次廣信，次撫州，次臨江，次袁州，次瑞州，次九江，次南昌，挨序登寫，仍置長單，先開宗室爵位及女子年歲，次開聘定禮物，次開發行府分縣期，次開選中男子年甲、籍貫及父母姓名，每察院詞行到司，本司將單開送布政司，揭查原報册内所生年月及某氏所出，歲跡相同不須行勘，該司遵照嘉靖十五年禮部題准事理，即將應出禮物數目酌定，填於其上，送回按察司，本司即挨原定，如第一起係南昌府寧州，第二起吉安府廬陵縣，以次挨滿，再四。則第一起該南昌府南昌縣，第二起該吉安府吉水縣，順次掛號發行，除在鋪遞日期外，以單文到縣之日爲始，限四十日内，縣官選中清白人家子弟即將其父母姓名及都圖里分并保勘人役姓名填寫於上，差人賷繳本司覆查，相同即具由繳報，本院批允到司，并將原單發行該縣徑自給文粘單，並賷聘禮赴布政司投送習禮成媒。其淮益二府勢難赴告，許長史代爲呈明。本院批行本司即於流水簿内挨順、饒建二府縣分悉照前議施行。若原册内漏報者即係花生抱養，本司將原詞繳不行，若州縣柀文違限十日以上，提吏問罪，二十日以上，坐贓革役，三十日以上，掌印官呈詳，本院議處分，既定之後，王府再不許一人到縣。亦不許於單開禮物之外加增索取，致停婚期，如有仍差人，及或假託詐騙財物者，許被害之家徑自綁送縣官，轉鮮到司，從重問罪，事干宗室，本司先將撥置家人拘拏，枷號問發，然後指實，參呈奏請，其子弟已登名於單，而父兄文行告脱者，從重問罪，仍照舊勒限婚配，本司仍刻榜曉示通行知悉。

計開

鎮國將軍位下生女，封爲郡君，并儀賓歲支禄米四百石，該聘禮各色紵絲十二疋，紅羅二疋，各色絹十二疋，猪羊各二隻，以上該價銀六十兩，禮銀一百兩，共銀一百六十兩。

輔國將軍位下生女封爲縣君，并儀賓，歲支禄米三百石，該聘禮各色紵絲八疋，紅羅二疋，各色絹八疋，猪羊各八隻，以上該價銀四十兩，禮銀九十兩，共銀一百三十兩。奉國將軍位下生女，封爲鄉君，并儀賓歲支禄米二百石，該聘禮各色紵絲六疋，紅羅二疋，各色絹六疋，猪羊各六隻，以上該價銀三十兩，禮銀八十兩，共銀一百一十兩。

雜録

（晋）葛洪《西京雜記》卷二 元帝後宫既多，不得常見，乃使畫工圖形，按圖召幸之。諸宫人皆賂畫工，多者十萬，少者亦不減五萬，獨王嬙不肯遂，不得見。後匈奴入朝求美人爲閼氏，於是上案圖以昭君行。及去，召見貌爲後宫第一，善應對，舉止閑雅。帝悔之，而名籍已定，帝重信於外國，故不復更。

（唐）李德裕《次柳氏舊聞》 代宗之誕三日，上幸東宫，賜之金盆，命以浴。吴皇后年幼體弱，皇孫體未舒，負媪惶惑，乃以宫中諸子同日生而體貌豐碩者以進。上視之，不樂曰：此非吾兒。負媪叩頭具服。上睨謂曰：非爾所知，取吾兒來。於是以太子之子進見。上大喜，置諸掌内，向日視之，笑曰：此兒福禄，一過其父。及上起還宫，盡留内樂，謂力士曰：此一殿有三天子，樂乎哉！可與太子飲酒。吴湊嘗言於先臣，與力士説亦同。

貴族官僚分部

論説

《禮記正義》卷一一《王制》　王者之制禄爵：公、侯、伯、子、男，凡五等。諸侯之上大夫卿、下大夫、上士、中士、下士，凡五等。

《禮記正義》卷一三《王制》　司徒脩六禮以節民性，明七教以興民德，齊八政以防淫，一道德以同俗，養耆老以致孝，恤孤獨以逮不足，上賢以崇德，簡不肖以絀惡。命鄉簡不帥教者以告。耆老皆朝於庠，元日習射上功，習鄉上齒。大司徒帥國之後士與執事焉。不變，命國之右鄉，簡不帥教者移之左。命國之左鄉，簡不帥教者移之右，如初禮。不變，移之郊，如初禮。不變，移之遂，如初禮。屏之遠方，西方曰棘，東方曰寄，終身不齒。大樂正論造士之秀者，以告於王，而升諸司馬，曰進士。

司馬辨論官材，論進士之贤者，以告於王，而定其論。論定然後官之，任官，然後爵之。位定，然後禄之。大夫發其事，終身不仕，死以士禮葬之。有發，則命大司徒教士以車甲。

《周禮注疏》卷九《地官司徒·媒氏》　媒氏，下士二人，史二人，徒十人。媒之言謀也，謀合異類使和成者。今齊人名麴麩曰媒。釋曰：言謀合異類，使和成者，異類謂别姓，三十之男，二十之女，和合使成婚姻。

司市，下大夫二人，上士四人，中士八人，下士十有六人，府四人，史八人，胥十有二人，徒百有二十人。司市，市官之長。【略】釋曰：案其職云掌市之治教政刑量度禁令，以其事治教，即教官之類，又市以聚人，猶地之容衆，故在此。以其市官之長，經紀事大，故使下大夫尊官爲之也。【略】

質人，中士二人，下士四人，府二人，史四人，胥二人，徒二十人。質，平也。主平定物賈者。釋曰：在此者，案其職云掌成市之貨賄人民牛馬，鄭彼注成，平也，此注質，平也，主平定物賈者，故亦與司市連類在此。

廛人，中士二人，下士四人，府二人，史四人，胥二人，徒二十人。【略】釋曰：在此者，案其職云：掌斂市之絘布總布質布罰布廛布，五種之泉，入于泉府，故與司市連類在此也。注故書至之稱。釋曰：子春讀壇爲廛，不從故書，於義是也。又説云市中空地以解廛，則於義非也，故後鄭不從。玄謂廛，民居區域之稱者，見《遂人》云夫一廛田百畝及載師廛里任國中之地，皆是民之所居區域。又其職有廛布，謂貨賄停儲邸舍之税，即市屋舍，名之爲廛，不得爲市中空地。

《周禮注疏》卷三四《秋官司寇·掌貨賄》　掌貨賄，下士十有六人，史四人，從三十有二人。疏：掌察四方、掌貨賄。釋曰：在此者，蓋督察邦國之事，及掌邦國所致貨賄，但二官闕，不可强言也。

《周禮注疏》卷三九《冬官考工記》　國有六職，百工與居一焉。或坐而論道，或作而行之，或審曲面執，以飭五材，以辨民器，或通四方之珍異以資之，或飭力以長地財，或治絲麻以成之。坐而論道，謂之王公。作而行之，謂之士大夫。審曲面執，以飭五材，以辨民器，謂之百工。

《三國志》卷二八《魏志·鄧艾傳》　艾言景王曰：孫權已没，大臣未附，吴名宗大族，皆有部曲，阻兵杖勢，足以建命。

（宋）范仲淹《范文正公集》奏議卷上《治體·奏重定職田頃畝》

州職田：

長史

大藩府二十頃。節鎮十五頃。

防團以下州軍十頃。京軍監七頃。

通判

大藩府八頃。節鎮七頃。

防團以下州軍六頃。

幕職官

大藩府判官五頃，餘並四頃。節鎮判官四頃，餘並三頃五十畝。防團以下州軍監判官三頃五十畝，餘並三頃。

縣職田：

令

萬户以上六頃。

五千户以上各五頃。

不滿五千户並四頃。

簿尉

萬户以上三頃。五千户以上各二頃五十畝。

不滿五千户並兩頃。

發運轉運使比節鎮長吏。

武官職田：部署頃畝比節鎮長史；

鈐轄比防團州長吏；

路分都監比節鎮通判；

都監比大藩府判官；

監押比節鎮判官。

州軍監當官員、使臣，職田不得過本處職官之數。在縣鎮監當，不得過簿尉之數。

録事參軍比本州判官；　判司比倚郭縣簿尉。

一、無職田處及有職田而頃畝少處，並元摽得山石積澇之地，不可耕植者，限三年內檢括官荒田，並户絶地土及五年以上逃田，支撥添換。其係官莊田，見有人户出納租課者，不得一例支撥。如逐縣職田，比今來所定頃畝數目不足，即據見在重與上下衆官等第均分。如地內有桑棗蔬果之利者，即以所收宜利，約度比附逐處地利，折充職田頃畝。其田許逐廳自差公人勾當，並招置客户。每頃占客不得過三户，即不得令州縣差人勾當及招客户。或遇災傷，並令檢災傷官員依例檢覆的實，分數減放子利。如逐處官員爲恐減下職田子利，卻一例不肯收接人户災傷詞狀者，並從違制定斷。其本官職田上見收子利，盡底納官。如將地土影庇令免，卻合人差徭及抑配虛作租佃，令出課利人己者，並以受所監臨財物贓罪論，所差勾當人，亦行嚴斷。仍令提點刑獄司專切覺察轄下官員職田，欺弊犯者，畫時勘鞫施行。內情理頗重，失於覺察者，本司官員當議勘劾，各降差遣。或有該説不盡事理，仰逐處起請聞奏。

（宋）范仲淹《范文正公集》補編《奏議・論職田不可罷天聖八年》

真宗初賜職田，實遵古制，蓋大賚於多士，俾無蠹於生民。無厭之徒，或冒典憲，由濫官之咎，非職田之過。若從而廢罷，則吏困於廉；收而均給，則民受其弊。天下幕職、州縣官、三班使臣俸禄微薄，全藉職田濟贍，其無職田處，持廉之人例皆貧窘。曩時士員尚少，凡得一任，必五六年方有交替，到闕即日差除，復便請給。當時條例未密，士寡廉隅，雖無職田，自可優足。今物貴，與昔不同，替罷之後，守選待闕，動踰一年。官吏衣食不足，廉者復濁，何以治化？天下受弊，必如臣言。乞深加詳軫，不以一時之論，廢經遠之制，天下幸甚。

（元）馬祖常《石田文集》卷七《章疏・建白十五事》　漢軍征戍嶺海之南，歲病而死者十率七八。其所屬軍官，利在危殆之際，必用資財。擬指軍人北方本家所有孳畜田產，厚息借貸，準折還納，終致破產，不敢有詞。夫以世襲軍官蠶食部下行伍，深可哀痛！今後如蒙將在嶺海及漳汀等處征戍軍人，果有病患，除官爲看醫外，其貧苦闕用之人比及取發對裝以來，宜令本處有司約量借放。對裝到日，撥除還官，並不收息。或應借貸而不借貸，不應借貸而借貸者，從本道廉訪司體察究治。如此庶不致中原軍户日蹙，軍官日富。

（明）徐一夔《明集禮》卷二八《嘉禮・品官昏禮》　周制：昏禮下達。凡公侯、大夫、士之昏娶皆行六禮。漢平帝詔劉歆定公卿、大夫、博士、郎吏家司皆以禮娶迎，立軺併馬。立軺，小車。併馬，儷馬。後漢鄭衆定百官昏娶亦行六禮。唐百官昏儀，以三品以上、五品以上、六品以下爲降殺。其日，主人會賓客。饗送者，婦至之。明日，謁見舅姑。又明日，行盥饋之禮，舅姑饗婦如常儀。宋品官昏儀，六禮皆與唐同。其日，五人饗送者，姑饗婦人。送者，婦至之。明日，謁見祖禰，又明日見舅姑，行盥，饋禮，舅姑饗婦如唐儀。今擬國朝品官昏儀，先遣媒氏通書，次遣使及媒氏行六禮，婦至壻家，主人宴饗送者，明日謁見祖禰訖，次見舅姑，行盥饋之禮，舅姑饗婦如家人之儀。今具其儀，以著於篇。

（清）董誥《全唐文》卷六九四《李夷簡・請定應給食實封絹匹奏》

應給食實封官，自貞元十三年已後，節度使兼宰相，每百户給八百端匹，若是絹，更給綿六百兩。節度使不兼宰相，每百户給四百端匹，軍使及金吾諸衛諸軍大將軍，每百户給三百五十端匹。至貞元二十一年七月六日敕，應食實封，其節度使宜令百户給八百端匹，若是絹，兼綿六百兩。伏以食封本因賞功，封之多少，視功之厚薄，不以官位散要，別制等差。

其節度使兼宰相，請准舊例，餘節度不兼宰相，准貞元二十年已前例處分。

（清）董誥《全唐文》卷九七一《闕名·定衣服制度奏長興三年正月太常禮院**》** 衣服制度，准貞觀四年八月十四日詔曰，冠冕制度，已備令文，彝常服飾，未爲差節。於是三品已上服紫，四品五品已上服緋，六品七品以緑，八品九品以青。婦人從夫之色，仍通服黄。至五年七月一日敕，七品以上服龜甲雙巨十花綾，其色緑，九品以上服絲布及雜小綾，其色青。又咸通五年五月十日敕，如聞在外軍人百姓，有不依令式，遂於袍衫之内，著朱紫青緑等色短衫襖子；或在閭野，公然露服，貴賤莫辨，有蠹彝倫。自今已後，衣服上下，各依品秩，上得通下，下不得僭上。仍令所司，嚴加禁斷。又武德四年七月十六日制，三品已上服大料細綾及羅，其色紫；五品已上服小料細綾及羅，其色朱；六品已上服絲布雜小綾交梭，其色黄；七品、八品、九品、流外庶人服細綾絁布，其色黄白者。又永徽三年八月十四日詔，魚袋之制，恩榮所加，本緣品命。帶魚之法，事章要重者。臣今詳酌，本非朝命，不得輒懸魚袋。内外臣僚所衣朱紫服飾，降於近代，不越時宜。將健衣裝，各立軍號，當司從來無例檢詳。其經商百姓等，則不得著色樣綾羅及紫皂雜色衣服金色帶，亦不載短長制度。

綜述

《唐律疏議》卷一五《廄庫·監主私借官奴畜産》 諸監臨主守，以官奴婢及畜産私自借，若借人及借之者，笞五十，計庸重者，以受所監臨財物論。驛驢，加一等。

疏議曰：監臨主守之官，以所監主官奴婢及畜産，私自借，謂身自借用，若轉借他人及借之者，或一人、一畜，但借即笞五十。或借數少而日多，或借數多而日少，計庸重於借罪者，以受所監臨財物論，累贓爲坐。驛驢，加一等，謂借即得杖六十，計庸重，以受所監臨財物論加一等。其車船、碾磑、邸店之類，有私自借，若借人及借之者，亦計庸賃，各與借奴婢，畜産同。律雖無文，所犯相類。《職制律》：監臨之官借所監臨及牛馬駝騾驢、車船、邸店、碾磑，各計庸賃，以受所監臨財物論。計借車船、碾磑之類借畜産不殊，故附此條，準例爲坐。

即借驛馬及借之者，杖一百，五日徒一年；計庸重者，從上法。即驛長私借人馬驢者，各減一等，罪止杖一百。

疏議曰：即私借驛馬及官司借之者，各杖一百，五日徒一年。計庸重者，從上法，謂計驛馬之庸，當上絹八疋，合加一等，徒一年半。即驛長私借人馬驢者，減一等，準令：驛馬驢一給以後，死即驛長陪填。是故，驛長借人驢馬，得罪稍輕。各減一等，謂上文借驛馬驢，加受所監臨財物一等，今驛長借人驢馬各減一等，與受所監臨財物罪同，罪止杖一百。

《唐律疏議》卷二五《詐僞·非正嫡詐承襲》 諸非正嫡，不應襲爵，而詐承襲者，徒二年；非子孫而詐承襲者，從詐假官法。若無官蔭，詐承他蔭而得官者，徒三年。非流内及求贖，杖罪以下，各杖一百；徒罪以上，各加一等。

疏議曰：依《封爵令》：王、公、侯、伯、子、男，皆子孫承嫡傳襲。以次承襲，具在令文。其有不合襲爵而詐承襲者，合徒二年。非子孫，謂子孫之外，詐云是嫡而妄承襲者，從詐假官法，合流二千里。

《隋書》卷一《高祖紀》〔開皇十六年六月〕辛丑，詔九品已上妻，五品已上妾，夫亡不得改嫁。

（唐）李林甫《唐六典》卷三《尚書户部・度支郎中員外郎》 凡食封皆傳于子孫。食封人身没以後，所封物隨其男數爲分，承嫡者加與一分。若子亡者，即男承父分；寡妻無男，承夫分。若非承嫡房，至玄孫即不在分限，其封物總入承嫡房，一依上法爲分。其非承嫡房，每至玄孫，準前停。其應得分房無男，有女在室者，準當房分得數與半；女雖多，更不加。雖有男，其姑、姊、妹在室者，亦三分減男之二。若公主食實封，則公主薨乃停。

（唐）杜佑《通典》卷八六《禮・沿革・凶禮・賵賻》 大唐制，諸職事官薨卒，文武一品，賻物二百段，粟二百石；二品物一百五十段，粟一百五十石；三品物百段，粟百石；正四品物七十段，粟七十石；從四品物六十段，粟六十石；正五品物五十段，粟五十石；從五品物四十段，粟四十石；正六品物三十段；從六品物二十六段；正七品物二十二段；從七品物十八段；正八品物十六段；從八品物十四段；正九品物十二段；從九品物十段。王及二王後若散官及以理去官三品以上，全給；五品以上，給半。若身没王事，並依職事品給。其別敕賜者，不在折限。諸賻物應兩合給者，從多給。諸賻物及粟，皆出所在倉庫。服終則不給。

（宋）王溥《唐會要》卷四六《封建雜録》〔貞觀〕十一年六月六日，詔曰：設官司以制海内，建藩屏以輔王室，莫不明其典章，義存於至理；崇其賢戚，志在於無疆者也。今採按部之嘉名，參建侯之舊制，共理之職重矣，分土之實存矣。已有詔書，陳其至理。繼世垂範，貽厥後昆，維城作固，同符前烈。荆州都督、荆王元景，涼州都督、漢王元昌，徐州都督、徐王元禮，潞州都督、韓王元嘉，遂州都督、彭王元則，鄭州刺史、鄭王元懿，絳州刺史、霍王元軌，虢州刺史、虢王元鳳，豫州刺史、道王元慶，壽州刺史、舒王元名，鄧州刺史、鄧王元裕，幽州都督、燕王靈夔，蘇州刺史、許王元祥，安州都督、吴王恪，相州都督、魏王泰，齊州都督、齊王祐，益州都督、蜀王愔，襄州刺史、蔣王惲，揚州都督、越王貞，并州都督、晉王治，秦州都督、紀王慎等，或地居旦奭，夙聞《詩》《禮》，或望乃間平，早稱才藝，並爵崇土宇，寵兼車服。誠孝之心，無忘於造次；風政之譽，克著於朞月。宜冠藩垣，胙以休命。其所署刺史，咸令子孫世世承襲。

（宋）王溥《唐會要》卷六九《縣令》〔天寶九年〕十二月勅：郡縣官寮，共爲貨殖，竟交互放債侵人，互爲徵收，割剥黎庶。自今已後，更有此色，並追人影認一匹以上，其放債官先解見任，物仍納官。有勝利者，准法處分。

（宋）王溥《唐會要》卷八六《市》 貞觀元年十月勅：五品以上，不得入市。

（宋）王溥《五代會要》卷一六《少府監》 晉開運三年二月，詔少府監：今後凡修制親王婚禮法物並册文，出降公主九樹華釵、箱奩等，宜令不得用龍鳳紅條帕。

（宋）佚名《宋大詔令集》卷一八九《政事・蠲復・除欠負詔淳化五年四月壬午》 昔漢文帝有言，我爲天下守財者，聚蓄之廣，蓋資於邦計。出納之吝，寔繫於司存，儻管籥之謹嚴，必府庫之充益。貨幣何由而虧損，胥吏不得以爲姦。宜申畫一之文，別立自新之法。應天下主吏，先係欠錢帛物四十五萬緡疋斤石，並除之。自今守藏掌庾筦榷等吏，虧欠官物，並責主吏及監臨官均償之。

《通制條格》卷五《學令・廕例》 至元十九年十二月，中書省。吏部呈：江淮致仕、身故官員子孫，往往赴部告廕，今來比照腹裏達魯花赤、管民官承繼承廕，議擬到下項廕例。都省准擬。【略】

諸用廕者，以嫡長子。若嫡長子有篤廢疾，立嫡長子之子孫，曾玄同。如無，立嫡長同母弟；如無，立繼室所生；如無，立次室所生；如無，立婢生子。如絶嗣者，傍廕其親兄弟各及子孫；如無，廕伯叔及其子孫。

《通制條格》卷一三《禄令・俸禄職田》 至元二十一年正月，中書省。准各省咨及御史臺呈：官員職田，江淮、閩廣地土不同，合依中原遷轉官，每俸鈔五貫給公田一頃。都省議得，比及通行定奪以來，此附腹裏官員職田體例，於無違礙係官荒閑地内減半撥付。

各路

上路

官　州判壹頃半
達魯花赤捌頃　總管捌頃　同知肆頃
治中三頃　府判貳頃半
首領官
經歷貳頃　知事壹頃　提控案牘頃
下路
官
達魯花赤柒頃　總管柒頃　同知叁頃半
府判貳頃半
首領官
經歷貳頃　知事壹頃　提控案牘壹頃
散府
官
達魯花赤六頃　知府陸頃　同知叁頃
府判貳頃
首領官
提控案牘壹頃
上州
官
達魯花赤五頃　知州五頃　同知貳頃半
州判貳頃
首嶺官
提控案牘壹頃
中州
官
達魯花赤肆頃　知州四頃　同知貳頃
州判壹頃半
都目半頃
下州
達魯花赤叁頃　知州叁頃　同知貳頃

州判壹頃半
上縣
達魯花赤貳頃　縣尹貳頃　縣丞壹頃半
主簿壹頃　縣尉壹頃
中縣
達魯花赤貳頃　縣尹貳頃　主簿壹頃
縣尉壹頃
録事司
達魯花赤壹頃半　録事壹頃半　録判壹頃
司（岳）〔獄〕壹頃
巡檢壹頃
各道按察司
官
按察使捌頃　副使肆頃　簽使叁頃
首領官
以歷貳頃　知事壹頃
各處運司
官
運使捌頃　同知四頃　運副叁頃
運判貳頃
首領官
經歷貳頃　知事壹頃　提控案牘壹頃
鹽司
鹽使貳頃　鹽副貳頃　鹽判壹頃
各場管勾
正管勾壹頃　同管勾壹頃【略】
大德七年正月，中書省。户部呈：各路添設推官並各州同知等官，合（收）〔得〕職田，擬合先儘係官荒閑無違礙地内標撥。如是不敷，於鄰近州郡積荒地内貼撥。若無荒地，照勘曾經廉訪司體覆過無違礙户絶地内撥付。都省准呈。【略】

皇慶元年四月，御史臺奏：外任廉訪司官、路府州縣官的職田，腹裏路分施工布種的要來，江南的，芒種已前下種的（時）分收有來。近年以來，新舊官遇（的）〔着〕種田的時月交代了呵，爭競職田的多有。更有下種之後禮任的，直到下年十月前後，年半方得職田有。勾當壹年的，却得貳年職田，勾當貳年的，只得壹年職田，不均勻有。天下官員俸錢，勾當過壹月呵，與壹月俸。今後遇着新舊官交代的時分，他每應得的秋夏職田子粒，隨着各該支俸的月分扣算分收呵，均勻的一般有。奏呵：那般者。麼道，聖旨了也。欽此。

《元典章》卷八《吏部・官制・承蔭・品官承蔭體例》　諸用廕者，立嫡長子。若嫡長子有篤廢疾，立嫡長子之子孫曾玄同。如無，立嫡長同母弟。如無，立繼室所生。如無，立次室所生。如無，立婢生子。如絶嗣者，廕其親兄弟，各及子孫。如無，廕伯叔及其子孫。

諸用廕者，孫降子一等，曾孫降孫一等，婢生子及旁廕者各降一等。謂於各叙品從上降一等。

《元典章》卷一五《户部・禄廪・職田・官員標撥職田》　至元四年二月，中書左三部：

承奉中書省劄付：近將隨路府州司縣官員斟酌定到俸鈔，據職田，合依舊例標撥。奏奉聖旨：准。欽此。省府今比舊例，約量定到各路府州司縣官員職田頃畝。除斷没地、營草地外，仰於本處係官並户絶地、及冒占荒閑地内依數標撥，募培牛院客種佃，依鄉原例分收。於内若有荒地，於近上有牛力民户内斟酌時暫，借倩牛力，限二年内逐旋耕墾作熟，依上召客種佃。已後各官相沿交割，取明白公文，申部類攢呈省，無致因而多餘開要違錯。奉此。省部仰依所奉中書省劄付内處分事理施行。纔候標撥到各各頃畝條段、卓望四至，備細照依連去體式，造册二本申部〔路府州縣官員職田頃畝見前。〕

《元典章》卷一九《户部・田宅・房屋・禁官吏買房屋》　至元二十一年四月，中書省：

奏過事内一件：在先收附了江南的後頭，至元十五年，行省官人每、管軍官每，新附人的房舍事産不得買要（呵），買要呵，回與他主人者。麼道，聖旨行了來。如今，賣的人用着鈔呵，没人敢買，生受有。人待買呵，怕聖旨有。依着聖旨，官人每不得買，百姓每買呵，賣呵，怎生？麼道，闊闊你（教）〔敦〕爲頭衆人商量了，與中書省家咨示來。中書省官人每俺衆人商量得：依已前體例，官吏不得買者，百姓每得買賣者。麼道，奏呵，那般者。麼道，聖旨了也。欽此。

《元典章》卷二七《户部・錢債・私債・部下不得借貸》　元貞元年，（山）〔江〕南湖（東）〔北〕道肅政廉訪司：

爲常德路武陵縣石應庚等告，李縣丞借〔訖〕中統鈔一十定不肯歸還，取訖招詞。不見定例，難議區處。申奉行臺劄付，移准御史臺咨，奉中書劄付：送刑部，議得：在任官吏除親戚故舊之家外，今後凡取借部下諸人錢債，合行明立保見出息文約。若不依數歸還，理宜究治，難議計贓科斷黜降。參詳，擬合從一多者爲重，准不枉法例減二等斷罪相應。都省準呈，仰依上施行。

又至大二年七月，行臺准御史臺咨，奉中書省劄付：

來呈：淮西廉訪司申：淮副使馬（忠）〔中〕議牒：親民之官取借部民錢本，理宜禁絶。若有違犯，驗所得息錢計贓坐罪，比依取受不枉法定論。卑司看詳，副使所言係爲例事理，申乞照驗。得此。看詳，如令合干部分議擬相應。具呈照詳。送刑部，議得：凡借部下諸人錢債，合依已擬，遵依都省元行，明呈保見出息文憑，依理歸還。如有指借爲名，不立保見，又不依數歸還，從一多者爲重，依不枉法例減二等斷罪。其恃勢强借，就托上户領錢營運以求利者，准上科罪相應。具呈照詳。都省議得，除親戚故舊之家，餘准部擬。仰依上施行。

《元典章新集・朝綱・户部・錢債・私債・軍官多取軍人息錢》　至治元年三月□日，御史臺承奉中書省劄付：

刑部呈：奉省判：詹事院據左衛率府呈：軍人張林狀告：憑本奕鞠令史、於彈壓作保寫立文字，於本管百户孛蘭奚處借到行利錢中統鈔一百兩，三次番作一十七定一十兩，勒令林還訖。又馮小三狀告：令軍人小黄作保，於孛蘭奚百户處二次借到中統鈔五定，本利該鈔一十定。孛蘭奚百户令伊男課斷前來本家索訖馬一疋折鈔七定、綾二疋折鈔二定、又鈔一定，計還訖一十定，元立文字不肯分付。延祐六年正月内，本官又行勒令小三還訖鈔二十定，又要訖鈔二定、絹子一疋，不將元立文字分付。責得孛蘭奚招伏是實。得此。具呈照詳。本院議得：百户孛蘭不修軍政，惟務貪婪。一年之間，違例三次倒契，逼勒軍人多取本息。幸遇釋免，革後不改前過，止依虚契，多追利錢。若依左衛率府所擬斷罪，標附過名，依舊勾當，切恐挾恨生事，蠹害軍人，事有未便。擬將本官斷決三十七下，解見任别行求仕，已追鈔定依例没官。干連軍司鞠諒不應罪犯，笞決一十七下。緣係爲例事理，宜從合干部分定擬，具呈照詳。送刑部議得：百户孛蘭奚所招，不合違例三次倒换本管軍人張林等借錢文契，多取利息，革後不行追改，依前多追利錢入己罪犯，比例〔萬户赤干例，見前〕量擬三十七下，依舊勾當，標附私罪過名。外據多取本息錢鈔，并軍司鞠諒不應罪犯，依准詹事院所擬相應。得此。都省議得：百户孛蘭奚所犯，若准依舊勾當，恐致生事擾害軍人，擬合迴避本奕，餘准部擬。除外，合下仰照驗施行。今據見呈，本部議得：百户孛蘭奚所招，不合違例倒换本管軍人張林等借錢文契，革後不行追改，依前多取利錢入己，罪遇釋免。若擬迴避本奕定論，終非因事受財，似涉太重。合依本部元擬，比例依舊勾當，標附私罪過名，本息依例没官相應。具呈照詳。得此。都省除外，仰依上施行。

至治二年抄到。又大德十年八月，中書刑部奉中書省劄付：本部元呈：奉省判：御史臺呈：江南行臺咨：福建道廉訪司申：泉州左副奕鎮撫謝張告本奕副萬户干影占正軍、違例出錢債多取利息等事。本部議得：萬户赤干於大德六年六月，將鈔四定借與泉州住坐軍人扎也莫元等六名，每名實與鈔三十三兩三錢。一紙文書，放令各人在家買賣，逐月供送柴炭等物。又將鈔一十定借與軍人陳廣睹，寫作一十五定文字，加倍取息，本利通該鈔三十八定一十三兩九錢五分。既已追納，合依廉訪司所擬没官。本（管）〔官〕所犯，即係不應，既遇釋免，如令本（管）〔官〕依舊勾當，標附相應。今來本部再行議得：赤干所犯，擬將本利鈔定没官。外據元招情罪，欽遇原免，本（管）〔官〕職役從樞密院别行遷調相應。具呈照詳。都省議得：萬户赤干所招罪犯，欽遇詔赦原免。本（管）〔官〕職役，合准刑部先擬，依舊勾當，標附，餘准所擬。除外，仰施行。

（宋）陳元靚《事林廣記・壬集》卷一《至元雜令・權豪違礙》 諸權豪勢要及職官、司吏、坊里正，弓手，於部内皆不得結攬遞牛，及諸般違者，價錢並没官。其監臨亦不得還家屬人力奴婢等，在部内興販及沽賣，違者利亦没官，即官吏軍員並不得於所屬克買軍人衣資錢糧。違者並不追物。

《至正條格・斷例》卷三《職制・違法買引》 大德七年九月，燕南山東道奉使宣撫呈：山東道宣慰司經歷董秉道，都事王元良，令人於鹽局買到官鹽，轉行貸賣，分使利息。決訖參拾柒下，合無罷職？刑部議得：益都路在城鹽局，發賣百姓零鹽，官慰司經歷董秉道、都事王元良貪利，令行錢周三買訖鹽伍拾引，轉行貸賣，獲到息錢中統鈔參拾伍定分使罪犯，既已斷訖，各解見任，息錢追没，都省准擬。

《至正條格・條格》卷三〇《賞令・優禮致仕》 至順二年十一月，户部呈：欽奉詔書内一款：侍祠官員另行賞賚。内外流官七十致仕，宜力既久，禮宜優遇，一品月給全俸，二品半俸，以終其身，三品至四品各賜二表裏，五品至九品各賜一表裏，與免本家雜役。但犯贓私公罪解任、雜職不與。欽此。議得：今後各處致仕官員，合令拘該有司保勘，别無贓私公罪解任，在京並腹裏路分各處官司，就申刑部照勘，在外者，行省類咨，依上照勘明白，京師官員萬億綺源庫支付，行省、腹裏路分於係官錢内放支，委文資正官提調，照依彼中時直，兩平收買，欽依給付。都省准擬：

三品：常課，金答子一匹，暗花一匹帶裏

四品：常課，金雲袖帶襴一匹，和織暗花一匹帶裏

五品：常課，金雲袖帶襴一匹帶裏

六品至七品：和織金六花一匹帶裏

八品至九品：和織金花一匹帶裏

《大明令・禮令・朝賀班次》 凡在朝班次，各依品從，毋得差錯。違者，從糾儀官舉罰。

《大明令・禮令・褒贈》 凡文武官員，輸忠效力，殁於王事者，於見授品級上陞二等褒贈，其子降父實授品級一等承襲。殁於鋒鏑者，於見授品級上陞三等褒贈，其子對實授品級承襲。無子者，於應襲人内降等録用。所在官司立廟，歲時致祀。

《大明令・禮令・封贈》 凡公、侯、伯、子、男、五等封爵，其功勳大臣，止封公爵，百年後許封侯爵。

《大明令・禮令・侍親》 凡官員，祖父母年及七十，果無以次人丁，自願離職侍養者，聽。親終服滿，方許求叙。

（明）何廣《律解辯疑》大明律卷九《户律・錢債・違禁取利》 凡私放錢債及典當財物，每月取利並不得過三分。年月雖多，不過一本一利。違者，（止）杖一百。

議曰：並不得過三分，謂如本錢一貫，每月計納到利錢三十文，年月雖多，不過一本一利。若計餘利重于笞四十者，坐贓論，亦不得過杖一百。

若監臨官吏於所部内舉放錢債、典當財物者，杖八十。違禁取利，以餘利計贓重者，依不枉法論。

問曰：此條不言以准，惟云依不枉法論，設有犯者，若何斷之？

答曰：《在官求索借貸人財物》條云：若將自己物貸散於部民，及低價賣物多取價利者，並計餘利，准不枉法論。與此條情罪不異，亦合依准不枉法科之。

（明）何廣《律解辯疑》大明律卷一二《禮律・儀制・服舍違式》 凡官民房舍、車服、器物之類，各有等第。若違式僭用，有官者，杖一百，罷職不叙。（止）並入官。

議曰：謂僭用龍鳳紋之物，則入官；其餘違式僭用者，不在入官之限。仍不許服用，令其依式改造。

首告者，官給賞銀五十兩。

議曰：謂首告違禁之物，則合給賞。〔其〕首告違式僭用者，不在給賞之限。

又曰：違式、違禁不同，何也？

解曰：違式者，違其式樣，造置房舍之類，猶可改也，故不入官。違禁者，係用龍鳳紋，此非官民所用，既有而不可改正，並入官。並者，謂龍鳳也。

（明）何廣《律解辯疑》大明律卷一二《禮律・儀制・御賜衣物》 凡御賜百官衣物，使臣不行親送，轉附他人給與者，杖一百，罷職不叙。

議曰：罷職不叙，謂其使臣不自親行給付受賜之官，使臣罷其職任，與民一體也。

《禮儀定式・官員房舍凡一條》 一、凡官員蓋造房屋，並不許歇山轉角，重簷重拱，繪畫藻井。其樓房不係重簷之例，聽從自便。公、侯前廳七間或五間，兩厦九架造。中堂七間九架，後堂七間七架，門屋三間五架。門用金漆及獸面擺錫環。家廟三間五架，俱用黑板瓦蓋。屋脊用花樣瓦獸，梁棟斗拱，簷桷彩色繪飾，窗枋柱用金漆或黑油飾。其餘廊廡、厨庫、從屋等房，從宜蓋造，俱不得過五間七架。

一品、二品廳堂，五間九架，屋脊許用瓦獸，梁棟斗拱，簷桷青碧繪飾；門屋三間五架，門用緑油及獸面擺錫環。

三品至五品廳堂，五間七架，屋脊許用瓦獸，梁棟簷桷，青碧繪飾；正門三間三架，門用黑油擺錫環。

六品至九品廳堂，三間七架，梁棟止用土黄刷飾；正門一間三架，黑門鐵環。以上品官房舍，除正廳堂外，其餘房舍許從宜蓋造，但比正屋制度務要減小，不許太過；其門窗户牖並不許用硃紅油漆。

《禮儀定式・官員器皿床榻鞍轡弓矢凡四條》 一、公侯一品、二品酒注，酒盞用金，餘用銀。三品至五品，酒注用銀，酒盞用金，餘用磁漆。六品至九品，酒注、酒盞用銀，餘用磁漆。木器並不許用硃紅及稜金描金，雕琢龍鳳。

一、官員床面、屏風、隔子，並用雜色漆飾，不許雕刻龍鳳紋並金飾硃漆。

一、官員鞍轡：公侯一品、二品，用銀減鐵事件，粘用描銀；三品至五品，用銀減鐵事件，粘用油畫；六品至九品，用擺錫鐵事件，粘用油畫。

一、弓矢：凡軍官、軍士應用弓矢，止是黑漆弓袋箭囊，並不許用硃紅、描金妝飾。

右前件凡三條

一、在京公侯、駙馬、文武百官及官員、舍人、國學生員，俱要將頒行已定禮儀常加講習，務在遵守。

一、在外有司，務要謄寫刊行及省令儒學生員、民間子弟講習遵守，毋視虛文，違者以違制論罪。

一、定到禮儀制度，內有條例該載未備者，悉依原定舊制遵守。

一、先該南京御史秦稱：南京官員不問官爵崇卑，無分寒暑，並無涼傘，乞要禁革。本部查得成化年間，該南京守備等官題稱：南京官員遇雨，許用油傘，城內不許張涼傘等因。節奉憲宗皇帝聖旨：是。傘蓋雖是定制，但京城不用，乃臣下敬上之禮，兩京事體相同，如何可用。禮部便行文書去禁約。欽此。今次比照前例覆題，奉孝宗皇帝聖旨：是。城內不許張用涼傘，止許用油傘。欽此。弘治十五年例

一、又該南京給事中奏，乞張用傘蓋。本部查例覆題，奉聖旨：是。城內止許用油傘。欽此。弘治十八年九月例

一、傳奉欽依：在京官員，暑用一概執打大扇，亦乖禮體。今後除三品以上大臣外，其餘止許用撒扇遮日。欽此。正德元年五月例

巾帽靴制：

一、凡文武官員，除本等紗帽外，遇雨水戴雨帽，公差出外許戴帽子，入城不許。

一、合穿靴：文武百官並同籍父兄，伯叔、弟侄、子婿，儒士、生員及各衙門吏典、知印、承差，欽天監天文生，太醫院醫士、瑜珈僧，正一道士、將軍散騎、舍人，帶刀之人，正五馬軍馬軍總小旗。以上永樂二年榜

一、見行舊例：大祀畢慶成宴，本部照依成化四年會官題，奉欽依事理，將筵宴位次畫圖，先期張掛，曉示各官。

《諸司職掌・吏户部職掌・吏部・廕叙》一、凡用廕者，以嫡長子。若嫡長子有廢疾，立嫡長子之子孫。曾玄同。如無，立嫡長子同母弟。曾玄同。如無，立繼室所生。如無，立次室所生。如絕嗣者，傍廕其親兄弟，各及子孫。如無，傍廕伯叔及其子孫。

一、凡用廕者，孫降子，曾孫降孫。及傍廕者，皆於各叙品從降一等。

一、凡職官子孫廕叙，正一品子，正五品叙。從一品子，從五品叙。正二品子，正六品叙。從二品子，從六品叙。正三品子，正七品叙。從三品子，從七品叙。正四品子，正八品叙。從四品子，從八品叙。正五品子，正九品叙。從五品子，從九品叙。正六品子，於未入流品相應上等職事内叙。從六品子，於未入流品中等職事内叙。正七品子，於未入流品下等職事内敍。

一、凡職官用廕，各止一名。年及二十五以上，須試本經或《四書》，能通大義。其有不通者，發遷習學再試。

一、凡廕官，各具父祖歷仕緣由，去任身故歲月，並所授誥敕，彩畫宗支，指實該承廕人姓名、年甲，本處官司體勘房親揭照籍册，别無詐冒，及無廢疾過犯等事，上司審驗相同，保結申覆，令親賫文解赴部。

一、凡廕叙，其遠方地面官員，宜照原籍於附近布政司轄去處銓用。

《諸司職掌・吏户部職掌・吏部・襲封》凡受封官員身死，須以嫡長男承襲。如嫡長男事故，則嫡孫承襲。如無嫡子、嫡孫，以嫡次子孫承襲。如無嫡次子孫，方許庶長子孫承襲，不許攙越。仍用具奏，給授誥命，劄付翰林院撰文，具手本送中書舍人書寫，尚寶司用寶完備，具奏頒降。及孔氏襲封衍聖公，如之。其湖廣、四川、雲南、廣西土官承襲，務要本司委官體勘，别無爭襲之人，明白取具宗支圖本，並官吏人等結狀，呈部具奏，照例承襲，移付選簿附選，司勛貼黄，考功附寫行止，類行到任。見到者關給劄付，頒給誥敕。

《諸司職掌・禮部職掌・儀部房屋器用等第》一、凡官員蓋造房屋，並不許歇山轉角，重簷藻井。其樓房不係重簷之例，聽從自便。公侯前廳七間或五間，兩厦九架造。中堂七間，九架。後堂七間，七架。門屋三間，五架，門用金漆及獸面擺錫環。家廟三間，五架。俱用黑板瓦蓋，屋脊用花樣瓦獸。梁、棟、斗栱、簷桷，彩色繪飾。窗枋柱用金漆，或黑油飾。其餘廊、廡、庫，厨從屋等房，從宜蓋造，俱不得過五間，七架。

一品、二品，廳堂五間，九架，屋脊許用瓦獸，梁、棟、門栱、簷桷青碧繪飾。門屋三間，五架，門用綠油，及獸面擺錫環。

三品至五品，廳堂五間，七架，屋脊用瓦獸，梁棟、簷桷青碧繪飾。正門三間，三架，門用黑油擺錫環。

六品至九品，廳堂三間，七架，梁、棟止用土黄刷飾。正門一間，三架，黑門，鐵環。

一品官房舍除正廳外所，其餘房舍許從宜蓋造，比正屋制度務要減

小，不許太過。其門窗户牖，並不許用朱紅油漆。

一、庶民所居房舍，不過三間，五架。不許用斗栱及彩色裝飾。

一、器皿。公、候、一品、二品，酒注、酒盞用金，餘用銀。三品至五品，酒注用銀，酒盞用金。六品至九品，酒注、酒盞用銀，餘皆用瓷漆木器，並不許用朱紅及抹金描金、雕刻龍鳳紋。庶民酒注用錫，酒盞用銀，餘瓷漆。

一、傘蓋。一品、二品銀葫蘆頂，茶褐羅表，青絹裏，三簷。三品、四品用紅葫蘆頂，茶褐羅表，紅絹裏，三簷。以上傘蓋俱用黑色。茶褐雨傘俱用紅紬絹。五品用紅葫蘆頂，青羅表，紅絹裏，兩簷。雨傘同四品。六品至九品，用紅葫蘆頂，青絹表，紅絹裏，兩簷。雨傘俱用油紙。

一、官員遮面屏風槅子，並用雜色漆飾，不許雕刻龍鳳紋，並金飾硃漆。

《稽古定制・今定制》 凡公侯内外文武四品以上官，不得令子弟家人奴僕於市肆開張鋪店，生放錢債，及出外行商中鹽興販物貨。其有頭匹器物之類，遣人於外賣買以給家用，不係商賈取利者，不在禁例。

一、古先哲王之制，大邑不過三國之一，中五之一，小九之一。且如國王所居之城九里，公侯所居之城止得二里，伯止得一里二百八十八步，子男止得一里。古人尊卑之分如此。今已往功臣之家，不守分限，往往於住宅前後左右多佔地丈蓋造亭館，或開掘池沼以爲游玩，似此越禮犯分，所以不能保守前功，共享太平之福。

一、古人於地有王氣之處，往往埋金以壓之，或井其地以泄之。前代帝王如此用心，今京已故各官多有不諳道理，於住宅内自行開挑池塘，養魚種蓮以爲玩好。非惟泄斷地脈，實於本家不利，以致身亡家破。今後京城内官員宅院，不許開挑池塘。亦不得於内取土築墻，掘成坑坎。

浙江等處承宣布政使司承准，行在工部堂字壹仟陸佰陸拾玖號勘合，爲民情等事。准行在禮部，咨行在禮科，抄出浙江嚴州府知府萬觀奏一件：故官房屋事。臣近見已故官員之家，先前有因父祖伯叔任官之時，遵奉國朝《稽古定制》。照品級造屋居住，以後祖父伯叔病故，多被小人訟其子孫僭住違式房屋，其受理官司亦不究其造屋原因，輒便依告提問如律，房屋斷没入官。臣竊稽諸唐制，其祖父舍宅門廕子孫，雖廕盡聽依仍舊居住。前件如蒙准奏，乞敕工部行移内外衙門，但有故官之家，曾依品級起造房屋者，除因貪污黜罷，着令改折外，其能守法奉公，終於本等職事，許令子孫永遠居住。如此不惟厲仕者廉謹之心，亦祖父舍宅門廕子孫之盛典也。前件會官議得，合准所言，宜從行在工部施行，未敢擅便具本。正統三年三月二十日早，各官於奉天門奏，奉聖旨：是。欽此。除欽遵外，移咨到部，擬合通行除外，合行本司轉屬，照依奏奉欽依内事理，一體欽遵施行。

《今定制》

公侯塋地周圍一百步，墳高二丈，圍墻高一丈。

一品塋地周圍九十步，墳高一丈八尺，圍墻高九尺。

二品塋地周圍八十步，墳高一丈六尺，圍墻高八尺。

三品塋地周圍七十步，墳高一丈四尺，圍墻高七尺。

四品塋地周圍六十步，墳高一丈二尺，圍墻高六尺。

五品塋地周圍五十步，墳高一丈，圍墻高四尺。

六品塋地周圍四十步，墳高八尺。

七品以下塋地周圍二十步，墳高六尺。

《今定制》

一、凡官民房屋，間數並不許蓋造九五間數，及歇山轉角、重簷重拱、繪畫藻井，硃紅門窗。其樓房不在重簷之例。

公侯前廳中堂後堂各七間，門屋三間，俱用黑板瓦蓋，屋脊用瓦獸，樑棟斗栱簷桷彩色繪飾，門窗枋柱，俱用黑漆油飾，及門用獸面擺錫環。家廟三間，俱用黑板瓦蓋，屋脊用花樣瓦獸。樑棟斗栱簷桷彩色繪飾，門窗枋柱用黑漆，或黑油飾。其餘廊廡庫厨、從屋等房，從宜蓋造，俱不得過廳堂正屋制度。一品二品廳堂各七間，屋脊許用瓦獸，樑棟斗栱簷桷青碧繪飾；門屋三間，門用綠油，獸面擺錫環。三品至五品廳堂各七間，屋脊許用瓦獸，樑棟斗栱簷桷青碧繪飾；門屋三間，門用黑油擺錫環。六品至九品廳堂各三間，樑棟止用粉青刷飾，正門一間，門用黑油鐵環。

一、凡品官房屋，除正廳外，其餘房舍，許從宜蓋造，比正屋制度，務要減小，不許大過。其門窗户牖，並不許用硃紅油漆。

一、在京功臣宅舍，地勢寬者，住宅後許留空地十丈，住宅左邊右邊，各許留空地五丈。若現住舊居所在地勢窄隘，已有年矣，左右前後皆是軍民所居，止仍舊居，不許那移軍民，以留空地。

一、京城係人烟輻輳去處，其地有限。設使官員之家，往往窺覦住宅左右前後空地，日侵月佔，圍在墻內作園種植蔬菜，及爲游玩處所，甚妨軍民居住。且京城官員不下數千，若一概倣效，京城內地多爲菜園，百十萬軍民何處居住？今後官員住宅，照依前定丈尺，不許多留空地。如有過此，即便退出與軍民居住，令子孫赴官告給園地，另於城外量撥。

一、在京文職官中所居房屋，臨時奏請，量撥居住。

一、凡庶民所居房舍，不得過三間五架，不許用斗栱及彩色裝飾，其餘從屋雖十所、二十所，隨宜蓋造，但不得過三間。

《皇明條法事類纂》卷二〇《户部類·禁約私債執當印信關單勘合及詐稱權貴擾害官民例》 成化四年九月二十日，都察院右副都御史林等題，爲禁約私債擾民事。該漕運總兵、巡撫等官，赴京議事，將各官所言事件，會同各部、都察院、太子少保兼吏部尚書李等議擬，開立前件，具題。奉聖旨：是，准議。欽此。欽遵抄單移咨到院。內一件：該巡撫山東本（部）〔院〕右副都御史原（係）〔傑〕奏，照得濟南等府所屬州縣，地方〔磽〕薄，兼以遞年水旱相仍，田禾不收，糧差浩繁，人民艱窘。奈何近年以來，有等在京住坐軍匠人等，不思原籍户丁困苦，只惟不來供給，或令家小，或〔令〕親戚，回家取討盤纏。倘若指辦遲慢，不論尊卑，倚恃身役，拖打逼要。設或户無人丁，又行搜尋佃田併里鄰臨人等，津貼幫助。稍不依從，復回到京，挾私串同無籍之徒，詐稱在於官豪之家，揭取財物。多則七、八十兩，少亦十數餘兩，加倍起利，朦朧將本户并貼户、佃地、里鄰人等姓名，妄作家屬多目，開寫約內，付與債主，執照前來取討。其放債官豪，止知利己，各恃權威，使令親朋替穿異樣衣服，騎坐違禁鞍馬，多帶家人伴當，徑來各該州縣坐并索取，果是軍匠、户丁、貼丁，着令辦還，雖傾家蕩業，死而無怨。若係田地、里鄰無干之人，舉家呼天叫地，堅執不認。又被取債之人，輒生奸計，或詐稱皇親家人，或言權貴官舍，囑託司府批狀，强逼州縣差人拘拿拷打，責令照數認還。小民懼怕官府，只得忍氣吞聲，典當田產，變賣人畜，打發起程。未交一、二年間，仍復揭債，令人來取，積習成風。以爲得（慣）〔計〕。中間又有見任官員，亦多揭取官豪錢債，逼令家下歸還。此等錢債，保見之人，既各在京，不來證佐，本（寡）〔處〕多寡，原籍州縣別無堪信，止憑討債之人收執前約，照數逼取，深爲民害。如蒙乞敕該部計議，合無今後各該州縣，但有此等（計償）〔討償〕之人，不分文約（又）〔久〕近，就令於在京借債之人名下索取，俱不許前來原籍〔逼〕擾。若係本家（免）〔充〕當軍匠隨住這人，帶人前來取討，應該歸還者，亦候豐稔之年，照例一本一利歸還，亦不許恃强逼取。敢有（恬）〔怙〕〔惡〕不悛，仍前執約，於軍匠、户丁、貼户，併田地、里鄰之人，一概囑託司府批狀，强逼州縣官員拘勾追理者，許被害之人，就將討債之人，拿送巡按御史及按察司官處，究問明白，依律照例發落，文約塗抹，〔所〕附錢債免追。干礙舉放錢債官豪并受囑（彼）〔被〕逼司、府、州、縣官員，徑自照例施行。前件，議得合准所言，通行天下禁約。

又一件，該巡撫直隸、本院右僉都御史邢奏，照得各處解納糧料人户中間，有因納欠借債補完，被放債之人勒要納獲印信、關單、勘合等項公文，准當有係數人共約，其間正有一欠少者，有本利十分，已還八九分者，解户年久消亡，無人取贖，但被執匿不還，以致錢糧不銷。如蒙乞敕法司，通行兩京兵馬司，并在外（在）〔司〕府，出給告示，曉諭內外放債之家，但有執當前項印信、關單、勘合等項公文，不拘年月遠近，俱限三個月以裏，賫赴該管官司首（縱）〔繳〕，追還原欠。如有仍前執匿不首，（考）查究問罪。原債不追，庶免兩相推候。前件，議得都察院施行。合無將右副都御史原等所言。并户部會官議擬奏，奉欽依事理，在內仰巡視監察御史轉行五城兵馬司，出給告示，在外有巡撫官，就令巡撫官，無巡撫官處，就令巡按御史出榜，轉發各該布按二司，并直隸府、州、縣，翻刊發屬，常川張掛，曉諭內外放債之家，不分文約久近，如係在京住坐軍匠人等揭取者，止許在京原揭之人名下索取，不許前去原籍逼擾。果係原揭借户丁帶來取討應還錢債，亦候豐年照例一本一利歸還。如有執當印信關單勘合等項公文，亦不分年月久近，俱限一個月以裏，賫赴該管官司首繳，即與追還。原籍借之人，敢有似前通同（計）〔討〕債之人，詐稱皇親家人并權貴官舍，賫報私約，前去原籍，倚恃豪勢，囑託有司，强逼各人户丁及佃地、里鄰臨人等名下，一概追取，打攪官府，擾害人民，及執匿准當印信、關單、勘合等項公文，不行首繳者，許被害之人，赴所在官司陳告。在内拿送法司，在外拿〔送〕巡按御史及按察司官處，究問如律。原債不追，中間若有礙官豪勢要，及聽從囑託代爲追理官員，應拿問者，就便拿問，應奏請者，奏請提問。如此，庶可杜侵漁之源，革擾害之弊。緣係通行禁約事理，未敢擅便，具題。次日，奉聖旨：是。欽此。

《皇明條法事類纂》卷二〇《户部類·各邊管軍官於所部内放債及强買馬匹》　一件禁約事。成化八年七月内，該都察院左僉都御史李等，節該欽奉憲宗皇帝聖旨：　體訪得有等管軍頭目，恃權挾勢，往往便令家人伴當及跟隨人等，假倚買賣爲名，將雜銀粗布散放與各路衛所管操、管屯官員，及散與該管旗軍餘丁，每雜銀一兩，强買細米一石一、二斗，又逼令出備車牛裝送。其管操、管屯官員，因而各將自己物貨，混同在内撒放，加倍取利肥己。又有等欺公貪利之徒，令人興販老弱瘦損不堪馬匹，用强分俵與馬隧軍士，作買補官馬之數。旋即（例）〔倒〕死，致人追（倍）〔賠〕，不免重行買補。似此作弊，非止一端。邊軍被害，莫此爲甚。恁都察院合通行嚴加緊約，出榜沿邊各路大小城堡，常川張掛，曉諭管軍人等。今後敢有稱系家人伴當等項，倚恃豪勢，撒放錢債，强買馬匹，多取價利，擾害邊軍者，許被害之人，指實徑赴巡撫、巡按，並按祭司分巡官處陳告，就便拿問明白，監候奏請發落。干礙宫軍頭目及豪勢之人，亦就拿問。欽此。

成化九年十月初八日，户部尚書楊等題，爲救弊等事。

計開：

一、所言至如揭取錢債一節，其中官員作弊，軍士苦楚，不可勝言。譬如一衛軍人，或因盤剥費用，被官員侵剋，虧折糧米一百石，若借銀一百兩，可夠買補。其本管官員，乘此機會，設託豪富之家，借銀二、三百兩，倍寫本利五、六百兩，除用百兩買米補納外，餘皆任從虚數花銷，侵分入己，回還之日，就邀債主到衛，强逼各軍變賣産業，准折男女。債還不完，又將欠數轉換文契，利上取利，經年逼取，仍復如前。所以軍士取債，年甚一年，不得完結。甚至有等挾勢豪强債主，或跟往兑糧處所，將正耗糧米變賣（倍）〔賠〕還者；或於淮安總要去處，邀請求託，便往欠債糧船執逼迫還者，或於沿途將旗軍綁打，逼至逃走跳水者；或凌辱官員，逼抑自縊者。（切）〔竊〕思官軍所輸之粟，俱是國課，豈有國課永輸，先償私債？三尺孩童，尚知不可。若不禁約，誠恐此等强徒，愈加放肆，倣效成風。似前追廾，荼毒官軍，准賣糧餉，非但貽笑四方，亦且朝廷法度安在？此不可不嚴加禁約二也。合無該部行令各處把總官，親躬查審該管衛所官軍，原借某人本銀若干，一年者依例每兩起息三分，年久者止許一本一利。其利（止）〔上〕增利者，悉爲減除。明立文簿，收候下年各衛運糧到京，交納官糧完足，聽把總官公同該衛指揮等官，查算明白，卻將餘剩銀米，照簿追還債主。若債負數多，不能完結者，仍候下年照前給還。其銀不許再起利息。仍請聖旨榜文，前去該免糧浙江等布政司，并直隸蘇、松、淮、揚、應天等府、州、縣去處，張掛禁約。敢有豪强債主，似前挾勢，准折私債，許被害官軍并所在官司，拿解赴京送問。重罪發邊衛充軍，民發口外爲民。如此，則豪强頗知畏懼，而軍士所負錢債，庶得結絶矣。

前件節查得，先因漕運官軍作弊多端及遞年攢運之事，本部於景泰元年，會官保舉都御史王竑與總兵都督僉事徐恭攢運糧儲，其添設都御史總督官運漕運，正欲禁革奸弊。今本官奏稱前因，合無通行總督運都御史，總兵官（正）〔平〕江伯，着落各該把總官，須要躬親查審該管衛所官軍，原借某人本銀若干，明立文簿，收候下年各衛運糧到京，交納官糧完足，卻將餘剩糧米，照簿給還債主。敢有仍前挾勢，於兑糧去處及沿途擅拿民軍綁打凌辱，强將官糧准作私債，許被害官軍，就於漕運總兵官處陳告。應拿問者，就便拿問。此係强准官物，律無正條，合無准其所擬，發邊遠充軍。民發口外爲民。應參奏者，照例施行。及言請聖旨榜文，前去免糧處所張掛禁約，未敢擅便。伏乞聖裁。

《皇明條法事類纂》卷二〇《户部類·禁約典膳儀賓等置産放債害人例》　弘治二年正月二十日，都察院右都御史馬等題，爲公務事，該本部等衙門尚書等官李中等題，准欽依内事理，内該巡按江西地方都察院右副都御史李昂奏一件：　禁田利之擾，以安生民。據饒州府鄱陽縣民李瓚告稱，各王府内臣、儀賓、典膳等，往往縱容家人，在於各鄉置立莊田、占賣民産，以致逼民無所，逃移爲非。甚至糧不過割，累害里甲（陪）〔賠〕賦。撥軍在莊看守，擾害居民，舉放私債，（磊）〔累〕利加算，准折田產、房屋者有之，折准孳生人口者有之，逼迫多端，甚爲民害等因，其告到臣。除禁革外，臣惟自食禄之家，不得與民争利，所以謹（貧）〔貪〕墨之防，廣廉耻之路也。今儀賓犯媚宗室，而每歲享有禄利，典膳出任王府，而每月支有俸糧，柰何又終各鄉立莊放債，侵奪民利，況致逼民無處安身，逃移在外。如蒙乞敕該部，行移各該王府，今後内臣、儀賓、典膳，與凡在府人員，凡有田土，係利債准折及侵奪者，俱各令其退還民間，以後不許仍前立莊産，撥軍看守，舉放私債，（磊）〔累〕利加算，擾害鄉民，逼迫逃竄。如仍不改，除内臣、儀賓并五品以上官參奏拿問，取自上裁；其六品以下官，聽臣等拿，莊田財本，俱追入官等因，議行都察院，查例禁約具題，節該奉聖旨：准擬。欽此。欽遵移咨備劄到道。節該伏睹《大明律》内一款：凡有司官吏不得於見任去處，置買田宅。違者，笞五十、解任，田宅入官。又一款：凡侵占他人田宅者，田一畝屋一間以下，（苔）〔笞〕五十；每田五畝、屋三間，加一等，罪止杖八十、徒二年。又一款：凡放債，每月取利不得過三分；年月雖多，不過一本一利。違者，（苔）〔笞〕四十；以餘利計贓，重者，坐贓論，罪止杖一百；若勢豪之人，不告官司，以私債强奪去人孳畜産業者，杖八十。若估價過本利者，計多餘之物坐贓論，依數追完。若准折人妻妾、子女者，杖八十。人口給親，私債免追。欽此。欽遵具呈到院，看得巡撫江西右副都御史李所奏，誠有此弊，甚爲民害。但王府内外官員，職非親民，此與有司官頗有不同，所有任所置買田宅，前項律有無禁治。於親占田宅放債，多取利息，准折田産人口，律例有違，合當禁革。王府六品以下官員，亦難就便提問，欲仍行本官，轉行寧、淮等王府長史司，行令本府内外官員，若係私債准折軍民房屋、田土、人口者，聽令退還原主。其原揭錢物者，令照數追還。其和買田土、糧草不曾過割者，照例過割，依期辦納。其原置莊田不係强買及私債准折者，照舊住種。仍禁約有莊之人不許恃强擾害。有私人民舉放錢物者，亦照律例取息，不許過多。今後敢有仍前强占軍民田産及私債（磊）〔累〕利，准折田地人口，買田不行過割糧草，縱容看莊之人生事害人者，事發，校旗人等就行提問，干礙應奏大小官員，徑自參奏施行。具題。奉聖旨：是。欽此。

《皇明條法事類纂》卷二〇《户部類・舉放官吏錢債五十兩以上與債主俱充軍》 弘治三年九月初八日，刑部尚書何等題，爲違法事。該本部山西清吏司案呈，問得犯人陳實招，係直隸揚州府高郵州（具）〔興〕化縣人，由吏員除授浙江寧波府奉化縣典史，有驍騎右衛軍餘李紀，同伊已故兄李本在日，各明知有例，官吏、監生人等，借人財物費用，措辦衣裝、器物等項，與債主俱發口外充軍。不合故違。專一舉放官吏私債，多取利錢肥己。成化十一等年以來，有官吏、監生、舉人、承差韓春、（莫）〔英〕茂等，因在吏部候選，各亦不合違例與李紀等借銀置辦衣服等項，多寡不等，止有英茂未還，係英茂除授廣西南寧經歷，李紀問伊取討無有，就不合將原領吏部文憑一紙奪下，揹勒在家。（莫）〔英〕茂因無還，不來取討，就行赴任所，至江西九江府彭澤縣地方，不合捏稱被盜，劫去文憑，告蒙本縣，行委老人宋永札勘帖（何）〔荷〕英茂執照到府，告蒙轉行查勘，暫令到任。韓春等俱遇蒙成化二十三年九月初六日赦宥。英茂又不合不行首官，仍前朦朧在任管事。李紀亦不合不行首正，仍舉放官吏私債。弘治二年二月内，實因在部聽選，缺少銀兩置辦衣服及盤費等項使用，亦不合違例請到錦衣衛軍人陶春引到李紀家舉借。李紀不合違例，（二）〔一〕次借與實銀一十兩，逼令實寫作本錢二十五兩。弘治二年五月内，一次又借銀五兩，寫作本利銀十兩。陶春不合誆收實保頭銀一兩五錢。後實選奉化縣典史，指還李紀銀二十三兩五錢，内除原本銀。李紀不合多取銀四兩九錢，被李紀將實原額吏部文憑一紙揹勒，要還銀六十兩。本年六月初一日，又有直隸定遠縣聽選人孫永昌，亦因缺少盤纏，立約與李紀借銀五兩，致被東廠訪知捉拿。孫永昌不曾借有前銀，回還去訖，將實同李紀等並實文憑藉約各一紙，及李紀家帳目揭帖一十個、帳簿二扇、文約三十張，一同捉獲，通行奏送錦衣衛鎮撫司。問招前罪，奏送到司。葉方先爲不應事枉，本司别卷問擬，不應事重減等杖罪。納米完足，取附到卷，行該吏部文選司、清吏司，查得，前項官吏、監生、舉人、承差韓春等，各選除昇授見任内外職事，李世榮等未選，各回原籍；章冕等各已因事去任；施讓等各身故；沈儀等查無職銜，各問報前來；（窩）〔高〕欽等俱貫址未明，未經查報。問陳（貴）〔實〕、李紀、陶春、葉（芳）〔方〕、蘇福崇各徒杖罪，各還職着役隨住。内陳（貴）〔實〕、李紀俱照例送兵部，編發口外充軍，照出文約揭帖；内有名未到官韓春等，俱另行；英茂合我照該鎮撫司奏行事理，轉行彼處巡按監察御史徑自究問。除審允將陳（貴）〔實〕等發落，及將（莫）〔英〕茂轉行提問。查得李塘等俱係軍民人，例不該問，前項有名官及舉人監生施讓等俱病故外，備招案呈，看得官吏、監生人等借人財物費用，措辦衣裝、器物，置買婢妾寺項，及與債主同赴任所取償，已有前項禁例。但近年以來，官吏、監生人寺，候選年久，多有盤費罄竭，貧不自存，未免借錢舉債，以救饑寒，以活妻子，未必俱是措辦衣裝、器物，置買婢妾等項。今照前項官吏、監生、舉人承差，所借銀兩有多至五十兩或一二百兩者，亦有少不過十餘兩、三五兩者，又俱犯在革前，除施讓等俱各病故，別無施行。沈儀等俱查無職銜，及高欽等貫址未明，仍令該司再行查究外，合無將見查出見在在内外衙門及未選在於原籍，并已因事去任官及舉人監生楊祥等。

《皇明條法事類纂》卷二九《兵部類·禁約甘肅等處勢要之家挾買番人物貨例》 〔缺文〕以來官員上下間有奸貪，不顧大體，一聞西番將到，主使平昔强劫無耻弟男子侄、家人頭目、軍伴人等，争先前去，挾勢恃强奪引到營内，將好馬奇貨包收在己，逼令減價，以賤易貴，取利無厭。又將其餘麤重物貨，並瘦損畜，逐一拘收取覓軍民用錢，方許置賣，使軍民切齒，番族忿心，甚至挽恨不平，引刀自刎者，比比有之。殊失懷柔之道，有傷仰慕之誠。非但貽笑外夷，積怨番族而已，倘或一時激切，變生不測，邊防之患，不可不慮。已備出榜通行禁約外，誠恐奸頑見利，不遑他顧，逼迫日甚，貽患將來。外情定議俱問守備不設，被賊侵入境内，虜掠人民，本律，免杖發邊遠充軍。若是交鋒入境。損軍傷虜，殺四五人，搶去頭畜衣糧不多者，亦問前罪。數内若有情輕律重有礙發落者，仍備由奏請處置。其有被賊入境，將爪探、夜不收及飛報聲息公差官軍人等一所時殺傷捉去，事出不測者，俱問不應杖罪，照例納米等項還職。如是境外被賊殺虜爪探、夜不收，非智力所能防範者，免其問罪，即會巡按（挾）〔陝〕西監察御史王毓見問，守墩百户趙宣被賊將爪（採）〔探〕軍人柴森捉去不知下落，正係事出不測，又犯在大赦以前，合行改擬不應事重，杖罪免科發落。庶幾重輕適均，事體歸一。至如邊方賊情緊急，用人（至）〔之〕際，失誤官員，應合戴罪殺賊，或該住俸免問等項，至期又在兵部徑自斟酌可否，奏請取自聖裁。緣係會議失機事例，未敢擅便，（是）〔具〕題。次日奉聖旨：准議。欽此。）

《明會典》卷一一《吏部·侍養》 洪武二十六年定：凡官員父母年七十之上，許令移親就禄侍養，如果父母老疾，去官路遠，户内別無以次人丁者，方許親身赴京面奏，揭籍定奪。及吏員人等，父母年老，別無人丁者，務要經由本部移文體勘是實，明白奏准，方令離役。俱候親終服滿起復，赴部聽用。嘉靖十三年奏准：親老、而兄弟俱仕在外，無人侍養者，許放回終養。十五年奏：准親老，雖有兄弟，篤疾不能服事者，準令終養。十七年奏：准母老，雖有兄弟同父異母者，亦准令終養。

《明會典》卷一六四《刑部·錢債·違禁取利》 凡私放錢債及典當財物，每月取利並不得過三分，年月雖多，不過一本一利，違者笞四十，以餘利計贓重者，坐贓論，罪杖一百。若監臨官吏，於所部内舉放錢債，典當財物者，杖八十，違禁取利，以餘利計贓重者，依不枉法論，並追餘利給主。其負欠私債。違約不還者，五貫以上，違三月笞一十，每一月加一等，罪止笞四十。五十貫以上，違三月笞二十，每一月加一等，罪止笞五十。二百五十貫以上，違三月笞三十，每一月加一等，罪止杖六十。並追本利給主。若豪勢之人，不告官司，以私債强奪去人孳畜産業者，杖八十。若估價過本利者，計多餘之物坐贓論，依數追還。若準折人妻妾子女者。杖一百，强奪者加二等。因而姦占婦女者絞。人口給親，私債免追。

一、凡勢豪舉放私債，交通運糧官，挾勢擅拏官軍，綁打凌辱，强將官糧，準還私債者，問罪。屬軍衛者發邊衛充軍，屬有司者發口外爲民。運糧官參究治罪。

一、聽選官吏、監生人等借債，與債主及保人同赴任所取償，至五十兩以上者，借者革職，債主及保人各枷號一箇月發落。債追入官。

一、凡舉放錢債，買囑各衛委官，擅將欠債軍官軍人俸糧、銀物領去者，問擬詐欺，委官問擬受財聽囑罪名。

一、兩京兵部，并在外巡撫、巡按、按察司官，點視各衛所印信，如有軍職將印當錢使用者，叅問帶俸差操，執當之人問罪，枷號一箇月，債追入官。

一、内外放債之家，不分文約久近，係在京住坐軍匠人等揭借者，止許於原借之人名下索取，不許赴原籍逼擾。如有執當印信關單勘合等項公文者提問，債追入官。

一、凡負欠私債，兩京不赴法司而赴别衙門，在外不赴軍衛有司而越赴巡撫、巡按三司官處各告理，及輒具本狀奏訴者，俱問罪。立案不行，若兩京别衙門聽從施行者，一體參究，私債不追。

《問刑條例》　凡勢豪舉放私債，交通運糧官，挾勢擅拿官軍，綁打凌辱，强將官糧准還私債者，問罪。屬軍衛者，發邊衛充軍；屬有司者，發口外爲民。運糧官參究治罪。

《問刑條例》　舉放錢債，買囑各衛委官，擅將欠債軍職折俸銀物領去者，問擬誆詐；委官，問擬受財聽囑罪名。

《問刑條例》　聽選官吏監生人等借債，與債主同赴任所取償，至五十兩以上者，連債主俱問發口外充軍。

《宗藩條例》卷上《庶子争襲》　查得嘉靖二十八年十二月，秦府永壽恭和王秉欓庶第一子惟燿男懷埢奏父封鎮國將軍病故，祖母妃楊先故。恭和王私選内助邵氏，朦朧請封爲妃，所生二子惟燱謀襲王爵等因。該本部尚書徐階會官議得，懷埢則以伊父惟燿之生在前，邵氏入府生子在後，欲皆稱庶而歸長。惟燱則以伊母邵氏封妃在前，惟燱請封在後，遂欲因母而稱嫡。彼此奏辯，累年不決。臣等查據事例，凡郡王妃病故，但有庶子，止許選娶内助，所生之子亦爲庶子。竊詳惟燿之生既在邵氏入府之前，而邵氏進封王妃，係出一時特恩。則惟燿於倫序實係庶長，惟燱於常法似難稱嫡。故彼處撫、按勘報，皆稱懷埢承襲有據，而秦王亦謂撫、按之言爲允。但因惟燱先奉欽依特准承襲，是以本部題覆，亦未敢有定擬。竊惟封爵重典，一則倫序之所在，一則成命之所與，終非臣不所敢擅定。節奉聖旨：你每既説庶長應襲封，着懷埢承襲。欽此。

前件臣等議得封爵以倫序爲正，惟燿、惟燱均爲庶子，而燿子懷埢其序本當襲也。已奉有成命，今後俱當照例遵行。如有越分争襲者，聽本部參究治罪。

《宗藩條例》卷上《堂孫請襲》　查得弘治七年五月内，該廣昌安僖王長孫奇澢奏稱，故祖安僖王生前奏准，將同宗共府姪男鍾鉚爲嗣病故。臣係鍾鉚所生親男，乞要承襲先爵等因。本部查得先該晋王奏，乞比照東安王事例，將奇澢承襲廣昌王爵，或世授鎮國將國等因。節該本部看得東安王之子，係楚莊王親係。鍾鉚子奇澢，係安僖王堂孫。難以比照。及查無各王府郡王嗣子世授鎮國將軍事例，覆題，奉憲宗皇帝聖旨：是。奇澢例不該襲王爵，又不當世授鎮國將軍，再不許來攪擾。欽此。合無止將奇澢授以輔國將軍。等因。題奉孝宗皇帝聖旨：奇澢着做鎮國將軍。欽此。

前件臣等議得封爵乃國家重典，其等自有定制。不但郡王不可以倖襲，雖將軍等爵所繫甚重，亦不可以妄冀也。若奇澢以堂孫而冒濫得封，係出一時特恩，不可爲例。正德四年已經奏准，今後有以服屬疏遠人夤緣請封如奇澢者，本部參奏，輔導官員治以重罪，原詞立案。今合申明，著爲定例，俾知遵守。

《宗藩條例》卷上《查革冒封》　查得嘉靖四十三年七月，山陰王俊柵奏稱：臣竊見天下宗室享禄之多者，無過鎮國將軍。鎮國之多，由郡王冒襲者多也。今若革去冒襲之王，則鎮國之爵自此少矣。臣聞，大宗繼統不奉祠，小宗奉祠不繼統。今之親王，大宗也。郡王，小宗也。親王無子，則必令親支繼統。郡王無子，止許親支奉祠而已，不許請封、襲爵，此我聖朝之定制也。夫何自正德以來，郡王有因犯罪革爵者，其弟、姪、鎮輔、奉國等將軍輩，乃稱繼襲父爵爲言，朦朧比例請封，遂得夤緣冒襲王爵。臣見得郡王中有無罪不幸絶嗣者，其弟、姪輩尚不許承襲繼統，何況被罪革爵者，反許弟、姪輩承襲繼統。臣不省此理出何典也。然又有説焉，今之天下宗室繁衍，禄糧不敷，以此立省禄之法，以圖節省民財，爲萬世計也。今以鎮國等將軍平空進封郡王，身既濫叨名器，夫何又將未封王之前所生之子盡行加封爲鎮國將軍，女爲縣主，婿爲亞中大夫，並其子子孫孫盡皆進爵，所增禄米何止百萬餘石。臣聞史斷曰：繁纓，小物也，而孔子惜之。正名，細務也，而孔子先之，謂名器不可以假人。夫名器者，爵禄是也，乃君上酬德報功之具，誠國家至重之典也。今天下宗室無罪，尚且減省禄糧。然此等加封者，不知曾有何功於國，而輒增爵禄也耶。恐非所以服下下宗人之心，昭勸懲之道也。壞法耗財，莫甚於此。今者省禄之法即行，是與天下王府更始之時，不可不行革以正名分。伏望皇上敕下禮部備查天下諸郡王，有不係長子襲爵，但係將軍進封爲郡王者，合無一體盡革，止令爲世襲鎮國將軍管理府事。其餘加封者，俱還舊職。

務從公道，切不可厚薄於其間。庶名器不致冒濫，祿糧不致枉費。公道可昭，人心可服，省祿革弊，莫先於此等因。奉聖旨：禮部知道。欽此。

前件臣等議得親王係帝派大宗，與國同休，帶礪之盟萬世不易，宜也。郡王小宗，去帝孫已遠，止是王孫，乃世世王爵，則前古所未有，議者已謂當遞降矣。近乃有等犯罪革爵子孫、鎮、輔、奉國將軍，往往或稱父爵，或稱祖爵，夤緣奏辯冒襲。及至得封之後，則又並其子女盡得進封。糜費祿糧何止百餘萬數。有司措處不給，而中尉等爵困乏窘迫，皆由於此。山陰王奏稱盡當查革，誠爲有見。合行各該撫、按官，轉行各王府長史等官員啓親王及管理等爵，備查以前犯罪革爵弟、姪、遠孫輩冒襲郡王者。文書至日，限一月以裏具奏。待本位身終，其子止襲鎮國將軍管理府事。其餘加封者，悉還舊職。庶祿糧有節，財用少紓，而宗室之困乏者有所濟矣。

《宗藩條例》卷上《追封郡王》　查得弘治七年正月，樂安王奏，見蒙賜襲祖爵，又蒙將故父鎮國將軍覲鑪追封爲樂安温隱王。今母夫人黄氏見在，乞比例加封。該本部議得黄氏例該爲樂安王妃，但樂安温隱王止係追封爵號，其妃難以遣官行禮。合無請敕該府知會，冠服等件本府自備。其餘子女所封名號，原從鎮國將軍所生，亦難進封。以後各王府悉照此例，庶免紊亂煩擾等因。覆題，奉孝宗皇帝聖：是。欽此。又查得嘉靖六年十月内，該本部議得各王府進封王爵者，所生子女封號加否不一，難以遵行。查得弘治十二年，宜春王府宸渶乞追封郡王，次子各以輔國將軍加封鎮國將軍。當時或出特恩，原不爲例。至正德二年以後，樂平王徵錯等後先援以爲例，遂至陳乞紛紜，恩旨數易。臣等竊惟天潢之派無窮，國賦之入有限。特以卑不臨尊，故有追封之典。掌理府事，故施承襲之恩。然須有品節限制，萬世所以可行。若聽其恃愛狎恩，九族何以敦睦。伏望皇上特降明旨，著爲定令。止以覲鑪等爲例，不許一概陳乞，通行各王府永遠遵守等因。奉聖旨：是。宗室封爵。只照弘治年間明旨，以覲鑪等爲例，不許一概陳乞。還通行各王府知道。欽此。

前件臣等議得舊例鎮國將軍追封爲王，其子女所封名號原從將軍所生，初無加封之理。其後懷仁王府鎮國將軍成鏈等，安化王府寘鈇等，俱以父兄追封之故而得加爲鎮國將軍，原非定例，冒濫甚矣。嘉靖六年已經題奉欽依，以覲鑪等爲例，不許一概陳乞。其制始明，無容別議。

《宗藩條例》卷上《親王襲封》　查得弘治十二年十二月，岷王庶長子彥汰奏父薨逝，所有禮儀未敢擅便。該本部議得進賀表箋暫且停止，合行請敕令彥汰管攝府事。題奉孝宗皇帝聖旨：是。欽此。又查得正德四年奏准親、郡王病故，其子應襲本爵者，止照例請敕管理府事。其襲封金册、冠服等件，本部預請行造，俟其服滿及年歲已足，方許請封。奉武宗皇帝聖旨：是。欽此。又查得嘉靖三十三月内，該藩世子恬烄奏父薨逝，今已禫服，乞要承襲。該本部照前例覆題。奉聖旨：是。欽此。

前件臣等議得各府親、郡王病故，其子暫理府事，待服滿請封，此定例也。其後晋府世曾孫知烊奏稱，連喪孤苦，因許襲封。故趙府庶長子祐棌亦得夤緣請乞，概蒙賜襲。然據累朝政令，議准服滿請封，如彥汰者，國家之定制。其知烊等例，乃朝廷矜恤之殊恩。今後但有親、郡王應襲封爵者，止照彥汰前例請敕管理府事，及服滿而年歲已足，方許請封。不許援引遠年事例，服内陳乞。如違，本部將該府輔導官參奏問罪。

《宗藩條例》卷上《郡王承襲》　查得正德四年六月，遼王奏稱應山和僖王病故無嗣，乞將奉祀嫡姪寵波繼襲王爵。該本部議題。奉武宗皇帝聖旨：應山王既已絶嗣，例不該襲。奉有先帝成命，寵波只着襲輔國將軍。今後都照此例行。欽此。又查得嘉靖二十九年六月，秦王奏稱，保安恭懿王庶長子鎮國將軍惟⿰火建乞准子承父爵。該本部尚書徐階議得，子得承爵於父者，乃其父之爵當傳於子也。若惟⿰火建，伊父秉棧則於例本不應襲，而原奉明旨，亦只准襲一輩，後不爲例。是以去歲惟⿰火建奏乞襲封，臣等遵旨據例，參奉欽依，着以本等官職奉祀，具不許再行瀆奏。今秦王據啓復奏前來，蓋不免於瀆奏矣。況其所引，止是准襲事例，而於不襲之例，皇上准襲一輩，後不爲例之旨，一切隱漏。所據惟⿰火建欺擾之罪，似不能無。但前項事例，原自參差。本部未經題請聖裁，俾歸於一。法無定守，故宗室得以隨意援比。臣等嘗考諸前聞，詢諸衆論。其主承襲之説者曰：親、郡王同爲宗室，親王絶而襲，則郡王絶亦宜襲也。其主不襲之説者曰：郡王繼絶，《祖訓》無其文。而兄終弟及，亦不爲郡王而發。且親王管理一國，非有封爵，則行事不便。故不獨當爲之繼其祀，而又當爲之繼其封。在郡王，則事體異矣。故但有人以爲之奉祀，即已足矣，而不必更繼其爵。夫議論不同，此事例所由異也。本部節年題覆，予奪靡常，恐非政體。臣等謹備查准襲不准襲諸例，聞具上請。奉聖旨：既查例不同，罷。欽此。

前件臣等議得，郡王封典，推自親王。郡王繼絶，《祖訓》無其文。故身殁之後，得人以爲之奉祀，即已足矣。至於兄終弟及，以姪繼叔，則非法制所宜。今後當以寵波、惟煡爲例，不許朦朧瀆奏，亦不許奏乞繼嗣，以爲冒襲之地。

《宗藩條例》卷下《私放錢債》　查得弘治十六年十二月，兵科給事中戴銑題稱，各處親、郡王及將軍、中尉等官，今後務要恪遵《祖訓》，無從匪彝。其軍民人等，敢有私交王府，因而借索財物，邀請游宴，一切撥置誘導爲非者，許所在官司體訪拏問等因。本部議得，合准所奏，特降敕旨省諭各府親王，俾令戒諭，違者，許教授等官可極言諫阻。如或不從，具啓親王轉奏，請自上裁。仍行各王府地方官員軍民之家，通行曉諭禁約。覆題，奉孝宗皇帝聖旨：是。欽此。又查得嘉靖三十二年十一月，兵部咨稱，巡按直隸監察御史蔡樸題稱，代府宗室驕縱不檢，聽信撥置，濫放私債，非刑逼取，致傷民命。乞敕代王鈐束參究。該本部議得合候命下，行移翰林院請敕一道，賫赴代王，令其戒諭各該郡王、宗室、儀賓，今後務要仰體聖心，恪遵《祖訓》，追訟既往之愆，以求自新之實。如有仍前濫放私債，酷刑逼追，准折子女，扳引傍人等項，許被害之人具告按察司，一面啓王從實參奏處治等因。奉聖旨：是。欽此。

前件臣等議得，宗室各享禄爵，尊榮兼備，自合恪遵《祖訓》，安分循理。顧乃嗜利棄義，詐害平民。或因群小依憑，百端引誘，任其撥置，朋比爲非，翼虎毆鸇，流毒境内，或生意外之虞，爲害匪細，今合通行禁止。如有仍前不改者，許鎮巡官奏處。輕則停止禄米，重則降革本爵，輔導官一體治罪，撥置人等問發邊遠充軍。

《宗藩條例》卷下《選取内助》　查得嘉靖二十八年五月内，該本部議得，今後將軍等爵未有子嗣而夫人等病故者，許不拘年歲，照例奏選繼室。年五十以下及子女幼小者，許照例奏選内助，或於原奏娶妾媵内請乞管理。若年五十以上子女長成者，止許奏乞管理，不得更請内助。又查得嘉靖二十九年七月内，榮王奏稱，永春王厚烈妃丘氏病故，並無嫡子，乞要繼選。該本部查得嘉靖二十八年十二月内，節奉明旨，今後郡王正妃故後，勿再准封繼妃事例，止依選娶一人以爲内助。以後凡有奏請者，俱照此例施行。題奉聖旨：是。欽此。

前件臣等議得，郡王正妃故後，不得再封繼妃，已經奉有明旨，無容別議。今照將軍而下，正室故後如無子者，輒請繼選，雖有子嗣，動以幼小爲名，乞娶内助。若不查其妾之有無，概與題覆，殊爲太濫。合無以後夫、淑、恭、宜人等未經成婚而病故者，方許繼選。如已成婚病故，不分有無子女，但有妾媵，止許推舉一妾進爲内助，管理家事，撫養子女，不得仍前濫請。如原無妾媵，行勘明實，方許奏娶一人以爲内助，就作本位第一妾，以後不得朦朧再請。如違，定行參革爵職，保勘人員一體治罪。

《宗藩條例》卷下《選擇婚配》　查得《皇明祖訓》，親王妃、宫人等必須選擇良家子女，以禮聘娶。《大明會典》：弘治年間定王府擇婚，務要會同承奉長史、教授等官，於本境内揀選家道清白、人物俊秀、年已長成者，就行彼處按察司覈實明白，方許具奏。並不許倫理失序，於例有違。王府選婚，若先通媒合，托賄營求及扶同保結，婚配不當者，官吏並婚合人等坐枉法罪。營求撥置之人問發邊衛充軍。又查得弘治七年十月，本部議得，各王府選婚之日，除本處仕宦人員果有相應子女，聽春選婚。若外處流移軍民人等，來歷不明，財賂交通，假以附籍爲名者，不許選擇。其餘不分官員、軍民、良家子女，務要家道清白，年貌相應。雖是重結王親，倫理不失原選。長史、教授等官照例保結明白，申送布政司督同該衙門官吏、知證人等重甘結狀繳部。本部再行彼處按察司坐委堂上官一員，覈勘無礙，具結至日，以憑奏請婚配等因。奉孝宗皇帝聖旨：是。欽此。又查得正德四年十二月，該本部議昨各王府選婚，務待子女年足十五以上，奏行本境内府、衛、州、縣官員軍民及護衛官員之家選擇。如果家道清白、人物俊秀，年歲相應及不係服屬失序、於例無礙者，繳報本部奏准婚配。如有做官寄籍，不係本土人氏，及緣事革遣本府軍校，及遠方流移軍民匠人等，朦朧冒選者，革退另選。仍將被選及營求撥置之人編發極邊衛分，永遠充軍。經該官吏並保勘人等，以枉法論罪。及照各府廚役亦係軍校之屬，今後但有廚役之家子女與王府結親者，悉照例問擬。題奉武宗皇帝聖旨：是。欽此。

前件臣等議得，婚配以爲嗣息計，以上承繼宗祧，下以分列藩封，所係甚重。舊例必擇家道清白、倫序相應，正以重匹配定名分也。如山陰王選娶張金菊與長子爲婚，則係先曾許配賀瀛矣。鎮國將軍榮過選娶僉事李轍女爲婚，則違例越境矣。奉國將軍表桗選娶典仗所餘丁田林女爲婚，則係軍校女矣。其於正始義背戾已甚，已經節次題准慎選。今後務要遵照前例，如有倫序服屬有礙者，即便改正另選。其餘流移軍匠、父祖過犯及廝役等項情弊，俱保勘甘結，送本處巡按御史覈實奏請。違者悉以枉法論罪。其被選及營求撥置之人問發邊遠充軍，遇赦不宥。

《宗藩條例》卷下《擅自成婚》 查得嘉靖二年令，王府子女有不遵禁例擅自成婚者，俱革退另選。又查得嘉靖十三年五月內，晉王奏稱，寧化王府鎮國中尉表柔繼選藺氏，就吉成婚，乞要賜封。該本部議得，表柔選到藺氏，自合奏請授封，方可成婚。卻乃不遵舊例，擅自成婚，輔導等官及主婚之人俱各有罪。奉聖旨：表柔繼選到藺氏，如何不候奏請授封，輒自成婚？該府輔導官員並主婚之人，都着該巡按官查提究問了來説。欽此。續該晉王奏稱藺氏未蒙賜封，乞要照例賜給。該本部議得，表柔擅婚藺氏，已該本部查參輔導官員並主婚之人問擬發落。其藺氏係是繼選，應否請封恭人，臣等擅難定擬。奉聖旨：藺氏既擅自成婚，又係繼選，不准封。欽此。又查得嘉靖三十年七月內，鄭府鎮國將軍祐椗選到黄氏，祐桓選到高氏，各已成婚，乞要請封。該本部看得祐椗等配黄氏等，俱各未經請封，輒便就吉成婚，於例有違。合照藺氏事例，不准請封。奉聖旨：是。欽此。

前件臣等議得，請婚有制，宗室所當恪遵者也。有等不遵成命，就吉成婚，是蔑視憲典，允宜敕戒。查得西河王擅婚，以乞恩准宥，已經累朝政令改題不允。今後如有敢於犯禁者，聽本部參奏輔導等官及主婚之人，治以重罪。

《大明律疏附例·續例附考·禮例·服舍違式》 官吏軍民人等，但有僭用玄黄紫三色，及蟒龍飛魚斗牛；器皿僭用朱紅明黄顔色，及親王法物者，俱從重治罪，服飾器物追收入官。

軍民僧道人等服飾器用，俱有舊制。若常服僭用錦綺紵絲綾羅彩繡，器物用戧金描金，酒器純用金銀，及將大紅銷金製爲帳幔被褥之類，婦女僭用金繡閃色衣服，金寶首飾鐲釧，及用珍珠緣綴衣履，並結成補子、蓋額、纓絡等件，娼妓僭用金首飾、銀鐲釧者，事發，各問擬應得之罪，服飾器用等物並追入官。

（明）佚名《重刻律條告示活套》卷二《娶部民婦女為妻妾》 前件巡按監察御史某爲禁約事。竊惟官居同父祖之尊，部民有子孫之責，當知体統，難作婚姻。近訪得按屬大小衙門官員亂綱常之理，昧事体之宜，無耻貪淫，娶民之婦，娶民之女，强顔苟合。或爲之妻，或爲之妾，亦或下配於家人，間或作婚於子姪。小民畏勢只得依從。官府倚尊不恤行檢。若不禁約，深爲未便，爲此合出告示，發仰各該衙門張掛，曉諭一體知悉。各要洗心滌慮，奉公守法，敢有仍前故違者，事發定行參問罷黜，決不輕貸。

《嘉隆新例·禮例》 萬曆二年九月內，該樂長王充㸌題，長子廷煃年三十，嫡配無出，查得《宗藩條例》止有郡王、將軍、中尉娶妾之條，並無長子娶妾之例。該禮部覆：奉欽依：如果長子年足三十，嫡妃未生有子，即爲具奏許娶一妾。以後不拘嫡庶，如有子，則止於一妾，不許再娶。俟至三十五歲復無出，方許具啓本王，令教授申呈巡按御史，娶足三妾，仍着爲例。

（清）沈之奇《大清律輯註》卷五《户律·田宅·功臣田土》 凡功臣之家，除朝廷撥賜公田免納糧當差外，但有自置田土，從管莊人盡數報官，入籍照額一體納糧當差。違者，計所隱之田，一畝至三畝，杖六十，每三畝加一等，罪止杖一百、徒三年。罪坐管莊之人，其田入官。仍計遞年所隱税糧，依數畝數、年數、額數徵納。若里長及有司官吏阿附，踏勘不實及知而不舉者，與管莊人同罪。不知者，不坐。

〔律後註〕：功臣田土，撥賜有額。此外但有自置田土，盡數入籍，與民田一例納糧當差。若隱蔽自置田土，違此律而不糧、不差者，計畝論罪：一畝至三畝，杖六十，加等至三十畝之上，罪止杖一百、徒三年。罪坐管莊人。其田入官，追納税糧。里長及有司官吏，若畏勢力，阿附徇隱，踏勘不實，及知而不舉者，同坐管莊人之罪。不知者，不坐。

〔律上註〕：常人欺隱，一畝至五畝，笞四十，罪止杖一百。而此獨重，蓋恐功臣恃其勢力，廣置田土，隱蔽糧差，以致靠累小民，故獨嚴其法。罪坐管莊之人，所以優待功臣。而入官、追糧如欺隱之例，加罪管莊，即所以示罰也。並嚴里長、官吏之罪者，責其舉發也。

條例

公侯禄米，各有等第，皆於官田内撥賜。其佃户仍於有司當差。該納本折佃户，赴本管州、縣上納。令各該公、侯遣人員赴官關領，不許自行收。

《大清律例》卷五《名例律・稱監臨主守》 凡律稱監臨者，内外諸司統攝所屬，有文案相關涉，及別處駐劄衙門帶管兵糧水利之類，雖非所管百姓，但有事在手者，即爲監臨。稱主守者，内外各衙門該管文案，吏典專主掌其事，及守掌倉庫、獄囚、雜物之類，官吏、庫子、斗級、攢攔、禁子，并爲主守。其職雖非統屬，但臨時差遣管領提調者，亦是監臨主守。

《大清律例》卷六《吏律・職制・官員襲廕》 凡文武官員應合襲廕者，並令嫡長子孫襲廕。如嫡長子孫有故，或有亡歿、疾病、姦盜之類。嫡次子孫襲廕。若無嫡次子孫，方許庶長子孫襲廕。如無庶出子孫，許令弟姪應合承繼者襲廕。若庶出子孫及弟姪，不依次序攙越襲廕者，杖一百、徒三年。仍依次襲廕。

其子孫應承襲者，本宗及本部各官保勘明白。移文該部奏請承襲支俸。如所襲子孫年幼，候年一十八歲，方預朝參公役。如委絶無可承襲者，准令本人妻小，依例關請俸給，養贍終身。若將異姓外人乞養爲子，瞞昧官府，詐冒承襲者，乞養子，杖一百，發邊遠充軍。本家所關俸給，事發截日住罷。他人教令攙越詐冒者，並與犯人同罪。

若當該官司知其攙越詐冒而聽行，與同罪。不知者，不坐。若受財扶同保勘，以枉法從重論。

條例

一、武臣出征受傷分别等第給賞，陣亡者按品予卹並給世職。

一、武職守城失機貽患邊方，及臨陣退怯者，俱不准襲。有犯不孝致典刑者，取祖父次子孫襲職，本犯子孫不許。

一、世職有犯人命、失機、强盗、實犯死罪，及免死充軍，不分已決、已遣，監故，并脱逃自盡，本犯子孫俱不准承襲。

一、世職官亡故，户無承襲，其父母繼母、生母在者，給半俸終身。

一、凡世職官物故，無應襲之人官册註銷者，如無父母，其妻亦給半俸。終身無妻者，查原立職之官有親生母，亦給半俸。

一、凡世襲官員如有因罪革退，例不准本犯子孫承襲者，其世職與親兄弟承襲。若無親兄弟即襲與兄弟之子孫，若無親兄弟及兄弟之子孫，竟至除革者，無論官之大小，俱將原立勳績之處與被罪緣由，及原立官之子孫一併查明，請旨定奪。

一、凡世職年老户無承襲者，支全俸優給。襲職之員未及年歲者，支給半俸。

一、凡世職將乞養異姓與抱養族屬疏遠之人，用財買囑冒襲，及受財將官職賣與同姓或異姓人冒襲，已經到部襲過者，冒袭之人并保勘之官罷職，其世職永不得襲。保勘官以受財首先出與保結者爲坐，連名保結者俱依律減等科斷；有贓者并以枉法論。若朦朧保送，違礙子孫弟姪者，俱照常發落；其異姓買襲之人比照乞養子冒襲律，發邊遠充軍。

一、應襲之人，若父見在，詐稱死亡冒襲官職者，發邊衛充軍。候父故之日，許令以次兒男承襲。如無以次兒男，令次房子孫承襲。

一、各處土官襲替，其通事及諸凡色目人等，有撥置土官親族不該承襲之人，争襲劫奪讎殺者，俱發極邊煙瘴地面充軍。

一、凡土官襲職，由司、府、州鄰具印甘各結，並土司親供宗圖原領號紙，詳送督撫具題襲替。若應襲之人未滿十五歲者，許令本族土舍護理印務，俟歲滿日具題承襲。如有事故遲誤，年久方告襲者，宗圖號紙有據，亦准襲替。

一、凡土官故絶，無子許弟承襲。如無子、弟，而其妻或婿爲其下信服者，許令一人襲替。

一、凡土舍嫡妻護印，止令地方官查明出具合例印結，咨部准其護印。

一、凡土官病故，該督撫於題報之時，即查明應襲之人，取具宗圖册結、鄰封甘結，并原領號紙，限六個月内具題承襲。其未經具題之先，亦即令應襲之人照署事官例，用印管事。地方官如有勒掯沉擱留難者，將該管上司均交部議處。其支庶子弟中有馴謹能辦事者，俱許本土官詳報督撫具題，請旨酌量給與職銜，令其分管地方事務。其所授職銜視本土官降二等。文職如本土官係知府，則所分者給與通判銜；係通判，則所分者給與縣丞銜。武職如本土官係指揮使，則所分者給與指揮僉事銜；係指揮僉事，則所分者給與正千户銜，照土官承襲之例，一體頒給敕印、號紙。其所管地方，視本土官多不過三分之一，少則五分之一。此後再有子孫可分者，亦再許其詳報督撫具題請旨，照例分管地方，再降一等給與職銜、印信、號紙。

一、鑾儀衛校尉缺出，於見役校尉親生兒男弟姪内選擇堪用者替補。如校尉子弟不足，移文五城，將身家殷實民人保送選補。其養象校尉缺出，即以所生兒男替補，有朦朧冒替者，俱以違制論。

《大清律例》卷三一《刑律·受贓·在官求索借貸人財物》 凡監臨官吏挾勢，及豪强之人，求索、借貸所部内財物，並計索借之贓。准不枉法論；强者，准枉法論；財物給主。無禄人各減有禄人一等。

若將自己物貨散于部民，及低價買物，多取價利者，並計餘利，准不枉法論；强者，准枉法論；物貨價錢並入官給主。賣物，則物入官，而原得價錢給主。買物，則物給主，而所用之價入官。此下四條，蓋指監臨官吏，而豪强亦包其中。

若於所部内買物，不即支價，及借衣服器玩之屬，各經一月不還者，並坐贓論。仍追物還主。

若私借用所部内馬、牛、駝、騾、驢，及車船、碾磨、店舍之類，各驗日計雇賃錢，亦坐贓論，追錢給主。計其犯時雇工賃直，雖多不得過其本價

若接受所部内餽送土宜禮物，受者，笞四十；與者，減一等。若因事在官而受者，計贓，以不枉法論；其經過去處，供餽飲食，及親故餽送者，不在此限。

其出使人於所差去處，求索借貸，賣買多取價利，及受餽送者，並與監臨官吏罪同。

若去官而受舊部内財物，及求索借貸之屬，各減在官時三等。

條例

一、凡外任旗員，該旗都統、參領等官，有於出結時勒索重賄，及得缺後要挾求助，或該旗本管王、貝勒，及門上人等，有勒取求索等弊，許本官據實密詳督撫轉奏；倘督撫瞻顧容隱，許本官直揭都察院轉爲密奏；倘不爲奏聞，許各御史據揭密奏。

一、文武職官，索取土官、外國、瑶、僮財物，犯該徒三年以上者，俱發邊衛充軍。

一、雲、貴、兩廣、四川、湖廣等處流官，擅自科斂土官財物，僉取兵夫，徵價入己，强將貸物發賣，多取價利，贓至該徒三年以上者，俱發邊衛充軍。若買賣不曾用强，及贓數未至滿徒者，按律計贓治罪；其科斂財物，明白公用，僉取兵夫，不曾徵價者，照常發落。

一、苗、蠻、黎、僮等僻處外地之人，并改土歸流地方，如該管官員，有差遣兵役騷擾、逼勒、科派供應等弊，因而激動番蠻者，照引惹邊釁例從重治罪。

一、凡出差巡察之員，所到州縣地方，如有收受門包，與者，照鑽營請託例治罪；受者，照婪贓納賄例治罪。該督撫不行查察，交部議處。

一、各上司如有勒薦幕賓、長隨者，許屬員揭報，將勒薦之上司照例革職。其幕賓、長隨鑽營上司引薦，在各衙門舞弊詐財者，計贓，以枉法論；幕賓照衙門書吏加等治罪例治罪；長隨照衙門蠹役恐嚇、索詐十兩以上例治罪。如鑽營引薦，别無情弊，但盤踞屬員衙門者，幕賓照書役年滿不退例，杖一百、從二年；長隨枷號一個月，杖一百，各遞回原籍分别發落，其屬員徇隱不行揭報者，照例革職；若屬員營求上司，因所薦幕賓、長隨有勾通行賄等弊，照例分别議處治罪。

《蒙古律例》卷一《官銜·襲職捏報無子》 凡承襲王、貝勒、貝子、公、扎薩克台等職銜，若有子而捏保無子呈報，將該扎薩克王、台吉並協理旗務之台吉，俱革退辦理旗務之職，罰俸一年，無俸協理台吉罰五九牲畜。

《蒙古律例》卷一《官銜·台吉職銜著嫡派子孫承襲》 一、將外藩台吉、喀喇沁土默特塔布囊等編作四等：頭等台吉、塔布囊十五人，二等十二人，三等八人，四等四人。令其相兼。其帽頂、坐褥照依頭、二、三、四品官用身。故其職銜只令嫡派子孫、胞兄弟承襲罔替。

（清）董誥《全唐文》卷三六《玄宗·定京幾職田敕》 京畿地狹，人户殷繁，計丁給田，尚猶不足，兼充百官苗子，固難周濟。其諸司官令分在都者，宜令所司具作定額，計應受職田，並於都畿給付。其應退地，

委采訪使與本州長官給貧下百姓。其應給職田，亦委采訪使與所繇長官勘會同給。仍永爲常式。

（清）毋庸《刑部各司判例》卷一《通行》 福建司呈爲咨行事。嘉慶十七年七月三十日准户部現審處咨稱，准則例館付稱，本部具奏，酌擬更改條例一摺。相應鈔録原奏，移付現審處轉行遵辦。等因。查原奏内稱：舊例内未能周密，以致辦理參差，及例所未備，應行增添者，酌擬三十五條，於本年五月三日奏，本日奉旨：依議。欽此。欽遵。詳加閲看。内有關本處案件十五條，除遵照辦理外，應摘寫呈明，移咨八旗、滿洲、蒙古、漢軍都統、八旗護軍統領、左右兩翼前鋒統領、圓明園官兵處、健鋭營、火器營，並刑部提督衙門、内務府、理藩院、盛京户部、直隸總督、順天府一體遵照辦理可也。

一、原例内載，八旗應行入官地内有墳園祭田數在三頃以下者，免其入官。若在三頃之上，除給還三頃外，餘地悉行入官。等因。臣等伏查旗員入官地内，有墳園祭田數在三頃以下，既准免其入官，漢員遇有此等案件，事屬相同，亦應一體准免。惟例未指明，恐將來無所考核，不免辦理參差。自應將原例查明修改，以昭畫一而便遵循。

一、查民人及家人等違例典買旗地，原例内載撤地入官，按照契價議徵。其於何年徵租爲始，並無明文。向來定案俱行令地方官於控發之年徵租爲始，而地方官有以控發之年議徵册報，亦有以控發後歷年花利，經原業民人收去，請以奉文入官之年徵租爲始。報部辦理，未能畫一。查旗奴民人等，違例典買旗地之案，除地畝入官外，仍應着追歷年花利。是控發之後所得花利應在買主名下著追，自未便復向佃户由控發之年起再行補徵租銀。應請嗣後違例私典旗地入官議租之案，行令地方官於奉文入官之年徵租爲始，俾得有所遵循。

一、民人典買旗地，例應撤地追價入官。旗人民人均按例治罪。至旗地典買與民人後，民人復典賣與旗人，則旗産既已歸旗，應免其撤地入官。其旗人所得原典價銀，民人所得轉典價銀，一併追繳，仍各治以應得之罪。若旗人自行贖回，業已交價撤契者，准其執業。儻既經控發之後，並未立契撤契，捏稱典賣回贖及設法典買者，應照例入官，並治以應得之罪。民人典買旗房及家奴典買房地，均照此例辦理。

一、旗員緣事抄産，應行入官人口内有看守墳塋家奴，向係免其入官變價，歷經臣部照辦在案。惟例無明文，恐致辦理參差。應請嗣後凡入官人口内有看墳家人，令該旗查明取具切實印結送部，一律免其入官。

一、旗婦控理田土房間，無抱呈者照例不准外，凡有抱呈而控屬虛誣者，罪坐抱呈。

一、民人典買旗地撤地入官後，查明内有民人建立墳墓者，免其遷移。四至不得過五畝。著照上等租則納租。

一、各寺院喇嘛典買旗地，在乾隆三十年六月奏明定例以前者，准其營業。如在乾隆三十年六月定例以後，有私行典買及捏稱施捨者，照民典旗地例辦理。

一、旗人圈地並自置地畝，在定例以前施捨寺廟香火地畝，查有確據，立有碑碣者准其管業外，儻定例後妄行施捨作爲香火，即立有碑碣亦照民典旗地例治罪。若租給僧人承種者，聽。

一、旗人指地立契，向民人借貸錢文，契内注有錢無利息、地無租價字樣，一經到官，照民典旗地例辦理。

一、凡旗人家奴及看墳人，將伊主地畝房間捏稱祖遺，及自置名目盜典賣與人者，照盜典官田律治罪。

一、理藩院外藩所轄莊頭自置地畝，仍照向例，於立契後原業主用給本佐領圖記，赴翼過税管業。如欲將自置地畝出售與正身旗人者，准其憑原契售賣，令買主用該管佐領圖記赴翼過税，並令賣地之人將原契跟隨。

一、旗人圈地及契置地畝界址不清，争控到官，地方官眼同地鄰勘丈明晰，有多餘地畝，在四至以内與原地毗連者，准其管業。其隔段另塊不與原地相連者，仍撤出入官。再内務府莊頭、王公府莊頭所領差地，四至以内丈有多餘，即令該莊頭加交差銀。如在四至以外有多餘者，仍照例撤出入官。

一、旗人將祖遺及自置田産典賣與人，不將原契跟隨，或捏造民契過税出賣，後本人物故，其子孫恃無質証，執持原契控告，審實照契價計贜以訛詐論。有禄人加一乖治罪。

一、大糧莊頭及旗人看墳管地家奴，如係在屯居住，實無養贍，呈請撤地承種者，查明實係莊頭親丁以及在檔家奴，與本村居住在十里以内者，准將該犯按畝撤給三成作爲養贍，不准全行撤出。其撤地原佃，如將地畝全行撤出，准在未曾撤地各佃名下照前成數撥補，勿使失所。儻撤地後承種一二年另佃與人，一經控發，仍照奪佃例斷給原佃承種。並將呈請撤地之人治罪。

一、旗人現買地畝，實係新立墳墓佔用地若干，准其向佃户撤地外，其餘地畝仍租給原佃承種。儻撤地後並不立墳另行抬佃者，仍照奪佃例辦理。

（清）姚雨薌《大清律例會通新纂》卷九《户律·婚姻·娶部民婦女爲妻妾》 凡府州縣親民官，任内娶部民婦女爲妻妾者，杖八十。若監臨内外上司官，娶見問爲事人妻妾及女爲妻妾者，杖一百，女家主婚人並同罪。妻妾仍兩離之，女給親。兩離者，不許給與後娶者，亦不給還前夫，会歸宗。其女以父母爲親，當歸宗。或已有夫，又以夫爲親，當給夫完聚，財禮大官。恃勢强娶者，各加二等，女家不坐，婦還前夫，女給親，不追財禮。若爲子孫、弟、姪、家人娶者，或和或强，罪亦如之，男女不坐。若娶爲事人婦女，而於事有所枉者，仍以枉法從重論。

（清）姚雨薌《大清律例會通新纂》卷一六《禮律·儀制·御賜衣物》 凡御賜百官衣物，使臣不行親送，轉附他人給與者，杖一百，罷職不叙。

君上獎善褒功賜以衣物，乃優待臣下之典，使臣既奉命領送而不親行，轉附他人，則違慢君命矣，故杖一百而罷之。

《户部則例》卷一《户口·八旗户口·子弟隨任》 一、旗員得授外任，其子弟已及十八歲欲行帶往者，具呈該都統奏明，准其帶往。若子弟在任及歲仍欲留侍者，申報該督撫咨明部旗，歲底由吏部、兵部核明彙題。凡隨任子弟如出署交游干預公事，該督撫查叅從重議處。各省駐防將軍、副都統旗員子弟年已及歲欲帶往者，各聽其便，不必具奏。

一、旗員赴任外省，將應帶子女、家奴名數、年歲呈報本旗造册，送部轉行該省督撫查照。遇有陞調，令本省布政使查明造册，轉送新任。如遇比丁並選看秀女以及緣事歸旗者，按原册查封造報，遇有增減，本官臨時報明備案。

一、下五旗王公屬下人員陞授外省，欲將年已及歲子弟帶往任所者，如係現在王公門上當差之人，該旗稟問王公。如無用處奏明，令其隨任。如有用處，即停其帶往。

《户部則例》卷一《户口·八旗户口·臺灣各官携帶家口》 上諭：鍾音奏，臺灣府諸羅縣知縣李倓現年五十五歲，尚無子嗣，呈請携眷赴臺，查與定例相符，應請准其携帶等語。臺灣文職官員知縣以上，年過四十無子者，方准挈眷前往。此例未知始自何時，殊可不必。該處雖遠隔重洋，自設立府縣以來，地方寧謐，與閩省内地無異。且各員携眷赴任，不致内顧分心，於辦公亦甚有益。方今中外一家，更不必過存畛域之見，即如伊犁等處距邊萬餘里，其駐守之將軍等官，俱准其携帶家眷，何獨於臺灣爲禁制乎？王道本乎人情，舊例尚未爲允協，嗣後臺灣文武各官無論年歲若干、有無子嗣，如有願帶眷口者，俱准其携帶。其不願帶者，亦聽其便。著爲令。欽此。滿漢官一律辦理。

《六部處分則例》卷二一《官員借債》 一、官員借用銀兩充公，並未人己者，降一級調用。公罪

一、官員於聽選時借用私債，得缺後與債主及保人同赴任所取償。若有侵挪錢糧，償還私債情弊，將該員革職追賠私罪，債主及保人各治罪，債追人官。若債主保人在任所招摇作弊，除照所犯輕重分别治罪，並債追人官外，將該員照縱容親友招摇詐騙例革職私罪。失於覺察者，降一級調用公罪。

一、官員欠私債違約不違，百兩以下，罰俸一年。百兩以上，降一級留任俱私罪。

《臺灣私法人事編·相續·官員襲廕之法律規定》 凡文武官員應合襲廕者，並令嫡長子孫襲廕；如嫡長子孫有故或有亡殁、疾病、姦盜之類，次子孫襲廕。若無嫡次子孫，方許庶長子孫襲廕。如無庶出子孫，許令弟姪應合承繼者襲廕；若庶出子孫及弟姪不依次序攙起襲廕者，杖一百、徒三年仍依次襲廕。其子孫應承襲者本管各官保勘明白，移文該部奏請承襲支俸。如所襲子孫年幼，候年一十八歲方預朝參公役。如委絶嗣無可承襲者，准令本人妻小依例關請俸給養贍終身。若將異姓外人乞養爲子，瞞昧官府詐冒承襲者，乞養子杖一百，發邊遠充軍，本家所關俸給事發截住日

住罷。他人教令攙越詐冒者，並與犯人同罪。若當該官司知其攙越詐冒而聽行，與同罪。不知者不坐，若受財扶同保勘以枉法，從重論。

《臺灣私法人事編・相續・世職官員革退之規定》 凡世襲官員如有因罪革退，例不准本犯子孫承襲者，其世襲與親兄弟承繼者，無親兄弟即襲與兄弟之子孫。若無親兄弟及兄弟之子孫竟至除革者，無論官之大小，但將原立勳績之處與被罪緣由及原立官之子孫一併查明，請旨定奪。

《臺灣私法人事編・相續・給俸規定》 世職官故，户無承繼，其父母、繼母、生母在者，給半俸終身。

紀事

《漢書》卷一下《高帝紀下》〔六年夏五月〕詔曰：七大夫、公乘以上，皆高爵也。諸侯子及從軍歸者，甚多高爵，吾又數詔吏先與田宅，及所當求於吏者，亟與。爵或人君，上所尊禮，久立吏前，曾不爲決，甚亡謂也。異日秦民爵公大夫以上，令丞與亢禮。今吾於爵非輕也，吏獨安取此！且法以有功勞行田宅，今小吏未嘗從軍者多滿，而有功者顧不得，背公立私，守尉長吏教訓甚不善。令諸吏善遇高爵，稱吾意。且廉問，有不如吾詔者，以重論之。

《漢書》卷二《惠帝紀》〔元年五月丙寅〕又曰：吏所以治民也，能盡其治則民賴之，故重其禄，所以爲民也。今吏六百石以上父母妻子與同居，及故吏嘗佩將軍都尉印將兵及佩二千石官印者，家唯給軍賦，他無有所與。

《漢書》卷八《宣帝紀》〔神爵四年〕夏四月，潁川太守黄霸以治行尤異秩中二千石，賜爵關内侯，黄金百斤。

《漢書》卷四〇《張良傳》 張良字子房，其先韓人也。大父開地，相韓昭侯、宣惠王、襄哀王。父平，相釐王、悼惠王。悼惠王二十三年，平卒。卒二十歲，秦滅韓。良（年）少，未宦事韓。韓破，良家僮三百人，弟死不葬，悉以家財求客刺秦王，爲韓報仇，以五世相韓故。

《漢書》卷六四上《主父偃傳》 主父偃，齊國臨菑人也。學長短縱横術，【略】元光元年乃西入關見衛將軍。【略】

偃説上曰：古者諸侯地不過百里，彊弱之形易制。今諸侯或連城數十，地方千里，緩則驕奢易爲淫亂，急則阻其彊而合從以逆京師。今以法割削，則逆節萌起，前日朝錯是也。今諸侯子弟或十數，而適嗣代立，餘雖骨肉，無尺地之封，則仁孝之道不宣。願陛下令諸侯得推恩分子弟，以地侯之。彼人人喜得所願，上以德施，實分其國，必稍自銷弱矣。於是上從其計。

《漢書》卷七二《貢禹傳》 故使天下承化，取女皆大過度，諸侯妻妾或至數百人，豪富吏民畜歌者至數人，是以內多怨女，外多曠夫。

《漢書》卷八二《王商傳》　王商字子威，涿郡蠡吾人也，徙杜陵。**【略】**

商少爲太子中庶子，以肅敬敦厚稱。父薨，商嗣爲侯，推財以分異母諸弟，身無所受，居喪哀慼。

《漢書》卷八二《史丹傳》　史丹字君仲，魯國人也。**【略】**丹爲人足知，愷弟愛人，貌若儻蕩不備，然心甚謹密，故尤得信於上。丹兄嗣父爵爲侯，讓不受分。丹盡得父財，身又食大國邑，重以舊恩，數見褒賞。

《三國志》卷五五《吳志·蔣欽傳》　蔣欽字公奕，九江壽春人也。孫策之襲袁術，欽隨從給事。及策東渡，拜別部司馬授兵。**【略】**

權嘗入其堂內，母疏帳縹被，妻妾布裙。權歎其在貴守約，即敕御府爲母作錦被，改易帷帳，妻妾衣服悉皆錦繡。

《後漢書》卷八〇上《文苑傳·黃香》　黃香字文彊，江夏安陸人也。**【略】**延平元年，遷魏郡太守。郡舊有內外園田，常與人分種，收穀歲數千斛。香曰：《田令》商者不農，《王制》仕者不耕，伐冰食禄之人，不與百姓爭利。乃悉以賦人，課令耕種。時被水年飢，乃分奉禄及所得賞賜班贍貧者，於是豐富之家各出義穀，助官禀貸，荒民獲全。後坐水潦事免，數月，卒於家。

《宋書》卷三《武帝紀》　〔永初二年二月〕戊申，制中二千石加公田一頃。

《宋書》卷五七《蔡廓傳》　蔡廓字子度，濟陽考城人也。**【略】**及高祖領兗州，廓爲別駕從事史，委州任。**【略】**

廓年位並輕，而爲時流所推重，每至歲時，皆束帶到門。奉兄軌如父，家事小大，皆諮而後行，公禄賞賜，一皆入軌，有所資須，悉就典者請焉。從高祖在彭城，妻郗氏書求夏服，廓答收曰：知須夏服，計給事自應相供，無容別寄。

《南齊書》卷二三《褚淵傳》　褚淵字彥回，河南陽翟人也。祖秀之，宋太常。父湛之，驃騎將軍，尚宋武帝女始安哀公主。

淵少有世譽，復尚文帝女南郡獻公主，姑姪二世相繼。拜駙馬都尉，除著作佐郎，太子舍人，太宰參軍，太子洗馬，祕書丞。湛之卒，淵推財與弟，唯取書數千卷。襲爵都鄉侯。**【略】**

上遣侍中王晏黃門郎王秀之問疾。薨，家無餘財，負債至數十萬。詔曰：司徒奄至薨逝，痛怛慟懷，比雖尪瘵，便力出臨哭。給東園祕器，朝服一具，衣一襲，錢二十萬，布二百疋，蠟二百斤。

《南齊書》卷四二《王詡傳》　〔王〕晏弟詡，永明中爲少府卿。六年，敕位未登黃門郎，不得畜女妓。詡與射聲校尉陰玄智坐畜妓免官，禁錮十年。

《晉書》卷三《武帝紀》　〔泰始二年二月〕己未，詔曰：五等之封，皆録舊勳。本爲縣侯者傳封次子爲亭侯，鄉侯爲關內侯，亭侯爲關中侯，皆食本户十分之一。

《晉書》卷七《成帝紀》　〔咸和元年〕十一月壬子，大閱于南郊。改定王侯國秩，九分食一。

《晉書》卷四四《華廙傳》　華表字偉容，平原高唐人也。**【略】**有六子：廙、岑、嶠、鑒、澹、簡。

廙字長駿，弘敏有才義。**【略】**

又緣廙有違忤之咎，遂於喪服中免廙官，削爵土。大鴻臚何遵奏廙免爲庶人，不應襲封，請以表世孫混嗣表。有司奏曰：廙所坐除名削爵，一時之制。廙爲世子，著在名簿，不聽襲嗣，此爲刑罰再加。諸侯犯法，八議平處者，褒功重爵也。嫡統非犯終身棄罪，廢之爲重，依律應聽襲封。詔曰：諸侯薨，子踰年即位，此古制也。應即位而廢之，爵命皆去矣，何爲罪罰再加？且吾之責廙，以肅貪穢，本不論常法也。諸賢不能將明此意，乃更詭易禮律，不顧憲度，君命廢之，而羣下復之，此爲上下正相反也。

《晉書》卷四五《崔洪傳》　崔洪字良伯，博陵安平人也。**【略】**時長樂馮恢父爲弘農太守，愛少子淑，欲以爵傳之，恢父終，服闋，乃還鄉里，結草爲廬，陽瘖不能言，淑得襲爵。

《晉書》卷六九《刁逵傳》　刁協字玄亮，渤海饒安人也。**【略】**。子彝**【略】**，子逵，字伯道。逵弟暢，字仲遠；次子弘，字叔仁，並歷顯職。隆安中，逵爲廣州刺史，領平越中郎將、假節；暢爲始興相；弘爲冀州刺史。兄弟子姪並不拘名行，以貨殖爲務，有田萬頃，奴婢數千人，餘資稱是。

《晉書》卷八一《劉胤傳》　劉胤字承胤，東萊掖人，漢齊悼惠王肥之後也。【略】胤位任轉高，矜豪日甚，縱酒耽樂，不恤政事，大殖財貨，商販百萬。

《晉書》卷九三《外戚傳·王恂》　王恂字良夫，文明皇后之弟也。父肅，魏蘭陵侯。【略】鬲令袁毅嘗餽以駿馬，恂不受。及毅敗，受貨者皆被廢黜焉。

魏氏給公卿已下租牛客户數各有差，自後小人憚役，多樂爲之，貴勢之門動有百數。又太原諸部亦以匈奴胡人爲田客，多者數千。武帝踐位，詔禁募客，恂明峻其防，所部莫敢犯者。

《北齊書》卷一五《厙士文傳》　厙狄干，善無人也。【略】干尚神武妹樂陵長公主，以親地見待。【略】卒，子士文嗣。【略】士文性孤直，雖鄰里至親，莫與通狎。在齊，襲封章武郡王，位領軍將軍。周武帝平齊，山東衣冠多來迎，唯士文閉門自守。帝奇之，授開府儀同三司、隨州刺史。隋文受禪，加上開府，封湖陂縣子。

尋拜貝州刺史。性清苦，不受公料，家無餘財。其子常噉官廚餅，士文枷之於獄累日，杖之二百，步送還京。僮隸無敢出門。所買鹽菜，必於外境。凡有出入，皆封署其門，親故絶迹，慶弔不通。法令嚴肅，吏人貼服，道不拾遺。凡有細過，士文必陷害之。嘗入朝，遇上賜公卿入左藏，任取多少。人皆極重，士文獨口銜絹一匹，兩手各持一匹。上問其故，士文曰：臣口手俱足，餘無所須。上異之，别齎遺之。

《南史》卷二五《到撝傳》　到彦之字道豫，彭城武原人，楚大夫屈到後也。【略】長子元度位益州刺史。【略】仲度子撝。

撝字茂謙。襲爵建昌公。宋明帝立，欲收物情，以撝功臣之後，自長兼左户郎中擢爲太子洗馬。

撝資借豪富，厚自奉養，供一身一月十萬。宅宇山池，伎妾姿藝，皆窮上品。才調流贍，善納交游。愛伎陳玉珠，明帝遣求不與，逼奪之，撝頗怨，帝令有司誣奏，將殺之。

《北齊書》卷二八《元孝友傳》　元孝友，祖魏太武皇帝。兄臨淮王或無子，令孝友襲爵。【略】

孝友明於政理，嘗奏表曰：【略】古諸侯娶九女，士一妻一妾。《晉令》：諸王置妾八人；郡君、侯，妾六人。《官品令》：第一第二品有四妾，第三第四有三妾，第五第六有二妾，第七第八有一妾。所以陰教聿修，繼嗣有廣。廣繼嗣孝也，修陰教禮也。而聖朝忽棄此數，由來漸久，將相多尚公主，王侯娶后族，故無妾媵，習以爲常。婦人不幸，生逢今世，舉朝既是無妾，天下殆皆一妻。設令人强志廣娶，則家道離索，身事迍邅，内外親知，共相嗤怪。凡今之人，通無準節。父母嫁女，則教以妬，姑姊逢迎，必相勸以忌。以制夫爲婦德，以能妬爲女工。自云不受人欺，畏他笑我。王公猶自一心，已下何敢二意。夫妬忌之心生，則妻妾之禮廢，妻妾之禮廢，則姦淫之兆興，斯臣之所以毒恨者也。請以王公第一品娶八，通妻以備九女，稱事二品備七，三品四品備五，五品六品則一妻二妾。限以一周，悉令充數。若不充數，及待妾非禮，使妻妬加捶撻，免所居官。其妻無子而不娶妾，斯則自絶，無以血食祖父，請科不孝之罪，離遣其妻。

《北史》卷八六《循吏傳·蘇淑》　蘇淑字仲和，武邑人也。兄壽興，坐事爲閹官，後拜河間太守，賜爵晉陽男。及壽興將卒，遂冒養淑爲子。淑熙平中襲其爵。

《舊唐書》卷九九《嚴挺之傳》　嚴挺之，華州華陰人。【略】挺之少好學，舉進士。【略】天寶元年，玄宗嘗謂林甫曰：嚴挺之何在？此人亦堪進用。【略】

挺之素歸心釋典，事僧惠義。【略】

開元末，惠義卒，挺之服縗麻送於龕所，寬爲河南尹，僧並寂卒，寬與妻子皆服縗絰，設次哭臨，妻子送喪至嵩山。故挺之志文云葬於大照塔側，祈其靈祐也。挺之素重交結，有許與，凡舊交先殁者，厚撫其妻子，凡嫁孤女數十人，時人重之。

《舊唐書》卷一〇〇《裴漼傳》　裴漼，絳州聞喜人也。世爲著姓。【略】漼家世儉約，既久居清要，頗飾妓妾，後庭有綺羅之賞，由是爲時論所譏。

《舊唐書》卷一五五《穆寧傳》　穆寧，懷州河内人也。【略】寧好學，善教諸子，家道以嚴稱。【略】四子：贊、質、員、賞。

贊字相明，釋褐爲濟源主簿。【略】時陝州觀察使盧岳妾裴氏，以有子，岳妻分財不及，訴於官，贊鞫其事。御史中丞盧佋佐之，令深繩裴罪，贊持平不許。

《舊唐書》卷一八七下《忠義傳・許遠》 許遠者，杭州鹽官人也。世仕江右。曾祖高陽公敬宗，龍朔中宰相，自有傳。遠清幹，初從軍河西，爲磧西支度判官。章仇兼瓊鎮劍南，又辟爲從事，慕其門，欲以子妻之，遠辭；兼瓊怒，積他事中傷，貶爲高要尉。後遇赦得還。

（宋）王溥《唐會要》卷三一《雜録》 神龍二年九月，《儀制令》：諸一品已下，食器不得用渾金玉；六品已下，不得用渾銀。

大和元年五月勅：衣服車乘器用宫室侈儉之制，近日頗差。宜準《儀制令》，品秩勳勞，仍約今時所宜，撰等級，送中書門下參酌奏聞。

三年九月勅：兩軍諸司内官，不得著紗縠綾羅等衣服。

六年六月勅詳度諸司制度條件等：《禮部式》親王及三品已上，若二王後，服色用紫，飾以玉；五品已上，服色用朱，飾以金；七品已上，服色用緑，飾以銀；九品已上，服色用青，飾以鍮石。

（宋）王溥《唐會要》卷八三《嫁娶》 建中元年十一月十六日敕：宜令禮儀使與博士及宗正卿李琬、漢中王瑀、光禄卿李涵，約古今舊儀及《開元禮》，詳定公主、郡主、縣主出降覲見之儀，條件聞奏，將以化行天下，用正國風。至十一月二日，禮儀使顔真卿等奏：郡、縣主見舅姑，請于禮會院過事。明日早，舅坐於堂東階上，西向，姑南向。婦執笄，竹器，玄表纁裏。盛以棗栗，升自西階，東面再拜，跪奠於舅席前，舅舉之。贊者徹以東。婦退，再拜，降於姑階下，受笄，盛以腶脩，從者執於階下，升進，北面再拜，跪奠於姑席前，姑舉之。贊者受以東。婦退，又再拜，降之。訖東面，拜壻之伯叔兄弟姊妹訖，便赴光順門謝恩，壻之親族，次第奉謝訖，赴十六王宅觀花燭。伏以婚禮主敬，竊恐非宜，並請停障車、下壻及卻扇詩等。行禮之夕，可以感思，至於聲樂，竊恐非禮，亦請禁斷。相見行禮，近代設以氈帳，擇地而置，此乃元魏穹廬之制，合於堂室中置帳，請准禮施行。今時俗以子卯午酉年謂之當梁，其年娶婦，舅姑不相見，蓋禮無所據，亦請禁斷。

（宋）王溥《唐會要》卷八三《嫁娶》 顯慶二年七月制：縣主出嫁者稱適，不得稱降；取縣主者稱娶，不得稱尚。

四年十月十五日詔：後魏隴西李寶，太原王瓊，滎陽鄭温，范陽盧子遷、盧渾、盧輔，清河崔宗伯、玄孫，凡七姓十一家，不得自爲婚姻。仍自今已後，天下嫁女受財，三品已上之家不得過絹三百匹，四品、五品不得過二百匹，六品、七品不得過一百匹，八品以下不得過五十匹，皆充所嫁女貲妝等用，其夫家不得受陪門之財，李義府奏也。【略】

開元十九年四月四日，於京城置一禮會院。其年九月二十四日敕：禮會院宜屬司農寺，其什物合令所司供。院在崇仁坊南街。

（宋）王溥《唐會要》卷八六《市》 〔大曆〕十四年七月，令王公百官及天下長吏，無得與人争利，先于揚州置邸肆貿易者，罷之。

（宋）王溥《唐會要》卷九〇《録封雜記》 永泰二年正月十六日敕：自今已後，子孫襲實封，宜減半，永爲常式。至三月十八日，敕：應請封家，三分給二分，待兵革稍寧，即當全給。

大曆十一年九月二十四日敕：諸公主封物，公主薨後，三年不須停。

興元元年正月敕：諸軍諸道諸使應付奉天及進收京城將士等，或百戰摧敵，或萬里勤王，扞國全城，驅除大憝。濟危難者其節著，復社稷者其業榮。我圖爾功，特加彝典，錫名酬賦，永世無窮，宜並賜名奉天定難功臣。其有食實封者，子孫相繼，世世不絶。

貞元二年五月，故尚父、汾陽王子儀實封二千户，宜準式減半，餘以分襲。

（宋）王溥《五代會要》卷二《婚禮》 後唐同光二年七月，太常禮院奏：按本朝舊儀，自一品至三品婚禮，得服袞冕劍佩衣九章。今皇子興聖宫使繼岌，雖未封建，官是檢校大尉，合准一品婚禮施行。其妃，準禮婦人從夫之爵，亦准一品命婦禮。至親迎日，太常鹵簿鼓吹前導，乘輅車，其妃花釵九枝，博鬢，褕翟衣九等。其日平明，皇帝差官告親廟一室，宗正卿攝婚主行禮。其夕親迎，興聖宫使乘輅車，鹵簿鼓吹前道，至女氏之門，以結採車御輪交車。從之。

晉天福四年八月，中書門下奏：據太常禮院定來年長安公主出降儀，太僕供供厭翟二馬車，殿中省備團、方編扇各十六，行障三座，障三，傘一，大扇一，團大扇二。今車、障、傘、扇是同光年皇后法物，欲修飾牙仗、厭翟車。後以四馬，今權去二馬。從之。

五年二月，太常禮院奏：長安公主以三月出降。按唐德宗朝禮儀使顔真卿議，婚用誕馬，在禮無文。《周禮》：諸侯以璋聘女。《禮》云：玉以比德。今請駙馬都尉加以璋，郡王之壻加元纁，以代用馬。書函之禮，出自近代，事無正經，請廢之勿用。詔曰：納采之時，主人再拜，使者不荅，雖《開元禮》具載其儀，今宜荅拜。仍令鄭王重貴主其婚禮，中外不賀，餘依所奏。

（宋）王溥《五代會要》卷二六《街巷》 後唐同光二年八月敕：在京應有空閒地，任諸色人請射蓋造。藩方侯伯、内外臣僚，於京邑之中，無安居之所，亦可請射，各自修營。其空閒有主之地，仍限半年本主須自修蓋，如過限不見屋宇，亦許他人占射。其月敕：諸道節度觀察防禦團練等使、刺史，出司土宇，入覲朝廷，將壯宸居，須崇甲第，宜於洛京修宅一區。

《新唐書》卷五五《食貨志》 貞觀初，百官得上考者，給禄一季。未幾，又詔得上下考給禄一年，出使者稟其家，新至官者計日給糧。中書舍人高季輔言：外官卑品貧匱，宜給禄養親。自後以地租春秋給京官，歲凡五十萬一千五百餘斛。外官降京官一等，一品以五十石爲一等，二品、三品以三十石爲一等，四品、五品以二十石爲一等，六品、七品以五石爲一等，八品、九品以二石五斗爲一等。無粟則以鹽爲禄。

十一年，以職田侵漁百姓，詔給逃還貧户，視職田多少，每畝給粟二升，謂之地子。是歲，以水旱復罷之。

十二年，罷諸司公廨本錢，以天下上户七千人爲胥士，視防閤制而收其課，計官多少而給之。十五年，復置公廨本錢，以諸司令史主之，號捉錢令史。每司九人，補於吏部，所主才五萬錢以下，市肆販易，月納息錢四千，歲滿受官。諫議大夫褚遂良上疏：京七十餘司，更一二載，捉錢令史六百餘人受職。太學高第，諸州進士，拔十取五，猶有犯禁罹法者，況廛肆之人，苟得無耻，不可使其居職。太宗乃罷捉錢令史，復詔給百官俸。

十八年，以京兆府、岐、同、華、邠、坊州隙地陂澤可墾者，復給京官職田。

（宋）李燾《續資治通鑑長編》仁宗慶曆三年十一月 其明年，諫官余靖言：伏觀去冬十一月敕，須定天下職田頃畝數目，令三司指揮。無職田處，及有職田而頃畝少處，并元標得山石積潦之地不可耕植者，限三年内，檢括官荒田並户絶地土，及五年以上逃田支撥添换，以慶曆四年爲始。斯蓋陛下所以勸群臣、養廉吏之大惠也。然朝廷舉事，當以民爲本，民患未去，官吏何安！而尚紛紛擾之？伏見淮南、江、浙經春少雨，麥田半損，蝗蝻復生；京西東、荆湖南北、廣南處處盗賊，未盡撲滅；陝西、河東輦運困苦。且庶民惶惶，失其農業，而長吏以下各營其私，憂民之心有所未至。加之檢括，寧不騷擾？況今來所定頃畝，比於舊數，三倍其多，貪吏因緣，其害甚大。伏乞朝廷特降指揮，舊有職田處，即依慶曆元年已前舊制外，其未有職田處，更候三二年，别取朝旨摽撥。

初，詔定天下公田，諸路多誤以户絶爲荒田，給官吏。其後國子博士華陽王罕提點湖南路刑獄，諭所部以法不當給，聽自舉覺。既而廣南諸州，坐收户絶田以贓廢者七十餘人。知審刑院張揆嘗見湖南官吏列首狀，他日，遇罕殿廷，謂罕曰：公德及人多矣。

（宋）李燾《續資治通鑑長編》神宗熙寧三年秋七月 詔陜西轉運司詳度移市易司於古渭寨利害以聞。又令王韶具析本所欲耕地千頃所在。先是，李師中與韶異議，遣李若愚、王克臣同行視，而若愚奏與李師中協，上疑不實，故復下轉運司。六月八日丁卯，初命克臣等體量。

初，若愚等至秦，問韶所欲耕地安在，韶不能對，但言衆共沮我，我已奏乞歸田。竇舜卿使人檢量，僅得地一頃六十畝。既而地主自訟，復以歸之。若愚等奏韶欺罔，又言古渭寨置市易司爲不便。又言韶以官錢假親舊，使之他方販易，放散甚多。

（宋）李燾《續資治通鑑長編》神宗熙寧七年四月 〔丙戌〕詔：監楚州市易務、著作佐郎王景彰追兩官勒停，并劾違法干繫官吏，命官具案聞奏。其違法所納息錢給還，仍下杭州、廣州市易務勘會違法事，許令自首改正。以權發遣淮南東路轉運副使、提舉楚州市易司蔣之奇奏景彰違法糴買商人物貨，及虚作中糴入務，立詭名糴之，白納息錢，謂之乾息；又勒商販不得往他郡，多爲留難以阻抑之。上初令劾之，既而又謂輔臣曰：景彰違法害人，事狀灼然，若不即行遣，更俟劾罪，必是遷延，無以明朝廷元立法之意，使百姓曉然開釋，無所歸咎，可速斷遣，庶妄作小人有所忌憚。遂責之。

（宋）李燾《續資治通鑑長編》神宗元豐二年春正月　梓夔路鈐轄司言：知歸徠州斧望箇恕死，請以其子乞弟承襲。從之。

（宋）李燾《續資治通鑑長編》神宗元豐二年春正月　三司請應增祿行倉法人但有職事在手，如敢詐欺財物及借使錢物典質之類，罪賞並依倉法；內被詐者不坐，如能自告，亦依重法賞之。詔詳定重修編敕所立法。編敕所言：應行重法人借使錢物之類，當依取受科罪，若本職相干公事，雖有過之後而受者，亦合依重法施行；其因賣買以取贏利，並借使之類還訖而事發者，尚未有法，今定依取受條還訖事發減五等，家人減身犯二等坐之；其監司吏人委逐司互覺察。從之。

（宋）李燾《續資治通鑑長編》神宗元豐六年九月　吏部言：右千牛衛將軍士俔，魏國公仲來嫡長子，當依禮令襲封。從之。

（宋）李燾《續資治通鑑長編》哲宗元祐三年九月　〔乙丑〕三省言：故宰相、執政官子孫乞分財產者，所屬官司體量乞分人貧乏，方聽分割，其居宅、墓地仍不在分限。今詳上條，即未及以次近臣之家，兼未有許占田以供祭祀指揮。欲參立太中大夫、觀察使以上，每員許占永業田十五頃，官給公據，改注稅籍，不許子孫分割典賣，止供祭祀，有餘分贍本族，如輒典賣，依卑幼私輒典賣法。仍不得無故毀拆及斫伐墓地內林木。從之。

（宋）李燾《續資治通鑑長編》哲宗元祐三年十二月　〔戊辰〕右正言劉安世言：臣伏見蘇州崑山縣百姓朱迎、徐宗、唐遂、朱育四人，經户部陳狀，各稱有田產，元係抵當市易官錢，後來連值災傷，不能如期結絕，所納息罰已過官本，其餘逋欠自合依元祐元年閏二月二十八日朝旨，特與除放。今來州縣官司，不惟廢格詔令，不爲施行，而又章惇作其男名目，將朱迎等不願出賣田產，逼逐人須令供下願賣文狀，並從賤價强買入己。或不即承伏，縣官畏惇之勢，往往誣以他罪，屢加刑責，必使如意而後已。異日迎等遍詣本州及轉運、提刑司次第陳訴，並不依公理斷。雖一偏之詞未足盡信，而民負抑屈，無所伸告，不遠數千里赴訴省部，流離顛頓，恐不徒然。按惇以大姦之才，抱死黨之志，方陛下踐阼之初，布平易近民之政，惇備位大臣，不能輔成上德，而包蓄詭計，動爲異論，陽示强鯁，陰助姦慝，以至悖慢帷幄之前，殊無君臣之禮。陛下以天地之量，赦而不誅，止罷執政，出之藩鎮。謂宜退省前過，痛自懲艾，而長惡不悛，陵蔑國法，劫持州縣，强市民產，前後大臣肆行姦惡，未見如此之甚者。臣竊謂惇閑居里閈，不與執事，而氣燄兇暴，官司莫之敢忤，寧屈陛下之法，不敢違惇之命。使惇得行其志，則天下之弊將有不可勝言者矣。伏望詳此事理，留意遠民，特降指揮下户部，取朱迎等四狀，選差臺臣置獄推勘。若惇果有上件罪，即乞特行竄殛，以戒亂政跋扈之臣。其州縣及監司承望風旨，殘害平民，亦乞重行追奪，以懲奉法不謹之吏。庶存公道，以召和氣。

又言：章惇抱死黨之志，而濟以陰謀，藴大姦之才，而輔之殘忍，因緣王安石、吕惠卿之黨，遂得進用。而造起邊隙，僥幸富貴。在先帝時，以坐買田不法，嘗罷執政，元豐之末，再叨大任。陛下嗣位，擢置上樞，而內懷姦謀，沮壞聖政，公肆悖慢，殊無臣禮，陛下曲示容貸，未忍加誅，出之近藩，已屈公議。繼以家難，退歸里閭，而敢憑恃兇豪，陵暴寡弱，使無辜之民流離失業，不遠數千里求直於户部，覽其訴牒，可爲心惻。臣竊謂崑山縣輒違詔旨，將朱迎等不願出賣田產，逼以威刑，須令供下願賣文狀，使惇並以賤價强買入己，則是縣官畏惇也。朱迎等詣本州及轉運、提刑司陳訴，而逐處不敢受理，則是州郡及監司畏惇也。朱迎等抱負屈抑，赴訴省曹，本部明知兩浙監司皆有妨礙，雖提刑楊傑係後來到任，而其人孱懦齷齪，苦無風力，自合申稟朝廷，選官根究，而姑欲應法，止委楊傑，則是户部畏惇也。國家設置御史，本以糾察百僚，今自中丞以下，未聞有一言繩其亂法，則是御史臺畏惇也。臣忝備諫職，不忍緘默，輒據事狀，奏疏論列，而執政不能明正典刑，惟務姑息，不即選差公方正直，不畏强禦之士，俾之窮治，而視爲常事，止送發運司體量，則是執政畏惇也。夫州縣監司之畏惇，而廢格詔條，以害良民，則國家之憲章具在，猶可按劾；今執政大臣及御史臺尚亦畏惇，則朝廷之綱紀復何望哉！願陛下明詔輔弼，共守直道，有功必賞，有罪必罰，無使邪正雜揉，枉直混淆，好惡不明，是非莫辨，依違畏縮，徒爲自全之計，則陛下威福之柄不至陵夷，而奸雄跋扈之臣少知畏矣。仰望聖慈檢會臣前奏事理，特賜指揮施行。

又言：臣近奏章惇强以賤價買朱迎等田産事，乞委臺臣置院推勘，繼聞朝旨送發運司體量，尋再具狀論列，未蒙施行。竊聞朝廷不欲輕信偏詞，遽興詔獄，然無告之民不遠數千里赴愬省部，以情度之，不應全然虚妄。緣本路監司見朱迎等訴牒，不爲受理，即是各有妨礙，而轉運司與發運司自來職事相干，今若委之根究，深慮顧惜人情，滅裂其事。伏望聖慈詳酌，特降指揮，令自朝廷選差公方正直，不畏强禦之人，前去體究，所貴遠民屈抑有所伸雪。

貼黄：據朱迎等狀稱，已曾經蘇州及轉運、提刑司陳訴，並不蒙依公施行。今來若止下本州及監司體量，必恐護短遂非，曲爲蔽匿，淹延刑禁，虚煩行遣，欲乞朝廷詳酌，選擇官吏置司推劾，所貴易見情狀，不失有罪。

又言：竊聞發運司所委體量官，止於崑山縣取索公案看詳，遂具回奏，以謂買田之事雖有實狀，而於條法别無違礙。臣竊謂姦吏附會權勢，暴虐良民，必不肯於案牘之間明著逼脅之迹，往往假託公道，捃摭他故，使無辜之民不勝刑獄，然後命狡猾之吏取責情願出賣之狀，則是外無違法之形，而内有奪民之實也。今若信其文具，而不顧其本意，則遠民屈抑終無所伸，須至辨明，以破其妄。檢準編敕節文，侍從官待制以上，不得廣置産業，與民争利。前章所言者，止據朱迎等四户爾，訪聞發運司體量到乃有二十一户，是舉蘇州之内官賣田産，皆惇所有也。自來州縣估計抵當物業，止納一半之直，蓋官司防異日失陷之弊，不敢盡用實價。今惇利其甚賤，公違條制，劫持州縣，侵害良民，争利之罪莫大於此。臣又檢準律文，祖父母在而子孫别籍異財者，徒三年，若祖父母、父母令别籍者，徒二年，子孫不坐。臣謂惇用其子承事郎援之名投狀承買，使惇初不預聞，則援宜得罪，若惇自爲之，則咎將誰執？况朱迎等狀内陳其矯妄之事，條目甚多，此四人者粗有裹糧，故不遠千里求直於省，其餘貧病之徒不能自給，斂手去業，遂至流亡，陛下可不念之乎！臣聞西漢軹有儒生侍使者坐，客譽郭解，生曰：解專以姦犯公法，何謂賢？解客殺此生，吏以責解，解實不知殺者，亦竟莫知爲誰。吏奏解無罪，御史大夫公孫宏議曰：解布衣爲任俠行權，以睚眦殺人，解不知，此罪甚於解知殺之。當大逆無道。遂族解。臣竊謂惇以威勢迫逐平民，不顧國法，賤買其田，又非郭解之不知也。若今以姦吏舞文，粗能應法，害民之實，略而不問，恐非《春秋》誅意不誅事之義。伏望陛下詳閲朱迎等四狀事理，特降指揮，劾本縣官吏挾情不公之狀，按惇矯詐亂政之罪，明正典刑，以戒天下。其蘇州及本路監司不受朱迎等辭訴，乞並行黜責，庶權豪知畏，遠民安堵。

（宋）李燾《續資治通鑒長編》哲宗元祐四年六月〔丁未〕右正言劉安世言：臣伏見去年十二月内，蘇州崑山縣人户朱迎、朱育等經户部論訴章惇强以賤價買百姓抵當産業，遂具論列，乞正其罪。自後蒙朝廷委發運司考驗虚實，今年正月間，本司體量奏到事狀，雖依違滅裂，不盡本情，然其大槩已見，朱迎等所訴，不至誣罔，如惇用其子承事郎援之名，投狀承買官賣田共二十一户，皆有按據，最爲要切。臣以爲章援不告其父，私承交易，則當得異財之罪；若惇假託名目，則自有降等之法。兼朱迎等狀内亦指定下狀之日援在京就試，則惇之矯詐又甚明白，遂以合用敕律奏聞，必謂便可議罪，今已累月，未聞施行，上下畏憚，一至於此。按惇閒居里閈，而氣燄凶暴，官司嚴憚，寧屈陛下之法，不敢逆惇之意。使惇有權，得行其志，則天下之弊，將何如哉！今體量到事迹，既皆有實，無可疑緩，而故爲留滯，臣恐有與惇陰爲地者，更將搜摘細故，會問往復，則明堂赦恩，必遂原免。然則大姦何幸，而平民何不幸也！伏望聖慈詳此事理，明敕三省，早令結斷，其州、縣、監司，不受朱迎等訴狀，亦乞特行降黜。所貴亂政跋扈之臣，屈法阿私之吏，知有典刑，易爲制馭，遠民抑屈，有所伸雪。

又言：臣伏自去年十二月後來，累曾劾奏章惇刼持州縣，不顧國法，强以賤價買百姓抵當田産，致朱迎等四人不遠數千里赴愬省部，後來蒙朝廷下發運司體量，已有實狀，而遷延半歲，未蒙施行。臣前月二十四日延和殿再具奏列，伏蒙宣諭，便令結斷，今又踰月，未覩指揮。臣竊謂惇氣燄凶悖，陵暴寡弱，詐以男名，廣置田産，公然别籍，殊無忌憚，罪狀顯著，曾非隱伏。而尚書省故爲留滯，以幸赦宥，甚非所以稱陛下仁愛元元之意。伏望特降睿旨，早正典刑，庶幾亂法跋扈之臣，不至幸免，遠民屈抑，有所伸雪。

左諫議大夫梁燾亦言：古者，大臣與民争利，猶以爲非。諫官論事，久抑不行，亂是非之公，傷聽納之明。使惇且不知，猶不爲無過。望賜施行，以爲懲勸。

是日，詔：章惇違法買田，罰銅十斤，田産改正，差遣候服闋日取旨。其蘇州崑山縣違法給賣官，併本州及本路監司不受理詞狀官，令發運司具職位姓名以聞，候到，與體量不當官蕭世京並取旨，不以赦原。其後，世京止坐罰銅十斤。

（宋）李燾《續資治通鑑長編》哲宗元祐五年 〔壬申〕户部言：因娶宗室女，並内命婦、保甲授官者，並不免本户科配，及第一等户娶妻以陣亡之家恩澤授官者亦如之。又請在京酒户，如不依限内納麴價錢，並依外州縣催理公私所欠錢給限監理，三限不足，以所欠多少定罪。並從之。

（宋）李燾《續資治通鑑長編》哲宗元祐六年九月 〔甲庚〕兵部請：應蕃官去失付身告敕文書之類，不礙遷轉照使者，借職以上展四年磨勘，差使以下展七年磨勘。礙磨勘者，借職以上七年，差使以下十二年。其貨賣典當並受買典當，各以違制論。許諸色人告，賞錢二百貫，以犯人家財充。應蕃兵諸事故、子孫弟姪等承襲，並令本城寨一季内取索保明申舉，若限内不爲申舉，許合承襲人陳告，干繫官吏杖一百。而別致欺弊詐冒承襲者，其詐冒人以違制論，干繫官吏減二等，知情與同罪。許人告，賞錢二百貫，以犯人家財充。其合承襲人若過七年内陳乞，更不受理。蕃官蕃兵承襲，並將合繳録白，委官對讀真命，具無差漏狀連申。從之。

（宋）李燾《續資治通鑑長編》哲宗元祐七年十一月 〔甲申〕詔：諸大中大夫、觀察使以上，每員許占永業田十五頃，餘官及民庶願以田宅充祖宗饗祀之費者亦聽，官給公據，改正税籍，不許子孫分割典賣，止供祭祀，有餘均贍本族。已上輒典賣，依《卑幼私輒典賣法》。不限年，許理認田宅，仍先改正。諸太中大夫、觀察使以上居住，雖有分人，不得無故毀拆，輒典賣者，依《私輒典賣永業田法》。

《宋史》卷一〇九《禮・吉禮・功臣配享》 紹聖初，林希請稽考慶曆以後未經編次臣僚，其子孫應録用者以次編定。尋詔：趙普社稷殊勛，其諸孤有無食禄者，各官其一子，以長幼爲序，毋過三人。崇寧初，詔：哲宗繪像文武臣僚，並與子若孫一人初品官，若子孫衆多，無過家一人。又録藝祖功臣呂餘慶族孫偉及司徒富弼孫直柔、直道以官，使奉其祀。靖康初，臣僚言：司馬光之後再絶，復立族子稹，稹亦卒。今雖有子，而光遺表恩澤已五十年，不可復奏，請許移奏見存曾孫，使之世禄。從之。

《宋史》卷一一五《禮・嘉禮・品官婚禮》 。納採、問名、納吉、納成、請期、親迎、同牢、廟見、見舅姑、姑醴婦、盥饋、饗婦、送者，並如諸王以下婚。四品以下不用盥饋、饗婦禮。

《宋史》卷一一九《禮・賓禮・録先聖後》 高宗紹興二年，以四十九代孫孔玠襲封衍聖公，其後，以搢，以文遠，以萬春，以洙，終宋世，皆襲封主祀事。

《宋史》卷一一九《禮・賓禮・録先聖後》 元祐初，朝議大夫孔宗翰辭司農少卿，請依家世例知兖州以奉祀。又言：孔子後襲封疏爵，本爲侍祠，今乃兼領他官，不在故郡。請自今襲封者，無兼他職，終身使在鄉里。朝議依所請，命官以司其用度，立學以訓其子孫，襲封者專主祠事，增賜田百頃，共祭祀之餘許均贍族人。其差墓户並如舊法。賜書，置教授一員，教諭其家子弟，鄰鄉或願學者聽。改衍聖公爲奉聖公，及删定家祭冕服等制度頒賜之。其後，通直郎孔宗壽等舉若蒙弟若虚襲封，仍請自今衆議擇承襲之人，不必子繼，庶幾留意祖廟，惇睦族人。

《宋史》卷四八七《外國傳・高麗》 百官以米爲奉，皆給田，納禄半給，死乃拘之。國無私田，民計口授業。十六以上則充軍，六軍三衛常留官府，三歲以選戍西北，半歲而更。有警則執兵，任事則服勞，事已復歸農畝。王亦有分地以供私用，王母、妃主、世子皆受湯沐田。

《元史》卷九六《食貨志・職田數》 至元三年，定隨路府州縣官員職田：上路達魯花赤一十六頃，總管同，同知八頃，治中六頃，府判五頃。下路達魯花赤一十四頃，總管同，同知七頃，府判五頃。散府達魯花赤一十〔二〕頃，知府同，同知六頃，府判四頃。上州達魯花赤一十頃，州尹同，同知五頃，州判四頃。中州達魯花赤八頃，知州同，同知四頃，州判三頃。下州達魯花赤六頃，知州同，州判三頃。警巡院達魯花赤五頃，警使同，警副四頃，警判三頃。録事司達魯花赤三頃，録事同，録判二頃。縣達魯花赤四頃，縣尹同，縣丞三頃，主簿二頃，縣尉、主簿兼尉並同，經歷四頃。

至元十四年，定按察司職田：各道按察使一十六頃，副使八頃，僉事六頃。

至元二十一年，定江南行省及諸司職田比腹裏減半。上路達魯花赤八頃，總管同，同知四頃，治中三頃，府判二頃五十畝。下路達魯花赤七頃，總管同，同知三頃五十畝，府判二頃五十畝，經歷二頃，知事一頃，提控案牘同。散府達魯花赤六頃，知府同，同知三頃，府判二頃，提控案牘一頃。上州達魯花赤五頃，知州同，同知二頃，州判同，提控案牘一頃。中州達魯花赤四頃，知州同。同知二頃，州判一頃五十畝，都目五十畝。下州達魯花赤三頃，知州同，同知二頃，州判一頃五十畝。上縣達魯花赤二頃，縣尹同，縣丞一頃五十畝，主簿一頃，縣尉同。中縣同上。無縣丞。下縣達魯花赤一頃五十畝，縣尹同，主簿兼尉一頃。録事司達魯花赤一頃五十畝，録事同，録判一頃。司獄一頃，巡檢同。

按察司使八頃，副使四頃，僉事三頃，經歷二頃，知事一頃。運司官：運使八頃，同知四頃，運副三頃，運判同，經歷二頃，知事二頃，提控案牘同。鹽司官：鹽使二頃，鹽副二頃，鹽判一頃，各場正、同、管勾各一頃。

《明實録》太祖洪武十二年八月〔辛巳〕上諭中書省臣曰：凡士非建功名之爲難，而保全始終爲難。自今内外官致仕還鄉者復其家，終身無所與。其居鄉里，惟於宗族序尊卑如家人禮；於其外祖及妻家，亦序尊卑。若筵宴，則設别席不許坐於無官者之下，如與同致仕官會，則序爵，爵同，序齒；其與異姓無官者相見，不必答禮。庶民則以官禮謁見。敢有凌侮者，論如律。著爲令。

《明實録》太祖洪武二十四年六月〔丙寅〕丙寅，命禮部翰林院議軍官姪男替。襲叔伯職事及弟襲兄職、養子女壻承襲養父、妻父封贈禮制。議：姪男替襲伯叔父職事者，與爲人後同，止合封贈伯叔父母，本生父母不在封贈之例；弟襲兄職者，若兄原襲父祖職事，再又立功陞授者亡後，親弟襲其職事如當封贈，原其本止合封贈父祖。如是兄自立功得官，不因父祖承襲，亦止合推恩父祖。追贈兄嫂，古無此典。若軍官没於王事者，褒贈二等；死於鋒鏑者，褒贈三等。養父從軍爲官、養子承襲職事，隨養父姓者封贈所養父母；出姓者，止於脚色内開寫養父歷官功績，不須封贈。若本官以後自立功績，陞授職事，許封贈本官親父母；若養父從軍充總小旗先鋒，養子代役以後自授官職、隨養父姓者，封贈養父母；出姓者，封贈親父母。妻父從軍爲官，女壻承襲職事，當封贈妻父母。若因妻父從軍，充總小旗，女壻代役以後自授官職者，當封贈本身父母。議上從之。

《明實録》太祖洪武三十年夏四月 甲申，禮部奏：先王制禮，所以辨上下、定尊卑。國朝定爲禮制，行之既久，玩習爲常。相見之禮，往往凌越等分，有乖禮意。請申禁之。上命六部、都察院、翰林院等官議：凡百官以品秩高下分尊卑。其品級近者，相見行禮，則東西對立，稍卑者居西，高者居東；其品秩相越二三等者，卑者居下，尊者居上；其相越四等者，則卑者拜下，尊者坐而受禮，有事則跪白。如一品與二品相見，二品居西行禮，一品居東答禮；與三品、四品相見，三品、四品居下行禮，一品居中答禮；與五品以下相見，一品坐受，稟事則跪，餘放此。其司屬官，品級亞於上司官者，稟事則跪。凡近侍官員，難拘品級行跪拜禮，亦不許與外官交接。凡同僚官品級有高下者，不拘凡大小官員，於内府相見不許跪拜。若官員出入街道，亦不許抗慢其餘軍民人等於街市遇見官員，引道經過，即須下馬却避，不許衝突。違者，論其罪。議上，從之。

（明）胡儼《頤庵文選》卷上《宣聖五十七世孫襲封衍聖公神道碑銘》

公諱訥，字言伯，姓孔氏，世家魯曲阜。前資善大夫襲封衍聖公諱希學之子，元中奉大夫襲封衍聖公國子祭酒諱克堅之孫，嘉議大夫襲封衍聖公累贈通奉大夫、河南江北等處行中書省參知政事、護軍，魯郡文肅公諱思晦之曾孫，實宣聖五十七世孫也。公魁梧厚重，寡言笑，篤學恭謹，不以貴胄驕人，士大夫喜與之游。樂善好施，遇孤貧不克婚葬者，雖傾貲濟之無難色。又能詩，工篆法，人得之者皆傳誦誇美相貴重，華問益彰。洪武癸亥，居父憂。以國哀赴京祭孝陵，既竣事，入見，天眷甚隆。顧謂廷臣曰：孔訥真聖人子孫。遂賜膳光禄，命禮官館於太學，遣尚書劉仲質勞問，日繼庖廩，復賜衣物鈔錠，充牣舍館。將俾襲爵，以居喪乃止。服除，丙寅正月朝京師，既見，上大喜，即命禮官卜日授爵。於是以二月二日拜襲封之命，受誥大廷，百僚班列，仍敕禮官以教坊樂導送至太學，學官率諸生二千餘人迎於成賢街，觀者莫不讚嘆光榮。明日，入謝，復賜襲衣，宴於禮部。又明日，釋奠於學廟以拜命告，恩禮之加，古未有也。初行誥詞，吏部奏用資善階。聖諭曰：既爵公，勿事散官，但誥以織文玉軸爲異耳。遂爲故事。每歲入覲得給符乘、傳班序列文臣首。厚其廩餼，下及傔從，此又古未有也。公天性仁孝，待宗族克盡禮意，奉祭祀極其嚴敬。至於廟庭修作，朝夕程督，竭其心力，不以爲勞。洪武庚辰九月十六日，竟以疾終，得年四十有三。以某年月日葬祖林，祔考墓也。夫人陳氏，繼商氏、王氏，子男四人：鑑、鐸、鈞、鏜。鑑襲封衍聖公，後公幾年卒。女五人：長適李添祥，次適宋平，次適王騏，次適侯正，次蚤卒。鑑之子彥縉，今襲封衍聖公，公之冢孫也。曾孫一人原嗣。公歿後二十年墓無文，彥縉將樹碑墓道，以昭先德，來請銘，其詞曰：

維道之高，維德之厚。金聲玉振，以昌厥後。歷世五十，而又七葉。偉矣！聞孫克紹先業，宇量恢恢，威儀怙怙。明詩習禮，光華煜燁。天之所與，族之所宗。保佑申錫，格於宸衷。榮名尊爵，超軼顯融。寵恩異數，維聖之崇。佩仁服義，如守憲律。終始惟一，靡有愆忒。由來龍蛇，賢人之嗟。溘爾長逝，德音孔遐。祖林之原，楷木蒼蒼。若斧若堂，昭穆相望。維公之兆。祔考宅幽，既封且固。世德作述。延畀後昆，慶澤斯流。刻詞樹碑，永昭厥休。

《明實録》太宗永樂八年六月　甲寅，北京御史鄒師顔等劾啓：御史李公敏娶見禁罪囚親屬爲妻，或挾其妻就飲人家通宵不返，廉耻道喪，漸習成風，致同僚御史劉先、劉勉、張睿、郭衡、商忠俱娶離異不明之婦，恬不爲耻，切照御史職糾百司，苟不自正何以正人？公敏等悉宜黜免以清憲紀。皇長孫令都察院鞫之。

《明宣宗寶訓》卷二《睦親》　宣德元年三月丁酉，上以舊制，諸王子女婚娶，皆由朝廷選授。比以宗室蕃盛，選之難悉得人，乃致書諸王曰：自今婚娶，或有不及時者，悉自行選配，然後聞之，朝廷授以冠服冊誥儀物。諸王便之。

《明宣宗寶訓》卷一《遵舊制》　正統五年四月己未，駙馬都尉石璟家人訴領璟銀鈔借與軍衛，取索不還，乞爲追理。

上命行在户部校例，言洪武舊制，凡公侯内外文武四品以上官，不得放債。永樂中亦嘗禁約，今璟家人放債、而欲官爲追理，於法有違。

上命行在都察院執問懲治，仍揭榜申明舊制，嚴加禁約。其有權豪勢要，仍前故違及有司聽囑同害百姓者，俱罪不宥。

《明史》卷五五《禮志・品官婚禮》　周制，凡公侯大夫士之婚娶者，用六禮。唐以後，儀物多以官品爲降殺。明洪武五年詔曰：古之婚禮，結兩姓之歡，以重人倫。近世以來，專論聘財，習染奢侈。其儀制頒行，務從節儉，以厚風俗。故其時品節詳明，皆有限制，後克遵者鮮矣。

其制，凡品官婚娶，或爲子聘婦，皆使媒氏通書。女氏許之，擇吉納采。主婚者設賓席。至日，具祝版告廟訖，賓至女氏第。主婚者公服出迎，揖賓及媒氏人。雁及禮物陳於廳。賓左主右，媒氏立於賓南，皆再拜。賓詣主人曰：某官以伉儷之重施於某，某率循典禮，謹使某納采。主婚者曰：某之子弗嫻姆訓，既辱采擇，敢不拜嘉。賓主西東相向坐，徹雁受禮訖，復陳雁及問名禮物。賓興，詣主婚者曰：某官慎重婚禮，將加卜筮，請問名。主婚者進曰：某第幾女，妻某氏出。或以紅羅，或以銷金紙，書女之第行年歲。賓辭，主婚者請禮從者。禮畢，送賓至門外。

《明史》卷五六《禮志・品官相見禮》　凡官員揖拜，洪武二十年定，公、侯、駙馬相見，各行兩拜禮。一品官見公、侯、駙馬，一品官居右，行兩拜禮，公、侯、駙馬居左，答禮。二品見一品，亦如之。三品以下倣此。若三品見一品，四品見二品，行兩拜禮。一品二品答受從宜，餘品倣此。如有親戚尊卑之分，從行私禮。三十年令，凡百官以品秩高下分尊卑。品近者行禮，則東西對立，卑者西，高者東。其品越二、三等者，卑者下，尊者上。其越四等者，則卑者拜下，尊者坐受，有事則跪白。

凡文武官公聚，各依品級序坐。若資品同者，照衙門次第。若王府官與朝官坐立，各照品級，俱在朝官之次。成化十四年定，在外總兵、巡撫官位次，左右都督與左右都御史並，都督同知與副都御史並，都督僉事與僉都御史並，俱文東武西。伯以上則坐於左。十五年重定，都御史係總督及提督軍務者，不分左右副僉，俱坐於左。總兵官雖伯，亦坐於右。

《明史》卷七七《食貨志・田制・莊田》　明時，草場頗多，占奪民業。而爲民厲者，莫如皇莊及諸王、勳戚、中官莊田爲甚。太祖賜勳臣公侯丞相以下莊田，多者百頃，親王莊田千頃。又賜公侯暨武臣公田，又賜百官公田，以其租入充祿。指揮没於陣者皆賜公田。勳臣莊佃，多倚威扞禁，帝召諸臣戒諭之。其後公侯復歲祿，歸賜田於官。

仁、宣之世，乞請漸廣，大臣亦得請没官莊舍。然寧王權請灌城爲庶子耕牧地，帝賜書，援祖制拒之。至英宗時，諸王、外戚、中官所在占官私田，或反誣民占，請案治。比案問得實，帝命還之民者非一。乃下詔禁奪民田及奏請畿内地。然權貴宗室莊田墳塋，或賜或請，不可勝計。御馬太監劉順家人進薊州草場，進獻由此始。宦官之田，則自尹奉、喜寧始。

初，洪熙時，有仁壽宫莊，其後又有清寧、未央宫莊。天順三年，以諸王未出閣，供用浩繁，立東宫、德王、秀王莊田。二王之藩，地仍歸官。憲宗即位，以没入曹吉祥地爲宫中莊田，皇莊之名由此始。其後莊田遍郡縣。給事中齊莊言：天子以四海爲家，何必置立莊田，與貧民較利。弗聽。弘治二年，户部尚書李敏等以災異上言：畿内皇莊有五，共地萬二千八百餘頃；勳戚、中官莊田三百三十有二，共地三萬三千餘頃。管莊官校招集羣小，稱莊頭、伴當，占地土，斂財物，汙婦女。稍與分辨，輒被誣奏。官校執縛，舉家驚惶。民心傷痛入骨，災異所由生。乞革去管莊之人，付小民耕種，畝徵銀三分，充各宫用度。帝命戒飭莊户。又因御史言，罷仁壽宫莊，還之草場，且命凡侵牧地者，悉還其舊。

又定制，獻地王府者戍邊。奉御趙瑄獻雄縣地爲皇莊，户部尚書周經劾其違制，下瑄詔獄。敕諸王輔導官，導王奏請者罪之。然當日奏獻不絶，乞請亦愈繁。徽、興、岐、衡四王，田多至七千餘頃。會昌、建昌、慶雲三侯争田，帝輒賜之。武宗即位，踰月，即建皇莊七，其後增至三百餘處。諸王、外戚求請及奪民田者無算。

（清）龍文彬《明會要》卷四三《職官·宗藩歲祿》 洪武五年，定諸王宗人祿米。每歲，親王五萬石，靖江王二萬石，郡王六千石。郡王諸子年十五，人賜田六十頃，爲永樂。

案例文書

《御製大誥三編·妄舉有司》 河南府新安縣簿宋玘，未任之先，經過洛陽縣店主宋二家，意欲再娶。到任後，憑本人爲媒，娶王婆婆女爲妻。就帶伊弟王福舟驢在家，説事過錢，將積年害民老吏甄儀等不行起發，受鈔一百五十貫，銀二十五兩，泯滅原卷姓名，投入井中，容留各吏在縣書寫害民，本人固自爲非。其典史李繼業因公曾集耆民，發放公事既畢，特謂耆民劉汶興等十一三名曰：如今主簿朝廷拿去，爾衆耆宿赴京保奏去。耆民對曰：不敢去。其典吏恐民：你不想主簿在前你納糧時，主簿出帖與你赴潼關近處糴糧上倉。你想這意思，也著去。你若不去保奏主簿，我將納糧的緣故，即調你他處送納。耆老劉汶興等懼怕，回言：去呵去，無盤纏。典史云：明日來，我與你盤纏。及至衆老人明日赴縣，意在取討盤纏，並辭縣官。其本官閉門不出，令皂隸傳言：官人今日病，你老子每去自去。因此老人自備盤纏，徑赴京來妄訴。嗚呼！朕將農民艱苦周折備云前二《誥》中，其典史李繼業終不恤隱於民，乃敢與主簿同惡相濟，又恐嚇耆民。然耆民劉汶興等見此惡黨，不將典史李繼業拿赴京來，輒便聽從妄奏，其徒流之罪，有所不免。

（明）蕭良泮《重刻釋音參審批駁四語活套》卷二《參語》 蔣寅職司法曹，刑部爲法曹。性乏剛烈。乏，無也。言任法司之官，而無剛烈之氣，何以執政？坐視悍妻酷害不能禁止，又且順從狂謬共濟於兇。宋時有梁成大、莫澤、李之孝三人，諂事權相史彌遠。凡忤彌遠旨者，相繼擊之。由是人目之爲同惡相濟者也。既無閑家之能，安有齊民之政？蘇氏賦性强悍，牝鷄晨鳴。《書》曰：牝鷄司晨，惟家之索。喻婦人之妬惡也。責治家婢而人不敢近，任意鞭撻而體無完膚。跡其炮烙之慘毒，甚於豺狼之兇狠。但夏氏既係義男之妻，據律原無重坐之條。情重律輕，法當擬處。合無將蔣寅照依不謹事例，冠帶閑住。蘇氏追奪敕命，不與受封，以爲無才不仁者之戒。

《清入關前内國史院檔》崇德三年正月 二十六日，正紅旗譚泰珠前去貿易返回時，以王之行李不能馱運，遣部下色德禮借駝於本放游牧蒙古托克托衣，托克托衣遂取本牛録下桂勒和之駝一隻、民間之駝一隻送至。馱運途中，桂勒和之駝死，禮親王送諸法司審實。譚泰珠以强取民駝，應革職，罷管牛禄，鞭一百。托克托衣瞻徇王之情面，取民駝送之，應鞭一百，革職，罷管牛禄，解梅勒章京任，合賠死駝，奏入，上命譚泰珠、托克托衣加倍坐以應得之罪，并合賠駝一隻，令桂勒和督辦。

（清）董誥《全唐文》卷九八〇《闕名・對襲爵佯狂判》 甲有兄弟非賢，所司命甲襲父爵。以狂疾不應命。御史劾知非狂，請罪其謬。

論以天倫，分乎季孟，鍾其大運，異彼賢愚。苟愛敬以存誠，固傳襲而無忝。是以隱公推魯，爰高克讓之聲；太伯辭吴，卒被至仁之道。眷言於甲，克合承家。同周子之有兄，寧分菽麥。懷謝庭之列照，顧馥芝蘭。黄金滿籯，已奉一經之訓。白茅錫壤，言逃五等之封。竊意元昆，顧伯夷而見捨，思深内敏，豈酈食之非狂。接輿行歌，此時方奏；州吁安忍，是日非聞。務以黜聰，用辭深疾，縱罕著於誠信，終自牧於謙。馮恢不言，未將諧於哀懇。韋元晦迹，俄見劾於方書。鴒野急難，無違六順。豸冠嚴勵，何罪雙珠。庶將必復臺階，無乃妄繩憲府。

雜録

（唐）李肇《唐國史補》卷上 陵兖公爲同州刺史，有家僮遇參軍不下馬，參軍怒，欲賈其事，鞭背見面，入白兖公曰：卑吏犯某，請去官。公從容謂曰：奴見官人不下馬，打也得，不打也得；官人打了，去也得，不去也得。參軍不測而退。

（宋）李昉《太平廣記》卷二三六《奢侈・郭況》 漢郭況，光武皇后之弟也。累金數億，家童四百人。以金爲器皿，鑄冶之聲，徹于都鄙。時人謂郭氏之室，不雨而雷。言鑄冶之聲盛也。于庭中起高閣，厝衡石于其上，以稱量。下有藏金窟，列武士衛之。錯雜寶以飾臺榭，懸明珠于梁棟間，光彩射目，畫視如星，夜望如月。里語曰，洛陽多錢郭氏室，夜月晝星富難匹。其内寵者，皆以玉器盛食，故東京謂郭氏家爲瓊厨金窟。況小心畏慎，雖居富勢，閉門優游，未曾干世，爲一時所知也。

（宋）李昉《太平廣記》卷二三六《奢侈・元琛》 後魏王侯外戚公主，擅山海之富，居山林之饒。争修園宅，互相誇競。崇門豐室，阿户連房。飛館生風，重樓起霧，高臺芳榭，家家而築。花林曲池，園園而有，莫不桃李夏緑，竹柏冬青。而河間王琛最爲豪首，常與高陽争衡。造文柏堂如徽音殿，置玉井金罐，以五色絲爲繩，妓女三百人盡皆國色。有婢朝雲善吹篪，能爲團扇歌隴上聲。琛爲秦州刺史，諸羌外叛，屢討之不降。琛令朝雲假爲貧嫗，吹篪而乞。諸羌聞之，悉皆流涕，迭相謂曰，何爲棄墳井，在山谷爲寇耶。相率歸降。秦民語曰，快馬健兒，不如老嫗吹篪。琛在秦中，多無政績，遣使向西域求名馬，遠至波斯國。得千里馬，號曰追風赤，次有七百里者十餘，皆有名字。以銀爲槽，金爲環鎖，諸王服其豪富。琛嘗語人云，晋室石崇，乃是庶姓。猶能雉頭狐腋，畫卵雕薪。況我大魏天王，不爲華侈。造迎風館于後園。窗户之上，列錢青瑣，玉鳳銜鈴，金龍吐旆。素柰朱李。株條入簷。妓女樓上坐而摘食。琛嘗會宗室，陳諸寶器。金瓶銀甕百餘口，甌檠盤合稱是。其餘酒器，有水晶鉢、瑪瑙硫璃碗、赤玉巵數十枚。作工奇妙，中土所無，皆從西來。又陳女樂及諸名馬，復引諸王案行庫藏，錦罽珠璣，冰羅霧縠，充積其内。琛謂章武王融曰，不恨我不見石崇，恨石崇不見我。融立性貪暴，志欲無厭，見之歎惋，不覺生疾，還家，卧三日不起。江陽王繼來省疾，諭之曰，卿之財産，應得抗衡，何爲羡歎，以至於此。融曰，常謂高陽一人，寶貨多于融。誰知河間，瞻之在前。繼曰，卿欲作袁術之在淮南，不知世間復有劉備也。及爾朱氏亂後，王侯第宅，多題爲寺宇，壽丘里閭，列刹相望。祇洹鬱起。寶塔高壯。四月八日，京師士女，多至河間寺，觀其堂廡綺麗，無不歎息，以爲蓬萊仙室，亦不是過也。

（唐）柳宗元《柳宗元集》卷二〇《銘雜題・吏商》 吏而商也，汙吏之爲商，不若廉吏之商，其爲利也博。汙吏以貨商，資同惡與之爲曹，大率多減耗，役傭工費舟車，射時有得失，取貨有苦良。盗賊水火殺焚溺之爲患，幸而得利，不能什一二，身敗禄奪，大者死，次貶廢，小者惡，終不遂。汙吏惡能商矣哉？廉吏以行商，不役傭工，不費舟車，無資同惡減耗，時無得失，貨無良苦，盗賊不得殺敚，水火不得焚溺，利愈多，名愈尊，身富而家强，子孫葆光。是故廉吏之商博也。苟修嚴潔白以理政，由小吏得爲縣，由小縣得大縣，由大縣得刺小州，其利月益各倍。其行不改，又由小州得大州，其利月益三之一。其行又不改，又由大州得廉一道，其利月益之三倍，不勝富矣。苟其行又不改，則其爲得也，夫可量哉？雖赭山以爲章，涸海以爲鹽，未有利大能若是者。然而舉世争爲貨商，以故貶吏相逐於道，百不能一遂。人之知謀好邇富而近禍如此，悲夫！

或曰，君子謀道不謀富，子見孟子之對宋牼乎？何以利爲也。柳子曰：君子有二道，誠而明者，不可教以利；明而誠者，利進而害退焉。吾爲是言，爲利而爲之者設也。或安而行之，或利而行之，及其成功一也。吾哀夫没於利者，以亂人而自敗也，姑設是，庶由利之小大登進其志，幸而不撓乎下，以成其政，交得其大利。吾言不得已爾，何暇從容若孟子乎？孟子好道而無情，其功緩以疏，未若孔子之急民也。

（清）曹雪芹《紅樓夢》第二回《賈夫人仙逝揚州城　冷子興演説榮國府》 雨村因問：近日都中可有新聞没有？子興道：倒没有什麼新聞，倒是老先生你貴同宗家，出了一件小小的異事。雨村笑道：弟族中無人在都，何談及此？子興笑道：你們同姓，豈非同宗一族？雨村問是誰家。子興道：榮國府賈府中，可也玷辱了先生的門楣麽？雨村笑道：原來是他家。若論起來，寒族人丁卻不少，自東漢賈複以來，支派繁盛，各省皆有，誰逐細考查得來？若論榮國一支，却是同譜。但他那等榮耀，我們不便去攀扯，至今故越發生疏難認了。子興嘆道：老先生休如此説。如今的這寧榮兩門，也都蕭疏了，不比先時的光景。雨村道：當日寧榮兩宅的人口也極多，如何就蕭疏了？

冷子興道：正是，説來也話長。雨村道：去歲我到金陵地界，因欲游覽六朝遺迹，那日進了石頭城，從他老宅門前經過。街東是寧國府，街西是榮國府，二宅相連，竟將大半條街占了。大門前雖冷落無人，隔着圍墻一望，裏面廳殿樓閣，也還都峥嶸軒峻，就是後一帶花園子裏面樹木山石，也還都有蓊蔚洇潤之氣，那裏象個衰敗之家？冷子興笑道：虧你是進士出身，原來不通！古人有云：百足之蟲，死而不僵。如今雖説不及先年那樣興盛，較之平常仕宦之家，到底氣象不同。如今生齒日繁，事務日盛，主仆上下，安富尊榮者盡多，運籌謀畫者無一；其日用排場費用，又不能將就鼠，如今外面的架子雖未甚倒，内囊卻也盡上來了。這還是小事。更有一件大事：誰知這樣鐘鳴鼎食之家，翰墨詩書之族，如今的兒孫，竟一代不如一代了！雨村聽説，也納罕道：這樣詩禮之家，豈有不善教育之理？别門不知，只説這寧、榮二宅，是最教子有方的。

子興嘆道：正説的是這兩門呢。待我告訴你：當日寧國公與榮國公是一母同胞弟兄兩個。寧公居長，生了四個兒子。寧公死後，賈代化襲了官，也養了兩個兒子：長名賈敷，至八九歲上便死了，只剩了次子賈敬襲了官，如今一味好道，只愛燒丹煉汞，餘者一概不在心上。幸而早年留下一子，名唤賈珍，因他父親一心想作神仙，把官倒讓他襲了。他父親又不肯回原籍來，只在都中城外和道士們胡羼。這位珍爺倒生了一個兒子，今年才十六歲，名叫賈蓉。如今敬老爹一概不管。這珍爺那裏肯讀書，只一味高樂不了，把寧國府竟翻了過來，也没有人敢來管他。再説榮府你聽，方才所説異事，就出在這裏。自榮公死後，長子賈代善襲了官，娶的也是金陵世勛史侯家的小姐爲妻，生了兩個兒子：長子賈赦，次子賈政。如今代善早已去世，太夫人尚在，長子賈赦襲著官；次子賈政，自幼酷喜捕潦，祖父最疼，原欲以科甲出身的，不料代善臨終時遺本一上，皇上因恤先臣，即時令長子襲官外，問還有幾子，立刻引見，遂額外賜了這政老爹一個主事之銜，令其入部習學，如今現已升了員外郎了。這政老爹的夫人王氏，頭胎生的公子，名唤賈珠，十四歲進學，不到二十歲就娶了妻生了子，一病死了。第二胎生了一位小姐，生在大年初一，這就奇了，不想後來又生一位公子，説來更奇，一落胎胞，嘴裏便銜下一塊五彩晶瑩的玉來，上面還有許多字迹，就取名叫作寶玉。你道是新奇異事不是？

雨村笑道：果然奇異。只怕這人來歷不小。子興冷笑道：萬人皆如此説，因而乃祖母便先愛如珍寶。那年周歲時，政老爹便要試他將來的志向，便將那世上所有之物擺了無數，與他抓取。誰知他一概不取，伸手只把些脂粉釵環抓來。政老爹便大怒了，説：將來酒色之徒耳！因此便大不喜悦。獨那史老太君還是命根一樣。説來又奇，如今長了七八歲，雖然淘氣異常，但其聰明乖覺處，百個不及他一個。説起孩子話來也奇怪，他説：女兒是水作的骨肉，男人是泥作的骨肉。我見了女兒，我便清爽；見了男子，便覺濁臭逼人。你道好笑不好笑？將來色鬼無疑了！雨村罕然厲色忙止道：非也！可惜你們不知道這人來歷。大約政老前輩也錯以淫魔色鬼看待了。若非多讀書識事，加以致知格物之功，悟道參玄之力，不能知也。

（清）曹雪芹《紅樓夢》第一八回《皇恩重元妃省父母　天倫樂寶玉呈才藻》　王夫人等日日忙亂，直到十月將盡，幸皆全備：各處監管都交清賬目；各處古董文玩，皆已陳設齊備；採辦鳥雀的，自仙鶴、孔雀以及鹿、兔、鷄、鵝等類，悉已買全，交於園中各處像景飼養；賈薔那邊也演出二十出雜戲來，小尼姑、道姑也都學會了念幾卷經咒。賈政方略心意寬暢，又請賈母等進園，色色斟酌，點綴妥當，再無一些遺漏不當之處了。於是賈政方擇日題本。本上之日，奉硃批准奏：次年正月十五上元之日，恩準賈妃省親。賈府領了此恩旨，益晝夜不閑，年也不曾好生過的。

展眼元宵在邇，自正月初八日，就有太監出來先看方向：何處更衣，何處燕坐，何處受禮，何處開宴，何處退息。又有巡察地方總理關防太監等，帶了許多小太監出來，各處關防，擋圍幙；指示賈宅人員何處退，何處跪，何處進膳，何處啓事，種種儀注不一。外面又有工部官員並五城兵備道打掃街道，攆逐閒人。賈赦等督率匠人紮花燈烟火之類，至十四日，俱已停妥。這一夜，上下通不曾睡。

至十五日五鼓，自賈母等有爵者，皆按品服大妝。園内各處，帳舞蟠龍，簾飛彩鳳，金銀焕彩，珠寶争輝，鼎焚百合之香，瓶插長春之蕊，静悄無人咳嗽。賈赦等在西街門外，賈母等在榮府大門外。街頭巷口，俱係圍幙擋嚴。正等的不耐煩，忽一太監坐大馬而來，賈母忙接入，問其消息。太監道：早多著呢！未初刻用過晚膳，未正二刻還到寶靈宫拜佛，酉初刻進大明宫領宴看燈方請旨，只怕戌初才起身呢。鳳姐聽了道：既這麽着，老太太、太太且請回房，等是時候再來也不遲。於是賈母等暫且自便，園中悉賴鳳姐照理。又命執事人帶領太監們去吃酒飯。

一時傳人一擔一擔的挑進蠟燭來，各處點燈。方點完時，忽聽外邊馬跑之聲。一時，有十來個太監都喘吁吁跑來拍手兒。這些太監會意，都知道是來了，來了，各按方向站住。賈赦領合族子侄在西街門外，賈母領合族女眷在大門外迎接。半日静悄悄的。忽見一對紅衣太監騎馬緩緩的走來，至西街門下了馬，將馬趕出圍幙之外，便垂手面西站住。半日又是一對，亦是如此。少時便來了十來對，方聞得隱隱細樂之聲。一對對龍旌鳳羽，雉羽夔頭，又有銷金提爐焚著御香，然後一把曲柄七鳳黄金傘過來，便是冠袍帶履。又有值事太監捧着香珠、繡帕、漱盂、拂塵等類。一隊隊過完，後面方是八個太監擡着一頂金頂金黄綉鳳版輿，緩緩行來。賈母等連忙路旁跪下。早飛跑過幾個太監來，扶起賈母、邢夫人、王夫人來。那版輿擡進大門，入儀門往東去，到一所院落門前，有執拂太監跪請下輿更衣。於是抬輿入門，太監等散去，只有昭容、彩嬪等引領元春下輿。只見院内各色花燈爛灼，皆係紗綾紮成，精致非常。【略】

賈妃乃問：此殿何無匾額？隨侍太監跪啓曰：此係正殿，外臣未敢擅擬。賈妃點頭不語。禮儀太監跪請升座受禮，兩陛樂起。禮儀太監二人引賈赦、賈政等於月臺下排班，殿上昭容傳諭曰：免。太監引賈赦等退出。又有太監引榮國太君及女眷等自東階升月臺上排班，昭容再諭曰：免。於是引退。

茶已三獻，賈妃降座，樂止。退入側殿更衣，方備省親車駕出園。至賈母正室，欲行家禮，賈母等俱跪止不叠。

賈母等讓賈妃歸座，又逐次一一見過，又不免哭泣一番，然後東西兩府掌家執事人在聽外行禮，及兩俯掌家執事媳婦丫鬟等行禮畢。

又有賈妃原帶進宫去的丫鬟抱琴等上來叩見，賈母等連忙扶起，命人別室款待。執事太監及彩嬪、昭容各侍從人等，寧國府及賈赦那宅兩處自有人款待，只留三四個小太監答應。母女姊妹深叙些離別情景，及家務私情。

又有賈政至簾外問安，賈妃垂簾行參等事。又隔簾含淚謂其父曰：田舍之家，雖齏鹽布帛，終能聚天倫之樂；今雖富貴已極，骨肉各方，然終無意趣！賈政亦含淚啓道：臣，草莽寒門，鳩群鴉屬之中，豈意得征鳳鸞之瑞。今貴人上錫天恩，下昭祖德，此皆山川日月之精奇，祖宗之遠德鐘於一人，幸及政夫婦。且今上啓天地生物之大德，垂古今未有之曠恩，雖肝腦涂地，臣子豈能得報於萬一！惟朝乾夕惕，忠於厥職外，願我君萬壽千秋，乃天下蒼生之同幸也。貴妃切勿以政夫婦殘年爲念，懣憤金懷，更祈自加珍愛。惟業業兢兢，勤慎恭肅以侍上，庶不負上體貼眷愛如此之隆恩也。賈妃亦囑：只以國事爲重，暇時保養，切勿記念等語。賈政又啓：園中所有亭臺軒館，皆係寶玉所題，如果有一二稍可寓目者，請別賜名爲幸。

（清）徐珂《清稗類鈔·爵秩類·漢爵之世襲罔替》 海澄公黄梧，本鄭成功將，順治丙申歸順。其子芳度，康熙初，拒耿精忠之招，困守漳州，城陷殉難。事聞，贈王爵，謚忠勇。陝西提督王進寶以平吴三桂功，授三等子，賜彤弓駿馬，卒謚忠勇。至乾隆丁亥，詔以黄芳度子孫於襲次完時，照八旗例給恩騎尉世襲罔替； 王進寶以三等子爵世襲罔替。趙良棟授一等子爵，卒謚襄忠，詔以一等子爵世襲罔替； 同時如將軍張勇，提督孫思克、陳福、豆斌，總兵高天喜等，皆緣此推恩。又殉節陣亡之張國彦等十七員，軍功較著之惠應詔等十四員，亦一體加恩。自是，漢人始有世襲罔替之例。

（清）徐珂《清稗類鈔·禮制類·圖片册檔》 八旗人家生子女，例須報明本旗佐領，書之於册。及長而婚嫁，亦如之。又必須男女兩家受轄之佐領互出印結，曰圖片。三年一比人丁，使各列其家人名氏而書於册，謂之册檔。及殁，而削其名氏於册。故旗人户口不能增減，姓名不能改移。

僧道分部

論說

（宋）王溥《唐會要》卷四八《議釋教下》 大中六年十二月祠部奏：不得令姦黨因此遂抑斂鄉閭。此外更不得輒有起建，如引別勅處分，不在此限。其僧尼踰濫之源，皆緣私度。本教遮止，條律極嚴，不得輒有起建。如可容姦，必在禁絶，犯者准元勅科斷訖，仍具鄉貫、姓號，申祠部上文牒。其官度僧尼，數內有闕，即仰本州集律僧衆同議，揀擇聰明有道性，已經修鍊，可以傳習參學者度之。貴在教法得人，不以年齒爲限，若惟求長老，即難奉律儀。剃度訖，仍具鄉貫、姓號申祠部請告牒。其僧中有志行堅精，願尋師訪道，但有本州公驗，即任遠近游行。所在關防，切宜覺察，不致真僞相雜，藏庇姦人。制可。

（宋）蘇轍《欒城集》卷四二《北使還論北邊事劄子五道·論北朝政事大略》 北朝皇帝好佛法，能自講其書。每夏季輒會諸京僧徒及其羣臣，執經親講。所在修蓋寺院，度僧甚衆。因此僧徒縱恣，放債營利，侵奪小民，民甚苦之。然契丹之人，緣此誦經念佛，殺心稍悛。此蓋北界之巨蠹而中朝之利也。

（元）張養浩《張養浩集》卷一一《書·時政書》 臣見方今釋老二氏之徒，畜妻育子，飲醇啗腴，萃逋逃游墮之民，爲暖衣飽食之計，使吾民日羸月瘠，曾不得糠粃藍縷以實腹蓋體焉。今日誦藏經，明日排好事，今年造某殿，明年構某宮，凡天下人迹所到，精藍勝觀，棟宇相望，使吾民穴居露處，曾不得莖茅撮土以覆頂託足焉。彼不知惠迪從逆之原，妄談禍福；不知原始反終之故，謬論死生。簧鼓流俗，掫徒結黨。使人施五穀以爲之食，奉絲麻以爲之衣，納子弟以爲之童僕，輸木石以爲其廬室。而人見其不蠶、不稼、不賦、不征，聲色自如，而又爲世所欽，爲國家所重，則莫不望風奔效，髠首從游，所以姦民日繁，實本於此，今夫田野之農，終歲勤勞，猶不免饑寒之若，彼一祝髮，則情慾厭足，莫敢誰何，固無訝其舍彼之難、爲此之易也。使其精嚴所業，真能爲國祝釐延祚，猶爲庶幾。今也盜獲者有焉，姦敗者有焉，謀反大逆者有焉。夫人必先齊心明德，然後可以動天地、感鬼神，苟穢惡周身，彼神明方且惡而走避之不暇，矧肯歆其祭而降之福哉？昔世祖皇帝嘗欲沙汰天下僧道有室者，籍而民之，後奪於衆多之口，尋復中止，至今識者爲深惜焉。古人謂十農夫之耕、十蠶婦之織，不能衣食一僧，蓋言其蠹財害民之甚也，臣嘗略會國家經費，三分爲率，僧居一焉。以之犒軍，則卒有餘糧，以之振民，則民有餘粟；以之裕國，則國有餘資。彼燒壇設醮、吹螺伐鼓奚爲哉？近者至大二年十一月，昊天寺無因而火，天意較然，可爲明監。伏望自今諭旨省臣，凡天下有夫有室僧尼道士女冠之流，移文括會，並勒爲民，以竟世祖皇帝欲行未及之睿意，豈不可爲曠代未聞之盛典也哉！

（明）楊士奇《歷代名臣奏議》卷六七《治道》 元成宗大德七年，鄭介夫上奏曰：【略】

一、僧道。竊自唐虞、三代以來，國祚延長，群生康泰，不聞有釋老也。三國、六朝以後，僧尼道士始布滿天下。求福田利益者，不之老則之釋。人君好尚，往往過之。夫福，非如粟帛金寶可求而取之物也。上好儉則民財豐，節力役則民不困，養生送死無憾，則四海皆躋於仁壽之域。民生安樂，便是好事，獄訟無冤，便是布施，何必張浮費，事繁文，泥金檢玉，而謁之於虛無也？一僧一道之祝延，不若百姓群黎之同願；一寺一觀之祈禱，不若千門萬户之齊聲。古諺云：福從贊歎生。正此謂也。

西方乃佛生之地。佛，聖人也，安肯作威福以要人之敬奉？佛教人以不貪不妒不傷生、不害物爲好事，故云即心是佛也，何嘗以陳玉帛，嚴香燈，晨夜誦經禮拜，至於殺人致祭，縱囚示恩，而名曰做好事哉？今國家財賦半入西番，紅帽禪衣者便公然出入宮禁，舉朝相尚，莫不傾貲以奉之。此皆庸僧作此妖妄，非佛之真心本性也。道家以老子爲宗，惟在清凈無爲。祖師係赤松子的孫，惟求辟穀人間事。今張天師縱情姬愛，廣置田莊，招攬權勢，凌爍官府，乃江南一大豪霸也。其祖風法門，正不如此。

自異於僧道，朝廷不察其僞，特爲另立衙門。今宗攝錢如鏡，恣行不法，甚於僧司道所，宜革去，以除國蠹，以寬民力可也。

諸佛三清在天之靈不可誣也。往往嗣法者，失其初意耳。愚氓俗子，不知所以爲佛所以爲天師者云何，但見赭其頭即指爲佛，黄其冠即指爲天師，雖百喙不能解其惑，其可爲世道一慨！朝廷特加寵異，另立宣政院道教所，以其棄俗出家，非有司所可統攝也。而乃持寵作威，賄賂公行，以曲爲直，以是爲非。僧道詞訟，數倍民間，如奸盜、殺人諸般不法之事，彼皆有之矣。學釋老者，離嗜慾，去貪嗔，異乎塵俗可也。可豔妻穠妾，汙穢不羞，奪利争名，奔競無已，雖俗人所不屑爲，甚非僧道之宜然也。僧道之盛，莫盛今日；而僧道之弊，亦莫甚今日。朝廷若不稍加裁抑，適所以重其他日之烈禍也。能律以禮法，制以分義，使不至於驕奢無度，敗壞宗風，乃爲敬奉之至矣。

今各寺既有講主長老，各觀既有知觀提舉，足任管領之責。隨路又濫設僧録司、道録司，各縣皆置僧綱威儀，反爲僧道之蠹，所宜革去也。且僧道另設衙門，三代以下，前所未聞。亡金棄人尚鬼，故立二司，與民官鼎立而三。豈謂巍巍聖朝，不師古聖王之常法，而踵殘金之弊政耶？況爲僧録、道録者，皆無賴之徒，立談遭遇，遽授此職，便與三品正官平牒往來。以白身之人，一旦居此榮貴，得之既易，視之亦輕，宜乎逞私妄作而無復顧藉也。

近令憲司糾刷文卷，僧官跼蹐知懼，而僧人皆喜得安，此明驗也。所欠道家猶未一體刷卷耳。若僧道中有棲心寂滅，息念塵寰者，必不自絓憲綱，雖無假官府可也。若行止不檢，身陷刑戮，亦佛法、道教之所不容，宜令有司管領，嚴行究治，罪狀明白，比之常人，更加一等。斷遣還俗，彼亦甘心。今僧道不蠶而衣，不耕而食，皆得全免繇税。而愚民多以財産托名詭寄，或全捨入常住，以求隱蔽差役，驅國家之實利，歸無用之空門。視民間輸税之外，又當里正主首，又當和顧和買，非惟棄本逐末，實是勞逸不均。今後寺觀常住税糧，宜准古法，盡令輸官，俟其有佛法高妙道行絶倫者，從衆推舉，然後蠲其繇役，除其税糧，庶可養成清浄之風，亦足激勵澆薄之俗也。外有白雲宗一派，尤爲妖妄。其初未嘗有法門，止是在家念佛，不茹葷，不飲酒，不廢耕桑，不缺賦税。前宋時，謂其夜聚曉散，恐生不虞，猶加禁絶，然亦不過數家而已。今皆不守戒律，狼藉葷酒，但假名以規避差役，動至萬計，均爲誦經禮拜也。既自别於俗人，又

綜述

《陳書》卷六《後主紀》〔太建十四年夏四月〕庚子，詔曰：又僧尼道士，挾邪左道，不依經律，民間淫祀祅書諸珍怪事，詳爲條制，竝皆禁絶。

《唐律疏議》卷一二《户婚・私入道》 諸私入道及度之者，杖一百；若由家長，家長當罪。已除貫者，徒一年。本貫主司及觀寺三綱知情者，與同罪。若犯法合出觀寺，經斷不還俗者，從私度法。即監臨之官，私輒度人者，一人杖一百，二人加一等。

疏議曰：私入道，謂爲道士、女官、僧、尼等，非是官度，而私入道，及度之者，各杖一百。注云若由家長，家長當罪，既罪家長，即私入道者不坐。已除貫者，徒一年；及度之者，亦徒一年。本貫主司，謂私入道人所屬州縣官司及所住觀寺三綱，知情者，各與入道人及家長同罪。若犯法還俗，合出觀寺，官人斷訖，牒觀寺知，仍不還俗者，從私度法。斷後陳訴，須著俗衣，仍披法服者，從私度法，科杖一百。即監臨之官，不依官法，私輒度人者，一人杖一百，二人加一等，罪止流三千里。若州縣官司所度人，免課役多者，當條雖有罪名，所爲重者自從重論，並依上條妄增減出入課役科之。其官司中私度人，被度者知私度情，而受度者爲從坐；若不知私度情者，而受度人無罪。

準《禮部式》，諸五品以上女及孫女出家者，齋行道皆聽不預。

《天一閣藏明鈔本天聖令》卷二一《田令》 諸道士、女冠受老子《道德經》以上，道士給田三十畝，女冠二十畝。僧尼受具戒者，各准此。身死及還俗，依法收授。若當觀、寺有無地之人，先聽自受。

（宋）宋敏求《唐大詔令集》卷一一三《政事・道釋・令僧尼道士女冠拜父母敕》 敕：夫孝者，天之經，地之義，人之行；故自天子下至庶人，資於敬愛，以事父母。所謂冠五帝之表，稱百行之先，如或不由，其何以訓？如聞道士女冠、僧尼等，有不拜父母之禮，朕用思之，茫然罔識。且道釋之教，蓋懲惡而勸善；父子之儀，豈緣情而易制？安有同人代而離怙恃哉！哀哀父母，生我勞瘁，故六親有不和之戒，十號有報恩之旨。此又窮源本而啓宗極也。今若爲子而忘其生，傲親而徇於末，背理而强名於教，傷於教則不可行，行教而不廢於禮，合於禮則無不遂，二之親于二教，復何異焉。自今以後，道士女冠、僧尼等，并令拜父母。喪紀變除，亦依月數。庶能正此頽弊，用明典則。罔虧愛敬之風，自協真仙之意。

開元二年閏二月三日

（宋）宋敏求《唐大詔令集》卷一一三《政事・道釋・道士女冠在僧尼之上詔》 老君垂範，義在於清虚；釋迦遺文，理存於因果。詳其教也，汲引之迹殊途；永其宗也，弘益之風齊致。然則大道之行，肇於邃古，源出無名之始，事高有外之形。邁兩儀而運行，包萬物而亭育，故能經邦致治，返樸還淳。至如佛法之興，基於西域，爰自東漢，方被中華。神變之理多方，報應之緣匪一。洎乎近世，崇信滋深，人冀當年之福，家懼來生之禍。由是滯俗者聞玄宗而大笑；好異者望真諦而多歸。始波涌於閭里，終風靡於朝庭。遂使殊方之典，鬱爲衆妙之先；諸夏之教，翻居一乘之後。流遁忘反，於兹累代。朕夙夜夤畏，緬惟至道，思革前弊，納諸軌物。况朕之本係，出自柱下。鼎祚克昌，既憑上德之慶；天下大定，亦賴無爲之功。宜有解張，闡兹玄化，自今已後，齋供行立、至於称謂，道士女冠，可在僧尼之前。庶敦本之俗，暢於九有；尊祖之風，貽諸萬叶。

貞觀十一年二月

（宋）宋敏求《唐大詔令集》卷一一三《政事・道釋・僧尼拜父母敕》 道教釋教，其歸一體，都忘彼我，不自貴高，近者道士女冠，稱臣子之禮，僧尼企踵，勤誠請之儀。以爲佛初滅度，付屬國王，俱當負荷，願在宣佈。蓋欲崇其教而先於朕也。自今以後，僧尼一依道士女冠例，兼拜其父母。宣增修戒行，無違僧律，興行至道，俾在於兹。

開元二十一年十月

《天盛改舊新定律令》卷一一《為僧道修寺廟門》 僧人、道士所屬行童中，能誦《蓮花經》、《仁王護國》等二部及種種敬禮法，梵音清和，則所屬寺僧監、寺檢校當轉、當告功德司，依次當告中書，當問本人及所屬寺僧監、副判、寺檢校、行童首領、知信等，令尋擔保只關者。推尋於册，實是行童根，則量其行，前各業曉，則當奏而爲住家僧人。此外，居士及餘類種種，雖知期前述業行，亦不許爲僧人。

《天盛改舊新定律令》卷一一《為僧道修寺廟門》 一、番、漢、羌行童中有能曉頌經全部，則量其業行者，中書大人，承旨中當遣一二□，令如下誦經頌十一種，使依法誦之。量其行業，能誦之無障礙，則可奏爲出家僧人。

一等番羌所誦經頌：

《仁王護國》、《文殊真實名》、《普賢行願品》、《三十五佛》、《聖佛母》、《守護國吉祥頌》、《觀世音普門品》、《竭陀般若》、《佛頂尊勝總持》、《無垢净光》、《金剛般若與頌全》。

一等漢之所誦經傾：

《仁王護國》、《普賢行願品》、《三十五佛》、《守護國吉祥頌》、《佛頂酋勝總持》、《聖佛母》、《大□□》、《觀世音普門品》、《孔雀經》、《廣大行願頌》、《釋迦讚》。**【略】**

一、爲道士者，道士行童中有能誦條下所示十四卷經，則依出家變道法量其行，能誦無礙，則可奏爲道士。

《太上黄宫□□經》二卷

《太上君子消災經》一卷

《太上北斗延生經》一卷

《太上靈寶度理無上陰經》一卷

《至分金剛經》一卷

《太上君子説天生陰經》一卷

《太上天堂護衛經》一卷

《太上君子説上東斗經》一卷

《太上南斗六司延壽妙經》一卷

《黄庭内景經》一卷

《黄帝陰符經》一卷

《太上元始天尊説十爲一爲大消災神咒經》一卷

《太上靈寶九真妙戒金籙□要拔罪陰經》一卷**【略】**

一、諸寡婦、未嫁女等有誠心爲佛法，異議無有而爲僧人者，當令尋只關擔保者。依所欲住家或出家爲僧人。自中等司承旨、中書、樞密、都案以上人之母親、妻子等衣緋，此外以下者當衣黄。

《天盛改舊新定律令》卷一五《地租門》 僧人、道士、諸大小臣僚等，因公索求農田司所屬耕地及寺院中地、節親主所屬地等，諸人買時，自買日始一年之内當告轉運司，於地册上註册，依法爲租傭草事。若隱之，逾一年不告，則所避租傭草數當計量，應比偷盗罪減一等，租傭草數當償。已告而局分人不過問者，受賄徇情則依枉法貪贓罪判斷，未受賄徇情則依延誤公文法判斷。

《通制條格》卷二九《僧道·拈鬮射利》 至元二十五年五月，中書省。御史臺呈：江南行臺咨：監察御史體知各處新附寺院僧徒，例指興建爲由，聚集人衆，拈鬮射利。其始置備利物數拾件，撰造籤籌阡萬枚，託散權豪勢力之家，轉行俵賣，招誘新附徒衆，約日大聚，遠近雲合，動以千計。僧收籌價，使之抽拈，探取利物，喧鬧往來，填塞街路，獲利甚多，無所畏忌。守土官司，坐視不禁。初止城郭寺院如此，比來山林僻静僧寺，亦復傚尤不已。事同賭博聚衆，儻致别生事端，爲害非細，合令有司嚴切禁治。刑部及總制院議得：擬合禁約。都省准擬。

《通制條格》卷一六《田令·典賣田産事例》 大德八年五月，中書省。江西行省咨：撫州路瑞山寺僧周净師，用鈔買到本寺僧永仁田土文契壹紙，赴務投税，并無官給公據。户部議得：今後僧道自相買賣，并買民田納税地土，依例於有司給據關防。如違，依例追斷。都省准擬。

《通制條格》卷二九《僧道·商税地税》 己丑年十一月，欽奉條畫内一款：僧道年五十以上者，任便修行，五十以下戒行清高者，並依例試經受戒，許爲僧道。其餘詐冒出家之人，依例應當科差。僧人合居佛寺，道士不得居住，不得争奪；道士合居宫觀，僧人亦不得居住争奪。其餘寺觀、文宣王、武成王等廟尊像、廟貌、舍宇，並禁（折）〔拆〕毁。已上如有違犯者，並斷按答奚罪戾。除僧人、道士之外，其餘詐冒出家之人，仰一概依例應當科差。其僧道種田、作營運者，依例出納地税、商税，其餘雜泛科差，並行免放。

中統五年正月，中書省。奏准節該：已前成吉思皇帝時，不以是何諸色人等，但種田者俱各出納地税外，據僧、道、也里可温、答失蠻，種田出納地税，買賣出納商税，其餘差役蠲免有來。在後哈罕皇帝旨裏，也教這般行來。自谷由皇帝至今，僧、道、也里可温、達失蠻地税、商税不曾出納，合無依舊徵納事，准奏：仰中書省照依成吉思皇帝、哈罕皇帝聖旨體例，僧、道、也里可温、達失蠻、儒人種田者，依例出納地税。自田每畝叁升，水田每畝伍升。買賣者出納商税。據不該納丁税蒙古、回回、河西、漢兒并人匠，及不以是何投下諸色人等、官豪勢要之家，但種田者依上徵納地税外，仰行下領中書省左右部兼諸路都轉運司、隨路宣慰司一體施行。

《元典章》卷三三《禮部·釋道·道教·道官有妻妾歸俗》 至大四年十月，行御史臺准御史臺咨：

來咨：浙西廉訪司申：嘉興路玄妙觀住持提點楊立之畜妻養子，及典雇張十四娘等三名通房使唤。革後不行悛改，又以祈雪禳蝗爲（田）〔由〕，題捨鈔定等事。以不應違例畜妻罪犯，合決六十七下，退罷爲民。緣所犯係在革前，若依有妻僧官斷罪，收係爲民，緣道官未有通例。咨請照詳。呈奉中書省劄付：送禮部呈：參議，道官楊立之求娶妻妾，不務焚修，指稱祈禳爲名，鳩集鈔定，似此貪污，理宜懲戒。却緣所犯，欽遇赦恩釋免，合令本人歸俗當差相應。都省准擬，抑照驗施行。

《至正條格·斷例》卷七《户婚·僧道不許置買民田》 至正四年正月，户部與刑部議得：御史臺呈：浙東道廉使張亞中等言，内外寺觀僧道，近年以來，往往續置民産，影射差徭，侵損民力。雖有禁治，終無定例。如係至元元年十一月二十二日詔書已前，除金、宋舊有常住田土外，以後增置者，即係立革之後，擬合立限勒令吐退，令元主備價收贖。如主貧乏，聽所在官司給據，賣與無違碍之家，隨産納税當差。限外不行吐退者，嚴加禁治。今後明著革限，僧道不得置買民産。違者，許諸人陳告，買主賣主，各決五十柒下。知情説合牙見人等，減罪貳等，價鈔没官，一半付告人充賞。依例改正，仍舊當差納税，誠爲官民兩便。以此參詳，國家經費，賦役爲先，僧道身處空門，往往置買民田，影避差徭，靠損民力。合准廉使張亞中等所言，自立限以後，僧道不得置買軍民、站赤一應當差田産。違者，買主、賣主，各決伍拾柒下，牙見、説合人等，各減貳等，其價没官，實爲官民兩便。都省准擬。

《至正條格·斷例》卷八《户婚·僧道娶妻》 至元十九年十二月，禮部准諸路釋教都總統所關：各路僧人，往往求娶妻室，敗壞教門。議得，除至元七年籍定有妻室歿，不得再娶。違者，量決陸拾柒下，聽離，仍追元財没官。

（明）朱元璋《明太祖文集》卷七《命應天府諭鍾山僧敕》 且佛之爲教也，善其大也，溥被生死。仲尼有云：西方有大聖人，不言而化，不治而不亂，可謂能人矣。云何大覺金仙又讚之以能仁，以其不繩頑而頑化美善，而善光其行，苦而不苦，其心素而弗素，雖僑雪嶺之孤燈，侶白晝之單影，目星見性，超出塵淪。復有人天之説，四十九秋其演也。妙備載大藏，未嘗有訴逋逃於廷，致愆於水火者也，況昔禪祇樹千二百五十人從逋逃者。未聞仲尼有云：道千乘之國，敬事而信，節用而愛人。今僧佃逃未審節用而致然耶？抑愛人而有此耶？若非此，而有此則府謂僧云：當自善來。若論以如律，恐傷佛性。如敕奉行。

（明）何廣《律解辯疑》大明律卷四《户律·户役·私創庵院及私度僧道》 違者，杖一百，還俗。僧道，發邊遠充軍；僧尼女冠，入官爲奴。

講曰還俗者，謂僧道、尼僧、女冠出家，簪剃易俗，稱呼法號，與俗有殊。既各得其罪，不許穿着異服，仍服原姓。所以僧道故杖一百，發邊遠充軍；尼僧、女冠緣係婦人，例免徒流，亦止杖一百，斷發入官爲奴。《釋文》：創，旨創□也。還俗，謂僧家出家曰棄俗，而犯罪歸宗本俗爲民。洛陽阿潘氏《事物紀原》：漢明帝時，洛陽婦人阿潘等出家，此中國爲尼僧之始也。女冠，李白：吴江女道士頋載蓮花泛海求師，蜀女真耶自然泛海，將詣蓬萊求師，舟爲風飄至島，見道人指言天台司馬子，真良師也，遂求於徵受度。

（明）何廣《律解辯疑》大明律卷一二《禮律·儀制·僧道拜父母》 凡僧尼、道士、女冠，並令拜父母、祭祀祖先，喪服等第皆與常人同。違者，杖一百，還俗。

議曰喪服等第皆與常人同，謂僧尼、道士、女冠，凡遇高祖，父母、伯叔、兄姊喪，斬衰三年，期年、大功、小功，齊衰五月，細麻三月，謂之各有等第，並令拜祭，故云皆與常人同。違者，杖一百，還俗，謂如官吏遇父母喪不丁憂，杖一百，罷職役不敘。僧道難同，雖不像官吏職役，還俗即是罷其僧道役。

《大明律直解所載明律》卷四《户律・户役・私刱庵院及私度僧道》 凡寺觀庵院，除現在處所外，不許私自創建增置，違者，杖一百，還俗。僧道發邊遠充軍，尼僧、女冠入官爲奴。若僧道不給度牒，私自簪剃者，杖八十。若由家長，家長當罪。寺觀住持及受業師私度者，與同罪，並還俗。

《大明律直解所載明律》卷六《户律・婚姻・僧道娶妻》 凡僧道娶妻妾者，杖八十，還俗。女家同罪，離異。寺觀住持知情，與同罪，不知者不坐。若僧道假托親屬或僮僕爲名求娶，而僧道自佔者，以姦論。

《大明律直解所載明律》卷一二《禮律・儀制・僧道拜父母》 凡僧尼道士女冠，并令拜父母，祭祀祖先，喪服等第皆與常人同。違者，杖一百，還俗。僧道發邊遠充軍。若僧道衣服，止許用紬絹布疋，不得用紵絲綾羅。違者，笞五十，還俗，衣服入官。其袈裟道服，不在禁限。

《諸司職掌・禮部職掌・祠部・僧道》 一、僧道度牒欽依三年一出給，仍要各司考試，能通經典者，申送到部，具奏出給。

一、各布政司並直隸府州縣，申呈開設僧道衙門，舉保到僧人劄付僧録司，道士劄付道録司。考試，如果中式，就申吏部施行。

（明）陳永《法家哀集》 一、僧道在寺院脩齋、設醮、祈禳，火災不於私家，何斷？

答曰：意恐褻瀆神明，所禁者私家也。若於寺院，則無罪可知矣。

（明）俞汝楫《禮部志稿》卷三《給度牒之訓》 宣德元年，上罷朝御右順門，謂行在禮部尚書胡濙曰，今僧道行童請給度牒甚多，中間豈無有罪之人潛隱其中者，宜令科道官取勘，如果無之，爾禮部同翰林院官禮科給事中及僧道官同考試，能通大經則給與度牒，在七月十九日以後及不通經者皆不給。

（明）張楷《律條疏議》卷四《私刱庵院及私度僧道》 凡寺觀庵院，除見在處所外，不許私自刱建增置，違者杖一百，還俗。僧道發邊遠充軍，尼僧、女冠入官爲奴。

疏議曰：大而僧寺、道觀，小而庵院去處。除以前創建有名額外，其僧道尼僧、女冠，不許私自刱建增添置立，若有違者，各杖一百，俱還其本俗。入籍收報，僧道發邊遠衛分充軍，尼僧、女冠入宫爲奴，必還俗然後充軍者，以本貫户内已除其名，若輒充軍，後難勾補故必先令入籍，然後發遣也。

若僧道不給度牒，私自簪剃者，杖八十。若由家長，家長當罪。寺觀住持及受業師私度者，與同罪，並還俗。

疏議曰：若僧道不曾請給禮部度牒，私自簪冠剃髪者，杖八十。若簪剃之事非本人自爲，由其家長主意者，罪坐於家長。容留此等之人在於寺觀者，其住持與其投禮爲受業師之僧道亦同，杖八十。並還俗，並字，指無住持與受業師而言。

謹詳律意：寺觀本爲無益，已建難以輒除，若有加增，是滋僞也，僧道尼僧、女冠，皆杖一百，還俗充軍，奴隸控罰其身，僧道私剃私簪，本師妄受妄度，則是同爲欺罔，坐杖八十，還俗，爲民。

（明）張楷《律條疏議》卷六《僧道娶妻》 凡僧道娶妻妾者杖八十，還俗。女家同罪，離異。寺觀住持知情與同罪，不知者不坐。若僧道假託親屬或僮僕爲名求娶，而僧道自占者，以姦論。

疏議曰：僧道合守清親，妻妾豈宜所有。若爲僧道而不遵其教，取妻妾而混同世俗者，杖八十，還俗。女家同罪，婦女離異。其本寺本觀之住持僧道知其娶妻妾之情而不禁者，與同罪，亦杖八十。不知者不坐，若僧道依託親屬，或家僮僕從爲名。求娶人家婦女，及至娶過而僧道自占，不與親屬僮僕爲婚者，僧道以姦論。

問曰：上文僧道娶妻妾者杖八十，下言假托親屬僮僕求娶而自占者，若以姦論。亦止是坐杖八十，何故異文也。

答曰：僧道自娶，女家必知，故同坐罪杖八十。假託而求，女家有不知之理，娶而自占，若女家有不從而占之者，則坐以强姦。若與和者則坐以和姦，故以姦論也。詳味占字則用强之心隱然在其中矣。

謹詳律意，僧道之教，本無妻室。若有娶者，則是亂常。故必坐以杖罪，勒令還俗。以女而妻僧道亦是擇配非人罪，同斷離。責其敗俗，僧道求配而假托親屬，及至過門則自成室家，論以犯姦污行一也。

（明）張楷《律條疏議》卷一二《僧道拜父母》 凡僧尼道士女冠並令拜父母、祭祀祖先，喪服等第，皆與常人同。違者，杖一百，還俗。

疏議曰：凡僧人、尼僧、道士女冠，並令拜其本生父母，祭祀祖宗先世，其父母及本宗親，喪服等第如斬齊期功之類，悉與常人同，如有不拜父母，不祭祖先及不服本等喪服者，杖一百，還俗爲民。

若僧道衣服，止許用紬絹布疋，不得用紵絲綾羅。違者，笞五十，還俗，衣服入官，其袈裟道服不在禁限。

疏議曰：僧道衣服止許用紬絹布疋，不得用紵絲綾羅，違者笞五十，還俗。紵絲綾羅衣服俱入官。其僧人所穿袈裟、道士所穿道衣皆非常服，則許用紵絲綾羅裁制，故曰不在禁限。

謹詳律意，僧道雖入異流，天倫未始泯滅。故令敬親祀祖，服與常同，所以篤彝倫、正人紀也，既處滅無爲之域，難同綺麗華美之觀。故衣用布紬不許假疋使之安本教務祖風也。袈裟道服，既匪常衣，許用美觀以備參謁，蓋亦公服之類耳。

（明）雷夢麟《讀律瑣言》卷四《私剏庵院及私度僧道》 凡寺觀庵院除見在處所，不許私自剏建增置，違者杖一百，還俗。僧道發邊遠充軍，尼僧、女冠入官爲奴。若僧道不給度牒，私自簪剃者，杖八十。若由家長，家長當罪。寺觀住持及受業師私度者，與同罪，並還俗。

瑣言曰，剏建是本無庵院而新立之謂也，增置是原有庵院而添置之謂也，杖一百，僧道免杖，尼僧女冠单衣决杖，各還俗。招出原籍姓名，僧道發邊遠充軍。尼僧、女冠入官爲奴，若僧道不給度牒，僧人私剃，道士私簪，則相趨而爲異端者，無所考擄，莫可禁遏矣，並杖八十。若由家長簪剃，則僧道不得自專，家長當罪，僧道不坐。寺觀住持，及受業師私相傳度，與經卷教典者，與同罪。僧道及寺觀住持並受業師，並還俗。

問刑條例

一、凡僧道擅收徒弟，不給度牒，及民間子弟户内不及三丁，或在十六以上而出家者，俱枷號一箇月，並坐罪。所由僧道官及住持知而不舉者，各罷職還俗。

一、凡僧道雖未給度牒，有犯别項罪名，悉照僧道律例從重科斷。問該還俗者，查發各該軍衛有司收入籍册，各從本色，當差取具收管附該卷查考。若仍於原寺觀庵院，或他寺觀庵院潛住者，並枷號一箇月。僧道官及住持知而不舉，各罷職還俗。

一、凡漢人出家，習學沓教，不拘軍民曾否關給度牒，俱問發原籍，各該軍衛有司當差，若漢人冒詐沓人者，發邊衛充軍。

（明）雷夢麟《讀律瑣言》卷六《僧道娶妻》 凡僧道娶妻妾者杖八十，還俗。女家同罪，離異。寺觀住持知情與同罪。不知者不坐。若僧道假託親屬或僮僕爲名求娶，而僧道自占者，以姦論。

瑣言曰：僧道娶妻妾杖八十，女家同罪，離異。寺觀住持知情亦與同罪，因人連累不在還俗之限。假託親屬們僕爲名求娶，僧道自占者，各以僧道犯姦加凡人和姦罪二等論。或謂，各以姦親屬之妻妾及義男婦科斷非也。既曰假託，又云自占，恐所託者或有其名無其人也。借曰有其人而所娶者亦非其妻妾，安得遂以假爲真而坐罪哉。

（明）雷夢麟《讀律瑣言》卷一二《僧道拜父母》 凡僧尼、道士女冠，並令拜父母、祭祀祖先，喪服等第皆與常人同，違者杖一百，還俗。若僧道衣服止許用紬絹布疋，不得用紵絲綾羅，違者笞五十，還俗。衣服入官，其袈裟道服不在禁限。

瑣言曰：祭祀喪服等第皆與常人，父母祖先同不得以異端廢正禮也。衣服不許用紵絲綾羅，不得以賤人濫美服也。

《皇明條法事類纂》卷二二《禮部類·禁約居喪供佛飯僧例》 成化二十三年十一月十七日，太子少保、禮部尚書周等題，爲陳言時政事。儀制清使司案呈，該聽選監生許鑒奏前事，抄出到部，議擬開立前件。成化二十三年具題。奉聖旨：准擬，欽此。計開：

一件：去浮（奢）〔屠〕以厚風俗。臣聞孟軻氏有曰：養生者不足以當大事，惟送死可以當大事。竊見京城内外軍民之家，凡於父母之喪日，延請僧道，揚播揭榜，行道演法，夜則裝扮雜劇，以棄屍櫬，甚至男女同度會飲，歡謔自如。（雖）士（夫）〔大〕夫之家亦染此俗。況天子輦轂之下，四方之所取法，而乃如此。伏睹《大明律》内一款：其居喪之家修齋設醮，若男女溷雜，飲酒食肉者，家長杖八十，僧道同罪，還俗。欽此。欽遵。臣惟律法嚴明，全無忌憚，玆者〔見〕陛下諒陰之中，惻身齋戒，哀毁逾禮，俱知悔過，感發良心，所謂上有好者，下必有甚焉者。

如蒙乞敕禮部，將家禮儀節再行參酌，務合時宜，榜示學行。仍敕都察院出榜禁約，今後居喪之家，如有飲酒作樂，私用僧道，不依家禮行事者，許巡城御史及各兵馬司緝拿，依律議擬。鄰佑（户）〔不〕首，一體連坐，如此則風俗淳厚，天下嚮應，而四海同風矣。前件，看得士庶之家，凡遇居喪，自合遵依國朝禮制及家禮行事。奈何愚俗無知，往往聽信浮屠之言，供佛齋僧，棄蔑禮法。本部雖已累行禁約，但習俗已久，猝難盡革。今合仍行都察院轉行巡城監察御史并錦衣衛巡城官校及五城兵馬指揮司，仍通行天下一（禮）〔體〕申明，嚴加禁約，如有故違者，宜從緝拿，依律究問。

《真犯死罪充軍為民例·為民例》 左道惑衆之人，或燒香集徒，夜聚曉散，爲從者；及稱爲善友，求討布施，至十人以上，並軍民人等不問來歷，窩藏接引，或寺觀住持容留剃簪，探聽境内事情，及被誘軍民，捨與應禁鐵器等項，屬有司者。

《嘉靖新例·户例·公式·私刱庵院及私度僧道》 嘉靖拾年閏陸月禮部題准，照依近奉敕諭，事理僧道，除正額府不過肆拾名，州不過叁拾名，縣不過貳拾名外，其餘有度牒者，化正還俗；無度牒者，查革爲民當差。

（明）佚名《重刻律條告示活套》卷二《僧道娶妻》 前件某府爲禁約事。竊惟僧道簪剃，當守祖風。棄俗出家，宜絶色慾。近訪得所屬寺觀有等无知僧道，不守清規，動違理法，閉誦經念佛之口，縱貪淫取樂之心。有娶妻妾於寺觀者，有假託親屬僮僕爲名求娶而姦占有。住持容情，知而不舉。地方受囑，匿而不呈。非惟風俗大壞，抑且情法難容。若不禁約，深爲未便。爲此合出告示，發仰各州縣門首，併人烟集處張掛，曉諭前項之徒一体知悉。敢有仍前不遵，事發拏問，重罪不恕。

（明）佚名《重刻律條告示活套》卷二《僧道拜父母》 前件某府爲申明律令事，竊惟僧道雖入異端，天倫不背棄，今訪渇所屬地方僧道、尼姑、女冠辭父母而出家，遵佛教而遠俗，雖當持清規，悟彼玄玅，豈可循行五戒不拜捨祖先而不祀違喪服而不居，既忘却生身養育之恩，反不如禽有反哺之報，率皆人從輩何以敦厚人倫，深爲未便，爲此合出告示，発仰各州縣寺觀庵院等處，粘貼曉諭，此等之人，並令拜伊父母，祀伊先喪服等第，俱同常人敢，有故違，事發拏問，重罪仍発还俗不恕。

（明）佚名《重刻律條告示活套》卷二《私刱庵堂寺觀及私度僧道》

前件按監察御史某爲禁約事，竊惟佛老之教，可滅而不可興。異端之徒，可禁而不可爲。律有明條，例有明禁，今訪渇按屬地方有等無知之人惑于佛老，或鈎皮設法，或刺血書經，扇誘良民，募緣施捨。私刱庵觀寺院，創建殿宇方丈，又將不給度牒之人私自簪剃，爲僧、爲道，中間多有逃軍逃匠隱姓而爲之者，亦有避粮、避差埋名而爲之者，甚有反獄囚犯、歇案盜賊一槩冒濫而爲之者。似此之端，貽患匪輕。若不禁約，深爲未便，合出告示，発仰各府州縣衛所地方于人烟輳集去處張掛曉諭，除古刹寺觀許令照穐焚修外，其餘私刱者俱要拆毁，私度者俱要還俗，當差敢有故違，定行拏問不恕。

（明）王肯堂《王儀部先生箋釋》卷四《私刱庵院及私度僧道》 第一節，寺觀庵院見在處所，謂建自前代，或有定制。存而不革者，此外不許私自刱建增置。刱建者，昔無而今有。增置者，於所原有外有所增置，如下院之類。違者杖一百，還俗。僧道必還俗，然後充軍者，以其原籍無名，必還俗入册，以備後有逃亡者，可勾補也。尼僧、女冠，入官爲奴，庵院折毁地基入官。

第二節，僧道本在軍民匠竈等之外，一給度牒，即免丁差，故僧道多，則户口少。自然之勢也。所以寺觀有定數，開度有年限，必曾給度牒，方許簪剃。若不給度牒，私自簪剃者，杖八十。若由家長，家長當罪。其寺觀住持及受業師，非經開度，給有度牒，而擅自與簪剃者，謂之私度。與本人同罪，亦杖八十，並還俗。指自簪剃及私度而言也。釋者皆以寺觀爲淫祠，以僧道爲異教。使果淫神祠、果異教，歷代何難一火其書，廬其居，人其人，而姑爲之限制也哉。僧道之法，自在禮律，今乃於脱户漏口，立法之後而斷之以此條，其爲丁口而發明甚今乃作闢異端理會，非律意矣。

條例

第一條如家長作主，罪坐家長，與其擅收之師，並依私度律引此例枷號。僧道官，即在京僧録、道録司，在外道綱、道紀、道會，僧綱、僧紀、僧會等正官。住持，即本寺觀住持。

第二條，指已犯罪斷決還俗而不還俗者，並字，承原寺觀庵院及他寺觀言，問不應重律。

（明）王肯堂《王儀部先生箋釋》卷六《僧道娶妻》 釋曰：僧道不守戒律而娶妻妾者，杖八十，還俗。女家主婚之人同罪，婦女離異歸宗。財禮入官，其本寺觀住持，知情不舉，亦與同罪。但因人連累不在還俗之限，不知者不坐。若僧道假託自己親屬，或僮僕爲名，爲之求娶，而僧道乃自占爲妻妾者以僧道犯姦。加凡人和姦罪二等論。或謂各以姦親屬之律妾，及義男婦科斷，非也。既曰假託又云自占，恐所托者或無其人，即有其人而所娶者究非其妻妾，安得遂以假爲真而坐罪哉。僧道還俗，女家不坐，若私自簪剃，則不成僧道，止依凡姦論，女家并住持知情者，坐不應事重，財禮亦入官。或謂婦女宜給所託之人，恐仍遂其奸計，歸宗爲當。

（明）王肯堂《王儀部先生箋釋》卷一二《僧道拜父母》 第一節，自六代以來，僧道不拜父母，反有受父母之禮拜者，故制此律。喪服等第，謂斬衰期功緦麻之類輕重等第也，違者謂不拜父母，不祭祖先，不服本等喪服也。僧尼道士女冠，雖已出家，並令歸拜其父母，祭祀其祖先，而喪服等第，與常人同。不得以異教廢禮，若有違者，是棄親滅倫，人道絕矣，故杖一百，還俗。

第二節，若僧道常用衣服，止許用紬絹布疋，不得妄用紵絲綾羅，違者笞五十，亦還俗。衣服追收入官，蓋緇衣布衲，黄冠野服，乃其教固然而猥同凡俗，則其不守清規可知。故笞而還俗，若其本等袈裟道服，舊有定制，聽以紵絲綾羅爲之，不在所禁之限。

《律條直引》卷六《户律・婚姻・僧道娶妻》 道元、淨海俱依僧、道假託親屬、僮僕爲名求取而自占者，加凡和姦罪二等律，各杖一百。道方、淨悟俱依僧、道娶妻、妾者律； 趙甲依女家，祖聰、性智俱依住持知情者，各與同罪律，各杖八十。俱有《大誥》減等，道元、淨海各杖九十，道方、淨悟、趙甲、祖聰、性智各杖七十。有力納米等項，無力的決，僧道還俗； 趙甲寧家，各當差； 祖聰、性智照舊爲僧道。道元等原給度牒追繳禮部，婦女離異歸宗。

《律條直引》卷一二《禮律・儀制・僧道拜父母》 祖元、妙秀、真空、性悟依僧、尼、道士、女冠並令拜父母、祭祀祖先，違者律，各杖一百。祖寧、真方依僧、道衣服止許用綢絹布疋，不得用綜紵絲紗羅，違者律，各笞五十。俱有《大誥》減等，祖元等四名各杖九十，祖寧等二名各笞四十。無力，妙秀，性悟各單衣的決，有力納鈔等項，完日還俗，祖元、真空、祖寧、真方各當差，妙秀、性悟聘嫁。衣服俱入官。度牒追繳。

（明）佚名《大明律講解》卷四《私刱庵院及私度僧道》 凡寺觀庵院除見在處所外，不許私自創建增置，違者杖一百，還俗。僧道發邁遠充軍，尼僧、女冠入官爲奴。若僧道不給度牒，私自簪剃者，杖八十。若由家長，家長當罪，寺觀住持，及受業師私度者，與同罪，並還俗。

（明）佚名《大明律講解》卷六《僧道娶妻》 凡僧道娶妻妾者，杖八十，還俗。女家同罪，離異。寺觀住持知情與同罪，不知者不坐。若僧道假託親屬，或僮僕爲名求娶，而僧道自占者，以姦論。講曰：謂以僧道犯奸條内科之。

（明）佚名《大明律講解》卷一二《僧道拜父母》 凡僧尼、道士、女冠並令拜父母、祭祀祖先、喪服等第，皆與常人同。違者杖一百，還俗。〇若僧道衣服，止許用紬絹布疋，不得用紵絲綾羅，違者笞五十，還俗。衣服入官，其袈裟道服，不在禁限。

《大清律集解附例》卷六《户律・婚姻・僧道娶妻》 凡僧道娶妻妾者，杖八十，還俗。女家主婚人同罪，離異。財禮入官。寺觀住持知情，與同罪；如因人連累，不在還俗之限。不知者，不坐。若僧道假託親屬，或僮僕爲名求娶，而僧道自佔者，以姦論。以僧道犯姦，加凡人和姦罪二等論。婦女還親，財禮入官。係强者，以强姦論。

（清）沈之奇《大清律輯註》卷四《户律・户役・私創庵院及私度僧道》 凡寺觀庵院，除見在處所先年額設。外，不許私自刱建增置，違者，杖一百，還俗。僧道，發邊衛充軍；尼僧女冠，入官爲奴。地基材料入官。若僧道不給度牒，私自簪剃者，杖八十。若由家長，家長當罪。寺觀住持及受業師私度者，與同罪，並還俗。入籍當差。

〔律後註〕：寺觀庵院，徒耗民財，除先年所建現在者不禁外，原無者不許創建，原有者不許增置。違者，杖一百，僧道還俗充軍，尼僧女冠爲奴。先爲僧道，已脫户籍，故必還俗註籍，然後發遣。或有逃亡，乃可勾補，然亦未有即以僧道充軍者也。一爲僧道，即無户籍，既免差役，並無稽查，故必領給度牒，乃許簪剃。若不給度牒，僧人私剃、道人私簪者，杖八十。若由家長簪剃，罪坐家長。寺觀住持僧道及受業師擅與私度者，與同罪。住持僧道與簪剃之人，並還俗。

〔律上註〕：僧道事皆載《禮律》，此條專爲僧道無户籍差役而設。僧道得免丁差，僧道多則户口少，自然之勢。此輩不耕不業，衣食于民，又可聽其創建以耗費民財，任其簪剃以虚户口耶？故特禁之。而于創建尤嚴，耗費之重而引誘之多也。

增置，如下院之類，非修治之謂也。

禁止私創有新例。

條例

僧道擅收徒弟，不給度牒，及民間子弟，户内不及三丁，或不在十六以上而出家者，俱枷號一個月，並罪給所由。僧道官及住持知而不舉者，各罷職還俗。

僧道犯罪雖未給度牒，悉照僧道科斷。該還欲者，查發各原籍當差。若仍於原寺觀、庵院或他寺觀、庵院潛住者，並枷號一個月，照舊還俗。僧道官及住持知而不舉者，各治以罪。

（清）沈之奇《大清律輯註》卷六《户律·婚姻·僧道娶妻》 凡僧道娶妻妾者，杖八十，還俗。女家主婚人同罪，離異。財禮入官。寺觀住持知情，與同罪；如因人連累，不在還俗之限。不知者，不坐。若僧道假託親屬或僮僕爲名求娶，而僧道自占者，以姦論。以僧道犯姦加凡人和姦罪二等論。婦女還親，財禮入官。係强者，以强姦論。

〔律後註〕：僧道不應娶妻妾，女家不應嫁與僧道，住持不應縱容其娶，故俱同杖八十之罪。其女離異歸宗。娶者既已不守戒律，不當仍爲僧道，勒令還俗。住持止是知情，非本身自犯，故注曰：不在還俗之限。不知者，不坐。若僧道假托親屬或僮僕爲名，爲之求娶，而僧道自占爲妻妾者，以僧道犯姦論：和者，加凡人和姦罪二等；强者，以强姦論。此以姦論者，與娶親屬條之以姦論者不同，蓋僧道假托，女家被誆，本不知情，非前節明娶之比。而被誆之女，既受其制，亦難責以不從，俱應勿論。僧道還俗，其女離異，住持知者亦同罪。或謂假托娶者，各以姦親屬義男妻妾科斷，非也。夫既曰假托，又曰自占，則所托者，或無其人，即有其人，而所娶者亦非其妻妾，安得以假爲真而坐罪哉？若娶與親屬、僮僕成婚後，而僧道又自姦宿，則自有和姦、强姦本律也。

〔律上註〕：和姦者，男女和同，兩相情願，故同坐杖罪。强姦者，婦女不坐。此僧道假托求娶，則是設計誆騙人之女矣，本不和同，自非情願。僧道自行姦占，女受其制，因致失身，雖非强姦之事，實同强姦之情。本文但曰以姦論，原包和、强在内。如外雖假託，原與女家説明，和同情願，則以和姦論；若女家不知，被其誆騙，所娶之女受制從順，或拒絶不從，爲其强姦，則以强姦論，故註内亦和、强並言也。

或謂假托而娶者，應如男女婚姻律内妄冒之法，即將女斷與所假託之人。此説亦是。但律文言假托而不言妄冒，亦微有不同，既無正文，當歸宗爲是。

（清）沈之奇《大清律輯註》卷一二《禮律·儀制·僧道拜父母》

凡僧尼道士女冠，並令拜父母、祭祀祖先，本宗親屬在内。喪服等第謂斬衰、期、功、緦麻之類。皆與常人同。違者，杖一百，還俗。若僧道衣服，止許用紬絹布疋，不得用紵絲綾羅。違者，笞五十，還俗，衣服入官。其袈裟道服，不在禁限。

〔律後註〕：僧尼道士女冠，自謂出家，有於父母不拜，祖先不祀，喪服皆廢者，崇尚虚無幻渺而棄親蔑倫，則人道絶矣，故設此律，而並及其衣服禁限。

《大清律例》卷八《户律·户役·私創庵院及私度僧道》 凡寺觀庵院，除現在處所先年額設。外，不許私自創建增置，違者，杖一百；僧、道還俗，發邊遠充軍，尼僧、女冠，入官爲奴。地基材料入官。若僧、道不給度牒，私自簪剃者，杖八十。若由家長，家長當罪。寺觀住持及受業師私度者，與同罪，并還俗。入籍當差。

條例

一、民間子弟，户内不及三丁或在十六以上而出家者，俱枷號一個月，並罪坐所由。僧道官及住持，知而不舉者，各罷職，還俗。

一、僧、道犯罪，雖漏給度牒，悉照僧、道科斷，該還俗者查，發各原籍當差。若仍於原寺觀庵院或他寺觀庵院潛住者，並枷號一個月，照舊還俗。其僧道官及住持，知而不舉者，照違令律治罪。

一、民間有願創造寺觀神祠者，呈明該督撫具題，奉旨方許營建。若不俟題請，擅行興造者，依違制律論。

一、由禮部頒發度牒給在京及各省僧綱司等，如情願出家之人，必須給予度牒，方准披剃。仍飭地方官嚴查僧官、胥吏，毋得藉端需索，擾累僧徒，違者從重治罪。

一、僧、道凡有事故，將原領牒照，追出彙繳，毋許改名更替。如有暗行隱匿，及私相授受者，僧、道照違制律治罪，僧道官斥革還俗，地方官照失察例處分。

一、現在應付、火居等項僧道，止于優給本身牒照，不准招受生徒。其合例應招生徒之僧、道，所有許其招受之人，即於伊師原發牒照上註明年貌、籍貫、簪剃年月，伊師身故之日即爲本人之牒照，不必另行給發。該州縣歲底彙報該撫，該撫隨五年審丁之期，另具清册報部。如所招之人身犯姦盜重罪，除將伊師牒照内名字除去外，伊師亦不准再行續招。如所招之人無罪犯而病故者，准另招一人爲徒，亦於牒照内註明身故續招緣由。其牒照有水火、盜賊、遺失等情，准其呈明地方官，咨部另給。

一、僧、道年逾四十方准招受生徒一人，如有年未四十即行招受及招受不止一人者，照違令律笞五十。僧道官容隱者罪同，地方官不行查明交部，照例議處，所招生徒勒令還俗。

《大清律例》卷一七《禮律・儀制・僧道拜父母》　凡僧、尼、道士、女冠，并令拜父母，祭祀祖先。本宗親屬在内。喪服等第，謂斬衰、期、功、緦麻之類。皆與常人同。違者，杖一百，還俗。

若僧道衣服，止許用綢絹、布疋，不得用紵絲、綾羅。違者，笞五十，還俗，衣服入官。其袈裟、道服，不在禁限。

（清）姚雨薌《大清律例會通新纂》卷九《户律・婚姻・僧道娶妻》　凡僧道娶妻妾者，杖八十，還俗。女家主婚人同罪，離異，財禮入官。寺觀住持知情，與同罪，以因人連累，不在還俗之限。不知者不坐。若僧道假託親屬或僮僕爲名求娶，而僧道自占者，以姦論。以僧道犯姦加凡人和姦罪二等論，婦女還親，財禮入官，係强者以强姦論。

僧道不應娶妾，女家不應嫁與僧道，住持不應縱容其娶，故俱同杖八十之罪，其女離異，歸宗。娶者，既已不守戒律，不當仍爲僧道，勒令還俗。住持止是知情，非本身自犯，故註曰不在還俗之限，不知者不坐。

（清）姚雨薌《大清律例會通新纂》卷一六《禮律・儀制・僧道拜父母》　凡僧、尼、道士、女冠，并令拜父母，祭祀祖先，本宗親屬在内，喪服等第，謂斬衰、期、功、緦麻之類，皆與常人同。違者，杖一百，還俗。若僧道衣服，止許用紬絹、布疋，不得用紵絲綾羅，違者，杖五十，還俗，衣服入官，其袈裟、道服，不在禁限。

僧、尼、道士、女冠，自謂出家有於父母不拜、祖先不祀、喪服皆廢者，崇尚虚無幻渺而棄親蔑倫則人道絶矣。故設此律，而並及其衣服禁阻内尼僧女冠有也，犯准其收贖。

紀事

《宋書》卷四五《劉粹傳》　劉粹字道沖，沛郡蕭人也。【略】太祖即位，遷使持節、督雍梁南北秦四州荆州之南陽竟陵順陽襄陽新野隨六郡諸軍事、征虜將軍、領寧蠻校尉、雍州刺史、襄陽新野二郡太守。在任簡役愛民，罷諸沙門二千餘人，以補府史。

《魏書》卷四下《世祖紀下》〔太平真君五年春正月〕戊申，詔曰：愚民無識，信惑妖邪，私養師巫，挾藏讖記、陰陽、圖緯、方伎之書；又沙門之徒，假西戎虛誕，生致妖孽。非所以壹齊政化，布淳德於天下也。自王公已下至於庶人，有私養沙門、師巫及金銀工巧之人在其家者，皆遣詣官曹，不得容匿。限今年二月十五日，過期不出，師巫、沙門身死，主人門誅。明相宣告，咸使聞知。

《周書》卷五《武帝紀上》〔建德三年春正月丙子〕詔以往歲年穀不登，民多乏絶，令公私道俗，凡有貯積粟麥者，皆准口聽留，以外盡糶。

《南史》卷七〇《循吏傳·郭祖深》　郭祖深，襄陽人也。梁武帝初起，以客從。【略】時帝大弘釋典，將以易俗，故祖深尤言其事，條以爲：

都下佛寺五百餘所，窮極宏麗，僧尼十餘萬，資産豐沃，所在郡縣，不可勝言。道人又有白徒，尼則皆畜養女，皆不貫人籍，天下户口幾亡其半。而僧尼多非法，養女皆服羅紈，其蠹俗傷法，抑由於此。請精加檢括，若無道行，四十已下，皆使還俗附農。罷白徒養女，聽畜奴婢。婢唯著青布衣，僧尼皆令蔬食。如此，則法興俗盛，國富人殷。不然，恐方來處處成寺，家家剃落，尺土一人，非復國有。

〔唐〕杜佑《通典》卷六八《禮·沿革·嘉禮·僧尼不受父母拜及立位》　大唐貞觀十一年正月，詔道士、女冠，宜在僧尼之前。

顯慶二年八月，詔曰：釋典冲虛，有無兼謝，正覺凝寂，彼我俱忘，豈自尊崇，然後爲法？聖人之心，主於慈孝，父子君臣之際，長幼仁義之序，與夫周公、孔子之教，異轍同歸。棄禮悖德，深所不取。僧尼之徒，自云離俗，先自貴高，父母之親，人倫以極，整容端坐，受其禮拜，自餘尊屬，莫不皆然，有傷名教，實斁彝典。自今以後，僧尼不得受父母及尊者禮拜。

上元元年八月詔：公私齋會及參集之處，道士女冠在東，僧尼在西，不須更爲先後。

武太后天授二年四月勅：釋教宜在道教之上，僧尼處道士之前。景雲二年四月詔：自今以後，僧尼、道士、女冠，並宜齊行並集。

開元二年閏二月勅：如聞道士、女冠、僧尼等，有不拜父母之禮，深用軫思，茫然罔識。且爲子而忘其生，傲親而徇於末，是背禮而强名於教。傷於教則不可行，行於教而不廢於禮，合於禮則無不遂。二親之與二教，復何異焉。自今以後，道士、女冠、僧尼等，並令拜父母。其有喪紀輕重及尊屬禮數，一准常儀。

上元二年九月勅：自今以後，僧尼等朝會，並不須稱臣及禮拜。

大曆八年十二月制：元日、冬至、朝賀，其僧尼、道士、女道士，並不陪位。

初，武德七年七月，太史令傅奕上疏，請去釋教。高祖付羣臣詳議。太僕卿張道源稱奕所奏合理。尚書右僕射蕭瑀與之争論曰：佛，聖人也。奕爲此議，非聖人者無法，請寘嚴刑。奕曰：禮本事親，終於奉上。而佛踰城出家，逃背於父，以匹夫而抗天子，以繼體而悖所親。蕭瑀非出空桑，乃遵無父之教。瑀不能答，但合掌云：地獄所設，正爲是人。其後上臨朝謂奕曰：佛道玄妙，聖迹可師，卿獨不悟，何也？奕對曰：佛是胡中桀黠，欺誑夷狄，遵尚其道，皆是邪僻小人，模寫莊老玄言，文飾妖幻之教耳。於百姓無補，於國家有害。上然之。至九年二月，以沙門道士，虧違教跡，京師留寺三所，觀三所，選耆年高行以實之，餘皆罷廢。至六月制，僧尼、道士、女冠，宜依舊定。貞觀八年，太宗謂長孫無忌曰：在外百姓，太似信佛。上封人欲令我每日將十箇大德，共達官同入，令我禮拜。觀此乃是道人教上其事。侍中魏徵對曰：佛法本貴清淨，以退浮競。昔釋道安如此名德，符永固與之同輿，權翼以爲不可。釋慧琳非無才俊，宋文帝引之升殿，顔延之曰：三臺之位，豈可使刑餘之人居之。今陛下縱欲崇信佛教，亦不須道人日到參議也。

《舊唐書》卷一《高祖紀》　武德九年夏五月，以京師寺觀有甚清淨，詔曰：【略】朕膺期馭宇，興隆教法，志思利益，情在護持。欲使玉石區分，薰蕕有辨，長存妙道，永固福田，正本澄源，宜從沙汰。諸僧、尼、道士、女冠等，有精勤練行、守戒律者，並令大寺觀居住，給衣食，勿令乏短。其不能精進、戒行有闕、不堪供養者，並令罷遣，各還桑梓。所司明爲條式，務依法教，違制之事，悉宜停斷。京城留寺三所，觀二所。其餘天下諸州，各留一所。餘悉罷之。

《舊唐書》卷九六《姚崇傳》　姚崇，本名元崇，陝州硤石人也。**【略】**崇奏曰：**【略】**道士者，本以玄牝爲宗，初無趨競之教，而無識者慕僧家之有利，約佛教而爲業。敬尋老君之説，亦無過齋之文，抑同僧例，失之彌遠，汝等勿拘鄙俗，輒屈於家。汝等身没之後，亦教子孫依吾此法会。

（宋）王溥《唐會要》卷四七《議釋教上》　顯慶二年詔曰：釋典冲虚，有無兼謝；正覺凝寂，彼我俱忘。豈自遵崇，然後爲法。聖人之心，主於慈孝，父子君臣之際，長幼仁義之序，與夫周孔之教，異轍同歸。弃禮悖德，朕所不取。僧尼之徒，自云離俗，先自尊高。父母之親，人倫以極，整容端坐，受其禮拜。自餘尊屬，莫不皆然。有傷教名，實斁彝典。自今已後，僧尼不得受父母及尊者禮拜，所司明爲法制。即宜禁斷。

開元二年閏二月十三日敕：自今已後，道士、女冠、僧尼、等並令拜父母。至於喪祀輕重及尊屬禮數，一准常儀，庶能正此頽弊，用明典則。

（宋）宇文懋昭《大金國志》卷三六《道教》　金國崇重道教，與釋教同。自奄有中州之後，燕南、燕北皆有之，所設道職，于師府置司正，曰道録，副曰道正。擇其法籙精專者授之，以三年爲任，任滿則別擇人。其後，熙宗又置道階，凡六等，有侍宸、授經之類，諸大貴人奉一齋施，動獲千緡。道教之傳有自來矣。

（宋）宇文懋昭《大金國志》卷三六《浮圖》　浮圖之教，雖貴戚、望族多捨男女爲僧尼，惟禪多而律少。在京曰國師，師府曰僧録、僧正，列郡曰都綱，縣曰維那，披剃威儀與南宋等。所賜號曰大師、曰大德，並賜紫。

國師，在京之老尊宿也，威儀如王者師。國主有時而拜，服真紅袈裟，升堂問話，講經與南朝等。

僧録、僧正，帥府，僧職也。皆擇其道行高者，限三年爲任，任滿，則又別擇人。張官府，設人從，僧尼有訟者，皆理而决遣之，並服紫袈裟。

都綱，列郡僧職也。亦以三年爲任，有師號者。賜紫，無者如常僧服。

維那，縣僧職也。僧尼有訟者，杖以下决遣之，杖以上者並申解僧録、都綱司。

《元史》卷三〇《泰定帝紀》〔泰定四年九月〕禁僧道買民田，違者坐罪，没其直。

《元史》卷一〇三《刑法志・户婚》　諸願棄俗出家爲僧道，若本户丁多，差役不闕，及有兄弟足以侍養父母者，於本籍有司陳請，保勘申路，給據簪剃，違者斷罪歸俗。諸河西僧人有妻子者，當差發、税糧、鋪馬、次舍與庶民同。其無妻子者，蠲除之。

《明實録》洪武六年十一月〔戊戌〕併僧道寺觀，禁止女子多爲僧尼。時上以釋老二教近代崇尚太過，徒衆日盛，安坐而食，蠹財耗民，莫甚於此，乃令府州縣止存大寺觀一所，併其徒而處之，擇有戒行者領其事。若請給度牒，必考試，精通經典者方許。又以民家多女子爲尼姑、女冠，自今年四十以上者，聽；未及者，不許。著爲令。

《明會典》卷一〇四《禮部・僧道》　釋道二教，自漢唐以來，通於民俗，難以盡廢。惟嚴其禁約，毋使滋蔓。令甲具在，最爲詳密云。

凡僧道給度，洪武五年令：給僧道度牒，罷免丁錢。僧録道録司造周知册，頒行天下寺觀。凡遇僧道，即與對册，其父兄貫籍、告度日月，如有不同，即爲僞冒。

二十六年，令各司每三年考試，能通經典者，申送到部，具奏出給度牒。

《清實録》順治十八年十一月　江南道御史胡秉忠疏言，直隸各省州縣衛所、編審花户人丁，俱沿襲舊數。壯不加丁，老不除籍。差役偏枯不均，或流入邪教，或逃藏盜藪，或投遁他鄉。漏户逋糧爲弊匪細，請敕有司核實。年十六以上成丁，六十、七十，准與豁免。其有充僧道無度牒者悉令爲農安插。附入丁册當差。從之。

《明史》卷一六《武宗紀》〔正德二年〕夏五月戊午，度僧道四萬人。

《明史》卷七四《職官志》 洪武元年立善世、玄教二院。四年革。五年給僧道度牒。十一年建神樂觀於郊祀壇西，設提點、知觀。初，提點從六品，知觀從九品。洪武十五年陞提點正六品，知觀從八品。凡遇朝會，提點列於僧録司左善世之下，道録司左正一之上。十五年始置僧録司、道録司。各設官如前所列。僧凡三等：曰禪，曰講，曰教。道凡二等：曰全真，曰正一。凡設官不給俸，隸禮部。二十四年清理釋、道二教，限僧三年一度給牒。凡各府州縣寺觀，但存寬大者一所，併居之。凡僧道，府不得過四十人，州三十人，縣二十人。民年非四十以上、女年非五十以上者，不得出家。二十八年令天下僧道赴京考試給牒，不通經典者黜之。其後，釋氏有法王、佛子、大國师等封號，道士有大真人、高士，高士等封號。賜銀印蟒玉，加太常卿、禮部尚書及宫保銜，至有封伯爵者，皆一時寵幸，非制也。

《明史》卷一六四《單宇傳》 單宇，字時泰，臨川人。【略】

初，王振佞佛，請帝歲一度僧。其所修大興隆寺，日役萬人，糜帑數十萬，閎麗冠京都。英宗爲賜號第一叢林，命僧大作佛事，躬自臨幸，以故釋教益熾。至是宇上書言：前代人君尊奉佛氏，卒致禍亂。近男女出家累百千萬，不耕不織，蠶食民間。營搆寺宇，徧滿京邑，所費不可勝紀。請撤木石以建軍營，銷銅鐵以鑄兵仗，罷遣僧尼，歸之民俗，庶皇風清穆，異教不行。疏入，爲廷議所格。

（清）徐松《宋會要輯稿・食貨一二・身丁》〔建炎〕十五年正月二十七日，臣僚言：州縣坊郭鄉村人户既有身丁，即充應諸般差使，雖官户形勢之家，亦各敷納免役錢，唯有僧道例免丁役，别無輸納，坐享安閑，顯屬僥倖。乞令僧道隨等級高下出免丁錢，庶得與官民户事體均一。户部言：令措置到下項，甲乙住持律院并十方教院、講院僧散衆，每名納錢五貫文省，紫衣二字師號，納錢六貫文省。【略】

二月十二日，臣僚言：乞太學生免丁役，令勅令所立法。今修立下條：諸九人官人、校尉、京府諸州助教得解，及應免鮮人并見係太學生並免丁役。從之。【略】

十一月十九日，赦人户身丁、僧道免丁錢，近降指揮放一年。已行約束，將已納在官錢物理作來年合納之數。尚慮州縣巧以名色，復行催理。仰諸路監司覺察，如有違戾去處，按劾以聞。

契約文書

《清代乾嘉道巴縣檔案選編・白雲寺僧認約》 立出承認焚獻文約人白雲寺僧昌碧。

情昔年楊春复、楊春榮、携戚伍良棟三人，所舍西山白雲寺，近因前僧師徒病故，無僧焚獻經理。今僧昌碧請憑約鄰、舍主人等承接經理焚獻。所以寺界基址、山林、竹木以及廟宇、佛神，逐一揹踩交明昌碧。而昌碧自接之後，師徒永遠務要正守清規，護蓄三寶，不得毁廟讀神，糊（胡）伐山林非爲等情。違犯前議，非爲胡行，聽憑舍主老幼人等譴逐，送究無辭。此係二姓心甘悦服，其中並無□□等弊。今恐無憑，立約一約爲據。

楊文華
寺主子孫
楊文仲

道光七年十二月二十二日　立承憑焚獻文約人白雲寺僧昌碧

案例文書

（明）顔俊彦《盟水齋存牘》卷三《寺僧僧實朗杖》 審得馬中向緇其服，忽青其衿，既逃墨歸儒，列名黌序，則光孝寺之衣鉢可無問也。乃稱賣藥置産，捐銀助葬，尚戀戀一燈之傳，不欲供其徒實朗之浪費，意則善矣。其亦思成住壞空，原無實相，況人非其人，而復事其事，何多此一重障礙乎？實朗欲攘住持，而爲中所格，遂駕借勢鯨吞之詞，操戈相向，進諸僧而庭質之，中特不能空諸所有，未嘗欲分所有，安得謂之鯨吞？且老幼諸僧，皆以實朗不可住持，戒行有虧，非中一人之口也。

今議實朗之下際期住持其寺，實朗不得争其寺中之田，馬中亦不得問。奉釋迦者，勿壞清規，歸宣尼者莫閑事。再起嘩争，三尺從事。實朗妄告，擬杖。姑免除名追牒，具招呈詳。

提學道批：實朗之告馬中不遠數百里，情似逼切，據申特以垂涎住持，爲馬中所格，故不難飾詞膚愬耳。緇流健訟，本應重究，姑依擬杖懲，照斷准僧際期住持，馬中既青其衿，則光孝寺之業不得再問，以啓争端。庫收繳。

（明）佚名《新纂四六合律判語》卷上《户律・私創庵院及私度僧道》 庵院建而游民自聚，僧道衆而惑世成風，故歸併叢林者，實萬年之古跡。而私相簪剃者，乃叔季之頽風。今某不給度牒，遽服錙黄。錙衣，和尚之服。黄冠，道士之冠。未請敕而撤回擅營寺觀，正道不行，誠爲吾儒大害，良可慨也！異端横恣，實長楊墨之猖狂，甚可悲夫！故私創庵院者，允擬充軍；若妄相剃度者，並宜還俗。

（明）佚名《新纂四六合律判語》卷上《户律・僧道娶妻》 門專寂滅，當遵釋氏之條；教當虚無，宜重道家之令。養心是務，室欲宜先。故夫婦雖人紀之常，而僧道無娶婚之理。累朝盛事，三代源流。今某寄迹浮屠，妄言聲色。披緇削髮，不能煉性修心；羽服黄冠，乃敢貪淫縱慾。假冰人爲締盟之好，任其蝶戀蜂迷；托月老爲伉儷之緣，欲以穿花弄柳。駕言佛印，僧當琴操之風；藉口純陽，亦事牡丹之樂。有玷文明之化，找價四十兩，則前後共得銀六十兩，不爲虧少。姑擬道化一杖，以作棒喝，山仍聽其管業可耳。

宜清還俗之科。

（明）佚名《新纂四六合律判語》卷下《禮律・僧道拜父母》　僧道猶夫人耳，受形匪出於空桑。唐蕭瑀佞佛，傅奕闢之曰：蕭瑀不生空桑云云，空桑，伊尹生於空桑，亦是怪誕之說。父母非爾親乎，報德宜懷乎寸草。蓋雖屬異端之教，未應絶天性之仁。罪莫大於無親，刑因先於不孝。今某身披緇服，口誦黄庭。劬勞遽忘於蓼莪，徒有三年之愛；恭敬弗施於桑梓，輒辭一拜之儀。且饑食寒衣，尚未超於塵界；朝慎於追遠，乃自異於齊民。三牲已缺於親闈，五服尤乖於喪制。既昧木本水源之義，安望秋霜春雨之懷。爾徒道其道焉，實得罪於明教；吾則人其人也，更議罪於祥刑。

（明）李清《折獄新語》卷一《婚姻・一件劈破事》　審得慈溪人任春龍，乃不僧不俗，而道念不勝其情腸者也。夫春龍兄爲春九，嫂爲嚴氏，妻爲李氏，乃宜爾室家者，不知誰作棒喝，而忽作削髮披緇之孤往也。於是傳語兄嫂，爲伊妻另覓佳偶，而嚴氏遂以乃兄嚴鳳應。

夫李氏既爲鳳妻，與春龍訣矣。即令沿門持鉢，或與李氏爲狹路之逢，當自附於李下不整冠耳。故忽逃禪、忽還俗，且欲以李氏爲覆水收也！蒲團座上，不生巫峽之夢；净水池邊，寧下雨雲之歡。春龍所爲，何不知色是空？豈其稽首慈悲者，忽慨然作人間並蒂蓮之羡，而欲以俗婦爲梵嫂乎？

今取春龍初呈閲之，則出家之誓，嫁妻之呈，曾赴縣批照。且契内有云：高山磊石，並無擊轉；劈竹兩開，再無重合。堅而决矣。今何磊者頓轉，而開者希合也？聚針於鉢，舉匕食之，方可蓄室。果春龍具此神通乎？不則，登肩而慫障者，豈真二小兒爲祟？而欲與李氏爲法種之延嗣也，則幾同慈水怪鳥矣！從輕擬杖，猶幸其不作僧敲月下門耳。今而後，願春龍之無欲以觀妙也！

（清）李之芳《棘聽草》卷六《讞詞・産業・分守道一件爲憲斬事》　審得智者寺僧道化，於順治四年有張協鎮出銀二十兩，轉買張明肇之山一片，布施於寺。當時以兵官之勢臨之，交易之間，其非輸情可知。問之中見商正暘，則亦係張弁唤去寫契者，言彼時明肇不敢不領，宜其至今呶呶不已。夫道化長齋繡佛，飄然瓢笠，原本於四大皆空，何復不能解脱，猶留連一片青山，長此争訟？况又因張協鎮當日以武健作佛事哉？今再議

雜録

（梁）蕭繹《金樓子》卷一《箴戒篇》　齊武帝時，隱靈寺雕飾炫麗，四月八日皆往往以宦閹防門，有禮拜者，男女不得同日至也。僧尼並皆妍少，俗心不盡，或以箱簏貯姦人而進之。後爲覘伺所得，並皆誅死。

《敦煌變文集》卷四《太子成道變文》　却且住家。到五歲已上，父王便取妻與太子，於大街中綮玖從（重）彩色樓子上坐，十六大國應有大富長者之女，隊隊如（而）過，太子並總不看；見前劫婢女破面與笑，色（素）取中脂（指）上金脂（指）環，便打喜鼓，便與成親。三年之內，別床如（而）宿。太子坐禪，夫人行道，夫人坐禪，太子行道。到七年之時，四門觀看。先到東門，見生老，恣（咨）車匿，因何如（而）老？車匿答曰：有生不免。太子不樂，便別，却迴而入。南門見病，西門見四（死）。北門見削髮潔衣凡僧。便是苦行頭子。夜半子時，車匿、白馬、太子三人□□□□□便成出家。父王遣差五百個力助（士）四門如（面）方（防），同□如（而）去。太子乘馬如（而）上，妻是耶須陀羅，夫人並總不覺，着金邊（鞭）至（指）懷孕。四天王乘（承）太子馬脚，菩薩踰王成（城）如（而）去。至五更，到雪山。先度歸輪。太子後成佛道，一憚（彈）脂（指）到兜率天宫中説法，到頭共成無上〔菩提〕。

（唐）張鷟《朝野僉載》卷一　神武皇帝七月即位，東都白馬寺鐵像頭無故自落於殿門外。自後捉搦僧尼嚴急，令拜父母等，未成者並停革，後出者科決，還俗者十八九焉。

（唐）張鷟《朝野僉載》卷五　周有婆羅門僧惠範，姦矯狐魅，挾邪作蠱，咨趄鼠黠，左道弄權。則天以爲聖僧，賞賚甚重。太平以爲梵王，接納彌優，生其羽翼，長其光價。孝和臨朝，常乘官馬，往還宫掖。太上登極，從以給使，出入禁門，每入即賜綾羅、金銀器物。氣岸甚高，風神傲誕，内府珍寶，積在僧家。矯説祅祥，妄陳禍福。神武斬之，京師稱快。

道士史崇玄，懷州河内縣縫韡人也。後度爲道士，僑假人也，附太平爲太清觀主。金仙、玉真出俗，立爲尊師。每入内奏請，賞賜甚厚，無物不賜。授鴻臚卿，衣紫羅裙帔，握象笏，佩魚符，出入禁闈，公私避路。神武斬之，京中士女相賀。

（宋）李昉《太平廣記》卷四九《神仙・陳惠虚》　有老叟負藥囊入寺，大呼曰，賣大還丹。繞廊數迴，衆僧皆笑之，乃指病僧惠虚之門，謂老叟曰，此叟頗好還丹，售之可也。老叟欣然詣之。惠虚曰，還丹知是靈藥，一劑幾錢。叟曰，隨力可致耳。惠虚曰，老病，沉困床枕餘月。昨僧次到，自行不得，托隣僧代齋，得䞋錢少許，可致藥否。叟取其錢，而留藥數丸，教其所服之法，惠虚便吞之，老叟乃去。衆僧相率來問，言已買得還丹，吞服之矣。頃間，久疾都愈。

（宋）周去非《嶺外代答》卷三《僧道》　南中州縣，有寺觀而無僧道。人貧不能得度牒，有祠部牒者無幾，餘皆童行。以供應聖節爲名，判公憑於州縣，權行剃髮戴冠，遂爲真僧道。如出公據，其説謂被盜遭火，失去度牒，官爲給據爲憑，遂以剃戴。

（宋）李心傳《建炎以來朝野雜記甲集》卷一五《僧道士免丁錢》　凡僧、道士免丁錢者，紹興十五年始取之。正月癸酉。自十五千至二千，凡九等，大率律院散僧丁五千，禪寺僧、宫觀道士、散衆丁二千，長老、知觀、知事、法師有紫衣、師號者，皆次第增錢，六字、四字師號者，又倍。於是歲入緡錢約五十萬，隸上供。二十四年，以紫衣、師號不售，乃詔律院有紫衣、師號者，輸錢視禪刹禪僧及宫觀道士有之者，輸丁錢千三百有奇。八月癸巳。至今以爲例。初取免丁時，立法：年六十以上及病廢殘疾者聽免。後詔七十以上，乃免之。然今浙中諸大刹、都城道觀，多用特旨免徭役科敷，而州縣反以其額敷於民間，大爲人患。

（宋）李心傳《建炎以來朝野雜記甲集》卷一五《祠部度牒》　祠部度牒，自治平四年冬始鬻之。《長編》云：始於熙寧元年秋，蓋誤。熙寧之直爲百二十千渡江後增至二百千。其後民間賤之，止直三十千而已。紹興初，李仲永初入朝見上，爲上言：今歲鬻度牒萬，是失萬農也，積而累之，農幾盡矣，非生財之道。上納其言。十三年，既罷兵，遂不復鬻。五月戊午。久之，復以其絶産隸郡國養士。二十一年九月丙午。時王元龜尚書爲國子司業，復請放行。上諭大臣曰：大寶殊未曉朕意，人多以鬻度牒爲利，亦以延人主壽爲言。朕謂人主但當事合天心，而仁及生民，自當享國長久，如高齊、蕭梁奉佛，皆無益也。僧徒不耕而食，不蠶而衣，無父子君臣之禮，以死生禍福恐無知之民，蠧教傷民，莫此爲甚，豈宜廣也。輔臣皆稱善。然諸路僧尼猶有二十餘萬人，道士女冠萬餘人。二十六年二月甲午。明年，遂詔換給不盡度牒，皆歸禮部。二十七年八月辛亥。三十一年春，朝廷聞虜亮欲敗盟，始放度牒，增直爲五百千。二月戊午。其後，所放滋益多。隆興初，詔減爲三百千。因出度牒二萬，鬻於江、浙、湖南、福建，計直六百萬緡，期以一季，州縣皆抑以予民，民大以爲擾。二年二月。周元持御史言於上，乃損爲二百五十千。三月癸巳。自辛巳調兵以後，九年之間，官鬻度牒至十二萬道有奇。孝宗知之，乃降詔權行住賣，時乾道五年冬矣。十二月庚寅。明年春，遂增爲四百千。六年正月甲子。淳熙初，又增五十千。四年十月戊辰。明年夏，詔四川度牒每道估川錢引八百千。五年六月丁丑。尋詔東南度牒如紹興之舊。九年五月辛未。紹興三年，中書門下言：亡僧道度牒，申繳絶少，顯有弊倖。乃又增其直爲八百千。閏二月甲寅。自淳熙後，四川總領所歲得度牒六百六十一道，以補還酒課蠲減之數。三年六月甲申降旨。而東南諸路委都司官給賣，歲亦不下二千三百有奇。以三十年計之，是失十萬農也。然僧、道士有金錢而度牒不可得，故蜀中度牒官直千引。而民間至千六百引云。今總所對減酒課度牒，僧徒已輸錢至嘉泰十五年。方今嘉泰二年。頃朱晦翁爲浙東提舉，遇饑歲亦請度牒於朝，以備羅濟。蓋自紹興以來，已爲緩急所仰，不可復廢矣。度牒初以黄紙，紹興五年易以絹，七年又易以綾。

（元）陶宗儀《輟耕録》卷六《梵嫂》　唐鄭熊《番禺雜記》：廣中僧有室家者謂之火宅僧。宋陶穀《清異録》京師大相國寺僧有妻曰梵嫂。

庶民分部

論説

《周易・訟卦》 九二：不克訟，歸而逋其邑人三百户。無眚。

六三：食舊德。貞厲，終吉。或從王事，無成。

九四：不克訟，復即命渝。安貞，吉。

九五：訟。元吉。

上九：或錫之鞶帶，終朝三褫之。

《禮記正義》卷一二《王制》 中國戎夷，五方之民，皆有性也，不可推移。東方曰夷，被髮文身，有不火食者矣。南方曰蠻，雕題交趾，有不火食者矣。西方曰戎，被髮衣皮，有不粒食者矣。北方曰狄，衣羽毛穴居，有不粒食者矣。中國、夷、蠻、戎、狄，皆有安居、和味、宜服、利用、備器。五方之民，言語不通，嗜欲不同。達其志，通其欲，東方曰寄，南方曰象，西方曰狄鞮，北方曰譯。

《周禮注疏》卷一一《地官司徒・小司徒》 凡民訟，以地比正之；鄭司農云：以田畔所與比，正斷其訟。地訟，以圖正之。地訟，爭疆界者。圖謂邦國本圖。疏：凡民至圖正之。釋曰：民訟，六鄉之民有爭訟之事，是非難辨，故以地之比鄰知其是非者，共正斷其訟。地訟，以圖正之。

《周禮注疏》卷三九《冬官考工記》 通四方之珍異以資之，謂之商旅。飭力以長地財，謂之農夫。治絲麻以成之，謂之婦功。

（漢）王符《潛夫論》卷二《務本》 夫富民者，以農桑爲本，以游業爲末；百工者，以致用爲本，以巧飾爲末；商賈者，以通貨爲本，以鬻奇爲末：三者守本離末則民富，離本守末則民貧，貧則阨而忘善，富則樂而可教。教訓者，以道義爲本，以巧辯爲末；辭語者，以信順爲本，以詭麗爲末；列士者以孝悌爲本，以交游爲末；孝悌者，以致養爲本，以華觀爲末；人臣者，以忠正爲本，以媚愛爲末：五者守本離末則仁義興，離本守末則道德崩。愼本略末猶可也，舍本務末則惡矣。

夫用天之道，分地之利，六畜生於時，百物聚於野，此富國之本也，游業末事，以收民利，此貧邦之原也。忠信謹愼，此德義之基也。虚無譎詭，此亂道之根也。故力田所以富國也。今民去農桑，赴游業，披採衆利，聚之一門，雖於私家有富，然公計愈貧矣。百工者，所使備器也。器以便事爲善，以膠固爲上。今工好造雕琢之器巧僞飭之，以欺民取賄，雖於姦工有利，而國界愈病矣。商賈者，所以通物也，物以任用爲要，以堅牢爲資。今商競鬻無用之貨、淫侈之幣，以惑民取産，雖於淫商有得，然國計愈失矣。此三者，外雖有勤力富家之私名，然内有損民貧國之公實。故爲政者，明督工商，勿使淫僞，困辱游業，勿使擅利，寬假本農，而寵遂學士，則民富國平矣。

《晉書》卷二六《食貨志》 百官各上封事，後軍將軍應詹表曰：夫一人不耕，天下必有受其饑者。而軍興以來，征戰運漕，朝廷宗廟，百官用度，既已殷廣，下及工商流寓僮僕不親農桑而游食者，以十萬計。

《晉書》卷五六《江統傳》 江統字應元，陳留圉人也。【略】太子頗闕朝覲，又奢費過度，多諸禁忌，統上書諫曰：【略】以天下而供一人，以百里而供諸侯，故王侯食籍而衣税，公卿大夫受爵而資禄，莫有不贍者也。是以士農工商四業不雜。交易而退，以通有無者，庶人之業也。《周禮》三市，旦則百族，晝則商賈，夕則販夫販婦。買賤賣貴，販鬻菜果，收十百之盈，以救旦夕之命，故爲庶人之貧賤者也。樊遲匹夫，請學爲圃，仲尼不答；魯大夫臧文仲使妾織蒲，又譏其不仁；公儀子相魯，則拔其園葵，言食禄者不與貧賤之人爭利也。秦漢以來，風俗轉薄，公侯之尊，莫不殖園圃之田，而收市井之利，漸冉相放，莫以爲耻，乘以古道，誠可愧也。今西園賣葵菜、藍子、鷄、麪之屬，虧敗國體，貶損令問。

（宋）司馬光《司馬氏書儀》卷二《冠儀・冠》 男子年十二至二十，皆可冠。必父母無期已上喪，始可行之。其禮，主人盛服。

（宋）李元弼《作邑自箴》卷三《處事》 交易牙人多是脱漏客旅，須召壯保三兩名及遞相結保籍定姓名，各給木牌子隨身別之，年七十已上者，不得充。仍出牓曉示客旅知委，折變税賦要知折物貴賤，無令貧下户却折納貴物。

應鎮耆莊宅，牙人根括置籍，各給手把歷遇有典賣田産，即時抄上立契月日、錢數，逐旬具典賣數，申縣乞催印契其曆，半月一次赴縣過押。狡猾人户多將田産寫立白契，私約年限質當錢物，及至過限，錢主將契投税勘會之時，業主却稱係准折債負。此等不用深治，但責限三五日還錢，或過限還錢不足情願，印契不爾無以杜絶情倖允鬬訟乞勾，所争人父母妻女之類，照證意在搔擾。切宜詳度，不可一例追呼。

畜口約試水草三兩日，方立契券。若有疾病，已過所約日限，賣主不伏却煩官，方與奪人有已交價錢未立契券，已立契券未還價錢，蓋不知律有正條。須録全條曉示牛馬、牙人并諸鄉村知委，免興詞訟。

（宋）**袁采《袁氏世範》卷三《治家・存卹佃客》**　國家以農爲重，蓋以衣食之源在此。然人家耕種，出於佃人之力，可不以佃人爲重。遇其有生育婚嫁，營造死亡，當厚賙之。耕耘之際，有所假貸，少收其息，水旱之年，察其所虧，早爲除減。不可有非理之需，不可有非時之役，不可令子弟及幹人，私有所擾，不可因其讎者告語，增其歲入之租，不可强其稱貸，使厚供息，不可見其自有田園，輒起貪圖之意。視之愛之，不啻於骨肉。則我衣食之源，悉藉其力，俯仰可以無愧怍矣。

（宋）**袁采《袁氏世範》卷三《治家・佃僕不宜私假借》**　佃僕婦女等，有於人家婦女小兒處，稱莫令家長知，而欲重息以生借錢穀，及欲借質物以濟急者，皆是有心脱漏，必無還意。而婦女小兒，不令家長知，則不敢取索，終爲所負。爲家長者，宜常以此喻其家人知也。

（宋）**陸游《放翁家訓》**　子孫才分有限，無如之何，然不可不使讀書，貧則教訓童稚，以給衣食，但書種不絶足矣，若能布衣草履，從事農圃，足跡不至城市，彌是佳事。關中村落，有魏鄭公莊，諸孫皆爲農，張浮休過之留詩云：「兒童不識字，耕稼鄭公莊。」仕宦不可常，不仕則農，無可憾也。但切不可迫於衣食，爲市井小人事耳，戒之戒之。

（宋）**真德秀《西山政訓・崇風教》**　一、嘉定十年到任，以五事諭民。其一謂人道所先，莫如孝弟。編民中有能孝於父母，弟於兄長，性行尤異者，所屬詳加採訪，以其實上於州，優加賞勸。或身居子職，有闕侍養，或父母在堂，别蓄私財，或犯分陵，忽不顧長幼之倫，或因利忿争，遽興骨肉之訟。凡若此者，皆有常刑。後據廂官申到黄章取肝救母，吴祥取肝救父，各行支賞外，又有承信郎周宗强割股以療親疾，延請諸州設宴，用旗幟鼓樂送歸其家。晋江縣申到劉璣有母百歲，璣年七十，存養彌謹，既加優禮，又立壽母坊以表之。進士吕洙女良子刲股救父隨即痊瘉，亦立懿孝坊自爲之記。又據百姓吴十同妻愬子吴良聰不孝，審問得實，杖脊于市，髡髮居役。其他勸懲，大率類此。今請各縣知佐勤行訪問，如民間有孝友篤至之人，保明申州待加褒表；其有悖逆父母，凌犯尊長，爲父兄所愬者，宜以至恩大義，諄諄勸曉，苟能悔過，姑許自新，教之不從，即加懲治，甚者解州施行，庶幾可儆愚俗。

一、當職昨在任日，遇親戚骨肉之訟，多是面加開諭，往往幡然而改，各從和會而去。如卑幼訴分産不平，固當以法裁斷，亦須先諭尊長，自行從公均分，或堅執不從，然後當官監析，其有分産已平而妄生詞説者，却當以犯分誣罔坐之。今請知佐每聽訟，常以正名分厚風俗爲先，庶幾可革偷薄。

一、學校風化之首，訪聞諸縣間，有不以教養爲意者，贍學之田，或爲豪民占據，或爲公吏侵漁，甚至移作它用，未嘗養士其間。雖名養士，又或容其居家，日請錢米，未嘗在學習讀，或雖住學，而未嘗供課，或雖供課，而所習不過舉業，未嘗誦習經史。凡此皆有失國家育材待用之本意。今請知佐究心措置，學田所入，嚴加鈎考，毋令滲漏，計其所入，專以養士。仍請主學官立定課程，每旬一再講書，許士子問難，再講之日，各令覆説前所講者；舉業之外，更各課以經史，使之紬繹義理，講明世務。庶幾異時，皆爲有用之材，所補非淺。

（宋）**吴自牧《夢粱録》卷一八《民俗》**　杭城風俗，凡百貨賣飲食之人，多是裝飾車蓋擔兒，盤盒器皿新潔精巧，以炫耀人耳目，蓋傚學汴京氣象，及因高宗南渡後，常宣唤買市，所以不敢苟簡，食味亦不敢草率也。且如士農工商諸行百户衣巾裝著，皆有等差。香鋪人頂帽披背子。質庫掌事，裹巾著皂衫角帶。街市買賣人，各有服色頭巾，各可辨認是何名目人。自淳祐年來，衣冠更易，有一等晚年後生，不體舊規，裹奇巾異服，三五爲群，鬭美誇麗，殊令人厭見，非復舊時淳朴矣。但杭城人皆篤高誼，若見外方人爲人所欺，衆必爲之救解。或有新搬移來居止之人，則鄰人争借動事，遺獻湯茶，指引買賣之類，則見睦鄰之義，又率錢物，安排酒食，以爲之賀，謂之煖房。朔望茶水往來，至於吉凶等事，不特慶吊之禮不廢，甚者出力與之扶持，亦睦鄰之道，不可不知。

（元）胡祗遹《胡祗遹集》卷二一《雜著・革昏田弊榜文》　昏姻聘財雖有定例，立格之日，民已不從，蓋緣後有自願者聽之一言故也。又兼立格之年，絹一匹直鈔一貫，今即絹一匹直八貫，他物類皆長價八九倍十倍，雖嚴加罪責，勿踰定例，民亦不從。百貫寶鈔，能買幾多緞匹裏絹、金銀頭面？不若再立上、中、下三等嫁財，定立上户嫁財緞子裏絹各幾匹、金銀頭面各錢兩，非品官之家不得衣金衣服，中、下户近減一等，永爲定例。踰越者，各杖七十下。

（明）徐一夔《明集禮》卷二八《嘉禮・庶人昏儀・總序》　《周禮》媒氏掌萬民之判，凡男女自成名以上，皆書年、月、日名焉。令男三十而娶，女二十而嫁，有故則二十三而嫁，此庶人之昏禮也。周末，越王句踐欲蕃育庶民，使男二十而娶，女十七而嫁。自後，庶民子女十五六之後皆許嫁娶。唐貞觀中詔庶民男女，男年二十，女年十五以上無室家者，並仰州縣以禮聘娶。其納采，納幣皆遣賓行之。宋庶人昏儀：命媒氏行六禮，壻盛服親迎，有故則令媒氏徃迎。《朱子家禮・庶人昏儀》：男子年十六至三十，女子年十四至二十，並可昏娶。先使媒氏通言，次遣使納采、納幣，然後壻盛服親迎婦至，交拜合巹，主昏者禮賓。明日，婦見舅姑，壻見婦之父母，又明日婦行廟見禮。今擬國朝庶民昏儀，男年十六，女年十四以上並聽昏娶，先遣媒氏通言，女氏許之，次命媒氏納采納幣，至期，壻盛服親迎，主昏者禮賓，明日婦見祖禰畢，次見舅姑，壻徃見婦之父母。今具其儀，以著於篇。

（明）羅倫《一峯文集》卷九《與府縣言上中户書》　永樂以來，雜役悉免，今不下二百名矣。所征人户逃絶者有之，無糧者有之，軍匠者有之，秀才者有之，鰥寡狐獨者有之，欲憑元報以盡征之，可乎？若曰户有虚絶，田無逃亡，此可施之於經界既正之時，不可施之於賦藝之日，何也？民田畝數升，官田畝數斗，下甲人户原佃官田，寒暑之衣食不給，横豪之剥削無已，官府之征求無藝，乃以官作民，鬻於他主，田居富屋，糧坐下户。况裏書作弊，飛派詭寄，一區虚糧，有至數百石者，一里有至數十石者，一家有至數石者，欲執糧以定征，可乎？吾見多矣。凡有科差，吏胥舞文，里老受託，以上而爲下，以下而爲上。田連阡陌者，諸科不興。室如懸罄者，無差不至。可痛也，可悲也。今所征人户，賣屋者有矣，賣田者有矣，賣牛者有矣，賣子女者有矣，脱婦人之簪珥者有矣。敲扑之下何求不足，冤號之聲上徹於天。

（明）陸容《菽園雜記》卷二　禮不下庶人，非謂庶人不當行勢，有所不可也。且如娶婦三月，然後廟見，及見舅姑，此禮必是諸侯大夫家纔可行。若民庶之家，大率爲養而娶，况室廬不廣，家人父子朝暮近在目前，安能待三月哉。

（明）楊慎《升菴集》卷四二《百姓》　唐明皇問張説曰：今之姓氏皆云出自帝王後，古者無民邪？説對曰：古者，民無姓。有姓者，皆有土、有爵者也。故《左傳》云天子命德因生以賜姓，胙之土而命之氏。黄帝之子二十五人，得姓者，十四而已。其後居諸侯之國土者，其民以諸侯之姓爲姓。居大夫之采地者，以大夫之姓爲姓，莫可分辯，故云皆出自帝王也。説此言，考古證今，不刊之論。予因是知《尚書》所稱百姓與《論語》所言百姓，可以類知矣。《堯典》曰：百姓昭明協和，萬邦黎民於變時雍。蔡氏注云百姓者，畿内之民。黎民者，四方之民。此不通古今之説也。聖人之視民遠近，一也，豈分畿内與四方哉？百姓蓋禄而有土，仕而有爵者，能自明其德而後協同萬國。萬國諸侯協和，而後黎民於變時雍。此其序也。若以百姓爲民庶，則黎民又是何物？亦豈有民庶先於諸侯者哉？《舜典》曰：百姓如喪考妣三年，四海遏密八音。此二句今之句讀，以如喪考妣爲一句，三年四海遏密八音爲一句，非也。百姓如喪考妣三年爲一句，四海遏密八音爲一句，乃協文義。百姓有爵命者也，爲君斬衰三年，禮也。禮不下庶人，且有服賈力役農畝之事，豈能皆服斬衰？則但遏密八音而已，此當時君喪禮制。如今大行遺詔，非百姓四海不由上令而自爲也。至周人尚文，則人皆有姓。所稱百姓，則民庶也。《論語》曰脩己以安人，又曰脩己以安百姓。《書》曰百姓有過，又曰非敵百姓也。是時則人皆有姓矣。故指民庶亦曰百姓耳！

（明）袁黄《寶坻政書》卷三《養老書》　恤窮養老，王政所先，先生爲治，尤加意。窮民飢而或給之食，寒而或賜之衣，死而或葬其骨，鬻男女者或捐俸贖之。每巡行隴畝，則鄉民有家事難處者，繞輿而告先生。隨緣應之，或即借富家米粮沿途給之，藹然官民一体之情也。餘事不能悉記，此其最鉅者輯養老書。

（明）袁黄《寶坻政書》卷三《申請加給看堤孤老月糧公移》 順天府通州寶坻縣，爲酌處孤老以濟饑民，以固封畛事。照得本縣旧有孤老張文相等六十四名，口有養濟院一所，在縣城西址隅。地不滿三分，房不滿八間，孤老業經等八名居住，其餘宋文臣等五十六名。口或寄居蕭寺之頽廟，或散處荒村之古廟。風雨不蔽，流離在途。卑職正擬另擇曠址，重構新楹以全。

國家養老之典，忝自蒞任以來，老癃殘疾之徒，赴縣陳告者，日不乏人。又據各里老劉舉等，呈出各鄉老病孤苦，連前共一千三百餘名。緣洪水爲災，壯者逃散，惟此老殘力不能遠去，勢無以自全，推廣皇仁養贍爲急。然人數太多，錢糧有限，卑職固摘張臣等六百六十四名有宗族親戚可依者，諭以大券。責令牧养李美等四百七十名手足尚全，年力未迈者，責令隣里收留，听供役使。其杜滕等一百七十二名，皆係聾瞽癱痪及老羸太甚者，已經暫給雜糧，量資口食。外查得本縣地極低窪，封畛爲重，元時虞集學士興京東水利，築古堤一道，遺址尚存。各鄉實賴其利，常時計地出銀，修築堤閣，各造鋪舍，雇人看守。然雇未必得人，守者未必常住，往往被鄰封盜掘。一處失防，則百里皆溺。而所築鋪舍，年年坍毁，費用無窮。七里庄一堤，最爲緊要。常年多被盗决，縣丞黄維中五月間遣孤老劉永等三名就鋪看守，屹然無事。蓋人雖頑狠，能毁無人之岸，不能掘有室之堤。又平人守之，則朝去暮來，不能常住。惟孤老以堤鋪爲家，晝夜不離。又平人雖在堤，常被趕逐。孤老窮病致死，非难稍有不虞，即係人命。有此三便故，今年各處之堤，皆被毁折而獨此堤無恙。今欲倣黄縣丞已行之例，將沿河緊要去處所築鋪舍，比常量加牢固。分遣孤老隨便居住。就將各里常年雇募之費，作爲工食。其有不足者，本縣量爲資助。造鋪雖有加工之費，而一勞永逸，所省已多矣。按《周禮》瞽者典樂。刖者守門，瘝夫司竊，寡婦采詩，凡瘖瘂跛躄之屬，皆得自食于公家，此聖人曲全萬物之至仁也。今果行此，則疲癃殘疾之輩，皆爲守堤捍患之夫。民間守禦之資，即爲公家養濟之禄。稽之古制而不悖，驗之近事而可行。似宜速處以濟窮民者也，卑職未敢擅便爲此。

（明）温陸氏《温氏母訓》 窮秀才譴責下人，至鞭朴而極矣。暫行知警，常用則翫。教兒子亦然。

貧人不肯祭祀，不通慶弔，斯貧而不可返者矣。祭祀絶，是與祖宗不相往來，慶吊絶，是與親友不相往來。名曰獨夫，天人不祐。

凡無子而寡者，斷宜依向嫡姪爲是。老病終無他諉，祭祀近有感通。愛女愛婿，决難到底同住。同住到底，免不得一番擾攘官司也。

凡寡婦，雖親子姪兄弟，只可公堂議事。不得孤召密囑，寡居有婢僕者，夜作明燈往來。

少寡不必勸之守，不必强之改。自有直捷相法，只看晏眠早起，惡逸好勞，忙忙地無一刻丢空者，此必守志人。身勤則念專，貧也不知愁，富也不知樂，便是鐵石手段。若有半晌偷閒，老守終無結果。吾有，相法要訣，曰寡婦勤，一字經。

凡人同堂同室同窗多年者，情誼深長，其中不無敗類之人。是非自有公論，在我當存厚道。

世人眼赤赤，只見黄銅白鐵。受了斗米串錢，便聲聲叫大恩德。至如一鄉一族，有大宰官，當風抵浪的；有博學雄才，開人膽智的；有高年老輩，道貎誠心，後生小子，步其孝弟長厚，終身受用不窮的。這等大濟益處，人却埋没不提，才是陰德。

周旋親友，只看自家力量，隨緣答應。窮親窮眷，放他便宜一兩處，纔得消讒免謗。

中年喪偶，一不幸也。喪偶事小，正爲續弦費處。前邊兒女，先將古來許多晚娘惡件。填在胸坎。這邊父母，婢婦唆教，自立馬頭出來。兩邊閑雜人，占望風氣，弄去搬來。外邊無干人，聽得一句兩句，只肯信歹，不肯信好，真是清官判斷不開。不幸之苦，全在于此。然則如之何？只要做家主的，一者用心周到。二者立身端正。

凡父子姑媳，積成嫌隙，畢竟上人要認一半過失。其胸中横竪道，卑幼奈我不得。

貧人未能發迹，先求自立。只看幾人在坐，偶失物件，必指貧者爲盜藪。幾人在坐，羣然作弄，必持貧者爲話柄。人若不能自立，這些光景，受也要你受，不受也要你受。

寡婦勿輕受人惠。兒子愚，我欲報而報不成。兒子賢，人望報而報不足。

我生平不受人惠，兩手拮据，柴米不缺。其餘有也挨過，無也挨過。作家的，將祖宗緊要做不到事，補一兩件。做官的，將地方緊要做不到事，幹一兩件，纔是男子結果。高爵多金，不算是結果。

兒子是天生的，不是打成的。古云：棒頭出肖子。不知是銅打就銅器，是鐵打就鐵器。若把驢頭打作馬面，有是理否。

世間輕財好施之子，每到骨肉，反多恚吝，其説有二：他人蒙惠，一絲一粒，連聲叫感，至親視爲固然之事，一不堪也。他人至再至三，便難啓口，至親引爲久常之例，二不堪也。他到此處，正如啞子吃黄連，説苦不得。或兄弟而父母高堂，或叔姪而翁姑尚在，一團情分，利斧難斷。稍有念頭防其干涉，杜其借貸，將必牢拴門户，狠作聲氣，把天生一副惻怛心腸，蓋藏殆盡，方可坐視不救。如此便比路人仇敵，更進一層。豈可如此？汝深記我言。

問介：侃母高在何處？介曰：剪髮餉人，人所難到。母曰：非也。吾觀陶侃運甓習勢，乃知其母平日教有本也。世人多被心腸好三字壞了。假如你念頭要做好兒子，須外面實有一般孝順行徑。你念頭要做好秀才，須外面實有一般勤苦行徑。心腸是無影無形的，有何憑據？凡説心腸好者，都是規避樣子。

人有父母妻子，如身有耳目口鼻，都是生而具的，何可不一經理？只爲俗物將精神意趣，全副交與家緣，這便唤作家人，不唤讀書人。

做人家，切弗貪富，只如俗語從容二字甚好。富無窮極，且如千萬人家浪用，儘有窘迫時節。假若八口之家，能勤能儉，得十口貲糧。六口之家，能勤能儉，得八口貲糧，便有二分餘剩。何等寬舒，何等康泰！

汝與朋友相與，只取其長，弗計其短。如遇剛鯁人，須耐他戾氣。遇駿逸人，須耐他罔氣。遇樸厚人，須耐他滯氣。遇佻達人，須耐他浮氣。不徒取益無方，亦是全交之法。

閉門課子，非獨前程遠大。不見匪人，是最得力。

父子主僕，最忌小處煩碎。煩碎相對，面目可憎。

懶記賬籍，亦是一病。奴僕因緣爲姦，子孫猜疑成隙者，繇于此。

家庭禮數，貴簡而安，不欲煩而勉。富貴一層，繁瑣一層。繁瑣一分，疏闊一分。

曾祖母告誡汝祖汝父云：人雖窮飢，切不可輕棄祖基。祖基一失，便是落葉不得歸根之苦。吾寧日日減餐一頓，以守尺寸之土也。出厨嘗以手捫鍋蓋，不使兒女輩滅竈更然。今各房基地，皆有變賣轉移，獨吾家無恙，豈容易得到今日？念之念之。

汝大父赤貧，曾借朱姓者二十金，賣米以餬口。逾年朱姓者病且篤。朱爲兩槐公紀綱，不敢以私債使聞主人，旁人私幸以爲可負也。時大父正客姑孰，偶得朱信，星夜趕歸，不抵家，竟持前欠本利至朱姓處。朱已不能言，大父徐徐出所持銀，告之曰：前欠一一具奉，乞看過收明。朱姓蹶起頌言曰：世上有如君忠信人哉，吾口眼閉矣。願君世世生賢子孫。言已，氣絶。大父遂哭别而歸。家人詢知其還欠，或駁之。大父曰：吾故駁，所以不到家者，恐爲汝輩所惑也。如此盛德，汝曹可不書紳？

問世間何者最樂？母曰：不放債，不欠債的人家。不大豐，不大歉的年時。不奢華，不盜賊的地方，此最難得。免饑寒的貧士，學孝弟的秀才，通文義的商賈，知稼穡的公子，舊面目的宰官，此尤難得也。

凡寡婦不禁子弟出入房閣，無故得謗。婦人盛飾容儀，無故得謗。婦人屢出燒香看戲，無故得謗。嚴刻僕隸，菲薄鄉黨，無故得謗。

凡人家處前後嫡庶妻妾之間者，不論是非曲直，只有塞耳閉口爲高。用氣性者，自討苦喫。

聯屬下人，莫如減冗員而寬口食。

做人家，高低有一條活路，便好。

凡與人田産錢財交涉者，定要隨時討箇決絶。拖延生事。

婦人不諳中饋，不入厨堂，不可以治家。使婦人得以結伴聯社，呈身露面，不可以齊家。

受謗之事，有必要辯者，有必不可辯者。如係田産錢財的，遲則難解，此必要辯者也。如係閨閫的，静則自銷，此必不可辯者也。如係口舌是非的，久當自明，此不必辯者也。

凡人氣盛時，切莫説道：我性子定要這樣的，我今日定要這樣的。驀直做去，畢竟有搕撞。

人當大怒大忿之後，睡了一夜，還要思量。

（清）黄六鴻《福惠全書》卷六《錢穀部·革官銀匠》 官銀匠之設大端有二：一爲花户完糧欲其傾銷紋足，以杜封納低潮；一爲起解藩庫，欲其傾銷大錠，以防駁換責成。

（清）王之鈇《言行匯纂》 婦禁十三：一曰干預外政。二曰入寺燒香，許願祈男。三曰無故聚飲，即有事飲酒，不得沉醉。四曰會諸姻黨，同席熟談。五曰痛撻奴婢，及惡聲詈駡。六曰優厚三婆。七曰侈蓄珠翠。八曰看龍舟，觀燈，觀會，諸外場雜遝事。九曰與妯娌鬥勝。十曰分理是非。十一曰不親中饋。十二曰厭夫交友賓客。十三曰貪嗜肥甘。

《朱子家範》：一曰妻妾無妒則家和。二曰嫡庶無偏則家興。三曰奴僕無縱則家尊。四曰嫁娶無奢則家足。五曰農桑無休則家温。六曰賓祭無墮則家良。

陸象山先生嘗謂人家要有三聲，讀書聲，孩兒聲，紡織聲。蓋聞讀書聲，覺聖賢在他口中，在我耳中，不覺神融。聞孩兒聲，或笑或泣，俱自然籟動天鳴，覺後來哀樂情致，較此殊遠。聞紡織聲，則勤儉生涯，一室兒女，覺有《豳風·七月》景象。最可厭者，婦女誶駡聲也，惡也。飲酒喧呶聲也，狂也。街巷談笑聲也，謠也。妖冶歌唱聲也，淫也。與其聞此，不若聆犬聲於夜静，聞雞聲於晨鳴，令人有清曠之思。

袁了凡先生初艱嗣，後乃生若思。母作冬襖，將鬻絮。先生曰，絲綿輕暖，篋中自有，何必鬻？母曰，絲貴絮賤。吾欲以絲易絮，多製絮衣，贈親戚中寒無衣者。先生曰，有是哉，此子壽矣。

衡公岳知慶陽，僚友諸婦會飲。在席者，金綺爛然，公内子荆布而已。既歸不樂。公曰，汝坐何處？曰，首席。公曰，既坐首席，又要服飾華好，富貴可兼得耶？至今傳爲美談。

橙墩好客。有妾蘇氏，善持家。一日讌客，失金杯，諸僕嘖嘖四覓。蘇氏詆之曰，金杯已收在内，不須尋矣。及客散，對橙墩云，杯實失去，尋亦不得。公平日好客，豈可以一杯故，令名流不歡乎？橙善其言。

大司徒馬森，其封君諱某，年四十始得一子。一日婢抱出門，從高階失手下墜。破其左額，旋死。封君見之，即令婢遁去，而自抱死子，曰，失手致之傷也。婦哀痛，尋婢撻之，無有矣。婢歸匿母家，言其故。婢父母日夜籲天，願公早生貴嗣。次年果生子，左額宛然赤痕，即司徒也。

晉陵錢氏，顧成之媳也。錢氏往母家，夫家疫盛，轉相傳染，親戚不敢過。夫家八人，俱將斃。錢聞，欲歸家，父母阻之，錢曰，人爲侍養公姑而娶媳。今公姑既病篤，忍心不歸，與禽獸何異？吾往即死，不敢望吾親惜也。隻身就道。其家忽聽鬼相語曰，諸神皆衛孝婦，歸矣，速避速避。八人皆活。

歐公池，嫡母所生。兩兄皆庶出。父以公屬嫡，欲厚之。公妻馮氏，請於舅曰，嫡庶爲父母服，有差等否？舅曰，無。馮氏曰，均子也，服無差等，豈可異乎？舅大悦，從之。婦人未嘗讀書明理，性情多有僻處。不孝敬舅姑丈夫，却誦經禮佛。不周濟骨肉姻親，却布施僧道。不享現世和平之福，却望來生渺茫富貴。此誠女流中之下愚者。噫，豈有驕悍妬惡，而長享富貴，德性賢良，而墮落輪迴者哉？

登人之堂，即知室中之事。語云，入觀庭户知勤儉，一出茶湯便見妻。老父奔馳無孝子。要知賢母看兒衣，子之孝，不如率婦以爲孝。婦能養親者也，朝夕不離。潔奉甘旨，而親心悦。故舅姑得一孝婦，勝得一孝子。婦之孝，不如導孫以爲孝。孫能娱親者也，依依膝下。順承靡違，而親心悦。故祖父添一孝孫，又添一孝子。人之居家，凡事皆宜先自籌度，立一區處之方，然後囑付婢僕爲之，更宜三番四覆以開導之。如此周詳，猶恐不能如吾意也。今人一切不爲之區處，事無大小，但聽奴僕自爲。不合己意，則怒駡鞭撻繼之。彼愚人，止能出力以奉吾令而已，豈能善謀，一一暗合吾意乎？不明如此，家安能治？

僕婢天資愚魯，其性善忘，又多執性，所行甚非，而自以爲是，更有秉性躁戾者，不知名分，輕於應對。治家者，須明此理，於使令之際，有不如意，少者憫其智短，老者惜其力衰，徐徐教誨，不必嗔怒也。有詩云，此輩冥頑墮下塵，只應憐念莫生嗔。若能事事如君意，他自將身作主人。

小過宜寬，若法應撲責，當即處分。責後呼唤，辭色如常。不可嘖嘖作不了語，恐愚人危懼，致有他變。

凡婢僕有爭鬬者，主父母聞之，即時呵禁之。不止，分曲直以杖之，曲者多杖，或一止一不止，則獨杖其不止者。

婢僕之言，變亂是非。其意以言他人短，可以悦主人主母之心。苟不知其弊，聽信其言，則弟兄妯娌，必至不和，鄰里親戚，必至不睦。有以膚受愬者，宜叱曰，我不眼見。駕言他人毁罵主翁者，宜叱曰，我不曾耳聞。則此輩無所施其欺矣。

人家僕婢，不可一處飲食，須内外各别。屋多地寬，宜婢内僕外各食。屋少，不妨僕先婢後，亦猶夫各食也。所以然者，僕婢同食，語言之間，未免錯雜，非宜家之道也。下人有分别，則上人愈有分别矣。

待小人女子，不可無信，婚姻一節，尤宜慎之。每見人家婢僕，伏侍勤勞，主人即以某婢許某僕。家長一言出口，婢僕百諾於心。或家事遷延，遲疑不決，無識小人，見其爲期無定，未免埋怨偷安，主人聞之嗔怒，或改悔前言，男女失望，遂萌異念。姦拐逃盗，變幻百出矣。爲人上者，務宜酌量於前，斷勿改悔於後。

（清）董誥《全唐文》卷八七三《陳致雍・喪冠議》　禮云，喪冠不綏，練冠亦不綏。去冠之飾，不全吉也。雖練冠亦用練，白布爲縞冠，乃衛文公大布之冠。今大祥踰月，吉祭之冠，冠武亦用細布，左辟積而厭，辟積類梁之上也。

《資政院議場會議速記録・資政院第一次常年會第二十三號議場速記録》　此四萬萬人大别分爲兩種，一爲家長，一爲家人。家長對於家人有特别權利義務。家人又有二種，一爲男子，一爲附屬之女子，不僅對於國家不負責任，即對於家庭亦不負責任。故家庭之義務，由家長一人擔負。由此看來，雖有四萬萬人，然自國家觀之，所與國家直接者不過是少數之家長而已，其餘家人概與國家無關係也。家長之中，有爲工的，有爲商的，都是有妻子之累負，一傢生計之義務，所謀之利，以供仰事俯畜之資。

綜　述

《唐律疏議》卷二六《雜律・錯認良人為奴婢部曲》　諸錯認良人爲奴婢者，徒二年；爲部曲者，減一等。錯認部曲爲奴者，杖一百。

疏議曰：良人之與奴婢，種類自殊，若錯認者，徒二年。爲部曲者，減一等，徒一年半。若錯認部曲爲奴者，杖一百。若部曲妻，雖取良人女爲，亦依部曲之坐。

錯認奴婢及財物者，計贓一疋笞十，五疋加一等，罪止杖一百。未得者，各減二等。

疏議曰：錯認他人奴婢及財物者，計贓一疋笞十，五疋加一等，罪止杖一百。未得者，各減二等，謂從錯認良人以下，未得者，並減二等。其錯認良人以下爲子孫，律既無文，量情依不應爲輕；若錯認他人妻妾及女爲己妻妾者，情理俱重，依不應爲重科。若已認得妻妾將去者，多涉姦情，即同姦法。

《唐律疏議》卷二六《雜律・舍宅車服器物違令》　諸營造舍宅、車服、器物及墳塋、石獸之屬，於令有違者，杖一百。雖會赦，皆令改去之；墳則不改。

疏議曰：營造舍宅者，依《營繕令》：王公已下，凡有舍屋，不得施重拱、藻井。車者，《儀制令》：一品青油纁，通幰，虚偃。服者，《衣服令》：一品衮冕，二品鷩冕。器物者，一品以下，食器不得用純金、純玉。墳塋者，一品方九十步，墳高一丈八尺。石獸者，三品以上，六；五品以上，四。此等之類，具在令文。若有違者，各杖一百。雖會赦，皆令除去，唯墳不改。稱之屬者，碑、碣等是。若有犯者，並同此坐。

其物可賣者，聽賣。若經赦後百日，不改去及不賣者，論如律。

疏議曰：舍宅以下，違犯制度，堪賣者，須賣；不堪賣者，改去之。若赦後百日，不改及不賣者，還杖一百，故云論如律。

《唐律疏議》卷二六《雜律・以良人為奴婢質債》　諸妄以良人爲奴

婢，用質債者，各減自相賣罪三等；知情而取者，又減一等。仍計庸以當償直。

疏議曰：虛妄用良人爲奴婢，將質債者，各減自相賣罪三等，謂以凡人質債，從流上減三等；若以親戚年幼妄質債者，各依本條，減賣罪三等。知情而取，謂知是良人而取爲奴婢，受質債者，又減一等，謂又減質良人罪一等。仍計庸以當債直，謂計一日三尺之庸，累折酬其債直。不知情者，不坐，亦不計庸以折債直。

（唐）李林甫《唐六典》卷三《尚書户部·户部郎中員外郎》 凡男、女始生爲黄，四歲爲小，十六歲爲中，二十有一爲丁，六十爲老。【略】辨天下之四人，使各專其業：凡習學文武者爲士，肆力耕桑者爲農，功作貿易者爲工，屠沽興販者爲商。工、商皆謂家專其業以求利者；其織紝、組紃之類，非也。工、商之家不得預於士，食禄之人不得奪下人之利。

（宋）王溥《唐會要》卷八三《租税上》 〔開元〕二十二年五月十三日勅：定户之時，百姓非商户，郭外居宅及每丁一牛，不得將入貨財數。

《天一閣藏明鈔本天聖令》卷二一《田令》 諸庶人有身死家貧無以供葬者，聽賣永業田。即流移者亦如之。樂遷就寬鄉者，並聽賣口分田。

《天一閣藏明鈔本天聖令》卷二一《田令》 諸買地者，不得過本制。雖居狹鄉，亦聽依寬鄉制，其賣者不得更請。凡賣買皆須經所部官司申牒，年終彼此除附。若無文牒輒賣買者，財没不追，地還本主。

（宋）宋敏求《唐大詔令集》卷一八〇《政事·禁約·官人百姓衣服不得逾令式敕》 敕：采章服飾，本明貴賤。升降有序，用崇勸奬。如聞在外官人、百姓，有不依令式，遂于袍衫之内，著朱、紫、青、緑等色短衫、袄子；或于閭野，公然露服。貴賤莫辨，有蠹彝倫。自今以後，衣服上下各依品秩，上得通下，下不得僭上。仍令有司嚴切禁斷，勿使更然。

咸亨五年四月

（宋）佚名《宋大詔令集》卷一九四《政事·誡飭·誡約搢紳詔元祐元年六月甲寅》 向者朝廷講求法度，務以寬厚愛民，而搢紳之士，往往不原朝廷本意，速希功賞，有誤使令。或議法失當，或掊斂無節，或姦回附勢，或構事飭非，或多結權貴，或妄舉邊事，殘民蠹物，久益知弊，致使羣言，交攻不已，苟無澄肅，必紊紀綱。止以其罪顯者，迺行竄逐，自餘干涉之人，夙夜怵惕，不無憂虞。予當新政，務存大體，一切示以寬恩，更不追劾，咸使改過自新，各安職業。可傚此意，作詔書布告中外。乃下詔曰：朕惟先帝臨御以來，講求法度，務在寬厚。愛物仁民，而搢紳之間有不能推原朝廷本意，希功速進，多誤任使。或罔上飭非，或違公附勢，或議法乖當，或擅爲掊克，或妄生邊事，或連起犴獄，積其源流，久乃知弊。此羣言所以未息，而朝廷所以懲革也，救正風俗，修振紀綱，兹出大公，蓋不得已，况罪顯者已正，惡鉅者已斥，則宜盪滌隱庇。闊略細故，豈復究治，以累太和，夫疾之已甚，孔子不爲，御衆以寬，虞舜所尚，爲國之道，務全大體，應今日以前，有涉此事狀者，一切不問，言者勿復彈劾。有司毋得施行，各俾自新，同歸美俗，布告中外，體朕意焉。

《天盛改舊新定律令》卷八《為婚門》 一、爲嫁妝次第：一錢當予實價二錢以内，不許濫超其數。一年期間予者，告則罪不治，所予超數當退還。倘若違律，追告不還及逾期告狀尋問者等，一律有官罰馬一，庶人十三杖。

一、爲婚價予三百種之嫁妝中蓋帳三具，二百種蓋二具，一百種蓋一具。無力亦允許不蓋，不許比之增蓋。

一、爲婚嫁妝蓋帳者，三具、二具蓋七十木以及六十木以内，不許超出木數。

一、諸人爲婚，有送女嫁妝中送服飾及奉客時，服飾等一律予價三百種送七十服，予價二百種送五十服，予價一百種送十服以内。無力允許不服，不許比之超服及衣服全予。

一、前述爲婚中，取腹股婚服、索婦食、帳末食、客人來往食、烤房食等時，傳轉物者，勿許入嫁妝。

一、諸入爲婚中，予價及回婚姻時帳木累計超蓋、服飾等前述已明以外，不許比之超出服、蓋。若違律時，所超嫁妝追告退還，承罪與所定相同。

（宋）謝深甫《慶元條法事類》卷七五《刑獄門·侍丁》 令

户令

諸男年二十一爲丁。

諸祖父母、父母年八十以上及篤疾者，每人各給一丁侍。

（宋）謝深甫《慶元條法事類》卷七七《服制門・喪葬》　申明

隨勅申明

户婚

紹興十二年二月二日尚書省批下户部申：　准都省劄子，勅令所申庶人墓田，依法置方一十八步，若有已置填墓步數，元少不及上件步數，其禁地内有他人已蓋屋舍，開成田園，種植桑果竹木之類，如不願賣，自從其便，止是不得於某地内再步填墓。勅令所看詳：　四方各相去一十八步，即係東西南北共七十二步，户部共依太常寺體例，四面去心各九步，即是東西十八步，南北十八步，自合以四圍相去各十八步稱説爲定。

紹興十四年十月五日尚書省批下勅令所申：　婺州申，墓禁内起造屋宇，未審合與不合毀拆，及日後聽與不聽地主起造斫伐。如是田園，聽與不聽地主鋤墾種植。本所看詳，雖在墓禁步數之内，既非己業，唯日後不許安葬外，如不願賣，自從其便。仍不許地主於墓禁步數之内取掘填疊。

乾道九年七月十五日勅：　權吏部尚書兼詳定一司勅令李彦穎等劄子陳請，品官庶人，在法皆有墓禁，雖本宗有分親，亦不許於墓禁内安葬。紹興十四年指揮，乾道六年重修勅、令，一時看詳却稱止據見買到墓田步數爲禁，其不曾買到者，自從其便。此令一頒，頑民倚法爲奸，挾勢强葬，肆行壙鑿，損壞他人墳墓，被害甚多。欲乞將乾道新法内看詳一節，盡行删去。户、刑部竊詳，《乾道新書》存留紹興十四年十月五日指揮，勅令所看詳墓禁步數，今來逐官所請，今勘當欲參照上件指揮，若庶人以至品官若有力不曾盡買合得步數之地，或有無力承買之人若庶人在十八步、品官各隨官品在合得步數之外，聽從地主之便。其地主即不得於墓禁内取壙填疊。候今降指揮下日，遵守施行。奉聖旨依。

淳熙十年六月二十一日勅：　今後人户有分祖墓田内，或係祖來衆共山地，若衆議不許安葬，如敢盗葬，比附從盗葬他人墓田法，杖六十，仍令移葬。若强葬，從不應爲重杖八十科斷，亦合移葬。

本所看詳上件指揮，除人户有分祖墓田，如敢盗葬，合比附盗葬他人墓田法，杖六十，强者杖八十外，所是祖來衆共山地，若衆議不許安葬而盗及强者，比之盗葬他人墓田，事體稍輕，即合比附上條各減一等科罪。今聲説照用。

《通制條格》卷四《户令・典賣佃户》　至元十九年十二月，御史臺呈：　山南湖北道按察司申，江南富户，因買田土，方有地客，即係良民，主家科派，甚於官司，若地客生男，便供奴役，若有女子，便爲婢使，或爲妻妾。今後合無將前項地客户計，取勘實數，官司籍記，重立罪賞，禁治主家科派，使令與無稅民户一體當役。又峽州路判官史撑善呈：　本路管下民户，輒將佃客計其口數，立契典賣，不立年限，與駈口無異。此等良民，生長山谷，無由告官，任人苦役，飢寒委可怜念。其間有將些小荒遠田地，夾帶佃户典賣，稱是隨田佃客，公行立契。又佃客男女婚姻，主户攔當，需求錢物，方許成親。憲臺相度，前項事理，即係亡宋弊政，至今未能改革。南北悉皆王民，豈有主户將佃客看同奴隸，役使典賣、男女婚嫁，亦聽主户可否之理。擬合嚴行禁約。

《元典章》卷一七《户部・户計・籍册・户口條畫》　一、軍户：

蒙古、探馬赤投下軍人不在當差額内，無問附籍漏籍、應役不應役，今次取勘到官，發與樞密院收係，就便定奪。

漢兒軍户不在當差額内者：

諸正軍今次手狀：

見萬户、千户有當役去處及不應役人等，或經分間貧難聽候軍户，無問附籍漏籍，依舊充軍。

稱見在軍前當役之人，軍籍内照不見姓名，今次取勘見數，亦仰充軍。

稱津貼某人軍身，查照軍籍内有姓名者，作貼户，無姓名者收差。

諸正軍並貼户下合併裏攢户今次手狀：

稱乙未、壬子兩年另户附籍或漏籍，如軍籍内有姓名者，依舊與户頭貼户當軍，如無姓名者，收係當差。

諸放罷貧難正軍，已收入額當差、并撥作匠軍人，其元籍貼户兩耽到今，不曾應當差役，仰收係當差。

《元典章》卷一七《户部・户計・籍册・户口條畫》　一、諸色人匠：

係官諸色元籍正匠並改色人匠，見入局造作者，依舊充匠除（是）〔豁〕。

諸投下壬子年元籍除差畸零無局分人匠，自備物料造作生活，於各投下送納或納錢物之人，依舊開除，外，不當差役人户，收係當差。

諸投下蒙古户并寄留驅口人等習學匠人，隨路不曾附籍，每年自備物料，或本投下五户絲内關支物料，造作諸物，赴各投下送納者，充人匠除差。

諸壬子年附籍軍（人）〔民〕諸色人等，别無上司改撥充匠明文，雖稱即（日）〔目〕入局造作，或於各投下送納生活者，仰憑籍收係，應當差役。

諸漏籍户投充人匠，改正爲民，收係當差。

《元典章》卷一七《户部·户計·籍册·户口條畫》一、打捕户：

壬子年附籍打捕户應當絲料，（色）〔包〕銀，替頭裹送納皮貨到今，别無定奪。若有争差户計，即便官陳告者，仰照依乙未年元籍名色歸着。

壬子年附籍打捕户送納皮貨，不納斤絲，仰揭照壬子元籍相同，止令應當絲料。如不係打捕户計，仰即收係與民一體當差。

手狀指稱打捕户，不納皮貨亦不當差之人，無問附籍、漏籍，收係與民一體當差。

《元典章》卷一七《户部·户計·籍册·户口條畫》一、儒人户：

〔中統四年分揀過儒人内，今次再行保勘到委通文學，依舊免差；不通文學者，收係當差。〕

中統四年不經分揀附籍、漏籍儒人，或本是儒人，壬子年别作名色附籍，并户頭身故，子弟讀書，又高智耀收拾到驅儒，仰從實分揀，能通文學者，依例免差，不通文學者，收係一例當差。外，諸色人户下子弟讀書深通文學者，止免本身雜役。

《元典章》卷一七《户部·户計·籍册·户口條畫》一、放良（民）户：

諸良書該寫任便住坐或爲良者，仰依良書收係當差。

諸驅口壬子年已前得訖良書，於他人户下作驅附籍，比及照勘以來，除軍、站、急遞鋪、駕船人等户下附籍人（口）〔户〕照籍相同，改正爲良，充貼户外，其餘諸色人等户下籍過户數，並仰收係當差。

諸投下放良户，良書上該寫不得投屬别管官司户數，仰作本投下人户，收係當差。

諸良書該寫如遇抄過爲良或作户者，仰依良書，另立户名，收係當差。

諸良書已放爲良，任便住坐，其本使再立津貼錢物或分當差役等文字，並不准使，仰依元放良書爲民，收係當差。

諸人驅口雖與錢財物同，若驅口宅外另居，自行置到重驅，元置人出放爲良者，並從爲良，本主底使長不得争理。

諸放良户年限未滿，或贖身錢未足者，仰合屬官司籍記收户，候限滿錢足，至日科差。

諸壬子年附籍，漏籍户，已經上司分撥與各投下並諸官員户計，如户下驅口本主放良者，憑良書依例歸着。

《元典章》卷一七《户部·户計·籍册·户口條畫》一、斡脱户：

見奉聖旨、諸王令旨，隨路做買賣之人，欽依先帝聖旨，見住處與民一體當差。

《元典章》卷一七《户部·户計·籍册·户口條畫》一、站赤户：

蒙古站户，脚色明白，見在當役去處，依舊當站。

漢兒站户，無問漏籍附籍，於元撥站户户籍内查照相同，依舊當站。外，查照不見户數，收係當差。

《元典章》卷一七《户部·户計·籍册·屯田户計》至元二十五年□月日，欽奉聖旨節該：尚書省見於芍陂、洪澤兩處創立屯田，乞降聖旨事，准奏。仰行尚書省從長規畫，務要屯田事早爲成就。將已撥軍人户計，更爲召募江淮等處人户願入屯者，常切存恤，仍免一切雜役。務農其間，諸人毋得沮壞。欽此。

《元典章》卷一九《户部·田宅·典賣·站户賣訖田土隨地收税》

至大元年三月，江西行省准中書省咨：

來咨：撫州路崇仁縣站户楊汝玉，元僉雲山站馬貼户。入站田六頃七十畝七分九釐，除糧四十五石二斗。因爲馬死頻併，支持不敷，户下消乏，節次將田出賣與謝正甫、周信甫等爲業，不堪當役。委官體覆相同。

若令得〔産〕〔業〕人通行津貼，緣當元止是楊汝玉一户，其得業人却該二十餘户，地里窵遠畸零，誠恐不便。就於得業人内點差到陳成之、趙嗣諒二名，又係元僉在城站户。將各户元買並在户餘糧四十五石二斗，抵充補替楊汝玉站役。本省看詳，係爲例事理，咨請照詳。送據兵部呈：照得各處水馬站役消乏，例合本處官司保勘是實，行移不干礙管民正官體覆相同，就申合干上司補換。今江西行省撫州路雲山站馬户楊汝玉消乏，將〔人〕〔入〕站田六頃七十畝賣與謝正甫等二十餘户。本路依奉行省劄付，點差陳成之、趙嗣諒抵替楊汝玉當役。若准所擬，緣非通例。參詳，擬合移咨本省，將楊汝玉所賣地土從實照勘，委曾經官陳告出給公據，中間别無詐冒，及本管并不干礙官司曾行體覆，端的消乏，開〔户〕〔坐〕本户元僉，目今丁産，擬定咨省，依例僉補相應。今後若有似此户計，亦合一休施行。具呈照詳。都省議得，江南站户俱係苗糧户内差撥，因而消乏，賣訖地土，即將所〔賣〕〔買〕之家先行隨地收税，餘准部擬。咨請依上施行。

《元典章》卷一九《户部・田宅・典賣・站户典賣訖田土》　元貞二年五月，湖廣等處行中書省：

據通政院呈，承准江西行中書省請究各處站户消乏，已經移咨中書省定奪。去後，今准咨該：先據福建省咨：站户消乏，將元簽當站田土典賣與僧道醫儒軍匠等，産去户乏。今後站户如必消乏，典賣田土，當該社長、里正、主首、親鄰并元簽同甲站户從實保勘是實，止於同甲户内互相成交。如獨力不能成就，聽從衆户議價典買。若本甲馬户無錢成買，許聽於本站别甲户計成交。務要隨地當役，苗米不失元額。如不經官告據，朦朧典賣與僧道軍匠等户，買價没官，田歸元主，買賣之人斷罪，庶革其弊。准此。送户部照擬得：站户典賣田土例，擬合照依舊例，親戚鄰佑先典之人成交。消乏站户，依例民間簽補。具呈照詳。得此。又送兵部議得：部户消乏，典賣田土，須經同甲户計保勘給據，蓋防虚妄消倒産業之弊。福建行省所擬，實爲理長。外，據止合同甲户内成交一節，刁蹬賣地貧民，誠爲非便。若依户部所擬相應。都省准擬，移咨本省照驗，外，咨請依上施行。

《元典章》卷五七《刑部・諸禁・禁誘略・人口無親屬者從其所願》

至大四年九月，行省准中書省咨：

御史臺呈訴良人口事理。送據户部呈：議得：人之有生，願適其安。不幸陷而爲驅，累世難伸。況改正爲良之後，復陷爲驅，誠可哀憫。以此參詳：今後訴良之人，勘會明白，委令爲良，事發官司先行出給公據，止於所在權且羈留，行移元籍，取發親屬賫公文前來，即便給親〔园〕〔完〕聚。如無親屬，男子就從所願，婦人願召嫁者亦聽自裁。如此處置，庶得其宜。必欲配户收係，此等多係南人，終恐不能安居，一旦流移四方，徒令有司受脱户之責。如蒙准呈，遍行合屬遵守相應。具呈照詳。都省准呈，咨請遍行依上施行。

《元典章》卷五七《刑部・諸禁・禁誘略・禁乞養過房販賣良民》

大德十年五月，江南行臺准御史臺咨：奉中書省劄付：

刑部呈：禮部關會到諸人陳言。送禮部，依例分揀可采名件，置簿隨即附録，然後行合干部分，各議擬開呈。奉此。今分揀閻里伯牙所言事理，本部逐一議擬到下項事理。開坐，具呈照詳。都省准擬。

内一件：禁治乞養過房爲名，販賣良民。切見禁治販賣良民，官司所行非不嚴切。其間一等不務生理男子、婦人作牙，多於貧窮之家誘説男女，指乞養過房爲名，得到錢物，中間分要入己，却將人口轉販他處，營落利息。又有一等安停人家、攬載船户，相爲奸謀，夤夜行船，裝載人口，透越關渡，順江而去。縱有攔當，亦不送官，貪圖賂賄，私下脱放。其經過關津等處官司，爲無罪責，亦不嚴行巡綽禁治。今後若有首告，令各處官司排門粉壁，嚴責兩鄰、社長人等，常切覺察禁治此等糾合牙婆，各務生理，不許似前以乞養過房爲名，説誘人家男女，展轉販賣。令府州司縣每月轉差正官一員，不妨本職提調，及令巡尉官司人等常切於關津體察巡捉，逐月終，具提調、巡尉官各各職名，同有無攔當到人口起數，司縣不過次月初五日以裏申報合干上司，通類申省。如提領官、巡尉人員不爲用心巡捉禁治，縱放下流，致令前路官司盤捉到官，除將犯人依條斷罪，當該提調官、巡尉人員並行究治。各官任滿解由亦行開寫姓名。前件，照得至元三十年欽奉聖旨節該：江南平定之後，悉爲吾民，今十有八年，尚聞營利之徒以人爲貨，公然販鬻，因而强掠良人，及指以乞養過房，夾帶貨賣，奸僞非[illegible]，朕甚苦之。今後南北往來販人客旅，並行禁止。仰經過官司闞津去處盤問是實，犯人斷八十七下，强略者以强盜例科斷，人歸本家，和誘者各斷一百七下。若後捕叛賊軍官、軍人虜到人口，本管出征軍官與所在官府隨即一同從實分揀，但係良人，就付完聚，委係賊屬，從本管萬户、千户出給印信執照，中間却有夾帶良民，罪及軍官。其有欲將驅口轉行貨賣之家，須赴所在官司，給到公據，方許貨賣，違者，買主、賣主、牙保人俱各斷罪。欽此。照得先敗獲略賣良人等賊，明正典刑，遍行所屬，排門粉壁曉諭，外據巡尉人員不爲用心巡捉，合從各處有司并肅政廉訪司糾察施行。

《元典章》卷五七《刑部·諸禁·禁誘略·反賊拜見人口為民》　至元二十八年二月，樞密院准尚書省照會：

近據御史臺呈：准行臺咨：江南草賊生發，劫掠平民子女、財物，官司調兵收捕。賊有降者，將劫擄財物、男女於收捕官處作拜見撒花，並宜禁斷。仍將所擄平民給親完聚。具呈照詳事。都省准呈：劄付御史臺依上施行。去後，今據御史臺呈：至元二十七年十一月二十五日奏過事内一件：行臺官人每説將來，蠻子田地裏賊每生發呵，咱的軍每收捕，投拜入來，將他每在先做賊行時討擄得〔好〕百姓每媳婦、孩兒每根底，咱每收捕官人每根底做拜見物與有。俺商量得：賊每投拜入來呵，好人根底委付着，根脚裏賊每討虜將來得好百姓根底收拾聚，他每親眷每根底分付與，教作百姓，無親眷（得）〔的〕，配作夫妻，教做百姓。那般好百姓根底做拜見要（得）〔的〕，無體例有。麼道，尚書省官人每一處商量呵，恁的言語有體例。如今那般賊每討擄來的百姓根底，好人根底委付着，教做百姓呵，怎生？麼道，奏呵，則那般行者。麼道，聖旨了也。欽此。

《至正條格·條格》卷二四《廄牧·印烙軍人馬疋》　至順二年八月十八日，宗正府奏，節該：　饅頭山往夏的探馬赤軍人每來，將係官頭疋，并百姓每的頭疋偷盜，前去益都府消用了，説有。今後探馬赤軍人收買馬疋呵，須要寫立税印紅契，教他本管萬户府，打造印記，盡數印烙。其各衛漢軍馬疋，也依着這體例印烙。行與拘該把隘口的，并大都以南霸州把橋道的人每，將過往軍人每的馬疋文契并印烙了的印記辨驗。將無文契的·無印記的馬疋拘收勘會。若本管萬户、千户違別聖旨，不爲用心鈐束軍人，縱令作賊呵，將他每治罪。奏呵，奉聖旨：恁商量的是有，那般者。

《大明令·户令·侍丁》　凡民年八十之上，止有一子，若係有田産應當差役者，許令僱人代替出官。無田産者，許存侍丁，與免雜役。

（明）何廣《律解辯疑》大明律卷四《户律·户役·收留迷失子女》

若得迷失奴婢而賣者，各減良人罪一等。被賣之人不坐，給親完聚。

議曰：謂如收得迷失奴婢，而賣與人爲奴婢者，杖九十，徒二年半；爲妻妾子孫者，杖八十，徒二年，謂各減良人罪一等。

若得在逃奴婢而賣者，各減良人罪一等。其被賣在逃之人，又各減一等。若在逃之罪重者，自從重論。

議曰：又各減一等者，謂得在逃奴婢而賣與他人爲奴婢者，已減賣良人爲奴婢罪一等，杖八十，徒二年；其在逃子女及奴婢被賣爲奴婢者，又各減一等，杖七十，徒一年半。得在逃奴婢賣爲妻妾、子孫者，已減賣良人爲妻妾、子孫罪一等，杖七十，徒一年半；其在逃子婦及奴婢，被人賣爲妻妾、子孫者，又各減一等，杖六十，徒一年。因承上文賣奴婢者已減等之罪，故謂之又各減一等。

其自收留爲奴婢、子孫者，罪亦如之。

議曰：謂將在逃子女收留爲奴婢者，杖九十，徒二年半；爲妻妾、子孫者，杖八十，徒二年。收留在逃奴婢爲奴婢者，杖八十，徒二年；爲妻妾子孫者，杖七十，徒一年半。謂其典賣在逃子女及奴婢，同罪，故云罪亦如之。

隱藏在家者，並杖八十。

議曰：謂隱藏在逃子女及奴婢之人，故曰並杖八十。

（明）何廣《律解辯疑》大明律卷四《户律·户役·脱漏户口》　凡一户全不附籍，有賦役者，有賦役者，家長杖一百；無賦役者，杖八十，附籍當差。

講曰：如何有賦役打多，無賦役打少？

答曰：有賦役者，謂有田産丁口之人，因其當輸差税而不附籍，故杖一百。無賦役者，謂無田産之人，不附籍，亦當差役，比與有田産人情輕，止杖八十。

問曰：假有人止係一身，或係婦人，而全不附籍者，若何處斷？

答曰：本律不計人數，惟據脱户及有無賦役而言，縱使一身，亦爲一户。若有賦役者，合杖一百；如無賦役者，合杖八十。若婦人有賦役者，亦照賦役當差，既不〔賦〕〔附〕籍，合依脱漏户口論；如無賦役者，婦人本無當差之法，止依漏口科之。

若將他人隱蔽在户不報，及相冒合户附籍，有賦役者，亦杖一百；無賦役者，亦杖八十。（止）别籍當差。

議曰：各減二等，謂所隱及相冒合户親屬，有賦役者，杖八十；無賦役者，杖六十，故謂之各減二等。其同宗伯叔弟侄及婿，自來不曾分居者，不在此限。

議曰：謂如此等親屬，自來不曾分居者，雖共户籍，難同另居親屬相冒合户之罪，故云不在此限。

其現在官役使辦事者，雖脱户，止依漏口法。基隱蔽自己成丁人口不附籍，（止）還發本户附籍當差。

議曰：罪亦如之，謂隱蔽他人成丁人口，一口至三口，杖六十，每三口加一等，罪止杖一百；不成丁人口，口至五口，笞四十，每五口加一等，罪止杖七十。

若里長失於取勘，取有脱户者，一户至五户，笞十五，每五户加一等，罪止杖一百。（止）知情者，並與犯人同罪。

議曰：本條云知情者，並與犯人同罪，謂里長及提調正官、首領官吏，知部内有脱漏户口之人，循情不舉問者。如知一户全不附籍，有賦役者，亦杖一百；知隱漏成丁人口，一口至三口者，亦杖六十之類。

（明）何廣《律解辯疑》大明律卷四《户律・户役・收養孤老》　凡鰥寡孤獨及篤廢之人，貧窮無親族依倚，不能自存，所有官司（止）以監守自盗論。

解曰：鰥者，老而無妻。寡者，老而無夫。孤者，幼而無父。獨者，老而無子。篤疾者，謂顛狂、癩、兩目盲、二肢廢也。廢疾者，謂痴啞、腰脊折、一肢廢、侏儒也。殘疾者，謂兩耳聾、手無二指、足無三指、手足無大指、痔漏、下濕、大癭腫也，即項瘤也。侏儒者，謂矮小之人也。

（明）何廣《律解辯疑》大明律卷一六《兵律・廄牧・畜産咬踢人》

凡馬牛及犬，有觸觝踢咬人，而記號拴繫不如法，若有狂犬不殺者，（止）減鬥殺傷一等。

議曰：以（故）〔過〕失論，謂以《鬥毆》條内，過失殺傷人罪收贖。減鬥毆殺傷人罪一等，謂如鬥毆折傷人一指，杖一百，若故放牛馬及犬傷人一指，減一等，杖九十之類。致死者，杖一百、流三千里。

其受僱醫療畜産及無故觸之而被殺傷者，不坐罪。

議曰：受僱，謂醫獸之人，本是窺財，自故□畜産。被畜産咬傷殺傷者，畜主不坐罪。

若故放犬，令殺傷他人畜産者，各苔四十，追賠所減價錢。

問曰：各笞四十，打何人？

答曰：故放犬，令殺他人畜産，死者，如人家羊一隻，生時值鈔三十貫，令犬咬死了，止值二十貫，着落放犬人名下追賠鈔貫，給還羊主，打故放犬人四十。傷者，人家羊一隻，生時值鈔四十貫，令犬傷了，值鈔三十貫，著落放犬人名卜追賠鈔十貫還羊主，亦打放犬人四十，所以各笞四十。

《大明律直解所載明律》卷四《户律・户役・收留迷失子女》　凡收留人家迷失子女，不送官司而放賣爲奴婢者，杖一百，徒三年；爲妻妾、子孫者，杖九十，徒二年半。若得迷失奴婢而賣者，各減良人罪一等。被賣之人不坐，給親完聚。若收留在逃子女而賣爲奴婢者，杖九十，徒二年半；爲妻妾、子孫者，杖八十，徒二年。若得在逃奴婢而賣者，各減良人罪一等。其被賣逃在之人，又各減一等。若在逃之罪重者，從重論。其自收留爲奴婢、妻妾、子孫者，罪亦如之。隱藏在家者，并杖八十。若買者及牙保知情，減犯人罪一等，追價入官。不知者俱不坐，追價還主。若冒認良人爲奴婢者，杖一百，徒三年；爲妻妾、子孫者，杖九十，徒二年半。冒認他人奴婢者，杖一百。

《大明律直解所載明律》卷一二《禮律・儀制・服舍違式》　凡官民房舍、車服、器用之類，各有等第。若違式僭用，有官者，杖一百，罷職不叙；無官者，笞五十，罪坐家長。工匠並笞五十。若僭用違禁龍鳳文者，官民各杖一百，徒三年。工匠杖一百，連當房家小，起發赴京，籍充局匠。違禁之物，并入官。首告者，官給賞銀五十兩。若工匠能自首者，免罪，一體給賞。

《皇明詔令》卷二一《今聖上皇帝・宣諭承天府百姓嘉靖十八年三月》

説與故里的衆百姓每：我的父母昔在孝宗皇帝時，封國在這裏。我父母積許大的德行，生我承受天位。今日我爲父母來到這裏，你每也有昔年的舊老，也有與我同後生者，今日一相見。但只是我全没德行，父母都天上去了。這苦情你每也見麽？我今事完回京，説與你每幾句言語：各要爲子的盡孝道，爲父的教訓子孫，長者撫那幼的，幼的敬那長的，勤生理，做好人。依我此言語。况我也不能深文，這等與你每説，以便那不知文理者，教他便省的。你每可記着。

《教民榜文》　里甲、老人，凡本管人民有事，自來陳告，方許辯理。若民些小詞訟，本人自能含忍不願告訴，若里甲、老人風聞尋趁，勾收生事者，杖六十；有贓者，以贓論。

《教民榜文》　本里老人，遇有難決事務，或子弟親戚有犯相干，須會東西南北四鄰里分，或三里五里衆老人、里甲剖决。如此，則有見識多者，是非自然明白。

《教民榜文》　凡老人、里甲剖决民訟，許於各里申明亭議決。其老人，須令本里衆人，推舉平日公直、人所敬服者，或三名、五名、十名，報名在官，令其剖决。若事干别里，須會該里老人、里甲公同剖决。其坐次，先老人，次里長，次甲首，論齒序坐。如里長的長於老人者，坐於老人之上。如此剖判，民訟抑，長幼有序，老者自然尊貴。

《教民榜文》　老人、里甲與鄰里人民，住居相接，田土相鄰，平日是非善惡，無不周知。凡民有陳訴者，即須會議，從公剖斷。許用竹篦荆條，量情决打。若不能決斷，致令百姓赴官紊煩者，其里甲、老人亦各杖斷六十；年七十以上者不打，依律罰贖，仍着落果斷。若里甲、老人循情作弊，顛倒是非者，依出入人罪論。老人、里甲合理詞訟：户婚、田土、鬥毆，争佔，失火，竊盗，罵詈，錢債，賭博，擅食田園瓜果等，私宰耕牛，棄毁器物稼穡等，畜産咬殺人，卑幼私擅用財，褻瀆神明，子孫違犯教令，師巫邪術，六畜踐食禾稼等，均分水利。

《教民榜文》　老人中有等不行正事，倚法爲姦，不依衆人公論，攪擾壞事者，許衆老人拿赴京來。

《教民榜文》　民間詞訟，已經老人、里甲處置停當，其頑民不服，輒轉告官，捏詞誣陷者，正身處以極刑，家遷化外。

《教民榜文》　民間户婚、田土、鬥毆相争、一切小事，不許輒便告官，務要經由本管里甲、老人理斷。若不經由者，不問虚實，先將告人杖斷六十，仍發回里甲、老人理斷。

《洪武永樂榜文》　爲給還人口事，永樂二年正月十五日奉聖旨：但是各處官軍下拘擄的人口，都是好百姓，不許拘留。都教放回去，依親完聚。

（明）張楷《律條疏議》卷四《收留迷失子女》　凡收留人家迷失子女，不送官司，而賣爲奴婢者，杖一百，徒三年；爲妻妾子孫者，杖九十，徒二年半。若得迷失奴婢而賣者，各減良人罪一等，被賣之人不坐，給親完聚。

疏議曰：凡有收留他人迷失之子女，不送官司而輒賣與人爲奴婢者，杖一百，徒三年；賣與人爲妻妾、子孫者，杖九十，徒二年半。若收得人迷失奴婢，而賣之者，各減賣良人罪一等。各字，指賣爲奴婢爲妻妾子孫而言。謂賣爲奴婢者，杖九十，徒二年半；賣爲妻妾、子孫者，杖八十，徒二年。被賣之子女奴婢俱不坐罪，給還本親，收領完聚。

若收留在逃子女而賣爲奴婢者，杖九十，徒二年半。爲妻妾、子孫者，杖八十，徒二年。若得在逃奴婢而賣者，各減良人罪一等。其被賣逃之人又各減一等。若在逃之罪重者，自從重論。

疏議曰：若收留人家逃走之子女而賣與人爲奴婢者，杖九十，徒二年半；賣與人爲妻妾、子孫者，杖八十，徒二年。若收得人家在逃之奴婢而賣與人爲奴婢，則杖八十。徒二年，爲妻妾子孫者，則杖七十，徒一年半，故曰：各減良人罪一等。其被賣之人比前迷失，本不坐罪，以其原係在逃。故又各減一等。爲奴婢者，杖七十，徒一年半。爲妻妾、子孫者，杖六十，徒一年。若所逃之子女奴婢，其原逃之罪重於徒一年半，徒一年者，自從其重罪科斷。

問曰：前收迷失子女奴婢，言給親完聚。此收留在逃子女奴婢，既各定罪，不言完聚。得依上完聚例否？

答曰：前因迷失不坐其罪，故得給親。此言在逃，故坐其逃罪而不言給親者，以其所逃之罪，或有深重而不當完聚者。觀下文又曰：若在逃之罪重者，自從重論，則當視其所逃之罪，量情處置，不可拘於上文給親之例也。

其自收留爲奴婢、妻妾、子孫者，罪亦如之。隱藏在家者，並杖八十。若買者及牙保知情，減犯人罪一等。追價入官。不知者，俱不坐。追價還主。若買認良人爲奴婢者，杖一百，徒三年。爲妻妾、子孫者，杖九十，徒二年半。買認他人奴婢者，杖一百。

疏議曰：其有人將迷失及在逃子女、奴婢收留不賣而自爲奴婢，或爲妻妾、子孫者，亦同賣與人擬罪。若收留迷失及在逃子女奴婢，不曾爲奴婢、妻妾、子孫，而止隱藏在家者，止杖八十，若知係是迷失在逃之人而買之，及爲其説合之牙保，則減所賣之人罪一等。買迷失子女爲奴婢者，杖九十，徒二年半。爲妻妾、子孫者，杖八十，徒二年，買迷失奴婢爲奴婢，杖八十，徒二年；爲妻妾、子孫，杖七十，徒一年半。買逃走子女爲奴婢，杖八十，徒二年；爲妻妾、子孫，杖七十，徒一年半。買在逃奴婢爲奴婢，杖七十，徒一年半；爲妻妾子孫杖六十，徒一年，追其原得價錢入官。若不知係是迷失及在逃之人而買之，及爲牙保者，不坐其罪，追價給還買主。若有冒認良家之人爲奴婢者，杖一百，徒三年。冒認爲妻妾子孫者，杖九十，徒二年半。冒認他人奴婢爲自己奴婢者，杖一百。

謹詳律意，迷失子女收者俱合送官，若良若奴，賣者各得徒罪。逃走雖非迷失，賣者終有利心，故奴良皆依上減科。被賣者則從重論罪，自收不賣，情與賣同，牙保知情，得減賣罪，冒認良人爲奴，是以貴爲賤也；認爲妻妾、子孫，是以踈爲戚也。原情定罪，徒罪曷逃。

（明）張楷《律條疏議》卷四《收養孤老》 凡鰥寡孤獨，及篤廢之人，貧窮無親屬依倚，不能自存，所有官司應收養而不收養者，杖六十。若應給衣粮而官吏尅減者，以監守自盜論。

疏議曰：孟子曰：老而無妻曰鰥，老而無夫曰寡，老而無子曰獨，幼而無父曰孤。篤疾者，如折二肢之類，廢疾者，如折一肢之屬，此等原係無告之人，若更貧而無財，窮而不達，又無本宗親屬依倚，則必不能自存。本管軍民官司理應收留存養。若有坐視其苦不加優卹者。官吏杖六十。若已收養，而官吏將其應合給與之衣粮尅減入己者，計所尅之物，以監守自盜論罪。謹詳律意，鰥寡孤獨謂之貧民，篤廢殘疾非全人也，若貧窮而無倚，必收養於官司。所以推仁恩、卹民隐也，應收養而不養，則是弛恩坐以杖刑。以責其忍給衣粮而尅減，是爲侵恩，坐以盗罪，以治其貪。

（明）張楷《律條疏議》卷一二《乘輿服御物》 凡乘輿服御物，收藏修整不如法者，杖六十。進御差失者，笞四十。其車馬之屬不調習，駕馭之具不堅完者，杖八十。

疏議曰：乘輿解見名例條。服御物者，謂衾被裀褥之類。而收藏修整不如法者，主首之人杖六十。進御差失如當進裀而進蓆，當進衾而進褥之類，則笞四十。其上乘車馬之屬，如象輅等項，不行調習慣熟駕馭之具，如轡韁策之類，不堅牢完備者，杖八十。

若主守之人，將乘輿服御物私自借用，或轉借與人，及借之者，各杖一百，徒三年。若棄毁者，罪亦如之，遺失及誤毁者，各減三等。

疏議曰：若主守之人，將乘輿服御物，如裀褥之類，私自借用或轉借與人及借之者，各杖一百，徒三年。若將乘輿服御物棄毁之者，亦杖一百，徒三年。故曰罪亦如之。若前項事件偶致遺失及誤毁，非出不意者，各減三等。

御幸舟船誤不堅固者，工匠杖一百。若不整頓修飾及在船篙棹之屬缺少者，杖六十，並罪坐所由監臨提調官，各減工匠罪二等。並臨時奏聞區處。

疏議曰：御幸舟船謂萬乘行幸所駕之舟誤不堅固者，工匠杖一百。若雖牢固而不整理頓放脩葺粧飾，及在船篙棹之屬，如桅帆篷舵之類，缺少不完者，杖六十，並罪坐所由經手造作之匠人，不得一槩治罪。其監臨提調官如提舉司。及工部委官之類，各減工匠罪二等。誤不堅固者，杖八十。不脩飾及缺少者，笞四十。並臨時奏聞區處者，謂前項有犯定罪明白，並須臨時奏聞，然後區處，不許輒便斷決。

謹詳律意，御物而藏修，不謹進御而用非其宜，車馬不閑，控具不備，論禮皆爲不敬，據事則有重輕，罪亦因之，難同一律。私借、私用是爲僭欺，毁損、失亡，是無忌憚，舟船不固，亦無存敬之心，監督不嚴，亦減工匠二等。既擬定其常律，亦必取斷施行，重其事也。

〔明〕雷夢麟《讀律瑣言》卷一六《畜産咬踢人》 凡馬牛及犬有觸觝踢咬人，而記號拴繫不如法。若有狂犬不殺者，笞四十。因而殺傷人者，以過失論。若故放令殺傷人者，減鬥殺傷一等。其受雇醫療畜産，及無故觸之而被殺傷者不坐罪。若故放犬令殺傷他人畜産者，各笞四十，追陪所減價錢。

瑣言曰：故放令殺傷人者係凡人，減鬥殺傷一等。係親屬減親屬相毆一等。受雇醫療畜産而無控制之術，及畜産本無咬踢人之狀，而人無故觸之致被殺傷者，畜主俱不坐罪。

〔明〕雷夢麟《讀律瑣言》卷四《收養孤老》 凡鰥寡孤獨及篤廢之人，貧窮無親族依倚，不能自存，所有官司應疏養而不收養者，杖六十。若應給衣糧而官吏尅減者，以監守自盜論。

〔明〕雷夢麟《讀律瑣言》卷四《收留迷失子女》 凡收留人家迷失子女，不送官司而賣爲奴婢者，杖一百，徒三年；爲妻妾、子孫者，杖九十，徒二年半。若得迷失奴婢而賣者，各減良人罪一等。被賣之人不坐，給親完聚。若收留在逃子女而賣爲奴婢者，杖九十，徒二年半；爲妻妾、子孫者，杖八十，徒二年。若得在逃奴婢而賣者，各減良人罪一等，其被賣逃之人，又各減一等。若在逃之罪重者，自從重論。其自收留爲奴婢、妻妾、子孫者，罪亦如之。隱藏在家者，並杖八十。若買者及牙保知情，減犯人罪一等，追價入官。不知者俱不坐，追價還主。若冒認良人爲奴婢者，杖一百，徒三年；爲妻妾、子孫者，杖九十，徒二年半。冒認他人奴婢者，杖一百。

瑣言曰：良人家迷失子女及迷失奴婢，原無遺親背主之心，不幸而有所迷失，所當矜憫，故必送官，召人認領，使得還歸其家。若輒賣之，是無矜憫之意，且因而爲貨利之圖。然賣爲子孫妻妾猶使迷失之人得所，若賣爲奴婢，則賤辱之已甚矣，故有徒三年、徒二年半之差也。奴婢本賤者，故各減賣良家子女罪一等。被賣之人以其由於迷失，非情之得已也，故不坐罪，各給親完聚。若在逃子女及在逃奴婢，則在子女奴婢已有在逃之罪矣，然亦當送官追究在逃來歷，若收留而賣者，亦各減賣迷失良家子女、迷失奴婢罪一等，彼雖有罪，此安得而遂貨之耶？被賣在逃之人，又各減賣者之罪一等。若在逃者之罪重於被賣減等之罪，自從重論，不言給親完聚，恐在逃者有該離異歸宗從良之數，難以給親者，當盡各條本法。其收留迷失及在逃子女，得迷失及在逃奴婢，雖未賣與他人而自己將爲奴婢，或將爲妻妾子孫，則亦利之而已矣，並同賣與他人科罪。若未賣與他人，又不將爲奴婢、妻妾、子孫，而暫時隱藏在家，不送官司，雖無矜人之意，猶無利已之圖也，並杖八十，其在逃者，仍科逃罪。若買者及牙保之人，知其迷失與在逃之情，而故買之及與説合者，各減賣者之罪一等。若有於收留之人處及當官冒認良人爲己奴婢者，徒三年，爲妻妾子孫者，徒二年半。冒認他人奴婢者，不問爲奴婢、妻妾、子孫，並杖一百，此不分迷失、在逃者，惡其詐冒之情也。

《皇明條法事類纂》卷一二《户部類·收養孤老賑（恤）濟饑民例》

成化六年正月十三日，户部尚書楊等題，爲陳言事。該兵科給事中秦崇將時宜數事開題。奉聖旨：該衙門知道。欽此。内一件：恤貧窮以行實惠。今天下司府州縣，頻年以來，水旱相仍，豐熟罕（通）〔遇〕。人民多因衣食艱窘，啼饑號寒，乞丐無依。流移失所者，無處無之；疲癃顛連無告者，所在皆有。皇上惻恤之念恒存，賑恤之詔屢下。《書》所（爲）〔謂〕哀此煢獨，子惠困窮，若合（劄）〔符〕節，真天地父母之心也！奈何所在官司，不體聖意，視爲虚文。雖（所）〔設〕養濟院而經（連）〔年〕累歲，曾無一人被其澤者。又有養濟院地塞雖在，而略不加意修理者。（問）〔間〕有遵依奉行，亦不過十之一二。遂使朝廷之實惠不能（偏）〔遍〕於下，貧民之嗟怨不能達於上，皆有司坐視不恤之所致也。如蒙乞敕該衙門通行各處有司，照依節奉（誥）〔詔〕盡事理，各令里老，將本處乞丐無依並疲癃殘、顛連無靠之人，俱送養濟院，照例給與衣糧，勿令失所。若有不遵修理者，本管官司督令修理。巡按御史，布、按二司官員按臨去處，亦要取具各該有司不致貧民失所甘結，不可（日）〔謂〕米（節）〔糧〕細務何必上司整理（已）〔也〕。如此，則貧民得蒙朝廷實惠，而物各得其所矣。再照國以民爲本，民以食爲天，今（東）〔冬〕〔久〕陽少雪，來年饑荒可待。若非預爲措置，臨時何以賑濟？仍乞敕該衙門計議，行令各處巡撫等官，多方設法措辦糧米。遇有不收，限督有司照例賑濟。其該徵錢糧等項，果係災傷處所，即與具奏開（路）〔豁〕，待候豐年征收。務使民不流移，均霑實惠，然後可以副朝廷養育元元之意。抄出送司。查得天順元年五月初九日，該太監牛玉節該傳奉英宗皇帝聖旨：如今京城有等貧難無依之人，沿街乞食，不能自存者，深可憐憫。便着順天府宛平、太興二縣於東西寬閑去處各蓋養濟院一所，以爲長久之規。務使鰥寡孤獨之人得霑實惠。違者必罪不饒。欽此。續該户科給事中丘弘題稱，窮〔民〕者，仁政〔之〕所急。京師者，施行〔之〕所先。輦轂之下民貧如此，況天下乎！乞行在京、在外府洲縣正官，將養濟院時加修理。如原無者量於空閑官地〔設置〕，遇鰥寡殘疾之人不能生（意）〔業〕者，即便收入養濟院，照例給與衣糧，勿令叫街乞食等因，本部已經查照節次奏准事例，通行申明外，近該陝西、湖廣等布政司並直隷府州縣各奏稱，所屬地方水旱災傷，本部又經照例行勘是實。回報之日，將成災害該免糧草具奏（途路）〔開豁〕。及照各處預備倉糧，專爲賑荒而設。兇年則散，豐年則收。如初無糧者，或行其具勸借等項之法，或將在官贓罰等物易糴，本部累次行令司府州縣務奏實效去後。今奏前因，看得各處鰥寡孤獨殘疾乞食貧人，誠可矜憐，災傷去處，合當賑濟。緣有前項欽依並奏行收養預備事例，但各處所司奉行未至，誠如秦崇所言。今再申明，案呈欽行各該司、府、州、縣，着落掌印官，從實查勘所屬地方，但有乞丐孤寡殘疾之人，未有的親（所宜）〔可倚〕，不分軍民人籍，盡數收入養濟院存恤。若原無養濟院者，即便設立。損壞者，時加修理。災傷去處果有饑民，即便預備食糧，驗口賑濟。糧少去處，亦要依法措處。務必窮民均沾實惠，不許虛（意）〔應〕故事。如違者，〔在〕内聽巡城御史發勘，在外聽巡撫、巡按並按察司分巡官員究治。具題。奉聖旨：是。欽此。

（明）汪循《汪循告示·永嘉諭民教條》 竊謂天生萬物，必毓元能者作之。君帝撫群黎，必簡循良者爲之。令誡以謂之令者，有命令之義，有宰制之道。擅一邑之名，龍寄百里之生靈。惟民散處閭閻，僻居山谷，巡守不得時接其面目，監司不得細察其隱微，故謂親民之官。唯令最切躬令之職，非才不能循猥。以書生濫登進士，慨有憂時之志，愧非濟世之才，筮選銓曹承乏，鉅邑履任，惟始懷懼，彌悾兹欲，令民心盡知我心。體朝廷命官之心，合天地生物之心，未能使我志遽愜僚志，孚二三父老之志，通千萬黎庶之志，於是述我心之所願，欲著爲教條，庶幾使民志知所向方，成乎善俗，斯爲美也，不亦樂乎？當聞善治水者，順水之性而導之江海之歸。善治民者，因民之情而納之至善之域。故爲政之道，貴乎行所無事，而親民之職，務以得乎民心。今欲爲吾民者，爲父主慈而慈，勿流於敗，子爲子主孝而孝，勿至於陷。親爲弟者，必敬其兄而毋傲闃之虞。爲兄者，須愛其弟，而毋效尤之。失夫和而義庶帷薄之，孔修妻桑，而正免牝晨之兇穢。有貴賤，斯有等秩，名器不假以混殽。有長幼，即有叙倫，重任須分於負戴，約信必誠，毋爲離叛，以相詐；貨器必實，勿競濫惡以相欺。富者不可以吞貧，貧者亦不得陰爲侵害以撓富，彊者不可以凌弱，弱者亦不得詐爲無籍以圖彊，權衡須準而無或輕重之差，斗斛須平，而無或大小之謬。寧餓死莫行盜賊，縱遇暴，莫尚鬥毆。務本莫善於農，游手好閑者，法有明禁。隨身莫良于蛰，飲酒賭博者，律有嚴條，俱賦以時，而免鞭扑之憂。執役惟謹，而無拘捕之楚行者，誠路四鄉，還揖遜之風，耕者讓畔萬井，成親睦之俗，同躋善俗盡爲良民，凡此數者，其事即修身之節，日用之常，皆爾民職分之所當爲。其理即帝降之，衷民秉之彝，皆爾民性分之所固有，初非汝性之所本無，而彊語以難曉之理，亦非汝才之所不能，而彊加以難能之事。但慮或爲物欲所蔽，是以理具於性者，有時而不明，氣禀所拘，是以能發于才者，有時而不振。盍於旦氣清明之時，人事未接之際，凝神反照，息慮内觀，何者爲善，何者爲惡，何者爲天理之當然，何者爲人欲之固蔽，何者爲君子之行，何者爲小人之歸，我之所修爲者何功，上天之所賦畀者何物，祖宗法度爲何而設，聖賢謨訓爲何而傳。以此自思，必有所見，所見既徹，善心由生，善心既生，擴端而充之，觸類而長之，勉勉循循，日新不已，則何事不可做，何業不能成？而豈但爲良民哉？馴而至爲聖爲賢，推而仕爲卿爲相，率此道也。循不肖，爲學三十年，了無所見，惟平生以不欺存心，然亦惡人欺己，以寬恕待人。而又嚴于嫉惡，以周慎處事，而又憤人慢事。今濫爲汝長，故偕爲汝等道之，相與共勉。木職其或歷練未熟，操履未醇，措置乖方，檢防失度，耳目有所蒙蔽，心志有所偏惑，壅朝廷恩澤，使不得施於民閡，閭閻疾苦，俾不能通於上，汝等當明以告我，使克改之。我無爾愚，爾無我詐，邑中父老逾七十者，年高德卲，果賢干于，有能開心見誠，補予過失者，予當迎之上坐，事之如父。境内豪傑未七十者，經明行修真勝於已有，有能敷治陳教匡予不逮者，予當尊之北面事之以師。年雖未及，才足有爲，能盡忠佐予，予亦傾誠委任。如有豪暨狡猾之徒，或把持官府，或教唆詞訟，或窩藏盜賊，或坑陷良善，在官爲巨蠹，在鄉爲民害，如食畜之狼，攪群之馬，害苗之莠者，見此宜洗心向善，革故從新。若無怙終之尤，決無追往之理，果能脱去舊習，轉爲良民，是即古所謂西門豹之徒，不惟改行爲賢，抑且彰吾善政，豈徒不咎，更加獎之。至於去治遼遠，山鄉溪鄉人民，不習見官府，多以爲懼，而城市小人窺其所以，利其財貨。一見入城而百般愚弄，以致人心愈懼，足跡愈踈。甚至執役之家，經月不赴，追捕之卒，積歲不休。歇家賠料者，加倍徵收，公差下鄉者，十分擾害，迹其遠近之勢殊隔，蓋以上下之情不通。見此即當趨事赴公，秉心向化，挾以所産之物，貨以當值之錢，遐邇一施，公私兩濟，市民如有似前愚弄詐騙者，體訪得出，痛加懲側，決不相容。嗚呼，爲治之道，有德禮，有政刑，循良之吏，有寬仁，有威猛。予年逾强仕，身歷畏塗，非不知以威猛馭人，而人易從，以政刑爲治，而得效速。乃諄諄爲此勸道之語，拳拳聲此告戒之心，以臨吾民者，蓋以令父母之官，而民有子弟子義。豹狼雖暴，不啗其兒，鸞鳳本仁，寧拂其性？昔卓茂治密，嘗謂民曰：律設大法，禮順人情，我以禮教汝，汝必無怨惡，以律治汝，汝何以措手足乎？然禮與律本非二途，法與情元同一致，律本禮制，法因情施，荷三告而弗悛，在五刑具不赦，此其大略。諭衆通知，至於次第節目之詳，修爲功效之極，與夫民間利病，所當因革鄉中，情俗有所異同，更如揣摩，用申懇到，故此曉諭，須至告示者。

（明）王守仁《公移告諭五種》卷五《教約》 每日清晨，諸生參揖畢，教讀以次，徧詢諸生在家所以愛親敬長之心，得無懈忽，未能真切否？温清定省之儀，得無虧缺，未能實踐否？往來街衢，步趨禮節，得無放蕩，未能謹飭否？一應言行心術，得無欺妄非僻，未能忠信篤敬否？諸童子務要各以實對，有則改之，無則加勉，教讀復隨時就事，曲加誨諭開發，然後各退就席肄業。

凡歌詩須要整容定氣，清朗其聲音，均審其節調，毋躁而急，毋蕩而囂，毋餒而懾，久則精神宣暢，心氣和平矣。每學，量童生多寡，分爲四班，每日輪一班歌詩，其餘皆就席，斂容肅聽。每五日，則總四班遞歌於本學。每朔望，集各學會歌於書院。

凡習禮，須要澄心肅慮，審其儀節，度其容止，毋忽而惰，毋沮而怍，毋徑而野，從容而不失之緩，脩謹而不矢之拘，久則禮貌習熟，德性堅定矣。童生班次皆如歌詩。每間一日，則輪一班習禮，其餘皆就席，斂容肅觀。習禮之日，免其課倣。每十日則總四班，遞習於本學。每朔望，則集各學會習於書院。

凡授書，不在徒多，但貴精熟，量其資禀能，二百字者，止可授以一百字，常使精神力量有餘，則無厭苦之患，而有自得之美。諷誦之際，務令專心一志，口誦心惟，字字句句，紬繹反覆，抑揚其音節，寬虛其心意，久則義禮浹洽，聰明日開矣。

每日工夫，先考德，次背書誦書，次習禮，或作課倣，次復誦書講書，次歌詩。凡習禮歌詩之類，皆所以常存童子之心，使其樂習不倦，而無暇及於邪僻。教者如此，則知所施矣。雖然，此其大略也，神而明之，則存乎其人。

（明）王守仁《公移告諭五種》卷五《告諭新民》 爾等各安生理，父老教訓子弟，頭目人等撫緝下人，俱要勤爾農業，守爾門户，愛爾身命，保爾室家，孝順爾父母，撫養爾子孫，無爲善而不蒙福，無爲惡而不受殃，毋以衆暴寡，毋以强凌弱，務興禮義之習，永爲良善之民，子弟羣小中，或有不遵教誨，出外生事爲非者，父老頭目，即與執送官府，明正典刑。一則彰明爾等爲善去惡之誠，一則剪除莨莠免致延蔓貽累爾等良善。吾今奉命巡撫，是方惟欲爾等小民，安居樂業，共享太平近因督征象湖，各賊巢悉已擒斬掃蕩，住軍於此，當兹春耕甚欲親至爾等所居鄉村，面問疾苦，又恐跟隨人衆，或至勞擾爾民，特遣官耆諭告，及以布疋頒賜父老頭目人等，見吾勤勤撫恤之心，餘人衆多，不能遍及，各宜體悉此意。

（明）王守仁《公移告諭五種》卷五《南贛鄉約》 咨爾民，昔人有言：蓬生麻中，不扶而直，白沙在泥，不染而黑。民俗之善惡，豈不繇於積習使然哉？往者新民，蓋常棄其宗族，畔其鄉里，四出而爲暴，豈獨其性之異，其人之罪哉？亦繇我有司治之無道，教之無方，爾父老子弟，所以訓誨戒飭於家庭者不早，薰陶漸染於里閈者無素，誘掖獎勸之不行，連屬叶和之無具。又或憤怨相激，狡僞相殘，故遂使之靡然，日流於惡。

則我有司，與爾父老子弟，皆宜分受其責。嗚呼，往者不可及，來者猶可追。故今特爲鄉約，以協和爾民，爾等父老子弟，毋念新民之舊惡，而不與其善。彼一念而善，即善人矣。毋自恃爲良民，而不脩其身，爾一念而惡，即惡人矣。人之善惡，係於一念之間，爾等慎思吾言，毋忽。

一、同約中推年高有德，爲衆所敬服者一人，爲約長，二人爲約副，又推公直果斷者四人，爲約正，通達明察者四人，爲約史，精健廉幹者四人，爲知約，禮儀習熟者二人，爲約贊。置文簿三扇，其一扇備寫同約姓名，及日逐所爲，知約司之；其二扇，一書彰善，一書糾過，約長司之。

一、同約之人，每一會，人出銀三分，送知約具飲食，毋大奢，取免飢渴而已。

一、會期以月之望，若有疾病事故，不及赴者，許先期遣人告知約，無故不赴者，以過惡書，仍罰銀一兩公用。

一、立約所，於道里均平之處，擇寺觀寬大者爲之。

一、彰善者，其辭顯而決，糾過者，其辭隱而婉，亦忠厚之道也。如有人不弟，毋直曰不弟，但云聞某於事兄敬長之禮，頗有未盡，某未敢以爲信，姑書之以俟，凡糾過惡，皆例此。若有難改之惡，且勿糾使無所容，或激而遂肆其惡矣。約長副等，須先期陰與之言，使當自首，衆共誘掖奬勸之，以興其善念，姑使書之，使其可改。若不能改，然後糾而書之，又不能改，然後白之官，又不能改，同約之人，執送之官，明正其罪。勢不能執戮力協謀，官府請兵滅之。

一、通約之人，凡有危疑難處之事，皆須約長會同約之人，與之區處，必當於理，濟於事而後已。不得坐視推託，陷人於惡，罪坐約長約正諸人。

一、寄莊人户，多於納糧當差之時，躲回原籍，負累同甲。今後約長等，勸令及期完納應承，如蹈前弊，告官懲治，削去寄莊。

一、本地大户，異境客商，放債收息，合依常例，毋得磊算。或有貧難不能償者，亦宜以理量寬，有等不仁之徒，轉便捉鎖磊取，挾寫田地，致令窮民無告，去而爲盜。今後有此，告諸約長等與之明白，償不及數者，勸令寬捨取，已過數者，力與追還，如或恃强不聽，率同約鳴官。

一、親族鄉鄰，往往有因小忿，投賊復讐，殘害良善，釀成大患。今後一應鬭毆不平之事，鳴之約長等公論是非，或約長聞之，即與曉諭解釋，敢有仍前妄爲者，率同約，呈官誅殄。

一、軍民人等，若有陽爲良善，陰通賊情，販買牛馬，走傳消息，歸利一己，殃及萬民者，約長等率同約諸人，指實勸戒不悛，呈官究治。

一、吏書義民，總甲里老，百長弓兵機快人等，若攬差下鄉索求賫發者，約長率同約，呈官追究。

一、各寨居民，昔被新民之害，誠不忍言，但今既許其自新，所占田産，已令退還，毋得再懷前讐，致擾地方。約長等常宜曉諭，令各守本分，有不聽者，呈官治罪。

一、投招新民，因爾一念之善，貸爾之罪，當痛自克責，改過自新，勤耕勤織，平買平賣，思同良民，無以前日名目，甘心下流，自取滅絶。約長等各宜時時提撕曉諭，如蹈前非者，呈官懲治。

一、男女長成，各宜及時嫁娶，往往女家責聘禮不充，男家責嫁裝不豐，遂致愆期。約長等其各省諭諸人，自今其稱家之有無，隨時婚嫁。

一、父母喪葬，衣衾棺槨，但盡誠孝，稱家有無而行。此外或大作佛事，或盛設宴樂，傾家費財，俱於死者無益。約長等其各省諭約内之人，一遵禮制，有仍蹈前非者，即與糾惡簿内，書以不孝。

一、當會前一日，知約預於約所灑掃張具，於堂設告諭牌及香案，南向當會日，同約畢至，約贊鳴鼓三，衆皆詣香案前序立，北面跪聽約正讀告諭畢，約長合衆揚言曰：自今以後，凡我同約之人，祗奉戒諭，齊心合德，同歸於善。若有二三其心，陽善陰惡者，神明誅殛。衆皆曰：是皆再拜興，以次出會所，分東西立，約正讀鄉約畢，大聲曰：凡我同盟，務遵鄉約。衆皆曰：是乃東西交拜。興，各以次就位，少者各酌酒於長者，三行。知約起，設彰善位於堂，上南向置筆硯，陳彰善簿，約贊鳴鼓三，衆皆起，約贊唱請舉善，衆曰。是在約史，約史就彰善位，揚言曰：某有某善，某能改某過，請書之，以爲同約勸。約正偏質於衆曰：如何？衆曰：約史舉甚當。約正乃揖善者，進彰善位，東西立，約史復謂衆曰：請各舉所知。衆有所知即舉，無則曰：約史所舉是矣。約長副正，皆出就彰善位，約史書簿畢，約長舉杯揚言曰：某能爲某善，某能改某過，是能脩其身也；某能使某族人爲某善，改某過，是能齊其家也。

使人人若此，風俗焉有不厚？凡我同約，當取以爲法，遂屬酒於其善者，善者亦酌酒酬約長曰：此豈足爲善，乃勞長者過獎，某誠惶怍，敢不益加砥礪，期無負長者之教。皆飲畢，再拜謝約長，約長答拜興，各就位知約撤彰善之席，酒復三行，知約起，設糾過位於堦下，北向置筆硯，陳糾過簿，約贊鳴鼓三，衆皆起，約贊唱請糾過，衆曰：是在約史。約史就糾過位，揚言曰：聞某有某過，未敢以爲然，姑書之，以俟後圖，如何？約正徧質於衆曰：如何？衆皆曰：約史必有見。約正乃揖過者，出就糾過位，北向立，約史復徧謂衆曰：請各言所聞，衆有聞即言，無則曰：約史所聞是矣。於是約長副正，皆出就糾過位，東西立。約史書簿畢，約長謂過者曰：雖然，姑無行罰，惟速改。過者跪請曰：某敢不服罪。自起酌酒，跪而飲曰：敢不速改，重爲長者憂。約正副史皆曰：某等不能早勸諭，使子陷於此亦安得無罪？皆酌自罰。過者復跪而請曰：某既知罪，長者又自以爲罰，某敢不即就戮，若許其得以自改，則請長者無飲，某之幸也。趍後酌酒自罰，約正副咸曰：子能勇於受責如此，是能遷於善也，某等亦可免於罪矣。乃釋爵，過者再拜，約長揖之興，各就位，知約撤糾過席，酒復二行，遂飯，飯畢，約贊起，鳴鼓三，唱申戒，衆起，約正中堂立，揚言曰：嗚呼，凡我同約之人，明聽申戒，人孰無善，亦孰無惡？爲善雖人不知，積之既久，自然善而極不可掩。爲惡若不知改，積之既久，必至惡積而不可赦。今有善而爲人所彰，固可喜，苟遂以爲善而自恃，將日入於惡矣。有惡而爲人所糾，固可愧，苟能悔其惡而自改，將日進於善矣。然則今日之善者，未可自恃以爲善，而今日之惡者，亦豈遂終於惡哉？凡我同約之人，盍共勉之。衆皆曰：敢不勉？乃出席，以次東西序立，交拜興，遂退。

陳龍正論曰：十家牌以防奸之法，兼訓育，鄉約以化導之意，兼整齊，相爲表裏。

（明）王守仁《公移告諭五種》卷五《告諭條款》　告諭百姓，風俗不美，亂所繇興。今民窮苦已甚，而又競爲淫侈，豈不重自困乏？夫民習染既久，亦難一旦盡變，吾姑就其易改者，漸次誨爾。吾民居喪，不得用鼓樂，爲佛事，竭貲分帛，費財於無用之地，而儉於其親之身，投之水火，亦獨何心？病者宜求醫藥，不得聽信邪術，專事巫禱。嫁娶之家，豐儉稱資，不得計論聘財裝奩，不得大會賓客，酒食連朝。親戚隨時相問，惟貴誠心實禮，不得徒飾虛文，爲選節名目，奢靡相尚。街市村坊不得迎神賽會，百千成羣。凡此皆靡費無益，有不率教者，十家牌鄰互相糾察，容隱不舉正者，十家均罪。爾民之中，豈無忠信循禮之人？顧一齊衆楚，寡不勝衆，不知違棄禮法之可耻，而惟慮市井小人之非笑，此亦豈獨爾民之罪。有司者教導之不明，與有責焉。至於孝親敬長，守身奉法，講信修睦，息訟罷争之類，已嘗屢有告示，懇切開諭，爾民其聽吾誨，爾益敦毋怠。

（明）王守仁《公移告諭五種》卷五《舉鄉約告諭父老子弟》　頃者頑卒倡亂，震驚遠邇，父老子弟甚憂苦騷動。彼冥頑逆天，自求誅戮，究言思之，實足憫悼，然亦豈獨此冥頑之罪？有司者，撫養之有缺，訓迪之無方，均有責焉。雖然父老之所以倡率，飭勵於平日，無乃亦有所未至歟？今倡亂渠魁，皆就擒滅，脅從無辜，悉已寬貸。地方雖已寧復，然創今圖後，父老所以教約其子弟者，自此不可以不預。故今特爲保甲之法，以相警戒聯屬，父老其率子弟慎行之。本院屬有哀疚，未遑匍匐來問父老疾苦，廉有司之不職，究民之利弊而興除之。故先遺諭，方春父老善相保愛，督子弟及時農作，毋惰。

（明）朱廷立《禁約·戒商九事》　一曰，戒貪緣。按商人雖巧於射利，而實拙於守分，往往用財饋送勢要以求囑託，及至官司公道，自不容掩，誰肯壞法，任人驅使。使利歸於人。而已乃受不韙之名耶。嗟爾商人，始欲得利，而卒反得害。計誠拙矣。令後切宜深戒。二曰，戒鬬訟。商人輻輳市井，非但言語之間，易爲相忤，而利之所在互相争競，往往因而鬬毆争訟，甚至破家亡身。及至追悔，已無及矣，其各戒之。三曰，戒華居室。今制限庶人房不過三間，不得爲重棋斗簷，丹漆繪畫，與丈尺椽梁之違例者。四曰，戒美衣服。令例，商賈之家，止穿絹布，不得僭用紵絲綾羅，婦婦許用紫緑、桃紅，及諸淺淡顔色，毋服大紅、鴉青金繡錦綺雲鳳花鳥之屬。五曰，戒飾器具。今制庶民酒盞用銀餘器，止皆銅錫産漆，不得爲渾金象玉彫花細纍。女子頭飾，止許金鍍，凡翡翠珍實、瑪瑙、玳瑁金玉之奇異者，悉禁之。六曰，戒多僕妾。度貲以稱事，比類以旌能。妻妾不三，而淫亂之徒化；僕從不五，而力本之人多。籍遠而冒射者，治其流；藏虚而矯飾者，發其詐。七曰，戒侈婚嫁。揚俗尚浮，至婚禮類夷道者，商始也。今于幣聘止於紬絹茶菓，必從儉素，粧送止許衾褥奩具，勿爲華美。嚴治戒焉。八曰，戒違葬祭。按商多他省，親死艱歸乃暴風日。付水火或一殯之費，傾貲取勝謂之何哉，令與定期死或半歲，則促歸。踰期不舉，治以不孝。有便葬者，聽。仍導以禮，葬惟明器旌布，祭惟果肴酺醘。其餘緇黄不經，一切浮靡者咸痛革之。九曰，戒盛宴會。淮商聚會雖四時小醵，聲妓珍羞，務窮奢泰。固有前極豐盈而終餓溝壑者，傷理敗化莫甚焉，茲與之限，每會饗果不過數品，酒數行，其餘婚嫁則少倍之。

《嘉靖新例・户例・田宅・欺隱田糧》 一、嘉靖拾貳年拾壹月户部題准，各處塗田、灘地、山場、湖蕩、新生續沙洲等項，但係開墾新增無糧田地，或被官豪勢要佔種，或被豪民侵隱，行委能幹官員逐一清查，招撫無業居民佃種，每畝徵銀叁分。高者照依彼中土俗量爲加添，定徵租銀各數目，造册奏繳。

一、嘉靖貳拾　年户部題准，各邊鎮地方，如有空閑地土，應給軍民耕種者，即行查給，暫免征税，候其耕種年久，地熟利多，量爲征税。

《宗藩條例》卷下《擅婚子女》 查得嘉靖二十八年三月内，晋王奏稱，寧化王府鎮國中尉表柔繼娶藺氏所生第二女，例該請封。該本部查得藺氏既經擅婚革封，其子女似難照常請封。惟復照依革爵庶人所生子女事例，量給婚嫁之資，不許請乞封號。以後各王府但有違例擅婚者，俱照此例施行等因。題奉聖旨：是。欽此。又查得，嘉靖三十二年十二月，周王奏鎮國中尉睦㮊擅婚高氏，所生男女請給名糧。該本部查得《户部題准事例》，宗室擅婚所生子女不許請封，止許請名，比照庶人給與口糧五十石，女止給婚資。今睦㮊長男及三女勘係擅婚所生是實，合照例將長男行移請名，所據口糧並三女婚資查照近題事例關給等因。奉聖旨：是。欽此。

前件臣等議得，宗室請婚，雖重人道之始，實重朝廷之命也。若不請命而擅自婚配，則非人臣之禮矣。今後有擅婚者所生之子，止許請名，不許朦朧請封。其歲給口糧，照依歷年原議，減庶人三分之一，給米五十石，仍本折中半兼支。其女任其擇配，毋得别有希望奏擾。

（明）吕坤《實政録》卷三《民務・禁約風俗》 孤兒所遺産業，或自己管理，或尊長寄收，雖有重大緊急事情，受寄之人不許分毫典賣，但有典賣者，即將犯人十倍重處，仍於本犯名下勒限嚴追。雖鬻妻變産，亦令賠完。中人一例重究。其奸富恃財知情擅買者，除重究外，産給原主，價不退還。

（明）吕坤《實政録》卷五《鄉甲約卷之二》 約中除樂户、家奴及傭工、佃户各屬房主、地主挨查管束，不許收入鄉甲外，其餘不分匠作、裁縫、厨役、皁隸、快手、門禁、馬夫，但係本縣老户人家，或客商經年久住，情願入約者，俱許編入鄉甲，以鄉黨輩數齒序，不許作踐。

（明）佚名《重刻律條告示活套》卷二《收養孤老》 前件某府爲存恤事，竊惟政先鰥寡，文王垂萬世之典，哀此煢獨。毛詩著千年之訓，蓋以顛連無告之人，垂首喪氣，誠可矜憫。缺子無妻，豈宜怠忽。近訪得所屬州縣官吏，不恤民隱，不近人情，有應收養而不收者，應給衣粮而不給者，雖有存恤之名，全無養濟之實。若不曉諭，則前項煢民必死亡之可期，傷天地之和氣，深爲未便。合発告示，前去張掛，曉諭各社里老知悉：今後遇有鰥寡孤獨，及篤廢殘疾無倚之人，即便具实報官，以憑收養，其應支衣粮等項，按月支給，務沾实惠，以仰副朝廷恩及無告至意。如有里老勒要錢物，不行報舉者，事発定行挐問，决不輕貸。

（明）佚名《重刻律條告示活套》卷四《畜産咬踢人》 前件某府某縣爲禁約事。照得本縣近日爾受詞狀，中間多有告称有被躝馬踢傷人者，有被慈犬咬傷人者，亦有因而致死者。詳其所自，雖是犬馬性惡所致，實係主縱咬踢其人。使其馬在廄而騎用有防，犬在欄而至夜始放，豈有傷人之理。主既知其性惡而不用意防閑，及至不時咬踢傷人，而却乃歸罪無知之畜，是心何心，其過誰過。除將所告成傷隨其輕重坐罪外，爲此合出給告示，發仰鎮店集場等处粘貼，曉諭鄉城内外人家，凡有惡性之畜不拘馬牛驢騾犬羊之屬，合用攔圈絆鎖時常防備。或可变賣，或可殺食，毋得慣縱爲害。敢有不遵以至傷人至死者，即係故縱决問，抵命不貸。

（明）佚名《重刻律條告示活套》卷二《收留迷失子女》 前件巡按監察御史某爲禁約事，照得按屬地方連年水旱相仍，继而流賊爲乱，災盗之餘，百姓困苦流離者多。其間有子女迷失，不記鄉土，每被豪强之人收留安住。既不報官召領，又不以礼令還本家，或覊管使令爲奴，或受財轉賣與人，或私留配與子姪，或强行占爲妻妾，似此之端，但啚一時苟合，不顧有傷風化。若不禁約，涘爲未便。爲此合出告示，発仰按屬地方及人烟集處張掛曉諭，敢有收留迷失子女不報官者，事発依律治罪，若有姦占情弊定行問發，里隣知而不舉，連坐以罪，不恕。

（明）吴仁度《吴仁度告示·約束齊民告示》 爲約束齊民，以維古道事。照得三晉，夙推陶唐之遺雅，尚儉約而敦節度，不虞輓近裂維棄軌跌監之極，長此安窟，斯豈世决？若河難回良心於清夜，或亦馭失其轡，未明約束於平時。本院承乏茲土，聞往昔家書聖諭，巷守王言，木鐸傳聲，提醒老人，五鼓明宣。今則從葰大訓，跳梁宏綱，視孝弟爲塗羨等，章程爲桎梏，浸假而少凌，長子毆親，犯義滅倫，幾胥中國爲夷狄，同人道于馬牛。司風俗者，能無蒿目之憂乎？唯是縣有令、州有牧、府有守，所稱明察之官，忠信之長，慈惠之師，非耶孔邇父母教典！攸司必閑之以義，糾之以政，誨之以忠，聳之以行，制爲科條，以樹其鵠堅之歲。時以洽其髓，下諭一鄉之内，州里之間，月爲講，日爲課。凡家有逆子、傲弟、及斁倫傷化之人，必報名于鄉約，顯書於簿籍，俟其改絃，如果長惡不悛，則呈之官司，大彰誅討，以爲戒首。家有孝子、順弟、及礪躬砥行之人，毋隱其名，而必報于約，毋没其善，而悉書于簿，覼其末路，如果繕修不倦，則聞之官司，大彰闡揚，以爲勸首。本院願與各賢有司實心倡率，共挽頽風，其或厭爲不急之務，泛托故事之行，蓄逆黨于民間，遏順德於里閈，不惟大聽官職，抑且重負仕圖。本院執有常憲，决難姑息。此外訪知近日薄俗、四款，摘開于後，嚴行禁革。

計開

一、居地棟礎民間，自有分涯，律嚴違式，不啻較著矣，本院聞之，晉初齊民無大屋，今則華門圭竇者，率多不安湫隘，逞其貲力，構厦翬飛，厭情風雨之蔽，恣意土木之窮胡爲者也？況《大明會典》：品官之家，房屋皆有節制。豈嚴爾微民，反可侈壯麗越軼凖繩乎？仰各府州縣查民居，今後再有仍前營搆高厦驚駭耳目者，拿究治罪拆屋，歸官以懲踰僭。

一、方巾峩冠，法天地之方圓，爲士紳之藻火。本院聞晉舊無市人方巾者，今則下至臺輿廝役之賤，儼然周弁章甫之華，由雞而假鳳冠，非其質矣。猴而被元服，胡不耻哉？禮重三加，類分士庶，此習不鋤，將有賤妨貴而至無等者。仰各府州縣嚴行禁革，市人及吏胥等役，有方巾者，罰無赦，并青矜士人，競尚九華，三臺雲霞，五常等巾，皆屬好異，足亂經常。隢諭帽店，不得巧製射利，如有此等，有司將一塹重治，不得輕貸。仍通行教官知會生員，不遵者指名申報。

一、豸補玄黄象神羊之善，觸章密紀威稜，凡在庶民何敢僭擬？況皂胥之妻，彼何人婦？而服此不衷，抵爲身災，倡優后飾，又何異焉？沿波而往，則黼黻華蟲，宗彝粉米之製。凡女可侈霞裝，不必問其誰家之婦也。此俗不除，□置日甚，仰各府州縣嚴行禁諭，務加體訪，再有皂胥之室補飾無忌者，有司即行拏究，胥役、重治枷號，併嘵村婦庄女，敢有僭越者，即坐其夫。

一、四轎皂蓋必以折圭分符之品，乃有儀章輿衛之崇，賢即何人？銅臭鬻階，權薄蟬翼，乘肥衣輕，亦其常態。今則侈憑軾之僕夫，樹翳之高蓋，賄結官司，乞靈借寵，在上或假以顔色，在下遂廣其附趨，四轎轔轔，僭擬充朝等級，皂蓋燒燒，虚張爍衆羽毛。此舉志得，寒士色沮，有一於此，足爲民害，蓄富如晉，是途頗寬。仰各府州縣頒禁□□，敢有仍前恣肆乘轎張蓋者，嚴行罰治，重則申院，拿究不貸。

以上四條皆傷儉德，諸如此類，未可縷數。古云：□山川之精，銷日月之光，耗元氣於虚廓，隨人事之紀經。皆是物也。況肙禁踰分大亂國章？襄王郤請隧之謀，孔子致繁□之惜，亦謂名器不可假人，長堤壞於穴蟻，祸之生也。凌僭爲厲階世之壞也，侈泰以作俑，積漸成著，勢重莫挽，篡弑胚胎，實在於此。本院所以兢兢於聖諭之申飭，蓋崇孝弟以重其本也。道在講明，以樹民鵠，所望有司之賢者，是進庠序，而講格致誠正之學，以爲齊民倡，於齊民中宣揚聖諭，必提撕警戒，專崇儉朴，辨分定志，以保其身家，即此和順之心，充擴四達，便是□然唐虞氣象，誰謂古道不可再見哉？該道嚴行各府州縣刊刻告示，張掛通衢，仍以四事另造册薄，逐季開報遵行，有無違礙善惡。若而人憑施行有司，以此正風俗。本院即以驗官評，慎勿視爲虚文，掛壁了事，責有所歸。

（明）莊起元《莊起元告示·諭齊民檄》 竊勘蘭谿，風俗淳澆相半。按縣誌，宋王魯齋跋及今章楓山論大都男女潔修，耕讀勤苦，君子尚禮，小人知分，絃歌比屋，彬彬文學之風，章甫盈衢，雝雝禮讓之化，此其可取者也。而市井多夸，郊垧近陋，奔利如騖，尚氣輕生，男壯出分，競争財産，女生不育，懼乏裝奩，婚爲論財而改盟，尚仍夷習，喪因擇地而不葬，多缺孝思。余□令長每念及斯，能宴然不爲動念耶？第圖治難於欲速，固必需之悠久，而慎趣定於發端，尤貴示之嚮往，如欲一一揭諭，恐蒼頡不能書其詳，隸首何以悉其数，姑舉吃緊條款，開列于左，余自惟菲薄，即未必能身先爲鵠，而拳拳屬望，至意則每以，實求，而不原爾輩以虛應也，尚其勗諸。

計開

一、通邑士民，有實在孝親，敬長恤憐，和衆輕財周貧，能如鄉約所講。聖諭六條者，訪知定加崇奬，以勵世風。

一、忤逆不孝，悖慢親長，及强佔丁口財産，作奸犯科等項，即未必多人，而間有一二，貽害不小，養禾必去糧莠，養獸必驅豹虎，訪實拏究如律，苟懲前慝速悛，尤厚望焉。

一、凡有同居兄弟，爲産相争，異姓姻親，因事互許緣，小忿而成大獄，逞一朝而悔終身。試思百年有盡，好訟何爲？此欲求强，彼寧甘弱？可行唯一恕，横逆當三反，此孔孟家法，勸民息訟，再三叮嚀，不遵者，定置之法。

一、異端左道師巫邪術蠱惑良民，端倪若微，滋蔓甚大，倘有白蓮無爲等教煽動人心，及婦女入寺觀燒香，有玷清規，着地方里遞擒送究治。

一、耆儒碩德，夙有抱負，知民姦苦，時加優禮訪佐，不逮其積學，不售文理，優瞻追古作者，亦必借資一二，潤色鴻藻。但不宜因而要求兩，相與有成可也。

一、錢粮舊設三櫃，槩縣百姓籠統混納，將庫收赴，户粮房上號，乃與作准，每票勒銀幾分，積累筭之不下千餘，以致書手數十擠進，如虎而冠，小民稱困。令分一櫃，止收十面，銀多收五面，如趙徐大姓一家，各自官收，井井不紊，汰出登號書手三十餘人，歸田而以掌記，督之鄉揔，禁絶號銀，千金不止，此法務行，有一二勢豪阻撓，令官不嚴比，民不苦輸，人人稱便。自後里遞，不許侵收保歇，不許包攬櫃吏，不許需索官府，止點數目，解户原領舊封，絶無羡耗，末爲定規。

一、店鋪牙行操錙銖之本，逐什一之利，本縣每加體悉，令朔望投遞執結，開報貨物價目，貴賤高下，以平市法，其金珠紬叚嚴等絶不取買，柴米油燭類隨發平價，已經歷示外，如積行把持多索，牙用市棍兜騙欺轄鄉民，及在官衙役朋比爲姦，假公濟私，指官赫詐等項，訪實依律究遣。

一、本縣北柢錢塘，南遞温嘉，西隣關境、東邇會稽，號爲通衢。游民雜處，流移之人，未知跟脚，或避差徭，或躲罪犯，或携家賣姦，或操本小息，皆不可知。槩拒則不廣，混處則無别，着城鄉隣佑，一有到者，查確速報，以便識察。本縣嚴行保甲法，不得不加意此輩耳。

一、私宰耕牛。律法所禁，爲夫盜賊之源，多起于此。本縣已訪知市蠹趙元會，通同諸大德等，顓一罔利犯禁，責治，令里鄰遞甘結外，如有類元會再犯者，許地方拿送，盡法究處。

一、私和盜賊皆繇鄉保貪利，失主畏事，所繇致使然也。殊不知養寇遺患，小偷者大盗之漸。今匿者，後發之根甚，至擄畧鄉村，剽結郡縣，皆始之，私和爲醖釀也。地保張七六呈，賊吴子文，後求和息，嚴責不准外，如有犯者，依律重治。

一、私和人命，甚爲不法，飽居間棍惡之腹，轄苦主嗚□之口，長豪强肆殺之志，沉死者九泉之冤，三吴間有兩浙爲甚，無非見利而動輕扞法網耳。本縣三尺從事，后土皇天矢諸心曲，如有犯者，定不尔貸。

以上數款皆擇其重人者言之，其條貫頗多，不及一一著之曉諭也。各須觀省苟過而能改即爲良民，毋負期望責成之意云。

（明）左懋第《左懋第告示・禁僭諸款列後》 婚喪二大節省，諸妄費已盡，其大概矣。而奢之不止，皆始於僭，亂上下之等，無貴賤之分，先越乎禮義，因事於奢侈，未有不止僭而能去奢者也。示後但有巾服屋舍日用諸事，違禁者諸鄉約、鄰佑、地方舉報究罪，男犯徑行責懲，婦人犯責其夫家，士民各守其應得之分，而日趨於素朴矣。各宜遵行。

一、方巾所以别士民，而見各項人俱亂戴之。示後方巾止許生員及有前程人戴。武生有學校之名，鄉約有教民之任，並戴方巾。而童生及幼稚，戴片玉巾及凌雲等巾，千把總官俱戴將巾，凡術士等雜項人戴一字巾，俱不許混戴方巾，違者責究。

一、白丁衙役及各僕隸止穿青布衣，至青屯絹而止，不可擅穿紬緞紗羅，不許登顔色鑲履，違者責究。

一、婦人宦家，戴九梁金線，冠生員及有前程之家，戴七梁金線，冠庶民之家，戴五梁黑線，冠差役僕隸及流民等婦，戴黑鬏髻。

一、婦人士庶之家，不許着織金、粧花、灑線、補服，不許束銀帶。僕隸之婦，不許戴金銀、珠玉、首飾，不許着細緞紗羅等服，止穿梭布夏布盡矣。不許乘轎。

一、衙役及各僕隸馳馬，街巷往往有以撞跌，告者示後，俱不許於城外內街巷騎馬，遇有急事違行，牽馬於闕門外，騎可也。違者責究。

一、房屋非有職之家，不許擅立脊獸及花磚雕墻，違者責究。

一、宦家吹手不得過六名，鼓樂不得過十二名，士人吹手不得過四名，鼓樂不得過八名。

一、吹手庶民之家不得擅用，鼓樂不得過六名。

一、優賤不許用紗羅細緞，衣帽不許登鑲履雲，違者責究。

一、娼妓不許戴有梁鬏髻，不許戴金珠玉翠，不許穿細緞紗羅，不許乘轎騎馬。

又禁不衷之服。

一、士民衣服，不許服紅紫黃色。

一、非官服士民之家，衣服袖不得過一尺五寸。

一、男子服綵色拖帕裙類，婦人禁不許服。

一、男子履用短臉淺跟，紅色單鎖類，婦人禁不許服。

一、婦人戴綱並戴純陽巾，及妙常等冠類，男子宜禁。

一、婦人衣長至地，袖廣過膝，類男子宜禁。蓋陰陽反常不詳，莫大焉。昔妹喜戴男冠以亡國，何晏服女裙以亡身，可爲永監。

又節日用之費。先有以約言矣。今仍附載餘皆士民，親友往來日用，必不容已者，因俗制禮，故並及之。

一、柬帖貼所以通姓名也，大事用四幅柬，小事用單帖，皆足以載姓名手本，亦用四幅青殼夾之，吉用紅，尋常用素，即請柬禮貼四幅，亦儘足載十二幅，全柬可概不用銷金紅柬，尤宜禁絕。

一、往來所以行禮儀也，米麪二事，雞肉果酒六事，共八事，四幅柬可書。尋常餚酒四事，或二事皆以行禮義矣。

一、晏會所以通情好也。大晏會八餚八菜，米麪湯飯共四道，攢盒一具，不用圍碗，前列樹果油食各五盤，不用連棹，請貼四幅，速用單貼。至尋常晏會，六餚六菜，米麪湯飯共三道，攢盒一具，請用單貼不用速，不用謝，皆足以通情好矣。

一、親友請柬稱呼，宜質止用本色，或某字、某親、某會文、某先生執事，尊長稱某翁、某老先生，不必一概稱翁稱老至老大人，大柱國等稱官套或用之，鄉曲宜删之，亦裁繁文之大端矣。

一、親友往來，筆劄詞少用一幅，方貼未足，再加一幅，詞盡而止，仍以小筒封之，非遠不可用護封。

一、親友往來，凡賀祝候慰一切往來應用，盒禮者，俱從折，乘輿者，二錢，乘馬者，一錢，路遠者，倍之於前。一二日送於其日，午至其家，一飯不得太早，恐主人別設，不便其飯。每棹以八器爲度，餚菜各四，即四人共一棹，仍定每二器，約用肉一斤半，酒約每人二壺，米麪湯各一道，禮畢而返，跟隨家人，止用三四人，並轎夫，給肉菜一碗，麪食以飽爲度，或粟飯麪湯亦可。賓不覺簡，主亦不以爲褻，斯可通行矣。

儉不中禮，風人興刺，而未嘗廢禮，且加勤謹焉，何譏乎？以上諸款，守分省財，心安禮盡，酌諸古制，衆今風俗遵而行之，正合人厭奢返儉之心，且明僭不可長之義，久行之而百姓真朴，訟獄不繁，各守尺幅而無有踰越，不犯天忌和氣，以興風雨，以旹盜賊不作，未有不繇此者也。惟望薦紳先生首倡士民，而士民有不遵者，且共有以繩之，庶幾畫一可以永行。

崇禎九年七月十五日刊行。

（明）王肯堂《王儀部先生箋釋》卷四《收留迷失子女》 第一節：

不送官司句，通下二節收留在逃，隱藏在家而言。言收留他人迷失，及在逃子女，若奴婢皆當送官，召人識認。如有不送官司，而賣與他人，及自收爲奴婢，妻妾、子孫，均屬有罪。但迷失者，原無遺親背主之心，不幸一時迷失，子女本係良人，而賣與人爲奴婢，是賤辱之也。故杖一百，徒三年。爲妻妾子孫，猶爲良也，故杖九十，徒二年半。奴婢而賣爲奴婢，仍爲賤也，故杖九十，徒二年半。爲妻妾子孫，亦爲良也，故杖八十，徒二年。被賣之人不坐，給親完聚，憫其情也。

第二節：若收留在逃子女奴婢而賣者，則與賣迷失者有間，故名減賣迷失罪一等。其子女、奴婢，亦與迷失而被賣者不同，故各坐罪，但減賣者一等，如賣子子孫爲奴婢，杖九十，徒二年半，則被賣者杖八十，徒二年。爲妻妾、子孫，杖八十徒二年，則被賣者杖七十，徒一年半。賣奴婢爲奴婢者，杖八十，徒二年，則被賣者杖七十，徒一年半。爲妻妾、子孫者杖七十，徒一年半，則被賣者杖六十，徒一年。若在逃罪重者，又從重科斷，輕則仍依本條。不言給親，蓋中間或有犯該死罪，與離異歸宗從良之類，須各盡本法也。或以又各減一等，只承得在逃奴婢而賣一句，謂各減其罪一等。若云被賣子女、奴婢各減賣者一等，則良人枝賣之罪，反重於奴婢律一等矣。誠如此言，則被賣良人，是又反減於賣者之罪二等矣，豈律意哉。且如和同相誘，及相賣良人爲奴婢者，杖一百，徒三年，爲妻妾子孫者，杖九十，徒二年半，被誘之人減一等，若畧賣和誘他人奴婢者，各減畧賣和誘良人罪一等。由此觀之，則被誘良人罪，本重於奴婢一等，而又曷嘗有減二等之説哉。此律蓋因重言減等，故當以一又字別之耳。

第三節：其自將迷失在逃子女、奴婢，收留爲奴婢，及爲妻妾子孫，則與賣人者無異。故其人如係迷失，則以賣迷失各罪坐之；其人如係在逃，則以賣在逃各罪坐之。故曰罪亦如之。不言被收爲奴婢、妻妾、子孫之罪者，會上文而言。迷失亦不坐，而逃亦減科也。隱藏則未定賣留之計，其罪尚輕，故不論迷失在逃，並杖八十，逃者仍科逃罪。

第四節：若買者及牙保知其迷失在逃之情，而故行承買説合者，減前二項賣者罪一等，其價乃彼此俱罪之贓，故入官。如係不知情而誤買者，買主及牙保人俱不坐罪。若牙保知情，而買者不知，則止坐牙保，並追價還主。或買者知情，而牙保不知，則止坐買者，其價入官。若庶民之家，買爲奴婢者，雖不知情，仍依存養奴婢律論罪。

第五節：或謂此冒認良人爲奴婢，但泛言之，未必皆迷失在逃者，不知此輩非迷失逃走在外，不知主名，則人亦何由得而冒認之也。故亦以收留迷失子女之罪罪之，冒認他人奴婢者，不問爲奴婢、妻妾子孫，並杖一百，此不分迷失在逃者，以妄冒之情重故也。冒認良人爲妻妾，與前收留迷失在逃子女二項，若已成姦者，當除刁姦罪名，俱依本律杖徒。

在逃與迷失不同，在逃是有罪之人，故收留迷失子女而賣之之罪，重於收留在逃子女而賣之之罪。二者之中，賣爲奴婢之罪，又重於賣爲妻、妾子孫，奴婢比子女不同，其分迷失在逃則一。迷失被賣之人不坐，給親完聚，而被賣在逃之人，減一等科罪者，正以其原係在逃故也。大抵收留而賣，與自收留、隱藏、冒認四項，俱可謂有因而盜曰攘者，若非迷失在逃，即屬畧誘和誘矣。諸因迷路而誑引相隨，或乘怨離而誘引出外，皆是不可謬引此律。

（明）王肯堂《王儀部先生箋釋》卷四《收養孤老》 釋曰：無親屬依倚，謂如老而無子，幼而無父，老而無妻，老而無夫，父子夫妻外，又無別項親屬可以依倚者，方在官府收養之數。鰥寡孤獨，篤疾廢疾，是六項人。貧窮無親屬依倚，不能自存，總承上説，此等人所在州縣有司官，相應於養濟院收養存恤。其有不收養者，杖六十；若已收養而應給衣糧，官吏尅減不全給者，併贓以監守自盜，不分首從論。

（明）王肯堂《王儀部先生箋釋》卷一二《乘輿服御物》 第一節：乘輿解見名例，上條言御藥御膳，此條言服御物。則凡服用近御之物，與一應器用，及車馬舟船，皆在其中矣。凡稱乘輿者，太皇、太后、皇太后、皇后並同。謂凡乘輿所服御之物，其主守之人，收藏修整不如法者，杖六十。進御差失者，笞四十。謂當進者不進，而進所不當進也。其所用以乘服，若車馬之屬，不調試嫻習，所用以駕馭；若綏轡之具，不堅固完備者，則其罪不止差失而已，故杖八十。

第二節：若主守之人，將乘輿服御物私自借用，或轉借與人，及借之者，則爲僭妄，各杖一百，徒三年。若怠忽不行看守，以致棄毀者，則爲無忌，罪亦如之。其遺失及誤毀者，各減棄毀之罪三等，杖七十，徒一年半。

第三節：若御幸舟船，誤不堅固，則比駕馭之具不堅完者，其危尤甚，故工匠杖一百。有不整頓修飾而失於完美，及在船合用篙棹帆檣之屬，缺少不完者，杖八丨，並罪坐所由殘缺經手之人，監臨提調官不行用心查看，以致誤不堅固、不修整、及缺少篙掉之屬，各減工匠之罪二等。以上諸事有犯，並臨時奏聞區處，不許擅問。並臨時奏聯區處，惟此條與上條有之，蓋此二條皆關係聖船，所定罪名皆就其誤者論之。禮臣子於君上，不得稱誤，所以教慎也。原其出於誤，而罪皆從輕。若或所犯出於有意，豈得僅以此罪之？故必待臨時奏聞，再爲區處耳。

（明）王肯堂《王儀部先生箋釋》卷一二《喪葬》第一節：人死，以葬爲安。葬者，藏也；不藏即謂之暴露。故凡民間有喪之家，必須依禮及時安葬。《集禮》云：職官、庶民皆以三月而葬。若惑溺於陰陽家風水禍福之説。及假託以他故爲辭，而停柩在家，經年暴露，不行安葬者，杖八十。其有卑幼聽從尊長臨終遺囑之言，而將屍燒化及委棄水中者，杖一百。若尊長聽從卑幼遺言，將屍燒棄者，並減二等，杖八十是也。蓋祖父母父母棄毀子孫死屍者，杖八十。尊長毀棄緦麻以上卑幼死屍者，遞減一等。此則不論緦麻以上卑幼遞減之法。但從其遺言而將屍燒棄，俱於杖一百以上減二等，亦杖八十，故曰並減二等。或問：棄毀子孫死屍者，杖八十矣。從子孫遺言而燒棄者，亦杖八十。乃不得末減何也？曰：子孫遺言在父祖，本無可受之義故也。若祖父母，父母亾歿遠方，不能歸葬，而從權燒化，歸其骨者，並聽從便。子孫毀棄祖父母、父母死屍，祖父母、父母毀棄子孫死屍，尊長毀棄緦麻以上卑幼死屍，及卑幼毀棄幼麻以上尊長死屍，與燒屍等罪俱在刑律發塚條，此則著其從遺方燒棄之罪也。

第二節：若居喪之家，修齋設醮，以資冥福，而男女溷雜飲酒食肉者，家長與僧道並杖八十，僧道還俗。或以修齋設醮，與男女混雜，飲酒食肉，平列爲三項者，殊非律意。褻瀆條云：若僧道修齋設醮，而拜奏青詞表文者，同罪。乃罪其拜奏青詞表文，非罪其修齋設醮也，此之所重在男女混雜耳。使男女酒肉，無預於齋醮，則於僧道何罪？而必責以還俗哉。

《律條直引》卷四《户律・户役・收留迷失子女》　趙甲依收留人家迷失子、女而賣爲奴婢者；錢乙依收留人家迷失子、女爲奴婢者，罪亦如賣爲奴婢律；孫丙依冒認良人爲奴婢者律，各杖一百，徒三年。李丁依收留人家迷失子、女而賣爲妻、妾、子、孫者；周戊依收留人家迷失子、婦爲妻、妾、子、孫者，罪亦如賣爲妻、妾、孫者律；吴己依收留人家迷失奴婢而賣爲奴婢者，減賣良人爲奴、婢罪一等律；吴己依收留人家在逃子、女而賣爲奴婢者；鄭庚依收留人家迷失子、女爲妻、妾、子、孫者，罪亦如賣爲妻、妾、子、孫者律；王辛依收留人家迷失奴婢爲妻、妾、子、孫者，罪亦如賣爲妻、妾、子、孫律；馮壬依冒認良人爲妻、妾、子、孫者律，各杖九十，徒二年半。馮壬依收留人家迷失奴婢而賣爲妻、妾、子、孫者律；褚子依收留人家在逃子、女而賣爲妻、妾、子、孫者律；衛丑依收留人家在逃奴婢而賣爲奴婢者，減賣良人罪一等律，各杖八十，徒二年。蔣寅依收留人家在逃奴、婢而賣爲妻、妾、子、孫者律，杖七十，徒一年半。沈卯依冒認他人奴婢者律，杖一百。韓辰依收留人家迷失、外走子、女、奴婢者律，杖八十。俱有《大誥》減等。趙甲、錢乙、孫丙各杖九十，徒二年半。李丁、周戊、吴己、鄭庚、王辛各杖八十，徒二年。馮壬、陳癸、褚子、衛丑各杖七十，徒一年半。蔣寅杖六十，徒一年。沈卯杖九十。韓辰杖七十。係軍民，有力納米等項，無力辰的决做工擺站哨瞭，子女給親，奴婢給主。

《律條直引》卷一二《户律・儀制・乘輿服御物》　趙甲依主守之人將乘輿服御物私自借用、轉借與人者律；錢乙依借者律；孫丙依主守之人將乘輿服御物棄毀者，罪亦如私自借用律，各杖一百，徒三年。李丁依主守之之人將乘輿服御物遺失、誤毀者，減棄毀罪三等律，杖七十，徒一年半。周戊依御幸舟船誤不堅固者律，杖一百。吴己依監臨提調官，減周戊罪二等律；鄭庚依乘輿車馬之屬不調習、駕馭之具不堅完者律，各杖八十。王辛依乘輿服御物收藏、修整不如法者律；馮壬依御辛舟船不整頓修飾、篙棹之屬缺少者律，各杖六十。陳癸依進御差失者律，笞四十。俱有《大誥》減等。趙甲、錢乙、孫丙各杖九十，徒二年半。李丁杖六十，徒一年。周戊杖九十。吴己、鄭庚各杖七十。王辛、馮壬各笞五十。陳癸笞三十。趙甲、錢乙、丙、李丁、吴己俱官，周戊、馮壬係工匠，吴己、鄭庚、陳癸俱庫役，無力做工，有力與趙甲等納鈔等項，完日還職着役。

《律條直引》卷一二《户律・儀制・服舍違式》　趙甲依僭用違禁龍鳳文者律，杖一百，徒三年。錢乙依工匠律；孫丙、李丁俱依房金、車服、器物之類違式僭用者律，孫丙係官，與錢乙各杖一百。李丁係軍民，周戊依工匠律，與李丁各笞五十。俱有《大誥》減等。趙甲杖九十，徒二年半。錢乙、孫丙、李丁各杖九十。李丁、周戊各笞四十。孫丙係官，趙甲、李丁俱軍民，錢乙、周戊俱工匠，無力的决做工等項。有力與孫丙納米等項，完日，孫丙罷職不叙，錢乙拘連當房家小起發工部籍充局匠。趙甲用的違禁之物入官，孫丙、李丁違式之物俱令改正。

（明）佚名《大明律講解》卷四《收留迷失子女》　凡收留人家迷失子女，不送官司而賣爲奴婢者，杖一百，徒三年，爲妻妾子孫者，杖九十，徒二年半。若得迷失奴婢而賣者，各減良人罪一等，被賣之人不坐，給親完聚。講曰：謂如得迷失奴婢而賣爲奴婢者，杖九十，徒二年半，爲妻妾子孫者，杖八十，徒二年，謂之各減良人罪一等。若收留在逃子女而賣爲奴婢者，杖九十，徒二年半，爲妻妾子孫者，杖八十，徒二年。若得在逃奴婢而賣者，各減良人罪一等，其被賣在逃之人，又各減一等，若在逃之罪重者，自從重論。講曰：各減一等者，謂得在逃奴婢而賣爲奴婢，已減賣良人爲奴婢罪一等，杖八十，徒二年。其在逃子女及奴婢被人賣爲奴婢者，又各減一等，杖七十，徒一年半。得在逃奴婢賣爲妻妾子孫者，已減賣良人爲妻妾子孫罪一等，杖七十，徒一年半。其在逃子女及奴婢被人賣爲妻妾子孫者，又各減一等，杖六十，徒一年，因其承上文賣奴婢者，已減等之罪，故謂之又各減一等。其自收留爲奴婢妻妾子孫者，罪亦如之。講曰：謂將在逃子女收留爲奴婢者，杖九十，徒二年半，爲妻妾子孫者，杖八十，徒二年。收留在逃奴婢爲奴婢者，杖八十，徒二年，爲妻妾子孫者，杖七十，徒一年半，謂其與賣在逃子女及奴婢同罪，故云罪亦如之。隱藏在家者，並杖八十。講曰：謂隱藏在逃子女及奴婢，若在逃之人並杖八十。若買者及牙保知情，減犯人罪一等，追價入官；不知者俱不坐，追價還主。若冒認良人爲奴婢者，杖一百，徒三年，爲妻妾子孫者，杖九十，徒二年半，冒認他人奴婢者，杖一百。

（明）佚名《大明律講解》卷一二《乘輿服御物》　凡乘輿服御物，收藏修整不如法者，杖六十。進御差失者，笞四十。其車馬之屬不調習，駕馭之具不堅完者，杖八十。若主守之人將乘輿服御物私自借用，或轉借與人及借之者，各杖一百，徒三年。若棄毁者，罪亦如之。遺失及誤毁者，各減三等。若御幸舟船誤不堅固者，工匠杖一百。若不整頓修飾及在船篙棹之屬缺少者，杖六十，並罪坐所由監臨提調官，各減工匠罪二等。並臨時奏聞區處。

《大清律集解附例》卷一《名例・老小廢疾收贖》　凡年七十以上、十五以下及廢疾，瞎一目、折一肢之類。犯流罪以下，收贖。其犯死罪及犯謀反、叛、逆緣坐應流，若造畜蠱毒、採生折割人、殺一家三人，家人會赦猶流者，不用此律。其餘侵損於人，一應罪名，並聽收贖。八十以上、十歲以下及篤疾，瞎兩目，折兩肢。犯殺人應死者，議擬奏聞，取自上裁。盜及傷人者，亦收贖，謂既侵損於人，故不許全免，亦令其收贖。餘皆勿論。謂除殺人應死者上請，盜及傷人者收贖之外，其餘有犯，皆不坐罪。九十以上、七歲以下，雖有死罪不加刑。九十以上犯反、逆者，不用此律。其有人教令，坐其教令者。若有贓應償，受贓者償之。謂九十以上、七歲以下之人，皆少智力，若有教令之者，罪坐教令之人。或盜財物，傍人受而將用，受用者償之。若老小自用，還著老小之人追徵。

《大清律集解附例》卷四《户律・户役・收養孤老》　凡鰥寡孤獨及篤廢之人，貧窮無親屬依倚，不能自存，所有官司應收養而不收養者，杖六十。若應給衣糧而官吏尅減者，以監守自盜論。凡係監守者，不分首從，並贓論。

條例

鰥寡孤獨，每月官給糧米三斗，每歲給綿布一疋，務在存恤。

《大清律集解附例》卷四《户律・户役・收留迷失子女》　凡收留良人家迷失道路鄉貫子女，不送官司，而賣爲奴婢者，杖一百、徒三年；爲妻妾、子孫者，杖九十、徒二年半。若得迷失奴婢而賣者，各減良人罪一等。被賣之人不坐，給親完聚。若收留在逃子女不送官司。而賣爲奴婢者，杖九十、徒二年半；爲妻妾、子孫者，杖八十、徒二年。若得在逃奴婢而賣者，各減良人罪一等。其被賣在逃之人，又各減一等。若在逃之罪重者，自從重論。其自收留爲奴婢、妻妾、子孫者，罪亦如之。暫時隱藏在家者，不送官司並杖八十。若買者及牙保知情，減犯人罪一等，追價入官；不知者，俱不坐，追價還主。若冒認良人爲奴婢者，杖一百、徒三年；爲妻妾、子孫者，杖九十、徒二年半。冒認他人奴婢者，杖一百。

（清）李漁《資治新書二集》卷一四《荒政・禁販人口・禁别省奸民販賣人口》爲嚴禁販賣人口、以圖生聚事。照得粤東一省，自海氛不靖以來，父子流離、夫妻拆散者，不可勝數。其間有通海竄賊，自陷身家，以致官兵搜勦、捕獲入官者，此等孽由自作，無可矜憐。外此則饑寒自鬻者有之；營債逼售者有之，錢糧迫棄者有之；詞訟陷賣者有之。近又爲遷海失業，無計資生，以致夫賣其妻、父鬻其女，棄骨肉以延殘喘，忍耻辱而救天親者，其顛連困若之情尤可憫惻。然使以粵東婦女，仍賣粵東，此時雖暫拋離，猶望于否極泰來之後，或有珠還鏡合之時。即使不能，尚可希圖見面，不致音耗難聞。一入于販賣奸徒之手，則天南地北，任其所之。況有貪圖重價逼賣爲娼，而婦女忍辱不甘，以致投河自縊者，比比而是。是女子越境，即爲生死榮辱之關。凡有保民之責者，不可不加嚴，而致慎也。況關隘稽查不密，即多拐騙之徒。地方□詰失嚴，必來竄囤之輩。是官長不究興販，即招拐招騙之媒也。合行揭示曉諭爲此，示仰督屬文武職官、暨紳衿、兵民人等知悉：以後凡有別省奸徒，潛匿境內。收買婦女人口，及本省地棍伐作牽頭，希圖勾引出界者，許諸色人等，稽訪得實，密報所在官司擒拿重究。將婦女給還賣主。若能緝獲真正拐賊一名，送官審實者，官給賞銀十兩，仍令親屬謝銀五兩，拐賊立斃杖下。若係果爲饑寒所迫，情願變賣糊口者，許將賣契送官，候其驗實用印，方准過門收養。然亦止許賣在本省，不許携帶出境。如無印照，而私行貿易，及帶婦女出疆者，即係來歷不明，許親屬及捕役人等擒拿首告，所在官司務行重處。本部院欲使離散之民復圖生聚，故爲計念及此官民人等，俱各遵行。毋忽。

（清）沈之奇《大清律輯註》卷四《户律・户役・收留迷失子女》

凡收留良人家迷失道路鄉貫子女，不送官司而賣爲奴婢者，杖一百，徒三年；爲妻妾子孫者，杖九十，徒二年半。若得迷失奴婢而賣者，各減良人罪一等。被賣之人不坐，給親完聚。若收留在逃子女，不送官司而賣爲奴婢者，杖九十、徒二年半；爲妻妾子孫者，杖八十、徒二年。若得在逃奴婢而賣者，各減良人罪一等。其被賣逃之人，又各減一等。若在逃之罪重者，自從重論。其自收留爲奴婢、妻妾子孫者，罪亦如之。暫時隱藏在家者，不送官司，並杖八十。若買者及牙保知情，減犯人罪一等，追價入官；不知者俱不坐，追價還主。若冒認良人爲奴婢者，杖一百、徒三年；爲妻妾子孫者，杖九十、徒二年半。冒認他人奴婢者，杖一百。

〔律後註〕：迷失者，迷踪失道，欲歸不能。出於一時之不幸，在子女無遺其親之心，在奴婢無背主之意，皆無罪之人也。凡收留之者，俱當即送官司，召人認領。如有不送官司，將收留良人子女，賣與人爲奴婢者，杖一百，徒三年；賣與人爲妻妾、子孫者，杖九十，徒二年半。將收留之奴婢賣者，各減賣良人罪一等：爲奴婢，杖九十，徒二年半；爲妻妾子孫，杖八十，徒二年，蓋子女本皆良人，奴婢本皆賤者，故收留而賣之罪，各有差等。被賣之子女、奴婢皆不坐，給親完聚，以其原屬無罪，出於迷失，則情非得已，既被收留，則勢難自主也。若收留在逃之子女，奴婢，亦當送官追究來歷，豈行因以爲利而賣之？然在逃必非無故，既已遺棄所親，背叛家長，即皆有罪之人矣。在逃與迷失不同。故收留而賣之罪，比迷失各減一等。其被賣之人亦同坐罪，比賣者又各減一等耳。賣在逃之子女爲奴婢者，應杖九十，徒二年半，則被賣者杖八十，徒二年；爲妻妾子孫者，應杖八十，徒二年，則被賣者杖七十，徒年半。如賣在逃之奴婢爲奴婢者，應杖八十，徒二年，則被賣者杖七十，徒年半；爲妻妾子孫者，應杖七十，徒半年，則被賣者杖六十，徒一年也。仍究其因何在逃，若在逃之本罪重者，從重科斷，輕則仍依本律。不言給親完聚者，以在逃罪中，或有犯該重罪當正法遣配，與離異歸宗從良之不同，仍須各盡本法，有不得給親完聚者在也。其收留迷失在逃之子女、奴婢，不送官司，即以爲自己奴婢及妻妾子孫，則與賣人者無異，故罪亦如之：係迷失，則如賣迷失各罪科斷；係在逃，則如賣在逃各罪科斷。不言迷失及在逃之人者，蒙上文而言迷失亦不坐，在逃亦各減一等，在逃罪重者從重論也。若暫時隱藏在家，或賣或留，事尚未定，其罪猶輕，故不論迷失、在逃，並杖八十。在逃者仍科逃罪。若買者及牙保，知其迷失、在逃之情，而承買説合者，減犯人罪一等，照前兩節賣者之罪分別減科。其價係彼此俱罪之贓，故追入官。不知情而誤爲承買説合者，不坐。如買者不知，而牙保知情，則牙保仍坐罪，其價并追還主。如牙保不知，而買者知情，則買者仍坐罪，追價入官。曰良人，則應在等彝之列者，若冒認爲己之奴婢，則賤之矣，故杖一百，徒三年；冒認爲己之妻妾子孫，則辱之矣，故杖九十，徒二年半。若冒認他人之奴婢爲己之奴婢及妻妾子孫者，並杖一百，以其本屬賤者而輕之，且不分奴婢與妻妾子孫也。按：冒認之罪，叙于本律之後，似因其迷失在逃而冒認之也，解者皆謂于收留之處及當官冒認，《箋釋》亦云：若非迷失逃走在外，不知主名，人亦何由冒認？然本節但曰冒認良人，不曰冒認迷失在逃子女，但曰冒認他人奴婢，不曰冒認迷失在逃奴婢，冒認良人之罪，雖與賣迷失子女相等，而冒認奴婢之罪，則與賣迷失奴婢不同，律意亦不相蒙，特以類相從而叙于此耳，當以泛言冒認爲是。若必拘定是迷失在逃，則不因迷失在逃而冒認者，何以科之？

〔律上註〕：此條當與略人略賣律參看。

首節論收留迷失之罪。次節論收留在逃之罪。而迷失在逃之人。分子女、奴婢兩項，賣子女奴婢，又分爲奴婢、爲妻妾子孫兩項。三節論自留及隱藏之罪。四節推及買者、牙保之罪，皆統會首節、次節而言。五節則論冒認之罪，雖承本律，而實泛言也。

不送官司句，通冒下二節而言。凡收留迷失、在逃之人，皆應送官也。

女兼歸人言。

首節收留迷失而賣之罪，正與《刑律》略人略賣内和同誘賣之罪相同。彼被誘之人減一等，此被賣之人不坐，蓋因于迷失，則賣者自應減于略誘，被賣者亦應異于和同也。

收留而賣之罪，迷失與在逃，俱是賣子女重于奴婢，賣爲奴婢重于爲妻妾子孫。被賣之人，迷失則不坐，在逃則照賣者之罪各減一等，是被賣在逃人之罪，子女反重于奴婢，爲奴婢反重于爲妻妾子孫矣。解者因謂又各減一等又字之義，是止承在逃奴婢而賣者言之。非也。蓋因逃出外，甘爲所賣，必與收留之人有相和同之意，爲奴婢、爲妻妾子孫，賤辱之事，皆其自取也。如略人略賣律内，和同相誘，及相賣良人爲奴婢者，杖一百，徒三年；爲妻妾子孫者，杖九十，徒二年半，被誘之人減一等，若和誘他人奴婢者，各減良人罪一等。由此推之，則被誘人之罪，良人本重于奴婢一等，爲奴婢本重于妻妾子孫一等。此律又字雖似蒙上文減一等而言，而實通承子女、奴婢，不可以詞害意也。

按：娶逃走婦女律，凡娶犯罪逃走婦女爲妻妾，知情者與同罪。又，出妻條内，妻妾背夫在逃，因而改嫁，窩主及知情娶者，各與同罪。如收留在逃婦女係犯罪與背夫者，或賣人，或自留爲妻妾，與買者知情，又當參擬從重論。

本律收留而賣，與自收留及隱藏，俱因于迷失在逃，猶有因盗而攘之之義，否則便是略誘和誘矣。如因人迷路而誑引相隨，乘人離怨而誘引出外，因而賣人，或自收留，皆同和略，不可誤引此律。

略賣和誘者，買者知情同罪，牙保減一等，此則買者與牙保同減一等，蓋知迷失在逃，終與知和略之情有間也。

（清）沈之奇《大清律輯註》卷四《户律・户役・人户以籍為定》

凡軍民、驛竈、醫卜、工樂諸色人户，並以原報册籍爲定。若詐詐軍作民。冒民脱匠免，避己重就人輕者，杖八十。其官司妄准脱免，及變亂改軍爲民，改民爲匠。版籍者，罪同。軍民人等，各改正當差。若詐稱各衛軍人，不當軍民差役者，杖一百，發邊遠充軍。

〔律後註〕：諸色人户，版籍既定，則差役攸分，世世不得改易。若詐隱本籍而冒爲别籍，脱本籍之户，免本等之役，以避重就輕者，杖八十。其官司不行察勘，聽其詐冒，妄准脱漏，及自變亂原定版籍者，與同罪，亦杖八十。詐稱是各衛軍人，本非軍籍，不當軍之差役，又脱去民籍，亦不當民之差役，兩相影射，奸人之尤，故杖一百，發邊遠充軍。

〔律後註〕：謊充户口，有新例。

詐是詐脱己籍，冒是冒爲别籍。欲冒别籍，必詐脱己籍。詐、冒二義相因，然有止于詐者，如下詐稱軍人是也。若冒，則未有不詐者。

役出于户，有户必有役。官司妄准，止言脱免，則詐冒避就在其内矣。

妄准脱免，是縱容其變亂矣；官司變亂，是改移其輕重矣，故其罪同。

詐冒、脱免，止是避重就輕，詐稱軍人，則是全脱差役，罪自不同。然至充軍之重者，既詐爲軍，即今充軍也。即令充軍也。舊時軍强民弱，故獨嚴之。

條例

軍户子孫畏懼軍役，另開户籍，或於别府、州、縣入贅寄籍等項，及至原衛發册清勾，買囑原籍官吏、里書人等，捏作丁盡户絶回申者，俱問罪。正犯發烟瘴地面，里書人等發附近衛所，俱充軍。官吏參究治罪。

各處衛所並護衛、儀衛司官軍、舍餘人等及竈户，置買民田，一體坐派糧差。若不納糧當差，致累里長包賠者，俱問罪。其田入官。

（清）沈之奇《大清律輯註》卷四《户律・户役・收養孤老》 凡鰥

寡孤獨及篤廢之人，貧窮無親屬依倚，不能自存，所有官司應收養而不收養者，杖六十。若應給衣糧而官吏尅減者，以監守自盜論。凡係監守者，不分首從，併贓論。

〔律後註〕：鰥、寡、孤、獨、篤疾、廢疾六項人，皆不能自食其力以謀生者。若既貧窮，又無親屬可依，則在官當爲收養。故設有養濟院，月給糧米，歲給綿布，此朝廷恤無告之典也。不收養者，杖六十。額設衣糧，而官吏尅減其應給之數者，以監守自盜並贓論罪。

條例

鰥、寡、孤、獨，每月官給糧米三斗，每歲給綿布一疋，務在存恤。

《大清律例》卷五《名例律·老幼廢疾收贖》凡年七十以上，十五以下，及廢疾瞎一目、折一肢之類。犯流罪以下，收贖。其犯死罪，及犯謀反、叛逆緣坐應流，若造畜蠱毒、採生折割人、殺一家三人，家口會赦猶流者，不用此律。其餘侵損於人一應罪名，并聽收贖。犯該充軍者，亦照流罪收贖。八十以上，十歲以下，及篤疾瞎兩目、折兩肢之類。犯殺人謀、故鬥毆。應死一應斬、絞者，議擬奏聞，犯反逆者，不用此律。取自上裁；盜及傷人罪不至死者，亦收贖；謂既侵損於人，故不許全免，亦令其收贖。餘皆勿論。謂除殺人應死者，上請；盜及傷人者收贖之外，其餘有犯皆不坐罪。九十以上，七歲以下，雖有死罪不加刑；九十以上犯反逆者，不用此律。其有人教令，坐其教令者；若有贓應償，受贓者償之謂九十以上，七歲以下之人，皆少智力，若有教令之者，罪坐教令之人。或盜財物，旁人受而將用，受用者償之。若老少自用，還着老少之人追徵。

條例

一、凡老幼及廢疾犯罪，律該收贖者，若例該枷號一體放免，應得杖罪仍令收贖。

一、內外現審人犯不應具題者，若有老小廢疾，俱照律完結。其直隸各省審擬具題案內人犯，果有老小廢疾者，該督撫察明取具地方官印結具題，照律收贖。如實非老小廢疾，徇情題免，事發者將出結轉詳，官並督撫交部議處。其到部人犯有告稱年老及在中途成廢疾者，察明實係老疾亦得收贖。

一、教令七歲小兒毆打父母者，坐教令者以毆凡人之罪。教令九十老人故殺子孫者，亦坐教令者以殺凡人之罪。

《大清律例》卷八《户律·户役·人户以籍為定》凡軍、民、驛、灶、醫、卜、工、樂諸色人户，並以原報冊籍爲定。若詐軍作民冒民、脱匠免、避己重就人輕者，杖八十。其官司妄准脱免，及變亂改軍爲民，改民爲匠。版籍者，罪同。軍民人等，各改正當差。

若詐稱各衛軍人，不當軍、民差役者，杖一百，發邊遠充軍。

條例

一、各處衛所官軍人等及灶户，置買民田一體坐派糧差，若不納糧當差，致累里長包賠者，俱問罪，其田入官。

一、雍正十三年以前各旗白契所買之人俱不准贖身，若有逃走者准遞逃牌。乾隆元年以後，白契所買單身及帶有妻室子女之人，俱准贖身。若買主配給妻室者，不准贖身，未經賣身之先或已定親未娶，問女家情願，方許配合，不情願者，聽。

一、旗下奴僕或借別旗名色買贖或自行贖身，旗、民兩處，俱無姓氏者，察出即令歸旗。其有跟隨家主出差外任，私有蓄積，鑽營勢力，掛壓本主贖身者，自康熙五十二年恩詔以後，雖在民籍，查明强壓情實，亦令歸旗。若果係數輩出力之人，伊主念其勤勞，情願聽其贖身爲民，本旗、户部有檔案可稽，州、縣地方有冊籍可據爲民者，仍歸民籍，舊主子孫不得藉端控告。其有投充之人私自爲民，後經發覺，將同族之人誣扳爲同祖，或本主因家奴之同族少有産業誣告投充之子孫者，審明，將誣扳、誣告之人，從重治罪。

一、乾隆元年以後放出揑稱元年以前，私自營求人於民籍者，察出將該户交刑部照例治罪，仍令歸旗，作爲本主户下家人。其不行詳查之參、佐領及朦混收人民籍之地方官，一併交部議處。

一、八旗遠年丁冊有名者，即係盛京帶來奴僕，直省本無籍貫；其帶地投充者，亦歷年久遠，雖有籍貫難以稽查，兩項應仍遵照定例，只准開入旗檔，不得放出爲民。

一、乾隆元年以後白契所買之人未入丁冊者，准照例贖身爲民，其乾隆元年以前白契所買之人，既准作爲印契，仍照例在本主户下挑取步、甲等缺，俟三輩後，著有勞績，本主情願放出爲民者，呈明本旗，咨報户部，册檔有伊祖父姓名者，亦准放出爲民，仍行文該地方官查明註册，只許耕作營生，不准考試。

一、各省樂籍、并浙省墮民、丐户，皆令確查削籍，改業爲良。若土豪地棍仍前逼勒陵辱，及自甘污賤者，依律治罪。其地方官奉行不力者，該督撫查參，照例議處。

一、遠年印契所買奴僕之中，如内有實係民人，印契賣與旗人，契内尚有籍貫可查，照乾隆元年以前白契所買家人之例，三輩後准其爲民，仍將伊等祖父姓名、籍貫一體造册，咨送户部查核。

一、駐防旗人置買本地家奴，本主因其不堪驅使，情願准其贖身者，亦准放出爲民。

一、凡八旗奴僕放出爲民，未經入籍，及入籍在乾隆元年以後之户，應令歸旗，作爲原主名下開户壯丁。至於設法贖身之户，例應作爲開户壯丁者，其已經議結之案，毋庸置議外，其未結之案，或係自備身價贖身，或親戚代爲贖身者，均應歸原主佐領下作爲開户。若有實在用價契買，隨又交價贖出者，均應在買主佐領下作爲開户，如經開户壯丁給價買出者，伊等原非另户正身，其名下不便復有開户之人，應仍歸原主佐領下作爲開户。

一、凡八旗絶户家奴，如無族人可歸者，無論家下陳人、契買奴僕，俱准在於本佐領下開户，責令看守伊主墳墓。其中如果有年力精壯尚可當差者，在於本佐領下披步甲當差。如内有乾隆元年以後白契所買奴僕情願贖身爲民者，照例贖身，其身價銀兩，照絶户財産入官例辦理。

一、發遣賞給各省駐防兵丁爲奴人犯，除照例不准贖身及不准典賣與别境旗人外，其實有應賣事故欲行典買者，報明該管官酌量准其典賣與本處旗人爲奴。如遇有逃走爲匪等事，即將典買之人照例治罪，原主不坐。如賣與民人并别境旗人爲奴者，杖一百，追價入官。

一、凡另户人之妻，因夫亡改嫁與另户，并嫁與户下家人，其前夫所生之子原係另户，應准其隨母改適，俟撫養成丁仍歸本宗。如子母不忍分離，兩家情願倚依者，准其倚依。仍將本人造人生父本宗丁册。如有民間子弟自幼隨母改嫁與另户旗人，應照户口不清例，另行記檔。其有家人之子隨母嫁與另户，以及民間之子隨母改適與户下家人者，統於户下造報聲明。嗣後遇有隨母改嫁人等，該參、佐領即時確查報明都統存案，仍於編審之年丁册内註明，咨報户部查核。至從前另户旗人之子，自幼給與旗民正身及户下家人撫養呈請歸宗者，該旗查明情實，取具兩姓族長、族人保結，并各該參、佐領印結，咨送户部存案，准其歸宗。

一、凡民人之子既經給與旗下家人爲嗣，即與家人無異，應造入伊主户下，以備稽查。

《大清律續纂條例》卷一《名例律條例·老小廢疾收贖》 每年秋審人犯，其犯罪時年十五以下及現在年逾七十，經九卿擬以可矜，蒙恩宥免減流者，俱准其收贖。朝審亦照此例行。

（清）雅爾圖《雅公心政録》卷五《檄示·為查拏訟師以息訟誣告之源事》 照得搆訟一事最易破家，必須實有冤抑方可投具呈稟。乃有一□無賴棍徒倚衙門爲利藪，借刀筆作生涯，比匪朋奸，結交胥役，摇唇鼓舌，顛倒是非，逢人聳其告訐，遇事便起風波，毫無影响幻出蜃樓海市，慣用機謀，技能換日偷天，羅織無辜牽連婦女，無識之人悮墮術中。一經混准，先則會書差送開手，任其科派；繼則講鋪堂謝吏役聽其開銷。至于已准未審之時，則抄詞送審，稟到催拘，借名侵冒。而且每日茶坊、酒肆，飯食，草料肆行花費，甚至夤緣撞騙，無所不至。幸而得勝，則矜奇炫能引爲己功，索謝不已。倘或受虧，不曰官府狥情，則稱吏書受賄。上控不休。更有事虚畏審，故尋枝節，延挨拖累者，亦有兩造不願終訟，而訟師把持，不容歇手者。往往一訟未終，原被俱至傾家，是訟師之害，最爲慘毒。合行查拏，爲此示仰撫屬士民人等知悉：嗣後一應詞訟，務須據事直書，切毋投托訟師，任其播弄，致受其害。該地方官審理案件稍有虚誣，即根究訟師，嚴行處治。如誣告之人應擬反坐，能將訟師據實首出者，將訟師照誣告治罪，本人諒從寬減，該司道府州縣仍不時訪察，如有訟師盤踞衙門、教唆詞訟者，即行嚴拏。本部院亦現在遣人密訪，有即提究該州縣失察，或聽斷時並不查究，分別參處，毋違。特示。

乾隆六年二月七日。

（清）董誥《全唐文》卷五《太宗·定服色詔》 車服以庸，昔王令典，貴賤有節，禮經彝訓。自末代澆浮，采章訛雜，卿士無高卑之序，兆庶行僭侈之儀。遂使金玉珠璣，靡隔於工賈，錦綉綺縠，下通於皂隸。習俗爲常，流遁亡反，因循已久，莫能懲革。朕繼踵百王，欽承寶運，思宏典制，垂範後昆，永鑒前失，義存釐改。其冠冕制度，已備令文，至於尋常服飾，未爲差等。今已詳定，具如别式，宜即頒下，咸使聞知。

（清）李璋煜《視已成事齋官書》卷一《訪拏訟棍示》 爲訟師爲害地方，嚴切曉諭，以安良善事。照得訟端半由於架誣，而訟師實成於姑息。若輩豺狼爲性，鬼蜮爲情，把持衙門，武斷鄉曲。以刁生劣監爲羽翼。以奸胥蠹役爲爪牙。人或有隙可乘，彼即挺身而入。或謀人財物，或破人婚姻，或敗人身家，或誤人性命，或與鄉鄰爲敵，或與官府爲仇。一謀足以害兩家，一人可以唆兩造。索謝不遂，反而相攻，毒手既施，轉與交好。有時明目張胆，皆驚使筆之如刀，有時匿跡藏形，盡伏射人之暗箭，使其所訴得直，無怪信之而不疑，奈何其事已誣，猶且甘之而不悔。害民莫此爲甚。國法實所不容，本署府密加查訪，其著名者業已訪有數人。惟因其尚未犯事，不忍不教而誅，自示之後，若輩果能痛改前非，洗心革面，原不應阻以自新之路，如其仍蹈前轍，輕爲嘗試，即其詭密多端，亦不能倖逃法網，本署府言出法隨，勿謂告誡之不預也，凛之特示。

（清）李璋煜《視已成事齋官書》卷八《禁撥名示》 爲勸諭據實控告。毋得撥名以免拖累事。照得設立官府，原爲百姓申理冤枉，其實在被屈，不得不訴之於官者。自當據實呈訴，以憑官府拘訊究辦。此間風氣，往往羅織多人，稱爲百餘猛推原其故，皆被訟師土棍人等，圖利架聳，其情可惡，其愚可憐。本道看來凡民間田土水塘、填山界址，及樹植畜產等項，遇有爭競是常有的事。若實在被鄰鄉本鄉欺壓，起了爭端，只要請兩造正派的公親，替你們勸和，得了即了。不可便出家伙，就要鬧事。及至鬧出事來，那訟師就向你說，這般告狀，可以賺得撥名錢文，必得寫上多少証詞，以動官府。將那造族中有錢的人，指爲主令，指爲正兇，指爲幫兇。那造也請訟師主意來收拾你，也開列你族中多人，以圖抵制。甚至彼此對擄了人，業經放回，訟師又叫你告那造禁斃滅屍，種種詐賴，得了錢文，方肯罷休。以致自己讐人，得置身事外，那無辜的人，到被株連波累，傾家蕩產，你想那被告的人，花了許多錢文，你究竟能得多少。都是被訟師土棍從中賺了。恐你所得，並不償所失，且此等錢文，詐騙到手，能養育子孫邪？能興起家業邪？吾恐子孫必流爲爛崽，家業必漸致凋零。這都是各害自家那訟師土棍，反以此爲餌了。本道不忍見你們被訟師土棍的等愚弄，所以苦口勸諭你們，你們不聽信本道的言，偏去聽信訟師土棍的話。你們細細想想還是忍耐的好，還是强很的好，還是老實的好，還是詐騙的好。若能大家省悟，喚醒癡迷，救了多少性命，保了多少身家。就是好百姓，萬不可辜負本道勸諭的一片苦心。切記，切記，特示。

（清）李璋煜《視已成事齋官書》卷八《嚴拏訟棍示》 爲嚴拏訟棍以息刁風事。照得稂莠不除，嘉禾難植，兇惡不戢，良懦何安。各屬民情好訟，往往衅起細微。平空架捏，一經准理，動輒數年。其始或不盡由兩造之意，而多出於訟師之主唆播弄。兩造即欲中止。而訟棍復陰持之，使不敢退，浸至破家亡身。而被累者，猶奉訟師之言爲圭臬，至死不悟。深堪痛恨，本道接閲攔輿呈遞各詞，尤多不近情理。聞有外來訟棍潛匿郡城内外，勾結本地素不安分之人。刁唆滋事，其著名者業已訪有數人。自示之後，若輩果能痛改前非，洗心革面，原不阻其自新之路。如仍蹈前轍，或主令例應收贖之人，出名架捏輕爲嘗試，即使詭秘多端，斷不能逃吾洞鑒。本道久任刑曹，歷權藩臬，發奸摘伏，不爽毫釐。若輩諒已早有所聞，稍知儆懼，切勿以身試法也。凛之特示。

（清）沈衍慶《槐卿政蹟》卷一《示諭・申明關防告示道光十四年五月》 爲申明關防事，照得本縣忝幸是邦，矢勤矢慎，辦理一切公務，均係親裁，毫不瞻狥，亦無帝貸。署中官親幕友，俱各别嫌明微，廉謹自愛，從不交接外人，干涉公事。即家丁人等，亦止傳宣出納，並不假以事權。前於到任之初，業經出示曉諭，以杜詐僞招摇之弊，諒爾紳民人等，亦既共見、共聞。現在下鄉催徵，署中日行事件，仍係包封送至行館辦理。其有必須隨時訊供者，暫委捕衙代訊，仍將緣由封送行館核定。至在押人犯，惟欠糧已照數完清者，諭令隨時開釋。其餘一切，俱俟本縣親筆批明，方准開釋。毫非他人所得而主。誠恐有等不法之徒，因本縣不在署中，在外招摇撞騙，愚惑鄉民。合行再申示諭，爲此示仰諸色人等知悉：如有向爾等妄稱同衙門中熟識，可以求情請託有，即屬招摇撞騙之棍徒，許即徑行扭稟，以憑重法處究，決不寬貸，毋違。特諭。

（清）賈臻《退厓公牘文字》卷一《署河南府任・出示嚴禁刁衿蠹胥訟師土棍行各縣札》 案奉各憲轉准户部咨道光三十四月初四日，奉旨查辦刁衿、蠹胥、訟師、土棍一案，業經恭録上諭轉飭欽遵辦理在案。本署府到任以來，訪查東都民情素稱淳厚，近年控案繁多，刁風日熾，皆因刁衿，蠹胥、訟師、土棍從中播弄。當即明查暗訪，並於審案時細心推鞫，究出前項不法之徒，均經分別輕重按律懲處。現雖奉旨查辦，猶恐窮鄉僻壤，未易周知，特將獲辦各犯姓名及辦理緣由擬定示稿，剴切曉諭。惟當此積重難返之時，全在地方官認真查辦，庶幾可期得力。除將示稿刊發外，合行札飭札到該縣，即將發去告示代印，代標於城關、集鎮、大小鄉村遍貼曉示，並傳齊各代書按名發給一紙，令其實貼寓所，俾遞呈人共見、共知，儆心怵目。該縣仍當隨時、隨地一體該查，如有前項刁衿、蠹胥、訟師、土棍，立即嚴密查拿，徹底根究，盡法懲治，毋姑息爲心，毋含糊了事。倘到案不肯供吐而凶焰素熾，被害之家又不敢切實指證，供證未確無憑科罪，不妨出示招告，百姓見官所深惡痛絶者在此。既經獲案，斷無倖脱之理，亦不慮其尋衅報復，必有從實指證，以洩宿忿，而伸公道者，其訪有著名匪徒倘未獲案，儘可將其姓名、綽號大書牓示通衢，令見者人人儆惕，惡黨必知斂跡。至四項之中，胥役之爲害尤甚。縱蠹殃民諒稍知自愛者，斷不出此。或被人指告不免意存迴護，遂至釀成巨案不可收拾。況地棍、訟師均以胥役爲護符，胥役即以地棍、訟師爲牙爪，串通一氣，狼狽爲奸。吾民之受其害者，破産蕩家、賣兒鬻女，至有不忍言者。故欲靖地方先除衙蠹，一定之理也。劣生一項並移會儒學一體查辦，如果該教官平時不能約束、化誨，臨時又不協力訪查，甚或瞻狥情面，袒護縱容該縣，即據實密禀，由府詳叅示儆。如此實力奉行，歷久不懈，下可以盡地方官本分應辦之職，上可以副聖天子安良除莠之心，將見風化益淳、民俗益厚，治理自蒸蒸上矣。倘此次札飭之後，該縣仍陽奉陰違，視同文具，本署府查出前項匪徒，惟有將失察之地方官據實詳叅，决不寬作壁上。本署府即以此事查辦之當否定各縣吏治之高下，尚各認真查辦，毋稍玩泄，並將查辦緣由及貼過告示處所具報查考。毋違。

《户部則例》卷二《户口·八旗户口·入官人口作價》 入官人口，凡年在十歲以上至六十歲者，每口作價銀一十兩。六十一歲以上，作價銀五兩。九歲以下，幼丁每一歲作銀一兩。未週歲者，免其作價。

《户部則例》卷二《户口·八旗户口·私出爲民》 八旗私出爲民人等，如根底不清，旗民兩無可考者，即行收入民籍。至旗人抱養民間子弟指稱歸宗，私入民籍者，照例治以不行呈明之罪，仍令各歸民籍。

（清）沈家本《刑部現行則例》卷上《户役》 一、順治十年以前買人，雖無中證，失落文契，所買之人，伊身稱所賣是真，亦斷與所買之人。

一、除直隸各省大小文武官員及駐防將軍、副都統等，將各該管所屬之民不准買外，凡旗下官兵，許令照舊買人。在京者，許宛大二縣、五城兵馬司用印，在外者，許各州、縣官用印。將賣身之人問明真正姓名、籍貫，取其情願賣身口供及保人口供，登簿照例申報户部。其流移之民，有情願賣身者，在何處賣許在本處官用印。若故意掯勒不行用印，發覺交與該部，從重議處。

一、各省駐防將軍、副都統以下驍騎校以上，提鎮以下千、把總以上，不許買本省之民。若違禁買者，令該督撫等查參。將所買之官降二級調用，官員之家僕買者，照伊主本身所買議處。該管官員不行查出者，俱各降一級留任。兵丁買民止許少買，買時須賣身之人親到地方官處取願賣口供存案，文契内寫情願字樣，用印准賣，若已經取供存案，契内有情願賣身字樣，後有誣告者，反坐。所告之人若無口供存案，文契内有情願字樣，勒買情由是真者，將所買兵丁枷號一個月鞭一百。如官員囑托伊下兵丁買者，照依本身所買之例處分。至本主在京，家僕披甲在外省駐防者，仍照另户兵丁准買。外省駐防官員，有披甲之人，亦不准買民。

一、關口外所住之人來京買人者，將所買之人帶到宛大二縣、五城正印官處説明情由，將賣身之人取有情願賣身口供文契，令其用印。仍令禀明各該都統，將所帶出口之人數目咨明兵部，給發用印文票。其看守關口人等將帶出之人亦嚴行盤查，若無兵部用印文票令其出口者，將章京、馬法各罰俸一年，披甲之人俱各鞭八十，領出之人俱各鞭一百。【略】

一、買人之人不帶本人并保人由正印官當堂驗明取供掛號，即與白契無異。將賣身之人不給買主，斷出爲民。

一、九卿、詹事、科道會覆，賣身旗下，原有房田守分度日，於地方人民無擾者，仍令居住原處。其原無房田者，俱令伊主收回。倘賣身旗下兇惡之徒，雖有田房，仗旗恣意橫行嚇詐百姓、把持衙門、賭博姦淫、捏盗勾逃、訐訟作證害民等事有犯者，地方官申報直隸巡撫即拏送部，照依律例議罪，不許仍在原處居住，伊主收回。若違禁犯罪之後，又不收回，仍留原處者，將容留之主，係官降一級留任，係平人鞭一百，家僕枷號一個月鞭一百。兩鄰地方知情不首者，各責三十板。州、縣衛官不行查逐者，罰俸一年。道官并兼轄武官容留，該管地方罰俸六個月。巡撫，提鎮罰俸三個月。同城知府照州、縣官例處分。不同城知府照道官例處分。具題。奉旨依議。凡賣身之人，或曾經犯罪處分，或現有犯法事情，賣身旗下希圖倖免者，從重治罪。買主知情一併從重治罪。

一、凡旗下入官之人，若仍照前分撥，伊等在旗佐領下俱各有定額，且各有該管之主，應停止入官，令入各旗辛者庫。其包衣佐領人送來入官者，亦照此例入辛者庫。辛者庫人犯入官之罪者，刑部枷號完結。

一、凡八旗下滿洲、蒙古家一應人等不許賣與漢軍，民人，亦不許給送。若違禁賣與漢軍、民人及給送者，或傍人出首，或被賣之人首告，將所賣之人并價銀一併入官。所買所賣之人，係官罰俸一年，係護軍撥什庫兵丁當差及閒散人鞭一百，係民責四十板，佐領并驍騎校包衣、佐領包衣大明知令賣者罰俸九個月，小撥什庫鞭八十，收税之官亦罰俸九個月，其滿洲、蒙古家人欲要贖出伊身者，在本佐領并旗下許贖出。下許贖出入在漢軍、民人。違禁贖出入在漢軍、民人亦照所買所賣之例擬罪。其滿洲、蒙古家用印所買之人有欲贖身及旗下舊奴僕之内年老有病之人，各本主情願准贖者，應回明該都統等，咨文内開寫情由，用印移送户部，准其贖出爲民。若將可用年壯舊人借此准贖者，亦照買賣例治罪。其喀爾喀、厄魯德亦不許令漢軍、民人買。若違禁買者，係官降一級調用，係旗下人鞭一百，係民人責四十板，將人入官。

（清）薛允升《唐明清三律彙編・户律・户役・收留迷失子女》

《唐律・賊盜門》：諸略奴婢者，以强盗論；和誘者，以竊盗論。若得逃亡奴婢不送官而賣者，以和誘論；藏隱者，減一等坐之。

《疏議》曰：凡捉得逃亡奴婢，依令五日内合送官司，不送而賣，以和誘論，計贓，依盗法。

又《雜律門》：諸錯認良人爲奴婢者，徒二年；爲部曲者，減一等。錯認部曲爲奴者，杖一百。錯認奴婢及財物者，計贓，一疋笞十，五疋，加一等，罪止杖一百。未得者，各減二等。

《疏議》曰：其錯認良人以下爲子孫，律既無文，量情依不應爲輕。若錯認他人妻妾及女爲己妻妾者，情理俱重，依不應爲重科。若已認得妻妾將去者，多涉姦情，即同姦法。

又《詐僞門》：諸妄認良人爲奴婢、部曲、妻妾、子孫者，以略人論，減一等，妄認部曲者，又減一等；妄認奴婢及財物者，准盗論，減一等。

《疏議》曰：略人爲奴婢者絞，減一等，合流三千里；略人爲部曲，流三千里，減一等，合徒三年；略人爲妻妾、子孫，合徒三年，減一等，合徒二年半；略部曲爲奴，合流三千里，妄認，減一等，合徒三年；略部曲爲部曲，合徒三年，妄認，減一等，合徒二年半。

愚按：《唐律》無此專條，惟《賊盗門》云：若得逃亡奴婢不送官而賣者，以和誘論；藏匿者，減一等坐之。不言良人子女亦無迷失之文，蓋統括於和略律内矣。《明律》添入此層，以示興起意誘拐者不同，亦有因而盗，日攘之意。惟並未分别和略及是否年已及歲，一體科斷，求詳而反失之略，殊不可解。《唐雜律》有錯認良人爲奴婢及錯認奴婢財物之條，《詐僞門》有妄認良人爲奴婢之條，以錯認與妄認情罪各别，故分列兩處也。《明律》有冒認而無錯認，亦不可解。再娶犯罪逃走婦女者，知情與同罪。此收留自爲妻妾者，徒二年；買者知情，又減一等，與彼條亦大相抵牾，尤不可解。名目愈多愈不畫一，此又增改《唐律》之失也，參看自明。

《臺灣私法人事編・人・品性・階級・賤民法例・子女略賣例》 案律文：賣子孫之上亦冠以略字者，孩提之童無不知愛其親也，一旦爲親所賣，必非其願，而父母忍心離棄骨肉，且設方略以誘之，背理甚矣！故坐以杖八十之罪，此教人以厚也。然世情變態日滋，或遇災荒之歲，而赤貧之民若限以禁律，轉恐保其不全生，故例聽其賣不論；然既聽其賣，則略買者亦所勿論矣！

《臺灣私法人事編・人・品性・階級・賤民法例・户部則例》 各省遇有災侵地方，貧民賣鬻子女者，除本地民户、過往客商及竝未馳驛官員，各聽其便，毋庸禁止外，其由派委差使，由驛行走官員，俱應禁止，不得私買民人子女。竝着各督撫將軍辦事大臣隨時查案；如有違禁私買携帶者，即行嚴參治罪。

《大清新法令》第五卷《宣統新法令・又奏定民政統計表式解説下》

直省府廳州縣人口男女年齡分別統計表第十九

古記人口之法，自生齒以上，皆書於版，異其男女而辨。其可任者，舊例丁册有丁中黄小之別，即分別年齡之意。西例列表，皆明著年歲，尤爲直捷。以下各表，皆爲細別户口而設。今雖未能詳悉照登，而自治選舉漸次通行，調查自臻細密，即不難按表填報。

直省府廳州縣人口生死移徙分別統計表第二十

覘國力之盛衰，以人口增加爲首務。西人常謂滋生人口增加速率比於幾何級數，而所增食料必不能及，故生存競爭最爲劇烈。而法國人口增加比率最少，論者輒以爲憂。惟生死移徙之數，日本所謂動態調查最難確實，必須人員遇事報告，而官吏又隨時抽查。此表綜計年終總數，姑爲懸格，以求漸進。

直省府廳州縣人民婚嫁年齡分別統計表第二十一

《周官》：以婚冠之禮親成男女。媒氏所謂中春會男女者，近人解爲會計之會，最爲確義。中國生齒蕃衍，多婚早婚，實爲一大原因。而貧民較多，亦由於此。此表年齡暫分三十、二十内外，以爲區別，略仿古禮三十而娶、二十而嫁之義，只爲綜計。婚嫁之人數，非爲婚嫁之限制，亦非自治通行，不能調查清楚。與上表同爲懸格，以待而已。

《大清新法令》第四卷《光緒新法令・商部奏定商律・商人通例》

第一條　凡經營商務貿易，買賣販運貨物者，均爲商人。

第二條　凡男子自十六歲成丁後方可爲商按年、月計算足十六歲。

第三條　凡業商者，設上無父兄或本商病廢而子弟幼弱尚未成丁，其妻或年届十六歲以上之女，或守貞不字之女，能自主持貿易者均可爲商。惟必須呈報商部存案，或在該處左近所設商會呈明，轉報商部存案（如該處未設商會，即就近赴各業公所呈明，轉報商部存案）。

第四條　已嫁婦人必須有本夫允准字據，悉照第三條辦理，呈報商部方可爲商。惟錢債、轇轕、虧折等事，本夫不能辭其責。

第五條　凡商人營業，或用本人真名號，或另立店號，某記、某堂名字樣均聽其便。

第六條　商人貿易，無論大小必須立有流水帳簿，凡銀錢、貨物出入以及日用等項，均宜逐日登記。

第七條　商人每年須將本年貨物、産業、器具以及人欠、欠人款目盤查一次，造册備存。

第八條　商人所有一切帳册及關係貿易來往信件，留存十年，十年以後留否聽便。倘十年之内實有意外毀失情事，應照第三條呈報商部存案例辦理。

第九條　無論何項商人、何項公司、何項店鋪，均須按照第六、七、八條遵守無違。

《大清新法令》第四卷《光緒新法令・農工商部等會奏核議礦務章程折附片並請單》第十四章　礦工

第六十五款　礦商所定礦工規條須經官准，凡開採礦物及從事開礦業務之華人謂之礦工。

礦商所定之礦工規程，必先禀明礦務委員，然後施行。

第六十六款　礦工須有詳細簿籍

礦商宜備礦工名簿，記載其姓名、年歲、籍貫、職業及被僱、辭退之年、月、日，以備查考。

第六十七款　礦工罷役各條

如犯下開各項者，礦工無論何時，可以罷役。

一、礦商及其使用伙友有虐待之事件。

二、工銀不按時支給或有克扣等情。

三、礦工作工時刻過多，有不勝其勞苦，以致多成疾病者。

第六十八款　體恤礦工各條

礦商宜體恤工人，其體恤規條必先禀明礦務委員。

一、非礦工之過失，因就業時負傷，應補給醫藥培養等費。

二、因負傷培養時，給與相當之伙食費。

三、或因負傷以致身故者，應優給埋葬費。

四、或因負傷以致殘廢者，應酌定期限給與補助費。

以上四項礦商與礦務委員公同商酌給費。

第六十九條　辭退礦工各條

如犯下開有礙礦商各款，無論何時，礦商可以辭退礦工。

一、違犯中國律例，擾害地方人民者。

二、窩藏匪類混作礦工者。

三、投身教堂，自稱教民混作礦工，不受地方官員約束者。

第七十條　懲辦礦工各條

如犯下開有害地方各款，無論何時，礦務委員亦可迫令礦商，清查此等工人，交地方官懲辦，不准礦商庇護。

一、不聽礦商指揮使用者。

二、對於礦商及其伙友有橫暴之行爲者。

三、礦商並無虐待、克扣情事，籍端罷工要挾者。

第七十一款　修改礦工章程

凡國家保護礦工及查禁礦商虐待工人情弊條款，如有應行修改增益之處，可由本省督撫隨時咨明農工商部，核定辦理。

紀事

《漢書》卷一上《高帝紀上》〔三年二月癸未〕舉民年五十以，有脩行，能帥衆爲善，置以爲三老，鄉一人。擇鄉三老一人爲縣三老，與縣令丞尉以事相教，復勿繇戍。

《漢書》卷四《文帝紀》〔二年三月〕詔曰：方春和時，草木羣生之物皆有以自樂，而吾百姓鰥寡孤獨窮困之人或阽於死亡，而莫之省憂。爲民父母將何如？其議所以振貸之。又曰：老者非帛不煖，非肉不飽。今歲首，不時使人存問長老，又無布帛酒肉之賜，將何以佐天下子孫孝養其親？今聞吏稟當受鬻者，或以陳粟，豈稱養老之意哉！具爲令。有司請令縣道，年八十已上，賜米人月一石，肉二十斤，酒五鬥。其九十已上，又賜帛人二疋，絮三斤。賜物及當稟鬻米者，長吏閱視，丞若尉致。不滿九十，嗇夫、令史致。二千石遣都吏循行，不稱者督之。刑者及有罪耐以上，不用此令。【略】

〔十三年三月詔〕又曰：孝悌，天下之大順也。力田，爲生之本也。三老，衆民之師也。廉吏，民之表也。朕甚嘉此二三大夫之行。令萬家之縣，云無應令，豈實人情？是吏舉賢之道未備也。其遣謁者勞賜三老、孝者帛人五匹，悌者、力田二匹，廉吏二百石以上率百石者三匹。及問民所不便安，而以户口率置三老孝悌力田常員，令各率其意以道民焉。

《漢書》卷五《景帝紀》〔後三年〕五月，詔曰：人不患其不知，患其爲詐也；不患其不勇，患其爲暴也；不患其不富，患其亡厭也。其唯廉士，寡欲易足。今訾算十以上乃得宦，廉士算不必衆。有市籍不得宦，無訾又不得宦，朕甚愍之。訾算四得宦，亡令廉士久失職，貪夫長利。

《漢書》卷六《武帝紀》〔建元二年〕春二月，赦天下，賜民爵一級。年八十復二算，九十復甲卒。

《漢書》卷一二《平帝紀》〔元始三年〕夏，安漢公奏車服制度，吏民養生、送終、嫁娶、奴婢、田宅、器械之品。

《漢書》卷六《武帝紀》〔建元二年〕夏四月己巳，詔曰：古之立教，鄉里以齒，朝廷以爵，扶世導民，莫善於德。然則於鄉里先耆艾，奉高年，古之道也。今天下孝子順孫願自竭盡以承其親，外迫公事，内乏資財，是以孝心闕焉。朕甚哀之。民年九十以上，已有受鬻法，爲復子若孫，令得身帥妻妾遂其供養之事。

《漢書》卷二四上《食貨志上》《洪範》八政，一曰食，二曰貨。食謂農殖嘉穀可食之物，貨謂布帛可衣，及金刀龜具，所以分財布利通有無者也。二者，生民之本，興自神農之世。斲木爲耜，煣木爲耒，耒〔耨〕之利以教天下，而食足；日中爲市，致天下之民，聚天下之貨，交易而退，各得其所，而貨通。食足貨通，然後國實民富，而教化成。黄帝以下通其變，使民不倦。堯命四子以敬授民時，舜命后稷以黎民祖飢，是爲政首。禹平洪水，定九州，制土田，各因所生遠近，賦入貢棐，楙遷有無，萬國作乂。殷周之盛，《詩》《書》所述，要在安民，富而教之。故《易》稱天地之大德曰生，聖人之大寶曰位；何以守位曰仁，何以聚人曰財。財者，帝王所以聚人守位，養成羣生，奉順天德，治國安民之本也。故曰：不患寡而患不均，不患貧而患不安；蓋均亡貧，和亡寡，安亡傾。是以聖王域民，築城郭以居之，制廬井以均之，開市肆以通之，設庠序以教之；士農工商，四民有業。學以居位曰士，辟士殖穀曰農，作巧成器曰工，通財鬻貨曰商。聖王量能授事，四民陳力受職，故朝亡廢官，邑亡敖民，地亡曠土。

《漢書》卷四九《鼂錯傳》錯，穎川人也。學申商刑名於軹張恢生所，與雒陽宋孟及劉帶同師。**【略】**錯復言守邊备塞，勸農力本，當世急二事。**【略】**楊粤之地少陰多陽，其人疏理，鳥獸希毛，其性能暑。秦之戍卒不能其水土，戍者死於邊，輸者僨於道。秦民見行，如往棄市，因以謫發之，名曰謫戍。先發吏有謫及贅壻、賈人，後以嘗有市籍者，又後以大父母、父母嘗有市籍者，後入閭，取其左。**【略】**

陛下幸憂邊境，遣將吏發卒以治塞，甚大惠也。然令遠方之卒守塞，一歲而更，不知胡人之能，不如選常居者，家室田作，且以備之。以便爲之高城深塹，具藺石，布渠荅，復爲一城其内，城間百十步。要害之處，通川之道，調立城邑，毋下千家，爲中周虎落。先爲室屋，具田器，乃募辠人及免徒復作令居之；不足，募以丁奴婢贖辠及輸奴婢欲以拜爵者；不足，乃募民之欲往者。皆賜高爵，復其家。予冬夏衣，廩食，能自給而止。郡縣之民得買其爵，以自增至卿。其亡夫若妻者，縣官買予之。

《漢書》卷九一《貨殖傳》秦漢之制，列侯封君食租税，歲率户二百。千户之君則二十萬，朝覲聘享出其中。庶民農工商賈，率亦歲萬息二千，百萬之家即二十萬，而更繇租賦出其中，衣食好美矣。故曰陸地牧馬二百號，牛千蹏角，千足羊，澤中千足彘，水居千石魚波，山居千章之萩。安邑千樹棗；燕、秦千樹栗；蜀、漢、江陵千樹橘；淮北滎南河濟之間千樹萩；陳、夏千畝桼；齊、魯千畝桑麻；渭川千畝竹；及各國萬家之城，帶郭千畝畝鍾之田，若千畝卮茜，千畦薑韭：此其人皆與千户侯等。

《後漢書》卷一上《光武帝紀上》莽末，天下連歲災蝗，寇盜鋒起。地皇三年，南陽荒饑，諸家賓客多爲小盜。光武避吏新野，因賣穀於宛。宛人李通等以圖讖説光武云：劉氏復起，李氏爲輔。光武初不敢當，然獨念兄伯升素結輕客，必舉大事，且王莽敗亡已兆，天下方亂，遂與定謀，於是乃市兵弩。十月，與李通從弟軼等起於宛，時年二十八。

《後漢書》卷三《章帝紀》〔永平十八年〕冬十月未，大赦天下。賜民爵，人二級，爲父後及孝悌、力田人三級，脱無名數及流人欲占者人一級，爵過公乘得移與了若同産子；鰥、寡、孤、獨、篤癃、貧不能自存者粟，人三斛。詔曰：朕以眇身，託于王侯之上，統理萬機；懼失厥中，兢兢業業，未知所濟。深惟守文之主，必建師傅之官。

《後漢書》卷二七《承宫傳》承宫字少子，琅邪姑幕人也。少孤，年八歲爲人牧豕。鄉里徐子盛者，以《春秋經》援諸生數百人，宫過息廬下，樂其業，因就聽經，遂請留門下，爲諸生拾薪。執苦數年，勤學不倦。經典即明，乃歸家教授。遭天下喪亂，遂將諸生避地漢中，後與妻子之蒙陰山，肆力耕種。禾黍將孰，人有認之者，宫不與計，推之而去，由是顯名。

《宋書》卷二《武帝紀》〔元興七年〕十一月己卯，公至江陵，下書曰：

夫去弊拯民，必存簡恕，捨網修綱，雖煩易理。江、荆彫殘，刑政多闕，頃年事故，綏撫未週。遂令百姓疲匱，歲月滋甚，財傷役困，慮不幸生。凋殘之餘，而不滅舊，刻剥徵求，不循政道。宰莅之司，或非良幹，未能菲躬儉，苟求盈給，積習生常，漸不知改。

近因戎役，來涉二州，踐境親民，愈見其瘼，思欲振其所急，卹其所苦。凡租税調役，悉宜以見户爲正。

《宋書》卷五《文帝紀》〔元嘉十九年〕十二月丙申，詔曰：胄子始集，學業方興。自微言泯絶，逝將千祀，感事思人，意有慨然。奉聖之胤，可速議繼襲。於先廟地，特爲營造，依舊給祠置令，四時饗祀。闕里往經寇亂，黌校殘毁，并下魯郡修復學舍，採召生徒。昔之賢哲及一介之善，猶或衛其丘壟，禁其芻牧，況尼父德表生民，功被百代，而墳塋荒蕪，荆棘弗翦。可蠲墓側數户，以掌洒掃。魯郡上民孔景等五户居近孔子墓側，蠲其課役，供給洒掃，并種松栢六百株。

《魏書》卷一一〇《食貨志》世祖即位，開拓四海，以五方之民各有其性，故修其教不改其俗，齊其政不易其宜，納其方貢以充倉禀，收其貨物以實庫藏，又於歲時取鳥獸之登於俎用者以牣膳府。

先是，禁網疏闊，民多逃隱。天興中，詔採諸漏户，令輸綸綿。自後諸逃户占爲細繭羅縠者甚衆。於是親營户帥遍於天下，不隸守宰，賦役不周，户口錯亂。始光三年詔一切罷之，以屬郡縣。【略】

魏初不立三長，故民多蔭附。蔭附者皆無官役，豪强徵斂，倍於公賦。十年，給事中李冲上言：宜準古，五家立一隣長，五隣立一里長，五里立一黨長，長取鄉人强謹者。隣長復一夫，里長二，黨長三。所復復征戍，餘若民。三載亡愆則陟用，陟之一等。其民調，一夫一婦帛一匹，粟二石。民年十五以上未娶者，四人出一夫一婦之調；奴任耕，婢任績者，八口當未娶者四；耕牛二十頭當奴婢八。其麻布之鄉，一夫一婦布一匹，下至牛，以此爲降。大率十匹爲公調，二匹爲調外費，三匹爲内外百官俸，此外雜調。民年八十已上，聽一子不從役。孤獨癃老篤疾貧窮不能自存者，三長内迭養食之。

書奏，諸官通議，稱善者衆。高祖從之，於是遣使者行其事。乃詔曰：　夫任土錯貢，所以通有無；井乘定賦，所以均勞逸。有無通則民財不匱，勞逸均則人樂其業。此自古之常道也。又隣里鄉黨之制，所由來久。欲使風教易周，家至日見，以大督小，從近及遠，如身之使手，幹之總條，然後口算平均，義興訟息。是以三典所同，隨世洿隆；貳監之行，從時損益。故鄭僑復丘賦之術，鄒人獻盍徹之規。雖輕重不同，而當時俱適。自昔以來，諸州户口，籍貫不實，包藏隱漏，廢公罔私。富强者并兼有餘，貧弱者糊口不足。賦税齊等，無輕重之殊；力役同科，無衆寡之别。雖建九品之格，而豐埆之土未融；雖立均輸之楷，而蠶績之鄉無異。致使淳化未樹，民情偷薄。朕每思之，良懷深慨。今革舊從新，爲里黨之法，在所牧守，宜以喻民，使知去煩即簡之要。

《晉書》卷三《武帝紀》〔咸寧元年〕二月，以將士應已娶者多，家有五女者給復。

《梁書》卷二《武帝紀》〔天監八年〕五月壬午，詔曰：學以從政，殷勤往哲，禄在其中，抑亦前事。朕思闡治綱，每敦儒術，軾閭闢館，造次以之。故負袟成風，甲科間出，方當置諸周行，飾以青紫。其有能通一經、始未無倦者，策實之後，選可量加叙録。雖復牛監羊肆，寒品後門，並隨才試吏，勿有遺隔。

《梁書》卷三《武帝紀》大同七年十一月内子，詔停在所役使女丁。

《宋書》卷六《孝武帝紀》〔大明二年春正月〕壬戌，詔曰：先帝靈命初興，龍飛西楚，歲紀浸遠，感往纏心。奉迎文武，情深常隸，思弘殊澤，以申永懷。吏身可賜爵一級，軍户免爲平民。

《北齊書》卷四七《酷吏傳·畢義雲》畢義雲小字陁兒。【略】性嚴酷，事多幹了。齊文讓作相，以爲稱職，令普勾僞官，專以車輻考掠，所獲甚多。【略】文宣受禪，除治書侍御史，彈射不避勳親。累遷御史中丞，繩劾更切。然豪横不平，頻被怨訟。前爲汲郡太守翟嵩啓列：義雲從父兄僧明負官債，先任京畿長吏，不受其屬，立限切徵，由此挾嫌，數遣御史過郡訪察，欲相推繩。又坐私藏工匠，家有十餘織錦，並造金銀器物。乃被禁止。尋見釋，以爲司徒左長史。

《陳書》卷一《高祖紀》高祖武皇帝諱霸先，字興國，小字法生，吴興長城下若里人，漢太丘長陳寔之後也。世居潁川。寔玄孫準，晋太尉。準生匡，匡生達，永嘉南遷，爲丞相掾，歷太子洗馬，出爲長城令，悦其山水，遂家焉。【略】達生康，復爲丞相掾，咸和中土斷，故爲長城人。

《周書》卷六《武帝紀》〔建德六年九月〕戊寅，初令民庶已上，唯聽衣綢、綿綢、絲布、圓綾、紗、絹、綃、葛、布等九種，餘悉停斷。朝祭之服，不拘此例。

《南史》卷七〇《循吏傳・范述曾》 范述曾字子玄，一字穎彦，吴郡錢唐人也。【略】齊明帝即位，爲永嘉太守。爲政清平，不尚威猛，甿俗便之。所部横陽縣山谷嶮峻，爲逋逃所聚，前後二千石討捕莫能息。述曾下車，開示恩信，凡諸兇黨，襁負而出，編户屬籍者二百餘家。自是商旅流通，居人安業。勵志清白，不受饋遺。明帝下詔褒美，徵爲游擊將軍。郡送故舊錢二十餘萬，一無所受，唯得白桐木火籠朴十餘枚而已。

《南史》卷七一《儒林傳・嚴植之》 又嘗緣栅塘行，見患人卧塘側，問之，云姓黄，家本荆州，爲人傭賃。疾篤，船主將發，棄之于岸。植之惻然，載還療之，經年而愈。請終身充奴僕以報厚恩。植之不受，遺以資糧遣之。

《南史》卷七三《孝義傳・徐耕》 徐耕，晋陵延陵人也。元嘉二十一年，大旱人飢，耕詣縣陳辭，以米千斛助官振貸。縣爲言上，當時議以耕比漢卜式。詔書褒美，酬以縣令。

大明八年，東土饑旱，東海嚴成、東莞王道蓋各以私穀五百餘斛助官振卹。

《南史》卷七三《孝義傳・孫棘》 孫棘，彭城人也。宋大明五年，發三五丁，弟薩應充行，坐違期不至。棘詣郡辭列：棘爲家長，令弟不行，罪應百死，乞以身代薩。薩又辭列自引。太守張岱疑其不實，以棘、薩各置一處，報云聽其相代。顔色並悦，甘心赴死。棘妻許又寄語屬棘：君當門户，豈可委罪小郎？且大家臨亡，以小郎屬君。竟未妻娶，家道不立。君已有二兒，死復何恨。岱依事表上，孝武詔特原罪。州加辟命，并賜帛二十疋。

《南史》卷七三《孝義傳・何子平》 何子平，廬江灊人也。【略】子平世居會稽，少有志行，事母至孝。揚州辟從事史，月奉得白米，輒貨市粟麥。人曰：所利無幾，何足爲煩。子平曰：尊老在東，不辦得米，何心獨饗白粲。每有贈鮮肴者，若不可寄致至家，則不肯受。母本側庶，籍注失實，實未及養，而籍年已滿，便去職歸家。時鎮軍將軍顧覬之爲州上綱，謂曰：尊上年實未八十，親故所知，州中差有微禄，當啓相留。子平曰：公家正取信黄籍，籍年既至，便應扶侍，何容苟冒榮利。乃歸家竭力供養。

《北史》卷八四《孝行傳・吴悉達》 吴悉達，河東聞喜人也。兄弟三人，年並幼小，父母爲人所殺。四時號慕，悲感鄉隣。及長報仇，避地永安。昆弟同居四十餘載，閨門和睦，讓逸競勞。雖於儉年，糊饘不繼，賓客經過，必傾所有。每守宰殯喪，私辦車牛，送終葬所。隣人孤貧窘困者，莫不解衣輟糧，以相賑恤。鄉閭五百餘人詣州稱頌焉。刺史以悉達兄弟行著鄉里，板贈悉達父勃海太守。悉達後欲改葬，亡失墳墓，推尋弗獲。號哭之聲，晝夜不止，叫訴神祇。

（唐）杜佑《通典》卷七《食貨・丁中》 漢孝景二年，令天下男子年二十而始傅。

晋武帝平吴後，有司奏，男女年十六以上至六十爲正丁；十五以下至十三、六十一以上至六十五爲次丁；十二以下六十六以上爲老、小，不事。

宋文帝元嘉中，王弘上言：舊制，人年十三半役，十六全役，當以十三以上能自營私及公，故以充役。考之見事，猶或未盡，體有彊弱，不皆稱年。循吏恤隱，可無甚患，庸愚守宰，必有勤劇，況值苛政，豈可稱言。至令逃竄求免，胎孕不育，乃避罪憲，實亦由兹。今皇化惟新，四方無事，役名之宜，應存消息。十五至十六，宜爲半丁，十七爲全丁。帝從之。

北齊武成河清三年，乃令男子十八以上六十五以下爲丁，十六以上十七以下爲中，六十六以上爲老，十五以下爲小。

隋文帝頒新令，男女三歲以下爲黄，十歲以下爲小，十七以下爲中。十八以上爲丁，以從課役。六十爲老，乃免。開皇三年，乃令人以二十一成丁。煬帝即位，户口益多，男子以二十二成丁。高熲奏以人間課税，雖有定分，年常徵納，除注恒多，長吏肆情，文帳出没，既無定簿，難以推校。乃爲輸籍之樣，請遍下諸州，每年正月五日，縣令巡人，各隨近五黨三黨共爲一團，依樣定户上下。帝從之，自是姦無所容矣。

大唐武德七年定令，男女始生爲黄，四歲爲小，十六爲中，二十一爲丁，六十爲老。

神龍元年，韋皇后求媚於人，上表，請天下百姓年二十二成丁，五十八免役，制從之。韋庶人誅後，復舊。

玄宗天寶三載十二月制，自今以後，百姓宜以十八以上爲中男，二十三以上成丁。

《舊唐書》卷五《高宗紀》 麟德三年冬十月癸酉，大雪，平地三尺餘，行人凍死者贈帛給棺木。令雍、同、華州貧窶之家，有年十五已下不能存活者，聽一切任人收養爲男女，充驅使，皆不得將爲奴婢。丙申，太子右中護攝正諫大夫、同東西臺三品趙仁本爲左肅機，罷知政事。

《舊唐書》卷四三《職官志》 四家爲鄰，五鄰爲保。保有長，以相禁約。凡男女，始生爲黄，四歲爲小，十六爲中，二十有一爲丁，六十爲老。每一歲一造計帳，三年一造户籍。縣以籍成于州，州成于省，户部總而領焉。【略】

凡庶人年八十及篤疾，給侍丁一人，九十，給二人，百歲，三人。

《舊唐書》卷四八《食貨志》 武德七年，始定律令。以度田之制：五尺爲步，步二百四十爲畝，畝百爲頃。丁男、中男給一頃，篤疾、廢疾給四十畝，寡妻妾三十畝。若爲户者加二十畝。所授之田，十分之二爲世業，八爲口分。世業之田，身死則承户者便授之；口分，則收入官，更以給人。

《舊唐書》卷五六《蕭銑傳》 蕭銑，後梁宣帝曾孫也。祖巖，隋開皇初叛隋降於陳，陳亡，爲文帝所誅。銑少孤貧，傭書自給，事母以孝聞。

《舊唐書》卷二二五上《逆臣傳·史思明》 史思明，寧夷州突厥種，初名窣干，玄宗賜其名。【略】

思明少賤，鄉里易之。大豪辛氏有女，方求婿，窺思明，告其親曰：必嫁我思明。宗屬不可，女固以歸。思明亦負曰：自我得歸，官不休，生男子多，殆且貴乎！

（宋）王溥《唐會要》卷八五《團貌》 武德六年三月令，以始生爲黄，四歲爲小，十六歲爲中，二十一爲丁，六十爲老。

開耀二年十二月七日勅：百姓年五十者，皆免課役。至神龍元年五月十八日，制：二十二成丁，五十九免役。因韋庶人所奏。至景雲元年七月二十一日，勅：韋庶人所奏成丁、入老宜停。【略】

天寶三載十二月二十三日赦文：比者成童之歲，即挂輕徭，既冠之年，便當正役，憫其勞苦，用軫於懷。自今已後，百姓宜以十八已上爲中男，二十三已上成丁。至廣德元年七月十一日，赦文：天下男子宜二十五歲成丁，五十五入老。

《舊五代史》卷一一七《周書·世宗紀》〔秋七月〕甲辰，詔曰：準令，諸論田宅婚姻，起十一月一日至三月三十日止者。州縣争論，舊有釐革，每至農月，貴塞訟端。近聞官吏因循，由此成弊，凡有訴競，故作逗遛，至時而不與盡辭，入務而即便停罷，强猾者因兹得計，孤弱者無以自伸。起今後應有人論訴陳辭狀，至二月三十日權停。若是交相侵奪、情理妨害，不可停滯者，不拘此限。

（宋）王溥《五代會要》卷二五《奴婢》 如有將良口於番界貨賣者，居停主人明知賣與番界，不告官者，亦請處死。

（宋）王溥《五代會要》卷二五《雜録》 後唐天成二年十二月三日敕：率土黎甿，並輸王税，逐年生計，祇在春時。深慮所在之方，或有無知之者，不自增修産業，輒便攙擾鄉鄰，既撓公門，須嚴定制。宜自今後凡關論認桑土，二月後州縣不得受狀，十月後間方許論對，仍令逐處官吏，準前後條格，據理斷割。

周顯德四年七月敕，起今後應有人論訴物業婚姻，自十一月一日後許承狀，至二月三十日權停。自二月三十日已前，如有陳訴，至權停日公事未了絶者，仰本處州縣，亦與盡理勘逐，須見定奪了絶。其本處官吏，如敢違慢，並當重責。其三月一日後至十月三十日已前，如有婚田詞訟者，州縣不得與理。若是交相侵奪，情理妨害，不可停滯者，不拘此例。

《新唐書》卷九二《王君廓傳》 王君廓，并州石艾人。少孤貧，爲駔儈，無行，善盗。

《金史》卷九《章宗紀》〔明昌元年十月〕制民庶聘財爲三等，上百貫，次五十貫，次二十貫。

《金史》卷四六《食貨志·户口》 太宗天會元年，以舊從潤、隰等四州之民於潘州之境，以新遷之户艱苦不能自存，詔曰：此聞民乏食至鬻子者，聽以丁力等者贖之。又詔李董阿實賚曰：先皇帝以同姓之人昔有自鬻及典質其身者，命官爲贖。今聞尚有未復者，其悉閲贖之。又命以官粟贖上京路新遷置寧江州户口貧而賣身者，六百餘人。二年，民有自鬻爲奴者，詔以丁力等者易之。三年，禁内外官及宗室毋得私役百姓，權勢家不得買貧民爲奴，其脅買者一人償十五人，詐買者一人償二人，罪皆杖百。七年，詔兵興以來，良人被略爲驅者，聽其父母妻子贖之。

熙宗皇統四年詔陝西、蒲、解、汝、蔡等州歲飢，百姓流落典雇爲驅者，官以絹贖爲良，丁男三疋，婦人幼小二疋。

《金史》卷四六《食貨志·户口》 世宗大定二年，詔免二税户爲民。初，遼人佞佛尤甚，多以良民賜諸寺，分其税一半輸官，一半輸寺，故謂之二税户。遼亡，僧多匿其實，抑爲賤，有援左證以告者，有司各執以聞，上素知其事，故特免之。

《金史》卷九六《李晏傳》 初，錦州龍宫寺，遼主撥賜户民俾輸税于寺，歲久皆以爲奴，有欲訴者害之島中。晏乃具奏，在律，僧不殺生，況人命乎。遼以良民爲二税户，此不道之甚也，今幸遇聖朝，乞盡釋爲良。世宗納其言，於是獲免者六百餘人。

《宋史》卷一七三《食貨·農田》 哲宗即位，宣仁太后臨朝，首起司馬光爲門下侍郎，委之以政。詔天下臣民皆得以封事言民間疾苦。光抗疏曰：四民之中，惟農最苦，寒耕熱耘，霑體塗足，戴日而作，戴星而息，蠶婦治繭、績麻、紡緯，縷縷而積之，寸寸而成之，其勤極矣。而又水旱、霜雹、蝗蜮間爲之災，幸而收成，公私之債，交爭互奪。穀未離場，帛未下機，已非己有，所食者糠籺而不足，所衣者綈褐而不完。直以世服田畝，不知舍此之外有何可生之路耳。而況聚斂之臣，於租税之外，巧取百端，以邀功賞。青苗則彊散重斂，給陳納新；免役則刻剥窮民，收養浮食；保甲則勞於非業之作，保馬則困於無益之費，可不念哉！今者濬發德音，使畎畝之民得上封事。雖其言辭鄙雜，皆身受實患，直貢其誠，不可忽也。

《宋史》卷一七三《食貨·農田》 寧宗開禧元年，夔路轉運判官范蓀言：本路施、黔等州荒遠，綿亘山谷，地曠人稀，其占田多者須人耕墾，富豪之家誘客户舉室遷去。乞將皇祐官莊客户逃移之法校定：爲客户者，許役其身，毋及其家屬；凡典賣田宅，聽其離業，毋就租以充客户；凡貸錢，止憑文約交還，毋抑勒以爲地客；凡客户身故、其妻改嫁者，聽其自便，女聽其自嫁。庶使深山窮谷之民，得安生理。刑部以皇祐逃移舊法輕重適中，可以經久，淳熙比附略人之法太重，今後凡理訴官莊客户，並用皇祐舊法。從之。

《宋史》卷三五五《李南公傳》 知長沙縣，有嫠婦攜兒以嫁，七年，兒族取兒，婦謂非前子，訟于官。南公問兒年，族曰九歲，婦曰七歲。問其齒，曰：去年毁矣。南公曰：男八歲而齔，尚何争？命歸兒族。

《明實録》洪武十四年春正月 命天下郡縣編賦役黄册。其法：以一百一十户爲里，一里之中，推丁糧多者十人爲之長，餘百户爲十甲。甲凡十人，歲役里長一人，甲首十人，管攝一里之事。城中曰坊，近城曰廂，鄉都曰里。凡十年一周，先後則各以丁糧多寡爲次，每里編爲一册，册之首總爲一圖。其里中鰥寡孤獨、不任役有，則帶管于百一十户之外，而列于圖後，名曰：畸零。册成爲四本，一以進户部，其三則布政司、府、縣各留其一焉。

《明會典》卷一九《户部·户》 凡立户收籍。洪武二年令、凡各處漏口脱户之人，許赴所在官司出首，與免本罪，收籍當差。凡軍民醫匠陰陽諸色户，許各以原報抄籍爲定，不許妄行變亂，違者治罪，仍從原籍。三年，令户部榜諭天下軍民。凡有未占籍而不應役者，許自首，軍發衛所，民歸有司，匠隸工部。又詔户部籍天下户口，及置户帖。各書户之鄉貫丁口名歲，以字號編爲勘合，用半印鈐記，籍藏於部，帖給於民。令有司點閘比對，有不合者，發充軍，官吏隱瞞者，處斬。十九年令：各處民，凡成丁者，務各守本業，出入鄰里，必欲互知，其有游民及稱商賈，雖有引，若錢不盈萬文，鈔不及十貫，俱送所在官司，遷發化外。正統三年令：四川清軍官員，取勘各府州縣人户，有三姓五姓十姓合爲一户者，俱各另爲立户，應當糧差，不許合户附籍。天順八年令：在營官軍户丁舍餘，不許附近寄籍。如原籍丁盡、許摘丁發回。成化二年、令在京軍職、漏報户下舍人者、發邊方立功三年。六年令：軍户不許將弟男子姪過房與人，脱免軍伍。

弘治十三年奏准：軍户子孫，畏懼軍役另開户籍，或於别府州縣入贅寄籍等項，及至原衛發册清勾。買囑原籍官吏里書人等，捏作丁盡户絶回申者，俱問罪。正犯發烟瘴地面，里書人等，發附近衛所充軍。官吏參究治罪。凡分户繼嗣。洪武二年令：嫡庶子男除有官蔭襲，先儘嫡長子孫，其分析家財田産，不問妻妾婢生，止依子數均分。姦生之子，依子數量與半分。如别無子，立應繼之人爲嗣，與姦生子均分。無應繼之人，方許承紹全分。凡無子者，許令同宗昭穆相當之姪承繼。先儘同父周親，次及大功小功緦麻，如俱無，方許擇立遠房及同姓爲嗣。若立嗣之後，却生親子，其家産與原立子均分。並不許乞養異姓爲嗣，以亂宗族。立同姓者，亦不得尊卑失序，以亂昭穆。凡婦人夫亡無子守志者，合承夫分。須憑族長，擇昭穆相當之人繼嗣。其改嫁者，夫家財産，及原有粧奩，并聽前夫之家爲主。凡户絶財産，果無同宗應繼者，所生親女承分。無女者入官。凡祖父母父母在者，子孫不許分財異居。其父祖許令分析者聽。

弘治十三年奏准：凡無子立嗣，除依律令外，若繼子不得於所後之親，聽其告官别立。其或擇立賢能，及所親愛者，不許宗族指以次序告争，并官司受理。若義男女壻爲所後之親喜悦者，聽其相爲依倚，不許繼子并本生父母用計逼逐。仍依大明令分給財産，若無子家貧，聽其賣産自贍。

《明實録》武宗正德十三年九月 戊申，工科都給事中明等言：南北直隸并山東、河南爲建乾清、坤寧二官，徵派物料民已不堪。今又傳鑾輿不日臨幸，有司科擾，百姓流移，至以幼女適人，不待禮聘。萬里外傳聞之誤，又不知何如也！乞令各撫巡官禁約非時婚嫁，及有司之科斂病民者。不報。時車駕所至，貴近多先掠良家女子以充幸御，至數十年在道，日有死者，左右不敢，聞猶載以隨。且令有司餼廩之外，别具女衣首飾爲賞賚費。遠近騷動，故多逃匿，上未必盡知也。

《明史》卷五〇《民政・逃户》 明初，令逃户還本籍，復業，賜復一年。老弱不能歸及不願歸者，令所在著籍，授田輸賦。洪武二十四年，繁峙縣奏：逃民三百餘户，累歲招撫不還。乞令衛所追捕之。上諭户部臣曰：民窘於衣食，或迫於苛政，則逃。宜聽其隨地占籍，令有司善撫之。

永樂七年，山西安邑縣言：逃民田土荒無，而税糧尚徵，里甲賠納。上諭户部尚書夏原吉曰：百姓必耕以給租税，既棄業逃徙，則租税無出。苦令里甲賠納，必致破産。破産不足，必有逃徙。租税愈不足矣。即移文各處，有若此者，悉停徵其税。

十九年，令原籍有司覆審逃户。

二十年，山東高密縣言：逃民七百餘户，已復業。其累年所負糧芻，上司屢遣催徵，乞寬貸。上諭户部臣，宜申諭有司：自今逃民復業者，積年所負芻糧等物，悉與蠲免。

宣德三年，定制：富户逃者，發邊充軍。官司隱匿者，坐罪。

五年，令：逃户已成産業，每丁種有成熟田地五十畝以上，許告官寄籍。

七月，諭行在户部曰：人情皆欲安居，誰肯棄業逃徙？止緣有司不善撫恤，横征暴斂所致。比聞漳州强賊，皆是逃民，罪雖可誅，情亦可憫。推原其始。責在有司。其即榜示各處務從寬恤。若有擾害致其逃亡者，罪不貸。

正統元年六月，令各府、州、縣造《逃户周知册》。八年，令逃軍、逃匠、逃囚人等，自首免罪。

景泰五年，尚書孫原貞疏：臣昔官河南，嘗稽覈逃民簿籍，凡二十餘萬户。此輩悉轉徙南陽、唐、鄧、襄、樊間，羣聚謀生，安保其不爲盗？宜及今年豐，遣近臣循行，督有司籍爲編户，給田業，課農桑，立社學、鄉約、義倉，使敦本務業。生計既定，徐義賦役，可無他日患矣。

成化中，令順天府查勘在逃富户，應清句者，造册送部，發各該司、府、州、縣，拘解補役。

《明史》卷五五《禮志・庶人婚禮》 《禮》云婚禮下達，則六禮之行，無貴賤一也。朱子《家禮》無問名、納吉，止納采、納幣、請期。洪武元年定制用之；下令禁指腹、割衫襟爲親者。凡庶人娶婦，男年十六，女年十四以上，並聽婚娶。壻常服，或假九品服，婦服花釵大袖。其納采、納幣、請期，略倣品官之儀。有媒無賓，詞亦稍異。親迎前一日，女氏使人陳設於壻之寢室，俗謂之鋪房。至若告詞、醮戒、奠雁、合巹，並如品官儀。見祖禰舅姑，舅姑醴婦，亦略相準。

《明史》卷五六《禮志・庶人相見禮》 洪武五年令，凡鄉黨序齒，民間士農工商人等平居相見及歲時宴會謁拜之禮，幼者先施。坐次之列，長者居上。十二年令，内外官致仕居鄉，惟於宗族及外祖妻家序尊卑，如家人禮。若筵宴，則設別席，不許坐於無官者之下。與同致仕官會，則序爵；爵同，序齒。其與異姓無官者相見，不須答禮。庶民則以官禮謁見。凌侮者論如律。二十六年定，凡民間子孫弟姪甥壻見尊長，生徒見其師，奴婢見家長，久別行四拜禮，近別行揖禮。其餘親戚長幼悉依等第，久別行兩拜禮，近別行揖禮。平交同。

《明史》卷二八一《循吏傳・唐侃》 進武定知州，會清軍籍，應發遣者至萬二千人。侃曰：武定户口三萬，是空半州也，力争之。又有議徙州境徒駭河者，侃復言不宜朘民財填溝壑。事並得寢。

（清）徐松《宋會要輯稿・食貨一二・身丁》 〔乾道九年〕十月一日，司農少卿、總領淮東軍馬錢粮蔡洸言：鎮江共管三邑，而輸丁各異，有所謂税户，有所謂客户。税户者，有常産之人也，客户則無産而僑寓者也。税户、客户惟丹徒並輸，而丹陽、金壇二邑有税則無丁。其輸丁者，客户而已。**【略】**

孝宗隆興二年四月二十六日，知常州宜興縣姜詔言：本縣無税産人户，每丁納丁身塩錢二百文足。第四第五等人户有墓地者，謂之墓户，經界之時，均紐正税外，又令帶納丁塩絹，作折帛錢輸納。本州管下晋陵、武進、無錫三縣，皆於衆户田産上均納。獨是本縣紐在下户帶丁收納，致人户不得已將父祖墳墓遺棄逃亡，或典賣與人，在上耕種，使枯骨暴露，情寔可憫。欲乞依三縣一例均納。從之。

（清）龍文彬《明會要》卷五〇《民政・户口》 明初，寧國知府陳灌禁豪右兼并，創户帖以便稽民。帝取爲式，頒行天下。洪武三年，詔户部籍天下户口，置户帖，各書户之鄉貫、丁口、名、歲，以字號編爲勘合，用半印鈐記。籍藏於部，帖給於民。令有司點驗比對，歲計登耗以聞。凡行郊祀禮，中書省以户籍陳壇下。祭畢，藏之内庫。

（清）龍文彬《明會要》卷五〇《民政・附籍》 英宗初，山西參政來言：流民所在成家，及招還故土，每以失産復逃去。乞請隨在附籍便。

正統十三年，令：老疾致仕事故官家屬，雖本籍千里者，許收附；不及千里者，發還。

景泰三年，令：民籍者收附。軍、匠、竈、役，冒氏籍者，發還。

嘉靖六年，詔巡城御史，嚴督該兵馬司官，查勘京師附住軍民人等。其年久置立産業者，令附籍宛、大二縣，一體當差。仍暫免三年，以示存恤。

四十四年九月，編畿南流户入籍。

（明）程新春《賓山公家議·高祖仁山公遺囑軍役文書》 六都程德堅，今爲本户承充軍役，原係衆家户門。長男佐承充軍役，不幸身故。次男儀亦已身故，第三男仕出繼别户當差，亦行身故。佐有二子：庭春、新春。儀有一子：還春，户名乞。後蒙軍前勾取户内人丁補役，德堅彼時令孫庭春前去補役。此軍原係衆家户役，爲要佐、儀二分輪流前去軍前充補軍役。今德堅存日，自行分付作急賫送盤纏、衣服前去。今已年老，心思百年之後，誠恐不行依時賫送盤纏，今將户下衆存田畝，批扒付當軍分内收租，略辦盤纏，送至遼東軍前，付應役之人支用。衆家或親人去，或雇人去，共出工雇路費，務要作急賫送。所是税糧，佐、儀均解，并依此文，不可推故。如有推故不伏，依准此文。如違，將此文告官，準不孝論。但係何承充當軍，收此稻穀，略助軍中。所是田土，當軍繁重，聽自發賣，不許阻〔當〕（擋）。今將所批田畝開具於後：

銀錠坵田原租肆拾秤，黄坑中大灣租拾肆秤，石橋下原租叁拾叁秤，小嶺山下原租貳拾秤，黄坑口橋上租拾伍秤，楊坑石橋頭租貳拾秤，溪頭來富門前原租玖拾秤。

所批扒前項田畝條段四至，自有經理，亦可照証。

洪武三年二年六月初十日祖父程德堅

見立文書程谷瑛

六都程德堅，所是户下田、地、山，除各人分定田入段收苗管業外，惟有溪頭，項源、章溪并自己口食田畝，除批定軍裝田外，及住基園地、各處僕基園地，應有户下荒閑田、地、山，未曾摽分，日後并行均分，各人毋得占吝。除還春續買程友信地七分有零不在分内，今立合同文書貳紙，與各孫照証。如違，準不孝論。今批爲照者。

洪武三十三年十一月十八日祖父程德堅批

見人程邦達

善和六都程德堅，今已年老，心思不幸三男皆已身故，又次孫庭春在外當軍繁重，家中二孫可存留物件，作急賫送盤纏前去軍前支用。有孫還春、新春，我百年之後，二孫務要和義，不許争論。應有事務，長孫還春毋得恃尊凌卑，遞相争論。如違，仰新春將此文告官，準不孝論。今恐無憑，批此爲照者。

洪武三十三年十一月二十五日祖父程德堅批。

善和六都程德堅，今爲本户承充遼軍役事，原係衆家户門。有三男：長男佐，承充軍役，不幸身故；次男儀，亦病身故；第三男仕，出繼别户當差，亦已身故。佐有二子：庭春、新春。儀有一子：還春，户名乞。因洪武二十二年，蒙軍前文書到縣，取户内人丁補役。彼時長孫還春身有病患，不能前去充補軍役，德堅就令次孫庭春前去補役。係是衆家户門。今德堅年老病多，心思百年之後，誠恐子孫推故，是以立文爲照，務要佐、儀二分輪流前去軍前充補軍役，毋得恃尊凌卑，遞相争論，必要遵依此文。如違，仰新春將此文告官，準不孝論。子孫並依此文爲準。今恐無憑，立此爲照者。

洪武三十三年十二月十五日祖父程德堅批

見立文書程谷瑛

（明）程新春《賓山公家議·賓山公同兄還春公申明祖父仁山公遺囑輪流充補軍役合同文書》 六都程還春，有伯程佐，與父程儀同户，蒙本縣點伯充吏。至洪武二十年間，取閑吏赴京，轉發遼東充軍，病故。後至洪武二十二年間，勾取户丁補役，彼時將弟庭春起送前去應役。至永樂三年，蒙本衛文書到縣，稱説病故，勾取户丁補役。今同衆讁議，將祖父存日乞養到本都凌寄保在户爲義子，均出盤纏支用，起送前去補役。一次係伯佐分内庭春前去補役，二次同衆將寄保前去補役。三次係輪該程儀分内前去補役，四次又輪該程佐分内前去補役，所是累次盤纏，并係二分均出。在後二分照前輪當。五次又輪該程儀分，六次又輪該程佐分，七次又輪該程儀分，八次又輪該程佐分，九次又輪程儀分，十次又輪該程佐分。在後各分子孫，照依此文輪流充當。自立合同文書之後，二分各無言説。如違，將此文赴官陳告，仍依此文爲準。今恐無憑，立此合同文書爲用。

永樂三年三月初三日程還春書

見立文書人程友信　程敬宗　程潮宗　程丕烈

(明)程新春《竇山公家議・竇山公家議後跋》 高祖創業詒謀，廣大悉備，其克艱之心，至今可想。故老相傳，典刑未泯，事出一家，情猶一體，固無俟於議也。迨嘉靖甲午火災之後，前哲日遠，祖契已成煨燼，所存無幾。且人衍散居，漸成乖隔，家君深憂焉。於是，上體祖意，下集輿論，乃撰家議七卷，并附録一卷，以揚前休，以束後裔。乙巳季秋，始落成焉。二十餘年，人皆訓行，烝烝然有會極歸極之風矣。乙丑版刻毀於回禄，而家議之不行於時者十載於兹。泯泯棼棼，無征不信。且乙巳迄今，又逾一世，其間業産之增置，人事之變遷，又不知其幾矣，此家議之續刻不容以已也。所幸今歲管理鉎、錢、法、沛、森，克承衆欲，共圖更梓，罔恤搜考之勞，殫竭心思之力，务期協夫諸論之大同，以成後來不刊之令典。顧余不佞，亦與有聞焉。其間隨時斟酌，視舊加詳，而宏綱要目，一遵夫前刻，無有違者。事竣，衆謂余宜有言。然自揣菲剪，莫罄揄揚，但家君手澤存焉，敢容默默已耶？於是歷披前後之詞，三復家君之意。以天下有治人，斯有治法，故首之以管理。人本乎祖，情莫切焉，體魄所藏，事莫重焉，故受之以墓塋。以儐鬼神，則有祠焉，以仕祖考，則有祀焉，故受之以祠祀。犧牲粢盛，必有所供，故受之以田地。穀與材木，相爲表裏，故受之以山場。粟米力役，咸寓於農，故受之以莊佃。五穀熟則人民育，則用足，則百事成，故受之以銀谷。東、西邊餉，又我祖遠慮之所在也。故受之以軍業終焉。祛弊剔蠹，類聚條分，焕然一家之良規矣。睹河洛者思禹功，觀斯議也，尊祖敬宗之心有不油然而興乎？故觀管理之議而知我祖掄材之急焉，觀墓塋之議而知我祖時保之勤焉，觀祠祀之議而知我祖明德之馨焉，觀田地之議而知我祖創業之雜焉，觀山場之議而知我祖自然之利焉，觀莊佃之議而知我祖逮位仁焉，觀銀穀之議而知我祖會計之當焉，觀軍業之議而知我祖憂勤惕勵之心焉。噫！方策陳而諒周道之未墜，文獻泯而驗杞宋之無征。其籍也，其未墜之周道，而非無征之杞宋矣。家君作之於前，固善成我祖之德意，今余述之於後，亦敬承家君之嘉猷也。家議失而復續，衆事晦而復明，兹歲管理之功不其偉歟？且前刻於乙巳，今復成於乙亥，其先後協應之期，較若畫一之意，事若有待而然者，寧非我祖之靈牖其衷哉！日後孫子，能繼我祖之志，而夢寐不忘，能述我祖之事，而羹墻如見。杜自私自利之圖，成遵道遵路之美，則祖業日充，舉家無失所之人，祖德日培，比屋成可封之俗。燕山竇氏，不得專美於前矣。豈特一鄉之望，一邑之光哉！《詩》曰：不愆之忘，率由舊章。《書》曰：鑒於成憲，其永無愆。後之孫子，其敬念之哉！

萬曆三年歲次乙亥盂秋月中元日

嗣孫鈁百拜識

嗣孫程鎮　程鈴

程鉼　程鈳

程鋗　程鏞

程鈁　程鏗

程清　程湜

程宗渠　程沾

程湅　程宗濂

程道川同校正

本年管理程鉎　程錢

程法　程沛

程森同校督梓

古歙黄鉞、黄鉉刊

竇山公家議畢

案例文書

（宋）李昉等《文苑英華》卷五三〇《判·率家屬籍名田判》 甲於鄉里，率家屬籍名田，乙告甲是賈人，犯令没入田，甲訴云無市籍，不伏。

對

道設□倫，用和萬物，法垂禮典，以制四人。故版築提防，各順流而取濟，導達郡品，咸徇義以取功。即本是市徒，早馳聲於鮑魚之肆，更率家屬，復求潤於龍鱗之田？廣事兼并，以取浮雲之利，專行欺詐，曾無多露之嫌。商賈蓋藏已聞，辜於漢律籍書，携貳詎免，咎□湯羅。乙告没田，自得埋梧之術，甲云不伏，猶迷食椹之思，此而不科，刑章徒設，請援明法，用静姦流。

（元）王惲《秋澗集》卷八四《烏臺筆補·論列事狀·為典雇身良人限滿折庸事狀》 竊見在都貧難小民，或因事故，往往於有力之家典身爲隸。如長春一宫約三十餘人，元約已滿，無可償主，致有父子夫婦出限數年，身執賤役，不能出離。又有親生男女，詭名典嫁，其實貨賣，此又大傷風化，甚不可長！其典雇身人，如元限已滿，無財可贖者，今後合無照依舊例，令限外爲始，以日折庸，准算元錢，使之出離。其或典數口内有身故者，除其死者一分之價。至於願求衣食者，聽。外據典嫁不實者，乞嚴行禁止。如此不致已久成俗，而雇身者免轉良爲賤，混淆無別。不然，迷失門户，躭誤差役，深爲未便。合行舉呈。

（明）顏俊彦《盟水齋存牘》卷一《買良為娼黄元杖》 審得劉碧沙女亞娥初嫁程汝益爲妻，汝益窘用，轉賣香山縣役殷漢即燦廷爲妾。漢始妾之而終賣之，復賣之樂户黄元，可恨也。碧沙不忍其女之落於烟花，鳴之清遠縣，而縣以沙爲假父局詐，責之監之，碧沙安得不激而上控乎？今三面對質，黄元出上下手契甚明，即元亦稱係碧沙之女，但買自殷漢耳，不知該縣何所據而以沙爲假乎？黄元買良爲娼，擬杖枷號。殷漢方行提訊，已報病故，無可追求。亞娥歸碧沙另嫁。亞娥已墜淤泥復見天日，父女抱頭哽咽，悲喜萬端，亦一則奇事也。招詳。

察院批：黄元買良爲娼，杖枷允宜，亞娥准給劉碧沙另嫁，餘如照，庫收繳。

（明）佚名《新纂四六合律判語》卷上《户律·收留迷失子女》 男臣女妾，卜占召父之悲；寡恤孤憐，情切仲尼之嘆。蓋鄰子非如兄子，而吾翁可比若翁。故周公賜指南之車，憫越裳還迷之路；而工人鬻檿弧之服。（周厲王童妾未齔者，遭褒龍之漦，既笄而孕，當宣王時而生，不夫而有，懼而棄之。時童謡曰：檿弧箕服，實亡周國。有夫婦鬻檿孤之器者，王使執而戮之，逃於道，遂見童妾所棄妖子，夫婦哀其夜號，取而育之，是爲褒姒，進於幽王，甚見寵。）憐如姬失倚之哀。今某心無惻隱，志有髡鉗。平林會伐，（周之先祖后稷，其母姜嫄，履巨人跡而生，棄之隘巷，牛馬過者，皆避不踐。徙置平林，適會伐木多人遷之，棄於渠中冰上，飛鳥以翼覆之。姜嫄以爲神，收養之。遂爲周之祖。）喜收孤泣之兒；因事回歸，幸獲於菟之乳。不念佳兒佳歸，惟欺寡女孤兒。駕言下惠納鄰姬，難免犯嫌之請；故疏丁原收孽子，豈逃布刺之非？行同李勣，事類曹瞞。女奔涇上，康公致滅密之謡；子墮河中，施氏發孤人之誓。既無程嬰全趙之義，（程嬰與公孫杵臼俱爲趙朔客。屠岸賈誅朔，朔婦生遺腹子，賈聞而索之。杵臼取他人子匿山中，使嬰謬呼趙氏孤處。賈隨嬰攻之，遂殺杵臼及兒。嬰抱趙氏孤匿山中十五年，韓厥言於晉景公，復立趙氏後，是爲趙武。武既冠，嬰曰：下宫之難，我非不能死，欲存趙氏之後也。今宜下報宣孟、杵臼。遂自殺。武啼泣，齊衰三年。）當加蕭曹誘引之刑。

（明）張肯堂《㽔辭》卷五《張孔雅内黄人》 内黄趙成名，一豎子耳。其與生員張奇勛故矜契也。以地土致争，遂成胡越。向訟該縣，責成名之不遜，而給之産，事可已矣。何奇勛之父張孔雅者，尚以爲未快厥心，統衆而毆之也。以富凌貧，以衆虐寡，皆足干典，况弱其孤有幼乎！雖有子青衿不能蓋愆，而反爲貽醜，禍非自掇與。

（明）張肯堂《㽔辭》卷八《李學禮長垣人》 蒲民李學禮貧而無賴，其産已盡棄之宋芳矣。得價既厚，騙術綦窮，遂以地去糧存爲名，妄求丈量。芳置不聽，因訟巡司。差弓兵趙士魁拘攝。士魁轉委代役賈文升入鄉，迫以徽纆詐銀一兩五錢。芳之衰控有繇也，盡法懲之，兩配何疑。第對簿之時，兩造已合詞願息矣。公法宜伸，而下情亦當曲軫。學禮、士魁與一杖，文升詐贓甚確，該縣向未關發。姑於士魁名下嚴追入官，以警虎翼而厲吾民者。

（明）張肯堂《罃辭》卷一一《程世樓河南懷慶府人》　程世樓爲河南懷慶府人，其所告王尚仁，則山西潞安府人也，兩人皆僑居於黃池境上，流寇震虩，非土著者一切逐之。世樓自不能安居，乃尚仁客寓稍久，兼有資本，以故人多容之。且其親識之以避難來者，往往集於其室，間有仳離，尚仁又爲之重擇配偶，以希媒妁之利。世樓不勝眼熱，遂以還鄉爲名，從之借貸，一無所得，故憤而爲此訟耳。兩人處境順逆不同，然貪得之念均也，各杖其有辭乎。

（清）李之芳《棘聽草》卷一《讞詞・人命・兵巡道一件爲急救抄殺事》　審得王四七曷以死，死於威逼也。孰逼之，府差、縣差也。二差曷爲而逼四七？府差以黃廿九告曹二弟詞連四七而行拘，縣差以刑魁告拒捕而行拘。縣差爲誰？舒卿也。舒卿而曷以宋元二人朋役？舒卿名而宋元往也。宋元往以九月二十三，翌日歸矣；歸遇府差，仍與同返，返而遇四七，即縛之。縛之者何？逼賄也。四七同歸，烹肉設飲，炊未及熟而四七縊，於是二差走。王克志曷不告府差而告黃廿九也？畏府差之勢而覬廿九之可噉也。且有導之者，導之者誰？僧秀林也。秀林空門曷爲幫唆訟事？是可罪也。宋元之拘以拒捕，拒捕者何爲報納農民？而四七故地保也，不悅於原差刑魁，刑魁告之也，非黃廿九事也。廿九自爲曹二弟以久絕屢找之田價詐害而訟府，訟及四七，故又有府差也。廿九不同府差往，故威逼之事不可以及廿九也。府差者何？朱瑞也。詞無朱瑞而道仰縣審，瑞不可以漏網。宋元、秀林各杖，宋元仍應追給葬埋。黃廿九與曹二弟事另獲審結，人命事不得波及也。

（清）李之芳《刺聽草》卷四《讞詞・科詐・分守道一件為慘抄事》

審得張忠月地保也，因買金與張拱仁兩家祖塋祭壇並在一處，偶相致爭，此曾何與地保事？而忠月乃以買金聚衆，告於樊防官，是何説哉？曷爲乎而以聚衆爲詞，蓋非此不足以鳴防官也。於是差兵許龍、趙昇詐買金銀六兩，此風一長，百姓人人自危矣，殆激之使鳴耳。丘丁受贓有據，允宜並杖追給。而妄行呈告之張忠月，杖復何辭！樊弁擅受民詞，請憲申飭。

（清）董誥《全唐文》卷九八一《闕名・對傭賃判》　有客户閑人，請移執事。許之，恐因有流散，不許。則見無常職。欲允其請，仍立案牒爲其限約。州以爲擾，具請省裁。

閑人者五，列在周官，雖去家而不歸，終寓世而無職。喬木空在，乘白雲而不見；斷蓬斯飄，待涼風而未得。今乃請移執事，願效劬勞，請自强而不息，復知迷而可尚。必也未游是恐，浮迹難悛，許之而行，未敢聞命。如或恪居爾職，無俾我虞，遂其由衷，是亦奚擾。況復存乎案牘，置以提防，自可定於職司，亦何請於華省。

（清）趙幼班《歷任判牘彙記》卷一《判劉金旺等堂詞》　劉金旺是同仁堂佃户。據供二月十六日，即同其弟往姜埝東三里汪修治墳塋。因二十七日是清明節，乃掃墓之期。金家被搗，寔在其內，係因從前與劉姓、黃姓、崔姓同買周田，侵佔界址挾有嫌隙，因此牽控，果屬寔情，亦不能任無辜而受累也。暫交差看管，候照會自治事務所及同仁堂董事會同確查，秉公具復，以憑核辦。此判。

（清）趙幼班《歷仟判牘彙記》卷二《判陳復初等堂詞》　此案陳文銓、陳復初鄰里同居，誼應洽比。乃因口角細故，結訟公庭。今經提訊，陳文銓既因陳復初樹株被竊，於初四日甫有違言，何以初八日復向之假借農器？顯係有意挑釁。陳復初明知與陳文銓彼此有嫌，當其登門借物，能借則付之，否則婉辭謝却，亦可相安無異，乃竟惡言相侵，致令惱羞成怒，毆打與傷，豈非風波自惹。督核情節，兩造均有不是。但事甚微細，又值農忙，姑念鄉愚無知，從寬概不深究。昨據東縣丞牒稱，原被來城時，笆斗山街董情願出頭，代爲排解。仰原差即傳諭該董，刻日秉公調處，俾早息訟歸農，以清積牘。倘敢固執不遵，即行帶案懲儆。無干省釋。此判。

《黃岩訴訟檔案及調查報告・徐廷燮呈為噎修被毆泣求訊追事同治十三年十二月十八日》　完糧户名

都　啚　完銀　米

新糧　完　米　完

舊糧　完　米　完

呈

做狀人　歇家　保戳
經承　原差
同治十三年十二月十八日
具呈童生徐廷變　年三十歲　住北城二都　畾草巷口
莊　離城　里
抱告　年　歲　係本人之

呈爲噬修被毆，泣求訊追事。竊變家無擔石，專以制蒙度日。癸甲兩歲，均館南鄉梁胡橘張鶴鳴家。本由鶴鳴關請，訓教次子永培。變精勤善誘，日就月將，縱非無益，其長子武監乘鰲，因弟讀書，素有憎嫌。該鶴鳴於上年十二月逝世，乘鰲承接家事。而乘鰲習性暴戾，誇自富豪，欺貧凌弱，藐視聖教。上年關訂二十五千文，續收錢二十三千九百六十文，因鳴病重未清。本年關訂三十千文，收過錢二十三千零三十文，關外附帶生從一人，議盟錢六千文，亦乘鰲收去。三共少錢十四千零十文，均有賬目整整。於上月十八日解館，乘鰲誘羅穀後差工送城。變思誼關賓主，安得不允。旋後寄函向討外，變復親至伊家，邀同其叔鳳鳴一同往討，又復誘拖。迨至本月十五日，欲往伊處，路經土與地方，恰遇鰲在市。變言未歲，不料乘鰲不思噬欠之虛，反敢詈罵，挺身逞兇。時幸市人力阻，未遭茶毒。紳董張敷紀等，共見共聞。蒙紳親至伊家立説，鰲乃避匿不面，莫可理取。但變一介書生，豈肯匍匐公堂？則東修雖小，而情理難容，若不急求飭差嚴拘訊追，蒙師之業已發矣。爲此瀝情號叩公祖惹大人垂念貧弱，電發飭差嚴拘訊追，懲頑惡以崇文教。祝德，上呈。如虛坐誣。

升用總捕府署台州府黄岩縣正常加六級、紀録十次鄭批：

欠脩逞横，侮慢師長，所控如果屬貴，張乘鰲殊出情理之外。着值役蔣昇、方王貳名持批速往查理。或仍憑土嶼張紳等妥爲理息，以免訟累。如理處不下，准即帶案訊辦。去役不行滋擾。定限廿日稟復。勿廷。當堂批。

雜録

（唐）白居易《白居易集》卷四《諷諭·賣炭翁》　賣炭翁，伐薪燒炭南山中。滿面塵灰烟火色，兩鬢蒼蒼十指黑。賣炭得錢何所營？身上衣裳口中食。可憐身上衣正單，心憂炭賤願天寒。夜來城外一尺雪，曉駕炭車輾冰轍；牛困人飢日已高，市南門外泥中歇。翩翩兩騎來是誰？黄衣使者白衫兒：手把文書口稱勅，迴車叱牛牽向北。一車炭，千餘斤，宫使驅將惜不得。半疋紅紗一丈綾，繫向牛頭充炭直。

（唐）白居易《白居易集》卷九《感傷·贈賣松者》　一束蒼蒼色，知從澗底來；斸掘經幾日，枝葉滿塵埃。不買非他意，城中無地栽！

（宋）羅大經《鶴林玉露》卷六《廉賈》　《史·貨殖傳》曰貪賈三之，廉賈五之。夫貪賈所得宜多，而反之，廉賈所得宜少，而反多，何也？廉賈知取予，貪賈知取而不知予也。夫以予爲取，則其獲利也大。富商豪賈，若惡販夫婦之分其利，而靳靳自守，則亦無大利之獲矣。巨賈吕不韋見秦子異人質於趙，曰：此奇貨可居。遂不吝千金，爲之經營於秦，異人卒有秦國，而不韋爲相。此其事固不足道，而其以予爲取，則亦商賈之雄也。漢高帝捐四萬斤金與陳平，不問其出入，裂數千里地封韓、彭，無愛惜心，遂能滅項氏有天下。劉晏造船，合費五百緡者，給千緡，使吏胥工匠，皆有贏餘，由是舟船堅好，漕運無虧，足以佐唐之中興。是皆得廉賈之術者也。東坡曰：天下之事，成於大度之士，而敗於寒陋之小人。

（元）關漢卿《關漢卿集·劉夫人慶賞五侯宴》　（正旦抱倈兒上，云）妾身是這潞州長子縣人氏，自身姓李，嫁的夫主姓王，是王屠，嫡親的兩口兒。妾身近日所生了個孩兒，見孩兒口大，就唤孩兒做王阿三。不想王屠下世，争奈家中一貧如洗，無錢使用！妾身無計所奈，我將這孩兒長街市上賣的些小錢物，埋殯他父親。自從早晨間到此，無人來問，如之奈何也！（做哭科）（趙太公上，云）自家是趙太公。城中索錢去來也，不曾索的一文錢，且還我那家中去。兀的一簇人，不知看甚麽？我試去看咱。（做見正旦科，云）一個婦人，懷裏抱着個小孩兒。我問他聲咱：兀那嫂嫂，你爲何抱着這小的在此啼哭？可是爲何那？（正旦云）老人家不知：我是這本處王屠的渾家，近新來我所生了這個孩兒，未及滿月之間，不想我那夫主亡逝，無錢埋殯，因此上將這孩兒但賣些小錢物，埋殯他父親。是我出於無奈也！（趙太公云）住、住、住，正要尋這等一個婦人看我那孩兒，則除是恁的。兀那王嫂嫂，你便要賣這小的，誰家肯要？不知你尋一個穿衣喫飯處，可不好？（正旦云）你說的差了也！便好道：一馬不背兩鞍，雙輪豈碾四轍？烈女不嫁二夫，我怎肯嫁侍於人！（趙太公云）呵，我是趙太公，我家中近新來也無了渾家，有個小的，無人抬舉他；你既不肯嫁人，便典與人家，或是三年，或是五年，得些錢物埋殯你夫主，可不好？（正旦云）我便要典身與人，誰肯要？（趙太公云）你若肯典與我家中，我又無甚麼重生活着你做，你則是抱養我這個小的，我與些錢鈔，埋殯你那丈夫，可不好？（正旦云）住、住、住，我尋思咱：我要將這孩兒與了人來呵，可不絕了他王家後代？罷、罷、罷，寧苦我一身罷！我情願典，太公！（趙太公云）既是這般，則今日我與些錢物，你埋殯你夫主。你便寫一紙文書，典身三年。則今日立了文書，我與你錢鈔，埋殯了你夫主，就去俺家里住去。（正旦云）也是我出於無奈也呵！（趙太公云）你是有福的，肯分的遇着我。（正旦唱）

正宮端正好，則我這腹中愁、心間悶，俺窮滴滴舉眼無親，則俺這孤寒子母每誰瞅問？俺男兒半世苦受勤，但能勾得錢物，寧可着典咱身！（趙太公云）則今日埋殯你丈夫，便跟我家中去來。（正旦唱）則今日將俺夫主親埋殯。

（元）蘇天爵《滋溪文稿》卷二三《元故參知政事王憲穆公行狀》　諸王阿只吉歲支廪餼和市于民，或不能供，輒爲契券，子本相侔則没入其男女爲奴婢。公請于朝，用鈔贖還，凡一百二十四人，自是改賜諸王餐錢，而民患始除。

（元）陶宗儀《輟耕録》卷七《客作》　令人之指傭工者，曰客作。三國時已有此語，焦光飢則出爲人客作，飽食而已。

（元）陶宗儀《輟耕録》卷一〇《三姑六婆》　三姑者，尼姑、道姑、卦姑也。六婆者，牙婆、媒婆、師婆、虔婆、藥婆、穩婆也。蓋與三刑六害同也。人家有一於此，而不致姦盜者，幾希矣。若能謹而遠之，如避蛇蠍，庶乎。

（元）陶宗儀《輟耕録》卷一一《牙郎》　令人謂駔儈者，爲牙郎。本謂之互郎，謂主互市事也。唐人書互作牙，互與牙字相似，因訛而爲牙耳。

（明）何良俊《何氏語林》卷六《政事》　傅琰爲山陰令，有賣針賣糖二老姥共争團絲來詣琰。琰樹團絲，令鞭之，密視有鐵屑，乃罰賣糖者。

（明）董紀《西郊笑端集》卷一《鬻女謡》　余嘗讀兩山李侍郎鬻孫謡，意謂昔時養民厚俗之政大備，宜無一物不得其所，何至使人有此者不無惑焉。隣人張氏鬻女，其事頗與此類。不意於今目及見之，作《鬻女謡》。

東家夫婦無丁男，止有兩女冬猶衫，客來又議鬻其一，父母不忍聽兒談。長云弟幼我應去，幼謂我去兄當住。心知父母非不慈，不然租稅從何措，兩兒去住争未決，父母狐疑客催別。大兒行泣小兒隨，道旁觀者皆嗚咽。

女子分部

論説

《論語·泰伯第八》　舜有臣五人而天下治。武王曰：予有亂臣十人。孔子曰：才難，不其然乎？唐虞之際，于斯爲盛。有婦人焉，九人而已。三分天下有其二，以服事殷。周之德，其可謂至德也已矣。

《禮記》卷五《曲禮下》　天子之妃曰后，諸侯曰夫人，大夫曰孺人，士曰婦人，庶人曰妻。公、侯有夫人，有世婦，有妻，有妾。夫人自稱於天子曰老婦，自稱於諸侯曰寡小君，自稱於其君曰小童，自世婦以下，自稱曰婢子。子於父母，則自名也。

《禮記》卷二八《內則》　女子十年不出，姆教婉、娩、聽從，執麻枲，治絲繭，織紝、組、紃，學女事以共衣服。觀於祭祀，納酒漿、籩豆、菹醢，禮相助奠。十有五年而笄。二十而嫁，有故，二十三年而嫁。聘則爲妻，奔則爲妾。

（漢）班昭《女誡·婦行第四》　女有四行：一曰婦德，二曰婦言，三曰婦容，四曰婦功。夫云婦德，不必才明絶異也。婦言，不必辯口利辭也。婦容，不必顔色美麗也。婦功，不必技巧過人也。幽閒貞静守節整齊，行己有耻，動静有法，是謂婦德。擇辭而説，不道惡語，時然後言，不厭於人，是謂婦言。盥浣音管换，皆洗也。塵穢，服飾鮮潔，沐浴以時，身不垢辱，是謂婦容。專心紡績，不好戲笑，潔齊酒食，以供賓客，是謂婦功。此四者，女人之大節，而不可乏無者也。然爲之甚易，唯在存心耳。古人有言：仁遠乎哉？我欲仁，而仁斯至矣。此之謂也。

（漢）蔡邕《女訓》　謹按：女子，自離提抱，無論富貴貧賤，鮮不日有事於盥洗梳櫛者也。此編以修容喻修身，因其所共曉，而導以所未明，即其所習爲，而責以所未能，眼前指點，何其親切而有味也。女子雖至愚，三復斯訓，能不攬鏡而有悟乎。

心猶首面也，是以甚致飾焉。面一旦不修，則塵垢穢之，心一朝不思善，則邪惡入之。咸知飾其面，不修其心，惑矣。夫面之不飾，愚者謂之醜。心之不修，賢者謂之惡。愚者謂之醜，猶可。賢者謂之惡，將何容焉。故覽照拭面，面宜潔淨。則思其心之潔也。傅粉，粉宜調和。則思其心之和也。加粉，粉宜鮮明。則思其心之鮮也。澤髮，髮宜潤澤。則思其心之潤也。用櫛，櫛以理亂絲。則思其心之理也。立髻，髻宜端正。則思其心之正也。攝鬢，鬢宜整齊。則思其心之整也。

《春秋穀梁傳注疏·莊公五年》　夏，夫人姜氏如齊師。師而曰如，衆也。婦人既嫁不踰竟，踰竟，非禮也。

（唐）鄭氏《女孝經》　妾聞天地之性，貴剛柔焉。夫婦之道，重禮義焉。仁義禮智信者，是謂五常。五常之教，其來遠矣。總而爲主，實在孝乎。夫孝者，感鬼神，動天地，精神至貫，無所不達。蓋以夫婦之道，人倫之始，考其得失，非細務也。《易》著乾坤，則陰陽之制有別，《禮》標羔鴈，則伉儷之事實陳。妾每覽先聖垂言，觀前賢行事，未嘗不撫躬三復，歎息久之，欲緬想餘芳，遺蹤可躅。妾姪女特蒙天恩，策爲永王妃，以少長閨闈，未閑詩禮，至于經誥，觸事面墻，夙夜憂惶，戰懼交集，今戒以爲婦之道，申以執巾之禮，並述經史正義，無復載乎浮詞，總一十八章，各爲篇目，名曰《女孝經》。上至皇后，下及庶人，不行孝而成名者，未之聞也。妾不敢自專，因以曹大家爲主，雖不足藏諸巖石，亦可以少補閨庭。輒不揆量，敢茲聞達。輕觸屏扆，伏待罪戾。妾鄭氏誠惶誠恐，死罪死罪，謹言。

開宗明義章第一

曹大家閒居，諸女侍坐。大家曰：昔者聖帝二女有孝道，降于嬀汭，卑讓恭儉，思盡婦道，賢明多智，免人之難，汝聞之乎。諸女退位而辭曰：女子愚昧，未嘗接大人餘論，曷得以聞之。大家曰：夫學以聚之，問以辯之，多聞闕疑，可以爲人之宗矣。汝能聽其言，行其事，吾爲汝陳之。夫孝者，廣天地，厚人倫，動鬼神，感禽獸，恭近於禮，三思後行，無施其勞，不伐其善，和柔貞順，仁明孝慈，德行有成，可以無咎。《書》

云：孝乎，惟孝友於兄弟。此之謂也。

后妃章第二

大家曰：《關雎》《麟趾》，后妃之德，憂在進賢，不淫其色，朝夕思念，至于憂勤。而德教加于百姓，刑于四海，蓋后妃之孝也。《詩》云：鼓鐘于宮，聲聞于外。

夫人章第三

居尊能約，守位無私，審其勤勞，明其視聽，詩書之府可以習之，禮樂之道可以行之，故無賢而名昌，是謂積殃。德小而位大，是謂嬰害。豈不誠歟。靜專動直，不失其儀，然後能和。其子孫保其宗廟，蓋夫人之孝也。《易》曰：閑邪，存其誠，德博而化。

邦君章第四

非禮教之法服，不敢服。非詩書之法言，不敢道。非信義之德行，不敢行。欲人不聞，勿若勿言。欲人不知，勿若勿爲。欲人勿傳，勿若勿行。三者備矣，然後能守其祭祀，蓋邦君之孝也。《詩》云：于以采蘩，于沼于沚。于以用之，公侯之事。

庶人章第五

爲婦之道，分義之利，先人後己，以事舅姑，紡績裳衣，社賦蒸獻，此庶人妻之孝也。《詩》云：婦無公事，休其蠶織。

事舅姑章第六

女子之事舅姑也，敬與父同，愛與母同。守之者義也，執之者禮也。鷄初鳴，咸盥漱衣服以朝焉。冬溫夏凊，昏定晨省，敬以直內，義以方外，禮信立而後行。《詩》云：女子有行，遠兄弟父母。

三才章第七

諸女曰：甚哉，夫之大也。大家曰：夫者，天也，可不務乎。古者女子出嫁曰歸，移天事夫，其義遠矣。天之經也，地之義也，人之行也，天地之性而人是則之。則天之明，因地之利，防閑執禮，可以成家。然後先之以汎愛，君子不忘其孝慈。陳之以德義，君子興行，先之以敬讓，君子不爭。導之以禮樂，君子和睦。示之以好惡，君子知禁。《詩》云：既明且哲，以保其身。

孝治章第八

大家曰：古者淑女之以孝治九族也，不敢遺卑幼之妾，而況於娣姪乎。故得六親之懽心，以事其舅姑。治家者不敢侮於雞犬，而況於小人乎。故得上下之懽心，以事其夫。理閨者不敢失於左右，而況於君子乎。故得人之懽心，以事其親。夫然，故生則親安之，祭則鬼享之，是以九族和平，萋菲不生，禍亂不作。故淑女之以孝治上下也如此。《詩》云：不愆不忘，率由舊章。

賢明章第九

諸女曰：敢問婦人之德，無以加於智乎。大家曰：人肖天地，負陰抱陽，有聰明賢哲之性，習之無不利，而況於用心乎。昔楚莊王晏朝，樊女進曰：何罷朝之晚也，得無倦乎。王曰：今與賢者言樂，不覺日之晚也。樊女曰：敢問賢者誰歟。曰：虞丘子。樊女掩口而笑，王怪問之。對曰：虞丘子賢則賢矣，然未忠也。妾幸得充後宮，尚湯沐，執巾櫛，備掃除，十有一年矣。妾乃進九女，今賢於妾者二人，與妾同列者七人。妾知妨妾之愛，奪妾之寵，然不敢以私蔽公，欲王多見博聞也。今虞丘子居相十年，所薦者非其子孫，則宗族昆弟，未嘗聞進賢而退不肖，可謂賢哉。王以告之，虞丘子不知所爲，乃避舍露寢，使人迎孫叔敖而進之，遂立爲相。夫以一言之智，諸侯不敢窺兵，終霸其國，樊女之力也。《詩》云：得人者昌，失人者亡。又曰：辭之輯矣，人之洽矣。

紀德行章第十

大家曰：女子之事夫也，纚笄而朝，則有君臣之嚴。沃盥饋食，則有父子之敬。報反而行，則有兄弟之道。受朝必誠，則有朋友之信。言行無玷，則有理家之度。五者備矣，然後能事夫。居上不驕，爲下不亂，在醜不爭。居上而驕則殆，爲下而亂則辱，在醜而爭則乖。三者不除，雖和如琴瑟，猶爲不婦也。

五刑章第十一

大家曰：五刑之屬三千，而罪莫大於妬忌，故七出之狀標其首焉。貞順正直，和柔無妬，理於幽閨，不通於外，目不狥色，耳不留聲，耳目之欲，不越其事，蓋聖人之教也，汝其行之。《詩》云：令儀令色，小心翼翼。古訓是式，威儀是力。

廣要道章第十二

大家曰：女子之事舅姑也，竭力而盡禮。奉娣姒也，傾心而罄義。撫諸孤以仁，佐君子以智，與娣姒之言信，對賓侶之容敬，臨財廉取與讓，不爲苟得。動必有方，貞順勤勞，勉其荒怠。然後慎言語，省嗜慾。出門必掩蔽其面，夜行以燭，無燭則止。送兄弟不踰於閾。此婦人之要道，汝其念之。

廣守信章第十三

立天之道，曰陰與陽。立地之道，曰柔與剛。陰陽剛柔，天地之始。男女夫婦，人倫之始。故乾坤交泰，誰能閒之。婦地夫天，廢一不可。然則丈夫百行，婦人一志。男有重婚之義，女無再醮之文。是以芣苡興歌，蔡人作誡。匪石爲歎，衛主知慚。昔楚昭王出游，留姜氏於漸臺，江水暴至，王約迎夫人必以符合，使者倉卒，遂不請行。姜氏曰：妾聞貞女義不犯約，勇士不畏其死，妾知不去必死，然無符，不敢犯約。雖行之必生，無信而生，不如守義而死。會使者還取符，則水高臺没矣。其守信也如此，汝其勉之。《易》曰：鶴鳴在陰，其子和之。

廣揚名章第十四

大家曰：女子之事父母也孝，故忠可移於舅姑。事姊妹也義，故順可移於娣姒。居家理，故理可聞於六親。是以行成於内，而名立於後世矣。

諫諍章第十五

諸女曰：若夫廉貞孝義，事姑敬夫，揚名則聞命矣。敢問婦從夫之令，可謂賢乎。大家曰：是何言歟。是何言歟。昔者周宣王晚朝，姜后脱簪珥待罪於永巷，宣王爲之夙興。漢成帝命班婕妤同輦，婕妤辭曰：妾聞三代明王，皆有賢臣在側，不聞與嬖女同乘。成帝爲之改容。楚莊王耽於游畋，樊女乃不食野味，莊王感焉，爲之罷獵。由是觀之，天子有諍臣，雖無道，不失其天下。諸侯有諍臣，雖無道，不失其國。大夫有諍臣，雖無道，不失其家。士有諍友，則不離於令名。父有諍子，則不陷於不義。夫有諍妻，則不入於非道。是以衛女矯齊桓公不聽淫樂，齊姜遣晋文公而成霸業。故夫非道則諫之，從夫之令，又焉得爲賢乎。《詩》云：猷之未遠，是用大諫。

胎教章第十六

大家曰：人受五常之理，生而有性習也，感善則善，感惡則惡，雖在胎養，豈無教乎。古者婦人妊子也，寢不側，坐不邊，立不跛。不食邪味，不履左道，割不正不食，席不正不坐。目不視惡色，耳不聽靡聲，口不出傲言，手不執邪器。夜則誦經書，朝則講禮樂。其生子也，形容端正，才德過人，其胎教如此。

母儀章第十七

大家曰：夫爲人母者，明其禮也。和之以恩愛，示之以嚴毅，動而合禮，言必有經。男子六歲教之數與方名，七歲男女不同席，不共食，八歲習之以小學，十歲從以師焉。出必告，反必面，所游必有常，所習必有業。居不主奥，坐不中席，行不中道，立不中門。不登高，不臨深，不苟訾，不苟笑。不有私財，立必正方。耳不傾聽，使男女有别。遠嫌避疑，不同巾櫛。女子七歲教之以四德。其母儀之道如此。皇甫士安叔母有言曰：孟母三徙，以教成人，買肉以教存信，居不卜鄰，令汝魯鈍之甚。《詩》云：教誨爾子，式穀似之。

舉惡章第十八

諸女曰：婦道之善，敬聞命矣。小子不敏，願終身以行之。敢問古者亦有不令之婦乎。大家曰：夏之興也以塗山，其滅也以妺喜。殷之興也以莘氏，其滅也以妲己。周之興也以太任，其滅也以褒姒。此三代之王，皆以婦人失天下，身死國亡，而况於諸侯乎，况於卿大夫乎，况於庶人乎。故申生之亡，禍由驪女，愍懷之廢，釁起南風。由是觀之，婦人起家者有之，禍於家者亦有之。至於陳御叔之妻夏氏，殺三夫，戮一子，弑一君，走兩卿，喪一國，蓋惡之極也。夫以一女子之身，破六家之産，吁可畏哉。若行善道，則不及於此矣。

（唐）宋若莘《女論語》 曹大家曰：妾乃賢人之妻，名家之女，四德兼全，亦通書史。因輟女工，間觀文字，九烈可嘉，三貞可慕，深惜後人不能追步，乃撰一書，名爲《論語》，敬戒相承。教訓女子，若依斯言，是爲賢婦。罔俾前人，傳美千古。

立身章第一

凡爲女子，先學立身，立身之法，惟務清貞。清則身潔，貞則身榮。行莫回頭，語莫露唇，坐莫動膝，立莫摇裙，喜莫大笑，怒莫高聲。内外各處，男女異群，莫窺外壁，莫出外庭。窺必掩面，出必藏形，男非眷屬，莫與通名。女非善屬，莫與相親。立身端正，方可爲人。

學作章第二

凡爲女子，須學女工，紉麻緝苧，粗細不同。機車紡織，切莫匆匆，看蠶煮繭，曉夜相從。採桑摘柘，看雨占風，滓濕即替，寒冷須烘。取葉飼食，必得其中，取絲經緯，文匹成工。輕紗下軸，細布入筒，綢絹苧葛，織造重重。亦可貨賣，亦可自縫，刺鞋補襪，引綫綉絨。縫聯紉綴，百事皆通，能依此語，寒冷從容。衣不愁破，家不愁窮，莫學懶婦，積小痴慵。不貪女務，不計春冬，針綫粗率，爲人所攻。嫁爲人婦，耻辱門風，衣裳破損，牽西遮東。遭人指點，耻笑鄉中，奉勸女子，聽取言終。

學禮章第三

凡爲女子，當知女務，女客相過，安排坐具。整頓衣裳，輕行緩步，斂手低聲，請過庭户。問候通時，從頭稱叙，答問殷勤，輕言細語。備辦茶湯，迎來遞去。莫學他人，擡身不顧。接見依稀，有相欺侮。如到人家，且依禮數。相見傳茶，即通事務，説罷起身，再三辭去。主若相留，禮筵待過。酒畧沾唇，食無又節。退盞辭壺，過承推拒。莫學他人，呼湯呷醋，醉後顛狂，遭人所惡。身未回家，已遭點污。當在家庭，少游道路。生面相逢，低頭看顧。莫學他人，不知朝暮。走遍鄉村，説三道四，引惹惡聲，多招罵怒。辱賤門風，連累父母。損破自身，供他笑具。如此之人，有如犬鼠。莫學他人，惶恐羞辱。

早起章第四

凡爲女子，習以爲常。五更雞唱，起着衣裳。盥漱已了，隨意梳妝。拾柴燒火，早下厨房。磨鍋洗鑊，煮水煮湯。隨家豐儉，蒸煮食嘗。安排蔬菜，炮豉春薑。隨時下料，甜淡馨香。整齊碗碟，鋪設分張。三飡飯食，朝暮相當，侵晨早起，百事無妨。莫學懶婦，不解思量。黄昏一覺，直到天光。日高三尺，猶未離床。起來已宴，却是慚惶。早起梳洗，突入厨房。容顔齷齪，手脚慌忙。煎茶煮飯，不及時常。又有一等，餟餔争嘗，未曾炮饌，先已偷藏。醜呈鄉里，辱及爹娘。被人傳説，豈不羞惶。

事父母章第五

女子在堂，敬重爹娘。每朝早起，先問安康。寒則烘火，熱則扇凉。饑則進食，渴則進湯。父母檢責，不得慌忙。近前聽取，早夜思量。若有不是，改過從長。父母言語，莫作尋常。遵依教訓，不可强良。若有不是，借問無妨。父母年老，朝夕憂惶，補聯鞋襪，做造衣裳。四時八節，孝養相當。父母有疾，身莫離床。衣不解帶，湯藥親嘗。求神拜佛，指望安康，莫教不幸，或致身亡，痛入骨髓，哭斷肝腸。三年乳哺，恩德難忘。衣裳裝殮，持服居喪。安埋設祭，禮拜燒香。追修薦拔，超上天堂。莫學忤逆，咆哮無常。纔出一語，應答千張。便行抛掉，説着相傷。如此婦女，教壞村坊。

事舅姑章第六

阿翁阿姑，夫家之主。既入他門，合稱新婦。供承看養，如同父母。敬事阿翁，形容不覩，不敢隨行，不敢對語。如有使令，聽其囑咐。姑坐則立，使令便去。早起開門，莫令驚忤。换水堂前，洗濯巾布。齒藥肥皂，温凉得所，退步堦前，待其浣洗。萬福一聲，即時退步。備辦茶湯，逡巡遞去。整頓茶盤，安排匙筯。飯則軟蒸，肉則熟煮。自古老人，牙齒踈蛀。茶水羹湯，莫教虚度。夜晚更深，將歸睡處。安置辭堂，方回房户。日日一般，朝朝相似。傳教庭幃，人稱賢婦。莫學他人，跳梁可惡。咆哮尊長，説辛道苦，呼唤不來，飢寒不顧。如此之人，號爲惡婦。天地不容，雷霆震怒。責罰加身，悔之無路。

事夫章第七

女子出嫁，夫主爲親。前生緣分，今世婚姻。將夫比天，其義匪輕，夫剛妻柔，恩愛相因。居家相待，敬重如賓。夫有言語，側耳詳聽，夫有惡事，勸諫諄諄。莫學愚婦，惹禍臨身。夫若外出，借問途程。黄昏未返，瞻望思尋，停燈温飯，等候敲門。莫學懶婦，未晚先眠。夫如有病，終日勞心。多方問藥，遍處求神。百般醫療，願得長生。莫學愚婦，全不憂心。夫若發怒，不可生嗔。退身求讓，忍氣吞聲。莫學愚婦，鬬鬧頻頻。粗絲細葛，補洗精神。莫令寒冷，凍損夫身。家常菜飯，供待殷勤。莫教飢渴，瘦瘠苦辛。同甘同苦，同富同貧。死同棺槨，生共衣衾。莫學潑婦，巧口花唇。能依此語，和樂瑟琴。如此之女，百口傳聞。

訓男女章第八

大抵人家，皆有男女。年已長成，教之有序，訓誨之權，實專于母。

男入書堂，請延師傅。習學禮義，吟詩作賦，尊敬師儒，束脩酒脯。五盞三杯，莫令虛度。十日一旬，安排禮數。設席肆筵，施呈樽俎。月夕花朝，游園縱步。挈榼提壺，主賓相顧。萬福一聲，即登歸路。女處閨門，少令出户。唤來便來，教去便去。稍有不從，當叱辱怒。在堂中訓，各勤事務。掃地燒香，紉麻緝苧。若出人前，訓他禮數。道福遜聲，遞茶待步。莫縱嬌痴，恐他啼怒。莫從跳梁，恐他輕侮。莫縱歌詞，恐他淫語。莫縱游行，恐他惡事。堪笑今人，不能爲主。男不知書，聽其弄齒，鬬鬧貪杯，謳歌習舞。官府不憂，家鄉不顧。女不知書，强梁言語。不識尊卑，不能針指。辱及尊親，怨却父母。惡語相傷，養猪養鼠。

營家章第九

營家之女，惟儉惟勤。勤則家起，懶則家傾，儉則家富，奢則家貧。凡爲女子，不可因循。一生之計，惟在于勤。一年之計，惟在于春。一日之計，惟在于晨。奉箕擁箒，洒掃灰塵。撮除擒撞，有用非輕。眼前伶俐，家宅光明。莫教穢污，有玷門庭。耕田下種，莫怨辛勤。炊羹造飯，思記頻頻。耘耨田土，茶水勻停。莫令晏慢，饑餓在身。積糠聚潲，餵養犧牲。呼歸放去，檢點搜尋。莫教失落，擾亂四隣。夫有錢米，收拾經營。夫有酒物，存積留停。迎賓待客，不可偷侵。大富由命，小富由勤。禾麻粟麥，成稂成囷。油鹽椒豉，醯沓張盛。猪雞鵝鴨，成隊成群。四時八節，免得營營。酒漿食饌，各有餘剩。夫婦享福，懽笑欣欣。

待客章第十

大抵人家，皆有賓主。蔟滚湯瓶，抹光橐子，準備人來，點湯遞水，退立堂前，聽夫言語。若欲傳盃，即時辦去。欲若相留，待夫迴步。細與商量，殺雞爲黍，物味調和，菜蔬濟楚，五酌三杯，有光門户。紅日含山，晚留居住。點燭擎燈，安排坐具，枕席紗厨，鋪氈擁被。欽敬相承，温凉得趣。次曉相看，客如辭去，别酒殷勤，十分注意。夫喜能家，家稱曉事。莫學他人，不持家務。客來無湯，荒忙無措。夫若留人，妻懷嗔怒，有筯無匙，有鹽無醋，争啜争哺，打男駡女。夫受慚惶，客懷羞愧。有客到門，無人在户。須遣家童，問其來處。客若殷勤，即通名字。却整容儀，出廳延住，點茶遞湯，莫缺禮數。借問姓名，詢其事務，記得夫歸，即當說與。客下堦去，即當回步。奉勸後人，切須學取。

和柔章第十一

處家之法，婦女雖能，以和爲貴，孝順爲先。翁姑有責，曾如不曾。姑嫜有責，聞如不聞。上房下户，子姪團圓。是非休習，長短休争，從來家醜，不出外傳。東隣西舍，禮數周全。往來賀問，欵曲盤旋。一茶一水，笑語忻然。當說便說，當行則行。閑是閑非，不入我門。莫學愚婦，不問根源。穢言污語，觸突尊賢。奉勸女子，量後思前。

守節章第十二

古來賢婦，九烈三貞，名標青史，傳到而今。後生莫學，初匪難行。第一守節，第二清貞。有女在堂，莫出閨庭。有客在户，莫出廳堂。不異私語，莫起淫言。黄昏來往，秉燭擎燈，暗中出入，恐惹不情。一行有失，百行無成。夫妻結髮，義重千金。若有不幸，中路先傾。三年重服，守志堅心，保家持業，整頓墳塋。有生有死，一命所同。此篇《論語》，誕盡題容。後人依此，日月相逢。切須記取，不可朦朧。若依斯言，享福無窮。

（宋）司馬光《司馬氏書儀》卷二《冠儀・笄》 女子許嫁，笄。年十五，雖未許嫁亦笄。主婦女賓執其禮。主婦，謂笄者之祖母、母及諸母、嫂，凡婦女之爲家長者，皆可也。女賓，亦擇親戚之賢而有禮者。贊，亦賓自擇婦女爲之。行之於中堂，執事者亦用家之婦女婢妾，戒賓宿賓之辭，改吾子爲某親，或邑封。婦人於婦黨之尊長當稱兒，卑幼當稱姑姊之類。於夫黨之尊長當稱新婦，卑幼當稱老婦。

（宋）朱熹《朱子全書・家禮》卷二《冠儀・笄》 女子許嫁，笄。年十五，雖未許嫁，亦笄。母爲主。宗子主婦，則其中堂。非宗子，而與宗子同居，則於私室；與宗子不同居，則如上儀。

（明）鄭真《滎陽外史集》卷三七《書陳氏五節婦卷後》 予讀同郡王君敬中論著，長汀陳氏五節婦事，既深悲之，後深喜之。夫世之遠近不同，人之情亦不能以相一也。陳孟雍家，自五世祖暨高曾祖考皆以疾夭，其得禍誠已多矣。使家室之中有變其初志，翻然改適，孰得而禁之。而五婦皆能以節自著，此有以見秉彝好德之良，固人人所同者矣。嗚呼。壽夭係諸天，節義係諸人。係諸天者，所不能必。係諸人者，所當自盡。彼夭亡者固非一世一人，而守節者有如一世一人。予安得不深悲之，而復深喜之哉。昔者莆田陳太史衆仲作《彰德李氏三孀傳》，并其女之嫁者數之，猶以爲千百人中絶無而僅有者，況陳氏五節婦之萃於一門者乎。《詩》曰：孝子不匱，永錫爾類。陳氏其有焉。

（明）仁孝文皇后徐氏《内訓・事舅姑章第十四》 婦人既嫁，致孝於舅姑。舅姑者，親同於父母，尊儗於天地。善事者在致敬，致敬則嚴在致愛，致愛則順，專心竭誠，毋敢有怠，此孝之大節也，衣服飲食其次矣。故極甘旨之奉而毫髮有不盡焉，猶未嘗養也。盡勞勩之力而頃刻有不恭焉，猶未嘗事也。舅姑所愛，婦亦愛之；舅姑所敬，婦亦敬之。樂其心，順其志。有所行不敢專，有所命不敢緩，此孝事舅姑之要也。昔太姒思媚，周基益隆；長孫盡孝，唐祚以固，甚哉，孝事舅姑之大也。夫不得於舅姑，則不可以事君子，而況於動天地、通神明、集嘉禎乎。故自后妃下至卿大夫及士庶人之妻，壹是皆以孝事舅姑爲重。《詩》云：夙興夜寐，無忝爾所生。

（明）王直《抑菴文集》卷一《勤織堂記》 予聞古之女子，必有業。蓋衣食者，人道之大端。衣，女子事也。雖或有貴賤，而所事則一。是故上而皇后、諸侯之夫人與卿大夫、列士之妻，莫不以織紝紡績爲事。自庶士以下，至於閭巷之婦人、女子，則又加勤焉。蓋無有佚居慢游而廢事者，此成周之時惇本尚實治化之所以盛，風俗之所以淳也。數世之後，先王之教衰，於是有休其蠶織而預外事，如《大雅》之所刺者，則其下可知。迨至春秋，則又有甚焉。森然法度之言，僅見于公父文伯之母於乎其賢哉。夫文綉纂組，雖亦女子之事，漢以爲害於女紅而禁之。然則紡織固女事之本，爲女子者所必當務也。今復于性中之母見之，則性中之母其亦公父文伯之母之儔歟。國朝謹于内治，勤儉之風聞天下，天下莫不悦從。然太平之日久矣，仕者之家侈靡閒放之習滋，而機杼力作之意怠，不可謂無也。有若太孺人者，豈不誠賢矣哉。性中奉其教，成于家，形于鄉里，達于姻戚，故舊聞者，莫不興慕而願學，則非止一家之福。其有裨於治化，豈小哉。故予于斯堂而樂爲之記，蓋冀賢母之教成也。

（明）楊慎《升菴集》卷四六《戲婦》 《抱朴子・疾謬篇》云：世俗有戲婦之法，於稠衆之中，親屬之前，問以醜言，責以慢對，其爲鄙瀆，不可忍論。或蹙以楚撻，或繫足倒懸，酒客酗醬不知限劑，至使有傷於流血踒折支體者，可歎也。古人感離别而不滅燭，悲代親而不舉樂，禮論娶者羞而不賀。今既不能動蹈舊典，至於德爲鄉閭之所敬，言爲人士之所信，宜正色矯而呵之，何爲同其波流長此敝俗哉。今此俗世尚多有之，娶婦之家，新婿避匿。羣男子競作戲調以弄新婦，謂之謔親。或褰裳而針其膚，或脱履而規其足，以廟見之婦同于倚市門之倡，誠所謂敝俗也。然以《抱朴子》考之，則晋世已然矣，歷千餘年而不能變，可怪哉。

（清）吕坤《閨範》 先王重陰教，故婦人有女師，講明古語，稱引昔賢，令之謹守三從，克尊四德，以爲夫子之光，不貽父母之辱。自世教衰，而閨門中人，竟棄之禮法之外矣。生閭閻内，慣聽鄙俚之言。在富貴家，恣長驕奢之性。首满金珠，體偏縠羅，態學輕浮，語習儇巧，而口無良言，身無善行。舅姑妯娌，不傳賢孝之名，鄉黨親戚，但聞頑悍之惡，則不教之故。迺高之者，弄柔翰，逞騷才，以夸浮士，卑之者，撥俗絃，歌艷語，近於倡家，則邪教之流也。閨門萬化之原，審如是，内治何以修哉。《女訓》諸書，昔人備矣。然多者難悉，晦者難明，雜者無所别白，淡無味者，不能令人感惕，閨人無所持循，以爲誦習。余讀而病之，乃擬《列女傳》，輯先哲嘉言，諸賢善行，繪之圖像，其奇文奥義，則間爲音釋。又於每類之前，各題大指，每傳之後，各贊數言，以示激勸。嗟夫，孝賢貞烈，根於天性。彼流芳百世之人，未必讀書，而誦習流芳百世者，乃不取法其萬一焉，良可愧矣。予因序前賢以警後學云。寧陵吕坤書。

謹按：吕新吾先生凡有著述，悉有功於世道人心，予録之以爲世勸者屢矣。《閨範》一編，前列嘉言，後載善行，復繪之爲圖系之以贊，無非欲兒女子見之，喜於觀覽，轉相論説，因事垂訓，實具苦心。當時士林樂誦其書，摹印不下數萬本，直至流布宫禁。其中由感生愧，由愧生奮，巾幗之内，相與勸於善而遠於不善者，蓋不知凡幾也。今限於卷帙，不復繪圖，擇其言之尤切，行之尤顯者，録爲一卷。雖於原編僅十之三四，而子道、婦道、母道胥備焉。所載懿行，可以動天地，泣鬼神，至今讀之，凜凜猶有生氣。誠哉，地維賴以立，天柱賴以尊，孰謂女德爲無關輕重哉。

嘉言

《列女傳》曰：古者婦人妊子，寢不側，坐不邊，立不蹕，不食邪味，割不正不食，席不正不坐。目不視邪色，耳不聽淫聲。夜則令瞽誦詩，道正事。如此，則生子形容端正，才德過人矣。

孔子曰：婦人，伏於人也。是故無專制之義，有三從之道，無所敢自遂也。教令不出閨門，事在饋食之間而已矣。是故女及日乎閨門之內，不百里而奔喪，事無擅爲，行無獨成，參知而後動，可驗而後言，晝不游庭，夜行以火，所以正婦德也。女有五不取：逆家子不取，亂家子不取，世有刑人不取，世有惡疾不取，喪父長子不取。婦有七去：不順父母去，無子去，淫去，妬去，有惡疾去，多言去，竊盜去。有三不去：有所取無所歸，不去；與更三年喪，不去；先貧賤後富貴，不去。

《士昏禮》曰：父醮子，命之曰：往迎爾相，承我宗事。勗帥以敬，先妣之嗣，若則有常。子曰：諾。唯恐弗堪，不敢忘命。父送女，命之曰：戒之敬之，夙夜無違命。母施衿結帨曰：勉之敬之，夙夜無違宮事。庶母及門內施鞶，申之以父母之命，命之曰：敬恭聽爾父母之言，夙夜無愆，視諸衿鞶。

文中子曰：婚娶而論財，夷虜之道也，君子不入其鄉。古者男女之族，各擇德焉，不以財爲禮。早婚少聘，教人以偷。妾媵無數，教人以亂。且貴賤有等，一夫一婦，庶人之職也。

匡衡曰：匹配之際，生民之始，萬福之原。婚姻之禮正，然後品物遂而天命全。孔子論《詩》，以《關雎》爲首。言太上者，民之父母，后夫人之行，不侔乎天地，則無以奉神靈之統，而理萬物之宜。故《詩》曰：窈窕淑女，君子好逑。言能致其貞淑，不貳其操，情欲之感，無介乎容儀，宴私之意，不形於動静。然後可以配至尊而爲宗廟主，此綱紀之首，王教之端也。

吴虞翻與其弟書曰：長子容當爲求婦。遠求小姓，足使生子。天福其人，不在貴族。芝草無根，醴泉無源。

柳開仲塗曰：皇考治家，孝且嚴。旦望，諸婦等拜堂下畢，即上手低面，聽我皇考訓誡曰：人家兄弟，無不義者。盡因娶婦入門，異姓相聚，爭長競短，漸漬日聞，偏愛私藏，以致背戾，分門割户，患若賊讐，皆汝婦人所作。男子剛腸者幾人，能不爲婦言所惑，吾見罕矣，若等寧有是耶。退則惴惴，不敢出一語爲不孝事。開輩抵此，賴之得全其家云。

司馬温公曰：凡議婚姻，當先察婿與婦之性行及家法何如，勿苟慕其富貴。婿苟賢矣，今雖貧賤，安知異時不富貴乎？苟爲不肖，今雖富貴，安知異時不貧賤乎？婦者，家之所由盛衰也。苟慕一時之富貴而娶之，彼挾富貴，鮮有不輕其夫，而傲其舅姑者，養成驕妬之性，異日爲患，庸有極乎。借使因婦財以致富，依婦勢以取貴，苟有丈夫之志氣，能無愧耶？

又曰：女子六歲，始習女工之小者。七歲誦《孝經》、《論語》。九歲講解《孝經》、《論語》及《女誡》之類，略曉大義。今人或教女子以作歌詩，執俗樂，殊非所宜也。

安定胡先生曰：嫁女必須勝吾家者。勝吾家，則女之事人，必欽必戒。娶婦必須不若吾家者。不若吾家，則婦事舅姑，必執婦道。

《顔氏家訓》曰：婦主中饋，唯事酒食衣服之禮耳。國不可使預政，家不可使幹蠱。如有聰明才智，識達古今，正當輔佐君子，勸其不足，必無牝雞晨鳴，以致禍也。

兄弟者，分形連氣之人也。方其幼也，父母左提右挈，前襟後裾，食則同案，衣則傳服，學則連業，游則共方。雖有悖亂之人，不能不相愛也。及其壯也，各妻其妻，各子其子，雖有篤厚之人，不能不少衰也。娣姒之比兄弟，則疎薄矣。今使疎薄之人，而節量親厚之恩，猶方底而圓蓋，必不合矣。唯友悌深至，不爲傍人之所移者免夫。

李氏《女戒》曰：貧者安其貧，富者戒其富。又云：秉和柔之色，作嬌小之容，是爲輕薄之婦人。藏心爲情，出口爲語。言語者，榮辱之樞機，親疎之大節也。亦能離堅合異，結怨興讐。大則覆國亡家，小則六親離散。是以賢女謹口，恐招恥謗。或在尊前，或居閒處，未嘗觸應答之語，發諂諛之言。不出無稽之詞，不爲調戲之事，不涉穢濁，不處嫌疑。

善行

女子之道

婦道母儀，始於女德。未有女無良而婦淑者也，故首女道。

孝女，女未適人，與子同道。孝子難，孝女爲尤難。世俗女子在室，自處以客，而母亦客之，子道不修，母顧共衣食事之焉。養驕修態，易怨輕悲，亦未聞道矣。今録其可法者。

齊景公有愛槐，使衍守之，下令曰：犯槐者刑，傷槐者死。於是衍醉而傷槐。景公怒，將殺之。女婧懼，乃造晏子請曰：妾父衍，先犯君令，罪固當死。妾聞明君之治國也，不爲畜傷人，不以草傷稼。今吾君以槐殺妾之父，孤妾之身，妾恐隣國聞之，謂君愛樹而賊人也。晏子惕然。明日朝，謂景公曰：君極土木以匱民，又殺無罪以滋虐，無乃殃國乎？公曰：寡人敬受命矣。即罷守槐之役，而赦傷槐者。

女娟者，趙簡子夫人也。初簡子伐楚，與津吏期。簡子至，津吏醉不能渡。簡子欲殺之。娟對曰：妾父聞主君來渡不測之水，禱祀九江三淮之神。既祭飲福，不勝杯酌餘瀝，醉至於此。妾願以賤軀代父之死。簡子曰：非女子之罪也。娟曰：妾父尚醉，恐其身不知痛，而心不知非也，願醒而伏辜焉。簡子釋其父而弗誅。

齊太倉女者，漢太倉令淳于意之少女，名緹縈。公有女五人，無子。公有罪當刑，詔繫長安。會逮，公罵曰：生女不生男，緩急非有益。緹縈悲泣隨之，至長安，上書曰：妾父爲吏，齊中皆稱廉平。今坐法當刑，妾傷夫死者不可復生，刑者不可復屬，雖欲改過自新，其道無由也。妾願入身爲官婢，以贖父罪，使得自新。書奏，天子憐其意，乃除肉刑。淳于公遂得免焉。

曹娥者，上虞曹盱之女也。盱能撫劍長歌，婆娑樂神。以漢建安二年五月五日，迎伍君，逆濤而上，爲水所没，不得其屍。娥年十四，沿江號哭，十七晝夜不絶聲，遂自投江以死。經五日，抱父屍出。縣長度尚，改葬娥於江南道傍，爲立碑焉。

盧氏，永嘉人，一日與母同行，遇虎將噬母，女以身當之。虎得女，母乃免。後有人見其跨虎而行，里人建祠於永寧鄉。宋理宗朝，封曰孝祐。

謝小娥，幼有志操，許聘段居真。父與居真同爲商販，盜申蘭、申春殺之。小娥詭服爲男子，托傭申家。因羣盜飲酒，蘭、春與羣盜皆醉卧。娥閉户斬蘭首，大呼捕賊。鄉人擒春，得贓鉅萬。娥乃祝髪爲尼。

葛妙真，元宣城民家女。九歲，聞日者言母年五十當死，妙真即悲憂祝天，誓不嫁，終日齋素，以延母年，母後年八十一卒。事上，賜旌異。

袁氏女，元溧水人，年十五。其母嚴氏孀居極貧，病癱瘓，卧於牀，女事母極孝。至正中，兵火延其里，隣婦强女出避，女泣曰：我何忍舍母去乎？遂入室抱母，力不能出，共焚而死。

康孝女，明濟源人。父友賢，年老無子，擇王珏入婿。女勸母納妾，生子而乏乳。女亦生女，遂舍之，乳其弟。曰：吾父老矣，女可得，而弟不可再得也。母嘗遘疾甚，女嘗糞甘苦。夫早没，誓不再適，時人稱之。

烈女，女子之道，守正待求。不惟從一而永終，亦須待禮而正始。命之不穀，時與願違。朱顔無自免之術，白刃豈甘心之地。然而一死之外，更無良圖，所謂舍生取義者也。

奉天竇氏，有二女，長者年十九，幼者年十六，少有志操，皆美姿容。永泰中，群盜數千人剽掠其村。二女匿巖穴間，盜曳出之，驅迫以前。臨壑谷，深數百尺，其姊曰：吾寧就死，義不受辱。即投崖而死。盜方驚駭，其妹繼之，折足破面流血，群盜舍之而去。京兆尹第五琦嘉其貞烈，奏之，詔旌表門閭，永免其家丁役。

詹氏女，紹興初，年十七。淮寇號一窠蜂，破蕪湖，女嘆曰：父子俱無生理，我計決矣。頃之賊至，執其父兄，將殺之。女泣拜曰：妾雖寠陋，願相從，贖父兄命。不然，且同死，無益也。賊釋父兄縛，女麾之曰：亟走，無相念，我得侍將軍足矣。從賊行數里，過市東橋，躍入水中死。賊相顧駭嘆而去。

貞女，女子守身，如持玉巵，如捧盈水。心不欲爲耳目所變，迹不欲爲中外所疑。然後可以完堅白之節，成清潔之身。何者？丈夫事業在六合，苟非嬻倫，小節猶足自贖。女子名節在一身，稍有微瑕，萬善不能相掩。然居常處順，十女九貞。惟夫消磨糜爛之際，金久鍊而愈精；滓泥污穢之中，蓮含香而自潔。則點節者亦十九也。故取貞女以示訓焉。

江南有一女子，父繫獄，無兄弟供朝夕，女與嫂往省之，過高郵，其郡蚊盛，夜若轟雷，非帳中不能避。有男子招入帳者，嫂從之。女曰：男女別嫌，阿家爲誰，而可入也？獨露宿草莽中。行數日，竟爲蚊嘬而死，筋有露者。土人立祠祀之，世傳爲露筋廟。

廉女，視利如塵垢，若將浼焉者也。

曹修古知興化軍，卒於官，貧不能歸葬，賓佐贈錢五十萬，妻欲受之，季女泣，白其母曰：我先人在，未嘗受賓佐餽遺，奈何以賻錢累其身後？母從之，盡却不受。

夫婦之道

《易》之《家人》曰：夫夫婦婦而家道正，夫義婦順，家之福也。故擇夫婦之賢者，以示訓焉。使知刑于之化，不獨責之丈夫，而同心協德，亦有力焉。

晋冀邑人郤缺，夫婦相敬如賓客。一日缺耨，其妻饁，持飡奉夫甚謹，缺亦斂容受之。晋大夫臼季過而見之，載以歸，言諸文公曰：敬，德之聚也。能敬必有德，德能治民，君請用之。文公以爲下軍大夫。

漢鮑宣妻桓氏，字少君。宣嘗就少君父學，父奇其清苦，以少君妻之，資裝甚盛。宣不悦，曰：少君生富驕，習美飾，而吾實貧賤，不敢當。妻曰：大人以先生修德守約，故使妾侍執巾櫛。既承奉君子，唯命是從。宣笑曰：能如是，是吾志也。妻乃悉歸侍御服飾，更着短布裳，與宣共輓鹿車。歸鄉里，拜姑禮畢，提甕出汲，修行婦道，鄉邦稱之。

吕榮公夫人仙源，嘗言與侍講爲夫婦，相處六十年，未嘗一日有面赤。自少至老，雖衽席之上，未嘗戲笑。

婦人之道

婦人者，伏於人者也。温柔卑順，乃事人之性情；純一堅貞，則持身之節操。至於四德，尤所當知。婦德尚静正，婦言尚簡婉，婦功尚周慎，婦容尚閑雅。四德備，雖才拙性愚，家貧貌陋，不能累其賢。四德亡，雖奇能異慧，貴女芳姿，不能掩其惡。今采古人之賢者。

兼德，婦人備有衆善，一長不足以盡之也，故列諸首。

明帝后馬氏，伏波將軍援之女也。謙抑節儉，不私所親。肅宗即位，欲封諸舅，太后不聽。明年夏，大旱，言事者以爲不封外戚之故。太后乃下詔曰：凡言事者，皆欲媚朕以希恩耳。昔王氏同日五侯，其時黄霧四塞，不聞澍雨之應。田竇貴寵横恣，傾覆之禍爲世所傳。故先帝慎防舅氏，不令在樞機之位，諸子之封，裁令半楚淮楊諸國。嘗謂我子不得與先帝子等，今有司奈何欲以馬氏比陰氏乎？吾爲天下母，而身服大練，食不求甘，左右但着布帛，無香薰之飾者，欲以身率下也。

敬姜者，魯穆伯之妻，文伯之母，季康子之從祖叔母也。文伯相魯，退朝，敬姜方績。文伯曰：以歜之家，而主猶績，懼干季孫之怒，其以歜爲不能事主乎。敬姜歎曰：魯其亡乎，使僮子備官而未之聞耶。居，吾語女。昔聖王之於民也，擇瘠土而處之，勞而用之，故長王天下。夫民勞則思，思則善心生；逸則淫，淫則忘善，忘善則惡心生。沃土之民不材，淫也；瘠土之民向義，勞也。是故天子公侯、王后夫人，莫不旦暮憂勤，各修其職業。今我寡也，爾又在下位，朝夕處事，猶恐忘先人之業，況敢怠耶？季康子嘗至，敬姜闔門而與之言，不踰閾。仲尼謂敬姜别於男女之禮矣。

樂羊子妻，不知何氏女。羊子嘗行路，得遺金一餅，與其妻，妻曰：妾聞志士不飲盗泉之水，廉者不受嗟來之食，況拾金以汚其行乎？羊子大慚，乃捐於野。嘗遠尋師，學一年，來歸，妻跪問故，羊子曰：久行懷思，無他意也。妻乃引刀就機而言曰：此織生自蠶繭，成於機杼，一絲之累，以至於寸，累寸不已，遂成丈匹。今若斷斯織也，則捐成功，廢時月。夫子積學，當日有成。若中道而歸，何異斷斯織乎？羊子感其言，還就學，七年不反。妻躬勤養姑，又遠饋羊子，俾之卒業。嘗有盗入其家，欲犯之，不得，乃劫其姑。妻聞，操刀而出。盗曰：速從我，不從，我殺汝姑。妻仰天慟哭，舉刀刎頸而死。盗大慚，舍其姑而去。太守聞之，賜錢帛，以禮葬之，號曰貞義。

李五妻張氏，濟南鄒平縣人。年十八，夫戍福建之福寧州，死於戍。時舅姑老，家貧無子，張蚕績以爲養。及舅姑殁，張歎曰：夫死數千里外，不能歸骨以葬者，以舅姑無依，不能遠離也。今大事盡矣，而夫骨終棄遠土，妾何以生。乃卧積冰上，誓曰：使妾若能歸夫骨以葬，即幸不凍死。卧月餘不死，鄉人異之，乃相率贈以錢糧，大書其事于衣以行。由鄒平至福寧，五千餘里，不四十日而至。其姪補戍在焉，張氏見之，問夫葬處，已忘之矣。張哀號欲絶，忽其夫降神，道别及死狀，且指骨所。張如言求之，果得以歸。有司上其事旌表焉。

孝婦，萬善百行，惟孝爲尊，故孝婦先焉。

孝婦者，陳之少寡婦也。甫嫁而夫當戍，將行，屬孝婦曰：我生死未可知，幸有老母，無他兄弟備養。吾不還，汝肯養吾母乎？婦應曰：諾。夫果死不還，婦無子，養姑慈愛愈固，紡績以爲業，終無嫁意。居喪三年，其母將取而嫁之，孝婦曰：妾聞信者，人之幹也；義者，行之節也。妾始嫁時，受嚴命而事夫。夫行屬妾以母，妾既諾之矣。受人之托，豈可棄哉。棄托，不信；背死，不義。母百計勸之，孝婦曰：所貴乎人，貴其行也。生子而娶之婦，非以托此身乎。姑老矣，夫不幸，不得終爲子。而妾又棄之，是負夫之心，而傷妾之行也。行之不修，將何以立於世？欲自殺，父母懼而從之。養姑二十八年，姑死，終身祭祀。淮陽太守以聞，漢文帝高其義，賜黄金四十斤，復其家，號曰孝婦。

唐夫人者，中書侍郎崔遠之祖母也。夫人事姑孝，姑長孫夫人，年高無齒，唐夫人每旦拜於階下，即升堂乳其姑。長孫夫人不粒食數年，而康寧。一日疾病，長幼咸集，宣言無以報新婦恩，願新婦有子有孫，皆得如新婦孝敬，則崔氏之門，安得不昌大乎？

廣漢姜詩，事母至孝。妻龐氏，奉順尤篤。母好飲江水，去舍六七里，其妻取水，值風，還不及時，母渴，詩怒而遣之。妻寄止隣舍，晝夜紡績，市珍羞，因隣母以達於姑。久之，姑恠問，隣母具對。姑感慚，還之，恩養愈謹。其子因遠汲溺死，妻恐姑哀傷，託以遠學不在。姑嗜鱠，又不能獨食，夫婦常力作供鱠，呼隣母共之。舍側忽湧泉，味如江水，每日躍出鯉魚一雙，常供二母之膳。赤眉賊經詩里，弛兵而過，曰：驚大孝，必觸鬼神。其孝感如此。

趙孝婦，早寡，家貧。爲人織紝。得美食，必持歸奉姑，自啖粗糲。嘗念姑老，後事無資，乃鬻次子於富家，得錢百緡，買木治棺。棺成，南鄰失火，順風而北，勢迫矣。孝婦亟扶姑出，而棺重不可移，乃伏棺大哭曰：吾賣兒得棺，無能爲我救者，天乎，天乎。言畢，火越而北。人以爲孝感所致。

俞新之妻，紹興人，聞氏女也。新歿，聞尚幼，父母慮其不能守，欲更嫁之。聞哭曰：一身二夫，烈婦所耻。妾可無生，可無耻乎？且姑老子幼，妾去當誰依也？即斷髮自誓。父母知其志篤，乃不忍强。姑久病風，失明，聞手滌溷穢，時漱口上堂，舐其目，目爲復明。及姑卒，家貧無資，與子親負土葬之，朝夕悲號，聞者慘惻。

死節之婦，身當凶變，欲求生必至失身，非捐軀不能遂志，死乎不得不死，雖孔孟亦如是而已。

皇甫規妻，不知何氏女，美姿容，能文，工書，時爲規答書記，人恠其工，後乃知之。規卒，妻年方少。董卓爲相，聘以輜軿百乘，馬二十匹，奴婢錢帛充路。妻乃縗服詣卓門，跪自陳請，辭甚酸愴。卓使侍者拔刀圍之，謂曰：孤之威令，四海風靡，乃不行於一婦人乎？妻知不免，乃起罵卓曰：君羌胡之種，毒害天下，猶未足耶。妾先人，清德奕世。皇甫氏，文武上才，爲國忠臣。君其趣走吏，敢行非禮於爾君夫人耶？卓乃引車庭中，以其頭懸軛，鞭撲交下。妻謝杖者曰：重加之，令我速死。遂死車下。後人圖畫，號曰禮宗云。

梁氏，臨川人，歸王氏家，纔數月，會元兵至，與夫約曰：吾必死兵，若更娶，當告我。頃之，夫婦俱被執。有軍千户，欲納梁氏，梁紿曰：同行而事兩夫，情禮均病，乞歸吾夫而後可。千户從之。夫去，計不可追矣，即拒摶怒罵，遂被殺。越數年，夫謀更娶，議輒不諧，因告妻，夜夢妻云：我死後，生某氏家，後當復爲君婦。明日遣人聘之，一言而合，詢其生，與婦死年月日正同云。

譚烈婦趙氏，吉州永新人。元兵破城，趙氏抱嬰兒，隨其舅姑，同藏鄉校中，爲悍兵所執，殺其舅姑，又執趙，欲污之，不從，恐之以刃。趙罵曰：吾舅死於汝，吾姑又死於汝，與其不義而生，寧從吾舅姑死耳。遂與嬰兒同遇害，血漬文廟兩楹之間八甎，宛然婦人抱嬰兒狀。磨以沙石，不去，鍛以石炭，其狀益顯。

潘氏，字妙圓，山陰人。適同邑徐允讓。甫三月，值元兵圍城，潘同夫匿嶺西，賊得之。允讓死於刃，執潘欲辱之。潘顔色自若曰：我一婦人，家破夫亡，既已見執，欲不從君，安往？願焚吾夫，得盡一慟，即事君百年，無憾矣。兵從之，乃爲坎燔柴。火正烈，潘躍入烈焰而死。

趙淮，長沙人，德祐中，携妾戍銀樹埧。元兵至，俱執，至瓜洲，元將使淮招李庭芝降。淮不從，爲所殺，棄屍江濱。妾入元軍，泣曰：妾夙事趙運使，今屍棄不收，情不能忍。願得掩埋，終身事公，無憾。元將憐之，使數兵輿至江上。妾聚薪焚淮骸骨，置瓦缶中，自抱持，操小舟至中流，仰天慟哭，躍水而死。

守節之婦，視死者之難，不啻十百，而無子女之守爲尤難。余列之死者之後，愍死者之不幸也。天地常經，古今中道，惟守爲正，余甚重之。

高行者，梁之寡婦也，榮於色，美於行。夫早死，不嫁。梁貴人爭欲取之，不能得。梁王聞之，使相聘焉，再三往，高行曰：妾夫不幸，先狗馬填溝壑，妾養其幼孤，勢難他適。且婦人之義，一醮不改。忘死而貪生，棄義而從利，何以爲人？乃援鏡持刀，割其鼻，曰：妾已刑矣，所以不死者，不忍幼弱之重孤也。且王之求妾者，非以色耶？刑餘之人，殆可釋矣。相以報王。王乃免其丁徭，號曰高行。

魏夏侯氏，名令女，方適曹文叔，而文叔死。令女年少，無子，父母欲嫁之，令女乃斷髮爲信。後曹氏滅族，父母以其無依，必欲嫁之。令女又截其兩耳，斷其鼻，以死自誓。蒙被而卧，血流滿牀席。家人歎而謂之曰：人生世間，如輕塵棲弱草耳，何辛苦如是？且夫家夷滅已盡，守此欲誰爲哉。令女曰：吾聞仁者不以盛衰改節，義者不以存亡易心。曹氏前盛之時，尚欲保終，況今衰亡，何忍棄之？禽獸之行，吾豈爲乎？

劉長卿妻桓氏，生男五歲，而長卿卒。桓氏防遠嫌疑，不肯歸寧。兒年十五夭死。桓氏慮不免，乃割其耳以自誓。隣婦相與愍之，謂曰：夫亡子死，無以養節，何貴義輕身若此哉？對曰：昔我先君五更，學爲儒宗，尊爲帝師。五更以來，男以忠孝顯，女以貞順稱。《詩》云：無忝爾祖，聿修厥德。是以預自刑剪，以明我情。沛相王吉上奏高行，顯其門閭，號曰行義桓嫠。

魏溥妻房氏，貴鄉太守房湛之女也。幼有烈操，年十六而溥疾，且卒，謂之曰：死不足恨，但母寡家貧，赤子未歲，抱恨於黄壚耳。房垂泣對曰：幸承先人餘訓，出事君子，義在偕老，有志不從，命也。今夫人在堂，弱子襁褓，不能以身相從，而多君長往之恨，何以妾爲？君其瞑目。溥卒，將大斂，房氏操刀割左耳，投之棺中，曰：鬼神有知，相期泉壤。流血淋漓。姑劉氏，輟哭而謂曰：何至於此？對曰：新婦年少，不幸早寡。實慮父母未諒至情，持此自誓耳。聞者莫不感愴。竟守志終身。

王凝，家青齊間，爲虢州司户參軍，以疾卒於官，家素貧，一子尚幼。妻李氏，携其子，負凝遺骸以歸。東過開封，止於旅舍，主人不納。李氏顧天色已暮，不肯去。主人牽其臂而出之。李氏仰天慟曰：我爲婦人，不能守節，而此手爲人所執耶。即引斧自斷其臂，見者爲之嘆惜。開封尹聞之，白其事於朝，厚恤李氏，而笞其主人。

王氏，睢陽人，趙子乙之妻也。子乙早死，王氏誓不改嫁。靖康之亂，自以年少有姿，行節難保，乃以垔土塗面，鬅頭散足，負姑携幼子，避地而南，人無犯之者。流離四年，至温陵，徙居於蒲，終身清白。

鄭廉，唐人，妻李氏，年十七，嫁廉，一歲而廉死，李守志不移。夜夢一男子求爲妻，初不許，後數夜夢之。李曰：豈容貌猶妍，招此邪魔耶？即斷髮，垢面，塵膚，敝衣，自是不復夢。備嘗甘苦，守節終身。刺史白其操，號堅正節婦。

賢婦，愛夫以正者也。成其德，濟其業，恤其患難，皆正之謂也。

高叡妻，秦氏女也。叡爲趙州刺史，爲默啜所攻。州陷，叡仰藥不死，衆舁至默啜所。默啜示以寶刀異袍，曰：爾欲之乎？降我，當賜爾官；不降，且死。叡視秦，秦曰：君受天子恩，貴爲刺史。城不能守，乃以死報，分也。即受賊官，雖階一品，何榮之爲？自是皆瞑目不語。默啜知不可屈，乃並殺之。

馮昭儀者，漢元帝之昭儀，光禄勳馮奉世之女也。初入宫爲婕妤，生中山王。建昭中，上幸虎圈鬭獸，後宫皆從。熊走出，攀檻欲上殿。左右貴人皆驚走，婕妤當熊而立，左右格殺熊。天子問：汝獨不畏熊耶？對曰：妾聞猛獸得人而止。妾恐至御坐，故以身當之。元帝嗟嘆，以此敬重焉。

守禮之婦，謹勑身心，慎修名節，一言一動，必合於禮而不苟。

貞姜者，齊侯女，楚昭王夫人也。王出游，留夫人漸臺之上。江水大至，王使使者迎夫人，忘持符。使者至，請夫人出。夫人曰：王與宫人約，召必以符。今使者不持符，妾不敢從。使者曰：水方亟，還而取符，來無及矣。夫人曰：妾聞貞者不犯約，勇者不畏死。妾知從使者必生，然棄約越義，有死不爲也。於是使者取符，比至，臺崩，夫人溺而死焉。王哀之，號曰貞姜。

荊國大長公主，宋太宗女也。真宗時，下嫁駙馬都尉李遵勗。舊制選尚者，降其父爲兄弟行。時遵勗父繼昌無恙，主因繼昌生日，以舅姑禮謁之。帝聞之喜，密以縑衣實帶器幣助爲壽。信國長公主，宋神宗女也。崇寧三年，下嫁鄭王潘美之曾孫，名意。事姑，修婦道。潘故大族，夫黨數百人，賓接皆盡禮，無褻外言。志尚冲澹，服玩不爲紛華，歲時簡嬉游，十年間，惟一適西池而已。

柳公綽妻韓氏，相國休之孫女，家法嚴肅，儉約，爲縉紳家楷範。歸柳氏三年，無少長，未嘗見其露齒。常衣絹素，不用綾羅錦繡。每歸寧，不坐金碧輿，祇乘竹兜子，二青衣步屣以隨。常命粉苦參、黄連、熊膽和爲丸，賜諸子永夜習學，含之以資勤苦。

明達之婦，見理真切，論事精詳，有獨得之識，有濟變之才，亦婦人之所難也。

徐吾者，齊東海上貧婦人也。與隣婦李吾之屬會燭夜績，徐吾最貧，而燭數不繼。李吾謂其屬曰：無與夜也。徐吾曰：是何言與？自妾之會燭也，起常先，息常後，洒掃陳席，以待來者。食常從薄，坐常處下，爲燭不繼之故也。夫一室之中，益一人，燭不爲暗，損一人，燭不爲明。何愛東壁之餘光，不使貧妾得蒙見哀之恩，長爲僕役之事乎？李吾莫能應，遂復與夜，終無後言。

狄仁傑爲相，有盧氏堂姨，居橋南別墅。姨止一子，未嘗入都城。狄仁傑每伏臘晦朔，修餽甚謹。嘗休暇，候姨安否，適見表弟挾弓矢，携雉兔，來歸進膳，顧揖仁傑，意甚輕簡。仁傑因啓姨，某今爲相，表弟何樂，願悉力從其旨。姨曰：相自爲貴爾。姨止有一子，不欲令事女主。仁傑大慙而退。

姚婦楊氏，閹人符承祖之姨也，家貧。承祖爲文明太后所寵，家累鉅萬。踈遠親姻，皆資借爲榮利。楊一無所求，嘗謂其姊曰：姊雖有一時之榮，不若妹有無憂之樂。姊遺之衣服，不受，曰：我夫家世貧，美服非其所宜。與之奴婢，不受，曰：食不能給，常着破衣，自執苦事。承祖耻之，乃遣人乘車往迎。楊堅卧不起，從者强舁輿上，則大哭曰：爾欲殺我耶。符家内外皆笑，號爲癡姨。及承祖敗，誅及親戚，楊氏以貧窶得免。

鄭氏，建州人也。南唐平建州，鄭有殊色，裨將王建封逼之，劫以刃，不爲屈。建封嗜人肉，畧少婦百許，日殺其一，具食。引鄭示之曰：懼乎？鄭曰：願早充君庖，爲幸多矣。建封終不忍殺，以獻查文徽。文徽甚愛之，百計必欲相從。鄭大罵曰：王師弔伐，凡義夫節婦，特加旌賞，以風天下。王司徒出於卒伍，不知禮義，無足恠。君侯讀聖賢書，爲國大將，當表率群下，風示遠人。乃欲加非禮於一婦人，以逞無耻之慾。妾有死而已，幸速見殺。文徽大慙，下令城中，召其夫付之。

潁上某爲帥，淮揚有一僕，號稱驍勇。過芒碭間，其地多盜。僕與妻前驅，至葭葦中，僕大呼曰：素聞此處多豪傑，何無一人敢與吾敵耶？俄而葭葦中數盜出，攻僕，殺之。僕妻跪賊慟哭，叩頭感謝，曰：妾本良家婦，被此人殺吾夫而擄之，無力復讐。大王今爲吾斷其首，妾殺身無以報大德。前途數里，吾母家也，肯惠顧，當有金帛相贈。賊喜而從之。至一村，保聚多人，外列戈戟。婦人走入，哭訴其故。保長賺賊入，就而擒之，無一人得免。

文學之婦，史傳所載，班班膾炙人口。然大節有虧，則衆長難掩。無論如蔡文姬、李易安、朱淑貞輩，即回文絶技，詠雪高才，過而知悔，德尚及人，余且不録，他可知矣。然亦有貞女節婦，詩文不録者，彼固不以文學重也。

班婕妤者，漢左曹越騎校尉況之女，彪之姑也。少有才學，成帝選爲少使，大被寵幸，居增成舍。帝嘗游后宫，欲與同輦，婕妤曰：妾觀古聖帝明王，皆有賢臣正士，侍其左右。惟衰世之君，乃有女嬖在側。妾不敢恃愛以累聖明。其後趙飛燕姊妹妬寵争進，譖班婕妤怨望祝詛。帝考問，對曰：妾聞修正尚未獲福，爲邪欲以何望？使鬼神有知，不受不臣之愬。如其無知，愬之何益？帝然之。婕妤自知難容，乃求供事太后於長信宫。

母道

母不取其慈，而取其教。溺愛姑息，教所難也。繼母不責其教，而責其慈。忌嫌憎惡，慈所難也。慈母不傳，而慈繼母傳。爲繼母者，可以省矣。乳保列於八母，故亦附焉。

禮母，教子以禮，正家以禮者也。若孟母，禮不足以盡之，而事歸於禮，故以禮名。

孟母仉氏，舍近墓，孟子少嬉戲，爲墓間事。母曰：此非吾所居。乃去。舍市傍，孟子嬉戲，爲賈人衒賣事。母曰：此非吾所居。復徙。舍學宫之傍，孟子嬉戲，乃設俎豆，揖讓進退。母曰：可矣。遂居之。及孟子長，學六藝而歸。母方績，問學所至。孟子曰：自若也。母以刀斷其織，曰：子廢學，若吾斷斯織也。夫君子學以立名，問則廣知，奈何廢之？孟子懼，旦夕勤學。

正母，望子以正者也。無兒女子之情，惟道義是責。

王孫賈，年十五，事齊閔王。國亂，閔王見殺，國人不討賊。王孫母謂賈曰：汝朝出而不還，則吾倚門而望汝。暮出而不還，則吾倚閭而望汝。今汝事王，王出走，汝不知其處，尚何歸乎？賈乃入市中，令百姓曰：淖齒亂國殺王，欲與我誅之者右袒。市人從者四百人，刺淖齒而殺之。君子謂王孫母義而能教。《詩》云：教誨爾子，式穀似之。此之謂也。

陸續母，治家有法。續爲太守尹興門下掾，時楚王英謀反，事連續，詣洛陽詔獄。續母自吴達洛陽，無緣見續，但作食饋之。續對食悲泣不自勝，使者問故，續曰：母來不得相見耳。問何以知之，續曰：此食母所餉也。吾母切肉未嘗不方，斷葱以寸爲度，是以知之。使者以聞，特赦之。

范滂母，有賢行。漢靈帝建寧中，大誅黨人，詔捕滂。滂詣獄，其母就之訣。滂白母曰：仲博孝敬，足以供養。滂從龍舒君歸黄泉，存亡各得其所。惟大人割不忍之恩，勿增感戚。母曰：汝今與李杜齊名，死亦何恨？既有令名，復求壽考，可兼得乎？滂跪受教，再拜而辭。

劉安世除諫官，未拜命，入白母曰：朝廷不以兒不肖，使居言路。諫官須明目張膽，以身任國。脱有觸忤，禍譴立至。主上方以孝治天下，若以老母辭，當可免。母曰：不然，吾聞諫官爲天子諍臣，汝父平生欲爲之而弗得。汝幸居此地，當捐身以報國恩。使得罪流放，無問遠近，吾當從汝所之。安世受命，是以正色立朝，面折廷争，人目之爲殿上虎。

仁母，以慈祥教子者也。一念陰德，及於萬姓。

雋不疑爲京兆尹，行縣録囚還，其母輒問。有所平反，母喜笑，飯食言語異於他時。或無所出，母怒，爲之不食。由是不疑爲吏不殘。君子謂不疑母能以仁教。

嚴延年母，生五男。延年爲河南太守，所在名爲嚴能。冬月論囚，流血數里，河南號曰屠伯。其母常從東海來，欲就延年臘。到洛陽，適見報囚，母大驚，便止都亭，不肯入府。延年出至都亭謁，閉閤不見。延年免冠頓首閤下，母乃見之，因責數延年曰：幸備郡守，專治千里。不聞仁義教化，有以全安愚民，顧多刑殺以致威，豈爲民父母之意哉？延年服罪，頓首謝。將歸，謂延年曰：天道神明，人不可獨殺。我不自意，老當見壯子被刑戮也。行矣，去東海爲汝掃除墓地耳。遂去。後歲餘，延年棄市，東海莫不稱母賢智。

歐陽修母鄭氏，家素貧無資，親教公讀書，以荻畫地，教公書字。嘗謂曰：汝父嘗夜覽囚册，屢廢而嘆。吾問之，曰：死獄也，求其生不得耳。吾曰：生可求乎？曰：求其生而不得，則死者與我皆無恨也。矧求而有得耶，以其有得，則知不求而死者有餘恨矣。夫常求其生，猶失之死，而世常求其死，豈天道哉？修服之終身。

公母，責子而不責人者也。世皆私其女，而尤人無已，不公甚矣。今取其可法者。

張待制夫人魯氏，申國夫人之姊也，最鍾愛其女，然居常至微細事，教之必有法度。如飲食之類，飯羹許更益，魚肉不更進也。及幼女嫁吕榮公，一日夫人來視女，見舍後有鍋釜之類，大不樂，謂申國夫人曰：豈可使小兒輩私作飲食，壞家法耶？其嚴如此。

廉母，以貪戒子者也。婦人廉，世所希，故録之。

陶侃母湛氏，生侃而貧，每紡績資給之，使結勝己者。賓至，輒欵延不厭。一日大雪，鄱陽孝廉范逵宿焉，母乃徹所卧新薦，自剉給其馬。又密截髮，賣以供殽饌。逵聞之，嘆曰：非此母不生此子。侃後爲潯陽縣吏，監魚梁，以一缶鮓遺母。母封還，以書責侃曰：爾爲吏不廉，是吾憂也。

唐崔元暐，母盧氏，嘗戒元暐曰：吾聞姨兄辛元馭云，兒子從宦者，有人來云，貧乏不自存，此是好消息。若貲貨充足，裘馬輕肥，此是惡消息。吾嘗以爲確論，比見親表中仕宦者，務多財以奉親，而其親不究所從來，但以爲喜。若出乎禄廩可矣。不然，何異盗乎？縱無大咎，獨不内媿於心？汝今爲吏，不務潔清，無以戴天履地，宜識吾意。故元暐所至，以清白名。

嚴母，威克厥愛者也，有父道焉。

吴賀母謝氏，每賀與賓客語，輒於屏間竊聽之。一日賀言人長短，謝聞之，怒，笞賀一百。或曰：臧否，士之常，而笞之若是。謝曰：愛其女者，當求三復白圭之士妻之。今獨産一子，使知義命。而出語忘親，豈可久之道哉？因泣不食。賀恐懼，自是謹默。

陳堯咨母馮氏，有賢德。堯咨善射，爲荆南太守。秩滿，歸謁其母。母曰：爾典名藩，有何異政？對曰：州當孔道，過客以兒善射，莫不嘆服。母曰：忠孝以輔國，爾父之訓也。爾不行仁政，以善化民，顧專卒伍一夫之技，豈父之訓哉？因擊以杖，金魚墜地。

伊川先生曰：吾母侯夫人，仁恕寬厚，撫養諸庶，不異己出。從叔幼孤，夫人存視常均己子。治家有法，不嚴而整。不喜笞朴下人，視小奴婢如兒女。諸子或加呵責，必戒之曰：貴賤雖殊，人則一也。汝如是大時，能爲此事否？先公凡有所怒，必爲之寬解。惟諸兒有過，則不掩也。嘗曰：子之不肖，由母蔽其過，而父不知耳。夫人男子六人，所存惟二，亦不姑息。纔數歲，行或跌，家人走前扶抱，夫人呵責曰：汝若安徐，寧至跌乎？每食，嘗置之坐側，食絮羹，即叱之曰：幼求稱欲，長當何如？雖童僕有過，不令以惡言罵之。故頤兄弟平生，於飲食衣服無所擇，不惡罵，教使然也。與人争忿，雖直，必責之曰：患汝不能屈，不患不能伸耳。及稍長，使從善師友。雖居貧，子欲延客，則喜而爲之。

宋吕榮公母，申國夫人，性嚴有法，雖甚愛公，然教公，事事循蹈規矩。甫十歲，祁寒暑雨，侍立終日，不命之坐，不敢坐也。日必冠帶，以見長者，平居雖甚熱，在父母長者之側，不得去巾襪，衣服惟謹。行步出入，無得入茶肆酒肆。市井里巷之語，鄭衛之音，未嘗一經於耳。不正之書，非禮之色，未嘗一接於目。故公德器成就，大異於人。

智母，達於利害之故者也。

孫叔敖爲兒時，出游，見兩頭蛇，殺而埋之。歸見其母而泣，母問故，對曰：吾聞見兩頭蛇者死，今者出游見之。其母曰：蛇安在。對曰：吾恐他人復見，殺而埋之。其母曰：汝不死矣。夫有陰德者，必有陽報。德弭衆妖，仁除百禍。《書》不云乎，皇天無親，惟德是輔。爾默矣，必興於楚。及叔敖長，爲令尹。君子謂叔敖之母知天道。

慈繼母，恩及前子者也。

齊義繼母，齊二子之母也。當宣王時，有人鬬死於道，二子立其傍，吏坐焉。兄曰：我殺之。弟曰：我殺之。期年不决，言之王。王曰：皆赦之，是縱有罪。皆罪之，是誅無辜。使相問其母，母泣而對曰：殺其少者。相曰：何謂也？母曰：少者，妾子也；長者，前妻之子也。其父疾且死，屬妾曰：善視之。妾既諾矣，豈可以忘？且殺兄活弟，是廢公也，背言忘信，是欺死也。因泣下沾襟。相告王，皆赦之，尊其母曰義母。

珠崖令死，後妻生子九歲，前妻之女十三歲，相攜扶櫬以歸。法，攜珠入關者死。繼母有珠繫臂，棄之，其子拾而置之母奩，皆不知也。至海關，關吏索之，得珠，曰：嘻，死矣。誰當坐者？初恐母服罪，對曰：父亡之日，母棄繫臂，初心惜之，取而置諸鏡奩，母不知也。繼母亦以初爲實然，憐之，因謂吏曰：願且待，幸勿劾兒，兒誠不知也。夫不幸，妾解繫臂，忘而置諸奩中，妾當坐。初固曰：母哀初孤，而强活之，初當坐，母不與也。相與涕泣哽咽。送葬者盡哭，路人莫不下淚。關吏執筆垂泣，不能就一字，乃曰：吾寧坐之，不忍刑慈母孝女也。俱遺之，後乃知其男也。

李穆姜，南鄭人，安衆令程文鉅之妻也，有二子，而前妻四子，以穆姜非所自出，謗毀日積。穆姜衣食撫字，皆倍所生。或謂母，四子甚矣，何以慈爲？對曰：四子無母，吾子有母。設吾子不孝，寧忍棄乎？長子興，疾困篤，母親調藥膳，憂勞憔悴。興愈，呼三弟謂曰：繼母慈仁，出自天性。吾兄弟禽獸其心，慚負深矣。遂將三弟詣縣，陳母之德，狀已之罪，乞就刑。縣言之郡，郡守表異其母，四子許令自新，皆爲孝子。

陳氏，建陽人，余楚繼妻也。生子翼，三歲，而楚死，陳氏盡以其産與前妻二子。翼年十五，使游學四方。翼在外十五年，成進士以歸，迎母入官。後二子貧困，又收養而存恤之。

慈乳母，乳母所保他人子也。祇以受人之托，遂盡親之情。或身與俱死，或以子代死。爲人保子，義當如是。

秦攻魏，破之，殺魏主瑕，誅諸公子，而一公子不得，令魏國曰：得公子者，賜金千鎰。匿之者，夷三族。乳母與公子俱逃，魏故臣見乳母而識之，曰：公子安在？母曰：不知，雖知之，不可以言。故臣曰：國破族滅，子尚誰爲乎？且千金，重利也；夷族，極刑也，汝其圖之。母曰：見利而反上者，逆也；畏死而棄義者，亂也。今持逆亂而求利，吾不爲。且爲人養子者，務生之，非爲殺之也。豈可利賞畏誅，廢正義而行逆節哉？遂逃公子於澤中。故臣以告，秦軍爭射之。乳母以身蔽公子，遂同死焉。秦王聞之，以卿禮葬乳母，祠之太牢。寵其兄爲五大夫，賜金百鎰。

義保者，魯孝公之保母也，姓臧氏，與其子俱入宫，養孝公。魯人作亂，求孝公，將殺之，義保乃令其子衣公之衣，卧公之處，魯人殺之。義保遂抱公子以出，遇公舅魯大夫於外，遂託以公而逃。魯人高之。《論語》曰：可以託六尺之孤。義保之謂也。

姊妹之道

姊妹，女兄弟也，氣分一體，情自相關。先王以婦人内家也，每割恩焉。然親愛出於天性，則休戚豈同路人。取其篤情重義者，不敢盡以中道律之也。

齊攻魯，至郊，望見一婦人，抱一兒，攜一兒。軍且及矣，棄其所抱，抱其所攜而走。兒隨而啼，婦人不顧。齊將問兒：走者誰？曰：吾母也。齊將追而問，婦對曰：所抱者兄子，所棄者妾之子也。軍至，力不能兩存，寧棄妾子耳。齊將曰：兄子與己子孰親？婦人曰：己之子，私也；兄之子，公也。子雖痛乎，獨謂義何？於是齊將按兵而止，使言於君曰：魯未可伐也。山澤婦人猶知行義，而况士大夫乎？遂還。魯君聞之，賜婦人束帛百端，號曰義姑姊。君子曰：義其大哉，雖在匹婦，國猶賴之。

李文姬者，趙伯英妻，漢太尉固之女也。固爲梁冀所殺，二子俱死獄中。少子燮爲文姬所匿，密托固門生王成曰：李氏一脈，惟此兒在。君執義先公，有古人之節。今以六尺奉託，生死惟足下。成遂引燮浮江，入徐州界，變姓名爲酒家傭。酒家異之，以女妻燮。後遇赦得還。

姒娣之道

姒娣，今所謂妯娌也。異姓而處人骨肉之間，搆釁起争，化同爲異，兄弟之斧斤也。録古今賢妯娌。

昌化章氏，兄弟二人，皆未有子。兄先抱族人子育之，未幾，其妻生子翊。弟曰：兄既有子，安用所抱之兒爲？幸以與我。兄告其妻，妻曰：無子而抱之，有子而棄之，人謂我何？弟固請，嫂曰：無已，寧與我所生者。弟不敢當，嫂竟與之。後二子皆成立，長曰栩，季曰翊。栩之子樵標，翊之子鑄鑑，皆相繼登第，遂爲名族。

蕪少娣，姓崔氏，蕪兄弟五人，娶婦者四矣，各聽女奴語，日有争言，甚者鬩墻操刃。少娣始嫁，姻族皆以爲憂。少娣曰：木石鳥獸，吾無如彼何矣，世豈有不可與之人哉？入門事四嫂，執禮甚恭。嫂有缺乏，少娣曰：吾有。即以遺之。姑有役其嫂者，嫂相視不應命，少娣曰：吾後進，當勞，吾爲之。母家有果肉之餽，召諸子姪，分與之。嫂不食，未嘗先食。嫂各以怨言告少娣者，少娣笑而不答。少娣女奴以妯娌之言來告者，少娣笞之，尋以告嫂引罪。嘗以錦衣抱其嫂小兒，適便溺，嫂急接之，少娣曰：無遽，恐驚兒也。了無惜意。歲餘，四嫂自相謂曰：五嬸大賢，我等非人矣。奈何若大年，爲彼所笑。乃相與和睦，終身無怨語。

何氏，永嘉王木叔妻也。初歸王氏，家甚貧，何氏佐以勤儉，家用遂饒。一日語夫曰：子可出仕，奈弟妹貧寒何？橐中餘資，請以分之。夫喜曰：是吾志也。且日盡散，簪珥不遺。木叔既仕，又曰：弟妹尚困，有田如許，何不畀之？夫喜曰：此尤吾志也。遂以田與弟妹。一郡稱爲賢婦。

姑嫂之道

舅姑之女，兄弟之妻，分莫親，情莫厚者也。然二人者，每不相得，則女過爲多焉。父母無終身之依，姊妹非緩急之賴，繼父母而親我者誰也？獨奈何恃目前城社，傷後日松蘿哉？夫君子言古道，不計世情，余云云，爲兒女子説也。

歐陽氏，宋人，適廖忠臣。踰年而舅姑死於疫，遺一女閏娘，纔數月。歐陽適生女，同乳哺之。又數月，乳不能給，乃以其女分鄰婦乳，而自乳閏娘。二女長成，歐陽於閏娘每倍厚焉。女以爲言，歐陽曰：汝，我女；小姑，祖母之女也。且汝有母，小姑無母，何可相同？因泣下。

女媿悟，諸凡讓姑，而自取餘。忠臣後判清河，二女及笄，富貴家多求姪氏。歐陽曰：小姑未字，吾女何敢先？且聘吾女者，非以吾愛吾女乎？其問諸隣人，卒以富貴家先閏娘。簪珥、衣服、器用，罄其始嫁妝奩之美者送之。送女之具不及也。終其身如是。閏娘每謂人曰：吾嫂，吾母也。歐陽歿，閏娘哭之，至嘔血，病歲餘。聞其哭者，莫不下涙。

陳安節之妻王氏，始嫁歲餘，而夫卒，遺孤甫月，家貧，王氏躬操勤苦如男子，修行最謹，教子孫有法，家漸以饒。鄉人敬之，呼曰堂前。初堂前之歸陳氏也，舅姑歿，時夫之妹尚幼，堂前教育撫字如女。及笄，厚嫁之。舅姑歿，妹求分財，堂前盡出室中所有與之，無吝色。妹得財，盡爲夫淫蕩所罄，貧不能自存。堂前爲又置田宅，撫諸甥如己出，終無怨語。

鄒媖，宋人，繼母之女也，前母兒娶妻荆氏，繼母惡之，飲食常不給，媖私以己食繼之。母苦役荆，媖必與俱。荆有過誤，媖不令荆知，先引爲己罪。母每扑荆，則跪而泣曰：女他日不爲人婦耶？有姑如是，吾母樂乎？奈何令嫂氏父母日蹙憂女之眉耶？母怒，欲笞媖，媖曰：願爲嫂受笞。嫂實無罪，母徐察之。後適爲士人妻，舅姑妯娌姊妹知其賢也，皆敬重焉。媖歸寧，抱數月兒，嫂置諸牀上，兒偶墜火爛額，母大怒。媖曰：吾卧於嫂室，不慎，嫂不知也。兒竟死，荆悲悔不食，媖不哭，爲好語相慰曰：嫂作意耶？我夜夢凶，兒當死，不則我將不利。强嫂食而後食。母後見女之得愛於夫家也，竟成慈母。媖嘗病，嫂爲素食三年。媖五子，四登進士。年九十三而卒。

嫡妾之道

有家之凶，嫡妾居其九。堯於舜既歷試諸艱矣，猶以二女難之。彼二女者，何煩舜難哉？况夫非舜，嫡妾非同胞之親，無英皇之賢，而欲其志同行也，不亦難乎。是故夫道嚴正，嫡道寬慈，妾道柔順。三善合，而太和在閨門之内矣。

女宗者，宋鮑蘇之妻也。鮑蘇仕衛三年，而娶外妻。女宗養姑甚謹，因往來人，問候其夫，賂遺外妻甚厚。其嫂曰：夫人既有所好，子何留乎？女宗曰：婦人一醮不改，供衣服以事夫子，精酒食以事舅姑。以事一爲貞，以善從爲順。豈以專夫之室爲善哉？忌夫所愛，是謂貪淫，婦德之恥也。夫禮，天子十二，諸侯九，卿大夫三，士二。今吾夫，誠士也，有二，不亦宜乎？且婦人七去，妬正居一。嫂不教吾以居室之善，而欲使吾爲可棄之行耶？不聽。宋公聞之，表其閭曰女宗。

花雲妻郜氏，妾孫氏，俱懷遠人。雲守太平，與陳友諒戰，爲所縛不屈而死。郜生子煒，方三歲。郜聞城將陷，以牲酒祭家廟，會家人，泣曰：城破，花將軍必死，吾豈能獨生哉？幸有嬰兒，不可使花氏無後，若等善視之。遂赴水死。孫瘞郜屍，遂抱兒以行。脱簪珥，覓漁舟渡江。遇亂軍奪舟，棄孫於水。孫抱兒，遇斷木浮至，附之，入葦洲，採蓮實哺兒，七日不死。夜半聞人語聲，呼之，逢一翁，自稱雷老，引達帝所。孫抱兒拜且哭，帝亦哭，置兒於膝曰：此將種也。雷老忽不見。煒後拜水軍左衛指揮使，偕孫至太平，奉郜骸骨，爲雲刻像，合葬上元縣。

（明）吕得勝《女小兒語・四言》

少年婦女，最要勤謹。比人先起，比人後寢。
争着做活，讓着喫飯。身懶口饞，惹人下賤。
米麵油鹽，盌楪匙箸。一切家火，放在是處。
件件要能，事事要會。人巧我拙，見他也媿。
口要常漱，手要常洗。避人之物，藏在背裏。
脚手頭臉，女人四强。身子不顧，人笑爺孃。
衣服整齊，茶飯潔凈。污濁邋遢，諸人厭憎。
一斗珍珠，不如升米。織金粧花，再難拆洗。
刺鳳描鸞，要他何用？使的眼花，坐成癆病。
婦女粧束，清修雅淡。只在賢德，不在打扮。
不良之婦，穿金戴銀。不如賢女，荆釵布裙。
剩飯殘茶，都要愛惜。看那窮漢，糠土也喫。
一米一絲，貧人汗血。舍是陰騭，費是作孽。
笑休高聲，説要低語。下氣小心，纔是婦女。
偷眼瞧人，偷聲低唱。又惹是非，又不貴相。
古分内外，禮別男女。不避嫌疑，招人言語。
孝順公婆，比如爺孃。隨他寬窄，不要怨傷。
尊長叫人，接聲就叫。若叫不應，自家先到。

長者當讓，尊者當敬。任他難爲，只休使性。
事無大小，休自主張。公婆稟問，夫主商量。
夫是你天，不可欺心。天若塌了，那裏安身。
也休要强，也休撒暴。懼内凌夫，世人兩笑。
夫不成人，勸救須早。萬語千言，要他學好。
相敬如賓，相成如友。媟狎謔戲，夫婦之醜。
久不生長，勸夫取妾。妾若生子，你也不絕。
家中有妾，快休嚷鬧。隣家聽的，只把你笑。
越爭越生，越嚷越惱。不如賢惠，都見你好。
夫若不平，妾若不順。你做好人，自有公論。
大伯小叔，小姑妯娌。你不讓他，那箇讓你。
駡儘他駡，説儘他説。我不還他，他也臉熱。
百年相處，終日相見。千忍萬忍，休失體面。
既是一家，休要兩心。外合裏差，壞了自身。
母家夫前，休學語言。講不清白，落箇不賢。
讓的小人，纔是君子。一般見識，有甚彼此。
休要搬舌，休要翻嘴。招對出來，又羞又悔。
邪書休看，邪話休聽。邪人休見，邪地休行。
寧好明求，休要暗起。一遍發覺，百遍是你。
也休心粗，也怕手慢。不癢不疼，忙時没幹。
看養嬰兒，切戒飽煖。些須過失，就要束管。
水火剪刀，高下跌磕。生冷果肉，小兒毒藥。
隣里親戚，都要和氣。情性温熱，財物周濟。
也要仔細，也要寬大。作事刻薄，須防禍害。
只誇人長，休説人短。人向你説，只聽休管。
手下之人，勞苦飢寒。知他念他，凡事從寬。
三婆二婦，休教入門。倡揚是非，惑亂人心。
房中説話，常要小心。傍人聽去，惹笑生嗔。
門户常關，箱櫃常鎖。日日緊要，防盗防火。
多積陰隲，少積錢財。兒孫若好，錢去還來。
安分知足，休生暴怨。天不周全，地有缺欠。
任從受氣，留着本身。自家尋死，好了别人。
三從四德，婦人常守。犯了五出，不出也醜。
婦人好處，温柔方正。勤儉孝慈，老成莊重。
婦人歪處，輕淺風流。性兇心狠，又懶又丟。
賢妻孝婦，萬古傳名。不賢不孝，枉活一生。

（清）陳宏謀《女訓約言》 謹按婦德所尚，與其所以當戒，已散見於集中矣。兹編載女德二十四條，女戒八十條，則又舉婦女所切要及易犯者，而薈萃其義，撮總其詞。雖不識字義之婦女，有能舉此諸條，代爲講説，亦可了然於心口之間。而知所法戒矣，此予所以編女教而終之以此也。

女德

性格柔順，舉止安詳。持身端正，梳粧典雅。
低聲下氣，謹言寡笑。整潔祭祀，孝順公姑。
敬事夫主，和睦妯娌。禮貌親戚，寬容婢妾。
教道子女，體恤下人。潔治賓筵，謹飭門户。
早起晚眠，少使儉用。學製衣服，學做飲食。
打掃宅舍，收拾家伙。蠶桑紡織，孳生畜牲。

有此女德，雖貧賤之家，人看得自然貴重。雖没好衣服首飾，有好聲名，自然華美。又攜的本家父母與闔族親眷，都有光彩。似這等，也不枉生女一場。

女戒

莫舉止輕狂，莫妖喬打扮。莫高聲大笑，莫耳軟舌長。
莫搬弄是非，莫離間骨肉。莫煩言絮聒，莫巧言狐媚。
莫耳邊萋哳，莫背後唧噥。莫憑空説謊，莫喜佞悦讒。
莫逼墻竊聽，莫偷眼邪視。莫眼空意大，莫口甜心苦。
莫嫉人勝己，莫夸己笑人。莫做效男粧，莫做行男禮。
莫賣弄顔色，莫炫耀服飾。莫毒手打人，莫惡口駡人。
莫無病稱病，莫無憂而憂。莫蓬頭垢面，莫赤胸袒膊。
莫顯見褻服，莫露出枕蓆。莫男婦同席，莫男女授受。

莫買命算卦，莫聽唱説書。莫隨會講經，莫修寺建塔。莫打醮掛旛，莫廟宇燒香。莫招神下鬼，莫魘鎮害人。莫看春看燈，莫學彈學唱。莫狎近尼姑，莫招延妓女。莫結拜義親，莫來往三婆。莫輕見外人，莫輕赴酒席。莫內言傳外，莫外言傳內。莫倚門看街，莫酒醉失儀。莫忤逆不孝，莫攬家不賢。莫唆挑夫主，莫欺瞞夫主。莫侮慢夫主，莫鈐束夫主。莫溺愛兒女，莫偏向兒女。莫口談夫過，莫埋怨家貧。莫妯娌不和，莫伯叔爭勝。莫嫉妬婢妾，莫凌虐僕從。莫怠慢窮親，莫結怨鄰家。莫心貪口饞，莫濫費折福。莫隨有隨盡，莫隨做隨毀。莫輕剪羅緞，莫多宰雞鵝。莫懶惰邋遢，莫抛撒物件。莫干預外事，莫私放錢債。莫盜轉財物，莫陰厚母家。

以上皆虧損女德之事，雖其中小小出入者，皆世俗常態，然不可不謹也。其餘則蕩禮踰閑矣。失婦德而蕩禮踰閑，縱生長富貴家，衣服首飾從頭到尾，都是金珠，都是綾錦，也不免被人嗤笑，玷辱父母。噫，父母生養我一場，我不能與他爭些志氣，增些光彩，反因我玷辱，被入嗤笑，我心何安，仔細思想。

《資政院議場會議速記録·資政院第一次常年會議第三十九號議場速記録》 正所以尊重女權，視如平等的意思，更本於民法上之自由結婚，以此爲前提，則必女子平素多不與人交通，閲歷既不嫻熟，教育又未普及，其所以尊重女權者，轉不足以保護女權。

綜述

《唐律疏議》卷一四《户婚·夫喪守志而强嫁》 諸夫喪服除而欲守志，非女之祖父母、父母而强嫁之者，徒一年；期親嫁者，減二等。各離之。女追歸前家，娶者不坐。

疏議曰：婦人夫喪服除，誓心守志，唯祖父母、父母得奪而嫁之。非女之祖父母、父母，謂大功以下，而輒强嫁之者，合徒一年。期親嫁者，謂伯叔父母、姑、兄弟、姊妹及姪，而强嫁之者，減二等，杖九十。各離之。女追歸前家，娶者不坐。

（宋）佚名《宋大詔令集》卷一九八《政事·禁約·禁約戎人私市女口詔太平興國八年**》** 近屬戎人歲貢馬，所過州縣，多私市女口出邊關。自今謹捕之，敢以女口私市與戎人者，棄市，知而不以聞者，論如法。

（宋）陳襄《州縣提綱》卷一《嚴内外之禁》 閨門内外之禁，不可不嚴。若容侍妾令妓輩教以歌舞，縱百姓婦女出入貿易機織，日往月來，或啓子弟姦淫，或致交通關節，蓋外人覩其出入深熟。囑之以事，彼有所受，訟至有事干閨門，尤難施行。要在責閽人禁止，仍常加察，不然，恐有意外之事。

《通制條格》卷三《户令·收嫂》 元貞二年三月，中書省。御史臺呈：李阿周長男李繼先身死，次男僧人李福證留髮還俗，欲收嫂張保奴。本婦不願，改嫁趙明之爲妻。都省議得，李福證既是出家僧人，擬准已婚，令張保奴與趙明之爲妻。

《通制條格》卷三《户令·夫亡守志》 至元十三年三月，中書省。户部呈：蒲臺縣人户韓大妻阿臧，夫亡，願不改嫁，亦不與小叔續親。本部議得，今後似此守志婦人，應繼人不得搔擾，聽從所守。如却行召嫁，即各斷罪，仍令收繼。都省准呈。

《通制條格》卷四《户令·軀婦為娼》 至元十三年十月，中書省。議得，今後贖買、典雇良人爲娼，賣主、買主、引領牙保人等依例斷罪。元買價錢，一半没官，一半與告人充賞。如本人自行陳告，或因事發露到官，元價盡行沒官，婦人即令爲良，任便住坐。若有犯奸經斷，夫家棄出，及倡優親屬自願爲娼者，聽。

《元典章》卷一八《户部·婚姻·官民婚·命婦夫死不許嫁》 至大四年八月，江西行省准中書省咨：

禮部呈： 奉省判：上都留守王（忠）〔中〕議呈：切聞男有重婚之道，女無再醮之文，生則同室，死則同穴，古今之通義也。夫亡守節之婦，有司爲之旌表門閭朝廷每降德音，其於義夫節婦未嘗不爲之褒諭，所以重風化之原也。近年以來，婦人夫亡守節者甚少，改嫁者歷歷有之，乃至齊衰之淚未乾，花燭之筵復盛，傷風敗俗，莫此爲甚。見今尚書省奏准封贈流官父母妻室，頒行天下，婦人因（得）夫、子得封郡縣之號，即與庶民妻室不同。既受朝命之後，若夫、子不幸亡殁，不許本婦再醮，立爲定式。如不遵式，即將所受宣敕追奪，斷罪離異。儻准所言，不惟少副聖朝舉行封贈之美意，亦厚風俗，重人倫之一端也。具呈照詳。送禮部照擬呈省。奉此。本部參詳，如准王中議所言相應。具呈照詳。都省准呈，咨請照驗施行。

《元典章》卷五三《刑部·訴訟·代訴·不許婦人訴》 皇慶二年十二月初九日，承奉江浙行省劄付： 准中書省咨：

刑部呈： 彰德路申： 備本路府判田奉訓牒： 訴訟老幼婦人，當廳口告，或具文狀，嘗以理（理）法言語喻之，未暇罪責，冀歸自省，追改前過。近已憲司委斷安陽等處人户告争田土、房舍、財産、婚姻、債負積年未絶等事，照得元告、被論人等，於内有一等不畏公法、素無慚耻婦人，自嗜鬭争，妄生詞訟，椿飾捏合，往往代替兒夫、子姪、叔伯、兄弟，赴官争理。及有一等對證明白、自知無理倚賴婦人，又行抗拒，起生僥倖，不肯供説實詞，甚者别生事端。在後體知，復有一等年幼寡婦，意逞姿色，故延其事，日逐隨衙，樂與人衆雜言戲謔，勾引出入茶肆酒家，宿食寄止僧房道院，中間非理，無所不爲，習以爲常，官不爲禁，甚矣婦道，有傷風化。合無今後不許婦人告事？若或全家果無男子，事有私下不能杜絶，必須赴官陳告，許令宗族親人代訴。所告是實，依理歸結；如虚不實，止罪婦人，不及代訴。乞照詳明降。得此。本部議得：婦人之義，惟主中饋。代夫出訟，有違禮法。此等僥倖，在在如是，不加禁約，敗俗彌深。以此參詳：凡婦人代替男子經官告辨詞訟，合准所言，通行禁止。若果寡居無依，及雖有子男，别因他故妨礙，事須論訴者，不拘此例。如蒙准呈，遍行照會相應。都省准擬，依上施行。

（元）鄭文融《鄭氏規範》 一、女子議親，須謀於衆，其或父母於幼年妄自許人者，公堂不與妝匳。

一、女適人者，若有外甥彌月之禮，惟首生者與之，餘竝不許，但令人以食味慰問之。【略】

一、女子年及笄者，母爲選賓行禮，製辭字之。【略】

一、莊婦類多無識之人，最能翻鬭是非。若非高明，鮮有不遭其聾瞽，切不可縱其來往。歲時展賀，亦不可令入房闥。

一、諸婦必須安祥恭敬。奉舅姑以孝，事丈夫以禮，待娣姒以和。無故不出中門，夜行以燭，無燭則止。如其淫狎，即宜屏放。若有妒忌長舌者，姑誨之；誨之不悛，則責之；責之不悛，則出之。

一、諸婦諜言無耻及干與閫外事者，當罰拜以媿之。

一、諸婦初來何，可便責以吾家之禮？限半年，皆要通曉家規大意，或有不教者，罰其夫。

一、初來之婦，一月之外，許用便服。

一、諸婦服飾，毋事華靡，但務雅潔，違則罰之。更不許其飲酒，年過五十者不拘。

一、諸婦之家，貧富不同，所用器物或有或無，家長量度給之，庶使均而無怨。

一、諸婦主饋十日一輪，年至六十者免之。新娶之婦，與假三月，三月之外，即當主饋。主饋之時，外則告於祠堂，内則會茶以聞於衆。託故不至者，罰其夫。膳堂所有鎖鑰及器皿之類，主饋者次第交之。

一、諸婦工作，當聚一處，機杼紡績，各盡所長，非但别其勤惰，且革其私心。【略】

一、諸婦每歲所治絲緜之類，羞服長同主母稱量，付諸婦，共成段疋。羞服長復著其銖兩於簿，主母則催督而成之。諸婦能自織造者，羞服長先用什一之法賞之，然後給散於衆。

一、諸婦每歲公堂於九月俵散木緜，使成布疋，限以次年八月交收，通賣錢物，以給一歲衣資之用，公堂不許侵使。或有故意製造不佳及不登數者，則準給本房。甚者住其衣資不給，病者不拘。有能依期而登數者，照什一之法賞之，其事竝係羞服長主之。

一、諸婦育子，苟無大故，必親乳之，不可置乳母，以飢人之子。

一、諸婦育子，不得接受鄰俗雞子、彘肩之類，舊管日周給之。

一、諸婦之於母家，二親存日，禮得歸甯，無者不許。其有慶弔勢不可已者，但令人往。

一、諸婦親姻頗多，除本房至親與相見外，餘竝不許。可相見者，亦須子弟引導，方入中門，見燈不許。違者會衆罰其夫。

一、婦人親族有爲僧道者，不許往來。

一、朔望後一日，令諸生聚揖之時，直說古《列女傳》，使諸婦聽之。

一、世人生女，往往多致溺沒。縱曰女子難嫁，荆釵布裙有何不可？諸婦違者議罰。

一、女子年及八歲者，不許隨母到外家，餘雖至親之家，亦不許往。違者重罰其母。

一、少母但可受自己子婦跪拜，其餘子弟不過長揖。諸婦竝同。有違者，監視議罰。死後忌日亦同。

《大明令・刑令・婦人不許出官》 凡婦人，除犯惡逆、奸、盜。殺人入禁，其餘雜犯，責付有服宗親收領聽候。一應婚姻、田土、家財等事，不許出官告狀，必須代告。若夫亡無子，方許出官理對。或身受損害，無人爲代告、許令告訴。

《大明令・户令・節婦免差》 凡民間寡婦，三十以前夫亡守志者，五十以後不改節者，旌表門閭，除免本家差役。

《御製大誥・軍人妄給妻室》 山西洪洞縣姚小五妻史靈芝，係有夫婦人，已生男女三人，被軍人唐閏山於兵部朦朧告取妻室。兵部給與堪合，著落洪洞縣將唐閏山家屬起赴鎮江完聚。方起之時，本夫告縣，不係軍人唐閏山妻室。本縣明知非理，不行與民辨明，擒拏奸詐之徒，推稱内府堪合不敢擅違。及至一切内府勘合，應速行而故違者，不下數十餘道。其史靈芝，係人倫綱常之道，乃有司之首務，故違不理，所以有司盡行處斬。

（明）張寧《方洲集》卷二《榜・汀洲府行六縣榜》 一、今後詞訟牽告良家婦女，無分人户大小，若非事情真實緊關干對者，毋得輒行拘留到官，有傷廉恥。其見監囚犯輕重自有公法，毋得縱令吏禁非時捶楚拷掠，逼要燈油燒紙等項財物，刻減衣糧，容隱外人出入，透漏問結，該納紙張，各照官數收納，不許多批。另折通同鋪行，明交暗取，及將俸鈔出外挾勢低價和買，肥己損人。其監房門牕牆壁損壞，上漏下濕，蛇鼠穢污，俱要時加修整祛除，毋致誤傷枉死。

《重修問刑條例》 一、婦人夫亡願守志，別無主婚之人，若有用强求娶，逼受聘財，因而致死者，依律問罪，追給埋葬銀兩，發邊衛充軍。

（明）蘇茂相《新鐫官板律例臨民寶鏡》卷六《婚姻類審語・逼嫁》 談氏志在守制，而其姑丘氏、其叔談文共貪淫老曾武財禮銀兩，逼令改嫁爲妾，情甚殘忍。可惡曾武探知談氏之青年色相，染黛鬢髮掩其皤老之態，用媒王氏挑引於内，呂一、施二說合於外，强奪成婚。談氏堅執不從，則亦已矣，而舉詞告逼，事屬無恥。及訪呂一等到，與曾武乃賭博之交，王氏乃潑賤之婦，不顧風化，戲弄婚姻，均應依律治罪。

（清）陳枚《憑山閣增輯留青新集》卷二三《申詳・禁溺女典婦詳文　嵇永福》 天地以好生爲德，婦道宜從一而終。嚴有溺女之俗，無論貧富皆然，夫虎毒且不食子，况于人乎？矧此呱呱而泣者，甫肇生機旋罹死網。是可忍也，孰不可忍。至於貧兒乏食，則出典其婦，婦若生子，子屬彼而婦仍歸，此葢以婦爲本，以子爲利也。甚至甲典之乙，乙復典之丙，一婦而輾轉數人，以夫家爲傳舍，及其碎璧歸趙，亦恬然不以爲恥。職目擊情真，痛心疾首，請憲通行六屬勒石嚴禁，如敢故犯，許里鄰首發，治以重罪。一以植天地之和，一以正人道之始。□憲臺主持風教，故因條議而并及之。

（清）沈家本《刑部現行則例》卷下《捕亡》 一、婦女有犯姦盜、人命等重情，及别案牽身，係正犯相應仍行提審理，其餘小事牽連婦女者，提伊子侄兄弟替審。

《大清律例》卷二九《刑律・駡詈・妻妾駡故夫父母》 凡妻妾，夫亡改嫁，其義未絶。駡故夫之祖父母、父母者，并與駡舅姑罪同。按：妻若夫在被出，與夫義絶，及姑婦俱改嫁者，不用此律。又，子孫之婦，守志在室，而駡已改嫁之親姑者，與罵夫期親尊屬同。若嫡、繼、慈、養母已嫁，不在罵姑之例。

若奴婢轉賣與人，其義已絶。罵舊家長者，以凡人論。其贖身奴婢，罵舊家長者，仍依罵家長本律論。

《大清律附・充軍・邊衛・户例》 將妻妾作姊妹，及將拐帶不明婦女，或將親女並居喪姊妹嫁賣與人，騙財之後，設詞託故，公然領去，或瞰起程，中途聚衆行兇，邀搶人財，除真犯死罪外，屬衛者。

《大清律續纂條例》卷四《刑律條例・婦人犯罪》 一、婦女除實犯死罪例應收禁者，另設女監羈禁外，其非實犯死罪者，承審官拘提録供即交親屬保領聽候發落，不得一概羈禁。

一、凡擬徒收贖婦女，除係案内緊要證犯，仍行轉解質審外，其經該州、縣審訊明確毋庸解審者，即交親屬收管，聽候發落。

（清）魏際瑞《四此堂稿》卷一《禁婦女入廟寺》 爲嚴禁婦女入廟燒香以革洿俗事。照得禮義廉耻人皆有之，男女之防尤宜嚴肅。本院久聞汝浙風俗，婦女競以燒香爲名，寺觀菴堂無所不到，僧俗混雜，良賤同羣，乃父乃夫恬不爲怪，以致悍兵惡棍僧尼奸狡之徒，啓亂導淫，盗拐争殺之端皆由此出。本院既深痛恨，更切哀矜，念爲習俗所移，原非本心盡喪，合行禁諭，爲此示仰士民人等知悉，各宜急洗澆風，振勵廉耻，敢有婦女仍前出入僧寺尼菴道院者，定將本夫重責枷示。其僧尼寺院人等不行攔阻，一併枷責。至於士爲四民之倡，尤當守法循禮，倘更縱容，定行黜革。仍仰各有司官飭令該處地方，如有違禁，立行稟明，法在必行，慎毋視爲故套，自貽罪辱也。

（清）雅爾圖《雅公心政録》卷四《檄示・為通飭修省政治以邀天和以祈瑞雪事》 一、查禁溺女。男女生育，即天地生生之德。有生女而即爲溺死者，上干煦嫗化育之仁，下傷骨肉性天之愛。應出示曉諭，諄切勸誡。如果貧難不能撫養，務令送入育嬰堂收養。如無有育嬰堂，地方官亦應設法建立。其現有育嬰堂者，地方官亦應實力舉行。查河南人多有富户溺女者，察出應痛加懲究，或從重議罰，捐入育嬰堂中。

一、查禁措贖兒女。凡民間偶因歉歲，將女兒、孩子、養媳當入富户，以救目前饑餒，寫定年限。大約身價輕則年限少，身價重則年限多也。但適遇豐年可以措贖之時，因格于年限不敢向贖，即或央中代懇主人，又措不放贖，以致遷延日久，兒女長成，怨女曠夫終身禁錮。州縣當出示曉諭，如有遇荒暫當之人，遇豐向贖者，勸令該主諒情放贖，不得拘定年限措留。更有一等惡薄之家，窺女色艾，肆行無忌，始終措贖者。又有一種租債盤折，勒寫伊兒女身紙者，并有兒女長大收贖時，既清身價，又要勒筭積年飯食銀兩者。種種措贖之風，豫省最爲積習。地方官宜隨時體察，留心聽斷，以期平允。

（清）張五緯《講求共濟録・大名府任内頒發婦女犯法不能免罪示諭》

勸諭婦女莫犯法，犯法都要到公堂。
首戒忤逆並謀故，碎剮處死慘非常。
還有一種淫婦女，偷情等漢艷梳粧。
情密同逃名姦拐，聽從拐賣實荒唐。
多因夫主年紀老，或因結髮尚兒郎。
從此心離欲逃走，那計拿着受災殃。
千人衆目人人笑，還問這是誰女行。
父母心如喫苦膽，受刑之外臭名揚。
更有一班奸邪輩，耑去人家誘女娘。
乘人不和就挑唆，見人不配使心腸。
甜言密語春心動，拐到家中肆姦狂。
同夥若有三兩個，輪姦個個喪天良。
誰知賣到那家去，不是做妾就當娼。
拐子得財分散後，官司差拿不隄防。
受刑仍歸原主領，白白做了這一場。
拐犯追賍還問罪，充發遠處受淒惶。
拐子皆是男子輩，大名竟有婦人當。
本日提審姬姬氏，誘拐郭氏隣家藏。
隣家之人名孫敬，捏稱姪女覓東床。
孫敬盤出虚情事，又有李氏到孫房。
看見郭氏從頭問，洪姓從中代酌量。
洪名好賢轉相托，領文奸徒又姓張。

張名國泰作媒伐，賣與清豐趙家庄。
郭氏嫌趙年紀老，國泰又拐賣李郎。
郭氏到官原主領，國泰拐案有兩場。
另有一起强姦案，解往山東不回鄉。
現在姬氏解到府，重責四十先要嘗。
撳頭撳脚人人笑，只有親人苦斷腸。
已前犯婦無可救，未犯婦女要隄防。
父母要把女兒管，婦人要把四德詳。
三從之中有出嫁，從夫切莫兩參商。
郎才女貌本難得，人品那能個個强。
貧富美德天註定，逆天自己尋死亡。
片刻偷歡終身恥，一時春夢比黄粱。
自己不正須當改，豈可誘人赴火湯。
本府遇事先頒示，男婦一律勸各鄉。
今番兩次長歌諭，無知婦女切莫忘。
宗長親族抄去念，保爾家户姓名香。
夫唱婦隨同作善，永無災晦免刑章。

（清）張五緯《講求共濟録·大名府任内頒發恃婦犯法問罪示諭》

昨日省中憲牌到，秦妻孫氏苦哀哉。
充發遠處活受罪，婦人那見此匪災。
身子瘦弱脚又小，肘索纏身怨滿懷。
怨的媒人亂做代，怨的父母錯安排。
怨的丈夫生性拙，怨的自己莫勸開。
一路怨恨已莫及，本府因此勸女孩。
自幼閨門學婦道，孝順賢能要和諧。
家有賢妻常言道，男兒不遭横事來。
忤逆公婆遭天譴，吵家駡街令人駭。
枕邊唆夫夫懦弱，駡夫無用自上街。
尋人吵鬧撒潑賴，不顧廉耻跪官堦。
有夫有兒自出面，自稱我是女中歪。
歪來歪去天人怨，害夫累子禍根栽。
自謂婦女無枷鎖，那計女監哭哀哀。
通姦野漢有身孕，著急買藥要打胎。
買藥醫家知分曉，風言到家不用猜。
殺姦頃刻男女死，兩家父母淚滿腮。
碍眼更把親人害，翁姑父婿死塵埃。
曾見跑了那一個，碎剮喪命亂塚埋。
婦女無知真可嘆，總由家教莫一回。
本府只得苦勸教，全爾身名保爾財。
還須家族傳諭過，莫負此日費心裁。

（清）李璋煜《視已成事齋官書》卷三《禁婦女出頭滋鬧示》 爲嚴禁婦女出頭滋鬧，以端風化，以保廉耻事。照得婦女因小事牽連，尚准子姪兄弟代審，免其匍匐公庭，原以保全廉耻。今本府風聞高郵州湖西一帶，因案報官勘驗，動使婦女出頭在場滋鬧。推原其故，無非案情虚捏夫男恐審實問罪，輒從令婦女出頭滋鬧，藉圖挾制，置婦女廉耻於不顧。此等刁風，斷不可長。除飭高郵州隨時查拏懲辦外，合行出示嚴禁，爲此示仰軍民諸色人等知悉。自示之後，爾等當知婦女有犯，罪坐夫男，務須交相勸勉，使婦女共守廉耻。如敢因案報官勘驗，再縱令婦女出頭滋鬧，定即嚴拏其夫男從重究治。決不稍爲寬貸，慎勿以身試法，各宜凜遵，毋違特示。

紀事

《史記》卷四《周本紀》共王游於涇上，密康公從，有三女奔之。其母曰：必致之王。夫獸三爲群，人三爲衆，女三爲粲。王田不取群，公行不下衆，王御不參一族。夫粲，美之物也。衆以美物歸女，而何德以堪之？王猶不堪，况爾之小醜乎！小醜備物，終必亡。康公不獻，一年，共王滅密。

《漢書》卷一一《哀帝紀》〔綏和二年六月詔〕掖庭宫人年三十以下，出嫁之。

《漢書》卷八五《谷永傳》谷永字子雲，長安人也。【略】建昭中，舉爲太常寺，數上疏言得失。【略】時有黑龍見東萊，上使尚書問永，受所欲言。永對曰：【略】《易》曰：在中餽，無攸遂，言婦人不得與事也。《詩》曰：懿厥悊婦，爲梟爲鴟；匪降自天，生自婦人。建始、河平之際，許、班之貴，頃動前朝，熏灼四方，賞賜無量，空虚内臧，女寵至極，不可上矣；今之後起，天所不饗，什倍於前。廢先帝法度，聽用其言，官秩不當，縱釋王誅，驕其親屬，假之威權，從横亂政，刺舉之吏，莫敢奉憲。又以掖庭獄大爲亂阱，榜箠瘠於炮格，絶滅人命，主爲趙、李報德復怨，反除白罪，建治正吏，多繫無辜，掠立迫恐，至爲人起責，分利受謝。生入死出者，不可勝數。是以日食再既，以昭其辜。

《後漢書》卷八〇下《文苑傳·酈炎》酈炎字文勝，范陽人。【略】妻始産而驚死，妻家訟之，收繫獄。炎病不能理對，熹平六年，遂死獄中，時年二十八。

《後漢書》卷八四《列女傳·沛劉長卿妻》沛劉長卿妻者，同郡桓鸞之女也。鸞已見前傳。生一男五歲而長卿卒，妻防遠嫌疑，不肯歸寧。兒年十五，晚又夭殁。妻慮不免，乃豫刑其耳以自誓。宗婦相與愍之，共謂曰：若家殊無它意；假令有之，猶可因姑姊妹以表其誠，何貴義輕身之甚哉！對曰：昔我先君五更，學爲儒宗，尊爲帝師。五更已來，歷代不替，男以忠孝顯，女以貞順稱。《詩》云：無忝爾祖，聿脩厥德。是以豫自刑翦，以明我情。

《後漢書》卷八四《列女傳·南陽陰瑜妻》南陽陰瑜妻者，潁川荀爽之女也，名采，字女荀。聰敏有才藝。年十七，適陰氏。十九産一女，而瑜卒。采時尚豐少，常慮爲家所逼，自防禦甚固。後同郡郭奕喪妻，爽以采許之，因詐稱病篤，召采。既不得已而歸，懷刃自誓。爽令傅婢執奪其刃，扶抱載之，猶憂致憤激，勑衛甚嚴。女既到郭氏，乃僞爲歡悦之色，謂左右曰：我本立志與陰氏同穴，而不免逼迫，遂至於此，素情不遂，奈何？乃命使建四燈，盛裝飾，請奕入相見，共談，言辭不輟。〔亦〕〔奕〕敬憚之，遂不敢逼，至曙而出。采因勑令左右辨浴。既入室而掩户，權令侍人避之，以粉書扉上曰：尸還陰。陰字未及成，懼有來者，遂以衣帶自縊。左右翫之不爲意，比視，已絶，時人傷焉。

《梁書》卷三〇《列女傳·顧協》協少清介有志操。【略】少時將娉舅息女，未成婚而協母亡，免喪後不復娶。至六十餘，此女猶未他適，協義而迎之。晚雖判合，卒無胤嗣。

《北齊書》卷一八《孫騰傳》孫騰，字龍雀，咸陽石安人也。【略】初博陵崔孝芬養取貧家子賈氏以爲養女，孝芬死，其妻元更適鄭伯猷，攜賈於鄭氏。賈有姿色，騰納之。始以爲妾，其妻袁氏死，騰以賈有子，正以爲妻，詔封丹陽郡君，復請以袁氏爵迴授其女。違禮肆情，多此類也。

《南史》卷七三《孝義傳·晋陵吴康之妻趙氏》有晋陵吴康之妻趙氏，父亡弟幼，遇歲饑，母老病篤，趙詣鄉里告乞，言辭哀苦，鄉里憐之，各分升米，遂得免。及嫁康之，少時夫亡，家欲更嫁，誓言不貳焉。

《南史》卷七三《孝義傳·諸暨東洿里屠氏女》諸暨東洿里屠氏女，父失明，母痼疾，親戚相棄，鄉里不容。女移父母遠住苧羅，晝採樵，夜紡績，以供養。父母俱卒，親營殯葬，負土成墳。忽空中有聲云：汝至性可重，山神欲相驅使，汝可爲人療病，必得大富貴。女謂是魃魅，弗敢從。遂得病積時。隣舍人有中溪蜮毒者，女試療之，自覺病便差，遂以巫道爲人療疾，無不愈。家産日益，鄉里多欲娶之。女以無兄弟，誓守墳墓不嫁。

《南史》卷七三《孝義傳·華寶》華寶，晋陵無錫人也。父豪，晋義熙末戍長安，寶年八歲，臨別謂寶曰：須我還當爲汝上頭。長安陷，實年至七十不婚冠。

《南史》卷七四《孝義傳・衛敬瑜妻》　霸城王整之姊嫁爲衛敬瑜妻，年十六而敬瑜亡，父母舅姑咸欲嫁之，誓而不許，乃截耳置盤中爲誓乃止。

《北史》卷九一《列女傳・涇州貞女兒氏》　涇州貞女兒氏者，許嫁彭老生爲妻，聘幣既畢，未及成禮。兒氏率行貞淑，居貧，常自舂汲，以養父母。老生輒往逼之，女曰：與君聘命雖畢，二門多故，未及相見，何由不稟父母，擅見陵辱！若苟行非禮，正可身死耳！遂不肯從。老生怒而刺殺之，取其衣服。女尚能言，臨死謂老生曰：生身何罪，與君相遇！我所以執節自固者，寧更有所邀，正欲奉給君耳。今反爲君所殺，若魂靈有知，自當相報。言終而絶。老生持女衣服珠纓，至其叔宅，以告。叔曰：此是汝婦，奈何殺之，天不祐汝！遂執送官。

《北史》卷九一《列女傳・滎陽京縣人張洪祁妻劉氏》　滎陽京縣人張洪祁妻劉氏者，年十七夫亡。遺腹生一子，三歲又没。其舅姑年老，朝夕奉養，率禮無違。兄矜其少寡，欲奪嫁之，劉自誓不許，以終其身。

《北史》卷九一《列女傳・韓覬妻于氏》　韓覬妻于氏者，河南人也，字茂德。父寔，周大左輔。于氏年十四，適於覬。雖生長膏腴，家門鼎貴，而動遵禮度，躬自儉約，宗黨敬之。年十八，覬從軍没，于氏哀毁骨立，慟感行路。每朝夕奠祭，皆手自捧持。及免喪，其父以其幼少無子，欲嫁之，誓不許。遂以夫孽子世隆爲嗣，身自撫育，愛同己生，訓導有方，卒能成立。自孀居以後，唯時或歸寧，至於親族之家，絶不來往。有尊卑就省謁者，送迎皆不出户庭。蔬食布衣，不聽聲樂，以此終身。

《隋書》卷八〇《列女傳・蘭陵公主》　蘭陵公主字阿五，高祖第五女也。美姿儀，性婉順，好讀書，高祖於諸女中特所鍾愛。初嫁儀同王奉孝，卒，適河東柳述，時年十八。諸姊並驕貴，主獨折節遵於婦道，事舅姑甚謹，遇有疾病，必親奉湯藥。高祖聞之大悦。由是述漸見寵遇。

初，晉王廣欲以主配其妃弟蕭瑒，高祖初許之，後遂適述，晉王因不悦。及述用事，彌惡之。高祖既崩，述徙嶺表。煬帝令主與述離絶，將改嫁之。公主以死自誓，不復朝謁，上表請免主號，與述同徙。帝大怒曰：天下豈無男子，欲與述同徙耶？主曰：先帝以妾適於柳家，今其有罪，妾當從坐，不願陛下屈法申恩。帝不從，主憂憤而卒，時年三十二。臨終上表曰：昔共姜自誓，著美前詩，鄎嬀不言，傳芳往誥。妾雖負罪，竊慕古人。生既不得從夫，死乞葬於柳氏。帝覽之愈怒，竟不哭，乃葬主於洪瀆川，資送甚薄。朝野傷之。

《隋書》卷八〇《列女傳・韓覬妻》　韓覬妻者，洛陽于氏女也，字茂德。父實，周大左輔。于氏年十四，適于覬。雖生長膏腴，家門鼎盛，而動遵禮度，躬自儉約，宗黨敬之。年十八，覬從軍戰没，于氏哀毁骨立，慟感行路。每至朝夕奠祭，皆手自捧持。及免喪，其父以其幼少無子，將嫁之。誓無異志。復令家人敦喻，于氏晝夜涕泣，截髮自誓。其父喟然傷感，遂不奪其志焉。因養夫之孽子世隆爲嗣，身自撫育，愛同己生，訓導有方，卒能成立。自孀居已後，唯時或歸寧，至於親族之家，絶不來往。有尊卑就省謁者，送迎皆不出户庭。蔬食布衣，不聽聲樂，以此終身。高祖聞而嘉歎，下詔褒美，表其門閭，長安中號爲節婦闕。終于家，年七十二。

《隋書》卷八〇《列女傳・孝婦覃氏》　孝婦覃氏者，上郡鐘氏婦也。與其夫相見未幾而夫死，時年十八。事後姑以孝聞。數年之間，姑及伯叔皆相繼而死，覃氏家貧，無以葬。於是躬自節儉，晝夜紡績，蓄財十年，而葬八喪，爲州里所敬。上聞而賜米百石，表其門閭。

《隋書》卷八〇《列女傳・趙元楷妻》　趙元楷妻者，清河崔氏之女也。父儦，在《文學傳》。家有素範，子女皆遵禮度。元楷父爲僕射，家富於財，重其門望，厚禮以聘之。元楷甚敬崔氏，雖在宴私，不妄言笑，進止容服，動合禮儀。

化及之反也，元楷隨至河北，將歸長安。至滏口，遇盜攻掠，元楷僅以身免。崔氏爲賊所拘，賊請以爲妻，崔氏謂賊曰：我士大夫女，爲僕射子妻，今日破亡，自可即死。遣爲賊婦，終必不能。羣賊毁裂其衣，形體悉露，縛於牀簀之上，將凌之。崔氏懼爲所辱，詐之曰：今力已屈，當聽處分，不敢相違，請解縛。賊遽釋之。崔因著衣，取賊佩刀，倚樹而立曰：欲殺我，任加刀鋸。若覓死，可來相逼！賊大怒，亂射殺之。元楷後得殺妻者，支解之，以祭崔氏之柩。

《舊唐書》卷一九三《列女傳》　劉寂妻夏侯氏，滑州胙城人，字碎金。父長雲，爲鹽城縣丞，因疾喪明。碎金乃求離其夫，以終侍養。經十五年，兼事後母，以至孝聞。及父卒，毁瘠殆不勝喪，被髮徒跣，負土成墳，廬於墓側，每日一食，如此者積年。貞觀中，有制表其門閭，賜以粟帛。**【略】**

冀州鹿城女子王阿足者，早孤，無兄弟，唯姊一人。阿足初適同縣李氏，未有子而夫亡。時年尚少，人多聘之。爲姊年老孤寡，不能捨去，乃誓不嫁，以養其姊。每晝營田業，夜便紡績，衣食所須，無非阿足出者，如此二十餘年。及姊喪，葬送以禮。鄉人莫不稱其節行，競令妻女求與相識。後數歲，竟終于家。

《新唐書》卷二〇五《列女傳・李德武妻裴》 李德武妻裴，字淑英，安邑公矩之女，以孝聞鄉黨。德武在隋，坐事徙嶺南，時嫁方踰歲，矩表離婚。德武謂裴曰：我方貶，無還理，君必儷它族，于此長决矣。答曰：夫，天也，可背乎？願死無它。欲割耳誓，保姆持不許。夫姻媦歲時朔望裴致禮惟謹。居不御薰澤。讀《列女傳》，見述不更嫁者，謂人曰：不踐二廷，婦人之常，何異而載之書？後十年，德武未還，矩决嫁之，斷髮不食，矩知不能奪，聽之。德武更娶尒朱氏，遇赦還，中道聞其完節，乃遣後妻，爲夫婦如初。

《元史》卷二〇〇《列女傳》 趙美妻王氏，内黄人。至治元年，美溺水死，王氏誓守志，舅姑念其年少無子，欲使更適人。王氏曰：婦義無再醮，且舅姑在，妾可棄而去耶！舅姑乃欲以族姪與繼婚，王氏拒不從。舅姑迫之力，王氏知不免，即引繩自經死。

（明）烏斯道《春草齋集》卷二《張節婦傳》 鄞張國寶妻者，同邑桃源里祝氏之女也。名清，字清節，生有淑德。年二十歸張門，時國寶方抱重疾，僅扶持成禮。未閲月而卒。始國寶娶傅氏，無子，納二妾，焉生子端，次李生子康，李氏恃寵愛，事傅氏無禮。日媒孽其短，傅氏以憤懣死。及清節，怒詣縣陳款，令白其事，復上下之分如初。久之，李復陰結清節所善者，誘使改行，曰：汝名則嫁，身則女也，年少日長，如孤苦何。清節正色曰：吾既廟見，承張氏宗祀，雖不逮事夫子，而不爲張氏婦乎？吾之不幸，命也，吾惟守吾命而已，他則不暇知也。横議者遂寢。清節確守婦道，總治家事，內外肅然。逮端與康長而壯，娶婦有子女，其昏嫁金帛皆己出也。厥後子及孫凡三世，而清節尚無恙，拊循教誨，年九十餘而没。未没之先，郡守高其行，每蠲其徭役。今子孫得有其餘業者，皆清節之力也。

論曰：世之節婦，既醮，或一二歲或五六歲而寡，其守義也固難。今清節及張氏門，僅克成禮即寡，其守義也尤難。昔齊侯之女嫁於衛，爲宣公夫人，至城門宣公死，亦必往而守義。清節豈有見於是歟，第在位者不得上聞旌其門，爲失節勸惜哉。

（明）烏斯道《春草齋集》卷二《丘節婦傳》 丘節婦者，鄞丘原和之妻也。名勝瓊，姓柯氏，同郡定海之靈岩人。性粹温聰慧，寡言笑，止静閒，讀書通大義。習女工尤力，年二十歸原和。事舅姑惟謹，相宗祀、主中饋有道，綜理庶務有法，與人言必由乎典則，處閨門至雍睦僅。三載生一子，曰友甫。期而原和卒，婦泣曰：何天之不弔孤苦若是耶。吾夫子無折夭行，乃使父母無子，子無父，妻無所仰。而家且貧窶，將何以處哉。於是，抱隱銜恤，蠶繅紡績，爲養老食幼資勞日夜弗休。婦之父母憫而謂曰：汝年甚少，而服食不給，恐不能自全。汝不早爲之計，奈何。婦曰：死與義，孰重。苟義重於死，勝瓊惟知守義而已，他則不暇知也。且夫子豈不欲仰事俯育以篤天倫哉，然不幸以疾革，飲恨而往，勝瓊不從夫子於地下者，以夫子之父母弱息，託於勝瓊故也。設又背而之他，則託於勝瓊者將焉託哉。不義之事，雖孑孑然自處，尚不可爲，况所託者尚在乎。日月照臨，吾志决矣。父母遂不敢復言。婦一以冰蘗自守凛如也。舅姑没，治喪葬如禮。友甫及髫齔，口授《孝經》《論語》，蚤莫訓以禮義。稍長，俾出外傅，一遵母訓，動由規矩有成立而見稱於人。逮有室，有二子，婦姑暇逸，安受孝養。今春秋幾六十，隣里莫不嗟嘆。興起有司廉其事，將聞諸朝，而婦殁。使假之以年，則綽楔在門可待也，惜哉。

論曰：余讀《史記》，至《貨殖傳》，有貞婦巴清者與焉。太史以清能豐財自衛，不見侵犯故。嗚呼！若是，則寡苦者皆失身，富有者皆守貞矣。天下戹貧苦而凛不可犯者豈少哉，特以志節自衛而已，奚在豐其財耶。若丘節婦者，又豈非貧苦以志節自衛者歟，方之古節婦何媿。

《明實録》太祖洪武元年三月 辛未朔，命翰林儒臣修《女戒》。上謂學士朱升等曰：治天下者，修身爲本，正家爲先。正家之道，始於謹夫婦。后妃雖母儀天下，然不可使預政事。至於嬪嬙之屬，不過備執事、侍巾櫛。若寵之太過，則驕恣犯分，上下失序。觀歷代宮闈，政由内出，鮮有不爲禍亂者也。夫内嬖惑人甚於鴆毒，惟賢明之主能察之於未然，其他未有不爲所惑者。卿等爲我纂述女戒及古賢妃之事可爲法者，使後世子孫知所持守。

《明實録》太祖洪武十一年夏四月〔丁卯〕旌表延安府洛川縣民張敏道妻趙氏之門曰貞烈。初，敏道遘疾將終，趙氏年二十一，以死自誓。敏道卒，趙氏日夜號哭，亦自經死。事聞，詔嘉之曰：夫婦人之大倫，三綱五常，風化所繫。有能志不二天，與夫同死，可謂難矣。今趙氏生則同室，死則同穴，較之劓目割鼻，誓死不嫁，誠爲過之。宜在褒嘉，以敦民俗。其令有司旌表其門，仍蠲其家雜役。

《明實録》太祖洪武十六年五月〔戊午〕廣東都指揮使狄崇、王臻言：妻阮氏等封淑人，已没。仍乞封次妻何氏等爲淑人。詔下廷臣議。太師韓國公李善長及禮部等官議曰：禮莫大於分，分莫大於名，妾不可爲嫡夫人。故魯莊公妾成風，僖公母也，稱爲夫人，《春秋》非之。哀公庶子荆之母嬖，將以爲夫人，使宗人釁夏獻其禮，對曰：無之。昔周公、武公娶於薛，孝惠娶於商，自桓以下娶於齊，此禮則有。若以妾爲夫人，則故無其禮。蓋古者夫人殁，貴妾攝其家事，不爲稱爲夫人。若庶子而貴，得以推恩，其母亦不得稱夫人，使並嫡也。今崇、臻欲任私意，廢大禮，亂嫡妾之分，不可許。上從之。遂命禮部及翰林儒臣定嫡妾封贈例，頒示中外。於是定議：凡正妻在日，所娶側室皆謂之妾。正妻殁，諸妾不許再立爲妻。若以禮聘良家女爲妻，許受封贈。前妻無子，其所生子即爲嫡長子。若正妻在日無子，不再娶，而諸妾有子者，當以長男襲父職。其子依本品職推恩其母。俱從之。

（清）龍文彬《明會要》卷二《帝系》〔洪武〕十四年，敕諭蘇、松、嘉、湖及浙江、江西有司：民間女子年十三以上，十九歲以下，婦人年三十以上，四十歲以下，無夫者；願入宮備使令，各給鈔爲道里費，送京師。女子以備後宮，婦人則充六宮也。

契約文書

《臺灣私法人事編·婚姻·變例之婚姻·養媳·養媳離異字據·贖身字》 立甘願出贖身字人紀士毛等。緣毛夫婦以前有憑媒抱張家之幼女爲苗媳前來撫養，迄今十七歲，名叫螺涼，時已及笄，未曾配偶。兹因年庚八字不能和合，無奈，托媒引就生父張浪官出首承贖，匹配良緣。時三面言定贖身價銀捌拾大元正；其銀即日同媒親收足訖，遂將螺涼聽其伊生父張浪贖回家中，再作家訓，婚配他家爲妻，來日生育男女，永不敢異言生端。此係二比甘願，各無反悔，並無來歷交加不明爲碍。口恐無憑，合立贖身字壹紙，付執存炤。

即日同媒親收過字内贖身銀捌拾大元正足訖，批炤。

光緒二十五年四月　日　知見人　紀占鰲

爲媒人　周門紀氏

代筆人　王龍水

甘願出贖身字人　紀士毛

《臺灣私法人事編·親子·養女契字·轉賣養女字》 立轉賣養女字人蔡波，有明買林海賊之養女，名喚阿篷，年登十四歲。今因乏銀别用，願將此養女出賣，即託媒引向賣與江門張氏盡涼出首承買爲媳婦。時同媒三面議定值身價銀壹百貳拾六大元正；其銀即日同媒交付蔡波親收足訖，願將此養女付江門張氏盡涼選擇吉日，娶進入門，永爲媳婦。後日長大成人，係是江張氏擇配招婚，不干蔡家之事。保此女係是蔡波明買過林海賊之養女，與他人無干，亦無來歷不明爲碍；如有等情，係蔡波同媒一力出首抵擋，不干買主之事。此係二比甘願，各無反悔，口恐無憑，立轉賣養女字壹紙，並繳上手字貳紙，合共叁紙，付執永遠爲炤。

即日波同媒親收過字内佛銀壹百貳拾六大元正足訖，再炤。

光緒二十六年二月　日　代筆人　高文廣

爲媒保證人　林氏法治涼

在場知見人　蔡門簡氏宥涼

立轉賣養女字人　蔡波

案例文書

《名公書判清明集》卷一〇《人倫門・妻已改適謀占前夫財物胡石壁》

昔漢時有陳孝婦，年十六而嫁，未有子。其夫當戍邊，將行，屬孝婦曰：我生死未可知，幸而有老母，無他兄弟侍養，吾不還，汝肯養吾母否？婦應曰：諾。夫果死不還，婦養姑不衰，終無嫁意。三年喪畢，父母哀其無子早寡，將改嫁之。婦曰：夫去時屬妾以養母，既許諾之，夫養人老母而不能卒，許人以諾而不能信，將何以立於世？欲自殺，父母遂不敢奪其志。養姑二十八年而姑死，盡賣田宅以葬之，乃終奉祭祀，世稱爲孝婦。阿常爲巡檢之妻，不幸夫亡，猶有姑在，老而無子，煢獨可哀。阿常若稍有人心，只當終身不嫁，與乃姑相養以生，相守以死，如陳孝婦之義可也。夫死未及卒哭，乃遽委而去之，棄姑如棄路人，易夫如易傳舍，其心抑何如此之忍邪！阿侯一身無所倚賴，遂依其婢阿劉夫婦以苟活，則其不得已之情可想見矣。阿常改嫁之後，兩年之間，更不能走一介，以訪問其啓處，及聞其死也，反興訟以取其遺資。縱阿侯所蓄之數果如阿常所陳，則養生送死，皆阿劉夫婦之力，既當其大事，則以此酬勞，亦所當然。阿常背夫絶義，豈可更有染指之念，况未必有之乎！准律：諸居夫喪百日外，而貧乏不能存者，自陳改嫁。阿常喪夫於淳祐元年之二月，至今年四月纔當除服，而今改嫁已首尾三載。若欲引百日外自陳之令，據阿常所陳，其夫囊中如此厚，即非貧乏不能自存者矣。然則坐居喪嫁之律，從而離之，夫誰曰不然。張巡檢身爲命官，豈不識法，知而與爲婚姻，合五等論罪。况此等不義之婦，將安用之。嫁至于再，已爲不可，今自錢而徐，自徐而張，至於三矣。朝彼暮此，何異娼優之賤，當其背錢而歸徐，徐不以錢爲鑒而娶之，故使其母不獲孝婦之養。今又背徐而歸張，張又不以徐爲鑒，則安知後之視今，不猶今之視昔乎！張巡檢既非本府所轄，難以將阿常遽行取斷，牒所屬徑自照條施行，其可其否，聽其區處。但其男張良貴，係是張巡檢之子，與徐巡檢之家有何干預，而輒横興詞訴，意在騙脅，情理可憎，合示薄罰，決竹篦二十，押出本府界。所有阿侯財物有無，更不追究，仰阿劉夫婦以禮埋葬。又據阿常所供，稱徐巡檢身死之日，存下見錢三百貫，金銀器凡十數項，官會三千貫，蕞爾巡警之職，俸給所入有幾何，一家衣食之外，而囊槖又復如此，果何自而來哉！唐盧坦有云：凡居官廉，雖大臣無厚蓄，其能積財者，必剥下以致之。如子孫善守，是天富不道之家，不若恣其不道以歸於人。徐巡檢若果有此財也，必剥下以致之者也，今遂歸於他姓之手，殆天不肯富不道之家歟！居其職者，宜知所戒矣。

（明）蕭良泮《重刻釋音參審批駁四語活套》卷四《批語》　胡壬輕棄其妻，悔而求復，非夫也。順父棄妻，父死而復，非子也。若非父之志而駕怨於父，尤不孝之甚也。本無可稱之詞，但王氏幸夫之自棄，未半載而從人；葉氏幸女之被黜，未半載而改嫁；馮癸幸人之黜妻，未半載而攘娶，皆非重廉耻、矜行誼之人也，風俗至此薄惡甚矣。王氏給馮癸收領，追銀五兩，給胡壬别娶。

孫丙從戎十年不回，其妻稱爲饑寒所逼，乃告改嫁。殊不知餓死事極小，失節事極大。汝夫能爲殺身以報國，婦獨不能守節以報夫哉？况有舅二人，未必致此婦於死地，誠見此婦非爲饑寒也。仰鄉約長勸諭，勿令改嫁，冀後完聚可也。

（明）蘇茂相《新鐫官板律例臨民寶鏡》卷六《婚姻類審語・逼節》

胡氏夫病六七年，躬侍湯藥，甘臭穢而不辭。夫亡一二載，獨守空幃，吊形影而自苦。乃遭忍毒公姑，及無籍叔公等，逼其改嫁，强除夫之靈位；胡氏力不能支，苦不可茹，遂綉數十言於帛上，剪青髮以遺親，閉門自縊，從夫地下。此貞淑之氣，閨閫之光，雖死而猶生者也。公姑愚夫愚婦，固不足齒，矧其叔公習十一尚忝青衿，乃安逼節婦而死，此不爲衣冠之玷乎。一門荆棘，挺出芝蘭，非大爲激揚不可。

（明）蘇茂相《新鐫官板律例臨民寶鏡》卷七《姦類審語・背夫騙害》

林氏桃容水性，必無能守之理。第夫死未及半載，而吴一禄利其聘財，姚永壽利其姿色，林顧興、許少來利其媒錢，以二十孀婦而嫁五十老漢，宜林氏之不從也。吴一禄等各杖。其原聘着一禄還永壽。林氏着伊父母領回，服滿另嫁，其後送聘給一禄。

（明）蘇茂相《新鐫官板律例臨民寶鏡》卷九《雜犯類審語・妓女從

良》 妓者，沉酣胭脂，人生構欄，或一夕易一夫，含羞解金扣，帶笑吹銀燈，良有由也。今某志欲從良，棄秦樓之風月，罷巫山之雨雲，徹章臺之楊柳，終身仰事一夫，乃夢之覺而醉之醒者。合與執照，許其從良。

（明）蘇茂相《新鐫官板律例臨民寶鏡》卷九《雜犯類審語・孝婦割肝》 審得饒某妻某氏孝本性生，德符天佑，夫妻齋素，共祈親壽之綿。朝夕養供，全仗女工之給。夫得寬其道學，母得保其遐齡。忽姑病之臨危，勢將莫救，正子心之迫切，願與俱亡。恐傷兩命之摧，不覺五衷之裂。持刀割肋，取肝具羹，乍聞恐是過情，覆勘彰其懿德。氣屢絶而再蘇，療始疽而終合。醫有秘方之授，既救媳以存姑。神彰急救之聲，復因親而應子。一誠上格，三命幸全。割股救姑者爲孝，割肝救姑者尤奇。理合申詳，事宜旌獎。

（明）蘇茂相《新鐫官板律例臨民寶鏡》卷九《雜犯類審語・改醮》 從一而終，婦道然也。禮合形影相吊，作一未亡人，含笑見良人於九泉。奈公姑已死，子女雙亡，家又懸罄，欲律以常道難矣。況嫂叔同居，一鰥一寡，瓜田李園，叔果魯男子，閉户不納，嫂果曹令女，截髮守貞？合與執照，聽其從人。

（明）祁彪佳《按吴親審檄稿・一件勢抄事》 行據松江府張同知解犯朱梅等到院，審得唐仁、唐義之姊唐氏嫁之曹二，曹二死，有主生員主婚，嫁之顧宇，後又轉嫁之葉義。曹家之婦自應曹家主嫁，於曹三何尤，而又駕言崇禎三年有銀物寄之曹二家，明是鬼夢。唐義責之，立案。

右行松海防。

（明）顔俊彦《盟水齋存牘》卷一《娶妓施廷等杖》 審得妓王三者，始貪邵魯源之少年，背施廷而學嫁，既苦魯源家之妬婦，約施廷而私奔，野鴛波蕩，不馴樊籠，飛絮風輕，詎依階砌。以魯源之猶在强壯不能鎖銅雀之春，乃施廷之皤然老翁何克暖陽臺之夢。去娼從良，原不具識英雄俏眼。朝來暮去，總是他弄狐媚生涯。魯源踏枝不着，慶者在門，施廷拾翠自娱，吊者在户。禮金十兩，魯源之婚契可憑。引粤中之例，斷廷還其半。咲語〔下殘〕

〔上殘〕一室參宇之邂逅面質，據滅屍之狀應廷坐其誣，姑予一杖，聽其百年。黄大共拐情真，杖懲亦不可免，餘俱免科。

（明）顔俊彦《盟水齋存牘》卷一《争妾黄龍起繇詳》 審得陳氏爲已故監生黎梁畜妾，即未必便有殊色，而人争爲秦鹿之逐者，以貲郎之妾應有囊橐，蓋市井之心也。黄龍起曾以四金投聘陳氏之母宋氏，尚未之許也，黄劍雄者復起而争之，乃稱龍起套雄名字，秘計成婚，益可嘆矣。夫無主之妾人人得娶，而劍雄未必相如，何便動文君之慕，而須套其名以前乎？至各駕誣蔑，惡聲相加，子衿若此，大爲宫墻羞，可黜也。念事尚未成，斷宋氏還龍起原聘，另擇人而偶之。宋氏原籍應天人，或此地無倚，聽其携女以歸。無事置一殰物國中，令人角逐不已以傷風化也。龍起、劍雄行學戒黜，或免其究擬，恩出上裁。呈詳。

清軍驛傳道批：黄龍起、黄劍雄皆以子衿謀娶陳氏，兩相誣蔑，尚可宫墻畜之哉？仰候學道詳示。庫收領狀繳。

提學道批：黄龍起貪財贅妾，黄劍雄蔑分駕污，均士類所不齒者。黄龍起行學除名，黄劍雄停廩作缺，餘候驛傳道詳行繳。

（明）李清《折獄新語》卷一《婚姻・一件砍門事》 審得王氏者，竺世懷族嫂，而戴叔明則世懷惡黨也。先因王氏夫亡身寡，淹留未嫁，果保歲寒而歌《黄鵠》乎？抑逐春風而咏《綏狐》乎？未測其心，當聽其聲。何王氏之《無裳》未賦，世懷之有絲欲牽也？且又與叔明二人，硬登門作伐，無非嫁其人，以涎其産耳。而問其時，則十八之薄暮也。今據王氏口供，則罷舞鸞而矢《柏舟》者，方砥節於如冰之冷腸。而是冰人者，胡忽向冰清之婦而作緣？且雝雝鳴雁，旭日始旦。此佳期耳。而不聞燕妁蜂媒者，乃作月老於月出皎兮時也。宜竺氏同族鳴鼓攻哉！彼世懷授刀，叔明操戈，而以强劫、强奪，謬誣竺氏闔族者，非誤指南塘，乃錯認巫山矣。無感我帨兮，無使尨也吠。想王氏原不生雲雨之夢，則以世懷之人面獸心，喧呼寡嫂門者，殆一自作之尨耳！合與戴叔明各杖以儆。

（明）李清《折獄新語》卷四《僞詐・一件逼寡事》 審得胡氏者，陶四二遠房伯母也。其人如虎，其舌若鵰，此所以一逐於叔，再逐於婿，而今且悵悵無依也。於是孤飄無歸，强欲求四二而子之。而高翔之鴻燕，肯投鷹鸇懷抱乎？至胡氏親女見存，曾始依終逐矣。怪鳥所翔，望者却步。合命伊親叔陶文清，出穀五十斛，以糊其口，而轉依女家。夫生非空桒，實本梟母，是女當亦恨投胎之誤耳。然生養死葬，亦烏鳥至情，所難置爲道墐之弗顧者也。胡氏不得咆哮公庭，自取罪責。

（清）李鈞《判語録存》卷一《興販婦女事道光九年五月二十八日》　審得嵩縣客民韓德元控洛陽縣民李添成私賣髮妻等情一案。緣韓德元原籍安徽，流寓嵩縣，娶妻舒氏。於道光八年携赴汝州，探親不遇，回至洛陽李家寨。因無盤費，與舒氏商明，託房東李添成説合，賣於劉士乾爲妻，得價一百三十二千。又因湖北年荒人賤，欲興販取利，與添成明出價錢一百五十二千，買到穀城縣李姓孀婦岳氏，轉賣於徐殿魁爲妾，得價一百六十五千。因添成扣收賭債，心懷不甘，捏稱被添成誘至家中，乘伊外出，遽將伊妻私賣。控縣未及訊結，遂赴前臬憲桂行轅越控。奉批提訊，該原告狡執甚堅，其妻因後夫雙瞽，不願依隨，所供亦與暗合。詢之劉士乾兄劉士福，交價領人時，又未與德元謀面，事有可疑。及李添成供出夥買岳氏情由，復提岳氏到案。據供無異，並稱在添成家曾爲德元侍疾。使非買主，添成非其親眷，安肯以少婦奉伊湯藥乎？三面質對，德元始將興販一層招認。夫不有賣價，何有買價？岳氏既與添成夥買，舒氏便非添成私賣。以後證前，勢如破竹矣。再提舒氏少加刑嚇，即將原情供吐。詰以成契時，德元何未在側，則稱不忍分離，託故躲出。蓋陽作惺惺假態，而中情叵測，已伏圖賴之機。添成膽大心粗，適中其計。然使當夥販獲利之後，照數瓜分，不行訛扣，德元雖狡，釁端亦何自而開耶？訊讞及此，德元亦無可置辨。於是自始至終，盡情傾吐，案無遁飾。除韓德元賣休輕罪不議外，與李添成均照興販例，各杖一百、徒三年。着即收禁，詳請定地發配。舒氏、岳氏並離異歸宗。舒氏所得杖罪，照例收贖。劉士乾、徐殿魁訊不知情，免其置議，財禮追還。其賭債祇係猜枚爲戲，並無賭具及同賭之人，亦免深究。無干省釋，取結附卷，即分別正控詳辦可也。此判。

（清）蒯德模《吴中判牘》　查張彭氏係彭國禮之妹，已嫁與張成育爲妻。賊擾金陵，被擄於賊兵克禾郡，相依於兵。以不能自主之身，成無可奈何之事，原情可憫。論例無關女流無知，原無足怪。乃者阿兄既來，故夫尚在，浮蹤漂泊，幸荆樹之可依，斷夢依稀，感蘼蕪而念舊。斟情酌理，應即斷令領回，再圖完聚。惟黃佩元即收留張彭氏之人。現在外出，未經訊問，若遽准領，則彼或欲久假不歸，竟以他辭相制，既不能箝其口，尤難以服其心。愛河未續，翻令慾海波興，殊堪逆慮。姑將彭氏寄存妥處，俟行催黃佩元到案，訊明斷領，彭國禮著在外候示。此諭。

（清）熊賓《三邑治略》卷六《堂判天門縣任内·訊聶維熙一案》　此案聶維熙之姪聶克耀已故，遺媳吴氏，年已四十有七。據聶維熙供，吴氏不安於室，是以嫁於賈章華爲妻，僅得財禮二十八串。質之賈章華，供實係憑媒汪可炳、何宏西等出錢四十串，現在吴氏既不願從，情願退人領價。訊詰媒人係何人所託，復據賈章華供稱，伊等均係聶姓至戚。則此錢即應歸爾聶維熙如數交出，倘汪可炳等所用之錢十二串，抗不繳清，由爾聶維熙另呈請分。吴氏既立有嗣子金官，又有田四五畝，理應自行撫子度日，不准再行游蕩。其家產準爾聶維熙隨時清查，不能由吴氏私自當賣。田繼周以後不准上吴氏之門，聶克讓亦不准干預吴氏之事，一併交妥實的保。倘敢不遵，提保重究。聶維熙當堂書立四十串期票，交賈章華領去，到期照付，以清轇轕，各具結完案。此諭。

雜録

（晉）崔豹《古今注》卷中《音樂》　《杞梁妻》，杞植妻妹明月之所作也。杞植戰死，妻嘆曰：上則無父，中則無夫，下則無子。生人之苦至矣。乃抗聲長哭，杞都城感之而頽，遂投水而死。其妹悲其姊之貞操，乃爲作歌，名曰《杞梁妻》焉。梁，植字也。

（宋）郭茂倩《樂府詩集》卷三五《相和歌辭·三婦豔詩》　大婦織綺羅，一作縑綺。中婦織流黄。小婦獨無事，挾瑟一作琴。上高堂。丈夫一作人。且安坐，調弦詎未央。一作未渠央。

（宋）郭茂倩《樂府詩集》卷六八《雜曲歌辭·東飛伯勞歌》　東飛伯勞西飛燕，黄姑織女時相見。誰家（兒）女〔兒〕對門居，開顔發豔照里閭。南窗北牖桂月光，羅帷綺帳脂粉香。女兒年幾十五六，窈窕無雙顔如玉。三春已暮花從風，空留可憐誰與同。

（宋）郭茂倩《樂府詩集》卷七二《雜曲歌辭·長干行》　妾髮初覆額，折花門前劇。郎騎竹馬來，遶牀弄青梅。同居長干里，兩小無嫌猜。十四爲君婦，羞顔尚不一作未嘗。開。低頭向暗壁，千喚不一迴。十五始展眉，願同塵與灰。常存抱柱信，豈一作恥。上望夫臺。十六君遠行，瞿塘灩預堆。五月不可觸，猿鳴一作聲。天上哀。門前遲一作舊。行跡，一一生緑一作蒼。苔。苔深不能掃，落葉秋風早。八月胡蝶來，雙飛西園草。感此傷妾心，坐愁紅顔老。早晚下三巴，預將書報家。相迎不道遠，直至長風沙。

（宋）郭茂倩《樂府詩集》卷七三《雜曲歌辭·杞梁妻》　秦之無道兮四海枯，築長城兮遮北胡。築人築土一萬里，杞梁貞婦啼嗚嗚。上無父兮中無夫，下無子兮孤復孤。一號城崩寒色苦，再號杞梁骨出土。疲魂飢魄相逐歸，陌上少年莫相非。

（宋）郭茂倩《樂府詩集》卷八六《雜歌謡辭·河中之水歌》　河中之水向東流，洛陽女兒名莫愁。莫愁十三能織綺，十四採桑南陌頭，十五嫁爲盧郎婦，十六生兒（似）〔字〕阿侯。盧家蘭室桂爲梁，中有鬱金蘇合香。頭上金釵十二行，足下絲履五文章。珊瑚挂鏡爛生光，一作生輝光。平頭奴子擎履箱。人生富貴何所望，恨不早嫁東家王。

（宋）莊綽《雞肋編》卷中《泉福婦人轎子與廣州波斯婦》　泉、福二州婦人轎子，則用金漆，雇婦人以荷。福州以爲僧擎，至他男子則不肯肩也。廣州波斯婦，繞耳皆穿穴帶環，有二十餘枚者。家家以篾爲門，人食檳榔，唾地如血。北人嘲之曰：人人皆吐血，家家盡篾門。又婦女凶悍喜鬬訟，雖遭刑責，而不畏耻，寢陋尤甚。豈秀美之氣，鍾於緑珠而已邪？

（宋）洪邁《夷堅志丁》卷五《黟縣道上婦人》　浮梁民程發，爲人庸力，屢往江浙間。淳熙十四年九月，自臨安歸，過黟縣境。清旦，遇婦人於途，顔狀愁悴，告程曰：我不幸，丈夫很惡，常遭鞭箠。而阿婆性尤嚴暴，不曾得一日定疊。昨夜趕我出，無處著身。汝能帶取我以行，便當嫁汝。程曰：我自有妻，會伏事吾母，如何無故捨之而别娶？且與汝同行，路人必唤做姦盜，於事不穩便。婦曰：如此時，汝自先去。我今此路甚熟，候晚下宿泊處，當往相尋討。程無詞以拒，漫應曰：好。遂獨行。暮抵旅店，則婦已在房内矣，力邀共寢。程初不肯從，愠曰：我便走投都保，説汝掠我來，强姦我。程頗懼，又睹其容色勝厥妻，乃遂其請。將曉，復云：我後須到汝家，若怕妻不容，自向近處别討一屋住，但時時過來相就亦得。臨别，於手帕内取一衲襖與程。程既還家，不以語母妻。所居五里外有虚市曰廣平，距邑十五里。程一日往，忽被疾，始與母道所見，曰母婦恰入房相存問，坐牀上，移時，方出門去。母駭愕，蓋略無影形也。迨曉而死，母殮以衲襖而葬之。妻從後更人，惟生一女，及嫁，程母往依之，遂空一室。

（元）陶宗儀《輟耕録》卷一七《丫頭》　吴中呼女子之賤者爲丫頭，劉賓客寄贈小樊詩，花面丫頭十三四，春來綽約向人時。

（明）胡奎《斗南老人集》卷二《去婦詞》　出户心悄悄，中情向誰道，吞聲不敢啼，又恐傍人笑。妾有嫁時鏡，請郎留自照，鏡裏見新人，還思舊人貌。

東山生兎絲，西山生蒺藜，二物不相偶，美惡人自知。妾有堂上姑，妾有懷中兒，生兒未及長，姑老將何依。妾今别夫去，裴回向何處，他日黃泉相見時，墓前莫種相思樹。

妾去何足惜，妾留不自安，高堂有老姑，孰知飢與寒。妾昔念有家，妾今如風花，何如千尺松，而不附女蘿。哀哀別姑去，淚下不能語，姑若念妾時，看取牀頭女。

（明）胡奎《斗南老人集》卷二《妾安所居》　賤妾安所居，所居在中堂，女子不出門，肯離慈母傍。十三學織素，繡得金鴛鴦，十五嫁夫壻，佩以雙明璫。一朝復一朝，芙蓉照秋鏡，自倚顔如花，不識郎心性。嫁雞逐雞飛，朗情與妾違，願爲松柏樹，長附女蘿衣。

賤妾安所居，所居在空閨，女子不出門，顔色無人知。一朝嫁夫壻，未幾生別離，流水逝不返，浮雲無定姿。妾居非無所，妾心良獨苦，願如松上蘿，不離樹根土。

（明）郭奎《望雲集》卷二《妾薄命》　鳳求凰兮，我所思。顧山鷄兮，何與棲。蘭爲佩兮，芙蓉姿。衷心懷兮，誰可知。良人没兮，遭流離。流離極兮，忘令儀。側室陰兮，春草萋。雲不歸兮，魂欲迷。憶初遠兮，父母拜。姑嫜兮，容與不諒兮，今日憤怨兮，悽楚覽塵鏡兮，私自傷。嗟薄命兮，將誰訴。

（明）烏斯道《春草齋集》卷二《寡婦詞》　浮萍爲妾身，池水爲妾夫。水深萍乃榮，水乾萍乃枯。夫壻共鄉井，妾心長自慰。夫身遠行役，妾顔爲顑頷。顑頷何足惜，終勝生別離。誰知竟死別，妾身何所依。酒未濕殯土，殯土無寸草。屯吏籍姓名，屯長催上道，鄰婦拭我淚，兒女牽我裳。行行問何之，未知適何鄉。死者呼不聞，生者歎薄命。賣我嫁時釵，破我嫁時鏡。破鏡何所似，正似初弦月。月弦有圓時，破鏡難再合。夫壻如有知，魂魄隨我行。大石沈水底，可鑒妾中情。

（明）朱樸《西村詩集》卷上《新嫁娘》　三日新嫁娘，上堂拜姑嫜。含羞理珠翠，纖手整衣裳。侍婢潛窺覘，鄰娥竊較量。它時論婦道，應不在容粧。

（明）朱樸《西村詩集》卷下《沈列女》　名雲年，十七未嫁，父母將有別議，女聞，即投河而死。君不見桃李花隨風飄，宕落誰家。又不見君子竹葉葉冰霜守寒緑。忠臣許身能殉國，列女許身心不惑。沈家有女子未嫁，夫已死。自言生爲夫家人，死作夫家鬼，有眼不識夫君面，妾心如石不可轉。有足不及夫家門，妾身安得如車輪。東流之水來胥溪，萬年不復流向西。妾身願隨水流去，直到黃泉葬夫處。嗟哉。陸家女死餘千年，吾邑，史載三國時陸績女死烈，迨今始有此女，故云。今得此女心同然。後恐太史遺青編，援筆特書貞女篇。

（明）袁華《耕學齋詩集》卷五《白頭母歌次韻徐孟岳》　白頭母，少爲倡家女，老作種花婦。短布單衣纔掩股，猶記青年學歌舞。櫻桃花發當牕樹，藝成北上鳳皇城。不與長川教坊伍，耶孃輕義重金珠。婚娶論財漫相許，失身爲妾權豪門。背立銀釭泣無語，主家三入相中書。萬騎雲趨當要路，馬前鷹犬亦遭時。門下桃李自成蹊，共工一觸天柱折。舞衫歌扇都分攜，放還仍飲鄰嫗茶。弟妹凋零無一家，嫁得湧金門外壻。不鮮耕田能種花，錢唐大家羅撿刮。救死奚暇誇驕奢，秋風荆棘迷花塢。充募新軍隷分府，別時血淚萬行啼。信州城下出征西，前夫後壻何翕忽。貴賤同爲道旁骨，閉門花落清明雨。夢尋舊譜移箏柱，覺來無地覓夫骸，悔不身先木蘭去。

（明）梁蘭《畦樂詩集》卷五《貧婦嘆》　三世爲婚姻，兩家各相宜。結髮值喪亂，零落空自持。夫子豈不賢，柰何時使之。井臼敢辭勞，戾㾍何可炊。匪云親戚誚，但爲鄰里欺。饑寒甘共守，貧賤焉能移。君看古孟光，舉案高齊眉。

（明）梁蘭《畦樂詩集》卷五《康節婦》　令女無子有可依，禽獸之行固匪爲。節婦子幼姑且老，比諸夏氏尤艱危。況以兵戈滿天地，顛沛流離罔不至。丈夫志操尚陵夷，薄俗紛然不忠義。夫人貞節乃獨存，豈徒令子仍賢孫。我朝若求忠孝士，他時必在夫人門。

（明）王璲《青城山人集》卷三《楊節婦吟》　婦人託身夫與子，有子無夫猶可倚，楊家節婦當少年，良人先亡復無嗣。嫁時羅襦在篋中，連枝尚有雙芙蓉，妾身未亡似餘燼，欲作時粧誰爲容。空閨孤燈三十載，昔時緑鬢秋霜改，海波可枯山可虧，妾身誓死不可移。

（明）薛瑄《敬軒文集》卷五《高郵露筋廟二首》　高郵女子志何堅，假宿寧論性命全。甘向荒陂死蚊喙，此生元不愧蒼天。

嚌血其如利觜何，荒陂一夕死貞娥。從教筋骨當年露，贏得清名世不磨。

（明）陸容《菽園雜記》卷五　今雲南、廣西等處，土官無嗣者，妻女代職，謂之母土官。隋有譙國夫人冼氏，高凉太守馮寶妻也。其家累葉爲南越首領，跨據山洞部落十餘萬家。夫人在母家撫循部衆，能行軍用師，壓服諸越，後以功致封爵，此女土官事始。但夫人父家有兄，夫家有子，與今不同耳。

（明）童軒《清風亭稿》卷二《去婦詞》　剌促何剌促，出門不敢分明哭。憶初癡小嫁君時，自謂生死常相隨。誰知中道生乖阻，棄妾紅顔不如土。弓鞋窄小荆棘多，掩淚行尋舊時路。浮雲上天歸有時，君心一失那能回？糟糠不忘如再好，重磨荆釵與偕老。

（明）黄仲昭《未軒文集補遺》卷上《張從璧妾陳氏列傳》　陳氏，塘下張從璧之妾也。從璧著録邑庠卒，陳氏時年十八，守志不嫁。從璧之兄子源泰，早卒，妻陳氏年二十三，撫幼子鍾秀，亦不改嫁。彭惠安韶著張氏孝節堂記，因叙二孀之節而推本，從璧之父漢綱卒時，母陳氏甫踰壯年，持貧烈烈能成立其四子，以爲張氏一節相承，蓋其所由也遠矣。

（明）沈周《石田詩選》卷六《烈女死篇》　周家女子李家婦，未嫁夫家但相許，正如一樹未開花，分明自有春爲主。李郎病瘵兩年强，說道今年番上牀，聞來人語多不的，口又藏羞難問娘。只對寒燈泪如霰，爲重爲輕果誰見，此身空負嫁夫名，此眼何曾辯郎面。阿娘背語泣堂前，忖是郎邊凶信傳，烈婦重義輕一死，貞女安心無二天。通身示孝衣裳白，長練高經鏽房夕，在世鴛鴦不得雙，同到黄泉願成匹。

（明）何良俊《何氏語林》卷二二《夙慧》　謝鎮西妾阿妃，有國色，甚善吹笛。謝死，阿妃誓不嫁。郄曇時爲北中郎，設權計，遂得阿妃爲妾，阿妃終身不與曇言。

（明）楊慎《升菴集》卷四九《浣花夫人》　成都浣花谿，有石刻浣花夫人像。三月三日爲浣花夫人生辰，傾城出游。《地志》云：夫人姓任氏，崔寧之妾，按《通鑑》，成都節度崔旰入朝，楊子琳乘虚突入成都。寧妾任氏出家財募兵得數千人，自帥以擊之。子琳敗走。朝廷加旰尚書，賜名寧，任氏封夫人。

（明）謝肇淛《五雜俎》卷八《人部四》　維揚居天地之中，川澤秀媚，故女子多美麗，而性情温柔，舉止婉慧。所謂澤氣多，女亦其靈淑之氣所鍾，諸方不能敵也。然揚人習以此爲奇貨，市販各處童女，加意裝束，教以書、算、琴、棋之屬，以徼厚直，謂之瘦馬。然習與性成，與親生者亦無別矣。

（明）馮夢龍《警世通言》卷三二《杜十娘怒沉百寶箱》　是夜，十娘與公子在枕邊，議及終身之事。公子道：我非無此心。但教坊落籍，其費甚多，非千金不可。我囊空如洗，如之奈何。十娘道：妾已與媽媽議定只要三百金，但須十日内措辦。郎君游資雖罄，然都中豈無親友可以借貸？倘得如數，妾身遂爲君之所有，省受虔婆之氣。

（清）顧嗣立《元詩選癸集・錢塘歌》　錢塘女兒十四五，鴉髻垂肩學歌舞。黛眉染得吴山青，争把琵琶按新譜。婚期全不遵禮經，典與豪家侑尊俎。數年限滿復相離，兒女相逢不相覩。妖嬈再入豪家去，驗色論才若夷虜。飯抄雲子魚作羹，高捲珠簾鬬眉嫵。色衰嫁作良人妻，不事耕蠶願生女。徒聞禮樂百年興，吴越之風難復古，吴越之風難復古。

（清）徐珂《清稗類鈔・風俗類・苗人男女之交際》　辰州苗人所居之村，必設一樓，梯而登之，曰闌房。至夕，村中幼男女盡駐其上，聽其自相諧偶。夏日，男女浴於河。婦人見客，惟手護其兩乳，餘則弗避。漢人貿易者至其家，婦女不避，若與其女談，雖狎媟，亦悦之，謂艷其美也。與其妻若妾交一語，則艴然怒。蓋苗姓猜忌，慮漢人誘之逸，故如此。甚則縛呈諸茫。茫，苗稱官長也。

賤民分部

論説

《周易·隨卦》六二：係小子，失丈夫。

六三：係丈夫，失小子。隨有求得，利居貞。

九四：隨有獲，貞凶。有爭在道，以明，何咎。

九五：孚於嘉，吉。

上六：拘係之乃從。維之。王用亨於西山。

《周易·遯卦》九三：係遯，有疾，厲。畜臣妾，吉。

（晉）傅玄《傅子·商賈篇》故明君止欲而寬下，急農而緩商，貴本而賤末。朝無蔽賢之臣，市無專利之賈，國無擅山澤之民。一臣蔽賢，則上下之道壅。一商賈利，則四方之資困。民擅山澤，則并兼之路開。

《春秋穀梁傳注疏·成公元年》三月，作丘甲。作，爲也。丘爲甲也。丘甲，國之事也。丘作甲，非正也。丘作甲之爲非正，何也？古者立國家，百官具，農工皆有職以事上。古者有四民：有士民，有商民，有農民，有工民。夫甲，非人人之所能爲也。丘作甲，非正也。

《春秋公羊傳注疏·襄公二十九年》閽殺吴子餘祭。閽者何？門人也，刑人也。則曷爲謂之閽？刑人非其人也。君子不近刑人，近刑人則輕死之道也。

（宋）袁采《袁氏世範》卷三《治家·婢僕姦盜宜深防》清晨早起，昏晚早睡，可以杜絶姦盜等事。

（宋）袁采《袁氏世範》卷三《治家·嚴内外之限》司馬温公居家雜儀，令僕子，非有警急修葺，不得入中門，婦女婢妾，無故不得出中門。只令鈴下小童，通傳內外。治家之法，此過半矣。

（宋）袁采《袁氏世範》卷三《治家·婢妾常宜防閉》婢妾與主翁親近，或多挾此私通，僕輩有子，則以主翁藉口，畜愚賤之裔，至破家者多矣。凡有婢妾，不可不謹其始，亦不可不防其終。

（宋）袁采《袁氏世範》卷三《治家·侍婢不可不謹出入》人有婢妾，不禁出入，至與外人私通有姙，不正其罪而遽逐去者，往往有於主翁身故之後，自言是主翁遺腹子，以求歸宗，旋至興訟。世俗所宜警此，免累後人。

（宋）袁采《袁氏世範》卷三《治家·婢妾不可供給》人有以正室妒忌，而於別宅置婢妾者，有供給娼女，而絶其與人往來者。其關防非不密，監守非不謹，然所委監守之人，得其犒遺，反與外人爲耳目，以通往來，而主翁不知，至養其所生子爲嗣者。又有婦人臨蓐，主翁不在，則棄其所生之女，而取他人之子爲己子者，主翁從而收養，不知非其己子。庸俗愚暗，大抵類此。

（宋）袁采《袁氏世範》卷三《治家·暮年不宜置寵妾》婦人多妒，有正室者少蓄婢妾，蓄婢妾者多無正室。夫蓄婢妾者，内有子弟，外有僕隸，皆當關防，制以主母，猶有他事，況無所統轄？以一人之耳目臨之，豈難欺蔽哉？暮年尤非所宜，使有意外之事，當如之何？

（宋）袁采《袁氏世範》卷三《治家·婢妾不可不謹防》夫蓄婢妾之家，有僻室而人所不到，有便門而可以通外，或溷厠與厨竈相近，而使膳夫掌庖，或夜飲在於内室，而使僕子供役，其弊有不可防者。蓋此曹深謀，而主不之猜，此曹迭爲耳目，而主又何由知覺。

（宋）袁采《袁氏世範》卷三《治家·美妾不可蓄》夫置婢妾，教之歌舞，或使侑樽，以爲賓客之歡。切不可蓄姿貌黠慧過人者。慮有惡客起覬覦之心，彼見美麗，必欲得之。逐獸則不見泰山，苟勢可以臨我，則無所不至。緑珠之事，在古可鑒，近世亦多有之，不欲指言其名。

（宋）袁采《袁氏世範》卷三《治家·待奴僕當寬恕》奴僕，小人就役於人者，天資多愚，作事乖舛背違，不曾有便當省力之處。如頓放什物，必以斜爲正，如裁截物色，必以長爲短。若此之類，殆非一端。又性多忘，囑之以事，全不記憶。又性多執，所見不是，自以爲是。又性多很，輕於應對，不識分守。所以雇主於使令之際，常多叱咄，其爲不改，其言愈辯，雇主愈不能平，於是箠楚加之，或失手而至於死亡者有矣。凡爲家長者，於使令之際，有不如意，當云小人天姿之愚如此，宜寬以處之，多其教誨，省其嗔怒可也。如此，則僕者可以免罪，主者胸中亦大安樂，省事多矣。至於婢妾，其愚尤甚，婦人既多褊急很愎，暴忍殘刻，又不知古今道理，其所以責備婢妾者，又非丈夫之比。爲家長者，宜於平昔常以待奴僕之理諭之，其閒必自有曉然者。

（宋）袁采《袁氏世範》卷三《治家·婢僕不可自鞭撻》 婢僕有小過，不可親自鞭撻，蓋一時怒氣所激，鞭撻之數必不記，徒且費力，婢僕未必知畏。惟徐徐責問，令他人執而撻之，視其過之輕重而定其數，雖不過怒，自然有威，婢妾亦自然畏憚矣。壽昌胡氏彦特之家，子弟不得自打僕隸，婦女不得自打婢妾，有過，則告之家長，家長爲之行遣。婦女擅打婢妾，則撻子弟，此賢者之家法也。

（宋）袁采《袁氏世範》卷三《治家·雇女使年滿當送還》 以人之妻爲婢，年滿而送還其夫。以人之女爲婢，年滿而送還其父母。以他鄉之人爲婢，年滿而送歸其鄉。此風俗最近厚者，浙東士大夫多行之。有不還其夫而擅嫁他人，有不還其父母而擅與嫁人，皆興訟之端。況有不卹其離親戚，去鄉土，役之終身，無夫無子，死爲無依之鬼，豈不甚可憐哉？

（宋）袁采《袁氏世範》卷三《治家·雇婢僕要牙保分明》 雇婢僕，須要牙保分明，牙保又不可令我家人爲之也。

（宋）袁采《袁氏世範》卷三《治家·買婢妾當詢來歷》 買婢妾，既已成契，不可不細詢其所自來，恐有良人子女，爲人所誘略。果然，則即告之官，不可以婢妾還與引來之人，慮殘其性命也。

（宋）袁采《袁氏世範》卷三《治家·買婢妾當審可否》 買婢妾，須問其應典賣不應典賣，如不應典賣，則不可成契。或果窮乏無所依倚，須令經官自陳，下保審會，方可成契。或其不能自陳，令引來之人於契中稱説，少與雇錢，待其有親人識認，即以與之也。

（宋）朱熹《朱子全書·家禮》卷一《司馬氏居家雜儀》 凡女僕，同輩謂兄弟所使。謂長者爲姊，後輩謂諸子舍所使。謂前輩爲姨，《内則》云：雖婢妾，衣服飲食，必後長者。鄭康成曰：人，貴賤不可以無禮，故使之序長幼。務相雍睦。其有鬬争者，主父主母聞之，即訶禁之。不止，即杖之。理曲者杖多。一止一不止，獨杖不止者。

凡男僕有忠信可任者，重其禄；能幹家事，次之。其專務欺詐，背公徇私，屢爲盜竊，弄權犯上者，逐之。

凡女僕年滿，不願留者，縱之。勤奮少過者，資而嫁之。其兩面二舌，飾虚造讒，離間骨肉者，逐之。屢爲盜竊者，逐之。放蕩不謹者，逐之。有離叛之志者。逐之。

（元）徐元瑞《吏學指南·良賤孳産》 官監户：謂前代以來配隸相生，或今朝配役，隸屬諸司州縣無貫者，即今之斷按主户是也。其斷没者，良人曰監户，奴婢曰官户。

雜户：謂前代以來配隸諸司課役者。並不同百姓之屬。

部曲：此等幼無所歸，投身衣飯，其主以奴畜之，别無户籍，唯隨本主籍貫，若此之類，名爲部曲，及其長成，許得通娶良人。

客女：謂婢經放良，並出妾者，其部曲之女亦是。

倡優：伎樂曰倡，諧戲曰優。所謂伎樂歌舞之家也。

店户：謂親當旅舍，及停止倡伎之類。

佃客：謂治田分利之人也。

媒保：媒合成婚曰媒，相托信任曰保。

隨身：斷約年月賃人指使者，古爲隨身，即今典産身良人也。

童僕：《説文》：男子有罪曰奴，奴曰童，女曰妾。皆從罪。僕者，給事之人也。

驅口：謂被俘獲驅使之人。古者以罪没爲奴婢，故有官私奴婢之分。荀子云臧獲，即奴婢也。此等並同資財，故《刑統賦〔釋〕》曰：稱人不及於奴婢。其所生子女謂曰家生驅口，若驅口自買到驅口謂之重口，蓋此流亦同財産耳。

奴婢：《周禮》：男口奴，女曰婢。王莽時曰私屬，今通稱驅口。

户下户：謂奴婢放良，仍隨本主籍貫，津貼差發之人。

（明）海瑞《海瑞集·興革條例·户屬·奴僕》 奴僕。率土之濱，皆天子之民也。律止功臣之家賜之以奴。其餘庶人之家，止有顧工人，有乞養義男。顧工人月日滿則止。謂之義男，與己爲男也。與己爲男，則當與己子論年，列爲兄弟，與己孫列爲伯叔姪。服勞奉養，理所當然。雖不能兼愛，然衣食婚喪與己子孫不宜甚至相遠。聞之建德縣待義男稍合律法，淳俗不然，直以奴僕待之，所當改革。

（明）王演疇《家訓・御下篇》 凡人家道稍温，必蓄僕婢。彼資我之養，我資彼之力，蓋相依而成人家。彼既有力，何處不可依人，而謂彼非我則無以爲生者，誤也。律有入官爲奴之條，士庶之家，安得有奴。故僕曰義男，婢曰義媳，幼者曰義女，皆與己之兒媳子女同稱。雖有貴賤，非犬馬之與我不同類者。陶淵明所謂此亦人子也，可繹思矣。

人家於此輩，衣服飲食，不加體恤。已失慈惠之道。若唾駡捶楚，詈無節制，殘忍何堪。或當駡而竟撻，或宜量撻而加重撻，或無故撻之，此在男子容有之，而婦人尤甚，婦人於僕婢皆然，而於小婢尤甚。

男子得僕以服伺於外，婦人得婢以服伺於内。皆可代己之勞，此男婦之所同也。惟婦人得僕婢代爲出入，而己得嚴内外之防，得供使令之役。是婦人之於僕婢尤切也。乃於所蓄僕婢，無端凌虐。或炊爨而少竊腥蔬，或看茶而便竊茶果，此小過，恕之可耳。或叱駡之，量朴之，足矣。乃以爲罪大惡極而不可赦也，盡力鞭笞，不在人理相待之内。有舅姑聞聲而不避，有妯娌力勸而不能。若丈夫禁之，則反甚其怒，猶曰彼爲盗耳。又有命之服役而不諳，蓋彼惟愚痴，故爲人役耳。正可情遣理恕，而從容教之。乃持棍棒而押之，一面打駡，一面視其幹辦，彼痛楚難堪，恐怖心勝，益周章無措，而益箠撻不休，猶曰此其不用心服役耳。又有因家之不如意，無名頓起，無故動火性。怨毒横生。遂遷怒於僕婢而撻之，視平昔更甚。青天雷電，平地風波，令彼躲閃無門，手足難措，豈不爲無端業障哉。

夫法莫嚴於官府矣。打用竹板，笞用荆條，拶夾刑具，止竹木之屬，另有人數杖，就是大盗，亦未有杖之上百者。諸刑具止施於兩臂手足，而脅背腰脇不及焉。而婦人不然也，房中便用火筯鐵鉗，厨中便用刀背，有節柴棍，其小者耳，撻之不計其數，甚至一日二三次箠撻之。腰背脇肋諸要害之處，不論焉。況官府中受杖之人，出則有人慰勞，有酒食煖臀，有棒瘡膏藥。此輩即有同類，不敢一目之顧，又安所得酒食瘡傷藥物哉。血肉之軀，原非金石，彼不速斃於杖下，幸耳。況彼打駡之時，威不稍霽，嗔目咬牙，如猫之捕鼠，狼心毒手，如虎之擒羊。分明一座活地獄。日中撻，不計其早晨曾撻，晚間撻，不計其日中曾撻。又何論今日撻，計其前日昨日已撻乎。且撻之時，有曰便打你死，不要償命，不過要去了幾兩銀子。嗟嗟，人命非蟻蟣也，但不計費，可任所爲，殊不知善惡報應，天理昭彰，不及其身，必於子孫，豈銀錢所能寬貸，良可懼也。

欲閑有家，須嚴於納媳之始，所謂教婦初來也。蓋新婦初來，就是素性剛狠，自有許多含蓄不敢發處。欲撻僕婢，必要先禀白舅姑。月不過一二度，杖不過荆條，數不過三五下。倘有私撻，暗地撻，姑查出而叱之。再不改，白其父母。又再不改，父責其子，姑責其媳，不妨過嚴，自不敢恣其胸臆。數月規矩已定，後來自能照行之。若初時稍縱，將來必勢重不可返，無藥可醫矣。

若其剛狠自用，不聽約束，及初來未嚴，養成撻人手熟者，又有一處焉，嫁賣之，彼必生釁，惟聽其遠遁投生，不爲尋究，去後亦不復買。惟工雇童稚，應門捧茶，若又稍稍難爲，明年并無肯爲工雇者。非薄其妻，實所以成之也。惟丈夫刑家無道，只爲不堪其聒噪。或已逃而必尋，或尋不獲而復買。私心必曰，彼經此錯，將來必改。不知婦怨無終，雨行舊路，將來不至撻死不已。是婦人之業，丈夫作之也。明有國法，幽有鬼神。其報應豈不譴及婦人，而並及丈夫哉。

（清）蕭奭《永憲録》卷二下 〔雍正元年八月戊申朔〕巡鹽兩浙監察御史鄂爾泰請除紹興墮民籍。

疏言：墮民爲宋罪臣之遺。宋將焦光贊部落以叛宋故，斥曰墮民。勇帽以拘形狀，女不長衫裙，以横布區其門曰乞户，雖有産不得充糧里正長。男子則許捕龜賣餅逐利，婦人則伴良家娶，爲人髻冠髮，穿珠花，走市巷，兼就所私，醜穢不堪，與樂户無二。請照山、陜樂籍，一例削除。部議：捕龜、賣餅、穿珠、作媒，俱係貧民餬口常業，較之樂户另編籍貫，逼勒爲娼不同。若行削除，終致失業。應令該撫轉飭屬官，如有豪强倚勢勒逼凌賤，有傷風化者，嚴行禁止。奉旨並與削除墮民籍，此後多改業，無復往來市巷矣。

《明史》卷九三《刑法志》 律稱庶人之家不許存養奴婢。蓋謂功臣家方給賞奴婢，庶民當自服勤勞，故不得存養。有犯者皆稱傭工人，初未言及縉紳之家也。縉紳之家，存養奴婢，勢所不免。合令法司酌議，無論官民之家，立券用値、工作有年限者，以僱工人論；受值微少、工作計日月者，以凡人論。若財買十五以下、恩養日久、十六以上、配有室家者，視同子孫論。或恩養未久、不曾配合者，庶人之家，仍以僱工人論；縉紳之家，視奴婢律論。

綜述

《唐律疏議》卷三《名例·工樂雜户及婦人犯流决杖》 諸工、樂、雜户及太常音聲人。

疏議曰：工、樂者，工屬少府，樂屬太常，並不貫州縣。雜户者，散屬諸司上下，前已釋訖。太常音聲人，謂在太常作樂者，元與工、樂不殊，俱是配隸之色，不屬州縣，唯屬太常，義寧以來，得於州縣附貫，依舊太常上下，别名太常音聲人。

犯流者，二千里决杖一百，一等加三十，留住，俱役三年；犯加役流者，役四年。

疏議曰：此等不同百姓，職掌唯在太常、少府等諸司，故犯流者不同常人例配，合流二千里者，决杖一百；二千五百里者，决杖一百三十；三千里者，决杖一百六十；俱留住，役三年。犯加役流者，役四年，《名例》云：累徒流應役者，不得過四年。故三年徒上，止加一年，以充四年之例。若是賤人，自依官户及奴法。

若習業已成，能專其事，及習天文，並給使、散使，各加杖二百。

疏議曰：工樂及太常音聲人，皆取在本司習業，依法各有程試。所習之業已成，又能專執其事。及習天文業者，謂在太史局天文觀生及天文生，以其執掌天文。依令：諸州有閹人，並送官，配内侍省及東宮内坊，名爲給使。諸王以下，爲散使。多本是良人，以其宮闈驅使，並習業已成。天文生等犯流罪，並不遠配，各加杖二百。

《唐律疏議》卷一二《户婚·放部曲奴婢還壓》 諸放部曲爲良，已給放書，而壓爲賤者，徒二年；若壓爲部曲及放奴婢爲良，而壓爲賤者，各減一等；即壓爲部曲及放爲部曲，而壓爲賤者，又各減一等。各還正之。

疏議曰：依《户令》：放奴婢爲良及部曲、客女者，並聽之。皆由家長給手書，長子以下連署，仍經本屬申牒除附。若放部曲、客女爲良，壓爲賤者，徒二年。若壓爲部曲者，謂放部曲、客女爲良，還壓爲部曲、客女；及放奴婢爲良，還壓爲賤：各減一等，合徒一年半。即壓爲部曲者，謂放奴婢爲良，壓爲部曲、客女；及放爲部曲者，謂放奴婢爲部曲、客女，而壓爲賤者：又各減一等，合徒一年。仍並改正，從其本色，故云各還正之。此文不言客女者，《名例律》稱部曲者，客女同，故解同部曲之例。

問曰：放客女及婢爲良，却留爲妾者，合得何罪？

答曰：妾者，娶良人爲之。據《户令》：自贖免賤，本主不留爲部曲者，任其所樂。況放客女及婢，本主留爲妾者，依律無罪，準自贖免賤者例，得留爲妾。

又問：部曲娶良人女爲妻，夫死服滿之後，即合任情去住。其有欲去不放，或因壓留爲妾及更抑配與部曲及奴，各合得何罪？

答曰：服滿不放，律無正文，當不應爲重，仍即任去。若元取當色爲婦，未是良人，留充本色，準法無罪。若是良人女壓留爲妾，即是有所威逼，從不應得爲重科。或抑配與餘部曲，同放奴婢爲良卻壓爲部曲，合徒一年。如配與奴，同與奴娶良人女，合徒一年半。上籍爲婢者，流三千里。此等轉嫁爲妻及妾，兩和情願者，並不合得罪。唯本是良者，不得願嫁賤人。

（唐）李林甫《唐六典》卷六《尚書刑部・都官郎中員外郎》 都官郎中、員外郎掌配没隸，簿録俘囚，以給衣糧、藥療，以理訴競、雪免；凡公私良賤必周知之。凡反逆相坐，没其家爲官奴婢。反逆家男女及奴婢没官，皆謂之官奴婢。男年十四以下者，配司農；十五已上者，以其年長，命遠京邑，配嶺南爲城奴。一免爲番户，再免爲雜户，三免爲良人，皆因赦宥所及則免之。凡免皆因恩言之，得降一等、二等，或直入良人。諸《律》、《令》、《格》、《式》有言官户者，是番户之總號，非謂别有一色。年六十及廢疾，雖赦令不該，並免爲番户；七十則免爲良人，任所居樂處而編附之。凡初配没有伎藝者，從其能而配諸司；婦人工巧者，入于掖庭；其餘無能，咸隸司農。凡諸行宫與監、牧及諸王、公主應給者，則割司農之户以配。諸官奴婢賜給人者，夫、妻、男、女不得分張；三歲已下聽隨母，不充數。若應簡進内者，取無夫無男女也。其餘雜伎則擇諸司之户教充。官户皆在本司分番，每年十月，都官按比。男年十三已上，在外州者十五已上，容貌端正，送太樂；十六已上，送鼓吹及少府教習。有工能官奴婢亦准此。業成，準官户例分番。其父兄先有伎藝堪傳習者，不在簡例。凡配官曹，長輸其作；番户、雜户，則分爲番。番户一年三番，雜户二年五番，番皆一月。十六已上當番請納資者，亦聽之。其官奴婢長役無番也。男子入于蔬圃，女子入厨饍，迺甄爲三等之差，以給其衣糧也。四歲已上爲小，十一已上爲中，二十已上爲丁。春衣每歲一給，冬衣二歲一給，其糧則季一給。丁奴春頭巾一，布衫、袴各一，牛皮鞾一量並氈。官婢春給裙、衫各一，絹襌一，鞵二量；冬給襦，複袴各一，牛皮鞾一量并氈。十歲已下男春給布衫一、鞋一量，女給布衫一、布裙一、鞵一量；冬，男女各給布襦一、鞵韈一量。官户長上者准此。其糧：丁口日給二升，中口一升五合，小口六合；諸户留長上者，丁口日給三升五合，中男給三升。凡居作各有課程。丁奴，三當二役，中奴若丁婢，二當一役；中婢，三當一役。凡元、冬、寒食、喪、婚、乳免咸與其假焉。官户、奴婢，元日、冬至、寒食放三日假，産後及父母喪、婚放一月，聞親喪放七日。有疾，太常給其醫藥。其分番及供公廨户不在給限。男、女既成，各從其類而配偶之。並不得養良人之子及以子繼人。每歲孟春，本司以類相從而疏其籍以申。每歲仲冬之月，條其生息，閱其老幼而正簿焉。每歲十月，所司自黄口以上並印臂，送都官閱貌。

（唐）李林甫《唐六典》卷一九《司農寺・卿少卿》 凡官户、奴婢男女成人，先以本色媲偶；若給賜，許其妻、子相隨。若犯籍没，以其所能各配諸司，婦人巧者入掖庭。

（宋）王溥《唐會要》卷三一《輿服上》 諸部曲、客女、奴婢，服絁紬絹布，色通用黄白，飾以銅鐵。客女及婢，通服青碧，聽同庶人，兼許夾纈。丈夫許通服黄白，如屬諸軍、諸使、諸司及屬諸道，任依本色目流例。其女人不得服黄紫爲裙，及銀泥罨畫錦繡等。

《宋刑統》卷一二《户婚律・放良壓為賤》 諸放部曲爲良，已給放書，而壓爲賤者，徒二年。若壓爲部曲，及放奴婢爲良而壓爲賤者，各減一等。即壓爲部曲，及放爲部曲而壓爲賤者，又各減一等，各還正之。

疏議曰：依《户令》，放奴婢爲良，及部曲、釋曰：部曲見在第六。客女者，並聽之。皆由家長給手書，長子以下連署，仍經本屬申牒除附。若放部曲、客女爲良，壓爲賤者，徒二年。若壓爲部曲者，謂放部曲、客女爲良，還壓爲部曲、客女，及放奴婢爲良，還壓爲賤：各減一等，合徒一年半。即壓爲部曲者，謂放奴婢爲良，壓爲部曲、客女。及放爲部曲者，謂放奴婢爲部曲、客女，而壓爲賤者：又各減一等，合徒一年。仍並改正，從其本色，故云各還正之。此文不言客女者，《名例律》稱部曲者，客女同，故解同部曲之例。

問曰：放客女及婢爲良，卻留爲妾者，合得何罪？

答曰：妾者，娶良人爲之。據《户令》，自贖免賤，本主不留爲部曲者，任其所樂。況放客女及婢，本主留爲妾者，依律無罪，准自贖免賤者例，得留爲妾。

又問：部曲娶良人女爲妻，夫死服滿之後，即合任情去住。其有欲去不放，或因壓留爲妾，及更抑配與部曲及奴，各合得何罪？

答曰：服滿不放，律無正文，當不應爲重，仍即任去。若元取當色爲婦，未是良人，留充本色，准法無罪。若是良人女壓留爲妾，即是有所威逼，從不應得爲重科。或抑配與餘部曲，同放奴婢爲良，卻壓爲部曲，合徒一年。如配與奴，同與奴娶良人女，合徒一年半。上籍爲婢者，流三千里。此等轉嫁爲妻及妾，兩和情願者，並不合得罪，唯本是良者，不得願嫁賤人。

《宋刑統》卷二六《雜律·錯認良人爲奴婢子孫》 諸錯認良人爲奴婢者，徒二年，爲部曲者減一等。錯認部曲爲奴者，杖一百。錯認奴婢及財物者，計贓一疋，笞十，五疋加一等，罪止杖一百。未得者各減二等。

疏：諸錯認良人爲奴婢者，徒二年，爲部曲者減一等。錯認部曲爲奴者，杖一百。

議曰：良人之與奴婢，種類自殊，若錯認者，徒二年，爲部曲者減一等，徒一年半。若錯認部曲爲奴者，杖一百。若部曲妻，雖取良人女，爲亦依部曲之坐。

又云，錯認奴婢及財物者，計贓一疋，笞十，五疋加一等，罪止杖一百。未得者各減二等。議曰：錯認他人奴婢及財物者，計贓一疋，笞十，五疋加一等，罪止杖一百。未得者各減二等，謂從錯認良人以下，未得者並減二等。其錯認良人以下爲子孫，律既無文，量情依不應爲輕。若錯認他人妻妾及女爲己妻妾者，情理俱重，依不應爲重科。若已認得妻妾將去者，多涉姦情，即同姦法。

（宋）佚名《宋大詔令集》卷一九八《政事·禁約·商旅細碎交易不得商其算詔淳化三年五月辛巳》 古者市廛而不税，關譏而不征，蓋所以察奇衺而禁游惰也。國家算及商賈，以抑末游，率循舊章，克助經費。如聞當職之吏，頗爲煩苛之規。覬盈羨以市恩，籠細碎而必取，掊克斯甚。交易不行，通商惠工，抑又何在。宜申明詔，用革前非。自今除商旅貨殖外，其販貿細碎交易，並不得商其算，違者罪之。仍令有司件析，頒行天下，揭于版，懸于官寺之屋壁，以遵守焉。

（宋）佚名《宋大詔令集》卷一九八《政事·禁約·禁廣南奴婢詔開寶四年三月》 昔漢高祖既定天下，乃詔民以飢餓自賣爲奴婢者，皆免爲庶人，蓋革污俗之弊。睠惟嶺表，方已削平，猶習餘風，所宜禁止。廣南諸州縣民家，有收買到男女奴婢，使轉將傭顧以輸其利者，自今並令放免，有敢不如詔旨者，當決杖配流。

《通制條格》卷四《户令·訴良人口》 至大四年閏七月，中書省。御史壹呈：訴良人監押給親不便等事。户部議得：今後訴良之人，勘會明白，委令事發官司先給公據，止於所在權且羈留，行移元籍，取發親屬，齎公文前來，即便給親完聚。如無親屬，男子去就，從其所欲，婦人願召嫁者，亦聽自處。都省准擬。

《通制條格》卷九《衣服·服色》 至元八年正月，中書省。照得娼妓之家，多與官員、士庶同着衣服，不分貴賤。擬將娼妓各分等第，穿皂衫子，戴角冠兒，娼妓之家長、親屬，裹青頭巾，婦女紫抹子，俱要各各常川穿戴。仍不得戴笠子，穿金衣服，騎坐馬疋，諸人捉拿到官，將馬給付告人充賞。

《元典章》卷一七《户部·户計·籍册·户口條畫》 壬子年另籍蒙古牌甲驅户，自抄數已後，每年争告，雖經省部斷定，終不絶詞。照得甲午年欽奉合罕皇帝聖旨：不論達達、回回、契丹、女真、漢兒人等，如是軍前虜到人口，在家住坐，做驅口。因而在外住坐，於隨處附籍，便係是皇帝民户，應當隨處差發。主人見，更不得識認，如是主人識認者，斷按打奚罪戾。又照得先帝聖旨節文：這新撮總已後數目裏入去了底體例呵，誰民户有呵，俺每虜來底、寄留下底、種田底、出軍底那般推辭，咱每根底不商量，住來底出地裏休起移者。打捕鷹房不問是何投下民户有呵，依着您每定下底差發抄上，過本城子裏官人每根底納者。欽此。所據另籍驅户已在當差額內，依着合罕皇帝聖旨、先帝聖旨裏，依舊當差，主人不得識認起移，外，今次取〔勘〕到驅（口）〔户〕，雖係壬子年另（作）〔户〕附籍，當時開除，止納本使錢物，到今不曾應當係官差發，依舊除豁，不行收差。

《元典章》卷二九《禮部·禮制·服色·娼妓服色》 至元五年十月，平陽路承奉中書右三部符文該：准中書省劄付：娼妓之家，多與官員士庶同着衣服，不分貴賤。今擬娼妓各分等第，穿着紫皂衫子，戴（着）

〔角〕冠兒。娼妓之家家長并親屬，男子裹青頭巾，婦女〔滯〕〔紫〕抹子，俱要各各常川裹戴，仍不得戴笠子並穿着帶金衣服，及不得騎坐馬疋。違者，許諸色人捉拿到官，將馬疋給付拿住的人爲主。仰行下各路總管府，出榜嚴切省諭。如有違犯之人，就便究治事。仰照驗，速爲遍榜，依上禁治施行。

又

至元八年，尚書省准中書省咨：

今有忽都魯吾四、業先納傳奉聖旨：隨路娼妓，不戴冠兒者。中書省家官人每行文書，教戴去者。欽此。都省照得先爲娼妓之家，多與官員士庶同着衣服，不分貴賤，已經行下出榜省諭去訖。據此，咨請欽依聖旨及已行事理施行。

《元典章》卷三四《兵部・軍役・軍驅・蒙古軍驅條畫》 至元六年十月，户部：

近奉中書省判送樞密院呈：據河間等路分間蒙古軍驅怯薛歹闊闊等申稟，乞明降。批奉都堂鈞旨，送户部，與兵刑部一同講究到下項事理。呈奉中書省劄付該：都堂准呈，除已劄付樞密院並斷事官迓兒等照會外，仰照驗施行。【略】

一、探馬赤見争驅口，有乙未年之後、壬子年已前各路收差户計，今次對證是實。樞密院議得：既是羊兒年數目裏不曾入去，擬合對證是實分付事。前件，一同講究得：探馬赤驅口，乙未年不曾付籍，壬子年已前爲民，合令本路總管府與委去怯薛歹、斷事官一同令主奴對證是實，别無争差，欽依聖旨事意，分付本主。

一、各路見問驅口内，稱投拜萬户、千户、牌子頭，散軍的，根隨過河，前來各家住坐，或在外津貼錢物。因經壬子年抄上，作好投拜民户籍過當差，及有配與妻室户計。除指出見證外，别無顯迹。若作好投拜户計歸着，恐有違錯。樞密院議得：若有將引全家老小投拜萬户、千户、百户，有顯迹底，别無定奪。外據驅虜過來，與使長同居，或在外住坐，津貼本使錢物，及配與妻室户計，擬合分付事主。前件，一同講究得：除稱投拜户計有顯迹者别無定奪外，據虜過來與使長同居，或在外住坐，津貼本使軍錢，配與妻室户計，别無争差，合行分付。若有主奴無堪顯證，見當站、民匠差役者，依舊應當。

一、探馬赤見争驅口，多有正驅身死抛下妻男，與使對證，伊父委係本使元虜買撒花人口。有忙速兒稱：恐各户避差扶同，見今聽候。樞密院議得：既是正驅抛下妻男承伏伊父委是本人虜買撒花人口，合行分付事。前件，一同講究得：對證是實，合准樞密院所擬。

《元典章》卷五一《刑部・諸盗・獲盗・捉獲逃驅給賞》 至元七年四月，尚書省：

近據樞密院呈：山東路統軍司呈：沿邊巡哨軍人捉獲逃訖人口，本主識認，每名擬令出備鈔一十五兩，與捉事人充賞。省府移准中書省咨該：今後沿邊巡哨軍人捉獲逃驅，如本主識認，令本處管民官司估計逃驅實該價錢，以五分内擬給一分充賞。若無管民官司去處，行移鄰近州縣，依上〔佑〕〔估〕價理賞。省府准此，仰遍行所屬，照會施行。

《元典章新集・朝綱・刑部・人口・逃驅・探馬赤軍人逃驅》 延祐七年五月□日，江南行臺准御史臺咨：奉中書省劄付：

延祐六年十二月三十日奏過事内一件：今後探馬赤的驅口逃走了，捉獲呵，教斷八十七。捉獲人根底，於逃驅家私内斷没一半充賞。明知是驅，誘引窩藏，不行告首的人，各斷七十七。窩藏之家曾將逃驅傭使者，依鄉原例徵理傭工之價，給付本使。兩鄰、主首、社長知而不首告，斷五十七下，不知情者不坐。諸人捉獲，於逃驅家私斷没一半充賞。同主驅獲十口以上者，即放爲良，仍賞中統鈔一百貫。應捕官兵捕獲，每名給中統鈔五十貫，並於犯人名下追給。當該有司承告，取問明白，不行依例發落而放驅者，判署正官笞三十七，首領官笞四十七，司吏笞五十七。其餘諸逃驅，並依大德八年奏准通例行呵，怎生？商量來。奏呵，奉聖旨：那般者。欽此。仰欽依施行。

（元）沈仲緯《刑統賦疏・第六韻》 直解：奴婢在律止同畜生，皆不稱人。若被盗、殺傷者，亦是稱人。

《皇明條法事類纂》卷一三《户部類・軍職和娶樂婦照宿〔倡〕〔娼〕例調衛》 成化十九年四月初一日，都察院右副都御史李等題：該陝西按察司呈，問得犯人畢通，招係慶陽衛前副千户。（所）成化十五年間，通不合指以運（糧）邊糧爲由，科斂軍餘賈鑒等銀兩作運糧盤纏，於内剋落五十兩入己。又不合就前銀並三梭布十四疋，和娶樂人張信之妾徐善端爲（要）〔妻〕。事發問擬畢通除娶樂人爲妻輕罪外，依非因公務科斂人財物入己者計贓，以不枉法論滿貫罪止律減等杖一百、徒三年，照例納米，完日還職。緣係軍職，和娶樂人爲妻，干礙行止，查無發落事例，監候備呈定奪等因。查得先該南京刑部問得江淮衛指揮李勳、魏整，各姦宿樂婦李氏、四發，犯該不應杖罪，係行止有虧人數，備行兵部查例定奪。該本部奏准將李勳等改調別衛，帶俸差操，不許管軍管事，及今後遇有宿娼軍職，一依此例發落等因，見今遵行。今該前因，參看得副千户畢通既已居官食禄，自合循理守法，卻乃淫蕩無恥，和娶樂人爲妻，正係行止有虧人數，比與宿娼情犯相同，合無行移兵部，將畢通照依宿娼事例擬調別衛，帶俸差操，不許管軍管事，轉行陝西按察司將畢通納米完日依擬發落。仍通行内外問刑衙門，今後遇有和娶樂人爲妻軍職，俱照畢通〔例〕發落。奉聖旨：是。欽此。

《宗藩條例》卷上《釋放庶人》 查得嘉靖二十三年九月内，該守備鳳陽等處御用監張信等遵敕具奏庶人宸潛已故，乞要將遺下妻陳氏、男紹祖等釋放回府居住等因。該本部覆題。奉聖旨：是。欽此。又查得嘉靖三十四年四月内，該守備鳳陽等處内侍官張奉等遵敕具奏庶人宸漣已故，乞要將遺下男大哥、男婦劉氏等釋放送回原府，照例給與房屋柴米養贍。等因。該本部查照宸潛事例，覆題。奉聖旨：是。欽此。又查得嘉靖三十四年九月内，該巡按直隸監察御史金淛、陶承學奏稱鳳陽一府，我聖祖肇基之地。外有皇陵之重，内無城郭可依，且高牆五座散處其間。合無敕下禮、刑二部會議，除見在罪重正身不敢輕議外，其餘情有可原者發回本處王府居住，仍將各牆並入一二處，以便防守等因。題奉欽依，查勘釋放。

前件臣等看得高牆庶人及妻妾人等，先因被累株連遷發，然以本犯尚在，則戚屬與俱，似難先釋。如所犯庶人已故，而無辜親黨久罹禁錮，孽非自作，委有可矜。況高牆地窄人多，有司支應難給。節該寧備官具奏，本部覆題釋放。今後務要審勘犯罪緣由，酌議奏釋。如躬蹈憲典，自罹譴黜，而即欲乞貰如岷府彦泥者，悉照明旨不准釋放。朦朧瀆奏者，奏詞立案不行。

（明）吕坤《民務》卷四《禁諭樂户》 爲禁約事，今將樂户應禁事宜開列於後：

一、樂户與民分良賤，難以入約，但無爲首之人，私下其誰鈐制。凡州縣有籍樂人亦選有身家公正衆樂推服者二人爲樂首，將槩州縣樂户造一簿籍，有司用印給發，聽其管理，不服者呈治。如有因而詐財者，許被害告發，坐贓問罪。

一、但有流來水户在於地方惑誘良家者，許樂首稟官，趕逐出境。如有通同店主詐財懼惡朦朧不報者，一體究罪。

一、各樂户家但有容留大户及賭博光棍面生可疑之人者，許樂首挨查稟官，違者事發，一例同罪。

一、祈報祭賽敬事鬼神祭奠喪門哀痛死者，俱不許招集娼優，淫言褻語，以亂大禮。違者，招家與應招之人一體重治。

一、樂户但有與老户良民互罵同毆者，加倍問罪，情重者枷號。

一、娼婦不許與良家一樣粧束，及穿織金粧花補衣，戴金珠翡翠首飾。違者，盡追入官，變價充孤老布花之用。

一、娼婦所入之家必有夫婦之禍，今後娼家婦女但有在於良民之家經宿住留及包占者，除將容留者陞户二則罰穀三十石輸邊外，娼婦重加樛打。樂首不舉者，重責枷號問罪。其以禮聘娶從良者，聽從其便，不許一槩攀擾。

一、樂户買良及勾引良家婦女暗行淫邪，除依律問罪外，仍加責枷號。

一、原籍良民夫婦不才，甘心賣姦度日者，辱祖羞親，冣爲無耻。見官，樂户叩頭傍坐，訶罵不許還口，以示激改之意。凡犯到官，比官樂加倍重處。

一、樂工之家擅用銅鑼鼓響器，送字號軸帳及用圍裙坐褥者，枷號重責。

一、樂工有地者，既納糧差，又朝賀祭祀，接官一歲，在官不減一月，原無工食，丁銀免出，蓋下三則人户力差銀差二者，無並出之法也。

《大清律集解附例》卷一《名例・工樂户及婦人犯罪》 凡工匠、樂户犯流罪者，三流並決杖一百，留住，衙門。拘役四年。住支月糧。若欽天監天文生，習業已成，能明於測驗、推步之法。自專其事者，犯流及徒者，各決杖一百，餘罪收贖。仍令在監習業。犯謀反、逆、叛緣坐應流，及造畜蠱毒，採生折割人，殺一家三人，家口會赦猶流，及犯竊盜，編配刺字，與常人一體科斷，不在流住之限，餘罪照例收贖。其婦人犯罪應決杖者，姦罪去衣受刑，餘罪單衣決罰，皆免刺字。若犯徒、流者，決杖一百，餘罪收贖。

（清）李漁《資治新書二集》卷一四《風俗·禁錮婢·禁止錮婢不婚等事》 照得男女匹配，理合陰陽。婚嫁蹉跎，事干倫理。男子弱冠而婚，女子及笄而嫁，此古今不易之規例也。訪得婺州惡習，民間婢女，有年至三十、四十而未嫁者，甚有禁錮終身，髮白齒落，而未經字人者。是天地間陰陽二道竟屬徒然，夫婦一倫總成虛設，悖理傷化，干犯天和，莫此爲甚。此皆富家大族喜用無夫之女，便於出入房幃。恐其一經配合，即分事主之勤，以修愛夫之好。是以日復一日，年復一年，遂不覺老之將至。及其老也，欲行配合，又無樂受之人，此其所以孑處一生，永乏于歸之日也。大姓若此，貧家小户又復尤而效之。父傳之子，子傳之孫，遂成今古相沿之惡習。若不遇一辣手之官嚴加禁革，擇一二頑梗不遵者盡法懲之，則此陋習頹風流將安底？試問呼奴使婢之人，孰不有兒有女，胡不設身處地，試一忖量親生兒女過期不嫁，父母有不哀憐兒女者乎？兒女有不怨恨父母者乎？人有尊卑，情無上下，何恕于待己而刻于待人乎？且凡民之家畜一牛羊犬豕，尚思爲雄覓雌，移牝就牝，而獨於婢子不然，何慈于待物而忍于待人乎？汝身自有妻妾，汝之兒女亦各有夫婦，皆其習聞而熟睹者，窺此琴瑟之歡，增彼向隅之泣。此種人情不加體貼，豈真鐵石爲心者乎？合行嚴飭，爲此示仰合屬軍民人等知悉：凡有了鬟婢女，年過二十以上者，不論大家小户，總以一月爲期，或外嫁良民，或内婚僮僕，盡行配合。如過期不嫁不配者，許地方鄉保人等指名首告，以憑盡法嚴處。其婢女即着地方鄉保擇貧窮男子之無妻者，至本廳當堂配合，量給聘資，不准全禮。此後著以爲例。凡屬民間使女婚嫁之年，總不得過二十以外。茲本廳一面出示，一面申詳各上臺。事關移風易俗，諒無不批允飭行者也。特示。

《大清律例》卷四《名例律·工樂户及婦人犯罪》 凡工匠、樂户犯徒罪者，五徒並依杖數決訖，留住衙門照徒年限拘役。住支月糧，其鬥毆傷人，及監守、常人盜，竊盜，掏摸，搶奪，發配、刺字與常人一體科斷，不在留住拘役之限。【略】

條例

一、和聲署官俳，精選樂工，演習聽用。若樂工投託勢要，挾制官俳，及抗拒不服拘喚者，聽申禮部送問，就於本司門首枷號一個月發落。若官俳徇私聽囑，放富差貧，縱容四外逃躲者，參究治罪，革去職役。

《大清律續纂條例》卷一《户律條例·人户以籍為定》 八旗從前投充及乾隆元年以前契買家奴，果原係灶户，祖父姓名籍貫確有證據，令該大使查明，出具印甘各結詳報該管上司核明，行文該處。查提准其放出歸灶，仍將賣身之人枷號三個月，引進保人枷號兩個月，各責四十板，追取原價給主。其並非灶丁，指稱灶丁，抗違家主者，杖一百，仍行給主。

（清）魏際瑞《四此堂稿》卷一《告示·禁錮婢不嫁》 爲諭禁錮婢以正風化事，照得：人之貴賤雖有等殊，男女大倫原無差别。貧家之女不幸賣身爲婢，受人驅役，情既可憐，服事代勞，義尤當念，至於匹配婚媾之際，尤切鰥寡怨曠之心，苟逆人情，必傷天理。近訪該屬士民家婢多不遣嫁，只圖自便，錮人終身。以至愚者每飲煢獨之泣，黠者遂多奸穢之私，積怨誨淫，敗常亂俗。不仁不義之家主安之無慚，素餐尸位之有司知而不禁，違理悖法，莫甚於斯。合行嚴禁，爲此示仰士民人等知悉。凡畜養婢女年及二十者，悉宜遣嫁，不許羈留。即謂熟用之人不肯遠離，亦當選擇家僮與爲婚配。汝等當思婢亦人子，何堪無罪錮閉終身，怨詈所鐘，身世子孫必無昌茂，況又穢聲昭著，玷及家門。憲禁不遵，必貽罪罰，誠諭至此，雖至愚者，亦當醒矣。如敢故違，決不寬恕。

（清）萬維翰《成規拾遺·契買童婢查明來歷》 浙臬萬爲議覆事，核議得海鹽縣王具禀，防杜拐匪條議四款，奉憲批司核議具詳本司。【略】爲童婢應如所議，請飭各屬曉諭士民，凡契買童婢，必查其實在住址、父母兄弟的實姓名，並有素信誠實之人作中，方可價買。如形跡稍有可疑，不得輕聽成交。仍細詢本人，若係拐騙，即投明地保禀官查究。倘不察來歷，混行收買，一經發覺，即不知情，亦治其不應之罪，仍追身價入官。亦預絶拐賣之一端也。

（清）王明松《王氏族譜》卷一《家訓·恤奴僕》 奴僕與我雖有上

下之分，然亦人子也，當恤其饑寒，憫其疾病，念其勞苦。設有小過則宛轉開諭，至於酗酒撒潑得罪家長及盜竊非爲等事，必嚴行懲治，或送官正法，或即行斥逐，不得寬容故縱，以致罪坐家長族人。戒之。

（清）董誥《全唐文》卷一《高祖皇帝·太常樂人蠲除一同民例詔》

太常樂人，今因罪謫入營署，習藝伶官，前代以來，轉相承襲。或有衣冠世緒，公卿子孫，一沾此色，後世不改。婚姻絶於士類，名籍異於編甿。大耻深疵，良可哀愍。朕君臨區宇，思從寬惠，永言淪滯，義存刷蕩。其大樂鼓吹諸舊人，年月已久，世代遷易，宜得蠲除，一同民例。但音律之伎，積學所成，傳授之人，不可頓闕，仍依舊本司上下。若已仕官，見入班流，勿更追呼，各從品秩。自武德元年以來配充樂户者，不入此例。

（清）佚名《比照案例·户律·市廛·私充牙行埠頭》 安徽司　嘉慶二十三年

安撫咨：程慎思曾充婺源縣典吏，役滿退卯，捐納從九職銜。因牙茶程廣發稟退，而以伊孫程啓元出名領帖頂充，自行主持行務，藉挾茶商程芳口角微嫌，不即給引放行，並囑同業之謝發萬故意留難，雖訊無額外多索情弊，實屬擾累商旅。將程慎思比照各衙門胥役更名改姓兼充牙行例，杖一百。

奉天司　道光二年

提督奏：馬添路私充牙行，買賣馬匹。查馬添路等所買馬匹均經納税，雖無隱漏情事，惟京城買賣馬匹，向來均應在左右兩翼官設馬市售賣。馬添路輒在並無牙行處私行交易，應將馬添路等均比照私充牙行，杖六十。

《户部則例》卷二《户口·八旗户口·奴僕》 一、八旗官兵人等買用奴僕，令報明本管佐領鈐印，赴左右兩翼驗明，加給印照，於歲底左右兩翼將身價户口數目造册，咨送户部備查。

一、駐防各官不准收買本省民人爲僕，如縱令家人私買及囑托兵丁買者，照本官買人例議處。該管官失察，分別處分。其駐防兵丁實在並無家人者，由該管官取結准買，仍不得過二名。若勒買及逾數者，治罪，該管官議處。

一、功臣子孫所得賞給爲奴之罪人妻孥，應嚴緊管束，如陞轉外任，或駐防外省，將所賞之人帶往，不得聽其留京滋事，違者嚴行治罪。

一、八旗户下家人，不論遠年舊僕及乾隆元年以前印白契所買奴僕，實係本主念其數輩出力勤勞年久，情願放出爲民者，呈明本旗查明並無鑽營情弊，造册取結，咨部核對丁册，名姓相符，轉行地方官，收入民籍。仍不准求謀仕宦，至伊等子孫，各照該籍民人例辦理。

一、各旗白契所買家奴，如本主不能養贍，或念有微勞，情願令其贖身者，准其贖身。其有酗酒、犯上滋事、拐逃及恃强設法贖身等事，俱照紅契家人一例辦理。

一、八旗户下家奴，有借他人名色認買，私自出旗，或將子孫改姓潛入民籍者，查報治罪，仍斷歸本主。

一、八旗户下家奴，有鑽營勢力、欺壓孤幼，贖身爲民者，倍追身價，給還原主，將人口賞給各省駐防將軍副都統爲奴。如係本主得銀放出潛入民籍者，止科其不行呈報之罪，仍准爲民。

一、八旗絶户家奴，如無族主可歸者，該旗查明，如係遠年舊僕及乾隆元年以前契買奴僕，造册送部，轉行地方官收入民籍。其乾隆元年以後契買奴僕，令其贖身爲民，身價銀兩照絶户財産例辦理。絶户財産例，詳見田賦門。

一、旗下家奴賣身以前，或已聘未娶，女家並不知情者，女家願嫁，准娶，不願者，聽其改聘。

一、旗下家奴將女私聘與人，經本主控告審明，未婚者，給還本主。已婚者，追身價銀四十兩。無力者，量追一半給主，免其離異。其嫁女之人及知情聘娶者，分別鞭責。其主公莊頭女子定限二十歲以外，准其報明王公，聽其婚嫁。如有私行聘嫁與旗人者，照前例追身價銀四十兩，免其離異。若私行聘與民人者，仍行斷離，將承聘之人照例鞭責。

一、旗下家奴酗酒行兇，罪應發遣者，令將其妻一同帶往。如實有不能帶往者，或令於親屬依棲，或聽本婦改嫁，不許本主仍留服役。

一、吉林寧古塔、伯都納、拉林、阿勒楚哈等處旗下家奴之女，不許嫁與民人，違者治罪。

《户部則例》卷四《户口·直省户口·豁除賤籍》 一、凡開豁爲良之樂籍、墮民、丐户及已經改業之蛋户、九姓漁户人等，耕讀工商聽其自便。仍以報官改業之人爲始，下逮四世，必其本族親支均係清白自守者，方准應試報捐。若豪棍藉端攻訐欺壓訛詐，依律治罪。

一、廣東省蛋户，凡係力能建屋及搭棚棲身者，聽在近水村莊居住，與齊民一體編查，勢豪土棍不得欺凌驅逐。

《户部則例》卷四《户口・直省户口・奴僕》 一、民人契買奴僕，呈明地方官鈐印，契内有犯，驗契究治。凡漢人奴僕若家生，若印契買，若雍正十三年以前白契所買，以及投靠養育年久，或婢女招配生子者，俱照八旗之例，子孫永遠服役。

一、凡紳衿庶民之家所買婢女，不行婚配，致令孤寡者，按律治罪。

一、奉差官員並督撫提鎮大小各官，不許買所屬良民爲奴及轉相餽送，違者照畧買良民例治罪。

一、滿洲蒙古家人賣與漢軍民人，漢軍家人賣與民人者，係官議處，旗民分别鞭責。所買之人及價銀俱入官。漢軍民人買役喀爾喀、額嚕特之人，係官議處，旗民鞭責，所買之人入官。奉天、錦州二府民人子女賣與别省民人及旗人者，照民買旗人例科罪，價銀入官。沿邊民人娶買乞養蒙古人口，從重治罪。凡違例買賣人口，該管及地方官失察，均嚴加議處。

一、民人置買苗口，赴地方官印契，有帶回原籍他處者，報官給照，填註男女，姓名，年貌，關汛驗實放行。如地方官不行查明，將苗民男婦用印賣與川販者，查参議處。無印契、印照而關汛賄縱出境者，兵役計贓定罪，該管員弁分别参處。

一、典買奴僕若文契雖失，尚受主家豢養者，仍令服役。即已經贖身，其本身及在主家所育之子孫，仍存主僕名分，不准開豁爲良。

一、安徽省徽州、寧國、池州三府細民，如止佃種大户田地者，不許壓爲世僕。至其先世有佃田主之田，即葬田主之山者，不准開豁。

（清）龍文彬《明會要》卷五二《民政・奴僕》 明律：凡收留人家迷失子女，不送官司而賣爲奴婢者，坐徒。若得迷失奴婢而賣者，各減良人罪一等。若收留在逃子女，而賣爲奴婢者，亦坐徒。若得在逃奴婢而賣者，各減等。其被賣在逃之人，又各減等。其自收留爲奴婢、妻妾、子孫者，罪亦如之。隱藏在家者，並杖。

甲辰四月乙巳，太祖聞諸功臣家僮僕多有横肆者，召徐達、常遇春等，諭以宜早懲治，勿隱忍姑息，終爲身害。《世法録》。

太祖初，賜公、侯卒百二十人，曰奴軍。《史稿》。

何真攻王成，募禽成者予鈔十千。成奴縛成以出。真予之鈔，命具湯鑊，趣烹奴。號於衆曰：有奴叛主者，視此。《何真傳》。

洪武五年五月，詔：諸遭亂爲人奴隸者，復爲民。《本紀》。

又令蒙古、色目人民，既居中國，許與中國人結婚姻，不許與本類自相嫁娶。違者，男女兩家抄没入官爲奴婢。

十七年，令：各處抄劄人口家財，就解本處衛。分成丁男子同妻小收充軍役，其餘人口給軍官爲奴。已上王圻《通考》。

御史裴承祖劾武定侯郭英養家奴百五十餘人。《郭英傳》。

李增枝蓄僮僕無慮千百。《李文忠傳》。

二十四年，定：役使奴婢，公侯家不過二十人，一品不過十二人，二品不過十人，三品不過八人。王圻《通考》。【略】

仁宗初，詔禮部：建文諸臣家屬在功臣家爲奴者，悉宥爲民。《本紀》。

會昌侯孫忠家奴貸子錢於濱州民，規利數倍。有司望風奉行。民不堪，訴諸朝。言官交章劾之。命執家奴戍邊，忠不問。《外戚傳》。

景泰中，楊傑上言：臣家蒼頭得官者十六人，乞停蒼頭楊釗等職。詔許之。《楊洪傳》。

弘治九年，屠滽言：永樂間，榜例：王公僕從二十人，一品不過十二人。今勳戚多者以百數，大乖舊制，乞令裁定。《通紀》。

正德時，京師勢要家子弟僮奴苟竊爵賞。《戴冠傳》。【略】

明制：軍中俘獲子女及犯罪抄没人口，多分給功臣家爲奴婢。至萬曆二十九年，兵部郎中奏：逆酋楊道漢等，分給功臣王承勳、徐文璧家。仍遵前旨，嚴加約束，不許婚配。王圻《通考》。

（清）姚雨薌《大清律例會通新纂》卷九《户律・婚姻・娶樂人為妻妾》 凡文武官並吏娶樂人妓者爲妻妾者，杖六十，並離異。歸宗，不還樂工，財禮入官。若官員子孫應襲廕者娶者，罪亦如之，註册，候應襲之日，凡應襲本職上降一等叙用。官兼文武言，官員子孫止指應襲廕者言。樂人乃教坊司之妓者，今無教坊，但有樂籍娼家，良賤尚不得爲婚，樂人則賤之甚者，官吏乃應襲廕之子孫娶爲妻妾，辱褻已甚，故坐杖六十，並離異。子孫仍註册降叙。不言舉人貢監生員者，宿娼尚礙行止，例應斥革，况娶之乎？不言庶民者，以爲不足責也。

《臺灣私法人事編・人・品性・階級・賤民法例・户部則例》 旗下家奴將女私聘與人，經本主控告審明，未婚者給還本主；已婚者追身價肆拾兩；無力者量追一半給主，免其離異。其嫁女之人及知情聘娶者，分別鞭責。

《臺灣私法人事編・人・品性・階級・賤民法例・户律户役人户以籍為定律條例及嘉慶會典》 雍正十三年以前，各旗白契所買之人，俱不准贖身，若有逃走者，准遞逃牌。乾隆元年以後，白契所買單身及帶有妻室子女之人，俱准贖身；若買主配給妻室者，不准贖身；未經賣身之先，或已定親未娶，問女家情願，方許配合，不情願者聽。旗下奴僕若果係數輩出力之人，伊主念其勤勞，情願聽其贖身爲民，本旂户部有檔案可稽，州縣地方官有册籍可據，爲民者仍歸民籍，舊主子孫不得藉端控告。其有投充之本身私自爲民，别經發覺，將伊家同族之良民誣指爲同祖，希圖陷害者，或本主因家奴之同族少有産業，誣告投充之子孫者，審明將誣扳誣告之人照冒認良人爲奴婢律治罪。乾隆元年以後放出，捏稱元年以前私自營救入於民籍者，察出，將該户交刑部照例治罪，仍令歸旂作爲本主户下家人，其不行詳查之參佐領及朦混收入民藉之地方官，一併交部議處。

乾隆元年以後，白契所買之人，未入丁册者，准照例贖身爲民。其乾隆元年以前，白契所買之人，既准作爲印契，仍照例在本主户下挑取步甲等缺。俟三輩後著有勞績，本主情願放出爲民者，旂人則取具本主甘結，加具參佐領圖結，由旂咨部存案；漢人則取具本主甘結，報明本籍地方官咨部存案，俟部核覆，准入民籍。此等旂民放出家奴只許耕作營生，不許考試出仕；其放出入籍三代後，所生之子孫准其與平民一例應試出仕；京官不得至京堂，外官不得至三品；其雖經放出未經聖報者，應俟報官存案之日起限。嘉慶十一年修改。

安徽省徽州、甯國、池州三府，民間世僕如現在主家服役者，應俟放出三代後，所生子孫方准報捐考試；若早經放出，並現在服役豢養及現下與奴僕爲婚者，雖曾葬田主之山，佃田主之田，均一體開豁爲良，已歷三代者，即准其報捐考試。嘉慶十五年續纂。

遠年印契所買奴僕之中，如内有實係民人印契賣與旂人，契内尚有籍貫可查，照乾隆元年以前白契所買家人之例，三輩後准其爲民，仍將伊等祖父姓名籍貫一體造册咨送户部查核。

駐防旂人置買本地家奴，本主因其不堪驅使，情願准其贖身者，亦准放出爲民。

凡八旂絶户家奴，如無旂人可歸者，無論家下陳人契買奴僕，俱令本佐領造入原主户下，責令看守伊主墳墓。其中如果有年力精壯，尚可當差者，在於本佐領下披步甲當差。如内有乾隆元年以後白契所買奴僕，情願贖身爲民者，照例贖身，其身價銀兩，照絶户財産入官例辦理。

發遣賞給黑龍江、新疆等處及各省駐防官員兵丁爲奴人犯，並無應賣事故，輙私行典賣及得財放贖者，係官革職；兵丁枷號兩個月，鞭一百，追價入官；專管各官交部議處。其用財贖身之遣犯，枷號一年，鞭一百，仍交原主管束；若實有應賣事故欲行典賣者，報明該管官酌量准其典賣與本處旂人爲奴，如過有逃走爲匪等事，即將典賣之人照例治罪，原主不坐。如賣與民人並别境旗人爲奴者，原主杖一百，亦追價入官；其人犯令該將軍都統另行賞給本處官兵爲奴，不准原主領回。嘉慶十五年修改、十九年復奉頒修。

八旗家奴如係累代出力，經本主呈明令其出户，應准放入民籍。其由本主得銀放出，潜入民籍，或抱養子弟指稱歸宗，私入民籍者，仍治以不行呈明之罪，令其各歸民籍。至指借他人名色代爲認買，私自出旗或帶地投充之人，將子孫改姓潜入民籍者，照例治罪，仍斷還原主。若有鑽營勢力，欺壓孤幼，贖身爲民者，倍追身價給還原主，將人口賞給外省駐防兵丁爲奴。

凡八旗白契所買家奴，如本主不能養贍，或念有微勞情願令其贖身者，仍准贖身外，如本土不願，概不准贖。其有酗酒干犯拐帶逃走等情，具照紅契家人一例治罪。如有鑽營勢力、倚强贖身者，仍照定例辦理。

八旗從前投充及乾隆元年以前契買家奴，果原係竈户，祖父姓名籍貫確有證據，令該大使查明出具印甘各結，詳報該管上司核明，行文該處查提，准其放出歸竈，仍將賣身之人枷號三個月，引進保人枷號兩個月，各責四十板，追取原價給主。其並非竈丁指稱竈丁，抗違家主者，杖一百，仍行給主。

嘉慶十八年所編《大清會典》

四民爲良，奴僕及娼、優、隸、卒爲賤。其山西、陝西之樂户，江南之丐户，浙江之惰民，皆於雍正元年、七年、八年先後豁除賤籍；如報官改業後，已越四世親支，無習賤業者，即准其應考出仕。其廣東之蜑民、浙江之九姓漁户，皆照此例。凡衙門應役之人，除庫丁、計級、民壯仍例於齊民，其皂隸、馬快、步快、小馬、禁卒、門子、弓兵、仵作、糧差及巡捕營番役，皆爲賤役，長隨亦與奴僕同。其奴僕經本主放出爲民者，令報明地方官咨部覆准入籍，其入籍後所生之子孫，准與平常應考出仕；京官不得至京堂，外官不得至三品。

《臺灣私法人事編·人·品性·階級·賤民法例·福建省例·禁士民錮婢，奸媒開館》 嚴禁士民錮婢之陋習，奸媒開館之澆風，以正人倫，以厚風俗事。乾隆二十六年九月，奉署巡撫部院楊憲牌，照得夫婦爲人倫之首，姦淫爲風化攸關，故怨女曠夫王政所戒，有家有室父母之心，彼貧寒女子鬻身爲婢，或因孤苦無依，或因厄窮失所，勢出無可如何；隸身供役，受盡辛勤，自幼及笄備嘗艱苦，而爲其主者見其年歲漸長，自當乘時擇配，庶免致怨摽梅，興嗟行露。例載：紳衿庶民之家如有將婢女不行婚配，致令孤寡者，照不應重律杖八十，令其擇配；是士民錮婢之禁，例有明條。乃聞閩省陋習，民間畜養婢女竟有年至二十以上及三十歲尚未配偶遣嫁者，殊不思婢女雖云卑賤，亦爲父母所生，己身所出之子女莫不願其各有家室，何獨令其抱泣向隅，青春孤守。至於婢女遣嫁，更當擇偶得人，庶使終身有托。乃又聞閩俗竟有一種無賴棍徒，慣作媒人，私開媒館，無論士庶之家欲將婢女遣嫁，概係送至館中，引人看賣；而土棍奸媒即乘機勾引，無耻惡少揑稱失偶求婚，至館頽看，侮淫恣肆，百弊叢生，甚至勒令賣姦，從中漁利；而該婢之主惟知貪取重價，概置不問。地保土棍受規包庇，傷風敗俗，殊堪髮指，除檄行地方官密訪嚴拿外，合行示禁。爲此示仰闔屬紳士軍民人等知悉：爾等當思誰無子女，何忍令婢女獨無伉儷之歡；誰無妻室，何忍令婢女獨犯辱身之事。凡婢女年至二十以上者，念其服役有年，及時早爲遣嫁。積現在之陰功，造子孫之福地；如敢狃於積習，久留不嫁，察出定行按律究處。至婢女擇配，只許喚令媒人領同買主至家看視，議價交銀，娶回完聚；不許將婢女領居媒館，引人頽看，致令受辱生端。其奸棍私開媒館，永行禁絶；倘敢故違，一經本部堂訪聞，定將開館之奸徒照開窑誘取婦女勒賣例，擬斬立決。

《臺灣私法人事編·人·品性·階級·賤民法例·紹興府誌卷之十二風俗志》 八邑俱有丐户，丐以户稱，不知其所始。相傳爲宋罪俘之遺，故擯之名墮氏，丐自言則曰：宋將焦光瓚部落以叛宋投金，故被斥。其内外率習污賤無賴，男子每候婚喪家或正旦，則群索酒食；婦則習媒，或伴良家新娶婦，又爲婦貿便見竊攘，最善爲流言，亂是非、間人骨肉。四民中居業不得占；彼所業，民亦絶不冒之。男業捕蛙賣餳，掏竹燈檠編機，扣塑土牛土偶，打野胡方言跳鬼；女則爲人家拗鬆髻，梳髮爲髢，群足不巷，兼便所就。四民中所籍，彼不得籍；彼所籍，民亦絶不入。籍曰丐户，即有産於充糧，里長亦禁其充。四民中即所服，彼亦不得服；彼所服，蓋四民向號曰：是出市官特用，以辱且別之者也。舊志：帽以狗頭，裙以横布，不長杉，扁其門以丐。而籍興業，至今不亂，服則稍僭而亂矣！丐以民擯己若是甚也，亦競盟其黨，以相訟僥，必勝於民，官兹土者知之。

《臺灣私法人事編·人·品性·階級·賤民法例·樂户、墮民之化導》

各省樂籍該浙省墮民、丐户，皆令確查削籍改業爲良，若土豪地棍仍前逼勒凌辱及自甘污賤者，依律治罪；其地方官奉行不力者，該督撫查參，照例議處。户律户役人户以籍爲定律之附例。

雍正元年令《皇朝文獻通考·户口考》

又令山西等省之樂户、浙江之惰民，俱除籍爲良。山西等省有樂户一項，其先世因明建文末不附燕兵，被害編爲樂籍，世世不得自拔爲良民，至是令各屬禁革，俾改業爲良。又浙江紹興府之惰民，與樂籍無異，亦令削除其籍，俾改業與編氓同列。至五年以江南徽州府有伴儅，甯國府有世僕，本地呼爲細民，其籍業與樂户、惰民同。甚有兩姓丁户，村莊相等，而此姓爲彼姓，執役有如奴隸，究其僕役起自何時，則茫然無考，非實有上下之分。

特諭開除爲良民，八年以蘇州府之常熟、昭文二縣丐户與浙江惰民無異，准其削除丐籍。

《臺灣私法人事編・人・品性・階級・賤民法例・廣東蜑户之編審》

雍正七年上諭《皇朝文獻通考・户口考》

諭粵東有蜑户，以船爲家，捕魚爲生，生齒繁多，粵民視爲卑賤之流，不容登岸居住；蜑户亦不敢與平民抗衡，跼蹐舟中，終身不獲安居之樂。蜑户本屬良民，且輸納漁課，與民相同，安得因地方積習强爲區別。着有司通行曉諭：凡無力之蜑户，聽其住船自便；如有力能建房搭棚者，准其於近水村居住，與齊民一同編列甲户，以便稽察，不得欺凌驅逐。

又以廣西寧明、東蘭二州改土爲流，免其編審，至九年准停止廣西歸順州編審。十一年滇省緬寧地方改土爲流，停其編審。

《臺灣私法人事編・人・品性・階級・賤民法例・削籍樂户、丐户之應試資格》 乾隆三十六年例户律户役人户以籍爲定條例鼇頭

削籍之樂户、丐户，以報官改業之人爲始，下逮四世本族親支皆係清白自守，方准報捐應試；若係本身脱籍，或僅一、二世及親伯叔姑姊尚習猥業者，一概不許濫厠士類，僥倖出身。至廣東之蜑户、浙江之漁户及各省凡有似此者，悉照此辦理。

乾隆三十六年禮部、户部議准《皇朝文獻通考・户口考》

禮部會同户部議准陝西學政劉墫奏：山陝等省樂户、丐户請定禁例案内，酌議削籍之樂户、丐户原係改業爲良，報官存案，如果拔濯舊污，閲時久遠爲里黨所共知者，自不便阻其向上之路，應請以報官改業之人爲始，下逮四世本族親支皆係清白自守，方准報捐應試。該管州縣取具親黨鄰里甘結，聽其自便，不許無賴之徒藉端攻訐；若係本身脱籍，或係一、二世及親伯叔姑姊尚習猥業者，一概不許濫厠士類，僥倖出身。至廣東之蜑户、浙江之九姓漁户及各省凡有似此者，悉令該地方照此辦理。但此等甫經改業之户，惟不准應試，至於耕讀工商，業已爲良，應悉從其便。如有勢豪土棍藉端欺壓詐許者，該地方官仍嚴行查禁懲治，以儆刁風，以安良善等因。疏入，從之。

《臺灣私法人事編・親子・諭示》 特授臺灣噶瑪蘭管理民番糧捕海防分府加五級紀録十九次、記大功二次徐爲遵札勒碑永禁以垂久遠事。道光十九年十一月三十日，蒙縣道憲姚札開：照得臺屬士庶之家蓄養婢女不行擇配，長令服役錮禁終身，上乖天和、下敗風俗，最爲可惡。經歷前道府暨本司道先後示禁勸諭各在案。茲據紳士稟請重加示禁前來，又經本司道衡情酌理，立定章程。嗣後臺屬凡紳衿庶民之家，如有婢女年至二十三歲即爲擇配，至遲亦不得過二十五歲。不爲擇配者，許該婢及婢之父母、兄弟、親屬人等赴官呈訴，即准其領回擇配，不追身價，仍治家長以杖八十之罪。已配之後，該婢聽其從夫而去，不許家長勒留；或家長不取身價，該婢與夫願役數年者各聽其便。宜通詳大憲，併飭各出示嚴禁。嗣准臬司來移，復經抄看，飭在於衙署門外立碑永禁，以垂久遠等因。蒙此，案查先蒙縣道憲姚抄示札飭示禁，業經照抄剴切示諭在案。茲蒙前因，合行立碑示禁。爲此，示仰闔屬紳衿民人知悉：爾等各具有天良，亟應廣積陰功，務各遵照縣道憲所定章程，如家有婢女年至二十三歲即爲擇配，至遲不得至二十五歲；倘敢故違，許該婢及婢之父母、兄弟、親屬人等赴本廳呈明，即准其領回擇配，不追身價，仍將該家長照例治罪。已配之後，該婢聽其從夫而去，不許家長勒留；或家長不取身價，該婢與夫自願留役數年者仍聽其便。各宜凜遵。毋違，特示。

道光二十年陸月　　日立

紀事

《逸周書・作雒解》城方千七百二十丈，郛方七十里。南係於洛水，北因於郟山，以爲天下之大湊。制郊甸，方六百里，國西土，爲方千里。分以百縣，縣有四郡，郡有四鄙，大縣城方王城三之一，小縣立城，方王城九之一。都鄙不過百室，以便野事。農居鄙，得以庶士，士居國家，得以諸公大夫。凡工賈胥市臣僕州裏，俾無交爲。

《漢書》卷一下《高帝紀下》〔九年春三月〕賈人毋得衣錦繡綺縠絺紵罽，操兵，乘騎馬。

《漢書》卷一下《高帝紀下》〔六年夏五月詔曰：〕民以飢餓自賣爲人奴婢者，皆免爲庶人。

《漢書》卷四《文帝紀》〔後四年〕五月，赦天下。免官奴婢爲庶人。

《漢書》卷一一《哀帝紀》〔綏和二年六月詔曰：〕官奴婢五十以上，免爲庶人。

《漢書》卷二四下《食貨志》天下已平，高祖乃令賈人不得衣絲乘車，重稅租以困辱之。孝惠、高后時，爲天下初定，復弛商賈之律，然市井子孫亦不得（宦爲吏）〔爲官吏〕。

《漢書》卷二四下《食貨志》商賈以幣之變，多積貨逐利。於是公卿言：郡國頗被災害，貧民無産業者，募徙廣饒之地。陛下損膳省用，出禁錢以振元元，寬貸，而民不齊出於南畝，商賈滋衆。貧者畜積無有，皆仰縣官。異時算軺車賈人緡錢皆有差，請算如故。諸賈人末作貰貸賣買，居邑貯積諸物，及商以取利者，雖無市籍，各以其物自占，率緡錢二千而算一。諸作有租及鑄，率緡錢四千算一。非吏比者、三老、北邊騎士，軺車以一算；商賈人軺車二算；船五丈以上一算。匿不自占，占不悉，戍邊一歲，没入緡錢。有能告者，以其半畀之。賈人有市籍，及家屬，皆無得名田，以便農。敢犯令，没入田貨。

是時，豪富皆争匿財，唯卜式數求入財以助縣官。天子乃超拜式爲中郎，賜爵左庶長，田十頃，布告天下，以風百姓。初，式不願爲官，上强拜之，稍遷至齊相。

《漢書》卷三七《季布傳》季布，楚人也，爲任俠有名。項籍使將兵，數窘漢王。項籍滅，高祖購求布千金，敢有舍匿，罪三族。布匿濮陽周氏，周氏曰：漢求將軍急，迹且至臣家，能聽臣，臣敢進計；即否，願先自剄。布許之。乃髡鉗布，衣褐，置廣柳車中，并與其家僮數十人，之魯朱家所賣之。朱家心知其季布也，買置田舍。

《漢書》卷四八《賈誼傳》今民賣僮者，爲之繡衣絲履偏諸緣，内之閑中，是古天子后服，所以廟而不宴者也，而庶人得以衣婢妾。白縠之表，薄紈之裏，緁以偏諸，美者黼繡，是古天子之服，今富人大賈嘉會召客者以被牆。

《漢書》卷五五《衛青傳》衛青字仲卿。其父鄭季，河東平陽人也，以縣吏給事侯家。平陽侯曹壽尚武帝姊陽信長公主。季與主家僮衛媪通，生青。【略】

青爲侯家人，少時歸其父，父使牧羊。民母之子皆奴畜之，不以爲兄弟數。

《三國志》卷四《魏志・三少帝紀》〔正始七年〕秋八月戊申，詔曰：屬到市觀見所斥賣官奴婢，年皆七十，或癃疾殘病，所謂天民之窮者也。且官以其力竭而復鬻之，進退無謂，其悉遣爲良民。若有不能自存者，郡縣振給之。

《三國志》卷一五《魏志・梁習傳》梁習字子虞，陳郡柘人也，爲郡綱紀。【略】吏兵已去之後，稍移其家，前後送鄴，凡數萬口；其不從命者，興兵致討，斬首千數，降附者萬計。單于恭順，名王稽顙，部曲服事供職，同於編户。

《三國志》卷二四《魏志・高柔傳》高柔字文惠，陳留圉人也。【略】明帝即位，封柔延壽亭侯。【略】頃之，護軍營士竇禮近出不還。營以爲亡，表言逐捕，没其妻盈及男女爲官奴婢。盈連至州府，稱冤自訟，莫有省者。乃辭詣廷尉。柔問曰：汝何以知夫不亡？盈垂泣對曰：夫少單特，養一老嫗爲母，事甚恭謹，又哀兒女，撫視不離，非是輕狡不顧室家者也。柔重問曰：汝夫不與人有怨讎乎？對曰：夫良善，與人無讎。

又曰：汝夫不與人交錢財乎？對曰：嘗出錢與同營士焦子文，求不得。時子文適坐小事繫獄，柔乃見子文，問所坐。言次，曰：汝頗曾舉人錢不？子文曰：自以單貧，初不敢舉人錢物也。柔察子文色動，遂曰：汝昔舉竇禮錢，何言不邪？子文怪知事露，應對不次。柔曰：汝已殺禮，便宜早服。子文於是叩頭，具首殺禮本末，埋藏處所。柔便遣吏卒，承子文辭往掘禮，即得其屍。詔書復盈母子爲平民。班下天下，以禮爲戒。

《後漢書》卷一下《光武帝紀》〔建武六年〕十一月丁卯，詔王莽時吏人没入爲奴婢不應舊法者，皆免爲庶人。

《後漢書》卷一下《光武帝紀》〔建武〕十一年春二月己卯，詔曰：天地之性人爲貴。其殺奴婢，不得減罪。

《後漢書》卷一下《光武帝紀》〔建武十一年八月〕癸亥，詔曰：敢炙灼奴婢，論如律，免所炙灼者爲庶（民）〔人〕。

《後漢書》卷一下《光武帝紀》〔建武十一年〕冬十月壬午，詔除奴婢射傷人棄市律。

《後漢書》卷一下《光武帝紀》〔建武十二年〕三月癸酉，詔隴、蜀民被略爲奴婢自訟者，及獄官未報，一切免爲庶（民）〔人〕。

《後漢書》卷一下《光武帝紀》〔建武十四年〕十二月癸卯，詔益、涼二州奴婢，自八年以來自訟在所官，一切免爲庶（民）〔人〕，賣者無還直。

《後漢書》卷二《顯宗孝明帝紀》〔永平〕九年春三月辛丑，詔郡國死罪囚減罪，與妻子詣五原、朔方占著，所在死者皆賜妻父若男同産一人復終身；其妻無父兄獨有母者，賜其母錢六萬，又復其口筭。

《後漢書》卷五《孝安帝紀》〔永初四年二月〕乙亥，詔自建初以來，諸祅言它過坐徙邊者，各歸本郡；其没入官爲奴婢者，免爲庶人。

《宋書》卷六《孝武帝紀》〔大明三年〕辛未，大赦天下。尚方長徒、奚官奴婢老疾者悉原放。

《宋書》卷六《孝武帝紀》〔孝建三年二月〕壬午，内外官有田在近道，聽遣所給吏僮附業。

《南齊書》卷四一《周顒傳》周顒字彦倫，汝南安城人。**【略】**建元初，爲長沙王參軍，後軍參軍，山陰令。縣舊訂滂民，以供雜使。顒言之於太守聞喜公子良曰：竊見滂民之困，困實極矣。役命有常，祗應轉竭，蹙迫驅催，莫安其所。險者或竄避山湖，困者自經溝瀆爾。亦有摧臂斮手，苟自殘落，販傭貼子，權赴急難。每至滂使發動，遵赴常促，輒有柤杖被録，稽顙階垂，泣涕告哀，不知所振。下官未嘗不臨食罷筯，當書偃筆，爲之久之，愴不能已。交事不濟，不得不就加捶罰，見此辛酸，時不可過。山陰邦治，事倍餘城；然略聞諸縣，亦處處皆蹟。唯上虞以百户一滂，大爲優足，過此列城，不無凋罄。宜應有以普救倒懸，設流開便，則轉患爲功，得之何遠。

《魏書》卷四下《世祖紀》〔太平真君五年春正月庚戌，詔曰：〕其百工伎巧、騶卒子息，當習其父兄所業，不聽私立學校。違者師身死，主人門誅。

《魏書》卷四下《世祖紀下》〔世宗延昌三年〕漢中舊有金户千餘家，常於漢水沙淘金，年終總輸。後臨淮王彧爲梁州刺史，奏罷之。其鑄鐵爲農器、兵刃，在所有之，然以相州牽口冶爲工，故常鍊鍛爲刀，送於武庫。

《魏書》卷七上《高祖紀》〔延興二年〕夏四月庚子，詔工商雜伎，盡聽赴農。

《晉書》卷三《武帝紀》〔泰始〕五年春正月癸巳，申戒郡國計吏守相令長，務盡地利，禁游食商販。

《晉書》卷六《元帝紀》〔太興四年〕五月，旱。庚申，詔曰：昔漢二祖及魏武皆免良人，武帝時，涼州覆敗，諸爲奴婢亦皆復籍，此累代成規也。其免中州良人遭難爲揚州諸郡僮客者，以備征役。

《晉書》卷九《孝武帝紀》〔太元〕十四年春正月癸亥，詔淮南所獲俘虜付諸部者一皆散遣，男女自相配匹，賜百日廪，其没爲軍賞者悉贖出之，以襄陽、淮南饒沃地各立一縣以居之。

《晉書》卷二六《食貨志》咸寧元年十二月，詔曰：出戰入耕，雖自古之常，然事力未息，未嘗不以戰士爲念也。今以鄴奚官奴婢著新城，代田兵種稻，奴婢各五十人爲一屯，屯置司馬，使皆如屯田法。

《晉書》卷四六《李重傳》李重字茂會，江夏鐘武人也。**【略】**遷太子舍人，轉尚書郎。時太中大夫恬和表陳便宜，稱漢孔光、魏徐幹等議，使王公已下制奴婢限數，及禁百姓賣田宅。中書啓可，屬主者爲條制。重奏曰：先王之制，士農工商有分，不遷其業，所以利用厚生，各肆其力也。《周官》以土均之法，經其土地井田之制，而辨其五物九等貢賦之序，然後公私制定，率土均齊。自秦立阡陌，建郡縣，而斯制已没。降及漢魏，因循舊跡，王法所峻者，唯服物車器有貴賤之差，令不僭擬以亂尊卑耳。至于奴婢私産，則實皆未嘗曲爲之立限也。八年《己巳詔書》申明律令，諸士卒百工以上，所服乘皆不得違制。若一縣一歲之中，有違犯者三家，洛陽縣十家已上，官長免。如詔書之旨，法制已嚴。今如和所陳而稱光、幹之議，此皆衰世踰侈，當時之患。然盛漢之初不議其制，光等作而不行，非漏而不及，能而不用也。蓋以諸侯之軌既滅，而井田之制未復，則王者之法不得制人之私也。人之田宅既無定限，則奴婢不宜偏制其數，懼徒爲之法，實碎而難檢。方今聖明垂制，每尚簡易，法禁已具，和表無施。

《晉書》卷九七《王敦傳》 王敦字處仲，司徒導之從父兄也。父基，治書侍御史。敦少有奇人之目，尚武帝女襄城公主，拜駙馬都尉，除太子舍人。時王愷、石崇以豪侈相尚，愷嘗置酒，敦與導俱在坐，有女伎吹笛小失聲韵，愷便敺殺之，一坐改容，敦神色自若。他日，又造愷，愷使美人行酒，以客飲不盡，輒殺之。酒至敦、導所，敦故不肯持，美人悲懼失色，而敦傲然不視。導素不能飲，恐行酒者得罪，遂勉强盡觴。【略】永嘉初，徵爲中書監。于時天下大亂，敦悉以公主時侍婢百餘人配給將士，金銀寶物散之於衆，單車還洛。

《晉書》卷一〇四《石勒載記上》 太安中，并州飢亂，勒與諸小胡亡散，乃自鴈門還依甯驅。北澤都尉劉監欲縛賣之，驅匿之，獲免。勒於是潛詣納降都尉李川，路逢郭敬，泣拜言飢寒。敬對之流涕，以帶貨鬻食之，并給以衣服。勒謂敬曰：今者大餓，不可守窮。諸胡飢甚，宜誘將冀州就穀，因執賣之，可以兩濟。敬深然之。會建威將軍閻粹説并州刺史、東嬴公騰執諸胡於山東賣充軍實，騰使將軍郭陽、張隆虜羣胡將詣冀州，兩胡一枷。【略】既而賣與茌平人師懽爲奴。

《晉書》卷一一三《苻堅載記上》 時商人趙掇、丁妃、鄒瓫等皆家累千金，車服之盛，擬則王侯，堅之諸公競引之爲國二卿。黄門侍郎程憲言於堅曰：趙掇等皆商販醜豎，市郭小人，車馬衣服僭同王者，官齊君子，爲藩國列卿，傷風敗俗，有塵聖化，宜肅明典法，使清濁顯分。堅於是推檢引掇等爲國卿者，降其爵。乃下制：非命士已上，不得乘車馬於都城百里之内。金銀錦繡，工商、皁隸、婦女不得服之，犯者棄市。

《梁書》卷二《武帝紀》〔天監元年四月丁卯〕詔曰：宋氏以來，並恣淫侈，傾宫之富，遂盈數千。推算五都，愁窮四海，並嬰罹冤横，拘逼不一。撫絃命管，良家不被蠲；織室繡房，幽厄猶見役。弊國傷和，莫斯爲甚。凡後宫樂府，西解暴室，諸如此例，一皆放遣，若衰老不能自存，官給廩食。

《梁書》卷三《武帝紀》〔大同九年〕二月甲戌，使江州民三十家出奴婢一户，配送司州。

《周書》卷六《武帝紀》〔宣政元年三月〕丁亥，詔：柱國故豆盧寧征江南武陵、南平等郡，所有民庶爲人奴婢者，悉依江陵放免。

《周書》卷六《武帝紀》〔建德六年八月壬寅，詔曰：〕雜役之徒，獨異常憲，一從罪配，百世不免。罰既無窮，刑何以措。道有沿革，宜從寬典。凡諸雜户，悉放爲民。配雜之科，因之永削。

《周書》卷六《武帝紀下》〔建德六年十一月〕詔自永熙三年七月已來，去年十月已前，東土之民，被抄畧在化内爲奴婢者；及平江陵之後，良人没爲奴婢者：並宜放免。所在附籍，一同民伍。若舊主人猶須共居，聽留爲部曲及客女。

《北齊書》卷八《後主紀》〔天統三年〕九月己酉，太上皇帝詔：諸寺署所綰雜保户姓高者，天保之初雖有優勅，權假力用未免者，今可悉蠲雜户，任屬郡縣，一准平人。

《北史》卷八五《節義傳・汲固》 汲固，東郡梁城人也。爲兖州從事。刺史李式坐事被收，吏人皆送至河上。時式子憲生始滿月。式大言於衆曰：程嬰、杵臼何如人也？固曰：今古豈殊！遂便潛還不顧，徑來入城，於式婦閨抱憲歸藏。及捕者收憲，屬有一婢産男，母以婢兒授之。事尋泄，固乃攜憲逃遁，遇赦始歸。

（唐）韓愈《韓昌黎文外集》卷下《順宗實録卷第二》 又貞元中，要乳母皆令選寺觀婢以充之，而給與其直。例多不中選。寺觀次當出者，賣産業割與地買之，貴有姿貌者以進，其徒苦之。至是亦禁焉。

《舊唐書》卷一八八《孝友傳·羅讓》 羅讓字景宜。**【略】**李鄘爲淮南節度使，就其所居，請爲從事，除監察御史，轉殿中，歷尚書郎、給事中，累遷至福建觀察使，兼御史中丞，甚著仁惠。有以女奴遺讓者，讓問其所因，曰：本某等家人。兄姊九人，皆爲官所賣，其留者唯老母耳。讓慘然，焚其券書，以女奴歸其母。

（宋）王溥《唐會要》卷一四《獻俘》 〔元和〕十四年二月，魏博節度使田弘正奏：今月九日，淄青兵馬使劉悟斬逆賊李師道并男二人首級，請降。上御興安門受田弘正所獻賊俘，羣臣稱賀於樓下，授劉悟義成軍節度使，封彭城郡王。李師道妻魏氏并女没入掖庭，堂弟師和配流嶺表。

（宋）王溥《唐會要》卷三九《議刑輕重》 〔會昌〕三年十二月，澤潞劉稹平，欲定其母裴氏罪，令百寮議之。刑部郎中陳商議曰：《周禮》司寇之職，男子入於罪隸，女子入於舂稾，《漢律》云：妻子没爲奴婢。鍾繇曰：自古帝王，罪及妻子。又晋朝議在室之女，從父母之誅；既適之婦，從夫家之罰。謹按奴婢舂稾，罪罰之類，名則爲重，而非罪刑。然事出一時，法由情斷。裴氏爲惡有素，爲姦已成，分衣固其人心，申令安其逆志。臣等參議，宜從重典。從之。

（宋）王溥《唐會要》卷五一《識量》 長安二年，鸞臺侍郎韋安石嘗於内殿賜宴，張易之引蜀商宋霸子等數人博於上前，言辭犯禮。安石奏曰：商估賤類，不合參登此筵。乃顧左右逐出之，時坐者失色。

（宋）王溥《唐會要》卷八六《奴婢》 舊制，凡反逆相坐，没其家爲官奴婢。反逆家男女及奴婢没官，皆謂之官奴婢，男年十四已下者配司農，十五已上者，以其年長，令遠京邑，配嶺南爲城奴也。一免爲番户，再免爲雜户，三免爲良人，皆因赦宥所及，則免之。凡免，皆因恩言之。得降一等二等，或直入良人。諸律令格式有言官户者，是番户之總號，非謂别有一色。

武德五年，安州刺史李大亮以破輔公祏功，賜奴婢百人。大亮謂曰：汝輩多衣冠子女，破亡至此，吾亦何忍以汝爲賤隸乎！一一皆放還。高祖聞而嗟賞，更賜奴婢三十人。

顯慶二年十二月勅：放還奴婢爲良及部曲客女者，聽之。皆由家長手書，長子已下連署，仍經本屬申牒除附。諸官奴婢年六十已上及廢疾者並免賤。

永昌元年九月，越王貞破，諸家僮勝衣甲者千餘人，於是制王公以下奴婢有數。

如意元年四月十七日勅：逆人家奴婢及緣坐等色入官者，不須充尚食、尚藥驅使。**【略】**

大足元年五月三日勅：西北緣邊州縣，不得畜突厥奴婢。

景龍三年，司農卿趙履温奏請以隋代番户子孫數千家没爲官奴婢，仍充賜口，以給貴倖，監察御史裴子餘以爲官户承恩，始爲番户，且今又是子孫，不可抑之，奏免之。**【略】**

大曆十四年五月詔曰：邕府歲貢奴婢，使其離父母之鄉，絶骨肉之戀，非仁也，宜罷之。

其年八月，都官奏：伏准格式：官奴婢，諸司每年正月造籍二通，一通送尚書，一通留本司。

〔長慶〕三年正月，新羅國使金柱弼進狀：先蒙恩勅，禁賣良口，使任從所適。有老弱者栖栖無家，多寄傍海村鄉，願歸無路。伏乞牒諸道傍海州縣，每有船次，便賜任歸，不令州縣制約。勅旨：禁賣新羅，尋有正勅，所言如有漂寄，固合任歸，宜委所在州縣，切加勘會，責審是本國百姓情願歸者，方得放回。

寶曆二年十一月勅：朝官及節度、觀察使，自今已後，並不許更置私白身驅使。**【略】**

〔太和〕四年閏三月五日及八年九月十八日勅文。切加約勒，仍逐管各差判官。奏：當司應管諸司所有官户奴婢等，據要典及令文，有免賤從良條，近年雖赦勅，諸司皆不爲論，致有終身不霑恩澤，今請諸司諸使，各勘官户奴婢，有廢疾及年近七十者，請准各令處分。其新羅奴婢，伏准長慶元年三月十一日勅，應有海賊詃掠新羅良口，將到緣海諸道，賣爲奴婢，並禁斷者，雖有明勅，尚未止絶。伏請申明前勅，更下諸道，切加禁止。勅旨：宜依。

會昌五年四月，中書門下奏：天下諸寺奴婢，江淮人數至多。其間有寺已破廢，全無僧衆，奴婢既無衣食，皆自營生。**【略】**

其年八月，中書門下奏：應天下廢寺，放奴婢從良百姓者。今聞有細口，恐刺史以下官人，及富豪、衣冠、商人、百姓計會藏隱，及量與錢物索取。勅下後，如有此色，並仰首出，却還父母。如有依前隱蔽，有人糾告，官人已下遠販，商人百姓，並處極法，其告事人，每一口賞錢一百千，便以官錢充給，續徵所犯人填納。勅旨：宜依。

六年二月勅：山南、江淮間，寺家奴婢，比來有勅釐革，或有父母贖男女將歸，歲月既深，今却搜檢，情非違勅，事恐擾人。如有此色，勘檢有憑，並宜不要進收，自會昌元年以後者，不在此限。

大中五年二月勅：邊上諸州鎮送到投來吐蕃、回鶻奴婢等，今後所司勘問了，宜並配嶺外，不得隸内地。

（宋）李昉等《太平御覽》卷五〇〇《人事部・奴婢》《方言》曰：荆淮海岱，雜齊之間，俗不純爲雜。罵奴曰臧，罵婢曰獲。齊之北鄙，燕之北郊，凡民男而婿婢，謂之臧女，而婦奴謂之獲，亡奴謂之臧，亡婢謂之獲。皆異方罵奴婢之醜稱也。

《新唐書》卷四《中宗紀》〔神龍元年正月〕丙午，復于位，大赦，賜文武官階、爵，民酺五日，免今歲租賦，給復房州三年，放宮女三千人。

《新唐書》卷一二一《王毛仲傳》 王毛仲，高麗人。父坐事，没爲官奴，生毛仲，故長事臨淄王。王出潞州，有李守德者，爲人奴，善騎射，王市得之，並侍左右，而毛仲爲明悟。景龍中，王還長安，二人常負房箙以從。王數引萬騎帥長及豪俊，賜飲食金帛，得其驩心。毛仲曉旨，亦布誠結納，王嘉之。

《新唐書》卷一九七《循吏傳・羅珦》 羅珦，越州會稽人。【略】子讓，字景宣，以文學蚤有譽，舉進士、宏辭、賢良方正，皆高第，爲咸陽尉。父喪，幾毀滅。服除，布衣糲飯，不應辟署十餘年。淮南節度使李鄘即所居敦請置幕府，除監察御史，位給事中，累遷福建觀察使，兼御史中丞。有仁惠名。或以婢遺讓者，問所從，答曰：女兄九人皆爲官所賣，留者獨老母耳。讓慘然爲焚券，召母歸之。

（宋）李燾《續資治通鑑長編》哲宗元祐五年十月〔戊戌〕殿中侍御史岑象求言：十月初七日。臣近有狀論列知青州、資政殿學士王安禮疏縱不檢事迹，上瀆聖聰。今續采訪得王安禮在任買絲，勒機户織造花隔織等匹物，妄作名目，差役兵般擔，偷謾一路商税，上京貨賣，贏掠厚利，不止一次。近於九月内，有百姓張牙人，將青州生花白隔織三百二十匹，於界南頭孫師顔、鄭孝孫、趙良祐三人鋪内，稱是城北姜殿直出賣。臣體問得有青州書表司張僅，見在城北蔡市橋姜殿直店内安泊，是王安禮令張僅别作緣故押當匹帛，前來託姜殿直貨賣，收買回貨，兼買首飾綾裏售用家事。其姜殿直舊在安禮門下出入，安禮素來照管，家富於財，見開四所正店。伏乞陛下特降聖旨，下開封拘追張僅及姜殿直，細加勘問，得見情實，仍行根究妄作名目差人般運數目，及謾昧沿途商税、侵擾機户等逐件事，盡法施行，以懲大吏貪饕恣意不法之罪。元祐五年十月初七日。

右正言劉唐老又言：伏聞知青州王安禮，在任污穢不法，人有仇之者，作賦以紀其事，詭用名氏，在京雕印，因兹流行，衆議甚洶。以安禮之事迹，自當窮治斥責，然而造作語言中傷之事，此風亦非可長。若利害交惡之際，苟欲償怨，競爲匿書，如是則遞相傾危，臣恐人情之閒，將有不安者矣。風俗所繫，於此至重，今日之漸，寧可啓之？臣今欲將王安禮事狀從臣僚上言盡理根治外，其作賦雕印之人，下開封府立賞告捉施行。

（宋）李燾《續資治通鑑長編》哲宗元祐六年十月 丁丑，右正言虞策言：諸路州縣，近有於役人處敷買物，及非其本役而役之者，乞令諸路監司察舉之。詔户部申明行下。

《金史》卷四六《食貨志・户口》 當收國二年時，法制未定，兵革未息，貧民多依權右爲苟安，多隱蔽爲奴婢者。太祖下詔曰：比以歲凶民飢，多附豪族，因陷爲奴隸。及有犯法，徵償莫辦，折身爲奴。或私約立限，以人對贖，過期則以爲奴者。並聽以兩人贖一爲良，元約以一人贖者從便。

《金史》卷四六《食貨志・户口》 凡漢人、渤海人不得充猛安謀克户。猛安謀克之奴婢免爲良者，止隸本部爲正户。凡没入官良人，隸宮籍監爲監户，没入官奴婢，隸太府監爲官户。

《金史》卷四六《食貨志・户口》 章宗大定二十九年十一月，上封事者言，乞放二税户爲良。省臣欲取公牒可憑者爲准，參知政事移剌履謂：憑驗真僞難明，凡契丹奴婢今後所生者悉爲良，見有者則不得典賣，如此則三十年後奴皆爲良，而民且不病焉。上以履言未當，令再議。省奏謂不拘括則訟終不絶，遂遣大興府治中烏古孫仲和、侍御史范楫分括北京路及中都路二税户，凡無憑驗，其主自言之者及因通檢而知之者，其税半輸官，半輸主，而有憑驗者悉放爲良。

《金史》卷九四《内族襄傳》　章宗初即政，議罷僧道奴婢。太尉克寧奏曰：此蓋成俗日久，若遽更之，於人情不安。陛下如惡其數多，宜嚴立格法，以防濫度，則自少矣。襄曰：出家之人安用僕隸？乞不問從初如何所得，悉放爲良。若寺觀物力元係奴婢之數推定者，并合除免。詔從襄言。由是二税户多爲良者。

《元史》卷一〇三《刑法志・户婚》　諸蒙古、回回、契丹、女直、漢人軍前所俘人口，留家者爲奴婢，居外附籍者即爲良民，已居外復認爲奴婢者，没入其家財。

《明史》卷一六《武宗紀》〔正德十六年春三月丙寅〕遺詔召興獻王長子嗣位。罷威武團營，遣還各邊軍，革京城内外皇店，放豹房番僧及教坊司樂人。

（清）蕭奭《永宪録續編》〔雍正六年正月甲子〕定世僕之制。漢人契買及投靠招配婢女之僕，照滿洲例嚴定主僕名分，將文契赴地方官用印。庶民之家不許存養良家男女爲奴僕，違者杖一百，即放從良。其已經贖身而不依主豢養者，本親及子孫見主仍存主僕之分。至小户附大户之村，佃種大户之田者，本係良人，不得拘世僕之例。從安徽巡撫魏廷珍條奏也。

契約文書

《吐魯番出土文書》第一册《哈拉和卓九一號墓文書・奴婢月廩麥帳》

〔前缺〕

合給肆斛貳斗。奴文德、婢芳容二人，二日稟麥五升，合給麥叁斛。奴子虎生一人，日給稟麥二升，合□□陸斗。都合柒斛（拔）〔捌〕斗，請紀識。

〔後缺〕

《吐魯番出土文書》第一册《哈拉和卓九六號墓文書・買奴殘文書》

〔前缺〕

□日，道人□

□買奴一人，字承使。奴□

□其日欲將至住處，□

□云欲還見婦，因尔□

〔後缺〕

《吐魯番出土文書》第一册《哈拉和卓九六號墓文書・懸募追捕逃奴賞格班示》〔前缺〕

還奴婦□隗參軍□

浮游不出也，去九日□

得者募毯十張，得者將詣唐司馬祠收（㨝）〔檢〕。

受募，不負言誓也。

五月十日僧□淵班

《吐魯番出土文書》第二册《哈拉和卓八九號墓文書・高昌章和十一年都官下交河郡司馬主者符為檢校失奴事》　交河郡□馬者：中郎崇信傳

令，刺彼郡，

翟忠義失□一人，若（劒）〔檢〕校（智）〔知〕處，與（守）〔手〕力牽取。

苻到如令，不得遣失，承旨奉行。

章和十一年三月卅日都官　起

都官長史麴　順

《吐魯番出土文書》第二册《哈拉和卓八九號墓文書·高昌章和十一年都官下柳婆无半鹽城始昌四縣司馬主者符為檢校失奴事》　柳婆无半鹽城始昌四縣司馬主者：中郎崇信傳

令，刺彼縣，翟忠義失奴一人，若（劍）〔檢〕校（智）〔知〕處，与□□牽取。符到如令，不得遺失，承旨奉行。

章和十一年三月卅日都官　起

都官長史麴　順

《敦煌社會經濟文獻真蹟釋録》第二輯《從良書樣式》　從良書

奴某甲、婢某甲，男女幾人。吾聞從良放人，福山峭峻；壓良爲賤，地獄深怨。奴某等身爲賤隸，久服勤勞，旦起肅恭，夜無安處。吾亦長興歎息，克念在心，饗告先靈，放從良族。枯鱗見海，必遂騰波，卧柳逢春，超然再起。任從所適，更不該論。後輩子孫，亦無闌恡。官有正法，人從私斷。若違此書，任呈官府。

年月日郎父　兒弟

子孫

親保

親見

村鄰

長老

官人

官人

《敦煌社會經濟文獻真蹟釋録》第二輯《放良書樣式》　素本良家，賤非舊族。或桑梓堙没，自鬻供親。或種落支離，因是爲隸。一身淪陷，累葉沉埋。興言及兹，實所增嘆。更念驅驅竭力，歲月將作。勤勤恪恭，晨昏匪怠。尋欲我並放，逡巡未間。復遇犬戎大舉，凌暴城池，攻圍數重。戰争非一。汝等皆亡軀徇節，供奉命輸誠。能繼頭須之忠，不奪斐豹之勇。想兹多善，嗔□甑甄昇，即申白刃之勞，且焚丹書之答。放從良，兼改名，任□

《敦煌社會經濟文獻真蹟釋録》第二輯《後唐清泰三年放家童書樣式》

放家童青衣女（厶）〔某〕甲。若夫天地之内，人者爲尊。貴賤不同，皆由先業。貴者，廣修善本，咸得自然；賤者，不造善因，而生下品。雖則二等，亦有尊卑。況厶甲自從業網羈來，累年驅馳，有恭謹之心，侍奉不虧孝道；念慈謙順，放汝從良。從今以後，任意隨情，窈窕東西，大行南北。將此放良福分，先薦過往婆父，不落三塗；次及近逝慈親，神生净土，合家康吉，大小咸安。故對諸親，給此憑約。已後子孫男女更莫恡護。請山河作（折）〔誓〕，日月證明，岳（懷）〔壞〕山移，不許改易。清泰三年厶月日給。曹主厶甲放盡一記。

《臺灣私法人事編·人·品性·階級·賤民法例·買賣女婢實例》

立賣女子甘愿手摹字人，臺南鳳山廳白沙崙莊十八番户王五朝，有親生女子一口，第三胎，名罔市，年十一歲，十二月二十八日□時生。今因家貧無力，日食難度，債主催迫難容，同妻相議願將此女子托媒引就賣與臺南市第二區樣仔林街五十四番户薛網官，或爲藝妓，或爲娼妓；二比甘願，五朝不敢阻擋，三面議定身價銀七三壹百貳拾大員。其銀即日同媒收訖；其女子交付買主掌管使唤，聽其主意。果係五朝親生之女子，竝無拐騙他人。一賣千休，日後不敢言及找贖；倘有風水不虞，係是銀主造化。若有他人拐帶逃走，五朝來出頭争訟；如若不來争訟，一切銀項還網支取，不敢異言生端滋事。口恐無憑，今欲有憑，合立賣女子甘願手摹字一紙，付執爲炤。

即日同中見收過七三身價銀壹百貳拾大員，再炤。

光緒二十八年舊曆十月十三日

為中人　王儉娘

知見人　妻王許氏

立賣女子甘願手摹字人　王五朝

代書人　蔡梓材

《臺灣私法人事編·人·品性·階級·賤民法例·買賣女婢實例》

立找盡根手膜字人林涼，郡城内第二區總趕宫境一百十二番户居住，有親生女一口，名秀，今年已經十六歲。因家中貧苦，日食難度，前向過郡城外佛頭港街林玉葉官胎借去七三銀伍拾大元，今再找盡去七三銀三十五元，二次合七三銀八十五大元。一找杜絶，永無反悔，其女交付銀主前去掌管使喚，爲妓女、藝妓聽葉主裁。保此女係是涼親生之女，與房親他人無干；若女子不受葉教訓，聽葉轉賣他人，涼不敢出頭阻擋。此係同媒三面言議明白，甘願各無反悔；如有風水不虞，此亦天命。恐口無憑，合立找盡根手膜字壹紙，合前胎借字一紙，共二紙，付執存炤。

登門進財
萬事如意
手膜甘願

光緒二十七年辛丑二月二十七日

保認人 李海
爲媒人 林素
立找盡根手膜字人 林涼
代書人 筆達

《臺灣私法人事編・人・品性・階級・賤民法例・買賣女婢實例》

立賣女婢字人陳宅，有買過毛宅女婢壹口，名喚桂花，年登拾八歲。今不合使用，托媒賣與蘇宅，同謀議定身價光龍銀玖拾捌大元正。其銀即日交訖，該女隨交付蘇宅炁去改名使喚；倘風水不虞，仍係天數也。此係二比甘願，各無反悔，口恐無憑，今欲有憑，立賣女婢字一紙，竝上手字六紙，付執爲炤。

光緒三十年十月八日

爲媒人 胡氏
立賣女婢字人 陳宅
代書人 林景

《臺灣私法人事編・人・品性・階級・賤民法例・買賣女婢實例》

立轉賣女婢字，蔴荳莊東角郭宅，有明買女婢一口，名喚茶花，改名含笑，年十五歲。今因不合使用，托媒引就賣與本堡草店尾角林宅出首承買爲婢，三面言議身價六八佛銀壹佰貳拾員。現交收足，其女婢隨媒炁交銀主掌管使用；如不合用，聽其轉賣。倘有風水不虞，乃係造化。恐口無憑，立轉賣女婢字一紙，竝上手字五紙，共六紙，付執爲炤。

即日同媒亥收過身價六八銀壹百貳拾員完足，再炤。

光緒二十七年五月

日爲媒人 吴 閃
立轉賣女婢字 郭 宅
代書人 朱 有

《臺灣私法人事編・人・品性・階級・賤民法例・買賣女婢實例》

立轉賣女婢字人，蔴豆柑宅郭宅，有明買過蔡宅女婢一口，年登二十一歲，名員花。因不合用，愿將此女婢轉賣，憑媒引就與郭宅出首承買，三面言議身價七三銀陸拾四大圓正。其銀即日同媒交訖明白；其女婢隨即交付銀主掌管爲婢，任從改名使喚；若不合用，聽其別賣。倘風水不虞，是天數，不干銀主之事。此係兩愿，各無反悔，口恐無憑，今欲有憑，合立賣女婢字一紙，竝帶上手字二帋，共三帋，付執爲炤。

即日同媒收過七三銀陸拾四大員足，再炤。

光緒二十七年正月二十一日

爲媒人 陳悳抄
立賣女婢字人 郭 宅
代筆人 周成立

《臺灣私法人事編・人・品性・階級・賤民法例・幼女出贌為戲子例》

立贌字人蔡鬃觀、蔡牛港叔姪，祖居漳州府漳浦縣，因祖父移居瑪瑪蘭，並無生理頭路，與胞叔鬃相議，將同弟蔡媳婦仔，年中十三歲，生於八月十三日申時建生；此媳婦仔係是同叔蔡鬃觀抱養之子，因家中欠乏銀用，將媳婦仔贌與胡蓮觀、胡菊觀兄弟爲七子班，面限六年爲滿，三面言約每年身金銀三大員正。銀即日同中交足，媳婦仔聽菊、蓮兄弟教管。竝無交加不明；如有不明等情，牛港支擋，不干贌主之事。口恐無憑，立贌字一紙，付執爲炤。

批明：閏八月蔡牛港先去佛銀四大員。

同治元年八月二十八日

代 筆 林義觀
爲中、知見 黃禮觀
立贌字人 蔡牛港

《臺灣私法人事編・親子・養女契字・賣養女為婢字》 立賣養女爲婢字人鰲頭大街頂觀音亭口第二十六番户蔡房，同妻王氏抱養記傳之女爲養女，名喚招涼，年拾貳歲。今因房妻染病數月，而家資困乏，無力調攝，時養女父記傳已棄世，房無奈，與他生母柯氏面商，願將此女出賣與人爲婢，將項以作醫療之費。外托媒引就向本街蔡敏貞舍承買爲婢，當日同媒三面議定女婢身價銀八十大元、庫平五十六兩正；銀即日同媒親收足訖，隨將此女交付敏貞舍喚去爲婢，改名使用，任從女便。

自此一賣千休，日後不敢生端滋事。保此女係房自養，與別房人等無干，亦無典賣他人不明等情，房同柯氏出首一力抵擋，不干買主之事。此係仁義明買明賣，各無抑勒，口恐無憑，同立賣養女爲婢一紙，付執爲炤。

光緒二十四年八月　　日

代筆人　蔡某山
爲媒人　林氏站涼
生母　柯氏紗涼
場見人　養母　王氏哖涼
立賣養女爲婢字人　蔡　房

《臺灣私法人事編・婚姻・變例之婚姻・養媳・養媳離異字據・贖身甘願字》 立贖身甘願字人吴門陳氏富源，有前年間娶過周先進之女名叫查某爲苗媳，年登十八歲。今因長成，兼與氏子皆倆年庚不合，氏即將托媒向親生父母周先進官言明贖回之事，欲將此媳與氏子皆倆別娶。三面議定值贖身價銀壹佰七十大元正；其銀即日同媒親收足訖，遂將此媳查某交伊親生之父母周先進官炁歸；或招壻，或別配佳偶，任從周先進主裁，氏不敢滋生事端。保此媳係氏憑媒明買過周先進之女爲媳，並無過繼以及來歷交加不明之事；如有不明，氏出首一力抵擋，不干周先進之事。此係二比甘願贖身，各無反悔，口恐無憑，合立贖身字一紙，付執爲炤。

即日同媒交過吴門陳氏子皆倆親收身價銀壹佰七十大元正足訖，付執再炤。

光緒二十三年三月　　日

立贖身甘願字人　吴　氏
陳　氏
爲媒人　楊壻涼
知見人　吴皆倆
代筆人　林清泉

案例文書

(宋)李昉等《文苑英華》卷五三一《判・奴婢過制判》 得丁，上言豪富人畜奴婢過制，請據品秩爲限約，或責其越職，論事不伏。

對

品秩異倫，臧獲有數，苟踰等列，是紊典常。丁志在作程，惡乎過制，爰陳誠於白奏，俾知禁於素封，將使豪富之徒，資雖積於鉅萬，僮僕之限數，無喻於指千，抑淫義叶於隨時，革弊道符於漢日，責其論事，無乃失辭，若守職以越思，則爲出位，將盡忠而陳計，難伏嘉言，楚既失之，鄭有辭矣。

《名公書判清明集》卷九《户婚門・賣過身子錢蔡久軒》 阿陳之女方於前年十一月雇與鄭萬七官者七年，止計舊會二百二十千。十二月，便雇與信州牙人徐百二，徐百二隨即雇與鉛山陳廿九，身子錢已增至七百貫矣。纔及六月，陳廿九又雇與漆公鎮客人周千二，曾日月之幾何，而價已不啻三倍矣。以下闕頁送通判廳，監限十日足，違限却收賣女之罪，勘斷錮身取足，庶知倚法欺騙之無所利也。餘人放，鎖索椎毀。

(元)蘇天爵《滋溪文稿》卷二三《行狀・元故參知政事王憲穆公行狀》 江南既一，或者猶略民子女轉賣爲奴。公言：四海之内皆爲王民，國家當敷宣惠澤，無間南北，涵濡撫育，俾長子老孫以沐承平之化。今猶縱民奴其子女，非一視同仁之意也。勑禁止之，著爲令。有汪清者，自其父占籍於息，餘四十年，而鎮軍强有力者利其貲産妻女，誣爲亡奴，訴諸帥府。既得府檄，即率數十騎馳圍其第，遂格殺清，冀無以自明，妻女貲産悉爲己有。清子成潛出告寃，兵民異屬，文移往來數年不能正。穎人朱喜者，始以避兵見俘，繼縱爲良，主給之書，鄉胥里長皆署名紙尾。喜隸軍籍有年矣。一日，喜居室火，故主之子疑其良書被焚也，遂復奴之。喜持書累陳，謾不見直。公循行至郡，俱詣泣訴。公閱吏牘曰：清占籍於壬寅，某之奴以甲辰而逃，何前政之不攷耶？喜良書具在，紙尾之人，其言足徵，充軍許時何其無一辭也？乃以其事啓鎮南王府，誣者皆屈。明年，二家援結近臣，誣奏其事。詔遣中書斷事官案問，即收繫公。公以書言御史臺，臺臣以聞。有旨召公入見，公廷奏其事，上大喜曰：若此人真不虚食俸禄者。復還公河南，於是近臣及斷事官皆以受賕得罪，而清、喜數百口竟賴公言皆復，民繪公像，祠之終身。

(明)蘇茂相《新鐫官板律例臨民寶鏡》卷六《婚姻類審語・贅婢妾婢》 審得周某原用銀四兩，投贅祝家寡婦侍婢秋香爲妻。後因忤觸主母，逐出五年不返。始將婢轉賣某爲妾。贅婢妾婢，前後事俱真的。但秋香歸某家，現今已生子三歲，難以判離。姑從前主名下追銀二兩，後夫名下追銀二兩六錢，給某另娶。悍奴叛主如某，照律杖懲。

(明)蘇茂相《新鐫官板律例臨民寶鏡》卷九《雜犯類審語・妓女從良》 昨公事暇，偶從燈下撿閱歌賦詩詞。見妓女詩云：柳巷年年空度春，頻頻送舊許迎新。薄情龜鴇猶嗔責，不戀新人戀舊人。又云，洞房夜夜强支吾，一夜歡娱一夜夫。今夜郎君非昨夜，燈前羞解綉羅襦。由此觀之，□欄□之其狀甚苦。人有謂，生爲萬人妻，死作無夫鬼，良不虚也。今某志慾從良，是決倒情瀾，跳出慾海，合與執照，聽其從人。

(明)毛一鷺《雲間讞略》卷三《一件玷剿事》 鹽院左批上海縣告人杜憲狀

前件審得：安二之父安祥，杜璜僕也。杜襄，璜長子。杜夏，璜次子。夏有隨從婢女配祥。祥生二。是祥固祖遺，而祥子則夏婢所出耳。當時襄、夏在日，尚存衆役。而二妻實二所自娶，固不由憲，亦不由衡也。二夫婦願隨憲而不樂隨衡。説者謂二妻與憲情深愛重，不能割捨。此固莫須有之説也。衡不甘，將二夫婦賣與族杜宗瑜，而兩家訟端起矣。據憲謂，祖遺僕婢，豈容衡之獨據？據衡謂，實母婢所生，於憲已不相涉。夫有二之父，乃始有二之母。衡非胡人，安得先母而後父也？乃謂祖得價二兩，而以安祥出賣與衡父，有是理乎？父子之間，豈容以微貲交易？即有劵亦係僞造。第衡賣僕已久，去珠無復還之理。量於瑜名下斷銀五兩給憲，以存水木之意。人仍瑜服役可也。陸華承牌，矜勒有之，索詐未也。與誑告之宗憲，擅賣之宗衡，擅賣之宗瑜，各杖。

詳批：安二夫婦向憲背衡，在家終是禍根。但衡不應獨賣耳。據斷，杜瑜再出銀五兩給憲，人仍歸瑜，情法兩平矣。悉照贖決發落。庫收領繳。

（明）顔俊彦《盟水齋存牘》卷一《清佔水埠李從興等杖》　審得李從興、白衆成等俱蛋民也，賴海畔水塘種蜆捕魚爲生，其自西江口起，下至罔尾，共計七埠，向係附海小民管辦河泊所歲課章程，給帖承佃，非一日矣。因先年有土宄曾敬初等透勢圖佔，而生員鍾中願代興等出訟，後蒙審明，究正初罪，中即邀功索謝，興等議以水埠五分之一與中，管收兩年以酬其功。後中因院訪問遣私將前塘轉卸與生員何瑞成，瑞成亦知蛋民之業歷來勢宦爭之不得者，而青青子衿遂欲踞而有之，則貪心所使也。據稱買自鍾中，鍾中已遣，無可質對，□有銀置産盡有膏腴，何必與蛋民爭此尺寸，其爲影佔不待其詞之牽矣。合斷蜆塘清出還衆，李從興過添瀆憲，陳東川佃户混訴，各杖以懲。鍾中已遣不究，何瑞成念係子衿，姑免擬。招詳。

軍門批：海畔蜆塘爲蛋民世業，被青衿遞相踞佔，宜李從興等之有此控也，仰出示嚴禁，並給帖各蛋執照，姑各免罪。繳。

察院批：以青衿而攘蛋民之利，何趨之下也？事微免擬，照原招發落。庫收繳。

巡視海道批：李從興等止以蜆塘細故致訟遍告，杖有餘辜，仰候院詳示行繳。

（明）佚名《新纂四六合律判語》卷上《户律・良賤為婚姻》　《詩》首《關雎》，夫婦人倫之大；禮先媒妁，婚姻配合之常。故閥閲要於相當，而男女須乎克敵。嫁非凡子，羡唐處士之賢，期爲貴人，服從吕氏之識。今某不知求配，妄許成姻，彩鳳隨鴉，不嘆姻緣弗稱；蒹葭倚玉，胡知伉儷非宜。駕言緣定於赤繩，不悟穢污乎白璧。深病樂天，咏寵鳥無常枝之句；甚疵司馬，歌流鶯過短墻之詩。薰蕕莫辨，玉石雷同。孟光下嫁於梁鴻，固出忠心之願；侯景請婚於王謝，實非本意之爲。罪宜杖責，各令歸宗。

（明）張肯堂《䍐辭》卷一二《魏宗舜》　魏宗舜以弓虵之似，誤入大辟，本縣於四年前爲之白其誣而出之矣。方其繫獄湯陰時，其兄宗孔鬻其八歲一女，與東明人宗芳爲婢，以助橐饘。已而事解出獄，至芳家省女，謀欲贖歸，迄不得見，傳聞别售，故爲此訟耳。今芳慮以販鬻受罪，已自挈此女而就質矣。宗舜處此，雖有至情，獨不思昔年身在圜扉，要領幾不自保，何論襁中弱息。況身值數金，業已爲膏續命，而傷弓餘翼，尚欲將雛舊巢，不以泰乎。其女聽回，量於原價六兩外，更益三兩，償芳飯費。而宗舜仍予之杖。蓋他販則過在芳，而此女再歸，則宗舜自不得不任受曲。法故未可以一律拘也。

（明）李清《折獄新語》卷一《婚姻・一件斬佔事》　審得洪氏者，柯臺明母也。先因臺明有女，嫁鮑紹陽子應龍。韶年方訂夭桃，羸體已嗟夫弱柳，未免憑掖需人矣。於是臺明覓婢梅女往，而洪氏乃指爲伊妾何也？果妾也？臺明妻固在，愛女莫若母，胡不往而以妾往？且往又八年耶？至梅女往矣。枕畔之枯枝，不堪攀折；而或移情於傍砌之閑花，想亦應龍近情事也。若遽指爲紹陽妾，豈昔娶婦而讓兄者，今又得婢而讓父乎？至紹陽訴詞，又可異焉。夫柯氏女誠病，猶然生婦也。雖曰獅吼無力，然何至剪額梳釵，告廟飲族，而以納婦者納婢？均誕耳。今臺明、應龍俱往長安，惟提洪氏孫柯應棟嚴詰，則曰：是婢也，非妾也；是繼往也，非從嫁也。此言得之矣。合無令鮑紹陽出銀六兩，付之洪氏，而梅女則仍歸鮑家。夫女生而事之，女亡而返之，洪氏之告非過。然既云應龍妾矣，折並蒂而散雙棲，是亦問官不及。質之應龍，而有藤難割者也。然則是梅女也，異日嫁之乎？則銀仍付鮑，而女終歸柯；異日納之乎？則銀永付柯，而女終歸鮑。

（明）李清《折獄新語》卷一《婚姻・一件黑冤事》　審得已故使女瑞菊，乃李弈義女，而賣於生員李方騄爲婢者也。今問此婢何以死？則以病故。菊之落矣，其黄而隕，亦嚴冬彫候，理之自然耳。非方騄披其枝而傷其心也。茲弈以人命控。豈有説乎？夫亦閔蒲柳之脆質，每嘆先零；而松柏之勁幹，乃羡永壽耶。想瑞菊之有脆質無勁幹者，亦人比黄花瘦。而非傷於霧露，則隕於風雨耳。乃指爲悍女桂姐之專妒爭寵，而拷禁致死者何？噫，桂菊非同根，相煎何太急。豈錯指芬菊爲芳蘭，而欲以拷禁作當門之鋤也？然不聞月中桂影日傍嫦娥而不妒乎？若顧名思義，雖芙蓉脂肉，可消妒心；而況瑞菊之身着青衣者，原不鬥紅顔於桃李之穠也。今庭質之際，復願和息，則二李不爭一菊矣。合從其所請。仍杖治李弈以爲茨棘先加之戒。

（明）李清《折獄新語》卷一《婚姻·一件環烹事》 審得王君實故妾夏姐，乃陳英兄陳奎養女，賣與全立仁爲婢，而轉嫁君實爲妾者也。今問伊何以死？則因洗衣池邊，失足溺水故耳。夏姐之不復，君其問諸水濱，英何與乎？而忽以人命告，且又忽指養女爲陳姓嫁女，而生則炊汲，死則毛裏也。於是同族陳怡與立仁之同族大經，皆踵其故智，而此息彼告，相牽如蔓，均有涎心矣。夫以夏姐之萍流蓬飄，寄生於陳，而寓足於全者。久着青衣，不妒朱顔，其由養女而婢，又由婢而妾也。非必貯金屋而列金釵也。在君實雖無寵至不婚之愛，在君實妻江氏雖無我見猶憐之感，而獅吼無作，蜂螫不犇。胡池邊一溺，忽有悍妻殺妾説也？問何以故？則云：王生員書報耳。夫王生員與陳、全二姓何涉？且與夏姐何親？豈真厠有形，發其明酷；瓮有骨，攻其陰虐。胡代人鳴冤，而握管如咽者，將以自哭亡妾之急泪，轉哭夏姐乎？抑豈白日帶弦，忽作階前之人聲；又豈中夜投衣，獨聆郵亭之鬼語。故筆有劍而字有鼓者，將洗沉痛，雪幽恨，而指事陳情之確乎有據也。非然者，恐王生一書，將以求吾所大欲矣。蓋見溺而援之以手者，權也；聞溺而報之以書者，利也。合與借題恐嚇、各詐四錢之陳英，一併杖懲。若全立仁劈死夏姐之説，則辭過於水而嫁禍於刃，亦兩人唾餘耳。姑念唆訟無實，薄罰以儆。

（明）李清《折獄新語》卷一《婚姻·一件硬配事》 審得衛源芬出金二百，爲少妓花氏贖身，非以色也。念其墮足風塵，欲爲援手。故以渡蟻之心，移而渡人，義重於情，洵陰功也。近貿易粤東，猶遺書乃弟源馨，欲爲花氏求一好兒郎格調相稱者。不過謂流水何情？拔自火宅，當始終無負吾慈悲耳。適柳氏子榮青年未娶，願納花氏爲妻，是好兒郎也。皎日可矢！豈曰小星乎？故源馨即以配。嗟乎，此婦幸哉。若念成巢新歡，出自卷簾舊德，而潸然出涕，亦以恩，非以情也。逝波不返，從此永作柳家婦矣。況花柳本自同妍，何必華如桃李？彼老鴇周氏之以硬配告，請益云耳。合仍以配之。且與柳氏子約曰：若此婦有子則已，脱年久無子，則或妾、或婢皆可，但不得耦妻。此皆二三冰人相與體源芬贖身初意，而欲以此婦之有始有卒者，爲完兹陰功也。周氏涎利無壓，非戢鴇喧，曷固鴛侶？合杖以儆其後。

（清）李漁《資治新書二集》卷二〇《婚姻·活占事》 審得胡貞甫有婢芸香嫁趙光所爲妾，原聘只三十六兩。光所暮年無子，而怵於獅吼之聲，以致芸香不安其室。光所商之貞甫，俾以原價贖回。惟時芸香身已妊子，光所曾以手書相訂，約生子當還貞甫。至次年果舉一子，光所不惜重價購之，倍付聘銀七十二兩，而芸香母子始歸於趙，歷今二載。貞甫知其必不許贖而故爲贖之之詞，意在索詐，總由七十二兩金爲之祟也。光所不許，隨有活占之控。據稱，子屬寄養，妾爲撫子而去。夫妻妾何物，而可以假人？況一假不足而再假乎？背義食言，貪得無饜，畀以一杖，似未蔽辜。倘於斷後不知悔過，仍復興詞，當於原受七十二兩金數内倒追一半給趙，只償原聘，以治貪頑可也。

（清）董誥《全唐文》卷九八二《闕名·對奴判》 下士有僮指千，爲鄰人所告。縣斷不應，云遇廉賈五一作金。之所致。州覆無罪。

爵以馭賢，禄以頒士，去嫌守職，雖殆亦榮。捨道成富，在官所醜，況位霑下士，利掩上農。千指家僮，等江陵之橘樹，萬金賈子，均洛陽之富商。畜伎既埒於卓孫，遇業頗同於翁伯。財之所聚，但覺浮雲，訟之所興，果爲鳴鼓。雖州縣兩斷，片折未分；而鄰人一言，商亦何玷。士且同於賈豎，州頗昧於正刑，是可忍焉，孰爲過者。

（清）董誥《全唐文》卷九八二《闕名·對部曲判》 已男準格，不合取部曲妻，違者被繩。訴云，强幹弱枝，竊將益利。未知合利否。

國家每軫納隍，偏憂邊徼，在庸微之俗，隔良賤之婚。千頭之奴，具傳其號，百姓之女，罕聞其卜。故爲罔冒，取陷刑書。何强幹而弱枝，非愛人而治國。議事以制，非我博哉。斯之謂宜，確乎不拔。

（清）董誥《全唐文》卷九八二《闕名·對婢判》 命官婦女阿劉母，先是蔣恭家婢，被放爲客，女懷阿劉，娠出嫁恭。死後嫂將劉充女使。劉不伏，投匭訴。

阿劉，母先從侍兒，放爲客女。夢虵納慶，先含候月之胎，附馬申歡，即就行霜之禮。纔欣執盥，仍誕弄塼，既而李善主君，俄驚闞室，仲尼兄子，欲契宜家。遽擁妖妍，將充媵婢，徒爲枉抑，終見稱張。望彼劉闈，寧甘誦賦，均夫鄭室，聊事薄言。論母既謝萱枝，按女即非桃葉。方欲指腹稱賤，憑胎索婢，自可以大匹小，將古明今。劉氏若屬蔣家，秦政須歸吕族，據斯一節，足定百端。

雜録

（晉）葛洪《西京雜記》卷一　惠帝嘗與趙王同寢處，呂后欲殺之而未得。後帝早獵，王不能夙興，呂后命力士於被中縊殺之。及死，呂后不之信，以緑囊盛之，載以小軿車入見，乃厚賜力士。力士是東郭門外官奴，帝後知，腰斬之，后不知也。

（南朝宋）劉義慶《世説新語》卷上之下《文學》　鄭玄家奴婢皆讀書。嘗使一婢，不稱旨，將撻之，方自陳説，玄怒，使人曳箸泥中。須臾，復有一婢來問曰：胡爲乎泥中？衛《式微》詩也。毛公曰：泥中，衛邑名也。答曰：薄言往愬，逢彼之怒。衛邶《柏舟》之詩。

（南朝宋）劉義慶《世説新語》卷中之下《豪爽》　王處仲，世許高尚之目。嘗荒恣於色，體爲之弊。左右諫之，處仲曰：吾乃不覺爾，如此者甚易耳。乃開後閤，驅諸婢妾數十人出路，任其所之，時人歎焉。

《敦煌變文集》卷二《廬山遠公話》　白莊於東嶺上驚覺，遂乃問左右曰：西邊是甚聲音？左右曰：啓將軍，西邊是擄來者賤奴念經聲。白莊聞語，大（奴）〔怒〕非常，遂唤遠公直至面前，高聲責曰：你若在寺舍伽藍，要念即不可；今況是隨逐於我，争合念經。遠公曰：將軍當日擄賤奴來時，許（交）〔教〕念經。白莊曰：我早晚許你念經？遠公當即不語，被左右道：將軍實是許他念經。白莊曰：念經即是閒事，我等各自帶殺，不欲得聞念經之聲。遠公曰：既不許念經，不要高聲，默念得之已否？白莊曰：不然，緣我當時擄你將來，一爲不得錢物，二爲手下無人，所得惡發，擄你將來。我今錢數不少，手力極多，卻放你歸山，任意修行。遠公曰：捨身與阿郎爲奴，須盡阿郎一世，中路抛離，何名捨身。阿郎若且要伏事，萬事絶言。若不要賤（奴）之時，但將賤奴諸處賣卻，得錢與阿郎沽酒買肉，得之已否？白莊（問）〔聞〕語，呵呵大笑：你也大錯！我若（之）〔諸〕處買得你來，即便將舊契券，即賣得你。況是擄得你來，（交）〔教〕我如何賣你。遠公曰：阿郎不賣，萬事絶言，若要賣之，但作家生厮兒賣，即無契（卷）〔券〕。白莊曰：交我將你（況）〔向〕甚處賣得你？遠公曰：若要賣賤奴之時，但將往東都賣得。白莊聞語，懔然大怒：這下等賤人心裏不改間（無）〔謀〕。自擬到東都，見及上下經臺，陳論過狀，道我是賊，令捉獲我。遠公曰：賤奴若有此意，機謀阿郎，願當來當來世，死墮地獄，無有出期。但請阿郎勿懷（優）〔憂〕慮，的無此事。白莊聞語，然而信之。遂便散卻手下徒黨，只留三、五人，作一商客，將三五個頭疋，將諸行貨，直向東都來賣遠公，向口馬行頭來賣。是時遠公來至市内，執標而自賣身。是時萬衆千人，無不嘆念。且見遠公標：身長七尺，白銀相光，額廣眉高，面如滿月，鬢如塗漆，脣若點朱，行步中王，手垂過膝，東西舉步而行，看衆咨嗟，無不愛念。是時看人三三作隊，五五成行：我今世上過卻千萬留賤之人，實是不曾見有！嘆念之次，看人轉多。是時遠公心懷惆悵，怨恨自身，知宿債未了，專待賣身（已常）〔以償〕他白莊。須臾之間，（敢）〔感〕得帝釋化身下來，作一個崔相公使下，直至口馬行頭，高聲便唤口馬牙人：此個量口，並不得諸處貨賣，當朝宰相崔相公宅内只消得此人。若是别人家，買他此人不得。牙人聞語，盡言實有此（是）〔事〕。牙人遂領遠公來至崔相宅。是時白莊亦隨後而來，遠公曰：阿郎但不用來，前頭好惡，有賤奴身在，若也相公歡喜之時，所得錢物，一一阿郎領取。白莊曰：前頭事須好好祗對，遠公勿令厥錯。遠公唱喏。便隨他牙人，直至相公門首。門人問牙人曰：甚人（交）〔教〕來？奉親隨唤來，緣此個生口，不敢將别處貨賣，特來將與，相公宅内消得此口。門官曰：且至在此，容我入報相公。門官有至廳前啓相公：門（手）〔首〕有一生口牙人，今領一賤人見相公，不敢不報。相公曰：（交）〔教〕引入來！於是門官得相公處分，牙人引入遠公，直至廳前。遂見相公，折身便拜，立在一邊。相公一見，唯稱大奇：我昨夜夢中見一神人入我宅内，今日見此生口，莫是應我夢也！相公問牙人：此是白莊家生厮兒，爲復别處買來？牙人啓相公：是白莊家生厮兒。相公曰：既是白莊家生厮兒，應無契（卷）〔券〕。相公問牙人曰：此個厮兒，要多（小）〔少〕來錢賣？牙人未言，遠公進步向前啓相公曰：若要賤賣奴身，只要相公五百貫錢文。相公曰：身上有何伎藝，消得五百貫錢？至甚不多，略説身上伎藝看！遠公對曰：但賤奴能知人家已前三百年富，又知人家向後二百年貧。摺褺衣服，四時湯藥；傳言送語，無問不答；諸家書體，粗會數般；疋馬單槍，任請比試；鋤禾刈麥，薄會些些；買賣交關，盡知去處。若於手下驅使，來之如風，實不頑慢。相公不信，賤奴自書賣身之契，即知詣實。相公處分左右，取紙筆來度與，遠公接得紙筆，遂請香爐，登時度過，拜謝相公已了，聽前自書賣身之契，不與凡同。遠公啓曰：厶年厶月賣身與相公爲奴，伏事盡忠，須畢阿郎一世。若也中路抛棄，當來當來世死墮地獄。受罪既畢，身作畜生。搭鞍垂鐙，口中銜鐵，（已）〔以〕負前愆。若也盡阿郎一世，當來當來世十地果圓，同生佛會。書契既了，度與相公。相公接得，唯稱大奇：莫是菩薩摩訶薩至我宅中？遂令取錢分付與牙人，五百貫文當即分付與白莊。白莊得錢，更不敢久住，卻至壽州界内。

（唐）孫棨《北里誌・海論三曲中事》 諸妓皆私有指占。廳事皆彩版，以記諸帝后忌日。妓之母，多假母也。亦妓之衰退者爲之。諸女自幼丐育，或傭其下里貧家。常有不調之徒潛爲漁獵，亦有良家子，爲其家聘之，以轉求厚賂，誤陷其中，則無以自脱。初教之歌令而責之，其賦甚急，微涉退怠，則鞭朴備至。皆冒假母姓呼，以女弟女兄爲之行第。率不在三旬之内。諸母亦無夫，其未甚衰者，悉爲諸邸將輩主之。或私蓄侍寢者，亦不以夫禮待。比見東洛諸妓體裁，與諸州飲妓固不侔矣，然其羞匕筯之態，勤參請之儀，或未能去也。北里之妓，則公卿舉子，其自在一也。朝士金章者，始有參禮。大京兆但能制其舁夫，或可駐其去耳。諸妓以出里艱難，每南街保唐寺有講席，多以月之八日，相牽率聽焉。皆納其假母一緡，然後能出於里。其於他處，必因人而游，或約人與同行，則爲下婢，而納資於假母。故保唐寺每三八日士子極多，蓋有期於諸妓也。有一嫗號袁州婆，盛有財貨，亦育數妓，多蓄衣服器用，僦賃於三曲中。亦有樂工聚居其側，或呼召之，立至，每飲率以三鍰，繼燭即倍之。

（唐）孫棨《北里誌・楊妙兒》 楊妙兒者，居前曲，從東第四五家。本亦爲名輩，後老退爲假母。居第最寬潔，賓甚翕集。長妓曰萊兒，字逢僊，貌不甚揚，齒不卑矣。但利口巧言，詼諧臻妙。陳設居止處，如好事士流之家，由是見者多惑之。

（宋）蘇轍《龍川略志》卷五《不聽祕法能以鐵為銅者》 有商人自言於户部，有秘法能以膽礬點鐵爲銅者。予召而詰之曰：法所禁而汝能之，誠秘法也。今若試之於官，則所爲必廣，汝一人而不能自了，必使他人助汝，則人人知之，非復秘也，昔之所禁，今將遍行天下。且吾掌朝廷大計，而首以行濫亂法，吾不爲也。其人黽俛而出，即詣都省言之。諸公惑之，令試斬馬刀，厥後竟不成。

（宋）洪邁《夷堅三志己》卷六《趙氏馨奴》 潭州益陽趙知縣女，嫁泉州滕迪功而寡。生男女五人，男已娶婦。而趙性慘酷，自專家政，門户遇夜扃鎖，皆身自臨之，非侵晨弗啓。待妾婢尤嚴，或有獲罪，輒留伴宿，然後囚縛，鞭撻以數百計，氣幾絶，始命曳出。淳熙十六年冬，妾陳馨奴者，掇怒頗甚，手殺之。斷其頭及手足爲五，貯於糠籠，而誑老僕曰：吾藏金銀，不欲令他人知，爲我窖於厠旁，當厚犒汝。僕喜而從之。紹熙元年正月十九日辰巳間，宅門未開，鄰里呼問之，其男曰：鄰舍素諳我家事，須媽媽起來則可。遂詣母房外，集衆共叫，移時不應。鄰以告廂官，排闥而入，諸人盡至，獨趙氏之室悄然。又破壁揭帳，但流血滂沱，支體横卧而失首級。具事狀申郡。郡守顔師魯尚書捕一家鞫治，踰旬不成。及三月晦日，石筍橋南有一婦人，左手持刀，右挈女子首，戴花滿髻，歌笑而來。邏卒執問爲誰，曰：我乃殺滕迪功妻趙氏者。即係之入府。顔公極驚異，詰其故。對曰：妾非人，蓋鬼也。本爲滕公妾，名曰馨奴，趙氏刳斮我埋於厠下，投訴岳帝，得以報讎。恐干連無辜，枉害人命，所以冒禁明之。顔不之信，械項送司理獄。鬼初微笑不止，及獄吏用大辟法，加杻鎖綳訊，亦大笑。理掾以白顔，掘地得尸，雖經百許日，全不壞。爲辦醮席，付天慶道士鄭紹勳行持。方拜章之次，鬼於枷上笑曰：我去矣。奄爾不見。滕氏囚者盡得釋。

（金）元好問《中州集》卷二《李承旨晏》 初遼人掠中原人，及得奚渤海諸國生口，分賜貴近或有功者，大至一二州，少亦數百，皆爲奴婢。輸租爲官，且納課給其主，謂之二税户。大定初，一切免爲民。

（元）陶宗儀《輟耕録》卷六《官奴》 今以妓爲官奴，即官婢也。《周禮・天官・酒人》奚三百人。注：今之待史官婢。

（元）陶宗儀《輟耕録》卷七《雇僕役》 許魯齋先生在中書日，命牙儈雇一僕役，特選一能應對閑禮節者進。卻之曰：特欲老實耳。他日領一蓬首垢面愚騃之人來，遂用之。僧請問其故，先生曰：諺云馬騎上等馬，牛用中等牛，人使下等人。馬上等，能致遠。牛中等，良善。人下等，易馴。若其聰明過我，則我反爲所使矣。假如司馬温公家一僕三十年止稱君實秀才，蘇子瞻學士來謁，聞而教之。明日改稱大叅相公。公驚問，以實告。公曰：好一僕，被蘇東坡教壞了，這便是樣子。

（元）陶宗儀《輟耕録》卷一〇《重臺》 凡婢，役於婢者，俗謂之重臺。按《左氏傳》，昭公五年，日之數十，故有十時，亦當十位。自王以下，其二爲公，其三爲卿。注云：日中爲王，食時爲公，平旦爲卿，鷄鳴爲士，夜半爲皂，人定爲輿，黄昏爲隸，日入爲僚，晡時爲僕，日昳爲臺，日中出闕，不在第等，王公曠其位。又昭公七年，天有十日，人有十等。故王臣公，公臣大夫，大夫臣士，士臣皁，皁臣輿，輿臣臺，則所謂臺者，十等之至卑。今豈亦本是與，然加以重字，尤有意。

（元）陶宗儀《輟耕録》卷一〇《烏蜑户》 廣東采珠之人，懸絙於腰，沉入海中，良久得珠，撼其絙，舶上人挈出之，葬於黿鼉蛟龍之腹者，比比有焉。有司名曰烏蜑户。蜑，音但。仁宗登極，特旨故免。時敬公戴卿爲江西行省叅知政事，俾該管掾史立案。令廣東帥府抄具烏蜑户一一籍貫姓名，置册申解他省，官曰：中書咨文無是，恐不必也。公曰：萬一乃申明舊典，庶不害及良民。未幾，太后中使至，人咸服公先見之明。

（明）何良俊《何氏語林》卷六《政事》 錢若水爲同州推官，時有富民女奴逃亡，父母訟於州，州録事嘗貸於富民，不獲，乃劾富民父子共殺女奴，罪皆應死。富民不勝榜楚，自誣服。具獄，上州皆覆實，無反異，若水獨疑之，留其獄數日。録事詣若水，詬之曰：若受富民錢，欲出其死。若水笑謝曰：今數人當死，豈可不少留熟觀其獄辭耶？留之且旬日。若水詣知州，屏人言曰：若水所以留其獄者，密使人訪求女奴，今得之矣。因密送於知州所，知州垂簾，引女奴父母從簾中推女奴示之，父母持之而泣，乃引富民父子破械縱之。其人號泣不肯去，曰：微使君，則某滅族矣。知州言此推官之賜，其人趨詣若水廳事。若水閉門拒之，曰：知州自求得之，我何與焉？其人不得入，繞墻而哭，傾家資飯僧，爲若水祈福。知州又欲論奏其功，若水固辭曰：若水獄事正人不冤死耳，論功非本心也。且朝廷若以此爲若水功，當置録事於何地？知州歎服。

（明）何良俊《何氏語林》卷二四《企羡》 蕭穎士，嚴酷異常，有一僕，事之十餘年。穎士每加箠楚輒百餘，不堪其苦。人或激之使去。其僕曰：我非不能他從，所以遲留者，特愛慕其博奥耳。

（明）王士性《廣志繹》卷五《西南諸省》 三江蜑户其初多廣東人，産業牲畜皆在舟中，即子孫長而分家，不過爲造一舟耳。婚姻亦以蜑嫁蜑，州縣埠頭乃其籍貫也，是所謂浮家泛宅者。吴船亦然，然多有家在岸。

（明）談遷《北游録・紀聞下・禁良為倡》 壬辰，禁買良爲倡。以亂後良家子被掠流落樂籍，故有是命。限價得贖，都下稱快。

（明）談遷《北游録・紀聞下・人市》 順承門内大街騾馬市、牛市、羊市，又有人市。旗下婦女欲售者叢焉。牙人或引至其家處閲。噫，誠天之芻狗斯人也。

（清）曹雪芹《紅樓夢》第一四回《林如海捐館揚州城　賈寶玉路謁北静王》 只見鳳姐正與來升媳婦分派，衆人不敢擅入，只在窗外聽覷。只聽鳳姐與來升媳婦道：既托了我，我就説不得要討你們嫌了。我可比不得你們奶奶好性兒，由著你們去。再不要説你們這府裏原是這樣的話，如今可要依著我行，錯我半點兒，管不得誰是有臉的，誰是没臉的，一例現清白處治。説著，便吩咐彩明念花名册，按名一個一個的唤進來看視。

一時看完，便又吩咐道：這二十個分作兩班，一班十個，每日在裏頭單管人客來往倒茶，别的事不用他們管。這二十個也分作兩班，每日單管本家親戚茶飯，别的事也不用他們管。這四十個人也分作兩班，單在靈前上香添油，挂幔守靈，供飯供茶，隨起舉哀，别的事也不與他們相干。這四個人單在内茶房收管杯碟茶器，若少一件，便叫他四個描賠。這四個人單管酒飯器皿，少一件，也是他四個描賠。這八個單管監收祭禮。這八個單管各處燈油、蠟燭、紙劄，我總支了來，交與你八個，然後按我的定數再往各處去分派。這三十個每日輪流各處上夜，照管門户，監察火燭，打掃地方。這下剩的按著房屋分開，某人守某處，某處所有桌椅古董起，至於痰盒撣帚，一草一苗，或丢或壞，就和守這處的人算帳描賠。來升家的每日攬總查看，或有偷懶的，賭錢吃酒的，打架拌嘴的，立刻來回我，你有徇情，經我查出，三四輩子的老臉就顧不成了。如今都有定規，以後那一行亂了，只和那一行説話。素日跟我的人，隨身自有鐘錶，不論大小事，我是皆有一定的時辰。橫竪你們上房裏也有時辰鐘。卯正二刻我來點卯，巳正吃早飯，凡有領牌回事的，只在午初刻。戌初燒過黄昏紙，我親到各處查一遍，回來上夜的交明鑰匙。第二日仍是卯正二刻過來。説不得咱們大家辛苦這幾日罷，事完了，你們家大爺自然賞你們。

（清）曹雪芹《紅樓夢》第一九回《情切切良宵花解語　意綿綿静日玉生香》　寶玉聽了這些話，竟是有去的理，無留的理，心内越發急了，因又道：雖然如此説，我只一心留下你，不怕老太太不和你母親説，多多給你母親些銀子，他也不好意思接你了。襲人道：我媽自然不敢强。且漫説和他好説，又多給銀子，就便不好和他説，一個錢也不給，安心要强留下我，他也不敢不依。但只是咱們家從没幹過這倚勢杖貴霸道的事，這比不得别的東西，因爲你喜歡，加十倍利弄了來給你，那賣的人不得吃虧，可以行得。如今無故平空留下我，於你又無益，反叫我們骨肉分離，這件事，老太太、太太斷不肯行的。

（清）袁枚《續子不語》卷六《喜婆》　越郡城有惰民巷者，居方里，男爲樂户，女爲喜婆。民間婚嫁，則其男歌唱，其婦扶侍新娘梳妝拜謁，立侍房闥如婢，新娘就寢始出，謂之喜婆。能迎合人，男女各遂其歡心。服役民家有常主，如田之有佃，得自相頂替，賣買皆有契券。事婚嫁祭祀外，常時則以説媒售農錦爲業。

（清）徐珂《清稗類鈔・種族類・蜑人》　蜑人，惟閩、粤有之，俗呼爲曲蹄，以其常處舟中，曲其膝，故以名狀之也。一説曲蹄作乞黎，謂不齒齊民，類於丐也。其人常水居，以舟爲家，以漁爲業，姓多翁、歐、池、浦、江、海之屬，蓋取漁翁、鷗鳥及所居之地之義也。間有置宅於陸者，然亦不業商賈，不事工作，習於賤役，異於平民，而娼寮多有假託其名者，俗呼白面厝爲曲蹄婆厝，是也。

（清）徐珂《清稗類鈔・婚姻類・趙國麟與劉藩長聯姻》　咸、同以前，搢紳之家蔑視商賈，至光緒朝，士大夫習聞泰西之重商，官、商始有往來，與爲戚友，若在彼時，即遭物議。乾隆初，大學士趙國麟與商人劉藩長聯姻，爲高宗所責。蓋乾隆辛酉六月，因仲永檀劾趙往奠俞姓之事而及之，諭云：趙國麟素講理學，且身爲大學士，與市井庸人劉藩長締結姻親，且在朕前保薦。朕已明降諭旨，較之仲永檀參奏之事，其過孰爲重大？斥劉爲市井庸人，商之爲世所輕乃如此。

婚姻部

婚姻原則分部

論說

《周禮・地官司徒・媒氏》　媒氏，掌萬民之判。凡男女，自成名以上，皆書年月日名焉。令男三十而娶，女二十而嫁。凡娶判妻入子者，皆書之。中春之月，令會男女，於是時也，奔者不禁。若無故而不用令者，罰之。司男女之無夫家者而會之。凡嫁子娶妻，入幣純帛無過五兩。禁遷葬者與嫁殤者。凡男女之陰訟，聽之于勝國之社。

《孟子・滕文公下》　丈夫生而願爲之有室，女子生而願爲之有家，父母之心，人皆有之。不待父母之命、媒妁之言，鑽穴隙相窺，踰牆相從，則父母國人皆賤之。

《儀禮》卷五《士昏禮》　主人玄端，迎于門外，西面再拜。賓東面答拜。主人揖入，賓執鴈從。至于廟門，揖入。三揖，至于階，三讓。主人升，西面。賓升，北面奠鴈，再拜稽首，降，出。婦從，降自西階。主人不降送。壻御婦車，授綏，姆辭不受。婦乘以几，姆加景，乃驅。御者代。壻乘其車，先俟于門外。

婦至，主人揖婦以入。及寢門，揖入，升自西階。媵布席于奧。夫入于室，即席。婦尊西，南面，媵、御沃盥交。贊者徹尊冪。舉者盥，出，除冪，舉鼎入，陳于阼階南，西面，北上。匕俎從設。北面載，執而俟。匕者逆退，復位于門東，北面，西上。贊者設醬于席前，菹醢在其北。俎入，設于豆東，魚次。腊特于俎北。贊設黍于醬東，稷在其東，設湆于醬南，設對醬于東，菹醢在其南，北上。設黍于腊北，其西稷。設湆于醬北。御布對席，贊啓會，卻于敦南，對敦于北。贊告具。揖婦，即對筵，皆坐，皆祭。祭薦、黍、稷、肺。贊爾黍，授肺脊。皆食，以湆、醬，皆祭舉、食舉也。三飯，卒食。贊洗爵，酌酳主人，主人拜受。贊戶內北面答拜。酳婦亦如之。皆祭。贊以肝從，皆振祭。嚌肝，皆實于菹豆。卒爵，皆拜。贊答拜，受爵。再酳如初，無從。三酳用巹，亦如之。贊洗爵，酌于戶外尊。入戶，西北面奠爵，拜。皆答拜。坐祭，卒爵，拜。皆答拜。興。主人出，婦復位。乃徹于房中，如設于室，尊否。主人說服于房，媵受。婦說服于室，御受。姆授巾。御衽于奧，媵衽良席在東，皆有枕，北止。主人入，親說婦之纓。燭出。媵餕主人之餘，御餕婦餘，贊酌外尊酳之。

《儀禮》卷六《士昏禮》　記。士昏禮，凡行事，必用昏昕，受諸禰廟。辭無不腆，無辱。摯不用死，皮帛必可制。腊必用鮮，魚用鮒，必殽全。

女子許嫁，笄而醴之，稱字。祖廟未毀，教于公宮，三月。若祖廟已毀，則教于宗室。

問名，主人受鴈，還，西面對，賓受命乃降。

祭醴，始扱壹祭，又扱再祭。賓右取脯，左奉之，乃歸，執以反命。

納徵，執皮，攝之，內文，兼執足，左首。隨入，西上，參分庭一在南。賓致命，釋外足見文。主人受幣。士受皮者自東出于後，自左受，遂坐攝皮，逆退，適東壁。

父醴女而俟迎者，母南面于房外。女出于母左，父西面戒之，必有正焉。若衣，若笄，母戒諸西階上，不降。

婦乘以几。從者二人，坐持几相對。

婦入寢門，贊者徹尊冪，酌玄酒，三屬于尊，棄餘水于堂下階間，加勺。

笄，緇被纁裏，加于橋。舅答拜，宰徹笄。

婦席薦饌于房。饗婦，姑薦焉。婦洗在北堂，直室東隅，篚在東，北面盥。婦酢舅，更爵，自薦。不敢辭洗，舅降，則辟于房，不敢拜洗。凡婦人相饗，無降。

婦入三月，然後祭行。

庶婦，則使人醮之，婦不饋。

昏辭曰：吾子有惠，貺室某也。某有先人之禮，使某也請納采。對曰：某之子惷愚，又弗能教。吾子命之，某不敢辭。

致命，曰：敢納采。問名，曰：某既受命，將加諸卜，敢請女爲誰氏？對曰：吾子有命，且以備數而擇之，某不敢辭。

醴，曰：子爲事故，至於某之室。某有先人之禮，請醴從者。對曰：某既得將事矣，敢辭。先人之禮，敢固以請。某辭不得命，敢不從也。

納吉，曰：吾子有貺命，某加諸卜，占曰吉，使某也敢告。對曰：某之子不教，唯恐弗堪。子有吉，我與在，某不敢辭。

納徵，曰：吾子有嘉命，貺室某也。某有先人之禮，儷皮束帛，使某也請納徵。致命，曰：某敢納徵。對曰：吾子順先典，貺某重禮，某不敢辭，敢不承命！

請期，曰：吾子有賜命，某既申受命矣。惟是三族之不虞，使某也請吉日。對曰：某既前受命矣，唯命是聽。曰：某命某聽命于吾子。對曰：某固唯命是聽。使者曰：某使某受命，吾子不許，某敢不告期！曰某日。對曰：某敢不敬須！

凡使者歸，反命，曰：某既得將事矣，敢以禮告。主人曰：聞命矣。

父醮子，命之曰：往迎爾相，承我宗事。勖帥以敬先妣之嗣，若則有常。子曰：諾。唯恐弗堪，不敢忘命。

賓至，擯者請，對曰：吾子命某，以茲初昏，使某將，請承命。對曰：某固敬具以須。

父送女，命之，曰：戒之敬之，夙夜毋違命。母施衿結帨，曰：勉之敬之，夙夜無違宫事。庶母及門內，施鞶，申之以父母之命，命之曰：敬恭聽，宗爾父母之言。夙夜無愆，視諸衿鞶。

壻授綏，姆辭曰：未教，不足與爲禮也。

宗子無父，母命之。親皆没，己躬命之。支子，則稱其宗。弟稱其兄。

若不親迎，則婦入三月然後壻見，曰：某以得爲外昏姻，請覿。主人對曰：某以得爲外昏姻之數，某之子未得濯溉於祭祀，是以未敢見。今吾子辱，請吾子之就宫，某將走見。對曰：某以非他故，不足以辱命，請終賜見。對曰：某得以爲昏姻之故，不敢固辭，敢不從。主人出門，左西面，壻入門，東面奠摯，再拜出。擯者以摯出請受。壻禮辭，許，受摯入。主人再拜受，壻再拜送出。見主婦，主婦闔扉，立于其內。壻立于門外，東面。主婦一拜，壻答再拜。主婦又拜，壻出。主人請醴，及揖讓入，醴以一獻之禮。主婦薦，奠酬，無幣。壻出，主人送，再拜。

《禮記正義》卷二《曲禮上》 取妻不取同姓，故買妾不知其姓，則卜之。

《禮記正義》卷四《曲禮下》 天子有后，有夫人，有世婦，有嬪，有妻，有妾。【略】正義曰：此一節摠論立男官女官之事，各隨文解之。天子有后者，天子立官，則先從后妃爲始。所以然者，爲治之法，刑於寡妻，始於家邦，終於四海，故删《詩》則以后妃爲首。若論氣，先陰後陽，故此言天子有后也。謂之爲后者，后，後也，言其後於天子，亦以廣後胤也。有夫人者，夫，扶也，言扶持於王也。有世婦者，婦，服也，言其進以服事君子也。以其猶貴，故加以世言之，亦廣世胤也。有嬪者，嬪，婦人之美稱，可賓敬也。有妻者，鄭注《內則》云：妻之言齊也。以禮見問，得與夫敵體也。案彼是判合齊體者，今此言齊者，以進御於王之時，暫有齊同之義。有妾者，鄭注《內則》云：妾之言接也，聞彼有禮，走而往焉，以得接見於君子也。《周禮》則嬪在世婦上，又無妾之文也。今此所陳與《周禮》雜而不次者，記者之言，不可一依《周禮》，或可雜夏、殷而言之。鄭注《檀弓》云：舜不告而娶。不立正配，但三夫人。夏則因而廣之，增九女，則十二人，所增九女者，則九嬪也。故鄭云：《春秋》說云，天子娶十二人，夏制。鄭又云：殷增三九二十七人，摠三十九人，所增二十七世婦也。周又三二十七人，因爲八十一人，則女御也。

《禮記正義》卷一八《曾子問》 曾子問曰：廢喪服，可以與於饋奠之事乎？孔子曰：説衰與奠，非禮也。以擯相可也。

曾子問曰：昏禮既納幣，有吉日，女之父母死，則如之何？孔子曰：壻使人弔。如壻之父母死，則女之家亦使人弔。父喪稱父，母喪稱母。父母不在，則稱伯父世母。壻已葬，壻之伯父致命女氏曰：某之子有父母之喪，不得嗣爲兄弟，使某致命。女氏許諾而弗敢嫁，禮也。壻免喪，女之父母使人請，壻弗取而后嫁之，禮也。女之父母死，壻亦如之。

曾子問曰：親迎女在塗，而壻之父母死，如之何？孔子曰：女改服，布深衣，縞總以趨喪。女在塗，而女之父母死，則女反。如壻親迎，女未至，而有齊衰大功之喪，則如之何？孔子曰：男不入，改服於外次。女入，改服於內次，然後即位而哭。曾子問曰：除喪則不復昏禮乎？孔子曰：祭過時不祭，禮也。又何反於初？孔子曰：嫁女之家，三夜不息燭，思相離也。取婦之家，三日不舉樂，思嗣親也。

《禮記正義》卷二六《郊特牲》 天地合，而后萬物興焉。夫昏禮，萬世之始也。取於異姓，所以附遠厚別也。幣必誠，辭無不腆。告之以直信。信，事人也；信，婦德也。壹與之齊，終身不改，故夫死不嫁。男子親迎，男先於女，剛柔之義也。天先乎地，君先乎臣，其義一也。執摯以相見，敬章別也。男女有別，然後父子親。父子親，然後義生。義生，然後禮作。禮作，然後萬物安。無別無義，禽獸之道也。壻親御授綏，親之也。親之也者，親之也。敬而親之，先王之所以得天下也。出乎大門而先，男帥女，女從男，夫婦之義由此始也。婦人，從人者也。幼從父兄，嫁從夫，夫死從子。夫也者，夫也。夫也者，以知帥人者也。

《禮記正義》卷五一《坊記》 子云：夫禮，坊民所淫，章民之別，使民無嫌，以爲民紀者也。故男女無媒不交，無幣不相見，恐男女之無別也。以此坊民，民猶有自獻其身。《詩》云：伐柯如之何？匪斧不克。取妻如之何？匪媒不得。蓺麻如之何？橫從其畝。取妻如之何？必告父母。

子云：取妻不取同姓，以厚別也。故買妾不知其姓，則卜之。

《禮記正義》卷六一《昏義》 陸曰：鄭云：《昏義》者，以其記娶妻之義，內教之所由成也。疏：正義曰：案鄭《目録》云：名曰《昏義》者，以其記娶妻之義，內教之所由成也。此於《別録》屬《吉事》也。謂之昏者，案鄭《昏禮目録》云：娶妻之禮，以昏爲期，因名焉。必以昏者，取其陰來陽往之義。日入後二刻半爲昏。以定稱之，壻曰昏，妻曰姻，故《經解》注云壻曰昏，妻曰姻是也。謂壻以昏時而來，妻則因之而去也。若壻之與妻之屬，名壻之親屬名之曰姻，女之親屬名之爲昏，故鄭注《昏禮》云女氏稱昏，壻氏稱姻。《爾雅》壻之父爲姻，婦之父爲婚，又云壻之黨爲姻兄弟，婦之黨爲婚兄弟是也。其天地初分之後，遂皇之時，則有夫婦。故《通卦驗》云遂皇始出，握機矩，是法北斗七星而立七政。《禮緯・斗威儀》之篇，七政，則君臣父子夫婦及政等。既稱夫婦，是始自遂皇也。譙周云太昊制嫁娶，儷皮爲禮，是儷皮起於太昊也。其媒官之義，具於《月令》疏。《孟子》云舜不告而娶，是娶告父母，亦起於五帝也。其五帝以前爲昏，不限同姓異姓。三王以來，文家異姓爲昏，質家同姓爲昏。其昏之年幾，案《異義》：《大戴》說男三十、女二十有昏娶，合爲五十，應大衍之數，自天子達於庶人，同一也。古《春秋左氏》說，國君十五而生子，禮也；二十而嫁，三十而娶，庶人禮也。禮，爲夫姊之長殤，長殤十九至十六，知夫年十四、十五，見《士昏禮》也。許君謹案：舜三十不娶，謂之鰥；文王十五而生武王，尚有兄伯邑考，知人君早昏娶，不可以年三十，所以重繼嗣也。若鄭意，依正禮，士及大夫皆三十而後娶。及禮云夫爲婦長殤者，關異代也。或有早娶者，非正法矣。天子、諸侯昏禮則早矣。如《左氏》所釋，《毛詩》所用《家語》之說，以男二十而冠，女十五而笄，自此以後，可以嫁娶，至男三十，女二十，是正昏姻之時，與《家語》異也。

昏禮者，將合二姓之好，上以事宗廟，而下以繼後世也，故君子重之。是以昏禮納采、問名、納吉、納徵、請期，皆主人筵几於廟，而拜迎於門外，入揖讓而升，聽命於廟，所以敬慎重正昏禮也。聽命，謂主人聽使者所傳壻家之命。昏者，一本作昏禮者，婚禮用昏，故經典多止作昏字。合，如字，徐音閤。好，呼報反。采，七在反，采擇也。期，徐音情，又如字。筵音延。使，色吏反。傳，直專反。疏：昏禮至禮也。正義曰：此一節總明昏禮之義，而拜迎於門外，揖讓而升，自從始至終也。納采者，謂采擇之禮，故《昏禮》云：下達，納采，用鴈也。必用鴈者，《白虎通》云：鴈，取其隨時而南北，不失節也。又是隨陽之鳥，妻從夫之義也。問名者，問其女之所生母之姓名，故《昏禮》云爲誰氏，言女之母何姓氏也。此二禮一使而兼行之。納吉者，謂男家既卜得吉，與女氏也。納徵者，納聘財也。徵，成也。先納聘財，而后昏成，《春秋》則謂之納幣。其庶人則緇帛五兩；卿大夫則玄纁，玄三纁二，加以儷皮；及諸侯加以大璋，天子加以穀圭，皆具於《周禮》經、注也。請期者，謂男家使人請女家以昏時之期，由男家告於女家。何必請者，男家不敢自專，執謙敬之辭，故云請也。女氏終聽男家之命，乃告之。納吉、納徵、請期每一事，則使者一人行。惟納徵無鴈，以有幣故，其餘皆用鴈。主人筵几於廟者，謂行此等之禮。主人，謂女父母設筵几於禰廟。此等皆據《士昏禮》而知之也。聽命於廟者，謂女之父母，聽受壻之使者之命於廟堂之上兩楹之間也。

父親醮子而命之迎，男先於女也。子承命以迎，主人筵几於廟，而拜迎于門外。壻執鴈入，揖讓升堂，再拜奠鴈，蓋親受之於父母也。降出，御婦車，而壻授綏，御輪三周，先俟于門外。婦至，壻揖婦以入，共牢而食，合巹而酳，所以合體同尊卑，以親之也。酌而無酬酢曰醮。醮之禮，如冠醮與？其異者，於寢耳。壻御婦車，輪三周，御者代之，壻自乘其車，先道之歸也。共牢而食，合巹而酳，成婦之義。醮，子妙反。迎，魚敬反，下以迎同。先，悉薦反。

子承命，本或作子承父命，誤。壻，或又作聟，悉計反，女之夫也，依字從士從胥，俗從知，下作耳。奠，大見反。綏音雖。合，徐音閤，又如字。巹，徐音謹，破瓢爲卮也，《說文》作𢀿，云：蠡也。《字林》几敏反，以此巹爲警，身有所承。《說文》云：讀若赤舄几。酳，徐音胤，又仕覲反。酢音昨。如冠，古亂反，下又始於冠同。與音餘。道音導。疏：父親至之也。正義曰：此一節明親迎之時，父之醮子，明迎婦之節。父親醮子而命之迎者，謂壻父身親以酒醮子，而命之親迎也。男先於女也者，釋命親迎之意。所以必命迎者，欲使男往迎之，女則從男迎來也。是男子先迎，女從後至，是男先於女也。若男子不迎，女自來至，是女自先來，不得爲男先於女也。主人筵几於廟，而拜迎于門外者，主人，女之父，以壻來親迎，故拜迎於門外，以敵禮待之。壻執鴈入，揖讓升堂，再拜奠鴈者，主人就東階，初入門將曲揖，當階北面揖，當碑揖，至階三讓。主人升自阼階，揖，壻升自西階，北面奠鴈再拜，蓋親受之於父母也。於時女房中南面，母在房户外之西，南面，壻既拜訖，旋降出。女出房南面，立於母左，父西面誡之，女乃西行，母南面誡之，是壻親受之於父母。但親受之，非是分明手有親受，示有親受之義，故云蓋以疑之。降出，御婦車者，謂壻降西階而出，親御婦車也。而壻授綏者，謂婦升車之時，而壻授之以綏。御輪三周者，謂壻御婦車之輪三匝，然後御者代壻御之。婦至，壻揖婦以入者，謂婦至壻之寢門，壻揖以婦入，則稍西避之。故《魏詩》云宛然左辟，謂此時也。共牢而食者，在夫之寢，壻東面，婦西面，共一牲牢而同食，不異牲。合巹而酳者，酳，演也。謂食畢飲酒，演安其氣。巹，謂半瓢，以一瓠分爲兩瓢，謂之巹。壻之與婦各執一片以酳，故云合巹而酳。所以合體同尊卑，以親之也者，同尊卑，謂共牢也。所以合體同尊卑者，欲使壻之親婦，婦亦親壻，所以體同爲一，不使尊卑有殊也。注酌而至歸也。正義曰：以鄉飲酒禮、燕禮之屬，皆爲賓主相酬酢，故不稱醮，則但受爵者，飲而盡之，又不反相酬酢，直醮盡而已，故稱醮也。然醴亦無酬酢，不云醮者，以醴尚質不爲飲也，故不稱醮，但禮敬之而已。云醮之禮，如冠醮與？其異者，於寢耳者，以父之醮子，令其親迎，與醮子冠而成人其事相似，故云如冠醮與。但冠禮醮子在廟，此醮子在寢，故云其異者，在寢耳。

敬慎重正，而后親之，禮之大體，而所以成男女之别，而立夫婦之義也。男女有别，而后夫婦有義；夫婦有義，而后父子有親；父子有親，而后君臣有正。故曰昏禮者，禮之本也。言子受氣性純則孝，孝則忠也。别，彼列反，下同。疏：敬慎至本也。正義曰：前經明共牢合巹，使之相親。此經論謹慎重正禮之根本，各隨文解之。敬慎重正者，言行昏禮之時，必須恭敬謹慎，尊重正禮，而後男女相親。若不敬慎重正，則夫婦久必離異，不相親也。昏禮者，禮之本也者，夫婦昏姻之禮，是諸禮之本。所以昏禮爲禮本者，昏姻得所，則受氣純和，生子必孝，事君必忠。孝則父子親，忠則朝廷正，故《孝經》云：喪則致其哀，祭則致其嚴。是昏禮爲諸禮之本也。

夫禮始於冠，本於昏，重於喪祭，尊於朝聘，和於射鄉。此禮之大體也。

《周禮注疏》卷一八《春官宗伯·大宗伯》 以昏冠之禮，親成男女。疏：以昏至男女。釋曰：此一節陳昏姻冠笄之事，上句直言昏冠，專據男而言，亦有姻笄，故下句兼言男女也。若然，則昏姻之禮，所以親男女，使男女相親，三十之男，二十之女，配爲夫妻是也。冠笄之禮所以成男女，男二十而冠，女子許嫁十五而笄，不許亦二十而笄，皆責之以成人之禮也。

（漢）班固《白虎通義》卷九《嫁娶》 《禮》曰：女子十五許嫁。納采、問名、納吉、請期、親迎，以雁贄。納徵曰玄纁，故不用雁。贄用雁者，取其隨時南北，不失其節，明不奪女子之時也。又取飛成行、止成列也，明嫁娶之禮，長幼有序，不相逾越也。又婚禮贄不用死雉，故用雁也。納徵，玄纁、束帛、離皮，玄三法天，纁二法地也，陽奇陰偶，明陽道之大也。離皮者，兩皮也，以爲庭實。庭實，偶也。《禮昏經》曰：納采、問名、納吉、請期、親迎，皆用雁。納徵束帛、離皮。

納徵詞曰：吾子有加命，貺室某也。有先人之禮，離皮、束帛，使某請納徵。上某者聲名也，下次某者使人名也。女之父曰：吾子順先典，貺某重禮，某不敢辭，敢不承命！

納采詞曰：吾子有惠，貺貺室某，某有先人之禮，使某也請納采。對曰：某之子蠢愚，又不能教，吾子命之，某不敢辭。

天子下至士，必親迎授綏者何？以陽下陰也，欲得其歡心，示親之心也。夫親迎輪三周，下車曲顧者，防淫佚也。《詩》云：文定厥祥，親迎於渭。造舟爲梁，不顯其光。《禮昏經》曰：賓升，北面奠雁，再拜拜手稽首，降出。婦從房中也，從降自西階。揖御婦車，授綏。

遣女於禰廟者，重先人之遺支體也，不敢自專，故告禰也。父母親男女何？親親之至也。父曰：誡之，敬之，夙夜無違命。女必有端綉衣若笄之。母施襟結娟曰：勉之，敬之，夙夜無違宫事。父誡於阼階，母誡於西階，庶母及門内施鞶，祭紬以母之命，命曰：敬恭聽爾父母言，夙夜無愆。視衿鞶。祭去不辭，誡不諾者，蓋耻之，重去也。

《禮》曰：嫁女之家，不絶火三日，思相離也。娶婦之家，三日不舉樂，思嗣親也。感親年衰老代至也。《禮》曰：婚禮不賀，人之序也。

授綏，姆辭曰：未教，未乞與爲禮也。始親迎，於詞曰：吾子命某以茲初昏，使某將請承命。主人曰：某故敬具以酒。父命醮子，遣之迎，命曰：往迎爾相，承我宗事，率以敬先妣之嗣，若則有常。子曰：諾，惟恐不堪，不敢忘命。

娶妻不先告廟到者，示不必安也。婚禮請期，不敢必也。婦入三月，然後祭行。舅姑既殁，亦婦入三月，奠采於廟。三月一時，物有成者，人之善惡可得知也。然後可得事宗廟之禮。曾子曰：女未廟見而死，歸葬於女氏之黨，示未成婦也。

嫁娶必以春者，春天地交通，萬物始生，陰陽交接之時也。《詩》云：士如歸妻，迨冰未泮。《周官》曰：仲春之月，合會男女。令男三十娶，女二十嫁。《夏小正》曰：二月，冠子娶婦之時。

（漢）班固《白虎通義》卷一〇《嫁娶》 人道所以有嫁娶何？以爲情性之大，莫若男女，男女之交，人情之始，莫若夫婦。《易》曰：天地氤氳，萬物化淳。男女構精，萬物化生。人承天地施陰陽，故設嫁娶之禮者，重人倫，廣繼嗣也。《禮·保傅記》曰：謹爲子嫁娶，必擇世有仁義者。禮男娶女嫁何，陰卑，不得自專，就陽而成之，故《傳》曰，陽倡陰和，男行女隨。

男不自專娶，女不自專嫁，必由父母，須媒妁何？遠耻防淫泆也。《詩》云，娶妻如之何，必告父母。又曰：娶妻如之何？匪媒不得。

男三十而娶，女二十而嫁何？陽數奇，陰數偶。男長女幼者何？陽道舒，陰道促。男三十筋骨堅强，任爲人父，女二十肌膚充盈，任爲人母，合爲五十，應大衍之數，生萬物也。故《禮·内則》曰：男三十壯有室，女二十壯而嫁。七，歲之陽也。八，歲之陰也，七八十五，陰陽之數備，有相偶之志。故《禮記》曰：女子十五許嫁，笄而字。《禮》之稱字，陰繫於陽，所以專一之節也。陽尊，無所繫。陽舒而陰促，三十三數終奇，陽節也。二十再終偶，陰節也。陽小成於陰，大成於陽，故二十而冠，三十而娶。陰小成於陽，大成於陰，故十五而笄，二十而嫁也。一説二十五繫者，就陰節也。《春秋穀梁傳》曰：男二十五繫心，女十五許嫁，感陰陽也。陽數七，陰數八，男八歲毁齒，女七歲毁齒。陽數奇，故三，三八二十四，加一爲二十五，繫心也。陰數偶，故再成十四，加一爲十五，故十五許嫁也。各加一者，明其專一繫心。所以繫心者何？防其淫泆也。男子幼娶必冠，女子幼嫁必笄。

《禮》曰：女子十五許嫁，笄而字。

《禮》曰：女子許嫁，納采、問名、納吉、請期、親迎，以鴈爲贄。納徵用玄纁，不用鴈也。贄用鴈者，取其隨時而南北，不失其節，明不奪女子之時也。又是隨陽之鳥，妻從夫之義也。又取飛成行、止成列也。明嫁娶之禮，長幼有序，不相逾越也。又昏禮贄不用死雉，故用鴈也。納徵玄纁、束帛離皮，玄三法天，纁二法地也。陽奇陰偶，明陽道之大也。離皮者，兩皮也。以爲庭實，庭實偶也。《禮·昏經》曰：納采、問名、納吉、請期、親迎皆用鴈，納徵用玄纁、束帛、離皮。納徵詞曰：吾子有嘉命，貺室某也。某有先人之禮，離皮、束帛，使某也請納徵，上某者，壻名也。下某者，壻父名也。下次某者，使人名也。女之父曰：吾子順先典，貺某重禮，某不敢辭，敢不承命。納采詞曰：吾子有惠，貺室某也，某有先人之禮，使某也請納采。對曰：某之子蠢愚，又不能教，吾子命之，某不敢辭。

天子下至士，必親迎授綏者何？以陽下陰也。欲得其歡心，示親之心也。必親迎，御輪三周，下車曲顧者，防淫泆也。《詩》云：文定厥祥，親迎於渭。造舟爲梁，不顯其光。《禮·昏經》曰：賓升北面奠鴈，再拜稽首降出，婦從房中降自西階，壻御婦車，授綏。

遣女於禰廟者，重先人之遺體，不敢自專，故告禰也。父母親戒女何？親親之至也。父曰：誡之敬之，夙夜無違命。母施衿結帨曰：勉之敬之，夙夜無違宫事。父誡於阼階，母誡於西階，庶母及門内施鞶，申之以父母之命，命曰：敬恭聽爾父母之言，夙夜無愆，視諸衿鞶。去不辭，誡不諾者，蓋耻之重去也。

《禮》曰：嫁女之家，三日不絶火，思相離也。娶婦之家，三日不舉樂，思嗣親也。感親年衰老代至也。《禮》曰：昏禮不賀，人之序也。

授綏，姆辭曰：未教，不足與爲禮也。始親迎，擯者請詞曰：吾子命某以茲初昏，使某將請承命。主人曰：某故敬具以須。父醮子遣之迎，命曰：往迎爾相，承我宗事，勖率以敬先妣之嗣，若則有常。子曰：

諸，惟恐不堪，不敢忘命。

娶妻不先告廟者，示不必安也。昏禮請期，不敢必也。婦入三月然後祭行，舅姑既歿，亦婦入三月，奠采于廟。三月一時，物有成者，人之善惡可得知也。然後可得事宗廟之禮。曾子曰：女未廟見而死，歸葬于女氏之黨，示未成婦也。

嫁娶必以春何？春者？天地交通，萬物始生，陰陽交接之時也。《詩》云：士如歸妻，迨冰未泮。《周官》曰：仲春之月，令會男女。令男三十娶，女二十嫁。《夏小正》曰：二月，冠子娶婦之時也。

夫有惡行，妻不得去者，地無去天之義也。夫雖有惡，不得去也。故《禮·郊特牲》曰：一與之齊，終身不改。悖逆人倫，殺妻父母，廢絶綱紀，亂之大者。義絶，乃得去也。

天子諸侯一娶九女者何？重國廣繼嗣也。適九者何？法地有九州，承天之施，無所不生也。一娶九女，亦足以成君之施也。九而無子，百亦無益也。《王度記》曰：天子諸侯一娶九女。《春秋公羊傳》曰：諸侯娶一國，則二國往媵之，以姪娣從。謂之姪者何？兄之子也。娣者何？女弟也。或曰：天子娶十二女，法天有十二月，萬物必生也。必一娶何？防淫泆也。爲其棄德嗜色，故一娶而已。人君無再娶之義也。備姪娣從者，爲其必不相嫉妬也。一人有子，三人共之，若己生之也。不娶兩娣何？博異氣也。娶三國女何？廣異類也。恐一國血脈相似，俱無子也。姪娣年雖少，猶從適人者，明人君無再娶之義也。還待年於父母之國者，未任答君子也。《詩》云，姪娣從之，祁祁如雲。韓侯顧之，爛其盈門。《公羊傳》曰：叔姬歸於紀。明待年也。二國來媵，誰爲尊者？大國爲尊。國同以德，德同以色。質家爲天尊左，文家法地尊右。所以不聘妾何？人有子孫，欲尊之，義不可求人爲賤也。《春秋傳》曰：二國來媵。可求人爲士，不可求人爲妾何？士即尊之漸，賢不止於士，妾雖賢，不得爲嫡。

娶妻卜之何？卜女之德，知相宜否。《昏禮經》曰：將加諸卜，敢問女爲誰氏也。

人君及宗子無父母，自定娶者，卑不主尊，賤不主貴，故自定之也。《昏禮經》曰：親皆歿，己躬命之。《詩》云：文定厥祥，親迎于渭。

大夫功成受封，得備八妾者，重國廣繼嗣也。不更聘大國者，不忘本嫡也。故《禮》曰：納女於大夫，曰備洒埽。天子之太子，諸侯之世子，皆以諸侯禮娶，與君同，示無再娶之義也。王者之娶，必先選於大國之女，禮儀備，所見多。《詩》云：大邦有子，俔天之妹，文定厥祥，親迎於渭。明王者必娶大國也。《春秋傳》曰：紀侯來朝。紀子以嫁女於天子，故增爵稱侯。至數十年之間，紀侯無他功，但以子爲天王后，故爵稱侯。知雖小國者，必封以大國，明其尊所不臣也。王者娶及庶邦何？開天下之賢士，不遺善也。故《春秋》曰：紀侯來朝。文加爲侯，明封之也。先封之，明不與庶邦交禮也。女行虧缺而去其國，如之何？以封爲諸侯比例矣。

諸侯所以不得自娶國中何？諸侯不得專封，義不可臣其父母。《春秋傳》曰：宋三世無大夫，惡其内娶也。

不娶同姓者，重人倫，防淫泆，耻與禽獸同也。《論語》曰：君娶於吴，爲同姓，謂之吴孟子。《曲禮》曰：買妾不知其姓則卜之。外屬小功已上，亦不得娶也，以《春秋傳》曰：譏娶母黨也。

王者嫁女，必使同姓主之何？昏禮貴和，不可相答，爲傷君臣之義，亦欲使女不以天子尊乘諸侯也。《春秋傳》曰：天子嫁女於諸侯，必使諸侯同姓者主之。諸侯嫁女於大夫，使大夫同姓者主之。必使同姓者，以其同宗共祖，可以主親也。故使攝父事。不使同姓卿主之何？尊加諸侯，爲威厭不得舒也。不使同姓諸侯就京師主之何？諸侯親迎入京師，當朝天子，爲禮不兼。《春秋傳》曰：築王姬觀於外。明不往京師也。所以必更築觀者何？尊之也。不於路寢，路寢本所以行政處，非婦人之居也。小寢則嫌羣公子之舍，則已卑矣。故必改築於城郭之内。《傳》曰：築之，禮也。於外，非禮也。

卿大夫一妻二妾者何？尊賢重繼嗣也。不備姪娣何？北面之臣賤，勢不足盡人骨肉之親。《禮·服經》曰：貴臣貴妾。明有卑賤妾也。士一妻一妾何？下卿大夫，禮也。《喪服小記》曰：士妾有子，則爲之緦。

聘嫡未往而死，媵當往否乎？人君不再娶之義也。天命不可保，故一娶九女。以《春秋》伯姬卒，時娣季姬更嫁鄫，《春秋》譏之。適夫人死，更立夫人者，不敢以卑賤承宗廟。自立其娣者，尊大國也。《春秋傳》曰：叔姬歸於紀。叔姬者，伯姬之娣也。伯姬卒，叔姬升於嫡，《經》不譏也。或曰：嫡死不復更立，明嫡無二，防簒煞也。祭宗廟，攝而已。以禮不聘爲妾，明不升。

《曾子問》曰：昏禮，既納幣，有吉日，女之父母死，何如？孔子曰：壻使人弔之。如壻之父母死，女亦使人弔之。父喪稱父，母喪稱母，父母不在，則稱伯父世母。壻已葬，壻之伯父叔父使人致命女氏曰：某子有父母之喪，不得嗣爲兄弟，使某致命。女氏許諾，不敢嫁，禮也。壻免喪，女父使人請，壻不娶而後嫁之，禮也。女之父母死，壻亦如之。

婦人所以有師何？學事人之道也。《詩》云：言告師氏，言告言歸。《昏禮經》曰：教於公宫三月。婦人學一時，足以成矣。與君有緦麻之親者，教於公宫三月，與君無親者，各教於宗廟宗婦之室。國君取大夫之妾、士之妻老無子，而明於婦道者禄之，使教宗室五屬之女。大夫士皆有宗族，自於宗子之室學事人也。女必有傅姆何？尊之也。《春秋傳》曰：傅至矣，姆未至。

婦人學事舅姑，不學事夫者，示婦與夫一體也。《禮·内則》曰：妾事夫人，如事舅姑，尊嫡絶妬嫉之原。《禮·服傳》曰：妾事女君與事舅姑同也。婦事夫，有四禮焉。雞初鳴，咸盥漱，櫛縱笄總而朝，君臣之道也。惻隱之恩，父子之道也。會計有無，兄弟之道焉。閨閫之内，衽席之上，朋友之道焉。聞見異詞，故設此焉。

有五不娶。亂家之子不娶，逆家之子不娶，世有刑人、惡疾，喪婦長子，此不娶也。

出婦之義必送之，接以賓客之禮，君子絶愈于小人之交。《詩》云：薄送我畿。

天子之妃謂之后何？后者，君也。天子妃至尊，故謂后也。明配至尊，爲海内小君，天下尊之，故繫王言之，曰王后也。《春秋傳》曰：迎王后于紀。國君之妻，稱之曰夫人何？明當扶進八人，謂八妾也。國人尊之，故稱君夫人也。自稱小童者，謙也。言己智能寡少，如童蒙也。《論語》曰：國君之妻，君稱之曰夫人，夫人自稱曰小童，國人稱之曰君夫人。稱諸異邦曰寡小君。謂聘問於兄弟之國，及臣於他國稱之。謙之詞也。

妻妾者，何謂也？妻者，齊也，與夫齊體。自天子下至庶人，其義一也。妾者，接也，以時接見也。

嫁娶者，何謂也？嫁者，家也。婦人外成，以出適人爲家。娶者，取也。男女者，何謂也？男者，任也，任功業也。女者，如也，從如人也。在家從父母，既嫁從夫，夫殁從子也。《傳》曰：婦人有三從之義焉。夫婦者，何謂也？夫者，扶也，扶以人道者也。婦者，服也，服於家事，事人者也。妃者，匹也。妃匹者何謂？相與爲偶也。婚姻者，何謂也？婚者昏時行禮，故曰婚。姻者，婦人因夫而成，故曰姻。《詩》云：不惟舊因。謂夫也。又曰：燕爾新婚。謂婦也。所以昏時行禮何？示陽下陰也，昏亦陰陽交時也。

男子六十閉房何？所以輔衰也，故重性命也。又曰：父子不同椸。爲亂長幼之序也。《禮·内則》曰：妾雖老，未滿五十，必與五日之御，滿五十不御，俱爲助衰也。至七十大衰，食非肉不飽，寢非人不暖，故七十復開房也。

（北齊）顔之推《顔氏家訓》卷上《治家篇》 婚姻素對，靖侯成規。近世嫁娶遂有賣女納財，買婦輸絹，比量父祖，計校錙銖，責多還少，市井無異。或猥壻在門，或傲婦擅室，貪榮求利，反招羞耻，可不慎歟？

《春秋左傳正義·隱公元年》 惠公元妃孟子。孟子卒，繼室以聲子，生隱公。聲，謚也。蓋孟子之姪娣也。諸侯始娶，則同姓之國以姪娣媵。元妃死，則次妃攝治内事，猶不得稱夫人，故謂之繼室。

《春秋左傳正義·隱公三年》 衛莊公娶于齊東宫得臣之妹，曰莊姜。美而無子，衛人所爲賦《碩人》也。又娶于陳，曰厲嬀。生孝伯，早死。其娣戴嬀，生桓公，莊姜以爲己子。

《春秋左傳正義·僖公二十三年》 男女同姓，其生不蕃。蕃，息也。疏：男女至不蕃。正義曰：禮取妻不取同姓。辟違禮而取，故其生子，不能蕃息昌盛也。《晉語》曰：同姓不昏，懼不殖也。又曰：異姓則異德，異德則異類。異類雖近，男女相及，以生民也。同姓則同德，同德則同心，同心則同志。同志雖遠，男女不相及，畏黷故也。黷則生怨，怨亂育災，災育滅姓。是故取辟同姓，畏亂災也。《周禮》不得取同姓，彼遂演説其意耳，未必取同姓者皆滅姓也。

《春秋左傳正義·昭公元年》 僑又聞之，内官不及同姓，其生不殖。美先盡矣，則相生疾，君子是以惡之。故《志》曰：買妾不知其姓，則卜之。違此二者，古之所慎也。男女辨姓，禮之大司也。今君內實有四姬焉，其無乃是也乎？

《春秋左傳正義・襄公二十五年》 齊棠公之妻，東郭偃之姊也。東郭偃臣崔武子。棠公死，偃御武子以弔焉。見棠姜而美之，使偃取之。偃曰：男女辨姓，今君出自丁，臣出自桓，不可。

《春秋左傳正義・襄公二十八年》 齊慶封好田而耆酒，與慶舍政。則以其內實遷于盧蒲嫳氏，易內而飲酒。數日，國遷朝焉。使諸亡人得賊者，以告而反之。故反盧蒲癸。癸臣子之，有寵，妻之。慶舍之士謂盧蒲癸曰：男女辨姓，子不辟宗，何也？曰：宗不余辟，余獨焉辟之？賦《詩》斷章，余取所求焉，惡識宗？癸言王何而反之。二人皆嬖。使執寢戈而先後之。

《春秋穀梁傳注疏・隱公七年》 七年，春，王三月，叔姬歸于紀。叔姬，伯姬之娣。至此歸者，待年於父母之國，六年乃歸。媵之爲言送也，從也。不與嫡俱行，非禮也。親逆例時，不親逆例月。許慎曰：姪娣年十五以上，能共事君子，可以往；二十而御。《易》曰：歸妹愆期，遲歸有時。《詩》云，韓侯取妻，諸娣從之，祁祁如雲。娣必少於嫡，知未二十而往也。娣，徒細反。女弟曰娣。媵，以證反，又繩證反。從，才用反，下同，一音如字。上，時掌反。共事音恭，本亦作供。愆，起虔反。取，七喻反。少，詩照反，下文及注同。疏：注叔姬至往也。釋曰：六年乃歸者，伯姬二年嫁于紀，叔姬此年始去，故云六年也。所引《易》文，《歸妹》九四爻辭也。王弼云：夫以不正無應而適人也。必須彼道窮盡，無所與交，然後乃可以往。故愆期遲歸，以待時也。其卦䷵兌下震上。所引《詩》者，《大雅・韓奕》之篇。引此二文者，言夫人有姪娣，必當少於嫡，知未二十而往也。一解引《易》者，證待年于父母國，與嫡俱行也。其不言逆，何也？據莊二十七年，莒慶來逆叔姬，言逆。逆之道微，無足道焉爾。逆者非卿。

《春秋穀梁傳注疏・桓公三年》 九月，齊侯送姜氏于讙。已去齊國，故不言女，未至于魯，故不稱夫人。【略】禮：送女，父不下堂，母不出祭門，諸母兄弟不出闕門。【略】父戒之曰：謹慎從爾舅之言。母戒之曰：謹慎從爾姑之言。諸母般申之曰：謹慎從爾父母之言。【略】送女踰竟，非禮也。【略】

公會齊侯于讙。無譏乎？齊侯送女踰竟，遠至于讙，嫌會非禮之人，當有譏。曰，爲禮也。齊侯來也，公之逆而會之可也。爲親逆之禮。

夫人姜氏至自齊。其不言翬之以來，何也？【略】公親受之于齊侯也。【略】子貢曰：冕而親迎，不已重乎？【略】孔子曰：合二姓之好，以繼萬世之後，何謂已重乎？

《春秋穀梁傳注疏・文公十二年》 二月，庚子，子叔姬卒。其曰子叔姬，貴也，公之母姊妹也。【略】其一傳曰：許嫁以卒之也。男子二十而冠，冠而列丈夫，三十而娶。女子十五而許嫁，二十而嫁。禮：二十而冠，冠而在丈夫之列。譙周曰：國不可久無儲貳，故天子諸侯十五而冠，十五而娶，娶必先冠，以夫婦之道，王教之本，不可以童子之道治之。禮：十五爲成童，以次成人，欲人君之早有繼體，故因以爲節。《書》稱成王十五而冠，著在《金縢》。《周禮・媒氏》曰：令男三十而娶，女二十而嫁。《內則》云：女子十五而笄。説曰：許嫁也。是故男自二十以及三十，女自十五以及二十，皆得以嫁娶，先是則速，後是則晚。凡人嫁娶，或以賢淑，或以方類，豈但年數而已。若必差十年乃爲夫婦，是廢賢淑方類，苟比年數而已，禮何爲然哉？則三十而娶，二十而嫁，説嫁娶之限，蓋不得復過此爾。故舜年三十無室，《書》稱曰鰥。《周禮》云：女子年二十未有嫁者，仲春之月，奔者不禁。奔者，不待禮聘因媒請嫁而已矣。甯謂禮爲夫之姊妹服長殤，年十九至十六。如此，男不必三十而娶，女不必二十而嫁明矣。此又士大夫之禮。

《春秋穀梁傳注疏・成公八年》 宋公使華元來聘。夏，宋公使公孫壽來納幣。婚禮不稱主人，宋公無主婚者，自命之，故稱使。納幣不書，書者，賢伯姬，故盡其事。疏：注婚禮至其事。釋曰：《公羊》以爲婚禮不稱主人，宋公無主婚者，辭窮自命之，故公孫壽來納幣稱使；紀侯有母，履緰受紀侯之母命，婦人之命不通，故不稱使。案隱二年傳云：其不言使，何也？逆之道微，無足道焉爾。據彼傳文以逆者微，無足道焉爾，故不言使，則與《公羊》異。觀此注意，云宋公無主婚者，自命之，故稱使，明爲母命之，則不稱使，似與《公羊》同。而與傳違者，范以紀侯之與宋公皆是無母，宜並稱主人；但納幣是卿之事，故稱宋公使也，逆女是君之事，使大夫非正，故履緰不稱使。今此注云婚禮不稱主人，亦據諸侯母在者言之。又且履緰不稱使，大率言之，亦是不稱主人之事，故注言之耳。納幣不書，其經之所書者三：莊公以非禮書，一也；公子遂以喪録，二也；此爲賢伯姬，三也。范知爲賢伯姬者，《公羊傳》云：納幣不書，此何以書？録伯姬也。是爲賢而録也。

《春秋公羊傳注疏・隱公二年》 九月，紀履緰來逆女。紀履緰者何？紀大夫也。何以不稱使？婚禮不稱主人。然則曷稱？稱諸父兄師友。宋公使公孫壽來納幣，則其稱主人何？辭窮也。辭窮者何？無母也。然則紀有母乎？曰：有。有則何以不稱母？母不通也。外逆女不書，此何以書？何譏爾？譏始不親迎也。始不親迎，昉於此乎？前此矣。前此，則曷爲始乎此？託始焉爾。曷爲託始焉爾？《春秋》之始也。女曷爲或稱女，或稱婦，或稱夫人？女在其國稱女，在塗稱婦，入國稱夫人。

《春秋公羊傳注疏·莊公十九年》 秋，公子結媵陳人之婦于鄄，遂及齊侯、宋公盟。媵者何？諸侯娶一國，則二國往媵之，以姪娣從。姪者何？兄之子也。娣者何？弟也。諸侯壹聘九女，諸侯不再娶。媵不書，此何以書？爲其有遂事書。大夫無遂事，此其言遂何？聘禮，大夫受命，不受辭。出竟有可以安社稷利國家者，則專之可也。

（唐）徐堅《初學記》卷一四《婚姻》 《周禮·大宗伯》職曰：以昏冠之禮親成男女。《禮記》曰：合二姓之好，上以祀宗廟，下以繼後世也。又曰：夫婚禮，萬代之始也。娶於異姓，所以附遠厚別也。又曰：男子五十而室，女三十而嫁，謂中古也。《昏禮》曰：壻執鴈而入，再拜奠鴈。壻出，御婦車，授綏，輪三周。共牢而食，合巹而酳。又曰：婦人年十五許嫁，笄而禮之。《白虎通》曰：婚者，謂昏時行禮。故曰婚姻者，婦人因夫，故曰姻。《儀禮》：婚有六禮，納采、問名、納吉、納徵、請期、親迎。《方言》曰：自家而出謂之嫁。《公羊傳》曰：婦人謂嫁曰歸。《考工記》曰：天子以穀圭聘女，諸侯以大璋聘女。《禮記》曰：男女非有行媒，不相知名。

（唐）杜佑《通典》卷五九《禮·沿革·嘉禮·已拜時壻遭小功喪或婦遭大功喪可迎議》 晉中書郎范汪問劉惔曰：從妹與荀始文婚，已及好歲拜時，有從叔父德度喪，會叔親患危篤，欲令荀氏迎從妹，盡婦敬於夫氏，以有此喪爲難，故爲此議。拜時出於近代，將以宗族多虞，吉事宜速，故好歲拜，新年便可迎也。惡歲可迎，是拜時已成婦也。在塗之婦，猶服夫氏，況已交拜禮成，便當迎是長還也。惔答云：荀今從叔喪五月小功之服，《禮》云小功之末可以納妻，如此自可比初婚，何疑！蔡謨曰：古人君爵命其臣，在遠則遣使。太公既封齊，五侯九伯，實得征之，即王使召康公所命也。至今詔使拜授，亦當如此，豈有疑乎？《易》曰：家有嚴君，父母之謂。今壻父命使拜其婦，女父遣女拜受此命，即是太公受命於召康公，今人拜爵於詔使也。而云未拜舅姑，未爲成婦，然則太公未拜周王，亦非方伯乎？不修婦禮，是其失耳。至於是婦與非，自當以典禮爲正，安得從彼所行。假令太公不行臣禮，王者便當不臣之乎？謂拜壻之宗親與拜舅姑，於禮無異。

又會稽王道子與王彪之書曰：東海王來月欲迎妃，而女身有大功服，此於常禮，當是有疑。但先拜時，大禮已交，且拜時本意，亦欲通如此之閡耳！不得同之初婚，固當在於可通。彪之答曰：女有大功服，若初婚者，禮例無許，既已拜時，猶復不同。昔中朝許侍中等曾議此事，以爲拜時不應以喪爲疑，倚傍經禮，甚有理據，談者多謂是。殿下可視而量之。

（唐）杜佑《通典》卷五九《禮·沿革·嘉禮·婚禮不賀議》 周制，《記》曰：婚禮不賀，人之序也。序猶代也。賀娶妻者曰：某子使某，聞子有客，使某羞。謂不在賓客之中，使人往者。羞，進也，言進於客，古者謂羞爲進，其禮蓋壺酒束脩若犬也。不斥主人，婚禮不賀故也。古者致禮於人用犬，即食犬也。

東晉成帝納后，群臣畢賀，時謂非禮。議具《納后篇》。穆帝永和三年，納后，議賀不？王述曰：婚是嘉禮，應賀。述按：《春秋傳》曰娶者大吉，非常吉。又《傳》曰：鄭子罕如晉，賀夫人。鄰國猶相賀，況臣下邪！如此，便應賀，但不在三日内耳。今因廟見成禮而賀，亦是一節也。王彪之議：婚禮不賀，無應賀之禮。彪之按：婚禮不賀不樂。《傳》稱子罕如晉賀夫人，既無明文，又《傳》不云禮也。《禮》，娶婦之家三日不舉樂。至於不賀，無三日之斷。撫軍答諸尚書云：禮官所據，誠是古典。然禮亦隨時，今既已從近代而上禮，上禮即是稱慶，將是賀例。又恭后時已賀，今依舊，亦可通。恭后，成帝后杜氏，即鎮南將軍元凱曾孫也。彪之云：納悼后，起居注無賀文，而有上禮。武帝以長秋再建，感愴不叙，詔通斷之。納恭后，記注有賀文，時亦上禮。按《禮》云婚禮不賀，又云賀娶妻者，愚謂《禮傳》婚姻，無直相賀之禮，而有禮貺共慶會之義，今代所共行。范汪云：先朝所以上禮而不賀者，依傍賀娶妻也。雖名曰賀，實是酒食無慶語也；但是吉事，故曰賀耳。思親之序，故慶辭不可以達於主人；然吉禮宜有叙情，故獻酒食而已。先朝行之，近代得禮。至於恭后時賀，是王丞相導以明君臣之恩，本不以爲將來之法。彪之云：足下不賀意同，而叙之小異。吾謂婚禮不賀者，謂不如今三節特賀也。《禮記》所以復言賀娶妻者，因獻酒食而有慶語也。

是不明然賀之，而於會同因有獻辭。足下今云都不應有慶辭，則何得獻酒肉會同邪？亦與足下上禮辭不同，自爲矛楯。又從伯丞相時賀，何必非失。足下以往賀爲美事，以今不賀爲得禮，亦不能兩濟斯義。庾蔚之謂：按禮文及鄭注，是親友聞主人有吉事，故遣人送酒肉以賀之，但婚有嗣親之感，故不斥主人以賀婚，唯云爲有客而已。今上禮既所爲者婚，亦不得都無慶辭。彪之議爲允。於時竟不賀，但上禮。

升平元年，臺符問：皇后拜訖，何官應上禮？上禮悉何用？太常王彪之上書以爲：上禮唯酒犢而已，犢十頭，酒十二斛。王公以下，名在三節祥瑞自簡慶賀録者，悉賀。《左傳》曰：會吳於鄫，吳徵百牢。子服景伯曰：周制，上物不過十二，天之大數也。太學博士雖不在賀，而常小會者同，悉應上禮。

（唐）杜佑《通典》卷五九《禮・沿革・嘉禮・男女婚嫁年幾議》

太古男五十而娶，女三十而嫁。中古男三十而室，女二十而嫁。《逸禮・本命篇》云然。堯舉舜曰有鰥在人間，鰥，三十也。以其二女妻之，二十而行之。

周文王十五生武王。《左傳》曰：國君十五而生子，禮也。許慎云：文王十五生武王，武王已有兄，知人君早娶矣。地官媒氏掌萬民之判。判，半也，得耦爲合。言主合其半以成夫婦也。令男三十而娶，女二十而嫁，三二者，天地相承覆之數也。《易》曰：參天兩地而倚數。有故則二十三而嫁。故謂父母之喪。《曲禮》曰：男子三十曰壯，有室。許慎云包字，以爲：象人懷妊，巳在其中，象子未成形也。元氣起於子，子人所生也。男左行三十，女右行二十，俱立於巳，爲夫婦。懷妊於巳，巳爲子也。十月而生男，起巳至寅，女起巳至申。故男年始寅，女年始申。《尚書大傳》：孔子曰：男子三十而娶，女子二十而嫁。女二十而通織紝績紡之事，黼黻文章之美，不若是則上無以孝於舅姑，下無以事夫養子也。《春秋穀梁傳》：男子二十而冠，冠而列丈夫，三十而娶。《白虎通》云：男三十娶、女二十嫁何？陽數奇，陰數耦也。男長女幼何？陽道舒，陰道促。男三十，筋骨堅强，任爲人父；女二十，肌膚充盛，任爲人母。合爲五十，應大衍之數，可生萬物也。《禮》曰：女子十五許嫁，笄而字，禮之稱字。故陰繫於陽，所以專一之節也。陽尊，無所繫，二十五繫者，就陰節也。陽舒而陰促。三十數三終，奇，陽節也；二十數再終，耦，陰節也。陽小成於陰，大成於陽，故二十而冠，三十而娶。陰小成於陽，大成於陰，故十五而笄，二十而嫁也。一説，《春秋穀梁傳》曰：男二十五繫心，女十五許嫁，感陰陽也。陽數七，陰數八，男八歲毁齒，女七歲毁齒。陽數奇，故三，三八二十四，加一，爲二十五而繫心也。陰數耦，故再成十四，加一爲十五，故十五許嫁也。各加一者，明其專一繫心，所以防淫佚也。周末，越王句踐蕃育庶人，欲速報吳，使男二十而娶，女十七而嫁。《春秋外傳》云然。

議曰：鄭玄據《周禮》、《春秋穀梁》、《逸禮・本命篇》等，男必三十而娶，女必十五乃嫁。王肅據《孔子家語》、《服經》等，以爲男十六可以娶，女十四可以嫁，二十、二十，言其極耳。又按《家語》：魯哀公問於孔子曰：男子十六而精通，女子十四而化育，是則可生人矣。而《禮》必三十而室，女必二十而嫁，豈不晚哉？孔子曰：夫禮言其極耳，不是過也。男二十而冠，有爲人父之端；女十五許嫁，有適人之道。又曰孔子年十九，而娶於宋之丌官氏。又曰孔子七十三而終，伯魚年五十，先孔子而卒。而《服經》有爲夫姊之長殤。據此，王鄭之説，義並未明。今按，三十二十而娶嫁者，《周官》云掌萬民之判，即衆庶之禮也。故下云於是時也，奔者不禁。《服經》爲夫姊之長殤，士大夫之禮也。《左傳》十五而生子，國君之禮也。且官有貴賤之異，而婚得無尊卑之殊乎！則卿士大夫之子，十五六之後，皆可嫁娶矣。

大唐貞觀元年二月詔：其庶人男女無室家者，並仰州縣官人以禮聘娶，皆任其同類相求，不得抑取。男年二十女年十五以上，及妻喪達制之後，孀居服紀已除，並須申以婚媾，令其好合。若守志貞潔，並任其情，無勞抑以嫁娶。

（唐）杜佑《通典》卷五九《禮・沿革・嘉禮・嫁娶時月議》

《夏小正》記曰：二月娶妻之時也。

周制，仲春之月，令會男女。仲春陰陽交，以成婚禮，順天時也。《白虎通》曰：嫁娶以春者何？春天地交通，萬物始生，陰陽交接之時也。《詩》云：士如歸妻，迨冰未泮。於是時也，奔者不禁。重天時，權許之。

議曰：按鄭玄嫁娶必以仲春之月。玄之所據《周官・媒氏》仲春之月，令會男女。王肅以爲秋冬嫁娶之時也，仲春期盡之時矣。肅據《詩》云三星在天。三星謂參，十月見東方時，可以嫁娶矣。肅言三時務業，因向休息而合婚姻。孫卿云：霜降迎女，冰泮殺止。且霜降而婦功成，於時迎女。董仲舒書曰：聖人以男女當天地之陰陽。天之道，向秋冬而陰氣來，向春夏而陰氣去。是故古之人霜降而迎女，冰泮而殺止，與陰俱近，與陽俱遠。《詩》云：匪我愆期，子無良媒。將子無怒，秋以爲期也。將音七羊反。《孔子家語》云：羣生閉藏於陰而育之始，故聖人因時以合偶男女。窮天數，霜降而婦功成，嫁娶者行焉。冰泮而農桑起，婚禮殺於此焉。又云：冬合男女，春班爵位，皆謂順也。馬昭非肅曰：《周禮》：仲春，令會男女。《殷頌》：天命玄鳥，降而生商。《月令》：仲春玄鳥至之日，祀於高媒。玄鳥孚乳之月，以爲嫁娶之候。孔晁答曰：《周官》云凡娶判妻入子者，皆書之。此謂霜降之後，冰泮之時，正以禮婚者也。次言仲春令會男女，奔者不禁。此婚期盡，不待備禮。玄鳥至，祀高禖，求男之象，非嫁娶之候。昭又難曰：《詩》云有女懷春，吉士誘之。春日遲遲，女心傷悲。嘒彼小星，三五在東。綢繆束芻，三星在隅。我行其野，蔽芾其樗。倉庚于飛，熠燿其羽。凡此皆興於仲春，嫁娶之候。晁曰：有女懷春，謂女無禮，過時故思。春日遲遲，蠶桑始起，女心悲矣。嘒彼小星，喻妾侍從夫人。三星在隅，孟冬之月，參見東方，舉正昏以刺時。蔽芾其樗，喻行遇惡夫。熠燿其羽，喻嫁娶盛飾。皆非仲春嫁娶之候。玄據期盡之教，以爲正婚，則奔者不禁，過於是月。昭又曰：肅窮無經引，秋以爲期，此乃淫奔之時矣。張融曰：《易·泰卦》：六五，帝乙歸妹，以祉元吉。舊説，六五爻辰在卯，春爲陽中，萬物生育，嫁娶大吉也。《春秋》魯迎夫人，四時通用。《家語》限以冬，不符《春秋》，非孔子言也。三代嫁娶，以仲春爲期盡之言。且婚姻而合德天地配陰陽，會通之數，合於春女樂與公子同歸之志，符於南山採薇之歌，協於我行蔽芾之歎，同於行露厭浥之節，驗於《夏小正》綏多士女之制，不殊《咸》、《泰》之卦，暢於《周禮》仲春之令矣。庾蔚之謂：王鄭皆有證據，以人情言之，王爲優矣。嘒音乎鋭反。芾音方味反。按束皙云：《春秋》二百四十年，魯女出嫁，夫人來歸，大夫逆女，天王娶后，自正月至十二月，悉不以得時失時爲褒貶，何限於仲春季秋以相非哉！夫《春秋》舉秋毫之善，貶纖芥之惡，故春狩於郎，書時，禮也；夏城中丘，書不時也。此人間小事，猶書得時失時，況婚姻人倫端始，禮之大者，不譏得時失時不善者邪！若婚姻季秋，期盡仲春，則隱二年冬十月，夏之八月，未及季秋，伯姬歸於紀；周之季春，夏之正月也，桓九年春，季姜歸於京師；莊二十五年六月，夏之四月也，已過仲春，伯姬歸於杞。或出盛時之前，或在期盡之後，而經無貶文，三傳不譏，何哉？凡詩人之興，取義繁廣，或舉譬類，或稱所見，不必皆可以定時候也。又按《桃夭篇》叙美婚姻以時，蓋謂盛壯之時，而非日月之時，故灼灼其華，喻以盛壯，非爲嫁娶當用桃夭之月。其次章云其葉蓁蓁，有蕡其實，之子于歸，此豈在仲春之月乎！又《摽有梅》三章注曰，夏之向晚，迨冰未泮，正月以前。草蟲喓喓，未秋之時。或言嫁娶，或美男女及時，然詠各異矣。《周禮》以仲春會男女之無夫家者，蓋一切相配合之時，而非常人之節。《曲禮》曰：男女非有行媒，不相知名。故日月以告君，齋戒以告鬼神。若萬人必在仲春，則其日月有常，不得前却，何復日月以告君乎？夫冠婚笄嫁，男女之節，冠以二十爲限，而無春秋之期，笄以嫁而設，不以日月爲斷，何獨嫁娶當繫於時月乎？王肅云婚姻始於季秋，止於仲春，不言春不可以嫁也。而馬昭多引《春秋》之證，以爲反《詩》，於難錯矣。兩家俱失，義皆不通。通年聽婚，蓋古正禮也。今按：《士婚禮》請期之辭云唯是三族之不虞，卜得吉日，則可配合。婚姻之義，在於賢淑，四時通用，協於情禮，安可以秋冬之節，方爲合好之期？先賢以時月爲限，恐非至當，束氏之説，暢於禮矣。

（唐）杜佑《通典》卷五九《禮·沿革·嘉禮·已拜時而後各有周喪迎婦遣女議》

晉懷帝永嘉中，太常潘尼爲子娶黃門郎李循女，已拜時，後各有周喪，潘迎婦，李遣女。國子博士江統、侍中許遐同議：已拜舅姑者，宜准女在塗之禮，齊縗大功三月既葬，可迎婦，按《禮記》，在塗而壻之父母死，則改服赴喪；女之父母死，則反而服周。今已拜舅姑，其義全於在塗也，降其親而服夫黨，非婦而何？《禮》，父母既殁而娶，三月廟見，成婦之義；舅姑存則盥饋特豚，以成婦道：皆明重其成婦，不繫其成妻也。然則未廟見，女死，還葬於女氏；若已見舅姑，雖無袵席之接，固當歸葬於夫家，此非可否之斷乎！《禮》壻親迎，女未至，而有齊縗大功之喪，男不入，改服於外次，女入，改服於內次，即位哭。又齊縗大功之喪，三月既葬，雖不可以納徵，而可正御矣。何琦駮江、許議曰：夫正名者，理道之本。然拜時非古，而行之歷代，遂以成俗。古者女受父母之遣，以涉夫氏之庭，而交拜敬之禮。方之在塗，喪紀定矣，服制既正，齊功卒哭可迎。此不闕於古而通於今，議是也。然婚姻之道，公私急務，愚以爲拜時及一日二日之婦，婦名既正，即宜一揆。其衾幬未接，歸葬其黨。

東晉廢帝太和中，平北將軍郗愔上言，功曹魏隲周喪內迎拜時婦，鄉曲以違禮議之。謝奉與郗愔曰：魏隲後來之良，足以日新其美，近聞邑有異議。從弟異，亦當拜時，婦家遭喪，即是其例。夫拜時之禮，誠非舊典，蓋由季代多難，男女宜各及時，故爲此制，以固婚姻之義也。雖未入壻門，今年吉辰拜後，歲俗無忌，便得以成婦迎之，正以策名委質有定故也。謝安議：拜時雖非正典，代所共行久矣。將以三族多虞，歲有吉忌，故逆成其禮。

宋庾蔚之謂：俗既流弊，故以拜時代三日，推其始意，當是貪得從省，以赴吉歲。若周大功之喪既葬，不可迎已拜之婦，則與始婚不異，非其旨也。

（唐）杜佑《通典》卷六〇《禮・沿革・嘉禮・祖無服父有服可娶婦嫁女議》　晉劉嗣問徐野人曰：嗣去年十二月，有周慘，欲用六月婚，兒服早已除。大人本無服，便是一家主，想無復異？徐答曰：此議本據祖爲孫兒婚，自平吉可得娶妻，不計兒之有慘也。嗣弟損又重問野人曰：諸賢唯云祖尊一家，得爲婚主。若便婚，損疑速也。徐答曰：今歸重於王父，理無取於遲速。損重問曰：《禮》云嫁女之家，三夜不息（獨）〔燭〕，娶婦之家，三日不舉樂。得不有輕不？又大功之末，可以嫁女，則男不得婚。向家是嫁女，今是兒子婚，男女詎無異邪？向家亦是祖無服，而父有周慘，得嫁女。徐答曰：秉燭寢樂，居然輕重，故嫁娶殊品。至於今事，理本分塗，唯取歸重極尊，而不別異男女也。

宋向歆問何承天曰：父有伯母慘，女服小功。祖尊統一家，年末可得嫁孫女不？何答曰：吾謂祖爲婚主，女身又小功服，不嫌於婚。鄭尚書曰：祖爲婚主，女父不與婚事，意謂可婚。周續之曰：《禮》己雖小功，可以冠、娶妻，則女身雖有服，謂出門無嫌也。伯母義服，而祖爲家主，於理可通。徐野人曰：禮許變通。《記》所稱父大功者，當非有祖之家。又《公羊傳》云：不以父命辭王父命。推附名例，義在尊無二上，容或可通理邪！

（唐）杜佑《通典》卷六〇《禮・沿革・嘉禮・外屬無服尊卑不通婚議》　大唐永徽元年，御史大夫李乾祐奏言：鄭州人鄭宣道先聘少府監主簿李玄乂妹爲婦，即宣道堂姨。玄乂先雖執迷，許其姻媾，後以情禮不合，請與罷婚。宣道經省陳訴，省以法無此禁，判許成親。何則？同堂姨甥，雖則無服，既稱從母，何得爲婚？又母與堂姨，本是大功之服，大功以上，禮實同財，況九月爲服，親亦至矣。子而不子，辱以爲妻，名教所悲，人倫是棄。且堂姑堂姨，內外之族，雖別而父黨母黨，骨肉之恩是同，愛敬本自天性。禽獸亦猶知母，豈可令母之堂妹降以爲妻？從母之名，將何所寄？古人正名遠別，後代違道任情，恐寖以成俗。然外屬無服而尊卑不可爲婚者，非止一條，請付羣官詳議，永爲後法。左衛大將軍紀王慎等議：父之姨及堂姨母，父母之姑舅姊妹，堂外甥，並外姻無服，請不爲婚。詔可。

（唐）杜佑《通典》卷六〇《禮・沿革・嘉禮・降服大功末可嫁姊妹及女議》　晉南陽中正張輔言司徒府云：故涼州刺史揚欣女，以九月二十日出赴姊喪殯，而欣息俊因喪後二十六日，强嫁妹與南陽韓氏，而韓就揚家共成婚姻。韓氏居妻喪，不顧禮義，三旬內成婚，傷化敗俗，非冠帶所行。下品二等，本品第二人，今爲第四。請正黃紙。梁州中正梁某言：俊居姊喪嫁妹，犯禮傷義，貶爲第五品。

宋江氏問裴松之曰：從兄女先剋此六月與庾長史弟婚，其姊蔡氏去三月亡，葬送已畢。從兄無嗣，兄子簡爲後。今與從妹同服大功。大功末可以嫁子，不知無父而兄有大功服，可復嫁妹不？答曰：意謂父有大功，尚可嫁子；兄在大功，理無不可。今所未了者，未知女身大功，亦可得嫁不？又降而在大功，得與本服九月者同不？見宗濤答范超伯問，娶婦之與嫁子，輕重有一等之差，己身小功可以娶妻，女身大功何爲不可以嫁。謂此言爲是，但其論降在大功者，如爲不盡。吾以爲聘納禮重，故探其本情；適人差輕，故以見服爲斷。禮無降在大功不可嫁子之文，不應於外生疑。且有下殤小功之喪，過五月便可以娶，降在九月者，過三月而後嫁，計其日月，亦一等之謂也。荀伯子難裴曰：本不謂父可而兄反不可，今所疑謂父兄及女身並不可耳。按《禮》，小功之初，不妨嫁子，其末則可以娶妻。下殤之小功則不可，以所本是周服故也。今降在大功，亦本是周服，何容復於降殺之內以行婚姻之禮邪？禮云大功之末可以嫁子者，自是論本服耳；所以不明降在大功不可者，正以下殤之小功，足以包之也。若謂降與不降必其不殊者，其兄弟出後、姊妹出適，便再降爲小功矣，請問居此小功服，在始亦可即以嫁子乎？三月卒哭，又可以娶妻乎？奚獨慈於下殤而薄於出降之甚邪？何承天通裴難荀曰：婚禮吉而非樂，貴不失時。元康中有犯喪者，爲憲司所糾，都無降服大功嫁女之彈，彼豈輕犯周制，重犯功服邪？固於禮自通，不應致譏耳！足下謂下殤小功不可娶，足以包降在大功不可嫁。夫徹樂興嗣親之感，繼燭發離別之悲。唱行重於和從，受禮輕於納聘，既有一等之差，本服周者雖不得娶，何疑得嫁邪？若本降爲大功不可嫁者，大功降爲小功亦不可娶，豈獨下殤小功而已乎？斯不然矣。宗炳稱何議降大功可嫁子，爲人所疑，云：要正以下殤小功不可娶，舉輕以包重，謂長殤大功亦不可嫁者，意謂非也。且子嫁降親，生離恒山之苦，禽鳥猶哀，況在人理。其哀既深，則吉實輕，故情安於大功之末。娶納吉慶爲重，吉重故可於小功卒哭。夫舉重之不可，何妨輕者初自可乎！而反云舉輕明重，其義不例。夫衛孔懷之哀，從釐降之命，而與新婚者同，其不可哉。若使親表脱有其例，當斷其可乎？

李嵩爲息邃婚張康女，未成禮而康有姊喪，已葬，二家婚皆務速，書問太常馮懷。懷曰：降服不與正服同者，謂居處之節耳。大功之末可以冠子嫁子，明冠宜時成，嫁宜及時。先儒云末者，服半之後也。張氏所服既半，將非所疑。嵩又以父在大功則子應小功，父服在末則子服除者可也。今降服雖末，而子未除，以疑問丁纂。纂曰：服末情殺，可行吉事。

又魏放之問孔琳之曰：降在大功，當得嫁女不？答曰：吾意，降者似不得婚。《記》稱大功之末可以嫁子，小功之末可以娶妻，下殤之小功則不可，按如此文，唯云降者不可娶妻，不云不可嫁子，此便是得嫁也。傅都官駮孔議曰：娶妻嫁子雖爲不同，然可以例求也。何者？小功絶哭之後可以娶妻，至於下殤之小功則不可也。本服重而降在小功，既不得同小功而娶妻，本服周而降在大功，豈可同大功而嫁子乎？孔答曰：娶妻事重，嫁子事輕。今若云不可納婦，容可以嫁子爲難耳。既不明不可以嫁子，而獨明不可以娶妻，事重非其類矣。傅難曰：今舉重以明輕，何以謂之不類？孔答曰：傅意謂本周而在大功小功者，則不得冠子、嫁子、納婦、娶妻四事。夫冠嫁納婦三事，皆子身之吉事，事不在己；娶妻一事，非在他人，親己身之吉事。在子則輕，在身則重。輕故可行之於服末，重必卒哭而後可。以降殺之明義，亦既差降，則事何必齊。今若欲徵其文，觀雩知旱者，則應明輕者猶不可，則重者不言自彰。而今獨言小功之殤不可以娶妻，指是言重者不可也，重者自不可，輕者自可有差，何得輕必從重邪？傅曰：按《禮》葬後卒哭之與服末，故是一語，直辭異耳。孔答曰：以葬後便爲末，虞畢乃卒哭。且末與卒哭若果實同而名異者，則當疊言小功之末可以納婦娶妻，如大功之末疊言可以冠子嫁子，何以別更起條云已雖小功卒哭可以娶妻邪？推文明矣。

宋庾蔚之曰：昔爲《禮記畧解》，已通此議。大功重而嫁輕，小功輕而娶重，故大功之末可以嫁，小功之末可以娶也。所以然者，下殤小功，本周親者，以其殤折之痛，既人情所哀，不可以娶。長殤大功，鄰於成人大功，接於齊縗，猶親服之內，於情差申，冠嫁之事可同於成人之大功，故不言長殤大功之不嫁也。

（唐）杜佑《通典》卷六〇《禮・沿革・嘉禮・內表不可婚議》 魏袁準《正論》曰：或曰：同姓不相娶，何也？曰：遠別也。曰：今之人外內相婚，禮歟？曰：中外之親近於同姓，同姓且猶不可，而況中外之親乎！古人以爲無疑，故不制也。今以古之不言，因謂之可婚，此不知禮者也。或云：《國語》云：同德則同姓，同姓雖遠，男女不相及；異德則異姓，異姓雖近，男女相及也。斯言何故也？曰：此司空季子明有爲而言也。文公將求秦以反國，不敢逆秦故也。季子曰：子於子圉，道路之人也。咎犯曰：將奪之國，而況妻乎！趙衰曰：有求於人，必先從之。此不既了乎！

（唐）杜佑《通典》卷六〇《禮・沿革・嘉禮・周服降在小功可嫁女娶妻議》 晉范朗問蔡謨曰：甲有庶兄乙爲人後，甲妹景已許嫁而未出。今乙亡，如鄭玄意已許嫁便降旁親者，景今應爲乙服小功，本是周親，甲今於禮可得嫁景不？蔡答曰：按《禮》大功之末，可以嫁子，不言降服復有異也。兄在大功，嫁降服小功之妹，猶父在大功，嫁小功之女也。謂甲今嫁景，於禮無違。范難曰：《禮》小功不税，降而小功則税之。又小功不易喪之練冠，而長殤中殤之小功則變三年之葛。又小功之末可以娶妻，而下殤之小功則不可。據此數事，則明降服正服，所施各異，今子同之，其理何居？蔡答曰：夫服有降有正，此禮之常也。若其所施，必皆不同，則當舉其一例，無爲復説税與娶也。今而然者，明其所施有同有異，不可以一例舉，故隨事而言之也。鄭君以爲下殤小功不可娶者，本齊縗之親也。按長殤大功亦齊縗親，而禮但言下殤不可以娶，而不言長殤不可以嫁，明殤降之服，雖不可娶而可嫁也。所以然者，陽唱陰和，男行女從，和從者輕，唱行者重，二者不同，故其制亦異也。范又難曰：《禮》舉輕以明重，下殤猶不可娶，況長殤大功何可以嫁？知《禮》所謂大功末者，唯正服大功末耳。蔡答曰：下殤不可娶妻者，謂己身也。吾言長殤可以嫁子者，謂女父也。身自行之，於事爲重；但施於子，其理差輕。然則下殤之不娶，未足以明長殤之不嫁也。

（唐）杜佑《通典》卷六〇《禮·沿革·嘉禮·周喪不可嫁女娶婦議》

晉惠帝元康二年，司徒王渾奏云：前以冒喪婚娶，傷化悖禮，下十六州推舉，今本州中正各有言上。太子家令虞濬有弟喪，嫁女拜時；鎮東司馬陳湛有弟喪，嫁女拜時；上庸太守王崇有兄喪，嫁女拜時；夏侯俊有弟子喪，爲息恒納婦，恒無服；國子祭酒鄒湛有弟婦喪，爲息蒙娶婦拜時，蒙有周服；給事中王琛有兄喪，爲息稜娶婦拜時，并州刺史羊暨有兄喪，爲息明娶婦拜時；征西長史牽昌有弟喪，爲息彥娶婦拜時。湛職儒官，身雖無服，據爲婚主。按《禮》大功之末可以嫁子，小功之末可以娶婦。無齊縗嫁娶之文，虧違典憲，宜加貶黜，以肅王法。請臺免官，以正清議。尚書符下國子學處議。國子助教吳商議：今之拜時，事畢便歸，婚禮未成，不得與娶婦者同也。俊、琛、稜並以齊縗娶婦、娶妻，所犯者重。恒雖無服，當不義而不諍，亦禮所譏，然其所犯者猶輕於稜也。湛身既平吉，子雖齊縗，義服之末，又不親迎，吉凶別處，則所犯者輕。濬、暨爲子拜時，拜時禮輕，當降也。國子祭酒裴頠議以爲：吉凶之別，禮之大端，子服在凶，而行嘉禮，非所以爲訓。雖父兄爲主，事由己興，此悉人倫大綱，典章所慎也。詔曰：下殤小功，不可嫁娶，俊等簡忽喪紀，輕違《禮經》，皆宜如所正。

司直劉隗上言：文學王籍有叔母服，未一月，納吉娶妻，虧俗傷化，宜加貶黜，輒下禁止。妻父周嵩知籍有喪而成婚，無王孫耻奔之義，失爲父之道。王廙、王彬，於籍親則叔父，皆無君子幹父之風，應清議者，任之鄉論。主簿江啓曰：夫風節不振，無以蕩弊俗；禮義不備，無以正人流。籍以名門，擢登賓友，不能率身正道，公違典憲，誠是愷悌垂恕，體例宜全。又東閣祭酒顏含，居叔父喪而遣女。推尋舊事，元康二年，虞濬、陳湛各有弟喪，嫁子拜時，司徒王渾奏免。竊謂弟喪不重於叔父，成婚之禮不輕。含犯違禮典。夫崇禮謂之有方之士，不崇禮謂之無方之人。況虧淳創薄，崇俗棄禮，請免官禁止。從事中郎謝潛議：鄭玄以爲女子成人，逆降旁親及將出者。昔陳湛以女年過二十，依鄭義不責，遷任徐州，不爲坐免，久爲成比。若含女未過二十，宜如隗奏；若謂鄭玄説與禮違，當先除而後禁，不宜制未下而責人也。主簿孔夷議：鄭玄以未嫁成人，降其旁親，以明當及時與不及時者同降，若嫁有時而遭喪，因喪而降之，非言齊縗之中可嫁女。學者多昧此旨，非獨在今。含應見原。

王濛息叔仁兄十月亡，至十二月，詔其子與瑯琊王婚拜時，叔仁以喪辭。范尚書與會稽王牋，爲伸其意。會稽王答曰：既有所准，情理可通，故人主權而行之，自君作故，古之制也。古人墨絰從時，豈情所安，逼於君命之所制，奪人臣之所屈，乃至於此。以今方之，事情輕重，豈得同日而欲執違耶？又今自拜時，未爲備禮，暫一致身，交拜而已，即之於情，有何不可？且今王氏情事，與國家正同，王命既定，事在必行。太常王彪之與會稽王牋曰：王濛女有同生之哀，計其日月，尚未絶哭，豈可成婚？凡在君子，猶愛人以禮，況崇化之主耶！以此爲聖人故事，寧可執訓，當令宣流後裔。忝備禮官，情有不安，謹具白所懷。

（唐）杜佑《通典》卷六〇《禮·沿革·嘉禮·降服喪已除猶在本服月内可嫁議》 晉謝琰問車胤曰：人有妹喪，降服已除，本服未周，可得嫁不？答曰：《禮》，小功不税，音他外反。降在小功者則税。是推本情，不許見服也。時人有以此婚嫁者，僕常疑之。孫騰答：人有卜日除服便以婚，況降服已除，禮有大斷，此都無疑。

（唐）杜佑《通典》卷六〇《禮·沿革·嘉禮·大功末可爲子娶婦議》

晉御史中丞高崧有從弟喪，在服末欲爲兒婚，書訪尚書范汪曰：《禮》有大功之末可以嫁子，小功之末可以娶婦。下章云己雖小功，既卒哭，可以娶妻。己有小功喪，則父便應有大功喪。以義例推之，小功卒哭可以娶妻，則大功卒哭可以娶婦邪？有舅姑曰婦。無舅姑曰妻。范答曰：按《禮》大功之末，可以冠子嫁子。此於子已爲無服也。以己尚在大功喪中，猶未忍爲子娶婦，近於歡事也。故於冠子嫁子則可，娶婦則不可矣。己有緦麻之喪，於祭亦廢，婚亦不通矣，況小功乎！崧又曰：《禮》己雖小功，既卒哭，可以娶妻。己有小功，則父有大功。己既小功卒哭可娶妻，則父大功卒哭可娶婦，將不嫌邪？汪曰：五服之制，各有月數，月數之内，自無吉事，故曰縗麻非所以接弁冕也。《春秋左氏傳》：齊侯使晏子請繼室於晉，叔向對曰：寡君之願也。縗絰之中，是以未敢請。時晉侯有少姜之喪耳。《禮》貴妾緦，而叔向稱在縗絰之中。推此而言，雖輕喪之麻，猶無婚姻之道也，而敦本敬始之義，每於婚冠見之矣。《雜記》曰大功之末可以嫁子，小功之末可以娶婦。按大功之末，猶未忍爲子娶婦，小功之末，乃爲子娶耳。而下章云已雖小功，卒哭，可冠、娶妻也。二文誠爲相代，尋此旨，爲男女失時或繼嗣未立者耳，非通例也。《禮》，男三十而娶，女二十而嫁。至於仲春會男女，便云：於此時也，奔者不禁。此亦是權禮，非經常之典也。崧又訪於江虨，虨答曰：按大功之末可以嫁子，小功之末可以娶婦。又已小功卒哭，可以娶妻。此悉是明文正例，當不如范語。爲此議者，皆於爲婚之主也。娶婦則父爲主，娶妻則己爲主，故父大功之末不得行此嘉禮，至於己小功之末則可行之。又《禮》稱娶妻，則是無父之正文。謂大功之末娶婦，於禮例猶尚不安。今所爲者重，所虧者輕。又准時人由來之比，自不致嫌。於是崧依議爲兒婚。

（唐）杜佑《通典》卷六〇《禮・沿革・嘉禮・同姓婚議》 昔人皇之代，始有夫婦之道。

殷以上而婚不隔同姓。

周制，則不娶宗族。《禮記》曰：娶妻不娶同姓，以厚其別也。厚猶遠也。按《禮記大傳》云：四世而緦，服之窮也。五世祖免，殺同姓也。六世親屬竭矣。其庶姓別於上，而戚單於下，婚姻可以通乎。又云：繫之以姓而弗別，綴之以食而弗殊，雖百世而婚姻不通者，周道然也。故買妾不知其姓，則卜之。妾或時非媵，取於賤者，世無本繫。許慎《五經異義》：諸侯娶同姓。今《春秋公羊》說：魯昭公娶於吳，爲同姓也，謂之吳孟子。《春秋左氏》說：孟子，非小君也，不成其喪，不當譏。又按《易》曰：同人于宗，吝。言同姓相娶，吝道也。即犯誅絶之罪，言五屬之内禽獸行，乃當絶。

漢呂后妹嫁呂平。王莽娶宜春侯王咸女，後稱曰宜春氏。

晉劉頌，漢廣陵王後，臨淮陳矯本劉氏子，與頌近親，出養始改姓陳。頌女適陳氏，時人譏之。若同姓得婚，論如虞陳之類，禮所不禁，同姓不殖，非此類也。難者不能屈。

濮陽太守劉嘏與同姓劉疇婚。司徒下太常諸博士議，非之。嘏以爲：同姓有庶姓，有正姓，有複姓，有單姓。鍾云出於鍾離之後，胡母與胡公同本。複鍾單鍾，複胡單胡，今年共婚，不以損一字爲疎，增一字爲親；不以共其本爲悔，取其同者爲吝。宜理在可通，而得明始限之別，故婚姻不疑耳。今並時比族，年齊代等，至於庶姓，《禮記》書其別於上，始祖正姓明其斷於下，以之通議，則人倫無闕。按太常總言博士議述叙姓變爲始祖者，始此姓爲祖也。此既非禮所謂始祖爲正姓之義，即便棄經從意，謂義可通，如今衆庶之家，或避國諱遁仇逃罪變音易姓者，便皆可言是始祖正姓，爲婚之斷，如此《禮》稱附遠厚別、百代不通之義，復何所施乎？此惑之甚者也。論者又以爲開通同姓婚，則令小人致濫。按禮自有限禁之外，本自禮所不責。不可以不禁、禮所不應責者，而云通禮所應責也。王皆、王沈，魏晉名儒，同周室之後共婚者，二門譜第皆存。昌黎張仲娶范陽張璉妹，諮張公而後婚。今日若考經據事，足以取正。唯大府裁之。

嘏又與卞壼疏云：堯妻舜女，其代不遠。又《春秋》云畢原酆郇，文之昭；邘晉應韓，武之穆。代俗之所惑，上惑堯舜之代，下惑應韓之昭穆，欲追過堯舜邪，則經歷聖人。論者或謂巍巍蕩蕩之德，可以掩堯舜之疵；或謂代近姓異，可以通應韓之婚，豈其然哉！若代近姓異，可以通應韓之婚，則周公立百代之限，《禮記》云娶於異姓，附遠而厚別，此二義復何所施？如其不然，則明始限之外，堯舜可以婚；理終之後，應韓可以通。堯舜之婚，以正姓分絶於上；應韓之通，庶姓異終於下也。絶則無繫，終則更始，斷可識矣。

壼以嘏書示朝賢光禄大夫荀崧。答卞云：如嘏所執，苟在限内，雖遠不可；苟在限外，不遠可通也。吾無以異之。王伯輿，鄭玄高雋弟子也，爲子稚賓娶王處道女，當得禮意，於時清談，盡無譏議。今難者雖苦，竟不能折其理。《春秋》不伐有辭，謂嘏不應見責。

庾蔚之謂：嘏據王者必有始祖，始祖爲正姓，共始祖之後，則百代不得通婚。故魯娶於吳，爲失禮。嘏云堯舜之婚，以正姓分絶於上者，當謂各立始祖則可通婚也。又云應韓之通，以庶姓理終於下者，當謂帝王遞代，始祖既謝，屬籍亦廢，則爲理終於下，亦可通婚也。嘏雖明始限之外與理終之後，皆可得通婚，而未有親疎之斷。昭穆祚胤，無代不有，若周代既遷，屬籍已息，應韓之婚，以其昭穆久遠。今所疑雖在始限之外理終之後而親未遠者，當以何斷？按《禮》云六代親屬竭矣。故當宜以此爲斷邪？若周室已遷，無復后稷之始祖，則當以別子及始封爲判。今宗譜之始，亦可以爲始祖也。古人數易姓，姓異不足明非親，故婚姻必原其姓之所出。末代不復易姓，異姓則胡越，不假復尋其由出，同姓必宜本其由。是以各從首易，不爲同姓之婚。且同姓之婚，易致小人情巧，又益法令滋章。暇在邊地，無他婚處，居今行古，致斯云耳。

（宋）李昉等《太平御覽》卷五四一《禮儀部・婚姻》　《魏氏春秋》曰：司空東萊王基，當世大儒，豈不達禮，而納司空王忱女，以姓同源異故也。

又曰：陳矯，本劉氏子，出嗣舅氏，而婚于本族，徐宣每非之。廷議其闕，太祖以矯才量欲全之，乃下令曰：喪亂以來，風教凋薄，謗議之言，難同褒貶。自建安五年已前，一切勿論。其以斷前誹議者，以其罪罪也。

（宋）李昉等《太平御覽》卷五四一《禮儀部・婚姻》　魏袁淮《正論》曰：或曰，同姓不相娶，何也？曰：遠別也。曰：今之人外內相婚禮歟。曰：中外之親，近於同姓，同姓且猶不可，而況中外之親乎？古人以爲無疑，故不制也。今以古之不言，固謂之可婚，不知禮者也。或曰：《國語》云：同德則同姓，同姓雖遠，男女不相及。異德則異姓，異姓雖近，男女相及也。斯言何故也？曰：司空季子有爲而言也。文公將求秦以反國，不敢逆秦故也。

（宋）李昉等《太平御覽》卷六四〇《刑法部・決獄》　甲夫乙將船，會海盛風，船没溺流，死亡不得葬。四月，甲母丙即嫁甲，欲當何論？或曰：甲夫死未葬，法無許嫁，以私爲人妻，當棄市。議曰：臣愚以爲《春秋》之義，言夫人歸於齊，言夫死無男，有更嫁之道也。婦人無專制擅恣之行，聽從爲順，嫁之者，歸也。甲又尊者所嫁，無淫行之心，非私爲人妻也。明於決事，皆無罪名，不當坐。

（宋）陳祥道《禮書》卷六五《婚》　《周禮・大宗伯》以昏冠之禮，親成男女。《大司徒》荒政十曰多昏。《黨正》凡其黨之昏冠，教其禮事。《媒氏》掌萬民之判，凡男女自成名以上，皆書年月日名焉，令男三十而娶，女二十而嫁。凡娶判妻入子者，皆書之。中春之月，令會男女。於是時也，奔者不禁。若無故而不用令者，罰之。司男女之無夫家者而會之。凡嫁女娶妻，純帛無過五兩。禁遷葬者與嫁殤者。凡男女之陰訟聽之于勝國之社，其附于刑者，歸之于士。《遂人》以樂昏擾甿。《典瑞》穀圭以和難，以聘女。《玉人》穀圭七寸，天子以聘女。大璋，諸侯以聘女。

《禮記・曲禮》三十曰壯，有室。女子許嫁，纓。非有大故，不入其門。娶妻不娶同姓，買妾不知其姓則卜之。男女非有行媒，不相知名。非受幣，不交不親。故日月以告君，齊戒以告鬼神，爲酒食以召鄉黨僚友，以厚其別也。賀娶妻者，曰：某子使某，聞子有客，使某羞。不斥主人者，昏禮不賀。納女，於天子曰備百姓，於國君曰備酒漿，於大夫曰備埽灑。正義曰成九年夏，季孫行父如宋致女。此云納女，故注云納女猶致女也。知壻不親迎嫁女之家，使人致女者，以成九年二月伯姬歸於宋，時宋公不親迎，故魯季孫行父如宋致女是也。而天子亦有親迎以否者，《異義》云：《戴禮》説天子親迎。《左氏》説天子不親迎，使上卿迎之。諸侯亦不親迎，使上大夫迎之。鄭《駁異義》云：文王娶大姒，親迎于渭。又引孔子答哀公：合二姓之好，以繼先聖之後，以爲天地宗廟社稷之主，冕而親迎，君何謂已重乎？此天子諸侯有親迎也。若不親迎，則宜致女。云備百姓也。《曾子問》昏禮既納幣，有吉日，女之父母死，則如之何。孔子曰：壻使人弔。如壻之父母死，則女之家亦使人弔。父喪稱父，母喪稱母。父母不在，則稱伯父世母。壻已葬，壻之伯父致命女氏曰：某之子有父母之喪，不得嗣爲兄弟，使某致命。女氏許諾而弗敢嫁，禮也。壻免喪，女之父母使人請，壻弗取而后嫁之，禮也。女之父母死，壻亦如之。曾子問曰：親迎女在塗，而壻之父母死，如之何？孔子曰：女改服，布深衣，縞總以趨喪。女在塗而女之父母死，則女反。如壻親迎，女未至，而有齊衰大功之喪，則如之何？孔子曰：男不入，改服於外次。女入，改服於內次，然後即位而哭。曾子問曰：除喪則不復昏禮乎？孔子曰：祭過時不祭，禮也。又何反於初。孔子曰：嫁女之家，三夜不息燭，思相離也。取婦之家，三日不舉樂，思嗣親也。三月而廟見，稱來婦也。擇日而祭於禰，成婦之義也。曾子問曰：女未廟見而死，則如之何？孔子曰：不遷於祖，不祔於皇姑，壻不杖不菲不次，歸葬於女氏之黨，示未成婦也。曾子問曰：娶女有吉日而女死，如之何？孔子曰：壻齊衰而弔，既葬而除之。夫死亦如之。《郊特牲》曰：天地合而後萬物興焉。夫昏禮，萬世之始也。取於異姓，所以附遠別厚也。幣必誠，辭無不腆。告之以直信。信，事人也；信，婦德也。一與之齊，終身不改，故夫死不嫁。男親迎，男先於女，剛柔之義也。天先乎地，君先乎臣，其義一也。執摯以相見，敬章別也。男女有別，然後父子親。父子親，然後義生。義生，然後禮作。禮作，然後萬物安。無別無義，禽獸之道也。壻親御授綏，親之也，親之也者，親之也，敬而親之，先王之所以得天下也。出乎大門而先，男帥女，女從男，夫婦之義由此始也。婦人，從人者也。幼從父兄，嫁從夫，夫死從子。夫也者，夫也。夫也者，以知帥人者也。玄冕齊戒，鬼神陰陽也。將以爲社稷主，爲先祖後，而可以不敬乎？共牢而食，同尊卑也。故婦人無爵，從夫之爵，坐以夫之齒。器用陶匏，尚禮然也。三王作牢，用陶匏。厥明，婦盥饋，舅姑卒食，婦餕餘，私之也。舅姑降自西階，婦降自阼階，授之室也。昏禮不用樂，幽陰之義也。樂，陽氣也。昏禮不賀，人之序也。《大傳》曰：其庶姓別於上，而戚單於下，婚姻可以通乎？繫之以姓而弗別，綴之以食而弗殊，雖百世而婚姻不通，周道然也。《雜記》大功之末可以冠子，可以嫁子。父小功之末可以冠子，可以嫁子，可以娶婦。己雖小功，既卒哭，可以冠、娶妻。大殤小功則不可。納幣一束，束五兩，兩五尋。婦見舅姑，兄弟、姑、姊妹皆立於堂下，西面，北上，是見己。見諸父，各就其寢。女雖未許嫁，年二十而笄，禮之。婦人執其禮。燕則鬈首。《經解》曰：婚姻之禮廢，則夫婦之道苦，而淫辟之罪多矣。《哀公問》孔子曰：非禮無以別男女父子兄弟之親，婚姻疏數之交也。大婚爲大，大婚至矣。大婚既至，冕而親迎，親之也。親之也者，親之也。哀公曰：寡人願有言然。冕而親迎，不已重乎。孔子愀然作色而對曰：合二姓之好，以繼先聖之後，以爲天地宗廟社稷之主，君何謂已重乎？公曰：寡人固。不固，焉得聞此言也。寡人欲問，不得其辭，請少進。孔子曰：天地不合，萬物不生。大婚，萬世之嗣也。君何謂已重焉。孔子遂言曰：內以治宗廟之禮，足以配天地之神明。出以治直言之禮，足以立上下之敬。物耻足以振之，國耻足以興之。爲政先禮，禮其政之本歟。《坊記》男女無媒不交，無幣不相見，恐男女之無別也。以此坊民，民猶有自獻其身。子云：婚禮，壻親迎，見於舅姑，舅姑承子以授壻，恐事之違也。以此坊民，民猶有不至者。《婚義》曰：婚禮納采、問名、納吉、納徵、請期，皆主人筵几於廟，而拜迎於門外，入揖讓而升，聽命於廟，所以敬慎重正婚禮也。父親醮子而命之迎，男先於女也。子承命以迎，主人筵几於廟，而拜迎於門外。壻執鴈入，揖讓升堂，再拜奠鴈，蓋親受之於父母也。降出，御婦車，而壻授綏，御輪三周，先俟於門外。婦至，壻揖婦以入，共牢而食，合巹而酳，所以合體同尊卑，以親之也。夙興，婦沐浴以俟見。質明，贊見婦於舅姑，婦執笲，棗栗腶修以見。贊醴婦，婦祭脯醢，祭醴，成婦順也。舅姑入室，婦以特豚饋，明婦順也。厥明，舅姑共饗婦以一獻之禮，奠酬，舅姑先降自西階，婦降自阼階，以著代也。是以古者先嫁三月，祖廟未毀，教於公宮。祖廟既毀，教於宗室。教以婦德、婦言、婦容、婦功，教成，祭之，牲用魚，芼之以蘋藻，所以成婦順也。

《詩·桃夭》曰，后妃不妬忌，則男女以正，婚姻以時，國無鰥民也。《鵲巢》夫人之德也，曰之子於歸，百兩御之，百兩將之，百兩成之。《摽有梅》男女及時也。《野有死麕》白茅包之，有女懷春，吉士誘之。《何彼襛矣》美王姬也。雖則王姬，亦下嫁於諸侯，車服不繫其夫，下王后一等。碩人其頎，衣錦褧衣。國君夫人翟衣而嫁，今衣錦者，在塗之服也。四牡有驕，朱幩鑣鑣，翟茀以朝。《有狐》刺時也。古者國有凶荒，則殺禮而多昏，會男女之無夫家者，所以育人民也。《丰》刺亂也。婚姻之道缺，陽倡而陰不和，男行而女不隨。衣錦褧衣，裳錦褧裳。庶人之妻嫁服也，士妻緇衣纁袡。《著》刺時也。時不親迎也。俟我於著乎而，充耳以素乎而。士之服也。俟我於庭乎而，充耳以青乎而。卿大夫之服也。俟我於堂乎而，充耳以黃乎而。人君之服也。《綢繆》刺晉亂也。國亂則婚姻不得其時也。《東門之楊》刺時也。婚姻失時，男女多違。親迎，女猶有不至者也。《大明》文定厥祥，親迎于渭。造舟爲梁，不顯其光。天子造舟，諸侯維舟，大夫方舟，士特舟。《韓奕》曰：韓侯迎止，於蹶之里。諸娣從之，祁祁如雲。

《春秋》隱八年，鄭公子忽如陳逆婦嬀。先配後祖。鍼子曰：是不爲夫婦，誣其祖矣。非禮也，何以能育。莊公二十四年夏，公如齊逆女。秋，哀姜至，公使宗婦覿，用幣，非禮也。御孫曰：男贄，大者玉帛，小者禽鳥，以章物也。女贄，不過榛、栗、棗、脩，以告虔也。今男女同贄，是無别也。男女之別，國之大節也，而由夫人亂之，無乃不可乎。文四年夏，逆婦姜於齊，卿不行，非禮也。君子是以知出姜之不允於魯也。曰：貴聘而賤逆之，君而卑之，立而廢之，棄信而壞其主，在國必亂，在家必亡，不允宜哉。《詩》曰：畏天之威，於時保之。敬主之謂也。七年，穆伯爲襄仲於莒聘焉。穆伯如莒涖盟，且爲仲逆，及鄢陵，登城見之，美，自爲娶之。仲請攻之。宣元年春，公子遂如齊逆女，尊君命也。三月，遂以夫人（歸）〔婦〕姜至自齊，尊夫人也。成八年夏，宋公使公孫壽來納幣，禮也。衛人來媵共姬，禮也。凡諸侯嫁女，同姓媵之，異姓則否。昭元年春，楚公子圍聘於齊，且娶於公孫段氏，伍舉爲介。將入館，鄭人惡之，使行人子羽與之言，乃館於外。既聘，將以衆逆，子產患之，使子羽辭曰：以敝邑褊小，不足以容從者，請墠聽命。命太宰伯州犁對曰：圍布几筵，告於莊、共之廟而來，若野賜之，是委君貺於草莽也，是寡大夫不得列於諸卿也。唯大夫圖之。鄭徐吾犯之妹美，公孫楚聘之矣，公孫黑又使强委禽焉。犯懼，告子產。子產曰：是國無政，非子之患也。唯所欲與。犯請於二子，請女擇焉。皆許之。子皙盛飾入，布幣而出。子南戎服入，左右射，超乘而出。女自房觀之曰：子皙信（姜）〔美〕矣，抑子南，夫也。夫夫婦婦，所謂順也。適子南氏。子皙怒，欲殺之，子南執戈逐之，子皙傷而歸。二年四月，韓須如齊逆女。齊陳無宇送女，致少姜。少姜有寵於晉侯，晉侯謂之少齊。謂陳無宇非卿，執諸中都。少姜爲請曰：送從逆班，畏大國也，猶有所易，是以亂作。三年，齊侯使晏嬰請繼室於晉，曰：寡君使嬰曰，寡人願事君，朝夕不倦。不腆先君之適，以備內官，焜燿寡人之望，則又無禄，早世隕命，寡人失望。君若不忌先君之好，惠顧齊國，辱收寡人，徼福於大公、丁公，照臨敝邑，鎮撫其社稷，則猶有先君之適，及遺姑姊妹。若而人。君若不棄敝邑，而辱使董振擇之，以備嬪嬙，寡人之望也。韓宣子使叔向對曰：寡君之願也。寡人不能獨任其社稷之事，未有伉儷，在縗絰之中，是以未敢請。君有辱命，惠莫大焉。若惠顧敝邑，撫有晉國，賜之內主，豈唯寡君，舉羣臣實受其貺。昭五年，晉韓宣子如楚送女，叔向爲介。及楚，楚子朝其大夫曰：晉，吾仇敵也。苟得志焉，無恤其他。薳啓疆曰：晉之事君，臣曰可矣。求諸侯而麇至，求婚而薦女，君親送之，上卿及上大夫致之。猶欲耻之，君其亦有備矣。不然，柰何？楚子終厚禮之。成十一年，聲伯之母不聘，穆姜曰：吾不以妾爲姒。生聲伯而出之，嫁於齊管于奚，生二子而寡，以歸聲伯。聲伯以其外弟爲大夫，而嫁其外妹於施孝叔。郤犨來聘，求婦於聲伯，聲伯奪施氏婦以與之。婦人曰：鳥獸猶不失儷，子將若何？曰：不能死亡。婦人遂行。生二子於郤氏。郤氏亡，晉人歸之施氏。施氏逆諸河，沈其二子。婦人怒曰：不能庇其伉儷而亡之，又不能字人之孤而殺之，將何以終？遂誓施氏。襄十二年，靈王求后於齊，齊侯問對於晏桓子。桓子對曰：先王之禮辭有之。天子求后於諸侯，諸侯對曰：夫婦所生若而人，妾婦之子若而人。無女而有姊妹姑姊妹，則曰先守某公之遺女若而人。齊侯許婚，王使陰里結之。哀十二年，昭公夫人孟子卒。昭公娶於吴，故不書姓。死不赴，故不稱夫人。不反哭，故不言葬小君。二十四年，公子荆之母嬖，將以爲夫人，使宗人釁夏獻其禮。對曰：無之。公怒曰：女爲宗司，立夫人，國之大禮也，何故無之？對曰：周公及武公娶於薛，孝、惠娶於商，自桓以下娶於齊，此禮也則有。若以妾爲夫人，則固無其禮也。公卒立之，而以荆爲太子，國人始惡之。

《公羊》隱二年，紀履緰來逆女。何以不稱使？婚禮不稱主人。然則曷稱？稱諸父兄師友。宋公使公孫壽來納幣，則其稱主人何？辭窮也。辭窮者何？無母也。然則紀有母乎？曰：有。有則何以不稱母？母不通也。外逆女不書，此何以書？譏始不親迎也。始不親迎，昉於此乎？前此矣。前此，則曷爲始乎此？託始焉爾，《春秋》之始也。又曰：女在其國稱女，在塗稱婦，入國稱夫人。伯姬歸于紀，其言歸何？婦人謂嫁曰歸。桓三年，公子翬如齊逆女，齊侯送姜氏於讙，何以書？譏，諸侯越境送女，非禮也。比入國矣，何以不稱夫人？自我言齊，父母之於子，雖爲鄰國夫人，猶曰吾姜氏。八年，祭公來，遂逆王后于紀。遂者何？生事也。大夫無遂事，此其言遂何？成使乎我也。其成使乎我柰何？使我爲媒，可則因用是往逆矣。女在其國稱女，此其稱王后何？王者無外，其辭成矣。九年春，紀季姜歸於京師。其辭成矣，則其稱紀季姜何？自我言紀。父母之於子，雖爲天王后，猶曰吾季姜。莊元年，單伯逆王姬。何以不稱使？天子召而使之也。逆之者何？使我主之也。曷爲使我主之？天子嫁女乎諸侯，必使諸侯同姓者主之。諸侯嫁女於大夫，必使大夫同姓者主之。秋，築王姬之館于外。築之，禮也。于外，非禮也。于外何以非禮？築于外，非禮也。其築之何以非禮？主王姬者，必爲之改築。於路寢則不可，小寢則嫌。羣公子之舍，則以卑矣。其道必爲之改築者也。二十四年，夫人姜氏入。其言入何？難也。其難柰何？夫人不僂，不可使入，與公有所約，然後入。大夫宗婦覿，用幣。用者不宜用也，見用幣，非禮也。然則曷用？棗栗云乎？腶脩云乎？二十七年，杞伯姬來。其言來何？直來曰來，大歸曰來歸。莒慶來逆叔姬。何以書？譏。大夫越境逆女，非禮也。僖八年，禘于大廟，用致夫人。用者不宜用也，致者不宜致也。禘用致夫人，非禮也。夫人何以不稱姜氏？貶，譏以妾爲妻也。其言以妾爲妻柰何？蓋脅于齊媵女之先至者也。九年，伯姬卒。此未適人，何以卒？許嫁矣。婦人許嫁，字而笄之，死則以成人之喪治之。三十一年，杞伯姬來求婦。其言來求婦何？兄弟辭也。其稱婦何？有姑之辭也。文二年，公子遂如齊納幣。譏喪娶也。娶在三年之外，何譏乎喪娶？三年之內不圖婚。吉禘于莊公，譏。然則曷爲不祭焉譏？三年之恩疾矣。非虛加之也，以人心爲皆有之。以人心爲皆有之，則曷爲獨於娶焉譏？娶者，大吉也，非常吉也。其爲吉者，主於己。以爲有人心焉者，則宜於此焉變矣。四年，逆婦姜于齊。何略之也？高子曰：娶乎大夫者，略之也。八年，宋人殺其大夫司馬。宋司城來奔。司馬、司城，皆官舉也。曷爲皆官舉？宋三世無大夫，三世内娶也。十五年，齊人來歸子叔姬。其言來何？閔之也。此有罪，何閔爾？父母之於子，雖有罪，猶若其不欲服罪然。十八年，夫人姜氏歸於齊。成八年，衛人來媵。媵不書，此何以書？録伯姬也。九年，杞伯來逆叔姬之喪以歸。内辭也，脅而歸之。伯姬歸於宋，季孫行父如宋致女。未有言致女者，此其言致女何？録伯姬也。晋人來媵。録伯姬也。襄十五年，劉夏逆王后于齊。外逆女不書，此何以書？過我也。

《穀梁》桓三年，公子翬如齊逆女。逆女，親者也。使大夫，非正也。齊侯送姜氏於讙。禮：送女，父不下堂，母不出祭門，諸母兄弟不出闕門。父戒之曰：謹慎從爾舅之言。母戒之曰：謹慎從爾姑之言。諸母般申之曰：謹慎從爾父母之言。送女踰境，非禮也。公會齊侯于讙，無譏乎？曰，爲禮也。齊侯來也，公之逆而會之可也。夫人姜氏至自齊。其不言翬之以來，何也？公親受之於齊侯也。子貢曰：冕而親迎，不已重乎？孔子曰：合二姓之好，以繼萬世之後，何謂已重乎。八年，祭公來，遂逆王后于紀。其不言使焉，何也？不正其以宗廟之大事即謀於我，故弗與使也。遂，繼事之辭也。其曰遂逆王后，故略之也。或曰：天子無外，王命之則成矣。九年，紀季姜歸于京師。爲之中者，歸之也。十八年，公會齊侯于濼。公與夫人姜氏遂如齊。濼之會，不言及夫人，何也？以夫人伉，弗稱數也。莊元年，單伯逆王姬。其不言如，何也？其義不可受於京師也。曰躬君弒於齊，使之主婚姻，與齊爲禮，其義固不可受也。築王姬之館於外。主王姬者，必自公門出。於廟則已尊，於寢則已卑，爲之築，節矣。築之外，變之正也。築之外，變之爲正，何也？仇讎之人，非所以接婚姻也。衰麻，非所以接弁冕也。其不言齊侯之來逆，何也？不使齊侯得與吾爲禮也。十九年，公子結媵陳人之婦于鄄，遂及齊侯、宋公盟。媵，淺事也，不志。此其志，何也？辟要盟也。何以見其辟要盟？媵，禮之輕者也。盟，國之重也。以輕事遂乎國重，無說。其曰陳人之婦，略之也。其不日，數渝，惡之也。夫人姜氏如莒。婦人既嫁，不踰境，踰境非正也。二十二年，公如齊納幣。納幣，大夫之事也。禮有納采，有問名，有納徵，有告期。四者備，而後娶，禮也。公之親納幣，非禮也，故譏之。二十四年，公如齊逆女。親迎，恒事也，不志。此其志，何也？不正其親迎於齊也。公至自齊，迎者，行見諸，舍見諸。先至，非正也。丁丑，夫人姜氏入。内弗受也。日入，惡入者也。何用不受也？以宗廟弗受也。娶仇人子弟，以薦舍於前，其義不可受也。戊寅，大夫宗婦覿，用幣。禮：大夫不見夫人，不言及，不正其行婦道，故列數之也，男子之贄，羔、鴈、雉、腒。婦人之贄，棗、栗、腶脩。用幣，非禮也。大夫，國體也，而行婦道，惡之故謹而日之也。二十七年，莒慶來逆叔姬。諸侯之嫁子於大夫，主大夫以與之。來者，接内也。不正其接内，故不與夫婦之稱也。文四年，逆婦姜于齊。爲其禮成乎齊也。其逆者誰？親迎而稱婦，或者公與？何其速婦之也。曰，公也。其不言公，非成禮於齊也。曰婦，有姑之辭也。其不言氏，貶之也。夫人與有貶也。十二年，子叔姬卒。其曰子叔姬，貴也，公之母姊妹也。其一傳曰：許嫁以卒之也。男子二十而冠，冠而列丈夫，三十而娶。女子十五而許嫁，二十而嫁。成十四年，僑如以夫人婦姜氏至自齊。大夫不以夫人，以夫人，非正也，刺不親迎也。僑如之挈，由上致之也。

《春秋》桓八年，祭公來，遂逆王后于紀。襄十五年，劉夏逆王后于齊。啖子曰：古儒者或言天子當親迎，或言不當親迎，二説不明，未敢定也。然《春秋》所載皆譏也。趙子曰：康成據《毛詩》義，以文王親迎爲證，據文王，乃非天子不可爲證。考之大體，固無自逆之道。王者之尊，海内莫敵。故嫁女即使諸侯主之，適諸侯，諸侯莫敢有其室。若屈萬乘之尊，而行親迎之禮，則何莫敢敵之有乎？曰：夫子對哀公云：爲天地社稷宗廟之主，非謂天子乎？答曰：魯有郊天地之禮，故云爾。何得言天子乎？桓三年，公子翬如齊逆女。莊二十四年，夏公如齊逆女。文四年夏，逆婦姜于齊。宣元年，公子遂如齊逆女。成十四年秋，叔孫僑如如齊逆女。啖子曰：諸侯親迎，皆常事，不書。《穀梁》云親迎常事，不志是也。公子翬、公子遂、叔孫僑如爲君逆夫人，皆以非禮。翬、遂公子而行婚禮，尤不可也。《左氏》以卿逆爲合禮，殊誤矣。《公》《穀》並云譏不親迎。莊十九年秋，公子結媵陳人之婦于鄄，遂及齊侯、宋公盟。成八年，衛人來媵。九年，晋人來媵。十年，齊人來媵。啖子曰：凡媵常事，不書。公子結爲遂，事起本也。三國來媵，非禮也，故書。《公羊》云媵不書，《穀梁》云媵淺事也，不志。此説皆是。《左氏》云凡諸侯嫁女，同姓媵之，異姓則不。若然則莒姓巳、邾姓曹，此二國同姓至少，如嫁女，孰爲媵乎？恐此禮難行，令則不取。趙子曰：《左氏》云異姓則否，啖子難之，誠爲當矣。若寔異姓不合媵，則成十年直云齊人來媵，足知非禮，何假先書衛晋乎？所以先書二國者，明九女已足，而又來媵，所以爲失禮，非謂譏異姓來媵，其義甚明。

婚有六禮：納采，問名，納吉，納徵，請期，親迎。而納采者，擇其族類。問名者，詢其誰氏。問名然後卜之，故納吉，納吉則其禮成矣，故納徵。然則納采問名同一使，納吉納徵請期皆異使。納采、問名、納吉、請期以禽贄，納徵以圭璋、皮帛。由徵以前，慮其或不受也，故皆言納。既納徵，則聽命而已，故於期言請焉。《曲禮》曰：日月以告君，齋戒以告鬼神。春秋之時，楚公子娶於鄭曰：告於莊共之廟而來。鄭公子忽先配後祖，君子譏之。故《士婚禮》既納采、問名，然後歸卜於禰。既卜，然後納吉。而卜常在告廟之日。《禮説》曰：卜郊，受命於祖廟，作龜於禰宫，尊祖親考之義也。鄭氏謂受命，退乃卜。卜婚之禮，蓋亦如之。然則告廟始於納采、問名之後矣。《白虎通》曰：娶妻告廟者，示不必人女。此臆説也。《異義》云：《戴禮》説天子親迎，《左氏》説天子不親迎，上卿迎之。諸侯亦不親迎，使上大夫迎之。鄭《駁異義》云：文王娶大姒，親迎於渭。又孔子答哀公：合二姓之好，以繼先聖之後，以爲天地宗廟社稷之主，冕而親迎，何謂已重乎？此天子諸侯有親迎也。然考之於經，《著》之詩刺不親迎，而充耳以黄者，人君之飾。又文王迎于渭，韓侯迎于蹶，而《春秋》紀裂繻來逆女。《公羊》曰譏不親迎也。公子翬如齊逆女。《穀梁》曰：逆女，親者也，使大夫，非正也。莊公如齊逆女。《穀梁》曰：親迎常事也，不志。此其志何？不正其親迎於齊也。凡此皆言諸侯親迎之禮，若天子則不然。趙氏曰：王者之尊，海内莫敵，故嫁女則使諸侯主之，適諸侯，諸侯莫敢有其室，若屈萬乘之尊，而行親迎之禮，則何莫敢敵之有乎？孔子對哀公曰：爲天地社稷宗廟之主，以魯有郊祀天地之禮，故云爾，非爲天子發也。《左氏》謂諸侯不親迎，《公羊》謂天子亦親迎，其説不能全與經合，當從趙氏之論爲正。漢惠帝納后，納采鴈璧乘馬束帛，聘黄金二萬斤、十二匹，其後桓帝納后，悉依其故事。北齊皇帝納后之禮，納采至納徵訖，告圓丘方澤及廟，是日，皇帝臨軒，命太尉爲使，司徒副之，持節詣后行宫，東向奉璽綬。唐皇帝納后，卜日告天地，並如開元禮，然皆不聞有親迎者，蓋其傳襲於古然也。

納采問名

禮言：婚禮下達，而繼之以納采。納采辭曰：吾子有惠，貺室某也。某有先人之禮，使某也謀納采。則納采之前已達其言矣。納采於廟，賓受主人鴈，訖，降出，擯者出請，賓執鴈，請問名，入授，如初禮。擯者出請，醴賓，主人迎于廟門外，揖讓如初。一使而二鴈，三入廟，而再迎之。則問名因於納采，故其禮略也。士昏贄用鴈者，不以死贄，亦攝盛也。觀其所乘大夫之墨車，所衣助祭之爵弁，而女必次純衣纁袡，腊必用鮮，魚必殽全，則攝贄以鴈不爲過也。鄭氏曰：用鴈，取其順陰陽來往，理必不然。

納吉納徵

士納吉用鴈，如納采禮，納徵玄纁束帛儷皮，如納吉禮。鄭氏曰：徵，成也，使使者納幣以成昏禮。用玄纁者，象陰陽備也。束帛，十端也。《周禮》曰：凡嫁子娶妻，入幣純帛無過五兩。儷，兩也。執束帛以致命，兩皮爲庭實。皮，鹿皮。《釋周禮》曰：純，實緇字也，古緇以才爲聲。士大夫乃以玄纁束帛，天子加以穀圭，諸侯加以大璋。《雜記》納幣一束，束五兩，兩五尋。然則每端二丈。賈公彦曰：庶人用緇無纁，其大夫無冠禮，有婚禮。若試爲大夫及幼爲大夫者，依士禮。若五十而爵，改娶者，昏禮，玄纁及鹿皮則同於士，餘有異者，無文以言之也。然考之于史曰：錦繡千純。《蘇秦傳》。又曰：文繡千純。《張儀傳》。則純匹帛也。《周禮》所謂純帛，乃匹帛也。鄭改以爲緇，誤矣。匹帛無過五兩，則庶人不必五兩，大夫、士不得過焉。非謂庶人用緇，大夫用玄纁也。先王之制婚禮，其用財不過如此，則婦人之所飾可知矣。以爲合二姓之好，上以事宗廟，下以繼後世，而不在財也。是以梁鴻鄙孟光之綺繡，袁隗却馬倫之囊裝。王通亦曰婚娶論財，夷虜之道也。後世之俗有以金幣相高，盍不知此。

請期

納采以至納徵，主人不辭，而請期辭者，以期在夫家而不在主人也。請期曰：吾子有賜命，某既申受命矣，惟是三族之不虞，使某也請吉日。蓋惟父之昆弟，己與子之昆弟無死喪之凶，然後可以行禮焉。其言止於三族而不及母妻之黨者，《雜記》曰：大功之末可以冠子嫁子。妻之父母小功也，故不避焉。

親迎

將迎，則齋戒居外，鬼神陰陽也。及期，則初婚之時，父醮而命之曰：往迎爾相，承我宗事。勉帥以敬先妣之嗣。子諾，乃行。至於門外，主人筵于户西，西上右几。女立於房中，南面。主人迎于門外，賓執鴈，從至於廟門，揖入，升階，奠鴈，稽首，降出。婦從降自西階，主人不降，送壻，御婦車，授綏，婦乘以几，壻先俟于門外，此所謂男帥女，女從男，夫婦之義，由此始也。納幣必以使，而春秋之時，有親行之者，莊公如齊納幣是也。逆女必親，而春秋之時，或以使公子翬，公子遂如齊逆女是也。應親而不親，不應親而親之，此《春秋》所以譏耳。禮必親迎，若不親迎，則有婦入三月，壻見之儀存焉。

（宋）袁采《袁氏世範》卷一《睦親·再娶宜擇賢婦》　中年以後喪妻，乃人之大不幸，幼子穉女，無與之撫存，飲食衣服，凡閨門之事，無與之料理，則難於不娶。娶在室之人，則少艾之心，非中年以後之人所能御。娶寡居之人，或是不能安其室者，亦不易制。兼有前夫之子，不能忘情，或有親生之子，豈免二心。故中年再娶爲尤難。然婦人賢淑自守，和睦如一者，不爲無人，特難值耳。

（宋）袁采《袁氏世範》卷一《睦親·男女不可幼議婚》　人之男女，不可於幼小之時便議婚姻。大抵女欲得託，男欲得偶，若論目前，悔必在後。蓋富貴盛衰，更迭不常，男女之賢否，須年長乃可見。若早議婚姻，事無變易，固爲甚善。或昔富而今貧，或昔貴而今賤。或所議之壻流蕩不肖，或所議之女很戾不檢，從其前約則難保家，背其前約則爲薄義，而爭訟由之以興，可不戒哉。

（宋）袁采《袁氏世範》卷一《睦親·議親貴人物相當》　男女議親，不可貪其閥閲之高，資産之厚，苟人物不相當，則子女終身抱恨，況又不和而生他事者乎？

（宋）袁采《袁氏世範》卷一《睦親·嫁娶當父母擇配耦》　有男雖欲擇婦，有女雖欲擇壻，又須自量我家子女如何。如我子愚癡庸下，若娶美婦，豈特不和，或有他事。如我女醜拙很妒，若嫁美壻，萬一不和，卒爲其棄出者有之。凡嫁娶因非偶而不和者，父母不審之罪也。

（宋）袁采《袁氏世範》卷一《睦親·媒妁之言不可信》　古人謂周人惡媒，以其言語反覆，給女家則曰男富，給男家則曰女美，近世尤甚。給女家則曰男家不求備禮，且助出嫁遣之資，給男家則厚許其所遷之賄，且虚指數目。若輕信其言而成婚，則責恨見欺，夫妻反目，至於仳離者有之。大抵嫁娶，固不可無媒，而媒者之言，不可盡信如此，宜謹察於始。

（宋）潘自牧《記纂淵海》卷四《人倫部·娶妻》　《經》：取妻不取同姓。《禮記》。賀取妻者曰：某子使某，聞子有客，使某羞。娶婦之家，三日不舉樂，思嗣親也。三月而廟見，稱來婦也。擇日而祭於禰，成婦之義也。《禮》。

史：卓王孫分予文君錢百萬，文君歸成都，買田宅爲富人，相如與卓氏婚饒於財。史本傳。

集：不同牛女夜，是配鳳凰年。賈浪仙。橋成烏鵲夜，臺起鳳凰年。沈雲卿。羅帷送上七香車，寶扇迎歸九華帳。王維詩。

（宋）洪邁《容齋續筆》卷八《姑舅爲婚》 姑舅兄弟爲婚，在禮法不禁，而世俗不曉。案，《刑統·户婚律》云：父母之姑舅、兩姨、姊妹及姨若堂姨，母之姑、堂姑，己之堂姨及再從姨、堂外甥女、女壻姊妹，並不得爲婚姻。議曰：父母姑舅、兩姨姊妹，於身無服，乃是父母緦麻，據身是尊，故不合娶。及姨又是父母大功尊，若堂姨雖於父母無服，亦是尊屬，母之姑、堂姑，並是母之小功以上尊；己之堂姨及再從姨、堂外甥女亦謂堂姊妹所生者，女壻姊妹，於身雖並無服，據理不可爲婚。並爲尊卑混亂，人倫失序之故。然則中表兄弟姊妹正是一等，其於婚娶，了無所妨。予記政和八年知漢陽軍王大夫申明此項，敕局看詳，以爲如表叔取表姪女，從甥女嫁從舅之類，甚爲明白。徽州《法司編類續降》有全文，今州縣官書判，至有將姑舅兄弟成婚而斷離之者，皆失於不能細讀律令也。惟西魏文帝時，禁中外及從母兄弟姊妹爲婚，周武帝又詔不得娶母同姓以爲妻妾，宣帝詔母族絶服外者聽婚，皆偏閏之制，漫附於此。

（元）王結《文忠集》卷六《善俗要義·二十三曰正婚姻》 人倫之道，始於夫婦；夫婦之本，正自婚姻。婚姻之事，又當謹其始，而親信以終之也。凡娶婦嫁女，必先察其壻婦性行及其家法何如，然後明立婚約。稱其貧富，辦納聘財及物，雖有多寡不同，必須精粹堅好。却不得以濫惡充數。其要約日期，各宜遵守。又當隨其豐儉，聊備酒食，以會親戚故舊。此所以合姻婭之歡，厚男女之别，以和夫婦，以正人倫也。近年婚姻之家，貪慕富貴權勢，不爲男女遠圖，或結婚之後隨即乖争，計較聘財多寡，責望資裝厚薄，興訟連年，紊亂官府，以致男大不婚，女長不聘，婦姑不和，翁壻相怨，傷風害義，莫此爲甚。又聞府中人家亦有苟貪財賄，甘與異類爲婚者，此乃風俗薄惡，家法污穢之極，可羞可賤，而他處所無有也。然皆父母兄長之過，聞吾言而思之，豈無愧耻之心哉！嗚呼，良家女子安忍配偶異類之身乎？今後凡議婚姻，欽依元定聘財，選擇氣類相同良善之家，又遵用吾説，謹其始而以親愛信實終之，則人倫漸明，風俗漸厚矣。

（元）徐元瑞《吏學指南·户婚·違律爲婚》 依法不許違律，其有故爲之者，是名違律爲婚。

（元）王惲《秋澗集》卷八六《烏臺筆補·事狀·論立聘財事狀》 男女居室，人倫之大者也。比年以來，聘取無法，妄增財幣，使貧家失娶嫁之時。今後合無酌古準今，定立常數，庶望内無怨女，外無曠夫。

（宋）應俊《琴堂諭俗編》卷上《重婚姻》 男女有别，然後夫婦有義，夫婦有義，然後父子有親。婚姻者，禮之本，所以合二姓之好，上以事先祖，下以繼後世，可不謹乎。是以婚禮有納采、問名、納吉、納徵、請期五者之禮，皆主人設几筵於家廟而受之，所以敬謹重正婚禮也。古者男女非有行媒不相知名，非受幣不交不親，故齋戒以告鬼神，爲酒食以召鄉黨僚友，所以厚其别也。夫幽則質之於鬼神，明則證之以鄉黨，然後行婚姻之禮，則男女之不可以苟合也。如此及婚禮既成，男子親迎，親受之於父母也。母送之門，戒之曰：往之女家必敬必戒，無違夫子以順爲正者，教以爲婦之道也。既而出於大門，男先率女，女從男，夫婦之義由是始也。蓋婦人從人者也，幼從父兄，嫁從夫，夫死從子。男先而女後，則從人之義也。質明，婦執棗栗服脩以見舅姑，成婦禮也。舅姑入室，婦以特豚饋，明婦順也。舅姑降自西階，婦降自阼階，以著代也。古人於婚禮之義如此。今爾百姓婚姻之際，多不詳審，閨閫之間恩義甚薄，男夫之家視娶妻如買雞豚，爲婦人者視夫家如過傳舍，偶然而合，忽爾而離，淫奔誘畧之風，久而愈熾，誠可傷也。鄭至道原編。

婚禮者，將合二姓之好，上以事宗廟，下以繼後世，則擇婦宜重於擇壻也。余以《大戴禮》教之，其畧曰：娶妻嫁女必擇孝悌，世世有行義者，則子孫慈愛孝悌，不敢淫暴。鳳凰生而有仁義之意，虎豹生而有貪戾之心。無養乳虎，將害天下。是則婦與壻之性行俱不可以不擇也。故司馬温公嘗爲之説曰：凡議婚姻，當先察其壻與婦之性行及家法如何。真文忠公曰：孔子五不娶之説，即擇婦之法也。婦人深居閨閫，美不外著，賢否未易知也，亦觀其家如何耳。逆家子不娶，是其所娶必忠孝之家也。亂家子不娶，是其所娶必禮義之族也。推是類而求之，其不中者鮮矣。惟喪父長子一節，先儒以爲疑。若父雖喪而母賢，則其教女必有法，又非所拘也。

勿苟慕其富貴。壻苟賢矣，今雖貧賤，安知異時不富貴乎？苟其不肖，今雖富貴，安知異時不貧賤乎？婦者，家之所由盛衰也。苟慕一時之富貴而娶之，彼挾其富貴，鮮有不輕其夫而傲其舅姑，養成驕妒之性，異日爲患，庸有極乎？借使因婦財以致富，依婦勢以取貴，苟有丈夫之志氣者，能無愧乎？孔子謂南容：邦有道，不廢。行能有過人者，故邦有道，不廢。邦無道，免於刑戮。寡言而謹事，故邦無道，免於刑戮也。以其兄之子妻之。此可以爲擇壻之法矣。晉武帝以衛氏種賢而多子，賈氏種妒而少子，欲納衛瓘女爲太子妃，後惑人言，卒娶賈充女，果淫妒。此可以爲擇婦之法矣。胡安定遺訓，嫁女必求勝吾家者，則女之事人也恭。娶婦必不若吾家，則婦之執禮也謹。楚諺曰：男婚低戸，女嫁高門。而今之世俗，每不能然。將娶婦，惟問資裝之厚薄，而不問其女之賢否。將嫁女，惟問聘財之多少，而不問其壻之何如。及其成親而悔之，則事無及矣。又有始者婦家責聘財之少而不還其親，終也壻家怒資裝之薄而欲遣其婦，婚姻之家結爲仇敵，甚至激閨門之變而破家蕩産者有之。文中子曰：婚娶論財，夷虜之道也。君子不入其鄉，爲其知利而不知義也。唐僖宗時裴坦爲相，性儉素，其子娶楊收之女，資給豐厚，器用多犀玉，坦見之，盛怒，命壞之，曰：殃我家矣。收終以賂敗，而坦號太平裴相。本朝范文正公子純仁娶婦歸，或傳婦以羅爲帳幔者，公聞之不悦，曰：羅綺豈帷幔之物耶？吾家素清儉，安得亂吾家法，敢持至吾家，當火於庭。今之人固不可以二公之事責之，能見利而思義者，亦少矣。温公又曰：世俗好於襁褓、童幼之時輕許爲婚，亦有指腹爲婚者，及其既長，或不肖無賴，吴許升少爲博徒，不治操行，妻吕榮嘗躬勤家業以奉姑，數勸升學，每有不善，流涕進規。榮父積忿疾升，乃呼榮欲改嫁之。榮歎曰：命之所遭，義無離二。終不肯歸。升感激自厲，乃尋師遠學，遂以成名。或有惡疾，華陰吕君舉進士，聘里中女，後既中第，婦家言曰：吾女故無疾，既聘而後盲，敢辭。吕君曰：既聘而後盲，君不爲欺，又何辭。遂娶之，生五男子，皆中進士第，其一人丞相汲公是也。或家貧凍餒，齊人劉廷式，本田家，鄰舍翁有女，約與爲婚，契闊數年。廷式登第歸鄉，而翁已死，女因病雙瞽，家極困餓。廷式使人申前好，而女之家辭以疾，仍以傭耕不敢姻上夫夫。廷式曰：與翁有約，豈可以翁死女疾而背之乎？卒與成婚。或喪服相仍，《南史》：韋放，字元直，爲徐州刺史，與吴郡張率皆有側室懷孕，因指腹爲婚姻。其後産男女，未及成長而率亡，遺嗣孤弱，放常贍恤之。及爲北徐州時，有貴族請婚者，放曰：吾不失信於故友。乃以息岐娶率女，又以女適率子。時稱放能篤舊。或從宦遠方，鮑蘓事見後。遂至棄信負約，速獄致訟者多矣。是以先祖太尉嘗曰：吾之男女必俟既長，然後議婚。既通書，不數月必成婚。故終身無此悔，乃子孫所當法也。婚姻家背盟者凶，踐盟者吉。俊昨主奉化簿時，見管下鮚埼鎮有張漢英定親後，亦如吕公，卒登高第，黄甲四名，人以爲不負親盟之報。又吾鄉有定親後纔入太學，而即背盟者，兩人後皆不利，識者鄙之。但以鄉曲之事驗之，便知凶吉。世之人又有同姓爲婚者，尤爲不知禮也。《禮》曰：娶妻不娶同姓，買妾不知其姓，則卜之。《白虎通》以爲不娶同姓者，重人倫防淫佚，耻與禽獸同也。外屬小功以上，亦不得娶，爲其尊卑混亂，人倫失次也。惟姑舅兄弟姊妹乃是一等，可以爲婚。而州縣官不能細讀律令者，尚斷離之，嫁娶不可不謹也。《容齋隨筆》：姑舅兄弟爲婚，在禮法不禁，而世俗不曉。按《刑統・户婚律》議曰：父母姑舅兩姨姊妹於身無服，乃是父母緦麻，據身是尊，故不合娶。及姑又是父母大功尊，若姨雖於父母無服，亦是尊屬。母之姑、堂姑，並是母之小功以上尊，己之堂姨及再從姨、堂外甥女，亦謂堂姊妹所生者、女壻姊妹，於身雖並無服，據理不可爲婚，並爲尊卑混亂，人倫失序之故。然則中表兄弟姊妹正是一等，其於婚娶了無所妨。予嘗記政和八年，知漢陽軍王大夫申明此項，勑局看詳，爲如表叔娶姪女，從甥女嫁從舅之類，甚明白。徽州《法司編類續降》有全文，今州縣官書判至有將姑舅兄弟成婚斷離者，皆失於不能細讀律令也。又朱文忠公云：自仁宗皇帝以公主嫁李瑋，亦是姑舅成婚，此又一證也。雖然婚姻之外，猶有説焉。古者自天子至於士、庶人，妻妾媵各有等降之數，《禮》：天子妻妾十二，諸侯九，大夫三，士二，惟庶人無之，謂之匹夫匹婦。後世惟力是視而已。此文中子所以有妾媵無數，教人以亂之歎也。夫正家之本，由於夫婦之各正。治家以禮，而無寵昵之偏。使嫡妾之次不紊，此夫之正也。司馬温公爲太原府通判，尚未有子，夫人爲買一妾，公殊不顧，夫人疑有所忌也。一日教其妾：俟我出，汝自飾至書院中，冀公一顧。妾如其言，公訝曰：夫人出，安得至此。亟遣之。撫下以恩而無妒忌之失，使怨曠之禍不興，此婦人之正也。宋鮑女宗者，鮑蘓之妻也，養姑甚謹，鮑蘓去仕於衛三年，而娶外妻，女宗養姑愈謹。因往來者請問鮑蘓不輟，賂遺外妻甚厚。女宗之姒謂女宗曰：夫人既有所好，可以去矣。女宗曰：若抗夫室之好，苟以自榮，吾未知其善也。夫《禮》天子妻妾十二，諸侯九，大夫三，士二。今彼室人固士也，其有二，不亦宜乎。且婦人有七去之道，妒忌爲首。姒不教吾以居室之禮，而反使吾爲見棄之行，將安所用？遂不聽，事姑愈謹。宋公聞而美之，表其閭，號曰女宗。得其正則家治，失其正則家亂，此必然之理也。至於妾媵猥多，未有不爲家之害者，內或陷子弟於惡。《禮》曰禽獸無禮，故父子聚麀。是故聖人作爲禮以教人，使人以有禮，知自别於禽獸。昔衛宣公卒，惠公幼，其庶子頑烝於惠公之母，生子五人，齊子、戴公、文公、宋桓夫人、許穆夫人，國人疾之，作《牆有茨》詩以刺其上，曰不可道也，言之醜也。外或生僮僕之變，晋王濟，字武子，諭左右人嘗於閤中就婢取濟衣服，婢欲奸之，其人云不敢，婢云若不從我，當大呼。其人終不從。婢乃呼曰甲欲奸己，濟令殺之。其人具述前狀，武子不信。其人曰：枉不受，當訟府君於天。武子經年疾困，此人見形云：府君當去矣。遂卒。無所不有，欲正其家者，可不戒哉。《史記》齊桓公多內寵，內嬖如夫人者六人。長衛姬生無詭，少衛姬生惠公，元鄭姬生孝公，昭葛嬴生昭公，潘密姬生懿公，商人宋華子生公子雍。桓公欲以孝公爲太子，桓公病，五公子各樹黨爭立。十月乙亥，桓公卒，遂相攻，以故宮中空，莫敢棺。桓公尸在牀上六十七日，尸蟲出於户外。十二月乙亥，無詭立，乃棺，赴。辛巳，夜斂殯。嗚呼，桓公九合諸侯，一匡天下，爲春秋霸主，而家道不正，嫡庶不分，身後至於此，讀史者未嘗不爲之掩卷歎息焉。《袁氏世範》：别宅遺腹子，宜早收養教訓，免致身後論訟。或已習爲下愚，方欲歸宗，尤難處也。或婢妾與人私通，因事逐去，皆不可不於生前早有辨明，恐身後有求歸宗，暗昧不明，子孫被其害者。應俊續編。

《明實録》太祖洪武十七年十二月　壬寅，翰林院待詔朱善言：有國者重世臣，有家者重世婚。臣見民間婚姻之訟甚多，問之，非姑舅之子若女，即兩姨之子若女。蓋以於法不當爲婚，故爲讎家所訟，或已聘而見絶，或既婚而復離，或成婚有年，兒女成行，有司逼而奪之，使夫婦生離，子母永隔，冤憤抑鬱，無所控訴，悲號於道路。親戚爲之感傷，行人爲之嗟歎。議律不精，其禍乃至於此，痛哉。按律，尊屬卑幼相與爲婚者有禁，若謂父母之姊妹與己之身是爲姑舅、兩姨，皆爲己之尊屬，已不可以卑幼而匹之。若己爲姑舅、兩姨之子，彼爲姑舅、兩姨之女，是無尊卑之嫌，以門地則相匹，以才德則相稱，以年之長幼則相若，爲子擇婦、爲女擇壻，宜莫先於此。古人未嘗以爲非也。成周之時，王朝所與爲婚者，不過齊、宋、陳、杞數國而已，故當時稱異姓大國曰伯舅，小國曰叔舅，其世爲婚姻可知也。至於列國之君，若齊、宋、魯、衛、陳、鄭、秦、晋，亦各自爲甥舅之國。降及後世，如晋之王、謝，唐之崔、盧、潘、楊之睦，朱、陳之好，無不以世婚爲重。其顯然可證者，如温嶠之玉鏡臺，此以舅之子而娶姑之女也。吕滎公夫人張氏乃待制張昷之女，而待制夫人即滎公母申國夫人之姊，又非以小姨之子娶大姨之女乎？朱子《小學》一書，正所以明人倫也。而滎公之事取焉。如果以爲不可，則必不在所取矣。今江西、兩浙此弊尤甚，以致獄訟繁興，賄賂公行，風俗凋弊。願以臣所奏下群臣議，弛其禁，庶幾刑清訟簡，而風俗可厚也。上然其言。

(明) 王直《抑庵集・後集》卷三六《跋章繪副使先賢遺墨》　人道之大，莫大於尊祖敬宗。而婚姻之事，尤人道之大者。卷中李氏《家祭集》序《江氏祖墓記》，皆拳拳於墳墓祭埽，君子之不忘其先如此，誠足以垂世勵俗。鄧文原既有召命，且欲爲其女畢姻而後行，豈非男女以時爲大乎？然且委曲不違乎禮，婚姻豈可苟也哉？此卷書翰凡七幅，皆可寶愛，其中乙巳春一幅，遺戒子孫以修寺事，有晦庵先生圖書，不知其所謂也。學者於前賢遺墨有可觀法者，皆當寶之，况有其名識者乎？章氏子孫尚珍惜焉。

(明) 岳正《類博稿》卷四《贈陳景常序》　妻亡而不再娶，禮乎？曰：非禮之經，禮之權也。男子生而願爲之有室，將以傳繼嗣、奉宗廟，是固不可以不娶。娶而不幸或亡，則爲之原情制服，服盡而再娶焉。不如是，則繼嗣不傳，宗廟莫奉，亦君子之不得已者，禮之經也。娶矣，或中道而喪，或垂世而逝，不獨有子也，而又有孫，不獨有孫，而又衆且賢也。如是而復娶，不幸而遇不肖之妻，其不至於虐孤遺間骨肉，産蕩而家破者，不已焉。然則繼嗣不絶，宗廟有承，與其再娶，以亂吾家，孰與不娶，以全吾美，此禮之權也。西安陳君景常者，家富而睦。景常嘗娶於馮，生二子曰志，曰意。而馮以疾卒。景常爲之制服，服已而誓不復娶。有勸之者，輒曰：妻妾之奉，人情也。吾非惡此而逃之。然高宗，賢君也，而以之逐孝已。吉甫，賢臣也，而以之殺伯奇。或出於人之所不意。吾所以上法曾子，而下從王駿者，殆以此也。况吾二子者，甘旨之奉，嘗足吾安之，而不知其勞。諸孫之繼嗣者，又森然未艾，而烝嘗者之有其人也，又何必急於自奉，而忘利害之或然者哉？今若干年矣，夫富者心易蕩，壯者慾易生。若景常者，當壯年，處富家，而不事再娶，非達禮之經，而以權行之者，能是乎哉？李穆氏者，其親友也。謂予言固足以彰其美，而請於予。君子樂與人爲善，則予言固有不可已者也。

(明) 鄭善夫《鄭少谷集》卷一五《婚禮不用樂辨》　程子以婚禮爲

幽陰，則是以不用樂。爲幽陰則非。《白虎通》云：婚禮以陽下陰用，昏時行禮，故謂之婚，幽陰之義，恐據此禮。曰不舉樂，思嗣親也。《白虎通》謂親年衰老代至也，若視死更可舉樂乎？按先王作樂以飾喜也，若昏禮思嗣親，則殺喜耳。故不同樂。

（明）周瑛《翠渠摘稿》卷四《讀吴草廬年譜》 按年譜，草廬爲宋舉子而仕於元，評事黄仲昭曰：此譬如人家處女，雖已受聘，而未成昏，改嫁可也。

（清）張伯行《正誼堂文集》卷九《説·同姓不爲婚説》 《禮》曰：同姓不爲婚。《大清律》載：凡同姓爲婚者，主婚與男女各杖六十，離異，婦女歸宗。是同姓之不可爲婚明矣。陳司敗曰：君娶於吴爲同姓，謂之吴孟子。君而知禮，孰不知禮？孔子曰：丘也幸，苟有過，人必知之。是孔子之所不許彰彰矣。夫古人娶同姓，猶諱言之，而人仍指摘之，今人則公然結婚矣，亦無有人告之以不當然者，抑知時有古今，而倫常之在天地寧有古今乎？程夫子曰：凡同姓相見，但當致親親之意，而不可序長幼以拜，蓋恐其尊卑失次也。夫序長幼以拜且不可，而顧可結婚乎？《禮記》曰：買妾不知其姓，則卜之。夫買妾細事也，且慎之如此，況夫婦爲人道之始，顧可以或苟乎？不知其姓且卜之，況明知之而可昧之乎？古之婚者，曰秦晋矣。不聞其秦與秦爲婚、晋與晋爲婚也。曰朱陳之好矣。不聞其有朱朱之好、陳陳之好也。何不顧名而思義也？吾邑張姓爲多，又均係大族結婚者往往而有。但往日既誤，今日豈可再誤。嗣後，當猛然警省，永勿復行，使他姓亦聞而化之，或亦厚風俗、正人心之一端也。故作是説。

（清）趙翼《陔餘叢考》卷三一《同姓爲婚》 《史記》帝堯與舜，皆黄帝之後，計其世數，則堯之女於舜爲曾祖姑，而以配之。其時雖未有同姓不婚之制，然亦或邃古之傳訛，《史記》不察，遂筆之於書，未可盡信也。同姓爲婚，莫如春秋時最多。《論語》魯昭公娶於吴同姓，謂之吴孟子，固已。《國語》富辰諫襄王，有曰：聃由鄭姬。註聃：文王之子，姬姓也，娶鄭女爲夫人。《左傳》晋獻公娶二女於戎，大戎狐姬生重耳，小戎子生夷吾。註：唐叔子孫别在戎狄者。又獻公伐驪戎，驪戎女以驪姬。亦姬也。鄭叔詹曰：男女同姓，其生不蕃。重耳，姬出也，而至於今。齊崔杼見棠姜美，謂姜之弟東郭偃，欲娶之。偃曰：君出自丁，臣出自桓，不可。註：謂同姜姓也。子産謂叔向曰：内官不及同姓，其生不殖，故買妾不知其姓，則卜之。今晋君内有四姬，其病無乃是乎？慶舍以女妻盧蒲癸，或曰：男女辨姓，子不避宗，何也？癸曰：宗不余避，余獨焉避之。慶氏、盧蒲氏皆姜姓也。此皆春秋時亂俗也。漢以後此事漸少。《漢書》王莽以姚、嬀、陳、田、王氏皆黄、虞後，與己同姓，令元城王氏勿得與四姓相嫁娶。然《王訢傳》訢孫咸有女爲王莽妻，號宜春氏。註張晏曰：莽諱娶同姓，故以侯邑爲氏。師古曰：莽以己與咸得姓不同，祖宗各别，故娶之。然雖不同宗，終屬同姓也。《魏志》陳矯本劉氏子，出嗣舅氏，而婚劉族，徐宣每非之。太祖惜其才，乃下令喪亂前事一切勿問。《白孔六帖》魏司空王基，當世大儒，而爲子納司空王沉女，以姓同而源異也。《晋書·載記》劉聰欲納太保劉殷女，以問劉景等，皆曰：太保乃周劉康公之後，與聖氏本源既殊，納之爲允。李弘亦引王基爲子娶王沉女爲證，遂納之。劉曜妻劉氏將死，謂曜曰：妾叔父皚女芳，有德色，願備後宮。曜乃娶皚女爲皇后。按聰與曜皆匈奴後，其娶劉氏本非同宗，若王基、王沉究屬同姓，非禮也。北魏本無同姓爲婚之禁，至孝文帝始禁之，詔曰：夏、殷不嫌一族之婚，周世始絶同姓之娶。皇運初基，未遑釐改。自今悉行禁絶，有犯者以不道論。

《少數民族法典法規與習慣法·地方法規·請禁革苗俗酬婚積弊詳文》 思州知府蔣琛詳請禁革苗俗，以維風化，以杜争事端。卑職特奉憲恩，護思州篆，捧檄之日，感而懼！意惟冰兢自守，善俗型方，庶上不負委任之恩，下不購曠官之誚。到思郡之後，檢查舊案，凡民間争田雀角者十止一二，而苗人姑舅搶婚之案十有八九。細加訪問，知都坪司所轄後山洞苗酬婚惡俗，誠不可不嚴禁也。查律載：娶己之姑舅姊妹者杖八十，離異而更後搶親之禁。今聖朝化洽寰區，苗風漸革，未有顯背王章，毫不悛改。惟如後山洞苗者，姑舅世婚，宛同秦晋，恩仇反復，豈若朱陳，年不必其相若，而只以出自我者還之我，情不必其久，要而更出乎爾者反乎爾；故有丈夫之子，方結召髫齡之女孩，總角之童，必娶華髪之老嫗，合卺定非合配，齊眉何必齊年？陰陽失序，愆伏有由，長幼迥殊，鰥寡迭見。甚至姑家之女或欲許人，而舅氏之男即行搶奪，操戈持梃，幾同不共之仇，此殺彼傷，即人逋逃之藪，懸案不結，戈獲甚難，其或齊大非偶，含怒茹恨以無言，以致婦怨無終，赴水自經而不顧。是非憲法森嚴，豈易化其頑梗？是以詳請憲批，不惟杜搶殺之端，且以化苗俗之惡，移風易俗，莫善於此矣！

康熙六十一年

（清）劉大琧《洪洞劉氏宗譜》卷首《家訓》 一曰詳婚娶禮。不娶同姓，所以厚別也。傳訊懷嬴惡瀆也，則知婚娶之宜詳也。按律同姓爲婚者，杖六十，離異。凡外姻有服尊屬卑幼共爲婚姻，以姦論。父母之姑舅兩姨姊妹，及姨若堂姨、母之姑堂姑、己之堂姨，及再從姨、堂外甥女、若女壻，及子孫婦之姊妹，並不得爲婚，違者杖一百，並離異。夫婚同宗與娶同宗之妻若妾，是乃禽犢之行。夫人知之，若同姓非宗外姻之疎屬，則冒昧犯之者有矣，抑知國家立法若是其嚴也。後世子孫毋娶同姓，毋婚外姻之行輩，不當與外姻之禮涉疑似者，以重速罪戾。其有反是者，治以法，斥不與祭。

（清）張之洞《張之洞全集》卷一六〇《公牘·批牘·批上思州稟民教悔婚肇釁請酌定限制光緒十五年三月初七日》 結親必兩家自願，非教民所能强婚。習教亦中國之民，豈教士所能包庇？衡情定斷，惟問是非，何分民教。教民果有犯法，則三尺具在，必懲必戒，豈可因教士作梗遂曲爲遷就聽其逍遥於事外乎？須知教士只準傳教，絕無干預公事之權，如其妄行越俎，盡可面斥不理，應嚴辦者仍必盡法嚴辦，使教民知教士之不足恃，庶頹風或可漸挽而公道於以常昭。就令教士顛倒是非，領事出頭饒舌，地方官果能執法公平，上司且將褒其果斷，萬不至爲浮言所動，遽加譴責。若預存畛域之見，民教不準聯婚，門户愈分，猜嫌愈甚，欲杜蒙混挾制而蒙混挾制之端必從此而日多，勢必至教民親教士而怨官長，叢爵淵魚貽害胡底。現稟廖姓之女，許字雷姓爲妻，彼既不願與教民爲婚，何以事前並不查明，事後始行翻悔。雷振興於悔婚之時並不赴地方官員呈訴聽候核斷，竟敢糾衆强搶，不法已極，現已辦結，姑不具論。至所稱村民羞與教民結親等語，婚姻適兩家之好必從所願，誰能相强？以後應即聽其自擇。所請由官出示劃立界限一節，未便准行。

（清）沈家本《寄簃文存》卷一《奏議·删除同姓為婚律議》 《禮記·曲禮》曰：取妻不取同姓，故買妾不知其姓則卜之。鄭注：爲其近禽獸也。邵氏淵曰：所以重宗也。《大傳》曰：其庶姓别於上，而戚單於下，昏姻可以通乎？繫之以姓而弗别，綴之以食而弗殊，雖百世而昏姻不通者，周道然也。鄭注：姓，正姓。始祖爲正姓，高祖爲庶姓。正義曰：其庶姓别於上者，此作記之人，以殷人五世以後可以通婚，故將殷法以問於周。《左傳》：男女同姓，其生不蕃。杜注：蕃，息也。孔疏：違禮而取，故其生子不能蕃息昌盛矣。又昭元年：内官不及同姓，其生不殖；美先盡矣，則相生疾。杜注：殖，長也。同姓之相與先美矣，美極則盡，盡則生疾。孔疏：同姓相與先美，今既爲夫妻，又相寵愛美之至極，仕先儘矣，乃相厭患而生疾病。非直美極惡生疾病而已。又美極驕寵，更生妬害也。劉炫云：違禮而娶，則人神不祐，故所生不長也。晋文姬出而霸諸侯，同姓未必皆不殖。此以禮法爲言，勸助人耳。又云：人之本心，自然有愛，愛之所及，先及近親。同姓是親之近者，其愛之美必深，是同姓之先與自美矣。若使又爲夫妻，則相愛之美尤極，極則美先盡矣。美盡必有惡生，故美盡則生疾。此以爲防，推致此意耳。《晋語》：異姓則異德，異德則異類，異類雖近，男女相及，以生民也。同姓則同德，同德則同心，同心則同志，同志雖遠，男女不相及，畏黷敬也。黷則生怨，怨亂毓災，災毓滅性，是故取妻避其同姓，畏亂災也。此同姓不通婚之見於經傳者，其説亦甚詳矣。

《北史·魏文帝紀》詔曰：夏殷不嫌一族之婚，周世始絶同姓之娶，斯皆教隨時設，政因事改者也。是殷之五世爲限，其法亦承於夏，殆上古之禁令皆然。至周法始定爲百世不通，視古爲密，然亦指受姓之同出於一祖者而言。其非同出一祖者，自不在範圍之内。《唐律》諸同姓爲婚者各徒二年。《疏議》曰：同宗共姓，皆不得爲婚，違者各徒二年。然古者受姓命氏，因彰德功，邑居官爵，事非一緒。其有祖宗遷易，年代寖遠，流源析本，罕能推詳。至如魯、衛，文王之昭，凡、蔣，周公之胤，初雖同族，後各分封，並傳國姓，以爲宗本，若與姬姓爲婚者，不在禁例。又如近代以來，或蒙賜姓，譜牒仍在，昭穆可知，今姓之與本枝，並不合共爲婚媾。其有複姓之類，字或同，受氏既殊，元非禁例。是《唐律》之同姓，專指同宗共姓者而言。其姓同而宗不同者，即同出一源，亦所不禁。

雖亦本之於周道，然視周稍寬。《明律》改爲凡同姓爲婚者，各杖六十，離異。而於娶親屬妻妾一條增其文曰：凡娶同宗無服之親，各杖一百。是區同宗與同姓爲二，而同姓指同姓不宗者言。在古之時，凡同宗者無不同祖，同祖故同姓。既同姓，未有不出於一祖者。故但言同姓，其限制甚分明也。《明律》區同姓、同宗爲二，於是不同祖者亦曰同姓，而同姓之義晦矣。

竊考古之言姓者本於五帝，見於《春秋》者得二十有二，如嬀、姒、子、姬、風、嬴、己、任之類是也。諸侯賜卿大夫以氏。公之子曰公子。公子之子曰公孫。公孫之子以王父字爲氏。《左傳》曰：天子建德，因生以賜姓，胙之土而命之氏。是姓與氏有别也。戰國以下，以氏爲姓。司馬遷《史記》姓與氏混而爲一，自是之後，姓氏不分。然同姓之義，説經者尚能辨之。《爾雅·釋親》：族晜弟之子相謂爲親同姓。郭注：同姓之親，無服屬。《白虎通》：姓者，一本之稱也。《詩·杕杜》傳：同姓，同祖也。《禮記·大傳》疏：姓者，生也。以此爲祖，令之相生，雖下及百世，而此姓不改。可知稱同姓未有不同出於一祖者。

自姓、氏不分，於是有氏同而姓本不同者。如同一王氏也，琅邪、太原二望同出周靈王太子晋，京兆一望出魏信陵君，皆姬姓，王莽自云舜後，則爲嬀姓。同一孔氏也，孔子子姓，而鄭孔叔姬姓，陳孔甯嬀姓，衛孔達姞姓。同一顔氏也，邾顔之裔曹姓，而魯之顔氏則爲姬姓。後來金之完顔，去完爲顔，則又非古之顔氏。凡此之類，其氏雖同，而其祖不同，謂之同姓，名實殊乖。新莽以姚、嬀、陳、田、王五姓爲宗室，且禁元城勿與四姓爲婚，而已取王訢之女。魏東萊王基，爲子納太原王沈女。皆不以爲嫌，蓋知此也。且自元魏改代北之姓，凡三字、二字者並爲一字，遂與中原古姓相亂。明洪武時禁用胡姓，呼延爲呼，乞伏爲乞，由是中國自有之複姓，如公孫、叔孫、士孫、王孫之類亦去一字而爲孫，公羊、公沙、公乘之類亦去一字而爲公，毋邱、母將之類亦去一字而爲母，司徒、司空之類亦去一字而爲司，其本姓遂亡。此其中間尚有改之未盡者，如司徒今尚有此姓。視其本宗轉同異姓。氏族之紊，莫甚於此。他如奚之爲嵇，邾之爲倪，棘之爲棗，以避仇難而改。莊之爲嚴，慶之爲賀，以避國諱而改。氏之爲是，以避嘲而改。更有異姓爲後，如魏陳矯本劉氏子，出嗣舅氏；吴朱然本姓施，以姊子爲朱後。以及漢、唐之賜姓，五季之義兒。若此之類，所關者雖不過一人一家，而日久之後，氏族混淆，莫知其祖之所自出。其本非同出一祖者，而亦以同姓論，於法於理，實難允協。而同姓爲婚之律，徒存此虚文，而無當於實事者也。

元魏帝室十姓，百世不通婚。其中如胡、周、奚、車等，與中原舊姓相同，而實非一本，並無明禁。此其立法尚合古制。唐人亦明乎同姓之義，故《疏議》以同宗共姓爲限。《明律》亦承唐舊，乃區同宗於同姓之外。罪名則視唐爲輕，範圍則視唐爲廣大，非《唐律》之本意。此由未明乎同姓之義故也。夫同姓之義曰一本，曰同祖，其不通婚也曰重宗，曰畏亂災，經傳亦既詳言之。其同姓而不同祖，既非一本，則與此義有合與否，亦不待智者而後明之。使不求其理之安否，法之當否，而存之於律之中，豈律之善者乎？

本朝承用《明律》，此條亦仍之未改，而二百年來罕見引用。讀律者之舊説，或云同姓者重在同宗，如非同宗，當援情定罪，不必拘泥律文。或云同姓爲婚，大江以南罕有犯者，他省即縉紳或不以爲怪，是未可概繩以法也。或云窮鄉僻壤娶同姓者，事所恒有，若盡繩之以律，離異歸宗，轉失婦人從一而終之義。乾隆五十四年，湖南唐化經娶同姓不宗之唐氏爲妻將其毆傷身死一案，刑部議得：愚民不諳例禁，窮鄉僻壤，婚娶同姓不宗婦女者往往有之，固不得因無知而犯，遽廢違律之成規。尤不得因違律婚娶之輕罪，轉置夫婦名分於不論。該撫略夫妻名分，依凡鬬問擬，援引究覺失當。將唐化經改依毆妻致死律擬絞在案。是此律之不能實行，舊説、舊案具有明文。舊例定有同姓爲婚實係明媒正娶者，雖律應離異，有犯仍按服制定擬之條。是同姓爲婚之律，已在存而不論之列。

夫律本應離，而例又不論，此法之兩歧者也。法必定於一，而後人可遵之信之，未有兩歧而可以爲法者。則與其含糊兩可而法有兩歧之患，何如推尋古義而折衷一是乎。以古義而論，當以同宗爲斷，而以《唐律》爲範圍。凡受氏殊者，並不在禁限。娶親屬妻妾律内既已有同宗無服之文，則同姓爲婚一條，即在應删之列，正不必拘文牽義，游移兩可也。

或者曰，古人重宗法。《大傳》云：别子爲祖，繼别爲宗，繼禰者爲小宗。有百世不遷之宗，有五世則遷之宗。百世不遷者，别子之後也。宗其繼別子者，百世不遷者也。宗其繼高祖者，五世則遷者也。是宗法有百世不遷，五世則遷之別。今以同宗爲限，而宗法久亡，將以何者爲依據？曰此無慮也。宗法雖亡，而郡望則習俗相沿，歷久不改。凡郡望同者，不論其支派之遠近，籍貫之同異，概以同宗論，則限制既不爲寬，而官民亦易遵守。此仍是周人之法，而較之殷人五世通婚之制，固大相徑庭矣。若《唐律疏議》所云，其有聲同字別，音響不殊，男女辯姓，豈宜仇匹？若陽與楊之類，不合共爲婚媾。此則爾時之禁令，按之同姓之義，實不相蒙，可置勿論。又若近世之以異姓爲後者，就所知者言，則有錢唐許氏，本係沈氏；山陰宗氏，爲前明宗室後裔，本係朱氏；又有避難而改姓者，如歸安王氏，爲前明建文時謝貴之裔。如此之類，其與本宗仍不得爲婚。更有世俗相沿，兩姓同派，不相通婚者，亦應仍其舊。此不在禁令而可從俗者也。

然今欲删除此律，則必有議其後者。謂男女禮之大司也，峻爲之防，民猶踰之，而可先自壞其防哉。此其審微杜漸之心，不可謂不至，而未嘗循名以責實也。使舉前説以喻之，當必有涣然冰釋者。竊謂法無虚設，而事在實行。日者曾詢之一直隸人云：同姓爲婚，鄉里不以爲非。或以門户之難得相當，或以情好之難得素洽，憑媒作合，即成婚媾。此等風氣，禁約有所不及。直隸如此，則他省可知。則此律之不能實行，夫人而知之。既不能實行，而仍存之律中，則爲具文。況同姓之義，考諸古説，本不相符，稽諸今説，亦多異議，舊例更有不論之條，此律已久同虚設。又娶親屬妻妾律本有娶同宗無服之親者治罪之語。綱常所繫，蕃籬具在，未弛防閑，正無庸鰓鰓過慮也。

（清）林伯桐《人家冠昏喪祭考》卷二《老婦戀女必貽誤考》 世之老婦不忍離其女，議昏久不決，女年愈長，擇配愈難。夫女子終身所託者，夫家也。早爲相攸，猶恐偶誤。況日復一日，年復一年，不忍一時之離別，而忍其終身失所，豈非倒置之甚乎？考漢惠帝六年，令女子年十五以上至三十不嫁，五算。漢時人丁未歸入田畝，故有算。五算者，罰其家加五倍納算錢也。《漢書·惠帝本紀》。又考晉武帝時，女年十七父母不爲嫁者，長吏配之。《晉書·武帝本紀》。蓋愚夫、愚婦古今略同，而爲政者深憂其女失所，必不許也。

（清）林伯桐《人家冠昏喪祭考》卷二《擇壻亦無奇以勤慎為要考》

人皆以擇壻爲難，然人人所讀之《論語》即有規矩，宋司馬文正公曰：南容之能必有過人者，故邦有道，不廢；寡言而慎事，故無道，免於刑戮也。擇壻之道，莫善於是。《書儀》。雖然必要不貪富貴、不厭貧賤，而後能擇。不然雖有佳壻，當面失之矣。司馬公又曰：壻苟賢矣，今雖貧賤，安知異時不富貴？苟爲不肖，今雖富盛，安知異時不貧賤乎？《書儀》。此又可爲擇壻者進一解也。

（清）林伯桐《人家冠昏喪祭考》卷二《男女人才要不甚相遠考》

兒女昏姻，謂之配偶。偶，諧也。《廣雅》。相配而後，諧不相配，安望其諧哉？宋袁君載采曰：男女議親，不可貪其閥閲之高，資産之厚，苟人物不相當，則子女終身抱恨矣。此爲父母者所當知也。然人才相配，亦須公道平心，不可但貪佳壻、佳婦，而不計其可配與否。袁君載又曰：須看我家子女如何，如我子愚癡庸下，若娶美婦，豈特不和，或恐有別事。如我女醜拙很妬，若嫁美壻，萬一爲其厭棄者，亦有之。凡嫁娶，因非偶而不和者，父母之罪也。《世範》。此又不可不知也。

（清）林伯桐《人家冠昏喪祭考》卷二《昏姻貴及時不必誇多考》

男女成昏以及時爲幸，父母須早爲之所。古所謂三十而娶，二十而嫁，舉其至遲者，亦不過此耳，非謂人人如此也。晉范武子甯曰：男自二十以及三十，女自十五以及二十，皆得嫁娶，先是則速，後是則晚。《春秋穀梁傳》注。此定論也。夫昏姻失時，由於父母因循姑待者固多，由於兩家好奢羞貧致誤者亦不少。考南齊世祖云：聞同牢之費，華泰尤甚。富者扇其驕風，貧者耻躬不逮。或以供帳未具，動致推遷，年不再來，盛時忽往。《南齊書·世祖本紀》。可見世俗流失，由於誇多耻少，而因此失時者，不知凡幾矣。

（清）林伯桐《人家冠昏喪祭考》卷二《結昏不論財則可長久和好考》

合二姓之好，何等敬愛。男家不必責匳具，女家不必責聘物，簡則易從也。然流俗之見，大抵羞貧又憂貧，故議昏而計貧富，未必盡是貪心，或嫌貧之不光，或恐貧之貽累，亦時有之。但如此存心，則人物家聲皆不暇問，非擇配，實擇財耳。隋王仲淹通曰：婚娶而論財，君子不入其鄉。《文中子》。固當先禮而後財也。宋司馬文正公曰：世俗貧鄙者，將娶婦先問資裝之多少，將嫁女，先問聘財之多少。亦有欺紿負約者，往往爲仇。然則議昏及財者，勿與爲昏姻可也。《書儀》。此真結昏之先務也。近人王草堂復禮云：莫如門當户對，高下不形。嫁娶之善，無逾於此。《家禮辨定》。能知此意，自不必貪富貴矣。

（清）林伯桐《人家冠昏喪祭考》卷二《親上加親必當敬慎考》 婚姻先擇於親舊，甚安，亦甚便。

國初，張楊園先生履祥曰：選擇當始自舊親，以及通家故舊。《訓子語》。此真仁厚之言也。但如此，則必彼此有敬意，方能久而愈親，必彼此有恕道，方能久而無怨。宋袁君載采曰：人多要因親及親，以示不相忘，此最風俗好處。然婦女無遠識，多因相熟而相簡，遂至相争。故有姪女嫁於姑家，獨爲姑氏所惡。甥女嫁於舅家，獨爲舅妻所惡。姨女嫁於姨家，獨爲姨氏所惡。皆由禮薄而怨生也。凡因親議親最不可託熟，闕其禮文，又不可忘其本意，極於責備，則兩家無患矣。《世範》。此熟透人情之言。爲父母者，必當以此意教其兒女。

《資政院議場會議速記録》卷二《資政院第一次常年會第三十九號議場速記録》 文議員龢：現在民法尚未規定有妾無妾，然按之立憲通則，則斷乎不應有妾，而却爲我國事實上之所必不能免，譬如民法不認有妾而納妾，是妾即等於無夫婦女，而非正式之婚姻，即等於相姦。若刑律定入無夫姦有罪一條，則將來納妾也應有罪了。

綜述

《唐律疏議》卷一三《户婚·爲婚妄冒》 諸爲婚而女家妄冒者，徒一年。男家妄冒，加一等。未成者，依本約；已成者，離之。

疏議曰：爲婚之法，必有行媒，男女、嫡庶、長幼，當時理有契約，女家違約妄冒者，徒一年。男家妄冒者，加一等。未成者依本約，謂依初許婚契約，已成者，離之。違約之中，理有多種，或以尊卑，或以大小之類皆是。

《唐律疏議》卷一三《户婚·有妻更娶》 諸有妻更娶妻者，徒一年；女家，減一等。若欺妄而娶者，徒一年半；女家不坐。各離之。

疏議曰：依禮，日見於甲，月見於庚，象夫婦之義。一與之齊，中饋斯重。故有妻而更娶者，合徒一年。女家減一等，爲其知情，合杖一百。若欺妄而娶，謂有妻言無，以其矯詐之故，合徒一年半。女家既不知情，依法不坐。仍各離之。稱各者，謂女氏知有妻、無妻，皆合離異，故云各離之。

問曰：有婦而更娶婦，後娶者雖合離異，未離之間，其夫内外親戚相犯，得同妻法以否？

答曰：一夫一婦，不刊之制。有妻更娶，本不成妻。詳求理法，止同凡人之坐。

《唐律疏議》卷一三《户婚·居父母喪嫁娶》 諸居父母及夫喪而嫁娶者，徒三年；妾減三等。各離之。知而共爲婚姻者，各減五等；不知者，不坐。

疏議曰：父母之喪，終身憂戚，三年從吉，自爲達禮。夫爲婦天，尚無再醮。若居父母及夫之喪，謂在二十七月内，若男身娶妻，而妻女出嫁者，各徒三年。妾減三等，若男夫居喪娶妾，妻女作妾嫁人，妾既許以卜姓爲之，其情理賤也，禮數既别，得罪故輕。各離之，謂服内嫁娶妻妾並離。知而共爲婚姻者，謂妻父稱婚，婿父稱姻，二家相知是服制之内，故爲婚姻者，各減罪五等，得杖一百。娶妾者，合杖七十。不知情，不坐。

《唐律疏議》卷一三《户婚・父母被囚禁嫁娶》　諸祖父母、父母被囚禁而嫁娶者，死罪，徒一年半；流罪，減一等；徒罪，杖一百。祖父母、父母命者，勿論。

疏議曰：祖父母、父母既被囚禁，固身囹圄，子孫嫁娶，名教不容。若祖父母、父母犯當死罪，嫁娶者徒一年半；流罪，徒一年；徒罪，杖一百。若娶妾及嫁爲妾者，即準上文減三等。若期親尊長主婚，即以主婚爲首，男女爲從。若餘親主婚，事由主婚，主婚爲首，男女爲從；事由男女，即男女爲首，主婚爲從。其男女被逼，或男年十八以下，在室之女，並主婚獨坐。注云祖父母、父母命者，勿論，謂奉祖父母、父母命爲親，故律不加其罪。依令，不得宴會。

《唐律疏議》卷一四《户婚・同姓爲婚》　諸同姓爲婚者，各徒二年。緦麻以上，以姦論。

疏議曰：同宗共姓，皆不得爲婚，違者，各徒二年。然古者受姓命氏，因彰德功，邑居官爵，事非一緒。其有祖宗遷易，年代寖遠，流源析本，罕能推詳。至如魯、衛，文王之昭，凡、蔣，周公之胤。初雖同族，後各分封，並傳國姓，以爲宗本。若與姬姓爲婚者，不在禁例。其有聲同字别，音響不殊，男女辨姓，豈宜仇匹，若陽與楊之類。又如近代以來，特蒙賜姓，譜牒仍在，昭穆可知，今姓之與本枝，並不合共爲婚媾。其有複姓之類，一字或同，受氏既殊，元非禁限。若同姓緦麻以上爲婚者，各依《雜律》姦條科罪。

問曰：同姓爲婚，各徒二年。未知同姓爲妾，合得何罪？

答曰：買妾不知其姓，則卜之。取决蓍龜，本防同姓。同姓之人，即嘗同祖，爲妻爲妾，亂法不殊。《户令》云：娶妾仍立婚契。即驗妻、妾，俱名爲婚。依準禮、令，得罪無别。

若外姻有服屬而尊卑共爲婚姻，及娶同母異父姊妹，若妻前夫之女者，謂妻所生者。餘條稱前夫之女者，準此。亦各以姦論。

疏議曰：外姻有服屬者，謂外祖父母、舅、姨、妻之父母。此等若作婚姻者，是名尊卑共爲婚姻。及娶同母異父姊妹，若妻前夫之女者，注云謂妻所生者，謂前夫之女，後夫娶之，是妻所生者。如其非妻所生，自從本法。餘條稱前夫之女者，準此，據《雜律》姦妻前夫之女，亦據妻所生者，故云亦準此。各以姦論。其外姻雖有服，非尊卑者爲婚不禁。

其父母之姑、舅、兩姨姊妹及姨、若堂姨，母之姑、堂姑，己之堂姨及再從姨、堂外甥女，女婿姊妹，並不得爲婚姻，違者各杖一百，並離之。

疏議曰：父母姑、舅、兩姨姊妹，於身無服，乃是父母緦麻，據身是尊，故不合娶。及姨，又是父母小功尊；若堂姨，雖於父母無服，亦是尊屬；母之姑、堂姑，並是母之小功以上尊；己之堂姨及再從姨、堂外甥女，亦謂堂姊妹所生者，女婿姊妹，於身雖並無服，據理不可爲婚：並爲尊卑混亂，人倫失序。違此爲婚者，各杖一百。自同姓爲婚以下，雖會赦，各離之。

《唐律疏議》卷一四《户婚・和娶人妻》　諸和娶人妻及嫁之者，各徒二年；妾，減二等。各離之。即夫自嫁者，亦同。仍兩離之。

疏議曰：和娶人妻及嫁之者，各徒二年。若和嫁娶妾，減二等，徒一年。各離之，謂妻妾俱離。即夫自嫁者亦同，謂同嫁妻妾之罪。二夫各離，故云兩離之。

《唐律疏議》卷一四《户婚・奴娶良人爲妻》　諸與奴娶良人女爲妻者，徒一年半；女家，減一等。離之。其奴自娶者，亦如之。主知情者，杖一百；因而上籍爲婢者，流三千里。

疏議曰：人各有耦，色類須同。良賤既殊，何宜配合。與奴娶良人女爲妻者，徒一年半；女家減一等，合徒一年。仍離之。謂主得徒坐，奴不合科。其奴自娶者，亦得徒一年半。主不知情者，無罪；主若知情，杖一百；因而上籍爲婢者，流三千里。若有爲奴娶客女爲妻者，律雖無文，即須比例科斷，《名例律》：稱部曲者，客女同。《鬭訟律》：部曲毆良人，加凡人一等，奴婢又加一等。其良人毆部曲，減凡人一等，奴婢又減一等。即部曲、奴婢相毆傷殺者，各依部曲與良人相毆傷殺法。注云：餘條良人、部曲、奴婢私相犯，本條無正文者，並準此。奴娶良人徒一年半，即娶客女減一等，合徒一年。主知情者，杖九十；因而上籍爲婢者，徒三年。其所生男女，依《户令》：不知情者，從良；知情者，從賤。

即妄以奴婢爲良人，而與良人爲夫妻者，徒二年。奴婢自妄者，亦同。

各還正之。

疏議曰：以奴若婢，妄作良人，嫁娶爲良人夫婦者，所妄之罪，合徒二年。奴婢自妄嫁娶，亦徒二年。各還正之，稱正之者，雖會赦，仍改正之。若媒財多，準罪重於徒二年者，依詐欺，計贓科斷。

《唐律疏議》卷一四《户婚·雜户官户與良人為婚》 諸雜户不得與良人爲婚，違者，杖一百。官户娶良人女者，亦如之。良人娶官户女者，加二等。

疏議曰：雜户配隸諸司，不與良人同類，止可當色相娶，不合與良人爲婚。違律爲婚，杖一百。官户娶良人女者，亦如之，謂官户亦隸諸司，不屬州縣，亦當色婚嫁，不得輒娶良人，違者亦杖一百。良人娶官户女者，加二等，合徒一年半。官户私嫁女與良人，律無正文，並須依首從例。

即奴婢私嫁女與良人爲妻妾者，準盜論；知情娶者，與同罪。各還正之。

疏議曰：奴婢既同資財，即合由主處分，輒將其女私嫁與人，須計婢贓，準盜論罪，五疋徒一年，五疋加一等。知情娶者，與奴婢罪同；不知情者，不坐。自雜户與良人爲婚以下，得罪仍各離而改正。其工、樂、雜户、官户，依令當色爲婚，若異色相娶者，律無罪名，並當違令。既乖本色，亦合正之。太常音聲人，依令婚同百姓，其有雜作婚姻者，並準良人。其部曲、奴婢有犯，本條無正文者，依律各準良人。如與雜户、官户爲婚，並同良人共官户等爲婚之法，仍各正之。

《唐律疏議》卷一四《户婚·違律為婚恐喝娶》 諸違律爲婚，雖有媒娉，而恐喝娶者，加本罪一等；强娶者，又加一等。被强者，止依未成法。

疏議曰：依律不許爲婚，其有故爲之者，是名違律爲婚。假如雜户與良人爲婚，雖有媒娉而恐喝娶者，加本罪一等；本坐合杖一百，加一等，處徒一年。强娶者，又加一等，謂以威若力而强娶之，合徒一年半。被强者，止依未成法，下條未成者各減已成五等，女家止笞五十之類。

即應爲婚，雖已納娉，期要未至而强娶，及期要至而女家故違者，各杖一百。

疏議曰：即應爲婚，謂依律合爲婚者。雖已納娉財，元契吉日未至，而男家强娶；及期要已至吉日，而女家故違不許者：各杖一百得罪，依律不合從離。

（宋）王溥《唐會要》卷八三《嫁娶》 貞觀元年二月四日，詔曰：【略】其庶人男女無室家者，並仰州縣官人，以禮聘娶，皆任其同類相求，不得抑取。男年二十、女年十五已上，及妻喪達制之後，孀居服紀已除，並須申以婚媾，令其好合。若貧寠之徒，將迎匱乏，仰於親近鄉里，富有之家，裒多益寡，使得資送。其鰥夫年六十、寡婦年五十已上，及婦雖尚少，而有男女，及守志貞潔，並任其情，無勞抑以嫁娶。刺史、縣令以下官人，若能婚姻及時，鰥寡數少，量准户口增多以進考第。如導勸乖方，失於配偶，准户減少附殿。

（宋）王溥《唐會要》卷八三《嫁娶》 〔開元〕二十二年二月勅：男年十五，女年十三以上，聽婚嫁。諸州縣官人在任之日，不得共部下百姓交婚，違者雖會赦仍離之。其州上佐以及縣令，于所統屬官同。其定婚在前，居官在後，及三輔内官門閥相當情願者，不在禁限。

《宋刑統》卷一三《户婚律·居喪嫁娶》 諸居父母及夫喪而嫁娶者，徒三年，妾減三等，各離之。知而共爲婚姻者，各減五等，不知者不坐。若居周喪而嫁娶者，杖一百，卑幼減二等，妾不坐。

疏：諸居父母及夫喪而嫁娶者，徒三年，妾減三等，各離之。知而共爲婚姻者，各減五等，不知者不坐。議曰：父母之喪，終身憂戚，三年從吉，自爲達禮。夫爲婦天，尚無再醮。若居父母及夫之喪，謂在二十七月內，若男身娶妻，而妻女出嫁者，各徒三年。妾減三等。若男夫居喪娶妾，妻女作妾嫁人，妾既許以卜姓爲之，其情理賤也。禮數既別，得罪故輕。各離之，謂服内嫁娶，妻妾並離之。而共爲婚姻者，謂壻父稱婚，妻父稱姻，二家相知是服制之內，故爲婚姻者，各減罪五等，得杖一百。娶妾者合杖七十，不知者不坐。

又云，若居周喪而嫁娶者，杖一百，卑幼減二等，妾不坐。議曰：若居周親之喪嫁娶，謂男夫娶婦，女嫁作妻，各杖一百。卑幼減二等。雖是周服，亡者是卑幼，故減二等，合杖八十。妾不坐，謂周服内男夫娶妾，婦作妾嫁人，並不坐。

諸祖父母、父母被囚禁而嫁娶者，死罪徒一年半，流罪減一等，徒罪杖一百。

疏議曰：祖父母、父母命者勿論。祖父母、父母既被囚禁，固身囹圄，子孫嫁娶，名教不容。若祖父母、父母犯當死罪，嫁娶者徒一年半，流罪徒一年，徒罪杖一百。若娶妾及嫁爲妾者，即准上文減三等。若周親尊長主婚，即以主婚爲首，男女爲從。若餘親主婚，事由主婚，主婚爲首，男女爲從。事由男女，即男女爲首，主婚爲從。其男女被逼，或男年十八以下，及在室之女，並主婚獨坐。注云，祖父母、父母命者勿論，謂奉祖父母、父母命爲親，故律不加其罪，依令不得宴會。

諸居父母喪，與應嫁娶人主婚者，杖一百。

疏議曰：居父母喪，與應合嫁娶之人主婚者，杖一百。若與不應嫁娶人主婚，得罪重於杖一百，自從重科。若居夫喪而與應嫁娶人主婚者，律雖無文，從不應爲重，合杖八十。其父母喪内爲應嫁娶人媒合，從不應爲重，杖八十。夫喪從輕，合笞四十。

《宋刑統》卷一四《户婚律·娶逃亡婦女》 諸娶逃亡婦女爲妻妾，知情者與同罪，至死者減一等，離之。即無夫，會恩免罪者不離。

疏議曰：婦女犯罪逃亡，有人娶爲妻妾，若知其逃亡而娶，流罪以下並與同科，唯婦人本犯死罪而娶者，流三千里，仍離之。即逃亡婦女無夫，又會恩赦得免罪者，不合從離。其不知情而娶，准律無罪，若無夫即聽不離。

《宋刑統》卷一四《户婚律·主與奴娶良人詐妄嫁娶》 諸與奴娶良人女爲妻者，徒一年半，女家減一等，離之。其奴自娶者亦如之。主知情者，杖一百，因而上籍爲婢者，流三千里。即妄以奴婢爲良人，而與良人爲夫妻者，徒二年，奴婢自妄者亦同。各還正之。

疏：諸與奴娶良人女爲妻者，徒一年半，女家減一等，離之。其奴自娶者亦如之。主知情者，杖一百，因而上籍爲婢者，流三千里。議曰：人各有耦，色類須同。良賤既殊，何宜配合。與奴娶良人女爲妻者，徒一年半，女家減一等，合徒一年。仍離之，謂主得徒坐，奴不合科。其奴自娶者，亦得徒一年半。主不知情者無罪，主若知情，杖一百，因而上籍爲婢者，流三千里。若有爲奴娶客女爲妻者，律雖無文，即須比例科斷，《名例律》稱部曲者，客女同。《鬭訟律》部曲毆良人，加凡人一等，奴婢又加一等。其良人毆部曲，減凡人一等，奴婢又減一等。即部曲、奴婢相毆傷殺者，各依部曲與良人相毆傷殺法。注云，餘條良人、部曲、奴婢私相犯，本條無正文者，並准此。奴（婢）〔娶〕良人徒一年半，即娶客女減一等，合徒一年。主知情者，杖九十，因而上籍爲婢者，徒三年。其所生男女，依《户令》，不知情者從良，知情者從賤。

又云，即妄以奴婢爲良人，而與良人爲夫妻者，徒二年。注云，奴婢自妄者亦同。又云，各還正之。議曰：以奴若婢妄作良人，嫁娶爲良人夫婦者，所妄之罪，合徒二年。奴婢自妄嫁娶，亦徒一年，各還正之。稱正之者，雖會赦仍改正之。若娉財多，准罪重於徒二年者，依詐欺計贓科斷。

准：《户令》，諸奴婢詐稱良人，而與良人及部曲、客女爲夫妻者，所生男女並從良，及部曲、客女知情者從賤。即部曲、客女詐稱良人，而與良人爲夫妻者，所生男女亦從良，知情者從部曲、客女。皆離之。其良人及部曲、客女被詐爲夫妻，所生男女經一載以上不理者，後雖稱不知情，各同知情法。如奴婢等逃亡在別部，詐稱良人者，從上法。

諸雜户不得與良人爲婚，違者杖一百。官户娶良人女者亦如之。良人娶官户女者，加二等。即奴婢私嫁女與良人爲妻妾者，准盜論，知情娶者與同罪。各還正之。

疏：諸雜户不得與良人爲婚，違者杖一百。官户娶良人女者亦如之。良人娶官户女者，加二等。議曰：雜户配隸諸司，不與良人同類，止可當色相娶，不合與良人爲婚。違律爲婚，杖一百。官户娶良人女者亦如之，謂官户亦隸諸司，不屬州縣，亦當色婚嫁，不得輒娶良人，違者亦杖一百。良人娶官户女者，加二等，合徒一年半。官户私嫁女與良人，律無正文，並須依首從例。

又云，即奴婢私嫁女與良人爲妻妾者，准盜論，知情娶者與同罪。各還正之。議曰：奴婢既同資財，即合由主處分，輒將其女私嫁與人，須計婢贓，准盜論罪，五匹徒一年，五匹加一等。知情娶者與奴婢罪同，不知情者不坐。自雜户與良人爲婚以下，得罪仍各離而改正。其工樂雜户、官户，依令當色爲婚，若異色相娶者，律無罪名，並當違令，既乖本色，亦合正之。太常音聲人，依令婚同百姓，其有雜作婚姻者，並准良人。其部曲、奴婢有犯，本條無正文者，依律各准良人。如與雜户、官户爲婚，並同良人共官户等爲婚之法，仍各正之。

《宋刑統》卷一四《户婚律·違律為婚定婚年限》 諸違律爲婚，雖有媒娉，而恐喝娶者，加本罪一等；强娶者又加一等，被强者止依未成法。即應爲婚，雖已納娉，期要未至而强娶，及期要至而女家故違者，各杖一百。

疏：諸違律爲婚，雖有媒娉，而恐喝娶者，加本罪一等；强娶者又加一等。被强者止依未成法。議曰：依律不許爲婚，其有故爲之者，是名違律爲婚。假如雜户與良人爲婚，雖有媒娉，而恐喝娶者，加本罪一等，本坐合杖一百，加一等處徒一年。强娶者又加一等，謂以威若力而强娶之，合徒一年半。被强者止依未成法。下條未成者，各減已成五等，女家止笞五十之類。

又云，即應爲婚，雖已納娉，期要未至而强娶，及期要至而女家故違者，各杖一百。議曰：即應爲婚，謂依律合爲婚者，雖已納娉財，元契吉日未至，而男家强娶，及期要已至吉日，而女家故違不許者，各杖一百。得罪依律，不合從離。

諸違律爲婚，當條稱離之、正之者，雖會赦猶離之、正之，定而未成亦是。娉財不追，女家妄冒者追還。

疏議曰：違律爲婚，謂依律不合作婚，而故違者。當條稱離之，謂上條男家妄冒，或女家妄冒，離之。又正之者，謂上條奴婢私嫁女與良人，仍正之。雖會大赦，稱離之者猶離之，稱正之者猶正之。定而未成亦是。假令雜户與良人爲婚已定，監臨之官娶所監臨女未成，會赦之後，亦合離正，故云定而未成亦是。男家送財已訖，雖合離正，其財不追。若女家妄冒，應離正者，追財物還男家。凡稱離之、正之者，赦後皆合離正。《名例律》云，會赦應改正，經責簿帳而不改正，各論如本犯。律應離之輩，即是赦後須離，仍不離者，律無罪條，猶當不應得爲從重，合杖八十，若判離不離，自從姦法。

諸嫁娶違律，祖父母、父母主婚者，獨坐主婚。本條稱以姦論者，各從本法，至死者減一等。若期親尊長主婚者，主婚爲首，男女爲從。餘親主婚者，事由主婚，主婚爲首，男女爲從，事由男女，男女爲首，主婚爲從。其男女被逼，若男年十八以下，及在室之女，亦主婚獨坐。未成者各減已成五等，媒人各減首罪二等。

疏：諸嫁娶違律，祖父母、父母主婚者，獨坐主婚。議曰：嫁娶違律，謂於此篇内不許爲婚，祖父母、父母主婚嫁，爲奉尊者教命，故獨坐主婚，嫁娶者無罪。假令祖父母、父母主婚，爲子孫娶舅甥妻，合徒一年，唯祖父母、父母得罪，子孫不坐。

注云，本條稱以姦論者，各從本法，至死者減一等。議曰：本條稱以姦論者，謂上條緦麻以上以姦論。假令父與其子娶子之從母，依《雜律》，姦從母者流二千里，强者絞，即父亦得流二千里，同雜犯。其子若自犯，有官者仍除名。此名各從本法。至死減一等者，若强娶從母爲妻，或婚寡伯叔母非被出及改嫁者，本條合死，今減一等，合流三千里。

又云，若期親尊長主婚者，主婚爲首，男女爲從。餘親主婚者，事由主婚，主婚爲首，男女爲從。〔事由男女，男女爲首，主婚爲從。議曰：周親尊長次於父母，故主婚爲首，男女爲從。餘親主婚者，餘親謂周親卑幼及大功以下主婚，即各以所由爲首。事由主婚，主婚爲首，男女爲從。事由男女，男女爲首，主婚爲從。雖以首從科之，稱以姦論者，男女各從姦法，應除名者亦除名。

又云，其男女被逼，若男年十八以下及在室之女，亦主婚獨坐。議曰：男女被逼，謂主婚以威若力，男女理不自由，雖是長男及寡女，亦不合得罪。若男年十八以下，及在室之女，亦主婚獨坐，男女勿論。

又云，未成者各減已成五等，媒人各減首罪二等。議曰：未成者謂違律爲婚，當條合得罪，定而未成者，減已成五等。假有同姓爲婚，合徒二年，未成即杖八十，此是名減五等。其媒人猶徒一年，未成者杖六十，是名各減首罪二等。各准當條輕重，依律減之。略舉同姓爲例，餘皆倣此。凡違律爲婚，稱强者皆加本罪二等。稱以姦論者，有强止加一等，媒人各減姦罪一等。〕

《宋刑統》卷一四《户婚律·同姓及外姻有服共為婚姻夫喪守志》

諸同姓爲婚者，各徒二年，緦麻以上以姦論。若外姻有服屬，而尊卑共爲婚姻，及娶同母異父姊妹，若妻前夫之女者，謂妻所生者。餘條稱前夫之女准此。亦各以姦論。其父母之姑舅兩姨姊妹，及姨，若堂姨，母之姑，堂姑，己之堂姨，及再從姨，堂外甥女，女壻姊妹，並不得爲婚姻，違者各杖一百，並離之。

疏：諸同姓爲婚者，各徒二年，緦麻以上以姦論。議曰：同宗共姓皆不得爲婚，違者各徒二年。然古者受姓命氏，因彰德功，邑居官爵，事非一緒，其有祖宗遷易，年代寖遠，疏源〔折〕〔析〕本，罕能推詳。至如魯衛，文王之昭；凡蔣，周公之裔，與御名下一字同，改爲裔。初雖同族，後各分封，並傳國姓，以爲宗本。若與姬姓爲婚者，不在禁例。其有聲同字别，音響不殊，男女辯姓，豈宜仇匹，若陽與楊之類。又如近代以來，特蒙賜姓，譜牒仍在，昭穆可知，今姓之與本枝，並不合共爲婚媾。其有複姓之類，一字或同，受氏既殊，元非禁限。若同姓緦麻以上爲婚者，各依《雜律》姦條科罪。

問曰：同姓爲婚，各徒二年，未知同姓爲妾，合得何罪？

答曰：買妾不知其姓則卜之，取決蓍龜，本防同姓。同姓之人，即嘗同祖，爲妻爲妾，亂法不殊。《户令》云，娶妾仍立婚契。即驗妻妾俱名爲婚，依准禮令，得罪無别。

又云，若外姻有服屬，而尊卑共爲婚姻，及娶同母異父姊妹，若妻前夫之女者。注云，謂妻所生者。餘條稱前夫之女准此。又云，亦各以姦論。議曰：外姻有服屬者，謂外祖父母、舅姨妻之父母，此等若作婚姻者，是名尊卑共爲婚姻。及娶同母異父姊妹，若妻前夫之女者，注云，謂妻所生者，謂前夫之女，後夫娶之，是妻所生者，如其非妻所生，自從本法。餘條稱前夫之女者准此，據《雜律》，姦妻前夫之女，亦據妻所生者，故云亦准此，各以姦論。其外姻雖有服，非尊卑者，爲婚不禁。

又云，其父母之姑舅兩姨姊妹，及姨，若堂姨，母之姑，堂姑，己之堂姨，及再從姨，堂外甥女，女壻姊妹，並不得爲婚姻，違者各杖一百，並離之。議曰：父母姑舅兩姨姊妹，於身無服，乃是父母緦麻，據身是尊，故不合娶。及姨，又是父母小功尊。若堂姨，雖於父母無服，亦是尊屬。母之姑，堂姑，並是母之小功以上尊。己之堂姨，及再從姨，堂外甥女，亦謂堂姊妹所生者，女壻姊妹，於身雖並無服，據理不可爲婚，並爲尊卑混亂，人倫失序。違此爲婚者，各杖一百。自同姓爲婚以下，雖會赦各離之。

諸嘗爲袒免親之妻而嫁娶者，各杖一百，緦麻及舅甥妻徒一年，小功以上以姦論，妾各減二等，並離之。

議曰：高祖親兄弟、曾祖堂兄弟、祖再從兄弟、父三從兄弟、身四從兄弟、三從姪、再從姪孫，並緦麻絕服之外，即是袒免。既同五代之祖，服制尚異他人，故嘗爲袒免親之妻，不合復相嫁娶。輒嫁娶者，男女各杖一百。緦麻及舅甥妻，謂同姓緦麻之妻，及爲舅妻若外甥妻，而更相嫁娶者，其夫尊卑有服，嫁娶各徒一年。小功以上以姦論，小功之親，多是本族，其外姻小功者，唯有外祖父母，若有嫁娶，一同姦法。若經作袒免親妾者，各杖八十，緦麻親及舅甥妾各杖九十，小功以上各減姦罪二等，故云妾各減二等。並離之。姦妾本條減妻一等，此條以姦論，妾減二等，即是娶妾者，累減三等。稱以姦論者，並依姦法。小功之妻若寡在夫家，而嫁娶者，各依姦小功以上妻法。其被放出或改適他人，即於前夫服義並絕，姦者依律止是凡姦。若其（更）〔嫁〕娶，亦同凡姦之坐。又稱妾者，據元是袒免以上親之妾而娶者，得減二等。若是前人之妻，今娶爲妾，止依娶妻之罪，不得以妾減之。如爲前人之妾，今娶爲妻，亦依娶妾之罪。

諸夫喪服除而欲守志，非女之祖父母、父母而强嫁之者，徒一年，周親嫁者，減二等，各離之，女追歸前家，娶者不坐。

議曰：婦人夫喪服除，誓心守志，唯祖父母、父母得奪而嫁之。非女之祖父母、父母，謂大功以下而輒强嫁之者，合徒一年。周親嫁者，謂伯叔父母、姑兄弟姊妹及姪，而强嫁之者，減二等，杖九十。各離之，女追歸前家，娶者不坐。

（宋）宋敏求《唐大詔令集》卷一一〇《政事·誡諭·令有司勸勉庶人婚聘及時詔》　昔周公治定制禮，垂裕後昆，命媒氏之職，以會男女。每以仲春之月，順行時令。蕃育之禮既弘，邦家之化斯在。及政教陵遲，諸侯力争，官失其守，人變其風，致使謡俗有失時之譏，鰥寡無自存之術。漢魏作教，事非師古，道隨世隱，義逐時乖。重以隋德淪胥，數鐘屯剥，五教俱覆，萬方咸蕩。暨參墟奮旅，救彼艱危，區縣削平，總斯圖籍。顧瞻禹迹，提封尚存，乃眷周原，土地咸盡，痛心疾首，寤寐無忘。惟上玄之大德曰生，蒸民以最靈爲貴，一經喪亂，多餌豺狼。朕夙奉天命，爲人父母，平定甫爾，劬勞未康，厚生樂業，尚多疏簡，永言亭育，實切於懷。若不申之以婚姻，明之以顧復，便恐中饋之禮斯廢，絕嗣之憾方深，有懷怨曠之情，或致淫奔之辱。憲章典故，實所庶幾，宜命有司，所在勸勉。其庶人男女之無室家者，並仰州縣官人以禮聘取，皆任同類相求，不得抑取。男年二十、女年十五以上，及妻喪達制之後、孀居服紀已除，並須申以媒媾，命其好合。若貧乏之徒，將近匱乏者，仰於其親近及鄉里富有之家，裒多益寡，使得資送。其鰥夫年六十以上，寡婦年五十以上，及婦人雖尚少而有男女及守志貞潔者，並任其情願，無勞抑以嫁娶。刺史、縣令以下官人，若能使婚姻及時，鰥寡數少，量準户口增多，以進考第，如其勸導乖方，失於配偶，準户口減少，以附殿失。

貞觀元年正月

（宋）宋敏求《唐大詔令集》卷一一〇《政事·誡諭·誡勵氏族婚姻詔》　氏族之盛，實繫於冠冕；婚姻之道，莫先於仁義。自有魏失御，齊氏云亡，市朝既遷，風俗陵替。燕趙右姓，多失衣冠之緒；齊韓舊族，或乖德義之風。名雖著於州閭，身未免於貧賤。自號膏粱之胄，不取匹敵之儀，問名唯在於竊資，結褵必歸於富室。乃有新宦之輩，豐財之家，暴其祖宗，競結婚媾，多納貨財，有如販鬻。或自貶家門，受屈辱於姻婭；或矜其舊望，行無禮於舅姑。積習成俗，迄今未已，既紊人倫，實虧名教。朕夙夜兢惕，憂勤政道，往代蠹害，咸已懲革，唯此弊風，未能盡變。自今以後，明加告示，使識嫁娶之序，務合禮典，稱朕意焉。

（明）李元弼《作邑自箴》卷六《勸諭民庶牓》　知縣勸戒民庶如後：【略】

一、大凡娶妻，要正家道，或嫌嫁裝微薄，親家不和。婦人年高，男子年小，有亂婚姻之理。但得夫婦年齒相當，不必論緣房之多少也。

《天盛改舊新定律令》卷八《為婚門》　一、西名自五子以上嵬名姓已變，取後姓，允許爲婚。西名五子以下依節變姓者，依取用前姓施行，不許爲婚，違律時與同姓爲婚一樣判斷。【略】

一、諸人爲婚嫁女順序：親父母可嫁，祖父母、伯叔、姨、兄弟、嫂等其他節親不許嫁。若無親父母，則祖父母及同居庶母、女之同母兄弟、嫂娣及親伯叔、姨等共議所願處爲婚。若不共議而嫁時，六個月期間可上告，當接狀尋問。祖父母、伯叔、姨等嫁女者罪不治，兄弟嫂娣嫁則有官罰馬一，庶人十三杖。因未共議，婚姻當改過。【略】

一、諸人女在未嫁，父母不允，不許隨意搶親速受禮。違律而父、兄弟告時，搶親受禮者有官罰馬一，庶人十三杖。女人情願則笞三十，不情願則不治，歸還父母，依願嫁之。若已侵凌婦人則徒六個月，隱匿於其地者徒一年。父、兄弟不告，不許他人舉報。違律告狀取狀者，一律有官罰馬一，庶人十三杖。【略】

一、諸人貪婚價，一女嫁二處時，未嫁往先有主處，婿亦未來，而另嫁送後有主家下及婿來，徒二年。未送，婿亦未來，則徒一年。嫁往先有主處及婿已住然後另嫁者，已送未送後有主處，婿來未來，於前述各各罪狀上加一等。其一女嫁二處者之父母、伯叔、姨、兄弟、嫂娣等議嫁者中，户主主持者一人當承罪，其餘相嫁罪不治。若無共議而嫁人，則主持不主持一律嫁者承之。後娶者，媒人等知覺是他人妻，則娶者比嫁女者之各各罪狀減一等，媒人依次減二等。不知，罪不治。妻當予先有主，所予價如數退還。有後有主處生子女者，當留之。若先有主不需妻子，則取先所予價，妻當歸後娶者。

（宋）傅霖《刑統賦解·部曲娶優於雜户》 部曲者，私家奴婢得主放良之人也。雜户者，係官奴婢，一免爲官户，再免爲雜户，三免爲良人。其部曲，雖得免賤即係私家奴婢，終身無良人之制。雜户雖未爲良，乃官之奴，近乎良人。以此論之，雜户高於部曲矣。部曲不得受田，雜户則受之。部曲不得稱人，雜户則稱之。部曲毆傷良人，加凡一等，雜户毆傷則無加法。然婚姻之法，卻又反是。雜户不得與良人爲婚姻，部曲則通娶良人。蓋部曲人妻，本夫身死則復爲良。雜户之妻，終身屬官，非遇恩免不得爲良，故有此異也。今例奴婢不得與良人爲婚，則與不得通娶雜户良人之法一也。

（宋）陳元靚《事林廣記·壬集》卷一《至元雜令·吉凶權宜》 諸祖父母父母患重及在囹圄者，不得婚嫁。若祖父母父母有命以成禮者，聽，即不得作宴會。

《通制條格》卷三《户令·嫁娶所由》 至元六年十一月，中書省。制國用使司呈：高忽賽因告田總管夫人，處下財定至伊女素英與男沙班爲妻，田總管知悔，却將素英許與李外郎男爲婦。左三部送法司擬：嫁女皆由祖父母、父母，父亡隨母婚嫁。又嫁女、棄妻皆由所由，若不由所由，皆不成婚，亦不成棄。若所由後知滿三月不理者，不在告論之限。其田阿賈不曾由問夫田總管，將女素英定與高忽賽因男爲妻，田總管自西京還家，將定物回付了當。以此參詳，田總管女素英與高忽賽因男不合成婚。省准。

《通制條格》卷三《户令·婚姻禮制》 至元六年十二月，中書。户部契勘：人倫之道，婚姻爲大。據各處見行婚禮，事體不一，有立婚書文約者，亦有不立婚書，止憑媒妁爲婚者。已定之後，少有相違，爲無婚書，故違元議，妄行增減財錢，或女婿養老、出舍，争差年限，訴訟到官。其間媒證人等，徇情偏向，止憑在口詞因，以致争訟不絶，深爲未便。省部議得，今後但爲婚姻，須立婚書，明白該寫元議聘財，若招召女婿，指定養老或出舍年限，其主婚、保親媒妁人等，畫字依理成親，庶免争訟。

《通制條格》卷三《户令·夫亡守志》 至元八年二月，欽奉聖旨節該：婦人夫亡，服闋守志并欲歸宗者，聽，其舅姑不得一面改嫁。欽此。

大德八年正月，欽奉詔書内一款節該：婦人服闋守志者，從其所願。若志節卓異，無可養贍，官爲給粮存恤。欽此。

《通制條格》卷三《户令·婚姻禮制》 至元八年二月，欽奉聖旨條畫内一款：諸色人同類自相婚姻者，各從本俗法，遞相婚姻者，以男爲主。蒙古人不在此限。

《通制條格》卷三《户令·良賤爲婚》 至元十四年十一月初二日，〔中書省〕奏：百姓人家女孩兒每，嫁與了人家奴婢每做媳婦多有，生的孩兒每，俺每合做良人。麽道，那使長却道是，合做俺每的奴婢。這般争差，不便當的一般。俺每商量得，今後禁治良人家女孩兒每，並不得嫁與人家軀口爲婦，若是嫁與的，便做奴婢。這般商量定了。奏呵，奉聖旨：道的是也。又奏：江南來的官員、客旅、軍人并諸色人等每，就江南百姓人家的女孩兒、并無男兒的婦人根脚里，做媳婦求將來，却行瞞昧做梯己人，賣與諸人爲駈，不便當的一般。俺商量得，禁約並不得將求到良人作駈口貨賣。奏呵，奉聖旨：那般者。欽此。都省遍行隨路官司，省諭諸人，今後於迤南求娶妻室，依例憑媒寫立婚書，毋致朦朧娶嫁。如有將求到媳婦做梯己駈口貨賣，將被賣良人隨即改正爲良，價錢没官，買主、賣主治罪施行。

《通制條格》卷三《户令・樂人婚姻》 至元十五年，中書省。宣徽院呈：官豪富勢之家，强將成名善歌舞粧扮堪以承應樂人婦女，暗地捏合媒證，娶爲妻妾，慮恐失誤當番承應，於七月十八日聞奏過。奉聖旨：是承應樂人呵，一般骨頭成親，樂人内匹配者，其餘官人富户休强娶要。欽此。

《通制條格》卷四《户令・嫁娶》 至元六年四月，中書。户部。議得男女婚姻，或以指腹并割衫襟爲親，即無定物婚書，難成親禮，今後並行禁止。

《通制條格》卷四《户令・嫁娶》 至元十年正月，中書省。御史臺呈：陝西按察司申：先奉條格，定到民間婚姻聘財内一款：有妻更娶妻者，雖會赦，猶離之。欽此。照得州縣人民，有年及四十無子，欲圖繼嗣，再娶妻室，雖合聽離，或已有所生，自願者，合無斷罪，聽改爲妾。户部議得：有妻更娶，委自願者，聽改爲妾。今後若有求娶妾者，許令明立婚書。都省准擬。

《通制條格》卷四《户令・嫁娶》 至元十二年三月，中書省。户部呈：近爲民間招召女壻，往往婚書上該寫：年限不滿，在逃百日或陸拾日，便同休棄，聽從别嫁。本部議得，人倫之道，夫婦義重，生則同室，死則同穴，期於永久，世之常也。今後招召女婿，毋得似前於婚書上該寫女壻在逃，便同休棄聽離語句。仍令有司嚴切教諭爲婿之人，依理守慎，各務本業。如有游手好閑，非理在逃人等，嚴行斷遣。都省准呈。

《通制條格》卷四《户令・嫁娶》 至元十九年四月，山東東西道提刑按察司議得：今後各處官司，斟酌居民多寡，詢問社長人等，推舉年高信實婦人爲媒，須要欽依聖旨，定到聘財求娶，不得中間多餘索要財禮、錢物，亦不得拾分中取要壹分媒錢。如有違犯之人，諭衆斷决。

《通制條格》卷四《户令・嫁娶》 至元二十一年七月，中書省。禮部呈：鞏昌府李秀告：求問令狐坤女與男思聰爲親，備辦表裏頭面羊酒，把定了當，其女身死，欲回把定等物。本部議得，定婚婦未娶身死，元下財錢不合追還。都省准擬。

《通制條格》卷四《户令・典雇妻室》 至元二十九年六月，中書省。御史臺呈：浙東道廉訪副使王朝請言：夫婦乃人之大倫，故妻在有齊體之稱，夫亡無再醮之禮。庶人固不可責以全禮。江淮薄俗，公然受價將妻典與他人，如同夫婦。今後擬合禁治，不許典雇。若夫婦一同雇身不相離者，聽。如此，不惟人倫有别，可以漸復古風。禮部議得：合准王朝請所言禁約。都省准呈。

《元典章》卷一八《户部・婚姻・婚禮・嫁娶聘財體例》 至元八年二月，欽奉聖旨：據中書省奏定民間嫁娶婚姻聘財等事，准奏。仰遍行諸路，照會一體施行。【略】

一、同姓不得爲婚。截自至元八年正月二十五日爲始，已前者准已婚爲定，已後者依法斷罪，聽離之。

《元典章》卷一八《户部・婚姻・嫁娶・丁慶一争婚》 延祐六年四月，承奉福建道宣慰帥府，承奉江浙行省，准中書省咨：

來咨：平江路據吴江州申：皇慶元年二月，徐千三憑周千二爲媒，定娶丁慶一女丁阿（丁）〔女〕與男徐伴哥爲妻，徐千三却將女徐二娘許嫁丁慶一男丁阿孫爲婦。各受聘財，交門换親，未曾成親。延祐元年，水渰田禾，缺食生受，各立合同文字休棄。延祐三年九月，丁慶一將丁阿女定與倪福一爲妻，未曾過門。當年十二月初七日，徐千三同妻阿丘、男徐伴哥等駕船，將丁慶一女丁阿女强抱上船，還家違理成婚。送理問所參詳，若依至元二十一年三月中書省户部擬白玉告胡興强抱伊女白滿兒與胡回斤爲妻，斷令離異，却於皇慶二年七月中書禮部爲晋寧路石總管言婚姻例會議得，今後許嫁女受財而輒悔者，依例斷罪，女歸前夫。（令）〔今〕吴江州議擬，徐伴哥强取丁阿女媾合，若依悔親斷令完聚，比例不侔。詳其徐伴哥所犯，罪經釋免，緣吴越之風，恐遞相倣傚。若依白滿兒例擬合離異，其丁阿女寧免再醮他人？然此事干通例，咨請照詳。准此。送禮部呈，議得：丁慶一、徐千三互受聘財，各以男女交門换親，後因缺食，寫立休書。其徐伴哥追續節禮，終未知會，不應强將丁阿女抱扱還家，自行違理成婚。罪經釋免，若擬離異，必致一女連適二夫，甚非所宜。看詳，合令各家依舊换親，所據倪福一元下財禮，依數追給。今後若有似此事端，擬合照依白滿兒例斷罪離異。移咨本省，依上施行相應。具呈照詳。得此。都省議得，除丁慶一、徐千三争婚事理依准部擬，今後若有許嫁女已報婚書及有私約或受財者，並依皇慶二年元定婚姻通例歸斷，違者依例斷罪。咨請照驗，依上施行。

《元典章》卷一八《户部・婚姻・嫁娶・領乞財禮改嫁事項》 大德四年四月，江浙行省省掾石仲實承行劄付：

來呈：邵武路許惠，至元二十五年憑媒説合黄三七女鶴姐爲妻，後因許惠出外，至元二十八年黄三七主婚，又將女出嫁與朱阿老爲妻，經今九年，已有所生男六歲，若將黄鶴姐斷付前夫許惠爲妻，所生男分付父朱阿老收養，伏慮未應。乞照詳事。得此。照得大德元年六月十一日據平江路申：長（州）〔洲〕縣人户楊千六，至元二十二年憑李千四嫂爲媒，將女楊福一娘許嫁陸細一男陸千五爲妻，二次受訖財禮，各因貧難，未曾成就。楊千六於至元二十四年八月搬移，前去（漂）〔溧〕陽州住坐。當年十月，憑本處住人楊萬十五爲媒，隱下受訖陸細一定禮事情，却將女楊福一娘改嫁於陳千十二爲妻。乞施行事。得此。送理問所議得：楊千六所招，先於至元二十二年三月内受訖陸細一財禮，將女楊福一娘聘定陸千五爲妻。至元二十四年十月内，又受陳千（一）〔十二〕財禮，將女嫁與本人爲妻。理合斷付先夫。却緣楊福一娘與陳千十二成親，已及十年，陸千五並不曾争告到官，直至大德元年正月内，於路迎見楊福一娘，將本婦奪去，才方陳告。楊福一娘已有所生男女二人，如准已婚爲定，行下合屬，若楊福一娘有未定婚親妹，令陸千五依理下財求娶，如無，令陳千十二等出備財禮，與陸千五别娶妻室，免致子母離散。得此。大德元年閏十二月，移准中書省咨：都省議得，如楊福一娘有未定婚親妹，依准所擬，令陸千五求娶。如無，於楊千六處追回元受陸千五裙段等物，並陳千十二所下財錢，給付陸千五别求妻室。咨請依上施行。准此。已經行下合屬，依上施行去訖。今據見呈相度，許惠告黄三七將女黄鶴姐改嫁與朱阿老爲妻，即與陸千五告楊千六將女楊福一娘改嫁事理相同。省府合下，仰照驗，更爲詳審明白，中間别無争差，依例施行。

《元典章》卷一八《户部・婚姻・嫁娶・娶逃婦為妻》 至元六年五月二十六日，彰德路申奉中書户部符文：

〔來申：〕安陽縣李伴姐告：磁州（淦）〔滏〕陽縣人户胡大安等將逃妻高唤奴打奪去了。約會問得，有李伴姐父母主婚，立媒下財童養到高唤奴爲妻。十三歲上才方成婚，十五歲上在逃。高唤奴并媒人等取責相同。被論人胡閏稱：憑朱阿唐作媒，下財娶到高唤奴爲妻，見有所生兒男，並不知李伴姐定娶事因。既有所出，合無於胡閏名下，李伴姐元下財錢，候高院士到官，却行追還，乞照驗事。省部相度，既是媒證鄰佑方阿姚等指證得，高唤奴委是李伴姐父母下財童養到兒婦，在逃，難同胡閏立媒下財娶到，終是李伴姐妻室，合行改正。仰將高唤奴依舊分付李伴姐爲妻施行。

《元典章》卷一八《户部・婚姻・嫁娶・夫自嫁妻》 至元八年八月，尚書省：

據大都路申：許順成告張太哥將引伊相識人等前來本家，於順成元立媒求娶到妻和速氏處要買休錢事。勾到張太名世榮、媒人阿趙等，各取訖備細招伏文狀。府司除另行外，據張世榮所招夫自嫁婦情罪，若便擬斷，切緣張世榮狀責，見受宣命、金牌，管稻田户計，乞明降事。得此。舊例：和娶人妻及嫁之者，各徒三年。即夫自嫁者，亦同，而離之。省部相度，據張世榮見受宣命、金牌，管稻田户計，即係有官之人。依舊例，七品以上犯流罪以下減一等，合徒一年半。該遇至元六年七月初八日減斷罪囚已前事理，降減五等，合杖八十，折贖銅一十六斤，每斤折錢二百文，計合贖鈔三貫二百文没官。外，張世榮已將和速氏休棄，令許順成依理求娶，合准已婚爲定。據張世榮元要買休錢，應合没官，欽遇降減，合行免徵。

《元典章》卷一八《户部・婚姻・嫁娶・舅姑不得嫁男婦》 至元八年十一月，尚書户部：

來申：徐阿杜狀告：至元六年十二月，伊男綿和身死，抛下兒女無人養贍，難以當差。欲令男婦阿劉招召義男爲夫，緣男綿和服制未闋，委是生受。府司未敢懸便，乞明降事。爲此，照得欽奉聖旨條畫内一款節該：婦人夫亡服闋守志，并欲歸宗者聽，其姑舅不得一面改嫁。省部相度，若准徐阿杜所告，却緣照得舊例，妻爲夫服三年，其實二十七個月。擬候服闋日，從阿劉所欲。別無舅姑召嫁男婦體例，仰欽依已降聖旨事意施行。據徐阿杜户下差役，量加存恤。

《元典章》卷一八《户部・婚姻・嫁娶・招到女婿棄妻再娶》 至元十年六月，中書户部：

據大都路申：承奉判送劉阿高狀告：己未年間欠州住坐時，憑高嫂等作媒，下紅定，召到張石驢與女寺奴爲婿，言定住至男長立，令本人出舍另居。至庚申年二月間，不紹家業，在外，將女寺奴抛棄，別娶到智先兒爲妻訖，並不前來本家。府司取責得張石驢名榮狀招：自己未年間，就欠州於丈母劉阿高家作婿，言定應當官身是的。府司參詳得，劉阿高紅定召到張榮爲婿，住經一年，出外別娶智先兒爲婦，另居一十四年，不曾供給寺奴衣食。若令依舊作婿，見得不肯同活，又無離異之理。擬令張榮出備中户財錢五十兩，求娶劉寺奴出舍。乞照驗事。省部相度，仰更爲引審無差，依准所擬施行。

《元典章》卷一八《户部・婚姻・嫁娶・女婿在逃》 至元十二年三月，中書户部：

先爲民户招召女婿，立到婚書，該寫年限不滿，在逃百日或六十日，便同休棄，聽從改嫁，呈奉都堂鈞旨，照依兩願立到婚書斷離。去後，今據東平路備汶上縣申：縣尹杜閏關該：切詳天地者萬物之本，以動静爲常；夫婦者人倫之始，以永久爲常。常之爲言者，蓋取永無虧蔽，不易之謂也。是故《易・序卦》曰：夫婦之道，不可不久，故受之以常，是也。以此觀之，其夫婦之道，不可離棄明矣。今者未婚之先，期不永之計，豈淳厚之風，實澆薄之俗，何不從而則之？厚立婚書之理，大抵防男女妄冒之期與夫聘禮多寡之限，以杜其奸，非期夫婦永與不永爲立之也。後世薄俗，故有是議，此當禁而不可啓也。設如女婿不務本業，游手好閑，自有常典。不可循私議而害人倫，變古風而成薄俗，莫若反正道以循古風，庶革澆風，化爲厚俗。乞照詳事。府司參詳，人倫之道，夫婦之義重，生則同産，死則同穴，期於永久，世之常也。閭巷細民不（辯）〔辨〕薰蕕，縱其女之好惡，揀擇貴賤，就捨貧富，妄生巧計，頻求更嫁，不以爲耻。凡具眼目之人，誠亦不平。今據汶上縣尹杜閏所言，敬遵古典，似爲允當。志在敦厚風俗，急於資治，人臣之心，昭然可見。申乞照詳。得此。呈奉都堂鈞旨：准擬。行下合屬禁約，毋得似前於婚書上該寫如有女婿在逃等事，便同休棄等語句。仍令有司常切教諭爲婿之人，依理守慎，各務本業。如有游手好閑、非理在逃人等，就便嚴行斷遣施行。

《元典章》卷一八《户部・婚姻・嫁娶・訂婚奸逃已婚為定》 至元十二年十一月，兵刑部承奉省判：

元呈豆黑厮所招女一斤交換郝進女伴姑爲妾，止是令媒人劉二嫂下送黄絹三尺，各寫訖婚書，追引本婦通奸。伊兄大嚇勒訖女一斤婚書，及將郝伴姑前來本家爲妾罪犯，及郝伴姑等各各罪名。批奉都堂鈞旨：送本部，再行擬定呈省。奉此。照得至元十一年六月二十九日，平灤路申：史延壽招：至元九年二月內，將定到妻劉瑞哥私下戲鬬，節次通奸，在逃。劉瑞哥招伏相同，本路擬於史甫處追徵元欠財錢，責付劉瑞哥父收管，將史延壽斷決。外，有劉瑞哥懷孕，下録事司聽候。至至元十年六月初九日欽奉聖旨，行下録事司照驗，去後，按察司刷出此宗文卷批寫。照得録事司申，本路勾責史延壽刁帶定婚劉瑞哥在逃通奸是實，自合詳情，已許定婚，不待財足迎娶，而相縱肆淫意，各背父母，私通在逃，即是不成夫婦之道，合行聽離。乞明降。本部議得，史延壽所犯，即係刁帶定婚妻室事理，難同凡人犯奸。又兼已於史延壽父史甫處追到元欠財錢，責付劉瑞哥父劉留住收管，及將史延壽斷訖，似難離異。外，據劉瑞哥所犯，不係見禁罪囚，又不曾前來大都，擬合令平灤路量情施行。呈奉都堂鈞旨：准擬施行。奉此。行下平灤路，依上施行了當。今來本部再行公議得：豆黑厮與郝伴姑所招，即與史延壽等所犯一體，似難離異，止據逐人不待財足迎娶私通罪犯，量情擬決各二十七下，准已婚爲定。外，豆黑厮女郝進男百兒交換親事，亦憑元立婚書成親，各依元定聘財下送。其餘干連有招人等，德州就便約量施行相應。呈奉都堂鈞旨：送本部，准呈施行。

《元典章》卷一八《户部・婚姻・嫁娶・同姓不得為婚》 至元二十五年十月十六日，尚書省：

奏過事內一件：遼陽行省與將文書來：義州一個劉義小名的人的女孩兒根底，姓劉的人根底招到做養老女婿，住了十年，生了兩個孩兒。如今同姓的人做夫妻的體例無。麽道，説將來呵，禮部官人每定奪得：羊兒年聖旨裏正月以前爲妻夫的每根底，依舊者。正月以後爲妻夫的每根底，依着聖旨體例裏，合聽離道有。若妻夫不和厮打呵，同姓麽道推託出去有。那般，同姓爲妻夫的每根底，不教聽離呵，怎生？麽道，奏呵，這言語不曾忘了。在先做了妻夫的每根底，休教聽離。從今後同姓爲妻夫的每，教禁約者。不禁約呵，似回回家體例有。麽道，聖旨了也。欽此。

《元典章》卷一八《户部・婚姻・嫁娶・受財移嫁男婦》 至元三十年九月，御史臺：

來咨：温州路同知顧文魁不應受財，將男婦李元四娘移嫁打兀府判爲妻。打兀爲有風病，難議治罪。顧同知不應罪犯，擬决四十七下。呈奉中書省劄付：刑部議得：顧文魁所招，准擬决四十七下。外，據打兀府判明知顧同知次男兒婦、違法求娶爲妻情犯，候病痊，從本道取招，就便依例施行。仍標附各官私罪過名相應。都省准擬。

《元典章》卷一八《户部・婚姻・嫁娶・嫁妻聽離改嫁》 大德元年七月，袁州路：

爲段萬十四取阿潘爲妻一十八年，却於元貞二年十二月内，將妻阿潘假作弟婦，嫁賣與譚小十爲妻，得訖財錢四定入已，申奉到江西行省劄付該：段萬十四將妻詐作亡弟婦，受財改嫁譚小十爲妻，即係義絶。罪雖經革，理合聽離，令本婦歸宗，別行改嫁。

《元典章》卷一八《户部・婚姻・嫁娶・夫嫁妻財錢革撥》 大德二年八月□日，江西行省：

據袁州路：歸問到郭季二將妻彭明四姑作妹，嫁與軍人王二爲妻，得到財錢二定、銀釵兒一隻、紅緞、媒人錢二十貫。累次行下追徵，其郭季二貧難，無可追納，合無革撥。省府看詳，係大德元年二月二十七日詔恩以前事理，若便革撥，緣係通例。爲此，移准都省咨該：送禮部照擬得：郭季二將妻彭明四姑改嫁王二爲婦，即係違法，已經行省擬斷歸宗，別無定奪。外，據元受聘財，雖稱王二並不知情，終是爲妻一年，難爲准信。又兼郭季二爲是家貧嫁妻，蓋因江南舊染風俗，實非得已。參詳，既係詔恩已前事理，如准革撥，合咨行省依上施行。都省准呈。

《元典章》卷一八《户部・婚姻・嫁娶・胡元一兄妹為婚》 大德六年四月□日，江西行省：據龍興路申，承准江西湖東道肅政廉訪司牒該，承奉行御史臺劄付該：

據監察御史呈：照刷江西行省文卷數内一件：大德四年四月二十二日，據臨江路備新喻州申：大德四年正月二十一日，據五都第十六社長胡信甫狀申：大德三年十二月初六日，有社户胡元三前來對信甫言説，我親弟胡千七將伊小女名元七娘與伊長男胡元一爲妻。我是他親兄，更不聽從勸諭，乞與申官。得此。勾責得胡元三名大舉狀結：今被申人胡千七及胡千八，與大舉係是同胞親兄弟。亡宋庚午年不記月日，有弟胡千七捧抱得七都黎層三男黎庚俚歸家爲男，改名胡寄俚，在家哺養，即今胡元一。在後，有弟胡千七生下親男胡狗俚、胡女俚、胡卯俚、胡弟俚、胡正俚，及親女一人胡細妹即今胡元七娘。於至元三十年五月，有弟胡千七又生女辰姑。於大德三年十二月初六日，有弟胡千七對大舉言道，我擇定此月初八日，將我小女元七娘與胡元一爲妻。大舉對本人道，胡元一唤元七娘爲妹，恐道理過不得。弟胡千七不從勸諭。至初八日，有弟胡千七請大舉飲酒主盟，將伊女元七娘與伊男胡元一成親。大舉道，我不敢喫你酒。説罷，大舉出外。至初十日回家，有妻阿張對大舉言説，弟胡千七初八日已將伊小女元七娘與伊男胡元一成親了當。大舉恐已後事發，必致負累。當大舉前去説知本社長知會，申報到官是的。及責得胡千七的名大安、胡千八、胡元一小名寄俚、胡右七娘即胡元七娘狀結相同。州司看詳，胡元一雖係黎層三所生之子，已是過養與胡大安爲嗣，即係胡右七娘之兄。若便議擬斷離，卑州在先不曾斷過如此體例。申乞照詳。得此。府司看詳，若便斷離，緣胡寄俚終是別姓黎層三之子，難比同姓爲婚之例。若准已婚爲定，却緣胡大安已將黎庚俚於籍内作胡寄俚名字爲姓，與胡右七娘爲兄妹，供報在官。申乞照詳事。得此。爲是已婚爲定，似難別議，劄付本路照驗。去後，據檢校官呈：檢照得，胡寄俚既與胡右七娘作兄妹，供報在官，若令已婚爲定，有失人倫。其胡大安已有親生兒男，擬合令胡寄俚歸宗作婿，似爲長便。大德五年正月初十日，又據臨江路申：准廉訪分司牒該，前事若依省劄已婚爲定，其胡千七已有親子五人承嗣，理合明行斷令胡元一認伊身的姓黎。若不改正，別無兄妹成婚爲夫妻之禮。申乞改正。得此。本省看詳，若令胡元一認姓歸宗作婿，緣係關係人倫爲例事理，移咨都省照詳，及劄付臨江路照驗。回准中書省咨該：爲前事，送禮部議得：胡元一係胡大安義子，既與胡七娘成親，參詳，合准行省檢校官及廉訪司所擬，令胡元一復其本姓，與胡七娘依舊成婚，歸還黎氏相應。據胡大安不應罪犯，已經欽遇詔恩，別無定奪。具呈照詳。咨請依上施行。准此。今來，卑職看詳，胡大安將親女胡元七娘婚配義子胡元一爲妻，原其倫理，甚非所宜。然而都省已行准擬，再難別議。今後若不通行禁止，切恐習以成俗，有傷風化，又係爲例事理，呈乞照詳。得此。憲臺合下仰照驗，行移有司，申覆合干上司禁約施行。

《元典章》卷一八《户部・婚姻・嫁娶・受財將妻轉嫁》　至大三年十一月，湖南宣慰司奉湖廣行省劄付：

來呈：劉子明將妻郭二娘作妹，憑媒受訖王萬四財錢，嫁與本人爲妻。後知事發，王萬四又用鈔四十兩買和，即係違法事理。若比（潭）〔譚〕八十一嫁妻事例，合令郭二娘歸宗，所生兒男給隨生父，元受財錢等物俱各没官。劉子明追徵無納，如准革撥，未奉通例。移准尚書省咨該：送禮部呈：參詳，劉子明受財，將妻郭二娘轉發嫁與王萬四爲妻，嫁娶俱各不應，理宜懲戒。緣詔恩以前，罪雖原免，事當改正。合准本道宣慰司所擬，將郭二娘斷令歸宗，所生兒男各隨其父，元受財錢等物追没相應。具呈照詳。都省咨請依上施行。

《元典章》卷一八《户部・婚姻・嫁娶・訂婚不許悔婚》　皇慶二年五月□日，江浙行省准中書省咨：

禮部呈：奉省判：本部元呈：晉寧路申：准本路總管石（加）〔嘉〕議關：切聞男女婚姻，五常之始，有夫婦然後有父子，有父子然後有上下。合二姓之好，爲一家之親，蓋所以承宗事、嗣後世也。今百姓之家，始於結親，家道豐足，兩相敦睦，在後不幸男家生業凌替，元議財錢不能辦足，女家不放婚娶，遂生僥倖，違負元約，轉行別嫁，亦有因取唤歸家等事，遂聘它人者。經官辨訟，遷延月日，至有所出，遵已婚爲定而斷焉。啓僥倖之路，成貪鄙之風，不惟紊煩官府，實爲有傷風化。其婦無再醮之理，一與夫合，終身不改。當職照得唐制：許嫁女已報婚書及有私約而輒悔者，杖六十。雖無許嫁婚書，但受聘財，亦是。若更許他人者，杖一百。已成者，徒一年半。後娶者知情，減一等。女各追歸前夫。今略舉見行事發到官者一十餘家，州縣往往習已成俗。以此參詳，除五年無故不成娶、聽許經官告給執照改嫁外，據已到官者，罪經欽依詔書釋免，事依唐律歸結。已後敢有犯者，比照唐律量減二等罪歸斷，女追歸前夫。如此庶革僥倖之風，似爲長便。然此緣係爲例事理，照驗更爲申覆上司，定奪明降事。准此。府司申乞照詳，早賜明降，付下遵依施行。（準）〔得〕此。本部參詳，夫婦乃綱常之道，人之大倫、禮之大節也。近年以來，民間婚姻詞訟繁多，蓋緣僥倖之徒不守節義，妄生嫌疑，棄惡夫家，故違元約，以致若此，實傷風化。今晉寧路石（加）〔嘉〕議所言，誠爲中理。如蒙准呈，本部爲例遵守，遍行照會相應。具呈照詳。批奉都堂鈞旨：送禮部，約會刑部官一同議擬施行。奉此。本部同刑部謝尚書議得：男女婚配，人之大倫，愚民無知，往往悔親別嫁，引訟不便。若不立法禁約，無以敦勸民俗。今後許嫁女已（招）〔報〕婚書及有私約、或受財而輒悔者，笞三十七下。若更許它人者，笞四十七下。已成者，五十七下。後娶者知情，減一等。女歸前夫。男家悔者，不坐，（只）〔不〕追聘財。外，據五年無故不娶者，照依舊例，聽許經官出給執照，別行改嫁。如准所言，遍行照會，劄付本部，爲例遵守相應。具呈。得此。都省咨請施行。

《元典章》卷一八《户部・婚姻・官民婚・品官取被監人男婦為妾》　至元六年十月，中書省：

據御史臺呈：山北東西道按察司申據北京路張裕爲折訖官糧，蒙總管府監收，追徵間，有本路喬知事使伊從人小劉并媒人苗娘娘等，就監房内求問訖男婦爲妻妾公事。取到知事喬得堅招伏并一干人詞因，送法司檢議得：喬得堅娶妻妾合行離異，聘財不追。據所犯緣由，係職官，約量罰俸施行。本臺呈乞照詳。省府公議得：喬得堅所犯擬罰俸一月，仍移關合干部分標注過名。所娶妾李興哥合行離異，聘財不徵。其餘有招人等，省會免罪。仰行下合屬，依上施行。

《元典章》卷一八《户部・婚姻・官民婚・官員部内結婚》　至元七年閏十一月，尚書省：

先爲來呈隨路遷轉到任官員，多與部内權豪富强之家交結婚姻，繼拜親戚，通家來往，因此挾勢欺壓貧弱，合無遍行禁約事，送户部講究得：

人倫之事，婚姻爲大。遷轉官員俱係諸色頭目人等，離鄉遠近不一，貧富不等。若止於本鄉及鄰境交結婚姻，門户須要相當，兒女須配合，及媒妁往來地里窵遠，難便成婚。因循一兩任間，兒女過時，深爲未便。爲婚若因時循情，委有實跡，自有罪名。外，據見任官與權豪富强之家，繼拜親戚，通家往來事理，除親戚及孝悌忠信學問之士可交游者外，悉皆禁約，似爲相應。乞照詳事。省府議得，除禁斷交游一節别議定奪外，部内結婚事理，比及通行定奪以來，依准户部所擬，仰照驗施行。

《元典章》卷一八《户部·婚姻·官民婚·牧民官娶部民》至元十九年正月，浙西道宣慰司近爲杭州路於潛縣尹劉蛟娶守服部民趙元一娘爲妻，呈奉行中書省劄付該：

來呈：劉蛟求娶守服趙元一娘爲次妻，本道按察司取訖不合求問服制未滿女子招伏，擬斷聽離，更將劉蛟停職等事。照得至元八年欽奉聖旨節該：泰和律令不用，休依着那者。欽此。又即目服制未定。卑司議得，劉蛟所犯，本人係於潛縣尹，牧民之官，不合定問部民趙元一娘爲次妻。後知本婦前夫服制未缺，雖是不曾過門成親，終是違錯。若依按察司所擬離職，更與趙元一娘聽離，似爲尤重。擬依按察司斷離，却令劉蛟還職勾當。據本人不因罪犯，量擬罰贖，乞照詳。都省議得，即目服制未定，擬行下本道宣慰司，如趙元一娘接受劉蛟紅定，已問到官，詞因明白，聽依理求娶，仍令劉蛟還職勾當施行。

《元典章》卷一八《户部·婚姻·官民婚·廣官妻妾嫁例》大德三年十一月，湖廣等處行省准中書省咨：

御史臺呈：准行臺咨，海北廣東道廉訪司申：李通等告：兄李榮充惠州路鈔庫大使，因病身故，抛下妻阿何，服内改嫁本路提控案牘郭克仁爲妻。除另行取問外，切見廣東烟瘴重地，北來官員離家萬里，不伏水土，染病身死者不可勝數。抛下妻妾，不能守志，改適他人，將前夫應有資財、人口席卷而去。亡殁官員骨肉未寒，家私人口已屬他人。況在廣亡殁官員老小出廣，已有應付站船定例。如蒙行移合屬，嚴加禁約，今後在廣仕宦官員若有身故，抛下老小，聽從本處官司依例起遣還家，不得擅自改嫁。如有違犯，事發到官，斷罪聽離。前夫家私若有散失，勒令陪償。可以絶詞訟之源，亦正人倫、厚風俗之一端。具呈照詳。得此。送禮部照擬回呈：參詳，兩廣遷去官員，若有身故，合准廉訪司所擬，將抛下老小家私，本處官司依例起發還家，妻妾不得改嫁。違者依上斷罪聽離相應。都省准擬施行。

《元典章》卷一八《户部·婚姻·官民婚·流官求娶妻妾》大德八年三月二十七日，江西行省准中書省咨：

御史臺呈：山東廉訪司申：體察得流官到任，不采風俗美惡，輒便欺凌部民，諮問室女婦人，虚寫婚書，捏合財錢，娶作妻室，實爲傷風敗俗。莫若禁治，今後無令任所求娶。本臺看詳，張官置吏，本以撫字黎庶，宣明教化。即今流官多不奉行，到任之後，縱情荒淫，墮廢公務，定議禁例相應。具呈照詳。送刑部，與禮部一同議得：外任官員如無正妻、或乏子嗣求妾者，若絶行禁止，不許任所求娶，却緣遷轉人員時常不得歸居鄉里，恐涉未便。以此參詳，今後流官如委亡妻及無子嗣欲娶妻妾者，許令官媒往來通説，明立婚書，聽〔娶〕無違礙婦女。違者治罪離異，追没元下財錢相應。都省准擬施行。

《元典章》卷一八《户部·婚姻·軍民婚·外甥轉娶舅母為妻》皇慶元年四月，行臺准御史臺咨：

來咨：監察御史呈：江寧縣高福告：兄高三將引嫂阿程并外甥董禎前來平江等處尋覓勾當。大德九年正月十九日，到（平）〔江〕寧縣江寧鎮尋見嫂阿程并董禎，本人稱兄高三爲阿程無子休棄，轉嫁與伊爲妻。參詳，阿程係董禎母弟尊舅高三之妻，設若高三爲無子休棄，别無外甥求娶之理。罪經原免，理合改正離異。據巡檢董禎所犯，實傷風化，難議遷用，擬合除名不叙。緣係爲例事理。准此。呈奉中書省劄付，送刑部，議得：建康路江寧鎮巡檢董禎，不應將伊母弟高三妻阿程求娶爲妻。雖已斷離，緣係敗汚風俗事理，據本人巡檢職役，合准監察御史所擬，除名不叙，標附相應。具呈照詳。都省仰依上施行。

《元典章》卷一八《户部·婚姻·休棄·離異買休妻例》大德五年八月，湖廣行省：

據湖南道宣慰司呈：據桂陽路申，追問到譚八十一告：被陳四誘説，將妻阿孟轉嫁與譚四十三爲妻。追問得譚四十三所招不應娶譚八十一妻阿孟罪犯。若斷離異，又有所生男女二名，乞明降事。得此。移准中書省咨：送禮部照擬回呈：照得見前例。今承見奉，本部議得，譚八十一爲過活生受，寫立休書，得訖譚四十三財錢，將妻阿孟轉嫁與本人爲妻。據譚八十一與本婦已是義絶，又係賣休買休，俱各違法。參詳，擬合令譚四十三與阿孟離異歸宗，其譚八十一元受財錢，依數追没相應，各人罪犯，已經欽遇釋免，别無定奪。具呈照詳。都省准呈，咨請依上施行。

《元典章》卷一八《户部・婚姻・休棄・定婦犯奸棄娶》　至元九年，御史臺：

據按察司呈吕成定婚男婦武梅梅與陳軍兒犯奸，經斷，不令男家下財，空要爲婦事。呈奉尚書省劄付：刑部披詳得：定婚妻犯奸經斷，棄則追還聘財，不棄則男家減半出財，求娶成婚，是爲相應。移准中書省咨，依准刑部所擬施行。

《元典章》卷一八《户部・婚姻・休棄・犯奸妻轉賣為驅》　至元九年，中書省劄付：

來呈：河北河南道提刑按察司申：輝州軍户周璘男周禿當告：父周璘爲禿當母阿鄧在逃捉住，蒙阿散小官人斷訖四十七下，依舊住坐。有父周璘别娶到孟大姐爲妻，信從教唆，暗地將了絲一千一百兩，立契賣與周都運家驅，配與伊驅口小蘇爲妻。汲縣斷定教伊父周璘出備元價，取母阿鄧爲良，輝州路總管府却將伊母阿鄧與周都運依舊爲驅。行移勘當得周璘狀招：爲妻鄧嫌兒犯奸在逃，捉拿到官，取訖招伏斷訖。當爲官司揭下錢債，將妻鄧嫌兒賣與周都運男周二爲驅，得到價鈔絲一千一百兩，本人當將鄧嫌兒配與伊驅蘇老爲妻。輝州路擬斷：鄧嫌兒係是良人，雖曾背夫在逃犯奸擬斷，其前夫周璘不合將妻阿鄧賣與周都運，既將阿鄧配與蘇小爲妻，到今一十四年，據所生男女，各合爲良，隨夫蘇老完聚住坐。申奉户部符文，准擬。按察司議得，鄧嫌兒本是良人，有罪經官斷遣，其夫周璘却將鄧嫌兒一面立契賣與周二總管爲驅，已犯義絶。周二總管此時明知本婦係是良人，私相買賣，將鄧嫌兒配與本家驅口蘇老爲妻，顯見意欲圖謀本婦永遠爲驅。争告到官，雖是鄧嫌兒與蘇老爲妻，至今一十餘年，亦有所生男女，終是不應。合行聽離，改正爲良，别適他人。如不願招嫁，合令伊男周禿當奉養以送終年。據元贖價錢，理合没官。本路却將鄧嫌兒斷與蘇老爲妻，事屬違錯。本臺參詳，緣係已久爲例事理。得此。送刑部定擬回呈：蒙議得，鄧嫌兒元係捕户鄧移山親女，聘與周璘爲妻。雖曾背夫在逃，與人通奸，已將本婦罪犯斷訖。既周璘不欲收拾爲妻，休棄歸宗，不合立契將本婦賣與周二總管爲驅。此時，本官明知本婦係是良人，不合承買，又行配與蘇老爲婦一十餘年，雖有所生兒男，終是違錯條法不應，難議隨夫住坐。合依按察司所擬，改正爲良，聽離，將鄧嫌兒分付伊男周禿當歸宗侍養。外，據後夫蘇老所得兒男，籍記爲良，却令隨夫住坐，似爲相應。都省議得，周璘因妻鄧嫌兒在逃犯奸斷訖，賣與周二，配與伊驅蘇老爲妻，經今一十四年，已有所生兒男，難議斷離。擬令鄧嫌兒與所生男爲良給據，隨夫住坐。若蘇老身故之後，另户名收係當差。外，據周璘所招罪犯并元賣錢，已經赦恩，别無定奪。除已劄付六部，行下合屬，依上施行。

《元典章》卷一八《户部・婚姻・夫亡・夫亡聽婦守志》　至元十年□月，中書户部：

來申：肖阿王狀告：女玉哥招到養老女婿王大，因病身死。有婿弟王二欲將女玉哥收要，不肯允順。告到濮陽縣官司，斷令王二娶。女玉哥守志不肯改嫁。取到一干人詞因。府司看詳，即係爲例之事，乞照詳事。省部相度，肖玉哥既是夫亡服闋，已經五年，守志誓不改嫁，與亡夫抛下兒女侍養伊母阿王，難議令小叔王二接續。仰更爲取責肖玉哥守志誓不改嫁執結文狀，依上施行。

《元典章》卷一八《户部・婚姻・收繼・田長宜强收嫂》　延祐五年二月初六日，江浙行省准中書省咨：

刑部呈：奉省判：遼陽省咨：大寧路據利州申，田阿段狀告：皇慶二年十月内，有夫田十羊身故，抛下阿段并兒女四個，於父段琮家守服。延祐四年三月二十七日，有婆阿馬引領男田五兒前來，對父段琮言道：我交田長宜收，你嫌那廝在先作過，不肯交收，今日交這五兒收呵，怎生？有父段琮回言：俺女孩兒持服守志，見有四個兒女，如何收的？有婆阿馬將阿段唤去伊家做飯喫用，至後晌，欲行還家。不期小叔田長宜將阿段拖到見住正房内，將門關閉，令田禄兒看門，田五兒將阿段兩手拿把，其田長宜用棍於左膊上打訖兩下，不能動止。將阿段頭髮於窗櫺上拴繫，剥去衣服，有小叔田五兒將阿段兩手拿住，令伊兄田長宜將阿段收繼了當。取訖田長宜招伏，原其所犯，甚傷風化，敗壞人倫。量擬强奸凡人例減一等，杖斷九十七下。誠恐差池，緣事干通例，宜令合干部分定擬相應。送據刑部議得，田阿段夫亡守志及六年，其叔田長宜賺去伊家，先令弟田禄兒看門，次唤田五兒將本婦兩手捉拿，親行用棍打拷，及揪拴頭髮，剥去衣服，强行奸訖。原其所犯，亂常敗俗，甚傷風化，擬合將田長宜比依强奸無夫婦人例，杖斷一百七下。其弟田五兒等就便量情斷决。田阿段聽從歸宗守志，如别行招嫁，依例斷罪，令應繼罪人收贖。如蒙准呈，遍行照會，庶可激勵薄俗。具呈照詳。得此。都省議得，田長宜所招罪犯，比依凡人强奸無夫婦人減等，杖斷九十七下，餘准部擬。咨請照驗，依上施行。

《元典章》卷一八《户部·婚姻·不收繼·侄兒不得收嫡母》 至元七年七月，尚書户部：

據河間路申：付伯川弟妻孫哇哥狀稱：翁婆并夫付三俱合身死，依理守服。至元六年十月三十日四更前，有姪男付添壽將哇哥揣抹，不曾成奸。至天明，還逐姪男張驢家内住坐。有伯伯付大稱，目今體例，姪兒合收嬸子。乞明降事。當部照得，先據河間路申，王黑兒下財續親嬸母許留奴。舊例：姪男娶訖嬸母，即是（欺）〔期〕親尊長爲婚，同奸，法各離。其王黑兒係漢兒人氏。呈奉尚書省劄付：移准中書省咨：議得：舊例：同類自相犯者，各從本俗法。其漢兒人等不合指例，比及通行定奪以來，依准本部所擬，無令接續。若本婦人服闋，自願守志，或欲歸宗改嫁者聽。許留奴雖已成親，亦合離之。仰行下合屬，依理改正施行。

《元典章》卷一八《户部·婚姻·不收繼·漢兒不得接續》 至元七年八月，尚書省：

户部呈：南京路備息州申：民户丁松告：中統元年，與母主婚，將妹定奴聘與本州時小六長男歹兒爲妻。至元二年，女婿身故，有妹定奴守服四年，不令歸宗，令男兩兒或姪姚驢收納爲妻，其定奴不肯順從。及先據河間路申：軍户趙義妻阿劉女青兒等守闋故夫崔犍兒喪服，有伯伯崔大令弟驢駒收納，不令歸宗。送法司檢詳得舊例：漢兒、渤海不在接續有服兄弟之限。移准中書省咨：議得，舊例：同類自相犯者，各從本俗法。其漢兒人不合指例。比及通行定奪以來，無令接續。若本婦人服闋，自願守志，或欲歸宗改嫁者聽。咨請照驗。省府除已劄付户部，遍行各路，出榜曉諭外，仰依上施行。

《元典章》卷一八《户部·婚姻·不收繼·兩户不得收繼》 至元十年六月，尚書户部：

來申：劉珪告：至元七年四月内，親兄劉國玉因病身故，拋下阿嫂馬氏，依例收繼。本婦年老，已有成人兒男，守志，不行改嫁。得此。府司議得：劉珪所告收嫂一節，劉阿馬、劉珪兩户别居當差，阿馬年五十歲，自願守志不嫁，况有男劉丙三十六歲，難以收繼。係已久爲例事理，乞照詳。本部相度，既是劉阿馬狀告自願守志，况已有男侍養，又兼兩户别行當差，准擬無令收繼施行。

《元典章》卷一八《户部·婚姻·不收繼·兄收弟妻斷離》 至元十二年四月，中書省：

據御史臺呈：陝西四川道按察司體察得，前南京路總管田大成收繼弟妻阿趙，取到招伏。乞明降事。送兵部，擬得：田大成奸收弟妻，廢絶人倫，實傷風化，量情擬斷八十七下，罷見職。阿趙擬斷五十七下，與大成離異。

又

至元十四年八月，中書刑部：

准禮部關：平陽路申：高平縣軍户段集秀告張義收訖弟妻，取招伏。關請照驗。准此。省部議得，張義所招，雖稱伊母阿王許將弟妻收繼，終是不應，量斷一百七下，阿段九十七下，離異。主婚伊母阿王，若不懲誡，濁亂典禮。如未年及，擬决五十七下。説合人李克孝，决三十七下。呈奉都堂鈞旨，准呈施行。

《元典章》卷一八《户部·婚姻·不收繼·守志婦不收繼》 至元十三年三月，中書户部符文：

淄萊路申：蒲臺縣韓進告：兄韓大身故，拋下嫂阿莊，乞依例收繼。問得阿莊狀結：韓大身死，自願守志，不嫁他人，亦不與小叔韓進續親。如有非理之事，願當一百七下。本縣看詳，韓進承繼兄韓大差發，理合收繼。乞明降事。本部照得近奉中書省判送曹州法都馬告：故夫弟阿散，要將法都馬收續，並不改嫁，情願守志，與男同居當差。此奉都堂鈞旨，送户部照擬得，至元八年二月内欽奉聖旨條畫内一款節該：婦人夫亡服闋，守志者聽，其舅姑不得一面改嫁。又至元八年十二月十四日欽奉聖旨節該：小娘、阿嫂根底收者。欽此。本部議得，本婦人既願守志不嫁，擬合聽從守志。呈奉都堂鈞旨，准擬。今據見申，本部再議得，今後似此守志婦人，應繼人不得搔擾，聽從守志。如却行召嫁，將各人斷罪，更令應繼人收繼。遍行照會，似望革去詞訟。呈奉都堂鈞旨，准呈施行。

《元典章》卷一八《户部·婚姻·次妻·有妻許娶次妻》 至元十三年，御史臺：

爲孟奎有妻，又娶王綉兒爲次妻等事，呈奉中書省劄付：議得，孟奎既娶王綉兒爲次妻，不係正妻，合依已婚爲定。元追財錢回付。

《元典章》卷一八《户部·婚姻·次妻·有妻許娶妾例》 至元十年，御史臺奉中書省劄付：

户部定擬得：有妻更娶妻者，除至元八年正月二十五日以前准已婚爲定，據已後更娶妻者，若委自願，聽改爲妾。今後依已降條畫，有妻再不得求娶正妻。外，若有求娶妾者，許令明立婚書求娶。都省准呈，仰依上施行。

《元典章》卷一八《户部·婚姻·驅良婚·驅口不娶良人》 至元十三年十一月初二日，中書省：

奏准事内一件：江南來的官員、客旅、軍人并諸色人每，就江南百姓人家的女孩兒、并無男兒底婦人根脚（底）〔裏〕，做媳婦（來）〔求〕將來，却行瞞昧，賣與諸人爲驅，不便當的一般。俺商量，亦不得將求的良人私下作驅貨賣。奏呵，奉聖旨：那般者。欽此。仰照驗省諭，諸人今後於迤南求娶妻室，依例憑媒寫立婚書，無得朦朧娶嫁。如有將求到媳婦爲驅貨賣，隨即改正，價錢没官，買主、賣主治罪。

《元典章》卷一八《户部·婚姻·驅良婚·奴婢不嫁良人》 至元六年二月，中書户部：

據恩州申該：李申狀告：中統三年，翟總管驅口揚牛兒作良人，求娶訖女買奴爲妻。勾到一干媒證人等，取責各人詞因，指説本人委知揚牛兒係是驅口，受財許聘了當，經今七年。取訖告人文狀。不曾斷過如此體例，申乞明降事。得此。省部公議得，奴婢嫁娶良人，除已前年分婚聘并經官斷者，止依已斷，不在此限，依舊住坐。擬自至元六年正月初一日已後，諸奴婢不得嫁娶招召良人。如委有自願者，各立婚書，許聽爲婚。呈奉到都堂鈞旨：送户部，依准所擬施行。

《元典章》卷一八《户部·婚姻·驅良婚·逃驅妄冒良人為婚》 至元八年七月，尚書户部：

據中都路來申：勘責到逃驅王納單术招伏壬子年於本使王里伯术户下作驅口附籍，至元二年背使在逃，至元五年娶訖香（阿）〔河〕縣良人故楊偉妹楊粉兒爲妻罪犯。楊粉兒招伏無異。媒人劉斌、主婚故楊偉妻阿李狀稱，除相同外，爲楊粉兒故夫張擇弟張元告發楊偉擅自將嫂改嫁，與張元物折鈔兩定，作財禮收訖。取到張元既是立媒無服，不合勒要錢物招伏。除將王納單术在逃罪犯另斷外，驅良成婚并張元受錢一節，乞明降事。爲此，照得先據本路翟阿張狀告葉里不花逃驅耿冀妄冒，與女留奴處作養老女婿公事。舊例：妄以奴婢爲良人而與良人爲夫婦，徒二年。奴婢自娶者，亦同。各還正之。耿冀既係葉里不花逃驅，依舊例，合與翟留奴聽離。即係男家妄冒，其翟阿張元下聘財，追徵還主。已經行下本路照會了當。今據見申，即係一體事理。省部相度，若王納單术委係王里伯术逃驅，於至元二年作良人求娶楊粉兒爲妻，即係男家妄冒，依例合行聽離歸宗，不還聘財，所生男女，隨母爲良。外，據劉斌要訖錢物折鈔一十五兩，追還王納單术收管。據伊兄楊偉等，不經由張元一面聘嫁楊粉兒，避罪與訖張元勒要鈔兩定，并王納單术罪犯，既係格前，别無定奪。

《元典章》卷一八《户部·婚姻·驅良婚·良人不得嫁娶驅奴》 至元二十五年十月十六日，尚書省：

奏過事内一件：人每的驅每根底，百姓每根底女孩兒與了有。男兒死了呵，媳婦、孩兒做百姓的體例有道有。在先與時分，你什麽根脚人麽道，爲甚不問與了有？明理會得是人的驅，根底與了呵，與了的後頭，是百姓人家女孩兒來，則合做百姓體例有道呵，不宜。爲那般呵，人的驅，使長根底躲避的多有。麽道，奏呵，人每的驅麽道明理會得，女孩兒每根底休與者。但是驅每根底與呵，則合做驅的體例有。麽道，聖旨了也。欽此。

《元典章》卷一八《户部·婚姻·樂人婚·樂人嫁女體例》 至元十五年，中書刑部承奉中書省劄付：

宣徽院呈：教坊司申：本管樂人户計，俱於隨路雲游。今即隨路一等官豪勢要富户之家，捨不痛資財，買不願之樂，强將應有成名、善歌舞、能粧扮、年少堪以承應婦人，暗地捏合媒證，娶爲妻妾。慮恐失誤當番承應，乞禁治事。得此。於七月十八日聞奏過，奉聖旨：是承應樂人呵，一般骨頭休成親，樂人内匹聘者。其餘官人富户休强娶，要禁約者。欽此。除已行下教坊司照會外，呈乞禁約事。都省仰欽依禁約施行。

又

至元三十年，行中書省准中書省咨：

准木八剌沙蒙古文字譯該：中書省官人每根底，木八剌沙、帖木兒不花、阿里、察吉兒等教坊司官人每言語：樂人每的女孩兒，别個百姓根底休聘與者麽道，聖旨有來。如今上位奏了，他每根底省會與呵，怎生？麽道，奏呵，那般者。省官人每根底説了，别個人根底休聘與者。他每自己其間裹聘者。生的好女孩兒呵，上位現者。麽道。欽此。

《元典章》卷一八《户部·婚姻·樂人婚·禁娶樂人為妻》 中書省咨：

至大四年八月十八日，李平章特奉聖旨：辛哈恩的爲取了樂人做媳婦的上頭，他性命落後了也。今後樂人只教嫁樂人，咱每根底近行的人并官人每、其餘的人每，若取樂人做媳婦呵，要了罪過，聽離了者。麽道，聖旨了也。欽此。

《元典章》卷一八《户部·婚姻·服内婚·焚夫屍嫁斷例》 至元十五年，行中書省：

據潭州路備録事司人户秦阿陳告：表兄杜慶病死，有嫂阿吴將兄骸骨揚於江内，改嫁彭千一爲妻。取到犯人杜阿吴招伏，不合於今年正月十二日，有夫杜慶因病身死。至十八日，焚化，將骸骨令夫表弟唐興分付趙百三揚於江内。至二十八日，憑陳一嫂作媒，得訖鈔兩銀環等物，改嫁彭千一爲妻罪犯。陳一嫂、趙百三、唐興招伏相同。省府切詳，人倫之始，夫爲婦天，尚無再醮。其阿吴所犯，亂敗風俗，若不嚴行斷治，江南新附，誠恐漸迤，風俗僥薄。除已行下潭州路，擬將阿吴杖斷七十七下，聽離，與女真娘同居守服，以全婦道，仍將元財解省。并彭千一違法成婚一節，就便取招，斷四十七下。媒人陳一嫂、（撤）〔撒〕揚骨殖人趙百三，各斷四十〔七下，唐興杖三十七下。外，仰遍行合屬，嚴行禁約〕。

《元典章》卷一八《户部·婚姻·服内婚·停屍成親斷離》 大德二年，行省准中書省咨：

樞密院呈：張德清告：本管千户王繼祖，於伊父服停屍成親。責得王繼祖狀招：元貞元年六月二十日，父王喜身故，將妻馬大姐扶娶過門，拜靈成親。至二十三日，將父王喜埋殯了當是實。具呈照詳。得此。送禮部照擬得：至元（一）〔二〕十五年十月内，奉尚書省劄付：禮部呈：河東山西道宣慰司關，（方）〔太〕原路臨州軍户王（仲）〔仲〕禄男王猪僧，至元二十一年十二月三十日娶到賀真真爲妻。至元二十三年正月内，王猪僧身死，停屍在家。王仲禄却過房到王仲福男王唐兒爲男，令王唐兒與賀真真拜訖王猪僧屍靈，收繼成親。至二月初二日，纔將王猪僧殯葬了當。收繼之後，已有所生兒男。本部照得詔條内，收嫂者有例，夫亡服缺守志者有例。其王唐兒不候葬訖伊兒，於停喪之夜，與嫂賀真真拜屍成親，大傷風化。若依已擬，將各人離異相應。都省准擬，令王唐兒與賀真真離異。本部議得，王繼祖父喪停屍，忘哀成親，亂常敗俗，莫甚於此。參詳，宜從都省劄付樞密院，斷令各人離異。所據王繼祖，擬合罷職相應。具呈。都省准呈，依上施行。

《元典章》卷一八《户部·婚姻·服内婚·服内成婚》 至元七年十二月，尚書户部：

契勘父母之喪，終身憂戚，夫爲婦天，尚無再醮。今隨處節次申到有於父母及夫喪制中往往成婚，致使詞訟繁冗。爲無定例，難便歸斷。檢會到舊例：居父母及夫喪而嫁娶者，徒三年，各離之。知而共爲婚姻者，各減三等。省部議得，若不明諭禁約，引訟不已，實是亂俗敗政。以此參詳，比及通行定奪以來，定立格限，渤海、漢兒人等，擬自至元八年正月一日爲始，已前有居父母、夫喪内嫁娶者，准已婚爲定。格後（格）〔犯〕者，依法斷罪聽離。如此，庶免詞訟，似望漸厚風俗。呈奉尚書省，移准中書省咨，依准施行。

《元典章》卷四五《刑部·諸奸·奸生子·奸生男女》 至元十年，

兵刑部擬：爲煙骸僨與李望兒通奸，刁引在逃，李望兒節次生到男女四口。除斷遣外，將奸生男分付伊父煙骸僨，奸生女分付奸婦李望兒。省准擬。

《元典章》卷四五《刑部・諸奸・凡奸・訂婚妻犯奸》 至元九年二月二十八日，尚書刑部承奉尚書省劄付：

御史臺呈：備河（南）〔東〕山西道提刑按察司申：吕成定婚〔男〕婦武梅梅，與陳軍兒犯奸經斷，不令男家下財，定要爲妻等事。據户部元擬：吕成定婚男婦武梅梅犯奸經斷，若令男家下財求娶，無以激勸室女貞潔等事。

批奉都堂鈞旨：依准所擬，劄付户部，合下，仰照驗施行。

《元典章新集・朝綱・户部・婚姻・嫁娶・年幼過房難比同姓為婚》 至治二年五月□日，漳州路抄録到至大二年四月奉江浙行省劄付：准中書省咨：

來咨：福建道漳州路龍溪縣備陳良狀告：鄰人蔡福娶蔡大女廣娘爲妻，即係同姓爲婚。取到一干人等詞因，議得：蔡福奴雖是蔡大親女，爲初年父母亡殁，親兄蔡廣仔養贍不過。至元二十八年，將伊過房與在城曹機察爲女，改名曹福奴。元貞元年，曹機察主婚，聘與蔡福爲妻。若以同姓爲婚，却緣本婦終是過房於曹家養育成人，養父曹機察主婚，明立婚書，作曹福奴嫁與蔡福爲妻，已有所出二男二女。若依龍溪縣所擬，斷令與夫完聚，事干通例，伏慮差池。請定奪回示。准此。送禮部議得：蔡福始初憑媒寫立婚書，止是求娶曹機察女廣娘爲妻，經今一十三年。因鄰人陳良告發，其廣娘自供身本姓蔡，乃曹氏乞養之女。中間情節瞞昧可疑，况本婦已有所出男女四人，比之明知同姓爲婚者不同，合准已婚爲定相應。都省准擬，依上施行。

《元典章新集・朝綱・户部・婚姻・不收繼・兄收弟妻斷離》 至治元年三月□日，福建宣慰司奉江浙省劄付：

據江陰州申：繆緊孫告房兄繆富六延祐三年九月内身故。延祐五年三月，有一般房兄繆富二令房叔繆貴三作媒，説議已故房弟繆富六妻阿房繆富六妻阿雇，於當月十六日，有繆富二違例服内收繼弟妻阿雇爲妻等事。取訖繆富二等招詞，議擬罪名。移咨中書省照詳。延祐七年三月初七日，回准中書省咨：送刑部呈：照得至大元年閏十一月内，承奉中書省判送：省委官呈：拯治盜賊至上都路兇央泊巡檢司，本處劉令史告監納接續弟妻等事。責得劉監納名君祥狀招：大德二年六月内，有叔伯兄劉大身故，抛下嫂劉阿王并姪男寶奴、不蘭奚，各年三十五歲。有叔伯弟劉三將嫂劉阿王接續了當。大德十年七月内，劉三病故。大德十一年七月内，有伯娘劉阿牛爲姪男寶奴等年幼無人養濟，告蒙本官昔寶赤合剌哈孫奥住右丞等官省會：劉君祥既是劉大親兄弟，它則是阿嫂，交它受了者。以此受續爲妻是實。得此。責得主婚人劉阿牛并劉阿王所招，與劉君祥相同。今來看詳：劉君祥接續劉阿王事理，額便斷離，見得招召他人，定是妻子失散。今已親姪。劉阿牛年今七十有三，孫男幼小，無人養濟，告蒙官司許接續。不曾斷訖如此體例，乞照詳。奉都堂鈞旨：送禮部照擬連呈。奉此。檢照得至元十四年八月二十一日刑部准禮部關段集秀告張義收弟妻例。今承見奉，本部議得：劉君祥、劉阿王，擬依前例杖斷離異。主婚伯母阿牛，年既七十二歲，依例罰贖相應。呈奉省劄：照得劉君祥所招，不應收繼弟妻，罪經釋免，依准離異，仰照驗施行。奉此。本部議得：上項事理，除主婚人繆勝八並説合一干人等既已斷訖，別無定奪。今將正犯人繆富二等（合合）〔各各〕罪名，議擬開呈照詳。都省准擬咨請照驗施行。

正犯人：

一名，繆富二。所招：因伯母繆阿包將伊過房爲男，不合將故房弟繆富六妻阿雇服内收繼爲妻。雖係尊長所命，緣兄納弟妻，大傷風化。擬合比例杖斷一百七下，離異，依舊侍養繆阿包相應。

一名，繆阿雇。所招：不合聽受姑命，與房伯繆富二服内違法成親罪犯。擬合比例杖斷九十七下，離異，所生女子，隨母歸宗相應。

元告人：繆阿賢。所招：除告實外，不合隱下常時同坐飲酒，明見繆富三合親及書寫過房文約畫字事情，出首不實罪犯。終是重事告實，（厚）〔原〕情擬免。合依行省所擬，免罪相應。

主婚人：繆阿包。所招：不合與房叔繆勝八一同主婚，令已故男繆富六妻阿雇與過房到姪男繆富二爲妻，即係本婦房伯服内違法成親罪犯。比例決五十七下。合准行省所擬相應。

《元典章新集・朝綱・户部・婚姻・服内成親・夫亡服内成親斷離與男同居》 延祐七年正月□日，承奉江浙行省劄付，准中書省咨：

來咨：建康路備句容縣申：佴必用狀告：弟佴貴三延祐三年五月十八日，因病亡殁。孝服未滿，弟婦姜三娘嫁與唐二官去了。乞施行。得此。責得佴阿姜狀招：延祐三年十月十二日，阿姜在媒人徐壽一家，與唐二官相見，喫茶説話，阿姜與訖唐二官白羅手帕一條作表記。延祐四年五月二十八日，與唐二官爲妻，服内成親是實。又責得唐二官名起莘、干連人徐實等招指相同。比例擬將佴阿姜決杖七十七下，離異，與男同居守服。唐起莘明知佴阿姜夫服未終，浼令徐實等説合成親。知而共爲婚姻，減三等。媒証人又減一等科罪。其本路所擬，終非通例。即今服制已定，宜從省府咨禀，令合干部分定擬服内成婚罪名通例遵守相應。咨請照驗。准此。送據刑部呈：照得至大元年閏十一月刑部呈准：蔡壽僧夫死八月，背婆接受李茂才財錢，小叔李五兒主婚，（嫂）〔聘〕與本人爲妾，擬蔡壽僧六十七下，李五兒四十七下，李茂才五十七下，離異，財錢没官。本部議得：佴阿姜所招伊夫佴貴三亡殁未及期年，自行主婚，令徐實并母徐阿馮、吕阿嚴等爲媒，接受唐起莘財錢，服内與本人爲妻罪犯，比例擬杖六十七下，離異，與男官保同居。唐起莘知而爲婚，決五十七下。媒人徐實、吕阿嚴各決三十七下。如是犯在減輕已前，依例減等決遣。外據徐阿馮罪犯，既將伊男徐實科斷，量擬免罪。已追到官財錢并酬謝等物，俱各没官相應。得此。都省准擬，咨請依上施行。

《元典章新集・朝綱・户部・婚姻・服内成親・祖母喪亡拜靈成親離異》 至治元年六月□日，江浙行省准中書省咨：

來咨：平江路備常熟州申：王興告：錢璋居母之喪，與男錢安一婚娶陸壽八娘拜屍成親。取訖錢璋招狀，本路推官審斷三十七下。本省看詳：錢璋所招詞因，在官詐稱母死，告假還家。其病危，議論迎娶陸壽八娘與男錢安一成婚。未曾過門，其母霍氏身死，停尸忘哀，直至娶婦成婚，會親設宴了畢，才方拜靈成服。又錢安一即係霍氏嫡孫，禮有期服。若依所禀離異，緣子女各從父母之命。欲准已婚爲定，事干通例。咨請照詳。准此。送據刑部呈：檢會到大德十年八月張德清告王繼祖停尸迎娶馬大姐全例，奉此。今奉前因，本部約請到禮部尚書張中議一同議得：錢安一祖母喪亡，不應拜靈成親。然雖父命，終是忘哀作樂，釋服從吉。擬合比例斷令陸壽八娘離異歸宗，别行改嫁。外據錢璋不應罪犯，既已斷訖，别無定奪。如蒙准呈，移咨本省，依上施行相應。具呈照詳。得此。都省准擬施行。

《至正條格・斷例》卷八《户婚・冒娶良人配驅》 至元二年四月，刑部議得：慶陽府同知尚瓚，教令部民羅文通妾劉定哥，告伊夫有妻娶妻，非理陵虐，擅斷離異。却將本婦誘説，與驅作妻，在家驅使。擬杖柒拾柒下，降貳等，雜職内叙用。劉定哥離異歸宗。都省准擬。

《至正條格・斷例》卷八《户婚・弟婦配兄》 至元二年六月，刑部議得：蘭溪州張再二，憑媒定問徐阿姚女徐新娘，與次男張住老爲妻。未曾婚娶，因張住老患病，不令徐阿姚并媒證知會，將徐新娘迎娶過門，配與長男張孫爲妻。即係違律爲婚，罪坐主婚之人，擬杖捌拾柒下，徐新娘離異歸宗。都省准擬。

《至正條格・斷例》卷八《户婚・娶囚婦為妾》 至元三年正月，刑部議得：成都路雙流縣簿尉夏震子，將嘉定路遞發到因奸殺夫起内婦人常巧哥，不行發付元籍，中途捏合詞狀，通同接受，謾昧同僚，出給執照，付本婦任便住坐，在後求娶爲妾。擬杖陸拾柒下，解見任，雜職叙用，標附，離異。都省准擬。

《至正條格・斷例》卷八《户婚・娶訂婚婦》 至元三年五月，刑部議得：未任清流縣尹蘇欽，已有妻子，又將高天祐未婚男婦鄭春兒，買囑媒證，詐捏婚書，寅夜部領人衆，强要拜門，未曾成親。量笞肆拾柒下，難任守令，擬解已除縣尹職事，别叙標附外，據鄭春兒，合令高天祐男高保兒，依例求娶。都省議得：蘇欽職居牧守，荒淫不法，合於雜職内叙用，餘准部擬。

《至正條格・斷例》卷八《户婚・禁取樂人》 至元三年九月十二日，中書省奏：俺根底，刑部官人每備着上都留守司文書：上都兵馬司指揮李普顔，娶吕陳奴名字的倡女爲妾的上頭，他根底要了招伏。比例笞決伍拾柒下，解見任别仕標附。教吕陳奴離異歸宗，給親完聚的，定擬了有，依他每定擬來的，教行呵，怎生？奏呵，奉聖旨：那般者。

《至正條格・斷例》卷八《户婚・禁叔伯成婚》 至元六年十一月初

五日，中書省奏：御史臺備着南臺御史文書裏呈：普顔篤皇帝時分，答失蠻、回回、主吾人等，叔伯成親的，教住罷了來。近年以來，答失蠻、回回、主吾人等，仍於叔伯自相成親，理合禁止。麽道，與將文書來的上頭。刑部同禮部議得：夫婦乃人倫之本，兄弟實骨肉之親，同姓尚不爲婚，叔伯豈容配偶。今後似此成婚者，合比同姓爲婚例，加貳等，各杖陸拾柒下，並令離異。婚合人等，笞肆拾柒下。許諸人首告到官，於聘財内，給中統鈔壹拾定充賞。偏行爲例遵守的説有。依部家定擬來的行呵，怎生？奏呵，奉聖旨：那般者。

《至正條格·斷例》卷八《户婚·定婚夫為盗斷離》　至元十一年六月，刑部呈：南京路申：樊德告，王招撫定問女菊花，與伊男道道爲妻，已下財錢。王道道見犯圖財殺人，難與成親。議得，凡女定婚未嫁，其夫作盗，擬合聽離，歸還聘財。都省准擬。

《至正條格·斷例》卷八《户婚·男婦配驅》　至元三十年五月，禮部議得：不魯花求娶扎不罕女盻兒，與伊男阿剌帖木兒，作童養媳婦。經今一十一年，不曾成婚。却將盻兒配與驅男塔剌赤爲妻。不魯花擬決伍拾柒下，盻兒斷付伊母扎不罕完聚，不回聘財。都省准擬。

《至正條格·斷例》卷八《户婚·西夏私婚》　至元三十年七月，甘肅省咨：西夏番漢部落混處，各家男女，私相誘説，强娶爲妻。刑部議得：河西地面，男女强取成婚，爲首者，决杖捌拾柒下，爲從減貳等。有父母之言，不待媒妁强取，爲首者，伍拾柒下，爲從減貳等。都省准擬。

《至正條格·斷例》卷八《户婚·勒娶民女驅使》　元貞元年正月，御史臺呈：劉阿王告：有男劉山兒，於蘇四處作壻。前去新店，糴米不還。蘇四告到雲州喬知州，抑勒父劉秉直，陪償米價、驢畜。爲無可備，將親女翠哥、苗哥，准折鈔柒定，喬知州指（聚）〔娶〕與弟作妻爲名，伊家驅使。又勒休棄男婦蘇孫女，别行改嫁，與王三子爲妻，以致劉秉直并阿王削髮，乞化爲生。刑部議得：知州喬天鐸逐項罪犯，止以與弟娶妻爲名，勒要部内爲事人劉秉直親生二女，在家驅使。情犯爲重，擬決柒拾柒下。罪遇原免，期年後，降貳等，雜職内叙用。劉翠哥、苗哥，給付完聚。蘇孫女，斷付伊夫劉山兒。都省准擬。

《至正條格·斷例》卷八《户婚·妄嫁妻妾》　大德二年八月，刑部議得：袁州路郭季二，將妻彭明四姑作妹，嫁與王二爲妻。各杖陸拾柒下，罪遇原免，令本婦離異歸宗。其王二既不知情，難議治罪。元下財錢，擬合給主。都省准擬。

《至正條格·斷例》卷八《户婚·定婚聞姦强娶》　大德六年六月，禮部呈：河間路田秀，憑媒説合李成姪女花心，與伊男爲妻。議定財錢，不行依理聘娶，却以風聞奸事爲由，引領人衆，各執棍捧行兇，將李成等毆傷，强將花心拖去伊家，與男成親。議得，田秀所犯，擬決伍拾柒下，離異。都省准擬。

《至正條格·斷例》卷八《户婚·姪女嫁驅》　大德七年閏五月，禮部呈：曹州禹城縣牛賽兒，欺謾姪女牛連兒孤幼，主婚暗受聘財，嫁與李合兒驅火你赤爲妻。主婚人牛賽兒、李合兒，各决伍拾柒下。罪遇原免，擬合離異歸宗，元受財錢追没。都省准擬。

《至正條格·斷例》卷八《户婚·轉嫁男婦》　大德七年三月，禮部議得：大名路魏縣元瑞，娶到王玉女，與男爲妻，不即成婚，却行冒作義女，轉嫁與王義甫義男爲妻。量決陸拾柒下，本婦改正歸宗，財錢没官。都省准擬。

《至正條格·斷例》卷八《户婚·有妻娶妻》　大德七年八月，江南湖廣道奉使宣撫呈：萬户李慶瑞，見有妻妾參人，又與仵阿劉女作養老壻。擬肆拾柒下，離異，標附。都省准擬。

《至正條格·斷例》卷八《户婚·逐壻嫁女》　大德八年二月，禮部議得：衛輝路王聚，定問到孟順女玉兒，作一十二年女壻，下訖財錢中統鈔伍定、表裏、頭面等物，與孟玉兒成親。在後孟順計筭得元與王聚錢本銷折，遣趕在外，打兑財錢，寫立私約，如壹年不行下財，便同休書。後將財錢欲取孟玉兒出舍，孟順却召有妻人耿世傑爲壻，即係違法。孟順、耿世傑，各決柒拾柒下，將本婦斷付王聚。先下財錢，已過定例，未滿年限，不須貼住。耿世傑元下財錢，追徵没官。孟玉兒，雖有招伏，原情恕罪。都省准擬。

《至正條格·斷例》卷八《户婚·職官娶倡》　大德八年五月，刑部議得：河南省都鎮撫哈剌，因差於歸德府館驛内安下，唤倡女申燕哥，宿睡後娶爲妻。量決伍拾柒下，罪遇釋免，解任别仕，申燕哥離異。都省准擬。

《至正條格·斷例》卷八《户婚·居喪嫁娶》 至大元年閏十一月，遼陽省咨：利州蔡珍告：妹壽僧，聘與李四十爲妻，李四十病故八月，本婦背伊婆李阿楊，接受李茂才定物。利州斷令守服，蔡壽僧却行逼令李阿楊，受託李茂才財錢，小叔李五兒主婚，聘與本人爲妻。刑部議得：蔡壽僧，擬決陸拾柒下。李五兒不應服内主婚嫁嫂，量決肆拾柒下。李茂才知情求娶，量決伍拾柒下。李阿楊，既非得已，原情可恕。蔡壽僧，擬合離異，若有所生男女，許從其父。元財没官。都省准擬。

《至正條格·斷例》卷八《户婚·僧道娶妻》 至大四年十二月，刑部議得：洞宵宫道士胡仁方，娶高二娘爲妻，生長貳男，同家聚活。擬決陸拾柒下，罪遇原免，合令爲民。所生貳男，既過房與胡康七爲嗣，别無定奪。高二娘，雖稱出家，合令還俗歸宗。都省准擬。

《至正條格·斷例》卷八《户婚·娶定婚婦》 皇慶元年十月，御史臺呈：陝西行臺察院書吏郝大亨，根隨御史巡歷到白水縣，照刷過李帖住男萬僧告朱阿賀元定弟婦朱愛哥，許與郭君璋爲妻文卷。在後郝大亨母阿馮身故，不行守服終制，違例多寫財錢等物，將帖住已定男婦朱愛哥，定問爲妻，服内成親。刑部議得：郝大亨明知朱愛哥已許李帖住男醜漢爲妻，經官争理未定，多下財錢，服内求娶。擬合加等斷玖拾柒下，欽遇釋免，除名不叙。朱愛哥，既是聽從母命，難擬坐罪。斷付前夫，財錢没官。都省准擬。

《至正條格·斷例》卷八《户婚·妄嫁妻妾》 延祐元年五月，刑部議得：金復州新附軍百户塔海，憑媒求娶到良女白閏奴爲妾，却行受錢，轉嫁與王黑狗爲妻。量決伍拾柒下，罪遇原免，解任别仕。白閏奴離異歸宗，財錢没官。都省准擬。

《至正條格·斷例》卷八《户婚·娶有夫婦人》 至治二年二月，刑部議得：沔陽府景陵縣達魯花赤阿思蘭羊阿，取受被問，託病不出，就於羈管之所，違法求娶有夫婦人王良妻爲妾。罪遇釋免，難任牧民，擬合解任，雜職叙用。婦人離異。都省准擬。

《至正條格·斷例》卷八《户婚·夫亡招壻》 至治二年三月，刑部與禮部議得：婦人夫亡，已有所出男女，抛下家産，可以養贍。不守婦節，輒就夫家再行召壻，破蕩前夫家産，理合禁止。今後有犯，如未終制，本婦、後夫、媒合、保見人等，比依服内成親例，一體斷罪。若已服闋者，量事輕重科決，並行離異。仍追破費前夫家産給主，元下財錢没官。都省准擬。

《至正條格·斷例》卷八《户婚·兄妻配弟》 至治二年閏五月，刑部議得：商州安庭秀，因長男安觀奴與妻崔雲兒成親之後，不相和諧，觀奴出外，却行配與次男童童爲妻。安庭秀杖柒拾柒下。安童童、崔雲兒，雖有父母舅姑之言，終非可從之事，減等各杖陸拾柒下，仍令離異。都省准擬。

《至正條格·斷例》卷八《户婚·典雇妻妾》 至治二年九月十六日，中書省奏：江浙省官人每備着信州路文書，俺根底與將文書來：至元二十九年，世祖皇帝時分，御史臺呈備浙東道廉訪司文字：南方百姓典雇有夫婦人，不許典雇。夫婦不相離，一同典雇的，教聽者。麽道，禁治呵。到今爲不曾定擬到決斷他每的罪名例有。麽道，與將文書來的上頭，俺教刑部定擬呵，今後若有受財典雇妻妾與人的，決斷伍拾柒下，本婦離異歸宗，元錢没官。和同的本夫本婦并雇主同罪，引領媒保人等，減壹等決斷。主首、豪霸人等，因催官物，或索私債，以力逼勒典雇爲妻妾的，決斷陸拾柒下。本婦責付本夫完聚，不追聘財。麽道。教禮部官人每，再行定擬呵，合依刑部定擬的體例禁治。麽道，與將文書來有。依着他每定擬來的，教行呵，怎生？奏呵，奉聖旨：那般者，教禁治者。

《至正條格·斷例》卷八《户婚·同姓爲婚》 至治二年十一月，刑部議得：東平路劉成，將女嫁與劉海男爲妻。既是同姓，主婚之人，各笞肆拾柒下，離異。元下財錢没官，媒人量笞貳拾柒下。都省准擬。

《至正條格·斷例》卷八《户婚·娶逃驅婦爲妾》 泰定四年六月，刑部議得：鳳翔府寶鷄縣尹雷復禮，將在逃驅婦趙金金占恪，不行發遣，却接訴良文狀，斷令爲良，斷後七日，收納爲妾。革後告發，纔方休棄。原其所犯，難任牧民。擬決四拾柒下，解見任，標附，雜職内叙，婦人離異。都省准擬。

《至正條格·斷例》卷八《户婚·禁娶樂人》 泰定四年六月，刑部議得：處州路松陽縣達魯花赤燕只哥，前任確山縣達魯花赤，有妻，寫立婚書，將樂人李奔兒，娶爲次妻。罪經原免，廉訪司已將李奔兒斷令離異，元下財錢没官。今後官吏并富實人等，不許違例求娶樂人以爲妻妾。樂藝之家，亦不得許嫁。違者，嫁娶之家，坐以不應，各笞肆拾柒下，財錢没官。有職役者，解任别叙。都省准擬。

《至正條格·斷例》卷八《户婚·娶男婦妹為妾》 泰定四年八月，禮部議得：濟寧路肥城縣郝拗兒，娶男婦親妹劉秀兒爲妾，甚失尊卑之禮。罪經釋免，令劉秀兒，離異歸宗。元下財錢等物，没官。都省准擬。

《至正條格·斷例》卷八《户婚·禁收庶母并嫂》 至順元年九月二十三日，中書省奏：御史臺備着監察每文書，俺根底與將文書來：漢人殁了哥哥，他的阿嫂守寡，其間兄弟每收繼了多有。似這般呵，體例裏不厮似一般有。如蒙定擬通例禁治的。與將文書來的上頭，教禮部定擬呵：今後漢人、南人收繼庶母并阿嫂的，合禁治。麽道，定擬行有。依他每定擬的，教行呵，怎生？奏呵，奉聖旨：那般者。欽此。刑部議得：今後似此有犯男子、婦人，各杖捌拾柒下，主婚者笞伍拾柒下，媒合人肆拾柒下，聘財一半没官，一半付告人充賞。雖會赦猶離之。都省准擬。

《至正條格·斷例》卷八《户婚·冒娶良人配驅》 元統元年九月，户部與刑部議得：良人嫁驅，自願者聽，已有定例。其巧立名色，捏寫婚書，妄冒求娶良家子女，轉配驅奴者，所生男女，俱合隨母爲良，别立户名，收係當差。主婚妄冒之人，笞伍拾柒下，有職役者，解任别叙。保親、媒合人等，減貳等科斷。都省准擬。

（元）鄭文融《鄭氏規範》 一、子孫有妻子者，不得更置側室，以亂上下之分，違者責之。若年四十無子，許置一人，不得與公堂坐。【略】

一、婚姻乃人道之本，親迎醮啐奠雁授綏之禮，人多違之。今一祛時俗之習，其儀式竝遵《文公家禮》。

一、婚嫁必須擇温良有家法者，不可慕富貴以虧擇配之義。其豪强、逆亂、世有惡疾者，毋得與議。【略】

一、娶婦須以嗣親爲重，不得享賓，不得用樂，違者罰之。入門四日，壻婦同往婦家，行謁見之禮。

一、娶婦三日，婦則見於祠堂，男則拜於中堂，行受家規之禮。先拜四拜，家長以家規授之，祝其謹守勿失。復拜四拜而去，又以房扁授之，使其揭於房闥之外，以爲出入觀省，會茶而退。

《大明令·户令·指腹為親》 凡男女婚姻，各有其時。或有指腹割衫襟爲親者，并行禁止。【略】

凡嫁娶，皆由祖父母、父母主婚。祖父母、父母俱無者，從餘親主婚。若夫亡攜女適人者，其女從母主婚。若已定婚，未及成親而男女或有身故者，不追財禮。其定婚夫作盜及犯徒、流移鄉者，女家願棄，聽還聘財。其定婚女犯姦，經斷，夫家願棄者，追還聘財。五年無故不娶及夫逃亡過三年不還者，并聽經官告給執照，别行改嫁，亦不追財禮。

《大明令·禮令·民間嫁娶》 凡民間嫁娶，并依朱文公《家禮》。

《元史》卷一〇三《刑法志·户婚》 諸兄收弟婦者，杖一百七，婦九十七，離之。雖出首，仍坐。主婚笞五十七，行媒三十七。諸居父母喪，姦收庶母者，各杖一百七，離之，有官者除名。

《元史》卷一〇三《刑法志·户婚》 諸有女納壻，復逐壻，納他人爲壻者，杖六十七。後壻同其罪，女婦前夫，聘財没官。諸職官娶娼爲妻者，笞五十七，解職，離之。諸有妻妾，復娶妻妾者，笞四十七，離之。在官者，解職記過，不追聘財。諸先通姦被斷，復娶以爲妻妾者，雖有所生男女，猶離之。諸轉嫁已歸未成婚男婦者，杖六十七，婦歸宗，聘財没官。諸受財以妻轉嫁者，杖六十七，追還聘財；娶者不知情，不坐，婦人歸宗。諸以書幣娶人女爲妾，復受財轉嫁他人者，笞五十七，聘財没官，妾歸宗，有官者罷之。諸僧道悖教娶妻者，杖六十七，離之，僧道還俗爲民，聘財没官。

《御製大誥·婚姻》 同姓、兩姨姑舅爲婚，弟收兄妻，子承父妾，此前元之胡俗。朕平定之後，除元氏已成婚者勿論。自朕統一，申明我中國先王之舊章，務必父子有親，君臣有義，夫婦有别，長幼有序，朋友有信，方十八年矣。有等刁頑之徒，假朕令律，將在元成婚者，兒女已成行列，其無藉之徒，通同貪官污吏，妄行告訐，致使數十年婚姻，無錢者盡皆離異，有錢者得以完全。此等之徒，異日一犯，身亡家破，悔之晚矣。胡人之俗，豈止如此而已。兄收弟婦，弟收兄妻，子承父妾，有一婦事於父生子一，父亡之後，其妾事於正妻之子，亦生子一，所以夫婦無别，綱常大壞，與我中國聖人之教何如哉？設理舊事，難爲者多矣，所以元氏之事不理，爲此也。今後若有犯先王之教，罪不容誅。

《御製大誥續編·婚娶》 古至如今，凡人父母，未有不慈者。其慈之道，非是强爲，實是自然之道。有等愚父母止知寬愛爲慈，豈知寬愛反害於子。其寬愛害於子者，爲何？寬則無教，愛且姑息，致子諸事不能，止靠祖業。父母方逝，身既不能，産業日消，窘於衣食，是其不慈也，是其反害也。有等慈父母，外加嚴容，内懷寬愛，善教不墮刑憲。比子長成，諸事善爲，終世不乏衣食。雖曰嚴容，其寬愛之道顯矣。朕自開國以來，凡官多用老成。既用之後，不期皆係老奸巨猾，造罪無厭。及至進用後生，皆是年壯英俊。初，父母且賢，致令習學經書，通達古今，已成士矣。其父母寬愛之道，得其宜也。至此之際，各各父母反爲愚夫愚婦。子既年壯，公私作爲，無有不可者。朕既授以官，且有厚禄，隻身在任，朝出暮歸，寒暑爲之自調，湯藥亦爲之自奉。其父母愚而不與之娶，致令孤守厚禄，淫慾之情横作。一旦苟合於無藉之婦，暮去朝來，精神爲之妄喪，財物由是而空虚，天生誠實之性，因而散亂，雖古智人君子，莫復其原，豈不艱哉。今以《誥》告，凡在京有官君子之父母，即早婚娶前來，以固子天生自然之性。不然，暫染娼優，污合村婦，性一乖爲，莫可得而再治。其諸父母，早爲之計。

（明）何廣《律解辯疑》大明律卷六《户律·婚姻·典僱妻女》 凡將妻妾受財典僱與人爲妻妾者，杖八十。典僱女者，杖六十。婦女不坐。（止）不坐，追還財禮。

議曰：並離異者，謂將妻妾及女典僱與人，若妄作姊妹嫁人，及知而典娶者，兩離異，婦女歸宗。

（明）何廣《律解辯疑》大明律卷六《户律·婚姻·妻妾失序》 凡以妻爲妾者，杖一百。妻在，以妾爲妻者，杖九十，並改正。若有妻更娶妻者，（止）違者，笞四十。

議曰：妻者，齊也。履雖新不可加之於首，冠雖敝不可踐之於足。妾雖美色，不可擅入爲妻；妻雖貌陋，不可擅改爲妾。若以妻爲妾，以妾爲妻，則□□□履系亂禮經也。

（明）何廣《律解辯疑》大明律卷六《户律·婚姻·逐婿嫁女》 凡逐婿嫁女，或再招婿者，杖一百。

議曰：逐婿嫁女者，謂趕逐贅居女婿於外，仍將女嫁與他人爲妻妾也。或再招婿者，謂如逐去前婿，却再招婿入贅在家者，故坐杖刑之罪。《釋文》：贅婿，稱人體之有肱贅。舍書四等：一曰養老，謂終身在妻家做活也；二曰年限，謂約以年限，與婦歸宗者；三曰出舍，與妻家析居；四曰歸宗，謂年限已滿，或妻亡並離異歸宗者。

（明）何廣《律解辯疑》大明律卷六《户律·婚姻·居喪嫁娶》 凡居父母及夫喪，而身自嫁娶者，杖一百。若男子居喪娶妾，妻女嫁人爲妾者，各減二等。（止）並離異。

議曰：妻女嫁人，指何人妻女？

講曰：妻，謂喪夫之妻；女，謂喪父母之女也。若女居父母喪、妻居夫喪嫁人爲妻者，杖一百；嫁人爲妾者，各減二等，杖八十。罪亦如之，謂命婦夫亡，喪服已滿，而嫁人爲妻者，杖一百；爲妾者，杖八十。若妾居家長之喪，而身自嫁娶者，律雖無文，終有斬衰之服，合依本律減二等，杖八十，〔離〕異。本律云男子居喪娶妾，妻女嫁人爲妻妾者，謂居父母、夫喪，終身憂戚，欲報不可得，三年從吉，與者，爲通禮也。夫爲婦天，尚無再醮。凡居父母及夫喪，謂二十七個月内，□□□。嫁娶者，謂持服男子娶妻，而妻女出嫁者，若男子居喪娶妾，及將妻女嫁人作妾者。命婦者，謂夫男有官爵，得受封贈誥命者，有犯追奪。其雖入流品官之妻，不曾受封贈者，與常人同。

知而共爲婚姻者，各減五等。不知者，不坐。

議曰：各減五等，謂如男子無喪，（如）〔知〕婦女居夫及父母之喪，而娶爲妻妾者；又如婦女無喪，知男子居父母喪而嫁與爲妻妾者，各於〔正〕犯人所得杖一百及杖八十罪（止）〔上〕減五等科之。不知者不〔坐，謂〕男不知嫁女有喪，及婦女不知男有喪，故云不知者。

若居祖父母、伯叔父母、姑、兄弟姊喪而嫁娶者，杖八十，妾不坐。

議曰：妾不坐者，謂如男子娶妾，妻女嫁人爲妾，並不坐。此等（父）〔服〕制因輕，故云不坐。並還依《典僱妻女》及不應娶妾律，各於本法科罪。若無子娶妾者，勿論。

若居父母、舅姑及夫喪，而與應嫁娶人主婚者，杖八十。其夫喪服滿，願守志，非女之祖父母、父母而强嫁之者，（止）追還財禮。

議曰：非女（子）之祖父母、父母者，謂大功以下親屬輒强嫁之者，謂伯叔父母、姑兄姊妹及侄嫁之者。

（明）何廣《律解辯疑》大明律卷六《户律・婚姻・父母囚禁嫁娶》

凡祖父母、父母犯死罪被囚禁，而子孫嫁娶者，杖八十。爲妾者，減二等。（止）亦不得筵宴。

議曰：其祖父母、父母犯流罪以下被囚禁，而命子孫嫁娶者，不坐，亦不得筵宴。爲妾者，減二等，謂男子娶妾，及妻女嫁人爲妾者，杖六十。

（明）何廣《律解辯疑》大明律卷六《户律・婚姻・同姓為婚》 講曰：娶同姓爲妻，則已知矣。若娶爲妾，應離否？

解曰：買妾，初不知其姓，則取問之。同姓，蓋混沌已判，分土爲姓，始乃一祖也。今娶爲妾，亂法不殊妻妾，乃同姓爲婚，得罪，並離異。

（明）何廣《律解辯疑》大明律卷六《户律・婚姻・尊卑為婚》 凡外姻、有服、尊屬、卑幼共爲婚姻，及娶同母異父姊妹，若妻前夫之女者，各以姦論。

議曰：外姻有服尊屬卑幼者，謂外祖及妻之父母有服之親，而與己或尊屬，或卑幼，若作婚姻者，是名尊卑共爲婚姻。各以姦論，謂各依《親屬相姦》及《和姦》律斷之，難爲犯姦常人論。

其父母之姑、舅，兩姨姊妹及姨，若堂姨、母之姑、堂姑、己之堂姨，及再從姨、堂外甥女，（止）杖八十。並離異。

議曰：父之姑舅、兩姨姊妹，於身無服，乃是父母緦麻，以身孝之，是爲尊屬，故不合娶。及姨，止是母大功尊屬。若堂姨，雖於父母無服，亦當尊屬。母之姑及堂姑，並是父母之小功以上尊屬。若己之堂姨及再從姨，據身雖無服，並是尊屬。若堂外甥女，又係堂姨姊妹之所生者。女婿及子孫婦之姊妹，於身雖並無服，據禮不可爲婚。並爲尊卑失序，淆亂人倫。違此爲婚者，各杖一百，離異。

（明）何廣《律解辯疑》大明律卷六《户律・婚姻・娶親屬妻妾》

凡娶同宗無服之親及無服親之妻者，各杖一百。若娶緦麻親之妻及舅甥妻，（止）各杖八十。

議曰：謂同宗無服親，若緦麻及舅甥〔小〕功以上妻，此等及被出或夫亡改嫁他人，即於前夫義絶。若姦者，依律止是凡姦，故於嫁娶亦同（犯）〔凡〕姦之罪，杖八十。一云父黨曰親，母黨曰戚；又云屬曰親，親曰眷。若娶小功以上親爲妻，各以姦論，謂依小功《親屬相姦》條論。若收父祖妾及伯叔母者，各斬。若兄亡收嫂、弟亡收弟婦者，各絞。

問曰：假如父祖妾及伯叔母、兄弟妻，其曾被出已改嫁，因後夫亡而娶爲妻者，若何處斷？

答曰：雖曰悖理亂倫，但被出改嫁，已與前夫義絶。况此條續於曾被出之後，而以若字會之，是知此等被出及改嫁而娶爲妻妾者，據律亦杖八十。妾各減二等。

議曰：謂如娶同宗無服以下，及弟亡收弟婦以上，若係妾者，各於本罪上減二等。若小功以上，比姦論。其相姦，本律妾減一等，即是通減三等。若父祖妾，不在減等之限，並離異。

（明）何廣《律解辯疑》大明律卷六《户律・婚姻・娶部民婦女為妻妾》 凡府、州、縣親民官，任内娶部民婦女爲妻、妾者，杖八十。若監臨官娶爲事人妻妾，（止）不坐。

議曰：爲事人，謂人有（罪）〔事〕，而求監臨官司曲法判事，娶其妻妾及女者。女家並同罪，謂部民與親民官同杖八十，爲事人與監臨官同杖一百。兩離之，謂親民官及監臨官者，若爲事人，皆不得爲妻妾者，令婦、令女歸宗。各加二等，謂强娶部民婦女，杖一百；强娶爲事人妻妾女，杖七十，徒一年半。罪亦如之，謂子孫、弟侄、家人娶部民婦女，及娶爲事人妻、妾、女，並强娶者，親民官、監臨官、女家各依上條科罪。

（明）何廣《律解辯疑》大明律卷六《户律・婚姻・娶逃走婦女》

凡娶犯罪逃走婦女爲妻、妾，知情者，與同罪。至死者，減一等。（止）免罪者，不離。

議曰：知情，謂知係犯罪逃亡婦女而娶爲妻妾者。若犯流罪以下，並與同科。犯死罪，而知情娶者，減等，杖一百，流三千里，仍離異。其不知情者，雖不坐罪，亦當離異。若娶犯罪逃亡無夫婦女，又經會赦免罪者，不得離異，聽爲妻妾。

（明）何廣《律解辯疑》大明律卷六《户律・婚姻・强佔良家妻女》

凡豪勢之人，强奪良家妻女，姦佔爲妻、妾者，絞。婦女給親。配與子孫，（止）男女不坐。

講曰：若强奪良家四十以上無子妾，若何處斷？

解曰：妻妾，貴賤雖不同，難比姦親屬妾減罪。得罪，在於强奪上論。

（明）何廣《律解辯疑》大明律卷六《户律・婚姻・娶樂人爲妻妾》

講曰：附過。候應襲之日，降一等，設有官員次庶子有犯，作何科斷？

解曰：附過。謂蔭襲兒男。庶子既不當襲，何以附過？照律決之。

（明）何廣《律解辯疑》大明律卷六《户律・婚姻・僧道娶妻》 議曰：謂以《僧道犯姦》條内科之。

（明）何廣《律解辯疑》大明律卷六《户律・婚姻・良賤爲婚姻》

凡家長與奴娶良人女爲妻者，杖八十；女家減一等，不知者不坐。其奴自娶者，（止）杖一百。

議曰：謂家長與奴娶良人爲妻，因而入籍爲婢者；或奴自娶，家長知情，因而入籍爲婢者，家長杖一百；奴止杖八十之罪。其奴自娶，家長不知情，而入籍爲婢者，奴杖一百，家長不坐。

（明）何廣《律解辯疑》大明律卷六《户律・婚姻・男女婚姻》 凡男女定婚之初，若有殘疾、老幼、庶出、過房、乞養者，務要兩家明白通知，各從所願，（止）聘財者亦是。

議曰：但曾受財聘，謂如受鈔一貫，及緞帛一尺以上者，亦是。其供設酒食（所費雖）多，不同聘財之罪。本律云婚姻者，謂夫父母曰婚，謂婦父母曰姻；又曰婿於婦家曰婚，婦於婿家曰姻；又曰娶婦以婚曰姻，又婦人因人而成故曰姻。

若再許他人，未成婚者，杖七十；已成婚者，杖八十。後定娶者，知情與同罪，財禮入官。不知者，不坐。（止）不追財禮。

議曰：罪亦如之，謂男家背約而輒（悔）再定他人，不限已未成婚，依上條女家輒悔者律，笞五十，不追財禮，女家聽其再嫁他人。

其未成婚男女有犯姦盜者，不用此律。

議曰：謂如未成婚男子有犯姦盜者，不追財禮；女子有犯，追還財禮，不在輒悔再許之限，故云不用此律。

若爲婚而女家妄冒者，杖八十，追還財禮。男家妄冒者，加一等，不追財禮。未成婚者，仍依原定；已成婚者，離異。

議曰：仍依原定，謂如男女殘疾，令弟兄姊妹妄冒相見，未曾成婚者，仍依原相妄冒相見男女爲婚。若冒相見男女已先聘許他人者，不在此限。

《大明律直解所載明律》卷六《户律・婚姻・居喪嫁娶》 凡居父母及夫喪，而身自嫁娶者，杖一百。若男子居喪娶妾，妻女嫁人爲妾者，各減二等。若命婦夫亡再嫁者，罪亦如之，追奪，并離異。知而共爲婚姻者，各減五等。不知者不坐。若居祖父母、伯叔父母、姑、兄姊喪而嫁娶者，杖八十。妾不坐。若居父母、舅姑及夫喪，而與應嫁娶人主婚者，杖八十。其夫喪服滿，願守志，非女之祖父母、父母而强嫁之者，杖八十；期親强嫁者，減二等。婦人不坐，追歸前夫之家，聽從守志。娶者亦不坐，追還財禮。

《大明律直解所載明律》卷六《户律・婚姻・父母囚禁嫁娶》 凡祖父母、父母犯死罪被囚禁，而子孫嫁娶者，杖八十；爲妾者，減二等。其奉祖父母、父母命而嫁女、娶妻者，不坐。亦不得筵宴。

《大明律直解所載明律》卷六《户律・婚姻・男女婚姻》 凡男女定婚之初，若有殘疾、老幼、庶出、過房、乞養者，務要兩家明白通知，各從所願，寫立婚書，依禮聘嫁。若許嫁女已報婚書及有私約，（謂先已知夫身疾殘、老幼、庶養之類。）而輒悔者，笞五十。雖無婚書，但曾受聘財者，亦是。若再許他人，未成婚者，杖七十。已成婚者，杖八十。後定娶者，知情，與同罪，財禮入官。不知者不坐，追還財禮，女歸前夫。前夫不願者，倍追財禮給還，其女仍從後夫。男家悔者，罪亦如之，不追財禮。其未成婚男女，有犯姦盜者，不用此律。若爲婚而女家妄冒者，杖八十，追還財禮。

謂如女有殘疾，卻令姊妹妄冒相見，後卻以殘疾女成婚之類。

男家妄冒者，加一等，不追財禮。

謂如與親男定婚，卻與養男成婚；又如男有殘疾，卻令兄弟妄冒相見，後卻以殘疾男成婚之類。

未成婚者，仍依原定；已成婚者，離異。其應爲婚者，雖已納聘財，期約未至而男家强娶，及期約已至而女家故違期者，并笞五十。若卑幼，或仕宦，或買賣在外，其祖父母、父母及伯叔父母、姑、兄、姊後爲定婚，而卑幼自娶妻，已成婚者，仍舊爲婚；未成婚者，從尊長所定。違者，杖八十。

《大明律直解所載明律》卷六《户律・婚姻・同姓為婚》 凡同姓爲婚者，各杖六十，離異。

《大明律直解所載明律》卷六《户律・婚姻・妻妾失序》 凡以妻爲妾者，杖一百。妻在，以妾爲妻者，杖九十，并改正。若有妻更娶妻者，亦杖九十，離異。其民年四十以上無子者，方聽娶妾，違者，笞四十。

《大明律直解所載明律》卷六《户律・婚姻・逐婿嫁女》 凡逐婿嫁女，或再招婿者，杖一百。其女不坐。男家知而娶者，同罪。不知者亦不坐。其女斷付前夫，出居完聚。

《大明律直解所載明律》卷六《户律・婚姻・娶親屬妻妾》 凡娶同宗無服之親及無服親之妻者，各杖一百。若娶緦麻親之妻及舅甥妻，各杖六十，徒一年。小功以上，各以姦論。若收父祖妾及伯叔母者，各斬。若兄亡收嫂，弟亡收弟婦者，各絞。妾各減二等。若娶同宗緦麻以上姑姪姊妹者，亦各以姦論。并離異。

《大明律直解所載明律》卷六《户律・婚姻・良賤為婚姻》 凡家長與奴娶良人女爲妻者，杖八十；女家減一等；不知者不坐。其奴自娶者，罪亦如之。家長知情者，減二等。因而入籍爲婢者，杖一百。若妄以奴婢爲良人，而與良人爲夫妻者，杖九十。各離異、改正。

《大明律直解所載明律》卷六《户律・婚姻・典雇妻妾》 凡將妻妾受財典雇與人爲妻妾者，杖八十。典雇女者，杖六十。婦女不坐。若將妻妾妄作姊妹嫁人者，杖一百，妻妾杖八十。知而典娶者，各與同罪，并離異，財禮入官。不知者不坐，追還財禮。

《大明律直解所載明律》卷六《户律・婚姻・尊卑為婚》 凡外姻有服尊屬卑幼共爲婚姻，及娶同母異父姊妹，若妻前夫之女者，各以姦論。其父母之姑舅兩姨姊妹及姨，若堂姨、母之姑、堂姑，己之堂姨及再從姨、堂外甥女，若女婿及子孫婦之姊妹，并不得爲婚姻。違者，各杖一百。若娶己之姑舅兩姨姊妹者，杖八十。并離異。

《大明律直解所載明律》卷六《户律・婚姻・娶樂人為妻妾》 凡官吏娶樂人爲妻妾者，杖六十，并離異。若官員子孫娶者，罪亦如之，附過，候蔭襲之日，降一等，於邊遠叙用。其在洪武元年以前娶者，勿論。

《大明律直解所載明律》卷六《户律・婚姻・娶部民婦女為妻妾》 凡府州縣親民官，任内娶部民婦女爲妻、妾者，杖八十。若監臨官娶爲事人妻妾及女爲妻妾者，杖一百。女家并同罪。妻、妾仍兩離之。女給親，財禮入官。强娶者，各加二等。女家不坐，不追財禮。若爲子孫、弟姪、家人娶者，罪亦如之。男女不坐。

《大明律直解所載明律》卷六《户律・婚姻・娶逃走婦女》 凡娶犯罪逃走婦女爲妻、妾，知情者，與同罪。至死者，減一等。離異。不知者，不坐。若無夫，會赦免罪者，不離。

《大明律直解所載明律》卷六《户律・婚姻・嫁娶違律主婚媒人罪》 凡嫁娶違律，若由祖父母、父母、伯叔父母、姑、兄姊及外祖父母主婚者，獨坐主婚。餘親主婚者，事由主婚，主婚爲首，男女爲從；事由男女，男女爲首，主婚爲從。至死者，主婚人并減一等。其男女被主婚人威逼，事不由己，若男年二十歲以下，及在室之女，亦獨坐主婚，男女俱不坐。未成婚者，各減已成婚罪五等。若媒人知情者，各減犯人罪一等。不知者，不坐。其違律爲婚，各條稱離異、改正者，雖會赦，猶離異、改正。離異者，婦女并歸宗。財禮，若娶者知情，則追入官。不知者，則追還主。

《大明律直引所附問刑條例和比附律條・户例・婚姻・尊卑為婚》

一、照得内外軍民之家，多有（婦）夫亡再嫁，將前夫之女與後夫之子類成婚姻，俗爹翁娘母，習以爲常，恬不爲怪。查得律内，子與繼母則有三年之喪，女與嫁母仍有期年之服，同居（記）〔繼〕父又有齊衰之制。今乃苟合成婚，則是爲子者不母其母而外母其母，爲女者不母其母（其）〔而〕姑其母。況同居繼父，又豈宜以翁稱之？以此稱呼不明，名分不正，風俗由之而壞，人（論）〔倫〕由是而紊，殆夷狄禽獸之不如，深爲聖化之累。此與娶同母異父姊妹各以姦論，律意相同。合無特移都察院通行天下，出榜禁約：除已婚配外，今後婚姻之家，務要依律成婚。違者，徑依娶同母異父姊妹律條科斷，離異，改正。如此，庶使婚姻以禮，風俗正而人倫明矣。

《御製大誥武臣·以妾為妻》 祥符衛指揮郭祐，他去征進雲南，取到一個婦人回家爲妾。他聽信本婦捏説是非，將乙未年間原娶正妻曹氏如常打罵，連他兒女家人二十六口趕出另住，每日止與他帶糠粟米八升，卻將雲南取來的婦人收爲正妻。如此不才。事發，貶去雲南。他乙未年娶的結髮夫妻，到今三十餘年，有兒有女了，且當初離亂時東奔四走，多少艱難，纔過活得到而今。而今天下太平了，他做官享俸禄，正好夫妻每受快活，他卻將他娘兒每趕出了，一日止與他帶糠粟米八升，他二十六口人，如何過？這等無恩義的，也那裏是個人。

（明）陳永《法家裒集》 一、如妻因夫逃亡三年之内，不告官司而擅改嫁者，夫回告奪，斷付何人？

答曰：三年之内嫁者，則在所禁限之内，與之夫喪未滿，而身自嫁者，不殊相應，依律問罪斷給前夫，給還財禮。

（明）曹端《曹月川集·家規輯畧》 擇配，必於男女十四五以上，方見賢愚，否則必有後悔。葬埋之法，當用趙忠敏公族葬之圖，左昭右穆，以世爲列，不可淆亂。

（明）張楷《律條疏議》卷首《典雇妻女》 凡將妻妾受財典雇與人爲妻妾者，杖八十。典雇女者，杖六十。婦女不坐。若將妻妾妄作姊妹嫁人者，杖一百。妻妾杖八十。知而典娶者，各與同罪，並離異，財禮入官。不知者不坐，追還財禮。

講曰：妻妾妄作姊妹嫁人，娶者或有不知之理。既曰典爲妻妾，即非男女婚姻之禮。今曰不知者不坐，追還財禮，豈有不知者哉？説者以爲不知者，非指不知典娶，乃指不知是伊妻女而言。蓋典與雇異，雇如雇工，一船不過在家役使，不久即去。典者如典田典宅，就與爲業，有爲夫婦之義。故本條言，若知是彼妻女而典娶者，坐罪。不知係彼妻女，信其詐説，係是親戚等項婦女，而典娶之者，不坐罪。然亦不敢臆斷，姑存之，以備參講。

（明）張楷《律條疏議》卷六《男女婚姻》 凡男女定婚之初，若有疾殘、老幼、庶出、過房、乞養者，務要兩家明白通知，各從所願，寫立婚書，依禮聘嫁。若許嫁女已報婚書及有私約，謂先已知夫身疾殘、老幼、庶養之類。而輒悔者，笞五十。雖無婚書，但曾受聘財者，亦是。

疏議曰：凡人家男女講議婚姻之時，若男女本身或有疾病，或有傷殘，或老或幼，或係妾婢庶出，或係本宗及異姓之家過房乞養者，務要兩家將已上數事明白通知，各從其家所欲。若知前項數事而不願者，則止。其或知之而情願爲婚者，寫立婚書，依嫁娶禮式納聘遣嫁。若許嫁之女已曾報有納聘婚書，及私下曾有議約，明知本夫係疾殘、（者）〔老〕幼、庶養之類，已願與之爲婚而輒悔不與者，女家主婚人笞五十。雖不曾回報婚書，但已受男家財禮者，雖鈔一貫，布一尺，即係已定。若悔者，亦笞五十，其女各歸其夫。若供設酒食，所費雖多，不同聘禮。

若再許他人，未成婚者杖七十，已成婚者杖八十。後定娶者，知情與同罪，財禮入官。不知者不坐，追還財禮。女歸前夫，前夫不願者，倍追財禮給還，其女仍從後夫。男家悔者，罪亦如之，不追財禮。其未成婚男女有犯姦盜者，不用此律。

疏議曰：若前項已受聘定之女，輒悔而再許他人，未成婚者，女家主婚人杖七十，女歸前許之家。如已與再許之家成婚者，女家主婚人杖八十。若後定娶之男家知其女先已許人而再定再娶之者，與女家主婚人同罪，未成婚，杖七十。已成婚，杖八十。其後聘定之財禮入官。若不知其已曾許人而定娶之者，不坐，追財禮還後定之人。其女斷歸前定之夫，前夫不願者，加倍追其原聘財禮給還前夫，其女仍從後夫。若男家已有私約而輒悔者，亦笞五十。再娶他人女未成婚，亦杖七十，仍娶前女。後聘女家不追財禮，聽其別嫁。已成婚者，杖八十，前女家亦不追財禮，聽從再許他人。後許嫁之女家知其先已聘他人女而再許嫁之者，亦同男家杖七十、八十之罪。故曰男家悔者，罪亦如之，財禮亦不在入官之例。其或女子已受男子聘定，未成婚配，而男子有犯姦盜者，聽其別嫁，不追財禮。女子有犯姦盜者，聽其別娶，追還財禮，不在禁其再嫁再娶之事，故曰不用此律。

若爲婚而女家妄冒者，杖八十，謂如女有殘疾，却令姊妹妄冒相見，後却有殘疾女成婚之類。追還財禮。男家妄冒者，加一等，謂如與親男定婚，却與義男成婚。又如男有殘疾，却令弟兄妄冒相見，後却以殘疾男成婚之類。不追財禮。未成婚者，仍依元定。已成婚者，離異。其應爲婚者，雖已納聘財，期約未至，而（里）〔男〕家强娶，及期約已至，而女家故違期者，並笞五十。

疏議曰：若男女爲婚，而女本有殘疾，女家却將無疾之姊妹妄冒相見，後却以殘疾女成婚之類者，謂之女家妄冒。其主婚人杖八十，追還原聘財禮。若男家先定人女子名與親男爲婚，後却與義（里）〔男〕成婚，或男有殘疾，令無疾兄弟妄冒相見，後却以殘疾男成婚之類者，謂之男家妄冒。其主婚人加一等，杖九十，不追財禮。若前項妄冒聘定男女未成婚者，仍將原妄冒相見之無疾兄弟、姊妹爲婚，故曰仍依原定。若已將殘疾男女成婚者，婦女離異歸宗。其無妄冒等項事情而應合爲婚者，雖已納受聘財而所議定之期約未至，而男家强要娶之，及期約已至而女家故意違期不與者，並笞五十。

若卑幼或仕宦或買賣在外，其祖父母、父母及伯叔父母、姑、兄姊後爲定婚，而卑幼自娶妻，已成婚者，仍舊爲婚，未成婚者，從尊長所定。違者，杖八十。

疏議曰：卑幼如子孫、弟姪之類。或出仕爲官，或爲商賈年久出外，而其祖父母、父母及伯叔父母、姑、兄姊在家爲其聘定婚姻，而卑幼在外自己聘娶妻室者，如自娶者若已成婚，許其爲婚，尊長所定之女聽其别許。若未成婚，從尊長所定者婚娶，自聘者從其别嫁。如違尊長而務從自己所定者，杖八十。後字指出外之後而言，非謂尊長定親在後，而自己聘娶在先也。謹詳律意，男女婚姻，須憑信義。既有私約，豈可悔乎？悔且坐罪，况再許乎？男室女家，貴乎情願，既有不協，其可冒乎？冒許不可，况冒娶乎？同坐杖刑，責其反覆也。約而未至，是曰先期，期而已逾，是曰爽約。均坐笞罪，咎其食言也。卑幼出外，長爲求婚，卑幼不知，自己擇配，已成者，婚姻已合，難俾分離；未成者，卑幼合休，還從尊定。

（明）張楷《律條疏議》卷六《娶逃走婦女》 凡娶犯罪逃走婦女爲妻妾，知情者，與同罪。至死者，減一等，離異。不知者不坐。若無夫會赦免罪者，不離。

疏議曰：凡婦女犯罪逃亡，有人娶爲妻妾者，若知是逃亡婦女，流罪以下並與婦女同科。唯婦人本犯死罪，所娶男子，得減一等，杖一百，流三千里。婦女離異。若不知逃亡之情而娶之者，不坐。若婦人本係無夫，原犯逃亡之罪已蒙赦免者，聽與後娶之夫完聚，不離異。

謹詳律意，婦女犯罪，固爲不良。犯罪而逃，尤爲不順。知而藏匿，尚論蔽奸，娶以爲偶，實爲同惡。治罪既同，斷離合異，婦歸前夫，女歸本宗。婦犯死罪，則男得減科。男不知情，則難同婦罪。若婦夫已亡，婦罪亦赦，以私則身無所歸，以公則法無所礙，聽其爲偶，不在斷離。

（明）張楷《律條疏議》卷六《父母囚禁嫁娶》 凡祖父母、父母犯死罪被囚禁，而子孫嫁娶者，杖八十。爲妾者減二等。其奉祖父母、父母命，而嫁女娶妻者，不坐，亦不得筵宴。

疏議曰：凡人之祖父母、父母犯死罪，見被官府囚禁，爲子孫者，當以尊長之罪爲憂。若有在家嫁娶者，杖八十，嫁娶爲妾者，減二等。其奉囚禁之祖父母、父母所命而嫁娶者，不坐，聽其嫁娶，亦不得開設筵宴，作樂。蓋所以嫁娶者因奉尊命，不得已而爲之。若更飲酒作樂，則是縱一己之欲，而忘尊長之憂。有犯之者，亦以前罪論。

謹詳律意，父祖既被拘囚之苦，子孫當存憂戚之心。今反嫁娶以成婚，則是忘憂而縱欲。故妻杖八十，妾亦減科。奉命婚配，既非自專，故原情而可恕，設宴爲懽亦由自縱，則論罪與前同也。

（明）張楷《律條疏議》卷六《娶部民婦女為妻妾》 凡府州縣親民官，任内娶部民婦女爲妻妾者，杖八十。若監臨官娶爲事人妻妾及女爲妻妾者，杖一百，女家並同罪，妻妾仍兩離之。女給親，財禮入官，强娶者各加二等。女家不坐，不追財禮。若爲子孫弟姪家人娶者，罪亦如之，男女不坐。

疏議曰：凡府州縣親民官而於治任之内，娶其民人之婦女爲妻妾者，杖八十。監臨官如法司，問理刑獄，及管囚徒工役等項官員，而娶其所問、所管囚人之妻妾，及娶其女爲妻妾者，杖一百，女家並與同罪。所娶婦女既不給還夫壻，又不斷與官員，並令歸其本宗，收養住過，故曰仍兩離之，原聘財禮追入官府。若有恃其官勢豪强以娶之者，各加二等。各字指府州縣官與監臨官而言。女家不坐，不追財禮，以其受制於人，初非情願也。若府州縣官及監臨官爲其子孫弟姪家人而娶部民婦女，及爲事人妻妾女子者，亦依上杖八十、杖一百科之，女家同罪。妻妾兩離，財禮入官。强者亦加二等，女家不坐，不追財禮。故曰罪亦如之。男女不坐者，蓋罪止坐官員與婦女之父夫也。

謹詳律意，部屬出其治下，所以役使奉承，娶以爲妻，體統失矣，可不加之禁乎？所監臨之妻妾使配己以成婚，若非獻媚以求容，未免倚權而肆欲，故兩家而同罪。在官員則係勢娶，在前夫則爲義絶，故兩離以給親。以勢力强娶者必被受制，故加等，而不坐女家。爲其下求婚者，下非所專，故曰同罪，而男女免罪。此所謂變而不窮者，法之意也。

（明）張楷《律條疏議》卷六《娶親屬妻妾》 凡娶同宗無服之親，及無服親之妻者，各杖一百。若娶緦麻親之妻及舅甥妻，各杖六十，徒一年，小功以上各以姦論。其曾被出及已改嫁而妻爲妻妾者，各杖八十。若收父祖妾及伯叔母者，各斬。若兄亡收嫂、弟亡收弟婦者，各絞。

疏議曰：同宗無服之親，如高祖親兄弟，曾祖堂兄弟，祖再從兄弟，父三從兄弟，本身四從兄弟，三從姪，再從姪孫，並緦麻絶服之外，禮所謂祖免親也。服制雖盡，親義則存，故凡娶此等親及此等親之妻者，各杖一百。若娶同宗緦麻親之妻及甥娶舅妻，舅娶甥妻，與其夫尊卑有服，故男女各杖六十，徒一年。小功以上，多係本宗外親，惟外祖父母有小功服，其親義俱爲切至，若有娶此等親之妻者，則依姦小功以上親論罪，男女各杖一百，徒三年。其前項親屬之妻，曾經本夫離出，及夫死改嫁他人，而娶爲妻妾者，即於前夫服義並絶，故男女各坐，杖八十，以凡姦論也。若小功以上親之妻寡在夫家而娶之者，亦依姦小功以上親論。若收父祖之妾及伯母叔母者，各斬。兄亡收嫂，弟亡收弟婦者，各絞。以其同在一家，故不曰娶，而曰收也。【略】

疏議曰：謂如娶同宗無服親之妾者，杖八十。娶緦麻親之妾，及舅甥妾者，各杖九十。娶小功以上親之妾者，杖八十，徒二年。其娶前項親屬之妾而曾被出，及已改嫁者，杖六十。若收伯叔之妾，兄亡收兄妾，弟亡收弟妾者，各杖一百，徒三年。故曰妾各減二等。

問曰：妾減二等，若娶爲妾，得減二等否？

答曰：如本婦原係祖免以上親之妾者，得減二等。若原係妻，今娶爲妾，止依娶妻之罪，不得減科。如前爲妾，今娶爲妻，亦依娶妾減罪。

若娶同宗緦麻以上姑姪姊妹者，亦各以姦論。

疏議曰：若有人娶同宗緦麻以上之姑姪女及姊妹者，亦各以姦同宗緦麻以上親論罪，各杖一百，徒三年。

問曰：上言收伯叔母者，斬。設有寡伯母改嫁他人而娶之者，亦得斬罪否？

答曰：《刑統賦》云：繼母改嫁，即非繼母。况伯母乎？蓋娶伯母雖爲亂倫，既已改嫁，合會上文被黜改嫁之意，止杖八十。上請發落。

又問：婢經放爲良，後娶爲妻，應否？

答曰：妻者，將家事，奉祭祀，既具六禮，取則二儀，婢雖經放從良，終係賤隸，豈可承家事之重，奉祭祀之大？合坐不應，離之。

又問：設有妻前夫之女，自來不曾同居而娶之者，同常人否？

答曰：親屬相姦條内皆止稱姦妻前夫之女者，杖一百，徒三年。本條亦曰娶妻前夫之女者，以姦論。皆不論服制，但以人倫爲重。雖不同居，亦合以姦論罪。並離異。

疏議曰：自娶同宗無服之親，以至娶姑姪姊妹，其間罪名雖有輕重，俱爲傷敗風化，所娶之婦，皆合離異歸宗。

謹詳律意，無服而曰同宗，是出一本也。既出一本，其可娶乎？緦麻以及舅甥，於服稍輕也。服輕而名分則在，其可娶乎？期功而娶，乖義非輕，坐以姦淫，於情爲稱。至親麀聚，瀆倫爲甚，各坐死刑，於法爲當。姑姪姊妹，既出同宗，况有服制之關，即同淫亂之行。並須離異，蓋皆非其偶也。

（明）張楷《律條疏議》卷六《居喪嫁娶》 凡居父母及夫喪，而身自嫁娶者，杖一百。若男子居喪娶妾，妻女嫁人爲妾者，各減二等。若命婦夫亡再嫁者，罪亦如之。追奪，並離異。知而共爲婚姻者，各減五等，不知者不坐。若居祖父母、伯叔父母、姑、兄姊喪而嫁娶者，杖八十，妾不坐。

疏議曰：凡男子婦女，見居父母及夫之喪制，而本身自行嫁人爲妻，或自娶妻者，杖一百。若男子居喪娶妾，婦人居夫喪，女子居父母喪而嫁人爲妻妾者，各減二等，杖八十。若受封之命婦，夫厄而再嫁者，罪亦如之。謂再嫁人爲妻者，杖一百，爲妾者，杖八十。追奪其原關誥勅，並離異者，謂前項居喪嫁娶，及命婦再嫁者，婦女並須離異，歸其本宗，不得與後夫完娶。若知其係是居喪及命婦而娶爲妻妾，及婦女知其居喪而嫁爲妻妾者，各減男女罪五等。爲妻者笞五十，爲妾者笞三十，不知而嫁娶者，不坐。若男女有居祖父母、伯叔父母、姑、兄姊喪而嫁娶爲妻者，杖八十，爲妾者，不坐罪。

若居父母舅姑及夫喪而與應嫁娶人主婚者，杖八十。其夫喪，服滿願守志，非女之祖父母、父母，而强嫁之者，杖八十。期親强嫁者，減一等，婦人不坐。追歸前夫之家，聽從守志，娶者亦不坐，追還財禮。

疏議曰：若男子居父母，婦女居舅姑及夫喪，而與應婚娶之人主婚者，杖八十。其婦人居夫之喪，服制已滿，自願守志不嫁，若非女之祖父母、父母，而强嫁之者，杖八十。如女之期親而强嫁之者，減二等，杖六十，本婦不坐，追還已故前夫之家，聽從其自守己志。其娶本婦之人，亦不坐罪，仍追財禮給還。蓋女本守志而强奪其志，知男本無婚而欲聘爲婚，其罪皆在强嫁之者，男女初無意焉。故上言婦人不坐，下言娶者亦不坐，罪有所歸矣。

謹詳律意，喪服之内，哀痛方深，况親與夫其哀爲甚。身自嫁娶者，固爲忘孝，嫁娶爲妾者，亦豈當爲。命婦夫亡改嫁，則是忘悖國恩。男女知而爲婚，即係自己失節，或治罪而追奪，或減等以科刑。事干風化，非細故也。居喪主婚，雖若無妨，從吉忘哀，亦爲悖義。服滿守志，實爲婦道當然。非親强嫁，則是使之失節。親杖八十，女仍守節，亦以敦風化也。

（明）張楷《律條疏議》卷六《良賤為婚姻》　凡家長與奴娶良人女爲妻者，杖八十，女家減一等，不知者不坐。其奴自娶者，罪亦如之。家長知情者減二等，因而入籍爲婢者，杖一百。若妄以奴婢爲良人，而與良人爲夫妻者，杖九十，各離異改正。

疏議曰：凡家長與奴娶良人家女爲妻者，杖八十，女家知情者，減一等，杖七十。不知者不坐。其不由家長命而奴自娶良人爲妻者，罪亦如之。家長知情者減二等，坐杖六十。因而將所娶之婦報入户籍爲婢者，家長杖一百。若家長妄以奴婢爲良人，而與良人爲夫妻者，家長杖九十。謂之各離異改正者，以前項三者既定其罪，婦女斷歸本宗，故曰離異。良人仍爲良人，奴婢仍爲奴婢，故曰改正。

謹詳律意，奴爲賤人，配當從類，其可娶良人乎？故事由家長，則家長坐罪，而奴得免科。事由本身，則奴自坐罪，而家長減等。上可制下，下必禀上也。良爲奴婦，已失等倫，因此作配，爲賤甚矣，罪加於娶，情實重焉。奴婢各有宜配，冒良以求良人，情與娶良配奴，均爲悖理亂常，離異〔改〕正，則良賤不至於混淆矣。

（明）張楷《律條疏議》卷六《娶樂人為妻妾》　凡官吏娶樂人爲妻妾者，杖六十，並離異。若官員子孫娶者，罪亦如之，附過，候廕襲之日降一等，於邊遠叙用。其在洪武元年已前娶者，勿論。

疏議曰：樂人，今之教坊司妓者。謂文武官吏娶樂人爲妻妾者，杖六十，並離異。若官員家下之子孫娶樂人爲妻妾者，亦杖六十，離異。故曰罪亦如之。如係軍職子孫，則附其過名於籍，候廕襲之日，於其父祖職事上降下一等，調邊遠倘門叙用。其在洪武元年以前娶者，勿論，亦不離異，以其初無法禁也。

謹詳律意，樂人，娼優之賤。官吏，禄仕之良。平居尚禁姦淫，家室豈宜匹配，故罪則坐以六十，婦則離異歸宗。設若官員子孫娶娼爲配，雖無官守，亦斁彝倫，杖斷並離，候廕降用，蓋欲其知所自重也。前朝已娶，時無禁條，免罪不離，弗追前過。

（明）張楷《律條疏議》卷六《嫁娶違律主婚媒人罪》　凡嫁娶違律，若由祖父母、父母、伯叔父母、姑、兄姊及外祖父母主婚者，獨坐主婚，餘親主婚者，（餘親謂期親卑幼及大功以下尊長卑幼婚者。）事由主婚，主婚爲首，男女爲從，事由男女，男女爲首，主婚爲從。至死者，主婚人並減一等。其男女被主婚人威逼，事不由己，若男年二十歲以下，及在室之女，亦獨坐主婚，男女俱不坐。未成婚者，各減已成婚罪五等。若媒人知情者，各減犯人罪一等，不知者不坐。

疏議曰：嫁娶違律，指上文諸條同姓、尊卑、親屬、良賤爲婚之類。若其嫁娶之謀起自祖父母、父母、伯叔父母、姑、兄弟及外祖父母者，違律之罪，獨坐主婚之人。若餘親，如期親卑幼及大功以下尊長卑幼主婚者，若嫁娶之事起於主婚之人，則以主婚之人爲首，所嫁娶之男女爲從。若事由男女，則男女爲首，主婚之人爲從。至死罪者，則主婚之人雖係爲首，亦減一等。其男女被主婚之人威勢臨逼，所謀之事，不由其己，若雖無威逼之情，而男子年二十歲以下，及在室之女，皆須主婚人主使者，則獨坐主婚人罪，而男女皆不坐。若上文諸條嫁娶違法者，雖已聘定，未曾成婚，各減已成婚罪五等。如背夫在逃因而改嫁，雖得絞罪，若但曾受聘，未曾成婚，得坐杖七十，徒一年半。餘可類推。若諸條違法嫁娶，而媒人知條違法，與之説合者，各減犯人罪一等。不知違律之情，而與之爲媒者，不坐。

問曰：本條言嫁娶違律，乃通前諸條而言，諸條違律得死罪者，止有收父祖妾及伯叔父母者，斬。兄亡收嫂，弟亡收弟婦者，絞。叅詳收字，則不由主婚，不用聘定，可知矣。妻背夫在逃因而改嫁者，絞。本條之下，另設至死者，主婚減一等矣。而此言至死者，主婚之人減一等，指何條死罪而言？

答曰：此一條乃上諸條之凡例，亦惟指妻背夫在逃改嫁者而言，不然，則前之收祖父母妾等項，既無主婚矣，餘條違法嫁娶，俱無死罪矣。若不主此條而説，則又何所主哉。

其違律爲婚各條稱離異改正者，雖會赦猶離異改正。離異者，婦女並歸宗。財禮若娶者知情則追入官，不知者，則追還主。

疏議曰：其前項各條違律爲婚，而本條凡願離異改正者，雖會赦猶離異改正。稱離異者，婦女並歸其本宗。其聘定之財禮，若娶者知其違律之情，則追入官，不知而娶，則追還娶者。聘而未娶者，財禮亦然。

謹詳律意，嫁娶違犯禁律，其罪合有所歸，至親尊長主婚，罪歸尊長，其餘親屬爲主，罪坐所由。至若男女被主婚威逼，勢不能支，男女或未能自爲，須人以主，凡有違律，悉坐主婚。媒人則知情者減科，不知者不坐。財禮則不知者給主，知情者入官。離異改正，會赦必正而必離。或婦或女，皆歸其宗而完娶，此婚姻之總目，諸條之凡例也。

（明）張楷《律條疏議》卷六《妻妾失序》 凡以妻爲妾者，杖一百。妻在以妾爲妻者，杖九十。並改正。若有妻更娶妻者，亦杖九十，離異。其民年四十以上無子者，方聽娶妾，違者，笞四十。

疏議曰：妻者，齊也。與夫齊體之人。妾者，接也。僅得接見而已。其貴賤固有分定，豈可易乎？如有人以正妻爲妾，不令當夕之類者，杖一百。有妻在室，而以妾爲妻，使與己並者，杖九十。既治其罪，必使妻仍爲妻，妾仍爲妾，故曰改正。若已有妻更娶妻者，杖九十。後娶之妻，離異歸宗。其民人年四十以上，正妻不曾生子者，方聽娶妾。若未年四十無子，及四十之上有子而娶妾，是違此律也，坐笞四十。

問曰：有妻更娶妻，後娶妻應離。未離之間，而後妻犯夫之伯叔者，作何擬斷？

答曰：一夫一婦，庶民常職，有妻再娶，雖妻不正者也。既已事發應離，但未離耳，其非常人而何，止依凡人爲當。若未曾事發，在家完娶而有所犯，一依正妻議罪。

又問：民既違法娶妾，不離異，何也？

答曰：不犯名分，况係無子，故不離。

謹詳律意，妻妾之分，貴賤不侔。以妻爲妾，是以貴處賤也。妻在而以妾爲妻，是使賤加貴也。治罪改正，使冠履不致倒植焉。有妻而妻，是占分也，故必坐罪以離異。四十無子恐絶後也，故聽娶妾而孕育。仁之至、義之盡矣。

（明）張楷《律條疏議》卷六《同姓為婚》 凡同姓爲婚者各杖六十，離異。

疏議曰：古人立氏立姓，正欲有别，不娶同姓，所以附遠厚别也。若娶同姓爲婚，或以女嫁同姓人者，各杖六十，婦女離異歸宗。

律意見疏議。

（明）張楷《律條疏議》卷六《典雇妻女》 凡將妻妾受財典雇與人爲妻妾者，杖八十。典雇女者，杖六十。婦女不坐。若將妻妾妄作姊妹嫁人者，杖一百，妻妾杖八十。知而典娶者，各與同罪，並離異，財禮入官。不知者不坐，追還財禮。

疏議曰：典者，如典田、典屋之類，以價易去而原價取贖。雇者，如雇船、雇車之類，驗日還價而不必取償也。謂如有人將自己之妻妾或典或雇與他人爲妻妾者，杖八十。將自己女典雇與人者，杖六十。婦女俱不坐罪。若將自己妻妾妄作姊妹嫁人者，杖一百。妻妾各杖八十。此則責其通同欺誑，非如典雇之專制在夫也。有知係他人妻妾而典雇婚娶者，與本夫同罪。婦女並離異歸宗，所受財禮追入官府。不知而典娶者，不坐其罪，退財給還，妻妾仍兩離異。

問曰：上文言典雇嫁，而下止言典娶知情同罪，財禮入官，不言雇者，何也？

答曰：典娶年久，有爲夫婦之義。雇則雇倩而已，雖知是伊妻妾，終須不久，雖有雇價，終非財禮，故不坐也。

謹詳律意，男女有婚姻之禮，典雇非妻女之宜，雖曰取則以資生，其實敗倫而傷化。然此皆由夫父所主，故坐杖刑，决非婦女所甘，故不坐罪。妻妾詐爲姊妹嫁人以取資財，此必夫婦共媒，難同典雇不坐。知而典娶，則是並與和同，罪則同科，財禮追入官府。不知不坐，蓋亦被欺者也。

（明）張楷《律條疏議》卷六《尊卑為婚》 凡外姻有服尊屬卑幼共爲婚姻，及娶同母異父姊妹，若妻前夫之女者，各以姦論。

疏議曰：外姻者，非本宗之親，如母黨、妻黨之類，外姻尊屬則如外祖父母、舅姨、妻之父母、表兄，外姻卑幼則如外甥、女婿、表弟之類，謂如此等尊屬與此等卑幼共爲婚姻，及娶同母異父姊妹爲妻，若娶妻前夫之女爲妻者，各以姦論。謂各依姦前項親屬律杖一百，徒三年。

其父母之姑舅、兩姨姊妹，及姨若堂姨、母之姑、堂姑、己之堂姨及再從姨、堂外甥女，若女婿，及子孫婦之姊妹，並不得爲婚姻，違者各杖一百。若娶己之姑舅兩姨姊妹者，杖八十，並離異。

疏議曰：其父母之姑舅兩姨姊妹，乃是父母緦麻之親，於身無服，在分爲尊。姨乃父母小功之尊，堂姨亦父母無服尊屬，母之姑、堂姑並是母之小功以上尊屬，已上堂姨及再從姨、堂外甥女，謂堂姊所生者，若女婿之姊妹及子孫婦之姊妹，於身雖並無服，據禮不可爲配，若有違此以成婚者，各杖一百。若娶己之姑舅兩姨姊妹者，杖八十。並離異者，謂前項親屬疎戚雖異，論罪亦殊，而所娶之婦女，俱合離異歸宗也。

問曰：親屬相姦律稱姦緦麻以上親者，杖一百，徒三年。本條上言娶外姻有服親者，以奸論。則是凡外姻有服而娶之者，皆得杖徒也。姑舅兩姨之姊妹，亦是（總）〔緦〕麻外親而娶之，何以止杖八十？

答曰：上文乃是尊屬與卑幼，於名分不當，故以姦論。若此姑舅兩姨姊妹，本同行輩，不犯名分，故止坐杖八十，離異。

謹詳律意，外姻尊屬姓雖異，而服制猶存。同母姊妹氣雖殊，而所出則一。前夫之女，亦妻所出，雖非親女之比，終有卑幼之嫌。若娶爲婚，各以姦論。外姻無服，名分尚存，論凡姦則失之輕，依有服則失之重。故杖一百，此折其衷。己之姑舅、兩姨姊妹，實同行輩。既無同出之避，宜坐八十之刑，並須斷離，不得完聚。包上文數事而言，既不應婚，難與爲偶也。

（明）雷夢麟《讀律瑣言》卷六《户律·婚姻·男女婚姻》 凡男女定婚之初，若有疾殘、老幼、庶出、過房、乞養者，務要兩家明白通知，各從所願，寫立婚書，依禮聘嫁。若許嫁女已報婚書及有私約，謂先已知夫身疾殘、老幼、庶養之類。而輒悔者，笞五十。雖無婚書，但曾受聘財者，亦是。若再許他人，未成婚者，杖七十，已成婚者，杖八十。後定婚者知情與同罪，財禮入官，不知者不坐，追還財禮。女歸前夫。前夫不願者，倍追財禮給還，其女仍從後夫。男家悔者，罪亦如之，不追財禮。其未成婚，男女有犯姦盜者，不用此律。若爲婚而女家妄冒者，杖八十，謂如女有殘疾，却令姊妹妄冒相見，後却以殘疾女成婚之類。追還財禮。男家妄冒者，加一等，謂如與親男定婚，却與義男成婚。又如男有殘疾，却令弟兄妄冒相見，後却以殘疾男成婚之類。不追財禮。未成婚者仍依原定，已成婚者，離異。其應爲婚者，雖已納聘財，期約未至，而男家强娶，及期約已至，而女家故違期者，並笞五十。若卑幼或仕宦或買賣在外，其祖父母、父母、及伯叔父母、姑、兄姊後爲定婚，而卑幼自娶妻已成婚者，仍舊爲婚，未成婚者，從尊長所定，違者杖八十。

瑣言曰：男女婚姻，通兩家之好，殘疾、老幼、庶出、過房、乞養務要明白通知，各從所願，寫立婚書，依禮聘嫁，不得有所妄冒。其已明白通知，而女家報有婚書、立有私約、受有財禮者，皆謂許嫁。已許嫁而輒悔者，笞五十。然未許他人，雖有悔心，猶可合也。若再許他人，則其盟已悖，不可合矣。然未成婚，雖爲違盟，猶可改也。若已成婚，則其節已失，不可改矣。此所以有杖七十、杖八十之分也。其再許之人知而定者，亦杖七十，娶者，亦杖八十。故曰：罪同，財禮入官，不知者不坐，追還財禮，其女歸還前大完聚，所以全信也。前夫不願爲婚者，倍追財禮給還，其女仍從後夫，姑以全節也。若女許嫁而男家悔者，亦笞五十，再定他人之女者，亦杖七十，娶者，亦杖八十。故曰：罪亦如之，雖或不願完聚，亦不追財禮。若已報婚書，而未成婚之男女有犯姦盜者，則義不可以復合，聽其□□別嫁，不用悔親之律。姦盜不必分男女，蓋男姦雖可説，而女盜豈可娶哉？況七出之條盜已居一矣。若兩家通知而女家妄冒，其男猶有離出之條，故杖八十，追還財禮。男家妄冒，則其女將抱終身之恨矣，故杖九十，不追財禮，未成婚者減已成婚五等，仍以原相通知之男女爲婚。故曰：仍依原定，已成婚者，離異。男家强娶，是女未及笄而强娶之也；女家故違期，是女既及笄而不嫁也；過期不及期皆非婚姻之正，故並笞五十。卑幼仕宦、買賣在外，其尊長在家者，於其出外之後爲定婚姻，而卑幼在外不知又自聘娶，已成婚者仍舊爲婚，尊長所定之女聽其別嫁。未成婚者，從尊長所定女爲婚，其自定之女聽其別嫁。若未成婚而不從尊長所定者，杖八十。

（明）雷夢麟《讀律瑣言》卷六《户律·婚姻·娶親屬妻妾》 凡娶同宗無服之親及無服親之妻者，各杖一百。若娶緦麻親之妻及舅甥妻，各杖六十，徒一年。小功以上，各以姦論。其曾被出，及改嫁而娶爲妻妾者，各杖八十。若收父祖妾及伯叔母者，各斬。若兄亡收嫂，弟亡收弟婦者，各絞。妾各減二等。若娶同宗緦麻以上姑姪姊妹者，亦各以姦論。並離異。

瑣言曰：娶妻不娶同姓，况同宗無服之親乎？五服雖盡，而尊卑名分猶有，其妻亦有名分者，豈可娶乎？各杖一百。娶同宗緦麻親之妻，則又同宗之有服者，舅甥之妻則又外姻之最親者，各杖六十，徒一年。娶同宗小功以上親之妻，滅倫傷化，無服婚姻之道，故各以姦論，各杖一百，徒三年。其前項親之妻，先已被出改嫁而娶爲妻妾者，各杖八十。絶不爲親，故殺之也。若收父祖妾及伯叔母者，不問被出改嫁與否，各斬。若兄亡收嫂，弟亡收弟婦，不問被出改嫁與否，各絞。妾各減二等。通承上兩節。

（明）雷夢麟《讀律瑣言》卷六《户律·婚姻·尊卑為婚》 凡外姻有服尊屬卑幼共爲婚姻，及娶同母異父姊妹若妻前夫之女者，各以姦論。其父母之姑舅、兩姨姊妹及姨若堂姨、母之姑、堂姑，已之堂姨及再從姨、堂外甥女若女婿，及子孫婦之姊妹，並不得爲婚姻，違者，各杖一百。若娶已之姑舅、兩姨姊妹者，杖八十。並離異。

瑣言曰：外姓姻親有服尊屬卑幼，在尊屬爲外祖父母、母舅母姨、妻之父母，在卑幼爲外孫外甥女，姨甥女婿，皆爲有服之親，其有共爲婚姻及娶同母異父之姊妹，若妻前夫之女，以上姻親皆倫理所關，無復婚姻之道，故娶者以姦論，亦男女皆坐。其外姻無服尊屬，如父母之姑舅、兩姨姊妹與父母同輩者，父母之姨、父母之堂姨、母之姑、母之堂姑，皆尊於父母一輩者，已之堂姨及再從姨與母同輩者，以上雖無服，而皆與已爲尊屬之親。其外姻無服卑幼，如已之堂外甥女若女婿之姊妹，及子孫婦之姊妹，以上雖無服，而皆與已爲卑幼之親，並不得爲婚姻，違者杖一百。若娶外姻同輩之親，如已之姑舅、兩姨姊妹，雖有緦麻之服，而猶無尊卑之分，杖八十。凡以上外姻違律爲婚並離異，財禮入官，應死者，自依常律。未成婚者各減五等，並依嫁娶違律條貫入主婚、媒人罪論。

問刑條例

一、凡男女親屬尊卑相犯重情或干有律應離異之人，悉遵成憲，俱照親屬已定名分，各從本律科斷，不得妄生異議。致罪有出入其間情犯，稍有可疑，揆於法制，似爲太重，或於大分不甚有礙者，聽各該原問衙門臨時斟酌擬奏。

一、凡前夫子女與後夫子女苟合成婚者，以娶同母異父姊妹律條科斷。

（明）雷夢麟《讀律瑣言》卷六《户律·婚姻·嫁娶違律主婚媒人罪》 凡嫁娶違律，若由祖父母、父母、伯叔父母、姑、兄姊及外祖父母主婚者，獨坐主婚。餘親主婚者，餘親謂期親卑幼及大功以下尊長卑幼主婚者。事由主婚。主婚爲首，男女爲從。事由男女，男女爲首，主婚爲從。至死者，主婚人並減一等。其男女被主婚人威逼，事不由己，若男年二十歲以下及在室之女，亦獨坐主婚，男女俱不坐。未成婚者，各減已成婚罪五等。若媒人知情者，各減犯人罪一等，不知者不坐。其違律爲婚，各條稱離異改正者，雖會赦猶離異。改正離異者，婦女並歸宗。財禮，若娶者知情，則追入官，不知者，則追還主。

瑣言曰：嫁娶違律，自男女婚姻以下諸條皆是。凡引用諸條，皆當以此條參之，此條所以補諸條之未備，而權其輕重之宜者也。祖父母、父母、伯叔父母、姑、兄姊、外祖父母主婚者，以其勢得專制，故獨坐主婚。餘親主婚者，以其情出和同，故事由主婚，主婚爲首，男女爲從，論減一等。事由男女，男女爲首，主婚爲從，論減一等。若罪至死，主婚之人或應獨坐，或應首論，並減一等。男女已科從罪，不得再減矣。若男女被主婚威逼，事不由己，及男二十以下，在室之女，其智不足觀理，其力不能制事者，雖是餘親主婚，亦獨坐主婚，男女不得依爲從法矣。

（明）雷夢麟《讀律瑣言》卷六《户律·婚姻·娶部民婦女為妻妾》

凡府州縣親民官任内娶部民婦女爲妻妾者，杖八十。若監臨官娶爲事人妻妾及女爲妻妾者，杖一百，女家並同罪。妻妾仍兩離之，女給親，財禮入官。强娶者，各加二等，女家不坐，不追財禮。若爲子孫、弟姪、家人娶者，罪亦如之，男女不坐。

瑣言曰：部民稱婦女，爲事人稱妻妾女，婦兼妻妾言也。部民猶無事干涉，故杖八十。爲事人則有所干涉，故杖一百，女家並同罪。謂部民與親民官同罪，爲事人與監臨官同罪。言女家則婦家包在其中，罪坐主婚，所娶妻妾仍兩離之。既不與親民官及監臨官，亦不給部民及爲事人完聚，故曰兩離。凡律稱離異者，婦女並歸宗。所娶係女，雖稱兩離，亦斷歸宗，財禮入官。若親民、監臨官强娶者，各加二等。女家不坐，以所制在人也，不追財禮。若親民及監臨官爲子孫、弟姪、家人娶者，或和或强，並如自娶科斷。

（明）雷夢麟《讀律瑣言》卷六《户律·婚姻·居喪嫁娶》

凡居父母及夫喪而身自嫁娶者，杖一百。若男子居喪娶妾，妻女嫁人爲妾者，各減二等。若命婦夫亡再嫁者，罪亦如之，追奪並離異。知而共爲婚姻者，各減五等，不知者不坐。若居祖父母、伯叔父母、姑、兄姊喪而嫁娶者，杖八十，妾不坐。若居父母、舅姑及夫喪而與應嫁娶人主婚者，杖八十。其夫喪服滿，願守志，非女之祖父母、父母而强嫁之者，杖八十。期親强嫁者，減二等。婦人不坐，追歸前夫之家，聽從守志。娶者亦不坐，追還財禮。

瑣言曰：男女居父母喪而男娶妻、女嫁人爲妻者，妻妾居夫喪而身自嫁人爲妻者，杖一百。此不言婦居舅姑喪，恐有夫已先亡，舅姑並没，無所依歸，勢不能存立者，聽其改嫁，此通變之權也，故律無禁。若居夫喪，亦有無依歸者。夫爲妻綱，自與舅姑不同，雖窮餓而死，猶當終喪，聞爲夫死節者，未聞爲舅姑死也。或謂婦人從夫，夫之父母，即己之父母也，終難引用。若男子居喪娶妾，妻女嫁人爲妾，各減二等。不言妾嫁人爲妾者，止引身自嫁娶律。蓋妻女嫁人爲妾，不得已而從賤，故矜之也。妾本賤者，故無減等。

命婦夫亡，服滿再嫁者，罪亦如之。爲妻者亦杖一百，爲妾亦減二等，追奪誥命。已上妻妾女、命婦並離異。若男女定婚，在未居喪之前，而成婚在既居喪之後，則是有父母之命者，止問罪，不離異。若知其居喪受封而共爲婚姻者，減五等，不知者不坐。若居祖父母喪，不係承重者，及伯叔、父母、姑、兄姊喪而嫁娶者，杖八十。男娶妾，女嫁爲妾者不坐。律不言離異者，仍聽爲婚也。若男女居父母喪，婦居舅姑喪，妻妾居夫喪而與應嫁娶之人主婚，杖八十。蓋婚姻吉禮，其主婚者未免於更衣冠，預筵宴，釋哀而從吉，豈居喪之道哉？觀主婚言舅姑喪，而嫁不言者，則不以父母兼舅姑可知矣。其夫喪服滿，妻妾願守志者，惟女之祖父母、父母强娶之，不坐。蓋其分爲甚尊，其情爲甚親，恐其無依而願爲之有家，則强嫁者亦親愛之也。若非女之祖父母、父母，雖夫之祖父母、父母、外祖父母亦不得而强嫁之也。蓋服滿雖無害於再嫁，而守志自有美於風化，安可强嫁之耶。若夫之祖父母、父母或外祖父母强嫁之者，杖八十。若期親如女之伯叔父母、姑、兄姊，在女雖爲至親至愛，終與女之父母、祖父母不同，强嫁之者，得減二等，杖六十。婦人不坐，追歸前夫之家，聽從守志。其共爲婚姻之人與媒人，雖知情亦不坐，追還財禮。以其服滿，在律無禁也。此言居夫喪及夫喪服滿，皆兼妻妾而言，觀刑律，妾毆夫，妾罵夫，妾何嘗不失其家長，既謂之夫矣，則所謂居喪者，獨妻已乎？

（明）雷夢麟《讀律瑣言》卷六《户律·婚姻·父母囚禁嫁娶》

凡祖父母、父母犯死罪被囚禁，而子孫嫁娶者，杖八十。爲妾者，減二等。其奉祖父母、父母命而嫁女娶妻者，不坐，亦不得筵宴。

瑣言曰：子孫兼男女言，女嫁而男娶也。蓋父母囚禁，是無父母之命，且不以父母爲憂也，故杖八十。男娶妾、女嫁人爲妾者，減二等。其奉父母之命而嫁女娶妻者，不坐，亦不得筵宴，不以婚姻之樂易父母之憂也。

（明）雷夢麟《讀律瑣言》卷六《户律・婚姻・强占良家妻女》　凡豪勢之人强奪良家妻女姦占爲妻妾者，絞，婦女給親。配與子孫、弟姪、家人者，罪亦如之，男女不坐。

瑣言曰：强奪者，無故而强奪之也。若先已定婚，但因婚期未至而强奪之，止依强娶律。此不言强奪人妾，凡言强者，妾不在減等之限，即以本條妻女科斷。女者對男之稱，言女而妾該之矣。又姦字句絶，雖不占爲妻妾，但姦亦坐。

問刑條例

一、凡强奪良人妻女賣與他人爲妻妾者，比照强奪良家妻女姦占爲妻妾絞罪，奏請定奪。

（明）雷夢麟《讀律瑣言》卷六《户律・婚姻・良賤為婚姻》　凡家長與奴娶良人女爲妻者，杖八十，女家減一等，不知者不坐。其奴自娶者，罪亦如之。家長知情者，減二等。因而入籍爲婢者，杖一百。若妄以奴婢爲良人而與良人爲夫妻者，杖九十，各離異改正。

瑣言曰：相配偶而爲夫婦，有敵體之義焉。良賤爲婚姻，彼良此賤不相配合，而可以爲敵體乎？故家長與奴娶良人婦女爲妻者，家長杖八十。女家甘心從賤必有不得已之情矣，故減一等。奴自娶良人婦女爲妻者，奴杖八十，家長知情而不禁止者，減二等。雖事由奴，而家長不得無罪矣。若家長又因而籍入爲婢者，是長奴之惡矣，家長杖一百。妄以奴婢爲良人而與良人爲夫婦者，妄冒之家長杖九十，各離異改正，良還從良，賤仍爲賤。

（明）雷夢麟《讀律瑣言》卷六《户律・婚姻・娶逃走婦女》　凡娶犯罪逃走婦女爲妻妾，知情者與同罪，致死者減一等，離異，不知情者不坐。若無夫會赦免罪者，不離。

瑣言曰：娶犯罪逃走婦女與背夫和誘不同，犯罪逃走各從所犯笞、杖、徒、流本罪上加二等，知情而娶者與同罪，謂同所加等之罪也。若婦女犯死罪在逃娶者，減一等，離異。此不言主婚、媒人罪者，依嫁娶違律科罪。但婦女犯罪逃走，其罪自依本條，不得依獨坐主婚及婦女爲從法也。娶者不知犯罪逃走之情，不坐。若犯罪逃走婦女原本無夫，而所犯罪名又經赦免者，不離，亦不問罪。既無夫，不禁其嫁，何離之有？婦女之罪已經赦免，又安所同罪耶？

（明）雷夢麟《讀律瑣言》卷六《户律・婚姻・娶樂人為妻妾》　凡官吏娶樂人爲妻妾者，杖六十，並離異。若官員子孫娶者，罪亦如之，附過，候廕襲之日降一等，於邊遠叙用。其在洪武元年已前娶者勿論。

《皇明條法事類纂》卷一三《户部類・違律為婚依律問斷例》　成化二十一年二月二十六日，禮部等衙門題，爲建言民情事。會議得聽選官章壁建言事件，宜從查勘定奪施行。具〔奏〕。奉聖旨：照例。欽此。欽遵，抄單移咨到部送司，逐一查勘明白，擬合通行。

計開：

一、五刑用於至公，使萬民遠罪，知有警勸；三綱行之合禮，裨男女修身，識效（庶）〔尚節〕。臣竊見男女嫁娶，近年以來，有兄亡收嫂，弟亡收弟婦者，有尊卑爲婚，有姑舅而姨娣妹嫁娶者，有同姓爲婚者，有居喪嫁娶者，雖（裨）〔律〕有明條，民不知禁。緣條禁不許牽告不干己事，人有爭論，畏例不敢指攀；有告者，官府參係違例，立案不行。惟婚家户長當（年）〔告〕，卻被〔買〕囑勸（附）〔伏〕。有（官）〔司〕問出真情，（及）〔又〕哀矜主婚男女罪重及罪輕。重者，憫其生有男女幼小，不忍斷離，又令和息，從輕發落。自以爲陰（隙）〔騭〕。此非法之不嚴而人用之不（不）嚴也。亦非人之好犯，蓋人從之犯〔不〕止，（致）甚〔至〕視作當爲。似此民不知耻，心不知正，孝弟無由而生，節義何從而進。傷化敗俗，莫甚於此。今後但有干己親屬及鄰佑陳告前非者，即便受理提問，務要窮〔究〕明白，不分犯罪輕重，年月深淺，有無男〔女〕，必須依律問擬，照例發落，不許仍前哀（務）〔矜〕，違於理法。敢有故違，事發一體治罪。如此，非惟法度施行，而萬民知禁，抑且人倫既正，而男女知耻。前件，法司查行。近來男女婚姻者，多有人倫不順，居喪或尊卑、良賤爲婚，或同姓苟合。鄰里畏〔懼〕違例而不敢告，户長因買囑而不肯舉。間有告官，情罪昭然，有等官吏流於姑息，存心矜憫，應離異而不離異，當改正而不改正。又有托以體勘，終年未結。以致民不畏法，習以（或）〔成〕風，以此敗常亂俗。合准所言，今後各衙門遇有告（許）〔訐〕前項〔違〕律爲婚者，即與受理，從公查勘，審究的確，依律問斷，毋容違犯，以傷風化。

《皇明條法事類纂》卷一三《户部類・禁約嫁娶奢侈溺死女子例》 成化二十一年四月初七日，太子少保、都察院右都御史朱等〔題〕，爲〔全〕活生靈，以崇風化事。右軍都督府帶俸訓導鄭璟奏，乞敕都察院，轉行巡按御史並按察司分巡官員，嚴督三府及〔概〕〔各〕府分屬掌〔印〕官員，先給榜文曉諭，不許仍前溺死人命。仍乞禁約，今後民間嫁娶，隨其豐〔險〕〔儉〕，不許違例僭越等因，具本。該通政使司官奏，奉聖旨：都察院知道。欽此。欽遵，抄出到院。看得右軍都督府帶俸訓導鄭璟奏稱，華麗僭用金銀頭面，錦繡衣服，傾貲破産，亦所不〔措〕〔惜〕，反將女子溺死。要行出榜禁約，除僭用頭面衣服，本院〔奏〕已奏準通行禁約外，其稱嫁娶侈奢，反將女子溺死一節，不獨温、臺二府爲然，而寧、〔詔〕〔紹〕、金華等府，江西、福建並南直隸概屬府州縣，亦有此弊。殘忍不仁，傷生壞俗，莫此爲甚。通令禁約，欲行浙江、江西、福建、南直隸巡按監察御史，各出給榜文，發概屬府州縣常川張掛，曉諭軍民人等，今後嫁娶房奩等物，務在稱〔己〕有無，不許過奢。其所生女子，俱要收養，不許溺死。敢有故違，許里老鄰佑人等赴官舉首。鞠問明白，發邊遠充軍。里老鄰佑人等不行舉首，一體治罪。如此，庶嚴法令以警愚頑，全養生靈，以〔原〕〔厚〕風化。奉聖旨：是。欽此。

《明會典》卷二〇《户部・婚姻》 洪武二年，令凡嫁娶，皆由祖父母、父母主婚，祖父母、父母俱無者，從餘親主婚。若夫亡攜女適人者，其女從母主婚。若已定婚，未及成親，而男女或有身故者，不追財禮。其定婚夫作盜及犯徒流移鄉者，女家願棄者，聽還聘財。其定婚女犯姦經斷，夫家願棄者，追還聘財。五年無故不娶及夫逃亡過三年不還者，並聽經官告給執照，别行改嫁，亦不追財禮。凡招壻，須憑媒妁，明立婚書，開寫養老或出舍年限。止有一子者，不許出贅。如招養老女壻者，仍立同宗應繼者一人，承奉祭祀，家産均分。如未立繼身死，從族長依例議立。凡男女婚姻，各有其時，或有指腹割衫襟爲親者，並行禁止。【略】

二十六年定：凡民間男女嫁娶，不許同姓及尊卑親屬相爲婚姻，違者，律有常憲。永樂四年詔：北京、山東等處人民，流移各處趁食，有將女憑媒禮嫁在處人民爲妻，已生男女者，保勘明白，仍許完聚，不必發回原籍。

正統四年，令武職不得與所管旗軍結婚。十一年，令雲南、四川、貴州所屬宣慰、宣撫、安撫長官司，并邊夷府州縣土官衙門，不分官吏軍民，其男女婚姻，皆依朝廷禮法，違者罪之。

弘治二年，令有訐告服内成婚者，如親病已危，從尊長主婚招壻納婦，罪止坐主婚，免離異。若親死雖未成服，輒婚配，仍依律，斷離異。

《明會典》卷一六三《刑部・律例・户律・妻妾失序》 凡以妻爲妾者，杖一百。妻在，以妾爲妻者，杖九十。並改正。若有妻更娶妻者，亦杖九十，離異。其民年四十以上無子者，方聽娶妾。違者，笞四十。

《明會典》卷一六三《刑部・律例・户律・逐壻嫁女》 凡逐壻嫁女、或再招壻者，杖一百，其女不坐。男家知而娶者，同罪，不知者，亦不坐。其女斷付前夫，出居完聚。

《明會典》卷一六三《刑部・律例・户律・居喪嫁娶》 凡居父母及夫喪而身自嫁娶者，杖一百。若男子居喪娶妾、妻女嫁人爲妾者，各減二等。若命婦夫亡再嫁者，罪亦如之，追奪。竝離異。知而共爲婚姻者，各減五等，不知者不坐。若居祖父母、伯叔父母、姑、兄姊喪而嫁娶者，杖八十，妾不坐。若居父母、舅姑及夫喪而與應嫁娶人主婚者，杖八十。其夫喪服滿願守志，非女之祖父母、父母而强嫁之者，杖八十。期親强嫁者，減二等。婦人不坐，追歸前夫之家，聽從守志。娶者亦不坐，追還財禮。

《明會典》卷一六三《刑部・律例・户律・父母囚禁嫁娶》 凡祖父母、父母犯死罪被囚禁而子孫嫁娶者，杖八十，爲妾者，減二等。其奉祖父母、父母命而嫁女娶妻者，不坐，亦不得筵宴。

《明會典》卷一六三《刑部・律例・户律・同姓為婚》 凡同姓爲婚者，各杖六十。離異。

《明會典》卷一六三《刑部・律例・户律・尊卑為婚》 凡外姻有服尊屬卑幼共爲婚姻，及娶同母異父姊妹，若妻前夫之女者，各以姦論。其父母之姑舅兩姨姊妹，及姨若堂姨、母之姑、堂姑，己之堂姨及再從姨、堂外甥女若女壻，及子孫婦之姊妹，並不得爲婚姻，違者，各杖一百。若娶己之姑舅、兩姨姊妹者，杖八十。竝離異。

一、凡男女親屬尊卑相犯重情，或干有律應離異之人，悉遵成憲。俱照親屬已定名分，各從本律科斷。不得妄生異議，致罪有出入。其間情犯稍有可疑，揆於法制似爲太重，或於大分不甚有礙者，聽各該原問衙門臨時斟酌議奏。

一、凡前夫子女與後夫子女苟合成婚者，以娶同母異父姊妹律條科斷。

《明會典》卷一六三《刑部·律例·户律·娶親屬妻妾》 凡娶同宗無服之親及無服親之妻者，各杖一百。若娶緦麻親之妻及舅甥妻，各杖六十，徒一年。小功以上，各以姦論。其曾被出及已改嫁而娶爲妻妾者，各杖八十。若收父祖妾及伯叔母者，各斬。若兄亡收嫂、弟亡收弟婦者，各絞。妾各減二等。若娶同宗緦麻以上姑姪姊妹者，亦各以姦論。竝離異。

《明會典》卷一六三《刑部·律例·户律·娶部民婦女為妻妾》 凡府州縣親民官任内娶部民婦女爲妻妾者，杖八十。若監臨官娶爲事人妻妾及女爲妻妾者，杖一百。女家竝同罪，妻妾仍兩離之。女給親，財禮入官。强娶者，各加二等。女家不坐，不追財禮。若爲子孫弟姪家人娶者，罪亦如之。男女不坐。

《明會典》卷一六三《刑部·律例·户律·娶逃走婦女》 凡娶犯罪逃走婦女爲妻妾，知情者與同罪，至死者減一等，離異。不知者不坐。若無夫會赦免罪者，不離。

《明會典》卷一六三《刑部·律例·户律·强占良家妻女》 凡豪勢之人强奪良家妻女姦占爲妻妾者，絞。婦女給親。配與子孫弟姪家人者，罪亦如之。男女不坐。

一、凡强奪良人妻女賣與他人爲妻妾，及投獻王府并勳戚勢豪之家者，俱比照强奪良家妻女姦占爲妻妾絞罪，奏請定奪。

《明會典》卷一六三《刑部·律例·户律·娶樂人為妻妾》 凡官吏娶樂人爲妻妾者，杖六十，竝離異。若官員子孫娶者，罪亦如之，附過，候蔭襲之日降一等，於邊遠叙用。其在洪武元年已前娶者，勿論。

《明會典》卷一六三《刑部·律例·户律·良賤為婚姻》 凡家長與奴娶良人爲妻者，杖八十。女家減一等，不知者不坐。其奴自娶者，罪亦如之。家長知情者，減二等。因而入籍爲婢者，杖一百。若妄以奴婢爲良人而與良人爲夫妻者，杖九十。各離異改正。

（明）王廷相《浚川公移集》卷三《督學四川條約一件》 一、男女婚姻，人倫之大，風化之源，所以脩身齊家，爲治立教，皆本於此。今後按屬軍民人等，但有男婚女嫁，務要年紀相等，方許聘定。士人之家，尤當致謹。蓋以讀書達禮，一鄉之望，能以不美爲恥，則觀感之下，孰無是心？風俗之變，可以計日而成矣。若是婚姻之家幼男壯女，仍蹈舊俗，事發問罪，不追財禮，男女離異。若係生員之家，即是不能以禮義持身，以倫理化家者，定行黜退，以懲薄俗。

《嘉靖新例·户例·婚姻·居喪嫁娶》 嘉靖玖年陸月刑部題准，强娶孀婦未成，因而致死者，問發邊衛充軍。

《重修問刑條例》 一、凡前夫子女與後夫子女苟合成婚者，以娶同母異父姊妹律條科斷。附尊卑爲婚條後。

《大明律疏附例·新例·户例·同姓為婚》 嘉靖十七年五月大理寺題：據犯人張斐招稱，斐娶已故同姓張永説女張氏，與男張月德爲妻。斐不合與伊通姦，事發問擬姦子婦律斬罪。查據律禁同姓爲婚，在張氏，法應離異。事未覺露，在張斐今犯，難以凡人犯姦科斷。蓋緣本犯與張氏翁婦之名分已定，瀆亂之情跡久彰，人倫大變，罪惡異常，參詳情法，允當相應依擬處決。奉聖旨：是。犯人依擬處決。推明律意，還會同刑部、都察院詳議具奏來行。欽此。本寺會同刑部等衙門覆題。謹按：律内所載親屬相犯之刑非一，而毆罵爲重。如子孫於祖父母、父母，妻妾於夫之祖父母、父母，其罵者絞，毆者斬，殺者凌遲處死，此萬世不易之定法也。若名分已立，倫序久定之後，一旦有犯，迺追論其被毆被罵之人，或有律應離異者，而輒以凡人論子孫妻妾之罪，則罵與毆者律本該絞斬，而止得笞杖；律該凌遲處死而止得絞，是本應罪重而反出之從輕。又如祖父母、父母毆殺子孫，律止杖一百，子孫之婦杖一百、徒三年。故殺子孫者律止杖六十、徒一年，子孫之婦杖一百、流二千里。中間或祖父母、父母犯者，及被毆殺故殺之婦，查有律應離異之情，因而概以凡人論斷，則毆殺者律止杖徒而反應坐絞，故殺者律止徒流而反應坐斬，本罪應輕而反入之從重。況其餘各條所稱，若皆拘泥法應凡議之説，而不審其關係之大，使天下祖父母、父母、子孫、夫妻、兄弟、伯叔、父母、姪之間，尊卑名分，蕩然乖紊，是刑以弼教而反以害教，法以懲姦而反以縱姦矣。蓋律應離異之人，不止同姓爲婚一節，親屬相犯之刑不止姦子婦一事。而舉此以明飭法紀，則其餘俱可以例論矣。合無通行內外問刑衙門：今後凡遇有男女親屬卑幼相犯重情，或干有律應離異之人，俱照親屬已定名分，各從本律科斷等因。奉聖旨：是。今後凡親屬名分已定，有犯輕重罪名，只依本律科斷，不許妄引出入。事有疑似的，奏請定奪。欽此。

（明）吕坤《實政録》卷三《民務·禁約風俗》　一、勾引人家婦女，强占在家，因而拐帶財物，及外包娼女內毆妻室，蕩費妻物，因而致命者，盡法重治，枷號遊迎，釘牌紀惡。至於兄收弟妻，弟收兄妻，法當兩絞，而鄉村愚人乃以就和名色，公然嫁娶，甚至父母主婚，親朋相賀，大可痛恨。自今以始，但有舊日不知而犯法者，告示一出，即日離異改正。如瞞昧因循者，許告到官，定問死罪不恕。

（明）王肯堂《王儀部先生箋釋》卷六《娶部民婦女為妻妾》　釋曰：部民稱婦女，爲事人稱妻妾，婦女亦兼妻妾言也。親民官曰部民，監臨官曰爲事人，亦互相通。爲事人，止謂有事與監臨相涉者。若部民，則槩言所統攝之民也。監臨官如問理刑獄，及管囚徒工役等項，但有事監督臨蒞者，即爲監臨。爲事人，即所問之罪人與所管之囚役。女家，對男家之稱，婦家在其中。若妻妾，則夫家但主婚嫁者皆是。並同罪，謂部民同親民官之罪，爲事同監臨官之罪。兩離之，謂娶者與原夫俱不得領而歸其本宗也。强娶者，通親民、監臨説。爲子孫等娶者，罪亦如之，則又通和强言。蓋府州縣官，職本親民，而監臨官權能督責，其體統雖同，但部民尚無事相干，而爲事人則見在對理，其事勢實異，故罪有杖八十、杖一百之異耳。其妻妾之本夫、女之父並同罪，謂以妻妾及女與親民官者，亦杖八十。以妻妾及女與監臨官者，亦杖一百。同情，故同罪也。其所娶之妻妾，既不給官員，亦不歸本夫，所娶之女，給其父母，無父母，給其伯叔兄弟，財禮入官。若親民官、監臨官恃勢用强，以娶部民及爲事人之妻妾女者，各加二等，親民官杖一百，監臨官杖七十、徒一年半，女家主婚嫁者不坐，婦歸前夫，女給親，不追財禮，以所制在人也。若親民及監臨官爲子孫弟姪家人娶者，或和或强，並如自娶科斷。和娶者，親民官杖八十，監臨官杖一百，女家同罪，財禮入官。强娶者，親民官亦杖一百，監臨官亦杖七十、徒一年半，女家亦不坐，不追財禮。其子孫弟姪家人及婦女之家俱不坐罪。蓋罪在倚勢之官員，而其他固可原耳。若娶爲事人婦女，而於事有所枉者，仍以枉法從重論。曰任內，則未任與既去任而娶者勿論矣。曰部民，則非所部者勿論矣。曰爲事人，則非爲事人勿論矣。觀名例稱監臨主守條，監臨本有二項，有常時之監臨，有暫時之監臨。如別府州縣承委隣境清查錢糧、會問詞訟相干涉者，即爲事人，而不相干涉者，斯與監臨無與也。若常時之監臨，如布按二司於該府州縣，孰非事也，孰非爲事人也，而無不相干涉者矣。故非爲事人勿論之説，在暫時之監臨則可，在常時之監臨則不可，難以執一論也。此娶部民與爲事人婦女，與姦部民及囚婦各異其罪者，本因其勢有難致易，致之不同耳，若爲事人求監臨官司曲法判事，而娶其妻妾及女者，又當別論，不在此律。前項官員應照行止有虧事例革職爲民。軍官娶所屬婦女，依監臨官坐罪。

（明）王肯堂《王儀部先生箋釋》卷六《居喪嫁娶》　第一節，居父母喪，兼男女言，身自嫁娶，自字要看，曰自者，以非奉主婚之命，故罪之。所謂事由男女，男女爲首者也，自成服二十七箇月之內，皆爲居喪。男子身自娶妻，婦女身白嫁人爲妻者，俱坐杖一百。《瑣言》曰：此不言婦居舅姑喪，恐有夫已先亾，舅姑並没，無所依歸，勢不能存立者，聽其改嫁，故律無禁。若居夫喪，亦有無依歸者，夫爲妻綱，自與舅姑不同，雖窮餓而死，猶當終喪，聞爲夫死節矣，未聞爲舅姑死也。或謂婦人從夫，夫之父母，即己之父母也，終難引用。若男子居父母之喪而娶妾，妻居夫喪，女居父母喪而嫁人爲妾者，各減嫁娶爲妻之罪二等，杖八十。其但言妻女，不及妾者何？微之，故畧之也。不言夫喪而言夫亾，見雖服滿，亦不得再嫁也。蓋命婦曾受朝廷恩命，非凡婦比，若夫亾再嫁者，罪即如凡婦，各從爲妻爲妾本法科斷，仍追奪其所封誥敕，並離異。並字總承上言，其居喪嫁娶之人，及再嫁之命婦，並離異歸宗。律不言妾，嫁人爲妾，則不在離異之限。未成婚者，各減五等。若事由祖父母、父母、伯叔父母、姑、兄姊及外祖父母者，獨坐主婚。若餘親主婚，或男女自婚者，各從首從論。其男女家知是居喪及係命婦，而共爲婚姻者，各減男女罪五等。嫁娶爲妻者，笞五十，爲妾者，笞三十，財禮入官。不知情者不坐。仍離異，追還財禮。媒合人知情各減犯人罪一等。居祖父母喪，謂非承重者，謂若衆孫居祖父母之喪，姪居伯叔父母、在室姑之喪，弟居兄姊之喪，而娶妻及嫁爲人妻者，杖八十。其娶妾及嫁爲人妾者，不坐。並不離異。若嫡孫居祖父母喪承重者，仍依名例與父母同。蓋三年之喪，服之至重，而期服則降一等矣，故罪有輕重如此。

第二節，上言不應嫁娶者之罪，此言不應主婚者之罪。若男女居父母喪，妻居舅姑及夫喪，而與應嫁娶人主婚者。曰應嫁娶，雖律無禁，而釋哀從吉，於禮甚悖，於心不安，故坐杖八十耳。婦人居夫之喪，三年服制已滿，願於夫家守制，而强嫁之者，惟女之祖父母、父母不坐外，若非女之祖父母、父母，如本宗大功以下親，則杖八十。期親則減二等，杖六十。蓋父母之心，欲其有家，故雖强奪其志，而猶曲原其罪。若餘親則不同矣，烏得無罪？期親比祖父母、父母雖輕，而比餘親實重，故於非女之祖父母、父母中，特開出期親得減二等，則上所謂非女之祖父母、父母而强嫁之杖八十者，爲指大功以下矣。曰非女之祖父母、父母，則雖夫之祖父母、父母，與己之外祖父母亦不得而强嫁之也。夫族無醮婦之義，故律不言，其有犯者，亦當坐非女之祖父母、父母强嫁之罪。若利其有而逼逐强嫁者，尤當從重論。婦人不坐，固當娶者亦不坐，何哉？蓋服滿無妨改嫁，而主婚又有其人故也。若有謀娶實迹，不用此律。未成婚者，亦減五等。按居夫喪而嫁娶，或謂妻妾同一律論，以刑律有妾毆夫之文，謂既夫其夫，亦得並於妻也，當同妻論。不知妻妾之分，尊卑甚明，古人謂之買妾，賤之也。刑律稱夫者，以帶妻言之耳。觀喪服圖，妻則稱夫，妾則稱家長，明有別也。且夫爲妻杖期，而妾則無服，安可以妾同妻，而責之以居喪嫁娶之律哉？若妾守志而有强嫁之者，斯得用妻之律矣。

（明）王肯堂《王儀部先生箋釋》卷六《父母囚禁嫁娶》 釋曰：子孫兼男女言，謂女嫁而男娶也，爲妾者減二等，兼嫁人爲妾與自娶妾而言。曰奉祖父母、父母命而嫁娶者不坐，則上之嫁娶爲不稟命者矣。雖奉父母之命，亦不得筵宴，違者杖八十。見《禮律・匿喪》條下。

（明）王肯堂《王儀部先生箋釋》卷六《同姓為婚》 釋曰：各者，指男女兩家，此須已成婚乃坐。若未成婚者，須依後嫁娶違律條，減已成婚罪五等。

（明）王肯堂《王儀部先生箋釋》卷六《妻妾失序》 第一節，妻在，以妾爲妻。是妻仍爲妻，故比以妻爲妾之罪稍輕。若二事相犯，以重者論罪，謂既抑妻爲妾，卻以妾爲妻者，除妻在以妾爲妻，輕罪不坐外，依以妻爲妾杖一百是也。並改正者，妻仍爲妻，妾仍爲妾也。若妻死，以妾爲妻，問不應，仍改正。若妻之父母告發，其壻不在容隱之限，以義絶，故依律擬罪。

第二節，有妻更娶妻，與妻在以妾爲妻，情罪均也，故亦杖九十。後娶之妻，離異歸宗。未成婚，減五等。唐律有妻更娶妻，若欺妄而娶者，徒一年半。欺妄，謂有妻言無也。民年四十以上無子者，方聽娶妾。若四十以上而有子，及雖無子而年未四十，違律娶妾者，笞四十。律不言離異，仍聽爲妾，重無後也，可謂仁至而義盡矣。觀妻妾失序止用一凡字，通官民可知。而娶妾直曰民，則官員不在此限。

（明）王肯堂《王儀部先生箋釋》卷六《男女婚姻》 第一節，殘疾以下，通男女言。庶子，妾婢所生子也。過房，過繼別房子也。乞養，義子也。三者雖與殘疾、老幼不同，終與嫡子、親子有異，故男女亦必有不欲者。定婚之初，如有上項，不可隱瞞，務要男女兩家明白通知，各從所願，寫立婚書，一依正禮聘嫁。其已明白通知，而女家報有婚書，或私下已有期約，皆謂許嫁。已許嫁而輒悔者，笞五十，罪坐女家主婚人。雖無婚書，但曾受男家聘財者亦是。銀錢酒果，但明言作聘禮，即是聘財。若只爲贄見之禮，雖帕幣亦不是。悔者，未經再許他人也，故復言再許他人之罪。

第二節，未許他人，雖有悔心，猶可合也。若再許他人，則其盟已背，不可合矣。然未成婚者，雖爲背盟，猶可改也。若已成婚，則其身已失，不可改矣。此所以有杖七十、杖八十之分也。自他人言之，未成婚者，則爲後定，已成婚者，則爲後娶，故曰後定娶者，知其已許人而定者，亦得杖七十之罪。知其已許人而娶者，亦得杖八十之罪。財禮爲彼此俱罪之贓，故入官。不知者，無論已未成婚，不坐以罪，追還財禮。女歸前夫，前夫不願娶者，倍追財禮給還，其女仍從後夫。男家悔者，罪亦如之。此悔字，包再定娶在內，悔者亦笞五十。再定他人女，亦杖七十。再娶他人女，亦杖八十。罪不在女家，故不追財禮。仍令復娶原定之女，後聘者聽其別嫁。若後聘之女已經成婚，原定女家自不願者，聽其另行擇配。

第三節，未婚男女有犯姦盜者，則非殘疾、老幼、庶出、過房、乞養之比，男女兩家有悔者，不用前二條之律。不言勿論，明不還聘財者，猶以違令論罪。當分男犯盜，女犯姦爲正。若非姦盜，犯他罪與殘疾等項，亦所不當悔。又若未成婚男女私下通姦，有父母在，問違犯教令，無則不可以姦論，止問不應。

第四節，女家妄冒者，如先以親女許婚，後以義女出嫁之類皆是，餘則律註已明妄冒等耳。而女家杖八十，追還財禮，男家加一等，不追財禮，何也？女家得財禮者也，故男家受誑，則追還財禮，女家受誑，則財禮免追。而罪加一等者，以有如與義男成婚之事在其中也。況女雖妄冒，其男猶可再娶，男若妄冒，其女遂至失身，其加等宜矣。若嫁娶雖違律，然猶未成婚者，各減五等，仍依原定所冒之人爲婚。其已成婚者，各離異歸宗。此所謂妄冒者，若老幼、庶養之類皆是。如本無嫡男女，而指庶養爲嫡男女，本幼而言長，本老而言壯，皆謂之妄。或以男女妄冒，不論已未成婚，各依本律科斷。若然，則後條妄以奴婢爲良人，而與良人爲夫妻，杖九十。將妻妾妄作姊妹嫁人，杖一百。其未成婚者，亦皆不當減五等耶。若妄冒相見男女先已聘許他人，或已經配有室家者，不在仍依原定之限。

第五節，其應爲婚，謂於律無所違戾者。雖已納聘財，而男可娶，女可嫁，原有期約，若期約未至，而男家强於求娶，及期約已至，而女家故違其期者，主婚人並笞五十。

第六節，若子孫及期親卑幼爲宦爲商，先出在外，其祖父母、父母及伯叔父母、姑、兄姊皆應主婚之人，於卑幼出外之後，爲之定婚，而卑幼在外不知其情，自有所娶，若已成婚者，仍舊爲婚。尊長所定之女，聽其别嫁。未成婚者，從尊長所定。自定妻室，從其别嫁。如違尊長所定，務從自己所定者，卑幼杖八十，仍行改正。

條例

第二條禁止者，禁於未結婚之前。有犯，依違令。若已結婚，則依違制，其婚不聽悔也。

（明）王肯堂《王儀部先生箋釋》卷六《良賤為婚姻》 釋曰：家長與奴娶良人婦女爲妻者，家長杖八十，女家主婚之人知其爲奴，而以女與之者，減一等，杖七十，不知者不坐。其奴不由家長之命，而自娶良人婦女爲妻，亦論如家長與奴娶之罪，女家亦減一等。家長知情而不禁止者，減二等，杖六十。事雖出奴，而家長不得無罪矣。若家長因以所娶良人女配奴爲婢，而附入於籍者，杖一百。若家長妄以奴婢爲良人，而與良人爲夫婦者，杖九十，各離異。其入籍爲婢之女，則改正。蓋夫婦有敵體之義，而良賤非配偶之宜，入籍無從良之期，而妄冒爲欺罔之甚。然壓良爲賤，尤甚於以賤爲良，故其罪有差等耳。或謂入籍爲婢，罪坐家長，云何？蓋脱漏户口不附籍者，家長當罪。此奴婢乃臧獲驅使之人，良賤斷無相因之理，故責其所重。凡律稱奴婢，不專謂入官之人言，此改正與妻妾失序不同，或謂良還從良，賤還從賤。然律既云離異，則改正之義，寓其中矣。

（明）王肯堂《王儀部先生箋釋》卷六《娶樂人為妻妾》 釋曰：此條當與刑律官吏宿娼條叅看。官兼文武言，官員子孫乃應廕襲者。樂人指教坊司妓者。良賤尚不得爲婚，況官吏與樂人乎？故杖六十。職官依名例解見任降等叙用，若未入流官吏罷職役不叙，妻妾並離異，不給官吏，亦不給樂工，斷歸本宗，故曰並。按舊例，文職官吏犯贓犯姦，并一應行止有虧，俱發爲民，則合當罷黜，武官照例調衛帶俸差操。若官員應合廕襲子孫娶者，罪亦如之，亦杖六十，附過，候廕襲之日，於本等職事上降一級，邊遠衙門叙用。樂工主婚嫁者，但坐不應笞罪，財禮入官。常人娶，律雖無文，流倡迹類樂人，均礙行止。舉人、監生、生員娶者，俱應黜革。

（明）王肯堂《王儀部先生箋釋》卷六《尊卑為婚》 釋曰：外姓姻親，如外祖父母、母舅、母姨、妻之父母皆有服尊屬，外孫、外甥女、姨甥女婿，皆有服卑幼，及同母異父姊妹，妻前夫之女，皆關倫理，若共爲婚姻，各以姦論，男女皆坐。娶母之姊妹者，絞。娶外甥女及異父姊妹、前夫之女，並杖一百，徒三年。父母之姑舅姊妹，父母之兩姨姊妹，父母之姨，父母之堂姨，母之堂姑，母之堂姨，己之堂姨，己之再從姨，皆無服尊屬。己之堂外甥女，己之女婿之姊妹，己之子孫婦之姊妹，皆無服卑幼，若共爲婚姻，各杖 百。己之姑舅兩姨姊妹，雖不係尊卑，而親屬未疎，故亦不得爲婚姻。然姦緦麻以上親者，杖一百，徒三年。而娶姑舅、兩姨之姊妹，亦是緦麻外親，乃止杖八十者，蓋上文乃是尊屬與卑幼爲婚，名分不當，故以姦論。若姑舅、兩姨姊妹，本同輩行，不犯名分，故止杖八十耳。凡以上外姻違律爲婚者，並離異歸宗，財禮入官。應死者自依常律。若未成婚者，各減五等，其已成婚罪至死者，主婚人減一等。若男二十歲以下及在室之女，事雖由己，亦獨坐主婚。

條例

第二條，以前夫子與後夫女苟合成婚者，子之母、女之繼母、女之父、子之繼父也。前夫女與後夫子苟合成婚者，子之父、女之繼父、女之母、子之繼母也。下里愚民，往往有寡母携女再嫁，因以女配其子，鰥夫携子入贅，因以子室其女，即係苟合成婚，官司多以其事在一時，且俗久相沿而不之究。明例者，似難輕縱。

（明）王肯堂《王儀部先生箋釋》卷六《娶親屬妻妾》 釋曰：此專自同宗言。自娶緦麻親至第三節，皆言有服親之妻，第四節言有服之親。舅甥，在外姻中爲最親，故帶言之。無服之親説得廣，凡五服之外皆是，禮所謂袒免親也。舅甥妻，謂舅娶甥妻，甥娶舅妻也。被出改嫁，通指前項親屬之妻言。父祖妾、伯叔母、兄弟妻而收之，瀆倫之甚，故不曰娶，而曰收。或謂同居曰收者，非也。娶同宗無服之親，及無服親之妻者，各杖一百。按姦律，姦同宗無服之親及無服親之妻者，亦各杖一百。娶同宗緦麻親之妻，及舅甥妻者，各杖六十，徒一年。止言緦麻親之妻，不言緦麻親，在下文。此條本言同宗，以舅甥妻義重，故不在前條尊卑爲婚之中而在此。若其他異姓親屬，則前條備矣。娶同宗小功以上親之妻，各以姦論。以上兼大功言。如伯叔祖妻、堂伯叔妻、再從兄弟妻、堂姪妻、姪孫妻，皆小功。堂兄弟妻，係大功。以姦論，以刑律内姦緦麻以上親之妻，各杖一百，徒三年。其同宗無服，及緦麻以上親之妻，及舅甥妻，先曾爲夫所出，及夫亾改嫁他人而娶之爲妻妾者，各杖八十。爲於前夫義絶，姦者依律止是凡姦，故其嫁娶，亦同凡姦坐罪。收父祖妾及伯叔母者，各立斬。兄亾收嫂、弟亾收弟婦者，各立絞。各者，如姦律男女同坐也。不問被出改嫁與否，一例坐罪。妾各減二等，總承上兩節言。謂若娶同宗無服及緦麻以上親之妾，或舅甥之妾，得減娶其妻之罪二等。非謂親屬之妻今娶爲妾，亦得減二等也。若原係妻而娶爲妾，當從妻論。原係妾而娶爲妻，仍從妾減科。娶同宗無服親之妾，各杖八十。娶緦麻親及舅甥妾，各杖九十。小功以上親之妾，各杖八十，徒二年。娶被出改嫁之妾，各杖六十。收伯叔及兄弟之妾，各杖一百，徒三年。若娶同宗緦麻以上之姑及姪女與姊妹爲妻妾者，亦各以姦緦麻以上親論，男女各杖一百，徒三年。若從祖及從祖伯叔小功之姑，從父大功姊妹，絞。已之期親姑姊妹，兄弟之女，斬。並離異，通包上言。財禮入官，應死者自依常律。其已成婚罪至死者，主婚人減一等。若未成婚，各減五等。其男二十歲以下及在室之女，事雖由己，亦獨坐主婚。

（明）王肯堂《王儀部先生箋釋》卷六《娶逃走婦女》 釋曰：犯罪，謂婦女自己犯罪，已發在官者，與在逃子女及爲事在家者不同。與同罪，止同其所犯之本罪，而婦人自當加逃罪二等。謂凡犯罪逃走婦女，有人知情娶爲妻妾者，本婦固於所犯笞、杖、徒、流上加逃走罪二等，應死者自依常律。其娶之者亦同婦人笞、杖、徒、流之罪，至死減一等，杖一百，流三千里，離異。此與背逃和誘不同。所娶之婦，若非犯死罪者，歸其夫，無夫歸宗，女給親。若所犯之罪，原應與前夫離異者，則亦歸宗，財禮入官。若事由期親以上尊長及餘親主婚，則亦論如婦女所犯之罪，其不知犯罪逃走之情而娶之者，不坐，追還財禮，亦離異。或謂律稱離異，婦人並歸宗，此雖非前夫之罪，恐難聽還完聚。觀娶部民，于妻妾不言離異，明言仍兩離之。若買休賣休，則兼言離異歸宗，前夫無無罪者矣。若無夫，會赦免罪者，不離。謂若有夫，雖會赦免罪，與非赦免雖無夫，皆當離也。惟無夫可歸，而其初犯之罪又逢赦免，則聽其與娶之者完聚耳，女無至親可歸者亦同。凡其他嫁娶違律，雖會赦，猶盡法離異故也。

（明）王肯堂《王儀部先生箋釋》卷六《嫁娶違律主婚媒人罪》 第一節，此條乃男女婚姻以下諸條之通例，皆當以此條參之。蓋所以補諸條之未備，而權其輕重之宜者也。言凡男女婚姻以下違犯法律，如同姓、尊卑爲婚之類，必有主張其事者，若由祖父母、父母、伯叔父母、姑、兄姊、外祖父母主婚者，獨坐主婚之人，以事全由之也。餘親如期親卑幼及大功以下尊長卑幼主婚者，則事未必全由之。故事由主婚人，則以主婚人爲首，以男女爲從。事由男女，則以男女爲首，以主婚人爲從。從者減一等。若論罪應至死者，如娶同宗小功以上各以姦論，其中如從父姊妹、母之姊妹，及兄弟子妻、兄亾收嫂，妻背夫在逃，因而改嫁，皆是也。此等不得謂之婚，縱由父主之，而不得謂之主婚矣。除事由男女，自依常律。其由主婚人，或期親以上，或餘親，並得減一等，杖一百，流三千里。

第二節，此節主婚專指餘親言，以爲祖父母等親可以不用威逼，然則期親卑幼與大功以下尊卑，又何能威逼也？二十歲以上之男及夫亾再嫁之女，被主婚人威逼嫁娶，不得自由者，亦不應科從罪。若男年二十歲以下及在室之女，則無自主嫁娶之理，不必問其有無威逼、由男女不由男女矣，二項亦獨坐主婚，男女俱不坐首從之罪。

第三節，凡違律嫁娶，其已成婚者，依律論罪。若雖有期約，雖行聘定，尚未成婚者，男女及主婚人雖律應死，得各減已成婚罪五等。如妻背夫在逃，因而改嫁，由父主婚，至死者減一等。未成婚，又得減五等，通減六等也。又如某人將長男婦配與次子，未成婚，事發，依兄亾收嫂未成婚減已成婚絞罪五等。由父主婚，獨坐主婚律杖七十，徒一年半。

第四節，犯人，指婚者本身而言。婚姻各條稱有媒人者，自照本條擬之。如無，方依此條議罪。如云某人依違律爲婚，媒人如情者，減犯人某項罪一等是也。

第五節，其違律爲婚各條婦女，有稱離異及改正者，雖會赦，但得免其罪，應離異者仍離異，應改正者仍改正。其稱離異者，婦女並歸宗。

第六節，其原聘財禮，若娶者知情，則爲彼此俱罪之贓，故追入官。不知情，則爲取與不和之物，故追還主，並不論已未成婚。或謂違律嫁娶，其祖父母、父母主婚者，獨坐主婚。至於夫喪服滿願守志，而女之祖父母、父母强嫁之者，何獨無罪乎？蓋妻妾居夫喪服滿，身自改嫁，及女之祖父母、父母，若餘親主婚嫁者，律本無罪。故女子願守志，其祖父母、父母奪而嫁之，有如《柏舟》詩所云者，亦人情所有，故恕之也，與嫁娶違律主婚者不同。

（明）佚名《重刻律條告示活套》卷二《逐婿嫁女》 前件某府某縣爲禁約事。竊惟以女配夫，婚姻一定，逐婿再嫁，於理難容。訪得本縣人民中間有因父母早亡，弟兄無倚而典人爲贅者，亦有貧難至甚，庸工而得以娶妻者，既已完聚，豈可更移。有等無知之輩，惟知貪利，不顧傷倫。有將婿逐出圖財令女别嫁者，或將女再招婿在家者。詳其所自，非厭貧而求富，則弃舊以從新。閨閫不脩，綱常大壞。若不嚴加禁約，誠恐有因逐斷不從，而致死人命者，則習俗漸流於夷狄，而世道日就於卑汙，深爲未便。爲此合行告示，發仰村城鎮店等處張掛曉諭，前項愚民，今後改過自新，遵守理法，敢有逐婿嫁女者，事發挐問，重罪不恕。

（明）佚名《重刻律條告示活套》卷二《强占良家妻女》 前件巡按監察御史某爲禁約事。訪得按屬州縣有等居民倚勢欺人，恃强暴衆，有不用媒保財禮，而强奪良家女子以爲妻妾者，有以富欺貧用强姦占民間妻女者，有强娶在家而配與子孫弟姪家人者，法律昭昭而敢屢犯，刑法凛凛而敢故違，一星之出不撲則熖至燒天，一事之惡不懲則罪將咸族。爲此合出告示，發仰各府州縣大小衙門及人烟輳集去處張掛曉諭，前項之徒，遷善改過，各保身家，敢有故違不遵，事發拿問重罪，追悔莫及。

（明）佚名《重刻律條告示活套》卷二《良賤為婚姻》 前件某府爲禁約事。竊惟嫁娶允當從類，夫婦豈可亂常，律令昭然，是宜遵守。近訪得所屬州縣人民身不脩而家不齊，事有乖而婚有碍。有以家長而配奴僕不以爲羞者，有以工役而偶良家不以爲僣者，有以士夫而娶樂婦不以爲嫌者，是皆不獨有違法律，抑且敗壞民彝，深爲未便。爲此合出告示，發仰各州縣并人烟輳集去處張掛曉諭，前項之徒，敢有不遵，事發，從重究問不恕。

（明）佚名《重刻律條告示活套》卷二《尊卑為婚》 前件巡按監察御史某爲禁約事。竊惟尊卑有等，難堪結伉儷之親，上下有章，豈可爲夫妻之好。近訪得按屬軍民人等遵守理法者固有，淫亂無耻者亦多。有與外姻有服尊屬爲婚姻者，有娶同母異父姊妹，有娶姑舅兩姨姊妹者，有娶堂姨母之姑姨者，亂等級而不殊禽獸，混行輩而實類夷狄，不惟法律故違，抑且民風大壞。爲此合出告示，發仰按屬大小衙門張掛曉諭，一体知悉，敢有故犯者，事發拿問，從重問斷，决不輕恕。

（明）佚名《重刻律條告示活套》卷二《娶部民婦女為妻妾》 前件巡按監察御史某爲禁約事。竊惟官居同父祖之尊，部民有子孫之責，當知体統，難作婚姻。近訪得按屬大小衙門官員，亂綱常之理，昧事体之宜，無耻貪淫，娶民之婦，娶民之女，强顔苟合，或爲之妻，或爲之妾，亦或下配於家人，間或作婚於子姪，小民畏勢只得依從，官府倚尊不恤行檢。若不禁約，深爲未便。爲此合出告示，發仰各該衙門張掛曉諭，一体知悉，各要洗心滌慮，奉公守法，敢有仍前故違者，事發定行叅問罷黜，決不輕貸。

（明）佚名《重刻律條告示活套》卷二《娶迯走婦女》 前件某府爲禁約事。竊惟婦女犯罪，固爲不良，事發私迯，尤爲可惡。知而藏匿者，尚論蔽奸，娶以爲妻者，實爲同惡。近訪得所屬州縣人民，不畏法律者甚多，止知婚娶爲人道之常，不知娶迯有律條之禁。有將犯罪迯走婦女自娶爲妻者，有配與子孫弟姪家人者，自逞乘機，實爲犯法。爲此合出告示，發仰各州縣門首及人烟輳集去處張掛曉諭，民間但有迯走婦女，即行報官，招主認領，敢有仍前故違，事發拏問，重罪不恕。

（明）佚名《重刻律條告示活套》卷二《同姓為婚》 前件某府某縣爲禁約事。竊惟合二姓以爲婚，取附遠厚別之義，娶同姓以爲配，實亂倫悖理之人。近訪得本縣人民遵守理法者固有，欺公妄爲者亦多。中間有同姓而爲婚姻者，有匹配而不改正者，鄰里串通不舉，地方容隱不呈，非惟壞俗傷風，抑且違條犯法。若不禁約，深爲未便。爲此合出告示，發去人烟輳集之處張掛曉諭，前項之徒，各要遵守法律改正。敢有故犯，事發拏問臣罪、離異，追悔莫及，里鄰不舉，連坐以罪不恕。

（明）佚名《重刻律條告示活套》卷二《居喪嫁娶》 前件某府爲禁約事。竊惟父母之喪，當抱終天之恨，喪哀方罹，阨於憂惶之際，婚屬吉，豈可行於喪亂之時。又況情有不堪，而且律有明禁。今訪得所屬人民忍心害理，作樂忘哀，有婦女居父母及夫喪而身自嫁者，或男子孫居祖父母、父母之喪而娶妻妾者，有用强而主婚者，有圖財而强嫁者，詳此之輩，蓋是無知，不念終天泣血之憂，陷於夷虜鳥獸之流，忍爲男女配合之喜，廢却孝子盡心之日。若不禁約，深爲未便。爲此合出告示，發仰各州縣巡司等衙門首人烟輳集去處，張掛曉諭，今後敢有居喪嫁娶者，事發定行拏問重治，決不姑容。

（明）佚名《大明律講解》卷六《娶逃走婦女》 凡娶犯罪逃走婦女爲妻妾，知情者，與同罪。至死者，減一等，離異。不知者不坐。若無夫會赦免罪者，不離。講曰：知情謂知係犯罪逃亡婦女而娶爲妻妾者，若犯流罪以下，並與同科，犯死罪而知情娶者，減一等，杖一百，流三千里，仍離之。其不知情者，雖不坐罪，亦當離異。若娶犯罪逃亡無夫婦女又經會赦免罪者，不離異，聽爲妻妾。

（明）佚名《大明律講解》卷六《男女婚姻》 凡男女定婚之初，若有疾殘，老幼、庶出、過房、乞養者，務要兩家明白通知，各從所願，寫立婚書，依禮聘嫁。若許嫁女已報婚書及有私約，謂先已知夫身疾殘、老幼、庶養之類。而輒悔者，笞五十。雖無婚書，但曾受聘財者，亦是。講曰：但受聘財，謂如受疋帛一尺以上者，亦是。其供設酒食所費雖多，不同聘財之限。若再許他人，未成婚者，杖七十，已成婚者，杖八十。後定娶者知情，與同罪，財禮入官，不知者不坐，追還財禮，女歸前夫。前夫不願者，倍追財禮給還，其女仍從後夫。男家悔者，罪亦如之，不追財禮。講曰：罪亦如之，謂男家背約而輒悔，再定他人，不限已未成婚，依上條女家輒悔律笞五十，不追財禮，女家聽其再許他人。其未成婚男女有犯姦盜者，不用此律。講曰：謂如未成婚，男子有犯盜者，不追財禮，女子有犯，追還財禮。不在輒悔再許之限，故云不用此律。若爲婚而女家妄冒者，杖八十，謂如女有殘疾，郤令姊妹妄冒相見，後郤以殘疾女成婚之類。追還財禮。男家妄冒者，加一等，謂如與親男定婚，郤與義男成婚。又如男有殘疾郤令弟兄妄冒相見，後郤以殘疾男成婚之類。不追財禮。未成婚者，仍依原定，已成婚者，離異。講曰：仍依原定，謂如男女殘疾令弟兄姊妹妄冒相見，未曾成婚者，仍依原妄冒相見男女爲婚。若妄冒相見男女先已聘許他人者，不在此限。其應爲婚者，雖已納聘財，期約未至，而男家强娶，及期約已至，而女家故違期者，並笞五十。若卑幼或仕宦或買賣在外，其祖父母、父母及伯叔父母、姑、兄姊後爲定婚，而卑幼自娶妻已成婚者，仍舊爲婚，未成婚者，從尊長所定，違者杖八十。

（明）佚名《大明律講解》卷六《典雇妻女》 凡將妻妾受財典雇與人爲妻妾者，杖八十，典雇女者，杖六十，婦女不坐。若將妻妾妄作姊妹嫁人者，杖一百，妻妾杖八十。知而典娶者，各與同罪，並離異，財禮入官。不知者不坐。追還財禮。講曰：並離異者，謂將妻妾典雇與人，若妄作姊妹嫁人及知而典娶者，兩離之，婦女歸宗。

（明）佚名《大明律講解》卷六《良賤為婚姻》 凡家長與奴娶良人女爲妻者，杖八十。女家減一等，不知者不坐。其奴自娶者，罪亦如之。家長知情者，減二等。因而入籍爲婢者，杖一百。講曰：謂家長與奴娶良人爲妻，因而入籍爲婢，或奴自娶，家長知情，因而入籍爲婢，家長杖一百，奴止得杖八十之罪。若奴自娶，家長不知情而入籍爲婢者，奴杖一百，家長不坐。若妄以奴婢爲良人而與良人爲夫妻者，杖九十，各離異改正。

（明）佚名《大明律講解》卷六《嫁娶違律主婚媒人罪》 凡嫁娶違律，若由祖父母、父母、伯叔父母、姑、兄姊及外祖父母主婚者，獨坐主婚。講曰：獨坐主婚者，爲其奉尊長之命嫁娶，故男女不坐。餘親主婚者，餘親謂期親卑幼及大功以下尊長卑幼主婚改嫁者。事由主婚，主婚爲首，男女爲從。事由男女，男女爲首，主婚爲從。至死者，主婚人並減一等。其男女被主婚人威逼，事不由己，若男年二十歲以下，及在室之女，亦獨坐主婚，男女俱不坐。講曰：男女被主婚之人以威力脅逼，違律而嫁娶者，謂其事不由己，雖年二十以上之男，及夫亡之婦，俱不坐罪，獨坐主婚之人。若男年二十以下，及在室之女，雖不被尊長威逼而違律爲婚，亦獨坐主婚，男女勿論。未成婚者，各減已成婚罪五等。講曰：未成婚者，謂違律爲婚當條合得罪名，若定婚而未成婚者，減已成婚罪五等。謂如娶同宗無服之親爲婚者合杖一百、定而未成婚者即笞五十之類，謂之各減五等。若媒人知情者，各減犯人罪一等，不知者不坐。講曰：謂如媒人若知娶同宗無服親之情，已成婚者減犯人一等杖九十、未成婚者笞四十之類，故謂之各減犯人一等。其違律爲婚各條稱離異改正者，雖會赦猶離異改正。離異者，婦女並歸宗。財禮，若娶者知情則追入官，不知者則追還主。

（明）佚名《大明律講解》卷六《娶樂人為妻妾》 凡官吏娶樂人爲妻妾者，杖六十，並離異。若官員子孫娶者，罪亦如之，附過，俟廕襲之日，降一等，於邊遠叙用。其在洪武元年已前娶者，勿論。

（明）佚名《大明律講解》卷六《娶親屬妻妾》 凡娶同宗無服之親及無服親之妻者，各杖一百。若娶緦麻親之妻及舅甥妻，各杖六十，徒一年，小功以上各以姦論。其曾被出及已改嫁而娶爲妻妾者，各杖八十。講曰：謂同宗無服若緦麻及舅甥小功以上妻，此等或被出或夫亡改嫁他人，即於前夫義絶，若奸者，依律止是凡奸，故於嫁娶亦同凡奸之坐，杖八十。若收父祖妾及伯叔母者，各斬。若兄亾收嫂、弟亡收弟婦者，各絞。講曰：假有父祖妾若伯叔母及兄弟妻，其曾被出及已改嫁而娶爲妻者，未知若爲科斷。講曰：娶此等者，雖曰悖理亂倫，俱被出改嫁，已於前夫義絶，况本條續於其曾被出之後，而以若字會之，是知此等被出及改嫁而娶爲妻妾者，據律亦杖八十。妾各減二等。講曰：謂自娶同宗無服以下及弟亡收弟婦以上，若係妾者，各於本罪上減二等。若小功以上奸論，其相奸本律妾減一等，即是通減三等。若父祖妾不在減等之限。若娶同宗緦麻以上姑姪姊妹者，亦各以姦論，並離異。

（明）佚名《大明律講解》卷六《尊卑為婚》 凡外姻有服尊屬卑幼共爲婚姻，及娶同母異父姊妹，若妻前夫之女者，各以姦論。講曰：外姻有服尊屬卑幼者，謂外祖及妻之父母有服之親，而與己或尊屬或卑幼，若作婚姻者，是名尊卑共爲婚姻。各以奸論，謂各以親屬相奸及和奸律科之。其父母之姑舅、兩姨姊妹及姨若堂姨，母之姑、堂姑，己之堂姨及再從姨，堂外甥女，若女婿及子孫婦之姊妹，並不得爲婚姻，違者，各杖一百。講曰：父母之姑舅兩姨姊妹於身無服，乃是父母緦麻，以身等之，是爲尊屬，故不合娶。及姨又是父母小功尊，若堂姨雖於父母無服，亦是尊屬。母之姑、堂姑並是母之小功以上尊，若己之堂姨及再從姨，據身雖無服，並是尊屬，若堂外甥女又係堂姊妹之所生者，女婿及子孫婦之姊妹，於身雖並無服，據理不可爲婚，並爲尊卑混亂，人倫失序。違此爲婚者，各杖一百，並離之。若娶己之姑舅兩姨姊妹者，杖八十。並離異。

（明）佚名《大明律講解》卷六《同姓為婚》 凡同姓爲婚者，各杖六十，離異。

（明）佚名《大明律講解》卷六《父母囚禁嫁娶》 凡祖父母、父母犯死罪被囚禁，而子孫嫁娶者，杖八十。爲妾者，減二等。其奉祖父母、父母命而嫁女娶妻者，不坐。亦不得筵宴。講曰：其祖父母、父母犯流罪以下被禁，而子孫嫁娶者，不坐，亦不得筵宴。爲妾者，減二等。謂男子娶妾及妻女嫁人爲妾者，杖六十。

（明）佚名《大明律講解》卷六《娶部民婦女為妻妾》 凡府州縣親民官，任内娶部民婦女爲妻妾者，杖八十。若監臨官娶爲事人妻妾及女爲妻妾者，杖一百，女家並同罪。妻妾仍兩離之，女給親，財禮入官。强娶者，各加二等，女家不坐，不追財禮。若爲子孫、弟姪、家人娶者，罪亦如之，男女不坐。講曰：爲事人，謂人有事而求監臨官司曲法判事，娶其妻妾及女者。女家並同罪，謂部民與親民官同杖八十。爲事人與監臨官同杖一百。兩離之，謂親民官及監臨官若爲事人皆不得爲妻妾，著令婦女歸宗。各加二等，謂强娶部民婦女，杖一百；强娶爲事人妻妾及女，杖七十，徒一年半。罪亦如之，謂爲子孫、弟姪、家人娶部民婦女，若娶爲事人妻妾及女，并强娶者，親民官、監臨官、女家各如上條之罪。

（明）佚名《大明律講解》卷六《居喪嫁娶》 凡居父母及夫喪而身

自嫁娶者，杖一百。若男子居喪娶妾，妻女嫁人爲妾者，各減二等。若命婦夫亡，再嫁者，罪亦如之。追奪並離異。講曰：妻女嫁人爲妾，詰係人之妻。若女居父母及夫喪而嫁人爲妾者，各減二等。謂減，身自嫁娶杖一百之罪減二等，止杖八十。罪亦如之，謂命婦夫亡，喪服已備，而嫁人爲妻者，杖一百；爲妾者，杖八十。若妾居家長喪，而身自嫁娶者，律雖無文，終有斬衰之服，合依本律減二等，杖八十，離異。知而共爲婚姻者，各減五等，不知者，不坐。若居祖父母、伯叔父母、姑、兄姊喪而嫁娶者，杖八十。妾不坐。講曰：各減五等，謂如男子居父母喪而嫁爲妻妾，及知婦女居夫及父母之喪而娶爲妻妾者，各於正犯人所得杖一百及八十之罪上減五等科之。妾不坐，謂居祖父母、伯叔父母、姑、兄姊喪而娶妾及妻女嫁人爲妾者，俱不坐罪。若居父母、舅姑及夫喪而與應嫁娶人主婚者，杖八十。其夫喪服滿，願守志。非女之祖父母、父母而强嫁之者，杖八十。期親强嫁者，減二等。婦人不坐，追歸前夫之家，聽從守志。娶者亦不坐，追還財禮。

《律條直引》卷六《户律·婚姻·逐婿嫁女》 趙甲依逐婿嫁女、再招婿者律，錢乙依男家知而娶者，與趙甲同罪律，各杖一百。俱有《大誥》減等，各杖九十。係軍民，無力的決，有力與官吏納米等項，完日，趙氏責付孫丙出居完娶，財禮入官。

《律條直引》卷六《户律·婚姻·妻妾失序》 趙甲依以妻爲妾者律，杖一百。錢乙依妻在，以妾爲妻者律；孫丙依有妻更娶妻者律，各杖九十。李丁依民年四十以上無子方聽娶妾，違者律，笞四十。俱有《大誥》減等，趙甲杖九十，錢乙、孫丙各杖八十，李丁笞三十。係軍民，無力的決，有力與官吏納米等項，完日還職寧家隨住。

《律條直引》卷六《户律·婚姻·良賤為婚姻》 趙甲依家長與奴娶良人女爲妻；錢乙依奴自娶良人女爲妻，因而入籍爲婢者律，各杖一百。孫丙依女家減等律；李丁依妄以奴、婢爲良人，與良人爲夫、妻者律，各杖九十。周戊依家長與奴娶良人女爲妻者律；吳己依奴自娶良人女爲妻者，罪亦如家長娶者律，杖八十。鄭庚、王辛俱依女家，各減李丁、周戊罪一等律，各杖七十。馮壬依家長知情者，減周戊罪二等律，杖六十。俱有《大誥》減等，趙甲、錢乙各杖九十，孫丙、李丁各杖八十，周戊、吳己各杖七十，鄭庚、王辛各杖六十，馮壬笞五十。係軍民，有力納米等項，無力的決，各寧家，婦女離異歸宗，財禮入官。

《律條直引》卷六《户律·婚姻·同姓為婚》 趙甲、錢氏俱依同姓爲婚者律，各杖六十。俱有《大誥》減等，各笞五十。有力納米納鈔等項，無力婦人單衣，各的決離異，財禮入官。

《律條直引》卷六《户律·婚姻·尊卑為婚》 趙甲、錢氏俱依外姻有服尊屬卑幼共爲婚姻，娶同母異父姊妹，娶妻前夫之女者，以姦緦麻以上親律，各杖一百，徒三年。錢乙、李氏俱依父母之姑舅兩姨姊妹、姨、堂姨、母之姑、堂姑、己之堂姨、再從姨、堂外甥女、女婿姊妹、子孫婦之姊妹不得爲婚姻，違者律，各杖一百。周戊、吳氏俱依娶己之姑舅、兩姨姊、妹者律，各杖八十。俱有《大誥》減等。趙甲、錢氏各杖九十，徒二年半。錢乙、周戊俱軍民，錢氏、李氏、吳氏俱婦人，有力納米納鈔等項，無力錢氏等各單衣的決。錢氏餘罪收贖，趙甲充徒，滿日疏放，各離異，寧家，財禮入官。

《律條直引》卷六《户律·婚姻·娶親屬妻妾》 趙甲、錢氏俱依收祖父妾、伯叔母者律，各斬。錢乙、孫氏俱依兄亡收嫂、弟亡收弟婦者律，各絞，俱秋後處決。孫丙、李氏俱依收伯叔妾、兄弟妾者，減收伯叔母、嫂、弟婦罪二等律；李丁、周氏俱依娶同宗小功以上親、小功以上親之妻者，以姦小功以上親、小功以上親之妻律；周戊、吳氏俱依娶同宗緦麻以上姑、姪、姊妹者，以姦緦麻以上親律，各杖一百，徒三年。吳己、鄭氏俱依娶小功以上親之妾，減娶小功以上親之妻罪二等律，各杖八十，徒二年。鄭庚、王氏俱依娶舅甥妻者律，各杖六十，徒一年。王辛、馮氏俱依娶同宗無服之親、同宗無服親之妻者律，各杖一百。馮壬、陳氏俱依娶緦麻親之妾、舅甥妾者，減娶緦麻親之妻罪二等律，各杖九十。陳癸、褚氏俱依娶曾被出、已改嫁同宗無服親之妻、緦麻親之妻、舅甥妻爲妻妾者律；褚子、衛氏俱依娶同宗無服親之妾，減娶同宗無服親之妻罪二等律，各杖八十。衛丑、蔣氏俱依娶曾被出、已改嫁同宗無服親之妾、同宗緦麻親之妾、舅甥妾爲妻妾者，減娶曾被出、已改嫁同宗無服親之妻、同宗緦麻親之妻、舅甥妻罪二等律，各杖六十。俱有《大誥》減等。孫丙、李丁、周戊、李氏、周氏、吳氏各杖九十，徒二年半。吳己、鄭氏各杖七十，徒一年半。鄭庚、王氏各杖一百。王辛、馮氏各杖九十。馮壬、陳氏各杖八十。陳癸、褚氏、褚子、衛氏各杖七十。衛丑、蔣氏各笞五十。係軍民，無力充徒哨瞭的决，有力納米等項，完滿日着伍寧家，婦女各離異。甲、乙、錢氏、孫氏係重刑監候，申詳允日處决，財禮俱入官。

《律條直引》卷六《户律·婚姻·男女婚姻》　趙甲依爲婚而男家妄冒者，加女家妄冒一等律，杖九十。錢乙依爲婚而女家妄冒者；孫丙依許嫁女再許他人已成婚者；李丁依後娶知情者，與孫丙同罪律；周戊依許嫁女男家悔者，罪亦如再許他人已成婚者律；吴己依後定娶知情者，與周戊同罪律；鄭庚依卑幼仕宦、買賣在外，其祖父母、父母、伯叔父母、姑、兄姊後爲定婚卑幼自娶未成婚者，從尊長所定違者律，各杖八十。王辛依許嫁女再許他人未成婚者律；馮壬依後定知情者，與鄭庚同罪律；陳癸依男家悔者，罪亦如許嫁女再許他人未成婚者律；褚子依後定知情者，與馮壬同罪律，各杖七十。衛丑依許嫁女而輒悔者律；蔣寅依許嫁女男家悔者，罪亦如女家輒悔律；沈卯依應爲婚期約未至而男家强娶者律，韓辰依應爲婚期約已至而女家故違者律，各笞五十。俱有《大誥》減等。趙甲杖八十。錢乙、孫丙、李丁、周戊、吴己、鄭庚各杖七十。王辛、馮壬、陳癸、褚子各杖六十。衛丑、蔣寅、沈卯、韓辰各笞四十。係軍民，無力的决，有力納米等項，完日寧家。

《律條直引》卷六《户律·婚姻·典雇妻女》　趙甲依將妻妾妄作姊妹嫁人者律；錢乙依知情娶者，與趙甲同罪律，各杖一百。錢氏減趙甲罪二等律；孫丙依將妻妾受財典雇與人爲妻妾者律；李丁依知而典者，與孫丙同罪律，各杖八十。周戊依將女受財典雇與人爲妻妾者律；吴己依知而典者，與周戊同罪律，各杖六十。俱有《大誥》減等，趙甲杖九十，錢氏、錢乙、孫丙、李丁各杖七十，周戊、吴己各笞五十。係軍民，無力的决，有力納米等項，完日寧家。女給親，婦人離異歸宗，知情財禮入官。

《律條直引》卷六《户律·婚姻·娶部民婦女為妻妾》　趙甲依監臨官强娶爲事人妻妾女爲妻妾，與子孫、弟姪、家人爲妻妾者加等律，杖七十，徒一年半。錢乙依監臨官娶爲事人妻妾女爲妻妾，與子孫、弟姪、家人爲妻妾者律；孫丙依女家與錢乙同罪律，各杖一百。李丁依親民官任內娶部民婦女爲妻妾，與子孫、弟姪、家人爲妻妾者律；周戊依女家與李丁同罪律，各杖八十。俱有《大誥》減等。趙甲杖六十，徒一年。錢乙、孫丙各杖九十。李丁、周戊各杖七十。趙甲、錢乙、李丁俱官，孫丙、周戊俱民，有力納米等項，完日，趙甲、錢乙、李丁俱行止有虧，革職爲民；孫丙、周戊各寧家。財禮入官，婦女仍兩離之，歸其本宗。

《律條直引》卷六《户律·婚姻·娶逃走婦女》　趙氏除毆夫事發在逃輕罪外，合依妻背夫在逃因而改嫁者律，絞，秋後處决。錢乙依知情娶者，與趙氏同罪，至死減等罪止律，杖一百，流三千里。有《大誥》減等。錢乙杖一百，徒三年。係軍民，有力納米等項，無力充徒哨瞭，完滿日寧家。趙氏係重刑監候，申詳待報處决，財禮入官。

《律條直引》卷六《户律·婚姻·娶樂人為妻妾》　趙甲、錢乙俱依官吏娶樂人爲妻妾者律，孫丙依官員子孫娶樂人爲妻妾者，罪亦如官娶爲妻妾律，各杖六十。俱有《大誥》減等，各笞五十。納米等項完日，趙甲、錢乙係官吏，俱行止有虧，革職役爲民；孫丙係軍職應襲子孫，附過，候襲之日降一級，調邊遠叙用。樂婦離異，財禮入官。

《律條直引》卷六《户律·婚姻·居喪嫁娶》　趙甲依居父母喪而自娶者律；趙氏依居父母、夫喪而自嫁者律；錢氏依命婦夫亡再嫁者，罪亦如居夫喪而身自嫁者律，各杖一百。錢乙依居父母喪而自娶妾者；孫氏依居父母、夫喪而自嫁爲妾者；李氏依命婦夫亡再嫁爲妾者，各減爲妻罪二等律；孫丙依居祖父母、伯叔父母、姑、兄姊喪而嫁娶者律；李丁依居父母喪；周氏依居父母、舅姑、夫喪而與應嫁娶人主婚者律；周戊依夫喪服滿非女之祖父母、父母而强嫁者律，各杖八十。吴己依夫喪服滿願守志，期親强嫁者律，杖六十。俱有《大誥》減等，趙甲、趙氏、錢氏各杖九十，錢乙、孫氏、李氏、孫丙、李丁、周氏、周戊各杖七十，吴己笞五十。係軍民，有力納米納鈔等項，無力婦人各單衣的决，各離異。

《律條直引》卷六《户律·婚姻·父母囚禁嫁娶》　趙甲依祖父母、父母犯死罪被囚禁而嫁娶者律，杖八十。錢乙依祖父母、父母犯死罪被囚禁而嫁娶爲妾者，減爲妻罪二等律，杖六十。俱有《大誥》減等，趙甲杖七十，錢乙笞五十。係軍民，無力的决，有力與官吏納米等項，完日各還職役寧家隨住。

《大清律集解附例》卷六《户律・婚姻・娶親屬妻妾》　凡娶同宗無服姑姪姊妹之親，及無服親之妻者，男女各杖一百。若娶同宗緦麻親之妻，及舅甥妻，各杖六十、徒一年；小功之妻以上，各以姦論。自徒三年至絞、斬。其親之妻曾被出，及已改嫁而娶爲妻妾者，無服之親不與。各杖八十。若收父、祖妾，及伯、叔母者，不問被出、改嫁。各斬。若兄亡收嫂，弟亡收弟婦者，不問被出、改嫁，俱坐。各絞。妾父祖妾不與各減妻二等。被出、改嫁遞減之。若娶同宗緦麻以上姑姪姊妹者，亦各以姦論。除應死外並離異。

《大清律集解附例》卷六《户律・婚姻・同姓為婚》　爲婚，兼妻妾言。禮不娶同姓，所以厚別也。若買妾不知其姓，則卜之。凡同姓爲婚者，主婚與男女各杖六十，離異。婦女歸宗，財禮入官。

《大清律集解附例》卷六《户律・婚姻・良賤為婚姻》　凡家長與奴娶良人女爲妻者，杖八十。女家主婚人減一等；不知者，不坐。其奴自娶者，罪亦如之。家長知情者，減二等。因而入籍指家長言。爲婢者，家長杖一百。若妄以奴婢爲良人，而與良人爲夫妻者，杖九十。妄冒由家長，坐家長；由奴婢，坐奴婢。各離異，改正。謂入籍爲婢之女，改正復良。

《大清律集解附例》卷六《户律・婚姻・娶樂人為妻妾》　凡文武官並吏，娶樂人妓者爲妻妾者，杖六十，並離異。不給於官吏，亦不還樂工，斷離歸宗，財禮入官。若官員子孫乃應襲廕者。娶者，罪亦如之。附過，候廕文襲武之日，照應襲職上降一等，於邊遠叙用。其在順治元年赦前娶者，勿論。

《大清律集解附例》卷六《户律・婚姻・娶部民婦女為妻妾》　凡府、州、縣親民官，任内娶部民婦女爲妻妾者，杖八十。若監臨内外上司官，娶見問爲事人妻妾及女爲妻妾者，杖一百；女家主婚人並同罪。妻妾仍兩離之，女給親，兩離者，不許給與後娶者，亦不給還前夫，令歸宗。其女以父母爲親，當歸宗；或已有夫，又以夫爲親，當給夫完聚。財禮入官。恃勢强娶者，各加二等。女家不坐，婦還前夫，女給親。不追財禮。若爲子孫、弟姪、家人娶者，或和、或强。罪亦如之，男女不坐。若娶爲事人婦女，而於事有所枉者，仍以枉法從重論。

《大清律集解附例》卷六《户律・婚姻・男女婚姻》　凡男女定婚之初，若或有殘廢、或疾病、老幼、庶出、過房、同宗。乞養異姓。者，務要兩家明白通知，各從所願，不願即止，願者同媒妁寫立婚書，依禮聘嫁。若許嫁女已報婚書，及有私約謂先已知夫身疾殘、老幼、庶養之類。而輒悔者，女家主婚人。笞五十。其女歸本夫。雖無婚書，但曾受聘財者，亦是。若再許他人，未成婚者，女家主婚人。杖七十；已成婚者，杖八十。後定娶者，男家知情，主婚人與女家同罪，財禮入官；不知者，不坐，追還後定娶之人財禮，女歸前夫。前夫不願者，倍追財禮給還，其女仍從後夫。男家悔而再聘者，罪亦如之，仍令娶前女，後聘聽其別嫁。不追財禮。其未成婚男女有犯姦盜者，男子有犯，聽女別嫁；女子有犯，聽男別娶。不用此律。若爲婚而女家妄冒者，主婚人。杖八十，謂如女有殘疾，卻令姊妹妄冒相見，後卻以殘疾女成婚之類。追還財禮。男家妄冒者，加一等，謂如與親男定婚，卻與義男成婚。又如男有殘疾，卻令弟兄妄冒相見，後卻以殘疾男成婚之類。不追財禮。未成婚者，仍依原定；所冒相見之無疾兄弟、姊妹，及親生之子爲婚。如妄冒相見男女，先已聘許他人，或已經配有室家者，不在仍依原定之限。已成婚者，離異。其應爲婚者，雖已納聘財，期約未至，而男家强娶；及期約已至，而女家故違期者，男女主婚人並笞五十。若卑幼或仕宦，或買賣在外，其祖父母、父母及伯叔父母、姑、兄姊自卑幼出外之後爲定婚，而卑幼不知自娶妻已成婚者，仍舊爲婚。尊長所定之女，聽別嫁。未成婚者，從尊長所定，自聘者，從其別嫁。違者，杖八十。仍改正。

條例

一、嫁娶皆由祖父母、父母主婚；祖父母、父母俱無者，從餘親主婚。其夫亡携女適人者，其女從母主婚。若已定婚未及成親，而男女或有身故者，不追財禮。

一、男女婚姻，各有其時，或有指腹、割衫襟爲親者，並行禁止。

一、招婿須憑媒妁明立婚書，開寫養老或出舍年限。止有一子者，不許出贅。如招養老女婿者，仍立同宗應繼者一人，承奉祭祀，家産均分。如未立繼身死，從族長依例議立。

《大清律集解附例》卷六《户律・婚姻・娶逃走婦女》　凡娶自己犯罪已發在官，而逃走在外之婦女爲妻妾，知逃走之情者，與同其所犯之本罪。而婦人加逃罪二等，其娶者不坐。至死者，減一等，離異。不知者，不坐。若無夫，又會赦免罪者，不離。一有不合，仍離。

《大清律集解附例》卷六《户律・婚姻・尊卑為婚》　凡外姻有服或

尊屬或卑幼共爲婚姻，及娶同母異父姊妹，若妻前夫之女者，各以親屬相姦論。其父母之姑舅、兩姨姊妹及姨、若堂姨，母之姑、堂姑，己之堂姨及再從姨、己之堂外甥女，若女婿之姊妹及子孫婦之姊妹，雖無服。並不得爲婚姻，違者，男女各杖一百。有主婚者，獨坐主婚人。若娶己之姑舅兩姨姊妹者，雖無尊卑之分，尚有緦麻之服。杖八十。並離異。婦女歸宗，財禮入官。

條例

一、男女親屬尊卑相犯重情，或干有律應離異之人，悉遵成憲，俱照親屬已定名分，各從本律科斷，不得妄生異議，致罪有出入。其間情犯稍有可疑，揆於法制似爲太重，或於大分不甚有礙者，聽各該原問衙門，臨時斟酌擬奏。

一、前夫子女與後夫子女苟合成婚者，以娶同母異父姊妹律條科斷。

《大清律集解附例》卷六《户律·婚姻·逐婿嫁女》　凡逐已入贅之婿嫁女，或再招婿者，杖一百，其女不坐。後婚男家知而娶或後贅者，同罪。未成婚者，各減五等，財禮入官。不知者，亦不坐。其女斷付前夫，出居完聚。如招贅之女通同父母逐婿改嫁者，亦坐杖一百。

《大清律集解附例》卷六《户律·婚姻·居喪嫁娶》　凡男女居父母及妻妾居夫喪，而身自主婚嫁娶者，杖一百。若男子居父母喪而娶妾，妻居夫喪，女居父母喪而嫁人爲妾者，各減二等。若命婦夫亡雖服滿再嫁者，罪亦如之。亦如凡婦居喪嫁人者擬斷。追奪敕誥，並離異。知係居喪及命婦而共爲婚姻者，主婚人各減五等。財禮入官。不知者，不坐。仍離異，追財禮。若居祖父母、伯叔父母、姑、兄姊喪除承重孫外。而嫁娶者，杖八十，不離異。妾不坐。若居父母、舅姑及夫喪，而與應嫁娶人主婚者，杖八十。其夫喪服滿，妻妾願守志，而女之祖父母、父母而强嫁之者，杖八十；女之期親强嫁者，減二等。其夫家之祖父母及夫之期親强嫁之者，罪亦如之。婦人不坐，追歸前夫之家，聽從守志。娶者亦不坐，追還財禮。

《大清律集解附例》卷六《户律·婚姻·父母囚禁嫁娶》　凡祖父母、父母犯死罪被囚禁，而子孫自嫁娶者，杖八十。若男娶妾，女嫁人。爲妾者，減二等。其奉囚禁祖父母、父母命而嫁女、娶妻者，不坐。亦不得筵宴。父母囚禁筵宴，忘其至親而任情縱慾，不孝之大者也，當依棄親之任條下科斷，杖八十。父母囚禁筵宴，自有本律。

（清）沈家本《刑部現行則例》卷上《婚姻》　一、受封之婦，伊夫欲行離異者，先稟明刑部，審理果係應離者，照律聽其離異。若係三不出者，不准離異。若係强離者，照律治罪。

一、另户平等人，用財禮聘娶之婦及用財禮所娶家僕之女，夫亡之後願守節者，聽。欲改嫁者，其母家給還原聘財禮，將婦人准其領回。其家僕用財禮娶相等家僕之女爲婦者，如夫亡故，婦人原主給還原聘財禮，將婦人領回。若婦人有子，情願守節，不許復配與人，亦不許原主領回。若丈夫之主將婦人違例復配夫者，將婦人斷回原主，不追還財禮。又凡丈夫與妻不和離異者，其女衣服及陪送嫁裝之現在物件，憑中給還女家。若兩家争鬥者，照律治以應得之罪。其欲娶妾者，聽。若托故出妻者，依律治罪。

一、凡家僕女兒不問伊主偷嫁與人，五年内控告者，將所嫁之女斷回與本主，給還聘禮，嫁女之人鞭一百。若過五年，免其夫妻拆離，給銀四十兩。如不得銀，仍將大妻拆離，其嫁女之人亦鞭一百。凡係辛者庫人之女，不論年分遠近，將女兒斷與伊主，將偷嫁之人亦鞭一百。其該管撥什庫應無庸議。若明知辛者庫與旗下人家僕之情説媒及聘娶者，照不應重律治罪。若不知情免罪。

（清）陳枚《憑山閣增輯留青新集》卷二一《告示·禁烹分票帳施宏》

爲嚴禁票帳之烹分，以挽澆風事。照得婦人之義，從一而終。夫亾再適，原非美事。但在青年失偶之婦，或無子家貧，養身鮮術，葬夫無資，不得不鬻此身以爲課生送死之計者有之。或翁姑貧老，無力養媳，身後又無底橐，不得不將媳遺嫁，收受財禮，以克殘年之用度者有之。或孤村小户，上無翁姑，傍無伯叔，歸無父母，子幼身單，强暴易於欺侮，勢必擇人而事，以爲終身之靠者有之。種種苦哀，皆非得已。律例所以無寡婦再嫁之禁者，順人情哀煢獨也。凡再嫁之例，有翁姑者，翁姑主婚，無翁姑者，准極親極長之宗族一人主婚，母家擇人，夫家受聘，爲立婚書，明媒正娶，此外閒人不容干與。無如臨俗多澆，聞得寡婦要嫁，便有一班無賴挿身入局，自稱親族，約結媒人，勾連保甲，拴成黨羽，不容主婚作主，將所有財禮朋立分單，名曰票帳，照帳瓜分，主婚者反存無幾。分有未到，則攔轎阻行，措勒疊出。分有不均，又復揑端興訟，詐找詐添，致使娶婦之人悔恨莫訴。此等惡習，真堪髮指，合行嚴禁。爲此示仰闔邑人民知悉，嗣後敢有前項棍徒，於婚書之外，仍立票帳名色，烹分財禮，恣意勒索者，許被害人據實呈稟以憑拿究。其或駕詞呈告，希圖阻壓婚期，局揩賄處者，除不准外，仍拿重責枷儆，斷不輕狥。至若民間孀婺，果有冰栢矢心，不能存養者，許地方里長據實呈報，本縣酌捐養贍之資，以成其美。或有貞操烈節，與題表之例相符者，該士民亦即叙録事實，合詞公鳴，即予詳請具題建坊給匾，以光風化，是又本縣與善揚清之素志也，須至告示者。

《刑名啓蒙例·户律》 豪强之人强奪良家妻女，姦占爲妾，及配與子孫弟姪家人。妻妾背夫在外改嫁。兄亡收兄嫂，弟亡收弟婦。提調部糧官吏税糧違限，一年之上不足。

（清）沈之奇《大清律輯註》卷六《户律·婚姻·妻妾失序》 凡以妻爲妾者，杖一百。妻在，以妾爲妻者，杖九十，並改正。若有妻更娶妻者，亦杖九十，後娶之妻離異歸宗。其民年四十以上無子者，方聽娶妾。違者，笞四十。不言離異，仍聽爲妾也。

〔律後註〕：妻者齊也，與夫齊體之人也；妾者接也，僅得與夫接見而已，貴賤有分，不可紊也。以妻爲妾，則壓貴爲賤；以妾爲妻，則升賤爲貴，皆悖倫蔑禮之事，故坐杖一百、杖九十之罪。妻在云者，謂妻尚在而復以妾爲妻，所以别于妻亡者也，並改正。有妻而更娶妻，並耦匹嫡，有乖正義，故亦杖九十。後娶之妻，離異歸宗。其民年四十以上無子者，方聽娶妾。其雖無子，而年未四十與年四十以上而有子，皆不得娶。違者笞四十。不言離異，仍聽爲妾也。

〔律上註〕：以妻爲妾，則賤辱之矣。其義雖絶，其恩未離也，故仍改正而已。妻在，以妾爲妻，是妻仍爲妻也，故比以妻爲妾之罪稍輕。有妻而更娶妻，與妻在以妾爲妻，其情同也，故其罪亦同。

妻妾失序，及有妻再娶者，通官民言之。四十無子方娶妾，則止言民也，觀其民二字可見。

《指南》謂：有妻再娶後妻，于應離未離之間，犯夫之尊長親屬者，如事發應離，當以凡論；如事未發，在家完聚而犯，一依正妻擬罪。此説似是而實非也。婦人之義，從夫輕重，未得遂爲是人之妻，即不得以是人之親爲親也。既係違律之事，便是應離之人，豈可以未發之日，遂以正妻待之乎？犯尊長依正妻論，犯卑幼亦可以正妻論乎？似當比照妾論，或以凡論，當隨事酌處，不可泥也。

（清）沈之奇《大清律輯註》卷六《户律·婚姻·男女婚姻》 凡男女定婚之初，若或有殘廢或疾病、老幼、庶出、過房同宗、乞養異姓者，務要兩家明白通知，各從所願，不願即止，願者同媒妁。寫立婚書，依禮聘嫁。若許嫁女，已報婚書及有私約，謂先已知夫身殘疾、老幼、庶養之類。而輒悔者，女家主婚人笞五十。其女歸本夫。雖無婚書，但曾受聘財者，亦是。若再許他人，未成婚者，女家主婚人杖七十；已成婚者，杖八十。後定娶者，男家知情，主婚人與女家同罪，財禮入官；不知者，不坐，追還後定娶之人財禮，女歸前夫。前夫不願者，倍追財禮給還，其女仍從後夫。男家悔而再聘者，罪亦如之，仍令娶前女，後聘聽其别嫁，不追財禮。其未成婚男女，有犯姦盜者，男子有犯，聽女别嫁；女子有犯，聽男别娶。不用此律。若爲婚而女家妄冒者，主婚人杖八十，謂如女有殘疾，却令姊妹妄冒相見，後却以殘疾女成婚之類。追還財禮。男家妄冒者，加一等。謂如與親男定婚，却與義男成婚；又如男有殘疾，却令弟兄妄冒相見，後却以殘疾男成婚之類。不追財禮。未成婚者，仍依原定；所冒相見之無疾兄弟、姊妹及親生之子爲婚。如妄冒相見男女，先已聘許他人，或已經配有室家者，不在仍依原定之限。已成婚者，離異。其應爲婚者，雖已納聘財，期約未至，而男家强娶，及期約已至，而女家故違期者，男女主婚人並笞五十。若卑幼，或仕宦，或買賣在外，其祖父母、父母及伯叔父母、姑、兄、姊，自卑幼出外之後爲定婚，而卑幼不知自娶妻，已成婚者，仍舊爲婚；尊長所定之女，聽别嫁。未成婚者，從尊長所定。自聘者，從其别嫁。違者，杖八十。仍改正。

〔律後註〕：男女爲婚，必須兩家情願。殘疾則非完人，老幼則年不相稱，俱非人情所願。庶出，則妾婢所生子也；過繼，則本宗别房子也；乞養，則異姓義子也，雖與殘疾、老幼不同，終與嫡子、親子有異，男女或亦有不願者。定婚之初，如有上項，不許隱瞞，務要男女兩家明白通知，各從所願，寫立婚書，依禮娶嫁，此殘疾等項定婚之法也。若女家已經許嫁，或報過婚書，或立有私約，或曾受聘財，而輒悔者，笞四十，仍令爲婚。此言但悔而未再許他人者也。雖有悔婚之心，尚未再許，或猶未定也，若再許他人，則其盟已悖，而悔心決矣。雖有再許之事，尚未成婚，則猶可改也，若已成婚，則其身已失，而悔事成矣。故分杖七十、杖八十，坐罪有差也。其後爲婚之男家，若知其悔婚之情，定而未成婚者，亦杖七十；娶而已成婚者，亦杖八十，其罪同也。財禮即係彼此俱罪之贓，故入官。不知者，不論已、未成婚，皆不坐罪，追還財禮。女雖已嫁，仍歸前夫。前夫不願娶者，照原定財禮，加倍追還，其女仍從後夫完聚。以上皆言女家悔婚，及後定娶人之罪也。若男家悔者，罪亦如之。此悔字包再定娶在内，悔者亦笞五十，再定他人女亦杖七十，已娶成婚，亦杖八十。其罪不在女家，故不追財禮。本律不言發落之事，註内補出，仍令娶前女。後聘聽其別嫁，然止曰後聘，不曰已娶，與前註後定娶不同，則止指未成婚者言也。若已成婚，難以斷離，仍娶前女，蓋女家悔而再許已成婚者，其女前夫不願，聽從後夫，此男家後娶之女，既已失身，無所歸着，其事不同也。若必離異別嫁，不惟非人情，亦非律意矣。未成婚，則斷娶原聘，聽後聘者另嫁；已成婚，則斷與後娶完聚，聽原聘者另嫁，俱不追財禮，則情法兩盡矣。其婚姻已定，尚未成婚之男女，有犯姦盜者，各聽別娶、別嫁，不在無故悔婚之限，故曰不用此律。蓋姦盜係不齒於人之事，非殘疾等項之比也。妄冒者，假借欺誑之謂。妄冒之情不一，註但舉一、二端以爲例，餘可類推，非必如註所云，始爲妄冒也。男女同一妄冒，女家杖八十，男家加一等者，女雖妄冒，其男可以再娶，男若妄冒，其女遂致失身，情更重也。其財禮一追還、一不追者，女家得受財禮，而男家受誑，自應追還，女家受誑，自不追還也。未成婚者，仍依原定，即與妄冒相見之人爲婚，從所願也。其男女或已聘娶，自聽別爲婚配，故註曰：不在仍依原定之限。已成婚者，離異，不得因已成婚，即聽完聚，而遂奸僞之願也。男女既無妄冒等故，于律亦無違戾之處，其應爲婚者，雖已納過聘財，而男可娶，女可嫁，自有其期，原經約定。若期未至而强娶，期已至而故違，主婚人並笞五十。卑幼婚姻，必由祖父尊長爲主，若卑幼出外之後，尊長爲之定婚，而卑幼在外不知，自又定娶，已成婚則不可改矣，故仍舊爲婚；未成婚，則自應從尊長所定者爲婚。違者，杖八十。若祖父尊長出外，卑幼在家，兩有聘定者，亦依此斷，律文簡嚴，義可互見也。

〔律上註〕：本門末後有嫁娶違律主婚、媒人罪一條，乃斷嫁娶罪犯之通例。凡問婚姻事情，自此以下各條，須先查明其法，按照科斷。

婚姻適兩家之好，必從所願。男女有殘疾等項，若不通知而隱瞞爲婚者，即同妄冒矣。因此而悔婚者，不在此限。其不通知者，照妄冒科斷。

按：《周禮》有媒氏以司婚姻之事。古制男女定婚後，即立婚書，報于所司。其不報者，即私約也。今不行此法。解者謂：有媒妁，通報寫立者爲婚書；無媒妁，私下議約者爲私約。

聘財不拘重輕，但同媒妁言明納送禮儀者方是。若相見爲贄之物，如巾帕之類，不得即爲聘財。

依禮聘嫁以上，兼男女兩家言，謂有殘疾等項者，必須如此也。若許嫁女以下，乃泛言女家悔婚之事，非止承上文而言也。註曰：業知夫身殘疾云云，謂先經通知殘疾等項，已願爲婚而輒悔者，亦坐此律耳。若謂是專指殘疾等項，則因别故而悔者，不坐此律耶？

女歸前夫，前夫不願，其女即從後夫，此指已成婚者言之。若未成婚，不得聽其不願而即斷從後夫也。悔由主婚，女固無罪，既已失身于後，不得復歸於前，若再離異，使無所歸矣。聽從後夫，所以全其節也。

男家悔者，罪亦如之，不追財禮，註曰：仍令娶前女云云，乃一定之法。若其中有情事不同者，亦當分別斷之。如男家雖悔，猶未再聘，斷其婚娶，不待言矣。若已再聘他人，原聘女家，仍願爲婚，則斷娶原聘之女；不願爲婚，則斷娶後聘之女。男家既已悔婚，女家又復不願，强之使合，非人情矣。至於已成婚者，自不得斷離復娶，蓋原聘之女，尚是完人，可以另嫁，後娶之女，既已失身，難以別配，與女家悔者自不同也。故本律但云不追財禮，謂其罪獨在男家，或應娶原聘，則不追後聘之財禮；或聽婚後聘，則不追原聘之財禮也。其後許婚之女家，亦與後定娶之男家不同，律不言知情、不知情之法，則概勿論矣。若亦曰：後許婚者，知情亦同罪，財禮入官，則何止言不追財禮乎？

犯姦盜者，男止言盜，女兼姦盜。或曰姦盜分貼男女，女止言姦，非也。後出妻條七出内，盜居其一，已娶尚應出，況未成婚者乎？然律止稱姦盜，若犯別罪，不在此限。

妄冒者，註内獨指以人妄冒之事爲例，以後有仍依原定之法也。然亦有不以人妄冒者，如本尚幼小而詐言長，本已老邁而假言壯，本有隱疾而諱言無，及係庶養、過房之子，而指爲嫡子、親子之類，亦是。即以本人妄冒，與指他人妄冒，其情一也。

按：後嫁娶違律條内，未成婚者，各減已成婚罪五等，是科嫁娶違律之通例。此妄冒未成婚者，亦當減五等科之。或謂悔婚再許者，未成婚止輕於已成婚一等，妄冒者律不分言，不論已、未成婚，並依本律，非也。妄冒爲婚，正嫁娶中事也，悔婚乃一家悖盟，非嫁娶中事也，故特著輒悔笞五十，再許杖七十，成婚杖八十之法。原與妄冒不同，豈可比例？觀各條嫁娶違律者，皆指已成婚之罪，不言未成婚者，以有減五等之通例在後也。豈妄冒者，獨無分别，而不依此例乎？已、未成婚，斷無同科一罪之理。

婚姻當正其始，妄冒相見之人，亦屬非正，何以未成婚者，仍依原定？蓋在此雖爲妄冒，在彼實願爲婚，乃不正中之正也。

仍依原定，謂曾相見之人，男女情願也。若妄冒之人，除女已聘、男有室者外，或非本家男女，其門弟不同，貧富各異，有不情願者，亦當聽之，不得據此强斷也。

律不言妄冒相見人之罪，以事由主婚，罪當獨坐，應勿論也。

祖父母、父母，及伯叔父母、姑、兄、姊、外祖父母，皆應主婚之人也。若其餘尊長親屬，不在此限。

本條各罪，或應獨坐主婚，或應男女與主婚分首從，皆依後嫁娶違律條之例。末節違者，杖八十，應坐主婚者也。諸書皆謂如違尊長所定，務從己所定者，卑幼杖八十。非也。子孫卑幼聽命於祖父尊長，豈容徇其私意？况此違者承上兩項言，謂已成婚者不令爲婚，未成婚者不從尊長所定，並杖八十也，豈可偏指卑幼一邊？如已成婚而尊長逼令離異另娶者，獨非違律，不坐此罪乎？

已聘定未成婚之男女，私下通姦，有祖父母、父母，依違犯教令；無者，依不應，不得以姦論也。

已受聘未娶之女，與夫親屬犯姦，應依凡論。或謂即依親屬者，非也。禮必成婚廟見之後，始得稱婦，未成婚者，固不得以婦道責之也。

媒人知男女殘疾等項不通知明白，及知妄冒之情者，照後嫁娶違律法，各減犯人罪一等。不知，不坐。

條例

嫁娶皆由祖父母、父母主婚，祖父母、父母俱無者，從餘親主婚。其夫亡携女適人者，其女從母主婚。若已定婚，未及成親，而男女或有身故者，不追財禮。

〔例上註〕：餘親當儘伯叔父母、姑、兄、姊、外祖父母。如無，則從餘親尊長，其卑幼不得爲尊長主婚也。

男女婚姻，各有其時。或有指腹、割衫襟爲親者，並行禁止。

招婿須憑媒妁明立婚書，開寫養老或出舍年限。止有一子者，不許出贅。如招養老女婿者，仍立同宗應繼者一人承奉祭祀，家産均分。如未立繼，身死，從族長依例議立。

（清）沈之奇《大清律輯註》卷六《户律·婚姻·居喪嫁娶》 凡男女居父母及妻妾居夫喪，而身自主婚嫁娶者，杖一百。若男子居父母喪而娶妾，妻居夫喪，女居父母喪而嫁人爲妾者，各減二等。若命婦夫亡，雖服滿再嫁者，罪亦如之，亦如凡婦居喪嫁人者擬斷。追奪敕誥並離異。知係居喪及命婦而共爲婚姻者，主婚人各減五等，財禮入官。不知者，不坐。仍離異，追財禮。若居祖父母、伯叔父母、姑、兄、姊喪除承重孫外而嫁娶者，杖八十。不離異。妾不坐。若居父母、舅姑及夫喪，而與應嫁娶人主婚者，杖八十。其夫喪服滿，妻妾願守志，非女之祖父母、父母而强嫁之者，杖八十；女之期親强嫁者，減二等。其夫家之祖父母及期親强嫁之者，罪亦如之。婦人不坐，追歸前夫之家，聽從守志。娶者，亦不坐，追還財禮。

〔律後註〕：父母及夫之喪，俱三年，服制二十七個月，在服未滿之時，皆謂居喪。身自者，居父母喪之子女，居夫喪之妻妾也。凡父母之喪未滿，女嫁夫，男娶妻，忘哀戚之心，不孝之大者也。夫喪未滿而即再嫁，忘所天之恩，不義之甚者也，故並杖一百。若居喪之時，男子娶妾，妻與女嫁人爲妾，雖皆不孝不義之事，猶與娶妻嫁夫者有間，故各減二等，杖八十。命婦曾受朝廷恩命，非凡婦之比，當守從一而終之義，故夫亡再嫁者，亦論如居喪而嫁之罪：爲妻杖一百，爲妾減二等，仍追奪其受封誥敕。以上居喪嫁娶之人，及再嫁之命婦，並離異歸宗。知係居喪及命婦而爲婚姻者，各減五等：爲妻笞五十，爲妾笞三十，不知者，不坐。

孫于祖父母，姪于伯叔父母、在室姑，弟於兄、在室姊，皆期服尊長也，期年之喪未滿，而女嫁夫、男娶妻者，亦非禮也，故杖八十。其娶妾及嫁人爲妾者，不坐。不言離異，但坐罪而聽完聚，以期服非三年喪之比也。若嫡長孫居祖父母喪應承重者，仍依《名例》與居父母喪同，姑姊出嫁者應降服，俱不在此限。本律除命婦外，罪之輕重，俱以服之輕重爲斷，承重之孫，升期服爲三年，出嫁之姑姊，降期服爲大功，自不得同也。若男女居父母喪，妻居舅姑及夫喪，而與應嫁娶人主婚者，杖八十。曰應嫁娶者，謂于禮無礙，律所不禁者也。在本人雖應嫁娶，而主婚者釋服從吉，則悖禮甚矣。婦人夫亡，喪服已滿之後，願于夫家守志，有强嫁之者，惟女之祖父母、父母可以勿論。若非女之祖父母、父母，係本宗大功以下親，則杖八十；期親則減二等，杖六十。蓋祖父母、父母之於子孫，天性至重，雖不諒其心强奪其志，猶出于親愛之意，且不得因子孫而加罪于祖父母、父母也，故曲原其罪，期親以下，則不得同矣，故坐罪有差。不言夫家强嫁之者，以夫族無醮婦之禮也，其有犯者，亦當坐罪。註曰：夫家之祖父母及期親强嫁之者，罪亦如之，是同減二等法矣。不及夫之父母，是勿論矣。祖父母、父母于子孫之婦，別律率皆同論，此强嫁之者，祖父母則與期親同科，以强嫁守志之婦而嚴之也。但夫族中惟夫兄弟之子是期服，而尊長中無一期服也，其大功以下，皆未註，似當比照杖八十科之。若利其有而逼逐之，更當從重也。婦人固不應坐，而娶之人亦不坐者，服滿無妨于嫁娶，主婚又有其人也。若有謀娶別情，則隨事擬斷，不在此限矣。

〔律上註〕：此居父母喪者，親母生母，與嫡、繼、慈、養母皆同。若嫁母、出母，其服已降，不得同矣，當比依祖父母等喪，同期服論。

首節言身自嫁娶之罪，次節言爲人主婚之罪。身自云者，謂嫁夫娶妻，即居喪男女之本身，所以別于爲人主婚者，非謂不由主婚之人，男女身自主婚也。《箋釋》云：非奉主婚之命，故罪之。其解甚謬。按：末後嫁娶違律條開載獨坐主婚及主婚男女首從法甚明，各條皆以爲例，不復分出主婚男女者，以有此例也。何於居喪嫁娶之事，獨言男女之罪，而不及主婚者耶？如居母喪而父主婚，居父母、夫喪，祖父母等主婚；又如男女被主婚人威逼，事不由己，若男年二十以下，及在室之女，且應獨坐主婚矣。《瑣言》曰：此不言婦居舅姑喪，恐有夫已先亡，舅姑並歿，無所依歸，勢不能存立者，聽其改嫁，故律無禁。若居夫喪，自與舅姑不同，夫爲妻綱，雖窮餓而死，猶當終喪。聞爲夫死節矣，未聞爲舅姑死也。此說亦未盡是。婦人義當從夫，夫之父母，即其父母也。觀下節爲人主婚者，父母、舅姑、夫喪並言，居舅姑之喪，且不得爲主婚人，况身自改嫁乎？以此推之，當照父母喪同科。或有如《瑣言》所云，勢不能自立者，當原其情，然不可執以爲法也。

或謂本律稱居夫喪者，專言妻也。妻與夫敵體，妾則侍從之人耳，貴賤不同，尊卑攸異，故《喪服圖》妻則稱夫，妾則稱家長，明有別也。且夫爲妻服杖期，妾則無服，安可以妾之微賤，與妻同論，而責以居喪之律哉？觀下嫁人爲妾者，止言妻女而不言妾，豈非以其卑賤而略之乎？惟如末節之事，或有妾爲夫守志，有强嫁之者，斯者借引妻律以斷之耳。所言似是而非。按：別律妻妾率同稱夫，未常分別，此律所重者在居喪，妾與妻同三年之喪，服未滿而即嫁，豈得不論？况已註明妻妾字耶？

居喪嫁娶，則必釋服從吉，其情爲重。妾則買之而已，妻女嫁人爲妾，甘從卑賤，必有不得已之情，故得減二等。至祖父母等喪，則不坐矣。

若男女係親在之日定婚，于居喪之時嫁娶，則是有父母之命者，止坐罪，不離異。

再嫁之婦，不得受封，所以重名器也。命婦既已受封，義當守志，不容再嫁，以辱名器，故但曰夫亡，不曰居喪也。

此知而共爲婚姻者，各減五等者，以居喪命婦所犯，皆係自身不孝、不義事情，非有害於人者，此特爲其所累耳。若未成婚者，照嫁娶違律法又應減五等，則減盡無科矣。

居祖父母等喪嫁娶者，不言知情爲婚之人，則勿論也。

應嫁娶人，謂于律無違礙者，非獨不居喪一事也。若男女有不應嫁娶之事，其罪重者，居喪主婚人又從重論也。

嫁娶者，但言居祖父母、伯叔父母、姑、兄、姊喪，則其他親屬之喪，皆勿論矣。爲人主婚者，但言居父母、舅姑及夫喪，則祖父母、伯叔父母、姑、兄、姊之喪，亦勿論矣。

曰非女之祖父母、父母强嫁之者，杖八十，則係其本宗親屬矣。于親屬又分出期親減二等，則杖八十者，係大功以下者矣。但出嫁之女，惟祖父母仍服期年，其餘期服之親，皆降爲大功矣，豈此期親仍指在室者言之耶？服則降而親則同，故仍稱爲期親耶？俟考。

（清）沈之奇《大清律輯註》卷六《户律・婚姻・逐婿嫁女》 凡逐已入贅之婿嫁女，或再招婿者，杖一百。其女不坐。後婚男家知而娶或後贅者，同罪。未成婚者，各減五等，財禮入官。不知者，亦不坐。其女斷付前夫，出居完聚。如招贅之女通同父母逐婿改嫁者，亦坐杖一百。

〔律後註〕：此條指入贅之婿言，謂無故逐離贅婿，或將女另嫁他人，或再招他人爲婿者，並杖一百。其女不坐，謂事由父母專制，非其罪也。後爲婚之男家，知有逐婿之情而娶者，同杖一百。不知者，不坐。其女斷付前夫，聽其出居完聚，翁婿之義雖絶，夫婦之恩未離也。然亦有夫婦乖違，通同父母以逐婿改嫁者，則其情重矣，律無正文，而註云亦杖一百，終以其父母爲主也。

〔律上註〕：曰嫁女，曰再招婿，則但逐婿而其女未許嫁、未再招者，當酌科不應，不在此限。

知情同罪，不言財禮入官、不知不坐，亦不言追還財禮，及再許未成婚與媒人知情不知情之事者，以末後有嫁娶違律之通例也。

如前夫以女失節，不願完聚者，量追財禮，其女仍與後夫離異。不得如男女婚姻條，倍追財禮，女從後夫，蓋彼是初婚，此是再嫁也。

前男女婚姻後條例言招婿者，明立婚書，開寫養老出舍年限。此翁婿義絶，不可共居，不得仍拘原立婚書之限，故曰出居完聚。

（清）沈之奇《大清律輯註》卷六《户律・婚姻・父母囚禁嫁娶》 凡祖父母、父母犯死罪被囚禁，而子孫自嫁娶者，杖八十。若男娶妾，女嫁人爲妾者，減二等。其奉囚禁祖父母、父母命而嫁女，娶妻者，不坐。亦不得筵宴。忘其至親而任情縱慾，不孝之大者也，當依棄任條下科斷，杖八十。父母囚禁筵宴，自有本律。

〔律後註〕：子孫兼男、女言，女嫁而男娶也。爲妾兼男娶妾、女嫁人爲妾言。祖父母、父母犯死罪被禁，是子孫不欲生之日也，而猶行嫁娶之禮，耽己之樂，忘親之憂，罪莫大焉，故杖八十。爲妾稍次之，故減二等，杖六十。奉命者雖不坐，亦不得筵宴作樂。違者，依父母囚禁筵宴律杖八十，見《禮律》棄親之任條下。

〔律上註〕：曰犯死罪，則流罪以下似勿論矣。然祖父囚禁，而子孫忍及此乎？當酌科之。

爲妾，是止言女也。女嫁人爲妾，必有不得已之情，故減二等。男既有妻，而復娶妾，則耽樂忘親，爲更甚矣，註云男娶妾者，應是妻亡，及四十無子者耳。

註曰：當依棄親之任條下科斷者，以本律之罪，正與彼同也。

（清）沈之奇《大清律輯註》卷六《户律・婚姻・尊卑爲婚》 凡外姻有服或尊屬、或卑幼共爲婚姻，及娶同母異父姊妹，若妻前夫之女者，各以親屬相姦論。其父母之姑、舅，兩姨姊妹及姨，若堂姨、母之姑、堂姑、己之堂姨及再從姨、己之堂外甥女，若女婿之姊妹及子孫婦之姊妹，雖無服，并不得爲婚姻。違者，男女各杖一百。有主婚者，獨坐主婚人。若娶己之姑舅兩姨姊妹者，雖無尊卑之分，尚有緦麻之服。杖八十。並離異。婦女歸宗，財禮入官。

〔律後註〕：按《服制圖》，外姻有服之親，除外祖父母外孫之外，尊屬卑屬共爲婚姻，惟母舅與外甥女，母姨與姨甥耳，及娶同母異父姊妹，與娶妻前夫之女。此四項皆有關倫理，故各以親屬相姦律論罪：娶母之姊妹者，絞；娶外甥女，及同母異父姊妹，妻前夫之女，並杖一百，徒三年。其外姻無服尊屬，一曰父母之姑舅姊妹；一曰父母之兩姨姊妹；一曰父母之姨；一曰父母之堂姨；一曰母之姑；一曰母之堂姑；一曰己之堂姨；一曰己之再從姨，以上凡八項。其外姻無服之卑親，一曰己之堂外甥女；一曰女婿之姊妹；一曰子孫婦之姊妹，以上凡三項。雖無服制，俱有尊卑名分，並不得爲婚姻。違者，各杖一百。若己之姑舅兩姨姊妹，雖不係尊卑，而親屬未疏，猶有服制，故亦不得爲婚姻。娶之者，杖八十。通前外姻違律各親屬，並離異歸宗，其罪男女同坐，財禮入官，蓋親屬則無知不知之别也。

〔律上註〕：前二節所言，皆尊于己。卑于己者，其幼字帶言之耳。

外姻有服尊卑之親，尊則母舅、母姨，卑則外甥、姨甥，此二項皆小功服。同母異父猶姊妹也，妻前夫之女猶女也，此二項雖無服而情重，有爲婚姻者，瀆亂已甚，故直以姦論也。

雖以姦論罪，仍依後嫁娶違律本法，其應獨坐主婚與主婚爲首者，至死皆減一等；男女爲首應死者，坐死；未成婚者，各減五等；媒人知情減一等，蓋本是嫁娶違律而以姦論罪，非真犯姦也。下二節，主婚及男女與媒人，科法亦同。

父母之姑舅兩姨姊妹，己之表姑表姨也；己之堂姨與再從姨，即母之堂姊妹從姊妹也，此皆尊于己一輩者。父母之姨與堂姨，即己之祖姨也；母之姑與堂姑，即己之外祖姑也，此皆尊于己兩輩者。己之堂外甥女，若女婿之姊妹，及子婦之姊妹，此皆卑于己一輩者；孫婦之姊妹，則卑于己二輩者。外姻無服，名分尚存，論凡姦則失之輕，依有服則失之重，故折衷杖一百也。

己之姑舅兩姨姊妹，指親姑親姨所生者，故註曰有緦麻之服。此外等輩無服外姻，固不在禁限也。

條例

男女親屬，尊卑相犯重情，或于有律應離異之人，悉遵成憲，俱照親屬已定名分，各從本律科斷，不得妄生異議，致罪有出入。其間情犯，稍有可疑，揆於法制似爲太重，或於大分不甚有礙者，聽各該原問衙門，臨時斟酌擬奏。

前夫子女與後夫子女苟合成婚者，以娶同母異父姊妹律條科斷。

〔例上註〕：以前夫子與後夫女成婚，則子之母乃女之繼母，女之父乃子之繼父也。以前夫女與後夫子成婚，則子之父乃女之繼父，女之母乃子之繼母也。然愚民不知禮法，鰥夫再娶，寡婦再嫁，往往有將子女苟合者，故特著此例。

（清）沈之奇《大清律輯註》卷六《户律·婚姻·嫁娶違律主婚媒人罪》

凡嫁娶違律，若由男女之祖父母、父母、伯叔父母、姑、兄、姊及外祖父母主婚者，違律之罪獨坐主婚。男女不坐。餘親主婚者，餘親，謂期親卑幼及大功以下尊長、卑幼主婚者。事由主婚，主婚爲首，男女爲從。得減一等。事由男女，男女爲首，主婚爲從。得減一等。至死者，除事由男女，自當依律。其由主婚人並減一等。其男女被主婚人威逼，事不由己，若男年二十歲以下，及在室之女，雖非威逼，亦獨坐主婚，男女俱不坐。不得以首從科之。未成婚者，各減已成婚罪五等。如絞罪減五等，杖七十，徒一年半。餘類推減。若媒人知情者，各減男女主婚犯人罪一等。不知者，不坐。其違律爲婚，各條稱離異、改正者，雖會赦，但得免罪，猶離異、改正。離異者，婦女並歸宗。財禮，若娶者知情，則不論已、未成婚，俱追入官。不知者，則追還主。

〔律後註〕：此條乃斷婚姻事情之通例。自男女婚姻以下諸條，凡有嫁娶之罪者，均謂之嫁娶違律。引擬諸條，皆當以此參之，所以補其未備也。男女結婚嫁娶，必有主張其事者，謂之主婚人。由祖父母爲孫，父母爲子，伯叔姑爲姪，兄姊爲弟妹，外祖父母爲外孫，此皆分尊義重，得以專制主婚，卑幼不得不從者也，若有嫁娶違犯律法者，其罪獨坐主婚之人，男女不坐。餘親者，以上各項之外尊卑親屬皆是。餘親主婚，未必能專制男女，則違律之事，必有所由，事由主婚人起者，則以主婚人爲首，所嫁娶之男女爲從；事由男女起者，則以男女爲首，主婚人爲從。其有應科至死罪者，或祖父母等主婚，或餘親主婚爲首，並得減一等，杖一百，流三千里；若男女爲首者，至死不減。其在二十歲以上之男，及夫亡再嫁之女，有不情願爲婚，被主婚人用强威逼，則嫁娶違律之事，不由自己。又若男年在二十歲以下，及在室之女，則無自主嫁娶之理，其爲婚之事，雖非由於威逼，而違律之事，自不由於男女。此二項之罪，亦獨坐主婚，男女俱不坐。凡違律之罪，已成婚者，各論如本法。其雖有聘定財禮，或有嫁娶期約，尚未成婚者，主婚及男女俱各減已成婚罪五等。如爲從者，應減一等，則通減六等矣。犯人，謂犯嫁娶違律之罪人，或應獨坐之主婚，或主婚男女之爲首者也。婚姻各律内，俱不言媒人，然未有無媒人者，其知情，減犯人罪一等，不知情不坐，概照此科斷。違律之罪，雖得遇赦原免，仍須離異改正，《名例》所謂仍盡本法也。各律有稱給親完聚者，有稱追還完聚者，有稱仍兩離之者，有稱從夫嫁賣者，此皆不在赦限。凡止稱離異，則並歸宗也。娶者知情，則必有罪，所謂彼此俱罪之贓也，故追入官。不知情，則被欺騙，猶取與不和之財也，故追還給主。不論已、未成婚，皆同。

〔律上註〕：此條所言，在嫁娶各條内皆當有之，以不能條條俱載，故如《名例》之體，特著于末，以爲通例，統謂之嫁娶違律。凡問婚姻之罪，必先詳核此條，與本律參擬定之。

事由者，謂其事全由之爲主也。

主婚人至死減一等，與爲從減一等，皆是本法，各于死罪上減之。如嫁娶違律之罪應死，係餘親主婚，爲首減一等，坐流；男女爲從，減一等，亦坐流，非于主婚之減一等上再減也。事由男女爲首，即坐死，主婚爲從，減一等，坐流，非爲至死減一等、爲從又減一等也。蓋爲從之罪，即未至死也。

主婚人在男家，係男之親屬，在女家，係女之親屬。不言夫亡改嫁，夫之親屬主婚者，以夫族無醮婦之禮也，故仍由女家主婚。若女家無親屬，或遠嫁外方，親屬不能來者，則夫家親屬，亦可以主婚，不得拘定。如夫之祖父母、父母主婚者，違律之罪，亦當獨坐主婚，豈祖父母、父母不能專制子孫之婦乎？至於夫之期親，於婦則非期親也，俱以餘親論。倘女家有親屬，而夫家親屬强主婚，不違律者，問不應；違律者，即坐主婚之罪。有别情者從重論。至于妾則正妻得以主婚遣嫁，夫之期親尊長亦同餘親，亦分首從。婢亦然。若妻、妾、婢犯罪，及背夫在逃，夫與家長之親屬有違主婚者，必有姦拐、和略等情，當隨事科斷矣。

第二節是獨承餘親主婚者言。若祖父母等主婚，則原應獨坐者，又何必待威逼之事與男之年幼、女之在室乎？觀亦字文義甚明。《箋釋》强謂統言，殊謬。

男年二十以下，謂其智力未充，不能斷制事情也。女尚在室，則必無自主爲婚之理，故不限年歲也。若夫亡再嫁之婦，亦當照男年二十以下之例。事由主婚者，男在二十以下，尚不科罪，况婦人乎？不得以再嫁而苛之也。

媒人無一定之罪，知情者，照犯人之爲首者減一等。若犯人至死應減流者，媒人即減爲徒。犯人應減五等者，媒人通減六等也。

凡議婚姻之罪，本律未備，而參擬此條者，皆須貫入違律字。

（清）沈之奇《大清律輯註》卷六《户律・婚姻・娶逃走婦女》 凡娶自己犯罪已發在官，而逃走在外之婦女爲妻、妾，知逃走之情者，與同其所犯之本罪。而婦人加逃罪二等，其娶者不坐。至死者，減一等，離異。不知者，不坐。若無夫，又會赦免罪者，不離。一有不合，仍離。

〔律後註〕：犯罪，指婦女自身犯罪已發在官者。言凡婦女犯罪，事發之時，逃走在外，有人知其犯罪逃走之情，而娶爲妻妾者，與婦女同罪。婦女應加逃罪二等，知情娶者，止與婦女本罪同科。如婦女本犯杖一百之罪，今逃走，應加二等，則杖七十、徒年半，知情娶者，則杖一百也。婦女本罪至死，知情娶者減一等，杖一百、流三千里。離異，女則歸宗。婦人仍查其原犯之罪，如應與前夫完聚者給前夫，應與前夫離異者歸宗。不知情而娶者，但離異而不坐罪。若本無夫，而原犯之罪又已會赦原免，以私則身無所歸，以公則法無所礙，故聽與娶者完聚，不離。女雖無夫而罪未赦免，以私則身無所歸，以公則法無所礙，故聽與者完聚，不離。女雖無夫而罪未赦免，及罪雖赦而尚有前夫，皆應離異，故註曰：一有不合仍離也。按：嫁娶違律條内，稱離異改正者，雖會赦猶離異，此獨不然者，彼乃因嫁娶而違律者之通例，此無夫者，原不禁其嫁，惟犯罪逃走，他人不得娶有罪之犯人耳。彼嫁娶即是罪，故會赦猶離，不論有夫無夫，此是犯别罪而嫁人，罪既赦矣，無夫者固于嫁娶之法無違也。其義甚微，須細體之。

〔律上註〕：此條專論娶者之罪，故入婚姻門中，在主婚者，仍用嫁娶違律諸法科斷。在婦女，則主婚者雖坐罪，而婦女自依所犯本律，加逃罪科之。若應與主婚人同坐，重于本罪，則從重論。

按：此與背夫在逃不同。背夫者，婦本無罪，棄夫在逃，因而改嫁，重在背夫上，故坐絞。此犯罪者，乃畏刑而逃，非背夫而逃也。至于和同相誘，在逃子女俱是無罪者，亦與此不同。

雖知其犯罪逃走之情，仍是娶爲妻妾，要看娶字。若因其逃走而收留爲妻妾，則是收留在逃律矣；若因其逃走而和誘爲妻妾，則是和同相誘律矣；或知人收留，和誘而娶之，應各照本律，不得混引此條。

《律解》謂：如犯罪不逃，而知情娶之，亦同此律。非也。此律所言犯罪者，乃已發在官者也，若不逃走，公有官法，私有本夫父母，人安得娶之乎？

若女未許人，又無至親可歸，所犯之罪已赦，亦應照無夫會赦之法，不離，俾其從一而終也。

按：後出妻條内，寄主各與同罪。此有寄藏者，亦當參擬科之。

（清）沈之奇《大清律輯註》卷六《户律·婚姻·良賤為婚姻》 凡家長與奴娶良人女爲妻者，杖八十。女家主婚人減一等，不知者，不坐。其奴自娶者，罪亦如之。家長知情者，減二等。因而入籍指家長言。爲婢者，杖一百。若妄以奴婢爲良人，而與良人爲夫妻者，杖九十。妄冒由家長，坐家長；由奴婢，坐奴婢。各離異改正。謂入籍爲婢之女，改正復良。

〔律後註〕：婚姻配偶，義取敵體，以賤娶良，則良者辱矣，故家長與奴娶良人女爲妻者，杖八十。女家之主婚者，甘心從賤，必有不得已之情，故減一等，杖七十。不知者，不坐。其奴不由家長之命，而自娶良人女爲妻者，亦論如家長爲娶之罪。女家亦減一等。家長知情減二等，杖六十，事雖由奴，知而不禁，不得無罪也。若家長因將所娶良人之女，爲配奴之婢，附入於籍者，壓良從賤，其情更重，故杖一百。以上皆明知良賤，無妄冒之情者也。若妄以奴婢冒爲良人，而與良人爲夫妻者，冒妄之家長，杖九十；奴婢自妄冒者，罪亦如之。欺罔爲婚，甚於明娶者矣。各離異改正，通承上言。既曰離異，則良自爲良，賤自爲賤矣。又云改正者，指因而入籍者言，謂改正其籍也。

〔律上註〕：夫妻有敵體之義，而良賤非匹配之宜。入籍則賤辱之甚，而妄冒爲欺罔之尤，然冒賤爲良，重于以良從賤，而壓良爲賤，又重于冒賤爲良，故其罪有差等耳。

按：婚姻律，女家妄冒者，杖八十；男家妄冒者，加一等。此以奴婢冒良人，杖九十，正同加等之罪。不分男女，以妄冒之情同也。前家長爲奴娶者，女家減一等，其不知者，不坐，女家不知，則爲娶之家長，即坐妄冒之罪矣。

（清）沈之奇《大清律輯註》卷六《户律·婚姻·娶親屬妻妾》 凡娶同宗無服姑姪姊妹之親及無服親之妻者，男女各杖一百。若娶同宗緦麻親之妻及舅甥妻，各杖六十，徒一年。小功之妻以上，各以姦論。自徒三年至絞斬。其親之妻曾被出及已改嫁而娶爲妻、妾者，無服之親不與。各杖八十。若收父祖妾及伯叔母者，不問被出、改嫁。各斬。若兄亡收嫂、弟亡收弟婦者，不問被出、改嫁，俱坐。各絞。妾父祖妾不與。各減妻二等。被出、改嫁遞減之。若娶同宗緦麻以上姑姪姊妹者，亦各以姦論。除應死外，並離異。

〔律後註〕：同姓不得爲婚，況同宗乎？無服之親，所包者廣，凡五服之外，譜系可考，尊卑長幼名分猶存者，皆是，所謂袒免親也。親指女言，娶無服親之女，及夫亡娶其妻者，各杖一百。緦麻之服雖輕，本宗之義則重；舅甥之姓雖異，外姻之親最近，故娶緦麻親之妻及舅甥妻者，各杖六十，徒一年。小功、大功、期親之妻，則名義尤重矣，瀆亂無紀，故各以姦論。期親內，除伯叔母、兄弟妻下文另論外，惟兄弟子妻一項，小功內惟從祖祖母、從祖伯叔母二項，各絞，其餘各杖一百，徒三年。其無服、有服各親之妻，有先曾爲夫所出，及夫亡改嫁，後夫又亡，而娶之爲妻妾者，各杖八十。以與前夫義絶，故不復分別而概得從輕也。若收父祖妾、伯叔母、兄弟之妻，則滅絶倫常，非復人類矣，故不曰娶而曰收，各斬、各絞，皆立決。註曰：不問被出、改嫁，俱坐，其情至重，不得以此原之也。妾各減二等，通承上二節言，謂娶同宗各親屬之妾，比娶其妻之罪減二等，非謂親屬之妻今娶爲妾也。娶同宗無服親之妾，杖八十；娶緦麻親及舅甥之妾，杖九十；娶小功以上親之妾，各以姦論，應杖八十，徒二年。內從祖祖妾，從祖伯叔妾，兄弟子妾，各杖一百，徒三年。娶各親被出、改嫁之妾，杖六十；收伯叔兄弟之妾，各杖一百，徒三年。被出、改嫁亦坐。若娶同宗緦麻、小功、大功、期親之姑及姪女姊妹者，瀆倫甚矣，故亦各以姦論：期親內姑姊妹兄弟之女，各斬；大功內從父姊妹，小功內從祖祖姑、從祖伯叔姑，各絞；其餘各杖一百，徒三年。曰姑姪姊妹，則本宗之女盡矣，上之祖姑、曾祖姑，亦姑也，下之姪孫女、曾姪孫女，亦姪也。並離異，通承上言。

〔律上註〕：此條專言娶同宗親屬無服有服親之女及妻妾之罪。內舅甥在外姻中爲至親，故不入前條尊卑爲婚內，而于此帶言之。若其他異姓之親，則前條備矣。

按：犯姦律，姦同宗無服之親，及無服親之妻者，各杖一百。此娶者罪同，亦猶以姦論也。

又，犯姦律，姦緦麻以上親之妻，杖一百，徒三年，此則小功以上方以姦論，娶緦麻親之妻，其罪獨輕。

舅甥妻者，舅娶甥妻，甥娶舅妻也。

被出改嫁，與前夫已義絶矣，故止照凡姦杖八十罪坐之。

按：被出、改嫁，通承上各親之妻言。既已義絶，則非親之妻矣，故得末減。若親屬之女被出、改嫁，但義絶于夫家，在本宗猶是姑姪姊妹也，豈得同論乎？

若原係妻而娶爲妾，仍以妻論；原係妾而娶爲妻，仍以妾論。

此斬、絞罪，亦與犯姦律監候、立決同。姦律妾各減一等，此減二等。夫姦者淫邪不正之稱，婚姻非禮，猶之姦也，非姦而以姦論，猶非盜而以盜論，其間亦有不同者，大抵婚娶輕于相姦耳。

亦各以姦論者，蒙首節小功以上各以姦論句言，謂娶服親之妻，以姦論；娶服親之女，亦以姦論也。

本律諸罪，皆男女同坐，財禮入官，以親屬無不知者也。然須依嫁娶違律各本法，或獨坐主婚，或主婚與男女分首從，或至死應減，或至死全坐，及未成婚與媒人知情減等諸項。惟收父祖妾、伯叔兄弟妻者，雖事由主婚，男女自坐斬絞，蓋曰收不曰娶，則固異于嫁娶之法也。

（清）沈之奇《大清律輯註》卷六《户律·婚姻·同姓為婚》 爲婚兼妻、妾言。禮不娶同姓，所以厚別也，若買妾不知其姓，則卜之。

凡同姓爲婚者，主婚與男女各杖六十，離異。婦女歸宗，財禮入官。

〔律後註〕：同姓非同宗也，今之宗傳雖別，始之淵源或同，故禮不娶同姓。各杖六十，離異，各字指男女兩家言，或應獨坐主婚，或應主婚，男女同坐分首從，自照違律本法也。

《西寧青海番夷成例·謀娶人妻》 平人將平人所定之婦謀娶者，主婚與謀娶之人如係頭目等，各罰三九，如係平人，各罰一九，其婦離異，仍歸前夫。

《大清律例》卷一〇《户律·婚姻·妻妾失序》 凡以妻爲妾者，杖一百；妻在，以妾爲妻者，杖九十，並改正。若有妻更娶妻者，亦杖九十，後娶之妻離異。歸宗。

《大清律例》卷一〇《户律·婚姻·居喪嫁娶》 凡男女居父母及妻妾居夫喪而身自主婚嫁娶者，杖一百。若男子居父母喪而娶妾，妻居夫喪，女居父母喪而嫁人爲妾者，各減二等。若命婦夫亡，雖服滿再嫁者，罪亦如之，亦如凡婦居喪嫁人者擬斷。追奪敕誥，并離異。知係居喪及命婦而共爲婚姻者，主婚人各減五等。財禮入官。不知者，不坐。仍離異，追財禮。若居祖父母、伯叔父母、姑、兄姊喪除承重孫外。而嫁娶者，杖八十，不離異。妾不坐。

若居父母、舅姑及夫喪，而與應嫁娶人主婚者，杖八十。

其夫喪服滿，妻妾果願守志，而女之祖父母、父母及夫家之祖父母、父母强嫁之者，杖八十。期親加一等。大功以下又加一等。婦人及娶者，俱不坐。未成婚者，追歸前夫之家，聽從守志，追還財禮。已成婚者，給與完聚，財禮入官。

條例

一、孀婦自願改嫁，翁姑人等主婚受財，而母家統衆强搶者，杖八十。其孀婦自願守志，而母家、夫家搶奪强嫁者，各按服制照律加三等治罪。其娶主不知情不坐，知情同搶照强娶律加三等，未成婚婦女聽回守志，已成婚而婦女不願合者，聽。如孀婦不甘失節因而自盡者，照威逼例充發。其有因搶奪而取去財物及殺傷人者，各照本律從重論。

《大清律例》卷一〇《户律·婚姻·逐婿嫁女》 凡逐已入贅之婿嫁女，或再招婿者，杖一百，其女不坐。如招贅之女通同父母逐婿改嫁者，亦坐杖一百。後婚男家知而娶或後贅者同罪。未成婚者，各減五等，財禮入官。不知者，亦不坐。其女斷付前夫，出居完聚。

《大清律例》卷一〇《户律·婚姻·男女婚姻》 凡男女定婚之初，若或有殘，或廢疾、病、老、幼、庶出、過房同宗、乞養異姓者，務要兩家明白通知，各從所願，不願即止，願者同媒妁寫立婚書，依禮聘嫁。若許嫁女已報婚書，及有私約，謂先已知夫身殘疾、老幼、庶養之類。而輒悔者，女家主婚人笞五十；其女歸本夫。雖無婚書，但曾受聘財者，亦是。

若再許他人，未成婚者，女家主婚人杖七十；已成婚者，杖八十。後定娶者男家知情，主婚人與女家同罪，財禮入官；不知者，不坐，追還財禮。給後定娶之人。女歸前夫。前夫不願者，倍追財禮給還，其女仍從後夫。男家悔而再聘者，罪亦如之，仍令娶前女，後聘聽其別嫁。不追財禮。

其未成婚男女，有犯姦盜者，男子有犯，聽女別嫁。女子有犯，聽男別娶。不用此律。

若爲婚而女家妄冒者，主婚人杖八十，謂如女有殘疾，却令姊妹妄冒相見，後却以殘疾女成婚之類。追還財禮。男家妄冒者，加一等，謂如與親男定婚，却與義男成婚。又如男有殘疾，却令弟兄妄冒相見，後却以殘疾男成婚之類。不追財禮。未成婚者，仍依原定。所妄冒相見之無疾兄弟、姊妹及親生之子爲婚，如妄冒相見男女先已聘許他人，或已經配有室家者，不在仍依原定之限。已成婚者，離異。

其應爲婚者，雖已納聘財，期約未至，而男家强娶，及期約已至，而女家故違期者，男女主婚人，並笞五十。

若卑幼或仕宦或買賣在外，其祖父母、父母及伯叔父母、姑、兄姊自卑幼出外之後爲定婚，而卑幼不知自娶妻，已成婚者，仍舊爲婚。尊長所定之女，聽其別嫁。未成婚者，從尊長所定。自定者，從其別嫁。違者，杖八十。仍改正。

條例

一、嫁娶皆由祖父母、父母主婚，祖父母、父母俱無者，從餘親主婚。其夫亡携女適人者，其女從母主婚。若已定婚未及成親，而男、女或有身故者，不追財禮。

一、男女婚姻各有其時，或有指腹、割衫襟爲親者，并行禁止。

一、招婿須憑媒妁，明立婚書，開寫養老或出舍年限。止有一子者，不許出贅。其招婿養老者，仍立同宗應繼者一人承奉祭祀，家産均分。如未立繼身死，從族長依例議立。

一、凡女家悔盟另許，男家不告官司强搶者，照强娶律減二等。其告官斷歸前夫，而女家與後夫奪回者，照搶奪律杖一百、徒三年。

《大清律例》卷一〇《户律・婚姻・娶逃走婦女》 凡娶自己犯罪已發在官而逃走在外之婦女爲妻妾，知逃走之情者，與同其所犯之本罪。婦人加逃罪二等，其娶者不加罪。至死者，減一等，離異。不知者，不坐。若無夫又會赦免罪者，不離。一有不合仍離。

《大清律例》卷一〇《户律・婚姻・娶樂人為妻妾》 凡文武官並吏娶樂人妓者爲妻妾者，杖六十，并離異。歸宗，不還樂工，財禮入官。若官員子孫應襲廕者娶者，罪亦如之，註册候廕襲之日，照應襲本職上降一等叙用。

《大清律例》卷一〇《户律・婚姻・良賤為婚姻》 凡家長與奴娶良人女爲妻者，杖八十。女家主婚人減一等；不知者，不坐。其奴自娶者，罪亦如之。家長知情者，減二等；因而入籍指家長言。爲婢者，杖一百。若妄以奴婢爲良人，而與良人爲夫妻者，杖九十。妄冒由家長，坐家長；由奴婢，坐奴婢。各離異，改正。謂入籍爲婢之女，改正復良。

《大清律例》卷一〇《户律・婚姻・嫁娶違律主婚媒人罪》 凡嫁娶違律，若由男女之祖父母、父母、伯叔父母、姑、兄、姊及外祖父母主婚者，違律之罪獨坐主婚。男女不坐。餘親主婚者，餘親，謂期親卑幼，及大功以下尊長、卑幼主婚者。事由主婚，主婚爲首，男女爲從；得減一等。事由男女，男女爲首，主婚爲從。得減一等。至死者，除事由男女，自當依律論死。其由主婚人並減一等。主婚人雖係爲首，罪不入於死，故並減一等。男女已科從罪，至死亦是滿流，不得於主婚人流罪上再減。

其男女被主婚人威逼，事不由己，若男年二十歲以下，及在室之女，雖非威逼。亦獨坐主婚，男女俱不坐。不得以首從科之。

未成婚者，各減已成婚罪五等。如絞罪減五等，杖七十、徒一年半，餘類推減。

若媒人知情者，各減男女主婚犯人罪一等；不知者，不坐。

其違律爲婚各條稱離異、改正者，雖會赦但得免罪。猶離異、改正。離異者，婦女並歸宗。財禮，若娶者知情，則不論已未成婚，俱追入官；不知者，則追還主。

條例

一、凡紳衿庶民之家，如有將婢女不行婚配致令孤寡者，照不應重律杖八十，係民的决，紳衿依律納贖，令其擇配。

一、福建、臺灣地方民人不得與番人結親，違者離異，民人照違制律杖一百；土官、通事減一等，各杖九十。該地方官如有知情故縱，題參交部議處。其從前已娶生有子嗣者，即安置本地爲民，不許往來番社，違者照不應重律，杖八十。

《大清律例》卷一〇《户律・婚姻・父母囚禁嫁娶》 凡祖父母、父母犯死罪被囚禁，而子孫自嫁娶者，杖八十；若男娶妾，女嫁人。爲妾者，減二等。其奉囚禁祖父母、父母命而嫁女娶妻者，不坐，亦不得筵宴。違者，依父母囚禁筵宴律，杖八十。

《大清律例》卷一〇《户律・婚姻・娶部民婦女為妻妾》 凡府、州、縣親民官，任内娶部民婦女爲妻妾者，杖八十。若監臨内外上司官，娶見問爲事人妻妾及女爲妻妾者，杖一百。女家主婚人并同罪。妻妾仍兩離之，女給親。兩離者，不許給與後娶者，亦不給還前夫，令歸宗。其女以父母爲親，當歸宗。或已有夫，又以夫爲親，當給夫完聚。財禮入官。恃勢强娶者，各加二等；女家不坐，婦還前夫，女給親。不追財禮。若爲子孫、弟姪、家人娶者，或和或强，罪亦如之，男女不坐。若娶爲事人婦女，而於事有所枉者，仍以枉法從重論。

《大清律例》卷一〇《户律·婚姻·尊卑為婚》 凡外姻有服或尊屬或卑幼，共爲婚姻，及娶同母異父姊妹，若妻前夫之女者，各以親屬相姦論。

其父母之姑舅兩姨姊妹及姨若堂姨，母之姑、堂姑，己之堂姨及再從姨、己之堂外甥女，若女婿之姊妹、及子孫婦之姊妹，雖無服，並不得爲婚姻，違者，男女各杖一百。

若娶己之姑舅兩姨姊妹者，雖無尊卑之分，尚有緦麻之服。杖八十。并離異。婦女歸宗，財禮入官。

條例

一、男女親屬尊卑相犯重情，或干有律應離異之人，俱照親屬已定名分，各從本律科斷，不得妄生異議，致罪有出入。其間情犯稍有可疑，揆於法制似爲太重，或於名分不甚有礙者，聽各該原問衙門臨時斟酌擬奏。

一、前夫子女與後夫子女苟合成婚者，以娶同母異父姊妹律條科斷。

一、外姻親屬爲婚，除尊卑相犯者，仍照例臨時勘酌擬奏外，其姑舅兩姨姊妹聽從民便。

《大清律例》卷一〇《户律·婚姻·娶親屬妻女》 凡娶同宗無服姑姪姊妹之親，及無服親之妻者，男女各杖一百。若娶同宗緦麻親之妻、及舅甥妻，各杖六十、徒一年。小功以上之妻，各以姦論。自徒三年至絞斬。其親之妻曾被出、及已改嫁，而娶爲妻妾者，無服之親不與。各杖八十。

若收父祖妾及伯叔母者，不問被出、改嫁，各斬。若兄亡收嫂，弟亡收弟婦者，不問被出、改嫁，俱坐。各絞。妾父祖妾不與。各減妻二等。被出、改嫁者，遞減之。若原係妻而娶爲妾，當從妻論；原係妾，而娶爲妻，仍從妾減科。

若娶同宗緦麻以上姑、姪、姊妹者，亦各以姦論。除應死外。并離異。

《大清律例》卷一〇《户律·婚姻·同姓為婚》 爲婚兼妻妾言，禮不娶同姓，所以厚别也。

凡同姓爲婚者，主婚與男女，各杖六十，離異。婦女歸宗，財禮入官。

《蒙古律例》卷二《户口差徭·蒙古結親行聘給畜》 兩姓結親，俱係平人，其聘禮牲畜給馬二匹、牛二隻、羊二十隻。若違例多給，將額外牲畜照例存公；減者無罪。婚故，將所給之畜取回；女故，取回一半。若父母願給而婿憎嫌不娶，所給牲畜不准取回。所聘之女年至二十而不娶，其父母另有願聘之處，聽之。

《蒙古律例》卷二《户口差徭·娶他人議定之婦》 平人將平人議定之婦乘間娶之，娶者嫁者俱係有頂帶之人，各罰三九牧畜，平人各罰一九牲畜，將所娶之婦離異，給與本人。

《蒙古律例》卷二《户口差徭·内地民人不許娶蒙古婦女》 凡民人在口外蒙古地方貿易種地者，不得娶蒙古婦女爲妻。若有偷娶嫁者，被察發覺，將所娶婦人離異，給回母家，偷娶之民照内地例治罪。將偷嫁之媒證、蒙古等各罰一九牲畜。

《蒙古律例》卷二《户口差徭·王等娶王等議定之婦》 已未管旗王、貝勒、貝子、公、台吉、塔布囊等議定之婦，若王、貝勒、貝子、公、台吉、塔布囊乘間娶之，娶者嫁者係王，則罰十户；貝勒、貝子、公，罰七户，台吉、塔布囊，罰五户，俱令原聘之人挑取。其議定之婦離異其夫，給與本人。

《少數民族法典法規與習慣法·地方法規·團規碑記》 爲嚴伸大義，盤瓠列規四十八團鳴鑼會議，齊集款場刊刻碑永遺不朽矣。且盤王俱瑶等，始祖共來一脈分（枝）〔支〕，乃是照依前評皇之券牒。始祖其一十二姓良緣配偶，萬古綱常。瑶等歷來存據評王券牒律，盤王子孫妻女，毋許外民百姓爲婚，如不遵者，不得輕恕。恐人（丘）〔衆〕地（則）〔窄〕，游（片）〔遍〕山林，人户灑散，居民遠（寫）〔徙〕，如在所屬鄉民村境，毋得（淪）〔亂〕奪〔瑶〕家妻女，預正（剛）〔綱〕常。瑶等歷來毫非不染，本分爲人，如不遵者，從公（罰）〔發〕落。由恐外姓人民計詐，倘若慣便無名油火並及抄家劫擄，十件條律茲擾良瑶，情不得已，以致款場集續大團嚴禁，不得輕恕。衆團至此設立款碑，永古不朽矣。議開列於後：

一議十二姓盤王子孫妻女，毋許外民百姓迎親交配爲婚。

一議不得外姓豪惡，倚勢强欺弱夥黨，毋許害民。

一議外姓客民入室，各分男女。

一議團内不得偷寒送暖過壺水進缸。

一議團内不得妄生枝節，各守本分爲人。

一議不得游手好閑，使人興訟多事生非。

一議不得設嫁生妻。

一議團内不得（鈎）〔勾〕引外來閑裕人等串同夥黨。以上十條衆公取罰。

八團頭人：　盤文龍、趙支文、趙文禄、羅纔龍、李成會、馮雲福、趙纔文、馮成京、盤雲耀、趙萬福、趙金龍、李成保、羅纔良、趙永國、趙萬德、張口耀、趙纔子、鄭成□、張纔鳳、張禎旺、盤文標、鄭成周、趙口恭、趙榮良、羅升一、鄭貴朝、趙朝勝、羅雲明、李□□、趙永纔、邵全志、盤紹堂、趙友縣、趙合明、趙富縣。

嘉慶三年二月二十六日穀旦立。

（清）姚雨薌《大清律例會通新纂》卷九《户律·婚姻·同姓為婚》

爲婚兼妻妾言，禮不娶同姓，所以厚别也。

凡同姓爲婚者，主婚與男女，各杖六十，離異。婦女歸宗，財禮入官。

同姓非同宗也，今之宗傳雖别，始之淵源或同，故禮不娶同姓，違者，各杖六十，離異。各字指男女兩家言。或應獨坐主婚，或應主婚、男女同坐分首從，自照違律本法也。

（清）姚雨薌《大清律例會通新纂》卷九《户律·婚姻·逐壻嫁女》

凡逐已入贅之壻嫁女，或再招壻者，杖一百，其女不坐。如招贅之女通同父母逐壻改嫁者，亦坐杖一百，後婚男家知而娶或後贅者，同罪。未成婚者，各減五等，財禮入官。不知者，亦不坐。其女斷付前夫，出居完聚。

此條指入贅之壻言，謂無故逐離贅壻，或將女另嫁他人，或再招他人爲壻者，並杖一百，其女不坐，謂事由父母專制，非其罪也。若女通同父母以逐壻改嫁者，則其情重亦坐滿杖，終以其父母爲主也。至後爲婚之男家知有逐壻之情而娶者，同杖一百，不知者，不坐。其女斷付前夫，聽其出居完聚。翁壻之義雖絶，夫婦之恩未離也。

（清）姚雨薌《大清律例會通新纂》卷九《户律·婚姻·嫁娶違律主婚媒人罪》

凡嫁娶違律，若由男女之祖父母、父母、伯叔父母、姑、兄、姊及外祖父母主婚者，違律之罪。獨坐主婚。男女不坐。餘親主婚者，餘親，謂期親卑幼，及大功以下尊長、卑幼主婚者，事由主婚，主婚爲首，男女爲從。得減一等。事由男女，男女爲首，主婚爲從。得減一等。至死者。除事由男女，自當依律論死，其由主婚人並減一等。主婚人雖係爲首，罪不入於死，故並減一等。男女已科從罪，至死亦是滿流，不得於主婚人流罪上再減。其男女被主婚人威逼，事不由己，若男年二十歲以下，及在室之女，雖非威逼，亦獨坐主婚，男女俱不坐。不得以首從科之。未成婚者，各減已成婚罪五等。如絞罪，減五等，杖七十，徒一年半，餘類推減。若媒人知情者，各減男女、主婚犯人罪一等。不知者，不坐。其違律爲婚各條稱離異、改正者，雖會赦，但得免罪。猶離異改正。離異者，婦女並歸宗。財禮，若娶者知情，則不論已未成婚，俱追入官，不知者，則追還主。【略】

條例

一、凡紳衿庶民之家，如有將婢女不行婚配致令孤寡者，照不應重律杖八十，係民的決，紳衿依律納贖，令其擇配。

一、福建臺灣地方民人不得與番人結親，違者離異，民人照違制律杖一百，土官通事減一等，各杖九十。該地方官如有知情故縱，題參交部議處。其從前已娶生有子嗣者，即安置本地爲民，不許往來番社，違者照不應重律杖八十。

一、湖南省所屬未薙髮之苗人與民人結親，俱照民俗以禮婚配，須憑媒妁寫立婚書，仍報明地方官立案稽查，如有姦拐販賣嫁妻逐壻等事，悉照民例治罪。其商賈客民未經入籍苗疆踪跡無定者，概不許與苗民結親，如有私相連結滋事者，按例治罪。失察之地方官照例議處。至溪峒深居苗猺有願與民人結親者，亦聽其自便，悉照前例辦理。

一、凡嫁娶違律應行離異者，與其夫及夫之親屬有犯，如係先姦後娶，或私自苟合，或知情買休，雖有媒妁婚書，均依凡人科斷。若止係同姓及尊卑良賤爲婚，或居喪嫁娶，或有妻更娶，或將妻嫁賣娶者，果不知情，實係明媒正娶者，雖律應離異，有犯仍按服制定擬。

一、八旗内務府三旗人，如將未經挑選之女許字民人者，將主婚之人照違制律杖一百。將已挑選及例不入選之女許字民人者，照違令律笞五十，其聘娶之民人亦一體科罪。道光二十一年續纂。

（清）姚雨薌《大清律例會通新纂》卷九《户律·婚姻·居喪嫁娶》

凡男女居父母及妻妾居夫喪，而身自主婚嫁娶者，杖一百。若男子居父母喪而娶妾，妻居夫喪、女居父母喪而嫁人爲妾者，各減二等。若命婦夫亡，雖服滿再嫁者，罪亦如之，亦如凡婦居喪嫁人者擬斷。追奪敕誥，並離異。知係居喪及命婦而共爲婚姻者，主婚人各減五等。財禮入官。不知者，不坐。仍離異，追財禮。若居祖父母、伯叔父母、姑、兄姊喪，除承重孫外。而嫁娶者，杖八十。不離異，妾不坐。

若居父母、舅姑及夫喪，而與應嫁娶人主婚者，杖八十。【略】

父母及夫之喪俱三年，服制二十七個月，在服未滿之時，皆謂居喪。身自者，居父母喪之子女，居夫喪之妻妾也。凡父母之喪未滿，女嫁夫、男娶妻，忘哀戚之心，不孝之大者也。夫喪未滿而即再嫁，忘所天之恩，不義之甚者也，故並杖一百。

（清）姚雨薌《大清律例會通新纂》卷九《户律·婚姻·妻妾失序》

凡以妻爲妾者，杖一百。妻在，以妾爲妻者，杖九十。並改正。若有妻更娶妻者，亦杖九十，後娶之妻離異。歸宗。

妻者，齊也，與夫齊體之人也。妾者，接也，僅得與夫接見而已。貴賤有分，不可紊也。以妻爲妾，則壓貴爲賤，以妾爲妻，則升賤爲貴，皆悖倫蔑禮之事，故坐杖一百、杖九十之罪。妻在云者，謂妻尚在而復以妾爲妻，所以別于妻亡者也，並改正。有妻而更娶妻，並耦匹嫡，有乖正義，故亦杖九十，後娶之妻離異歸宗。

（清）姚雨薌《大清律例會通新纂》卷九《户律·婚姻·男女婚姻》

凡男女定婚之初，若或有殘廢、或疾病、老幼、庶出、過房同宗、乞養異姓者，務要兩家明白通知，各從所願，不願即止，願者同媒妁寫立婚書，依禮聘嫁。若許嫁女已報婚書，及有私約，謂先已知夫身殘疾、老幼、庶養之類。而輒悔者，女家主婚人笞五十，其女歸本夫。雖無婚書，但曾受聘財者，亦是。若再許他人，未成婚者，女家主婚人杖七十，已成婚者，杖八十。後定娶者，男家知情，主婚人與女家同罪，財禮入官。不知者，不坐，追還財禮，給後定娶之人。女歸前夫。前夫不願者，倍追財禮給還，其女仍從後夫。男家悔而再聘者，罪亦如之，仍令娶前女，後聘聽其別嫁。不追財禮。其未成婚男女有犯姦盜者，男子有犯，聽女別嫁。女子有犯，聽男別娶。不用此律。若爲婚而女家妄冒者，主婚人杖八十，謂如女有殘疾，却令姊妹妄冒相見，後却以殘疾女成婚之類。追還財禮。男家妄冒者，加一等，謂如與親男定婚，却與義男成婚。又如男有殘疾，却令弟兄妄冒相見，後却以殘疾男成婚之類。不追財禮。未成婚者，仍依原定。所妄冒相見之無疾兄弟、姊妹及親生之子爲婚。如妄冒相見男女先已聘許他人，或已經配有室家者，不在仍依原定之限。已成婚者，離異。【略】

一、嫁娶皆由祖父母、父母主婚，祖父母、父母俱無者，從餘親主婚。其夫亡攜女適人者，其女從母主婚。若已定婚未及成親而男女或有身故者，不追財禮。

一、男女婚姻各有其時，或有指腹、割衫襟爲親者，並行禁止。

招壻須憑媒妁，明立婚書，開寫養老或出舍年限。止有一子者，不許出贅，其招壻養老者，仍立同宗應繼者一人承奉祭祀，家産均分。如未立繼身死，從族長依例議立。

（清）姚雨薌《大清律例會通新纂》卷九《户律·婚姻·尊卑為婚》

凡外姻有服或尊屬或卑幼共爲婚姻，及娶同母異父姊妹，若妻前夫之女者，各以親屬相姦論。其父母之姑舅兩姨姊妹及姨若堂姨，母之姑堂姑，己之堂姨及再從姨，己之堂外甥女，若女壻之姊妹，及子孫婦之姊妹，雖無服，並不得爲婚姻，違者，男女各杖一百。若娶己之姑舅兩姨姊妹者，雖無尊卑之分，尚有緦麻之服。杖八十。並離異。婦女歸宗，財禮入官。【略】

條例

一、男女親屬尊卑相犯重情，或干有律應離異之人，俱照親屬已定名分，各從本律科斷，不得妄生異議，致罪有出入。其間情犯稍有可疑，揆於法制似爲太重，或於名分不甚有礙者，聽各該原問衙門臨時斟酌擬奏。其姑舅兩姨姊妹爲婚者，聽從民便。

一、前夫子女與後夫子女苟合成婚者，以娶同母異父姊妹律條科斷。

（清）姚雨薌《大清律例會通新纂》卷九《户律·婚姻·娶親屬妻妾》

凡娶同宗無服姑姪姊妹之親，及無服親之妻者，男女各杖一百。若娶同宗緦麻親之妻及舅甥妻，各杖六十、徒一年。小功以上之妻，各以姦論。自徒三年至絞斬。其親之妻曾被出及已改嫁，而娶爲妻妾者，無服之親不與。各杖八十。若收父祖妾及伯叔母者，不問被出、改嫁。各斬。若兄亡收嫂，弟亡收弟婦者，不問被出、改嫁，俱坐。各絞。妾父祖妾不與。各減妻二等。被出、改嫁者，遞減之。若原係妻而娶爲妾，當從妻論。原係妾而娶爲妻，仍從妾減科。若娶同宗緦麻以上姑姪姊妹者，亦各以姦論，除應死外。並離異。

同姓不得爲婚，況同宗乎？無服之親所包者廣，凡五服之外，譜系可考，尊卑長幼名分猶存者，皆是所謂袒免親也。親指女言，娶無服親之女及夫亡娶其妻者，各杖一百。緦麻之服雖輕，本宗之義則重，舅甥之姓雖異，外姻之親最近，故娶緦麻親之妻及舅甥妻者，各杖六十，徒一年。小功、大功期親之妻，則名義尤重矣，瀆亂無紀，故各以姦論。期親内除伯叔母、兄弟妻下文另論外，惟兄弟子妻一項，小功内惟從祖祖母、從祖伯叔母二項各絞，其餘各杖一百，徒三年。【略】

條例

一、凡收伯叔兄弟妾者，即照姦伯叔兄弟妾律減妻一等，杖一百，流三千里。

一、凡嫁娶違律罪不至死者，仍依舊律定擬。至兄亡收嫂弟亡收弟婦罪犯應死之案，除男女私自配合，及先有姦情後復婚配者，仍照律各擬絞決外，其實係鄉愚不知例禁，曾向親族地保告知成婚者，男女各擬絞監候，秋審入於情實。知情不阻之親族地保，照不應重律杖八十。如由父母主令婚配，男女仍擬絞監候，秋審時核其情罪另行定擬。嘉慶十九年修改。

（清）姚雨薌《大清律例會通新纂》卷九《户律·婚姻·良賤為婚姻》

凡家長與奴娶良人女爲妻者，杖八十。女家主婚人減一等。不知者，不坐。其奴自娶者，罪亦如之。家長知情者，減二等。因而入籍指家長言。爲婢者，杖一百。若妄以奴婢爲良人，而與良人爲夫妻者，杖九十。妄冒由家長，坐家長。由奴婢，坐奴婢。各離異，改正。謂入籍爲婢之女，改正復良。

（清）姚雨薌《大清律例會通新纂》卷九《户律·婚姻·父母囚禁嫁娶》 凡祖父母、父母犯死罪被囚禁，而子孫自嫁娶者，杖八十。若男娶妾，女嫁人爲妾者，減二等，其奉囚禁祖父母、父母命而嫁女娶妻者，不坐，亦不得筵宴。違者，依父母囚禁筵宴律杖八十。

子孫兼男女言，女嫁而男娶也。爲妾兼男娶妾、女嫁人爲妾言。祖父母、父母犯死罪被禁，是子孫不欲生之日也，而猶行嫁娶之禮，耽己之樂忘親之憂，罪莫大焉，故杖八十。爲妾稍次之，故減二等，杖六十。奉命者雖不坐，亦不得筵宴作樂，違者，依父母囚禁筵宴律杖八十，見《禮律》棄親之任條下。不言離異者，仍聽其完聚。

《户部則例》卷一《户口·八旗户口·旗人嫁娶》 一、在京旗人之女，不准嫁與民人爲妻。儻有許字民人者，查係未經挑選之女，將主婚之旗人照違制律治罪。係已經挑選及例不入選之女，將主婚之旗人照違令例治罪。聘娶之民人，亦將主婚者一例科斷，仍准完配，將該旗女開除户册。惟告假出外在該省入籍生有子女者，准照同治四年六月奏案辦理。若民人之女嫁與旗人爲妻者，該佐領族長詳查呈報，一體給與恩賞銀兩。如有謊報冒領情弊，查出從重治罪。至旗人娶長隨家奴之女爲妻者，嚴行禁止。

一、旗人告假出外，已在該地方落業編入該省旗籍者，准與該地方民人互相嫁娶。同治四年六月奏准。

一、八旗滿蒙漢及各省駐防人等，聘定未婚女子，因夫物故矢志守節，或母家實無依倚，夫家尚有父母並前妻子女，情願過門侍奉翁姑、撫養子女者，該旗查明咨部，准其收檔入户，照例辯理。

（清）薛允升《讀例存疑》卷一一《户律·婚姻·男女婚姻》 凡男女定婚之初，若或有殘廢、或疾病、老幼、庶出、過房同宗、乞養異姓者，務要兩家明白通知，各從所願，不願即止，願者同媒妁寫立婚書，依禮聘嫁。若許嫁女已報婚書及有私約，謂先已知夫身殘疾、老幼、庶養之類。而輒悔者，女家主婚人笞五十，其女歸本夫。雖無婚書但曾受聘財者，亦是。

若再許他人，未成婚者，女家主婚人杖七十。已成婚者，杖八十。後定娶者，男家知情，主婚人與女家同罪，財禮入官。不知者，不坐。追還財禮，給後定娶之人。女歸前夫。前夫不願者，倍追財禮給還，其女仍從後夫。男家悔而再聘者，罪亦如之。仍令娶前女，後聘聽其別嫁。不追財禮。其未成婚男女，有犯姦盜者，男子有犯，聽女別嫁。女子有犯，聽男別娶。不用此律。

若爲婚而女家妄冒者，主婚人杖八十，謂如女有殘疾，却令姊妹妄冒相見，後却以殘疾女成婚之類。追還財禮。男家妄冒者，加一等。謂如與親男定婚，却與義男成婚。又如，男有殘疾却令弟兄妄冒相見，後却以殘疾男成婚之類。不追財禮。未成婚者，仍依原定，所妄冒相見之無疾兄弟姊妹及親生之子爲婚。如妄冒相見男女先已聘許他人，或已經配有室家者，不在仍依原定之限。已成婚者，離異。其應爲婚者，雖已納聘財，期約未至，而男家强娶，及期約已至，而女家故違期者，男女主婚人並笞五十。

若卑幼或仕宦或買賣在外，其祖父母、父母及伯叔父母、姑、兄姊自卑幼出外之後爲定婚，而卑幼不知自娶妻，已成婚者，仍舊爲婚。尊長所定之女聽其别嫁。未成婚者，從尊長所定。自定者從其别嫁。違者，杖八十。仍改正。

此仍明律，順治三年增修。

條例

一、嫁娶皆由祖父母、父母主婚，祖父母、父母俱無者，從餘親主婚。其夫亡攜女適人者，其女從母主婚。若已定婚未及成親，而男女或有身故者，不追財禮。

一、男女婚姻各有其時，或有指腹、割衫襟爲親者，並行禁止。

一、招壻須憑媒妁明立婚書，開寫養老或出舍年限。止有一子者，不許出贅。其招壻養老者，仍立同宗應繼者一人，承奉祭祀，家産均分。如未立繼身死，從族長依例議立。

以上三條俱係明令。

謹按：應與立嫡子違法及私擅用財條例參看。

一、凡女家悔盟另許，男家不告官司强搶者，照强娶律減二等。按，笞三十。其告官斷歸前夫，而女家與後夫奪回者，照强奪律，杖一百，徒三年。

此條係湖廣按察使閻堯熙條奏定例。原奏女家悔盟另許，原夫搶親杖八十。乾隆五年改。

謹按：强娶律已從輕，此更輕於强娶，似嫌未盡允協。女家不應悔盟，男家獨應强搶乎？强娶非婚姻之正。原奏係補律之未備，不爲無見。改杖八十爲笞三十，未免誤會原例之意。且玩其文義，似係指未成婚而言，若已成婚，如何科斷，並無明文。

既已斷歸前夫，後夫仍敢奪回，與搶奪良家婦女何異？然究有夫妻情分在先，故酌量問擬徒罪，亦不得已之辦法也。應與强占良家婦女條例參看。

典雇妻女條例，將親女嫁賣與人，中途邀搶，問擬軍罪。此問徒罪，殊不相符。緣此例在先，後定各條例文時，未能查照改正，遂致互有參差。

（清）薛允升《讀例存疑》卷一一《户律·婚姻·妻妾失序》 凡以妻爲妾者，杖一百。妻在，以妾爲妻者，杖九十，並改正。若有妻更娶妻者，亦杖九十，後娶之妻離異。歸宗。

此仍明律，順治三年添入小註，乾隆五年删定。

（清）薛允升《讀例存疑》卷一一《户律·婚姻·逐壻嫁女》 凡逐已入贅之壻嫁女，或再招壻者，杖一百，其女不坐。如招贅之女通同父母逐壻改嫁者，亦坐杖一百。後婚男家知而娶或後贅者，同罪。未成婚者各減五等，財禮入官。不知者，亦不坐。其女斷付前夫，出居完聚。

此仍明律，順治三年添入小註，乾隆五年改定。

（清）薛允升《讀例存疑》卷一一《户律·婚姻·居喪嫁娶》 凡男女居父母及妻妾居夫喪，而身自主婚嫁娶者，杖一百。若男子居父母喪而娶妾，妻居夫喪，女居父母喪，而嫁人爲妾者，各減二等。若命婦夫亡，雖服滿再嫁者，罪亦如之。亦如凡婦居喪嫁人者擬斷。追奪敕誥並離異。知係居喪及命婦而共爲婚姻者，主婚人各減五等，財禮入官。不知者，不坐。仍離異追財禮。若居祖父母、伯叔父母、姑、兄姊喪，除承重孫外，而嫁娶者，杖八十。不離異。妾不坐。

若居父母、舅姑及夫喪，而與應嫁娶人主婚者，杖八十。

其夫喪服滿妻妾果願守志，而女之祖父母、父母及夫家之祖父母、父母强嫁之者，杖八十。期親加一等，大功以下又加一等。婦人及娶者，俱不坐。未成婚者，追歸前夫之家，聽從守志。追還財禮。已成婚者，給與完聚，財禮入官。

此仍明律，順治三年添入小註，雍正三年删改。

條例

一、孀婦自願改嫁，翁姑人等主婚受財，而母家統衆搶奪，杖八十。夫家並無例應主婚之人，母家主婚改嫁，而夫家疏遠親屬强搶者，罪亦如之。其孀婦自願守志，母家夫家搶奪强嫁，以致被污者，祖父母、父母及夫之祖父母、父母，杖八十。期親尊屬尊長，杖七十，徒一年半。大功以下尊屬尊長，杖八十，徒二年。期親卑幼，杖一百，徒三年。大功以下卑幼，杖九十，徒二年半。娶主不知情，不坐。知情同搶，照强娶笞五十律加三等，杖八十。未致被污者，父母翁姑親屬娶主，各減一等，婦女均聽回守志。如婦女自願完娶者，照律聽其完聚。財禮入官，親屬照律分別擬杖。若孀婦不甘失節，因而自盡者，不論已未被污，祖父母、父母，夫之祖父母、父母，杖一百，徒三年。期親尊屬尊長，杖一百，流二千里。功服，杖一百，流二千五百里。緦麻，杖一百，流三千里。緦麻卑幼，發邊遠充軍。功服，發極邊充軍。期親，擬絞監候。娶主知情同搶，致令自盡者，以爲從論，各減親屬罪一等。若婦女自願完娶，覆因他故自盡者，仍按服制，照律科以强嫁之罪，不在此例。若婦人情願守志，別無主婚之人，如有用强求娶，逼受聘財，因而致令自盡者，發近邊充軍，仍追埋葬銀兩。其有因搶奪而取去財物，及殺傷人者，各照本律從其重者論。

此例原係二條，一係湖廣按察使閻堯熙條奏定例。與上男女婚姻門，似係一事。乾隆五年修改。按原例，親屬照律加三等，至重不過擬徒。婦女不甘失節，因而自盡，娶主即應擬軍，本極平允。改定之例，減親屬罪一等。殊嫌未協。一係前明舊例，原載威逼人致死門，《箋釋》：凡豪勢之人用强逼娶人家婦女，致死者尚多，而頗難於爲坐。比之因姦威逼致死，則事非因姦。比之强奪良家子女，則未曾姦占，惟引此例爲允。按，此專指豪勢之人用强謀娶者而言，與因別事威逼不同，故一經釀命即擬軍罪，似未便與有服親屬相提並論。改定之例與親屬强嫁並列一條，殊覺牽混。嘉慶六年修併。按語有云，翁姑父母强嫁媳女，律應杖八十，今加三等，罪止杖六十，徒一年，轉非所以全孀婦之孝。按，既云擬徒非所以全孀婦之孝，由勿論而改爲杖八十，其又何說？下致女自盡，何以又將翁姑父母擬以滿徒耶。又云，期親以下尊屬尊長，分誼漸疏，非父母翁姑可比，自應各按服制，照强嫁律加三等。按，翁姑父母不加三等，餘親何以必加三等耶？若謂因被污而加，未被污者，何以又祇減一等耶。又云，如婦女强嫁後，情願與後夫完聚者，照律聽其完聚。按，自願與後夫完聚，與自願守志大相矛盾。律文給與完聚，係專指失節者而言，此云照律聽其完聚，亦屬錯誤。又云，孀婦不甘失節，因而自盡者，祖父母、父母，夫之祖父母、父母，於原例軍罪上酌減一等，杖一百，徒三年。按，原例軍罪，係指用强求娶者而言，祖父母、父母照此酌減，非理之至。且擬罪反較故殺子孫爲重，更屬不妥。

謹按：强嫁之親屬，唐律祇有徒一年、杖九十之分，餘俱無文。前明時始有用强求娶，逼受聘財因而致死，依律問罪，發近邊充軍之例。雍正年間，又定有親屬按服制加三等之例，而不言致令自盡者，以威逼致死，可以援照定擬，故不復叙也。嗣後改定之例，日益增多。親屬强嫁之罪，愈改愈嚴。娶主幫搶之罪，愈改愈寬。殊與原定之例意不符。即就改定之例而論，以服制親屬分別定擬，固有等差，第夫之兄弟均不以期親尊長卑幼論，有犯礙難定擬。至婦女出嫁，其於母家親屬服制均減一等，即無期親尊長卑幼其人。下謀占資財條，有期功卑幼搶賣兄妻、胞姊之語，是兄妻即以尊長論矣。威逼兄妻至死，按凡人論罪，應滿杖。此處若以期親卑幼論，即應擬死，罪名相去懸絕，不可不慎。

卑幼搶奪尊長强嫁，已屬不法，又致釀尊長之命，較因別事干犯爲重。例內期親卑幼問擬絞候，與威逼致死罪名相等。第期親尊長止有伯叔母一項，干犯兄妻並不在尊長之列，若胞姊胞姑雖係期親尊長，惟出嫁則應降服一等，即非期親。例既指明孀婦，即無此項尊長矣。查《服圖》內，齊衰不杖期有一條云：女適人，爲兄弟之爲父後者。又一條云：女雖適人，而無夫與子者，爲其兄弟姊妹及姪者。此例既云孀婦，則無夫可知，若並無子，似可援照《服圖》辦理。姑姊則以尊屬尊長論，妹及姪女，則以卑幼論，亦無大窒礙。惟功緦以下，及兄弟妻，究難臆斷耳。至各項親屬强嫁，均係指並非圖財而言，下强占門條例，祇有期功以下尊長、卑幼，而無翁姑、父母，亦屬參差。豈翁姑、父母即無貪圖聘禮之事耶？律祇言孀婦守志而强嫁者之罪，例又添入自願改嫁，而母家及夫家强嫁之罪，是否不欲孀婦改嫁，抑係別有意見之處，例未叙明，究竟聚衆搶奪意欲何爲耶？且祇言母家，並未分別親疏，是凡母家之人均杖八十矣。

再，此例云夫家並無例應主婚之人云云，夫家究係何人例應主婚耶？查康熙十二年題准，凡婦人夫亡之後，願守節者，聽。欲改嫁者，母家給還財禮，准其領回，載在《會典》，修例時未經纂入，自係疏漏。若如此例所云，是直以醮婦爲主婚矣。錯誤之至。《律例通考》云：孀婦改嫁，事所恒有，母家夫家恒致争奪滋訟，自應補纂，列爲例款，以昭畫一，不爲無見。

强嫁孀婦，唐律係徒一年，期親減二等，則杖九十。明律俱改杖八十，本較唐律爲輕。乃例則愈改愈重，尊長有問擬流徒，卑幼有問擬死罪者矣。律添入已未成婚，例又添入已未被污，均屬節外生枝。且搶奪强嫁，以致被污，親屬加重擬徒，知情同搶者，僅擬杖罪，其義安在？而又有大未允協者。原例充軍，係指强娶者而言，修改之例，將强嫁之親屬亦加等擬以徒流，祖父母等並擬滿徒。毆殺子孫者，杖一百，故殺者，徒一年，此致令自盡，即擬滿徒。故殺子孫之婦罪應滿徒，致令自盡究與故殺有間，亦科滿徒。婦女自盡情節各有不同，有强嫁後即行自盡者，有被娶主强逼成婚，因而自盡者，未被污者，照親屬罪名減一等，已被污者亦照親屬罪各減一等，親屬尚可以服制尊卑爲罪名輕重之分，而娶主均以爲從論，何也？假如有兩人於此，均係知情强娶，孀婦因而自盡，一則强逼婦女成婚，而强嫁者係婦之父母，一則並未逼迫，亦未被污，而强嫁者係婦之期親卑幼，被污者問徒二年半，未被污者，問擬滿流。再未致婦女自盡親屬，雖罪名不同，而娶主則杖八十，婦女因而自盡，娶主又視親屬之罪名以爲差等，情法果應如是耶？原例頗覺簡明，屢次修改，遂不免諸多參差，要知此事，總以簡爲貴也。

王符《潛夫論·斷訟篇》云，貞潔寡婦、或男女備具，財貨富饒，欲守一醮之禮，成同穴之義，執節堅固，齊懷必死，終無更許之慮。遭值不仁世叔，無義兄弟，或利其聘幣，或貪其財賄，或私其兒子，則强中欺嫁，處迫脅遣，遂有自縊房中，飲藥車上，絶命喪軀，孤捐童孩，此猶迫脅人命一作令自殺也。或後夫多設人客，威力脅載，手將抱執，連日乃緩，與强掠人妻無異。註，《史記·陳丞相世家》云：曾孫何坐掠人妻，棄市。掠與略同。《方言》曰：掠，强取也。蓋即指此事而言。觀此議論，則知後夫之罪，不應較輕於世叔、兄弟矣。

（清）薛允升《讀例存疑》卷一一《户律·婚姻·父母囚禁嫁娶》凡祖父母、父母犯死罪被囚禁，而子孫自嫁娶者，杖八十。若男娶妾、女嫁人爲妾者，減二等。其奉囚禁祖父母、父母命而嫁女娶妻者，不坐。亦不得筵宴。違者，依父母囚禁筵宴律，杖八十。

此仍明律，其小註係順治三年添入，乾隆五年删改。

（清）薛允升《讀例存疑》卷一一《户律·婚姻·同姓為婚》爲婚兼妻妾言，禮不娶同姓，所以厚别也。凡同姓爲婚者，主婚與男女各杖六十，離異。婦女歸宗，財禮入官。

此仍明律，其律目律文小註，均順治三年添入，乾隆五年删改。

（清）薛允升《讀例存疑》卷一一《户律·婚姻·尊卑為婚》凡外姻有服或尊屬、或卑幼共爲婚姻，及娶同母異父姊妹，若妻前夫之女者，各以親屬相姦論。

其父母之姑、舅，兩姨姊妹及姨，若堂姨、母之姑、堂姑，己之堂姨及再從姨、己之堂外甥女、若女婿之姊妹，及子孫婦之姊妹，雖無服，並不得爲婚姻。違者，男女各杖一百。

若娶己之姑舅、兩姨姊妹者，雖無尊卑之分，尚有緦麻之服。杖八十。並離異。婦女歸宗，財禮入官。

此仍明律，順治三年修改並添小註，乾隆五年删定。

條例

一、男女親屬尊卑相犯重情或干有按，干有，即干犯也。律應離異之人，俱照親屬已定名分，各從本律科斷，不得妄生異議，致罪有出入。其間情犯稍有可疑，揆於法制似爲太重，或於名分不甚有礙者，聽各該原問衙門臨時斟酌擬奏。其姑舅兩姨姊妹爲婚者，聽從民便。

此例原係二條，上層係前明問刑條例。下層係雍正八年定例，乾隆五十三年修併。

《集解》：凡條例大都嚴於律文，此條獨揆乎情法，姑開一面，亦王道本乎人情也。

謹按：此條上半段從嚴，下半段略寬，應與後嫁娶違律門一條參看。

此律應離異之人，尚屬渾舉，後例則分晰言之矣，然似不如此例之得體。

再，姑舅兩姨姊妹爲婚，較同母異父姊妹爲婚罪名雖輕，而一係有服，一係無服，亦有差等。律係均禁爲婚，例則不禁此而禁彼。明洪武十七年，帝從翰林侍詔朱善言，其中表相婚已弛禁矣。特未纂爲專條，仍不免人言人殊，迨雍正年間，有聽從民便之例，議論始歸畫一矣。

一、前夫子女與後夫子女苟合成婚者，以娶同母異父姊妹律條科斷。

此條係前明問刑條例。

《輯註》：以前夫子與後夫女成婚，則子之母乃女之繼母，女之父乃子之繼父也。以前夫女與後夫子成婚，則子之父乃女之繼父，女之母乃子之繼母也。然愚民不知禮法，鰥夫再娶寡婦再嫁，往往有將子女苟合者，故特著此例。

《示掌》：同母異父姊妹，家禮本服小功，見《性理精義》服圖内，今制無服，似應酌請，存以俟參。

《集解》：下里愚民，往往有寡母攜女再嫁，因以女許配其子。鰥夫攜子入贅，因以子室其女，即係苟合成婚，相沿不究。皆由不明律例也。

謹按：律禁同母異父姊妹爲婚，故此例前夫子女與後夫子女亦不准成婚。然此等子女亦有並非同母者，同母可照律禁止，若非同母，似亦可援照上條例文，聽從民便。

（清）薛允升《讀例存疑》卷一一《户律·婚姻·娶親屬妻妾》 凡娶同宗無服姑姪姊妹之親，及無服親之妻者，男女各杖一百。若娶同宗緦麻親之妻，及舅甥妻，各杖六十，徒一年。小功以上之妻各以姦論。自徒三年至絞斬。其親之妻曾被出，及已改嫁，而娶爲妻妾者，無服之親不與。各杖八十。

若收父祖妾及伯叔母者，不問被出、改嫁。各斬。若兄亡收嫂，弟亡收弟婦者，不問被出、改嫁，俱坐。各絞。

妾父祖妾不與。各減妻二等。被出、改嫁者遞減之。若原係妻而娶爲妾，當從妻論。原係妾而娶爲妻，仍從妾減科。

若娶同宗緦麻以上姑姪姊妹者，亦各以姦論。除應死外。並離異。

此仍明律，其小註係順治三年添入，乾隆五年增修。

條例

一、凡收伯叔兄弟妾者，即照姦伯叔兄弟妾律減妻一等，杖一百，流三千里。

此條係乾隆三十四年，刑部議覆御史成德條奏定例。

謹按：律有以姦論者，有不以姦論者，收伯叔兄弟妾律既不以姦論，是以減妻二等擬徒例改爲滿流，是直科姦罪矣。彼兄亡收嫂，弟亡收弟婦，何以又有絞候之例耶？

原奏謂，律内姦伯叔兄弟妾者，止減妻一等，而收爲妾者，得減罪二等，情罪輕重未協，因改爲減一等，擬流。第娶與姦究有分别，而妾與妻亦有不同，減妻二等，唐律已然，且不祗伯叔兄弟等項，凡小功以上親屬，各有以姦論之文，妾各得減二等。此改而彼不改，情罪輕重未見允協。況姦緦麻以上親之妻，律應各徒三年，而娶爲妻者祗徒一年，又何説耶。娶親屬之妻者，尚不能概以姦論，娶親屬之妾者，獨可盡以姦論乎？

一、凡嫁娶違律罪不至死者，仍依舊律定擬。至兄亡收嫂，弟亡收弟婦，罪犯應死之案，除男女私自配合，及先有姦情後復婚配者，仍照律各擬絞決外，其實係鄉愚不知例禁，曾向親族、地保告知成婚者，男女各擬絞監候，秋審入於情實。知情不阻之親族、地保，照不應重律杖八十。如由父母主令婚配，男女仍擬絞監候，秋審時核其情罪，另行定擬。

此條係乾隆四十九年，刑部議駁奉天府尹鄂題高九聽從伊父高志禮主婚，與弟婦楊氏婚配，將高九、楊氏絞決一案，欽奉諭旨恭纂爲例，嘉慶十七年改定。

謹按：此較律稍寛者。

舊律應改各本律例。

姦兄弟妻，唐律本係流罪，明改絞決，未免太重。究之法過嚴而照律辦理者百無一二，一遇此等案件，且懷得不爲之委曲調停，似不如仍改擬流罪之爲愈也。

（清）薛允升《讀例存疑》卷一一《户律·婚姻·娶部民婦女為妻妾》 凡府州縣親民官，任内娶部民婦女爲妻妾者，杖八十。若監臨内外上司官娶見問爲事人妻妾，及女爲妻妾者，杖一百。女家主婚人並同罪。妻妾仍兩離之。女給親兩離者，不許給與後娶者，亦不給還前夫，令歸宗。其女以父母爲親，當歸宗。或已有夫，又以夫爲親，當給夫完聚。財禮入官。恃勢强娶者，各加二等，女家不坐。婦還前夫，女給親。不追財禮。若爲子孫弟姪家人娶者，或和或强。罪亦如之。男女不坐。若娶爲事人婦女，而於事有所枉者，仍以枉法從重論。

此仍明律，其小註係順治三年添入。

（清）薛允升《讀例存疑》卷一一《户律·婚姻·娶逃走婦女》 凡娶自己犯罪已發在官，而逃走在外之婦女爲妻妾，知逃走之情者，與同其所犯之本罪。婦人加逃罪二等，其娶者不加罪。至死者，減一等，離異。不知者，不坐。若無夫又會赦免罪者，不離。一有不合，仍離。

此仍明律，其小註係順治三年添入。

（清）薛允升《讀例存疑》卷一二《户律・婚姻・娶樂人為妻妾》 凡文武官並吏娶樂人妓者爲妻妾者，杖六十，並離異。歸宗，不還樂工，財禮入官。若官員子孫應襲廕者娶者，罪亦如之。註册後廕襲之日，照廕襲本職上降一等叙用。

此條順治三年就明律改定，並添入小註。雍正三年、乾隆五年删改。

（清）薛允升《讀例存疑》卷一二《户律・婚姻・良賤為婚姻》 凡家長與奴娶良人女爲妻者，杖八十。女家主婚人減一等。不知者，不坐。其奴自娶者，罪亦如之。家長知情者，減二等。因而入籍指家長言。爲婢者，杖一百。若妄以奴婢爲良人，而與良人爲夫妻者，杖九十。妄冒由家長，坐家長；由奴婢，坐奴婢。各離異，改正。謂入籍爲婢之女，改正復良。

此仍明律，順治三年添入小註。註釋。

（清）薛允升《讀例存疑》卷一二《户律・婚姻・嫁娶違律主婚媒人罪》 凡嫁娶違律，若由男女之祖父母、父母、伯叔父母、姑、兄、姊及外祖父母主婚者，違律之罪獨坐主婚。男女不坐。餘親主婚者，餘親謂期親卑幼及大功以下尊長、卑幼主婚者。事由主婚，主婚爲首，男女爲從。得減一等。事由男女，男女爲首，主婚爲從。得減一等。至死者，除事由男女，自當依律論死。其由主婚人並減一等。主婚人雖係爲首，罪不入於死，故並減一等。男女已科從罪，至死亦是滿流。不得於主婚人流罪上再減。

其男女被主婚人威逼，事不由己，若男年二十歲以下及在室之女，雖非威逼。亦獨坐主婚。男女俱不坐。不得以首從科之。

未成婚者，各減已成婚罪五等。如絞罪，減五等，杖七十，徒一年半，餘類推減。

若媒人知情者，各減男女，主婚犯人罪一等。不知者，不坐。

其違律爲婚各條稱離異改正者，雖會赦，但得免罪猶離異改正。離異者，婦女並歸宗。

財禮，若娶者知情，則不論已未成婚，俱追入官。不知者，則追還主。

此仍明律，其小註順治三年增修。原律，主婚人並減一等下，並無註語。乾隆五年，按此條首節，據《廣彙全書》云，至死者，事由男女，自當依律論死。若主婚人，雖係爲首，罪不入於死，故並減一等。男女已科從罪，至死亦是滿流，不得於主婚人流罪上再減。此數語更覺明顯，因增入註内。

《集解》：此乃婚姻諸條之通例，所以補諸條之未備，而權其輕重之宜也。

條例

一、凡紳衿庶民之家，如有將婢女不行婚配，致令孤寡者，照不應重律，杖八十。係民的決，紳衿依律納贖，令其擇配。

此條係雍正十三年，刑部議覆雲南巡撫張題准定例。

謹按：原奏以二十五歲爲斷，似尚得平，部改爲不行婚配致令孤寡，則並無年限矣。

一、福建、臺灣地方民人不得與番人結親，違者離異，民人照違制律，杖一百。土官通事減一等，各杖九十。該地方官如有知情故縱，題參交部議處。其從前已娶生有子嗣者，即安置本地爲民，不許往來。番社違者，照不應重律，杖八十。

此條係乾隆二年定例，光緒元年，大臣沈葆楨奏准删除。

謹按：滇省客民不許與擺夷結親，見盤詰姦細。擅娶回婦，見謀叛。散髮改裝擅娶生番婦女，見違禁下海。均應參看。

一、湖南省所屬未薙髮之苗人，與民人結親，俱照民俗以禮婚配。須憑媒妁寫立婚書，仍報明地方官立案稽查。如有姦拐、販賣、嫁妻、逐壻等事，悉照民例治罪。其商賈客民，未經入籍苗疆，蹤跡無定者，概不許與苗民結親。如有私相連結滋事者，按例治罪。失察之地方官，照例議處。到溪峒深居苗猺，有願與民人結親者，亦聽其自便，悉照前例辦理。

此條係乾隆二十九年，吏部尚書陳宏謀條奏定例。

謹按：民人與外夷有准結親者，亦有不准結親者。乾隆二十五年，曾將湖南民苗結親之例一概停止。越數年而復有此例，亦曲體人情之意也。惟專言湖南而未及别省，蓋由各督撫未經奏請耳。修例時，自應通行有苗夷省分。體察情形，畫一辦理，庶不致彼此岐異。

一、凡嫁娶違律，應行離異者，與其夫及夫之親屬有犯，如係先姦後娶，或私自苟合，或知情買休，雖有媒妁婚書，均依凡人科斷。若止係同姓及尊卑、良賤爲婚，或居喪嫁娶，或有妻更娶，或將妻嫁賣，娶者果不知情，實係明媒正娶者，雖律應離異，有犯，仍按服制定例。

此條係嘉慶十三年，四川總督勒保題，彭韋氏毆傷彭世德身死一案，議准定例。

謹按：《唐律疏議》夫者依禮有三箇月廟見，有未廟見或就婚等三種之夫，並同夫法，其有克吉日及定婚夫等，惟不得違約改嫁，自餘相犯，並同凡人。應與此例參看。

律無先姦後娶之文，蓋本於元律。諸先通姦被斷復娶以爲妻妾者，雖有所生男女猶離之。按，此指因姦被斷復娶而言，如未經斷，似不在内。

尊卑爲婚門内，男女親屬尊卑相犯重情一條，斟酌情節定擬。已有明文，何得謂無專條。前例特渾言之耳。此例極爲分晰，遂致有窒礙不通之處。

此祇言卑幼干犯尊長之罪，若尊長殺傷卑幼，是否亦照凡論。買休之婦毆死翁姑，既例從凡人論，則翁姑殺傷買休等項子婦，自應亦以凡人論矣。若翁姑並不知係買休及姦情，是否亦以凡人論。一併記參。

此條同姓爲婚各項，果係明媒正娶，有犯仍應按服制定擬。惟尊卑爲婚律内指明，父母之姑舅、兩姨姊妹各項，似難與居喪嫁娶等類同論。如娶母之姑爲妻，則母反以姑爲媳矣。父母之姨亦然。娶女壻之姊妹爲妻，則伊女即以夫家之姊妹爲繼母矣。娶子孫婦之姊妹爲妻，則子孫之婦反以姊妹爲繼姑、繼祖姑矣。名之不正，莫此爲甚。如有干犯殺傷等類，殊難科罪。此雖絶無之事，惟既載之律書，即不可隨便添纂。再如娶父母之表姊，則伊妻即父母之外姻緦麻尊長也，若干犯伊之父母，則伊父母將所娶之妻殺傷，其將如何擬斷？父母之姨，則較父母之表姊更尊矣，本尊於己之父母一輩者，而屈之卑於父母一輩，可乎？此例之所以不易修改也。

尊卑爲婚，係名分之大不正者，與同姓等項不同，《唐律疏議》已詳言之矣。修例時未加詳核以類列入，殊覺不妥。此層似應刪去。

一、八旗内務府三旗人，如將未經挑選之女許字民人者，將主婚人照違制律，杖一百。若將已挑選及例不入選之女，許字民人者，照違令律，笞五十。其聘娶之民人一體科罪。

此條係道光十六年，刑部審奏。鑲白旗漢軍馬甲德恒之母陳陳氏，將次女許配與民人高禕保爲妻一案，經戸部奏准定例。

謹按：此專爲旗民結婚而設。

《戸部則例》尚有民人之女嫁與旗人爲妻，及旗人娶長隨家奴之女爲妻妾，並旗人在外落業，准與該處民人互相嫁娶各層，應參看。

（清）薛允升《唐明清三律彙編·户律·婚姻·娶逃走婦女》

《唐律》：諸娶逃亡婦女爲妻妾，知情者與同罪，至死者，減一等。離之。即無夫，會恩免罪者，不離。

《疏議》曰：其不知情而娶，准律無罪，若無夫，即聽不離。

愚按：此條專言娶者之罪，比知情、藏匿罪人條較重。其加逃罪二等，是否指事發在官而言，抑必係被押在官而逃之處。應與背夫在逃改嫁及罪人拒捕門參看。此與收留在逃子女爲妻妾何異？彼不論逃者罪名輕重，均徒二年，此與所犯同罪，至死減一等，殊屬參差。《輯注》謂：雖知其犯罪逃走之情，仍是娶爲妻妾，要看娶字云云。並謂與背夫在逃不同，皆是强爲之解。若如此論，則强娶與强搶亦大有分别矣，而强搶又減强娶律二等，何也？

《唐律》有娶逃亡婦女爲妻妾，知情者與同罪，死減一等之文，而無收留在逃子女自爲妻妾之語，最爲簡當。

（清）薛允升《唐明清三律彙編·户律·婚姻·妻妾失序》

《唐律》：諸有妻更娶妻者，徒一年；女家，減一等。若欺妄而娶者，徒一年半；女家不坐。各離之。《明律》杖九十，而無欺妄及女家之罪。

問曰：有婦而更娶婦，後娶者雖合離異，未離之間，其夫内外戚相犯，得同妻法以否？

答曰：一夫一婦，不刊之制。有妻更娶，本不成妻。詳求理法，止同凡人之坐。與後條例文參看。

以妻爲妾，以婢爲妻者，徒二年。以妾及客女爲妻，以婢爲妾者，徒一年半。各還正之。

若婢有子及經放爲良者，聽爲妾。

末段《唐律》所無。此條亦較《唐律》治罪爲輕。

（清）薛允升《唐明清三律彙編·户律·婚姻·父母囚禁嫁娶》

《唐律》：祖父母、父母被囚禁而嫁娶者，死罪，徒一年半；流罪，減一等；徒罪，杖一百。祖父母、父母命者，勿論。

《疏議》曰：若期親尊長主婚，即以主婚爲首，男女爲從。若餘親主婚，事由主婚，主婚爲首，男女爲從。事由男女，即男女爲首，主婚爲從。其男女被逼，或男年十八以下，在室之女，並主婚獨坐。

愚按：《明律》只言死罪而無流徒，且擬杖八十，較《唐律》爲輕。

（清）薛允升《唐明清三律彙編·户律·婚姻·居喪嫁娶》 《唐律》：諸居父母及夫喪而嫁娶者，徒三年；妾減三等。各離之。知而共爲婚姻者，各減五等；不知者，不坐。

按此有關十惡，故科滿徒。《明律》改爲杖罪，未知其故。

若居期喪而嫁娶者，杖一百；卑幼減二等，妾不坐。

諸居父母喪，與應嫁娶人主婚者，杖一百。

諸夫喪服除而欲守志，非女之祖父母、父母而强嫁之者，徒一年；期親，減二等；各離之。女追歸前家，娶者不坐。

《疏議》曰：婦人夫喪服除，誓心守志，惟祖父母、父母得奪而嫁之。非女之祖父母、父母，謂大功以下，而輒强嫁之者，合徒一年。期親嫁者，謂伯叔父母、姑、兄弟、姊妹及侄，而强嫁之者，減二等，杖九十。女追歸前家，娶者不坐。

按：此均指女家親屬而言，夫家並不在內。今律忽添入夫家之祖父母、父母，與女之祖父母、父母同科八十杖罪，不知何故。

（清）薛允升《唐明清三律彙編·户律·婚姻·娶部民婦女為妻妾》

《唐律》：監臨之官，娶所監臨女爲妾者，杖一百；若爲親屬娶者，亦如之。其在官非監臨者，減一等。女家不坐。

枉法娶人妻妾及女者，以姦論，加二等。爲親屬娶者，亦同。行求者，各減二等。各離之。按：和姦徒一年半，監主加一等，徒二年；二等，則滿徒矣。《明律》祇杖一百，未免太輕，且和娶人妻，《唐律》尚應徒二年，况强娶乎？

諸和娶人妻及嫁之者，各徒二年；妾，減二等。各離之。按：《明律》無此條而有用財買休、賣休之文，其罪止杖一百。輕重既屬懸殊，妻妾亦無分別。

（清）薛允升《唐明清三律彙編·户律·婚姻·同姓為婚》 爲婚兼妻妾言，禮不娶同姓，所以厚别也。

《唐律》：諸同姓爲婚者，各徒二年。緦麻以上，以姦論。

《疏議》問曰：同姓爲婚者，各徒二年。未知同姓爲妾，合得何罪？

答曰：買妾不知其姓，則卜之。取決蓍龜，本防同姓。同姓之人，即嘗同祖，爲妻、爲妾，亂法不殊。《户令》云：娶妾仍立婚契，即驗妻、妾，俱名爲婚。依禮、令，得罪無別。

諸嘗爲袒免親之妻，而嫁娶者，各杖一百；緦麻及舅甥妻，徒一年；小功以上，以姦論。妾，各減二等。並離之。

《疏議》曰：高祖親兄弟，曾祖堂兄弟，祖再從兄弟，父三從兄弟，身四從兄弟、三從侄、再從侄孫，並緦麻絶服之外，即是袒免。

（清）薛允升《唐明清三律彙編·户律·婚姻·嫁娶違律主婚媒人罪》

湖南按察司嚴有禧奏請停民苗結婚之例，以靖邊圉事。乾隆二十五年正月二十一日欽奉撫批：交撫臣議奏。欽此。查民苗結婚，原係例禁。自雍正九年，經前任湖廣督臣邁、前任湖南撫臣趙以永順、桑植、保靖三土司地方改土設流，欲使民苗一道同風，聽其與兵民結姻，題准部覆。又於雍正十年，經前任撫臣趙於謹陳六條善後事宜案内議定永綏亦准民苗兵丁結親，其乾鳳二廳並靖州通道等處，仍照例禁止在案。伏查湖南苗疆以沐聖化，耕鑿樂業，熙皞優游，已與内地民人無異。然其聚居地方皆係深山邃寨，服飾風俗究與民人有別。民女不服苗俗，苗民亦不諳民俗，是以民苗彼此情願結親者猶然稀少。其間偶有結親者，如該按察司所言，大率游手無賴之民利其産業並得妻室。而苗人之肯配漢人者，無非貪得財禮藉其力作。久之情意不投，或棄妻卷逃，或逐夫另嫁，以致構訟。且永綏與乾鳳毗連，永順一府亦與靖州等處相接。同一苗疆有准結親、不准結親之分，事例亦不畫一。更恐姦民藉口姻親出入苗地，官亦難以查禁，或致勾結成衅，此又不可不防微杜漸也。應如該按察司所請，嗣後將民苗結親之例概行停止。其現在已婚、已聘者，仍飭各自娶回，不許贅居苗寨。如奉禁之後，仍敢有違例結親及無故擅入苗地生事構衅者，按例治罪。失察之地方官照例參。則民苗不相結納，定例亦歸畫一矣。謹奏。奉到撫批：如所議行。欽此。

（清）江峰《大清律例略記》卷二《良賤為婚略記户律》 人生品類不齊，良賤原有差池。家長爲奴婚配，亦當酌量合宜。若將良家子女娶與家奴爲妻，家長應杖八十，女家減等相施。倘係奴自爲娶，按律罪亦如之。因而入籍爲婢，家長滿杖不移。若將奴輩妄盲，假作良人相欺，家長仍當重杖，離異改正各歸。

（清）江峰《大清律例略記》卷二《嫁娶違律主婚媒人罪略記户律》

嫁娶原有定程，違律先究主人。事由至親尊長，有犯獨坐主婚。餘親主婚有間，男女首從各分。事由主婚爲首，自以主婚定刑。事由男女起意，又自男女責懲。若被主婚威逼，事不由己自行，男女俱屬年幼，罪以主婚專承。媒人知情減等，婦女歸宗適平。

（清）沈家本《寄簃文存》卷五《箋·婦女離異律例偶箋·户律婚姻·男女婚姻》 凡男女定婚，若再許他人，未成婚者，女家主婚人杖七十，已成婚者杖八十，女歸前夫。前夫不願者，倍追財禮，給還其女，仍從後夫。男家悔者，亦如之。仍令娶前女，後聘聽其別嫁。

箋曰：女歸前夫，法也。不願而從後夫，情也。然此指已成婚者言之。若未成婚者，似不得聽其不願而斷從後夫也。男家悔者，仍令娶前女，後聘聽其別嫁，法也。然後定者已成婚，而必令離異，亦非人情。故《總注》謂未成婚則斷娶原聘，聽後聘者另嫁，已成婚則斷與後娶完聚，聽原聘者另嫁，亦情也。律意情法兩盡，未可執法而不原情也。

其未成婚男女有犯姦盜者，男子有犯，聽女別嫁，女子有犯，聽男別娶，不用此律。

箋曰：此因其犯姦盜而斷離，然止云姦盜，則別項罪名不在此限。

若爲婚而女家妄冒者杖八十，男家妄冒者加一等，未成婚者仍依原定，所妄冒相見之無疾兄弟姊妹及親生之子爲婚。如妄冒相見男女先已許聘他人，或已經配有室家者，不在仍依原定之限。已成婚者離異。

箋曰：此因其妄冒而斷離，使不得遂其姦僞之願，然亦據法而言。《總注》謂若女子不願別嫁，亦應免其離異。蓋女子既已失身，必令離異，亦非所以全其節也。《輯注》謂若妄冒之人或非本家男女，其門第不同，貧富各異，有不情願，亦當聽之。蓋婚姻適兩家之好，亦從所願，强合於始，必隙末於終，亦非人情也。

若卑幼或仕宦或買賣在外，其祖父母、父母及伯叔父母、姑、兄姊自卑幼出外之後爲定婚，而卑幼不知自娶妻已成婚者，仍舊爲婚。尊長所定之女聽其別嫁。未成婚者，從尊長所定。自定者從其別嫁。違者杖八十。仍改正。

箋曰：若尊長在外，卑幼在家，兩有聘定者，亦依此斷。卑幼當聽命於尊長，法也。已成婚者仍舊，情也。以上各律，皆所以正婚姻之始，或離或不離，必斟酌乎情法之平，未嘗專論法而不論情也。

（清）沈家本《寄簃文存》卷五《箋·婦女離異律例偶箋·户律婚姻·典雇妻女》 凡將妻妾受財典雇與人爲妻妾者，本夫杖八十，典雇女者，父杖六十，婦女不坐。若將妻妾妄作姊妹嫁人者，杖一百，妻妾杖八十。知而典娶者，各與同罪。並離異。女給親，妻妾歸宗。不知者不坐。仍離異。

箋曰：典雇與人，則敗倫傷化；妄作姊妹，則兼有欺騙之情，在本夫則已義絶，在典娶者則失人道之始，故並應離異。《據會》云，家貧賣妻，依不應重，婦人仍歸後夫。此事之出於不得已者，故原之不離。

（清）沈家本《寄簃文存》卷五《箋·婦女離異律例偶箋·户律婚姻·妻妾失序》 若有妻更娶妻者，亦杖九十，後娶之妻離異。歸宗。

箋曰：並耦匹嫡，亂之本也，故應離。

（清）沈家本《寄簃文存》卷五《箋·婦女離異律例偶箋·户律婚姻·逐壻嫁女》 凡逐壻嫁女，或再招壻者，女斷付前夫，出居完娶。

箋曰：斷付前夫，與後夫離異矣。若前夫以女失節，不願完娶，而仍與後夫離異，必令再行改嫁，不又失節乎？此亦當據情酌斷。《輯注》謂仍與後夫離者，但以法論耳。情與法須相濟也。

（清）沈家本《寄簃文存》卷五《箋·婦女離異律例偶箋·户律婚姻·居喪嫁娶》 凡居父母及夫喪而身自嫁娶者，杖一百。若男子居喪而娶妾妻，女嫁人爲妾者，各減二等。若命婦夫亡，雖服滿再嫁者，罪亦如之，追奪誥敕並離異。知而共爲婚姻者，各減五等。不知者不坐。但離異。

箋曰：居三年之喪而忘哀戚之心，不孝不義之大者也。命婦非凡婦之比，當守從一而終之義，故並應離異。看身自二字，則奉有父母之命者不在此限。或云有主婚者，男女即科爲從，並不離異亦無礙。蓋因離異之事於民情不便，有難行故耳。《瑣言》云此不言婦居舅姑喪，恐有夫已先亡，舅姑並没，無所依歸，勢不能存立者，聽其改嫁，故律無禁。《輯注》云，若男女係親在之日定婚，於居喪之時嫁娶，則是有父母之命者，止坐罪，不離異。《示掌》云，鬻身殮夫，應援《據會》因貧賣妻之議，止問不應重，免離，毋庸泥律斷離。此三者皆原其情，未可以法繩之也。

若居祖父母、伯叔父母、姑、兄姊喪除承重孫外。而嫁娶者，杖八十。不離異。妾不坐。

箋曰：期服非三年喪之比，故不離。此法之通乎情者，亦可以見法之不可以固執也。固執必難行。

其夫喪服滿，妻妾果願守志，而女之祖父母、父母及夫之祖父母、父母强嫁之者，杖八十。未成婚者，追歸前夫之家，聽從守志，已成婚者給與完聚。例：其孀婦自願守志，母家、夫家搶奪强嫁以致被汙者，婦女均聽回守志，若婦女自願完聚者，照律聽其完聚。

箋曰：聽從守志，全其貞也。給與完聚，則以其業已失身也。若婦女不願完聚，自應仍聽其守志。例所以補律之未備。

（清）沈家本《寄簃文存》卷五《箋・婦女離異律例偶箋・户律婚姻・同姓爲婚》 凡同姓爲婚者，離異。律注：爲婚兼妻妾言，禮不娶同姓，所以厚别也。

箋曰：此乖禮經厚别之義，故應離異。然鄉愚無知，娶同姓者事所常有，若概繩之以法，轉失婦人從一而終之義，似亦當援情酌斷。

（清）沈家本《寄簃文存》卷五《箋・婦女離異律例偶箋・户律婚姻・尊卑爲婚》 凡外姻、有服尊屬、卑幼共爲婚姻，及娶同母異父姊妹，若妻前夫之女者，各以親屬相姦論。其父母之姑舅兩姨姊妹及姨若堂姨、母之姑、堂姑、己之堂姨及再從姨、己之堂外甥女，若女壻之姊妹及子孫婦之姊妹，並不得爲婚姻，違者各杖一百。若娶己之姑舅兩姨姊妹者，杖八十。並離異。婦女歸宗。

箋曰：此有乖倫理，故令離異。末一條聽從民便，有例。

例：前夫子女與後夫子女苟合成婚者，以娶同母異父姊妹律條科斷。

箋曰：此因其苟合而離之。然愚民不知禮法，鰥夫再娶，寡婦再嫁，往往有將子女苟合者，似亦應酌量科斷。《舊説》云，非苟合應免離異。前人於離異一事甚慎之也。《示掌》云，如前夫子女與後夫子女異父異母者，若從尊長主婚，毋概擬離，應援名分不甚有礙例科之。

（清）沈家本《寄簃文存》卷五《箋・婦女離異律例偶箋・户律婚姻・娶親屬妻妾》 凡娶同宗無服之親及無服親之妻者，各杖八十。若娶緦麻親之妻及舅、甥妻，各杖六十，徒一年。小功以上，各以姦論。其曾被出及已改嫁而娶爲妻妾者，無服之親不與。各杖八十。若收父、祖妾及伯叔母者，不問被出、改嫁。各斬。若兄亡收嫂、弟亡收弟婦者，不問被出、改嫁，俱坐。各絞。妾各减一等。若娶同宗緦麻以上姑姪姊妹者，亦各以姦論。除應死外並離異。

箋曰：此瀆亂無紀，視尊卑爲婚爲尤甚。

（清）沈家本《寄簃文存》卷五《箋・婦女離異律例偶箋・户律婚姻・娶部民婦女爲妻妾》 凡府州縣親民官任内娶部民婦女爲妻妾者，杖八十。若監臨官娶爲事人妻妾及女爲妻妾者，杖一百。妻妾仍兩離之，女給親。兩離者，不許給與後娶者，亦不給還前夫，令歸宗。其女以父母爲親，當歸宗。或已有夫，又以夫爲親，當給夫完聚。强娶者，各加二等，女家不坐。婦還前夫，女給親。若爲子孫、弟姪、家人娶者，罪亦如之。《總注》云，願爲夫婦者聽，不願者離之。

箋曰：此有乖於臨民之體制，故兩離之，娶者違律，前夫義絶也。若子孫、弟姪、家人，究與己身不同，故願爲夫婦者聽，不願者離。此情法兩盡之道也。

（清）沈家本《寄簃文存》卷五《箋・婦女離異律例偶箋・户律婚姻・娶逃走婦女》 凡娶犯罪逃走婦女爲妻妾，知情者與同罪，至死者减一等，離異。不知者不坐。若無夫，會赦免罪，不離。一有不合仍離。

箋曰：有罪婦女他人不得娶，故離。一有不合，謂或有夫，或未赦也。《舊説》云，若女一無至親可歸，雖不會赦，不離。離者法，不離者情也。

（清）沈家本《寄簃文存》卷五《箋・婦女離異律例偶箋・户律婚姻・娶樂人爲妻妾》 凡官吏娶樂人爲妻妾者，杖六十，並離異。歸宗，不還樂工。若官員子孫娶者，罪亦如之。

箋曰：此有關行止。

（清）沈家本《寄簃文存》卷五《箋・婦女離異律例偶箋・户律婚姻・僧道娶妻》 凡僧道娶妻妾者，杖八十，還俗。女家同罪，離異。若僧道假託親屬或僮僕爲名求娶而僧道自占者，以姦論。婦女還親。

箋曰：此不守戒律。

（清）沈家本《寄簃文存》卷五《箋·婦女離異律例偶箋·户律婚姻·良賤為婚姻》 凡家長與奴娶良人女爲妻者，杖八十，其奴自娶者，罪亦如之；因而入籍爲婢者，杖一百。若妄以奴婢爲良人而與良人爲夫妻者，各離異，改正。謂入籍爲婢，婢女改正復良。

箋曰：此嚴良賤之分。

（清）沈家本《寄簃文存》卷五《箋·婦女離異律例偶箋·户律婚姻·嫁娶違律》 其違律爲婚各條稱離異改正者，雖會赦猶離異改正。離異者，婦女並歸宗。

箋曰：此斷罪之通例。

紀事

《國語·周語上》 恭王游於涇上，密康公從，有三女奔之。其母曰：必致之於王。夫獸三爲羣，人三爲衆，女三爲粲。王田不取羣，公行下衆，王御不參一族。夫粲，美之物也。衆以美物歸女，而何德以堪之？王猶不堪，況爾小醜乎？小醜備物，終必亡。康公不獻。一年，王滅密。

《國語·周語中》 王德狄人，將以其女爲后，富辰諫曰：不可。夫婚姻，禍福之階也。由之利内則福，利外則取禍。今王外利矣，其無乃階禍乎？

《國語·晉語四》 公子過鄭，鄭文公亦不禮焉。叔詹諫曰：臣聞之：親有天，用前訓，禮兄弟，資窮困，天所福也。今晉公子有三祚焉，天將啓之。同姓不婚，惡不殖也。

《國語·晉語四》 公子欲辭，司空季子曰：同姓爲兄弟。黄帝之子二十五人，其同姓者二人而已：唯青陽與夷鼓皆爲己姓。青陽，方雷氏之甥也。夷鼓，彤魚氏之甥也。其同生而異姓者，四母之子别爲十二姓。凡黄帝之子，二十五宗，其得姓者十四人爲十二姓。姬、酉、祁、己、滕、箴、任、荀、僖、姞、儇、依是也。唯青陽與蒼林氏同於黄帝，故皆爲姬姓。同德之難也如是。昔少典娶于有蟜氏，生黄帝、炎帝。黄帝以姬水成，炎帝以姜水成。成而異德，故黄帝爲姬，炎帝爲姜，二帝用師以相濟也，異德之故也。異姓則異德，異德則異類。異類雖近，男女相及，以生民也。同姓則同德，同德則同心，同心則同志。同志雖遠，男女不相及，畏黷敬也。黷則生怨，怨亂毓災，災毓滅姓。是故娶妻避其同姓，畏亂災也。故異德合姓，同德合義。義以導利，利以阜姓。姓利相更，成而不遷，乃能攝固，保其土房。今子於子圉，道路之人也，取其所棄，以濟大事，不亦可乎？

《國語·越語上》 令壯者無取老婦，令老者無取壯妻。女子十七不嫁，其父母有罪；丈夫二十不娶，其父母有罪。

《漢書》卷二《惠帝紀》〔六年冬十月辛丑〕女子年十五以上至三十不嫁，五算。

《漢書》卷四〇《陳平傳》陳平，陽武户牖鄉人也。【略】及平長，可取婦，富人莫與者，貧者平亦媿之。久之，户牖富人張負有女孫，五嫁夫輒死，人莫敢取，平欲得之。【略】卒與女。爲平貧，乃假貸幣以聘，予酒肉之資以内婦。負戒其孫曰：毋以貧故，事人不謹，事兄伯如事乃父，事嫂如事乃母。

《漢書》卷八一《匡衡傳》匡衡字稚圭，東海承人也。【略】臣又聞之師曰：妃匹之際，生民之始，萬福之原。婚姻之禮正，然後品物遂而天命全。孔子論《詩》以《關雎》爲始，言太上者民之父母，后夫人之行不侔乎天地，則無以奉神靈之統而理萬物之宜。故《詩》曰：窈窕淑女，君子好仇。言能致其貞淑，不貳其操，情欲之感無介乎容儀，宴私之意不形乎動静，夫然後可以配至尊而爲宗廟主。此綱紀之首，王教之端也，自上世已來，三代興廢，未有不由此者也。願陛下詳覽得失盛衰之效以定大基，采有德，戒聲色，近嚴敬，遠技能。

《後漢書》卷五七《劉瑜傳》延熹八年，劉瑜上書陳事曰：【略】古者天子一娶九女，娣姪有序，《河圖》授嗣，正在九房。今女嬖令色，充積閨帷，皆當盛其玩飾，冗食空宫，勞散精神，生長六疾。此國之費也，生之傷也。

《後漢書》卷七六《循吏傳·任延》〔建武初〕又駱越之民無嫁娶禮法，各因淫好，無適對匹，不識父子之性，夫婦之道。延乃移書屬縣，各使男年二十至五十，女年十五至四十，皆以年齒相配。其貧無禮娉，令長吏以下各省奉禄以賑助之。同時相娶者二千餘人。

《南齊書》卷三一《江謐傳》江謐字令和，濟陽考城人也。【略】泰始四年，江夏王義恭第十五女卒，年十九，未笄。禮官議從成人服，諸王服大功。左丞孫敻重奏：《禮記》女子十五而笄，鄭云應年許嫁者也。其未許嫁者，則二十而笄。射慈云十九猶爲殤。禮官違越經典，於禮無據。

《宋書》卷八二《周朗傳》〔元嘉二十七年春朗報書曰：〕凡爲國，不患威之不立，患恩之不下；不患士之不廣，患民之不育。自華、夷爭殺，戎、夏競威，破國則積屍竟邑，屠將則覆軍滿野，海内遺生，蓋不餘半。重以急政嚴刑，天災歲疫，貧者但供吏，死者弗望埋，鰥居有不願娶，生子每不敢舉。又戍淹徭久，妻老嗣絶，及淫奔所孕，皆復不收。是殺人之日有數途，生人之歲無一理，不知復百年間，將盡以草木爲世邪。此最是驚心悲魂慟哭太息者。法雖有禁殺子之科，設蚤娶之令，然觸刑罪，忍悼痛而爲之，豈不有酷甚處邪。今宜家寬其役，户減其稅。女子十五不嫁，家人坐之。特雉可以娉妻妾，大布可以事舅姑，若待禮足而行，則有司加糾。凡宫中女隸，必擇不復字者。庶家内役，皆令各有所配。

《魏書》卷五《高宗紀》〔和平四年〕十有二月辛丑，詔曰：名位不同，禮亦異數，所以殊等級，示軌儀。今喪葬嫁娶，大禮未備，貴勢豪富，越度奢靡，非所謂式昭典憲者也。有司可爲之條格，使貴賤有章，上下咸序，著之於令。壬寅，詔曰：夫婚姻者，人道之始。是以夫婦之義，三綱之首，禮之重者，莫過於斯。尊卑高下，宜令區别。然中代以來，貴族之門多不率法，或貪利財賄，或因緣私好，在於苟合，無所選擇，令貴賤不分，巨細同貫，塵穢清化，虧損人倫，將何以宣示典謨，垂之來裔。今制皇族、師傅、王公侯伯及士民之家，不得與百工、伎巧、卑姓爲婚，犯者加罪。

《魏書》卷七上《高祖紀》〔承明二年〕五月，詔曰：婚娉過禮，則嫁娶有失時之弊；厚葬送終，則生者有糜費之苦。聖王知其如此，故申之以禮數，約之以法禁。迺者，民漸奢尚，婚葬越軌，致貧富相高，貴賤無别。又皇族貴戚及士民之家，不惟氏族，下與非類婚偶。先帝親發明詔，爲之科禁，而百姓習常，仍不肅改。朕今憲章舊典，祗案先制，著之律令，永爲定準。犯者以違制論。

《魏書》卷一八《元孝友傳》〔孝友明於政理，嘗奏表曰：〕古諸侯娶九女，士有一妻二妾。《晉令》：諸王置妾八人，郡公、侯妾六人。《官品令》：第一、第二品有四妾，第三、第四有三妾，第五、第六有二妾，第七、第八有一妾。所以陰教聿修，繼嗣有廣。廣繼嗣，孝也；修陰教，禮也。而聖朝忽棄此數，由來漸久。將相多尚公主，王侯亦娶后族，故無妾媵，習以爲常。婦人多幸，生逢今世，舉朝略是無妾，天下殆皆一妻。設令人强志廣娶，則家道離索，身事迍邅，内外親知，共相嗤怪。凡今之人，通無準節。父母嫁女，則教之以妒；姑姊逢迎，必相勸以忌。持制夫爲婦德，以能妬爲女工。自云不受人欺，畏他笑我。王公猶自一心，已下何敢二意。夫妬忌之心生，則妻妾之禮廢，妻妾之禮廢，則姦淫之兆興。斯臣之所以毒恨者也。請以王公第一品娶八，通妻以備九女；稱事二品備七；三品、四品備五；五品、六品則一妻二妾。限以一周，悉令充數，若不充數及待妾非禮，使妻妒加捶撻，免所居官。其妻無子而不娶妾，斯則自絶，無以血食祖父，請科不孝之罪，離遣其妻。

《魏書》卷四八《高允傳》 允以高宗纂承平之業，而風俗仍舊，婚娶喪葬，不依古式，允乃諫曰：【略】古之婚者，皆揀擇德義之門，妙選貞閑之女，先之以媒娉，繼之以禮物，集僚友以重其别，親御輪以崇其敬，婚姻之際，如此之難。今諸王十五，便賜妻别居。然所配者，或長少差舛，或罪人掖庭，而作合宗王，妃嬪藩懿。失禮之甚，無復此過。往年及今，頻有檢劾。誠是諸王過酒致責，跡其元起，亦由色衰相棄，致此紛紜。今皇子娶妻，多出宫掖，令天下小民，必依禮限，此二異也。

《魏書》卷九七《劉義隆傳》 義隆遣黄延年朝於行宫，獻百牢，貢其方物，并請和，求進女於皇孫。世祖以師婚非禮，許和而不許婚。

《晉書》卷三《武帝紀》〔泰始九年〕冬十月辛巳，制女年十七父母不嫁者，使長吏配之。

《晉書》卷九《孝武帝紀》〔寧康二年〕八月，以長秋將建，權停婚姻。

《晉書》卷四六《劉頌傳》 初，頌嫁女臨淮陳矯，矯本劉氏子，與頌近親，出養於姑，改姓陳氏。中正劉友譏之，頌曰：舜後姚虞、陳田本同根系，而世皆爲婚，禮律不禁。今與此同義，爲婚可也。

《晉書》卷一〇二《劉聰載記》 劉聰，字玄明，一名載，元海第四子也。【略】聰后呼延氏死，將納其太保劉殷女，其弟乂固諫。聰更訪之於太宰劉延年、太傅劉景，景等皆曰：臣常聞太保自云周劉康公之後，與聖氏本源既殊，納之爲允。聰大悦，使其兼大鴻臚李弘拜殷二女爲左右貴嬪，位在昭儀上。又納殷女孫四人爲貴人，位次貴嬪。謂弘曰：此女輩皆姿色超世，女德冠時，且太保於朕實自不同，卿意安乎？弘曰：太保胤自有周，與聖源實别，陛下正以姓同爲恨耳。且魏司空東萊王基當世大儒，豈不達禮乎！爲子納司空太原王沈女，以其姓同而源異故也。聰大悦，賜弘黄金六十斤，曰：卿當以此意諭吾子弟輩。於是六劉之寵傾於後宫，聰稀復出外，事皆中黄門納奏，左貴嬪决之。

《晉書》卷一〇五《石勒載記》 石勒字世龍，上黨武鄉羯人也。【略】太興二年，勒僞稱趙王。【略】又下書禁國人不聽報嫂及在喪婚娶，其燒葬令如本俗。

《梁書》卷三八《賀琛傳》 時皇太子議，大功之末，可以冠子嫁女。琛駁之曰：

令旨以大功之末可得冠子嫁女，不得自冠自嫁。推以《記》文，竊猶致惑。案嫁冠之禮，本是父之所成，無父之人，乃可自冠。故稱大功小功，並以冠子嫁子爲文，非關惟得爲子，己身不得也。小功之末，既得自嫁娶，而亦云冠子娶婦，其義益明。故先列二服，每明冠子嫁子，結於後句，方顯自娶之義。既明小功自娶，即知大功自冠矣，蓋是約言而見旨。若謂緣父服大功，子服小功，小功服輕，故得爲子冠嫁，大功服重，故不得自嫁自冠者，則小功之末，非明父子服殊，不應復云冠子嫁子也。若謂小功之文言己可娶，大功之文不言己冠，故知身有大功，不得自行嘉禮，但得爲子冠嫁。竊謂有服不行嘉禮，本爲吉凶不可相干。子雖小功之末，可得行冠嫁，猶應須父得爲其冠嫁。若父於大功之末可以冠子嫁子，是於吉凶禮無礙；吉凶禮無礙，豈不得自冠自嫁？若自冠自嫁於事有礙，則冠子嫁子寧獨可通？今許其冠子而塞其自冠，是琛之所惑也。

又令旨推下殤小功不可娶婦，則降服大功亦不得爲子冠嫁。伏尋此旨，若謂降服大功不可冠子嫁子，則降服小功亦不可自冠自娶，是爲凡厥降服大功小功皆不得冠娶矣。《記》文應云降服則不可，寧得惟稱下殤？今不言降服，的舉下殤，實有其義。夫出嫁出後，或有再降，出後之身，於本姊妹降爲大功；若是大夫服士父，又以尊降，則成小功。其於冠嫁，義無以異。所以然者，出嫁則有受我，出後則有傳重，並欲薄於此而厚於彼，此服雖降，彼服則隆。昔實期親，雖再降猶依小功之禮，可冠可嫁。若夫期降大功，大功降爲小功，止是一等，降殺有倫，服末嫁冠，故無有異。惟下殤之服，特明不娶之義者，蓋緣以幼稚之故。夭喪情深，既無受厚佗姓，又異傳重彼宗，嫌其年稚服輕，頓成殺略，故特明不娶，以示本重之恩。是以凡厥降服，冠嫁不殊；惟在下殤，乃明不娶。其義若此，則不得言大功之降服，皆不可冠嫁也。且《記》云下殤小功，言下殤則不得通於中上，語小功則不得兼於大功。若實大小功降服皆不冠嫁，上中二殤亦不冠嫁者，《記》不得直云下殤小功則不可。恐非文意。此又琛之所疑也。

遂從琛議。

《周書》卷五《武帝紀》〔建德三年春正月〕癸酉，詔：自今已後，男年十五，女年十三已上，爰及鰥寡，所在軍民，以時嫁娶，務從節儉，勿爲財幣稽留。

《周書》卷六《武帝紀》〔建德六年六月〕丁卯，詔曰：同姓百世，婚姻不通，蓋惟重別，周道然也。而娶妻買妾，有納母氏之族，雖曰異宗，猶爲混雜。自今以後，悉不得娶母同姓，以爲〔妻〕妾。其已定未成者，即令改聘。

《周書》卷七《宣帝紀》〔宣政元年八月壬申〕詔制九條，宣下州郡：一曰，決獄科罪，皆准律文。二曰，母族絶服外者，聽婚。

《南史》卷二五《到洽傳》洽字茂㳂，清警有才學。父坦以洽無外家，乃求娶於羊玄保以爲外氏。洽年十八，爲徐州迎西曹行事。謝朓文章盛於一時，見洽深相賞好，每稱其兼資文武。朓後爲吏部，欲薦之，洽覩時方亂，深相拒絶，遂築室巖阿，幽居積歲，時人號曰居士。

《南史》卷七一《儒林傳・王元規》王元規字正範，太原晋陽人也。【略】元規八歲而孤。兄弟三人，隨母依舅氏往臨海郡，時年十二。郡土豪劉瑱者，資財巨萬，欲妻以女。母以其兄弟幼弱，欲結强援，元規泣請曰：因不失親，古人所重，豈得苟安異壤，輒昏非類。母感其言而止。

《舊唐書》卷一〇六《王琚傳》王琚，懷州河内人也。【略】及同皎敗，琚恐爲吏所捕，變姓名詣於江都，傭書於富商家，主人後悟其非傭者，以女嫁之，資給其財。

《舊唐書》卷一五〇《德宗順宗諸子傳・珍王誠》初，開元中置禮會院于崇仁里。自兵興已來，廢而不修，故公、郡、縣主不時降嫁，殆三十年，至有華髪而猶丱者，雖居内館，而不獲覲見十六年矣。凡皇族子弟，皆散棄無位，或流落他縣，湮沉不齒録，無異匹庶。及德宗即位，叙用枝屬，以時婚嫁，公族老幼，莫不悲感。

《舊唐書》卷一七七《盧鈞傳》自貞元已來，衣冠得罪流放嶺表者，因而物故，子孫貧悴，雖遇赦不能自還。凡在封境者，鈞減俸錢爲營槥櫝。其家疾病死喪，則爲之醫藥殯殮，孤兒稚女，爲之婚嫁，凡數百家。由是山越之俗，服其德義，令不嚴而人化。三年將代，華蠻數千人詣闕請立生祠，銘功頌德。先是土人與蠻獠雜居，婚娶相通，吏或撓之，相誘爲亂。鈞至立法，俾華蠻異處，婚娶不通，蠻人不得立田宅，由是徼外肅清，而不相犯。

《舊唐書》卷一八八《孝友傳・李日知》李日知，鄭州滎陽人也。【略】景雲元年，同中書門下平章事，轉御史大夫，知政事如故。明年，進拜侍中。先天元年，轉刑部尚書，罷知政事。頻乞骸骨，請致仕，許之。初，日知將有陳請，而不與妻謀，歸家而使左右飾裝，將出居別業。妻驚曰：家産屢空，子弟名宦未立，何爲遽辭職也？日知曰：書生至此，已過本分。人情無厭，若恣其心，是無止足之日。及歸田園，不事産業，但葺構池亭，多引後進，與之談讌。開元三年卒。

初，日知以官在權要，諸子弟年纔總角，皆結婚名族，時議以爲失禮之中。卒後，少子伊衡，以妾爲妻，費散田宅，仍列訟諸兄，家風替矣。

（宋）王溥《唐會要》卷八三《嫁娶》〔貞觀〕六年，御史大夫韋挺上表曰：夫婦之道，王化所先；婚姻之禮，人倫攸尚。所以承紹家業，嗣續祖妣，静而思之，安可不敬。嫁女之室，有不息火之悲，娶婦之家，有不舉樂之感。今貴族豪富，婚姻之始，或奏管絃，以極歡宴，唯競奢侈，不顧禮經，非所謂嗣親之道。念別離之意，正始之本，實在於兹，若不訓以義方，將恐此風愈扇。

十六年六月詔：氏族之盛，實繫於冠冕；婚姻之道，莫先於仁義。【略】自今已後，明加告示，使識嫁娶之序，各合典禮，知朕意焉。其自今年六月禁賣婚。

永徽二年九月，紀王慎等議堂姨母之姑姨，及堂姑姨父母之姑姨，父母之姑舅姊妹，壻姊妹，堂外甥，雖並外姻無服，請不爲婚，詔可之。

《新唐書》卷二《太宗紀》〔貞觀元年〕二月丁巳，詔民二十、女十五以上無夫家者，州縣以禮聘娶；貧不能自行者，鄉里富人及親戚資送之；鰥夫六十、寡婦五十、婦人有子若守節者勿彊。

（宋）李燾《續資治通鑑長編》哲宗元祐元年三月〔辛巳〕户部言：歸明人除三路及沿邊不得婚嫁，餘州聽與嫁娶；並邕州左、右江歸明人，許省地溪峒結親。從之。

《契丹國志》卷二三《族姓原始》　契丹部族，本無姓氏，惟各以所居地名呼之，婚嫁不拘地里。至阿保機變家爲國之後，始以王族號爲横帳，仍以所居之地名曰世里著姓。世里者，上京東二百里地名也。復賜后族姓蕭氏。番法，王族惟與后族通婚，更不限以尊卑；其王族、后族二部落之家，若不奉北主之命，皆不得與諸部族之人通婚；或諸部族彼此相婚嫁，不拘此限。故北番惟耶律、蕭氏二姓也。

《金史》卷二《太祖紀》〔天輔元年〕五月丁巳，詔自收寧江州已後同姓爲婚者，杖而離之。

《金史》卷七《世宗紀》〔大定十七年〕十二月戊辰，以渤海舊俗男女婚娶多不以禮，必先攘竊以奔，詔禁絶之，犯者以姦論。

《宋史》卷五《太宗紀》〔淳化元年九月辛巳〕禁川峽民父母在出爲贅壻。

《宋史》卷一一五《禮・嘉禮》　凡宗室婚姻，治平中，宗正司言：宗室女舅姑、夫族未立儀制，皆當創法。詔：壻家有二世食禄，即許娶宗室女，未仕者與判、司、簿、尉，已任者隨資序推恩。即壻别祖、女别房，舊爲婚姻而於今卑尊不順者，皆許。壻之三代、鄉貫、生月、人材書劄，止令婚主問驗，以告宗正寺、大宗正司，寺、司詳視，如條保明。所進財皆賜壻家，令止於本宮納財，媒妁、使令之人，非理求匄，許告。宗室女事舅姑及見夫之族親，皆如臣庶之家。其後又令宗室女再嫁者，祖、父有二代任殿直若州縣官已上，即許爲婚姻。

《宋史》卷一一五《禮・嘉禮》　熙寧十年，又詔：應袒免以上親不得與雜類之家婚嫁，謂舅嘗爲僕、姑嘗爲娼者。若父母係化外及見居沿邊兩屬之人，其子孫亦不許爲婚。緦麻以上親不得與諸司胥吏出職、納粟得官及進納伎術、工商、雜類、惡逆之家子孫通婚。後又禁刑徒人子孫爲婚。應婚嫁者委主婚宗室，擇三代有任州縣官或殿直以上者，列姓名、家世、州里、歲數奏上，宗正司驗實召保，付内侍省宣繫，聽期而行。嫁女則令其壻召保。其冒妄成婚者，以違制論。主婚宗室與媒保同坐，不以赦降，自首者減罪，告者有賞。非袒免親者依庶姓法。宗室離婚，委宗正司審察，若於律有可出之實或不相安，方聽；若無故捃拾者，劾奏。如許聽離，追完賜予物，給還嫁資。再娶者不給賜。非袒免以上親與夫聽離，再嫁者委宗正司審核。其恩澤已追奪而乞與後夫者，降一等。尋詔：宗女毋得與嘗娶人結婚，再適者不用此法。

《宋史》卷二六三《張昭傳》　張昭字潛夫，本名昭遠，避漢祖諱，止稱昭。【略】時皇子競尚奢侈，昭疏諫曰：【略】臣請諸皇子於恩澤賜與之間，婚姻省侍之際，依嫡庶而爲禮秩，據親疏而定節文，示以等威，絶其徼幸，保宗之道，莫大於斯。

《宋史》卷二六九《王祐傳》　王祐字景叔，【略】祐子三人：曰懿，曰旦，曰旭。【略】旭了質，嘗攝江陵府事，或訴民約婚後期，民言貧無貲以辦，故違約。質問其費幾何，出私錢予之。

《明實録》太宗永樂二十二年九月〔乙酉〕靈山衛指揮張忠過真定，取民女子爲妾，已納聘。蓋女子先受他聘矣，而父母得厚貲，更許忠。未行，其先聘者訴於官，事聞，上曰：婚姻，風化之原，既有成言，義不可易。今嗜利而中易之，循夷虜之陋，以敗風化。此父母之過。命法司罪主婚者，女子歸先聘者。如忠不知，即不坐。

（明）徐溥《謙齋文録》卷三《墓表・徐知州墓表》　邑人嫁娶論財，故多不以時，始下令禁之。有户將絶而出繼他户者，官爲出錢贖還。

（明）唐順之《荆川集》卷一〇《知縣胡君墓誌銘》　嘗謂君曰：官如水，衙如水。我最甘於清苦，猶不及也。松之俗嫁女破産，雖富族，亦多不舉。女有踰四十不能妻者，雖其良族，亦率以搶婚爲常事。君患之，始下令曰：毋溺女，溺女者重坐之。又以爲母子天性也，惟痛節其送女之費，則女可蓄。女可蓄，則搶婚可不禁而息。又下令曰：送女毋過若干，過若干重坐之。由是女亦浸育。然去官竟以搶婚事也。始諸生王宰聘徐女，有豪者奪而婚諸其子。君怒，將置之法。遂誣君於上官，反覆辨詰，久之事白矣。然竟以誤朝覲，遂坐罷。

《明史》卷一七〇《吴寧傳》　寧方介有識鑑。嘗爲謙擇婿，得千户朱驥。謙疑之，寧曰：公他日當得其力。謙被刑，驥果歸其喪，葬之。驥自有傳。

《明史》卷二八二《儒林傳·蔡清》 蔡清，字介夫，遥江人。【略】王生辰，令諸司以朝服賀。清曰：非禮也，去蔽膝而入，王積不悦。會王求復護衛，清有後言。王欲誣以詆毁詔旨，清遂乞休。王佯輓留，且許以女妻其子，竟力辭去。

案例文書

《敦煌本判集三種》 高頭阿龍，久諳琴瑟。昨因貧病，遂阻參商。龍游蕩子之家，忽悲鸞而獨儛，頭寄隅之徼，恒驚鵠以空栖。事非出於兩情，運以征於□（隻）意。無夫之媛，不可空擲春宵，闕妻之男，實是難窮秋夜。遠念和鳴之緒，近詢鰥寡之由，頭緣癩病頓身，龍遂猖狂，已自困不能拘制，唯恐孤危，倚官豈敢致尤，抑從棄薄。生人之婦，昔時尚被奪將，死鬼之妻，今日何須不理。況有一女，見在掌中，既日分腸，誠悲眼下。合之則兩人全愛，離之則一子無依。見子足可如初，憐妻豈殊於舊。何勞采蘗，自遇下山，已囑藁砧，境任從再合。於理無妨，以狀牒知，任爲公驗。

（唐）白居易《白居易集》卷六六《判·得辛氏夫遇盜而死，遂求殺盜者而為之妻，或責其失貞行之節，不伏》 親以恩成，有讎寧捨？嫁則義絶，雖報奚爲？辛氏姑務雪冤，靡思違禮。勵釋憾之志，將殄萑蒲，蓄許嫁之心，則乖松竹。況居喪未卒，改適無文。苟失節於未亡，雖復仇而何有？夫讎不報，未足爲非，婦道有虧，誠宜自耻。《詩》著靡他之誓，百代可知，《禮》垂不嫁之文，一言以蔽。無効尤於邾婦，庶繼美於恭姜。

《名公書判清明集》卷九《户婚門·士人娶妓》 公舉士人，娶官妓，豈不爲名教罪人？豈不爲士友之辱？不可！不可！大不可！

《名公書判清明集》卷九《户婚門·薨逝之後不許悔親》 寸帛爲親，而況雙縑之多乎！結姻於徐侍郎進用之時，背盟於徐侍郎薨逝之後，揆之公議，毋乃不可乎？若曰四年不相問，則徐侍郎之戚方新，又安可促姻乎？牒州照已行催與結絶，申。

《名公書判清明集》附録二《李良佐訴李師膺取唐氏歸李家》 在禮，爲之後爲之子。師膺既歸李氏，則以世英爲父，以孔氏爲母。今復取唐氏歸李家，則是二母也。況李良佐所陳，因唐氏之弟所訟而世英死，此尤人子之至痛，唐氏決不可往來李家，李師膺決不可再收養唐氏。李師膺爲李世英之子，已經歷年深，亦嘗爲世英持斬衰之服，善事孔氏，母子無間言，友愛師勉，兄弟無異意，李良佐乃輒生異姓不可收養之論，以離其心。在法，祖父母所立之子，苟無顯過，雖其母亦不應遣逐。今其母尚能容之，良佐何人，乃欲遣逐之乎？李師膺斷然當爲李世英之子，李良佐斷然不可妄興異議，唐氏當去，師膺當立。

（明）蕭良泮《重刻釋音參審批駁四語活套》卷三《審語類》 他人禮娶之婦，我以無費而得之姦，今日久又受財禮而嫁之，尤不通之論也。吳成縱弟姦合，復代休書。法應重究，念厠衣冠，姑從薄擬。

（明）蘇茂相《新鐫官板律例臨民寶鏡》卷六《婚姻類審語・貪慕賴婚》 婚姻大事，須尊長主之。林維明求黃蓮女孫而黃蓮不知，非法也。維明伊子雖有入學者，本身原係宦僕，良賤不婚，何怪黃蓮之告乎？原聘給還，林氏其婚另配。

（明）蘇茂相《新鐫官板律例臨民寶鏡》卷六《婚姻類審語・背婚》 婚重一醮，子遵父命，此常道也。陳文秀親寫婚書，許女於李欽厚之子，陳朝薦憎貧趨富，改許妹於徐仕裕之男，置亡父於何地乎？杖以儆之。聘金還於仕裕，伊妹仍歸李郎。其聘金退徐者，李欽厚代出，仕裕不知情，免坐。

（明）蘇茂相《新鐫官板律例臨民寶鏡》卷六《婚姻類審語・親屬為婚》 陳仲成之次女與孫汝玉之長男，蓋舅姑兄妹也。律禁爲婚，彰彰可睹。乃今不憑媒議，私結姻盟，是仲成不合以女許嫁，而偏聽牝鷄之鳴；汝玉不合令男從親，而私結文鸞之好。若效温嶠之鏡臺，實壞蕭何之法律。合斷離異，以正明條。

（明）蘇茂相《新鐫官板律例臨民寶鏡》卷六《婚姻類審語・逆勒重婚》 夫爲妻綱，夫在妻不得自擅，况子女婚姻之約乎。佘仕烈女，仕烈在京許林，伊妻在家許胡，以理當從父命。俱伊女在家所知者胡也，非林也。女欲以身殉胡，則父母不當奪女之節，官府亦當成人之美。女給胡氏爲婚，財禮給還林氏可也，各免罪。

（明）祁彪佳《按吴親審檄稿・一件地方世反事》 行據崑山縣解犯俞奉等到院，審得姚會不幸子死，有媳施氏頗能守節，以奉公姑，育一子年八歲矣。乃有俞奉者，住居與姚家不遠，輒夥多人入姚會之門，搶其媳以與子配，賴地方半途邀歸。此事之最奇者矣，俞奉稱曾央媒過禮，則豈有不聞之其公，不聞之其父，而可稱明媒者乎！其爲搶親明甚。奉重責之，俞明拘出，枷號一月，仍斷銀十兩與施氏，償其搶失物件。

（明）祁彪佳《莆陽讞牘》卷一《本府一起奪妻事》 審得林廷慶之侄女原許陳旺，得聘銀七兩，旺外出未娶。廷慶謀奸媒邦藩、東葵，許嫁黃賢敬，又得聘銀七兩。是其罪在女叔與二媒，而出銀之賢敬爲其所誤耳。陳旺至今未回，而旺之叔元卿代爲申控。若原聘追還元卿，元卿未必還旺。是旺有妻而終無妻，有聘而終無聘矣。合立案，俟旺回日親出對理。於原聘之外再加二兩，賢敬出五兩，廷慶出四兩。爲旺另配之計，今付元卿無益也。廷慶、東葵、邦藩各杖之，賢敬減笞。女聽賢敬子完聚。

（明）祁彪佳《莆陽讞牘》卷二《王知事一件欺藐事》 徐朝良娶有服之婦，不問之其親伯，笞懲不枉，餘如照取實收領狀繳。

（明）毛一鷺《雲間讞略》卷四《一件陷盜搶妻事》 兵道鄒批青浦縣告人鄔魁狀

前件審得：鄔魁之父鄔賢固丁詔故僕，而籍則竈丁也。又有張儼者，亦以外姓爲詔螟蛉，而儼子三輔即今所謂丁三輔也。後賢以清竈出姓，家事頗裕，丁詔家日窘，故三輔以女許配賢子，且成婚四載矣。忽有豪潑無賴張懋充者，昔學霸今黜儒也，先經索詐得計，遂構通三輔誘女歸寧，駕言舊時主僕，改嫁張二瓜分財禮，使鄔魁拆已配之室，張二娶同姓之婚，變亂綱常，魚肉良善，言之令人腐心切齒。且於縣審時，隱蔽真情，復假魁母舊事以掩其不軌，横而且狡，法當重究。第懋充業先訪黜，罪復遇宥，姑與張三輔、張二各擬不應。張二冒婚同姓而娶有夫之婦，律應離異，第念婦歸二生孩已經四歲，且魁與婦先配亦屬良賤，姑聽張二仍舊完聚，斷令懋充、三輔、張二共出銀八兩給魁另娶。其鄔魁父已出姓，即丁氏子孫不得爲主，况懋充爲丁氏外孫乎？宜與清絶，以杜禍根。

詳批：張懋充以革退劣生誘奪人妻，狡横可恶，與張三輔俱加責三十板，姑依擬贖杖發落。張二決發。餘如照，實收領狀繳。

（明）顔俊彦《盟水齋存牘》卷一《訟婚徐太容杖》 審得陳仕魁娶黃氏之女爲妾，無出憑媒改嫁馮應垣。事誠無不可，但黃氏以未及與聞，恐女不得其所，遂相激而訟。廳質之，則仕魁實謀之徐太容，酒之食之，而太容實爲之主張也。然則太容瞞其嫗而有所染指，仕魁鄉愚不覺，墮其雲霧中矣。仕魁遣妾何罪，應罪太容之陰陽閃爍，杖有餘辜也。仕魁老，應垣少，去老就少，黄氏亦無遺憾。合令應垣出銀一兩爲黄氏壽，以通姻好，而仕魁者從此蕭郎陌路，亦不必復爲空中之門，好姻緣翻作惡姻緣也。招詳。

布政司批：依擬徐太容贖杖發落，餘如照，庫收繳。

（明）顔俊彦《盟水齋存牘》卷一《悔婚潘公瑞等杖》 審得□栢之問名於潘公瑞之女儉歲，未辦有聘資，一諾千金，豈所望於市井小人哉？公瑞另字其女，栢之之興戎，宜也。但詞所云淫孕藥胎等語則噴血甚矣，稱其詞係兄昌之所爲，寫狀之人可恨類如此。念已悔息，姑不深究。公瑞之負婚，栢之之横詞，均杖以儆。

（明）顔俊彦《盟水齋存牘》卷一《刁訟吴述祖杖》 審得生員黄虞運定吴述祖女爲妾，已有成約，手鐲現存，媒婆可證。既而悔之，另適它人，在虞運方不免抱攀折它人之感，而述祖復無端爲鼠牙雀角之加，亦刁而惡矣。女已它家，姑不追求，原聘二鐲追給虞運。據虞運稱以贋者易之，則當日原未必真也。另斷述祖備禮金二兩肉祖於虞運，虞運可以已矣。杖述祖以警國中之媮薄者。招詳。

提學批：依擬贖發，餘如照，庫收領狀繳。

（明）顔俊彦《盟水齋存牘》卷三《息訟區達相罰穀》 看得區達相之女許婚於馮希賢有年矣，因希賢喪明，遂以禽犢私昵，欲變初心，致此紛紛之控。今既悔誤成婚，勸和求息。姑依免擬，止將區達相罰穀五石，以爲致訟之戒。馮葵日所告得實，應免其罰。具繇呈詳。

分守道批：區達相依擬罰贖，庫收繳。

（明）顔俊彦《盟水齋存牘》卷三《娶娼為妾何其元杖》 審得何其元取蕭仰女亞五爲妾。仰，故樂户也，仰死，而青樓翠館已作揚州之夢。蕭文宗者，仰家當日給使令之人也，今無所依，丐於道矣，欲覓衣食於其元，其元拒之，遂以殺擄控。憲審之，情止此耳。今文宗儮儮似鬼，已不堪三尺繩之，其元吏役，而以娶娼起釁，一杖殆不可已。招詳。

察院批：何其元娶娼致訟，依擬杖警。庫收繳。

（明）顔俊彦《盟水齋存牘》卷五《悔婚生員方復杖》 審得方復與陳憲父子爲紀群之交，據稱許口締親，未有成約。然古人有一言，知己識之於心者。復雖迫於母命，其若死友何若謂英娘忿恚而死。既稱有流注之疾，不足以死乎？欲以是坐復死妻之罪，毋乃太甚。田舍翁有十斛麥便思易婦，一寒酸子衿，未必便有十斛麥在手，安所得富家女而娶之？雙燕玉釵已埋塵土，半開桃李尚耐剪裁，相應仍擬薄杖，降青以留一綫，倘以悠悠之口坐錮人於聖明之世，職不忍也。計亦非上臺之意也。具招請奪。

軍門批：生員即係青衣，仍立於明倫堂之内，倫則夫婦其一也。方進庠時即嫌貧致死女命矣，如此而仍然衣巾，則又何異牛馬而襟裾乎！仰廣東提學查照律例除黜，繳。

（明）佚名《新纂四六合律判語》卷上《户律・娶親屬妻妾》 五世而斬，雖服制之有終；一氣所分，在親情之無異。既云親屬，曷締良姻。今某只解圖婚，無思厚别。採蘋採藻，直爲一本之人；鼓瑟鼓琴，竟是同宗之婦。乃輒使爲妻爲妾，尚自憐宜室宜家。從任薛之偷風，豈不靦顔於代譜。蹈崔盧之覆轍，曾無避迹於同宗。瀆亂天常，某蹈聚麀之大惡；解見前。麀，牝鹿，性極淫亂，無不與合者，故以比淫亂者。穢腥人紀，罔知奠鴈之初心。《記》：父親醮子而命之迎，婿執雁人，揖讓升堂再拜，奠雁。請拆鸞儔，更罹法網。

（明）佚名《新纂四六合律判語》卷上《户律・妻妾失序》 宰喧歸賵，《左傳》：魯隱公元年秋七月，天王使宰喧來歸，惠公仲子之賵。註：仲子，惠公之妾。賵，助葬也。天王紀法之宗，六卿紀法之守，以天王而下賵諸侯之妾，是壞法亂紀，故特貶而書之。《春秋》罪紀法之宗；桓伯申盟，妻妾示人倫之大。故季文子無衣帛之妾，惟王茂弘有預政之妻。王導字茂弘，曹夫人性妒，嘗干預政事。蓋正室常存，宜加伉儷，而豔姿可寵，不許敵妻。今某衽席縱情，不知宋弘之大義；光武姊胡陽公主新寡，欲擇宋弘配之，謂弘曰：富易交，貴易妻，人情乎？弘對曰：貧賤之交不可忘，糟糠之妻不下堂。帝曰：事不諧矣。室家反目，惟效黄允之陰圖。十載糟糠，頓被夭桃專寵；百年匹配，反爲粉黛含羞。駕言慎夫人同漢后之尊，藉口楊太真怙唐皇之寵。佳兒佳婦，空爲六禮告成；爲婢爲奴，不念雙鬟入没。忍心感履霜之操，掩耳歌《緑衣》之章。思哀裴母，定遭碎首之驚；愛姬緑珠，終見墮樓之慘。石崇愛姬緑珠，聲色雙美。後崇見收，緑珠墜樓而死。冠裳倒置，刑典正施。

（明）佚名《新纂四六合律判語》卷上《户律・男女婚姻》 《詩》

咏關關，式重王綱之首；《易》徵嗃嗃，用崇家節之亨。緬惟柯斧訂盟，乃幸《摽梅》屆節。赤繩繫足，婚姻豈是人爲；紅葉傳媒，鸞鳳實由天定。今某義昧乾坤，倫乖家室。爽冰人之約，頓忘聲氣之求；廢月老之言，頃失正時之愛。乃敢憐新棄舊，胡思納採問名。喜遂缺於乘龍，大失門閭之望；吉空納於占鳳，竟寒金石之盟。復悔成婚，固辭非耦。因嫌而致絶，蹈《東山》猜隙之非；在路而追還，效公路怨言之失。將來是戒，從舊爲宜。

（明）佚名《新纂四六合律判語》卷上《户律·同姓為婚》 派源各異，王姬下嫁齊侯；支本自分，韓父親迎蹶里。韓侯娶周之卿士蹶父之女。欲謹大婚，當先夫婦。故魯娶同姓，難逃君子有黨之譏；而盧慶歸宗，不免男女無嫌之誚。今某行同犬豕，惟知有室有家。恩撥本原，不思非道非義。蹈劉頌嫁劉穚之失，踵王基納王氏之非。繡幕牽紅，即是一家之好；囊繩猶赤，全無二姓之分。樂輒效乎鸞鳳，懽敢諧乎鶯燕。心迷好色，以親姊妹作專房；情屬貪淫，買自袖姨充側室。法當從律，婚必斷離。

（明）佚名《新纂四六合律判語》卷上《户律·居喪嫁娶》 塊枕齊衰，《記·問喪篇》：居於倚廬，哀親之在外也。寢若枕塊，哀親之在上也。既重三年之制；洞房花燭，難酬五夜之歡。故宣父嚴歌笑之章，而風人有團圞之咏。今某身居衰絰，《左傳》：子墨衰絰。衰，喪衣。絰，麻帶也。心忍結縭。《詩》：九十其儀，親結其縭。縭，帨也。蓋女子將嫁，其母爲之施衿結帨。但知桃李夭夭，不念桑榆寂寂。未乾抔土，駱賓王《討武后檄》：一抔之土未乾，六尺之孤安在？抔，以手培土而葬也。故曰一抔。迓喜庭闈。車馬填門，不設翣苞之器；棺衣也。管弦盈耳，罔聞擗踊之聲。《禮》：居親喪，憑棺擗踴而哭盡衰。忽咏《摽梅》，《詩》篇名，成婚之候也。無心執杖。三尺紅羅，既掛翁姬之姓；一雙彩線，便忘父母之恩。欲懲不美之風，宜敕無親之法。

（明）佚名《新纂四六合律判語》卷上《户律·良賤為婚姻》 《詩》首《關雎》，夫婦人倫之大；禮先媒妁，婚姻配合之常。故閥閱要於相當，而男女須乎克敵。嫁非凡子，羡唐處士之賢；期爲貴人，服從吕氏之識。漢高祖微時，單父人吕公好相人。見高祖狀貌，因敬重之。曰：臣相人多矣，無如君相者。臣有息女，願爲箕帚妾。後爲吕后也。今某不知求配，妄許成姻，彩鳳隨鴉，不嘆姻緣弗稱；蒹葭倚玉，胡知伉儷非宜。駕言緣定於赤繩，不悟穢污乎白璧。深病樂天，咏寵鳥無常枝之句；甚疵司馬，歌流鶯過短墻之詩。薰蕕莫辨，玉石雷同。孟光下嫁於梁鴻，漢孟光狀肥醜而黑，力舉石臼，德行甚高，擇對不嫁。年三十，父問其故。答曰：欲德操如梁鴻者。聞而娶之。每進食，必舉案齊眉云。固出忠心之願；侯景請婚於王謝，實非本意之爲。罪宜杖責，各令歸宗。

（明）張肯堂《𥄂辭》卷一《王國宦告魏縣人》 王國宦乘魏縣李志通逃荒至濬，窺其携帶一女，因而娶以爲妾。議定財禮錢十四千，又不實與之錢也。將地十二畝作錢六千，而餘則以漸還之。蓋既可捷得其女，而又復羈縻其身，此固小人狡獪之常態乎。亡何，而志通思歸念切，還田取價，遂不俟其足而速返故土，訟端且首發矣。爲國宦計者曰，我濬人也，與其至魏就審而致於人，毋寧在濬結局而致人也。𥊍法之告，即前此之故智耳。然李氏實係志通親女，且依然爲國宦奉箕箒也。妾人之女，負人之財，而又復以啇拐加之，雖爲應敵計乎，然亦不仁甚矣。

（明）張肯堂《𥄂辭》卷一一《梁五義滑縣人》 滑民王自明車塵不息，二載始歸，入門而不見其妻，詢之則已爲梁五義室人久矣。原其故，則爲王喜、王進忠所鬻。詭云自明客死，即本歸亦不知其夫之故在也。今二人逃矣，即執三尺者，豈能使破鏡重照，落花上枝哉？無已，斷令五義重出錢二千，給與自明，而與五義以杖。蓋娶妻而不問其故夫之存亡，世不乏如此鹵莽人也。

（明）李清《折獄新語》卷一《婚姻·一件强佔事》 審得柳士升妹三女之許嫁劉有義，乃故父一龍命也。迨遷延至今，則有義家徒四壁，僅可咏驟富於新月耳，然一諾千金，著於皎日，何必聘金也？胡爲士升者乃與母董氏合謀以三女另許，不過俞永鼎之十六兩動其新涎耳。初閲永鼎訴辭，謂成婚二載，亦既抱子。信斯言也，無論深紅盡落於狂風，而有子離離，已垂嫩緑。當以三女爲鴉頭女，而返之不祥耳！及當堂提質，則十三室女也。青青一枝，猶木灼灼其華，而遽云桃花貪結子可乎？誕哉！兹召三女面訊，則與有義母張氏執手相依，情若母女。而問以適劉乎？適俞乎？曰：適劉，雖母兄不能强也。夫女子之嫁，母命之人盡夫也，是何言與逼迫有阿母猶堅弗承；肯云理實如兄言？噫！我知之矣。執子之手，與子偕老。是女所慚，不可告婿也；聊以執姑手明心爾。若此願不遂，則投烈火以明烈，而赴清流以矢清，皆可因言而定志者也。合斷還有義，返爾東床。仍杖治士升、永鼎，以爲貪財、漁色之戒。

（明）李清《折獄新語》卷一《婚姻·一件法斬事》 審得定海縣人沈海，與生員李二木，皆相比爲奸者也。先因陳世杰無嗣，曾聘二木家婢爲妾，而海其冰上人也。夫主翁已爲鷄皮鶴髮之衰朽，而婢子猶作艷李穠桃之妖嬈，固未免誤我芳年矣。迨年經六載，而鴛頸雖交，熊夢無兆。以繁花綴黄葉，恐一老一少，到底是惡姻緣也。今者改嫁劉龍，豈曰世杰過。兩少相親，歡同魚水；顧兹朽翁，棄如敝屣耳！此亦何略何賣乎？以胡海分甘不遂，輒唆二木控衙。昔有老父易簀之際，謬欲以愛妾殉，其子以爲亂命也，卒改嫁之，人稱其陰德。世杰可謂有陰德矣。又有一人廣置姬妾，卒無子，於是率諸妾禱於先祠，而云：我無虧陰騭。惟一妾微睨之曰：誤我輩即虧陰騭耳！世杰又可謂無陰騭之虧矣。今召世杰故妾詰之，問與新夫相安乎？則曰：安。而二木之呶呶何爲？甚至巧爲説詞，而曰：劉龍，故偷兒也，非所宜嫁。夫始適老馬，終耦黠鼠，妾薄命一詞，亦聽其自歌房中可耳。二木之告，無乃爲百草憂春雨乎？沈海應杖。劉龍仍聽完聚。

（明）李清《折獄新語》卷一《婚姻·一件譎拆事》 審得淮安府人徐尚德，乃鄞人何冬女夫。而有繼岳劉元禮，有岳母鄭氏，又有妻兄何應錦者也。夫尚德何如人？潘中軍一厮役耳！止因元禮假館武林，應錦亦旅棲長安。於是冬女叔何恩，輒涎尚德一臠，而從中撮合。此鄭氏所以受聘金廿兩，而以牛馬風遥之尚德結鶯燕於冬女也。雖然，身爲野鶩，乃錯佔家鷄可乎？今成婚三載，果反目矣。未見賢能舉案，想類貧不下機耳。且有元禮、應錦等，從旁佐門。尚德忿忿告府，非無因也。兹召冬女詰之，謂尚德誤信淮棍，將携歸本土，賣伊爲娼耳。查當日聘書内，原云娶妻居寧，何得頓背初約以携歸言？合押尚德賃房與冬女同居。其留鄞乎，則爲鴛偶之終諧；其歸淮乎，則爲燕飛之暫别而已矣。若謂同林已乖，别船可上，則出自尚德之意可也。彼元禮、應錦等，可曰尚德逐浪爲踪，冬女飄花爲性，而謬爲返金歸女之喋喋耶！何恩爲媒不慎，貪家兄而誤侄女，恐恩有寡恩之誚矣！合杖。徐尚德匿情聘婦，念係貧愚，姑的决示懲。

覆審得何冬女之匹於徐尚德也以正娶，非以苟合。胡言别嫁？蓋明知家徒壁立者，必難諧比目於白頭，而大義所在，不容悖也。今審斷後，尚德復喃喃遞呈，有追還原聘，斷妻回籍語。夫以尚德之糊口不給，則回原籍後，且以其妻爲逐隊野鴛耳。若身客天涯，妻留故里，則流萍繫匏，相親何期？且青青一枝，安知不陰折墻外，而顧令尚德爲抱柱之尾生可乎？合無如尚德所請，將原聘廿兩追還，而冬女則聽别嫁。噫！三載同衾，今將分席矣！未知冬女之結新歡於魚水者，猶作故劍遺簪之戀戀否也？婦情之薄，有似秋雲。於此案不能無感！然爲尚德者，亦身輕似葉矣。况良賤爲偶，其始原不以正，則急斷此惡姻緣可也！徐尚德合照原擬。冬女並擬贖杖，以爲婦道不終之戒。

《盛京刑部原檔》一二一號·八月初十日 雅賴訟於法司曰：鑲黄旗額爾克圖之子侍衛拉古欲休其原妻，娶正黄旗雅賴之女，奏上後娶之。嗣後，又巧言奏上，欲找回原妻。因不獲准，故不給我雅賴之女穿衣，並鞭打用刑。鞫審得實。拉古欺上，應論死。額爾克圖違法，送金項圈，拉古之妻遭虐待，母家兩次遣人接取，而未懲拉古。額爾克圖應罰銀七十兩給雅賴，將金項圈入官。奏聞，上命：免拉古死，罰贖；額爾克圖罰銀七十兩給雅賴，金項圈入官。

羅奇、碩詹鞫審。【略】

固山額真拜尹圖堅稱對二妻同樣對待，却欺上將原妻休棄。爲此拜音圖應休小妻，革職，論死罰贖。奏聞，上命：拜尹圖休小妻，革職，罰贖。

羅奇鞫審。

（清）李之芳《棘聽草》卷八《讞詞·婚嫁·分守道一件為敕斬阱詐事》 審得徐廿三乃何氏之族伯，何氏藁砧物故，有子四人，雖家業蕭條，母子相依，矢共姜之志，則此未亡人，亦足風世也。有葉六九者，即葉藻之兄，因無嗣息，聞何氏多子，欲娶之爲小星。廿三奉命恐後，孰意何氏堅心如石，冰雪不渝，即廿三樂爲主婚，亦安所用其力哉？於是謀姻不遂，狙詐即生。葉藻以何氏曾佃其磽田一斗種菜，遂往取索，奉之以菜租不收，易之以豆菽不受，必登門而换租穀，名雖换租，實欲挾之以充婚也，豈何氏所能堪哉？激烈之性既存，從而面叱，理勢必至。葉藻輒以逋租呈之典史，何氏亦以强婚控之該縣，而告爲干證者則徐福二，此藻之告爲首名也。今葉六九者，《緑衣》之謀未遂，下及黄泉，此亦害理者之明驗。葉藻身列宫墻，顧忍爲此，獨何心歟。姑從罰儆，使藻而内省疚心，比之夏楚何異？若徐廿三之應杖，又不足怪矣。

（清）李之芳《棘聽草》卷八《讞詞・婚嫁・府送一件為憲究略良事》

審得葉六三先以銀七兩轉聘江全明未配之妻吴妹爲媳，今復得身價銀一十七兩賣與朱四七爲從嫁婢矣。苦别生離，愁言江賦，移柯易葉，忽入朱門。吴妹何其飄零薄命，一任東風再嫁哉？江全明與妹既有赤繩之約，羅敷有夫，應聯夙好。斷全明將原銀七兩還葉，而葉仍以十七兩還朱，歸妹可也。葉六三重資轉賣，杖復何詞。

（清）李漁《資治新書》卷一三《婚姻・劫擄人財事》 黄朋石、黄賓玉等，皆朋伙喪心之徒。王振原住下河，因遭水難，挈妻盧氏、妾黄氏，避地於冷家莊。石等見其短褐不完，而據有妻妾，妻雖老而妾實少艾，遂以拐帶相疑，而奇貨視之矣。不知二女同居，原非怪事，彼乞食之齊人尚能享有此樂，况爲田舍翁而多收十斛麥者乎？迨至稽查踪迹，無隙可乘，亦當已矣。奈何欲心不死，必欲得此而後快。以銀數兩、麥數石爲聘，有賓玉等硬執斧柯，爲買臣者欲不棄婦，其可得乎？若銀麥果歸振手，彼亦甘心棄去，不料有許無償，悉歸中飽，舉人與財而兩失之。貧民避難而投難，是地棍之虐更甚於洪水之灾也。黄氏斷歸王振，原聘銀麥以未得免追。朋石坐買休之律，猶爲幸矣。三犯杖治，庶足以懲淫而儆暴也。

（清）李漁《資治新書》卷一三《婚姻・恩完骨肉事》 審得凌有帶妻陳氏，亂中逃散，爲兵所擄，業經一十三年。展轉飄零，三易其主，最後而爲蕭加善之妻，亦已十二星霜矣。有帶訪知，具控究西道，將氏斷歸加善，給銀二十兩，爲有帶再娶之資，乃有帶不遵，又復控憲。破鏡重圓，誠仁人君子所樂聞者，但婦重初醮，宜歸前夫，謂前夫偶爾隔絶有未斷之義，後夫婚配不正有離異之條耳。今有帶之失散既成覆水難收，加善之成婚又覺恩山已重，夫婦大倫，此而彼，彼而復此，是以亂易亂也。况鼎革以來，婦人之被擄者，例應備資取贖，今有帶流落多年，謀身寡策，取贖無資，恐夙好不諧而仳離興嘆也。况加善以傭工之輩，費半生血汗僅得一妻，一旦割此和弦，完彼破甑，豈情法之平也哉？合無仍歸加善，給令有帶再娶。赤貧之子，得此二十金，不獨可以娶婦，亦復可以資生矣。小二姐已嫁劉章，玉臺久定，則又萬難移易者也。

（清）李漁《資治新書二集》卷二〇《婚姻・謀割大冤事》 看得王鏵三與鄒魁五原無兒女婚姻之約，止緣庚子年間，魁五之妻携女避亂於鏵三之家，婦人閑叙，有欲結親之言，過此則未之或及耳。鏵三無聘無媒，安得以婆話爲憑，遂盼白年之契乎？余意二左袒之言，較婆話更不足據。今魁五之女與婁姓締結朱陳，係王錦三説合，其事已定，應準完配。鏵三、意二商串賴婚，均杖不枉。

（清）李漁《資治新書二集》卷二〇《婚姻・滅倫異變事》 審得沈靖宇與沈鴻宇同姓不宗，合本貿易，稱莫逆交有年矣。靖宇有子胤祚，鴻宇欲得而東床之。妻邵氏有女名福姑，妾王氏亦有女名三姑，鴻宇以三姑相訂，而不言妾出，諱其所生之微也。且貧富不敵，在邵氏亦不樂以己女歸之。康熙四年，憑媒錢希賢作伐，遂締絲蘿。嗣因鴻宇物故，家事式微，而靖宇日漸殷富，邵氏遂萌更易之心，欲以己女代三姑。是時家政悉操於外戚邵某等，鴻宇嫡子國昌惟拱手聽命，邵氏遂爲欲奪先予之計。去年某月，竟以三姑許俞某爲孫媳，憑何懿甫作伐，先以庚帖予之，未幾即受其盒禮，明示人以己女歸靖宇。則惟知所聘者邵氏之女，而不辨其福姑、三姑也。即嫡子國昌知之，妾王氏亦知之，惟有敢怒而不敢言耳。國昌雖不敢言，以父命不可終背，具詞赴縣，求準存案。未幾而里民鄉約某某等以通里不平等事連名具呈。邵氏雖神於設計，能泯公道於人心乎？爲邵氏者，既見衆口之不可掩，二女具在，尚未於歸，從容歸正未爲晚也。奈何於某月某日，見靖宇擇吉迎娶三姑，邵氏竟衣兇服而出。見彼婦而出走者，不待其詞之畢矣。牝鷄毒悍，遂至此哉。兹審原媒，驗庚帖，及鄰里口供，靖宇所聘者三姑，非福姑，邵氏所生者福姑，非三姑。婚姻前定，豈得因貧富而肆意叠更？本縣採之輿情，按之倫理，即着沈胤祚與三姑當堂結姻，早偕花燭。彼即以兇壓吉，吾爲以吉鎮兇。今而後，鼠雀之訟與獅吼之争庶幾免矣。俞應祖不願聯姻福姑，聽氏另擇伉儷，償還盒禮之費可也。邵某等均免深求，以全親誼。何懿甫審不知情，錢希賢徇情顛倒，本宜重處，審無贜賄，量予責懲。

（清）**李漁《資治新書二集》卷二〇《婚姻・姦拐滅倫事》** 審得毛通三之以姦拐控毛文也，姦則真姦，拐實非拐。據通三所供，則謂文係族侄，先姦服嬸，後占爲妾。據文所供，則謂彼自姓毛，吾自姓茅，買妾現有婚書，何名爲姦？及研訊各證則曰：二人居恒相對，不聞有叔侄之稱；但姓則一毛，各呼表字。若是則同姓不宗也明矣。再審婚書何以易毛爲茅，則曰：避同姓不婚之忌耳。夫文既知同姓不可爲婚，而必欲迂回其迹以娶之，此屬何意？則其有姦於未婚之先也亦明矣。再鞫鄰佑諸人，則底裏和盤托出。蓋通三知妻羅氏與文有姦，自知力微勢弱，不能斷其往來，故拼一婦予之，冀得金而别娶。不謂身價入手，諸逋待償，妻既去而金弗留，故爲是酸心之控。合於毛文名下加斷財禮銀二十兩，助通三娶妻。

（清）**葉晟《求芻集・讞語・姦棍作媒事》** 審得：婚姻人倫之始，豈容妄冒？杜必壽定親，以杜三奇看壻。姦媒滕天才貪許五百媒錢，通同串詐，至祁氏寡婦悞將十二歲之幼女許而受聘。在祁氏以爲得壻乃弱冠之三奇，而不知實鬚眉如戟之必壽也。男齒長而女齡稚，年歲既不相若，兄聘婦而弟呈身，名目更屬不正。所當均爲按律究治，姑念尚未成婚，從寬懲責。三奇已定有婚，不在原定之限。男家妄冒，律有不追財禮之文。但祁氏自願退還，姑聽之，以存厚道。着媒人取男家領狀投驗。必壽另聘，祁女另許，以杜葛藤。與其不諧於他年，毋寧斷絶於今日。敢再嘵嘵，定行究擬如律。

（清）**徐士林《徐公讞詞・巡漳讞詞・林禮告蘇送等案》** 審得龍溪縣民林禮，乃李翩之化身也。翩前妻鄭氏於雍正三年，不爲繼姑所容，雉經而死。至五年，翩聞海邑戴氏之女願娘未字，亟圖續弦，恐處女不願爲後妻，且自揣年不相當，慮不相許也。遂囑親顔維作伐，易其姓曰林，更其名曰禮，減其年齒曰二十八，又諱其前妻縊故之事，曰未娶。戴氏令次子蘇迎，同媒顔維，驗婿於市，其所指之林禮，乃假佳婿耳。蘇迎母子墮其術中，遂許聘，納禮金十五元，併發婚書。蓋蘇姓處海之格林，李姓處溪之石碼，相距六十里，履歷門第，一任粉飾於冰人之口，戴氏母子皆在夢中也。迨歲暮，戴氏長子蘇送，自銅山歸家，至石碼尋訪，並無所謂林禮其人者。而李翩之詭譎乃以敗露。戴氏悔之，其子送與迎，斥顔維，欲還聘金。維情虚，遂奔臺灣。有送之族人蘇聖排解不得，延至十一年，翩訟於官，戴氏暨子具訴。蘇令未審結。上年馮令執聘定之説，斷翩補聘金五元，采幣三端，責送收領遣嫁。親迎之日，願娘投河救止，事遂不諧。翩復控縣，並控道。飭縣審詳，游移不能斷。

本道摘提親鞫，雖外出之原媒顔維未由對簿，姑以理折之可也。李翩折倘非詭騙，議婚之日，胡不李其姓而林其姓？胡不翩其名而禮其名？又復詭其詞曰：本姓李，過繼於林。訊其何年過繼？答以十七八歲。果如其言，則當前妻縊死之年，翩久爲林家子矣。鄭姓控命，胡不告林禮而告李翩？彼時翩畏罪逃匿。縣令又胡不著令林姓追緝，而反責比其父李用？即此斷之，則改李爲林，改翩爲禮，詭計求婚，蓋可知矣。蘇送、蘇迎供，訪得李翩現年五旬，而翩自稱三十有八。本道庭審時，驗其相貌，大約四旬以外。翩雖新薙其髮，刮垢磨光，終不能自掩。且翩前妻遺一女，縣審則供女十四歲，道審則供女十一歲，兩月之内，三減其歲，減女歲則自減其歲，又可知矣。乃翩詞稱欺貧廢婚。許婚於五年四月，悔婚於六年正月，半載間，何貧富頓殊若此？又稱蘇送之妻郭氏索銀阻嫁。夫願娘之嫁，母主之，兄成之，願娘自裁之，郭氏何能爲者？蓋願娘許配之事，年已十七，緑窗自喜，終身仰望，得其人矣。既而阿兄訪得底裏，心竊憂憤，以爲變易名姓，殆非良人；老大頭顱，難成佳偶；且繼姑在堂，前妻已遭毒手，能無惴惴？兼有前妻之女，易生閑言，不願爲後妻，更不願爲繼母。反復思之，無一可者，是以寧甘身付波臣而必不願與翩偕伉儷。閨閣隱情，可揣而得。設當日者，李翩求婚，直陳無隱，一經允諾，即屬絲蘿。戴氏不可悔，蘇送、蘇迎不可悔，願娘更不可悔，悔則必當繩之以法。乃翩則行詐，結此一段惡緣，蘇送、蘇迎經官判責，簽差臨門，不得不降心以從，爲阿妹勸駕。而女心匪石，不可轉也。爲之母者，目擊孤兒之極楚，耳聞弱女之悲號，慘目傷心，計無所出，惟呈懇終養，爲其女請命。回憶訂婚以來，官私轇轕，九易星霜，願娘已春秋二十六矣。在李翩之久爲曠夫，原不足惜，在願娘之長爲怨女，殊屬可憫。夫律，國法也，即人情也。律載：男女訂婚之初，若有殘疾、老幼、庶出、過房、乞養者，務要兩家明白通知，各從所願，寫立婚書，依禮聘嫁。若許嫁女已報婚書，及有禮約而輒悔者，笞五十。既云務要明白通知，各從所願，則不通知而許婚於前，悔婚於後者，又當別論矣。李翩即果過繼，亦應通知，況實無其事，而詭其姓名乎？不實言年歲，是即老幼不通知也。妻喪繼娶，雖律無通知之明文，以義推之，亦不可不通知也。又載：爲婚而女家妄冒者，杖八十，追還財禮，男家妄冒者，加一等。李翩雖非如律注男有殘疾，令弟兄妄冒相見，但蘇迎同媒驗看之時，假借一人爲林禮，是亦冒也。乃馮令批李翩詞云：戴氏一詞，即爲悔婚供狀。夫小大之獄，必以其情。戴氏悔婚矣，亦察其悔婚者何情耶？楊令問語云：勿論李翩林禮，即受聘，即當遣嫁，以女適人。並不問新郎何姓，是何言耶？此一案也，戴氏之悔婚，未爲不義。李翩之騙婚，實爲不信。蘇送、蘇迎之不敢別嫁其妹，可謂守法。而縣令之拘文牽義，實爲不知律。

本道按律酌情，爲李翩斬忘念，爲顧娘逐惡魔，爲戴氏遂慈心，爲蘇送、蘇迎解苦惱。李翩應予一杖，援赦宥免。前後聘金采幣，著蘇送等如數繳縣，發還李翩領回。顧娘摽梅過矣，速求庶士，爰賦於歸。李翩得其完璧，亦可別諧秦晋，枯楊生稊老夫或亦得女妻，但當明以告之，毋再藏頭露尾，自蹈覆轍也。且李翩詞稱舌耕寒儒，本道固知其爲三家村冬烘先生也。載鬼一車，求其婚媾，九年之後，化爲子虛，不誠無物，此其明徵。尚能自悔厥辜，現身說法，庶不至誤人子弟，相率而爲鬼蜮也。

《盛京滿文檔案》辛亥年二月 辛亥年，聰睿恭敬汗五十三歲。二月，聰睿恭敬汗命查本國各路各村無妻者，計有數千人。若悉配以妻室，則女子不足。遂撥庫財，各賜毛青布二三十疋，以買娶妻室。

《滿文老檔》天命六年閏二月 〔二十九日〕雅蓀、阿胡圖欲將汗之包衣寧善之女妻喀薩里之子，請於汗。汗許之。時有匠人浩賚之子多爾袞出而請曰：寧善之女，我已先行聘之。汗曰：如此，可問女之父母。按律男女情願，可娶。不願即作罷。乃問女之父母，女之父母謂多爾袞在先。遂將此女嫁多爾袞。喀薩里之妻及岳母唆喀薩里曰：多爾袞之母先往寧善家是實，然請於汗者，乃我等爲先。後喀薩里復託雅蓀、阿胡圖以此言請於汗。汗曰：律云婦人不得出言干預。福晋尚不敢出言干預，何況爾乎？剛古里之妻，爲何違律唆喀薩里復請於汗耶？若汗訊定之詞非是，則爾等復請甚是也。按律男女情願，則可娶之，不願則可不嫁。汝母女何以唆其沮壞已定三十年之法規，爲何使之進言，奪其父母已聘之女耶？遂治其罪，罰雅蓀銀二十五兩，阿胡圖銀二十兩，喀薩里鞭五十，盡奪汗之一切賞物，而撤其司膳之職差，逐之牛録，其妻及岳母各鞭五十。

《清代巴縣檔案彙編·乾隆三十年□月十五日王美常、王美純供詞》

問，王美常供：王美純是小的兄弟、同屋住坐。兄弟二十五年出外未歸。三十年有弟媳李氏在家，逐日東□西走的，不知何人作媒，就嫁與劉廷先去了。是在□□兄弟家接去。小的把劉廷先在段主案下告過的。當時□□息，說與小的盤纏錢，叫小的寫過領字，領過九千文錢，小的因認不得字，就請人寫了領。是實。問，王美純供：小的三十年出外去了。今年冬月初四日回家，見妻子李氏不見，小的查問在劉廷先家里。不知劉廷先拐去？不知是哥子嫁賣？只求賞問哥子王美常就得明白。

縣正常判詞：訊得劉廷先具告王美純等扛搶一案。緣王美純三十年外出，遺妻李氏在家，因年歲饑饉，其妻李氏不能苦守，再醮劉廷先爲妻。伊兄王美常□□□□據供和息，領錢九千二百文屬實，及王美純□□回，伊妻已屬他人。彼此控告到案，差拘審訊，各供不諱。查王美純因年荒出外，棄妻不顧，而李氏不能守節另嫁，均非義夫節婦。劉廷先擅娶有夫之妻，亦屬不合。王美純、劉廷先本應重究，姑念事在荒旱之年，從寬免究。斷令劉廷先出錢十千給王美純具領，其子亦令領回。據劉廷舉供稱伊兄病危，着即代繳。具供立案。此判。

（清）沈衍慶《槐卿政蹟》卷二《判牘·謀産逼嫁事》 余譚氏，係南昌余姓之婢女，已故余中桂之妻，而余中先之堂嫂也。中桂在省傭工，氏久隨住省城，去歲偕歸安邑。夫故後，氏於今春仍帶幼子往省。九月間，中先赴省勸歸。迨氏歸之次日，中先將氏所寄在鄰舍之木器箱籠等移存別處，並將氏另寄存劉道浪家之衣箱不准取帶往省。此氏所以有謀産逼嫁之控也。集訊之下，中先堅稱嫂係少艾孀居，不應外出，願勸回家，憑族撫養伊子成立。果爾則小郎風義殊覺高人一籌。訊氏則以鄉間農作素非所習，不若帶子往省，依舊主余宅爲爨下嫗，兩得其便。一陳私情，一託公義，恐均非肺腑之語，未足取信。第就現在情事而論，中先既非氏親叔，則氏之在省、在家俱可無庸過問。且勸之歸則可，强之歸則不可。寄存之物令氏自取回則可，不告諸氏，而强爲移寄則不可。既據將原物歸楚，並准中證邀同請意。姑諭譚氏撫子長成後斷宜歸家，現在之赴省依舊主與否，聽氏自便，無須中先代爲主張，以斷葛藤可也。

（清）鍾體志《柴桑傭録》卷一《讞詞・張壽仁等控武生張鳳春案》

訊得生員張壽仁等控武生張鳳春服中娶妾一案。卷查黄敬選之妹黄氏，原嫁張永先爲妻。光緒十一年，張永先控黄敬選縱妹戀姦，旋休，令大歸，惟不許嫁與張鳳春。經周前縣批准另嫁。踰年，黄允猷復控張黄氏，意欲私嫁張鳳春。又經金前縣查案批飭，趕緊另適。各在案。在張鳳春迭被指控，自應引嫌遠避，不與黄氏往來，方能有以自明。乃父喪未滿，竟納黄氏爲妾，殊屬謬妄已極。着予掌責，並發禮房看管。限三日内，將黄氏交出，復訊究斷。勿得違逾限結附。

前案覆訊

此案原限張鳳春三日内將張黄氏交案，乃逾限始據交出，並稱黄氏已削髮爲尼。據張黄氏稱，疇昔與張鳳春通姦後，自羞無顔，已投蔡山大士閣爲尼。老尼悟真，亦來案候質。查蔡山距張鳳春家二十餘里，未足遠嫌。據悟真稱，廣濟縣屬曹家河地方有斗母廟，係伊舊庵，去蔡山百里有奇，着即出具領結，將張黄氏携往曹家河舊庵居住，不准稍犯清規，致干併究。張鳳春先與張黄氏通姦，復違批飭於父喪中納娶爲妾，實屬干犯倫理，有玷膠庠，亟應詳革究辦，以儆頑劣。至張黄氏爲尼，在犯姦私之後，免其還俗。惟其平昔不守婦道，着掌責示儆。結二紙附卷，候具詳覈銷。餘俟奉到憲批發落。

（清）鍾體志《柴桑傭録》卷一《讞詞・何吕氏控夏緒禄案》　訊據夏緒禄稱，何吕氏之女招兒，憑余澤樹、汪洋裕媒説，許配伊子正松爲婚。何吕氏既受聘禮、衣物，旋不承認，以致奪取招兒等語。何吕氏稱，招兒即劉氏，係自幼乳養之媳，雖經余澤樹等勸其改嫁夏姓，伊不應允，亦未收受聘禮。詰據余澤樹等稱，何吕氏實收受夏姓財禮，並有挑錢過付之人，衆供如一。提訊地保駱南山，供詞閃爍，既爲何吕氏迴護，難保無從中分肥。着該地保尅日調處明白，如敢含混，定提重究。汪洋裕與何吕氏至親，即着何吕氏交出，并傳尹顯才等到案，再行確訊究斷。招兒着暫發官媒看管。

前案覆訊

昨據余澤樹等供稱，夏緒禄所送財禮，交何吕氏之中表汪洋裕點收，當飭何吕氏將汪洋裕交案質訊。該氏延不交出，顯有別故。夏緒禄既憑媒出錢聘媳，自應擇期迎娶，何至糾人搶女，捏造庚帖，亦必有暗昧不明情事。皆因余澤樹等媒説不當，以致生出許多糾葛。着將余澤樹等掌責枷號，以示懲儆。本應嚴拏汪洋裕根究，再行發落。惟何招兒本是何吕氏之媳，姑念該氏孀居，將招兒斷歸該氏領回，與子完娶，不准再行嫁賣。夏緒禄與何吕氏相距不遠，豈不知招兒係有夫之婦，竟出錢聘買，亦屬咎由自取。無論去財禮多寡，免予追還。取具兩造切結附卷。案即詳銷。

（清）鍾體志《柴桑傭録》卷二《批詞・饒春祥詞》　前據職員邱玉以該民買同姓有夫之婦爲妾，呈經飭差傳訊在案。據訴一父一媳，並無嫡庶之分，不思子可兼祧，妻無二嫡，定例何等森嚴，況該民所娶是否同姓有夫之婦，匿不聲叙。則邱玉所控雖事非切己，而詞出有因，名分攸關，亟應實究虚坐，着即投案候訊。抄批附。

（清）趙幼班《歷任判牘彙記》卷一《判王登傳等堂詞》　袁王氏自幼嫁與袁志卿爲妻。志卿故已三年，由其姑袁趙氏主婚，再醮於張老二爲妻。袁王氏自願改嫁，本非王登傳所得干預。王登傳糾人前往圖搶，例應得杖八十罪名。姑念鄉愚無知，從寬免究，取具安分切結。以後其妹在張家過度，不准滋鬧。袁王氏交張領回完聚。取結存查，無干概予省釋。此判。

（清）趙幼班《歷任判牘彙記》卷二《判沈有全等堂詞》　劉氏訊係丹徒縣大江地方朱四照之婦，於光緒三十三年冬月，背夫來寧，即與沈有全即沈得友又名沈得勝姘識。於本年八月，由胞弟劉二即劉金元將該氏價賣與嚴長丙爲妻。查有夫之婦，沈、嚴均不能娶，應飭該氏本夫來案領回。陳開禮係嚴長丙原媒，應令具限十日交出主婚之劉二送案，並准嚴長丙具保，陳開禮出外找尋劉二，劉氏暫交官媒看管，候劉二及朱四照到案，再行復訊發落。沈有全知誤，自願退出劉氏，姑不置議，着回去不准再向劉氏糾纏。取結存案。此判。

（清）趙幼班《歷任判牘彙記》卷一《判時費氏等堂詞》　此案訊據各供，時費氏不應聽人唆使也。其媳劉氏再醮與馬立有婚書，係張李林爲媒，董樹人、張硯田爲中證，均經簽字，費氏亦已畫押。現在董、張仍無異詞。時長海因患時症，雖未到案，曾具稟聲明。且劉氏之母劉周氏並云與費氏妥商之後，始將劉氏嫁與馬姓，出洋五十元作齋薦之費。其孫女隨母度日，長成時仍歸時家，主持出閣，所議無不協之處。茲費氏因媒人張李林物故，忽聽唆訟頓翻前議，另有思想，其於衆論如何？媳嫁馬家既安於室，何必聽挑燈剔火之語，作翻雲覆雨之謀？試思興此訟案，劉氏仍能轉入時姓，由爾費氏再告嫁否？真是徒勞唇舌也。至費、時供稱，劉氏帶去衣等物，開呈清單向馬追取。何以四月三十日及七月二十三日兩次呈詞，均未叙及，臨審始吐出此情，其誰之信？無非欲藉此以開訛詐之端。何能定此糊塗之判決，遂爾之欲而長刁風。馬學和因在鎮江充當行夥，前次投案求訊，業經問明。所以此次補傳其父馬璠到案備質，衆供如此，費氏不必多言，抱告費復興再爲開導，毋庸纏訟而貽其累耳。此判。

（清）趙幼班《歷任判牘彙記》卷二《判秦秋桂等堂詞》 訊得皖人秦秋桂供稱，堂兄秦長林在寧多年，經緯生理，妻亡無子。生女連弟子年二十歲。今春長林病故，擬帶侄女回籍，輒以費金濤姦佔伊侄女等情呈控。據該女連弟子供稱，父故無依，又無遺貲，由胞母舅陳開雲主婚，憑媒配與姑丈費福全之子費金濤爲妻，於六月間完婚等語。質之陳開雲，及鄰證王雲生、盛邦浮等供亦相符。該女既無親房叔伯，又鮮弟兄，母舅主婚並無不合。秦秋桂所控，實屬無理取鬧。所供各節，顯係希圖財禮，應予嚴懲。因念該民以長林無子，願將己子立爲長林之後，奉祀香烟，從寬免責。並據無資回籍，一再乞恩，斷令費福全幫助秦秋桂川資洋三十元，以睦親誼。取具甘結附卷。此判。

（清）趙幼班《歷任判牘彙記》卷二《判文龍氏等堂詞》 文三十係易氏前夫嫁所生之女，是親骨肉也。現在議應由文姓祖母龍氏作主，然亦不能不准易氏贊詞。三十仍飭易氏帶去，如無女交，惟該氏是問。龍氏將孫婿擇定帶來，再傳易氏到案，以憑議妥斷結，免致姑媳各挾私見，而女子終無嫁期也。此判。

（清）趙幼班《歷任判牘彙記》卷二《判周大兜子等堂詞》 訊得周張氏之嫁與吴成才，係周銀山情願嫁賣，有休帖爲憑。丁三、吴長林從中索利，串嫁有夫之妻，實屬可恨，着即重責收押，候交出周銀山到案，始行開釋。吴成才交差看管。周張氏飭周大兜子、小二子領歸，並交張愛春爲之安置，毋得任其飄流失所也。領狀限狀附卷。此判。

（清）趙幼班《歷任判牘彙記》卷三《判胡胡氏等堂詞》 胡胡氏一女配二夫，於理不合。初許王毓容，並未成婚，且無庚帖，原媒質實，似屬情真。魏世凱娶之在後，業已九載，子女成行，若一朝斷離，亦有所不近人情。但木已成舟，斷令魏世凱出洋八十元，給王毓容另行婚娶。王毓容及其兄王金保均以爲然，大衆亦以爲然，就此爲斷，取具各結。王毓容領洋完案。魏世凱夫婦回家永歸和好。餘均釋。此判。

（清）孫鼎烈《四西齋決事》卷五《太平治牘・判・林加懷等判》

孀婦再醮事亦恒情，從未有四月之中夫再故而婦三醮者也。林財潮於上年二月身故，其妻江氏被林加懷引誘，逃匿松門。加懷與江氏係同宗無服之親，且江氏行輩差長，自應治以親屬相姦之例。加懷知事敗露，串稱江氏已於上年五月再醮陳有義爲妻，財潮之兄財松出據。有義復死，是年六月由有義之母梁氏賣伊作妾，財松自認得洋主婚不諱，以明加懷、江氏已無族屬名分。不知弟死未及三月，財松遽得洋賣其弟媳，亦有不合，況環集林姓同族親疏，並原呈之林善心等十九人，及江氏胞叔江榮清一一訊問，皆稱江氏並無醮與陳有義之事。財松無可狡賴，亦自認加懷以十六洋囑伊誣證。案無遁飾，應將林加懷從輕笞責，照例枷示。江氏於林姓恩義已絶，交其叔江榮清當堂領回管束。財潮之子先由財松收養，仍責成撫育長大。林善心因詞中多所韓飾，先發押捕衙，即予開釋。分別各具遵結，領狀存案，自回安業。林加懷俟枷限滿日核釋。此判。

（清）熊賓《三邑治略》卷四《堂判利川縣任内・訊王德銀一案》 此案王德銀之妻陳潤丁，本係童婚，後被外人拐逃，嫁賣於唐厚友。查明婚書，係王吉廷出名，並稱本夫已死，足見子虚。後唐厚友身故，又將陳潤丁轉嫁於唐厚池，係唐德見主婚，得錢十串文。現在本夫王德銀到堂供稱，陳姓在開縣具控，問王姓要人，萬難甘休。斷令陳潤丁仍歸王德銀領去，飭令王李氏及王德銀出具永不嫁賣，亦不嫌刻切結。另派妥差一名，送陳潤丁母子三人，先到伊娘家交清，一面到開縣投文銷案。至陳潤丁在唐家所生之子，歸唐厚池領養。其唐厚池禮價，責成唐德見退出，各具結完案。此諭。

（清）熊賓《三邑治略》卷六《堂判天門縣任内・訊聶饒氏一案》 訊

明聶饒氏之媳聶熊氏，其子已故。據聶饒氏供，伊媳無人養膳，遂嫁於前婿吴立鈞等語。但爾女從前嫁吴立鈞，爾媳又何能招伊爲夫？實屬荒謬糊塗。至聶保兒無論亂倫與否，究屬不知遠灾嫌。譚家邦上堂，强代聶饒氏瀆辯，顯係受賄，一併申飭。斷令聶熊氏仍歸聶饒氏領回守節。至吴立鈞與聶保兒覬覦此婦，情均可惡，一併交差廳，候有的實連環保人，當堂取保，以後永不與聶熊氏往來，出具切結，再行開釋。此諭。

（清）熊賓《三邑治略》卷六《堂判天門縣任内・訊聶維熙一案》 此案聶維熙之姪聶克耀已故，遺媳吴氏，年已四十有七。據聶維熙供，吴氏不安於室，是以嫁於賈章華爲妻，僅得財禮二十八串。質之賈章華，供實係憑媒汪可炳、何宏西等，出錢四十串。現在吴氏既不願從，情願退人領價。訊詰媒人係何人所託，復據賈章華供稱，伊等均係聶姓至戚，則此錢即應歸爾聶維熙如數交出。倘汪可炳等所用之錢十二串，抗不繳清，由爾聶維熙另呈請分。吴氏既立有嗣子金官，又有田四五畝，理應自行撫子度日，不准再行游蕩。其家産准爾聶維熙隨時清查，不能由吴氏私自當賣。田繼周以後不准上吴氏之門，聶克讓亦不准干預吴氏之事，一併交妥實的保。倘敢不遵，提保重究。聶維熙當堂書立四十串期票，交賈章華領去，到期照付，以清轇轕，各具結完案。此諭。

（清）倪望重《諸暨諭民紀要》卷三《正堂倪二任・周承培等控周良貴搶女等情由》 堂諭：訊得周承培等控周良貴搶女等情一案，緣周良貴生女美花，自幼抱與馬春元爲養女，現年十三歲。馬春元不與周良貴妥商，憑周煦琅等爲媒，得聘禮洋銀三十元，許與周承培之義子郭佳美爲室。周良貴以郭佳美係東陽人，隨母至周承培家，加之年約廿七、八，與此十三歲之女長幼迥殊，是以强接，互相控訟。兹集庭訊，查馬春元領養美花，因與其生父商同擇配，即由馬春元獨得聘財，於理與情乃不相悖。今何以擅自許配於異縣之郭佳美？使周良貴心有不安。且以幼女配壯夫，再遲數年成婚，非嫌夫老，即不願回東陽，其弊曷可勝計？周良貴既經强接回家，另爲擇配，斷令繳出洋銀廿八元，並賠首飾洋銀二元，又置酒服情洋銀四元，合成洋銀三十四元，限五日内繳候，轉給周承培收領。馬春元所得周承培洋銀廿八元，已由周良貴代償，其洋銀即作領養衣食之資，應免追繳。至周良貴捏造收字，實屬刁狡，予以掌責，示懲收字。周承培所呈婚帖註銷存查，各取甘結完案。此諭。

（清）樊增祥《樊山批判》卷一四《批・批王丙戌呈詞》 爾如此糊塗混帳，實所罕見。爾子故媳孀，欲擇爾兄子爲嗣，即以孀媳妻之。嫂叔成親，居然出於父母之命，而不知其干繯首之刑，已堪嘆咤。爾兄不允，畢竟是哥哥明白。爾又招一二十二歲異姓之子配爾寡媳，以致爾侄毆詈肇訟。義兒入贅，寡婦續弦，總由二老糊塗，是以滿門混帳，候驗傷嚴究不貸。

（清）桂萬超《宦游紀略》卷三 訊張五喊控迎親不給一案。據武生王成功稱，張三磨朦哄説媒，將伊姪女許張李氏之子張五爲妻。張李氏係伊家使女，又輩分不合等情。判曰門户貴賤，以夫男爲主，不論婦女。賤妾生子可娶貴女，況已爲正妻者耶？至無服外姻，尊卑爲婚，本無禁令，況族長等稱張五與王張氏娘家同村居住，并非一家。當堂訊其墳墓，數至八代無一處同，顯係疎遠，無礙結親。憑媒説合，兄在自允，弟何能違？事隔多時，并無一語，直至臨娶阻迎，大屬不合，定有别情。即飭差押令即日發轎，免傷和好，兩姓皆昌。如過吉期，即帶該武生究問，詳革不貸。

（清）石鑫《敬畏齋公牘》卷二《批宫光仁狀訴陳三許婚不聘文》 呈悉：陳三與爾開親已閲四年，刻至定期迎娶，輒又反悔，實屬非是。查律載期約已至，而母家故違期者，亦有應得之罪。候派差令其按期完婚以結秦晋之好，如不遵諭即行傳案，照律究辦不貸。此批。

（清）石鑫《敬畏齋公牘》卷二《批劉秉全狀訴楊選等誘母再醮文》 據呈楊選等誘母再醮等情，核之情詞，殊有未合。爾母守志業已二十餘年，貞節如此，外人豈敢覬覦，一也。爾母養爾既已成人，足慰母心矣，何至甘受逼誘，二也。又稱爾之衣服寄存伊家，果爾母寄存乎，抑爾自行寄存乎？且將衣服無故寄存人家，人雖至愚，當不至此，三也。要之人情不古，世風日漓，此古人所以有《凱風》之詠也，深堪浩歎，爾亦不必再瀆矣。此批。

《清代名吏判牘七種彙編》卷上《名士袁枚・探花》 照得孫陳氏扭控逃媳孫秦氏及舉人楚惠生一案，經本縣研鞫再三，詳爲開導，原情略跡，曲予成全。在孫秦氏深閨幽幃，難禁嫠女之情；楚惠生園柳鄰花，獨摘孤棲之淚。過墻殘月，信成絶妙之詞；閒蝶尋春，自是風流之侶。佳人慕才子，情或有之；寡女戀孤男，事已如此。探花郎探得名花，攀桂手攀來仙桂。得嬌妻作人螟蛉，兩無所恨；失兒媳反賺封誥，徼幸如何。登堂認母，須知昔日之逃奴；和合兩家，永締百年之佳偶。此判。

《清代名吏判牘七種彙編》卷上《名士袁枚·陪嫁》　稟悉。爾忘娶妻娶德之説乎？色尚不取，而況乎財？財者，身外物也。爾娶其身，非娶其物。納幣問明之時，不先問人之性情何若，德行何若，而岌岌也以妝奩爲問，是爾心中先有一不可問之處，故媒妁得乘其隙以入。否則縱有行騙之心，簧鼓之舌，亦難入爾之耳，中爾之意。爾不自咎，獨敢咎人乎？夫婦以情義合，爾勿憒憒。所請不准，此批。

《清代名吏判牘七種彙編》卷上《名士袁枚·八竅女》　蓋聞竅分上下，七陽而二陰；質秉乾坤，三奇而六偶。然天地非無偏缺，而盈天絶少具形。厥有蚩氓，禮諧婚媾；不圖良匹，竟類人痾。但覘玉洞桃花，未睹後庭琼樹。漁郎問渡，清涇與濁渭同流；神女爲雲，鳥道與羊腸莫辯。奠我疆於南畝，何從界判鴻溝？啓秘鑰於龍門，勢且鑿殘混沌。慮乏鄧攸之後嗣，遽效翁子之當年。公庭謬托乎詭詞，虚衷用致其窮詰。琴瑟伊始，胡爲伉儷情乖；歲月幾何，安見熊羆夢杳？譙訶莫解，捶楚將施；含意難伸，直陳不諱。婦女撫心無忝，嫁雞志在隨雞。媪則設法現身，雛鳳形同老鳳。母既載生而載育，女還宜室而宜家。無煩煉補充於媧皇，但乞後堂犀照，姑允質成於周姥。果然下體象賢，本縣教始彝倫，化先怨曠。在蒲女尾閭偶缺，無虧種玉之田；在葉生息壤可耕，焉用不毛之地？無煩出條之七，當援不去之三。未許鸞分，斷從璧合。傳之好事，風人説《雌兔》之詩；廣此群生，訟牒絶男妾之案。此判。

《清代名吏判牘七種彙編》卷上《名士袁枚·石女》　女不懷春，洞房惡遂好逑之願；物原虚設，桃源竟無問津之途。白雲空鎖，已惘悵乎老樵；月訊艱期，焉締盟乎插血。魚水之情何堪言，螽斯之慶安可卜。且門前荆樹，只有一枝；而凝想弄璋，夢懷尤苦。乃伐柯失則，事誤冰人。苗而不秀，猶如鏡裡之花；有乃若無，反如人財兩失。無好合之望，有滅祀之憂。其情彌苦，事復可原。然而佳人已娶，木既成舟。無下堂之條，非七出之例。應着仍位正堂。龐吉飛既戚墮宗，自可另置小星，再納旁寵，俾資挽救之地，聊慰孝先之思。尤氏父宗彝以市儈手段，貿易心腸，不合欺心於前，又復肆兇於後。推其養女，作貨物出門，概不退換。通彼媒人，冒充美品，贋以蒙真。本當按律究辦，姑從寬處。着將所有茶禮聘金，一律償還爾婿，以爲納寵之資。略儆爾好，藉補前咎。一體遵行，毋得違誤。此判。

《清代名吏判牘七種彙編》卷上《名士袁枚·空房少婦》　稟悉。爾真可憐極矣。年未四歲，怙恃見背；嫁甫一載，藁砧遠游。深閨幽闈，不免凄涼；秋月春風，等閒虚度。陌頭楊柳，絲絲牽少婦之愁；枝上鵑聲，夜夜起遼西之夢。而且夫家少伯叔之依，母族無弟兄之靠。煢煢孑立，無以爲生。屢牒公廳，請求改醮。歷任縣主均以風化倫紀爲言，勸爾苦守。本縣何人，獨敢外是？然覽爾稟牘，心爲惻然。查爾夫出門經商，五年無耗，其存其亡，家莫聞知。即果尚在人間，而五載不返，棄予如遺，亦已無伉儷之情。琵琶別抱，在風化倫紀上，雖不無瑕疵，而以人情言，則固無間也。王道不外人情。爾能守志，則認死以待可也。如不能者，則改醮亦非所禁。本縣固不能准爾改醮，然亦不禁爾改醮也。此批。

雜録

《詩經・齊風・南山》 南山崔崔，雄狐綏綏。魯道有蕩，齊子由歸。既曰歸止，曷又懷止？

葛屨五兩，冠緌雙止。魯道有蕩，齊子庸止。既曰庸止，曷又從止？

蓺麻如之何？衡從其畝。取妻如之何？必告父母。既曰告止，曷又鞠止？

析薪如之何？匪斧不克。取妻如之何？匪媒不得。既曰得止，曷又極止？

《詩經・鄘風・蝃蝀》 蝃蝀在東，莫之敢指。女子有行，遠父母兄弟。

朝隮于西，崇朝其雨。女子有行，遠兄弟父母。

乃如之人也，懷婚姻也。大無信也，不知命也。

《詩經・衛風・碩人》 碩人其頎，衣錦褧衣。齊侯之子，衛侯之妻。東宮之妹，邢侯之姨，譚公維私。

手如柔荑，膚如凝脂，領如蝤蠐，齒如瓠犀，螓首蛾眉，巧笑倩兮，美目盼兮。

碩人敖敖，説于農郊。四牡有驕，朱幩鑣鑣。翟茀以朝。大夫夙退，無使君勞。

河水洋洋，北流活活。施罛濊濊，鱣鮪發發。葭菼揭揭，庶姜孽孽，庶士有朅。

《詩經・豳風・伐柯》 伐柯如何？匪斧不克。取妻如何？匪媒不得。

伐柯伐柯，其則不遠。我覯之子，籩豆有踐。

（晉）葛洪《西京雜記》卷四 梁孝王子賈從朝，年幼，竇太后欲强冠婚之。上謂王曰：兒堪弁矣。王頓首謝曰：臣聞禮二十而冠，冠而字，字以表德，自非顯才高行，安可强冠之哉？帝曰：兒堪冠矣。餘日帝又曰：兒堪室矣。王頓首曰：臣聞禮三十壯有室，兒年蒙悼，未有人父之端，安可强室之哉？帝曰：兒堪室矣。餘曰，賈朝，至闕而遺其舄。帝曰：兒真幼矣。白太后，未可冠婚之。

（南朝宋）劉義慶《世説新語》卷上之上《德行》 鄧攸始避難於道中，棄己子金弟子。即過江，取一妾，甚寵愛。歷年後，訊其所由，妾具説是北人，遭亂，憶父母姓名，乃攸之甥也。攸素有德業，言行無玷，聞之哀恨，終身遂不復畜妾。

（南朝宋）劉義慶《世説新語》卷下之上《任誕》 阮仲容先幸姑家鮮卑婢，及居母喪，姑當遠移，初云當留婢，既發，定將去。仲容借客驢，著重服，自追之，累騎而返曰：人種不可失。即遥集之母也。

（唐）白居易《白居易集》卷二《諷喻・議婚》 天下無正聲，悦耳即爲娱；人間無正色，悦目即爲姝。顔色非相遠，貧富則有殊，貧爲時所棄，富爲時所趨。紅樓富家女，金縷繡羅襦，見人不斂手，嬌癡二八初，母兄未開口，已嫁不須臾。緑窗貧家女，寂寞二十餘，荆釵不直錢，衣上無真珠，幾迴人欲聘，臨日又踟躕。主人會良媒，置酒滿玉壺。四座且勿飲，聽我歌兩途。富家女易嫁，嫁早輕其夫。貧家女難嫁，嫁晚孝於姑。聞君欲娶婦，娶婦意何如？

（明）劉球《兩谿文集》卷二四《歸田老人傳》 巡撫使事下憲司掌憲事者，直老人而黜郡佐，老人遂得大行其志，以洗邑之故弊，督民士，勸農講學。邑俗女許嫁者必厚索其夫家聘貲而後遣，故貧人男女往往年四五十而婚不得成。老人下令限貧民婚嫁儀物各有定數，不得過厚，其許嫁女之年過二十，無故不行者，罪其父兄。不朞年，貧民久不得成之婚畢以千計。

（明）吕柟《涇野子内篇》卷二《雲槐精舍語》 楊明久之妻死，其子之服未祥也，其繼妻又欲死，有爲楊子謀者，欲爲其子先娶也。楊子惑而問焉，先生曰：此大倫也。使汝子無知則可，如其有知也，不歸怨於子乎？君子宅身，一曰義，二曰命，禍福不與焉，嘗聞教子以義方，子是之舉，亦爲納之於邪矣。

（明）鄭文康《平橋藁》卷七《賀王指揮得子序》 故鄒孟氏曰：不孝有三，無後爲大。殆以是歟。古者聖人立法，女子必二十而嫁，男子必三十而娶，各使之惟其時焉而不失者，蓋欲其於生育之道稟之也。

（明）楊慎《升菴集》卷五八《不嫁惜娉婷》 杜子美詩：不嫁惜娉

婷。此句有妙理，讀者忽之耳。陳后山衍之云：當年不嫁惜娉婷，傅粉施朱學後生，不惜捲簾通一顧，怕君著眼未分明。深得其解矣。蓋士之仕也，猶女之嫁也。士不可輕於從仕，女不可輕於許人也。著眼未分明，相知之不深也。古人有相知之深，審而始出，以成其功者，伊尹、孔明是也。有相知不深，確乎不出，以全其名者，嚴光、蘇雲卿是也。有相知不深，闖然以出，身名俱失者，劉歆、荀彧是也。白樂天詩寄言：痴小人家女，慎勿將身輕許人。亦子美之意乎？

（明）王士性《廣志繹》卷五 蜀中俗尚締幼婚，娶長婦，男子十二三即娶，徽俗亦然。然徽人事商賈，畢娶則可有事於四方，川俗則不知其解。萬曆十年間，闕中張中丞士佩開府其地，每五里則立一穹碑嚴禁之，每朔望闔邑報院，邑中婚娶若干家，某家男女若干歲，犯禁者重罪之。然俗染漬已久，不能遽變也。

（明）余繼登《典故紀聞》卷一一 正統時，閩縣知縣陳敏政條陳時政内一款言，《大明律》娶同母異父姊妹者，以姦論，並離異。近見世俗之人，有以後妻所携前夫之女爲子婦者，有以後妻所携前夫之男爲女壻者，不惟兄妹男女之别不明，亦且父母舅姑之名不正。乞今後若此，依娶同母異父姊妹律減等科斷，庶有以别男女而厚風俗。英宗從其言。

（明）謝肇淛《五雜俎》卷八《人部》 古者婦節似不甚重，故其言曰：父一而已，人盡夫也。辰嬴以國君之女，朝事其弟，夕事其兄，鶉奔、狐綏之行，見於大邦之主而恬不爲耻也。聖人制禮本乎人情，婦之事夫，視之子之事父、臣之事君，原自有間。即今國家律令嚴於不孝不忠，而婦再適者無禁焉，淫者罪止於杖而已，豈非以人情哉，抑亦厚望於士君子而薄責於婦人女子也？

（清）紀昀《閱微草堂筆記》卷一〇《老吏斷婚》 門人吴生冠賢爲安定令時，余自西域從軍還，宿其署中。聞有幼男幼女，皆十六、七歲，並呼冤於輿前。幼男曰：此我童養之婦，父母亡，欲棄我别嫁。幼女曰：我故其胞妹，父母亡，欲占我爲妻。問其姓，猶能記，問其鄉里，則父母皆流丐，朝朝轉徙，已不記爲何處人也。問同丐者，則曰：是到此，甫數日，即父母並亡，未知其始末，但聞其以兄妹稱。然小家童養媳，與夫亦例稱兄妹，無以别也。有老吏請曰：是事如捉風捕影，查無實證，又不可刑求。斷離斷合，皆難保不誤。然斷離而誤，不過誤破婚姻，其失小；斷合而誤，則誤亂人倫，其失大矣。盍斷離乎？推研再四，無可處分，竟從老吏之言。

（清）徐珂《清稗類鈔・婚姻類・漢中亂倫之婚嫁》 漢中惡俗，往往有指媳以繼子，招夫以養夫，甚且以胞弟妻其孀嫂，謂之轉房。弟若不可，則嫂可以吞房滅倫控之。且一女可嫁數家，曰放鴿。然如上所言，各省皆有之，特漢中爲較多耳。

（清）徐珂《清稗類鈔・婚姻類・苗人婚嫁》 苗人娶妻，皆用武力得之，其結婚甚早。定婚，殺鷄，男女各食鷄翅。至嫁娶時，兩家商議，不能成，新郎怒，邀戚友往攻。各持木棍，以氈包首，奔至女家，女家拒之，鬭甚力，若得勝入門，則言歸于好，出酒肉以款之。是役也，女家受損甚巨，而不介意。飲食畢，送女出門，以物遮其首，乘馬，新郎武裝，女之兄弟送之。既至，復争，男戚取遮首之物上擲，意新婦入門，已有持家之責也。落下，群以足踐之，意新婦須從家長之命也。新婦住他室三日始入洞房。女至夫家，須三年至十餘年而始歸寧。既歸，則居父母家二三年，親友皆往謁，以客多爲榮。生子則種一樹，祝其如樹之茂盛也。

粤西、滇、黔之苗之訂婚也，先於春月趁墟唱歌，男女各坐一邊，歌皆男女相悦之詞。其不合者，亦有歌拒之，如你愛我，我不愛你之類。若兩相悦，則歌畢，輒攜手就酒棚，並坐而飲，彼此各贈物以定情，訂期相會，甚有酒後即潛入山洞相昵者。當墟場唱歌時，諸婦女雜坐，凡游客素不相識者，皆可與之嘲弄，甚且相偎抱。並有夫妻同在墟場，夫見其妻爲人所調笑，不嗔而反喜者，謂妻美，能使人悦也。否則或歸而相詬焉。凡男女私相結，謂之拜同年，又謂之做後生，多在未嫁娶以前，謂嫁娶生子，則須作苦成家，不復可爲此游戲。是以其俗成婚雖早，而仍喜嬉游也。

然初婚時，夫妻不同宿。婚夕，其女即拜一鄰嫗爲乾娘，與同寢。三日，爲翁姑挑水數擔，即歸母家。後雖亦時至夫家，仍不同寢，恐生子，則不能做後生也。大抵二十四五歲以前，皆爲做後生之時。女既出拜男同年，男亦出拜女同年，至二十四五以後，則嬉游之性已退，願成家室，於是夫妻始同處，以故恩意多不篤。偶因反目輒至離異，殆皆年少不即成婚之故也。某太守在鎮安，欲革此俗，下令，凡婚者不許異寢，鎮民聞之皆笑，以爲此事非太守所當與聞也。近城之民頗有遵者，遠鄉仍如故。

（清）徐珂《清稗類鈔・婚姻類・乾州紅苗婚嫁》 乾州紅苗之嫁娶略同漢人，以牛及財物爲聘。處子犯姦不禁。若犯其妻妾，則舉刃相向，必出錢折贖而後已。至翁之收媳，弟之配嫂，則尤恬不爲怪。

（清）徐珂《清稗類鈔・婚姻類・辰苗婚嫁》 辰州苗之婚姻，俗以三月三放野，曰跳月。未婚者悉盛服往野外，環山箕踞坐，男女各成列，更番歌，截竹爲筒，吹以和，音動山谷。女先唱以誘馬郎。馬郎，苗未婚號也。歌畢，男以次賡和，詞極謔，有音節，聽之亦颯颯移人。女心許者，會馬郎歌中意以賡之。謳未畢，男遂歌且行以就女，相距二尺許，即止。女曰歹阿里人，男以其姓氏里居告。苗稱人及己，皆曰歹阿里，漢言何處也。女起，曳其臂，促膝坐。頃之，歌又作，迭相唱和，極往復循環之妙，大抵異日彼此不相棄之意也。抵暮，男負女去，詰旦，偕女詣外舅家。其聘貲以妍媸爲贏縮，凡三等，均有定額，貧者亦必取盈焉。

（清）徐珂《清稗類鈔・婚姻類・四姓苗得婚禮之正》 滇苗婚禮各異，惟宋家、蔡家、羅家、龍家、鳳家五姓得其正，不用樂，三月廟見，始作樂大會親戚。新郎見長者，用斑竹箸雉羽扇爲贄，長者贈以朱砂石、牛馬犬豕。新婦見尊者，用棗栗榛松爲贄，尊者贈以峒巾、苗錦、金寶、簪珥，此四姓五家古例也。

宋家、蔡家、羅家、龍家即《左傳》所載羅人、鬻人是也。四姓之冠裳服飾，婚喪祭一秉《周禮》。以十一月建子爲歲首。婚姻重媒妁，備六禮，然後成。鬻人於三國時，伯仲從諸葛武侯平南蠻有功，兄王於滇東，爲龍氏，弟王於滇南，爲鳳氏。一去鳥爲龍，一增几爲鳳，世爲諸苗之長。蓋與黔西安氏火濟，同受爵於蜀漢者也，故第宅爲王家規模。四家世爲姻好，嫁嫡長女爲嫡長婦必一媵八人，古諸侯一娶九女之遺意也。然所媵或養同姓，或選良家，或庶産，嫡女則不能矣。中原士大夫嫡長子娶四家長官嫡長女亦然，王臣加於諸侯也。常人則否。長官女亦不與常人。其宗族則不論。峒主呼壻爲柘察，呼女爲以納，即漢語郡駙、郡主之稱也。

（清）徐珂《清稗類鈔・婚姻類・六洞夷人婚嫁》 六洞夷人在黎平府，未婚男女翦衣換帶，則卜而嫁之。鄰女數十，各執藍布繖送至壻家，歡飲三日夜，復攜新婦歸。壻時往婦家偕宿，生子方歸夫家。

（清）徐珂《清稗類鈔・婚姻類・沈澍娶人妾為婦》 户部郎中范清注之妾劉氏美而艷，爲刑部郎中沈澍所見而涎之，賄囑媒婆周氏及劉所使喚之吴嫗百計唆誘，范妻允之。劉要求鳳冠補服，並誓書，下定禮，佯言將出家，約正覺寺尼迓之出，賃屋成婚。事爲步軍統領所聞，上疏劾之。高宗乃命兆惠、舒赫德、阿里衮審擬。奉旨：沈澍革職發往伊犂，自備資斧，效力贖罪。自是京師傳有《采唐歌》，凡四百餘字，中有云：試從竊藥問年華，笑指鴛鴦三十六。則劉亦老矣。乾隆癸未春，其子毓麟具呈户部，捐銀二萬兩，始贖歸。

（清）徐珂《清稗類鈔・婚姻類・董文恪娶婢》 富陽董文恪公邦達少時以優貢生留滯京師，資盡，見逐於逆旅主人，窮無所之。有劉媪者奇其貌，謂必不長貧賤，館之家，屬勤業，待再試。董日夜焠厲，期得第自振，且酬媪德。榜發，仍落第，恚甚，謀自盡，蹀躞街市，未有所也，倚一高門而立。俄有人啓門，呵問誰某，董告以下第生。其人大喜，邀入款語，出紅箋倩書謝柬，署名，則某侍郎也。既而留食，知爲侍郎司閽，以薦初至也。司閽進謝柬，侍郎大稱善，因請留董代筆，薄奉旅資，董方失路，欣然諾之。

自是一切書牘皆董代筆，往往當意，侍郎益信任僕。居頃之，侍郎有密事，召僕至内室擬稿，僕惶窘，良久不能成一字，侍郎窮詰，乃以實告。侍郎大駭，急延董至廳，具衣冠見之，且謝曰：使高才久辱奴輩，某之罪也。因請爲記室，相得甚歡。侍郎家有婢，敏慧得夫人意，夫人欲嫁之，婢不可。强之，則曰：身賤，終隨輿隸耳，必欲如董先生者乃事之，又安可得？故寧不嫁也。夫人以告侍郎，侍郎哂曰：痴婢，董先生神志不凡，行且騰上，烏肯妻婢？會中秋，侍郎與董飲月下，酒酣，從容述婢言，且願爲妾。董慨然曰：某落魄京師，盡京師不加青睞，公獨厚愛之，彼女子亦有心，何敢言妾？正位也。侍郎終以爲疑，謀於夫人，女婢而壻董焉。踰年，董舉鄉試，成進士，後官尚書。生子誥，爲相國，即文恭公。相國登庸時，太夫人猶健在也。

（清）徐珂《清稗類鈔・婚姻類・朱韞斯誤娶同姓》 石門有朱韞斯者，誤娶同姓，後十年覺之，欲去其婦。友人曹射侯、陸麗京憐其雅非同望，作書勸之，因疏古名儒取同姓事以示之。會吴志伊後至，曰：王沉與王基聯姻，劉疇與劉嘏爲婚，世人無譏，緣非同原也。

（清）徐珂《清稗類鈔・婚姻類・方某降妻為妾》 咸、同間，署某營都司方某，總兵而加提督銜者也。少爲粤寇所得，投誠後，從征江除，略一難女爲妻。詢女家世，父故明經也。美静而能，有大家風範，方甚重之，誓將老於是鄉矣。後以積功故，位漸高，或言女之歸也不正，無以承誥命而肅家人，乃别聘金陵某氏爲妻，而降女爲側室。女即以妾禮事其嫡，無愠色，無怨詞。而大婦卒不能容，誚讓谿刻，女惟背人飲泣，自歎實命不猶耳。未幾，方病卒，女之父至，欲挈以歸，而大婦兄弟輩不可，迫之居金陵，遂鬱鬱以死。

婚姻形式分部

論　說

《周易·屯卦》六二：屯如邅通如，乘馬班如。匪寇，婚媾。女子貞不字，十年乃字。【略】

六四：乘馬班如，求婚媾。往，吉。無不利。

《周易·蒙卦》九二：包蒙，吉。納婦，吉。子克家。【略】

六三：勿用取女，見金夫，不有躬。無攸利。

《周易·賁卦》六四：賁如皤如，白馬翰如。匪寇，婚媾。

《周易·睽卦》上九：睽孤，見豕負塗，載鬼一車，先張之弧，後說之弧。匪寇，婚媾。往，遇雨則吉。

《周易·歸妹卦》初九：歸妹以姊。跛能履。征，吉。

九二：眇能視。利幽人之貞。

六三：歸妹以須，反歸以娣。

九四：歸妹愆期，遲歸有時。

六五：帝乙歸妹，其君之袂不如其娣之袂良。月幾望，吉。

上六：女承筐，無實。士刲羊，無血。無攸利。

《周禮注疏》卷一四《地官司徒·媒氏》凡嫁子娶妻，入幣純帛，無過五兩。純，實緇字也。古緇以才爲聲。納幣用緇，婦人陰也。凡於娶禮，必用其類。五兩，十端也。必言兩者，欲得其配合之名。十者，象五行十日相成也。士大夫乃以玄纁束帛，天子加以穀圭，諸侯加以大璋。【略】

禁遷葬者與嫁殤者。遷葬，謂生時非夫婦，死既葬，遷之使相從也。殤，十九以下未嫁而死者。生不以禮相接，死而合之，是亦亂人倫者也。鄭司農云：嫁殤者，謂嫁死人也。今時娶會是也。疏：禁遷至殤者。釋曰：遷葬，謂成人鰥寡，生時非夫婦，死乃嫁之。嫁殤者，生年十九已下而死，死乃嫁之。不言殤娶者，舉女殤，男可知也。

《春秋左傳正義·桓公三年》秋，公子翬如齊逆女，修先君之好，故曰公子。【略】

齊侯送姜氏，非禮也。凡公女嫁于敵國，姊妹，則上卿送之，以禮於先君；公子，則下卿送之。於大國，雖公子，亦上卿送之。於天子，則諸卿皆行，公不自送。於小國，則上大夫送之。

《春秋左傳正義·文公二年》公子遂如齊納幣。傳曰：禮也。僖公喪終此年十一月，則納幣在十二月也。《士昏》六禮，其一納采，納徵始有玄纁束帛，諸侯則謂之納幣。其禮與士禮不同，蓋公爲太子時已行昏禮。纁，詩云反。疏：注傳曰至昏禮。正義曰：《公羊傳》曰：此何以書？譏。何譏爾？譏喪娶也。娶在三年之外，則何譏乎喪娶？三年之内不圖昏。其意謂此喪服未畢而行昏禮也。何休據此作《膏肓》，以《左氏》爲短。今《左氏傳》謂之禮也，必是喪服已終。杜以《長曆》推之，知僖公以其三十三年十一月薨，至此年十一月，喪已畢矣。納幣雖則無月，以傳言禮，則知納在十二月。《士昏》六禮，其一納采，次有問名、納吉，至納徵始有玄纁束帛，士謂之納徵，諸侯則謂之納幣，以其幣帛多，其禮大，與士禮不同，故異其名也。案士之昏禮，納采、問名同日行事。納采者，納其采擇之禮。主人既許，賓即問名，將歸卜其吉凶也。卜而得吉，又遣使納吉，如納采之禮。納吉之後，方始納徵。徵，成也，使使納幣，以成昏禮也。此納幣以前已有三禮，須再度遣使，一月之内不容三遣適齊，蓋公爲大子時已行昏禮。疑在僖公之世已行納采、納吉，今續而成之也。杜言其一納采，欲明納徵之前更有昏禮，納幣非昏禮之始，豫爲下句公爲大子時已行昏禮張本也。大子昏禮，理自不書，雖則公昏唯書納幣，其納采、納吉亦不書也。《釋例》曰：諸侯昏禮亡，以士昏禮準之，不得唯止，於納幣逆女。逆女納幣二事，皆必使卿行，卿行則書之。他禮非卿則不書也。宋公使華元來聘，聘不應使卿，故傳但言聘共姬也。使公孫壽來納幣，納幣應使卿，故傳明言得禮也。魯君之昏，亦唯存納幣逆女，此其義。

《春秋左傳正義·文公四年》逆婦姜於齊，卿不行，非禮也。禮，諸侯有故，則使卿逆。君子是以知出姜之不允於魯也。【略】曰：貴聘而賤逆之，公子遂納幣，是貴聘也。君而卑之，立而廢之，君，小君也。不以夫人禮迎，是卑廢之。棄信而壞其主，在國必亂，在家必亡。主，内主也。壞音怪。不允宜哉！《詩》曰：畏天之威，于時保之。敬主之謂也。

《春秋穀梁傳注疏·成公八年》衛人來媵。杜預曰：古者諸侯娶嫡夫人，及左右媵，各有姪娣，皆同姓之國。國三人，凡九女，所以廣繼嗣。魯將嫁伯姬于宋，故衛來媵。媵，以證反，又繩證反。嫡，丁歷反。姪，大結反。娣音弟。疏：衛人來媵。釋曰：《公羊》以爲媵不合書，其書者，賢伯姬也。《左氏》雖無其説，蓋以來至於魯，然後與嫡行，故書之。此傳之意，以伯姬爲災而死，閔之，故書其事。是言三傳意小異也。媵，淺事也，不志。此其志何也？以伯姬之不得其所，故盡其事也。

（宋）李昉等《太平御覽》卷五四一《禮傳部·媒》 《桓玄傳》曰：元顯取妾，殆同六禮，以尚書僕射爲媒人，長史爲逆客。

（明）殷奎《强齋集》卷六《浦聘繆招贅啓》 長沙内史，受經學於申公。中臺令君，忝家聲於晋代。匪因媒妁，曷接婚姻。伏承英嗣貢元，書貯腹中。久慕據床之選，而某息女情，鍾膝下方深。設席之圖，自言愛女甚於男。人羡此翁之得壻，願徵秦贅，果協蔡占。冰玉相輝，坐媿蒹葭之倚樹。門闌多喜，行看花燭之聯屏。薄禮斯陳，副緘以載。

（明）楊士奇《歷代名臣奏議》卷六七《治道·厚俗》 〔元成宗大德七年鄭介夫〕古者叔嫂不通問，所以別嫌疑，辨同異。今有兄死未寒，弟即收嫂，或弟死而小弟復收，甚而四十之婦而歸未冠之兒。一家骨肉，有同聚麀。兄方娶妻，而弟已有垂涎其嫂之想，嫂亦有顧盼乃叔之意。妻則以死期其夫，弟則以死期其兄，閨門之醜，所不忍言。舊例止許軍站續，又令漢兒不得收，今天下盡化爲俗矣。若弟可收嫂，則姪可收嬸，甥可收妗，子可收母，伯可收弟婦，但有男女之具者，皆可爲種嗣之地，縱意所爲，何所不至？此風甚爲不美，除蒙古人外，所宜截日禁斷。有兄亡而嫂願改志及守志者，並聽。如收以爲妻，則比同奸罪更加一等。此可以厚風俗之二也。

（清）趙翼《陔餘叢考》卷三一《冥婚》 《周禮·地官》有嫁殤之禁，注謂生時非夫婦，死而葬相從者。曹操幼子倉舒卒，掾邴原有女蚤亡，操欲求與倉舒合葬。原辭曰：嫁殤，非禮也。然終聘甄氏亡女與合葬。魏明帝幼女淑卒，取甄后從孫黄與之合葬，追封黄爲列侯，爲之置後襲爵。陳群諫曰：八歲下殤禮所不備。《北史·穆崇傳》，崇元孫平城早卒，孝文時始平公主薨於宫，追贈平城駙馬都尉，與公主冥婚。《舊唐書·懿德太子重潤傳》，中宗爲聘國子監丞裴粹亡女，爲冥婚合葬。《蕭至忠傳》，韋庶人爲亡弟洵與至忠亡女，爲冥婚合葬。及韋氏敗，至忠發墓持其女柩歸。《建寧王琰傳》，代宗立，追念琰死非其罪，乃追謚爲承天皇帝，以興信公主亡女張爲恭順皇后冥配焉。凡此皆不經之甚者。《五代史》，鄭餘慶作《書儀》，以冥配爲定制，唐明宗深識其非，有詔删正。然康譽之《昨夢録》，北俗男女未婚而死者，兩家命媒而求之，謂之鬼媒人。通家狀，各以父母命卜之，得吉即製冥衣，媒者就男墓設酒果以合婚，二座相並，各立一小幡。奠畢，二幡微動若相就，其有不動者，則以爲不喜也。兩家各以幣帛酬鬼媒，鬼媒常藉此自給。《元史》，郭三從軍死，其妻楊氏守節，舅念其子，不忍使鰥居地下，欲聘鄰家亡女合葬之。楊氏遂自經死。則元時猶有冥婚之俗。而楊用修《丹鉛録》亦云，今民間猶有行焉，而無禁也。然則前朝尚有之矣。

《魏書·高允傳》，古者祭必立尸，使亡者有憑耳，今已葬之，魂人但求貌類者，事之如父母，燕好如夫妻，損敗風化，莫此爲甚。然則北魏時又有所謂魂人者。

（清）趙翼《陔餘叢考》卷三一《劫婚》 村俗有以婚姻議財不諧，而糾衆劫女成婚者，謂之搶親。《北史·高昂傳》，昂兄乾求博陵崔聖念女爲婚，崔不許，昂與兄仕劫之，置女村外，謂兄曰：何不行禮，於是野合而歸。是劫婚之事，古亦有之。然今俗劫婚皆已經許字者，昂所劫則未字，固不同也。

（清）趙翼《陔餘叢考》卷三一《指腹為婚》 《南史·韋放傳》，放與張率皆有側室懷孕，因指腹爲婚姻。其後各産男女，而率亡。放乃以子娶率女，以女適率子。《北史》，崔浩女爲尚書盧遐妻，浩弟恬女爲王慧龍妻，二女俱有孕，浩謂曰：汝等將來所生，皆我之自出，可指腹爲親。及慧龍子寶興將娶盧女，浩爲撰儀，躬至監視，謂諸客曰：此家禮事，宜盡其美。

（清）梁玉繩《清白士集》卷二八《蛻稿·苗人擇婚記》 余嘗讀田蒙齋《黔書》，載苗之種類部落以及風俗好尚無不備，獨其擇婚從畧焉。後讀陸次雲《跳月記》詳哉言之，然皆與余所見異。余在黔八年，居鎮遠郡。凡九月親見其事，故參驗而記之，以傳信也。《黔書》謂花苗在新貴、廣順，每歲孟春，合男女于野，曰跳月。預擇平壤爲月場，至期，男女皆更服飾粧，男編竹爲蘆笙吹之而前，女振鈴繼于後以爲節，竝肩舞蹈，廻旋婉轉，終日不倦。暮則挈所私歸。蘆笙長者四尺，短至三尺，參差若羽。田蒙齋之説如此，其實不然。花苗鎮遠亦有之，每歲重五日合男女于衛城。衛城者，郡東郭外之小城也。其地平衍，周環十餘里。及期，男女沓至，日中畢集。或吹蘆笙，或歌苗曲。笙長八九尺，有六孔，别截竹爲義嘴吹之。歌不可解，每盡一句必爲曼音，以合於笙。競奏之際，盤辟其足，後履接前履，不失分寸。然皆男子相和，諸女不與也。抵暮，女始以綵毬擲所悦者，挽結而去。未見振鈴以隨於後。意者，他苗有此，如龍家立鬼竿擇對之類，未可知耳。其人大抵皆蓬首跣足，肌膚如漆，有裙無袴，毫無廉耻，不免禽獸之行。此其所以謂之苗也。而陸次雲謂跳月之會，其父母各率子女分列於廣隰之下，男左女右，及其目許心成，妍者負妍，媸者負媸而云，豈其然乎。嗟夫，國家承平幾百餘年，向之頑梗負固者剷削無遺，四夷之遠重譯而來者不絶于路，聲教之被廣矣。而苗民雜處内地，休養生息與百姓等，此乃聖天子之德威，抑亦賢有司之政教也。故敉寧之道，使之相安相樂，勿擾索以啓其戎心，而漸施以任延之化，則得矣。

（清）俞樾《賓萌集補篇·嫁娶説》 古禮男子三十而娶，女子二十而嫁，此示人以極至之時。明逾三十無不娶之男，逾二十無不嫁之女，非以此爲定期也。《傳》曰：國君十五而生子，則男子之娶有不待三十者矣。《禮》曰：女子雖未許嫁，二十而笄，則女子有逾二十而未嫁者矣。嫁娶之故，情事萬端，聖人不能預定，姑示以極至之期而已。然愚謂聖人於此，殆未之深思也。夫婦人内夫家、外父母家，此惟婦人之賢明者知之，愚婦人不知也。女子出嫁則爲異姓，而子婦自異姓來歸，轉爲至親，此舅姑之賢明者知之，不賢明者不知也。舅之知者或十而六七，姑之知者不過十而二三，而家庭之變自此繁矣。竊謂上古聖人既定嫁娶之禮，即當定嫁娶之期，大夫以上不自乳其子者，所生女子三月而嫁，士以下必自乳其子者，所生女子三歲而嫁。依此以行，有六利焉。無愆期之男女，一利也。無嫁娶之浮費，二利也。女子自幼即居夫家，所見尊卑、長幼皆夫家之人，則於夫家不期内而自無不内矣。兄弟、伯叔、諸姑、姊妹可以覿面不識，則於父母家不期外而自無不外矣，三利也。女子自幼依舅姑以生以長，自無不孝。舅姑自其婦幼時，保抱攜持，自無不慈。其夫與之自幼相習，飲食同焉，嬉戲同焉，自無不憐愛，四利也。先後築里易啓猜嫌，兄弟之不和半由婦言爲之搆釁，若此法行，則兄弟之妻皆由一舅姑撫育，自幼至老何異同胞。無不睦之娣姒，即無不和之兄弟矣，五利也。父母遣嫁，其女未有不盡然傷心者，故《禮》有三日夜不息燭之文，念其後之不得時時相見，而夜以繼日冀紱須臾，亦可悲矣。此法行，則三月之女未解笑啼，三歲之女甫離襁褓，時日不久，恩愛未深，卒然抱持而云，初亦未能忘情，久之竟如未有，父母之悲思可以消釋，爲女子者，雖罔極之恩一無所報，而不至以此身重父母之悲思，則心亦可以稍安，六利也。或曰今世童養之婦，往往爲舅姑虐遇而死。此法一行，死者益衆矣。余謂不然，今世惟不行此法，故畜童養婦者，止在小家。小家婦女姿性愚蠢，故多此弊。若詩書仕宦之家，必不至此。且愛女甚男，亦人情所常有。膝下即無女子，則必以愛女者愛其子婦，錦繃鏽被中其珍護可知也。小家化之，亦當不復肆其虐矣。此事理之常也。若仍虐遇之者，事理之變也。凡事論其常而已。天下婦女豈無不得於舅姑與夫而抑鬱以死者，然則女子將不嫁乎？請陳六利，釋此一慮，聖人復起，不易吾言。

（清）俞樾《賓萌集補篇·妾媵説》 俞理初著，論謂妬非女子惡德，此論非也。自古以來，以一妬婦而破國亡家者，往往有之矣。誰謂妬非惡德哉？然妬雖惡德，而實亦恒情。《易》曰：一人行，三則疑也。又曰：二女同居，其志不相得。古之聖人明庶物而察人倫者，其知之矣。雖然，嗣續不可以不廣，則妾御又不可以無。聖人曰：吾必禁人之娶妾，不可得也。吾許人之娶妾，而望人妻妾之必相安，又不可得也。許人娶妾，而又欲其相安，則必使由女家置妾，而夫家不得置妾。所謂妾者，皆自女家來而後可，於是乎有媵。古者諸侯娶一國，則二國往媵之。夫人自有姪娣，二媵又自有姪娣，故諸侯一娶九女。若大夫士無二媵，即以姪娣爲媵。《士昏禮》有女從者，鄭注云謂姪娣也。是自天子至士皆有媵。天子諸侯必其同姓之國，士大夫必其姪娣，其分本親，而又初娶之時與之俱來，其情又相習，如是而不相安者，固已寡矣。即使有之，亦什百之一二耳。聖人緣情制禮，其慮固甚周哉。後世妾媵之禮不行，所謂妾者，皆由夫家自置之，分則不相親，情則不相習，而閨房之故從此多矣。愚謂以姪娣爲媵，此古禮不可行於今者，然宜略倣其意。庶人之家，匹夫匹婦在所不論。自士大夫以上，父母之愛女者，宜買他人之女視己女，年稍弱者，使與己女同居。或一人、或二人，及嫁則以爲媵。若己女幸而有子，女之夫又不欲置妾，則聽其擇良奥之家而嫁之。若欲置妾，則取之，此而夫家不得自置焉，夫家自置即爲律之所不許。如此則變通古法，在今世可行，而於古聖人制妾媵之意，或稍有合乎。抑又論之妻則一，而妾必二。妻一則尊，妾一則混。使如齊人之一妻一妾，則妾之視妻若儕耦，然下凌上替職此之由，故妾必有二。則二妾者，互相牽制，而不能與妻抗，妻既得自全其尊，必不復虐待其妾。且待此一人，必使彼一人服，則自不敢輕喜而輕怒矣。此齊家之君子所宜知也。

（清）林伯桐《人家冠昏喪祭考》卷二《謀昏固不能遲而結昏不可太早考》 擇婦擇壻，非猝然可辦，必須及早謀之，然亦不可太早。宋司馬正文公曰：世俗好於襁褓之時輕許爲昏，亦有指腹爲昏者，及其既長，或至棄信負約。《書儀》。袁君載采曰：富貴盛衰更迭不常，男女之賢否，須年長乃可見。若早議昏姻，或昔富而今貧，或昔貴而今賤，或所議之壻流蕩不肖，或所議之女很戾不檢，從其前約則難保家，背其前約則爲薄義，可不戒哉？《世範》。夫輕許昏者，多由一時意氣偶合，或酒席之間有人勸成，又或婦女偶見小兒女而喜之，遂徒計其常而不計其變耳。爲人父母必當慎思遠慮，庶無後悔也。

綜述

《通制條格》卷三《户令・收嫂》 大德二年十二月，中書省。御史臺呈：德州軍户于進，告女于貨兒聘與潘二爲妻，伊夫身故，于貨兒服闋歸宗，却有遠房小叔潘五爭繼。禮部議得：于貨兒已經服闋，小叔潘三許令歸宗，遠房小叔潘五似難收斷。都省准擬。

至元十六年二月，中書省。禮部呈：濬州郭全，元召李丑驢作婿十三年，住訖四年身故，外有九年，伊弟李五驢欲行收繼，貼住年限。其李五驢已於牛三家作婿，似難收繼。都省准呈。

至元十六年十二月，中書省。禮部呈：平陽路申，路顯告男重興身死，已定婚婦崔勝兒却許李孫兒爲妻，不肯令次男路四兒收繼。本部議得，路重興與崔勝兒未婚身故，難議收繼。都省准呈。【略】

大德六年九月，中書省。禮部呈：平陽路郭穩，召到李聚姪男犇牛與女秀哥作出舍婿，當年身故，令元媒本門李聚並無收繼之人，將秀哥聘嫁暴旺爲妻，已有所出，李聚却告令伊男安僧收繼。指證相同。議得，李犇牛身故，郭穩使元媒本門李聚，將女秀哥改嫁暴旺爲妻，經今四年，已有所出，合准已婚爲定。都省准呈。

大德五年十一月，中書省。准陝西行省咨：延安路趙胤，告年老無人養濟，將女穿針召到王安讓作養老女婿，身故，其房弟王安傑要行收嫂。禮部議得：凡人無後者，最爲大事。其趙胤初因無嗣，與女召婿養老，不幸婿死，賴有伊女可爲依倚。合從趙胤別行召婿，以全養老送終之道。都省准擬。

《通制條格》卷三《户令・收繼嬸母》 大德八年五月，中書省。樞密院呈：蒙古軍驅王火你赤病故，其妻張秀兒守服六年，有本使菊米娘子，將秀兒强要配與火你赤親姪王保兒爲妻。禮部議得：王火你赤妻張秀兒服制已滿，其姪王保兒欲行收繼，雖係蒙古軍驅，終是有姓漢人，姪收嬸母，瀆亂大倫，擬合禁止。省准。

《通制條格》卷四《户令・嫁娶》 至元二十八年十月，中書省。禮部呈：議得，忽納萬户男脱因告稱，沈陞因與伊駈婦孫七姑通奸，本家總領李愛亦伯令沈陞寫立文字作婿，該：如是不肯依理住坐，自備羅絹叁拾匹下與李愛亦伯，將妻孫七姑出舍。並無年限。其沈陞經今出力壹拾叁年，已有所生貳男，元與財錢鈔叁定已是上户聘財，擬合爲良完聚。都省議得，沈陞自立婚書，出備羅絹叁拾匹，依准元立私約，交付忽納萬户李總領收管，孫七姑並所生貳男，分付沈陞圓聚爲良。【略】

元貞元年十二月，中書省。樞密院呈：軍人正身亡殁，户下弟姪、兒男，理合承替軍役，所據抛下妻室，若有必合收繼者，依例收繼，如無應收之人，從其所願。禮部照擬得：宜從所擬。都省准呈。【略】

至元九年七月，中書省。議得民間富實可以娶妻之家，止有一子，不許作贅，若貧窮止有一子，立年限出舍者聽。

至元十年閏六月，樞密院。照得各處軍户召到養老、出舍女婿，争訟到官，多無婚書，深爲未便。議得，今後若有軍民招召女婿，須管令同户主婚親人寫立婚書，於上該寫養老、出舍年限語句，主婚媒證人等書畫押字外，據貼户正軍承繼本户軍名爲户頭者，不得與人家作養老、出舍女婿。

《元典章》卷一八《户部・婚姻・婚禮・女婿財錢定例》 至元八年七月，平陽路奉尚書户部符文：

照得民間嫁娶婚姻聘財等事，已有欽奉聖旨定制。外，據招召養老、出舍女婿，至元三年五月承中書省劄付該：依准婚嫁元約，養老者聽從養老，出舍者聽從出離，各隨養老、出離去處，應當軍民差發。又近奉聖旨條畫内，養老、出舍女婿各有定例，外有財錢，爲無定例，往往多餘索要，耽誤引訟未便。爲此，省部公議到下項事理，參詳，擬合一體施行。呈奉到尚書省劄付：移准中書省咨：依准所擬施行。若有和同者，聽。省府除外，仰遍行施行。奉此。省部照得媒妁人等濫餘設立，多取媒妁錢，仰照坐去事理，遍行合屬，出榜施行。

一、招召養老女婿，照依已定嫁娶聘財等第減半，須要明立媒妁婚書成親。

一、招召出舍年限女婿，各從所議，明立媒妁婚書，或男或女，出備財錢，依約年限。照依已定嫁娶聘財等第，驗數以三分中不過二分。

一、照得嫁娶并招召女婿婚姻聘財，各有定例。今後媒妁從合屬官司、社長、巷長、耆老人等推舉選保信實婦人充，官爲籍記姓名。仍嚴切約束，無得似前多取媒妁錢數，濫餘設立，違者治罪。

《元典章》卷一八《户部・婚姻・嫁娶・兄死嫂找後夫》 至元二十八年六月初六日，燕南按察司：

准廣平分司牒：照刷出廣平路至元二十七年七月内陳阿雙告：親家李信等主婚，見有小叔陳百家驢合收繼故男婦李興奴，服内改嫁王節級爲妻，受訖財紅鈔絹緞子銀釵金環。議得，李興奴元嫁陳元僧，元僧身故，轉召孫福興爲婿，已與陳元僧義絶。孫福興亡殁，又與陳元僧異姓。況兼陳百家驢年八歲，李興奴年三十歲，年甲争懸，若令李興奴服滿歸宗相應。據李信名下追到元受王玉財紅，即係服内成親不應之資，擬合没官，請定奪。准此。申奉到御史臺劄付：照得至元十二年承奉省劄：徐寬告，弟徐寶抛下妻阿耿服内受財，聘與李斌爲妻。按察司追到財錢，斷離。照得即目服制未定，既已成婚，又有所出，合准已婚爲定，仰依上施行。承此。今據見申相度，李興奴服内嫁與王玉，係一體事理。元下財錢，難議追没，餘准所擬施行。

《元典章》卷一八《户部・婚姻・嫁娶・携女適人從母主嫁》 至元五年十月，尚書户部：

來申：録事司民户劉亨告：在先有母阿李受財，將姪女婆安嫁與張總把男丑驢爲妻。至元三年九月内，有婿丑驢身死。未及周年，知得張親家賣服，要訖軍户張小一鈔四十貫，召男張二爲婿。爲此，問得張總把妻阿李稱：元係告人劉亨兄閏女婆，生到婆安。在後夫劉大身故，阿李改嫁與張總把爲妻。庚戌年下財取到前夫劉大處抛下親女婆安，與後夫張用男丑驢爲妻。至元三年九月内，有男身死。其女守服間，至元四年爲家貧别無男兒養活，受訖張小一定物絹五疋，欲召伊男張二與婆安作養老女婿，至今未曾成婚。府司若將劉婆安斷令歸宗，或准伊母阿李主婚，從來不曾斷過如此體例。乞照詳。省部相度，擄阿李既係婆安嫡母，更係親婆，不合申問。仰依理守服缺，從阿李主婚，與叔劉亨一同商量召嫁施行。

《元典章》卷一八《户部・婚姻・軍民婚・軍民户頭得為婿》 至元

十年六月，樞密院：

會驗軍户召到女婿，已有奏奉聖旨條畫，遍行隨路，欽依去訖。今照得各處見申，軍户召到養老、出舍女婿，因而争告，事發到官，於内多無婚書，雖有元立媒證，其間情弊不無，或有身死事故，難以歸結，深爲未便。樞府議得，今後若有軍民召女婿，須受合同户主婚親人寫立婚書，於上該寫養老、出舍年限語句，主婚、媒證人等書名畫字，如此明白，不致争差。外，據正軍、貼户承繼元户軍（民）〔名〕户頭者，〔不〕得與人家作養老、出舍女婿。仰依上施行。

《元典章》卷一八《户部·婚姻·軍民婚·軍殁妻女嫁例》 元貞二年，江西等處行中書省准樞密院咨：准中書省照會：

來呈：江西行省咨：龍興萬户府申：新附軍人崔福妻阿王將女梅姑嫁與民户張提領爲妻。切照軍人户下女兒，係已籍定軍屬。本省參詳，軍人正身亡殁，户下弟姪兒男理合承替軍役，所據抛下妻室，若有必合收繼者，依例收繼，如（有）〔無〕應收之人，擬合照依腹裏婚嫁軍人妻女，從其所願相應等事。具呈照詳。得此。送禮部照擬得：宜從江西行省所擬相應。

《元典章》卷一八《户部·婚姻·收繼·弟收嫂又婚元定妻》 至元十年，中書户部：

來申：胡阿郭告老劉至元七年二月内屬趙二、馬阿劉爲媒，定問訖阿郭小姑胡茶哥與次男劉（二）〔三〕爲妻。去年六月内，劉二自縊身死，比及二七其間，有婿劉三已將伊嫂阿郭接續爲妻公事。取到一干人等詞因。看詳，劉温先於至元七年問到妻胡茶哥，至今不行迎娶，一面將亡過親兄嫂阿郭，未及周年收爲正妻。其元定妻胡茶哥年二十，已及成婚之歲。若將劉温并嫂阿郭於夫喪制中成婚，依法斷罪聽離，却令本人迎娶胡茶哥爲妻，况兼已有條格：叔叔合收嫂嫂。若擬劉温亦將胡茶哥求娶爲妻，又有欽奉聖旨條畫内一款節該：有妻更娶妻者，雖會赦，猶離之。欽此。不曾斷過如此體例，乞明降事。省部照得，來解内，劉二至元九年三月十三日自縊身死，其妻雖是於夫服内，信從劉三長兄劉琮，竟於至元十年二月二十日，與小叔和同接續成婚。即係欽奉聖旨内一款，小叔合行接續收繼，難同有妻更娶妻體例。合准以此爲定，令小叔劉三將嫂阿郭收繼，仍將元定妻胡茶哥依理下財，求娶爲妻。外，據劉（宗）〔琮〕、劉温所招罪犯，從本路量情斷遣。仰照驗依上施行。

《元典章》卷一八《户部·婚姻·收繼·定婚夫亡小叔再下財求娶》 至元十年五月，中書户部：

據大都路申：郭阿秦告：男乞驢定婚李大女蛾兒爲妻。乞驢身死，欲令次男冬兒接續。李大一面將女蛾兒定與裴節使驅口陳得春男陳驢兒爲妻。府司看詳，若令郭冬兒收繼李蛾兒爲妻，郭阿秦亡男乞驢不曾與李蛾成親。又兼郭阿秦止是下訖欄媒，定親之後，不曾行下正財。其蛾兒一十七歲，郭冬兒年方一十二歲，未及成婚年甲。及李大已接訖裴節使驅口陳得春把定綾羅段疋，委是兩頭成婚。乞明降事。省部相度，既郭冬兒係郭乞驢親弟，李蛾兒雖是定婚夫主未娶過門，終是郭阿秦男婦。合欽依已降聖旨，令郭阿秦貼下元議財物，依理求娶李蛾兒，與伊男冬兒接續。外，據李大已接訖陳得春財定，追付陳得春收管。仰依上施行。

《元典章》卷一八《户部·婚姻·收繼·收小娘阿嫂例》 至元八年十二月，中書省：

今月初八日，答失蠻、相哥二個文字譯該：小娘根底、阿嫂根底，休收者。行了文字來。奏呵，聖旨：疾忙交行文書者。小娘根底、阿嫂根底收者。麽道，聖旨了也。欽此。

《元典章》卷一八《户部·婚姻·收繼·小叔收阿嫂例》 至元九年十月，中書兵刑部：

來申：鄭窩窩狀招，兄鄭奴奴至元五年身死，抛下嫂王銀銀并姪社社同居。窩窩未曾娶妻，嫂王銀銀亦爲年小守寡，相從於至元八年十月初八日通奸。在後得孕，一同在逃罪犯。王銀銀所責相同。及責得定問王銀銀親事人秦二狀招，元與訖王清把定物折鈔二十八兩，却不合私下受訖鄭信打合物折鈔四十兩罪犯，并媒人王玉等各各詞因。除將鄭窩窩枷禁，及於秦二名下追到不應物折鈔四十兩，聽候。所有王清母阿張受訖秦二把定物折鈔二十八兩，合無追没。乞照驗事。省部照得至元八年十二月欽奉聖旨節該：小娘根底、阿嫂根底收者。麽道，欽此。仰欽依聖旨事意，即將鄭窩窩疏放，將王銀銀分付鄭窩窩收續爲妻。仍將追到秦二元受鄭信錢物給主。據王阿張接訖秦二錢物折鈔二十八兩，追付秦二收管施行。

《元典章》卷一八《户部・婚姻・收繼・叔收兄嫂》　至元十年，中書户部符文：

來申：付望伯告：兄付二因病身死，抛下妻阿牛。望伯問過父母，將嫂阿牛依體例收了。并牛望兒狀告：付望伯將望兒欺騙，情願在家守服。取到一干人詞因。府司照得付望伯見有妻子，先曾於伊父母説要接續阿牛，不肯允許。有付望伯爲父母不在家，强行奸訖，以致阿牛歸家去訖。有公公付義、婆阿丘義許，不教男付望伯收接，只令阿牛本家恩養孫兒守志。此係爲例事理，未敢懸便。乞照詳事。省部相度，牛望兒雖欲恩養兒男守志，其付望伯已將本婦强要奸污，況兼付望伯係牛望兒亡夫親弟，欽依已降聖旨事意，合准已婚，令小叔牛望兒收繼爲妻。合下，仰照驗施行。

《元典章》卷一八《户部・婚姻・收繼・定婚收繼》　至元十年三月二十二日，中書户部符文：

滑州趙用告與張鑄换親，男趙臉兒定伊女月兒爲妻。未婚，男因病身死，欲令次男趙自當收繼，不肯事。省部相度，終是已定妻室，亦合欽依聖旨小叔收阿嫂事理，接續施行。

《元典章》卷一八《户部・婚姻・收繼・弟收嫂出舍另居》　至元六年，樞密院承奉中書省劄付：

〔來呈：〕劉從周告：有弟妻許迎仙犯奸斷訖，依舊爲妻。今有弟因病身死，見有兩個弟合收繼許迎仙，有伊父母不肯分付。行下本路，取問得許迎仙父許德稱：係本縣附籍軍户。至元三年三月内，召到劉瘦漢，於德女迎仙處作十七年出舍女婿，見有立到婚書。緣婿劉瘦漢未曾住滿年限，不曾令女迎仙前去。乞照詳事。省府今擬，令故劉瘦漢弟劉犍犍於許德家内收繼伊嫂許迎仙，出舍另居。除外，行下合屬，依上施行。

《元典章》卷一八《户部・婚姻・不收繼・抱乳小叔不收繼》　至元十四年正月初九日，順天路奉到尚書户部符文：

〔來申：〕録事司俗儒人完顔思政告：親家徐旺將收男婦丑丑取唤伊家住坐，不令回還。然雖服闋，合令次男騶虞收斷爲妻。得此。取到一干人詞因，乞照驗事。省部相度，據亡男婦阿徐既是守服已闋，及曾將小叔騶虞從小乳抱，又兼年甲争懸一倍，不願接續。況徐旺年老孤獨，别無兒女侍奉，難議收繼。仰更爲引審，别無差異，即令徐丑依理待養伊父徐旺住坐，無得違錯。

《元典章》卷一八《户部・婚姻・不收繼・叔嫂年甲争懸不收》　至元十八年四月，中書禮部：

來申備曲周縣申，軍户許阿趙與步大争親公事。得此。照得先據平陽路申：軍户路顯告：立媒下財，定問得崔惠女勝兒與男路重興爲妻，重興因病身故，欲令次男四兒收繼。其親家崔惠，將勝兒聘與李孫兒爲妻。省部議得，崔勝兒年一十八歲，路四兒纔方九歲，年甲争懸，難以收繼。擬令於崔惠名下追回路顯元下財錢，候路四兒長立成人，别娶妻室。令崔勝兒依已定，改嫁李孫兒爲婦，似爲相應。呈奉都堂鈞旨：送禮部，准呈施行。奉此。行下本路照會去訖。今據見申事理，省部相度，步春連兒年二十八歲，小叔許廣驢一十二歲，年甲争懸。又兼步春兒已嫁劉四爲妻。仰依例施行。

《大明令・户令・指腹為親》　凡男女婚姻，各有其時。或有指腹割衫襟爲親者，並行禁止。

《大明令・户令・招婿》　凡招婿，須憑媒妁，明立婚書，開寫養老或出舍年限。止有一子者，不許出贅。如招養老女婿者，仍立同宗應繼者一人，承奉祭祀，家産均分。如未立繼身死，從族長依例議立。

《皇明條法事類纂》卷一三《户部類・男女先曾聘定父母臨危招〔姻〕〔婚〕婚成不斷離異》　一件，建言修省事。弘治二年十月内，大理寺左寺丞楊奏。該刑部等衙門尚書等官何等會議，題准通行内外問刑衙門，今後遇有〔許〕〔訐〕告服内成婚者，務要拘提媒證詳審明白。果係親病已危，從尊長之言召婿、納婦者，即與分豁，止坐主婚，免其離異。若親死在床，雖未成服，輒行婚配者，仍依律問斷離異。

〔明〕余自强《治譜》卷四《詞訟門・婚姻》　一、男女婚姻，有下過聘禮又將女别聘，若媒證明白，自宜斷還前夫。若已經過門，則落花覆水，自是棄物。倘無大關係，只在父母處倍斷財禮更便。若婦家不願，尤不宜强之，恐生變也。如前夫久客不歸，其妻别賣，亦不必再斷合也。若爲家貧，或因疾病賣妻，只宜一槩不行，不然告者衆矣。如係先姦後娶，或有婦而買有夫之妻爲妾，或謀娶，或準折，其情可惡，又不在此論也。

《大清律集解附例》卷六《户律・婚姻・强佔良家妻女》　凡豪强勢力之人，强奪良家妻女，姦佔爲妻妾者，絞。監候。婦女給親。婦歸夫，女歸父。配與子孫、弟姪、家人者，罪罪歸所主。亦如之。所配男女不坐。仍離異，給親。

條例

强奪良人妻女，賣與他人爲妻妾，及投獻王府並勳戚勢豪之家者，俱比照强奪良家妻女姦佔爲妻妾絞罪，奏請定奪。

《少數民族法典法規與習慣法・鄉規民約・同治婚規碑》　第一條一議□□□□□□□□□□

第二條一議討外甥□□□□□□□□

第三條一議□□□□□□□□□□□

第四條一議討外甥女，男家罰牛八隻，錢三十千。

第五條一議上户財禮二十四千文，中户十八千文，下户十二千文，衆議不准多要。

第六條一議寡婦財禮，放水牛二隻，錢六百文，窮者錢三百文。

第七條一議犯姦者，案犯上户罰錢二十千文，中户十八千文，下户九千文。

大清同治二年三月立。

紀事

《三國志》卷一一《魏志・邴原傳》　邴原字根矩，北海朱虚人也。少與管寧俱以操尚稱，州府辟命皆不就。黄巾起，原將家屬入海，住鬱洲山中。【略】

後得歸，太祖辟爲司空掾。原女早亡，時太祖愛子倉舒亦没，太祖欲求合葬，原辭曰：合葬，非禮也。

《三國志》卷二〇《魏志・鄧哀王冲傳》　年十三，建安十三年疾病，太祖親爲請命。及亡，哀甚。【略】言則流涕，爲聘甄氏亡女與合葬。

《後漢書》卷一下《光武帝紀》　〔建武七年五月〕甲寅，詔吏人遭饑亂及爲青、徐賊所略爲奴婢下妻，欲去留者，恣聽之。敢拘制不還，以賣人法從事。【略】

〔十三年〕冬十二月甲寅，詔益州民自八年以來被略爲奴婢者，皆一切免爲庶（民）〔人〕；或依託爲人下妻，欲去者，恣聽之；敢拘留者，比青、徐二州以略人法從事。

《魏書》卷七上《高祖紀》　〔太和二年〕五月，詔曰：婚娉過禮，則嫁娶有失時之弊；厚葬送終，則生者有糜費之苦。聖王知其如此，故申之以禮數，約之以法禁。迺者，民漸奢尚，婚葬越軌，致貧富相高，貴賤無别。又皇族貴戚及士民之家，不惟氏族，下與非類婚偶。先帝親發明詔，爲之科禁，而百姓習常，仍不肅改。朕今憲章舊典，祗案先制，著之律令，永爲定準。犯者以違制論。

《梁書》卷二八《韋放傳》　初，放與吴郡張率皆有側室懷孕，因指爲婚姻。其後各産男女，未及成長而率亡，遺嗣孤弱，放常贍卹之。及爲北徐州，時有勢族請姻者，放曰：吾不失信於故友。乃以息岐娶率女，又以女適率子，時稱放能篤舊。

《隋書》卷七六《文學傳・崔儦》　開皇四年，徵授給事郎，尋兼内史舍人。後數年，兼通直散騎侍郎，聘于陳，還授員外散騎侍郎。越國公楊素時方貴倖，重儦門地，爲子玄縱娶其女爲妻。聘禮甚厚。親迎之始，公卿滿座，素令騎迎僬，僬故敝其衣冠，騎驢而至。

《舊唐書》卷八〇《褚遂良傳》　時薛延陀遣使請婚，太宗許以女妻之，納其財聘，既而不與。遂良上疏曰：

臣聞信爲國本，百姓所歸，是以文王許枯骨而不違，仲尼寧去食而存信。延陀囊歲乃一俟斤耳，值神兵北指，盪平沙塞，狼山、瀚海，萬里蕭條，陛下兵加諸外而恩起於内，以爲餘寇奔波，須立酋長，璽書鼓纛，立爲可汗。其懷恩光，仰天無極，而餘方戎狄，莫不聞知，以共沐和風，同淪恩信。頃者頻年遣使，請婚大國，陛下復降鴻私，許其姻媾。於是報吐蕃，告思摩，示中國，五尺童子人皆知之。於是御幸北門，受其獻食，于時百僚端笏，戎夷左袵，虔奉歡宴，皆承德音，口歌手舞，樂以終日。百官會畢，亦各有言，咸以爲陛下欲得百姓安寧，不欲邊境交戰，遂不惜一女而妻可汗，預在含生，所以感德。今一朝生進退之意，有改悔之心，臣爲國家惜兹聲聽。

《舊唐書》卷八六《懿德太子重潤傳》　懿德太子重潤，中宗長子也。【略】重潤風神俊朗，早以孝友知名，既死非其罪，大爲當時所悼惜。中宗即位，追贈皇太子，謚曰懿德，陪葬乾陵。仍爲聘國子監丞裴粹亡女爲冥婚，與之合葬。

《舊唐書》卷八六《高宗中宗諸子傳》　咸亨二年，駕幸東都，留太子於京師監國。時屬大旱，關中饑乏，令取廊下兵士糧視之，見有食榆皮蓬實者，乃令家令等各給米使足。是時戴至德、張文瓘兼左庶子，與右庶子蕭德昭同爲輔弼，太子多疾病，庶政皆決於至德等。時義陽、宣城二公主以母得罪，幽于掖庭，太子見之驚惻，遽奏請令出降。又請以同州沙苑地分借貧人。詔並許之。又召詣東都，納右衛將軍裴居道女爲妃。所司奏以白雁爲贄，適會苑中獲白雁，高宗喜曰：漢獲朱雁，遂爲樂府；今獲白雁，得爲婚贄。彼禮但成謠頌，此禮便首人倫，異代相望，我無慚德也。裴氏甚有婦禮，高宗嘗謂侍臣曰：東宫内政，吾無憂矣。

《舊唐書》卷二〇〇上《高尚傳》　高尚，幽州雍奴人也，本名不危。母老，乞食於人，尚周游不歸侍養。寓居河朔縣界，與令狐潮鄰里，通其婢，生一女，遂收之。

《新唐書》卷一一三《蕭至忠傳》　時楚客懷姦植黨，而韋巨源、楊再思、李嶠務自安，無所弼正，至忠介其間，獨不詭隨，時望翕然歸重。帝亦曰：宰相中，至忠最憐我。韋后嘗爲其弟洵與至忠殤女冥婚。至忠又以女妻后舅崔從禮子無詖。兩家合禮，帝主蕭，后主崔，時謂天子嫁女，皇后娶婦。

（宋）李燾《續資治通鑑長編》神宗熙寧十年十二月〔壬寅〕御史黄廉言：聞百姓傅澤妻常經開封府判狀，以夫出外不知消息，許令改嫁，後判官蘇涓雇以爲婢。近因澤還家論理，有司欲坐其妻之父罪，而同列有疑之未决者。案涓既是開封官屬，必知澤妻妄乞改嫁，而令人宛轉雇買，乞盡理推治。詔權發遣開封府許將根究以聞，仍權以判登聞檢院杜訢與涓易任，已而根究至，該疏决，乃止出涓知壽州。

（宋）宇文懋昭《大金國志》卷三九《婚姻》　〔父〕死則〔mathrm〕〔妻〕其〕母，兄死則〔妻〕其嫂，叔伯死，則姪亦如之。無論貴賤，人有數妻。

《金史》卷六《世宗紀》　〔大定九年正月〕丙戌，制漢人、渤海兄弟之妻，服闋歸宗，以禮續婚者，聽。

《宋史》卷一一五《禮・嘉禮・諸王納妃》　宋朝之制，諸王聘禮，賜女家白金萬兩。敲門，即古之納采。用羊二十口、酒二十壺、綵四十匹。定禮，羊、酒、綵各加十，茗百斤，頭須巾段、綾、絹三十匹，黄金釵釧四雙，條脱一副，真珠虎魄瓔珞、真珠翠毛玉釵朵各二副，銷金生色衣各一襲，金塗銀合二，錦繡綾羅三百匹，果槃、花粉、花冪、眠羊卧鹿花餅、銀勝、小色金銀錢等物。納財，用金器百兩、綵千匹、錢五十萬、錦綺、綾、羅、絹各三百匹，銷金繡畫衣十襲，真珠翠毛玉釵朵各三副，函書一架纏束帛，押馬函馬二十匹，羊五十口，酒五十壺，繫羊酒紅絹百匹，花粉、花冪、果盤、銀勝、羅勝等物。親迎，用塗金銀裝肩輿一，行障、坐障各一，方團掌扇四，引障花十樹，生色燭籠十，高髻釵插并童子八人騎分左右導扇輿。其宗室子聘禮，賜女家白金五千兩。其敲門、定禮、納財、親迎禮皆減半，遠屬族卑者又減之。

政和三年四月，議禮局上皇子納夫人儀。【略】告吉。使者曰：官占既吉，奉制以告。儐者入告，主人曰：臣某之子，愚弗克堪。占貺之吉，臣與有幸。臣某謹奉典制。

告成。使者曰：官占云吉，嘉偶既定，制使某以儀物告成。儐者入告，主人曰：奉制賜臣以重禮，臣某謹奉典制。

告期。使者曰：涓辰之良，某月某日吉，制使某告期。儐者入告，主人曰：臣某謹奉典制。

前期，太史局擇日，奏告景靈宮。

賜告。前一日，主人設使者次，如常儀，使者以内侍爲之。又設告箱之次於中門外，北向，隨闕所向，設香案於寢庭。其日大昕，使者公服至，主人出迎於大門外，北向再拜，使者不答拜。謁者引使者入門而左，主人入門而右，舉告箱者同入。主人立香案左，使者在右。舉告箱者以告置于香案。女相者引夫人出，面闕立，使者稱有制，女相者贊再拜，使者曰：賜某國夫人告。又贊再拜，退，使者出。

皇帝醮戒於所御之殿，皇子乘象輅親迎。同牢、夫人朝見、盥饋、皇帝皇后饗夫人如儀。

《宋史》卷二四二《后妃傳·馮賢妃》 妃以良家女，九歲入宮。及長，得侍仁宗，生邢、魯國二公主。

《宋史》卷二四三《后妃傳·光宗慈懿李皇后》 及太子即位，册爲皇后。后請立嘉王爲太子，孝宗不許。后曰：妾六禮所聘，嘉王，妾親生也，何爲不可？孝宗大怒。

《宋史》卷二四三《后妃傳·林賢妃》 林賢妃，南劍人，三司使特之孫，司農卿洙之女。幼選入宮，既長，遂得幸，封永嘉郡君，升美人。生燕王俁、越王偲、邢國公主，進婕妤。

《宋史》卷三三二《李師中傳》 嘗出鄉亭，見戎人雜耕，皆兵興時入中國，人藉其力，往往結爲婚姻，久而不歸。師中言若輩不可雜處，言之經略使，并索旁郡者，徙諸絶塞。

《宋史》卷三四二《王巖叟傳》 哲宗方選后，太皇太后曰：今得狄諮女，年命似便，然爲是庶出過房，事須評議。巖叟進曰：按《禮經·問名篇》，女家答曰：臣女，夫婦所生。及外氏官諱，不識今者狄氏將何辭以進？議遂寢。

（明）劉球《兩谿文集》卷二三《孺人孫氏墓誌銘》 孺人諱某，字某，姓孫氏，世家句容，與同邑張氏素以閥閱相高。有張傑士曰：穀賓與孺人之父國善相得甚，穀賓子伯安與孺人在娠時，二家已相約曰：幸生男女，當爲婚姻。生來十歲，穀賓以訴其弟之冤不勝，死之，而家亦没。伯安以没丁隨母與兄戍崇山，稍長，奉母兄命還鄉請婚。孫氏父母謂孺人曰：張氏落寞至此，今來請婚，不許則負約，許之則不堪汝之棄外罹窮苦。孺人曰：窮苦，命也，約不可負。遂具嫁裝遣。

（清）龍文彬《明會要》卷一四《禮·婚禮》 洪武元年，令：民間婚娶，並依《朱子家禮》。又令：男女婚姻各以其時。或有指腹、割衫襟爲親者，並行禁止。

十二月，定皇太子親王士庶婚禮。

五年，詔曰：古之婚禮，結兩姓之歡，以重人倫。近世以來，專論聘財，習染奢侈。宜令中書省集議，定制頒行，務從節儉，以厚風俗。違者，論罪如律。

十七年十二月，翰林院待詔朱善上疏，論昏姻律。曰：民間姑、舅及兩姨子女，法不得爲婚。仇家詆訟，或已聘見絶，或既婚復離。甚至兒女成行，有司逼奪。按舊律：尊長卑幼相與爲婚者，有禁。蓋謂母之姊妹與己之身，是爲姑、舅、兩姨，不可以卑幼上匹尊屬。若姑、舅、兩姨子女，無尊卑之嫌。成周時，王朝相與爲婚者，不過齊、宋、陳、杞，故稱異姓大國曰伯舅，小國曰叔舅。列國齊、宋、魯、秦、晋，亦各自爲甥舅之國。後世晋王、謝，唐崔、盧、潘、楊之睦，朱、陳之好，皆世爲婚媾。温嶠以舅子娶姑女，吕榮公夫人張氏即其母申國夫人姊女。古人如此甚多。願下群臣議，弛其禁。從之。

二十六年正月，重定諸王、公主婚禮。

永樂十四年四月，定皇太孫婚禮。儀仗如親王，降皇太子一等，而用象輅。

深澤知縣王源勸民及時嫁娶，革其爭財之俗。

明興，諸帝即位後，行册立禮。正統七年，英宗大婚，始定儀注。

天順八年，憲宗即位。有司以遺詔請大婚。南京吏部侍郎章綸言：山陵尚新，元朔未改。百日從吉，心寧自安。陛下踐阼之初，當以孝治天下。三綱五常，實原於此。乞俟來春舉行。議雖不從，天下咸重其言。

成化十八年十一月，禁諸王府不得與親屬爲婚。

正德元年七月，帝將大婚，詔取太倉銀四十萬兩。御史趙佑言：左右以婚禮爲名，將肆無厭之欲。計臣懼禍而不敢阻，閣臣避怨而不敢争。用如泥沙，坐致耗國。韓文亦連疏請，命減四之一。

嘉靖元年九月乙巳，以大婚期近。遣徐元祚告天地，郭勛告太廟。刑部尚書林俊上言：今日之最急者，惟取法祖宗，躬行節儉。茲大婚屆期，六禮之儀，固不可缺，中外賞犒，爲費尤多。時絀舉贏，其何能濟？願一切罷省，崇節儉以爲天下先。詔褒納之。

舊制：立后謁内廟而已。嘉靖十三年正月，立皇后方氏，下禮臣議廟見禮。於是群臣議，以天子立三宫以承宗廟，《禮經》有廟見之文。乃考據《禮經》，參稽《大明集禮》，擬儀注以上。至期，帝率后謁太廟及世廟。

三十二年正月，詔裕王、景王出邸，同日婚。禮部尚書歐陽德以裕王儲貳，不當出外，疏言：曩太祖以父婚子，諸王皆處禁中。宣宗孝宗以兄婚弟，始出外府。今事與太祖同，請從初制。帝不許。德又言：《會典》醮詞，主器則曰承宗，分藩則曰承家。今裕王當何從？帝不悦，然終諒其誠，婚亦竟不同日。

萬曆六年，帝大婚屆期，以張居正充納采、問名副使，吉服從事。給事中李涞言：大婚重典，而使居正變服從吉，駭觀聽，不宜。乞别簡用。不聽。

十年議准：宗室奏選正配，仍奏請封號。俟有成命，方許成婚。若成婚在未封之先者，謂之擅婚。所生之子，止許請名，不許請封。

又議准：宗室子女年十五以上，奏行本境内官軍、軍民之家及居官入籍年久者選擇婚配。雖係重結王親，亦必服屬無礙，方准題請授封成婚。

二十四年四月，以諸皇子婚，詔取太倉銀二千四百萬兩。户部告匱，命嚴覈天下積儲。

契約文書

《中國歷代契約會編考釋·明天啓三年祁門縣張積投贅應役文約》

港口莊人張積今空身投到十五都奇嶺鄭老爹家浮梁鎖埠墳下，招贅原莊人天壽婦爲妻。自情願托中立還文約，前去看守墳墓，耕種田地，照管山場，小心（伏）〔服〕侍，永遠應付。不敢私自逃回，侵犯抵觸等情。其原夫子女撫養婚娶，悉身承管。所種田地，不敢私自變賣。如違，聽自房東理治無詞。今恐無憑，立還投主文約爲照。

天啓三年十一月十八日立投主文約莊人張積（押）

中見親叔　張貞（押）

張仙（押）

《中國歷代契約會編考釋·明崇禎十四年徽州謝良善等代莊僕招親婚書》安山立代招親婚書房東謝良善、謝用明等，今有莊僕汪有壽，自幼父母繼亡，次弟逃散，三弟衆賣樟村度活。今有壽孑立，日食難度，飄流無倚，向在外境傭工糊口，房屋傾頹，二門主衆商議久已拆毁，身無所栖，且年登二旬有五，無力婚娶，若不代爲招親，汪僕一脈誠恐湮没矣。今有本族謝正仁家有使女，是有壽凂求二門房東主婚，前往招到房東謝正仁使女爲妻，議定填工貳拾貳年，以准婚娶財禮之資。工滿，聽自夫婦回宗。日後生育，無問男女，聽留一賠娘。所有二門主衆當受酒禮銀訖。二門人衆，每房議一、二人畫押爲憑，餘外房東家不齊，不得生端異説。今恐無憑，立此招親婚書爲炤。

再批：二門婚姻喪祭，炤舊應付毋詞。衆批。

崇禎十四年八月二十二日立代招親婚書謝良善（押）

謝孟禮（押）

謝正宗

謝正修（押）

謝士俊（押）

謝用明（押）

順治九年十二月卅日，汪有壽因前妻富喜不幸先年病故，思以失配，無力再娶，托憑二門主衆復浼求妻主將使女聯喜另招爲妻，所有禮（艮）〔銀〕無措，衆議著壽身照舊外填工拾年，以准復招財禮。日後生育男女，聽妻主使喚，二門毋得異言。此炤。

衆批。

謝用時（押）
謝泰來（押）
謝廷庸（押）
謝友端（押）
謝正憲（押）
謝正綬（押）
謝士榮（押）
謝立成（押）
謝嘉（押）書

《中國歷代契約會編考釋·明萬曆二十一年徽州程祜一投贅應役文約》

十六都程祜一今因無妻空身，托媒投贅房東鄭臣五公焦坑口莊人鄭五孫媳吴氏爲妻，撫育子女成人，養鄭五年老，及承種田地，照管山場，永遠應付。自投贅之後，務要小心（伏）〔服〕侍，毋得言語抵（畜）〔觸〕，私自回祖。如違，聽自房東理治，納還財禮銀壹拾五兩整。今恐無憑，立此爲炤。

萬曆二十一年六月廿日立投約人程祜一（押）
代書媒人鮑　志（押）

《明清徽州社會經濟資料叢編》第一集《胡音十賣男婚書》

立賣婚書十二都住人胡音十，今因缺食，夫婦商議，自情願將男胡懶佪乳名昭法，命係辛丑年三月十五日申時，憑媒説中出賣與家主汪□□名下爲僕，三面議作財禮銀叁兩伍錢整。其銀當日收足。其男成人日後，聽從家主婚配，永遠子孫聽家主呼喚使用，不得生心異變。如有等情聽從家主呈公理治〔直〕。恐後無憑，立此賣男婚書存照。

長命富貴
婚書大吉

嘉靖三十年二月三十日　立婚書人胡音十
婚人　胡永道
中見人　汪玄壽

《明清徽州社會經濟資料叢編》第一集《程普庵轉賣義男文書》

立文書〔人〕程普庵，今將討養義男可旺，轉賣與本都三圖程□□名下爲義男，三面議定財禮銀貳兩伍錢整。其銀當即收訖，聽從過門娶妻婚配使唤。日後永遠即無取贖等情。係是兩相情願，亦非准折之類。倘有内外人異説，俱是本家承當。今恐無憑，立此文契爲照。

萬曆七年四月廿四日立文書　程普庵
憑中　程敬山
程　注
男　程　論

《明清徽州社會經濟資料叢編》第一集《汪滔轉賣義男婚書》

二十□都四圖立婚書人汪滔，今因欠少使用，自情願憑中將自己義男天保，命係己巳年七月□□□日戌時生，轉賣與十九都三圖程名下爲義男，接授財禮紋銀貳兩捌錢整。其銀當〔即〕收足，聽從使喚，再無異説。倘有來歷不明，内外人等異説，俱是本身承當，不干買人之事。日後倘有走躲，俱是本身跟尋送交，再無難異，亦無許取贖之説。今恐無憑，立此婚書爲照。

萬曆八年八月初十日立婚書人　汪　滔
中見人　朱一紹
嬌　姑
媒人　唐孫嫂
九付嫂
愛　姑

《臺灣私法人事編·婚姻·變例之婚姻·招壻·招壻字據·招壻字》

立招壻字人内埔莊劉思輝同姪劉阿進等，因有姪女乳名阿俤，年登二十三歲，今托媒人劉戊妹，招得李官生結爲夫婦，憑媒言定領得招媒身價金貳拾四元正。自招之後，要同姪阿進居處，俟進長成後，任從官生夫妻别處，不敢異言。至若日後生子，長子歸於李姓，次子歸還劉姓，以爲劉家後裔，其餘俱歸李姓。此係經媒人以及族戚等三面言定，兩無逼勒，惟願祖宗庇佑，螽斯振振，瓜瓞綿綿。此係二比甘願，恐口無憑，立招壻字一紙，付執爲據。

即日實領到招壻字内身價金貳拾四圓正，立批。

光緒二十七年庚子歲十一月　日　説合媒人　劉戊妹

阿二

在場人族　巨泉

戚　邱木生

阿田

姊夫　李阿雲

立招壻字人　劉思輝

代筆人　李登賢

《臺灣私法人事編·婚姻·變例之婚姻·招壻·招壻字據·招贅壻字》

立出招贅壻字人鳳山縣下淡水港東中里琉球嶼三板路莊陳贛人，因早年自幼養女，取名格凉，至今長成，尚未婚配，思之無奈，兩家同托中引就，與本莊許大丙入贅爲壻，限至八年完滿，願備出銀叁拾大圓與丙夫婦回家，以爲家費，不得阻擋刁難；若非期限完滿，丙願備花銀聘禮六拾大圓，聽他夫婦回家。二比甘願，各無反悔，口恐無憑，今欲有憑，合立贅壻字一紙，付執永遠存照。

光緒二十九年元月　　日

爲中人　鄭　文

立出招招贅壻字人　陳戇人

代書人　洪　章

《臺灣私法人事編·婚姻·變例之婚姻·招壻·招壻字據·招孫贅字》

立招孫壻字人頓物莊傅德興，率男炳生，生有一女，年登二十一歲，乳名阿妹，招得本莊張阿寶爲孫壻，當日憑媒言定寶與妹結成偕老夫妻，自在傅家圖爲創業，聽岳父母命，限至五年爲滿，然後夫妻携手同歸，生育男女，次三子任從傅家選擇爲嗣，其餘皆爲張姓之子。惟願子孫濟濟，瓜瓞綿綿，是所厚望也。恐口無憑，立招孫壻字壹紙，付執爲據。

即日批明：本日備明席銀六元正。

再批明：倘不遵書辭五年之數，要聘禮銀叁拾六元。

辛丑十二月三十日

說合媒人　張防智

在見人　吴阿玉

弟細春

立招孫壻字人　傅德興

代筆人叔　阿　水

《臺灣私法人事編·婚姻·變例之婚姻·招壻·招壻字據·招姪壻字》

立出招姪壻字人履豐莊陳佑郎，因有姪女，乳名喜妹，年二十五歲，前時招得二崙莊宋壽興，不幸壽興早年身故，家中淡薄，難以養育，宋家又無可依賴，因托得本莊吴阿連之妻張氏爲媒，復招得頭崙莊謝水生之子阿眉，永遠爲妻，教訓成人。即日憑媒三面言定，備出招字光洋銀四大圓正。招入家中，勤家創業，料理陳、宋兩家廬墓。自招以後生有子，長歸於謝家，至二三子，不拘年紀，總以一子承陳、宋兩姓香煙，日後不敢反悔，螽斯振振，瓜瓞綿綿，是所厚望也。口恐無憑，立出招姪壻字兩紙，各執一紙爲據。

即日實收過招字光洋銀四大圓正，再炤。

又批明，一年半載夫妻帶回，願備出身價銀叁拾六圓正，立批。

又批明：倘僅生一子，係歸於三姓爲嗣，立批。

光緒二十八年十一月　　日

說合媒人　張　氏

秀二　添發　張連興

在見人　滿郎

阿英　連發　張順德

阿鳳　安古　宋成安

立出招姪壻字人　陳　佑　郎

代筆人　張　添　發

《臺灣私法人事編·婚姻·變例之婚姻·招壻·招壻字據·出贅字》

立出贅字人葫蘆墩街劉琳之弟，名唤妹，年方貳拾壹歲，四月初三日出生。竊思男女居室，乃本人生之大倫，今因憑媒說合，出贅於東勢莊林安之長女，名唤葱爲妻，擇吉登門。當日妹備出聘儀拾六大員，交付林家爲酒席眠帳之資，限贅六全年；若是年限未滿，妹要備出聘禮叁拾大員，交付於林家爲聘儀之費；若是奉養岳父母百年偕老，日後有大振家聲，兩姓均分。螽斯振振，瓜瓞綿綿，口恐無憑，今欲有憑，立出贅字一紙，付執爲炤。

批明：同媒是日備出聘儀拾六大員，交於林家收入，批炤。

再批明：妹每全年要備出龍銀貳拾八大員，付於岳父、母收入，爲作家費，再炤。

光緒甲辰年舊曆十月　日　爲媒人　楊　卻

謝　春

代筆人　林添掌

立出贅字人　劉　琳

《臺灣私法人事編·婚姻·變例之婚姻·養媳·普通養媳字據·媳婦字》　入門進益

立媳婦字人郡城内樣仔林高虎，因妻去世，遺一次女，名曰甜，年方三歲。自思在外奔走生理，不能撫，憑中蔡進涼引與馬公廟黄旦爲子媳，不取聘金，聽其撫養長大，與子扁老作爲夫妻，永結兩姓之好。立字之後，即擇良辰吉旦，憑媒送去，永無後言。此係二比甘願，各無反悔，口恐無憑，今欲有憑，立媳婦字壹紙，送付存炤。

光緒二十三年四月　日　爲媒人　蔡進涼

立媳婦人城内樣仔林　高　虎

代書人　陳　成

《臺灣私法人事編·婚姻·變例之婚姻·養媳·賣身契字》　立賣身契字人八罩島將軍灣鄉百三番户葉陳氏情涼，親生第二胎女兒，名曰拈涼，本年十一歲，四月初一日未時生，因先夫早逝，兼之年景不佳，無力養成，無奈，托出媒人引賣與媽宫城内南町二丁目八十八番户鄭磬秋先生爲媳。即日同媒收領來龍銀肆拾貳元，隨將拈涼交過買主承養使唤，任聽改名，日後長大成人，配與鄭磬秋先生之子爲妻，聽從其便，與情涼不相干涉。此係兩願，並無翻異，恐口難憑，合立賣身契字壹紙，付執存證。

即日同媒收過七三龍銀肆拾貳元足，再炤。

光緒二十八年壬寅八月三十日

賣女契字人

八罩島將軍灣鄉百三番户

親母　葉陳氏情涼

作媒人

同灣同鄉百三十八番户

張侯涼

代書人

文灣鄉百四番户

蘇玉亭

《臺灣私法人事編·婚姻·蓄妾·賣身妾字》　立賣身妾字人林有章，有同結髮妻陳氏生下長女一人，名唤王蓮，年登十五歲，當時及笄，尚未婚嫁。今因家中貧苦，日食難度，願將此長女字於人爲妾，是以托媒人撮合於吴敏官，出賣以爲小妾。即日三面議定身價銀貳百大元正；其銀有章同媒親收足訖，其女聽吴敏官擇日完娶過門爲妾。保此女係有章同妻陳氏親生之長女，並無別收他人聘禮及拐騙來歷不明等情；如有此事，有章一力出首抵擋，不干買主之事。自過門之後，生子傳孫，繼繼承承，是有章所厚望也。一賣千休，萬藤永斷，口恐無憑，今欲有憑，即立賣身妾字壹紙，付買主收執，爲後日之炤。

即日有章同媒親收過字内洋銀貳佰大元正足訖，炤。

光緒十二年十二月　日　代筆人　蔡文炳

爲媒並保證人　康阿秀

場見人　親母　陳　氏

立賣身妾字人　親父　林有章

《臺灣私法人事編·親子·養女契字·嫁養女字》　立嫁養女字人張全等，緣全有自向邱簡氏妹之養女趙氏對，年登十九歲爲養媳，自娶過門不合家教，於是托媒引就賣與林莫爲妻。時同媒三面議定估值身價銀七拾大元正；即日同媒交張全親收足訖，隨將此養媳對娘聽林莫擇吉娶過門爲妻。保此養媳係是張全承過邱簡氏妹之養女，並無來歷不明；如有不明等情，張全自當出首一力抵擋，不干買主林莫之事。此係二比甘願，各無反悔，口恐無憑，今欲有據，合立賣盡根養媳字壹紙，付執收存爲炤。

即日同媒親收過字内銀七拾大元正足訖，再炤。

光緒三十二年舊曆乙巳月　日　代筆人　黄　内

爲媒人　吴山泉

李　富

在場知見人　張梁氏心

立賣盡根養媳字人　張　全

案例文書

（五代）和凝《疑獄集》卷中《黄霸戮亂》 黄霸魏人也，字次翁，漢宣帝時爲丞相。燕代之間，有三男共妻一女，因生二子。及欲分居，各争其子，遂訟於臺省，求斷之。霸曰：非同人類，當以禽獸處之。遂戮其三男，以子還母。

（明）蘇茂相《新鐫官板律例臨民寶鏡》卷六《婚姻類審語·生離》 伍某入贅黨家婢，議工三年，准作財禮。工滿遣還，情義兩全。見不及此，所以致興生離之訟。據訴，楚地竊金逃走，召帖可證。夫某故終身得妻，必不中途竊本，既竊本逃走，必棄妻不敢復還，況有父母兄弟，肯爲不義而參商其骨肉耶。固知執召帖不若執婚約爲可憑。訟叛誣者不若訟生離之爲實。侍婢合給償工。免供。

（明）蘇茂相《新鐫官板律例臨民寶鏡》卷六《婚姻類審語·停妻娶妾》 審得袁某席父祖創造根基，自身又辛勤恢廓，可稱千金之子。不是材兒抱富，嫡妻某氏靡朝靡夕，黽勉營求生理，盡稱内助。祇裔苗不誕數奇然也。斷娶副妻某氏，實爲覓子承祧，難議停妻娶妻。爲嫡者能效樛木垂恩，自然螽斯衍慶。爲副妻者，肅肅宵征，得抱衾裯，當夕當感懷稱願不暇，故爲勢不相下，交構訟一蚩蚩之氓，據理縮不在良人，而在二内子也。厥後副妻生子，立嫡爲嗣，庶嫡不生而生，不和而和，袁某不念昔日内助勤勞，而念今日悍妒議去，殊爲拂經亂叙，罰穀三十擔，充修理黌宫之費。

（明）蘇茂相《新鐫官板律例臨民寶鏡》卷六《婚姻類審語·贅婢妾婢》 審得周某原用銀四兩，投贅祝家寡婦侍婢秋香爲妻。後因忤觸主母，逐出五年不返。始將婢轉賣某爲妾。贅婢妾婢，前後事俱真的。但秋香歸某家，現今已生子三歲，難以判離。姑從前主名下追銀二兩，後夫名下追銀二兩六錢，給某另娶。悍奴叛主如某，照律杖懲。

（明）張肯堂《𥥆辭》卷三《梅光啓東明人》 東明人梅光啓與高養志甥舅也。光啓貧而無賴，一女即鬻養志爲婢。復偵知王可觀以無子卜妾也，奩緣趙捷屬以蹇修，匿其前情，而許此女爲妾，聘資三十金，約以六月十八日至光啓兄光夏家成禮。即逆以歸，盟言既定，已受青蚨二百，汗巾三方爲插戴矣。先期一日，光啓復至可觀家預索聘禮觀之，可觀故有夙儲布絹銀錢爛然盈几，隨即相對封識，斯時光啓之肺腸叵測，而可觀則已慶事之成矣。厥明，約同趙捷及其侄孫生員王好學、蒼頭張來兒，乘馬策驢，以一囊貯聘物，携酒四瓶，欣然而往。未至光夏家十餘里，忽蘆葦中有人突出擊之，挈囊馳去。可觀愕然，不審爲何人，而趙捷旁觀，則識其爲高養志及其餘黨，不知名三四人也。夫光啓以已售之女許人爲妾，其中已伏騙機，至若養志伏莽要路，則究成搶局矣。竊意可觀一落機穽，三十金已入兩人掌握中，何難談笑掇之，而顧出禦人下策。意者可觀財色兩喪，被騙之故隱忍難言，非此不足以甚其罪乎。況自趙捷而外，更無一人見者，故爲騙較真而坐搶尚未確也。兩罪相鄰，則姑從其輕者。趙捷作媒，雖非本情，然此段惡姻緣作合者，固難辭其咎矣。

《盛京刑部檔案》崇德三年十月 初九日，正白旗雅什塔訟於刑部：我有守寡之子婦，言其父季思哈得疾，於正月間去蓋州歸省。鑲白旗尼堪、毛墨爾根牛録下尼牙哈引星訥之子阿思哈往觀之，我子婦遂更盛服出見。星訥欲娶我未除服之子婦，與其子爲妻，請於巴圖魯郡王，王又遣人至額爾克親王處往議。今我子婦未歸尚在娘家。法司審實，遂議雅什塔子婦應鞭一百，阿思哈應鞭一百，季思哈之妻應鞭一百，穆祜應鞭五十，星訥革職，罰銀百兩，降參政爲理事官，巴圖魯郡王應罰銀二百兩，説合之尼堪罰銀五十兩。奏聞，上命：罰星訥銀百兩，降參政爲副理事官，罰尼堪銀五十兩，穆祜罰以規定之罪，巴圖魯郡王罰銀二百兩，雅什塔子婦或殺或養，交由雅什塔。鞭一百，留養之。

羅奇鞫審

（清）李之芳《棘聽草》卷八《讞詞·婚嫁·分守道一件為强佔民妻事》 審得陳奇經反覆無賴之徒也，有女陳氏於崇禎十七年即受聘於朱應冬之子朱日嵩爲配，元霜既定，終無移易之理；況平日以姻家往來，而爲之冰上人者，即其妻兄朱百九，迄今面質無異。若之何一旦渝前盟，而歸女於何克登也？即奇經充兵，犯事下獄，嗔應冬之不援救，遂以女奉巾櫛於克登，謂克登之能武斷鄉曲，足以相庇乎？謂克登指稱總兵之孫，資其勢儉乎？抑謂克登之豪有力，雖奪日嵩既聘之婦，而法不能加乎？然婚姻所藉爲信者，惟憑媒妁。今朱百九稱係朱聘在先，確然可據。顧問克登之蹇修安在，云作媒之齊安邦、王信現在江西。夫以金屬之人，何以合巹於天涯？即緣之奇，亦奇不至此，斯言誠不足信。彼陳氏者，方且見金夫而忘故劍，前府讞已洞悉情狀，第因水性之婦眷戀情重，故斷歸克登而令倍償朱聘。應冬不顧得銀，復有此控。男女婚媾，實爲人倫之大，律例昭然。若女子之嫁可以豪富易心，則單寒之子皆不得有其室矣。前奇經於府審時即已逸逃，亦足徵其虛，攫數比緝，而今始出，誠法所難貸，應與克登按律杖擬。陳氏仍歸前夫朱日嵩完聚。

（清）李漁《資治新書二集》卷二〇《婚姻·劫女奇冤事》 羅乎中謀親不遂而至於劫，是以强盜之行而結婚媾之局者也。黄世榮之侄女阿綉生而窈窕，人人思得以爲妻，然餌以厚聘者有之，賺以巧術者有之，即求之不得而以大言恐嚇，欲以從賊報於營，通海首於縣者亦有之，未若乎中之敢作敢爲，滅理滅法而竟以搶奪爲事者也。據稱黄阿綉未生之時，其父世貴在日，曾與乎中之父指腹爲婚。夫果若是，則阿綉之生已十七年矣，何及笄以前絶不聞有通好之事，直至桃夭將賦、百兩争迓之年，始有蹇修何雨若者過而問焉，豈非奇葩未艷，蝶使不知，異卉將開，蜂媒即至之故歟？況求者自求，而世榮並未之許，即其所謂十六兩之聘，非聘也，因其完糧無措，欲以腴田二畝暫押於乎中之兄羅毓宇，毓宇付銀而還其券，想即以爲賺婚之由，而世榮莫之知也。夫男女婚娶有時，指腹割襟，律有明禁，況一絲全無，而謂百年已訂，安能起九原二死者而訊之乎？據供，持燈之外並無多人，轎傘之餘別無他物。獨不思，不由情願而强之登輿，則明燈綵轎與明火執杖何異哉？即訊之贋媒何雨若，亦復囁嚅其口，謂十六兩之聘原係代交，但世榮口語模糊，有且待後看之復，則其中情弊不聞可知矣。恃强奪婚，大干法紀，本應離異，但念乎中年齒尚幼，主使由人，況婚已逾時，返非完璧。且訊之阿綉，又俯首無言，懸揣其意，得無有將錯就錯，從一而終之願乎？除重杖乎中外，仍加斷聘銀二十兩給世榮以補不足。羅毓宇矯揉武斷，何雨若左袒占婚，並杖不枉。

（清）葉晟《求芻集·讞語·盜賣活婚事》 審得：吴從禮次女招翚府寧原縣民傅希祥爲壻，以爲侍奉夫妻之計。閱其文約，葢半之子、半壻之也。乃贅未半年，而希祥逃。今閱五年，希祥不歸，復無音信。從禮膝下無兒，既復自憐，又念伊女衣食無靠，於今十一月重招梁園棟，而以此女配。葢父母之心，人皆有之也。但理宜當官告給執照，不應私自重婚。設令傅希祥歸來，從禮誠無以自解於前壻矣。獨可異者，希祥不歸，傅家無語，而長女之夫王國彦儼然執外父而告之，是誠何心？據云曾與同居數月，恐日後有牽連之累，而不知今日已犯干名犯義之愆矣。本應按律究擬，姑念愚昧，責以逐之。異日者傅希祥歸而索妻乎？梅花自能主張，無需外人也。

（清）沈衍慶《槐卿政蹟》卷三《判牘·拐真割實事》 王繼浩童養之婦湯氏，道光十五年因荒出外覓食，時僅十三齡，被蕭天貴拐賣與劉顯仁爲妾。繼浩遠傭粵東，十年始返。入其室不見其妻，自分永悲破鏡。而氏年漸長大，知有故夫，密傳雁訊，拐割之控繼浩，所由不能自已也。但提鞫之下，顯仁係鄉里農民，足不出户，距浩家相去百里，亦烏從拐之而割之。且有蕭天貴婚書，足證其爲誤買，自屬真情。況湯氏於繼浩未遂雙棲，而於顯仁久酣同夢。與其璧返，莫若瓦全。着斷令顯仁出錢二十千文給繼浩具領另娶。轉賣之蕭天貴俟緝獲另結。

（清）李鈞《判語録存》卷三《私嫁子妻事道光十一年十一月初四日》 審得洛陽縣民馬和尚控王長發等搶佔髮妻等情一案。緣馬和尚父馬煥繼娶王馬氏爲室，帶子營虎。惑於讒搆，將和尚及其兩兄永良、永升析出。溺牀第之私，薄庭闈之愛。婦有長舌，維厲之階，可爲痛恨。和尚經伊伯馬炳撫養成人，娶王發合女爲室。嗣於道光九年二月赴山西潞安府賣藥營生，其妻時寄母家。然雙魚有信，屢報平安，共知游人無恙也。距老子昏悖，忽生奇計，捏稱和尚已故，並未謀之王發合，託胡禄爲媒，將王氏改醮王全貴爲室，得財禮錢四十五千。全貴亦知其情曖昧，特以主婚有人恃而不恐，遂於十年十二月初三日夜，隨煥潛赴發合家，誘出該氏，負之而歸。一則情同略賣，貪財而賊父子之恩；一則跡類行强，慕色而蔑婚姻之禮。傷風敗俗，厥罪維均。發合於初四日稟縣，馬炳、馬永升則捨煥而專訟全貴。且以王長發率搶爲詞。爲親者諱，情有可原。該縣未及傳訊，而方外人已行脚歸矣。於是亦以前詞具控。案經本府提訊，復有族鄰三十餘人公詞爲和尚呼冤。乃庭訊之下，馬煥、王全貴猶狡展不承。和尚等惟痛自怨艾，不置一詞。而馬炳勃發天良，以上各情，俱爲本府垂涕泣而道。子誠不可證父，兄何不可許弟耶。馬煥、王全貴俱有應得之罪，徒以事關天性，不欲窮治其獄。但將王氏判歸原夫，免追財禮。既於馬煥曲從寬典，不得不於王全貴有恕辭矣。王長發等即未率搶，從寬勿論。和尚夫婦仍從馬炳過活，王營虎着即歸宗。如敢刻延，准馬氏族衆扭赴本府，從嚴究治。一干省釋，取結附卷，行縣知照。此判。

（清）鍾體志《柴桑傭録》卷一《讞詞·吴春榮控胡穆然案》　訊得吴春榮昔生一女，以無力乳哺棄而不養。經胡穆然之父收養成人，更名謙兒。去秋胡穆然以妻患沈痾，承父母命，納謙兒爲妾。吴春榮聞之不服。旋經中保勸胡穆然，給錢十六串寢事。吴春榮得錢後，復以壓良爲賤等詞，來案具禀。並稱伊女憑向海棠爲媒，自幼抱與胡穆然媳。今乃納作簉室，心實不甘。詰之胡穆然，供稱謙兒係伊父收作婢女，當收謙兒時，伊年未及冠，尚未完婚，何庸養媳？提訊向海棠，所供謙兒生庚暨過門年月，鑿鑿不移。及按之吴春榮原呈，無一符合，顯係捏飾。且難保非向海棠唆使圖詐，着掌責示儆。凡兩姓聯姻，必有庚帖拜柬，彼此互執。今吴春榮所呈庚帖，只載坤造年月，而無乾造，下註姻弟吴某拜。如實有是帖，亦應歸胡姓收執，何以尚在吴家？爾吴家何以無姻弟胡某之柬？聯姻一層，尤無憑信。惟謙兒究係春榮所出，今春榮貧苦無奈，着胡穆然再加給錢十串，以資生理。自後，吴春榮與胡姓仍斷絶往來，不得再向滋衅，致干重咎。切切。取具兩造遵結附卷。案即註銷。

（清）趙幼班《歷任判牘彙記》卷一《判夏永金等堂詞》　訊得陳氏是王龐年髮妻，被夏永金拐匿寧、蘇，業已九載，姦生子女各一。今年正月又被柏世勤在蘇姦拐陳氏來寧，經夏永金找獲，以柏世勤串拐伊妻陳氏等情來縣具控。正提訊間，適王龐年執有原日婚書，隨堂投訊，質之陳氏供認親夫，並稱沙老二係該氏之胞姊丈。再三環質，均屬無異，自應斷令本夫王龐年將陳氏領回團聚，自此破鏡重圓，永諧伉儷。毋令琴向別彈，致啓淫奔之嫌。至夏永金、柏世勤先後姦拐罪應同科，姑念該兩犯俯首認咎，稍予寬仁。飭先各受重責枷號一月，再候發落。陳氏雖係被拐，究亦不安於室，着掌嘴以示薄懲。夏永金與陳氏姦生子女，斷歸夏永金爲後，好爲撫養。飭具遵斷各結附卷。此判。

（清）趙幼班《歷任判牘彙記》卷一《判趙標等堂詞》　誘拐婦女，强賣與人爲妻妾者，例有明條，罪無可逭。丁老太即丁李氏起意拐賣高張氏，串同拐匪趙標及其兄趙成書、其弟趙成吉等一再議賣，皆爲張氏所悉，力拒未成。趙標復思，與張氏成姦，而張氏拚鬧不從。則張氏之志可嘉，趙標之罪尤甚，例應科以重罪。丁慕斗係丁李氏之族侄，供多就避諉爲不知，然既爲高張氏薦事，又復勾串出來，顯係與丁李氏通同一氣，着收所押交。丁李氏到案質訊。高張氏交取的保，候高萬福來案領回完聚。趙標還押，一面仍飭原差嚴緝丁老太即丁李氏並趙成書、成吉等，務獲到案訊究。此判。

（清）趙幼班《歷任判牘彙記》卷一《判張劉氏等堂詞》　劉胡氏之女三姑娘，幼配張劉氏之子長慶爲童養媳。過門數月，忽以姑惡領回，日久不返。嗣又賣與張姓爲妾。當日何能聽其帶回母家，不向原媒理説，又不及時迎娶，原屬自誤。劉胡氏貪財賣女，廉金萬、魯老么訊係串同，均應照例重懲，以儆頹風。今張劉氏供稱，不願再娶三姑娘爲媳，准予免追，姑照新章從寬罰議。斷令劉胡氏退還原日禮洋八十元。廉金萬、魯老么各罰鍰金十二元，合共龍洋一百四元，飭張劉氏如限具領，爲其子長慶另行擇娶。取具兩造甘結，不得再行纏訟。劉胡氏罰洋八十元，願以郭雨亭處押租洋八十元作抵，着原差傳諭郭姓，剋日如數呈繳，以俟飭領完案。廉金萬、魯老么交差具限繳洋。劉胡氏交媒，俟郭雨亭退交押租再釋。張劉氏在外候傳，結附，據暫存。此判。

（清）熊賓《三邑治略》卷四《堂判利川縣任内·訊彭揚科一案》　訊明曾憲佈之女先許配於徐正斌爲媳，因徐正斌之子癱瘓，遂轉許於彭揚科之子爲婚，現據曾憲佈到堂供稱，此女實係仍配徐姓童婚，各憑天命，並未許嫁彭姓。斷令曾憲佈補彭揚科口食六串文，曾憲佈出具身女實係嫁於徐姓，如改嫁外人，願甘坐罪切結。徐正海亦具領人切結，如通同作弊，轉嫁旁人，一律治罪。並着團首翁遠圖仔細訪查，如有另嫁情弊，准該團首據實公禀，傳案重辦，以端風化。此諭。

（清）熊賓《三邑治略》卷六《堂判天門縣任内·訊吴質順一案》　據陳曾氏供，氏翁吴質順，因年荒賣於京出宋河傅姓，得錢壹串，穀壹石，布壹疋。迨後傅姓之子已故，又經傅姓轉賣於馬團劉喜記，後又轉賣於方士鏐家爲婢，又經方姓賣於陳德明爲妾，輾轉多手，甚難究詰。既據曾氏供稱，不願在陳家爲妾，情願仍歸吴姓原配。即斷令此女歸吴質順之子原配領回。至陳德明所去買妾身價，據陳德明供，去錢一百三十串，憑胡梅章過交等語。究意方姓得錢若干，仰即憑人退交陳德名手，其有劉喜記得方姓錢五十六串，由方士鏐另呈請追可也。此諭。

雜録

《詩經・周南・桃夭》

桃之夭夭，灼灼其華。之子于歸，宜其室家。

桃之夭夭，有蕡其實。之子于歸，宜其家室。

桃之夭夭，其葉蓁蓁。之子于歸，宜其家人。

《詩經・召南・鵲巢》

維鵲有巢，維鳩居之。之子于歸，百兩御之。

維鵲有巢，維鳩方之。之子于歸，百兩將之。

維鵲有巢，維鳩盈之。之子于歸，百兩成之。

《詩經・邶風・谷風》

習習谷風，以陰以雨。黽勉同心，不宜有怒。采葑采菲，無以下體。德音莫違，及爾同死。

行道遲遲，中心有違。不遠伊邇，薄送我畿。誰謂荼苦？其甘如薺。宴爾新昏，如兄如弟。

涇以渭濁，湜湜其沚。宴爾新昏，不我屑以。毋逝我梁，毋發我笱。我躬不閱，遑恤我後。

就其深矣，方之舟之。就其淺矣，泳之游之。何有何亡，黽勉求之。凡民有喪，匍匐救之。

不我能慉，反以我爲讎。既阻我德，賈用不售。昔育恐育鞫，及爾顛覆。既生既育，比予于毒。

我有旨蓄，亦以御冬。宴爾新昏，以我御窮。有洸有潰，既詒我肄。不念昔者，伊余來塈。

《詩經・衛風・氓》

氓之蚩蚩，抱布貿絲。匪來貿絲，來即我謀。送子涉淇，至於頓丘。匪我愆期，子無良媒。將子無怒，秋以爲期。

乘彼垝垣，以望復關。不見復關，泣涕漣漣。既見復關，載笑載言。爾卜爾筮，體無咎言。以爾車來，以我賄遷。

桑之未落，其葉沃若。于嗟鳩兮，無食桑葚。于嗟女兮，無與士耽。士之耽兮，猶可說也。女之耽兮，不可說也。

桑之落矣，其黄而隕。自我徂爾，三歲食貧。淇水湯湯，漸車帷裳。女也不爽，士貳其行。士也罔極，二三其德。

三歲爲婦，靡室勞矣。夙興夜寐，靡有朝矣。言既遂矣，至於暴矣。兄弟不知，咥其笑矣。静言思之，躬自悼矣。

及爾偕老，老使我怨。淇則有岸，隰則有泮。總角之宴，言笑晏晏，信誓旦旦，不思其反。反是不思，亦已焉哉。

《詩經·王風·中谷有蓷》

中谷有蓷，暵其乾矣。有女仳離，嘅其嘆矣。嘅其嘆矣，遇人之艱難矣。

中谷有蓷，暵其脩矣。有女仳離，條其歗矣。條其歗矣，遇人之不淑矣。

中谷有蓷，暵其濕矣。有女仳離，啜其泣矣。啜其泣矣，何嗟及矣。

《詩經·鄭風·溱洧》

溱與洧，方渙渙兮。士與女，方秉蕑兮。女曰觀乎？士曰既且。且往觀乎？洧之外，洵訏且樂。維士與女，伊其相謔，贈之以勺藥。

溱與洧，瀏其清矣。士與女，殷其盈矣。女曰觀乎？士曰既且。且往觀乎？洧之外，洵訏且樂。維士與女，伊其將謔，贈之以勺藥。

（南朝宋）劉義慶《世説新語》卷下之上《賢媛》 周浚作安東時，行獵值暴雨，過汝南李氏。李氏富足而男子不在，有女名絡秀，聞外有貴人，與一婢於内宰豬羊，作數十人飲食，事事精辦。不聞有人聲，密覘之，獨見一女子，狀貌非常，浚因求爲妾。父兄不許，絡秀曰：門户殄瘁，何惜一女？若連姻貴族，將來或大益。父兄從之。遂生伯仁兄弟，絡秀語伯仁等：我所以屈節爲汝家作妾，門户計耳，汝若不與吾家作親親者，吾亦不惜餘年。伯仁等悉從命，由是李氏在世得方幅齒遇。【略】王汝南少無婚，自求郝普女。司空以其癡，會無婚處，任其意，便許之。

（唐）牛僧孺《玄怪録》卷二《崔書生》 開元天寶中，有崔書生者，於東周邏谷口居，好植花竹，乃於户外别蒔名花，春暮之時，英蕊芬郁，遠聞百步。書生每晨必盥漱獨看。忽見一女郎自西乘馬東行，青衣老少數人隨後。女郎有殊色，所乘馬駿。崔生未及細視，而女郎已過矣。明日又過，崔生於花下先致酒茗罇杓，鋪陳茵席，乃迎馬首曰：某以性好花木，此園無非手植。今香茂似堪流盼。伏見女郎頻自過此，計僕馭當疲，敢具箄醪，希垂憩息。女郎不顧而過。其後青衣曰：但具酒饌，何憂不至。女郎顧叱曰：何故輕與人言！言訖遂去。崔生明日又於山下别致醪酒，俟女郎至，崔生乃鞭馬隨之，到别墅之前，又下馬拜請。良久，一老青衣謂女郎曰：單馬甚疲，暫歇無傷。因自控女郎馬至堂寢下，老青衣謂崔生曰：君既未婚，予爲聘可乎？崔生大悦，再拜跪，請不相忘。老青衣曰：事即必定，後十五日大吉辰，君於此時，但具婚禮所要，並於此備酒饌。小娘子阿姊在邏谷中，有微疾，故小娘子日往看省。某去，便當咨啓，至期則皆至此矣。於是促行。崔生在後，即依言營備吉席所要。至期，女郎及姊皆到。其姊亦儀質極麗。遂以女郎歸於崔生。母在舊居，殊不知崔生納室。以不告而娶，但啓聘媵。母見女郎，女郎悉歸之禮甚具。經月餘日，忽有一人送食於女郎，甘香特異。後崔生覺慈母顔衰瘁，因伏問几下，母曰：吾有汝一子，冀得永壽。今汝所納新婦，妖美無雙。吾於土塑圖書之中，未嘗識此，必恐是狐媚之輩，傷害於汝，遂致吾憂。崔生入室見女郎，女郎涕淚交下，曰：本侍箕帚，便望終天，不知尊夫人待以狐媚輩，明晨即便請行，相愛今宵耳。崔生掩淚不能言。明日，女郎車騎至，女郎乘馬，崔生從送之，入邏谷三十餘里，山間有川，川中異香珍果，不可勝紀。館宇屋室，侈於王者。青衣百許，迎拜女郎曰：小娘子，無行崔生，何必將來！於是捧入，留崔生於門外。未幾，一青衣傳女郎姊言曰：崔生遺行，使太夫人疑阻，事宜便絶，不合相見。然小妹曾奉周旋，亦當奉屈。俄而召崔生入，責誚再三，辭辯清婉，崔生但拜伏受譴而已。遂坐於中寢對食，食訖，命酒，召女樂洽飲，鏗鏘萬變。樂闋，其姊謂女郎曰：須令崔郎却回，汝有何物贈送？女郎遂出白玉合子遺崔生，崔生亦自留别。於是各嗚咽而出，行至邏谷，迴望千巖萬壑，無徑路，自慟哭歸家。常見玉合子，鬱鬱不樂。忽有胡僧扣門求食，崔生出見，胡僧曰：君有至寶，乞相示也。崔生曰：某貧士，何有見請？僧曰：君豈不有異人奉贈，貧道望氣知之。崔生因出合子示胡僧，僧起拜請曰：請以百萬市之。遂將去。崔生問僧曰：女郎是誰？曰：君所納妻，王母第三箇女玉卮娘子。他姊亦負美名在仙都，况復人間。所惜君娶之不得久遠。倘住一年，君舉家必仙矣。崔生歎怨迨卒。

（宋）李昉《太平廣記》卷三三三《鬼・長洲陸氏女》 三月三日，家人悉游虎丘寺。女年十五六，以無衣不得往，獨與一婢守舍。父母既行，慨歎投井而死。父母以是爲感，悲泣數日，乃權殯長洲縣。後一歲許，有陸某者，曾省其姑，姑家與女殯相近。經殯宫過，有小婢隨後，云女郎欲暫相見，某不得已，隨至其家，家門卑小。女郎靚粧，容色婉麗，問云，君得非長洲百姓耶。我是陸丞女，非人，鬼耳。欲請君傳語與贊府，今臨頓李十八求婚，吾是室女，義難自嫁，可與白大人。若許爲婚，當傳語至此，其人尚留殯宫中。少時，當州坊正，從殯宫邊過，見有衣帶出外。視之，見婦人，以白丞，丞自往。使開壁取某，置之廳上，數日能言，問焉得至彼，某以女言對，丞歎息。尋令人問臨頓李十八，果有之，而無恙自若，初不爲信，後數日乃病，病數日卒。舉家歡恨，竟將女與李子爲冥婚。

（宋）文惟簡《虜庭事實・婚聘》 虜人風俗，取婦於家，而其夫身死，不令婦歸宗，則兄弟侄皆得以娉之。有妻其繼母者，與犬豕無異。漢兒則不然，知其非法也。

（宋）郭茂倩《樂府詩集》卷八五《雜歌謡辭・襄陽歌李白》 落日欲没峴山西，倒著接羅花下迷。襄陽小兒齊拍手，欄街争唱《白銅鞮》。傍人借問笑何事，笑殺山公醉似泥。鸕鷀杓，鸚鵡杯。百年三萬六千日，一日須傾三百杯。遥看漢水鴨頭緑，恰似蒲桃初醱醅。此江若變作春酒，壘麴便築糟丘臺。千金駿馬换小妾，醉坐雕鞍歌《落梅》。車傍側掛一壺酒，鳳笙龍管行相催。咸陽市上嘆黄犬，何如月下傾金罍。君不見晋朝羊公一片石，一作一片古碑材。龜龍剥落生莓苔。淚亦不能爲之墮，心亦不能爲之哀。誰能憂彼身後事，金鳧銀鴨葬死灰。清風朗月不用一錢買，玉山自倒非人推。舒州杓，力士鐺，李白與爾同死生。襄王雲雨今安在，江水東流猿夜聲。

（宋）洪邁《夷堅志庚》卷四《王氏婢》 司農王丞族弟，淳熙中買一妾，立券時，父母先約不可令近水火。久之，主母夜如厠，傍無他人，使攜燭以行。溷未畢，妾忽叫云：這回休也。俄而火從身起，頃刻間悉成灰燼。

（宋）洪邁《夷堅志乙》卷五《扈司户妾》 洪州分寧王氏壻扈司户，自京師買一妾，甚美，攜歸，置于妻家。妻母謂人曰：扈郎妾信美！然語音僅能出口，十句只可辨一二，面目極峭冷，與人寡合，而足絶小，可藏於袴中，類非人間女子。久留不去，非扈氏福也。扈生聞之，疑其妻不能容，故母言如此，未忍決絶。妾來時以白犬自隨，行止飲食不暫捨，逮夜則寢牀下。經一歲，妾入佛堂瞻禮，急大呼乞救，人往視之，則爲犬齧斷一臂，卧血中死矣。犬亦繼死。

（宋）洪邁《夷堅志乙》卷一六《姚氏妾》 會稽姚宏買一妾，善女工庖厨，且有姿色，又慧黠謹飭，能承迎人，自主母以下皆愛之。居數月久，一夕，姚氏舉家覺寒氣滿室，切切偪人，已而聞鬼哨一聲，從窗間出。家人驚怖稍定，方舉燭相存問，獨此妾不見，視其榻，衣裘皆在焉。窗紙上小竅如錢大，不知何怪也。

《元曲選・散家財天賜老生兒雜劇》 第一折

〔張郎同旦兒上，云：〕歡喜未盡，煩惱到來。自家張郎的便是。這個是我渾家引張。我當日與這劉員外家做女婿，可是爲何，都則爲這老的他有那潑天也似家私，寸男尺女皆無，所以上與他家做女婿。我滿意的則是圖他這家私，不想老的近日間着這小梅近身扶侍，如今這小梅腹懷有孕。我想來，若是得個女兒也，則分的他一半兒家私；若是得一個小厮兒，我兩只手交付與他那家私，我不干生受了一場？〔旦兒云：〕張郎，你這幾日眉頭不展，可是爲何？〔張郎云：〕大嫂你不知，我老實説，我當日與你家做女婿，爲你父親無兒，久以後這家緣家計都是我的。如今老的將這小梅姨姨收在身邊，如今腹懷有孕，若是得一個女兒，則分的他一半兒家私。若得個小厮兒，我雙手兒都交付與他，我不干生受了？我因此上煩惱。

《元曲選・包龍圖智賺合同文字雜劇》 楔子

〔劉天祥詩云：〕白雲朝朝走，青山日日閑。自家無運智，只道作家難。自家汴梁西關外人氏，姓劉名天祥，大嫂楊氏。兄弟是劉天瑞，二嫂張氏。我根前無甚兒女，止天瑞兄弟有個孩兒，年三歲也，唤做安住。我那先娶的婆婆可亡化了，這婆婆是我後娶的，他根前帶過一個女孩兒來，喚做醜哥。我這兄弟和李社長交厚，曾指腹爲婚。李社長根前得了個女孩兒，喚做定奴，也三歲了，他兩個可是兩親家。

《元曲選·孟德輝舉案齊眉雜劇》 第一折

〔外扮孟府尹同老旦王夫人領家僮上，詩云：〕白髮刁騷兩鬢侵，老來灰却少年心。不思再請皇家俸，但得身安抵萬金。老夫姓孟，雙名從叔，祖居汴梁扶溝縣人氏。嫡親的三口兒家屬，老夫人王氏，所生一女，名曰孟光，小字德耀。老夫幼年間曾爲府尹之職，因年邁告了致仕，閒居已數年矣。老夫有個同堂故友梁公弼，曾與他指腹成親，他所生一男乃是梁鴻。不想公弼夫妻早都下世去了，如今梁鴻學成滿腹文章，争奈身貧如洗，沿門題筆爲生。我待將這門親事悔了來，則道我忘却前言；我待要將女兒聘與他來，他一身也養活不過。若是俺女兒過門之後，那里受的這般苦楚？老夫人，似此如之奈何也？〔夫人云：〕老相公也，還再做個商議。

《元曲選·馬丹陽三度任風子雜劇》〔旦上，云：〕妾身任屠渾家是也。自從那日任屠吃了幾杯酒，被他衆人攛掇著打賭賽，殺那先生去了，至今不見來家，則怕他落在人彀中，又聽的説他出了家。我如今鎖了門，抱著孩兒去小叔叔家問一聲。早來到也。小叔叔開門來。〔小叔上，云：〕誰叫門哩？我開開這門。呀，嫂嫂，你那里去來？〔旦云：〕小叔叔，自從你哥哥任屠殺那先生去了，至今不見回來。〔小叔云：〕俺哥哥往那里去了？〔旦云：〕聽的説道，跟著那先生出家去了。我如今抱著孩兒，不問那里尋將他去。〔小叔云：〕我和嫂嫂尋俺哥哥去來。〔同下〕

【略】

〔旦云：〕你不家去呵，與我個倒斷，你休了我者。〔小叔云：〕説的是。哥哥，你若休了嫂嫂，我就收了罷。〔正末云：〕你要休書，等我問師父去。〔旦云：〕你當初娶我時，可不曾問師父。〔小叔云：〕也罷，就著師父與我做個媒人。

《全元戲曲·包待制智賺灰闌記》 楔子

〔老旦卜兒上，云〕老身鄭州人氏。自身姓劉，嫁的夫主姓張，早年亡逝已過，止生下一兒一女。孩兒唤作張林，也曾教他讀書寫字。女兒唤作海棠，不要説他姿色儘有，聰明智慧，學得琴棋書畫，吹彈歌舞，無不通曉。俺家祖傳七輩是科第人家，不幸輪到老身，家業凋零，無人養濟。老身出於無奈，只得着女兒賣俏求食。此處有一財主，乃是馬員外。他在俺家行走，也好幾時了。他有心看上俺女孩兒，常常要娶他做妾，俺女孩兒倒也肯嫁他。只是俺這衣食飯碗，如何便割捨得。且待女孩兒到來，慢慢的與他從長計議，有何不可。〔冲末扮張林上，云〕自家張林的便是。母親，俺祖父以來，都是科第出身，已經七輩，可着小賤人做這等辱門敗户的勾當，教我在人前，怎生出入也。〔卜兒云〕你説這般閒話做甚麽？既然怕妹子辱没了你呵，你自尋趁錢來養活老身，可不好那。〔正旦扮海棠上，見科，云〕哥哥，你要做好男子，你則養活母親者。〔張林云〕潑賤人，你做這等事，你不怕人笑，須怕人笑我。我打不得你個潑賤人那。〔做打正旦科〕〔卜兒云〕你不要打他，你打我波。〔張林云〕母親，不要家煩宅亂，枉惹的人耻笑。我則今日辭了母親，我往汴京尋我舅舅，自做個營運去。常言道男兒當自强，我男子漢七尺長的身子，出門去便餓死了不成？兀那小賤人，我去之後，你好生看覷母親，若有些好歹，我不道的輕輕饒了你哩。〔詩云〕匆匆發忿出家門，别尋生理度寒温。男兒有軀長七尺，不信天教一世貧。〔下〕〔正旦云〕母親，似這等唱叫，幾時是了？不如將女孩兒嫁與馬員外去罷。〔卜兒云〕兒也説的是。只等馬員外來時，我就許下這親事，則便了也。〔副末扮馬員外上，云〕小生姓馬名均卿，祖居鄭州人氏，幼習儒業，頗通經史，因家中有幾貫資財，人皆以員外呼之。則是我平昔間酷愛風流，耽情花柳。此處有個上廳行首張海棠，與小生作伴年久，兩意相投。我要娶她，這不消説了。他也常常許道要嫁我。被他母親百般板障，只是不肯通口。我想他也無過要多索些財禮意思。聞得海棠近日與他哥哥張林唱叫了一場，那張林離了家門，到汴京尋他舅子去了，料得一時間也未必就回。今日恰好是一個吉日良辰，我不免備些財禮求親去。若是有緣分，得成全這一椿好事，豈不美哉。呀，姐姐正在門首，這也是個彩頭。待我見去。〔做見正旦行禮科〕〔正旦云〕員外，你來了也。我再四與母親説，不如趁我哥哥不在家，許了這門親事。磨了半截舌頭，母親像有許的意思了。我和你見母親去。〔馬員外云〕奶奶既有此意，也是我修的緣到了。〔做入見科〕〔卜兒云〕員外，我今日爲孩兒張林不孝順，與老身合氣，你討些砂仁來送我，做碗湯吃。〔馬員外云〕奶奶，自家孩兒，有甚麼氣。我如今特備白金百兩，專求令愛的親事。過門之後，但是你家缺柴少米，都是我來支持，定不教你愁没錢使。今日是個大好日辰，奶奶，你接了財禮，許了這親事罷。〔卜兒云〕左右我的女兒在家，也受不得這許多氣，便等他嫁了人去，倒也静辦。員外，只是你家裏有個大渾家哩，我女孩兒過門來，倘或受他欺負，又不如在家的好，也要與員外説個明白，一發講到了，纔好許你這親事。〔馬員外云〕奶奶放心，莫説我馬均卿不是那等人，便是我大渾家也不是那等人。令愛到家時，與我大渾家只是姊妹稱呼，並不分甚大小。若是令愛養得一男半子，我的家緣家計，都是他掌把哩。奶奶，再不要你憂慮别的。〔卜兒云〕員外，只要説定了，我受了你的財禮，我家女兒，便是你馬家媳婦，只今日便過門去。孩兒也，不是我做娘的割捨得你，你可也做人家媳婦去，再不要當行首了也。〔正旦云〕員外，你那大渾家處，凡百事你須與我做主咱。〔唱〕

仙吕・賞花時：憑着我皓首蒼顔老母親，待着我盡世今生不嫁人。〔云〕員外，我可也不愛你别的。〔馬員外云〕姐姐，你愛我些甚的來？〔正旦唱〕我只愛你性兒軟意兒真。我今日尋的個前程定准。〔帶云〕我着那一班姊妹道：張海棠嫁了馬員外，可也不枉了。〔唱〕從此後不教人笑我做辱家門。〔同馬員外下〕

〔卜兒云〕今日將俺女孩兒嫁馬員外去了也。受着他這一百兩財禮，也够老身下半世快活受用哩。如今别無甚事，尋俺舊時姑姊妹們，到茶房中吃茶去來。〔下〕

（明）施耐庵《水滸傳》卷二《史大郎夜走華陰縣　魯提轄拳打鎮關西》　那婦人便道：官人不知，容奴告禀：奴家是東京人氏。因同父母來渭州投奔親眷，不想搬移南京去了。母親在客店里染病身故。父女二人流落在此生受。此間有個財主，叫做鎮關西鄭大官人，因見奴家，便强媒硬保，要奴作妾。誰想寫了三千貫文書，虚錢實契，要了奴家身體。未及三個月，他家大娘子好生利害，將奴趕打出來，不容完聚，着落店主人家追要原典身錢三千貫。父親懦弱，和他争執不得。他又有錢有勢。當初不曾得他一文，如今那討錢來還他？没計奈何，父親自小教得奴家些小曲兒，來這里酒樓上趕座子，每日但得些錢來，將大半還他，留些少女父們盤纏。這兩日，酒客稀少，違了他錢限，怕他來討時，受他羞耻。女父們想起這苦楚來，無處告訴，因此啼哭。不想誤觸犯了官人，望乞恕罪，高抬貴手。

（明）施耐庵《水滸傳》卷一九《梁山泊義士尊晁蓋　鄆城縣月夜走劉唐》　忽一朝，那閻婆因來謝宋江，見他下處没有一個婦人家面，回來問間壁王婆道：宋押司下處不見一個婦人面，他曾有娘子也無？王婆道：只聞宋押司家里住在宋家村，却不曾見説他有娘子。在這縣里做押司，只是客居。常常見他散施棺材藥餌，極肯濟人貧苦。敢怕是未有娘子。閻婆道：我這女兒長得好模樣，又會唱曲兒，省得諸般耍笑；從小兒在東京時，只去行院人家串，那一個行院不愛他！有幾個上行首要問我過房了幾次，我不肯。只因我兩口兒無人養老，因此不過房與他。不想今來倒苦了他！我前日去謝宋押司，見他下處没娘子；因此，央你與我對宋押司説：他若要討人時，我情願把婆惜與他。我前日得你作成，虧了宋押司救濟，無可報答他，與他做個親眷來往。

王婆聽了這話，次日見宋江，備細説了這件事。宋江初時不肯，怎當這婆子撮合山的嘴攛掇，宋江依允了，就在縣西巷討了一樓房，置辦些家夥什物，安頓了閻婆惜娘兒兩個在那里居住。没半月之間，打扮得閻婆惜滿頭珠翠，遍體綾羅。又過幾日，連那婆子也有若干頭面衣服。端的養的婆惜豐衣足食！

（明）陸容《菽園雜記》卷五　山西石州風俗，凡男子未娶而死，其父母俟鄉人有女死，必求以配之。議婚定禮納幣率如生者，葬日亦復宴會親戚。女死父母欲爲贅壻，禮亦如之。

（明）陸容《菽園雜記》卷一一　温州樂清縣近海有村落曰三山黄渡，其民兄弟共娶一妻，無兄弟者女家多不樂與，以其孤立恐不能養也。既娶後，兄弟各以手巾爲記，日暮兄先懸巾，則弟不敢入，或弟先懸之，則兄不入，故又名其地爲手巾嶴。成化間，台州府開設太平縣，割其地屬焉。予初聞此風未信，後按行太平，訪之果然，蓋島夷之俗，自前代以來因襲久矣。弘治四年，予始陳言於朝，請禁之，有弗悛者徙諸化外。法司議擬先令所司出榜禁約，後有犯者，論如姦兄弟之妻者律。上可之，有例見行。

（明）沈周《石田詩選》卷四《徐甥子修童贅》 吳人多男效秦贅，贅男與人如接樹。抱他根本作春色，爲榮爲枯信天賦。小兒拜我下堂行，雙丱垂疏繡襦袴。惞惞何省傍人門，離家苦動爺娘慮。老夫爲渠且莞爾，兒債眼前寬一步。

（明）呂枏《涇野子内篇》卷九《鷲峰東所語》 何掌科說，刑部有一婦人，與小叔通。此婦人夫喪了，止有一子。婦人又與他人通，嫁之他人，後又出之。婦人歸，小叔遂收之爲妻。其一子耻之，乃殺小叔。刑部問以殺期親尊長死罪。大理評不當死。刑部曰：律無該載，請旨。先生曰：律有上下比附，春秋梁人有繼母殺其父者，而其子殺之，有司欲當以大逆。孔季彦曰：文姜與弑魯桓，春秋去其姜氏。傳謂：絶不爲親，即凡人耳。方諸古義，宜以非司寇而擅殺當之，不得以逆論。茲叔與嫂姦，是無人倫，弟無其兄，姪可無其叔矣，其殺之，不當死罪。

（明）何良俊《何氏語林》卷一二《方正》 王褒與管彦爲友，約男女爲婚，彦後葬父於洛陽，褒遂別嫁其女。因語彦弟馥曰：昔嫁姊妹皆遠吉凶斷絶，今賢兄葬父洛陽，則京邑之人豈吾結好之意？馥曰：嫂是齊人，兄當還齊。褒曰：豈有葬父洛陽而隨妻還齊，如此去就，復何婚之有。

（明）楊慎《升菴集》卷七二《嫁殤》 曹操幼子蒼舒死，求邴原死女合葬，史以爲譏。余觀《周禮·地官》禁嫁殤者，注謂生時非夫婦，死而葬相從。嫁殤，嫁死人。則此俗古已有之。今民間猶有行焉，而無禁也。

（清）曹雪芹《紅樓夢》第四回《薄命女偏逢薄命郎　葫蘆僧亂判葫蘆案》 門子笑道：不瞞老爺說，不但這兇犯的方向我知道，一並這拐賣之人我也知道，死鬼買主也深知道。待我細說與老爺聽：這個被打之死鬼，乃是本地一個小鄉紳之子，名喚馮淵，自幼父母早亡，又無兄弟，只他一個人守着些薄産過日子。長到十八九歲上，酷愛男風，最厭女子。這也是前生冤孽，可巧遇見這拐子賣丫頭，他便一眼看上了這丫頭，立意買來作妾，立誓再不交結男子，也不再娶第二個了，所以三日後方過門。誰曉這拐子又偷賣與薛家，他意欲卷了兩家的銀子，再逃往他省。誰知又不曾走脱，兩家拿住，打了個臭死，都不肯收銀，只要領人。那薛家公子豈是讓人的，便喝着手下人一打，將馮公子打了個稀爛，擡回家去三日死了。這薛公子原是早已擇定日子上京去的，頭起身兩日前，就偶然遇見這丫頭，意欲買了就進京的，誰知鬧出這事來。既打了馮公子，奪了丫頭，他便没事人一般，只管帶了家眷走他的路。他這裏自有兄弟奴僕在此料理，也並非爲此些小事值得他一逃走的。這且別說，老爺你當被賣之丫頭是誰？雨村笑道：我如何得知。門子冷笑道：這人算來還是老爺的大恩人呢！他就是葫蘆廟旁住的甄老爺的小姐，名喚英蓮的。雨村罕然道：原來就是他！聞得養至五歲被人拐去，却如今纔來賣呢？

（清）徐珂《清稗類鈔·婚姻類·指婚》 近支王貝勒貝子公及外戚之子女既及歲者，開具姓氏年齡進呈，即由太后指配與滿洲、蒙古、漢軍之貴族聯姻，指定後，明發懿旨，以某女婚某王，或某某，名曰指婚，滿語又謂之拴婚。

（清）徐珂《清稗類鈔·婚姻類·小處女冥中結婚》 孟縣李某夜行，爲羣鬼所嬲，懼甚。見前途有燈光，趨赴之，則小屋三間，中有一女，謂之曰：君如畏鬼，可止宿此門外，即無傷矣。男女有別，不敢請入室也。李從之，遂卧於地。女又謂之曰：至曉，君當行，詰朝有事，幸毋相擾。及天明，視之，在一小冢側，無屋也。俄有數人來發冢，舁其棺去。問之，曰：棺中乃某氏處女，未嫁而死。今其父母用嫁殤之法，與某氏子爲冥婚，故遷其棺與合葬也。

（清）徐珂《清稗類鈔·婚姻類·顧秉藻冥婚》 華亭顧秉藻幼而慧，父母皆奇愛之。咸豐辛酉，粵寇擾江蘇，與諸昆弟奉其母避於滬，得疾而卒。臨終，牽母衣，請以仲兄子禮樞爲嗣，母泣而許之。無何，母亦卒。及亂定，還里，諸昆弟將如母命，而以秉藻未娶，不得有嗣。適金山錢氏有女，未許嫁而死，與秉藻年相若也。遂媒合之，做迎娶之禮，迎其柩歸，合葬於秉藻之墓。

（清）徐珂《清稗類鈔·婚姻類·藏族禁婚》 兄弟數人之共娶一妻也，其留宿，以戒指爲記號。如戒指飾於大指，則爲伯伴宿之日，餘悉避。如飾二指三指，則爲仲爲叔也，伯季皆避。倘兄弟過五人，則以左手五指續之。

裏塘附近之婦人，夫之多寡，以銀簪別之。每一夫，則插一枚。所生之子，兄弟等分養之。其婦合三四兄弟同居，以一家親睦爲善治家，人稱其賢。

（清）徐珂《清稗類鈔·婚姻類·官媒掌擇堂發配之事》 官媒爲婦人之充官役者。舊例：各地方官遇發堂擇配之婦女，皆交其執行，故稱官媒。兼看管女犯之罪輕者，如斬絞監候婦女，秋審解勘經過地方，俱派撥官媒伴送。

（清）徐珂《清稗類鈔·婚姻類·甘人租妻》 雍、乾以前，甘肅有租妻之俗。蓋力不能娶而望子者，則僦他人妻，立券，書期限，或二年，或三年，或以得子爲限。過期，則原夫促回，不能一日留也。客游其地者，亦僦之以遣岑寂。立券書限，即宿其夫之家，不必賃屋别居也。限内客至，夫輒避去，限外無論。夫不許，即其妻素與客最篤者，亦堅拒不納。欲續好，則更出僦價乃可。

（清）徐珂《清稗類鈔·婚姻類·維西有嫂叔移配之俗》 吴西春官雲南之維西，曾得一訟牘，其詞云：某家生子四人，皆已婚娶，不幸某年長子死，某年四子之妻又死。理宜以第四子續配長媳，但年齒相懸，恐枯楊不復生稊。特與三黨同議，將長子之妻配與二子，二子之妻配與三子，三子之妻配與四子，一轉移間，年皆相若，可無怨曠之虞，極爲允協，懇求俯准。吴大怒，拍案，吏請曰：此間習俗如是，願無拂其意。乃准之。

（清）徐珂《清稗類鈔·婚姻類·甘人兄弟合娶》 甘肅多男少女，故男女之事頗闊略。兄死妻嫂，弟死妻婦，比比皆是。同姓者，惟同祖以下不婚，過此不計也。有兄弟數人合娶一妻者，輪夕而宿。或在白晝，輒懸一裙於房門，即知迴避。生子，則長者與兄，以次及諸弟。

婚姻締結分部

論說

（漢）班固《白虎通義》卷九《嫁娶》　《禮》曰：女子十五許嫁。納采、問名、納吉、請期、親迎，以雁贄。納徵曰玄纁，故不用雁。贄用雁者，取其隨時南北，不失其節，明不奪女子之時也。又取飛成行、止成列也，明嫁娶之禮，長幼有序，不相逾越也。又婚禮贄不用死雉，故用雁也。納徵，玄纁、束帛、離皮，玄三法天，纁二法地也，陽奇陰偶，明陽道之大也。離皮者，兩皮也，以爲庭實。庭實，偶也。《禮昏經》曰：納采、問名、納吉、請期、親迎，皆用雁。納徵束帛、離皮。

納徵詞曰：吾子有加命，貺室某也。有先人之禮，離皮、束帛，使某請納徵。上某者聲名也，下次某者使人名也。女之父曰：吾子順先典，貺某重禮，某不敢辭，敢不承命！

納采詞曰：吾子有惠，貺室某，某有先人之禮，使某也請納采。對曰：某之子蠢愚，又不能教，吾子命之，某不敢辭。

天子下至士，必親迎授綏者何？以陽下陰也，欲得其歡心，示親之心也。夫親迎輪三周，下車曲顧者，防淫佚也。《詩》云：文定厥祥，親迎於渭。造舟爲梁，不顯其光。《禮昏經》曰：賓升，北面奠雁，再拜拜手稽首，降出。婦從房中也，從降自西階。揖御婦車，授綏。

遣女於禰廟者，重先人之遺支體也，不敢自專，故告禰也。父母親男女何？親親之至也。父曰：誡之，敬之，夙夜無違命。女必有端綉衣若笄之。母施襟結帨曰：勉之，敬之，夙夜無違宫事。父誡於阼階，母誡於西階，庶母及門内施鞶，祭紬以母之命，命曰：敬恭聽爾父母言，夙夜無愆。視衿鞶。祭去不辭，誡不諾者，蓋耻之，重去也。

《禮》曰：嫁女之家，不絕火三日，思相離也。娶婦之家，三日不舉樂，思嗣親也。感親年衰老代至也。《禮》曰：婚禮不賀，人之序也。

授綏，姆辭曰：未教，未乞與爲禮也。始親迎，於詞曰：吾子命某以兹初昏，使某將請承命。主人曰：某故敬具以酒。父命醮子，遣之迎，命曰：往迎爾相，承我宗事，率以敬先妣之嗣，若則有常。子曰：諾，惟恐不堪，不敢忘命。

娶妻不先告廟到者，示不必安也。婚禮請期，不敢必也。婦入三月，然後祭行。舅姑既殁，亦婦入三月，奠采於廟。三月一時，物有成者，人之善惡可得知也。然後可得事宗廟之禮。曾子曰：女未廟見而死，歸葬於女氏之黨，示未成婦也。

嫁娶必以春者，春天地交通，萬物始生，陰陽交接之時也。《詩》云：士如歸妻，迨冰未泮。《周官》曰：仲春之月，合會男女。令男三十娶，女二十嫁。《夏小正》曰：二月，冠子娶婦之時。

（唐）歐陽詢《藝文類聚》卷四〇《禮部下・婚》　鄭氏婚禮謁文曰：納采，始相與言語，采擇可否之時。問名，謂問女名，將歸上《初學記》十四作卜。之也，納吉，謂歸卜吉，往告之也。納徵，用束帛，徵成也。請期，謂吉日將親迎，謂成禮也。

劉恢與范注按當作汪。論婚事曰：禮無拜時，拜時出於末世耳。將以世族多虞，吉事宜速，故以好歲拜時，新年便可婚也。

《列女傳》曰：邵南申女者，申人之女也。既許嫁於豐，夫家不備而欲迎之，女也遂不肯往。夫家訟之於理，致之於獄。女終以一物不具，一禮不備，守節持義，必死不往。

《春秋左傳正義・隱公七年》　鄭公子忽在王所，故陳侯請妻之。鄭伯許之，乃成昏。

《春秋左傳正義・隱公八年》　四月，甲辰，鄭公子忽如陳逆婦嬀。辛亥，以嬀氏歸。甲寅，入于鄭。陳鍼子送女，先配而後祖。鍼子曰：是不爲夫婦，誣其祖矣。非禮也，何以能育？鍼子，陳大夫。禮，逆婦必先告祖廟而後行。故楚公子圍稱告莊、共之廟。鄭忽先逆歸而後告廟，故曰先配而後祖。疏：注鍼子至後祖。正義曰：先配後祖多有異説，賈逵以配爲成夫婦也。《禮》：齊而未配，三月廟見，然後配。案《昏禮》：親迎之夜，衽席相連。是士禮不待三月也。

禹娶涂山，四日即去，而有啓生焉，亦不三月乃配，是賈之謬也。鄭衆以配爲同牢食也，先食而後祭祖，無敬神之心，故曰誣其祖也。案《昏禮》：婦既入門，即設同牢之饌。其間無祭祀之事。先祭乃食，《禮》無此文，是鄭之妄也。鄭玄以祖爲軷道之祭也，先爲配匹而後祖道，言未去而行配。案傳既言入于鄭，乃云先配而後祖，寧是未去之事也？若未去先配，則鍼子在陳譏之，何須云送女也？此三説皆滯。故杜引楚公子圍告廟之事，言鄭忽先逆婦而後告廟，故曰先配而後祖。此時忽父見在，計告廟以否，當是莊公之事，而譏忽者，楚公子圍亦人臣矣，而自布几筵，告於莊共之廟，不言稟君之命。知逆者雖受父命，當自告廟。且忽先爲配匹而後告祖，見其告祖方始譏之，知忽自告祖也。或可鄭伯爲忽娶妻，先逆而後告廟，鍼子見而譏之。公子圍告廟者，專權自由耳，非正也。

《春秋左傳正義·僖公十八年》　夏，晋大子圉爲質於秦，秦歸河東而妻之。惠公之在梁也，梁伯妻之。梁嬴孕，過期。卜招父與其子卜之。其子曰：將生一男一女。招曰：然。男爲人臣，女爲人妾。故名男曰圉，女曰妾。及子圉西質，妾爲宦女焉。

《春秋穀梁傳注疏·隱公元年》　冬，十月，伯姬歸于紀。禮：婦人謂嫁曰歸，反曰來歸，從人者也。婦人在家制於父，既嫁制於夫，夫死從長子，婦人不專行，必有從也。伯姬歸于紀，此其如專行之辭，何也？曰：非專行也，吾伯姬歸于紀，故志之也。其不言使，何也？逆之道微，無足道焉爾。

《春秋穀梁傳注疏·莊公元年》　王姬歸於齊。爲之中者歸之也。疏：爲之中者歸之也。釋曰：十一年王姬歸於齊，傳曰過我也，此云爲之中者歸之，發傳不同者，此王姬由魯而嫁，故曰爲之中者，彼王姬非魯主婚，故直云過我也。

《春秋穀梁傳注疏·莊公二十二年》　冬，公如齊納幣。納幣，大夫之事也。禮有納采，采擇女之德性也。其禮用鴈爲贄者，取順陰陽往來。贄音至。有問名，問女名而卜之，知吉凶也，其禮如納采。有納徵，徵，成也，納幣以成婚。疏：傳有納徵。釋曰此傳釋諸侯不云納幣，而云納徵者，以《士婚禮》有納徵之文，欲明用幣雖異而禮同也。有告期。告迎期。迎，魚敬反。四者備，疏：傳四者備。釋曰：《士婚禮》，下達之後，有納采、問名、納吉、納徵、請期、親迎六禮。此傳不云納吉者，直舉四者，足以譏公，故略納吉不言之。或以爲諸侯與士禮異者，非也。而後娶，禮也。公之親納幣，非禮也，疏：傳納幣，非禮也。釋曰：納幣非禮，是譏喪娶。而注云傳無譏文者，傳上云公之親納幣，非禮，不云喪娶之事，故云無譏文也。然宣元年貶夫人去氏，此則全無譏者，彼以夫人不能以禮自固，故與有貶，仍未是貶公之事，故彼注云不譏喪娶者，不待貶絶而罪惡自見是也。故譏之。公母喪，未再期而圖婚，傳無譏文，但譏親納幣者，喪婚不待貶絶而罪惡見。見，賢徧反。

《儀禮注疏》卷四《士昏禮》　昏禮。下達，納采用鴈。主人筵于户西，西上，右几。擯者出請事，入告。主人如賓服，迎于門外，再拜，賓不答拜。揖入。至于廟門，揖入。三揖，至于階，三讓。主人以賓升，西面。賓升西階，當阿，東面致命。主人阼階上北面再拜。授于楹間，南面。賓降，出，主人降，授老鴈。

擯者出請。賓執鴈，請問名，主人許。賓入，授，如初禮。

擯者出請，賓告事畢。入告，出請醴賓。賓禮辭，許。主人徹几改筵，東上。側尊甒醴於房中。主人迎賓于廟門外，揖讓如初，升。主人北面，再拜。賓西階上北面答拜。主人拂几，授校，拜送。賓以几辟，北面設于坐，左之，西階上答拜。贊者酌醴，加角柶，面葉，出于房。主人受醴，面枋，筵前西北面。賓拜受醴，復位。主人阼階上拜送。賓即筵坐，左執觶，祭脯醢，以柶祭醴三，西堦上北面坐，啐醴，建柶，興，坐奠觶，遂拜。主人答拜。賓即筵，奠于薦左，降筵，北面坐取脯，主人辭。賓降，授人脯，出，主人送于門外，再拜。

納吉，用鴈，如納采禮。

納徵，玄纁束帛、儷皮，如納吉禮。

請期，用鴈。主人辭，賓許，告期，如納徵禮。

期，初昏，陳三鼎于寢門外東方，北面，北上。其實特豚，合升，去蹄。舉肺脊二，祭肺二，魚十有四，腊一肫，髀不升。皆飪。設扃鼏。設洗于阼階東南。饌于房中，醯醬二豆，菹醢四豆，兼巾之。黍稷四敦，皆蓋。大羹湆在爨。尊于室中北墉下，有禁。玄酒在西。綌幂。加勺，皆南枋。

《儀禮注疏》卷五《士昏禮》　女次，純衣纁袡，立于房中，南面。姆纚、笄、宵衣，在其右。女從者畢袗玄，纚笄，被纈黼，在其後。

《春秋公羊傳注疏·隱公二年》　冬，十月，伯姬歸于紀。伯姬者何？内女也。其言歸何？婦人謂嫁曰歸。

《春秋公羊傳注疏·莊公元年》　夏，單伯逆王姬。單伯者何？吾大夫之命乎天子者也。何以不稱使？天子召而使之也。逆之者何？使我主之也。曷爲使我主之？天子嫁女乎諸侯，必使諸侯同姓者主之。諸侯嫁女于大夫，必使大夫同姓者主之。

《春秋公羊傳注疏·文公二年》 公子遂如齊納幣。納幣不書，此何以書？譏。何譏爾？譏喪娶也。娶在三年之外，則何譏乎喪娶？三年之内不圖婚。吉禘于莊公，譏。然則曷爲不於祭焉譏？三年之恩疾矣。非虚加之也，以人心爲皆有之。以人心爲皆有之，則曷爲獨於娶焉譏？娶者，大吉也。非常吉也。其爲吉者，主於己。以爲有人心焉者，則宜於此焉變矣。

（唐）杜佑《通典》卷五九《禮·沿革·嘉禮·拜時婦三日婦輕重議》 按禮經婚嫁無拜時三日之文，自後漢魏晋以來，或爲拜時之婦，或爲三日之婚。魏王肅、鍾毓、毓弟會、陳群、群子泰，咸以拜時得比於三日。晋武帝謂山濤曰：拜於舅姑，可准廟見；三日同牢，允稱在塗。濤曰：愚論已拜舅姑，重於三日，所舉者但不三月耳。張華謂：拜時之婦，盡恭於舅姑；三日之婚，成吉於夫氏。准於古義，可爲成婦，已拜舅姑，即是廟見。常侍江應元等謂：已拜舅姑，其義全於在塗。或曰夫失時之女，許不備禮，蓋急嫁娶之道也。三日之婦，亦務時之婚矣。雖同牢而食，同衾而寢，此曲室衽席之情義耳，豈合古人亡則奠菜，存則盥饋而婦道成哉！且未廟見之婦，死則反葬女氏之黨，以此推之，貴其成婦，不係成妻，明拜舅姑爲重，接夫爲輕。所以然者，先配而後祖，陳鍼子曰：是不爲夫婦，誣其祖矣，非禮也。此《春秋》明義，拜時重於三日之徵也。

議曰：有夫婦而後有父子，有父子而後有君臣，則婚姻王化所先，人倫之本。拜時之婦，禮經不載，自東漢魏晋及於東晋，咸有此事。按其儀，或時屬艱虞，歲遇良吉，急於嫁娶，權爲此制。以紗縠幪女氏之首，而夫氏發之，因拜舅姑，便成婦道。六禮悉捨，合巹復乖，隳政教之大方，成容易之弊法。王肅、鍾毓、陳群、山濤、張華、蔡謨，皆當時知禮達識者，何謂不非之邪？豈時俗久行，因循且便，或彼衆我寡，議論莫從者乎？宋齊以後，斯制遂息，後之君子，無愧前賢。

《舊唐書》卷四五《輿服志》 〔太極元年，左司郎中唐紹上疏曰：〕又士庶親迎之儀，備諸六禮，所以承宗廟，事舅姑，當須昏以爲期，詰朝謁見。往者下俚庸鄙，時有障車，邀其酒食，以爲戲樂。近日此風轉盛，上及王公，乃廣奏音樂，多集徒侣，遮擁道路，留滯淹時，邀致財物，動踰萬計。遂使障車禮貺，過於聘財，歌舞喧譁，殊非助感。即虧名教，實蠹風猷，違紊禮經，須加節制。望請婚姻家障車者，並須禁斷。其有犯者，有蔭家請准犯名教例附簿，無蔭人決杖六十，仍各科本罪。

（宋）吕大鈞《鄉儀·嘉儀·昏》 古之昏禮，其事至嚴，以酒食召鄰里，所以厚其别，親迎執摯，所以致其恭，不樂不賀，所以思其繼，同牢合巹，所以成其愛，豈有鄙褻之事以相侮玩哉。近俗六禮多廢，貨財相交。壻或以花飾衣冠，婦或以聲樂迎導，猥儀鄙事，無所不爲，非所以謹夫婦，嚴宗廟也。今雖未能悉變，如親迎同牢，豈可不語，流俗弊事。豈可不去。若有意乎禮，尚進于斯。

（宋）司馬光《司馬氏書儀》卷三《婚儀·婚》 男子年十六至三十，女子十四至二十，身及主婚者無期以上喪，皆可成婚。必先使媒氏往來通言，俟女氏許之，然後遣使者納采。

（宋）潘自牧《記纂淵海》卷四〇《人倫部·親迎》 經：之子於歸，百兩御之。韓侯迎止，于蹶之里。百兩彭彭，八鸞鏘鏘。親迎用昏。《詩》。曾子問曰：親迎女在塗，而壻之父母死。孔子曰：女改服布深衣縞，總以趨喪。男子新迎，男先於女，剛柔之義也。壻親迎授綏，親之也，親之也者，親之也。言己親之，所以使之親己。冕而親迎，主人筵几於廟，壻執雁入揖讓，升堂再拜，奠雁，降出，御婦車而壻授綏，御輪三周，行俟于門外。《禮記》。

史：父親醮子而命之迎，子親迎之道，重始也。親迎之禮，父南鄉而立，子北面而跪，醮而命之：往迎爾相，成我宗事。《荀》。

（宋）潘自牧《記纂淵海》卷四〇《人倫部·婚姻》 經：男女及時也，平王之孫，齊侯之子，自納采至請期用昕，親迎用昏。《詩》。昏禮，萬世之始也，取於異姓，所以附遠厚别也。昏禮不賀，生人之序也。序，代也。昏禮不用樂，幽陰之義也。大昏，萬世之嗣也。國君娶夫人之辭曰：請君之玉女與寡人共有敝邑，事宗廟社稷，此求助之本也。曾子問曰：昏禮既納幣，有吉日，女之父母死則如之何？孔子曰：壻使人吊。如壻之父母死，則女之家亦使人吊。昏禮者，將合二姓之好，上以事宗廟，而下以繼後世也。故君子重之，是以昏禮納采、問名、納吉、納徵、請期。《禮記》。婿之父爲姻，婦之父爲婚，婦婿之父母相謂爲婚姻。《爾雅》。婚禮用昏，故經典多止作昏字。《記》。

子：任薛、王劉、崔盧之昏，非古也，何以視譜？任薛出黃帝，王劉出舜，崔盧出帝嚳。《文中子》。

史：師服曰：嘉耦曰妃，怨耦曰仇，齊侯欲以文姜妻鄭太子忽，辭，人問其故。太子曰：人各有耦，齊大，非吾耦也。懿氏卜妻敬仲，其妻占之，曰：吉，是謂鳳凰於飛，和鳴鏘鏘。秦伯納女五人，懷嬴與焉，奉匜沃盥，既而揮之，怒曰：秦晉匹也。如舊昏媾敝無存，曰：必娶高國。求昏而薦女，劉氏范氏世爲婚姻。《左》。禮有納采，采，擇女之德性也。其禮用雁爲贄者，取順陰陽來往。有問名，問婦名而卜之，知吉凶也，禮如納采。有納徵，徵，成也，納幣以成婚。有告期，造迎期。四者備而後娶禮也。《穀梁》。婚姻者，居室之大倫。《史·儒林傳》。大將軍鳳連昏，連婚者，婚家之姻親也。太后欲爲重親。有葭莩之故，世俗嫁娶太早，未知爲人父母之道而有子，是以教化不明而民夭死。聘妻送女亡節則貧人不及，故不舉子。《西漢》。阮修字宣字，貧居四十未有室，王敦等斂錢爲婚，皆名士也，時慕之者求入錢而不得。王珣取謝方女弟，珉娶謝安女，並不終，由是與謝氏有隙。《晉書》。侯景請娶於王謝，上曰：謝王門高，非偶可於朱張以下訪之。《梁紀》。衰世舊門，誠何足慕而求與爲婚。雖多輸金帛，猶爲彼所偃蹇。山東士人尚閥閱，後雖衰，猶負世望，嫁必多取貲，故人謂之賣婚。《唐書》。鄭崇，高密大族，世與王家相嫁娶。《西漢》。

傳記：温嶠喪婦，從姑劉氏家有一女，甚有姿慧，姑以屬公覓婚，公報云已覓得，婚處門地粗可，婿身名宦盡不減嶠，因下玉鏡臺一枚。姑大喜，既婚交禮，女以手披紗扇撫掌大笑曰：我固疑是老奴，果如所卜。《世説》。子孫娶妻嫁女，必擇孝悌，世世有行義者。《大戴禮》。北平徐氏有女，人多求不許，陽公字雍伯，試求焉，徐氏曰：能得白璧一雙來，當聽爲婚。雍伯得五雙白璧，徐氏遂以女許之。《搜神記》。齊有一女，二家求之，其家語其女曰：汝欲東家則左袒，欲西家則右袒。其女兩袒，父母問其故，對曰：願東家食而西家息。以東家富而醜，西家貧而美也。《風俗通》。漢武帝爲膠東王，年七歲，長主抱膝上曰：兒欲得婦否？曰：欲得。長主指其女曰：阿嬌好不？曰：好，若得阿嬌作婦，當作金屋貯之。長主大悦，乃苦要上定婚焉。《漢武》。

《集》：子當求婦，其父如此，誰肯嫁之者？遠求小姓，足使生子。虞翻。潘楊之睦，有自來矣。《文選》。孟光儻未嫁，梁鴻正須婦。王無功詩。一村惟兩姓，世世爲婚姻。生者不遠別，嫁娶先近隣。白樂天詩，徐州有朱陳村，世爲婚姻。頗謂秦晉匹，從來王謝郎。杜詩。不同牛女夜，是配鳳凰年。賈浪仙。橋成烏鵲夜，臺起鳳凰年。沈云卿文。其女聞其訓教，有幽閒之德，爲公擇婦宜莫如盧氏，薦女請婚。韓文。

本朝：交秦晉之歡，仰從嘉命。望金張之館，府愧衰宗。跂通德之門。馳誠數仞，叙宜有之慶。拜貺尺書。臨川。不將門户賣崔盧。坡詩。

（宋）朱熹《朱子全書·家禮》卷三《昏禮·議昏》 男子年十六至三十，女子年十四至二十。司馬公曰：古者，男三十而娶，女二十而嫁。今令文，男年十五，女年十三以上，並聽昏嫁。今爲此説，所以參古今之道，酌禮令之中，順天地之理，合人情之宜也。身及主昏者，無期以上喪，乃可成昏。大功未葬，亦不可主昏。凡主昏，如《冠禮》主人之法，但宗子自昏，則以族人之長爲主。必先使媒氏往來通信，俟女氏許之，然後納采。司馬公曰：凡議昏姻，當先查其婿與婦之性行，及家法何如，勿苟慕其富貴。婿苟賢矣，今雖貧賤，安知異時不富貴乎？苟爲不肖，今雖富盛，安知異時不貧賤乎？婦者，家之所由盛衰也，苟慕其一時之富貴而娶之，彼挾其富貴，鮮有不輕其夫而傲其舅姑，養成驕妬之性，異日爲患，庸有極乎？借使因婦財以致富，依婦勢以取貴，苟有丈夫之志氣者，能無愧乎？又世俗好於襁褓童幼之時輕許爲昏，亦有指腹爲昏者，及其既長，或不肖無賴，或身有惡疾，或家貧凍餒，或喪服相仍，或從宦遠方，遂至棄信負約，速獄至訟者多多。是以先祖太尉嘗曰：吾家男女，必俟既長，然後議昏。既通書，不數月必成昏。故終身無此悔，乃子孫所當法也。

納采納其采擇之禮，即今世俗所謂言定也。

主人具書，主人即主昏者。書用牋紙，如世俗之禮。若族人之子，則其父具書告於宗子。夙興，奉以告於祠堂。如告冠儀。其祝版前同，但云：某之子某，若某之某親之子某年已長成，未有伉儷，已議娶某官某郡姓名之女，今日納采，不勝感愴，謹以，後同。若宗子自昏，則自告。乃使子弟爲使者如女氏，女氏主人出見使者，使者盛服如女氏，女氏，亦宗子爲主人，盛服出見使者。非宗子之女，則其父位於主人之右，尊則少進，卑則少退。啜茶畢，使者起致辭曰：吾子有惠，祝室某也，某之某親某官有先人之禮，使某請納采。從者以書進，使者以書授主人。主人對曰：某之子若姊、姪、孫蠢愚，又弗能教，吾子命之，某不敢辭。北向再拜，使者避，不答拜。使者請退，俟命出就次。若許嫁者於主人爲姑姊，則不云蠢愚，又弗能教，餘辭並同。遂奉書以告於祠堂。如婿家之儀，祝版前同，但云某之第幾女，若某親某之第幾女，年漸長成，已許嫁某官某郡姓名之子，若某親某，今日納采，不勝感愴，謹以，後同。出以復書授使者，遂禮之。主人出，延使者升堂，授以復書，使者受之，請退。主人請禮賓，乃以酒饌禮使者。使者至是始與主人交拜揖，如常日賓客之禮，其從者亦禮之別室，皆酬以幣。使者復以命婿氏，主人復告於祠堂。不用祝。

納幣古禮有問名、納吉，今不能盡用，止用納采、納幣，以從簡便。

納幣。幣用色繒，貧富隨宜，少不過兩，多不踰十。今人更用釵釧、羊酒、果實之屬，亦可。具書，遣使如女氏，女氏受書，復書，禮賓，使者復命，並同納采之儀。禮如納采，但不告廟。使者致辭，改采爲幣。從者以書幣進，使者以書授主人，主人對曰：吾子順先典，貺某重禮，某不敢辭，敢不承命？乃受書，執事者受幣。主人再拜，使者避之，復進請命，主人授以復書。餘並同。

親迎

前期一日，女氏使人張陳其婿之室。世俗謂之鋪房。然所張陳者，但氈褥帳幔帷幙應用之物，其衣服鏁之篋笥，不必陳也。司馬公曰：《文中子》曰：昏娶而論財，夷虜之道也。夫昏姻者，所以合二姓之好，上以事宗廟，下以繼後世也。今世俗之貪鄙者，將娶婦，先問資裝之厚薄；將嫁女，先問聘財之多少。至於立契約云，某物若干，某物若干，以求售其女者，亦有既嫁而復欺紿負約者，是乃駔儈賣婢鬻奴之法，豈得謂之士大夫昏姻哉？其舅姑既被欺紿，則殘虐其婦，以攄其忿，由是愛其女者，務厚其資裝，以悦其舅姑者，殊不知彼貪鄙之人，不可盈厭，資裝既竭，則安用汝女哉？於是質其女以責貨於女氏，貨有盡而責無窮，故昏姻之家往往終爲仇讎矣。是以世俗生男則喜，生女則戚，至有不舉其女者，用此故也。然則議昏姻有及於財者，皆勿與爲昏姻可也。

厥明，婿家設位於室中。設倚卓子兩位，東西相向，蔬果、盤盞、匕筯，如賓客之禮，酒壺在東位之後，又以卓子置合巹一於其南，又南北設二盥盆勺於室東隅，又設酒壺盞注於室外或別室，以飲從者。巹音謹，以小匏一判而兩之。女家設次於外。初昏，婿盛服，世俗新婿帶花勝，以擁蔽其面，殊失丈夫之容體，勿用可也。主人告於祠堂，如納采儀，祝版前同。但云某之子某，若某親之子某，將以今日親迎於某官某郡某氏，不勝感愴，謹以，後同。若宗子自昏，則自告。遂醮其子，而命之迎。先以卓子設酒注盤盞盤於堂上。主人盛服坐於堂之東序，西向。設婿席於其西北，南向。婿升自西階，立於席，西南向。贊者取盞斟酒，執之，詣婿席前。婿再拜，升席，南向受盞，跪祭酒，興，就席末跪，啐酒，興，降，西授贊者盞，又再拜，進詣父坐前，東向跪。父命之，曰：往迎爾相，承我宗事，勉率以敬，若則有常。婿曰：諾，惟恐不堪，不敢忘命。俛伏，興，出。非宗子之子，則宗子告於祠堂，而其父醮於私室如儀。但改宗事爲家事。若宗子已孤而自昏，則不用此禮。婿出乘馬以二燭前導至女家，俟於次。婿下馬於大門外，入俟於次。女家主人告於祠堂，如納采儀，祝版前同，但云：某之第幾女，若某親某之第幾女，將以今日歸於某官某郡姓名，不勝感愴，謹以，後同。遂醮其女而命之。女盛飾，姆相之，立於室外南向。父坐東序，西向。母坐西序，東向。設女席於母之東北，南向。贊者醮以酒，如婿禮。姆導女出於母左，父起命之，曰：敬之，戒之，夙夜無違爾舅姑之命。母送至西階上，爲之整冠斂帔，命之，曰：勉之，敬之，夙夜無違爾閨門之禮。諸母姑嫂姊送至於中門之內，爲之整裙衫，申之以父母之命，曰：謹聽爾父母之言，夙夜無愆。非宗子之女，則宗子告於祠堂，而其父醮於私室如儀。主人出迎，婿入奠鴈。主人迎婿於門外，揖讓以入，婿執鴈以從，至於廳事。主人升自阼階，立，西向。婿升自西階，北向跪，置鴈於地，主人侍者受之。婿俛伏，興，再拜，主人不答拜。若族人之女，則其父從主人出迎，立於其右，尊則少進，卑則少退。凡贄用生鴈，左首以生色繒交絡之，無則刻木爲之，取其順陰陽往來之義。程子曰：取其不再偶也。姆奉女出登車。姆奉女出中門，婿揖之，降自西階，主人不降。婿遂出，女從之。婿舉轎簾以俟，姆辭曰：未教，不足與爲禮也。女乃登車。婿乘馬先婦車。婦車亦以二燭前導。至其家，導婦以入。婿至家，立於廳事，俟婦下車，揖之，導以入。婿婦交拜。婦從者布婿席於東方，婿從者布婦席於西方。婿盥於南，婦從者沃之，進帨。婦盥於北，婿從者沃之，進帨。婿揖，婦就席，婦拜，婿答拜。就坐飲食，畢，婿出。婿揖，婦就坐，婿東婦西。從者斟酒，設饌，婿婦祭酒舉殽，又斟酒。婿揖，婦舉飲，不祭，無殽。又取巹分置婿婦之前，斟酒，婿揖，婦舉飲，不祭，無殽。婿出，就他室，姆與婦留室中。徹饌，置室外，設席。婿從者餕婦之餘，婦從者餕婿之餘。復入，脱服，燭出。婿脱服，婦從者受之。婦脱服，婿從者受之。司馬公曰：古詩云，結髮爲夫婦，言自少年束髮即爲夫婦。猶李廣言結髮與匈奴戰也。今世俗昏姻，乃有結髮之禮，謬誤可笑，勿用可也。主人禮賓。男賓於外廳，女賓於中堂。

婦見舅姑

明日夙興，婦見於舅姑。婦夙興，盛服俟見。舅姑坐於堂上，東西相向，各置卓子於前。家人男女少於舅姑者立於兩序，如冠禮之叙。婦進於阼階下，北面，拜舅，升奠贄幣於卓上，舅撫之，侍者以入。婦降，又拜，畢，詣西階下，北面，拜姑，升奠贄幣，姑舉以授侍者，婦降又拜。若非宗子之子，而與宗子同居，則先行此禮於舅姑之私室，與宗子不同居，則如上儀。舅姑禮之。如父母醮女之儀。婦見於諸尊長。婦既受禮，降自西階，同居有尊於舅姑者，則舅姑以婦見於其室，如見舅姑之禮。還，拜諸尊長於兩序，如冠禮，無贄。小郎小姑皆相拜。非宗子之子，而與宗子同居，則既受禮，詣其堂上拜之，如舅姑禮。而還，見於兩序。其宗子及尊長不同居，則廟見而後往。若冢婦，則饋於舅姑。是日食時，婦家具盛饌、酒壺，婦從者設蔬果卓子於堂上，舅姑之前，設盥盤於阼階東南，帨架在東。舅姑就坐，婦盥，升自西階，洗盞斟酒，置舅卓子上，降，俟舅飲畢，又拜，遂獻姑，進酒，姑受飲畢，婦降，拜，遂執饌升，薦於舅姑之前，侍立姑後，以俟卒食，徹飯。侍者徹餘饌，分置別室，婦就餕姑之餘，婦從者餕舅之餘，婿從者又餕婦之餘。非宗子之子，則於私室，如儀。舅姑饗之。如禮婦之儀。禮畢，舅姑先降自西階，婦降自阼階。

廟見

三日，主人以婦見於祠堂。古者三月而廟見，今以其太遠，改用三日，如子冠而見之儀。但告辭曰：子某之婦某氏，敢見，餘並同。

婿見婦之父母

明日，婿往見婦之父母。婦父迎送揖讓，如客禮。拜，即跪而扶之。入見婦母，婦母闔門左扉，立於門內，婿拜於門外，皆有幣。婦父非宗子，即先見宗子夫婦，不用幣，如上儀，然後見婦之父母。次見婦黨諸親，不用幣，婦女相見如上儀。婦家禮婿如常儀。親迎之夕，不當見婦母及諸親，及設酒饌，以婦未見舅姑故也。

（元）佚名《元婚禮貢舉考・文公婚禮》 議婚：男子年十六至三十，女子年十四至二十，身及主婚者，無期以上喪，乃可成婚。必先使媒氏往來通言，俟女氏許之，然後納采。

納采：主人具書，夙興，奉以告於祠堂，乃使子弟爲使者如女氏。女氏主人出見使者，遂奉書以告於祠堂，出以復書授使者，遂禮之。使者復命婿氏，主人復以告於祠堂。

納幣：納幣具書，遣使如女氏，女氏受書，復書，禮賓，使者復命，並同納采之儀。

親迎：先期一日，女氏使人張陳其婿之室，厥明，婿家設位於室中，女家設次於外。初婚，婿盛服，主人告於祠堂，遂醮其子，而命之迎。婿出乘馬至女家，俟於次，女氏主人告於祠堂，遂醮其女而命之。主人出迎，婿入奠雁，姆奉女出登車，婿乘馬先。婦車至其家，導婦以入，就坐飲食。畢，婿出後入，脱服，燭出，主人禮賓。

婦見舅姑：明日夙興，婦見於舅姑，舅姑禮之。婦見於諸尊長，若冢婦，則饋於舅姑，舅姑饗之。

廟見：三日，主人以婦見於祠堂。

婿見婦之父母：明日，婿往見婦之父母，次見婦黨諸親，婦家禮婿如常儀。

（明）胡廣《性理大全》卷一九《家禮・昏禮・議昏》 男子年十六至三十，女子年十四至二十，司馬温公曰：古者男三十而娶，女二十而嫁。今令文男年十五，女年十三以上，並聽昏嫁。今爲此説，所以參古今之道，酌禮令之典，順天地之理，合人情之宜也。身及主昏者無朞以上喪，乃可議昏。大功未葬，亦不可主昏。凡主昏如冠禮主人之法，但宗子自昏，則以族人之長爲主。必先使媒氏往來通言，俟女氏許之，然後納采。司馬温公曰：凡議昏姻，當先察其壻與婦之性行，及家法何如，切苟慕其富貴。壻苟賢矣，今雖貧賤，安知異時不富貴乎？苟爲不肖，今雖富盛，安知異時不貧賤乎？婦者，家之所由盛衰也。苟慕其一時之富貴而娶之，彼挾其富貴，鮮有不輕其夫而傲其舅姑，養成驕姑之性，異日爲患，庸有極乎？借使因婦財以致富，依婦勢以取貴，苟有丈夫之志氣者，能無媿乎？又世俗好於襁褓童幼之時，輕許爲昏，亦有指腹爲昏者，及其既長，或不肖無賴，或身有惡疾，或家貧凍餒，或喪服相仍，或從宦達方，遂至棄信負約速獄致訟者多矣。是以先祖太尉嘗曰，吾家男女，必俟既長然後議昏，既通書，不數月必成昏，故終身無此悔，乃子孫所當法也。

納采納其采擇之禮，即今世俗所謂言定也。

主人具書。主人即主昏者，書用牋紙，如世俗之禮。若族人之子，則其父具書告于宗子。夙興，奉以告祠堂，如告冠儀，其祝版前同，但云：某之子某，若某之某親之子，某年已長成，未有伉儷，已議娶某官某郡姓名之女，今日納采，不勝感愴，謹以後同。若宗子自昏，則自告。乃使子弟爲使者如女氏，女氏主人出見使者。使者盛服，如女氏，女氏亦宗子爲主，主人盛服出見使者。非宗子之女，則其父位於主人之右，尊則少進，卑則少退，啜茶畢，使者起，致辭曰：吾子有惠，貺室某也，某之某親某官有先人之禮，使某請納采。從者以書進，使者以書授主人，主人對曰：某之子若妹姪孫惷愚，又弗能教，吾子命之，某不敢辭。北向再拜，使者避不答拜，使者請退，俟命出就次。若許嫁者於主人爲姑姊，則不云惷愚又弗能教，餘辭並同。

遂奉書以告于祠堂。如壻家之儀，祝版前同，但云：某之第幾女，若某親某之第幾女，年漸長成，已許嫁某官某郡姓名之子，若某親某，今日納采，不勝感愴，謹以後同。出以復書授使者，遂禮之。主人出延使者，升堂，授以復書，使者受之。請退，主人請禮賓，乃以酒饌禮使者，使者至是始與主人交拜，揖如常日賓客之禮，其從者亦禮之别室，皆酧以幣。使者復命壻氏，主人復以告于祠堂。不用祝。

納幣古禮有問名、納吉，今不能盡用，止用納采、納幣，以從簡便。

納幣，幣用色繒，貧富隨宜，少不過兩，多不踰十，今人更用釵釧、羊酒、果實之屬，亦可。具書遣使如女氏，女氏受書，復書，禮賓，使者復命，並同納采之儀。禮如納采，但不告廟。使者致辭，改采爲幣，從者以書幣進，使者以書授主人，主人對曰：吾子順先典，貺某重禮，某不敢辭，敢不承命。乃受書，執事者受幣，主人再拜，使者避之，復進請命，主人授以復書，餘並同。

楊氏復曰：昏禮有納采、問名、納吉、納徵、請期、親迎六禮，《家禮》略去問名、納吉，止用納采、納幣，以從簡便。但親迎以前更有請期一節，有不可得而略者，今以倒推之，請期具書，遣使如女氏，女氏受書，復書，禮賓，使者復命，並同納采之儀，使者致辭曰：吾子有賜命，某既申受命矣，使某也請吉日。主人曰：某既前受命矣，惟命是聽。賓曰：某命某聽命於吾子。主人曰：某固惟命是聽。賓曰：某受命，吾子不許，某敢不告期。曰某日。主人曰：某敢不謹須。餘並同。

親迎

朱子曰：親迎之禮，恐從伊川之説爲是。近則迎於其國，遠則迎於其館。今妻家遠，要行禮，一則令妻家就近處設一處，却就彼往迎，歸館行禮，一則妻家出至遠處，壻即就彼迎歸，至家成禮。有問：昏禮今有士人對俗人結姻，士人欲行昏禮，而彼家不從，如何？曰：這也只得宛轉，使人去與他商量，但古禮也省，徑人何苦不行。

前期一日，女氏使人張陳其壻之室。世俗謂之鋪房，然所張陳者，但氈褥、帳幔、帷幙應用之物，其衣服鎖之篋笥，不必陳也。司馬温公曰：《文中子》曰昏娶而論財，夷虜之道也。夫昏姻者，所以合二姓之好，上以事宗廟，下以繼後世也。今世俗之貪鄙者，將娶婦，先問資裝之厚薄。將嫁女，先問聘財之多少。至於立契約云某物若干，某物若干，以求售其女者，亦有既嫁而復欺紿負約者，是乃駔儈賣婢鬻奴之法，豈得謂之士大夫昏姻哉？其舅姑既被欺紿，則殘虐其婦以攄其忿，由是愛其女者務厚其資裝以悦其舅姑者，殊不知彼貪鄙之人，不可盈厭，資裝既竭，則安用汝女哉？於是質其女以責貨於女氏，貨有盡而責無窮，故昏姻之家往往終爲仇讎矣。是以世俗生男則喜，生女則戚，至有不舉其女者，用此故也。然則議昏姻有及於財者，皆勿與爲昏姻可也。厥明壻家設位于室中，設倚卓子兩位，東西相向。蔬果、盤盞、匕筯如賓客之禮，酒壺在東位之後，又以卓子置合巹一於其南，又南北設二盥盆勺於室東隅，又設酒壺盞注於室外或别室，以飲從者。巹音謹，以小匏一判而兩之。女家設次於外。初昏，壻盛服。世俗新壻帶花勝，擁蔽其面，殊失丈夫之容體，勿用可也。

朱子曰：昏禮用命服，乃是古禮。如士乘墨車而執鴈，皆大夫之禮也。冠帶只是燕服，非所以重正，昏禮不若從古之爲正。黄氏瑞節曰：士昏禮謂之攝盛，蓋以士而服大夫之服，乘大夫之車，則當執大夫之贄也。

主人告于祠堂。如納采儀，祝版前同，但云：某之子某，若某親之子某，將以今日親迎于某官某郡某氏，不勝感愴，謹以後同。若宗子自昏，則自告。

朱子曰：《儀禮》雖無娶妻告廟之文，而《左傳》曰：圍布几筵，告於莊共之廟。是古人亦有告廟之禮。問：今婦人入門即廟見，蓋舉世行之，近見鄉里諸賢頗信左氏先配後祖之説，豈後世紛紛之言不足據，莫若從古爲正否。曰：左氏固難盡信，然其後説親迎處亦有布几筵告廟而來之説，恐所謂後祖者，譏其失此禮耳。

遂醮其子而命之迎。先以卓子設酒注盤盞於堂上，主人盛服坐於堂之東序，西向，設壻席於其西北，南向，壻升自西階，立於席西，南向，贊者取盞斟酒，執之詣壻席前，壻再拜，升席，南向受盞，跪，祭酒，興，就席末跪，啐酒，興，降席西，授贊者盞，又再拜，進，詣父坐前，東向跪，父命之曰：往迎爾相，承我宗事，勉率以敬，若則有常。壻曰：諾，惟恐不堪，不敢忘命。俛伏，興，出。非宗子之子，則宗子告於祠堂，而其父醮於私室，如儀，但改宗事爲家事。若宗已孤而自昏，則不用此禮。

司馬温公曰：贊者，兩家各擇親戚婦人習於禮者爲之，凡壻及婦人行禮，皆贊者相導之。

壻出乘馬以二燭前導。至女家，俟於次。壻下馬於大門外，入俟於次。女家主人告於祠堂，如納采儀，祝版前同，但云：某之第幾女，若某親某之第幾女，將以今日歸於某官某郡姓名，不勝感愴，謹以後同。遂醮其女而命之。女盛飾，姆相之，立於室外，南向，父坐東序，西向，母坐西序，東向，設女席於母之東北，南向，贊者醮以酒，如壻禮，姆導女出於母左，父起命之，曰：敬之，戒之，夙夜無違舅姑之命。母送至西階上，爲之整冠斂帔，命之，曰：勉之，敬之，夙夜無違爾閨門之禮。諸母、姑、嫂、姊送至於中門之内，爲之整裙衫，申以父母之命，曰：謹聽爾父母之言，夙夜無愆。非宗子之女，則宗子告於祠堂，而其父醮於私室，如儀。主人出迎，壻入，奠鴈。主人迎壻於門外，揖讓以入，壻執鴈以從。至於廳事，主人升自阼階立，西向。壻升自西階，北向，跪，置鴈於地，主人侍者受之，壻俛伏，興，再拜，主人不答拜。若族人之女，則其父從主人出，迎立於其右，尊則少進，卑則少退，凡贄用生鴈，左首以生色繒交絡之，無則刻木爲之，取其順陰陽往來之義。程子曰：向某不再偶也。

問：主人揖，壻入，壻北面而拜，主人不答拜，何也？朱子曰：乃爲尊鴈而拜，主人自不應答拜。姆奉女出登車。姆奉女出中門，壻揖之，降自西階，主人不降，壻遂出，女從之，壻舉轎簾以俟婦。盤曰：未教，不足與禮也。女乃登車。壻乘馬先婦車，婦車亦以二燭前導。

司馬温公曰：男率女，女從男，夫婦剛柔之義，自此始也。至其家，導婦以入。壻至家，立於廳事，俟婦下車，揖之，導以入。壻婦交拜。婦從者，布壻席於東方，壻從者，布婦席於西方，壻盥於南，婦從者沃之，進帨。婦盥於北，壻從者沃之，進帨。壻揖婦，就席。婦拜，壻答拜。

司馬温公曰：從者皆以其家女僕爲之。女從者沃壻盥於南，壻從者沃女盥於北，夫婦始接情有廉耻。從者交導其志。女子與丈夫爲禮則俠拜，男子以再拜爲禮，女子以四拜爲禮，古無壻婦交拜之儀，今從俗。

就坐，飲食畢，壻出。壻揖婦，就坐。壻東，婦西。從者斟酒、設饌，壻婦祭酒舉殽。人斟酒，壻揖，婦舉飲，不祭，無殽。又取巹分置壻婦之前斟酒，壻揖，婦舉飲，不祭，無殽。壻出，就他室。姆與婦留室中，徹饌，置室外，設席，壻從者餕婦之餘，婦從者餕壻之餘。

司馬温公曰：古者同牢之禮，壻在西，東面，婦在東，西面，蓋古人尚右，故壻在西，尊之也。今人既尚左，且從俗。劉氏璋曰：《儀禮》疏云：巹謂牢瓢，以一匏分爲兩瓢，謂之巹。壻之與父各執一片以酳，故云合巹而酳。《昏義》曰：婦至，壻揖婦以入，共牢而食，合巹而酳，所以合體同尊卑，以親之也。復入，脱服，燭出。壻脱服，婦從者受之。婦脱服，壻從者受之。司馬温公曰：古詩云結髮爲夫婦，言自小年束髮即爲夫婦，猶李廣所言結髮與匈奴戰也。今世俗昏姻乃有結髮之禮，謬誤可笑，勿用可也。主人禮賓。男賓於外廳，女賓於中堂。古禮明日饗從者，今從俗。

司馬温公曰：不用樂。注云：《曾子問》曰娶婦之家，三日不舉樂，思嗣親也。今俗昏禮用樂，殊爲非禮。

婦見舅姑

明日夙興，婦見於舅姑。婦夙興盛服俟見，舅姑坐於堂上，東西相向，各置卓子於前，家人男女少於舅姑者，立於兩序，如冠禮之叙。婦進，立於阼階下，北面拜舅，升奠贄幣於卓子上，舅撫之，侍者以入。婦降，又拜，畢，詣西階下，北面拜姑，升奠贄幣，姑舉以授侍者。婦降，又拜。若非宗子之子而與宗子同居，則先行此禮於舅姑之私室。與宗子不同居，則如上儀。

司馬温公曰：古者拜於堂上，今拜於下，恭也，可從衆。

舅姑禮之。如父母醮女之儀。婦見於諸尊長。婦既受禮，降自西階，同居有尊於舅姑者，則舅姑以婦見於其室，如見舅姑之禮。還拜諸尊長於兩序，如冠禮，無贄。小郎小姑皆相拜。非宗子之子而與宗子同居，則既受禮，詣其堂上，拜之如舅姑禮，而還見於兩序。其宗子及尊長不同居，則廟見而後往。若冢婦，則饋於舅姑，是日食時，婦家具盛饌酒壺，婦從者設蔬果卓子於堂上，舅姑之前設盥盆於阼階東南，帨架在東。舅姑就坐，婦盥，升自西階，洗盞斟酒，置舅卓子上，降，俟舅飲畢，又拜，遂獻姑進酒，姑受飲畢，婦降拜，遂執饌升薦於舅姑之前，侍立姑後，以俟卒食徹飯，侍者徹饌，分置別室，婦就餕姑之餘，婦從者餕舅之餘，壻從者又餕婦之餘。非宗子之子，則於私室如儀。

司馬温公曰：《士昏禮》婦盥饋特豚，合升側載注。側載者，右胖載之舅俎，左胖載之姑俎。今恐貧者不辦殺特，故但具盛饌而已。舅姑饗之。如禮婦之儀，禮畢，舅姑先降自西階，婦降自阼階。

廟見

三日，主人以婦見於祠堂。古者三月而廟見，今以其太遠，改用三日，如子冠而見之儀，但告辭曰：了某之婦某氏敢見，餘並同。

壻見婦之父母

明日，壻往見婦之父母。婦父迎送揖讓如客禮，拜即跪而扶之，入見婦母，婦母闔門左扉，立於門內，壻拜於門外，皆有幣。婦父非宗子，即先見宗子夫婦，不用幣，如上儀，然後見婦之父母。次見婦黨諸親。不用幣，婦女相見如上儀。婦家禮壻，如常儀。親迎之夕，不當見婦母及諸親及設酒饌，以婦未見舅姑故也。

程子曰：昏禮不用樂，幽陰之義，此説非是。昏禮豈是幽陰，但古人重此大禮，嚴肅其事，不用樂也。昏禮不賀，人之序也，此説却是。婦質明而見姑舅，成婦也。三日而後宴樂，禮畢也。宴不以夜，禮也。朱子曰：人著書只是自入些己意，便做病。司馬與伊川，定昏禮都依《儀禮》，只略改一處便不是古人意。司馬云親迎奠鴈見主昏者即出，伊川却教拜了又入堂拜大男小女，伊川非是。伊川云婦至次日見舅姑，三月廟見，司馬即説婦入門即拜影堂，司馬非是。蓋親迎不見妻父母者，婦未見舅姑也。

入門不見舅姑者，未成婦也。今親迎用温公，入門以後用伊川，三月廟見改爲三日云。

（明）吕柟《涇野子内篇》卷三《東林書屋語》 官問：婚有六禮，今用納幣、請期、親迎者何？先生曰：納吉、納徵、納采實未嘗亡也，但行之苟簡耳。問納幣，曰：昔文中子謂婚娶論財之非道，今天下皆論財，欲興《桃夭》肅雝之化，不亦難乎？無惑乎？治日之少也。

（明）楊慎《升菴集》卷四二《間關車之牽兮》 《詩》傳以爲燕樂新婚之詩。按《禮》云：婚禮不賀，人之序也。又曰：娶婦之家，三日不舉樂，思嗣親也。親婚安得有燕耶？小序云：幽王無道，詩人思得賢女，以配君子。此義爲長，此序説所以不可輕變也。

（明）楊慎《升菴集》卷六三《辨妾字從辛非古篆》 邵文莊云：妾之于禮久矣，有媵而妾者，有卜而妾者。卜而妾者，聞命而趨，不待六禮，故謂之奔。傳曰：疲於奔命，蓋言速也。奔者，非必淫泆而奔者，謂之淫奔。是故女之嫁者有二道焉，有聘而嫁者，有奔而嫁者。慎按天文有織女主貴女，須女主賤女，貴女則嫡也，賤女則諸侯之副宫九媵、大夫之側室三歸也。禮之所謂買妾奔則爲妾，皆不備禮之謂也。先王制禮，豈不欲六禮皆備而後歸哉？禮不下庶人，勢也。故仲春奔者不禁，恐失時也。荒年婚禮多殺，欲繁育也。許氏《説文》：妾字從辛，女之有罪者爲人妾。漢緹縈上書願没爲官婢，以贖父罪，此蓋秦法周之盛也，决不然也，《周禮》有女奚之條，亦劉歆附會文，姦以欺王莽者，殆不可信。王莽末年，令天下奴婢贖還爲良，朱《綱目》亦善之，豈有周公制法不如王莽乎？妾字從辛，蓋亦秦篆非古篆也。

（明）葉春及《惠安政書·昏十二條》 凡昏禮，古有問名、納采、納吉、納徵、請期、親迎六節，今隨俗惟行納采、納徵、請期、迎親。

凡男女昏嫁以時，男子未及十六、女子未及十四成昏者，謂之先時。男子二十五以上、女子二十以上未成昏者，謂之過時。先時者夭，過時者病，皆不能順陰陽以保太和，宜時諭之。

凡納采用酒牲果品隨俗，上户通計所費銀不過三兩，中户不過二兩，下户不過一兩。

凡納采、納徵、請期具書，如女氏，女氏復書，禮也。於初定時，書尤不可無者。律云：雖無昏書，曾受聘財，亦是。但兩家父母及媒妁或有死亡，雖受聘財，卒無可據，以此悔親者衆。以後必以禮具書，無而訟者不聽。

凡納徵用釵幣酒牲隨俗，上户通計所費銀不過十五兩，中户不過十兩，下户不過五兩，送禮之人毋得多與銀錢，惟待酒飯。

凡請期不分上中下户，惟遣使通書而已，禮物不用。

凡親迎奠鴈不必酌酒加幣，亦有不奠鴈而飲酒者，皆所當革。若婚以次日見女之父母，設燕者聽。

凡婚禮不得用樂，有不親迎而用鼓吹雜劇者，尤宜痛革，賀昏非禮，宜更爲助禮物隨宜。

凡女服飾隨俗，但不可違禁。上户通計所費銀不過三十兩，資粧器物半之。中户不過二十兩，資粧器物半之。下户不過十兩，資粧器物半之。上户從者女一人，男一人，中户以下女一人，無勿强。

凡婦見舅姑，用幣，餘皆不用，明義分也。鄉俗見諸親有帛，婦不見外姓，别男女也。鄉俗見異姓諸親及鄉黨，今悉正之，惟見同姓尊長。

凡三等人户之下，聘用酒一坛、鵝二隻、布二疋、茶一合，婦荆釵布裙見舅姑而已，貧不能具者，約正率閭里科少錢助之，勿令失時。

凡媒妁爲人議昏，須通二家之情，待其許諾，毋得欺誑，但求成事，以貽他日之悔，事發罪之。謝禮，上户不過一兩，中户五錢，下户一錢。溺陰陽年月而不成昏及論財者，罪其父母。

（明）李覯《直講李先生文集》卷五《内治》 媒氏，掌萬民之判，凡男女自成名以上，皆書年月日名焉。令男三十而娶，女二十而嫁。凡娶判妻入子者，皆書之。中春之月，令會男女。于是時也，奔者不禁。司男女之無夫家者而會之。夫昏姻之禮，要在及時，故國無鰥民則《桃夭》之詠作，喪其妃耦則有《狐》之刺興，彼室家之好而繫之。王者之風，爲人上者不可不察也。孟子對齊宣王曰：昔者大王好色，愛厥妃，《詩》云：古公亶父，來朝走馬，率西水滸，至于岐下，爰及姜女，聿來胥宇。當是時也，内無怨女，外無曠夫，王如好色，與百姓同之，於王何有。誠哉是言也。人主知漁色而不知下無室家，知逞欲而不知下有怨曠，其可乎哉。天地不合，萬物不生，有夫有婦，然後爲家，上得以養父母，下得以育子孫，生民之本於是乎在，而人主慢之，非計也。是故聖人設官主判合之禮，子生三月，必書其名，男自二十以及二十九，女自十五以及十九，皆爲盛年，其昏自季秋至於孟春，惟其所用。若男三十女二十爲期盡，雖中春猶可行，所以蕃育人民，是皆言其極也。及此月而父母不娶不嫁之者，相奔不禁。若無故而不用令，則罪罰之。嘗有妃匹而鰥寡者亦察焉，先王之道如此其至也，即爲之立其家，又使之有其業，國中則典婦功掌婦式之法，野則鄰長稽其女功，然而民不庶且富者，未之信也。《越語》女子十七不嫁，丈夫二十不娶，父母有罪。雖於禮爲蚤，而句踐報吳，亦以是也。晉泰始中博選良家以充後宮，先下書禁天下嫁娶，噫，大可笑也。

（明）鄭文康《平橋藁》卷一《俗禮歌有序》 崑俗娶婦，俗禮可嗤者甚多。若所謂跨鞍、問龍、進寶、摟飯甑、傳彩之類是也。考之禮書，一無所據，不知自何時何人始耶。今士大夫家不審是非，安而行之，畧不怪耻，尚何罪於愚夫愚婦波頹草偃者乎？至若討喜一事，言之污人齒頰，此壻家以賊道待婦與婦之父母也，瀆禮不經，莫此爲甚。余爲膏兒畢姻醮子親迎、交拜、合巹之外，非禮之禮一切屏絶。鄰姬里媪有不樂者，驚聞駭問。嗚呼！名爲士大夫者，既不能行古禮一二以示人，安忍蹈時俗之弊爲其口實乎？病中無事，因其名而采其義，各成短歌一章，以曉之吾輩中能同心革罷，亦移風易俗之一端也。

莫跨鞍

新婦未到之先，壻家設馬鞍於正門限上，婦出轎令跨以入。俗傳要平安須跨鞍也。作莫跨鞍。

莫跨鞍，莫跨鞍，跨鞍未必家平安。鞍高足小跨不過，露出繡鞋人共看。東家娶婦有鞍跨，西家無鞍爭笑話。誰知一跨心膽戁，亂走胡行都不怕。嗚呼！跨鞍不如不跨好，俗禮紛紛奚足道。

莫問龍

新婦到門，其姑用染紅燈草三然火在熨斗内，兩手執其柄，又一人持大鏡一面，同前問曰：新婦何方來？婦之從者答曰：旺方來。又問：何龍入宅？答曰：寶龍入宅。問已，姑退而婦進，謂之問龍。作莫問龍。

莫問龍，莫問龍，問龍龍在龍窟中。掀天頭角役雷火，引入宅來何處容。總使寶龍能帶寶，誰解降龍與龍討。只有煌煌頷下珠，看得貪夫眼中飽。嗚呼！寶龍豈是池中物，肯逐婦人同入宅。

莫進寶

新婦入門，問龍已畢，其姑隨其家之所有，或持白金一錠，或持酒器一件，與婦持入，上堂復納還與姑，謂之進寶。作莫進寶。

莫進寶，莫進寶，進寶書中無可考。婦家有寶當自進，借取夫家亦何好。古人真寶真可憐，今人假寶徒紛然。婦人孝順是真寶，進與舅姑無價錢。嗚呼！寶兮寶兮無爾獻，三日入厨來進膳。

莫摟飯甑

新婦從堂入厨，庖丁用飯一升捏成銀錠模樣，以瓦甑盛之，上覆以巾，令婦開巾，以筯摟開，謂之摟飯甑。作莫摟飯甑。

莫摟飯甑，莫摟飯甑，飯甑破時如破鏡。甑裏深藏是何物，摟出捏成假銀錠。甑雖有眼喜無口，入得門來便教摟。少年新婦恃力强，故向人前擎好手。嗚呼！莫教甑破不可爲。臼中免使良人炊。

莫傳綵

新婦從堂入厨，自厨入房，家人以草席兩條布地，號曰龍鬚席，一卷一舒，令婦步行其上。贊者前唱賀新郎，引導進房徹席不用，謂之傳綵。作莫傳綵。

莫傳綵，莫傳綵，兩席相傳禮安在。媒婆前引伴婆隨，傳入洞房齊唱采。人家娶婦在傳家，不在容顔如舜華。前席舒開後席卷，呼作龍鬚徒爾誇。嗚呼！新郎有綵莫鋪地，留製斑衣老來戲。

（清）趙翼《陔餘叢考》卷三一《初婚看新婦》 世俗新婚三日内，不問親故，皆可看新婦，固係陋習，然自六朝來已然。《南史·徐摛傳》，晉、宋以來，初婚三日，婦見舅姑，衆賓皆列觀。唐李涪刊誤云：婚禮來日，婦於庭拜舅姑，次謁夫之長屬及中外故舊，通謂之拜客，故有拜客之名。今代非親非故，皆列坐而覿婦容，豈其宜哉。則此習由來久矣。彙書：近時娶婦，以紅帕蒙首，按《通典》杜佑議曰：自東漢、魏晉以來，時或艱虞，歲遇良吉，急於嫁娶，乃以紗縠蒙女首，而夫氏發之，因拜舅姑，便成婚禮，六禮悉捨，合巹復乘。是蒙首之法，亦相傳已久，但古或以失時急娶用之，今則爲通行之禮耳。

（清）趙翼《陔餘叢考》卷三一《拜堂》 新婚之三日，婦見舅姑，俗名拜堂。按《封氏聞見記》，近代婚嫁，有障車下壻卻扇及拜堂之儀，今上詔有司約古禮今儀。太子少師顔真卿、中書舍人于邵等奏，障車下婿卻扇，並請依古禮。見舅姑於堂上，薦棗栗腶脩，無拜堂之儀。今上，謂德宗也，是拜堂之名，由來已久。但真卿等所定棗栗腶脩見舅姑，即今俗所謂拜堂也，乃又云無拜堂之儀，豈唐時所謂拜堂者，别是一禮耶。

（清）王昶《湖海文傳》卷七五《雜著·嫁娶丁杰》 古者嫁娶之期，言人人殊。一爲年之少長，一爲時之早晚。今合經傳考之，男自二十至三十、女自十五至二十，時自季秋至仲春，自仲春至仲夏，皆爲得禮之正。《大戴禮·本命篇》男八歲而齔，十六情通，然後其施行。女七歲而齔，十四然後其化成，此舉其端言之也。《儀禮·喪服傳》：年十九至十六爲長殤，《禮》：子不殤父，明男二十爲初娶之端。《墨子篇》：昔聖王爲法，曰丈夫年二十，毋敢不處家，女子年十五，毋敢不事人。王肅述毛曰：前賢有言丈夫二十不敢不有室，女子十五不敢不有其家，此舉其中言之也。《周禮·媒氏》令男三十而娶，女二十而嫁。《大戴禮·本命篇》中古男三十而娶，女二十而嫁。《禮記·曲禮》二十曰弱冠，三十曰壯，有室。《内則》二十而冠，三十而有室。女子十有五年而笄，二十而嫁。《尚書大傳》孔子對子張曰：男子三十而娶，女子二十而嫁。《穀梁·文十二年》男子二十而冠，三十而娶，女子十五而許嫁，二十而嫁。此舉其終言之也。《荀子·大略篇》及《韓詩傳》：古者，霜降迎女，冰泮殺止。《家語·本命解》：孔子對哀公曰：霜降而婦功成，嫁娶者行焉，冰泮而農桑起，婚禮殺於此。《禮運》孔子語言偃曰：冬合男女，春頒爵位。此《家語》之《禮運》。《詩·衛風》將子無怒，秋以爲期。《邶風》士如歸妻，迨冰未泮。此言仲春以前也。《大戴禮·夏小正》二月，綏多士女。《周禮·媒氏》：仲春之月，令會男女，奔者不禁。《禮記·月令》：元鳥至以太牢祠於高禖。《詩·商頌》：天命元鳥，降而生商。《召南》：言采其蕨，亦既覯止，厭浥行露，謂行多露。有女懷春，吉士誘之。《豳風》：春日遲遲，殆及公子同歸。倉庚于飛，之子于歸。《鄭風》：零露瀼瀼，與子偕臧。《白虎通》曰：嫁娶以春，此言仲春之時也。《詩·召南·摽有梅》其實七兮，求我庶士，迨其吉兮。摽有梅，其實三兮，求我庶士，迨其今兮。此言仲春之後也。《摽有梅》詩序以爲，男女及時者，主乎年之少長。《唐風·綢繆》與《摽有梅》相類，序以爲不得其時者，主乎時之早晚。《陳風·東門之楊》序以爲失時者，意重男女多違不止，論年之少長，時之早晚也。《大戴禮·本命篇》又云：太古男五十而室，女三十而嫁，不能行於後世。《大戴》逸篇《文王世子》云：文王十三生伯邑考，十五生武王。《左氏·襄公九年傳》晉侯曰，國君十五而生子，所以廣繼嗣。大夫以下不得同之。《内則》曰：女子有故二十三年而嫁，非嫁娶之常例。《周禮·大司徒》以荒政十有二聚萬民，十曰多昏，則年之少長，或取其相當。而時之早晚，亦所不計。今由孔子對哀公之言思之，男三十而有室，女二十而有夫，禮言其極，不是過也，則無在二十、三十之後者矣。男子二十而冠，有爲人父之端。女子十五許嫁，有適人之道，亦無出于十五、二十之前者矣。群生閉藏乎陰，而爲化育之始。故聖人因時以合偶，男子窮天數也，則無在霜降之前者矣。冰泮而農桑起，婚禮殺於此，亦容有出于冰泮之後者矣。知此則《詩》之言嫁娶者多端可一以貫之矣。

（清）沈家本《寄簃文存》卷三《説·再醮婦主婚人説》 孀婦再醮，例所不禁，而應由何人主婚，説者不一。居喪嫁娶例載：孀婦自願改嫁，翁姑人等主婚，而母家統衆搶奪，杖八十；夫家並無例應主婚之人，母家主婚改嫁，而夫家疏遠親屬强搶者，罪亦如之，等語。此例定于乾隆初年。自此例行後，孀婦應由翁姑人等主婚，必夫家無例應主婚之人，方許母家主婚改嫁，遵循已久。惟夫家翁姑之外，何者爲應主婚之人？何者爲不應主婚之人？例無明文引斷，殊鮮依據，説者頗議此例之未盡善也。

考《明律箋釋》云：夫族無醮婦之義，故律不言，其有犯者，亦當坐。非女之祖父母、父母，强嫁之罪，若利其有而逼逐强嫁者，尤當從重論。此謂夫家之人不應爲孀婦主婚也。《輯注》：夫族無醮婦，禮也。然例順人情，以祖父母、父母得以專制子孫之婦，若必拘以夫族無醮婦之禮，恐啓争競之端，故居喪嫁娶條内明立翁姑主婚之文，此所以順人情也。而夫族無醮婦之説，存而勿論可也。又《舊説》云：鄉野愚民，惟利是視，往往有婦女夫亡，母家、夫家視爲奇貨，互相争奪改嫁者。然在母家，於伊女出閣之時業已受過財禮，迨既經出嫁，即爲他家之婦，如遇夫亡改嫁，自應夫家主婚受財，而非母家所得復行主持矣。是以居喪嫁娶條例内，孀婦自願改嫁，翁姑人等主婚受財，而女家統衆强搶者，杖八十。視此，則孀婦改嫁，應聽夫家主婚受財，已有定例。且今各省府州縣衙門，遇有孀婦改嫁，呈控有案，幾曾有斷令母家主婚者？若謂夫族無醮婦之禮，則夫族豈肯甘心，勢必致瞞背母家，私自許嫁，而母家又得藉爲例應主婚，小則搶奪爭毆，大則釀成人命，訟獄從此滋繁矣。古禮不行於今者甚多，此説斷不可依從也。此二説謂夫家可以主婚，而不必拘拘於夫族無醮婦之義也。《會典》康熙十二年題准：凡婦人夫亡之後，願守節者聽；欲改嫁者，母家給還財禮，准其領回。《律例通考》云：孀婦改嫁，事所恒有，母家、夫家恒致爭奪滋訟，自應補纂，列爲例款，以昭劃一。《讀例存疑》謂《會典》此條，修例未經纂入，自係疏漏。此本《會典》爲説，主婚應歸母家，與《箋釋》之説相合者也。

按再醮婦主婚人夫家、母家，説各不同，莫衷一是。竊謂空闈孤守，其事甚難，古人制禮必本人情，萬無拂人情而强以所難者。故再醮之事，北宋以前，不獨世家大族亦行之，即公主亦有再醮者，漢、唐最多。宋秦國大長公主初適米福德，再適高懷德。榮德帝姬，初適曹晟，再適習古國王。見於史册，不以爲耻。《宋史・汝南王允讓傳》：爲大宗正，奏宗婦年少喪夫，雖無子，不許嫁非人情，請除其例。范文正公之子婦，先嫁純禮，後適王陶。其所立義莊，有給孀婦改嫁之費。此孀婦改嫁夫家主婚之明證。不獨其時風俗知是，亦必夫家不醮婦之説尚無明文也。況其中更有子女皆無，青年可憫，衣食不給，凍餒堪虞者，翁姑人等，於此或情所不忍，或勢所難全，往往有泣涕而遣嫁者焉，則又不盡關乎風俗矣。試又略風俗而進推其理。婦人有三從之義，未嫁從父，既嫁則從夫從子，夫即亡没，終屬夫家之人，若夫家不願嫁，母家勢不能强之嫁也。是其權在夫家，不在母家也。《晉書・刑法志》：主簿程咸議：緣坐之法，謂在室之女，從父母之誅，即醮之婦，從夫家之罰。當時事獲施行，後世纂入律内。夫罰從夫家，則其他之關涉應從夫家，其義一也。是主婚之當歸夫家，其理甚明。《輯注》等所言，但論及事勢之利害而已，尚未深究及此也。

然則今現行夫家主婚之例，豈可遽議其未善乎？特天下事不可執一而論，此項主婚人，亦有不能不由母家者。七出之條，所以全親親之誼，故古者出妻之事最多。今其事雖已絶無僅有，而出妻之律尚列在《婚姻門》内，此等去婦，必歸母家。此當由母家主婚者，一也。或者翁姑早没，夫又云亡，夫家並無至近親屬可以主婚，而母家則父母猶存，或有至近親屬，自不能不聽之母家。此當由母家主婚者，又其一也。更有婦在夫家，素爲翁姑所不喜，親屬又多不睦，夫亡之後，形單影隻，凌逼難堪，不得已而避居母家，夫家亦不復顧問。此等婦人，若仍由夫家主婚，諸多阻礙，不若由母家主婚之爲妥協。此以情勢論之而當由母家主婚者，又其一也。《會典》所稱由母家領回改嫁，當指此等婦女而言。然則《會典》與例文正當參酌而行之，未可偏廢矣。

或曰，如夫家、母家俱無例應主婚人，則奈何？曰此律所謂身自嫁娶者也。夫家之翁姑，母家之父母以及至近親屬皆無其人，則身自改嫁者，亦事所常有。若在喪服已滿之後，即爲例所不禁。此所當别論者。至例内所稱例應主婚人，别無明文，自當仍以律文爲斷。律云，凡嫁娶違律，若由男女之祖父母、父母、伯叔父母、姑、兄妹及外祖父母主婚者，獨坐主婚，男女不坐，餘親主婚者，餘親謂期親、卑幼及大功以下尊長、卑幼主婚者。事由主婚，主婚爲首，男女爲從；事由男女，男女爲首，主婚爲從，等語。是律以有服、無服爲判。有服者並無例應主婚之人，無服者即爲疏遠親屬。以此引斷，尚非無所依據。若謂餘親下及功、緦、卑幼，限斷太寬，則律内餘親本與祖父母、父母等不同，可以量爲區别。夫家如有祖父母、父母等，由夫家主婚。如無祖父母、父母等，而但有餘親，母家有祖父母、父母等，即由母家主婚。母家如亦無祖父母、父母等，而但有餘親，則仍由夫家。於彼此之間，稍示親疏之别，似於律意，尚不至抵捂。以夫家之餘親與母家之祖父母、父母等相較，則此疏而彼親也。

惟《會典》所稱財禮一層，則宜加討論。財禮云者，即六禮納采、納幣，乃聘女之物，非以貿女也。世俗不明此義，往往因爭奪財禮，致啓衅端。此等惡俗，猝難變革。《會典》云給還財禮，亦就風俗之習慣起見。律内亦有追還財禮之文。第追還財禮，乃指違律爲婚者言。若夫亡改嫁而必給還財禮，是直以財禮爲貿女之物，殊與禮意不合。故論習俗，則此層萬不可删；論學理，則此層萬不可存。例文不言財禮之還否，蓋已不用此旨。此固宜加討論而不可忽者也。

（清）孫詒讓《籀廎述林》卷一《聖證論王鄭論昏期異同攷》 康成詮釋諸經，漢魏之際，盛行一時，羣儒望風景附，咸名鄭學，惟王子雍以通才閎覽，起與爲難，乃至僞託《家語》，以爲左證，故有聖證論之作。蓋欲以難鄭樹職志，遂不憚妄託聖言，其忮盭亦甚矣。以司馬氏外戚之重，故其學盛行於晉初。然鄭里再傳弟子馬昭之徒，猶堅守師法，援經發難治王學者，孔晁輩又難馬申王，張融復參合，鄭王折衷其説以爲評，雖是丹非素不免黨伐，而矛盾相持，各有義據，不可誣也。聖證論唐以後，久佚經疏，援引零章斷句，無由攷其義恉。惟《周禮·媒氏》疏載，王肅難鄭君昏期之説甚詳，並備引馬昭、孔晁、張融等論難之語，猶足見聖證論舊本梗概。但仲春昏期，王鄭之論，《通典》所引，馬昭申鄭有三難，孔晁申王有二答，各依馬難爲對。賈疏櫽栝其語，合馬氏三難爲一，復深没其名。孔氏二答又止載其一文句，亦多貿亂譌舛，讀者卒不得其耑緒。然賈所引張融評又校君卿所引爲完，臧玉林《經義襍記》略爲校正，而未盡也，合備録賈杜兩書，以著諸儒論難之略，更爲補正譌挩，以詒治經者。賈疏引王肅曰《周官》云，令男三十而娶，女二十而嫁。謂男女之限嫁娶，不得過此也。三十之男、二十之女不待禮而行之，所奔者不禁。娶何三十之限？前賢有言丈夫二十不敢不有室，女子十五不敢不有其家。《家語》魯哀公問於孔子，男子十六精通，女子十四而化，是則可以生民矣。聞《禮》男三十而有室，女二十而有夫，豈不晚哉？孔子曰：夫禮，言其極，亦不是過。男子二十而冠，有爲人父之端。女子十五許嫁，有適人之道。於此以往則自昏矣。然則三十之男、二十之女，中秋之月者，所謂言其極法耳。

《通典·嘉禮·男女婚嫁季紀議》云，鄭玄據《周禮》《春秋穀梁》《逸禮·本命篇》等，男必三十而娶，女必十五乃嫁。王肅據《孔子家語》《服經》等，以爲男十六可娶，女十四可以嫁。三十、二十言其極耳。又按《家語》，魯哀公問於孔子曰：男子季十六而精通，女子十四而化育，是則可生人矣。而禮男必三十而室，女必二十而嫁，豈不晚哉？孔子曰：夫禮，言其極耳，不是過也。男二十而冠，有爲人父之端，女十五許嫁，有適人之道。又曰：孔子季十九而娶於宋之幵官氏。又曰：孔子季七十三而終，伯魚季五十先孔子而卒。而《服經》有爲夫姊之長殤，據此王鄭之説義並未明。

昭曰：《禮記·本命》曰，中古男三十而娶，女二十而嫁，合於中節。大古男五十而有室，女三十而嫁。《尚書大傳》曰：孔子曰男三十而娶，女二十而嫁，通於織紝紡績之事，黼黻文章之美。不若是，則上無以孝於舅姑，而下無以事夫養子。《穀梁傳》曰：男子二十而冠，冠而列丈夫，三十而娶。

尹更始云，男三十而娶，女十五許嫁，笄，二十而嫁。《曲禮》三十曰壯有室。盧氏云，三十盛壯，可以娶女。《内則》三十而有室，始理男事。女子十五笄，二十而嫁，有故則二十三而嫁。經有夫姊之長殤。舊説三十而娶，而有夫姊長殤者，何關盛衰一説？關畏猒溺而殤之盧氏，以爲衰世之禮也。張融從鄭及諸家説。又《春秋外傳》越王句踐蕃育人民，以速報吴故，男二十而娶，女子十七而嫁。如是足明正禮男不二十娶，女不十七嫁，可知也。

王肅論云：吾幼爲鄭學之時，爲謬言尋其義，乃知古人可以於冬。自馬氏以來，乃因《周官》而有二月，《詩》東門之楊，其葉牂牂。《毛傳》曰：男女失時不逮秋冬，三星參也十月而見東方時可以嫁娶。又云時尚暇務須合昏因，萬物閉藏於冬而用生育之時，娶妻入室長養之毋亦不失也。孫卿曰霜降逆女，冰泮殺止。董仲舒曰：聖人以男女陰陽其道同類天道，向秋冬而陰氣來，向春夏而陰氣去。故古人霜降而逆女，冰泮而殺止，與陰俱近，與陽遠也。《詩》曰將子無怒，秋以爲期。《韓詩傳》亦曰，古者霜降逆女，冰泮殺止。士如歸妻，迨冰未泮。爲此驗也。而玄云歸，使之來歸於己，謂請期時來歸之言，非請期之名也。或曰親迎用昏，而曰旭日始旦何用哉？《詩》以爲鳴雁之時納采，以昏時而親迎。而《周官》中春令會男女之無夫家者，於是時也，奔者不禁。則昏姻之期盡此月矣，故急期會也。《孔子家語》曰霜降而婦功成，嫁娶者行焉，冰泮而農業起，昏禮殺於此。又曰冬合男女，春班爵位。

《通典·嘉禮·嫁娶時月議》曰：按鄭元嫁娶必以中春之月，王肅以爲秋冬嫁娶之時也，仲春期盡之時矣。孫卿云霜降迎女，冰泮殺止。《孔子家語》云羣生閉藏於陰，而育之始，故聖人因時以合偶男女，窮天數，霜降而婦功成，嫁娶者行焉，冰泮而農桑起，婚禮殺於此焉。又云冬合男女，春班爵位，皆謂順也。

《詩》曰：有女懷春，吉士誘之。春日遲遲，女心傷悲。綢繆束芻，三星在隅。我行其野，蔽芾其樗。倉庚于飛，熠熠其羽。《詩・殷頌》曰：天命玄鳥，降而生商。《月令》仲春玄鳥至之日，以大牢祠於高禖，天子親往，玄鳥生乳之月，以爲嫁娶之候，天子重之而祀焉。凡此皆與仲春嫁娶爲候者也。《夏小正》曰：二月冠子嫁女娶妻之時。秋以爲期，此淫奔之詩。《夏小正》曰：二月綏多士女，交昏於仲春。《易・泰卦》六五，帝乙歸妹，以祉元吉。鄭説六五爻，辰在卯，春爲陽中，萬物以生，生育者嫁娶之貴，仲春之月，嫁娶男女之禮，福禄大吉。《易》之《咸卦》，柔上剛下，二氣感應以相與。皆説男下女。《召南・草蟲》之詩，夫人待禮，隨從在塗，見采鼈者以詩自興。又云士如歸妻，迨冰未泮。舊説云，士如歸妻，我尚及冰未泮定納，其篇義云，嫁娶以春，陽氣始生萬物，嫁娶亦爲生類。故《管子》篇時令云，春以合男女。融謹案春秋魯夫人嫁女，四時通用，無譏文。然則孔子制素王之法，以遺後世，男女以及時盛季爲得，不限以日月。《家語》限以冬，不附於《春秋》之正經，如是則非孔子之言，嫁娶也以仲春著在《詩》、《易》、《夏小正》之文，且仲春爲有期之言，秋冬春三時嫁娶，何自違也，《家語》冬合男女，窮天數之語，《詩》、《易》、《禮》、《傳》所載，《咸》《泰》《歸妹》之卦，《國風・行露》《綢繆》有女懷春，倉庚于飛，熠熠其羽。春日遲遲，樂與公子同歸之歌，《小雅》我行其野，蔽芾其樗之歎，此春娶之證也。禮，諸侯越國娶女，仲春及冰未散請期，乃足容往反也。秋如期往，淫奔之女，不能待季，故設秋迎之期。《摽有梅》之詩，殷紂暴亂，娶失其盛時之季，習亂思治，故戒文王能使男女得及其時。陳晉棄《周禮》爲國亂悲傷，故刺昏姻不及仲春。

玄説云嫁娶以仲春，既有羣證，故孔晁曰有女懷春。毛云春不暇待秋，春日遲遲，女心傷悲。謂蠶事始起，感事而悲，蔽芾其樗，喻遇惡夫。熠熠其羽，喻嫁娶之盛飾。三星在隅，孟冬之月，參見東方，舉正昏以刺時，此雖用毛義，未若鄭玄用仲春爲正禮爲密也。

《通典・嫁娶時月議》注引馬昭非肅曰：《周禮》仲春合會男女，《殷頌》天命玄鳥，降而生商。《月令》仲春玄鳥至之日，祀於高禖，玄鳥孚乳之月，以爲嫁娶之候。

又引孔晁答曰《周官》云，凡娶判妻入子者，皆書之，此謂霜降之候，冰泮之時，正以禮婚者也。次言仲春令會男女，奔者不禁，此婚期盡不待備禮。玄鳥至，祀高禖，求男女之象，非嫁娶之候。

又引昭又難曰，《詩》云有女懷春，吉士誘之。春日遲遲，女心傷悲。嘒彼小星，三五在東。綢繆束芻，三星在隅。我行其野，蔽芾其樗。倉庚于飛，熠熠其羽。凡此皆興於仲春嫁娶之候。

又引晁曰，有婦懷春，謂女無禮過時，故思春日遲遲，蠶桑始起，女心悲矣。嘒彼小星，喻妾侍從夫人。蔽芾其樗，喻行遇惡人。熠熠其羽，喻嫁娶盛飾。皆非仲春嫁娶之候。玄據期盡之教，以爲正婚則奔者不禁，過於是月。

又引昭又曰，肅引經秋以爲期，此乃淫奔之詩矣。

又引張融曰《易・泰卦》六五，帝乙歸妹以祉元吉。舊説六五爻辰在卯，春爲陽中，萬物生育，嫁娶大吉也。春秋魯迎夫人，四時通用。《家語》限以冬，不符《春秋》，非孔子言也。三代嫁娶，以仲春爲期盡之言。且婚姻而合德天地，配陰陽，會通之數，合於春女樂與公子同歸之志，符於《南山》《采薇》之歌，協於我行蔽芾之歎，同於行露厭浥之節，驗於《夏小正》綏多士女之制，不殊《咸》《泰》之卦，暢於《周禮》仲春之令矣。

綜　述

《唐律疏議》卷一三《户婚·許嫁女輒悔》　諸許嫁女，已報婚書及有私約，約，謂先知夫身老、幼、疾、殘、養、庶之類。而輒悔者，杖六十。男家自悔者，不坐，不追娉財。

疏議曰：許嫁女已報婚書者，謂男家致書禮請，女氏答書許訖。及有私約，注云約，謂先知夫身老、幼、疾、殘、養、庶之類，老幼，謂違本約相校倍年者；疾殘，謂狀當三疾，支體不完；養，謂非己所生；庶，謂非嫡子及庶、孽之類。以其色目非一，故云之類。皆謂宿相諳委，兩情具惬，私有契約，或報婚書，如此之流，不得輒悔，悔者杖六十，婚仍如約。若男家自悔者，無罪，娉財不追。

問曰：有私約者，准文唯言老、幼、疾、殘、養、庶之類，未知貧富貴賤亦入之類得爲妄冒以否？

答曰：老、幼、疾、殘、養、庶之類，此緣事不可改，故須先約，然許爲婚。且富貴不恒，貧賤無定，不入之類，亦非妄冒。

雖無許婚之書，但受娉財，亦是。娉財無多少之限，酒食非。以財物爲酒食者，亦同娉財。

疏議曰：婚禮先以娉財爲信，故《禮》云：娉則爲妻。雖無許婚之書，但受娉財亦是。注云娉財無多少之限，即受一尺以上，並不得悔。酒食非者，爲供設親賓，便是衆人同費，所送雖多，不同娉財之限。若以財物爲酒食者，謂送錢財以當酒食，不限多少，亦同娉財。

若更許他人者，杖一百；已成者，徒一年半。後娶者知情，減一等。女追歸前夫，前夫不娶，還娉財，後夫婚如法。

疏議曰：若更許他人者，謂依私約報書，或受娉財，而別許他人者，杖一百。若已成者，徒一年半。後娶者知已許嫁之情而娶者，減女家罪一等：未成者，依下條減已成者五等，合杖六十；已成，徒一年。女歸前夫，若前夫不娶，女氏還娉財，後夫婚如法。

《宋刑統》卷一三《户婚律·婚嫁妄冒離之正之》　諸許嫁女已報婚書，及有私約，約謂先知夫身老幼、殘疾、養庶之類。而輒悔者，杖六十。男家自悔者不坐，不追娉財。雖無許婚之書，但受娉財亦是。娉財無多少之限，酒食者非。以財物爲酒食者，亦同娉財。若更許他人者，杖一百，已成者，徒一年半，後娶者知情減一等，女追歸前夫。前夫不娶還娉財，後夫婚如法。

疏：諸許嫁女已報婚書，及有私約。注云，約謂先知夫身老幼、疾殘、養庶之類。又云，而輒悔者，杖六十。注云，男家自悔者不坐，不追娉財。議曰：許嫁女已報婚書者，謂男家致書禮請，女氏答書許訖。及有私約，注云，約謂先知夫身老幼、疾殘、養庶之類。老幼謂違本約，相校倍年者，疾殘謂狀當三疾，支體不完，養謂非己所生，庶謂非嫡子及庶孽之類者。以其色目非一，故云之類。皆謂宿相諳委，兩情具惬，私有契約，或報婚書。如此之流，不得輒悔，悔者杖六十，婚仍如約。若男家自悔者無罪，娉財不合却追之限。

問曰：有私約，准文唯言老幼、疾殘、養庶之類，未知貧富、貴賤，亦入之類，得爲妄冒以否？

答曰：老幼、疾殘、養庶之類，此緣事不可改，故須先約，然許爲婚。且富貴不恒，貧賤無定，不入之類，亦非妄冒。

又云，雖無許婚之書，但受娉財亦是。注云，娉財無多少之限，酒食者非。以財物爲酒食者，亦同娉財。議曰：婚禮先以娉財爲信，故《禮》云：娉則爲妻。雖無許婚之書，但受娉財亦是。注云，娉財無多少之限，即受一尺以上，並不得悔。酒食非者，爲供設親賓便是。衆人同費，所送雖多，不同娉財之限。若以財物爲酒食者，謂送財錢以當酒食，不限多少，亦同娉財。

又云，若更許他人者，杖一百，已成者，徒一年半，後娶者知情減一等，女追歸前夫。前夫不娶還娉財，後夫婚如法。議曰：若更許他人者，謂依私約、報書，或受娉財，而別許他人者，杖一百。若已成者，徒一年半。後娶者如已許嫁之情而娶者，減女家罪一等，未成者，依下條減已成者五等，合杖六十，已成徒一年，女歸前夫。若前夫不娶，女氏還娉財，後夫婚如法。

諸爲婚而女家妄冒者，徒一年，男家妄冒加一等。未成者依本約，已成者離之。

疏議曰：爲婚之法，必有行媒，男女嫡庶、長幼，當時理有契約。女家違約妄冒者，徒一年，男家妄冒者加一等。未成者依本約，謂依初許婚契約，已成者離之。違約之中，理有多種，或以尊卑，或以大小之類皆是。

諸有妻更娶妻者，徒一年，女家減一等。若欺妄而娶者，徒一年半，女家不坐，各離之。

疏議曰：依《禮》，日見於甲，月見於庚，象夫婦之義，一與之齊，中饋斯重。故有妻而更娶者，合徒一年。女家減一等，爲其知情，合杖一百。若欺妄而娶，謂有妻言無，以其矯詐之故，合徒一年半。女家既不知情，依法不坐，仍各離之。稱各者，女氏知有妻、無妻皆合離異，故云各離之。

問曰：有婦而更娶婦，後娶者雖合離異，未離之間，其夫内外親戚相犯，得同妻法以否？

答曰：一夫一婦，不刊之制，有妻更娶，本不成妻，詳求禮法，止同凡人之坐。

諸以妻爲妾，以婢爲妻者，徒二年。以妾及客女爲妻，以婢爲妾者，徒一年半，各還正之。若婢有子，及經放爲良者，聽爲妾。

疏：諸以妻爲妾，以婢爲妻者，徒二年。以妾及客女爲妻，以婢爲妾者，徒一年半，各還正之。

議曰：妻者齊也，秦、晋爲匹。妾通賣買，等數相懸。婢乃賤流，本非儔類。若以妻爲妾，以婢爲妻，便虧夫婦之正道，黷人倫之彝則，顛倒冠履，紊亂禮經，犯此之人，即合二年徒罪。以妾及客女爲妻，客女謂部曲之女，或有於他處轉得，或放婢爲之，以婢爲妾者，皆徒一年半。各還正之從本色。

問曰：或以妻爲媵，或以媵爲妻，或以妾作媵，或以媵作妾，各得何罪？

答曰：據《鬬訟律》，媵犯妻減妾一等，妾犯媵加凡人一等，餘條媵無文者與妾同，即是夫犯媵皆同犯妾。所問既非妻妾，與媵相犯，便無加減之條。夫犯媵例依犯妾，即以妻爲媵，罪同以妻爲妾，若以媵爲妻，亦同以妾爲妻。其以媵爲妾，律令無文，宜依不應爲重，合杖八十。以妾爲媵，令既有制，律無罪名，止贖違令之罪。即因其改換，以告身與回換之人者，自從假與人官法。若以妾詐爲媵而冒承媵姓名，始得告身者，依《詐僞律》，詐增加功狀以求得官者，合徒一年。

又云，若婢有子，及經放爲良者，聽爲妾。議曰：婢爲主所幸，因而有子，即雖無子，經放爲良者，聽爲妾。

問曰：婢經放爲良，聽爲妾，若用爲妻，復有何罪？

答曰：妻者，傳家事，承祭祀，既具六禮，取則二儀。婢雖經放爲良，豈堪承嫡之重。律既止聽爲妾，即是不許爲妻，不可處以婢爲妻之科，須從以妾爲妻之坐。

《天盛改舊新定律令》卷八《為婚門》 一、諸人爲婚子女年少者，原先主家，當給予縛帶，則食價不當予。迎娶之日近時，一年期間食價了畢，迎媳。

一、諸人已爲婚，女自年十三上始，三年期間主人曰已予價，女父母彼此推諉，欲不予媳，未問取價事，逾期一年，勿算超期。當依女價數取，媳及嫁妝等依法陪送。【略】

一、諸人索妻、媳，傳媒者不問父母時，父母六個月期間告，則當改過。因不宜婚姻，□子徒一年，成婚則徒六個月，媒人徒三個月，未知則罪不治。不許逾期告狀及他人舉報。違律告狀、接狀者，有官罰馬一，庶人十三杖。問訊中父母皆同意及無父母等，則當許爲婚。【略】

一、諸人爲婚時已予應允、酒食已飲者，嫁資未轉傳則不算換爲婚。嫁資多少已取，則取多少一律算實在爲婚。其中爲婚非樂意，則不許彼此强令食婚酒食，予大小聘資。若違律時，一百日期間告狀當問。不願爲婚語是實，則非法强制者有官罰馬一，庶人十三杖，所取嫁資如數歸還，婚姻改過。逾期不許取狀尋問。【略】

一、諸人爲婚迎媳，然後曰：我未得嫁妝者，一年期間可告。女有父母，則前婚價所取當如數予之，女父母無力，則當以前所取價二分之一爲婚價，另一分爲嫁妝而予之。其中無力則不須予嫁妝，不情願者，不許强令按價給屋舍、地疇、使軍、奴僕等。其中已取二十緡以下實價嫁女者，當爲女價，不許因嫁妝訴訟。違律時，原先所辦不予，及因二十緡以下予價之嫁妝訴訟告狀等，有官罰馬一，庶人十三杖。

一、諸人予爲婚價次第：

一等殿上坐節親主，宰相等以自共與其下人等爲婚者，予價一律至三百種以内，其中駱駝、馬、衣服外，金豹、虎皮等勿超百五十種。

一等節親主以下臣僚等以自共與諸民庶等爲婚、嫁女索婦時，一律予價二百種以内，其中駱駝、馬、衣服外，金豹、虎皮等勿超百種。

一等自盈能等頭領以下至民庶爲婚，嫁女索婦等，予價一律一百種以内，其中駱駝、馬、衣服外，金豹、虎皮等勿超二十種。【略】

一、諸人有女，已送主家下，而後留有婚價尾數，一年期間皆當取。不予時可上告催促，不予者有官罰馬一，庶人十三杖。逾期不許取狀尋問。

一、諸人已予爲婚承諾，已飲酒食而未取價者，雖不算變婚，然而爲婚者曰：女父母已食酒食而負諾詞，因此以妄言不合隨意搶女者，無論情願與否而强搶之，依搶匿人妻等之各各罪狀法判斷。婚姻是實，價多少已取而遺尾數時，妻丈夫有主等不議而强搶女，則徒一年。其中他人未取賄，因情面有意令搶女者，依搶女者從犯論。若已爲婚而取半價，告曰：未曾取婚價，不合搶之，只闘□□時，依變婚法判斷。【略】

一、諸人丈夫曰我遺，已予承諾，已飲酒食，而價未取，憑據未轉，則催促遣委。若他人取諾詞，飲酒食而謊言隨意奪妻者，無論情願與否而强搶之，與搶匿人妻等罪狀相同。若出妻已予贖價之半，或已賜出妻憑據，贖價日限已定而未取時搶妻者，有官罰馬一，庶人十三杖。他人有意令搶者，以搶妻者之從犯論。若出妻者或已取贖價，或已爲憑據時曰未爲憑據，未取贖價，只闘爭辯時，同樣判斷。

《天盛改舊新定律令》卷一二《無理註銷詐言門》 一、使軍未問所屬頭監，不敢契據，不許送女，姐妹、姑等與諸人爲婚，違律爲婚時徒四年，婦人所生之子女當一律還屬者。前已予價，爲婚之使軍能自予則當自予，不能則當罰主人。

一、前述往使軍已問所屬頭監，樂意給予契據，則允許將子女、媳、姑、姐妹婦人等賣與他人，及與諸人爲婚。

《通制條格》卷三《户令·婚姻禮制》 至元八年九月，尚書省。禮部呈：契勘人倫之道，婚姻爲大。即今聘財筵會，已有定例外，據拜門一節，係女真風俗，遍行合屬革去外，據漢兒人舊來體例，照得朱文公《家禮》内《婚禮》，酌古准今，擬到各項事理。都省議得，登車、乘馬、設次之禮，貧家不能辦者，從其所欲外，據其餘事理，依准所擬：

一曰議婚。身及主婚者，無期以上喪乃可成婚。必先使媒氏往來通言，俟女氏許之，然後納采。

二曰納采。（係今之下定也。）主人具書，夙興，奉以告於祠堂。（人之大倫，於禮爲重，必當告廟而後行，示不忘祖。而今往往俱無祠堂，或畫影及寫立位牌亦是。）及使子弟爲使者如女氏，女氏主人出見使者，遂奉書以告於祠堂，出以復書授使者，遂禮之。使者復命，婿氏主人復以告於祠堂。或婚主人等親往納采者聽。

三曰納幣。（係今之下財也。）擬合酌古准今，照依已定筵會，以男家爲主，會請女氏諸親爲客，先入坐。男家至門外，陳列幣物等，令媒氏通報，女氏主人出門迎接，相揖，俟女氏先入，男家以次隨幣而入。舉酒，請納幣，飲酒，受幣訖。女氏主人回禮，婿家飲酒畢，主人待賓如常禮，許婿氏女子各各出見，並去世俗出羞之幣。

四曰親迎。前期一日，女氏使人張陳其婿之室，厥明，婿家設位於室中，女家設次於外。初婚，婿盛服，主人告於祠堂，遂醮其子而命之迎。婿出，乘馬至女家。俟（子）〔于〕次，女家主人告於祠堂，遂醮其女而命之。主人出迎，婿入奠鴈，姆奉女出登車，婿乘馬先行，婦車至其家，導婦以入。婿婦交拜，就坐飲食。畢，婿出。復入，脱服。燭出，主人禮賓。

五曰婦見舅姑。明日夙興，婦見于舅姑。舅姑禮之。次見于諸尊長。若家婦，則饋於舅姑，舅姑饗之。

六曰廟見。三日，主人以婦見於祠堂。（如無祠堂，或懸形及寫位牌亦是。）

七曰婿見婦之父母。明日，婿往見婦之父母，次見婦黨諸親，婦家禮婿如常儀。

一、目今作贅召婿之家往往甚多，蓋是貧窮不能娶婦，故使作贅，雖非古禮，亦難革撥。此等之家，合令權依時俗而行。

《通制條格》卷三《户令·婚姻禮制》 大德八年正月，欽奉詔書内一款：男女居室，人之大倫。近年聘財無法，奢靡日增，至有傾資破産，不能成禮，甚則争訟不已，以致嫁娶失時。蒙古、色目人各依本俗，及品官另行定奪。其民間聘財，命中書省從宜定立等第，以男家爲主，願減者聽。親禮筵會，務從省約。

上户

金壹兩　銀伍兩　綵段陸表裏　雜用絹肆拾匹

中户

金伍錢　銀肆兩　彩段肆表裏　雜用絹叁拾匹

下户

銀叁兩　綵段貳表裏　雜用絹拾伍匹

《通制條格》卷三《户令·驅女由使嫁》 至元十二年五月，中書省。御史臺呈：阿台驅户楊仲椿，不曾由問本使，將女金蟬許與朱得林男長壽馬爲妻，受訖羊酒。都省議得，楊仲椿既是阿台驅户，合令朱得林由問阿台許聘，依理下財成親。

《通制條格》卷二七《雜令・私宴》　至元七年四月，中書。户部。據太原路申：本路人民，嫁女娶妻，不量己力，或作夜筵，餚饌三、二十道，按酒三、二十棹，通宵不散，其中引惹鬬訟，不惟耗費，有損無益，乞行革去。省部相度，今後會親，止許白日至禁鍾已前筵會，除聊備按酒，飲膳上、中户不過三味，下户不過二味，無致似前費耗。其餘筵會，亦同此例，遍行禁約施行。

《元典章》卷一八《户部・婚姻・婚禮・嫁娶聘財體例》　至元八年二月，欽奉聖旨：據中書省奏定民間嫁娶婚姻聘財等事，准奏。仰遍行諸路，照會一體施行。

一、婚姻聘財，表裏頭面諸物在内，並以元寶鈔爲則。以財畜折充者，聽。若和同，不拘此例。

品官：一品、二品，五伯貫。三品，四伯貫。四品、五品，三伯貫。六品、七品，二伯貫。八品、九品，一伯二十貫。

庶人：上户，一伯貫。中户，五十貫。下户，二十貫。

一、筵會高下，男家爲主。

品官：不過四味。

庶人：上户、中户，不過三味，下户，不過〔三〕〔二〕味。

《元典章》卷一八《户部・婚姻・嫁娶・訂婚女再嫁》　至元十年四月，中書户部：

據大都路申：郭伯成告李仲和將元定男婦丑哥轉召驢兒爲婿。取訖各各詞因，府司公議得：李仲和至元六年八月内，憑媒將女丑哥聘與郭伯成〔男〕驢兒爲婦，受訖財錢三十五兩、紅花等物定婚，未娶過門。又於至元七年，受訖石驢兒財錢一十五兩，召入舍爲婿。據所招罪犯，候本人病證痊可，量情決斷。石驢兒不知郭伯成定問李丑哥情由，理合離異。將李丑哥斷付郭伯成男驢兒爲婦，財錢〔三〕十五兩不須貼下。李仲和元受石驢兒財物一十五兩，回付本人。緣係已久爲例之事，乞明降事。省部得此。相度，仰更爲引審無差，依准所擬施行。外，據石驢兒元下財錢一十五兩，如本人委不知情，依數回付施行。

《元典章》卷一八《户部・婚姻・嫁娶・母在子不得主婚》　至元五年十月，中書户部：

來申：田盈及王秀才各定問訖趙阿王女趙速兒，相争，未曾經斷，今却嫁與孟二爲婦。若將趙連兒斷付田盈與弟爲婦，却緣趙速兒次兄趙定主婚，喫訖肯酒，係不合主婚之人。若斷得王秀才與男爲婦，兼王秀才目今已與伊男娶訖妻室，止令孟二爲妻。從來不曾斷過如此體例，乞照驗事。省部相度，趙速兒既有母在，其兄在外喫肯酒，爲子之道，禮無自專，難議從兄許親爲定。據趙速兒母阿王稱，受訖王秀才聘定，許伊男王二爲妻，合行爲婚。未婚之間，趙速兒與小李通奸在逃，被捉到官。在後，王秀才若不願娶趙速兒，即將元下與阿王定婚禮物依數追還。仰照驗施行。

《元典章》卷一八《户部・婚姻・婚禮・嫁娶寫立婚書》　至元六年三月十一日，中書户部：

契勘人倫之道，男女婚姻爲大。據各處見行禮數，事深不一，有立婚書文約者，亦有不立之議婚書，止憑媒妁爲婚，已定之後，少有相違，男家爲無婚書，故違元議，妄行增減財錢，或女婿養老、出舍，争差年限，訴訟到官。其間循情，及媒妁人等偏向，止憑在口詞因，以致詞訟不絶，深爲未便。省部公議得，今後但爲婚姻議定，寫立婚書文約，明白該寫元議聘財錢物。若招召女婿，指定養老或出舍年限。其主婚、保親、媒妁人等畫字，依理成親，庶免争訟。除外，仰遍行所屬，依上施行。

《元典章》卷一八《户部・婚姻・軍民婚・配合新附軍婦》　至元二十二年，湖廣等處行省准樞密院咨：

准荆湖等處行院咨：議得：新附軍人抛下隻身妻室，内有各軍驅虜收拾爲妻，及〔立〕媒卜財求娶爲妻。若令開除，從便改嫁，緣江南新附軍人多有隻身不能求娶，無以繫戀，因而逃避。今來議得，驅虜之婦，從本管軍正官配合隻身軍人爲妻。外，據立媒下財求娶者，聽守期年之後，止於本翼軍内，約下財禮聘嫁，須要相當。比及成婚以來，每月依例官給鹽糧存恤，似爲便益。得此。移准樞密院咨，更爲照勘，如無窒礙，就便施行。

《元典章》卷一八《户部・婚姻・夫亡・未過門夫死回與財錢一半》　至元六年三月，中書户部：

據大都路來申：麻合馬狀告：至元二年正月內，憑媒人法都馬等作媒，説合女阿赊與阿里男狗兒爲婦。至去年七月內，有婿狗兒身死，有阿里道，交故狗兒弟收要。勾責得媒人法都馬狀稱：至元二年正月，説合麻合馬女阿赊與阿里男狗兒爲婦。有阿里下與訖麻合馬金脚玉板環兒一對、紅絟絲一個、絹二疋、蓋頭一個、羊二口、麵一擔、酒三十瓶。在後女婿身故。目今，阿赊年二十歲，小叔騾騾一十五歲。得此。就問得回回大師不魯溪等稱：回回體例，女孩兒不曾娶過、死了的孩兒，若小叔接續，女孩兒底爺娘肯交收呵，收者。不肯交收呵，下與的財錢回與一半。這般體例。又照得：娶妻財畢未成者，男女喪，不追財。欲便照依回回體例，不曾斷過如此事理，誠恐違錯。乞明降事。省部得此。仰更爲審問無差，依理回付一半財錢施行。

《元典章》卷三〇《禮部·禮制·婚禮·指腹割衫為親革去》 至元六年四月，中書户部：

近爲男女婚姻娉財，寫立婚書，已經遍行各路外，又慮諸人依前，或有指腹並割衫襟等爲親，既無定物、婚書，難成親禮。今後並行革去，但結親婚姻，照依已行，寫立婚書，依理成親。

《元典章》卷三〇《禮部·禮制·婚禮·婚姻禮制》 至元八年九月，尚書禮部：

契勘人倫之道，婚姻爲大。即今聘財、筵會，已有定例。外據拜門一節，係女真風俗，遍行合屬革去。外據漢兒人舊來體例，照得朱文公《家禮》内婚禮，酌古准今，擬到下項事理。呈奉尚書省劄付：再送翰林院兼國史院披詳相應。移准中書省咨：議得：登車、乘馬、設次之禮，亦貧家不能辦。外據其餘事，依准所擬。遍下合屬，依上施行。仍關各部照會。

一曰議婚。身及主婚者無期以上喪，乃可成婚。必先使媒氏往來通言，使女氏許之，然後納采。前件，議得：其諸議婚之家，合依此例而行。

二曰納采。係今之下定。主人具書，夙興，奉以告祠堂，人之大倫，於禮爲重，必當告廟而後行，示不忘祖。而今往往俱無祠堂，或畫影及寫立位牌亦是。及使子弟爲使者，如女氏。〔女氏〕主（之）〔人〕出見使者，遂奉書以告於祠堂。出，以復書授使者，遂禮之。使者復命，婚主復以告於祠堂。或婚主人等親往納采者，聽。前件，議得：婚姻之禮，人之大倫，於禮爲重，必當告廟而後行，示不忘於祖先，擬合依上施行。

三曰納幣。係今之下財也。具書，遣使如女授書，而復書、禮賓、使者復命，並同納采之儀。前件，議得：擬合酌古准今，照依已定，筵會以男家爲主，會請女氏諸親爲客，先入坐。男家至門外，陳列幣物等，令媒氏通報。女氏主人出門迎接，相揖，俟女氏先入，男家以次隨幣而入。舉酒，請納幣，飲酒，受幣訖。女氏主人回禮，婚家飲酒畢，主人待賓如常禮，許婿氏、女子各各出見，並去世俗出羞之幣。

四曰親迎。前（迎）期一日，女氏使人張陳其婚之室，質明，婿家設位於室中，女家設次於外。初婚，（姻）〔婿〕盛服，主人告於祠堂，遂醮其子而命之迎。婿出，〔乘〕馬至女家，俟於次。女家主人告於祠堂，遂醮其女而命之。主人出迎，婿入奠鴈。（姻）〔姆〕奉女出，登車，〔婿〕乘馬先行。婦車至其家，導婦以入，婿婦（之）〔交〕拜，就坐飲食。畢，婿出，復入，脱服，（獨）〔燭〕出，主人禮賛。前件，議得：擬照依此例而行。所據登車、乘馬、設次、奠鴈之禮，近下貧窮之家不能辦者，從其所便。

五曰婦見舅姑。明日，夙興，婦見舅姑，次見於諸尊長。若（婦家）〔家婦〕，則饋於舅姑，舅姑饗之。前件，議得：合依此例而行。

六曰廟見。三日，主人以婦見（婦）〔於〕祠堂。前件，議得：合依此例而行。如無祠堂，或懸影及寫位牌亦是。

七曰婿見婦之父母。明日，婿往見婦之父母，次見婦黨諸親，婦家禮婿如常儀。前件，議得：酌古准今，婦之父母受婿拜禮，餘依上儀。

切見目今作贅召婿之家，往往〔甚多〕，蓋是貧窮不能娶婦，故使作贅。雖非古禮，亦難擬革。據此等之家，擬合令權依時俗見行之禮而行。

《元典章》卷三〇《禮部·禮制·婚禮·禁夜筵宴例》 至元七年四月：中書省户部：

據太原路申：本路人氏，嫁女娶妻，不量己力，或夜宴，動作餚饌三二十道，通宵不散，其中引惹鬭訟。及問妻室之家，先備筵宴飲饍一二十道，粧簇按酒三二十棹。不惟費耗，有損無益，乞行革去。省部相度：

既是於民無益，今後嫁娶，只就白日至禁鐘已前筵會。除聊備按酒外，飲饍上、中户不過三味，下户不過二味，無致似前費耗。外據其餘筵會，亦同此例。行下太原路，遍行所屬，出榜張掛，置立粉壁，省諭施行。

《元典章》卷三〇《禮部・禮制・革去諸人拜門》 至元八年七月，尚書户部承奉尚書省劄付：

近據禮部呈：契勘人倫之道，婚姻爲大。即今聘財筵會已有定例，外據拜門一節，未曾舉覆。照得國朝蒙古婚聘並自來典故内，俱無如此體例，此係女真風俗，其漢人往往傚學，習以成風，徒費男家錢物，致起爭訟，甚非禮制。若令革去，似爲便當。移准中書省咨：依准所擬施行。

《元典章》卷三四《兵部・軍役・軍户・無夫軍妻配無婦軍》 至元二十三年四月，江西等處行樞密院劄付：〔准樞密院：〕〔來咨〕：契勘新附軍人孤寒者多，有妻者少。切詳身正軍抛下妻女，於内亦有就帶事産孳畜，或設無事産隻身嫁他人者。雖婚理當，切緣終是元刷已藉軍屬，日漸削除軍額。院擬得：今後莫若將此等鰥夫寡婦，照對年貌相應，官爲配對成户，與國出力，所生兒男繼世爲軍，似爲少失元數。恐擬未當，咨請定奪事。准此。照得新附軍萬户申，俱爲此事。本院議得：除有兒男成丁擬補本户軍，所據軍小兒男並在逃軍婦權聽候外，據軍人妻室，更爲照勘窒礙，許與無婦軍人從願娉嫁當軍。咨請照驗施行。

《至正條格・斷例》卷八《户婚・嚇娶女使》 天曆二年八月十一日，御史臺奏：大都臺官每文書裏説將來：監察御史每問着，大都兵馬司指揮刁太不花，因爲回付王平章家私，問王平章娘子索要了婦女王蓮哥，收納爲妾。比例打陸拾柒下，降臺等，殿參年，雜職内叙用，王蓮哥歸宗完聚。麽道，説將來有。奏呵，奉聖旨：他是元封門子的官人，爲回付家私時，要了這婦女，比例輕有。監察每擬將來的之上，加壹等，斷柒拾柒下，降貳等，殿參年，雜職内叙用者。

至元五年八月，刑部議得：江西省河泊所提領解復初，年過五旬，元娶正妻，已有所生兒男。又有大使王鼎年老例合致仕爲由，不用媒證，自捏婚書，嚇要本官持服孫女王福兒，强納爲妾。擬合杖斷柒拾柒下，罷職不叙，罪即遇免，依上不叙，標附。王福兒歸宗。都省准擬。

《大明令・禮令・民間嫁娶》 凡民間嫁娶，並依朱文公《家禮》。

《大明令・户令・嫁娶主婚》 凡嫁娶，皆由祖父母、父母主婚。祖父母、父母俱無者，從餘親主婚。若夫亡携女適人者，其女從母主婚。若已定婚，未及成親而男女或有身故者，不追財禮。其定婚夫作盗及犯徒、流移鄉者，女家願棄，聽還聘財。其定婚女犯姦，經斷，夫家願棄者，追還聘財。五年無故不娶及夫逃亡過三年不還者，並聽經官告給執照，别行改嫁，亦不追財禮。

《元史》卷一〇三《刑法志・户婚》 諸女子已許嫁而未成婚，其夫家犯叛逆，應没入者，若其夫爲盗及犯流遠者，皆聽改嫁。已成婚有子，其夫雖爲盗受罪，勿改嫁。諸男女既定婚，其女犯姦事覺，夫家欲棄，則追還聘財，不棄則減半成婚。【略】

諸男女婚姻，媒氏違例多索聘財，及多取媒利者，諭衆決遣。【略】

諸男女議婚，有以指腹割衿爲定者，禁之。

《皇明詔令》卷二一《今聖上皇帝・皇子生詔嘉靖十二年八月二十五日》

一、宗室女子，有年二十以上，未成婚配者，各該撫按等官即便行令該府長史、輔導官，限三月以裏，保送前來，以憑禮部覆請。

《皇明詔令》卷二一《今聖上皇帝・初定廟制上兩宫徽號寬恤詔嘉靖十五年閏十二月十二日》 一、宗室子女，有年二十以上，未成婚配者，各該撫、按等官即便督令該府輔導官，限三月以裏保送前來，以憑禮部覆奏。

《皇明詔令》卷二一《今聖上皇帝・九廟災寬恤詔嘉靖二十年四月二十日》 一、宗室子女，有年二十以上未成婚配者，各該撫、按等官即便督令各該府輔導官，限三個月以裏保送前來，以憑禮部覆奏。

《皇明詔令》卷二一《今聖上皇帝・復建太廟如舊制詔嘉靖二十四年七月初二日》 一、宗室子女，有年二十以上，未成婚配者，各該撫、按官，即便督令該府輔導官，限三月以裏保送前來，以憑禮部覆奏。各府禄糧，多有積年拖欠，詔書到日，所司務要留意查處補給。

（明）陳永《法家裒集》 一、軍職定妻未娶，妻家悔嫁他人，已成婚訖，何斷？

答曰：律内雖云其女斷給前夫，但軍職必有誥封，難容再醮之婦。不須援引斷給之文，止擬倍追財禮，其女姑從後夫，斷罪發落。【略】

一、監臨親民官任外娶所部妻女爲妻妾，何斷？

答曰：律内止言任内，不言任外，無罪，則可知矣。【略】

一、民年四十無子，方許娶妾。其吏典、知印、承差、生員與民不同，娶之，何斷？

答曰：民間俊秀皆入大學，既未出任，亦即與民論。【略】

一、夫逃亡三年之外，身自嫁人，無媒聘者，何斷。

答曰：嫁娶行聘乃周公亘古之禮，若王雍伯種玉之緣，如無媒聘苟合成婚，論以刁姦之罪，離異歸宗。

《皇明條法事類纂》卷一三《户部類·申明定婚五年無故（亦要）〔不娶〕及夫逃亡過三年不還者並聽告官改（稼）〔嫁〕例》 成化四年正月二十二日，禮部爲建言民情事。儀制清吏司案呈，准別卷附奉本部送禮科抄出河南汝寧府等衙門知府等官張奎等建言民情事。内一件：該吏部聽選行人于垣言申明舊例，以正婚姻。臣竊見各處軍民之家，男女定婚之後，有因艱難趁食別郡者，有因軍役遠在邊方者，有因買賣在外年久不回者，有因任官（官）隨任就彼入籍者，有男女未婚，兩家不合，情願罷親者，有因夫妻不和而立約出棄者。彼男家遠出未回，及女長大，欲別行改嫁，又恐原定者回還争告；欲終年守制，則婚禮逼期，有乖風化，所以事出無奈，方嫁他人。及婚姻之後，已生男女，彼原定之人並〔未〕罷親、出棄，（者）或有（不）〔小〕忿，或從〔外〕逃回，欲赴府告争。所在官司，多有不分罷親、出棄等項情由，悉皆斷歸前夫。其間有不願離異而逼迫性命者，有母子分離而遭成病疾者，有典賣田産而用財回財者，有不合詞訟而累年（調）〔詞〕訟者。似此民情，實傷風化，痛切人心。臣查得比先〔該〕靖遠伯王驥及山西蒲州知州劉儀奏准事例，似此婚姻，曾經二三年不送禮物者，許女家指實赴官陳告，悉從改嫁。縱有前夫回還，並不許告争，已經通行天下。近來各處官司因見事例年久，往往不遵，深爲未便。知蒙乞敕該部計議，仍（傷）〔復〕申明天下，遇有此等婚姻，男（嫁）〔家〕在外，（安）〔女〕及長成，（化）久年不行婚娶。或曾經罷親、出（罪）〔棄〕，或官有文（業）〔書〕，私有文約者，照依舊例，不許斷歸前夫，悉從後夫完（足）〔娶〕。如此，則婚姻得時，風俗淳（原）〔厚〕，（調）〔詞〕訟簡而人心古矣。具奏。通政〔使〕司官於奉天門奏，看係（連）〔建〕言事理，合着禮部抄出會官議。奉聖旨：是。欽此。欽遵，抄出到部。會同各〔部〕、都察院、通政〔使〕司、大理寺、六科給事中，議得前件，禮部查行。成化三年十二月十四日，奉聖旨：是。欽此。欽遵移付，案呈到部。查得先該總督機務、兵部尚書靖遠伯王題，爲（繼）〔維〕持風化事。竊照近年以來，有等無籍之徒，於議婚之後，或畏糧差而乘時躲閃，或出〔外〕買賣而恣情游蕩，中間五七年不回者有之；或執役異鄉，或調官他所，八九年音聞不通者有之。甚至貪色忘（議）〔義〕，將前定之女抛棄，别娶妻妾，而生育成家。其前定女父兄或憐其女年長大，配合過期，或家窘不能養（膳）〔贍〕（止）〔至〕於不得（色）〔已〕將女別嫁，又被興詞告争。所司止據常例，斷付前定之人，或（校）〔從其〕嫁賣，或抑勒爲妾，抛子棄父，割恩斷義，有乖倫理，情實可（務）〔矜〕等因，抄出到部，行移户部。查得山西蒲州知州劉儀奏爲前事，會官議得《大明（令）〔律〕》内一款：凡嫁娶皆由祖父母父母主婚。祖父母父母俱無〔者〕，從餘親主婚。若夫亡攜女適人者，其女從母主婚。若已定婚未及成親，而男〔女〕或有身故者〔不追財禮。其定婚夫作盗，及犯徒流移鄉者，女家願棄者，聽還聘財。其定婚女犯姦經斷，夫家願棄者，追還聘財。五年無故不娶，及夫逃亡過三年不還者，並聽經官告給執照，別行改嫁，亦不追〕（還）財禮。（此）本部已經奏准通行欽遵去後。今行人于垣奏稱要行申明舊例，以正婚姻一節，擬合通行各處布按二司並南北直隸府州遵依施行。

《皇明條法事類纂》卷一三《户部類·聘定與人其夫逃故並買賣在外年久不回許令照例改嫁》 成化十九年六月初三日，禮部等衙〔門〕題，爲建言民情事。應天府溧陽縣管馬主薄劉鼎奏一件：勵風（體）〔俗〕。臣竊見民間男女婚姻，人之大倫。（着）〔看〕得各處有等室女，（因）〔自〕幼憑媒，先（存）〔曾〕聘定與人。（向説）或因原定之人逃故，或因爲非躲避，在（逃）〔外〕買賣，有十年二十餘年，就彼〔處〕娶妻生子，不肯還鄉，致使女家撫養長成，況年時已逼，不敢與人婚配。女之父母容〔或〕照例將婦改嫁，緣原定之人父母及房親人等不遵（軍）〔律〕例，妄生奸計，串同原定〔之人〕故意刁蹬，捏作見在，（誣）〔詐〕止不容。官司又且不知，因而指陷，耽延年久，不能（臣）〔成〕配。出於無奈，中間有志者，終不敢改嫁（其）〔失〕節，無志者敗倫傷化，情有可憐。如蒙乞敕禮部再行申明，行移各處布、按二司並南北直隸府州，今後民間若有室女自幼聘定與人，原定之人逃故，並爲非躲避，買賣在外，年久不回者，照依律例，（發）從女之父母並里老呈告到官，給與明文執照，另行改嫁。庶得女不失節，人無嗟怨，以勵風俗等因。抄出到部，會同各部、都察院、通政使司、大理寺、六科議得，前件合准所言，宜從禮部（建）〔施〕行。未敢擅便，各官具奏。奉聖旨：照例。欽此。

《皇明條法事類纂》卷一三《户部類·禁約嫁娶奢侈溺死女子例》　成化二十一年四月初七日，太子少保、督察院右都御史朱等〔題〕，爲〔全〕活生靈，以崇風化事。右軍都督府帶俸訓導鄭璟奏，乞敕督察院，轉行巡按御史並按察司分巡官員，嚴督三府及（概）〔各〕府分屬掌〔印〕官員，先給榜文曉諭，不許仍前溺死人命。仍乞禁約，今後民間嫁娶，隨其豐（險）〔儉〕，不許違例僭越等因，具本。該通政使司官奏，奉聖旨：督察院知道。欽此。欽遵，抄出到院。看得右軍都督府帶俸訓導鄭璟奏稱，華麗僭用金銀頭面，錦繡衣服，傾貲破産，亦所不（措）〔惜〕，反將女子溺死。要行出榜禁約，除僭用頭面衣服，本院（奏）已奉准通行禁約外，其稱嫁娶侈奢，反將女子溺死一節，不獨温、臺二府爲然，而寧、（詔）〔紹〕、金華等府，江西、福建並南直隸概屬府州縣，亦有此弊。殘忍不仁，傷生壞俗，莫此爲甚！通令禁約，欲行浙江、江西、福建、南直隸巡按監察御史，各出給榜文，發概屬府州縣常川張掛，曉諭軍民人等，今後嫁娶房奩等物，務在稱〔己〕有無，不許過奢。其所生女子，俱要收養，不許溺死。敢有故違，許里老鄰佑人等赴官舉首。鞠問明白，發邊遠充軍。里老鄰佑人等不行舉首，一體治罪。如此，庶嚴法令以警愚頑，全養生靈，以（原）〔厚〕風化。奉聖旨：是。欽此。

《皇明條法事類纂》卷一三《户部類·男女先曾聘定父母臨危招（姻）〔婚〕婚成不斷離異》　一件，建言修省事。弘治二年十月内，大理寺左寺丞楊奏。該刑部等衙門尚書等官何等會議，題准通行内外問刑衙門，今後遇有（許）〔訐〕告服内成婚者，務要拘提媒證詳審明白。果係親病已危，從尊長之言招婿、納婦者，即與分豁，止坐主婚，免其離異。若親死在床，雖未成服，輒行婚配者，仍依律問斷離異。

《明會典》卷一六三《律例·户律·婚姻·男女婚姻》　凡男女定婚之初，若有疾殘、老幼、庶出、過房、乞養者，務要兩家明白通知，各從所願，寫立婚書，依禮聘嫁。若許嫁女已報婚書，及有私約，謂先已知夫身疾殘、老幼、庶養之類。而輒悔者，笞五十。雖無婚書，但曾受聘財者，亦是。

若再許他人，未成婚者，杖七十，已成婚者，杖八十。後定娶者，知情與同罪，財禮入官，不知者，不坐。追還財禮，女歸前夫。前夫不願者，倍追財禮給還，其女仍從後夫。男家悔者，罪亦如之，不追財禮。

其未成婚男女，有犯姦盗者，不用此律。

若爲婚而女家妄冒者，杖八十。謂如女有殘疾，却令姊妹妄冒相見，後却以殘疾女成婚之類。追還財禮。男家妄冒者，加一等，謂如與親男定婚，却與義男成婚。又如男有殘疾，却令弟兄妄冒相見，後却以殘疾男成婚之類。不追財禮。未成婚者，仍依原定，已成婚者，離異。

其應爲婚者，雖已納聘財，期約未至而男家强娶，及期約已至而女家故違期者，並笞五十。

若卑幼或仕宦或買賣在外，其祖父母、父母及伯叔父母、姑、兄、姊，後爲定婚，而卑幼自娶妻，已成婚者，仍舊爲婚，未成婚者，從尊長所定，違者，杖八十。

（明）王守仁《王文成公全書》卷一七《南贛鄉約》　一、男女長成各宜及時嫁娶。往往女家責聘禮不充，男家責嫁裝不豐，遂致愆期。約長等其各省諭諸人，自今其稱家之有無，隨時婚嫁。

（明）吕坤《實政録》卷三《民務·禁約風俗》　一、男婚女嫁，本爲長子生孫，豈以貪財求富？女子出門，須要費用。女家争財，雖非禮義，然《大明會典》尚有多不過十兩之説。索求賠送，何處明文？近日惡婆貪壻，行禮下財，一切都從鄙吝。過門之後，從來定禮、節禮、衣物，既向新婦找尋。嫁裝不厚不多，又將新婦作踐。女一過門，歲月追節，日時供饋，稍不遂意，或不許往來，或時常打駡，有致令病死者，有致令自盡者。不思人家養女一場，千辛萬苦，替我家生子做活，又着人家賠錢受氣，此是良心滅絶之人，廉耻盡喪之物。所以江南溺女，只緣此事傷心。以後女家賠送供給，厚薄有無，各從所便，但有因勒財物致傷人命者，公婆枷椤，徧鄉村城市游迎，本夫盡法重究，仍將女家原賠衣粧、首飾、節年供給諸物盡數還主。雖變賣家産，亦不准饒。

（明）呂坤《實政録》卷五《鄉甲約卷之三》 一、婚姻不明，審問原媒，某女定與某男，受何定禮。量其貧富，除富貴人家外，其餘下三則人家多不過十兩，少不過三兩，主令成婚。若嫌貧棄婿，將女別嫁者，本約審明，待告狀之日一同呈報。

（明）左懋第《左懋第告示·婚禮》 婚姻論財，夷虜之道，古人言之。訪得百姓女家專索厚聘，及女長成，厚莊奩以送之，以至富者貧，而貧者不能嫁女，因之生女則愁異日之費，有棄之不育者，而皆始於厚聘一節。嗚呼！何民之愚而忍也爲此。凡聘娶禮儀，俱定爲式示後，如有女家强索厚聘，與男家强索粧奩及聘禮粧奩違式者，許鄉約鄰佑地方舉報究罪。凡有生女不育，溺死及棄之者，並舉報以無故殺子孫，夫婦皆依律論罪。不舉者，連坐。女家原未索人厚聘，則嫁女時自不須厚其粧奩，生女無累，何忍輕棄，男家樂於得婦原未費多聘，自不責粧奩之厚薄矣。女家男家各宜遵行，而倡率士民全望薦紳先生以檢朴爲風化之首，故婚式首言之。

一聘娶

宦家聘禮，二十四兩金統一具，金釵一對，金環一雙，銀釧一雙，幣四端，緋十疋，梭布十疋，夏布十疋，綿布十疋，紅花二十斤，綿花四十斤，迎婚大衣服一身，金簪二枝。

士庶上者，聘禮二十兩，金鋶一具，金釵一對，金鐶一雙，銀釧一雙，幣四端，緋十疋，梭布十疋，夏布十疋，綿布十疋，紅花二十斤，綿花四十斤，迎婚衣服一身，不得用剳花、粧花、織金灑線補服等衣，簪二枝，金銀隨便。

士庶中者，聘禮十二兩，釵一對，環一雙，金銀隨便，幣二端，緋六疋，梭布六疋，夏布六疋，綿布六疋，紅花十斤，綿花二十斤，迎婚衣服有無隨便，不得用剳花、粧花、織金等衣，銀簪一枝，不得過二錢。

士庶下者，聘禮六兩，或四兩、二兩、一兩，宜減不宜增。小銀釵一對，小鐶一雙，大不便者，不用幣帛。布花有無隨便，迎婚衣服借用或不用俱可。

外有尚義者，惟求男女相宜，不受聘禮絲毫，尤爲雅道能行者，公舉旌以倡義風。

以上願加厚者，娶後陸續增製，亦日用之常，未娶之先，不得違約，過增聘禮，啓靡端以倡衆。

一粧奩

宦家首飾金四兩以下，銀二十四兩，大衣服冬夏各一身，四季衣服紗羅紬緞共八身，布帛衣服多寡隨便，鋪陳二十件，櫃二具，廂二架，扁廂二具，書廂二具，床一張，衣架、盥具、桌椅等合用器皿俱全。

士庶上者，首飾金三兩以下，銀二十兩，四季衣服紗羅紬緞□身，不得用剳花、粧花、織金等衣，布帛衣服多寡隨便，鋪陳十六件，櫃二具，廂二架，扁廂二具，書廂二具，床一張，衣架、盥具、桌椅等合用器皿俱全。

士庶中者，首飾金一兩以下，銀六兩，四季衣服紗羅紬緞六身，不得用剳花、粧花、織金等衣，布帛衣服多寡隨便，鋪陳十件，櫃一具，廂二架，扁廂二具，書廂一具，床有無隨便，衣架、盥具、桌椅等器皿俱全。

士庶下者，首飾金不得過一兩，紗羅紬緞按時止用一身，不便者不用亦可。布帛衣服四身或二身，或隨身衣服亦可。鋪陳四件或二件、一件，量力酌備，廂一架或扁廂一具，衣架、盥具合用器皿有無隨便。

以上願加厚者，許嫁後，陸續增製，亦父女至情，不得於嫁之時，違約過增粧奩，啓靡端以倡衆。至送粧奩之時，擺列街巷，誇耀耳目，最鄙可厭，且起盜心，宜痛革。衣物各貯廂櫃於廳前左右房下，至日送之甚雅。

又添謝親一禮，大費可厭，雖相沿不能驟革，止用羊果酒，如舊俗謝儀二兩，不得用首飾幣帛等項。中主以下，託媒送謝儀，不能二兩者，雖錢數百或別具微物亦可，許親後止相拜。

以上婚禮先已定爲式矣，而嬌奢之心，至於太簡，恐後有不能循者，而輒益之，則視以約一書爲可從可違之事，而咸罔之循，因更定其式，稍爲增益，於崇約之初意不無稍加，而確詳其事，務使遵行，要使其後爲無可加也，則知以約諸式，皆在必行者矣。

《大清律集解附例》卷六《户律·婚姻·嫁娶違律主婚媒人罪》 凡

嫁娶違律，若由男女之祖父母、父母、伯叔父母、姑、兄、姊及外祖父母主婚者，違律之罪。獨坐主婚。男女不坐。餘親主婚者，餘親，謂期親卑幼及大功以下尊長、卑幼主婚者。事由主婚，主婚爲首，男女爲從；得減一等。事由男女，男女爲首，主婚爲從。得減一等。至死者，除事由男女，自當依律，其由主婚人，並減一等。其男女被主婚人威逼，事不由己，若男年二十歲以下，及在室之女，雖非威逼。亦獨坐主婚，男女俱不坐。不得以首從科之。未成婚者，各減已成婚罪五等。如絞罪減五等，杖七十、徒一年半。餘類推減。若媒人知情者，各減男女主婚。犯人罪一等；不知者，不坐。其違律爲婚各條，稱離異改正者，雖會赦，但得免罪。猶離異改正。離異者，婦女並歸宗。財禮若娶者知情，則不論已未成婚，俱追入官；不知者，則追還主。

《大清會典》卷六四《理藩院・旗籍清吏司》 制其婚嫁。兩姓結親，聘禮用馬二、牛二、羊二十。少給者聽，多給者將例外牲畜罰出存公。壻故者聘取回，女故者取回一半。若父母願聘而壻憎嫌不娶者，不准取回聘禮。所聘之女年二十而不娶，其父母另受聘者聽之。休妻者，其妻帶來之物，於夫妻和睦時用去者，不准賠還，現存者給回。婦已議定，他人乘間娶之，娶者、嫁者有職人、平人各論罰。若王公、台吉等乘間娶王公、台吉等議定之婦，娶者、嫁者係王罰十户，貝勒、貝子、公罰七户，台吉、塔布囊罰五户。聽原聘之人簡取，其婦離異。內地人至蒙古游牧者，不准與蒙古結親。凡遇宗人府咨取備指額駙人員，各盟長將應備指年在十五歲以上者，造具年命、姓氏、三代履歷清册報院，咨送宗人府揀選，帶領引見，恭候欽指。宗室、王公與蒙古王公結親者，不得索取蒙古王公屬下旗人、隨丁，蒙古王公亦不得給予宗室王公役使。公主、格格陪嫁隨侍人等犯罪者，係包衣人，按律治罪，不許投回原府當差。

《大清會典則例》卷一四一《理藩院・旗籍清吏司》 順治初年，定蒙古親王之女照内親王之女郡主陪嫁，除乳母夫婦外，侍女八人，閒散五户。郡王之女照內郡王之女縣主陪嫁，除乳母夫婦外，侍婦七人，閒散四户。貝勒之女照內貝勒之女郡君陪嫁，除乳母夫婦外，侍女六人，閒散三户。貝子之女照內貝子之女縣君陪嫁，除乳母夫婦外，侍女五人，閒散兩户。鎮國公之女照內鎮國公之女鄉君陪嫁，除乳母夫婦外，侍女四人，閒散兩户。輔國公之女照內輔國公之女鄉君陪嫁，除乳母夫婦外，侍女三人，閒散兩户。台吉之女照內鎮國將軍、輔國將軍之女陪嫁，屬下人不得過一對，家下人不得過三對。再台吉等嫁女，既受有聘禮，不得比照內鎮國將軍、輔國將軍之例，不陪侍女，應增侍女二人以上，陪嫁人數，或無力從減，甩乳母夫婦可否陪嫁之處，各聽其便。

康熙二十一年題准：公主、郡主等陪嫁人，許其守墓及補護衛，並閒散使令，不得充補驍騎。

（清）左輔《念宛齋官書》卷一《禁逼醮示》 爲嚴禁逼醮、搶嫁以全孀節事，照得孀婦既失所天，保節撫孤全賴夫家母族，若至貧苦無依，不得已而自願再醮，即失柏舟之節，已傷死者之心，爲親族者不能維持保全，方當引以爲愧。不謂有等藐法頑民見利忘義、昧盡天良，未乾新死鬼之墳，已居未亡人之貨，非垂涎其遺產，即瓜分其禮金，踈親遠族攘臂爭媒，母黨夫家分頭覓壻。該婦乍聞涕泣至於截髮而誓之，諸凶相聚憑陵竟踰墻而摟去，驚魂未定，已嗟覆水難收，拒暴不勝，可憐生米已熟，縱靦顏而不死，已抱恨於終身。況此遺孤去母，難免流離死亡，即或由聘歸來，已失井閭，邱墓存没，均遭荼毒，谿壑尚未滿盈。分肥不均，又相告訐，不思逼節搶嫁，律有明條，冒犯圖財，罪無末減。爲此剴切示諭，闔邑諸色人等知悉：自示之後，凡有孀婦去留，應聽自願。如能矢守，當曲保全。倘再有逼醮、搶嫁情事，一經訪聞，或被告發，定將主婚及媒妁、娶主人等案律從重治罪，斷不寬貸。凛之，慎之。特示。

（清）宋廷璣《長洲宋氏世譜》卷一二《規條》 一、婚嫁宜資也。凡在莊支領食米之男女，娶婦助銀六兩。有子女而續娶者，不給。娶在二十歲以內者，不給。妾非四十無子而娶者，其妾不給食米，有出及守志一例復給。嫁女助銀四兩，有父兄而不早擇配嫁在二十四歲以外者，不給，並將父兄應支食米停給，俟女嫁後仍給。

《臺灣私法人事編・婚姻・正式之婚姻・婚儀之規定・品官之禮》

一、議婚：漢官七品以上自婚及爲子孫主婚，豫訪門第清白，女年齒相當者，使媒氏往通言，俟許，男年十六以上，女十四以上，身及主婚者，無期以上服，皆可行。下士庶人同。

二、納采：諏日，主人具書書辭隨宜，後仿此，謂女爲誰氏出，並問生年月日，別具婚者生年月月附於書，使媒氏豫告女家。届日，夙興，以子弟一人爲使，公服侍於廳事，主人公服奉書出，西面授使者再拜，使者避拜受書出，如女家。其日，女氏主人設案於廟，灑掃廳事待賓，亦使子弟一人爲擯，公服以竢賓至。擯告，主人如賓服出迎於門外，揖入升堂，賓左主人右。入堂少深，賓東面奉書致辭，從者陳禮物於庭；主人北面再拜受書，賓避拜，請退竢命。擯揖賓款於別室，主人以書入，詣廟陳於案上，啓櫝告事，如常告儀。酒具復書，具女所出及生年月日附於書，擯延賓升堂，主人奉書出，西面授賓再拜，賓受書避拜，授從者請退，主人請醴賓，賓禮辭。許饌者布席中堂，賓東主西，揖讓就坐。進饌行酒三巡，賓興離席告退揖，主人答揖，送賓於門外如初。使還復命，主人納書，如授書儀，醴使者以家人之禮。

三、納幣：諏日具書，備禮物：章服一稱，章如其品。一品至四品，幣表裏各八兩，容飾合八事釵、釧、簪、珥之屬食品十器；五品至七品，幣表裏各六兩，容飾合六事，食品八器。媒氏豫告女家，届日夙興，主人遣使奉書及禮物如女家；女氏主人受書及禮物，告廟，具復書授賓，醴賓還復命主人，禮使者並同納采。凡禮物豐儉，各如其品，不得踰越；力不能具者，聽其量力備物，士庶並同。

四、請期：婚期諏吉，具書備禮物：三品以上羊酒，四品以下鵝酒。豫日，主人遣使如女家；女氏主人迎賓入，賓致辭請期，主人辭遜言期日宜由夫家。賓迺奉書告期，主人拜受，具復書授賓。賓還復於主人，皆如納幣儀。

五、親迎：婚期前一日，女家使人奉箕帚於婿室，陳衾帷茵褥器用具。至日，婿家筵於室中位，東西向；别設案於牖下，陳壺一、琖四，合巹剖匏爲二，合四琖以備三酌之用；設醮爵於堂下之東，壺琖具。初婚婿公服竢於堂下，有官者各以其服，若其子孫則攝盛，三品以上攝五品服，五品以上攝七品服，六品以下攝八品服，儀從亦如之。鐙鼓樂人均不得過十二凡品官並同。婿馬一乘，二燭前馬；婦輿一乘或車隨宜，襜葢飾采絹，垂流蘇，五品以上前後左右各二；六品以下前二後二，均竢於門外。主人公服醮子若自主婚，則以有服尊長醮，後仿此，位於堂東西面，婚者升自西階再拜，執事者升授爵，婚者跪受，卒爵，反於執事者。父命之迎，婚者曰唯，興降出乘馬，執事者隨以雁，儀從在前，婦輿在後，如女家。其日，女父告於廟，辭曰：某之第幾女某，將以今日歸某氏，敢告，餘如常告儀。還醮女於內堂，父東母西，姆相女具服加飾，服視婿之等，出至父母前，北面再拜，侍者斟酒醮女，如父醮子儀。父訓女以宜家之道，母施衿結帨，申以父命，女識之不唯。婿既至，主人迎於門外，揖讓入，婿執雁從入至廳事，主人東階上西面，婿西階上北面立，奠雁再拜，主人不答拜。姆爲女加景單縠爲之，葢首出，婿揖降，女從，主人不降送。姆導女升輿，二燭前輿，婿乘馬先竢於門，婦至降輿，婿導升西階，入室踰閾，媵婦家送者布婿席於東，御婿家迎者布婦席於西。婿、婦交拜訖，姆脱婦景，媵御設七箸醯醬，婿揖，婦即對筵坐。饌入卒食，媵取琖，實酒酳婿；御取琖，實酒酳婦。三酳用巹，卒酳婿出，媵御施衾枕，婿入燭出。

六、婦禮：厥明，婦夙興，盥漱櫛總，以棗栗、腶脩詣舅姑室。姆入，設席於堂中爲位，舅東姑西，均南向。舅姑即席，婦執笲竹器有衣者，實棗栗，升自西階，北面拜奠於席，舅坐撫之。婦興降階，執笲實腶脩，升拜奠席，姑坐撫之。舅姑興，入於室。婦見舅姑，婦具酒饌，設匕箸醯醬，行盥饋禮。舅姑就坐，婦奉饌入獻舅姑，視卒食，迺酌酒酳，舅姑送酒，皆再拜。舅姑卒飲，興，乃共饗婦，待者布婦席於阼階上西向，具酒饌，設匕箸醯醢，舅姑於堂中臨之，婦卒食，姑酳之，婦拜受卒飲。舅姑先降自西階，婦降自阼階，退。饗婦送者，男於外，女於內，酬次布帛。婦盥饋，舅姑饗婦。

三日，婦見於廟。厥明，執事者設饌具，主人啟櫝陳主，如常祭禮。主人布席階下之東，婚者在後；主婦布席階下之西，婦在後，各就位再拜。主人升，上香獻酒，讀告辭曰：某之第幾子某，今已婚畢，率新婦見，餘辭如祭式，俯伏興退，立於東。婦進當中階下北面再拜，興復位。主人復位，及主婦以下行再拜禮畢，納主徹退。若同居有尊者，婦見如見舅姑禮。見夫之伯叔母與見姑同，答以肅拜。見娣姒小姑，以夫之齒序拜，皆答拜。夫兄弟之子，若女婦受拜，答以肅揖。廟見。

諏日，婚者以贄視分所應用往見婦之父母。主人迎於門外，揖讓入升堂，奠贄，婿北面再拜，主人西面答拜。請見主婦，主婦立於門內，婿立於門外，再拜，主婦門內答拜出，主人醮以一獻之禮。婿見婦父母。

《臺灣私法人事編・婚姻・正式之婚姻・婚儀之規定・庶士之禮》

納采，諏日具書，媒氏告於女家，主人以子弟一人爲使者，奉書如女氏。女氏主人出迎賓，揖讓入門升堂，賓東面致辭奉書，主人西面受書再拜，賓避拜，請退竢命。主人使子弟待賓，以書入告於寢，如儀。具復書出授賓，賓受書，主人布席禮賓畢，賓揖辭，主人送之如初。使者還復命，主人拜受書，禮使者，行家人禮。

諏日納幣，具書備禮物，章服一稱八品以下官如其品，士視九品，幣表裏各四兩，容飾合四件，食品六器。媒氏告於女家，主人遣使奉書物行禮，女家受禮告寢，復書禮賓，賓復主人，均如納采。

婚有日，主人備鵝酒，書婚期於柬，使媒氏奉如女家告；女氏主人報柬，授媒氏復。婚前一日，女家使人以奩具張陳婿室。至日，婿家筵於室中位，東西向，別以案陳合巹器，設醮爵於室東。初婚，婿攝公服竢於堂下；婿馬一乘，二燭前馬，婦輿一乘，襜蓋前飾采絹二鐙與鼓樂人數見前，竢於門外。主人盛服，醮子於堂東，命之迎，婿出乘馬如女家，雁及婦輿從。其日，女氏主人告於寢，如儀畢，主人位內堂東，主婦位內堂西，父醮女如婿儀。婿至女家門外，主人出迎，婿執雁從入，主人東階上西面，婿西階上北面，奠雁再拜，主人不答拜。姆加女景蓋首出，婿揖之降，主人不降送。姆導女升輿，女家亦以二燭前輿，婿乘馬先竢於門，婦至降輿，婿導婦入室逾閾；媵布婿席於東，御布婦席於西。婿婦交拜訖，姆脱婦景，婿揖，婦即席；婿東婦西，坐行合巹禮。

厥明，婦夙興竢見；舅位堂東，姑位堂西，皆南向。婦以贄見於舅姑再拜，舅姑受贄，婦具酒饌，行盥饋禮。舅、姑就位，婦奉饌，舅、姑卒食一酳；婦再拜送酒，舅、姑卒飲。共饗婦於阼階，及饗婦送者，均與前同。

三日，婦見祖禰於寢，陳設如薦儀。主人在東，婚者從；主婦在西，婦從，再拜。主人升詣香案前，上香奠酒告畢，俯伏興，退，立於東；婦進當門中再拜興，復位，主人復位，及主婦以下皆再拜興，禮畢，退。

諏日，婿以贄見婦之父母，返入奠贄再拜，主人答拜；見主婦，婿拜於寢門外，主婦答拜於門內，出。主人醴婿，皆如儀。

《臺灣私法人事編・婚姻・正式之婚姻・婚儀之規定・庶人之禮》

納采：諏日書婚者生年月日，以授媒氏，奉如女家。女氏主人受書告如寢，書女爲誰氏出，及生年月日授媒氏；道遠具饌，近則否。媒氏復命，主人禮之。

納幣：備禮物，服一稱，用帛無章，紬絹四兩，容飾四事，食品四器。媒氏奉如女家，女氏主人受之，饗媒氏，復命如納采禮。

婚有期，備鵝，書婚期於柬，使媒氏奉如女家告；女氏主人許，使媒氏復。婚前一日，女家使人以奩具陳於婿室。至日，婿家筵於室中，東西爲位，別以案陳合巹器，設醮爵於廳事東序。初婚，婿盛服竢於階下；婿馬一乘，二燭前馬，婦輿一乘，襜蓋無飾。鐙鼓樂人均不過八，竢於門外。主人盛服至廳事東位西面，婿升，主人醮之，命之迎，婿再拜出，乘馬如女家，雁及婦輿從。其日，女家告於寢，醮女以竢。婿既至，主人出迎於門外，導入，婿執雁從入升堂，主人東階上，婿西階上，北面奠雁再拜。姆加女景蓋首出，婿揖之降，婦從降。姆以女登輿，二燭前輿，婿乘馬先竢於門，婦至降輿，婿揖入室逾閾，布席。婿婦交拜訖，姆脱婦景，婿揖，婦就位坐；婿東婦西，行合巹禮。

婦夙興盛服，以贄見舅、姑於堂，拜獻如禮。饋酒食於舅、姑，舅、姑饗婦及婦送者。

三日，婦見祖禰於寢，如常薦禮。

諏日，婿往見婦之父母；婦父設酒食，禮婿如儀。

紀事

《國語・晉語四》秦伯歸女五人，懷嬴與焉。公子使奉匜沃盥，既而揮之。嬴怒曰：秦、晉匹也，何以卑我？公子懼，降服囚命。秦伯見公子曰：寡人之適，此爲才。子圉之辱，備嬪嬙焉，欲以成婚，而懼離其惡名。非此，則無故。不敢以禮致之，懽之故也。公子有辱，寡人之罪也。唯命是聽。

《國語・晉語四》公子謂子犯曰：何如？對曰：將奪其國，何有於妻，唯秦所命從也。謂子餘曰：何如？對曰：《禮志》有之曰：將有請於人，必先有入焉。欲人之愛己也，必先愛人。欲人之從己也，必先從人。無德於人，而求用於人，罪也。今將婚媾以從秦，受好以愛之，聽從以德之，懼其未可也，又何疑焉？乃歸女而納幣，且逆之。

《史記》卷四六《田敬仲完世家》襄王既立，立太史氏女爲王后，是爲君王后，生子建。太史敫曰：女不取媒因自嫁，非吾種也，汙吾世。終身不睹君王后。君王后賢，不以不睹故失人子之禮。

《漢書》卷八《宣帝紀》〔五鳳二年〕秋八月，詔曰：夫婚姻之禮，人倫之大者也；酒食之會，所以行禮樂也。今郡國二千石或擅爲苛禁，禁民嫁娶不得酒食相賀召。由是廢鄉黨之禮，令民亡所樂，非所以導民也。

《漢書》卷一〇《成帝紀》〔永始四年六月甲午〕又曰：聖王明禮制以序尊卑，異車服以章有德，雖有其財，而無其尊，不得踰制，故民興行，上義而下利。方今世俗奢僭罔極，靡有厭足。公卿列侯親屬近臣，四方所則，未聞修身遵禮，同心憂國者也。或乃奢侈逸豫，務廣第宅，治園池，多畜奴婢，被服綺縠，設鐘鼓，備女樂，車服嫁娶葬埋過制。吏民慕效，寖以成俗，而欲望百姓儉節，家給人足，豈不難哉！《詩》不云乎？赫赫師尹，民具爾瞻。其申敕有司，以漸禁之。青緑民所常服，且勿止。列侯近臣，各自省改。司隸校尉察不變者。

《漢書》卷一二《平帝紀》〔元始三年春〕又詔光禄大夫劉歆等雜定婚禮。四輔、公卿、大夫、博士、郎、吏家屬皆以禮娶，親迎立軺併馬。

《漢書》卷三二《張耳傳》張耳，大梁人也。少時及魏公子毋忌爲客。嘗亡命游外黄，外黄富人女甚美，庸奴其夫，亡邸父客。父客謂曰：必欲求賢夫，從張耳。女聽，爲請決，嫁之。女家厚奉給耳，耳以故致千里客，宦爲外黄令。

《漢書》卷五七上《司馬相如傳上》司馬相如字長卿，蜀郡成都人也。【略】是時，卓王孫有女文君新寡，好音，故相如繆與令相重而以琴心挑之。相如時從車騎，雍容閒雅，甚都。及飲卓氏弄琴，文君竊從户窺，心説而好之，恐不得當也。既罷，相如乃令侍人重賜文君侍者通殷勤。文君夜亡奔相如，相如與馳歸成都，家徒四壁立。卓王孫大怒曰：女不材，我不忍殺，一錢不分也。人或謂王孫，王孫終不聽。文君久之不樂，謂長卿曰：弟俱如臨邛，從昆弟假貸，猶足以爲生，何至自苦如此！相如與俱之臨邛，盡賣車騎，買酒舍，乃令文君當盧。相如身自著犢鼻褌，與庸保雜作，滌器於市中。卓王孫耻之，爲杜門不出。昆弟諸公更謂王孫曰：有一男兩女，所不足者非財也。今文君既失身於司馬長卿，長卿故倦游，雖貧，其人材足依也。且又令客，奈何相辱如此！卓王孫不得已，分與文君僮百人，錢百萬，及其嫁時衣被財物。文君乃與相如歸成都，買田宅，爲富人。

《漢書》卷八九《循吏傳・黄霸》黄霸字次公，淮陽陽夏人也。【略】霸少學律令，喜爲吏【略】始霸少爲陽夏游徼，與善相人者共載出，見一婦人，相者言：此婦人當富貴，不然，相書不可用也。霸推問之，乃其鄉里巫家女也。霸即取爲妻，與之終身。

《後漢書》卷八一《獨行傳・戴封》戴封字平仲，濟北剛人也。年十五，詣太學，師事鄮令東海申君。申君卒，送喪到東海，道當經其家。父母以封當還，預爲娶妻。封暫過拜親，不宿而去。還京師卒業。

《後漢書》卷八三《逸民傳・梁鴻》梁鴻字伯鸞，扶風平陵人也。【略】家貧而尚節介，博覽而無不通。【略】埶家慕其高節，多欲女之，鴻並絶不娶。同縣孟氏有女，狀肥醜而黑，力舉石臼，擇對不嫁。至年三十。父母問其故。女曰：欲得賢如梁伯鸞者。鴻聞而娉之。女求作布衣、麻屨，織作筐緝績之具。及嫁，始以裝飾入門。七日而鴻不答。妻乃跪牀下請曰：竊聞夫子高義，簡斥數婦，妾亦偃蹇數夫矣。今而見擇，敢不請罪。鴻曰：吾欲裘褐之人，可與俱隱深山者爾。今乃衣綺縞，傅粉墨，豈鴻所願哉？妻曰：以觀夫子之志耳。妾自有隱居之服。乃更爲椎髻，著布衣，操作而前。鴻大喜曰：此真梁鴻妻也。能奉我矣！字之曰德曜，〔名〕孟光。

【略】

《後漢書》卷八三《逸民傳·戴良》　戴良字叔鸞，汝南慎陽人也。

初，良五女並賢，每有求姻，輒便許嫁，疏裳布被，竹笥木屐以遣之。五女能遵其訓，皆有隱者之風焉。

《後漢書》卷八四《列女傳·鮑宣妻》　勃海鮑宣妻者，桓氏之女也，字少君。宣嘗就少君父學，父奇其清苦，故以女妻之，裝送資賄甚盛。宣不悅，謂妻曰：少君生富驕，習美飾，而吾實貧賤，不敢當禮。妻曰：大人以先生修德守約，故使賤妾侍執巾櫛。既奉承君子，唯命是從。宣笑曰：能如是，是吾志也。妻乃悉歸侍御服飾，更著短布裳，與宣共挽鹿車歸鄉里。拜姑禮畢，提甕出汲。修行婦道，鄉邦稱之。

《南齊書》卷三《武帝紀》　〔永明七年〕夏四月戊寅，詔曰：婚禮下達，人倫攸始，《周官》設媒氏之職，《國風》興及時之詠。四爵內陳，義不期侈，三鼎外列，事豈存奢。晚俗浮麗，歷茲永久，每思懲革，而民未知禁。乃聞同牢之費，華泰尤甚。膳羞方丈，有過王侯。富者扇其驕風，貧者恥躬不逮。或以供帳未具，動致推遷，年不再來，盛時忽往。宜爲節文，頒之士庶。並可擬則公朝，方樏供設，合巹之禮無虧，寧儉之儀斯在。如故有違，繩之以法。

《南齊書》卷四三《謝瀹傳》　謝瀹字義潔，陳郡陽夏人也。**【略】**僕射褚淵聞瀹年少清正不惡，以女結婚，厚爲資送。

《魏書》卷四八《高允傳》　高允，字伯恭，勃海人也。**【略】**允以高宗纂承平之業，而風俗仍舊，婚娶喪葬，不依古式，允乃諫曰：

前朝之世，屢發明詔，禁諸婚娶不得作樂，及葬送之日歌謠、鼓舞、殺牲、燒葬，一切禁斷。雖條旨久頒，而俗不革變。**【略】**

《禮》云：嫁女之家，三日不息燭；娶婦之家，三日不舉樂。今諸王納室，皆樂部給伎以爲嬉戲，而獨禁細民，不得作樂，此一異也。

《魏書》卷一〇〇《勿吉傳》　勿吉國，在高句麗北，舊肅慎國也。**【略】**婦人則布裙，男子豬犬皮裘。初婚之夕，男就女家執女乳而罷，便以爲定，仍爲夫婦。

《周書》卷五《武帝紀》　〔建德二年九月戊寅〕詔曰：政在節財，禮唯寧儉。而頃者婚嫁競爲奢靡，牢羞之費，罄竭資財，甚乖典訓之理。有司宜加宣勒，使咸遵禮制。

《周書》卷三五《崔猷傳》　崔猷字宣猷，博陵安平人，漢尚書寔之十二世孫也。**【略】**

〔大統初〕遷京兆尹。時婚姻禮廢，嫁娶之辰，多舉音樂。又廛里富室，衣服奢淫，乃有織成文繡者。猷又請禁斷，事亦施行。

《北齊書》卷四七《酷吏傳·畢義雲》　畢義雲，小字陁兒。**【略】**晚方折節從官，累遷尚書都官郎中。**【略】**又義雲啓云：喪婦孤貧，後娶李世安女爲妻。世安身雖父服未終，其女爲祖已就平吉，特乞闇迎，不敢備禮。及義雲成婚之夕，衆儲備設，剋日拜閤，鳴騶清路，盛列羽儀，兼差臺吏二十人，責其鮮服侍從車後。直是苟求成婚，誣罔干上。

《北史》卷八一《儒林傳·平恒》　平恒字繼叔，燕郡薊人也。**【略】**

恒三子，並不率父業，好酒自棄。恒常忿其世衰，植杖巡舍側岡而哭，不爲營事婚宦，任意官娶，曰：此輩會是衰頓，何煩勞我！故仕娉濁碎，不得及其門流。

《隋書》卷七〇《趙元淑傳》　博陵趙元淑，父世模，初事高寶寧，後以衆歸周，授上開府，寓居京兆之雲陽。高祖踐阼，恒典宿衛。後從晉王伐陳，先鋒遇賊，力戰而死。朝廷以其身死王事，以元淑襲父本官，賜物二千段。元淑性疏誕，不治產業，家徒壁立。後數歲，授驃騎將軍。將之官，無以自給。時長安富人宗連，家累千金，仕周爲三原令。有季女，慧而有色，連獨奇之，每求賢夫，聞元淑如是，請與相見。連有風儀，美談笑，元淑亦異之。及至其家，服玩居處擬於將相。酒酣，奏女樂，元淑所未見也。元淑辭出，連曰：公子有暇，可復來也。後數日，復造之，宴樂更侈。如此者再三，因謂元淑曰：知公子素貧，老夫當相濟。因問元淑所須，盡買與之。臨別，元淑再拜致謝，連復拜曰：鄙人竊不自量，敬慕公子。今有一女，願爲箕帚妾，公子意何如？元淑感愧，遂娉爲妻。連復送奴婢二十口、良馬十餘匹，加以縑帛錦綺及金寶珍玩。元淑遂爲富人。

（唐）杜佑《通典》卷五九《禮・沿革・嘉禮・不親迎壻見外舅姑反馬送女附》 周制，《婚禮》，壻若不親迎，則婦入三月，然後壻見，曰：某以得爲外婚姻，請覲。女氏稱婚，壻氏稱姻。覲，見也。若壻不親迎，三月後，壻往見婦之父母。主人對曰：某以得爲外婚姻之數，某之子未得濯溉於祭祀，是以未敢見。今吾子辱，請吾子之就宮，某將走見。主人，女父也。對曰：某以非他故，不足以辱命，請終賜見。非他故，彌親之辭也。命謂將走見之言。對曰：某以得爲婚姻之故，不敢固辭，敢不從。不言外，亦彌親之辭也。主人出門左，西面。壻入門，東面，奠贄再拜，出。出門，出內門也。入門，入大門也。出內門不出大門者，異於賓客。壻見於寢。奠贄者，壻有子之道焉。不敢授之。贄，雉也。儐者以贄出，請受。欲使以賓客禮相見。壻禮辭許，受贄，入，主人再拜受，壻再拜送，出。出，已見女父。見主婦。主婦闔扉立於其內，主婦，主人之婦也。見主婦者，兄弟之道，宜相親也。闔扉者，婦人無外事也。扉，左扉也。《爾雅》曰：母及妻黨爲兄弟。壻立於門外，東面。主婦一拜，壻答再拜，主婦又拜。壻出。必先一拜者，婦人於丈夫則俠拜。主人請醴。及揖讓入，醴以一獻之禮。主婦薦，奠酬，無幣。及，與也。無幣，異於賓客。壻出，主人送，再拜。

《春秋》，齊大夫高固詣魯逆叔姬，又與子叔姬歸寧，反馬也。禮，送女留其送馬，謙不敢自安也。三月廟見，遣使反馬。高固遂與叔姬歸寧，故經傳具見，以示譏也。凡諸侯嫁女於敵國，姊妹則上卿送之，以禮於先君。公子則下卿送之。於大國，雖公子亦上卿送之。於天子，則諸卿皆行，公不自送。於小國，則上大夫送之。尊不送卑。大夫亦遣臣送之。士則有司送之。

《舊唐書》卷三《太宗紀》〔貞觀十七年閏六月〕戊午，薛延陁遣其兄子突利設獻馬五萬匹、牛駝一萬、羊十萬以請婚，許之。丙子，徙封東萊郡王泰爲順陽王。

《舊唐書》卷五二《高固傳》 高固，高祖侃永徽中爲北庭安撫使，有生擒車鼻可汗之功，官至安東都護，事具前録。固生微賤，爲叔父所賣，展轉爲渾瑊家奴，號曰黃芩。性敏惠，有膂力，善騎射，好讀《左氏春秋》。瑊大愛之，養如己子，以乳母之女妻之，遂以固名，取《左氏傳》高固之名也。

《舊唐書》卷五二《楊於陵傳》 楊於陵字達夫，弘農人。漢太尉震之第五子奉之後。曾祖珪，爲辰州掾曹。祖冠俗，奉先尉。父太清，宋州單父尉。於陵，天寶末家寄河朔。禄山亂，其父歿於賊，於陵始六歲。及長，客於江南。好學，有奇志。弱冠舉進士，釋褐爲潤州句容主簿。時韓滉節制金陵，滉性剛嚴，少所接與。及於陵以屬吏謁謝，滉甚奇之，謂其妻柳氏曰：夫人常擇佳壻，吾閲人多矣，無如楊主簿者。後竟以女妻之。秩滿，爲鄂岳、江南二府從事，累官至侍御史。

《舊唐書》卷六四《高祖二十二子傳》 霍王元軌，高祖第十四子也。少多才藝，高祖甚奇之。武德六年，封蜀王。八年，徙封吳王。貞觀初，太宗嘗問群臣曰：朕子弟孰賢？侍中魏徵對曰：臣愚闇，不盡知其能。唯吳王數與臣言，未嘗不自失。上曰：朕亦器之，卿以爲前代誰比？徵曰：經學文雅，亦漢之間、平也。由是寵遇彌厚，因令娶徵女焉。

《舊唐書》卷八〇《諸遂良傳》 時薛延陁遣使請婚，太宗許以女妻之，納其財聘，既而不與。遂良上疏曰：

臣聞信爲國本，百姓所歸，是以文王許枯骨而不違，仲尼寧去食而存信。延陀曩歲乃一俟斤耳，值神兵北指，盪平沙塞，狼山、瀚海，萬里蕭條，陛下兵加諸外而恩起於內，以爲餘寇奔波，須立酋長，璽書鼓纛，立爲可汗。其懷恩光，仰天無極，而餘方戎狄，莫不聞知，以共沐和風，同飡恩信。頃者頻年遣使，請婚大國，陛下復降鴻私，許其姻媾。於是報吐蕃，告思摩，示中國，五尺童子人皆知之。於是御幸北門，受其獻食，於時百僚端笏，戎夷左袵，虔奉歡宴，皆承德音，口歌手舞，樂以終日。百官會畢，亦各有言，咸以爲陛下欲得百姓安寧，不欲邊境交戰，遂不惜一女而妻可汗，預在含生，所以感德。今一朝生進退之意，有改悔之心，臣爲國家惜茲聲聽。

《舊唐書》卷八二《許敬宗傳》 高宗嗣位，代于志寧爲禮部尚書。敬宗嫁女與蠻酋馮盎之子，多納金寶，爲有司所劾，左授鄭州刺史。

《舊唐書》卷一八四《宦官傳・李輔國》 至德二年十二月，加開府儀同三司，進封郕國公，食實封五百户。宰臣百司，不時奏事，皆因輔國上决。常在銀臺門受事，置察事廳子數十人，官吏有小過，無不伺知，即加推訊。府縣按鞫，三司制獄，必詣輔國取决，隨意區分，皆稱制敕，無敢異議者。每出則甲士數百人衛從。中貴人不敢呼其官，但呼五郎。宰相李揆，山東甲族，位居台輔，見輔國執子弟之禮，謂之五父。肅宗又爲輔國娶故吏部侍郎元希聲侄擢女爲妻。

《舊唐書》卷一八六上《酷史傳·來俊臣》 來俊臣，雍州萬年人也。父操，博徒。與鄉人蔡本結友，遂通其妻，因樗蒲贏本錢數十萬，本無以酬，操遂納本妻。

《新唐書》卷七九《高祖諸子傳·徐康王元禮》 徐康王元禮性恭畏，善騎射。始王鄭，即授鄭州刺史。【略】

三子，茂爲淮南王，餘爵公。

茂險薄無行。初，元禮疾，姬趙有美色，茂逼烝之，元禮切責，茂恚，屏侍衛藥膳，曰：爲王五十年足矣，何服藥爲？以不食薨。茂嗣。上元中，事洩，流死振州。

神龍初，以茂子璀嗣，開元中，爲宗正員外卿。薨，子延年嗣。拔汗那王入朝，延年將以女嫁之，爲右相李林甫劾奏，貶文安郡別駕，終餘杭司馬，國除。

《新唐書》卷一三〇《裴寬傳》 寬性通敏，工騎射、彈棋、投壺，略通書記。景雲中，爲潤州參軍事。刺史韋詵有女，擇所宜歸，會休日登樓，見人於後圃有所瘞藏者，訪諸吏，曰：參軍裴寬居也。與偕來，詵問狀，答曰：寬義不以包苴汙家，適有人以鹿爲餉，致而去，不敢自欺，故瘞之。詵嗟異，乃引爲按察判官，許妻以女。歸語妻曰：常求佳壻，今得矣。明日，幃其族使觀之。寬時衣碧，瘠而長，既入，族人皆笑，呼爲碧鸛雀。詵曰：愛其女，必以爲賢公侯妻也，何可以貌求人？卒妻寬。

《新唐書》卷一三九《李泌傳》 李泌字長源，魏八柱國弼六世孫【略】崔圓、李輔國以泌親信，疾之。泌畏禍，願隱衡山。有詔給三品禄，賜隱士服，爲治室廬。泌嘗取松樛枝以隱背，名曰養和，後得如龍形者，因以獻帝，四方爭效之。代宗立，召至，舍蓬萊殿書閣。初，泌無妻，不食肉，帝乃賜光福里第，彊詔食肉，爲娶朔方故留後李暐甥，昏日，敕北軍供帳。

《新唐書》卷一四〇《吕諲傳》 吕諲，河中河東人。少力於學，志行整飭。孤貧不自業，里人程氏財雄於鄉，以女妻諲，亦以諲才不久困，厚分貲贍濟所欲，故稱譽日廣。

《新唐書》卷一五八《韓充傳》 充雖將家，性儉節，歷三鎮，居處服玩如儒先生，乘機决策無餘悔，世推善將。李元没，充爲嫁二女，周其家。

《新唐書》卷一九六《隱逸傳·張志和》 張志和字子同，婺州金華人。【略】兄鶴齡恐其遁世不還，爲築室越州東郭。【略】觀察使陳少游往見，爲終日留，表其居曰玄真坊。以門隘，爲買地大其閎，號回軒巷。先是門阻流水，無梁，少游爲構之，人號大夫橋。帝嘗賜奴婢各一，志和配爲夫婦，號漁童、樵青。

（宋）李燾《續資治通鑑長編》太祖開寶二年八月 〔己卯〕又詔：如聞兩京士庶之家，婚姻喪葬，臺府吏率伶人多詣門、遮道徼求財物，自今禁止之，違者重寘其罪。

（宋）李燾《續資治通鑑長編》哲宗元祐三年四月 〔己丑〕又論言事之臣，或稍遷其任，實奪言責；或略行其言，而退予善地；或兩全並立，而苟從和解；或置不問，而外示並容，使忠鯁之士包羞而艱退，此朝廷所宜深察也。又論宗女不宜與工商之有官者爲婚，三班使臣不當以麤習經律而試換文資，取士當先經義而後詩賦，郎官、監司宜使迭爲出入，使無內重外輕之弊。又論近歲常賦之外，悉罷利入之路，國用向去必至不足，乞裁減宗室賜予及人吏俸禄。

（宋）宇文懋昭《大金國志》卷三九《婚姻》 金人舊俗多指腹爲婚姻。既長，雖貴賤（殘）〔殊〕隔，亦不可渝。壻納幣，皆先期拜門，（親）〔戚〕屬偕行，以酒饌往，少者十餘車，多至十倍。飲客佳酒，則以金銀（斻）〔器〕貯之，其次以瓦（斻）〔器〕。列于前，以百數，賓退則分餉焉。先以烏金銀盃酌飲，貧者以木。酒三行，進大軟（指）〔脂〕、小軟（指）〔脂〕，如中國寒具。次進蜜餻，人各一盤，曰茶食。宴罷，富者瀹建茗，留上客數人啜之。或以粗者煎乳酪。

婦家無大小，皆坐炕上，壻黨羅拜其下，謂之男下女。禮畢，壻牽馬百匹，少者十匹，陳其前，婦翁選子姓之别馬者視之，好則留，不好則退。留者不過什二三，或皆不中選，雖壻所乘亦以充數。大抵以留馬少爲耻，女家亦視其數而厚薄之。一馬則報衣一襲，壻皆親迎。

既成婚，〔壻〕留於婦家，執僕隸役，雖行酒進食，皆躬親之。三年，然後以婦歸。婦氏用奴婢數十户，牛馬數十羣，每羣九牝一牡，以資遺之。夫謂妻爲薩那，妻謂夫爲愛根。

一云婚家富者，以牛馬爲幣。貧者以女年及笄，行歌于途。其歌也，乃自叙家世、婦工、容色，以伸求侣之意。聽者有逑娶欲納之，則攜而歸，後方具禮偕來女家以告父母。

《遼代石刻文續編·大王記結親事碑天贊二年》 天贊二年五月十五日，記稱免下娉女及求婦據，下却羊馬牛等具隨頭下，分折如後。大王言我年老，我從十六上别父，我弟稱吒年小，並不得父母悉婦，我成長後，遂與弟下羊馬牛等，求稱免並兒郎悉婦，並是我與六畜求到，其弟把父母大帳，有好弱物，並在弟處，我處無。記娉安祖哥女與契丹素舍利，所得諸物並在弟稱吒處，合與他者，並還他訖。又記與婁呵阿拔作親，先娉與女掘劣，所得羊牛馬頭匹，並是弟稱吒受却據，女掘劣死後，弟稱吒合更與他續親女，又爲自無續親女與他，我雖是弟兄，我另坐其，婁呵阿不欲絶親情，遂言與大王羊三百口、牛馬卅頭匹，求女蘇乎酌。大王言，所與我羊馬，便准取前掘劣女奥渠吕，元如此言定。昨赤眼年舉去來，婁呵阿言，不曾與大王羊馬牛，遂却。右赤眼年舉與來人眼年窘舍利，同去問蘇古阿撥，其蘇古阿撥言，實與他大王羊三百、牛馬卅頭匹，尋大王實言折取前女奥渠吕，今回何諱稱不知，如此政對定，遂拈鼻子與瞎年窘舍利把爲據。又記娉稱免女撓回折與袍都夷離己，得羊六百口、牛馬六十頭匹，尋與他金腰帶及較具銀，衣服綾彩並隨女去，諸物並一一還足，並不欠少一件。又記娉嚙遐者女與如乎禮太糯羊，得羊五百、牛馬五十頭匹，合與伊硬軟物，衣服綾彩並還足，一無欠少。□□□□□□□□□下却羊三百口，牛馬卅頭匹，合得金腰帶一條，較具二，衣服綾彩廿件，並不缺。□□□□□求稱免下却羊三百、牛馬卅頭匹，合得金腰帶一條，較具二，衣服綾彩廿件，並不缺。又記與兒□□□□□婦與奥輦賣羊七百口，牛馬七十頭匹，元商量却，還以川錦五匹，又錦五匹，銀煉銀五定，脚銀一定，較具二副，重綾一十匹，吴綾一十匹，襖子卅領，並冬夏衣，並不得來。不依元商量。□□□□□□□□於轄剌瞎處求到，用却大王床子買到牛卅。又記與□□□□官人求婦於阿束忽處，下却羊五百口，牛馬五十頭匹。第二□□於□□哥處，用却在大床子買到牛廿頭，求朝撥。又記□□□□□□於袍古舍利處下却羊三百口、牛馬卅頭匹，欠金腰帶一，較具二，衣服一十件。又記□□□□□于□□舍利處下却羊三百口，牛馬卅頭匹。又記與□□□□□□作親得羊三百口，牛二頭，應合與硬物三件，衣服絹帛廿件，並與他足。又記與□□□□□□□□得羊牛，應合與他硬軟物並還他後與伊别腸女。又記大王□□□□□官人下羊馬牛等，與實失郎王下撒蟒官人求葛揚徒□蘇，母名掘劣免，其指疑官人偷，皇帝審着軟物與自家充下羊馬酬答，遂破車帳，子孫莫忘。據此事我也眼不見，身不泛來，只是我母曾向我道，我肚裏不忘却，遂記石上。

《宋史》卷一一五《禮·嘉禮·親王納妃》 親迎。前一日，主人設賓次，賓謂壻。如常儀。其日大昕，壻之父服其服，告於禰廟，無廟者設神位於廳東，不應設位者不設。子將行，父醮之於廳事。贊者設父位中間，南向，設子位父位之西，近南，東向。父即坐，子公服升自西階，進立位前。贊者注酒於醆，西向授子，子再拜，跪受，贊者又設饌父位前，子舉酒興，即坐飲食訖，降，再拜，進立於父位前。命之曰：躬迎嘉偶，釐爾内治。子再拜，曰：敢不奉命。又再拜，降出，詣女家。主人服其服，告於禰廟，如請期之儀。賓將至，主人設神位於寢户外之西，設醴女位於户内，南向，具酒饌。賓至，贊者引就次，女盛服於房中，就位南向立，姆位於右，從者陪其後。父公服升自東階，立於寢户外之東，西向。内贊者設酒饌，女就位坐，飲食訖，降，再拜，内贊者徹酒饌。主人降立東階東南，西面，贊者引賓出次，立於門西，東面，儐者進受命，出請事，賓曰：某受命於父，以兹嘉禮，躬聽成命。儐者入告，主人曰：某固願從命。儐者出告訖，入引主人迎賓大門外之東，西面揖賓，賓報揖。主人入門而右，賓入門而左，執鴈者從入，陳鴈於庭，三分庭，一在南，北向。主人升立于東階上，西面；賓升西階進，當寢户前，北面再拜，降出，主人不降送。賓初入門，母出，立於寢户外之西，南面，賓拜訖，姆引女出於母左，父命之曰：往之汝家，以順爲正，無忘肅恭！母戒之曰：必恭必戒，無違舅姑之命！庶母申之曰：爾誠聽於訓言，無作父母羞！女出門，壻先還第。

其同牢、廟見、見舅姑諸禮，皆如儀。

《宋史》卷一一五《禮・嘉禮・士庶人婚禮》 初婚，掌事者設酒饌室中，置二醆於槃。壻服其服如前服，至女家，贊者引就次，掌事者設禰位，主人受禮，如請期之儀。主人謂女父。女盛服立房中，父升階立房外之東，西向。非南向者，各隨其所向。父立於門外之左，餘放此。贊者注酒於醆授女，女再拜受醆；贊者又以饌設於位前，女即坐飲食訖，降，再拜。父降立東階下，賓出次，賓謂壻。主人迎于門，揖賓入，賓報揖，從入。主人升東階，西面；賓升西階，進當房户前，北面。掌事者陳鴈于階，賓曰：某受命於父，以茲嘉禮，躬聽成命。主人曰：某固願從命。賓再拜，降出，主人不降送。初，女出，父戒之曰：往之汝家，無忘肅恭！女母戒之曰：夙夜以思，無有違命！諸母申之曰：無違爾父母之訓！女出，壻先還，俟于門外。婦至，贊者引就北面立，壻南面，揖以入，至於室。掌事者設對位室中，壻婦皆即坐，贊者注酒於醆授壻及婦，壻及婦受醆飲訖。遂設饌，再飲、三飲，並如上儀。壻及婦皆興，再拜，贊者徹酒饌。

見祖禰，見舅姑，醴婦，饗送者，如儀。

《宋史》卷二四八《公主傳・秦國大長公主》 秦國大長公主，太祖同母妹也。初適米福德，福德卒。太祖即位，建隆元年，封燕國長公主，再適忠武軍節度使高懷德，賜第興寧坊。

《順天府志・禮儀民俗・婚禮》 嫁娶之時，男家爲新婦上髻，女家爲新婿冠巾。先期備禮送其家。合婚得吉，相視留物爲贄。行小茶、大茶禮。娶前一日，婿備物往女家，曰催妝。新婦及門，婿置馬鞍於地，婦跨過，曰平安。婦進房，陰陽唱催妝詩，撒諸果，曰撒帳。婦家以飲食供送其女，曰做三朝、做單九、做雙九云。《萬曆沈志》。昔日娶親風俗，頭日迎妝，二日娶親，三日會親；今改爲早晨迎妝，上午娶親，下午會親。一日辦三事，故曰小三天。《都門紀略》。京師婦女嫁外方人爲妻、妾者，初看時，以美者出拜；及臨娶，以丑者易之，名曰戳包兒。過門信宿，盜其所有逃者，名曰拿殃兒。《菽園雜記》。亦謂之放鷹。《都門紀略》。

《姑蘇志・禮儀民俗・婚禮》 婚禮則有知節、跨鞍、迎龍、牽彩、傳寶、坐床、升座、掠鬢之目，特爲煩猥。初婚復以雙鷄逆女，謂之合啼鷄。每奩篚中，以彩繫釘膠雜布，取膠固之意，尤可笑者。

《尉氏縣志・禮儀民俗・婚禮》 聘禮，男家延請貴重親朋往女家求庚帖，女家設席，返則男家復設席以待。數日後行謝親禮，具筵席羊酒送至女家，過此乃行小定禮。具筵席、猪羊、幣帛、糧食等儀物，兩家各延其親朋來會，謂之小定筵席。娶時，具儀如前。兩番約用猪羊十二隻或二十四隻者，其糧食約用四十石，或六十石、八十石至一百二十石者。親迎之日，男先於女。及門，女黨導新人至寢室合巹，俗名交心盞。女家每日三飯以食其女，凡九日，中間親黨亦各饋送焉。畢之日，女家設席於婿家酬諸親黨，謂之完飯。蓋自是不復日三舉矣。婚禮力有不及者，隨宜行之，女家不較；嫁女者素不尚妝奩，男家亦不較，近古人不論財之道也。

《光山縣志・禮儀民俗・婚禮》 事契之家，男女雖幼，即行問名、聘定之禮。遇時節，多尚往來。男娶必親迎，財禮亦隨貧富。鄉俗間有論財者，亦不多見。

《吴江縣志・禮儀民俗・婚禮》 男女議婚，大率以門楣爲重，亦互擇人而兼決於命卜，故遲速不同。亦有指腹爲婚者。聘定裝送，稱家有無，間或論財，達者弗爲也。初聘，用禮數盒，名住口，言不再議也。及行正聘，則用五六事或二四事，中有名謝允者，有專饋女之祖父母者名太禮，有兼饋其外祖父母者名外太禮。又有啓媒，啓話、啓盒、司箋，謝媒諸儀。各遣僕從至其家，男家曰押盤，曰拜廳；女家曰抬帖用男從，曰押帖用女從，各款贈之，視他僕役有加。

及娶，則女家有迎裝、鋪房、浴嫁、坐甑、抱嫁、送嫁；男家有催裝、迎花冠，入門有跨鞍、牽彩、迎龍、揭席、升座、掠鬢、坐床、桃巾、前筵、後筵、轉拜、拜竈諸儀，特爲煩猥，不能悉載。然惟西鄉以華侈相競，東鄉則取具成禮而已。

《泰州志・禮儀民俗・婚禮》 始議婚，或姻戚作伐，或用媒妁。初聘定，次請期，次納采，女家亦有回贈。於歸妝奩豐儉，各稱其家。俱設宴延賓迎送。合巹夕，花燭交輝，聚觀如堵。三日拜見翁姑及家衆，以分大小。女家備儀物，名曰做朝。婿隨往拜女之父母，遍及親族，各曰回門，仍留宴。滿月，婿偕女歸寧。

《如皋縣志・禮儀民俗・婚禮》 婚姻選德擇配，禮也。皋人定聘，昔多論財，古道遂不可復。邇者，嫁娶稍以禮義，亦砥靡歸淳之漸矣。至於合巹之夕，姻戚駢填，謂之餪郎。飲畢，奉杯勺擁婿入室，索彩絲、香囊，謂之送房。三日始見翁姑，以飴和飯相餉，謂之分大小。滿月，婿偕婦歸寧，分饋羔雁，謂之回門。於禮亦無取奢焉。

《淳安縣志・禮儀民俗・婚禮》 婚姻重媒，婿家求婚必托女家屬尊分厚者爲媒，禮之甚隆，惟欲媒得其人，不甚計聘財多寡然。嫁女資奩亦病於厚，女生多不舉，蓋有由矣。

附前輩勸民舉女歌： 虎狼性至惡，猶知有父子。人爲萬物靈，何獨不如彼。生男與生女，懷抱一而已。生男既收養，生女顧不舉。我聞殺女時，其狀苦難比。胞血尚淋漓，有口不能語。伊嚶盆水中，良久乃得死。吁嗟父子心，殘忍一至此。我因訓吾民，無爲殺其女。荆釵與布裙，未必能貧汝。隨分而嫁娶，男女得其所。此歌散民間，吾民當記取。

《武康縣志・禮儀民俗・婚禮》 婚禮，貧富隆殺各異。俗所謂下定、道日，茶酒、奠雁禮，仿佛納采、請期、納徵、親迎之遺，然其儀節多未循古。

《尋甸府志・禮儀民俗・婚禮》 黑玀羅婚姻以牛馬爲財禮。男先入女家，爲倒扎門。出《雲南志》。

《寧海縣志・禮儀民俗・婚禮》 婚禮，納采諸儀，各稱貧富。

《紹興府志・禮儀民俗・婚禮》 婚必擇門第，用士人爲媒，女家治酒則爲允，謂之許親酒，或用銀牌寫允許二字。續後具猪鵝、茶餅之類饋送。繼行納幣禮。娶之日，不親迎，用樂婦扶掖成婚，雜用踏藁、牽紅、傳席、交杯諸儀。即日拜公姑，以次及其家衆。

《新昌縣志・禮儀民俗・婚禮》 故家鉅族爲婚，必擇門地相埒者爲之，小家雖富不與焉。其婚娶不行六禮。始通媒討年帖，婿家父兄盛衣冠詣女家拜謝，或用銀牌寫允許二字爲定，其禮最簡。續後，具猪鵝、茶餅之類饋送。繼行納幣禮，不論財賄。娶之日，用樂婦伴送行禮，以樂婦扶掖成婚，雜用踏藁、牽紅、傳席、交杯諸儀。拜公姑，而以次及其家衆、賓客。翼日，獻鞋被於公姑。三日廟見，仍拜茶於族長焉。邑封君吕世良命其子吕光洵始行親迎禮，而尚書潘晟爲諸生時亦行之。庠生俞邦時聘娶，諸弟男婦一遵《家禮》。今諸姓亦多有繼之者。

《帝鄉紀略・禮儀民俗・婚禮》 婚禮，惟論門閥及所交游，然州衛人民亦有互相擇而不爲婚者。男家請媒妁，如有成言，則初行問名禮，謂之討帖；繼行納采禮，謂之下定。此後，歲時或有饋遺，謂之追節。及至婚期則亦行一禮，謂之通信。請得吉期，則行納幣禮，謂之下大禮。至期，或婿親迎，或男家女眷往迎之。六禮亦略備矣。禮視人家富貧以爲豐儉，然女家絶不論財，男家亦無過侈者。女家嫁女資妝，亦視其家何如，亦未有過厚者，近亦從省，頗有古風。

成婚之明日，則婿盛服乘車，用幣帛、羊酒，鼓樂前導，往拜於婦之父母家，謂之拜門。婦家召其族眷胥來與婿宴會，婿爲上客，各贈以幣或金錢，婦家仍被花彩於婿身，而用樂前導歸之。越三日，則婦廟見，遍拜舅姑以下，贄用女紅。數日後，婿家擇吉期爲婦具禮往拜父母，謂之回門。是日，婦家亦招婿飲於其家。自後，婦之歸寧，婿之往來，則惟婦家之疏密是視。盱眙頗同，天長則二姓或論財求備矣。

《來安縣志》卷一〇《禮儀民俗・婚禮》 親迎時即拜女父母，次日又拜謝，曰謝親。新婦越三日廟見，拜舅姑。大率於《家禮》不盡合。然結親以家世清白，子弟讀書爲上，務本力農爲次，窶□（子）豚酒可娶貧女，朋□□（曰交）好不論財。初男求女，媒氏往來。女家發庚帖□□，無有悔婚者。

契約文書

《新編事文類要啓劄青錢別集》卷二《婚禮門・婚姻啓狀諸式・女家定帖式》 貫厶州厶縣厶官宅

一、三代

曾祖 厶 厶官

祖 厶 厶官

父 厶 厶官

一、本宅厶官位第幾院

小娘厶年厶月生

一、母厶封姓氏

一、奩田

一、房卧

右令與

厶官第幾位宣教爲親

年 月 日 定帖

《新編事文類要啓劄青錢別集》卷二《婚禮門・婚姻啓狀諸式・男家定帖式》 貫厶州厶縣厶官宅

一、三代

曾祖 厶 厶官

祖 厶 厶官

父 厶 厶官

一、本宅第幾位宣教

年庚月生

一、母厶封姓氏

右令與

厶官第幾院小娘爲親

年 月 日 定帖

《新編事文類要啓劄青錢別集》卷二《婚禮門・婚姻啓狀諸式・男家草帖式》 貫厶州厶縣厶官宅

一、三代

曾祖 厶 厶官

祖 厶 厶官

父 厶 厶官

一、本宅第幾位宣教

年庚月生

一、母厶封姓氏

右見議親次

月 日 草帖

《新編事文類要啓劄青錢別集》卷二《婚禮門・婚姻啓狀諸式・女家草帖式》 貫厶州厶縣厶官宅

一、三代

曾祖 厶 厶官

祖 厶 厶官

父 厶 厶官

一、本宅厶官位下第幾院

小娘厶年厶月生

一、母厶封姓氏

一、奩田房卧若干

右見議親次

年 月 日 草帖

（明）林俊《見素集》卷二二《遷定啓》 久挹芬菁，未由一瞻，光霽茲者，爲弱子遷擇所宜。相姓曰楊，宜德曰令，仲愛宜卜，如於鳳之飛，曰吉。請命於見素兄曰：嘗聞之型冶，諒自有異，弟其以媒通焉。承報命曰諾，無任慰浣，謹涓昕納采，而脩其定事俗。其敢有冀乎？所私幸者，玉之倚，松之附，所懸注而待者。桃之夭，冰之未泮，所自意以厚望者。葛之覃，螽斯之羽，以基有麟趾振振之盛，林前正嗣徽焉。菲幣鑒入，即辰金氣布清，惟自玉以膺，休祉萬萬。

《黑城出土文書（漢文文書卷）》卷一五《契約類》　立合同人吉婚書文字人領北傀列地而係太子位下所管軍户脱歡等，今爲差發重仲，軍情未定，上馬不止，盤纏厥少，無可打兑照期。今有弟脱火赤軍上因病身故，拋下伊妻巴都麻，自爲隻身難以獨居住坐，日每無甚養濟，今憑媒證人貼哥作媒説合，與亦集乃路屯田張千户所管納糧軍户吴子忠家内存日從良户下當差吴哈厘拋下長男一名，唤哈里巴台，説合作爲證妻。對衆親眷言定財錢，市斗内白米壹石、小麥壹石、大麥壹石、羊、酒、筵席盡行下足，脱歡一面收受了。當擇定良辰吉日迎取到家。誠親之後並不欠少分文不盡財錢，如有脱歡將弟妻巴都麻改嫁中内别有不盡言詞，前夫未曾身故，慢妹改嫁，一切爲礙並不干吴子忠之事，係脱歡等一面證人無頭詞。如哈立巴台將伊妻不作妻室台舉，罰小麥壹石。如馬都麻不受使用，非理作事，正主婚人罰白米壹石充官用度。恐後〔無〕憑，故立大吉合同婚書文字爲用。

至正五年十一月初七日　正主婚人脱歡

付主婚人巴都麻

取吉大利　同主婚人塔義兒

知見人李住哥　同主婚人帖木兒

（明）殷奎《强齋集》卷六《答朱氏聘啓》　右伏以治平執政之稱賢成雲孫於宅，相白水聘君之擇壻，得朱子於門人，敢偶華宗，聊期先哲。兹承令嗣上舍，學優經藝，方伉儷之是求，謂某大兄教諭房長姪女某年及字笄，遂婚姻之見問，竟緣媒氏，薦講親盟，雖莫望於下風，實貪求於同氣。儷皮先禮，既煩使者之來三月，公宫當謹女師之教，式遵嘉命俯俟良辰。襲飛鳳之吉占，多乘龍之喜色，惟提甕以承君子。倘此女之如儀，則覆瓿之傳有人，信吾兄之素志。報儀不腆，他楮仍陳。

（明）鄭真《滎陽外史集》卷三三《童定詹書》　狀元賜對，久誇及第之榮。先正疏封，有忝立祠之典。允惟道德文章之懿用，諧室家婚媾之宜。言發乎情，事嚴其始。伏承某誦《列女傳》夙成壼範之賢，而某學聖人書，罔識淵源之正。念傳恭于嗣續，盍仰企於高華。筐陳鴈奠之誠，惠徼親厚。瑟叶鳳鳴之吉，有待歡娱。

（明）鄭真《滎陽外史集》卷三三《回定書》　大閫疇庸，久仰光華之著。同鄉合好，遂聯姻媾之和。宗事其承，蹇修爲理。伏承某詩禮續外家之慶，已沐恩榮。而某德容習中饋之儀，未嫻姆訓。久叶鳳占之契，有來鴈奠之誠。謂我舅爲甥，事盍嚴于堂著。視兄女如子，禮深愧于竹綀。

（明）鄭真《滎陽外史集》卷三三《王定範書》　仰華文學士之門，久欽儒雅。問荆國先正之裔，深忝宗風。睠加好之有成，由同聲之相應。伏承某德容備美，已嫻中饋之儀，而某問學無傳，粗識内經之要。既恭承于然諾，用式序于情文。儀始問名，禮兼納幣。居敬而非太簡，式孚所願之同。親迎以及其時，即見于歸之喜。

（明）鄭真《滎陽外史集》卷三三《胡回趙書》　仰普安郡王之相業，閥閲相傳。問致堂先生之緒餘，箕裘莫守。允念婚姻之合，寔惟契好之同。伏承某文行相教，久著篇章之美。而某德容無取，尚勤絲繭之功。有來嘉命之嚴，式見修辭之正，家人正始，行看堂著之輝。之子于歸，毋責竹綀之陋。

（明）鄭真《滎陽外史集》卷三三《爲胡椿齡定孫氏書》　仰長沙太守之門，久欽材略。忝安定先生之裔，孰繼經傳。睠爲閥閲之華，契此姻連之好，由來遠矣，于以成之。伏承某姆教聽從，夙謹修儀之訓，而某師門授受，莫循治事之規。允惟中饋之賢，深藉衷言之助。事繫于日，情見乎辭，有其禮者有其文，匪敢忘於敬簡。願爲家而願爲室，冀克篤於歡娱。

（明）鄭真《滎陽外史集》卷三三《爲舅回陳納幣書》　娶必若吾家，久叶飛皇之兆，嫁不與凡子，適符中雀之緣。有仰情親，敢忘盟約。伏承某師模授受，久揚要路之榮。而某姆教聽從，僅守中閨之正。粲兮筐篚，樂爾瑟琴。事莫重于正名，寧辭來命。禮未遑於從吉，願緩于歸。罔既敷陳，惟深倚注。

（明）鄭真《滎陽外史集》卷三三《爲小兒復昇納幣書》　伏以婚姻之禮尚矣，惟道德之懿，久仰前修，而彝倫之重，盍先正始，睠我四明號稱文獻，伉儷之求，必論閥閲。比在淮海，伏蒙尊慈以令愛娘子與某男復昇，締媾姻盟，所以崇重古道者也。兹幸來歸，於納幣之禮，可不講乎？夫以三世之契，合百年之好，斯文盛事，然修辭立誠，居敬行簡，亦士君子所宜慎重也。賜金諾以遂玉成，服恩佩德多矣，執事其俯而就之。

（明）胡居仁《胡文敬集》卷一《定親書》　禮重大婚，所以正人倫之首，配求貞淑，是將謹德教之端。仰喬木遺風，托絲蘿新好。況令嗣俊宜位下孫女早閑姆訓，楷儀雍肅於閨門。而舍弟居仁房下侄男麄學儒書，德業未成於庠序。不愧匪偶，妄意高門。伏沐姻仁，以垂謙允。雝雝鳴雁，尚期禮制以無愆。灼灼其華，更冀室家而有善。敢用不腆之幣，以將衷寸之誠。寅畏不勝，敷宣罔既。

（明）胡居仁《胡文敬集》卷一《復余氏定親書》　致政琴堂，晚節仰全於當代。隱居蓬户，考槃竊慕於前賢。道義之契既深，婚媾之聯宜講。恭惟次令孫男，志已宗於聖學，器不小成。竊念次舍姪女，教未就於姆儀，才何能淑。恭承嘉命，允協良緣。禮不虚行，誠由辭立。

（明）程敏政《篁墩文集》卷五七《壎子定帖》　程宅本貫直隸徽州府休寧縣忠孝鄉孝芝里，高祖考杜壽，贈兵部尚書兼大理寺卿。高祖妣汪氏，贈夫人。曾祖考晟，贈兵部尚書兼大理寺卿。曾祖妣張氏，贈夫人。祖考信，贈太子少保，謚襄毅。祖妣林氏，封夫人。父敏政，今詹事府少詹事，兼翰林院侍講學士。母李氏，封宜人。第一男壎，丙申年十月初六日寅時生，任錦衣衛百户，右今議與汪宅第二令愛聯姻者，成化二十三年六月日定帖。

（明）程敏政《篁墩文集》卷五七《聘定啓》　休寧陪郭程敏政謹奉啓婺源浯村侍御太守汪公執事，兹憑媒議，承許第二令愛與僕第一男壎締親者，伏以桑梓相望，愧百年之文獻絲蘿，有幸締兩族之婚姻，謹據禮以通誠，已獻占而告吉。念小兒竊叨世禄，曾非幼悟之才。知令愛久熟家規，素著夙成之懿，顧越公之嘉胤，慚洛黨之非倫。金榜舊游，益重同年之契。冰言近報，爰申合姓之歡。仰冀尊慈，俯垂鑒念。弘治二年六月某日。

（明）程敏政《篁墩文集》卷五七《壎子納徵啓》　眷生安定程敏政頓首，奉啓侍御郡守平陽汪公眷尊閣下：竊以蓬門非儷，久承聘定之言。芹意是將，敢後納徵之禮。兹爲舊典，允屬佳辰。伏惟眷尊正學高文，派傳儲傅，昌言直道，系本臺端，矧一麾出，守繼德化於文翁。且二姓通家，仰教條於朱子。爰申嘉命，許締良期。知閨玉之有成紝組，夙嫻於姆訓，愧庭蘭之弗逮，簪紳早誤於君恩。兹蓋眷尊念昔青雲同升爲幸，撫兹白社，退斥宜矜。俾上足以助慈親菽水之歡，下足以了卑人婚嫁之願。分光實厚，報德奚勝，古禮宜倡於世家，謹聿尊於王制，人道莫先於正始，豈盡畧於鄉儀。喜循良從，一鶴以來歸，容菲薄藉，雙魚而致敬。少有儀物，具如別箋。仰冀尊慈，特垂鑒念。謹啓，弘治五年五月某日，眷生安定程敏政頓首奉啓。

（明）程敏政《篁墩文集》卷五七《回于宅聘定啓》　敏政伏以月當建亥，將啓一陽，節值立冬，甫踰三日。恭惟千兵于公執事出按柳營，入披芸閣，茂膺蕃祉，樂對佳辰。有協新言，忽奉先施之寵；無忘舊眷，更承左顧之勞。一往一來，於文必稱，三薰三沐，在古攸宜。

敏政惟是月俗號小陽春，才應鐘之協律，時名大淵。獻始於貉而爲裘，公適當講武之餘，走亦在滌場之日，鼎裀是攝，固有加於吉人，節宣孔宜，庸載勤於從者。

敏政靖惟，寓公之望，久重一方，通家之情，已更再世，紫陽巖巢，同深景行之圖，釁序淵源，並有芳隣之托，屢徼英晤，何俟贅言。

敏政載惟公家鉅姓，望出古豐，在漢若廷尉，爲公清之相，人頌其高門。在周若柱國，以耆德之臣，帝師於太學，揮戈靖難，儼然黑槊威名，露布驚人，焕若彩毫佳製，乃文乃武，有開其先，惟孝惟忠，克承厥後。迨公父子遠續韜鈐，聞禮聞詩，既無忝衣冠之業；肯堂肯構，遂大昌閥閱之基。投壺鼙樂於軍中，受鉞可當於閫外。公論若此，予亦謂然。

敏政系本析於相湖，名濫叨於翰苑，惟勤遠志，終愧世風。先忠愍效節於龍飛之初，先襄毅歸全於鵬息之後。況先叔父以萬户握兵衛之符，及我仲方以一經贊儲闈之府，顧愚不肖，竟老無聞。洛學家傳，屏斥過煩於臺史，豳風時習，拮据每課於兒曹。方尋陶令之菊松，未畢向平之昏嫁。惟姪女勝笄，尚遠絲麻，粗識於女紅。聞令郎奪錦是期，俎豆更嫻於儒素，下致問名之禮，用綿合姓之盟，敢謂雀屏居然中選，實慚鴈幣，勉爾登嘉他日，助奩傅倩，莫議一硯。兹辰答篚來伻，敬付雙鱗，署名耻慕於郇雲，徹視仰祈於戎電。

敏政僣易，上問尊閫夫人，暨令嗣令姪合宅仙眷，主饋有嚴，起居特勝，侍綵多暇，福履並臻，列拜謝忱，轉希布達。

敏政壯歲休官，素無能於趨事，家政授子，聊可託於應門，倘有委令，俾聽約束。

（明）史鑑《西村集》卷六《聘陶氏婚啓》 伏以八州爲督，忠勤有類乎孔明。五步成詩，穎敏聿超乎子建。葢晋室之保江在將，而唐人之取士以詩。昔號名宗，今爲嘉耦。恭惟令愛采蘋南澗，夙依季女之尸，而小孩啖餅東床，甚愧丈人之厚。式符鳴鳳，庸展委禽，儷皮莫報於諸金，束帛敢同於將璧。若君子享其儀而畧其物，則鄙人成其禮而宜其家，敬以將之，永爲好也。仰潯陽之三隱，柴桑固在乎首稱。詠韓奕之五章，川澤有慚乎孔樂。敷宣罔既。感荷居多。謹奉啓以聞，伏惟尊慈俯賜鑒念，不宣。

（明）史鑑《西村集》卷六《汝其通子聘顧宗岳女婚啓》 言念吴王見憚，有使人不樂之言。魏子屬厭，發惟食忘憂之嘆。如此閥閱，宜其室家。恭惟令愛秀擅閨中，亮夙嫻於四德。而小兒珍非席上，將試習乎一經。媒妁成言，姻婭獲締。雖同氣相求相應，然非幣不交不親。瞉旦于差，菲儀是貢，但止束帛儷皮而已，初非百金雙璧而然。吾儕小人，正所謂恭敬而無實。彼美君子，固不以嫁娶而論財。感荷居多，敷宣罔既。謹奉啓以聞，伏惟尊慈俯賜鑒納，不宣。

（明）朱淛《天馬山房遺稿》卷六《代洪西淙回顧頤齋啓》 江湖老大，慶逢弧矢之辰。天地清明，氣協陰陽之候。草堂背郭，勝事偏多。稚子牽衣，弱翁饒笑。恭惟執事，鼎鉉古意，瑚璉時珍，敭歷天曹，望日華兮咫尺。典司文憲，肅風紀於兩臺。物望正隆，家居未穩，如僕者馳驅之力倦矣，冒君寵而許歸來，進取之心淡然，慕古賢而知止足。念諸郎之生太晚，貽迺翁之債方殷。膝下第三小，頑名曰應屏。日蒙許以令愛爲之結婚。利可斷金，緣諧種玉。南轅北轍，頻搴杜若之雲。蘭水壺山，未爽梅花之約。令辰納幣，薄物將勤。此子生已十齡，成人近在數載。賴天之福，假我以年，治百兩迓季女以歸，登高堂拜尊章之壽。兩家各生子，占協鳳凰，百歲以爲期。慶流苗裔，端拜君賜。深領年情，將葵藿之誠。春雲一幅，望瑶華之報。終日七襄。

（明）朱淛《天馬山房遺稿》卷六《代洪西淙聘方西臯啓》 城南燈火，涼入新秋。天上仙槎，光分七夕。恭陳盛禮，喜際佳時。伏惟令兄大侍御霽峰尊親家老先生，壺標真氣，海國精英，振風紀於朝端。霜清鐵筆，作文章之司命。鑑徹冰壺，僕遜在下風。深懷仰斗，向承雅意，重結良緣。以第四令侄女韜櫝之姿，爲第二小兒子應垣之配。開堂耕壩，近依瀛水。芳鄰問道，具茨遠隔蓬山。雲氣春融。闕。池刷鳳毛。恭惟尊親老先生，顒顒昂昂，世載魁傑，磊磊落落，人服高明。愛讀孟子書上下，老蘇之氣格。聯登進士第，科名大宋之後。先禮樂春容，勳庸特達，施於有政。孝友而親，豈無他人。兄弟之子猶子，矧令姪應直，大舅掄魁。天生偉器，穎脱凡流。霜刃未發硎，氣寒星斗。白玉猶在璞，色照崑崙。加以老叔之薰陶，遂爲清時之雋彦。此古人有賢父兄之樂，而執事以慰伯氏之心者也。僕國恩未報，隱趣甚濃。翹企兒輩之成，黽勉箕裘之紹。吉朝納幣，筐承不腆之儀。獻歲迓輪，疇錫宜家之慶。端拜我公之賜，大興洪氏之門。敬拂霞箋，榮祈電矚。

（明）朱淛《天馬山房遺稿》卷六《與稚孫堯陳聘張守素孫女啓》 淛與執事生同梓里，世結姻婭。蒲柳年華，後公乎一歲。芝蘭臭味，同予者何人？少小交游，庶幾終始。歸耕三十載，校雨量晴，平生一片心，如膠與漆。非徒笑言以取下雅，惟道誼之相親。肆令郎器量不凡，情誼夙著，與小兒子熙春，念迺父百年之深交，締二姓無窮之夙好，許以令孫女士作對。次稚孫堯陳，指授於庭闈，僉謀之昆玉。嫁娶重母黨，隆古已然。匹配自天緣，百神所相。共深慶幸，曷既名言。明公世爲善人，邦稱長者，嚮用箕疇。全福嘉與，姊氏齊眉，四世同春。惟天從欲，滿堂和氣，爲時所欽。淛故態疎狂，老懷蕭索，摩挲老眼，所慰意者此孫。依托高門，或乘龍於他日。諏辰繫臂，盟手緘辭。萬里青天，羡諸郎之健翮，五花紫誥，賁二老之遐齡。

（明）吴與弼《康齋集》卷一二《孫氏求婚啓》 伏以仰止，名宗久篤。朱陳之好，不量非偶，復通秦晋之歡。以某男某器識凡庸，才猷薄劣。伏承令姪敏堂徵士第一小娘子性質温厚，德容静嘉。妄意好逑之祈，遽辱于歸之諾。戰越無地，欣幸曷勝。謹齋沐以諏辰，敢肅恭而告吉。

《清代巴縣檔案彙編・乾隆十九年九月二十七日丁氏婚書》 立出婚書人（霜）〔孀〕婦丁氏

今因夫亡子幼，無有所靠，難以度日，有本地何世臣請憑媒孫壽凡稟懇丁氏爲配。有丁氏方許，並無翁姑大伯，自主自嫁，隨帶一女麼姑，何世臣撫大改嫁，彼即何世臣請薦追資。前夫有同男牟立綱，領錢一千六百文，承領支銷。實係（霜）〔孀〕婦丁氏自主自嫁，並無財禮。自許之後，何處擇期過門，實係丁氏自主，並無押逼。今恐人心不古，立出婚書一紙，與何世臣永遠爲據。

憑　媒　孫壽凡

憑親鄰　余之苑等共十人

小叔　牟學士

胞兄　丁密

同子　牟立綱

代口代書　余珩玉

《臺灣私法人事編・婚姻・正式之婚姻・婚書》　乾書　忝姻弟王德明薰沐頓首拜啓

大德望銘翁趙尊姻臺老先生老大人閣下：伏以吉日相親，良時如意，忝維高門蓮府飄芬，槐庭植翠。而我尊姻臺老先生繡虎才高，雕龍望峻，猥以令嫒鶯官毓秀，配及小兒禾者微才，雖曰人謀，實由天作，諾重千金，儀慚百璧。惟願目前鳩也關關，聲和琴瑟；且看日後螽斯揖揖，宜爾子孫。統冀尊慈俯賜鑒亮，不宣。

時在龍飛三十二年正月，德明載頓首。

光前

坤書

忝姻弟趙山端肅頓首拜復

大郡望大儲封德翁王府尊姻臺老先生老大人執事：伏以吉日初臨，良時大進，恭維高門玉珂奕葉，金紫英宗。而我尊姻台先生丰神岳峙，氣度淵澄，乃以令郎禾官高才，配及小女鶯者弱質，何幸蘿施，得叨李御來瞻珍璧，報乏瓊琚。但願于歸，雞鳴戒旦；且觀後日，麟趾呈祥。敢拜徽言，用彰嘉禮。統冀尊慈俯賜鑒亮，不宣。

時在龍飛　年　月令旦，銘山載頓首。

裕後

《臺灣私法人事編・婚姻・正式之婚姻・婚書》　乾書

恭淵眷小弟鍾鱗頓首百拜

大德望大名譽士翁趙府專姻臺老先生大人閣下：伏以《易》首乾坤，實繫人倫之始；《詩》稱周召，端開王化之原。際茲桃夭灼灼，應念鳩賦關關。恭維姻眷兄老先生名高閥閱，德重鄉閭，躬修孝悌，外無間於人言。行備徽柔，內維求乎世德。不棄清素，曲從冰言。猥以侄女翠鸞，配及小兒載福；緣由天定，合係人爲。從此宜爾室家，好爾無斁；厥後慶貽孫子，惠我無疆。緣既定夫三生，昌亦卜於五世。虔修文定，用佈篚篚。統祈尊慈俯賜鑒亮，不宣。

時龍飛光緒拾七年二月，姻眷小弟鍾鱗載頓首拜

光前

坤書

恭姻眷小弟趙士英頓首拜復

大碩望大徑元鍾翁昊府尊姻臺老先生大人執事：伏以鳳集棲桐，新播求凰之籟；荔香芳圃，勝賡蕡實之草。仗世德以相成，識天心之作合。恭維尊姻家老兄臺名震環區，才唾珠玉，器宇宏深，氣味足徵乎蘭桂；謨猷遠大，經濟可匡夫王庭；不嫌鄙劣，俯聽冰言，乃以令公字載福，採及舍姪女翠鸞；雖曰天作之合，要由緣定而成。但綠窓弱質，未堪覓句題詩；願爾室咸宜，早兆螽斯麟趾。敢拜徽言，用彰嘉禮，來瞻珍璧，愧乏瓊琚。尚祈尊慈俯賜鑒亮，不宣。

時龍飛光緒拾七年一月日，姻眷小弟趙士英載頓首

裕後

《臺灣私法人事編・婚姻・正式之婚姻・婚書》　乾書　二姓合婚

姻眷小弟沈鴻輝薰沐頓首拜

書上

大德望翁陳府尊姻叔臺老先生老大人執事：伏以十吉定祥，時令套語弗叙；居敬行簡，門第稱頌奚庸。恭維寵顧，許以侄女倫官，配及舍侄登者；羨閫儀之素嫻，愧庭訓猶未聞。千金重鼎山之諾，兩姓諧秦晋之歡。美自天開，合由人作。尊先典，筮良辰，愛備迎歸之敬；事隨宜，禮從俗，實慚雙璧之輝。從茲誓海盟山，永結同心之帶；伏望螽斯有慶，長垂瓜瓞延綿。統冀萱慈俯賜鑒亮，弗宣。

時維龍飛歲次癸卯年桐月穀旦，輝再頓首拜

光前

坤書百年偕老

姻眷小弟陳志端肅頓首拜

書復

大德望翁沈府尊姻叔台老先生大人執事：伏以閥閱素欽，不藉佳句；龜筮協吉，何庸鋪叙煩文。恭承嘉命，寵將令侄參官擬配侄女碖者，蒙菲葑之不棄，幸蒹葭於有依。秦晋成兩國之歡，朱陳締百年之好，天作良緣，人諧佳偶。承厚貺，拜隆儀，用伸于歸之敬。裳以練笥維竹，愧乏百兩之將。所願琴瑟和鳴，永諧静好之韻；伏冀瓜瓞延綿，長發奕禩之美。仰祈尊旨俯賜鑒念不忘。

時維龍飛歲次癸卯年桐月吉旦，志再頓首拜

裕後

于歸之敬

姻眷小弟陳志頓首拜

謹　具

媒書成通，鴛鴦成對。

啓書成通，寶鏡團圓。

荷包成雙，嘉種全包。

朱履成雙，麟趾呈祥。

奉申

肅復

《臺灣私法人事編・婚姻・正式之婚姻・有關離婚及改嫁字據・再嫁字》 立嫁女字人繼父楊志、母親陳氏，緣氏有生下女兒，閨名英涼，經前擇配李姓，生育一男，名曰福海，尚未長成。茲因中途失恃，乏人撫養，爰復憑媒説合，再嫁與黃贛爲妻，時同媒三面議定備出聘儀銀叁拾大元正，交氏收訖，隨將女兒英涼，即日付其擇吉過門，併同該男福海帶到撫養，俟長大成人之日，仍歸李家，俾繼似續。至日後，多生男女，均爲黃家之子，崇奉禋祀；如無再育男兒，該男福海須念養育深恩，共同承接兩姓宗祧，不敢異言。但願自兹入門，夫婦和合，麟趾呈祥，生男育女，顯耀門楣，庶椿萱竝茂於此日，蘭桂馨香於將來，是所厚望也。此乃氏同媒説合，各無異志，口恐無憑，今欲有憑，合立嫁女字壹張，付執存炤。

即日氏三面親收過字内聘儀銀叁拾大元正足，再炤。

代筆人　黃有慶

爲媒人　張蔡氏

在場見人　李仲春　黃仲春

同立嫁女字人　繼父楊志　母親陳氏

光緒拾壹年拾壹月　　日

《臺灣私法人事編・婚姻・正式之婚姻・有關離婚及改嫁字據・寡婦改嫁字》 立出嫁兄嫂、弟婦字人四滿水莊鍾保廷、五滿水莊鍾帶郎等，情因兄弟鍾鼎郎娶得新東勢莊涂成二侄女爲妻，因夫早逝，自己難以成家，名春妹，今年四十二歲。兹□種保廷、鍾帶郎等將兄嫂、弟婦，甘願出字嫁與檳榔林莊温得郎爲妻，當日憑媒三面言定身價壹拾貳大圓正；即日銀、字兩交明白。倘有上日不明，不干温得郎之事，係出嫁人一力抵擋。自嫁以後，永爲温得郎之妻，日後不敢異言生端反悔。恐口無憑，立出甘願嫁兄嫂、弟婦字壹紙，付執爲照。

說合媒人　李美古

秉筆　鍾振禮

立甘願字人　鍾保廷　鍾帶郎

光緒二十七年十二月　　日

《臺灣私法人事編・婚姻・正式之婚姻・禮帖・聘禮貼》 端肅

謹具：

婚書成通，啓書成通（禮帖）。聘金成百，蠟燭雙輝。糖餅滿百，糖菓成百。冬瓜成盒，桔餅成盒。剛鬣成肩（猪），家凫四掌（鴨）。德禽四翼（雞），鯉魚成尾。盒儀成雙（十二盒），龜眼團圓。檳榔偕老，蓮招吉菓。奉申納采之敬。

姻弟吴泰頓首百拜

《臺灣私法人事編・婚姻・正式之婚姻・婚書》 表面乾書二字　二姓合婚

姻眷弟王生薰沐頓首拜啓

書上

大德望白府尊姻家老先生老大人閣下：伏以錦帳煙籠，繪江山之秀麗；藍田玉種，藹楊柳之依稀。世德相求，天心作合，恭維高門玉科奕葉，金紫華宗，奕代縹緗，清時閥閲，惟我尊姻家老先生大人龍門英品，禄閣仙姿，蟻視世榮，圭貴家範，何幸不鄙寒陋，曲從媒議，以次女令媛摸官，䁥室僕之小頑泉者。麥浪精神瓜葛，誠將千歲兆；鶯花富貴絲蘿，喜結兩家春。天作合良緣，人偕佳偶。久仰姻翁之望族，但令好締朱陳，仍欣蓬蒿之末材已！伏冀尊慈俯賜鑒亮不宣。

時維龍飛甲辰年孟春之月吉旦，生再頓首拜復

光前

表面坤書二字　百年偕老

書復

大德望翁黄府尊姻臺老先生大人閣下：瓊日弄晴，緑結粧成片錦；輕雲布暖，疏梅信報小春。良緣成由伊昔，佳盟訂始於今。恭維高門隸川第一，江夏無雙，尊姻家老大人閩邦雅望，清世名流，温良持己，忠信待人；令德與珪璋而齊輝，聞望同山斗於並重。荷蒙水生官長令郎，許配僕拙妹金者，四德未嫻，奚堪居於好述；二姓既聯，自爾鴦偶偕老。蓋合由天作，而成出人謀。敬領隆儀，媿乏瓊報，惟祈宜室宜家，咸詠瓜瓞綿綿；但願俾昌俾熾，預以螽斯揖揖矣！伏冀尊慈俯賜鑒亮不宣。

時龍飛歲次癸卯年陽月日穀旦，慶再拜　裕後

《臺灣私法人事編·婚姻·正式之婚姻·有關嫁娶字據·主婚合約字》

同立主婚合約字人柯秋潔、何傳賢等，緣潔叔父柯斗北有養過葉家之女，名喚瑞香娘，年登二十歲，一月一日吉時瑞生。今瑞香娘年已長大，未有配婚，托媒引嫁與何傳賢之第三男名芋頭爲妻。時賢同媒三面議定，聘金龍銀四拾大圓正，隨即交付潔親收足訖，潔隨將瑞香娘付賢，逢吉日晨娶過何門完婚。緣瑞香娘有帶柯家祖先墳墓六位，年節忌辰，永遠奉祀，日後生男生女，總要一子絆續其禋祀。此係二姓喜悦，螽斯衍慶，瓜瓞綿長，大振家聲，可比昌盛。口恐無憑，今欲有憑，同立主婚合約字二幅一樣，各執一幅存炤。

即日同媒見交潔親收過字内聘金銀四拾大圓正足訖。

光緒　年　月　日　代筆人　□□□

爲媒人　□□□

在場見人　□□□

立主婚合約字人　柯秋潔　何傳賢

《中國歷代契約會編考釋·嫁婦婚書格式》　主婚房長某人，有弟侄某人近故，侄弟婦某氏自願守志，奈家貧，日食無（楷）〔繼〕，或跟内家則云兼以弟侄等棺衾銀兩無可别出理還，一憑媒某氏議配某人爲婚，水日受到聘禮銀若干兩正，其銀一並得足，某氏即聽從某宅擇吉過門成婚。此係兩願，各無異説。今欲有□□，立婚書爲照。

《敦煌本判集三種》　奉判，婦女阿劉早失夫聟，心求守志，情願事姑。夫亡數年，遂生一子。款亡夫夢合，因即有娠。姑乃養以爲孫，更無他慮。其兄將爲耻辱，遂即私適張衡，已付聘財，克時成納。其妹確乎之志，貞固不移。兄遂以女代姑，赴時成禮。未知合爲婚不，劉請爲孝婦。其理如何。阿劉夙鐘深釁，早喪所天，夫亡願畢舊姑，不移貞節。兄乃奪其冰志，私適張衡。然劉固此一心，無思再醮。直置夫亡守志，松筠之契已深；復兹兄嫁不從，金石之情彌固。論情雖可嘉尚，語狀頗欲生疑。孀居遂誕一男，【略】但其罪難濫，獄貴真情，必須妙盡根源，不可輕爲與奪。欲求孝道，理恐難從。其兄識性庸愚，未閑禮法，妹適張衡爲婦，衡乃克日成婚。參差以女代姑，因此便爲伉儷。昔時兄黨，今做婦翁，舊日妹夫翻成女聟。顛（到）〔倒〕昭穆，移易尊卑，據法法不可容，論情情實難恕。必是兩和聽（政）〔改〕，據法自可無辜。若也（冈）〔罔〕冒成婚，科罪仍須政法。兩家事狀，未甚分明。宜更下推，待至量斷。

（唐）白居易《白居易集》卷六六《判・得乙女將嫁於丁，既納幣，而乙悔。丁訴之，乙云：未立婚書》　女也有行，義不可廢；父兮無信，訟所由生。雖必告而是遵，豈約言之可爽？乙將求佳婿，曾不良圖；入幣之儀，既從五兩；御輪之禮，未及三周。遂違在耳之言，欲阻齊眉之請。況卜鳳以求士，且靡咎言；何奠雁而從人，有乖宿諾。婚書未立，徒引以爲辭；聘財已交，亦悔而無及。請從玉潤之訴，無過桃夭之時。

《名公書判清明集》卷九《户婚門・嫂嫁小叔入狀》　阿區以一婦人，而三易其夫，失節固已甚矣！但李孝德乃其小叔，豈得以制其命？縱使以其背兄而嫉惡之，則當其改嫁李從龍之時，便合聲其罪，陳之有司，如此則其名正而其言順矣。今阿區既久爲李從龍之是適，則是阿區已爲李從龍之妻，非復李孝標之妻，是不爲李孝德之嫂矣。李從龍既死之後，或嫁或不嫁，惟阿區之所自擇，可也，李孝德何與焉？況阿區之適梁肅也，主婚者叔翁李伯侃，送嫁者族叔李孝勣，初非鑽穴隙相窺，踰墻相從者比。李孝德其又何辭以興訟乎？小人不守本分，不務本業，專好論訴，以稱雄於鄉里，異時破家蕩産，殞命傷生，皆因於此。若不勘斷，何以息争？李孝德杖一百，餘人並放。

《名公書判清明集》卷九《户婚門・女已受定而復雇當責還其夫》　此事當職元斷未免踈略，緣不曾引上姜一娘供責。今據姜一娘所供，康宅曾將此女轉嫁吴亞二家，得錢矣。今見阿吴論取，却作徐貢元名擔庇。姜百三賣已受定之女，固爲有罪，其計出於貧困無聊，今形狀纍然若此，安得有錢可監？遷延日久，使人父子、夫妻散離而不得合，亦仁人君子所宜動心也。昔荆國王文公捐錢九十萬買妾，聞其夫因運米失舟，賣妻以償，亟呼還之，使爲夫婦，此豈非吾黨所當共慕。徐貢元方有志科第，聞此宜爲之動心矣。引示幹人取狀，仍先責姜一娘還其夫成婚，如法。

《名公書判清明集》卷九《户婚門・女家已回定帖而翻悔》　謝迪離不肯招認定親帖子，但引上全行書鋪辨驗，見得上件帖子係謝迪男必洪親筆書寫，謝迪初詞亦云勉寫回帖。今乃併與回帖隱諱不認，是何胸中擾擾，前後不相照應如此。在法：許嫁女，已投婚書及有私約而輒悔者，杖六十，更許他人者，杖一百，已成者徒一年，女追歸前夫。定親帖子雖非婚書，豈非私約乎？律文又云：雖無許婚之書，但受聘財亦是。注云：聘財無多少之限。然則受縑一疋，豈非聘財乎？況定帖之内，開載奩匣數目，明言謝氏女子與劉教授宅宣教議親，詳悉明白，又非其他草帖之比。官司未欲以文法相繩，仰謝迪父子更自推詳法意，從長較議，不可待官司以柱後惠文從事，悔之無及。兩争人並押下評議，來日呈。

再判：字蹤不可得而掩，尚謂之假帖，可乎？婚男嫁女，非小事也，何不詳審於議親之初？既回定帖，却行翻悔，合與不合成婚，由法不由知縣，更自推詳元判，從長較議元承，併勸劉穎母子，既已興訟，縱使成婚，有何面目相見，只宜兩下對定而已。今晚更無定論，不免追人寄收。

再判：和對之事，豈無鄉曲親戚可以調護，知縣非和對公事之人，照已判監索縑帖，一日呈。

再判：定帖分明，條法分明，更不從長評議，又不賫出縑帖，必要訊荆下獄而後已，何也？再今晚。

再判：公事到官，有理與法，形勢何預焉？謝迪廣求書劄，又托人來干懇，謂之倚恃形勢亦可。既回定帖與人，又自翻悔，若據條法，止得還親，再今晚別有施行。

再判： 在法： 諸背先約，與他人爲婚，追歸前夫。已嫁尚追，況未嫁乎？劉穎若無絶意，謝迪只得踐盟，不然，争訟未有已也。仰更詳法制，兩下從長對定，申。

再判： 照放，各給事由。

（明）蕭良泮《重刻釋音參審批駁四語活套》卷四《駁語》 聘而求退，退而復求婚，男子争雄若此，人將不願其女矣！婚姻之道，以聘禮爲證。取回聘禮，則絶婚矣，更復何争？據云父無例黜於婦，其啖者似近有理。殊不知婦乃配之稱，黜者乃入門而黜之也。其未入門則離合之權皆由於父，而子安得專之乎？且方父求退之時，其子何不力争，而至今日之發也？啖口如簧，難逃清聽。

（明）吕坤《實政録》卷六《風憲約卷之一・狀式・告婚姻狀式割襟換帽，原無聘禮者不准。》 某府某縣人爲婚姻事，某年月日同媒某人將第幾男某人，用財禮或聘禮若干，定某人第幾女小名爲妻，一向未曾行禮，行禮幾次。至某月日不行知會，用某人某人爲媒，改定與某人爲妻。未曾已經。成婚，上告。

（明）蘇茂相《新鎸官板律例臨民寶鏡》卷六《婚姻類審語・逆勒重婚》 夫爲妻綱，夫在妻不得自擅，况子女婚姻之約乎！余仕烈女，仕烈在京許林；伊妻在家許胡，以理當從父命。俱伊女在家所知者胡也，非林也。女欲以身殉胡，則父母不當奪女之節，官府亦當成人之美。女給胡氏爲婚，財禮給還林氏可也，各免罪。

（明）蘇茂相《新鎸官板律例臨民寶鏡》卷六《婚姻類審語・背婚》 婚重一醮，子遵父命，此常道也。陳文秀親寫婚書，許女於李欽厚之子，陳朝薦憎貧趨富，改許妹於徐仕裕之男，置亡父於何地乎。杖以儆之。聘金還於仕裕，伊妹仍歸李郎。其聘金退徐者，李欽厚代出，仕裕不知情，免坐。

（明）蘇茂相《新鎸官板律例臨民寶鏡》卷六《婚姻類審語・幼女抵婚》 曾庭燦次女初聘余士尊男，親筆婚書，有男冠女笄之語。及伊女當堂，乃齠齔豆蔻之年，年貌婚貼星淵不倫，明係棄貧就富。將本女另醮高賢，却推稚爲次，而以孱息搪抵前盟也。曾庭燦背約滅倫，程一元重媒幫賴，許志恩强主硬證，並笞以示儆。高賢良懦讓婚，給還原聘金七兩，曾女余郎限十八日完配。

（明）祁彪佳《莆陽讞牘》卷一《一件不法奪婚事》 審得許謙與陳應綿鄰居相友。許男、陳女原係指腹爲婚，辛亥年配書可據，四十四年欠票可憑也，時久而許未言婚娶。今年應綿妻故矣，應綿則配於丙辰年矣。妻陳氏在時，於今夏許配黄周耀子黄福爲室，爲媒者陳朝榮也。周耀或出於不知，朝榮與許爲鄰，寧不知許之已議配？是可恨也。但周耀已出聘十兩，又殮陳氏六兩，此婚寧可中悔？若許謙與陳氏終非良緣，以此婚讓黄福可也。許謙五兩之聘未易全得，且見證無人，姑着周耀出銀二兩五錢，朝榮賠銀一兩五錢，共四兩償謙原聘，以了此局。朝榮爲媒搆釁，笞之。

（明）祁彪佳《莆陽讞牘》卷一《本府一件疊婚事》 審得傅天爵有女，向許配陳敦質之子祖德爲妻，後因女幼子長，不便議婚，遂將女還傅家，而收回聘四兩。原未成婚，轉配無礙。今許愛賢以銀一十一兩憑媒聘之，後查其有原配，恐祖德之争也，故興詞欲退此親。今訊之，祖德之父確稱願退，且收回銀四兩，任傅別議。是愛賢可安心有其室矣。合令傅天爵送女與愛賢完姻，使女得有家之樂。免供立案，陳收契附卷。

（明）李清《折獄新語》卷一《婚姻・一件劫妻事》 審得沈斌者，鄞人也。先因厲馬所生八女，曾許斌爲妻，以十兩聘。夫厲氏女已作方家婦，則非撩人之野花，可一任招颺於狂蜂浪蝶者也。胡馬二三其行者，復改許方德四子也。夫故人恩義重，不忍復雙飛，此爲已嫁之婦言也。若六女與斌，僅作楚岫遥夢耳。獨以斌之尋春稍晚者，忽使鳩鵲爲先佔之枝，恐有情至不堪回首者矣。夫以理論，則宜斷後約，速還先聘。然青青一枝，已折他人手，即令斌與六女，復續歡鸞經，而追思曩日之逐隊野鸞，若何綢繆，得無悵然於一天可羞乎！而必遣飛花以上故林者，亦非情也。合命德四出銀十兩，補沈氏原聘。而女歸於方，金歸於沈，如是者安矣。厲馬蒙面鼠竄，於禽獸又何難焉。方德四擇婚不慎，姑杖示懲。

《盛京滿文檔案》崇德三年十月 初六，鑲紅旗已故陶格之妻訟於本牛録冰圖： 牛録章京巴雅爾圖强逼我爲索林之妻，賞我丈夫之三百兩銀又被鐸克辛强取。經法司審實，因議巴雅爾圖應解牛録任，鞭一百，鐸克辛索取之財俱還訴訟婦人。奏聞，上曰：巴雅爾圖鞭八十，解牛録任。强娶婦人之索林先云，婦人爲巴雅爾圖所給，並非强娶；爾後又云，乃自娶。索林以言語覆故，鞭七十。鐸克辛所取財物俱還婦人，准離鐸克辛。

（清）李漁《資治新書》卷一三《婚姻·硬配事》 審得衛源芬出金二百，爲少姬花氏贖身，非爲色也；念氏墮足風塵，欲爲援手，故以渡蟻之心移而渡人。近貿易粤東，猶遺書其弟源馨，爲花氏另覓好兒郎，格調相稱者嫁之。適柳氏子棨，青年未娶，願納花氏爲妻，源馨即以配。此婦幸哉！若念成巢新歡，出自卷簾舊德，而潸然出涕，亦以恩非以情也。逝波不返，從此永作柳家婦矣，老鴇周氏之以硬配告，不過請益云耳！花柳同妍，正其佳偶，何硬配之有哉？周氏涎利無厭，合杖以儆其後。

（清）葉晟《求芻集·讞語·欺弱霸親事》 審得：梁廷幹與宋君正同堡而居，素相交好。君正有女，廷幹欲得而爲子媳者已久。然而納采之徵，渺然無聞也。君正於康熙二十二年，憑媒吴英與姚英已結朱陳之好，由是廷幹之憒憒於胸者閲四年所矣。今此女年將及笄，度其不久于歸，眼紅心熱，遂乘君正他出，彊行聘禮。至於閉門不納，當亦滿面羞慚，自悔舉動之妄矣。夫何計無所施而又以欺昧婚姻事揑告？宜乎君正有欺弱霸親之控也，正在拘審間；而女之舅氏文幹又以攔路劫奪盜女事控稟。庭訊之際，據廷幹自供，此女纔一歲餘，伊父抱至其家，送與他墜一副，媒人即是張進禄。訊之進禄，據供送墜之時，偶爾在傍作媒之言，原是澹話。夫婚姻何事，有不男下女而女先男者乎？抑不通妁，不問名納采，乃以一時往來相贈之物，遂爲百年晋秦之憑，可乎？妄誕已屬不經，何又乘舅氏攜往之頃，輒率廷現要搶此女而歸，知文幹赴告，乃送於梁廷青家，被首到縣。二人狼狽濟横，目中竟不知有三尺矣。本應按律治皋，念係無知，姑從寬典。各責以儆奸邪，餘犯免究。

（清）全士潮《駁案新編》卷四《户律·婚姻·强嫁寡媳自縊身死陳玉隆》 四川司

一起爲報明事。會議得馬邊廳民陳玉隆强嫁寡媳彭氏，致氏自縊身死一案。先據四川總督阿爾泰疏稱，陳玉隆長子陳富於乾隆三十一年身故，遺媳彭氏，年甫十八，並無生育。陳玉隆以彭氏年輕，恐難終志，與彭氏表兄王起義商議遣嫁。王起義希圖媒金，兼可分潤財禮，從中慫恿。陳玉隆即托王起義代覓人户。三十二年七月初七日，適有周元有來場，向王起義談及娶親之事。王起義即與彭氏媒合，議明財禮七十二兩，向陳玉隆告知，允許發庚。周元有憑謝文照交過銀七十二兩，陳玉隆主婚，得受財禮銀四十兩，餘銀王起義藉詞開銷，擇定十五日迎娶。陳玉隆因見彭氏並無改適之意，未與言明，恐臨時費氣，主使王起義將彭氏哄至峰溪場店中。十五日，周元有央謝文照之妻張氏同伊表嫂李氏接親，彭氏啼哭，不肯上馬。陳玉隆令次子陳宗萬强扶上馬。王起義亦令伊子王萬隆同送至周元有家。陳宗萬等當即各歸。周元有見彭氏悲泪不止，知其不願，遂留李氏、張氏在家，與彭氏伴宿勸慰，並未成婚。詎彭氏不甘失節，十九日，乘李氏歸家，投繯殞命。屢審不諱。查陳玉隆主婚逼嫁，致彭氏自縊身死，雖例無尊長威逼卑幼之條，但既經得財强嫁，已屬義絶，自應照例問擬。將陳玉隆依夫家强嫁，孀婦不甘失節，因而自盡例，發邊衛充軍，王起義擬徒，陳宗萬等擬杖，彭氏請旌。等因具題。經臣部查律載，夫喪服滿，果願守志，而女之祖父母、父母及夫家之祖父母、父母强嫁者，杖八十。又例載，孀婦自願守志，而母家、夫家搶奪强嫁者，各按服制照例加三等治罪等語。查翁姑於子孫之婦，與子孫無異，律載夫亡改嫁，詈毆故夫之祖父母、父母，與詈毆翁姑罪同。其舊舅姑毆已故子孫改嫁妻妾者，亦與毆子孫婦同。是子孫之婦即經改嫁，名分恩義猶存，不得與凡人並論，律義顯然。今陳玉隆因彭氏年輕，恐難守志，是以遣嫁，及彭氏不從，當令之子强扶上馬，尚無殘忍逼害情事，固難遽絶其恩義。況彭氏爲夫殉節，仍爲陳氏之婦，其與伊夫恩義至重，即與夫之父恩義有不能絶之理。該督將陳玉隆問擬遣戍，按之律義案情俱屬未洽。或陳玉隆逼嫁，彭氏不從，有必欲致死情節，則當另審確情定擬，庶無枉縱。應令該督再加研訊，按律妥擬具題到日再議等因。題駁去後，續據該督疏稱，究明陳玉隆並無逼嫁不從，必欲致死情事。覆核彭氏爲夫殉節，不肯絶於其夫，即於其夫之父義不能絶。陳玉隆雖圖財强嫁，尚無殘忍逼害情事，尤不便竟照凡人威逼例問擬。但彭氏之自盡，究因陳玉隆强嫁所致，陳玉隆合照孀婦自願守志而夫家强嫁，各按服制，照律加三等治罪例，量加一等問擬。查夫之父母强嫁本律，杖八十，加三等，杖六十，徒一年，量加一等，杖七十，徒一年半。王起義等擬以徒杖等因。具題前來，應如該督所題，陳玉隆合照孀婦自願守志，而夫家强嫁，各按服制，照律加三等治罪例，杖六十，徒一年，量加一等，杖七十，徒一年半，至配所折責擺站，係彭氏親翁，毋庸追給埋葬銀兩。該督既稱，王起義商同强嫁，其與陳玉隆本罪各别，應依本律首從論，合照威逼充發例，爲從一等，應杖一百，徒三年，至配所折責擺站。陳宗萬、王萬隆訊未同謀强嫁，但聽從父命，幫同送親，均照不應重律，杖八十，各折責三十板，先行發落。周元有訊非知情謀娶，亦非逼勒成婚。謝文照交過財禮見證，並未知情媒合，均預免議。財禮照追給主等語。均應如該督所題完結。再該督疏稱，彭氏捐軀明志，係由夫翁貪財逼嫁，應由臣給與匾額，以嘉節烈，毋庸請給建坊銀兩等語。彭氏不應如該督所題，仍照例准其旌表等因。乾隆三十三年十二月初七日題，九日奉旨：依議。欽此。

（清）李鈞《判語録存》卷一《離婚事道光九年六月十八日》 審得孟津縣民牛添財控賈孟川嫌貧悔婚等情一案。緣牛添財於道光二年十月，倩媒劉明向賈孟川父全仁説合，將孟川女羣姐許配其子牛林爲妻。换有庚帖。添財並給羣姐見面錢一百文。時孟川外出，迨十二月回家，始知其事。因聞牛林左臂殘廢，又未通啓受聘，隨將庚貼錢文交劉明退還寢事。次年，孟川憑媒辛萬森將女許字李耕莘子克起爲妻，添財並無異説。事隔六年，忽以嫌貧等情具控。查牛林身帶殘疾，當時並未講明，朦朧作合。即有婚書，尚准女家翻悔。况未通啓，其事原在兩可之間。雖原媒已故，庚帖曾否退還無從查問，而當孟女改字李氏之時，添財近在鄰村，豈無聞見？果係經伊聘定，何能遲至今日始搆訟端？其爲恃無質證，藉詞訛賴，已屬顯然。姑以年老免責。羣姐着仍嫁李克起爲妻，並免到案。賈、李二姓婚書，當堂發還，兩造取結省釋，行縣遵照。此判。

（清）李鈞《判語録存》卷二《貪利主婚事道光十年四月初十日》 審得鞏縣增生張承西與張尚氏互控一案。緣張尚氏係承西弟妻，夫故改嫁張法科爲室。有女幼稺，經氏攜往長成。承西貪受聘財，未與氏商，私許賀紀堂之弟爲妻。該氏憑其父尚天命爲媒，亦將其女許字杜狗妮。兩不相謀，以致互相搆訟。查例載：夫亡攜女適人者，其女從母主婚。况該氏改醮之時，曾憑族長議明：其女及笄，准由該氏遣嫁，是明有科條，私有約信。張承西身列膠庠，乃以嗜利故違，殊屬不合。從寬戒飭，所受賀紀堂財物，限十日内全數退還。承西答儀，紀堂亦即奉璧。氏女准與杜狗妮爲婚。尚天命亦不得干預其事。張承西及原媒崔飛隴交批差帶回，憑該縣勒追完案，無干省釋。此判。

（清）鍾體志《柴桑傭録》卷一《讞詞·邱楊氏案》 訊得胡開發之女胡妹兒，自幼憑媒蔣昌華等許字邱楊氏之子連旺爲婚。據胡妹兒稱，上年曾到邱楊氏家住過兩次，見邱楊氏夫婦稱呼父母。胡開發之子泰高稱，伊曾諫阻其親，不應一女兩字。詰之原媒蔣昌華，據稱胡開發實受聘傳庚，是胡妹兒早年許字邱家，鑿鑿可據。乃胡開發竟嫌貧，轉嫁陽姓，殊屬荒謬已極，着值日差即傳胡開發到案訊究。胡妹兒、楊胡氏交官媒，胡泰高、陽倫升交差，均取的保，候明日提同胡開發等質訊究斷。

覆訊前案

訊得胡開發供稱，上年曾憑媒妁受邱楊氏之聘，將其女胡妹兒許字邱連旺爲婚。後因數年未來往，遂將其女轉許與陽倫升。實屬乖謬，乃胡開發尚知認錯。而胡鄒氏混稱，許字邱姓者，係已故長女，胡妹兒乃其次女，嘵嘵瀆辯，是乃長舌之婦，實爲厲階，着加掌責。胡開發不振夫綱，任婦妄爲，亦薄責示儆。胡妹兒即斷令交邱楊氏領回，與子連旺成婚，以全倫理。陽倫升乘訟與胡妹兒成親，殊屬不合。惟稱訂姻之始，實不知胡妹兒曾許字邱姓，情尚可原，姑免深究。所去聘禮錢，胡開發已消歸亡有，着限本月内措繳五串，給陽倫升具領。至陽倫升稟控邱姓搶伊什物，詰之地保羅正士稱實無其事，應無庸議。各取具切結附卷。案銷。

（清）趙幼班《歷任判牘彙記》卷一《判樊庭秋等堂詞》 潘燮亭所呈紅庚，據樊庭秋等供稱，確係當日同芸亭面訂，縱係一面之詞，而草八字係陸金生親筆寫有坤造二字，可爲許婚之鋏憑者一。游泳爲陸金生原中，前堂所供有生養死弃陸金生之語。如非娶爲繼室，焉有肯生養死葬之理。可爲芸亭嫁潘燮亭之鋏憑者二。芸亭如未嫁潘，何以同住上河至月餘之久，可爲嫁潘之鋏憑者三。游泳所供陸金生並未提有首飾之説，今次堂訊，芸亭所供與陸金生開單又不相符，其爲子虚可知，詳查各供，芸亭嫁潘屬寔，今爲其父唆串，一旦變其初心，娼妓伎倆大抵如此，亦不足怪。只因欲出而另嫁，恐潘不甘必，縱許其他，適亦必追繳身價，遂生預爲抵制之計。控潘爲拐逃，其居心寔屬狡詐。以女賣娼之人，何事不可爲。在潘原可聽其自便，奈芸亭現在有孕，潘姓之種，不肯聽其他。適將芸亭交具的保，俟産後月滿，再到堂滴血，以驗真僞。陸金生收所，押追捲逃衣物，以爲刁狡者戒。此判。

（清）趙幼班《歷任判牘彙記》卷一《判許萬春等堂詞》 許治方到案詢其生庚，與婚帖所註者尚屬相符。問愛貞所生之年月日時，亦無舛錯，有媒爲證，有帖爲憑。而劉胡氏、湯子福均謂原日並未有議婚之語，誰其信之？惟愛貞本意，堅不願嫁與許姓，終不免有變端。飭令湯正福、許李氏母子，再爲酌議行之，毋庸各執意見也。人證俱省釋。此判。

（清）趙幼班《歷任判牘彙記》卷一《判馬廷揚等堂詞》 此案訊得王冠有等情節種種支離，細閲庚書不成紙片，墨色之濃淡固殊，紙張之長短不合。字迹兩異，年月不題。且女命不知是何時所生，即書以即時二字，此等庚帖，世所罕見，顯係僞造。果是真確，亦應循俗例擇吉成婚，何至約衆擅行强娶？如此刁蠻，實堪痛恨。着將王冠有、王大泥仔、徐三等分别責究。飭令不准在境内逗遛，交丐頭劉永勒令逐出。鄭四開店，甚不安分，即收押候取有的保前來承保，方許開釋。馬廷揚將女帶歸，另行擇配。各遵結附卷。此判。

（清）趙幼班《歷任判牘彙記》卷一《判黄桂庭等堂詞》 訊得兵士黄桂庭，於光緒三十一年分由湘來寧，與李家邦夫婦往來熟識。李胡氏因見該兵士年少誠實，即以該女妻之意圖其婿，爲日後養葬之靠，亦是人情。請憑王鐘氏、鄭仇氏執柯聘定。先令女婿上門，於理亦無不合。該兵士兩次出差回來，李胡氏以其日久無錢接濟，因出煩言。由是兩相負氣，致有退婚字條。查該條既無原媒，又無摹印，不能爲憑。兹據李家邦夫婦供稱，不過一時之口角，並無悔婚之意。俟女及笄，仍聽黄桂庭擇吉完婚，決無異説。惟李家邦夫婦年老家貧，又無子嗣。黄桂庭情願仍照原議，按月津貼錢文，不拘多寡。李家邦夫婦亦不得過令女婿爲難，從此秦、晋交歡，朱、陳永好。至原日庚帖，楚風男女，生庚本用兩合，寧屬向無雙分。既有兩合，今爲加蓋騎縫合同，兩家各執一合，以杜日後糾葛。李胡氏呈黄桂庭退婚字條，調銷附卷，不得再有異言。兩造各具遵結完案。此判。

（清）倪望重《諸暨諭民紀要》卷一《正堂倪二任・樓陳氏憑余李氏爲媒由》 堂諭：訊得樓陳氏憑余李氏爲媒，以洋銀十元領得李俞氏之女香鳳，配其第三子樓初歡爲室。李俞氏於去年十月間將女接回，妄説樓初歡已故，留捺在家，意圖改許。經樓陳氏屢接不允，以致呈控。兹經提集人證，並閲婚帖，查李俞氏之女香鳳原許樓初歡作配，樓初歡業經到案，質訊媒人余李氏、鄰地阮桂生，均稱到案之樓初歡是實，其已故則樓陳氏之長子及第二子，年亦相隔懸殊。今樓初歡年僅十八，與十三歲之香鳳相對相當，則許配已無疑義。乃李俞氏誣謂頂替，意在圖賴，可惡殊深。本應責懲，姑念女流無知，一經申斥，俯首無詞。從寬斷令樓陳氏備出洋銀十元，限五日内繳給李俞氏收領，以補接養過門之禮。一俟洋銀繳案，即將香鳳交樓陳氏領回，將來樓初歡成婚，應照鄉例，先期備盒一擔，洋銀二十元，交李俞氏收作納徵請期禮物，不得抗違。樓陳氏亦不得將香鳳另嫁，各取甘結完案。庚禮各帖當堂發樓陳氏領還。此諭。

（清）倪望重《諸暨諭民紀要》卷一《正堂倪二任・斯玉泉控沈志渭悔婚改略由》 堂諭：訊得斯玉泉控沈志渭悔婚改略一案，緣斯玉泉寄居江東，與沈志渭之妻小沈張氏往來熟識，小沈張氏利其作事，背夫以女香愛許之爲妻。斯玉泉遂代還帳錢拾壹千文有零，又洋銀拾元以爲納采之禮。旋經沈志渭聞知不允，將女改許許長遠爲妻，業經迎娶，以致斯玉泉具呈。兹查斯玉泉所呈答采之帖，並無徵帖，其爲聘而未娶可知。乃斯玉泉供稱迎娶成婚，不亦謬乎？且議婚而以代還票款爲禮，可謂敬乎？既寫答采之帖，又用招贅文書，可謂正乎？老沈張氏並不識字，而贅書内意寫大字，可謂真乎？小沈張氏有夫而不列名，可謂順乎？事不敬，名不正，議據不真，背夫不順，沈志渭不知而將女另許非過也，即知之而將女另許亦非過也。今其女已嫁許長遠爲室，應毋庸議。小沈張氏已故，亦毋庸議。惟斯玉泉代還帳目既有收回原票，差沈志渭繳出洋銀念肆元，限給斯玉泉收領。其洋銀可商許長遠幫帖，緣沈志渭家貧故也。宗譜發斯玉泉領還，采帖、贅議塗銷存查，各取甘結完案。此諭。

（清）樊增祥《樊山批判》卷一三《批・批程八娃呈詞》 爾年三十餘歲，趙學剛之女年才十三，學剛貪利許婚，事後翻悔。本年四月過堂，本縣本欲斷離，因學剛將財禮耗盡，無銀歸還，從權斷俟趙女及笄，准爾迎娶。爾當堂供稱情願多等數年無妨，兹忽控稱擇期臘月初四迎娶，學剛欲逃往遠方等語。此岳此婿，均堪打煞。着原差原媒查處覆奪。

《清代名吏判牘七種彙編》卷上《名士袁枚·天降秀女》 照得李調甘呈控韓宗粱女慧芬一案，本縣一再審問，見慧芬性情凝重，舉止端莊，絶無輕佻氣象。供被風吹落一節，亦極詳明。謂當是日大風起時，適在房中刺繡，因恐下雨，出外至後場收取曬衣。不料行至天庭，一陣狂風，卷地而入，頓時僕倒，不省人事，迨至開眼，已在一陌生人家，環而視我者，約有五六十人，都不相識。彼此問訊，遂知此地爲銅井村，距家中已甚遠。因即留宿其家，至次日將女送回。其家姓華，名不詳。家中約有男女五六人，亦不能詳細等語。本縣復移文江寧縣，傳提銅井村地處保正到案。據供五月十日大風起時，確有一華姓者，名中元，在門外忽睹雲中一陳黑氣，由北飛來，至該處落下，初猶疑爲龍取水，後細檢視，乃一已死女子。是時衆鄰里亦已知曉，並來報告小保正，詫爲奇事，前往察看。于其胸部尚有温氣。因命人接氣，不一時女子始醒，問知爲城内韓姓家主。因留宿一宵，送之還家，餘情不知。本縣一再研訊，供無異言。是韓女之至銅井，實由於風吹。是時爲銅井人救活後，以時遲路遠，不便送歸，留宿一宵，亦一常事。該秀才疑有曖昧，遽控官廳，請爲退婚。不唯冤屈好人，抑亦不明事理。況風能吹人，載之史籍，並無奇異之處。該秀才讀書五車，身入黌門，何竟當局者迷，一至于斯。現經本縣一再開導，齊眉百年；暮暮朝朝，兩心一意。阿翁不害冰清，快婿何慚玉潤。女非楊花之輕薄，無害風吹；士正護旛之金鈴，何嫌雨濕。今夜鴛鴦帳裡，笑吟新聲；他年和合衾中，麟來天上。全兩美之情，平雙方之恨。毋起違言，毋存前隙。花燭雙迎，仍是意中之佳婦；碧衣進謁，還看昔日之乘龍。此判。

雜録

《詩經·小雅·谷風》

習習谷風，維風及雨。將恐將懼，維予與女。將安將樂，女轉棄予。

習習谷風，維風及頽。將恐將懼，置予於懷。將安將樂，棄予如遺。

習習谷風，維山崔嵬。無草不死，無木不萎。忘我大德，思我小怨。

（三國）曹植《曹了建集》卷二《愍志賦》 或人有好鄰人之女者，時無良媒，禮不成焉，彼女遂行適人。有言之於予者，予心感焉，乃作賦曰：

竊托音於往昔，迄來春之不從。思同游而無路，情壅隔而靡通。哀莫哀於永絶，悲莫悲於生離。豈良時之難俟，痛予質之日虧。登高樓以臨下，望所歡之攸居。去君子之清宇，歸小人之蓬廬。欲輕飛而從之，迫禮防之我拘。

（三國）曹植《曹子建集》卷三《感婚賦》 陽氣動兮淑清，百卉鬱兮含英。春風起兮蕭條，蟄蟲出兮悲鳴。顧有懷兮妖嬈，用搔首兮屏營。登清臺以蕩志，伏高軒而游情。悲良媒之不顧，懼歡媾之不成。慨仰首而太息，風飄飄以動纓。

（晋）傅玄《傅子·附録》 太祖武皇帝魏武帝愍嫁娶之僭上，公主適人不過皂帳幍。先未有岐，荀文若巾，觸樹成岐，時人慕之，因而弗改。今通爲慶弔之服，白紗爲之，或單或裌，初婚冠送餞，亦服之。

（晋）陸雲《陸士龍文集》卷二《詩·贈顧驃騎·其五》 羔羊執贄，玉帛有輝。百兩集止，之子于歸。宗姻風從，娣侄雲回。祁陽顧之，焕其盈闈。

（晋）常璩《華陽國志》卷一〇《廣漢士女》 義舊，狄道長姜穆女，綿竹司馬雅妻也。既許婚，父坐事徙朔方。雅就婚死，雇人送其喪。尋父母死朔方，義舊獨與弟抓居十年，士大夫求終不肯。乃上疏自訟，求還鄉里。天子愍悼，下朔方使送，遂下詔書定律令：女已許嫁，不得從父母徙。

（晉）王嘉《拾遺記》卷七　黄初元年，谷習出守常山郡，聞亭長有美女而家甚貧，時文帝選良家子女以入六宫，習以千金寶賂聘之。既得，乃以獻文帝。

（晉）陶潛《搜神後記》卷四　晉時，東平馮孝將爲廣州太守，兒名馬子，年二十餘，【略】乃遣報徐氏，上下盡來，選吉日，下禮聘，爲夫婦，生二兒一女。

（唐）劉涑《隋唐嘉話》卷上　李德林爲内史令，與楊素共執隋政。素功臣豪侈，後房婦女，錦衣玉食千人。德林子百藥夜入其室，則其寵姬所召也。素俱執於庭，將斬之。百藥年未二十，儀神儁秀，素意惜之，曰：聞汝善爲文，可作詩自叙，稱吾意，當免汝死。後解縛，授以紙筆，立就。素覽之欣然，以妾與之，並資從數十萬。

（唐）白居易《白居易集》卷四《諷喻·井底引銀瓶》　井底引銀瓶，銀瓶欲上絲繩絶。石上磨玉簪，玉簪欲成中央折。瓶沉簪折知奈何？似妾今朝與君别！憶昔在家爲女時，人言舉動有殊姿。嬋娟兩鬢秋蟬翼，宛轉雙蛾遠山色。笑隨戲伴後園中，此時與君未相識。妾弄青梅憑短墻，君騎白馬傍垂楊。墻頭馬上遥相顧，一見知君即斷腸。知君斷腸共君語，君指南山松柏樹。感君松柏化爲心，暗合雙鬟逐君去。到君家舍五六年，君家大人頻有言。聘則爲妻奔是妾，不堪主祀奉蘋蘩。終知君家不可住，其奈出門無去處。豈無父母在高堂？亦有親情滿故鄉。潛來更不通消息，今日悲羞歸不得。爲君一日恩，悮妾百年身。寄言痴小人家女，慎勿將身輕許人！

（唐）段成式《酉陽雜俎》卷一二《語資》　周簡老，蓋大俠之流，見魏貞書，甚喜，皓因拜之爲叔，遂言狀。簡老命居一船中，戒無妄出，供與極厚。居歲餘，忽聽船上哭泣聲，皓潛窺之，見一少婦，縞素甚美，與簡老相慰。其夕，簡老忽至皓處，問：君婚未？某有表妹，嫁與甲，甲卒，無子，今無所歸，可事君子。皓拜謝之，即夕其表妹歸皓。有女二人，男一人，猶在舟中。簡老忽語皓，事已息，君貌寢，必無人識者，可游江淮，乃贈百餘千，皓號哭而别，簡老尋卒。皓官已達，簡老表妹尚在，兒娶女嫁，將四十餘年，人無所知者。適被老吏言之，不覺自愧，不知君子察人之微也。有人親見薛司徒説之也。

（宋）李昉《太平廣記》卷四《神仙·陽翁伯》　北平徐氏有女，翁伯欲求婚。徐氏謂媒者曰，得白璧一雙可矣。翁伯以白璧五雙，遂壻徐氏。

（宋）李昉《太平廣記》卷一七《神仙·盧李二生》　須臾，紅燭引一女子至，容色極艷，新聲甚嘉，李生視箜篌上，有朱字一行云：天際識歸舟，雲間辨江樹。罷酒，二舅曰：莫願作婚姻否，此人名家，質貌若此。李生曰：某安敢。二舅許爲成之。【略】其年，往汴州，行軍陸長源以女嫁之。既婚，頗類盧二舅北亭子所覩者，復解箜篌，果有朱書字。視之，天際之詩兩句也。李生具説揚州城南盧二舅亭中筵宴之事。妻曰：少年兄弟戲書此，昨夢見使者云，仙官追，一如公所言也。李生歎訝，卻尋二舅之居，唯見荒草，不復覩亭臺矣。

（宋）李昉《太平廣記》卷二七四《情感·開元製衣女》　開元中，頒邊軍纊衣，製於宫中。有兵士於袍中得詩曰：沙場征戍客，寒苦若爲眠。戰袍經手作，知落阿誰邊。蓄意多添綫，含情更着綿。今生已過也，結取後身緣。兵士以詩白於帥，帥進之。玄宗命以詩遍示六宫曰，有作者勿隱，吾不罪汝。有一宫人自言萬死，玄宗深憫之，遂以嫁得詩人。仍謂之曰：我與汝結今身緣。邊人皆感泣。

（宋）魏泰《東軒筆録》卷二　王克正仕江南，歷貴官，歸本朝，直舍人院。及死，無子，其家修佛事爲道場，惟一女十餘歲，縗絰跪捧手爐於像前。會陳摶入弔，出語人曰：王氏女，吾雖不見其面，但觀其捧爐，手相甚貴，若是男子，當白衣入翰林。女子嫁即爲國夫人矣。後數年，陳晉公恕爲參知政事，一日，便殿奏事，太宗從容問曰：卿娶誰氏，有幾子？晉公對曰：臣無妻，今有二子。太宗曰：王克正，江南舊族，身後唯一女，頗聞令淑，朕甚念之，卿可作配。晉公辭以年高，不願娶。太宗敦諭再三，晉公不敢辭，遂納爲室。不數日，封郡夫人，如陳之相也。

（宋）魏泰《東軒筆録》卷一二　余爲兒童時，嘗聞祖母集慶郡太守陳夫人言：江南有國日，有縣令鍾離君，與鄰縣令許君結姻。鍾離女將出適，買一婢以從嫁。一日，其婢執箕箒治地，至堂前，熟視地之窊處，惻然泣下。鍾離君適見，恠問之，婢泣曰：幼時我父於此穴地爲毬窩，道我戲劇，歲久矣，而窊處未改也。鍾離君驚曰：而父何人？婢曰：我父乃兩考前縣令也，身死家破，我遂流落民間，而更賣爲婢。鍾離君遽呼牙儈問之，復質於老吏，得其實。是時，許令子納采有日，鍾離君遽以書抵許令而止其子，且曰：吾買婢得前令之女，吾特憐而悲之。義不可久辱，當輟吾女之奩篚，先求壻以嫁前令之女也。更俟一年，別爲女營辦嫁資，以歸君子，可乎？許君答書曰：蘧伯玉耻獨爲君子，君何自專仁義？願以前令之女配吾子，然後君別求良壻，以嫁君女。於是前令之女卒歸許氏。祖母語畢，歎曰：此等事，前輩之所常行，今則不復見矣。余時尚幼，恨不記二令之名，姑書其事，亦足以激天下之義也。

（宋）郭茂倩《樂府詩集》卷三〇《相和歌辭・蜀國弦》　銅梁指斜谷，劍道望中區。通星上分野，作固下爲都。雅歌因良守，妙舞自巴渝。陽城嬉樂盛，劍騎鬱相趨。五婦行難至，百兩好游娛。牲祈望帝祀，酒酹蜀侯誅。江妃納重聘，卓女愛將雛。停弦時繫爪，息吹治脣朱。脱衫湔錦浪，回扇避陽烏。聞君握節返，賤妾下城隅。

（宋）郭茂倩《樂府詩集》卷七四《雜曲歌辭・冉冉孤生竹》　冉冉孤生竹，結根泰山阿。與君爲新婚，菟絲附女蘿。菟絲生有時，夫婦會有宜。千里遠結婚，悠悠隔山陂。思君令人老，軒車來何遲。傷彼蕙蘭花，含英揚光輝。過時而不采，將隨秋草萎。亮君執高節，賤妾亦何爲。

（宋）郭茂倩《樂府詩集》卷八三《雜曲歌辭・塗山歌》　《吴越春秋》曰：禹年三十未娶，行塗山，恐時暮失嗣，辭云：吾之娶也，必有應也。乃有白狐九尾造於禹，禹曰：白者，吾之服也；九尾者，王之證也。於是塗山之人歌之。禹因娶塗山，謂之女嬌。

綏綏白狐，九尾龐龐。我家嘉夷，來賓爲王。成於家室，我都攸昌。天人之際，於兹則行，明矣哉！

（宋）郭茂倩《樂府詩集》卷八四《雜曲歌辭・趙幽王歌》　諸呂用事兮劉氏微，迫脅王侯兮强授我妃。我妃既妒兮誣我以惡，讒女亂國兮上曾不寤。我無忠臣兮何故棄國，自快中野兮蒼天與直。于嗟不可悔兮寧早自賊，爲王餓死兮誰者憐之，吕氏絶理兮託天報仇。

（宋）孟元老《東京夢華録》卷五《娶婦》　凡娶媳婦，先起草帖子，兩家允許，然後起細帖子，序三代名諱，議親人有服親田産官職之類。次檐許口酒，以絡盛酒瓶，裝以大花八朵、羅絹生色或銀勝八枚，又以花紅繳檐上，謂之繳檐紅，與女家。女家以淡水二瓶，活魚三五個，筯一雙，悉送在元酒瓶内，謂之回魚筯。或下小定、大定，或相媳婦與不相。若相媳婦，即男家親人或婆往女家看中，即以釵子插冠中，謂之插釵子；或不入意，即留一兩端綵段，與之壓驚，則此親不諧矣。其媒人有數等，上等戴蓋頭，着紫背子，説官親宫院恩澤；中等戴冠子，黄包髻背子，或只繫裙手，把青凉傘兒，皆兩人同行。下定了，即旦望媒人傳語。遇節序，即以節物頭面羊酒之類追女家，隨家豐儉。女家多回巧作之類。次下財禮，次報成結日子。次過大禮，先一日或是日早下催粧冠帔花粉，女家回公裳花幞頭之類。前一日女家先來掛帳，鋪設房卧，謂之鋪房。女家親人有茶酒利市之類。至迎娶日，兒家以車子或花檐子發迎客引至女家門，女家管待迎客，與之綵段，作樂催粧上車檐，從人未肯起，炒咬利市，謂之起檐子，與了然後行。迎客先回至兒家門，從人及兒家人乞覓利市錢物花紅等，謂之攔門。新婦下車子，有陰陽人執斗，内盛穀豆錢菓草節等咒祝，望門而撒，小兒輩争拾之，謂之撒穀豆，俗云厭青羊等殺神也。新人下車檐，踏青布條或氈席，不得踏地，一人捧鏡倒行，引新人跨鞍驀草及秤上過，入門，於一室内當中懸帳，謂之坐虚帳；或只徑入房中坐於床上，亦謂之坐富貴。其送女客，急三盞而退，謂之走送。衆客就筵三盃之後，壻具公裳花勝簇面，於中堂昇一榻，上置椅子，謂之高坐，先媒氏請，次姨氏或妗氏請，各斟一盃飲之；次丈母請，方下坐。新人門額，用綵一段，碎裂其下，横抹掛之，壻入房，即衆爭撦小片而去，謂之利市繳門紅。壻於床前請新婦出，二家各出綵段，綰一同心，謂之牽巾，男掛於笏，女搭於手，男倒行出，面皆相向，至家廟前參拜畢，女復倒行，扶入房講拜，男女各争先後對拜畢，就床，女向左，男向右坐，婦女以金錢綵菓散擲，謂之撒帳。男左女右，留少頭髮，二家出匹段、釵子、木梳、頭鬚之類，謂之合髻。然後用兩盞以綵結連之，互飲一盞，謂之交盃酒。飲訖擲盞，並花冠子於床下，盞一仰一合，俗云大吉，則衆喜賀。然後掩帳訖。宫院中即親隨人抱女壻去，已下人家即行出房，參謝諸親，復就飲酒。散後。次日五更，用一卓，盛鏡臺鏡子於其上，望上展拜，謂之新婦拜堂。次拜尊長親戚，各有綵段巧作鞋枕等爲獻，謂之賞賀。尊長則復換一匹回之，謂之答賀。壻往參婦家，謂之拜門。有力能趣辦，次日即往，謂之復面拜門，不然，三日七日皆可，賞賀亦如女家之禮。酒散，女家具鼓吹從物，迎婿還家，三日，女家送綵段油蜜蒸餅，謂之蜜和油蒸餅。其女家來作會，謂之煖女。七日則取女歸，盛送綵段頭面與之，謂之洗頭。一月則大會相慶，謂之滿月。自此以後，禮數簡矣。

（宋）洪邁《夷堅志戊》卷一〇《余程守婚約》 余元量初妻張氏，既没一年，淳熙甲午之春，再議同縣何衡程氏女。既問名結約，擇日納采，而爲讒口所間，罷不成。數月之後，兩家皆息意矣。余别有所議，未堅定也。夜夢舊先生董守約來，持白紙狀一通示之。問何書，曰：此年命月日也。遽展視，見當中大書一程字，其傍小字數千，如蠅頭。未暇閱讀，而董掣去之，曰：所欲報汝只此，無用盡觀。遂寤。明日，詣董言夢。董於是事初無所豫，又平生未嘗與人作媒妁，指爲荒忽杳茫之談，但相對一笑而已。既而程姻復尋盟，始悟守約者，若令守舊約也，神假其名以曉人云。小字者，疑紀其一生休咎，故不使得見耳。

（宋）樓鑰《攻媿集》卷六八《禮書·馮仁叟表兄請婚任氏書》 族緒單平猥紹大馮之裔，人才凡下敢齒諸任之間，偶因媒妁之言，獲締婚姻之好。伏承某人幽閒秉操，素知蘋藻之誠，而某長孫某孝謹傳家，粗習箕裘之業，茲諧燕爾，夫豈偶然，往之女家，想見結縭之戒，願爲有室，遂成合巹之歡，敢薦薄誠，拱聞嘉命。

（宋）樓鑰《攻媿集》卷六八《禮書·不愚弟請婚馮氏書》 見舅氏於渭陽，慚非酷似，尋世婚於高密，茲謂好逑，蓋將締百年之歡，豈惟合二姓之好。伏承某人素鐘淑質，久嫻中饋之儀，某男幸忝彌甥，不待東牀之選，蚤荷千金之諾，敢稽百兩之將，宜其室家，既無嫌於齊鄭，傳之孫子，俾弗替於朱陳。

（宋）樓鑰《攻媿集》卷六八《禮書·少虚兄請婚孫氏書》 託契高門，承風久矣，求婚猶子得諾欣然，屬事緒之因，仍閱歲華之荏苒，敢持薄禮，遠尋舊盟。維鵲有巢，正欲資夫内助，迨冰未泮，深有望乎來歸，方當相忘於江湖之中，可以盡索於形骸之外。

（宋）樓鑰《攻媿集》卷六八《禮書·從子澤請婚舒氏書》 定五世之交，久篤金蘭之契，合二姓之好，敢稽雁幣之恭。惟令女素習婦功，某男粗修子職，既無嫌於齊鄭，將永好於朱陳。遠不容刀，何待買鄰千萬之費，告先近日，倚觀結縭九十之儀。

（宋）樓鑰《攻媿集》卷六八《禮書·内弟汪文可請婚薛氏書》 敘百年之親，素聯瓜葛，合二姓之好，茲始權輿。既情話之相通，曾媒言之不費。令女夙嫻姆訓，從子粗習家傳，了無耦鄭之嫌，乃有齒任之幸。既承面命，欲奉婚期，嘉禮具存，何妨三者之備，官占云吉，尚幾五世之昌。

（宋）樓鑰《攻媿集》卷六八《禮書·沈虞卿侍郎女許陳氏書》 襟期莫逆，久爲研席之交，臭味不忘，茲遂松蘿之託，欣然承命，捨是焉求。伏承某人詩禮素傳，稔聞於父教，而某女子蘋藻是訓，未習於婦容。嘉納采納幣之同時，實有室有家之伊邇，潘楊方睦，當豫卜於三星，吴越相望，尚將杭於一葦。

（宋）樓鑰《攻媿集》卷六八《禮書·史侍郎女許秦氏書》 老矣從心，猶有愛孫之念，爲之求耦，幸逢列鼎之家。某人秀出相門，素傳詩禮，某女幼踈姆訓，未習組紃。荷鴈幣之多儀，知鳳占之協吉，深喜潘楊之睦，自此權輿，既無秦晋之卑，庶安家室。又鄭府云既無齊鄭之嫌。

（宋）樓鑰《攻媿集》卷六八《禮書·□納幣張氏書》 合二姓之好，荷親誼之甚高，尋十年之盟，喜宦遊之相遇。况老境篤抱孫之愛，而兒曹懷歸養之思，男女及時，幸勿愆於柔日，幣帛將意，媿不辦於多儀，共存素風，一洗末習。

（宋）樓鑰《攻媿集》卷六八《禮書·季舅第三女許顧氏書》 閭里相望，其來已久，婚姻之好，實始於今。某人秀出輩流，方謹詩禮之習。某女幼居閨壼，未嫻纂組之工。既協鳳鳴，辱貽鴈幣，一言決矣。正須坦腹之求，百兩成之，當謹結縭之戒。

（宋）樓鑰《攻媿集》卷六八《禮書·汪表兄之子請婚書》 桑梓相望，夙敦雅好，金蘭合契，幸締華姻。某人素習婦功，將歸千歲龍魚之裔，某人粗傳家法，適得五世鳳皇之占。二姓是求，一言而决，欲將厚意，敢稽納幣之儀，佇俟嘉期，終遂肥家之吉。

（宋）樓鑰《攻媿集》卷六八《禮書·婦弟知産長女許李氏書》 里舍相望，曾未諳於識面，媒言一定，乃屢辱於貽書。臭味既同，婚姻敢後。伏承某人世傳儒業，况是太史公之外孫，某女幼習婦容，未熟曹大家之女誡，知鳳鳴之叶吉，荷鴈幣之先臨，往送之門，媿不盈於百兩，願爲有室，庶仰望於終身。

（宋）樓鑰《攻媿集》卷六八《禮書・少及兄女許舒氏書》 師友從遊，爰自宿昔，婚姻求偶，至於四三，況一水之相望，宜兩家之合好。令子某蚤傳詩禮，尚餘獨坐之儒風，某女幼習組紃，未解大家之女訓，既叶鳳鳴之卜，首勤鴈幣之臨。佳耦曰妃，但覺門闌之喜色，同聲相應，尚何媒妁之多言。

（宋）樓鑰《攻媿集》卷六八《禮書・次女許鄭氏書》 鴈塔題名，夙講同登之契，鳳占叶吉，茲諧嘉耦之求。一笑相過，片言而決。伏承某人幼而岐嶷，早有成人之風，而某女資亦善柔，方親慈母之訓，俱生丙午之歲，真是甲辰之雌，惟臭味之既同，在禮文而宜簡，御之百兩，首勤納幣之儀，加我數年，當展齊眉之敬。

（宋）樓鑰《攻媿集》卷六八《禮書・從子涞請婚陳氏書》 潁川譙國均著聲稱，孟公君卿俱爲游俠，相望千載之下，始諧二姓之懽。某人柔婉有聞，素嫺姆訓，而某孤煢自立，粗習家傳，了無間阻之言，遂定婚姻之約。幸茲叶吉，孰云齊鄭之嫌，其或自今，益締朱陳之好。

（宋）樓鑰《攻媿集》卷六八《禮書・治請婚吴氏書》 識北平之三世，素知事契之深，牽張氏之一絲，喜有姻親之託。鳳占云吉，鴈幣是將。伏承某人出鄞水之外家，遂歸於我，而某男某生台山之傳舍，爰娶於吴。既無非耦之嫌，殆有夙緣之幸。一言而決，因締交於延陵子之門，二姓相求，用徼福於東樓公之裔。

（宋）吴自牧《夢粱録》卷二〇《嫁娶》 婚娶之禮，先憑媒氏，以草帖子通于男家。男家以草帖問卜，或禱籤，得吉無尅，方回草帖。亦卜吉媒氏通音，然後過細貼，又謂定帖。帖中序男家三代官品職位名諱，議親第幾位男，及官職年甲月日吉時生，父母或在堂、或不在堂，或書主婚何位尊長，或入贅，明開，將帶金銀、田土、財産、宅舍、房廊、山園，俱列帖子內。女家回定帖，亦如前開寫，及議親第幾位娘子，年甲月日吉時生，具列房奩、首飾、金銀、珠翠、寶器、動用、帳幔等物，及隨嫁田土、屋業、山園等。其伐柯人兩家通報，擇日過帖，各以色綵襯盤、安定帖送過，方爲定論。然後男家擇日備酒禮詣女家，或借園圃，或湖舫內，兩親相見，謂之相親。男以酒四盃，女則添備雙盃，此禮取男强女弱之意。如新人中意，即以金釵插於冠髻中，名曰插釵。若不如意，則送綵緞二匹，謂之壓驚，則姻事不諧矣。既已插釵，則伐柯人通好，議定禮，往女家報定。若豐富之家，以珠翠、首飾、金器、銷金裙褶，及緞匹茶餅，加以雙羊牽送，以金瓶酒四罇或八罇，裝以大花銀方勝，紅綠銷金酒衣簇蓋酒上，或以羅帛貼套花爲酒衣，酒擔以紅綵繳之。男家用銷金色紙四幅爲三啓，一禮物狀共兩封，名爲雙緘，仍以紅綠銷金書袋盛之，或以羅帛貼套，五男二女綠盝，盛禮書爲頭合，共輳十合或八合，用綵袱蓋上送往。女家接定禮合，於宅堂中備香燭酒果，告盟三界，然後請女親家夫婦雙全者開合，其女氏即於當日備回定禮物，以紫羅及顏色段匹，珠翠鬏掠，皂羅巾段，金玉帕鐶，七寶巾環，篋帕鞋襪女工答之。更以元送茶餅果物，以四方回送羊酒，亦以一半回之，更以空酒罇一雙，投入清水，盛四金魚，以筯一雙、葱兩株，安於罇內，謂之回魚筯。若富家官户，多用金銀打造魚筯各一雙，並以綵帛造像生葱雙株，挂於魚水罇外答之。自送定之後，全憑媒氏往來，朔望傳語，遇節序亦以冠花綵段合物酒果遺送，謂之追節。女家以巧作女工金寶帕環答之。次後擇日則送聘，預令媒氏以鵝酒，重則羊酒，道日方行送聘之禮。且論聘禮，富貴之家當備三金送之，則金釧、金鋌、金帔墜者是也。若鋪席宅舍，或無金器，以銀鍍代之。否則貧富不同，亦從其便，此無定法耳。更言士宦，亦送銷金大袖，黄羅銷金裙，段紅長裙，或紅素羅大袖段亦得。珠翠特髻，珠翠團冠，四時冠花，珠翠排環等首飾，及上細雜色綵段匹帛，加以花茶果物，團圓餅，羊酒等物。又送官會銀鋌，謂之下財禮，亦用雙緘聘啓禮狀。或下等人家，所送一二匹，官會一二封，加以鵝酒茶餅而已。名下財禮，則女氏得以助其虛費耳。又有一等貧窮父母兄嫂所倚者，惟色可取，而奩具茫然，在議親者以首飾衣帛，加以楮物送往，謂之兜裹。今富家女氏既受聘送，亦以禮物答回，以綠紫羅雙匹、綵色段匹、金玉文房玩具、珠翠鬏掠女工等，如前禮物。更有媒氏媒箱，段匹、盤盞、官楮、花紅禮合惠之。自聘送之後，節序不送，擇禮成吉日，再行導日，禮報女氏，親迎日分。先三日，男家送催妝花髻、銷金蓋頭、五男二女花扇，花粉盝，洗項，畫綵錢果之類，女家答以金銀雙勝御，羅花幞頭，綠袍，靴笏等物。前一日，女家先往男家鋪房，挂帳幔，鋪設房奩器具，珠寶首飾動用等物，以至親壓鋪房，備禮前來煖房。又以親信婦人，與從嫁女使，看守房中，不令外人入房，須待新人，方敢縱步往來。至迎親日，男家刻定時辰，預令行郎，各以執色如花瓶、花燭、香球、沙羅洗漱、妝合、照臺、裙箱、衣匣、百結、青凉傘、交椅，授事街司等人，及顧借官私妓女乘馬，及和倩樂官鼓吹，引迎花檐子或糉檐子藤轎，前往女家，迎取新人。其女家以酒禮款待行郎，散花紅、銀楪、利市錢會訖，然後樂官作樂催妝，尅擇官報時辰，催促登車，茶酒司互念詩詞，催請新人出閣登車。既已登車，擎檐從人未肯起步，仍念詩詞，求利市錢酒畢，方行起檐作樂，迎至男家門首，時辰將正，樂官妓女及茶酒等人互念詩詞，攔門求利市錢紅。尅擇官執花斗，盛五穀豆錢綵果，望門而撒，小兒争拾之，謂之撒穀豆，以壓青陽煞耳。方請新人下車，一妓女倒朝車行捧鏡，又以數妓女執蓮炬花燭，導前迎引，遂以二親信女使，左右扶侍而行，踏青錦褥或青氈花席上行，先跨馬鞍，驀背平秤過，入中門，至一室中少歇，當中懸帳，謂之坐虚帳。或徑迎入房室，内坐於牀上，謂之坐牀富貴。其家委親戚接待女氏親家，及親送客會湯次拂備酒四盞款待。若論浙東，以親送客急三盃或五盞而回，名曰走送。向者迎新郎禮，其壻服綠裳、花襆頭，於中堂升一高座，先以媒氏或親戚互斟酒，請下高座歸房，至外姑致請，方下座回房坐富貴。今此禮久不用矣，止用妓樂花燭，迎引入房，房門前先以綵帛一段横挂於楣上，碎裂其下，婿入門，衆手争扯而去，謂之利市繳門，争求利市也。婿登牀右首座，新婦座於左首，正坐富貴禮也。其禮官請兩新人出房，詣中堂參堂，男執槐簡，挂紅綠綵，綰雙同心結，倒行，女挂於手，面相向而行，謂之牽巾，並立堂前，遂請男家雙全女親，以秤或用機杼挑蓋頭，方露花容，參拜堂次諸家神及家廟，行參諸親之禮畢，女復倒行，執同心結，牽新郎回房，講交拜禮，再坐牀，禮官以金銀盤盛金銀錢、綵錢，雜果撒帳次，命妓女執雙盃，以紅綠同心結綰盞底，行交卺禮畢，以盞一仰一覆，安於牀下，取大吉利意。次男左女右結髮，名曰合髻。又男以手摘女之花，女以手解郎綠抛紐，次擲花髻於牀下，然後請掩帳。新人換妝畢，禮官迎請兩新人詣中堂，行參謝之禮，次親朋講慶賀，及參謁外舅姑已畢，則兩親家行新親之好，然後入禮筵，行前筵五盞禮畢，別室歇坐，數盃勸色，以叙親義，仍行上賀賞花節次，仍復再入公筵，飲後筵四盞，以終其儀。三日，女家送冠花、綵段、鵝蛋，以金銀缸兒盛油蜜，頓於盤中，四圍撒貼套丁膠於上，並以茶餅鵝羊果物等合送去婿家，謂之送三朝禮也。其兩新人於三日或七朝九日，往女家行拜門禮，女親家廣設華筵，款待新婿，名曰會郎，亦以上賀禮物與其婿。禮畢，女家備鼓吹迎送婿回宅第。女家或於九朝内，移厨往婿家致酒，謂之煖女會。自後迎女回家，以冠花、段匹、合食之類，送歸婿家，謂之洗頭。至一月，女家送彌月禮合，婿家開筵，延款親家及親眷，謂之賀滿月會親。自此禮儀可簡。遇節序，兩親互送節儀。若士庶百姓之家，貧富不等，亦宜隨家豐儉，却不拘此禮。若果無所措，則已之。

（宋）周密《癸辛雜識》續集下《南丹婚嫁》 周子功云：南丹州男女之未婚嫁者，於每歲七月聚於州主之廳。鋪大毯於地。女衣青花大袖，用青絹蓋頭，手執小青蓋；男子擁髻，皂衣皂帽，各分朋而立。既而左右隊長各以男女一人推撲於毯，男女相抱持，以口相呵，謂之聽氣。合者即爲正偶，或不合則别擇一人配之。蓋必如是而後成婚，否則論以姦罪也。

（元）鄭德輝《元曲選·迷青瑣倩女離魂雜劇》 〔旦扮夫人引從人上，詩云：〕花有重開日，人無再少年。休道黄金貴，安樂最值錢。老身姓李，夫主姓張，早年間亡化已過。止有一個女孩兒，小字倩女，年長一十七歲。孩兒針指女工，飲食茶水，無所不會。先夫在日，曾與王同知家指腹成親，王家生的是男，名唤王文舉。此生年紀今長成了，聞他滿腹文章，尚未娶妻。老身也曾數次寄書去，孩兒説要來探望老身，就成此親事。下次小的每，門首看着，若孩兒來時，報的我知道。〔正末扮王文舉上，云：〕黄卷青燈一腐儒，三槐九棘位中居。世人只説文章貴，何事男兒不讀書。小生姓王名文舉。先父任衡州同知，不幸父母雙亡。父親存日，曾與本處張公弼指腹成親，不想先母生了小生，張宅生了一女，因伯父下世，不曾成此親事。岳母數次寄書來問，如今春榜動，選場開，小生一者待往長安應舉，二者就探望岳母，走一遭去。可早來到也。左右，報復去！道有王文舉在於門首。

（明）胡奎《斗南老人集》卷六《新嫁娘》 窓間挂明鏡，頭上百花新，羞爲郎相見，低頭看未真。

（明）李賢《古穰集》卷二一《白頭吟》　古禮重親迎，必從父母命，是以夫婦間，所貴惟其正。生男願有室，生女願有家，苟能待媒妁，好合寧有涯。婦雖由正道，夫猶未可保，誰謂私相從，一心可偕老。嗟哉卓文君，相如豈負心，婦道既有虧，何用白頭吟。

（明）程敏政《篁墩文集》卷九一《題田家娶婦圖》　遥草如煙柳如幕，日上茅簷鼓聲作。田翁遣女不出村，東舍西鄰隔墟落。新婦駕牛兒跨驢，家人後擁翁前驅。兒家舉酒攔道勸，舅甥幾世同桑榆。耳邊阿婆私屬父，肩上嬌嬰肯離祖。歡聲一路到柴關，野伶山歌柘枝舞。兩門彷彿朱與陳，鄉儀簡古民風淳。華筵肆設競珠翠，想見紛紛京洛塵。婦饁男耕罷征戍，安得移家箇中住。長因擊節頌年豐，不作催租打門句。

（明）陸容《菽園雜記》卷一五　崑城夏氏與處州衛一指揮爲親，舊指揮聞夏氏有淑女，求爲子婦，數年未成。後求之益力，家人皆許之，女之祖獨不許。因會客以骨牌爲酒令，祖設難成之計，謂求婚者云，捕牌若得天地人和，四色皆全，即與成婚。一拈而四色不爽，衆驚異，遂許之。

（明）袁凱《海叟集》卷三《賦緑珠得車字》　緑珠初嫁石崇家，細馬輕駝七寶車。已用明珠爲匳匝，更輸白璧教琵琶。日日東樓傾美酒，朝朝西苑看名花。只爲恩深不相棄，還將玉體委塵沙。

（明）沈周《石田詩選》卷四《送巽女歸徐氏》　紅車緑幰及春明，六禮周時汝好行。銅鏡試粧花髻拙，布衣隨嫁竹箱輕。繁絲緩柱房中樂，細鱠深杯堂上羹。婦道從今須孝順，戀家不必淚盈盈。

（明）王廷陳《夢澤集》卷四《送倫子畢娶歸》　君不見，倫氏之子才絶倫，少小屬文如有神。風雲獨奮九萬里，身世初經二十春。獻賦朝趨北闕下，上書暮歸南海濱。誰知弱冠親迎客，已作君王侍從臣。珠明玉潤元相媚，苑柳宮花春自醉。霄漢翻爲奠鴈行，鄉閭競訝乘龍至。烏鵲橋邊問石年，鳳凰樓上吹簫地。富貴婚姻慶非小，文采風流古來少。花燭初從華館張，鑪煙屢夢清班繞。當朝爾是歲星魂，避世還來金馬門。他年割炙詼諧日，方朔重沾漢主恩。

（明）馮夢龍《醒世恒言》卷八《喬太守亂點鴛鴦譜》　弟代姊嫁，姑伴嫂眠。愛女愛子，情在理中。一雌一雄，變出意外。移干柴近烈火，無怪其燃；以美玉配明珠，適獲其偶。孫氏子因姊而得婦，摟處子不逾東墻；劉氏女因嫂而得夫，懷吉士初非銜玉。相悦爲婚，禮以義起。所厚者薄，事可權宜。使徐雅别婿裴九之兒，許裴政改娶孫郎之配。奪人婦人亦奪其婦，兩家恩怨，總息風波。獨樂樂不若與人樂，三對夫妻，各諧魚水。人雖兑换，十六兩原只一斤；親是交門，五百年决非錯配。以愛及愛，伊父母自作冰人；非親是親，我官府權爲月老。已經明斷，各赴良期。

喬太守寫畢，教押司當堂朗誦與衆人聽了。衆人無不心服，各各叩頭稱謝。

（明）陸人龍《三刻拍案驚奇》卷七《生報華萼恩　死謝徐海義》　倒是翹兒道：看這光景，監追不出，父親必竟死在獄中。父親死，必竟連累妻女。是死，則三個死。如今除告減之外，所少不及百石，不若將奴賣與人家，一來得完錢糧，免父親監比；二來若有多餘，父親、母親還可將來盤纏回鄉，使女兒死在此處，也得瞑目。老兩口也還不肯。延捱幾日，果然縣中要將王興邦監比。再三哀求得放，便央一個慣做媒的徐媽媽來尋親。只見這媽媽道：王老爹，不是我衝突你説，如今老爹要將小姐與人，但是近來人，用了三五十兩娶個妾，便思量陪嫁。如今陪是不望的，還怕老爹倉中首尾不清，日後貽累，哪個肯來？只除老爹肯與人做小，這便不消陪嫁，還可多得幾兩銀子。王興邦道：我爲錢糧，將他丢在異鄉已是不忍的；若説作小，女人有幾人不妒忌的？若使拈酸喫醋，甚至争鬧打駡，叫他四顧無親，這苦怎了？不肯應聲。媒婆自去了。

（明）陸人龍《三刻拍案驚奇》卷二二《藏珠符可護　貪色檄能誅》　夏尚書便時常巡歷四府，相度水勢，督課工程。

一日出巡到湖州，就宿在慈感寺中。詢問風俗，內有父老説起這橋下有蚌珠，嘗因蛟龍來取，疾風暴雨，損禾壞稼。夏尚書尋思，却也無計。到晚，只見鐘磬寂然，一齋蕭瑟，夏尚書便脱衣就枕，却見一個婦人走來：

髮覆烏雲肌露雪，雙眉蹙翠疑愁絶。
緇衣冉冉□輕風，司空見也應傷絶。

後邊隨着一個女子，肌理瑩然，煒煒有光：

燦燦光華欲映人，瑩然鮮潔絶纖塵。
莫教按劍驚投暗，自是蛟宫最出群。

夏尚書正待問他何人，只見那前邊婦人，愁眉慘目，斂袂長跪道：

妾名方諸。祖應月而生，曰蜆、曰蛤、曰蟶、曰蠣、曰蚶，皆其族屬散處天下。妾則家於濟，以慢藏誨盗。有鷸生者來攫，輒搏執之。執事者欲擅其利，竟兩斃焉，因深藏於□潭。昔漢武帝游河上，藻兼因東方朔獻女侑觴，蓋子女赤光也。既復家於此，堅確自持，緘口深閉，蓋有年所。唯有一女，瑩然自隨，容色净潔，性復圓轉，光焰四射，燁燁逼人。火齊、木難當不是過，羞於自炫，同妾蕴藏避世唯恐不深。不意近邇强鄰，恣其貪淫之性，憑其爪牙之利，覬女姿色，强欲委禽，屢起風波，横相恐嚇。妾女自珍，不欲作人頑弄，妾因拒之，郎猶巧爲攫奪，妾保抱雖固，恐勢不支。願得公一帖，可以懾伏强鄰，使母子得終老巖穴，母子深願。

尚書道：女子生而願爲之有家，倘其人可托終身，何必固拒？婦人泣曰：氏胎此女，相與相依，寧共沉淪，不願入人之手。

後面女子也垂着泣道：

蛟郎貪淫，聚我輩無限，猶自網羅不已，妾寧自湛深淵，以俟象罔之求。不能暗投，遭人按劍，唯大人憐之。

夏尚書夢中悟是蚌珠，因援筆作詩一首與之：

偷閒暫爾憩祇林，鈴鐸琳琅和苦吟。
我老欲從猿作伴，抒恍却有蚌傾心。
九重已見敷新澤，薄海須教奉德音。
寄語妖蛟莫相攫，試看剖腹笑貪淫。

書罷，付與婦人，道：以此爲你母子護身符驗。婦人與女子再拜謝道：氏母子得此，可以無患，與人無争矣！

悠然而去。

夏尚書醒來，却是一夢。但見明月在窗，竹影動摇，一燈欲燼，四壁悄然。自笑道：蠢然之物，也曉我夏尚書，倘從此妖邪不敢爲禍，使此地永無風雨之驚，乃是地方一幸。想得蛟龍畏鐵，把鐵牌寫了此詩，投在橋下潭中，自此地方可少寧息。不知幾次來争的，不是個龍神，却是一條前溪裏久修煉的大蛟。他也能嘘氣成雲，吸氣成雨，得水一飛可數里，又能變成幻相。累次要取蚌珠，來争不得，後邊又聽得蚌珠在夏尚書那廂求有一詩，道：妖蛟莫相攫。夏公正人，我若仍舊興雲吐雨，擾害那方，畢竟得罪；若就不去，反爲老蚌所笑。他去賺得夏公詩，我亦可去賺得夏公詩。若有了夏公的手迹，這蚌珠不動干戈，入我手中了。

此時夏尚書巡歷各府，自蘇州到松江。要□□禹王治水時，三江入海故道。這夜宿在郵亭裏邊，聽得卧房外，簌簌似有人行的一般，只見有一個魚頭的介士禀道：前溪溪神見。夏尚書着了冠帶出來相見，只見這神人：

烈焰周身噴火光，魚鱗金甲耀寒芒。
豹頭環眼多英猛，電舌雷聲意氣强。

他走向前一躬道：

某，溪神也，族類繁多，各掌川瀆，某侍罪前溪，曾禮聘鄰女，不意此女姦詭異常，向尚書朦朧乞一手札，即欲親迎，借此相拒，乞賜改判，以遂宿心。

夏尚書道：所聘非湖州慈感寺畔女人乎？他既不願，則不得强矣。豈可身爲明神，貪色强求？金甲神道：

聘娶姬侍，不特予一人爲然。予於此女，誓必得之。如尚書固執，不唯此女不保，還恐禍及池魚。尚書不聞錢塘君怒乎？神堯之時，一怒而九年洪水。涇水之戰，一怒而壞稼八百里。大陸成池，滄田作海。只恐尚書黨異類，而貽百姓之憂耳。

他意在恐喝，只見尚書張目道：聖明在上，□□□令，爾何物妖神？敢爾無狀。昔澹臺滅明，斬蛟漢水，趙昱誅蛟於嘉陵，周處殺蛟於橋下，其難脯爾乎？吾且止爾湖州荼毒之罪，當行天誅，以靖地方，以培此女，還不速退！大叱。妖神憤憤而去。夏尚書倏忽驚醒，道：適來是個龍神，他若必欲蚌珠，畢竟復爲地方之擾，不得不除。遂草檄道：

張官置吏，職有别於崇卑；抑暴懲貪，理無分於顯晦。故顯于國紀，即陰犯天刑，勢所必誅，人宜共殛。唯兹狡虺，敢肆貪婪，革面不思革心，黷貨兼之黷武。興風雷於瞬息，豈必暴姬公之誣，毒禾稼於須臾，自爾冒涇河之罰。雩若飲其腥穢，黎庶畏其爪牙。咸思豫且網羅，共憶劉累馴狎。唯神東洋作鎮，奉職恭王，見無禮者必誅，宜作鷹鸇逐兔。倘有犯者不赦，毋令鯨鯢漏誅。一清毒穢，庶溥王仁，伫看風霆，以將威武。右檄東海龍神，准此。

□□差一員聽事官打點一副猪羊，在海口祭獻，把這檄焚在海邊。是夜，也不知是海神有靈，也不知是上天降鑒。先是海口的人聽得波濤奮擊，如軍馬驟馳，風雷震蕩，似戰鼓大起，倏忽而去。前溪地方住的但聽：

霹靂交加，風雨並驟。響琅琅雷馳鐵馬，聲吼吼風振鼓鼙。揚沙拔木，如興睢水之師；振瓦轟雷，似合昆陽之戰。怒戰九天之上，難逃九地之踪。銛牙到此失雄鋒，利爪也疑輸鋭氣。正是：殘鱗逐雨飛，玄血隨風灑。貪淫干天誅，竟殪轟雷下。

風雷之聲，自遠而近。溪中波濤上射，雲霧上騰，似有戰伐之聲。一會兒霹靂一聲，衆聲都息，其風雨向海口而去。這些村民道：這一個霹靂，不知打了些甚麽？到得早間，只聽得人沸反道：好一條大蛇。又道：好一條大龍。又道：是昨夜天雷打死的。

蜿蜒三十丈，覆壓二三畝，鱗摇奇色，熠耀與日色争光；爪□□犀鈎，科與戈鋒競鋭。雙角峥嶸而卧水，一身伏蹇而横波。空思鋭氣嘘雲，只見横屍壓浪。

仔細看來，有角有爪，其色青，其形龍，實是一條大蛟。衆人道：這蛟不知有甚罪過，被天打死。有些道：每年四五月間，他在這裏發水，淹壞田禾，都是他罪過。今日天開眼，爲民除害。不知他也只貪這蚌珠，以致喪身，死在夏公一檄。

里遞申報縣官，縣官轉申，也申到夏尚書處。夏尚書查他死這一日，正夏尚書發檄之夜。尚書深喜海神效命，不日誅殛妖蛟。這妖蛟，他氣候便將成龍，只該静守，怎貪這蚌珠，累行争奪，竟招殺身之禍。嘆息道：今之做官的，貪贜不已，干犯天誅的，這就是個樣子。又喜蚌珠可以無患，湖民可以不驚，自己精忱，可以感格鬼神。

後來因治水，又到湖州，恍惚之中，又見前婦人携前女子，還有一個小女子，向公斂衽再拜道：

前得公手札，已自縮强鄰之舌，後猶呶呶不已。公投檄海神，海神率其族屬，大戰前溪，震澤君復行助陣，妖蛟無援勢孤，竟死雷斧之下。借一儆百，他人斷不復垂涎矣。但我母子得公鋤强助弱，免至相離，無以爲報。兹有幼女朗如，光艷圓潔，雖不及瑩然，然亦稀世之珍，願侍左右。

夏尚書道：妖蛟以貪喪身，我復利子次女，是我爲妖蛟之續耳，這斷不可。婦人道：

妾有二女，留一自衛，留一事公。脱當日非公誅鋤，將妾軀殼亦不能自保，况二女乎？實以公得全，故女亦輸心，願佐公玩。

公曰：據子之言，似感我德。今必欲以女相污，是浼我，非報我了。且奪子之女不仁，以殺蛟得報不義。却之再三，婦人見公意甚堅，乃與二女再拜泣謝：

公有孟嘗之德，妾不能爲隋侯之報，妾愧死矣。唯有江枯石爛，銘德不休耳！

（清）徐珂《清稗類鈔・婚姻類・滿蒙漢八旗婚嫁》 八旗婚嫁之制，納采、問名諸事悉同漢人，數尚雙，吉期用兩日。先數日，送奩具至男家，置於桌抬之，以多爲榮。及迎親，則男家擇年長全福之婦至女宅，代新婦上粧，曰娶親太太。其送親也，亦擇年長全福之婦至男宅，扶持新婦，曰送親太太。皆乘花輿，故花輿必備三乘。新婦登輿，不衣禮服，而其衣以布；不梳兩把頭而聚髮成髻，蓋以紅巾。其内衣，雖夏日亦裝棉，若在三伏期内，亦夾而不單，然肩膝等處亦必略置棉花。

新婦輿至門，新郎抽矢三射，云以去煞神。新婦出輿，不祭祖，不拜花燭，徑入洞房，與新郎并坐於炕，闔門，行坐帳禮。新郎新婦外出，跪拜於一族最尊而全福者之前。全福者口述吉語，以秤竿挑去紅巾。食水餃，餃不熟，即熟亦諱言之，生者，取生育之義也。新婦易衣，其飾，富貴者有鈿子、以珠翠紮成髮飾。喜花，紅絨製喜字或福字。常人之家即梳髻，著常服。妝成，新婦坐於炕，不言不笑不動，否則爲不吉。及夕，新郎代新婦取花插之窗，必在窗之低槅，愈低，則得子愈早。翌晨，新婦乃偕新郎行廟見禮。

（清）徐珂《清稗類鈔・婚姻類・滿洲婚嫁》 滿洲氏族，皆年及冠笄始相聘問。男家主婦至女家問名，相女年貌，意既洽，贈如意或釵釧諸物，以爲定禮，名曰小定。擇吉日，男家集宗族親友偕新壻往女家問名，女家亦集宗族等迎之中庭，位左右設，男族入，趨右位。有年長者致詞曰：某家男某雖不肖，今已及冠，魔聘婦爲繼續計。聞尊室女賢淑著令名，願聘主中饋，以光敝族。女族致謙詞以謝。若是者再，始定婚，令新壻入拜神位前及外舅父母如儀。既進茶，女族趨右位，男族據賓筵，或設酒宴以賀。改月擇吉，男家下聘，有酒筵、羊鵝、衣服、綢緞諸物，曰過禮。女家款待如儀。男家贈銀於女家，令跳神以誌喜。既定，婚期前一日，女家贈妝匳嫁資，視其家之貧富，壻策騎往謝。五鼓，鼓樂，娶婦至男家，竟夜笙歌不絶，謂之響房。新婦既至，新壻以弓矢對輿射之。新婦懷抱寶瓶入坐，向吉方。及吉時，宗老吉服致祭於中庭，奠羊酒諸物，以刀割肉，致吉詞。禮畢，新壻新婦登牀，行合巹禮。次晨五鼓興，始拜天地、神像、宗祠，翁姑坐而受禮，宗族尊長卑幼以次拜謁。三日或五日，婦歸寧，省父母，壻隨至女家，宴享如儀。滿月，婦復歸寧，數日始返，於是婚禮畢。

（清）徐珂《清稗類鈔·婚姻類·柳條邊外婚嫁》 柳條邊外人家之婚姻，擇門第相當者，先求老人爲媒，將允，則男之母遥至女家，視其女，與之簪珥布帛。女家無他辭，男之父乃率其子至女之姻戚家叩頭。姻戚家亦無他辭，乃率其子姪群至女家叩頭。《金志》所謂男下女禮也。女家受而不辭，辭則猶未允也。既允之後，然後下茶，江、浙有茶禮二字，蓋始於本朝。設酒筵，此男家事也。女家亦賠送耳。結婚多在十歲以内，過此則爲晚。

（清）徐珂《清稗類鈔·婚姻類·寧古塔婚嫁》 寧古塔即寧安縣，其居民之婚禮，無柬帖，無鼓樂，無男女儐相。文定時，父率子從媒介人往婦家謁其父母。明日，女之父母亦從媒介人答謁。行聘曰下茶，羊酒之外，有高桌，鋪紅氈，以盤置茶果、綢緞、布疋陳其上，多者至數十桌。嫁時，匳具如鏡臺箱篋被褥之類亦置於高桌，二人扛之。

（清）徐珂《清稗類鈔·婚姻類·江寧婚禮之傳紅》 江寧人婚事有傳紅之禮。以男女生年月日時八字書之丹牋爲質，俗謂之傳紅，即古納采也。

（清）徐珂《清稗類鈔·婚姻類·石澳婚嫁》 閩之石澳瀕海，其俗，當婚嫁之日，男家以青油幕之肩輿迎新婦，六人持紅布旗爲導。此六人者，皆家小康之少年也。美衣冠而跣足，持旗導輿往，謂之替新郎。至，則女家阻之，向索錢四五千文，始放行，謂之索青錢。日將晡，新婦升輿往夫家，從之者數女伴，曰新阿姨，並爲新婦肩衣箱，隨輿而至。新郎迎入室，預設酒筵於新房之卧榻旁，旋邀所謂替新郎者，招諸阿姨入房定席，相與啓飲，諧謔嘲笑，罔有顧忌。二更盡，席撤，替新郎者散，主人導新阿姨入宿别室，而夫婦始行合巹禮焉。

（清）徐珂《清稗類鈔·婚姻類·醴陵婚嫁》 湖南醴陵之婚禮，重媒妁，慎門閥。文定時，先以紅箋書男庚致女家，女家允，發女庚，曰草八字。於是擇日迎女父或其親屬上門，以紅緑箋互書男女庚，執爲信，曰填庚。亦有親迎時填者，謂之轎下庚。後多不填庚，即以草八字爲定。將婚，諏吉，先期倩媒妁往女家報日。届期，不親迎，惟以彩輿迓之，女繡帕蒙頭，升輿。至門，擇戚友夫婦之宜男者揭輿幕，命捧花燭者導引入房，交拜，互飲，歌詩，曰合巹。是夜，衆賓集房中，歌詩讚燭，曰鬧房。次日拜祖先，次拜翁姑尊長親黨，曰拜茶。

（清）徐珂《清稗類鈔·婚姻類·桂邊以大糉遣嫁》 廣西邊境，有鄰近越南之各土州，凡嫁女之家，必有大糉二送往男家。糉之長可一丈，徑一尺，重百餘斤。製糉之法，先用竹片織一大笠，其長闊如上所述，四圍束芭蕉葉，然後以糯米實之，餡以鷄鴨猪羊等肉爲之。包裹完固，即置炭火中，煨至數日，始熟。

（清）徐珂《清稗類鈔·婚姻類·蒙古婚嫁》 蒙古婚嫁，禮聘、奩貲皆以牲畜，牲畜之數尚奇，起一九至九九而止，如貧不能九數者，亦必三五七等數，與内地數取對偶之意適相反。近邊一帶，已染漢習，有以銀塊行聘者。婚日，壻公服弧矢，策騎而往，親朋隨之。壻謁外舅姑必遞哈達，哈達有布有綾，以有佛像者爲貴。女家延之上坐，享以全羊奶酒，賓朋醵飲，宿一夕而歸。次日，女家亦召親朋，策騎送女，男家於室中爇火一盆，新夫婦向火拜，次及翁姑，不交拜，不合巹，飯後，始與親朋爲禮。貧者女至男家，隨身衣飾而外，無長物。中人之家，牲畜三五頭，富者，牲畜之外，復媵以奴婢。婚日，新婦束裝不異常人。親朋饋贈，以牛馬爲厚儀，通常不過布一疋，羊一頭而已。

新婦三年内生子，應得外家財産一半，如三年不育，勒令大歸，並追還原聘，聽其擇人再醮。王公之妃三年不育即别娶，蓋恐嗣續缺如，乏人襲職也。如不願別娶，其左右輒嬲之，不由其自主也。

（清）徐珂《清稗類鈔·婚姻類·蒙古貴孀不再嫁》 蒙古王公嫡庶之分頗嚴，即在妾媵，亦必得旗衆公賀，乃承認之，否則有子爲私生，不得列爲台吉。又夫婦於生存時可以離居，夫死後，婦不得再嫁，此與其古俗懸殊矣。蓋匈奴之俗，父死，妻其後母，兄弟亡，亦收其妻，元人入主中原，其風不改，明時三娘子歷配俺答三世，爲時固未遠也。至國朝，常以公主下嫁蒙古王公，意必朝廷醜其俗，强使改之也。

（清）徐珂《清稗類鈔·婚姻類·新疆蒙人婚嫁》 孩童出痘謂之熟人。新疆蒙古人之孩童，必俟其既爲熟人，始與論婚。未出痘者謂之生人。有疾，延喇嘛誦經，服藥不效，則穿耳一孔，貫以銀絲所懸之珊瑚一粒，謂其易於養育也。婚禮，男家贄哈達羊酒請媒道意，諾，則結哈達於酒壺之蓋。媒乃攜壻登門，禮見外舅外姑，復進哈達，藏膠其内，以取膠結之義。獻佛座前，來者均稱賀，謂之哈達主蘇特畢漢。於是致聘禮，羊酒布帛，視家有無。女家受之，分餽戚友鄰黨，示得壻也。

婚日，親迎到門，喇嘛誦經，新壻跪拜，然後入，行謁見外舅外姑禮，迎新婦以歸。新婦冠呢簷紅纓大帽，皮韡朱袍，長衿袙腹，泣辭父母。以衣翳面，伯叔兄弟抱持上馬同騎，歌吹導行。至門，喇嘛誦經，男女持羊膀骨，拜天地及佛。跪地，嫂氏拆新郎新婦髮，交合而梳之。同起，入門，祀竈神，次拜舅姑。禮畢，嫂氏引入氈房，易婦裝，合髮結二辮，長垂胸左右。嫂氏復引禮竈神，拜舅姑，次拜諸族戚友。回房，坐鄂倫，垂帳幔，賓客各薦紅布一方，餽飴果爲禮。團坐食茶酒，道吉辭，彈登木，長二尺餘，二絃。男女背柳，跳舞之名，猶纏頭回回俗之偎郎也。雙雙逐隊唱歌爲樂。三日之内，出入言動，皆嫂氏導之，過此，始執婦職，諸事皆躬自操作矣。凡有妻者，不得再娶。其有男女及年而貧不能嫁娶者，爲官長所知，則鳩衆集貲以助之。

（清）徐珂《清稗類鈔·婚姻類·哈薩克婚嫁》 哈薩克人婚嫁，惟同乳者不相配，配者，不問門户年歲，視聘資多寡，富人往往致馬千蹄，牛千足，駝百峰，銀二三千兩。媒妁入女家，議定財聘，偕其父若母或其昆弟爲踏水之禮。媒人議定銀畜之數，女家許諾，即偕主婚之家長至河干躍水而過，有因此跌折肢體而不恤者，謂之踏水。蓋一經踏水即無悔心也。過此，則女家時往索銀畜，交逾半，壻得朝夕入女家，同寢餐，爲夫婦，交納財禮之數如已過半，其壻即入女家謁外舅外姑，留食留宿，夜間由嫂攜女送壻卧處，家人僞爲不知者。一宿之後，其壻隨時往來，儼成夫婦，不復顧忌矣。惟交不盈數，則終身不得迎娶。女如有身，設法墮之。

親迎日，媒攜新壻納采帛，次第進見女父母伯叔兄弟，握手鞠躬爲禮，壻家男婦聯騎同行，猶漢俗之伴郎，肉食而後返。其見外姑，則別以良馬奉之，酬乳哺之恩也。女子將出門，辭父母，握手接脣，以至親之一人抱上馬，紅巾幬面首，並騎以行。至門，扶入氈房，莫洛大回人主誦經者。高捧潔水一盂，口喃喃誦經，飲新郎新婦，並普飲同座者。夜則男婦雜沓，調笑吹彈，唱歌跳舞爲歡樂，盡興，乃各散去。

次日，嫂氏爲改婦裝，合梳十數小辮爲兩大辮，稍結紅繩，長垂齊足跗，以彩巾帕首拖背後，服黑色袷袢，繫紅裙。嫂扶以見姑，新婦握生牛油擲爐中，光焰滿室，以爲吉祥，鞠躬就座。姑置木盤，堆積肉食，嫂氏操刀代割以奉姑，復徧進座客，環而食之。受姑訓辭，俾躬親灑掃諸事。姑率新婦周歷家中，先使灑掃火爐爲婦職之始。此後入姑室，揭氈簾問安，入門依左立問安，至火爐側問安，出門，則以紅巾冪面而去。其俗以翁媳不相見爲禮，遇則背立，帕掩其面，貧者亦二三年後始得相見。男子娶婦不許過四人，嫡妻執家政，諸妾同操作而已。夫妻反目願離異者，則延頭人戚鄰論是非曲直，其夫指應出條事，賠嫁貲，遣之去。其妻請離異者，則一切器物既不得取。衆反復諭之，不聽，乃立離書，摹手足，頭人用戳印爲據，謂之羊土耳，兒女均歸其夫，婦不問也。夫死，婦不得嫁異族，其夫之兄弟娶之。不願再醮者，亦弗强也。

（清）徐珂《清稗類鈔·婚姻類·青海蒙番婚嫁之異同》 青海蒙古男女結婚，有媒妁，通知各該管之王公台吉與盟長，而後由坐家僧主婚。男用布帛、首飾、牲畜爲聘禮，牛馬數用十六，羊必倍之，富者以次遞加。女辦嫁資，略如漢俗，惟不用箱而用牛皮包，衣飾之外，媵以牛馬駝羊。其王公台吉嫁女，或且以牧地數區贈嫁，限定年期繳還母家，不還則興訟。其結婚，必由喇嘛擇吉日，男盛飾，跨馬親迎。女家設筵以待，新娘盛妝，陪新郎上坐，劈羊肉爲大臠，酒盈盆，染以硃紅。啖畢，兩馬絡彩球，男女前後騎，各牽紅布一端，送迎者簇擁以去。入門，先拜坐家僧，後見翁姑及家人。别備牛皮帳，周懸紅燈，外立拒馬木，聯以紅布，新郎攜新人入，飲食傳進，隔宿以出。女族男族諸親圍坐就飲，唱野曲，靡靡可聽。必盡一日夜之歡，俟新郎新婦明晨出帳，然後散。

番人結婚，則異於是。男女少時同牧於山野，相悦者結爲配偶，私告其父母，父母允，授男以求婚歌，授女以迎郎曲。擇日，各飾其子女，攜入山，張幕置酒，説合行聘，兩家父母拍手，引子女使歌，男唱女和，音節清越。始而緩步，舉手相招，若即若離，繼而趨數巡，相與攜手，唱愈高，行愈遠，轉入深谷而野合焉。兩家父母拍手歡呼。於深谷前後派人看守，禁人窺視，牽兩馬於谷口，以迎其子女。有頃，男女攜手唱而出，騎而回，男遞哈達於女家，女遞哈達於翁姑，各解腰帶，互繫一羊，牽而歸，示衆爲别，略似苗民跳月之俗。苗俗先歌而後婚，番俗先婚而後歌也。歸告該管之千百户，而後由坐家僧主婚，男用布疋、牲畜爲聘，女家嫁資惟一身衣飾隨帶牲畜而已。聘定以後，男女可自相往來。婚娶之日，男家燃燈酥，高誦梵經，謂之洗帳。番女跨馬至夫家，中途遇河遇水溝，必下馬，跣而渡，相傳佛母過通天河之古例也。入帳，拜佛像，退而執役如常人，夜與家人共宿一帳。越數日，女族人至，始置酒大會親友，就席恣意飲啖，歡舞而去。聘定一年後始娶者，生子，親抱而來，數數見之，無足奇也。其娶婦易，其棄婦亦易。結髮久矣，平時曾未反目，偶因小事不睦，遽相偕至曠場，各脱一鞾，望空擲之，下落，驗其向背而定離合。如兩鞾皆左向，或皆右向，則順，仍爲夫婦如初。如鞾底相對，或口相對，則逆，拔佩刀於兩鞾之中，劃土爲界，婦入帳，裹其所有，索牲畜如數，驅而至母家。

（清）徐珂《清稗類鈔・婚姻類・王家裕遺嫁義女》　龍眠王家裕嘗官常德守備，多惠政，軍民信之。康熙壬戌夏，一日，偶至廄中之别門，有老漁伺於外，進且却，意謂獻魚也。呼之，乃前跪曰：前日捕魚荒洲，聞呼救聲，望之，乃一女子，縛於覆舟，急往，解其縛，飲以湯。徐問之，乃曰：我本南寧張氏士人女，年十八，避亂山谷。大兵克滇，搜獲之，欲肆辱，妾翦髮毁容獲免。然猶百計防我，求死不得，師旋，從馬上縛來，及登舟，復縛之舟尾。次桃源白馬渡，風逆舟覆，横浮水面，人盡没，我獨以繫在尾，出水上，不死，流至此三日矣。翁若再遲至，饑寒死矣。今遇翁，實再生我。旋解懷中所餘簪珥見貽，民不受，女曰：既活我，盍至翁家，徐圖寄信父母，使來迎，當有厚報。民云：我非望報，惟生涯一葉，草廬半間，置汝其中，必爲人所疑，報官詰治，則汝我皆受累矣。女曰：翁處既不可，抑思善良有力之家，可轉送收養乎？民曰：人非畏累，即貪財貪色，儻以汝爲側室，或轉鬻以求贏利，我實負汝矣。今常德守備王公，君子也，好行其德，必能全汝。女首肯。故民夫婦載之以來，民先詣署前，不得通，因伺於此，果得見公，亦此女之緣也。王乃命家人迎女至，則端潔婉好，雖久在兵間，閨範凝重。問之，謂以遭亂故，猶未字。王乃收爲義女，而以十金給漁。漁曰：公固好義，民亦非爲利者。堅辭不受。問其姓名，曰：民今年七十餘，夫婦二人，無子女，一蓑一笠，終老煙波，足矣，初不望報於後，何用知姓名爲？終不言，歡然而去。

王於女，視如己出，又數因人寄訊其家，卒無人至。心念女年漸長，欲爲擇配，會有原籍常德之貴州武舉周臣侯者至常祀祖，謁王，王見其少年倜儻，而屬意焉。叩之，尚未婚。他日再來，遂留飲，同坐有趙某，周之中表兄也。王語之，趙驚曰：此殆天緣矣。乃言：周於數月前夢授職歸，拜香火堂，都不見一切神位，惟小屏有朱書一天字。入内拜尊屬，則見一女子持紅絲侍側，飲食甚盛，同飲者爲王公玉，相與劇飲。醉而讀《史通》，至東漢秦嘉妻小傳而寤。次日，以夢告，我等群相賀，謂授官必得上缺，且有締姻之喜，豈知先有此遇，而我公之姓，又適符其夢耶！語罷，又一友驚呼曰：王姓非應在公，乃我也。我姓王，字公玉。夢中先得之，天其令我作合耶？蓋此友自岳陽來，王雖與久游，亦不知其字公玉也。周就視公玉貌，悉與夢中符，乃丐其執柯，王欣然允。既定，遂擇吉日納聘，以女婦臣侯。

（清）徐珂《清稗類鈔・婚姻類・金川夷人婚嫁》　金川夷人無問名、納采諸禮，男女率先私合而後婚配。男家倩喇嘛擇吉日，告之女家。至期，兩家各延喇嘛誦經禮懺，戚串鄰里咸集於女家，飫猪膘，吸雜酒。男家倩一人前往，如媒妁禮。女家亦倩一人壺漿以迎，酌之酒。男家人長跪而後飲之，女家人端坐不動也。飲畢，羣擁新婦至夫家，笑言謔浪，相率跳鍋莊。跳畢，各侈飲啖，既醉既飽，如鳥獸散，而新婦亦行矣。自此往來不常，食宿無定所，迨生有子女，然後依棲夫家。

婚姻解除分部

論說

（漢）班固《白虎通義》卷一〇《嫁娶》 夫有惡行，妻不得去者，地無去天之義也。夫雖有惡，不得去也。故《禮·郊特牲》曰：一與之齊，終身不改。悖逆人倫，殺妻父母，廢絶綱紀，亂之大者。義絶，乃得去也。

《春秋公羊傳注疏·莊公二十七年》 冬，杞伯姬來。其言來何？直來曰來，大歸曰來歸。大歸者，廢棄來歸也。歸人有七棄、五不娶、三不去：嘗更三年喪不去，不忘恩也；賤取貴不去，不背德也；有所受，無所歸不去，不窮窮也。喪婦長女不娶，無教戒也；世有惡疾不娶，棄於天也；世有刑人不娶，棄於人也；亂家女不娶，類不正也；逆家女不娶，廢人倫也。無子棄，絶世也；淫泆棄，亂類也；不事舅姑棄，悖德也；口舌棄，離親也；盜竊棄，反義也；嫉妒棄，亂家也；惡疾棄，不可奉宗廟也。更，音庚。背，音佩。喪婦，息浪反。長女，丁丈反。悖，補内反。疏：注不背德也。解云：言己賤時，彼已事己，是其恩德也。若貴而棄之，即是背德而不報，非禮也。注逆家至人倫也。解云：謂仍見其家不行正直，而行頑嚚，廢其尊卑之倫次，故不可娶。

（宋）潘自牧《記纂淵海》卷三九《人倫部·出妻》 經：有女仳離。《詩》。子甚宜其妻，父母不説出。《記》。妻出，夫使人致之曰：某不敏，不能從而共粢盛，使某也敢告侍於者。主人對曰：某之子不肖，不敢辟誅，敢不敬須以俟命。如舅在則稱舅，舅没則兄，無兄則稱夫。《雜記下》。

子：婦有七出：不順父母者，無子者，淫僻者，嫉妬者，惡疾者，多口舌者，竊盜者。《家語·本命篇》。曾參後母遇之無恩，供養不衰。其妻以蒸藜不熟，因出之。人曰：非七出也。參曰：蒸藜，小物耳。吾欲使熟而不用吾命，況大事乎。《七十二弟子解》。自叔梁紇始出妻，及伯魚亦出妻，至子思又出妻，故稱孔氏三世出妻。《後序》。孟子惡敗而出妻。《荀子·解蔽》注惡其敗德而出妻。

傳：王吉妻取東家棗啖吉，乃去婦。西漢本傳。鮑永事後母至孝，妻嘗於母前叱狗，永即出其妻。東漢本傳。姜詩事母至孝，妻奉順尤篤。母好飲江水，妻常泝流而及，值風不時得還，母渴，詩責而遣之。《列女傳》。黄允遣妻夏侯氏，集客二百人數允隱匿事十五而去，允遂廢。見本傳。李迥秀母氏族賤而色養過人，其妻崔氏嘗叱其媵婢，母聞之不悦，迥秀即時出之。或止之曰：賢室雖不避嫌疑，然過非出狀，何遽如此。迥秀曰：娶妻本以承順顔色，苟違，何敢留也。《舊唐書》本傳。

《大戴》婦有七去：不順父母去，無子去，淫去，妬去，有惡疾去，多言去，竊盜去。不順父母爲其逆德也，無子爲其絶世也，淫爲其亂族也，妬爲其亂家也，有惡疾爲其不可與共粢盛也，多言爲其離親也，盜竊爲其反義也。《大戴禮·本命篇》。

集：姜詩出婦蓋爲小瑕，鮑永去妻亦非大過。白樂天判。

（元）徐元瑞《吏學指南·户婚·義絶》 伉儷之道義期同穴，一與之齊終身不改，苟違正道是名義絶。

（元）徐元瑞《吏學指南·户婚·七出》 婦人所犯而出之：一曰無子，謂絶世也；二曰淫泆，謂亂族也；三曰不事舅姑，謂逆德也；四曰口舌，謂亂親也；五曰盜竊，謂反義也；六曰妬忌，謂亂家也；七曰惡疾，謂不可供奉粢盛以祭先也。

（元）徐元瑞《吏學指南·户婚·三不去》 婦人雖犯七出，而有三不去之名：一，曾經持舅姑之喪；二，娶時賤後貴；三有所受無所歸。有此三者，難以離之。

（明）王禕《王忠文集》卷一五《議·七出議》 《禮》《大戴禮·本命篇》。妻有七出：不順父母、無子、淫妬、惡疾、多言、竊盜是也。而又有三不去：有所取無所歸、與更三年之喪、前貧賤後富貴是也。凡此聖人所以順男女之際，重婚姻之始也。後世之議者，或曰：婦人不順父母、淫妬、多言、竊盜，其爲罪而見出宜也。若無子、惡疾乃其不幸，非其罪也，而去之，非禮也。聖人之制禮，豈其若是嚴甚哉。故七出定爲五出，於禮爲稱也。曰聖人之制禮，嚴與寬蓋並用也。惟其嚴也，故有以合乎天理之公；惟其寬也，故有以順乎人情之正。寬嚴相適而制禮之意得矣。今自七出言之，無子、惡疾固婦人之不幸也，而出之，則過乎嚴矣。然三不去者，婦人孰無之，使其無子、惡疾矣，而或其有所取無所歸也、與更三年之喪也、前貧賤而後富貴也，則固不得而去之也，是又未嘗不寬甚也。夫夫婦之配偶，人倫之本也。聖人之制禮，其必審於此矣。故曰寬嚴相適，聖人制禮之意所以爲中也。或曰：惡疾、無子，而或有是三不去者，固不去矣。使或無是也，則其出也，庸豈其罪歟。曰妻道二：一曰奉宗祀也，一曰續宗嗣也。二者人道之本也，今其無子，則是絶世也，惡疾則是不可與共粢盛也，是義之不得不絶者也。夫不順父母以其逆德也，淫以其亂族也，妬以其亂家也，多言以其離間也，竊盜以其反義也，五者其惡德之見絶於人者也。無子之絶世，惡疾之不可與共粢盛，二者其惡德之見絶於天者也。其於義所當絶，均也。或曰：古者諸侯一夫人、六姪娣、兩媵，大夫一妻二妾，士一妻一妾，藉使妻有惡疾、無子，則固有妾足以生子而奉祀，奚必妻之出也。曰禮莫重於嫡孽之分，所以培化本而窒亂源也。庶孽並嫡，家國之禍莫不由兹。苟因妻有惡疾、無子而成庶孽之寵，以啓争奪之禍，是家國之大不幸也。又況庶人有妻而無妾，其爲不幸也尤大。夫因婦人之不幸而致家國之大不幸，輕重之際，聖人固有以權衡之，而謹其始矣。然則以惡疾、無子而出，妻義之不得已，而禮之不可免者也。或曰：禮者，先王教人之具。律者，聖人御世之準。故禮虚文而律實法也。七出之文，雖載於禮，而五出之法，今著於律，奚爲其不可也。曰禮與律非二物也，禮者，防之於未然，律者，禁之於已然，皆緣人情而爲制。禮之所不許，即律之所不容，出於禮則入於律也。惡疾、無子之當出，其著於律，歷代相因，未之有改，由人情之所同也。禮律二者，均爲聖人之所制，其輕重之際詳矣。七出之目，胡獨於今而廢之也。故嘗論之。夫婦之道以義合、以禮成者也，其成也，則納之以禮，不合也，則出之以義，聖人之所許也。禮載諸侯出夫人，夫人比至於其國，以夫人之禮行。至，以夫人入。使者將命曰：寡君不敏，不能從而守社稷宗廟，使使臣某敢告於執事。主人對曰：寡君固前辭不教矣。寡君敢不敬須以竢命。大夫以下出妻，夫使人致之曰，某不敏，不能從而供粢盛，某也敢告於侍者。主人對曰：某之子不肖，不敢辟誅，敢不敬須以竢命。是其進退之間，從容孫順有如此。先王因其義之不得已，而禮之不可免，所以存其辭而不廢也，是故孔子之家三世嘗出妻矣。使果以出妻爲難也，然則聖人非歟。由是論之，狥私情暱細惠，不知禮義之大節。謂婦人無子、惡疾爲不當去，而欲減七出爲五出者，可謂野於禮也已。

（明）胡廣《性理大全》卷五二《學・人倫》 問妻可出乎。曰：妻不賢，出之何害，如子思亦嘗出妻。今世俗乃以出妻爲醜行，遂不敢爲。古人不如此，妻有不善便當出也。只爲今人將此作一件大事，隱忍不敢發，或有隱惡，爲其陰持之，以至縱恣，養成不善，豈不害事。人修身刑家最急，纔修身便到刑家上也。又問古人出妻，有以對姑叱狗，藜蒸不熟者，亦無甚惡而遽出之，何也。曰：此古人忠厚之道也。古之人交，絶不出惡聲，君子不忍以大惡出其妻，而以微罪去之，以此見其忠厚之至也。且如叱狗於親前者，亦有甚大故不是處，只爲他平日有故，因此一事出之。爾或曰：彼以此細故見逐，安能無辭。兼他人不知是與不是，則如之何。曰：彼必自知其罪，但自己理直可矣，何必教他人知，然有識者當自知之也。如必待彰暴其妻之不善，使他人知之，是亦淺丈夫而已。君子不如此，大凡人説話多欲令彼曲我直，若君子自有一箇含容意思。或曰：古語有之，出妻令其可嫁，絶友令其可交，乃此意否。曰：是也。

（明）羅欽順《困知記》卷下 《曾子問》：昏禮既納幣，有吉日，而壻之父母死，已葬。使人致命女氏曰：某之子有父母之喪，不得嗣爲兄弟。女氏許諾而弗敢嫁，禮也。壻免喪，女之父母使人請，壻弗取而后嫁之，禮也。女之父母死，壻亦如之。陳澔《集説》謂：壻祥禫之後，女之父母使人請壻成昏，壻終守前説，而不取，而后此女嫁於他族。若女免喪，壻之父母使人請，女家不許。壻然後別娶。此於義理人情皆説不通，何其謬也。安有婚姻之約既定，直以喪故，需之三年之久，乃從而改嫁與別娶邪。蓋弗取弗許者，免喪之初，不忍遽爾從吉，故辭其請，亦所謂禮辭也。其後必再有往復，昏禮乃成。聖人雖未嘗言，固可以義推也。澔之《集説》，未爲無功於禮，但小小疎失，時復有之，然害理傷教，莫此爲甚。

（清）臧庸《拜經堂文集》卷一《夫死適人及出妻論乙卯季夏》 作禮

教以教天下後世者，聖人。聖人之於人，原之以情，斷之以法，行之無弊而可久。而非鰓鰓一節之末，遇變而潰決大敗焉者。周公，聖之集大成者，手定喪服禮，有繼父出妻之文。父者，子之天也。天可繼乎？然備繼父之道，從而繼父之明，夫死妻得適人也。若夫死，妻稚子幼，又無大功之親，而不許其適人，必母子交斃矣。人生本乎天，故爲天民，聖人不輕責人死，匹夫、匹婦無罪，而禁之窮餓，以至殞滅，是謂夭天之民。聖人之心，不若是之忍也。且夫婦之禮，唯及七十，同藏無間。妾雖老，年未滿五十，必與五日之御。改適者，較之壹與之齊終身不改者，固不可以同年語。然無夫而有夫，藉以養廉耻之心，免飢寒之困，則猶合乎禮之變。後世庶民之家改適者有之，士大夫之族以爲耻而不行。究之年齒壯艾，衣食空乏，有反不如適人有夫之爲愈矣。宋儒言：貧窮無託而再嫁，只是後世怕餓死之説。然餓死極小，失節極大。不知《禮》經稱繼父，《檀弓記》公叔木、狄儀皆有同母異父之昆弟。事非起於輓近，以餓死爲極小，論亦過刻，安得以士君子守身之義槩責之愚婦人。夫死有嫁者，即有娶者，而宋儒言孀婦不可取。凡取以配身，若取失節者配身，是已失節也。然婦人化於人者也，非化人者也。己賢，取再醮之婦，何傷？己不賢，取守義之女，奚益。正己之君子而斤斤於此，末矣。余弟禮堂曰：古聖人之意，貴男而賤女，故男子可以繼室，婦人不得再嫁。《易》曰：婦人從一而終，夫子制義，其是之謂矣。孔子删《詩》，存《柏舟》篇，以爲婦人之常法，俾天下後世有表式焉。然苦節不可貞，聖人不强責人之所難，故於《禮》微著其文，而不明示以再嫁。再嫁之事古多有之，不聞以爲深詬，後世節義廉耻事事不逮古人，而諱忌再嫁之失乃獨過於古人。於是有名爲守節而實不守節者，其亦知聖人原人情之意，固不若是之刻，以至有病而不可救歟。嗚呼，信義之重，唯諾不變，矧夫婦一體，邪世有實心守義生死不渝者，吾將與衛之共姜同致其感泣欽幕，又何議焉。夫婦爲人倫之本，而《禮》經有出妻之文，何也？聖人有五不娶慎之於先，三不去防之於後，始有七出之條。故不順父母者出。婦事舅姑如事父母，不順爲逆德，勢必陷夫於不孝。人子可溺牀第之私，致拂親心乎？《内則》曰：子甚宜其妻，父母不説，出。子不宜其妻，父母曰是善事我，子行夫婦之禮焉，沒身不衰。是妻之去留固以父母之説否爲準者。無子者出。取妻爲嗣續計，無子將有絶世之慘，不出更娶何待？孟子曰：不孝有三，無後爲大。嘗見有不産之婦，而復禁夫納妾，遂至坐視其滅宗，故與嫉妬者同出也。淫僻犯禮之大防，且有亂族之禍。古有七出，今止一出，知羞惡之心未嘗盡泯。惡疾者出。謂不可同事宗廟供粢盛也。《禮》主婦薦豆設羹，絶於天者，棄於祖。祖考神靈之所在，俾天刑之，婦厠其旁，是爲瀆祖褻宗。孝子慈孫之心必有所大不忍者，心之不忍則不爲也。多口舌與竊盗較之，五者似輕。然離親間戚，兆端起釁皆由於多口舌。歌曰：彼婦之口，可以出走。《詩》曰：婦有長舌，雖厲之階。竊盗則反義敗常，漸至不齒人列同心同德之謂，何而醜行若此，故俱不免於出已。蓋一家之中，父子兄弟以天合者，夫婦以人合者。以天合者，義無可分。以人合者，義合則合，義不合則分。故夫死不禁其適人，妻不賢而可出。出之，夫得復娶妻，亦可再嫁，明天與人之不同也。孔門禮法之宗，而伯魚之母出，子上之母出，曾元之母出。自末世視之，鮮不以爲薄義不情者，而孔子、子思、曾子皆大聖賢，躬行不諱，亦獨何哉？誠以婦人義有三從，道無專制，施衿結縭，所丁寧告誡者，惟無違一言。而苟犯七出必去勿疑，此陽剛陰柔之理。庶婦人之心有所懼，而不敢肆。雖悍妬者，莫不歛戢聽命焉。此法不行，陽爲陰屈，夫制於妻，倫綱斁壞，不可究極。《書》曰：牝雞無晨。牝雞之晨，惟家之索，可勝慨歟。《内則》曰：子放婦出而不表，禮焉。蓋雖不順父母而出，猶不明言其不順，如曾子以蒸黎不熟爲名是已。近世多割鼻、剪髮，苦節烈志之婦亦有不堪自問焉者。賢不肖，蓋未可以等論，出妻萬一有之，人不屑取，遂終爲棄人，或飲恨而不得其死，知古道之難行也，去周公、孔子之世久矣。

（清）錢儀吉《衎石齋記事續稾》卷二《昏問》 道光十一年，山東兩縣令約爲婚姻，已爲前後政争官穀，壻父戕女父死焉，女不忍事仇，自繆死，詔旌其孝。或謂女不死，當離婚。敢問。

曰：是生民之至窮，而王政所加閔也。夫親讎之復，鬥不反戈，海外之避，官爲和難。春秋子沈子曰：臣不討賊，非臣也，子不復讎，非子也。今以嬛嬛孤女銜痛立庭，乃使纚笄而朝，執笲而祝，忘親事讎，生理盡矣。又告期請吉，必稱先人，此既辭窮，於何成禮。或謂《昏儀》壹與之齊，終身不改。又謂婦人内夫家，外父母家。又以先儒謂夫有惡行妻不得去者，地無去天之義也。是女也，雖爲終身之哀，亦將無所逃命，不知女子無專制之行，有三從之道，當其未嫁，不制於夫。故喪服之制，在室爲父齊衰三年，未嫁夫死，既葬除服，本無三年之恩，非有貳斬之嫌也。《春秋》女在其國稱女，在塗稱婦。若然終身不改，施諸同牢也。外其本親，責之成婦也。若乃妻之事夫，猶子事父，臣事君也。彼所天之失德，必槩諫之，是資誠怙過而弗從，雖號泣而難絶，抑所謂至親無去、志在感動者，與故趙阿自殞，情疑於過中，龐娥剸仇，世稱其純孝。是則夫惡之與親讐，權其輕重，又非等倫已案離婚之條。前史多有，昔在曹魏犯大逆者，誅及已出之女，夫黨見刑。又有隨姓之戮時，則有特聽離婚因而貸命者。夫叛家告絶繫於其君，讐家告離繫於其父。平時則資敬，是同臨難，豈在心或異？《白虎通義·嫁娶篇》曰：悖逆人倫，殺妻父母，廢絶綱紀，亂之大者也。義絶，乃得去也。《唐律·户婚》章云：諸凡義絶者，離之。又云：諸違律爲婚，當條稱離之、正之者，雖會赦，猶離之正之。義絶者，長孫無忌等注謂，若夫妻祖父母、父母、外祖父母、伯叔父母、兄弟、姑、姊妹自相殺，雖會赦，皆爲義絶。然則斷罪之文，罪有當赦，恩義之絶，絶不復還也。且尋漢議唐律之文，皆關諸已嫁，况某令女猶在室，讐不戴天。若不離婚，曷由教孝。竊謂某令之女以死成名，無竢評議。後有此，比有司治獄，宜請離婚。

同作　番禺林柏桐

謹案：昏禮者，將合二姓之好。二姓不好，則不合矣。父相攸而歸之，婦人謂嫁曰歸，内夫家，外父母家，承父志耳。若乃親傳刃于其父之腹，而與其子偕老，事仇爲翁，世安有是人乎？《春秋公羊傳》曰：禮仇讐不交婚姻。《穀梁傳》曰：仇讎之人，非所以接婚姻也。夫魯仇齊，而使主王姬歸齊之禮，猶見惡于春秋。况可事仇乎？《穀梁》又曰：不使齊侯得與吾爲禮也。仇國不可與吾爲禮，仇家顧可與吾爲婚乎？其當離婚，似無疑義。謹對或曰：許婚，父命也。一與之齊，終身不改，父志也。父生而命之，于父死而背之乎？曰：禮有常有變，父命適人，終身不改，常也。先婚後讐，非父所逆料，則變也。推父之志，必不許事仇；推女之志，且不共戴天。《傳》曰：不若于天者，天絶之也。不若于人者，人絶之也。婚姻而相殺，不順已甚，不絶何爲？或曰：禮，婦人不貳斬，故爲夫斬衰，而爲父朞，夫則重矣。又可離乎？曰：女子在家從父，既嫁而後從夫，故在室之女爲父三年。親迎，而女之父母死，則女反。女未廟見而死，則歸葬于女氏之黨，示未成婦也。爲處子者，安得以既嫁例乎？或曰：戕女父者，壻父耳，非壻也，曷不念此乎？曰：文姜于魯桓與聞乎？弑耳，非手刃之也，而《公羊》有曰：念母者，所善也。則曷爲于其念母，貶不與其念母也。母與聞乎，弑，不許其子念仇，與成乎戕，獨可使未成婦者念乎？或曰：昏禮者，千古公義也。不事仇者，私恩也。無私恩非孝，無公義非忠。君子不以私害公，有在上者，主之。其可曰魯主王姬之婚，周王命之，而《公羊》所云以我主書者，其意在惡周。然則有命之者，猶未可公義，不謂是也。或曰：臣子重受命，父死矣，其離婚安所受乎？曰：魯莊公娶于齊夫人姜氏入。《穀梁傳》曰：入者，内弗受也。何用不受也？娶仇人子弟，以薦舍于前，其義不可受也。又况以先人遺體嫁仇人子弟，其何以辭于宗廟乎？以此義通之，其受命有在矣。或曰：然則雍糾之妻、慶舍之女，當離乎？當死乎？曰：彼皆爲人婦也。宜有補救之道焉。善其道而兩全，上也。不得，則死之。無待離矣。女則知有父，而已仇讎非所願見也，是不同。或曰：女不死，猶可改適乎？曰：婚未離，則壻也。婚既離，則仇耳。雖改適，疑無嫌焉？倘痛其父之非命，而怨此生之不辰，不事仇，亦不它適，縞素以終身，君子必深悼之，以爲無惡于志也。

又　嘉應吴蘭修

答曰：善哉女之所以自處也，女之婚，父所命也。仇壻之父，必不得壻仇之子，議以離婚，夫孰非之？雖然再字非父命也，抱終天之痛，復改絃以適它族，心滋戚矣。計惟出於一死，而後釋然而無憾。善哉女之所以自處也。昔雍糾欲殺祭仲也，雍姬知之，乃告其父，而殺雍糾。夫雍姬不言，則殺其父；言之，則殺其夫。夫既殺矣，卒未聞一死謝其夫於地下。向使其父見殺，亦將靦然處之乎？嗚呼！以雍姬之所遇例女子，則女子可以無死；以雍姬之所處例女子，則女子之死，誠不可及矣。

又　南海曾釗

答曰：離婚，義也。女自繆死，仁也。婚姻之禮，成於親迎。自納采至請期，所以行禮而已。死者，人之所難也。聖人制法，不責人以難能，況未成夫婦者乎？鄉令女不死，其黨執不事仇之義鳴於官，而别許人，人誰非之？然而女之聞更許人也，思其故，奚能恝然不忘？夫妻未嘗牉合，固不以動其心。而父仇者，終天之恨也。迎者在門，襚衣就道，吾知其傀然不能終日矣。微一死，將何以順其變？而安之邪法，可不死，非女之所計及也。吾故曰：離婚，義也。自繆死，仁也。仁至而義盡，人當臨難時，豈惟不可存一計利較害之見，即衡量道義，亦烏保其不失本心哉。如女者，可謂求仁得仁也已。

又　　番禺馬福安

曰：此人倫之變，女處之使無憾于心，雖聖人無以易者也。夫父母之讐，不可與通婚姻，固已然變鉅痛深，父已横罹禍酷，已僅離婚塞責，君子不謂其事之非義，而先議其心之未仁？女痛父仇不共戴，我生之不辰，離而重婚，是再辱也。忍而偷生，是含垢也。故毅然一决以死謝父。其以死謝父，何也？已之父戕於已未適之翁，女之心以爲不可以爲人，不可以爲子，故非死則無以謝也。然則女不死，可乎？曰：女不死不嫁，銜哀茹痛，以終其身，夷齊、箕子之義也，奚不可。然女必出於死者，以爲生而忍垢，不如死而脱然。無累於其心，是女之見義明而制義斷也。鄭雍姬處雍糾、祭仲之事，與女所遭相類。雍姬亦惟有死以謝父而已矣。不死而較量其孰親，豈不悖哉？隋煬帝女南陽公主適宇文士及，士及兄化及弑逆，公主爲尼。士及請與相見，公主不許。曰：我與君仇家，今所以不手刃君者，但謀逆之日察君不預知耳。訶令速去。其事亦相類。公主則不死不嫁，銜哀茹痛，以終其身者也。二者各行其是，亦猶微箕比干之同爲仁爾然。而女之死較烈矣。悲夫。

又　　番禺李能定

有男女，然後有夫婦。有夫婦，然後有父子。此昏禮所由重於萬世也。然當其常則男女合，遭其變則男女睽。若山東縣令女子一事，則舍一死，固無可以自處者也。當壻父之戕女父也，説者謂兩令止約爲婚媾耳，男子尚未親迎也，女子猶未于歸也，攷諸禮，六禮具備，壻始親迎，婦至，行合巹禮，質明，贄見於舅姑，是夫婦之禮成，然後舅姑之名正焉。故《春秋左氏傳》陳鍼子譏鄭忽先配後祖，後儒猶援禮以折之，蓋未成爲夫婦，即未成爲舅姑也。以未成禮之舅而戕我在室之父，則非舅戕我父，乃路人戕我父也。《禮》曰：父母之讐，不共戴天。夫子曰：寢苫枕干遇諸市朝，不反兵而鬥，曰果爾是教之弑逆也。夫女子之許人也，壹與之齊，終身不改。今雖百兩未迓，而它日君舅之名終不可紊也。是烏得直以路人等之？且戕之者在舅而不在壻，舅有罪而壻無罪也。然則上告天子，下告方伯，殺人者死，聽命於有司治其君舅之罪，而無絶二姓之好，其可乎？曰：烏用是不祥之夫婦爲也。夫忘父母之讐，而篤夫婦之好，是尚得謂之人類乎？《詩》曰：兄弟鬩于墻，外禦其侮。兄弟之閧猶禦侮，矧生我之蓼爲人所戕，而猶低首下心，眈眈睍睍爲其子侍執巾櫛乎？且舅果論死，壻尚可以迎其婦乎？昔楚成王滅息，以息嬀歸，終身不言，而生二子，史傳羞之。楚康王殺令尹子南，而其子棄疾不忍事仇，遂縊而死。夫康王，君也。子南，臣也。以明君而誅一有罪之臣，而其子且不忍事讐，則夫婦之閧可推而知矣。曰此女不死，離婚可乎？曰可。曰如壻何？曰：昔文姜弑桓，而《春秋》書孫齊去其姜氏，左氏云絶不爲親禮也。夫莊公之於文姜，母子也，母弑其父，而聖人猶許其子可以絶母，矧未成婚之舅而戕吾父，獨不可以妻而絶其夫乎？蓋婦人在室，則天父，出嫁，則天夫。舍天合之父而不顧，而顧人合之夫，毋惑乎？孝行日衰於天下，而夫婦之道亦未見其能久也。君子其審，所以處變矣。

綜述

《唐律疏議》卷一四《户婚・義絶離之》　諸犯義絶者離之，違者，徒一年。若夫妻不相安諧而和離者，不坐。

疏議曰：夫妻義合，義絶則離。違而不離，合得一年徒罪。離者，既無各字，得罪止在一人，皆坐不肯離者；若兩不願離，即以造意爲首，隨從者爲從。皆謂官司判爲義絶者，方得此坐，若未經官司處斷，不合此科。若夫妻不相安諧，謂彼此情不相得，兩願離者，不坐。

即妻妾擅去者，徒二年；因而改嫁者，加二等。

疏議曰：婦人從夫，無自專之道，雖見兄弟，送迎尚不踰閾。若有心乖唱和，意在分離，背夫擅行，有懷他志，妻妾合徒二年。因擅去而即改嫁者，徒三年，故云加二等。室家之敬，亦爲難久，帷薄之内，能無忿爭，相嗔蹔去，不同此罪。

問曰：妻妾擅去徒二年，因而改嫁者加二等。其有父母、期親等主婚，若爲科斷？

答曰：下條：嫁娶違律，祖父母、父母主婚者，獨坐主婚。若期親尊長主婚者，主婚爲首，男女爲從。父母知女擅去，理須訓以義方。不送夫家，違法改嫁，獨坐父母，合徒三年；其妻妾之身，唯得擅去之罪。期親主婚，自依首從之法。

《唐律疏議》卷一四《户婚・妻無七出而出之》　諸妻無七出及義絶之狀，而出之者，徒一年半；雖犯七出，有三不去，而出之者，杖一百。追還合。若犯惡疾及姦者，不用此律。

疏議曰：伉儷之道，義期同穴，一與之齊，終身不改。故妻無七出及義絶之狀，不合出之。七出者，依令：一無子，二淫泆，三不事舅姑，四口舌，五盜竊，六妬忌，七惡疾。義絶，謂毆妻之祖父母、父母及殺妻外祖父母、伯叔父母、兄弟、姑、姊妹，若夫妻祖父母、父母、外祖父母、伯叔父母、兄弟、姑、姊妹自相殺及妻毆詈夫之祖父母、父母，殺傷夫外祖父母、伯叔父母、兄弟、姑、姊妹及與夫之緦麻以上親、若妻母姦及欲害夫者，雖會赦，皆爲義絶。妻雖未入門，亦從此令。若無此七出及義絶之狀，輒出之者，徒一年半。雖犯七出，有三不去，三不去者，謂：一，經持舅姑之喪；二，娶時賤後貴；三，有所受無所歸。而出之者，杖一百。並追還合。若犯惡疾及姦者，不用此律，謂惡疾及姦，雖有三不去，亦在出限，故云不用此律。

問曰：妻無子者，聽出。未知幾年無子，即合出之？

答曰：律云：妻年五十以上無子，聽立庶以長。即是四十九以下無子，未合出之。

《宋刑統》卷一四《户婚律・和娶人妻七出義絶和離》　諸和娶人妻及嫁之者，各徒二年，妾減二等，各離之。即夫自嫁者亦同。仍兩離之。

疏議曰：和娶人妻及嫁之者，各徒二年。若和嫁娶妾減二等，徒一年。各離之，謂妻妾俱離。即夫自嫁者亦同，謂同嫁妻妾之罪。二夫各離，故云兩離之。

諸卑幼在外，尊長後爲定婚，而卑幼自娶妻，已成者，婚如法，未成者，從尊長，違者杖一百。

疏議曰：卑幼謂子孫弟姪等，在外謂公私行李之處，因自娶妻，其尊長後爲定婚，若卑幼所娶妻已成者，婚如法，未成者，從尊長所定，違者杖一百。尊長謂祖父母、父母及伯叔父母、姑兄姊。

諸妻無七出及義絶之狀，而出之者，徒一年半，雖犯七出，有三不去，而出之者，杖一百，追還合。若犯惡疾及姦者，不用此律。

疏議曰：伉儷之道，義期同穴，一與之齊，終身不改。故妻無七出及義絶之狀，不合出之。七出者，依令，一無子，二淫泆，三不事舅姑，四口舌，五盜竊，六妬忌，七惡疾。義絶謂毆妻之祖父母、父母，及殺妻外祖父母、伯叔父母、兄弟姑姊妹，若夫妻祖父母、父母、外祖父母、伯叔父母、兄弟姑姊妹自相殺，及妻毆詈夫之祖父母、父母，殺傷夫外祖父母、伯叔父母、兄弟姑姊妹，及與夫之緦麻以上親若妻母姦，及欲害夫者，雖會赦皆爲義絶。妻雖未入門，亦從此令。若無此七出及義絶之狀，輒出之者，徒一年半。雖犯七出，有三不去，三不去者，謂一經持舅姑之喪，二娶時賤後貴，三有所取無所歸，而出之者，杖一百，並追還合。若犯惡疾及姦者，不用此律，謂惡疾及姦，雖有三不去，亦在出限，故云不用此律。

問曰：妻無子者聽出，未知幾年無子即合出之？

答曰：律云，妻年五十以上無子，聽立庶以長，即是四十九以下無子，未合出之。

諸犯義絶者，離之，違者徒一年。若夫妻不相安諧而和離者，不坐。即妻妾擅去者，徒二年，因而改嫁者，加二等。

疏：諸犯義絶者，離之，違者徒一年。若夫妻不相安諧而和離者，不坐。議曰：夫妻義合，義絶則離，違而不離，合得一年徒罪。離者既無名字，得罪止在一人，皆坐不肯離者，若兩不願離，即以造意爲首，隨從者爲從。皆謂官司判爲義絶，方得此坐，若未經官司處斷，不合此科。若夫妻不相安諧，謂彼此情不相得，兩願離者，不坐。

又云，即妻妾擅去者，徒二年，因而改嫁者，加二等。議曰：婦人從夫，無自專之道，雖見兄弟，送迎尚不踰閾。若有心乖唱和，意在分離，背夫擅行，有懷他志，妻妾合徒二年。因擅去而即改嫁者，徒三年，故云加二等。室家之禮，犯翼祖廟諱改爲禮。亦爲難久，帷薄之内，能無忿争，相嗔蹔去，不同此罪。

問曰：妻妾擅去徒二年，因而改嫁者加二等，其有父母周親等主婚，若爲科斷？

答曰：下條嫁娶違律，祖父母、父母主婚者，獨坐主婚。若周親尊長主婚者，主婚爲首，男女爲從。父母知女擅去，理須訓以義方，不送夫家，違法改嫁，獨坐父母，合徒三年。其妻妾之身，唯得擅去之罪。周親主婚，自依首從之法。

准：周顯德五年七月七日敕條，妻擅去者徒三年，因而改嫁者流三千里，妾各減一等。娶者並與同罪。如不知其有夫者不坐，娶而後知者減一等。並離之。父母主婚者，獨坐父母，妻妾唯得擅去之罪。周親等主婚，分首從。

《天盛改舊新定律令》卷八《為婚門》 一、諸人已爲婚後，男父母能給婚價而不給，曰吾不願娶媳，則當罰所予前價，婚姻當改過，女父母當另嫁女。實無力予價，則三年婿當往出勞力，期滿，當予之妻子。若女父母曰我反悔，男父母亦曰願放媳，則依所用前價數償還。雙方情願，當許退婚，男父母不願，則不許退婚。女年十三以上始得爲婚，當計日，三年期間予價迎送皆當了畢。若食用畢婚價，逾期不予媳時，女父母徒一年。其三年期間女父母中所主持者、索媳者、户長及親婿等，若官方依法遠遣他國不同司院任職，諸司分析，值父母之喪期、染疾病等，不許以此廢婚。廢婚者需何年月日時，官示日期中變除，重爲期限滿三年，逾期限之外則改過。男父母三年期間未迎媳，罪錯自負，當罰婚價。若女年少有爲婚者，未長成時勿使提前完婚，至年十三，迎送法與前述相同。【略】

一、諸人出妻子法，婦人有七種惡中與人行淫一種，則父母及丈夫等共議不議一律允許出，不許反告。此外：一，不生子女；二，不侍奉公婆；三，有主多言；四，盜竊；五，妒忌；六，惡疾。有此六種錯，丈夫及公婆等共議出之，則可往樂處。父母不知，丈夫出之，予憑據，若曰當出，剪頭，遣往所願處，及丈夫不知而父母出之等，六個月期間誰未知者反告訴訟，則不須往樂處。父母出之則罪不治，丈夫出之而未問父母之意，則有官罰馬一，庶人十三杖。其中出言未取而剪其頭，則不許隨意往出，因無理剪頭，徒一年。無父母，告期已逾，然後不許丈夫反告訴訟，違律時有官罰馬一，庶人十三杖。彼有六種錯，然一者能行孝禮於公婆，二者娶時貧苦低微後富貴威上，三者迎娶時送者迎人根斷而無住處，三種所不出及無罪錯婦人等，妻丈夫有出婦之心，女父母亦曰我贖出，則當出，□當還回。女父母不欲贖，丈夫曰出妻子媳等，則當罰聘價，退還嫁妝，隨其願往。父母不知不願，則反告訴訟程序、期限與前述相同。【略】

一、諸人爲敵人俘獲者之妻子，有子女則十年，無子女則五年，未迎娶而住父母處則三年以待丈夫。逾期不來歸，則有公婆者許與不許隨意出，依各自實行。若無公婆而欲往隨意處，則當告而往隨意處。【略】

一、諸人已爲婚，婿未往，或男死或女死等，一律當罰有主婚價，女當嫁情願處。

《通制條格》卷三《户令·收嫂》 大德四年十月，中書省。河南行省咨：李百家奴告定到劉換住妹劉乖乖與弟李五兒爲妻，下訖鈔絹釵鐶，五兒身故，李四十係一父母所生小叔，雖有妻室，即係應繼之人。禮部議得：劉乖乖雖是定婚，未曾過門，其李四十已有妻室，二者俱難收繼。令劉乖乖別行改嫁相應。都省准擬。【略】

至元十六年六月，中書省。禮部呈：彰德路楊阿田，憑媒説合張招撫次男羊兒與女春兒作抱財女婿，下訖銀絹，未曾成婚，張羊兒將伊亡兄張大妻阿梁收繼了當。本部議得，張羊兒既將伊嫂收繼，若又與楊春兒作婿，即是有妻再娶，擬將元下銀絹回付，令楊春兒別行改嫁。省准。

《通制條格》卷三《户令·良嫁官户》 至元十二年三月，中書省。户部呈：尚衣局申：齊世榮告故兄女粉梅，爲亡訖父母，於張伯松家住坐，本人暗地主婚，接受係官財錢柒拾伍兩，聘與甲局童男張得安爲妻。張得安身故，齊世榮自願出鈔柒拾伍兩，收贖姪女粉梅歸宗。本部議得，童男張得安身死，其妻粉梅別無收繼之人，伊叔齊世榮願備元財收贖，擬准所告相應。省准。

《通制條格》卷四《户令·嫁娶》 至元二十三年七月，中書省。禮部呈：東平路申：馬元亨告劉友直，元定與妹馬三姐作陸年舍居婿，未曾過門，前去福州，却娶趙安奴爲妻。擬合令馬元亨將妹別行改嫁。都省准呈。

大德七年十一月，中書省。禮部呈：吉文烈告孫邦練，定問女班朶爲妻，未曾成親，本人犯罪流遠，欲行改嫁。本部議得，孫邦練未曾下財成親，犯罪流遠，班朶擬合別行改嫁。都省准呈。【略】

至元十一年六月，中書省。刑部呈：南京總管府申：樊德告王招撫，定問女菊花與伊男道道爲妻，已下財錢。其王道道見犯圖財殺害王何臧，下牢收禁，難與成親。本部議得，凡女定婚未嫁，其夫作盗，擬合聽離，歸還聘財。都省准呈。

庚子年十二月十八日，懷州劉海奏：王榮未反已前，定女師哥爲婦，不曾娶過。王榮反背，今將王榮男斷與純赤海，合無成親。准奏：反背的人孩兒，怎生將有功的人女孩兒與得？劉海你却不尋思，有功的兒嫁與那甚麽？【略】

大德七年四月，中書省。禮部呈：東昌路王欽，因家私不和，畫到手模，將妾孫玉兒休棄歸宗，伊父母主婚，將本婦改嫁殷林爲正妻，王欽却行争悔。本部議得，王欽雖畫手模將妾休棄，別無明白休書，於理未應。緣本婦改嫁殷林爲妻，與前夫已是義絶，再難同處，合准已婚爲定。今後凡出妻妾，須用明立休書，即聽歸宗，似此手模，擬合禁治。都省准擬。

至元八年四月，尚書省。御史臺呈：陝西道按察司申：體知得京兆府一等夫婦不相安諧者，賣休買休。若不禁斷，敗壞風俗。户部呈：送法司，照得：舊例，棄妻須有七出之狀：一無子，二淫泆，三不事舅姑，四口舌，五盗竊，六妬嫉，七惡疾。雖有棄狀而有三不出之理：一經持舅姑之喪，二娶而賤後貴，三有所受無所歸，即不得棄。其犯奸者，不用此律。又條，犯義絶者，離之。違者斷罪。若夫妻不睦而和離者，不坐，若依臺擬，甚爲允當。都省准擬。

《通制條格》卷四《户令·擅配匠妻》 大德八年十月，中書省。禮部呈：大都路申：蔡阿吴係金玉局人匠蔡六妻室，夫亡，抛下男添兒應當身役。有本局官闕提舉，服内强將阿吴分付一般銀匠王慶和爲妻。本部議得，蔡阿吴夫亡，已有男添兒應役，其本局官，服内擅將本婦配與王慶和爲妻，於理未應，合令本婦離異，與伊男蔡添兒依舊應當匠役。都省准擬。

《元典章》卷一八《户部·婚姻·婚禮·嫁娶聘財體例》 爲婚已定，若女年十五已上，無故五年不成，故，謂男女未及婚年甲、或服制〔未闋〕之類。其間有故，以前後年月併之，及夫逃亡五年不還，並聽離，不還聘財。

《元典章》卷一八《户部·婚姻·嫁娶·通奸成親斷離》 至元二十三年八月，本道按察司：

據袁州路歸問到宜春縣軍户趙阿葉，先因夫趙十雲南出征在逃，本婦不候夫趙十回還，憑媒趙十嫂説合，招到易千三爲婿，已經官司斷訖，離異。本婦又聽易阿彭説合，接受鈔二十五兩、克絲一疋，再行成親。憲司看詳，趙阿葉、易千三既是通奸成親，已經斷離，又行再犯，兼本婦係有夫婦人，量情各决三十七下，離異，財錢擬没入官。媒人易阿彭年老免斷。牒可，遍行禁止。

《元典章》卷一八《户部·婚姻·嫁娶·定妻不許改嫁》 至元七年四月，尚書户部：

來申：劉泉告：元凱憑媒説合女伴姨與伊男爲婦，占固一十一年。見今女伴姨二十四歲，已過嫁期，並不來娶。乞照驗事。得此。照得先據太原路申吴貴狀告，即係一體事理，備詞呈到中書省，批奉都堂鈞旨：部符到日，限三十日下財來娶，如違限不娶，別行改嫁。今據見申，即係一體事理。呈奉到尚書省判送，批奉都堂鈞旨，依准所擬。行下合屬，依上施行。

《元典章》卷一八《户部·婚姻·收繼·姑舅小叔不收繼》 至元二十六年六月二十七日，中書禮部承奉中書省判送：

本部呈：平灤路申：軍户謝阿宋告：夫謝黑兒身故，有姑舅小叔傳興將阿宋收繼，及伯伯謝昌拘訖亡夫元分事產。即係一户兩姓，姑舅成親。不曾經斷此例。本部議得，謝昌、謝黑兒、傳興，雖是同户，自來另居。謝黑兒死後，謝阿宋與男僧家兒同居，津貼伯伯軍役，又傳興係謝黑兒異姓姑表弟，别不見姑舅小叔收嫂體例。雖傳興兩和將阿宋收繼，終是不應，擬合斷離。却將謝昌拘訖弟黑兒事產，分付僧家兒爲主，令謝阿宋與男同居，津貼謝昌軍役。蒙都堂議得，自來别無姑舅異姓小叔收嫂體例。令本路將謝昌、傳興等量斷聽離，仍將謝昌拘訖謝黑兒人口、財產，責付謝黑兒男僧家兒爲主，與阿宋同居守志，津貼軍役。送本部，依上施行。

《元典章》卷一八《户部・婚姻・休棄・離異買休妻例》 至元八年五月，尚書户部承奉尚書省劄付：

御史臺呈：體知得有一等夫婦不相安諧者，遂有賣休買休體例，若不禁斷，有傷人倫，敗壞風俗。今來照得舊例，諸棄妻，雖犯七出之狀，而有三不去之理。以此參詳，若以夫出妻妾者，分朗寫立休書，赴官告押執照，即聽歸宗，依理改嫁，以正夫婦之道。此係爲例事理，乞照驗事。得此。送本部披詳該：送法司，照得舊例：棄妻須有七出之狀，一無子，二淫泆，三不事公姑，四口舌，五盜竊，六妒嫉，七惡疾。雖有棄狀而有三不去，一經持公姑之喪，二娶時賤後貴，三有所受無所歸，即不得棄。其犯奸者，不用此律。又條，犯義絶者離之，違者杖一百。若夫婦不相安諧而和離者，不坐。若依臺所擬，甚爲允當。省府准擬施行。

《元典章》卷四一《刑部・諸惡・内亂・翁戲男婦斷離》 至元十年三月十七日，中書兵刑部：

據平陽路申：絳州正平縣董文江招伏：將男婦福憐用言調戲，及揣抹手足，夤夜摇撼房門罪犯。府司原其本情，雖未成奸，已亂人倫尊卑之禮，於理合令高福憐與伊夫離異。乞明降事。省部依准所申，令高福憐與伊夫董綿和離異，歸宗。據董文江所犯，仰本路就便依理決斷施行。

《元典章》卷四一《刑部・諸惡・内亂・妻告夫奸男婦斷離》 大德九年六月二十九日，准中書省咨：

李阿鄧告夫李先强奸繼男婦阿李不成罪犯，已經斷訖。看詳：綱常之道，夫婦許相容隱。經官告夫李先奸罪，欲令依舊同處，不無别致生事。若斷義〔絶〕離異，不見妻告夫罪立定例。請定奪回示。送刑部議得：夫妻元非血屬，本以義相從，義合則（固）〔同〕，義絶則異，此人倫之常禮也。李先罪犯强奸伊妻阿鄧前夫男婦，於婦知見，用言勸道，爲人不思自過，反將阿鄧打傷。告發到官，對問是實。既將李先斷訖，已是義絶，再難同處。看詳：李先所犯，敗傷風化，瀆亂人倫，仰合與妻離異相應。都省准擬，合行移咨，依上施行。

《元典章》卷四一《刑部・諸惡・内亂・强奸男婦未成》 泰安州申：歸問得軍户孟德狀招：不合爲男瘦兒見在軍前當役，於至元三年十月初三日夜，帶酒走去男婦胥都嫌房内，將胥都嫌按住，舒舌頭於本婦口内，欲要通奸。被胥都嫌將德舌頭咬傷，告發到官罪犯。法司擬：即係强奸未成事理，依舊例，合行處死，胥都嫌與夫家離異。部擬：終是不曾成奸，量情杖決一百七下，仍離異。省劄准擬，行下斷訖。

《元典章》卷四一《刑部・諸惡・不義・將妻沿身雕青》 至大四年二月，江西行省准尚書省咨：

江浙省咨：杭州路申：錢萬二狀招：至大二年六月初七日，將妻狄四娘沿身刁刺青綉，不從，用拳將本婦行打抑勒，於背上、兩腿刁刺龍鬼。接受莫一史舍鈔兩，雇覓妻狄四娘在街露體呈綉迎社，又將妻母狄阿孫抵觸。大傷風化，已絶夫婦之道，似難同居。若將本婦離異歸宗，緣係爲例事理，咨請照詳。准此。送刑部議得：庶民生理，勤實爲本。其錢萬二不以人倫爲重，貪圖錢物，將妻狄四娘抑逼，遍身刁刺青綉，赤體沿街迎社，不惟將本婦終身廢棄，實傷風化。合杖斷八十七下，合准行省所擬離異。緣犯在至大三年十月十八日欽奉詔赦已前事理，罪經革撥，將本婦離異歸宗，遍行合屬禁治相應。具呈照詳。都省准擬，咨請依上施行。

《元典章》卷四一《刑部・諸惡・不義・毆傷妻母》 延祐二年十月十三日，袁州路奉江西行省劄付：

據來申：備萍鄉州問到彭阿許告養老女婿許辛五咬傷事。看詳：彭國清并妻阿許，别無兒男，將女淑六娘招到許天祥爲婿，本期養老。其許天祥先犯抵觸，親戚勉勸，不曾告官，今次又將妻母毆打咬傷。罪遇釋免，所犯即係義絶，似難同活，擬合斷離。乞照詳施行。得此。移准中書省咨：送據刑部議得：許辛五所犯毆妻之母，罪經釋免，即係義絶，若依萍鄉州所擬離異相應。具呈照詳。得此。咨請依上施行。

《元典章》卷四五《刑部·諸奸·縱奸·主婦受財縱妾犯奸》至元二十一年十月內，本道按察分司審斷：

袁州路：宜春縣歸問到唐阿蔡狀招：元係唐賢甫於亡宋甲戌年雇到，通房使喚。有唐賢甫死，伊妻阿余受錢，令阿蔡節次與閣令史、朱大使等通奸。今次受錢，又令與王季七通奸，被捉到官。議得：主母阿余節次受錢，令妾阿蔡犯奸，有失尊卑之道，難以同居。據阿蔡與王季七通奸罪犯，依例決八十七下，斷令阿蔡歸宗別嫁。所指與朱大使等有奸，與更勾問，即係指奸。其主母阿余，擬決四十七下。准斷訖。

《元典章》卷四五《刑部·諸奸·縱奸·逼令妻妾為娼》大德元年閏十二月，御史臺咨：

監察御史追照得：上都留守司歸問到民户王用招伏：不合逼令妻阿孫、〔妾〕彭鸞哥爲娼，接客覓錢。每日早晨用出離本家，至晚，若覓錢不敷盤纏，更行拷打，以致彭鸞哥告發到官罪犯。將王用枷收間，六月二十三日欽奉聖旨：上都在城諸衙門應有輕重罪囚，都赦了者。欽此。將王用踈放了當。呈奉中書省劄付：送刑部議得：王用將妻阿孫、妾彭鸞哥打拷，勒令爲娼，接客覓錢，已犯義絶。罪經釋免，擬合將阿孫并彭鸞哥與夫王用離異，俱斷歸宗相應。都省除已劄付刑部，就便行移上都留守司，更爲審問已招是實，准擬離異。仰照驗施行。

《元典章》卷四五《刑部·諸奸·縱奸·通奸許諸人首捉》大德七年十一月□日，江西行省准中書省咨：

鄭鐵柯陳言事內一件：縱妻爲娼，各路城邑争相倣效，此風甚爲不美。且抑良爲賤者，待告而禁，終不能絶。若令有司覺察，或〔許〕諸人陳首，但有此等，盡遣從良。有夫縱其妻者，蓋因奸從夫捕之條，所以爲之不憚。若許四鄰舉覺，(但)〔俾〕同奸斷，或因事發露，則罪均四鄰，自然知畏，不敢輕犯。得此。送刑部議得：人倫之始，夫婦爲重。縱妻爲娼，大傷風化。若止依前斷罪，許令同居，却緣親夫受錢，令妻與人同奸，已是義絶。以此參詳：如有違犯，許諸人首捉到官，取問明白，本夫、奸婦、奸夫同凡奸夫，決八十七下，離異。若夫受錢，逼勒妻妾爲娼，既非自願，臨事量情科斷相應。都省准擬，依上施行。

《元典章》卷四五《刑部·諸奸·指奸·男婦執謀翁奸》至元十三年正月，中書兵刑部：

承奉中書省判送：本部元呈濟寧府(鄆)〔鄆〕城縣申軍户趙全告男婦劉冬兒執謀將伊欺騙公事。本部議得：劉冬兒所犯〔執〕謀伊翁欺奸，取訖招伏，斷杖八十七下。若將本婦分付伊家依舊同活，終是劉冬兒與翁當官面對奸事，已爲義絶，難叙舅姑之禮，似難同居。擬將本婦斷離歸宗，追回元下聘財，給付夫家，別求妻室，似爲相應。批奉都堂鈞旨：送本部，照勘議擬連呈。本部照得：近據濟寧路申：李順狀告男婦劉粉兒刁騙奸污公事。取到劉粉兒誣告招伏，斷訖八十七下。省部議得：劉粉兒所犯，既經按察司與本府官審問是實，量情斷訖八十七下。既已斷訖，別無定奪。外，將本婦分付夫家依舊同活一節，看詳：劉粉兒刁騙伊翁，終是曾經與翁當官面對奸事，已爲義絶，難叙舅姑之禮，似難同居。擬將本婦斷離歸宗，追回元下聘財，給付夫家，別求妻室，似爲相應。爲此，具呈中書省照詳。承奉都堂鈞旨：送本部，准呈施行。本部照得劉冬兒所犯，與劉粉兒無異。頑人甘欲棄夫家，以事執謀，對證得虛，尚自離異，倣此爲例，實污風俗。以此議得：莫若分付夫家，從其所欲。夫家不存留，許追元財，別求妻室。若准所擬，仍自今後餘犯爲例。合行具呈中書省照詳。呈奉都堂鈞旨：議得：劉冬兒執謀翁奸，情犯非輕。雖已斷訖，使生僥倖倣學。若是追回元財，定離其婦，正合本意。如斷付夫家，既與翁面對奸事，似難同居。今後從夫家所欲嫁賣，已後似此違犯之婦，申部呈省詳斷，無令擅決。奉此。

《元典章》卷四五《刑部·諸奸·指奸·虛指丈人奸女》至元三十年五月，中書刑部：

來申：潘成狀告：爲無男兒，召到淮道安作養老女婿，承受財産，承繼户名。其淮道安不欲住坐，累次在逃，發心執謀丈人潘成與親女潘屎蛙行奸。淮道安令親眷李璧等强將潘屎蛙拖奪還家，告發到官。與淮道安面對，事不獲免，纔方虛招罪犯。擬合將淮道安杖斷七十七下，與妻潘屎蛙離異歸宗，似爲相應。申乞照驗。都省相度：淮道安所招執謀丈人潘成奸要親女潘屎蛙罪犯，量決九十七下。外據淮道安既與丈人潘成面對奸事，已爲義絶，似難同居。依准本路所擬，離異歸宗。

《元典章》卷四五《刑部・諸奸・凡奸・容奸受錢追給》　據中都路來申：艾文義告男婦高哇頭騙賴欺奸。其高哇頭狀稱委曾奸污。有艾文義未曾承伏，身死。爲此，行下本路，追問到高哇頭等各各招伏詞因。爲有未完，再下本路補勘。去後，今據回申：蒙審斷罪囚官議得：高哇頭所招，艾文義將伊先次强奸，在後又行奸，本歸隨順，難同强奸科罪。然是和奸，本婦却曾告過宋主首。量情決訖五十七下，聽離歸宗。高哇頭兒高定，要訖艾文義打合錢物，於法相容隱，省會寧家。申乞照驗事。爲此，呈奉到尚書省劄付該：省府相度：高哇頭等所犯罪名，既是審囚官斷訖，别無定奪。外，高定元受打合錢物，除鈒篦、衣服外，牛畜，羅疋驗數追給還主。仰照驗施行。

《元典章》卷四五《刑部・諸奸・凡奸・犯奸休和理斷》　至元六年八月初四日，御史臺：

據河北道按察司申：照刷彰德路奥魯總管府與彰德路文卷内，薛天祐與甯氏通奸。申奉到樞密院批判歸問，本路總管府却便准告休和。爲係傷風敗俗事理，就喚到犯人薛天祐、甯氏到官，審問取招是實。乞明降。憲臺合下，仰照驗，據逐人所犯并本路違錯，聽候朝廷差官審問理斷施行。

《元典章》卷四五《刑部・諸奸・凡奸・舍居女犯奸出舍》　至元六年，中書户部：

來申：郝陌郭忠（郭）〔郝〕奈兒召到張乞僧作舍居女婿，其郝奈兒與劉元通奸經斷，張乞僧不肯住坐。乞照詳。省部相度：既郝奈兒犯奸經斷，難以依舊住坐。合令張乞僧將妻出舍，與伊父同居。合下，仰照驗施行。

《元典章》卷五〇《刑部・諸盜・放火・婿燒妻家房舍離異》　至元八年九月二十五日，尚書刑部符文：

韓軍兒告妹婿黄年兒將婆婆阿周、母阿龍睡房燒訖，情理甚大。雖蒙斷訖，若再令本家與妹菊花完聚，委難同活。省部先據中都路張宜住毆妻之母，犯義絶，呈奉到都省劄付，斷令離異。今據見告，事涉更重，仰省會與菊花離異施行。

《至正條格・斷例》卷八《户婚・職官娶倡》　大德八年五月，刑部議得：河南省都鎮撫哈剌，因差於歸德府館驛内安下，唤倡女申燕哥，宿睡後娶爲妻，量決伍拾柒下，罪遇釋免，解任别仕，申燕哥離異。都省准擬。

《至正條格・斷例》卷八《户婚・休妻再合》　延祐四年七月，禮部議得：嘉定路案牘周桂榮妻任氏，獲罪於姑，因而休棄，改嫁計縣尹爲妻。本人身死，方及周歲，周桂榮却與任氏再合。雖在革前，理宜改正離異。都省准擬。

《大明令・户令・夫亡守志》　凡婦人夫亡無子，守志者，合承夫分，須憑族長擇昭穆相當之人繼嗣。其改嫁者，夫家財産及原有妝奩，并聽前夫之家爲主。

《大明令・户令・七出》　凡妻犯七出之狀，有三不去之理，不得輒棄。犯姦者，不在此限。七出：無子，淫泆，不事舅姑，多言，盗竊，妒忌，惡疾。三不去：與更三年喪，前貧賤後富貴，有所娶無所歸。

《元史》卷一〇三《刑法志・户婚》　諸遭父母喪，忘哀拜靈成婚者，杖八十七，離之，有官者罷之，仍没其聘財，婦人不坐。諸服内定婚，各减服内成親罪二等，仍離之，聘財没官。

《大明律直解所載明律》卷六《户律・婚姻・出妻》　凡妻無應出及義絶之狀而出之者，杖八十。雖犯七出，有三不去而出之者，减二等。追還完娶。若犯義絶應離而不離者，亦杖八十。若夫妻不相和諧而兩願離者，不坐。若妻背夫在逃者，杖一百，從夫嫁賣；因而改嫁者，絞。其因夫逃亡，三年之内，不告官司而逃去者，杖八十；擅改嫁者，杖一百。妾各减二等。若婢背家長在逃者，杖八十。奴逃者，罪亦同。因而改嫁者，杖一百，給還家長。窩主及知情娶者，各與同罪。至死者，减一等。不知者，俱不坐。若由期親以上尊長主婚改嫁者，罪坐主婚，妻妾止得在逃之罪。餘親主婚者，餘親，謂期親卑幼及大功以下尊長、卑幼主婚改嫁者。事由主婚，主婚爲首，男女爲從。事由男女，男女爲首，主婚爲從。至死者，主婚人并减一等。

（明）陳永《法家裒集》　一、已曾離異之妻，私復通姦者，何罪。答曰：既犯義絶斷離歸宗，私復通姦以凡刁和論。【略】

一、妻妾被人私誘出外，不曾改嫁，何斷。改嫁他人，何斷。

答曰：和同相誘，不曾改嫁者，止問被誘之人。若曾改嫁，問背夫逃嫁之罪。**【略】**

一、如人出休妻，因見人娶，强奪回家姦占，何斷。

答曰：休出之妻，非不和諧，即有嫌也。今見改嫁，奪回姦占，若未娶妻者，止問不應，仍令完聚。已娶妻者，問擬强律，給付後夫。

（明）張楷《律條疏議》卷六《出妻》 凡妻無應出及義絶之狀而出之者，杖八十。雖犯七出有三不去，而出之者，減二等。追還完聚。若犯義絶應離而不離者，亦杖八十。若夫妻不相和諧而兩願離者，不坐。

疏議曰：應出，即古之七去，所謂不順父母、無子、淫、妒、有惡疾、多言、竊盜也。義絶如夫毆妻之父母，及殺妻外祖父母、伯叔父母、兄弟、姑姊妹，若夫妻之祖父母、父母、伯叔父母、兄弟、姑姊妹兩家相殺，及妻毆罵夫之祖父母、父母，殺傷夫外祖父母、伯叔父母、兄弟、姑姊妹，及與夫之緦麻以上親，若與妻母姦及欲害夫之類，皆爲義絶。三不去，謂有所取無所歸，與更三年喪，前貧賤後富貴。謂如妻本無前項應出及義絶之狀，而出之者，杖八十。雖犯七出當去而有三不去當留而出之者，減二等，杖六十。追還其妻，仍與完聚。若犯前項應離而不離者，亦杖八十。若夫妻不相和諧，兩下自願離異而離之，雖無應離及義絶之狀，亦不坐罪。

若妻背夫在逃者，杖一百。從夫嫁賣，因而改嫁者，絞。其因夫逃亡三年之内，不告官司而逃去者，杖八十。擅改嫁者，杖一百。妾各減二等。若婢背家長在逃者，杖八十。奴逃者，罪亦同。因而改嫁者，杖一百，給還家長。窩主及知情娶者，各與同罪。至死者，減一等。不知者，俱不坐。

疏議曰：若人之妻背其夫而逃走出外者，杖一百。給還本夫，從其或嫁或賣。若因在逃而改嫁與他人爲妻者，絞。亦以有媒聘財禮者爲坐，如無媒聘財禮，止以姦論。其因夫迯亡三年之内，不告官司知會而輒迯去者，杖八十。不告而擅改嫁他人者，杖一百。妾各減二等。背夫在迯者，杖八十。因而嫁者，杖一百，徒三年。不告逃去者，杖六十。擅嫁者，杖八十。若婢背家長而在逃者，杖八十。奴逃者亦與婢逃同。其婢因逃而遂嫁者，杖一百，給還家長。窩主謂窩藏前項在逃妻妾奴婢之人，知情娶者，謂知前項婦女係是背夫主在逃之人而娶之者，各與同罪。至死者，減一等。如背夫在逃因而改嫁，本婦合絞，窩主及知情娶者，各杖一百，流三千里。不知係是逃走之人而窩藏及娶之者，俱不坐罪。

問曰：本條言不告官司而逃去者，坐杖八十，則是告官司而逃去者，不坐罪乎。

答曰：夫逃三年，當告官司尋捕，今不告捕而反在逃，則是亦逃者也，故坐以罪責。其不告夫逃之故，非責其不告而去也。若責其不告而去，則是欲逃去者皆聽告官。許其逃去，是長奸也。此告字，指告夫在逃之由，非指告其欲逃之意也。

若由期親以上尊長主婚改嫁者，罪坐主婚，妻妾止得在逃之罪。餘親主婚者，餘親，謂期親卑幼及大功以下尊長卑幼主婚改嫁者。事由主婚，主婚爲首，男女爲從。事由男女，男女爲首，主婚爲從。至死者，主婚人並減一等。

疏議曰：若妻妾在逃改嫁，其嫁之時由本婦之期親以上尊長主婚者，罪坐主婚之尊長，妻妾止得在迯之罪。餘親主婚者，如期親卑幼及大功以下尊長卑幼主婚改嫁者，若改嫁之謀由主婚起，主婚之人爲首，男女爲從，其謀由男女起者，男女爲首，主婚爲從。若所犯至於死罪，如妻背夫改嫁當得絞罪，雖事由主婚，合當爲首，不得坐以全刑，並減一等，杖一百，流三千里。並字指期親大功等項親屬主婚者而言，謹詳律意，出妻而無應出之狀，應出而有不出之詞，此而出之是强出也，應離而不離者，是有苟合之心。不和而願離者，不必應出之狀。妻若背夫逃者，杖。而嫁者，絞。夫逃不告，嫁杖重而逃杖輕。妾若背逃，減二等。婢分輕於妻妾，逃嫁皆得減科。窩娶之人知情，各與本婦同罪。期親主婚者，罪坐尊長，餘親主嫁者，罪坐所由。妻若背夫嫁得絞罪，主婚、窩娶並坐杖流。事既出於干連，罪難同於處死也。

（明）雷夢麟《讀律瑣言》卷六《出妻》 凡妻無應出及義絶之狀而出之者，杖八十。雖犯七出有三不去而出之者，減二等，追還完聚。若犯義絶應離而不離者，亦杖八十。若夫妻不相和諧而兩願離者，不坐。若妻背夫在逃者，杖一百，從夫嫁賣。因而改嫁者，絞。其因夫逃亡三年之內，不告官司而逃去者，杖八十。擅改嫁者，杖一百。妾各減二等。若婢背家長在逃者，杖八十。奴逃者罪亦同。因而改嫁者，杖一百，給還家長。窩主及知情娶者各與同罪，至死者，減一等，不知者俱不坐。若由期親以上尊長主婚改嫁者，罪坐主婚，妻妾止得在逃之罪。餘親主婚者，餘親，謂期親卑幼及大功以下尊長卑幼主婚改嫁者。事由主婚，主婚爲首，男女爲從。事由男女，男女爲首，主婚爲從。至死者，主婚人並減一等。

瑣言曰：夫婦之道，聯之以恩，斷之以義，待之以禮，三者備而後正始之道無愧焉。七出者，去之以其禮也。三不去者，留之以其禮也。義絕則離之，姑息不可也。恩斷則離之，强合不能也。故無應出之條及義絕之狀而出之者，是不以禮出之也，杖八十。雖應七出，若有三不去而去之者，是不以禮留之也，杖六十。義絕應離而不離，是不能制義矣，亦杖八十。若不相和諧，是恩斷矣，恩斷有難强合者，故雖無應出之禮、應絕之義，亦不禁其離矣。若婦人從一而終，尤不可先絕於其夫也，背夫在逃，是自絕於夫矣，故杖一百，從夫嫁賣。若因在逃而改嫁，又自失其節焉，滅倫傷化，無復人道，故坐以絞。其因夫逃亡無所依倚，若出三年之外，既不在服，又不在律，雖逃去改嫁，勿論。若三年之內，則當具告官司，審果無依，許令改嫁，方得憑媒改嫁，亦不可逃也。有不告官司而逃去者，杖八十。若不告官司，擅自改嫁者，杖一百。逃去猶或可歸，改嫁則已失節，故罪有輕重之分也。凡言改嫁，須有主婚媒人財禮方是。若淫奔野合，不可謂嫁，但當以和誘科罪，妾各減二等，從夫嫁賣。若在逃改嫁，妻妾由期親以上主婚，妻妾止得在逃之罪，以其事有所專制也。餘罪主婚依首從法，以其情有所和同也。

《皇明條法事類纂》卷一三《户部類・聘定與人其夫逃故並買賣在外年久不回許令照例改嫁》 成化十九年六月初三日，禮部等衙〔門〕題，爲建言民情事。應天府溧陽縣管馬主簿劉鼎奏一件：勵風（體）〔俗〕。臣竊見民間男女婚姻，人之大倫。（着）〔看〕得各處有等室女，（因）〔自〕幼憑媒，先（存）〔曾〕聘定與人。（向説）或因原定之人逃故，或因爲非躲避，在（逃）〔外〕買賣，有十年二十餘年，就彼〔處〕娶妻生子，不肯還鄉，致使女家撫養長成，況年時已逼，不敢與人婚配。女之父母容〔或〕照例將女改嫁，緣原定之人父母及房親人等不遵（軍）〔律〕例，妄生奸計，串同原定〔之人〕故意刁蹬，捏作見在，（誣）〔詐〕止不容。官司又且不知，因而指陷，耽延年久，不能（臣）〔成〕配。出於無奈，中間有志者，終不敢改嫁（其）〔失〕節，無志者敗倫傷化，情有可憐。如蒙乞敕禮部再行中明，行移各處布、按二司並南北直隸府州，今後民間若有室女自幼聘定與人，原定之人逃故，並爲非躲避，買賣在外，年久不回者，照依律例，（發）從女之父母並里老呈告到官，給與明文執照，另行改嫁。庶得女不失節，人無嗟怨，以勵風俗等因。抄出到部，會同各部、都察院、通政使司、大理寺、六科議得，前件合准所言，宜從禮部（建）〔施〕行。未敢擅便，各官具奏。奉聖旨：照例。欽此。

《明會典》卷一六三《刑部・律例・户律・婚姻・出妻》 凡妻無應出及義絕之狀而出之者，杖八十。雖犯七出，有三不去而出之者，減二等，追還完娶。若犯義絕應離而不離者，亦杖八十。若夫妻不相和諧而兩願離者，不坐。若妻背夫在逃者，杖一百，從夫嫁賣。因而改嫁者，絞。其因夫逃亡，三年之內不告官司而逃去者，杖八十。擅改嫁者，杖一百。妾各減二等。若婢背家長在逃者，杖八十。奴逃者罪亦同。因而改嫁者，杖一百，給還家長。窩主及知情娶者，各與同罪，至死者，減一等，不知者俱不坐。若由期親以上尊長主婚改嫁者，罪坐主婚，妻妾止得在逃之罪。餘親主婚者，餘親，謂期親卑幼及大功以下尊長卑幼主婚改嫁者。事由主婚，主婚爲首，男女爲從。事由男女，男女爲首，主婚爲從。至死者，主婚人並減一等。

《嘉靖新例・户例・婚姻・出妻》 嘉靖拾陸年玖月刑部題准，凡軍職有娶活人之妻者，比照和娶樂人事例，調衛帶俸差操。

（明）王肯堂《王儀部先生箋釋》卷六《出妻》 第一節，應出，即七出：謂無子出、淫佚出、不孝舅姑出、多言出、竊盗出、妒忌出、惡疾出。此禮家之所載也。義絕，律未備言，何事係該義絕，今止據律中所有，如妻毆夫者，杖一百，夫願離者，聽。夫毆妻非折傷勿論，折傷以上，減凡人二等。先行審問，夫婦如願離異者，斷罪離異。此等之類皆是也。三不去者，謂與更二年喪不去、前貧賤後富貴不去、有所娶無所歸不去。此亦禮家所載。于七出之中，又有三不去之義，乃古人所以存厚也，故凡妻無七出應離，及犯夫義絕之狀而出之者，其夫杖八十。雖犯七出，有三不去而出之者，減二等，杖六十，並追還完聚。或以義絶之故，謂妻毆罵夫，及毆罵夫之祖父母、父母，若夫與妻之祖父母、父母、伯叔父母、姑兄姊兩下相殺，或夫毆妻之父母，若妻與夫之緦麻以上親姦，及夫與妻母姦之類。殊不知婦犯舅姑，在法論死。與人淫姦，已屬七出。親族讎殺，揆之夫義無乖，姻壻亂倫，非緣妻道有歉。此當自其所得罪者而求之。如和誘背逃，毆夫至折傷以上之類皆是也。或謂蒸梨叱狗，妻皆可去，何嘗亦待有應出義絶之狀而出之耶。曰：否。此古人忠厚之道也。蓋君子交絶，不出惡聲，而況妻乎。

第二節，若犯義絶應離而不離，應離之狀，又不可以向之所引爲説。前云願離者聽，則不願者猶聽其不離。此云應離不離，則義無可合，法在必離者，故亦杖八十。若夫妻不相和諧，而兩願離者，則情既已離，難强其合，故雖無義絶之狀，亦聽其離，不坐以罪也。應離，謂犯七出，或經官司判爲義絶應離人數。若夫遠出，妻在家與人通姦或生子者，夫回不究，仍養其子，依應離不離。或縱容妻犯姦律，若妻已被出，仍復私通者，問和姦。夫貧願與妻離異者，雖無惡意而出，即義絶。或姦或毆，及與夫之尊卑親屬有犯，又如先姦後娶之妻，並同凡論。妻犯夫有義絶之狀，可出而不可賣，愚民無知，殊乖倫理，犯者引買休賣休律。其有家貧不能養贍，及逋負無償而賣妻者，問不應杖罪。若因姦而嫁賣與姦夫，自依買休賣休正律。此自未經官言之，若已經官斷罪後賣者，依嫁賣與姦夫律。

第三節，若夫無願離之情，妻因不和之故輒背其夫而在逃者，杖一百，從夫嫁賣。因逃而輒自改嫁者，絞。其因夫棄妻逃亾，不知去向生死，須待三年之外，明告官司。若三年之內不告官司而逃去者，杖八十。擅改嫁者，杖一百。逃亾之故，或因犯罪，或因兵荒亂離，若別有事故，不係逃亾，縱三年之外不歸，不在此律。若妾犯，則各減妻罪二等。謂背夫在逃者，杖八十。因而改嫁者，杖一百，徒三年。亦從夫嫁賣。其夫逃亾，三年之內不告官司而輒逃去者，杖六十。擅自改嫁者，杖八十。凡將背逃妻妾不告官司而擅嫁之者，難以不應論罪。得過財禮，坐贓從重論。此言改嫁，蓋謂有主婚媒人以尸其事，有問名、納聘以成其禮。不然，則淫奔野合，不可謂妻，但當以和誘刁姦爲罪。苟合者，以收留在逃科。若因姦被人拐去，以刁姦論。其自己犯罪逃出改嫁，雖有主婚媒聘，難引此律。依娶犯罪逃走本律，因夫逃亾三年之外，不告官而逃且嫁者，止問不應，不離異。

第四節，婢與奴背家長在逃之罪，與妾同杖八十，而婢改嫁減妾二等。婢又賤于妾，故罪又輕于妾也。婢不言家長逃亾，而止論婢逃及改嫁之罪，以有主母在耳。

第五節，妻妾奴婢在逃，俱係有罪之人，各有夫主，他人安得擅爲藏匿，及擅自婚娶，故窩藏之主及明知背逃之情而娶之者，各與在逃之妻妾奴婢同罪。若妻逃改嫁應死者，減一等，杖一百，流三千里，財禮入官。不知情者俱不坐。按不知者不坐，於娶者則可，窩主則不可。以窩主乃異姓無干之人，他人之妻妾奴婢，非背夫主而逃，何事得至我家，又從而窩藏之，而謂其不知情，恐無此理，縱不知情而又可窩藏之耶。故不坐專謂娶者説，窩主雖不知情，亦當從收留迷失子女條内隱藏在家者，杖八十科斷。

第六節，期親餘親，俱指妻妾婢之親言。男即知情而娶者，謂若改嫁之妻妾與婢，由婦女本宗期親以上尊長，如祖父母、父母、伯叔父母、姑兄姊及外祖父母主婚者，罪坐主婚之人。如背夫而改嫁，係妻，主婚人杖一百，徒三年。夫在逃而改嫁，係妻，主婚人杖一百。係妾，主婚人杖八十。妻妾止坐前項在逃之罪。如婢雖改嫁，止坐杖一百之罪。婦女之餘親，謂期親卑幼及大功以下尊長卑幼主婚者，其情又不同，如事由主婚人起者，以主婚人爲首，所嫁娶之男女爲從。事由男女起者，男女爲首，主婚人爲從。若妻逃改嫁應死者，其主婚人，不問期親以上及餘親，並減一等，杖一百，流三千里。未成婚者，各減五等。若夫族主嫁者，自依和略誘賣之律。

《律條直引》卷六《户律·婚姻·出妻》　趙氏依背夫在逃，因而改嫁者律，該〔絞〕，秋後處決。錢乙依娶者，孫丙依窩主，各知情，與趙氏同罪，至死減等罪止律，各杖一百，流三千里。李氏依妾背夫在逃，因而改嫁，減妻背夫逃嫁罪二等律，周戊依娶者；吳己依窩主，各知情，與李氏同罪律，各杖一百，徒三年。鄭氏依妻背夫在逃者律；王氏依婢背家長在逃，因而改嫁者律；馮壬依娶者、陳癸依窩主，各知情，與王氏同罪律；褚氏依因夫逃亡三年之内不告官司，擅改嫁者律，各杖一百。衛氏依因夫逃亡三年之内不告官司，而逃去者律；蔣氏依婢背家長在逃者律；沈氏依妾背夫在逃者，減妻逃罪二等律；韓氏依妾因夫逃亡三年之内不告官司，擅改嫁者律；褚子依妻無應出、義絶之狀而出之者律；衛丑、楊氏俱依妻犯義絶應離而不離者律，各杖八十。朱氏依妾因夫逃亡三年之内不告官司而逃去者，減妻逃罪二等律；蔣寅依妻雖犯七出有三不去而出之者，減無應出之狀而出之罪二等律，各杖六十。俱有《大誥》減等。錢乙、孫丙各杖一百，徒三年。李氏、周戊、吴己各杖九十，徒二年半。鄭氏、王氏、馮壬、陳癸、褚氏各杖九十。衛氏、蔣氏、沈氏、韓氏、褚子、衛丑、楊氏各杖七十。朱氏、蔣寅各笞五十。俱軍民，有力納米納鈔等項，無力與婦人單衣各決。錢乙、孫丙、周戊、吴己各充徒哨瞭，滿日寧家；李氏餘罪收贖，與王氏、褚氏、韓氏、楊氏各離異歸宗；鄭氏、蔣氏、朱氏各給本夫家長收領完聚。内趙氏係重刑監候，申詳待報處决。

（明）佚名《大明律講解》卷六《出妻》　凡妻無應出及義絶之狀，而出之者，杖八十。雖犯七出，有三不去而出之者，減二等，追還完聚。講曰：應出謂犯七出者，一曰無子，二曰淫泆，三曰不事舅姑，四曰多言，五曰竊盗，六曰妬忌，七曰惡疾。義絶謂如夫妻之祖父母、外祖父母、伯叔父母、兄弟、姑、姊妹自相殺者，及夫毆妻至折傷以上，妻罵毆夫之類，若無此類而輒出之者，杖八十。有三不去者，謂一曰與更舅姑三年喪，二曰娶時貧賤後富貴，三曰有所取無所歸，雖犯應出義絶，有三不去而出之者，杖六十，追還完聚。其犯惡疾及奸者，雖有三不去之狀，據理當在出限。若犯義絶，應離而不離者，亦杖八十。若夫妻不相和諧，而兩願離者，不坐。若妻背夫在逃者，杖一百，從夫嫁賣。改嫁者，絞。其因夫逃亡三年之内，不告官司而逃去者，杖八十。擅改嫁者，杖一百。妾各減二等。講曰：妾各減二等，謂妾背夫在逃，杖八十，因而改嫁者，杖一百，徒三年。其因夫逃亡三年之内，不告官司而逃去者，杖六十，擅改嫁者，杖八十。若婢背家長在逃者，杖八十。奴逃者，罪亦同。因而改嫁者，杖一百，給還家長。窩主及知情娶者，各與同罪。至死者，減一等。不知者，俱不坐。若有期親以上尊長主婚改嫁者，罪坐主婚，妻妾止得在逃之罪。講曰：妻妾止得在逃之罪者，謂不坐因而改嫁及擅改嫁之罪，止以在逃本罪科之。如妻背夫在逃，合杖一百，妾杖八十。若妻因夫逃亡三年之内，不告官司而逃去，杖八十，妾杖六十。餘親主婚者，餘親謂期親卑幼，及大功以下尊長卑幼主婚改嫁者。事由主婚，主婚爲首，男女爲從。事由男女，男女爲首，主婚爲從。至死者，主婚人並減一等。

《大清律集解附例》卷六《户律・婚姻・出妻》　凡妻於七出。無應出之條，及於夫無義絶之狀，而擅出之者，杖八十。雖犯七出，有三不去而出之者，減二等。追還完聚。若犯義絶，應離而不離者，亦杖八十。若夫妻不相和諧而兩願離者，情既已離，難强其合。不坐。若夫無願離之情。妻輒背夫在逃者，杖一百，從夫嫁賣；其妻因逃而輒自改嫁者，絞。監候。其因夫棄妻逃亡，三年之内不告官司而逃去者，杖八十。擅自改嫁者，杖一百。罪責主婚人，有財禮，乃坐。妾各減二等。無主婚人，以和姦、刁姦論。其妻妾仍從夫嫁賣。若婢背家長在逃者，杖八十；奴逃者罪亦同。因而改嫁者，杖一百，減妾二等問。給還家長。窩主及知情娶者，各與妻妾、奴婢同罪。至死者，減一等。財禮入官。不知者，主娶者言。俱不坐。財禮給還。若由婦女之期親以上尊長主婚改嫁者，罪坐主婚；妻妾止得在逃之罪。餘親主婚者，餘親謂期親卑幼，及大功以下尊長、卑幼主婚改嫁者。事由主婚，主婚爲首，男女爲從；事由男女，男女爲首，主婚爲從。至死者，主婚人並減一等。不論期親以上，係主婚人，皆杖一百、流三千里。

條例

凡妻犯七出之狀，有三不去之理，不得輒絶。犯姦者，不在此限。

七出：無子，淫泆，不事舅姑，多言，盗竊，妬忌，惡疾。

三不去：與更三年喪，前貧賤後富貴，有所娶無所歸。

五年無過不娶，及夫逃亡三年不還者，並聽經官告給執照，别行改嫁。亦不追財禮。

（清）沈之奇《大清律輯註》卷六《户律・婚姻・出妻》　凡妻於七出無應出之條及於夫無義絶之狀而擅出之者，杖八十。雖犯七出，有三不去而出之者，減二等，追還完聚。若犯義絶，應離而不離者，亦杖八十。若夫妻不相和諧，而兩願離者，情既已離，難强其合。不坐。若夫無願離之情，妻輒背夫在逃者，杖一百，從夫嫁賣。其妻因逃而輒自改嫁者，絞監候。其因夫棄妻逃亡，三年之内，不告官司而逃去者，杖八十；擅自改嫁者，杖一百。罪責主婚人，有財禮乃坐。妾各減二等。無主婚人，以和姦、刁姦論。其妻、妾仍從夫嫁賣。若婢背家長在逃者，杖八十。奴逃者，罪亦同。因而改嫁者，杖一百，減妾五等問。給還家長。窩主及知情娶者，各與妻、妾、奴婢同罪，至死者，減一等；財禮入官。不知者，主娶者言，俱不坐。財禮給還。若由婦女之期親以上尊長主婚改嫁者，罪坐主婚，妻、妾止得在逃之罪。餘親主婚者，餘親，謂期親卑幼，及大功主婚改嫁者。事由主婚，主婚爲首，男女爲從；事由男女，男女爲首，主婚爲從。至死者，主婚人並減一等。不論期親以上，係主婚人，皆杖一百、流三千里。

〔律後註〕：七出、三不去，見後條例，皆禮家所載也。于七出之中，又有三不去之義，乃所以存厚也。義絶者，謂于夫婦之恩情禮意，乖離違礙，其義已絶也。律中未曾備詳其事，而散見于各條之中。其所指義絶者，亦復不同，有于法應離，不許復合者，如所云離異歸宗，仍兩離之之類，即本條應離不離亦是也；有其事可離，猶許復合者，如所云願留者聽、願離者聽之類，即本條從夫嫁賣亦是也。凡出妻者，惟犯七出與義絶耳，若於七出無犯，則無應出之條，及無義絶之狀，則無當出之罪。而無故擅出之者，其夫杖八十。雖犯七出，而於三不去之中有一焉，則亦無可出之理，而逕情以出之者，減二等，杖六十。並追還完聚。若所犯義絶之事，既係法在必離，義無可合，而不離異者，亦杖八十。若夫妻不相和諧，兩願離者，其情不洽，其恩已離，不可復合矣，雖無應出之條、義絶之狀，亦聽其離，不坐以罪也。婦人義當從夫，夫可出妻，妻不得自絶于夫。若背棄其夫而逃走出外者，杖一百，從夫嫁賣。因在逃而輒自改嫁者，絞。夫爲妻綱，棄夫從人，人道絶矣。其因夫逃亡在外，音信不通，不知去向生死，亦須待三年之外，明告官司，爲之判理。若三年之內，不告官司而逃去者，杖八十；擅改嫁者，杖一百。此因夫逃亡不歸，則與背夫者不同，然在逃猶或可歸，改嫁則已終絶，故罪有輕重之差也。若妾犯上項罪者，各減妻罪二等：背夫在逃則杖八十，因而改嫁則杖一百、徒三年，亦從夫嫁賣；因夫逃亡而逃去者，杖六十，擅自改嫁者，杖八十。若婢背家長在逃之罪，與妾同杖八十，而婢改嫁，則止杖一百，減妾五等。妾、婢與家長之名分相同，恩義則異，故逃罪同科，而獨輕於改嫁也。以上妻妾、婢在逃，俱係有罪之人，他人不得擅自窩藏，亦不得知情故娶。窩藏之主，及明知在逃之情而娶之者，各與在逃之妻、妾、婢同罪。至死者，惟妻背逃改嫁一項減一等，杖一百，流三千里，不知情者，俱不坐。按：俱字義，似指窩主與娶者言，然前曰窩主及知情娶者，非曰窩主及娶者知情也，夫人之妻、妾、婢，非由逃走，何事而來。況妻、妾、婢非犯別事，逃走即其本罪，知逃走而窩藏，即是知情矣。如收留迷失子女條內，隱藏在家者，杖八十，此豈可不坐罪耶？註曰主娶者言最是。再按：後嫁娶違律內，媒人知情，各減犯人罪一等，不知者，不坐，此俱字或指娶者與媒人言之耳。期親以上尊長，皆指女之親言。若在逃改嫁之妻、妾，由於期親以上尊長主婚者，其分得以專制卑幼，故罪獨坐主婚之人，妻、妾止得前項在逃之罪，不坐改嫁之罪也。不言婢者，以妻、妾例之矣。若其餘一應親屬主婚者，不能專制其事，與期親以上不同，故以所由起事者爲首：如事由主婚，則以主婚爲首，男女爲從；事由男女，則以男女爲首，主婚爲從。凡期親以上主婚人，及餘親主婚，爲首者罪應至死，並減一等，杖一百，流三千里。

〔律上註〕：受封婦，及夫妻離異，有新例。

夫婦之倫，聯之以恩，合之以義，持之以禮，三者備而後正始之道無愧焉。七出者，禮應去之也；三不去者，禮應留之也。義絶必離，姑息不可也；恩絶聽離，强合不能也。不應離而離，則悖于禮；應離而不離，則害於義，其違律一也，故其罪同。若背逃改嫁，則恩絶、義絶、禮絶矣，豈復有人道乎？故即坐重典，所以維風化也。

或曰古有因蒸梨叱狗之故而去其妻者，豈必拘七出、三不去之禮與義絶之狀乎？曰：否。此古人忠厚之道也。君子交絶，不出惡聲，況于妻乎？與吾敵體之人，非有犯于禮義，豈得輕出？

義絶而可離可不離者，如妻毆夫，及夫毆妻至折傷之類。義絶而不許不離者，如縱容抑勒，與人通姦，及典雇與人之類。

七出乃禮可以出者，非謂必應出也，與義絶不同，故次節但曰義絶應離也。

出妻，但出之使歸耳，觀三不去中，有所娶無所歸之義可見。若妻有犯夫義絶之狀，律不曰從夫嫁賣者，但可出而不可賣也。賣者依賣休、買休律。

不相和諧，止是情意不合，恩絶非義絶也。曰不坐者，聽其離耳。妻止歸宗，如出妻者，非謂聽其别嫁也。若妻思别嫁而不知諧，則豈得聽之哉？

妻固無自絶于夫之理，夫亦不得憎厭其妻，而無故出之，故必兩願離者，始不坐。已出之妻，與犯事離異，從夫嫁賣之後，有與夫族親屬相犯者，皆以凡論。

若夫貧不能養贍，願離其妻，及逋欠無償而賣妻者，雖非得已，亦問不應，仍斷歸完聚。

曰背夫者，謂非因别事，專爲背棄其夫而逃也。律貴誅心，故其法重。如和同相誘，犯罪逃走，各有本律。蓋有被誘畏罪之因，即非立意背夫也。其義甚微，須細繹之。

注曰：夫無願離之情，正言其無故背夫耳，非夫有願離之情，便可背逃不論也。

改嫁者，必有主婚以尸其事，媒人以通其情，納送財物以成其禮，明白嫁娶者，方坐此改嫁之罪。若淫奔苟合，不得謂之改嫁也。被人收留苟合者，自有收留在逃律。因姦被人拐去者，自有刁姦和誘律。

夫逃亡者，謂或因犯罪，或遭兵亂，或值凶荒等事。若爲别事，如出外貿易，訪親之類，不得謂之逃亡。雖年遠不歸，不在此限。

本夫逃亡不回，其妻無所依倚。夫之生死不知，歸期無望，必令終守，則非人情所堪，許令改嫁，則非法令所宜，特於此微示其意曰三年之内，則三年之外不同矣。曰不告官司而逃走，則具告官司，必有所以處之矣。曰擅改嫁，則當有非擅改嫁之法矣。後逃亡三年不還，許告官改嫁之例，可謂善體律意矣。

必因本夫逃亡不歸，不能存立，别無他故者，方合此律。

妻背夫在逃者，曰從夫嫁賣。凡妻、妾背逃改嫁者，除死罪外，俱從夫嫁賣。其因夫逃亡而逃走改嫁者，律不言應離應合之法，蓋三年之内，或有一年、兩年之不同；所處之境，亦有貧富、難易之不一。或還前夫，或歸後夫，當隨事揆情以酌定之。

律止有婢逃之罪，而無奴逃之條，故補註於此，以其背家長之罪同也。

按：收留迷失子女條内，收留在逃子女、奴婢而賣人與自留者，分别問徒，與此窩主之同罪者有異，蓋彼是見其在逃而收留之，此是逃者投奔而窩藏之，其情不同，彼是收留之人，自賣自留，此之改嫁，則有主婚與逃者，自爲主張，其事亦不同也。若止窩藏，尚未改嫁，止同逃罪，則與收留隱藏在家之杖八十，輕重無幾。若窩家即係逃者之親屬，又爲主婚改嫁，則自照主婚論矣。如不係親屬，不得主婚，將逃者或賣與人，或自收留，應照收留在逃律；有略誘、和誘之情者，應照略人略賣律，俱不用此窩主律也。

按：後嫁娶違律内，未成婚者，主婚男女應各減五等，媒人亦遞減之。若窩藏逃婦改嫁未成婚者，窩主自同各逃走之罪。如背逃，妻杖一百，妾婢杖八十。因夫逃亡而逃走者，妻杖八十，妾杖六十。不得同主婚等減五等之法，蓋主婚等乃嫁娶中人，窩主非嫁娶中人也。

此窩主如係逃者之親屬，亦同凡論，不在得相容隱之限。

按：後條應主婚者有外祖父母，此雖止言期親以上尊長，而外祖父母亦當同論，蓋後條乃婚姻門之通例也。

此期親以上尊長，皆指妻妾之親。然娶者亦有主婚人知情同罪，或應獨坐，或應分首從，或至死減等，其法並同也。

此條死罪，惟妻背逃改嫁，係餘親主婚，事由在逃之妻者坐絞一項耳。如餘親主婚爲首，係背逃之妻應絞，至死減一等滿流；男女爲從，亦於絞罪上減一等，非照主婚之減一等上再減也。蓋本是絞罪，主婚依至死減一等之法，男女依爲從減一等之法也。

夫族不醮婦，夫亡改嫁者，俱不得爲主婚。若有爲逃走妻妾主婚者，亦依餘親科之。若婢則家長之期親主婚，獨坐主婚，餘親亦分首從。《箋釋》謂概依和略誘賣之律，俟考。

條例

凡妻犯七出之狀，有三不去之理，不得輒絶。犯姦者，不在此限。

七出：無子；淫泆；不事舅姑；多言；盜竊；妬忌；惡疾。

三不去：與更三年喪；前貧賤後富貴；有所娶無所歸。

五年無過不娶，及夫逃亡三年不還者，並聽經官告給執照，别行改嫁，亦不追財禮。

（清）沈之奇《大清律輯註》卷六《户律·婚姻·娶部民婦女為妻妾》

凡府、州、縣親民官，任內娶部民婦女爲妻、妾者，杖八十。若監臨內外上司官，娶見爲事人妻、妾及女爲妻、妾者，杖一百。女家主婚人並同罪。妻、妾仍兩離之，女給親，兩離者，不許給與後娶者，亦不給還前夫，令歸宗。其女以父母爲親，當歸宗；或已有夫，又以夫爲親，當給夫完聚。財禮入官。恃勢强娶者，各加二等，女家不坐，婦還前夫，女給親。不追財禮。若爲子孫、弟姪、家人娶者，或和，或强，罪亦如之，男女不坐。若娶爲事人婦女，而于事有所枉者，仍以枉法從重論。

〔律後註〕：任內，謂現任時也，兼下監臨官言。部民婦女者，謂部民家之婦女，婦兼妻妾言，乃無夫者也；爲事人妻妾，則其夫現在也，故一曰婦，一曰妻妾。府、州、縣職本親民，監臨官權相統攝，其于臨民之體制一也。但部民止係管攝之人，無事相涉；爲事人則係在官之犯，有事對理，均係娶爲妻妾，而事同情異，故坐罪有杖八十、杖一百之差。女家，一謂婦女之主婚人，即部民也；一謂妻妾之本夫，女之父，即爲事人也。並同罪者，部民以婦女與親民官，亦杖八十；爲事人以妻妾及女與監臨官，亦杖一百也。妻妾仍兩離之，娶者固違律，前夫既將妻妾嫁人，則已義絶矣，故俱不聽完聚，令其歸宗，女則給親。財禮入官，係彼此俱罪之贓也。以上皆兩相和同而嫁娶者，若親民監臨官恃勢用强而娶之者，各加二等：親民官杖一百；監臨官杖七十、徒年半。離異給還。女家不坐，財禮不追，受制于人，非其情願也。若親民，監臨官爲子孫、弟姪、家人娶爲妻妾者，或和或强，並如自娶之罪科之。男女不坐，男即官之子孫、弟姪，女即所娶之女，非主婚之男家、女家也。

〔律上註〕：按：《名例》稱監臨者，內外諸司統攝所屬，有文案相關涉，及雖非所管百姓，但有事權在手者，即爲監臨。又，職非統屬，但臨時差遣管領提調者，亦是。爲事人，不必拘定是犯罪者。凡爲一應公私事情，有名在官，聽候查理者，皆是。

親民官不言娶爲事人妻妾及女，犯者亦同監臨官論罪；監臨官不言娶部民婦女，犯者亦同親民官論罪。律雖不言，義實互見也。

爲事人既與部民之無事者不同，而監臨官之娶，雖未用强，亦必有要挾之意。娶女猶可言可也，至娶其妻妾，即曰和同，豈得謂之情願乎？實與親民官之娶部民婦女者有異，故罪重二等。

部民有事人和同嫁其女與妻妾，亦必有規求非分之心。故同坐罪。註內已有夫云云最是。已有夫，謂已許人而未嫁也。若已嫁，則不得謂之女矣。父母將已許人之女，又嫁于官，必有挾勢悔親之意，故即給夫完聚，不給其父母也。

後豪勢强奪良家妻女，姦占爲妻妾者，絞，與此强娶之罪，輕重懸絶。蓋此雖言强，而猶是娶，與强奪姦占之情不同也。然用强逼取部民婦女、有事人妻妾及女，止各加二等，本法亦原輕也。

既娶爲事人妻妾及女，必將有徇私枉法之事，故註補之。此與姦部民及囚婦各異，以其勢有難致、易致之不同也。

《西寧青海番夷成例·出妻》 凡出妻，其妻陪嫁物件全行給回。除夫妻和睦時花費物件不償外，現在所有物件悉行還給。

《蒙古律例》卷二一《户口差徭·休妻》 凡人休所娶之妻，其夫妻和睦時用完之物，不准賠還，將婦人帶來現存之物全行給回。

（清）薛允升《讀例存疑》卷一二《户律·婚姻·出妻》 凡妻於七出無應出之條，及於夫無義絶之狀，而擅出之者，杖八十。雖犯七出，無子、淫泆、不事舅姑、多言、盜竊、妒忌、惡疾。有三不去與更三年喪，前貧賤後富貴，有所娶無所歸。而出之者，減二等，追還完聚。

若犯義絶，應離而不離者，亦杖八十。若夫妻不相和諧，而兩願離者，不坐。情即已離，難强其合。

若夫無願離之情，妻輒背夫在逃者，杖一百，從夫嫁賣。其妻因逃而輒自改嫁者，絞監候。其因夫棄妻逃亡，三年之內不告官司而逃去者，杖八十。擅自改嫁者，杖一百。妾各減二等。有主婚、媒人，有財禮，乃坐。無主婚人，不成婚禮者，以和姦、刁姦論。其妻妾仍從夫嫁賣。

若婢背家長在逃者，杖八十。因而改嫁者，杖一百，給還家長。窩主及知情娶者，各與妻妾奴婢同罪。至死者，減一等。財禮入官。不知者，主娶者言。俱不坐。財禮給還。

若由婦女之期親以上尊長主婚改嫁者，罪坐主婚。妻妾止得在逃之罪。餘親主婚者，餘親謂期親卑幼及大功以下尊長卑幼主婚改嫁者。事由主婚，主婚爲首，男女爲從。事由男女，男女爲首，主婚爲從。至死者，主婚人並減一等。不論期親以上及餘親，係主婚人皆杖一百，流三千里。

此仍明律，其小註係順治三年增修，雍正三年刪改，乾隆五年改定。

一、妻犯七出之狀，有三不去之理，不得輒絶。犯姦者，不在此限。

一、期約已至五年，無過不娶，及夫逃亡三年不還者，並聽經官告給執照，另行改嫁，亦不追財禮。

此條係明令，雍正五年增修。

（清）江峰《大清律例略記》卷二《出妻略記户律》 妻無應出之端，以及義絶之嫌，夫竟擅出令去，杖以八十相沿。雖犯七出條例，又有不去者三，若可不去而出，應准完聚歸還。應離不離加杖，兩願離者勿延。妻敢背夫在逃，因逃改嫁絞監。夫出三年之内，改嫁並未告官，按律應擬滿杖，妾可減等相原。婢背家長逃嫁，滿杖仍應歸源。窩主娶者同罪，並將財禮入官。尊長主婚改嫁，罪以主婚爲端。餘親主婚各别，仍照男女詳參。

（清）薛允升《唐明清三律彙編・户律・婚姻・出妻》 《唐律》：諸妻無七出及義絶之狀，而出之者，徒一年半；雖犯七出，有三不去，而出之者，杖一百。追還合。若犯惡疾及姦者，不用此律。

疏議曰：義絶，謂：毆妻之祖父母、父母，及殺妻外祖父母、伯叔父母、兄弟、姑、姊妹，若夫妻祖父母、父母、外祖父母、伯叔父母、兄弟、姑、姊妹自相殺，及妻毆詈夫之祖父母、父母，殺傷夫外祖父母、伯叔父母、兄弟、姑、姊妹及與夫之緦麻以上親，若妻母姦及欲害夫者，雖遇赦，皆爲義絶。妻雖未入門，亦從此令。

諸犯義絶者離之，違者，徒一年。若夫妻不相安諧而和離者，不坐。

《明律》亦係仿照《唐律》，而義絶之狀並未注明。

即妻妾擅去者，徒二年；因而改嫁者，加二等。

紀事

《漢書》卷四〇《陳平傳》 陳平，陽武户牖鄉人也。少時家貧，好讀書，治黄帝、老子之術。有田三十畝，與兄伯居。伯常耕田，縱平使游學。平爲人長大美色。人或謂平：貧何食而肥若是？其嫂疾平之不親家生産，曰：亦食糠覈耳。有叔如此，不如無有！伯聞之，逐其婦棄之。

《漢書》卷六四上《朱買臣傳》 朱買臣字翁子，吴人也。家貧，好讀書，不治産業，常艾薪樵，賣以給食，擔束薪，行且誦書。其妻亦負戴相隨，數止買臣毋歌嘔道中。買臣愈益疾歌，妻羞之，求去。買臣笑曰：我年五十當富貴，今已四十餘矣。女苦日久，待我富貴報女功。妻恚怒曰：如公等，終餓死溝中耳，何能富貴？買臣不能留，即聽去。其後，買臣獨行歌道中，負薪墓間。故妻與夫家俱上冢，見買臣饑寒，呼飯飲之。

《漢書》卷八一《孔光傳》 孔光字子夏，孔子十四世之孫也。【略】光久典尚書，練法令，號稱詳平。時定陵侯淳于長坐大逆誅，長小妻廼始等六人皆以長事未發覺時棄去，或更嫁。用長事發，丞相方進、大司空武議，以爲：令，犯法者各以法時律令論之，明有所訖也。長犯大逆時，廼始等見爲長妻，已有當坐之罪，與身犯法無異。後乃棄去，於法無以解。請論。光議以爲大逆無道，父母妻子同産無少長皆棄市，欲懲後犯法者也。夫婦之道，有義則合，無義則離。長未自知當坐大逆之法，而棄去廼始等，或更嫁，義已絶，而欲以爲長妻論殺之，名不正，不當坐。有詔光議是。

《後漢書》卷二《顯宗孝明帝紀》 〔中元二年夏四月丙辰詔曰：〕【略】又邊人遭亂爲内郡人妻，在己卯赦前，一切遣還邊，恣其所樂。

《後漢書》卷八一《獨行傳・李充》 李充字大遜，陳留人也。家貧，兄弟六人同食遞衣。妻竊謂充曰：今貧居如此，難以久安，妾有私財，願思分異。充僞酬之曰：如欲别居，當醖酒具會，請呼鄉里内外，共議其事。婦從充置酒讌客。充於坐中前跪白母曰：此婦無狀，而教充離閒母兄，罪合遺斥。便呵叱其婦，逐令出門，婦銜涕而去。坐中驚肅，因遂罷散。

《隋書》卷八〇《列女傳·南陽公主》 及宇文化及殺逆，主隨至聊城，而化及爲竇建德所敗，士及自濟北西歸大唐。時隋代衣冠並在其所，建德引見之，莫不惶懼失常，唯主神色自若。建德與語，主自陳國破家亡，不能報怨雪耻，淚下盈襟，聲辭不輟，情理切至。建德及觀聽者莫不爲之動容隕涕，咸肅然敬異焉。及建德誅化及，時主有一子，名禪師，年且十歲。建德遣武賁郎將於士澄謂主曰：宇文化及躬行殺逆，人神所不容。今將族滅其家，公主之子，法當從坐，若不能割愛，亦聽留之。主泣曰：武賁既是隋室貴臣，此事何須見問！建德竟殺之。主尋請建德削髮爲尼。

及建德敗，將歸西京，復與士及遇於東都之下，主不與相見。士及就之，立於户外，請復爲夫妻。主拒之曰：我與君讎家。今恨不能手刃君者，但謀逆之日察君不預知耳。因與告絶，訶令速去。士及固請之，主怒曰：必欲就死，可相見也。士及見其言切，知不可屈，乃拜辭而去。

《舊唐書》卷一八上《武宗紀》 〔會昌六年二月〕壬午，右庶子吕讓進狀：亡兄温女，大和七年嫁左衛兵曹蕭敏，生二男。開成三年，敏心疾乖忤，因而離婚。

《舊唐書》卷五二《后妃傳·肅宗韋妃》 肅宗韋妃，父元珪，兖州都督。肅宗爲忠王時，納爲孺人，及昇儲位，爲太子妃，生兖王僩、絳王佺，永和公主、永穆公主。天寶中，宰相李林甫不利於太子，妃兄堅爲刑部尚書，林甫羅織，起柳勣之獄，堅連坐得罪，兄弟並賜死。太子懼，上表自理，言與妃情義不睦，請離婚，玄宗慰撫之，聽離。妃遂削髮被尼服，居禁中佛舍。西京失守，妃亦陷賊。至德二年，薨於京城。

《舊唐書》卷六二《李迥秀傳》 迥秀，大亮族孫也。【略】迥秀母氏庶賤而色養過人，其妻崔氏嘗叱其媵婢，母聞之不悦，迥秀即時出之。或止云：賢室雖不避嫌疑，然過非出狀，何遽如此？迥秀曰：娶妻本以承順顔色，顔色苟違，何敢留也。

《舊唐書》卷一一一《房孺復傳》 孺復，琯之孽子也。【略】初娶鄭氏，惡賤其妻，多畜婢僕，妻之保母累言之，孺復乃先具棺櫬而集家人生斂保母，遠近驚異。及妻在産蓐三四日，遽令上船即路，數日，妻遇風而卒。孺復以宰相子，年少有浮名，而奸惡未甚露，累拜杭州刺史。又娶台州刺史崔昭女，崔妬悍甚，一夕杖殺孺復侍兒二人，埋之雪中。觀察使聞之，詔發使鞫案有實，孺復坐貶連州司馬，仍令與崔氏離異。

《新唐書》卷一四七《李元素傳》 元素少孤，奉長姊謹悌，及没，悲鯁成疾，因辭職屏居。其妻，石泉公王方慶之孫。前妻子皆不肖，而元素溺姬侍，王不見答。元素久疾，益昏惑，遂出之。王訴諸朝，詔免元素官，且令畀王貲五百萬。

《宋史》卷二九一《李若谷傳》 李若谷字子淵，徐州豐人。【略】改樞密直學士、知并州。民貧失婚姻者，若谷出私錢助其嫁娶。贅婿、亡賴委妻去，爲立期，不還，許更嫁。

《明實録》太宗永樂二年正月 〔丙辰〕都察院左都御史陳瑛劾奏陝西按察副使王煜娶屬官司獄女爲妻，失風憲體，徵下獄。

《明實録》太宗永樂八年六月 〔甲寅〕北京監察御史鄒師顔等劾啓：御史李公敏娶見監罪囚親屬爲妻，或挾其妻就飲人家，通宵不返，廉耻道喪，漸習成風，致同察御史劉先、劉勉、張睿、郭衡、商忠皆娶離異不明之婦，恬不爲耻。切照：御史職糾百司，苟不自正，何以正人。公敏等悉宜黜免，以清憲紀。皇長孫令都院鞫之。

《明實録》宣宗宣德三年八月 〔乙巳〕山東按察司劾奏：前巡按監察御史李素至歷城，與縣民孫讓女姦，因娶爲妾。御史趙純亦娶門子鄭能妹爲妾，皆在按臨之地，有玷風紀。今素已陞福建按察副使，純陞河南按察僉事，事雖經赦，終不可居風憲。上曰：按察司所言是。命行在都察院逮治。時素已卒，惟逮純下獄。

《明實録》英宗正統元年六月 〔甲子〕罷行在工部主事董瑛爲民。瑛宣德間坐贓繫獄，及往雲南公幹，又〔聚〕〔娶〕軍人女爲妾。至是，吏部劾其過。上以瑛行既虧，黜之。

《明實録》英宗正統五年春正月 〔戊辰〕斥冠帶閑住官周璟還原籍。先是，璟任雲南左布政使，工部侍郎鄭辰巡撫雲南，以璟居妻喪繼娶，難居方面，送部問擬杖罪，令冠帶閑住。至是，又援詔書：文武官無贓復職事例，求繁劇自效。且言律稱：凡居父母及夫喪而身自嫁娶者，杖一百，居祖父母、伯叔父母、姑兄姊喪而嫁娶者，杖八十。無居妻喪嫁娶應罪之條。乞勅禮官儒臣集議是非，昭示天下，使民知所趍避。上怒璟干求無耻，命巡按御史遣其家屬歸故里，如再攙擾，必罪不貸。

《明實録》英宗正統八年六月 〔乙酉〕謫監察御史時紀戍威遠衛。先是，紀巡按陝西，回經長垣縣，縣丞蕭節之爲聘殷氏爲妻。紀妻妬，致殷父母忿怒，颺言挾娶己女，爲錦衣衛所發。刑部比强奪良家子女爲妻妾律，坐絞，遇赦當爲民。上曰：御史不才如此，其謫戍邊。

《明實録》英宗正統十年八月 〔己巳〕先是，遼東苑馬寺少卿黄琰爲行太僕寺主簿，田畯奏其娶部屬定遼中衛千户蕭成、翟廣女爲妾，又侵置莊田一所，往來飲酒淫樂，妨廢公事。下巡按御史廉察，未報。至是，琰以三年考滿，至吏部以聞，命都察院執治之。

《明實録》英宗正統十三年冬十月 〔丁巳〕謫禮部儀制司帶俸郎中胡穜戍邊。穜妻凌辱穜妾，妾家訴其强取己女，下獄，坐絞。穜稱冤不已，法司論情可矜，不允。臨刑三覆奏，乃有是命。穜，故文淵閣大學士廣子也。

《明實録》英宗正統十三年冬十月 〔己未〕山西右叅政林厚見有貧鬻子女以輸王府禄米者，憐之，自倡率官吏爲代輸。因奏請各郡王府禄米俱輸代府廣贍倉。懷仁王府教授萬鐘以不得與其事銜之，因奏厚公差娶所屬故指揮張安妾申氏爲繼室。事下巡按監察御史，請逮厚及鐘等治罪。從之。

《明實録》英宗正統十三年十二月 〔辛未〕監察御史周瑜有妻居家，復於京取妻，爲妻家所訟。時瑜按事直隸，命下獄。

《明實録》英宗景泰六年九月 〔己卯〕降監察御史劉紀爲廣西高橋馬驛驛丞。時紀按視通州衛倉糧儲，聘部民女爲妻。事覺，下錦衣衛，獄具，故降之。

《明實録》憲宗成化十二年冬十月 〔甲戌〕南京户科給事中蕭龍有罪，謫邊衛充軍，家屬隨住。龍養病家居，凌轢鄉族，妄受投獻田地，强占人子女爲妾。事覺，命官覈實，法司問擬贖絞，命免贖而謫之。

《明實録》世宗嘉靖十二年三月 〔丙辰〕原任南京總督粮儲右僉都御史林有孚，先爲御史傳漢臣劾其私屬故吏臨清州知州劉守臣强買民間女爲妾，逮下詔獄。至是，獄中上書自白，并論漢臣挾私彈劾之故。上謂：有孚不俟問理，輒敢瀆辯。令鎮撫司亟加拷訊，毋爲回護。

《明實録》穆宗隆慶三年三月 〔丁巳〕直隸巡按御史燕儒宦劾奏原任巡撫大同右僉都御史劉祐托疾避事，欺罔不忠，又嘗納部民女爲妾，動支商税千餘兩，乞行追治。得旨：祐冠帶閑住。人臣之意，當委身殉國，此後邊鎮重臣如有托疾避難者，科道官糾奏，治之。其兩京部院大臣告病，該部仍覈實以聞，不得槩爲題覆，致乖大義。

契約文書

《敦煌社會經濟文獻真蹟釋録》第二輯《放妻書（樣式）》　蓋聞夫婦之禮，是宿世之因。累劫共修，今得緣會。一從結契，要盡百年，如水如魚，同歡終日。生男滿十，並受公卿。生女柔容温和，内外六親嘆美。遠近似父子之恩，九族邕怡，四時而不曾更改。奉上有謙恭之道，恤下無（當）〔黨〕無偏。家饒不盡之才，（軸里）〔妯娌〕稱長延之喜。何乃結爲夫婦，不悦數年。六親聚而咸怨，鄰里見而含恨。□蘇乳之合，尚恐異流；猫鼠同窠，安能得久。二人意隔，大小不安。更若連流，家業破散。顛鐺損脚，致見宿活不殘。擎鏊築瓮，便招困弊之苦。男饑耕種，衣結百穿；女寒績麻，怨心在内。夫若舉口，婦便生嗔；婦欲發言，夫則搶棒。相憎終日，甚時得見。飯飽衣全，意隔累年，五親何得團會。乾沙握合，永無此期。羊虎同□，安能見久，兩個同心，一向陳話美辭。心不和合，當頭取辦。夫覓上對。

〔後空〕

《敦煌社會經濟文獻真蹟釋録》第二輯《放妻書（樣式）》　蓋聞夫婦之禮，是宿世之因。累劫共修，今得緣會。一從結契，要盡百年。如水如魚，同歡終日。生男滿十，並受公卿。生女柔容温和，内外六親歡美。遠近似父子之恩，九族邕怡，四時而不（增）〔曾〕更改。奉上有謙恭之道，恤下無儻無偏。家饒不盡之才，妯娌稱長延之樂。何乃結爲夫婦，不悦鼓□〔瑟〕。六親聚而咸怨，鄰里見而含恨。蘇乳之合，尚恐異流。猫鼠同窠，安能得久。二人違隔，大少不安。更若流連，家業破散。顛鐺損却，至見宿活不殘。擎鏊築瓮，便招困弊之苦。男饑耕種，衣結百穿。女寒績麻，怨心在内。夫若舉口，婦便生嗔。婦欲發言，夫則拾棒。相（曾）〔憎〕終日，甚時得見。飯飽衣全，意隔累年，五親何得團會。乾沙握合，永無此期。羊虎同心，一向陳話美詞。心不合和，當頭取辦。夫覓上對，千世同歡。婦娉毫宋，鴛鴦爲伴。所要活業，任意分將。奴婢驅馳，幾□不勒。兩共取穩，各自分離。更無□期，一言致定。今請兩家父母、六親眷屬，故勒手書，千万永别。忽有不照驗約，倚巷曲街，點眼弄眉，思尋舊事，便招解脱之罪。爲留後憑，謹立。

《敦煌社會經濟文獻真蹟釋録》第二輯《放妻書一道（樣式）》　蓋以伉儷情深，夫婦語義重，幽懷合巹邑之歡歡，念同牢之樂。夫妻相對，恰似鴛鴦雙飛並膝，花顔共坐，兩德之美，恩愛極重。二體一心，生同床枕於寢間，死同棺槨壙下。三載結緣，夫婦相和。三年有怨，則來讎隙。今已不和，想是前世怨家。眅止生嫌，作爲後代增嫉。緣業不遂，見此分離。聚會二親，以俱一别。所有物色書之。相降之後，更選重官雙職之夫。弄影庭前，美逞琴瑟合韻之態。械恐捨結，更莫相談。千万永辭，布施歡喜。三年依糧，便獻柔儀。伏願娘子千秋万歲。時厶年厶月厶日厶鄉百姓厶甲放妻書一道。

《中國歷代契約會編考釋·宋開寶十年敦煌宰報云放妻文書》　〔前缺〕

一從結契，要盡百年。如水如魚同歡。生男滿十，并受公卿；生女柔容，温和内外。六親嘆美，遠近似父子之情；九族（悒）〔邕〕怡，四時而不曾更改。奉上有謙恭之道，恤下無（儻）〔黨〕無。家饒不盡之財，妯娌稱延長之慶。何乃結爲夫妻，六親聚而成怨，九族而含恨，酥乳之合，（上）〔尚〕恐異流；猫鼠同窠，安能見久。今對六親，各自取意，更不許言夫説婦。今婦一别，更選重官雙職之夫，隨情窈（窓）〔窕〕美齊，音樂琴瑟合韻。伏願郎娘子千秋萬歲，常施歡喜。三年衣粮，便獻藥儀。

宰報云

於時開寶十年丁丑歲放妻。

《臺灣私法人事編·婚姻·正式之婚姻·有關離婚及改嫁字據·改嫁字》　立休書字人新圃里烏龍莊鹽埔仔許甲，有娶過同里新園莊舊港東王乙之妹王巧爲妻。近來王巧不守婦道，逐日尋事生端，較鬧不休，以致夫妻日夜難得相安。今因無奈，願將王巧離婚，托中引就賣過港東中里車路墘莊鄭丙爲妻，三面議定身價六八銀貳拾五元；銀、字即日同中兩相交收足訖，其王巧交付鄭丙携帶歸家，永爲長久夫妻，日後若王巧生傳子孫，許甲不敢異言生端滋事。二比甘願，各無反悔，口恐無憑，合立出休書一紙，付執爲炤。

年　月　日

為中人　蔡　丁

立休字書人　許　甲

代爲人　高　炳

《臺灣私法人事編・婚姻・正式之婚姻・有關離婚及改嫁字據・休書》

立休書字人郡城内鴨母寮林昆，因自幼憑父娶小北門外陳乖之女豫涼爲媳，自入門性情乖張，懶於造作，家母念其尚在穉年，未諳人事，姑置不究。今年已二十矣，無論不能育一男半女，且悍潑如故，甚至時忤家母，絶無忌憚，交謫之聲聞於閫外，萬般勸誡，置之罔聞。諺云：惡妻孽子無法可治，是以昆不得已，與家母相商。竊思昆覔食四方，時常在外，該氏既不能孝事姑嫜，謹守婦道，且欲安坐而食，使老母朝夕劬勞，無時休息，撫躬自問，何以爲人。但氏既不孝順翁姑，明犯七出之條，義無可合，應割斷夫妻恩愛，聽其歸家，嫁與不嫁均從其便，不干昆之事。口恐無憑，合立休書字壹紙，付與存據。

光緒八年六月　日

知見人　母高氏

立休書字人郡城内鴨母寮　林　昆

《臺灣私法人事編・婚姻・正式之婚姻・有關離婚及改嫁字據・離緣字》

立離緣字人陳九五，前年曾娶過李四之女爲妻，名喚阿葉，今年二十三歲。當日憑媒面議，聘金貳百大元正，交收足訖。玆因違逆翁姑，時聞交謫之聲，更復不能安貧，常出怨尤之念，律以婦人四德，實有可出之條，雖欲忍以安之，奈生成若性，留亦無益。故不得已再托冰人，向外家李四重議廢親，聘金願折其半，粧奩則聽其取去，凡吾家所有之物，雖絲毫毋得干犯。此係父母之命，抑亦與吾緣絶，即日收回聘金，彼婦聽媒率去，任憑别嫁，一出千休，情根永斷。口恐無憑，即立離緣字壹紙，付執爲炤。

即日，九五同媒親收過字内聘金銀壹百大元正足訖，炤。

道光二十三年十一月　日

代書人　張金生

爲媒人　黄水池

知見人　陳火木

立離緣字人　陳九五

《臺灣私法人事編・婚姻・正式之婚姻・有關離婚及改嫁字據・贖身字》

立甘願贖身字人郭士火，有因夫妻反目，不能和順，是以規勸難合，不得已托媒，願將妻玉娘付伊生父杜宗官贖回改嫁。時三面議定依時值出身價銀貳百大員正，銀即日同媒交郭士火親收足訖。自此割根永斷，聽伊父杜宗官贖身回家，改嫁他人，一切等情，不干郭家之事。此係二比甘願，各無反悔，日後並無滋事生端。口恐無憑，今欲有憑，立出甘願贖身字壹紙，付執爲炤。

即日同媒六親收過贖身字内佛銀貳百大員正完足，再炤。

光緒二十二年十月　日

代筆人　蘇心正

爲媒人　陳李氏

知見人　郭陳氏

在場人　郭士發

立甘願贖身字人　郭士火

《臺灣私法人事編・婚姻・正式之婚姻・有關離婚及改嫁字據・改嫁字》

立出贖回字人打猫堡打猫街第二保第二三二番户陳海，有一位弟婦，名叫味，年登二十六歲。不幸舍弟去世，無奈，外托媒引就，向與新港街第壹百二十四番户生母何却取贖回家，三面議定身價銀貳拾大員正；其銀同媒交收足訖，是日亦將此味交付媒人娶去交與生母，任從主意再嫁店仔口客莊内莊第一保第一番户王高陞爲妻，日後傳子及孫，與陳海無干。此係二比兩願，各無反悔，日後不敢異言生端滋事，口恐無憑，今欲有憑，立贖回字壹紙，付執爲炤。

即日同媒親收過贖回字内銀貳拾大圓正。

光緒三十一年六月　日

爲媒人　吴阿樹

同　蔡阿來

代筆人　周　成

立贖回字人　陳　海

《臺灣私法人事編・婚姻・正式之婚姻・有關離婚及改嫁字據・贖回字》

立甘願贖回字人永豐里崙仔頂莊徐笋，有娶林氏全娘爲妻。過門有十二年，夫妻因反不和睦，笋無奈，將妻全娘贖回林家，改嫁他人，笋甘願收過七三銀貳拾六圓；其銀即日同中交訖，隨時全娘娶回林家，日後再嫁他人，笄不敢異言生端滋事，亦不敢阻擋。此係二比甘願，各無反悔，口恐無憑，今欲有憑，立甘願贖回字壹紙，付執爲炤。

即日同中見收過七三銀貳拾六大員完足，再炤。

光緒二十九年十一月　　日

爲媒人　楊　旭

立甘願贖回字人　徐　笄

代書人　徐天福

《臺灣私法人事編·婚姻·正式之婚姻·有關離婚及改嫁字據·贖回改嫁字》　立出贖回改嫁甘願字人東港下頭角張春壽，有聘過東港街橋頭曾有義之女，名喚烏肉娘，年登叁拾叁歲，未有伉儷。夫妻反目，不能正室，兼之春壽出外漂流，日食難度，有第貳胎兒子，名叫日本，年登貳歲，勢不得已，外托中引就曾有義向與張春壽贖回到家許配，三面言議身價聘禮銀共肆拾大圓正；其銀即日同中親收交訖，其烏肉娘併兒子聽與有義娶過到家待嫁。惟願麟趾呈祥，螽斯衍慶，與張家無涉，不得争長較短，異言生端之事，亦無來歷交加不明情弊；如有不明等，張春壽一力抵擋，不干銀主之事。此係二比甘願，各無反悔，口恐無憑，今欲有憑，合立出贖回改嫁甘願字一幅，付執永遠存炤。

即日同中親收過身價聘禮銀共四拾大圓，再炤。

光緒二十三年月　　日

知見人　張門許氏

立出贖回改嫁甘願字人　張春壽

代筆人　施允升

《清代巴縣檔案彙編·徐以仁認還秦氏嫁資限約抄白》　立出自認限約人徐以仁。

情因乾隆四十八年在川有娶秦姓之女爲婚，成配無異。□□□五十四年三月内搬回家鄉楚地。夫室參商控案，麻邑縣主具批：准差行喚。中有王步街兩勸説合。秦氏想慮夫寶恩情義絶，務要以仁得秦氏嫁時金銀衣飾等項，照單親還，秦氏方免甘休，將案息銷。以仁憑中自願還出，比時憑中照單算明衣飾金銀等項，共該銀二百四十兩正，憑中限至五月二十八日將認銀還給秦氏親收。秦氏將認限約收銀，憑中還給以仁夫室，以免參商。俊慮秦氏日後永無異端，其立限約。此係以仁心甘情願，并無中證勒逼等語。恐口無憑，立出自認限約給與秦氏名下爲據。

乾隆五十五年三月二十七日立出自認限約人徐以仁

憑中人　徐國梅　楊林　王步街　陳珍

徐國梅筆

案例文書

《敦煌本判集三種》 奉判，田智先娉孔平妹爲妻，去貞觀十七年大歸。至廿一年，智乃詐大疾，縣㒵依定，至廿二年，智乃送歸還平家，對村人作離書棄放。至永徽二年，智父身亡，遂不來赴哀。智母令喚新婦赴哀，平云久已分别，見有手書，不肯來赴。其平妹仍有妻名，在智籍下。其兩家父母亦斷絶。其婦未知離若爲。孔氏總角初笄，早歸田族，交歡就寵，亟改寒暄。嫌婉綢繆，相期偕老。智乃心圖異計，規避王徭，不（願）〔顧〕同穴之情，俄作參商之隔。詐稱大疾，送歸□彼親鄰，給書離放，放後即爲行路，兩族俱絶知聞。覆水不可重□返，但事多開合，情或變通，法有畫一之規，禮無再醮之義。違禮□如嫁女棄女，皆由父母。縱無恃怙，仍問近親。【略】不載舅姑，私放豈成公驗。况田智籍□便除，且貫爲黔首之根由，籍是生人之大信。今棄□之明條，順匹婦之愚志。下材管見，竊所未通。追婦□□作疾，罪實難容。下縣付推，并自科上上。

（唐）白居易《白居易集》卷六六《判·得乙在田，妻餉不至。路逢父告飢，以餉饋之。乙怒，遂出妻。妻不伏。》 象彼坤儀，妻惟守順；根乎天性，父則本恩，饌宜進於先生，饁可輟於田畯。夫也望深饁彼，方期相敬如賓；父兮念切嚻然，旋聞受哺於子。義雖乖於齊體，孝則見於因心。盍喜陟岵之仁，翻肆送畿之怒。孰親是念，難忘父一之言，不爽可徵，無効士二其行。犬馬猶能有養，爾豈無聞？鳳凰欲阻于飛，吾將不取。

（唐）白居易《白居易集》卷六七《判·得乙出妻，妻訴云：無失婦道。乙云：父母不悦則出，何必有過。》 孝養父母，有命必從；禮事舅姑，不悦則出。乙親存爲子，年壯有妻。兆啓和鳴，授室之儀雖備；德非柔淑，宜家之道則乖。若無爽於聽從，曷見尤於譴怒？信傷婉娩，理合仳離。且聞莫慰母心，則宜去矣；何必有虧婦道，然後棄之？未息游詞，請稽往事。姜詩出婦，蓋爲小瑕；鮑永去妻，亦非大過。明徵斯在，薄訴何爲？

（唐）白居易《白居易集》卷六七《判·得景娶妻三年，無子，舅姑將出之。訴云：歸無所從。》 承家不嗣，禮許仳離；去室無歸，義難棄背。景將崇繼代，是用娶妻，百兩有行，既啓飛鳳之兆；三年無子，遂操别鵠之音。將去舅姑，終鮮親族，雖配無生育，誠合比於斷絃；而歸靡適從，庶可同於束緼。固難效於牧子，宜自哀於鄧攸。無抑有辭，請從不去。

《名公書判清明集》卷九《户婚門·將已嫁之女背後再嫁蔡久軒》 胡千三戲謔子婦，雖未成姦，然舉措悖理甚矣，阿吴固難再歸其家。然亦只據阿吴所説如此，未經官司勘正聽。而其父吴慶乙受其兄吴大三之教，遽將阿吴收匿，背後嫁與外州人事，乃妄經本司，訴其女不知下落，設使根究不出，豈不重爲胡千三之禍？揆之以法，合是反坐，吴慶乙勘杖一百，編管鄰州。若妄訴一節，亦是吴大三所教，則吴大三當從杖編管，而吴慶乙可免。帖縣追吴大三根究，解從本司施行。阿吴若歸胡千三之家，固必有投水自縊之禍，然背夫盗嫁，又豈可再歸胡氏之家。名不正，則言不順，本縣責付官牙，再行改嫁，所斷已當，此事姑息不得。胡千三未經勘正，難以加罪。如再有詞，仰本縣送獄勘正其悖理之罪，重作施行，以爲爲舅而舉措謬亂者之戒。

《名公書判清明集》卷九《户婚門·妻以夫家貧而仳離劉後村》 夫有出妻之理，妻無棄夫之條。丘教授未第之前，以女弟適黄桂，既生五女矣。一旦丘教授偶中高科，門户改變，黄桂不善營運，家道凋零，丘教授遽奪女弟，令寫離書。嗟乎！丘教授壽禄不永，萬里客死，豈非此等事有以累其陰騭歟？惜乎當時有司觀望顔情，莫有以義理勸諭丘教授者，前任知縣不得不任其責矣。雖然，匹夫不可奪志，黄桂若真有伉儷之誼，臂可斷，而離書不可寫，今觀手寫離書，却翻悔於七年之後，亦已踈矣。黄桂不曾犯義絶，既奪其妻，又并其所生女子奪歸丘氏家，天下豈有無父之國哉？丘貢士宜鑒乃兄覆轍，做些好事，以助前程。如黄桂者夫婦可以復合，宜以丘氏還之。昔人教詔其女云：無以貧故，事人不謹。丘教授讀書雖多，此二語所未講也。如夫婦不可復合，亦既憫念黄桂貧乏，資助錢物，使之别娶。所生長女元納劉縣尉聘財，未審是何人交受，元承監兩下評議定。兩日。

《名公書判清明集》卷九《户婚門·定奪争婚劉後村》　吴重五家貧，妻死之時，偶不在家，同姓人吴千乙兄弟與之折合，併挈其幼女以往。吴重五歸來，亦幸其女之有所歸，置而不問。未幾，吴千乙、吴千二將阿吴賣與翁七七爲媳婦，吴重五亦自知之，其事實在嘉定十三年十一月。去年八月，吴重五取其女歸家，至十一月，復嫁與李三九爲妻，致翁七七經府縣有詞。追到吴千二等供對，却稱先來係謀娶得阿吴爲妻，自知同姓不便，改嫁與翁七七之子。同姓爲親，抵冒法禁，離正之可也，豈應改嫁，接受財禮。吴千二將阿吴嫁與翁七七之子，固是違法，然後來已自知情，又曾受過翁七七官會二貫文，豈應復奪而嫁之？合將阿吴責還翁七七之子。但阿吴既嫁李三九，已自懷孕，他時生子，合要歸着，萬一生産之時或有不測，則吴重五、李三九必興詞訟，不惟翁七七之家不得安迹，官司亦多事矣。當廳引上翁七七，喻以此意，亦欣然退歸，聽不願理取，但乞監還財禮，別行婚娶。阿吴責還李卅九交領。吴千一、吴千二、吴重五犯在赦前，且與免斷，引監三名備元受錢，會，交還翁七七。

《名公書判清明集》卷九《户婚門·諸定婚無故三年不成婚者聽離趙惟齋》　照得陳鑑訴劉有光不肯將義女魏榮姐還親事。竊詳上件事先經縣斷，再經丞廳看定，皆行勸諭擇日還親，亦可謂曲盡人情。奈兩詞未已，各持一説。然始初議親之際，陳、劉二家以三世交契論婚，是爲既親且契，盡善盡美。只緣男家逗留五年，不曾成親，遂致女家有中輟之意，争訟之端，自兹始矣。觀各人前後所供，甚爲明白。寶慶元年議婚，至紹定二年，男家方有詞經縣，催促成婚，則許親之時至陳訴之日，首尾已歷五載，已違諸定婚無故三年不成婚者聽離之條。本縣與丞廳勸諭還親，已是舍法意而用人情。然上件法意正謂無故不成婚者，設如有故者，則不然也。且據陳鑑父陳坦紹定二年經縣初狀，其時狀詞已稱自安吉州莊所回歸。繼觀陳鑑之詞，亦謂其父坦出安吉州避寇身故。以此二事觀之，彼則自謂是有故而然矣。殊不思初陳狀之時，已出三年之外，若還聘財而聽離，初非違法。但寒盟者先自女家，既聞其壻陳凱不肖破落，不學無文，母之愛女，情切於衷，不得不顧而之他，於三年之條實無礙。惜乎其母不能經官自陳改嫁，各還聘財，遂引惹陳鑑之詞。及觀劉有光之妻趙氏紹定三年三月内經趙權縣判執照狀云：　昨使王褒爲媒，議娶其後夫劉貢元所生女劉一姐，陳鑑却生詞論賴，輒妄稱議娶女兒，先嫁魏景宣所生女魏榮姐。觀其意，是欲以劉一姐易魏榮姐，以嫁陳凱。却不思先來在縣所供，乃謂夫劉貢士前妻一女，又在湖北招親。如此則凱所議之妻，果魏榮姐，而非劉一姐明矣。況劉有光既云：陳凱所定者，是其前妻之女劉一姐。則後妻之女魏榮姐在堂室，未曾嫁人，未曾許親，設或有人執伐，親母主婚，名正言順，有何窒礙？而自生支節，乃經趙權縣判執照，將魏榮姐嫁崇安縣詹應發，可謂作僞心勞日拙。今陳鑑之詞又云嫁與浦城縣毛六秀。嫁詹，嫁毛，未知孰是？此誠可疑。再詳劉有光後在丞廳所供畫一，内云劉一姐以疾不起，是又欲以魏榮姐生存之人交贄之禮，尤賴爲劉一姐已死之人聘財，乃引用已成之法而不還。前後之詞，互相矛盾如此。以世契而締姻好，本爲夫婦百年之計，今乃争訟紛紜，彼此交惡，世契既已掃地，姻好何由得成？以法意論之，則已出三年之限，以人事言之，成畢之後，難保其往。今既各懷忿憾，已敗前盟，初意何在？男女婚姻與其他訟不同，二家論訴，非一朝夕，儻强之合巹，禍端方始。今幸親迎未成，去就甚輕，若不斷之以法意，參之以人情，則後日必致仇怨愈深，紊煩不已。況陳鑑今詞謂魏榮姐與浦城毛元六秀爲妻，苟或不虚，則是已爲他人之妻矣。一女不事兩夫，陳鑑既爲士子，豈不洞達此理，焉可使魏榮姐爲失節之婦乎？但當時之甑，墮地而不復問，可也，何必眷眷於一魏榮姐邪？然元議卒寒，實在女家。所有聘禮當還男家，庶得兩盡人情，可無詞説。欲乞台判照點對事理施行，取自台旨。奉判府黄監簿台判，所擬已得允當，案備帖本縣照行。

《名公書判清明集》卷九《户婚門·婚嫁皆違條法翁浩堂》　謹按律曰：諸和娶人妻及嫁之者，各徒二年，即夫自嫁者亦同，仍兩離之。又曰：諸妻擅去，徒二年。葉四有妻阿邵，不能供養，自寫立休書、錢領及畫手模，將阿邵嫁與吕元五，父子共交去官會三百貫，尚有未盡會二百貫寄留葉萬六家。既已親書交錢，又復經官陳理，若如此而可取妻，是妻可以戲賣也。吕元五貪圖阿邵爲妻，令裴千七夫妻與楊萬乙啜誘葉四，雖已寫約，尚未心服，而遽占留阿邵在家。若如此而可得妻，是妻可以力奪也。律有兩離之法，正爲此等。阿邵身爲葉四妻，雖夫不良，且合依母，遽委身於吕元五，惟恐改嫁之不速。如此而可免罪，是妻可以擅去也。三名按法各得徒罪，且就本縣各勘杖一百，照條兩離之。葉四、吕元五皆不得妻，阿邵斷訖，責付牙家别與召嫁。楊萬乙、裴千七、葉萬六不安本業，輒造事端，和離人妻，亦合徒斷。楊萬乙、裴千七知情押契，兩人各勘杖一百。葉萬六不知本謀，只是受寄官會，勘杖六十。葉千七、阿鄭各係所由違法離嫁，亦合收罪，念其年老，各且免科。索到贓錢没官，裴千七案後追斷。

《名公書判清明集》卷九《户婚門·已成婚而夫離鄉編管者聽離》

在法：已成婚而移鄉編管，其妻願離者聽。夫出外三年不歸，亦聽改嫁。今卓一之女五姐，元嫁林莘仲。續後林莘仲因事編管，而六年並不通問，揆之於法，自合離婚。而卓一之尚以半子爲念，與議和離，立定文約，領去聘財四十五貫官會，有林莘仲批領，僉用知見，僉號分明，又有卓氏經官自陳一狀可據。林莘仲今復何辭乎？既受其官會，又許其改嫁，使卓氏已嫁他人，今其可取乎？林莘仲可謂妄詞，合行收罪免斷。

《名公書判清明集》卷一〇《人倫門·夫欲棄其妻誣以曖昧之事胡石壁》

在禮，子甚宜其妻，父母不悦，則出之。在法，妻有七出之狀，而罪莫大於淫佚。虞氏得罪其姑，至于興訟，而所訴之事又是與人私通，兼此二事，其不可復合亦明矣。今江濱臾抱母龔氏狀，却隱諱前事，只令押其妻虞氏自歸侍奉。不知虞氏有何面目復歸其家？官司合與究竟，而虞氏方始明白。牒邵武軍追江濱臾申解，候到司日，却唤上虞士海理對。江濱臾追到再判：在法，姦從夫捕，謂其形狀顯著，有可捕之人。江濱臾乃以曖昧之事，誣執其妻，使官司何從爲據。江濱臾駔儈小人，不知此義，固不足責，但事在有司，須要結絶。江濱臾自知理屈，於前事不敢堅執，却又稱虞氏曾令妾搬去房奩器皿，是虞氏盜與姦俱有。大槩是撰造無根之詞，遷延歲月，使虞氏坐困，不願復合，而休離不出於己，其小人之尤者。所謂器皿，必有名件，押下僉廳從實供。供呈再判：夫婦，人倫之首，禮經所重，故曰：妻之爲言齊也，一與之齊，終身不改。江濱臾設心措慮，欲棄其妻，事出無名，遂誣以閨門曖昧之私，而加以天下之大惡，詞窮理屈，又謂妻盜搬房奩器皿，及勒令對辨，則又皆虞氏自隨之物。古者交絶不出惡聲，謂其實有此事，猶當爲之掩覆，今江濱臾撰造事端，以鳥獸之行誣其妻，虞氏亦人爾，尚何面目復歸其家。虞士海既稱情

義有虧，不願復合，官司難以强之，合與聽離。虞士海先放，江濱臾勘杖八十，押下州學引試，别呈。

《名公書判清明集》卷一〇《人倫門·官族雇妻天水》

士大夫之後，其子孫有賢有不肖，固不能保其長有富盛，不墜其家世。然不幸至於流落失所，莅官行法者，得不爲之惻然動心乎！丞相秀國陳公，先朝實與鄭國公富公並相，五傳而至其孫思永，去先世蓋未甚遠也。思永之女嫁與吴子晦爲妻，亦是宦家之後。不能自立，家道掃地，與其妻寄寓於陳季淵之家，陳氏與針指以自給，爲貧至此，爲之奈何？士大夫誰無惻隱之心，苟知其事，念之可也，賙恤之可也，因其貧而利其人，誘致以爲婢，此而可忍，孰不可忍！雷司户名門之後，將以功名自期，顧何利於一婦人，而自犯不韙，貽誚旦評。陳氏之母劉氏有詞，官司以其爲陳秀公之孫，不忍坐視其失身，永爲上世之玷，不得不爲施行。追到吴子晦，方且力諱其事，索到雷司户雇契，再三詰問，方據剖露。詳其初欲雇之時，始則招吴子晦飲酒，誘致先留陳氏在其家一夕，次日方令立契，若將陳氏略行究問，必有甚不韙者，司正不欲盡情根究耳。先朝有士大夫部綱折陷，將以妻女鬻償官者，名賢見之，傾囊倒篋與之，尋爲辨裝奩嫁遣，使得所歸。載入傳記，迄爲美談。雷司户聞此事，獨不有愧於心乎？在法，雇妻與人者，同和離法。吴子晦合依上條定斷，官司未欲盡情施行，且令劉氏當官責領其女歸家，若其夫子晦有可供贍，不至失所，却令復還。萬一不能自給，無從贍養其妻，合從劉氏改嫁，官司却當備條給據。陳季淵名相之諸孫，受人濡沫，却與親姪女着押雇契，此豈復有人心。引押下，請門長自行遣。仍牒門長照會，從所陳，住罷所給義莊米。雷司户幹人程八乙别吴子晦免收坐，併劉如圭放。雇契毁抹。

《名公書判清明集》卷一〇《人倫門·既有曖昧之訟合勒聽離胡石壁》

新臺之事，委屬曖昧，阿黄陳詞於外，則以爲有，供對於獄，則以爲無。若但據其先後之詞，而遂以爲有無之決，是非鮮有不失實者。當職今親至院，逐一唤問，耳聽其辭，目察其色。阿黄應對之間，頗多羞澁，似若有懷而不敢言；李起宗争辯之際，頗覺囁嚅，似若有愧而不能言。當職今固未敢決然以爲無也。如必欲究竟虚實，則捶楚之下，一懦弱婦人豈能如一强男子之足以對獄吏哉，終於誣服而已矣！況此等醜惡之事，只當

委曲掩覆，亦不宜揚播，以貽鄉黨之羞。又尊卑之間反自如此，縱無此事，亦難復合。子甚宜其妻，父母不說，出，此禮經之所以垂訓萬世者也。阿黃之不見說於舅必矣，其夫婦雖欲偕老，其可得乎？合勒聽離，黃九二將女別行改嫁，李起宗免根究。

（宋）陳元靚《事林廣記・別集》卷四《公理類・告狀新式・婦人夫亡無子告據改嫁狀式》 告狀人王阿厶

右阿厶年幾歲，無疾孕，係厶里厶都籍民，已死人王大妻屬，伏爲狀告：有阿厶元係厶里民户人王大妻室，自來不曾養育子息。於厶年月日夫王大因病身死，當已行持服營喪安葬了當。即目户下別無事産可以養贍，委是貧難生受。若不具告，給據改嫁，情實寡居過活生受，謹狀上告。

厶縣伏乞詳狀施行，所告執結是實，伏取裁旨。

年　月　日告狀人　王阿厶　狀

（元）沈仲緯《刑統賦疏・第五韻》 至元三十一年九月，陜西省咨：西安路吏告養老女壻張留僧刁引女緜喜在逃，不從，斫傷手指，用斧將妻阿屈左耳腦頂上斫傷。扎魯勿赤斷訖八十七下，即係義絶，再難同居，理合離異了。

（元）沈仲緯《刑統賦疏・第五韻》 通例：延祐三年十月，江西省斷過：袁州路彭谷清將女招到許天祥爲壻，本期養老，失犯抵觸，令毆妻母斂傷罪，又上原免，義絶離異。

（明）蘇茂相《新鎸官板律例臨民寶鏡》卷六《婚姻類審語・重嫁》 朱正原娶韓氏爲妻，閧門反目，岳母收回歷八年之久。既不完聚，又不令嫁，是坑此女子，拘拘然若觸藩之羊也。夫狀告三載，諭取七次不從，正恪有棄妻意矣。本縣批令改嫁，是承娶者，官府令承之也。嫁女者官府令嫁之也。更有何辜。但所嫁財禮，理合給還朱正，另娶以續後嗣。

（明）蘇茂相《新鎸官板律例臨民寶鏡》卷六《婚姻類審語・退婚復争》 審羅光明初聘吴昭使爲妻，有媒有幣。後以女幼翁貧，不願作贅，央媒憑衆，自求告休，聘財退矣，婚書毁矣。昭使嗣偶藍龍四載，以抱子焉，更復興詞告争，夫近棄自己親結之髮，遠攘他人已締之婚，始則貪財而棄婦，今則挾婦而謀財，人之無良一至於此。婚書假不足憑，覆水收不容載。姑量給財禮三兩，以爲阿母饘粥之資，原媒取親筆退書，以杜後來無釁之求也。

（明）蘇茂相《新鎸官板律例臨民寶鏡》卷六《婚姻類審語・幼女抵婚》 曾庭燦次女初聘余士尊男，親筆婚書，有男冠女笄之語。及伊女當堂，乃齠齔豆蔻之年，年貌婚帖星淵不倫，明係棄貧就富。將本女另醮高賢，却推稚爲次，而以孱息搪抵前盟也。曾庭燦背約滅倫，程一元重媒幫賴，許志恩强主硬證，並笞以示儆。高賢良懦讓婚，給還原聘金七兩，曾女余郎限十八日完配。

（明）蘇茂相《新鎸官板律例臨民寶鏡》卷六《婚姻類審語・退親》 沈任之女既配周璁爲妻，金鏃可朽，盟不可渝也。璁既嫖賭，任屬泰山，胡不招贅於家，而箝其放心乎。乃苦逼寫退書，遣女另嫁，此又壞法亂紀，播中國之醜聲，俾四方人笑之也。雖然夫之不幸，妾之不幸，縱使周璁消乏，亦桂英之數奇耳。夫復何恨，若沈任是壞蕭何。

（明）蘇茂相《新鎸官板律例臨民寶鏡》卷七《姦類審語・私奔斷離》 吴氏夫死二十餘年而改嫁。嫁吴尚德二日而生子。若非先姦後娶，寧有學養後嫁者耶？吴夫吴婦同姓嫌疑，本宜斷異。有子有産，宣淫敗露，更合歸宗。其懷開呱呱者，明係尚德骨肉血，自當帶回乳哺，不得與阿母同周，以斷尚德之體胤，而潛留餘息，以圖私開奔之便門。周標孝子也，尚肯撥田分房於出廟之母，而豈不能饔饔菽水於歸宗之母乎。萬一凱風日競必不安所，則他門別室何所不可。奚必從亂命，縱私情，爲亡父之罪人也。周希烈本僉婚書之中嗣，以分贜不平，難於公訟。既詭名吴啓春於巡司，復謀倩黄廷選而檢舉，露尾藏頭，奸詭反覆之徒也。與吴尚德併杖。

（明）祁彪佳《甫陽讞牘》卷一《本府一起滅婚異變事》 審得姚希翔以女配朱肇，希翔携女他寓，致肇訐告。翔弟逢佐以業寫四兩抵原聘，遂具告息，姑各罰穀一石。

（明）佚名《新纂四六合律判語》卷上《户律・出妻》 配偶從天作，協女家男室之宜；夫婦重綱常，爲居内事外之則。故爲《關雎》葉韵，須如琴瑟調和。配納弗嫌，德重孔明之盛。瞽妻無二，宋劉廷式，字恭叔。未第時，先定某人女，忽雙瞽。及劉登第，女家請辭之。劉曰：已爲吾妻，安可以目瞽而棄之？卒迎娶，後生五子，皆顯仕。史嘉恭叔之賢。今某倫理不惇，綱常有悖。頓失同心之美，遽成反目之乖。南澗充供，輒藉口蒸梨之失。曾子嘗以蒸梨不熟而出其妻。東流既坦，動駕言食棗之非。王吉居近東鄰，鄰有棗，拊枝垂吉庭中。吉婦取棗食，吉即逐其妻。鄰人欲伐其樹，咸勸吉召還其妻。時語曰：王吉法婦，東鄰伐樹。東鄰樹存，王吉婦還。殊無可去之端，妄坐當離七惡。效尤百里奚之薄，竟忘扊扅之恩；百里奚初入秦，家貧，其妻以扊扅烹雌鷄食之。而別後爲相，竟不迎妻。會宴召樂婦，其妻雜其中，援琴歌曰：百里奚，五羊皮，烹伏雌，炊扊扅，今日富貴忘我爲。始驚訝，潛出認之。不思宋仲子之仁，必固糟糠之愛。頃違六禮，忍割百年。因衰弛敬，珠宜還於孟嘗。孟嘗爲合浦守，先是守多貪，郡有珠皆徙去，及嘗下車，珠皆還故處。倚勢移情，法當隸乎蕭相。

（明）李清《折獄新語》卷一《婚姻·一件活拆事》 審得沈洪之以女許方勝子也，乃崇禎元年事也。迨延至三年，則是女紅葉欲沉，而摽梅已過矣。蓋因勝家窘甚，故遲回至今。而未幾忽以果盒禮往，曰：吾將娶婦。夫洪窶人子，生男弗喜女弗悲，非曰門楣是望也，蓋將借掌珠以博筲金耳。胡勝不以數金往，而率略乃爾？將謂田舍翁之十斛麥真可得婦，而以果盒代乎？宜洪妻鄭氏怒不許婚也。時勝展轉無計，浼其表兄李春，轉言於洪，謂吾家壁立矣！合將原聘見還，以伊女另嫁。於是洪與鄭氏皆允其請，而又斟酌果盒之費，則於原聘八兩外，更加四兩，此退婚一紙，所以出自勝手也。一女之轉嫁李萬，已成覆水難收矣！當寄語舊燕，而另覓雕梁可矣。何勝事過戈興，復以活拆控？既飽家兄，又挽去婦。魚與熊掌，可兼涎乎？本當以誣反坐，姑念貧而退婚，非其願也。且婚姻論財，夷虜之道，則沈洪亦不能無罪焉。合與巧言如簧、分鴻斷鴛之李春，各杖示懲。其一女則萬妻也。流水落花兩無情矣！方勝不得再有呶呶，自取反坐。

（明）李清《折獄新語》卷一《婚姻·一件飛攫事》 審得毛氏者，陸生員弟婦，而毛文始則毛氏父也。夫女子之嫁也，母命之。女子之再嫁也，父命之。學禮者曾聞斯言乎？毛氏之亡其陸氏夫，而操愧孤鴻，忽欲逐隊野鴛也，當夫家爲政耳！文始以女許汪元瑜，有兩嫁理乎？則陸生以弟婦許陳生，未爲不可。但毛氏既歸陳生，而陸生忽出廿兩，以返元瑜何爲者？嗟乎！亡弟辭世，生妻去幃；感念同乳，若在初没。彼陸生非人情乎！何忍以弟婦爲奇貨，而既許元瑜、又許陳生也？今據陸生口供，謂廿兩累累，特償元瑜酒饌耳。夫元瑜輩固傍海居者，難致山珍，不貴海錯，此何酒何饌乎？而以廿兩費。其始受元瑜之聘，繼受陳生之重聘無疑也。朝雲暮雨，抱琵琶而上别船者，伯與弟婦所行如合一轍。若以毛氏爲搧墳薄婦，則助其婦以代搧者必貪伯也。陸生忍矣哉！若陳生尤可異焉。既涎毛氏囊有餘蓄，而重賄貪伯，奪汪氏之聘婦爲己婦矣。今讀其呈內，則云：毛氏與元瑜有姦，故因孀謀娶。噫！燕爾新婚，如兄如弟。業與毛氏結今生之緣，而甫訂新歡，忽發舊穢。有其事乎？宜爲掩醜，無其事乎？豈宜織淫！若以公庭數語，流聞深閨，頰赤耶！背汗耶！想婦人之情薄秋雲，而浪逐桃花者，應得此報。彼爲毛氏婦者，固於爲鶉爲雀間自作同幬矣；將爲陳氏夫者，亦於不龍不蛇間自置一位乎？陳生蒙面昧心，合與忘親負約之陸生，各杖以儆。仍於陳生名下，追銀六兩，給元瑜以了前案。

（明）李清《折獄新語》卷一《婚姻·一件冤命事》 審得汪三才去婦大奴，陳汝能義妹也。先因三才父繼先，曾出銀廿兩，聘大奴爲三才婦。夫大奴一石女耳，此固夭桃摽梅之無感，而蜂媒蝶採所不過而問焉者也。及同衾後，三才悔恨無及，即將大奴送還汝能訖。非敢奢望於藍田之生玉，正恐絶望於石田之生苗耳。則汝能之返其聘金也，宜矣。何遷延不償，且以冤命控乎？初汝能猶執石女之説爲誣，以召兩穩婆驗之，信然。夫女國無男，則照井而生。然以生竅永閉之大奴，無論陽臺之雲雨，其下無梯，正恐井不孕石耳。然則爲汝能者，將令三才于飛之願，僅托巫山一夢，而不復爲嗣續之繩繩計乎？是面欺也。應杖治汝能，仍追聘金廿兩，以結此案。

（明）李清《折獄新語》卷一《婚姻·一件拆妻事》 審得奉化縣人江昌榮，汪一奴前夫。定海縣人俞七，汪一奴後夫。而汪壽法則一奴父也。先因壽法於崇禎二年，曾以一奴許昌榮，而成婚於五年五月。時問一奴年幾何？僅十三耳！大兩雛並棲，何異稚戲。而妝無再點，案不别舉，諒如貞女當如是矣。乃一奴之情昵新歡，心厭故侶者，非獨昌榮過，則昌榮之亡母過。夫一奴猶斷乳幾日人耳！當撫若慈母，愛如嬌女。胡虀蘖不諳，輒加箠楚？而幾欲爲姜母汲水之難也；君家婦難爲，心怨矣！迨昌榮母亡，一奴亦病，豈其命帶逐水，而數值飄花者，又當以一病結新姻緣耶？時一奴母竺氏，曾携歸定海，就近調養。而胡縣人俞七，乃以野鴛偶病鸞也。今據壽法口供，則謂七父俞大順，曾借銀無償，劫一奴去。夫阿翁自乏家兄耳。可以己女爲人婦者，爲償逋資耶！乃俞七母蔣氏，何又以八兩之聘言？夫聘與當，俱不必辯。獨以五月適江、以八月歸汪，以六年七月往俞，前後豈不瞭然？顧何捏六年爲四年，而五年之依依江宅者，豈一奴果爲倩女之離魂也？兹壽法、昌榮猶言出同聲。而一奴則初詆老父，繼誶故夫，惟與俞七兩目盻盻耳。今日何遷次，新官對舊官。而揮舍人、唾餅師，何今古婦女，其肺腸若是別也？一奴嫁夫如積薪耳，後來者居上，亦咄咄怪事哉！汪壽法一女兩嫁，應杖。汪一奴斷歸昌榮。仍令壽法補銀四兩，給與俞七，以結此案。

（清）李漁《資治新書二集》卷二〇《婚姻・生離夫婦事》 看得鄭爾彥下體不全，生缺人道。聘妻李氏且八年矣，名爲箕帚之婦，從無枕席之歡。李氏恬處八年，從無怨恨之語者，以有姑在堂耳。姑憐其不幸，再加意撫恤之，且訂終養之後，許其別嫁，仍命子彥預立休書，付與氏父李光先爲據。今年姑死，父懷愛女之心，不忍李氏之終寡也，急持原約求判於縣。縣謂陰陽失配，誠非人倫之宜，况有母命，子當遵從。哀李事姑有年而光陰已邁，斷令伊父只備原聘之半與彥退婚，而准李氏擇配，此合理順情之事也。何彥乃必欲取盈，而旋有是控耶？嗟乎，八年真姑媳，誠可憫矣；數載假夫妻，實何幸焉！爲彥計者，即不念李氏之勞，亦當思亡母之命，奈何無畜妻之具而懷陷婦之心，豈自恃無陽爲奇貨而故欲居之以爲利耶？語曰：陰類之物，毒而不仁。信不誣矣。姑念天劓殘廢，令光全給原聘，以斷葛藤，准李改嫁可也。

（清）李漁《資治新書二集》卷二〇《婚姻・親雪女冤事》 審得任某以縫衣爲業，兼作歇家，既有張氏爲妻，復娶施氏爲妾。以籧篨之夫而挾妖冶之婦，復有往來歇客，雜處其間，穢行之聞，所不免矣。施氏父亡母醮，初嫁于梅而夫故，再嫁于許而被出，三適而入任氏之門，愈趨愈下，雖命之薄乎，亦足羞也。有叔施某耻穢聲貫耳，爲門户羞，因以親雪女冤控。而任某、施氏堅供在許爲婢，并未爲妾，意謂買婢作妾，似高一等，欲避買妾爲娼、賺良入賤之名也。任某欲學齊人，而以妻妾作他人奉，非良人矣。施氏生名族而甘充下陳于賤丈夫，淑女耻之。相應依買良作妾縱姦律，斷婦歸宗，擇配另適。

（清）陳枚《憑山閣增輯留青新集》卷二二《讞語・拆割血婚事汪曾垣》 審得廖國志，殆以婚姻之禮意爲從違者也。阿尹之夫蕭君卿存日，與國志爲村中莫逆。二姓之妻適各懷妊，遂彼此預訂婚姻。己酉年蕭先産男，名曰長生，廖後産女，名曰穀妹。週歲蕭備銀鐲一雙，計重三錢二分，陳茂宇等執柯經送可據。迨後廖生一男，而蕭生一女，國志亦欲求之爲媳。彼時君卿有父在堂，未從所請，無足異者。夫古來固有永諧之秦晋，然無相强之朱陳。乃國志以孔雀屏於我無緣，則玉鏡臺從兹可碎，因尹氏夫死而遂背之。上年八月間，憑媒尹孫保復受羅日保之聘，而臘月望後，蕭郎已成路人矣，阿尹其能免於拆割血婚之控乎？按律固有明條，但念孫保非他，即阿尹之弟，而長生之母舅也，蕭門至戚，日保無疑，非知情故娶者比，且割襟指腹□清例明禁，兼偕伉儷日久，斷從日保名下，倍追鐲費相償。尹氏心已承服，第廖國志業經漫允於前，又復渝盟於後，惡其意爲從違，與冰上之尹孫保，並加責懲。惟因具係窮民免供逐出，不無過于寬宥耳。

（清）陳枚《憑山閣增輯留青新集》卷二二《讞語・賺吞聘金朋謀退婚事代顧玠》 審得女子許字必由父母，父母俱無，方從親族，律載甚明，未有母在、兄在，而舅氏可以主甥女之婚。亦未有母兄在，而舅氏可以私受甥女之聘者。張利有妹年方及笄，正庶士相求之時，田尚策渭陽至戚，應爲之慎擇其偶，以結朱陳，庶不負親親之誼。胡乃擅受張士達聘財，歸之私橐，置之不問耶。且同姓爲婚，張利不願，尚策即當速還原聘，俾其另締絲蘿，何以復遲至數月而不歸原聘。此士達有賺吞之鳴也。本州庭訊時，尚策措詞無策，唯有自認其罪而已，二張雖有媒妁之言，實無父母之命。况同姓不便爲婚，應將士達所送聘金九兩七錢、色紬二疋，均於田尚策名下追給張士達，別偕秦晋。張利之妹，應令伊母田氏擇配可也。尚策姑付一杖，餘犯量爲責儆。

（清）葉晟《求芻集・讞語・因姦逆天拐孀事》 審得：魏氏先嫁扶風王子善，再醮扶風任祥，今自適郿邑趙能法，葢一騃婦，而三易其夫者也。據任紹學供稱，魏氏背夫逃走，任祥尋覓無踪，於前年方故。據魏氏供稱，祥死年餘方走郿邑，以明不係背夫。但試問夫死再嫁，胡爲不令任族知聞而當官告照？又胡爲不告照於扶風而告照於郿邑？更胡爲不稱任祥婦而稱王才妻？其爲逃走何疑？趙能法不察來歷，竟以一紙謊照，認作靈符，遂娶爲婦。墮汶師婆、杜國春之姦局而不覺。葢不獨魏氏騃，而能法亦騃也。惜汶師婆物化而杜國春遂得盡卸其責，無能究其原銀，惟責國春以示儆耳。任祥已死，婦人無歸理，且從能法久，姑斷銀四兩，令任紹學取領以作殯葬伊叔之資，其婦仍歸能法作一對騃夫妻，亦真匹敵也。

（清）佚名《比照案件・户律・婚姻・出妻》 福建司 道光二年

中城移送：賈氏因伊夫陳美功赴口外種地，誤信陳桂林告以伊夫病故之言，改嫁趙七爲妻。例無誤聞去世擅自改適治罪專條，惟賈氏輒因伊夫年餘並無音信，無錢養贍，即擅自改嫁，將賈氏比照伊夫逃亡三年之内，不告官司而擅自改嫁者，杖一百。

《清代巴縣檔案彙編・節里九甲民熊開宗呈狀》 爲呈出惡妾事。

情蟻原配妻韋氏，身患瘋癱，父母年邁，無人侍奉。去年五月憑媒潘權中、甘玉祥等，得娶故民李在添之孀妻周氏爲妾。不料周氏虺蜴爲心，不知婦道，非但不服使令，更敢悖逆翁姑。希望奉侍怡親，誰料益增親怒，悖親罪惡，蟻咎何辭。此種悍婦，七出已干。乞恩府一□，情願憑官出退，以安家業，以順親懷。爲此上呈。

縣正堂批：姑候唤訊查斷。

（清）沈衍慶《槐卿政蹟》卷二《判牘・割髮另娶事》 男女居室，人之大倫，與子偕老幸也。恩斷義絶，中道乖離，則夫婦之變矣。既離後男另娶而女另醮，則一離而勢更不復合矣。凌繼龍有女早秀，幼抱與胡經斗之子祖典爲妻。完婚三載，雖結褵已賦，而婦道多非。家室既常聞勃谿，夫妻亦恒屬反目，兩俱願離。經斗父子因送還伊母家，寫立退約，當憑凌姓族鄰證明。律載：夫妻不相和諧，而兩願離者，不坐。凌早秀自干七出之條，並無三不去之義，情既已離，難强其合。嗣胡祖典另行續娶，凌早秀亦轉許聘有人。是前車之覆水難收，而别船之琵琶再抱，各從其願可耳。何凌繼龍於祖典甫續娶入門後，忽以嫌醜割髮爲詞，令婦凌愓氏出名狡控，冀圖訛索，愚而且詐，莫此爲甚。應將抱告主唆之凌繼鳳笞責以儆。祖典、早秀仍准離異，聽其另娶、另嫁。凌繼龍臨審脱逃，獲日另究可也。

（清）沈衍慶《槐卿政蹟》卷二《判牘・嫌貧揹婚事》 楊繩樟次女抱養於熊圖銓爲妻，過門後身故。復議以第三女續配，果其蔦蘿誼篤，理宜憑媒納聘，婚嫁以時。奈何似允非允，宕延二十餘年。雖鄉愚朴野無文，然何竟簡率至此。爲之女者，不幾興嗟摽梅乎。圖銓不能守承先業，貧無立錐，致繩樟不甘妻之以女。然以揹婚具控，並僞造婚書以實之，楊旋以詐婚具訴，兩造媒證亦復供質互歧。夫婚姻，人之大倫，婚真則曲在楊，否則曲在熊。原無所用其游移，乃今婚書、媒證既在是據非據之間，男室女家亦屬若離若合之際。一則情實有因，不得遽謂之揹；一則事非全虚，亦不得竟謂之詐。姑念圖銓貧困，著繩樟名下撥二斗種田一區給其生活，僞造婚書塗銷，女聽另行擇嫁。雖新特之求難續，而舊婿之誼猶存，亦調停之一道乎。

（清）沈衍慶《槐卿政蹟》卷二《判牘・背帖圖翻事》 李佘氏之夫李必遂與楊劉氏之夫楊起禮同曳侯門之裾，李有子而楊有女，憑媒配合。女抱養至李家三載必遂身故。楊查知李子從吉係乞養異姓，將女領回。數年，佘氏迭催過門，楊堅不許。佘氏以背帖圖翻等情具控。楊劉氏訴稱所許之婿係李親生殀亡之子，非現在乞養之兒。各執一詞。嘵嘵争辯。查過房乞養，例須兩家明白通知，各從所願，寫立婚書，依禮聘嫁。今核李佘氏所呈婚帖，並未註明乞養。帖内書令郎國器云云，亦未確載係從吉名字。即據媒人李必道供，曾送楊家米肉等項，亦交際餽遺之恒情，未可據爲聘財。楊之悔婚事屬有因，不得以尋常退悔罪之。况起禮遠出閩省，女已長大。楊劉氏堅不願婚，從吉勢難强之使合。惟楊女前已住李家三載，酌斷楊劉氏備錢二千文給李佘氏具領。一以償食哺之資，一以酬米肉之餽。原帖塗銷，女聽楊另行擇配，庶怨耦無聞而争端可息乎。

（清）蒯德模《吴中判牘》 丁四姐，一酒家女耳。年十七，嫁與榮金和爲妻。居鄰城市，學作當壚，來至田家，未諳負耒，以致見憎翁姑，難安家室。彼婦已經出走，蕭郎從此路人。乃舅家則控請官追母氏，又託詞賊擄。此中虚實，究未可知。迨武雲鵬以收留之詞自呈，乃知桃花墜雨尚有餘春，柳絮因風原無定所。丁年正妙，難禁司馬之琴心。武夫可依，偏愛子南之戎服。人盡夫也，天實爲之，此亦事之無可如何者矣。第丁氏徙倚軍中，雅善黨家之斟唱，榮某傖粗竈下，那知吳女之温存。若必强以重圓，勢必拚將一死，愛河未續，禍水已成，爲兩家計，均失之矣。況武雲鵬者，得自亂軍，貯之金屋，非有潛逃之約，不比强暴之污。如斯婢子，見者皆憐，何況老奴戀焉怎舍，本縣用儒家之權變，參佛氏之圓通，破小拘墟，成大歡喜。斷令償以百元，平兹兩造。一則黄金買笑，得安歌舞之身；一則白首同歸，另覓糟糠之婦。因錯就錯，絃無用其更張；居安斯安，民或欣其得所。自謂是矣，閱者何如。

（清）倪望重《諸暨諭民紀要》卷三《正堂倪二任・樓焕榮控許永耕退婚不允由》　堂諭：訊得樓焕榮控許永耕退婚不允一案，緣樓焕榮之次子蘭堂，憑樓道傳等爲媒，聘定許永耕之幼女許氏爲妻，於去年八月間迎娶過門，因其不時啼哭欲回母家停嬉，適值樓焕榮之幼子甫堂因病猝亡，遂歸咎於樓許氏之哭，以爲不祥，而欲退婚。許葆榮爲之迎歸，俾釋其忿。旋經許永耕送回不納，樓焕榮即以退休再四具呈。兹經集訊，據樓焕榮供稱，其媳樓許氏過門後日夜號泣，由於不得歸省其親，此非悍潑可知也。又稱幼子既殤，其媳許氏哭泣如故，此又非犯上可知也。詰之媒人樓道傳等，則稱樓許氏過門七日，有依鄉俗來看新人者。樓蘭堂之兄華堂囑樓許氏妝飾出見，樓許氏不依，致拂衆人之意。樓焕榮因失體面，積不能平，又乘其幼子暴亡，疑哭泣爲之兆。誠若是，欲加之罪，而以悍潑犯上爲辭，不亦異乎？夫樓許氏之嫁爲樓蘭堂妻，本未犯七出之條，特始則有看新人者拒之不見，已失翁姑之歡；繼則以失歡而遇事招尤，故思歸省其父母；其後思歸不得，至於悲啼，斯亦歸人之常情，家庭之細事，何獨於樓許氏而惡之？每見鄉俗鬧房，必在三日以内，出三日則否。今鬧房而在七日，樓許氏不肯修容見客，蓋廟見之後謹内外、别嫌疑，可謂知禮矣。且思歸以省父母，則三月反焉，自古爲然，亦非失禮矣。至樓許氏思歸不得而悲啼，於《詩》更有可據。彼《竹竿》爲衛女思歸之作，明明長歌當哭，注詩者並不議爲無禮矣。樓許氏既不違禮，樓焕榮亦應平心，史所謂不癡不聾，不作阿家翁盍三復之。又樓焕榮之幼子之殤，豈樓許氏之哭所能致？子夏云：死生有命，旨哉斯言也。斷令樓蘭堂仍以樓許氏爲妻，不得藉小故退婚，致乖人倫之始。樓焕榮當知義方訓子，不使樓蘭堂棄妻負義，有虧萬福之原。並諭許永耕既憑許葆榮接女於歸，可以留之少住，俟其翁與夫心平氣静，年終時送歸夫家。惟許葆榮貢入成均，老成諳練，於樓許氏之歸也，必代許永耕送之，當堂着樓許氏向翁樓焕榮謝罪，即著樓焕榮每月貼給米三斗作錢壹千貳百文，仍另給錢壹千文，計三個月，共錢六千六百文，繳候轉給許永耕收領，以爲樓許氏食用之資。而其所以給米與錢者，緣非尋常在母家可比，不過留之以息翁與夫之氣也。噫！樓焕榮亦知保爾後人之意耶？樓蘭堂亦知成爾好合之意耶？自此之後，樓許氏孝翁姑宜家室，其樓氏之幸矣。各取甘結完案。此諭。

（清）熊賓《三邑治略》卷四《堂判利川縣任内・訊牟來倫一案》　訊明卓昌洛娶彭開勤之女爲媳，因彭氏不守婦道，遂行休出，轉嫁於牟來倫。但卓昌洛休出之時，並無彭姓到面，牟來倫承娶之時，亦無彭姓出嫁。照例斷令離異歸宗，任憑彭姓嫁賣他方，不准嫁於牟、陳二姓，以免轇轕，各具結完案。此諭。

《清代名吏判牘七種彙編》卷上《名士袁枚・美妻》　照得夫婦居室，和藹爲先。必兩情之相悦，始式好而無尤。若情同水火，勢若仇讎；同床異夢，脱輻是占。則夫婦之道苦，唱隨之樂亡矣。與其勉强相合，别生糾葛，何如解去赤繩，各遂心願。本案宗惠卿控妻宗段氏性蕩姦淫，不守婦道，請予退婚。本縣一再提審，涕泣曉諭，冀圓樂昌之鏡。乃宗惠卿卒不聽從。即叩諸段氏，亦有彩鳳隨鴉之嘆，不復作蒹葭倚玉之想。一則謂覆水難收，無顔再娶淫婦；一則曰戚施燕婉，不願屈嫁牙郎。無法兩全，勢難牉合，爰據請求，准予分離。況乏三從之德，正合七出之條。從此卿卿我我，各自分飛；從前是是非非，一朝了葛。所望各得良緣，永締佳偶；毋蹈覆轍，再牒公庭。此判。

《臺灣私法人事編・婚姻・變例之婚姻・養媳・養媳離異字據・呈批及甘結狀》　臺下　大轎首　李明　叩首跪印
刑杖　役　鄭清

稟爲查押據情先行稟復事。案據南勢莊民婦吳林氏呈控郭爐等誘媳藏匿等情，蒙票飭役等查押拘究等因，奉此，下役遵即協保抵地詢問，據郭爐稱：伊女自幼與吳才爲媳，配螟子吳來成爲妻，後吳才髮妻病故，續娶亦係林姓，自進門後，將女迫打難安，致令與壻不睦。懇托許陳氏叠迫贖身，婉勸備銀四十元贖回，無奈，移借銀元，經公媒交清，立有贖身字據指印花押可憑。吳林氏於三月間爲子再聘劉家，有媒可鞫等語。又據楊瑞稱：向郭爐憑媒明娶郭氏爲妻，並無拐誘情事。詢據吳林氏，稱與控情同。下役細查四鄰媒證，均係稱迫贖確實。現吳來成既有婦，郭翠涼亦有夫，委係屬實，未敢押回，蒙飭前因，合將查押情形，先行據實稟覆，伏乞大老爺電察施行沾叩。

正堂沈批：

飭該役等仍遵續票傳集報訊可也，票不夾送合付。

光緒十六年拾貳月廿六日叩　　承楊明

既據調處息事，姑准銷案，以順輿情。息結兩紙、領狀一紙，均附。前繳贖身字據紙發還。

具遵依結狀民婦吳林氏，今當大老爺堂前，甘結得氏呈控郭爐等誘媳藏匿等情一案，兹聽公親陳驥才等調處，勸令氏子來成業已再娶劉剪涼爲妻；而郭翠涼又復再嫁楊瑞爲妻，屬是二比均各撰配，毋庸興訟。氏父子甘願息訟遵處完案，日後氏永不敢翻異。合具遵處甘結狀是實。

光緒拾柒年正月　日　　具遵依甘結狀民婦　吳林氏

抱告男　吳來成

雜録

（三國）曹植《曹子建集》卷三《出婦賦》　以才薄之陋質，奉君子之清塵。承顔色以接意，恐疎賤而不親。悦新婚而忘妾，哀愛惠之中零。遂摧頽而失望，退幽屏於下庭。痛一旦而見棄，心忉忉以悲驚。衣入門之初服，背床室而出征。攀僕御而登車，左右悲而失聲。嗟冤結而無訴，乃愁苦以長窮。恨無愆而見棄，悼君施之不終。

（晉）王嘉《拾遺記》卷六　賈逵年五歲，明慧過人。其姊韓瑤之婦，嫁瑤無嗣而歸，亦以貞明見稱。

（陳）徐陵《玉臺新詠》卷二《劉勳妻王氏雜詩二首》　王宋者，平虜將軍劉勳妻也，入門二十餘年。後勳悦山陽司馬氏女，以宋無子出之。

（北齊）顔之推《還冤志》　晉時，羊珊字懿彭，祖晉世廬陵太守。爲人剛克粗暴，恃國姻親，縱恣尤甚，睚眦之嫌，輒加刑殺。征西大將軍庾亮檻送，具以狀聞。有司奏珊殺郡將吏及民簡良等二百九十人，徒讁一百餘人，應棄市，依八議請宥。中宗詔曰：此事古今所未有，此而可忍，孰不可忍，何八議之有？可獄所賜命。珊兄子賁，先尚南郡公主，自表解婚，詔不許。

（唐）范攄《雲溪友議》卷上《魯公明》　顔魯公爲臨川内史，澆風莫競，文教大行。康樂已來，用爲嘉譽也。邑有楊志堅者，嗜學而居貧，鄉人未之知也。山妻厭其饘糲不足，索書求離，志堅以詩送之曰：平生志業在琴詩，頭上如今有二絲。漁父尚知谿谷暗，山妻不信出身遲。荆釵任意撩新鬢，明鏡從他别畫眉。今日便同行路客，相逢即是下山時。其妻持詩詣州，請公牒，以求别醮。顔公案其妻曰：楊志堅素爲儒學，遍覽九經，篇詠之間，風騷可摭。愚妻覩其未遇，遂有離心。王歡之廪既虚，豈遵黄卷；朱叟之妻必去，寧見錦衣？惡辱鄉閭，敗傷風俗。若無褒貶，僥倖者多。阿王決二十後，任改嫁。楊志堅秀才，贈布絹各二十疋、禄米二十石，便署隨軍，仍令遠近知委。江左十數年來，莫有敢棄其夫者。

（宋）魏泰《東軒筆録》卷七　王荆公之次子名雱，爲太常寺太祝，素有心疾，娶同郡龐氏女爲妻，逾年生一子，雱以貌不類己，百計欲殺之，竟以悸死，又與其妻日相鬪鬩。荆公知其子失心，念其婦無罪，欲離異之，則恐其誤被惡聲，遂與擇壻而嫁之。是時有工部員外郎侯叔獻者，荆公之門人也，娶魏氏女爲妻，少悍，叔獻死而幃箔不肅，荆公奏逐魏氏婦歸本家。京師有諺語曰： 王太祝生前嫁婦，侯工部死後休妻。

（宋）郭茂倩《樂府詩集》卷七三《雜曲歌辭・焦仲卿妻》 《焦仲卿妻》，不知誰氏之所作也。其序曰： 漢末建安中，廬江府小吏焦仲卿妻劉氏，爲仲卿母所遣，自誓不嫁。其家逼之，乃没水而死。仲卿聞之，亦自縊於庭樹。時人傷之而爲此辭也。

孔雀東南飛，五里一徘徊。十三能織素，十四學裁衣。十五彈箜篌，十六誦詩書。十七爲君婦，心中常苦悲。君既爲府吏，守節情不移。〔賤妾留空房，相見常日稀。〕鷄鳴入機織，夜夜不得息。三日斷五疋，大人故嫌遲。非爲織作遲，君家婦難爲。妾不堪驅使，徒留無所施。便可白公姥，及時相遺歸。府吏得聞之，堂上啓阿母：兒已薄禄相，幸復得此婦。結髮同枕席，黄泉共爲友。共事二三年，始爾未爲久。女行無偏斜，何意致不厚？阿母謂府吏： 何乃太區區。此婦無禮節，舉動自專由。吾意久懷忿，汝豈得自由。東家有賢女，自名秦羅敷。可憐體無比，阿母爲汝求。便可速遣之，遣去慎莫留。府吏長跪告： 伏惟啓阿母。今若遣此婦，終老不復取。阿母得聞之，槌牀便大怒： 小子無所畏，何敢助婦語。吾已失恩義，會不相從許。府吏默無聲，再拜還入户。舉言謂新婦，哽咽不能語。我自不驅卿，逼迫有阿母。卿但暫還家，吾今且報府。不久當歸還，還必相迎取。以此下心意，慎勿違吾語。新婦謂府吏： 勿復重紛紜。往昔初陽歲，謝家來貴門。奉事循公姥，進〔心〕〔止〕敢自專。晝夜勤作息，伶俜縈苦辛。謂言無罪過，供養卒大恩。仍更被驅遣，何言復來還。妾有繡腰襦，葳蕤自生光。紅羅複斗帳，四角垂香囊。箱簾六七十，緑碧青絲繩。物物各自異，種種在其中。人賤物亦鄙，不足迎後人。留待作遺施，於今無會因。時時爲安慰，久久莫相忘。鷄鳴外欲曙，新婦起嚴妝。著我繡裌裙，事事四五通。足下躡絲履，頭上玳瑁光。腰若流紈素，耳著明月璫。指如削葱根，口如含朱丹。纖纖作細步，精妙世無雙。上堂謝阿母，母聽去不止。昔作女兒時，生小出野里。本自無教訓，兼愧貴家子。受母錢帛多，不堪母驅使。今日還家去，念母勞家裏。却與小姑別，淚落連珠子。新婦初來時，小姑如我長。勤心養公姥，好自相扶將。初七及下九，嬉戲莫相忘。出門登車去，涕落百餘行。府吏馬在前，新婦車在後。隱隱何甸甸，俱會大道口。下馬入車中，低頭共耳語： 誓不相隔卿。且暫還家去，吾今且赴府。不久當還歸，誓天不相負。新婦謂府吏： 感君區區懷，君既若見録，不久望君來。君當作磐石，妾當作蒲葦。蒲葦紉如絲，磐石無轉移。我有親父兄，性行暴如雷。恐不任我意，逆以煎我懷。舉手長勞勞，二情同依依。入門上家堂，進退無顔儀。阿母大拊掌：不圖子自歸。十三教汝織，十四能裁衣。十五彈箜篌，十六知禮儀。十七遣汝嫁，謂言無誓違。汝今無罪過，不迎而自歸。蘭芝慚阿母： 兒實無罪過。阿母大悲摧。還家十餘日，縣令遣媒來。云有第三郎，窈窕世無雙。年始十八九，便言多令才。阿母謂阿女： 汝可去應之。阿女銜淚答： 蘭芝初還時，府吏見丁寧，結誓不別離。今日違情義，恐此事非奇。自可斷來信，徐徐更謂之。阿母白媒人： 貧賤有此女，始適還家門。不堪吏人婦，豈合令郎君。幸可廣問訊，不得便相許。媒人去數日，尋遣〔承〕〔丞〕請還。誰有蘭家女，承籍有宦官。云有第五郎，嬌逸未有婚。遣丞爲媒人，主簿通語言。直説太守家，有此令郎君。既欲結大義，故遣來貴門。阿母謝媒人： 女子先有誓，老姥豈敢言。阿兄得聞之，悵然心中煩。舉言謂阿妹： 作計何不量。先嫁得府吏，後嫁得郎君。否泰如天地，足以榮汝身。不嫁義郎體，其住欲何云。蘭芝仰頭答： 理實如兄言。謝家事夫婿，中道還兄門。處分適兄意，那得自任專。雖與府吏要，渠會永無緣。登即相許和，便可作婚姻。媒人下牀去，諾諾復爾爾。還部白府君： 下官奉使命，言談大有緣。府君得聞之，心中大歡喜。視曆復開書，便利此月内。六合正相應，良吉三十日。今已二十七，卿可去成婚。交語速裝束，絡繹如浮雲。青雀白鵠舫，四角龍子幡。婀娜隨風轉，金車玉作輪。躑躅青驄馬，流蘇金鏤鞍。齎錢三百萬，皆用青絲穿。雜綵三百匹，交廣市鮭珍。從人四五百，鬱鬱登郡門。阿母謂阿女： 適得府君書，明日來迎汝。何不作衣裳，莫令事不舉。阿女默無聲，手巾掩口啼，淚落便如瀉。移我琉璃榻，出置前窗下。左手持刀尺，右手執綾羅。朝成繡裌裙，晚成單羅衫。晻晻日欲暝，愁思出門啼。府吏聞此變，因求假暫歸。

未至二三里，摧藏馬悲哀。新婦識馬聲，躡履相逢迎。悵然遥相望，知是故人來。舉手拍馬鞍，嗟嘆使心傷。自君别我後，人事不可量。果不如先願，又非君所詳。我有親父母，逼迫兼弟兄。以我應他人，君還何所望。府吏（爲）〔謂〕新婦：賀卿（德）〔得〕高遷。磐石方（可）〔且〕厚，可以卒千年。蒲葦一時紉，便作旦夕間。卿當日勝貴，吾獨向黄泉。新婦謂府吏：何意出此言。同是被逼迫，君爾妾亦然。黄泉（不）〔下〕相見，（忽）〔勿〕違今日言。執手分道去，各各還家門。生人作死别，恨恨那可論。念與世間辭，千萬不復全。府吏還家去，上堂拜阿母：今日大風寒，寒風摧樹木，嚴霜結庭蘭。兒今日冥冥，令母在後單。故作不良計，勿復怨鬼神。命如南山石，四體康且直。阿母得聞之，零淚應聲落。汝是大家子，仕宦於臺閣。慎勿爲婦死，貴賤情何薄。東家有賢女，窈窕豔城郭。阿母爲汝求，便復在旦夕。府吏再拜還，長嘆空房中，作計乃爾立。轉頭向户裏，漸見愁煎迫。其日牛馬嘶，新婦入青廬。菴菴黄昏後，寂寂人定初。我命絶今日，魂去尸長留。攬裙脱絲履，舉身赴清池。府吏聞此事，心知長别離。徘徊庭樹下，自掛東南枝。兩家求合葬，合葬華山傍。東西植松柏，左右種梧桐。枝枝相覆蓋，葉葉相交通。中有雙飛鳥，自名爲鴛鴦。仰頭相向鳴，夜夜達五更。行人駐足聽，寡婦（赴）〔起〕傍徨。多謝後世人，戒之慎勿忘。

（明）施耐庵《水滸傳》卷二〇《虔婆醉打唐牛兒　宋江怒殺閻婆惜》

閻婆惜道：第一件，你可從今日便將原典我的文書來還我，再寫一紙任從我改嫁張三，并不敢再來争執的文書。宋江道：這個依得。婆惜道：第二件，我頭上帶的，我身上穿得家里使用的，雖都是你辦的，也委一紙文書，不許你日後來討。宋江道：這件也依得。閻婆惜又道：只怕你第三件依不得。宋江道：我已兩件都依，緣何這件依不得？

婆惜道：有那梁山泊晁蓋送與你的一百兩金子快把來與我，我便饒你這一場天字第一號官司，還你這招文袋里的款狀！宋江道：那兩件倒都依得。這一百兩金子果然送來與我，我不肯受他的，依前教他把了回去。若端的有時，雙手便送與你。婆惜道：可知哩！常言道：公人見錢，如蠅子見血。他使人送金子與你，你豈有推了轉去的？這話却似放屁！做公人的，那個猫兒不吃腥？閻羅王面前須没放回的鬼！你待瞞誰！便把這一百兩金子與我，值得甚麽！你怕是賊贓時，快熔過了與我！

宋江道：你也須知我是老實的人，不會説謊。你若不信，限我三日，我將家私變賣一百兩金子與你，你還了我招文袋。婆惜冷笑道：你這黑三倒乖，把我一似小孩兒般捉弄。我便先還了你招文袋，這封書歇三日却問你討金子，正是棺材出了討挽歌郎錢。我這裏一手交錢，一手交貨。你快把來兩相交割。宋江道：果然不曾有這金子。婆惜道：明朝到公廳上，你也説不曾有這金子！

（明）史鑑《西村集》卷一《去婦怨》　少婦顔如花，嫁來十五六，辛勤養姑嫜，紡績事衣服。一朝顔色衰，鏡中非舊時，夫壻本輕薄，恩愛變成疑。大姑猶似可，小姑讒殺我，去我不敢啼，啼時當及禍。回頭告故夫，妾去看妾雛，寄語後來人，善事大小姑。

（明）洪楩《清平山堂話本・簡帖和尚》　似此三日，山前行正在州衙門前立，倒斷不下，猛抬頭看時，却見皇甫殿直在面前相揖，問及這件事：如何三日理會這件事不下？莫是接了寄簡帖的人錢物，故意不予决這件公事？山前行聽得，道：殿直，如今臺意要如何？皇甫松道：只是要休離了！當日山前行入州衙裏，到晚衙，把這件文字呈了錢大尹。大尹叫將皇甫殿直來，當廳問道：捉賊見贓，捉姦見雙，又無證佐，如何斷得他罪？皇甫松告錢大尹：松如今不願同妻子歸去，情願當官休了。大尹臺判：聽從夫便。

（明）洪楩《清平山堂話本・快嘴李翠蓮記》　張員外道：罷，罷，這樣媳婦，久後必被敗壞門風，玷辱上祖！便叫張狼曰：孩兒，你將妻子休了罷！我别替你娶一個好的。張狼口雖應承，心有不舍之意。張虎并妻俱勸員外道：且從容教訓。翠蓮聽得，便曰：

公休怨，婆休怨，伯伯姆姆都休勸。丈夫不必苦留戀，大家各自尋方便。快將紙墨和筆硯，寫了休書隨我便。不曾毆公婆，不曾罵親眷，不曾欺丈夫，不曾打良善，不曾走東家，不曾西鄰串，不曾偷人財，不曾被人騙，不曾説張三，不與李四亂，不盗不妒與不淫，身無惡疾能書算，親操井臼與庖厨，紡織桑麻拈針綫。今朝隨你寫休書，搬去妝奩莫要怨。手印縫中七個字：永不相逢不見面。恩愛絶，情意斷，多寫幾個弘誓願。鬼門關上若相逢，别轉了臉兒不斷見！

張狼因父母作主，只得含泪寫了休書，兩邊搭了手印，隨即討乘轎子，交人抬了嫁妝，將翠蓮并休書送至李員外家。

（明）謝肇淛《五雜俎》卷八《人部四》 古者輕出其妻，故夫婦之恩薄，而從一之節微。今者，非大故及舅姑之命陳於官，不得出其妻，則再醮者雖禁之可也，定之以年亦可也。

（明）馮夢龍《喻世明言》卷一《蔣興哥重會珍珠衫》 却說三巧兒回家，見爹娘雙雙無恙，吃了一驚。王公見女兒不接而回，也自駭然。在婆子手中接書，拆開看時，却是休書一紙。上寫道：立休書人蔣德，係襄陽府棗陽縣人，從幼憑媒聘定王氏爲妻，豈期過門之後，本婦多有過失，正合七出之條。因念夫妻之情，不忍明言，情願退還本宗，聽憑改嫁，并無異言。休書是實。成化二年月日，手掌爲記。書中又包着一條桃紅汗巾，一枝打折的羊脂玉鳳頭簪。

第二册目録

身份法總部

家族部

親屬種類與範圍分部

論說

爲父後者，爲出母無服。

《禮記正義》卷三二《喪服記》　男主必使同姓，婦主必使異姓。

親親以三爲五，以五爲九。上殺，下殺，旁殺，而親畢矣。已上親父，下親子，三也。以父親祖，以子親孫，五也。以祖親高祖，以孫親玄孫，九也。殺，謂親益疏者，服之則輕。己音紀。疏：親親至畢矣。正義曰：此一經廣明五服之輕重，隨人之親疏，著服之節。親親以三者，以上親父，下親子，并己爲三，故云親親以三。爲五者，又以父上親祖，以子下親孫，歸者三，今加祖及孫，故言五也。以五爲九者，己上祖下孫則是五也，又以曾祖故親高祖，曾孫故親玄孫，上加曾高二祖，下加曾玄兩孫，以四籠五，故爲九也。然己上親父，下親子，合應云以一爲三，而云以三爲五者，父子一體，無可分之義，故相親之說不須分矣。而分祖孫，非己一體，故有可分之義，而親名著也。又以祖親曾祖，以孫親曾孫，應云以五爲七，今言九者，曾祖、曾孫，爲情已遠，非己一體所親，故略其相親之旨也。庾氏云：由祖以親曾、高二祖，由孫以親曾、玄二孫。服之所同，義由於此也。上殺者，據己上服父祖而減殺，故服父三年，服祖減殺至期，以次減之，應曾祖大功，高祖小功，而俱齊衰三月者，但父祖及於己，是同體之親，故依次減殺。曾祖、高祖非己同體，其恩已疏，故略從齊衰三月，曾、高一等，所以《喪服》注云：重其衰麻，尊尊也。減其日月，恩殺也。不可以大功小功旁親之服加至尊，故皆服齊衰也。下殺者，謂下於子孫而減殺。子服父三年，父亦宜報服，而父子首足，不宜等衰，故父服子期也。若正適傳重，便得遂情，故《喪服》云不敢降是也。父服子期，孫卑，理不得祖報，故爲九月。若傳重者，亦服期也。爲孫既大功，則曾孫宜五月，但曾孫服曾祖正三月，故曾祖報亦一時也。而曾祖是正尊，自加齊衰服，而曾孫正卑，故正服緦麻。曾孫既緦麻三月，玄孫理不容異。且曾孫非己同體，故服不依次，減殺略同三月。旁殺者，世叔之屬是也。父是至尊，故以三年。若據祖期斷，則世叔宜九月，而世叔是父一體，故加至期也；從世叔既疏，加所不及，據期而殺，是以五月；族世叔又疏一等，故宜緦麻；此外無服也。此是發父而旁漸至輕也。又祖是父一體，故加至期，而祖之兄弟非己一體，故加亦不及，據於期之斷殺，便正五月；族祖又疏一等，故宜緦麻；此外無服。

《周禮注疏》卷一〇《地官司徒・大司徒》　以本俗六安萬民：一曰媺宮室，二曰族墳墓，三曰聯兄弟，四曰聯師儒，五曰聯朋友，六曰同衣服。本猶舊也。美，善也。謂約椽攻堅，風雨攸除，各有攸宇。族猶類也。同宗者，生相近，死相迫。連猶合也。兄弟，昏姻嫁娶也。師儒，鄉里教以道藝者。同師曰朋，同志曰友。同猶齊也。民雖有富者，衣服不得獨異。【略】云族猶類也。同宗者，生相近，死相迫者，案《左氏傳》云非我族類，其心必異，族類是一，故云族猶類也。經云族墳墓，是死相迫，明生時居住相近可知，故鄭云同宗者生相近，死相迫也。云連猶合也。兄弟，昏姻嫁娶也者，案《爾雅釋親》云父之黨爲宗族，母與妻黨爲兄弟，則兄弟之名施於外親爲正。又案《喪服記》兄弟皆在外邦及與兄弟居，彼皆據同宗小功已下。知此兄弟是昏姻，非是同宗者，見上云族墳墓是同宗，明此兄弟施於外姓昏姻。故《爾雅》又云婦之黨爲昏兄弟。夫婦相名亦爲兄弟，故《曾子問》曰不得嗣爲兄弟，是以知兄弟是婚姻也。

《春秋公羊傳注疏・隱公七年》　齊侯使其弟年來聘。其稱弟何？據諸侯之子稱公子。母弟稱弟，母兄稱兄。母弟，同母弟；母兄，同母兄。不言同母言母弟者，若謂不如爲如矣，齊人語也。分別同母者，《春秋》變周之文，從殷之質。質家親親，明當親厚異於羣公子也。

（唐）杜佑《通典》卷七三《禮・沿革・嘉禮・九族》　《白虎通》云：九族者何？族者，湊也，聚也。上湊高祖，下至玄孫，一家有吉，百家聚之，合而爲親。生相親愛，死相哀痛，有會聚之道，故謂爲族。《尚書》曰：以親九族，九族既睦，平章百姓。族所以九者，九爲言究也，親疏恩愛究竟，謂之九族也。父族四，母族三，妻族二。父族四者，謂父之姓爲一族，父女昆弟適人者子爲二族，己女昆弟適人者子爲三族，己女適人者子爲四族。母族三者，母之父母爲一族，母之昆弟爲二族，母之女昆弟爲三族，在外親，故合言之也。妻族二者，妻之父爲一族，妻之母爲二族，妻之親略，故父母各爲一族。

孔安國注《虞書》則云：九族者，從高祖下至玄孫凡九，皆同姓也。

許慎按：《禮》云緦麻三月以上服，恩之所及也。禮爲妻父母有服，明在九族中也。九族不得但施同姓。

鄭玄駁曰：按《小記》云親親以三爲五，以五爲九。以此言之，高祖至玄孫明矣。

王朗《論喪服書》曰：鄭玄云：兄弟猶曰族親也，無所不關之辭也。吾以爲古學以九代之親爲九族，謂兄弟者，亦九代兄弟也。凡屬乎父道者則父之兄弟，在乎祖道則祖之兄弟，在乎子道則子之兄弟，在乎孫道則孫之兄弟。故族親亦可謂爲兄弟也。

（唐）杜佑《通典》卷九六《禮・沿革・凶禮・總論為人後議》　周制，爲人後者。子夏曰：何如而可爲之後？同宗則可爲之後。何如而可以爲人後？支子可也。又曰：爲人後者孰後？後大宗也。曷爲後大宗？大宗者，尊之統也。禽獸知母而不知父，野人曰：父母何筭焉，都邑之士則知尊禰矣，大夫及學士則知尊祖矣，諸侯及其太祖，天子及其始祖之所自出。尊者尊統上，卑者尊統下。大宗者尊之統也，大宗者收族者也，不可以絶，故族人以支子後大宗也。嫡子不得後大宗也。都邑之士則知尊禰者，近政化也。太祖，始封君也。始祖，感神靈而生，若稷、契也。自，由也。及始祖之所自出，謂祭天南郊也。上猶遠也，下猶近也。收族者，謂別親疏、序昭穆也。《大傳》曰：繫之以姓而弗別，綴之以食而弗殊，雖百代而婚姻不通者，周道然也。

漢《石渠議》：大宗無後，族無庶子，己有一嫡子，當絶父祀以後大宗不？戴聖云：大宗不可絶。言嫡子不爲後者，不得先庶耳。族無庶子，則當絶父以後大宗。聞人通漢云：大宗有絶，子不絶其父。宣帝制曰：聖議是也。

魏劉德問以：爲人後者，支子可也，長子不以爲後。同宗無支子，唯有長子，長子不後人則大宗絶，後則違禮，如之何？田瓊答曰：以長子後大宗，則成宗子。禮，諸父無後，祭於宗家，後以其庶子還承其父。

晉范汪《祭典》云：廢小宗昭穆不亂，廢大宗昭穆亂矣，先王所以重大宗也。豈得不廢小宗以繼大宗乎！漢家求三代之後弗得，此不立大宗之過也。豈不以宗子廢絶，圖籍莫紀。若常有宗主，雖喪亂，要有存理。或可分布掌録，或可藏之於名山，設不盡在，決不盡失。且同姓百代不婚，周道也。而姓自變易，何由得知。一己不知，或容有得婚者，此大違先王之典，而傷自然之理。由此言之，宗子之重於天下久矣。

汪子甯以爲：父母生之，續莫大焉。三千之罪，無後爲重。夫立大宗，所以銓序昭穆，彌綸百代，繼之以姓而弗別，綴之以食而弗殊。禮盡於此，義誠重矣。方之祖考，於斯爲薄。若令捨重適輕，違親就疏，則是生不敬養，没不敬享，生人之本不盡，孝子之事靡終，非所以通人子之情，爲經代之典。夫嫡子存則奉養有主，嫡子亡則烝嘗靡寄，是以支子有出後之義，而無廢嫡之文。故嫡子不得後大宗，但云以支子繼大宗，則義已暢矣。不應復云嫡子不得繼大宗，此乃小宗不可絶之明文也。若無大宗，唯不得收族耳。小宗之家，各統昭穆，何必亂乎！

汪又曰：大宗者，人之本也，尊之統也。人不可以無其本，所以立大宗也。上理祖禰，尊尊之道著矣；下理子孫，親親之義明矣；旁理昆弟，天倫之理達矣。存則合族以食，序以昭穆，導以德行，別以禮義；没則禘祭太祖，陳其親疏，殤與無服，莫不咸在。此則孝子之事終矣，立人之道竭矣。小宗之家，五代則遷，安知始祖之所從出，宗祀之所由來？敬宗所以尊祖禰，不爲重乎。然要當以穆繼昭。既明大宗不可以絶，則支子當有繼祖，是無父者矣。

（宋）潘自牧《記纂淵海》卷四〇《人倫部・外表》　經，姑之子。外兄弟也。傳曰：何以緦報之也。《禮》。姑之子爲甥。《爾雅》。

史，王晏外弟尉氏阮孝緒，知晏必敗，屢至其門，逃匿不見，嘗食醬美，問知得於晏家，吐而覆之。《通鑑・齊高祖紀》。孔紹安閉門讀書數十萬言，外兄虞世南嘆異之。《唐書》本傳。

傳記，太學博士周拾舉外弟徐摛曰，形質陋小，若不勝衣而堪此選，乃爲晉安王侍讀。劉璠梁典。韋述元行冲之姑子，述好學，貫穿經史，事如指掌，綴文操牘便成，行冲大悅，引之同榻曰，此吾外家之寶也。《續世説》。盧少博弘正雷尚書簡求，弘正簡求皆趙璘姑之子，時稱趙家出外甥。

妻黨：史，劉穆之好往妻兄弟家乞食，多見辱，江氏後有慶□屬令勿來，穆之猶往食，畢求□榔兄弟戲之曰，□榔消食，君乃常饑，何忽須此妻復截髮，市肴饌爲其兄弟以餉。《因話録》。穆之及爲丹陽尹，召妻兄弟，乃令厨人以金柈貯□榔，一斛以進之。《宋書》本傳。何充，盧江人，王導妻姊之子。故少與王導善，早歷顯官，嘗詣導舍，導以塵尾指牀，呼充共坐曰，此是君坐也。《晉書》。柳勣與妻族不協，欲□之爲飛語，勣杖死。《通鑑》。

（宋）潘自牧《記纂淵海》卷四〇《人倫部·內表》　經，舅之子。內兄弟也。傳曰何以緦徒服也。《禮》。舅之子爲甥。《爾雅》。

子，子有內弟之□。內表弟。不飲酒食肉，郡人非之。《文中子》。

史，阮瞻內兄潘岳，每令鼓琴，終日達夜，無忤色。《晉書》。帝問童子員俶，奏臣舅之子李泌。《新唐書》。

集，他鄉惟表弟，還家莫辭遥。杜

（宋）潘自牧《記纂淵海》卷四〇《人倫部·姑》　經，問我諸姑。父子姊妹稱姑。《詩》。房中內賓，姑姊妹也。儀禮。父之姊妹爲姑。《爾雅》。

史，姪其從姑。謂我姪者，謂之姑。《左》。呂禄時出游獵，過其姑，呂嬃大怒曰，若爲將，今棄軍，呂氏今無處矣。乃悉出珠玉寶器，散堂上曰，母爲他人守也。班婕妤，彪之姑，狄仁傑曰，姑姪與母子孰親。《通鑑》。張巡姊，軍中號陸家姑。《張巡傳》。

傳記，温嶠□婦從姑劉氏，家有一女，甚有資慧，姑以屬公覓婚，公報云已覓得，婚處門地粗可婿，身名宦盡不減，嶠因下玉鏡臺一枚，姑大喜，既婚交禮，女以手披紗扇撫掌大笑曰，我固疑是老奴。《世説》。

（宋）潘自牧《記纂淵海》卷四〇《人倫部·外氏》　經，爲外祖父母，何以小功也，以尊加也。《禮》。母之考爲外王父，母之妣爲外王母。《爾雅》。

史，王符無外家。東漢。荀勗依舅氏，十餘歲能屬文，從外祖魏太傅鍾繇曰，此兒當及其曾祖。魏舒少爲舅氏甯氏所養，甯宅相者云，當出貴甥，魏舒尚幼，自言曰，當爲外氏，成此宅相。《晉書》。梁王筠清潔好學，沈約見以爲似外祖袁粲，謂張稷曰，王郎非惟額類袁公，風韻都欲相似。《南史》。温造曰，臣外五世祖李靖。唐本傳。楊於陵生子名嗣復，韓滉撫其頂曰，名與位皆踰其父，楊氏之慶也。嗣復傳、滉，其外祖也。

集，段公威德，當流慶於外孫。《白傳集》。魏舒少孤，長於甯氏，周翼無託，養在郤家。《白帖》。扶牀小女君先識，應此些些似外翁，於僕爲外諸翁。元微之。外氏之世德，存乎古史，揚乎人言，沐外族之休光。柳文。郤公不易勝，莫着外家欺。《王建集》。

本朝，外氏清貧。《類要》。外家英俊場。後山詩。

（宋）潘自牧《記纂淵海》卷四〇《人倫部·舅甥》　經，渭陽康公念母也，見舅氏，如母存焉。《詩序》。我送舅氏，曰至渭陽，何以贈之，路車乘黄，既有肥牡，以速諸舅，寧適不來，□我有咎。《詩》。母之昆弟爲舅，母之從父昆弟爲從舅，男子謂子，姊妹之子爲出。《爾雅》。

史，陳厲公蔡出也，申侯申出也。姊妹之子曰出。子犯以璧授公子曰，臣從君巡於天下，臣之罪多矣，臣猶知之，而况君乎？請由此亡。公子曰，所不與舅氏同心者，有如白水，康公我之自出鄭甥，可得備彌甥也。彌遠也，父之舅氏，故稱彌甥。公納夏戊之女爲夫人，其弟期太叔疾之，從孫甥也。左，姊妹之孫爲從孫。汲黯字長孺，司馬安是其姊子，與黯同爲太子洗馬，霍去病，衛青姊子也。《漢書》。荀勗父貯早亡，勗依于舅氏，岐嶷夙成，十餘歲能屬文，從外祖魏太傅，鍾繇曰，此兒當及其曾祖，既長，遂博學達於從政。《晉書》。王濟，衛玠之舅也，俊爽有風姿，每見玠輒嘆曰，珠玉在側，覺我形穢。《衛玠傳》。王獻之兄弟自超。祁。未亡見愔。郄。嘗躡履問訊，甚修舅甥之禮，及超死，見愔怠屐而候之。殷浩廢爲庶人，徙於東陽，浩甥韓伯，浩素愛賞之，隨至徙所，經歲還都，浩詠詩曰，富貴他人合，貧賤親戚離，王忱弱冠知名，嘗造其舅，范甯謂曰，卿風流雋望，真後來之秀，忱曰，不有此舅，焉有此甥，何無忌少有大志，鎮北將軍劉牢之即其舅也，時鎮京口，每有大事，皆參議之。桓玄曰，何無忌酷似其舅。《通鑑晉紀》。舅謂劉牢之也。韋縚奏舅小功五月，堂舅加至袒免。《唐紀》。初，陳郡謝重，王胡之外孫也，於諸舅敬禮多闕，重子絢，袁湛之甥也，嘗於公坐慢湛，湛正色謂曰，汝便是兩世無謂陽情，絢有愧色。陳江總七歲而孤，依于外氏，幼聰敏有至性，其舅蕭勱名重當時，特所鍾愛，嘗謂總曰，爾操行殊異，神采英拔，後必知名。《南史》。李靖舅韓擒虎，每與靖論兵嘆曰，可與語孫吴者，非斯人尚誰哉。王涯居翰林，其甥皇甫湜中選，考覈之際，不先上言，坐貶。本傳。

傳記，晉李繪神清朗俊，邢晏曰，宅相之寄良在三甥。《三國典略》。此館之興，情鍾舅氏，宜以渭陽爲名《世説》。

集，賢甥俊彩，酷似其舅。陳子昂。我異劉牢，不減其舅。李義山。劉牢出外甥。杜。甯氏舅甥俱寂寞。《王建集》。

本朝，仍以安石之甥，復見劉牢之舅。《臨川集》。

（宋）潘自牧《記纂淵海》卷四〇《人倫部・姨》　經，邢侯之姨。《詩》。妻之姊妹，同出爲姨。《爾雅》。史，蔡哀侯娶于陳，息侯亦娶焉，息嬀將歸過蔡，蔡侯曰，吾姨也。《左》。

傳記，謝阿蠻善舞，上就按於清元殿，寧王吹笛，上羯鼓，妃琵琶，秦國夫人端坐，視之上戲曰，阿蠻樂籍今日幸得供養，夫人請一纏頭。對曰，豈有大唐天子阿姨無錢用耶，遂出三百萬爲一局。《楊妃外傳》。

（宋）潘自牧《記纂淵海》卷四〇《人倫部・外孫》　經，女子之子爲外孫。《爾雅》。

史，楊惲，司馬遷女子也，惲始讀外祖太史公記，頗爲春秋，司馬遷死，外孫祖述其書，遂宣布焉。西漢。諸葛亮誡外甥曰，丈夫志當存高遠，慕先賢，絶情欲，棄凝滯，廣咨問，除嫌吝，雖有淹留，何損於美趣，何患於不濟，若志不强毅，意不慷慨，徒碌碌滯於俗，默默束於情，水竄伏於凡庸，不免於下流矣。《蜀志》。梁王筠清潔好學，沈約見筠以爲似外祖袁粲，謂僕射張稷曰，王郎非惟額類袁公，風韻都欲相似，稷曰，袁公見人輒矜嚴，王郎見人必娱笑，惟此一條不能酷似。《宋書》。

傳記，樊重外孫何氏兄弟爭財，重恥之，以田二頃解其忿訟。東漢。

集，爾爲外曾孫，倜儻汗血駒。杜詩。中郎餘慶鍾羊祜，邕之甥，琰之子。段公威德，當流慶於外孫。《白傳集》。累累外孫有攜有嬰，扶牀坐膝嬉戲讙爭。韓文。

本朝，南山新長鳳凰雛，眉目分明畫不如，年少從他愛梨栗，長成須讀五車書。臨川。

（宋）應俊《琴堂諭俗編》卷上《睦宗族》　親者，身之所出，祖者，又親之所出，則愛吾身與吾親者，不可不以不尊祖，推尊祖之心而下之，則宗族者，皆祖之遺體，可不敬乎。敬宗族者，尊祖之義也，古者聖人等人情之輕重，立爲五服，以别親疎，以定上下，上以治祖禰，下以治子孫，旁以治兄弟，歲時之間，合族以食，序以昭穆，别以禮義，使之生則有恩以相懽，死則有服以相哀，然後宗族之義重。今爾百姓多逆人理，不知族屬，苟有忿怨，不能自勝，則執持棒杖恣相毆擊，豈擇尊長也。力足以勝之，斯毆之矣，我富而族忿，則耕田佃地擡轎負擔之役，皆其族人，豈擇尊長也。財足以養之，斯役之矣，此皆風俗薄惡人倫之深害也。鄭至道原編。

鄭君尊祖敬宗之説，深得范文正公之遺意，然古人所謂睦族者，豈止吾一宗而已也。嘗以族服考之，父族四，母族三，妻族二，皆吾之所當親睦者也。昔晏平仲弊車羸馬，桓子以爲隱君之賜，晏子曰，自臣之貴，父之族無不乘車者，母之族無不足於衣食者，妻之族無凍餒者，齊國之士待臣而舉火者，三百餘人，如此而爲隱君之賜乎，吾愛晏子之仁有等級，而言有次第也，先父族次母族次妻族，而後及其疎遠之賢，是所謂以其所愛及其所不愛者也。若晏子者，可謂能盡睦族之道矣，今之人固未可盡以晏子之事責之，能不傷九族之義者，亦寡矣。每閲訟牒，見有訟其父族者焉，有訟其母族者焉，又有訟其妻族者焉，是何風俗之不古也。嗚呼，訟父之族者，猶訟其父也，獨不念其父乎？訟母之族者，猶訟其母也，獨不念其母乎？訟妻之族者，猶訟其妻也，又獨不念其妻乎？觀其待父母妻之族尚如此，則其待國人者，不言可知也，甚非令之所樂聞也。執筆教訟者，縱不能傳問孝之章，又豈無詩書之族，典刑之老，崇禮義以薰化之，明理法以曉諭之，使天理復還，人情不失，伯叔兄弟依舊成伯叔兄弟，甥舅親戚依舊成甥舅親戚。《爾雅》，母之晜弟爲舅，妻之父爲外舅，姑之子爲甥，舅之子爲甥，妻之晜弟爲甥，姊妹之夫爲甥，孟子館甥注壻，亦謂之甥也。如此，則人倫歸厚，風俗還淳，亦令之所深望也。應俊續編。

（明）魏校《莊渠遺書》卷七《大宗小宗圖説》　大宗別子爲祖繼，別爲宗，百世不遷。

宗子統族人，主始祖廟祭，族人服之齊衰三月。

小宗祖遷於上宗，易於下五世，親盡則遷。

繼禰之小宗，統其親昆弟，其相爲服齊衰期年。

繼祖之小宗，統其從父昆弟，其相爲有大功九月。

繼曾祖之小宗，統其從祖昆弟，其相爲服小功五月。

繼高祖之小宗，統其族昆弟，其相爲服緦麻三月，至玄孫之子，親盡則遷。

愚按，古者國於天地有與立焉，是故並建親賢，爰有世臣舊族，禮家所稱別子者，公子不敢上禰先君，自我作祖，別於尊也。始興者稱別子，自今起家，別於舊也。別子立廟，百世不遷，謂之太祖。其繼別子者，世爲大宗。統治族人，有君道焉，爲之服齊衰三月，尊之如君也。封建廢，天下無世家矣，而宗法亦因以亡。合族羣居，勢當有所統壹，古猶今也。禮可義起，謂宜推本始祖一人，世存墓祭，倣古之別子，其世適倣古繼別之宗族，人雖不敢爲服，固當以所事大宗者事之。乃若今制，有爵延及後嗣者，自當復古大宗之法。

（清）趙翼《陔餘叢考》卷三七《内兄弟》　《儀禮》姑之子稱外兄弟，舅之子稱内兄弟。閻若璩云：今人稱妻弟爲内弟，非也。從《史記》當稱妻弟，從《漢書》當稱婦弟云云。然顔真卿《家廟碑銘》云：祖昭甫工書，與内弟殷仲容齊名。父惟貞，少孤，育於舅仲容氏，蒙教筆法。是仲容乃昭甫之妻弟也，而云内弟，則妻弟之稱内弟，自唐已然。

（清）趙翼《陔餘叢考》卷三七《舅》　舅之稱有三。《爾雅》：母之晜弟爲舅，《秦風》所謂我送舅氏是也。妻父曰外舅，《孟子》注謂：我舅者，吾謂之甥是也。夫之父曰舅，《禮記》所謂舅姑，《爾雅》所謂姑舅，在則稱君舅君姑，没則曰先舅先姑是也。後人呼妻兄弟曰舅，本非古法。《爾雅》謂妻之昆弟爲甥，劉熙《釋名》謂之外甥，是今之所謂舅，正古之所謂甥，乃俗呼正相反。蓋妻之昆弟，方謂我之子爲甥，而我呼妻之兄弟亦爲甥，本無差別，故從乎己之子之稱，以尊之耳。《新唐書・朱延壽傳》延壽爲楊行密妻弟，行密以其私附朱全忠，乃詐其妻曰，吾喪明，諸子幼，得舅來代我，無憂矣。及至，乃殺之。《通鑑》則云，軍府事當悉授三舅。胡三省注云：延壽第三呼妻之兄弟爲舅。始見於此，則五代時已有此稱也。

（清）趙翼《陔餘叢考》卷三八《姨娘》　姨本妻之姊妹之稱，見《爾雅》及《釋名》。又《左傳》莊十年，蔡哀侯娶于陳，息侯亦娶焉。息嬀過蔡，蔡侯曰：吾姨也。止而見之是也。然世俗又稱妾爲姨娘，亦有所本。《南史》：齊衡陽王鈞五歲時，所生母區貴人病，便悲慼，左右以餅飴之，不肯食，曰須待姨差。晉安王子懋七歲時，其母阮淑媛病篤，有獻蓮花供佛者，子懋流涕禮佛曰：若使阿姨因此和勝，願諸佛令此花竟夕不萎。二王皆呼母爲姨，蓋姨本姬侍之稱，二王所生母皆非正嫡，宮中久呼爲姨，故其子之呼母亦同耳。

綜述

《唐律疏議》卷一《名例・八議》　一曰議親。謂皇帝祖免以上親及太皇太后、皇太后緦麻以上親，皇后小功以上親。

疏議曰：義取内睦九族，外協萬邦，布雨露之恩，篤親親之理，故曰議親。祖免者，據禮有五：高祖兄弟、曾祖從父兄弟、祖再從兄弟、父三從兄弟、身之四從兄弟是也。

注：及太皇太后、皇太后緦麻以上親，

疏議曰：太皇太后者，皇帝祖母也。皇太后者，皇帝母也。加太者，太之言大也，《易》稱太極，蓋取尊大之義。稱皇者，因子以明母也。其二后蔭及緦麻以上親，緦麻之親有四：曾祖兄弟、祖從父兄弟、父再從兄弟、身之三從兄弟是也。

注：皇后小功以上親。

疏議曰：皇后蔭小功以上親者，降姑之義。小功之親有三：祖之兄弟、父之從父兄弟、身之再從兄弟是也。此數之外，據禮内外諸親有服同者，並準此。

（宋）傅霖《刑統賦解・罪相為隱外止及於祖孫》　人之親屬而有内外，自高祖至于立孫皆謂之内親，母之親及妻之親皆謂之外親，而有許相容隱，不許相容隱者，内親容隱，勿論其妻之父母容隱，減凡人三等。母之親比妻親則重，比本族則輕，上至母之父母，下至女之子，有罪許相容隱，餘皆不聽，故云外止及於祖孫也。

《洪武永樂榜文》　洪武二十七年三月初六日，爲福建興化衛吏何得時父母喪不丁憂事，奉聖旨：人生天地間，父母之恩至重。凡人初生時，離母身乃知男子，母徑聞父生兒矣，父既聞之，以爲禎幸。不過二三月，夫妻閱子寢笑，父母亦歡。幾一歲間，方識父母，歡動父母，或肚踢，或擦行，或馬爬。有時依物而立，父母尤甚歡情。然而鞠育之勞，正在此際。所以父母之勞，憂近水火，以其無知也。設若水火之近，非焚則溺。冬恐寒逼，夏恐蟲傷，調理憂勤，勞於父母，豈一言而可盡。及其年長，或經商出外，或仕宦他鄉，或幹事别處，父母在家，朝夕思望，心無暇時，惟恐其子失所。父母之恩如此至重，爲人子者，常當體父母之心，或經商，或幹事在外，必須小心謹慎，不生是非，爲免致父母憂愁。若仕宦在外，當公勤守法，不遭刑憲，使身家榮顯，父母歡悦，如此方可報劬勞之恩。今興化衛吏何得時先居父喪，不行守制，復入衙門，結攬寫發，貪藏害人，後居母喪又不守制，仍前在房，作主文名色，改抹文案，搆禍殃民，如此不孝，世所不容，特將凌遲示衆。

《問刑條例》 義父母毆殺故殺義子者，若過房在十五歲以下，曾蒙恩養；或十六歲以上，曾分有財産，配有室家者，依毆殺乞養異姓子孫律坐罪。若過房雖在十五以下，恩養未久；或十六以上，不曾分有財産、配有室家者，依故殺雇工人律坐罪。其告義男夫婦毆罵者，行勘明白，亦依前擬歲數。若曾蒙恩養及分有財産，配有室家者，取問如律。若恩養未久，及不曾分有財産、配有室家者，俱依雇工人毆罵家長律坐罪。

《重修問刑條例》 凡義子過房，在十五歲以下，恩養年久，或十六歲以上，曾分有財産，配有室家，若於義父母，及義父之祖父母、父母，有犯毆罵侵盜恐嚇詐欺誣告等項，即同子孫，取問如律。若義父母及義父之祖父母、父母毆殺故殺者，並以毆殺故殺乞養異姓子孫論。若過房雖在十五以下，恩養未久，或在十六以上，不曾分有財産，配有室家，及於義父之期親，並外祖父母有違犯者，並以雇工人論。義子之婦，亦依前擬歲數，如律科斷。其義子後因本宗絶嗣，或應繼軍伍等項，有故歸宗，而義父母與義父之祖父母、父母，無義絶之狀，原分家産，原配妻室，不曾拘留，遇有違犯，仍以雇工人論。若犯義絶，及奪其財産妻室，與其餘親屬，不分義絶與否，並同凡人論。

《大清律例》卷四《名例律・十惡》 八曰不睦。謂謀殺及賣緦麻以上親，毆告夫及大功以上尊長、小功尊屬。

《大清律例》卷五《名例律・稱期親祖父母》 凡律稱期親及稱祖父母者，曾、高同。稱孫者，曾、元同。嫡孫承祖，與父母同。緣坐者，各從祖孫本法。其嫡母、繼母、慈母、養母，皆服三年喪，有犯與親母律同。改嫁義絶，及毆殺子孫，不與親母同。稱子者，男女同。緣坐者，女不同。

《蒙古律例》卷六《盜賊・官員平人强劫而未殺人》 乾隆二十八年十一月內，軍機大臣等遵旨會同刑部、理藩院議奏定例：

一、官員、平人强劫什物而未傷人，係一人，將其妻子産畜一併發河南、山東，交驛站充當苦差。或二三人，或夥衆偷竊，將起意一人擬絞監候，籍没其産畜，給付事主，其妻子暫存該旗，俟將來秋審減等，放出該犯妻子，僉發河南、山東，交驛站充當苦差；從賊并妻子産畜俱發河南、山東，交驛站充當苦差。

《大清會典》卷六八《刑部・刑制》 無庸再計者曰即。如犯罪事發在逃者，衆證明白，即同獄成之類。設言以廣其義曰若。如犯罪時，未老疾事發時，老疾以老疾論。若在徒年限內老疾者，亦如之之類。律中稱期親、祖父母者，曾高同。稱孫者，曾元同。適孫承祖，與父母同。緣坐者，各從祖孫本法。適母、繼母、慈母、養母，與親母同。改嫁義絶及臨殺子孫者，異是。稱子者，男女同。稱道士、女冠者，僧尼同。若於其受業師，與伯叔父母同。其於弟子，與兄弟之子同。犯謀故殺者，異是。稱監臨以分位，言凡統攝所屬，專制由己者，並是稱主，守以責任。言凡官吏庫級躬親典守者，並是稱一日者，以百刻。惟計工者，自朝至暮，不以百刻爲限。稱年者，以三百六十日。稱人年者，以籍册爲定。稱衆者，三人以上。稱謀者，二人以上。有謀諸心者，一人同二人之法。稱與同罪者，至死减一等。稱罪同者，不減。

紀事

（宋）王溥《唐會要》卷六五《宗正寺》　舊例，太皇太后、皇后之親，分爲五等，皆定於司封，宗正受而統焉。若皇周親、皇后父母爲第一等，准三品。皇大功親、皇小功親尊屬、太皇太后、皇太后、皇后周親爲第二等，准四品。皇小功親、皇緦麻尊屬、太皇太后、皇太后、皇后大功親爲第三等，准五品。皇緦麻親爲第四等。皇袒免親、太皇太后小功卑屬、皇太后、皇后緦麻親及舅母、姨夫爲第五等，並准六品。其籍如州縣之法。

《宋史》卷二六四《盧多遜傳》　其盧多遜在身官爵及三代封贈、妻子官封，並用削奪追毁。一家親屬，並配流崖州，所在馳驛發遣，縱經大赦，不在量移之限。朞周已上親屬，並配隸邊遠州郡。部曲奴婢縱之。餘依百官所議。

《宋史》卷三一九《鄧洵武傳》　鄧綰字文約，【略】子洵仁、洵武。【略】妖人張懷素獄興，其黨有與洵武連昏者，坐出知隨州。

案例文書

（宋）桂萬榮《棠陰比事》卷下《希崇並付》　晉張希崇鎮邠州，有民與郭氏爲義子，自孩提以至成人。後因戾不受訓，遣之。郭氏夫婦相繼俱死，有嫡子已長，郭氏諸親教義子訟，云是親子，欲分其財，前後數政不能決。希崇覽其訴，判曰：父在已離，母死不至。雖云假子，辜二十年養育之恩，儻是親兒，犯三千條悖逆之罪。其爲傷。鄭克曰：按唐制，選人試判三條，辭理愜當，決斷明白，乃爲合格，謂之拔萃。希崇之判，蓋本於此，惟其愜當明白，是以聞者皆服也。

（明）蘇茂相《新鐫官板律例臨民寶鏡》卷八《產業類審語·找田價》　朱庭輔方今二十六年，公買嫡侄師旦承分園房，價明契絶，而後疊找銀二兩五錢，一已甚矣，詎可再乎！堯齡貪婪無厭，更挾老父以興戎，誣擬是也。但庭槐老矣耄矣。庭輔買業於其子，而阿翁一名一押不見契書，能無伏爭端耶！父子兄弟之間，又不可以常理論也。量判斷根銀一兩，永銷異日隴蜀之念。

（明）張肯堂《䓨辭》卷四《張克亮》　張克亮與其父張安毆張才而死之也，事在三年十一月間。今三月十九日，而其子張克化以人命告，意者黑冤欲白，天誘其衷耶。蓋張才、張安本從兄弟，安爲户頭里長，徵糧於才，才貧不以時輸，遂至相觸。而不禁克亮之怒睨其旁也，少年勇悍，安知伯父之尊，忽奮柳椽毆之，毆復不休，諸如偏右顖門，額角太陽，腦齒落唇破，猶不爲止，胡其無天顯之誼也。毆於十一月初七日，越日而死。墓草宿矣，乃至今而始告者，則罪固不在克化也。克化兩目俱盲，且毆在張克勤家，匪惟不見，抑且不聞。父死之故，並未能了了。況阻抑之者，不一其人。徘徊數月，匍伏馬首，而後得以情自達。斯亦民生之極哀也已。張克讓役充保長，與才亦在五服之内，匿不呈報，而且爲之立券質錢，爲之主盟和議。計克亮實用錢三十千文，纖悉皆經克讓手，研鞫之餘出其私帳二紙，大約費於喪事者二，入於羣奸者一，凡屬姻黨無不飽颺。尺布陌錢，克化曾莫敢望焉，亦異矣。克亮毆死小功尊長，擬斬無辭。張安年已七十，姑以餘人論罪。張克讓私寢大獄實爲渠首，青蚨十千聽其出入，計贓擬配，始盡厥辜。王樂丘、趙明奉、陳加齊、張克勤、徐萬良等皆與聞斯事，受財多寡，原單俱存。遵奉省刑之禁，不欲纍纍而配也，俱從寬政，以私和論杖，其錢布不及貫者，悉從浩盪蠲之。胡可明爲克化親舅，接錢二十千爲之經紀喪事，雖無染指，亦干法紀，併杖非苛。

（明）張肯堂《㽞辭》卷九《袁思寵濬縣人告滑縣人》 滑民袁思寵拙於生事，救死不贍，於天啓六年將女袁雪兒鬻與滑民王南庭爲義女，迄今數年，而其女亦將及笄矣。南庭故長者，視之無異己女，近欲爲之擇配而字。而思寵愛女殊切，惟恐所天不倫，誤其終身之計。哀控一詞，無非冀還掌珠耳。理或稍乖，情殊可念，原價錢五千有奇，今量斷八千文，以酬南庭養育之費。思寵始則如飛鳥之依，今遂欲爲將雛之舉，雖於女厚，而於南庭亦恝矣，故杖。

（清）李之芳《棘聽草》卷六《讞詞・産業・臬司一件為殺叔掐典事》 審得黄家振與黄一堂同祖再從兄弟也。家振於上年二月廿三夜葬父於祖山，雖云向有遺囑，卜牛眠以安魂魄，固屬孝思；然當籌及於通族所利，而逼近祖穴，以致衆相争撓，實家振啓其釁端也。黄朝禮乃一堂親叔，於是年六月廿七日身故，則與阻葬之事畧不相蒙，而謂砲傷脅斷致其死命，不情甚矣。况併將看風水之張汝行亦牽告哉？今家振已憑衆議，即不願於此造墳，然起禍之階，法不可逭。一堂亦供叔病故，則朝禮檢屍可免，但誣詞之控，罪安可原，並杖示懲。

（清）董誥《全唐文》卷九八三《闕名・對里尹為主判》 乙妹無子，寡而死。請里尹爲主。決曹掾科其違禮。訴云，其夫無族。

喪則有等，自辨於重輕，禮之所行，亦崇於節制。乙以天乎降戾，斯殞其夫。則穆伯早亡，鄧攸無嗣，啜其泣矣。何痛如之。永懷夫黨無親，因求里尹爲主，禮則然矣，人何非哉。且決曹所稱，亦何加止，蓋以喪也寧戚，禮則因情。姊憂去官，見稱於陳重，弟服去職，著美於譙元。斯則事之有由，（一作猷，）言也何爽。得失相半，斯之謂歟。

雜録

（北齊）顏之推《顏氏家訓》卷上《風操篇》 凡宗親世數，有從父，有從祖，有族祖。江南風俗，自兹已往，高秩者通呼爲尊，同昭穆者，雖百世猶稱兄弟，若對他人稱之，皆云族人。河北士人，雖三二十世，猶呼爲從伯從叔。

（元）陶宗儀《輟耕録》卷六《親家》 凡男女締姻者，兩家相謂曰親家。此二字見《唐・蕭高傳》。今北方以親字爲去聲，按，盧綸作《王駙馬花燭》詩云，人主人臣是親家，則是亦有所祖。親家又曰親家翁，《五代史・劉昫傳》，昫與馮道爲姻家，而同爲相。道罷，李愚代之。愚素惡道之爲人，凡事有稽失者，愚必指以誚昫曰：此公親家翁所爲。蘇氏《開談録》，馮道與趙鳳同在中書，鳳有女適道中子。以飲食不中，爲道夫人譴駡。趙令婢長號知院者來，訴凡數百言，道都不答。及去，但云：傳語親家翁，今日好雪。

（明）陸容《菽園雜記》卷七 今世富家有起自微賤者，往往依附名族，誣人以及其子孫，而不知逆理忘親，其犯不韙甚矣。吴中此風尤甚。如太倉有孔淵字世陞者，孔子五十三世孫。其六世祖端越仕宋南渡，至其之敬，任元通州監税，徙家崑山。元祐初州治遷，太倉新作學宫，世陞多所經畫，遂攝學事，號莘野老人。子克讓、孫士學，皆能世其業。士學家甚貧，常州某縣一富家欲求通譜，士學力拒之。殁後無子，家人不能自存，富家乃以米一船易譜去。以此觀之，則聖賢之後，爲小人妄冒以欺世者多矣。

（清）曹雪芹《紅樓夢》第三回《賈雨村夤緣復舊職　林黛玉抛父進京都》 黛玉方進入房時，只見兩個人攙着一位鬢髮如銀的老母迎上來，黛玉便知是他外祖母。方欲拜見時，早被他外祖母一把摟入懷中，心肝兒肉叫着大哭起來。當下地下侍立之人，無不掩面涕泣，黛玉也哭個不住。一時衆人慢慢解勸住了，黛玉方拜見了外祖母。此即冷子興所云之史氏太君，賈赦賈政之母也。當下賈母一一指與黛玉：這是你大舅母；這是你二舅母；這是你先珠大哥的媳婦珠大嫂子。黛玉一一拜見過。賈母又說：請姑娘們來。今日遠客才來，可以不必上學去了。衆人答應了一聲，便去了兩個。

不一時，只見三個奶嬤嬤並五六個丫鬟，簇擁着三個姊妹來了。第一個肌膚微豐，合中身材，腮凝新荔，鼻膩鵝脂，温柔沉默，觀之可親。第二個削肩細腰，長挑身材，鴨蛋臉面，俊眼修眉，顧盼神飛，文彩精華，見之忘俗。第三個身量未足，形容尚小。其釵環裙襖，三人皆是一樣的妝飾。黛玉忙起身迎上來見禮，互相厮認過，大家歸了坐。丫鬟們斟上茶來。不過說些黛玉之母如何得病，如何請醫服藥，如何送死發喪。不免賈母又傷感起來，因說：我這些兒女，所疼者獨有你母，今日一旦先舍我而去，連面也不能一見，今見了你，我怎不傷心！說着，摟了黛玉在懷，又嗚咽起來。衆人忙都寬慰解釋，方略略止住。

原來王夫人時常居坐宴息，亦不在這正室，只在這正室東邊的三間耳房內。於是老嬤嬤引黛玉進東房門來。臨窗大炕上鋪着猩紅洋罽，正面設着大紅金錢蟒靠背，石青金錢蟒引枕，秋香色金錢蟒大條褥。兩邊設一對梅花式洋漆小幾。左邊幾上文王鼎匙箸香盒；右邊幾上汝窑美人觚，觚內插着時鮮花卉，並茗碗痰盒等物。地下面西一溜四張椅上，都搭着銀紅撒花椅搭，底下四副脚踏。椅之兩邊，也有一對高幾，幾上茗碗瓶花俱備。其餘陳設，自不必細說。老嬤嬤們讓黛玉炕上坐，炕沿上却有兩個錦褥對設，黛玉度其位次，便不上炕，只向東邊椅子上坐了。本房內的丫鬟忙捧上茶來。黛玉一面吃茶，一面打諒這些丫鬟們，妝飾衣裙，舉止行動，果亦與別家不同。

茶未吃了，只見一個穿紅綾襖青緞掐牙背心的丫鬟走來笑說道：太太說，請林姑娘到那邊坐罷。老嬤嬤聽了，於是又引黛玉出來，到了東廊三間小正房內。正房炕上横設一張炕桌，桌上磊着書籍茶具，靠東壁面西設着半舊的青緞背引枕。王夫人却坐在西邊下首，亦是半舊的青緞靠背坐褥。見黛玉來了，便往東讓。黛玉心中料定這是賈政之位。因見挨炕一溜三張椅子上，也搭着半舊的彈墨椅袱，黛玉便向椅上坐了。王夫人再四携他上炕，他方挨王夫人坐了。王夫人因說：你舅舅今日齋戒去了，再見罷。只是有一句話囑咐你：你三個姊妹倒都極好，以後一處念書認字學針線，或是偶一頑笑，都有盡讓的。但我不放心的最是一件：我有一個孽根禍胎，是家裏的混世魔王，今日因廟裏還願去了，尚未回來，晚間你看見便知了。你只以後不要睬他，你這些姊妹都不敢沾惹他的。

黛玉亦常聽得母親說過，二舅母生的有個表兄，乃銜玉而誕，頑劣異常，極惡讀書，最喜在內幃厮混；外祖母又極溺愛，無人敢管。今見王夫人如此說，便知說的是這表兄了。因陪笑道：舅母說的，可是銜玉所生的這位哥哥？在家時亦曾聽見母親常說，這位哥哥比我大一歲，小名就喚寶玉，雖極憨頑，說在姊妹情中極好的。況我來了，自然只和姊妹同處，兄弟們自是別院另室的，豈得去沾惹之理？王夫人笑道：你不知道原故：他與別人不同，自幼因老太太疼愛，原係同姊妹們一處嬌養慣了的。若姊妹們有日不理他，他倒還安静些，縱然他没趣，不過出了二門，背地里拿着他兩個小幺兒出氣，咕唧一會子就完了。若這一日姊妹們和他多說一句話，他心裏一樂，便生出多少事來。所以囑咐你別睬他。他嘴裏一時甜言蜜語，一時有天無日，一時又瘋瘋傻傻，只休信他。

黛玉一一的都答應着。只見一個丫鬟來回：老太太那里傳晚飯了。王夫人忙携黛玉從後房門由後廊往西，出了角門，是一條南北寬夾道。南邊是倒座三間小小的抱厦廳，北邊立着一個粉油大影壁，後有一半大門，小小一所房室。王夫人笑指向黛玉道：這是你鳳姐姐的屋子，回來你好往這里找他來，少什麼東西，你只管和他說就是了。這院門上也有四五個才總角的小厮，都垂手侍立。王夫人遂携黛玉穿過一個東西穿堂，便是賈母的後院了。於是，進入後房門，已有多人在此伺候，見王夫人來了，方安設桌椅。賈珠之妻李氏捧飯，熙鳳安箸，王夫人進羹。賈母正面榻上獨坐，兩邊四張空椅，熙鳳忙拉了黛玉在左邊第一張椅上坐了，黛玉十分推讓。

賈母笑道：你舅母你嫂子們不在這里吃飯。你是客，原應如此坐的。黛玉方告了座，坐了。賈母命王夫人坐了。迎春姊妹三個告了座方上來。迎春便坐右手第一，探春左第二，惜春右第二。旁邊丫鬟執着拂塵、漱盂、巾帕。李、鳳二人立於案旁布讓。外間伺候之媳婦丫鬟雖多，却連一聲咳嗽不聞。寂然飯畢，各有丫鬟用小茶盤捧上茶來。當日林如海教女以惜福養身，云飯後務待飯粒咽盡，過一時再吃茶，方不傷脾胃。今黛玉見了這里許多事情不合家中之式，不得不隨的，少不得一一改過來，因而接了茶。早見人又捧過漱盂來，黛玉也照樣漱了口。盥手畢，又捧上茶來，這方是吃的茶。賈母便説：你們去罷，讓我們自在説話兒。王夫人聽了，忙起身，又説了兩句閒話，方引鳳、李二人去了。賈母因問黛玉念何書。黛玉道：只剛念了《四書》。黛玉又問姊妹們讀何書。賈母道：讀的是什麼書，不過是認得兩個字，不是睁眼的瞎子罷了！

（清）曹雪芹《紅樓夢》第六回《賈寶玉初試雲雨情　劉姥姥一進榮國府》 且説榮府中合算起來，從上至下，也有三百餘口人，一天也有一二十件事，竟如亂麻一般，没個頭緒可作綱領。正尋思從那一件事那一個人寫起方妙，恰好忽從千里之外，芥豆之微，小小一個人家，因與榮府略有些瓜葛，這日正往榮府中來，因此便就這一家説起，倒還是個頭緒。

原來這小小之家，姓王，乃本地人氏，祖上也做過一個小小京官，昔年曾與鳳姐之祖，王夫人之父認識。因貪王家的勢利，便連了宗，認作侄兒。那時只有王夫人之大兄鳳姐之父，與王夫人隨在京的知有此一門遠族，餘者也皆不知。目今其祖早故，只有一個兒子，名喚王成，因家業蕭條，仍搬出城外鄉村中住了。王成亦新近身故，有子小名狗兒，娶妻劉氏，生子小名板兒，又生一女，名喚青兒，一家四口，以務農爲業。因狗兒白日間自作些生計，劉氏又操井臼等事，青板姊弟兩個無人照管，狗兒遂將岳母劉姥姥接來一處過活。這劉姥姥乃是個久經世代的老寡婦，膝下又無子息，只靠兩畝薄田度日。如今女婿接了養活，豈不願意，遂一心一計，幫着女兒女婿過活起來。

那孩子道：這個容易，你跟了我來。引着劉姥姥進了後院，到一個院子墻邊，指道：這就是他家。又叫道：周大娘，有個老奶奶來找你了。周瑞家的在内忙迎出來，問：是那位？劉姥姥迎上來笑問道：好啊？周嫂子。周瑞家的認了半日，方笑道：劉姥姥，你好？你説麽，這幾年不見，我就忘了。請家裏坐。劉姥姥一面走，一面笑説道：你老是貴人多忘事了，那里還記得我們？説着，來至房中。周瑞家的命雇的小丫頭倒上茶來吃着。周瑞家的又問道：板兒長了這麽大了麽？又問些别後閒話，又問劉姥姥：今日還是路過，還是特來的？劉姥姥便説：原是特來瞧瞧嫂子；一則也請請姑太太的安。若可以領我見一見更好；若不能，就借重嫂子轉致意罷了。

周瑞家的聽了，便已猜着幾分來意。只因他丈夫昔年争買田地一事，多得狗兒他父親之力，今見劉姥姥如此，心中難却其意；二則也要顯弄自己的體面。便笑説：姥姥，你放心。大遠的誠心誠意來了，豈有個不叫你見了真佛兒去的呢？論理，人來客至，却都不與我相干。我們這里都是各一樣兒：我們男的只管春秋兩季地租子，閑了時帶着小爺們出門就完了；我只管跟太太奶奶們出門的事。皆因你是太太的親戚，又拿我當個人，投奔了我來，我竟破個例給你通個信兒去。但只一件，你還不知道呢，我們這里不比五年前了，如今太太不理事，都是璉二奶奶當家。你打量璉二奶奶是誰？就是太太的内侄女兒，大舅老爺的女孩兒，小名兒叫鳳哥的。

劉姥姥聽了，忙問道：原來是他？怪道呢！我當日就説他不錯。這麽説起來，我今兒還得見他了？周瑞家的道：這個自然，如今有客來，都是鳳姑娘周旋接待。今兒寧可不見太太，倒得見他一面，才不枉走這一遭兒。劉姥姥道：阿彌陀佛！這全仗嫂子方便了。周瑞家的説：姥姥説那里話？俗話説的好：與人方便，自己方便。不過用我一句話，又費不着我什麽事。説着，便喚小丫頭到倒廳兒上，悄悄的打聽老太太屋裏擺了飯了没有。

親等與服制分部

論説

（漢）班固《白虎通義》卷上《喪服》 諸侯爲天子，斬衰三年，何普天之下，莫非王土，率土之賓，莫非王臣，臣之於君，猶子之於父，明至尊臣子之義也。喪服經曰諸侯爲天子斬衰三年。天子爲諸侯絶朞，何示同愛百姓，明不獨親也，故禮中庸曰：朞之喪達乎？諸侯三年之喪達乎？天子卿大夫降緦重公正也，禮庶人國君服齊衰三月，王者崩京師之民喪三月，何民賤而王貴，故三月而已，天子七月而葬，諸侯五月而葬者，則民始哭素服，先葬三月成齊衰朞月以成，禮葬君也，禮不下庶人，所以爲民制，何禮不下庶人者，尊卑制度也。服者恩從内發，故爲之制也，王者崩臣下服之有先後，何恩有深淺遠近，故制有日月檀弓，記曰天子崩三日，祝先服五日，官長服七日。國中男女，服三月天下服三年之喪，何二十五月，以爲古民質痛於死者，不封不樹喪期，無數亡之則除後代。聖人因天地萬物有終始而爲之制，以朞斷之，父至尊母至親，故爲加隆以盡孝子恩。恩愛至深，加之則倍，故再朞二十五月也。禮，有取於三，故謂之三年，緣其漸三年之氣也，故春秋曰三年之喪，其實二十五月也。三年之喪，不以閏月數，何以其言朞也？朞者，復其時也，大功已下月數，故以閏月除。禮士虞經曰：言而小祥，又朞而大祥，喪禮必制衰麻，何以副意也？服以飾情，情貌相配，中外相應，故吉凶不同服，歌哭不同聲，所以表中誠也。布衰裳，麻絰簫笄繩纓，苴杖爲畧及本。絰者亦示也，故總而載之，示有喪也。腰絰者，以代紳帶也，所以結之。何思慕腸若結也？必再結之。何明思慕無已，所以必杖者，孝子失親，悲哀哭泣，三日不食，身體羸病，故杖以扶身，明不以死傷生也，禮童子婦人不杖者，以其不能病也。禮曰：斬衰三日不食，齊衰二日不食，大功一日不食，小功緦麻一日不食，再不食，可也以竹杖。何取其名也？竹者，蹙也；桐者，痛也。父以竹，母以桐。何竹者陽也，桐者陰也，竹何以爲陽？竹斷而用之質，故爲陽。桐削而用之，加人功文，故爲陰也。故禮曰苴杖竹也，削杖桐也。所以必居倚廬。何孝子哀，不欲聞人之聲，又不欲居，故處居中門之外，倚木爲廬，質反古也，不在門外，何戒不虞故也。故禮大傳曰父母之喪居，倚廬於中門外東墻下，户北面練而居堊室，無飾之室又曰婦人不居倚廬，又曰天子七日，又曰公諸侯五日，卿大夫三日。而服成，居外門内，赤壁下爲廬寢苦塊，哭晝夜，時不脱絰帶，既虞寢有席，蔬食、飲水，朝一哭夕一哭，而已既練舍外，寢居堊室，始食菜果及素食，哭無時。二十五月而大祥飲醴酒食乾肉，二十七月而禫通祭宗廟，去喪之殺也。喪禮不言者，何思慕盡情也，言不文者，指謂士民。不言而事成者，國君卿大夫杖，而謝賓財少，恃力面垢作身，不言而事具者，故號哭盡情，喪有病，得飲酒食肉，何所以輔人生，已重先祖遺支體也。故曲禮曰居喪之禮，頭有瘡則沐，身有瘍則浴，有疾則飲酒，食肉五十不致毁七十。唯衰麻在身，飲酒食肉。又曰父母有疾，食肉不至變味，飲酒不至變皃。笑，不至矧怒，不至詈琴瑟不御。曾子問曰：三年之喪練，不羣立，不旅行禮以飾情。三年之喪而弔哭，不亦虚乎？禮檀弓曰：曾子有母之喪，弔子張子張者，朋友有服雖重，服弔之可也。曾子問，曰小功可以與祭乎？孔子曰，斬衰已下與祭禮也，此謂君喪然也。子夏問三年之喪既卒，哭金革之事無避者，禮與孔子曰，吾聞諸，老聃曰，魯公伯禽，則有爲之也。今以三年之喪從其利者，吾不知也。婦人不出境弔者，婦人無外事，防淫佚也。禮雜記曰婦人越疆，而弔非禮也，而有三年喪君與夫人俱往。禮妻爲父母服，夫亦當服，有不弔三，何爲人臣？子常懷恐懼深思遠慮，志在全身。今乃畏厭溺死用爲不義，故不弔也。檀弓曰不弔三：畏厭溺也，畏者，兵死也。禮曾子記曰，大辱加於身，皮體毁傷，即君不臣，士不交祭，不得爲昭穆之尸，食不得昭穆之牲，死不得葬昭穆之域也。弟子爲師服者，弟子有君臣、父子、朋友之道也，故生則尊敬而親之，死則哀痛之恩湥義重，故爲之隆服。入則絰，出則否。檀弓曰：昔夫子之喪，顔回若喪子而無服，喪子路亦然。請喪夫子若喪父，而無服也。曾子問曰，君薨既殯，而臣有父母之喪，則如之何孔子？曰歸居于家有殷事，則之君所朝夕否，曰君既斂而臣有父母之喪，則如之何？孔子曰，歸殯哭而反于君所，有殷事則歸朝夕否，大夫室老行事，士則子孫行事。大夫內子有殷事則亦之。君所朝夕否，諸侯有親喪，聞天子崩奔喪者，何屈己，親親猶尊尊之義也。春秋曰： 天子記崩，不記葬者，必其時葬也。諸侯記葬不必有時，諸侯爲有天子喪，尚奔不得，必以其時葬也，大夫使受命而出，聞父母之喪，非君命不反者，蓋重君也，故春秋曰，大夫以君命出聞喪，徐行不反，諸侯朝而有私喪，得還。何凶服不入公門，君不呼之，義也。凶服不敢入公門者，明尊朝廷吉凶不相干。故周官曰凶服不入公門，曲禮曰居喪不言樂，祭事不言凶，公庭不言婦女。論語曰，子於是日哭則不歌。臣下有大喪不呼其門者，使得終其孝道，成其大禮。春秋曰： 古者臣有大喪，君三年不呼其門，聞哀哭而後行，何盡哀舒憤然後行，望國境則哭，過市朝則否，君子自抑，小人勉以。及禮見星則止，日行百里惻怛之心，但欲見尸柩汲汲，故禮奔喪以哭答使者盡哀，問故遂行。曾子曰師三十里者，行五十里，奔喪百里既除喪，乃歸哭於墓，何明死復不可見，痛傷之至也，謂喪不得追服者也。哭於墓而已，故禮奔喪，記曰之墓西向哭，止此謂遠出歸後葬，喪服以禮除。曾子與客立於門，其徒趨而出。曾子曰： 爾將何之？曰，吾父死，將出哭於巷，曾子曰，反哭於爾次，曾子北面而弔焉。檀弓記曰，孔子曰吾惡乎哭諸兄弟，吾哭諸廟門之外師，吾哭諸寢朋友，吾哭諸寢門外所知，吾哭諸野。養從生，葬從死，周公以王禮何以爲周公踐祚理政，與天同志，展興周道，顯天度數，萬物咸得休氣允塞，原天之意，子愛周公，與文武無異，故以王禮，葬使得郊祭。尚書曰，今天動威以彰周公之德，下言禮亦宜之。

《禮記正義》卷六《檀弓上》 子上之母死而不喪，門人問諸子思曰： 昔者子之先君子喪出母乎？曰： 然。子之不使白也喪之，何也？子思曰： 昔者吾先君子無所失道，道隆則從而隆，道污則從而污。伋則安能？爲伋也妻者，是爲白也母。不爲伋也妻者，是不爲白也母。故孔氏之不喪出母，自子思始也。

《禮記正義》卷六《檀弓上》 穆公之母卒，使人問於曾子曰： 如之何？對曰： 申也聞諸申之父曰： 哭泣之哀，齊斬之情，饘粥之食，自天子達。縿幕，魯也。

《禮記正義》卷七《檀弓上》 大功廢業。或曰大功誦可也。子張病，召申祥而語之曰： 君子曰終，小人曰死。吾今日其庶幾乎？曾子曰： 始死之奠，其餘閣也與！曾子曰： 小功不爲位也者，是委巷之禮也。子思之哭嫂也爲位，婦人倡踊，申祥之哭言思也亦然。古者冠縮縫，今也衡縫。曾子謂子思曰： 伋，吾執親之喪也，水漿不入於口者七日。子思曰： 先王之制禮也，過之者俯而就之，不至焉者跂而及之。故君子之執親之喪也，水漿不入於口者三日，杖而后能起。曾子曰： 小功不稅，則是遠兄弟終無服也，而可乎？從母之夫，舅之妻，二夫人相爲服，君子未之言也。或曰，同爨緦。喪事欲其縱縱爾，吉事欲其折折爾。故喪事雖遽不陵節，吉事雖止不怠。故騷騷爾則野，鼎鼎爾則小人，君子蓋猶猶爾。喪具，君子恥具。一日二日而可爲也者，君子弗爲也。喪服，兄弟之子猶子也，蓋引而進之也。嫂叔之無服也，蓋推而遠之也。食於有喪者之側，未嘗飽也。曾子與客立於門側，其徒趨而出。曾子曰： 爾將何之？曰： 吾父死，將出哭於巷。曰： 反哭於爾次。曾子北面而弔焉。公叔木有同母異父之昆弟死，問於子游。子游曰： 其大功乎？狄儀有同母異父之昆弟死，問於子夏，子夏曰： 我未之前聞也。魯人則爲之齊衰。狄儀行齊衰。今之齊衰，狄儀之問也。子思之母死於衛，柳若謂子思曰： 子，聖人之後也。四方於子乎觀禮，子蓋慎諸！子思曰： 吾何慎哉？吾聞之： 有其禮，無其財，君子弗行也。有其禮，有其財，無其時，君子弗行也。吾何慎哉？縣子瑣曰： 吾聞之，古者不降，上下各以其親。滕伯文爲孟虎齊衰，其叔父也。爲孟皮齊衰，其叔父也。

《禮記正義》卷一〇《檀弓下》 悼公之母死，哀公爲之齊衰。有若曰： 爲妾齊衰，禮與？公曰： 吾得已乎哉？魯人以妻我。

季子皋葬其妻，犯人之禾。申祥以告，曰： 請庚之。子皋曰： 孟氏不以是罪予，朋友不以是弃予，以吾爲邑長於斯也，買道而葬，後難繼也。

叔仲皮學子柳。叔仲皮死，其妻魯人也，衣衰而繆絰。叔仲衍以告，請繐衰而環絰，曰： 昔者吾喪姑姉妹亦如斯，末吾禁也。退，使其妻繐衰而環絰。

成人有其兄死而不爲衰者，聞子皋將爲成宰，遂爲衰。成人曰：蠶則績而蟹有匡，范則冠而蟬有緌，兄則死而子皋爲之衰。

《禮記正義》卷三二《喪服小記》 斬衰，括髮以麻，爲母括髮以麻，免而以布。齊衰，惡笄，以終喪。男子冠而婦人笄，男子免而婦人髽。其義：爲男子則免，爲婦人則髽。

《禮記正義》卷三三《喪服小記》 爲君母後者，君母卒，則不爲君母之黨服。

絰殺，五分而去一，杖大如絰。

妾爲君之長子，與女君同。

《禮記正義》卷五七《服問》 傳曰有從輕而重，公子之妻爲其皇姑；有從重而輕，爲妻之父母；有從無服而有服，公子之妻爲公子之外兄弟；有從有服而無服，公子爲其妻之父母。

傳曰：母出則爲繼母之黨服，母死則爲其母之黨服。爲其母之黨服，則不爲繼母之黨服。三年之喪既練矣，有期之喪既葬矣，則帶其故葛帶，絰期之絰，服其功衰。有大功之喪，亦如之。小功無變也。麻之有本者，變三年之葛。既練，遇麻斷本者，於免絰之。既免去絰，每可以絰必絰，既絰則去之。小功不易喪之練冠，如免，則絰其緦、小功之絰，因其初葛帶。緦之麻不變小功之葛，小功之麻不變大功之葛，以有本爲稅。殤長、中，變三年之葛，終殤之月筭，而反三年之葛。是非重麻，爲其無卒哭之稅。下殤則否。

《儀禮注疏》卷二八《喪服》 傳曰：斬者何？不緝也。苴絰者，麻之有蕡者也。苴絰大搹，左本在下，去五分一以爲帶。齊衰之絰，斬衰之帶也，去五分一以爲帶。大功之絰，齊衰之帶也，去五分一以爲帶。小功之絰，大功之帶也，去五分一以爲帶。緦麻之絰，小功之帶也，去五分一以爲帶。苴杖，竹也；削杖，桐也。杖各齊其心，皆下本。杖者何？爵也。無爵而杖者何？擔主也。非主而杖者何？輔病也。童子何以不杖？不能病也。婦人何以不杖？亦不能病也。絞帶者，繩帶也。冠繩纓，條屬，右縫，冠六升，外畢，鍛而勿灰。衰三升。菅屨者，菅菲也，外納。居倚廬，寢苫枕塊，哭晝夜無時。歠粥，朝一溢米，夕一溢米。寢不説絰帶。既虞，翦屏柱楣，寢有席，食疏食，水飲，朝一哭、夕一哭而已。既練，舍外寢，始食菜果，飯素食，哭無時。

《儀禮注疏》卷二九《喪服》 父，傳曰：爲何以斬衰也？父至尊也。諸侯爲天子，傳曰：天子至尊也。君，傳曰：君至尊也。父爲長子，傳曰：何以三年也，正體於上，又乃將所傳重也。庶子不得爲長子三年，不繼祖也。爲人後者，傳曰：何以三年也？受重者，必以尊服服之，何如而可爲之後？同宗則可爲之後。何如而可以爲人後？支子可也。爲所後者之祖父母、妻，妻之父母、昆弟、昆弟之子，若子。妻爲夫。傳曰：夫至尊也。妾爲君。傳曰：君至尊也。女子子在室爲父，傳曰：緫六升，長六寸，箭笄長尺，吉笄尺二寸。子嫁，反在父之室，爲父三年。公士、大夫之衆臣，爲其君布帶、繩屨。傳曰：公卿大夫室老、士，貴臣，其餘皆衆臣也，君，謂有地者也。衆臣杖，不以即位。近臣，君服斯服矣。繩屨者，繩菲也。

《儀禮注疏》卷三〇《喪服》 疏衰裳齊、牡麻絰、冠布纓、削杖、布帶、疏屨三年者。傳曰：齊者何？緝也。牡麻者，枲麻也。牡麻絰，右本在上，冠者沽功也。疏屨者，藨蒯之菲也。父卒則爲母。繼母如母。傳曰：繼母何以如母？繼母之配父與因母同，故孝子不敢殊也。慈母如母。傳曰：慈母者何也？傳曰：妾之無子者，妾子之無母者，父命妾曰：女以爲子。命子曰：女以爲母。若是，則生養之，終其身如母。死則喪之三年如母，貴父之命也。母爲長子。傳曰：何以三年也？父之所不降，母亦不敢降也。疏衰裳齊、牡麻絰、冠布纓、削杖、布帶、疏屨期者。傳曰：問者曰：何冠也？曰：齊衰、大功，冠其受也。緦麻、小功，冠其衰也。帶緣各視其冠。父在爲母。傳曰：何以期也？屈也。至尊在，不敢伸其私尊也。父必三年然後娶，達子之志也。妻。傳曰：爲妻何以期也？妻至親也。出妻之子爲母。傳曰：出妻之子爲母期，則爲外祖父母無服。傳曰：絶族無施服，親者屬。出妻之子爲父後者，則爲出母無服。傳曰：與尊者爲一體，不敢服其私親也。父卒，繼母嫁，從，爲之服，報。傳曰：何以期也？貴終也。不杖、麻屨者。祖父母。傳曰：何以期也？至尊也。世父母、叔父母。傳曰：世父、叔父，何以期也？與尊者一體也。然則昆弟之子何以亦期也？旁尊也。不足以加尊焉，故報之也。父子一體也，夫妻一體也，昆弟一體也。故父子，首足也；夫妻，牉合也；昆弟，四體也。故昆弟之義無分，然而有分者，則辟子之私也。子不私其父，則不成爲子。故有東宮，有西宮，有南宮，有北宮，異居而同財，有餘則歸之宗，不足則資之宗。世母、叔母，何以亦期也？以名服也。大夫之適子爲妻。傳曰：何以期也？父之所不降，子亦不敢降也。何以不杖也？父在則爲妻不杖。昆弟。爲衆子。昆弟之子。傳曰：何以期也？報之也。大夫之庶子爲適昆弟。傳曰：何以期也？父之所不降，子亦不敢降也。適孫。傳曰：何以期也？不敢降其適也。有適子者無適孫，孫婦亦如之。爲人後者爲其父母，報。傳曰：何以期也？不貳斬也。何以不貳斬也？持重於大宗者，降其小宗也。爲人後者孰後？後大宗也。曷爲後大宗？大宗者，尊之統也。禽獸知母而不知父。野人曰：父母何筭焉？都邑之士，則知尊禰矣。大夫及學士，則知尊祖矣。諸侯及其大祖，天子及其始祖之所自出，尊者尊統上，卑者尊統下。大宗者，尊之統也。大宗者，收族者也，不可以絶。故族人以支子後大宗也。適子不得後大宗。女子子適人者，爲其父母、昆弟之爲父後者。傳曰：爲父何以期也？婦人不貳斬也。婦人不貳斬者何也？婦人有三從之義，無專用之道，故未嫁從父，既嫁從夫，夫死從子。故父者，子之天也。夫者，妻之天也。婦人不貳斬者，猶曰不貳天也。婦人不能貳尊也。爲昆弟之爲父後者何以亦期也？婦人雖在外，必有歸宗，曰小宗，故服期也。

《儀禮注疏》卷三一《喪服》 繼父同居者。傳曰：何以期也？傳曰：夫死，妻穉，子幼，子無大功之親，與之適人。而所適者，亦無大功之親，所適者以其貨財爲之築宫廟，歲時使之祀焉，妻不敢與焉。若是，則繼父之道也。同居則服齊衰期，異居則服齊衰三月。必嘗同居，然後爲異居，未嘗同居，則不爲異居。爲夫之君。傳曰：何以期也？從服也。姑姊妹、女子子適人無主者，姑姊妹報。傳曰：無主者，謂其無祭主者也。何以期也？爲其無祭主故也。爲君之父母、妻、長子、祖父母。傳曰：何以期也？從服也。父母、長子，君服斬。妻，則小君也。父卒，然後爲祖後者服斬。妾爲女君。傳曰：何以期也？妾之事女君，與婦之事舅姑等。婦爲舅姑。傳曰：何以期也？從服也。夫之昆弟之子。傳曰：何以期也？報之也。公妾、大夫之妾爲其子。傳曰：何以期也？妾不得體君，爲其子得遂也。女子子爲祖父母。傳曰：何以期也？不敢降其祖也。大夫之子爲世父母、叔父母、子、昆弟、昆弟之子、姑姊妹、女子子無主者爲大夫命婦者，唯子不報。傳曰：大夫者，其男子之爲大夫者也。命婦者，其婦人之爲大夫妻者也。無主者，命婦之無祭主者也。何以言唯子不報也？女子子適人者爲其父母期，故言不報也。言其餘皆報也。何以期也？父之所不降，子亦不敢降也。大夫曷爲不降命婦也？夫尊於朝，妻貴於室矣。大夫爲祖父母、適孫爲士者。傳曰：何以期也？大夫不敢降其祖與適也。公妾以及士妾爲其父母。傳曰：何以期也？妾不得體君，得爲其父母遂也。疏衰裳齊，牡麻絰，無受者。寄公爲所寓。傳曰：寄公者何也？失地之君也。何以爲所寓服齊衰三月也？言與民同也。丈夫、婦人爲宗子、宗子之母、妻。傳曰：何以服齊衰三月也？尊祖也。尊祖故敬宗。敬宗者，尊祖之義也。宗子之母在，則不爲宗子之妻服也。爲舊君、君之母、妻。傳曰：爲舊君者，孰謂也？仕焉而已者也。何以服齊衰三月也？言與民同也。君之母、妻，則小君也。庶人爲國君。大夫在外，其妻、長子爲舊國君。傳曰：何以服齊衰三月也？妻，言與民同也。長子，言未去也。繼父不同居者。曾祖父母。傳曰：何以齊衰三月也？小功者，兄弟之服也，不敢以兄弟之服服至尊也。大夫爲宗子。傳曰：何以服齊衰三月也？大夫不敢降其宗也。舊君。傳曰：大夫爲舊君，何以服齊衰三月也？大夫去，君埽其宗廟，故服齊衰三月也，言與民同也，何大夫之謂乎？言其以道去君而猶未絶也。曾祖父母爲士者，如衆人。傳曰：何以齊衰三月也？大夫不敢降其祖也。女子子嫁者、未嫁者爲曾祖父母。傳曰：嫁者，其嫁於大夫者也。未嫁者，其成人而未嫁者也。何以服齊衰三月？不敢降其祖也。大功布衰裳、牡麻絰，無受者。子、女子子之長殤、中殤。傳曰：何以大功也？未成人也。何以無受也？喪成人者其文縟，喪未成人者其文不縟，故殤之絰不樛垂，蓋未成人也。年十九至十六爲長殤，十五至十二爲中殤，十一至八歲爲下殤，不滿八歲以下皆爲無服之殤。無服之殤以日易月，以日易月之殤，殤而無服。故子生三月則父名之，死則哭之，未名則不哭也。叔父之長殤、中殤，姑姊妹之長殤、中殤，昆弟之長殤、中殤，夫之昆弟之子、女子子之長殤、中殤，適孫之長殤、中殤，大夫之庶子爲適昆弟之長殤、中殤，公爲適子之長殤、中殤，大夫爲適子之長殤、中殤。其長殤皆九月，纓絰。其中殤七月，不纓絰。大功布衰裳，牡麻絰纓，布帶三月，受以小功衰，即葛九月者。傳曰：大功布，九升。小功布，十一升。姑姊妹、女子子適人者。傳曰：何以大功也，出也。從父昆弟。爲人後者爲其昆弟。傳曰：何以大功也？爲人後者，降其昆弟也。庶孫。

《儀禮注疏》卷三二《喪服》 適婦。傳曰：何以大功也？不降其適也。女子子適人者爲衆昆弟。姪丈夫婦人，報。傳曰：姪者何也？謂吾姑者，吾謂之姪。夫之祖父母、世父母、叔父母。傳曰：何以大功也？從服也。夫之昆弟何以無服也？其夫屬乎父道者，妻皆母道也。其夫屬乎子道者，妻皆婦道也。謂弟之妻婦者，是嫂亦可謂之母乎？故名者，人治之大者也，可無慎乎？大夫爲世父母、叔父母、子、昆弟、昆弟之子爲士者。傳曰：何以大功也？尊不同也。尊同，則得服其親服。公之庶昆弟、大夫之庶子爲母、妻、昆弟。傳曰：何以大功也？先君餘尊之所厭，不得過大功也。大夫之庶子，則從乎大夫而降也。父之所不降，子亦不敢降也。皆爲其從父昆弟之爲大夫者。爲夫之昆弟之婦人子適人者。大夫之妾爲君之庶子。女子子嫁者、未嫁者爲世父母、叔父母、姑、姊妹。傳曰：嫁者，其嫁於大夫者也。未嫁者，成人而未嫁者也。何以大功也？妾爲君之黨服，得與女君同。下言爲世父母、叔父母、姑、姊妹者，謂妾自服其私親也。大夫、大夫之妻、大夫之子、公之昆弟爲姑、姊妹、女子子嫁於大夫者。君爲姑、姊妹、女子子嫁於國君者。傳曰：何以大功也？尊同也。尊同則得服其親服。諸侯之子稱公子，公子不得禰先君。公子之子稱公孫，公孫不得祖諸侯。此自卑别於尊者也。若公子之子孫有封爲國君者，則世世祖是人也，不祖公子，此自尊别於卑者也。是故始封之君不臣諸父昆弟，封君之子不臣諸父而臣昆弟。封君之孫盡臣諸父昆弟。故君之所爲服，子亦不敢不服也。君之所不服，子亦不敢服也。繐衰裳，牡麻絰，既葬除之者。傳曰：繐衰者何？以小功之繐也。諸侯之大夫爲天子。傳曰：何以繐衰也？諸侯之大夫，以時接見乎天子。小功布衰裳，澡麻帶絰，五月者。叔父之下殤，適孫之下殤，昆弟之下殤，大夫庶子爲適昆弟之下殤，爲姑、姊妹、女子子之下殤，爲人後者爲其昆弟、從父昆弟之長殤。傳曰：問者曰：中殤何以不見也？大功之殤，中從上，小功之殤，中從下。爲夫之叔父之長殤。昆弟之子、女子子、夫之昆弟之子、女子子之下殤。爲姪、庶孫丈夫婦人之長殤。大夫、公之昆弟、大夫之子爲其昆弟、庶子、姑、姊妹、女子子之長殤。大夫之妾爲庶子之長殤。

《儀禮注疏》卷三三《喪服》 小功布衰裳，牡麻絰，即葛，五月者。從祖祖父母、從祖父母，報。從祖昆弟。從父姊妹。孫適人者。爲人後者，爲其姊妹適人者。爲外祖父母。傳曰：何以小功也？以尊加也。從母，丈夫婦人，報。傳曰：何以小功也？以名加也。外親之服皆緦也。夫之姑、姊妹，娣姒婦，報。傳曰：娣姒婦者，弟長也，何以小功也？以爲相與居室中，則生小功之親焉。大夫、大夫之子、公之昆弟爲從父昆弟、庶孫、姑姊妹女子子適士者。大夫之妾爲庶子適人者。庶婦。君母之父母從母。傳曰：何以小功也？君母在則不敢不從服，君母不在則不服。君子子爲庶母慈己者。傳曰：君子子者，貴人之子也，爲庶母何以小功也？以慈己加也。緦麻，三月者。傳曰：緦者，十五升抽其半，有事其縷，無事其布，曰緦。族曾祖父母，族祖父母，族父母，族昆弟。庶孫之婦，庶孫之中殤。從祖姑姊妹適人者，報。從祖父、從祖昆弟之長殤。外孫。從父昆弟姪之下殤，夫之叔父之中殤、下殤。從母之長殤，報。庶子爲父後者爲其母。傳曰：何以緦也？傳曰：與尊者爲一體，不敢服其私親也。然則何以服緦也？有死於宫中者，則爲之三月不舉祭，因是以服緦也。士爲庶母。傳曰：何以緦也？以名服也。大夫以上爲庶母無服。貴臣、貴妾。傳曰：何以緦也？以其貴也。乳母。傳曰：何以緦也？以名服也。從祖昆弟之子。曾孫。父之姑。從母昆弟。傳曰：何以緦也？以名服也。甥。傳曰：甥者何也？謂吾舅者吾謂之甥。何以緦也？報之也。壻。傳曰：何以緦？報之也。妻之父母。傳曰：何以緦？從服也。姑之子。傳曰：何以緦？報之也。舅。傳曰：何以緦？從服也。舅之子。傳曰：何以緦？從服也。夫之姑姊妹之長殤。夫之諸祖父母，報。君母之昆弟。傳曰：何以緦？從服也。從父昆弟之子之長殤，昆弟之孫之長殤，爲夫之從父昆弟之妻。傳曰：何以緦也？以爲相與同室，則生緦之親焉。長殤、中殤降一等，下殤降二等。齊衰之殤中從上，大功之殤中從下。記。公子爲其母，練冠、麻，麻衣縓緣；爲其妻，縓冠、葛絰帶、麻衣縓緣。皆既葬除之。傳曰：何以不在五服之中也？君之所不服，子亦不敢服也。君之所爲服，子亦不敢不服也。大夫、公之昆弟、大夫之子，於兄弟降一等。爲人後者，於兄弟降一等，報。於所爲後之兄弟之子，若子。兄弟皆在他邦，加一等。不及知父母，與兄弟居，加一等。傳曰：何如則可謂之兄弟？傳曰：小功以下爲兄弟。

《儀禮注疏》卷三四《喪服》　朋友皆在他邦，袒免，歸則已。朋友，麻。君之所爲兄弟服，室老降一等。夫之所爲兄弟服，妻降一等。庶子爲後者，爲其外祖父母、從母、舅無服。不爲後，如邦人。宗子孤爲殤，大功衰、小功衰皆三月。親則月筭如邦人。童子，唯當室緦。傳曰：不當室則無緦服也。凡妾爲私兄弟，如邦人。大夫弔於命婦，錫衰。命婦弔於大夫，亦錫衰。傳曰：錫者何也？麻之有錫者也。錫者，十五升抽其半，無事其縷，有事其布，曰錫。女子子適人者爲其父母，婦爲舅姑，惡笄有首以髽。卒哭，子折笄首以笄，布總。傳曰：笄有首者，惡笄之有首也。惡笄者，櫛笄也。折笄首者，折吉笄之首也。吉笄者，象笄也。何以言子折笄首而不言婦？終之也。妾爲女君、君之長子，惡笄有首，布總。凡衰，外削幅。裳，内削幅，幅三袧。若齊，裳内衰外。負，廣出於適寸。適，博四寸，出於衰。衰，長六寸，博四寸。衣帶，下尺。衽，二尺有五寸。袂，屬幅。衣，二尺有二寸。衰三升，三升有半。其冠六升。以其冠爲受，受冠七升。齊衰四升，其冠七升。以其冠爲受，受冠八升。繐衰四升有半，其冠八升。大功八升，若九升。小功十升，若十一升。

《敦煌寫本書儀研究·唐前期書儀》　斬衰三年，服廿五月。練祥廿五月大祥。禫□□□□朞十三月□□□□不仗朞十三月。正月大功服九月，大功長殤九月中殤七月，下殤入小功五月。

斬衰第一七種

子爲父斬衰三年。諸侯（侯）爲天子斬衰三年。父爲長子斬衰三年。長子久（亦）〔爲〕己之長斬衰三年。以上立長繼人後者亦服斬衰三年。

妻妾爲夫並斬衰三年。女出嫁在他家？所（遺）〔遣〕，還爲父母斬衰三年。

婦爲姑妐𧟰衰三年？者，父死母爲長子亦同𧟰衰三年，長子者承胤（胤）之重，是以母爲三年。

服第二廿種

父在爲母𧟰衰朞。出妻之子爲𧟰衰朞。出妻之子所以進服，母子無絶道，是以故朞。繼母出嫁爲服𧟰衰朞。與父在服同。姪爲伯叔父母𧟰衰朞。夫爲妻𧟰衰朞。父爲衆子𧟰衰朞。孫爲祖父母𧟰衰朞。祖母爲嫡孫服大功，庶孫服別小功。兄弟相爲𧟰衰朞。繼人後者。

爲本生父母同居者𧟰衰朞。姑婦（姉）妹出適人無喪主者爲服𧟰衰朞；出家應九月。以其無子，故朞服。妾爲女君𧟰衰朞。女君爲妾無服。女服祖父母𧟰衰服。出嫁亦不降。族人爲宗子𧟰衰三月，庶人爲天子、國官、國君並𧟰衰三月。孫爲高祖曾同居合爨（爨）者𧟰衰三月。孫爲高祖曾祖𧟰衰三月。女子出嫁未出嫁者，皆爲曾祖𧟰衰同大功。殤服爲未成者，凡死年十九至十六已上爲上殤，十五至十二爲中殤，十一〔至〕八歲爲下殤，七歲已下皆爲無服之殤。哭之始，以凡無服者以日易月，子生一月哭之一日，子生一歲哭之十二日，推之及七歲。男女不問嫡庶，長殤中〔殤〕皆爲服大功九月。唯天子無𧟰衰，諸係無大功以下之服。

大功服第三十三種

姑姉妹及適人者爲服大功九月報。從父兄弟爲服大功九月報。從父兄弟，同堂兄弟是。繼人後者還爲本生兄弟及在室姑姉妹大功九月。爲姑夫大功九月。婦爲夫之祖父母大功九月，女既出嫁爲姑大功九月。出嫁姑姉妹大功九月報。小功五月殤報，爲嫡子孫下殤五月。兄弟姉妹下殤小功五月。

爲男女下殤小功五月。婦爲夫之伯叔長殤小功五月。婦爲姪長殤中（殤）小功五月。繼他人後者爲本生兄弟長殤中殤小功（七）〔五〕月。爲同堂兄弟姉妹長殤小功五月報報。小功五月第四七種

爲從祖父母小功五月報。從祖父母者，祖之兄弟。爲〔從〕祖兄弟小功五月報從祖兄〔弟〕者，三從兄弟是。爲再從兄弟小功五月報。爲從父姉妹出嫁小功七（五）月。從父姉妹者，伯叔之女。繼人後者爲本生姑姉妹適人者小功五月。外孫爲外祖父母小功五月。爲從母〔姉妹〕小功五月。從母姉妹者，姨之女。

緦麻三月第五十種

孫爲族宗祖父母緦麻三月，從母族宗者，祖之同堂兄弟。爲族兄弟緦麻三〔月〕報。族兄弟者，三從叔兄（兄弟）。庶孫之中殤緦〔麻〕三月，爲從母長殤緦麻三月。從母從（兄）〔弟〕久（亦）如之。妾子立爲後者，

爲本生父母緦麻，久（亦）緦麻三月報，〔從父母兄弟〕亦如之，從母兄弟姨之子。厶爲外舅三月緦麻三月報，爲女夫三月緦麻報。

內外弟妹並相爲報緦麻三月報，〔姉妹〕出嫁亦不降。外兄弟姉妹，姑之兒女，內兄弟姉妹，舅之兒女，從母姉妹，姨之女。外祖父〔母〕爲外孫緦麻三月，斬衰服頭絰九寸三分，（要）〔腰〕絰七寸二分，冠六升（升），衰三升，齊衰服頭絰七寸二分，（要）〔腰〕絰六寸二分，冠七升，衰四升。大功九月服，頭絰五寸二分，冠十五升，衰十五升。凡喪，父母浴於中霤；中霤者，北堂屋脊下也。小歛於户內；小歛者，附體衣裳占舍珠玉。二日大歛於户牖。之前大斂者，單衣（麥）〔衾〕被着棺中。三日而殯，於是乃成喪服。杖恐仗，所以扶病。杖無長短。若（若）齊其竹，節在外，男子（杜）〔主〕外事，是用竹。爲母杖桐者，節在內，婦人主內事，是以用桐杖，凡父母亡，三日成服，杖於惟前。東壁下爲廬，北向户者，卧其中，寢（寢）苦枕凷，九十日內，日夜不脱絰帶。悲來則哭，晝夜無時，孝〔子〕常居廬中，不宿於房室。九十日既，廬前屏眉？宿有常卧其中，厶有祝絰，朝夕哭而已。十二月練，斂廬作惡（惡）室，疊凷爲之，不墍（塗）慨，卿（卿？）下爲之。月一日、十五日、廿日則哭。廿五日大祥，不復哭。大斂，祭？既殯，設靈，朝夕奠常食，日夜相繼。至月一日、十五日以內，孝再拜（拜）。凡孝遠土他方，父母亡哭，若者盡哀，乃問其故。

還，見星而行，見星而止。又得夜行成服。及歸，若有疾病，差及（乃）歸。斬衰之喪，望國而哭。齊衰之喪，望鄉而哭。大功之喪，望村而哭。小功之喪，望門而哭，緦麻之喪，互位而哭。

凡喪禮，以喪爲主。朝廷以爵爲重，鄉黨以齒爲先，喪制不問輕重尊卑，服者則在家者遭（遭）父母之喪，不問長幼，盡在家。女上坐，大家來奔父母之喪，除　嫡婦人

悉在諸婦之上坐。九族省吊奔喪法，妻父母或置靈位，女（聟）〔婿〕從外來吊，若置靈位，女（聟）〔壻〕挂至，入屋。靈前立，哭五三聲，退在户西（頰）〔頭〕，面哭北，跪哭六七聲，捉孝子手（出）。妻祖父母亡，女（聟）〔壻〕吊莫問停喪在地，或置靈位，女（聟）〔壻〕往吊，同一家更無二法，女聟（婿）往吊，至屋南，正當户位，上覆坐，哭五六聲如（而）起，位西頭，入室大孝前，跪止如之，去。若生時拜，死合拜；生時不拜，死即不拜；生時一拜，死即再。拜靈訖，出屋外，去顱位東。妻伯叔母亡女（聟）〔壻〕往〔吊〕依如鄉吊，女聟〔婿〕至喪屋，南位上位上

復哭兩三聲，起，位西頭，入屋捉孝子手出。外祖父母亡外男生吊外生重外哭（人）〔入〕屋，靈前立哭五六聲，拜靈訖，退往户西頭，面向北跪哭廿餘聲捉內孝兄弟手〔出〕。姨在夫家亡往赴吊挂門哭，入屋備靈〔哭〕十餘聲，拜靈訖，退在户西頭，面向北跪哭盡哀，起，捉姨兄弟手，若兄弟姨夫前跪，即出。舅母亡外生吊外生至門哭，入屋靈前，立哭五六聲，拜靈訖，退户西頭，面向北跪哭廿餘聲，於（起），捉內兄弟手出。

姑在夫家亡往赴喪往，入村哭，入屋備靈，哭盡哀，起，拜訖，退在東坐，〔哭〕盡哀起，捉姉妹夫手，無語。

女在夫家亡往赴丧若是停喪在地，往，望村哭，若置靈位，入村哭，入屋備靈，哭盡哀起。凡人喪亡。屍入棺合拜，未入棺並不合拜。問曰，喪在地上，大孝南頭爲長；及其喪入地下，大孝北頭爲長，何爲顛〔顛〕答曰，此陰陽之義，若喪在地上爲陽，以故置大孝南頭爲長；（可）〔若〕其喪在地下爲陰，以故（實）〔置〕大孝北頭爲長之也。親父母喪，已身從外來望〔國〕而哭，至家，入屋慉靈，哭盡哀起，拜靈訖，退在北，哭盡哀起。兒女亡，已身從外來望〔鄉〕而哭，至家入屋，兒哭兒，靈（庠）〔庭〕北頭，別生一頭，岸〔矗〕上，面向南，盡哀兒，起。同堂兄弟〔亡〕，已身從外〔來〕。望門而哭，入屋靈前，（五）〔立〕哭五六聲，拜靈訖，退在北，哭廿餘聲，起，伺伯叔前跪哭。同堂伯叔父母亡，已身從外來望門而哭，入屋靈前，哭五六聲，拜靈訖，邊在北，哭十餘聲起，捉孝子手出。再從兄弟（亡）已從外來至門而哭，入屋慉靈前，哭五六聲，拜靈訖，退在北坐，哭十餘聲起，捉長子一人手出。自三從已下，五從已上吊皆住〔往〕靈前哭五六聲，拜靈訖，執孝子手出。哭泣父母亡哭言罪極倉〔蒼〕天。父在母亡哭言罪没。祖父母伯叔亡哭言罪没。伯叔親兄弟姑姉妹同堂伯叔父母及外祖舅姨（土）〔諸〕人皆哭言痛深。禮及令繼母（政）〔改〕嫁，父爲長子，祖父母，父所生、庶母，伯叔，兄弟，衆子，姪兒，姪女，嫡孫，本生父母報，姑姉妹，在室女無主姑姉妹，伯叔母、繼父同居謂假父假子，各大功以上親。右準令齊衰朞給假卅日。（壄）〔葬〕五日，除服三日。　高祖、曾祖父母，女在室及嫁爲高祖、曾祖父母，繼母不同居，子長殤、中殤，姑姉

妹長中殤，兄弟長中殤，嫡孫長殤、中殤，姪兒姪女長中殤，女嫡（適）人者，姑姊適人者，姑妹適人者，本生兄弟、庶孫，本生姑姊妹在室者，嫡婦，同堂兄弟，同堂姊妹在室者。

姪女適人者。

右準令朞衰朞三月、五月、大功九月，並給假廿日，（蔞）〔葬〕三日，除服二日。

男女下殤，叔下殤，嫡孫下殤，姊妹弟下殤，姑姊妹下殤，本生兄弟長殤中殤，同堂兄弟姊〔妹〕長殤中殤，姪兒姪女下殤，姪女夫、婦人長殤中殤，從祖父、祖兄弟，兄弟孫女在室者，同堂伯叔，同堂兄弟女在室者，再從兄弟，同堂姊妹適人者，孫女適人者，外祖父母，本生姑姊妹（嫡）〔適〕人者，親姨親舅，從祖姑在室者，祖姊妹從祖姑姊妹在室者，父母堂姊妹，已再從姊妹，從祖母，祖兄弟〔姊〕妹，同堂伯叔，衆子婦，嫡母。父母從母，同母異父昆弟姊妹出適不降。右依令小功五月，給假十五日，（塟）〔葬〕二日，除服一日。　庶孫女夫婦人下殤，再從兄弟長殤，同堂兄弟下殤，本生兄弟下殤，姪女夫婦人下殤，同堂姊妹下殤，姨長殤，同堂兄弟子長殤，兄弟孫長殤，同堂姑長殤，再從妹長殤，本生同堂兄弟長殤，三從兄弟，三從姊妹出無服族曾祖父，曾祖兄弟，族曾祖父，祖同堂兄弟，再從伯叔，同堂姑，再從姊妹，女適人爲同堂叔，外孫，庶子爲父後者爲其母，曾祖玄孫，祖姑，祖姊妹，兩姨兄弟姊妹外生，姑子舅，舅之子，本外生祖父母，曾祖姑，曾祖姊妹，族祖姑祖同堂姊妹。族姑父再從姊妹。兄弟孫女適人者，族曾祖母曾祖兄弟妻族母父再從兄弟妻族祖母祖同堂兄弟妻。庶孫姊，女適人爲同堂伯叔母，庶子爲嫡母之兄弟乳女母，女聟（婿）妻父母。

右準令緦麻三月，給假七日。出降服，給三日。

（唐）吴兢《貞觀政要》卷七《禮樂》　貞觀十四年，太宗謂禮官曰：同爨尚有緦麻之恩，而嫂叔無服，又舅之與姨，親疏相似，而服之有殊，未爲得禮，宜集學者詳議。餘有親重而服輕者，亦附奏聞。是月尚書八座與禮官定議曰：

臣竊聞之，禮所以决嫌疑、定猶豫、別同異、明是非者也。非從天下，非從地出，人情而已矣。人道所先，在乎敦睦九族。九族敦睦，由乎親親，以近及遠。親屬有等差，故喪紀有隆殺，隨恩之薄厚，皆稱情以立文。原夫舅之與姨，雖爲同氣，推之於母，輕重相懸。何則？舅爲母之本宗，姨乃外戚他姓，求之母族，姨不與焉，考之經史，舅誠爲重。故周王念齊，是稱舅甥之國；秦伯懷晉，實切《渭陽》之詩。今在舅服止一時之情，爲姨居喪五月，徇名喪實，逐末棄本，此古人之情或有未達，所宜損益，實在茲乎。

（唐）杜佑《通典》卷八八《禮・沿革・凶禮・孫為庶祖持重議》

晋劉智釋疑：問者曰：禮孫爲祖後三年者，以其當正統也。庶子之長孫，既不繼曾高祖，此孫爲庶祖承重三年不？答曰：繼祖者，不唯謂大宗也。按《喪服傳》與《小記》皆云：庶子不爲長子三年，不繼祖與禰也。兩舉之者，明父之重長子，以其當爲禰後也。其所繼者，於父則禰，於子則祖也。父以己當繼祖，故重其服，則孫爲祖後者，不得輕也。然則孫爲祖後，皆三年矣。且甲，衆子也，生乙。乙生景而乙先卒，景爲長子孫而後甲。甲亡，景爲甲三年。則甲是庶子，無嫡可傳，若不三年，則景爲乙之嫡子，而闕父卒爲祖後之義也。

博士杜琬云：曾祖是庶，而祖父是嫡，又是嫡孫矣。若庶祖無嫡可傳，則非正體乎上傳重之義也。既無大夫士之位，無嫡統之重，孫爲庶人，父雖亡而有諸父，其孫生不主養，祭非所及，而所攝一家之重，居諸父之右，祖無重可傳，而孫以重自居，爲父長子而以嫡孫繼祖，推情處禮，於義爲乖。凡祖是庶而父爲長，宜服齊縗。

王敞議曰：凡所重，明是先祖之體，蓋非爵土財計之謂。至於庶子之子爲繼禰之宗，則得爲其子三年矣。父尊其禰而子替祖服，不貴正體而必云爵土，忽其敬宗而重其財計，承財計則爲之服斬縗，無産業則廢三年，此非義矣。又經有爲君之祖服周，是爲臣從君服。從服例降一等，此則君爲祖三年矣。既爲君而有父祖之喪，謂父祖並有廢疾不得受國，而己受位於曾祖者也。祖不受國，無重可傳而猶三年，斯蓋正統貴體之義，不必以爵土傳己也。體存則就養無方，亡則庶子不祭，所以達孝明宗，吉凶異制，故知生不主養者，無害死掌其祀也。而云祭非所及，乖乎周孔之意爾，人無祖矣。

束晳議曰：《經》云臣服君之祖周，此君爲祖三年也，是祖有廢疾不襲統也。然則無爵可傳，身不主祭，與庶子何異？而孫猶服斬，義例昭然。大宗之弟皆稱祖立廟，而自爲其子孫所奉，即所謂小宗之緒，主其祖父之祀，豈可自同衆孫不服三年哉！

（唐）杜佑《通典》卷八九《禮·沿革·凶禮·父卒母嫁復還及庶子為嫡母繼母改嫁服議》 宋庾蔚之云：母子至親，本無絶道，禮所親者屬也。出母得罪於父，猶追服周；若父卒母嫁而反不服，則是子自絶其母，豈天理邪！宜與出母同制。按晋制，寧假二十五月，是終其心喪耳。

（唐）杜佑《通典》卷八九《禮·沿革·凶禮·父卒為嫁母服》 漢《石渠議》：問：父卒母嫁，爲之何服？蕭太傅云：當服周。爲父後則不服。韋玄成以爲：父殁則母無出義，王者不爲無義制禮。若服周，則是子貶母也，故不制服也。宣帝詔曰：婦人不養舅姑，不奉祭祀，下不慈子，是自絶也，故聖人不爲制服，明子無出母之義，玄成議是也。《石渠禮議》：又問：夫死，妻稚子幼，與之適人，子後何服？韋玄成對與出妻子同服周，或議以爲子無絶母，應三年。蜀譙周據繼母嫁猶服周，以親母可知，故無經也。

（唐）杜佑《通典》卷八九《禮·沿革·凶禮·父在為出母服議》 晋賀循云：父在爲母，厭尊，故屈而從周。出母服不減者，以本既降，義無再厭故也。父在爲母既已杖矣，若父在母出宜重降者，則宜在不杖條。今在杖條，明不再降。杖者必居廬，居廬者必禫。吴徐整問曰：出妻之子爲其母，及父卒繼母嫁，爲之服、報，皆周也。二母既出，則爲絶族。今子爲之服，皆當於何處爲位？有廬堊室不？出母亦當報其子不，繼母報子於何處制服？豈止所適者之家爲哭位事乎？又當有禫不？射慈答曰：當就出母之家。若遠不得往者，可別爲異室，亦有廬。變除、堊室及禫，如親子也。母亦報子周也。

（唐）杜佑《通典》卷八九《禮·沿革·凶禮·父卒母嫁復還及庶子為嫡母繼母改嫁服議》 晋束晳問曰：繼母嫁從服，當立廬不？步熊答曰：父卒，繼母嫁，如母，應居倚廬。

皇密云：且《經》稱繼母如母者，蓋謂配父之義，恩與母同，故孝子之心不敢殊也。傳云繼母何以如母，明其不同也。是以出母服周而繼母無制，不同之驗也。夫一與之齊，則終身不改，故死則同穴，無再醮之義。然則禮許其嫁，謂無大功之親，己稚子幼，不能自存，故攜其孤孩與之適人，上使祖宗無曠祀之闕，下令弱嗣無窮屈之難，故曰貴終也。若偏喪之日，志存爽貳，不遵恭姜靡他之節，而襲夏姬無厭之欲，輕忽先亡，棄己如遺，無顧我之恩，何貴終之有也。如禮之旨，則子無不從。且非禮而嫁，則義之所黜，何服之有哉！

（唐）杜佑《通典》卷八九《禮·沿革·凶禮·齊縗三年》 周制，祖父卒而後爲祖母後者三年。祖父在，則其服如父在爲母也。

後漢荆州牧劉表云：表字景升。父亡在祖後，則不得爲祖母三年，以爲婦人之服，不可踰夫。孫爲祖服周，父亡之後，爲祖母不得踰祖也。

（唐）杜佑《通典》卷八九《禮·沿革·凶禮·齊縗三年》 周制，母爲長子，父之所不降，母亦不敢降也。馬融曰：父不傳重，無五代之義，而服三年，隨父從於夫也。不在斬縗章者，以子當服母齊縗也。鄭玄曰：不敢降者，謂不敢以己尊降祖禰之正體也。雷次宗曰：父之重長，以居正嫡之胤，當爲先祖之主故也。母亦以此義而加崇焉。夫父之服長，以其仰述祖禰，堂構斯荷；母亦以其承夫嗣業，三從是寄。父尚不以大夫之嚴，降祖禰之主，母亦安敢以婦人之尊，降所天之嫡？故曰父之所不降，母亦不敢降。以父況母，明父猶屈體，母宜無嫌。如舊説妻從服，則當云夫所不降，妻亦不敢降。今言父母者，豈非自子而言也。妾爲女君之長子，與女君同。不敢以輕服服君之正體。盧植曰：與女君喪長子俱三年。妾從女君而出，則不爲女君之子服。盧植曰：謂俱有過而出，女君爲其子服，嫌妾當從服，故言不也。鄭玄曰：妾與女君俱出，女君猶爲子服周，妾於義絶，無施服也。王肅曰：非屬從，故不服。孔穎達云：姪娣從女君而入，若女君犯七出，則姪娣亦從而出。

（唐）杜佑《通典》卷八九《禮·沿革·凶禮·齊縗三年》 周制，父卒爲母。馬融曰：父卒，無所復屈，故得伸重服三年也。今與父在同義，見《杖周章》。繼母如母，言繼母之配父與因母同，故孝子不敢殊也。因猶親也。慈母如母，謂妾之無子者，妾子之無母者，父命妾曰汝以爲子，命子曰汝以爲母，若是則生養之，終身如母，死則喪之，三年如母，貴父之命也。此主謂大夫士之妾，妾子之無母者，父命爲母子者也。其使養之，不命爲母子，則亦服庶母慈己者之服可也。大夫之妾子，父在爲其母大功，則士之妾子爲母周矣。父卒則皆得伸也。子游問曰：喪慈母如母，禮歟？如母謂父卒三年也。子游意以爲國君亦當然。禮所云者，乃大夫以下，父所使妾養妾子。孔子曰：非禮也。古者，男子外有傅，内有慈母，君命所使教子也，何服之有！言無服也。此指謂國君之子也。大夫士之子爲庶母慈己者小功，父卒乃不服。昔者魯昭公少喪其母，有慈母良，良，善。及其死也，公弗忍，欲喪之。有司以聞，曰：古之禮，慈母無服，據國君也。今也君爲之服，是逆古之禮而亂國法也。若終行之，則有司將書之以遺後代，無乃不可乎？公曰：古者天子練冠以燕居。公之言又非也。天子練冠以燕居，蓋謂庶子王爲其母也。公弗忍，遂練冠以喪慈母。喪慈母，自魯昭公始也。

（唐）杜佑《通典》卷八九《禮・沿革・凶禮・齊縗三年》　晉或問曰：若祖父先卒，父自爲之三年，己爲之服周矣。而父卒祖母後卒，當服三年不乎？劉智答云：嫡孫服祖三年，誠以父卒則己不敢不以子道盡孝於祖，爲是服三年也。謂之受重於祖者，父卒則祖當爲己服周，此則受重也。己雖不得受重於祖，然祖母今當服己周，己不得不爲祖母三年也。小記曰祖父卒而後爲祖母後者三年，特爲此發也。

侍中成粲云：禮有嫡子則無嫡孫，然則己受重於父，不受重於祖，不得爲祖母三年。禮，舅没則姑老，爲傳家事於長婦也。亦爲祖没，則己父受重於祖父，己不受之於祖父母，故無祖父母三年之理也。

賀循又引《小記》，自釋爲祖母後者，服之如母，不爲祖父母後，不得爲祖母三年，未見其驗，但以父在無二嫡，父没祖存，己位則正，不得爲祖父後，乃爲祖母嫡也。

宋崔凱云：時人或有祖父亡，而後己母亡，孫奉養祖母，祖母卒則爲之齊縗三年者。凱以爲祖母三年，自謂己父母早亡，受重於祖，故爲祖斬縗三年，祖母齊縗三年。今己父後亡，則受重於父，不受重於祖，孫雖奉養祖母，固自當如禮齊縗周耳。

庾蔚之謂：劉景升以婦人之不可踰夫，既已乖矣。按成粲云：己自受重於父，不受於祖，爲祖母不應三年，可謂殊途而同謬者矣。

（唐）杜佑《通典》卷八九《禮・沿革・凶禮・齊縗杖周》　周制，爲妻，妻至親也。鄭玄曰：嫡子父在，則爲妻不杖，以父爲之主也。《服問》曰：君所主：夫人、妻、太子、嫡婦。父在，爲妻以杖即位，謂庶子也。馬融曰：妻與己共承宗廟，所以至親也。陳銓曰：以其至親，故服同於母。雷次宗曰：不直云至親而言妻者，明其爲齊體判合之親，以别至極之稱而言。出妻之子爲母。鄭玄曰：出猶去也。馬融曰：犯七出，爲之服周。雷次宗曰：不直言爲出母，嫌妾子及前妻之子爲之服。子無出母之義，故繼夫而言。出妻之子爲母周，則爲外祖父母無服也。絶族無施服，親者屬也。出妻之子爲父後者則爲出母無服。與尊者爲一體，不敢服其私親。在旁而及曰施。親者屬也，母子至親，無絶道也。施音以豉反。

（唐）杜佑《通典》卷八九《禮・沿革・凶禮・齊縗杖周》　周制，父卒，繼母嫁，從爲之服，報，貴終也。馬融曰：繼母爲己父三年，喪禮畢，嫁後夫，重成母道，故隨爲之服。繼母不終己父三年喪，則不服也。鄭玄云：嘗爲母子，貴終其恩也。王肅曰：服也則報，不服，則不報。雷次宗曰：凡言報者，繼母服亦如此。

（唐）杜佑《通典》卷八九《禮・沿革・凶禮・齊縗杖周》　晉束皙問：嫡子爲出母無服，母爲子有何服？步熊答：但爲父後，故不得服耳。母爲之服周。嫡子雖不服外祖，外祖猶爲服緦麻也。

袁準《正論》：爲父後者爲出母無服，喪者不祭故也。其以出，不得不降。安有母子至親而無服乎？釋服而祭可也。

（唐）杜佑《通典》卷八九《禮・沿革・凶禮・齊縗杖周》　周制，父在爲母周，屈也。至尊在，不敢伸其私尊也。父必三年然後娶，達子之志也。馬融曰：屈者，子自屈於父，故周而除母服也。父至尊，子不敢伸母服三年。

（唐）杜佑《通典》卷八九《禮・沿革・凶禮・後妻子爲前母服議前母卒在異國》　後漢末，長沙人王毖上計至京師，值吴魏分隔，毖妻子在吴，身留中國，爲魏黄門郎，更娶妻生昌及式。毖卒後，昌爲東平相。至晉太康元年吴平時，毖前妻已卒，昌聞喪，求去官行服。東平王楙上臺評議。

博士謝衡云：毖身不幸，去父母，遠妻子。妻於其家，執義守節，奉宗祀，養舅姑，育稚子。後得歸還，則固爲己妻。父既爲妻，子豈不爲母。昌宜追服三年。

博士許猛云：絶有三道。有義絶者，爲犯七出也。有法絶者，以王法絶。有地絶者，以殊域而絶。且夫絶妻，如紀叔姬，其逼以王法，隔以殊域而更聘嫡室者，亦爲絶矣。是以禮有繼母服，無前母制。是以前母非没則絶也。以昌前母雖在猶不應服，若昌父在，則唯命矣。依《禮記》，昌唯宜追服其兄耳。

尚書都令史虞溥言：臣以爲禮不二嫡，重正也。苟正嫡不可以二，則昌父更娶之辰，即前婦義絶之日，固不待言而可知矣。議者以昌父無絶遺之言，尚爲正嫡。恐犯禮虧教，難以示後。按昌父既册名魏朝，更納後室，豈得懷舊君於江表，存外妻於讎國乎？非徒時政之所禁，乃臣道所宜絶。設使昌父尚存，今始會同，必不使兩妻專堂，二嫡執祭。以此驗之，故知後嫡立宜前嫡廢也。即父使有兩立之言，猶將以禮正之，況無遺命，可以服乎？溥以爲宜如猛議。

博士秦秀議云：按議者以禮無前妻之名，依名絶之不爲之服，斯乃是也。今兄弟不同居，而各以路人相遇其母，恐一體之愛，從此絶矣。古人之爲，未必按文，唯稱情耳。以爲二母之子，宜各相事皆如所生。雖無成典，期於相睦，得禮意也。若前妻之子不勝母之哀，來言曰我母自盡禮於事夫，爲夫先祖所歆享，爲父志所嘉，爲人倫所欽敬，便迎父喪，歸於舊塋，以其母祔葬；則後妻之子，寧可以據儒者之言以距之邪？禮，二妾之子，父命令相慈，而三年之恩便同所生矣。昌父何義不令二嫡依此禮乎？然禮無明制，非末學者所敢用心；必不得已，與其意而絶之，不若意而事之。故以爲昌宜追前母三年，二母之祔，以先後爲叙。

侍中程咸言：諸侯無更娶致夫人之制，大夫妻死改室，不拘立嫡。昌父前妻，守德約身，幸值開通，而固絶之，此禮不勝情而漸入於薄也。昌母後聘，本非庶賤，横加抑黜，復不然矣。若令二母之子，交相爲報，則並尊兩嫡，禮之大禁。昔舜不告而娶，婚禮蓋闕，傳記以二妃夫人稱之，明不足立正后也。聖人之弘，猶權事而變，而諸儒欲聽立兩嫡，並未前聞。且趙姬而讓叔隗以爲内子，黄昌之告新妻使避正堂，皆欲以正家統而分嫡妾也。昌父已亡，無正之者，若追服前母，則自黜其親；交相爲報，則固非嫡。就使未達，追爲之服，猶宜刑貶，以匡失謬，況可報楙施行，正爲通例，則兩嫡之禮始於今矣。開争長亂，不可以訓。臣以爲昌等當各服其母者。

著作郎陳壽等議：《春秋》之義，不以得寵而忘舊，是以趙姬請逆叔隗而己下之。若昌父及二母於今並存，則前母不廢，有明征矣。設使昌父昔持前婦所生之子來入中國而尚在者，恐不謂母已黜遣，從出母之服。苟昌父無棄前妻之命，昌兄有服母之理，則昌無疑於不服。

司馬李苞議：禮重一統，所以正家，猶國不可二君。雖禮文殘缺，大事可知。昌父遇難，與妻隔絶，夫得更娶，妻當更嫁，此通理也。今之不去，此自執節之婦，不爲理不絶矣，適可嘉異其意，不得以私善羈縻已絶之夫。議者以趙姬爲比，愚以爲不同也。重耳適齊，志在必還，五年之間，未爲離絶。衰納新寵，於禮爲廢嫡，於義爲棄舊，姬氏固讓，得禮之正，是以《春秋》善之，明不得並也。古無二嫡，宜如溥駁。

中書監荀勖議曰：昔鄭子羣娶陳司空從妹，後隔吕布之亂，不知存亡，更娶蔡氏女。徐州平後，陳氏得還，遂二妃並存。蔡氏之子元疊，爲陳氏服嫡母之服，族兄宗伯曾責元疊，謂抑其親，鄉里先達以元疊爲合宜。

(唐)杜佑《通典》卷八九《禮·沿革·凶禮·爲高曾祖母及祖母持重服議》 晋劉智《釋疑答問》云：高曾祖母與祖母俱存，其卑者先亡，則當厭屈不？昔魯穆姜在而成公夫人薨，《春秋》書曰葬我小君齊姜。舊説云，妻隨夫而成尊，姑不厭婦，婦人不主祭，已承先君之正體，無疑於服重也。

宋庾蔚之謂：婦從夫，嫡曾高祖母，正體所傳，並有重，何疑其亡先後。

後魏永平四年，尚書都令史陳終德祖母之喪，欲服齊縗三年，以無代爵之重，不可上陵諸父，若下同衆孫，恐違後祖之義，請求詳正。

國子博士孫景邕等議：嫡孫後祖，持重三年，終德宜先諸父。

太常劉芳議：按《喪服》，乃士之正禮，含有天子諸侯卿大夫之事，其中時復下同庶人者，皆別標明。至嫡孫傳重，自士以上，古者卿士，咸多繼位。又士以上，乃有宗廟。先儒多云嫡孫之傳重，下通庶人。以爲差謬。何以明之？傳重專主宗廟，非謂庶人祭於寢也。兼累代承嫡，方得爲嫡子嫡孫耳。不爾者，不得繼祖也。按鄭玄云：爲三代長子服斬也。魏晋以來，不復行此禮。按《喪服經》無嫡孫爲祖持重三年正文，唯有爲長子三年，嫡孫周，故《傳》及注因説嫡孫傳重之義。今世既不復爲嫡子服斬，卑位之嫡孫不陵諸叔而持重，則可知也。且准終德資階，方之於古，未登士秩，庶人在官，復無斯禮。考之舊典，驗之於今，則兹範罕行。且諸叔見存，喪主有寄，宜依諸孫服周爲允。

景邕等又議云：《喪服》雖以士爲主，而必下包庶人。何以論之？自大夫以上，每條標列，逮於庶人，合而不述，此同士制，不復疑也。唯有庶人之爲國君，此則明義服之輕重，不涉於孫祖。且受國於曾祖，廢疾之祖父亦無重可傳，而猶三年，不必由重也。《喪服經》雖無嫡孫爲祖三年正文，而有祖爲嫡孫周，豈祖以嫡服己，己與庶孫同爲祖周，於義可乎？服祖三年，此則近代未嘗變也。准古士官，不過二百石也，終德即古之士也。且官族者謂有其功，食舊德者謂德繼於位，興滅繼絶謂諸侯卿大夫無罪誅絶者耳。金貂七珥，楊氏四公，雖以位相承，豈得言代禄乎？按晉太康中，令史殷遂以父朔不及所繼，求還爲祖母三年。時政以禮無代父追服之文，亦無不許三年之制，此則晉之成規也。

尚書邢巒奏依芳。

詔曰：嫡孫爲祖母，禮令有據，士人通行，何勞芳致疑請也。可如國子博士孫景邕所議。

（唐）杜佑《通典》卷八九《禮・沿革・凶禮・前妻被掠没賊後得還後妻之子爲服議》　晉成帝咸康中，零陵李繁姊先適南平郡陳詵爲妻，産四子而遭賊。姊投身於賊，請活姑命，賊將姊去。詵更娶嚴，生子暉等三人。繁後得姊歸，詵求迎李還，更育一女子。詵籍，母張在上，以妻李次之，嚴次之。李亡，詵疑暉服，以其事言於征西大將軍庾亮府評議。

司馬王愆期議曰：按禮不二嫡，故惠公元妃孟子卒，繼室以聲子。諸侯猶然，況庶人乎？《士喪禮》曰，繼母本實繼室，稱繼母者，事之如嫡，故曰如母也。詵不能遠慮避難，以亡其妻，李非犯七出見絶，終又見逆，養姑於堂，子爲首嫡，列名黄籍，則詵之妻也。爲詵也妻，則爲暉也母，暉之制服無所疑矣。詵雖不應娶，要以嚴爲妻，妻則繼室，本非嫡也。若能下之，則趙姬之義；若云不能，官當有制。先嫡後繼，有自來矣。

倉曹參軍王羣議：李投身於賊，則名義絶矣。辱身污行，喪禮違義，雖有救母之功，宜以路人之恩相報。不可以奉承宗廟，嚴子不宜以母服服之，李子宜以出母居之。

倉曹參軍虞眕之忍反議：庶人兩妻，不合典制，財之法則，應以先婦爲主，服無所疑。漢時黄司農爲蜀郡太守，得所失婦，便爲正室，使後婦下之，載在《風俗通》。今雖貴賤不同，猶可依准。

行參軍諸葛瑒議：詵既不能庇其伉儷，又未審李之吉凶，無感離之慘，便歡會納妻，悖禮傷教，皆此之由。又詵協嚴迎李，籍注二妻，李亡之日，乃復疑服。若小人無知，不應有疑；及其有疑，明知妻不可二。生亂其名，没疑其服，喪亂以來，多有此比，宜齊之以法。

户曹掾談劇等白：奉教博議，互有不同，按禮無二嫡之文，李爲正嫡應服，居然有定。

（唐）杜佑《通典》卷九〇《禮・沿革・凶禮・齊縗三月》　大唐聖曆元年，太子左庶子王方慶嘗書問太子文學徐堅曰：女子年幼小而早孤，其母貧窶，不能守志，攜以適人，爲後夫之所鞠養，及長出嫁，不復同居。今母後夫亡，欲制繼父服，不知可不？人間此例甚衆。至於服紀，有何等差？前代通儒，若爲議論？堅答曰：《儀禮・喪服經》：繼父同居齊縗周，謂子無大功之親，與之適人，所適亦無大功之親，而所適者以貨財爲之築宫廟，歲時使之祀焉者也。鄭玄曰：大功之親，同財者也。築宫廟於家之外，神不歆非族也。以恩服耳，未嘗同居即不服也。《小戴禮記》繼父服，並有明文，斯禮經之正説也。至於馬融、王肅、賀循等，並稱大儒達禮，更無異文。唯傅玄著書，以爲父無可繼之理，不當制服，此禮、焚書之後俗儒妄造也。袁準作論，亦以爲此則自制父也，亂名之大者。竊以父猶天也，愛敬斯極，豈宜靦貌繼以他人哉！然而藐爾窮孤，不能自立，既隨其母，託命他宗，本族無養之人，因託得存其繼嗣。在生也實賴其長育，及其死也頓同之行路，重其生而輕其死，篤其始而薄其終，稱情立文，豈應如是？故袁、傅之駮，不可爲同居者施焉。昔朋友之死，同爨之喪，並制緦麻，詳諸經典。比之於此，蓋亦何嫌？繼父之服，宜依正禮。今女子母攜重適，寄養他門，所適慈流，情均膝下，長而出嫁，始不同居。此則笄緫之儀，無不畢備，與築宫立廟無異焉，蓋有繼父之道也。戴德《喪服記》曰女子子適人者，爲繼父服齊縗三月，不分別同居異居。梁氏《集説》亦云：女子子適人者，服繼父與不同居者服同。今爲服齊縗三月，竊爲折衷。方慶深善此答。

（唐）杜佑《通典》卷九〇《禮・沿革・凶禮・齊縗不杖周》　周制，爲祖父母周，至尊也。鄭玄曰：此言其異於杖周耳。王肅云：言與杖周同制，唯杖屨異。爲伯父母、叔父母周，與尊者一體也。馬融曰：與父一體，故不降而服周。陳銓曰：尊者，父也。所謂昆弟一體也。爲兄弟之子亦周，旁尊，不足以加尊焉，故報之也。父子一體也，夫婦一體也，昆弟一體也，故父子首足，夫婦判合，昆弟四體。故昆弟之義無分，然而有分者，則避子之私也。子不私其父，則不成爲子。故有東宮，有西宮，有南宮，有北宮，異居而同財，有餘則歸之於宗，不足則資之於宗。鄭玄云：宗者，代父爲小宗典宗事者。資，取也。爲姑在室亦如之。賈公彦曰：昆弟之義無分者，言凡昆弟如人身之手足，不可分離。爲伯母、叔母亦周，以名服也。賈公彦云以其配父而有母名，故服之如父。大夫之嫡子爲妻周，父之所不降，子亦不敢降也。父在則爲妻不杖，以父爲之主也。鄭玄曰：大夫不以尊降嫡婦者，重嫡也。凡不降者，謂如其親服服之也。降有四品，君大夫以尊降，公子、大夫之子以厭降，公之昆弟以旁尊降，爲人後者、女子子許嫁者以出降。馬融曰：大夫重嫡，不降大功。子從父，不敢降其妻，故服周也。爲昆弟。鄭玄曰：昆，兄也。爲姑姊妹在室亦然。雷次宗曰：經於伯叔父下無姑文，於昆弟下無姊妹文，於衆子下無女子子文者，以未成人則爲殤，已成人則當出，故皆不見於此。士爲衆子。衆子者，長子之弟及妾子、女子子也。士謂之衆子，未能遠別也。大夫則謂之庶子，又降之爲大功，天子國君則不服。爲昆弟之子周，報之也。鄭玄曰：按《檀弓》曰：喪服，兄弟之子猶子也，蓋引而進之。陳銓曰：男女同耳。大夫之庶子爲嫡昆弟周，鄭玄曰：兩言之者，嫡子或爲兄，或爲弟。陳銓曰：大夫爲衆子大功，嫡子周。父之所不降，子亦不敢降。大夫雖尊，不敢降其嫡。嫡子爲庶昆弟，庶昆弟相爲，亦如大夫之爲。爲嫡孫周，不敢降其嫡。有嫡子者無嫡孫，孫婦亦如之。周之道，嫡子死則立嫡孫，是嫡孫將上爲祖後者。長子在則皆爲庶孫。孫婦亦如之，嫡婦在，亦爲庶孫之婦。凡父於將爲後者，非長子，皆周也。爲人後者爲其父母，報。何以周？不貳斬也。馬融曰：爲大宗後，當爲大宗斬，還爲小宗周，故曰不貳斬也。王肅曰：凡服不報，以嫡尊降也。既出爲大宗後，其父母不得服以加也，故不以出降而報之。陳銓曰：大宗爲尊者之正宗，故後之也。雷次宗曰：據無所厭屈則周爲輕。言報者，明子於彼則名判於此，故推之於無尊，遠之以報服。女雖受族於人，猶在父子之名，故得加尊而降之。持重於大宗者，降其小宗也。女子子適人者，爲其父母、昆弟之爲父後者周，馬融曰：婦人以適人降，故服父母周，爲昆弟之爲父後者，亦爲之周也。婦人不貳斬也。婦人有三從之義，無專用之道，故未嫁從父，既嫁從夫，夫死從子。故父者子之天也，夫者妻之天也。婦人不貳斬，猶曰不貳天也，婦人不能貳尊也。爲昆弟之爲父後者周，婦人雖在外，必有歸宗；曰小宗，故服周。馬融曰：歸宗者，歸父母之宗也。昆弟之爲父後者曰小宗。王肅曰：嫌所宗者唯大宗，故曰小宗，明各自宗其爲父後者也。鄭玄曰：從者，從其教令。歸宗者，父雖卒，猶自歸，宗其爲父後持重者，不自絶其族類也。曰小宗者，言是乃小宗也。小宗者明非一也，小宗有四。丈夫婦人之爲小宗，各如其親之服服之，避大宗也。繼父同居者周，夫死妻稚子幼，子無大功之親，與之俱適人，馬融曰：稚，少。幼，小也。無大功之親以收養之，故母與之俱行適人。鄭玄曰：妻稚，未五十也。子幼，十五以下也。大功之親，謂同財者。而所適者亦無大功之親，所適者以其貨財爲之築宫廟，歲時使之祀焉，妻不敢與焉。若是，則繼父之道也。同居則服齊縗周，異居則服齊縗三月。必嘗同居，然後爲異居；未嘗同居，則不爲異居也。鄭玄曰：築宫廟於家之門外，神不歆非族也。妻不敢與焉，恩雖至親，族已絶矣，夫不可二焉。此以恩服耳。未嘗同居則不服也。馬融曰：不敢與知之也。謂己自有宗廟，不隨母適人，初不同居，何異居之有也。陳銓曰：異居者，昔嘗同，今不同也。夫有大功之親，同財者也。子有大功，不可以隨母。彼有大功，不可以專財也。爲夫之君周，從服也。馬融曰：夫爲君服三年，妻從夫降一等，故服周。爲姑姊妹女子子適人無主者，姑姊妹報。無主者，謂其無祭主，故周也。鄭玄曰：無主後者，人之所哀憐，不忍降之也。雷次宗曰：按《檀弓》曰：姑姊妹之薄也，蓋有受我而厚之者。今無祭主者，是無子無夫，則無受我而厚之者也。既無受我之厚，則我不得降其本情，故哀發於無主而服於天倫也。今之不降，既緣亡者之煢獨，又因報身之無屈，二途俱伸，彼此兼遂，故父母兄弟，在室姊妹，咸得反服也。唯出適者，自以義結他族，事殺本宗，受我之厚，奪己亦深，至乃愛敬兼極者，猶抑斬以爲周，况餘人乎？雖則家庭莫主，兄弟絶嗣，無後之痛，路人所悲，而深心徒結，至服無反，良由既曰外志成，事無兩降故也。降由己身之出，不計前人應降與不應也。所謂反服者，反於昆弟伯叔耳。若無主服周，昆弟大功，則是過於昆弟也，豈所謂反服哉！問者曰：女子云出適者，不得爲無主服周，斯則然矣。敢問兩無主，得交相反服不？答曰：經云姑姊妹報，明反服不由己身，人今哀己，不可無報，若兩俱無主，義無先服，則無服，安得交相爲周。爲君之父母、妻、長子、祖父母周，馬融曰：父母長子，君服斬，故臣從降服一等周也。妻則小君，服母之義，故周也。從服也。父母長子君服斬，妻則小君也。父卒然後爲祖後者服斬。此爲君矣，而有父若祖之喪者，謂始封之君也。繼體則其父若祖有廢疾不立也。父卒者，父爲君之子孫，宜嗣位而早卒也。妾爲女君周，妾事女君與婦之事舅姑等也。鄭玄曰：女君，君嫡妻也。女君於妾無服，報之則重，降之則嫌。雷次宗曰：今抑妾使同婦，尊女君使同姑。女君於妾，不得同姑之降婦。不降則應報，所以不報者，欲伸聖人抑妾之旨。若復報之，則並后之誡，竟無所徵。故報之則違抑妾之義，降之則有舅姑之嫌，故使都無服，無重嫌之責。婦爲舅姑周，從服也。馬融曰：從夫而爲之服也。從服降一等，故夫服三年，妻服周也。劉係之問：子婦爲姑既周，綵衣邪？荀訥答曰：子婦爲姑既周除服，時人以夫家有喪，猶白衣。爲夫之昆弟之子周，報之也。馬融曰：伯母叔母報之。鄭玄曰：男女皆是也。陳銓曰：從於夫者宜服大功，今乃周者，報之也。公妾、大夫之妾爲其子周，雷次宗曰：嫌二妾從於君尊以降其子，故明之。所嫌者尊，故降。不言士妾也。馬融曰：公，諸侯也。妾不得體君，爲其子得遂也。鄭玄曰：此言二妾不得從於女君尊降其子也。女君與君一體也，唯爲長子三年，其餘以尊降之，與爲妾子同矣。雷次宗曰：夫人與君同體，以尊降其子也。公子與君同體，以厭其親也。妾無夫人之尊，故不降其子；無公子之厭，故得遂其親也。而事鄰於體君，跡幾於不遂，故每以不體得遂爲言也。女子子爲祖父母周，不敢降其祖也。鄭玄曰：經似在室，傳似已嫁，明雖有出道，猶不降也。馬融曰：不言女孫言女子子者，婦質者親親，故繫父言之。出入服同，故不言在室適人也。陳銓曰：言雖已嫁，猶不敢降也。駮鄭玄曰：經似在室，失其旨也。在室之女則與男同，已見章首，何爲重出？言不敢降者，明其已嫁，傳義詳之。孔倫曰：婦人歸宗，故不敢降其祖。大夫之子爲伯父母、叔父母、子、昆弟、昆弟之子、姑姊妹女子子適人無主者爲大夫命婦者，唯子不報。鄭玄曰：命者，加爵服之名也，自士至上公，凡九等。君命其夫，則后夫人命其婦也。此所爲者凡六大夫、六命婦。無主，無祭主者，爲姑姊妹女子子也。其有主，如衆人。唯子不報，男女同耳。傳以爲主謂女子子，似失之矣。王肅曰：姑姊妹本大功，今以無主爲之周，故亦報己以周。女子子亦大功，今以無主爲之周，女子子今爲父母周，今雖具報，自其本服，故曰唯子不報。雷次宗曰：以報之爲言二服如一，父母爲女子子適人無主者周，女子子適人亦爲父母周，與報相亂，故經別其非報也。大夫者，其男子之爲大夫者也。命婦者，其婦人之爲大夫妻者也。無主者，命婦之無祭主也。何以言唯子不報？女子子適人者爲其父母周，故言不報也，言其餘皆報也。何以周也？父之所不降，子亦不敢降也。大夫曷爲不降命婦也？夫尊於朝，妻貴於室也。大夫曷爲不降命婦，據大夫於姑姊妹女子子既以出降在大功，其適於士者，又以尊降在小功。夫尊於朝，與己同也。妻貴於室，從夫爵也。大夫爲祖父母、嫡孫爲士者周，大夫不敢降其祖與嫡也。馬融曰：尊祖重嫡，自尊者始也，故不敢降。鄭玄曰：不降其祖與嫡，則可降其旁親也。公妾以及士妾爲其父母周，妾不得體君，得爲其父母遂也。鄭玄曰：然則女君有以尊降其父母者歟？《春秋》之義，雖爲天王后，猶曰吾季姜，是言子尊不加於父母也。此傳似誤矣。禮，妾從女君而服其黨服，是嫌不自服其父母，故以明之。馬融曰：公謂諸侯也。其間有卿大夫妾，故言以及士妾也，皆爲其父母得服周也。陳銓曰：以妾卑賤不得體君，又嫌君之尊不得服其父母，故傳明之卑賤不得體君。雷次宗曰：今明妾以卑賤不得體君，厭所不及，故得爲其父母遂也。

（唐）杜佑《通典》卷九二《禮·沿革·凶禮·嫂叔服》 大唐貞觀十四年，太宗謂侍臣曰：同爨尚有緦麻之恩，而嫂叔無服。宜集學者詳議。侍中魏征等議曰：嫂叔之不服，蓋推而遠之也。《禮》繼父同居則爲之周，未嘗同居則不爲服。又從母之夫，舅之妻，二人不相爲服。或曰同爨緦。然則繼父之徒，並非骨肉，服重由乎同爨，恩輕在乎異居，故知制服雖繼於名，亦緣恩之厚薄也。或有長年之嫂，遇孩童之叔，劬勞鞠養，情若所生，分饑共寒，契闊偕老，譬同居之繼父，方他人之同爨，情義之深淺，寧可同日哉！在其生也，愛之同於骨肉；及其死也，則推而遠之。求之本源，深所未喻。若推而遠之爲是，不可生而共居，死同行路，重其生而輕其死，厚其始而薄其終，稱情立文，其義安在？且事嫂見稱載籍非一，鄭仲虞則其見必冠，孔伋則哭之爲位。此躬踐教義，仁深孝友，察其所行之旨，豈非先覺者歟？但於時上無哲王，禮非下之所議，遂使深情，鬱乎千載，至理藏於萬古。今屬欽明在辰，聖人有作，五禮詳洽，一物無遺，詳求厥中，申明聖旨。謹按嫂叔舊無服，今請小功五月。報制可。

開元五年，刑部郎中田再思議：同爨之服緦，《禮經》明義。嫂叔遠別，同諸路人。引而進之，觸類而長。猶子咸依苴枲，季父不服緦麻。推遠之情有餘，睦親之義未足。左常侍元行冲議曰：嫂叔不服，避嫌疑也。若引同爨之緦，以忘推遠之跡，既乖前聖，亦謂難從。至二十年，中書令蕭嵩奏依《貞觀禮》爲定。

（唐）杜佑《通典》卷九四《禮·沿革·凶禮·士為所生母服議兩妾子相為附**》** 周制，庶子在父之室，則爲其母不禫。鄭玄曰：妾子父在厭也。王肅曰：士庶子。

晉解遂問司徒蔡謨曰：庶子喪所生，嫡母尚存，不知制輕重？答云：士之妾子服其母，與凡人喪母同。

鍾陵胡澹所生母喪，自嫡兄承統而嫡母存，疑不得三年，問范宣。答曰：按《禮》，由命士以上，父子異宮，《春秋傳》曰大夫有側室，士有二宗，皆斯之謂。是以庶子有母之喪，自居其室而遂其情。經載稟命爲慈母，且猶三年，況親所生乎！嫡母雖貴，然厭降之制，父所不及，婦人無專制之事，豈得引父爲比而屈降支子也。

謝奉問范汪云：吾兒服所生，至今四月應大祥。《禮》云庶子爲其母無禫，如此當以四月下旬祥，踰月便除，居心喪邪？汪答：禮自天子達於庶人也。

虞君賓云：從兄益子，昔遭所生喪，張帷爲次，諸弟居廬，未知此何所依？今兄子先有周喪，今應緦麻。如即先服，則情重而無變；若釋齊縗著緦麻，又是以輕奪重。又得稱哀子以不？賀隰答云：時人所行，皆是士禮。大夫庶子，父在以尊厭降其母。士賤，其庶子爲母則不降。若士庶子一身，有君在堂，唯可杖，不得居廬稱哀子也。不釋齊縗緦麻兼喪之義也。

徐邈答謝靜云：漢魏以來，通用士禮。庶子父在，爲所生周，心喪三年。如諸侯大夫之子乃厭降，而近代所不行。夫爲有子之妾緦，而妾有從夫之制。又兩妾之子，依禮宜兩相爲庶母緦。

（唐）杜佑《通典》卷九四《禮・沿革・凶禮・為人後為出母及出祖母服議》 晉步熊問曰：己出爲人後而母在，後見出，應服不？己爲人後，所後之母出，得與繼母出同不？復與親母同邪？父亡，己爲祖後，祖母見出，服之云何？祖父亡與在，服之有異不？許猛答曰：禮，爲人後者，爲所後者若子，則不應復服親母出，以廢所後者之祭也。爲人後者若子，繼母言如母，夫言若言如者，明其制如親，其情則異也。繼母如母，則異親母。爲人後者若子，母出，亦當異於親子矣。爲父後者不得服出母，則足明祖後。母子至親無絶道，則非母子者，出則絶矣。是以經文不見出祖母之服。若苟無服，則無繼祖存亡。又問：爲人後者爲母，出妻之子爲母，皆至親，何以有不杖邪？許猛云：爲人後者爲父猶不杖，何嫌母乎！奉雖同於至親，己出與母出，義則異也。

（唐）杜佑《通典》卷九四《禮・沿革・凶禮・庶子父在為出嫡母服議》 晉徐邈答劉闓之問庶子服出嫡母，邈以經言出妻之子爲母，明非所生則無服也。邈又答范甯問曰：若但言出母，嫌妾子亦服，故言出妻之子，則非所生也。

殷仲堪答宗氏庶子服出母：按王賀以父在服齊縗周，父没不服。故以爲父喪之服。父在齊縗周，本自心喪，終二十五月。今雖無服，當不應減三年之節也。

（唐）杜佑《通典》卷九四《禮・沿革・凶禮・大夫士為慈母服議》

後漢《鄭志》：趙商問鄭玄曰：慈母嫁，亦當爲服如繼母不？鄭玄答：慈母賤，何得如繼母耶！蜀譙周云，妾不得有繼母名。慈母但慈己無父命者，不過小功也。

晉崔諒父命妾祝撫養諒爲子，祝亡，鉅鹿公裴頠議，依禮服慈母如母。

劉智《釋疑》：或問曰：《喪服傳》云妾之無子，妾子無母，父命爲母子，是名慈母。今一妾自有子，一子以無母，父命爲母子，當如慈母服齊縗三年不？答曰：父有兩妾，一妾無子，一妾有二子，分其一子令爲無子妾作子，不敢違父命也，而不得終爲子之道。

按譙周《集圖》云：喪服齊縗三年條曰：慈母如母，父在爲慈母，則條不見。今文載所說，慈於貴妾，父在齊縗周；慈於賤妾，父在大功九月。古文鄭氏說，此主大夫士之妾子，父命爲母子者也。大夫之妾子，以父在爲母大功，士之妾子爲母周矣。其大夫降爵一等，士無爵降例也，父卒皆伸。按經大夫之妾子，父在爲其母大功，不別貴賤。自非祖嫡，大夫以爵降一等，故妾之子從父例，降母一等。爲大夫妾雖有貴者，不得體君，何得不爲爵降。凡此之類，今文說不如古也。

（唐）杜佑《通典》卷九四《禮・沿革・凶禮・為父後為嫁母及繼母嫁服議》 晉袁準云：爲父後猶服嫁母，據外祖異族，猶廢祭行服，知父後應服嫁母。據劉智云：雖爲父後，猶爲嫁母齊縗，訖葬卒哭乃除，踰月乃祭。按譙周云：父卒母嫁，非父所絶，爲之服周可也。

又石苞問淳于睿曰：聞嫁繼親凶諱，便制服，議者所難。以爲父後者，不爲出母服，嫁母猶出母也。或者以爲嫁與見出異，不達禮意，雖執從重之義，而以廢祭見譏，君爲詳正也。睿答曰：按《禮・檀弓》：子思之母死於衛。柳若謂子思曰：子聖人之後也，四方於子乎觀禮，子盍慎諸？子思曰：吾何慎哉！喪之禮如子。云子聖人之後，即父後也，如此經父卒爲繼母嫁者服而已。聖人之後爲父後者，服嫁母也。二者分明，無可嫌。

宋崔凱云：父卒，繼母嫁，從爲之服，報。鄭玄云：嘗爲母子，貴終其恩也。按王肅云：若不隨則不服。凱以爲出妻之子爲母及父卒，繼母嫁，從爲之服，報，此皆爲庶子耳，爲父後者皆不服也。傳云與尊者爲體，不敢服其私親，此不獨爲出母言，爲繼母發。繼母嫁已隨，則爲之服，則是私也。爲父後者，亦不敢服也。鄭玄云嘗爲母子，貴終其恩，不別嫡庶。王肅云隨嫁乃爲之服。此二議，時人惑焉。凱以爲《齊縗三年章》繼母如母，則當終始與母同，不得隨嫁乃服，不隨則不服，如此者不成如母。爲父後者則不服，庶子皆服也。

庾蔚之謂：王順經文，鄭附傳説。王即情易安，於傳亦無礙。繼嫁則與宗廟絶，爲父後者安可以廢祖祀而服之乎！

（唐）杜佑《通典》卷九四《禮・沿革・凶禮・為出繼母不服議》

後漢鄭玄答趙商問云：繼母而爲父所出，不服也。

魏王肅云無服。季祖鍾云：繼母在，如母；出則爲父所去，不服也。

晉范宣曰：夫繼母之所以出者，非身有穢釁，則必犯逆於父，是以致此斥黜。恩不生己，義距於父，非恩非義，何以得服。

河内從事史麋遺議曰：夫禮緣人情而爲之制，雖以義督親，然實以恩斷。按繼母如母，謂其在父之室，事之猶母，見育猶子，故同之所生。《齊服下章》云父卒，繼母嫁，從爲之服，報。此明父在繼母出則不服矣。繼母出自他族，與己無名，徒以配父，有母之尊，親撫養己，故亦喪之如母。及其出也，既不終養育之恩，又棄爲母之名，若不從而見育，則不服亦其宜矣。

（唐）杜佑《通典》卷九四《禮・沿革・凶禮・為父後出母更還依己為服議》

魏嘉平元年，魏郡太守鍾毓爲父後，以出母無主後迎還，輒自制服。郡丞武申奏云：禮，出母與父母在爲母周。《記》曰爲父後者無服。按如《記》言，蓋謂族别家異，自有主後者無服，非謂毓出母無緦麻之親，還毓家者也。禮，姑姊妹女子子無主後者，不爲降，哀其無繼也。

成洽難：《喪服傳》曰：出妻之子爲父後者，爲出母無服。與尊者爲體，不敢服其私親也。經爲繼父服者，亦父後者也。爲父後服繼父服，則自服其母可知也。出母之與嫁母俱絶族，今爲嫁母服，不爲出母服，其不然乎！經證若斯其謬耳。

吴商答曰：出母無服，此由尊父之命。嫁母，父不命出，何得同出母乎？爲繼父服者，爲其父没年幼，隨母再適，己無大功之親，與繼父同財共居，爲築宫廟，四時祭祀其先，此恩由繼父，所以爲服耳。且妾之無子，妾子之無母，父命爲母子，則生事之如母，喪則服之三年，貴父命也。而今欲以出母同於嫁母，違廢父命，豈人子所行，又引繼父云經謬也？又出母之黨無服，嫁母之黨自應服之，豈可復同乎？

宋庾蔚之謂：爲父後不服出母，爲廢祭也。母嫁而迎還，是子之私情。至於嫡子，不可廢祭。鍾毓率情而制服，非禮意也。禮云繼母從爲之服，非父後者也。

（唐）杜佑《通典》卷九四《禮・沿革・凶禮・父卒繼母還前親子家繼子為服議》

晉摯虞《決疑》云：父亡，服竟，繼母還前親子家，當爲何服？此有問：有夫婦生男女三人，遭荒亂離散，不知死生。母後嫁，有繼子。後夫未亡，得親子信，請就親子家，後夫言可爾。後數年，夫亡，喪之如禮，服竟，隨親子去，别繼子云：我則爲絶，死不就汝家葬也。而名户籍如故。母今亡，繼子當何服？服之三年則不來葬，服之周則無所嫁。博士淳于睿等以爲，當依繼母嫁，從爲服周。博士孫綽議曰：父答雖有可爾之語，夫妻枕席相順之意，固非决絶之辭也。繼母喪父如禮，服竟之後，不還私家，逾歲歷年，循養無二，母恩不衰。適見親子，專自任意，無所關報，私隨其志，絶亡夫，背繼子，違三從正義，亦爲大矣。今母雖不母，子何緣得計去留輕重而降之哉！夫五服有名，不可謬施。施之爲出，出義不全；施之於嫁，嫁義不成。欲降服周，於禮何居？名在夫籍，私歸親子，喪柩南北，禮律私法，訂其可知，便決降服。許令制周，頗在可怪。博士弟子北海徐叔中難孫云：以前問不立甲乙爲名稱，於議不便。今以母爲甲，先夫爲乙，後夫爲丙，先子爲丁，繼子爲戊。丙言可爾，必慮事宜，順其至情，非虚欺也。臨終不命，知死之後，制不在己故也。甲不重求，信之前言也。本有求還之計，去誓不還葬之辭。生則己不得養，死則不與己父同穴，就不成嫁，當爲去母，附之於嫁，不亦宜乎？

宋庾蔚之謂：繼母持服竟後乃去，不得謂之爲遣；比之繼母嫁，於情爲安。

（唐）杜佑《通典》卷九四《禮·沿革·凶禮·父卒繼母還前繼子家後繼子為服議》 東晉元帝大興三年，淮南小中正王式繼母先嫁有繼子，後嫁式父。式父臨終，繼母求出，式父許有遺命。及式父亡，母制服積年，後還前繼子家。及亡，與前夫合葬，式追服周。

國子祭酒杜夷議以爲：宰我欲減三年之喪，孔子謂之不仁。今王式不忍哀愴之情，率意違禮，服已絶之服，可謂觀過知仁。伯魚、子路親聖人之門，子路有當除不除之過，伯魚有既除猶哭之失。以式比之，亦無所愧。勵薄之義，矯枉過正，苟在於厚，恕之可也。

博士江泉議曰：繼父嘗同居而後别者，繼子猶制齊縗三月。按王式母之事式父，存則崇敬，妻道無愆；殁則制服，畢葬乃歸。伉儷之義，大較爲舉，但不能遂居哀次，以此爲失。方之繼父，恩義爲崇。式爲人子，慎終志篤，豈忍以母節小闕而不行服哉！是以俯仰，寧從其重，今報以周，推心乃安。觀過知仁，式近有也。昔季路服姊周而不除，仲尼抑而不貶，將君子以情恕物，謂式之所行，免於戾矣。

太常曲陵公荀崧，丞、騎都尉蕭輪議曰：禮，繼母嫁，從爲之服，報。其犯出者無服。按式母之求去，式父之遺，並無名例。若以父母之過，非式所得言，及式奉親盡禮，而母自求去者，過在母矣。式之追服，可謂過厚。若乃六親有違，去就非禮，宜訪之中正、宗老，非禮官所得逆裁。

御史中丞卞壺議：王式繼母前嫁夫終，後嫁式父，式父終，持服葬訖，還前夫家。前家亦有繼子，養至終，遂合葬於前夫。式爲制出母周服。式辭以父臨終，母求去，父許諾。就如其辭，必也正名，依禮爲無所據。若父在與亡，臧否有命，明七出之責，則當存時受遣，告宗廟而棄之，無緣以絶義之妻，留家制服。若式父不及禮義，或以情相許，或疾在困亂，聽去留自由者，爲相要非禮。相要非禮，則存亡無所得從，式宜正之以禮。魏顆從其禮命，陳乾昔屬其子尊己殉殯二婢子，尊己以非禮不從，《春秋》善之。况其母乎！禮，婦人三從。式母於夫，事生奉終，居喪以禮，非爲既絶之妻；及亡制服，不爲無義之婦。不絶之驗，彰於制服；自去守節，非爲更嫁。考行無絶於夫，離絶繼在夫没之後。夫既没，是其從子之日，而式以爲出母，此即何異子出其母！而使存無所從以居，没無所歸以託，寄命於他人之門，埋尸於無名之家。若式父亡後，母尋没於式家，不可以出明矣。許諾之命一耳，以爲母於同居之時，至没於前子之門，所處不同，而以爲出母。母依前子，非爲更嫁，日月遠近，理不有異。禮，長子不爲出母服，出繼母又不應服。式長子也，又母非所生，不應服坦然，而式乃制服，明前絶無徵，違禮莫據，内愧於心，欲以詐眩視聽，託過厚以制飾非。尋其事情，考之禮正，義不容恕。式母再嫁，前後俱繼，何慈於彼，不慈於此？受之者應有過禮之貶，出之者宜受莫大之責。式禮義之闕，發於事親，傷孝敬之道，虧損時教，不可以居人倫銓正之任。式宜請議，即下禁止。司徒揚州大中正陸曄，淮南大中正胡弘等並貶爵免官。

宋庾蔚之謂：式父許後妻之請，是無相責之情，不得謂之爲遣妻。制服依禮，葬畢乃還家，積年方就前家子，比之繼嫁，不亦可乎！然式是長子，則不得服繼嫁以廢祭。

（唐）杜佑《通典》卷九四《禮·沿革·凶禮·出母父遺命令還繼母子服議》 晉傅玄曰：征南軍師北海矯公智父前取夾氏女，生公智後而出之。未幾，重取王氏女，生公曜。父終之日，謂公智曰：公曜母年少，必當更嫁。可迎還汝母。及父卒，公智以告其母。母曰：我夾氏女，非復矯氏婦也。今將依汝居，然不與矯氏家事。夾氏來至，王氏不悦，脱縗經而求去。夾氏見其如此，即還歸夾舍。三年喪畢，王氏果嫁。夾氏乃更來。每有祭祀之事，夾氏不與。及公智祖母并姑亡，夾氏並不爲制服。後夾氏疾困，謂公智：我非矯氏婦，乃汝母耳，勿葬我矯氏墓也。公智從其母令，别葬之。公智以父昔有命，母還，於是爲服三年。公曜以夾氏母始終無順父命，竟不爲服。

博士劉喜云：公智之父，棄夾納王，其在户庭，尚爲己配，苟有變悔，自由可也。還歸夾氏，則他人矣，去就出處，各從所執，豈復矯父所得制乎？故出妻之禮，夫使人致曰：某不敏，不能從而供粢盛，使某也敢告。主人曰：某子不肖，不敢避誅。又曰婦當喪而出則除之。然則相與之禮，於是絕矣。

少府劉克義以爲：父者子之天，違父與違天同。公曜父臨亡，知其母無守志，故敕公智還其母，此爲臨亡情正慮審也。公曜幼小在此母懷抱，其見慈長以至成人，過於所生。而母之亡，哀不過啁噍之頃，衣不釋綵，食不損味，居處自若，古今未之有也。夫孝子事其親，事亡若事存也。女子從人，出之則歸，命之則反，上奉夫母以爲姑，下育夫兒以爲子，制矯氏之家政，修母氏之教命，而怡然無戚，言非我母也？

宋庾蔚之謂：臨亡使子迎母，自是申子之私情耳。此母自處不失禮，而子不用出母之服，非也。公曜不服，當矣。

（唐）杜佑《通典》卷九四《禮·沿革·凶禮·繼母亡前家子取喪柩去服議》 晉束晳問：有婦人再嫁爲人繼母而亡，前家子取母柩，父與之去，繼子之服如何？步熊云：當爲服周，亡取去亦服周。

宋庾蔚之謂：子當以父服爲正。父若服以爲妻，則子亦應服之如母。若父與去而不服，則子宜依繼母出不服也。

（唐）杜佑《通典》卷九五《禮·沿革·凶禮·前母黨為親及服議》

晉蔡謨答王濛問曰：前母之黨應爲親，不疑喪服，但問尊卑長幼拜敬之禮也。代多此事，而所不同。惠帝時，尚書令滿武秋是曹彥真前母之兄，而不爲內外之親，相見如他人。吾昔以問江思悛，悛以爲：人不疑繼母之黨而疑前母者，以不相及也。繼祖母亦有不相及者，而皆與其黨爲親，何至前母而獨疑之。吾謂此言是。魏時長沙人王毖身在中國，遇吳魏隔絕，更娶妻生昌。昌父母亡後，吳平，聞毖前妻久亡，昌爲前母追服。時人疑之，武皇帝詔使朝臣通議。安平獻王孚以爲禮，與祖父母離隔未嘗相見者，不追。如獻王此議，則前母之黨不應爲親也。獻王所據是鄭氏之說，吾謂鄭義爲失。時卞仁、劉叔龍議謂昌應服三年，吾以卞、劉議爲允。

何琦前母黨議曰：夫子曰：必也正名乎！正名者，理道之本，禮之大者也。文條或闕，而附例可明。《禮》云：生不及祖父母昆弟，而父稅喪，已則不。若與祖乖違，父既歿而聞喪，豈可拘以本制不稅而廢其正服乎？若未生而伯叔母終，今爲伯叔父後，繼嗣之道雖同，原情之實則異，今必從於所養，而反疑於爲本乎？諸侯國人，生不及先代之君，於其陵廟，亦必曰君也，此公義之正名也。前母之尊，固家人正稱也，其易了如皦日。太康初，博議王昌前母服。公府卞粹以爲，母之非親而服三年者非一也。前母名同尊正，義存配父，蓋以生不及故無其制，非於義不可也。元康中，有改葬前母而疑其服，司徒左長史胡濟以爲，前母父之元妃，所生則家之嫡長，應制如改葬之服。于時二代，無曰不允，自茲以來，行之不殊。《禮》，母卒，自爲母之黨服。母出則不爲母之黨服，而爲繼母之黨服。故尊其所從，則不敢不服；服有所逼，則不得自伸。外服無二，而必宜有一。如向所論，必所繼不及伯叔母之黨，居然可見矣。明以名禮爲制者，不計恩逮與否也。

荀訥曰：人有與前母家爲親者，有否者，訥直率意而答之，謂不應親。又問：傳曰繼母之配父與因母同，然則前母之配父，理不異於繼母，何以不爲親也？答曰：所以不與前母之黨爲親者，恩情不相及故也。縱今有母之父母尚存，父執子壻之禮而敬事之，則其子固不可以不拜之，猶不得以外祖父母爲名。名之不正，則非親也。

（唐）杜佑《通典》卷九五《禮·沿革·凶禮·娶同堂姊之女為妻姊亡服議》 晉李嵩《行事記》云：有娶同堂姊子爲婦，婦母亡，不制婦母服，猶制同堂姊服。常謂三綱之義不可得而無服多。以內外姊妹爲婦，則絕其本服，服絕而情重，何嫌不減從姊之服月數作婦母之服耶！又以謝沈所言舅爲外舅事，訪魏君思，難云：舅本緦麻，與外舅之服，自可得同。然娶姑之女，姑亡，豈可累降爲三月耶？太常劉彥祖云：譬如父母服本斬齊，至於改葬而制緦麻也。近羊彭有叔父服，而改葬其父，更叔之服而著改葬之服，此豈以緦麻爲輕也？蓋禮所謂以輕爲重者也。姑服雖重，而天下何可無婦之父母乎！禮不可闕，行之何嫌。但當計姑之本服，以心喪居之耳。

大唐永徽元年制：堂外甥，雖外姻無服，不得爲婚姻耳。

（唐）杜佑《通典》卷九五《禮·沿革·凶禮·妻已亡為妻父母服議》

晉穆帝永和中，司徒下問太常云：若妻已没，猶應服其父母不？太常杜潛等答曰：何以緦？從服也。明伉儷判對，恭承宗廟。推此言之，意謂不以存亡爲異也。司徒又問國子博士：按《禮》云：君母之父母服小功。傳曰：君母在則不敢不從服，君母不在則不服。《喪服小記》曰：徒從爲君母後者，君母卒，則不服其黨。又曰爲母之君母，母卒則不服。徒從者，所從亡則已也。若母猶然，妻可知矣。今云不以存亡爲異，何所據耶？博士張憑議曰：徒從者，所從亡則已，按鄭玄曰謂君母之黨。又云有從重而輕者，鄭玄曰妻之父母也。然則從重而輕，與徒從者本别。禮，天子諸侯服妻之父母，明其義重也。若謂徒從服必同者，則妻從夫，明與夫從妻其正對，寧可復夫没則已乎？所據君母爲異者。且外祖之服，本是親假而恩疏。妻之父母，本由義合。

劉系之問荀訥曰：《禮》云母黨不二服，親無二統故也。以例准，則妻黨不二服明矣。然母有親繼之别，又有出有卒，故服外氏有降殺之理。今妻義一也，無繼出之殊。今服其黨，孰先孰後耶？訥答曰：妻黨不二服，禮所不載。母黨有出有繼，情事不同。謂前妻雖卒，終當同穴，今妻配己，理無異前，不以存亡爲異也。且禮無其文，當俱有服也。

或以爲同於徒從，妻没則不從服。若夫所不服，妾何得於徒從君母之黨耶？步熊曰：妻死更娶，爲前妻父母服不？答：此皆徒從服耳，所從亡則已，不服也。季祖鐘駮曰：夫婦應屬從也。又夫婦合葬皆爲妻，妻之父母不得不服也。

曹述初問范甯曰：有人再娶，後妻無父母，而前妻父母亡，當有服不？甯答曰：《禮·小記》云：從服者，所從亡則已。今妻既卒，則無所從，不應服也。述初又難曰：妻爲夫黨既爲屬從，至於夫卒，服之無虧。妻之父母，而妻卒則已。統例准情，不見其義。若以妻之父母，不得准夫之旁親，實所疑也。《小記》所稱，自謂臣爲君黨，妾子爲君母黨服耳。甯又答曰：世間行事，鮮有同者。此亦無准據，殆是率心而行也。

宋庾蔚之謂：夫妻一體之親，而謂妻之父母徒從，失之甚矣。言應服者，辨之已詳。或疑外氏二統，則妻之父母亦不宜二。意以爲，母之兩三，親假不同，妻之三四，於己猶一。非其例也。

（唐）杜佑《通典》卷九五《禮·沿革·凶禮·親母無黨服繼母黨議》

後漢《鄭志》：趙商問鄭玄曰：禮，母亡則服其黨，不服繼母黨，以外氏不可貳也。若母黨先滅亡無親，己所未服，服繼母黨不？玄答曰：此所問，權也，非禮之正。假令母在，本自都無親黨，何所服邪？權者由心。

宋庾蔚之謂：母亡，禮應服其母之黨，不服繼母之黨。不可以母黨先已滅亡，而服繼母之黨。若服繼母之黨，則亂於己母之出也。

（唐）杜佑《通典》卷九五《禮·沿革·凶禮·母出有繼母非一當服次其母者議》

晉劉智《釋疑》曰：親母出則服繼母之黨。繼母既卒，則不服也。虞喜《通疑》曰：縱有十繼母，則當服次其母者之黨也。蜀譙周云：其母没，自服其母之黨，則繼母之黨無服。出母之子爲繼母之黨服，則爲其母之黨無服也。

宋庾蔚之曰：禮，己母被出，則服繼母之黨。繼母雖亡，己猶自服，不得捨前以服後也，當如喜議，服次其母者之黨也。

（唐）杜佑《通典》卷九五《禮·沿革·凶禮·族父是姨弟爲服議》

晉蔡謨答族父爲姨弟。問者曰：乙是甲族兄子也，二人之母則姊妹也。以外親言之，則是從母之子，應服緦麻。以同宗言之，則六代之親，知禮無服。今甲亡，乙應制服否？乙者庾元靖，甲者庾仁也。謨按：《禮記》云：同姓從宗合族屬，異姓主名理際會。先儒説曰：異姓謂來嫁者也，正其母與婦之名也。《記》又云：其夫屬乎父道者，妻皆母道也。今甲之父與乙於班爲族祖，則其妻亦有祖母之名，不復得爲從母也。凡親屬之名，妻從其夫，子從其母。不得爲從母，則子亦不得爲從母之子也。親名正，服亦隨之。謂乙應從同宗六代之制，不應服也。難者曰：《禮》所云異姓主名理際會，本是他人，唯以來嫁爲親，故尊卑親疏從其所適。至於從母者，骨肉之親，小功之服也。今以所適無服之親，便從無服之制，是爲以疏奪親也。適他人者猶爲之服，來適同宗而便絶之，豈其理乎？答曰：禮，大夫之妾，皆有姪娣，而大夫之子於庶母無服。若論本親，則此庶母亦是從母也。今來爲父妾，則廢從母之名，而從庶母之稱，絶小功之服，而從無服之制，此禮之成典也。推此而論，知適他人者，從其本親；來適同宗，則從其所適，不得係本：此所謂異姓主名理際會者也。

或有族父絶服而又是姨弟，今叔親當云何？徐邈答曰：《書》稱以親九族，《禮》親親以三爲五，以五爲九，上殺下殺旁殺而親畢矣。故上極四代，旁親四等，每服有降。自五代以往，則是九族之外，謂之同姓而已。其長幼之班，拜起之節，有時而可改，無必不移之道也。姨弟爲無服之宗人，今若繫疏宗服外之名，以奪母黨有服之親，則未見其義也。謂宜從姨弟例服。

散騎常侍徐衆論云：庾左丞孫見遭族父喪，父已絶服，又是姨弟，見問當服不？余答以爲當服。右丞徐彦重難曰：《禮》云：尊祖故敬宗，敬宗則收族。收族者，序以昭穆也。何得以姨弟之服加於宗父乎？於情乃可無傷，於義實爲有害也。衆答曰：禮爲曾祖高祖三月。又改葬緦麻，服所尊。及臨至親之喪，而服之最輕者，豈損父祖之尊乎！今族父無服，姨弟有服，自謂姨服，何爲輕服服宗父乎！難云於義有害者，不解害何義邪？天生族父爲吾姨弟，非吾貶退所爲，何不敬宗之有！族父應拜，而姨弟不應拜。今族父爲姨弟，今不可以姨弟不應得拜，而不爲族父拜也；猶不可以族父無服，而不爲姨弟服也。若姨弟犯過，吾不顧族父與姨弟共身同體，怒而笞之，此不可也。於其死亡，以姨弟服之，正合《禮記》絶族無施服而親者屬文。

（唐）杜佑《通典》卷九五《禮・沿革・凶禮・庶子爲人後其妻爲本舅姑服議》 晋賀循云：庶子爲人後，爲其母緦麻三月。庶子之妻自如常禮，尊所不降也。自天子通於大夫皆然。

孔瑚問虞喜曰：愚謂庶子不得如禮服其私親者，以爲身爲宗主，奉修祭祀，以別尊卑故也。凡婦服夫黨皆降一等，唯公子厭至尊，故其妻從輕而服重，盡禮於皇姑，則人情所許。愚謂不得以公子爲例。喜答曰：謂庶子爲人後，上繼祖禰，此則厭於承統，不得伸其私情，故爲所生服止緦麻。其婦當依公子之妻，盡禮皇姑，從輕服重，不繫於夫。

哀帝興寧中，哀靖皇后有章太妃之喪。尚書奏：至尊緦麻三月，皇后齊縗周。按禮有從輕而服重，公子爲公所厭，故不得申。舅不厭婦，故得以本服。綦毋邃駁：父子不繼祖禰，故妻得伸。皇姑夫人致齊而會於太廟，後服不宜踰至尊，亦當緦也。

（唐）杜佑《通典》卷九五《禮・沿革・凶禮・妾爲先女君黨服議》

晋有問者曰：《雜記》云：女君死，則妾爲女君之黨服，攝女君則不爲先女君之黨服。此爲妾子爲徒從，妾身爲屬從，於理通否？虞喜《通疑》：凡稱妾者，皆大夫之禮，非天子諸侯文也。按《雜記》云女君死，則妾爲女君之黨服，明屬從也。攝女君則不爲先女君之黨服，此攝當爲相代攝，是謂繼室，則妾之後女君也。有後女君則不復服先女君之黨者，以當服後女君之黨故也。

荀訥答劉系之問曰：禮，妾從服女君之黨如女君，此則同於近臣君服斯服，不與服君母黨同也。

（唐）杜佑《通典》卷九五《禮・沿革・凶禮・繼君母黨服議》 晋車胤問臧燾曰：今此妾子既服先嫡之黨，又服繼嫡母之黨否？燾答曰：庶子以賤不敢不從服耳。既服前嫡母黨，則後嫡母黨義無以異。疑於三四耶。燾又問徐藻，藻答曰：庶子若及先嫡母，則服其黨；若不及，則服後嫡母黨。外服無二，此之謂也。

賀循問徐邈曰：禮，嫡母爲徒從，嫡母亡則不服其黨。今庶子既不自服所生外氏，亦以嫡黨爲徒從乎？答曰：古者庶子自服所生之黨，故以嫡母黨爲徒從，故嫡母亡則不服其黨。今庶子既不自服其外氏，而叙嫡母之親矣，謂宜以名而服，應推重也。古今不同，何可不因事求中。

宋庾蔚之按：禮，嫡母之黨徒從。徒從者，所從亡則已。嫡母雖有三四，應服見在者之黨。但今人復服所生之黨，則嫡母之黨非復徒從，嫡雖没，猶宜服之。但外氏無二統，不可悉服，宜以始生所遇嫡母之黨。若已生悉不及，宜服最後者之黨也。

（唐）杜佑《通典》卷九五《禮・沿革・凶禮・爲内外妹爲兄弟妻服議》 晋徐衆論云：徐思龍娶姨妹爲婦，婦亡，而諸弟以姨妹爲嫂，嫂叔無服，不復爲姨妹行喪。右丞徐萬謂宜然。今議者以嫂無服，不得爲姨妹服，不解服之爲害義邪？爲傷情邪？爲尊厭邪？所謂尊厭者，父在爲母，尊卑體異，故可得厭耳。今嫂妹一人之體，兼此尊卑，何所厭邪？齊縗之葛，與大功之麻同，皆兩服之，所以叙親親之情。今以嫂叔之嫌，不爲姨妹制服，絶有親之義，傷恩昵之道，殆非聖人爲服之本意乎！徐彦難曰：本雖中外姨兄弟之親，一爲嫂叔，便當以公義厭私，不謂尊卑之厭也。衆曰：女人外屬，以夫氏爲公，以公厭，不爲叔服可也。叔以嫂是姨妹，復何公厭而不服邪？彦重難曰：若以此服爲親，則不聞親服無報。又公義在於夫氏，豈在嫂邪？衆曰：就如難旨，制公在叔不在嫂，雖有姨之親，就於公義，不得服之，猶可也。若叔有厭，則嫂無厭，雖姨妹爲嫂，必服之，爲叔之姨兄而見服，則爲嫂之姨妹何獨不見服哉？若兩不相服，則絶此一親，豈聖人之意乎？苟姨妹得服姨兄，兄亦應服，何無報哉？彦重難曰：若姨妹爲嫂而爲之服，必也正名，將謂之何？衆答曰：今姨妹爲嫂可服者，以正名故也。言嫂則姨妹不從焉，言姨妹則嫂不與焉。名別若此，故可服也。嫂自無服，吾不爲之服。姨妹有服，吾爲之緦麻。吾自服姨妹，奚爲强謂之服嫂也哉！見嫂應拜，見姨妹不拜也。今嫂妹同體，今我自拜嫂，而謂我拜姨妹，不亦惑哉！彦重難曰：彦以爲姨妹爲嫂而不服者，正以無復姨妹之名故耳。衆答曰：不解姨妹爲嫂，便無復姨妹之名，削其氏族，滅其名號邪？爲變化分離，嫂留而妹去邪？爲我嫂者，是姨妹也，何不得兩全哉！彦難曰：若如告，言嫂則姨妹不從，言姨妹則嫂不從，未審定言嫂邪？言姨妹邪？衆答曰：一人兼兩親，似一人兼兩官，當其事，則舉其名以應其義，何拘以一名一稱哉！言嫂則拜之，言姨妹則服之，各有所施，不以此而滅彼耳。彦曰：平存，許其稱嫂而拜，則非姨妹也；至於亡歿，便稱姨妹不拜，則非復嫂也。懼一人之身，不得以昨日平安爲嫂，明日終亡爲姨妹也。衆曰：吾得存之與亡，爲嫂爲妹，不復異也。爲我嫂故拜之，是姨妹故服之，情理自通，何以云拜便不得制服，制服便不得拜乎？彦重難曰：若隨其名，別其義，則著服臨尸不復拜也。衆答曰：見姨妹之尸，不可以不服；臨亡嫂之喪，不可以不拜。拜自爲嫂，服施爲妹，服隨其親，拜應其名。別其義，斯之謂矣。

大唐之制，兩姨姑舅姊妹，並不得通婚。嫂叔相爲小功。

議曰：按袁準《正論》云：中外之親，親於同姓。同姓且猶不可婚，而況中外之親乎！誠哉斯旨。何者？按婚禮娶於異姓，所以附遠厚別。附遠者，欲令敦睦異宗；厚別者，蓋以別於禽獸。則姨舅之女於母，可謂至親矣，以之通婚，甚黷情理。然有若晋徐思龍者，或識昧一時，不詳典故，姨妹既納之爲婦，諸弟安得不謂之嫂乎！且男女之際，必在正名，名正而男女有別。安有存時拜之爲嫂，没則服之爲妹。徐衆乃云一人兼兩親，似一人兼兩官。誠如所見，兩名兼行，是則公許名稱混淆，婚姻無別矣。或者以服疑從重，亦謂不然。按《喪服》有或引或推，各存正義。故庾蔚之云：外姊妹而爲兄弟之妻，宜用無服之制。兄弟之妻無服，乃親於外親之有服也。況彼既棄本親，來爲我族之婦，我安得棄正禮而强徇私服哉！徐彦之論當矣。

（唐）杜佑《通典》卷九五《禮・沿革・凶禮・從母適族父服議》

晋邵戢議：按《禮記》：同姓從宗合族屬，異姓主名理際會。從母嫁於絶屬族父，則無復從母之名，謂不宜有服。戢以爲理際會者，患班序易位及嫂叔無名耳。夫服以恩生，班以義斷，雖門外之事義掩恩，至於門内之事，恩掩義矣。同宗之道，處恩義之間，故宜資之恩義。令彼此獲中，據易位無名，便廢骨肉之服，實是所疑。既有屬從，鄭玄説子爲母黨之服。按屬從者，自非出母黨，及庶子受重自於其所生之黨，則初無厭降之文。又《記》云六代親屬竭矣，鄭説六代之外親盡。《爾雅》，族昆弟之子爲親同姓。按從母嫁於無屬名者，即與嫁他姓不異，則宜服從母嫁於他姓之服矣。又嘗見賀公書，稱賀新渝夫人爲族姨母。尋所以不主名於際會者，亦是有恩掩義，謂宜服也。

（唐）杜佑《通典》卷九五《禮・沿革・凶禮・從母被出爲從母兄弟服議》

晋王愷與褚粲兩姨兄弟。王愷母被出，後愷亡，粲疑於服，因車胤以問博士宋濤之，曰：據禮服問云母出則爲繼母之黨服，褚服當無疑也。車胤難曰：爲其母黨服，則不服繼母之黨，明無二外氏。王今服繼母黨，則不得服出母黨明矣。王既不服周氏，周氏，二母之姓。褚無服王之理。濤答曰：禮有從無服而有服，不必要以相報爲名。王不服褚，以其母被出，絶於外族。褚之從母，在王之室，及停庾之家，王愷母更嫁庾氏。同曰從母。《禮》云以名服不答以報服。褚若不服王，則是卒不爲其母黨服，便成違禮。王既一絶周氏，不得服褚母，故其子亦然。褚今睹王之母，何得不服王乎？

宋庾蔚之曰：出母絶族，唯親者屬，母子無絶道，餘親不得有服，此禮之明文。褚所以服王，由乎周氏。王既絶周，不復服褚矣，褚何容獨服王邪？禮有從無服而有服，蓋是厭降所致，豈得與義絶者同乎？從母昆弟以名服者，蓋明服之由，不關義絶之後。從母在王及與在庾，誠無以異；但在庾則絶王，故褚不得從親者屬而服王也。褚以王絶己故不服，何嫌褚母之出也！不服之理，各有其義者也。

（唐）杜佑《通典》卷九六《禮・沿革・凶禮・所後之母見出服議》

晉步熊問許猛曰：爲人後而所後之母見出，當何服？猛曰：爲人後者若子，繼母言如母。夫言若如者，明其制如親，其情則異也。繼母如母，則異於親子矣。

（唐）杜佑《通典》卷九六《禮・沿革・凶禮・為族曾祖後服議》

晉何琦議以爲：卿士之家別宗無後，宗緒不可絶，若昆弟以孫若曾孫後之，理宜然也。禮緣事而興，不應拘常以爲礙也。魏之宗聖，遠繼宣尼；琦從父以孫紹族祖；荀顗無子，以兄孫爲嗣：此成比也。

宋庾蔚之謂：閒代取後，禮未之聞。宗聖，時王所命，以尊先聖，本不計數，恐不得引以爲比也。

（唐）杜佑《通典》卷九六《禮・沿革・凶禮・為庶子後為庶祖母服議》 晉王冀答劉系之問云：凡不繼大宗而立後，及爲後而不爲所後制服，皆非禮也。然據已爲後，則不得不從爲後之制。若庶子立後，不繼祖宗，己服無重可傳，亦有居而不服；庶子若先受重可傳，亦何居而不服。庶子若先受重承事，則制有疑，謂當與庶祖母同。

宋庾蔚之謂：所後父若承祖後，則已不得服庶祖母也。父不承重，已得爲庶祖母一周。庶無傳祭，故不三年也。

（唐）杜佑《通典》卷九六《禮・沿革・凶禮・夫為祖曾祖高祖父母持重妻從服議》 晉賀循云：其夫爲祖、曾祖、高祖後者，妻從服如舅姑。齊縗周也。

孔瑚問虞喜曰：假使玄孫爲後，玄孫之婦從服周；曾孫之婦尚存，緦麻。近輕遠重，情實有疑。虞喜答曰：有嫡子者無嫡孫。又，若爲宗子母服，則不服宗子婦。以此推玄孫爲後，若其母尚存，玄孫之婦猶爲庶，不得傳重；傳重之服，理當在姑矣。

宋庾蔚之謂：舅没則姑老，是授祭事於子婦。至於祖服，自以姑爲嫡，所謂有嫡婦無嫡孫婦也。祖以嫡統唯一，故子婦尚存，其孫婦以下未得爲嫡，猶以庶服之。孫婦及曾玄孫婦，自隨夫服祖降一等，故宜周也。

（唐）杜佑《通典》卷九六《禮・沿革・凶禮・出後者卻還為本父服及追服所後父議》 晉或問許猛云：爲人後時有昆弟，後昆弟亡，無後，當得還否？若得還，爲主否？猛答云：《喪服傳》曰：何如而可以爲人後？支子可也。嫡子不得後大宗。然大宗雖重，猶不奪己之正以後之也。推此而論，小宗無支子，則大宗自絶矣。子不絶父之後。本家無嗣，於義得還，出後者還本追服。

或曰：甲有子景，後叔父乙。甲死，景以降服周。涉數年，乙之妻又亡，景服父在爲母之服。今叔父自有子，景既還本，當追報甲三年服否？若遂即吉，則終身無斬縗之服。

博士曹述初議曰：《禮》，大宗無子，族人以支子後之。不爲小宗立後，明棄親即疏。叔非大宗，又年尚少，自可有子。甲以景後，非禮也。子從父此命，不得爲孝。父亡則周，叔妻死，制母服，於義謬也。今歸本，宜制重，以全父子之道。

或難曹曰：《禮》，日月過而後聞喪，則有税服。當聞喪之日，哀情與始遭喪同。是以聞喪或在數十年後，猶追服重。甲死，景即知喪，哀情已叙爲出後降周者服制耳。三年之喪，稱情而立文。父喪積年，哀戚久除，今更制重，是服非稱情之義。若依税服，失其類矣。且子爲父，不過再周。景嘗爲甲已服周矣，今復制重，是子爲父服三周也。豈禮意乎？

答曰：景於禮無後乙之義，景既不得成重制於乙，又闕父子之道，人子之情，豈得無追遠之至戚乎？就使情輕，於日月已過而後聞喪，服父之禮，寧可便廢？今以哀戚久除方制重服爲難，過矣。父之於子，兼尊親之至重，禮制斬縗三年，明其兼重也。齊縗周服，非所以崇尊親之至重。景雖嘗爲甲服周，豈禮也哉，而數以爲父三周乎！

或難曰：《禮》，婦人有父喪未練，而夫家遣之，則爲父服三年；既練而見遣，則已。猶如爲人後者，亦爲所後斬縗三年，爲父服周。服制既同，則義可相准。若甲死未練而景歸，則應爲三年。今喪已久，於禮不應追服。

答曰：《禮》，婦人適人，則降父服周。爲夫三年，既練而見遣，父服除矣。重制已成於夫，故雖及父母之家，父亡不得復爲父服三年，不二斬之義也。婦人於禮，得成其重制於夫，故雖及父母之家，父亡不得復爲父服三年，不二斬之義也。婦人於禮，得成其重制於夫。景於禮無後乙之義，雖甲喪久除，而景歸，既已不得成重於乙，今又不爲甲追制重服，是景爲人子終無服父之道也。

張湛謂曹曰：禮所稱爲人後，後大宗，所以承正統。若非大宗之主，晉王冀按：《喪服》云：爲人後者爲其父母，持重於大宗者，降其小宗也。按經傳爲人後者，固自降其親也。所以降其親者，已受重於大宗，必爲所後之父服斬故也。制其體例，若受重於大宗，而不爲所後之父服斬，則自非經所謂爲人後者之義也。凡既受命出爲人後，而不爲所後之父制服，固非禮也。還爲其親斬，亦非禮也。均其失，寧居過重，無居過輕。夫恩由義厭，情爲禮黜，是以五服之疏屬，有相爲重者矣；天性之父子，有相爲輕者矣。屈伸進退，有自來也。今奉義則已不爲所後之父服，崇恩復不成所生之喪，二者並闕，未知其詳，將何所居。且傳叙經意，但爲既後大宗，無二斬之道，非不斬之制也。談者不疑爲後而不爲所後制服爲非禮，乃謂反服其親爲傷教，斯蓋惑之大者也。若不服所後之父，復抑其反崇本恩，則是凡爲後之子，可有不服三年之理也。愚謂爲後之子及所後服重，則宜如禮降其所生。若不及爲所後制服，則宜還爲其親服斬。考之義例，即之人心，在可通矣。

（唐）杜佑《通典》卷九六《禮·沿革·凶禮·父為高祖持重子當何服議》

（唐）杜佑《通典》卷九六《禮·沿革·凶禮·父為高祖持重子當何服議》

晉徐農人問殷仲堪曰：禮，服高祖父母齊縗三月。若其父承重者，爲當服一周？爲故自服其本服邪？若服其本服，不以父重而增者，假如玄孫持高祖重，玄孫之子來孫本都無服，父服三年而子吉服，懼非喪紀差降之義。若來孫本無服而今有服，則曾玄孫宜以父承重而加也。進退迷惑，不知所行。

殷答曰：祖父在而祖母没，則父服厭周。祖父後亡，則父服三年，而孫之服一定無變，是知孫之於祖，自有正服，不以父服爲升降。又疑玄孫承重，來孫無變。按《禮記》有子姓之服，苟恩盡親畢，縞冠玄武，非爲無變矣。

徐又問曰：父在爲母，雖服以周斷，至練禫廬杖，大制無虧，故孫得遂其本服。若父出後，降祖在不杖周，則孫不得同父之服明矣。若父還反重，又當從父升亦明矣。如此，升降由父，不得恒自定也。未有斬服不異至親，而子正制三月之外，或都無服者也。他人同爨，而爲之緦。縞冠玄武，微厠吉飾，求之五服，故爲無變。他人之不若，此所大惑也。

殷又答曰：父在爲母，先王明義，屈之以周服，而情未有異也。哀親故寢苫枕草，毀瘠，杖而後起，創巨痛深，弗可頓奪，故漸之以祥練，

所繼非正統之重，無相後之義。今乙雖無子，於禮不應取後於甲。甲之命景，景之從甲，皆爲違禮。若如前議，則兄弟以子相養者，代代有之，此輩甚衆，時無譏議。蓋同繫一祖，兄弟所生，猶如己子，非犯禮違義故也。雖非禮之正義，亦是一代成制，由來故事，豈可以甲命獨爲非禮，景從便爲失道。此之得失，自當與代人共之耳。今所疑於景既當持服與不，議者以爲景歸宜制重。引税服爲例，恐非明證。夫税服者，自謂日月已過而後聞喪，聞喪之日，即初死之時，爲制服之始。今月數得全，哀情得叙，爲人後者，父終則盡心極哀，但逼於所後，抑情降服，以尊父命。及其還歸，論喪則已積年，即事則必有降殺，而方復追，所謂不稱情者矣。過時而不知喪，則是平吉之人；既初聞之，則同於始死。與喪過而歸，何得爲例！若謂景既不得全重制於乙，又闕子道於甲，故更服重，即所謂全父子之道，猶非税服乎。又設難云：婦人父喪，既練而見遣，爲父服周，以凖爲人後者，既還所生，父喪已久，於禮不追，此議何疑？

答曰：正以婦人得成制於夫，景不得成重制於乙。今景於禮，誠無後乙之義。然據受父命爲人子，與婦人出適者，皆爲本親降服一等，爲所後及夫制服三年，其義正同也。今以婦人既練見遣，重制已成於夫，故不爲父三年。今謂景本不應爲乙後，然景既奉命爲乙子，則許其降本親之服，及其喪過而歸，則重制成於所後矣。若不服重制其本親，乃豈可終身無斬縗之服？直是率懷而言，無所依據耳。

又范甯問孔德澤云：甲無子，取其族子乙爲後。所生父没，降服周。甲晚自生子，乙歸本家。後甲終，乙當有服否？若服，當制何服？孔答曰：代人行之，似當無服。繼母嘗爲母子，既出服周。推此粗可相况。

范又難：必當有服，未辨服之定凖。云繼母既出服周，此禮所出爲分明釋耳。孔又答云：繼母出爲服周，是父没而嫁，賀循《要記》亦謂之出。當以舍此適彼，不獨在嫁，可以意領，故不必繼於本也。

江熙難范云：往因禮親，反因禮疏，何嫌頓盡乎？未若相遺於江湖，既還，宜各反服也。

宋庾蔚之云：嘗爲父子，愛敬兼加，豈得事改，便同疏族？方之繼母嫁，於情爲安。

（唐）杜佑《通典》卷九六《禮·沿革·凶禮·出後者為本父母服議》

申之以禫月。此蓋有由。不變其本則降矣，子有降而孫得遂，仲堪所謂不隨父升降者也。

（唐）杜佑《通典》卷九六《禮・沿革・凶禮・出後子爲本庶祖母服議》 晉劉氏問曰：弟子遭所生母艱，弟子有兒出後伯父承嫡，當心喪三月否？徐邈答曰：庶祖母服，禮無正條。往年臨川王服太妃，已爲成制。今出後承嫡者，當依爲人後降本親一等，宜制大功九月。

宋庾蔚之謂：庶子爲父後，不得服其所生，以服廢祭故也。已出伯父，即爲祖嫡，何由得服父之所生乎？

（唐）杜佑《通典》卷九六《禮・沿革・凶禮・出後子為本親服議》

晉武帝太康中，尚書令史遂殷表云：父翔，少繼叔父榮。榮早終，不及持重。今祖母姜亡，主者以翔後榮，從出降之制，斷殷爲大功，假二十日。愚以爲翔既不及榮持重服，雖名户別繼，奉養姜故如親子，便依降例，情制爲輕。且殷是翔之嫡子，應爲姜之嫡孫。乞得依令，遣寧去職。尚書奏：禮無不及還重之制，翔自應降姜，殷無緣還重。詔可。

賀循《爲後服議》：按《喪服》制曰，爲人後者於兄弟降一等，報。於所爲後之子兄弟若子。時人論者，多以爲後者子孫，皆計本親而降。意所不安。或曰：嫡子不爲人後者，直謂己嫡不以出後，當以支子耳，無明於後者之子見舍本親，何以言不得爲人後邪？答曰：五服之術，其屬有六。一去本繫，以名爲正。名正則男女有別，上下不悖。若假之以號者則輕其權，定之以名者則尊其統。故曰有嫡子者無嫡孫。何爲言無？正以不得名之。不得名之則卑其服，若得名之則重其制。此之有無尊卑之宜，則是彼之後者嫡庶之例也。至於庶子爲後，稱名不言孝，爲墠而祭，以其尚有貳志，不專故也。其子則定名而處廟，以爲彼情可制，此義宜惇故也。豈非顧本有已，復統有節哉！或曰：所後在五服之外，父制周年，而己無服，疏親戚之恩，非先聖之意也。答曰：何爲其然？禮有節權，恩義相顧，爲所生無絶道，其餘皆宜權制也。夫初出後者，離至親之側，爲別宗之胄，闕晨昏之歡，廢終養之道，顧復之恩靡報，罔極之情莫伸，義雖從於爲後，恩實降於本親，故有一降之差。若能專心所繼，後者之子，上有所承，於今爲同財之密，顧本有異門之疏。若以父服輒當後者，至於生不及祖父母諸昆弟，父有重制，而已無服，又出母齊縗而杖，其子又不從服。今出後者於父母乃爲不杖之周，恐其子不得反重也。禮失於煩，故約以取通，是以後者之子，出母之孫，其禮闕而不載。生在他邦，父税己不，其義幽而必彰，既以不疑父之出母，何獨遲遲別宗之祖邪？服之所降，其品有四：君、大夫以尊降，公子、大夫之子以厭降，公之昆弟以旁尊降，爲人後者、女子子嫁者以出降。四降之名，同止一身。出者之子，豈當獨以爲傳代稱乎？生長於外，不得言出，猶繼父未嘗同居，不爲異也。又父報出子，誠是疏己稠彼。子以父爲旁尊，則知所天在此。初出情重，故不奪其親而與其降；承出之後，義漸輕疏而絶其恩。絶其恩者以一其心，其心一則所後親，所後親則祭祀敬，祭祀敬則宗廟嚴，宗廟嚴則社稷重，重社稷以尊百姓，齊一身以肅家道：此殆聖人之意也。

宋崔凱《喪服駁》云：代人或有出後大宗者，還爲其祖父母周，與女子子出適不降其祖同義。凱以爲女子出適人，有歸宗之義，故上不降祖，下不降昆弟之爲父後者。今出後大宗，大宗，尊之統，收族者也，故族人尊之，百代不遷，其父母報之周，所謂尊祖故敬宗也。

又曰：持重於大宗，降其小宗。降其小宗，還當爲其祖父母大功耳。

又云：代人有出爲大宗後，還爲其父母周，其子從服大功者。凱以爲經文爲人後者爲其父母周，爲其兄弟降一等，此指謂後者身也。不及其子，則當以其父所後之家，還計其親疏爲服紀耳。按晉劉智《釋疑》：或問：禮爲人後者，爲當唯出子一身還本親也？魯國孔正陽等議，以爲人後者，服所後之親若子，爲其本親降一等。不言代降一等者，以其至其子以義斷，不復還本親故也。《禮》云若子者，則於本父母不若子矣。劉智又按：《禮》爲人後者，於兄弟降一等，此出子及其子孫皆爲人後者也。甲無後，故乙爲之後。乙之子孫，皆去其親，往爲甲後，皆當稱爲人後，服本親不傷於後者。若子，則其孫亦然矣。本親有自然之恩，降一等，足以明所後者爲重，無緣乃絶之矣。儒林掾謝襃稱：學士張禕之從祖母丁喪亡，本是親祖母，亡父出後，求詳禮典。輒敕助教陳福箋，當諸出爲人後者，還服本親，皆降一等，自爲後者之身。文無後者之子追服大功。如福議，則禕之不應廢業。王彪之答：如所白，則族人後大宗者，出後者子，於本祖無服。孫不服祖，於情不安，是以諸儒之説義旨，總謂爲人後者雖在五服之外，皆降本親一等，無孫不服本祖之條。按《記》云：夫爲人後，其妻爲舅姑大功。鄭玄云：不二降也。其妻於舅姑義服，猶不二降，况其子孫，骨肉至親，便當無服乎！禮疑則重，義例亦明。如禮之例，諸出後者及子孫，還服本親，於所後者有服與無服，皆同降一等。謂禬之當服大功。

（宋）潘自牧《記纂淵海》卷三九《人倫部·母》 經：家人有嚴君焉，父母之謂也。《易》。母氏劬勞，《詩》。母氏聖善，同上。陟彼屺兮，瞻望母兮，靡依匪母，無母何恃，母兮鞠我。同上。父在，爲母何以期也，屈也。至尊在不敢伸其私尊也。《儀禮·喪服》。父卒，繼母嫁從爲之服報，傳曰，何以期也，貴終也。嘗爲母子，貴重其恩。繼母之配父，與因母同，故孝子不敢殊也。同上，注因猶親也。子上之母，死而不□，門人問子思曰，昔者子之先君，子□出母乎。子思曰，爲伋也妻者，是爲白也，母不爲伋也，妻者不爲白也，母故孔氏之不□出母，自子思始也。《記·檀弓上》。伯魚之母死，期而猶哭，夫子聞之曰，誰與哭也，門人曰，鯉也。夫子曰，嘻其甚也，伯魚聞之，遂除之。同上。爲父後者，爲出母，無服，《喪服》。母親而不尊，《表記》。母之親子也，賢則親之，無能則憐之。同上。

子：幼被慈母三遷之教，孟。曾參後母遇之無恩，其妻蒸藜不熟，出之。《家語》。

史：陸續母截肉，未嘗不方，□葱以寸爲度。東漢本傳。王祥性至孝，繼母朱氏遇之無道，祥愈恭謹，朱氏子覽年數歲，每見祥被楚撻，輒涕泣，抱持母，母以非理使祥，覽輒與祥俱往，及長娶妻，母虐使祥妻，覽妻亦趨而共之，祥漸有時譽，母深疾之，密使鴆祥，覽知之徑起取酒，祥争而不與，母遽奪之，自後母賜祥饌，覽輒先嘗。《通鑑·魏元帝紀》。天后上表，請自今父在，爲母齊衰三年。《唐高宗紀》。韋嗣立，承慶之異母弟也，母王氏遇承慶甚酷，每杖承慶。嗣立必解衣請代，母不許，輒私自杖，母乃爲之漸寬。《唐武后紀》。李公孝四歲□母，九歲外繼，其後父更別娶後妻，至是而亡，劉炫以爲無撫育之恩，議不解任，劉子翊駁之曰，傳云，繼母，同母也，當以配父之尊，居母之位，齊杖之制，皆如親母，繼母在父之室，則制同親母，若謂非有撫育之恩，同之行路，何服之有乎。服既有之心□，焉可獨異？今言令許不解，何其甚繆，以親繼親既等，故心□不得有殊，如謂繼母之來在子出之後，制有淺深，考之經傳，未見其文。昔長沙人王毖漢末爲上計，詣京師，既而吴魏隔絶，毖在内國更娶生子昌，毖死後爲東平相，始知吴之母亡，便請繫居重不攝事，於時議者不以爲非，然則繼之與前，於情無别，若要以撫育始生服制，王昌復何足云乎。又晋鎮南將軍羊祜無子，取弟子伊爲子，祜薨，伊不服重，祜妻表聞，伊辭田伯生存養也，伊不敢違，然無父命，故還本生，尚書彭權議子之出養，必由父命，無命而出，是爲叛子，於是下詔從之，然則心服之制，不得緣恩而生也。然本父後妻，因父而得母稱，若如來□，本父亦可無心□乎。何直父之後妻也，事奏竟從子翊之議。柳文劉子翊。

傳記：陳思王稱其母爲家母，《顔氏家訓》。魯母師，魯九子之寡母也，穆公賜號母師。《列女傳》。

集：母訓曰慈。《嵇含傳》。上堂拜家慶。《選·秋胡詩》。太夫人御板輿。《選·閑居賦》。芬芬孟母鄰。杜詩。

（宋）潘自牧《記纂淵海》卷三九《人倫部·諸父》 經：既有肥羜，以速諸父。《詩》。諸父兄弟，備言燕私。變小楚親親則諸父，昆弟不怨。《記·中庸》。父之昆弟，先生爲世父，後生爲叔父。《爾雅》。

子：王珪從子，求續經子曰，叔父通何德以之哉。珪曰，勿辭也。《文中子·關朗篇》。

史：荀攸字文達，祖父曇攸少孤，及曇卒，故吏張推求守曇墓，攸年十三疑之，謂叔父衢曰，此吏有非常之色，殆將姦亂，衢悟乃推問，果殺人亡命，因是異之。《魏志》。曹操少無賴，叔父數言之於嵩，操患之，後逢叔父於路，乃陽敗而喎口，叔父以告嵩，呼操曰，叔父言汝中風已差乎，操曰初不中風，但失愛叔父，故見罔耳。《晋書·曹瞞傳》。王湛字處冲，司徒渾之弟，兄子濟輕之，嘗詣湛見周易謂曰，叔父何用此爲，湛曰，體中不佳，時脱復看耳。復一作腹，恐非。濟請言之，湛剖析玄微妙有奇趣，濟才氣抗邁於湛，畧無子姪之敬，既聞其言，心形俱肅，王湛隱德，宗族皆以爲癡，武帝見濟曰，癡叔死未，濟曰，臣叔不癡，同稱其美。同上。

（宋）潘自牧《記纂淵海》卷三九《人倫部·女》 經：維虺維蛇，女子之祥，乃生女子，載寢之地，載衣之裼，載弄之瓦。《詩》。歸妹，女之終也。注女終於出嫁也，易雜卦。漢有□女，不可求思。《詩》。誰其尸之，有齊季女，有女懷春，有女如玉，顏如舜華。同上。女子許嫁笄而字。《記・曲禮上》。女不言外。《内則》。女子十年不出，姆教婉娩，聽從執麻枲，治絲繭織紝組紃，學女事以共衣服，觀於祭祀納酒漿籩豆菹醢，禮相助奠，十有五年而笄，二十而嫁，有故二十三年而嫁，聘則爲妻，奔則爲妾。同上。女雖未許嫁，年二十而笄。《記》。婦人許嫁不爲殤。《記》。

子：女子生而願爲之有家。孟。

史：臣有息女。《西漢・高紀》。淳于公無男，有五女，當刑，公酒罵其女曰，生子不生男，緩急非有益，其小女緹縈自傷悲泣，迺隨其父至長安上書，願没入爲官婢，以贖父刑罪，使得自新。《刑法志》。張禹曰，臣有一女，愛女甚於愛男，遠嫁張掖太守蕭咸，不勝父子私恩，願與相近，即徙咸爲弘農太守。西漢。盜不過五女門，以女貧家也。《東漢・陳蕃傳》。蔡邕女琰，字文姬，博學有才辯，又妙於音律。《列女傳》。戴良五婦並賢，每有求姻，輒便許嫁，練裳布被，竹笥木屐以遺之，五女並能遵其訓，皆有隱者之風。本傳。古者女生三日，卧之床下，弄之瓦磚，而齊告焉。卧之床下，明其卑弱；主下人也。弄之瓦磚，明其習勞，主執勤也。齊告先君，明當主繼祭祀也。《列女傳》。孝女曹娥者，父盱於縣江泝濤，迎神婆娑溺死，不得屍骸，娥年十四，乃沿江號哭，晝夜不絶聲，旬有七日，遂投江而死。同上。孔融被誅，女年七歲幼弱，得全寄尼舍，主人有遺男，欲娶之，女曰，豈得久活，或言曹操收之，女曰，若死而有知，得見父母，豈非志願，乃延頸就刑。同上。喬公兩女皆國色也。《吳・周瑜傳》。甄后年九歲，喜書輒用諸兄筆硯，兄言當作女博士耶。《魏志・甄后傳》。郭永奇其女曰，此吾女中書王肅女文義，過目則識，祖司徒異之曰，興吾家者，必此女矣，異不爲男。王隱書晉文明皇后。荀崧都督荆州江北諸軍屯，宛杜曾引兵圍之，崧小女灌年十三，帥勇士數千人踰城突圍夜出，且戰且前，又爲崧書，求救於南中郎將周訪。《通鑑・晉愍帝紀》。竇毅之女聞隋受禪，自投堂下，撫膺太息曰，恨我爲男子，救舅氏之患，毅及襄陽公主掩其口曰，汝勿妄言滅吾族，毅由是奇之。及長以適唐公李淵。陳紀。謝道韞聰識有才辯，叔父安嘗内集，俄而雪下，安曰，何所似也，安兄子朗曰，撒鹽空中差可擬，道韞曰，未若柳絮因風起。《晉・列女傳》。

傳記：昔有人無男而養七女，父亡，女負土葬父。《方輿記》。下堂必從傅母保阿，進退則鳴玉珮環。《列女傳》。北平有女甚有咎行，人多求不許。《搜神記》。張氏有處子，小字酥香，見才人所爲歌曲，悉能諷之。《麗情集》。

集：吾家有驕女，皎皎頗自皙。左思詩。弱女雖非男，慰情良勝無。陶淵明詩。唧唧復唧唧，木蘭當户織，不聞機杼聲，惟聞女嘆息。問女何所思，問女何所憶，女亦無所思，女亦無所憶。昨夜見軍帖，可汗大□兵，軍書十二卷，卷卷有爺名，阿爺無大兒，木蘭無長兄，願爲市鞍馬，從此替爺征。晋《木蘭詩》。木蘭代父去，秣馬備戎行。易却紈綺裳，洗却鉛粉妝。馳馬赴軍幕，慷慨攜干將。同上。十子若不肖，不如一女英。《李白集》。顧復長之如滋，芳蘭之易茂，姆師教之如琢美玉之易成。《吕温集》。學母無不爲，曉妝隨手抹，移時施朱鉛，狼藉畫眉闊。杜詩。生女富貴傾邦國。杜詩。嗟汝未嫁女，秉心鬱冲冲。防心動如律，竭力機杼中。雖無姑舅事，敢昧織作功。同上。文姬才稚齒，《白樂天集》。非此父不生此女。同上一女憐之，必嫁官人，不以與凡子。韓文王通誌。中郎有女能傳業。韓退之詩。歸弄小女姹。同上。女中誰是衛夫人。柳集。夫人在家，以孝友聰明，爲父母所偏愛，選所宜歸以適韓氏。韓文，楚國夫人墓誌。

（宋）潘自牧《記纂淵海》卷三九《人倫部・子》

經：子克家。《易》。幹父之蠱，幹母之蠱。同上。嗣續妣祖。《詩》。父爲長子。不言適者，通上下也，亦言立適以長。傳曰，何以三年也，正體於上，又乃將所以傳重也，庶子不得爲長子，三年不繼祖也。《儀禮・喪服》。男子冠而不爲殤。注云殤者男未冠而死可殤者。男子二十冠而字。《記》。大夫之子長曰能御矣，士之子長曰能典謁矣，庶人之子長曰能負薪矣。同上。男子生設弧於門左。《内則》。子也者，親之後也。《哀公問》。已冠而字之，成人之道也。《冠義》。男子。生桑弧蓬，矢六以射天地四方。《射義》。父母生之，續莫大焉。《孝經》。子，遺腹子不思其父，無貌於心也，不夢見像，無形於目也。《淮南子・説林訓》。繼子得食肥而不澤，情不相往來也。適子懷於燕，慈母喻於荆，情相往來也。《列子》。

傳：鄭文公有妾，夢天與己蘭曰，以是爲而子，以蘭有國香，人服媚之如。《左・宣三》。是以母貴。隱元注以母秩決立也。家有長子曰家督。《史・越世家》。子者，父之陰也。《西漢・杜欽傳》。奉先人之遺體。《王尊傳》。自季至雄五世而傳一子，故雄無他，揚於蜀。《揚雄傳》。李密曰，爲人子者，願爲人兄，不願爲人弟，兄事親之日長，弟事親之日短。《蜀志・郤志傳注》。

集：十子若不肖，不如一女英。《李白集》。通子繼餘塵，揚杯祝願無他語，特勿頑愚似汝爺。同上。繼體承家。《白氏六帖》。驥子好男兒。杜詩。大兒九齡色清徹，秋水爲神玉爲骨，小兒五歲氣食牛，滿堂賓客皆回頭。徐卿二子歌。閩俗呼子爲囝。音蹇。顧況補亡。

本朝何如陶家兒，繞舍覓梨栗。坡詩。義之生五子。同上。大兒踉蹡越門限，小兒咿啞語繡帳。坡詩。

（宋）潘自牧《記纂淵海》卷三九《人倫部・夫婦》 經：夫夫婦婦而家道。《易》。正夫婦之道，不可以不久也，故受之以恒。同上。宜其室家，宜其家人。《詩・桃夭》。穀則異室，死則同穴。《詩》。女曰雞鳴，士曰昧旦，子興視夜，明星有爛。《詩》。蟲飛薨薨，甘與子同夢。同上。妻子好合，如鼓瑟琴。《常棣》。夫婦以禮義，合顔色相親，亦不可以顔色衰棄，其相與之禮，《邶・谷風》箋。夫婦一體也。《儀禮・喪服》。夫尊於朝，妻貴於室。同上。夫婦之禮。唯及七十，同藏無間。《内則》。妻將生子，及月辰居側室，夫使人日再問之。同上。一與之齊，終身不改。《郊特牲》。合巹而飲。同上夫義婦聽。《記》。夫婦和家之肥也，君子道造，端乎夫婦。同上。共牢而食，合巹而酳，所以合體同尊卑以親之也。《記》。日之與月，陰之與陽，相須而後成也。《記》。

子：夫婦有别《孟子》。夫婦之道不可不正也。《荀・大畧》。

史：冀缺耨，其妻饁之，敬相待如賓。《左・僖三十二》。鳥獸猶不失儷。成十一。夫和而義，妻柔而正。昭六。爲夫婦内外二經二物。昭二十五。易基乾坤，詩始關雎，夫婦之際，人道之大倫也。《史・外戚世家》。夫婦之道，有義則合，無義則離。西漢。夫婦，人倫大綱，夭壽之萌也。王吉□。夫婦之好，父不能得之於子。《通鑑・漢光武紀》。何曾閨門整肅，與妻相見，正衣冠，相待如賓，已南面，妻北面，再拜上酒，一歲不過再三。《晉書》。山濤布衣家貧，謂妻韓氏曰，忍飢寒我後當作公，但不知卿堪爲公夫人不。本傳。耳沈文季飲酒至五斗，妻王氏飲亦至三斗，常對食竟日。《宋書》。夫貴於朝，妻榮於室。《後魏志》。

傳記：夫婦之道，人倫之始，王化之端也。《吳越春秋》。惟夫妻爲同庖。劉向《列女傳》。王渾妻鍾夫人每嘗卿渾，渾曰，詎可爾。妻曰，憐卿愛卿，是以卿卿，我不卿卿，誰當卿卿。《世説》。

集：合昏尚知時，鴛鴦不獨宿。杜詩。非是夫不稱是妻。白樂天。結髮爲夫妻，恩愛兩不疑。蘇子卿詩。音容相眷戀，羽翮兩逶迤，飛翻不異林，和鳴多好音。陳子昂集。雜佩以迎之，寶瑟以友之，其相得如青鳥翡翠之婉孌矣。同上。謂言琴與瑟，糟糠結久長。盧仝詩。夫婦之道，參配陰陽，通達神明，夫不賢則無以御婦，婦不賢則無以事夫。夫不御婦則威儀廢，婦不事夫則義禮墮，夫婦之好，終身不離，夫有再娶之義，婦無二適之文。《東漢列女傳》。

（宋）潘自牧《記纂淵海》卷三九《人倫部・庶母》 經：爲庶母何以小功，以慈已加也。《儀禮・喪服》。士爲庶母，何以緦也，以名服也。大夫以上爲庶母，無服慈母如母。傳曰，妾之無子者，妾子之無母者，父命妾曰，女以爲子。命子曰，女以爲母。若是則生養之終其身，如母死則葬之三年如母，貴父之命也。同上。諸母不漱裳。《記・曲禮上》注，庶母也，庶母賤可使漱衣，不可使漱裳。婦謂夫之庶母爲少姑。《爾雅》。

子：王子有其母死者，其傳爲之請數月之□。《孟子》。

史：母以子貴。注，妾子立則母得爲夫人成風是也。《公羊・隱元》。王符無外家，阮孚之母即姑婢也。東漢本傳。周顗母李氏字絡秀，顗父爲《晉書》本傳。安東將軍，求絡秀爲妾，父兄不許，絡秀曰，門户殄瘁，何惜一女子，遂與之生嵩；顗曰，我屈節爲汝家妾。同上。崔道固諸兄逼道固所生母，自致酒炙客前，道固驚起接取謂客曰，家無人力，老親自執劬勞，諸客皆知其兄等所作，咸起拜謝其母，母謂道固曰，我不足以報貴賓，汝宜答拜。《後魏志》。李迥秀母氏庶賤，而色養過人。《通鑑・唐則天紀下卷》。

傳記：裴秀母是婢，秀年十八，有令望而嫡母妬，猶令秀母親下食與衆賓，賓見竝起拜之。答曰，□賤豈宜如此，當爲小兒故耳。於是嫡母乃不敢復役之。《語林》。漢中程文矩妻者，李法之姊也，有二男，前妻四子，以母非所生，憎毀日積，而穆姜慈愛温仁，撫字益隆，衣食資供皆兼倍所生，或謂母曰，四子不孝甚矣，何不别居以遠之。對曰，吾方以義相導，使其自遷善也，及前妻長子興遇病困篤，母惻隱自然親調藥膳，恩情篤密，興疾久乃瘳，於是呼三弟謂曰，繼母慈仁出自天授，吾兄弟不識恩養，禽獸其心，雖母道盡隆，我曹過惡，亦已深矣，遂將三弟詣南鄭獄，陳母之德狀，已之過，乞就刑辟。《東漢・列女傳》。

（宋）潘自牧《記纂淵海》卷三九《人倫部・舅姑》 經：婦人不飾，不敢見舅姑。《記》。婦事舅姑，如事父母。下氣怡聲，問衣燠寒，疾痛苛癢，而敬抑搔之。出入則或先或後，而敬扶持之。《内則》。婦將有事，大小必請於舅姑，不敢專行。舅姑之所有命之，應唯敬對，不敢噦噫嚏咳，欠伸跛倚，睇眡唾洟，寒不敢襲，癢不敢搔，不敢袒裼，舅姑之衣衾簟席枕几不傳。移也。杖屨勿敢近，舅沒則姑老。注，傳家事於子婦也，同上。婦盥饋舅姑，卒食婦餕餘私之也。《郊特牲》。婦稱夫之父曰舅，稱夫之母曰姑，在則曰君舅君姑，沒則曰先舅先姑。《爾雅》。子室無空虛，則婦姑勃谿。《莊子・外物篇》注，爭處也。吾聞先生姑，《國語》。婦養姑者也，《左》。姑慈婦聽禮也，同上。禮送女父，誡之曰，謹從汝舅之言，母誡之曰，謹從汝姑之言。《穀梁》。婦姑不相説則反唇而相稽。稽，計也，《西漢・賈誼傳》。顔師古曰，尊章猶言舅姑也。《西漢・廣川王傳》注。舅姑之心，豈可失常哉。《東漢・列女曹世叔妻傳》。

傳記：古者子婦供事舅姑，旦夕在側，與男女無異。北齊《顔氏家訓》。婦對舅姑之稱。同上。

（宋）潘自牧《記纂淵海》卷三九《人倫部・諸母》 經：世母叔母何以亦期也，以名服也。《儀禮・喪服》。父之兄妻爲世母，父之弟妻爲叔母。《爾雅》。

史：宗室諸母，因酣悅曰，文叔少時謹信，唯直柔耳，今迺能如此。《後光武紀》。謝瞻幼孤，叔母撫育有恩，同於至親。《宋書》。

傳記：羊祜年十五而孤，事伯母蔡氏以孝聞。《三十國春秋》。

（宋）潘自牧《記纂淵海》卷三九《人倫部・夫》 經，夫子制義從婦，凶也。《易》。夫者，妻之天也。《儀禮・喪服》。婦人稱夫曰良。《士昏禮》注。夫也者，以知帥人者也。《記・郊特牲》。

子：良人者，所仰望而終身也。孟。爲人夫致功而不流，致臨而有辨。《荀・君道》。

史：夫主嘉美。《東漢・列女傳》。夫主之不可以不事正色，端操以事夫主。同上。

傳記，婦人既嫁，以夫爲天，父母降服一等，無二天之義。《列女傳》。

集：非是夫不稱是妻。白樂天。藁砧今何在。大也，《樂府解題》。

（宋）潘自牧《記纂淵海》卷三九《人倫部・妻》 經：唯酒食是議。《詩》。妻子好合，如鼓瑟琴。同上。父在，則爲妻不杖。《儀禮・喪服》。爲妻何以期也，妻至親也。《記・檀弓》。爲伋也，妻者，是爲白也母。不爲伋也，妻者，是不爲白也母。同上。大夫内子。注，適妻也，《記・曾子問》。不敢藏於夫之篋笥，不敢共湢浴，夫不在，斂枕篋簟席韣器而藏之。《内則》。子甚宜其妻，父母不説出，子不宜其妻，父母曰是善事，我子行夫婦之禮焉，没身不衰。同上。妻也者，親之主也，敢不敬與。《哀公問》。

子：爲人妻，夫有禮則柔從聽侍，夫無禮則恐懼而自悚。《荀・君道》。列子之妻曰，妾聞有道之士，妻子皆得佚樂。《莊子》。

史：叔向對齊晏嬰曰，撫有晉國，賜之内主。《左・昭三》。婢子侍巾櫛。僖二十二。有息女願爲箕箒妾。《西漢・高紀》。妻者，夫之陰。《杜欽傳》。東方朔割名於細君。《揚雄傳》，解嘲師古曰，以肉歸遺細君，是損割其名。宋弘曰，糟糠之妻不下堂。東漢本傳。黄承彦者，高爽開朗，爲沔南名士，謂諸葛孔明曰，聞君擇婦，身有醜女，黄頭黑色，而才堪相配，孔明許即載送之，時人以爲樂，鄉里爲之諺曰，莫作孔明擇婦，正得阿承醜女。《三國志》註《襄陽記》。賈充前妻李氏坐徙，後娶郭氏，赦得還，詔充置左右夫人，郭氏怒爲，李築舘舍於外。晋書禮義有惌夫則薄之。《東漢・列女傳》。夏侯道遷，不聘正室。《後魏書》。

傳記：妻齊也，共奉祭祀。《樊英列傳》。謝太傅兄奕女名道蘊，王凝之妻也。《世説》。謝羯絶重其婦，張玄常稱其婦。同上。

集：東方朔割炙於細君。漢揚雄解嘲作，名選作□各有注。作嬪君子室。秋胡詩。爰奉嬪於高族。《寡婦賦》。中饋酒食之事。總論。細君知蠶織。韓集。卓文君作白頭吟，諷相如。《樂府》。

（宋）潘自牧《記纂淵海》卷三九《人倫部・祖父母》 經：逮事父母則諱王父母，不逮事父母則不諱王父母。《記》。父之考爲王父，父之妣爲王母。《爾雅》。

史：鄭當時知友皆大父行。西漢本傳。賈逵自爲兒戲弄，常設部伍，祖父習異之曰，汝大必爲將。《魏志》。張憑字長宗，祖鎮蒼梧太守，憑年數歲，鎮謂其父曰，我不如汝有嘉兒，憑曰，阿翁詎宜以子戲父乎。《晉書》。苻堅幼而無賴，祖洪甚惡之，生無一目，洪戲之曰，吾聞瞎兒一淚生，怒引刀自刺出血曰，此亦一淚洪鞭之生曰，性耐刀槊，不堪鞭箠，洪曰，吾將以爾爲奴，生曰，可不如石勒也。本傳。范喬祖父聲，臨終執其手曰，恨不見女成人，因以所用硯與之。《陳書》。李百藥爲童兒時多疾病，祖母趙氏故以百藥爲之名。唐《書傳》。記潘尼稱祖曰家祖。《顏氏家訓》。侯霸子孫稱其祖父曰家公。同上。臣無祖母無以至今日，祖母無臣無以終餘年，母孫二人更相爲命。《文選·李令伯陳情表》。

（宋）潘自牧《記纂淵海》卷三九《人倫部·子道》　經：凡爲人子之禮，冬温而夏清，昏定而晨省，在醜夷不爭。《記·曲禮》。夫爲人子者，三賜不及車馬。夫爲人子者，所遊必有常，所習必有業，恒言不稱老。爲人子者，居不主奧，坐不中席，行不中道，立不中門，不登高，不臨深，不苟訾，不苟笑，不服闇，不登危，懼辱親也。父母存，不許友以死，不有私財。父母存，冠衣不純素。父母有疾，冠者不櫛，行不翔，言不惰，琴瑟不御，食肉不至變味，飲酒不至變貌，笑不至哂，怒不至詈。同上。子之事親也，三諫而不聽，則號泣而隨之。《記·曲禮下》。親有疾飲藥，子先嘗之。同上。事親有隱而無犯左右，就養無方，服勤至死，致□三年。《檀弓上》。未仕者不敢稅人，如稅人則以父兄之命。不專家財也，稅謂遺于人，同上。父母之衣衾簟席枕几不傳。移也。杖履勿敢近。《内則》。在父母之所有命之應，唯敬對，不敢噦噫嚏咳，欠伸跛倚睇眂，不敢唾洟，寒不敢襲，癢不敢搔，不敢袒裼，父母有過，不氣怡色柔聲以諫，諫若不入起敬起孝，説則復諫，不説，與其得罪於鄉黨州閭，寧熟諫。父母雖没，將爲善，思貽父母令名，必果。將爲不善，思貽父母羞辱，必不果。子甚宜其妻，父母不説出，子不宜其妻，父母曰是善事，我子行夫婦之禮焉，没身不衰，父母之所愛，亦愛之，父母之所敬，亦敬之。至於犬馬盡然。同上。親在行禮於人稱父，人或賜之，則稱父拜之。事統於尊。《記·玉藻》。父命召，唯而不諾，手執業則投之，食在口則吐之，走而不趨，親老出不易，方復不過時，親癠色容不盛。同上。身者，父母之遺體也，行父母之遺體敢不敬乎。《祭義》。父母愛之，喜而弗忘。父母惡之，懼而無怨。父母有過，諫而不逆。一舉足而不敢忘父母是！故道而不徑，舟而不□，不敢以先父母之遺體行，殆一出言而不敢忘父母，是故惡言不出於□，忿言不反於身，不辱其身，不羞其親，孝子之有深愛者，必有和氣，有和氣者必有愉色，有愉色者必有婉容。父母既没，謹行其身，不遺父母惡名，可謂能終矣。父母全而生之，子全而歸之，可謂孝矣。同上。子之事親有三道焉，生則養，没則□，□畢則祭。《祭統》。父母在，不敢有其身，不敢私其財。《坊記》。善則稱親，過則稱己，君子弛其親之過而敬其美，從命不忿，□諫不倦，勞而不怨。父母在，不稱老，言孝不言慈，閨門之内，戲而不嘆。父母在，饋獻不及車馬。同上。仁人之事親也，如事天。《哀公問》。身也者，親之枝也，敢不敬與。不能敬其身，是傷其親，傷其親，是傷其本。同上。不敢擅重事，所以自卑而尊先祖也。《冠義》。事父母幾諫，見志不從，又敬不違，勞而不怨，語。故當不義，則子不可以不爭於父。《孝經》。子曰，父母其順矣乎。《中庸》。子孝，子不諫其親。莊。孝子不生慈父之家。慎子。爲人子，敬愛而致文。荀從義不從父。同上。孝子不從命有三，從命則親危，不從命則親安，孝子不從命，乃禮從命，則親辱不從命，則親榮孝子不從命，乃義從命，則禽獸不從命，則修飭孝子不從命，乃敬。子道。

傳：子孝而箴。《左·昭六》。聶政曰，母在政，身未敢以許人也。史本傳。親有嚴客卷。攸衣□也韝音備，鞠曲也。（謄）其紀反與跪同，謂小跪也。侍酒於前。《史·淳于髡傳》。

（宋）潘自牧《記纂淵海》卷三九《人倫部·父》　經：家人有嚴君焉，父母之謂也。《易》。父兮生我。《詩》。靡瞻匪父，陟彼岵兮，瞻望父兮，無父何怙。同上。父子之天，父子一體，父子首足也，父至尊也。同上。由命士以上父子，皆異宫。《記》。父之親子也，親賢而下無能，父尊而不親。同上。父作之子述之。《中庸》。爲人父止於慈母。《大學》。取其愛而君取其敬，兼之者父也。《孝經》。

子：父子主恩。孟。父子之間不責善。《離婁下》。君子之於子愛之而勿面，使之而勿貌。面貌謂以顏色慰悦之，不欲施小惠也，荀子。爲人父寬惠而有禮。《君道》。石奮石建父子之美也，無是父，無是子，無是子，無是父。楊孝至。

傳：子之能仕，父教之忠。《左·僖二十二》。父一而已，父慈而教。

《昭六》。魏奚達驍勇，周文曰，非此父不生此子。《北史》。

傳記：客有問陳季方曰，足下家君有何功德而荷天下重名，季方曰，吾家君譬如桂生於太山之阿，上有萬仞之高，下有不測之淵，上爲甘露所沾，下有淵泉所潤，當此之時，焉知泰山之高，淵泉之深，不知有功德與無也。《世説》。父子之嚴，不可以狎，骨肉之愛，不可以簡，簡則慈愛不接，狎則怠忽生焉。北齊《顔氏家訓》。陳思王稱其父爲家父，囝別郎罷，必摧血下。同上，囝音蹇，閩俗呼子爲囝，父爲郎罷，唐顧况補亡哀閩章。

（宋）潘自牧《記纂淵海》卷三九《人倫部・母黨》 經：從母之夫，舅之妻，二夫人相爲服，君子未之言也，或曰，同爨緦。《禮記》。

史：初叔向欲娶於申公巫臣氏，其母欲娶其黨，叔向曰，吾母多而庶鮮，吾懲舅氏矣。《左傳》言母多妾媵，而庶子鮮少，嫌母氏性不曠云。韋縚奏喪服，舅緦麻三月，從母外祖父母皆小功五月，外祖至尊同於從母之服，姨舅一等服，則輕重有殊，堂姨舅親即未疎恩，絶不相爲服，舅母則承外族不如同爨之禮，竊以古意猶有所未暢者也，請加外祖父母爲大功九月，姨舅皆小功五月，堂舅堂姨舅母並加至袒免，韋述議曰，母黨比於本族，不可同貫明矣，敕姨舅親既服小功，舅母不得全降，宜服緦麻，堂姨舅宜服袒免。《唐紀》。

（宋）潘自牧《記纂淵海》卷四〇《人倫部・嫂》 經：嫂者，尊嚴之稱，嫂叔不通問，嫂叔之無服也。蓋推而遠之也，子思之哭嫂也爲位。《禮記》。

史：蘇秦窮困歸，嫂笑之不爲下機，及相六國，擬王者歸，嫂側目不敢仰視，秦曰，何前踞而後恭，嫂伏地謝。《史記》。初高祖□時，過其丘嫂食，嫂厭叔陽爲羹，盡轑釜，由是怨嫂。陳平嫂疾之，或問平，食何物而肥，嫂曰，食糠籺耳，有叔如此，不如無有。馬援奉，嫂不冠不入。《漢書》。王澄，衍季弟也，衍妻郭氏性貪鄙，令婢於路擔糞，澄年十四，諫郭，郭大怒，謂澄曰，昔先人臨終之日，以小郎囑新婦，不以親婦囑小郎，因捉其衣裾欲杖之，澄懼走得脱。謝道韞爲王凝之妻，凝之弟獻之嘗與賓客談議，辭理將屈，道韞遣婢白獻之曰，欲爲小郎解圍，乃施青綾步障自蔽，申獻之前議，客不能屈。《晉書》。事嫂見稱載籍非一，鄭仲虞則恩禮甚篤，顔弘都則竭誠感到，馬援則見之必冠，孔伋則哭之爲位。韓愈三歲而孤，嫂鄭鞠之。《唐書》。

傳記：阮籍嘗還家，籍見嫂與之别，或譏之，籍曰，禮豈爲我輩設也。晉謝公曰，家嫂辭情慷慨，致可傳述，恨不使朝士見。《世説》。

集：昔在韶州之行，受命于元兄曰，爾幼養于嫂，□服必期，今豈敢忘天實臨之。韓文。

（宋）潘自牧《記纂淵海》卷四〇《人倫部・妯娌》 經：介婦請於冢婦，介婦無敢敵耦於冢婦，不敢並行，不敢並命，不敢共坐。一作不敢並坐。娣姒猶兄弟也。《禮記》。長婦謂稚婦爲娣婦，娣婦謂長婦爲姒婦。注，今或云妯娌。《爾雅》。

史：聲伯之母不聘穆姜曰，吾不以妾爲姒。注，昆弟之妻相謂姒。伯石始生子，容之母走謁諸姑曰，長叔姒生男。兄弟妻相謂曰姒，左。王渾妻鍾氏字琰，禮儀法度，爲中表所則，渾弟湛妻郝亦有德行，琰雖貴門，與郝雅相敬重，郝不以賤下琰，琰不以貴陵郝，時人稱鍾夫人之禮，郝夫人之法。《晉書》。太后以薛顗妻蕭氏及顗弟緒妻成氏非貴族，欲出之曰，我女豈可與田舍女爲妯娌耶，或曰，蕭氏瑀之姪孫，國家舊姻，乃止。李光進與弟光顔友善，光顔先娶其母，委以家事，母卒，光進後娶光顔，使其妻奉管鑰籍，財物歸于其姒，光進反之曰，新婦逮事先姑，姑命主事，不可易也。《唐紀》。

（宋）潘自牧《記纂淵海》卷四〇《人倫部・子弟》 經：兄弟之子，猶子也。《禮記》。

史：定陶王好學多才於帝子行，虛譽隆洽，傾於諸父。黄瓊昔隨父在臺閣習見故事，及後居職達練，官曹争議朝堂，莫能摛奪。吴陸遜曰，子弟苟有才，不憂不用，不宜私出以要榮利，若其不佳，終爲取禍。《通鑑》。魏舒容貌質樸，少號遲鈍，人莫知，唯叔父衡知其奇，每有賓客造已，常勸使過舒言，吾兄子，非常人也。顧和總角便有清操，族叔榮雅重之曰，此吾家麒麟，興吾宗者，必此子也。王羲之深爲從伯導所器，嘗謂羲之曰，汝佳子弟，當不減阮主簿。阮裕爲王敦主簿。謝安問諸子弟曰，子弟何與人事車騎，玄答曰，譬如芝蘭欲其生於堦庭，謝玄爲叔父安所器。苻堅南伐，安舉玄竟敗堅。謝安嘗詣陸納，而納殊無供辦，其兄子俶密爲之具，安既至，納所設惟茶果而已，俶遂陳盛饌珍羞畢具，客罷，納大怒曰，汝不能光益父叔，乃復穢我素業邪？詔求文武良將，謝安以兄子玄應詔，郄超嘆曰，安之明乃能違衆與親，玄之才足以不負所舉。謝朏幼聰慧，謝莊器之，十歲能屬文莊□出使，朏命篇攬筆便就，王景文曰，賢子足稱神童，後來復爲特達，莊曰，真吾家千金。振少薄行，玄不以子姝齒之。《晉書》。謝混與族子靈運瞻晦，曜以文義，賞□常共處居在烏衣巷，故謂之烏衣之游。謝密童幼時精神端，審時然後言，叔父琨見而異之曰，此兒深中夙敏，可成佳器，有子如此足矣。《南史》。宗炳問兄子慤所志，答曰，願乘長風吹破萬里浪，炳曰汝若不富貴，必破我門户。《宋書》。初王弘與兄弟集□，任子孫，適僧達跳下地作虎子，僧綽正坐采蠟燭珠爲鳳凰，僧達奪取打壞亦不復惜，僧□累十二博碁，既不墜落，亦不重作，弘嘆曰，僧達後爽，當不減人，然恐終危吾家，僧綽當以名義見美，僧□必爲長者位。至公台，已而皆如其言。《通鑑》。王渾與婦共坐，見武子從庭過，渾欣然曰，生兒如此，足慰人意。《晉・列女傳》。劉孺七歲能屬文，叔父瑱常置座側，謂賓客曰，此吾家明珠。《宋書》。楊愔幼時，庭有柰樹實落，羣兒争之，愔不動獨坐，季父暐大嗟異，謂客曰，此兒恬裕，有我家風，宅内有茂竹，遂於林邊别葺一室，命獨處共中，常銅盤具盛饌以飯之，因以督厲諸子曰，汝輩但如遵彦謹慎，自得竹林别室銅盤重肉之食。杜史。楊愔叔父見愔曰，愔將相器，謂人曰，此兒駒齒未落，已是我家龍，文更十歲，當求之千里外。本傳。任環早孤，叔父忠每曰，吾子雖多，唐保耳，所以寄門户者環也。《唐書》。

傳記：晉林下諸賢各有雋才子，籍子渾，器量宏曠，康子紹，清遠雅正，濤子簡踈通高潔，咸子瞻，虚夷有遠心，瞻弟孚，爽朗多所遺，秀子純，悌並淑令有清流，戎子萬，有大成之風，惟劉伶子無聞。凡諸子惟瞻爲冠，紹簡亦見重當世。《世説》。

集：有韋羣玉者，在家無子弟之過，求子弟之賢而能業其家者，韋羣玉也。韓文。

(宋) 潘自牧《記纂淵海》卷四〇《人倫部・從母》 經：從母之夫，舅之妻，二人相爲服，君子未之言也。或曰，同爨緦。禮記從母之男子爲從母晜弟，其女子爲從母姊妹。《爾雅》。

史：初臧宣叔娶于鑄生賈，及蔫而死，繼室以其姪，穆姜之姨子也。《左》姪，穆姜姨母之子，與穆姜爲姨昆弟。符承祖方用事，親姻爭趨附以求利。其從母楊氏爲姚氏婦獨否，常謂承祖之母曰，姊雖有一時之榮，不若妹有無憂之樂，姊與之衣服，多不受，則是符氏内外號爲癡姨。《通鑑》。韋縚奏姨小功五月，堂姨加至袒免。《唐紀》。

(宋) 潘自牧《記纂淵海》卷四〇《人倫部・婦翁》 經：妻之父母，何以緦報之也，昏禮婿親迎，見於舅姑，舅姑承子以授婿。《禮記》。妻之父爲外舅，妻之母爲外姑。《爾雅》。

史：陳涉既爲王，妻之父往依焉，陳王以衆賓待之，長揖不拜，妻之父怒，不辭而去。《通鑑》。婦父乃是翁比。《陳紀》。外黄富人女嫁張耳，厚奉給耳。《史》。光武謂倫曰，聞卿爲吏篣婦公，寧有之邪。倫對曰，臣三娶妻，皆無父。《第五倫傳》。婦翁冰清。《衛玠傳》。華廙有才，妻父盧毓典選，廙年三十五不得調。《晉書》。女婿奈何不敬婦翁。《通鑑》。

傳記：甘公之遇恭祖，太守之器伯珪。《白帖》。王適曰，吾求婦氏久矣，惟此翁可人意，且聞其女賢，不可以失。韓文。青城山爲五岳之長，故名丈人山。青城山記，今世俗呼人婦翁爲令岳，謂妻之伯叔父爲列岳，往往因此。又神仙傳曰，太山有老父，失其姓名，今人稱人婦翁亦曰太山，不知何所據，或者出此訛以傳訛也。集，爲愛丈人山。杜。

本朝：俗呼人之妻父爲岳丈，以泰山有丈人峯、丈人觀，似亦有理也。而呼妻母爲泰水，此何義耶？晉樂廣衛玠妻父也，時稱婦翁冰清，女婿玉潤，然則俗所謂岳丈，當云樂丈耳。孫將正訓。

(宋) 潘自牧《記纂淵海》卷四〇《人倫部・婿》 經：婿，何以緦報之也。《禮記》。子謂公治長可妻也，以其子妻之，南容三復白圭，孔子以其兄之子妻之。《論語》。謂我舅者，吾謂之甥也。《爾雅》。

史：趙有側室曰，穿晉君之婿也。《左》。淳于髡，齊之贅婿少婿東齊間，謂婿爲倩，禮甚卑，有子婿禮。《史》。家貧子壯則出贅，司徒袁隗欲爲從女求姻，見黄允嘆曰，得婿如是足矣，允聞而黜遣其妻。《漢紀》。謝安婿王國寶，安惡其爲人，每抑而不用，國寶乃譖安于道，子使離間之於帝。《晉紀》。宇文泰諸子皆幼，惟以諸婿爲心膂。《梁紀》。女夫乃是兒例，女婿奈何不敬婦翁。《陳紀》。回紇可汗上書言，今婿半子也，獨孤郁，權德輿之婿也，上嘆郁之才美曰，德輿得婿，我反不及耶。《唐紀》。武帝爲

晉陵主求婚，王珣曰，謝渾雖不及真長，不減王子敬。帝曰，如此便足
□，帝崩，袁崧欲以女妻之，珣曰，卿莫近禁。《晉書》。史官李漢蔣係皆
愈之子婿。《唐書》。姚覬少惷，不修容止，時人莫之知，司空圖一見以爲
奇，以女妻之。《五代史》。

傳記：杜廣初爲劉景廄卒，景因問廣中。一作申，未知孰是，此字可疑。
曲有條章，景謂妻曰，爲女求夫，三年不覺廄中有麒麟，於是妻之。《三十
國春秋》。唐郭元振少美風姿，宰相張嘉貞欲納爲婿曰，吾五女各有姿色，
令人持一線幔前，使子取便牽之，得者爲婦。元振牽一紅絲線，得第三
女。《開元遺事》。李膺祖脩以鍾瑾好學似我，以膺妹妻之。《白帖》。孫雋與
李元膺俱娶太尉桓玄女，時人謂桓兩女俱乘龍，言得婿如龍也。《楚國先賢
傳》。唐張延賞選韋臯爲婿，臯性高，不拘小節，公侮之不禮，臯乃辭去。
後自金吾持節兩川，爲延賞代公曰，吾不識人。郭圓有詩曰，當時甚訝張
延賞，不識韋臯是貴人。《雲溪友議》。楊玠娶慱陵崔季讓女，崔家富圖籍，
殆將萬卷，玠成婚之後，頗亦游其書齋，既而告人曰，崔氏書被人盜盡，
曾不之知，崔遽令檢之，玠捫腹曰，已藏之經笥矣。《談藪》。陳忠女名豐，
隣人葛勃有美姿，豐與村中數女相謂曰，若得婿如葛勃，無所恨也。《藝
苑》。

集：禁臠去東牀，門闌多喜氣，女婿近乘龍。杜。愈於處士妹婿也。
韓文。乃命長嗣爲君半子。劉禹錫。人見東方騎，皆言夫婿殊。《王建集》。
既傾南國貌，遂坦東牀腹，覔得黔婁，爲妹婿廣。自侍郎。本朝昔昌黎爲
唐儒宗，得子婿李漢，然後其文益振，其道益大。《臨川集》。廄下麒麟，
深知杜廣。《類要》。

（宋）潘自牧《記纂淵海》卷四〇《人倫部·姊妹》 經：房中內
賓，姑姊妹也。姊妹已嫁而反，兄弟不與同席而坐，弗與同器而食。子路
有姊之喪，可以除之矣，而弗除也。孔子曰，何不除也，子路曰，吾寡兄
弟而弗忍也。《禮》。男子謂女子先生爲姊，後生爲妹，父之姊妹爲姑，母
之姊妹爲從母，妻之姊妹同出爲姨，婦稱夫之姊爲女公，夫之女弟爲女
妹。《爾雅》。

史：鄭穆，少妃姚子之子，子貉之妹也。子貉早死無後，而天鍾美
於是。夏姬也。晉公子重耳取季隗，趙衰妻叔隗，吴伐楚，楚昭王取其妹
季芊以出涉睢，鍾建負之以從，復國王將嫁，季芊辭曰，所以爲女子，遠
丈夫也，鍾建負我矣，使妻鍾建以爲樂尹。《左》。聶政爲嚴仲子殺韓相俠
累，因自抉眼出腸以死，韓取政屍，暴於市購之曰，有能言殺俠累者，與
千金，政姊嫈聞之，乃伏屍哭曰，是軹深井里聶政也，妾奈何畏殁身之
誅，滅賢弟之名，乃三大呼天，遂死於政旁。李園妹欲進諸楚王，春申君
納之，既而有娠，李園使其妹説春申君曰，楚王貴幸公，雖兄弟不如也。
今君相楚二十餘年而王無子，即千歲後將更立兄弟，兄弟立，禍且及身
矣。今妾有娠而人莫知，妾幸君未久，誠以君之重進妾於王，王必幸妾，
妾賴之而有男，則是君之子爲王也。春申君大然之，即出李園妹，謹舍而
言諸楚王，王召入幸之，遂生男，立爲太子，李園妹爲王后。《史記》。班
超妹曹大家上書曰，蠻夷之性悖逆侮老，而超旦暮入地，久不見代，恐開
姦宄之源，生亂逆之心，妾竊聞古者十五受兵，六十還之，亦有休息不任
職也，故妾敢觸死爲超求哀匄超，餘年一得生還，復見闕庭。《漢和紀》。
慕容垂娶段氏字元妃，光禄大夫段儀女婉惠有志操，常謂妹季妃曰，我終
不作凡人妻妾。季妃曰，我亦不作庸夫婦。鄰人聞笑之，後燕王納元妃，
范陽王德聘季妃，並如其言。王凝之妻謝氏名道韞，朗之妹聰明有才辨，
同郡張玄妹亦有才質，適顧氏，玄母稱之，以敵道韞。有濟尼者，游於二
家，或問之，答曰，謝夫人神清散朗，故有林下風味，顧家婦清心玉映，
自是閨房之秀。《晉書》。石奮家貧，有妹能鼓琴，高祖召爲美人，老姊垂
白。曹壽妻，班超之妹也。超爲都□在絶域，年老思入關，妹乃上書曰，
妾兄超延命沙漠三十餘年，骨肉生離，不復相識，書奏徵《漢書》。還，宋
山陰公主謂帝曰，妾與陛下俱託體先帝。《宋武紀》。劉孝綽三妹並有才學，
一適徐悱文尤清拔，所謂劉三娘也。悱卒爲祭文，辭甚悽愴，悱父欲爲哀
辭，及見此文，乃閣筆。《南史》。李勣性友愛，其姊病，嘗自爲粥而爇其
鬚，姊戒止答曰，姊多疾而勣且老，雖欲數進粥，尚幾何。張巡姊，軍中
號陸姑。《唐書》。

傳記：袁彦道有二妹，一適殷淵源，一適謝仁祖。《世説》。賈彦年六
歲，其姊聞鄰家讀書，日日抱彦竊聽之，十歲乃暗誦六經。王子年《拾遺
記》。

（宋）潘自牧《記纂淵海》卷四〇《人倫部·兄弟》 經：惟孝友于

兄弟。《書》。終鮮兄弟。鮮，寡也。忽之兄弟爭國，兄弟之恩，今人以無兄弟終，鮮恐誤。常棣之華，鄂不韡韡，凡今之人，莫如兄弟，兄弟□于墻外禦其侮，脊鴒在原，兄弟急難，豈伊異人，兄弟匪他，兄弟既具，和樂且孺，兄及弟矣，式相好矣，無相猶矣，伯氏吹壎，仲氏吹篪，此令兄弟綽綽有裕，不令兄弟交相爲瘉，叔兮伯兮，倡予和女，豈無他人，不如我同父。《詩》。脤服膰之禮，親兄弟之國。《周禮》。聞遠兄弟之□，雖緦必往，兄之齒雁行，兄弟睦，家之肥也。《禮記》。男子先生爲兄。先生爲兄之兄，恐當作昦字。後後爲弟，昦，兄也，兄之子，弟之子，相謂爲從父昦弟。《爾雅》。司馬牛憂曰，人皆有兄弟，我獨亡。語。子爲人兄慈愛而見友，爲人弟敬詘而不悖。《荀・君道》。

史：太姒之子，惟周公康叔爲想睦也。吾兄弟比以安龙也，可使無吠，寡人有弟不能和協，而使餬其口於四方。富辰曰，兄弟雖有小忿，不廢懿親，叔出季處，有自來矣。二惠競爽，猶可又弱一个，焉貴介弟也，兄愛而友，弟敬而順。《左》。兄弟，天倫也。《穀梁》。雙生以後生爲兄，取其居上。《公羊》。趙嬰曰，我亡，吾二昆其憂哉。《左》。季心以勇，季布以諾，著聞關中。史本傳。馮野王弟立，治行相似，吏民歌之曰，大馮君，小馮君，兄弟繼踵相因循，聰明賢智惠吏民，政如魯衛德化均，周公康叔猶二君，兄弟敵吾一體一支。姜肱與二弟名聲相次，皆不應徵聘。賈彪兄弟三人，天下稱曰賈氏三虎。許劭字子將，汝南平輿人也，兄□亦知名，汝南人稱平輿淵有二龍焉。姜肱嘗《漢書》。與弟季江俱詣郡，夜於道爲盜所刼，欲殺之，肱曰，弟年幼，父母所憐，又未聘娶，願殺身代弟。季江曰，兄年德在前，家之珍寶，國之英俊，乞自受戮，以代兄命，盜遂兩釋焉。王祥性至孝，繼母朱氏遇之無道，祥愈恭謹，朱氏子覽年數歲，每見祥被楚撻，輒涕泣，抱持母，母以非理使祥，覽輒與祥往，及長娶妻，母虐使祥妻，覽妻亦趨而共之。《通鑑》。友于兄弟，分形共氣，兄肥弟瘦，無復相見之期，讓棗推梨，永罷懽愉之日，心乎愛矣，書不盡言。《梁紀》。隋帝謂羣臣曰，五子同母，真兄弟也。《陳紀》。牛弘寬厚，弟弼好酒，因醉射殺弘駕車牛，弘還宅，其妻迎謂之曰，叔射殺牛，弘無所怪問，直荅云，作脯。坐定，其妻又曰，叔忽射牛死，大是異事。弘曰，已知之矣，顏色自若，讀書不輟。《隋紀》。諸王之藩上，與之別曰，諸子尚可復有，兄弟不可復得。韋嗣立，承慶之異母弟也，母王氏遇承慶甚酷，每杖承慶，嗣立必解衣請代，母不放，輒私自杖，母乃爲之漸寬。韋嗣立爲萊蕪令，太后召問曰，卿父嘗言，臣有兩兒堪事陛下，卿兄弟在官，誠如父言，朕今以卿代兄，更不用他人，即日拜鳳閣舍人，兄弟間不榛梗，兄弟相攻，勝負皆爲人笑。《唐紀》。閨門雍穆有德，有則吾敬陳元方兄弟。《三國志》。荀爽兄弟八人，潁川語曰，荀氏八龍，慈明無雙。《魏志》。馬良兄弟五人，並有才名，鄉里諺曰，馬氏五常，白眉最良。《蜀志》。諸葛瑾事吴，弟亮事蜀，弟誕仕魏，時人謂蜀得龍，吴得虎，魏得狗。《三國志》。王珣弟珉，名出珣右，時人語曰，法□非不佳，僧彌難爲兄，僧彌，珉小字也。王徽之與弟獻之俱病篤，有術人云，人命應終而有生人樂代者，則死者可生。徽之曰，吾才位不如弟，請以餘年代之。《晉書》。孔顗爲長史，弟道存，從弟徽，頗營産業，二弟請假歸輸重十餘船，皆綿絹紙席之屬，顗正色曰，汝輩忝爲士流，何作賈客也，命燒盡而去。謝惠連幼有奇才，族兄靈運遇惠連，大相知賞，與爲刎頸交，每有篇章對，惠連輒得佳句。夏侯□爲豫州刺史，史亶先經此任，並有恩惠，百姓歌曰，前兄後弟，布政優優。《南史》。蘇瑗曰，天下難得者，兄弟。《北史》。有禮有義，房家兄弟。《房景伯傳》。梁到溉與弟洽，梁世祖贈詩曰，魏世重雙丁，晉朝稱二陸，何如今兩到。復似凌雲竹。蕭介與兄弟文酒□賞，時人以比謝氏烏衣之遊。梁書薛收與從弟元鈫及族兄德音齊名世稱河東三鳳。《唐書》。温大雅歷遷黄門侍郎，弟彦博爲中書侍郎，對居近侍，議者榮之，高祖從容謂曰，我起義晉陽，爲卿一門耳。賈敦頤爲洛州刺史，有惠政，百姓植碑頌美，及敦實爲洛州長史，又立頌於兄碑之側，號棠棣碑。杜易脚簡稱王勔王勮王勃爲三珠樹，韋叔諧叔謙季武同省，時號三列宿兄弟，天生之羽翼。《唐傳》。張説以趙冬曦韋述兄弟，人之杞梓，韓穆兄弟皆和粹，世以珍味目之。竇羣兄弟工辭章，爲連珠集時稱昆弟，若五星然。本傳。

傳記：陳寔曰，元方難爲兄，季方難爲弟，陳元方兄弟，恣柔愛之道，而二門之裏，兩不失雍熙之軌。《世説》李祖仁兄弟十人，並慈孝廉讓，因此名鄉曰廉讓。《交州記》。

集：天倫之愛，振古莫儔。《文選》。子之友悌和如琴瑟，鴈行有序，華萼相光飾。《文選》。三荊歡同株。《樂府》。雙珠出海底，俱是連城珍，聰明兩特達，餘耀照傍人，英聲振名都，高價出殊鄰。《李白集》。桂枝嘗偏折，棣蕚更相鮮。李義山文。那知風雨夜，復此對床眠。韋應物。榮聊花蕚詩難和，樂助塤篪酒易醺。白樂天。骨肉之恩，手足之愛。《白帖》。卿家兄弟功名震，麒麟閣畫鴻雁行。杜詩。自古孔懷之痛，亦莫我之與劇，手足一斷無因重連奇老，雖從祖之兄弟，甚同氣之天倫。白居易。綽綽然真令兄弟。劉賓客。吴文章少孤，與兄伯武相失二十年，復□下邳市，争計共鬭，伯武毆文章，欲報擊之，心中愴凄，手不能舉，大自恡也，因投杖於地相問，乃真兄弟也。《風俗通》。古有兄弟忽欲分異，出門見三荆同株，接葉連陰，嘆曰，木猶欣然聚，況我而殊哉，遂還爲雍和。周景式《孝子傳》。帝游後苑，有竹叢密苟不出外，帝顧諸王曰，父子兄弟相親當如此，因謂義竹。《開元天寶遺事》。

本朝，世間誰似老兄弟，篤愛不復見疵瑕。東坡詩。英心英心二字，殊無文理，恐當作墓止。一枝心自覺，春同□粟味尤長。《欒城集》。錢希白惟演從兄也，惟演拜相希白，當制世稱弟拜相，兄草麻，自古未有，惟座主拜相，門生草麻，前代記之矣。《金坡遺事》。慚愧君家好兄弟，風流更與晉人并，玉秀蘭芳好弟昆。僧參寥子。陳羣與孔融論汝潁人物。羣曰，荀文若休若友若仲豫，當今無對。《類要》。

（宋）潘自牧《記纂淵海》卷四〇《人倫部・孫》　經：　君子抱孫不抱子，此言孫可以爲王父尸。《禮記》。子之子爲孫。《爾雅》。

史：　于今抱孫焉，曾孫體近。西漢言曾孫之身，於帝爲近親云。李廣之子當户早死，當户有遺腹子陵，將兵擊胡。本傳。李廣有孫陵，善騎射，帝以爲有廣之風，使備胡。《通鑑》。富平侯者，張安世四世孫放也。《漢成紀》。裴耀卿，叔業之七世孫也。郭子儀諸孫數十，每問安，不能盡辨顔色，頷之而已。《唐德宗紀》。鄭玄之子益恩，赴黄巾之難隕身，有遺腹子，玄以其手文似己，名之曰小同。後漢。臣無祖母無以至今日，祖母無臣無以終餘年，母孫二人，王承，□之孫，清虚寡欲，不飾文辭，論者以爲祖不及孫，王羲之率諸之抱弱孫，一味之甘，割而分之以娱目前。張憑數歲，祖鎮謂其父曰，我不如汝，汝有佳兒。憑曰，阿翁詎宜以子戲父乎。《晉書》。謝靈運子鳳，鳳子超宗，有文辭，帝大嗟賞，謂謝莊曰，超宗殊有鳳毛，靈運復出。《南史》。員俶九歲，升坐詞辯注射，帝異之曰，半千孫固當然。《新唐書》。

集：　籍籍名家孫。杜詩。玉牙珠顆小男兒，羅薦蘭湯浴罷時。芣苢春來盈女手，梧桐老去長孫枝。白樂天。承先人之後者，在孫惟汝。韓文。

本朝：　有後慶多孫。《欒城集》。

（宋）李如圭《儀禮集釋》卷一七《喪服・子夏傳》　斬衰，裳苴絰杖絞帶，冠繩纓，菅屨者，傳曰，斬者何，不緝也。苴絰者，麻之有蕡者也。苴絰大搹，左本在下去五分，一以爲帶，齊衰之絰，斬衰之帶也。去五分一以爲帶，大功之絰，齊衰之帶也。去五分一以爲帶，小功之絰，大功之帶也。去五分一以爲帶，緦麻之絰，小功之帶也。去五分一以爲帶，苴杖竹也，削杖桐也。杖各齊其心，皆下本。杖者，何爵也，無爵而杖者，何擔主也，非主而杖者，何輔病也，童子何以不杖，不能病也，婦人何以不杖，亦不能病也。絞帶者，繩帶也，冠繩纓條屬。右縫冠六升，外畢鍛而勿灰，衰三升。菅屨者，菅菲也，外納，居倚廬，寢苫枕塊，哭晝夜無時，歠粥，朝一溢米，夕一溢米，寢不脱絰帶。既虞，翦屏柱楣，寢有席。疏食水飲，朝一哭，夕一哭而已。既練，舍外寢，始食菜果，飯素食，哭無時。

父傳曰，爲父何以斬衰也，父至尊也，諸侯爲天子，傳曰，天子至尊也。君，傳曰，君至尊也。父爲長子，傳曰，何以三年也，正體於上，又乃將所傳重也，庶子不得爲長子三年，不繼祖也。爲人後者，傳曰，何以三年也，受重者必以尊服服之，何如而可爲之後，同宗則可爲之後；何如而可以爲人後，支子可也。爲所後者之祖父母、妻妻之父母昆弟、昆弟之子若子，妻爲夫，傳曰，夫至尊也。妾爲君，傳曰，君至尊也。女子子在室爲父布總箭笄髽衰三年，傳曰，總六升長六寸，箭笄長尺，吉笄尺二寸。子嫁反在父之室，爲父三年，公士大夫之衆臣爲其君布帶繩屨，傳曰，公卿大夫室老士貴臣，其餘皆衆臣也。君謂有地者也，衆臣杖不以即位，近臣君服斯服矣。繩屨者，繩菲也。

疏衰裳、齊牡麻絰、冠布纓、削杖、布帶，疏屨三年者傳曰齊者，何緝也？牡麻者，枲麻也。牡麻絰右本在上，冠者沽功也。疏屨者藨蒯之菲也。父卒則爲母，繼母如母。傳曰，繼母何以如母，繼母之配父與因母同，故孝子不敢殊也。慈母如母。傳曰，慈母者，何也？傳曰，妾之無子者，妾子之無母者，父命妾曰女以爲子，命子曰女以爲母。若是，則生養之終其身，如母死，則喪之三年如母，貴父之命也。母爲長子。傳曰，何以三年也？父之所不降母，亦不敢降也。

疏衰裳，齊牡麻，絰冠布纓，削杖、布帶、疏屨期者，傳曰，問者曰何冠也？曰齊衰大功冠其受也，緦麻小功冠其衰也，帶緣各視其冠。

父在爲母。傳曰，何以期也？屈也。至尊在，不敢伸其私尊也。父必三年，然後娶達子之志也。妻。傳曰，爲妻何以期也，妻至親也出妻之子爲母。傳曰，出妻之子爲母，期則爲外祖父母無服。傳曰，絶族無施服親者，屬出妻之子。爲父後者，則爲出母無服。傳曰，與尊者爲一體，不敢服其私親也。父卒，繼母嫁，從爲之服報。傳曰，何以期也？貴終也。

不杖麻屨者，祖父母。傳曰，何以期也？至尊也。世父母、叔父母。傳曰，世父、叔父何以期也？與尊者一體也。然則昆弟之子何以亦期也？旁尊也，不足以加尊焉，故報之也。父子一體也，夫妻一體也，昆弟一體也。故父子首足也，夫妻牉合也，昆弟四體也。故昆弟之義無分，然而有分者，則辟子之私也。子不私其父，則不成爲子，故有東宫、有西宫、有南宫、有北宫異居而同財，有餘則歸之宗，不足則資之宗。世母、叔母何以亦期也？以名服也。大夫之適子爲妻。傳曰，何以期也？父之所不降子，亦不敢降也。何以不杖也？父在則爲妻不杖。昆弟爲衆子昆弟之子。傳曰，何以期也？報之也。大夫之庶子爲適昆弟。傳曰，何以期也？父之所不降子，亦不敢降也。適孫。傳曰，何以期也？不敢降其適也。有適子者無適孫，孫婦亦如之。爲人後者，爲其父母報。傳曰，何以期也？不貳斬也。何以不貳斬也？持重於大宗者，降其小宗也。爲人後者孰後後大宗也。曷爲後大宗，大宗者，尊之統也。禽獸知母而不知父，野人曰，父母何算焉？都邑之士則知尊禰矣，大夫及學士則知尊祖矣。諸侯及其大祖、天子及其始祖，之所自出尊者，尊統上卑者，尊統下大宗者，尊之統也。大宗者，收族者也，不可以絶，故族人以支子後大宗也。適子不得後大宗，女子子適人者，爲其父母昆弟之爲父後者。傳曰，爲父何以期也？婦人不貳斬也。婦人不貳斬者，何也？婦人有三從之義，無專用之道，故未嫁從父，既嫁從夫，夫死從子。故父者，子之天也；夫者，妻之天也。婦人不貳斬者，猶曰不貳天也，婦人不能貳尊也。爲昆弟之爲父後者，何以亦期也？婦人雖在外必有歸宗，曰小宗，故服期也。

繼父同居者。傳曰，何以期也？傳曰，夫死，妻穉子、幼子無大功之親與之適人，而所適者亦無大功之親，所適者以其貨財爲之築宫廟，歲時使之祀焉。妻不敢與焉，若是，則繼父之道也。同居則服齊衰期，異居則服齊衰三月，必嘗同居然後爲異居，未嘗同居則不爲異居。爲夫之君。傳曰，何以期也？從服也。姑姊妹女子子適人無主者，姑姊妹報。傳曰，無主者，謂其無祭主者也。何以期也？爲其無祭主故也。爲君之父母，妻長子祖父母。傳曰，何以期也》從服也。父母長子君服斬，妻則小君也。父卒，然後爲祖後者服斬。妾爲女君。傳曰，何以期也？妾之事，女君與婦之事。舅姑等婦爲舅姑。傳曰，何以期也？從服也。夫之昆弟之子。傳曰，何以期也？報之也。公妾大夫之妾爲其子。傳曰，何以期也？妾不得體君，爲其子得遂也。女子子爲祖父母。傳曰，何以期也？不敢降其祖也。大夫之子爲世父母、叔父母、子昆弟，昆弟之子、姑姊妹女子子無主者，爲大夫命婦者，唯子不報。傳曰，大夫者，其男子之爲大夫者也。命婦者，其婦人之爲大夫妻者也。無主者，命婦之無祭主者也。何以言唯子不報也？女子子適人者，爲其父母期，故言不報也。言其餘皆報也，何以期也？父之所不降，子亦不敢降也。大夫曷爲不降命婦也？夫尊於朝，妻貴於室矣。大夫爲祖父母適孫爲士者。傳曰，何以期也？大夫不敢降其祖與適也。公妾以及士妾爲其父母。傳曰，何以期也？妾不得體君，得爲其父母遂也。

疏衰裳齊牡麻絰無受者。寄公爲所寓。傳曰，寄公者，何也？失地之君也。何以爲所寓？服齊衰三月也，言與民同也。丈夫婦人爲宗子，宗子之母妻。傳曰，何以服齊衰三月也？尊祖也，尊祖故敬宗。敬宗者，尊祖之義也。宗子之母在，則不爲宗子之妻服也。爲舊君君之母妻。傳曰，爲舊君者，孰謂也？仕焉而已者也。何以服齊衰三月也？言與民同也，君之母妻則小君也。庶人爲國君大夫在外，其妻長子爲舊國君。傳曰，何以服齊衰三月也？妻言與民同也，長子言未去也。繼父不同居者，曾祖父母。傳曰，何以齊衰三月也？小功者，兄弟之服也，不敢以兄弟之服服至尊也。大夫爲宗子。傳曰，何以服齊衰三月也？大夫不敢降其宗也。舊君。傳曰，大夫爲舊君，何以服齊衰三月也？大夫去君歸其宗廟，故服齊衰三月也，言與民同也。何大夫之謂乎？言其以道去君，而猶未絶也。曾祖父母爲士者，如衆人。傳曰，何以齊衰三月也？大夫不敢降其祖也。女子子嫁者、未嫁者，爲曾祖父母。傳曰，嫁者，其嫁於大夫者也。未嫁者，其成人而未嫁者也。何以服齊衰三月？不敢降其祖也。

大功布衰裳牡麻絰無受者，子女子子之長殤、中殤。傳曰，何以大功也？未成人也。何以無受也？喪成人者，其文縟；喪未成人者，其文不縟。故殤之絰不樛垂，蓋未成人也。年十九至十六爲長殤，十五至十二爲中殤，十一至八歲爲下殤，不滿八歲以下爲無服之殤。無服之殤，以日易月。以日易月之殤，殤而無服，故子生三月，則父名之死，則哭之；未名，則不哭也。叔父之長殤、中殤，姑姊妹之長殤、中殤，昆弟之長殤、中殤，夫之昆弟之子女子子之長殤中殤適孫之長殤、中殤，大夫之庶子爲適昆弟之長殤、中殤，公爲適子之長殤、中殤，大夫爲適子之長殤、中殤，其長殤皆九月纓絰，其中殤七月不纓絰。大功布衰裳牡麻絰纓布帶，三月受以小功衰，即葛九月者。傳曰，大功布九升，小功布十一升。姑姊妹女子子適人者。傳曰，何以大功也？出也。從父昆弟爲人後者，爲其昆弟。傳曰，何以大功也？爲人後者，降其昆弟也。庶孫適婦。傳曰，何以大功也？不降其適也。女子子適人者，爲衆昆弟姪丈夫婦人報。傳曰，姪者，何也？謂吾姑者，吾謂之姪夫之祖父母、世父母、叔父母。傳曰，何以大功也？從服也。夫之昆弟何以無服也？其夫屬乎父道者，妻皆母道也；其夫屬乎子道者，妻皆婦道也。謂弟之妻婦者，是□亦可謂之母乎？故名者，人治之大者也，可無慎乎？大夫爲世父母、叔父母、子昆弟，昆弟之子爲士者。傳曰，何以大功也？尊不同也。尊同則得服其親，服公之庶昆弟。大夫之庶子爲母妻昆弟。傳曰，何以大功也？先君餘尊之，所厭不得過大功也。大夫之庶子則從乎？大夫而降也，父之所不降子，亦不敢降也。皆爲其從父昆弟之爲大夫者，爲夫之昆弟之婦人子適人者，大夫之妾爲君之庶子，女子子嫁者。未嫁者，爲世父母、叔父母、姑姊妹。傳曰，嫁者，其嫁於大夫者也；未嫁者，成人而未嫁者也。何以大功也？妾謂君之黨服得與女君同，下言爲世父母、叔父母、姑姊妹者，謂妾自服其私親也。大夫、大夫之妻、大夫之子、公之昆弟，爲姑姊妹女子子嫁於大夫者，君爲姑姊妹女子子嫁於國君者。傳曰，何以大功也？尊同也。尊同則得服其親，服諸侯之子稱公子，公子不得禰先君。公子之子稱公孫，公孫不得祖諸侯，此自卑别於尊者也。若公子之子孫，有封爲國君者，則世世祖是人也，不祖公子，此自尊别於卑者也。是故始封之君不臣諸父昆弟，封君之子不臣諸父而臣昆弟，封君之孫盡臣諸父昆弟，故君之所爲服，子亦不敢不服也；君之所不服，子亦不敢服也。

繐衰裳牡麻絰既葬除之者。傳曰，繐衰者，何以小功之繐也？諸侯之大夫爲天子。傳曰，何以繐衰也？諸侯之大夫以時接見乎？天子小功布衰裳，澡麻帶絰五月者，叔父之下殤、適孫之下殤、昆弟之下殤、大夫庶子爲適昆弟之下殤、爲姑姊妹女子子之下殤，爲人後者，爲其昆弟、從父昆弟之長殤。傳曰，問者曰，中殤何以不見也？大功之殤中從上，小功之殤中從下，爲夫之叔父之長殤，昆弟之子女、子子，夫之昆弟之子女、子子之下殤，爲姪庶孫丈夫、婦人之長殤，大夫公之昆弟、大夫之子爲其昆弟、庶子姑姊妹、女子子之長殤、大夫之妾爲庶子之長殤。

小功布衰裳牡麻絰，即葛五月，從祖祖父母、從祖父母報。從祖昆弟、從父姊妹孫適人者，爲人後者，爲其姊妹適人者，爲外祖父母。傳曰，何以小功也？以尊加也。從母丈夫、婦人報。傳曰，何以小功也？以名加也。外親之服皆緦也，夫之姑姊妹娣姒婦報。傳曰，娣姒婦者，弟長也。何以小功也？以爲相與居室中，則生小功之親焉。大夫、大夫之子、公之昆弟、爲從父昆弟庶孫、姑姊妹女子子適士者，大夫之妾爲庶子適人者，庶婦君母之父母、從母。傳曰，何以小功也？君母在，則不敢不從服；君母不在，則不服。君子子爲庶母慈己者。傳曰，君子子者，貴人之子也。爲庶母何以小功也？以慈己加也。

緦麻三月者。傳曰，緦者，十五升抽其半，有事其縷，無事其布。曰緦族，曾祖父母族、祖父母族、父母族、昆弟庶孫之婦、庶孫之中殤，從祖姑姊妹適人者報。從祖父、從祖昆弟之長殤，外孫從父昆弟姪之下殤，夫之叔父之中殤、下殤，從母之長殤報。庶子爲父後者，爲其母。傳曰，何以緦也？傳曰，與尊者爲一體，不敢服其私親也。然則何以服緦也？有死於宫中者，則爲之三月不舉祭，因是以服緦也。士爲庶母。傳曰，何以緦也？以名服也。大夫以上爲庶母無服。貴臣貴妾。傳曰，何以緦也？以其貴也。乳母。傳曰，何以緦也？以名服也。從祖昆弟之子，曾孫父之姑，從母昆弟。傳曰，何以緦也？以名服也。甥。傳曰，甥者，何也？謂吾舅者，吾謂之甥。何以緦也？報之也。婿。傳曰，何以緦也？報之也。妻之父母。傳曰，何以緦？從服也。姑之子。傳曰，何以緦？報之也。舅。傳曰，何以緦？從服也。舅之子。傳曰，何以緦？從服也。夫之姑姊妹之長殤，夫之諸祖父母、君母之昆弟。傳曰，何以緦？從服也。從父昆弟之子之長殤，昆弟之孫之長殤，爲夫之從父昆弟之妻。傳曰，何以緦也？以爲相與同室，則生緦之親焉。長殤、中殤降一等，下殤降二等，齊衰之殤中從上，大功之殤中從下。

《記》，公子爲其母練冠麻衣縓緣，爲其妻縓冠葛絰帶麻衣縓緣，皆既葬除之。傳曰，何以不在五服之中也？君之所不服，子亦不敢服也。君之所爲服，子亦不敢不服也。大夫公之昆弟、大夫之子於兄弟降一等，爲人後者，於兄弟降一等，報於所爲後之兄弟之子。若子兄弟皆在他邦，加一等；不及知父母與兄弟居，加一等。傳曰，何如則可謂之兄弟？傳曰，小功以下爲兄弟。

朋友皆在他邦，袒免歸，則已朋友麻。君之所爲兄弟服，室老降一等。夫之所爲兄弟服，妻降一等。庶子爲後者，爲其外祖父母、從母舅無服；不爲後，如邦人。宗子孤爲殤大功、衰小功，衰皆三月。親則月筭，如邦人改葬緦。童子唯當室緦。傳曰，不當室，則無緦服也。凡妾爲私兄弟，如邦人，大夫弔於命婦錫衰，命婦弔於大夫，亦錫衰。傳曰，錫者，何也？麻之有錫者也。錫者，十五升抽其半，無事其縷，有事其布，曰錫。女子子適人者，爲其父母，婦爲舅姑惡，笄有首以髽卒，哭子折笄首以笄布總。傳曰，笄有首者，惡笄之有首也。惡笄者，櫛笄也。折笄首者，折吉笄之首也。吉笄者，象笄也。何以言子折笄首，而不言婦終之也？妾爲女君，君之長子惡笄有首布總。凡衰外削幅，裳内削幅，幅三袧。若齊裳内衰外負廣出於適寸，適博，四寸出於衰。衰長六寸，博四寸，衣帶不尺袵二尺有五寸，袂屬幅衣二尺有二寸，袪尺二寸衰三升，三升有半其冠六升，以其冠爲受。受冠七升，齊衰四升，其冠七升，以其冠爲受。受冠八升，繐衰四升有半，其冠八升。大功八升若九升，小功十升若十一升。

（宋）李覯《直講李先生文集》卷一五《五宗圖序》 大傳曰：別子爲祖，注云別子謂公子，若始來在此國者，後世以爲祖也。又曰繼別爲宗，注云別子之世適也，族人尊之，謂之大宗，是宗子也。又曰繼禰者爲小宗，注云父之適也，兄弟尊之，謂之小宗。又曰有百世不遷之宗，有五世則遷之宗，百世不遷者，別子之後也。宗其繼別子之所自出者，百世不遷者也。宗其繼高祖者，五世則遷者也。注云遷猶變易也，繼別子，別子之世適也，繼高祖者，亦小宗也。先言繼禰者，據別子子弟之子也，以高祖與禰皆有繼者，則曾祖，祖亦有也，則小宗四與大宗凡五說者，曰別子，謂公子諸侯之庶子也，若細別言之，則妻之所生爲適，妾之所生爲庶，若秪據正體言之，則妻之長子爲適，其次子以下及妾所生，通得謂之庶子也。諸侯之適子，適孫繼世爲君，而庶子不得禰先君，故自與其後世子孫爲始祖也。云若始來在此國者，謂非君之親異或是異姓始來在此國者，亦得謂之別子，自與其後世子孫爲始祖也。別子之適子世繼，別子爲大宗族人尊之，雖五世以外，皆爲之齊衰三月，爲其母妻亦然，所謂百世不遷者也。其別子之庶子，不得禰別子，則自使其適子繼，已而爲小宗，所謂繼禰者，爲小宗也，繼禰則與親兄弟爲宗也。又其適子則繼祖，與同堂兄弟爲宗也，又有適子則繼曾祖，與再從兄弟爲宗也，又其適子則繼高祖，與三從兄弟爲宗也，其庶子皆不得繼禰，各自使其適子繼已而爲小宗焉，是自高祖之後至玄孫凡四世，就此第四世小宗之三從兄弟而言，則其人有小宗四矣。宗其繼禰者，親兄弟也，又與之共宗於繼祖者，同堂兄弟也，又與之共宗於繼曾祖者，再從兄弟也，又與之共宗於繼高祖者，三從兄弟也，然則四宗備矣。又與四宗共宗於大宗，是爲五宗也。其於小宗，各以本服服之，親兄弟齊衰期也，同堂兄弟大功也，再從兄弟小功也，三從兄弟緦麻也，至第五世繼高祖之父者，與四從兄弟無服不復爲之宗，所謂五世則遷者也。若世數尚少，則小宗或有三或有二或有一，其曰小宗四者，蓋極言之耳，不必皆然也。凡人生子或衆或寡，今此圖盡爲二子以甲乙第之，斯蓋設法貴於省文，若庶子之多者，可以此例推之也，甲者皆適也，乙者皆庶也，適者皆爲小宗，庶者皆不繼禰，其旨甚明，弗復盡注。

贊曰吾於三宗見孝弟之至焉，高祖以上遠矣，而數十百世尊其正體不忘祖也，何孝如之，祖免以外疏矣，而合之以食，序以昭穆，厚同姓也，何弟如之，先王之所以治天下，此其本歟。周衰法弛斯道以亡，庶匹適者有之矣，幼陵長者有之矣，祖以世斷遠則忘之矣，族以服治疏則薄之矣。骨肉或如行路，尚何有於天下乎，於戲，書燔簡脱，幸存其畧，而學者弗之察，吾甚病焉，故表之以圖云。

（元）徐元瑞《吏學指南·五服》　五服者，象天有五星，地有五嶽，陰陽有五行，刑法有五等，故喪服有五名也。蓋服者，言死者既喪，生者制服，但貌以表心，服以表貌也。

三年：實二十七箇月，蓋得三年之氣一開，天道終也，有二等。

斬縗：喪服不言裁割，而言斬者，謂取痛甚之義。

齊縗：裳緝而剪裁成也。

期年：實一十二個月，謂應天道之四時，如物有終始也。有二等。

杖期：男子服用竹，婦人服用桐。

不杖期：謂服不用杖也。

大功九月：功者，治布之功，有精粗也，九月者，應天道一時之氣，如春種秋成也。

小功五月：布精者也，爲服於輕，不成一時也。

緦麻三月：服之輕者曰緦，謂治其布縷如絲，其服容貌可也。

袒免：無服之親也，《禮》注云謂不服布而裳袒。謂有幘帽之狀也。

（元）徐元瑞《吏學指南·服制》　正服：謂正先祖之體，本族之服也。

義服：謂元非本族，因義共處者。如壻服妻之父母，緦麻之類。

加服：謂本服輕而加之於重也，如嫡孫承祖之類。

降服：謂合服重而從輕也。如男出繼，女適人，母被出之類。

報服：謂尊卑互相報服也。

（元）徐元瑞《吏學指南·五父》　親：謂生我身之父也。

養：謂繼立我之父，遺抱者同。

繼：謂父亡母再醮者。

義：謂受恩寵結拜之類。

師：謂受業之師也。

（元）徐元瑞《吏學指南·十母》　親：謂親生我身者。

出：謂生我之身，爲父離異者。

嫁：謂親母因父亡改適者。

庶：謂母非正室而生我者。

嫡：謂我以妾所生，故以父正室曰嫡。

繼：親母已亡，父再娶者。

慈：謂妾無子，及妾子之無母，而父命爲母者。

養：謂出繼他人爲子者。

乳：謂曾乳哺我身者。

諸：謂伯叔母之類通稱。

（明）王紳《繼志齋集》卷五《范氏族譜序》　人之所以異於禽獸幾希者，以其有尊祖敬宗之心，知親疏長幼之序，守禮義仁愛之節也。春秋祭祀思其所本，骨肉隆睦思其所親。倫理不失，由乎天性，人之道也。然而世人莫不知之，亦莫不欲行之，夫何見其能暫而不能致久見，其能久而不能及遠。高曾以上祖妣之名，或不知也，緦免以外尊卑之秩，或不辨也。如此而望其盡乎人道，不猶捨隄防而求潴水之渟滀不散，有是理乎？是故先王制爲軌俗防範之具，設小史之官爲世本之書。至漢有鄧氏官譜，應邵氏族篇，宋何承天姓苑，唐貞觀氏族志，元和姓纂，路敬淳姓畧，柳冲族姓係録。

（明）胡廣《性理大全》卷二〇《家禮·成服》　厥明，大歛之明日，死之第四日也。五服之人，各服其服入，就位，然後朝哭，相弔如儀。楊氏復曰：三日大歛，可以成服矣。必四日而後成服，何也？大歛雖畢，人子不忍死其親，故不忍據成服，必四日而後成服也。禮，生與來日，死與往日，取此義也。其服之制：一曰斬衰三年。斬，不緝也。衣裳皆用極粗生布，旁及下際皆不緝也。衣縫向外，裳前三幅、後四幅，縫内向，前後不連，每幅作三輒，輒謂屈其兩邊相著而空其中也。衣長過腰，足以掩裳。上際縫外向，背有負版，用布方尺八寸，綴於領下，垂之前當心。有衰用布長六寸、廣四寸，綴於左衿之前。左右有辟領，各用布方八寸屈其兩頭，相著爲廣四寸，綴於領下，在負版兩旁各攙負版一寸。兩腋之下有衽，各用布三尺五寸，上下各留一尺。正方一尺之外，上於左旁裁入六寸，下於右旁裁入六寸，便於盡處相望斜裁，却以兩方左右相沓綴於衣兩旁，垂之向下，狀如燕尾，以掩裳旁際也。冠比衣裳用布稍細，紙糊爲材，廣三寸，長足跨頂，前後裹以布，爲三輒，皆向右縱縫之，用麻繩一條，從額上約之，至項後交過，前各至耳結之，以爲武屈。冠兩頭入武内，向外反屈之，縫於武，武之餘繩垂下爲纓，結於頤下。首絰以有子麻爲之，其圍九寸，麻本在左，從額前向右圍之，從頂過後，以其末加於本上，又以繩爲纓以固之，如冠之制。腰經大七寸有餘，兩股相交，兩頭結之，各存麻本，散垂三尺，其交結處兩旁各綴細繩，繫之絞帶。用有子麻繩一條，大半腰經中屈之爲兩股，各一尺條，乃合之，其大如經，圍腰從左過後至前，乃以其右端穿兩股間，而反挿於右，在經之下。苴杖用竹，高齊心，本在下屨亦粗麻爲之。婦人則用極粗生布爲大袖長裙，蓋頭，皆不緝布頭，𥿭竹釵麻屨。衆妾則以背子代大袖，凡婦人皆不杖。其正服，則子爲父也。其加服，則嫡孫父卒爲祖，若曾高祖承重者也。父爲嫡子，當爲後者也。其義服，則婦爲舅也。夫承重，則從服也。爲人後者，爲所後父也，爲所後祖承重也。夫爲人後，則妻從服也，妻爲夫也，妾爲君也。

問：周制有大宗之禮，立嫡以爲後，故父爲長子三年。今大宗之禮廢，無立嫡之法，而子各得以爲後，則長子、少子不異，庶子不得爲，長子，三年不必然也。父爲長子三年，亦不可以嫡庶論也。朱子曰：宗法雖未能立，然服制自當從古，是亦愛禮存羊之意，不可妄有改易也。如漢時宗子法已廢，然其詔令猶云賜民當爲父後者爵一級，是此禮猶在也，豈可謂宗法廢而庶子皆得爲父後者乎？楊氏復曰：喪服制度，惟辟領一節，沿襲差誤，自《通典》始，按《喪服記》云，衣二尺有二寸，蓋指衣身自領至腰之長而言之也。用布八尺八寸，中斷以分左右，爲四尺四寸者二，又取四尺四寸者二，中摺以分前後，爲二尺二寸者四，此即尋常度衣身之常法也。合二尺二寸者，四疊爲四重，從一角當領處四寸下取方裁入四寸，乃《記》所謂適博四寸，注疏所謂辟領四寸是也。按鄭注云：適，辟領也，則兩物即一物也。今《記》曰適，注疏又曰辟領，何爲而異其名也？辟，猶開也，從一角當領處取方裁開，入四寸，故曰辟領。以此辟領四寸，反摺向外加兩肩上，以爲左右適，故曰適。乃疏所謂兩相向外，各四寸是也。辟領四寸既反摺向外加兩肩上，以爲左右適，故後之左右各有四寸虛處，當脊而相並，謂之闊中，前之左右各有四寸虛處，當肩而相對，亦謂之闊中，乃疏所謂闊中八寸是也。此則衣身所用布之處與裁之之法也。注又云加辟領八寸而又倍之者，謂別用布一尺六寸，以塞前後之闊中也。布一條縱長一尺六寸，橫闊八寸，又縱摺而中分之，其下一半裁斷，左右兩端各四寸除去不用，只留中間八寸，以加後之闊中。元裁，辟領各四寸處，而塞其缺，當脊之相並處，此所謂加辟領八寸是也。其上一半，全一尺六寸不裁，以布之中間從項上，分左右對摺，向前垂下，以加於前之闊中，與元裁斷處，當肩相對處相接，以爲左右領也。夫下一半，加於後之闊中者，用布八寸，而上一半從項而下，以加前之闊中也。又倍之而爲一尺六寸焉，此所謂而又倍之者是也。此則衣領所用之布與裁之之法也。古者衣服吉凶異制，故衰服領與吉服領不同，而其制如此也。注又云：凡用布一丈四寸者，衣身八尺八寸，衣領一尺六寸，合爲一丈四寸也，此是用布正數，又當少寬其布，以爲針縫之用。然此即衣身與衣領之數，若負衰帶下及兩衽，又在此數之外矣。但領必有袷，此布何從出乎？曰：衣領用布闊八寸，而長一尺六寸，古者布幅闊二尺二寸，除衣領用布闊八寸之外，更餘闊一尺四寸，而長一尺六寸，可以分作三條施於袷，而適足無餘欠也。《通典》以辟領爲適，本用注疏，又自謂喪服記文難曉，而用臆說以參之。既別用布以爲辟領，又不言制領所用何布，又不計衣身衣領用布之數，失之矣。但知衣身八尺八寸之外，又別用布一尺六寸以爲領，凡用布共一丈四寸，則文義不待辨而自明矣。又按《喪服記》及注云：袂二尺二寸，緣衣身二尺二寸，故左右兩袂亦二尺二寸，欲使縱橫皆正方也。喪服記又云：袪尺二寸。袪者，袖口也。袂二尺二寸，縱合其下一尺，留上一尺，二寸以爲袖口也。又按喪服記云：衣帶下尺緣古者，上衣下裳分別，上下不相侵越，衣身二尺二寸，僅至腰而止，無以掩裳。上際故於衣帶之下，用縱布一尺，上屬於衣，橫繞於腰，則以腰之闊狹爲準，所以掩裳上際，而後綴兩衽於其旁也。度用指尺，中指中節爲寸。首經，腰經圍九寸、七寸之類，亦同。菅屨，《儀禮》注：菅屨，非履也。《家禮》云屨以粗麻爲之，恐當從《儀禮》爲正。《儀禮》，妻爲夫，妾爲君，女子子在室爲父，布總，箭笄髽，衰三年。以《家禮》參攷之。《儀禮》小斂，婦人髽於室，以麻爲髽。《家禮》小斂，婦人用麻繩，撮髻爲髽，其制同《儀禮》。婦人成服，布總六寸，謂出紒，後所垂者六寸，箭笄長尺。《家禮》婦人成服，布頭𢄼，竹釵，所謂布頭𢄼，即《儀禮》之布總也；所謂竹釵，即《儀禮》之箭笄也。凡喪服，上曰衰，下曰裳，《儀禮》婦人但言衰不言裳者，婦人不殊裳。衰如男子，衰下如深衣無帶，下尺無衽，夫衰如男子衰，未知備負版、辟領之制與否？下如深衣，未知裳用十二幅與否？此雖無文可明，但衣身必二尺二寸，袂必屬幅，裳必上屬於衣，裳旁兩幅必相連屬，此所以衣不用帶，下尺裳旁不用衽也。今攷《家禮》則不用此制，婦人用大袖長裙蓋頭，男子衰服純用古制，而婦人不用古制，此則未詳。《儀禮》婦人有經帶，經首，經也帶腰。帶也圍之。大小無明文，大約與男子同。卒哭，丈夫去麻帶，服葛帶，而首經不變；婦人以葛爲首經，而麻帶不變。既練，男子除經，婦人除帶，其謹於經帶變除之節若此。《家禮》婦人並無經帶之文，當以禮經爲正。《喪服》斬衰傳曰：童子何以不杖？不能病也；婦人何以不杖？不能病也。疏曰：童子不杖，此庶童子也。問喪云：童子當室，則免而杖矣，謂適子也。婦人不杖，亦謂童子。婦人，若成人婦人，正杖。《喪大記》云：二日，子夫人杖；五日，大夫世婦杖。諸經皆有婦人杖，又如姑在爲夫杖，母爲長子杖，按《喪服小記》云：女子子在室爲父母，其主喪者不杖，則子一人杖。鄭云：女子子在室，亦童子也，無男昆弟，使同姓爲攝主，不杖，則子一人杖，謂長女也。許嫁及二十而笄，笄爲成人，成人正杖也，是其童女爲喪主，則亦杖矣。愚按：《家禮》用《書儀》服制，婦人皆不杖。與《問喪》、《喪大記》、《喪服小記》不同，恨未得質正。劉氏璋曰：衰服之制，前言已載，惟裳制則未之詳。按司馬温公曰：古者五服皆用布，以升數爲别，其以八十縷爲一升，又衰裳記曰：凡衰外削幅，裳内削幅，幅三袧。疏曰：衰外削幅者，謂縫之邊幅向外。裳内削幅者，謂縫之邊幅向内。有幅三袧者，據裳而言，用布七幅，幅二尺二寸，兩畔各去一寸爲削幅，則二七十四丈四尺。若不辟積，其腰中，則束身不得就，故一幅布，凡三處屬之。又禮惟斬衰不緝，餘衰皆緝之，緝必外向，所以别其吉服也。又杖屨一節，按三家禮云：斬衰，苴杖竹也。爲父所以杖用竹者，父是子之天，竹圖亦象天，内外有節，象子爲父，亦有内外之痛，又貫四時而不變，子之爲父，亦經寒温而不改，故用之也。菅屨，謂以菅草爲屨，毛傳云野菅也，已漚爲菅。又云菅菲外納，則周公時謂之屨，子夏時謂菲。外納者，外其餙，向外編之也，黄氏瑞節曰：先生長子塾卒，以斷體服，斬衰，禮謂之加服，俗謂之報服也。

二曰，齊衰三年。齊，緝也，其衣裳冠制並如斬衰，但用次等麄生布，緝其旁及下際，冠以布爲武及纓，首絰以無子麻爲之。大七寸餘，本在右末繫本下布纓，腰絰大五寸餘，絞帶以布爲之，而屈其右端尺餘，杖以桐爲之，上圓下方，婦人服同斬衰，但布用次等爲異，後皆倣此。其正服，則子爲母也，士之庶子爲其母同，而爲父後，則降也。其加服，則嫡孫父卒，爲祖母，若曾高祖母承重者也。母爲嫡子，當爲後者也。其義服，則婦爲姑也，夫承重則從服也，爲繼母也。爲慈母，謂庶子無母，而父命他妾之無子者慈已也。繼母爲長子也，妾爲君之長子也。楊氏復曰：按《儀禮》補服條，當增祖父卒而後，爲祖母後者也，爲所後者之妻，若子也。劉氏璋曰：齊衰，削杖桐也，爲母。按三家禮云：桐者，言同也，取内心悲痛，同於父也，以外無節，象家無二尊，外屈於天，削之，使下方者取母象於地也。疏：屨者，粗屨也。疏讀如，不熟之疏草也。斬衰重而言菅以見草，體舉其惡貌。齊衰輕而言，疏舉草之總稱也。不杖，章言麻屨齊衰三月，與大功同。繩屨，小功緦麻輕又没其屨，號麻屨。注云：不用草，凡言杖者，皆下本順其性也，高下各齊其心，其大小如腰絰。

杖期。服制同上，但又用次等生布。其正服，則嫡孫父卒祖在，爲祖母也。其降服，則爲嫁母出母也。其義服，則爲父卒繼母嫁而已從之者也，夫爲妻也，子爲父，後則爲出母、嫁母無服，繼母出則無服也。

楊氏復曰：按齊衰杖期，恐當添爲所後者之妻若子也。祖父在，嫡孫爲祖母也。據先生《儀禮經傳》補服條，脩首一條，已具齊衰三年下。

不杖期。服制同上，但不杖，又用次等生布。其正服，則爲祖父母，女雖適人不降也。庶子之子爲父之母，而爲祖後，則不服也。爲伯叔父也，爲兄弟也，爲衆子男女也，爲兄弟之子也，爲姑姊妹女在室，及適人而無夫與子者也。婦人無夫與子者，爲其兄弟姊妹及兄弟之子也，妾爲其子也。其加服，則爲嫡孫。若曾玄孫，當爲後者也。女適人者，爲兄弟之爲父後者也。其降服，則嫁母出母爲其子，子雖爲父後，猶服也。妾爲其父母也。其義服，則繼母嫁母爲前夫之子從已者也。爲伯叔母也，爲夫兄弟之子也。繼父同居，父子皆無大功之親者也。妾爲女君也，妾爲君之衆子也，舅姑爲嫡婦也。

楊氏復曰：按不杖期。注：正服當添一條，姊妹既嫁，相爲服也。其義服，當添一條：父母在，則爲妻不杖也。按爲人後者，爲其父母報。女子子適人者，爲其父母，此是不杖期大節目，何以不書也？蓋此條在後，凡男爲人後者，與女適人者，爲其私親，皆降一等，中故不見於此。

五月。服制同上，其正服則爲曾祖父母，女適人者不降也。三月服制同上，其正服則爲高祖父母，女適人者不降也。其義服，則繼父不同居者，謂先同今異，或雖同居而繼父有子，已有大功以上親者也。其元不同居者，則不服。

楊氏復曰：按儀禮補服條，當增爲所後者之祖父母，若子也。

三曰，大功九月。服制同上，但用稍粗熟布，無負版、衰、辟領。首絰五寸餘，腰絰四寸餘。其正服，則爲從父兄弟姊妹，謂伯叔父之子也，爲衆孫男女也。其義服，則爲衆子婦也，爲兄弟子之婦也，爲夫之祖父母、伯叔父母、兄弟子之婦也。夫爲人後者，其妻爲本生舅姑也。

楊氏復曰：《儀禮》注云：前有衰，後有負版，左右有辟領，孝子哀感之心無所不在。疏云：衰者，孝子有哀摧之志。負者，負其悲哀。適者，指適緣於父母，不念餘事。又按注疏釋：衰、負版、辟領三者之義，惟子爲父母用之，旁親則不用也。家禮至大功乃無衰、負版、辟領者，蓋家禮乃初年本也，後先生之家所行之禮，旁親皆無衰、負版、辟領，若此之類，皆從後來議論之定者爲正。大功九月，恐當添爲同母異父之昆弟也。或曰爲外祖母也。據先生《儀禮經傳》補服條脩，同母異父之昆弟，本子游答公叔木之問，以同父同母則服期，今但同母而是親者血屬，故降一等，蓋疏繼於母，不繼於父，若子夏答狄儀，以爲齊衰則過矣。故注疏家以大功爲是外祖母，只據魯莊公爲齊王姬服大功，《檀弓》或曰外祖母也。今《家禮》以外祖父母爲小功正服，則當以家禮爲正。劉氏垓孫曰：沈存中説喪服中，曾祖齊衰服，曾祖以上皆謂之曾祖，恐是如此，如此則皆合有齊衰三月服。看來高祖死，豈有不爲服之禮？須合行齊衰三月也。伊川頤言，祖父母喪須是不赴舉，後來不曾行，今法令雖無明文，看來爲士者爲祖父母期服内不當赴舉。今人齊衰用布大細，又大功小功皆用苧布，恐皆非禮。大功須用市中所賣火麻布稍細者，或熟麻布亦可。小功須用虔布之屬。古者布帛精粗皆用升數，所以説布帛精粗不中數，不鬻於市，今更無此制，聽民之所爲，所以倉卒難得中度者，只得買來自以意擇製之耳。

四曰，小功五月。服制同上，但用稍熟細布，冠左縫。首絰四寸餘，腰絰三寸餘。其正服，則爲從祖祖父、從祖祖姑，謂祖之兄弟姊妹也。爲兄弟之孫，爲從祖父、從祖姑，謂從祖祖父之子、父之從父兄弟姊妹也，爲從父兄弟之子也，爲從祖兄弟姊妹，謂從祖父之子。所謂再從兄弟姊妹者也，爲外祖父母，謂母之父母也。爲舅，謂母之兄弟也。爲甥也，謂姊妹之子也。爲從母，謂母之姊妹也。爲同母異父之兄弟姊妹也。其義服，則爲從祖祖母也，爲夫兄弟之孫也，爲從祖母也，爲夫從兄弟之子也，爲夫之姑姊妹，適人者不降也。女爲兄弟、姪之妻，已適人亦不降也。爲娣姒婦，謂兄弟之妻相名長婦。謂次婦曰娣婦，娣婦謂長婦，曰姒婦也。庶子爲嫡母之父母兄弟姊妹，嫡母死，則不服也。母出，則爲繼母之父母兄弟姊妹也。爲庶母慈已者，謂庶母之乳養己者也。爲嫡孫，若曾玄孫之，當爲後者之婦，其姑在則否也。爲兄弟之妻也，爲夫之兄弟也。

楊氏復曰：按《儀禮》補服條，當增爲所後者，妻之父母若子也，姑爲適婦，不爲舅後者也。諸侯爲適孫之婦也。

五曰，緦麻三月。服制同上，但用極細熟布，首絰三寸，腰絰二寸，並用熟麻，纓亦如之。其正服，則爲族曾祖父、族曾祖姑，謂曾祖之兄弟姊妹也，爲兄弟之曾孫也，爲族祖父、族祖姑，謂族曾祖父之子也，爲從父兄弟之孫也。爲族父、族姑，謂族祖父之子也，爲從祖兄弟之子也。爲族兄弟姊妹，謂族父之子，所謂三從兄弟姊妹也，爲曾孫玄孫也，爲外孫也。爲從母兄弟姊妹，謂從母之子也。爲外兄弟，謂姑之子也，爲内兄弟，謂舅之子也。其降服，則庶子爲父後者，爲其母，而爲其母之父母兄弟姊妹則無服也。其義服，則爲族曾祖母也，爲夫兄弟之曾孫也，爲族祖母也，爲夫從兄弟之孫也，爲族母也，爲夫從祖兄弟之子也，爲庶孫之婦也。士爲庶母，謂父妾之有子者也，爲乳母也。爲壻也，爲妻之父母，妻亡而別娶亦同，即妻之親母雖嫁出，猶服也。爲夫之曾祖、高祖也，爲夫之從祖、祖父母也，爲兄弟孫之婦也，爲夫兄弟孫之婦也，爲夫之從祖父母也，爲從父兄弟子之婦也，爲夫從兄弟子之婦也，爲夫從父兄弟之妻也。爲夫之從父姊妹，適人者不降也。爲夫之外祖父母也，爲夫之從母及舅也，爲外孫婦也，女爲姊妹之子婦也，爲甥婦也。

楊氏復曰：當增爲同爨也，爲朋友也，爲改葬也。大夫爲貴妾也，士爲妾有子也。按通典漢戴德云：以朋友有同道之恩，故加麻三月。晉曹述初問有仁人義士，矜幼携養積年，爲之制服，當無疑耶？徐邈答曰：禮緣情耳，同爨緦，朋友麻。又按儀禮補服條：同爨，謂以同居生，於禮可許。既同爨而食，合有緦麻之親。改葬，謂墳墓以他故崩壞，將亡失尸柩也，言改葬者，明棺物毁敗改設之，如葬時也。此臣爲君也，子爲父也，妻爲夫也，餘無服，必服緦者，親見尸柩，不可以無服，緦三月而除之，謂葬時服之。又按通典戴德云：制緦麻具而葬，葬而除，謂子爲父，妻妾爲夫，臣爲君，孫爲祖後者也，其餘親皆弔服。魏王肅云：非父母無服，無服則弔，服加麻，士妾有子而爲之緦，無子則已。謂士卑妾，無男，女則不服，不別貴賤也。大夫貴妾，雖無子猶服之，故大夫爲貴妾緦，是別貴賤也。劉氏垓孫曰：司馬公書儀：斬衰，古制而功緦，又不古制，此却可疑。蓋古者五服皆用麻，但布有差等，皆用冠絰。但功緦之絰小耳，今人吉服不古，而凶服古，亦無意思，今俗喪服之制，下用横布作襴，惟斬衰用不得。

凡爲殤服，以次降一等。凡年十九至十六爲長殤，十五至十二爲中殤，十一至八歲爲下殤。應服期者，長殤降服大功九月，中殤七月，下殤小功五月。應服大功以下，以次降等，不滿八歲爲無服之殤，哭之，以日易月。生未三月，則不哭也。男子已娶，女子許嫁，皆不爲殤。凡男爲人後，女適人者，爲其私親皆降一等，私親之爲之也亦然。女適人者，降服。未滿被出，則服其本服，已除則不復服也。凡婦服夫黨，當喪而出，則除之。凡妾爲其私親，則如衆人。

司馬温公曰：《喪服小記》云：爲父母喪，未練而出則三年，既練而出則已，未練而返則期，既練而返則遂之。

成服之日，主人及兄弟始食粥。諸子食粥，妻妾及期九月，疏食水飲，不食菜果。五月、三月者，飲酒食肉，不與宴樂。自是無故不出，若以喪事及不得已而出入，則乘樸馬、布鞍、素轎、布簾。凡重喪未除而遭輕喪，則制其服而哭之，月朔設位服，其服而哭之。既畢，返重服，其除之也，亦服輕服。若除重喪而輕服未除，則服輕服，以終其餘日。

（明）魏校《莊渠遺書》卷八《大宗譜》　封建滅，井地裂。細人無世業以活其大人乎，無世禄以養而宗嗣乃輟。是故國無世臣，家無禮俗，王澤易竭。宋天子褒大忠懿王之烈與國同休，世世官其子孫，勿絶噫斯其世禄之遺意乎。余語某繇忠懿王，而下世系不可復列，當爲大宗譜。以合族之人如領斯裳，挈其法取諸蘇氏，而世自爲處也。父子也，别以著代也；兄弟也，合以連蒋也。其曰適子某、庶子某者，於禮未盡愜，今更之。曰繼子某、庶子某，別子爲祖，大宗以繼，別小宗以繼支孽，語在宗法中。在古魯有展氏，亦越有柳下氏；晉有荀氏，亦越有知氏、有輔氏，皆支庶興爲大夫，於別之中又自爲別者也。忠懿之季，惟演以文章爲翰林學士，官至使相，是爲文僖公仁宗降帝子嬪於文僖之孫景臻，拜駙馬都尉。生也封公，死也封王。於是大長公主老矣，從高宗南渡，賜第天台。諸若此者，在禮皆當尊而爲別。或曰：貴莫崇於王公，胡以弗比古諸侯表其世系，而乃下與卿大夫絜。曰：古今禮不相襲，宋因唐制，封建只寄空名焉耳。爵則有列，土田實未有，徹周禮内諸侯禄也。外諸侯嗣也，匪直邦君，族人其將爲之服斬乎？無亦主於齊衰三月。是故事貴正名，名必與實協。

（明）魏校《莊渠遺書》卷八《宗譜》 嗚呼，宋社之屋也，已久矣。我太祖肇立人極，遺民之子始即於奠。安余謂某，宋既隕姓，錢亦踣氏，爾後不可爲大宗譜矣。然則若何曰爲宗譜可也，而其法則取於歐陽氏。繇高祖逮於元孫，每五世則一更端也。乃元孫復爲高祖，以各綴其所生，而禪於無窮。期父子相仍，兄弟聯次，族之親疏咸在也，而無失其倫。親屬有服者，各相邇也，大宗小宗隱隱其中。形分而氣連，末異而本同。余語某聞汝之先自台而遷其處者，實惟大宗，君道存焉。上世鐵券猶在也。我太祖大封功臣，嘗取以爲式。某今雖不敢以庶民爲君之服，服之乃其祇事之禮古今一也。宜亟通譜歲恒往來若也。生不相聞，死不相弔，恝如行路之人矣。所貴乎，故家者，謂其能惇孝弟也。不邪，謂其能崇禮讓也。不邪然而弗大合族，則是弗敬宗也。弗能敬宗，則是弗尊祖也。無祖則是無天也。水倍原而流竭，木附榦而扶疏，尚其念哉。

（明）魏校《莊渠遺書》卷八《五服圖》 上殺。父，斬衰三年；母，齊衰三年。祖父母，齊衰期；曾祖父母，齊衰三月；高祖父母，齊衰三月。

下殺。父，爲長子斬衰三年； 庶子，齊衰期； 孫，大功九月； 曾孫，緦麻三月； 元孫，緦麻三月。

旁殺。昆弟，齊衰期； 從父昆弟，大功九月； 從祖昆弟，小功五月； 族昆弟，緦麻三月。世叔父母，齊衰期； 從祖父母，小功五月； 族祖父母，緦麻三月； 從祖祖父母，小功五月； 族祖祖父母，緦麻三月； 族曾祖父母，緦麻三月。昆弟之子，齊衰期； 從父昆弟之子，小功五月； 從祖昆弟之子，緦麻三月； 從弟之孫，小功五月； 從父昆弟之孫，緦麻三月； 昆弟之曾孫，緦麻三月。五世袒免爲親同姓，六世而親族始竭。父母至親也，故喪三年，至痛極也，此喪禮之大綱，五服因是以生矣。父母之於子，其痛同，而庶子以尊加之，故降而期，則以降爲正服。而長子三年爲加隆焉耳，以傳重也。祖尊矣，故自三年而期，而孫以尊。

（清）趙翼《陔餘叢考》卷三六《夫兄稱伯》 叔嫂之稱，見於經書，而婦人呼夫之兄爲伯，則無所據。《爾雅・釋親篇》但曰兄公耳，然稱伯則由來已久。《五代史補》：李濤弟澣，娶婦竇氏，出參濤，濤答拜，澣曰：新婦參阿伯。豈有答禮？《雲谷卧餘》云：《爾雅》稱夫之弟爲叔，則夫之兄亦可爲伯也。《容齋隨筆》：記宋慶歷中，陳恭公爲相，以曾公亮自起居注除天章閣待制，陳之弟婦，曾出也，陳語之曰：六新婦，曾三做從官，想甚喜。應聲對曰：三舅荷伯伯提挈，極喜，只是外婆不樂。陳問何故，曰：外婆責三舅以第五人及第，當過詞掖，今朝廷如此處置，必是廢學故耳。蓋陳不由科第，不諳典故，受訕於弟婦如此。據此，則弟婦稱夫兄爲伯，宋時已然，而夫之兄呼弟婦爲新婦，外孫女呼外祖母爲外婆，亦見于此。

（清）趙翼《陔餘叢考》卷三六《娣》 娣字有二義。《正韻》：長婦爲姒，介婦爲娣。《爾雅・釋親》：長婦謂稚婦爲娣婦，稚婦謂長婦爲姒婦，此則妯娌之義也。《釋親》又云：女子同出，先生爲姒，後生爲娣。鄭注云：女子同出，謂共嫁一夫也。共嫁一夫，則以先生爲姒，後生爲娣。然則非同嫁一夫者，則但曰姊妹，不曰娣姒矣。《左傳》：衛莊公娶于陳，曰厲嬀，生孝伯，早死，其娣戴嬀。生桓公，又閔公，哀姜之娣，叔姜之子也。晉獻公驪姬，生奚齊，其娣生卓子。穆伯娶戴己，生文伯，其娣聲己，生惠叔。襄公薨，立敬歸之子子野，子野卒，立敬歸之娣齊歸之子裯，即昭公也。穆伯不欲曰：皆非適嗣，何必其娣之子？此則姊妹之義也。按《六書故》：古之嫁女者，以姪娣從，自嫡而下，皆謂之娣。則不必親姊妹爲娣姒，凡族從之隨嫁皆稱娣。

（清）趙翼《陔餘叢考》卷三六《姪》 俗稱兄弟之子曰姪，非也。凡男子稱兄弟之子，當曰從子。經書所載未有稱姪者，姪乃兄弟之女也。正韻：兄弟之女曰姪； 又《釋名》：姑謂兄弟之女曰姪是也。故姪字從女旁也，又女子謂兄弟之子亦曰姪，見《爾雅・釋親篇》，《左傳》所謂姪其從姑。又《唐書・狄仁傑傳》：仁傑諫武后曰：姑姪與母子孰親是也。按《顏氏家訓》：兄弟之子，北人多呼爲姪。則以從子爲姪，起於北朝，杜工部詩：嗣宗諸子姪，早覺仲容賢。杜牧之詩：姪名阿宜。則唐時久已稱姪矣。《聞見録》：宋真宗過洛，幸呂蒙正第，問諸子孰可用？對曰：臣諸子皆豚犬，有姪夷簡，宰相才也。此又宋人以兄弟之子爲姪之證。

（清）趙翼《陔餘叢考》卷三七《堂兄弟》 俗以同祖之兄弟爲堂兄弟。按《禮經》曰從兄弟，無堂兄弟之稱也。其稱蓋起於晉時。《晉書》：司隸荀愷有從兄喪，自表赴哀，詔未下，而愷造太傅楊駿第，傅咸因劾奏愷曰：死喪之威，兄弟孔懷，同堂方隕，輒行造謁，急諂媚之敬，無友于之情。同堂之見於史者始此。《南史·劉暄傳》：徐世檦曰：明帝是武帝同堂，尚加滅害。《後魏書》：公孫獻封氏之甥，其從兄邃，李氏之甥，地望懸隔，祖季珍曰：士大夫須好姻親，二公孫同堂兄弟耳，吉凶會集，便有士庶之別。元顥入洛，廣陵王遥欣集衆議曰：北海長樂，俱是同堂兄弟，今欲何向？《北齊書》：孝昭帝謂趙郡王叡曰：須拔是我同堂弟。《舊唐書》：中宗即位，以堂兄千里爲成紀郡王；又李師道伏誅，其堂弟賢堅等並流；張獻誠請老，薦其堂弟獻恭自代。《徐堅傳》：詔書有與逆黨同堂親，不得任京官。《柳漁傳》：臣堂伯祖爽，與褚遂良等同被譴戮。則更有堂伯祖之稱矣。《唐書·韋縚傳》：有議堂姨舅服制一疏，又有堂舅堂姨堂甥之名。

（清）董誥《全唐文》卷九七《高宗武皇后·請父在爲母終三年服表》 夫禮緣人情而立制，因時事而爲範。變古者未必是，循舊者不足多也。至如父在，爲母服止一朞，雖心喪三年，服由尊降。竊謂子之於母，慈愛特深。非母不生，非母不育，推燥居濕，咽苦吐甘，生養勞瘁，恩斯極矣。所以禽獸之情，猶知其母，三年在懷，理宜崇報。若父在爲母服止一朞，尊父之敬雖周，服母之慈有闕。且齊衰之制，足爲差減，更令周以一朞，恐傷人子之志。今請父在爲母，終三年之服。

（清）董誥《全唐文》卷一三六《長孫無忌·甥舅服制議》 依古喪服，甥爲舅緦麻，舅報甥亦同此制。貞觀年中，八座議奏曰：舅服同姨，小功五月。而今律疏舅報於甥服猶三月。謹按旁尊之服，禮無不報，已非正尊，不敢降也。故甥爲從母五月，從母報甥小功，甥爲舅緦麻，舅亦報甥三月，是其義矣。今甥爲舅，使同從母之喪，則舅宜進甥以同從母之報。修律疏人不知禮意，舅報甥服尚止緦麻，例既不通，禮須刊正，今請修改律疏，舅服甥亦小功。

（清）董誥《全唐文》卷一三六《長孫無忌·庶母服制議》 庶母古禮緦麻，新禮無服，謹按庶母之子，即是己之昆季，爲之杖齊，而已與之無服，同氣之內，吉凶頓殊，求之禮情，深非至理。請依典故，爲服緦麻。

（清）董誥《全唐文》卷一四一《魏徵·嫂叔舅服議》 臣竊聞之，禮所以決嫌疑，定猶豫，别同異，明是非者也，非從天降，非從地出，在人情而已矣。

人道所先，在乎敦睦九族。九族敦睦，由乎親親，以近及遠。親屬有等差，故喪紀有降殺。親疏有九，服術有六，隨恩以薄厚，稱情以立文。舅之與姨，雖爲同氣，推之於母，輕重相懸。何則？舅爲母之本宗，姨乃外戚他族，求之母族，姨不預焉。考之經文，舅誠爲重。故周王念齊，每稱舅甥之國；秦伯懷晉，實切渭陽之詩。今在舅服止一時，爲姨居喪五月，徇名喪實，逐末棄本。此古人之情，或有未達，今之損益，實在兹乎。記曰：兄弟之子猶子也，蓋引而進之也；嫂叔之無服，蓋推而遠之也。禮，繼父同居者，則爲之朞；未嘗同居，則不爲服。從母之夫，舅之妻，二人相爲服。或曰同爨緦。然則繼父之徒，並非骨肉，則服重由乎同爨，恩輕在乎異居。故知制服雖繫於名文，蓋亦緣恩之厚薄者也。或有長年之嫂，遇孩童之叔，劬勞鞠養，恩若所生，分饑共寒，契闊偕老，譬同居之繼父，方他人之同爨，情義之深淺，寧可同日而言哉？在其生也，愛之同於骨肉，及其死也，則曰推而遠之，求之本原，深所未喻。若推而遠之爲是，則不可生而共居；生而共居爲是，則不可死同行路。重其生而輕其死，厚其始而薄其終，稱情立文，其義安在？且事嫂見稱，載籍非一，鄭仲虞則恩禮甚篤，顔宏都則竭誠致感，馬援則見之必冠，孔伋則哭之爲位，此並躬踐教義，仁深孝友，察其所行之旨，豈非先覺者乎？但於其時，上無哲王，禮非下之所議，遂使深情鬱於千載，至禮藏於萬古，其來久矣，豈不惜哉？今屬欽明御宇，光華再旦，五禮詳洽，一物無遺，猶且永念慎終，凝神遠想，以爲尊卑之叙，雖焕乎大備，喪紀之制，或情理未除，爰命秩宗，詳議損益。臣等奉遵明旨，觸類旁求，採摭羣經，討論傳記，或損其有餘，益其不足，使無文之禮咸秩，敦睦之情畢舉，變薄俗於既往，垂篤義於將來，信六籍所不能談，超百王而獨得者也。其損益之事，備陳如左。謹按高祖父母舊服齊衰三月，請加爲齊衰五月；適子婦舊服大功，請加爲期；衆子婦舊服小功，今請與兄弟子同爲大功九月；嫂叔舊無服，今請服小功五月；服其弟妻及夫兄，亦小功五月；舅舊服緦麻，請與從母同服小功五月。謹議。

（清）董誥《全唐文》卷一四七《顔師古・嫂叔舅服議》　原夫服紀之制，異統同歸，或本恩情，或申教義，所以慎終追遠，敦風厲俗。輕重各順其適，名實不可相違。喪過乎哀，承象之明訓；其易寧戚，聖道之遺旨。所議兩條，實爲舛駁，特降絲綍，俾革遺謬。歷代之所不寤，儒者於是未詳，超然元覽，獨昭深致。竊以舊館脱驂，尚云出涕，鄰里有殯，且輟巷歌。況乎昆弟之妻，嚴親是奉；夫之昆弟，貲業本同。遂乃均諸百姓，絶於五服，當其喪没，闔門縞素，已獨晏然，元黄莫改，静言至理，殊非宏通，無益閑防，實開澆薄。相爲制服，孰謂非宜？在昔子思，宣尼之胄，爲位哭嫂，事著禮文。哭既施位，明其慘怛，苟避凶服，豈曰稱情？又外氏之親，俱緣於母，母舅一列，等屬齊尊。姨既小功，舅乃緦服。曲生異議，兹亦未安。泰康孝思，見舅如母。語其崇重，寧非密戚。三月輕服，靡副本心。愚情爲昆弟之妻，服當五月。夫之昆弟，咸亦如之。爲舅小功，同於姨服。則親疏中節，名數有倫。帷薄之制更嚴，内外之序增睦。至如舅姑爲婦，其服太輕，冢婦止於大功，衆婦小功而已。但著代之重，事義特隆，饋奠之重，誠愛兼極，畧其恩禮，有虧慈惠。猶子之婦，並服大功，已子之妻，翻其減降。又是厚薄乖哀，義理相形，以類而言，未爲允協。今請冢婦朞服，衆婦大功，既表授室之親，又答執笄之養。叔仲之後，諸婦齊同。則周洽平均，更無窒礙矣。謹議。

（清）董誥《全唐文》卷一六〇《李乾祐・外屬不得通婚奏》　鄭州人鄭宣道，先聘少府監主簿李元義妹爲婦，即宣道堂姨。元義先雖執迷，許其婚媾，後以情禮不合，請與罷婚。宣道經省陳訴，以法無此禁，判許成親。何則同堂姨甥，雖則無服，既稱從母，何得爲婚？又母與堂姨，本是大功之服，大功之上，禮實同重。況九月爲服，親亦至矣。子而不子，辱以爲妻，名教所悲，人倫是棄。且堂姑、堂姨，内外之族雖別，而父黨、母黨，骨肉之恩是同。愛敬本自天性，禽獸亦猶知母。豈可令母之堂妹，降以爲妻？從母之名，將何所寄？古人正名遠别，後代違道任意，恐寖以成俗。然本屬無服，而尊卑不可爲婚者，非止一條。請付羣官詳議，永爲後法。

（清）董誥《全唐文》卷二九七《裴耀卿・定舅母堂姨舅服制奏》　陛下體至仁之德，廣推恩之道，將宏引進，以示睦親，再發德音，更令詳議。臣等按大唐新禮：親舅加至小功，與從母同服。此蓋當時特命，不以輕重遞增，蓋不欲參於本宗，慎於變禮者也。今聖制親姨舅小功，更制舅母緦麻，堂姨舅袒免等服。取類新禮，垂示將來，通於物情，自我作則。羣儒風議，徒有稽留，並望準制施行。

（清）董誥《全唐文》卷二九七《裴耀卿・復手敕論外族服制奏》　外族之親，禮無厭降，外甥既爲舅母制服，舅母還合報之。夫之外甥，既爲報服，則與夫之姨舅，以類是同。外甥之妻，不得無服。所增者頗廣，所引者漸疏，微臣愚蒙，猶有未達。

（清）董誥《全唐文》卷三三五《盧履冰・請復父在爲母服期表》　準禮，父在爲母，一周除靈，三年心喪。則天皇后請同父没之服，三年然始除靈。雖則權行，有紊彝典。今陛下孝理天下，動合禮經，請仍舊章，庶叶通典。

（清）董誥《全唐文》卷三三五《盧履冰・再請父在爲母服期疏》　禮，父在爲母，十一月而練，十三月而祥，十五月而禫，心喪三年。上元中，則天皇后上表，請同父没之服，亦未有行。至垂拱年中，始編入格，易代之後，俗乃通行。臣開元五年，頻請仍舊恩敕。並嫂叔舅姨之服，亦付所司詳議。諸司所議，同異相參。所司惟執齊斬之文，又云亦合典禮。竊見新修之格，猶依垂拱之僞，致有祖父母安存，子孫之妻亾没，下房筵几，亦立再周，甚無謂也。據周易、家人卦云，利女貞，女正位乎内，男正位乎外。男女正，天地之大義。家人有嚴君焉，父母之謂也。父父、子子，兄兄、弟弟，夫夫、婦婦，家道正而天下正矣。禮，女在室，以父爲天；出嫁，以夫爲天。又，在家從父，出嫁從夫，夫死從子。本無自專抗尊之法。即喪服四制云，天無二日，土無二王，國無二君，家無二尊，以一理之也。故父在爲母服周者，避二尊也。伏惟陛下正持家國，孝理天下，而不斷在哀衰，詳正此禮，隨末俗之願，念兒女之情。臣恐後代復有婦奪夫政之敗者。

（清）董誥《全唐文》卷三三五《盧履冰・三請父在爲母服期疏》

臣聞夫婦之道，人倫之始。尊卑法於天地，動静合於陰陽，陰陽和而天地生成，夫婦正而人倫式序。自家刑國，牝雞無晨，四德之禮不僭，三從之義斯在。即喪服四制云：天無二日，土無二王，國無二君，家無二尊，以一理之也。故父在爲母服周者，見無二尊也。準舊儀，父在爲母，一周除靈，再周心喪。父必三年而後娶者，達子之志焉。豈先聖無情於所生，固有意於國家者矣？原夫上元肇年，則天已潛秉政，將圖僭篡，預自崇光。請升慈愛之喪，以抗尊嚴之禮，雖齊斬之儀不改，而几筵之制遂同。數年之間，尚未通用。天皇晏駕，中宗蒙塵。垂拱之末，果行聖母之僞符，載初之元，遂啓易代之流釁。孝和雖多反正，韋氏復效晨鳴。孝和非意暴崩，韋氏旋即稱制。不蒙陛下英算，宗廟何由克復？易云：臣弑其君，子弑其父，非一朝一夕之故。其斯之謂矣。臣謹尋禮意，防杜實深，若不早圖刊正，何以垂戒於後？所以薄言禮教，請依舊章，恩敕通明，蒙付所司詳議。且臣所獻者，蓋請正夫婦之綱，豈忘母子之道？諸議多不討其本源，所非議者，大凡祇論罔極之恩，喪也寧戚，禽獸識母而不識父，秦燔書後，禮經殘缺，後儒纘集，不足可憑，豈得與伯叔母服同，豈得與姑姊妹制等，三王不相襲禮，五帝不相沿樂，齊斬足爲升降，歲年何忍不同。此並道聽途説之言，未習先王之旨，又安足以議經邦理俗之禮乎？臣請擬經義以明之。所云罔極之恩者，春秋祭祀，以時思之。君子可終身之憂，霜露之感，豈止一二周之服哉！故聖人恐有朝死而夕忘，曾鳥獸之不若，爲立中制，使賢不肖共成文理而已。所云喪也寧戚者，孔子答林放之問。至如太奢太儉，太易太戚，皆非禮中。苟不得中，名爲俱失，不如太儉太戚焉。毁而滅性，猶愈於朝死夕忘焉，此論臨喪哀毁之容，豈比於同宗異姓之服？所云禽獸識母而不識父者，禽獸羣居而聚麀，而無家國之禮，少雖知親愛其母，長不解尊嚴其父。引此爲論，則亦禽獸之不若乎！所云秦燔書後，禮經缺殘，後儒纘集，不足可憑者，人間或有遺逸，豈亦家户到而燔之？假若盡燔，苟不可信，則墳典都謬，庠序徒立，非聖之談，復云安屬？所云與伯叔姑姊服同者，伯叔姑姊有筵杖之制，三年心喪乎？所云五帝不相沿樂，三王不相襲禮，誠哉是言！此是則天懷私包禍之情，豈可復相沿樂襲禮乎？所云齊斬足爲升降者，母齊父斬，不易之禮。按三年問云：將由修飾之君子與，三年之喪，若駟之過隙，遂之則是無窮也。然則何以周也？曰：至親以周斷。是何也？曰：天地則已易矣，四時則已變矣，其在天地之中者，莫不更始焉，以是象之也。然則何以三年？曰：加重焉耳。故父加至再周，父在爲母，加三年心喪。今者還同父没之制，則尊嚴之律安施？喪服四制又曰：凡禮之大體，體天地，法四時，則陰陽，順人情，故謂之禮。訾之者是不知禮之所由生，非徒不識禮之所由制，亦恐未達孝子之通義。臣謹按孝經，以明陛下孝治之合至德要道，請論世俗訾禮之徒。夫至德謂孝悌，要道謂禮樂。移風易俗，莫善於樂，安上治民，莫善於禮。又禮有無體之禮，無聲之樂。按孝經援神契云：天子孝曰就，就之爲言成也。天子德被天下，澤及萬物，始終成就，則其親獲安，故曰就也。諸侯孝曰度，度者法也。諸侯居國，能奉天子法度，得不危溢，則其親獲安，故曰度也。卿大夫孝曰譽，譽之爲言名也。卿大夫言行布滿，能無惡稱，譽達遐邇，則其親獲安，故曰譽也。士孝曰究，究者以明審爲義。士始升朝，辭親入仕，能審資父事君之禮，則其親獲安，故曰究也。庶人孝曰畜，畜者含畜爲義。庶人含情受朴，躬耕力作，以畜其德，則其親獲安，故曰畜也。陛下以韋氏構逆，中宗降禍，宸衷哀憤，睿情卓烈。初無一旅之衆，遂殄九重之妖，定社稷於阽危，拯宗枝於塗炭。此陛下孝悌之至，通於神明，光於四海，無所不通。使諸侯得守其法度，卿大夫得盡其言行，士得資親以事君，庶人得用天而分地。此陛下無體之禮，以安上理人也。上元已來，政由宫氏，文明之後，法在凶人。賊害宗親，誅滅良善，勛階歲累，醻赦年頻。佞之則榮華，正之則遷謫。神龍、景雲之際，其事尤繁，先天、開元之間，斯弊都革。此陛下之無聲之樂，以移風易俗也。臣前狀單略，議者未識臣之懇誠。謹具狀重進，請付中書門下商量處分。臣言若讜，然敢側足於軒墀，臣言不忠，伏請竄跡於荒裔。

（清）董誥《全唐文》卷三七〇《韋縚·姨舅服制奏》 謹按《儀禮·喪服》，舅緦麻三月，從母小功五月。傳曰，何以小功？以名加也。堂姨舅、舅母恩所不及。外祖父母小功五月。傳曰，何以小功？以尊加也。舅緦麻三月，並是情親而服屬疏者也。外祖正尊，同於從母之服。姨舅一等，服則輕重有殊。堂姨舅親既疏末，恩絶不相爲服。親舅母來承外族，同爨之禮不加。竊以古意猶有所未暢者也。且爲外祖小功，此則正尊，情甚親而服屬疏者也，請加至大功九月。姨舅儕，親既無別，服宜齊等，請爲舅加小功五月。堂姨舅疏降一等，親舅母從服之例，先無制服之文，並望加至袒免。臣聞禮以飾情，服從義制，或有沿革，損益可明。事體既大，理資詳審。望付尚書省集衆官吏詳議，務從折衷，永爲典則。

（清）董誥《全唐文》卷五五〇《韓愈四・改葬服議》 經曰，改葬緦。春秋穀梁傳亦曰，改葬之禮緦，舉下緬也。此皆謂子之於父母，其他則皆無服。何以識其必然？經次五等之服，小功之下，然後著改葬之制，更無輕重之差，以此知惟記其最親者，其他無服則不記也。若主人當服斬衰，其餘親各服其服，則經亦言之，不當惟云緦也。傳稱舉下緬者，緬猶遠也，下謂服之最輕者也，以其遠，故其服輕也。江熙曰，禮，天子諸侯易服而葬，以爲交於神明者不可以純凶，況其緬者乎？是故改葬之禮，其服惟輕。以此而言，則亦明矣。衛司徒文子改葬其叔父，問服於子思。子思曰，禮，父母改葬緦，既葬而除之，不忍無服送至親也。非父母無服，無服則弔服而加麻。此又其著者也。文子又曰，喪服既除，然後乃葬，則其服何服？子思曰，三年之喪未葬，服不變，除何有焉？然則改葬與未葬者有異矣。古者諸侯五月而葬，大夫三月而葬，士逾月；無故，未有過時而不葬者也。過時而不葬，謂之不能葬，春秋譏之。若有故而未葬，雖出三年，子之服不變，此孝子之所以著其情，先王之所以必其時之道也。雖有其文，未有著其人者，以是知其至少也。改葬者，爲山崩水涌毁其墓，及葬而禮不備者。若文王之葬王季，以水齧其墓；魯隱公之葬惠公，以有宋師，太子少，葬故有闕之類是也。喪事有進而無退，有易以輕服，無加以重服。殯於堂，則謂之殯；瘞於野，則謂之葬。近代已來，事與古異，或游或仕在千里之外，或子幼妻稚而不能自還。甚者拘以陰陽畏忌，遂葬於其土，及其反葬也遠者，或至數十年，近者亦出三年，其吉服而從於事也久矣，又安可取未葬不變服之例而反爲之重服歟？在喪當葬，猶宜易以輕服，況既遠而反純凶以葬乎？若果重服，是所謂未可除而除，不當重而更重也。或曰，喪與其易也寧戚，雖重服不亦可乎？曰，不然。易之與戚，則易固不如戚矣；雖然，未若合禮之爲懿也。儉之與奢，則儉固愈於奢矣；雖然，未若合禮之爲懿也。過猶不及，其此類之謂乎？或曰，經稱改葬緦，而不著其月數，則似三月而後除也。子思之對文子則曰，既葬而除之，今宜如何？曰，自啓殯至於既葬而三月，則除之；未三月，則服以終三月也。曰，妻爲夫何如？曰，如子。無弔服而加麻則何如？曰，今之弔服，猶古之弔服也。

（清）董誥《全唐文》卷八四九《馬縞・改服制疏》 古者，禮，嫂叔無服。文皇創意，以弟兄之親，不宜無服。乃議服小功。今令文省服制條，爲兄弟之妻大功，不知何人議改，而置於令文。

（清）董誥《全唐文》卷八五六《趙廷義・嫂喪宜依令式服大功議》 臣聞三代之制，禮無降減之名。五服之容，喪有寧戚之義。此蓋聖人隨時設教，稱情立文。沿革不同，吉凶相變。或服繇恩制，或喪以禮加。太宗文皇帝引彼至仁，推其大義。因覽同爨有緦之義，遂制嫂叔小功之服。列聖尊行，已爲故事。傳於令式，加於大功。今馬縞奏論，以爲錯謬。況縞昔事本朝，樂至梁室。曾爲博士，累歷歲年。今始奏陳，未爲允當。謹按儀禮，凡制五服，或以名加，或以尊制，或推恩而有服，或引義而當喪。故嫂叔大功，良有以也。其如叔以嫂之子爲猶子，爲猶子之妻，叔服大功。今嫂是猶子之母，安可却服小功？若以名加，嫂豈疏於猶子之婦？若以尊制，嫂豈卑於猶子之妻？論恩則有生同骨肉之情，引義則有死同宅兆之理。若以推而遠之爲是，即令式兼無小功。既有稱情制宜之文，何止大功九月。請依令式，永作彝倫。

（清）董誥《全唐文》卷九七五《闕名・舅甥服制議貞觀中》 舅服同姨，小功五月，而今律疏舅報於甥，服猶三月。謹按旁尊之服，禮無不報，已非正尊，不敢降之也。故甥爲從母五月，從母報甥小功。甥爲舅緦麻，舅亦報甥三月。是其義矣。今甥爲舅使同從母之喪，則舅宜進甥以同從母之報。修律疏人不知禮意，舅報甥服，尚循緦麻，於例不通，理須改正。今請修改律疏，舅報甥亦小功。

（清）劉逢禄《劉禮部集》卷三《禮無二適議》 嘉慶二十有二年五月，余自庶吉士改禮部祠祭司兼儀制司事。安徽巡撫咨稱，某州民某兄弟異居，伯有子一人，仲無子而殁。伯爲子娶婦，有孫三人。仲之妻亦爲伯于取其姪爲婦，婦仍無子，欲以伯之孫幼者一人爲嗣，請于州府。欲令此子爲仲妻服，祖母承重服三年。又爲其婦服母服三年，而降其父母與兄之服。乃以財與之，否則别擇疏族爲後。州府以仲之婦某係中表聯姻，本難謂爲妾媵。欲許如繼母服，而降其本生母，其應嗣之兄弟皆不可。咨請部示，部中議曰，伯之孫某義可得其資財，而不肯爲持服。若如所請，是欺老寡而教天下以薄。《禮》云慈母如母，今律亦然，請以此示之。駁曰：《禮》云慈母如母者，父命妾子之無母者，曰女以爲母命妾之無子者，曰女以爲子，于是鞠育教誨，恩義兼深，故慈母如母，妾貴君命，子貴父命也。今是子嫡母親生無恙，未嘗受仲婦之撫養，不得以妾子之無母者比。且古者士大夫之妾媵，皆姪娣也。孰謂内媚不得謂妾乎？仲之妻止當爲伯子納妾，不得爲伯子取妻。篤取妻是二適也。且禮所謂承重加降者，所以重本尊統，故有適子則無適孫。父以傳子，祖以傳孫，文家宗法則然非僅資財之謂也。古者兄弟異居，同財有餘，則歸之宗。仲既無嗣，仲之妻當以其財歸于伯。伯使子主其生事葬祭，禮也。仲之妻且不得私其財，仲爲伯子所别取之婦，又安得私其財，使是子也利其財而外，其所生是婦也，私其財而不夫，其夫尚不爲教天下以薄乎？且世俗有兄弟四五人而共一子者，若皆爲取婦，而孫又止一人是三年之喪終，其身無已也。議者又曰繼母慈母之名，既不得爲比矣。仲之妻若婦死，是子也，以祖母之服。若叔母之服，服之如何？駁曰：《禮》云伯母、叔母疏衰踊不絶地，姑姊妹之大功踊絶于地。伯母、叔母恩殺而服重者，名義然也。仲之妻死，是子以從祖，祖母之服服之。仲之婦有女，則以庶母之服服之。如無女則父妾也，子禮無母名也。《禮》云士妾有子而爲之緦，無子則已不得以叔母例議。上案乃定，同余議者，閩梁君章鉅也。姑及舅與從母之女子，子不相爲昏姻議，問曰中表相爲昏姻，律所不禁。而儒者皆曰不宜，其義安枉？答曰禮于姑之在室者，服期既嫁，則降大功于從母，以名加服小功于妻之父母，則從服緦也。古者三族有别，故有親疏等殺之序，有養廉遠耻之義，有别嫌防微之制。姑之女于三族，則父黨也。舅之女從母之女于三族，則母黨也。姑之子謂之外兄弟，舅之子謂之内兄弟，與從母昆弟皆以名服緦也。姊妹之夫妻之昆弟，雖有昏姻，兄弟之稱而不相爲服，降于父母之黨也。若己之子視之，則爲父母之黨，生有姊妹之名，没有服緦之義。而瀆之以爲不可矣。《白虎通·嫁娶篇》引《春秋傳》曰譏取母黨也，今公穀二傳皆無此文。必嚴顔二家遺説，葢魯莊之生母，宣之嫡母，皆姜氏而二君。又取于姜，皆母黨也。是以中表不可爲昏。魏袁準正論言之，至唐从議外屬無服，尊卑亦不爲昏矣。然非脩飾之君子烏能謹之，故存其意于禮，而没其文于律。

（清）陳立《句溪雜著》卷四《禮無二嫡説》

《白虎通·嫁娶篇》嫡夫人死，更立嫡夫人者，不敢以卑賤承宗廟。又云或曰嫡死不復更立，明嫡無二防篡殺也。祭宗廟攝而已，以禮不聘妾、明不升。惲氏子居以前，一説爲妾之未逮事女君者；後一説爲妾之已逮事女君者。

案班氏兼載二説。自論嫡死，當更立嫡否耳，不必有逮事與不逮事義也。考《公羊》隱二年伯姬歸于紀，傳伯姬者何？内女也。其言歸何？婦人謂嫁曰歸。七年，叔姬歸于紀，注叔姬者，伯姬之媵也。至是乃歸者，待年父母國也。媵賤書者後爲嫡，終有賢行。莊四年，紀伯姬卒，十有二年，紀叔姬歸于酅。二十九年，紀叔姬卒。注國滅卒者，從夫人行待之如初。三十年葬，紀叔姬，然則伯姬以隱二年歸紀，其娣叔姬以待年父母國，故至七年乃歸紀。伯姬卒于莊四年時，紀尚未滅，故又立叔姬爲夫人。及紀侯大去，紀季請立五廟以存先祖，後故于齊。襄既殁之後，又復歸於酅。以其能執婦道，故復兼紀卒葬同於正嫡。此公羊家嫡死得更立嫡之説也。故宣十六年，郯伯姬來歸，注嫁不書者，爲媵也。來歸書者，後爲嫡也，亦未有譏文。則《白虎通》之前，一説既今文家説，故引伯姬叔姬事爲證，非有所謂妾之不逮事女君也。

《左氏·隱元年》孟子卒，繼室以聲子，注諸侯始娶，則同姓之國以姪娣媵，元妃死則次妃攝治其事，猶不得繼夫人，故謂之繼室。杜氏説經雖無家法，然此必是劉賈鄭服相傳之精意。則《白虎通》所載，或曰一説，或是古文春秋説，亦不謂妾之已逮事者也。以禮斷之，則當以《左氏》家説爲是。《通典》引鄭駁異義，妾子尊其母條，去禮喪服父爲長子，三年以將傳重，故也衆子則爲之。

周明無二嫡也，女君卒貴妾繼室攝其事耳，不得復立爲夫人。魯僖得立妾母爲夫人者，乃緣莊公哀姜有殺子般，閔公之罪應貶故也。近漢吕后殺戚夫人及庶子趙王，不仁，廢不得配食。文帝更尊其母薄后非其比耶？又駁居妾母喪得與朝會條，云《喪服·緦麻章》庶子爲後爲其母，此義自天子下至大夫、士同不得三年。魯宣公所以得尊其母敬嬴爲夫人者，以夫人姜氏大歸齊不返故也。然則子立母與君立夫人雖不同，然律以無二嫡之義，則子既不可於嫡母外更立嫡母，君亦不得於嫡妃外更立嫡室。傳曰父之所不降子，亦不敢降。然則子所不敢立，必父所不得立也，明矣。

《雜記》主妾之喪，則自祔至於練祥，皆使其子主之，其殯祭不於正室疏。妾既卑賤得主之者，崔氏云謂女君死，攝女君也。雖攝女君，猶下正室，故殯之不于正室。《雜記》又云，女君死，則妾爲女君之黨服，攝女君則不爲先女君之黨服。疏引賀瑒云，雖是徒從而抑妾，故爲女君黨服，防覬覦也。攝女君則不爲先女君之黨服，以攝女君差尊，故不爲先女君之黨服。然則女君在時，妾本從女君服其黨。《喪服・期章》公妾以及士妾爲其父母。鄭注禮妾從女君而服其黨服，是嫌不自服其父母，故以明之，是妾兼服女君黨之證也。女君死，妾子不服君母之黨，而妾未攝女君，自仍如女君在時服其黨，所以抑妾使降于嫡也。攝女君則較妾差尊于女君之分爲漸近，若仍服其黨，則是與女君自服其黨無異。故又使之不爲服，亦猶三公近於天子，特屈之北面以避嫌。所以抑妾使終不得同於正室也。聖人嚴嫡庶之分，如此後世不察斯義，宜漢有許霍之禍矣。所以必攝女君者，以凡祭必夫婦親之故也。若大夫、士則嫡死可復立嫡，《喪服・齊衰三年章》所云繼母如母是也。以天子，諸侯位高，恐其專恣奪嫡，故先防於未然。使雖嫡夫人死，猶不得更立嫡也。虞喜云禮雜記攝女君，此攝當謂相代攝，是爲繼室，則妾之後女君也。有後女君則不爲先女君之黨服，以當服女君之黨故也。案虞氏之説既昧於無二嫡之例，又失乎繼室之義矣。《左傳・昭三年》，齊侯使晏嬰請繼室于晉，此繼室謂繼少姜也。然昭三年晉少姜卒時，晉侯使士文伯辭。公則曰非伉儷也。梁丙又曰今嬖寵之喪，不敢擇位而數干守嫡，則繼室之不得同於正室也，又其顯然者也。繼室既不得同於正室，而令羣妾服繼室之黨乎？又案何氏隱元年注論立子法，適夫人無子，先二媵子，次嫡姪娣子，次二媵姪娣子。則立嫡之次，例亦宜然。今紀伯姬卒，既立其娣叔姬而經無譏文者，或伯姬卒時，二媵已先歿，故其娣得升爲夫人。故宣十六年郯伯姬來歸，注謂伯姬以媵升爲嫡，明媵先於姪娣也。而《白虎通》又謂自立其娣尊大國，則班氏所據之公羊説，自以娣姪先二媵，與何氏又不同矣。包氏世臣云紀伯姬之媵，經無文，或皆附庸小國，其時《周禮》已不盡行，故立叔姬，以魯爲大國。其班氏所自昉，與其諸侯一娶九女，何氏意以一夫人、二媵、六姪娣。董子則以一夫人、一世婦，又左右婦三姬二良人，何董之説各有師承，然良人諸目起於後世三代，未必同也。

《資政院議場會議速記録・資政院第一次常年會第三十七號議場速記録》 又如各國刑法對於尊親屬用男女平等主義，自己的尊親屬與配偶人的尊親是一樣看待，本草案内妻對夫的尊親屬與夫同，而夫對妻的尊親屬則不然，亦是有保存中國家族制度的意思。原來各國立國各有各的風俗，各有各的歷史，不是一時能够變更得來的，股員會的意思，凡是可以保存爲是，所以對於這部草案，有主義上很好而實行上有窒礙的地方，應刪去的便刪去，應改正的便改正。比如原案第三百一十一條，即修正案第三百一十六條，凡對於尊親屬加强暴未至傷害，處三等至五等有期徒刑，或五百元以下五十元以上之罰金。此條有罰金規定，於中國社會情形大家心里有所未安，揣原案的意思，因爲本律所稱尊親屬範圍甚廣，不專指父母、祖父母而言，還有外祖父母在内；以繼母如母之義推之，則繼母之繼母亦是外祖母，亦在本律所稱尊親屬之内，此等尊親屬自與自己真系尊親屬大不相同，没有强暴舉動，情節較輕，有時不妨處以罰金。但是股員會的意思，以爲我國習慣，尊親屬多指祖父母、父母而言，一見本條規定，以爲從此以後毆父母者可以罰金了事，此等誤會必不能免，故討論數回，議決將本條罰金删去，一面再將尊親屬範圍縮小，原案尊親屬包括外祖父母在内。股員會意見以爲，中國既然不采男女平等主義，而外祖父母與祖父母服制輕重不同，自不能相提並論。外祖父母就是父之外舅外姑，父對於外舅外姑并不與自己父母視同一體，以此類推，則子對於外祖父母亦不能與祖父母視同一體，所以從尊親屬中將外祖父母删去，歸於親屬之内，這是根據中國習慣禮制修正的。

（清）勞乃宣《桐鄉勞先生遺稿》卷一《文一十五首・續駁曹氏再醮不得為繼妻議》 曹氏續祖著，再醮不能爲繼妻議。謂凡娶再醮之婦、而又無子者，止當以妾論，不得使其子喪之曰繼母。時有因此事啓争論者，援曹氏之説以爲辭。吾友邵班卿作駁議以正之，詞嚴義正，抉發盡致曹氏無可置喙矣。顧吾讀之，恐狃於曹氏之説者，猶有所藉口也。何也？禮律固無再醮不得爲繼妻、繼母之文，而亦無再醮必當爲繼妻與繼母之文也。夫禮律之不著其文，非疏也。以是爲事理之同，然而不必加以别白也，自有曹氏之説，而世俗不能無惑矣。是必示以確然之據，而後可以杜紛紜之口，而折衷於一是，徒與之辨事理、論恩義猶後也，於何求之？仍求之於禮律而已矣。隋唐以前，喪制一遵《儀禮》。晋宋間喪服爲專家之學，後世考禮者多宗之故，其時之制即《儀禮》之制也。考之《通典》，有繼母亡前，家子取喪柩去服。議曰：晋束皙問有婦人再嫁爲繼母，而亡前家子取母柩，父與之去，繼子之服如何？步熊云當爲服。周亡取去亦服周。宋庾蔚之謂：子當以父服爲正，父若服以爲妻，則應服之如母。若父與去而不服之，則子宜依繼母出，不服也。又有父卒繼母還前親子家，繼子爲服。議曰：晋摯虞《理疑》云，父亡服竟繼母還親子家，當爲何服，比有問夫婦生男女，三人遭荒亂離散，不知死生，母後嫁有繼子，後夫未亡，得親子信請還親子家，後夫言可。爾後數年夫亡喪之，如禮服竟隨親子去，别繼子，云我則爲絶死不就汝家葬也。而名户籍如故，母今亡，繼子當何服？服之三年則不來葬，服之周則無所嫁。博士淳于睿等以爲，當依繼母嫁從爲服。周博士孫綽議曰：母雖不母，子何緣得計去留，權輕重而降之哉！夫五服有名不可謬施，施之爲出，出義不全施之於嫁，嫁義不成欲降服周，於禮何居？許令制周，頗在可怪博士弟子。北海徐叔中難孫云：就不成嫁當爲去母，附之於嫁不亦宜乎？宋庾蔚之謂繼母持服，竟後乃去不得謂之爲遣，比之繼母嫁，於情爲安。此二條皆再醮之繼母也。所以疑其服者，以前子取柩去與還前親子家耳！使不取柩去，不還前家，則夫以之爲繼妻，而服以妻服，子以之爲繼母，而服以母服，斷然無疑也。此再醮當爲繼妻、繼母之見，於古禮者也。律定親屬相犯之刑，以服制爲斷。故服所在即刑所在，刑所施即服所施也。律例云：凡嫁娶違律，應行離異者，與其夫及夫之親屬有犯，均依凡人科斷，若係將妻嫁賣娶者，果不知情，實係明媒正娶者，雖律應離異，有犯仍按服制定擬。夫娶有夫嫁賣，律應離異之婦，而娶者不知情，苟明媒正娶，有犯即按報制科罪，是但問其明媒正娶與否，不問其再醮與否也。則娶無夫再醮之婦而明媒正娶，不應離異者，有犯必按服制科罪，可知矣。服制者，何喪服也？有犯以之制刑，遭喪即以之制服。再醮之婦，其娶也果有媒妁之言、婚書之約聘、幣之將同牢合巹之禮，其死也夫安得不服以期年之妻服，子安得不服以三年之母服哉？嘉慶十年，陝西成案有孫樊氏者，孫世武之繼妻，孫資積之繼母也。樊氏以前夫之子焦玉無依，欲令同居，世武不允，樊氏遷怒於資積，向撞跌傷，後又因世武不與交言，飲恨自縊。部議以資積素無觸忤，樊氏因與世武口角輕生，其死與資積無涉，科資積以子過失傷父母者，杖一百，徒三年之罪。而置世武勿論。是子之以夫妻、母子之名分也。夫以前夫之子啓釁，其爲再醮之婦無疑，而執法者按服以制刑，視之與不再醮者無異。更何疑於母妻之名與母妻之服哉？樊氏之死也，使資積到官而不喪服，吾知聽是獄者，必又將治以釋服忘哀之罪矣。此再醮當爲繼妻、繼母之見，於今律者也，禮與律有據如此，準此爲斷，彼援曹氏之説，以爲辭者，何能顯與禮律爲敵哉？夫曹氏一空疏無學之人耳！諸侯不再娶，公羊傳之文，左氏注疏亦有之。曹氏不知引而引胡傳，是曹氏未見公羊與注疏也。繼母之服遠見於儀禮，近見於今律，曹氏不知引，而引家禮，並目之爲家禮定制，是曹氏不特未見儀禮與今律，且誤謂家禮所載服制，爲朱子所僭定也。正服義服爲禮家恒辭，既見於《喪服篇》，注疏先後議禮，諸家言之，又不一而足。朱子家禮於五服各分正服、加服、降服、義服，乃本之開元政和諸禮，非其創設，而曹氏但知爲家禮之文，是未見家禮以前言禮諸書也。曹氏順治間人，其時胡傳猶未廢，鄉塾多有之家禮，亦爲明季以來世俗通行之書。曹氏所見者，僅此鄉曲俗儒，學識寡陋，憑臆妄談，本不足辨。乃賀氏擇焉，不精採之，《經世文編》中經世文編浩博淵深，爲世所重，淺見者以其載於是編也，爲之震懾，而不敢異議，不知文編之體，兼收並蓄，以待人之自擇，非篇篇皆不易之定論也。子故表而明之，以解讀《經世文編》者之惑，非屑屑與曹氏争也。

綜述

《唐律疏議》卷一《名例·十惡》 四曰惡逆。謂毆及謀殺祖父母、父母，殺伯叔父母、姑、兄姊、外祖父母、夫、夫之祖父母、父母。

疏議曰：父母之恩，昊天罔極。嗣續妣祖，承奉不輕。梟鏡其心，愛敬同盡，五服至親，自相屠戮，窮惡盡逆，絶棄人理，故曰惡逆。

注：謂毆及謀殺祖父母、父母，殺伯叔父母、姑、兄姊、外祖父母、夫、夫之祖父母、父母。

疏議曰：毆謂毆擊，謀謂謀計。自伯叔以下，即據殺訖，若謀而未殺，自當不睦之條。惡逆者，常赦不免，決不待時；不睦者，會赦合原，惟止除名而已。以此爲別，故立制不同。其夫之祖父母者，夫之曾、高祖亦同。案喪服制，爲夫曾、高服緦麻；若夫承重，其妻於曾、高祖，亦如夫之父母服期。故知稱夫之祖父母，曾、高亦同也。

問曰：外祖父母及夫，據禮有等數不同，具爲分析。

答曰：外祖父母，但生母身，有服、無服，並同外祖父母，所以如此者，律云不以尊壓及出降故也。若不生母身者，有服同外祖父母，無服同凡人。依禮，嫡子爲父後及不爲父後者，並不爲出母之黨服，即爲繼母之黨服，此兩黨俱是外祖父母；若親母死於室，爲親母之黨服，不爲繼母之黨服，此繼母之黨無服，即同凡人。又，妾子爲父後及不爲父後者，嫡母存，爲其黨服；嫡母亡，不爲其黨服。《禮》云：所從亡，則已。此既從嫡母而服，故嫡母亡，其黨則已。夫者，依禮，有三月廟見，有未廟見，或就婚等三種之夫，並同夫法。其有克吉日及定婚夫等，唯不得違約改嫁，自餘相犯，並同凡人。【略】

七曰不孝。謂告言、詛詈祖父母父母，及祖父母父母在，別籍、異財，若供養有闕；居父母喪，身自嫁娶，若作樂，釋服從吉；聞祖父母父母喪，匿不舉哀，詐稱祖父母父母死。

疏議曰：善事父母曰孝。既有違犯，是名不孝。

注：謂告言、詛詈祖父母父母，

疏議曰：本條直云告祖父母父母，此注兼云告言者，文雖不同，其義一也。詛猶呪也，詈猶罵也。依本條詛欲令死及疾苦者，皆以謀殺論，自當惡逆。唯詛求愛媚，始入此條。

問曰：依《賊盜律》：子孫於祖父母父母求愛媚而厭、呪者，流二千里。然厭魅、呪詛，罪無輕重。今詛爲不孝，未知厭入何條？

答曰：厭、呪雖復同文，理乃詛輕厭重。但厭魅凡人，則入不道；若呪詛者，不入十惡。《名例》云：其應入罪者，則舉輕以明重。然呪詛是輕，尚入不孝；明知厭魅是重，理入此條。

注：及祖父母父母在，別籍、異財，

疏議曰：祖父母、父母在，子孫就養無方，出告反面，無自專之道。而有異財，別籍，情無至孝之心，名義以之俱淪，情節於茲並棄，稽之典禮，罪惡難容。二事既不相須，違者並當十惡。

注：若供養有闕；

疏議曰：《禮》云：孝子之養親也，樂其心，不違其志，以其飲食而忠養之。其有堪供而闕者，祖父母、父母告乃坐。

注：居父母喪，身自嫁娶，若作樂，釋服從吉；

疏議曰：居父母喪，身自嫁娶，皆謂首從得罪者。若其獨坐主婚，男女即非不孝。所以稱身自嫁娶，以明主婚不同十惡故也。其男夫居喪娶妾，合免所居之一官；女子居喪爲妾，得減妻罪三等；並不入不孝。若作樂者，自作、遣人等。樂，謂擊鐘、鼓，奏絲、竹、匏、磬、塤、篪，歌舞，散樂之類。釋服從吉，謂喪制未終，而在二十七月之内，釋去衰裳而著吉服者。

注：聞祖父母父母喪，匿不舉哀及詐稱祖父母父母死。

疏議曰：依《禮》：聞親喪，以哭答使者，盡哀而問故。父母之喪，創巨尤切，聞即崩殞，擗踴號天。今乃匿不舉哀，或揀擇時日者，並是。其詐稱祖父母父母死，謂祖父母、父母見在而詐稱死者。若先死而詐稱始死者，非。

八曰不睦。謂謀殺及賣緦麻以上親，毆告夫及大功以上尊長、小功尊屬。

疏議曰：《禮》云：講信修睦。《孝經》云：民用和睦。睦者，親也，此條之內，皆是親族相犯，爲九族不相叶睦，故曰不睦。

注：謂謀殺及賣緦麻以上親，

疏議曰：但有謀殺及賣緦麻以上親，無問尊卑長幼，總入此條。若謀殺期親尊長等，殺訖即入惡逆。今直言謀殺，不言故、鬬，若故、鬬殺訖，亦入不睦。舉謀殺未傷是輕，明故、鬬已殺是重，輕重相明，理同十惡。賣緦麻以上親者，無問强、和，俱入不睦。賣未售者，非。

注：毆告夫及大功以上尊長、小功尊屬。

疏議曰：依《禮》：夫者，婦之天。又云：妻者，齊也。恐不同尊長，故別言夫號。大功尊長者，依禮，男子無大功尊，唯婦人於夫之祖父母及夫之伯叔父母是大功尊。大功長者，謂從父兄姊是也。以上者，伯叔父母、姑、兄姊之類。小功尊屬者，謂從祖父母、姑，從祖伯叔父母、姑，外祖父母，舅、姨之類。

《唐律疏議》卷一四《户婚・嘗為袒免妻而嫁娶》 諸嘗爲袒免親之妻，而嫁娶者，各杖一百；緦麻及舅甥妻，徒一年；小功以上，以姦論。妾，各減二等。並離之。

疏議曰：高祖親兄弟，曾祖堂兄弟，祖再從兄弟，父三從兄弟，身四從兄弟、三從姪、再從姪孫，並緦麻絶服之外，即是袒免。既同五代之祖，服制尚異他人，故嘗爲袒免親之妻，不合復相嫁娶。輒嫁娶者，男女各杖一百。緦麻及舅甥妻，謂同姓緦麻之妻及爲舅妻，若外甥妻，而更相嫁娶者，其夫尊卑有服，嫁娶各徒一年。小功以上，以姦論，小功之親，多是本族，其外姻小功者，唯有外祖父母。若有嫁娶，一同姦法。若經作袒免親妾者，各杖八十；緦麻親及舅甥妾，各杖九十；小功以上，各減姦罪二等：故云妾各減二等。並離之。姦妾，本條減妻一等，此條以姦論，妾減二等，即是娶妾者累減三等。稱以姦論者，並依姦法。小功之妻，若寡在夫家而嫁娶者，各依姦小功以上妻法。其被放出，或改適他人，即於前夫服義並絶，姦者，依律止是凡姦；若其嫁娶，亦同凡姦之坐。又，稱妾者，據元是袒免以上親之妾而娶者，得減二等。若是前人之妻，今娶爲妾，止依娶妻之罪，不得以妾減之。如爲前人之妻，今娶爲妻，亦依娶妾之罪。

《天一閣藏明鈔本天聖令》卷二二《賦〔役〕令》 諸遭父母喪及嫡孫承重者，皆待服（関）〔関〕從役。爲人後者爲其父母，及父卒母嫁、出妻之子〔爲母〕，並聽終心喪。

《天一閣藏明鈔本天聖令》卷二九《喪葬令・喪服年月附》 喪服年月

斬衰三年：

子爲父。

嫡孫爲祖後者，爲祖。爲曾、高後者亦同。

女子在室爲父。已許嫁同。　女嫁反在父母之室爲父。謂父喪朞年內被出者。

父爲嫡子。　妻妾爲夫。

爲夫之父。　爲人後者爲所後父。

齊衰三年：

子爲母。父在同。

爲祖後者，祖卒爲祖母。爲曾、高後者亦同。

母爲長子。　婦爲夫之母。

繼母如母。　繼母爲長子。

慈母如母。　妾爲夫之長子。

齊衰杖朞：

父卒母嫁（出及）〔及出〕妻之子爲母。報服亦同。

爲祖後者，祖在爲祖母。爲曾、高後者亦同。

父卒繼母嫁，從，爲之服。報服亦同。　夫爲妻。

齊衰朞：

爲祖父母。父所生庶母亦同。　爲（叔伯）伯叔〔〕父母。

爲兄弟。　爲衆子。

爲兄弟之子。女在室同。　爲嫡孫。

爲姑、姊妹、女在室者。適人無夫子者同。

女在室者爲兄弟、姪。姪女在室同。

婦人無夫、子者爲兄弟、姪。姪女及姊妹在室亦同。

女爲祖父母。出嫁同。　妾爲子。

女適人爲兄弟之爲父後者。

妾爲父母。　爲人後者爲其父母。報服亦同。

女適人者爲父母。　爲繼父之同居者。
妾爲嫡妻。
妾爲夫之庶子。
爲〔夫之〕兄弟之子。男女同。
舅姑爲嫡婦。
齊衰五月：
爲曾祖父母。　女爲曾祖父母。出嫁同。
齊衰三月：
爲高祖父母。　女爲高祖父母。出嫁同。
爲繼父不同居。
大功九月：長殤九月，中殤七月。
爲同堂兄弟。姊妹在室同。　爲庶孫。女在室同。
爲女適人者。　爲姑、姊妹適人者。
女適人爲兄弟、姪。姑、姊妹及姪女在室同。
出母爲女適人者。報服亦同。
女適人爲伯叔父母。報服亦同。
爲人後者爲其兄弟。報服〔亦〕〔一〕同
爲人後者爲其姑、姊妹在室者。報服亦同。
爲夫之祖父母。　爲夫之伯叔父母。
爲兄弟子之婦。　爲夫兄弟子之婦。
夫爲人後者，其妻爲本生舅姑。
爲衆子婦。
爲子之長殤、中殤。男女同。
爲叔父母（之）長殤、中殤。
爲姑、姊妹之長殤、中殤。
爲兄弟之長殤、中殤。
爲嫡孫之長殤、中殤。嫡曾、玄孫同。
爲兄弟之子長殤、中殤。男女同。
爲夫兄弟之子之長殤、中殤。男女同。
小功五月：〔殤〕
爲伯叔祖父母。　爲兄弟之孫。
爲兄弟之孫女在室者。
爲同堂伯叔父母。
爲同堂兄弟之子。
爲同堂兄弟之女在室者。
爲從祖（孤）〔姑〕、姊妹在室者。
爲再從兄弟。
爲從祖祖姑在室者。報服亦同。
爲外祖父母。　爲舅。報服亦同
爲母之姊妹。報服亦同。
爲同堂姊妹適人者。報服亦同。
爲孫女適人者。
爲人後者爲其姑、姊妹適人者。報服亦同。
爲夫兄弟之孫。
爲夫同堂兄弟之子。
爲夫之姑、姊妹在室者。適人同，報服亦如之。
妯娌相爲服。
爲同母異父兄弟、姊妹。
爲嫡母之父母、兄弟、姊妹。
爲庶母慈己者。　爲嫡孫之婦。
母出爲繼母之父母、兄弟、姊妹。
爲兄弟妻。報服亦同。　爲男女之下殤。
爲叔父、姑、姊妹、兄弟之下殤。
爲嫡孫之下殤。
爲兄弟子之下殤。男女同。
爲同堂姊妹、兄弟長殤。
爲庶（子）〔孫〕之長殤。男女同。
爲人後者爲其姑、姊妹、兄弟之長殤。
出嫁姑爲姪之長殤。男女同。
爲夫兄弟子之下殤。男女同。

爲夫之叔父之長殤。
緦麻三月：殤。
爲族兄弟。　爲族（祖曾）〔曾祖〕父母。
爲兄弟之曾孫。
爲兄弟曾孫女之在室者。
爲族祖父母。
爲同堂兄弟之孫。同堂兄弟之孫女在室同，出嫁則無服。
爲族父母。
爲再從兄弟之子。再從兄弟之女在室同，出嫁則無服。
爲外孫。男女同。　爲曾孫、玄孫。
爲姨兄弟、姊妹。　爲姑之子。
爲舅之子。　爲族曾祖姑在室者。報服亦同。
爲族祖姑在室者。報服亦同。
爲族〔姑〕在室者。報服亦同。
爲從祖姑、姊妹適人者。報服（壹）〔亦〕同。
女適人者爲同堂伯叔父母。報服亦同。
庶子爲父後者爲其母。
爲從祖祖姑適人者。報服亦同。
爲人後者爲外祖父母。
爲兄弟之孫女適人者。報服亦同。
爲夫兄弟之曾孫。
爲夫同堂兄弟之孫。
爲夫再從兄弟之子。男女同。
爲庶孫之婦。　爲庶母。父之妾有子者。
爲乳母。　爲妻之父母。報服亦同。
爲夫之曾祖、高祖父母。
爲夫之從祖祖父母。
爲兄弟孫之婦。　爲（兄夫）〔夫兄〕弟孫之婦。爲兄夫弟孫之婦。
爲夫之從祖父母。
爲同堂兄弟子之婦。

爲夫之外祖父母。　爲外孫婦。
爲夫之從父兄弟之妻。
爲夫之從〔父〕姊妹在室及適人者。
爲夫之同堂兄弟子之婦。
爲夫之舅姨。　爲姊妹之子之婦。
爲甥之婦。
子爲父母、妻妾爲夫，既葬除之，改葬緦。
爲從父兄弟、姊妹之中殤、下殤。
爲庶孫之中殤、下殤。男女同。
爲從祖叔父之長殤。　爲舅姨之長殤。
爲從父兄弟之子長殤。
爲從祖兄弟之長殤。
爲兄弟之孫長殤。
爲從祖姑、姊妹之長殤。
爲人後者爲其兄弟之中殤、下殤。
出嫁姑爲姪之中殤、下殤。男女同。
爲人後者爲其姑、姊妹之中殤、下殤。
爲人後者爲其從父兄弟之長殤。
爲夫之叔父之中殤、下殤。
爲夫之姑、姊妹之長殤。

《天盛改舊新定律令》卷二《親節門》一族、姻二種親節，依上下服五種喪服法不同而使區分，其中婦人喪服法應與丈夫相同。

應服三年喪：
子對父母，妻子對丈夫，
父死長孫對祖父、祖母，
養子對養父母，子對庶母，
未出嫁在家之親女及養女。

應服一年喪：
對祖父、祖母、兄弟、伯叔姨、親侄，
父母對子女，在家之姑、姐妹，

在家之親侄女，丈夫對妻子，
父死對改嫁母，祖父長子死對長孫，
父母對養子，養子對原來處父母，
父死改嫁庶母對往隨子，
改嫁母對原家主處所遺子，
親女及養女等出嫁後對父母。

應服九個月喪：

對一節伯叔姨、伯叔子兄弟及其在家之姐妹，
孫子，在家之孫女，出嫁姑、姐妹女，
出嫁侄女，養子對所來處姑、姐妹、兄弟，
侄之妻子，對兄弟、侄子等到他處爲養子者，
母對與原丈夫分離處在家女，
親兒媳，女出嫁後對伯叔姨、姑姐妹、兄弟、甥等。

應服五個月喪：

族親：

對曾祖父母，二節伯叔姨、姑，
從祖父、姐妹及妻子，兄弟之孫，
伯叔侄子，二節伯叔子兄弟、姐妹，
伯叔子出嫁姐妹，出嫁孫女，曾孫，
兄弟之妻，
養子對所來處出嫁姑、姐妹及伯叔子兄弟等，
祖父、祖母長子死對長孫妻子，
出嫁女對自己兄弟和兄弟之子爲他人養子，及兄弟子等之妻子，
出嫁女對伯叔子兄弟。

姻親：

對母之父母、舅、姐妹之子，
母子姐妹以及其子，
同母不同父姐妹，

應服三個月喪：

庶母之父母、兄弟、姐妹。

族親：

對高祖父母、三節伯叔及姑，
曾祖之姐妹，及兄弟以及其妻子，
三節伯叔子兄弟、姐妹，兄弟之曾孫，
祖父之伯叔子兄弟及其妻子並姐妹，
伯叔子兄弟之孫，
二節伯叔侄子及住家未嫁女，
玄孫，伯叔子出嫁侄女，
兄弟之出嫁孫女，
出嫁女對祖父之伯叔子兄弟、妻子並姐妹，
孫媳，伯叔子兄弟之妻子，
兄弟之孫媳，出嫁女兄弟之孫，
出嫁女對伯叔子兄弟之子，
母隨嫁子與後父家門內同。

姻親：

對女之子，姐妹等兒子姐妹，舅之子，
姑之子，妻子之父母，子蓋，
女兒子之妻子、姐妹兒子之妻子，
婿，姐妹子之妻子。

（宋）謝深甫《慶元條法事類》卷七七《服制門・服制》　正服

爲曾祖父母女適人同

齊衰叁月

正服

爲高祖父母女適人同

義服

爲繼父不同居謂先同今異者，雖同居而繼父有子或已有大功以上親，亦爲異居之不同居者，不服。

大功玖月

殤中殤柒月

正服

爲子之長殤中殤
爲嫡孫之長殤中殤嫡曾孫元孫亦同
爲叔父之長殤中殤
爲姑姊妹之長殤中殤
爲兄弟之長殤中殤
爲兄弟之子長殤中殤

義服

爲兄弟子之婦
爲夫兄弟子之婦
爲夫兄弟女適人者
女適人者爲伯叔母
夫爲人後者，其妻爲本生舅姑
爲衆子婦

小功伍月

殤

正服

爲子之下殤
爲嫡孫之下殤
爲叔父之下殤
爲姑姊妹之下殤
爲兄弟之下殤
爲兄弟子之下殤
爲從父兄弟姊妹之長殤
爲衆孫之長殤

降服

爲夫之兄弟之子長殤中殤

成人

正服

爲從父兄弟姊妹謂同堂兄弟姊妹
爲衆孫男女同，餘稱孫者准此。

降服

爲姑姊妹適人者
爲女適人者
女適人者爲姑姊妹兄弟及兄弟之子
出母爲女適人者
女適人者爲出母
爲兄弟女適人者
女適人者爲伯叔父
爲人後者爲其姑姊妹兄弟
爲兄弟姪爲人後者

義服

爲夫祖父母
爲夫伯叔父母
爲人後者爲其姑姊妹兄弟之長殤
女適人者爲兄弟之子長殤

義服

爲夫兄弟之子下殤
爲夫叔父長殤

成人

正服

爲從祖祖父謂祖之兄弟
爲兄弟之孫
爲從祖父謂父之同堂兄弟
爲從祖姑謂父之同堂姊妹
爲同堂兄弟之子
爲從祖兄弟謂再從兄弟
爲從祖姊妹謂再從姊妹
爲從祖祖姑謂祖之姊妹
爲外祖父母
爲舅

爲從母謂母之姊妹

爲甥謂姊妹之子

女爲姊妹之子

爲同母異父兄弟姊妹

降服

爲從父姊妹適人者

女適人者爲從父兄弟

爲孫女適人者

爲人後者爲其姑姊妹適人者

爲人後者爲其從父兄弟

女適人者爲其兄弟姪之爲人後者

義服

爲從祖祖母

爲夫兄弟之孫

爲從祖母

爲夫同堂兄弟之子

爲夫之姑姊妹適人同

女在室及適人者爲兄弟姪之妻

爲娣姒婦兄弟之妻相名也長婦謂稚婦爲娣婦，娣婦謂長婦爲姒婦，或云婦

爲嫡母之父母兄弟從母

母出爲繼母之父母兄弟從母

爲庶母慈己者謂庶母之乳養己者

爲嫡孫之婦有嫡婦則無嫡孫婦，曾孫元孫爲後者，服其婦如嫡孫之婦

爲兄弟妻

爲夫之兄弟

緦麻叁月

殤

正服

爲從父兄弟姊妹之中殤下殤

爲衆孫之中殤下殤

爲從祖叔父之長殤

爲從祖兄弟之長殤

爲舅及從母之長殤

爲從祖姑姊妹之長殤

爲從父兄弟之子長殤

爲兄弟之孫長殤

（宋）謝深甫《慶元條法事類》卷七七《服制門·服制》　服制格

斬衰三年

正服：子爲父。

加服：嫡孫爲祖；謂承重者。父爲長子。重其當先祖之正體，將代己爲宗廟主者。

義服：婦爲舅；夫爲祖、曾高祖後者，其妻從服亦如之。爲人後者爲所後父；爲父所後者，祖亦如之。妾爲君；妾，謂夫爲君。妻爲夫。

齊衰三年

正服：子爲母。

加服：嫡孫爲祖母；母爲長子。謂父服斬衰者。

義服：婦爲姑；嫡孫爲祖、曾高祖後者，其妻從服亦如之。爲繼母；爲慈母；謂妾無子，妾子無母，而父命爲母子者。繼母爲長子；妾爲君之長子。

齊衰杖期

降服：父卒母嫁及出妻之子爲母。謂生己者，若爲父後則不服，母猶服之。

正服：嫡孫，祖在爲祖母。

義服：父卒，爲繼母嫁己從之；謂繼母嫁而子從之寄育者。若不從或繼母出，則不服。夫爲妻。

齊衰不杖期

正服：爲祖父母；女適人同係於父所生庶母服亦同，唯爲祖後者不服。爲伯叔父；爲兄弟；爲衆子；謂長子之弟及妾子若女子。凡父母於子，舅姑於婦，不傳重於嫡，將所傳重非嫡及養子爲後者，服之皆如衆子、衆婦。爲兄弟之子；爲姑姊妹女及適人無主者；謂無夫與子爲祭主者。婦人無夫與子者，爲其兄弟、姊妹及兄弟之子，妾爲其子。

加服：爲嫡孫；有嫡子則無嫡孫，凡爲後承嫡者，雖曾孫、玄孫，與孫同。女適人者，爲兄弟之爲父後者。

降服：嫁母、出母爲其子；妾爲其父母；凡妾爲私親如衆人。爲人後者，爲其父母；父母爲其子之爲人後者；女適人者，爲父母。所降之服未滿被出者，不降。如降服已除出而本服未除者，不服。凡女適人應降之服未除、已除被出者，皆准此。

義服：繼母嫁，爲前夫之子從己者；爲伯叔母；爲繼父同居者；謂子無大功之親，從母適人，所適者，亦無大功之親。妾爲嫡妻；妾爲君之衆子；爲夫之兄弟之子；舅姑爲嫡婦。

齊衰五月

正服：爲曾祖父母。女適人同

齊衰三月

正服：爲高祖父母。女適人同。

義服：爲繼父不同居。謂先同今異者，雖同居而繼父有子或已有大功以上親亦爲異居之，不同居者不服。

大功九月

殤中殤七月。

正服：爲子之長殤、中殤；爲嫡孫之長殤、中殤。嫡曾孫、玄孫亦同。爲叔父之長殤、中殤；爲姑姊妹之長殤、中殤；爲兄弟之長殤、中殤；爲兄弟之子長殤、中殤。

義服：爲夫之兄弟之子長殤、中殤。

成人

正服：爲從父兄弟、姊妹；謂同堂兄弟姊妹。爲衆孫。男女同。餘稱孫者准此。

降服：爲姑、姊妹適人者；爲女適人者；女適人者，爲姑、姊妹、兄弟及兄弟之子；出母爲女適人者；女適人者，爲出母；爲兄弟女適人者；女適人者，爲伯叔父；爲人後者，爲其姑、姊妹、兄弟；爲兄弟侄爲人後者。

義服：爲夫祖父母；爲夫伯叔父母；爲兄弟子之婦；爲夫兄弟子之婦；爲夫兄弟女適人者；女適人者，爲伯叔母；夫爲人後者，其妻爲本生舅姑；爲衆子婦。

小功五月

殤

正服：爲子之下殤；爲嫡孫之下殤；爲叔父之下殤；爲姑、姊妹之下殤；爲兄弟之下殤；爲兄弟子之下殤；爲從父兄弟、姊妹之長殤；爲衆孫之長殤。

降服：爲人後者，爲其姑、姊妹、兄弟之長殤；女適人者，爲兄弟之子長殤。

義服：爲夫兄弟之子下殤；爲夫叔父長殤。

成人

正服：爲從祖祖父；謂祖之兄弟。爲兄弟之孫；爲從祖父；謂父之同堂兄弟。爲從祖姑；謂父之同堂姊妹。爲同堂兄弟之子；爲從祖兄弟；謂再從兄弟。爲從祖姊妹；謂再從姊妹。爲從祖祖姑；謂祖之姊妹。爲外祖父母；爲舅；爲從母；謂母之姊妹。爲甥；謂姊妹之子。女爲姊妹之子；爲同母異父兄弟、姊妹。

降服：爲從父姊妹適人者；適人者，爲從父兄弟；爲孫女適人者；爲人後者，爲其姑、姊妹適人者；爲人後者，爲其從父兄弟；女適人者，爲其兄弟侄之爲人後者。

義服：爲從祖祖母；爲夫兄弟之孫；爲從祖母；爲夫同堂兄弟之子；爲夫之姑姊妹；適人同女在室及適人者，爲兄弟侄之妻；爲娣、姒婦；兄弟之妻相名也，長婦謂稚婦爲娣婦，娣婦謂長婦爲姒婦。或云妯娌。爲嫡母之父母、兄弟、從母；母出，爲繼母之父母、兄弟、從母；爲庶母慈己者；謂庶母之乳養己者。爲嫡孫之婦；有嫡婦則無嫡孫婦。曾孫、玄孫爲後者，服其婦如嫡孫之婦。爲兄弟妻；爲夫之兄弟。

緦麻三月

殤

正服：爲從父兄弟、姊妹之中殤、下殤；爲衆孫之中殤、下殤；爲從祖叔父之長殤；爲從祖兄弟之長殤；爲舅及從母之長殤；爲從祖姑、姊妹之長殤；爲從父兄弟之子長殤；爲兄弟之孫長殤。

降服：女適人者，爲兄弟之子中殤、下殤；爲人後者，爲其姑、兄弟、姊妹之中殤、下殤；爲人後者，爲其從父兄弟之長殤。

義服：爲夫之叔父中殤、下殤；爲夫之姑、姊妹之長殤。

成人

正服：爲族兄弟、姊妹；謂三從兄弟、姊妹。爲族曾祖父；謂曾祖之兄弟。爲族曾祖姑；謂曾祖之姊妹。爲兄弟之曾孫；爲族祖父；謂祖之同堂兄弟。爲族祖姑；謂祖之同堂姊妹。爲同堂兄弟之孫；爲族父、族姑；謂父之再從兄弟、姊妹。爲再從兄弟之子；女出嫁則不服。族姊妹以下，姑及姊妹孫女出嫁並准此。爲曾孫、玄孫；爲外孫；謂女子之女。爲從母兄弟、姊妹；謂兩姨兄弟、姊妹。爲姑之子；謂外兄弟、姊妹。爲舅之子；謂内兄弟、姊妹。

降服：爲從祖姑、姊妹適人者；女適人者，爲從祖姑；女適人者，爲從祖祖姑；女適人者，爲從祖兄弟；女適人者，爲從祖姊妹；女適人者，爲從祖父；謂父之同堂兄弟。女適人者，爲同堂兄弟之子；爲同堂兄弟之女適人者；庶子爲父後者，爲其母；若無嫡母及嫡母卒，則爲所生母服。其外祖父母、舅、從母並不服。爲從祖祖姑適人者；女適人者，爲兄弟之孫；爲人後者，爲本生外祖父母；爲兄弟之孫女適人者；女適人者，爲從祖祖父。

義服：女適人者，爲從祖祖母；爲族曾祖母；爲夫兄弟之曾孫；爲族祖母；爲夫同堂兄弟之孫；爲族母；爲夫再從兄弟之子；女適人則不服。爲衆孫之婦；女適人者，爲從祖母；爲庶母；父之妾有子者。爲乳母；爲婿；謂女之夫。爲妻之父母；妻亡別娶同。即生妻身之母雖改嫁被出，亦如之。爲夫之曾祖、高祖父母；爲夫之從祖祖父母；謂夫之祖兄弟及其妻。爲兄弟孫之婦；爲夫兄弟孫之婦；爲夫之從祖父母；謂夫之父同堂兄弟及其妻。爲同堂兄弟子之婦；爲夫同堂兄弟子之婦；爲夫從父兄弟之妻；爲夫之兄弟之孫女適人；爲夫之從父兄弟之女適人；爲夫之從父姊妹；適人同。爲夫之外祖父母；爲夫之舅及從母；爲外孫婦；女爲姊妹子之婦；爲甥之婦。

（宋）傅霖《刑統賦解·又若親姑被出亦是親姑》 親姑者，乃夫之母也，若親姑被夫家棄出，與夫家則義絶，其子母之道可得絶乎，子既待之如母，婦亦合待之如姑，但有相犯並同犯親姑之論，故曰亦是親姑也。

繼養恩輕於本生

繼父者，謂子隨母改嫁之父也；繼母者，謂親母被出或亡，父再娶之妻是也，養者，謂無子養同宗之子也，考諸服別繼養之母，與親生服同，其爲人後者爲本生父母，而降之以期，然親生父母昊天罔極，顧復之恩終無絶道，繼養之者固有異矣，舊例子孫違犯教令。而祖父母毆殺者，徒一年半，嫡繼慈養各減一等，又繼養父母殺其本生竝聽子告，親生父母則不許告，故曰繼養恩輕於本生也。

孫同於子者立以承祖

嫡孫於祖父齊衰期服，若祖無承繼之嗣，立嫡孫以承者，即與父無異也，故加服三年。舊例子聞父喪，匿不舉哀，流二千里，孫聞祖喪，匿不舉哀，徒一年。若孫承祖者，即與子同，並無減等之文也。

繼母改嫁即非繼母

繼母者，謂親母被出或亡，父再娶之妻是也，服齊衰三年，父亡改嫁而子隨之寄育者，猶服期年。若不隨則無服，非繼母也。

出降依本服者兼明外繼

出降者，謂婦人適嫁人也，外繼者，男子爲人後者也，皆降本服，雖出降外繼，而親恩之義猶存，但有相犯及收瘞，並依本宗之服論也。

《元典章》卷一八《户部·婚姻·夫亡·夫亡夫家守服》 至元五年十月，中書户部：

來申該平陽路民户郭從訓告：河南府宜陽縣石付韓阿鞏不令弟妻趙奴與弟郭四守服。乞照驗事。送法司披詳得：韓趙奴既於至元三年七月與夫郭四過門，兼二次父母受訖財物，依理已成婚娉，及拜訖伊夫尊屬。其夫身亡，合行依例於夫家守服，以全婦道，激勸風俗，似爲相應。省部仰令韓趙奴依例於夫家守服施行。

（元）沈仲緯《刑統賦疏·第五韻》 義勝於服則捨服而論義。本宗九族祖父之内謂之正服，母黨、妻黨、四父八母，謂之義服。以正服言之，正則有常，常則無變。以義服言之，恩義相同，皆是外姓，恩有輕重，義有厚薄。聖人制理，以分尊卑，制服以別親疏，因服之親疏，以定刑之輕重，此立法之大意也。其有服輕而恩義深重，有勝於服者，苟犯於此則罪不稱情矣。凡此類者，又捨服而論恩義焉。《鬬訟律》諸：毆兄姊徒二年半；外祖父母加一等；夫兄姊、期服毆之徒二年半。外祖父母雖小功服，毆之則加一等，徒三年。蓋重其母黨，故捨服而論義也。由是觀之，以服制親疏定罪之輕重者，法之常。以恩義厚薄爲罪之輕重者，法之變也。

直解：兄姊期服毆之，徒二年半；外祖父母，小功服，毆之，加一等。蓋重母黨，故捨服論義。

《大明令·禮令·喪服等第》凡喪服等第并依舊制。

斬衰三年：斬衰者，用至粗麻布，不縫下邊，謂之斬衰。

子爲父。

嫡孫爲祖，後者爲祖。爲曾、高後者亦同。

女在室，爲父。已許嫁同。

女嫁及在父室，爲父。謂父喪朞年内被出者。

父爲嫡子。

妻爲夫。

妾爲主。

爲夫之父。

爲人後者，爲所後父。過房與人做孩兒，爲後父。

齊衰三年：齊衰者，亦用稍細麻布，縫下邊，謂之齊衰。

子爲母。父在同。

女在室，爲母。已許嫁同。

爲祖後者，祖卒爲祖母。爲曾、高後者亦同。

母爲長子。

女嫁及在室，爲母。謂母喪朞年内被出者。

婦爲夫之母。

繼母與母同。

慈母與母同。

繼母爲長子。

妾爲主之長子。

爲人後者，爲所後母。過房與人做孩兒，爲後母。

齊衰杖期：

父卒母嫁及出妻之子。爲母報服亦同。

爲祖後者，祖在爲祖母。爲曾、高後者亦同。

父卒，嫡、繼、慈、養母歸宗，爲之服。若改嫁從者，爲之服。報服亦同。

夫爲妻。

齊衰期年：

爲祖父母。父所生，庶母亦同。

爲伯叔父母。

爲兄弟。

爲衆子。

爲兄弟之子。女在室同。

爲嫡孫。

爲姑姊妹女在室者。適人無夫、子者同。

女在室者，爲弟兄。姪女在室同。

婦人無夫、子者，爲兄弟姪。姪女及姊妹在室同。

女爲祖父母。出嫁同。

妾爲其子。

妾爲其父母。

庶子爲其母。謂嫡母在室。

女適人，爲兄弟之爲父後者。

爲人後者，爲其父母。報服亦同。

女適人者，爲父母。

妾爲嫡妻。

爲繼父之同居者。

妾爲主之衆子。

舅姑爲嫡婦。

爲夫親兄弟之子。男女同。

齊衰五月：

爲曾祖父母。

女爲曾祖父母。出嫁同。

齊衰三月：

爲高祖父母。

女爲高祖父母。出嫁同。

爲繼父不同居。謂先曾同居，今不同居。

大功九月：大功者，以粗熟布。長殤九月，中殤七月。

爲同堂兄弟。姊妹在室同。

爲衆孫。女在室同。

爲女適人者。

爲姑姊妹適人者。

女適人，爲兄弟姪。姑姊妹及姪女在室者同。

出母爲女。

爲人後者，爲其兄弟。報服亦同。

女適人者，爲伯叔父母。報服亦同。

爲人後者，爲其姑姊妹在室者。報服亦同。

爲夫之祖父母。

爲夫之伯叔父母。

爲兄弟子之婦。

爲夫兄弟子之婦。

夫爲人後者，其妻爲本生舅姑。

爲衆子婦。

爲子之長殤、中殤。男女同。

爲叔父之長殤、中殤。

爲姑姊妹之長殤、中殤。

爲兄弟之長殤、中殤。

爲嫡孫之長殤、中殤。嫡曾、玄孫同。

爲兄弟之子長殤、中殤。

爲夫之兄弟之子長殤、中殤。男女同。

小功五月：小功者，以稍麤粗布。

爲伯叔祖父母。

爲兄弟之孫。

爲兄弟之孫女在室者。

爲同堂伯叔父母。

爲同堂兄弟之子。

爲同堂兄弟之女在室者。

爲從祖姑姊妹之在室者。報服亦同。

爲從祖祖姑之在室者。報服亦同。

爲再從兄弟。

爲外祖父母。

爲同堂姊妹適人者。報服亦同。

爲母之兄弟姊妹。報服亦同。

爲人後者，爲其姑姊妹適人者。報服亦同。

爲孫女適人者。

爲夫同堂兄弟之子。

爲夫兄弟之孫。

妯娌相爲服。

爲夫之姑姊妹在室者。適人同，報服亦如之。

爲嫡母之父母、兄弟、姊妹。

爲庶母慈己者。

爲嫡孫之婦。

母出，爲繼母之父母、兄弟、姊妹。

爲兄弟妻。報服亦同。

爲男女之下殤。

爲叔父姑姊妹兄弟之下殤。

爲嫡孫之下殤。

爲衆孫之長殤。男女同。

爲兄弟之子之下殤。男女同。

爲同堂兄弟姊妹之長殤。

爲人後者，爲期姑姊妹兄弟之長殤。

出嫁姑爲姪之長殤。男女同。

爲夫兄弟之子下殤。男女同。

爲夫之叔父之長殤。

緦麻三月：緦麻者，以稍細熟布。

爲族兄弟。
爲族曾祖父母。
爲兄弟之曾孫。
爲族祖父母。
爲兄弟之曾孫女之在室者。
爲外孫。男女同。
爲同堂兄弟之孫。同堂兄弟之孫女在室同。出嫁則無服。
爲再從兄弟之子。再從兄弟之女在室同。出嫁則無服。
爲曾孫、玄孫。
爲從母兄弟、姊妹。
爲舅之子。
爲姑之子。
爲族曾祖姑在室者。報服亦同。
爲族祖姑在室者。報服亦同。
爲族姑在室者。報服亦同。
爲從祖姑姊妹適人者。報服亦同。
女適人者，爲同堂伯叔父母，報服同。
庶子爲父後者，爲其母。
爲從祖祖姑適人者。
爲人後者，爲外祖父母。
爲兄弟之孫女適人者。報服亦同。
爲夫兄弟之曾孫。
爲夫同堂兄弟之孫。
爲夫再從兄弟之子。男女同。
爲衆孫之婦。
爲庶母。父之妾有子者。
爲乳母。
爲妻之父母。報服亦同。
爲夫之曾祖父母。
爲夫之從祖祖父母。
爲兄弟孫之婦。
爲夫兄弟孫之婦。
爲夫之從祖父母。
爲同堂兄弟子之婦。
爲甥之婦。
爲夫之外祖父母。
爲外孫婦。
爲同堂兄弟之妻。
爲夫之舅姨。
爲夫同堂兄弟子之婦。
爲夫之從父兄弟之妻。
爲夫之從姊妹在室及適人者。
爲姊妹之子之婦。
子爲父母、妻妾爲夫改葬。既葬除之。
爲從父兄弟姊妹之中殤、下殤。
爲衆孫之中殤、下殤。男女同。
爲從祖叔父之長殤。
爲舅姊之長殤。
爲從祖兄弟之長殤。
爲從父兄弟之子長殤。
爲兄弟之孫長殤。
爲從祖姑姊妹之長殤。
爲人後者，爲其兄弟之中殤、下殤。
出嫁姑爲姪之中殤、下殤。男女同。
爲人後者，爲其姑姊妹之中殤、下殤。
爲人後者，爲從父母兄弟之長殤。
爲夫之叔父之中殤、下殤。
爲夫之姑姊妹之長殤。

准禮有三殤：年十九至十六爲長殤，十五至十二爲中殤，十一至八歲爲下殤。長殤、中殤，降正服一等；下殤降長殤、中殤一等。即生三歲至七歲者，爲無服之殤。其已娶已嫁，則服之如成人。

（明）徐一夔《明集禮》卷三八《凶禮》　斬衰三年圖

正服
子爲父
女在室爲父已許嫁同
女嫁反在父室爲父謂父喪期年内被出者
加服
嫡孫爲祖後者爲祖爲曾高後者亦同
父爲嫡子
義服
婦爲舅
爲人後者爲所後父
妻爲夫
妾爲主

齊衰三年圖

正服
子爲母
女在室爲母已許嫁同
女嫁反在室爲母謂母喪期年内被出者
加服
母爲長子
爲祖後者祖卒爲祖母爲曾高後者亦同
義服
婦爲姑
爲繼母
爲慈母謂庶子無母而父命他妾之無子者慈己
繼母爲長子
妾爲主之長子
爲人後者爲所後母

齊衰杖期圖

正服
爲祖後者祖在爲祖母爲曾高後者亦同
降服
爲嫁母出母報服亦同
義服
父卒，嫡、繼、養、慈母婦宗，爲之服，若改嫁，從者爲之服。報服亦同
夫爲妻

齊衰不杖期圖

正服
爲祖父母父所生庶母亦同
爲伯叔父
爲兄弟
爲衆子男女
爲兄弟之子女在室同
爲姑姊妹女在室及適人而無夫與子者
女在室者爲兄弟姪姪女在室同
婦人無夫與子者爲其弟兄姪姪女及姊妹在室同
女爲祖父母
妾爲其子
加服
爲嫡孫若曾玄孫當爲後者
女適人者爲兄弟之爲父後者
降服
爲人後者其父母報服亦同
女適人者爲其父母
妾爲其父母
庶子爲其母

義服
爲伯叔母
爲夫兄弟之子男女同
爲繼父同居
妾爲嫡妻
妾爲主之衆子
舅姑爲嫡婦

齊衰五月圖
正服
爲曾祖父母
女爲曾祖父母出嫁同

齊衰三月圖
正服
爲高祖父母
女爲高祖父母
義服
爲繼父不同居謂先同今異

大功九月圖
殤中殤七月
正服
爲子之長殤中殤男女同
爲叔父之長殤中殤
爲姑姊妹之長殤中殤
爲兄弟之長殤中殤
爲嫡孫之長殤中殤嫡曾玄孫同
爲兄弟之子長殤中殤
義服
爲夫之兄弟之子長殤中殤男女同
成人
正服
爲同堂兄弟姊妹在室同
爲衆孫女在室同
降服
爲女適人者
爲姑姊妹適人者
女適人爲兄弟姪姑姊妹及姪女在室同
出母爲女
爲人後者爲其兄弟報服同
女適人者爲伯叔父報服同
爲人後者爲其姑姊妹在堂者報服同
義服
爲夫之祖父母
爲夫之伯叔父母
爲兄弟子之婦
爲夫兄弟子之婦
夫爲人後者其妻爲本生舅姑
爲衆子婦
女適人者爲伯叔母

小功五月圖
殤
正服
爲男女之下殤
爲叔父姑姊妹兄弟之下殤
爲嫡孫之下殤
爲衆孫之長殤男女同
爲兄弟之子下殤男女同
爲同堂兄弟姊妹之長殤
降服
爲人後者爲其姑姊妹兄弟之長殤
出嫁姑爲姪之長殤男女同

義服

爲夫兄弟子之下殤男女同

爲夫之叔父之長殤

成人

正服

爲伯叔祖父母

爲兄弟之孫

爲兄弟之孫女在室者

爲同堂伯叔父母

爲同堂兄弟之子

爲同室兄弟之女在室者

爲從祖姑姊妹之在室者報服亦同

爲從祖祖姑在室者報服同

爲再從兄弟

爲外祖父母

爲母之兄弟姊妹報服同

爲同母異父之兄弟姊妹

降服

爲同堂姊妹適人者報服同

爲人後者爲其姑姊妹適人者報服同

爲孫女適人者

義服

爲夫同堂兄弟之子

爲夫兄弟之孫

妯娌相爲服

爲夫之姑姊妹在室者適人同，報服如之

爲嫡母之父母兄弟姊妹

爲庶母慈己者

爲嫡孫之婦

母出爲繼母之父母兄弟姊妹

爲兄弟妻報服亦同

緦麻三月圖

殤

正服

爲從父兄弟姊妹之中殤下殤

爲衆孫之中殤下殤男女同

爲從祖叔父之長殤

爲舅姨之長殤

爲從祖兄弟之長殤

爲從父兄弟之子長殤

爲兄弟之孫長殤

爲從祖姑姊妹之長殤

降服

爲人後者爲其兄弟之中殤下殤

出嫁姑爲姪之中殤下殤男女同

爲人後者爲其姑姊妹之中殤下殤

爲人後者爲從父兄弟之長殤

義服

爲夫之叔父之中殤下殤

爲夫之姑姊妹之長殤

成人

正服

爲族兄弟

爲族曾祖父母

爲兄弟之曾孫

爲族祖父母

爲兄弟之曾孫女在室者

爲外孫男女同

爲同堂兄弟之孫同堂兄弟之孫女在室同，出嫁則無服

爲再從兄弟之子再從兄弟之女在室同，出嫁則無服

爲曾孫玄孫
爲從母兄弟姊妹
爲姑之子
爲舅之子
爲族曾祖姑在室者報服同
爲族祖姑在室者報服同
爲族姑在室者報服同

降服

爲從祖姑姊妹適人者報服同
女適人者爲同堂伯叔父母報服同
庶子爲父後者爲其母
爲從祖祖姑適人者
爲人後者爲外祖父母
爲兄弟之孫，適人者報服同
子爲父母妻妾爲夫改葬既葬除之

義服

爲夫兄弟之曾孫
爲夫同堂兄弟之孫
爲夫再從兄弟之子男女同
爲衆孫之婦
爲庶母謂父妾之有子者
爲乳母
爲妻之父母報服同
爲夫之曾祖父母
爲夫之從祖祖父母
爲兄弟孫之婦
爲夫兄弟孫之婦
爲夫之從祖父母
爲同堂兄弟子之婦
爲甥之婦
爲夫之外祖父母
爲外孫婦
爲同堂兄弟之妻報服同
爲夫之舅姨
爲夫同堂兄弟子之婦
爲夫之從父兄弟之妻
爲夫之從姊妹在室及適人者
爲姊妹之子之婦

《孝慈録・斬衰制度》　按朱文公《家禮》云：斬，不緝也。衣裳皆用極粗生布，旁及下際，皆不緝。衣長過腰，足以掩裳。上際縫外向，背有負版，用布方尺八寸，綴於領下垂之。負版在後者，以其負荷悲哀，在於背也。前當心有衰，用布長六寸，廣四寸，綴於左衿之前。衰之言摧也。衰當心者，明孝子有哀摧之志也。左右有辟領，各用布方八寸，屈其兩頭，相著爲廣四寸，綴於領下，在負版兩旁，各攙負版一寸。左右辟領謂之適者，以哀戚之情，當有指適，緣於父母不兼念餘事也。兩腋之下有衽，各有布三尺五寸，上下各留一尺。正方一尺之外，上於右旁裁入六寸，便於盡處相望斜裁。却以兩方左右相沓，綴於衣兩旁，垂之向下，狀如燕尾，以掩裳旁際。裳前三幅後四幅，縫内向，前後不連。每幅作三輒，輒謂屈其兩邊相著而空其中。其用布與裁制之法，按楊復附注《喪禮記》云：衣二尺有二寸。蓋指衣身自領至腰之長而言，用布八尺八寸，中斷以分左右，爲四尺四寸者二。又取四尺四寸者二，中摺以分前後。爲二尺二寸者，四疊爲四重。從壹角當領處四寸下，取方裁入四寸，乃所謂適辟領者。辟猶開也。從一角當領取方裁開入四寸，故曰辟領。以此辟領四寸反摺向外，加兩肩，以爲左右適。故後之左右，各有四寸虚處，當脊相並，謂之闊中。前之左右，各有四寸虚處，當肩相對，亦謂之闊中。通八寸，此則衣身所用布之處與裁之之法。别用布一尺六寸，以塞前後闊中。布一條，縱長一尺六寸，横闊八寸，又縱摺而中分之，其下一半裁斷，兩端各四寸，除去不用，只留中間八寸，以加後之闊中。元裁辟領處，而塞其闕。當脊相並處，其上一半全一尺六寸不裁。以布之中間從項上分左右對摺，向前垂下，以加於前之闊中，與元裁斷處、當肩相對處相接，以爲左右領。夫下一半加於後之闊中者，用布八寸。而上一半從項而下，加前之闊中，又倍爲一尺六寸。此則衣領所用之布與裁之之法。凡衣裳用布一丈四寸者，衣身八尺八寸。衣領一尺六寸，合爲一丈四寸。此是用布正數。又當少寬其布，以爲針縫之用。此即衣身衣領之數。若負衰帶，下及兩衽，又在此數外。但領必有袷，古者布幅闊二尺二寸，除衣領用布闊八寸外，更餘闊一尺四寸，而長一尺六寸，可以分作三條，足用爲袷。又按《喪服記》及注：袂二尺二寸，緣衣身二尺二寸，故左右兩袂亦二尺二寸，欲使縱横皆正方，袪尺二寸，袪乃袖口。袂二尺二寸，縫合其下一尺，留上一尺二寸以爲袖口，衣帶下尺。緣古者上衣下裳，分別上下，不相侵越。衣身二尺二寸，僅至腰而止，無以掩裳上際，故於衣帶之下，用縱布一尺，上屬於衣，横繞於腰，以腰闊狹爲准，所以掩裳上際，綴兩衽於其旁。度用指尺，以中指節爲寸。

冠制：冠比衣裳用稍細紙糊爲，爲材廣三寸，長足跨頂，前後裹以布爲三輒，皆向右縱縫之。用麻繩一條從額上約之至頂後，後交過前，各至耳，結之以爲武，屈冠兩頭，入武内，向外反屈之，縫於武。武之餘繩，垂下爲纓，結於頤下。

首絰：以有子麻爲之，其圍九寸。麻本在左，從額前向右圍之，從頂過後，以其末加於本。上又以繩爲纓以固之，如冠之制。

腰絰：圍七寸有餘，兩股相交，兩頭結之。各存麻本，散垂三尺。其交結處兩旁，各綴細繩繫之。

絞帶：用有子麻繩一條，大半腰絰中屈之，爲兩服各一尺餘，乃合之。其大如絰圍腰，從左過後至前，乃以其右端穿兩服間而反插於右，在絰之下。

杖：父用竹，本在下；母用桐，上圓下方。

菅屨：以菅草爲屨，若今之蒲鞋。

婦人用極粗生布爲大袖、孝衫、長裙、蓋頭，皆不緝。竹釵麻鞋。衆妾則以褙子代大袖。凡婦人皆不杖。

叙服

子爲父母。

庶子爲所生父母。

子爲繼母。

子爲慈母。母卒，父命他妾養己者。

子爲養母。謂自幼過房與人。

女在室爲父母。

女嫁反在室爲父母。謂已嫁被出而歸，在父母家者。

嫡孫爲祖父母承重及曾高祖父母承重者同。父不在，故嫡孫爲祖承重服。若父祖俱亡，而子孫爲曾高祖後者同。

爲人後者爲所後父母。

爲人後者爲所後祖父母承重。

夫爲人後則妻從服。

婦爲舅姑。即公婆。

庶子之妻爲夫之所生母。

妻妾爲夫。

緦麻制度

衣：用極細熟布。此五服内輕之極者，故以緦如絲者爲衰裳。又以澡治莩垢之麻爲絰帶。故曰緦麻。古緦、絲二字通用。服制同齊衰。

冠制：以熟絹爲之，三辟積向左，澡纓。澡謂治莩垢。制同齊衰。

首絰：以熟麻爲之，圍三寸爲度，制同齊衰。

腰絰：以熟麻爲之，圍二寸爲度，制同齊衰。

絞帶：以布爲之，制同齊衰。

繩屨：以麻繩爲屨，若今麻鞋。

叙服

爲族曾祖父母。謂曾祖之兄弟及妻，即太伯公、伯婆，叔公、叔婆。

爲族伯叔祖父母。謂祖之同堂兄弟，即堂伯公、伯婆，叔公、叔婆。

爲族父母。謂父之再從兄弟同曾祖者，即族伯伯、姆姆，叔叔、嬸嬸。

爲族兄弟及族姊妹在室者。謂三從兄弟姊妹同高祖者。

爲族曾祖姑在室者。謂曾祖之姊妹，即太公婆。

爲族祖姑在室者。謂祖之同堂姊妹。即堂姑婆。

爲族姑在室者。謂父之再從姊妹，族姑。

爲兄弟之曾孫。女在室同，即曾侄孫。

爲曾孫玄孫。
爲同堂兄弟之孫。女在室同，出嫁則無服。
爲再從兄弟之子。女在室同，即同曾祖兄弟之子。
爲從祖祖姑及從祖姑及從祖姊妹之出嫁者。從祖祖姑，謂祖之親姊妹；從祖姑，父之同堂姊妹；從祖姊妹，已身再從姊妹。
爲兄弟之孫女出嫁者。
爲同堂兄弟之女出嫁者。堂侄女。
爲乳母。
爲舅之子。
爲姑之子。
爲兩姨兄弟。
爲外孫。男女同。
爲婿。
爲妻之父母。妻亡而別娶亦同。妻之親母，雖嫁出猶服。
爲兄弟孫之婦。
爲同堂兄弟子之婦。
爲同堂兄弟之妻。
爲外孫婦。
爲甥婦。
婦人爲夫之曾祖、高祖父母
爲夫之從祖祖父母。即太祖親兄弟，伯公、伯婆，叔公、叔婆。
爲夫之從祖父母。夫之堂伯叔。
爲夫兄弟之曾孫。
爲夫之同堂兄弟。
爲夫同堂兄弟之婦。
爲夫同堂兄弟之孫。孫女同。
爲夫再從兄弟之子。
爲夫兄弟孫之婦。
爲夫同堂兄弟子之婦。
爲夫同堂兄弟之妻。
爲夫同堂姊妹。在室出嫁同。
爲夫之外祖父母。
爲夫之舅及夫之姨。
爲夫之從祖祖姑及從祖姑在室者。從祖祖姑是夫之姑婆，從祖姑是夫之堂姑。
女出嫁爲本宗從祖祖父母。即伯公、伯婆，叔公、叔婆。
女出嫁爲本宗從祖父母。即堂伯堂叔。
女出嫁爲本宗同堂兄弟之子女。即堂侄、堂侄女。
女出嫁爲本宗從祖祖姑及從祖姑在室者。從祖祖姑即姑婆，從祖姑即堂姑。
女出嫁爲本宗同堂姊妹之出嫁者。
爲人後者爲本生外祖父母。

小功制度

衣：用稍熟細布，制度同前。
冠制：三辟積向左，餘與齊衰同。
首絰：以牡麻爲之，圍四寸餘。
腰絰：以熟麻爲之，圍三寸餘，制同齊衰。
絞帶：以布爲之，制同齊衰。
繩屨：以麻繩爲屨，若今之麻鞋。

叙服

爲伯叔祖父母。謂祖之兄弟即伯公、伯婆，叔公、叔婆。
爲同堂伯叔父母。謂父母之伯叔兄弟。
爲再從兄弟及再從姊妹在室者。謂同曾祖兄弟即父伯叔兄弟之子女。
爲同堂兄弟之子。即堂侄。
爲從祖祖姑在室者。謂祖之親姊妹即姑婆。
爲從祖姑在室者。即堂姑，是父之同堂伯叔姊妹。
爲同堂兄弟之女在室者。即堂侄女。
爲兄弟之妻。
爲人後者爲其姑姊妹適人者。
爲嫡孫婦。

爲同堂姊妹之出嫁者。

爲同堂姊妹。

孫女之適人者。

爲兄弟之孫及兄弟之女孫在室者。即侄孫。

爲外祖父母。即外公、外婆。

爲母之兄弟姊妹。即舅舅、姨姨。

爲同母異父之兄弟姊妹。

爲姊妹之子。即外甥。

爲夫之姑及夫之姊妹。在室出嫁同。

爲夫兄弟及夫兄弟之妻。

爲夫兄弟之孫及夫兄弟之孫女在室者。

爲夫同堂兄弟之子及夫同堂兄弟之女在室者。

母出爲繼母之父母兄弟姊妹。

庶子爲嫡母之父母兄弟姊妹。母死則不服。

齊衰制度

按朱文公《家禮》云：齊衰者，用次等麄生布，齊者緝緝其傍及下際，餘同斬衰之制。

冠制：以布爲武及纓，餘同斬衰。

首絰：以無子麻爲之，圍七寸餘，本在右，末繫本下，布纓，制與斬衰絰同。

腰絰：圍五寸，餘制同斬衰。

絞帶：齊衰以下以布爲之，而屈其右端尺餘。

削杖：以桐爲之，上圓下方。

疏屨：粗屨也，以疏草爲之。

婦人衣服：制同斬衰，但用布稍細，大功以下同。

齊衰杖期

服制同前。

叙服

嫡子衆子爲庶母。謂父之妾。

嫡子衆子之妻爲夫之庶母。

爲嫁母出母。即親生母，因父卒改嫁及父在被出者。

父卒繼母改嫁而已從之者。

夫爲妻。

齊衰不杖期

服制同前

叙服

父母爲嫡長子及衆子。

父母爲女在室者。雖適人而無夫，與子者亦同。

繼母爲長子及衆子。

慈母爲長子及衆子。

孫爲祖父母父母。女雖適人不降。

爲伯叔父母。即伯伯、姆姆，叔叔、嬸嬸。

妾爲夫之長子及衆子，爲所生子。

爲兄弟。

爲兄弟之子及兄弟之女在室者。即侄男及侄女。

爲姑及姊妹在室者。雖適人而無夫，與子者同。

妾爲嫡妻。

嫁母、出母爲其子。

女在室及雖適人而無夫與子者，爲其兄弟及兄弟之子。姊妹及侄女在室者同。

繼母改嫁爲前夫之子從己者。

爲繼父同居兩無大功之親者。謂繼父無子、孫、伯叔兄弟，己身亦無伯叔兄弟之類。

婦人爲夫親兄弟之子。

婦人爲夫親兄弟之女在室者。

女出嫁爲父母。

妾爲其父母。

爲人後者爲其父母。即本生父母。

女適人爲兄弟之爲父後。

祖爲嫡孫。

父母爲長子婦。

齊衰五月

服制同前。

叙服

爲曾祖父母女。雖適人不降。

齊衰三月

服制同前

叙服

爲高祖父母。女雖適人不降。

爲繼父先曾同居今不同居者。

爲繼父雖不同居而兩有大功以上親者。

大功制度

衣：用稍麄熟布，無負版衰辟領。服制同齊衰。

冠制：三辟積向右，以布爲武纓，制同齊衰。

首絰：以無子麻爲之，圍五寸餘，本在右，末繫本下，布纓，制與齊衰服同。

腰絰：以熟布爲之，圍四寸，餘制與齊衰同。

絞帶：以布爲之，制同齊衰。

麻屨：以麻爲之。

叙服

爲同堂兄弟及姊妹在室者。

爲姑、姊妹及兄弟之女出嫁者。

父母爲衆子婦。

爲女之出嫁者。

祖爲衆孫。女在室同。

爲兄弟之子之婦。即侄婦。

婦人爲夫之祖父母。即夫之公婆。

婦人爲夫之伯叔父母。即夫之伯伯、姆姆、叔叔、嬸嬸。

婦人爲夫兄弟之子婦。即侄婦。

婦人爲夫兄弟之女嫁人者。

女出嫁爲本宗伯叔父母。即伯伯、姆姆、叔叔、嬸嬸。

女出嫁爲本宗兄弟及兄弟之子。

女出嫁爲本宗姑姊妹及兄弟之女在室者。

爲人後者爲其兄弟及姑姊妹在室者。

夫爲人後者其妻爲夫本生父母。

爲兄弟之子爲人後者。

（明）何廣《律解辯疑》卷首《出嫁女為本宗降服歌》　嫁女本宗降服制，祖父父母期年例。伯叔父母及姑娘，己身兄弟同姊妹，下及兄弟之女子，皆係九月喪服類。上及曾祖至堂兄，五月之服焉可棄。父堂兄弟堂侄女，高祖及祖之兄弟，已上四等皆緦麻。堂姨在室小功備，嫁〔在〕外有三月服。祖姨父堂之姊妹，若是在堂掛緦麻，嫁出之時無服繼。

（明）何廣《律解辯疑》卷首《喪服總圖》　講曰：五服内，大功、小功，何謂功也？可得聞歟？

解曰：按儀禮圖，自斬衰至期年之服，用生布；其大功、小功，皆以熟布爲之。大功者，用功粗大；小功者，用功細小，此謂人功鍛治者也。

（明）何廣《律解辯疑》卷首《妻親服之歌》　妻親服圖制，妻父母尊堂，己身女子孝，各各緦麻裳。以下諸親屬，俱無服制喪：妻之祖父母，伯叔妻姑娘，兄弟婦姊妹，姊妹之兒郎，妻外祖父母，女孫外無裳。

（明）何廣《律解辯疑》卷首《妻為夫族服之歌》　妻爲夫族服制編，夫侄夫孫女嫁言。小功之親姑娘起，兄弟及婦連姊妹，夫之孫侄與堂侄，夫侄侄女在室全，以上五等期年制。大功夫祖父母先，夫之伯叔衆子婦，翁姑夫孝斬三年。夫報妻服齊杖期，父母在堂杖不前。長子及婦並衆子，夫堂侄女在室裏，又有侄孫女在室，服皆五月無偏倚。高祖曾祖緦麻親，伯祖叔祖與玄孫，夫堂伯叔堂兄弟，祖姑堂姑在室尊；再從侄女在堂是，夫堂姊妹曾侄孫，曾侄孫女堂侄女，俱各嫁出不斷恩；堂侄婦類侄孫婦，堂侄孫與孫婦均，堂孫女同再從侄，曾侄孫女緦麻真。夫族曾祖訖五服，族祖伯叔亦同圖。曾〔祖〕姑聯族〔姊妹〕，〔夫族〕姑同堂祖姑。族從兄弟族兄弟，再從姊妹族伯叔，再從侄女出嫁絶，祖姑堂姑嫁出無。

（明）何廣《律解辯疑》卷首《妾為家長族服歌》　妾爲家長族服圖，

斬衰三年家長服。家長父母及正妻，長衆其子期年卒。

（明）何廣《律解辯疑》卷首《本宗九族五服歌》　本宗九族正五服，斬衰三年父母獨。爾祖期年杖却絶，兄弟正子在堂姑，在室姊妹並侄女，長子之婦兼伯叔，又有侄兒與嫡孫，俱各期年一等服。大功九月堂兄弟，衆孫侄婦及出姑，嫁出侄女衆子妻，在室堂姊並妹服。小功五月曾祖喪，再從姊妹堂姑〔娘〕，從祖祖堂侄女侄，侄孫侄女在〔室房〕，〔出嫁〕之服堂姊妹，祖堂伯叔侄孫郎，兄弟妻及嫡孫婦，再從兄弟堂侄行。三月之服高祖先，族曾祖及孫曾玄，族祖伯叔族伯叔，從祖祖姑堂姑連，再從姊妹堂姑女，侄孫女各有夫賢，族曾祖姑族祖姑，再從侄女族姑傳，曾侄孫女侄姊妹，堂侄孫女在室緣，堂兄弟妻族兄弟，侄孫衆孫婦亦然，堂侄孫次曾侄孫，再從侄子緦麻全。族兄弟婦斷服親，堂侄孫婦曾玄孫，再從兄弟再從侄，曾侄孫婦與堂侄，再從侄女族姊妹，族曾祖姑堂孫女，族祖姑服並族姑，曾侄孫女嫁斷恩。

（明）何廣《律解辯疑》卷首《三父八母服之歌》　三父八母圖。同居繼父先，兩有功三月，兩無功期年。不同居繼父，先同今不完，服制當三月，不同無服言。從繼母嫁父，齊衰杖期年。前列三父制，後續八母編。嫡繼慈養母，斬衰皆三年，嫁出庶杖期，乳母緦麻全。

（明）何廣《律解辯疑》卷首《喪禮之稱》　問曰：以律論之，人子居喪三年。《令》而守制有以二十七個月，於律有違三個月者，如何而説之？謂：讀律，仰觀俯察，考之於古，驗之於今。律意雖遠，以理而推之，爲其近也。且夫三年之喪，天下之通稱也。今也，凡爲人子之於父母者，小稱二十七個月，未及三年，輒稱服滿，何也？

答曰：服者，緦麻三個月，小功五個月，大功九個月。蓋於三月者，季之終也；五月者，陽之終也；九月，有物之終也。季之終，即一季之終，陽之終，即一陽之終；物之終，則萬物收斂之終。謂之，則三九二十七個月也。

（明）何廣《律解辯疑》卷首《喪服條例》　一款，齊衰三年，各服内尋無註出，請問何書言註有明也？

答曰：齊衰三年者，律内俱不註載，出於《大明令》内。若親父母，齊衰三年；夫若先亡，仍孝親母，斬衰三年。

一款，男爲人後，父母報服同，問何？

答曰：有人親生次子，與本宗人立嗣，親生父母故，出嗣子比與女嫁例降服，止孝親生父母，不杖期，即一年。

一款，夫爲人後，本夫親生舅姑之故，服同，問何？

答曰：夫爲人後者，有人親生次子，與本宗同姓人家爲嗣，娶妻一人以後，親生父母亡故，其妻同夫降服，止孝舅姑，服大功九個月。

例分八字，問何？

答曰：八字者，皆係上下律内招眼，議擬罪名，輕重斷決。

以者，問何？

答曰：以者，但有人招擬罪，合依以盗論、以監守自盗論、以姦論、以謀反論，律内但有以者是也。

准者，問何？

答曰：准者，但有招擬罪，合依准竊盗論、准盗論、准凡盗論，律内但有准者是也。

皆者，問何？

答曰：皆者，但有招擬罪，合依不分首從皆斬、皆杖、皆徒三年、皆凌遲處死，律内但有皆者是也。

各者，問何？

答曰：各者，但有人招擬罪，合依各杖一百、各笞四十、各從重□□減等、各加凡人罪□等，律内但有各者是也。

其者，問何？

答曰：其者，但有人招擬罪，合依其犯十惡、其子歸宗、其養同宗之人、其遺棄兒三歲，律内但有其者是也。

及者，問何？

答曰：及者，但有人招擬罪，合依及應禁之物、及因人連累、及其後日滿、及有過之人、及久佔在家，律内但有及者是也。

即者，問何？

答曰：及者，但有招擬罪，合依即同獄成、即時救護、即放從良、即是奸黨，律内但有即者是也。

若者，問何？

答曰：若者，但有招擬罪，合依若在徒年、若奉旨推問、若庶民之家、若追問詞訟，律内但有若者是也。

(明)何廣《律解辯疑》卷首《外親服之歌》 外親服内制，外祖父母尊。母兄弟姊妹，孝服小功因。舅姨姑之子，緦麻孝掛身。堂舅姨之子，舅姨姑之孫，母之〔祖〕父母，俱係無服親。若人誦熟記，圖不勘自真。

(明)何廣《律解辯疑》大明律卷二二《刑律・訴訟・聽訟回避》 講曰：官吏於訴訟人内關有服親，是官吏與民訴訟内〔有〕親屬？是民人訴訟干預官吏親屬，心有未明。

解曰：訴訟者訴，官吏分别是非。相争之人，或原告或被告。與官吏有服親屬，官吏許移文回避，豈有官吏與民訴訟乎？

(明)陳永《法家裒集》 宗服歌

五服多繁人不識，我今摘備相關律。
斯年之服親枝近，伯叔父母兄弟姪。
大功九月堂兄弟，小功五月爲堂姪。
從祖伯叔祖父母，同堂伯叔父母及。
再從兄弟並姪孫，母之兄弟姊妹集。
緦麻三月服雖輕，同族曾祖父母尊。
族伯叔祖父母輩，同族伯叔父母親。
族兄弟連再從姪，堂姪孫同親外孫。
以上宗族姑姊妹，在堂服同男子行。
但曾出嫁降一等，嫁出歸宗仍薄情。
兩姨姑舅表兄弟，女婿妻之父母姻。
前編尊卑照服斷，後續之親律有文。
父母子孫繼父子，妻妾犯夫之宗親。
尊長毆卑之婦妾，弟妹毆夫妻妾名。
外祖父母子孫婦，各有正條服有憑。

《明會典》卷一〇二《禮部・喪服》 國初，《大明令》依古禮，父服斬衰，母齊衰，報服如之，庶母服緦，三殤降等。洪武七年，始加折衷，著爲《孝慈録》。父母俱斬衰，而減報服省殤禮，定喪母服以杖期，又列圖於律，至今遂爲定制。

斬衰三年

子爲父母
庶子爲所生母
子爲繼母
子爲慈母 母卒，父命他妾養己者。
子爲養母 謂自幼過房與人。
女在室爲父母
女嫁反在室爲父母 謂已嫁被出，而歸在父母家者。
嫡孫爲祖父母承重及曾高祖父母承重者同父故，嫡孫爲祖承重服，若父祖俱亡而子孫爲曾高祖後者同。
爲人後者爲所後父母
爲人後者爲所後祖父母承重
爲人後則妻從服
婦爲舅姑 即公婆。
庶子之妻爲夫之所生父母
妻妾爲夫

齊衰杖期

嫡子衆子爲庶母 謂父之妾。
嫡子衆子之妻爲夫之庶母
爲嫁母出母 即親生母，因父卒改嫁及父在被出者。
父卒繼母改嫁而已從之者
夫爲妻

齊衰不杖期

父母爲嫡長子及衆子
父母爲女在室者 雖適人而無夫與子者亦同。
繼母爲長子及衆子
慈母爲長子及衆子
孫爲祖父母 女雖適人，不降。
爲伯叔父母 即伯伯、姆姆、叔叔、嬸嬸。

妾爲夫之長子及衆子爲所生子
爲兄弟
爲兄弟之子及兄弟之女在室者即侄男及姪女。
爲姑及姊妹在室者雖適人而無夫與子者同。
妾爲嫡妻
嫁母出母爲其子
女在室及雖適人而無夫與子者爲其兄弟及兄弟之子姊妹及姪女在室者同。
繼母改嫁爲前夫之子從己者
爲繼父同居兩無大功之親者謂繼父無子孫伯叔兄弟，己身亦無伯叔兄弟之類。
婦人爲夫親兄弟之子
婦人爲夫親兄弟之女在室者
女出嫁爲父母
妾爲其父母
爲人後者爲其父母即本生父母。
女適人爲兄弟之爲父後者
祖爲嫡孫
父母爲長子婦

齊衰五月
爲曾祖父母女雖適人，不降。

齊衰三月
爲高祖父母女雖適人，不降。
爲繼父，先曾同居今不同居者
爲繼父，雖同居而兩有大功以上親者

大功
爲同堂兄弟及姊妹在室者
爲姑及姊妹及兄弟之女出嫁者
父母爲衆子婦
爲女之出嫁者
祖爲衆孫女在室同。
爲兄弟之子之婦即姪婦。
婦人爲夫之祖父母即夫之公婆。
婦人爲夫之伯叔父母即夫之伯伯、姆姆、叔叔、嬸嬸。
婦人爲夫之兄弟之子婦即姪婦。
婦人爲夫兄弟之女嫁人者
女出嫁爲本宗伯叔父母即伯伯、姆姆、叔叔、嬸嬸。
女出嫁爲本宗兄弟及兄弟之子
女出嫁爲本宗姑姊妹及兄弟之女在室者
爲人後者爲其兄弟及姑姊妹在室者
夫爲人後者其妻爲夫本生父母
爲兄弟之子爲人後者

小功
爲伯叔祖父母謂祖之兄弟，即伯公、伯婆、叔公、叔婆。
爲同堂伯叔父母謂父之伯叔兄弟。
爲再從兄弟及再從姊妹在室者謂同曾祖兄弟，及父伯叔兄弟之子女。
爲同堂兄弟之子即堂姪。
爲從祖祖姑在室者謂祖之親姊妹，即姑婆。
爲從祖姑在室者即堂姑，是父之同堂伯叔姊妹。
爲同堂兄弟之女在室即堂姪女。
爲兄弟之妻
爲人後者爲其姑姊妹適人者
爲嫡孫婦
爲同堂姊妹之嫁者
爲孫女適人者
爲兄弟之孫及兄弟之孫女在室者即姪孫。
爲外祖父母即外公、外婆。
爲母之兄弟姊妹即舅舅、姨姨。
爲同母異父之兄弟姊妹
爲姊妹之子即甥。
爲夫之姑及夫之姊妹在室出嫁同。

爲夫之兄弟及夫兄弟之妻
爲夫兄弟之孫及夫兄弟之孫女在室者
爲夫同堂兄弟之子及夫同堂兄弟之女在室者
母出爲繼母之父母兄弟姊妹
庶子爲嫡母之父母兄弟姊妹母死則不服。

緦麻

爲族曾祖父母謂曾祖之兄弟及妻，即太伯公，伯婆，叔公，叔婆。
爲族伯叔祖父母謂祖之同堂兄弟及妻，即堂伯公，伯婆，叔公，叔婆。
爲族父母謂父之再從兄弟同曾祖者，即族伯伯，姆姆，叔叔，嬸嬸。
爲族兄弟及族姊妹在室者謂三從兄，弟姊妹同高祖者。
爲族曾祖姑在室者謂曾祖之姊妹，即太姑婆。
爲族祖姑在室者即祖之同堂姊妹，即堂姑婆。
爲族姑在室者謂父之再從姊妹，即族姑。
爲兄弟之曾孫女在室同，即曾姪孫。
爲曾孫玄孫
爲同堂兄弟之孫女在室同，出嫁則無服。
爲再從兄弟之子女在室同，即同曾祖兄弟之子。
爲從祖祖姑及從祖姑及從祖姊妹之出嫁者從祖祖姑，謂祖之親姊妹；從祖姑，父之同堂姊妹；從祖姊妹，已身再從姊妹。
爲兄弟之孫女出嫁者
爲同堂兄弟之女出嫁者堂姪女。
爲乳母
爲舅之子
爲姑之子
爲兩姨兄弟
爲外孫男女同。
爲妻之父母妻亡而別娶亦同，妻之親母，雖嫁出猶服。
爲壻
爲兄弟孫之婦
爲同堂兄弟子之婦
爲同堂兄弟之妻
爲外孫婦
爲甥婦
婦人爲夫之曾祖高祖父母
爲夫之從祖祖父母即夫之祖親兄弟，伯公，伯婆，叔公，叔婆。
爲夫之從祖父母夫之堂伯叔。
爲夫兄弟之曾孫
爲夫之同堂兄弟
爲夫同堂兄弟之孫孫女同。
爲夫再從兄弟之子
爲夫同堂兄弟子之婦
爲夫兄弟孫之婦
爲夫同堂兄弟之妻
爲夫同堂姊妹在室出嫁同。
爲夫之外祖父母
爲夫之舅及夫之姨
爲夫之從祖祖姑及從祖姑在室者從祖祖姑是夫之姑婆，從祖姑是夫之堂姑。
女出嫁爲本宗從祖祖父母即伯公，伯婆，叔公，叔婆。
女出嫁爲本宗從祖父母即堂伯，堂叔。
女出嫁爲本宗同堂兄弟之子女即堂侄，堂姪女。
女出嫁爲本宗從祖祖姑及從祖姑在室者從祖祖姑即姑婆，從祖姑即堂姑。
女出嫁爲本宗同堂姊妹之出嫁者
爲人後者爲本生外祖父母

古禮有三殤，年十九至十六爲長殤，十五至十二爲中殤，十一至八歲爲下殤。長殤、中殤降正服一等，下殤降長殤、中殤一等，即生三歲至七歲者，爲無服之殤。其已娶已嫁，則服之如成人，具載《大明令》，今省。

《大清律例》卷三《服制》　斬衰三年：

子爲父母，女在室并已許嫁者，及已嫁被出而反在室者同，子之妻同。子爲繼母，爲慈母，爲養母，子之妻同。繼母，父之後妻。慈母，謂母卒父命他妾養已者。養母，謂自幼過房與人者。庶子爲所生母，爲嫡母，庶子之妻同。爲人後者，爲所後父母，爲人後者之妻同。嫡孫爲祖父母，及曾高祖父母，承重嫡孫之妻同。妻爲夫，妾爲家長同。

齊衰杖期：

嫡子、衆子爲庶母，嫡子、衆子之妻同。庶母，父妾之有子女者。父妾無子女，不得以母稱矣。子爲嫁母。親生母，父亡而改嫁者。子爲出母。親生母、爲父所出者。夫爲妻。父母在，不杖。

齊衰不杖期：

祖爲嫡孫。父母爲嫡長子，及嫡長子之妻，及衆子，及女在室，及子爲人後者。繼母爲長子、衆子。前夫之子從繼母改嫁於人，爲改嫁繼母。姪爲伯叔父母，及姑、姊妹之在室者。爲己之親兄弟，及親兄弟之子女在室者。孫爲祖父母，孫女在室、出嫁同。爲人後者，爲其本生父母。女出嫁，爲父母。女在室，及雖適人而無夫與子者，爲其兄弟、姊妹，及姪與姪女在室者。女適人，爲兄弟之爲父後者。婦爲夫親兄弟之子，及女在室者。妾爲家長之正妻。妾爲家長父母。妾爲家長之長子、衆子，與其所生子。爲同居繼父，而兩無大功以上親者。

齊衰五月：

曾孫爲曾祖父母，曾孫女同。

齊衰三月：

元孫爲高祖父母，元孫女同。爲同居繼父，而兩有大功以上親者。爲繼父先曾同居，今不同居者。自來不曾同居者，無服。

大功九月：

祖爲衆孫，孫女在室同。祖母爲嫡孫、衆孫。父母爲衆子婦，及女已出嫁者。伯叔父母爲姪婦，及姪女已出嫁者。姪婦，兄弟子之妻也。姪女，兄弟之女也。婦爲夫之祖父母。婦爲夫之伯叔父母。爲人後者，爲其兄弟，及姑，姊妹之在室者。既爲人後，則於本生親屬服皆降一等。夫爲人後，其妻爲夫本生父母。爲己之同堂兄弟、姊妹在室者。即伯叔父母之子女也。爲姑及姊妹之已出嫁者。姑，即父之姊妹，姊妹即己之親姊妹也。爲己兄弟之子爲人後者。出嫁女爲本宗伯叔父母。出嫁女爲本宗兄弟，及兄弟之子。出嫁女爲本宗姑、姊妹，及兄弟之子女在室者。

小功五月：

爲伯叔祖父母。祖之親兄弟。爲堂伯叔父母。父之堂兄弟。爲再從兄弟，及再從姊妹在室者。爲同堂姊妹出嫁者。爲同堂兄弟之子，及女在室者。爲祖姑在室者。即祖之親姊妹。爲堂姑之在室者。即父之同堂姊妹。爲兄弟之妻。祖爲嫡孫之婦。爲兄之孫，及兄弟之孫女在室者。爲外祖父母。即母之父母。爲母之兄弟、姊妹。兄弟即舅，姊妹即姨。爲姊妹之子，即外甥。及女之在室者。婦爲夫兄弟之孫，即姪孫。及夫兄弟之孫女在室者。即姪孫女。婦爲夫之姑，及夫姊妹。在室、出嫁同。婦爲夫兄弟，及夫兄弟之妻。婦爲夫同堂兄弟之子，及女在室者。女出嫁，爲本宗堂兄弟，及堂姊妹之在室者，爲人後者，爲其姑，及姊妹出嫁者。

緦麻三月：

祖爲衆孫婦。曾祖父母爲曾孫、元孫，曾孫女、元孫女同。祖母爲嫡孫、衆孫婦。爲乳母。爲曾伯叔祖父母。即曾祖之兄弟，及曾祖兄弟之妻。爲族伯叔父母。即父再從兄弟，及再從兄弟之妻。爲族兄弟，及族姊妹在室者。即己三從兄弟、姊妹，所與同高祖者。爲族曾祖姑在室者。即曾祖之姊妹。爲族祖姑在室者。即祖之同堂姊妹。爲族姑在室者。即父之再從姊妹。爲族伯叔祖父母。即祖同堂兄弟，及同堂兄弟妻。爲兄弟之曾孫，及兄弟之曾孫女在室者。爲兄弟之孫女出嫁者。爲同堂兄弟之孫，及同堂兄弟之孫女在室者。爲再從兄弟之子，及女在室者。爲祖姑及堂姑，及己之再從姊妹出嫁者。祖姑，即祖之親姊妹。堂姑，即父之堂姊妹。爲同堂兄弟之女出嫁者。爲姑之子。即父姊妹之子。爲舅之子。即母兄弟之子。爲兩姨兄弟。即母姊妹之子。爲妻之父母。爲婿。爲外孫，男女同。即女之子女。爲兄弟孫之子妻。即姪孫之妻。爲同堂兄弟之子妻。即堂姪之妻。爲同堂兄弟之妻。婦爲夫高曾祖父母。婦爲夫之伯叔祖父母，及夫之祖姑在室者。婦爲夫之伯叔父母，及夫之堂姑在室者。夫之堂姑，即夫之伯叔祖父母所生也。婦爲夫之同堂兄弟、姊妹，及夫同堂兄弟之妻。婦爲夫再從兄弟之子，女在室同。婦爲夫同堂兄弟之女出嫁者。婦爲夫同堂兄弟子之妻。即堂姪婦。婦爲夫同堂兄弟之孫，及孫女之在室者。婦爲夫兄弟孫之妻。即姪孫之妻。婦爲夫兄弟之孫女出嫁者。婦爲夫之曾孫、元孫，及曾孫女、元孫女之在室者。婦爲夫兄弟之曾孫，即曾姪孫。曾孫女同。婦爲夫之小功服外姻親屬。女出嫁，爲本宗伯叔祖父母，及祖姑在室者。女出嫁，爲本宗同堂伯叔父母，及堂姑在室者。女出嫁，爲本宗堂兄弟之子，女在室者同。

《大清律例》卷五《稱期親祖父母》 凡律稱期親及稱祖父母者，曾、高同。稱孫者，曾、元同。嫡孫承祖，與父母同。緣坐者，各從祖孫本法。其嫡母、繼母、慈母、養母，皆服三年喪，有犯與親母律同。改嫁義絶，及毆殺子孫，不與親母同。稱子者，男女同。緣坐者，女不同。

《大清律例》卷二八《刑律·鬥毆·毆大功以下尊長》 凡卑幼毆本宗及外姻緦麻兄姊，但毆即坐。杖一百；小功兄姊，杖六十、徒一年；大功兄姊，杖七十、徒一年半；尊屬，又各加一等。折傷以上，各遞加凡鬥傷一等。罪止杖一百，流三千里。篤疾者，不問大功以下尊屬，并絞。死者，斬。絞、斬，在本宗小功、大功兄姊及尊屬，則決，餘俱監候。若族兄過繼，族姊出嫁，仍依緦麻，不可作無服。若本宗及外姻尊長毆卑幼，非折傷勿論。至折傷以上，緦麻卑幼，減凡人一等；小功卑幼，減二等；大功卑幼，減三等。至死者，絞。監候。不言故殺者，亦止於絞也。其毆殺同堂大功弟妹、小功堂姪及緦麻姪孫者，杖一百、流三千里。不言篤疾、至死者，罪止此。仍依律給付財産一半養贍。故殺者，絞。監候。不言過失殺者，蓋各准本條論贖之法。兄之妻及伯叔母、弟之妻及卑幼之婦，在毆夫親屬律。姪與姪孫在毆期親律。

《大清律例》卷二九《刑律·罵詈·罵尊長》 凡罵內外緦麻兄姊，笞五十；小功兄姊，杖六十；大功兄姊，杖七十；尊屬兼緦麻、小功、大功。各加一等。若罵期親同胞兄姊者，杖一百；伯叔父母、姑、外祖父母，各加罵兄姊一等。并須親告乃坐。弟罵兄妻，比照毆律，加凡人一等。

《大清律續纂條例》卷六《刑律條例·親屬相盜》 凡親屬相盜，除本宗五服以外，俱照無服之親定擬外，其外姻尊長親屬相盜，惟律圖內載明者，方准照律減等，此外不得濫引。

（清）董誥《全唐文》卷一九〇《後唐明宗·嚴斷不孝勑》 萬物之中，人曹爲貴，百行之內，孝道爲先。凡戴北辰，並遵皇化，備聞南國，多爽時風，皆傾事鬼之心，不守敬親之道，於父母如此無行，披日月何以立身，弊久積於鄉閭，化全繇於長吏。昔西門豹一縣令耳，尚能投巫百姓，保女子之愛，絶河伯之虞，斷自一時，傳於千古。況位居侯伯，化洽封巡，豈不能宣北闕之風，變南方之俗。宜令逐處觀察使刺史丁寧曉告，自今已後，父母骨肉有疾者，並須日夕專切，不離左右看侍，使子奉其父母，婦侍其舅姑，弟不慢於諸兄，姪不怠於諸父。如或不移故態，老者卧病，少者不勤事奉，子女弟姪，並加嚴斷。出嫁女父母有疾不令知者，當罪其夫及其舅姑。

（清）張五緯《講求共濟録》卷三《示諭·廣平府任内頒發嚴禁争繼鬧喪阻葬各澆風示諭》 爲嚴禁停喪阻葬之惡習，以維風化事，照得有喪之家，均須依禮三月而葬。如有託故停柩不葬者，杖八十。立法所以教孝，而亦保亡人入土爲安之意。況查謀産鬧喪，即係例不准繼之人，應聽户族另行公議承立。例有明條。無如直屬每有産業，今不如昔，親友較前日盛之家，常遇祖父母父母大事。恐於收禮備席之間，疎慢親朋，或自愧鋪陳不美，躭延不葬者，又有無賴之徒，本非應繼之人，藉稱近支瓜葛，內存争産之心，外挾繼嗣之論，欺凌喪家幼小，婦女無知，因而鬧喪阻葬。强欲執旛摔盆，無所不至者。更有喪主葬期已定，勢難改期，曲意彌縫，許分房地而鬧喪之人，稍不滿慾，即捏砌應繼謊詞，訟之於官，以爲把持之計。甚或妄指伊祖伊父爲乞養異姓，毫無考證之詞，肆意混控，收呈審斷之員稍或爲其朦蔽，遂致案一日不結，則棺柩一日不葬，經年暴露，拖累無窮。亡人未得入土者，比比皆是。此種澆風，寔堪髮指，不可不嚴行示禁合亟出示曉諭，爲此示仰闔屬士民，保地人等知悉：爾等務遵禮法，稱家有無依期營葬，若仍慮厚薄之謗，復以備辦難周，托故不葬，則大事究該於何日勉終，心事究竟於何日得了，不但無以仰對先靈，抑且釀成棺朽骸拋之慘。並有一種素無家教之男婦，常在棺蓋切菜搭衣，更爲聞所未聞。至於無子之人家遺産，其生前早應議繼，即或繼嗣未定，一旦身故，伊家亦應先期擇葬，該親族再爲公議應之人爲之續嗣。毋許先行阻葬，藉端滋擾。倘此示之後，如有狃於積習，以及争繼阻葬者，本府惟有按法究處，決不稍貸。各宜凜遵毋違。特示。

（清）吕芝田《律法須知》卷上《論叙供》 供某人之母、某人之妻，須寫出某氏，不可含混。如有親有服者，應先叙明何親何服，庶供稱兄弟伯叔，明白了然。

（清）吕芝田《律法須知》卷上《論命案》 有服親族相犯，律内加等罪名，按照服制定擬。初報務須確查，開具宗圖，註説同送，不可粗疎。

（清）薛允升《唐明清三律彙編·户律·婚姻·娶親屬妻妾》 《唐律》：諸同姓爲婚者，各徒二年；緦麻以上，以姦論。此本宗親屬也。

諸嘗爲袒免親之妻，而嫁娶者，各杖一百；緦麻及舅甥妻，徒一年；小功以上，以姦論。妾，各減二等。並離之。此親屬之妾也。

刑部議覆雲南道監察御史成德奏稱：查律載收伯叔及兄弟之妾者，徒三年。伏思伯叔兄弟服屬期親，而竟敢收其妾爲己妾，其淫惡亂倫實屬非常，僅以徒完結，恐不足以儆愚頑，而情理亦未平允。請飭部另行定議等因。查收伯叔及兄弟之妾者，律内各減妻罪二等。蓋以伯叔兄弟之妻有關服制，罪干内亂，故律分斬、絞。至於其妾，則係無服之人，故於伯叔兄弟亡後而收之爲妾者，律止滿徒。但查律内姦伯叔兄弟妾者止減妻一等，而收爲妾者得減罪二等，情罪輕重未協。應請嗣後收伯叔兄弟妾者，即照姦伯叔兄弟妾律減妻一等，杖一百、流三千里，等因具奏。奉旨：依議。欽此。

紀事

《南史》卷七一《儒林傳·司馬筠》 司馬筠字貞素，河内温人也。

【略】

七年，安成國太妃陳氏薨，江州刺史安成王秀、荆州刺史始興王憺，並以慈母表解職，詔不許，還攝本任。而太妃在都，喪祭無主。中書舍人周捨議曰：賀彦先稱：慈母之子不服慈母之黨，婦又不從夫而服慈姑，小功服無從故也。庾蔚之云：非徒子不從母而服其黨，孫又不從父而服其慈母。由斯而言，慈祖母無服明矣。尋門内之哀，不容自同於常。案父之祥禫，子並受弔，今二王諸子，宜以成服日單衣一日爲位受弔。制曰：二王在遠，世子宜攝祭事。捨又曰：《禮》云縞冠玄武，子姓之冠。則世子衣服宜異於常，可著細布衣，絹爲領帶，三年不聽樂。又《禮》及《春秋》，庶母不世祭，蓋謂無王命者耳。吴太妃既朝命所加，得用安成禮秩，則當祔廟，五世親盡乃毁。陳太妃命數之重，雖則不異，慈孫既不從服，廟食理無傳祀，子祭孫止，是會經文。武帝由是敕禮官議皇子慈母之服。筠議：宋朝五服制，皇子服訓養母，依《禮》庶母慈己，宜從小功之制。案《曾子問》云：子游曰：喪慈母如母，禮歟？孔子曰：非禮也。古者男子外有傅，内有慈母，君命所使教子也，何服之有。鄭玄注云：此指謂國君之子也。若國君之子不服，則王者之子不服可知。又《喪服經》云：君子子爲庶母慈己者。傳曰：君子子者，貴人子也。鄭玄引《内則》，三母止施於卿大夫。以此而推，則慈母之服，上不在五等之嗣，下不逮三士之息。儻其服者止卿大夫，尋諸侯之子尚無此服，況乃施之皇子？謂宜依《禮》刊除，以反前代之惑。武帝以爲不然，曰：《禮》言慈母凡有三條：一則妾子之無母，使妾之無子者養之，命爲母子，服以三年，《喪服·齊衰章》所言慈母如母是也。二則嫡妻之子無母，使妾養之，慈撫隆至，雖均乎慈愛，但嫡妻之子，妾無爲母之義，而恩深事重，故服以小功，《喪服·小功章》所以不直言慈母，而云庶母慈己者，明異於三年之慈母也。其三則子非無母，正是擇賤者視之，義同師保，而不無慈愛，故亦有慈母之名。師保既無其服，則此慈母亦無服矣。《内則》云：擇於諸母與可者，使爲子師。其次爲慈母，其次爲保母。此其明文。此言擇諸母，是擇人而爲此三母，非謂擇取兄弟之母也。何以知之？若是兄弟之母其先有子者，則是長妾。長妾之禮，實有殊加，何容次妾生子，乃退成保母，斯不可也。又有多兄弟之人，於義或可；若始生之子，便應三母俱闕邪？由是推之，内則所言諸母，是謂三母，非兄弟之母明矣。子游所問，自是師保之慈母，非三年小功之慈母也。故夫子得有此對，豈非師保之慈母無服之證乎？鄭玄不辨三慈，混爲訓釋，引彼無服，以注慈己，後人致謬，實此之由。經言君子子者，此雖起於大夫，明大夫猶爾，自斯以上，彌應不異。故傳云君子子者，貴人之子也。總言曰貴，無所不包。經傳互文，交相顯發，則知慈加之義，通乎大夫以上矣。宋代此科，不乖禮意，便加除削，良是所疑。於是筠等請依制改定嫡妻之子，母没爲父妾所養，服之五月，貴賤並同，以爲永制。

《南史》卷八五《節義傳・劉子翊》 劉子翊，彭城叢亭里人也。父遍，齊徐州司馬。子翊少好學，頗解屬文。性剛謇，有吏幹。開皇中，爲秦州司法參軍。因入考，楊素奏爲侍御史。

時永寧縣令李公孝，四歲喪母，九歲外繼。其後，父更别娶後妻，至是而亡。河間劉炫以爲無撫育之恩，議不解任。子翊駁之曰：

《傳》云：繼母，同母也。當以配父之尊，居母之位，齊杖之制，皆如親母。又爲人後者爲其父母期，服期者，自以本生，非殊親之與繼也。父雖自處傍尊之地，於子之情，猶須隆其本重。是以令云：爲人後者，爲其父母，並解官申其心喪。父卒母嫁，爲父後者雖不服，亦申心喪；其繼母嫁，不解官。此專據嫁者生文耳。將知繼母在父之室，則制同親母。若謂非有撫育之恩，同之行路，何服之有乎服既有之，心喪焉可獨異？三省令旨，其義甚明。今言令許不解，何其甚謬？且後人者爲其父母期，未有變隔以親繼，親繼既等，故心喪不得有殊。《服問》云：母出，則爲繼母之黨服。豈不以出母族絶，推而遠之；繼母配父，引而親之乎？子思曰：爲伋也妻，是爲白也母；不爲伋也妻，是不爲白也母。定知服以名重，情以父親。所以聖人敦之以孝慈，弘之以名義。是使子以名服，同之親母；繼母以義報，等之己生。

如謂繼母之來，在子出之後，制有淺深者。考之經傳，未見其文。譬出後之人，所後者初亡，後之者至，此復可以無撫育之恩而不服重乎？昔長沙人王毖，漢末爲上計詣京師。既而吴、魏隔絶，毖在内國，更娶，生子昌。毖死後，爲東平相，始知吴之母亡。便情繫居重，不攝職事。于時議者，不以爲非。然則繼之與前，於情無别。若要以撫育始生服制，王昌復何足云乎？又晋鎮南將軍羊祜無子，取弟子伊爲子。祜薨，伊不服重。祜妻表聞，伊辭曰：伯生存養己，伊不敢違。然無父命，故還本生。尚書彭權議：子之出養，必由父命，無命而出，是爲叛子。於是下詔從之。然則心服之制，不得緣恩而生也。

論云：禮者稱情而立文，杖義而設教。還以此義，諭彼之情。稱情者如母之情，杖義者爲子之義。分定然後能尊父順名，崇禮篤敬。苟以姆養之恩，始成母子。則恩由彼至，服自己來。則慈母如母，何待父令？又云：繼母、慈母，本實路人，臨己養己，同之骨血。若如斯言，子不由父，縱有恩育，得如母乎？其慈繼雖在三年之下，而居齊期之上。禮有倫例，服以稱情。繼母本以名服，豈藉恩之厚薄也。至於兄弟之子猶子也，私昵之心實殊，禮服之制無二。彼言以輕如重，因以不同，此謂如重之辭，即同重法。若使輕重不等，何得爲如？律云准枉法者，但准其罪，以枉法論者，即同真法。律以弊刑，禮以設教。准者准擬之名，以者即真之稱。如、以二字，義用不殊，禮、律兩文，所防是一。將此明彼，足見其義。取譬伐柯，何遠之有。

論云：取子爲後者，將以供承祧廟，奉養己身。不得使宗子歸其故宅，以子道事本父之後妻也。然本父後妻，因父而得母稱。若如來旨，本父亦可無心喪乎？何直父之後妻也。

論又云：《禮》言舊君，其尊豈後君乎？已去其位，非復純臣，須言舊以殊之。别有所重，非復純孝，故言其已見之，目以其父之文，是名異也。此又非通論。何以言之？其舊訓殊，所用亦别。舊者易新之稱，其者因彼之辭，安得以相類哉？至如《禮》云：其父析薪，其子不克負荷。《傳》云：衛雖小，其君在焉。若其父而有異，其君復有異乎？斯不然矣。

今炫敢違禮乖令，侮聖干法，使出後之子，無情於本生，名義之分，有虧於風俗，徇飾非於明世，强媒蘖於《禮經》，雖欲揚己露才，不覺言之傷理。

事奏，竟從子翊之議。

《舊唐書》卷二七《禮儀志》　二十三年，藉田禮畢，下制曰：服制之紀，或有所未通，宜令禮官學士詳議聞奏。太常卿韋縚奏曰：謹按《儀禮·喪服》：舅，緦麻三月。從母，小功五月。《傳》曰：何以小功，以名加也。堂姨舅、舅母，恩所不及。外祖父母，小功五月。《傳》曰：何以小功，以尊加也。舅，緦麻三月，並是情親而服屬疏者也。外祖正尊，同於從母之服。姨舅一等，服則輕重有殊。堂姨舅親即未疏，恩絶不相爲服。親舅母來承外族，同爨之禮不加。竊以古意猶有所未暢者也。且爲外祖小功，此則正尊情甚親而服屬疏者也，請加至大功九月。姨舅儕類，親既無别，服宜齊等，請爲舅加至小功五月。堂姨舅疏降一等，親舅母從服之例，先無制服之文，並望加至袒免。臣聞禮以飾情，服從義制，或有沿革，損益可明。事體既大，理資詳審。望付尚書省集衆官吏詳議，務從折衷，永爲典則。

《舊唐書》卷六五《高士廉傳》　高儉字士廉，渤海蓨人。【略】士廉少有器局，頗涉文史。【略】大業中，爲治禮郎。士廉妹先適隋右驍衛將軍長孫晟，生子無忌及女。晟卒，士廉迎妹及甥於家，恩情甚重。見太宗潛龍時非常人，因以晟女妻焉，即文德皇后也。

隋軍伐遼，時兵部尚書斛斯政亡奔高麗，士廉坐與交游，謫爲朱鳶主簿。事父母以孝聞，嶺南瘴癘，不可同行，留妻鮮于氏侍養，供給不足。又念妹無所庇，乃賣大宅，買小宅以處之，分其餘資，輕裝而去。

《舊唐書》卷一五九《崔羣傳》　崔羣字敦詩，清河武城人，山東著姓。【略】元和十二年七月，拜中書侍郎、同中書門下平章事。十四年，誅李師道，上顧謂宰臣曰：李師古雖自襲祖父，然朝廷待之始終。其妻於師道即嫂叔也，雖云逆族，若量罪輕重，亦宜降等。又李宗奭雖抵嚴憲，其情比之大逆亦有不同。其妻士族也，今與其子女俱在掖廷，於法皆似稍深。卿等留意否？羣對曰：聖情仁惻，罪止元兇。其妻近屬，倘獲寬宥，實合弘煦之道。於是師古妻裴氏、女宜娘，詔出於鄧州安置。宗奭妻韋氏及男女先没掖廷，並釋放；其奴婢、資貨皆復賜之。又鹽鐵福建院官權長孺坐贓，詔付京兆府決殺，長孺母劉氏求哀於宰相，羣因入對言之。憲宗愍其母耄年，乃曰：朕將屈法赦長孺何如？羣曰：陛下仁惻即赦之，當速令中使宣諭。如待正敕，即無及也。長孺竟得免死長流。羣之啓奏平恕，多此類也。

《舊唐書》卷一八五上《馮元常傳》　馮元常，相州安陽人，【略】元常閨門雍肅，雅有禮度，雖小功之喪，未嘗寢於私室，甚爲士類所稱。

（宋）王溥《唐會要》卷三七《服紀上》　龍朔二年八月，所司奏：司文正卿蕭嗣業，嫡繼母改嫁身亡，請申心制。有司奏稱，據令，繼母改嫁，及爲長子，並不解官。乃下勅曰：雖云嫡母，終是繼母，據禮緣情，須有定制，付所司議定奏聞。司禮太常伯、隴西郡王博乂等奏議曰：緬尋《喪服》，母名斯定，嫡、繼、慈、養，皆在其中。唯出母之制，特言出妻之子，明非生己，則皆無服。是以令云母嫁之服，又云出妻之子。出言其子，以明所生，嫁則言母，通包養嫡，俱當解任，並合心喪。其不解者，唯有繼母之嫁。繼母爲名，正據前妻之子；嫡於諸孽，禮無繼母之文。中令今既見行，嗣業理申心制。然奉勅議定，方垂永則，令有不安，亦須釐正。竊以嫡、繼、慈、養，皆非所生，出之與嫁，並同行路。嫁雖比出稍輕，於父終爲義絶。繼母之嫁，既殊親母，慈、嫡義絶，豈合心喪。望請凡非所生，父卒而嫁，爲父後者無服，非承重者杖期，並不心喪，一同繼母。有符情禮，無玷舊章。又心喪之制，唯施厭降，杖期之服，不應解官。而令文三年齊斬，亦入心喪之制；杖期解官，又有妻喪之舛。又依禮，庶子爲其母緦麻三月。既是所生無服，准例亦合解官。令文漏而不言，於事終須修附。既與嫡母等嫁同一令條，總議請改，理爲允愜者。依文武官九品以上議，得司衛正卿房仁裕等七百三十六人議，請一依司禮狀，嗣業不合解官；得右金吾衛將軍薛孤吳仁等二十六人議，請解嗣業官，不同司禮狀者。母非所生，出嫁義絶，仍令解職，有紊緣情。杖期解官，不甄妻服，三年齊斬，謬曰心喪。庶子爲母緦麻，漏其中制，並令文疏舛，理難因襲。望請依房仁裕等議，總加脩附，垂之不朽。其禮及律疏有相關涉者，亦請准此改正。嗣業既非嫡母改醮，不合解官。詔從之。

（宋）王溥《唐會要》卷三七《服紀上》　顯慶元年九月二十九日，脩禮官長孫無忌等奏曰：依古喪服，甥爲舅緦麻，舅報甥亦同此制。貞觀年中，八座議奏：舅服同姨，小功五月。而今《律疏》，舅報于甥，服猶三月。謹按傍親之服，禮無不報，己非正尊，不敢降之也。故甥爲從母五月，從母報甥小功，甥爲舅緦麻，舅亦報甥三月，是其義矣。今甥爲舅使同從母之喪，則舅宜進甥以同從母之報。修《律疏》人不知禮意，舅報甥服，尚止緦麻，于例不通，理須改正。今請修改《律疏》，舅報甥亦小功。又曰：庶母，古禮緦麻，新禮無服。謹按庶母之子，即是己之昆季，昆季爲之杖期，而己與之無服。同氣之内，吉凶頓殊，求之禮情，深非至理。今請依典故，爲服緦麻。制從之。

上元元年十二月二十七日，天后上表曰：夫禮緣人情而立制，因時事而爲範，變古者未必是，循舊者不足多也。至如父在爲母止服一期，雖心喪三年，服由尊降。竊謂子之於母，慈養特深，生養勞瘁，恩斯極矣！所以禽獸之情，猶知其母，三年在懷，理宜崇報。若父在爲母止一期，尊父之敬雖同，報母之慈有缺。且齊斬之制，足爲差減，更令周以一期，恐傷人子之志。今請父在爲母終三年之服。遂下詔依行焉。當時亦未行用，至垂拱年中，始編入格。至開元五年，左補闕盧履冰上言：准禮，父在爲母一周除靈，三年心喪。則天皇后請同父没之服，三年然後始除靈。雖則權行，有紊彝典。今陛下孝治天下，動合禮經，請仍舊章，庶協通典。于是下制令百官詳議，并舅及嫂叔服不依舊禮，亦令議定。刑部郎中田再思建議曰：乾尊坤卑，天一地二，陰陽之位分矣，夫婦之道配焉。至若死喪之威，隆殺之等，禮經五服之制，齊斬有殊。考妣三年之喪，貴賤無隔，以報免懷之德，思酬罔極之恩。稽之上古，喪期無數。自周公制禮之後，孔父刊經已來，方殊厭降之儀，以標服紀之節。【略】所以父在爲母服期者，避二尊也。【略】即《喪服四制》云：家無二尊，以一治之也。故父在爲母期者，見無二尊也。准舊儀，父在爲母一周除靈，再周心喪。父必三年而後娶者，達子之志焉。豈先聖無情於所生，固有意於家國者矣。原夫上元肇年，則天已潛秉政，將圖僭簒，預自崇先。請升慈愛之喪，以抗尊嚴之禮，雖齊衰之儀不改，而几筵之制遂同。數年之閒，尚未通用。天皇晏駕，中宗蒙塵。垂拱之初，始編入格；垂拱之末，果行聖母之僞符；載初之元，遂啓易代之深釁。孝和雖則反正，韋氏復效晨鳴。孝和非意暴崩，韋氏旋即稱制。不蒙陛下英算，宗廟何由克復？且臣所獻者，蓋請正夫婦之綱，豈忍忘子母之道。諸議所非者，大凡只論罔極之恩；喪也寧戚，禽獸識母而不識父；豈得與伯叔母服同，豈得與姑姊妹制等。此並道聽而塗説之言，未習先王之旨，又安足以議經邦治俗之禮乎？臣前狀單略，議者未識臣之懇誠。謹重以聞，請付中書門下商量處分。左散騎常侍元行冲奏議曰：古之聖人，徵性識本，緣情制服，則有申厭。天父、天夫，故斬衰三年，情理俱盡者。因心立極也。生則齊體，死則同穴，比陰陽而配合，同兩儀而化成。而妻喪杖期，情禮俱殺者，蓋遠嫌疑，尊乾道也。父爲嫡子三年斬衰，而不去職者，蓋尊祖重嫡，崇禮殺情也。資於事父以事君，孝莫大於嚴父。故父在爲母罷職，齊周而心喪三年，謂之尊厭者，則情申而禮殺也。斯制也，可以異於飛走，別於華夷。義、農、堯、舜，莫之易也；文、武、周、孔，所同尊也。今若捨尊厭之重，虧嚴父之義，畢純素之嫌，貽非聖之責，則事不師古，有傷名教矣。姨兼從母之名，又即母之女黨，加於舅服，有理存焉。嫂叔不服，避嫌疑也。若引同爨之緦，以忘推遠之跡，既乖前聖，亦謂難從。謹詳三者之儀，並請依古爲當。自是百寮議竟不決。至七年八月二十六日，詔曰：周公制禮，當歷代不刊，况子夏爲《傳》，乃孔門所受。格令之内，有父在爲母齊衰三年，此而有爲，爲非重厭之義。與其改作，不如師古，諸服紀宜一依喪服文。自是卿士之家，父在爲母行服不同，議者是非紛然。元行冲謂人曰：聖人制厭降之禮，豈不知母恩之深，但尊祖貴禰，欲其遠別禽獸，近異夷狄故也。人情易摇，淺識者衆，一紊其度，其可正乎！至二十年，蕭嵩與學士改修五禮，又議請依上元元年勅，父在爲母齊衰三年爲定。及頒禮，乃一切依行焉。

（宋）王溥《五代會要》卷八《服紀》　後唐同光三年七月，貞簡皇太后遺令曰：皇帝以萬機至重，八表所尊，勿衣粗衰，勿居諒闇。三年之制，以日易月，過三日便親朝政。皇后、諸妃及諸王、公主，並制齊衰本服，以日易月，十三日除。中書門下、翰林院學士、在朝文武百官、内諸使司，及諸道節度觀察防禦使，刺史、監軍，及前資官并寮佐官吏、士庶、僧道、百姓，並准本朝故事，降服施行，勿使過制。【略】

清泰三年二月，太常禮院奏：據尚書兵部侍郎馬縞上疏言：古禮嫂叔無服，蓋推而遠之。案《五禮精義》，貞觀十四年，魏徵等議，親兄弟之妻請服小功五月。今所司給假差謬爲大功九月。太常博士段顯稱：自來給假，元依令式。若云違古，不獨嫂叔一條。舊爲親姨服小功，令式今服大功；爲親舅舊服小功，今服大功；妻父母緦服，今服小功；爲女壻爲外甥緦服，今並服小功。此五條，在令式與古不同，未審依馬縞所奏，爲復且依令式？右贊善大夫趙咸又議曰：臣聞三代之制，禮無降減之文；五服之容，喪有寧戚之義。此蓋聖人隨時設教，稱情立文，沿革不同，吉凶相交，或服由恩制，或喪以禮加。太宗文皇帝弘被至仁，推大其義，因寬同爨有緦之義，遂制嫂叔小功之服，列尊聖賢已爲故事，傳於令式，加以大功。今馬縞奏論以爲錯謬，況縞昔事本朝，暨至梁室，曾爲博士，累歷歲年，今始奏陳，未爲允當。謹按《儀禮》，凡制五服，或以名加，或以尊制，或推恩而有服，或引義而當喪。故嫂叔大功，良有以也。其如叔以嫂之子爲猶子，爲猶子之妻，叔服大功，今嫂氏猶子之母，安可卻服小功。若以名加，嫂豈疏於猶子之婦；若以尊制，嫂豈卑於猶子之妻。論恩則有生同骨肉之情，引義則有死同宅兆之理，若以推而遠之爲是，即令式兼無小功，既有稱情制宜之文，何止大功九月？請依式令，永作彝倫。敕下尚書省集議。尚書左僕射劉昫等議曰：伏以嫂叔服小功五月，《開元禮》、《會要》皆同，其令式正文內，元無喪服制度，只一本編在假寧令後，又不言奉敕編附年月。除此一條，又檢七八條令式，與《開元禮》相違者，所司行已多年，固難輕改。若當議事，須按舊章。

《宋史》卷一二五《禮・凶禮・士庶人喪禮・服紀》　子爲生母。大中祥符八年，樞密使王欽若言：編修《册府元龜》官太常博士、秘閣校理聶震丁所生母憂，嫡母尚在，望特免持服。禮官言：按周制，庶子在父之室，則爲其母不禫。晉解遂問蔡謨曰：庶子喪所生，嫡母尚存，不知制服輕重。答云：士之妾子服其母，與凡人喪母同。鍾陵胡濟所生母喪，自有嫡兄承統，而嫡母存，疑不得三年，問范宣，答曰：爲慈母且猶三年，況親所生乎？嫡母雖尊，然厭降之制，父所不及。婦人無專制之事，豈得引父爲比而屈降支子也？南齊褚淵遭庶母郭氏喪，葬畢，起爲中軍將軍。後嫡母吳郡公主薨，葬畢，令攝職。則震當解官行服，心喪三年；若特有奪情之命，望不以追出爲名。自今顯官有類此者，亦請不稱起復，第遣釐職。

熙寧三年，詔御史臺審决秀州軍事判官李定追服所生母喪。御史臺言：在法，庶子爲父後，如嫡母存，爲所生母服緦三月，仍解官申心喪；若不爲父後，爲所生母持齊衰三年，正服而禫。今定所生仇氏亡日，定未嘗請解官持心喪，止以父老乞還侍養。宜依禮制追服緦麻，而解官心喪三年。時王安石芘定，擢爲太子中允，而言者俱罷免。

婦爲舅姑。乾德三年，判大理寺尹拙言：按律及《儀禮・喪服傳》、《開元禮儀纂》、《五禮精義》、《三禮圖》等書，所載婦爲舅姑服周；近代時俗多爲重服，劉岳《書儀》有奏請之文。《禮圖》、《刑統》乃邦家之典，豈可守《書儀》小説而爲國章邪？判少卿事薛允中等言：《户婚律》：居父母及夫喪而嫁娶者，徒三年，各離之。若居周喪而嫁娶者，杖一百。又《書儀》：舅姑之服斬衰三年。亦準敕行。用律敕有差，望加裁定。右僕射魏仁浦等二十一人奏議曰：謹按《禮・內則》云：婦事舅姑，如事父母。則舅姑與父母一也。而古禮有期年之説，至於後唐始定三年之喪，在理爲當。況五服制度，前代增益甚多。按《唐會要》，嫂叔無服，太宗令服小功。曾祖父母舊服三月，增爲五月。嫡子婦大功，增爲期。衆子婦小功，增爲大功。父在爲母服期，高宗增爲三年。婦爲夫之姨舅無服，玄宗令從夫服，又增姨舅同服緦麻及堂姨舅袒免。至今遵行。況三年之內，几筵尚存，豈可夫處苫塊之中，婦被綺紈之飾？夫婦齊體，哀樂不同，求之人情，實傷理本。況婦爲夫有三年之服，於舅姑止服期年，乃是尊夫而卑舅姑也。況孝明皇后爲昭憲太后服喪三年，足以爲萬世法。欲望自今婦爲舅姑服，並如後唐之制，其三年齊、斬，一從其夫。

嫡孫承重。天聖四年，大理評事杜杞言：祖母潁川郡君鍾氏歿，並無服重子婦，餘孤孫七人，臣最居長，今已服斬衰，即未審解官以否？禮院言：按《禮・喪服小記》曰：祖父卒，而後，爲祖母後者三年。《正義》曰：此論適孫承重之服。祖父卒者，適謂孫無父而爲祖後。祖父已卒，今遭祖母喪，故云爲祖母後也。若父卒爲母，故三年。若祖父卒時，父已先亡，亦爲祖父三年。若祖卒時父在，已雖爲祖期，今父歿，祖母亡時，己亦爲祖母三年也。又按令文：爲祖後者，祖卒爲祖母，祖父歿，嫡孫爲祖母承重者，齊衰三年，並解官。合依《禮》、令。

寶元二年，度支判官、集賢校理薛紳言：祖母萬壽縣太君王氏卒，

是先臣所生母，服紀之制，罔知所適，乞降條制，庶知遵守。詔送太常禮
院詳定。禮官言：《五服年月敕》：齊衰三年，爲祖後者，祖卒則爲祖
母。又曰：齊衰不杖期，爲祖父母。《注》云：父之所生庶母亦同，惟
爲祖後者不服。又按《通禮義纂》：爲祖後者，父所生庶母亡，合三年
否？《記》云：爲祖母也，爲後三年。不言嫡庶。然奉宗廟，當以貴賤爲
差，庶祖母不祔於皇姑，已受重於祖，當爲祭主，不得申於私恩；若受
重於父代而養，爲後可也。又曰：庶祖母合從何服？禮無服庶祖母之文，
有爲祖庶母後者之服。晉王廙議曰：受命爲後，則服之無嫌。婦人無子，
託後族人，猶爲之服，况其子孫乎？人莫敢卑其祖也。且妾子，父歿爲母
得申三年。孫無由獨屈，當服之也。看詳《五服年月敕》，不載持重之文，
於《義纂》即有所據。今薛紳不爲祖後，受重於父，合申三年之制。史館
檢討、同知太常禮院王洙言：《五服年月敕》與新定令文，及《通禮》正
文内五服制度，皆聖朝典法，此三處並無爲父所生庶母服三年之文。唯
《義纂》者是唐世蕭嵩、王仲丘等撰集，非創修之書，未可據以决事。且
所引兩條，皆近世諸儒之説，不出於《六經》，臣已別狀奏駁。今薛紳爲
映之孫，耀卿爲別子始祖，紳繼別之後爲大宗，所守至重，非如次庶子等
承傳其重者也。不可輒服父所生庶母三年之喪，以廢始祖之祭也。臣謹按
《禮經》所謂重者，皆承後之文。據《義纂》稱重於父，亦有二説：一
者，嫡長子自爲正體，受重可知；二者，或嫡長亡，取嫡或庶次承傳父
重，亦名爲受重也。若繼別子之後，自爲大宗，所承至重，不得更遠係庶
祖母爲之服三年，惟其父以生己之故，爲之三年可也。詳《義纂》所謂受
重於父者，指嫡長子亡、次子承傳父重者也，但其文不同耳。

皇祐元年，大理評事石祖仁奏：叔從簡爲祖父中立服後四十日亡，
乞下禮院定承祖父重服。禮官宋敏求議曰：自《開元禮》以前，嫡孫卒
則次孫承重，况從簡爲中子已卒，而祖仁爲嫡孫乎？古者重嫡，正貴所
傳，其爲後者皆服三年，以主虞、練、祥、禫之祭。且三年之喪，必以日
月之久而服之者有變也。今中立未及卒哭，從簡已卒，是日月未久而服未
經變也。或謂已服期，不當改服斬，而更爲重制。按《儀禮》：子嫁，反
在父之室，爲父三年。鄭氏注：謂遭喪而出者，始服齊衰期，出而虞則
以三年之喪。是服可再制明矣。今祖仁宜解官，因其葬而制斬衰三年。後
有如其類而已葬者，用再喪制服。遂著爲定式。

元豐三年，太常丞劉次莊祖母亡，有嫡曾孫，次莊爲嫡孫同母弟，在
法未有庶孫承重之文。詔下禮官立法：自今承重者，嫡子死無諸子，即
嫡孫承重；無嫡孫，嫡孫同母弟承重；無母弟，庶孫長者承重；曾孫
以下準此。其傳襲封爵，自依禮、令。

子爲嫁母。景祐二年，禮官宋祁言：前祠部員外郎、集賢校理郭稹
幼孤，母邊更嫁，有子。稹無伯叔兄弟，獨承郭氏之祭。今邊不幸，而稹
解官行服。按《五服制度敕》齊衰杖期降服之條曰：父卒母嫁及出妻之
子爲母。其左方注：謂不爲父後者。若爲父後者，則爲嫁母無服。詔議
之。侍御史劉夔曰：按天聖六年敕，《開元五服制度》、《開寶正禮》並載
齊衰降服條例，雖與祁言不異，然《假寧令》：諸喪，斬、齊三年，並解
官；齊衰杖期及爲人後者爲其父母，若庶子爲後爲其母，亦解官，申心
喪；母出及嫁，爲父後者雖不服，亦申心喪。《注》云：皆爲生己者。
《律疏》云：心喪者，爲妾子及出妻之子合降其服，二十五月内爲心喪。
再詳格令：子爲嫁母，雖爲父後者不服，亦當申心喪。又稱：居心喪
者，釋服從吉及忘哀作樂、冒哀求仕者，並同父母正服。今龍圖閣學士王
博文、御史中丞杜衍嘗爲出嫁母解官行喪。若使生爲母子，没同路人，則
必虧損名教，上玷孝治。且杖期降服之制，本出《開元禮》文，逮乎天寶
降敕，俾終三年，然則當時已悟失禮。晉袁準謂：爲人後，猶服嫁母。
據外祖異族，猶廢祭行服，知父後應服嫁母。劉智釋云：雖爲父後，猶
爲嫁母齊衰。譙周云：非父所絶，爲之服周可也。昔孔鯉之妻爲子思之
母，鯉卒而嫁於衛，故《檀弓》曰：子思之母死，柳若謂子思曰：子聖
人之後也，四方於子乎觀禮，子盍慎諸！子思曰：吾何慎哉！喪之禮
如子。云子聖人之後，即父後也。石苞問淳于睿：爲父後者，不爲出母
服。嫁母猶出母也，或者以爲嫁與出不異，不達禮意，雖執從重之義，而
以廢祭見譏。君爲詳正。睿引子思之義爲答，且言：聖人之後服嫁母，
明矣。稹之行服，是不爲過。詔兩制、御史臺、禮院再議，曰：按《儀
禮》：父卒繼母嫁，爲之服期。謂非生己者，故父卒改嫁，降不爲己母。
唐上元元年敕，父在爲母尚許服三年。今母嫁既是父終，得申本服。唐紹
議曰：爲父後者爲嫁母杖周，不爲父後者請不降服。至天寶六載敕，五

服之紀，所宜企及，三年之數，以報免懷。其嫁母亡，宜終三年。又唐八坐議吉凶加減禮云：凡父卒，親母嫁，齊衰杖期，爲父後者亦不服，不以私親廢祭祀，惟素服居堊室，心喪三年，免役解官。母亦心服之，母子無絶道也。按《通禮五服制度》：父卒母嫁，及出妻之子爲母，及爲祖後，祖在爲祖母，雖周除，仍心喪三年。侍講學士馮元言：《儀禮》、《禮記正義》，古之正禮；《開寶通禮》、《五服年月敕》，國朝見行典制，爲父後者，爲出母無服。惟《通禮義纂》引唐天寶六年制：出母、嫁母並終服三年。又引劉智《釋議》：雖爲父後，猶爲出母、嫁母齊衰，卒哭乃除。蓋天寶之制，言諸子爲出母，嫁母，故云並終服三年；劉智言爲父後者爲出母、嫁母，故云猶爲齊衰，卒哭乃除，各有所謂，固無疑也。況《天聖五服年月敕》：父卒母嫁及出妻之子爲母降杖期。則天寶之制已不可行。又但言母出及嫁，爲父後者雖不服，亦申心喪，即不言解官。若專用禮經，則是全無服式；若俯同諸子杖期，又於條制相戾。請凡子爲父後，無人可奉祭祀者，依《通禮義纂》、劉智《釋議》，服齊衰，卒哭乃除，踰月乃祭，仍申心喪，則與《儀禮》、《禮記正義》、《通典》、《通禮》、《五服年月敕》爲父後，爲出母、嫁母無服之言不遠。如諸子非爲父後者，爲出母，嫁母，依《五服年月敕》，降服齊衰杖期，亦解官申心喪，則與《通禮五服制度》言雖周除，仍心喪三年，及《刑統》言出妻之子合降其服，皆二十五月内爲心喪，其義一也。郭稹應得子爲父後之條，緣其解官行服已過期年，難於追改，後當依此施行。詔：自今並聽解官，以申心喪。

淳化五年八月，詔曰：孝爲百行之本，喪有三年之制，著于典禮，以厚人倫。中外文武官子弟，或父兄之淪亡，蒙朝廷之齒叙，未及卒哭，已聞涖官，遽忘哀戚，頗玷風教。自今文武官子弟，有因父亡兄歿特被叙用，未經百日，不得趣赴公參。御史臺專加糾察；并有冒哀求仕、釋服從吉者，並以名聞。

慶曆三年，太常禮院議：《禮記》：父母之喪，無貴賤，一也。又曰：三年之喪，人道之至大也。請不以文武品秩高下，並聽終喪。時以武臣入流者雜，難盡解官。詔：自今三司副使已上，非領邊寄，並聽終制，仍續月奉。武臣非在邊而願解官者，聽。

天禧四年，御史臺言：文武官併丁憂者，相承服五十四月，別無條例。下太常，禮官議曰：按《禮·喪服小記》云：父母之喪偕，先葬者不虞、祔，待後事，其葬服斬衰。《注》：謂同月若同日死也。先葬者母也，其葬服斬衰者，喪之隆哀宜從重也。假令父死在前月而同月葬，猶服斬衰，不葬不變服也。言其葬服斬衰，則虞、祔各以其服矣。及練、祥皆然。卒事，反服重。《雜記》云：有父之喪，如未没喪而母死，其除父之喪也，服其除服，卒事，反喪服。《注》云：没，猶終也。除服謂祥祭之服，卒事既祭，反喪服，服後死者之服。又杜預云：若父母同日卒，其葬先母後父，皆服斬衰，其虞、祔先父後母，各服其服，卒事，反服父服。若父已葬而母卒，則服母之服，虞訖，反服父之服。既除練，則服母之服。喪可除，則服父之服以除之，訖則服母之服。賀循云：父之喪未終，又遭母喪，當父服應終之月，皆服祥祭之服，如除喪之禮。卒事，反母之服。臣等參考典故，則是隨其先後而除之，無通服五十四月之文。請依舊禮改正。

公除：因公權宜禮制除喪服。凡公除與祭。景祐二年，禮儀使言：天聖五年，太常禮院言：自來宗廟祠祭，皆宰臣、參知政事行事，每有服制，旋復改差，多致妨闕。檢會《唐會要》，貞元六年詔，百官有私喪公除者，聽赴宗廟之祭。監祭御史以《禮》有緦麻已上喪不得饗廟，移牒吏部詰之。吏部奏：准《禮》，諸侯絶周、大夫絶緦者，所以殺旁親，不敢廢大宗之祭事，則緦不祭者，謂同宫未葬，欲人吉凶不相黷也。魏、晋已降，變而從權，緦已上喪服，假滿即吉，謂之公除。凡既葬公除，則無事不可，故於祭無妨。乞今凡有慘服既葬公除，及聞哀假滿，許吉服赴祭。同宫未葬，雖公除依前禁之。詔從。又王涇《郊祀録》：緦麻已上喪，不行宗廟之祭者，以明吉凶不相干也。貞元，吏部奏請，得許權改吉服，以從宗廟之祭，此一時之事，非舊典也。今本院看詳，律稱：如有緦麻已上喪遣充掌事者，笞五十。此唐初所定。吏部起請，皆援引典故。奉詔，百官有私喪公除者，聽赴宗廟之祭。後雖王涇著《郊祀録》稱是一時之事，非舊典也。又別無詔敕改更，是以歷代止依貞元詔命施行。至大中祥符中，詳定官請依《郊祀録》，緦麻以上喪，不預宗廟之祭。今詳貞元起請，證據分明，王涇所説，別無典故。望自今後有私喪公除者，聽赴宗廟之祭，免致廢闕。

《宋史》卷二九一《王博文傳》 王博文字仲明，曹州濟陰人。【略】始，博文幼喪父，其母張氏改適韓氏。及博文在朝，謂子無絶母禮，請得以恩封之。母死，又謂古之爲父後者不爲出母服，以廢宗廟祭也。今喪者皆祭，無害於行服。乃請解官持服，然議者以喪而祭爲非禮。服除，爲三司户部判官。出爲河北轉運使，遷侍御史、陝西轉運使。

《宋史》卷三三七《范祖禹傳》 范鎮字景仁，【略】百禄字子功，鎮兄鍇之子也。從弟祖禹。【略】神宗崩，祖禹上疏論喪服之制曰：先王制禮，君服同於父，皆斬衰三年，蓋恐爲人臣者不以父事其君。自漢以來，不惟人臣無服，人君遂不爲三年之喪。國朝自祖宗以來，外廷雖用易月之制，宫中實行三年服。君服如古典，而臣下猶依漢制，故十二日而小祥，期而又小祥，二十四日而大祥，再期而又大祥。既以日爲之，又以月爲之，此禮之無據者也。古者再期而大祥，中月而禫。禫，祭之名，非服之色。今乃爲之慘服三日然後禫，此禮之不經者也。服既除，至葬又服之，祔廟後即吉，纔八月而遽純吉，無所不佩，此又禮之無漸者也。朔望，羣臣朝服以造殯宫，是以吉服臨喪；人主衰服在上，是以先帝之服爲人主之私喪，此二者皆禮之所不安也。

（明）鄭真《滎陽外史集》卷五四《送無服殤子如昇辭》 夭殤六歲子鄭如昇，以至正二十八年八月十四日，卒於鄞縣甬東清江里、故宋八行太師史公六世孫運進幹文林菊屏先生故第。始如昇之父某爲史氏贅婿，其外祖延叟，父厚重朴素，有故家風，甥舅之好，不以門第自高，相得甚歡。居三歲，生二子，如昇其次也。如昇之生，頭高而濶，額廣而平，耳大鼻長，眉清目秀，腹皤然以充，足腮然以隆。性聰慧善記，嘗授以古絶句及《王皇寶經》，輒成誦。其在襁褓時，我先教授府君嘗撫摩之曰：是子異日其有成乎！先君既卒，如昇之母歸鄭氏事其姑，留如昇侍其外祖父母。外祖父母年老逾耆壽，且貧困無嗣，族姓未有來繼者，故愛如昇不啻如己子。如昇視外祖父母亦不啻如其所生。頤指承順爲謹，遇器若物必斂藏之。曰：是平日用者，可斂，爲人所得耶。伯祖父嘗戒之曰：吾將適城市，盍與俱？則拱對曰：不敢離外祖母左右。侍立不去，稍倦則請從羣兒戲，亦不他適也。外祖父歸，出迎入報，喜見顔色。以他事被斥責，則佇立門屏，間待怒解，至前笑奉如故。或時恐懼不自禁，則枕外祖母膝上，相顧涕泣不止，外祖父母益憐之。蓋庶幾相依以慰其朝夕也。八月一日，患滯下疾。醫者用疏導法，繼進靈砂附子痛腹去痐者如四，又驚懼，疾益甚。聞哭聲曰：是吾外祖母哭耶！其母方歸寧，自撫視其子，垂涕謂之曰：以汝弗肯服藥啜粥。故爾曰：兒豈不欲食飲，但逆氣上攻，不下咽耳。願吾母無戚。母曰：汝欲棄于耶！曰：兒不敢。逮夜則曰：兒首頸若無所屬，幸爲一正之。以雙手入母懷曰：寒矣！兒手不知所措矣。覺煩悶起坐，輒卧飲湯而卒。嗚呼！是其命之不辰也耶！痛矣哉！

按文公朱子製爲家禮，男女殤服，爲上中下三等。未八歲，爲無服之殤，哭之以日易月，是所謂約古制而爲節文，非以其孩幼而直爲簡且略也。昔延陵季子適齊，葬其子於嬴博之間，還封三號，而孔子取之，此其禮之不敢過者也。潘岳至新安瘞赤子於千秋亭，爲賦自廣，且以慘戚子慈爲言，此其情所不能忘者也。夫禮出於定制，情發於本心，非禮無以達其誠，非誠不能致其力。於是二者而取其中，庶幾有以全骨肉之恩，而不失古人之遺意者矣。乃爲辭以哭之，且叙其槩。如昇生於至正壬寅夏五月初四日亥時云。詞曰：爾生如寄，爾夭如棄。孰其主之，外家不得以爲甥，予不得以爲子。嗚呼哀哉，曷維其已。

《明實録》太祖洪武七年十一月 壬戌朔，《孝慈録》成。先是，貴妃孫氏薨，敕禮官定喪服之制。禮部尚書牛諒等奏曰：《周禮》《儀禮》父在，爲母服期年，若庶母則無服。上曰：父母之恩，一也。而喪服低昂若是，其不近於人情甚矣。乃敕翰林學士宋濂等曰：養生送死，聖王之大政；諱亡忌疾，衰世之陋俗。三代喪禮節文尤詳，而散失於衰周，厄於暴秦。漢唐以降，莫能議此。夫人情有無窮之變，而禮爲適。變之宜得人心之所安，即天理之所在。爾等其考定喪禮。於是，濂等考得古人論服母喪者，凡四十二人，願服三年者二十八人，服期年者十四人，奏之。

上曰：三年之喪，天下之通喪。今觀願服三年喪，比服期年者加倍，則三年之喪豈非天理人情之所安乎？乃立爲定制。子爲父母，庶子爲其母皆斬衰三年。嫡子、衆子爲庶母皆齊衰杖期。仍命以五服喪制並著爲書，使内外有所遵守。其冠服經杖制度詳見本書。其叙：服有八，子爲父母。

同堂兄弟之孫，爲再從兄弟之子，爲從祖祖姑及從祖姑及從祖姊妹之出嫁者，爲兄弟之孫女出嫁者，爲同堂兄弟之女出嫁者，爲乳母，爲舅之子，爲姑之子，爲兩姨兄弟，爲外孫，爲壻，爲妻之父母，爲兄弟孫之婦，爲同堂兄弟子之婦，爲同堂兄弟之妻，爲外孫婦，爲甥婦，婦人爲夫之曾祖高祖父母，爲夫之從祖祖父母，爲夫之從祖父母，爲夫兄弟之曾孫，爲夫之同堂兄弟，爲夫同堂兄弟之孫，爲夫再從兄弟之子，爲夫兄弟孫之婦，爲夫同堂兄弟子之婦，爲夫同堂兄弟之妻，爲夫之同堂姊妹，爲夫之外祖父母，爲夫之舅及夫之姨，爲夫從祖祖姑及從祖姑在室者，女出嫁爲本宗從祖祖父母，女出嫁爲本宗從祖父母，女出嫁爲本宗同堂兄弟之子女，女出嫁爲本宗從祖、祖姑及從祖姑在室者，女出嫁爲本宗同堂姊妹之出嫁者，爲人後者爲本生外祖父母，皆服緦麻三月。至是，書成，名曰《孝慈録》。

《明史》卷六〇《服紀》　明初頒《大明令》，凡喪服等差，多因前代之舊。洪武七年，《孝慈録》成，復圖列於《大明令》，刊示中外。

先是貴妃孫氏薨，敕禮官定服制。禮部尚書牛諒等奏曰：周《儀禮》，父在，爲母服期年，若庶母則無服。太祖曰：父母之恩一也，而低昂若是，不情甚矣。乃敕翰林院學士宋濂等曰：養生送死，聖王大政。諱亡忌疾，衰世陋俗。三代喪禮散失於衰周，厄於暴秦。漢、唐以降，莫能議此。夫人情無窮，而禮爲適宜。人心所安，即天理所在。爾等其考定喪禮。於是濂等考得古人論服母喪者凡四十二人，願服三年者二十八人，服期年者十四人。太祖曰：三年之喪，天下通喪。觀願服三年，視願服期年者倍，豈非天理人情之所安乎？乃立爲定制。子爲父母，庶子爲其母，皆斬衰三年。嫡子、衆子爲庶母，皆齊衰杖期。仍命以五服喪制，并著爲書，使内外遵守。其制服五。曰斬衰，以至粗麻布爲之，不縫下邊。曰齊衰，以稍粗麻布爲之，縫下邊。曰大功，以粗熟布爲之。曰小功，以稍粗熟布爲之。曰緦麻，以稍細熟布爲之。

其叙服有八。曰斬衰三年者：子爲父母，庶子爲所生母，子爲繼母；子爲慈母，謂母卒父命他妾養己者，子爲養母，謂自幼過房與人者；女在室爲父母，女嫁被出而反在室爲父母；嫡孫爲祖父母承重及曾高祖父母承重者；爲人後者爲所後父母，及爲所後祖父母承重；夫爲後

庶子爲所生母，子爲繼母，子爲慈母，子爲養母，女在室爲父母，女嫁反在室爲父母，嫡孫爲祖父母，承重及曾高祖父母，承重者同爲人後者，爲所後父母，爲人後者爲所後祖父母承重，夫爲人後，則妻從服，婦爲舅姑庶子之妻，爲夫之所生母，妻妾爲夫？皆服斬衰三年。嫡子、衆子爲庶母，嫡子、衆子之妻爲夫之庶母，爲嫁母、出母，父卒繼母改嫁而已從之者，夫爲妻，皆齊衰杖期。父母爲嫡長子及衆子，父母爲女在室者，繼母爲長子及衆子，慈母爲長子及衆子，孫爲祖父母，爲伯叔父母妾，爲夫之長子及衆子，爲所生子，爲兄弟，爲兄弟之子及兄弟之女在室者，爲姑及姊妹在室者，妾爲嫡妻，嫁母、出母，爲其子女在室及雖適人而無夫與子者，爲其兄弟及兄弟之子，繼母改嫁爲前夫之子從己者，爲繼父同居兩無大功之親者，婦人爲夫親兄弟之子，婦人爲夫親兄弟之女在室者，女出嫁爲父母妾，爲其父母爲人後者，爲其父母，女適人爲兄弟之爲父後者，祖爲嫡孫，父母爲長子婦，皆齊衰不杖期。爲曾祖父母齊衰五月，爲高祖父母，爲繼父，先曾同居、今不同居者，爲繼父雖同居而兩有大功以上親者，皆服齊衰三月。爲同堂兄弟及姊妹在室者，爲姑及姊妹及兄弟之女出嫁者，父母爲衆子婦，爲女之出嫁者，祖爲衆孫，爲兄弟之子之婦，婦人爲夫之祖父母，爲夫之伯叔父母，爲夫兄弟子之婦，爲夫兄弟之女嫁人者，女出嫁爲本宗伯叔父母，女出嫁爲本宗兄弟及兄弟之子女，出嫁爲本宗姑姊妹及兄弟之女在室者，爲人後者，爲其兄弟及姑姊妹在室者，夫爲人後者，其妻爲夫本生父母，爲兄弟之子，爲人後者，皆服大功九月。爲伯叔祖父母，爲同堂伯叔父母，爲再從兄弟及再從姊妹在室者，爲同堂兄弟之子，爲從祖祖姑在室者，爲從祖姑在室者，爲同堂兄弟之女在室者，爲兄弟之妻，爲人後者爲其姑姊妹適人者，爲嫡孫婦，爲同堂姊妹之出嫁者，爲孫女適人者，爲兄弟之孫及兄弟之女孫在室者，爲外祖父母，爲母之兄弟姊妹，爲同母異父之兄弟姊妹，爲姊妹之子，爲夫之姑及夫之姊妹，爲夫之兄弟及夫兄弟之妻，爲夫兄弟之孫及夫兄弟之孫女在室者，爲夫同堂兄弟之子及夫同堂兄弟之女在室者，母出爲繼母之父母、兄弟、姊妹，庶子爲嫡母之父母、兄弟、姊妹，皆服小功五月。爲族曾祖父母，爲族伯叔祖父母，爲族父母，爲族兄弟及族姊妹在室者，爲族曾祖姑在室者，爲族祖姑在室者，爲族姑在室者，爲兄弟之曾孫，爲曾孫、玄孫，爲

則妻從服，婦爲舅姑；庶子之妻爲夫之所生母；妻妾爲夫。

曰齊衰杖期者：嫡子衆子爲庶母；嫡子衆子之妻爲夫之庶母，爲嫁母、出母，父卒繼母改嫁而已從之者；夫爲妻。

曰齊衰不杖期者：父母爲嫡長子及衆子，父母爲女在室者，繼母爲長子及衆子，慈母爲長子及衆子；孫爲祖父母，孫女雖適人不降，高曾皆然；爲伯叔父母；妾爲夫之長子及衆子，爲所生子；爲兄弟，爲兄弟之子及兄弟之女在室者，爲姑及姊妹在室者；妾爲嫡妻；嫁母、出母爲其子；女在室及雖適人而無夫與子者，爲其兄弟及兄弟之子；繼母改嫁爲前夫之子從己者；爲繼父同居兩無大功之親者；婦人爲夫親兄弟之子，婦人爲夫親兄弟子女在室者；女出嫁爲父母；妾爲其父母；爲人後者爲其父母；女適人爲兄弟之爲父後者；祖爲嫡孫；父母爲長子婦。

曰齊衰五月者：爲曾祖父母。

曰齊衰三月者：爲高祖父母，爲繼父昔同居而今不同者，爲繼父雖同居而兩有大功以上親者。

曰大功九月者：爲同堂兄弟及姊妹在室者，爲姑及姊妹及兄弟之女出嫁者；父母爲衆子婦，爲女之出嫁者；祖爲衆孫；爲兄弟之子婦；婦人爲夫之祖父母，爲夫之伯叔父母，爲夫之兄弟之子婦，爲夫兄弟之女嫁人者；女出嫁爲本宗伯叔父母，及爲兄弟與兄弟之子，爲姑姊妹及兄弟之女在室者；爲人後者爲其兄弟及姑姊妹在室者；妻爲夫本生父母；爲兄弟之子爲人後者。

曰小功五月者：爲伯叔祖父母，爲同堂伯叔父母，爲再從兄弟及再從姊妹在室者，爲同堂兄弟之子，爲祖姑在室者，爲從祖姑在室者，爲同堂兄弟之女在室者，爲兄弟之妻；爲人後者爲其姑姊妹適人者；爲嫡孫婦，爲同堂姊妹之出嫁者，爲孫女適人者，爲兄弟之孫及兄弟之女孫在室者，爲外祖父母，爲母之兄弟姊妹，爲同母異父之兄弟姊妹，爲姊妹之子；婦人爲夫之姑及夫之姊妹，爲夫之兄弟及夫兄弟之妻，爲夫兄弟之孫及夫兄弟之女孫在室者，爲夫同堂兄弟之子及同堂兄弟之女在室者。

曰緦麻三月者：爲族曾祖父母，爲族伯叔祖父母，爲族父母，爲族兄弟及族姊妹在室者，爲族曾祖姑在室者，爲族祖姑及族姑在室者，爲兄弟之曾孫，女在室同，爲曾孫玄孫，爲同堂兄弟之孫，女在室同，爲再從兄弟之子，女在室同，爲祖姑、從祖姑及從祖姊妹之出嫁者，爲兄弟之孫女出嫁者，爲同堂兄弟之女出嫁者，爲乳母，爲舅之子，爲姑之子，爲姨之子，爲外孫，爲壻，爲妻之父母，爲兄弟孫之婦，爲同堂兄弟子之婦，爲同堂兄弟之妻，爲外孫婦，爲甥婦；婦人爲夫之曾祖、高祖父母，爲夫之叔伯祖父母，爲夫之同堂伯叔父母，爲夫兄弟之曾孫，爲夫之同堂兄弟，爲夫同堂兄弟之孫，孫女同，爲夫再從兄弟之子，爲夫兄弟之孫婦，爲夫同堂兄弟子之婦，爲夫同堂兄弟之妻，爲夫同堂姊妹，爲夫之外祖父母，爲夫之舅及姨，爲夫之祖姑及從祖姑在室者；女出嫁爲本宗叔伯祖父母，爲本宗同堂叔伯父母，爲本宗同堂兄弟之子女，爲本宗祖姑及從祖姑在室者，爲本宗同堂姊妹之出嫁者；爲人後者爲本生外祖父母。

（清）龍文彬《明會要》卷一八《禮·凶禮·喪服》 洪武元年十二月辛未，詔定官民喪服之制。時御史高原侃言：京師人民循習舊俗。凡有喪葬，設宴，會親友，作樂娱尸，無哀戚之情。流俗之壞，至此已甚。且京師天下之本，四方之所取則。送終大事，尤不可不謹。乞禁止以厚風俗。上是其言。

三年，禁止浙江等處水葬、火葬。中書禮部議，以民間死喪，必須埋葬。如無地，官司設爲義冢，以便安葬；並不得火化。違者，坐以重罪。

五年五月戊辰，詔曰：古之喪禮，以哀戚爲本。治喪之具，稱家有無。近代以來，富者奢僭非分；力不足者，稱貸財物，誇耀殯送；及有惑於風水，停柩經年，不行安葬。宜令中書省臣集議定制，頒行遵守。違者論罪。

又諭禮部曰：古有掩骼埋胔之令。近世狃元俗，死者或以火焚而投其骨於水。傷恩敗俗，莫此爲甚。其禁止之。若貧無地者，所在官司擇寬閒地爲義冢，俾之葬埋。或有宦游遠方，不能歸葬者，官給力費以歸之。

洪武七年，貴妃孫氏薨。敕禮官定諸王服制。尚書牛諒等奏：《儀禮》：父在爲母服期，庶母則無服。帝曰：父母之恩，一也。低昂若是，不情甚矣。命儒臣考定。宋濂等考古人論服母喪者四十二人，願服三年者二十八人，服期者十四人。帝曰：三年之喪，天下通喪。人情所安，即天理所在。乃定制：子爲父母，庶子爲其母，皆斬衰三年。適子、衆子爲庶母，皆齊衰杖期。書成，命之曰《孝慈録》，頒天下。時貴妃無子，命吳王櫨行慈母服，斬衰三年，主喪事。皇太子及諸王皆齊衰杖期。太子曰：在禮，惟士爲庶母服緦，大夫以上則無服。今陛下貴爲天子，臣忝居嫡長，而爲庶母服期，非所以敬宗廟、重繼體也。不敢奉詔。帝大怒。羣臣震讋，不知所出。正字桂彥良言於太子曰：殿下當緣君父之情，不可執小禮以虧大孝。因持衰服之。太子乃服以拜謝。帝怒始解。

八年七月，詔：百官奔父母喪，不俟報。

九年五月，晉王妃謝氏薨。上始命學士宋濂等考定王妃喪服之制。濂等議：皇帝素服入喪次，十五舉音，百官奉慰。皇帝出次，釋服、服常服。制曰：可。

進士王希曾言：其母任氏之喪，以改嫁，服止期年，願終三年之制。帝命禮部議。尚書李原名奏曰：不喪出母，古之制也。希曾之母，既已失節，難渝定制。詔從之。

二十三年閏四月甲戌，除期服奔喪之制。先是，百官聞祖父母、伯叔、兄弟喪，俱得奔赴。至是，吏部言：祖父母、伯叔、兄弟，皆係期年服。若俱令奔喪守制，或一人連遭五、六期喪，或道路數千里，則居官日少，更易繁數，曠官廢事。今後除父母及祖父母承重者丁憂外，其餘期喪，不許奔赴，但遣人致祭。從之。《明史·禮志》系之二十六年四月，按史概《昭代典則》系之是年閏四月甲戌，《三編》同，今據之。

二十五年四月丙子，皇太子薨。命禮部議喪禮。議曰：《禮》：父爲長子服齊衰期年。又曰：期之喪，達乎大夫。皇帝當以日易月，服齊衰十二日。祭畢，釋之。

三十一年，太祖遺詔曰：朕膺天命三十有一年，憂危積心，日勤不怠，務有益於民。奈起自寒微，無古人之博知，好善惡惡，不及遠矣。今得萬物自然之理，其奚哀念之有？皇太孫允炆，仁明孝友，天下歸心，宜登大位。內外文武臣僚同心輔政，以安吾民。喪祭儀物毋用金玉。孝陵山川因其故，毋改作。天下臣民哭臨三日，皆釋服，毋妨嫁娶。諸王臨國中，毋至京師。諸不在令中者，推此令從事。

惠帝即位，詔行三年喪。羣臣請以日易月。帝曰：朕非效古人亮陰不言也。朝則麻冕服，退則齊衰杖絰，食則饘粥。郊社宗廟如常禮。遂命定儀以進。

成祖崩，仁宗即位。易月制滿，禮部尚書呂震請即吉。侍郎楊士奇不可。尚書蹇義兼取二說進。帝曰：梓宮在殯，易服豈臣子忍言？士奇執，是也。乃素冠麻衣而視朝。時羣臣皆已吉服，惟士奇及英國公張輔如常。帝嘆曰：輔，武臣也；而知禮過六卿。由是益見親重。

洪熙元年，仁宗遺詔：山陵制度，務從儉約。喪制用日易月，皆以二十七日釋服。毋禁嫁娶音樂。在外親王，藩屏爲重，不可輒離本國。各處總兵鎮守備禦重臣及文武大小官員，亦毋擅離職守。聞喪之日，止於本處朝夕哭臨三日，悉免赴闕行禮。

成化四年，睿皇后崩，值秋享太廟。時議謂不當以卑廢尊。給事中王詔言：《禮》：有喪不祭。無已，則移日，俟釋服。議雖不行，識者是焉。

八年，懷獻太子薨。年甫三歲。帝諭禮部，禮宜從簡。王府及文武官俱免進香帛。禮部具儀上：自發喪次日，輟朝三日；帝服翼善冠、素服，七日而除。

二十三年八月，憲宗崩，孝宗即位。十一月，大行未葬，帝以梓宮在殯，仍不釋服視事，百官素服朝參如舊。御史曹璘上疏，請：發梓宮引之日，上衰絰杖履至大明門外，率百官拜哭而別。仍率宮中，行三年之喪。

進士潘府上疏，請行三年喪。略言：子爲父、臣爲君，皆斬衰三年，仁之至、義之盡也。漢文帝遺詔短喪，止欲便天下臣民。景帝遂自行之，使千古綱常一墮不振。晉武帝欲行而不能，魏孝文行之而不盡，宋孝宗銳志復古，易月之外猶執通喪。然不能推之於下。未足爲聖王達孝也。先帝奄棄四海，臣庶銜哀。陛下惻怛由衷，麻衣視朝，百日未改。望排羣議，斷自聖心，執喪三年，一如三代舊制。詔禮官參考載籍，使喪不廢禮，朝不廢政。合於古不戾於今，行於上可通於下。從之。

孝宗崩。禮部言：百日例應變服；但梓宮未入山陵，請仍素翼善冠、麻布袍、服腰絰，御西角門視事，不鳴鐘鼓。百官仍素朝參。從之。

正德元年十二月丁卯，景帝后汪妃薨，議祭葬禮。學士王鏊曰：妃廢不以罪，宜復故號。葬以妃，祭以后。乃命輟朝致祭如制。

四年正月己酉，憲宗廢后吳氏薨。劉瑾欲焚之以滅迹，曰：不可以成服。王鏊曰：服不可成，葬不可薄也。用英宗惠妃禮以葬。

十六年二月，毛澄等言：大行皇帝大喪，成服已畢。望皇上少節哀情，於西角門視事。上曰：朕哀痛方切，未忍遽離喪次。其以二十七日視朝，具儀來聞。於是澄等上儀注：自二十七日以後，照孝宗服制，上釋衰服。文武百官至百日後，變服如常。上從之。

嘉靖元年十一月庚申，壽安皇太后邵氏崩。服除，部臣毛澄等請即吉視事。議再上，命考孝肅太皇太后喪禮。澄等言：孝肅崩時，距葬期不遠。故暫持凶服，以待山陵事竣。與今不同。況當正旦朝元，亦不宜縞衣臨見萬國。若孝思未忘，第毋御中門及不鳴鐘鼓，足矣。從之。

七年十月丁未，皇后陳氏崩。禮部上喪祭儀，帝疑過隆。議再上。帝自裁定，概從簡殺，欲五日釋服。閣臣張璁等言：夫婦之倫，參三綱而立。人君乃綱常之主，尤不可不慎。《左傳》昭公十五年六月乙丑，周景王太子壽卒。秋八月戊寅，王穆后崩。叔向曰：王一歲而有三年之喪二焉。蓋古禮：父爲子，夫爲妻，皆服報服三年。後世，夫爲妻，始制爲齊衰杖期，父母在不杖。《喪服》，自期以下諸侯絶，然特爲旁期言。若妻喪，本自三年報服，殺爲期年，則固未嘗絶者。今皇上爲后服期，以日易月；臣子爲君母服三年，以日易月；僅二十七日。較諸古禮，已至殺矣。皇上宜服期，十二日；臣子素服，終二十七日。不然，則恩紀不明，典禮有乖。禮臣方獻夫亦雜引《儀禮·喪服》等篇，反覆争辨，並《三朝聖諭》所載仁孝皇后崩，太宗衰服後，仍服數月白衣冠故事，以證之。帝言：文皇后喪時，上無聖母，下有東宫，從重盡禮爲宜。今不敢不更其制。於是上素服御西角門十日，即御奉天殿。羣臣皆素服二十七日而除。

閏十月壬午，禮部奏大行皇后梓宫發引及山陵事宜。時已卜葬皇后於襖兒峪山。以禮官所定，如百官哭臨及禁屠、撤樂，皆於發引三日之前；梓宫出，當於端門行辭祖禮，從午門等中門出。凡此之等，悉令從殺：哭臨止於一日，辭祖亦從罷免，而梓宫命從左王門出。於是禮科給事中王汝梅上言：皇后正位七載，齊體至尊。生以禮歸，没不以禮葬，非所以重大倫爲萬世法，請更議。報曰：所言具見忠愛，但未權其輕重耳！已而給事中徐景嵩言：哭臨、辭祖之儀，臣固未敢輕議。若梓宫出門，乃萬姓瞻仰所係；王門之議，臣心實不敢安也。詔如前旨。

十四年正月丙戌，莊肅皇后夏氏崩。禮臣上喪儀。帝曰：嫂叔無服。且兩宫在上。朕當服青；臣民如母后儀。夏言曰：皇上以嫂叔絶服，則羣臣不敢素服見皇上。請暫罷朝參。許之。

十八年正月，諭輔臣：昨居喪理疾，閲《檀弓》等篇，其所著禮儀制度，俱不歸一，又不載天子全儀。雖曰：三年之喪，通乎上下。而今昔亦有大不同者。皇祖所定，未有全文。每遇帝后之喪，亦未免因仍爲禮。至於冠裳衰絰，所司之制不一。其與禮官考定之。自初喪至除服，冠裳輕重之製，具爲儀節，俾歸至當。於是禮部議喪服諸制奏之。帝令更加考定，畫圖注釋，並祭葬全儀，編輯成書備覽。

二十八年，莊敬太子薨。禮部上喪禮。帝曰：天子絶期，況十五歲外，方出三殤。朕服非禮。止輟朝十日。百官如制成服，十二日而除。

鎮國中尉多炘生母象氏卒。宗老援壓適之説，呈巡按，准期年服闋成昏。多炘堅執終喪，啓於樂安王。王批：庶子於生母之喪壓適之説，第以服色黲淡，不敢行悲哀也。今多炘終喪而後成昏，可以厚人倫，敦化源，宜依所請。巡撫胡松具題，勅遣官獎諭。

四十二年，周府南陵王睦楧上疏云：文職上自九卿，下及百僚，皆行三年丁憂之制。今各王府所選儀賓，受封大夫郎官之職，與文職一體相同。何父母身終，不行丁憂之制，豈爲人子之道哉？伏望勅下禮部：自今見爵儀賓，凡有父母身故，宜照文職事例，將半俸停止。服滿之日，方許開俸。疏入，下禮部議。始定儀賓守制。

隆慶元年，吏部主事郭諫臣請衍聖公終制。先是，衍聖公凡遇父母之喪，不行丁憂，即請承襲，與軍職同。至是，諫臣疏謂：魯爲上世秉禮義之國，孔子又萬世禮義之宗。今國家特世封爲衍聖公，秩以一品者，正以聖人後，爲能守禮以表率天下之人耳！不使其子孫守三年之制，其何以責天下？乞許遵制丁憂，一如文臣。從之。

是年孟春，享太廟。以世宗喪禮尚在二十七日之間，照弘治十八年例，遣官行禮，樂設而不作。是年正旦後，喪禮成服畢，御宣治門視事。

萬曆六年，議准：凡文臣三品以上，不論已未考滿，其各父、母、妻必曾授本等封，俱照例祭葬；四品本身及父母，皆止一祭，無葬；而出自特恩者不拘。凡一品父、母、妻已授本等封，於例祭外，父母有加祭二壇者，妻有加祭一壇者，係出特恩，取自上裁。陳乞者不得輒援爲例。凡三品官曾經考滿者，祭一壇，全葬；未經考滿者，祭一壇，半葬；其以侍郎兼學士贈尚書者，祭二壇，不拘已未考滿，給與全葬。

案例文書

（唐）白居易《白居易集》卷六七《判・得景有姊之喪，合除而不除。或非之。稱吾寡兄弟，不忍除也。》 喪雖寧戚，禮宜節哀。俾不足與有餘，必跂及而俯就。景愛深血屬，禮過時制，興鮮兄之歎，情既鍾於孔懷，及居姊之喪，服將除而不忍。雖志崇敦睦，而事越典彝。況儀貴適中，哀不在外。宜抑情而順變，多奚以爲？苟在禮而或踰，過猶不及。請遵仲尼之訓，無執季路之辭。

《名公書判清明集》卷一〇《人倫門・婦以惡名加其舅以圖免罪胡石壁》 阿張爲人子婦，不能奉尊長，首尾不及一年，厥舅兩以不孝訟之。據其所供，醜不可道，事涉曖昧。虛實雖未可知，然婦之於舅姑，猶子之事父母，孝子揚父母之美，不揚父母之惡。使蔣八果有河上之要，阿張拒之則可，彰彰然以告之於人，則非爲尊長諱之義矣。況蔣八墓木已拱，血氣既衰，豈復有不肖之念？阿張乃一過犯婦人，若果見要於其舅，亦決非能以禮自守而不受侵凌者，此不過欲僥倖以免罪，故以惡名加之耳。禮曰：子甚宜其妻，父母不悅，則出之。今蔣九因阿張之故，遂至棄父養，出外別居。不顧父母之養，不孝孰大，其子當斷，其婦當逐，然後理阿張決十五，押下，射充軍妻。本廂追上蔣九，杖六十，押歸供侍，不許再有違犯。如蔣八再有詞，定當坐以不孝之罪。

（清）董誥《全唐文》卷九八五《闕名・對常好種荔繼母出服判》 戴子恭平居常好種荔，時人以爲不道。又曾元母出不知服。易曰，出處語默非一途。語曰，慎終追遠民歸厚。則所好不等，有如其面，合禮而作，難責因心。戴恭戴安之餘，曾元曾參之後。二十八宿，外當處士之星，七十二人，中有至孝之性。幽寂水石，高山景行，多所仰止，信而欽風。弦歌取樂，無忘種荔，霜露增感，早切采蘭。居然傲時，遵是繼母，春池湛淡萋已緑，風樹蕭條静復鳴，莖葉相依，亦謂盛矣，屺岵無托，則可親之。將備歉歲，無情故匣，佇期剪緝，別偶雙飛。將高奇致，化成異物。結而爲裳，思得其趣，不苟制服，曷所見尤。楚客興歌，江潭可想，周公範法，日月斯懸。彼俗何知。正刑不濫。與其嗤誚，豈如勿言。道存固合賞人，義盡理難論罪。

（清）沈沾霖《江蘇成案》卷一四《刑律·詈罵·罵尊長·詈罵妻母致令自縊照威逼問擬夏雁川》　乾隆五十四年，刑部覆蘇撫□咨：桃源縣革監夏雁川詈罵妻母胡張氏，致氏自縊身死一案，緣夏雁川係胡張氏女婿，住居同村，素睦無嫌。有王允沛價買胡聲園地，與胡張氏次子胡磊祖遺園地毗連，中間公栽柳樹爲界。乾隆五十三年七月二十三日，有王允沛未悉樹應公分，誤認歸伊獨得，將樹砍伐欲賣。胡磊即將所伐柳樹擡取三株，順寄姊夫夏雁川門首。王允沛赴縣催追，胡磊亦以樹應公分投訴。經縣飭差喚訊，因胡磊患病未經集審。八月十四日早，胡磊之母張氏，見子病尚未痊，恐胡磊年輕膽小，慮其到官受若，携錢二千五百文，至夏雁川家，託其料理差役，免傳胡磊到案。夏雁川以胡磊被告，必須到案質訊，賄差無益，用言回覆。胡張氏嗔其不肯管事，出言斥詈。夏雁川回詈，胡張氏氣忿，用頭向撞，夏雁川閃避，致胡張氏撞空跌地，磕傷唇吻右肋。經伊女胡氏趕出，與鄰人范思義扶起，勸散回家。詎胡張氏因被伊婿詈罵，復自跌傷，氣忿莫釋，即於是夜自縊身死。報驗審供不諱，究詰至再，實無恃强推毆，及差役詐逼情事。查夏雁川詈罵尊長，以致胡張氏撞頭跌傷，氣忿自縊，情同威逼。胡張氏係夏雁川妻母，服屬緦麻，夏雁川合依卑幼因事威逼緦麻尊長致死律，杖九十，徒二年半，仍追埋葬銀十兩，給付屍子收領。監生已奉斥革，追照送銷。胡磊等分別杖笞等因，咨達前來。應如該撫所咨完結。

（清）沈沾霖《江蘇成案》卷一四《刑律·詈罵·罵尊長·回罵小功服叔致令自盡從重比照威逼尊長律擬徒魏士律》　乾隆四十九年，刑部覆蘇撫□咨：溧水縣魏士律與堂叔魏潮卿争詈，致魏潮卿氣忿自刎身死一案，緣魏士律係魏潮卿小功堂侄，乾隆四十九年二月，魏姓族人公修宗譜告竣，擇於十九日接譜演戲祀祖。十四日適鄰村有戲，魏士律欲趁便預演，商之族衆。魏潮卿以既經擇定日期，不允先演争詈。魏士律輒即回詈，經魏松山等勸息。魏士律即一人作主，叫戲演出，至十九日接譜至祠，二十三日該族集赴祠堂閱譜。魏士律見譜内誤刊伊弟婦姓氏，必欲更正。魏潮卿以譜已修齊散開，無從更改。魏士律不允，魏潮卿斥責其非，又兩相詈罵。經魏應京等勸散。魏潮卿回家聲稱魏士律係屬卑幼，屢次辱尊，實屬不甘，必與拚命。又經伊妻楊氏同子魏應京勸散而睡。詎魏潮氣忿莫釋，於二十四日早，私帶剃刀，潛赴魏士律門首，適魏士律開門而出，魏潮卿趕入，見其屢次目無尊長，欲與拚命。魏士律輒將魏潮卿拉至門外，閉門不理。魏潮卿在外叫罵，即用剃刀自刎身死。魏士律不聞聲響，開門驚見，喊知族鄰並屍子看明，鳴保報縣驗訊，供認不諱，究無扭毆情事。查魏潮卿係魏士律小功堂叔，魏士律因宗祠接譜，擅自倡議，先行演戲，並將魏潮卿兩次回罵。迨魏潮卿帶刀潛至其家，嗔叱拚命，該犯尚不服罪，反將其拉出門外，閉門不理，以致魏潮卿忿極自刎。該犯雖無逼迫難堪之勢，而魏潮卿之死，實出該犯目無尊長回罵氣忿所致，未便輕縱。魏士律除罵小功尊長輕罪不議外，應比照卑幼逼迫小功尊長致死，於逼迫期親尊長致死罪上遞減二等，杖一百，徒三年律，應杖一百，徒三年。仍追埋葬銀一十兩，給付屍親收領營葬。族鄰魏松山等均救阻不及，應免置議等因，咨達前來。應如該撫所咨完結。乾隆四十九年十一月初一日准咨。

（清）熊賓《三邑治略》卷五《堂判東湖縣任内·訊高正謨一案》　訊明胡萬貴與高昇陽係屬至戚，因姑母已故，向高昇陽討陰地一穴，去錢三串五百文。此地係堰塘所淤之地，並無高姓祖塋。據高正謨供，地係四房公分，各得一塊，胡萬貴不應葬在正中，侵佔公界。質之高昇陽，供實係己分，並未佔界。且高昇陽係高正謨未出五服之姪，光景萬難，即將爾高正謨淤地稍佔若干，亦當念近房之叔，從寬免究，况其價僅止三串五百文，買主胡萬貴又係至親，更不宜錙銖計較，希圖分潤。惟原日胡萬貴承買之日，雖憑有高姓户族，高正謨究未到面，斷令胡萬貴另給高正謨中證錢二串，其餘二房無人，即作罷論。此論。

《清代名吏判牘七種彙編》卷上《清官第一于成龍·葬母》　本案前由江夏令審斷一過，判將夏氏之柩，葬後夫華姓墳上。其所根據，第一按照律文，凡婦女已再醮者，與前夫家斷絶，不生親屬關係。夏氏既嫁華姓後，與范姓已恩斷義絶，有何夫婦名義之可言？雖其于范念岵由夏氏撫養成人，以至今日，然此只可爲范念岵與夏氏母子間之名義關係。服制關係决不能牽入范文六與夏氏間之夫婦關係。第二根據古禮，凡婦女已嫁者，不復爲母姓之人，其大歸或改醮者，亦不復爲前夫家之人。故子對出母，有無服之文。夏氏既改適華承明，則范念岵對之爲出母，范文六對之爲出婦。所謂出者，即已恩斷義絶之謂也。何能復上其壟墓且夏氏既不能守志於生前，亦自無顔以見前夫於死後。應歸後夫華氏，范姓不得争奪。其理實至充沛，絶無駁斥餘地。但范念岵以家貧子弱爲言，謂失節事小，斬嗣事大，夏氏懼范姓之若敖鬼餒，故不得不攜子以他適。身雖醮乎華氏，志實切於范家。況臨終時曾有遺命，應歸骨首邱，仍還范姓。堂上當憐其遇，哀其志，許其仍歸范姓邱墓等語。本府於提審此案時，即已審度再三，原判一據律，再據禮，實無可指駁。但范念岵一片孝心，冀干母之蠱，成母之志，其心亦可嘉尚。爲民父母，正以孝道治民，奈何拂逆其意，使之抱恨終身。況據所述夏氏改醮一節，亦有至理。蓋觀於夏氏後日之不復再醮，即可諒其前日之出自不得已。爲撫孤計，爲承嗣計，不得不忍耻以求生。其心彌苦，其遇愈哀。故原告范念岵所云，似亦不應漠視。然律文重外形不重内質；重事實不重心思。蓋外形易見，心思難知，故有司斷案，亦不能純略跡原情。今本府爲慰安孝子之心計，特取其無礙於律文者，而爲爾等判。夏氏屍體棺柩，依律應仍遵照原縣判案歸入華姓墳墓，范姓不得争奪。但范念岵以三十年撫養之恩，並不忍其母之失志，並不忍有父而無母，亦准予得變通辦法，與華氏子康年一體斬衰三年，並仿古人魂葬之禮，另行招魂致奠，將夏氏生前衣服，附葬於范文六之墓，並許得稱范夏氏。如是則律與情各不相妨，在華氏子亦可釋争矣。且查律改醮之婦，雖有歸後夫之家語，然使前夫家自願收回者，在律亦並無禁止之明文。是范念岵招魂安葬之舉，華氏予亦可無所用其争，且亦不必争也。此判。

雜録

（北齊）顔之推《顔氏家訓》卷上《風操篇》　禮間傳云：斬縗之哭，若往而不反，齊縗之哭，若往而反，大功之哭，三哭而偯，小功緦麻哀，容可也，此哀之發於聲音也。

（宋）莊綽《雞肋編》卷下《靖康後多奪哀起復》　靖康之後，時方用兵，急於人才，故士大夫多奪哀起復。自是凡軍假攝，有不待朝命而行者。已而，雖非軍旅及藉材幹，多以急禄而起。李將仕東云：在興國軍，有通山縣尉以喪母在告，既而出參，人皆駭愕而不敢問。數日之後，同僚見其巾用縞素，問其所以，云先妣不幸。曰：如此何故參告？云：某已於几筵前拈香起復矣。禮義之喪，一至於此。是可歎也！

（宋）羅大經《鶴林玉露甲編》卷三《族譜引》　陶淵明《贈長沙公族祖》云：同源分派，人易世疎。慨然寤歎，念兹厥初。老蘇《族譜引》云：服始乎衰，而至於緦，而至於無服。無服則親盡，親盡則情盡。情盡則喜不慶，憂不弔。喜不慶，憂不弔，則塗人也。吾所與相視如塗人者，其初兄弟也。兄弟其初，一人之身也。悲夫！正淵明詩意，詩字少意多，尤可涵泳。

（宋）周密《癸辛雜識》前集《孝宗行三年喪》　三年之喪，自天子達於庶人。自漢文短喪，其後時君皆以日易月，行之既久，無以爲非者。惟孝宗皇帝行之獨斷，一旦復古，可謂孝矣。《李氏雜記》嘗書其事，甚略，今摭當時始末於此，以益國史之未備，云：高宗之喪既易月，孝宗嘗諭大臣，不用易月之制，如晉武、魏孝文，實行三年之服，自不妨聽政。丞相周必大入奏，上服縗絰，嗚咽流涕，奏及喪服指揮，上曰：司馬光《通鑑》所載甚詳。必大奏晉武雖有此意，後來止是宫中深衣練冠。上曰：當時羣臣不能將順其美，光所以譏之，後來武帝竟行。必大奏記得亦是不能行。上曰：自我作古，何害！遂詔曰：大行太上皇帝奄棄至養，朕當衰服三年，羣臣自遵易月之令。至小祥祭奠，上不變服，必大奏聖孝過哀，猶御初祥之服，臣等不勝憂惶，乞俯從禮制。上流涕曰：大恩難報，情所不忍，俟過大祥商量。既而必大又奏禮官苴麻三年，恐難行於外庭，今祥禫在邇，乞付外施行。樞密施師點奏曰：百日之制，其實不可行，正礙正月人使朝見。上云：朕自所見。必大奏陛下聖孝冠古，知漢文短喪之失，而陋晋羣臣不能成武帝之美，所以鋭意復古，非聖孝高明，豈易及此。上曰：朕正欲稍救千餘載之弊。會勅令所删定官沈清臣論喪服六事，凡八千言，展讀甚久，極合上意。知閤張嶷奏已展正引例隔下，清臣奏讀如初，久之，嶷又云：簡徑奏事。上目之，令勿却。已而甚久，嶷前奏恐妨進膳，清臣正色曰：言天下事，讀竟乃已。上勞之曰：卿二十年閒廢，今不枉矣。於是上意益堅。一日奏事，上忽指示衣袂曰：此已易用布，不太細否？必大奏曰：陛下獨斷行三年之喪，均是布衣，何細也？且光堯初上仙，陛下便有此意，而羣臣不能將順，致煩聖慮，所謂其臣莫及，足以垂訓萬世矣。至，卒哭，祭迎祔太廟。內批：朕昨降指揮，欲縗絰三年，緣羣臣屢請，御殿易服，故以布素視事。內殿雖有祔廟，勉從所請之詔，然稽之經典，心實未安，行之終制，乃爲近古，宜體至意，勿復有請。於是徑行三年之服焉。

（明）陸容《菽園雜記》卷六　本朝子爲母服斬衰三年，嫂叔之服小功，皆所謂緣人情而爲之者也。然韓退之幼育於嫂，嘗爲制服，而程子於嫂叔無服，亦嘗言後聖有作，雖制服可也。母服斬衰，則以儒臣羣議不合，高皇斷自宸衷，曰：禮樂自天子出，此禮當自我始。

（明）吕柟《涇野子内篇》卷三《東林書屋語》　鄭子闓問禮，庶子爲所生母練冠麻衣，縓緣爲父後者無服，父死始爲其母緦，今亦斬衰何。先生曰，由父視之，有妻妾也，由子視之，知其母不敢知其妾也。生身之恩莫大焉，而不三年非所以存其子也。故孟子曰，雖加一日，愈於已。且繼母、慈母、養母皆三年，生母而不三年，何居父命。他妾養己者比於父之他妾生己者，不既輕矣乎。生母無服，雖聖人之制亦可改也。繼母者何？曰：子夏曰，其配父與因母同，孝子不敢殊也。慈母者何，曰：子夏曰，貴父之命也，貴父之命，即同母不亦重乎？且孔子又何以非魯昭公之練冠也，曰：孔子又不云乎，子生三年，然後免於父母之懷。夫慈母固有三年之懷矣，不然不生，不然不長，不然不知有父也。養母者何，曰：吾母不以其子爲子也，吾斯出。養母不以其子爲子也，吾斯入。吾母既不三年，養母又不三年，天下豈有無母之子哉。

（明）吕柟《涇野子内篇》卷三《東林書屋語》　子闓問，父卒，嫡孫爲祖父母，祖卒，爲曾、高祖父母斬衰者何。先生曰，父祖子孫，一體也。祖喪其子，則孫喪其父也。故祖卒，曾祖曾孫猶父子也；曾祖卒，高祖玄孫猶父子也。

（清）徐珂《清稗類鈔·獄訟類·汪龍莊折獄》　蕭山汪龍莊大令輝祖，由名幕而爲循吏，所著《學治臆説》、《佐治藥言》，風行海內。有無錫縣民浦四童養妻王氏與四叔經私事發，依服制，當擬軍，汪以凡上。常州守引服制駁，汪議曰：服制由夫而推，王氏童養未婚，夫婦之名未定，不能旁推夫叔也。臬司以王氏呼浦四之父爲翁，翁之弟是爲叔翁，又駁。汪曰：翁者，對婦之稱，王氏尚未成婦，則浦四之父，亦未爲翁，其呼以翁者，沿鄉例分尊年長之通稱，乃翁媪之翁，非翁姑之翁也。撫軍因王氏爲四妻，而童養於浦，如以凡論，則於四無所聯屬。議曰：童養之妻，虛名也，王習呼四爲兄，四呼王爲妹，稱以兄妹，則不得科以夫婦，四不得爲夫，則四叔不得爲叔翁。撫軍以名分有關，又駁。議曰：禮，未廟見之婦而死，歸葬於女氏之黨，以未成婦也。今王未廟見，婦尚未成，且記曰：附從輕。言附人之罪，以輕爲比，《書》云：罪疑惟輕。婦而童養，疑於近婦。如以王已入浦門，與凡有間，比凡稍重則可，科以服制，與從輕之義未符。況設有重於姦者，亦與成婚等論，則出入大矣。請從重枷號三個月，王歸母族，而令經爲四別娶，似非輕縱。議上，韙之，遂得批允。

圖表

《元典章》卷三〇《禮部・喪禮・三父八母圖》

三父八母服

同居繼父。謂子無大功之親，從母適人，所適者亦無大功之親；齊衰不杖期

不同居繼父。謂先同、今異居者。元不同居則無服：齊衰三月

從繼母嫁人夫。繼母嫁而子從之育者。若不從或繼母出，無服：齊衰杖期

養母。養同宗及遺棄子，同親母：齊衰三年

嫡母。妾生子，喚父正室曰嫡母：齊衰三年

繼母。父再娶，母同親母：齊衰三年

慈母。妾無子、妾子無母，而父命之爲：齊衰三年

嫁母。父亡，母改嫁適人者。母爲子，乃齊衰不杖期：齊衰杖期

出母。父在而離棄、被出之者。母爲子，乃齊衰不杖期：齊衰杖期

乳母。小年乳哺己者：緦麻三月

庶母。妾，所生子喚曰庶母：緦麻三月

妻爲夫之族服

				夫之高祖父母：緦麻				
			夫曾祖姑：無服	夫之曾祖父母：緦麻	夫之曾伯叔祖父母：無服			
		夫堂祖姑：無服	夫祖姑：緦麻	夫祖父母：大功	夫伯叔祖父母：緦麻	夫堂伯叔祖父母：無服		
	夫堂從姑：無服	夫堂姑：緦麻	夫親姑：小功	舅、姑：斬衰三年齊衰三年	夫之伯叔父母：大功	夫堂伯叔父母：緦麻	夫之從堂伯叔父母：無服	
夫族姊妹：無服	夫從堂姊妹：無服	夫堂姊妹：緦麻	夫姊妹：小功	夫主：斬衰三年	夫兄〔弟〕（嫁妹）〔娣〕姒婦：小功	夫堂兄弟：緦麻	夫之從堂兄弟：無服	夫族兄弟：無服
	夫從堂姪女：緦麻	夫堂姪女：小功	夫姪女：周年	子、婦：長子齊衰三年，衆子杖期，嫡婦杖期，衆婦大功	夫姪并婦：不杖期、大功	夫堂姪并婦：小功、緦麻	夫堂從姪：緦麻	
		夫堂姪孫女：緦麻	夫姪孫女：小功	孫、婦：大功、緦麻	夫姪孫并婦：小功、緦麻	夫堂姪孫：緦麻		
			夫曾姪孫女：緦麻	曾孫：緦麻	夫曾姪孫：緦麻			
				元孫：緦麻				

本宗五服之圖

				高祖父母：齊衰三月				
			族曾祖姑：緦麻	曾祖父母：齊衰五月	族曾祖父母：緦麻			
		族祖姑：室緦麻、嫁不服	從祖祖姑：室小功、嫁緦麻	正祖父母：齊衰不杖期。若嫡孫承祖，同父母	伯叔祖父母：小功	族伯叔祖父母：緦麻		
		族姑：室緦麻、嫁不服	堂姑：室小功、嫁緦麻	姑：室〔不〕杖期、嫁大功	父、母：斬衰三年齊衰三年	伯叔父母：齊衰不杖期	堂伯叔父母：小功	族伯叔父母：緦麻
族姊妹：室緦麻、嫁不服	再從姊妹：室小功、嫁緦麻	堂姊妹：室大功、嫁小功	姊妹：室〔不〕杖期、嫁大功	己身：爲人後者，爲所後父斬衰三年	兄弟及妻：齊衰不杖期、小功	堂兄弟：大功	再從兄弟：小功	族兄弟：緦麻
	再從姪女：室緦麻、嫁不服	堂姪女：室小功、嫁緦麻	姪女：室〔不〕杖期、嫁大功	子、婦：長子斬衰，衆子〔不〕杖期嫡婦〔不〕杖期，衆婦大功	姪及婦：齊衰不杖期、（小）〔大〕功	堂姪及婦：小功、緦麻	再從姪：緦麻	
		堂姪孫女：室緦麻、嫁不服	姪孫女：室小功、嫁緦麻	孫、婦：嫡孫齊衰不杖期，衆大功；嫡婦（緦麻）〔小功〕，衆（大功）〔緦麻〕	姪孫及婦：小功、緦麻	堂姪孫：緦麻		
			曾姪孫女：室緦麻、嫁不服	曾孫：緦麻	曾姪孫：緦麻			
				元孫：緦麻				

五服年月：斬衰三年，齊衰三年，大功九月，小功五月，緦麻三月。

《元典章》卷三〇《禮部・喪禮・女嫁為本族圖》

女嫁爲本族服				
婦人出嫁,各降本服一等。				
		高祖父母:緦麻		
		曾祖父母:小功		
	祖姊妹:適人無服	祖父母:期年	祖兄弟:緦麻	
父堂姊妹:適人無服	父姊妹:在室大功	父母:期年	伯叔父母:大功	父堂兄弟:緦麻
堂姊妹:適人無服	姊妹:在室大功	己身	兄弟:大功	堂兄弟:小功
堂姪女:緦麻	姪女:在室大功	外祖父母:緦麻	姪:大功	堂姪:緦麻

《元典章》卷三〇《禮部・喪禮・外族服》

外族服		
姑舅兄弟:姑之子爲外兄弟,舅之子爲内兄弟。 兩姨兄弟:謂從母之親、兄弟姊妹。		
	外祖父母:小功	
母姊妹:小功	妻父母:緦麻	母兄弟:小功
兩姨兄弟:緦麻	妻:周年	姑舅兄弟:緦麻
甥婦:緦麻	婿:緦麻	甥:緦麻
外孫婦:緦麻	外孫:緦麻	

（明）徐一夔《明集禮》卷三八《凶禮》　本宗五服之圖

				高祖父齊衰 三月	高祖母齊衰 三月				
			叔父母曾祖 伯緦麻	曾祖父齊衰 五月	曾祖母齊衰 五月	緦麻曾祖姑 嫁無			
		叔父母緦麻 從祖伯	父母小功祖 伯叔	祖父齊衰不 杖期	祖母齊衰不 杖期	小功祖姑嫁 無	緦麻從祖姑 嫁無		
	緦麻叔父母 再從伯	父母從伯叔 小功	伯叔父母不 杖期	父斬衰三年	母齊衰三年	不杖期姑嫁 小功	小功從姑嫁 緦麻	緦麻再從姑 嫁無	
妻無緦麻三 從兄弟	妻無緦麻再 從兄弟	妻無大功從 父兄弟	妻小功不杖 期兄弟	己	妻齊衰杖期 父母在則不 杖	不杖期姊妹 嫁大功	大功從姊妹 嫁緦麻	小功再從姊 妹嫁緦麻	緦麻三從姊 妹嫁無
	妻無緦麻再 從姪	妻緦麻小功 從姪	妻大功不杖 期姪	子長三年長 婦期	婦衆子期婦 大功	不杖期姪女 嫁大功	小功從姪女 嫁緦麻	緦麻再從姪 女嫁無	
		婦無緦麻從 姪孫	婦緦麻小功 姪孫	孫適不杖庶 大功	孫婦嫡婦小 功庶婦大功	小功姪孫女 嫁緦麻	緦麻從姪孫 女嫁無		
			婦無緦麻曾 姪孫	曾孫緦麻	無服曾孫婦	嫁無曾姪孫 女緦麻			
				玄孫緦麻	無服玄孫婦				

繼父	
同居繼父父子皆無大功以上親乃義，服不杖期不同居謂先隨母嫁繼父同居後異或雖同居而繼	父有子已有大功已上親服齊衰五月元不同居則無服附異父同母之兄弟姊妹各服小功五月
嫡母	繼母
妾生子謂父正室曰嫡母正服齊衰三年母與嫡子亦報服。爲衆子則服不杖期。庶子爲嫡母之父母兄弟姊妹小功母死有服	謂父再娶之母義服齊衰三年繼母爲長子報服齊衰三年爲衆子乃服不杖期繼母出則無服若父卒繼母嫁而已從之乃服杖期繼母報之不杖期母出則爲繼母之兄弟姊妹小功
庶母	
謂父妾之有子者衆子謂之義服緦麻士之庶子爲其母齊衰三年爲父後則降庶子爲父後者爲其母緦麻而爲其母之父母兄弟姊妹則無服庶子之子爲父之母不杖	期而爲祖後則無服。庶母爲其子爲君之衆子齊衰不杖期爲君之長子齊三年。妾爲君斬衰三年爲女君爲其父母不杖期。庶母慈已者謂自小乳養本身者義爲之服小功
慈母乳	母養母
謂庶子無母而父命他妾之無子者慈已也同親母義服齊衰三年不命則服小功謂小乳哺曰乳母義	服緦麻謂養同宗及三歲以下遺棄之子者與親母同正服齊衰三年
出母	嫁母
謂被父離棄降服杖期母爲子降服不杖期。子爲父後者則不服婦女適人爲出母乃降服大功母爲女亦報服	謂父亡母再嫁降服杖期母爲子乃服不杖期女子已適人者乃服大功母爲女報服子爲父後者不服前夫之子從已嫁者服不杖期

妻爲夫黨服圖

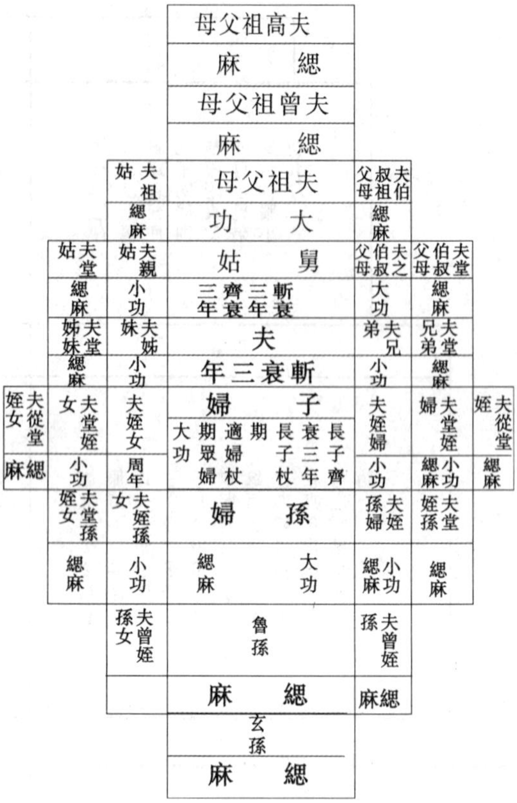

外族母黨妻黨服圖

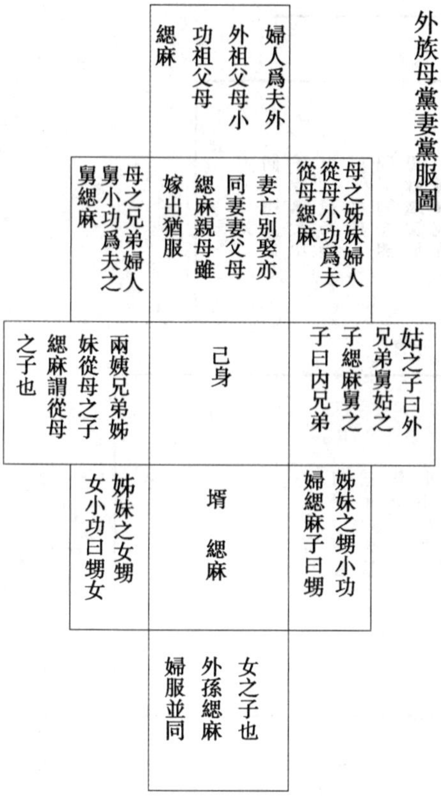

襲含哭位之圖

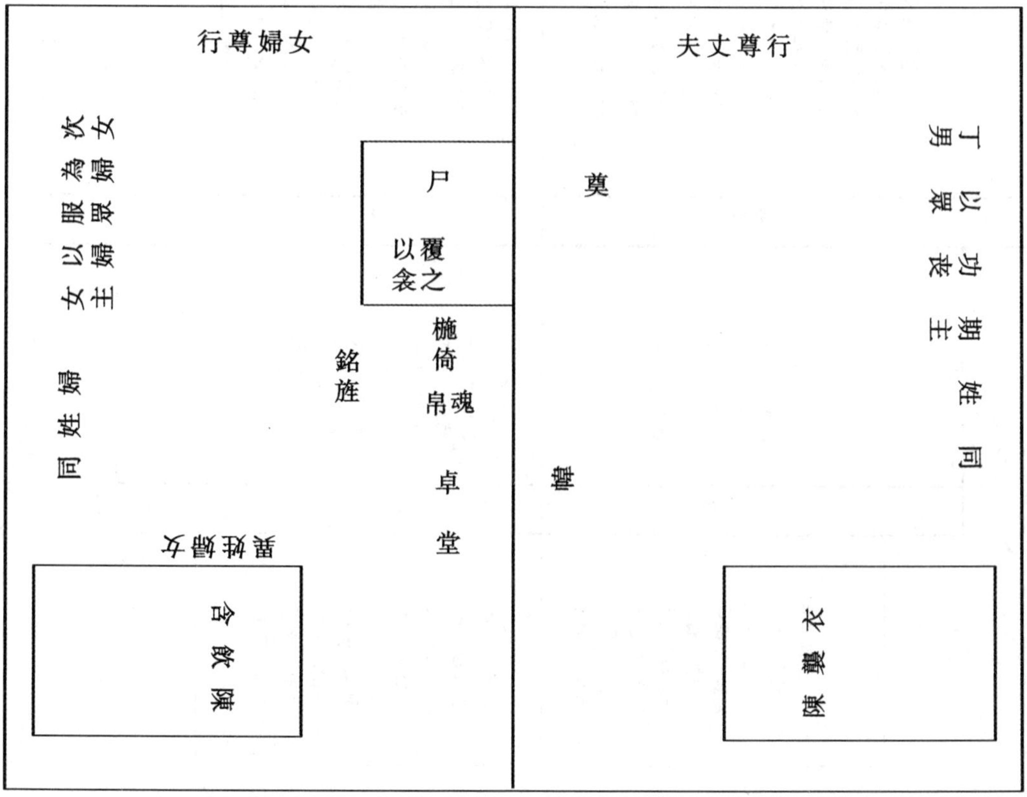

本宗九族五服正服之圖

凡嫡孫父卒爲祖父母承重服斬衰三年，若爲曾離祖父母承重，服亦同，祖在爲祖母止服杖期。

凡男爲人後者爲本生親屬孝服皆降一等，惟本生父母降服不杖期，父母報服同。

凡姑姊妹女及孫女在室或已嫁被出而歸，服並與男子同，出嫁而無夫與子者爲兄弟姊妹及姪，皆不杖期。

凡同五世祖族因在緦麻絕服之外，皆爲袒免親，遇喪葬則服案服尺布纏頭。

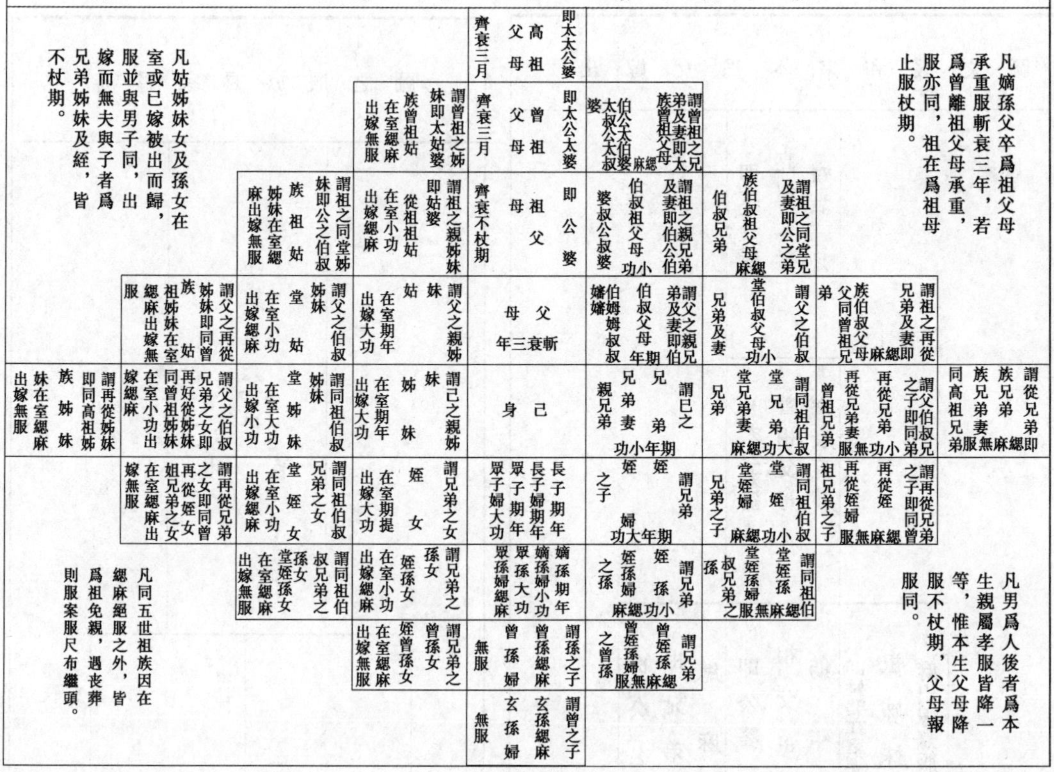

妻為夫族服圖

夫爲祖父母及曾高祖父母承重者，並從夫服。

夫爲人後，其妻爲本生舅姑服大功。

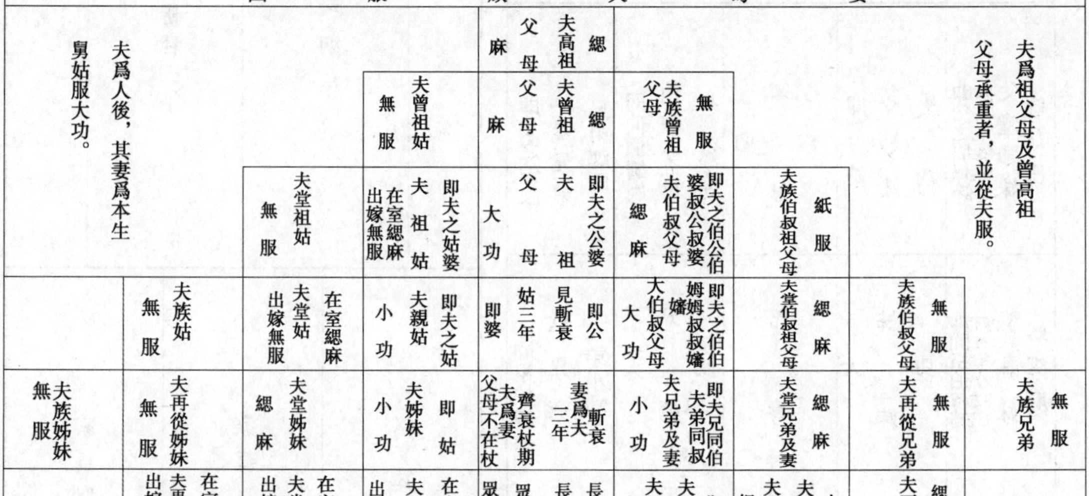

妾爲家是族服之圖

	家是父母 期年	
家是斬衰三年		正要期年
家長眾子 期年	家長長子 期年	爲其子 期年

出嫁女爲本宗和服之圖

		即太太公婆 高祖父母 齊衰三月		
		即太公太婆 曾祖父母 齊衰五月		
	即伯公叔公 祖兄弟 緦麻	即公婆 祖父母 期年	即姑婆在室緦麻出嫁無服 祖姊妹	
即父之伯叔父堂兄弟緦麻	即伯伯姆姆 伯叔父母 叔叔嬸嬸大功	父母 期年	即姑 父姊妹 大功	即父之伯叔姊妹在室緦麻出嫁無服 父堂姊妹
即同祖伯叔 堂兄弟 兄弟小功	兄弟 大功	己身	姊妹 大功	即同祖伯叔姊妹在室小功出嫁緦麻 堂姊妹
即同祖伯叔兄 堂姪 弟之子緦麻	即姪 兄弟子 大功	即姪女 兄弟女 大功	即同祖伯叔兄 堂姪女 弟之女緦麻	

外親服圖

即母之公婆　母祖父母　無服

即舅　母之兄弟　小功

即外公外婆　外祖父母　大功

即姨　母之姊妹　小功

堂舅之子　無服

謂之內兄弟即　舅之子　姑舅兄弟緦麻

己身

即兩姨兄弟　兩姨之子　緦麻

堂姨之子　無服

舅之孫　無服

謂之表兄弟即　姑之子　姑舅兄弟緦麻

姨之孫　無服

姑之孫　無服

妻親服圖

即妻之公婆　妻祖父母　無服

妻伯叔　無服

即丈人丈母　妻父母　緦麻

妻之姑　無服

即妻外公外婆　妻外祖父母　無服

即舅即姆　妻兄弟及婦　無服

己身　爲壻　緦麻

即姨　妻之姊妹　無服

外孫　女之子　緦麻

妻姊妹子　無服

女之孫　無服

三父八母之圖

圖居繼父

圖家大功親謂繼父無子己身亦無伯叔兄弟之類期年

隔有大功親謂繼父有子孫自己亦有伯叔兄弟之類齊衰三月

不同居繼父

先曾與繼父同居是今不同居齊衰三月

自來不曾隨母與繼父同居無服

從繼母嫁

謂父死繼母再嫁他人隨去者齊衰杖期

養母

謂自幼過與人　三年斬衰

嫡母

謂妾生子稱父之正妻　斬衰三年

繼母

謂父娶後妻　斬衰三年

慈母

謂所生母死父令別妾撫育者　斬衰三年

嫁母

謂親母因父死再嫁他人　齊衰杖期

出母

齊衰杖期

庶母

謂父有子妾嫡子眾子齊衰杖期所生子斬衰三年

乳母

謂父妾乳哺者　即亦母緦麻

喪服圖

喪服總圖			
斬衰三年			
用至粗麻布爲之，不縫下邊			
齊衰			
五月	杖期	不杖期	三月
用稍粗麻布爲之，縫下邊			
大功九月			
用粗熟布爲之			
小功九月			
用稍粗熟布爲之			
緦麻三月			
用稍細熟布爲之			

本宗九族五服正服之圖

凡嫡孫，父卒，爲祖父母承重，服斬衰三年，若爲曾高祖父母承重，服亦同。

凡姑、姊妹、女及孫女在室，或已嫁被出而歸服，并與男子同。出嫁而無夫與子者，爲兄弟姊妹及姪，皆不杖期。

高祖父母 齊衰三月

曾伯叔祖父母 緦麻

曾祖父母 齊衰五月

曾祖姑 在室緦麻 出嫁無服

族伯叔祖父母 緦麻

伯叔祖父母 小功

祖父母 齊衰不杖期

祖姑 在室小功 出嫁緦麻

族祖姑 在室緦麻 出嫁無服

族伯叔父母 緦麻

堂伯叔父母 小功

伯叔父母 期年

父母 斬衰三年

姑 在室朋年 出嫁大功

堂姑 在室小功 出嫁緦麻

族姑 在室緦麻 出嫁無服

族兄弟 緦麻　族兄弟妻 無服

再從兄弟 小功　再從兄弟妻 無服

堂兄弟 大功　堂兄弟妻 緦麻

兄弟 期年　兄弟妻 小功

己身

姊妹 在室朋年 出嫁大功

堂姊妹 在室大功 出嫁小功

再從姊妹 在室小功 出嫁緦麻

族姊妹 在室緦麻 出嫁無服

再從姪 緦麻　再從姪婦 無服

堂姪 小功　堂姪婦 緦麻

姪 期年　姪婦 大功

長子 期年　長子婦 期年

衆子 間年　衆子婦 大功

姪女 在室朋年 出嫁大功

堂姪女 在室小功 出嫁緦麻

再從姪女 在室緦麻 出嫁無服

堂姪孫 緦麻　堂姪孫婦 無服

姪孫 小功　姪孫婦 緦麻

嫡孫 期年　嫡孫婦 小功

衆孫 大功　衆孫婦 緦麻

姪孫女 出嫁緦麻

堂姪孫女 在室緦麻 出嫁無服

曾姪孫 緦麻　曾姪孫婦 無服

曾孫 緦麻　曾孫婦 無服

姪曾孫女 在室緦麻 出嫁無服

元孫 緦麻　元孫婦 無服

凡男爲人後者，爲本生親屬孝服皆降一等，本生父母亦降服不杖期，父母報服同。

凡同五世祖，族屬在緦麻絕服之外，皆爲袒免親，遇喪葬則服素服，尺布纏頭。

妻為夫族服圖

夫爲祖父母及曾高祖父母承重者，并從夫服。				夫高祖 緦	父母 緦麻	夫為人後，其妻為本生舅姑，服大功。			
			夫曾伯叔祖父母 無服	夫曾祖 緦	父 母 緦麻	夫曾祖姑 無服			
		夫族伯叔祖父母 無服	夫伯叔祖父母 緦麻	夫祖 大	父母 大功	夫祖姑 在室緦麻 出嫁無服	夫堂祖姑 無服		
	夫族伯叔父母 無服	夫堂伯叔父母 緦麻	夫伯叔父母 大功	舅 斬衰	姑 三年	夫親姑 小功	夫堂姑 在室緦麻 出嫁無服	夫族姑 無服	
夫族兄弟 無服	夫再從兄弟 無服	夫堂兄弟之妻 緦麻	夫兄弟之妻 小功	妻為夫 斬衰三年	夫為妻 齊衰杖期 父母在不杖	夫姊妹 小功	夫堂姊妹 緦麻	夫再從姊妹 無服	夫族姊妹 無服
	夫再從姪 緦麻	夫堂姪 小功 夫堂姪婦 緦麻	夫姪 期年 夫姪婦 大功	長子 期年 長子婦 期年	衆子 期年 衆子婦 大功	夫姪女 在室期年 出嫁大功	夫堂姪女 在室小功 出嫁緦麻	夫再從姪女 在室緦麻 出嫁無服	
		夫堂姪孫 緦麻	夫姪孫 小功 夫姪孫婦 緦麻	孫 大功	孫婦 緦麻	夫姪孫女 在室小功 出嫁緦麻	夫堂姪孫女 在室緦麻 出嫁無服		
			夫曾姪孫 緦麻	曾孫 緦麻	孫 麻	夫姪曾孫女 在室緦麻 出嫁無服			
				元孫 緦麻	孫麻				

妾爲家長族服之圖

- 家長父母　期年
- 家長　斬衰三年
- 正妻　期年
- 家長衆子　期年
- 家長長衆子　期年
- 為其子　期年

出嫁女為本宗降服之圖

<table>
<tr><td></td><td></td><td>三月</td><td>高祖父母</td><td>齊衰</td><td></td><td></td></tr>
<tr><td></td><td></td><td>五月</td><td>曾祖父母</td><td>齊衰</td><td></td><td></td></tr>
<tr><td></td><td>祖姊妹
在室緦麻
出嫁無服</td><td>年</td><td>祖父母</td><td>期</td><td>祖兄弟
緦麻</td><td></td></tr>
<tr><td>在室緦麻
出嫁無服</td><td>父姊妹
在室大功
出嫁小功</td><td>年</td><td>父母</td><td>期</td><td>伯叔父母
大功</td><td>父堂兄弟
緦麻</td></tr>
<tr><td>在室小功
出嫁無服</td><td>在室大功
出嫁小功</td><td></td><td>己身</td><td></td><td>兄弟
大功</td><td>堂兄弟
小功</td></tr>
<tr><td colspan="2">堂姪女
在室緦麻
出嫁無服</td><td colspan="2">兄弟女
在室大功
出嫁小功</td><td colspan="2">兄弟子
大功</td><td>堂姪
緦麻</td></tr>
</table>

外親服圖

		母祖父母 無服		妻為夫外親服降一等
	母之姊妹 小功	外祖父母 小功	母之兄弟 小功	
堂姨之子 無服	兩姨之子 緦麻	己身	母舅之子 緦麻	堂舅之子 無服
	姨之孫 無服	姑之子 緦麻	舅之孫 無服	
		姑之孫 無服		

妻親服圖

	妻祖父母 無服		
妻之姑 無服	妻父母 緦麻	妻伯叔 無服	
妻之姊妹 無服	己身	妻兄弟及婦 無服	妻外祖父母 無服
妻姊妹子 無服	女之子 緦麻	妻兄弟子 無服	
	女之孫 無服		

三父八母服圖

- 同居繼父
  - 兩無大功親，謂繼父無子孫，己身亦無伯叔兄弟之類。 期年
  - 兩有大功親，謂繼父有子孫，自己亦有伯叔兄弟之類。 齊衰三月
- 不同居繼父
  - 先曾與繼父同居，今不同居 齊衰三月
  - 身來不曾隨母與繼父同居 無服
- 從繼母嫁 謂父互繼母再嫁他人隨去者 齊衰杖期
- 養母 謂自幼過房與人 斬衰三年
- 嫡母 謂妾生子女稱父之正妻 斬衰三年
- 繼母 謂父娶之後妻 斬衰三年
- 慈母 謂所生母死，父令別妾撫育者 斬衰三年
- 嫁母 謂親母因父死再嫁他人 齊衰杖期
- 出母 謂親母被父出者 齊衰杖期
- 庶母 謂父有子女，妾、嫡子、眾子齊衰杖期
  - 所生子 斬衰三年
- 乳母 謂父妾乳、哺者，即奶母 緦麻

家庭關係分部

論說

（漢）桓寬《鹽鐵論》卷一〇《周秦》 御史曰一室之中，父兄之際，若身體相屬，一節動而知於心。故今自關內侯以下，比地於伍，居家相察，出入相司。父不教子，兄不正弟，舍是誰責乎。

婦人所以有師何，學事人之道也。《詩》云：言告師氏，言告言歸。《昏禮經》曰：告於公宮三月，婦人學一時，足以成矣。與君無親者，各教於宗廟婦之室。國君取大夫之妾、士之妻老無子者而明於婦道，又祿之，使教宗室五屬之女，大夫、士皆有宗族，自於宗子之室學事人也。女必有傅姆何，尊之也。《春秋傳》曰：傅至矣，姆未至。

婦人學事舅姑，不學事必父母者，示婦與夫一體也。《禮內則》曰：妾事夫人如事舅姑，尊嫡絶妒嫉之原。《禮服傳》曰：妾事女君與事舅姑同也。婦事夫有四禮焉：雞初鳴，咸盥漱，櫛縰笄總而朝，君臣之道也；惻隱之恩，父子之道也；會計有無，兄弟之道也；閨閫之內，衽席之上，朋友之道也。聞見異詞，故設此也。

傳書言：齊桓公妻姑姊妹七人。此言虛也。夫亂骨肉，犯親戚，無上下之序者，禽獸之性，則亂不知倫理。案桓公九合諸侯，一匡天下，道之以德，將之以威，以故諸侯服從，莫敢不率，非內亂懷鳥獸之性者所能爲也。夫率諸侯朝事王室，耻上無勢而下無禮也。外耻禮之不存，內何犯禮而自壞，外內不相副，則功無成而威不立矣。世稱桀、紂之惡，不言淫於親戚。實論者謂夫桀、紂惡微於亡秦，亡秦過泊於王莽，無淫亂之言。桓公妻姑姊七人，惡浮於桀、紂，而過重於秦、莽也。《春秋》采毫毛之美，貶纖芥之惡。桓公惡大，不貶何哉，魯文姜，齊襄公之妹也，襄公通焉。《春秋》經曰：莊二年冬，夫人姜氏會齊侯於郜。《春秋》何尤於襄公，而書其奸，何宥於桓公，隱而不譏，如經失之，傳家左丘明、公羊、谷梁何諱不言，案桓公之過，多內寵，內嬖如夫人者六。有五公子爭立，齊亂，公薨三月乃訃。世聞內嬖六人，嫡庶無別，則言亂於姑姊妹七人矣。

（漢）王充《論衡》卷五《感虛篇》 傳書言：曾子之孝，與母同氣。曾子出薪於野，有客至而欲去，曾母曰：願留，參方到。即以右手扼其左臂。曾子左臂立痛，即馳至問母：臂何故痛？母曰：今者客來欲去，吾扼臂以呼汝耳。蓋以至孝，與父母同氣，體有疾病，精神輒感。曰：此虛也。夫孝悌之至，通於神明，乃謂德化至天地。俗人緣此而說，言孝悌之至，精氣相動。如曾母臂痛，曾子臂亦輒痛，曾母病，曾子亦病乎，曾母死，曾子輒死乎？考事，曾母先死，曾子不死矣。此精氣能小相動，不能大相感也。世稱申喜夜聞其母歌，心動，開關問歌者爲誰，果其母。蓋聞母聲，聲音相感，心悲意動，開關而問，蓋其實也。今曾母在家，曾子在野，不聞號呼之聲，母小扼臂，安能動子？疑世人頌成，聞曾子之孝天下少雙，則爲空生母扼臂之說也。

（漢）班昭《女誡・和叔妹第七》 婦人之得意於夫主，由舅姑之愛己也。舅姑之愛己，由叔妹之譽己也。由此言之，我之臧否毁譽，一由叔妹，叔妹之心，不可失也。人皆莫知叔妹之不可失，而不能和之以求親，其蔽也哉。自非聖人，鮮能無過，故顔子貴於能改，仲尼嘉其不貳，而況於婦人者也。雖以賢女之行，聰哲之性，其能備乎？故室人和，則謗掩，內外離，則過揚。此必然之勢也。《易》曰，二人同心，其利斷金。可以截金鐵。同心之言，其臭氣也如蘭，此之謂也。夫叔妹者體敵而分尊，恩疎而義親。若淑媛謙順之人，則能依義以篤好，崇恩以結援，使徽美顯彰，而瑕過隱塞。舅姑矜善，而夫主嘉美，聲譽曜於邑鄰，休光延於父母。若夫惷愚之人，於叔則託名以自高，於妹則因寵以驕盈。驕盈既施，何和之有。恩義既乖，何譽之臻。是以美隱而過宣，姑忿而夫愠，毁訾音子謗言也。布於中外，耻辱集於厥身，進增父母之羞，退益君子之累，斯乃榮辱之本。而顯顯揚否之基也，可不慎歟。然則求叔妹之心，固莫尚於謙順矣。謙則德之柄，順則婦之行，知斯二者，足以和矣。詩曰，在彼無惡，在此無射，此斯之謂也。

（北齊）顏之推《顏氏家訓》卷上《治家篇》 婦人之性，率寵子壻而虐兒婦。寵壻則兄弟之怨生焉，虐婦則姊妹之讒行焉。然則女之行留，皆得罪於其家者，母實爲之。至有諺云：落索阿姑飡，此其相報也。家之常弊，可不誡哉？

（北齊）顏之推《顏氏家訓》卷上《後娶篇》 吉甫，賢父也，伯奇，孝子也。賢父御孝子，合得終於天性，而後妻間之，伯奇遂放。曾參婦死，謂其子曰：吾不及吉甫，汝不及伯奇。王駿喪妻，亦謂人曰：我不及曾參，子不如曾元。並終身不娶，此等足以爲誡。其後假繼慘虐孤遺，離間骨肉，傷心斷腸者，何可勝數，慎之哉，慎之哉。江右不諱庶孽，喪室之後，多以妾媵終家事疥癬蚊虻或未能免限以大分，故稀鬬鬩之耻。河北鄙於側出，不預人流，是以必須重娶。至於三四母年有少於子者，後母之弟與前婦之兄衣服飲食爰及婚宦，至於士庶貴賤之隔，俗以爲常身没之後，辭訟盈公門，謗辱彰道路。子誣母爲妾弟，黜兄爲傭播揚先人之辭迹，暴露祖考之長短，以求直己者，往往而有悲夫自古姦臣佞妾以一言陷人者衆矣，況夫婦之義，曉夕移之，婢僕求容助相説引，積年累月安有孝子乎？此不可不畏。凡庸之性，後夫多寵前夫之孤，後妻必虐前妻之子。非唯婦人懷嫉妬之情，丈夫有沈惑之僻，亦事勢使之然也。前夫之孤不敢與我子爭家，提携鞠養，積習生愛，故寵之。前妻之子，每居已生之上，宦學婚嫁，莫不爲防焉，故虐之。異姓寵，則父母被怨，繼親虐，則兄弟爲讎，家有此者，皆門户之禍也。【略】《後漢書》曰：安帝時，汝南薛包，字孟嘗，好學篤行，喪母，以至孝聞。及父娶後妻而憎包，分出之，包日夜號泣，不能去，至被毆杖，不得已廬於舍外，旦入而洒掃，父怒又逐之，乃廬於里門，昏晨不廢，積歲餘，父母慙而還之。

《春秋左傳正義·隱公元年》 初，鄭武公娶於申，曰武姜。生莊公及共叔段。莊公寤生，驚姜氏，故名曰：寤生，遂惡之。愛共叔段，欲立之。亟請於武公，公弗許。及莊公即位，爲之請制。公曰：制，巖邑也，虢叔死焉。佗邑唯命。請京，使居之，謂之京城大叔。祭仲曰：都城過百雉，國之害也。先王之制，大都不過參國之一，中五之一，小九之一。今京不度，非制也。君將不堪。公曰：姜氏欲之，焉辟害？對曰：姜氏何厭之有？不如早爲之所，無使滋蔓！蔓，難圖也。蔓草猶不可除，況君之寵弟乎？公曰：多行不義，必自斃，子姑待之。既而大叔命西鄙、北鄙貳於己。公子呂曰：國不堪貳，君將若之何？欲與大叔，臣請事之；若弗與，則請除之。無生民心。公曰：無庸，將自及。大叔又收貳以爲己邑，至於廩延。子封曰：可矣，厚將得衆。公曰：不義不暱，厚將崩。大叔完聚，繕甲兵，具卒乘，將襲鄭。夫人將啓之。公聞其期，曰：可矣。命子封帥車二百乘以伐京。京叛大叔段，段入於鄢，公伐諸鄢。五月，辛丑，大叔出奔共。書曰：鄭伯克段於鄢。段不弟，故不言弟；如二君，故曰克；稱鄭伯，譏失教也；謂之鄭志。不言出奔，難之也。寘姜氏於城潁，而誓之曰：不及黄泉，無相見也。既而悔之。潁考叔爲潁谷封人，聞之，有獻於公。公賜之食。食舍肉。公問之。對曰：小人有母，皆嘗小人之食矣，未嘗君之羹，請以遺之。公曰：爾有母遺，繄我獨無！潁考叔曰：敢問何謂也？公語之故，且告之悔。對曰：君何患焉？若闕地及泉，隧而相見，其誰曰不然？公從之。公入而賦：大隧之中，其樂也融融。姜出而賦：大隧之外，其樂也洩洩！遂爲母子如初。君子曰：潁考叔，純孝也。愛其母，施及莊公。《詩》曰：孝子不匱，永錫爾類。其是之謂乎。

《春秋左傳正義·桓公六年》 故務其三時，脩其五教，父義、母慈、兄友、弟恭、子孝。親其九族，以致其禋祀，【略】於是乎民和而神降之福，故動則有成。【略】正義曰：父母於子並爲慈，但父主教訓，母主撫養。撫養在於恩愛，故以慈爲名。教訓愛而加教，故以義爲稱。義者，宜也。教之義方，使得其宜。弟之於兄亦宜爲友，但兄弟相敬，乃有長幼尊卑，故分出其弟，使之爲共，言敬其兄而友愛。

《春秋左傳正義·桓公十五》 傳：十五年，春，天王使家父來求車，非禮也。諸侯不貢車服，天子不私求財。

祭仲專。鄭伯患之，使其壻雍糾殺之。將享諸郊，雍姬知之，謂其母曰：父與夫孰親？其母曰：人盡夫也，父一而已，胡可比也？遂告祭仲曰：雍氏舍其室而將享子於郊。吾惑之，以告。祭仲殺雍糾，尸諸周氏之汪。公載以出，曰：謀及婦人，宜其死也。

《禮記正義》卷一〇《檀弓下》 樂正子春之母死，五日而不食，曰：吾悔之。自吾母而不得吾情，吾惡乎用吾情？

《禮記正義》卷二七《内則》 子事父母，鷄初鳴，咸盥、漱，櫛、縰、笄、總，拂髦、冠、緌、纓，端、韠、紳，搢笏。左右佩用，左佩紛帨、刀、礪、小觿、金燧，右佩玦、捍、管、遰、大觿、木燧。屨著綦。

婦事舅姑，如事父母，鷄初鳴，咸盥、漱，櫛、縰、笄、總，衣紳。左佩紛帨、刀礪、小觿、金燧，右佩箴、管、線、纊，施繫袠，大觿、木燧，衿纓，綦屨。

以適父母舅姑之所。及所，下氣怡聲，問衣燠寒，疾痛苛癢，而敬抑搔之。出入則或先或後，而敬扶持之。進盥，少者奉槃，長者奉水，請沃盥，盥卒，授巾。問所欲而敬進之，柔色以温之。饘、酏、酒、醴、芼、羹、菽、麥、蕡、稻、黍、粱、秫唯所欲。棗、栗、飴、蜜以甘之，堇、荁、枌、榆、免、薧、滫、瀡以滑之，脂、膏以膏之。

男女未冠笄者，鷄初鳴，咸盥、漱，櫛、縰，拂髦；總角，衿纓，皆佩容臭，問：何食飲矣？若已食則退，若未食，則佐長者視具。

凡内外，鷄初鳴，咸盥、漱，衣服，斂枕、簟，灑掃室堂及庭，布席，各從其事。

由命士以上，父子皆異宫，昧爽而朝，慈以旨甘。日出而退，各從其事。日入而夕，慈以旨甘。

父母舅姑將坐，奉席請何鄉；將衽，長者奉席請何趾，少者執牀與坐。御者舉几，斂席與簟，縣衾，篋枕，斂簟而襡之。

父母舅姑之衣、衾、簟、席、枕、几不傳；杖、屨祗敬之，勿敢近；敦、牟、卮、匜，非餕莫敢用。與恒食飲，非餕莫之敢飲食。

父母在，朝夕恒食，子婦佐餕，既食恒餕。父没母存，冢子御食，羣子婦佐餕如初。旨甘柔滑，孺子餕。

在父母舅姑之所，有命之，應唯，敬對，進退、周旋慎齊。升降、出入，揖游不敢噦、噫、嚏、咳、欠、伸、跛、倚，睇視，不敢唾、洟。寒不敢襲，癢不敢搔。不有敬事，不敢袒裼。不涉不撅。褻衣衾不見裏。父母唾、洟不見；冠帶垢，和灰請漱；衣裳垢，和灰請澣；衣裳綻裂，紉箴請補綴。五日則燂湯請浴，三日具沐。其間面垢，燂潘請靧；足垢，燂湯請洗。少事長，賤事貴，共帥時。【略】

子婦孝者敬者，父母舅姑之命勿逆勿怠。若飲食之，雖不耆，必嘗而待。加之衣服，雖不欲，必服而待。加之事，人待之，己雖弗欲，姑與之，而姑使之，而後復之。子婦有勤勞之事，雖甚愛之，姑縱之，而寧數休之。子婦未孝未敬，勿庸疾怨，姑教之。若不可教，而後怒之；不可怒，子放婦出而不表禮焉。

父母有過，下氣怡色，柔聲以諫。諫若不入，起敬起孝，說則復諫。其得罪於鄉黨州閭，寧孰諫；父母怒，不說，而撻之流血，不敢疾怨，起敬起孝。

父母有婢子若庶子庶孫，甚愛之，雖父母没，没身敬之不衰。子有二妾，父母愛一人焉，子愛一人焉，由衣服飲食，由執事，毋敢視父母所愛，雖父母没不衰。子甚宜其妻，父母不說，出。子不宜其妻，父母曰是善事我，子行夫婦之禮焉，没身不衰。

父母雖没，將爲善，思貽父母令名，必果。將爲不善，思貽父母羞辱，必不果。

舅没則姑老，冢婦所祭祀賓客，每事必請於姑。介婦請於冢婦。舅姑使冢婦，毋怠、不友、無禮於介婦。舅姑若使介婦，毋敢敵耦於冢婦，不敢並行，不敢並命，不敢並坐。凡婦不命適私室不敢退。婦將有事，大小必請於舅姑。子婦無私貨，無私畜，無私器，不敢私假，不敢私與。婦或賜之飲食、衣服、布帛、佩帨、茝蘭，則受而獻諸舅姑。

適子、庶子，祗事宗子、宗婦。雖貴富，不敢以貴富入宗子之家，雖衆車徒，舍于外，以寡約入。子弟猶歸器，衣服、裘衾、車馬，則必獻其上，而后敢服用其次也。若非所獻，則不敢以入於宗子之門，不敢以貴富加於父兄宗族。若富，則具二牲，獻其賢者於宗子，夫婦皆齊而宗敬焉，終事而后敢私祭。

《禮記正義》卷二八《内則》 夫婦之禮，唯及七十，同藏無間，故妾雖老，年未滿五十，必與五日之御。將御者，齊，漱、澣，慎衣服，櫛、縰、笄、總角、拂髦、衿纓、綦屨。雖婢妾，衣服飲食必後長者。妻不在，妾御莫敢當夕。

《禮記正義》卷三〇《玉藻》 父命呼，唯而不諾，手執業則投之，食在口則吐之，走而不趨。親老，出不易方，復不過時。親瘠，色容不盛，此孝子之疏節也。父没而不能讀父之書，手澤存焉爾。母没而杯圈不能飲焉，口澤之氣存焉爾。

《春秋穀梁傳注疏·隱公五年》九月，考仲子之宫。失禮宗廟，功重者月，功輕者時。莊二十三年秋丹桓宫楹是也。疏九月至之宫。釋曰：考者謂立其廟祭之，成爲夫人也。此所以書之者，仲子，孝公之妾，惠公之母，惠公雖爲君，其母唯當惠公之世得祭，至隱不合祭之，故書以見譏也。不言立者，不宜立。爲庶母築宫，得禮之變，但不合於隱之世祭之，故止譏其考，不譏立也。《公羊》、《左氏》妾子爲君，其母得同夫人之禮。今《谷梁》知不然者，《喪服記》云：公子爲其母練冠麻衣縓緣，既葬，除之。傳曰：何以不在五服之中也？君之所不服，子亦不敢服也。鄭玄云：公子，君之庶子。是貴賤之序，嫡庶全别。安得庶子爲君，即同嫡夫人乎？故穀梁子以爲於子祭，於孫止。考者何也？考者成之也，成之爲夫人也。立其廟，世祭之，成夫人之禮。禮：庶子爲君，爲其母築宫，使公子主其祭也。

《春秋穀梁傳注疏·桓公三年》禮：送女，父不下堂，母不出祭門，諸母兄弟不出闕門。父戒之曰：謹慎從爾舅之言。母戒之曰：謹慎從爾姑之言。諸母般申之曰：謹慎從爾父母之言。

《春秋穀梁傳注疏·昭公元年》八年，春，陳侯之弟招殺陳世子偃師。鄉曰陳公子招，今曰陳侯之弟招，何也，曰盡其親，所以惡招也。兩下相殺，不志乎《春秋》，此其志何也？世子云者，唯君之貳也。云可以重之，存焉，志之也。諸侯之尊，兄弟不得以屬通。其弟云者，親之也。親而殺之，惡也。

《儀禮注疏》卷五《士昏禮》夙興，婦沐浴。纚笄、宵衣以俟見。質明，贊見婦于舅姑。席于阼，舅即席。席于房外，南面，姑即席。婦執笲棗栗，自門入，升自西階，進拜，奠于席。舅坐撫之，興，答拜。婦還，又拜。降階，受笲腶脩，升，進，北面拜，奠于席。姑坐，舉以興，拜，授人。贊醴婦。席于户牖間，側尊甒醴于房中。婦疑立于席西。贊者酌醴，加柶，面枋，出房，席前北面。婦東面拜受。贊西階上北面拜送。婦又拜。薦脯醢。婦升席，左執觶，右祭脯醢，以柶祭醴三，降席，東面坐，啐醴，建柶，興，拜。贊答拜。婦又拜，奠于薦東，北面坐取脯，降，出，授人于門外。舅姑入于室，婦盥饋。特豚，合升，側載，無魚腊，無稷，並南上。其他如取女禮。婦贊成祭，卒食，一酳，無從。席于北墉下。婦徹，設席前如初，西上。婦餕，舅辭，易醬。婦餕姑之饌。御贊祭豆、黍、肺，舉肺、脊。乃食，卒。姑酳之，婦拜受，姑拜送。坐祭，卒爵，姑受，奠之。婦徹于房中，媵御餕，姑酳之。雖無娣，媵先。於是與始飯之錯。舅姑共饗婦以一獻之禮。舅洗于南洗，姑洗于北洗，奠酬。舅姑先降自西階，婦降自阼階。歸婦俎于婦氏人。舅饗送者以一獻之禮，酬以束錦。姑饗婦人送者，酬以束錦。若異邦，則贈丈夫送者以束錦。

《儀禮注疏》卷六《士昏禮》若舅姑既没，則婦入三月，乃奠菜。席于廟奥，東面，右几。席于北方，南面。祝盥，婦盥于門外。婦執笲菜，祝帥婦以入。祝告，稱婦之姓，曰：某氏來婦，敢奠嘉菜于皇舅某子。婦拜，扱地，坐奠菜于几東席上，還，又拜如初。婦降堂，取笲菜入。祝曰：某氏來婦，敢告于皇姑某氏。奠菜于席，如初禮。婦出，祝闔牖户。老醴婦于房中，南面，如舅姑醴婦之禮。壻饗婦送者丈夫、婦人，如舅姑饗禮。記。士昏禮，凡行事，必用昏昕，受諸禰廟。辭無不腆，無辱。摯不用死，皮帛必可制。

（唐）杜佑《通典》卷六八《禮·沿革·嘉禮·二人各是内外兄弟相稱議》或問馮懷曰：甲之母，乙之姑；乙之母，甲之姑也。代稱姑子爲外兄弟，舅子爲内兄弟，此亦鄭君所言。然甲乙之母俱姑也，父俱舅也，内外既同，親疏無異。若甲以姑子稱乙，乙以舅子稱甲，則事同名異，於理不通。若相稱之辭同，則名例爲乖。懷對曰：《禮》，公子之外兄弟者，外祖父母也。《左氏傳》曰：聲伯以其外弟爲大夫。所謂外弟，蓋管于奚之子，聲伯同母異父之弟也。聲伯謂之外弟，復謂聲伯爲外兄。然則異姓之親，通謂之外，不必謂吾外者，吾謂之内也。今稱舅子爲内兄弟，末俗所云，非典言也。鄭玄還舉俗言以喻俗人，故稱焉，亦非正名矣。依《禮》據《傳》，甲乙相稱，宜同曰外。

（唐）杜佑《通典》卷六八《禮·沿革·嘉禮·甥姪名不可施伯叔從母議》宋代或問顔延之曰：甥姪亦可施於伯叔從母邪？顔答曰：伯叔有父名，則兄弟之子不得稱姪，從母有母名，則姊妹之子不可言甥。且甥姪唯施之於舅姑耳，何者？姪之言實也，甥之言生也。女子雖出，情不自絶，故於兄弟之子，稱其情實；男子居内，據自我出，故於姊妹之子，言其出生。伯叔本内，不得言實；從母俱出，不得言生。然謂吾伯叔者，吾謂之兄弟之子；謂吾從母者，吾謂之姊妹之子。

雷次宗曰：夫謂吾姑者，吾謂之姪，此名獨從姑發。姑與伯叔於昆弟之子，其名宜同。姑以女子有行，事殊伯叔，故獨制姪名，而字偏從女。如舅與從母，爲親不異，而言謂吾舅者，吾謂之甥，亦猶自舅而制也。名發於舅，字亦從男。故姪字有女，明不及伯叔；甥字有男，見不及從母，是以《周服篇》無姪字，《小功篇》無甥名也。

（唐）杜佑《通典》卷六八《禮・沿革・嘉禮・二嫡妻議》 魏征東長史吴綱亡入吴，妻子留在中國，於吴更娶。吴亡，綱與後妻并子俱還，二婦並存。時人以爲，依典禮不宜有二嫡妻。袁準《正論》以爲：並后匹嫡，禮之大忌。然此爲情愛所偏，無故而立之者耳。綱夫妻之絶，非犯宜出之罪，來還則復初，焉得而廢之？在異域則事勢絶，可以娶妻，後妻不害，焉得而遣之？按並后匹嫡，事不兩立，前嫡承統，後嫡不傳重可也。二母之服，則無疑於兩三年矣。虞喜議曰：法有大防，禮無二嫡。趙姬以君女之尊，降身翟婦，著在《春秋》，此吴氏後妻所宜軌則。庾蔚之謂袁準制之，得其衷矣。

（唐）杜佑《通典》卷六八《禮・沿革・嘉禮・從舅是族外弟相稱議》

或問馮懷曰：景之母，丁之從祖姊也；丁之母，景之族姑也。丙年長於丁。若從父族爲親，則景以丁爲族外弟，而丁以景爲從甥；若從母族，則景以丁爲從舅，而丁以景爲族内兄：名體乖謬，尊卑無序。若景以父族稱丁，丁以母族稱景，則例不通。將若之何？懷答曰：聞諸前訓，名者人之綱，故夫屬於父道，其妻爲母；夫屬於子道，其妻爲婦。今則舅是母班，而兄弟是己列，故不敢以己之列，廢母之班矣。謂景宜執從舅之禮。

（唐）杜佑《通典》卷七三《禮・沿革・嘉禮・事宗禮》 晋賀循《宗義》曰：奉宗加於常禮，平居即每事諮告。凡告宗之例，宗内祭祀、嫁女、娶妻、死亡、子生、行來、改易名字，皆告。若宗子時祭，則宗内男女畢會，喪故亦如之。若宗内吉凶之事，宗子亦普率宗黨以赴役之。若宗子時祭，則告於同宗，祭畢，合族於宗子之家，男子女子以班。宗子爲男主，宗婦爲女主，故云宗子雖七十，無無主婦，以當合族糺宗故也。凡所告子生，宗子皆書於宗籍。大宗無後，則支子以昭穆後之；後宗立則宗道存，而諸義有主也。立主義存，而有一人不悖者，則會宗而議其罰。族不可以無統，故立宗。宗位既定，則常尊歸之，理其親親者也。是故義定於本，自然不移，名存於政，而不繼其人，宗子之道也。故爲宗子者，雖在凡才，猶當佐之佑之，而奉以爲主。雖有高明之屬、盛德之親，父兄之尊，而不得干其任者，所以全正統而一人之情也。若姦回淫亂，行出軌道，有殄宗廢祀之罪者，然後乃告諸宗廟，而改立其次，亦義之權也。

（唐）杜佑《通典》卷七三《禮・沿革・嘉禮・敦疏遠外親》 晋何琦曰：聞諸訓典，凡在常交，貴在人情所篤，而況先人中表綢繆因緣恩結由來者哉！《角弓》之叙，幽王不親九族，而其章曰兄弟婚姻，無胥遠矣，又曰協比其隣，婚姻孔云，言情義之甚近也。《禮》有外宗之親，《書》稱九族既睦。説者解九族雖各不同，既曰旁親，亦將通外内之謂乎。鄭君以爲上至高祖，下及玄孫，九代之親，亦不獨别外親也。若但謂内宗，斯不足以歎帝堯敦叙之美也。玄孫以下，又有來、昆、雲、仍四代之目。若壽踰期頤，則有相及之道，尊者崇修於上，卑者晏然於下，雖曠代事希，邂逅遇之，理將安居。縱不相逮，事亡如存，義不得徒然矣。而曾高外屬，均之路人，簡薄之懷，不亦甚乎！歷觀時俗，家殊門異，準格不立，高下在心。或乃希慕貴盛，攀附自昵；或輕忽寒悴，耻相提挈：各懷斯圖，莫適相非。仲尼所謂輕絶貧賤，重絶富貴，雖曰不利，吾不信也。代有以外親方内，於内無服而外敬絶，造次言之，如有斷例。然則母氏無服之親，將如之何？《春秋》盟會，辭稱舅甥之國，徼福先君，以要結恩好。絶婚之辭亦云不得嗣爲兄弟。故曰婚姻者，萬代之始，明義好同，固永著不朽。引而敦之，以醇涼薄；和一之道，於是乎在。是以謂崇親之義，不宜有限。若二門之末，統裔稍遠，俱不明爲親之數，不識尊卑之序，並無長老以審其詳，名無所托，則不論也。

（宋）蔡襄《福州五戒》 觀今之俗，爲父母者，視己之子猶有厚薄，迨至娶婦，多令異食。貧者困於日，給其勢不得不然，富者亦何爲之，蓋父母之心，不能均於諸子，以至此不可不戒。人子之孝，本於養親，以順其志，死生不違於禮，是孝、誠之至也。觀今之俗，貧富之家，多於父母異財，兄弟分養，乃至纖悉，無有不校。及其亡也，破産賣宅，盛爲酒肴，以勞親知，施與浮圖，以求冥福。原其爲心，不在於親，將以夸勝於人，是不知爲孝之本也。生則盡養，死不妄費，如此豈不善乎？兄弟之愛，出於天性，少小相從，其心歡欣，豈有間哉？後因娶婦，或至臨財，憎惡一開，即成怨隙，至有興訴訟，冒刑獄，至死而不息者，殊可哀也。蓋由聽婦言貪財利，絶同胞之恩，友愛之情，遂及於此。

娶婦何爲？欲以傳嗣，豈爲財也？觀今之俗，娶其妻不顧門户，直求資財，隨其貧富。未有婚姻之家，不爲怨怒。原其由，蓋婚禮之夕，廣糜費，已而校奩橐，朝索其一，暮索其二，姑辱其婦，夫虐其妻，求之不已，若不滿意，至有割男女之愛，輒相棄背，習俗日久不以爲怪，此生民之大弊，人行最要者也。

凡人情，莫不欲富，至於農人商賈百工之家，莫不晝夜營度，以求其利。然農人兼并，商賈欺謾，大率刻剥，貧民罔昧神理，譬如百蟲聚居，强者食啗，曾不暫息，求而得之，廣爲施與，冀滅罪惡，其愚甚矣。今欲爲福，孰若減刻剥之心，以寬貧民，去欺謾之行，以畏神理。爲子孫之計，則亦久遠居鄉黨之間，則爲良善，其議至明，不可不知。

（宋）**葉夢得《石林家訓·又家訓後四條》** 吾觀近世，兄弟間失和，事雖不一，然其大有二：溺妻子之私，以口語相諜；較貨物之入，以争奪相傾。此不可不預知而早戒也。吾恨生平無兄弟，不得以所行示汝等，然許章二姑氏，則汝等親見之矣。汝母之於二姑氏，則汝等親聞之矣。少師捐館，惟二姑未嫁，榮國太夫人追念不已，吾思無以得其意，惟二姑得佳壻，盡吾力遣嫁，猶庶幾其可。既得許章二人，初免喪家無餘資，爲汝陽守假貸於陳州蔡寬夫侍郎得三千，許婚而吾汝陽俸入日給外，銖寸儲積，汝母盡箱篋所有，僅留伏臘衣裳，其餘一金不以自有，如是數月併歸二壻。

（宋）**范祖禹《范太史集》卷一三《家人卦》** 故天子之與后，猶日之與月、陰之與陽，相須而後成者也。其可以不正乎？天子者，天下之君也，諸侯者，一國之君也。父母者，一家之君也。君不可以不嚴，天子，則天下之所嚴也，諸侯則一國之所嚴也，父母則一家之所嚴也，故家人有嚴君焉，父母之謂也，父得父之道，則慈子得子之道，則孝兄得兄之道，則友弟得弟之道，則恭夫得夫之道，則義婦得婦之道，則聽如此，然後家道正推而行之，以治天下，故正家而天下定矣。舜文王是也。舜事父母，瞽瞍底豫而天下之爲父子者定，象憂亦憂，象喜亦喜，而天下之爲兄弟者定。釐降二女於嬀汭，嬪於虞，而天下之爲夫婦者定。文王孝於王季，太任刑於太姒友于兄弟，以御於家邦，大學曰，心正而後身修，身修而後家齊，家齊而後國治，國治而後天下平。象曰風，自火出，家人何謂也？離，火也，巽，風也，火在内，而風在外，家人之道。由内以相成故，文中子曰，明内而齊外也。君子之居家也，言必有物，行必有常，所以爲家人法也。孔子曰，君子居其室，出其言，善則千里之外應之，況其邇者乎？居其室，出其言，不善則千里之外違之，况其邇者乎？言出乎身，加乎民，行發乎邇，見乎遠，言行君子之所以動天地也，可不慎乎？初九曰，閑有家，悔亡何謂也？處家之初，治家之始，故必防閑之，然後悔可亡。王弼曰，凡教在初而法在始，當治之於未變，嚴之於未瀆也。既變而後治之，即瀆而後嚴之，則悔矣。孟子曰，身不行，道不行於妻子，君子言有物，行有常，無僻志無淫好，所以閑家也。昔者桀惑於末喜，故夏亡。紂惑於妲己，故商亡。幽王惑於褒姒，故周亡。晉獻公惑於驪姬，三世大亂。唐高宗制於武后，唐祚中絶。中宗制於韋后，身陷大禍。皆不能閑之於初也。閑之在於人心未變之時，故象曰，閑有家志，未變也。六二曰，無攸，遂在中饋。正吉何謂也？坤之文言曰，地道也，妻道也，臣道也，地道無成，而代有終也。陰不爲倡，陽不爲和，故坤道柔順，承天而時行，妻道無攸，遂在中饋，則正而吉矣。古者女子十年不出姆，教婉娩，聽從執麻枲，治絲繭織，紝組紃學，女事以供衣服，觀於祭祀，納酒漿，籩豆，菹醢禮，相助奠后妃。在父母家，則志在於女功之事，恭儉節用，服澣濯之衣，尊敬師傅，故關雎美后妃之德，其職在於供荇菜，備庶物，以奉宗廟，又當輔佐君子，内有進賢之志，而無險詖私謁之心。關雎之化行，則諸侯之夫人采蘩於沼沚，用之公侯之事，大夫之妻，亦采蘋藻盛之箱筥，湘之錡釜，以供祭祀之用，皆無攸，遂在中饋之事也。三代之亡，皆以孽女亂政，不修其職，而預外事，故武王數紂曰，古人有言曰，古人有言曰，牝雞無晨。牝雞之晨，惟家之索。今商王受惟婦言是用，詩人刺幽王曰，哲夫成城，哲婦傾城，婦有長舌，惟厲之階，亂匪降自天生自婦人。又曰，赫赫宗周，褒姒滅之，皆反此者也。九三曰，家人嗃嗃悔厲吉，婦子嘻嘻終吝。何謂也？以陽處陽，居下卦之上，爲家人之長剛嚴者也。王弼曰，行與其慢，過乎恭家，與其瀆，寧過乎嚴。故家人嗃嗃，至於有悔，雖危猶不失吉，婦子嘻嘻，言笑無節，終必有吝。凡家之道，主於嚴敬，故象曰，家人嗃嗃，未失也。婦子嘻嘻，失家節也。六四曰，富家大吉，何謂也？以陰處陰，體柔居巽，少長有禮，各得其序，以聽於上。故象曰，順在位也，富者非富，於財而已，家之富，猶人之肥也。禮曰，父子篤，兄弟睦，夫婦和，家之肥也。其大吉，不亦宜乎。九五曰，王假有家，勿恤吉，何謂也？陽居君位，以家道治天下者也。聖人以天下爲一家，以中國爲一人，故視天下如家，視百姓如身，愛人如愛身，治天下如治家。孔子曰，身以及身，子以及子，妃以及妃，君行此三者，則愾乎天下矣。太王之道也如，此國家順矣。孟子曰，天下之本在國，國之本在家，家之本在身，修身所以治人，正家所以治天下也。舜舉八元，使布五教於四方，父義、母慈、兄友、弟恭、子孝，內平外成，此以家道治天下，而四海之內莫不交相愛也。詩曰，之子于歸，宜其家人。大學曰，宜其家人，而後可以教國人。先王欲正天下，必自家始，此家人之盛也。故勿恤而吉。王弼曰，王至斯道，以有其家。古之人有行之者，舜文王是也。上九曰，有孚，威如，終吉。何謂也？以陽居上，處家之終，誠發於中而著於外人，皆信之。故曰，有孚，治家之道，初則閑之終，則嚴之，故曰，威如閑之者，制於未變也，嚴之者，所以長久也。孔子曰，君子不重，則不威。傳曰，有威可畏，謂之威。揚雄曰，貌重則有威。又曰，或問何如動而見畏。曰畏，人何如動而見侮。曰侮，人夫見畏與見侮，無不由己。又曰，人必其自敬也。然後人敬之。君子之道，本諸身，故治家者，始於修身，終則反諸其身，其身正而天下歸之矣。身處威，敬人亦畏敬之，夫如是，豈有不終吉者乎？故象曰，威如之吉，反身之謂也。

（宋）袁采《袁氏世範》卷一《睦親·庶孽遺腹宜早辨》　別宅子、遺腹子，宜及早收養教訓，免致身後論訟。或已習爲愚下之人，方欲歸宗，尤難處也。女亦然，或與雜濫之人通私，或婢妾因他事逐出，皆不可不於生前早有辨明。恐身後有求歸宗，而暗昧不明，子孫被其害者。

（宋）袁采《袁氏世範》卷一《睦親·收養義子當絶争端》　賢德之人，見族人及外親子弟之貧，多收於其家，衣食教撫如己子，而薄俗乃有貪其財産，於其身後，强欲承重，以爲某人嘗以我爲嗣矣。故高義之事，使人病於難行，惟當於平昔，別其居處，明其名稱。若己嗣未立，或他人之子弟，年居己子之長，尤不可不明嫌疑於平昔也。娶妻而有前夫之子，接脚夫而有前妻之子，欲撫養不欲撫養，尤不可不早定，以息他日之争。同入門及不同入門，同居及不同居，當質之於衆，明之於官，以絶争端。若義子有勞於家，亦宜早有所酬，義兄弟有勞有恩，亦宜割財産與之，不可拘文而盡廢恩義也。

（宋）袁采《袁氏世範》卷一《睦親·養異姓子有礙》　養異姓之子，非惟祖先神靈，不歆其祀，數世之後，必與同姓通婚姻者，律禁甚嚴，人多冒之，至啓争訟。設或人不之告，官不之治，豈可不思理之所在？江西養子，不去其所生之姓，而以所養之姓冠於其上，若複姓者，雖於經律無見，亦知惡其無別如此。

（宋）袁采《袁氏世範》卷一《睦親·收養親戚當慮後患》　人之姑姨姊妹，及親戚婦人，年老而子孫不肖，不能供養者，不可不收養。然又須關防，恐其身故之後，其不肖子孫，卻妄經官司，稱其人因飢寒而死，或稱其人有遺下囊篋之物，官中受其牒，必爲追證，不免有擾。須於生前，令白之於衆，質之於官，稱身外無餘物，則免他患。大抵要爲高義之事，須令無後患。

（宋）陸九韶《陸氏家制·居家正本上》　古者民生八歲入小學，學禮樂射御書數。至十五歲，則各因其材而歸之四民，故爲農工商賈者，亦得入小學，七年而後就其業。其秀異者入大學而爲士。民之德行，凡小學大學之所教，俱不在言語文字，故民皆有實行而無詐僞。自井田廢壞，民無所養，幼者無小學之教，長者無大學之師，有國者設科取士。其始也，投名自薦，其終也，糊名考校。禮義廉耻，絶滅盡矣。學校之養士，非養之也，賊夫人之子也。父母之教子，非教之也，是驅而入争奪傾險之域也。愚謂人之愛子，但當教之以孝弟忠信，所讀之書，先須六經語孟，通曉大義，明父母、君臣、夫婦、兄弟、朋友之節，知正心、修身、齊家、治國、平天下之道，以事父母，以和兄弟，以睦族黨，以交朋友，以接鄰里，使不得罪於尊卑上下之際。次讀諸，史以知歷代興衰，究觀皇帝王霸與秦漢以來，爲國者，規模措置之方，此皆非難事，功效逐日可見，惟患不爲耳。世之教子者，不知務此，惟教以科舉之業，志在於薦舉登科難，莫難於此者。試觀一縣之間應舉者幾人，而與薦者有幾，至於及第，尤其希罕。蓋是有命，非偶然也。此孟子所謂求在外者，得之有命是也。至於止欲通經知古今，修身爲孝弟忠信之人，特恐人不爲耳。此孟子所謂求則得之，求在我者也。此有何難，而人不爲耶，況既通經知古今，而欲應今之科舉，亦無難者，若命應仕宦，必得之矣。而又道德仁義在我，以之事君臨民，皆合義理，豈不榮哉？

（宋）陸九韶《陸氏家制·居家正本下》 人孰不愛家愛身愛子孫，然鮮克明愛之之道，故終焉適以損之。請試言其畧，一家之事，貴於安寧和睦悠久也，其道在於孝弟謙遜，重仁義而輕名利，夫然後安寧和睦可得而享也。今則不然，所謂謙遜仁義之道，口未嘗言之，朝夕之所從事者，名利也，寢食之所思惟者，名利也，相聚而講究者，取名利之方也。言及於名利，則津津然有喜色，言及於孝弟仁義，則淡然無味，惟思卧，幸其時數之遇，則躍躍以喜，小有沮意，則躁悶若無所容，與鑊湯爐炭無異。如其時數不遇，則朝夕憂煎，怨天尤人，至於父子相夷，兄弟叛散，良可憫也，豈非愛之適以損之乎？夫謀利而遂者不百一，謀名而遂者不千一。今處世不能百年，而乃徼幸於不百一、不千一之事，豈不癡甚矣哉？就使遂志臨政，不明仁義之道，亦何足爲門户之光耶？愚深思熟慮之日久矣，而不敢出諸口。今老矣，恐一旦先朝露而滅，不得與鄉曲父兄子弟語及於此，懷不滿之意，於冥冥之中無益也。故輒冒言之，幸垂聽而擇焉。夫事有本末，知愚賢不肖者本也，貧富貴賤者末也。得其本則末隨，趨其末則本末俱廢。此理之必然也。何謂得其本則末隨？今行孝弟，本仁義則爲賢爲知，賢知之人，衆所尊仰。雖簞瓢爲奉，陋巷爲居，已固有以自樂，而人不敢以貧賤而輕之，豈非得其本而末自隨乎？夫慕爵位，貪財利，則非賢非知，非賢非知之人，人所鄙賤，雖紆青紫，懷金玉，其胸襟未必通曉義理，亦無以自樂，而人莫不鄙賤之。豈非趨其末而本末俱廢乎？況貧富貴賤，自有定分，富貴未必得，則將隕穫而無以自處矣。斯言往往招人怒罵，然愚謂或有信之者，其爲益不細，雖怒罵有所不恤也。況相信者稍衆，則賢才自此而盛，又非小補矣。

（宋）陸九韶《陸氏家制·居家制用上》 古之爲國者，冢宰制國用，必於歲之杪，五穀皆入，然後制國用。用之大小，視年之豐耗。三年耕，必有一年之食。九年耕，必有三年之食。以三十年之通制國用，雖有凶旱水溢，民無菜色。國既若是，家亦宜然。故凡家有田疇，足以贍給者，亦當量入而爲出，然後用度有準，豐儉得中，怨讟不生，子孫可守。今以田疇所收，除租稅及種蓋糞治之外，所有若干，以十分均之，留三分爲水旱不測之備。

專存米穀，不可變易銀錢輕貨，但當逐年增置倉廩。

一分爲祭祀之用。

祭祀謂先祖中霤社稷之神。

六分分十二月之用，閏月則分作十三月之用。

取一月合用之數，約爲三十分，日用其一。

茶飯魚肉，賓客酒漿，子孫紙筆，先生束脩，幹事奴僕等，皆取諸其間。

可餘而不可盡，用至七分，爲得中。不及五分，爲太嗇。蓋於所餘太多，則家益富，不至僭侈無度，而入於罪戾矣。

其所餘者，別置簿收管，以爲伏臘裘葛，脩葺墻屋，醫藥賓客，弔喪問疾，時節饋送。又有餘，則以周給鄰族之貧弱者，賢士之窮困者，佃人之饑寒者，過往之無聊者，毋以妄施僧道。蓋僧道本是蠹民，況今之僧道，無不豐足。施之適足以濟其嗜欲，長其過惡，而費農夫血汗勤勞所得之物，未必不增吾冥罪，果何福之有哉？其田疇不多，日用不能有餘，則一味節嗇，裘葛取諸蠶績，墻屋取諸畜養，雜種蔬果皆以助用，不可侵過次日之物。一日侵過，無時可補，則便有破家之漸，當謹戒之，其有田少而用廣者，但當清心儉素，經營足食之路，於接待賓客弔喪問疾時節饋送，聚會飲食之事，一切不講，免致干求親舊，以滋過失，責望故素，以生怨尤，負諱通借，以招耻辱。家居如此，方爲稱宜，而遠吝侈之咎。積是成俗，豈惟一家不憂水旱天灾，雖一縣一郡，通天下，皆無憂矣，其利豈不博哉？

（宋）陸九韶《陸氏家制·居家制用下》 居家之病有七，曰呼、曰游、曰飲食、曰土木、曰争訟、曰玩好、曰惰慢。有一於此，皆能破家。其次貧薄而務周旋，豐餘而尚鄙嗇，事雖不同，其終之害，或無以異，但在遲速之間耳。夫豐餘而不用者，宜若無害也，然已既豐餘，則人望以周濟。今乃恝然，必失人之情。既失人之情，則人不祐之，惟恐其無隙。苟有隙可乘，則争媒蘖之，雖其子孫，亦懷不滿之意。一旦入手，若决堤破防矣。前所言存留十之三者，爲豐餘之多者制也。苟所餘不能三分，則存二分亦可。又不能二分，則存一分亦可。又不能一分，則宜樽節用度，以存贏餘，然後家可長久。不然一旦有意外之事，必遂破家矣。

《記》曰：喪用三年之仂。注謂仂，什一也。計今所存留三分之數，喪葬所費，其豐約之節，當以此爲準。余謂人家婚禮，當視喪禮所費，則豐約亦似得中。其有貧者，豈復可立準則。所謂斂手足形，還葬而無槨，人豈有非之者，則婚禮亦宜俱無所費，所謂迨其謂之是矣。

前所謂一切不講者，非絶其事也。謂不能以貨財爲禮耳。如弔喪則以先往後罷爲助，賓客則樵蘇供爨清談而已。至如奉親，最急也，啜菽飲水，盡其歡，斯謂之孝，祭祀，最嚴也，蔬食菜羹，足以致其敬。凡事皆然，則人固不我責，而我亦何歉哉？如此，則禮不廢，而財不匱矣。前所言以其六分爲十二月之用，以一月合用之數，約爲三十分者，非謂必於其日用盡，但約見每月每日之大槩，其間用度，自爲贏縮，惟是不可先次侵過，恐難追補。宜先餘而後用，以無貽鄙嗇之譏。世皆謂用度有何窮盡，蓋是未嘗立法，所以豐儉皆無準則。好豐者妄用以破家，好儉者多藏以斂怨，無法可依，必至於此。愚今考古經國之制，爲居家之法，隨貲産之多寡，制用度之豐儉。合用萬錢者，用萬錢不謂之侈，合用百錢者，用百錢不謂之吝，是取中可久之制也。

（宋）劉克莊《後村先生大全集·德興縣董黨訴立繼事》 臺牒所謂引誼歸宗以明一本，不刊之言也，如此則無訟矣。惟其訟久未熄，合爲折衷。董黨見逐於母雖久，然自始至終，止訟其僕，未嘗歸怨於其母，况嘗爲所養父承重，别無不孝破蕩之迹，向來之逐之也，其罪其情之可諒一也。補中綾紙，既作所養父三代，今則進退兩難，其情之可諒二也。但此事當以恩誼感動，不可以訟求勝。帖兩縣：請董、許二士亦以臺牒及當職此判，請二士更爲調護。趙氏若能念董黨乃夫在日所立，幡然悔悟，復收爲子，則子無復霜在野之怨，母無毁室取子之誚矣。蓋見行條令，雖有夫亡從妻之法，亦有父在日所立不得遣逐之文，趙氏若不幡然悔悟，它日續立者恐未得安穩，豈如及今雙立，求絶爭訟，保守門户乎！董黨亦宜自去轉懇親戚調停母氏，不可專靠官司。

（宋）應俊《琴堂諭俗編》卷上《孝父母》 父兮生我，母兮鞠我，拊我畜我，長我育我，顧我復我，出入腹我，欲報之德，昊天罔極，故孝子之事親也，居則致其敬，養則致其樂，病則致其憂，喪則致其哀，祭則致其嚴，所以爲厚德之報也。昔者周文王爲子事父王季，每日鷄初鳴，衣服至寢門外。問左右曰，今日安否，何如？左右曰安，文王乃喜，及日中又至，亦如之。及莫又至，亦如之。其有不安節，則左右以告文王，文王色憂，行不能正履，王季復膳，然後亦復初，凡食上必自視寒暖，食下問所膳，然後退其後。武王，文王子也，亦如此事文王，不敢有加焉。然則不孝其親，而欲子孫事我以孝，豈可得也。昔原穀祖父年老，父母厭惡之，意欲棄之，穀年十五涕泣苦諫父母，不從，乃作輿舁棄山中，穀乃隨收輿歸，父謂之曰，爾焉用此凶具，曰穀恐後父老不能更作得，是以收之耳。父感悟愧懼，乃載祖歸侍養，剋已自責，更成純孝，穀爲純孫，出孝子傳，見太平御覽。楚諺曰，伯勞食母，代代相承。前漢石奮爲上大夫，老歸於家，其子石建爲郎中令，已老白首，每五日一歸省親，入諸子之舍問侍者，取其親中衣身自洗濯，復與侍者不敢令其親知之。夫貴者之事親猶如此，况於賤者乎。晋王祥性至孝，繼母朱氏不慈，每使掃除牛下，祥愈恭謹，父母有疾，衣不解帶，湯藥必親嘗，母常欲生魚，時天寒氷凍，祥解衣將剖氷求之，忽有雙鯉躍出，持之而歸母，又欲黄雀炙，復有雀數十飛入幕中，因取以供母，其孝誠所感如此。雖然此言其能養父母者也，孝之道，又不止於能養而已，故孟子曰，惰其四肢，不顧父母之養，一不孝也。博奕好飲酒，不顧父母之養，二不孝也。好貨財私妻子，不顧父母之養，三不孝也。從耳目之欲，以爲父母戮，四不孝也。好勇鬭狠，以危父母，五不孝也。曾子亦曰，居處不莊非孝也，事君不忠非孝也，涖官不敬非孝也，朋友不信非孝也，戰陣無勇非孝也，五者不遂灾及其親，敢不敬乎。孝經曰，居上而驕則亡，爲下而亂則刑，在醜而争則兵，三者不除，雖日用三牲之養，猶爲不孝也，如此則所謂孝者，又貴乎修身謹行，不辱其先，非獨養口腹而已。今爾百姓父母在，則私分異財，離居各食，從妻子之言，忘天性之愛，且禮曰，父母在，不有私財。又曰，子甚宜其妻，父母不悦則出之，子不宜其妻，父母曰是善事我，子行夫婦之禮，没身不衰，然則私貨財順妻子，豈爲孝乎？

鄭至道原編。鄭君此篇諭俗之第一事也，先之以詩禮，所以勸其爲孝也。繼之以典刑，所以戒其不孝也，夫五刑之屬三千，罪莫大於不孝，然世固有不孝之人，而未嘗受不孝之刑者，何也？渝川歐陽氏嘗論之曰，父母之心，本於慈愛，子孫悖慢不欲聞官，謂其富貴者，恐貽羞門户，貧賤者，亦望其返哺一切，含容隱忍。故不孝者，獲免於刑，然父母吞聲飲恨之際，不覺怨氣有感，是以世之不孝者，或斃於雷，或死於疫，後嗣衰微，此皆受天刑也。嗚呼，王法可幸免，天誅不可逃，爲人子者，可不孝乎？昔宋武帝春秋已高，每拂旦朝繼母蕭太后，未嘗失時刻，漢太尉胡廣年八十，繼母在堂，朝夕必省，瞻旁無几杖言不稱老。近世陝州夏縣蘇慶文事繼母以孝聞，常語其婦曰，汝事吾母小不謹，必逐汝，繼母少寡而無子，由是安其室終身，彼爲帝王尚如此，況士民乎？彼事繼母尚如此，況生母乎？雖然父母慈愛而子孝，此常事也，唯父母不慈愛而子孝，乃可稱耳。舜之所以獨稱爲大孝者，以父頑母嚚而克諧以孝也，蓋天下無不是底父母，父有不慈而子不可以不孝，彼不孝其親者，常始於見其有不是處耳。漢薛包好學篤行，父娶後妻而憎包，分出之，包日夜號泣不能去，至被毆杖，不得已廬於舍外，旦入洒掃，父怒，又逐之。乃廬於里門，晨昏不廢，積歲餘，父母慙而還之，爲人子者，不幸而事難事之親，則於舜與薛包之事，可不勉而師之乎？應俊續編。

（宋）應俊《琴堂諭俗編》卷上《教子孫》 人有子孫，不問富貧貴賤，皆不可以不教也。臨江傅侍郎之甥，孫吴氏，大理寺丞之孫女也，能崇義方，用詩禮導其子，嘗謂其夫鄒國俊曰，家雖貧，不可不擇師，得師不可不加敬，南齋先生傅聘君爲誌其言，而摯以銘曰，儒家學脉，擇師爲先，得師知敬，子學必賢，師得其人，世世勿怠，此脉相傳，如親常在。蕭秘丞兄弟書此銘，謂可爲世俗延師教子之法。所謂教者，非徒誦讀之謂也，大要使之識道理，顧廉耻，不作非法，不犯非禮，以盡人道而已。古之人子未生，固有胎教，況已生乎。劉向《列女傳》，古者婦人妊子，寢不側，坐不邊，立不蹕，不食邪味，割不正不食，席不正不坐，目不視邪色，耳不聽淫聲，夜則令瞽誦詩道正事，如此則生子形容端正，才德必過人矣。故妊子之時，必謹所感，感於善則善，感於惡則惡，人生而肖萬物者，皆其母感於物，故形音肖之。范蜀公東齋記宋君垂言，嘉陵江上見二鶻擲卵相上，下以接之，江上人雲，教卵習飛也，其胎教之義乎？俊謂鶻禽也，尚知教子，可以人而不如鳥乎。司馬公《家範》曰，子始生求乳，母必擇良家婦人稍温謹者，乳母不良，非惟敗亂家法，兼令所飼之子，性行亦類之。子始生未有知，固舉以禮，況已有知乎。《韓詩外傳》，孟子幼時，問東家殺猪何爲，母曰欲。啖汝，既而悔曰，吾聞古有胎教，今適有知而欺之，是教之不信也，乃買鄰猪肉食之。說苑父母正，則子孫孝慈，孔子家兒不識怒，曾子家兒不識罵，爲人父者，當知此義。故顔之推論教子之道有曰，當及嬰孩識人顔色，知人喜怒，使加教誨，使爲則爲，使止則止，比及數歲可省笞罰，父母威嚴而有慈，則子女畏謹而生孝矣。吾見世間無教而有愛每不能，然飲食云，爲恣其所欲，宜誡翻獎應訶反笑，至有識知，謂法當然。驕慢已習，方乃制之，捶撻至死而無威，忿怒日隆而增怨，逮於成長，終爲敗德。孔子云，少成若天性，習慣如自然。俗諺曰，教婦初來教兒嬰孩，誠哉斯語。司馬温公家範曰，人之愛子者多曰，兒幼未有知耳，俟其長而教之，是猶養惡木之萌芽。曰俟其合抱而伐之，其用力顧不多哉。又如開籠縱鳥而捕之，解轡放馬而逐之，曷若勿縱勿解之爲易，亦此意也。然教之之法，又當謹其所習，昔黄筌黄居寀居實蜀之名畫手也，尤善爲翎毛，其家多養鷹鶻，觀其神俊以模寫之，故得其真，其後子孫有棄其畫業而事田獵飛放者，既多養鷹鶻則買鼠或捕鼠以飼之。又其後世有捕鼠爲業者，愈趨而愈下，皆置習使然也。范蜀公嘗記其事，且曰，人家置博奕之具者，子孫無不爲博奕，藏書者，子孫無不讀書，置習豈可以不謹哉。李子木書閣吟，滿堂貯金玉，子孫務吞侵滿堂，載管弦子孫學荒淫，偉哉，夫子謀有閣臨竹林，閣中盛羣書，古人可披尋子孫登是閣，不解失光陰，子孫精是書，坐可攀朝簪德義，日以高見聞。由之，深君不見邊先生便其腹，王先生醉其心，清風颯颯傳於今，又不見漢相韋賢家，一經教子輕黄金語，意相似，因附於此。畫家固不足責也，近年吾郡林家巷有官至浙漕者，公退之暇，每呼其子相對樗蒲以消日，及其死也，其子竟以樗蒲敗家，窮困無聊，所爲有不可言者。昔丁文簡公度之祖顗，盡其家貲以置書，至八千卷，且曰，吾聚書多矣，必有好學者爲吾子孫，至公果爲參政，由是觀之，范公之言，豈欺我哉。雖然子孫之賢，不肖亦係乎，乃祖乃父所積何如耳，豈人力所能强教也。唐盧坦爲河南尉，時杜黄裳爲尹，召坦曰，某家子與惡人游，破産盍察之，坦曰，凡居官廉，雖大臣無厚蓄，其能積財者，必剥下以致之，如子孫善守，是天富不道之家，不若恣其不道以歸於人，此又自本自根之論也，爲人祖父者宜思之。

（宋）應俊《琴堂諭俗編》卷上《友兄弟》 兄弟者，同受形於父母，一氣所生，骨肉之至親者也。老泉族譜引兄弟，其初一人之身也。詩曰，凡今之人莫如兄弟死喪之威，兄弟孔懷言死喪則相恤也。晉咸寧中，大疫，庚衮二兄俱亡，次兄毗復危，殆癘氣方熾，父母諸弟皆出次於外，衮獨留不去，諸父兄强之，乃曰，衮性不畏病，遂親自扶持，晝夜不眠，其間復撫柩哀臨不輟，如此十有餘旬，疫氣既歇，家人乃反。毗病得差，衮亦無恙。又曰，脊令在原兄弟急難，兄弟鬩於墻外禦其侮，言患難則相救也。後漢姜肱兄弟遇盜，更相爭死，遂兩釋焉。既至郡中，終不言盜，盜聞而感悔，後乃就精廬求見，徵君謝罪，趙孝弟禮爲賊所得，將食之，孝自縛詣賊曰，禮瘦不如孝肥，賊曉其意，俱舍之。晉索靖子綝，字巨秀，舉秀才，除郎中，嘗報兄之仇，手殺三十七人，時人莫不壯之。衛宣公有子二人，曰伋曰壽，伋被誘，宣公遣伋齊使盜待於路，欲殺之，壽知以告伋，使勿去，伋曰，棄父之命不可，壽遂先行，爲盜所殺，伋後至曰，壽何罪，請殺我，盜又殺之，故詩人作二子乘舟之詩思之也。毛氏曰，伋宣公之世子，宣公爲伋娶齊女，而美公奪之生壽及朔，朔與母愬伋於公，公令伋之齊使賊先待於隘而殺之，壽知之以告伋，使去之。伋曰，君命也，不可以逃，壽竊其節先往，賊殺之。伋至曰，君命殺我，壽有何罪，賊又殺之。真文忠公曰，利莫大於得國，觀夷齊之相遜，則區區土田，金幣何足校，害莫大於殺身，觀伋壽之更相爲死，則利害得喪之微，尤不足言矣。張宣公曰，叔齊之讓伯夷，以爲伯夷之長當立，無兄弟之義，而何以爲國乎？伯夷之不受國，以爲叔齊之立父命也，無父子之義，而何以爲國乎？二子者，寧失國而存此矣，伯夷叔齊，孤竹君之子。晉王祥王覽異母兄弟也，母朱氏待祥不慈，祥被楚撻，覽年數歲輒涕泣抱持之。朱氏屢以非理，使祥覽輒與俱。又虐使祥妻，覽妻亦往共之。朱氏患之乃止。又嘗使人以毒酒殺祥，覽知之與祥爭酒飲，朱氏遂奪之，自後朱氏與祥饌，覽必先嘗，夫異母兄弟猶如此，況同母乎。南唐江州陳氏七代同居，族人數百口，每食鋪廣席，以次就坐，有畜犬百餘，共食一槽，一犬不至，餘犬爲之不食，禽獸猶如此，況兄弟乎。今爾百姓不明禮義，悖逆天性，生雖同胞，情猶秦越。居雖同室，迹如路人，豈知兄弟之義哉。後漢薛包好學篤行，弟子求分財異居，包不能止，於是中分其財，奴婢引其老者曰，與我共事久，若不能使也，田廬取其荒頓者曰，吾少時所理意所戀也，器物取朽敗者曰，我素所服食，身口所安也。弟子數破其産，輒復賑給。嗚呼，兄弟叔姪之不和，皆因於爭財之不平，使能少慕薛包之風，豈復有爭也哉。鄭至道原編

鄭君此篇諭俗之第二事也，先之以死喪，孔懷欲其兄弟之相恤也，繼之以急難禦侮，欲其兄弟之相救也。然觀《棠棣》之末章曰，妻子好合，如鼓瑟琴。兄弟既翕和樂且湛，夫常棣燕兄弟之詩也，其言乃先妻子而後兄弟，何也？蓋兄弟之不和，每起於妻子之離間，故顔之推論兄弟曰，方其幼也，父母左提右挈，前襟後裾，食則同案，衣則傳服，學則連業，游則共方，雖有悖亂之人，不能不相愛也。及其壯也，各妻其妻，各子其子，雖有篤厚之人，不能不少衰也。柳氏家訓亦曰，人家兄弟無不義者，盡因娶婦入門，異姓相聚，爭長競短，漸漬日聞，偏愛私藏，以至背戾，分門割户，患若賊讎，皆汝婦人所作，男子剛腸者，幾人能不爲婦言所惑者，鮮矣。近世三衢《袁氏世範》亦曰，人家不和，多因婦女以言激怒其夫及同輩，蓋婦女所見，不廣不遠，不公不平。又有所謂婦姑妯娌皆假合，强爲之稱呼，非自然天性，故輕於割恩，易於修怨，非丈夫有遠識則爲其役，而不自覺。一家之中，乖變生矣。於是有親兄弟子姪隔屋連墻，至死不相往來者，有無子而不肯以猶子爲後者，有多子而不以與兄弟者，有不卹兄弟之貧養親必欲如一，寧棄親而不顧者，有不卹兄弟之貧葬親必欲均費寧留喪而不葬者，嘗見有遠識之人，知婦女之不可諫誨，而外與兄弟相愛，常不失歡，私救其所急，私賙其所乏，不使婦女知之，亦可謂善處妻子兄弟之間者。隋牛宏爲吏部尚書，弟弼嘗醉射殺宏駕車牛。宏還宅，其妻迎謂曰，叔射殺牛，宏聞無所怪問，直答曰，作脯。坐定，其妻又曰，叔射殺牛，大是異事，宏曰，已知，顔色自若，讀書不輟。唐平章事韓滉有幼子，夫人柳氏所生也，弟湟戲於掌上，誤墜而死，滉禁約夫人勿悲啼，恐傷小郎意，爲兄如此，豈妻妾他人所能間也。然亦有婦人之賢而召兄弟之和者，昔汝敦與兄同居，有祖財物，兄嫂必欲得之，形於辭色，敦妻勸敦盡遜田宅奴婢與兄，自出別居，但分荒園數畝，後耕園得金一器，敦以示妻，妻曰，本言遜兄，此亦祖物，願歸還敦，於是與妻賫金器共往還兄，嫂初不知來意，以爲假貸，有不悦之色，及見金器，踴躍欲留之，兄惻然感悟，即逐其妻，遂與弟合居焉。世有因妻子而失兄弟之義者，亦可以爲鑒矣。

（明）仁孝文皇后徐氏《内訓·事父母章第十二》 孝敬者，事親之本也。養非難也，敬爲難，以飲食供奉爲孝，斯末矣。孔子曰：孝者，

人道之至德。夫通於神明，感於四海，孝之致也。昔者，虞舜善事其親，終身而慕；文王善事其親，色憂滿容。或曰，此聖人之孝也，非婦人之所宜也，是不然。孝弟，天性也，豈有間於男女乎。事親者，以聖人爲至。若夫以聲音笑貌爲樂者，不善事其親者也。誠孝愛敬，無所違者，斯善事其親者也。縣衾斂簟，節文之末，紉箴補綴，帥事之微，必也恪勤朝夕，無怠逆於所命，只敬尤嚴於杖屨，旨甘必謹於餕餘，而況大於此者乎？是故不辱其身，不違其親，斯事親之大者也。夫自幼而笄，既笄而有室，家之望焉。推事父母之道於舅姑，無以復加損矣。故仁人之事親也，不以既貴而移其孝，不以既富而改其心，故曰事親如事天。又曰孝莫大於寧親，可不敬乎？《詩》云，害澣害否歸寧父母，此后妃之謂也。

（明）胡廣《性理大全》卷一九《家禮·司馬氏居家雜儀》 凡爲家長，必謹守禮法，以御羣子弟及家衆。分之以職，謂使之掌倉廩廄庫庖厨舍業田園。之類授之以事，謂朝夕所幹及非常之事。而責其成功。制財用之節，量入以爲出，稱家之有無，以給上下之衣食，及吉凶之費，皆有品節，而莫不均壹。裁省冗費，禁止奢華，常須稍存贏餘，以備不虞。

凡諸卑幼，事無大小，毋得專行，必咨禀於家長。

凡爲子爲婦者，毋得蓄私財。俸禄及田宅所入，盡歸之父母舅姑。當用則請而用之，不敢私假，不敢私與。

凡子事父母，婦事舅姑，天欲明，咸起盥，漱櫛，總，具冠帶。昧爽，適父母舅姑之所省問。父母舅姑起，子供藥物，婦具晨羞。供具畢乃退，各從其事。將食，婦請所欲於家長，退具而供之。尊長舉筯，子婦乃各退就食。丈夫婦人各設食於他所，依長幼而坐，其飲食必均壹。幼子又食於他所，亦依長幼，席地而坐。男坐於左，女坐於右。及夕食，亦如之。既夜，父母舅姑將寢，則安置而退。丈夫唱喏，婦女道安，置此即禮之昏定也。居閑無事，則侍於父母舅姑之所，容貌必恭，執事必謹，言語應對，必下氣怡色。出入起居，必謹扶衛之，不敢涕唾喧呼於父母舅姑之側。父母舅姑不命之坐，不敢坐。不命之退，不敢退。

凡子受父母之命，必籍記而佩之，時省而速行之。事畢則返命焉。或所命有不可行者，則和色柔聲，具是非利害而白之。待父母之許，然後改之。若不許，苟於事無大害者，亦當曲從。若以父母之命爲非，而直行己志，雖所執皆是，猶爲不順之子，况未必是乎？

凡父母有過，下氣怡色，柔聲以諫。諫若不入，起敬起孝。悦則復諫，不悦，與其得罪於鄉黨州閭，寧熟諫父母。怒不悦而撻之，流血不敢疾怨，起敬起孝。

凡爲人子弟者，不敢以貴富加於父兄宗族。

凡爲人子者，出必告，反必面。有賓客，不敢坐於正廳，升降不敢由東階，上下馬不敢當廳，凡事不敢自擬於其父。

凡父母舅姑有疾，子婦無故不離側，親調嘗藥餌而供之。父母有疾，子色不滿容，不戲笑，不宴游，舍置餘事，專以迎醫，檢方合藥爲務，疾已復初。

凡子事父母，父母所愛，亦當愛之，所敬，亦當敬之。至於犬馬盡然，而况於人乎？

凡子事父母，樂其心，不違其志。樂其耳目，安其寢處，以其飲食忠養之。幼事長，賤事貴，皆倣此。

凡子婦未敬未孝，不可遽有憎疾。姑教之，若不可教，然後怒之。若不可怒，然後笞之。屢笞而終不改，子放婦出，然亦不明言其犯禮也。子甚宜其妻，父母不悦，出子。不宜其妻，父母曰：是善事我，子行夫婦之禮焉，没身不衰。凡爲宫室，必辨内外。深宫固門，内外不共。井不共浴，堂不共厠。男治外事，女治内事。男子晝無故不處私室，婦人無故不窺中門。男子夜行以燭，婦人有故出中門，必擁蔽其面。男僕非有繕修及有大故，不入中門。入中門婦人必避之，不可避亦必以袖遮其面。女僕無故不出中門，有故出中門，亦必擁蔽其面。鈴下蒼頭，但主通内外之言傳，致内外之物，毋得輒升堂室，入庖厨。

凡卑幼於尊長，晨亦省問，夜亦安置。坐而尊長過之，則起。出遇尊長於途，則下馬。不見尊長，經再宿以上，則再拜。五宿以上，則四拜。賀冬至、正旦，六拜。朔望，四拜凡拜數，或尊長臨時減而止之，則從尊長之命。吾家同居宗族衆多，冬至、朔望聚於堂上，丈夫處左，西上。婦人處右，東上。皆北向，共爲一列，各以長幼爲序，共拜家長。畢，長兄立於門之左，長姊立於門之右，皆南向，諸弟妹以次拜。訖，各就列。丈夫西上，婦人東上，共受卑幼拜。受拜訖，先退。後輩立，受拜於門東西，如前輩之儀。若卑幼自遠方至，見尊長，遇尊長三人以上同處者，先再，再拜，叙寒暄，問起居。訖，又三再拜而止。

凡受女壻及外甥拜，立而扶之。外孫，則立而受之可也。

凡節序及非時家宴，上壽於家長，卑幼盛服，序立如朔望之儀。先再拜，子弟之最長者一人，進立於家長之前。幼者一人搢笏執酒盞，立於其左，一人搢笏執酒注，立於其右。長者搢笏跪，斟酒祝曰：伏願某官備膺五福，保族宜家。尊長飲畢，授幼者盞注，反其故處。長者出笏，俛伏興退，與卑幼皆再拜。家長命諸卑幼坐，皆再拜而坐。家長命侍者徧酢諸卑幼，卑幼皆起，序立如前，俱再拜。就坐，飲訖。家長命易服，皆退易便服，還復就坐。

凡子始生，若爲之求乳母，必擇良家婦人稍温謹者。子能食飼之，教以右手。子能言，教之自名及唱喏、萬福、安置。稍有知，則教之以恭敬尊長。有不識尊卑長幼者，則嚴訶禁之。六歲教之數與方名，男子始習書字，女子始習女工之小者。七歲，男女不同席，不共食，始誦《孝經》、《論語》。雖女子，亦宜誦之。自七歲以下，謂之孺子，早寢宴起，食無時。八歲出入門户，及即席飲食，必後長者，始教之以謙讓。男子誦《尚書》，女子不出中門。九歲，男子誦《春秋》及諸史，始爲之講解，使曉義理。女子亦爲之講解《論語》、《孝經》及《列女傳》、《女戒》之類。十歲，男子出就外傅，居宿於外，讀《詩》、《禮》、傳，爲之講解，使知仁、義、禮、智、信，自是以往，可以讀孟、荀、楊子，博觀羣書。凡所讀書，必擇其精要者而讀之。其異端非聖賢之書，傳宜禁之，勿使妄觀，以惑亂其志。觀書皆通，始可學文辭。女子則教以婉娩，聽從及女工之大者。未冠笄者，質明而起，總角靧面以見尊長。佐長者供養祭祀，則佐執酒食。若既冠笄，則皆責以成人之禮，不得復言童幼矣。

（明）方孝孺《遜志齋集》卷一三《族譜序》　昔天地未分，名曰混沌。混沌以後，名曰太乙。太乙以後，名曰太始。太始以後，名曰太初。太初以後，名曰開闢。開闢之時，始分天地。清氣上而爲天，有日月星辰，濁氣下而爲地，有山川草木。其氣清濁以成形，結而爲人、禽獸、萬物之象，清氣結而昇結而昇者，爲聖人濁氣混而下者，爲凡庶其類，各有四大之形，同稟五常之性，性者情也。有情則受命，並受天地自然之氣，結爲男女，則有夫妻。既有夫妻，則有父子，既有父子，則有兄弟，則有朋友。既有朋友，則有爵禄，則有謚號，則有封邑，則有茅土。既有茅土，則有親疎，則有宗族。既有宗族，則有譜序，姓者生也。共相生長。宗者總也，總統相連。族者聚也，非類不聚，各相尊榮。三皇已前，無文無紀，五帝以後，典籍興焉。莫不書其附策揚其德行，典誥書其姓名，顯其禄位，序述千古，所驗則明其世代者，可序曰：譜者，普也。普載祖宗遠近姓名，諱字年號，又云譜者，布也。敷布遠近，百世之綱紀，萬代之宗派，源流序述姓名，謂之譜系，條録昏宦，謂之籍狀，天下書之，謂之紀，諸侯書之謂之史，大夫書之謂之傳。總而言之，謂之譜，譜者補也。遺亡者，治而補之，故曰序得姓之根源，記世數之遠近，父昭子穆，百代在於目前。鄭玄曰譜之於家，若綱在綱，綱張則萬目具，譜定則萬枝在，今恐一枝之上，枯榮有異則强弱相凌，一祖之後，貴賤不同，尊卑相濫，今舉大綱以明衆目，是以四海各流，乃東出而西歸，九河分趣，雖道異而源同。是以樹有凋榮之幹，羽有長短之毛，或短褐輕裘，咸出公卿之胤，珮玉負薪，不廢連枝共葉，《詩》云：獨行踽踽，豈無他人，不如我同，父父子相因，不比他人之姓，豈是百裔同居一祖，千葉同生一株，株强則葉盛，根弱則幹微，分之五世之謂族，元祖是稱之爲宗，宗族同姓，謂不忘親也，雖然散在九州而蹤，元無二分，居百國而祖，爾攸同但記之記之在此譜。考究乎先世之蹤，以示萬代之孫也，育者繩繩不絶之義，可世，數則尊卑可定，必須忠孝於君，親敬順於師長，和睦於夫妻，信義於朋友，親睦於鄉閭，恭勤志慕，然後位進於公卿，名揚於後世。孔子曰，從我於陳蔡者，皆不及門也。人之基業子孫根本不以無位，門户失次，人善則門榮，人惡則門賤，所以敬二尊遠四惡，敦五美脩六藝，九思十善，弗忘於須，更故常積學蘊心明以聽視，先世之叙，皆記於胷襟，乃有孫不識，祖字子不識，父諱問其由，序則默。然書其家傳，則閣筆如此之徒，非紹隆後世之子也。或曰富貴運所招，何用先人之蔭，聖人自生，不由父母中人以上，皆有承籍，至如曲木直枝，頑父哲子，但取當時之用，豈有爾祖之業，而不記乎在心，而睹之目者也。蓋聞譜者姓名之輕緯，昭穆之綱紀，導一宗之根源，提九族之總統，人倫根蔕，君子貴之，是以充者著之斯，用之急也。世數綿遠，枝葉雖分，時運盛衰，苗育遼隔譜牒，若存則依憑有據，記注精顯則品類無差，今古相承，班序俱定次長幼之高卑，累官階之大小，問源則不惑，問世則不疑，傳之記之，以續後生，無令斷絶勿有疑焉。凡明十條例之於后。一序得姓之根源，二記族數之遠近，三明爵禄之高卑，四序官階之大小，五標墳墓之所在，六述妻妾之外氏，七載適女之出處，八彰忠孝之進士，九揚道德之遁逸，十表節義之鄉閭。

（明）李東陽《懷麓堂集》卷二五《尹氏譜叙為漢瓊作》 家譜，非古也。古者，巨室大族系有圖，上之太史，太史藏之，故本紀世家皆有可考，而副藏於家。漢魏以來，書不闕矣。迄晋尚門第，顧陸朱張匹也，猶下之。入唐貞觀，修氏族志，山東著姓例降一等，主婿主妃皆取勳臣家，不議其族。然魏元成房梁公李英公皆盛，與爲婚，左右之，由是，舊望不減，逮姓字録改矣，謂之勳格，婚有禁矣。仍老不嫁，弊自上者，其流及下，蘓氏譜所由作也。

（明）羅洪先《念菴文集》卷一二《廬陵賀氏族譜序》 某嘗從同郡諸君子爲朱陸之會，青原山中，與前麗水，令龍岡賀公，數相見公在會，中年已高，端坐竟日聞聖賢旨要，沉思頷首，不喜辨説，心竊慕之，以爲老而不衰可訓也。一日，衣冠造敝廬，言曰：賀之先出唐會稽，憑因令永新留家，馬傳四世，而有曰美，曰圖，曰琰，曰緒。諸賀所徒出也。良坊大城下布廬陵荷山之賀，出於美龍田後田江頭灣東上江頭，江南之賀出於圖，攸縣湘潭小車高田之賀出於琰，賴田耒陽安城樓前，界塘之賀出於緒而鈞，則荷山出馬，四世而下至於今，二十有二世。摠食指數萬有奇而大吾賀者，則若弁之。詩泰之義，性翁仲善之達，學士先生稱述不絶於口，鈞懼後之無以繼也，取舊譜繹之作譜，序凡例世系者三，曰内篇，貴貴賢賢。稽實者三，曰外篇，於意，若曰凡爲父子、夫婦、兄弟、叔姪，以至於羣從者，必求其慈孝，和義友恭愛，敬而非徒以父子。夫婦兄弟尊卑之名爲也，貴貴者爲其能，達乎此賢賢者，爲其能守乎，此而皆有實可稽亦非徒以其貴，以其賢之名爲也，然徒言之爾矣。幸以子之身教者教之，可乎？某謝不敏，至於再公弗釋也。嗚呼，公知學矣，奚以言哉？葢學也者，所以學爲人也，學爲人者，學爲父子，爲夫婦，爲兄弟、叔姪，以至於羣從而後人道始立也。人性至善，何所弗能其待於學者，何也？今夫一人言之，十人咻之，聞者不從其言，而從其咻，則知性之成於習也。今十人言之，一人行之，聞者不從其言，而從其行，則知學而後有教也。故學非能爲之謂也，謂其有所弗能而求以能之者也，教非必人之能也，謂其已能而人自求之者也。嗚呼！夫孰無父子，孰無夫婦孰無兄弟、叔姪，與羣從哉？則亦孰無人道之責，而於學其可已乎。是故繼志述事，所以學爲父子，而亦以教人之爲父子也。反身刑家所以學爲夫婦，而亦以教人之爲夫婦也。飾讓去争厚施，薄責所以學爲兄弟，學爲叔姪，學爲羣從，而亦以教人之爲兄弟、叔姪。羣從者也。貴者得此而身益，尊賢者得此而名不滅，傳者得此而文可遠，而一有弗學，則凡彼之越履，斁彝雖非孝之逸，欲而習俗之移，抑亦均有責爾矣。嗚呼，可無懼乎？龍岡公以向衰之年堅向往之志，雖以子給舍君之貴，而瞿瞿然，如有弗及，葢知學而後能若此，賀氏之族相觀而善，增其不能與於詩，由夫義達其道以進乎，聖賢之業，安知不有出於虞歐，諸君稱述之外，而所，教賀氏者，奚必取之他人哉，吾見賀氏之譜成而學者繕性輔世之訓昭也。

（清）趙翼《陔餘叢考》卷三七《尊老尊兄令弟》 杭州人自稱其父曰尊老，徽州人自稱其兄嫂曰尊兄尊嫂，他處則稱人之父曰尊公尊老，稱人之兄嫂曰尊兄尊嫂。按《晋書·載記》：劉淵謂傅祗之子暢曰：尊公雖不達天命，然各忠其主。《南史》：何子平之母，年未及終養，而籍註有誤，年例已滿，子平即便去官。顧愷之謂曰：尊上年實未八十，親故所知，何即辭禄？吉翂之父犯重罪，翂乞代父死，蔡法度誘之曰：上知尊侯無罪，行當自釋。《北史》：楊播與北海王詳議論不屈，詳顧播姪昱曰：尊伯姓剛不服理。《唐書》：李林甫恐嚴挺之大用，乃謂其弟損之曰：上待尊兄意甚厚。盍爲見上策此，皆稱人之父母伯叔爲尊，而非以自稱其父母伯叔也。然以之自稱，亦有所本，何子平爲揚州從事，月俸得白米，輒易粟麥，人曰：所利無幾，何足爲煩？子平曰：尊老在東，不辦得米，何心獨享白粲？是自稱其父曰尊老也。《三國志》註：袁術與袁紹書曰：神應有征，當在尊兄。《北齊書》：後主緯居南宫，其弟琅琊王儼從上皇胡后居北宫，嘗於南宫見新冰早李，還怒曰：尊兄已有，我何竟無？後儼殺和士開，後主緯使人召儼，儼曰：尊兄若欲殺臣，臣不敢逃罪。此自稱其兄曰尊兄也。隋煬帝將即位，先縊死其兄勇，乃即位曰：令兄之弟果堪大任。此又自稱其兄曰令兄也。謝靈運與惠連弟詩云：末路值令弟，酬問開心顔。杜工部詩：令弟草中來，倉然請論事。是又自稱其弟曰令弟也。

（清）王明松《王氏族譜》卷一《家訓・敬長上》　尊卑長幼既有定分，稱呼拜揖自有成規，在尊長須和平以待下，在卑幼須恭敬以事上。每逢朔望，父兄率子弟詣祠謁祖，教以禮儀，示以法度，數日不見尊長，雖塗遇必揖，坐必起，行必徐，應對則柔聲下氣，毋以尊凌卑，毋以下犯上，毋以强欺弱，毋以富虐貧，此仁讓傳家之道也。

（清）石韞玉《獨學廬三稿》卷一《論・出母論》　孔子無出妻之事，儒者以《檀弓》伯魚母死期而猶哭。夫子曰：嘻！其甚也。遂指爲出母之喪。不知古者父在，爲母之服本期也。是時孔子尚在，伯魚爲母之服，及期而除禮也。既除而哭，則禮之過。先王之制，賢者俯而就不肖者，仰而跂。伯魚雖孝不得越禮，而不除既除，即不當哭而猶哭。故孔子謂之已甚。此正是父在爲母之禮，不必出母也。《檀弓》又曰：子上之母死而不喪。門人問諸子思曰：昔者子之先君子喪，出母乎？曰：然門人此問是問其制禮何如，非必問其躬行之事。且所謂先君子者，謂孔氏先世不必伯魚也。如曰：伯魚則喪服。《傳》云：子爲父後者，則爲出母無服，伯魚無兄弟，正當爲孔子之後，又安得爲出母制服乎？《檀弓》謂：孔氏之不喪，出母自子思始也者。謂孔氏至子思始有出妻，非謂孔氏先世皆出其妻也。《詩・河廣》之疏曰：母出與廟絶，不可以私反私，反且不可又從而爲之服，可乎？子思曰：爲伋也妻者，是爲白也母。不爲伋也妻者，是不爲白也母。此千古不易之論。能爲妻則不出，出則不能爲妻，此兩言而決耳，又何疑乎？或曰：子言母出與廟絶信矣。而《儀禮》有出母之服，何也？曰：先王制禮，非一端而已也。婦人之義，從一而終。其出也，有嫁者，有不嫁者。其不嫁者，夫棄其婦，而婦猶不忍棄其夫。夫妻之義絶，而母子之恩未絶，故不可私反者，尊嚴父之命而爲之服者，申孝子之情也。其嫁者，夫妻、母子之恩皆絶。夫不得復以之爲妻，而子又安能復以之爲母乎？此禮無明文，而其義可推而知也。否則出母期父在，爲母亦期，既出之母與在室之母同其服，必不然矣。婦人無二天，出而不嫁，是猶以吾父爲其所天也。子不能忘其恩情也，亦義也。出而嫁則已在他人之室，成婦道矣。彼已不以吾之父爲夫，而吾又安能以他人之妻爲母乎？夫固不待智者而辨之矣。先王之禮，仁之至，義之盡，非如後世細人知有母而不知有父，若禽獸者也。

（清）杜貴墀《桐華閣文集》卷二《壻再娶婦不得為吾女説》　杜氏女嫁馮氏，未及期年而死。或問所以處馮氏壻者，應之曰始終吾壻也。女既已見馮氏廟，成爲馮氏婦矣。死而既葬，主祔王姑百歲之後，將配其夫主於廟，以享馮氏子孫之蒸。嘗是馮氏壻之妻，吾女百世無以易也。吾焉得而不壻之，曰吾女死而壻再娶，吾將以壻故女其妻乎，應之曰壻之名，由女而立者也。夫吾女者，吾可名之壻妻；吾壻者，吾不得名之女。女之名不因壻而立也。曰壻再娶而有子，吾將奚稱應之曰孫之而已。爲吾壻妻者，爲吾壻子母，後子之必母前妻，猶前子之必母後妻也。吾女子之，吾烏得而不孫之？曰既孫其子矣，奚不可因女其母應之，曰孫之名，以吾女之子而立女之名，不因孫之母而立也。吾自女吾女，吾自孫吾女之子，非假他女之子而孫之，奚取此孫之母而女之。

综述

《唐律疏議》卷一二《户婚·養子舍去》 諸養子，所養父母無子而捨去者，徒二年。若自生子及本生無子，欲還者，聽之。

疏議曰：依《户令》：無子者，聽養同宗於昭穆相當者。既蒙收養，而輒捨去，徒二年。若所養父母自生子及本生父母無子，欲還本生者，並聽。即兩家並皆無子，去住亦任其情。若養處自生子及雖無子，不願留養，欲遣還本生者，任其所養父母。

即養異姓男者，徒一年；與者，笞五十。其遺棄小兒年三歲以下，雖異姓，聽收養，即從其姓。

疏議曰：異姓之男，本非族類，違法收養，故徒一年；違法與者，得笞五十。養女者不坐。其小兒年三歲以下，本生父母遺棄，若不聽收養，即性命將絶，故雖異姓，仍聽收養，即從其姓。如是父母遺失，於後來識認，合還本生；失兒之家，量酬乳哺之直。

《唐律疏議》卷一三《户婚·以妻為妾》 諸以妻爲妾，以婢爲妻者，徒二年。以妾及客女爲妻，以婢爲妾者，徒一年半。各還正之。

疏議曰：妻者，齊也，秦晉爲匹。妾通賣買，等數相懸。婢乃賤流，本非儔類。若以妻爲妾，以婢爲妻，違别議約，便虧夫婦之正道，黷人倫之彝則，顛倒冠履，紊亂禮經，犯此之人，即合二年徒罪。以妾及客女爲妻，客女，謂部曲之女，或有於他處轉得，或放婢爲之；以婢爲妾者：皆徒一年半。各還正之，並從本色。

問曰：或以妻爲媵，或以媵爲妻，或以妾作媵，或以媵作妾，各得何罪？

答曰：據《鬬訟律》：媵犯妻，減妾一等。妾犯媵，加凡人一等。餘條媵無文者，與妾同。即是夫犯媵，皆同犯妾。所問既非妻妾與媵相犯，便無加減之條。夫犯媵，例依犯妾，即以妻爲媵，罪同以妻爲妾。若以媵爲妻，亦同以妾爲妻。其以媵爲妾，律、令無文，宜依不應爲重，合杖八十。以妾爲媵，令既有制，律無罪名，止科違令之罪。即因其改換，以告身與迴換之人者，自從假與人官法。若以妾詐爲媵而冒承媵姓名，始得告身者，依《詐僞律》：詐增加功狀，以求得官者，合徒一年。若婢有子及經放爲良者，聽爲妾。疏議曰：婢爲主所幸，因而有子；即雖無子，經放爲良者：聽爲妾。

問曰：婢經放爲良，聽爲妾。若用爲妻，復有何罪？

答曰：妻者，傳家事，承祭祀，既具六禮，取則二儀。婢雖經放爲良，豈堪承嫡之重。律既止聽爲妾，即是不許爲妻。不可處以婢爲妻之科，須從以妾爲妻之坐。

《唐律疏議》卷二二《鬬訟·毆傷妻妾》 諸毆傷妻者，減凡人二等；死者，以凡人論。毆妾折傷以上，減妻二等。

疏議曰：妻之言齊，與夫齊體，義同於幼，故得減凡人二等。死者，以凡人論，合絞。以刃及故殺者，斬。毆妾，非折傷無罪；折傷以上，減妻罪二等，即是減凡人四等。若殺妾者，止減凡人二等。

《宋刑統》卷一二《户婚律·父母在及居喪别籍異財居喪生子》 諸祖父母、父母在，而子孫别籍異財者，徒三年。別籍異財不相須，下條准此。若祖父母、父母令别籍，及以子孫妄繼人後者，徒二年，子孫不坐。

疏：諸祖父母、父母在，而子孫别籍異財者，徒三年。注云，别籍異財不相須，下條准此。議曰：稱祖父母、父母在，則曾高在亦同。若子孫别生户籍，財産不同者，子孫各徒三年。注云，别籍異財不相須，或籍别財同，或户同財異者，各徒三年，故云不相須。下條准此，謂父母喪中别籍異財，亦同此義。

又云，若祖父母、父母令别籍，及以子孫妄繼人後者，徒二年，子孫不坐。議曰：若祖父母、父母處分，令子孫别籍，及以子孫妄繼人後者，得徒二年，子孫不坐。但云别籍不云令其異財，令異財者，明其無罪。

諸居父母喪生子，及兄弟别籍異財者，徒一年。

疏議曰：居父母喪生子，已於《名例》免所居官章中解訖，皆謂在二十七月内而妊娠生子者，及兄弟别籍異財，各徒一年。别籍異財不相須。其服内生子，事若未發，自首亦原。

（宋）宋敏求《唐大詔令集》卷四二《公主·出降·公主王妃不許舅姑父母答拜詔》 天地之尊，人倫已極，舅姑之敬，禮經攸重，苟違斯義，有致彝則。如聞公主出降，王妃作嬪，舅姑父母，降禮答拜。此乃子道云替，婦德不循，何以式序家邦，儀刑列閭。自今以後，可明加禁斷，使一依禮法。若更有以貴加於所尊者，令有司隨事糾聞。顯慶二年三月

（宋）佚名《宋大詔令集》卷一九九《政事·禁約·禁誘人子弟求析家産及壞墳域詔大中祥符二年正月戊辰》　字氓之術，敦教爲先，眷乃細民，尚迷至化。但謀酗樂，罔慎行藏，或靡顧宗親，顯求析户，或不聞尊屬，潛舉息錢，頗開獄訟之源，終致流離之苦。念茲多僻，宜示禁科，自今誘人子弟，求析家産，恣爲不逞，及輒壞墳域者，仰逐處即時捕捉，并許本家親族鄰人陳告，鞫按以聞，當議決配，其知情放債人所假錢物，不在還理之限，如因事彰露，應干繫官吏鄰保，並等第勘斷。

《天盛改舊新定律令》卷八《爲婚門》　諸婦人已至夫主家下，丈夫亡故者，小大孤父不許監管，若監管時徒二年。寡婦行三年孝禮期滿，有公婆則不許隨意出。若公婆情願放，有欲贖出者，則有無子女一律當聽贖出。無公婆，則願往即往，願往樂處即往，夫主之畜物勿取。若公婆孤父等寡婦欲住不令住及往樂處不放、婦人自意取畜物等，一律有官罰馬一，庶人十三杖。

諸婦人住父母家下，婿已住，生子女，丈夫亡故時，有公婆時不許隨意往，當送公婆。未生子女則行三年孝禮，期滿，然後女父母得以隨意嫁與人爲婚。【略】

官私人男女相謀□□諸處逃避□□妻處等所生子女皆隨母往，當予婦人屬者，不許隨父往。若不予時，有官罰馬一，庶人十三杖，人當予。

【略】

官家之女子、閤門帳下女子、織繡絹、結綫□□沙州女子等等未有丈夫，本二人願□□生子女者，女當從母隨意而嫁，男則隨男相共而出。是官人根則輔主中註册，是使軍則不許爲使軍，所願處當爲官人輔主中。不註册時，有官罰馬一，庶人十三杖。

《通制條格》卷三《户令·良賤爲婚》　至元十四年七月，中書省。户部呈：懷孟路申奥魯赤萬户爭軀事理，本部議得，楊裕元係奥魯赤虜到軀口，乙未、壬子二年不曾附籍。今以主奴相認，斷令楊裕依舊住坐。據娶到良人所生兒男，合令官司籍記爲良，隨父同居，候正軀身死，另立户名當差。緣奥魯赤係探馬赤軍户，擬合候正軀身死，爲良作貼，同户當軍。省准。

《通制條格》卷三《户令·收養同宗孤貧》　至元二十一年正月，中書省。御史臺呈：體知得，近年以來，漢人官吏士庶，與父母異居之後，或自己産增盛，而父母日就窘乏者，子孫視猶他家，不勤奉侍，以爲既已分另，不比同居。或有同祖、同父、叔伯、兄弟、姊妹、子姪等親，鰥寡孤獨、老弱殘疾不能自存者，亦不收養，以致託身養濟院，苟度朝夕，有傷風化。今後若有别居異財，豐衣美食，坐忍父母窘乏，不供子職，及同宗有服之親，寄食養濟院，不行收養者，許諸人首告，重行斷罪。如貧民委無親族可倚，或親族亦貧不能給養者，乃許入養濟院收録。都省准呈。

《通制條格》卷四《户令·奸生男女》　至元六年十月，中書。右三部：益都路甲：李買驢拐帶陳牌子軀婦張七姑在逃，姦生二子，合行隨母還主。省部准擬。

《通制條格》卷四《户令·奸生男女》　至元十一年四月，中書省。户部呈：南陽府蒲察伯淵逃軀馬僧安，刁引良婦薛回奴在逃。議得，薛回奴擬合斷付元夫趙立，奸生兒男隨母爲良，另立籍面差發。都省准呈。

《通制條格》卷四《户令·奸生男女》　至元十年十二月，中書省。兵、刑部呈：煙骸僨與李望兒通奸，私引在逃，生到男女，擬合男隨父，女隨母。都省准擬。

《通制條格》卷四《户令·過房男女》　延祐二年十一月二十七日，欽奉詔書内一款：諸人乞養過房到男女，如值貧乏，赴所在官司具由陳告，勘當是實，出給公據，方許轉行乞養過房。圖利興販及轉於遠方者，有司嚴行禁治。仍仰監察御史、肅政廉訪司常加糾察。

《通制條格》卷四《户令·過房男女》　大德三年四月，中書省。御史臺呈：李川川告兄李六，要訖阿里火者鈔伍定，將川川過房與本人爲義男。本臺議得，民間風俗僥薄，昆仲不睦，比比有之，且兄弟同氣比肩，共有財分之人，與父母尊卑不侔，别無兄得過房弟妹明文，其間爭分家財，或因妯娌不睦，實啓奸倖，滅絶大義。如准歸宗相應。都省准呈。

《元典章》卷一七《户部·户計·承繼·禁乞養異姓子》　至元二十九年十二月，福建行省：

據邵武路申：承准福建廉訪分司牒：體知得南方士民爲無孕嗣，多

養他子以爲義男，目即螟蛉。姓氏異同，昭穆當否，一切不論。人專私意，事不經久，及以致其間迷禮亂倫，失親傷化，無所不至。有養諸弟從孫爲子者，有不睦宗親，舍抛族人而取他姓爲嗣者，有以妻之弟姪爲子者，有以後妻所携前夫之子爲嗣者，有因妻外通，以奸夫之子爲嗣者，有由妻慕少男養以爲子者，甚至有棄其親子嫡孫、順從後妻意而别立義男者，有妻因夫亡，聽人鼓誘，買囑以爲子者，有夫妻俱亡而族人利其貲産，争願爲義子者。由是民間氏族失真，宗盟亂叙，争奪釁作，迭興詞訟，始謀貽患，終至破家，亦絶蒸嘗，莫保丘壟。縱有異姓之子能奉香火，然神不歆非類，寧得感通？有後名存，實爲絶嗣。人情至此，孰不哀憐？切照舊例：諸人無子，聽養同宗昭穆相當者爲子。如無，聽養同姓。皆經本屬官司告給公據，於各户籍内一附一除。養異姓子者有罪。古人思患預防，立法如此，存亡繼絶，可行無弊。看詳，南人立嗣，不經官司，致此多端亂倫傷教，若不早圖禁止，非惟禍敗私族而已，深恐漸將官司所抄户籍壞亂難整，又致改名過房，販賣良人者得以籍口遂其奸計。如酌舊例，更定教條，除在先已立者姑聽外，此後悉令依例布告遠近，一新污俗，庶幾民習還淳，盡革前弊。爲此，移准總司牒，申奉行御史臺劄付該：仰與有司從長講究，行移合屬，就申行省定奪施行。奉此。今與本路總管府官一同講究得：父子嗣續，人倫大本，同宗繼紹，氣脉感通。非我族類，神不歆享，私立異姓，徒啓禍源。如前弊俗，理宜更革，兼可預防廢亂户籍，潛息販賣人口，准上禁治爲便。牒可照驗，備申行省，照詳施行。承此。照得本路近據録事司申：解到同掘祖墳人黄雲瑞，責得元係廣西道賓州人氏，本姓陳，隨姑陳氏嫁事黄千一將仕，爲無嗣子，立雲瑞爲嗣。於至元二十九年四月二十日，妄以祖公黄百十三知府墳墓風水不利爲由，令吴百七等將墳墓掘取訖棺内銀器等物，及將尸骸燒化，移於他處，却將元葬祖公墳墓山林賣與官將仕爲主罪犯招伏，審問無異。看詳，黄千一將仕無子，不能於近族擇有昭穆相當者立之，輒用其妻陳氏所携異姓孫改名雲瑞，立而爲嗣，族系既殊，情態少異。其間破賣田産，毁拆室廬，俱未暇論，最是乃祖黄百十三知府歸土已三十餘年，而黄雲瑞乃敢盗發其墳，斧其棺，火其尸，盡取棺中元殯之物，至於墳塋庵宇，悉以售之他人。若使黄雲瑞實係黄氏族黨之親，則知有祖宗骨肉，必不忍如此絶滅天理之事，此立異姓子者之明驗也。乃至殃及九原，甚可哀也。除將黄雲瑞另行外，若不准上禁治，誠恐此風甚長，爲害滋甚，乞照詳事。省府仰依上禁治施行。

《元典章》卷一七《户部·户計·承繼·養子須立除附》　至元三十一年十二月，福建閩海道肅政廉訪司定到民間省諭事理内一件：諸無子，聽養同宗昭穆相當者。若同宗無應繼之人，則抱養他人之子，名曰螟蛉，蓋取久而肖已之義，將以終老傳後也。今建俗則不然。有年未及冠或娶妻未已而抱子者，及有生前不曾抱子、死後族人覬覦其業，旋將不應繼之人揑合生前立繼文字者。或因嫡子，則將螟蛉之子轉行過房他人者有之，本是螟蛉之子因而謀有其女，妄認爲婿者亦有之。争訟到官，通索兩下干照文字，往往齎出彩箋，該寫文辭，亦如此間婚書，並無畫字，亦無官給憑驗，虚實真僞，殊不可辨。合行省諭，今後年及四十無子之人方聽養子，皆須明立文字，兩家并説合俱各畫字，仍須經官告給公據。不許似前揑合生前文字，亦不得年小預先抱子，乃將所抱之人轉與他人，違者治罪。

《元典章》卷一八《户部·婚姻·嫁娶·舅姑不得嫁男婦》　至大二年九月，尚書省：

奏過事内一件：至元二十八年欽奉聖旨一款：婦人夫亡服闋，自願守志、歸宗者聽，舅姑不得改嫁。欽此。照得又欽奉聖旨節該：疾忙行文書，小叔阿嫂根底收者，麽道，除欽遵外，有各省咨將文書來，爲婦人夫亡，不於夫家守志，却於他家爹娘家去了，服内接受别人羊酒財錢，一面改嫁去了也。俺商量的，他爹娘重要了兩遍財錢有。元娶的男婦的翁婆根脚裏羊酒、段疋、鈔定取來，是他孩兒死了，更將他男婦要了財錢，改嫁去了。爲這般上頭，漸漸的翁婆家消乏了也。今後婦人夫亡，自願守志，交於夫家守志；没小叔兒續親，别要改嫁呵，從他翁婆受財改嫁去呵，怎生？奏呵，奉聖旨：那般者。欽此。

《元典章》卷一八《户部·婚姻·軍民婚·出征軍妻不得改嫁》　至元二十六年四月，尚書禮部奉尚書省劄付：

湖廣行省咨：廣南宣慰司呈，出征交趾軍人，多有隔絶潰散。各家爲見久不回還，父母將各軍妻小改嫁，以致分居，殆失人倫，咨請定奪。送禮部，議得：出征軍人未知存亡，抛下妻小，其父母不合一面改嫁。

合咨本省改正，仍將主婚人等斷罪相應。都省准呈，合下，仰遍行禁約。

《元典章》卷二七《户部・錢債・私債・禁借卑幼錢爺死後取》　延祐四年正月，行臺劄付，准御史臺咨：

延祐三年十月二十八日，本臺官奏過事内一件：在前民間父母在時分，他的孩兒每休交背地裏私借錢債，恐怕壞了家私麽道，世祖皇帝聖旨好生禁治來。如今大都南北兩城并外路，有一等潑皮歹人每，般弄着人家卑幼子弟私借錢債借一定鈔，文書裏寫作十定。借一百定，寫作一千定。衆人破使，等他爺死了之後，圖謀産業歸還麽道，爲這般上頭，將家緣破廢了有。更將父母墳塋内樹木（研）〔斫〕伐，又將磚石地土等物貨賣，敗壞風俗。俺如今與省家文書，交多出文榜，嚴行禁治。依在前體例，將那借了的錢、賣了物的錢都交没官，將正犯人并般弄着取錢的、借與錢的人，和保見、寫文書的人，及賣物的人每根底，都重要罪過。教監察每、廉訪司常加體察呵，怎生？奏呵，那般者。哏道的是有，好生禁治者。麽道，聖旨了也。欽此。咨請欽依施行。

《元典章》卷四一《刑部・諸惡・内亂・翁奸男婦已成》　順天路申：

祁州深澤縣解到魏忠招伏：至元五年三月内，將男婦張瘦姑通奸了一度。四月十八日，又通奸了一度。五月十六日，又通奸了一度。又於當年五月二十日通奸，有瘦姑道：你剪了陰毛着，忠依隨剪了，致被告發到官。并取到奸婦瘦姑狀招相同。魏忠，法司擬：舊例：奸子孫之婦者，絞。其魏忠合行處死。部准擬，呈訖。省准訖。張瘦姑，法司擬：舊例：和奸，本（保）〔條〕無（夫）婦人罪名者，與男子同。准上合得絞罪。又雖因本婦人告首到官，舊例：若越度關及奸，並不在自首之例。張瘦姑亦合處死。部擬：本婦既是在先曾向伊夫學説，及今日自首到官，量情擬杖七十七下，從婦歸宗。呈省，准訖。

《元典章》卷四五《刑部・諸奸生子・奸婢生子隨母》　至元六年十月，中書右三部：

據曹州路來申：人户李買驢拐帶探馬赤軍人陳牌子驅婦張七姑在逃，取到各人招伏詞因，即係赦格已前。除已減輕斷遣外，奸生二子，乞定奪事。省部相度：既是李〔買〕驢刁引陳牌子驅婦張七姑在逃，奸生二子，隨母還主。仰照驗施行。

《元典章》卷五七《刑部・諸禁・禁誘略・過房人口》　延祐三年三月，行臺劄付：准御史臺咨：

來咨：監察御史、廉訪司言：中原、江南州郡，近年以來，良家子女假以乞養過房爲名，恃有通例，公然展轉販賣。致使往往陷爲驅奴，誠可哀憫。如蒙照依舊例，除乞養過房繼嗣子女聽從人便，其轉行過房，作驅使唤，嚴行禁止。咨請照詳。准此。於於延祐二年十一月二十五日，本臺官奏過事内一件：爲轉行過房兒女。至元二十二年間，爲江淮百姓闕食，典賣了親孩兒兒每呵，世祖皇帝可怜見，交官司收贖完聚來。至元三十年間，江南百姓被歹人每强略的、過房爲由，夾帶貨賣的上頭，聖旨好生禁治有來。昨前省家奏：乞養過房男女，聽從民便，轉行乞養過房，及作驅使唤的，都交革撥了。告許的有呵，休受理者。奏過，行了聖旨來。爲這般行了的上頭，歹人每將好百姓每的兒女推稱過房爲由，車裏、船裏多載着，往高麗等地面裏貨賣去有。刑部大都路裏拿着幾起，見問有。遼陽奉使、山東宣慰司與省家文書，都道不便麽道，禮部家也文書説。他每言的是麽道。俺商量來：若委無繼嗣，乞養過房的，聽從民便；轉行過房，作驅使唤販賣的，合依着在前世祖皇帝聖旨體例禁止。奏呵，與省家文書者。麽道，聖旨了也。欽此。具呈中書省照詳，欽依施行去訖。又照得：延祐二年十一月二十七日詔書内一款：諸人乞養過房到男女，如值貧乏，赴所在官司具由陳告，勘當是實，出給公據，方許轉行乞養過房。圖利興販，轉於遠方者，有司嚴行禁（止）〔治〕。仍仰監察御史、肅政廉訪司常加糾察。欽此。除欽遵外，咨請欽依施行。

《元典章》卷五七《刑部・諸禁・禁誘略・兄不得將弟妹過房》　大德三年□月，御史臺奉中書省劄付：

來呈：奉省劄：李川川等告：兄李六要訖阿里火者鈔五定，將川川過房與本人爲義男。阿里火者却轉付奴魯丁。都省議得：既奴魯丁過房李川川等作兒恩養，經今數年，其所告欲行貨賣，别無顯跡，依舊爲男，不得作驅貨賣。承此。本臺議得：民間風俗澆薄，昆弟不睦，比比有之。且兄弟同氣比肩、共有財分之人，與父母尊卑不侔。又兼止有許准父母將親生男女乞養過房體例，别無兄得過房弟妹明文，若令兄將弟妹過房與人以爲通例，其間有争分家財，或因妯娌不睦，便將弟妹過房與人，棄絶大義。如准各人歸宗相應。具呈照詳。送禮部，回呈：照得李川川明告，至元二十九年七月内，有兄李六欠少阿里火者中統鈔四定，無錢歸還，貼要鈔一定，將伊過房與阿里火者爲義男。止就元立文字，却轉過與奴魯丁爲義男。雖奴魯丁自稱係阿里火者親弟，終是違法轉行過房。又李住哥告兄李六令伊作借錢畫字，却與與奴魯丁通同作弊，指以過房爲名，引來大都貨賣。又兼别無許兄過房親弟體例。以此參詳：如准御史臺呈并本部已擬，令李川川、李住哥歸宗相應。具呈照詳。都省准擬，仰照驗施行。

（元）孟奎《粗解刑統賦·又若親姑被出亦是親姑》 姑者，夫之母也；親姑者，夫之所生母也。雖被出及改嫁他人者，亦當服親姑之服也。

（元）孟奎《粗解刑統賦·曾高同祖父也或與祖父異》 祖父伯叔同一曾高也，但祖父居憂斬衰三年，而伯叔則有異也，今之所謂丁祖父之憂不丁伯叔憂者，此也。

（元）孟奎《粗解刑統賦·子孫非周親也或與周親同》 外服子孫非周親也，祖父絶嗣，立以承繼即周親也。

（元）孟奎《粗解刑統賦·妻非幼而准於幼》 妻本同居義聚，但曰有别，非卑幼之比，然夫死從子，故宜乎准於卑幼也。

（元）孟奎《粗解刑統賦·女稱子而異於子》 女嫁從夫之姓，雖曰無子，許壻承户似同於子也，但服與子異，而坐亦不同耳。

（元）孟奎《粗解刑統賦·繼養恩輕於本生》 父母之恩，昊天罔極，繼父母撫字成人，豈無恩乎？但與本生之服制稍異。

（元）孟奎《粗解刑統賦·繼母改嫁即非繼母》 父續娶曰繼母，起家承祖，雖得以繼其宗祧，若父死父在而改嫁他人者，雖有出而恩義絶矣，比同凡人。

（元）鄭文融《鄭氏規範》 甥壻初歸，除公堂以禮與之，不得别有私與。諸親竝同。

《大明令·户令·嫡孫丁憂》 凡嫡孫爲祖後而承廕入仕者，祖亡，服斬衰三年。在官者，依律奔喪、丁憂。違者治罪。

《大明令·刑令·老病代訴》 凡年老及篤廢、殘疾之人，除告謀反、叛逆及子孫不孝，聽從赴官陳告外，其餘公事，許令同居親屬，通知所告事理的實之人代告。誣告者，罪坐代訴之人。

《元史》卷一〇四《刑法志·奸非》 諸姦生男女，男隨父，女隨母。

《元史》卷一〇四《刑法志·奸非》 諸良民竊奴婢生子，子隨母還主，奴竊良民生子，子隨母爲良，仍異籍當差。

《御製大誥續編·明孝》 嗚呼！古先哲王之要道，流至于今。朕不能申明，敷教于臣民，致臣民之愚，有若是耶。洪武十九年三月、四月，所在有司、耆宿舉到人材，皆稱孝廉。朕謂來者曰：有司、耆宿舉爾是否？對曰：是。曰：孝，何孝？曰：父母跟前，晨省昏定，供奉飲膳，説的言語，不敢違了。朕復謂曰：止此乎？曰：是。嗚呼愚哉！以爾所言，人子之道，未見盡善而稱孝廉，不亦難乎？且孝，冬温、夏清、晨省、昏定；飲膳潔浄，節之；父母有命，善正速行毋怠，命乖於禮法，則哀告於再三；父母已成之業毋消；父母運蹇，家業未成，則當竭力以爲之；事君以忠，夫婦有别，長幼有序，朋友有信，居處端莊，涖官以敬，戰陣勇敢，不犯國法，不損肌膚，閒中不致人之罵詈，朝出則告往某方，暮歸則告事已未成，縱過歸期，父母指方而盻望，不致憂戚。嗚呼！孝子之節，非止一端，豈有但供飲膳而已。設使供飲膳爲孝，孰不能之？其各節行孝幽微，備明於首，註於足。從吾命者，家和户寧，身將終老，世將治焉。

冬温、夏清、晨省、昏定。冬寒，則奉父母以温；夏炎，則奉父母以涼；清晨，則問父母一宵安否；至暮，則俟寢方歸，斯謂之孝也。飲食潔浄，節之。父母飲食，必要十分清潔，供必以時，且得其中，不使過多，則謂之孝。父母有命，善正速行毋怠；命乖於禮法，則哀告再三。父母之命，其合理者，則速爲奉行。若不合於理者，則哀告再三。若一概奉行，則致父母有殃，安得爲孝？雖違命而告至再三，實至孝也。父母已成之業毋消。人子承守父母産業者，必使常存，不至典賣及犯法而消廢，則謂之孝。父母運蹇，家業未成，則當竭力以爲之。父母衰老，不能生理，況家業未成，子竭其力以成之，不致父母窘於衣食，則謂之孝。事君以忠。孝子事君，知無不言，心無奸邪。上補於君，下有益於民。禄奉已亡，見存祖父母、父母，是謂大孝。夫婦有别。人家有子，有孫，有兄，有弟，有姪，體先王之要道，輥之以夫婦，家和户寧，是其孝也。若使混淆，不如禽獸，是謂不孝。長幼有序。人有長幼，居家則有伯叔兄弟，鄰里則有高年少壯。凡人居家無長幼之分，出則無長幼之序，其所被辱者多矣。此其所以不孝也。使其居家有長幼之分，出則有高年之敬，是其孝也。朋友有信。人不能無朋友，必擇可交者與交，使語可復，皆無虚詐。若事有參差，必能諫正，不至於善交之怨，惡交之陷，故謂之孝。居處端莊。人於起居動靜之際，威儀要肅，則人望而敬之，不敢褻狎，故謂之孝。蒞官以敬。士有禄位者，若能持已以敬而臨乎人，則事輯而人愛敬之，必不陷身於罪戾，故謂之孝。戰陣勇敢。人之居行伍者，當戰陣之時，必奮勇以當先。成功則榮膺名爵，歿身則忠義旌顯，垂於千古，故謂之孝。不犯國法。人皆父母之生，若不謹守法度，至遭罪責，則傷父母之遺體矣。故七保身毋犯，則謂之孝。不損肌膚。君子愛護其體，爲父母之遺體也。設使無籍，被人揉辱，肌膚爲之傷，是爲不孝。閒中不致人罵詈。人於閒中，若放肆妄誕，取人罵詈，則辱及父母矣。故閒靜中，必謹言以保其身，則謂之孝。朝出則告往某方，暮歸則告事已成未成。嗚呼！先王之道，至孝之哉。所以明所向之方，使父母暮指方而望。歸告事成與未成，使父母知其善與不善。至此之際，父母無猶豫之憂，樂然而快哉，此其所以孝也。

（明）何廣《律解辯疑》大明律卷一《名例律·親屬相為容隱》　講曰：假有姊與外人通姦，許捕告否？

解曰：男女其是本親，合相容隱，不合捕告。若親所與他人姦，他人即合有罪，於親雖合容隱，此非故相告言。因捕罪人，事相連及，其於捕者，不合有罪。和姦之人，依律兩斷。又曰：家長爲奴婢、遞工人隱否？解曰：奴婢、僱工人爲家長隱，家長不爲奴婢、僱工人隱者，爲賤隸者也。

（明）何廣《律解辯疑》大明律卷四《户律·户役·卑幼私擅用財》

講曰：止杖一百，若盗用數多，加罪否？

解曰：計和律意，不曰盗而曰擅用者，蓋卑幼所以用財物，於理合得，但責不稟命於尊長而擅用之，所以用雖過度，而不加罪者，以爲親親之恩。

（明）何廣《律解辯疑》大明律卷一二《禮律·儀制·棄親之任》

凡祖父母、父母年八十以上及篤疾，别無以次侍丁，而棄親之任，及妄稱祖父母，（止）杖八十。

議曰：並杖八十，謂祖父母、父母年未及八十以上，亦無篤疾之廢，詐稱有疾，所謂使父母壯而老也，康而疾也，皆與棄親之任罪同，故云並杖八十。

（明）何廣《律解辯疑》大明律卷二〇《刑律·鬥毆·父祖被毆》

凡祖父母、父母爲人所毆，子孫即時救護而還毆，非折傷，勿論；至折傷以上，（止）依常律。

議曰：謂子孫原不曾隨從祖父母、父母行，及雖同行無共謀毆人之意，被人毆其祖父母、父母，隨即救護還毆。非折傷，勿論。至折傷以上，減凡鬥傷三等，謂折一齒，杖七十之類。至死者，依常律。其父祖子孫相率同謀共毆人者，仍以凡人首從論。其有祖父母、父母之尊長，毆擊祖父母、父母，止可救解，不可毆之，如輒毆者，自依毆尊長之律。若夫之祖父母、父母與妻之祖父母、父母相毆，子孫之婦亦合解勸，不合輒毆夫之祖父母、父母，若毆者，亦依常律。本條云還毆者，即子孫因救護而毆，□僱工人、奴婢不爲同氣一體之親□法論之。

（明）何廣《律解辯疑》大明律卷二〇《刑律·鬥毆·妻妾毆故夫父母》　凡妻妾夫亡改嫁，毆故夫之祖父母、父母者，並與毆舅、姑罪同。其舊舅、姑（止）各以凡人論。

講曰：毆故夫之祖父母、父母，明矣。若毆故夫期親以下，緦麻以上尊長，及尊長毆已故卑幼改嫁妻妾者，作何斷之？

答曰：各依凡人論。

（明）何廣《律解辯疑》大明律卷二〇《刑律·鬥毆·毆妻前夫之子》

凡毆妻前夫之子者，謂先曾同居，今不同居者。減凡人一等。同居者，又減一等。至死者絞。

議曰：減凡人一等，謂毆至篤疾者，杖一百，徒三年。同居者又減一等，杖九十，徒二年半。毆死者，□不分同居□□，絞罪。

若毆繼父者，亦謂先曾同居，今不同居者。杖六十，徒一年；折傷以上，加凡鬥傷一等；（止）死者，斬。

議曰：加凡鬥傷一等，同居又加一等。若毆至篤疾者，並罪止杖一百，流三千里。不得加入於死。

問曰：繼父同居而服期；先同居，今異，服齊衰三月；自來不同居而全然無服者，何也？

答曰：服期者，謂妻少子幼，無大功之親與之適人，所適者亦無大功之親，而所適者以其資財，爲之同業家同之外，歲時使之祀焉，爲同居。上則義繼父憐恤成立之恩，下則承繼父祀事祀業所受焉，食所同焉，而期服者宜也。若繼子之妻有犯夫之繼父者，減夫一等。先同今不同，而有大功之親，雖同即異□□義其保恤之恩，故報之以齊衰三月之服也。自不同居而□無服者，無所承下無受，娶同凡人，不服宜乎。雖服三月、期年，而終非本親，犯之者不同正服，止加緦麻尊長一等。

（明）何廣《律解辯疑》大明律卷二〇《刑律·鬥毆·妻妾與夫親屬相毆》 若毆殺夫之兄弟子，杖一百，流三千里；故殺者，絞。妾犯者，各從凡鬥法。

議曰：謂妾毆殺夫之卑屬〔及夫之兄弟子〕者，各與凡人〔毆〕傷殺人罪一體科斷。若尊長毆傷卑幼之婦，減凡人一等。妾又減一等。於死者，絞。

議曰：〔尊長〕，謂自期親至緦麻尊長皆是。若毆傷卑幼之婦，減凡人一等，謂如毆人內損吐血，杖八十；若毆卑幼之婦內損吐血，減一等，杖七十；卑幼之妾又減一等，杖六十之類。毆卑幼之婦至篤疾者，罪止杖一百，徒三年；妾罪止杖九十，徒二年半。毆至死者，不問妻妾，並絞。

若弟妹毆兄之妻，加凡人一等。

議曰：叔嫂不許通問，所以別嫌疑而定猶豫也。若兄之妻者，禮敬頽乖，故加凡人一等；其毆兄之妾者，以凡人論。謂如手足毆凡人不成傷者，各笞二十，加一等，笞三十之類。若毆至篤疾者，罪止杖一百，流三千里，不得加入于死。

若兄姊毆弟之妻，及妻毆夫之弟妹及弟之妻，各減凡人一等。若毆妾者，各又減一等。

議曰：若兄姊毆弟之妻，及妻毆夫之弟妹及弟之妻至篤疾者，罪杖一百，徒三年。妾，罪止九十，徒二年半。

其毆姊妹夫、妻之兄弟及妻毆夫之姊妹夫者，以凡鬥論。若妾犯者，各加一等。

議曰：謂妻妾毆夫之姊妹夫及〔正妻之兄〕弟者，各加凡鬥一等。至篤疾者，罪杖一百，流三千里。〔不得加入於死。〕

若妾毆夫之妾子，減凡人二等。毆妻之子，以凡人論。若妻之子毆傷父妾，加凡人一等。〔止〕又加二等。

議曰：〔謂〕妾子毆傷父妾者，通加凡人三等。至篤疾者，罪止杖一百，流三千里。至死者，各依凡人論。

議曰：謂弟妹毆兄之妻以下，及妾子毆傷父妾以上，若毆至死者，各依凡人至死論。

（明）何廣《律解辯疑》大明律卷二一《刑律·罵詈·妻妾罵夫期親尊長》 本條云，妾罵夫者，杖八十；妾罵妻者，罪亦〔如之〕。□有妾罵夫而無妻罵夫之文。

答曰：閨房之內□〔以不設〕其制者通在乎人情故也。

又問曰：假有告□〔若何處所〕

答曰：既〔至〕予官，從輕論之。

（明）何廣《律解辯疑》大明律卷二一《刑律·罵詈·妻妾罵故夫父母》 凡妻妾夫亡改嫁，罵故夫之祖父母、父母者，並與罵舅、姑罪同。〔止〕以凡人論。

講曰：子孫而亡者，天也，命也。妻妾而改嫁者，情也，理也。雖有改嫁之情，而無絶義之理，故與舊同。

問曰：奴婢罵舊家長者，以凡人論，何也？

答曰：奴婢者，賤隸驅使之役也。主使奴婢不□，又受財賣與他人爲奴婢，此恩絶義斷。若有相罵舊家長，故以凡人論。

《教民榜文》 父母生身之恩至大，其鞠育劬勞，詳載《大誥》。今再申明：民間有祖父母、父母在堂者，當隨家貧富奉養無缺。已亡者，依時祭祀，展其孝敬。爲父母者，教訓子弟；爲子弟者，孝敬伯叔；爲妻者，勸夫爲善。如此，和睦宗族，不犯刑憲；父母妻子，朝夕相守。豈不安享太平？

祝文式：維洪武某年、歲次、某甲子、某月、某朔、某日，孝孫某同闔門眷屬告於高曾祖考妣之靈曰：昔者祖宗相繼，鞠育子孫，懷抱提攜，劬勞萬狀。每逢四時交代，隨其寒暖，增減衣服，撙節飲食。或憂近於水火，惑恐傷於蚊蟲，或懼罹於疾病，百計調護，惟恐不安。此心懸懸，未嘗暫息。使子孫成立，至有今日者，皆祖宗劬勞之恩也。雖欲報之，莫知所以爲報。茲者節屆春夏秋冬，天氣將温涼熱寒，追感昔時，不勝永慕。謹備酒殽羹飯，率闔門眷屬以獻。尚享！

（明）陳永《法家裒集》　一、得遺棄小兒，從姓撫養，長成俊親父母老孤無子，知告認歸，養贍給付何人？

答曰：遺者，移也；棄者，撇也。遺棄者，不顧生死以絶其恩也，今他人撫養成人，却乃告認則不與之，仍問冒認良人爲子之罪，斷給所養父母。

（明）陳永《法家裒集》　一、翁姦男婦，有孕生子，其子名分不正，斷歸何處？

答曰：稱呼不當，亦非正理，所生難列宗譜，安揷外方隨住。

（明）陳永《法家裒集》　如妻因夫逃亡三年之外，不告官司而改嫁，夫回告奪，斷給何人？

答曰：三年之外，既不在律，又不在服，止問不應之罪，給付後夫，前夫不得與。

（明）陳永《法家裒集》　如姪毆伯叔、父母、姑外祖父母，至折傷者加第毆兄，杖一百，流三千里一等，斷加至絞否？

答曰：名例律云，本條無加入死者，不得加入於死，止擬罪，止杖一百，流三千里。

（明）陳永《法家裒集》　將妻作妾，父母告發其女婿，得容隱免罪否？

答曰：將妻作妾，已有義絶之狀，依律擬之，不在容隱之限也。

（明）陳永《法家裒集》　罵妻之父母，律内無文，何斷？

答曰：律既無文，可引罵緦麻尊屬律，杖六十可也。

（明）陳永《法家裒集》　妻罵夫亦無文何斷？

答曰：夫乃五倫之首，是婦之天，焉得褻而罵之者。律既無文，當問不應從，重亦須夫聞告乃坐。

（明）陳永《法家裒集》　恩養已久，聘有室家養男，姦家長妻作乞養，子斷否？

答曰：毆則照依乞養，姦則問以雇工，何也？謂律無子姦毋條。

（明）陳永《法家裒集》　居翁姑喪，犯姦及身自嫁者，律無文，何斷？

答曰：翁姑即父母也，設有犯者，即引父母之條斷。

（明）陳永《法家裒集》　一、立嫡子，律内云所養父母無子而捨去者，杖一百，斷決何？

答曰：此言過繼之人，所養父母無子而捨去者，的决其子，非父母也。

（明）陳永《法家裒集》　妻妾除夫之祖父母之外，被其餘尊長毆之，照服減等否？

答曰：分雖卑微，乃外姓人也，除前至尊之外，其餘尊長毆者，不論服之輕重，只依尊長毆卑幼之婦減凡一等，至死者同凡人論。

（明）張楷《律條疏議》卷六《逐婿嫁女》　凡逐婿嫁女，或再招婿者，杖一百，其女不坐。男家知而娶者同罪，不知者亦不坐。其女斷付前夫，出居完聚。

疏議曰：有女已行，招婿入贅在家，而逐云其婿，將女改嫁與人，或再招女婿來家完聚者，杖一百，其女不坐，以父得專制也。後男家知其逐婿情由者，亦杖一百，不知者不坐。其女斷付前夫出外另居完聚。謹詳律意女既招夫，婚姻合矣，逐婿再嫁，於情何如故罪則坐以一百，女則於前夫，務使出外以居，不得仍前贅住，以其有義絶之狀也。男家如而再娶，罪與女父同科，以其有去逐之心也。不知不坐。蓋亦被其欺罔也。

（明）雷夢麟《讀律瑣言》卷六《典雇妻女》　凡將妻妾受財典雇與人爲妻妾者，杖八十；典雇女者，杖六十，婦女不坐。若將妻妾妄作姊妹嫁人者，杖一百，妻妾杖八十。知而典娶者，各與罪同，並離異財禮入官，不知者不坐，追還財禮。

瑣言曰：歸價聽贖曰典，計庸受直曰雇。典雇妻妾與人，是既已歸其夫，又使其從人，是失節也，故杖八十。典雇女與人者，雖失其身，苟不歸焉，猶可以從一而終也，典雇婦女不坐，從父與夫，非己之得專也。妻妾妄作姊妹，而不明言賣休者，是既使其妻妾失節，又使其人娶失節之婦，故本夫杖一百，其妻妾亦杖八十者，惡其同情欺妄甘，心失節焉耳。知其爲妻妾與女而典，及知其以妻妾妄作姊妹而娶者，各與犯人同罪，兼雇在其中矣。不問典雇，妾嫁其妻妾，不歸本夫，亦不與後夫，女給親妻妾歸宗，故曰並離異財禮入官。

問刑條例

一、凡將妻妾作姊妹，及將拐帶不明婦女，或將親女并居喪姊妹嫁賣與人作妻妾，使女名色騙財之後設詞托故，公然領去，或起程，中途聚衆行兇邀搶人財者，除真犯死罪外，其餘屬軍衛者，發邊衛充軍，屬有司者發口外爲民，媒人知情罪同，若婦人有犯，罪坐夫男；若不知情，及無夫男者，止坐本婦，照常發落。

（明）雷夢麟《讀律瑣言》卷六《妻妾失序》 凡以妻爲妾者，杖一百；妻在以妾爲妻者，杖九十，並改正。若有妻更娶妻者，亦杖九十，離異其民年四十以上無子者，方許娶妾，違者笞四十。

瑣言曰：以妻爲妾是賤惡而辟焉辱也，杖一百。妻在以妾爲妻，是親愛而辟焉逼也，杖九十，妻妾並改正。有妻更娶妻，並耦匹嫡，非天地之義也，亦杖九十。後娶者，離異民年未四十，雖無子不許娶妾，違者笞四十。律不言離異，仍聽爲妾，重無後也。

（明）雷夢麟《讀律瑣言》卷六《逐婿嫁女》 凡逐婿嫁女，或再招婿者，杖一百，其女不坐，男家知而娶者，同罪，不知者，亦不坐，其女斷付前夫，出居完聚。

瑣言曰：其女不坐，事有專制，非女之所得已也。斷歸前夫，出居完聚，翁婿之義絶而夫婦之情未離也。

《大明會典》卷一六三《刑部·律例·户律·婚姻·典雇妻女》 凡將妻妾受財典雇與人爲妻妾者，杖八十。典雇女者，杖六十，婦女不坐。若將妻妾妄作姊妹嫁人者，杖一百。妻妾杖八十。知而典娶者，各與同罪，並離異。財禮入官，不知者不坐。追還財禮。

一、凡將妻妾作姊妹，及將拐帶不明婦女，或將親女，并居喪姊妹，嫁賣與人作妻妾，使女名色騙財之後，設詞詐故，公然領去，或起程，中途聚衆行兇，邀搶人財者，除其犯死罪外，其餘屬軍衛者，發邊衛充軍。屬有司者，發口外爲民，媒人知情罪同。若婦人有犯，罪坐夫男，若不知情，及無夫男者，止坐本婦。照常發落。

《宗藩條例》卷下《冒妾子女》 一、查得嘉靖三十二年九月，該刑部咨稱，韓府襄陵王府奉國將軍旭柱收妾陶氏，係長安縣流移民人陶春妹，冒作平涼縣人陶梅之女。劉氏，係邠州失記名姓劉人女，冒作縣民劉千里之女。及行該縣申結，並無陶梅、劉千里姓名。陶氏所生子融，劉氏所生女並所生子融，應否請封食禄，查例奏請定奪。該本部看得宗室越境選婚，禁例甚嚴。旭柱違例收買流移民女爲妾，又敢捏報户籍，已經刑部題奉欽依，革去禄米三分之二，似難再究。其陶氏、劉氏成婚年久，似應免革。及查冒籍選婚事例，止罪營求撥置保勘人員，所生子女，未經議擬題請。今據融等欲照不良婦女所生，削去《玉牒》屬籍，則似非其倫。欲照例内妾媵所生，仍准請授官職，則違例冒籍之人無以懲戒。合無比照擅婚事例，將旭柱庶第一子融革去濫請中尉官職，給與庶人婚資口糧三分之二，其誥命、冠服、房屋、從人等項盡行追奪，並行各該衙門查照施行。其庶第二子融并庶第一女，以後止許照擅婚子女請給口糧婚嫁之資，不許朦朧請授官封等因。奉聖旨：是。欽此。前件臣等議得假名冒選妾媵前無舊例，今已題奉欽依，比照擅婚，革去官職等項，止給口糧，不給婚嫁之資，永爲定例。

《宗藩條例》卷下《花生子女》 查得正德四年奏准，宗室姦收樂女與不良之婦所生子女，并選配夫人等，及儀賓已授封者，爵職、封號、禄米盡行革去。未授名、封者，不許冒請。樂工人等俱發邊衛，永遠充軍。其女婦盡數逐出。輔導官不行諫阻，及所司朦朧保勘者，鎮巡官查奏處治。

前件臣等議得，宗室婚配，合二姓以爲宗祀計，其義甚重。使以不良婦女姦收生育，而濫欲厠諸天潢，玷污甚矣。正德四年，已經題奉欽依，不拘已、未請封，盡行革去爵禄，不許造入《玉牒》，無容再議。以後不許設立花生、傳生及例前、例後之説，朦朧奏擾。違者聽本部參奏降革。樂工人等個俱發邊衛，永遠充軍。輔導及保勘官一體問罪。

《宗藩條例》卷下《濫妾子女》 查得嘉靖二十五年九月，遼王奏有長坦王寵㴋陪從女瑣氏庶生第六女，鎮國中尉寵添陪從女王氏庶生第四男，各要請給封名。該本部參題，奉聖旨：是。寵㴋、寵添子女既屬違例，止許請名。以後不經奏請，濫娶妾媵，並增立陪從官人多人名目，所生子女還都照舊例不許一概請封。欽此。又查得嘉靖二十九年五月，楚府武岡王奏，鎮國中尉顯桃第三妾張氏庶第六子，奉國中尉華壊隨嫁侍女王氏庶第一子，俱乞請名。該本部看得顯桃庶第六子係額外第三妾所生，華壊係隨嫁侍女即陪從之人，俱屬違例。合遵前旨，止准請名，以後不許朦朧奏請封號等因。奉聖旨：是。欽此。又查得嘉靖二十九年九月，慶成王奏，有奉國將軍表梖第二妾田氏庶生第五男，乞要請名。該本部查得《玉牒》册内田氏係第四妾。看得表梖庶第五男既係額外四妾所生，今卻捏作二妾。顯是教授等官徇私受賄，朦朧作弊。合將表梖庶第五男止准賜名，以後不許朦朧奏請封號，教授等官行提審究等因。奉聖旨：是。欽此。又查得嘉靖二十九年十月，周王奏，有輔國將軍安湴第三妾許氏庶生第七男，第二妾馮氏庶生第八男，各要請名。該本部查得安湴第七男係第五妾許氏、第八男係第四妾馮氏各庶生。今卻將許氏捏作三妾，馮氏捏作二妾，具奏前來。顯是輔導等官徇私受賄，朦朧欺蔽。合將安湴庶第七男等止許賜名，不許朦朧奏請封號，輔導等官轉行查究等因。奉聖旨：是。欽此。

前件臣等議得妾媵本爲嗣續之計，非以縱情而導慾也。舊例，郡王、將軍而下，妾皆限有定制，而所生子女遂得亞於正嫡。其宗支所係，亦甚重矣。近來濫娶者漫無顧忌，犯禁者曾無重罰，輒敢一概請封，餈禮瀆倫，莫此爲甚。節該本部題奉欽依，如寵㴊、寵添、顯桃、華壊、表梖、安湴子女等，止許請名，不許請封，其法始定。他如聰澩等，以認罪首正者，不可爲例。今後有以逃移婦女、有夫之妻併額外濫收，增立陪從等名目，俱行查革，其生育子女盡爲庶人，如有朦朧請封者，輔導官一體問罪。

《宗藩條例》卷下《革前子女》　查得弘治十八年四月内，該南渭榮順王長子夫人胡氏奏夫膺鐵先年緣事起送鳳陽去訖，乞要將未革爵前所生之女，比照代府濟源郡主等事例請封等因。該本部查照庶人子女，例給表裏、首飾、豬羊、銀兩，自行婚配。況應送去鳳陽高墻居住，比與見在本府居住者，大有不同，難以准擬。覆題。奉孝宗皇帝聖旨：是。欽此。又查得正德四年正月，魯王奏稱，樂陵王府庶人當湎未革爵所生長男健槐，乞要請封。該本部復題。奉武宗皇帝聖旨：當湎原犯慘酷殺人重罪，健槐不准授封。欽此。又查得嘉靖二十四年九月，代王奏，有革爵鎮國將軍俊樓庶第五子充熘，係革前所生，乞要賜封。該本部查得俊樓原犯毆母致死，持刀戕父，支解徐氏、田氏二命，剁去李氏、王氏手指，凌虐夫人之死，威逼張廷貴之亡等項情罪。復題。奉聖旨：俊樓原犯毆母致死等罪深重，充熘不准封。欽此。

前件臣等議得，各府革爵庶人所生子女不許請封，此定例也。其後復有革前之例，那移奏復，實從此始。以後革爵子女仍照定例，無論革前、革後，一概不許請封。如有仍引革前之説，朦朧奏擾者，本部參送高墻禁住。

《宗藩條例》卷下《收買子女》　查得弘治十一年七月内，淮王奏，要收買幼女。本部查得該府先曾奏准收買二十人去後，覆題。奉孝宗皇帝聖旨：既曾收買二十人了，罷。欽此。又查得弘治十六年五月内，徽王奏稱，缺少多人使用，乞要自備價銀收買等因。本部備查，先該徽王奏買多人三次。奉孝宗皇帝聖旨：罷。欽此。今奏稱前因覆題。奉孝宗皇帝聖旨：且罷。欽此。又查得嘉靖三十一年四月内，吉王奏，嘉靖十六年，臣父吉定王奏乞遴選淑女，已蒙聖恩准選五人。後臣父因疾不果選用，至今缺人應用，欲行照例收買二三十口，以充應用。該本部照得吉定王既經奏奉欽依，收買女子五名，因疾未及收買薨逝。今吉王乏人使用，合令遵照先奉欽定數目收買充役等因。奉聖旨：是。欽此。

前件臣等議得，各王府收買子女，以乏人使用爲名，奏奉欽依，收買充役，然亦必須自備財物，且限有名數，不得過制。是以先年淮王等王，但經收買一次者，以後俱不准收，其禁嚴矣。今後各府毋得籍口缺人，援引遠年事例，夤緣請乞。違者，將輔導官參治。

《大明律疏附例·續例附考·刑例·毆祖父母父母》　義子於義父母，及義父之祖父母父母，有犯毆罵及侵盜、恐嚇、詐欺、誣告等項，果係十五以下，恩養年久，或十六以上，配有妻室，分有財産者，即同子孫，取問如律。如十五以下，恩養未久，或十六以上，未曾配有妻室，分有財産，及於義父母之期以下親，並外祖父母，有違犯者，並以雇工人論罪。其義子後因本宗絶嗣，或應繼軍伍等項，有故歸宗，而義父母與義父母之祖父母父母無義絶之狀，原分家財原配妻室不曾拘留，遇有違犯，仍以雇工人論。若犯義絶，及奪其財産妻室與其餘親屬，不分義絶與否，並同凡論。

《重修問刑條例》 凡兄與伯叔謀奪弟姪財産官職等項，故行殺害者，問罪，屬軍衛者，發邊衛充軍；屬有司者，發口外爲民。仍斷給財産一半，與被殺家屬養贍。（附毆期親尊長條後）

《真犯死罪充軍為民例・附録・為民例》 將妻妾作姊妹，及將拐帶不明婦女，或將親女，並居喪姊妹嫁賣與人，騙財之後設詞託故，公然領去，或瞰起程中途，聚衆行兇，邀搶人財，屬有司者。

（明）劉錫玄《黔牘偶存・黔南軍政・收養子女示六月十二日》 凡有能收養十三四歲以下子女者，許本家來領印照，永爲家屬，決不許彼親識，日後仍來挾索。有收養貧民一人者，許赴本道報名，至賊退日揔計，每養一日，照未時價還銀，方許原養貧民，仍自營生如養至多我，仍以功論有差，如亦收爲家屬，即不還米價，仍給印照。倘有奸民，因此義士能養貧民，因而挾索買米者，許立刻來禀，將挾索者綑打一百，重則立斬。

（明）佚名《重刻律條告示活套》卷二《妻妾失序》 前件某縣爲禁約事。竊惟聘之謂妻，奔之謂妾。註什者正閨門貴賤之倫，妻曰齊肩，妾曰立女。作書者有假借象形之義，況陰着於大易而關雎首於毛詩！大倫有兮，失序難堪。近訪得本縣有等滛慝無賴之徒，但知好色，不顧傷風，以妻爲妾，以妾爲妻，置裳衣於顛倒。以小爲大，以大爲小，俾冠履之給更。有此亂常，理當禁約。爲此合出告示，登仰人烟輳集去處張掛，曉諭前項之徒改過自新，導守理法。敢有仍前故違，致令失序者，事發空行拏問不恕。

（明）佚名《重刻律條告示活套》卷二《典顧妻女》 前件某府爲禁約事。竊惟男女婚姻實係人倫之大，受財典顧大傷風化之端。近訪得所屬州縣有等無耻之民，偶因貧困所迫不顧閨門之正，有將妻妾受財典顧與人者，有知情和娶者或將妻妾作姊妹嫁與人者。倫理蕩天，綱常掃地。若不禁約，深爲未便。爲此，合行告示登抑各州縣門首，及人烟輳集去處張掛。曉諭居民今後各宜改過自新。餓死事小，失節事大。當念兹在兹亂之爲猷，理之爲人。當勿忘勿怠。敢有仍前故違，許鄰里地方人等舉呈，依律究問不恕。

（明）佚名《重刻律條告示活套》卷二《逐婿嫁女》 前件某府某縣爲禁約事。竊惟以女配夫，婚姻一定，逐婿再嫁，扵理難容。訪得本縣人民中間，有因父母早亡、弟兄無倚而與人爲贅者，亦有貧難至甚，庸工而得以娶妻者，既已完聚，豈可更移。有等無知之輩，惟知貪利，不顧傷倫，有將婿逐出，啚財令女別嫁者，或將女再招婿在家者，詳其聽白，非厭貧而求富，則矣奮以從新。閨閫不脩，綱常大壞，若不嚴加禁約，誠恐有因逐斷不從而致死人命者，則習俗漸流於夷狄，而世道日就扵早汙。深爲未便，爲此合行告示，登仰村城鎮店等處張掛曉諭，前項愚民，今後改過自新，遵守理法，敢有逐婿嫁女者，事發拏問，重罪不恕。

（明）王肯堂《王儀部先生箋釋》卷六《逐壻嫁女》 釋曰：逐壻之壻，指入贅者言。其女不坐，蓋事有專制故也，男家知而娶者與同罪。財禮入官，不知者亦不坐，追還財禮，其女仍斷付前夫，使之出另居完聚，蓋翁壻之義雖斷，而夫婦之情猶未絶也。如招贅之女，通同父母逐壻改嫁者，亦坐杖一百。若其壻曾經休退，再行告争，問擬誣告。自典僱妻女至此凡三條，雖女壻與妻之父母自相告言，各依常人論，不在得相容隱之限。

（明）王肯堂《王儀部先生箋釋》卷六《典僱妻女》 第一節：典者，如典田宅之典，以價易去，約原價取贖者也。僱，如僱車船之僱，計日論錢，以限滿還歸者也。典僱妻妾與人，是明陷之以失節也，故杖八十。典僱女與人者，雖失其身，苟或不歸，猶可從一而終，故減二等。專制在夫與父，故婦女不坐。

第二節：以上之典僱妻妾，尚明言其爲妻妾也，此則妄作姊妹矣。上之典僱與人爲妻妾，猶暫也，此則直嫁之矣。在已既避賣休之罪，而又欺人使之可娶，其情尤可惡。故杖一百；妻妾亦杖八十者，惡其同情欺罔，甘心失節耳。

第三節：典，指典僱，娶，指將妻妾妄作姊妹嫁人者。承上二項言，其知情而典僱與娶爲妻妾者，各與同罪。典僱人妻妾，同本夫杖八十。典僱人女，同本父杖六十。娶人妄作姊妹之妻妾，同本夫杖一百。並離異者，但謂妻妾女與典娶人離異，其典嫁過妻妾，亦不得歸原夫，女給親，妻妾歸宗也。原典僱嫁賣之財入官，其不知情典娶者不坐，追還財禮仍離異，然則典僱曷云不知情，豈其本夫本父，亦有欺妄而爲之者乎。

條例

釋曰：拐帶不明婦女，或畧賣和誘刁姦之婦，依各律。居喪姊妹嫁賣，問非女之祖父母父母强嫁等律。設詞託故，問局騙人財律，得財騙回，除此律依誆騙人財律，邀搶賊重，問搶奪人財，計贓重者加竊盜得財二等。若搶人財有殺傷者，依搶奪傷人律，餘依本律。媒人知情，或同去搶奪，與同罪，不知情，問不應。

（明）王肯堂《王儀部先生箋釋》卷一二《棄親之任》 此律分作兩段看。謂：凡親，年八十以上，及篤疾，皆待人以爲養者也。若子於父母，孫於祖父母，年八十以上及篤疾，其家别無以次侍養人丁，而乃忍於棄親赴任者，及其親本未老疾，而妄稱老疾，求歸侍養者，是遺親不仁。後君不義，並杖八十。棄親者，仍令歸養，候親終服闋。照名例律降級叙用。若祖父母，父母，及夫，犯罪至死，是被囚禁，其子孫妻妾，何等心情？而有忍於肆筵張宴，因以作樂者，其罪亦如棄親之任律科斷。按：居喪言：粲預筵宴，而此與户律父母囚禁嫁娶，但直言筵宴者，似當有别。

（明）王肯堂《王儀部先生箋釋》卷二一《妻妾罵故夫父母》 釋曰：妻妾夫亡改嫁，其義尚未絕。而罵故夫之祖父母父母者，與罵見奉舅姑之罪同，並絞。若夫在被出，與夫義絕。及姑婦俱改嫁者，不用此律。又子孫之婦，守制在室。而罵已改嫁之親姑者，與罵見奉姑同。若嫡繼慈養母已嫁，不在罵姑之例。即此見親母重於諸母矣。

（明）佚名《大明律講解》卷六《逐婿嫁女》 凡逐婿嫁女，或再招婿者，杖一百，其女不坐，男家知而娶者同罪，不知者亦不坐。其女斷付前夫，出居完聚。

《大清律集解附例》卷一《名例・真犯死罪充軍為民例・凌遲處死》

一、義子過房在十五歲以下，恩養年久，或十六歲以上，曾分有財産，配有室家，若於義父母及義父之祖父母、父母有犯，即同子孫，取問如律。若過房雖在十五以下，恩養未久，或十六以上，不曾分有財産，配有室家，及於義父之期親並外祖父母有違犯者，以僱工人論；義子之婦亦依前擬歲數，如律科斷。從謀、故殺，毆、罵，凌遲、斬、絞各條下科斷。

《大清律集解附例》卷六《户律・婚姻・典僱妻女》 凡將妻妾受財立約出典驗日暫僱與人爲妻妾者，本夫杖八十，典僱女者，父杖六十，婦女不坐。若將妻妾妄作姊妹嫁人者，杖一百，妻妾杖八十。知而典娶者，各與同罪，並離異，女給親，妻妾歸宗。財禮入官。不知者，不坐，追還財禮。仍離異。

條例

一、將妻妾作姊妹，及將拐帶不明婦女，或將親女並居喪姊妹，嫁賣與人作妻妾、使女名色，騙財之後，設詞託故，公然領去；或瞰起程，中途聚衆行兇，邀搶人財者，除真犯死罪外，其餘屬軍衛者，發邊衛充軍；屬有司者，發邊外爲民。媒人知情，罪同。若婦人有犯，罪坐夫男。若不知情，及無夫男者，止坐本婦，照常發落。

（清）陳枚《憑山閣增輯留青新集》卷二一《告示・禁鬻妻示汪曾垣》 爲亟正風化事。照得夫婦爲人倫之本，所以主蘋繁衍宗嗣，義甚鉅也。自其配耦之後，窮通相守，白首爲歡。或不幸而中道徂喪，尚抱空帷之痛。殆至孤絃再續，難免義夫私議。然死而娶，猶可言也。生而嫁，心何忍也？有故而棄，猶可言也，無故而賣，情何薄也。乃近訪我鄙，則有足駭者，窮民千思百慮，娶一妻小，每以迫饑寒，或本夫立意，或公姑主婚，慭然割愛，轉售他人。不知此皆自己懶惰，以致不能養活，止宜身力耕耘，妻勤紡織，十指掙來，亦可自給。如必藉婦價以延殘喘，設前此未娶，又將何以謀生？若後此銀空，更將何以糊口？甚有揑造謗言，陰謀離間，本夫不細察虚實，忍心蔑理，輒行遣嫁，尤爲可恨。凡此者，在女家父母，以有倒包舊規，自問一女兩利，即便隱忍不言，愚昧小民復不知聘娶有夫婦女之禁，公然説合成親，因有母去子留，牽衣涕淚，亦有離鄉别井，回首悲啼。可憐百歲恩情，此日竟成陌路。獨不思律載七出之條，猶有三不去之義，何謂七出？無子、淫佚、不孝舅姑、多言、盗竊、妬忌、惡疾。何謂三不去？與更三年喪，前貧賤、後富貴，有所娶、無所歸。七出一有未真，不敢輕棄三不去；一有相合，未許遽離從前。爾等違律擅行，皆山鄉蠻野罔知法度，姑不追究外，今本縣職司名教，必欲使爾民宜室家，樂妻孥，不得不力爲告誡。爲此合行禁約，示諭闔邑士民人等知悉：嗣後務須各敦倫理，慎守良心，勿以饘粥之難供遽分。荆布倘有鏡鬻之，欲破還念糟糠，如妻無七出顯跡，且合三不去之義，而央媒別賣者，或經訪聞，或經舉告，本縣研審情實，按律重處，庶惡風可正，或有永諧之伉儷矣。薄幸人其謙聽而切戒之。特示。

（清）沈之奇《大清律輯註》卷六《户律·婚姻·典雇妻女》 凡將妻妾受財立約出驗日暫典與人爲妻妾者，本夫杖八十。典雇女者，父杖六十。婦女不坐。若將妻妾妄作姊妹嫁人者，杖一百，妻妾杖八十。知而典娶者，各與同罪，並離異，女給親，妻妾歸宗，財禮入官；不知者不坐，追還財禮。仍離異。

〔律後註〕以價易去，約限贖回曰典，此仍還原價者，如典田宅之類也；計日受直，期滿聽歸曰雇，此不還原價者，如雇傭工之類也。本夫將妻妾典雇與人爲妻妾，已則無恥，而驅之失節，實敗倫傷化之甚者，故杖八十。父母典雇女與人爲妻妾者，杖六十，雖蹈其女失身，而天性至重，不得與夫之妻妾同也，故輕二等。專制在本夫、父母，非婦女之所得已，故不坐罪。若將妻妾妄作姊妹嫁人，既失人道之正，兼有欺騙之情，重于典雇，故杖一百。妻妾亦杖八十者，爲其同情欺罔，甘心失節也。典雇人之妻妾與女者，及知人以妻妾妄作姊妹之情，而娶爲妻妾者，各與同罪：典雇人妻妾同本夫，杖八十；典雇人女同其父母，杖六十；娶人妄作姊妹之妻妾，同本夫，杖一百。並離異，不但典雇與娶之人應離異，而典雇與嫁之本夫，亦不得完聚，女給親，妻妾歸宗也。原典雇與嫁之財禮入官。其娶者不知情不坐，追還財禮。典雇原無妄冒之情，應無不知之理，蓋典雇以爲妻妾，即屬違例之事，應同犯人之罪，與知情娶者不同。本文雖貫知字于上，典娶並言，而知、不知，則止指娶者言，典無不知可言也。典雇之價，亦稱財禮者，典雇以爲妻妾，亦即財禮也。

〔律上註〕：必立契受財，典雇與人爲妻妾者，方坐此律。今之貧民，將妻女典雇與人服役者甚多，不在此限。《箋釋》諸書謂典雇女者，猶可從一而終，故減二等。此解甚謬。後明有離異之法，豈得云從一而終耶？典雇妻妾猶明言爲妻妾也，妄作姊妹，則又有詐冒之情矣；典雇與人猶暫也，嫁人則永離矣，故其罪重。妻妾和同爲奸，棄夫從人，故亦坐罪，皆與典雇不同也。直以妻妾嫁人，則有賣休律。略誘、和誘妻妾賣人，則有略賣律。此妄作姊妹嫁人，故入婚姻門中。婦人義當從一而終，和同本夫，妄作姊妹嫁人，則夫婦之倫已滅絕矣。後夫不能正其始，前夫不能正其終，故並離異。至于典雇者，妻妾雖無罪，而忽去忽來，猶得稱夫婦之正乎？故亦離異。

條例

將妻妾作姊妹及將拐帶不明婦女，或將親女並居喪姊妹，嫁賣與人作妻妾、使女名色，騙財之後，設詞託故，公然領去，或瞰起程，中途聚衆行兇，邀搶人財者，除真犯死罪外，其餘屬軍衛者，發邊衛充軍；屬有司者，發邊外爲民。媒人知情，同罪。若婦人有犯，罪坐夫男。若不知情及無夫男者，止坐本婦，照常發落。

〔例上注〕：此例分兩項，公然領去與邀搶人財也。真犯死罪，謂如行兇搶奪時，有殺傷人命之類。媒人必先知領搶之情，及同領、同搶者，方坐同罪。若止知拐帶不明等情，自依各本律。

（清）沈之奇《大清律輯註》卷一八《刑律·廄牧·親屬相盜》 凡各居本宗、外姻親屬，相盜兼後尊長、卑幼二欵。財物者，期親減凡人五等，大功減四等，小功減三等，緦麻減二等，無服之親，減一等。並免刺。若盜有首從，而服屬不同，各依本服降減科斷爲從各又減一等。若行强盜者，尊長犯卑幼，亦從强盜已行而得財、不得財，各依上減罪；卑幼犯尊長，以凡人論。不在減等之限。若有殺傷者總承上竊强二項。各依殺傷尊長、卑幼本律，從其重者論。若同居卑幼，將引若將引各居親屬同盜，其人亦依本服降減，又減爲從一等科之。如卑幼自盜，止依擅用，不必加。他人，盜已家財物者，卑幼依私擅用財物論，加二等，罪止杖一百；他人兼首、從言。減凡盜罪一等，免刺。若有殺傷者，自依殺傷尊長、卑幼本律科罪。他人縱不知情，亦依强盜得財、不得財論。若他人殺傷人者，自依竊盜臨時殺傷人，斬。卑幼縱不知情，亦依殺傷尊長、卑幼本律，仍以私擅用加罪及殺傷罪權之，從其重者論。其同居奴婢、雇工人，盜家長財物，及自相盜者，首減凡盜罪一等，免刺。爲從又減一等。被盜之家親屬告發，并論如律，不在《名例》得相容隱之例。

〔律後註〕：各居親屬，謂不同門户，不共財產。不分同姓、異姓，自期親、大功、小功、緦麻以至無服之親，皆是也。相盜者，或尊長盜卑幼，或卑幼盜尊長也，此盜字專指竊盜言。凡各居之親屬有相盜者，不分尊長卑幼，一體同論，但以服制之親疏，爲減科之差等：親比凡人減五等；大功減四等；小功減三等；緦麻減二等；無服之親減一等。已未得財，各依凡人律。按此減之，如竊盜得財，併贓一百二十兩以上，凡人是絞罪，期親應杖七十，徒一年半；大功應杖八十，徒二年；小功應杖九十，徒二年半；緦麻應杖一百，徒三年；無服之親應杖一百，流三千里。餘倣此論減。爲從者，又各減一等，所謂得累減也。其首從之人，有服屬不同者，各依本服降減。掏摸與竊盜罪同，并免刺字。若行强盜，則尊長與卑幼不得同矣。尊長犯卑幼，照凡人得財皆斬、不得財皆流本律，各依上等數減科：期親減五等；大功減四等；小功減三等；緦麻減二等；無服減一等。然罪雖得減，仍不分首從。其卑幼犯尊長，并以凡人論，得財皆斬，不得財皆流。尊長以名分輕之，卑幼以犯上重之也。如尊長行强，內有卑幼，則卑幼自以凡論；卑幼行强，內有尊長，則尊長仍得減等，各分別科斷。以上强、竊等盜，若有殺傷，各依鬥毆條內尊長卑幼本律與盜罪相較，從其重者論之。如大功尊長竊卑幼財物一百兩，減四等，應杖七十，徒一年半，又毆折卑幼兩肢，應杖八十，徒二年，則從傷論。又如卑幼行强犯尊長，得財應斬，又折遺跌尊屬一肢，律止應流，則從盜論。餘准此類推，殺死亦然。凡此各罪名，被親屬告發，并依律科斷，不在得相容隱之人相告言，聽如罪人自首法免科減等之限。即卑幼告發尊長，亦科前罪，不在干名犯義之限。同居，謂一家共產者也。同居共產之卑幼，原係應有財物之人，但同居之財物統制于尊長，而卑幼不得自專，私擅用且有罪，況將引他人而盜之乎？然是己家財物，故卑幼照私擅用財本律加二等科之。本律十兩笞二十，每十兩加一等，如將引盜財十兩，則應笞四十，按數遞加，罪止杖一百。他人亦減凡人盜本罪一等，如併贓四十兩應杖一百，〔四〕減一等應杖九十，若係爲從，又減一等杖八十，餘倣此。免刺。以盜由卑幼將引，而所得乃將此人之財，終與凡人不同也。若卑幼因盜而有殺傷親屬者，或尊長，或卑幼，自依殺傷尊長卑幼本律科罪。他人同盜者，縱不知殺傷之情，亦依强盜論，不得財皆流，但得財皆斬，惡其助惡也。若他人殺傷人者，自依竊盜臨時殺傷律論斷，卑幼縱不知情，即同自己殺傷，亦依殺傷尊長卑幼本律，與私擅用財加等本罪相較，從其重者論之。在親屬有尊長卑幼之稱，在他人則概謂之人，上曰若有殺傷者，此有字兼尊長卑幼在內；下曰若他人殺傷人者，此人字即將引者之尊長卑幼也。此段本言卑幼行盜，而云依殺傷尊長卑幼本律者，以上盜時所殺傷之人，或有及于卑幼之卑幼也。奴婢、雇工人於家長，及其比肩之人，雖無共財之義，然既已同居，即非泛然外人之比矣，故同居奴雇盜家長財物，及奴雇中自相盜者，俱得減凡人盜罪一等。爲從又減一等。并免刺字。其不言奴雇將引他人及他人同盜之罪者，以奴雇雖係同居，而非卑幼之比。卑幼乃應有財物之人，故盜曰盜已家，用曰私擅用，奴雇安得同之？設有犯者，奴雇自依本律減等、免刺字，他人仍依凡人首從科之，不得照卑幼將引之律，所謂首從本罪各別者也。

〔律上註〕：此條分六項：各居親屬相盜；親屬行强盜；因盜而殺傷；同居卑幼將引他人同盜；親屬他人殺傷；同居奴雇盜家長及自相盜。首節言各居親屬，兼尊長卑幼强竊盜。次節同居親屬，止有卑幼將引他人爲盜，而無自盜及行强盜之文，蓋既曰同居卑幼，則家其家、財其財也，何盜之可言？同居卑幼私自盜財，即是私擅用財，故無其文。按：私擅用財律，罪止杖一百，今將引他人盜財，雖加二等，而亦止于杖一百，則自盜只作私擅用財論可知矣。卑幼同有之財物，爲尊長專制而不得自便，竊取而用，容或有之，何强之忍言乎？故亦無其文，非缺也。然人心不古，變態日滋，故後有條例。親屬無搶奪之律，而搶奪條例內云：此依恐嚇科斷。卑幼私擅用財律，在《户律》户役內。僧道徒弟，及繼妻前夫之子同居者，并依卑幼。將引之他人，得減凡盜一等免刺者，因將引之罪輕而輕之也。若有殺傷，縱不知情，亦依强盜論者，因將引者之罪重而重之也。知情之事不同，有先與共謀者，有先不共謀，臨時知之者。此不知情，則將引原止謀竊，臨時或卑幼、或他人自有殺傷，先無預謀，臨時各不知也。若將引各居之親屬同盜者，其親屬亦依本服減科。不言各居親屬將引他人同盜者，蓋同居共財，故曰將引他人若各居之親，與他人同盜，俱自外來，家非其家，財非其財，何將引之有？所不必言也。然有犯者，親屬自依服制減等，他人仍以凡盜論，不得比同居卑幼將引之他人，得減凡盜一等也。期、功、緦麻等親屬殺傷各本律，等次甚繁。尊長又有兄姊尊屬之分，當照本律細看，不能遍引。卑幼自殺傷，他人不知情，亦依强盜論；他人殺傷人，卑幼不知情，亦依殺傷本律。其嚴如此者，爲因盜而有殺傷，同于强也。然殺傷者，必是將引人之尊長卑幼親屬，方合此律。若奴婢雇工及旁人救援者，致被殺傷，又當別論，不得即引此律也。

按：竊盜臨時拒捕殺傷人者，皆斬；共盜之人不曾助力，不知拒捕殺傷人者，止依竊盜論。此將引之親屬內有殺傷，而他人不知情，亦依强盜論者，行兇雖出本犯，助虐實由他人也。如甲、乙俱係他人，甲臨時殺傷人，乙先行，或在外不知情者，自依本律。此中大有分別，不可混也。若他人因盜而姦，卑幼不知，則他人依本律論斷，卑幼不得照殺之例而科親屬相姦律也。律無正文，當爲酌請。或謂卑幼將引他人同盜，必是卑幼造意爲首，他人爲從。此説非也。有卑幼爲他人哄誘而將引之者，即是他人爲首矣。後條例補出卑幼將引他人行强盜之罪，而不言奴婢、雇工人行强盜者，若有行强者，則直引强盜律。觀卑幼犯尊長，且以凡論，況奴雇乎？故不待言也，奴雇盜家長，不言有殺傷之事，設有犯者亦當依奴婢雇工人殺傷家長及家長之期親等項本律科罪。若將引他人同盜，致有殺傷，或奴雇殺傷，他人不知；他人殺傷，奴雇不知，俱各照奴雇凡人本律，分科斷，不得比依卑幼將引他人若有殺傷之律。或謂：盜非損傷于人之比，得相容隱之人相告言者，同于自首。又，干名犯義律，卑幼尊長相告者，并同自首免罪；小功緦麻，亦得減等；卑幼告者，雖得實，亦坐干犯之罪，則親屬相盜者，別有發覺，應論如此律；若係自告，當照干犯自首之例，分別免罪減等科之，追還所盜之物。干犯內侵奪聽告者，止得免卑幼干犯之罪，非被告之親，不得免減也。諸家多以此説爲是，《箋釋》亦附會從之。按：自首、干犯二律，仁至義盡，相告得如自首者，謂發覺他人之事，則免罪減等，所以篤其親愛，而教之厚也；相盜則聽告言者，謂訴理切己之事，則應論如律，所以遏其侵奪，而立之防也。本律親疎處減，于法已寬，若相告免減，則縱之盜矣。犯者日多，相尋不已，長奸滋亂，豈立法之意哉？干犯律內曰聽告，則被告者應論罪矣，況《名例》本條自有罪名，與《名例》不同者，依本條科斷，不得以臆見而附會之也。

條例

同居卑幼，將引他人盜己家財物，如係强劫，比依各居親屬行强盜、卑幼犯尊長，以凡人論斷，奏請定奪。

〔例上注〕：律止有竊盜，此例補出强劫。比依以下十九字作一句讀。

以杖一百、徒三年之罪，官吏照故入全科；錢乙減三等。爲他人親屬，與爲己并同，蓋已無本罪可以加等也。其增輕作重，減重爲輕，以所增減論者，倣此科之。監臨即在官吏之中，豪强即在諸色人等之內。又提出另論，蓋監臨之權，可以威脅下屬；豪强之勢，可以挾制官長，故又加重也。若官吏受贓之罪重於故出入，自照枉法律。而囑託人無贓，仍照故出入人罪上減三等，不照贓罪上減也。監臨、勢要無贓，仍與故出入同罪，不與受贓同罪也。本律之意，概爲曲法者言之。至於受贓，容有不曲法而受者，故注補出以不枉法論。如官吏錯誤，欲枉加人罪，爲之囑托改正，或囑託人，或官吏因而受財者是也。本律所稱枉者，止言出罪入罪，故以故出入人罪論。若囑託別事，所枉無出入人罪者，當各就所犯科之。應減等者，仍依本法。《名例》同僚官一人有私，自依故出入人罪論。其餘不知者，止依失出入論。

《大清律例》卷四《名例律·犯罪存留養親》 凡犯死罪非常赦不原者，而祖父母、高曾同。父母老，七十以上。疾篤廢。應侍，或老或疾。家無以次成丁十六以上者，即與獨子無異，有司推問明白。開具所犯罪名，並應侍緣由。奏聞，取自上裁。若犯徒、流而祖父母、父母老疾無人侍養。者，止杖一百，餘罪收贖，存留養親。軍犯准此。

條例

一、凡犯罪有兄弟俱擬正法者，存留一人養親，仍照律奏聞，請旨定奪。

一、凡部內題結軍、流、徒犯及免死流犯，未經發配以前，告稱祖父母、父母老疾，家無以次成丁者，如屬宛、大二縣民人，該縣出結，府尹確察報部。如屬五城民人，掌印兵馬司指揮出結，巡城御史確察報部。如屬外省民人，州縣官出結，督撫確察報部。軍、流、徒犯照數決杖，徒犯枷號一個月，軍、流枷號四十日免死，流犯枷號兩個月，俱准存留養親。其各省題結人犯不必解部，該督撫照此例發落。若知情捏出印結，以故出論。如有受賄情弊，以枉法論失察者，交該部議處其鄰保族長等內有假捏出結者，杖一百。受財出結者，以枉法從重論。若地方官出結後，上司復令察出或原官察出，及鄉約人等首送者，除本犯仍行發配外，官員及鄰保人等俱免議。其在外人犯咨解到部之後，告留養者不准。

一、凡鬥毆殺人之犯，以傷至數處及金刃致死者，爲重傷。以傷非金刃，又止一二處，並戲殺、誤殺爲輕傷。如有祖父母、父母老疾應侍者，照例開具所犯情由請旨。如准其存留養親，將該犯照免死流犯例，枷號兩個月，責四十板。仍令該地方官酌量該犯情由輕重，如係有力之家情重者追銀五十兩，情輕者追銀三十兩；如果貧難無力之人情重者追銀二十兩，情輕者追銀十兩，給與死者家屬養贍。該督撫先將該犯情重、情輕、有力、無力之處，於應侍疏內一并聲明，仍照軍、流留養例，取具鄰保族長等甘結，並地方官印結報部。倘有知情捏結等弊，照捏報軍、流留養例，分別議處治罪。

一、殺人之犯有奏請存留養親者，查明被殺之人有無父母，是否獨子，於本内聲明。如被殺之人亦係獨子，親老無人奉侍，則殺人之犯不准留養。

一、夫毆妻致死，並無故殺別情者，果係父母已故家無承祀之人，承審官據實查明，取具鄰保族長甘結，並地方官印結，將應行承祀緣由於疏内聲明請旨。如准其承祀，將該犯枷號兩個月，責四十板，存留承祀。倘有捏稱家無祀之人，希圖脱罪者，將本犯照律治罪。承審出結各官及鄰保人等，照例分別議處治罪。

一、凡旗人犯斬，絞、外遣等罪，例合留養者，照民人一體留養。

《大清律例》卷一〇《户律·婚姻·典雇妻女》　凡將妻妾受財，立約出典驗日暫雇與人爲妻妾者，本夫杖八十；典雇女者，父杖六十；婦女不坐。若將妻妾妄作姊妹嫁人者，杖一百；妻妾，杖八十。知而典娶者，各與同罪，並離異。女給親，妻妾歸宗。財禮入官。不知者，不坐。追還財禮。仍離異。

條例

一、將妻妾作姊妹，及將親女并姊妹嫁賣與人作妻妾、使女名色，騙財之後，設詞託故，公然領去，或瞰起程，中途聚衆行兇，邀搶人財者，除實犯死罪外，其餘屬軍衛者，發邊衛充軍；屬有司者，發邊外爲民。媒人知情罪同。

《大清律例》卷一七《禮律·儀制·匿父母夫喪》　凡聞父母若嫡孫承重，與父母同。及夫之喪，匿不舉哀者，杖六十、徒一年。若喪制未終，釋服從吉，忘哀作樂，及參預筵宴者，杖八十。若聞期親尊長喪，匿不舉哀者，亦杖八十。若喪制未終，釋服從吉者，杖六十。若官吏父母死，應丁憂，詐稱祖父母、伯叔、姑、兄姊之喪，不丁憂者，杖一百，罷職役不叙。若父母見在。無喪詐稱有喪，或父母已殯，舊喪詐稱新喪者，與不丁憂罪同。有規避者，從其重者論。若喪制未終，冒哀從仕者，杖八十。亦罷職。其當該官司知而聽行，各與同罪。不知者，不坐。其仕宦遠方丁憂者，以聞喪月日爲始。奪情起復者，不拘此律。

一、内外官員例合守制者，在内，經由該部具題，關給執照；在外，經由該撫照例題咨，加籍守制。京官取具同鄉官印結，外官取具原籍地方官印甘各結，將承重祖父母，及嫡親父母，與爲所後父母，例應守制，開明呈報。如有詐冒，照律例治罪。俱以聞喪月日爲始，不計閏，二十七個月，服滿起復。若服滿果無事故，在家遷延者，交該部照例議處。

一、官史丁憂，除公罪不問外，其犯贓罪及係官錢糧，依例勾問。

一、凡文武生員，及舉貢監生，遇本生父母之喪，期年内不許應歲科兩考，及鄉會二試。其童生亦不許應府、州、縣及院試，有隱匿不報，朦混干進者，事發，照匿喪例治罪。

一、凡官員出繼爲人後者，於起文赴部選補之時，即將本生三代姓氏存殁，一并開列。選補之後，即行知照該省。如有出仕之後，始行出繼歸宗者，即著該員取具本旗、原籍印結，詳報咨部，改正三代。倘有臨時先謀出繼歸宗，頂爲匿喪戀職地步者，一經發覺，將本官照匿喪例革職，不準原赦。扶同出結之旗籍各官，俱交該部照例議處。其扶同具結之鄰族，照不應重律，杖八十。

《大清律例》卷二八《刑律·鬥毆·殺死姦夫》　凡妻妾與人姦通，而本夫於姦所親獲姦夫、姦婦，登時殺死者，勿論。若止殺死姦夫者，姦婦依和姦律斷罪，當官嫁賣，身價入官。或調戲未成姦，或雖成姦已就拘執，或非姦所捕獲，皆不得拘此律。其妻妾因姦同謀殺死親夫者，凌遲處死；姦夫處斬。監候。若姦夫自殺其夫者，姦婦雖不知情，絞。監候。

條例

一、非姦所獲姦，將姦婦逼供而殺，審無姦情確據者，依毆妻至死論。如本夫登時姦所獲姦，將姦婦殺死，姦夫當時脱逃，後被拿獲到官，審明姦情是實，姦夫供認不諱者，將姦夫擬絞監候，本夫杖八十。其非姦所獲姦，或聞姦數日，殺死姦婦，姦夫到官供認不諱，確有實據者，將本夫照已就拘執而擅殺律，擬徒，姦夫仍科姦罪。

一、姦夫已離姦所。本夫登時逐至門外殺之，止依不應杖。非登時，依不拒捕而殺。

一、姦夫已就拘執而毆殺，或雖在姦所捉獲，非登時而殺，並須引夜無故入人家就拘執，而擅殺于死律。

一、本夫之兄弟，及有服親屬，皆許捉姦。如有登時殺傷者，並依已就執而擅殺傷律。若非登時殺傷，依鬥殺傷論。其婦人之父母、伯叔姑、兄姊、外祖父母，捕姦殺傷姦夫者，與本夫同。但卑幼不得殺尊長，犯，則依故殺伯、叔母，姑，兄、姊律科罪尊長。殺卑幼，照服輕重科罪。

一、凡非應許捉姦之人，有殺傷者，並依鬥殺傷論。

一、姦婦自殺其夫，姦夫雖不知情，止科姦罪。

一、因姦謀殺本夫傷而不死，姦婦依謀殺夫已行，斬；姦夫依謀殺人傷而不死，從而加功，滿流；若是造意，依造意，絞。

一、姦夫自殺夫之父母以便往來，姦婦雖不知情，亦絞。以上諸條，先須姦情確審得實，乃坐。

一、凡姦夫同謀殺死親夫，係姦夫起意者，將姦夫斬決。如謀殺親夫之後，復將姦婦拐逃，或爲妻妾，或得銀嫁賣，並拐逃幼小子女賣與他人爲奴婢者，亦均斬決。本夫縱姦者，不用此例。

一、凡因姦同謀殺死親夫，除本夫不知姦情，及雖知姦情而迫於姦夫之强悍不能報復，並非有心縱容者，姦婦仍照律凌遲處死外，若本夫縱容抑勒妻妾與人通姦，審有確據人所共知者，或被妻妾起意謀殺，或姦夫起意，係知情同謀，姦婦皆擬斬立決，姦夫仍照律斬監候。其縱容抑勒妻妾與人姦通，審有確據，人所共知者，如因别情，將姦夫、姦婦一齊殺死，雖於姦所登時，仍依故殺論。若本夫先經縱容抑勒妻妾與人姦通，後因索詐不遂殺死姦婦者，將本夫依毆妻至死律，擬絞監候。

一、親屬相姦，罪止杖、徒，及律應監候者，如姦夫將本夫殺死，或與姦婦商同謀死者，姦婦依律問擬，姦夫擬斬立決。

《大清律例》卷二八《刑律・鬥毆・毆期親尊長》一、凡兄及伯叔因争奪弟姪財産、官職，及平素讎隙不睦，有意執持兇器故行殺害者，擬絞監候，仍斷給財産一半與被殺家屬養贍。如無前項情由，仍照律擬罪。

《大清律例》卷二八《刑律・鬥毆・妻妾與夫親屬相毆》凡妻妾毆夫之期親以下，緦麻以上本宗外姻尊長，與夫毆同罪；或毆、或傷、或折傷，各以夫之服制科斷。其有與夫同絞罪者，仍照依名例至死減一等，杖一百、流三千里。至死者，各斬。監候。緦麻親兼妾毆妻之父母在内。此不言故殺者，其罪亦止於斬也。不言毆夫之同姓無服親屬者，以凡人論。若妻毆傷卑屬，與夫毆同；各以夫毆服制科斷。至死者，絞。監候。此夫之緦麻、小功、大功卑屬也。雖夫之堂姪、姪孫及小功姪孫亦是。若毆殺夫之兄弟子，杖一百、流三千里；不得同夫擬徒。故殺者，絞。監候。不得同夫擬流。妾，犯者，各從凡鬥法。不言夫之自期以下弟妹者，毆夫之弟妹，但減凡一等，則此當以凡論。若期親以下，緦麻以上。尊長毆傷卑幼之婦，減凡人一等；妾，又減一等；至死者，不拘妻妾。絞。監候。故殺亦絞。若弟妹毆兄之妻，加毆凡人一等。其不言妻毆夫兄之妻者，與夫毆同。若兄姊毆弟之妻，及妻毆夫之弟妹及夫弟之妻，各減凡人一等；若毆妾者，各又減毆妻一等。不言妻毆夫兄之妾者，亦與夫毆同。不言弟妹毆兄之妾，及毆大功以下兄弟妻妾者，皆以凡論。其毆姊妹之夫，妻之兄弟，及妻毆夫之姊妹夫者，有親無服，皆爲同輩。以凡鬥論。若妾犯者，各加夫毆妻毆一等。加不至於絞。若妾毆夫之妾子，減凡人二等；以其近於子也。毆妻之子，以凡人論。所以别妻之子於妾子也。若妻之子毆傷父妾，加凡人一等。所以尊父也。妾子毆傷父妾，又加二等。爲其近於母也。共加凡人三等，不加至於絞。至死者，各依凡人論。此通承本節弟妹毆兄之妻以下而言也。死者，絞；故殺者，斬。

《大清律例》卷二八《刑律・鬥毆・妻妾毆故夫父母》凡妻妾夫亡改嫁，毆故夫之祖父母、父母者，并與毆舅姑罪同。其舊舅姑毆已故子孫改嫁妻妾者，亦與毆子孫婦同。妻妾被出，不用此律，義已絶也。若如婢毆舊家長，及家長毆舊奴婢者，各以凡人論。此亦自轉賣與人者言之。奴婢贖身，不用此律，義未絶也。

《大清律例》卷二八《刑律・鬥毆・父祖被毆》凡祖父母、父母爲人所毆，子孫即時少遲即以鬥毆論。救護，而還毆，行凶之人。非折傷，勿論；至折傷以上，減凡鬥三等；雖篤疾，亦得減流三千里，爲徒二年。至死者，依常律。若祖父母、父母爲人所殺，而子孫不告官，擅殺行兇人者，杖六十；其即時殺死者，勿論。少遲即以擅殺論。若與祖父母、父母同謀共毆人，自依凡人首從法。又祖父母、父母被有服親屬毆打，止宜救解，不得還毆，若有還毆者，仍依服制科罪。父祖外其餘親屬人等，被人殺，而擅殺行兇人，審無別項情故，依罪人本犯應死而擅殺律，杖一百。

條例

一、凡祖父母、父母爲人所殺，本犯擬抵後，或遇恩，遇赦免死，而子孫報讎，將本犯仍復擅殺者，杖一百、流三千里。

一、人命案內，如有父母被人毆打，實係事在危急，伊子救護情切，因而毆死人者，於疏內聲明，援例兩請，候旨定奪。其或有子之人，與人角口，故令伊子將人毆死者，仍照律科罪，不得概議減等。

《大清律例》卷二八《刑律·鬥毆·妻妾毆夫》 凡妻妾毆夫者，但毆即坐。杖一百，夫願離者，聽。須夫自告乃坐。至折傷以上，各驗其傷之重輕。加凡鬥傷三等；至篤疾者，絞；決。死者，斬。決。故殺者，凌遲處死。兼魘魅蠱毒在內。若妾毆夫及正妻者，又各加妻毆夫罪一等。加者，加入於死。但絞不斬，於家長則決，於妻則監候。若篤疾者、死者、故殺者，仍與妻毆夫罪同。其夫毆妻，非折傷勿論；至折傷以上，減凡人二等。須妻自告乃坐。先行審問夫婦，如願離異者，斷罪離異；不願離異者，驗所傷應坐之罪收贖。仍聽完聚。至死者，絞。監候。故殺亦絞。毆傷妾至折傷以上，減毆傷妻二等。至死者，杖一百、徒三年。妻毆傷妾，與夫毆妻罪同。亦須妾自告乃坐。過失殺者，各勿論。蓋謂其一則分尊可原、一則情親當矜。也須得過失實情，不實仍各坐本律。夫過失殺其妻妾，及正妻過失殺其妾者，各勿論。若妻妾過失殺其夫，妾過失殺正妻，當用此律。過失殺句，不可通承上二條言。若毆妻之父母者但毆即坐。杖六十、徒一年；折傷以上，各加凡鬥傷罪二等；至篤疾者，絞；監候。死者，斬。監候。故殺者，亦斬。

《大清律例》卷二八《刑律·鬥毆·毆妻前夫之子》 凡毆妻前夫之子者，謂先曾同居，今不同居者，其毆傷、折傷。減凡人一等；同居者，又減一等；至死者，絞。監候。若毆繼父者，亦謂先曾同居，今不同居者。杖六十、徒一年；折傷以上，加凡鬥傷一等；同居者，又加一等。至篤疾，罪止杖一百、流三千里，不加於死，仍給財產一半養贍。至死者，斬。監候。其故殺及自來不曾同居者，不問父毆子，子毆父。各以凡人論。

《大清律例》卷二八《刑律·鬥毆·毆祖父母父母》 凡子孫毆祖父母、父母，及妻妾毆夫之祖父母、父母者，皆斬。殺者，皆凌遲處死。其爲從有服屬不同者，自依各條服制科斷。過失殺者，杖一百，流三千里；傷者，杖一百、徒三年。俱不在收贖之例。其子孫違犯教令，而祖父母、父母不依法決罰而橫加毆打。非理毆殺者，杖一百；故殺者，無違犯教令之罪，爲故殺。杖六十、徒一年。嫡、繼、慈、養母殺者，終與親母有間，毆殺、故殺。各加一等；致令絕嗣者，毆殺、故殺。絞。監候。若祖父母、父母、嫡、繼、慈、養母，非理毆子孫之婦，此婦字乞養者同。及乞養異姓子孫，折傷以下無論。致令廢疾者，杖八十；篤疾者，加一等；子孫之婦及乞養子孫。并令歸宗，子孫之婦，篤疾者。追還初歸嫁妝，仍給養贍銀一十兩；乞養子孫，篤疾者。撥付合得所分財產養贍；不在給財產一半之限、如無財產，亦量照子孫之婦給銀。至死者，各杖一百、徒三年；故殺者，各杖一百、流二千里。其非理毆子孫之妾，各減毆婦罪二等。不在歸宗、追給嫁妝、贍銀之限。其子孫毆罵祖父母、父母，及妻妾毆罵夫之祖父母、父母而祖父母、父母、夫之祖父母、父母，因其有罪毆殺之，若違犯教令，而依法決罰，邂逅致死，及過失殺者，各勿論。

條例

一、繼母告子不孝，及伯叔父母、兄姊、伯叔祖、同堂伯叔父母、兄姊，奏告弟姪人等打罵者，俱行拘四鄰親族人等審勘是實，依律問斷。若有誣枉，即與辯理。果有顯跡傷痕輸情服罪者，不必行勘。

一、凡義子過房在十五歲以下，恩養年久；或十六歲以上，曾分有財產，配有室家；若於義父母及義父之祖父母、父母，有犯毆罵、侵盜、恐嚇、詐欺、誣告等情，即同子孫取問如律。若義父母及義父之祖父母、父母，毆殺、故殺者，并以毆故殺乞養異姓子孫論。若過房雖在十五以下，恩養未久，或在十六以上，不曾分有財產，配有室家，及於義父之期親并外祖父母有違犯者，并以雇工人論。義子之婦，亦依前擬歲數，如律科斷。其義子後因本宗絕嗣，有故歸宗，而義父母與義父之祖父母、父母無義絕之狀，原分家產、原配妻室，不曾拘留。遇有違犯，仍以雇工人論。若犯義絶，及奪其財産妻室，與其餘親屬不分義絶與否，并同凡人論。義絶，如毆義子至篤疾，當令歸宗，及有故歸宗，而奪其財産、妻室，亦義絶也。

一、凡本宗爲人後者之子孫，於本生親屬孝服，衹論所後宗支親屬服制，如於本生親屬有犯，俱照所後服制定擬。其異姓義子與伊所生子孫，爲本生父母親屬孝服，亦俱不准降等。各項有犯，仍照本宗服制科罪。

《大清律例》卷二九《刑律·駡詈·駡祖父母父母》 凡駡祖父母、父母，及妻妾駡夫之祖父母、父母者，并絞。須親告乃坐。

條例

凡毁駡祖父母、父母，及夫之祖父母、父母告息詞者，奏請定奪。再犯者，雖有息詞，不與准理。若祖父母、父母聽信後妻、愛子蠱惑，謀襲官職、争奪財産等項，捏告打駡者，究問明白，不拘所犯次數，亦與養辯理。

《大清律例》卷二九《刑律·駡詈·妻妾駡夫期親尊長》 凡妻妾駡夫之期親以下，緦麻以上内外尊長，與夫駡罪同。妾駡夫者，杖八十；妾駡妻者，罪亦如之。若駡妻之父母者，杖六十。并須親告乃坐。律無妻駡夫之條者，以閨門敵體之義恕之也，若犯，擬不應笞罪可也。

（清）陳生雄《義門陳氏宗譜》卷首《家法三十三條》 一立開勘司，一人掌卜勘男女婚媾之事，并排定男女第行等事，置長生簿一扇，逐年先抄上日月大小節氣轉建于簿頭，候諸房長養男女令書時申報，則當司隨時上簿，至排第行，男爲一行，女爲一行，不以孫叔姑姪，但依所生先後排之，貴在簡要，自一至九十九，周而復始，男年至十八以上則與占勘，新婦稍有吉宜，付主事依則施行求問，至二十以上成納皆只一室，不得置畜僕隸者，女則候他家求問亦屬勘司酌當，此一人須諳會陰陽術數者，用之。

（清）左輔《念宛齋官書》卷四《禁革瓊州弊俗示》 爲嚴禁習俗以端風教事，照得瓊州士風彬雅，民氣樸淳，頗易爲治，但聞夫婦之道不正，淫賭鴉片寖爲習，師巫邪説惑其志，迎神齋戲竭其財，民風日漓而生計日薄，若不嚴懲，伊於胡底，特將應禁各條開列明示，如有不遵，案律治罪，凛之毋忽。特示。

一禁已嫁之女，不許長住母家。女子以夫爲家，母家非家也。常住母家不事翁姑，不相夫子，意欲何爲？爲父母者，留女不遣，又意欲何爲？悖倫常，蔑禮義，喪廉耻，莫此爲甚。即母家有慶吊之事，或隔時省問不過留住數日，便當速歸。嗣後如有長住母家、而父母不遣歸者，親族當勸，以正理竝，准夫家首控。

（清）薛允升《讀例存疑》卷一一《户律·婚姻·典雇妻女》 凡將妻妾受財立約出典驗日暫雇與人爲妻妾者，本夫杖八十。典雇女者，父杖六十，婦女不坐。若將妻妾妄作姊妹嫁人者，杖一百，妻妾杖八十。知而典娶者，各與同罪，並離異。婦給親，妻妾歸宗財禮入官。不知者不坐，追還財禮仍離異。此仍明律，其小註係順治三年添入。

條例

一、將妻妾作姊妹，及將親女並姊妹嫁賣與人作妻妾、使女名色，騙財之後，設詞託故，公然領去者，照誆騙例治罪。若瞰起程，中途聚衆行兇邀搶人財者，除實犯死罪外，餘俱發近邊充軍。媒人同謀邀搶者，罪同。若僅止知情媒合，並未同謀邀搶，照將妻妾作姊妹嫁人律減一等，杖九十。不知者，不坐。

此條係前明問刑條例。原例係將妻妾作姊妹，及將拐帶不明婦女，或將親女並居喪姊妹嫁賣與人作妻妾、使女名色，騙財之後云云。乾隆五年、三十六年修改，嘉慶六年改定。

《輯註》。此例分兩項，公然領去與邀搶人財也。真犯死罪，謂如行兇搶奪時，有殺傷人命之類。媒人必先知領搶之情，及同領同搶者，方坐同罪。若止知拐帶，不明等情，自依各本律。

《集解》。此例中如拐帶，强嫁等項，俱有本律，覆設此例者，爲嫁賣之後設詞託故，公然領去，中途聚衆行兇邀搶也。

謹按。此條專言嫁賣後領回搶回之罪，故媒人知情亦與同罪。若僅止知情媒合云云，嫁娶違律門已明言減一等矣。似可不必添入。再，將親女姊妹嫁賣與人作妻妾，本屬婚姻之正，媒合亦例所不禁，又何知情不知情之有。原例有居喪二字，自係指居夫喪未滿而言，與拐帶不明婦女，均係有干例禁，特叙次未明晰耳。乾隆五年删改時，似未得原例之意。略賣弟妹及已之妾爲奴婢者，徒二年，和賣者，減一等。其和略賣妻及大功以下親爲婢者，從凡人和略法，和略凡人爲婢律，應滿徒。此作使女名色，非婢而何。原例分別問擬充軍，及邊外爲民，本不爲苛，改照誆騙律治罪，是不以情節分輕重，而直以贓數分輕重矣。將妻妾作姊妹嫁人，不論得贓多少，律應滿杖。騙財之後，公然領去，則行强矣，故例應擬軍。今改爲照誆騙治罪，如價銀不及五十兩，如何科斷。即未設詞託故，公然領去，亦應照律分別擬徒。乃公然領去，僅計贓擬杖，有是理乎。再如，將妻妾妄作姊妹嫁人爲妻，似亦當有分別，例均一體同科，已嫌未協。至將親女及姊妹嫁賣與人爲妻妾，係屬婚姻之事，一經嫁賣，夫妻名分已定，公然領去，亦不應以誆騙論。下逐壻嫁女律內，《示掌》云，若將嫁出之女拐逃另嫁，應比照此律加一等問擬，徒一年。蓋已不以此例爲然矣。

（清）戴肇辰《從公續録》卷二《禁止賣妻示》 爲示禁事，照得本府訪聞所屬地方，有不肖之徒往往貪圖錢財，將自己妻室嫁賣與人，恬不爲耻。獨不思夫婦居五倫之一，凡妻雖犯七出，尚有三不去之條，何得以志在圖財，輒將妻室嫁賣，實屬有傷風化。查例載將妻妾受財典僱與人爲妻妾者，杖八十。若將妻妾妄作姊妹嫁人者，杖一百。知而典娶者，各與同罪，並離異，財禮入官。又用財買休賣休和娶人妻者，本夫、婦及買休人各杖一百。婦人離異歸宗，財禮入官。各等語，法律綦嚴，豈容干犯，合行曉諭，爲此示仰闔屬軍民人等知悉：嗣後如有將自己妻室無故嫁賣與人爲妻妾及用財娶人妻者，許該處族老保鄰人等到官，出首以憑，從嚴究辦。倘族鄰扶同狥隱，一經他人告發，定即一併懲治。各宜凛遵毋違。特示。

（清）薛允升《唐明清三律彙編・户律・婚姻・娶親屬妻妾》 乾隆四十九年十一月初七日，內閣奉上諭：刑部題駁奉天府尹定擬高九收弟媳楊氏應行絞決一本，已依議行矣。因思高九亂倫之事由伊父高志禮主婚，刑部查得尋常嫁娶違律，事由主婚，主婚爲首，男女爲從，至死者得減一等。高九、楊氏俱得照男女爲從減等，是以駁令該府尹改擬。但似此亂倫重犯，減等即當擬流。覈其情罪，尚不足以平允。在刑部堂官固係按律定擬，而律意亦殊有未盡之處。此案雖由高志禮主婚，但伊子高九何以竟甘心聽從？即使平日無並，其亂倫之罪已不小。況父母無有不愛其子，卑幼犯法，尊長出而承認主婚，其亂倫之男女遂得均從減擬流，非所以正倫紀而弼教化也。嗣後有似此事由父母主婚，雖係罪坐主婚而男女應行減等者，自應仍經絞候，俟秋讞時再行覈其情罪輕重辦理。着刑部堂官詳晰定議增入條例，以副朕明刑弼教之至意。欽此。仰見我皇上慎重倫常，維持風化，明允協中之至意。此案高九聽從伊父高志禮主婚，與弟婦楊氏配合。該府尹將高九、楊氏各擬絞決，臣等查與嫁娶違律條內主婚爲首，男女爲從之律未符，是以議駁。但查人生首重倫理，父母即有亂命，子弟甘心曲從。此等亂倫蔑法身蹈匪行，實與尋常過誤犯罪迫於尊長之命者迥不相同。則緣情定法自未便概從輕減。乃律載兄收弟婦條內事由父母主婚，男女僅擬流戍。是子孫身蹈倫之事，恐藉稱父母之命以巧爲脱卸。而父母溺愛之心，見子孫犯法即出而承認主婚，遂得以減男女亂倫之罪。揆之情理，誠如聖諭，律意實有未盡。臣等欽遵諭旨悉心定議，請嗣後凡嫁娶違律罪不至死者，仍依舊律定擬。至於兄亡收嫂，弟亡收弟婦，罪犯應死之案，除男女自配合及先有姦情後復婚配者，仍照律合擬絞决外，其由父母主婚男女爲從者，即將爲從男女各擬爲應絞監候，俟秋審時覈其情罪另行定擬。庶情法胥歸平允而倫紀益昭慎重矣。乾隆四十九年十一月十一日奏，奉旨：依議。欽此。

《少數民族法典法規與習慣法・永禁以婿作子約》 永禁以婿作了約。世俗之悖禮者，莫甚於以婿作子矣。視婿獨子，可，以婿作子，斷不可。今有人於此試，從而謂之曰：子，何不以子爲婿？强者怒以刃，弱者亦怒以拳。抑知婿可爲子，女必不可爲媳。夫既於其女之夫而子之，又於其子之妻而女之，且門以内之呼其妻爲姊爲妹者，又呼其姊妹之夫爲弟、爲兄，捫心自問，有不啞然其竊笑者哉。例載同姓爲婚，杖八十。士大夫家每遇慶典，輙以李爲季，以楊爲羊，以張爲章，以王爲黄，方准詳咨。嗚呼，邀一命之榮，使其母其妻不能自全其姓，此又孝子仁人之所痛心也。而况異姓亂宗，律爲倍重乎。昔孔子射於矍相之圃，觀者如堵，使子路揚言曰：敗軍之將，亡國之大夫，及凡爲人後者，俱不得與解者。謂敗軍之將不武；亡國之大夫不智，爲人後者無耻。第古人曾以身作贅婿爲一本（幸），此蓋迫於孤寒，否則牽於事故，以云無耻，似屬太過。或所謂爲人後者殆後世之乾兒義子耳。嘗讀范文正公《義田記》有云：本族之以他姓爲嗣者，不是食此；本族之嗣他姓而復歸者，亦不得食此。人雖愚，不知有文正公，當知有孔子；即不知有孔子，當遵國憲。然其端多開自婦人，狥一時之情，流數世之毒。請與族衆約：有子者無論矣，苟無子求之親支，親支乏人，求之旁支。違者除其籍於譜，守而勿悖。則保世滋大，此乃其最要焉。嘉慶五年庚申秋九月之朔一日。雪臺老人師範書於祖祠北之吾亦愛吾廬。中華民國甲寅故月十六代孫師干述並書。

（清）佚名《告示集》卷一《勸民安分守法》 一拐騙妻女。豫省頗多不知男女同行最易起人疑惑，若嫁賣圖財則媒合中親傳布易遍，若自作妻妾則藏匿掩，蓋難久踪跡易追，況婦人不能遠去，活口終須吐露，所以拐騙之案從無漏網。一經到官署誘者，絞和誘及知情之人，俱應發遣，當思分財亦屬有限歡樂，能有幾時，乃犯此重罪何愚至此，

一嫁賣髮妻。最爲惡俗夫婦，是人倫之始，貧富皆當相守節。遇荒年挨過自有熟歲，或偶然吵鬧隨後仍可和好。若忍心嫁賣，在夫爲不義之人，鄉黨輕薄。在妻爲失節之婦，畢世含羞。況發覺到官，律應滿杖，財禮入官，婦女婦宗人財兩失，遂要受刑，愚民無知至此極矣，可不深戒。

《臺灣私法人事編·人·品性·階級·賤民法例·婦女興販之禁例》

查乾隆二十四年通行內載：湖北臬司條奏，窮民當飢寒交迫之時，將妻、妾、子、女售賣與人，原非得已，向所不禁；惟棍徒興販居奇，應請定例，將興販之人治罪等語。

《臺灣私法人事編·親子》 第一 法律規定及注解

其遺棄小兒三歲以下，雖異姓仍聽收養，即從其姓。輯註收養遺棄小兒，箋釋謂：四歲以上不報官收養，以收留迷失子女論，非也。遺棄者，父母棄置以去，其死生不顧，三歲以下尚不能言語飲食，無人收養，必致填於溝壑，許令收養者，重在全其生也，與收留迷失之義大相懸絕；但四歲以上或能自語其姓氏里居，應當報官追查，若遂收養亦無大過，豈可照收留迷失論。假如收養四、五歲遺棄小兒，即科以杖徒重罪乎？遺棄必是小兒，然亦有不止三歲者；迷失必非小兒，然亦有小兒者。總之，遺棄與迷失不同；收養與收留亦異，收養遺棄意在哀其死；收留迷失意在利其人。輯註雖異姓云者，謂遺棄小兒大概不知其姓，然亦有書留姓氏年歲者，雖知是異姓，亦聽收養從姓。輯注收養遺棄小兒雖許即從其姓，而註謂不得爲嗣。蓋收養遺棄與乞養異姓相等，皆可爲義男者，養育之恩同也。皆不可以繼嗣者，宗族之脈不容亂也。

第二 部示

嘉慶十二年十二月安徽撫咨請部示。嗣後無子者仍遵照定，於同宗昭穆相當之姪，分別服制及賢能親愛擇立者爲嗣，不得以已有抱養之子遂令承祧，致違定律云云。

第三 條例

無子者，許令同宗昭穆相當之姪承繼。先儘同父周親；次及大功、小功、緦麻；如俱無，方許擇立遠房及同姓爲嗣。若立嗣之後却生子，其家產與原立子均分，並不許乞養異姓爲嗣，爲亂宗族。立同姓者，亦不得尊卑失序，以亂昭穆。謹按：此條原例乾隆五年删並不許乞養異姓以下數句。

第四 原例

婦人夫亡無子守志者，合承夫分須憑族長擇昭穆相當之人繼嗣。其改嫁者，夫家財產及原有粧奩並聽前夫之家爲主。

第五 條例

無子立嗣，依律外，若繼子不得於所後之親，聽其告官别立。其或擇立賢能及所親愛者，若於昭穆倫序不失，不許宗族指以次序告爭，併官司受理。若義男女婿爲所後之親喜悦者，聽其相依倚，不許繼子併本生父母用計逼逐，仍酌給財産；若無子之人家貧，聽其賣産自贍。凡乞養異姓義子有情願歸宗者，不許將分得財産攜回本宗。其收養三歲以下遺棄之小兒，仍依律即從其姓，但不得以無子遂立爲嗣，仍分給財産，俱不必勒令歸宗；如有希圖貲財冒認歸宗者，照例治罪。

第六 條例

無子立嗣，若應繼之人平日先有嫌隙，則於昭穆相當親屬內擇賢擇愛，聽從其便。如族中希圖財産，勒令承繼，或慫恿擇繼，以致涉訟者，地方官立即懲治，仍將所擇賢愛之人斷令立繼。其有子婚而故，婦能孀守，已聘未娶，媳能以女身守志；及已婚而故，婦雖未能孀守，但已故之子業經成立；或子雖未娶而因出兵陣亡者，俱應爲其子立後。若支屬內實無昭穆相當可爲其子立後之人，而其父又無別子者，應爲其父立繼，待生孫以嗣。應爲立後之子，其尋常夭亡未婚之人不得概爲立後。若獨子夭亡，而族中又無昭穆相當可爲其父立繼者，亦准爲未婚之子立繼。如可繼之人亦係獨子，而情屬同父周親兩相情願者，取具闔族甘結，亦准其承繼兩房宗祧。謹按：此條係乾隆三十八年議准條奏，及四十年欽奉諭旨

併纂爲例。

第七　定例及事例

因争繼釀成人命者，凡争産謀繼及扶同争繼之房分，均不准其繼嗣，應聽户族另行公議承立。乾隆四十四年奉旨，此案曾志廣因謀奪繼産，將期服胞叔曾生迥用石毆斃，情罪極爲可惡，該撫依律擬以凌遲處死，並聲明曾文玉無嗣，應聽户族另行議立，其二房、三房現因争繼釀命，均不准其繼立。所議甚是，曾志廣著即凌遲處死，餘依議。嗣後各省如有似此争繼釀命者，並應照此辦理，著爲令。

第八　旨議

乾隆三十八年議准：凡無子之人薄有貲産，族黨即羣起紛争，不奪不饜，或稱應繼；或稱愛繼；或應繼者本非無子之人所喜悦，執定應繼次序，必欲勒令承繼；或應繼者本無不得於所後之親，而别房以愛繼之説鑽謀慫恿，次欲另爲擇繼；或子屬夭亡並未成婚，亦爲議繼；或子已成立身故，不爲其子立繼，反爲其父立繼；或既爲其子立繼，又爲其父立繼；若大宗無子，並無家産，小宗止有一子，即稱獨子不出繼，忍絶大宗；若有家産即非大宗，又稱現在雖止一子，將來尚能生子，不妨先行出繼，並有大宗無子之人，偏愛遠房之侄，不立周親，致其祖父本有親子親孫，轉令遠支承其禋祀，訐告紛糾，實爲人心風俗之害。查例載：無子者許令同宗昭穆相當之姪承繼，先儘同父周親，次及大功、小功、緦麻，如俱無，方許擇立遠房親及同姓爲嗣。又云：繼子不得於所後之親，聽其告官别立，其或擇立賢能及所親愛者，於昭穆倫序不失，不許宗族指以次序告理，並官司受理等語。是應繼、愛繼兩條定例已極周詳，自應按照昭穆次序擇立應繼之人，或應繼之人係例不出繼之獨子，或平日先有嫌隙，則擇賢擇愛聽從其便。至於有子未婚而故，則無後在父；已婚而故，則無後在子。未婚而故者，自當先儘故子同輩中按照服制次序仍爲其父立繼，不必再爲幼子立繼。若闔族中實無故子同輩可爲其父立繼之人，亦得爲未婚之子立繼。子已婚而故，其婦又能孀守；併已聘未婚，其媳能以女身守志者，均應爲其子立繼；即其婦未能孀守，但其子業經成立，亦應爲其子立繼。再如其子雖未經娶聘，而因出兵陣亡，揆之禮經，執干戈以衛社稷可以弗殤之義，亦應爲之立繼，以示體恤。若支屬內實無昭穆相當可爲其子立繼之人，仍應爲其父立繼。又獨子不准出繼，例有明條，無庸拘泥小宗可絶、大宗不可絶之語。倘大宗無子，小宗止有獨子者，令大宗於同族昭穆相當內另行議繼。設或同族實無相當可繼之人，是又不可令大宗絶嗣，俟小宗獨子生有二人，過繼一子爲大宗之孫；倘獨子並無所出，或僅生一子，則當於同族孫輩中過繼一孫，以承大宗之祀。如此明立科條，自無控争訐訟之患，應令地方官遍爲曉諭，俾民間知所遵循，其仍有圖産涉訟及審結後復駕詞上控者，即按律治罪。仍嚴防訟師衛蠹播弄把持之弊，懲處不貸，則於風俗人心大有稗益。

第九之一　諭示

乾隆四十年諭：户部奏軍營病故乏嗣人員，請照陣亡之例，准以獨子立嗣一摺，已依議行矣！獨子不准出繼本非定例，前因太僕寺少卿魯國華條奏，經部議准行。但立繼一事專爲承祧奉養，固當按昭穆之序，亦宜順孀婦之心，所以例載：嗣子不得於所後之親，准其另立，實準乎情理之宜也。至獨子雖宗支所係，但或其人已死，而其兄弟各有一子，豈忍視其無後；且現存者尚可生育，而死者應予續延；即或兄弟俱已無存，而以一人承兩房宗祀亦未始非從權以合經；又或死者有應襲之職，不幸無嗣，與其拘泥獨子之例求諸遠族，何如先儘兄弟之子不問是否獨子，令其繼襲之爲愈乎！嗣後遇有孀婦應行立繼之事，除照例按依昭穆倫次相當外，應聽孀婦擇其屬意之人，併問之本房是否願繼。且有合族甘繼，即獨子亦准出繼，庶窮嫠得以母子相安而立嗣，亦不致以成例阻隔。該部即照此辦理，著爲令。

第九之二　咨

東撫咨：獨子承祧兩房，各爲娶妻，後娶之妻有犯，作何辦理，請部示覆一案。查律載：有妻更娶妻者杖九十，後娶之妻離異歸宗。又例載：嫁娶違律應行離異者，與其夫及夫之親屬有犯，如係先姦後娶，或私自苟合，或知情買休，雖有媒妁婚書，均依凡人科斷。若止係同姓及尊卑良賤爲婚，或居喪嫁娶，或有妻更娶，或將妻嫁賣娶者，果不知情，實係明媒正娶者，雖律應離異，有犯仍按服制定擬各等語。又查禮部於嘉慶十九年據河南學政咨：寶豐縣附生佘萬全之父佘篤生承繼兩門，各爲娶妻，長門爲其初娶張氏，繼娶王氏，生子萬全；二門爲其初娶雷氏，無出，納妾杜氏，生子萬德，各承其嗣。因雷氏病故，萬德以嫡母丁艱，萬全應如何稱名？如何服制？等因，咨請部示。經禮部以佘篤生在長門已娶嫡室張氏，繼娶王氏，祇當爲其納妾，不當爲其娶妻。雷氏之生，稱名已混於嫡庶之間；雷氏已死，喪服何得濫斬齊之列。萬德爲次門承祀，既已呈報丁憂，尚可比照慈母之例斬衰三年，萬全毋庸持服。至佘篤生二妻並娶，嫡庶混淆，事屬錯誤，業經身故，應毋庸議，等因，咨覆在案。查有妻更娶，與其夫及夫之親屬有犯，仍按服制定擬之例，係指其夫並未承祧兩房，後娶之妻律應離異者而言。若承祧兩房各爲娶妻，冀圖生孫續嗣，是愚民罔知嫡庶之禮，與有妻更娶不同，止宜別先後而正名分，未便律以離異之條。參核禮部議覆河南省佘篤生之案，則後娶之婦應爲妾也明甚；既以妾論，如與夫及夫之親屬有犯，自應以妾科斷。此案彭高氏爲夫姪彭文漢聘娶鄭氏爲妻，冀圖鄭氏生子承祧。查彭文漢先經伊父彭自立爲之娶妻鄭氏，迨鄭氏故後，續娶王氏，是彭文漢已有嫡妻，彭高氏後娶之鄭氏雖因彭文漢承祧兩房，冀圖生孫續嗣起見，非有妻更娶可比，未便判離。而一夫祇應一婦，斷無二婦並稱爲妻之理，自應照禮部所議，以後娶之婦作爲妾論。該司礙於有妻更娶，仍按服制定擬，將彭自立照殺死子婦律科罪似未妥協。至該司所稱彭文漢嫡妻鄭氏之子與後娶之鄭氏有犯，可否比照八母中之慈母，養母辦理一節。查鄭氏如得爲彭文漢之妻，始可爲其子也，今母鄭氏既列爲妾，與先娶之鄭氏即有嫡庶之分，以嫡妻之子與父妾有犯，律有明文，豈能比照慈母辦理。此外，與家長正妻並親屬有犯，均有律例可循辦理，自不致矛盾。又該司所稱嫁爲次妻之女，主婚皆由父母，初非自願，若一體照律離異，是因父母主婚之誤，而使其女不能從一而終，情殊可憫一節。查人情莫不愛卹其女，在明知其有妻嗣仍許配者，事所罕有，至承祧兩房之人，愚民多誤以爲兩房所娶皆屬嫡妻，故將女許配。議禮先正名分，不便使嫡庶混淆；而王法本乎人情，原毋庸斷令離異。有犯應以妾論，情法俱得其平。所有彭自立一案，應請即照禮部議覆河南學政之案，依毆死子妾律科斷。查律載：有妻更娶妻者杖九十，後娶之妻離異歸宗。又例載：有妻更娶者雖律應離異，有犯仍按服制擬各等語。是有妻更娶，與其夫及夫之親屬有犯，仍按服制定擬之例，係指其夫並未承祧兩房，後娶之妻應離異者而言；若承祧兩房各爲娶妻，冀圖生孫續嗣，是愚民昧於嫡庶之禮，與有妻更娶不同。查禮部議覆河南學政請示佘篤生案內，既稱禮無二嫡，佘篤生在長門已娶嫡室，次門祇當其納妾，不當其爲娶妻。由是觀之，則後娶之婦應作爲妾論。此案彭自立殺死彭鄭氏並刃傷彭自正，查彭鄭氏係彭自立弟妻彭高氏因夫故無嗣，爲彭自立之子彭文漢所娶之妻，冀圖鄭氏生子承祧，惟彭爲漢先經伊父彭自立爲之娶妻鄭氏，迨鄭氏故後，續娶王氏，是彭文漢已有嫡室，彭高氏其後娶之鄭氏若仍以妻論，誠如該撫所議，非特嫡庶混淆，名分不正，且引律斷罪亦多窒礙。所有彭鄭氏自應查照禮部議覆河南學政之案，作爲妾論。彭自立殺死彭鄭氏應令即照殺死子妾律辦理。道光元年說帖。

《臺灣私法人事編·相續·義子、過房子財産繼承之規定》 凡義子過房在十五歲以下，恩養年久，或十六歲以上，曾分有財産，配有室家，若於義父母及義父之祖父母、父母有犯毆罵、侵盜、恐嚇、詐欺、誣告等情，即同子孫取問如律。若義父母及義父母之祖父母、父母毆故殺傷義子者，並以毆故殺傷乞養異姓子孫論。若過房雖在十五以下，恩養未久；或在十六以上，不曾分有財産、配有室家，有違犯及殺傷者，並以雇工人論。義子之婦亦依前擬歲數，照本例科斷。其義子後因本宗絶嗣，有故歸宗，而義父母與義父之祖父母無義絶之狀，原分家産、原配妻室不曾拘留，遇有違犯仍以雇工論。若犯義絶及奪其財産妻室，並同凡人論（義絶：如毆義子至篤疾，當令歸宗。及有故歸宗，而奪其財産妻室，亦義絶也）。義父之期親尊長並外祖父母如義子違犯及殺傷義子者，不論過房年歲，並以雇工人論；義絶者以凡人論；其餘親屬不分義絶與否，並同凡人論。

紀事

《國語・周語中》　襄王十三年，鄭人伐滑。王使游孫伯請滑，鄭人執之。王怒，將以狄伐鄭。富辰諫曰：不可。古人有言曰：兄弟讒鬩、侮人百里。周文公之詩曰：兄弟鬩於墻，外禦其侮。若是則鬩乃内侮，而雖鬩不敗親也。鄭在天子，兄弟也。鄭武、莊有大勳力於平、桓；我周之東遷，晋、鄭是依，子頽之亂，又鄭之繇定。今以小忿棄之，是以小怨置大德也，無乃不可乎！且夫兄弟之怨，不徵於他，征於他，利乃外矣。章怨外利，不義；棄親即狄，不祥；以怨報德，不仁。夫義所以生利也，祥所以事神也，仁所以保民也。不義則利不阜，不祥則福不降，不仁則民不至。古之明王不失此三德者，故能光有天下，而和寧百姓，令聞不忘。王其不可以棄之。

《漢書》卷四七《梁平王劉襄傳》　梁平王襄，母曰陳太后。【略】初，孝王有雷尊，直千金，戒後世善寶之，毋得以與人。任后聞而欲得之。李太后曰：先王有命，毋得以尊與人。他物雖百鉅萬，猶自恣。任后絶欲得之。王襄直使人開府取尊賜任后，又王及母陳太后事李太后多不順。【略】

反知國陰事，乃上變告梁王與大母争尊狀。時相以下具知之，欲以傷梁長吏，書聞。天子下吏驗問，有之。公卿治，奏以爲不孝，請誅王及太后。

《漢書》卷五八《公孫弘傳》　公孫弘，菑川薛人也。少時爲獄吏【略】年四十餘，乃學春秋雜説。【略】

弘爲人談笑多聞，常稱以爲人主病不廣大，人臣病不儉節。養後母孝謹，後母卒，服喪三年。

《漢書》卷六三《武五子傳》　太子兵敗，亡，不得。上怒甚，羣下憂懼，不知所出。壺關三老茂上書曰：臣聞父者猶天，母者猶地，子猶萬物也。故天平地安，陰陽和調，物乃茂成；父慈母愛室家之中，子乃孝順。陰陽不和則萬物夭傷，父子不和則室家（散）〔喪〕亡。故父不父則子不子，君不君則臣不臣，雖有粟，吾豈得而食諸！昔者虞舜，孝之至也，而不中於瞽叟；孝己被謗，伯奇放流，骨肉至親，父子相疑。何者？積毁之所生也。由是觀之，子無不孝，而父有不察。（令）〔今〕皇太子爲漢適嗣，承萬世之業，體祖宗之重，親則皇帝之宗子也。江充，布衣之人，閭閻之隸臣耳，陛下顯而用之，銜至尊之命以迫蹙皇太子，造飾姦詐，羣邪錯謬，是以親戚之路鬲塞而不通。

《漢書》卷六五《東方朔傳》　東方朔字曼倩，平原厭次人也。武帝初即位，徵天下舉方正賢良文學材力之士，待以不次之位，四方士多上書言得失，自衒鬻者以千數，其不足采者輒報聞罷。朔初來，上書曰：臣朔少失父母，長養兄嫂。年十三學書，三冬文史足用。

《漢書》卷六八《霍光傳》　霍光字子孟，票騎將軍去病弟也。父中孺，河東平陽人也，以縣吏給事平陽侯家，與侍者衛少兒私通而生去病。中孺吏畢歸家，娶婦生光，因絶不相聞。久之，少兒女弟子夫得幸於武帝，立爲皇后，去病以皇后姊子貴幸。既壯大，乃自知父爲霍中孺，未及求問。會爲票騎將軍擊匈奴，道出河東，河東太守郊迎，負弩矢先驅，至平陽傳舍，遣吏迎霍中孺。中儒趨入拜謁，將軍迎拜，因跪曰：去病不早自知爲大人遺體也。中孺扶服叩頭，曰：老臣得托命將軍，此天力也。去病大爲中孺買田宅奴婢而去。

《漢書》卷七六《王尊傳》　初元中，舉直言，遷虢令，轉守槐里，兼行美陽令事。春正月，美陽女子告假子不孝，曰：兒常以我爲妻，妒笞我。尊聞之，遣吏收捕驗問，辭服。尊曰：律無妻母之法，聖人所不忍書，此經所謂造獄者也。尊於是出坐廷上，取不孝子縣磔著樹，使騎吏五人張弓射殺之，吏民驚駭。

《漢書》卷九一《貨殖傳》　魯人俗儉嗇，而丙氏尤甚，以鐵冶起，富至鉅萬。然家自父兄子弟約，頫有拾，卬有取，貰貸行賈徧郡國。

《漢書》卷九一《貨殖傳》　宣曲任氏，其先爲督道倉吏。秦之敗也，豪桀争取金玉，任氏獨窖倉粟。楚漢相距滎陽，民不得耕種，米石至萬，而豪桀金玉盡歸任氏，任氏以此起富。富人奢侈，而任氏折節爲力田畜。人争取賤賈，任氏獨取貴善，富者數世。然任公家約，非田畜所生不衣食，公事不畢則不得飲酒食肉。以此爲閭里率，故富而主上重之。

《三國志》卷二二《魏志·盧毓傳》 盧毓字子家，涿郡涿人也。父植，有名於世。毓十歲而孤，遇本州亂，二兄死難。當袁紹、公孫瓚交兵，幽冀饑荒，養寡嫂孤兄子，以學行見稱。文帝爲五官將，召毓署門下賊曹。崔琰舉爲冀州主簿。時天下草創，多逋逃，故重士亡法，罪及妻子。亡士妻白等，始適夫家數日，未與夫相見，大理奏棄市。毓駁之曰：夫女子之情，以接見而恩生，成婦而義重。故《詩》云未見君子，我心傷悲；亦既見止，我心則夷。又《禮》未廟見之婦而死，歸葬女氏之黨，以未成婦也。今白等生有未見之悲，死有非婦之痛，而吏議欲肆之大辟，則若同牢合卺之後，罪何所加？且《記》曰附從輕，言附人之罪，以輕者爲比也。又《書》云與其殺不辜，寧失不經，恐過重也。苟以白等皆受禮聘，已入門庭，刑之爲可，殺之爲重。太祖曰：毓執之是也。又引經典有意，使孤歎息。

《三國志》卷二七《魏志·王基傳》 王基字伯輿，東萊曲城人也。少孤，與叔父翁居。翁撫養甚篤，基亦以孝稱。年十七，郡召爲吏，非其好也，遂去，入琅邪界游學。黄初中，察孝廉，除郎中。

《三國志》卷五五《吴志·陳表傳》 陳武字子烈，廬江松滋人。**【略】**子脩有武風。**【略】**弟表，字文奥，武庶子也。**【略】**兄脩亡後，表母不肯事脩母，表謂其母曰：兄不幸早亡，表統家事，當奉嫡母。母若能爲表屈情，承順嫡母者，是至願也；若母不能，直當出别居耳。表於大義公正如此。由是二母感寤雍穆。

《後漢書》卷二《顯宗孝明帝紀》 〔永平八年冬十月丙子〕詔三公募郡國中都官死罪繫囚，減罪一等，勿笞，詣度遼將軍營，屯朔方、五原之邊縣；妻子自隨，便占著邊縣；父母同産欲相代者，恣聽之。

《後漢書》卷五六《宋弘傳》 宋弘字仲子，京兆長安人也。父尚，成帝時至少府。**【略】**弘少而温順。**【略】**時帝姊湖陽公主新寡，帝與共論朝臣，微觀其意。主曰：宋公威容德器，羣臣莫及。帝曰：方且圖之。後弘被引見，帝令主坐屏風後，因謂弘曰：諺言貴易交，富易妻，人情乎？弘曰：臣聞貧賤之知不可忘，糟糠之妻不下堂。帝顧謂主曰：事不諧矣。

《後漢書》卷二五《魏霸傳》 魏霸字喬卿，濟陰句陽人也。世有禮義。霸少喪親，兄弟同居，州里慕其雍和。

《後漢書》卷三一《孔奮傳》 孔奮字君魚，扶風茂陵人也。曾祖霸，元帝時爲侍中。**【略】**遭王莽亂，奮與老母、幼弟避兵河西。建武五年，河西大將軍竇融請奮署議曹掾，守姑臧長。八年，賜爵關内侯。時天下擾亂，唯河西獨安，而姑臧稱爲富邑，通貨羌胡，市日四合，每居縣者，不盈數月輒致豐積。奮在職四年，財産無所增。事母孝謹，雖爲儉約，奉養極求珍膳。躬率妻、子，同甘菜茹。

《後漢書》卷六〇下《蔡邕傳》 蔡邕字伯喈，陳留圉人也。**【略】**邕性篤孝，母常滯病三年，邕自非寒暑節變，未嘗解襟帶，不寢寐者七旬。母卒，廬於冢側，動静以禮。

《後漢書》卷七六《循吏傳·仇覽》 仇覽字季智，一名香，陳留考城人也。**【略】**覽初到亭，人有陳元者，獨與母居，而母詣覽告元不孝。覽驚曰：吾近日過舍，廬落整頓，耕耘以時。此非惡人，當是教化未及至耳。母守寡養孤，苦身投老，奈何肆忿於一朝，欲致子以不義乎？母聞感悔，涕泣而去。覽乃親到元家，與其母子飲，因爲陳人倫孝行，譬以禍福之言。元卒成孝子。**【略】**覽學畢歸鄉里，州郡並請，皆以疾辭。雖在宴居，必以禮自整。妻子有過，輒免冠自責。妻子庭謝，候覽冠，乃敢升堂。家人莫見喜怒聲色之異。

《後漢書》卷七六《循吏傳·孟嘗》 孟嘗字伯周，會稽上虞人也。其先三世爲郡吏，並伏節死難。嘗少修操行，仕郡爲户曹史。上虞有寡婦至孝養姑。姑年老壽終，夫女弟先懷嫌忌，乃誣婦厭苦供養，加鴆其母，列訟縣庭。郡不加尋察，遂結竟其罪。嘗先知枉狀，備言之於太守，太守不爲理。嘗哀泣外門，因謝病去，婦竟冤死。

《後漢書》卷八三《逸民傳·梁鴻》 梁鴻字伯鸞，扶風平陵人也。**【略】**後受業太學，家貧而尚節介。**【略】**遂至吴，依大家皋伯通，居廡下，爲人賃舂。每歸，妻爲具食，不敢於鴻前仰視，舉案齊眉。伯通察而異之，曰：彼傭能使其妻敬之如此，非凡人也。

《後漢書》卷八四《列女傳·扶風曹世叔妻》 扶風曹世叔妻者，同郡班彪之女也，名昭，博學高才。**【略】**作《女誡》七篇，其辭曰：**【略】**夫婦第二：夫婦之道，參配陰陽，通達神明，信天地之弘義，人倫之大節也。是以禮貴男女之際，《詩》著《關雎》之義。由斯言之，不可不重也。夫不賢，則無以御婦；婦不賢，則無以事夫。夫不御婦，則威儀廢缺；婦不事夫，則義理墮闕。方斯二事，其用一也。察今之君子，徒知妻婦之不可不御，威儀之不可不整，故訓其男，檢以書傳。殊不知夫主之不可不事，禮義之不可不存也。但教男而不教女，不亦蔽於彼此之數乎！《禮》，八歲始教之書，十五而至於學矣。獨不可依此以爲則哉！

敬慎第三：陰陽殊性，男女異行。陽以剛爲德，陰以柔爲用，男以彊爲貴，女以弱爲美。故鄙諺有云：生男如狼，猶恐其尪；生女如鼠，猶恐其虎。然則修身莫若敬，避彊莫若順。故曰敬順之道，婦人之大禮也。夫敬非它，持久之謂也；夫順非它，寬裕之謂也。持久者，知止足也；寬裕者，尚恭下也。夫婦之好，終身不離。房室周旋，遂生媟黷。媟黷既生，語言過矣。語言既過，縱恣必作。縱恣既作，則侮夫之心生矣。此由於不知止足者也。夫事有曲直，言有是非。直者不能不争，曲者不能不訟。訟争既施，則有忿怒之事矣。此由於不尚恭下者也。侮夫不節，譴呵從之；忿怒不止，楚撻從之。夫爲夫婦者，義以和親，恩以好合，楚撻既行，何義之存？譴呵既宣，何恩之有？恩義俱廢，夫婦離矣。【略】

曲從第六：夫得意一人，是謂永畢；失意一人，是謂永訖。欲人定志專心之言也。舅姑之心，豈當可失哉？物有以恩自離者，亦有以義自破者也。夫雖云愛，舅姑云非，此所謂以義自破者也。然則舅姑之心柰何？固莫尚於曲從矣。姑云不爾而是，固宜從令；姑云爾而非，猶宜順命。勿得違戾是非，争分曲直。此則所謂曲從矣。故女憲曰：婦如影響，焉不可賞。

和叔妹第七：婦人之得意於夫主，由舅姑之愛己也；舅姑之愛己，由叔妹之譽己也。由此言之，我臧否譽毁，一由叔妹，叔妹之心，復不可失也。皆莫知叔妹之不可失，而不能和之以求親，其蔽也哉！自非聖人，鮮能無過。故顔子貴於能改，仲尼嘉其不貳，而况婦人者也！雖以賢女之行，聰哲之性，其能備乎！是故室人和則謗掩，外内離則惡揚。此必然之執也。《易》曰：二人同心，其利斷金。同心之言，其臭如蘭。此之謂也。夫嫂妹者，體敵而尊，恩疏而義親。若淑媛謙順之人，則能依義以篤好，崇恩以結援，使徽美顯章，而瑕過隱塞，舅姑矜善，而夫主嘉美，聲譽曜於邑鄰，休光延於父母。若夫蠢愚之人，於嫂則託名以自高，於妹則因寵以驕盈。驕盈既施，何和之有！恩義既乖，何譽之臻！是以美隱而過宣，姑忿而夫愠，毁訾布於中外，恥辱集於厥身，進增父母之羞，退益君子之累。斯乃榮辱之本，而顯否之基也。可不慎哉！然則求叔妹之心，固莫尚於謙順矣。謙則德之柄，順則婦之行。凡斯二者，足以和矣。《詩》云：在彼無惡，在此無射。其斯之謂也。

《後漢書》卷八四《列女傳·廣漢姜詩妻》 廣漢姜詩妻者，同郡龐盛之女也。詩事母至孝，妻奉順尤篤。母好飲江水，水去舍六七里，妻常泝流而汲。後值風，不時得還，母渴，詩責而遣之。妻乃寄止鄰舍，晝夜紡績，市珍羞，使鄰母以意自遺其姑。如是者久之，姑怪問鄰母，鄰母具對。姑感慙呼還，恩養愈謹。其子後因遠汲溺死，妻恐姑哀傷，不敢言，而託以行學不在。姑嗜魚鱠，又不能獨食，夫婦常力作供鱠，呼鄰母共之。舍側忽有涌泉，味如江水，每旦輒出雙鯉魚，常以供二母之膳。【略】

漢中程文矩妻者，同郡李法之姊也，字穆姜。有二男，而前妻四子。文矩爲安衆令，喪於官。四子以母非所生，憎毁日積，而穆姜慈愛温仁，撫字益隆，衣食資供，皆兼倍所生。或謂母曰：四子不孝甚矣，何不別居以遠之？對曰：吾方以義相導，使其自遷善也。及前妻長子興遇疾困篤，母惻隱自然，親調藥膳，恩情篤密。興疾久乃瘳，於是呼三弟謂曰：繼母慈仁，出自天受。吾兄弟不識恩養，禽獸其心。雖母道益隆，我曹過惡亦已深矣！遂將三弟詣南鄭獄，陳母之德，狀己之過，乞就刑辟。縣言之於郡，郡守表異其母，蠲除家徭，遣散四子，許以脩革。自後訓導愈明，並爲良士。

《後漢書》卷八五《東夷傳·挹婁》 高句驪，在遼東之東千里，南與朝鮮、濊貊，東與沃沮，北與夫餘接。【略】其昏姻皆就婦家，生子長大，然後將還，便稍營送終之具。

《南齊書》卷五五《孝義傳·崔懷慎》 崔懷慎，清河東武城人也。父邪利，魯郡太守，宋元嘉中，没虜。懷慎與妻房氏篤愛，聞父陷没，即日遣妻，布衣蔬食，如居喪禮。邪利後仕虜中書，戒懷慎不許如此，懷慎得書更號泣。懷模從叔模爲滎陽太守，亦同没虜，模子雖居處改節，而不廢婚宦。大明中，懷慎宗人冀州刺史元孫北使，虜問之曰：崔邪利、模竝力屈歸命，二家子姪，出處不同，義將安在？元孫曰：王尊驅驥，王陽回車，欲令忠孝竝弘，臣子兩節。

《宋書》卷六四《何承天傳》 何承天，東海郯人也。【略】七年，【略】以補尚書殿中郎，兼左丞。吳興餘杭民薄道舉爲劫。制同籍朞親補兵。道舉從弟代公、道生等並爲大功親，非應在補讁之例，法以代公等母存爲朞親，則子宜隨母補兵。承天議曰：尋劫制，同籍朞親補兵，大功不在此例。婦人三從，既嫁從夫，夫死從子。今道舉爲劫，若其叔尚存，制應補讁，妻子營居，固其宜也。但爲劫之時，叔父已没，代公、道生並是從弟，大功之親，不合補讁。今若以叔母爲朞親，令代公隨母補兵，既違大功不讁之制，又失婦人三從之道。由於主者守朞親之文，不辨男女之異，遠嫌畏負，以生此疑，懼非聖朝恤刑之旨。謂代公等母子並宜見原。

《宋書》卷八二《周朗傳》 周朗，字義利，汝南安城人也。【略】世祖繼位，除建平王宏中軍録事參軍。時普責百官讜言，朗上書曰：【略】又教之不敦，一至於是。今士大夫以下，父母在而兄弟異計，十家而七矣。庶人父子殊産，亦八家而五矣。凡甚者，乃危亡不相知，飢寒不相卹，又嫉謗讒害，其間不可稱數。宜明其禁，以革其風，先有善於家者，即務其賞；自今不改，則没其財。

《周書》卷二二《柳慶傳》 柳慶字更興，解人也。【略】慶出後第四叔，及遭父憂，議者不許爲服重。慶泣而言曰：禮者蓋緣人情，若於出後之家，更有苴斬之服，可奪此從彼。今四叔薨背已久，情事不追。豈容奪禮，乖違天性！時論不能抑，遂以苦塊終喪。既葬，乃與諸兄負土成墳。服闋，除中堅將軍。

《晉書》卷八八《孝友傳·王延》 王延字延元，西河人也。九歲喪母，泣血三年，幾至滅性。每至忌日，則悲啼至旬。繼母卜氏遇之無道，恒以薄穰及敗麻頭與延貯衣。其姑聞而問之，延知而不言，事母彌謹。卜氏嘗盛冬思生魚，敕延求而不獲，杖之流血。延尋汾叩凌而哭，忽有一魚長五尺，踴出水上，延取以進母。卜氏食之，積日不盡，於是心悟，撫延如己生。延事親色養，夏則扇枕席，冬則以身温被，隆冬盛寒，體無全衣，而親極滋味。晝則傭賃，夜則誦書，遂究覽經史，皆通大義。州郡禮辟，貪供養不起。父母終後，廬於墓側，非其蠶不衣，非其耕不食。

《晉書》卷八八《孝友傳·庾袞》 庾袞字叔褒，明穆皇后伯父也。【略】孤兄女曰芳，將嫁，美服既具，袞乃刈荆苕爲箕箒，召諸子集之於堂，男女以班，命芳曰：芳乎！汝少孤，汝逸汝豫，不汝疵瑕。今汝適人，將事舅姑，灑掃庭内，婦之道也，故賜汝此。匪器之爲美，欲温恭朝夕，雖休勿休也。

《梁書》卷四一《劉潛傳》 劉潛，字孝儀，秘書監孝綽弟也。幼孤，與兄弟相勵勤學，並工屬文。【略】孝儀爲人寬厚，内行尤篤。第二兄孝能早卒，孝儀事寡嫂甚謹，家内巨細，必先諮決。與妻子朝夕供事，未嘗失禮。

《陳書》卷三〇《蕭摩訶傳》 蕭摩訶字元胤，蘭陵人也。祖靚，梁右將軍。父諒，梁始興郡丞。摩訶隨父之郡，年數歲而父卒，其姑夫蔡路養時在南康，乃收養之。

《南史》卷七〇《循吏傳·孫謙》 孫謙字長遜，東莞莒人也。客居歷陽，躬耕以養弟妹，鄉里稱其敦睦。

《南史》卷七三《孝義傳·許昭先》 許昭先，義興人也。【略】昭先父母皆老病，家無僮役，竭力致養，甘旨必從。宗黨嘉其孝行。雍州刺史劉真道板爲征虜參軍，昭先以親老不就；補迎主簿，昭先以叔未仕，又固辭。

《南史》卷七三《孝義傳·會稽永興吳翼之母丁氏》 又會稽永興吳翼之母丁氏，少喪夫。性仁愛，遭年荒，分衣食以飴里中飢餓者，隣里求借未嘗違。同里陳穰父母死，孤單無親戚，丁收養之。及長爲營婚娶。

《南史》卷七三《孝義傳·吳興乘公濟妻姚氏》 又吳興乘公濟妻姚氏，生二男，而公濟及兄公願、乾伯並卒，各有一子，姚養育之，賣田宅爲取婦，自與二男寄止隣家。

《南史》卷七三《孝義傳·韓靈敏》 韓靈敏，會稽剡人也。早孤，與兄靈珍並有孝性。母尋又亡，家貧無以營凶，兄弟共種瓜，朝採瓜子，暮生已復，遂辦葬事。靈珍亡無子，妻朝氏守節不嫁，慮家人奪其志，未嘗告歸。靈敏事之如母。

《南史》卷七三《孝義傳·劉渢》 劉渢字處和，南陽人也。父紹，仕宋位中書郎。颯母早亡，紹被敕納路太后兄女爲繼室。颯年數歲，路氏不以爲子，奴婢輩捶打之無期度。颯母亡日，輒悲啼不食，彌爲婢輩所苦。路氏生溓，兄颯憐愛之不忍捨，恒在牀帳側，輒被驅捶，終不肯去。路氏病經年，颯晝夜不離左右，每有增加，輒流涕不食。路氏病差，感其意，慈愛遂隆。路氏富盛，一旦爲颯立齋宇，筵席不減侯王。溓有識，事颯過於同産，事無大小，必諮兄而後行。

《南史》卷七三《孝義傳・封延伯》　封延伯字仲連，勃海人也。世爲州郡著姓，寓居東海，三世同財，爲北州所宗附。延伯好學退讓，事寡嫂甚謹。

《南史》卷七三《孝義傳・劉瑜》　劉瑜，歷陽歷陽人也。七歲喪父，事母至孝。年五十二，又喪母，三年不進鹽酪，號泣晝夜不絶聲，勤身力以營葬事。服除，二十餘年，布衣蔬食，言輒流涕，常居墓側，未嘗暫違。

《南史》卷七三《孝義傳・郭世通》　郭世通，會稽永興人也。年十四喪父，居喪殆不勝哀。家貧，傭力以養繼母。婦生一男，夫妻恐廢侍養，乃垂泣瘞之。

《南史》卷七三《孝義傳・潘綜》　潘綜，吴興烏程人也。孫恩之亂，祆黨攻破村邑，綜與父驃共走避賊。驃年老行遲，賊轉逼驃。驃語綜：我不能去，汝走可脱，幸勿俱死。驃困乏坐地，綜迎賊叩頭曰：父年老，乞賜生命。賊至，驃亦請賊曰：兒年少自能走，今爲老子不去。老子不惜死，乞活此兒。賊因斫驃，綜抱父於腹下，賊斫綜頭面凡四創，綜當時悶絶。有一賊從傍來相謂曰：卿欲舉大事，此兒以死救父，云何可殺？殺孝子不祥。賊乃止，父子並得免。

《南史》卷七三《孝義傳・陳遺》　又宋初吴郡人陳遺，少爲郡吏，母好食槍底飯。遺在役，恒帶一囊，每煮食輒録其焦以貽母。後孫恩亂，聚得數升，恒帶自隨。及敗逃竄，多有餓死，遺以此得活。母晝夜泣涕，目爲失明，耳無所聞。遺還入户，再拜號咽，母豁然即明。

《南史》卷七三《孝義傳・何伯璵》　先是有蔡曇智，鄉里號蔡曾子，廬江何伯璵兄弟，鄉里號爲何展禽，並爲高士沈顗所重。常云聞蔡曇智之風，怯夫勇，鄙夫有立志。聞何伯璵之風，僞夫正，薄夫厚云。伯璵與弟幼璵俱厲節操，養孤兄子，及長爲婚，推家業盡與之。

《南史》卷七四《孝義傳・張悌》　又有建康人張悌，家貧無以供養，以情告隣富人。富人不與，不勝忿，遂結四人作劫，所得衣物，三劫持去，實無一錢入己。縣抵悌死罪。悌兄松訴稱：與弟景是前母子，後母唯生悌，松長不能教誨，乞代悌死。景又曰：松是嫡長，後母唯生悌，若從法，母亦不全。亦請代死。母又云：悌應死，豈以弟罪枉及諸兄。悌亦引分，乞全兩兄供養。

《北史》卷八四《孝行傳・長孫慮》　長孫慮，代人也。母因飲酒，其父真呵叱之，誤以杖擊，便即致死。真爲縣囚執，處以重坐。慮列辭尚書云：父母忿爭，本無餘惡，直以謬誤，一朝横禍。今母喪未殯，父命旦夕，慮兄弟五人並冲幼。慮身居長，今年十五，有一女弟，向始四歲。更相鞠養，不能保全，父若就刑，交墜溝壑。乞以身代老父命，使嬰弱衆孤，得蒙存立。尚書奏云：慮於父爲孝子，於弟爲仁兄，尋情究狀，特可矜感。孝文帝詔特恕其父死罪，以從遠流。

《北史》卷八四《孝行傳・楊引》　楊引，鄉郡襄垣人也。三歲喪父，爲叔所養。

《北史》卷八四《孝行傳・秦族》　秦族，上郡洛川人也。【略】族性至孝，事親竭力。及父喪，哀毁過禮，每一慟哭，酸感行路。既以母在，恒抑割哀情，以慰其母意。四時珍羞，未嘗匱乏。

《北史》卷八四《孝行傳・田翼》　田翼，不知何許人也。養母以孝聞。其後母卧疾歲餘，翼親易燥濕，母食則食，母不食則不食。隋開皇中，母患暴痢。翼謂中毒藥，遂親嘗穢惡。

《北史》卷八四《孝行傳・徐孝肅》　徐孝肅，汲郡人也。宗族數十家，多以豪侈相尚，唯孝肅儉約。事親以孝聞。雖在幼小，宗黨間每有争訟，皆至孝肅所平論，短者無不引咎而退。孝肅早孤，不識父。及長，問其母父狀，因畫工圖其形，構廟置之而定省焉，朔望享祭。養母至孝，數十年家人未見其忿恚色。母老疾，孝肅視易燥濕，憂悴數年，見者莫不悲悼。母終，孝肅茹蔬飲水，盛冬單縗，毁瘠骨立。祖父母、父母墓，皆負土成墳。廬於墓所四十餘載，被髮徒跣，遂以終身。

《北史》卷八五《節義傳・郎方貴》　郎方貴，淮南人也。少有志尚，與從父弟雙貴同居。隋開皇中，方貴當於淮水津所寄渡，舟人怒之，撾方貴臂折。至家，雙貴問知之，恚恨，遂向津，毆殺船人。津者執送之。縣以方貴爲首，當死，雙貴從坐，當流。兄弟爭爲首坐，縣司不能斷，送詣州。兄弟各引死，州不能定。二人爭欲赴水死。

《北史》卷八六《循吏傳·蘇瓊》　蘇瓊，字珍之，長樂武强人也。【略】有百姓乙普明，兄弟爭田，積年不斷，各相援據，乃至百人。瓊召普明兄弟，對衆人諭之曰：天下難得者兄弟，易求者田地。假令得地失兄弟心，如何？因而下淚，諸證人莫不灑泣。普明兄弟叩頭，乞外更思，分異十年，遂還同住。

《北史》卷八六《循吏傳·竇瑗》　竇瑗，字世珍，遼西陽洛人也。自言本出扶風平陵，漢大將軍武曾孫崇爲遼西太守，遂家焉。曾祖堪，慕容氏漁陽太守。【略】及還鄴，上表曰：臣伏讀《麟趾新制》至三公曹第六十六條：母殺其父，子不得告，告者死。三返覆之，未得其門。何者？案律：子孫告父母、祖父母者，死。又漢宣云：子匿父，孫匿大父母，皆勿論。蓋謂父母、祖父母小者攘羊，甚者殺害之類，恩須相隱，律抑不言，法理如是，足見其直，未必指母殺父，止子不言也。今母殺父而子不告，便是知母而不知父，識比野人，義近禽獸。且母之於父，作合移天，既殺己之天，復殺子之天，二天頓毁，豈容頓默？此母之罪，義在不赦；下手之日，母恩即離。仍以母道不告，鄙臣所以致惑。如或有之，可臨時議罪，何用豫制斯條，用爲訓誡？恐千載之下，談者喧譁，以明明大朝，有尊母卑父之論。以臣管見，實所不取。詔付尚書。三公郎封君義立判云：母殺其父，子復告母，母由告死，便是子殺。天下未有無母之國，不知此子，將欲何之？既於法無違，於事非害，宣布有司，謂不宜改。瑗復難云：局判云母由告死，便是子殺。天下未有無母之國，不知此子，將欲何之。瑗案典律，未聞母殺其父而子有隱母之義。既不告母，便是與殺父同。天下可有無父之國，此子獨得有所之乎？事遂停寢。

《北史》卷九一《列女傳·隋蘭陵公主》　初，晋王廣欲以主配其妃弟蕭瑒，文帝將許之，後遂適述，晋王因不悦。及述用事，彌惡之。文帝崩，述徙嶺表。煬帝令主與述離絶，將改嫁之。公主以死自誓，不復朝謁，表求免主號，與述同徙。帝大怒曰：天下豈無男子，欲與述同徙邪？主曰：先帝以妾適柳家，今其有罪，妾當從坐。帝不悦。主憂憤卒，時年三十二。臨終上表：生不得從夫死，乞葬柳氏。

《北史》卷九一《列女傳·滎陽刁思遵妻》　滎陽刁思遵妻者，魯氏女也。始笄爲思遵所聘，未踰月而思遵亡。其家矜其少寡，許嫁已定。魯聞之，以死自誓。父母不達其志，遂經郡訴，稱刁氏吝護寡女，不使歸寧。魯乃與老姑徒步詣司徒府，自告情狀。

《北史》卷九一《列女傳·鄭善果母崔氏》　鄭善果母崔氏者，清河人也。年十三，適滎陽鄭誠，生善果。周末，誠討尉遲迥，力戰死于陣。母年二十而寡，父彦穆欲奪其志，母抱善果曰：婦人無再凡男子之義。且鄭君雖死，幸有此兒，棄兒爲不慈，背死夫爲無禮。寧當割耳剪髪，以明素心。違禮滅慈，非敢聞命。

《隋書》卷五七《薛道衡傳》　薛道衡字玄卿，河東汾陰人也。【略】有子五人，收最知名，出繼族父孺。孺清貞孤介，不交流俗，涉歷經史，有才思，雖不爲大文，所有詩詠，詞致清遠。開皇中，爲侍御史、揚州總管司功參軍。每以方直自處，府僚多不便之。及滿，轉清陽令、襄城郡掾，卒官。所經並有惠政。與道衡偏相友愛，收初生，即與孺爲後，養於孺宅。至於成長，殆不識本生。太常丞胡仲操曾在朝堂，就孺借刀子割爪甲。孺以仲操非雅士，竟不與之。其不肯妄交，清介獨行，皆此類也。

《隋書》卷七二《華秋傳》　華秋，汲郡臨河人也。幼喪父，事母以孝聞。家貧，傭賃爲養。其母遇患，秋容貌毁悴，鬚鬢頓改，州里咸嗟異之。及母終之後，遂絶櫛沐，髪盡禿落。廬於墓側，負土成墳，有人欲助之者，秋輒拜而止之。大業初，調狐皮，郡縣大獵。有一兔，人逐之，奔入秋廬中，匿秋膝下。獵人至廬所，異而免之。自爾此兔常宿廬中，馴其左右。郡縣嘉其孝感，俱以狀聞。煬帝降使勞問，表其門閭。後羣盗起，常往來廬之左右，咸相誡曰：勿犯孝子。鄉人賴秋而全者甚衆。

（唐）杜佑《通典》卷六九《禮·沿革·嘉禮·異姓為後議》　宋庾蔚之曰：四孤之父母，是事硋五愛反不得存養其子，豈不欲子之活？推父母之情，豈不欲與人爲後而苟使其子不存耶？如此則與父命後人亦何異？既爲人後，何不戴其姓？神不歆非類，蓋舍己族，而取他族爲後。若己族無所取後而養他子者，生得養己之老，死得奉其先祀，神有靈化，豈不嘉其功乎！唯所養之父自有後，而本絶嗣者，便當應還本其宗祀；服所養父母，依繼父齊衰周。若二家俱無後，則宜停所養家，依爲人後服其本親例，降一等；有子以後，其父未有後之閒，别立室以祭祀是也。

（唐）杜佑《通典》卷八八《禮・沿革・凶禮・斬縗三年》 周制，妻爲夫，夫至尊也。馬融曰：婦人天夫，故曰至尊。王肅曰：言夫則可知。舉妻者，殊妾之文也。孔倫曰：以父服服之，故曰至尊。雷次宗曰：言妻以明其齊，所以得稱夫也。妾爲君，君至尊也。馬融曰：妾賤，事夫如君，故至尊也。鄭玄曰：不得體之，加尊焉，雖士亦然。陳銓曰：降於女君，故不敢稱夫。稱爲君者，同於人臣也。雷次宗曰：言妾以見其接，所以乃稱君也。女子子在室爲父。女子子者，女子也，别於男子也。言在室，關已許嫁也。子嫁，反在父之室，爲父三年。馬融曰：爲犯七出，還在父母之家。鄭玄云：謂遭喪而出者，始服齊縗周，出而虞則受以三年之喪受，既虞而出則小祥亦如之，既除而出則已。女行於大夫以上曰嫁，行於士庶人曰適人。王肅曰：嫌已嫁而反與在室不同，故明之。遭喪未練而出則三年，既練而出則已，未練而反則周，既練而反則遂之。雷次宗曰：不言女子子，上女子也。復言子者，欲見其外義以盡，子道復弘也。

《舊唐書》卷六五《高士廉傳》 高儉字士廉，渤海蓨人。【略】士廉妹先適隋右驍衛將軍長孫晟，生子無忌及女。晟卒，士廉迎妹及甥於家，恩情甚重。見太宗潛龍時非常人，因以晟女妻焉，即文德皇后也。隋軍伐遼，時兵部尚書斛斯政亡奔高麗，士廉坐與交游，謫爲朱鳶主簿。事父母以孝聞，嶺南瘴癘，不可同行，留妻鮮於氏侍養，供給不足。又念妹無所庇，乃賣大宅，買小宅以處之，分其餘資，輕裝而去。尋屬天下大亂，王命阻絶，交阯太守丘和署爲司法書佐。士廉久在南方，不知母問，北顧彌切。嘗晝寢，夢其母與之言，宛如膝下，既覺而涕泗橫集。明日果得母訊，議者以爲孝感之應。

《舊唐書》卷八七《李昭德傳》 李昭德，京兆長安人也。【略】是時，來俊臣、侯思止等枉撓刑法，誣陷忠良，人皆懾懼，昭德每廷奏其狀，由是俊臣黨與少自摧屈。來俊臣又嘗棄故妻而娶太原王慶詵女，侯思止亦奏娶趙郡李自挹女，敕政事堂共商量。昭德撫掌謂諸宰相曰：大可笑！往年俊臣賊劫王慶詵女，已大辱國。今日此奴又請索李自挹女，無乃復辱國耶！尋奏寢之。侯思止後竟爲昭德所繩，榜殺之。

《舊唐書》卷一六一《李光進傳》 李光進，本河曲部落稽阿跌之族也。【略】光進兄弟少以孝睦推於軍中。及居母喪，三年不歸寢室。光顔先娶妻，其母委以家事。母卒，光進始娶。光顔使其妻奉管籥、家籍、財物，歸于其姒。光進命反之，且謂光顔曰：新婦逮事母，嘗命以主家，不可改也。因相持泣良久，乃如初。

（宋）王溥《唐會要》卷六五《内侍省》 貞元七年三月十三日敕：内侍省五品已上，許養一子，仍以同姓者，初養日不得過十歲。

《舊五代史》卷六一《唐書・董璋傳》 董璋，本梁之驍將也。幼與高季興、孔循俱事豪士李七郎爲童僕。李初名讓，嘗以厚賄奉梁祖，梁祖寵之，因畜爲假子，賜姓朱，名友讓。璋既壯，得隸於梁祖帳下，後以軍功遷爲列校。

《舊五代史》卷七五《晉書・高祖紀》〔應順元年正月〕帝性簡儉，未嘗以聲色滋味輒自宴樂，每公退，必召幕客論民間利害及刑政得失，明而難犯，事多親決。有店婦與軍士訟，云曝粟於門，爲馬所食。而軍士懇訴，無以自明。帝謂鞫吏曰：兩訟未分，何以爲斷，可殺馬刳腸而視其粟，有則軍士誅，無則婦人死。遂殺馬，馬腸無粟，因戮其婦人。境内肅然，莫敢以欺事言者。三月，移鎮常山。所歷方鎮，以孝治爲急，見民間父母在昆弟分索者，必繩而殺之。勤於吏事，廷無滯訟。常山屬邑曰九門，有人鬻地與異居兄，議價不定，乃移於他人。他人須兄立券，兄固抑之，因訴於令。令以弟兄俱不義，送府。帝監之曰：人之不義，由牧長新至，教化所未能及，吾甚愧焉。若以至理言之，兄利良田，弟求善價，順之則是，沮之則非，其兄不義之甚也，宜重笞焉。市田以高價者取之。上下服其明。

《新唐書》卷一二〇《崔玄暐傳》 崔玄暐，博陵安平人。【略】玄暐三世不異居，家人怡怡如也。貧寓郊墅，羣從皆自遠會食，無它爨。【略】初，渙爲元載所抑，縱訖載世，不求聞達。渙有嬖妾，縱以母事之。妾剛酷，雖縱顯官而數笞詬，然率妻子候顔色，承養不懈，時以爲難。孫碣。

《新唐書》卷一三二《沈傳師傳》 沈既濟，蘇州吴人。經學該明。【略】子傳師。【略】傳師性夷粹無競，更二鎮十年，無書賄入權家。初拜官，宰相欲以姻私託幕府者，傳師固拒曰：誠爾，願罷所授。故其僚佐如李景讓、蕭寘、杜牧，極當時選云。治家不威嚴，閨門自化。兄弟子姓，屬無親疏，衣服飲食如一。問餉姻家故人，帑無儲錢，鬻宅以葬。

《新唐書》卷一五〇《盧邁傳》　盧邁，字子玄，河南河南人。性孝友。【略】邁每有功、緦喪，必容稱其服，而情有加焉。叔下邽令休沐過家，邁終日與羣子姪均指使，無位貌之異。再娶無子，或勸畜姬媵，對曰：兄弟之子，猶子也，可以主後。所得稟賜，皆賑姻舊之乏。其從父弟迟喪還洛陽，過都，邁奏請往哭之，盡哀。

《新唐書》卷一九四《陽城傳》　陽城字亢宗，定州北平人，徙陝州夏縣，世爲官族。資好學，貧不能得書，求爲吏隸集賢院，竊院書讀之，晝夜不出户，六年，無所不通。及進士第，乃去隱中條山，與弟堦、域常易衣出。年長，不肯娶，謂弟曰：吾與若孤惸相育，既娶則間外姓，雖共處而益疏，我不忍。弟義之，亦不娶，遂終身。

城謙恭簡素，遇人長幼如一。遠近慕其行，來學者跡接于道。閭里有爭訟，不詣官而詣城決之。有盜其樹者，城遇之，慮其耻，退自匿。嘗絶糧，遣奴求米，奴以米易酒，醉卧于路。城怪其故，與弟迎之，奴未醒，乃負以歸。及覺，痛咎謝，城曰：寒而飲，何責焉？寡妹依城居，其子四十餘，癡不知人，城常負以出入。始，妹之夫客死遠方，城與弟行千里，負其柩歸葬。

（宋）李燾《續資治通鑑長編》仁宗天聖七年五月〔己巳〕詔廣南民自今祖父母、父母在而別籍者論如律，已分居者勿論。先是，同判桂州王告言：劉氏時，應祖父母、父母在，孫子既娶，即令析産，其後富者數至千金，而貧者或不能自給。及朝廷平嶺南，乃知法不得以異居。爭訟至今不息，請條約之。故降是詔。

（宋）李燾《續資治通鑑長編》哲宗元祐六年八月〔辛丑〕太皇太后曰：沂王四子，長子諭素有殘疾，不能任家事。其妻韓氏性很戾，與諸房不協，初因服内藏匿一金盆，諸兄弟不平，互相抉摘，遂聞官司。大防等曰：沂王薨歿未數年，閫内不能敦睦，遽至忿争，誠可嗟憫。太皇太后曰：沂王性吝嗇，不知訓飭子弟，惟務聚財，蓄藏無厭，今日忿争豈不由此！且多積貨財，是令子孫不義耳，若非多藏，必不致是。但不積財，子孫自然知義。大防等曰：誠如聖訓，古人所謂愚而多財，則益其過，正爲此耳。今欲令曹誘補外，未審可否？太皇太后曰：可。

《金史》卷一二七《孝友傳》　溫迪罕斡魯補，西北路宋葛斜斯渾猛安人。年十五，居父喪，不飲酒食肉，廬于墓側。母疾，刲股肉療之，疾愈。詔以爲護衛。

陳顔，衛州汲縣人。世業農。父光，宋季擢武舉第，調壽陽尉，未赴。值金兵取汴，光病，圍城中。顔間關渡河，往省其父，因扶疾北歸。光家奴謀良不可，誣告光與賊殺人。光繫獄，榜掠不勝，因自誣服。顔詣郡請代父死，太守徐某哀之，不敢決，適帥臣至郡，以其狀白，帥曰：此真孝子也。遂併釋之。天會七年，詔旌表其門閭。

劉瑜，棣州人。家貧甚，母喪不能具葬，乃質其子以給喪事。明昌三年，詔賜粟帛，復其終身。

《金史》卷一三〇《列女傳》　聶孝女，字舜英，尚書左右司員外郎天驥之長女也。年二十三，適進士張伯豪。伯豪卒，歸父母家。及哀宗遷歸德，天驥留汴。崔立劫殺宰相，天驥被創甚，日夜悲泣，恨不即死。舜英謁醫救療百方，至刲其股雜他肉以進，而天驥竟死。

時京城圍久食盡，閭巷間有嫁妻易一飽者，重以崔立之變，剽奪暴凌，無復人理。舜英頗讀書知義理，自以年尚少艾，夫既亡，父又死非命，比爲兵所汙，何若從吾父于地下乎。葬其父之明日，絶脰而死。一時士女賢之，有爲泣下者。其家以舜英合葬張伯豪之墓。【略】

王震，寧海州文登縣人。爲進士學。母患風疾，刲股肉雜飲食中，疾遂愈。母没，哀泣過禮，目生翳。服除，目不療而愈，皆以爲孝感所致。特賜同進士出身，詔尚書省擬注職任。

劉政，洛州人。性篤孝，母老喪明，政每以舌舐母目，逾旬母能視物。母疾，晝夜侍側，衣不解帶，刲股肉啖之者再三。母死，負土起墳，鄉隣欲佐其勞，政謝之。葬之日，飛鳥哀鳴，翔集丘木間。廬於墓側者三年。防禦使以聞，除太子掌飲丞。

《宋史》卷一一五《禮·嘉禮》　其出降日，壻家具五禮，修表如上儀。太史局擇日告廟。

親迎。前一日，所司於内東門外量地之宜，西向設壻次。其日，壻父醮子如上儀。乃命之曰：往迎肅雍，以昭惠宗祏。子再拜，曰：祇率嚴命！又再拜，降，出乘馬，至東華門内下馬，禮直官引就次。有司陳帝姬鹵簿、儀仗於内東門外，候將升厭翟車，引壻出次於内東門外，躬身西向。掌事者執鴈，内謁者奉鴈以進，俟帝姬升車，壻再拜，先還第。

同牢。其日初昏，掌事者設巾、洗各二於東階東南，一於室北。水在洗東，尊於室中，實四爵、兩巹於篚。壻至本第，下馬以俟。帝姬至，降車，贊者引壻揖之以入，及寢門又揖，導之升階，入室盥洗。掌事者布對位，又揖帝姬，皆即坐受醆三飲，俱興，再拜，贊者徹酒。

見舅姑。夙興，帝姬著花釵、服褕翟以俟見。贊者設舅姑位於堂上，舅位於東，姑位於西，各服其服就位。女相者引帝姬升自西階，詣舅位前再拜，贊者以棗栗授帝姬奉置舅位前，舅即坐，贊者進徹以東，帝姬退，復位，又再拜。女相者引詣姑位前再拜，贊者以腶脩授帝姬奉置姑位前，姑即坐，贊者亦徹以東，帝姬退，復位，又再拜。次醴婦、盥饋、餕婦如儀。

《宋史》卷一一五《禮・嘉禮》 神宗即位，詔以昔侍先帝，恭聞德音，以舊制士大夫之子有尚帝女者，輒皆升行，以避舅姑之尊。豈可以富貴之故，屈人倫長幼之序。宜詔有司革之，以厲風俗。於是著爲令。仍命陳國長公主行舅姑之禮。

《宋史》卷二六二《劉温叟傳》 劉温叟字永齡，河南洛陽人。**【略】**

温叟事繼母以孝聞，雖盛暑非冠帶不敢見。五代以來，言執禮者惟温叟焉。

《宋史》卷二六三《石熙載傳》 石熙載，字凝績，河南洛陽人。**【略】**

熙載事繼母牛氏以孝聞。弟熙導，牛氏前夫子，隨母歸石氏。以熙載故，奏補殿直。從弟熙古、幼弟熙政，皆登進士第，熙載撫之如一。熙載卒時，子中孚、中立皆幼，熙政患熙導以異姓居己上，乃詐傳上旨，令己籍熙導家財，由是交訟。有司歸罪熙導，上召問中孚、中立，令有司再鞫得實。熙導還本姓，中孚亦養子勿問，熙政坐除名。上素知熙載以母故育熙導甚厚，雖令還宗，而不奪其官，復以財産量給之。

《宋史》卷二六四《薛惟吉傳》 薛居正字子平，開封浚儀人。**【略】**

惟吉字世康，居正假子也。惟吉既知非改過，能折節下士，輕財好施，所至有能聲。然御家無法，及其死，家人争財致訟，妻子辨對於公庭云。

《宋史》卷二六四《沈倫傳》 沈倫字順宜，開封太康人。**【略】**微時娶閻氏，無子，妾田氏生繼宗。及貴，閻以封邑固讓田，倫乃爲閻治第太康，田遂爲正室，搢紳非之。

《宋史》卷二六五《李昉傳》 李昉字明遠，深州饒陽人。**【略】**從父右資善大夫沼無子，以昉爲後。**【略】**初，沼未有子，昉母謝方娠，指腹謂叔母張曰：生男當與叔母爲子。故昉出繼于沼。昉再相，因表其事，求贈所生父母官。詔贈其祖温太子太傅，祖母權氏莒國太夫人，超太子太師，謝氏鄭國太夫人。

《宋史》卷二七七《慎從吉傳》 裁數月，有咸平縣民張斌妻盧氏，訴姪質被酒詬悖。張素豪族，質本養子，而證左明白，質賄于吏。從吉子大理寺丞鋭時督運石塘河，往來咸平，爲請于縣宰，斷復質劉姓，第令與盧同居。質洎盧迭爲訟，縣聞於府。從吉命户曹參軍吕楷就縣推問。盧之從叔虢略尉昭一賂白金三百兩於楷，楷久不決。盧兄文質又納錢七十萬于從吉長子大理寺丞鈞，鈞以其事白從吉，而隱其所受。盧又詣府列訴，即下其事右軍巡院。昭一兄澄嘗以手書達錢惟演，云寄語從吉，事逮鈞、鋭，請緩之。從吉頗疑懼，密請付御史臺。即詔御史王奇、直史館梁固鞫之。獄成，從吉坐削給事勒停，惟演罷翰林學士，楷、鈞免官，配隸衡、郢州，鋭、文質皆削一官，澄、昭一並决杖配隸。

《宋史》卷二七八《雷德驤傳》 雷德驤字善行，同州郃陽人。**【略】**又命爲兩浙轉運使。其子殿中丞有終亦爲淮南轉運使。**【略】**淳化初，就遷少府少監、知廣州。二年，女弟壻衛濯訟其家法不謹，有終坐親累，責授衡州團練副使，奪章服。

《宋史》卷二八三《夏竦傳》 夏竦字子喬，江州德安人。**【略】**竦娶楊氏，楊亦工筆札，有鈎距。及竦顯，多内寵，浸與楊不諧，楊悍妬，即與弟娟疏竦陰事，竊出訟之，又竦母與楊母相詬詈，偕訴開封府，府以事聞，下御史臺置劾，左遷職方員外郎、知黄州。

《宋史》卷二八六《薛奎傳》 薛奎字宿藝，絳州正平人。**【略】**成都民婦訟其子不孝，詰之，乃曰：貧無以爲養。奎出俸錢與之，戒曰：若復失養，吾不貸汝矣！其母子遂如初。

《宋史》卷三一五《韓億傳》韓億，字宗魏，【略】改一官知洋州。州豪李甲，兄死迫嫂使嫁，因誣其子爲他姓，以專其貲。嫂訴於官，甲輒賂吏掠服之，積十餘年，訴不已。億視舊牘未嘗引乳醫爲證，召甲出乳醫示之，甲亡以爲辭，冤遂辨。

《宋史》卷三三〇《杜紘傳》杜純字孝錫，【略】弟紘。【略】紘每議獄，必傳經誼。民間有女幼許嫁，未行而養於壻氏，壻氏殺以誣人，吏當如昏法。紘曰：禮，婦三月而廟見，未廟見而死，則歸葬于家，示未成婦也。律，定昏而夫犯，論同凡人。養婦雖非禮律，然未成婦則一也。議乃定。

《宋史》卷三三五《种師道傳》師道字彝叔。【略】爲熙州推官、權同谷縣。縣吏有田訟，彌二年不決。師道繙閱案牘，窮日力不竟，然所訟止母及兄而已。引吏詰之曰：母、兄，法可訟乎。汝再期擾鄉里足未？吏叩頭服罪。

《宋史》卷三八二《張燾傳》張燾，字子公【略】燾除知建康府兼行宮留守。池有義子與父争訟，守昏謬，繫父，連年不決，燾移大理，出其守。

《宋史》卷四〇四《李舜臣傳》李舜臣字子思，【略】紹興末，【略】知饒州德興縣，專尚風化。民有母子昆弟之訟連年不決，爲陳慈孝友恭之道，遂爲母子兄弟如初。

《宋史》卷四一一《歐陽守道傳》歐陽守道字公權，【略】里有張某喪其父，小祥，而舅氏訟以事，繫之獄，使不得祭，邀其售己地以葬。守道聞之，歎曰：吾惟痛斯子之不得一哭其父也，且其痛奈何？明日告之邑令曰：此非人心，瀆祭而薄之，撓葬而奪之，舅如此，是自食其肉也。請任斯子出，祭而復獄。令亟出之。其舅醜誣守道，守道亦不自辨。

《宋史》卷四一二《杜杲傳》杜杲字子昕，【略】知六安縣，民有嬖其妾者，治命與二子均分。二子謂妾無分法，杲書其牘云：《傳》云子從父令，律曰違父教令，是父之言爲令也，父令子違，不可以訓。然妾守志則可，或去或終，當歸二子。部使者季衍覽之，擊節曰：九州三十三縣令之最也。

《宋史》卷四一三《趙與懽傳》趙與懽字悦道，【略】以直寶章閣知安吉州。郡計仰榷酤，禁綱峻密，與歡首捐以予民。設銅鉦縣門，欲訴者擊之，冤無不直。有富民怨幼子，察之非其本心，姑逮其子付獄，徐廉之，乃二兄强其父析業。與懽曉以法，開以天理，皆忻然感悟。又嫠媪僅一子，亦以不孝告，留之郡聽，日給饌，俾親饋，晨昏以禮，未周月，母子如初。二家皆畫像事之。

《元史》卷一九七《孝友傳》張閏，延安延長縣人，隸軍籍。八世不異爨，家人百餘口，無間言。日使諸女諸婦各聚一室爲女功，工畢，斂貯一庫，室無私藏。幼稚啼泣，諸母見者即抱哺。一婦歸寧，留其子，衆婦共乳，不問孰爲己兒，兒亦不知孰爲己母也。閏兄顯卒，即以家事付姪聚，聚辭曰：叔，父行也，叔宜主之。閏曰：姪，宗子也，姪宜主之。相讓既久，卒以付聚。縉紳之家，自謂不如。至元二十八年，旌表其門。

劉德泉，汴梁杞縣人。早喪母，父榮再娶王氏，生二子居敬、居元，俱幼，德泉甚撫之。及王氏病卒，乃益相友愛。至元末，歲饑，父欲使析居，德泉泣止不能得，乃各受其業以去。久之，父卒，兄弟相約同爨，和好如初。至治三年，真定朱顯，自至元間，其祖父已分財。至顯，念姪彦昉等年幼無恃，謂弟耀曰：父子兄弟，本同一氣，可異處乎！乃會拜祖墓下，取分券焚之，復與同居。

延祐間，蔚州吴思達兄弟六人，嘗以父命析居。思達爲開平縣主簿，父卒，還家。治葬畢，會宗族，泣告其母曰：吾兄弟別處十餘年矣，今多破産，以一母所生，忍使兄弟苦樂不均耶！即以家財代償其逋，更復共居。母卒，哀毁甚。宅後柳連理，人以爲友義所感。

又有朱汝諧，濮州人。父子明嘗命與兄汝弼別産。子明卒，汝弼家盡廢，汝諧泣請共居。仲父子昭、子玉貧病，汝諧迎至家，奉湯藥甘旨甚謹。後卒，喪葬盡禮。鄉人賢之。

趙毓，唐州人。父福遷鄭之管城。其先，三世同爨。毓官福州司獄，滿歸，以母老不復仕。一日，會諸弟，泣申遺訓，願世世無異處，且祝天歃血以盟。自是大小百口，略無間言，同力合作，家道以殷。毓長兄瑞早世，嫂劉氏守志，毓率家人事之甚恭。次兄選繼歿，嫂王氏，毓母以其少，許歸改嫁，王氏曰：婦無再嫁之義，願終事姑。毓妹贅王佑，佑亡，妹念佑母無子，乞歸朱氏養之。人謂孝友節義，萃毓一家。元貞初，旌之。

吴好直，華州蒲城人。父殁，事繼母孝，兄弟嘗求分財，好直勸諭不能止，即以己所當得，悉推與之。出從師學，淡泊三十年，無少悔。又有甄城柴郁、陳舜咨，皆能孝友，以己産分讓兄弟。縣令言狀，並表美之。

劉通，亳州譙縣人。家貧業農。母卜氏，好聲樂，每眩技者以簫鼓至門，必令娱侍，或自歌舞，以悦母心。卜氏目失明，通誓斷酒肉，禱之三十年不懈。卜氏年八十五，忽復明。至大間鄱陽黄鎰，皇慶間諸暨丁祥一，皆以親喪明，以舌舐之，復能視。並命褒表。

張旺舅，安豐霍丘人。幼失父，母陳氏居貧守志。旺舅九歲，賣餳以養。及長，母病，伏枕數月，旺舅無貲命醫，惟日夜痛哭，禮天求代，未幾遂愈。又自以生業微不能多給，竟不娶，以終母年。縣令言于朝，旌之。

扈鐸，汴梁蘭陽人。蚤孤，育於伯父。及壯，事伯父如所生。伯父老無子，鐸爲買妾，歲餘，産一女。其妾性頗不慧，熟寐，壓女死。久之，伯父卒，鐸喪之甚哀。遺腹生一男，鐸懲前失，告其母及妻妹護視之，已復廬户外，中夜審察，不敢安寢。弟能食，常自抱哺，與同卧起，十年不少怠。弟有疾，鐸夜稽顙星斗哀禱曰：天不伐余家，鐸父子間可去一人，勿喪吾弟，使伯父無後也。明旦，弟愈。母卒，哀毁逾禮，廬于墓側，不理家事，宗族勸之歸，鐸曰：今歲凶多盗，吾家雖貧，安知墓中無可欲乎！倘驚吾親之靈，雖生何爲！卒守廬不去。

王思聰，延安安塞人。素力田，農隙則教諸生，得束脩以養親。母喪，盡哀。父繼娶楊氏，事之如所生。以家多幼稚，侵父食，别築室曰養老堂奉之，朝夕定省，愈久不怠。父嘗病劇，思聰憂甚，拜祈于天，額膝皆成瘡，得神泉飲之，愈。後復失明，思聰舐之，即能視。縣上狀，命表異之。

郭全，遼陽人。幼喪母，哀戚如成人。及壯，父庭玉又卒，居廬三載，啜粥面墨。事繼母唐古氏甚孝。唐古氏生四子，皆幼，全躬耕以養。既長娶婦，各求分財異居，全不能止，凡田廬器物，悉自取朽弊者，奉唐古氏以居，甘旨無乏。唐古氏卒，全年六十餘，哀痛毁瘠，廬其墓終喪。

又有劉德，奉元人。父娶後妻何氏，德事之如所生。家貧，傭工取直，寸錢尺帛皆上之。四弟並何出，德撫愛尤篤。年五十未娶，稱貸得錢先爲弟求婦，諸弟亦化其德，一門藹然。鄉里稱爲劉佛子。

宗杞，大都人。年十九，父内宰卒，擗踊號泣，絶而復甦，水漿不入口者三日。哀氣傷心，遂成疾。伏卧床榻，猶哭不止，淚盡，繼之以血。既葬，疾轉甚。杞有繼母，無他兄弟，度不能自起，作遺書囑其妻楊氏曰：汝善守志，以事吾母。遂卒。楊氏遺腹生一男，人以爲孝感，天不絶其嗣云。泰定三年，旌其門。

王閏，東平須城人。父素多資，既老，盡廢之，不甘淡薄，每食必需魚肉，閏朝夕勤苦入市，營奉無闕。父性復乖戾，閏左右承順，甚得其歡心，鄉里稱焉。父嘗卧疾，夜燃長明燈室中，火延籬壁間。閏聞火聲，驚起馳救，火已熾，煙焰蔽寢户。閏突入火中，解衣蒙父，抱而出，肌體灼爛，而父無少傷。一女不能救，遂焚死。中統二年，復其役。

蕭道壽，京兆興平人。家貧，鬻簇以自給。母年八十餘，道壽事養盡禮。每旦，候母起，夫婦親侍盥櫛。日三飯，必待母食，然後退就食。至夕，必待母寢，然後退就寢。出外必以告，母許乃敢出。母或怒，欲罰之，道壽自進杖，伏地以受。杖足，母命起，乃起。起復再拜，謝違教，拱立左右，俟色喜乃退。母嘗有疾，醫累歲不能療，道壽刲股肉啖之而愈。至元八年，賜羊酒，表其門。

田改住，汶上人。父病不能愈，禱于天，去衣卧冰上一月。同縣王住兒，母病，卧冰上半月。

甯猪狗，山丹州人。母年七十餘，患風疾，藥餌不效，猪狗割股肉進啖，遂愈。歲餘復作，不能行，猪狗手滌溷穢，護視甚周，造板輿載母，夫婦共舁，行園田以娱之。後卒，居喪有禮，鄉閭稱焉。

潭州萬户移剌瓊子李家奴，九歲，母病，醫言不可治，李家奴刲股肉，煑糜以進，病乃痊。撫州路總管管如林、渾州民朱天祥，並以母疾刲割股，旌其家。

羊仁，廬州廬江人。至元初，阿术兵南下，仁家爲所掠，父被殺，母及兄弟皆散去。仁年七歲，賣爲汴人李子安家奴，力作二十餘年，子安憐之，縱爲良。仁踪跡得母於潁州蒙古軍塔海家，兄於睢州蒙古軍岳納家，弟於邯鄲連大家，皆爲役，尚無恙。乃遍懇親故，貸得鈔百錠，歷詣諸家求贖之。經營百計，更六年，乃得遂。大小二十餘口，復聚居爲良，孝友甚篤，鄉里美之。大德十二年，旌其家。

李鵬飛，池州人。生母姚氏，爲嫡母不容，改嫁爲朱氏妻。鵬飛幼，不知也。年十九，思慕哀痛，誓學醫以濟人，願早見母。行求三歲，至蘄州羅田縣得焉。時朱氏家方疫，鵬飛起之，遂迎還奉養。久之，復歸朱氏，時渡江省覲。既卒，歲時携子孫往祭墓，終其身。

《元史》卷二〇〇《列女傳》 霍氏二婦尹氏、楊氏，夫家鄭州人。至元間，尹氏夫耀卿殁，姑命其更嫁，尹氏曰：婦之行一節而已，再嫁而失節，妾不忍爲也。姑曰：世之婦皆然，人未嘗以爲非，汝獨何耻之有？尹氏曰：人之志不同，妾知守妾志爾。姑不能强。楊氏夫顯卿繼殁，慮姑欲其嫁，即先白姑曰：妾聞娣姒猶兄弟也，宜相好焉。今姒既留，妾可獨去乎，願與共修婦道，以終事吾姑。姑曰：汝果能若是，吾何言哉！於是同處二十餘年，以節孝聞。

聞氏，紹興俞新之妻也。大德四年，新之殁，聞氏年尚少，父母慮其不能守，欲更嫁之。聞氏哭曰：一身二夫，烈婦所耻。妾可無生，可無耻乎！且姑老子幼，妾去當令誰視也？即斷髮自誓。父知其志篤，乃不忍强。姑久病風，且失明，聞氏手滌溷穢不怠，時漱口上堂舐其目，目爲復明。及姑卒，家貧，無資傭工，與子親負土葬之，朝夕悲號，聞者慘惻。鄉里嘉其孝，爲之語曰：欲學孝婦，當問俞母。

白氏，太原人。夫慕釋氏道，棄家爲僧。白氏年二十，留養姑不去，服勤績紝，以供租賦。夫一日還，迫使他適，白斷髮誓不從，夫不能奪，乃去。姑年九十卒，竭力營葬，畫姑像祀之終身。

郎氏，湖州安吉人，宋進士朱甲妻也。朱嘗仕浙東，以郎氏從。至元間，朱殁，郎氏護喪還至玉山里，留居避盗。勢家柳氏欲强聘之，郎誓不從，夜棄裝奉柩遁。柳邀之中道，復死拒，得免。家居，養姑甚謹。姑嘗病，郎禱天，刲股肉進啖而愈。後姑喪，以哀聞。大德十一年，旌美之。

又有東平鄭氏、大寧杜氏、安西楊氏，並少寡守志，割體肉療姑病。

秦氏二女，河南宜陽人，逸其名。父嘗有危疾，醫云不可攻。姊閉户默禱，鑿己腦和藥進飲，遂愈。父後復病欲絶，妹刲股肉置粥中，父小啜即甦。

趙孝婦，德安應城人。早寡，事姑孝。家貧，傭織於人，得美食必持歸奉姑，自啖粗糲不厭。嘗念姑老，一旦有不諱，無由得棺，乃以次子鬻富家，得錢百緡，買杉木治之。棺成，置于家。南鄰失火，時南風烈甚，火勢及孝婦家，孝婦亟扶姑出避，而棺重不可移，乃撫膺大哭曰：吾爲姑賣兒得棺，無能爲我救之者，苦莫大焉！言畢，風轉而北，孝婦家得不焚，人以爲孝感所致。

丁氏，新建鄭伯文妻也。大德間，伯文病將殁，丁氏與訣曰：妾自得侍巾櫛，誓與偕老。君今不幸疾若是，脱有不諱，妾當從。但君父母已老，無他子婦侍養，妾苟復自亡，使君父母食不甘味，則君亦不瞑目矣。妾且忍死，以奉其餘年，必不改事他人，以負君於冥冥也。伯文卒，丁氏年二十七，居喪哀毁。服既除，父母屢議奪嫁之，丁氏每聞必慟哭曰：妾所以不死者，非苟生有他志也，與良人約，將以事舅姑耳。今舅姑在堂固無恙，妾可棄去而不信於良人乎！父遂止。舅姑嘗病，丁氏夙夜護視，衣不解帶。及死，喪葬盡禮。事上，表其門。

白氏，太原人。夫慕釋氏道，棄家爲僧。白氏年二十，留養姑不去，服勤績紝，以供租賦。夫一日還，迫使他適，白斷髮誓不從，夫不能奪，乃去。姑年九十卒，竭力營葬，畫姑像祀之終身。

趙孝婦，德安應城人。早寡，事姑孝。家貧，傭織於人，得美食必持歸奉姑，自啖粗糲不厭。嘗念姑老，一旦有不諱，無由得棺，乃以次子鬻富家，得錢百緡，買杉木治之。棺成，置于家。南鄰失火，時南風烈甚，火勢及孝婦家，孝婦亟扶姑出避，而棺重不可移，乃撫膺大哭曰：吾爲姑賣兒得棺，無能爲我救之者，苦莫大焉！言畢，風轉而北，孝婦家得不焚，人以爲孝感所致。

《元史》卷二〇一《列女傳》 武用妻蘇氏，真定人，徙家京師。用疾，蘇氏刲股爲粥以進，疾即愈。生子德政，四歲而寡。夫之兄利其資，欲逼而嫁之，不聽。未幾夫兄舉家死，惟餘三弱孫，蘇氏取而育之。德政長，事蘇氏至孝。蘇氏死時，天大旱，德政方掘地求水以供葬事，忽二蛇躍出，德政因默禱焉。二蛇一東一北，隨其地掘之，果得泉。有司上其事。旌復其家。

任仲文妻林氏，寧海人。家甚貧，年二十八而寡。姑患風疾，不良於行，林氏旦暮扶侍惟謹，撫育三子皆有成。年一百三歲而卒。

《明仁宗寶訓》卷二《正風化》 七月丁丑，上爲皇太子監國南京，謂禮部尚書呂震曰：人情相愛，則祝以多男，而民庶者，國家之祥，近謂京師愚民有厭子息，多生輒棄之不育者，傷天地之仁，失父母之道，宜嚴禁止之，再有犯者，并兩隣加罪。

《明宣宗寶訓》卷一《明斷》 宣德六年二月己未，上元縣人王拜住年十四，爲陳氏養子，其父死，生母貧，行乞於途，拜住遇之，哀哭不告養母，以情訴於官，乞歸養生母，養母聞之訟其詈己，刑部論拜住死罪。上曰：彼年十四，依陳氏養母之恩，豈能踰生母，遇生母行乞而不動心，是禽獸也，今歸養生母？但失於不告養母耳，可杖之，二母皆令終養。

《明宣宗寶訓》卷二《睦親》 宣德二年十月丙寅，上御武英殿觀唐玄宗所書《孝經》，顧謂侍臣曰：堯協和萬邦，本於親九族。舜紹堯，致治本之克諧以孝。蓋帝王之治，皆自親親始。

《明宣宗寶訓》卷二《正風化》 宣德四年二月丁酉，上諭三法司曰：致理之道，人倫爲先，五刑三千，不孝最大。今在外有司，往往貪受賕賂，寬縱不孝，吏之壞法，莫甚於斯。自今但犯不孝及烝父妾、收兄弟之妻爲妻，凡敗倫傷化者，在外有司，毋擅决斷，悉令送京師，如律鞫治。若武官及其子弟有犯此者，不許復職承襲，永爲定例。

《明實録》太祖洪武六年八月〔辛巳〕更定親屬相容隱律：凡同居大功以上親，及外祖父母、外孫，若孫之婦，夫之兄弟及兄弟妻，若妻之父母、女婿，許相容隱；或奴婢爲本使隱者，皆勿論。其小功以下相容隱，減凡人三等。若無服之親，如姊妹夫妻之兄弟、姑夫、妻姪相容隱者，亦減二等。犯謀反、惡逆不用此律。

《明實録》太宗永樂十年十一月〔庚寅〕通政司奏：有老婦告前夫之子不能共養，請治其不孝罪。上問：是親生之子否？對曰：此婦於前夫亦是繼室，蓋子之繼母也。上曰：所謂子母無絶道者，非謂繼母。今繼母改適，即義可絶已，失節於夫，乃責人不能盡孝，所言勿聽。

《明實録》英宗正統三年五月〔甲辰〕民有逐其養子而妻其婦者，既而又逐其妻。妻訟焉，法司論其罪當徙。上以其敗壞風俗，不可常律斷，編爲戍卒。

（明）陸深《儼山集》卷六三《中順大夫廣南府知府顧公墓誌銘》 憲宗純皇帝時，遠郡有才良之吏曰：上海顧公。諱英，字孟育。初同知雲南之廣西府，以憂去，既乃改陝西之延安府，九載陞知廣南府。廣南，雲南夷中地也，尤險遠。公之在廣西也，民楊姓者，兄弟争産，訟累不休。楊夷俗也。公至，各以百金入賂，公兩聽之，明旦詣府受理，譁辯更肆。公曰：若所争者，幾何也。至是，其弟悉白其兄匿財狀，凡五十金。公曰：若以五十金之故致訟，比於餽人以百金求勝，其盈縮又何如也？反顧吏人出其賂於庭，即取其兄賂半償之，兩人羞伏，各涕泣投拜而去。

《明史》卷二八一《循吏傳・方孝聞》 子孝聞，孝孺。孝聞，十三喪母，蔬食終制。

《明史》卷二八二《儒林傳・何壽朋》 門人何壽朋，字德齡，亦金華人。窮經守志，不妄干人。洪武初，舉孝廉，以二親俱老辭。

《明史》卷二八二《儒林傳・胡居仁》 胡居仁，字叔心，餘干人。**【略】**其學以主忠信爲先，以求放心爲要，操而勿失，莫大乎敬，因以敬名其齋。端莊凝重，對妻子如嚴賓。

《明史》卷二八二《儒林傳・王宣》 王宣，晋江人。弘治中舉於鄉，一赴會試不第，以親老須養，不再赴。

《明史》卷二八二《儒林傳・曹端》 曹端，字正夫，澠池人。永樂六年舉人。**【略】**事父母至孝，父初好釋氏，端爲《夜行燭》一書進之，謂：佛氏以空爲性，非天命之性。老氏以虚爲道，非率性之道。父欣然從之。

《明史》卷二八二《儒林傳・王敬臣》 王敬臣，字以道，長洲人，江西參議庭子也。**【略】**事繼母如事父，妻失母歡，不入室得十三載。

《明史》卷二八三《儒林傳・陳獻章》 陳獻章，字公甫，新會人。**【略】**獻章儀幹修偉，右頰有七黑子。母年二十四守節，獻章事之至孝。母有念，輒心動即歸。

《明史》卷二八三《儒林傳・陳茂烈》 陳茂烈，字時周，莆田人。**【略】**以母老終養。供母之外，不辦一帷。治畦汲水，身自操作。太守聞其勞，進二卒助之，三日遣之還。吏部以其貧，禄以晋江教諭，不受。又奏給月米，上書言：臣素貧，食本儉薄，故臣母自安於臣之家，而臣亦得以自宜其貧，非有及人之廉，盡己之孝也。古人行傭負米，皆以爲親，臣之貧尚未至是。而臣母鞠臣艱苦，今年八十有六，來日無多。臣欲自盡心力，尚恐不及，上煩官帑，心竊未安。奏上，不允。母卒，茂烈亦卒。

《明史》卷二八六《文苑傳・鄭善夫》 善夫，字繼之，閩縣人。**【略】**善夫敦行誼，婚嫁七弟妹，貲悉推予之，葬母黨二十二人。

《明史》卷二八八《文苑傳・曹學佺》 曹學佺，字能始，侯官人。**【略】**其同邑後起者，曾異撰，字弗人，晉江人，家侯官。父爲諸生，早卒。母張氏，以遺腹生。家寠甚，紡績給晨夕。異撰起孤童，事母至孝。歲饑，採薯葉雜糠籺食之，母妻嘗負畚鋤乾草給爨。然性介甚，長吏知其貧，欲爲地，不屑也。

《明史》卷二九六《孝義傳》 其事親盡孝，或萬里尋親，或三年廬墓，或聞喪殞命，或負骨還鄉者，洪武時，則有麗水祝昆，上元徐真童、李某女，龍江衛丁歪頭，懷寧曹鏞、鏞妻王氏，徐州王僧兒，廣德姚觀壽，廣武衛陳禮關，桃源張注，江浦張二女勝奴，上海沈德，溧陽史以仁，丹徒唐川，邳州李英，北平東安王重，遵化張拾，保定顧仲禮，欒亭杜仁義妻韓氏，昌平劉驢兒，保定新城王興，祁陽郝安童，山東寧海姜瑜，汶上侯昱，盂縣李德，鞏縣給事中魏敏，登封王中，舞陽周炳，臨桂李文選。而鈞州張宗魯以瞽子有孝行，十七年被旌。

《明史》卷二九六《孝義傳・徐允讓》 徐允讓，浙江山陰人。元末，賊起，奉父安走避山谷間。遇賊，欲斫安頸。允讓大呼曰：寧殺我，勿殺我父！賊遂舍安殺允讓。將辱其妻潘，潘紿曰：吾夫已死，從汝必矣。若能焚吾夫，則無憾也。賊許之，潘聚薪焚夫，投烈焰中死。賊驚歎去，安獲全。洪武十六年，夫婦並旌。

《明史》卷二九六《孝義傳・伍洪》 時有劉文煥者，廣濟人。與兄文煇運糧愆期，當死。兄以長坐，文煥詣吏請代，叩頭流血。所司上其狀，命宥之，則兄已死矣。太祖特書義民二字獎之。

時京師有兄坐法，兩弟各自縛請代。太祖遣使問故，同詞對曰：臣少失父，非兄無以吾今日。兄當死，弟安敢愛其生。帝陽許之，而戒行刑者曰：有難色者殺之，否則奏聞。兩人皆引頸就刃，帝大嗟異，欲並其兄貰之。左都御史詹徽持不可，卒殺其兄。

《明史》卷二九六《孝義傳・沈德四》 沈德四，直隸華亭人。祖母疾，刲股療之愈。已而祖父疾，又刲肝作湯進之，亦愈。洪武二十六年被旌。尋授太常贊禮郎。上元姚金玉、昌平王德兒亦以刲肝愈母疾，與德四同旌。

至二十七年九月，山東守臣言：日照民江伯兒，母疾，割脇肉以療，不愈。禱岱嶽神，母疾瘳，願殺子以祀。已果瘳，竟殺其三歲兒。帝大怒曰：父子天倫至重。禮父服長子三年。今小民無知，滅倫害理，亟宜治罪。遂逮伯兒，杖之百，遣戍海南。因命議旌表例。

禮臣議曰：人子事親，居則致其敬，養則致其樂，有疾則醫藥籲禱，迫切之情，人子所得爲也。至卧冰割股，上古未聞。倘父母止有一子，或割肝而喪生，或卧冰而致死，使父母無依，宗祀永絶，反爲不孝之大。皆由愚昧之徒，尚詭異，駭愚俗，希旌表，規避里徭。割股不已，至於割肝，割肝不已，至於殺子。違道傷生，莫此爲甚。自今父母有疾，療治罔功，不得已而卧冰割股，亦聽其所爲，不在旌表例。制曰：可。

《明史》卷二九七《孝義傳・傅檝》 傅檝，字定濟，泉州南安人。祖凱，父浚，並進士。**【略】**浚後遷山東鹽運司同知。娶繼妻，私其二奴。浚聞將治之，遂暴卒。檝心疑未發，奴遽亡去。久之，偵一奴逃德化縣，傭巨姓家。檝微行往伺奴出，袖鐵椎擊殺之，而其一不可跡矣。

檝不欲見繼母，葬父畢，號慟曰：父讐尚在，何以爲人！乃裂衣冠，屏妻子，出宿郊墟間，蓬首垢面，饑寒風雨，不知就避。親戚故人率目之爲狂，檝終不自明也。子燾卒，不哭。或詰之，則垂涕曰：我不能爲子，敢爲父乎！繼母卒，乃歸。蓋自廢自罰者三十五年，又十五年而卒。

《明史》卷二九七《孝義傳・謝用》 謝用，字希中，祁門人。父永貞。生母馬氏方娠，永貞客外，嫡母汪氏妒而嫁之，遂生用。永貞還，大恨，抱用歸，寄乳隣嫗。汪氏收而自鞠之，踰年亦生子，均愛無厚薄。

用既冠，始知所生。密訪之，則又改適，不知其所矣。用遍覓幾一載。一夕宿休寧農家，有寡嫗出問曰：若爲誰？用告以姓名，及尋母之故。曰：若母爲誰？曰：馬氏。曰：若非永貞之子乎？曰：然。嫗遂抱用曰：我即汝母也。於是母子相持而哭，時弘治十五年四月也。用歸告父，并其同母弟迎歸，居別室。孝養二母，曲盡其誠。後汪感悔，令迎馬同居，訖無間言。

《明史》卷二九七《孝義傳・歸鉞》　歸鉞，字汝威，嘉定縣人。早喪母。父娶繼妻，有子，鉞遂失愛。父偶撻鉞，繼母輒索大杖與之，曰：毋傷乃翁力也。家貧，食不足，每炊將熟，即譏譏數鉞過，父怒而逐之，其母子得飽食。鉞飢困，匍匐道中。比歸，父母相與言曰：有子不居家，在外作賊耳。輒復杖之，屢瀕於死。及父卒，母益擯不納，因販鹽市中，時私其弟，問母飲食，致甘鮮焉。正德三年，大饑，母不能自活。鉞涕泣奉迎，母內自慚不欲往，然以無所資，迄從之。鉞得食，先母弟，而己有饑色。弟尋卒，鉞養母終其身，嘉靖中卒。

《明史》卷二九八《隱逸傳・劉閔》　劉閔，字子賢，莆田人。生而純慤。早孤，絕意科舉，求古聖賢提躬訓家之法，率而行之。祖母及父喪未舉，斷酒肉，遠室家。訓鄰邑，朔望歸，則號哭殯所，如是三年。婦失愛於母，出之，獨居奉養，疾不解衣。母或恚怒，則整衣竟夕跪榻前。祭享奠獻，一循古禮，鄉人莫不欽重。副使羅璟立社學，搆養親堂，延閔爲師。提學僉事周孟中捐俸助養。知府王弼每祭廟社，必延致齋居，曰：此人在座，私意自消。置田二十餘畝贍之，並受不辭。及母歿，即送田還官，廬墓三年。弟婦求分產，閔闔户自撾，婦感悟乃已。

契約文書

《臺灣私法人事編・親子・螟蛉子字據・杜賣孩童字》　立杜賣孩童字人余乾，同妻林氏，有產下第三男，年二歲，名喚南陽，六月三十日辰時呈祥。茲因日食難度，乏糧吃虧，夫妻相議，先儘問房親人等俱不欲承買外，於是托媒吳聰官引向杜賣與陳貴官爲第壹長子。同媒三面議定，養育料肆拾大元正；其銀即日同媒交與乾夫妻親收足訖，仍將此男兒南陽隨即同媒交與貴官娶過改名换姓。保此孩童係是乾夫妻自行之子，與房親人等無涉，亦無帶他人財帛交加不明；如有不明情形，乾夫妻出首一力抵擋，與貴官無干。口恐無憑，筆乃有據，即立杜賣孩童字壹幅，付執爲炤。

即日同媒乾夫妻親收過杜賣孩童字內養育資四拾大元正足訖，再炤。

光緒八年桐月　日　代筆人　林春榮

爲媒人　吳聰

知見族正　林養仁

立杜賣孩童字人　余乾林氏

在場人胞兄林萬成

《臺灣私法人事編・親子・螟蛉子字據・鬻子字》　立鬻子字人港東上里新園莊鄭稅，茲因髮妻去逝，乏人撫養，勢不得已，願將第三胎兒子，行年彌月，出鬻。先盡問房親伯叔、兄弟、侄人等不能承繼，外托媒引就向東港街王和記號，即光愛出首螟蛉爲胎。三面言議身價六八佛拾陸大元正；其銀即日同媒收訖，願將第三胎兒子隨付媒妁抱交銀主前去改名换姓，撫養接紹宗枝。日後長大成家置富，生男傳女，不干稅之事。保此兒子係是稅親生之子，與伯叔、兄弟、侄人等無干，亦無交加不明等弊；如有不明等情，稅自出首一力抵擋，不干銀主之事。此係二比甘願，各無反悔，口恐無憑，今欲有憑，合立鬻子字壹紙，付執永遠存炤。

光緒二十三年三月　日　作媒妁人　黃枝棉

在場知見人母許　氏

立鬻子字人　鄭　稅

代書人　葉鵬高

《臺灣私法人事編・親子・螟蛉子字據・轉賣螟蛉字》　立轉賣螟蛉字人蕭萬發等，有向仙邑明買陳十二官親生次男，名喚池英，年登十五歲。因來家不務生業，願將池英轉賣，即托媒引賣與蕭賓理官，出首承買，時同媒議定聘禮銀壹拾八大元正；銀即日同媒交收足訖，隨將池英付蕭賓理官擇吉過門，聽其改名改姓，永爲子孫。伏願此池英異日附鳳攀龍，俱是蕭賓理官之鴻福，與賣主無干，不敢異言滋事。保此池英係是蕭萬發官明買之兒，與別人無干，亦無觀生父母不明弊端等情；如有等情，發等出首一力抵擋，不干買主之事。於是瓜瓞綿綿，螽斯衍慶。此係二比甘願，各無反悔，口恐無憑，今欲有憑，立轉賣螟蛉字壹紙，併繳上手字壹紙，共二紙，付執爲炤。

即日同媒收過字內銀一十八元正完足，再炤。

同治九年三月　日　代筆人　林　水

爲媒人　呂　彪

保家人　劉　馬

立轉賣螟蛉字人　蕭萬發

《臺灣私法人事編・親子・養女契字・過房字》　立過房字人安平效忠里海頭社翁坤，自己親生女兒爲運途不順，蒙神明指示，將小女與過房父母。因此托中引就許府四兒，願將女兒送伊撫養，日後長大成人配親，二比相認。此係三面言議甘願，同媒人說明，各無反悔，恐口無憑，今欲有憑，合立過房字一紙，付執爲炤。

丙申年　月　日　立過房字人　父翁坤　母曾氏

翁鹹吉

媒人　陳氏有官

代書　佘天資

《臺灣私法人事編・親子・養女契字・螟蛉女子字》　立螟蛉女子字人嘉義城西門過溝仔莊十六番户陳忠，有親生二胎女子，名喚卜仔，年登十一歲。今因家事浩繁，乏銀費用，無奈，將此女憑媒引就向與本城南門外龍遇脈仔莊十八番户葉丙螟蛉以爲女子。同媒三面議定時值身價銀光龍一十六元正；其銀即日同媒交收足訖，其女隨悉交葉丙掌管琢教使喚，忠不敢異言生端滋事。保此女係是忠親生之女，與別人無干，並無轇轕不明情事；如有此情，忠自出首抵擋，不干丙之事。明約該女後日長成，自當招夫配壻，丙不得轉買他人。此係二比許願，各無抑勒，口恐無憑，合立螟蛉女子字壹紙，付執爲照。

即日同媒親收過字內身價光龍十六元。

光緒三十年舊曆十月　日　爲媒人　饒蔡氏

知見人　陳張氏

立螟蛉女子字人　陳　忠

代筆人　張炳元

《臺灣私法人事編・託孤・託孤字》　立託孤字人陳林氏、即陳敬齊。自念氏年老不能理事，況又子孫事務未諳，再四思維，即將所有田園產業一切囑托於外孫鄭拱辰代爲經理，日後陳氏子孫不得異言藉端滋事。此係因氏年老不能理事及子孫未識經理事務所致。特立託孤字壹紙，付執爲炤。

批明：日後陳氏子孫長成之日，亦皆族親公議妥當，即將托孤產業一切交還陳氏子孫掌管，批照。

光緒十六年正月　日　代筆人　劉松齊

場見胞侄　汝　厚

立託孤字人　陳林氏

《臺灣私法人事編・託孤・遺囑託孤字》　立遺囑託孤字人王林氏。切念氏命蹇時乖，先夫早逝，孤苦零仃，只遺氏一身，告貸無門，不得已傭工度活，艱難萬狀。日積月累，儉存微資，抱養一苗媳養成婚配，收聘銀元，再創一媳名喚悉娘，延請戚誼到場爲證。該媳年幼，當立婚約字暫交黄海秀兄，並家器及年節墳忌暫爲經理。嗣後悉娘欲招佳壻，應即席請各戚誼到場妥議，方可招配。其婚約字内生息銀貳拾元，並前項家器檢交悉娘夫妻承接。氏前螟蛉一子名喚英，原望朝夕供奉，不料該孽螟蛉祇知賭蕩，不務正業，此非家後嗣，經已驅逐在外三十餘年，生死未卜。現氏年屆古稀，老病久纏，風燭不定，遺下一媳、並後進房屋一座，若不預先延請各戚誼人等，前立婚約字內有名，到場遺囑懇託，誠恐旦夕不測之虞。伏望各仁人戚誼念及王門禋祀綦重，不棄嫌怨，出爲鼎力關照，俾免禋祀廢弛。倘氏故後，該孽螟蛉如敢藉端出首滋擾，希爲聯名簽請究治，氏在九泉啣草結報。各盡其心，功德齊天餘，言盡叙。恐口無憑，合立遺囑託孤字五紙，各執一紙，永遠收執爲照。

批明：託孤字內，日後毛娘招有佳壻，係王家之後，希爲時常查考，不得任其擅行費用。切切。此批。

光緒十五年八　月　日　代書人　陳桑田

立託孤字人　王門林氏

《少數民族法典法規與習慣法・逐革字契》　立逐革憑據字人，平段寨潘廖氏子潘日運，姐丈潘平三，妹丈蒙光明，房族潘學繼、日交、日明、日秀、日道等，情於潘日昌素行不法，每在地方捕風躅（捉）影，藉端滋索油火，受欺者難以枚舉。是此慣行得志（勢），恃惡欺愚，横行霸道，糾串合黨成群，詭計百出，遂其謀方休，事端不從其索，定行控告。是此，不存天理。我等若不除其人，難免來日之禍。故此，我等甘願書立憑據一紙，付與地方收執。如有日後潘日昌仍在地方滋索糾串，或捏詞控告者，任憑地方綑獲送來。我等定行處死，不敢嚮昌方求情寬宥，或在外鄉横行滋索，任由外鄉據（處）死沉水等，生死魂屍不認。恐口無憑，願立逐革字一紙，付與地方存照爲據。

立字人潘廖氏子日運。

房族人潘學繼、日交、日明、日秀、日道。姐丈潘平三，妹丈蒙光明。執字人頭人廖昌吉。依口代筆人侯永富。

光緒四年八月初九日親立。

案例文書

（唐）白居易《白居易集》卷六六《判・得甲去妻後，妻犯罪，請用子蔭贖罪，甲怒不許。》　二姓好合，義有時絶；三年生育，恩不可遺。鳳雖阻於和鳴，烏豈忘於返哺？旋觀怨偶，遽抵明刑。王吉去妻，斷弦未續；孔氏出母，疏網將加。誠鞠育之可思，何患難之不救，况不安爾室，盡孝猶慰母心，薄送我畿，贖罪寧辭子蔭？縱下山之有怒，曷陟屺之無情？想《芣莒》之歌，且聞樂有其子；念《葛藟》之義，豈不忍庇于根？難抑其辭，請敦不匱。

《敦煌本判集三種》　長安縣人史婆陁，家興販，資財巨富。身有勛官驍騎尉，其園池屋宇、衣服器玩、家僮侍妾，比侯王。有親弟頡利，久已别居，家貧壁立，兄亦不分給。有鄰人康莫鼻，借衣不得，造言違法式事。五服既陳，用别尊卑之叙，九章攸顯，爰建上下之儀。婆陁闤闠商人，旗亭賈豎，族望卑賤，門地寒微，侮慢朝章，縱斯奢僭。遂使金玉磊砢，無慚染霍之家；綺縠繽紛，有逾田竇之室。梅染桂棟，架逈浮空，綉桷雕楹，光霞爛目。歌姬舞女，紆羅袂以驚風；騎士游童，轉金鞍而照日。公爲侈麗，無憚彝章。此而不懲，法將安措。至如衣服違式，并合没官。屋宇過制，法令修改。奢僭之罪，律有明文。宜下長安，任彼科决。且親弟貧匱，特異常倫。室惟三徑，家無四壁。而天倫義重，同氣情深。罕爲落其一毛，無肯分其半菽。眷言於此，良深喟然。頡利縱已别居，猶是婆陁血屬。法雖不合征給，深可哀矜。分兄犬馬之資，濟弟到懸之命。人情共允，物議何傷。并下縣知，任彼安恤。

《敦煌本判集三種》　奉判：黄門繆賢，先聘毛君女爲婦，娶經三載，便誕一男。後五年，即逢恩赦，乃有西鄰宋玉，追理其男，云與阿毛私通，遂生此子。依追毛問，乃承相許未姦。驗兒酷似繆賢，論婦狀似姦宋玉。未知兒合歸誰族。阿毛宦者之妻，久積標梅之嘆。春情易感，水情難留，眷彼芳年，能無怨曠，夜聞琴調，思託志於相如；朝望垝垣，遂留心於宋玉。因兹結念，夫復何疑。况玉住在西鄰，連甍接棟，水火交貿，蓋其是常，日久目深，自堪稠密。賢乃家風淺薄，本闕防閑，恣彼往來，素無閫禁。玉有悦毛之志，毛懷許玉之心。彼此既自相貪，偶合誰其限約。所款雖言未合，當是懼此風聲。婦人唯惡姦名，公府豈疑披露。未姦之語，實此之由。相許之言，足堪明白。賢既身爲宦者，理絶陰陽。妻誕一男，明非己胤。設令酷似，似亦何妨。今若相似者，例許爲兒，不似者，既同行路，便恐家家有父，人人是男。訴父競兒，此喧何已。宋玉承姦是實，毛亦姦狀分明，姦罪並從原赦，生子理須歸父。兒還宋玉，婦付繆賢。毛、宋往來，即宜斷絶。

(宋) 鄭克《折獄龜鑑》卷二《釋冤·蕭貫》 蕭貫兵部知饒州時，有撫州司法孫齊者，高密人，初得嘉州司法，先娶杜氏，留里中；更紿娶周氏，與抵蜀。罷歸，周氏恚其紿，欲訴於官，齊斷髮誓出杜氏。授歙州休寧尉，得倡陳氏，又納之。代授撫州司法，乃竊取周氏所生子秃秃，合杜氏、陳氏載之撫州。未幾周氏亦與弟來，欲入據其舍。吏遮以告。齊歸，捽置廡下，出僞券曰：若傭婢也，何敢爾耶！遂與陳氏殺秃秃瘞寢後。周氏訴於州，不直；訴於轉運使，不聽。久之，以布衣書里姓聯訴事，行乞道上。或教周訴於饒，齊非貫所部受而行之，轉運使始遣吏按鞫得實。獄上更赦，猶停齊官徙濠州。

按冤枉弗釋，非仁也，冤抑弗伸，非義也，仁義之道，並行而不悖者，故於釋冤繼以伸冤也。齊非所部而貫受訴，豈侵官也？蓋曰天下之惡一也，受朝廷寄委者皆當疾之也。《禮》所謂：無畏而惡不仁者，貫近之矣，不可與代庖人治庖者同議也。轉運使聞其受訴，始遣吏按鞫，豈非有愧於貫而然歟，是於名教不爲無補，故於伸冤首著之也。

(宋) 鄭克《折獄龜鑑》卷八《嚴明·鍾離意》 後漢鍾離意爲會稽北部督郵。有烏程男子孫常，與弟並分居，各得田四十頃。並死，歲饑，常稍以米粟給並妻子，輒追計直作券，没取其田。並兒長大，訟常。掾史皆言：並兒遭餓，賴常升合，長大成人，而更争訟，非順遜也。意獨議曰：常身爲伯父，當撫孤弱，而稍以升合，券取其田，懷挾奸詐，貪利忘義。請奪其田，畀並妻子。衆議爲允。

按聽訟者，或從其情，或從其辭。夫常取並妻子田，固有辭矣，奈其懷挾奸詐，貪利忘義之情何？意獨以情責常，是不從其辭，而從其情也，可不謂之嚴明乎！

(宋) 鄭克《折獄龜鑑》卷八《矜謹·張詠王質附》 張詠尚書，再知益州。民有負販者，翁役其婦，婦違之，翁怒，剪其髮曰：我作婢使汝。其子自外歸，作鬧所由，具事領。過或謂其子曰：翁剪婦髮何罪？子若執父，汝罪不輕。至廳下，詠詰之，翁云：婦自剪髮泥某。其子亦云：妻自剪髮泥翁。詠察其詐，即於解狀後判云：雖然子爲父隱，其奈執辭不定。既不可窮詰於尊長，又不可抑斷於卑幼。仰責新婦狀，今後再不侍養，別具狀領過。並放。詠謂掾屬曰：五服之内，卑幼條至重。親民之官，所宜盡心。

按王質待制知荆南，有媪訴其婦薄於養，婦言：舅亡姑嫁，既窮而歸。且奉事無不謹。質曰：姑雖不良，獨不顧夫耶？因取家人衣以衣媪，又給以廩粟，使歸養之。皆感泣而去。此其翁姑理皆不直，然家人之義，當責卑幼，但不可遽繩以法耳。是故恕其罪，而責之養也。

(宋) 鄭克《折獄龜鑑》卷八《矜謹·郎茂》 隋郎茂初授衛州司録，有能名，尋除衛國令。有部人張元預與從父弟思蘭不睦，丞、尉請加嚴法，茂曰：元預兄弟本相憎嫉，又坐得罪，彌益其忿，非化人之意也。乃遣縣中耆舊，更往敦諭，道路不絶。元預等各生感悔，詣縣頓首請罪。茂曉之以義，遂相親睦，稱爲友悌。

(宋) 黄榦《勉齋先生黄文肅公文集·張日新訴莊武離間母子》 張敷文孫名日新，經官論編管人莊武又名三聘，離間其母，使其母盡逐兩房兒婦。持到莊武親書，與其母簡帖兩紙，外作妻封，内作自名，當將莊武送獄根究。兩紙委是親書，據莊武供，舊曾在張宅作館客，豈有舊館客輒寫簡帖與舘主寡婦之理，又供前後往來，飲酒雜坐無間，此何理耶！且其簡帖之詞，有曰：自安人從家間歸去，他們便大字寫在書院聰上呪人，及要殺人。又曰：除是安人出外商議方可，看了毀之。其詞意褻狎，情理切害乃如此，是必欲逐其子，而惟莊武之言是聽也。亂男女之別，離子母之情，莊武之罪其可貸乎！若採之衆論，則又不止於簡帖往來而已，一郡之人爲之不平。夫能使母逐其子而不顧，則是必有以蠱惑其心者矣！顧人子不敢言，官司亦不必推究，庶幾子母可以復合也。且莊武，福州人，自稱曾請鄉舉，觀其詞氣字畫，不類士人，嘗以爲人指引代筆，編管當涂，自當少知斂戢。姦險兇橫，累有過犯。爲朱僉判舘客，既導之爲非矣，復挾人以訟之，朱竟罷去。爲張伸舘客，則以尋捉學生爲名，徑登其女之卧榻，以致論訴。至於撻使婢而使之縊死，輕税官而敢於無禮，皆見之訟牒。每追到官，則先爲凶暴之狀，以陵駕長官。雖宇文侍郎以法從之貴，亦不免於無禮，官司亦每以士類而曲貸之。凡此數事，苟未至於甚爲人害者，猶可貰也。張敷文以宦族故家，而莊武乃專其家政，若不懲治，則張氏家悉歸於莊氏，兩子無所歸，一家將自此破矣！爲政者豈得不爲之動心乎？竊謂當塗本非莊武之故鄉，莊武見係編管之罪人，以士類之故，且免其斷治，再將莊武移徙鄰郡，則寡婦之謗可以自明，孤子之愛可以復合，張氏之家不至大破，莊武亦不至於稔其罪，而猶可以自新。但莊武元係得旨編管人，州郡不敢自專，若欲申聞朝省，則么麽小官，暫攝郡事，亦不敢以輕擧。寶文大卿到日呈。

（宋）黄榦《勉齋先生黄文肅公文集・張運屬兄弟互訴墓田》　祖父置立墓田，子孫封植林木，皆所以致奉先追遠之意。今乃一變而爲興争起訟之端，不惟辱及祖父，亦且累及子孫。今張解元醜詆運幹，而運幹痛訟解元，曾不畧思吾二人者，自祖而觀，本是一氣，今乃相詆毁如此，是自毁其身何異。祖父生育子孫，一在仕塗，一預鄉薦，亦可以爲門户之榮矣。今乃相詆毁如此，反爲門户之辱。詳此事，深爲運幹、解元惜之。世固有輕財急義，捐千金以資故舊者，不以爲吝，今乃於骨肉之中，争此毫末，爲鄉閭所嗤笑，物論所厭薄，所争者小，所失者大，可謂不思之甚。當職身爲縣令，於小民之患頑者，則當推究情實，斷之以法；於士大夫則當以義理勸勉，不敢以愚民相待。請運幹、解元各歸深思，翻然改悔，凡舊所讐隙，一切湔洗，勿置胸中，深思同氣之義，與門户之重，應憤悶事一切從公，與族黨共之，不必萌一毫私意。人家雍睦，天理昭著，他日自應光大，不必計此區區也。兩狀之詞，皆非縣令所願聞，牒運幹，并告示解元，取和對狀申。

《名公書判清明集》卷八《户婚門・立昭穆相當人復欲私意遺還》　照得虞艾存日，娶陳氏，得妻家摽撥田一百二十種，與之隨嫁。不幸陳氏與虞艾相繼物故，乃父虞縣丞不能爲之立後，致陳佐有詞於官。譙運使判令立嗣，虞丞方議以族中虞升夫之子虞繼，爲虞艾後。此虞丞之初心，已爲不善。虞繼既立之後，虞丞若念其子亡殁，則當以親孫愛之，撫育教養，使之有所成立，可也。顧以一寵妾離間之故，愛憎遽分，意復中悔。於是以收養遺棄爲名，而陰爲遺逐養子之計，此虞丞設心益不善矣。原虞繼之立，非虞丞之本心，特其子虞艾得妻隨嫁之田，身没而業無所歸，既爲陳佐所訟，患得患失之心，日切於中，且準譙運使之判，姑爲此以解目前之紛紛耳。然不思虞繼係本宗昭穆相當之子，幸而立之，可以爲其子後，虞繼既無顯過，安可切切然以去之，彼虞繼者，果何自而立哉？三歲收養，在法雖有明條，然世人果能收養於遺棄之中者，鮮矣。其陰謀粧奩，扶合指證，類皆出於私心者，十蓋八九。虞繼之立，恐亦如此。詳其本縣出給所立虞繼公據，但言此，則虞繼本無恙。及陳佐興詞，虞丞出官分析，却乃供稱虞繼已死，而後立虞錐，何前後之自相矛盾邪？且虞繼之立，蓋因虞艾死後，譙運使因陳佐之詞，責令立繼，而後虞繼始立。今據公據内乃謂虞艾死，虞繼已不歸家持喪，則不孝之罪重，而後虞錐可得而立，虞繼可得而遣，而不知官司文書具在，其命繼之月日固可考也。近虞繼嘗同其本生父虞升之出官陳詞，而謂其已死，可乎？夫曰已死，曰不持喪，是皆虞丞意在立錐，而不欲立繼也。粧合拾遺棄而收養，經營於縣據之出給，作僞日拙，虞丞之心亦勞矣！今案牘既齊，足可參照，其切干人亦皆在官，其未出官者，獨房長虞季恭與虞丞妾劉氏兒爾。是二人者，已供手狀在案，不待唤集，足見是非。虞繼既先爲虞丞所立，昭穆既順，且無顯過，自無遣逐之理，合照先來經官除附，承紹虞艾香火。劉氏不得妄生事惹詞，虞錐不得妄謀攙立。但劉氏乃虞丞之妾，曾爲虞丞生子，於虞繼合有服紀，父母所愛，犬馬亦然，而況於人，父母有過，子孫安可擬議。虞繼但當以出繼爲心，植立虞艾門户，使虞艾箕裘不墜，不可以舊惡爲念，與劉氏生隙。欲門示虞錐、虞繼，仍帖縣備示劉氏知委，非惟虞艾香火有歸，亦可以息陳佐不已之詞。奉台判，照所擬行，見知在人引唤讀示訖，各放。

《名公書判清明集》卷八《户婚門・背母無狀》　詳王氏所供，初事張顯之爲妻，顯之既死，只有男張大謙。王氏以夫亡子幼，始招許文進爲接脚夫。許萬三者，乃許文進之義子，帶至王氏之家者也。許文進用干氏前夫之財，營運致富。其許萬三長成，王氏又爲娶婦，悉以家計附之，雖

《名公書判清明集》卷一〇《人倫門·子未盡孝當教化之》　子盜父牛，罪當笞。至於不孝一節，本州當有以教化之，豈可便行編管。送州僉廳，且將彭明乙枷項日程，仍令日設拜其父，候父慈子孝，即與疎放。

《名公書判清明集》卷一〇《人倫門·父子非親》　夏達非徐明親子，所以待之如秦人視越人之肥瘠，於其病也，只寄之他人之家。今若强其歸徐明之家，未必不速其死。仰且在何婆之家，候病愈日，示徐明責領，所有月糧，合還夏達在何家爲日食之資。

《名公書判清明集》卷一〇《人倫門·母子兄弟之訟當平心處斷》

聽訟之法，公則平，私則偏。所謂私者，非必惟貨惟來也，止緣忿嫉多而哀矜少，則此心私矣，所以不能作平等觀。韓應之、韓閎，均許氏之子也。母愛小子，恨不哀長益少，韓應之乃不能勝，乃挾阿奴自刎之事以操持之，欲勝弟，是欲勝母也。應之自有罪，然挾母訴兄，誰實先之。爲政者但見誣論可惡，鍛錬使服，而不知此三人者，母子也，兄弟也，天倫也，奈何而不平心邪？當是之時，兄爲官司所囚禁，雖欲哀告其母，拊循其弟，而其辭不得以自致，母與弟又自有華徒主持，雖欲少貸其子，少全其兄，而其事不得以自由。外證愈急，而獄辭愈刻以深，於是不孝誣告之罪，上聞於省部矣。若使信憑斷下，應之死則死矣，許氏殺子，韓閎殺兄，以刃與訟，有以異乎？許氏何以爲懷，韓閎又何以自全於天地間。幸而疏駁，當職遂得以選擇好同官，俾之引上三人，作一處審問，然後母子得以相告語，兄弟得以相勉諭，而華徒不得以間隔於其間，融融怡怡，飜然如初，爲政者先風化，刑殺云乎哉！財産乃其交争禍根，今已對定。若論韓應之、韓閎之罪，則應之難竟坐以不孝之罪，然亦有不友之罪，若韓閎則亦難免不悌之罪矣，然皆非本心也。最是前申謂應之不合謂其母不是我娘，欲坐以極典，但未審小弁之怨，孟子反以爲親親，此一段公案又合如阿斷。今以應之、閎各能悔過，均可置之不問。但應之以阿奴自刎資給誣告一節，終難全恕。既全其天倫，合去其人僞，申省取自指揮，所有二據先照給。

《名公書判清明集》卷一〇《人倫門·因争財而悖其母與兄姑從恕如不悛即追斷》　人生天地之間，所以異於禽獸者，謂其知有禮義也。所謂

前夫親生之子已死，不復爲之立繼，所以撫育許萬三之恩，可謂厚矣。今年四月，許文進病重，口令許萬三寫下遺囑。分付家事，正欲杜許萬三背母之心。許萬三從而竊之，固已無狀，且縱其妻阿戴悖慢其姑，又將鹽筴席捲而去，有是理哉？王氏有詞，夫豈得已，本州委林都監究實，不能正其母子之名分，乃只問其財貨之着落，捨本求末，棄義言利，知有貨利，而不知有母子之天。鄙哉！武夫何足識此。尤可怪者，王氏方訴于本司之庭，忽有許文通者，突然執狀而出，曳王氏而前，若擒捕一賊之狀，押下供對，乃知許文通者，乃許萬三所生之父。所供之狀與所執之狀，字畫已出兩手，無故而欲干預孀婦家事，一不可也；又爲出繼男入詞，率子攻母，二不可也。違背公理，入脚行私，孀婦在公庭，猶且爲其擒紐欺撼。則其在私家可知矣，則其助所生之子，以悖所養之母，又可知矣。當職親覩其無狀，心甚惡之，誰無父母，誰無養子，天理人倫，何至於是！許文通勘杖八十，封案，如敢更干預王氏家事，即行拆斷，牒州差人管押。許萬三夫妻及財本與王氏同居侍奉，如再咆哮不孝，致王氏不安跡，定將子婦一例正其不孝之罪。仍門示。

《名公書判清明集》卷九《户婚門·已出嫁母賣其子物業》　本司昨因徐氏訴其子不孝，以事干風教，遂與追究。今子母到官供對，則知徐氏乃陳師言之繼妻，元乞養一子，曰紹祖，又親生二子，紹高，紹先，及女曰真娘。師言死，徐氏自將夫業分作五分，乞養之子一分，而已與親生二子自占四分，於條亦未爲是，宜乎紹祖以偏愛議其母，母又以不孝加其子也。然猶有可諉者，徐氏猶能守志也。今既不能守志，而自出嫁與陳嘉謀，則是不爲陳師言之妻矣。不爲陳師言之妻，則是不爲紹祖兄弟之母矣。既非其人之妻，又非其人之母，而輒欲賣其家之業，責其子之不孝，可乎？在法有接脚夫，蓋爲夫亡子幼，無人主家設也。今陳氏三子年幾三十，各能主家，亦何用陳嘉謀爲哉？徐氏於子壯年事陳嘉謀，是嫁之也，非接脚也，安得據人之屋，賣人之業，豈有是理哉？其徐氏自賣所分一分之業，委是違法。劉通判者何人，乃敢違法交易。户婚不屬本司，牒州徑自追究，照條行。然徐氏之嫁陳嘉謀，是爲陳嘉謀之家人，雖不當干預紹祖家事，然紹祖兄弟前日固嘗以母事之矣。今雖已嫁，亦不應有所凌侮。且免斷一次，責戒勵狀外，示徐氏、陳紹祖徑自赴州聽候，元案並遣下。

禮義者，無他，只是孝於父母，友於兄弟而已。若於父母則不孝，於兄弟則不友，是亦禽獸而已矣。李三爲人之弟而悖其兄，爲人之子而悖其母，揆之於法，其罪何可勝誅。但當職務以教化爲先，刑罰爲後，且原李三之心，亦特因財利之末，起紛争之端。小人見利而不見義，此亦其常態耳。恕其既往之愆，開其自新之路，他時心平氣定，則天理未必不還，母子兄弟，未必不復如初也。特免斷一次。本厢押李三歸家，拜謝外婆與母及李三十二夫婦，仍仰隣里相與勸和。若將來仍舊不悛者，却當照條施行。

《名公書判清明集》卷一〇《人倫門·母訟其子而終有愛子之心不欲遽斷其罪》　當職承乏於兹，初無善政可以及民，區區此心，惟以厚人倫，美教化爲第一義。每遇聽訟，於父子之間，則勸以孝慈，於兄弟之間，則勸以愛友，於親戚、族黨、隣里之間，則勸以睦婣任卹。委曲開譬，至再至三，不敢少有一毫忿疾于頑之意。剽聞道路之論，咸謂士民頗知感悟，隱然有遷善遠罪之風，雖素來狠傲無知，不孝不友者，亦復爲之革心易慮。當職方竊自幸，忽阿周以不孝訟其子，爲之驚愕羞媿，引咎思過，謂我爲邑長於斯，近而閭里乃有此等悖逆之子，寧不負師帥之任哉！因思昔仇香爲蒲亭長，民有陳元者，以不孝爲母所訟，香驚曰：近過仇舍，廬落整頓，耕耘以時，此非惡人，當是教化未至耳！遂親至其家，與其母子共飲，爲陳説人倫，諭以禍福，元大感悟，卒爲孝子。鄉人爲之諺曰：父母何在在我庭，化我鳴鵰哺所生。至今載之青史，爲萬世美談。今馬圭之見訟於其母，與此事適相似，恐亦是教化未明之所致。亟呼其母至前，詢問其狀，乃備陳馬圭不肖之迹，父母與之以田，則鬻之，勉其營生，則悖之，戒其賭博，則違之。十年之前，已嘗爲父所訟，而撻以記之矣，今不惟罔有悛心，而且以爲怨。其間更有當職之所不忍聞者。觀其所爲若此，則是真爲惡人，非復如陳元之可化矣。當職心實忿焉，從其母之所請，刑之於市，與衆棄之矣。早間其母又執至其父遺囑，哀矜惻怛之情，備見於詞意間，讀之幾欲墮淚，益信天下無不慈之父母，只有不孝之子。罔極之恩，馬圭雖粉骨碎身，其將何以報哉！但其父既有乞免官行遣之詞，而其母亦復惻然動念，不勝舐犢之愛，當職方此老吾老以及人之老，亦何幸其遂爲母子如初歟！今更不欲坐馬圭之罪，押歸本家，懇告隣舍、親戚，引領去拜謝乃母，友愛乃弟，如再有分毫干犯，乃母有詞，定當科以不孝之罪。所有馬早遺囑，録白一紙入案，更以一紙付馬圭，歸家時時誦讀，使之知乃父愛之如此其至，則天理或者油然而生爾。仍特支官會二十貫，酒肉四瓶付馬圭，仰將歸家，以爲諸召親戚、隣舍之用。

《名公書判清明集》卷一〇《人倫門·母訟子不供養》　嫠婦阿蔣，煢然孑立，所恃以爲命者，其子鍾千乙而已。其子狼狽如許，既不能營求勺合，以贍其母，阿蔣貧不聊生，至鬻其榻，以苟朝夕，剥床及膚，困窮極矣！鍾千乙又將其錢妄用，久而不歸，致割其愛，聲訴於官，此豈其情之得已哉！鍾千乙合行斷治，今觀其母羸病之餘，喘息不保，或有緩急，誰爲之倚，未欲寘之於法，且責戒勵，放。自此以後，仰革心悔過，以養其母。本州仍支五斗，責付阿蔣，且充日下接濟之須。

《名公書判清明集》卷一〇《人倫門·兄弟之争》　所擬已明，但以情而論，則黄居易姦狡而二弟拙鈍，黄居易稍厚而二弟貧薄。想父母存日，居易霸占管業，逐遠諸弟，未必不以父母之財私置産業。然其智足以飾姦，既於分關内明言私房續置之産，與衆各無干預，又於和對狀中，聲説别無未盡積蓄，真所謂此地無金若干兩者。殊不知國家條令，豈被此曹聲説點破而不行哉。兄弟之身，其初只父母之身也，世間一等無知之人，争小利便視如仇，若不相識，甚可悲也。黄居易當思同氣連枝之義，絶彼疆此界之心，周卹其二弟，使兄弟和氣復合，不然，則父母在，無私財，索契送獄，自有條法在，毋貽後悔。示三名取無争狀。尋唤上各人讀示，並不伏。責立争狀，又據黄居易狀，情願備已錢一百貫十七界官會，津惠二弟等事，并據黄居易狀陳，再送僉廳。呈僉廳官書擬因依，奉台判，田業事不屬本司，但以兄弟之争，欲俾息訟，以全天倫。今三人者嗜利無耻，頑不可化。押下本州，請徑自從條斷遣。

《名公書判清明集》卷一〇《人倫門·兄侵凌其弟》　人不幸處兄弟之變，或挾長相凌，或逞强相向，産業分析之不均，財物侵奪之無義，固是不得其平。然而人倫之愛，不可磨滅，若一一如常人究極，至於極盡，則又幾於傷恩矣。丁瑠、丁增係親兄弟，父死之時，其家有産錢六、七貫文。丁瑠不能自立，躭溺村婦，縱情飲博，家道漸廢，逮至兄弟分析，不無偏重之患。既分之後，丁瑠將承分田業典賣罄盡。又垂涎其弟，侵漁不已。丁增有牛二頭，寄養丘州八家，丁瑠則牽去出賣。丁增有禾三百餘貼，頓留東田倉內，丁增則搬歸其家。丁增無如兄何，遂經府、縣，併牽牛搬禾人陳論。追到丁瑠，無以爲辭，却稱牛是衆錢買到，禾係祖母在日生放之物。尋行拖照，丁增買牛自有照據，祖母身死已久，安得有禾留至今日。蓋丁增原係東田居住，因出贅縣坊，内有少租禾安頓東田倉內。丁瑠挾長而凌其弟，逞强而奪其物，而到官尚復巧辨飾非，以蓋其罪。官司不當以法廢恩，不欲盡情根究，引監丁瑠，備牛兩頭，仍量備禾二貼，交還丁增。如更不體官司寬恤之意，恃頑不還，併勒丘州八，仍追搬禾人一併監還。丘州八、阿張押下，衍知寨、楊九、劉二先放。

《名公書判清明集》卷一〇《人倫門·兄弟争葬父責其親舊調護同了辦葬事》　曾知府處置子弟，輕重失中，釀成今日之禍。知府既捐館，其事往矣。大夫葬有日，二子正當平心定氣，克終禮制，了此大事，顧乃各修舊怨，人執一説，彼此求勝，不知於奉親送終之義虧矣！私慾既熾，天理益昏，爲之親戚故舊者，所當開明義理，反復敷陳，良心一還，則百念皆正，豈有天理終於晦蝕者哉！而乃阿其所好，不惟不能正救，又從而諂諛之，抱薪救火，不但無益而已。官司爲國家行法，從公定斷，自當聽從，顧念名家之後，父死不葬，必待求直於官司，將遂爲終身玷。君子愛人以德，義當存大體耳。兩兄弟所執六人，或是士子，或宦家，何苦各私所親，自犯不韙。今請此六人者，以曾氏名家，葬親大事爲念，各持公論，極力調護，使其兄弟各遂天倫之愛，急辦葬親。不惟免被官司督過，抑且永爲鄉曲美事。官司當以五日爲期，坐待回報。彬當同共致辦，如更不體官司告戒之意，三尺具存，自當施行。

《名公書判清明集》卷一〇《人倫門·妻背夫悖舅斷罪聽離》　阿張爲朱四之妻，凡八年矣。適人之道，一與之醮，終身不改，况歷年如此其久者乎！縱使其夫有惡疾如蔡人，阿張亦當如宋女曰：夫之不幸，乃妾之不幸，奈何去。今朱四目能視，耳能聽，口能言，手能運，足能行，初未嘗有蔡人之疾也，阿張乃無故而謂之癡愚，欲相棄背，已失夫婦之義；又且以新臺之醜，上誣其舅，何其悖之甚也。在禮，子甚宜其妻，父母不悦，則出之。阿張既訟其夫，則不宜於夫矣，又訟其舅，則不悦於舅矣，事至於此，豈容强合。杖六十，聽離，餘人並放。

《名公書判清明集》卷一〇《人倫門·女嫁已久而欲離親》　王顯宗破蕩不檢，屢遭刑罰，聶懿德以其玷辱門户，遂欲離親。其説固未爲不是，但婚姻重事，所貴謹始，才是納采，已不可悔，况成婚已越十九年之久乎！聶懿德係旌表門閭之後，可謂名家，而乃以其女妻吏人之子，其無知無識亦已甚矣。事至今日，噬臍何及。况據其女所供，自稱夫婦和睦，如此則是欲離者聶懿德也，其女固不願也。雖然，推原事情，却尚有可疑者。王顯宗，刑餘之人，罪惡如此，父母國人皆賤之，將不待買臣之妻然後求去矣，而阿聶獨依依然不忍去，豈果有烈女不事二夫之操哉？聶懿德所謂王伯慶逐子留婦，或者其因於此矣。事屬暗昧，不欲以疑似之迹，而遽加罪於人。仰王伯慶遣阿聶還其父家，却不許擅自改嫁。候王顯宗將來改過自新，俾爲夫婦如初，如此，則王伯慶可免瓜李之嫌矣。

《名公書判清明集》卷一〇《人倫門·緣妒起争》　余文子既以女擇婿，何必逐婿，余氏既委身事夫，何必背夫。黄定既爲余文子之婿，亦無不禮婦翁之理。余文子訴黄定毆打一節，據知證店主人以爲余文子故入店内尋争，此不必問。但起訟之端，只因妾桂童生子，黄定偏於愛，余氏專於妒。婦人不賢，世多有之，顧何責於此輩。監定當廳拜告其婦翁，以謝往失，仰余文子當廳遣女亥姐還定責領，併監立限改嫁桂童，别覓乳母，庶息兩家紛紛之訟。餘人放。仍申。

《名公書判清明集》卷一〇《人倫門·孝於親者當勸不孝於親者當懲》　當職昨以三事諭民，首及孝悌。數月以來，累據東厢申到，如承信郎周宗强者，其母安人陳氏得疾幾危，宗强割股救療，遂平復。雖非聖經所尚，然其孝心誠切，實有可嘉。今忽據百姓吴拾同妻阿林愬其子吴良聰不孝，再三審問，具言其詳。當職忝爲郡守，不能以禮義訓人，致使民間有此悖逆，日夕慙懼，無地自容。周承信除依條支賞外，特請赴州，置酒三行，以示賓禮之意，用旗幟、鼓樂、鞍馬、繖扇送歸其家。吴良聰罪該極刑，姑與從輕，杖脊二十，髡髮，拘役一年，仍就市引斷。使人知孝於其親者，有司所深敬，不孝於其親者，王法所必懲。兼此邦之人，本來易化，只緣官司不知訓勵，故有無知而輕犯者，今爲爾民略陳大義。

《名公書判清明集》卷一〇《人倫門·取肝救父》　百行莫大於孝。郡邑之布宣孝治，尤今日之先務也。詹師尹以父疾弗愈，刲肝膳之，默有所相，旋即更生。其人鄉吏之子也，急親之病，自親其身不愛焉，人子之孝至此盡矣。然以匹夫小吏，能舍生以活其親，闔境士民，聞風觀感，相戒以養，陶成純孝之俗，顧不美歟！詹師尹見此照條支給旌賞外，更特支錢二十千發下，仍委自可知縣與之補充優輕局分，俾得以爲孝養之資，亦所以廣風勵之意也。

《名公書判清明集》卷一〇《人倫門・割股救母》　廂官申，江廣忠妻莊娘二五十四歲病患日久，有親男江應，於四月十八日割股救母療病，今已痊瘥。僉廳擬呈，江應割股以療其母，可謂小人之有孝者也，理宜旌異，欲照格將絹、鞆折錢、會五貫，米五斗，酒一瓶，帖廂喚上當廳請領。奉判：割股雖非孝道之正，然捐軀以救母，一念之孝，誠足以勵薄俗。犒賞外，本州凡軍人死亡，當廳陳乞，隨即相視填刺，此外斷難增額收補。有江應之孝於其親，有司當思所以續其食而終其養，如願入軍籍，仰具狀前來，當破例特與收刺。近閱訟牒，母訴其子，子傷其母者，每切太息，今旌其一，以表其餘，聞者當知所勸。

《名公書判清明集》卷一〇《人倫門・祖母生不養死不葬反誣訴族人》　阿王生而孤老，所當供養者其子孫也，死而葬埋，所當經理者其子孫也。子孫零落，獨有一胡師琇尚存，廼飄棄出家不顧。祖母生則族人養之，死則族人葬之，爲師琇者，尚何面目立天地之間哉！族人哀金而葬，以其不利也而遷焉，與其他發掘塚墓，不可同年而語也。使當職處此，遷葬者本自無罪可科。今所司既爲將兩人勘錮，監遷原處，爲師琇者亦可已矣。至經上臺，嚚訟不休，然則養其祖母，葬其祖母者，乃師琇之讐人邪？不可謂知恩報恩者矣！此蓋販賣丘中之骨未滿其意，親死之謂何，又因以爲貨，不孝者也。在法，供養有缺者，徒二年。此師琇祖母在時之刑也。骨肉相棄，死亡不躬親葬斂者，於徒二年上重行決配，此師琇祖母死時之刑也。罪在十惡之地，從輕勘杖一百，編管鄰州，申照會。

《名公書判清明集》卷一〇《人倫門・子妄以姦妻事誣父》　父有不慈，子不可以不孝。黄十爲黄乙之子，縱使果有新臺之事，在黄十亦只當爲父隱惡，遣逐其妻足矣，豈可播揚於外，况事屬曖昧乎！符同厥妻之言，輒成婦翁之訟，惟恐不勝其父，而遂以天下之大惡加之，天理人倫，滅絶盡矣，此風豈可長乎？決脊黥配，要不爲過，且以愚蠢無知，從輕杖一百，編管鄰州，勒歸本宗。阿李悖慢舅姑，亦不可恕，杖六十。餘人並放。

《名公書判清明集》卷一〇《人倫門・讀孝經》　送縣照已行戒約。但子之於母，自宜孝順，於母所敬亦敬之，而况所謂外公者乎！田業固不可逼賣，至於一二家事之類，亦何足道。監下替彭宣教讀孝經一月。帖縣喚上徐立之來問，限三日。

《名公書判清明集》卷一〇《人倫門・俾之無事》　果能消争融隙，變鬩爲怡，此正當職之本心。特從所請，仰速具無争狀併申，如更展轉嗾使，定照已判施行。繼據程若沔狀，兄若涇、弟若庸同狀立合同連等文字，乞行印給，所是匣追姪其毅等，乞行免追。外僕金先、詹安罪犯，聽自施行。尋責據各人審供事狀呈，奉台判，兄弟叔姪交争興訟，此風俗大不美也。徽爲江東名郡，而有此不美，此觀風問俗者之罪也。委曲勸諭，導以天理，今若沔、若涇、若庸齎到兄弟連押了辨祥葬合同文字及無争狀赴司，則其兄弟之間，退省静思，良心善性固未泯没也。人誰無過，過而能改，即是好人。案印給合同文字，付各人收執，其大、其毅特與行下免追。仍請若涇、若庸、若沔兄弟念同氣之親，思鶺鴒之義，勿信嗾使教唆之言，輒興傷風敗俗之訟。若再來紊煩，必將無理之人重寘典憲，各請改過，毋貽後悔，再責向後再訟罪罰狀入案訖，並放。

《名公書判清明集》卷一〇《人倫門・兄弟能相推遜特示褒賞》　當職守郡半年矣，每慙教未至，不能使百姓興於行誼，入孝出悌，以追還淳古之風，而同室之鬩，鬩墻之争，幾無虚日。正此閉閤思過，朝夕不遑，而數日以來，乃忽見奉蛙兄弟相推遜於溪洞之中，劉陶兄弟相推遜於鄉飲之際，不覺爲之嗟嘆咏歌，而繼之以舞蹈也。夫財物，人之所有，失之於此，可以得之於彼，失之於今，可以得之於後；兄弟，天之所生，一失之餘，不可復得。古之人所以舉千乘之國遜於兄弟，不啻如敝屣者，蓋有見於此也。若奉蛙、劉陶之所爲，豈不當于古人中求之乎！昔王祥、王覽，當東漢之時，兄弟隱居三十餘年，以孝友聞，其後子孫極蕃以大，更六朝，訖隋唐數百年，譜牒不能傳而後已。奉，蛙、劉陶兄弟儻能以王祥、王覽之心爲心，則後之視今，將猶今之視昔矣。嗚呼！人皆有兄弟，我獨亡，當職曷勝司馬牛之歎。案給據付劉更收掌，仍令客將司擇日備禮，請劉同人兄弟併奉蛙兄弟赴府，當職當親與酌酒，以見贊善之意。王武剔股救父，亦足教孝，是日併呼其子父坐之堂下，賜以酒，示褒賞。仍榜市曹，兩縣。

《名公書判清明集》卷一〇《人倫門・兄弟侵奪之争教之以和睦》

大凡宗族之間，最要和睦，自古及今，未有宗族和睦而不興，未有乖争而不敗。蓋叔伯兄弟，皆是祖先子孫，血氣骨脉，自呼一源。若是伯叔兄弟自相欺凌，自相争鬬，則是一身血氣骨脉自相攻相尅。一身血氣骨脉既是自相攻相尅，則疾痛病患，中外交作，其死可立而待矣。故聖賢教人，皆以睦族爲第一事，蓋以此也。奉政瑨、奉琮皆是一家兄弟，以今日論之，雖曰各父各母，似覺稍疏，然以祖先視之，皆子孫也。祖先之愛奉琮，無以異於愛奉瑨；祖先之愛奉瑨，無以異於愛奉琮。奉瑨、奉琮若能體祖先愛子孫之心，則兄見其弟，必曰是吾祖之孫也，吾何可以不恭之。如此則必無争，必無訟矣。惟其不知以祖先爲念，於是爾我始則相視爲路人，後則相疾爲寇讎。嗚呼！祖先養育子孫，只望代代孝順，人人愛友，以共保家業，以共立門户，而一旦爲路人，爲寇讎，死者有知，其能瞑目於九泉之下乎？當職觀奉琮兄弟，供吐之間盡有條理，看來亦曾讀書，非其他懵然無知者比，而其所以興同室之鬬者，度只是一時爲利欲所蔽，無人以天理人倫開曉之耳。當職叨蒙上恩，假守于此，布宣德化，訓迪人心，正太守之責也。今奉琮兄弟本無大可争之事，而又粗有可教之資，其可不以誠心實意教之以人倫，以感發其天理乎！爾兄弟今當各思吾之身是祖先之所生，兄之身，弟之身，亦祖先之所生，不知愛吾之身，是不知愛祖先也。徒知愛吾之身，而不知愛兄弟之身，亦是不愛祖先也。必愛兄弟如愛吾身，然後爲盡奉先之孝。所謂愛者如何？出入相友，有無相資，緩急相倚，患難相救，疾病相扶持，錐刀小利，務相推遜，唇吻細故，務爲涵容，此之謂愛。儻或因一朝之忿，興鬩墻之争，兄則欲害其弟，弟則欲害其兄，以賊害之心，内施於手足之間，其異於禽獸者幾希矣。奉琮兄弟其可甘心於此乎？且觀奉瑨之詞，所以攻其兄者，無所不至，惟恐不勝其兄也。奉琮之詞，所以攻其弟者，亦無所不至，惟恐不勝其弟也。當職謂奉瑨盍反而思曰：使官司以我爲直，以兄爲曲，以加之罪，或杖之，或黥之，吾固不恤也。然我祖先若見兄之遭杖，遭黥，其心將何如哉？奉琮亦盍反而思曰：使官司以我爲直，以弟爲曲，而加之罪，或杖之，或黥之，吾固不之恤也。然我祖先若見奉瑨之遭杖，遭黥，其心又何如哉？吾爲人之弟，而至於杖其兄，黥其兄，吾爲人之兄，而至於杖其弟，黥其弟，不知所謂兄弟者，果誰之子孫，誰之血氣骨脉乎？害祖先之子孫，傷祖先之血氣骨脉也，將何顔面以奉祭祀，以上丘隴乎？異時身死之後，見祖先於泉壤，或問奉瑨曰：汝兄何爲遭杖，遭黥，瑨將何辭以對乎？或問奉琮曰：汝弟何爲遭杖，遭黥，琮將何辭以對乎？爾兄弟能一念及此，則必翻然而悟，不俟終日而遷善遠罪矣。昔日清河之民，有兄弟争財者，郡守蘇瓊告以難得者兄弟，易得者田宅，遂感悟息争，同居如初。當職諄諄之誨，視蘇瓊又加祥焉，爾兄弟其可不如清河之民乎？請推官更切開譬折衷，在前如果有侵奪，私下各相償還，自今以後，輯睦如初，不宜再又紛争，以傷風教。如或不悛，定當重寘，無所逃罪矣！

《名公書判清明集》卷一〇《人倫門・弟以惡名叱兄》　丁細七盜葬祖墓，既從遷改，其罪已可原。但與丁居約、丁五十二爲堂兄弟，略無友愛之義，而遽興誣罔之詞，狀中所稱，一則曰丁花晚，再則曰丁花晚，爲人之弟，而以此等惡名叱其兄，委是有傷風教。杖一百，枷項令衆半月，餘人並放。

《名公書判清明集》卷一〇《人倫門・不孝》　知縣五日一呈，正所以柔道化之，甚善甚善。送縣於一日呈之時更訊五十，以警其善心之生。更改作兩日一呈，仍收禁之。滿一月不改，解來。

《名公書判清明集》卷一〇《人倫門・恃富凌族長》　本司以勸農河渠繫銜，水利固當定奪；本職以明刑弼教爲先，名分尤所當急。范寬以富而凌虐其窮困之族叔，動輒以服絶爲言，如此，則族之尊長皆可以服絶而毁辱之矣！後生小子，不知有宗族骨肉之義，本合科斷，以其稍能讀書，不欲玷其士節。押下僉廳，請吴兼僉捶楚二十，以爲恃富凌族長者之戒。仍帖縣嚴行，不許富豪霸占水利，以困小民。其范啓特與免追，詞人放。

《名公書判清明集》卷一〇《人倫門・叔侄争業令禀聽學職教誨》

聽訟，吾猶人也，必也，使無訟乎！當職德薄望淺，不足以宣明德化，表率士風，而使乖争陵犯之習見於吾黨，有愧於古人多矣！否則威之，撻以記之，正懼有所不容但已者，而諸友乃能舉責善之誼，以啓其良心，使其叔姪之情不遠而復，豈非區區所望於學校之士者歟？示周德成叔姪，仰即日稟聽明朋友教誨，遂爲叔姪如初。若或不悛，則玉汝於成者，將不得不從事於教刑矣！

《名公書判清明集》卷一〇《人倫門·母訟其子量加責罰如再不改照條斷》　胡大爲人之子，而不能順其母，遂致其母訟之。夫母之於子，天下至情之所在也，而乃一旦至此，必有大不能堪者矣。本合重作施行，以正不孝之罪，又恐自此母子兄弟不復可以如初矣，且押下廂，就本人家决十五，令拜謝阿李，仍令四鄰和勸。如再不改前非，定當照條斷罪。

《名公書判清明集》卷一〇《人倫門·訴族人行盗》　駱伯友訴所失，不過錫瓶、布袋耳，而搜之族，則功緦之親也。昔人有遺盗者，曰：幸深夜無人知，吾若執爾，遂使爾終身受盗賊之名，吾不忍也。彼於凡人尚能如此，而况同曾大父之叔姪乎！遂使干連者數人，繚縲者數月，學者不如此也。學司除學籍，餘人放。

《名公書判清明集》附録二《京宣義訴曾嵓叟取妻歸葬》　京宣義經使軍陳詞，取妻周氏歸葬，使軍行下本縣詳狀，照條施行。本縣遂追周氏之兄周司户及周氏前夫之子曾嵓叟供對。今據兩家幹人賫出周司户之才及曾嵓叟狀詞，前來出官。今看詳周氏初嫁曾氏，再嫁趙副將，又再嫁京宣義，則周氏於曾家之義絶矣。既爲京宣義之妻，則其死也，當歸葬於京氏。然考其歲月，京宣義以開禧二年十一月娶周氏爲妻，次年八月娶歸隆興府，經及兩月，周氏以京宣義溺於嬖妾，遂逃歸曾家，自後京宣義赴池陽丞，周氏不復隨往。至去年八月間，周氏身死。京宣義與周氏爲夫婦，僅及一年而已，反目不相顧矣。既溺於嬖妾，無復伉儷之情，又擕其妾之官，而棄周氏於曾嵓叟之家者凡四年，又豈復有夫婦之義乎？周氏於曾家固爲義絶，而京宣義之於周氏，亦不復有夫婦之義矣！使京宣義之於周氏果有夫婦之義，則不應溺嬖妾而棄正室，又不應棄周氏於曾嵓叟之家者數年，而挈其妾以之官。生而棄之而不顧，死則欲奪以歸葬，此豈出於死則同穴之至情乎？特欲掻擾曾嵓叟之家，以裝奩誣賴，因以爲利耳，此豈士大夫之所當爲哉！其説以爲始乃娶趙副將之妻，不應曾嵓叟占留以葬，獨不思周氏之嫁京宣義，乃自曾家出嫁，其避京宣義之妾而歸也，亦歸於曾家，豈得以爲與曾家無干涉乎？周氏於曾固爲義絶。在法：夫出外三年不歸者，其妻聽改嫁。今京宣義棄周氏而去，亦絶矣。以義斷之，則兩家皆爲義絶，以恩處之，則京宣義於周氏絶無夫婦之恩，而曾氏母子之恩則未嘗替也。京宣義公相之子孫，名在仕版，不應爲此閭巷之態，妄生詞訴，周氏之喪乞行下聽從曾嵓叟安葬，仍乞告示京宣義，不得更有詞訴。申使軍，取指揮，幹人留領斷由訖，放。

《名公書判清明集》附録二《徐家論陳家取去媳婦及田産》　女子生而願爲之有家，是以夫之家爲其家也，婦人謂嫁曰歸，是以得嫁爲得所歸也。莫重於夫，莫尊於姑，莫親於子，一齊而不可變，豈可以生死易其心哉！陳氏之爲徐孟彝之妻，則以徐孟彝之家爲其家，而得所歸矣，不幸而夫死，必當體其夫之意，事其姑終身焉，假使無子，猶不可歸，况有女三人，有男一人，擕之以歸其父之家猶不可，况棄之而去，既不以身奉其姑，而反以子累其姑，比豈復有人道乎？父給田而予之嫁，是爲徐氏之田矣。夫置田而以裝奩爲名，是亦徐氏之田也，陳氏豈得而有之。使徐氏無子，則陳氏取其田，以爲已有可也，况有子四人，則自當以田分其諸子，豈得取其田而棄諸子乎？使陳氏果有此志，陳文明爲之父，陳伯洪爲之兄，尚當力戒之，豈得容之使歸，反助之爲不義乎！察其事情，未必出於陳氏之本意，乃陳文明、陳伯洪實爲此舉也。陳文明獨無兒婦乎，陳伯洪死，其妻亦棄其子，以累其父母，取其田而自歸，陳文明豈得無詞乎？陳氏一婦人，陳文明亦老矣，其實則陳伯洪之罪也。知軍吴寺簿不察此義，反將徐孟彝之弟徐善英勘斷，以爲不應教其母争訟，是縱陳氏爲不義也。欲將陳伯洪從杖六十勘斷，押陳氏歸徐家，仍監將兩項田聽從徐氏收管花利。教其子，嫁其女，庶得允當。申提刑使衙取指揮，一行人召保。

《名公書判清明集》附録二《張日新訴莊武離間母子》　張敷文孫名日新，經官論編管人莊武又名三聘，離間其母，使其母盡逐兩旁兒婦。持到莊武親書，與其母簡帖兩紙，外作妻封，內作自名，當將莊武送獄根究。兩紙委是親書，據莊武供，舊曾在張宅作館客，豈有舊館客輙寫簡帖與舘主寡婦之理，又供前後往來，飲酒雜坐無間，此何理耶！且其簡帖之詞，有曰：自安人從家間歸去，他們便大字寫在書院廳上呪人，及要殺人。又曰：除是安人出外商議方可，看了毁之。其詞意褻狎，情理切害乃如此，是必欲逐其子，而惟莊武之言是聽也。亂男女之别，離子母之情，莊武之罪其可貸乎！若採之衆論，則又不止於簡帖往來而已，一郡之人爲之不平。夫能使母逐其子而不顧，則是必有以蠱惑其心者矣！顧人子不敢言，官司亦不必推究，庶幾子母可以復合也。且莊武，福州人，自稱曾請鄉舉，觀其詞氣字畫，不類士人，嘗以爲人指引代筆，編管當塗，自當少知斂戢。姦險凶横，累有過犯。爲朱僉判館客，既導之爲非矣，復挾人以訟之，朱竟罷去。爲張伸館客，則以尋捉學生爲名，徑登其女之卧榻，以致論訴。至於撻使婢而使之縊死，輕税官而敢於無禮，皆見之訟牒。每追到官，則先爲凶暴之狀，以陵駕長官。雖宇文侍郎以法從之貴，亦不免於無禮，官司亦每以士類而曲貸之。凡此數事，苟未至於甚爲人害者，猶可貰也。張敷文以宦族故家，而莊武乃專其家政，若不懲治，則張氏家悉歸於莊氏，兩子無所歸，一家將自此破矣！爲政者豈得不爲之動心乎？竊謂當塗本非莊武之故鄉，莊武見係編管之罪人，以士類之故，且免其斷治，再將莊武移徙鄰郡，則寡婦之謗可以自明，孤子之愛可以復合，張氏之家不至大破，莊武亦不至於稔其罪，而猶可以自新。但莊武元係得旨編管人，州郡不敢自專，若欲申聞朝省，則么麽小官，暫攝郡事，亦不敢以輕舉。寶文大卿到日呈。

（明）蕭良泮《重刻釋音參審批駁四語活套》卷三《審語類》 林阿異鄉孤嫗，孤嫗，即寡婦之稱也。四顧無親，乃不憚千里之遥，憚，畏也。遥，違也。數年之累，自與土母駕虚誣嫂通姦，致令煢煢寡婦，煢煢，孑立貌。措身無地。措，置也。無地，無安身之所。即其逆理忍心，可謂不仁甚矣。相應擬徒，以懲兇惡。陳十濟父行兇，據相徇情偏證，均宜併究。衛九、衛七，母異父同。名雖至親，實成仇敵，若立元禮爲嗣，非惟母子不和，無以慰孤嫠之心，慰，安也。嫠，寡也。竊恐死者有知，亦未免嗤冤於地下也。

（明）蕭良泮《重刻釋音參審批駁四語活套》卷四《批語》 某同胞兄弟，因父母見某平日讀書，指望有成，不無偏愛，而衆兄弟略有妬忌之意。後某賣田某，契内銀兩陸續交還。某又以價少爲詞縣告，處添銀八兩完足，二家因此屢生怨隙。又見均分事業，而某而斬。其何氏之澤，獨流衍不窮也，細推其故，只緣三十六畝之業，忻動人心，此匹夫之所以懷璧也。《大傳》云：匹夫無罪，懷璧其罪。然一子之廢置不足惜，願讀書輩自愛焉。又聞鄉人云：何雲没時，爾母年方二歲。蒙繼業者，哺而食，緝而衣，及其甫長也，擇而許，其既長也，祝而嫁，今爾父母皆存，兄弟髦俊，斯人也可謂不負於斯人也。髦俊，即出人頭地之謂。斯，此也。言有此人不負此人也。已免供，此繳。

（明）蘇茂相《新鐫官板律例臨民寶鏡》卷六《婚姻類審語・誤妻》 審得支弘度狐疑成性，猜忌立心，見妻平日堅剛，自許貞節，命友三人調戲，用試真心。應睿、干謨牽制其手足，薄惡莫譽剥脱其衣裳。睿、謨先出避嫌，經氏持刀殄惡，先斬莫譽，再刎自身。白刃霜飛，烈烈英風尚在，素心玉潔，堂堂正氣猶生。身不染一塵，可翱翔而慘烈，婦名堪留萬古，合旌獎以勸後人。莫譽先逞顛狂，一朝之死自取。睿謨謬承主使，三載之徒宜加。弘度陷友於兇誅，猶曰是彼之輕聽也。誤妻於枉死，可謂非爾之重咎乎！合正决辟之誅，用作多疑之戒。

（明）蘇茂相《新鐫官板律例臨民寶鏡》卷六《婚姻類審語・逼嫁》 談氏志在守制，而其姑丘氏，其叔談文共貪淫老曾武財禮銀兩，逼令改嫁爲妾，情甚殘忍。可惡曾武探知談氏之青年色相，染黛鬚髮掩其皤老之態，用媒王氏挑引於内，吕一、施二説合於外，强奪成婚。談氏堅執不從，則亦已矣，而舉詞告逼，事屬無耻。及訪吕一等到，與曾武乃賭博之交，王氏乃潑賤之婦，不顧風化，戲弄婚姻，均應依律治罪。

（明）蘇茂相《新鐫官板律例臨民寶鏡》卷八《墳山類審語・搬喪》 審得林章佐與鄭傑兒女親家也。林章佐當空乏時，鄭傑揭借應付，事亦有之。鄭英又以親戚之故，到章佐任中抽豐，借銀一十兩，年久無還，英陞任，章佐取債，彼此因之傷情。遂以棄棺聳告。聽之則可惡，審之則中矜。鄭邦相係林章佐女婿，鄭傑在任，妻女遭瘴繼没。理應歸葬。鄭傑貧不能舉，林氏棺骸，仍留廣土。章佐舉詞固有自矣。然林氏在章佐爲親女，在鄭傑爲親婦，其情一也。章佐不忍棄其女，而鄭傑獨忍棄其婦乎。鄭傑妻方氏死在任中，尚埋厝在彼，非心不欲，力不能也。不能歸葬其妻，而又能歸葬其婦乎。章佐謂銀一十三兩，使搬柩回家，乃搬至廣東，尚行頓棄，其搬移者何爲？頓棄者何爲也？自廣西平南搬至廣東，其欲歸葬之情亦概可見矣。其頓棄不歸者，財力不逮耳。不然始何搬移，而後何頓棄乎。鄭邦相尚流落廣中，生者未能還，而死者安能歸乎。不得已之情是可矜憫者也。然搬柩不能，火化携骨而歸亦未爲不可。着鄭傑、鄭邦相仍取骸歸葬，不使爲他鄉之鬼。若章佐十三兩之説，此在男女親戚，縱有之亦以助其喪亡，不當復告。章佐推婦出頭，鄭傑頓骸不取，各論不應。

（明）蘇茂相《新鐫官板律例臨民寶鏡》卷八《産業類審語・争産》

審得陳某乃同堂兄弟也，初以某父死蚤母孀居，合爨八年，似亦足嘉。今又構訟争産，非靡不有初，而鮮克有終乎。弟某若無産必不能合爨多年，母亦難居孀八載。一脈兄弟，尚自骨肉傷殘，同堂從兄弟，何能亟仝如此。其中争必有根，母方氣死，仰族中親舊，秉公代爲解處。

（明）蘇茂相《新鐫官板律例臨民寶鏡》卷九《彝倫類審語・滅祖毆尊》　嫡庶之間，情多不諧。夫在則庶恃寵凌嫡，夫死則嫡子孫恃嫡凌庶，此常情也。周純孝嫡妻佘氏生子延文，妾董氏生子周參，其田産合行二分均分。純孝欲厚庶子，故作三鬮，一歸延文，一歸周參，一以備妻妾生養死葬之費。寓意雖私，而立名則正。嫡子亦不得而違之。後純孝夫婦俱殁，而其一分田産竟歸董氏，故嫡孫克諧不能甘者。遂舉其租而中分之。內抽四十石以奉董氏。但親母當親子奉養，安得牽扯嫡母子孫。一參果孝子，始爲平陽主簿，繼爲王府典儀，必當奉母以從，留母於家，責養於嫡可乎？否乎？周參稱有四子四婦，不奉養董氏，而欲責養於嫡母子孫益非矣。參謂不尊祖母逼之投水，彼四子四婦安在，而俟一鄭良夫之救哉！其詞亦遁，其事益舛。特士振妻死，借董氏棺用，迄今未備，故遂有詞。夫有無相周，在朋友猶然，况於骨肉乎。此事須出本心，不由勉强。董氏既行索棺，士振理當奉還。合於士振名下追銀四兩，以償董氏棺費。若董氏生前奉養，死後埋葬，俱應參承管，不得混扯克諧，但四十石之數，歲輸已久，一但盡奪之，似有不堪。仍着克諧歲供十石，以贍董氏。克諧、士振不當負董氏棺直。周參不當推董氏出頭，骨肉大變，殊乖倫理，合俱杖儆。

（明）蘇茂相《新鐫官板律例臨民寶鏡》卷九《佐領擅受參語・攔息》

審得楊氏係曾仕載婦，貢生曾茂亮妻。事係斯文之家，情關骨肉之戚。仕載偶以小忿揑告，則斯文體面大壞，骨肉情義大乖，甚可痛惜。今伊母鄭氏具詞懇息，則斯文親戚或兩無害也。况貢生今見在京都，如據仕載揑詞，乘其未回，將伊妻論之於法，則其父母兄弟妻子無顔復見矣。合行俯從，准息立案。

（明）蘇茂相《新鐫官板律例臨民寶鏡》卷九《彝倫類審語・不孝可原》　林義者異姓孽子也。爲嫡甥范少峰媒孽而間阻子，致母方氏首告不孝。義果不孝，則鄰保鄉甲何苦曲庇？一村農野夫而娓娓詳雪其無悖逆行也。但天下多有離間之舅甥，而世間必無不是之父母。義不能善處孤孽之間，而曲鋤村悍之色，以自藉間者之口也。身屬螟蛉，恩忘烏鳥，無罪而實有罪矣。合示杖儆，以暢母心。少峰以甥間舅，在有母在，故從重論也。宥之。

（明）蘇茂相《新鐫官板律例臨民寶鏡》卷九《彝倫類審語・真不孝》

陳奇浪蕩子也。不能奉養承歡，致嫡母親養老送終之具，罄付姨子林永年收貯生息以糊其口。有子如此，不如無有。反以慘騙誣蔑永年，大可恨也。顧永年亦非計矣。以異姓而久踞阿姨老本，逆子垂涎一飽而不得焉。母在猶可，母殁得無自階訟端，而無辭以解乎。當堂公貯，俟陳氏子姓有公廉者收存贍母。衆共舉陳慶貽，則合付慶貽。

（明）毛一鷺《雲間讞略》卷七《一件滅親剿寡事》　兵道楊批華亭縣告婦何氏狀

前件審得：張兆台、兆元、兆陽兄弟也。兆陽娶孫氏，夭亡而無嗣，自應兆台次子延璋承祧，情法之最確者，故縣斷並其親人孫雪居手書，亦惟是情法無可爽耳。乃不意兆元托同母之故，陰構顯撓，挾母濟私，百謀欲奪延璋之斷而甘心焉。夫律重長子，台長房也。論嫡則台與元俱庶出也。兆元先母後父，不可以愛言也。今孫氏歸母家，而台歲給米贍之，極稱長便，必欲存田，意將何爲？元之意以爲，田不存則繼已確，繼確而元蠶食魚肉之計破矣。信然，兆陽可無立繼乎！立繼不延璋而誰繼乎？繼延璋而田不歸嗣子乎。今以田贍寡，自非難處，獨田一歸於寡，即歸於元，此台所以願給贍米也。今孫氏苦欲存田而不樂供米，且稱有老姑在，姑留田四十畝暫歸孫門，聽其收租贍寡，並贍其姑。孫氏終年再歸嗣子。此田氏不得而變賣，元不得而覬覦，完糧給役，兆台主之。餘田給嗣子爲祭祀門户之費。兆元同氣陰謀，律應重究，第念至親手足，終不忍其即爲寇仇，姑擬不應，以全天性。

（明）顔俊彦《盟水齋存牘》卷一《費産蕩子趙寧彦杖》　審得何氏二子長趙宗彦、次趙寧彦，寧彦浪蕩善費，一月之內，瞞母與兄，賣田三畝三分與凌荆玉，賣二畝二分與馮敏庵，何氏止田十二畝，二子應各得六畝，何氏尚在，養生送死之費俱取給於斯，若任其賣去將安給乎？所不能已於控也。至云誘局則荆玉、敏庵猶然田老，非局人之人也。今宗彦願自認贖其田以贍其母，才不才相去遠矣。所贖之田，聽宗彦管業，寧彦不得復問。荆玉、敏庵買人之田而不通其母兄何爲？議依粤例照契半價回贖，更減原價十之二以罰之，併杖。寧彦之杖更不可赦也。

(明) 顔俊彦《盟水齋存牘》卷二《争屋周嗣昌免供》 審得周嗣昌爲林省裕之甥，嗣昌曾以屋立契明賣省裕，甥舅之間而有交易，何致於訟？裕果念甥猶子也，即無買屋，亦應卹其窘，况得其業乎，昌果視其舅如父，亦應以情請，不應以訟挾也。責嗣昌十下，使知甥舅之分。斷省裕出銀叁兩給昌洗業，以聯甥舅之情。縣審有案，不復再擬，追紙發落。

(明) 顔俊彦《盟水齋存牘》卷三《争屋詹光翰等詳批番禺縣併審》 看得舉人詹炎、生員潘雲衢之各奔控上臺也。一曰鰐吏獻殺，一曰殺儒大變，均如此，其不得已而鳴也。查舊年十月三十日，有所謂詹光翰者，具詞鳴府，稱有祖屋二間，被賴宗貴設娼誘賭。所云受宗貴之設娼誘賭者何人，則光翰已故之父雲漢也。天下有子被誘賭，而父訟之者矣，有子而訟其父爲誘賭者乎！且伊父生前未嘗有言，而其子聲於没後，此其措詞之背謬，不待兩造之陳也。此時詞尾，止附一詹著爲嫡叔已耳，著猶然在干證之列也，亦更未嘗及潘雲衢名字。本府方行拘質，忽於正月二十五日，有諸生三十餘人，擁潘雲衢頭面被血，哄之於府，謂爲舉人詹炎所毆傷也。隨舉人詹炎又扶其父詹著，披髮負傷，謂爲秀才潘雲衢所毆傷也。其時光景，大不堪再述，真可謂斯文掃地矣。夫詹光翰自與賴宗貴對壘，而干證之詹著，局外之潘雲衢，忽構空中之鬥，大是匪夷所思。本府見屋坐番禺縣地方，即押發該縣收審。計是役也，兩家以此屋必逐之鹿，而以詹光翰、賴宗貴爲囮。清當日詹雲漢與賴宗貴交易之根，眼前之傀儡，皆可付之捧腹。父賣子贖則有之，訟父爲賭而欲奪還其産，光翰實爲戎首。若同袍子衿之不自惜羽毛，而拳足相加，惡聲相及，又何愛焉？合請憲批番禺縣就案勘審，庶事易歸結，不致久稽。前件也繇詳。

布政司、清軍分守二道批：併番禺縣就案詳審。

(明) 顔俊彦《盟水齋存牘》卷三《姦情戚通儲等杖》 審得蕭氏之夫戚應元以挑姦侄孫婦李氏，而被侄孫戚通儲之毆，羞而自縊。現詢李氏及戚之通族，俱同口也。争步觸毆，無一人證之者。總之，姦屬曖昧，縊有顯痕，死於縊非死於毆，縣初詳故了了也。戚通儲不鳴官而自毆，戚啓元挾寡婦而健訟，各杖示懲。李氏自認從姦，法應離異。通儲既因妻姦而毆叔祖，致其自縊，不得引願留者聽也。招詳。

察院批：戚應元以挑姦自縊，乃復乘之構訟，可恨也。戚通儲、戚啓元依擬杖警，庫收繳。

按察司、巡道俱批：候院示行。

(明) 顔俊彦《盟水齋存牘》卷四《争産葉子辰等杖》 審得葉子辰與葉應傑互訟，蓋縣與廳兩聽之矣。子辰應傑父叔有四，而子辰父爲嫡出，且居長。當日曾議另撥田貳拾叁畝，酬其撑持之勞，亦不爲過。後潘推官斷令吐出酬田拾貳畝，分給於弟，此訟根也。以拾貳畝之産三房受之，所得無幾，而貽之訟根，連年雀角，所失有倍焉者矣。職諭應傑輩還其原田，以睦兄弟之好，而應傑猶抗不相下，則請還其半，此後更有言説，則曲全在子辰矣。其又田拾柒畝，魚塘壹口，已作蒸嘗輪管，無須牽扭。卑職爲子辰、應傑輩愛其身家，而曲爲調停如此。倘不自愛，其身家亦末如之何也矣。兩家之控，俱有溢詞，均杖，招詳。

糧儲道批：葉子辰等各依擬贖發，餘如照，庫收繳。

(明) 顔俊彦《盟水齋存牘》卷五《息詞黄聯華等杖》 審得黄聯華訟其侄一魁滅軍斬祀，投勢朱龍泉强奪祭田，並羅列單款如許，似不得已之鳴。乃奉憲提質，隨以息詞進，一魁不善爲人後誠有之，投勢誕也。兩造悔息，不忍深求，傷其骨肉之情。聯華、一魁各杖，並請加責一魁，以別尊卑之分可也。招詳。

使司清軍道批：黄一魁叔侄搆訟，非一魁不侄，何從致此釁端，依擬各杖贖，一魁仍加責二十板以爲人後之戒。如照，庫收繳。

(明) 顔俊彦《盟水齋存牘》卷五《息訟傅應安等杖》 審得已故軍丁杜應聰遺下軍田一分，傅應安告承，已詳允在案，而應聰之弟應海起而争之。然應安之乞給在前，原案可覆也。今應海已俯首願讓還其田於應安，應安亦覺一告之多事矣，各杖而遣之。招詳。

分守道批：據招故軍杜應聰遺田一分，而傅應安已告承矣，聽弟應海又復混争，非法也。今海既願還田而息訟，依擬與傳應安各杖贖，庫收繳。

（明）佚名《新纂四六合律判語》卷上《户律·妻妾失序》 宰喧歸賵，《左傳》：魯隱公元年秋七月，天王使宰喧來歸，惠公仲子之賵。注：仲子，惠公之妾。賵，助葬也。天王紀法之宗，六卿紀法之守，以天王而下賵諸侯之妾，是壞法亂紀，故特貶而書之。《春秋》罪紀法之宗；桓伯申盟，妻妾示人倫之大。故季文子無衣帛之妾，惟王茂弘有預政之妻。王導字茂弘，曹夫人性妒，嘗干預政事。蓋正室常存，宜加伉儷，而豔姿可寵，不許敵妻。今某衽席縱情，不知宋弘之大義；光武姊胡陽公主新寡，欲擇宋弘配之，謂弘曰：富易交，貴易妻，人情乎？弘對曰：貧賤之交不可忘，糟糠之妻不下堂。帝曰：事不諧矣。室家反目，惟效黄允之陰圖。十載糟糠，頓被夭桃專寵；百年匹配，反爲粉黛含羞。駕言慎夫人同漢后之尊，藉口楊太真怙唐皇之寵。佳兒佳婦，空爲六禮告成；爲婢爲奴，不念雙鬟入没。忍必感履霜之操，掩耳歌緑衣之章。思哀裴母，定遭碎首之驚；愛姬緑珠，終見墮樓之慘。石崇愛姬緑珠，聲色雙美。後崇見收，緑珠墮樓而死。冠裳倒置，刑典正施。

（明）張肯堂《畬辭》卷一《郭遁東明人》 敦遁郭姓子也，以其螟蛉於頓士名，故又稱爲頓郭，其自名爲遁者，遁辭耳。甫十齡而養以爲子，甫二十而爲之娶妻，士名待之者至矣，真不愧父道者哉。乃遁實無賴，比匪呼盧，絶不事家人生産，士名久而不堪，遂並其妻王氏逐之。王氏之父王學，與鄰人勾三元等，代爲謝過，仍令其怨艾自新，士名不得已黽勉留之，亦庶幾其一改。而不意遁之肺腸迥與人異也，他人願有産，彼願蕩産，他人願有妻，彼願棄妻。訟士名者，欲自絶於士名也。其自絶於士名者，慮終其爲所禁制，而不獲得便以鬻王氏也。士名與遁，已無再合之理，而遁與王氏亦無離異之條，則莫若復遁之姓，令其挈妻以往，而變賣則有禁，庶雲水飛沉，各得自便，而於法亦無害耳。

（明）張肯堂《畬辭》卷一《李毓芳長垣人》 李毓芳有弟二人，仲毓秀，季毓英，皆庶母朱氏出，與毓芳爲異母弟。家本故族，遺資頗豐。父殁之日，聚族而剖。無論嫡庶，等分均分。乃諸子實不克負荷，素封之産，漸向凋落，而毓英則尤最稱不肖者也。肉骨未寒，己業悉歸他姓。有分院一所，亦已别售久矣。毓芳備價贖歸，雖云恢復舊業，欲勿墮先人之緒，然己産尚不能保，而暇問弟産乎？不過於宛轉間少得微潤耳。夫婦人本愛少子，況毓芳毛裏不屬，又召之釁，奚爲而不成訟也。毓芳身爲子衿，不能窒微杜隙，使垂白庶母匍伏訟庭，固已有愧古人矣。第家庭之際，人所難言，而況以不令之弟挑搆其間，天倫不幸，未可爲毓芳多責也。今毓芳既已晏然得業，合行斷銀十兩爲朱氏贍老用。毓英在朱氏爲蕩子，在毓芳爲傲弟，此而不懲，禍未已也。

（明）張肯堂《畬辭》卷三《蔣近山滑縣人》 黄治山之鬻妻韓氏也，以貧故。今氏父韓萬時之痛其女被鬻而訟也，亦以貧故。夫鬻妻救貧已非良策，然再嫁則惟夫家之命是聽矣，萬時曷得與焉。然因此而得罪人二，則曰蔣近山，曰侯萬方。近山秖罔説媒微利，而罔念人之生妻去帷，與夫萬方之乘錢入手而巧爲花銷也，是皆治山鬻妻之所入，而萬時之所爲失親女而曾不得一錢也。各杖庸可恕乎。

（明）張肯堂《畬辭》卷三《耿國家滑縣人》 耿國家有女耿氏，出嫁趙友爲室，於崇禎元年四月間投繯而死，致死之繇，其詳不可聞。而第觀其業與徐從林爲難，既又旋從私釋，當無他故可知也。今墓草宿矣，忽移其事於徐露何哉？夫耿氏果死冤縊，何其㣲寂無一語？縱曰趙友憨痴如木偶人，三年以前，國家何在？而始則嫁禍從林，今復飛殃徐露。一片枯骨遂爲不滿之慾壑，而以死女市，蓋不殊於以生女市矣。

（明）張肯堂《畬辭》卷三《徐自好滑縣人》 滑民徐自好以家貧鬻妻高氏與李三剛，並挈四歲一男，受價四兩五錢，而晉光祖爲之媒。氏之父高計文實與聞焉，此七月初六日事也。居兩月而難作矣，蓋生計窮而割其妻，棄妻之後生計愈窮而訟其妻之後夫，此真無賴子弟之下場也已。吁嗟彼氓蚩蚩，何適非罪，妻固可售乎，既售矣，而可誣人以劫殺之大辟乎？已則欲諧伉儷，而忍以人之妻爲妻乎？慘莫慘於生妻之去韓，而可談笑焉爲之居間乎？一詞也，而三罪發焉。則自好之爲謀不臧也，至若高氏，人盡夫也，新歡既愜，唾井不待千里矣。

（明）張肯堂《畬辭》卷八《馮興周滑縣人》 滑人馮興周者，馮萬周弟也。遺産頗厚，析爨有年，周尚能保有世業，而興周則不克負荷矣。罔念積金，竟同沃雪，二十年來寸椽片瓦悉屬他人，況望其有卓錐地乎。生計無聊而訟及其兄，此固敗子必至之行徑也。今萬周天性不泯，馮嫺戚之議，給地四畝，贍其貧乏，可謂能念鞠子哀者矣。輿周雖復搖尾乞憐，其能逭於誣兄之杖哉。

（明）張肯堂《𤲅辭》卷八《崔應秋》　崔應秋爲崔應冬親兄，而崔子興則其父也。應冬少而無賴，經分數畝，不足當呼盧一擲。子興屢誡不聽，反欲無禮於其父。一家棄之，日祝其喪久矣。四月二十一日，應秋承其父志，誘入深室，奮斧砍之，應手而斃。徐呼子興告之，興亦深幸其死也，至縣自承，以爲手殺其子。後爲族弟崔子用所告，旋復具和，猶執前説如初。即呼應冬妻謝氏問之，俛首雨泣，亦以爲夫實不肖，爲翁所害，恐傷翁意，無敢出聲。審如是，則大義滅親，子興有焉，何罪之有，亟叱出之。不意謀殺一詞，且自痛定後發，而始明言罪人之爲應秋也。則因是而深思焉，人情多愛少子，十指齊嚙，其痛均也。何以兄弟相戕，而子興分左右袒。子用業已行詞，正宜爲侄鳴冤，使非重賄私囑，何緣寢不終訟至推刃同氣，喋血不辭。種種疑案，殊費研窮。推鞫移時，乃能了了。而謝氏以身發難端，心已中悔，且出而不勝阿翁輩之交尤也，即於是日懸樑旅舍。婦人識短，併命從夫，崔姓之禍，抑何酷烈至此。屍經驗明，委無別故。應秋故殺親弟，依律減配，猶恨其輕。子用旋告旋和，雖無詐贜，應冬以博蕩產，亦敗子常事。且所蕩者已產也，與應秋未有傷心之痛，何難免一杖。子興飾詞隱情，亦應科罪，念其老誖無知，且又子媳雙亡，姑從寬政。

（明）張肯堂《𤲅辭》卷八《石明武滑縣人》　滑民石明武有女嫁與李聲古之子李其爲妻，忽遘厲疾，不勝楚而縊死。此數月以前事也。明武病爲求醫，死亦會葬，曾無閑言。事後訟滑，既已贅矣。今上控而致討於聲古之弟述古，何爲乎？蓋此中陋習，凡女之出嫁而死者，往往訟其婿家，以冀索妝奩之餘潤。而此則姻婭敦好，訟之無名，故移師述古耳。據云與爭蘇氏遺服。然聲古固在也，兄弟析產，侄妻何與？且人之愛媳，不啻愛女。假令石氏之死，毒繇述古，聲古安得無言，而待明武爲戎首耶。

（明）張肯堂《𤲅辭》卷八《胡來順曲周人》　曲周范氏一訟，皆缾罄壘恥之案也。氏故有夫胡爲相，以雙瞽不能治生。生有兩子，長名來順，業已授室苗氏。次名來亨，尚孑然一身也。數口食貧，生事愈拙。一日將所存遺器瘠產，盡行變賣，半給來順，同父徙業元城；半給來亨，同母就食濬縣。曾未幾時，爲相以老疾死，殯殮自不能如禮。而來亨年幼，即力作尚難贍母。范氏不得已，仍歸來順，乃順則未講於孝道矣。堅執前議，以爲母之愛少子而不念長子也。養生送死，交萃一身，婦姑勃谿，所不免矣。王繼文者，其鄰人也。左袒來順，不直范氏。氏訟所爲兼及乎。死無以葬，生無以養，傷哉貧也。來順實不幸而處此矣。來亨今且寄食於人，何能奉母？范氏應從長子無疑。來順姑以缺養杖之，繼文黨子拒母，亦應一杖。至若謀父姦毆等情，此范氏一時過甚之詞也，可置勿論已。

（明）張肯堂《𤲅辭》卷八《袁思寵濬縣人告滑縣人》　滑民袁思寵拙於生事，救死不贍，於天啓六年將女袁雪兒鬻與滑民王南庭爲義女，迄今數年，而其女亦將及笄矣。南庭故長者，視之無異己女，近欲爲之擇配而字。而思寵愛女殊切，惟恐所天不倫，誤其終身之計，哀控一詞，無非冀還掌珠耳。理或稍乖，情殊可念，原價錢五千有奇，今量斷八千文，以酬南庭養育之費。思寵始則如飛鳥之依，今遂欲爲將雛之舉，雖於女厚，而於南庭亦恝矣，故杖。

（明）張肯堂《𤲅辭》卷八《賈尹滑縣人》　此詞兩造皆稚子也。原告李容年方十八，被告賈尹年才十六，俱已授室。至若干證之王弘志，則僅十三歲耳。對宇望衡，往來無間。容妻姚氏未嘗緬腆避客，亦猶之乎尹妻程氏也，情竇方開，别嫌不早，曖昧之事亦自有不可知者。一日容與弘志聚戲，因調之曰：若年長矣，而蹉跎不娶，安知若婦今不爲他人有乎？弘志亦作謾語以應曰：汝方擁艾妻尚不能庇，而縱之昵於賈尹，何妄與他人事爲。容色立變，歸而怒撻其妻。其妻不能自明，竟墜井死矣。律以成人挑人之妻，淫也，發人之短，訐也。不能徐審有無，而立逼其妻以死，悍也。然而皆稚子也。僻壤蚩氓，儘有鬢毛班白尚不知三尺爲何物者。寧可望之生髮未燥者乎。况埋葬之費，開州前已斷給矣。賈尹一杖，未可概寬，二子悉從解網，此所謂用法而有法外意者也。

（明）張肯堂《𤲅辭》卷九《張三教滑縣人》　滑人張三教爲自成族侄，不請於雍睦之道久矣。析居有年，各不相顧，惟是蕭條馬鬣，悲風白楊尚爲公共之物。今當搖落，各尋斧斤，不均互爭，遂搆訟端耳。爲人子孫，不能保世滋大，乃至墓門拱木，鬻諸他姓，亦足羞矣。况復因此釀釁乎哉！兩人皆不足誅，然以侄犯叔，如倫紀何？不容不杖三教以謝自成矣。

（明）張肯堂《𥁃辭》卷九《宋之儒》　宋之儒爲宋瑜族叔，瑜妻焦氏，常往來於其家。一日瑜方他出，焦氏束緼取火，因留儒家兩日。瑜兄宋瑾疑爲姦也，遂訟之縣。已而焦氏復歸本家，夫黨共相詬誶，不勝羞赧，墮井而死。此四年八月事也。夫叔侄雖已異宫，焦氏往來亦是理之所有，曷爲留宿兩日，且瑜兄宋瑾曷以便疑爲姦，且直待告後始出，出而遂忍於捐其軀也。其爲獸行强半可疑，第當日未曾捕獲，姦污又無確據，曖昧之事，難以懸罪。姑斷銀十兩，給與宋瑜爲焦氏葬埋費，而之儒遲遲不與，瑜訟所爲繼起耳。給主悉依原剖，之儒再從一杖。

（明）張肯堂《𥁃辭》卷一〇《張棟長垣人》　長垣趙得安家貧棄妻，鬻與同邑張棟爲妾，乃其妻前實未知也。雖更事夫子，業已安之，然一旦捨其伉儷之尊，而退處於箕帚之分，能無悔乎？乘間逃出，還歸故夫，逡巡送還，即得安亦以爲張家婦待之。而棟故縣中伍伯也，名之竊拐，反索其錢二千。夫原財僅僅五千，而未幾幾吐其半。蕭郎路人，固若是其易乎！孫氏之應從棟也無論已，原錢二千，斷還得安。兩人之杖，豈以决贖分軒輊矣。

（明）李清《折獄新語》卷一《婚姻・一件拐妻事》　審得鄭采之嫁妻許氏，本以貧故。蓋受程玉十八兩之聘，而銀入人去，確有可據者也。若臨歧慟訣時，或問相逢何期？當作黄泉無見之凄語耳！胡采數年後，忽以病篤言，而欲借妻侍養。嗟乎！采有兒義在。且去燕有歸，去婦無返，奈何欲以雁臣爲雁妻？而去來幾同轉丸。雖曰近情乎，然違理矣。彼玉之慨然許往何爲者？豈采奄奄床簀，溘逝非遥。故以病鶴支離，不起雲雨之妒；且死别生離，傳語甚酸，雖新官亦下舊官之泪，而聊以明仁乎？抑許氏舊心依依，猶枕席有涕泣處。故爲已妻則欲其詈人；而今又進一解，更不欲其負人。若非厚於前，則亦薄於後，而聊以明義乎？但不知許氏見采時，重前夫耶？抑感後夫耶？胡采亡後，竟以荆州借爲息壤寒也！問其故：則緣采子義爲積猾王紹曾所唆。而欲以質母爲勒貨地耳。夫初借奇，繼允奇，終不還又奇，三奇合矣。然采之故婦可返，猶希轉石；而玉之今婦不返，翻同覆水。情耶？鄭義與王紹曾合各懲。許氏仍令程玉領回。今而後，無令以重上望夫山者理耶？又同過思子湖也。

（明）李清《折獄新語》卷一《婚姻・一件欺寡事》　審得已故吳氏，陳有光前妻，而袁氏則有光後妻也，先因有光壯年求偶，曾聘吳氏爲妻，入贅岳母楊氏家。今吳氏死矣，僅餘五歲兒耳。生前熨冷，徒感奉倩之多情；死後移温，誰憐伯奇之失愛。傷哉！兒也。繼母食子，雖肥不澤。恐此後王冰欲寒，而閔絮不燠矣。此楊氏心念亡女，情眷遺甥，而欲擇一繼母之慈者以撫也。適有孀婦袁氏，則婦於楊氏之胞妹家耳。此歌無裳，彼希續弦，願以所有，易其所無。而問媒氏爲誰？楊氏實居間焉。噫！女爲泉下客，母作冰上人，豈人情乎？善視我甥，不負人母。知楊氏一言泣數行下者，語止此耳。此有光所爲携新妻返故廬也。嗟乎！篋裏殘脂粉，留將與後人，想吳氏生不行雁者，亦亡不化鷄，而喃喃於新妻之妒也。撫我兒如汝兒，知鹿母雖死，腸不寸斷矣。胡以過督前婦子故，而頓負初言？夫弱子有不以理下瓦者，則慈母笞之。其母爲之，則慈母也；其繼母爲之，則不免爲虐母也。於是楊氏護甥，有光復護妻，相與角口。然撻婦翁之説，何忽變爲撻婦母，而以拳門齒言？豈舊恩漸衰於結髮，而新語忽搆於落齒。將楊氏之言，彼有取爾也。抑爲有光者，或謂始媒妁，繼戈矛，皆婦有長舌，爲厲之階，而或嫁禍於鄰國之齒乎？誕矣！姑念女亡婿離，合從有光名下，斷銀五兩，以給楊氏。今而後，相當没齒無怨言乎？雖然，更有以爲婿祝者，一曰無忘婦：夫冢魂遺詩，覽亡婦之酸句而愴心，傷後妻毒也。願無令吳氏之及此也；一曰無憎兒：夫棟鬼興歌，聽殤兒之哀聲而落泪，怨後母虐也。願無令吳氏子之及此也。正告袁氏：無違夫子，親卿愛卿，並以及兒。

（明）李清《折獄新語》卷一《婚姻・一件枉法事》　審得王四四者，呂氏後夫，而陳良明其前夫，陳良忠其前夫之兄也。先因良明患疾身故，止存一婦、二稚子耳。第不知當日之惓惓孤孀者，亦曾訂嫁期於二十五年，而以死别作生離之遠約否？然一抔未乾，六尺猶在。胡呂氏遑遑求嫁者，若不得於夫則熱中也？兹問良明以可時死？則去年六月，而今則七月耳。豈夏之日，冬之夜，已備歷孤枕獨衾之凄凉，而無夫自傷歟？抑三月無君則吊，而嫁急乃同於仕急也！舊穀既没，新穀既升，鑽燧改火，期可嫁矣。良忠以服制未終爲言，亦子謂之姑徐徐云耳。何呂氏覓鴛偶而性急者，猶之食鷄子而性急。於是以遠宗陳良佐主婚，以徐國祥等爲媒，而招四四入贅。良忠心忿控府，有以也。胡四四又以枉法告？夫四四之入贅也，婦不作庚媳之假啼，夫不待江郎之徐喚。其訂鸞舞而諧魚水，枉乎？不枉乎？且呂氏呼夫，二稚子呼父，鵲巢鳩居，已占盡陳門便宜；而顧令不與主婚之伯兄卷舌，而惟所欲爲。甚矣！四四枉法一控，昧心極也。第不識爲呂氏者，此際果作何狀？將無鴦衾既適於親諧，鵲橋猶嗔於舊阻，故以翻風激火者，爲撓雲遏雨之明報。而四四之告，實呂氏之唆歟？夫婦而薄，其險必也。姑免深究，仍杖王四四以儆。雖然二稚子不日長矣，若相與連臂而歌《凱風》乎？未知呂氏亦和以《無裳》之歌否？

（明）李清《折獄新語》卷一《婚姻·一件姻變事》 審得沈之龍者，故民沈應用族侄也。先因應用年暮無兒，立之龍爲嗣，其以養女樓氏許。蓋亦佳兒侍婦之惓惓，而俾取諸宮中者，不煩親迎也。何應用物故後，應用妻於氏，遂欲以樓氏爲奇貨，而章臺別折，時胡奎父胡舜，方爲子求偶，而巧阻銀漢之周思萱，遂乘間往語曰：樓氏女佳。夫樓氏固有主羅敷耳。可令他人誤入桃源，而以奎爲阮郎，之龍爲蕭郎乎？今召舜與萱詰責，謂之龍與樓氏，其稱兄妹也。難以雁行諧燕偶。而温家玉鏡臺，何以聯姻姑女？若以十二金餌母，而奪其子婦，恐百匹之賜，難救一慟之隕！之龍今日之情，無乃類是。未可居樓氏於隨風之楊花，而俾捨家鴛逐野鵲也。求我庶士，迨其吉兮，則莫吉於審日之初八。於是暫縶恩萱及舜於獄，以絶蠱惑，而押兩人即日成婚。夫齊語呼婦皆曰妹妹，何妨結新歡以仍舊呼。正恐登堂拜母而赧然掩面者，呼母則安，呼姑則怍耳。嗟乎！此一案也，紅絲久授於故父，赤繩幾割於生母。若移樓女以置胡宅，恐甑破而珠還者，一夕亦百年之長恨矣。幸黄花未折，故紅葉終諧。父冰人而官月老，亦《鴛鴦譜》内之新語佳話也，周思萱、胡舜，各杖示儆。其聘禮十二兩，仍追給胡奎。今而後，伊自有婦，無謂他人婦。

（明）李清《折獄新語》卷一《婚姻·一件滅親事》 審得元新者，周鼎妻兄。而元氏則鼎妻，蘭氏則鼎妾也。夫從一而終，婦人分耳。若令周姥撰此，則必移責男子曰：合爾鼎之有妻元氏，又聘蘭氏爲妾也。果樂耶？想見影猜情，無風生浪者，不知受幾許敢怒不敢言之苦！處此際也，亦大費調停矣！其新孔嘉，其舊如之何？而奈何遠妻近妾，致元氏有小星獨明之嘆。今之喃喃角口，人情乎？豈無他人，不如我兄弟，則借兵爲急，然亦飲以止妒鴟鴞耳。奈何鴛偶情疏，雁行氣盛，竟不解門而佐門，鼎之控新，殆一朝忿哉！今庭質時，兩人已經和息，而惟元氏口訴薄狀，哭罵不止。舊人百宛轉，不若新人罵，舊人而亦罵耶！姑免深究。仍將調停無術之元新、周鼎，薄罰以儆。然則爲蘭氏者若何？無專如兄如弟歡，自聯如姊如妹好。抱衾與裯，實命不猶。願深體乎斯言！

（明）李清《折獄新語》卷二《承襲·一件醢嚼事》 審得葉超者，乃已故葉茂嫡侄，而葉禮則茂外婦子也。先因茂有女無男，曾典徐矮子妻胡氏爲妾，以圖生男。而茂妻汪氏，則非食倉庚而不妒者也。聞獅音而膽落，勢必賃外宅以處胡氏。乃問外宅安在？，則去家里餘耳。入非侯門，既無河廣海深之嘆，未知矮子遂作蕭郎路人否？且胡氏之舊官、新官皆儼然在也。萬一野館空房内有矮人婆娑而至，胡氏將斷箏不顧乎？抑故劍猶戀乎？生豈空桑，誰爲若翁？獨以萬曆四十二年典，以天啓元年生，則爲真爲贋，俱未可定，而難遽語於非種之鋤也。往定海縣因葉超之告，曾斷兩股均分，非以兄弟子之猶子乎？蜂房之剖，豈曰無因；蠶食之侵，難許過分。而何汪氏忽以醢嚼告？夫汪氏葉門罪人也！藉令無兒自傷，恩廣雲雨之均澤，當與胡氏合宅居耳。六尺之孤在抱，雖積金如斗，誰敢垂涎？而顧使妾爲郵亭之寄，子疑柏舟之汎者誰也？撫心往事，當彈指悔恨，今呶呶事後，嗟其晚矣！況一告不已，再告繼之。兩人瓜剖豆分之餘，終作落花流水杳然去耳！汪氏念係巾幗，姑與杖贖。其貪啉無厭之葉超並杖，以懲其後。家産仍照縣斷。

（明）李清《折獄新語》卷二《承襲·一件叛父事》 審得王朝臣者，乃王魁即張鳳之繼父，而張觀則鳳親弟也。先因鳳父物故，無枝可依，於是伊母胡氏改適朝臣，携鳳兄弟往。時兩人猶黄口弱鷇耳！凡予之飼哺，養其羽翮者，鳳長矣，朝臣實有恩焉。而因名鳳曰王魁。夫古不有負義王魁其人乎？雖芸夫牧豎，皆聞其名，而識其薄。朝臣以此名鳳，是誨之薄矣。前魁負婦，今魁負父。於是娶婦後，遂置繼父於陌路，而歸宗張宅。嗟乎？歸宗誠是也，反戈則非也。雖螟蛉易形，固難頓忘育胎之有自；而果贏別體，猶當回念噓氣之有恩。鳳行而觀留，其依依繼父側而弗爲中道捐者，亦厚道也。適鳳肩鹽數包，將貿銀以糊口，而欲圖子母之利，遂起兄弟之戈。朝臣之袒觀仇鳳，人情乎？胡毆其弟，並詈其繼父也！忘故恩而搆新隙，名之梟獍則過，名之鷹鸇斯稱耳。以鳳爲名，彼不好音而惡聲者，無乃名與實違乎！意知子莫若父者，亦知子莫若繼父，而向者之以王魁名也。負義若斯，允稱其實矣！若魁以子抗繼父，覩亦以弟抗胞兄，夫弟之薄，兄之教也。本當罰治，念係貧愚，姑薄責免擬。

（明）李清《折獄新語》卷二《承襲·一件馘叛事》 審得楊觀捨者，鄞縣門子，而侯傑則觀捨母舅也。先因傑中年無嗣，曾乞觀捨爲嗣，雖舅乎，猶父也。今據傑口供，則謂七歲撫養，課讀八年，現有業師數人在。然夫子之墻數仞，不得其門而入，而忽化作唯諾公庭之門子也。恐不僅儒變醫之誚矣！迨問始何以合，終何以離，則非傑過，亦非觀捨過。蓋緣傑妻李氏，日奴隸使，而不以如保赤子者保觀捨耳。外甥見舅如見娘也，而不云見舅母如見娘也。無乃情隔一間，而今者之參商所自來乎？於是爲觀捨者，始去子捨而返甥邸矣。迨傑告縣後，斷處八兩，酬薪粲費耳。欲子觀捨乎，則却之；欲甥觀捨乎，則受之。既受而又告，將多多益善歟？且以門子誑禀前令，拘責廿板爲言者何？夫觀捨之爲門子也，在今則居冠者五、六人之班，在昔猶厠童子六、七人之位。想傍烏紗而近朱衣者，當灑掃應對進退則可矣，所謂有事門子服其勞也。挾貴而問。挾有勛勞而問，門子有二焉。傑門外人耳！宜乎爲堂上人所嗔，而贈以一部肉鼓吹也。雖然，門子亦不能無過：夫六歲辭親，十載依人，離自衿起，傷不及舅。縱不曰無父何怙也，獨不曰我送舅氏悠悠我思乎？虎舅一詈，所謂養虎得噬矣。則伊兄楊可期實教猱升木耳！合薄罰穀三石，以爲凌舅唆弟之戒。若傑之耽耽一鸞，以十載撫育言，殆欲而不知止矣！且咆哮縣署，若睥睨可期，作張牙態者，頗類虎狀。虎舅一言，無乃近似？然不念已之六歲往也，猶然踞地虎子乎？恩斯勤斯，鬻子之閔斯。今而後，願門子之無三過其門而不入也！

（明）李清《折獄新語》卷二《承襲·一件忤弒事》 審得董二即董義，乃董成嫡侄也。先因成無嗣，故立義爲嗣。而讀其遺囑，有云吾妻陳氏，欲立內侄爲子。如後有亂宗佔業等情，即將此作證等語。深心哉，斯筆也。及成亡後，陳氏果爲內侄陳延遂惑，與義有隙。乃義繼妻舒氏則以續弦弦急，蹈雌鳴之不祥。而弩目之餘，兼令義爲低眉者也。有所恐懼，則不得其正。於是舒氏益張其獰狀，與陳氏反唇。婦有長舌，爲厲之階，則延遂之煽惑階此。未幾，與陳氏密謀，將遺產內往字號田，僞立陳氏賣契與延遂爲約，且又創爲母賣子承説，勒義手立一契。彼義之遇此，得無舜往於田，號泣於旻天，曰：我父其聖乎？然非妻悍而母睽，猶不至此。奈何坐視一女羅刹叱咤室中，而瘖啞無鳴！豈男兒愛後婦，人情乎？親愛之而已矣，之其所畏敬而辟焉。我丈夫也，吾何畏彼哉！況而母在，胡弗畏大人而移之細君？豈聞獅吼而膽落，獨不聞狗叱而意快，是亦義有罪焉。合與穿鼻謀產之陳延遂俱杖以儆，田仍斷還，亦如而父遺言耳。雖然，吾尤願舒氏孝；夫欲起氏孝，當先袪義畏。或曰彼有以英雄入夫人房，而凜凜執刀者，獨非畏歟？曰不同道，吾以教孝也。

（明）李清《折獄新語》卷三《產業·一件叛抄事》 審得任氏之以人命告，蓋無情之詞也。先因任氏故夫鄭興賢，曾將己田五畝典與生員劉益故父，而黃氏則益繼母也。於是受銀十六兩，聽興賢取贖。益之將田百畝，轉賣生員謝泰道，而並舉五畝以重賣者，義安居乎？若謂子已賣而母與贖，是以母隱子也，則黃氏過；若謂母與贖而子復賣，是以子欺母也，則益過。母無代罪之法，子無諉咎之理。故任氏之言曰：興賢之贖先也。泰履等之言曰：泰道之買先也。而總皆益之應受其過也。若泰道之既買此田，與興賢口角。夫非益分剖不早，而興賢認贖、泰道認買乎？今據干證口供，則謂兩家爭禾於野，互相紛拏者是實，不聞興賢身負重傷也。而保辜一紙，曷故遞自生員虞百里、王元台手也？且所云保辜者，謂伊男起鵬有傷脅嘔血事，而假父興賢之名以遞耳。今子生父死，且不死於尋戈之六月，而死於罷兵之七月，何言乎人命？噫！惜百里、元台輩，不能料死，並不能料生耳。若知死者興賢，生者起鵬，而假父以遞子，獨不可假子以遞父乎，執保辜而誣人命，謝氏難乎自解矣。幸也！以保辜遞者起鵬，以死湊者興賢也。此而猶曰人命，誕矣哉！虞百里、王元台幸災有意，纓冠無名，與重賣之劉益，誣命之任氏子起鵬，分別杖罰。

（明）李清《折獄新語》卷三《產業·一件憲斬事》 審得舒陛者，乃已故舒永祥子，而永祥則舒允明養子也。先因允明與妻夏氏，俱抱無兒之痛，則有養子舒永祥，即水永祥者，乃已故水國太弟也。螟蛉有子，蜾蠃負之，而未幾又娶繆氏矣。迨允明以墮水死，永祥旋以患病亡，則繆氏有遺腹子在，即今之舒陛是也。夫以牛易馬，則永太已爲非種，何況於陛？然舒宗既絶，誰爲垂涎而操戈？則繆氏之置兒於懷者，不必匿兒於袴也。何陛伯國太，竟罔念母子之依，而轉嫁繆氏於他姓乎？水氏婦幾作流水去矣。而國太竟以此銀爲娶妻資耶？是舉也，比之兄收弟婦，僅彼善於此耳。然聞有事伯兄如事父者，而不聞弟婦爲粟，已妻爲械器也。且舉黄口弱陛，付新妻撫養，而與夏氏爲雙雌之棲。噫！醜矣。彼爲陛者，不幾命同湍水，而決諸東方則東流，決諸西方則西流乎？其經顧令明斷，而俾夏氏携陛另居也。亦曰祖孫二人，相依爲命耳。胡夏氏蕩若水性者，依水則居土安，而離水又别船上也。於是取故夫田産，盡賣生員吴綬章父。而身爲逐水之桃者，孫又爲失水之魚矣。今所謂舒亮則自認允明同宗，而扶陛嗚鼓者也。試問永祥之死，國太之占，繆氏與夏氏之改嫁，屈指數十年間，幾多花謝水流之嘆！而亮皆安在？不過假陛爲奇貨耳。然所賣田産，非若水中木，而將奪諸彼以與誰也？欲命舒氏議贖，則堂前之燕子無主；欲命綬章議讓，則久營之鵲巢難棄。合斷銀四兩，供陛養贍，仍依伯永禎同居，庶植根於舒，而移種於水者，不至爲水中泛泠矣。舒亮借題興戈，合杖以儆。

（清）李之芳《棘聽草》卷六《讞詞・産業・分守道一件為污吏事》

審得陳元德原名林有道，乃陳阿童繼子也。阿童夫陳唯信隨母嫁於鄭四十三家，因爲鄭姓義子，則陳之與鄭，固已判然不侔矣。彼四十三者，自有親子鄭如琦，娶媳潘氏，生一女一子，女已及笄，適童應程之子童日奇爲婦；子名鄭世華，年方三歲，父已物故，煢煢孤兒，最可哀也。潘氏既孀，再醮於陳惟義，不得携世華偕往，孤子無依，當日有家長鄭祠常立約，託養於其親姊童日奇之家，世華之不即於失所者，賴有此耳。其田地、牛、産等項開載甚明，俟世華長成管業，於理允協。何物元德，以螟贏之非類，眈眈垂涎於耕牛，而聳阿童爲此不經之控哉？所控陳希訓扳贓之説全虚，蓋童應程係縣刑房，乃經承希訓之事者，故假此爲題耳。杖坐元德，良不爲枉。硬證王禮之嘵嘵左袒，同惡相濟耶？有囑使然耶？併杖何説！

（清）李漁《資治新書二集》卷二〇《婚姻・逆媳毆姑事》 看得婦人夫歿，之死靡他，理也。即有從傍慫勇，使之别抱琵琶者，大都早則期年，遲則三載，亦必出於公姑之命，父母之言而後可，斷無有夫未死而先定議，屍未泠而便促婚，復由外甥女婿之硬爲説合，而可以改節從人者也。如端氏與故夫王之乙，生前素稱好合，已生一子，年及四齡。不幸而碩臣早世，遺此孤孀，形影相弔，惟賴親姑倪氏暨夫兒王之甲爲之内外扶持，使薪水之無缺，則孤雛有成立之日，而寡婦無改操之憂矣。奈何有之甲之甥婿趙某者，立心奸險，硬設羅網，當碩臣抱恙之時，糾王族某某等三人，借嫁氏爲名，誘騙許爾調聘銀一十四兩，只以四兩爲定，假倪氏出名，預立婚劵。及碩臣既死，氏兄端君赤托趙某借銀若干爲殯殮之費。趙某立心不良，忽於事後假稱滿債，横語驚人，使端氏有不得不嫁之勢。幸端氏不從亂命，矢志弗回，而趙甲等四人始計絀而氣喪矣。然猶思出奇制勝，爲倪氏裝辭訟媳，加以忤逆之名而列君赤於詞首，絶其援也。本廳初疑端氏不端，或者再醮之念勃然於中，事姑之誠果有未逮，致倪氏急於去媳，以拔眼中之釘，未可知耳。乃故反其局以試之，不罪媳而罪姑，欲以刑加倪氏以試爲媳之心。如果忤逆思嫁，則必神色泰然，是誠於中者形於外矣。不意才説加刑倪氏，即抱姑狂叫，其聲徹天，涕泗滂沱，求以身代。本廳睹此不覺泫然泣下，敬之重之，且爲致嘆於往昔東海孝婦之銜冤，誠哉其不謬矣！彼喪心敗行之趙某固無足論，獨怪之甲爲之乙之兄，忘吹箎之義，助滅倫之謀，獨何心哉？本廳怒欲加戒，詎其母倪氏搶地呼天，哀求再四，姑與幸免。嗟乎，倪氏之悲痛若此者，爲母之之情也，獨不思孫之與媳，亦母子乎？必欲逼之使嫁，强之使離，豈舐犢之愛獨鐘於我而不鐘於人乎？矧夫之甲、之乙均爲子也，何忍於待死而溺於愛生乎？且也四歲孤兒正需顧復，倘奪之襁褓而不獲長年，則碩臣絶嗣，致缺蒸嘗，爲之母者獨能安然於心乎？不特此也，之甲年逾天命，尚未有子，即不爲之乙謀嗣續，豈並不爲之甲計螟蛉乎？種種愚蒙，都不可解。總由一人作祟，簸弄其間，致此昏瞶老嫗墮雲霧而不之覺也。爲趙某者，等諸梼杌窮奇，尚有未盡之辜矣。本廳之斷此案也，罰許爾調於前聘之外，再出銀一十八兩，中媒趙某等除追前銀十兩外，再罰銀二兩，追出王之甲前銀四兩，共計銀四十八兩，與端氏從祖生員端茂秀等另有公議資助，合之前銀俱付端門宗老，合置田一區，爲寡婦守節之資，孤兒養生之費，但無令趙某上門，復生他詭，庶冰霜之婦得以遂其本懷，而孱弱之兒亦不致流離失所矣。萬一事有中變，則此項仍作公費，他人不得覬覦。至於許爾調原聘一十四兩，查律文本應入官，但守節撫孤，有關風教，追付端族，以襄義舉，似與入官之律異旨同歸，諒亦貴府所樂聞也。趙某恃强逼嫁，痛責以懲，仍與越禮助奸之王之甲、硬執斧柯之某某，謀人結髮之許爾調，各加杖儆。倪氏聽唆逐婦，不能無辜，因係親姑，免議。

（清）徐士林《徐公讞詞·守皖讞詞·田氏被搶自刎身死案》　審看得宿邑被搶自刎之田氏，烈婦也。

氏年二十，於歸方才，越二載而夫亡，矢志撫孤，五齡不育，隨繼寡姆王氏之子方闖爲嗣。氏與王氏、並二姆郭氏，同居祖屋，三嫠相依，輪膳其姑，從無間言，九載於兹矣。詎意三伯方德，游惰成性，蕩盡家資，竟以弟媳爲奇貨，于雍正七年九月内，輒浼程伯爲媒，許嫁鄧孟爲妻，寫立伊母婚書，議訂財禮十二兩，孟等於牯牛嶺守候交親。方德逼氏出門，王氏攔阻，氏遂躲避不果，退還禮鑫，孟等遂返。氏恨德不相容，雉經者三，之死靡他。是氏之志，嚴若皎日。德苟稍有人心，可以已矣。而不意圖財之心愈熾，逼嫁之計愈毒。於十一月初四日，又托張列爲媒，串許惡棍何偉，仍揑伊母婚書，收受財禮八兩，訂于十一日强搶。是日偉同張列，並帶家人求老、亮老，伺于黄昏，找轎至門。是夜伊母正在德家，德率偉等撞入氏室，并力强搶，王氏力阻不及，而氏拼死不從，群兇拖拽，遍體衣服，皆成齏粉，弱力難支，捆縛轎内，氏復撞頭欲出，偉令縛其轎門，扛抬而行。經由酒鄧鋪，氏喊聲震地，抵死滚出，赤身僕地，闔鋪居民，聞而出視。適有氏之堂伯方告，知爲本家節婦，率子阻住，偉等奔逃，遂將氏領至伊家，换衣勉慰，啼哭達旦，次早送歸，氏以數年苦節，遭此凌辱，更不欲腆顔人世，羞戮亡人，既泣且悲，水漿不入，有死之心，而無生之理矣。王氏苦勸，防守不離，而氏且惟恨死之不速。越次日忽出不意，暗引剃刀，刎頸寸深，血淋漓不止，閲八日殞命。斯時也，宿邑士民，萬口同聲，莫不爲節婦叫冤，爲兇徒攘臂。

（清）董誥《全唐文》卷九八三《闕名·對哭子哭夫判》　哭子哭夫事。喪子之親，哀情已極；喪夫之婦，爲怨難勝。非無寡鵠之悲，豈息驚猿之痛！然喪夫喪子，悽感雖同；而哭子哭夫，禮儀須别。穆伯之卒，已有前規，敬姜告言，一何無識？縣丞行罰之日，於禮已違；嫠婦自貽之愆，在律難恕。顧兹刑憲，並合推科。

（清）董誥《全唐文》卷九八五《闕名·對父友操杖諸母漱裳判》　得甲造父友，操杖從之。友將爲謀，已命子毆之。又乙脱犢鼻裩命諸母漱之。庶弟告違禮。凡適於尊，必関操杖，欲敬諸母，豈可漱裳，見父之執，雖退讓而明禮；逢彼之怒，遂嫌疑而未防。且掛竿之資，誠爲穢服；几杖之類，克謀長者。將害已而令毆，此已負人；取諸衣而見滌，亦彰無禮。子承父命，或迫嚴顔；季諭昆非，攸乖禦侮。一未離於飛鳥，兩難漏於吞鯨。

（清）蒯德模《吴中判牘》　梅徐氏乃徐傳生之妹，嫁與梅近川爲妻。近川早逝，徐氏作未亡人，已逾十載。遺孤連生，業已成立。蘇城亂後，寄居催子即管田莊人，蘇俗呼爲催子。張瑞和家。一屋相依，非有感帨驚尨之慮，三年於外，保無瓜田李下之嫌。而乃徐傳生者，不爲同根之庇，翻揚中冓之羞，既控張某之誘姦，並串梅裕以作證。莫須有之事，何能據以爲憑，不可道之言，竟忍宣之於衆。豈有此理，是何居心？迨伊母徐余氏以傳生不法出首。縱謂婦人愛女，亦斷無不愛其子之心，就令該氏可訾，亦不應訾於其兄之口。一經庭訊，盡吐實情。乃知徐氏粗有衣食，惡黨利其資財，爲索黄金，翻成白舌。當各予以重懲。梅裕占居梅徐氏之屋，並押令遷出。

（清）蒯德模《吴中判牘》　吕朱氏與吕阿二，嫂叔也。朱氏無子，立阿二子金壽爲嗣，乃阿二不憐阿嫂之無告，但利其財，金壽竟因阿母之同居，陰竊其券，一朝追問，頓起猜嫌，扑責未施於庭前，忤逆先形於膝下。本應逃杖，翻敢抛磚，不假反覆以三思，竟成孤注之一擲。螟蛉也，而豺狼焉宜乎？吕朱氏之出首，請逐其子以歸還，異哉？吕阿二之埋奸，又控其婿之播弄，婦人有私於其女，情本皆同，嗣子不得於其親，禮應另立。吕金壽送吕阿二家管束。吕阿二控顧金元案注銷。

（清）趙幼班《歷任判牘彙記》卷二《判王朱氏等堂詞》　此案細爲查訊乃知，王朱氏原欲逼曾氏改嫁，因不能奪其志，遂懷恨而朦控，殊屬可憎。張瑞榮事不干己，藉挑唆而作抱，尤爲藐妄，着即責戒。飭令曾許氏將女領歸王家。應得房租，每月取一半與曾氏，以作生計，免致婆媳同居，終久釀出禍端也。各遵結附卷。此判。

（清）趙幼班《歷任判牘彙記》卷二《判朱家才等堂詞》　此案訊得

朱陶氏，平日不能善體姑心，出言又欠和婉，以致劉氏不願與之同居。但朱家才出名具控，其中不無挑剔，别有所圖。飭令三石種田，劉氏、陶氏各得一石五斗。現存稻穀亦作兩股平分，暫爲離開，免致争端不息，有傷恩義而乖倫常。並飭差前往，協同族戚等從中秉公配匀分兑可也。各遵結附卷。此判。

（清）趙幼班《歷任判牘彙記》卷二《判紀惟章等堂詞》 紀文彬即是螟蛉之子，總是紀惟章夫婦撫養成人，飲水思源，竭力圖報，豈能長處岳家，徒戀此間樂而不思歸耶。飭令速回紀處，遵訓安居，如再抗違，定行提案重究。王氏暫在娘門寄住，免致釀成變端。取結附卷。此判。

（清）趙幼班《歷任判牘彙記》卷三《判阮王氏等堂詞》 訊得阮王氏之寡媳劉氏年四十五歲，夫死無子，生女已十二歲。劉氏年老無耻，與夏新年私識鵲巢鳩居，竟自忘其苟合矣。今劉氏有孕，其姑王氏令氏大歸，而母家以其犯姦不納該氏。既無所歸，准其再醮於夏，其女斷歸於阮，飭其祖母王氏領回，須知母嫁子離，恩斷義絶。該劉氏以後不得絲毫顧問。該劉氏所有奩物等項，概歸阮女，令其長親王克恭點明，交給取結。夏新年交保帶婦回歸完案。此判。

（清）熊賓《三邑治略》卷五《堂判東湖縣任内·訊簡開福一案》 訊明簡開福之胞弟簡開壽來在宜昌，幫王光富做工。現在簡開壽已故，其兄接伊妻陳氏回歸過繼，本屬正理，據陳氏供稱，家内並無田産，恐接回伊必嫁賣等語。但簡開福接該氏回歸，固屬至善，至稱嫁賣一節，亦不能不防。候將此案情節，備文移知遠安縣，將簡開福及陳氏遞解回籍，取具的保。如簡開福有私賣情弊，即由該氏逕赴遠安縣呈控可也。此諭。

（清）熊賓《三邑治略》卷六《堂判天門縣任内·訊翟光玉一案》 翟别氏之子翟順德已故，遺媳劉氏，生有孫兒。現據翟别氏供，已招石和尚上門撫子。質之伊媳，堅供不肯。且未與户族翟光玉及伊娘門劉楊氏等言明，僅爾翟别氏主婚，雖係該媳之姑，亦不能出於勉强，應行斷離。以後石和尚不准問翟别氏家事，翟劉氏仍憑翟光玉及保正等領送翟别氏家，當堂與别氏贈禮，回歸守節。倘以後婆媳不能安居，即將田十一畝，分五畝於爾媳，作爲口食；下餘歸别氏養膳。劉楊氏不應將别氏器具毁壞，斷令抱告桂金元賠錢兩串，交别氏兑付，各具結完案。此諭。

（清）樊增祥《樊山批判》卷一五《判·吴王氏具控悍媳判》 審得張薛氏年四十六歲，山西稷山縣人，於光緒三年冬逃荒至宜，携有一子一女。女鬻李氏，自亦賣身求活，尋以身價二千文自鬻於吴永和爲婦。前夫之子張温心隨氏適吴，年十六矣，書券三年爲滿，復歸張姓。嫁後四年，並無生育，而永和物故。惟有八十老母吴王氏伶仃拮拄，無子無孫，於光緒七年秋具控薛氏游盪刁頑，種種不孝。經前任孫斷令薛氏携子别居，吴王氏還給原賣身價錢二千文、鬻女錢四千文、温心辛工錢十千文，共十六千，交薛氏領訖，隨身衣物並令携帶。旋據薛氏具控，其姑吴王氏家有銀錢、烟土、羊隻、灰麪等物，不容該氏染指，惟日與義女等輩往來。復經孫任批俟王氏百年之後，准其歸吴，義女等人一切禁斷。薛氏復具呈乞恩，有其姑老而尚健，百年難待之語。計自七年七月至八年三月，姑媳互訟，至再至三，孫任訖未斷離。王氏年老力衰，隱忍數載。今年清明上冢，王氏自哭其夫，薛氏指其墓曰，知是人骨是狗骨耶。王氏萬難容忍，復控到案，訊據薛氏，供同前由。夫王不以薛爲婦，而薛必以王爲姑，不過以其薄有家資，計圖謀業。但其夫既死，去留從姑，姑欲去婦，誰云不可。律載七出之條，首曰不孝，薛氏與姑四次互控，可謂不孝之尤矣。况氏携子逃荒，中年改嫁，四年夫婦，情本不深，今後醮無兒而前夫有子，温心年已廿五，力能養親，女適李門亦堪分潤，更非有所出無所歸者比也。且氏已收回身價，保得爲吴姓之人。温心自返本宗，斷難承永和之祀。據薛氏供稱，願以夫侄爲嗣，夫永和有母，氏不能奉以承歡，則永和有侄，氏焉能撫以爲子。其姑媳既經决裂，若强使復合，不過速王氏之死耳。今斷令薛氏從子還張，此後王氏生存勿庸再見，殁後不得復歸，姑媳之緣，盡於今日，賣身文約，官爲抽毁。前已受錢十六千，更有隨身衣物，此時斷離，不得更分財産。惟據稱已適吴姓，難近張門。夫因荒改適，事非得已，向使守節不移，則氏與温心同歸餓殍。氏爲吴氏之婦，正以存張氏之孤，前夫有知詎當感泣是於吴爲棄婦，而於張爲功臣，何去何從，不待智者决矣。再，氏以乞食餘生，委身吴姓，身不得死，子亦長成，雖爲婦不終，而所得於吴亦云厚矣。若再尋釁忿争，是謂天良盡絶。例載夫亡改適，罵故夫父母者，與罵舅姑同。律有明條，慎勿觸犯。王氏耄年失子，舉目無親，准立所愛爲嗣。其義女鄭、李二姓，並聽往來，以娛老境，外人勿得妄言干啓。此判。

（清）沈沾霖《江蘇成案》卷一一《刑律·人命·戲誤過失殺·妬姦毆傷姦婦致令自盡比例擬軍儲盛典》　一件爲毆斃叩驗事：刑部江蘇司案呈，據蘇撫閔咨稱，贛榆縣民儲盛典，與王賓之妻徐氏通姦，將氏毆打，以致自縊身死，賄和匿報一案，緣儲盛典與王賓，住居鄰近，時相往來，與王賓之妻徐氏熟識。乾隆三十五年春間，王賓出外傭工，儲典與徐氏調戲成姦，後非一次，漸被王賓知覺。王賓索借錢米，儲盛典總不回却。王賓利其資助，知情縱容。四十五年二月間，儲盛典因徐氏情意疏淡，疑其另有姦夫，向氏查問，徐氏不認。儲盛典留心察探，三月十四日五更時候，儲盛典聽聞犬吠開門出看，望見王賓家有一人，往北走去。因想王賓傭工在外，必另有姦夫往來。隨至徐氏家查問，見門户虛掩，推門進内，徐氏睡在牀上，儲盛典問與何人通姦，徐氏不認。儲盛典以親見有人走出，房門現開，如何諱賴之言斥詰，徐氏不服，起身穿衣，與儲盛典吵鬧。儲盛典氣忿，掌批徐氏左腮頰兩下。徐氏即在門邊携取拄門木棍向毆，被儲盛典奪過，連毆徐氏左大腿左臁肕左胳膊等處五下。徐氏之子小羊，聽聞起身走至，將儲盛典木棍奪下。徐氏坐地哭駡，儲盛典復欲毆打，經小羊勸住。時已天明，小羊與儲盛典各赴地種菜。徐氏令伊女小安，帶領幼女出外頑耍，乘間投繯自盡。小安回家驚見，喊知儲盛典同小羊趕至，將縊繩割斷放下，業已殞命。小羊往喚伊父王賓回家，看明屍傷，通知地方顧元，入城報驗。儲盛典邀同堂兄儲盛功，追至城中，尋見王賓，囑令免報，並以縱姦亦要問罪之言挾制，許給錢二十八千文，王賓允從。又許酬顧元銀二兩，隨一同回家。儲盛典當湊錢二千七百文，給王賓買棺，將屍殯埋。餘欠錢文，約於四月内找清。嗣王賓屢討不給，心懷不甘，赴縣具報，差拘集訊，因儲盛典所認掌毆徐氏腮頰，並棍毆其左腿等處各傷，均非致命，恐有致命重傷，非檢不明，詳蒙批飭開檢，審供不諱。查例載，因姦威逼人致死，若和姦縱容，而本婦、本夫愧迫自盡，毋得概坐因姦威逼之條等語。今儲盛典與王徐氏係屬和姦，所毆王徐氏腮頰左腿各處，雖非致命重傷，但釁起妬姦，輒持棍逞兇，疊毆多傷，致徐氏氣忿自盡。迨王賓欲行控驗，復敢用言挾制，出錢賄和，以致屍遭蒸檢，果實屬兇惡不法，未便輕縱。儲盛典請比照因事用强，毆打威逼人致死，果有致命重傷，雖有自盡實迹，依律追給埋葬銀兩，發近邊充軍例，發近邊充軍，仍照追埋銀給屬營葬。王賓等擬杖等因，咨達前來。應如該撫所咨完結。乾隆四十六年九月二十一日准咨。

（清）沈沾霖《江蘇成案》卷一四《刑律·訴訟·誣告·捏契誣僕嚇詐棍徒例擬軍奚建》　一起爲串唆陷良事：刑部江蘇司案呈，准蘇撫閔咨稱，審看得崑山縣奚建公等捏契誣僕嚇詐奚李氏一案，緣奚建公係奚李氏故夫奚文觀小功堂弟，奚李氏與孀媳陳氏，及幼孫守産度日。奚建公向有田畝，絶賣與奚李氏，後復找貼，並時向借貸。乾隆四十八年六月間，奚建公因復向奚李氏借錢未允，遂欲設計圖詐，並向素與奚李氏有嫌之陳連生、葉漢章説知。隨央住居寶山之尹上林，捏爲奚文觀借故父銀兩欠票一紙，欲向奚李氏索討，猶恐不成，復起意誣僕訛詐，商之葉漢章，領向袁志銓商謀。袁志銓以奚文觀既有妻子，不便自己賣身，遂令將奚文觀等作爲伊已故族嬸袁周氏家世僕，即以袁周氏出名，捏爲轉賣張姓退回文契一紙，希圖詐錢。奚建公央其立契，袁志銓恐筆跡敗露不允。隨起稿底，捏填鬼名中證，擡寫年份給奚建公轉央尹上林謄清，即向陳連生説知。至四十九年二月初二日，奚建公携帶假契，約會陳連生、葉漢章同至袁志銓家，因奚建公與奚李氏一族，不便出面，令袁志銓前往冒認家主，詐錢烹分。葉漢章、陳連生亦從旁慫恿，袁志銓應允。即於初十日，將契携帶身旁，託堂弟袁幅僱船同至奚李氏家，喚奚李氏同媳陳氏服役，並聲稱如若不願，出銀了事，將契給看。奚李氏即喊同保鄰盤出前情，將袁志銓等獲住，赴縣具控，並經該縣儒學訪聞移究，訊供不諱。查奚建公係奚李氏故夫奚文觀小功堂弟，該犯因向奚李氏等索借不遂，懷挾私仇，輒敢勾通外人，捏契誣僕，嚇詐孤寡，與棍徒擾害無異。袁志銓身列膠庠，非平民可比，乃希圖訛詐分肥，輒敢主謀定稿，捏寫袁周氏世僕，公然持契，冒認奴僕，未便以事由奚建公起意，僅照爲從問擬，致滋輕縱。奚建公、袁志銓即袁志千，均合依兇惡棍徒無故生事擾害良人例，改發極邊足四千里充軍，面刺烟瘴改發四字。袁志銓免其刺字。葉漢章、陳連生因與奚李氏有嫌，職從奚建公誣僕圖詐，應於奚建公軍罪上減一等，各杖一百，徒三年。袁幅擬杖援免等因，咨達前來。應如該撫所咨完結。乾隆四十九年十二月二十二日准咨。

《清代名吏判牘七種彙編》卷上《清官第一于成龍・改嫁》稟悉。前據爾妹張沈氏稟稱夫死無依，姑又凶悍。懇請本縣作主，准予再醮。當經批斥訓責在案。今爾又代妹出頭，飾詞瀆聽，實屬無耻已極。查爾妹夫家，既開紙鋪，自非貧無立錐，何至凍餒無依。其姑張李氏，既係前明貢生李朝貴之女，國朝順治十一年新科舉人李茂之姑母，諒非不明事理，何至凶悍無倫。況又空言相攻，毫無憑證，更不足信。今李氏年邁，遺孤又在襁褓，倘准爾所請，聽爾妹改嫁以去，試問七旬之姑誰依，六尺之孤何托？本縣知爾唆妹改嫁，不過欲得一份財禮，在爾妹或並無琵琶别抱之心，爾則早存奇貨可居之想。刁頑無耻，痛恨何如。所請仍屬不准，此批。

《清代名吏判牘七種彙編》卷上《清官第一于成龍・醋娘子》 審得顧佛言與妻梁氏涉訟一案，本縣研鞫再三，開導數四。兩大不並立，妻妾操同室之戈；左右難爲袒，房闈成交哄之地。嘆子産之才難，笑尚書之所好。偶有軒輊，掩袖以啼；稍加慰勞，入門即妒。以致舉案無相莊之雅，帳底風雲；抱衾啓實命之嗟，卧房荆棘。一則忘樛木之恩，只圖自己快活；一則昧螽斯之義，誰憐别個凄凉。雖婦女之恒態，亦中冓之醜言。本縣今爲爾斷：顧佛言應按七襄之典，輪侍床幃；平兩地之情，遍承雨露。勿生輕重，勿起愛憎。梁氏應懷江沱之悔，體樛木之情，我見猶憐。母執南康之劍，兄來借宿，不斫車武之裙。蓮花應仰承主意，恭侍婦勞，毋恃寵以撒嬌，毋忘本而争位。從此各安一室，毋再交争；庶耕前鋤後，和氣招祥。細骨輕軀，主恩永在。緑珠帳里，笑吟子夜之新聲；卓氏房中，重鼓求鳳之故曲。吾既諄諄告誡，一片婆心；爾須諾諾以遵，百年好合。此判。

《清代名吏判牘七種彙編》卷上《清官第一于成龍・老夫少妻》 稟悉。子婦不賢，乃欲本縣唤案開導。試問爾身爲之夫者，平日不能管束，致養成兇悍之風，而謂本縣以一二言能令其改過乎，實屬謬妄已極。況爾年已六旬，兒孫繞膝，喪偶以後，何必再娶。對於四十年之伉儷，何獨無此微哀痛之情乎？況又娶此年輕之婦，以二八之妙齡，配汝龍鍾老叟，家室不和，本在意中，自貽伊戚，夫復誰怨。爾不自責，尚敢妄瀆乎？至李三狗非親非眷，事不干己，乃竟時來唆使段氏尋釁殊堪痛恨，本應提案究懲。但究屬如何，並未詳明晰叙明，或恐有不實不盡之處，未便遽聽爾一面之詞，妄入人罪。姑從寬假，暫予宥恕。惟此後汝可禁止李三狗來往，永不准其上門。至段氏亦應恪守婦道，相夫治家，如敢不遵，一經何方稟訴，定即嚴究不貸。著即知照。此批。

《清代名吏判牘七種彙編》卷上《名士袁枚・受虐記》 審得袁登禮之子少禮，娶賈氏爲室。正締良緣，宜求永好。詎因細故，致勞樸責。閨房多詬誶之聲，琴瑟少鏗鏘之聽。在賈氏嬌養夙慣，或未盡中饋之職。在袁翁痴聾不作，遂竟施夏楚之威，啼痕滿面，哭訴公庭。斑斑淚血，洒成悉婦之花；陳陳狂風，幾撼女貞之樹。虚填鴛譜，時占脱輻。此誠家庭之戾氣，非致祥之吉兆也。本縣爲民父母，首敦倫紀。一再開導，幾於垂涕。不痴不聾，不作家翁，小妮子年幼無知，教導不妨稍肅，而鞭笞樸責，非翁姑之所應有。冠子不詈，發子不笞。子尚不可，而況乎媳。是本縣不能不爲袁登禮告誡者也；妻者，齊也。一與之齊，終身不改。舉案有相莊之雅；送饁有如賓之敬。夫夫婦婦，而後家道以正。縱有百惡，豈無一善。是本縣又爲袁少禮訓責者也；夫唱婦隨，婦本從人。翁姑即是父母，更當孝敬。不宜稍存芥蔕，有礙服勞奉養。今日爲人婦，轉瞬即爲人母。今之所以侍翁姑者，亦即他日之所以使子婦。此本縣更爲賈氏勗勉者也。應即歸家，毋再起衅。父慈子孝，夫順婦從。和氣致祥，共守勿渝。此判。

《清代名吏判牘七種彙編》卷上《名士袁枚・大貴人》 審得王邢氏抱子喊冤一案，據王闢全供稱，邢氏于歸，方及七月，即已生子，殊有可疑。顔面攸關，不忍苟活。欲將淫婦及逆兒一併殺却，以免玷羞。非敢無故行兇，今已被脱，應請援律退婚等語。查男女媾精，萬物化生。其間遲早，或有不同。大抵自七月以至十三月，無不可生者，非必十月也。胎兒在懷，大都兩月分男女，六月具形骸。形骸既具，則自可産生，不必待諸十月也。王闢全鄉愚無知，昧乎是理。以爲人必十月始生，是只知其常，而未知其變。持刀殺妻，以圖泄憤，是更愚之又愚。本縣一再開導。曉以事理，業經明白首肯。按律持刀殺人未成者，杖一百，流三千里。但情節可原者，得减一等或二等。王闢全聽信流言，一時憤急，其情可原，其愚可憫。況經涕泣悔過，願重完骨肉，不再翻異。自應推愛屋及烏之意，免其杖責。王邢氏遭此誣辱，業經解釋，歸家而後，不應再存前隙，更宜矢志堅貞，門楣善保，子孫必可興昌。屋漏稍虧，神鬼豈能宥恕。王關全毋誤信人言，王邢氏宜守身如玉。倘有族中無賴，鄉里不肖，妄造謠言，敗人名節，破人夫婦者，應准王關全、王邢氏隨時扭稟來縣，聽候重辦。此判。

《清代名吏判牘七種彙編》卷上《名士袁枚・離間》 稟悉。責善則離，見于孟子；冠子不笞，見於韓詩。爾姊魚王氏早年喪偶，守節撫孤，以有今日。母子之間，縱以嬌養溺愛之故，偶有違言。爾爲之母舅者，正應好言勸解，正色斥責。告母以慈，告子以孝。調停骨肉之争，使之融融泄泄，無復芥蒂。況所争者其細已甚，所逆者亦不過一言偶失，並無他故，足勞帝人動憤。且其事已由魚姓族中出爲調處，服禮謝罪，母子如初矣。爾乃必欲舊事重提，陷爾甥於法。爾姊含辛茹苦，僅爲此一塊肉。爾斬絶之，不慮傷其心乎？即爾姊一時憤怒，來縣控告。爾爲之舅者，亦應權厥輕重，善言解勸。如是方合情合理，不愧長者之所爲。乃爾姊並無控官之心，爾先爲之百般慫恿，不聽，則以義憤爲名，自行出面。是何居心，而至若此？不過爾姊富有貲財，思挾之以謀褰爲已有耳。人心險毒，竟至於斯。本當提案重究，姑念事出有因，從寬免責。爾甥若果不善，有忤逆其母行爲，應由爾姊自行投縣，或由魚姓族中出面投控，汝不准干預。凜之。此批。

《清代名吏判牘七種彙編》卷上《名士袁枚・子比母大》 稟悉。律載凡夫亡無子者，准擇立族中昭相當者爲嗣子。依親疏爲先後，不得紊亂。今爾所欲立者，是否昭穆相當，是否最爲親近，如果是也，何必稟官立案。如曰非也，本縣亦礙難遽予批准。且細閱稟牘，爾今年十九歲，所立之嗣子，年二十一，反長爾兩歲，母少子壯，在事理上既不能謂其無，在律文上自亦不便禁其有。唯該氏族中，除一母一嗣子外，尚有何人，何以稟中不爲提及？且何以不先得族長房長等同意，而昧然稟官？凡此種種，悉是疑竇。清官難斷家常事，本縣不便預爲處治，仰即遵批邀同親房族長等商議，毋得輕瀆，致干未便。此批。

《臺灣私法人事編・婚姻・正式之婚姻・有關離婚及改嫁字・賣妻及子字》 立甘願賣妻子字人謝來觀，其妻魏氏名緞娘，係是魏振觀抱養，長大成人前，來觀與緞娘招婚，永爲夫婦，以養振之年老。無如，來觀後來家庭貧乏，告借無由，日食難度，無可安飽，無親戚相助，勢出無奈，爰與振觀及胞兄相議，願將此妻、子兩人出賣他人，托媒向與林連生出首承娶，當日三面議定身價銀四拾大元正。其銀即日同媒新收入足訖，遂將緞娘年登二十九歲，又小兒元觀，年登二歲，同母賣過林門娶入成親，以作百年偕老。元同母抱付過門，聽從改名易姓，倘日後生子傳孫弄璋兆慶，乃是林門之洪福，與謝來觀無干之事。係是二比甘願，口恐無憑，今欲有憑，立甘願賣妻子字壹紙，付執爲照。

批明：即日謝來觀同媒親收過身價龍銀四拾大元足訖，再照。

批明：魏家忌辰禋祀，亦歸林連生永遠奉祀，又照。

批明：前謝來觀同妻吴氏生下女子一個，亦歸還謝來觀養育，長成大人，招婚奉養，來年老亦奉養忌辰禋祀，再照。

光緒二十八年　月　日　代筆人　曾清文

爲媒人　陳溪篙

在場人　魏發勝　謝戇觀

立甘願賣妻子字人　謝來觀

雜録

《詩經・召南・行露》厭浥行露，豈不夙夜，謂行多露。

誰謂雀無角，何以穿我屋，誰謂女無家，何以速我獄，雖速我獄，室家不足！

誰謂鼠無牙，何以穿我墉，誰謂女無家，何以速我訟，雖速我訟，亦不女從！

（晋）崔豹《古今注》卷中《音樂第三》 上留田，地名也。其地人有父母死，兄不字其孤弟者。鄰人爲其弟作悲歌，以諷其兄，故曰上留田。

（晋）崔豹《古今注》卷中《音樂第三》 别鶴操，商陵牧子所作也。娶妻五年而無子，父兄將爲之改娶。妻聞之，中夜起，倚户而悲嘯。牧子聞之，愴然而悲，乃歌曰：將乖比翼隔天端，山川悠遠路漫漫，攬衣不寢食忘餐。後人因爲樂章焉。

（晋）葛洪《西京雜記》卷三 相如將聘茂陵人女爲妾，卓文君作《白頭吟》以自絶，相如乃止。

（晋）葛洪《西京雜記》卷五 會稽人顧翶，少失父，事母至孝，母好食雕胡飯。常帥子女躬自採擷，還家導水鑿川，自種供養，每有羸儲。家亦近太湖，湖中後自生雕胡，無復餘草，蟲鳥不敢至焉，遂得以爲養，郡縣表其閭舍。

（晋）常璩《華陽國志》卷一〇上《先賢士女摠讚論》 公乘會妻，廣都張氏女也。夫早亡，無子，姑及兄弟欲改嫁之，張誓不許，而言之不止，乃斷髮割耳，養會族子，事姑終身。【略】助陳，臨邛陳氏女，犍爲揚鳳珪妻也。鳳珪亡，養遺生子守節，兄弟必欲改嫁，乃引刀割咽，宗族駭之，幾死，遂全其義。【略】元常、靡常，江原人也。元常，廣都令常良女，適廣漢便敬賓，早亡。元常無子，養賓族子。父母欲嫁，乃祝刀誓志而死。靡常，仲山女，適成都殷仲孫。家遭疫氣死亡，惟靡常在。處甫十八，收葬諸喪，養餘生子，立美成家。【略】貢羅，郫羅倩女，景奇妻也。奇早亡，無子。父愍其年壯，以許同郡何詩。貢羅白書誓父不還家。父乃使詩乃白州，州告縣逼遣之。羅乃訴州，刺史高而許之。【略】玹何，郫何氏女，成都趙憲妻也。憲早亡，無子，父母欲改嫁。何恚憤自幽，乃不食，旬日而死。郡縣爲立石表。

（晋）葛洪《神仙傳》卷五《茅君》 茅君十八歲入恒山學道，積二十年道成而歸。父母尚存，見之怒曰：爲子不孝，不親供養，而尋逐妖妄，流走四方。舉杖欲擊之。

（晋）王嘉《拾遺記》卷六 曹曾，魯人也。本名平，慕曾參之行，改名爲曾。家財巨億，事親盡禮，日用三牲之養，一味不虧。於是不先親而自食新味也。爲客於人家，得新味則舍懷而歸。不畜鷄犬，言喧囂驚動於親老。時亢旱，井池皆竭，母思甘清之水，曾跪而操缾，則甘泉自涌，清美於常。

（南朝宋）劉義慶《世説新語》卷上之上《德行》 祖光禄少孤貧，性至孝，常自爲母炊爨作食。

（南朝宋）劉義慶《世説新語》卷上之上《德行》 吴郡陳遺，家至孝，母好食鐺底焦飯，遺作郡主簿，恒裝一囊，每煮食，輒貯録焦飯，歸以遺母。

（北齊）顔之推《顔氏家訓》卷上《教子篇》 王大司馬母，魏夫人，性甚嚴正；王在湓城時，爲三千人將，年踰四十，少不如意，猶捶撻之，故能成其勳業。

（北齊）顔之推《顔氏家訓》卷上《兄弟篇》 江陵王玄紹，弟孝英、子敏，兄弟三人，特相愛友，所得甘旨新異，非共聚食，必不先嘗，孜孜色貌，相見如不足者。及西臺陷没，玄紹以形體魁梧，爲兵所圍；二弟爭共抱持，各求代死，終不得解，遂并命爾。

《敦煌變文集》卷一《董永變文》 人生在世審思量，暫時吵鬧有何方？大衆志心須淨聽，先須孝順阿耶孃。好事惡事皆抄録，善惡童子每抄將。孝感先賢説董永，年登十五二親亡。自嘆福薄無兄弟，眼中流淚數千行。爲緣多生無姊妹，亦無知識及親房。家裏貧窮無錢物，所買賣當身殯耶孃。便有牙人來勾引，所發善願便商量。長者還錢八十貫，董永只要百千强。領得錢物將歸舍，（諫澤）〔揀擇〕好日殯耶孃。父母骨肉在堂内，又領令舉發出於堂。見此骨肉聲哽咽，號咷大哭是尋常。六親今日來相送，隨東直至墓邊傍。一切掩埋總（以）〔已〕畢，董永哭泣阿耶孃。直至三日復墓了，拜辭父母（幾田常）〔已填償〕。父母見兒拜辭次，願兒身健早歸鄉。又辭東鄰及西舍，便進前（呈）〔程〕數里强。路逢女人來委問：此個郎君往何方？何姓何名（衣）〔依〕實說，從頭表白說一場。娘子（記）〔既〕言再三問，一一具説莫分張。家緣本住朗山下，知姓稱名董永郎。忽然慈母身得患，不經數日早身亡。慈耶得患先身故，後乃便至阿孃亡。殯葬之日無錢物，所賣當身殯耶孃。世上莊田何不賣？擎身却入殘人行。所有莊田不將貨，棄背今辰事阿郎。娘子問賄是好事，董永爲報阿耶孃。郎君如今行孝儀，見君行孝感天堂。數内一人歸下界，暫到濁惡至他鄉。帝釋宫中親處分，便遣奴等共（田常）〔填償〕。不棄人微同千載，便與相逐事阿郎。董永向前便跪拜：少失父母大悽惶！所賣一身商量了，是何女人立門傍，董永對言（衣）〔依〕實說：女人住在陰山鄉。女人身上解何藝？明機妙解織文章！便與將絲分付了，都來只要兩間房。

《敦煌變文集》卷一《伍子胥變文》 （上闕）孝之心，□□救吾之難，幽冥懸□□□□□□別。子尚遠承父書相喚，悲泣將□□□□□□平王囚禁，遠書相命，欲救慈父，□□□□□王曰：卿父今被嚴刑，囚繫於牢，□□□□□救父愆，何名孝子？卿須急去，更莫再三。子尚即辭鄭王，星夜奔於梁國，見弟子胥，具言書意。今爲平王無道，信受佞臣之言，囚繫慈父之身，擬將嚴峻，吾今遠至，唤弟相隨。事意不得久停，願弟急須裝束。子胥見兄所說，遥知父被勾留。逆委事由，書當多（爲）〔僞〕。報其兄曰：平王無道，乃用賊臣之言，囚禁父身，擬將誅剪。見我兄弟在外，慮恐在後讎冤，詐作慈父之書，遠道妄相下脱。此之情况，足得一□□□□□□誅戮，馳書相命，必是妖言，擬收□□□□□□不可登途，（由）〔猶〕如鈍鳥盪羅，泉魚（下闕）

《敦煌變文集》卷二《舜子變文》 當時舜子將父母到本家庭。瞽叟泣曰：吾之孝子！不自斟量，便集鄰里親眷，將刀以殺後母。舜子叉手啓大人：若殺卻阿孃者，舜元無孝道。大人思之。鄰里悲哀，天下未（門）〔聞〕此事。父放母命已後，一心一肚快活，天下傳名。堯帝聞之，妻以二女，大者娥皇，小者女英。堯遂卸位與舜帝。英生商均，不肖舜。由此卸位與夏禹王。其詩曰：瞽叟填井自目盲，舜子從來歷山耕。將米冀都逢父母，以舌舐眼再還明。又詩曰：孝順父母感於天，舜子（濤）〔淘〕井得銀錢。父母拋石壓舜子，感得穿井東家連。

《敦煌變文集》卷七《齖𠿒新婦文》 夫齖𠿒新婦者，本自天生。鬬唇閤舌，務在喧争。欺兒踏壻，罵詈高聲，翁婆共語，殊總不聽。入廚惡發，翻粥撲羹，轟盆打甑，雹釜打鐺。嗔似水牛料鬬，笑似轆轤作聲。若說軒裙撥尾，直是世間無比。鬬亂親情，欺鄰逐里。阿婆嗔着，終不合觜。將頭自搕，竹天竹地，莫著卧牀，佯病不起。見壻入來，滿眼流淚。夫問來由，有何事意。没可分梳，口稱是事。翁婆罵我，作奴作婢之相，只是擔眠夜睡，莫與飯喫，餓急自起。阿婆向兒言說，索得屈期醜物入來，與我作底。新婦聞之，從床忽起，當初緣甚不嫌，便即下財下禮？色我將來，道我是底。未許之時，求神拜鬼，及至入來，說我如此。新婦乃索離書，廢我別嫁可（曾）〔憎〕夫壻。翁婆聞道色離着忻忻喜喜。且與緣房衣物，更別造一牀氈被。乞求趁却，願更莫逢相值。新婦道辭便去，口裏咄咄罵詈，不徒錢財産業，且離怨家老鬼。新婦慣向村中自由自在，禮（宜）〔儀〕不學，女翁不愛，只是手提竹籠，恰似傍田拾菜。如此之流，須爲監解，看是名家之流，不（交）〔教〕自解。本性齖𠿒，打煞也不改。已後與兒索婦，大須隱審，趁逐莫取媒人之配。阿家詩曰：齖𠿒新婦甚典硯，直得親情不許見。千約萬束不取語，惱得老人腸肚爛。新婦詩曰：本性齖𠿒處處知，阿婆何用事悲悲，若覓下官行婦禮，更須換却百重皮。

（唐）劉肅《大唐新語》卷四《政能》 李傑爲河南尹，有寡婦告其子不孝，其子不能自理，但云：得罪於母，死甘分。傑察其狀，非不孝子也。謂寡婦曰：汝寡居，唯有一子，今告之，罪至死，得無悔乎？寡婦曰：子無賴，不順母，寧復惜之！傑曰：審如此，可買棺木來取兒屍。因使人俟其後。寡婦既出，謂道士曰：事了矣。俄將棺至，傑冀其悔，再三喻之，寡婦執意如初。道士立于門外，密令擒之，一問承伏，曰：某與寡婦有私，常爲兒所制，故欲除之。傑乃杖殺道士及寡婦，便以向棺盛之。

（唐）劉肅《大唐新語》卷五《孝行》 孟景休事親以孝聞，丁母憂，哀毁逾禮，殆至滅性。弟景禕年在襁褓，景休親乳之。祭爲之豐。及葬時，屬寒，跣而履霜，脚指皆墮，既而復生如初。景休進士擢第，歷監察御史、鴻臚丞。爲來俊臣所搆，遇害，時人傷焉。

（唐）白居易《白居易集》卷四《諷諭·母别子》　母别子，子别母，白日無光哭聲苦。關西驃騎大將軍，去年破虜新策勳。敕賜金錢二百萬，洛陽迎得如花人。新人迎來舊人棄，掌上蓮花眼中刺。迎新棄舊未足悲，悲在君家留兩兒。一始扶行一初坐，坐啼行哭牽人衣。以汝夫婦新燕婉，使我母子生别離。不如林中烏與鵲，母不失雛雄伴雌。應似園中桃李樹，花落隨風子在枝。新人新人聽我語，洛陽無限紅樓女。但願將軍重立功，更有新人勝於汝。

（唐）趙璘《因話録》卷三　太子陸文學鴻漸名羽，其先不知何許人。竟陵龍蓋寺僧，姓陸，於堤上得一初生兒，收育之，遂以陸爲氏。及長，聰俊多能，學贍辭逸，詼諧縱辯，蓋東方曼倩之儔。

（唐）佚名《玉泉子》　李相福妻裴氏，性妬忌，姬侍甚多，福未嘗敢屬意。鎮滑臺日，有以女奴獻之者，福欲私之而未果。一日，乘間言於妻曰：某官已至節度使矣，然所指使者，不過老僕，夫人待某，無乃薄乎！裴曰：然，不能知公意所屬何人？福即指所獻之女奴也。裴許諾，爾後不過執衣侍膳，未嘗一得繾綣。福又囑妻之左右曰：設夫人沐髮，必遽來報我。既而果有以夫人沐髮來告者。福即僞言腹痛，且召其女奴。既往，左右以裴方沐不可遽已，即白以所疾，裴以爲信然，遽出髮盆中，跣問福所苦。福既給以疾爲言，即若不可忍狀，裴極憂之，由是以藥投兒溺中進之。明日，監軍使及從事悉來候問，福即具以事告之。因笑曰：一事無成，固當其分，所苦者，虚咽一甌溺耳。聞者莫不大笑之。

（五代）和凝《疑獄集》卷上《黄霸察姒》　前漢時穎川有富室兄弟同居，弟婦懷妊，其長姒亦懷妊，胎傷匿之，弟婦生男，奪取以爲己子，論争三年。郡守黄霸使人抱兒於庭中，乃使娣姒競取之，既而俱至，姒持之甚猛，弟婦恐有所傷而情甚凄愴。霸乃叱長姒曰：汝貪家財，欲得兒，寧慮頓有所傷乎？此事審矣。姒伏罪。

（宋）魏泰《東軒筆録》卷三　皇甫泌，向敏中之婿也，少年縱逸，多外寵，往往涉夜不歸。敏中正秉政，每優容之，而其女抱病甚篤，敏中妻深以爲憂，且有恚怒之詞。敏中不得已，具劄子乞與泌離婚。一日奏事畢，方欲開陳，真宗聖體似不和，遽離扆座。敏中迎前奏曰：臣有女壻皇甫泌。語方至此，真宗連應曰：甚好，甚好，會得。已還内矣。敏中詞不及畢，下殿不覺拉淚，蓋莫知聖意如何。已而，傳詔中書，皇甫泌特轉兩官，敏中茫然自失，欲翌日奏論，是夕，女死，竟不能辨直其事也。

（宋）魏泰《東軒筆録》卷八　司農少卿朱壽昌，方在襁褓，而所生母被出。及長，仕於四方，孜孜尋訪不逮。治平中，官至正郎矣。或傳其母嫁於關中民爲妻，壽昌即棄官入關中，得母於陜州。士大夫嘉其孝節，多以歌詩美之。蘇子瞻爲作詩序，且譏激世人之不養母者。

（宋）魏泰《東軒筆録》卷一一　韓忠憲公億知洋州日，有大校李甲以財豪於鄉里，誣其兄之子爲他姓，賂里嫗之貌類者，使認之爲己子，又醉其嫂而嫁之，盡奪其奩橐之蓄。嫂姪皆訴於州及提刑轉運司，每勘劾，多爲甲行賂於胥吏，其嫂姪被笞掠，反自誣服，受杖而去，積十餘年矣。暨韓公至，又出訴，韓公察其冤，因取前後案牘視之，皆未嘗引乳醫爲證。一日，盡召其黨立庭下，出乳醫示之，皆伏罪，子母復歸如初。

（宋）郭茂倩《樂府詩集》卷二七《相和歌辭·對酒》　對酒歌，太平時，吏不呼門，王者賢且明。宰相股肱皆忠良，咸禮讓，民無所爭訟，三年耕有九年儲，倉穀滿盈。班白不負戴，雨澤如此，百穀用成。却走馬以糞其土田。爵公侯伯子男，咸愛其民，以黜陟幽明，子養有若父與兄。犯禮法，輕重隨其刑。路無拾遺之私，囹圄空虚，冬節不斷人，耄耋皆得以壽終。恩德廣及草木昆蟲。

（宋）郭茂倩《樂府詩集》卷二八《相和歌辭·鷄鳴》　鷄鳴高樹巔，狗吠深宫中。蕩子何所之，天下方太平。刑法非有貸，柔協正亂名。黄金爲君門，璧玉爲軒堂。上有雙樽酒，作使邯鄲倡。劉王碧青甓，後出郭門王。舍後有方池，池中雙鴛鴦。鴛鴦七十二，羅列自成行。鳴聲何啾啾，聞我殿東廂。兄弟四五人，皆爲侍中郎。五日一時來，觀者滿路傍。黄金絡馬頭，熲熲何煌煌。桃生露井上，李樹生桃傍。蟲來齧桃根，李樹代桃殭。樹木身相代，兄弟還相忘。

（宋）郭茂倩《樂府詩集》卷三五《相和歌辭·塘上行苦辛篇》　蒲生伊何陳，曲中多苦辛。黄金坐銷鑠，白玉遂淄磷。裂衣工毁嫡，掩袖切讒新。嫌成跡易已，愛去理難申。秦雲猶變色，魯日尚迴輪。妾歌已唱斷，君心終未親。

（宋）郭茂倩《樂府詩集》卷三五《相和歌辭·上留田行》　行至上留田，孤墳何峥嶸。積此萬古恨，春草不復生。悲風四邊來，腸斷白楊聲。借問誰家地，埋没蒿里塋。古老向余言，言是上留田。蓬科馬鬣今已平，昔之弟死兄不葬，他人於此舉銘旌。一鳥死，百鳥鳴。一獸走，百獸驚。（恒）桓山之禽别離苦，欲去迴翔不能征。田氏倉卒骨肉分，青天白日摧紫荆。交柯之木本同形，東枝憔悴西枝榮。無心之物尚如此，參商胡乃尋天兵。孤竹延陵，讓國揚名。高風緬邈，頽波激清。尺布之謡，塞耳不能聽。

上留田行

父不父，兄不兄，上留田，蝥賊生。徒陟崗，淚峥嶸。我欲使諸凡鳥雀，盡變爲鶺鴒。我欲使諸凡草木，盡變爲田荆。鄰人歌，鄰人歌，古風清，清風生。

（宋）郭茂倩《樂府詩集》卷三六《相和歌辭·秋胡行》　秋胡子娶婦，三日會行。仕宦既亨顯爵，保兹德音。以禄頤親，韞（比）此黄金。覩一好婦，採桑路傍。遂下黄金，誘以逢卿。玉磨逾潔，蘭動彌馨。源流潔清，水無濁波。奈何秋胡，中道懷邪。美此節婦，高行巍峨。哀哉可愍，自投長河。

秋胡納令室，三日官他鄉。皎皎潔婦姿，泠泠守空房。燕婉不終夕，别如參與商。憂來猶四海，易感難可防。人言生日短，愁者苦夜長。百草揚春華，攘腕採柔桑。素手尋繁枝，落葉不盈筐。羅衣翳玉體，回目流采章。君子倦仕歸，車馬如龍驤。精誠馳萬里，既至兩相忘。行人悦令顔，情（作借）息此樹傍。誘以逢卿喻，遂下黄金裝。烈烈貞女忿，言辭厲秋霜。長驅及居室，奉金升北堂。母立呼婦來，歡情樂未央。秋胡見此婦，惕然懷探湯。負心豈不慚，永誓非所望。清濁必異源，鳧鳳不並翔。引身赴長流，果哉潔婦腸。彼夫既不淑，此婦亦太剛。

（宋）郭茂倩《樂府詩集》卷三八《相和歌辭·上留田行》　《古今樂録》曰：王僧虔《技録》有《上留田行》，今不歌。崔豹《古今注》曰：上留田，地名也。人有父母死不字其孤弟者，鄰人爲其弟作悲歌以風其兄，故曰《上留田》。

居世一何不同，上留田。富人食稻與粱，上留田。貧子食糟與糠，上留田。貧賤亦何傷，上留田。禄命懸在蒼天，上留田。今爾歎息將欲誰怨？上留田。

（宋）郭茂倩《樂府詩集》卷三八《相和歌辭·孤兒行》　孤兒生，孤子遇生，命獨當苦。父母在時，乘堅車，駕駟馬。父母已去，兄嫂令我行賈。南到九江，東到齊與魯。臘月來歸，不敢自言苦。頭多蟣虱，面目多塵。大兄言辦飯，大嫂言視馬。上高堂，行取殿下堂，孤兒淚下如雨。使我朝行汲，暮得水來歸。手爲錯，足下無菲。愴愴履霜，中多蒺藜。拔斷蒺藜，腸（月）〔肉〕肉中愴欲悲。淚下渫渫，清涕纍纍。冬無複襦，夏無單衣。居生不樂，不如早去，下從地下黄泉。春氣動，草萌芽，三月蠶桑，六月收瓜。將是瓜車，來到還家。瓜車反覆，助我者少，啗瓜者多。願還我蔕，兄與嫂嚴，獨且急歸。當興校計。亂曰：里中一何譊譊，願欲寄尺書，將與地下父母，兄嫂難與久居。

（宋）郭茂倩《樂府詩集》卷三九《相和歌辭·豔歌何嘗行四解》　飛來雙白鵠，乃從西北來。十十五五，羅列成行。妻卒被病，行不能相隨。五里一反顧，六里一徘徊。吾欲銜汝去，口噤不能開；吾欲負汝去，毛羽何摧頽。樂哉新相知，憂來生别離。躇躊顧羣侣，淚下不自知。念與君離别，氣結不能言。各各重自愛，遠道歸還難。妾當守空房，閉門下重關。若生當相見，亡者會黄泉。今日樂相樂，延年萬歲期。

（宋）郭茂倩《樂府詩集》卷四一《相和歌辭·白頭吟二首五解》　《古今樂録》曰：王僧虔《技録》曰：《白頭吟行》歌古皚如山上雪篇。《西京雜記》曰：司馬相如將聘茂陵人女爲妾，卓文君作《白頭吟》以自絶，相如乃止。《樂府解題》曰：古辭云皚如山上雪，皎若雲間月。又云：願得一心人，白頭不相離。始言良人有兩意，故來與之相決絶。次言别於溝水之上，叙其本情。終言男兒重意氣，何用於錢刀。若宋鮑照直如朱絲繩，陳張正見平生懷直道，唐虞世南氣如幽徑蘭，皆自傷清直芬馥，而遭鑠金玷玉之謗，君恩以薄，與古文近焉。一説云：《白頭吟》疾人相知，以新間舊，不能至於白首，故以爲名。唐元稹又有《决絶詞》，亦出於此。

嘒如山上雪，皎若雲間月。聞君有兩意，故來相決絶。平生共城中，何嘗斗酒會。今日斗酒會，明旦溝水頭。躞蹀御溝上，溝水東西流。郭東亦有樵，郭西亦有樵，兩樵相推與，無親爲誰驕？凄凄重凄凄，嫁娶亦不啼。願得一心人，白頭不相離。竹竿何嫋嫋，魚尾何離簁，男兒欲相知，何用錢刀爲！齡如馬啖萁，川上高士嬉。今日相對樂，延年萬歲期。

嘒如山上雪，皎若雲間月。聞君有兩意，故來相決絶。今日斗酒會，明旦溝水頭。躞蹀御溝上，溝水東西流。凄凄復凄凄，嫁娶不須啼。願得一心人，白頭不相離。竹竿何嫋嫋，魚尾何簁簁。男兒重意氣，何用錢刀爲！

（宋）郭茂倩《樂府詩集》卷六一《雜曲歌辭·駕出北郭門行》 駕出北郭門，馬樊不肯馳。下車步踟躕，仰折枯楊枝。顧聞丘林中，噭噭有悲啼。借問啼者出，何爲乃如斯。親母舍我殁，後母憎孤兒。飢寒無衣食，舉動鞭捶施。骨消肌肉盡，體若枯樹皮。藏我空室中，父還不能知。上冢察故處，存亡永别離。親母何所見，淚下聲正嘶。棄我於此間，窮厄豈有貲。傳告後代人，以此爲明規。

（宋）郭茂倩《樂府詩集》卷六三《雜曲歌辭·羽林郎》 昔有霍家姝，姓馮名子都。依倚將軍勢，調笑酒家胡。胡姬年十五，春日獨當壚。長裾連理帶，廣袖合歡襦。頭上藍田玉，耳後大秦珠。兩鬟何窕窕，一世良所無。一鬟五百萬，兩鬟千萬餘。不意金吾子，娉婷過我廬。銀鞍何煜爚，翠蓋空踟躕。就我求清酒，絲繩提玉壺。就我求珍肴，金盤鱠鯉魚。貽我青銅鏡，結我紅羅裾。不惜紅羅裂，何論輕賤軀。男兒愛後婦，女子重前夫。人生有新故，貴賤不相踰。多謝金吾子，私愛徒區區。

（宋）郭茂倩《樂府詩集》卷八七《雜歌謡辭·後漢桓靈時謡》 舉秀才，不知書。察孝廉，父别居。

（宋）洪邁《夷堅志甲》卷二《陸氏負約》 衢州人鄭某，幼曠達能文。娶會稽陸氏女，亦姿媚俊爽，伉儷綢繆。鄭嘗於枕席間語陸氏曰：吾二人相歡至矣，如我不幸死，汝無復嫁，汝死，我亦如之。對曰：要當百年偕老，何不祥如是。凡十年，生二男女，而鄭生疾病，對父母復申言之。陸氏但俛首悲泣，鄭竟死。未數月而媒妁來，陸氏與相周旋，舅姑責之，不聽。才釋服，盡攜其資，適蘇州曾工曹。成婚才七日，曾生奉漕檄考試它郡。行信宿，陸氏晚步廳屏間，有急足拜於庭，稱鄭官人有書。命婢取之，外題示陸氏三字，筆札宛然前夫手澤葉本作跡也。急足已不見，啓緘讀之，其辭云：十年結髮夫妻，一生祭祀之主。朝連暮以同歡，俸有聚葉本作餘，陸本同，而共聚。忽大幻以長往，慕何葉本作他。人而輒葉本作輕。許，遺棄我之田疇，移資財而上三字葉本作蓄積於。別户。不恤我之有葉本作二。子，不念我之有父，義不足以爲人之婦，慈不足以爲人之母，吾已訴諸上蒼，行理對于幽府。陸氏歎恨不意，葉本作懌。三日而亡，其書爲鄭從弟甸所得，嘗出示胡倫然。

（宋）洪邁《夷堅志·三志辛》卷七《舒榷貨妾》 淳熙十二年，孫紹遠稽仲自鄱陽守除提舉福建常平，將歸吳中。過建康，已與諸司别，而監榷貨務舒從義以故舊留飲。時當七夕，妻亦同坐，舒新買美妾，甚嬖之，妻頗嫌忌，思所以去之未能也。孫於席間極稱獎歌舞之善，妻因言：郎中幸顧盻此妾，能滿飲一巨觥，當輟以爲贈。舒錯愕失措，而家居建陽，念孫方爲鄉部使者，勢難沮卻。既飲竟，命妾再拜侍側，席罷，送赴津亭，臨去，告之曰：汝服事新主公，所有衣衫冠珥之屬，明日續以往。孫登舟，夜向闌，明旦風順，舟師遽解纜掛帆。舒僕至無所及，遂追路抵丹陽。妾見僕泣曰：我到此家，相待只如庖婢等，豈堪久駐！僕還白，舒愴然，即告假于總卿，乘小舟而東，到平江相值，泊於孫舫之左。孫適出謁，妾望故主來，徑登其舟，悲叙所以。俄孫至，怒其不待我而擅去，遥加叱罵。妾躍入水，急拯之，冠履皆脱，衫袴沾濡如狗。孫令兩兵捽詣府，通謁太守丘宗卿，以爲請，丘慰解之曰：妾無禮如此，俟君退，當痛撻之。孫雖登車，只潜伏客次，丘喚杖將箠妾，妾顏情不怯撓，曰：乞給一幅紙，使得供吐。丘與之。妾自能書云：本臨安人，父亦有小可名目，爲舒省幹以厚價買來，尚未一月，遣去孫郎中處，忽見故主，喜而出迎，正欲跨過船，不覺爲風吹開，以致墜水，念元無罪犯，何肯輕投死地？若以爲過，受杖不辭。丘讀之，壯其言辨，但以付女儈家，而呼其父擇婿嫁之。此妾蹈死如歸，視官刑如談笑，固非籠中物也。舒初時求假三日，既留連不已，反遭劾罷歸云。

（宋）洪邁《容齋隨筆》卷三《賢父兄子弟》 宋謝晦爲右衛將軍，權遇已重，自彭城還都迎家，賓客輻湊。兄瞻驚駭，曰：汝名位未多，而人歸趣乃爾，此豈門户之福邪。乃以籬隔門庭，曰：吾不忍見此。又言於宋公裕，特乞降黜，以保衰門。及晦立佐命功，瞻意憂懼，遇病，不療而卒。晦果覆其宗。顏竣於孝武有功，貴重，其父延之常語之，曰：吾平生不喜見要人，今不幸見汝。嘗早詣竣，見賓客盈門，竣尚未起，延之怒，曰：汝出糞土之中，昇雲霞之上，遽驕傲如此，其能久乎。竣竟爲孝武所誅。延之、瞻可謂賢父兄矣。隋高熲拜爲僕射，其母戒之，曰：汝富貴已極，但有一斫頭爾！熲由是常恐禍變，及罷免爲民，懽然無恨色，後亦不免爲煬帝所誅。唐潘孟陽爲侍郎，年未四十，母曰：以爾之材，而位丞郎，使吾憂之。嚴武卒，母哭，曰：而今而後，吾知免爲官婢。三者可謂賢母矣。褚淵助蕭道成篡宋爲齊，淵從弟炤謂淵子賁曰：不知汝家司空將一家物與一家，亦復何謂。及淵爲司徒，炤歎曰：門户不幸，乃復有今日之拜。淵卒，世子賁耻其父失節，服除遂不仕，以爵與其弟，屏居終身。齊王晏助明帝奪國，從弟思遠曰：兄將來何以自立？若及此引决，猶可保全門户。及拜驃騎將軍，集會子弟，謂思遠兄思微曰：隆昌之末，阿戎勸吾自裁，若從其語，豈有今日。思遠曰：如阿戎所見，今猶未晚也。晏歎曰：世乃有勸人死者。晏果爲明帝所誅。炤、賁、思遠，可謂賢子弟矣。

（宋）王楙《燕翼詒謀録》卷二《許封本生父母》　皇朝以孝治天下，篤厚人倫，子之出繼他位者，得封贈其本生父母，此前所未聞也。李昉爲宰相，上言：臣叔父超，故任工部郎中、集賢殿學士，叔母謝氏，故陳留郡君，是臣本生父母，臣不報罔極之恩，爲名教罪人。今郊祀覃恩，望與追榮，太宗皇帝嘉之。淳化四年二月乙丑，詔贈超爲太子太師，謝氏鄭國太夫人。然此猶因昉有請而從之也。至真宗天禧元年八月辛未，詔文武陞朝官，父不在，無嫡母繼母者，許叙封本生父母，則四海之内均沾寵惠，雖於古禮違悖，亦忠厚之至也。

（宋）王楙《燕翼詒謀録》卷二《褒前賢後》　士大夫之家，不幸出妻，爲之子者，非其親生，猶可不服；苟其所親生，而視之恝然，則非人類矣。張永德父穎，先娶馬氏，生永德，爲穎所出。永德知鄧州，於州廨作二堂，左繼母劉氏居之，右馬氏居之，不敢以出母加於繼母。永德事二母如一人，無間言。時大臣母妻皆得入謁，劉氏存日，馬不敢同入禁中。劉氏卒，馬始得入謁。太宗勞問嘉歎，封莒國太夫人。此可爲人子事出母之法。仁宗景祐三年九月，集賢校理郭稹乞爲嫁母服，詔兩制、御史、太常寺、禮院議。詔自今並許解官申心喪前代名賢之後累聖褒表最顯著者，四人，一曰狄梁公仁傑，二曰張曲江公九齡，三曰段太尉秀實，四曰郭汾陽王子儀。

（宋）王楙《燕翼詒謀録》卷四《駙馬不得升行》　李遵勗本名勗崇矩之孫，繼昌之子，真宗朝尚長公主，御筆增爲遵勗，升爲崇矩之子，繼昌之弟，自此爲例，實亂人倫，治平四年二月，神宗皇帝手詔述英宗治命，應公主出降，其夫不得升同父行。蓋英宗久欲釐正，以病未果出命，故神宗以遺命行，可謂善述人之事矣。

（宋）王楙《燕翼詒謀録》卷四《報叔父恩封贈》　歐陽脩少孤，其叔父教之學，既貴，乞以一官回贈，以報其德。詔從之。乃自員外郎贈郎中。後世以爲美談，不知又有先於脩者，王曾爲參知政事，改葬叔太子中舍宗元、叔母嚴氏，自言幼孤，叔父母育之。詔贈宗元工部員外郎，嚴氏懷仁縣太君。

（元）孔齊《至正直記》卷二《浙西風俗》　浙西風俗太薄者，有婦女自理生計，直欲與夫相抗，謂之私。乃各設掌事之人，不相統屬，以致升堂入室，漸爲不美之事。或其夫與親戚鄉隣往復餽之，而妻亦如之，謂之梯己問信，以致出游赴宴，漸爲淫蕩之風，至如母子亦然。浙東間或若是者，蓋有之矣。夫婦人，伏于人者也，無專制之義，有三從之道。今浙間婦女雖有夫在，亦如無夫，有子亦如無子，非理處事，習以成風，往往陷于不義，使子弟視之，長其凶惡，皆由此耳。或因夫之酖酗縱博，子之不肖者，固是婦人之不幸，亦當苦諫其夫，嚴教其子，使改過爲善可也，亦不當自擬爲男子之事，此乃人家之大不祥也。

（元）李行道《全元戲曲》卷二《包待制智賺灰欄記》　（搽旦上，詩云）我這嘴臉實是欠，人人讚我能嬌艷。只用一盆净水洗下來，倒也開的胭脂花粉店。妾身是馬員外的大渾家。俺員外娶得一個婦人，叫做什麼張海棠，他跟前添了個小厮兒，長成五歲了也。我瞞着員外，這裏有個趙令史，他是風流人物，又生得驢子般一頭大行貨，我與他有些不伶俐的勾當。我一心只要所算了我這員外，好與趙令史久遠做夫妻。今日員外不在家，我早使人唤他去了，這早晚敢待來也。（净扮趙令史上，詩云）我做令史只圖醉，又要他人老婆睡。畢竟心中愛者誰？則除臉上花花做一對。自家姓趙，在這鄭州衙門，做個令史。州里人見我有些才幹，送我兩個表德：一個叫做趙皮鞋，一個叫做趙哈達。這裏有個婦人，他是馬均卿員外的大娘子。那一日馬員外請我吃酒。偶然看見他大娘子，這嘴臉可可是天生一對，地產一雙，都這等花花兒的，甚是有趣，害得我眠裏夢裏，只是想慕着他。豈知他也看上了我，背後瞞着員外，與我做些不伶俐的勾當。今日他使人唤我，不知有甚事，須索去走一遭。來到此間，徑自過去。大嫂，你唤我有何計議？（搽旦云）我唤你來，不爲别事。想俺兩個偷偷摸摸的，到底不是個了期。我一心要合服毒藥，謀殺了馬員外，俺兩個做永遠夫妻，可不好麽。（趙令史云）你那裏是我搭識的表子，只當是我的娘。難道你有此心，我倒没此意？這毒藥我已備下多時也。（做取藥付搽旦科，云）兀的不是毒藥。我交付與你，我自到衙門中辦事去也。（下）（搽旦云）趙令史去了也。我且把這毒藥，藏在一處，只等覷個空便，纔好下手。呀，我争些兒忘了，今日却是孩兒的生日。教人請員外來，和他到各寺院燒香，佛面上貼金，走一遭去來。（下）

（元）陶宗儀《輟耕録》卷六《孝行》 延祐延乙卯冬，平江常熟之支塘里民朱良吉者母錢氏，年六十餘，病將死。良吉沐浴禱天，以刀剖胷，割取心肉一臠，煑粥以飲母。母食粥而病愈，良吉心痛，就榻不可起。隣里憐其且欲絶，乃哀財，命頤貞觀道士馬碧潭者告神明，祈陰祐之。是日，邑人俞浩齋聞而過其家，觀良吉胷間瘡裂幾五寸，氣騰出，痛莫能言。俞爲納其心，以桑白皮線縫合，未及期月，已無恙矣。予因述其事以爲勸，郡宋翠巖先生有詩紀之。其小序曰：夫孝爲百行宗，人以父母遺體而生，乳哺鞠育，教誨劬勞，其恩號罔極。然而剖心刲股，恐其傷生而或死也。父母存而子死，故又有禁止之令焉。觀今世降俗薄，悖逆其父母者，視良吉何如哉？如良吉者，自當旌異，爲世教勸，而有司曾莫能省。原其一念之純，剖心之際，動天地，感鬼神，固不待賞之於有司，而天地神明固已陰録其孝矣。《太上感應篇》所謂，若人者，人敬之，天佑之，福禄隨之，衆邪遠之，神靈衛之。今日謝世，明日爲地下主，進補仙階。若良吉者有焉，故爲顯白其孝，以爲人子之勸省也。宗儀之先人，有孝感一事，人多傳道。會稽張君思廉，嘗書於楊鐵崖先生所撰墓銘之後矣，今并録於此。云：元故白雲漫士陶明元氏，諱煜，弱冠時，用道家法，事所謂玄武神，甚謹。明元母病心痛，痛則拍張跳躑，齧牀責衾褥，號叫以紓苦楚，歲瀕死者六七發，醫莫能愈。明元每掐心嚼舌以代母痛。一日，危甚，計無所出，走禱玄武前曰：刲股割肝，非先王禮，在法當禁，某非不知也。今事急矣，敢犯死取一臠爲湯劑，神爾有靈，疾庶幾其瘳。禱畢，即引刀欲下，忽有二童自外躍入。叱曰：毋自損，我天醫也。明元大駭，伏地乞哀。童子取案上筆，書十數字於几面，擲筆。二童子咸仆地，隨呼家人救之，噀以水，良久，蘇，乃鄰氏兒也。叩之，無所知焉，視其書，藥方也，隨讀隨隱。明元私喜曰：此必玄武神也，吾母其瘳矣。即如方治之，藥甫及口，而痛已失，終母身不再舉。張子曰：齊諧志怪，聖人不道；左氏尚誣，君子非之。明元之事，遂昌鄭元祐狀行，會稽先生楊維禎誌墓，皆不書。非逸也，畏譏而削之也。彼以謂玄武神者，西北方之氣也，莽蒼無知，非如俞跗岐扁，能切脈察色，投湯熨火，抉腸剔胃，以取人疾。在理所不通，故不書。雖然，動天地，感鬼神，莫大乎孝焉。知冥冥中英魂烈氣不散者，或如俞跗岐扁，依凴精魄，以遂孝子之請也，不然，何窅然漠然之體，而有所謂天醫乎？明元子宗儀與余友善，其寓殯又在玉笥山下，去余居不遠，以是得其實尤詳。故寧受左氏之譏，不敢没明元之孝。《書》曰：與其殺不辜，寧失不經。先王之過盖如此。會稽張憲譔。

（元）無名氏《全元戲曲》卷六《朱太守風雪漁樵記》 第二折

（外扮劉二公，同旦兒扮劉家女上，詩云）段段田苗接遠村，太公莊上戲兒孫。莊農只得鋤鉋力，答賀天公雨露恩。老漢姓劉，排行第二，人口順都唤我做劉二公。嫡親的三口兒家屬，一個婆婆，一個女孩兒。婆婆早年亡逝已過。我這女孩兒生的有幾分顔色，人都唤他做玉天仙。昔年與他招了個女壻，是朱買臣。這厮有滿腹文章，只恨他偎妻靠婦，不肯進取功名。似這般可怎生是好？（做沉吟科，云）哦，只除非這般，孩兒也，你去問朱買臣討一紙兒休書來。（旦兒云）這個父親，越老越不曉事了。想着我與他二十年的夫妻，怎生下的問他要索休書？（劉二公云）孩兒也，你若討了休書，我揀着那官員士户財主人家，我别替你招了一個；你若是不討休書呵，五十黄桑棍，决不饒你，快些去討來！（下）（旦兒做嘆科，云）待討休書來，我和朱買臣是二十年的夫妻，待不討來，父親的言語又不敢不依。罷、罷、罷，我且關上這門，朱買臣敢待來也。（正末拿拘繩、匾擔上，云）這風雪越下的大了也。天啊，你也有那住的時節也呵！

（明）郭奎《望雲集》卷一《悼亡》　皇皇三十歲，歷歷多艱辛，骨肉一朝散，飄若行路塵。涉江賦羈旅，形影私獨親，寄身在喪亂，托跡思沉淪。行歌摽梅詠，卜爾爲婚姻，爾才既明敏，爾德良且淳。結髮未一載，恩愛猶千春，相知願白首，相敬如佳賓。常懷孟光志，不厭黔婁貧，所以共患難，顧慰尤殷勤。夭壽固難貳，天亦胡不仁，蒺藜忽在床，傷我同心人。孤鸞失明鏡，幽蘭折清芬，杳杳夜臺，悠悠泉路魂。凄凄不復見，涕泣徒沾巾。

（明）龔斅《鶩湖集》卷一《望夫石歌》　一從藁砧去，無心事機杼，暮暮復朝朝，凝情立江渚。歸帆數盡不見夫，夫不歸來心獨苦。寧知幻化只斯須，留得虚名竟何補。胡不當初莫嫁輕薄兒，貪名徇利輕别離，何不終身學取秋胡，妻採桑紡績爲裳衣。人心孰不戀鄉土，百年會有歸來時。汝夫若成交河北，天下有時征戰息。汝夫若把奇策干王侯，名成也合衣錦圖歸休。鳥栖故林，狐正首丘，丈夫安得長遠游。胡爲朝望復暮望，化作石頭在江上。室中有兒堂上有姑，姑老所養，兒幼誰人扶。兒無母兮走煢煢，姑失婦兮啼嗚嗚。汝夫一朝還，汝已化爲石。石在路傍夫不識，夫心始，悔不早歸。石本無情豈相憶，相憶知奈何。有淚如雨空滂沱。古來貞節人，湮没何其多。石在天地間，萬古不可磨。石不磨名豈滅，只恨恩情中道絶。遂令江上遠行人，見此應須悔離别。君不見蒼梧萬仞湘水深，竹上斑斑淚如血。

（明）龔斅《鶩湖集》卷五《張氏二節婦詩序》　國子學録張原啓爲余言其家有二節婦焉，姑董氏媳陳氏。董年二十四，適德遠公，生二子。德遠病且篤，時年未四十。德遠曰，吾家貧子幼，汝復有娠，不幸奄棄汝。度汝不能自存，則從爾志。董泣曰，我欲與君俱亡，恨子幼，誓將保爾遺孤，使有後於張氏耳，無異志也。德遠卒。董哀毁過甚。生一女，保抱成人，以儉約治家，躬紡績教。二子長畢嫁娶，猶夫之不亡也。子曰，瑀曰瑋陳，則瑋之婦也。陳父君從以文學，仕他郡，奇瑋而妻之，男女各一。年二十四亦遇病。惟幾，董執瑋手而泣，曰，汝父蚤世，吾保汝兄弟冀成，立張氏且有後。汝亦若是，其天耶，其命耶。瑋亦卒。陳日夜哀泣不輟。姑曰，汝尚少，恐不能守陳。泣謝曰，姑能盡節於其父，婦獨不能盡節於其子耶？家事無鉅細，悉禀命於姑。一遵成法，今婦姑皆康强。姑年六十有八，媳年四十有九矣。余聞之爲之起敬。嗚呼！人生天地間，爲臣則死忠，爲子則死孝，爲婦則死節，此人道之三綱也，外此皆細行耳。張氏一門婦姑皆不失所守，此古今所罕聞。意必有忠臣孝子生其門而未之見也。古人云，不遇盤根錯節無以别利器。借使張父子皆壽，考二婦之節，誰復知之。

（明）周是修《芻蕘集》卷二《姑惡鳥》　有鳥有鳥終日啼，萬口千聲如一詞。云是悍婦怨姑惡，精魂幻化之所爲。我聽此言重惆悵，惆悵思之誰是非。人家生男願取婦，取婦願能纂家務。自古物從勤上生，詎容怠惰無思慮。如詈汝願汝勤，姑撻汝願汝能。汝改姑欣欣，不改姑難平。如何重恩愛，翻化深憤嗔。殞身化鳥道姑惡，孫孫子子傳怨聲。古有孝婦塚，亦有義女亭。至今人嘆慕，至今人頌稱。汝言姑惡姑不惡，自此吞聲休更鳴。

（明）葉盛《水東日記》卷四　先舅氏野水周先生念先外祖之無後，有歲時祭甚盛，德也。而吾友進士鄭時又以其家産醫世承薛氏之業，乃以其幼子立爲薛後，使薛世世享祀有人。予固知其事之近厚，而顧外家諸兄，前則未敢啓齒耳。偶得晦翁答汪尚書書，有宋氏追禮外氏事。適有會於予心，因録之。夫宋公以外祖無後而歲時祭之，此其意可謂厚矣。然非族之祀，於理既未安，而勢不及其子孫，則爲慮亦未遠。曷若訪其族親爲之置後，使之以時奉祀之爲安，便而久長哉。但貧賤之士，則其力或不足以爲此。或雖爲之，而彼爲後者無所顧於此，則亦不能使之致一於所後。若宋公，則其力非不足爲。若爲之，而割田築室以居之，又奏授之官以禄之，則彼爲後者必將感吾之誼，而不敢乏其祀矣。此於義理甚明，利害亦不難曉。竊意宋公特欲親奉嘗之，以致吾不忘母家之意，而其慮遂不及此耳。若果如此，則使爲後者主其祭而吾特往助其饋奠，亦何爲而不可。伏惟高明，試一思之，如有可採，願早爲之使異時史策書之，可以爲後世法而宋公之事不得專美於前。則區區之深願也。愚見如此，不審台意以爲何如。

（明）羅倫《一峯文集》卷六《雙節堂記》 謂婦人爲男子可乎？曰可。曰：何知其可也，以其行也，非以其質也。夫臣之從君，婦之從夫，其屬以人其經以天，其義一也。一而無二，三綱以正，九法以叙，萬化以基。若虎溪蕭節婦劉氏者可易乎哉？劉故夏朗大家。節婦端習公之女，翰林學士文介公儼蘇州教授南園公諭之從姑擇配，得蕭東鑑氏歸。未數歲東鑑卒，子瑀半歲繼卒門內外婚姻，慮其少寡而無子也，以語覘之。節婦泣曰，夫，吾天也，天可二乎？吾足一移，異日何以見亡人？於地下令何顔面人哉？舅姑難其志，命冢嗣東鉉之子澂濟後焉，劉氏視猶己出。

（明）陸容《菽園雜記》卷二 當塗民邵某業合韋，事母孝。母病瞽，日傭歸，必買市食以奉母。一日，邵出，其妻得蠐螬蟲數枚，炙以奉姑，紿云，所親佳餽也。姑食而美，乃留二三，啖其子。子見之，失聲痛哭。母被驚，雙目忽開，明如平時。邵欲逐其妻，母曰，非婦毒我，我目當再明，天使婦以此醫我也。邵乃留之終身。

（明）陸容《菽園雜記》卷四 高文義公穀無子，置一妾。夫人素妬悍，每間之不得近。一日陳學士循過焉，留酌聚話及此。夫人於屏後聞之即出，詬駡。陳公掀案作怒而起，以一棒撲夫人仆地至不能興，高力勸乃止。且數之曰，汝無子，法當去。今不去汝而置妾，汝復間之，是欲絶其後也。汝不改，吾當奏聞朝廷，置汝於法不貸也。自是妬少衰，生中書舍人峘，陳公一怒之力也。

（明）陸容《菽園雜記》卷一一 司禮太監懷恩，成化初，以祖充雲南某衛軍，乞取其族子一人爲後。尋官之太倉，有武職，以將才舉者，久不遷。寅緣其族子求見，恩笞其族子而拒之。

（明）陸容《菽園雜記》卷一四 丘氏，蘇人俞欽玉之妻也。欽玉故刑部尚書士悦子，頗知書，而輕財好色，嘗以丘無子置妾七人，丘待之慈惠而防之則嚴。每旦暮出入房闥皆有節制，童子十五以上，許入中門。成化間，欽玉游京師，客死教坊妓家。丘待衆妾益厚，而制馭益嚴，喪甫終存，其有子者二人，餘悉嫁之。

（明）丘濬《重編瓊臺藁》卷一五《廬江王氏雙壽圖詩序》 有父子所謂人道之大綱也。人莫不有夫婦，而偕老者爲希。人莫不有父母，而具慶者爲難。在子者，得其父母之具慶；則在父母者，得其夫婦之偕老矣。二老者，龐眉皓首，錦袍珠翟，照暎乎一堂之上，以享有子婦孫曾之奉。既而姻親畢來，交游駢集，酒醴既醇，殽核維嘉，觥籌交作，既醉且飽，禮備而情洽，其爲樂也。

（明）邵寶《容春堂集》卷八《琵琶亭二首》 世間夫婦似君臣，門外天涯語是真。一曲琵琶皆掩涕，無人傳與買茶人。草堂卜築傍東林，老去尋山恐未深。江上琵琶自秋月，如何却有世間心。

（明）顧璘《顧華玉集》卷二《姑惡》 姑兮我母，胡寧我虐，弗慎于儀，釁自下作。母也爾容，姑迺義合，上行其義，怨者歸薄。是究是圖，誠匪姑惡。

（明）楊爵《楊忠介集》卷九《鬻妻行》 何處調饑貧少年，將妻匍匐到街前。但道誰人肯買去，免我身向溝中填。婦人雙淚向夫揮，勸君莫作苦辛爲。自從結髮成夫婦，共期偕老日相宜。此日遇不淑，豈肯遽别離。願割妾身肉，充子一朝饑。同我良人死溝壑，不忍又縫他人衣。

（明）何良俊《何氏語林》卷三《德行》 王魏公有弟，傲不可訓。一日，逼冬至，祠家廟，列百壺於堂，弟皆擊破之。家人惶駭，魏公忽自外入，見酒流滿路不可行，公無一言，但攝衣步入，其後弟忽感悟爲善。

（明）何良俊《何氏語林》卷六《政事》 李德裕在浙西日，南方信禨巫，父母癘疾，人子厭棄不肯收養。德裕擇長老可語者，喻以孝慈大倫，患難相收，無可棄之義。數年，惡俗大變。

（明）何良俊《何氏語林》卷二二《夙慧》 嚴挺之薄妻而愛其子武，武年八歲，詢其母曰，大人常厚玄英，挺之妾未嘗慰省，何至於斯？母曰，汝父嫌吾寢陋，枕席數宵即懷汝，自後相棄。其母悽咽，武亦憤惋。候父出，玄英方睡，武持小鐵鎚擊碎其首。挺之歸，驚愕視之，已斃矣。左右言小郎君戲運鎚而致此，挺之呼武，曰，汝何戲之甚？武曰，焉有大朝人士，厚其侍妾，困辱兒之母乎？故須擊殺，非戲也。父曰，真嚴挺之兒。

（明）何良俊《何氏語林》卷三〇《惑溺》 謝太傅劉夫人性忌，不令公有别房。公既深好聲樂，後遂頗欲立妓妾。兄子外生輩微達此旨，共問訊劉夫人。因方便稱《關雎》、《螽斯》有不忌之德，夫人知以諷己，乃問誰撰此詩，云是周公。夫人曰周公是男子相爲耳，若使周姥撰詩，當無此言。

（明）呂坤《呻吟語摘》卷上《内篇》 繼母之虐，嫡妻之妒，古今以爲恨者也，而前子不孝，丈夫不端，則舍然不問焉，世情之偏也久矣。懷非母之迹而因以生嫌，借恃父之名而無端造謗，怨讟忤逆，父亦被誣者，世豈無耶？恣淫狎之性而恩重緑絲，挾城社之威而侮及黄裏，谷風柏舟，妻亦失所者，世豈無耶？惟子孝夫端，然後繼母嫡妻無辭於姻族矣。居官不可不知。

（清）曹雪芹《紅樓夢》第六回《賈寶玉初試雲雨情 劉姥姥一進榮國府》 因這年秋盡冬初，天氣冷將上來，家中冬事未辦，狗兒未免心中煩躁，吃了幾杯悶酒，在家裏閑尋氣惱，劉氏不敢頂撞。因此劉姥姥看不過，便勸道：姑爺，你别嗔著我多嘴，咱們村莊人家兒，那一個不是老老實實，守著多大碗兒吃多大的飯呢！你皆因年小時候，托著老子娘的福，喫喝慣了，如今所以有了錢就顧頭不顧尾，没了錢就瞎生氣，成個什麽男子漢大丈夫！如今咱們雖離城住著，終是天子脚下。這長安城中遍地皆是錢，只可惜没人會去拿罷了。在家跳蹋也没有！狗兒聽了道：你老只會炕頭上坐著混説，難道叫我打劫去不成？劉姥姥説道：誰叫你去打劫呢？也到底大家想個方法兒才好。不然那銀子錢會自己跑到咱們家裏來不成？狗兒冷笑道：有法兒還等到這會子呢，我又没有收税的親戚、做官的朋友，有什麽法子可想的？就有，也只怕他們未必來理我們呢。

那賈蓉請了安，笑回道：我父親打發來求嬸子，上回老舅太太給嬸子的那架玻璃炕屏，明兒請個要緊的客，略擺一擺就送來。鳳姐道：你來遲了，昨兒已經給了人了。賈蓉聽説，便笑嘻嘻的在炕沿上下個半跪道：嬸子要不借，我父親又説我不會説話了，又要挨一頓好打。好嬸子，只當可憐我罷！鳳姐笑道：也没見我們王家的東西都是好的，你們那裏放著那些好東西，只别看見我的東西才罷，一見了就想拿了去。賈蓉笑道：只求嬸娘開恩罷！鳳姐道：碰壞一點兒，你可仔細你的皮！因命平兒拿了樓門上鑰匙，叫幾個妥當人來擡去。賈蓉喜的眉開眼笑，忙説：我親自帶人拿去，别叫他們亂碰。説著便起身出去了。這鳳姐忽然想起一件事來，便向窗外叫：蓉兒回來！外面幾個人接聲説：請蓉大爺回來呢！賈蓉忙回來，滿臉笑容的瞅着鳳姐，聽何指示。

（清）曹雪芹《紅樓夢》第九回《戀風流情友入家塾 起嫌疑頑童鬧學堂》 寶玉又去囑咐了晴雯麝月等幾句，方出來見賈母。賈母也未免有幾句囑咐的話，然後去見王夫人，又出來書房中見賈政。偏生這日賈政回家早些，正在書房中與相公清客們閑談。忽見寶玉進來請安，回説上學裏去，賈政冷笑道：你如果再提上學兩個字，連我也羞死了，依我的話，你竟頑你的去是正理，仔細站髒了我這地，靠髒了我的門！衆清客相公們都早起身笑道：老世翁何必又如此，今日世兄一去，三二年就可顯身成名的了，斷不似往年仍作小兒之態了。天也將飯時，世兄竟快請罷。説着便有兩個年老的携了寶玉出去。

（清）曹雪芹《紅樓夢》第一八回《皇恩重元妃省父母 天倫樂寶玉呈才藻》 當日這賈妃未入宫時，自幼亦係賈母教養。後來添了寶玉，賈妃乃長姊，寶玉爲弱弟，賈妃之心上念母年將邁，其情狀是以憐愛寶玉，與諸弟待之不同。且同隨祖母，刻未暫離。那寶玉未入學堂之先，三四歲時，已得賈妃手引口傳，教授了幾本書，數千字在腹内了。其名雖係姊弟，有如母子。自入宫後，時時帶信出來與父母説，千萬好生扶養，不嚴不能成器，過嚴恐生不虞，且致父母之憂。眷念切愛之心，刻未不忘。

賈妃因問，薛姨媽、寶釵、黛玉因何不見？王夫人啓曰，外眷無職，未敢擅入。賈妃聽了，忙命快請。一時，薛姨媽等進來，欲行國禮，亦命免過，上前各叙闊别寒温。

（清）曹雪芹《紅樓夢》第二〇回《王熙鳳正言彈妒意 林黛玉俏語謔嬌音》 正值寶玉走來，見了這般形况，問是怎麽了。賈環不敢則聲。寶釵素知他家規矩，凡作兄弟的，都怕哥哥。卻不知那寶玉是不要人怕他的。他想着，兄弟們一併都有父母教訓，何必我多事，反生疏了。况且我是正出，他是庶出，饒這樣還有人背後談論，還禁得轄治他了。更有個呆意思存在心裏。你道是何呆意？因他自幼姊妹叢中長大，親姊妹有元春、探春，伯叔的有迎春、惜春，親戚中又有史湘雲、林黛玉、薛寶釵等諸人。他便料定，原來天生人爲萬物之靈，凡山川日月之精秀，只鍾於女兒，鬚眉男子不過是些渣滓濁沫而已。因有這個呆念在心，把一切男子都看成混沌濁物，可有可無。只是父親叔伯兄弟中。因孔子是亘古第一人説下的，不可忤慢，只得要聽他這句話。所以，弟兄之間不過盡其大概的情理就罷了，並不想自己是丈夫，須要爲子弟之表率。是以賈環等都不怕他，却怕賈母，才讓他三分。

（清）曹雪芹《紅樓夢》第二三回《西廂記妙詞通戲語　牡丹亭艷曲警芳心》　寶玉只得挨進門去。原來賈政和王夫人都在里間呢。趙姨娘打起簾子，寶玉躬身進去。只見賈政和王夫人對面坐在炕上説話，地下一溜椅子，迎春、探春、惜春、賈環四個人都坐在那裏。一見他進來，惟有探春和惜春、賈環站了起來。賈政一舉目，見寶玉站在跟前，神彩飄逸，秀色奪人，看看賈環，人物委瑣，舉止荒疏；忽又想起賈珠來，再看看王夫人只有這一個親生的兒子，素愛如珍，自己的鬍鬚將已蒼白，因這幾件上，把素日嫌惡處分寶玉之心不覺減了八九。半晌説道，娘娘吩咐説，你日日外頭嬉游，漸次疏懶，如今叫禁管，同你姊妹在園裏讀書寫字。你可好生用心習學，再如不守分安常，你可仔細！寶玉連連的答應了幾個是。王夫人便拉他在身旁坐下。他姊弟三人依舊坐下。

（清）劉鶚《老殘游記》第一五回《烈焰有聲驚二翠　嚴刑無度逼孤孀》　人瑞道，這齊河縣東北上，離城四十五里，有個大村鎮，名叫齊東鎮，就是周朝齊東野人的老家。這莊上有三四千人家，有條大街，有十幾條小街。路南第三條小街上，有個賈老翁。這老翁年紀不過五十望歲，生了兩個兒子，一個女兒。大兒子在時，有三十多歲了，二十歲上娶了本村魏家的姑娘。魏、賈這兩家都是靠莊田吃飯，每人家有四五十頃地。魏家没有兒子，只有這個女兒，却承繼了一個遠房侄兒在家，管理一切事務。只是這個承繼兒子不甚學好，所以魏老兒很不喜歡他，却喜歡這個女婿如同珍寶一般，誰知這個女婿去年七月，感了時氣，到了八月半邊，就一命嗚呼哀哉死了。過了百日，魏老頭恐怕女兒傷心，常常接回家來過個十天半月的，解解他的愁悶。

（清）徐珂《清稗類鈔·藏女勞於男》　西藏有一妻多夫之俗，不合文明公例。婦主家事，男子輒惟命是聽，以是女權伸張。男子恒惰而懦，且不若女子之强健也。耕田採薪，負重致遠，修建房屋諸役，概以女子任之，男子惟相助而已。貿易亦多屬婦女，而家政之庖厨，紡績、裁縫、梳裝等，則更優爲之。

（清）徐珂《清稗類鈔·孫振齋控媳案》　孫振齋，訟棍也，刀筆所獲，頗不貲。晚年輟業。一日，忽與寡媳啓釁，訴之縣。孫以爲女子易與，且分屬尊長，必不失敗。堂訊時，孫乃詳述媳之過失，媳不辯，惟嚶嚶啜泣。官異而詰之，則曰：墻茨之醜，何能宣言於大庭廣衆乎？彼見我文君獨處耳。官大怒，責孫無耻，斥之退。孫指其媳罵曰：惡婦，我不料一世英名，乃敗於汝！媳笑曰：汝子已死，我傳汝衣鉢耳，何罵爲！孫憤憤而出。

繼承部

宗祧繼承分部

論說

《周禮注疏》卷二一《春官宗伯・守祧》 守祧掌守先王先公之廟祧，其遺衣服藏焉。廟，謂大祖之廟及三昭三穆。遷主所藏曰祧。先公之遷主，藏于后稷之廟。先王之遷主，藏于文武之廟。遺衣服，大斂之餘也。故書祧作濯。鄭司農濯讀爲祧。此王者之宫而有先公，謂大王以前爲諸侯。疏：注廟謂至諸侯。釋曰：云廟謂大祖之廟及三昭三穆者，《王制》云：天子七廟，三昭三穆，與太祖之廟而七。又《祭法》云：王立七廟，曰考廟，曰王考廟，曰皇考廟，曰顯考廟，曰祖考廟，皆月祭之。有二祧，享嘗乃止。據周而言，是知廟祧中有三昭三穆與太祖之廟也。云遷主所藏曰祧者，以《祭法》云：遠廟爲祧，去祧爲壇。既言去祧爲壇，明遷主先入祧乃至壇耳，故知祧是遷主所藏。云先公之遷主，藏於后稷之廟者，先公，謂諸盩已前，不追謚爲王者。先公之主不可下入子孫廟，故知向上入后稷廟。案《聘禮》云：不腆先君之祧，既拚以俟。諸侯無二祧，先祖之主皆藏於大祖廟，故名祧。若然，后稷廟藏先公，不名祧者，以有大祖廟名，又文武已名祧，故后稷不名祧也。若然，大王、王季之主不可入文武祧，亦當藏於后稷廟也。云先王之遷主藏於文武之廟者，當周公制禮之時，文武在親廟四之内，未毁，不得爲祧。然文武雖未爲祧，已立其廟，至後子孫，文武應遷而不遷，乃爲祧也。其立廟之法，后稷廟在中央，當昭者處東，當穆者處西，皆别爲宫院者也。【略】若將祭祀，則各以其服授尸。【略】其廟，則有司脩除之；其祧，則守祧黝堊之。

《春秋左傳正義・襄公三十一年》 己亥，孟孝伯卒。立敬歸之娣齊歸之子公子禂。穆叔不欲，曰：大子死，有母弟則立之，無則長立，年鈞擇賢，義鈞則卜，古之道也。非適嗣，何必娣之子？且是人也，居喪而不哀，在慼而有嘉容，是謂不度。不度之人，鮮不爲患。若果立之，必爲季氏憂。武子不聽，卒立之。

《春秋左傳正義・昭公二十六年》 昔先王之命曰：王后無適，則擇立長。年鈞以德，德鈞以卜。王不立愛，公卿無私，古之制也。穆后及大子壽早夭即世，單、劉贊私立少，以間先王。亦唯伯仲叔季圖之。

《春秋穀梁傳註疏・隱公元年》 公何以不言即位，成公志也。焉成之，言君之不取爲公也。君之不取爲公，何也？將以讓桓也。讓桓正乎，曰不正。《春秋》成人之美，不成人之惡。隱不正而成之，何也？將以惡桓也。其惡桓何也？隱將讓而桓殺之，則桓惡矣。桓殺而隱讓，則隱善矣。善則其不正焉，何也？《春秋》貴義而不貴惠，信道而不信邪。孝子揚父之美，不揚父之惡。先君之欲與桓，非正也，邪也。雖然，既勝其邪心以與隱矣，已探先君之邪志而遂以與桓，則是成父之惡也。兄弟，天倫也。爲子受之父，爲諸侯受之君。已廢天倫而忘君父，以行小惠，曰小道也。若隱者，可謂輕千乘之國，蹈道則未也。

《春秋穀梁傳注疏・隱公三年》 諸侯曰卒，正也。正謂承嫡。

《春秋公羊傳注疏・隱公元年》 元年者何？君之始年也。春者何？歲之始也。王者孰謂？謂文王也。曷爲先言王而後言正月？王正月也。何言乎王正月？大一統也。公何以不言即位？成公意也。何成乎公之意？公將平國而反之桓。曷爲反之桓？桓幼而貴，隱長而卑。其爲尊卑也微，國人莫知，諸大夫扳隱而立之。隱於是焉而辭立，則未知桓之將必得立也。則恐諸大夫之不能相幼君也。故凡隱之立，爲桓立也。隱長又賢，何以不宜立？立適以長不以賢，立子以貴不以長。桓何以貴？母貴也。母貴則子何以貴？子以母貴，母以子貴。

《春秋公羊傳注疏・成公十五年》 三月，乙巳，仲嬰齊卒。仲嬰齊者何？公孫嬰齊也。公孫嬰齊，則曷爲謂之仲嬰齊？爲兄後也。爲兄後，則曷爲謂之仲嬰齊？爲人後者，爲之子也。爲人後者爲其子，則其稱仲何？孫以王父字爲氏也。然則嬰齊孰後？後歸父也。歸父使於晋而未反，何以後之？叔仲惠伯，傅子赤者也。文公死，子幼。公子遂謂叔仲惠伯曰：君幼，如之何？願與子慮之。叔仲惠伯曰：吾子相之，老夫抱之，何幼君之有？公子遂知其不可與謀，退而殺叔仲惠伯，弑子赤而立宣公。

宣公死，成公幼，臧宣叔者相也。君死不哭，聚諸大夫而問焉，曰：昔者叔仲惠伯之事，孰爲之？諸大夫皆雜然曰：仲氏也，其然乎？於是遣歸父之家，然後哭君。歸父使乎晋，還自晋，至檉，聞君薨家遣，墠帷哭君成踊，反命于介，自是走之齊。魯人徐傷歸父之無後也，於是使嬰齊後之也。

（唐）杜佑《通典》卷六九《禮・沿革・嘉禮・異姓爲後議》 後漢吴商《異姓爲後議》曰：或問以異姓爲後，然當還服本親。及其子，當又從其父而服耶，將以異姓而不服也？答曰：神不歆非族，明非異姓所應祭也。雖世人無後，並取異姓以自繼，然本親之服，骨血之恩，無絶道也。異姓之義，可同於女子出適，還服本親，皆降一等。至於其子應從服者，亦當同於女子之子，從於母而服其外親。今出爲異姓作後，其子亦當從於父母服之也。父爲所生父母周，子宜如外祖父母之加也。其昆弟之子，父雖服之大功，於子尤無尊可加。及其姊妹，爲父小功，則子皆宜從於異姓之服，不得過緦麻也。

范甯與謝安書曰：稱無子而養人子者，自謂同族之親，豈施於異姓，今世行之甚衆，是謂逆人倫昭穆之序，違經典紹繼之義也。

魏時或爲《四孤論》曰：遇兵饑饉有賣子者，有棄溝壑者；有生而父母亡，無緦親，其死必也者；有俗人以五月生子妨忌之不舉者。有家無兒，收養教訓成人，或語汝非此家兒，《禮》，異姓不爲後，於是便欲還本姓。爲可然不。博士田瓊議曰：雖異姓，不相爲後，禮也。《家語》曰：絶嗣而後他人，於理爲非。今此四孤，非故廢其家祀。既是必死之人，他人收養以活。且褒姒長養於褒，便稱曰褒，姓也無常。其家若絶嗣，可四時祀之於門户外；有子，可以爲後，所謂神不歆非類也。大理王朗議曰：收捐拾棄，不避寒暑，且救垂絶之氣，而肉必死之骨，可謂仁過天地，恩踰父母者也。吾以爲田議是矣。徐幹曰：祭所生之父母於門外，不如左右邊特爲立宫室别祭也。王修議曰：當須分别此兒有識未有識耳。有識以往，自知所生，雖創更生之命，受育養之慈，枯骨復肉，亡魂更存，當以生活之恩報公嫗，不得出所生而背恩情。報生以死，報施以力，古之道也。軍謀史于達叔議曰：此四孤者，非其父母不生，非遇公嫗不濟，既生既育，由於二家，棄本背恩，實未之可。子者父母之遺體，乳哺成人，公嫗之厚恩也。棄絶天性之道，而戴他族，不爲逆乎。鄭伯惡姜氏，誓而絶之，君子以爲不孝，及其復爲母子，《傳》以爲善。今宜爲子竭其筋力，報於公嫗育養之澤，若終，爲報父在爲母之服，别立宫宇而祭之，畢己之年也。《詩》云父兮生我，母兮鞠我，今四子服報如母，不亦宜乎。愛敬哀戚，報惠備矣。崔凱《喪制駁》曰：以爲宜服齊衰周，方之繼父同居者。

司徒廣陵陳矯，字季弼，本劉氏養於陳氏，及其薨，劉氏弟子疑所服，以問王肅。答曰：昔陳司徒喪母，諸儒陳其子無服，甚失理矣。爲外祖父母小功，此以異姓而有服者。豈不以母之所生，反重於父之所生，不亦左乎。爲人後者，其婦爲舅姑大功。婦，他人也，猶爲夫故，父母降一等；祖，至親也，而可以無服乎。推婦降一等，則子孫宜依本親而降一等。

（唐）杜佑《通典》卷六九《禮・沿革・嘉禮・養兄弟子爲後後自生子議》 東晋成帝咸和五年，散騎侍郎賀喬妻于氏上表云：妾昔初奉醮歸於賀氏，胤嗣不殖，母兄群從以妾犯七出，數告賀氏求妾還。妾姑薄氏過見矜愍，無子歸之天命，婚姻之好，義無絶離，故使夫喬，多立側媵。喬仲兄群哀妾之身，恕妾之志，數謂親屬曰：于新婦不幸無子，若群陶新婦生前男，以後當以一子與之。陶氏既産澄、馥二男，其後子輝在孕，群即白薄，若所育是男，以乞新婦。妾敬諾拜賜，先爲衣服，以待其生。輝生之日，洗浴斷臍，妾即取還，服藥下乳以乳之。陶氏時取孩抱，群恒訶止，婢使有言其本末者，群輒責之，誠欲使子一情以親妾，而絶本恩於所生。輝百餘日，無命不育，妾誠自悲傷，爲之憔悴，姑長上下，益見矜憐。群續復以子率，重見鎮撫，妾所以訖心盡力，皆如養輝，故率至於有識，不自知非妾之子也。率生過周，而喬妾張始生子纂，於時群尚平存，不以爲疑。原薄及群以率賜妾之意，非唯以續喬之嗣，乃以存妾之身，妾所以得終奉烝嘗於賀氏，緣守群信言也。率年六歲，纂年五歲，群始喪亡。其後言語漏洩，而率漸自嫌爲非妾所生。率既長，與妾九族内外修姑姨之親而白談者，或以喬既有纂，其率不得久安爲妾子，若不去，則是與爲人後。去年，率即歸還陶氏。喬時寢疾，曰：吾母、兄平生之日所共議也，陌上游談之士，遽能深明禮情？當與公私共論正之。尋遂喪亡。率既年小，未究大義，動於游言，無以自處。妾亦婦人，不達典儀，唯以聞於先姑，謂妾養率以爲己子，非所謂人後也。妾受命不天，嬰此煢獨，少訖心力，老而見棄，曾無蜾蠃式穀之報，婦人之情，能無怨結？謹備論其所不解六條，其所疑十事如左：

夫禮所謂爲人後者，非養子之謂。而世之不深按禮文，恒令此二事以相疑亂，處斷所以大謬也。凡言後者，非並時之稱，明死乃至喪，生不先去聲養。今乃以生爲人子，亂於死爲人後，此妾一不解也。今談者以喬自有纂，不嫌率還本也。原此失禮爲後之意，《傳》曰：爲人後者孰後，後大宗也。今喬上非大宗，率不爲父後，何繫於有纂與無纂乎，此妾二不解也。夫以支子後大宗者，爲親屬既訖，無以序昭穆、列親疏，故繫之以宗，使百代不遷，故有立後之制。今以兄弟之子，而比之族人之子後大宗，此妾三不解也。凡爲後者，降其本親一等，以成人之性，奉父母之命，而出身於彼，豈不異嬰孩之質，受成長於人，不識所生，惟識所養者之兒。此言雖小，可以喻大。今以義合之後，比成育之子，此妾四不解乎？鄙諺有之曰：黄雞生卵，烏雞伏之；但知爲烏雞之子，不知爲黄雞也。《禮傳》曰：爲人後者爲所後祖父母、妻、妻之父母、昆弟、昆弟之子，若子。若子者，義比於子而恩非子也，故曰爲後者異於爲子也。今乃以爲後之公義，奪育養之至恩，此妾五不解也。與爲人後者，自謂大宗無後，族人又既已選支子爲之嗣矣。今人之中，或復重爲之後，後人者不二之也，自非徇爵，則必貪財，其舉不主於仁義，故尤之也。非謂如率爲嫡長先定，庶少後生，而當以爲譏。此妾六不解也。

妾又聞父母之於子，生與養其恩相半，豈胞胎之氣重而長養之功輕，孔子曰：子生三年，然後免於父母之懷，故服三年。《詩》曰：父兮生我，母兮鞠我，拊我畜我，長我育我，顧我復我，出入腹我，欲報之德，昊天罔極。凡此所嘆，皆養功也。螟蛉之體，化於蜾蠃；班氏之族，乳虎紀焉。由此觀之，哺乳之義，參於造化也。今率雖受四體於陶氏，而成髮膚於妾身。推燥居濕，分肌損氣，二十餘年，已至成人，豈言在名稱之間，而忘成育之功？此妾一疑也。夫人道之親，父子、兄弟、夫妻，皆一體也。其義，父子，首足也；兄弟，四體也；夫妻，判合也。夫惟一體之親，故曰兄弟之子猶己子，故以相字也。今更以一體之親，擬族人之疏；長養之實，比出後之名，此妾二疑也。夫子之於父母，其情一也。而有以父之尊，厭母之親；以父之故，斷母之恩；以父之命，替母之禮：其義安取？蓋取尊父命也。凡嫡庶不分，惟群所立，是君命制於臣也。慈母如母，生死弗怠，是父命之行於子也。妾之母率，尊命則由群之成言，本義則喬之猶子，計恩則妾之懷抱。三者若此，而今棄之，此妾三疑也。諸葛亮無子，取兄瑾子喬爲子。喬本字仲慎，及亮有子瞻，以喬爲嫡，故改字伯松，不以有瞻而遣喬也。蓋以兄弟之子猶己子也。陳壽云：喬卒之後，諸葛恪被誅，絶嗣，亮既自有後，遣喬子攀還嗣瑾祀。明恪不絶嗣，則攀不得還。亮近代之純賢，瑾正達之士，其兄弟行事如此，必不陷子弟於不義，而犯非禮於百代。此妾四疑也。《春秋傳》曰：陳女戴嬀生桓公，莊姜以爲己子。言爲己子，取而字之。《傳》又曰爲人後者爲之子，往而承之也。取而字之者，母也；往而承之者，子也。在母，母之仁也，則蜾蠃之育螟蛉；在子，子之義也，則成人之後大宗也。苟能别以爲己子與爲後之子不同文也，則可與求禮情矣。以義相況，則宗猶父也，父猶母也。莊姜可得子戴嬀之子，繫之於夫也；兄弟之子可以爲子，繫之於祖也。名例如此，而論者弗尋，此妾五疑也。董仲舒命代純儒，漢朝每有疑議，未嘗不遣使者訪問，以片言而折中焉。時有疑獄曰：甲無子，拾道旁棄兒乙養之以爲子。及乙長，有罪殺人，以狀語甲，甲藏匿乙。甲當何論？仲舒斷曰：甲無子，振活養乙，雖非所生，誰與易之。《詩》云螟蛉有子，蜾蠃負之。《春秋》之義，父爲子隱，甲宜匿乙。詔不當坐。夫異姓不相後，禮之明禁，以仲舒之博學，豈闇其義哉。蓋知有後者不鞠養，鞠養者非後，而世人不别，此妾六疑也。又一事曰：甲有子乙以乞丙，乙後長大而丙所成育。甲因酒色謂乙曰：汝是吾子。乙怒，杖甲二十。甲以乙本是其子，不勝其忿，自告縣官。仲舒斷之曰：甲生乙，不能長育以乞丙，於義已絶矣。雖杖甲，不應坐。夫拾兒路旁，斷以父子之律，加杖所生，附於不坐之條，其爲予奪，不亦明乎。今説者不達養子之義，唯亂稱爲人後，此妾七疑也。漢代秦嘉早亡，其妻徐淑乞子而養之。淑亡後，子還所生。朝廷通儒移其鄉邑，録淑所養子，還繼秦氏之祀。異姓尚不爲嫌，况兄弟之子，此妾八疑也。吴朝周逸，博達古今。逸本左氏之子，爲周氏所養，周氏又自有子，時人不達者亦譏逸。逸敷陳古今，故卒不復本姓，識學者咸謂爲當矣。此妾九疑也。爲人後者止服所後，而爲本父服周，一也；女子適人降所生，二也；爲父後者爲出母無服，三也；諸侯之庶子，不得服其母，四也；庶子爲王，不敢服其母，五也。凡此五者，非致人情，《禮》稱以義斷恩，節文立焉。率情立行者，戎狄之道也。患世人未能錯綜禮文，表裏仁義，亂於大倫，故漢哀以諸侯嗣天子，各還尊其私親，以爲得周公嚴父之義，而不知其大悖國典。夫未名之子，死而不哭；既名之後，哭而不服；三殤之差，及至齊斬，所稟所受，其體一也，而長幼異制，等級若此。又今世人生子，往往有殺而不舉者，君子不受不慈之責，有司不行殺子之刑，六親不制五服之哀，賓客不修弔問之禮，豈不以其蠢爾初載，未夷於人乎。生而殺之如此，生而棄之，受成長於他人，則追名曰本吾子也，乃全責以父子之恩，自同長養之功，此妾十疑也。

敕下太常、廷尉、禮律博士，按舊典決處上。

博士杜瑗議云：夫所謂爲人後者，有先之名也，言其既没，於以承之耳，非並存之稱也。率爲喬嗣，則猶吾子，群之平素，言又惻至，其爲子道，可謂備矣，而猥欲同之與爲人後，傷情棄義，良可悼也。昔趙武之生，濟由程嬰，嬰死之日，武爲服喪三年。夫異姓名義，其猶若此，况骨肉之親，有顧復之恩，而無終始之報。凡于氏所據，皆有明證，議不可奪。

廷史陳序議，《令文》：無子而養人子以續亡者後，於事役復除無迴避者聽之，不得過一人。《令文》：養人子男，後自有子男，及閹人非親者，皆别爲户。按喬自有子纂，率應别爲户。

尚書張闓議：賀喬妻于氏表，與群妻陶辭所稱不同。陶辭：喬妻于無子，夫群命小息率爲喬嗣。一年，喬妾張生纂。故驃騎將軍顧榮謂群，喬已有男，宜使率還，問與爲人後者不。故司空賀循取從子紘爲子，鞠養之恩，皆如率，循後有晚生子，遣紘歸本。率今欲喬，即便見遣。于表養率以爲己子，非謂爲人後，立六義十疑，以明爲後不並存之稱，生言長嫡，死乃言後，存亡異名。又云乞養人子而不以爲後，見於何經？名不虚立，當有所附，於古者無此事也。今人養子，皆以爲後。于又云爲人後者，族人選支子爲之嗣，非謂如率爲嫡先定，庶幼後生，而以爲譏。此乃正率宜去，非所以明其應留也。且率以若子之輕義，奪至親之重恩，是不可之甚也。于知禮無養子之文，故欲因今世乞子之名，而博引非類之物爲喻，謂養率可得自然成子，避其與後之譏乎。

丹陽尹臣謨議，按于所陳，雖煩辭博稱，並非禮典正義，可謂欲之而必爲之辭者也。臣按尚書闓議，言辭清允，折理精練，難于之説，要而合典，上足以重一代之式。愚以爲宜如闓議。

（唐）杜佑《通典》卷七三《禮·沿革·嘉禮·繼宗子》　周制，《曾子問》云：孔子曰：宗子爲殤而死，庶子不爲後也。族人以其倫代之，明不序於昭穆之廟也。其祭之，就其祖而已，代者主其禮也。盧植曰：殤無爲人父之道，宗族無子，但主其喪，不爲後也。

漢《石渠禮議》曰：經云宗子孤爲殤，言孤何也？聞人通漢曰：孤者，師傅曰因殤而見孤也，男子二十冠而不爲殤，亦不爲孤，故因殤而見之。戴聖曰：凡爲宗子者，無父乃得爲宗子。然爲人後者，父雖在，得爲宗子。故稱孤。聖又問通漢曰：因殤而見孤，冠則不爲孤者，《曲禮》曰孤子當室，冠衣不純采。此孤而言冠，何也？對曰：孝子未曾忘親，有父母無父母衣服輒異。《記》曰父母存，冠衣不純素；父母殁，冠衣不純采，故言孤。言孤者，别衣服也。聖又曰：然則子無父母，年且百歲，猶稱孤不斷，何也？通漢對曰：二十冠而不爲孤；父母之喪，年雖老，猶稱孤。

（唐）杜佑《通典》卷七三《禮·沿革·嘉禮·公子二宗》　周制，《大傳》云：有小宗而無大宗者，王肅曰：謂君無嫡弟，以庶弟爲小宗。有大宗而無小宗者，王肅曰：謂大宗一子，無小宗。有無宗亦莫之宗者，公子是也。王肅曰：無宗謂君一身者也。亦莫之宗謂君有一弟爲宗，無宗之者也。公子有宗道，公子之公，爲其士大夫之庶者，宗其士大夫之嫡者，公子之宗道也。鄭玄云：公子不得宗君，君命嫡昆弟爲之宗，使之宗之，是公子之宗道也。所宗者嫡也，則如大宗，死爲之齊縗九月。其母則小君也，爲其妻齊縗三月。若無嫡而宗庶，則如小宗，死爲之大功九月，其母妻則無服。公子唯己而已，則無所宗，亦莫之宗也。

晉賀循《喪服要記》曰：凡諸侯之嗣子，繼代爲君，君之群弟不敢宗君，君命其母弟爲宗，諸弟宗之，亦謂之大宗，死則爲齊縗九月。謝徽注曰：母弟雖貴，諸弟亦不敢服；既爲宗主，則齊縗九月。其母則小君也，其妻齊緦三月，如大宗也，以母弟之貴故也。若無母弟，則命庶弟之大者爲宗，諸弟宗之，亦如母弟，則爲之大功九月。謝徽注曰：此《大傳》之小宗也，其母妻則無服。女公子服宗，亦與男同。注曰：此二宗亦不得並其宗。此二宗者，一代而已。謝徽注曰：此二宗亦不得並，故《大傳》曰有大宗而無小宗者，有小宗而無大宗者，有無宗亦莫之宗者，公子之謂也。庶兄弟既死之後，各爲一宗之祖。

殷浩問范宣曰：有小宗而無大宗者，有大宗而無小宗者，有無宗亦莫之宗者，公子是也。公子有宗道，公子之公，爲其士大夫之庶宗。請解之。答曰：有小宗而無大宗者，謂君之諸弟同庶者，君命庶長爲衆庶之宗，則名小宗，則服大功九月者是也。有大宗而無小宗者，謂君有同母弟，命以爲宗，則群庶昆弟宗之，則名大宗，服齊縗九月者是也。昆弟既親，又是庶中之正者也。有無宗亦莫之宗者，謂公子唯己而已，則上不敢宗君，下無昆弟宗己者是也。公子有宗道者，《禮》諸侯於其非正嫡，一無所服，則群昆弟亦不敢相服，則無相統領，無相統領則不可不立宗，立宗然後有服耳，故云公子有宗道也。公子之公，公者君也。此立宗君命所制，嫌自相推，故又舉公以明之也。爲其士大夫之庶宗者，此獨説庶宗者，嫌上總謂有小宗而無大宗者爲混，故復指解小宗之義，則大宗自然了也。所以統大夫庶宗者，諸侯庶昆弟有爲大夫也。所以正舉大夫者，所宗庶長或可爲士，嫌大夫位尊不相宗，故云爲大夫之庶宗以斷疑也。

曹述初《集解明宗義》曰：公子有宗道者，禮，諸侯不服庶子，先君之所不服，子亦不敢私相服也。夫兄弟之恩，既不可以無報，親戚群居，又不可以無主，故君必命長弟以爲之宗。宗立而相服，相服之義，由於其宗，故曰公子有宗道也。公子之公，爲其士大夫之庶宗者，公子之公，謂君之庶弟受命爲宗者也。其有功德，王復命爲諸侯，尊，群庶所不敢宗，故此君復命其次庶代己爲宗主。士大夫，群庶之仕位者也。

大唐孔穎達曰：禮云有無宗亦莫之宗者，按公子唯一，無他公子，無可爲己宗，是有無宗也；亦無他公子來宗於己，是亦莫之宗也。公子有宗道者，言公子有族人來與之爲宗敬之道，此句爲下起文。公子之公者，公，君也，謂公子之君，是嫡兄弟爲君者。爲其士大夫之庶者，則君之庶兄弟爲士大夫，所謂公子者也。宗其士大夫之嫡者，謂立公子嫡者士大夫之身與庶公子爲宗，故云宗其士大夫之嫡也，此嫡即君同母弟，嫡夫人之子也。公子之宗道也者，言此嫡公子爲庶公子宗，是公子之宗道，結上公子有宗道之文。

（唐）杜佑《通典》卷七三《禮·沿革·嘉禮·五宗孔穎達曰：別子之後，族人衆多，繼高祖者與三從兄弟為宗，繼曾祖者與再從兄弟為宗，繼祖者與同堂兄弟為宗，繼禰者與親兄弟為宗。族人一身事四小宗，並大宗為五也。》 周制，別子爲祖，諸侯庶子別爲後代始祖者也。別子者，公子不得禰先君也。孔穎達曰：諸侯嫡子之弟別於正嫡，故稱別子也。爲祖者，別子子孫爲卿大夫，立此別子爲始祖。諸侯嫡孫代代爲君，而第二子以下悉不得禰先君，故云別子也，並爲其後代之始祖，故云爲祖也。繼別爲宗，別子之代代長子，爲其族人之宗，所謂百代不遷之宗者也。孔穎達曰：別子之代代長子，恒繼別子，與族人爲百代不遷之大宗。繼禰者爲小宗。別子庶子之長子也，爲其昆弟爲宗也，以五代則遷之，故謂之小宗。孔穎達曰：謂別子之庶子之長子，繼此庶子，與兄弟爲五代則遷之宗。《大傳》曰：宗其繼別子之所自出者，百代不遷者也；宗其繼高祖者，五代則遷者也。孔穎達曰：別子之所自出者爲別子，或由君而出，或由他國而來，後代子孫恒繼此別了，故云繼別子之所自出。其繼高祖至子五代，繼曾祖至孫五代，繼祖至曾孫五代，繼禰至玄孫五代，不復與四從兄弟爲宗，故云五代則遷。鄭玄曰：遷猶變易也。繼高祖者，亦小宗也。先言繼禰者，據別子子弟之子也。以高祖與禰皆有繼者，則曾祖及祖亦有也。有則小宗四，與大宗五也。是故祖遷於上，宗易於下。孔穎達曰：四代之時，尚事高祖，至五代之時，謂高祖之父，無服，是祖遷於上也。四代之時，仍宗三從族人；至五代，不復宗四從族人，各自隨近爲宗，是宗易於下也。尊祖故敬宗，敬宗則尊祖之義也。宗者，祖禰之正體。

《白虎通》曰：宗者，尊也，爲先祖主者，宗人之所尊也。

毛萇曰：宗將有事，族人皆侍。所以必有宗者，長和睦也。大宗能率小宗，小宗能率群弟，通其有無，所以統理族人者也。宗其爲始祖後者爲大宗，此百代不遷之宗也。宗其爲高祖後者，五代而遷也，故曰祖遷於上，宗易於下。宗其爲曾祖後者爲曾祖宗，宗其爲祖後者爲祖宗，宗其爲父後者爲父宗。父宗以上至高祖，別子各爲其子孫祖。繼別者各自爲宗，所謂小宗有四，大宗一，凡五，宗人之親備矣。

薛綜述鄭氏《禮五宗圖》曰：天子之子稱王子，王子封諸侯，若魯、衛是也。諸侯之子稱公子，公子還自仕，食采於其國，爲卿大夫，若魯公子季友者是也。則子孫自立此公子之廟，謂之別子爲祖，則嫡嫡相承作大宗，百代不絶。大宗之庶子，則皆爲小宗。小宗有四，五代而遷。己身庶也，宗禰宗；己父庶也，宗祖宗；己祖庶也，宗曾祖宗；己曾祖庶也，宗高祖宗。己高祖庶也，則遷，而惟宗大宗耳。

晋杜元凱《宗譜》曰：別子者，君之嫡妻之子，長子之母弟也。君命爲祖，其子則爲大宗。常有一主，審昭穆之序，辨親疏之別，是故百代不遷。若無子，則支子爲後。雖七十，無無主婦。若殤死，則緦經加一等，以兄弟之列代之，殤無爲父道，兄弟昭穆同故也。死皆爲之齊縗，其月數各隨親疏爲限；雖尊、雖出嫁，猶不敢降也。屬絶，則爲之齊縗三月。若始封君相傳，則自祖始封君。其支子孫皆宗大宗。然則繼體君爲宗也，言屬逮於君則就君，屬絶於君則適宗子家也。而説者或云君代代得立大宗，或云別子之母弟亦得爲祖，或云命妾子爲別子，其嫡妻子則遷宗於君，皆非也。別子之弟，子孫無貴賤，皆宜宗別子之子孫。小宗一家之長中之尊，支庶莫敢宗之，是以命別子爲宗主，一宗奉之。故曰祖者高祖也，同族則宗之。其服隨親疏爲比，姊妹出嫁，不敢降之。五屬斷服，則不宗之矣。

賀循《宗義》曰：古者諸侯之別子，及起於是邦爲大夫者，皆有百代祀之，謂之太祖。太祖之代，則爲大宗，宗之本統故也。其支子旁親，非太祖之統，謂之小宗。小宗之道，五代則遷。當其爲宗，宗中奉之，加於常禮。平居則每事諮告，死亡則服之齊縗，以義加也。又《喪服要記》曰：公子之二宗，皆一代而已。庶兄弟既亡之後，各爲一宗之祖也。謝徽注曰：母弟於妾子則貴，於嗣子則賤，與妾子同爲庶故也。既死之後，皆成一宗之始祖，即上所謂別子爲祖也。嫡繼其正統者，各自爲大宗，乃成百代不遷之宗也。謝徽注曰：賀公答庾元規云：雖非諸侯別子，始起是邦而爲大夫者，其後繼之，亦成百代不遷之宗。鄭玄亦曰：大祖謂別子始爵者也，雖非別子始爵者亦然。愚謂是起是邦始受爵者。又問：別子有十人，一族之中可有十大宗乎？然。賀答傅純云：別子爲祖，不限前後，此謂每公之子皆別也。

傅純問賀曰：《要記》云：庶兄弟既死之後，各自爲一宗之祖，其嫡繼之，各爲大宗，此是《大傳》所謂別子爲祖者也。然則別子有十，便爲十祖宗也。而母弟之後，獨無大宗，母弟本重而後輕，庶弟本輕而後重，其義可乎？又王氏以別子爲祖，諸侯母弟則不盡爲祖矣。杜氏以爲始封之君，別子一人爲祖。二家不同，願聞其説。答曰：君之母弟，與群庶兄弟俱爲別子之後，俱爲大宗。而難云母弟之後，獨無大宗，不審此義，何所承乎？以僕所定，母弟爲宗，不應有疑，則本輕後重之難，無所施也。又按《禮》，別子爲祖，不限前後，此爲每公之子皆別子也。則魯之三桓，鄭之七族，盡其人矣。王杜二義不同者，二儒通識，不應有誤，儻所言者，自有所施，不見其文。淺學所見，謂如上義。

傅又問曰：《大傳》云：其士大夫之嫡，公子之宗道也。請解之。答曰：士大夫者，謂庶昆弟之仕位也。其士大夫之嫡者，謂公子之子孫。各祖其別子，大宗之道又由此而成，故重言公子之宗道也。

殷浩問范宣曰：其士大夫之嫡者，公子之宗道也。請解其義。答曰：其士大夫之嫡者，言上二宗，唯施公子之身；至諸公子有子孫，各祖公子以爲別子，各宗其嫡子以爲大宗，代代相承，然後乃成別子之後百代不遷之宗者也。所以舉其士大夫之嫡者，明公子之子孫，不復宗公子之宗，又嫌庶宗昆弟之子猶復爲小宗，故特舉嫡以曉之也。凡母弟及庶昆弟所稱庶宗大宗，正論其一代之嫡庶耳。至於各有子之後，長子皆成嫡也。公子之宗道，言公子之宗道成，故重釋也。

曹述初《集解明宗義》曰：其士大夫之嫡者，此爲諸侯別子之後也，或母弟之子孫，或庶弟之子孫位爲大夫者，各祖別子爲始祖，各宗其嫡爲大宗。嫌庶子小宗之後，猶不得爲嫡，故通稱嫡以明之，後代皆應同正也。

庾亮問賀循曰：按禮，宗子之服，傳代不遷，所以重其統也。是以祖宗之正不易，則本枝昭穆歷百代而不亂，此立宗之大旨也。然則士大夫及諸從事於典禮者，服宗之義，便應相放矣。而禮祖宗之文，唯著諸侯別子，不列卿大夫之制。不審此由諸侯君其族人，族人不得宗其君，故祖宗之制指爲此歟？自卿大夫以下，與其宗黨無君臣之懸，則宗統有常嫡，服宗有成例，故不得別著其制也？將由卿大夫位卑，則宗服之制厭宗嫡，無不遷服，紀止五族，故不復別見其義也？今既無士大夫依諸侯別子之明文，又不見無得立宗之定制，而頃者以來，諸私服於宗嫡者，無服者則制緦，有服者無加，又不詳此。爲各以非開國代封之家，故避嫌謙而不敢私重其宗耶？將此之由，自有所承？願告旨要。答曰：禮，宗子之義，所以明本祖之正統，紀百代而不紊者也。而宗之義，委曲著見者，多在別子，非卿大夫之文，偏不詳悉。服之致疑，有如來旨。然舊義，雖非別子，起於是邦而爲大夫者，便爲大宗，其嫡繼之，亦百代不遷。《禮記·王制》云：大夫三廟，一昭一穆，與太祖之廟而三。鄭君解曰：太祖，別子始爵者也。雖非別子，始爵者亦然。此其義也。此謂起於是國，盛德特興，爲一宗之始者也。如此，則百代不遷，統族序親，及族人服之，皆宜如別子之宗也。又宗子之服，雖在絶屬，皆齊縗三月。代衰禮替，敦之者少。吴中略無此服，中土緦而不齊。其所由來，以政教凌遲，人情漸慢，非謂大夫位卑，或以非代封爲嫌也。

王冀《答問》曰：其兄是嫡長，家有代封，弟是庶生，遭所生艱，先以第二兒後其嫡兄，嫡兄早卒，其兒於家爲是小宗否？答曰：《記》云別子爲祖，繼別爲宗，繼禰爲小宗。今此兒乃係數代嫡。伯父所承若是別子，則爲大宗，百代不遷者也。所承若是係禰，則爲小宗，五代則遷者也。小大之名，係之伯父，此非兒之謂也。

（唐）杜佑《通典》卷八八《禮·沿革·凶禮·嫡孫亡無後次孫為祖持重議》　晉萬蔣問范宣：嫡孫亡，無後，次子之後可得傳祖重不？宣答曰：《禮》爲祖後者三年，不言嫡庶，則通之矣。無後猶取繼，况見有孫而不承之邪？庶孫之異於嫡者，但父不爲之三年，祖不爲之周，而孫服父祖不得殊也。

（唐）杜佑《通典》卷八八《禮·沿革·凶禮·孫為祖持重議》　晉侍中庾純云：古者所以重宗，諸侯代爵，代，國諱，改焉。下同。士大夫代禄，防其爭競，故明其宗。今無國士代禄者，防無所施。又古之嫡孫，雖在仕位，無代禄之士，猶承祖考家業，上供祭祀，下正子孫，旁理昆弟，叙親合族，是以宗人男女長幼，皆爲之服齊縗。今則不然，諸侯無爵邑者，嫡之子卒，則其次長攝家主祭，嫡孫以長幼齒，無復殊制也。又未聞今代爲宗子服齊縗者。然則嫡孫於古則有殊制，於今則無異等。今王侯有爵土者，其所防與古無異，重嫡之制，不得不同。至於大夫以下，既與古禮異矣，吉不統家，凶則統喪，考之情理，俱亦有違。按律無嫡孫先諸父承財之文，宜無承重之制。

劉智以爲此説非從古制也，魏晉二代亦自行之。

劉寶以爲：孫爲祖不三年。《喪服》云孫爲祖周，按《小記》爲祖後者爲祖母三年，二文不同，何以爲正？答曰：《經》無孫爲祖三年之文，《小記》所云爲祖母三年，自謂無後養人子以爲孫者耳。《喪服》云爲人後者三年，爲人後者，或爲子，或爲孫，故《經》但稱爲人後，不列所後者名，所以通人無貴賤爲人後者用此禮也。若荀太尉無子，養兄孫以爲孫，是《小記》所謂爲祖後者也。夫人情不殊，祖所養孫猶子，而孫奉祖猶父，古聖人稱情以定制，爲人後者無復父祖之差，同三年也。《喪服傳》父卒，然後爲祖後者斬，此謂嫡孫爲祖喪主，當服斬，不解《傳》意，《小記》與《傳》但解《經》意耳。《傳》稱者此祖後，謂父之長子，祖之嫡孫也。已上厭於父，父亡然後乃下爲長子斬，非孫上爲祖斬也。

王敞難劉寶曰：《喪服小記》祖父卒，爲祖母後者三年，此謂孫爲祖後者。《喪服》父亡，爲母三年，言爲祖母三年，祖父三年可知也。爲人後者，以當收族而嚴宗廟也，必以同宗支子，擇其昭穆之倫而立之，不得高祖無子而立玄孫之序。嚴宗廟者，亦可以在繼養，使鬼神有所享也。按士二廟，若立玄孫，則所嚴之祖，不及曾高，而祖禰無鬼，將何所饗乎？荀太尉秩尊，其統宜遠，親廟有四，孫之所得祭高祖也，則於太尉爲祖，子所得祭高祖也。今立孫但得祭祖，而使曾祖不食，是則先人將恐於爲厲，故知非立後之道也。又臣從君服，每降一等，《喪服》爲君之祖服周，制君服三年明之也。若如論意，謂《小記》所言是爲長子服者，又當言父卒然後爲子三年，不得言祖父卒而爲祖母後者三年。又養人子爲己孫，與己自有孫豈異哉？

國子博士吴商答劉寶議曰：按禮貴嫡重正，所尊祖禰，繼代之正統也。夫受重者，不得以輕服服之。是以孫及曾玄其爲後者，皆服三年，受重故也。且絶屬之宗，來爲人後者服之，如今嫡孫爲後，而欲使爲祖服周，與衆孫無異，既非受重之義，豈合聖人稱情之制耶？且孫爲祖正服周，祖爲孫正服九月，嫡孫爲後，則祖爲加服周，孫亦當加祖三年，此經之明據也。今欲使祖以嫡加孫，孫以庶服報祖，豈經意耶？又欲使絶屬之孫同於嫡孫，豈合人情？

成洽論云：嫡孫傳重，不服斬也。夫服以三年爲至重，故以至尊至親者處之。自此以往，上下降殺一等，經之例也。服父三年，服祖宜周，而《傳》云父卒爲祖後者服斬，爲嫡孫者，依此爲制，若其必然，越於常例。後祖服異，禮之重事，宜見斬縗之經，不應闕而不記也。且子爲父三年，父爲長子亦三年，若嫡孫爲祖如子，則祖爲嫡孫亦當如父爲長子，不得爲之周也。

吴商曰：凡人爲後者尚如父，今孫爲祖後，而欲使爲祖周，與衆孫無異，豈是爲後之謂乎？且祖爲孫正服九月，今嫡孫爲後，祖加之周，孫亦加祖三年，經之明義也。今使祖加孫服，而孫不加祖服，豈經義哉。且經云臣爲君祖父母服周，從服例降一等，則君爲祖服斬矣，此非經義邪？何責闕而不記也。論又云孫爲祖，如子爲父，則祖爲孫亦當如父爲長子者。且孫爲後加一等服三年，祖亦加孫一等服周。如論之意，欲使祖加孫二等，而孫加祖一等，此豈經例而云《傳》不通乎？

試評曰：庾純云：古者重宗，防其争競，今無所施矣。又云：律無嫡孫先諸父承財之文，宜無承重之制也。劉寶亦云：經無爲祖三年之文。王敞難曰：《小記》云祖父卒，而爲祖母後者三年，則爲祖父三年可知也。博士吴商云：禮貴嫡重正，其爲後者皆服三年。夫人倫之道有本焉，重本所以重正也，重正所以明尊祖也，尊祖所以統宗廟也，豈獨争競之防乎？是以宗絶而繼之，使其正宗百代不失也。其繼宗者，是曰受重，受重者必以尊服服之，若不三年，豈爲尊重正祖者耶？《傳》曰：爲人後者，同宗支子可也。下云爲嫡孫，言不敢降其正也。是乃宗絶則嫡孫，無孫則支子承重，其所承重皆三年也。而議者或云嫡子卒，不以孫繼，以其次長攝主祭者，則昭穆亂矣。又云今代無孫爲祖三年之文，吉不統家，凶則統喪，禮有違也者，是時失之，非無其義也。又云《傳》言父卒，然後爲祖後者斬，是父亡乃下爲長子斬，非孫上爲祖斬也者，亦非義也。何者？凡孫，父在不得爲祖斬，父亡則爲祖斬。故《傳》曰有嫡子者無嫡孫，其文甚明。而云下爲長子斬者，則《經》不但言爲祖後者斬矣。成洽云若嫡孫爲祖如父三年，則祖亦爲孫如長子三年也者，且祖重嫡孫，服加一等，孫承重而服祖不加，是爲報服，何乃孫卑反厭祖尊？非禮意也。以情求理，博士吴商議之當矣。

（唐）杜佑《通典》卷八八《禮·沿革·凶禮·孫為庶祖持重議》

宋庾蔚之謂：祖庶父嫡，已承父統，而不謂之繼祖，則祖誰當祭之？所謂繼，是承其後，爲之祭，故云傳重而服之斬。若杜琬所言祖父俱嫡，乃是繼曾祖耳。祖雖非嫡，而是己之所承，執祭傳統，豈得不以重服服之乎？已服祖以斬，故祖亦服己以周。長子之服，義則不同，要須己身承祖禰之正，乃得爲長子斬。按《小記》云庶子不得爲長子斬，不繼祖與禰，是明庶子不繼祖禰，故不得爲長子斬，非據子之身。若據長子身，不得云不繼禰也。必須身承祖禰之正，乃得服長子斬者，以尊加卑異於卑加尊也。劉智分此不繼祖與禰之言，以爲庶子不繼禰，故其長子不繼祖。書記未有此連言之比。且庶子不繼禰，其子居然不繼祖矣。

（唐）杜佑《通典》卷八八《禮·沿革·凶禮·嫡孫持重在喪而亡次孫代之議》 晋或人問徐邈，嫡孫承重，在喪中亡，其從弟已孤，又未有子姪相繼，疑於祭事。邈答：今見有諸孫，而事無後，甚非禮意。《禮》宗子在外，則庶子攝祭，可依此使一孫攝主，攝主則本服如故。禮，大功者主人之喪，猶爲之練祥再祭，况諸孫耶？若周既除，當以素服臨祭，依心喪以終三年。

宋江氏問：甲兒先亡，甲後亡，甲嫡孫傳重，未及中祥，嫡孫又亡，有次孫，今當應服三年不？何承天答曰：甲既有孫，不得無服三年者，謂次孫宜持重也。但次孫先以制齊縗，今得便易服，當須中祥乃服練居堊室耳。昔有問范宣云：人有二兒，大兒無子，小兒有子，疑於傳重。宣答：小兒之子應服三年。亦粗可依。

裴松之答何承天書云：禮，嫡不傳重，傳重非嫡，皆不加服，明嫡不可二也。范宣所云次孫，本無三年之道。若應爲服後，次孫宜爲喪主，終竟三年，而不得服三年之服也。

何承天與司馬操書論其事，操云：有孫見存，而以疎親爲後，則不通。既不得立疎，豈可遂無持重者，此孫豈不得服三年邪？嫡不傳重，傳重非嫡，自施於親服卑，無關孫爲祖也。

按庾蔚之謂：嫡孫亡，無爲後者，今祖有衆孫，不可傳重無主，次子之子居然爲祖持重，范宣議是也。嫡孫已服祖，三年未竟而亡，此重議已立，正是不得卒其服耳。猶父爲嫡居喪而亡，孫不傳重也，次孫攝祭如徐邈所答。何奉天、司馬操並云接服三年，未見其據。

（宋）袁采《袁氏世範》卷一《睦親·立嗣擇昭穆相順》 同姓之子，

昭穆不順，亦不可以爲後。鴻鴈微物，猶不亂行，人乃不然。至以叔拜姪，於理安乎，況起争端，設不得已，養弟養姪孫以奉祭祀，惟當撫之如子，以其財産與之。受所養者奉所養如父，如古人爲嫂制服，如今世爲祖承重之意，而昭穆不亂，亦無害也。

（宋）黄榦《勉齋先生黄文肅公文集·陳如椿論房弟婦不應立異姓子爲嗣》 使州送下陳如椿論房弟婦劉氏不應立異姓子爲嗣委本縣照條看定，申。本縣參攷案牘，又有見任辰溪知縣陳敏學申州公狀，亦與陳如椿之詞一同。劉氏以爲其夫寧鄉知縣陳邵於甲寅年在潭州抱養同官遺棄之子，立名志學，經今十六年，即非今方立爲嗣。辰溪知縣陳敏學及陳如椿却稱知縣不曾立外人爲嗣。今考陳如椿之辭，以爲知縣癸丑年離任，志學甲寅年始生，則是在潭州時猶未生此收養之子。據劉氏賫出印紙，陳知縣乃是癸丑年冬十一月方滿，亦安知非其尚留潭州兩月間收養志學以爲子乎？又考陳如椿之辭，以爲知縣但有庶生子六三哥，即無收養之子。據劉氏却稱六三哥亦是收養之子。及再令陳如椿供對，却是收養吴博士之子，其言詞又自反覆。則其所告志學非收養之子，亦是虚妄可知。又據劉氏賫到自童蒙以來讀書學字十數卷，皆積年陳舊文字，問其所從之師，則在撫州者，見有先生姓饒。及請到饒先生供對，則又稱去年陳知縣已送志學相從讀書，豈得以爲身死之後，旋立十五六歲異姓之子乎？陳知縣年五十有七而亡，其妻劉氏亦年五、六十歲，其相處不爲不久，何其夫身死之後，乃信幹僕之言，立十五六歲素不相識之子以爲嗣乎？則陳如椿之虚妄，無可疑者。陳如椿自稱挾術爲生，則其爲人乃破落，把持起倒劉氏錢物而不得，遂扶陳敏學論訴，意欲立敏學之子爲陳知縣之嗣，異日併有劉氏物業，此市井破落之常，不足深責。辰溪知縣陳敏學身爲士夫，不顧義理，不念劉氏乃其叔母，亦敢移文本州，與破落陳如椿挾同妄訴，欲以吞併叔父之業，廉耻道喪，莫此爲甚。今據劉氏所供，辰溪知縣陳敏學之父一機宜，亦是陳安撫收養遺棄之子，今乃罪劉氏不合收養爲不當，是責其祖，辱其父也。爲人子者，責其祖，辱其父，誣其零丁孤寡之叔母，罪莫大焉。合將陳如椿重行勘斷，念其於劉氏之子有族伯之親，申解使府，乞將陳如椿責戒釋放，仍牒辰溪知縣知委，庶其少知改悔，以全士大夫之名節。餘人放。

（元）孔齊《至正直記》卷二《壯年置妾》 壯年無子，但當置妾，未可便立嗣。或過四旬之後，自覺精力稍衰，則選兄弟之子。無則從兄弟之子，以至近族或遠族，必欲取同宗之源，又當擇其賢謹者可也。不然，當視吾家之患。或有不肖，亦當別議。凡異姓之子，皆不得爲後。北溪陳先生云：陽若有繼，陰已絶矣。近世士族，或以庶生之弟爲嗣，此大亂倫序，知禮者當謹爲戒。

（明）韓雍《襄毅文集》卷一〇《唐氏宗譜序》 古之聞人以故而冒他族之姓者有矣，而復與不復異焉。何也？勢與理不同也。漢張孟爲灌嬰舍人，被其親幸，故冒其姓爲灌孟。孟之子仲儒以下奕世有聞，因之而不能復。范文正公二歲而孤，隨母改適長山朱氏，遂冒朱姓，後文正辭朱歸學於其鄉，竟至顯庸，卒復范姓。蓋張氏被灌之德既深，而因之且久，雖欲復之，勢所不能。文正辭朱之義，明學成而仕，理固不可以不復也。若今蘇州衛千户唐瓊廷璋之族，其亦灌氏之類歟。唐氏本薛姓，世爲常州宜興西門人。薛之先有曰某者姓某，女某歸里中唐氏子。某久而無出，女之弟某以其子曰興立與姊之夫爲後，遂從唐姓。仍以興爲名，撫育教道，靡不周至，幸致成立。歲丙申五月，興以武勇歸附邵元帥，屢立戰功，授百户。洪武中，以年勞陞蘇州衛左所副千户。興卒，子賢襲。賢卒，子瑄、子璘以次襲，俱卒，俱無嗣。瓊以嫡次弟遂襲其職，迄今逾三十年矣。

（明）邵寶《容春堂續集》卷一八《立嗣後告太淑人文》 寶不孝，行年六十未有子，納二側室，亦久不育。不得已而贅壻，以篤親好。然宗祧之主，將焉歸之，太淑人常以爲憂，屢有立後之命。先是，太淑人病，未劇，寶衷惟我邵氏，著德望於郡邑者，莫大於我曾祖存一府君。今寶既無兄弟，雖有從弟，亦未有子，再從弟寬，有子在抱，實存一府君子玄孫，於昭穆爲宜，盍遵慈命立之。乘間以請，太淑人曰然，乃不幸遽當大喪，將乞銘於君子，而孫行無書，慊恨甚大。欲於明年二月内擇日抱來，以乳母養於吾妻顧淑人之室，名曰一元，以爲寶後，以終太淑人之意，以延容春以下七府君之世澤。敢因朝奠以告，伏惟鑒知。

（明）潘希曾《竹澗集》卷八《譜例》 姓氏之所從來遠矣，時代變遷，其上世多不可知，吾所可知之世，吾尊以爲始祖可也。譜圖界上下旁行，上自高祖下止玄孫爲五世，玄孫再提爲九世，又再提爲十三世，以至於無窮。圖後略疏名字事蹟爲傳，各以其世列焉。異姓冒嗣者不得書同姓，而失其宗派者不得通譜。凡嫡長子繼始祖者，族人世宗之，所謂大宗也。繼禰者，兄弟宗之，繼祖者，同堂兄弟宗之，繼曾祖者，再從兄弟宗之，繼高祖者，三從兄弟宗之，所謂小宗也。大宗百世不遷者也，小宗五世則遷者也。世遠族衆，其勢必分。續圖譜者，各自其所親之，爲玄孫者提焉，以下繫其子孫，亦小宗意也，而皆以吾譜冠焉，則大宗可互見也。譜掌於宗子，支子各藏其副，每歲必會族以讀之。生子長孫增書之，是爲譜之例云。

（清）汪琬《堯峰文鈔》卷六《經解·置後解》　古者大宗而無後也，則爲之置後，小宗則否。夫小宗猶不得置後，況支庶乎？子夏曰爲人後者孰後，後大宗也。曷爲後大宗，大宗者尊之統也。然則族人而無後也，其遂不祀矣乎？曰：不然也。孔子曰：凡殤與無後者，祭於宗子之家，當室之白尊於東房，是雖不置後可也。然則有大宗之家焉，有小宗之家焉，祭者將奚從，曰視其祖。故曰庶子不祭殤與無後者，殤與無後者從祖祔食。此之謂也。孔子曰：宗子爲殤而死，無子弗爲後也，然則大宗其遂絶乎？曰如之何而絶也。弗後殤者，而後殤者之祖禰，則大宗故有後也。傳曰：士之子爲大夫，則其父母弗能主也。使其子主之，無子則爲之置後。然則大夫而非大宗也，亦可以置後乎，曰非是之謂也。公子有宗道焉，大夫亦然。庶姓而起爲大夫，則得别於族人之不仕者。禮别子爲祖，繼别爲宗，大夫獨非大宗與，然則大夫與公子若是班乎？曰然。公子不敢援諸侯，故公子爲别子。大夫之族不敢援大夫，故大夫亦爲别子也。如之何其可無後也。子夏曰適子不得後大宗，然則莫尚於大宗矣，奚爲不使適子後之也。曰以其傳重也。古人敬宗而尊祖禰。適子者繼祖禰者也，故不可以爲人後也。然則無宗支適庶而皆爲之置後，今人之所行，古人之所禁也，不亦大悖於禮與？曰此禮之變也。蓋自宗法廢而宗子不能收族矣。宗子不能收族，則無後者求祔食而無所，其毋乃驅之爲厲乎？故不得已爲之置後也，變也。然則今之置後者，必親昆弟之子，次則從父昆弟之子，其於古有合與，曰不然也。禮同宗皆可爲之後也。大夫有適子則後適子。有庶子而無適子，則卜所以爲後者，如衛之石祁子是也。況無子而爲之置後，其有不聽於神乎？吾是以知其卜也。卜之則勿問其孰爲親、孰爲疏，可也。是可行於古，亦可行於今者也，作置後解。

（清）汪琬《堯峰文鈔》卷九《問·為後或問》　或問吾子之立子筠後也，必竢蘭詒有子，果從禮乎，抑從律乎？曰於禮當從祖祔食，不當置後，某蓋從律者也。律文有之，凡無子者，許以次第承繼，先儘同父周親。蘭詒非筠之同父與，何以豫知蘭詒之必無子，而某之必無孫也？或問蘭詒尚幼，竢其有子，得毋少遲矣乎？曰律有許立之例，無不許遲立與不立之例也。今吾先祖考之祭祀，與子筠之喪葬不廢，而又無辜，於律是雖遲之，以至蘭詒之有子，非過也？其何不可之有。或問立愛、立賢，世俗蓋嘗云爾夫亦可以訓乎？曰此律文也，非世俗之臆説也。士之子恒爲士，農之子恒爲農，工商之子恒爲工商。使後士大夫而得惷愚不肖，及農工異業之子則與化爲皁隸者不殊也，故律文寛之曰：凡擇立賢能與所親愛者，不許宗族以次第告争，是也。然則獨子不爲人後，果亦合於律乎？曰律文雖無明例，請得以禮斷之。禮適子不得後大宗，先儒謂此小宗不可絶之明文也。夫自絶其後，以後他人，傷化敗教，莫甚於此，此聖人之所禁而又何惑焉。至於子筠，則非宗子比也，揆之於禮，審之於律，是雖不爲之置後，疑若無辜者，然其何不可遲之有？或問自子之先君以至子筠三世皆適長也，何以不爲小宗？曰某在也，某在而使筠得稱宗子，則是蔑其生父也，是故於禮爲適爲長不爲宗。

（清）汪琬《堯峰文鈔》卷三三《書·與從弟論立後書一》　聞足下盛稱兄弟不相爲後，嘖嘖有言，與僕平時所見最合。僕豫屬具在，當時草稟纔定，即以請教足下，如有未安，足下何不面相規諫，而爲此嘖嘖也？僕聞之古之爲人後者，不得與於射，嘗深歎人生之不幸至於此極。而近世習俗輒緣立嗣相訴鬭，此非有仁人孝子之心，深念宗法之遺，而懼亡者之忽諸不祀也，不過曰利其土田耳，圖其賄財耳。今僕豫屬之中，一則曰詒飲食衣服，及將來昏娶，不得有累長媳，是未嘗使邀寡嫂撫鞠也；一則曰不得覬覦長嫂私蓄，一則曰吾見在田宅仍繫蘭詒均分，是未嘗使承長兄遺産也。又擬於門狀之前不列孤子一行，嗟乎，有爲人後而不邀撫鞠者乎？有爲人後而不承遺産者乎？又有爲人後而不稱孤子者乎？僕於祭告之文，以權字措辭。權之云者，可彼可此，遷延未定之詞也。蓋恐新婦之哭泣傷生，而姑以此慰其目前，且以代老人暫守亡兒主重耳。劉原父曰《春秋》之義有常有變，取後者不得取兄弟，常也。既已取兄弟矣，則正其禮使從子例，變也。僖公以兄繼弟，《春秋》謂之子，嬰齊以弟繼兄，《春秋》亦謂之子，所謂常用於常變用於變者也。今僕不敢曰變，而曰權且著諸豫屬，曰以俟蘭詒昏娶生子，則其説已明，而其心亦滋苦矣。亂昭穆之序，失父子之親，僕決不忍爲也。僕豈效世俗無賴子姓，言語出入欺鬼神賣祖父者哉？前書與足下相商擬，另立一後，未蒙見報，方愎息待命，而又諄諄言此，此則僕之不孝不慈，無可自解，惟有拊心泣血而已。

（清）汪琬《堯峰文鈔》卷三三《書·與從弟論立後書二》 聞足下又盛稱庶出之子不可爲後，蓋從豚犬觳詒起見，僕甚駭焉。禮有之何如而可爲之後，同宗則可爲之後，何如而可以爲人後，支子可也。鄭玄、賈公彥皆訓支子爲庶子，初未嘗有庶出爲後之禁也。《會典》有之適妻年五十以上無子者，得立庶長子。蓋有適則立適，無適則立庶，亦未嘗有庶出爲後之禁也。足下方矯首厲角自附賢者，爲同族所推重，足下一言倡之於前，族人必羣言和之於後，僕奚敢揚揚然、悻悻然別立異議乎？然年老愚悖，讀書不多，敢問足下此載於何書，出於何王之典也？不則足下素稱灝博，著述滿箱篋，顧舍《儀禮》《會典》不信，而信道塗之口里俗不根之言哉？古有世爵，凡嗣祖父之爵者，皆曰爲後，不必爲人後。然也，如《檀弓》石駘仲卒，有庶子六人，卜所以爲後，《儀禮》亦有庶子爲父後之文是矣。近代爵不及世，凡士大夫長子即以爲後之名被之，蓋或有官廕故也。如律文出嫁女爲兄弟之爲父後者是矣。僕既衰且病，旦暮入地，而所存蘭詒二子俱出於庶，敢問足下此庶出者，雖不敢爲人後，亦堪爲僕後否耶？不知前所言不可者，專指不可爲人後言耶，抑並不可後其父耶？爲父後與爲諸父後，一也，假令此可而彼不可，其説果何所本哉？禮適子不得後大宗，此古聖人之教也。若從聖人則適子不可爲人後，從足下則支庶又不可爲後，然則取後者，將奚適也？倘盡棄周公、孔子之教，而惟足下是聽，是足下之賢過於周公、孔子。僕不敢信也，幸明以示我。

（清）方苞《望溪先生文集》卷三《論説十四首·異姓為後》 神不歆非類，民不祀非族，以其氣之不相屬也，故古無以異姓爲後者。《春秋》書莒人滅鄫，而傳者謂立異姓以祀，於經則疏，然足徵自周以前，未嘗有是也。漢魏以降，其流益漫，自王公及士庶，蹈此者跡相疊。蓋俗之衰，人多不明於天性，而骨肉之恩薄，謂後其有父母者，將各親其父母，無父母而自知其所出，猶有外心焉。故常令其兄弟之子與其族子而求不知誰何之人，取之襁褓之中，以自欺而欺人。嗚呼，是謂不有其祖也。其爲之後者，苟自知其繫姓，則俟養己者歿，求其族以後之，反其田宅，而脱身以復其宗，禮也。不自知其繫姓，而養己者之族亦無可承，則廟祭其先，而祭養己者於其墓。祭者稱名，所祭舉姓字，奕世不廢焉。古之有天下國家者，祀九皇六十四氏以及因國之無主後者，有道有德者祭於瞽宗。皆以義屬耳。而況取諸襁褓，或收育於孤稚流離之日乎？然以恩與義屬而世祀焉，則誣也。以氣屬而命之曰爲後，則僞也。禮不可以爲僞，故曰名之必可言也。繫姓之不知，則其祭也如之何？曰是特與生而喪其父母，生而不及其大父母者同實耳。致愛而導之以哀，致慤而加之以痛，胡爲其不可以承祀也？姓無所受，則逮子若孫而氏以己之字可也。其於養己者之祭，則不可以及其祖宗。是何也？義止於其身，而及其祖宗，是以氣屬而爲僞也，此謂誣於祭。若舍是而求順比俗之情，則非吾之所敢知也。

（清）程瑶田《宗法小記·程五典立後議》 程五典生二子，長曰欽乾，次曰錫乾。欽乾者，繼禰之宗也，無子。錫乾有子二人，曰正洸、正溱，遂以正洸繼之，以上承五典之祀，而爲繼祖之宗矣。正洸又無子，正溱有子五人，曰大本、大業、大格、大極、大槩。正洸絶，則於欽乾爲無繼祖之宗，於五典爲無繼曾祖之宗。法當以正溱之支子立一人爲正洸後，以承欽乾而上承五典。則正洸有子、欽乾有孫、五典有曾孫，此所謂宗法，萬世不易之道也。今正洸以王吉慶之子寵兒，更名錦祥，認爲己子。雖經歙縣令平定張公堂斷，不得入祠承祀，聽其以義子從姓。然法當立正溱支子爲後，而正洸甘認錦祥，不肯繼正溱之子，滅欽乾之後，即所以滅五典之後。正溱爲五典之庶孫，忍令其祖無繼曾祖之宗，而不爲之立後乎？當告之於官，立其支子一人以承五典之祀。而錦祥雖經官斷爲義子，於律不得聽其從姓。按律云：乞養異姓義子以亂宗族，杖六十，其子歸宗。錦祥應用此律。又律云：其遺棄小兒，三歲以下收養者，雖異姓，聽其從姓，但不得因無子遂立爲嗣。錦祥爲王吉慶之子，非遺棄者比。又吉慶死，錦祥已五歲，非三歲以下者比，不得假此律以聽其從姓。乾隆庚寅七月朔日議。

（清）宋廷璣《長洲宋氏族譜》卷一二《規條》　置嗣宜重也，族姓考終而未得子嗣者，當即延請族房長主莊，議立應嗣之人。倘因貧無所遺，反有養生送死之累，而不聽公議承立者，其應嗣本人及本人之父兄妻子應支食米及各項銀兩一概罰停，仍記過，支總不曲爲勸導，并隱匿不舉，罰同。螟蛉不准朦混，查出支總是問。

（清）丁桂《歐餘山房文集》卷上《立後議》　予族有昆弟五人，其最季者國子生笛君無子，嗣四兄次子爲後。其已故伯兄二子，已故仲兄一子，並三兄一子，俱助以婚娶之財。而伯兄子有加厚，議已定矣。及笛君没後，伯兄之次子爭之不已，族之人且有陰右之者，族長性懦不能治，予憤焉爲作是議。

議曰：無子立後者，一本國家之制，族人不得別生異議。其有異議者，治之可也。律曰無子者，許令同宗昭穆相當之姪承繼。先儘同父周親，次及大功、小功、緦麻，則統在五服内者，律皆許其繼嗣也。吾不知始自何人，創爲次房無嗣，長房次子承祧之説，沿誤至今，殊非律意。曰同父周親，則無論房爲長爲次，皆在應繼之列。今不遵國家之制，而惟循鄉曲鄙夫之見，是何顯於背謬也。又曰其或擇立賢能及所親愛者，若于昭穆倫次不失，不許宗族指以次序告争并官司受理。據是，則應繼之説亦非執爲定例也。又曰若應繼之人，平日先有嫌隙，則於昭穆相當親族内擇賢擇愛，聽從其便。如族中希圖財産，勒令承繼或慫慂擇繼以致涉訟者，地方官立即懲治，仍將所擇賢愛之人斷令立繼。據是，則應繼而有嫌隙者，並不許執應繼之説以相争。夫律文非有偏重也，誠以近世風俗澆薄，欲爲人後者大抵後其財，而非後其世也。故應繼之人輒敢藐視其所後，以爲不能舍我而他屬，而爲所後者，欲告官別立，則又恐其紛紜轇轕，徒使骨肉參商，事不遽定，故遂隱忍而止，然其心之所傷已多矣。夫立後所以延其世也，所後者賢，則可以承前裕後，所後者不肖，則將何所不至？且平日既有嫌隙，欲其篤於父子之情，得乎？若夫立愛，則以非應繼之人而忽得應繼之財産，縱不必其賢且能也，而於父子之情必不薄。故曰擇賢擇愛，聽從其便也。今笛君於昆季爲第五，於諸兄之子皆可以爲後，則嗣四兄之次子，非所謂同父周視者乎？不知者以爲立愛，夫擇立賢能及所親愛，律雖不言支屬親疎與否，其統親疎而言之，可知也。而笛君之所立，實爲同父之子，則豈立愛所可比乎？至其平日事伯兄甚謹，其引翼伯兄二子甚力，而二子年已長，不自愛不克副其叔之所望，是其人微獨有嫌隙，如律文所云也。夫不思平日之恩誼，而忍於季父卒後希圖其財産，思奪其已定之嗣，違悖族長，凌虐諸父，忘恩背義，莫此爲甚。而族之人猶有陰右之者，且有倡言別立者，其毋乃蹈勒令慫慂之禁乎，愚不知其何便於己而爲此也。爲族長者，於争繼之人，曉喻之不能則懲治之，不必容其姑息也。

（清）丁桂《歐餘山房文集》卷上《續立後議》　謹案：律於立後之制，設立應繼愛繼兩條，此國家曲體人情之至意，愚已備論於前矣。然以爲總以賢斷之而已。應繼者賢，則不必更有所立。必應繼者不賢，然後議立所愛。今世俗有財産者，一房無嗣，輒立兩房之子，徒啓争端，甚非律意，後人者一人而已。古者國君有適則嗣，無適則長，年均則賢，義均則卜。國君于己子且有所擇，而謂士庶家後他人子，獨可以兩立歟？是故孔子射於矍相之圃，其於與爲人後者，至與僨軍之將、亡國之大夫同爲所疾，誠鄙之也。故愚以爲無論應繼愛繼，總以賢斷之而已。然則律文何以不言？曰律文設此兩條，一聽立後者之所擇，而非爲爲人後者便其私圖也。又案律與禮，嫡子不繼，獨子不繼。嫡子不繼者，不奪人之宗也。獨子不繼者，不絶人之後也。今世俗不察，輒沿爲以長繼長與夫絶次不絶長之謬説。夫古者適子不得後大宗，今則身非大宗，而忍奪人宗以爲己宗。古者大宗立後，小宗則否，自宗法廢，而小宗無不立後，已屬禮之變通，而猶絶人後以爲己後。在立後者，已爲顯背典禮。而爲之後者，敢棄應傳之重而承不應傳之重，忍絶禰廟之祀，而奉他人之祀，傷風害俗，莫甚於此。此皆聖世之僇民而國制之所禁也。曰如子言，其何以處。夫兼祧也？曰兼祧者，國家不得已而設此例，所以絶人之争也。然必情屬同父周親兩相情願，取具合族甘結，方准其承祀兩房宗祀。否則，有願有不願，必不爲律所許矣。且夫獨子不繼之例，國家未嘗不重也。是故大宗無子，小宗止有獨子者，令大宗於同族昭穆相當内另行議繼。設無相當可繼之人，俟小宗獨子生有二子，繼一子爲大宗之孫，設並無所出，或僅生一子，則繼一同族孫行，以承大宗之後，此正獨子不繼之明文也。其有獨子，亦准出繼者，則爲陳亡乏嗣官員與夫守制嫠婦，一時族無可繼，設此權宜之制，非概爲有可繼者，皆可以後人獨子也。世俗不知推原律意，苟可以便其私圖，輒執一説，以爲成例可循，其毋乃比於舞文弄法者乎？然愚意尤不止此。今夫出嗣，必由父命，雖已孤，不繼，律無明文。然無父命而後人，是忘其已死之父也。曰喪無二孤，長子既已受重，次子似乎可繼，是又不然。喪無二孤者，明支子不得爲喪主，而非可借是以求爲人後也無已。必情屬同父周親，本族實無可繼，宗長之所命，闔族之所許，又必卜之祖父之靈，然後不得已而爲之嗣。否則，立後者不得奪其永感之情。而已孤者，亦不得願爲之後，而藉口於應愛之説，愚意當請於朝，增著此例，則於人心風俗大有裨益也夫。

（清）丁桂《歐餘山房文集》卷上《棄子歸宗議》　吾家某仲娶妻，七月生子，仲之母惡之，棄之，養於雙林田家施氏。及仲卒，竟無子，於是以伯之子兼承其祀，而所棄子今年二十餘，已娶妻生女，其所養之父母俱殁，乃挈其妻若女來歸。其家將留之矣，而族人以爲非仲子，留非便，且當時棄之之謂何，而今乃留之也，桂以爲不然。夫七月而生，世所常有，驗之於古，則唐李鄴、侯明、宋文憲皆是，見於二公別傳，即柰何以此爲疑？或曰當時之疑，非以其七月也。就月數之則得其七，積日數之實得六月半耳。應之曰：黄牛羌種孕六月而生，見裴松之《三國志注》。夫羌亦人類也，即柰何以此爲疑？且此猶證之於古，若驗之於今，則里人計秋琴紀仲專皆六月半生者也。二人者，皆次子，故人無所疑耳。然則來歸者實仲子，且形神宛肖仲，此而不留，誣其死父孰甚焉，且何以爲其生母地也？子聞仲殁時，其家曾使説施氏欲歸其子，施氏不從，故仲殁至數月，始定其嗣。然則仲之母固不忘所棄子之爲己孫也，特其人性情乖異，而當時又無人爲之陳説古今，曉譬其愚，遂至骨肉爲路人者幾二十年。而今乃得歸，歸而能留，是天誘其衷也，凡吾族人其無疑焉。然則財産何如？曰折獄者，有比例之義例爲人後條，曰若有義男女壻爲所後之親喜悦者，聽其相爲依倚，不許繼子，并本生父母用計逼逐，仍酌分給財産。曰酌分則有厚薄，可知今伯之子之於仲，既盡嗣子之義，則三分焉而得其二可也。

桂讀書不多，所見止此。然以目前之所證，如計紀二人者，其亦可以斷斯獄矣。人妊九月十月生子者，常也。其有逾十月至數十月者，古書所載不可勝紀。而予亦得之目見友人紀君石齋子妊二十三月而生。生時石齋笑曰，幸吾在家耳，不然其得理於衆口哉？尤可異者，《二申野録》載，吴康齋父官京師，母居江右，相與夢感而生，是則命世賢人，其於神聖之感天而生，無以異也。

（清）强汝詢《求益齋文集》卷二《絶父祀以後大宗辨》　漢石渠議曰：大宗無後，族無庶子，已有適子，當絶父祀，以後大宗不？戴聖云：大宗不可絶，言適子不爲後者，不得先庶耳。族無庶子，則當絶父以後大宗。聞人通漢云：大宗有絶子不絶其父。宣帝制曰：聖議是也。魏田瓊謂當以長子後大宗。諸父無後，祭於宗子後，以其庶子還承其父。案三議皆未安。而戴氏尤甚，《記》曰親親故尊祖，尊祖故敬宗。然則敬宗者，由親親而推者也。親親之恩，莫先於父子，亦莫重於父子。今欲繼大宗而先絶親親之恩，必非先王之意矣。《禮》小宗可絶，大宗不可絶者。謂小宗無後，可不爲置後，非謂小宗有後而可絶之，以後大宗也。《傳》曰：適子不得後大宗，明大宗雖重，猶不奪己之正以後之也。戴氏乃謂適子不爲後，特不得先庶而已，豈非無稽之曲説哉。是故大宗不可絶，禮也，適子不得爲人後，亦禮也。以適子後大宗，則已得一而失一矣，況其絶父祀乎？吾故曰：戴氏之説不安之甚者也。聞人氏謂子不可絶父，是也，謂大宗有絶則亦未盡也。田氏之説，意在兩全。然長子竟後大宗，則已絶其父祀矣。雖有祭於宗家之禮，然使其父儕於無後之人，饗無後之祭，於義安乎？且其説猶不免先敬宗，而後親親，非禮意也。然則如之何而可？曰：禮無可徵矣，旁通之可也。《戴記·曾子問》篇曰：若宗子有罪，居於他國，庶子爲大夫，其祭也，祝曰：孝子某使介子某執其常事，攝主不厭祭、不旅不假、不綏祭、不配。又曰：宗子去在他國，庶子無爵而居者，望墓爲壇以時祭。若宗子死，告於墓，而後祭於家。宗子死，稱名不言孝，身没而已。然則族無宗子，固有攝主之禮矣。若大宗無後，族無支子，已獨有適子，不得後大宗，則已當先攝宗事。適子繼後，則繼攝宗事。大宗有廟則祭於廟，無廟則祭于家，一如攝主之禮，稱名不言孝。俟適子有支子，則以後大宗，而不復攝焉，庶乎其可也。或曰以適子之支子後大宗，昭穆不相當，則奈何？曰：喪服言爲人後者，不言爲所後之父。雷次宗曰：所後者，其人不定，或後祖父，或後曾高祖，故闕之。是説也，先儒未嘗有異議，何嫌於昭穆不相當乎？或曰：宣帝以史皇孫之適子而爲昭帝後，故是戴聖之議，必若子言，則宣帝不當後昭帝乎？曰：天子之禮與士大夫異，宣帝雖適子也，以太后之詔立爲昭帝後，以承天下之重，則非己所得而專也。其父雖不得祀於太廟，然而置園邑、設令丞，以奉祀事，視其未爲天子也加隆焉，斯又非士大夫所得而擬也。哀帝亦定陶王之適子也，成帝立爲太子，論者不以爲譏，以君命臨之故也。成帝别爲定陶王立後，其祀亦未嘗絶也。是故以適子後大宗者，必有君命，然後可，必承天下之重，然後可。

（清）劉大𣳫《洪洞劉氏宗譜》卷首《條例總論·慎嗣續》 自嗣續不慎，而姓氏淆，世次紊矣，非直異姓有鬼神不享之嫌，即在同姓，亦有繼父禰祖之别焉。同姓之别者云何？所謂宗法之重，伯仲叔季之差也。夫遠族之子不得嗣宗子，而庶子之嗣不得續嫡子。蓋立法於盡善而踰越之者寡矣。故宗子中絶，則取其親且嫡者嗣之，而敬宗之義盡矣。伯絶則繼仲，仲絶則繼叔，叔絶則繼季，層累而下推之至盡，然後變通之法出焉，而長幼之序明矣。故立嫡立長者天下之通義也，立賢者一時之權宜也，繼愛者流俗之偏見也，遠支而續宗者亂也，越次而嗣者紊也。

（清）沈家本《寄簃文存》卷三《説·變通異姓為嗣説》 唐《户令》：無子者聽養同宗於昭穆相當者。《唐律》：即養異姓男者徒一年，與者笞五十。《疏議》曰：異姓之男，本非族類，違法收養，故徒一年，違法與者，得笞五十。《明律》：其乞養異姓義子以亂宗族者杖六十，若以子與異姓人爲嗣者罪同，其子歸宗。即本於《唐律》而罪名稍改從輕。今《律》承之。此異姓亂宗之禁，自唐以來，並於律内著有明文。蓋古人最重宗法，嗣異姓則宗法紊，是以必嚴其辨。今宗法久已不行，惟此亂宗之禁，守之尚嚴，亦告朔餼羊之意也。

竊嘗以意推之。同宗一族，血脈相連，即遠至親盡無服之人，亦皆祖宗一脈之所分注，相與嗣續，自無間然。若尋常異姓，族類既殊，聽其嗣續，則血脈不能相屬，而宗系絶矣，律之所以必嚴其禁也。設使爲異姓親屬之人，情誼素來親密，雖事由人合，與同宗一族之以天合者似屬有間，而血脈究亦相通，絶非尋常異姓之人可比。譬諸花木，同根一本，出於天然，其氣脈自相貫注。若移花接木，有能生活者，有不能生活者，其所以移之接之而遂能生活，必其氣脈之隱隱相類者也。然則尋常異姓，誠不可亂宗，若異姓而爲至近之親屬，似亦不妨變通矣。《漢書·惠帝紀》：内外公孫。注應劭曰：内外公孫，謂王侯内外孫也。内外孫有骨血屬婕。師古曰：婕音連。此血脈相通之義，古人已言之。《魏志·武帝紀》：建安七年，令曰：吾起義兵，爲天下除暴亂。舊土人民，死喪略盡，國中終日行，不見所識，使吾悽愴傷懷。其舉義兵已來，將士絶無後者，求其親戚以後之，授土田，官給耕牛，置學師以教之。爲存者立廟，使祀其先人，魂而有靈，吾百年之後何恨哉。此古時親戚爲後，見於教令者也。又魏陳矯本劉氏子，出嗣舅氏吴。朱然本姓施，以姊子爲朱後。見於史册，不以爲非。本朝大臣中有陸費瑔，近日史館中有許鄧起樞，並以二姓兼稱。其他之以異姓親屬爲嗣者，更難僂指數。此亦風俗之習慣，不能遽禁者也。

查《户部則例》户口繼嗣門例載：族人無子者，許立同宗昭穆相當之姪承繼。先儘同父周親，次及大功、小功、緦麻。如俱無，方許擇立遠房同宗。如實無昭穆相當之人，準繼異姓親屬，取具參佐及族長、族人、生父列名畫押印甘各結，送部準其承繼。如有抱養民間子弟、户下家奴子孫爲嗣，或實有同宗而繼異姓者，均按律治罪，等語。此條係乾隆五年户部奏準旗人專例。《中樞政考》亦有此條，其文與《户例》大致相符。是異姓親屬旗人本有準其過繼明文，但不得抱養民間子弟及以家奴子孫爲嗣耳。刑部有舊例一條云：八旗有無嗣之人，請繼立異姓親屬爲嗣者，務令該旗取具兩姓情願甘結，並各該管官參佐領等及族長保結，送部存案，以杜占奪財産之端。如無兩姓情願甘結，不準繼立。係雍正十二年定例。後於乾隆三年删除。可見雍正以前，旗人立繼之法甚寬。乾隆三年，又定旗人義子繼後之例，後於嘉慶六年删除。視雍正例尤寬。

迨五年户部定例之後，刑部亦纂定一條云：凡八旗無嗣之人，如無同宗及遠近族人昭穆相當可繼爲嗣者，除户下家奴、民間子弟雖與另户旗人分屬至親不準承繼外，其有另户親屬情願過繼者，取其兩姓族長人等並該參佐領印甘各結，咨部準其繼立。儻實有同宗可繼爲嗣，揑稱並無族人，朦混繼立異姓者，仍按律治罪，等語。則親屬以另户爲限，已較舊例爲嚴。迨五十三年，又定紊亂旗籍之例，而辦法更嚴。然其例内前一節云詐冒抱養民間子弟、户下家奴子孫爲嗣紊亂旗籍，後一節云若有冒支錢糧情事，毋論所繼者係屬異姓旗人、民間子弟、户下家奴，悉照冒支軍糧律從重科斷，而異姓親屬一層，並未聲明不準繼立。故户、兵二部之例，至今尚存，與刑部之例並行不悖。蓋異姓親屬彼此均係旗人，所謂情誼親密，血脈相通者也，不獨與民間子弟、家奴子孫不同，並與旗人之異姓而非親屬者不同。論其服制，則或爲母之兄弟，母之姊妹，皆小功也。或爲己之姊妹及同堂姊妹在室期功出嫁，功緦也。或爲妻兄弟之子，於妻則大功也。論其情誼，則或朝夕往來，或自幼團聚，視遠房同宗之無服者爲親密也。

現在編纂嗣續法，承繼一事，可否略爲變通。凡異姓親屬之有服制者，準其承繼爲嗣，其無服制仍不準承繼，以示限制。證諸户、兵二部之則例，既有舊法可遵，即無慮悖乎中國之禮教。而推之民間風俗，其以親屬承繼者，又爲習慣之事，必不至窒礙難行也。薛氏《讀例存疑》云：以民人而論，如有孤單零户，本宗及遠房無人可以承繼者，取外姓親屬之人承繼，似亦可行。古來名人以異姓承繼者不知凡幾，亦王道本乎人情之意也。蓋已有此説，今就其説而推衍之如此，以爲共相討論之助。

（清）王懋竑《白田草堂存稿》卷九《雜著·立嗣辨》 同寰公生四子重甫、純甫、和甫、玉甫。重甫公生繩武，和甫公生祖武、宗武、成武，純甫公、玉甫公俱絶無後。宗武繼純甫公，其繼玉甫公者，當在成武。而繩武已有二子天擎、楚材，於是以楚材繼玉甫公爲孫，此議之前定者也。其後天擎早卒無子，則重甫公及繩武之世又絶，天擎與楚材爲嫡兄弟，自當以楚材子爲嗣，而楚材止有一子，故天擎臨歿遺言，且無立嗣，以待楚材次子之生。今次子生，已周歲矣，即宜立爲天擎嗣，以奉同寰公及繩武之後，此揆之禮律而合，度之人鬼而安，斷斷無疑者也。而議者紛紜不一，時宗武子麟勛生四子，祖武子子倫生二子。或主次序之説，謂宜立麟勛之子，或謂宗武已承嗣，其後不得更承嗣，宜立子倫之子。此兩説者，愚請得而辨之。

禮曰：如何而可以爲人後，支子可也。律曰：凡立後者，先儘同父周親。天擎、楚材則同父也。楚材之子於天擎爲嫡姪，於繩武爲嫡孫，同父周親更無二人。以天擎言之，固不肯舍嫡姪而立從姪，以繩武言之，更安肯舍己之孫，而立他人之孫哉。且楚材之子之後天擎也，爲歸宗，不爲繼嗣。即使楚材止一子，亦當以其子歸宗，楚材之不得歸宗者，以兄弟不相爲後。天擎之世不可絶，而必以其子歸宗者，以祖父爲重，而不得自有其子也。萬一不生次子，則寧更繼他人。而推祖父之意，必以其子還爲後，並不得拘支子、適子之説也。況今楚材已有次子，正合禮支子爲後之云，則更何所擬議而紛紛不已哉？或謂楚材已嗣玉甫公，則與麟勛子倫同，不得以同父論，是又不考於禮律之過也。禮爲人後者，爲其父母期。凡私親皆降一等，今律亦然，故以名言之，麟勛、楚材於繩武，皆從父。而麟勛之服大功，楚材之服則期矣。麟勛、楚材於天擎皆再從兄弟，而麟勛之服小功，楚材之服則大功矣。是皆不没其父子兄弟之實，而麟勛烏得以房分次序，與楚材較哉？麟勛子之不得爲嗣也，以與楚材子較，而其親不敵也，非夫已承嗣不得更承嗣之説也。已承嗣不得更承嗣，不知出於何書，而乃據以爲説。設使子倫無次子，而拘於此，將舍同寰公之後，而别取之乎？故非楚材與天擎爲嫡兄弟，則承嗣者必麟勛之子無疑也。是子倫止不得以與麟勛較，而又烏得以與楚材較哉？成武之不繼玉甫公，是欲均房分也。今謂楚材已嗣玉甫公，其子不得更嗣天擎，而當以子倫之子，是重甫公之後，不可兼其二，而和甫公之後，反可據其三，此又豈平情之論乎？若謂楚材家少自足，而子倫貧乏，爲裒益之計。先王之制禮律也，固爲一定之法，以杜後世之争，不得以私意轉移其間。今子倫之子必不得立，即使得立，而據禮律以争者，必不能以己是啓無窮之隙而兩盡之道也。況使重甫公不得有其曾孫，繩武不得有其孫，而天擎臨歿拳拳之言付之不聞，三世之魂必有嘆息痛恨於地下者，而傍徨躑躅不肯以享非其後之祀，人鬼之情皆有不安，其不可也決矣。或謂楚材本不當嗣玉甫公，今其子既歸宗，則楚材不得擅玉甫公之所有。夫楚材之嗣玉甫公也，專以房分論，而不以昭穆次序論也。其誤已在前，不可改矣。然以今推之，嗣玉甫公者，當在成武。成武無子嗣。成武者，仍在楚材間，非有誤也，奈何藉口而欲分楚材之所有哉？楚材之爲人也，吝於財而居鄉，不諳世事，以是多不善之者。夫謹身節用，庶人守家之常，不可以爲憾而懵然無所周旋，又族屬之所當深諒者。況立嗣大事，當考之禮，按之律。而推重甫公、繩武、天擎既歿之意，不得以私愛憎與也。同寰公於新莊公爲長子，至天擎累世正嫡，所謂繼高祖之宗，今自重甫公以後斬焉。煢煢孤魂，孑然無依，四時祭享，誰爲其主？而天擎婦已贅王某爲壻，同於莒人滅鄫之事。凡繩武、天擎胼手胝足，櫛風沐雨，辛苦經營，以有尺寸之産業，皆入於不知何人之橐，九原之下，寃酷莫伸，仁人君子必有惻然於此者，屬在本族，烏得以坐視也？前者已議立楚材子爲嗣，而以其子尚幼，仍歸楚材撫養，其天擎各田中所收麥禾，俱供天擎婦朝夕日用之費，楚材不得有所覬覦。其天擎自續置田，分與贅壻王某爲業。計每年所收自足供用，天擎婦亦不得借端變易田産，後以議小不合而罷。今思鄉隣有不平之事，昔之君子尚必明白辯論，爲之救正，不肯隱情，惜己緘口不言，況在同族之親，而以嫌疑之故，置之度外，此甚不可也。故復爲此辯，以告於諸叔、諸昆弟相與斟酌，以定其議，要使重甫公、繩武、天擎不至斬焉乏祀，而天擎婦與楚材皆得以相安，無紛紜争較之患，則志願畢矣。至於知我罪我，固其所不計也。丙申十有一月，樓村氏書。

余少及見繩武公，繩武公居鄉，距城二十里許，歲往來城中。繩武公卒，天擎、楚材不一至城。天擎卒，竟不及知也。丙申秋，楚材來與鶴，聞大兄言立嗣事。大兄時方病，遂諉其事於余。余細詢之，乃得其詳。是時天擎嫂潘氏主家事，有一女已贅王某爲壻。雖遵天擎遺言，擬以楚材次子爲嗣，而以與楚材不協，恐既立後，楚材有所挾持，故緩其期。其昆弟中又多沮之者，余再三勸諭，爲調劑其間，始有成議。已擇日告於族親，而疑忌並起，謗讟紛然。余因謝不復與，而嗣卒不克立。既而請於叔父脩撰公爲作此辯，將告之當事，以定其議。會余試京師，逾年方歸。而叔父大兄相繼卒，不暇更及此，而常往來於心，不以置也。壬寅秋，余將往安慶，距前議時已七年，天擎猶在殯，而楚材又卒，嫂潘氏之女亦亡，族中猶持異議，無能決者。余念此事更不可緩，乃請於桐門十叔主其事，而以此辯言於邑令吴公，吴公欣然許之。遂大合族親爲定，其議楚材既卒，嫂潘氏無所嫌疑，而女又已亡，贅壻某亦不復與議，以嗣子歸潘撫養。而前他所云云皆不之及，比立券帖並此辯，吴公爲鈐印立案，於是異議屏息。是年冬，天擎始克葬，自後兩家和睦，而嗣子已十餘歲，得以成立，天擎、楚材俱可無憾，而大兄亦可少慰於地下已。今年秋，偶撿舊稾得此辯，因附著其本末如此，以識余始終區區之意云爾。丙午九月二十三日記。

綜述

《唐律疏議》卷一二《户婚·立嫡違法》 諸立嫡違法者，徒一年。即嫡妻年五十以上無子者，得立嫡以長，不以長者亦如之。

疏議曰：立嫡者，本擬承襲。嫡妻之長子爲嫡子，不依此立，是名違法，合徒一年。即嫡妻年五十以上無子者，謂婦人年五十以上，不復乳育，故許立庶子爲嫡。皆先立長，不立長者，亦徒一年，故云亦如之。依令：無嫡子及有罪疾，立嫡孫；無嫡孫，以次立嫡子同母弟；無母弟，立庶子；無庶子，立嫡孫同母弟；無母弟，立庶孫。曾、玄以下准此。無後者，爲户絶。

《宋刑統》卷一二《户婚律·養子立嫡》 諸養子，所養父母無子而捨去者，徒二年。若自生子及本生無子欲還者，聽之。即養異姓男者，徒一年，與者笞五十。其遺棄小兒年三歲以下，雖異姓，聽收養，即從其姓。

疏：諸養子，所養父母無子而捨去者，徒二年。若自生子及本生無子欲還者，聽之。

議曰：依《户令》，無子者聽養同宗於昭穆相當者。既蒙收養而輒捨去，徒二年。若所養父母自生子，及本生父母無子欲還本生者，並聽。即兩家並皆無子，去住亦任其情。若養處自生子，及雖無子不願留養，欲遣還本生者，任其所養父母。

又云，即養異姓男者，徒一年，與者笞五十。其遺棄小兒年三歲以下，雖異姓，聽收養，即從其姓。議曰：異姓之男，本非族類，違法收養，故徒一年。違法與者，得笞五十。養女者不坐。其小兒年三歲以下，本生父母遺棄，若不聽收養，即性命將絶，故雖異姓，仍聽收養，即從其姓。如是父母遺失，於後來識認，合還本生失兒之家，量酬乳哺之直。

諸立嫡違法者，徒一年。即嫡妻年五十以上無子者，得立庶以長，不以長者亦如之。

疏議曰：立嫡者，本擬承襲，嫡妻之長子爲嫡子，不依此立，是名違法，合徒一年。即嫡妻年五十以上無子者，謂婦人年五十以上不復乳育，故許立庶子爲嫡，皆先立長，不立長者，亦徒一年，故云亦如之。依令，無嫡子及有罪疾立嫡孫，無嫡孫以次立嫡子同母弟，無母弟立庶子，無庶子立嫡孫同母弟，無母弟立庶孫，曾玄以下准此，無後者國除。

諸養雜户男爲子孫者，徒一年半，養女杖一百，官户各加一等，與者亦如之。若養部曲及奴爲子孫者，杖一百，各還正之。無主及主自養者，聽從良。

疏：諸養雜户男爲子孫者，徒一年半，養女杖一百，官户各加一等，與者亦如之。

議曰：雜户者，前代犯罪没官，散配諸司驅使，亦附州縣户貫，賦役不同白丁。若有百姓養雜户男爲子孫者，徒一年半，養女者杖一百。養官户者各加一等，官户亦是配隸没官，唯屬諸司，州縣無貫，與者各與養者同罪，故云亦如之，雖會赦皆合改正。若當色自相養者，同百姓養子之法。雜户養官户，釋曰：雜户見在第三，官户見在第六。或官户養雜户，依《户令》，雜户、官户皆當色爲婚，據此即是别色，准法不得相養，律既不制罪名，宜依不應爲之法，養男從重，養女從輕。若私家部曲、奴婢養雜户、官户男女者，依《名例律》，部曲、奴婢有犯，本條無正文者，各准良人，皆同百姓科罪。

又云，若養部曲及奴爲子孫者，杖一百，各還正之。注云，無主及主自養者，聽從良。議曰：良人養部曲及奴爲子孫者，杖一百，各還正之，謂養雜户以下，雖會赦皆正之，各從本色。注云無主，謂所養部曲及奴無本主者，及主自養，謂主養當家部曲及奴爲子孫，亦各杖一百，並聽從良。爲其經作子孫，不可充賤故也。若養客女及婢爲女者，從不應爲輕法，笞四十，仍准養子法聽從良。其有還壓爲賤者，並同放奴及部曲爲良，還壓爲賤之法。

（明）何廣《律解辯疑》大明律卷四《户律·户役·立嫡子違法》

凡立嫡子違法者，杖八十。

議曰：立嫡子者，本擬承繼，若不立嫡妻長子，却立嫡次、庶長子者，是名違法。

其嫡妻年五十以上無子者，得立庶長子。不立長子者，罪亦同。

議曰：罪亦同，謂亦杖八十。

若養同宗之人爲子，所養父母無子而捨去者，杖一百，發付所養父母收管。若有親生子，（止）欲還者聽。

議曰：謂如無子之人，養同宗尊卑相當之人爲子。其子捨去，謂如甲養同宗乙男爲子，既蒙收養，而又輒捨去者。事發，乙男合杖一百，發付甲收養；若甲自有親生子，其乙無子，歸還乙收者，聽。

其乞養異姓義子以亂宗族，杖六十。若以子與異姓人爲嗣者，罪同，其子歸宗。

問曰：假如人已有子息繼嗣，却有乞養異姓義子，不令爲嗣，仍作義子名色收養者，未知於律禁否？

答曰：《鬥毆律》云：若非理毆乞養異姓義子，至令廢疾者，杖八十；篤疾者，加一等，並令歸宗。乞養子孫，撥付合得財産養贍。若曰於律禁絶，不許乞養，如此即是常人，緣何毆致篤疾者，杖九十？況毆致常人篤疾者，杖一百，流三千里，將犯人財産一半斷付被傷之人。今毆傷乞養子孫，緣何又止稱撥付合得財産？既財産稱爲合得，而乞養子又不令爲嗣者，據律無禁。又況異姓之人，本非族類，若乞養之子，冒己之姓，使令繼嗣者，必致淆亂宗族，故禁絶之。若乞養子，不令爲嗣，仍從異子本姓者，不在禁限。

其遺棄小兒年三歲以下，雖異姓，仍聽收養，即從其姓。

講曰：嫡妻無子，路拾三歲小兒育長，應許承襲否？

解曰：嫡子者，嫡妻之子也。若無嫡子，嫡妻年五十以上，不復相育，方立庶長。若路拾得三歲以下遺棄小兒，若不聽收養，即性命損絶，故雖異姓，聽其收養，即從姓。本非血屬，理難襲蔭，止許繼嗣。若四歲以上者，父母遺失而收養，後來識認，收養之人得《收留迷失子女律》。

若立嗣，雖係同宗，而尊卑失序者，罪亦如之。其子亦歸宗，改（正）〔立〕應繼之人。

議曰：罪亦如之，謂如上文乞養異姓義子以亂宗族者律，杖六十之罪。

《明會典》卷一六三《立嫡子違法》 凡立嫡子違法者，杖八十。其嫡妻年五十以上無子者，得立庶長子，不立長子者，罪亦同。若養同宗之人爲子，所養父母無子而捨去者，杖一百，發付所養父母收管。若有親生子及本生父母無子欲還者，聽。其乞養異姓義子以亂宗族者，杖六十。若以子與異姓人爲嗣者，罪同。其子歸宗。其遺棄小兒年三歲以下，雖異姓，仍聽收養，即從其姓。若立嗣雖係同宗而尊卑失序者，罪亦如之。其子亦歸宗，改立應繼之人。若庶民之家存養奴婢者，杖一百，即放從良。

一、凡無子立嗣，除依律令外，若繼子不得於所後之親，聽其告官別立。其或擇立賢能及所親愛者，若於昭穆倫序不失，不許宗族指以次序告争，并官司受理。若義男女婿爲所後之親喜悦者，聽其相爲依倚，不許繼子并本生父母用計逼逐，仍依《大明令》分給財產。若無子之人家貧，聽其賣產自贍。

《大明律疏附例所載續例附考·户例·立嫡子違法》一、弘治十六年十月，刑部等衙門議奏：凡無子立嗣者，本爲宗祀及終老之計。但近年以來，軍民之家亦有不諳律例，妄擇取立。通行内外衙門，凡無子立嗣，務要遵照律例。其間有擇立賢能或親愛者，亦要昭穆相當，倫序不失。如違，許令改正。奉聖旨：是。照律例行。欽此。

《大明令·户令·無子立嗣》凡無子者，許令同宗昭穆相當之姪承繼。先儘同父周親，次及大功、小功、緦麻。如俱無，方許擇立遠房及同姓爲嗣。若立嗣之後，却生親子。其家産與原立子均分。並不許乞養異姓爲嗣，以亂宗族。立同姓者，亦不得尊卑失序，以亂昭穆。

《大明律直引所附問刑條例和比附律條·户例·户役·立嫡子違法》一、無子立嗣者，本爲宗祀及終老之計。但近年以來，軍民之家亦有不諳律例，妄擇取立。合無通行内外衙門，凡無子立嗣，務（妾）〔要〕遵照律例，其間有擇立賢能（成）〔或〕親愛者，亦要昭穆相當，倫序不失。如違，許令改正，則無後者得所而争端息矣。

《大明律直解所載明律》卷四《户律·户役·立嫡子違法》凡立嫡子違法者，杖八十。其嫡妻年五十以上無子者，得立庶長子。不立長子者，罪亦同。若養同宗之人爲子，所養父母無子而捨去者，杖一百，發付所養父母收管。若有親生子及本生父母無子，欲還者，聽。其乞養異姓義子以亂宗族者，杖六十。若以子與異姓人爲嗣者，罪同，其子歸宗。其遺棄小兒年三歲以下，雖異姓，仍聽收養，即從其姓。若立嗣，雖係同宗，而尊卑失序者，罪亦如之。其子亦歸宗，改立應係之人。若庶民之家，存養奴婢者，杖一百，即放從良。

（明）張楷《律條疏議》卷四《立嫡子違法》凡立嫡子違法者，杖八十。其嫡妻年五十以上無子者，得立庶長子，不立長子者，罪亦同。若養同宗之人爲子，所養父母無子而捨去者，杖一百，發付所養父母收管。若有親生子，及本生父母無子，欲還者，聽。

疏議曰：嫡子者，嫡妻所生之長子。於法當立爲嗣者。庶子者，衆妾所生之子也。捨應立之嫡子，而立不應立之庶子，謂之違法，凡若此者，則坐以杖八十，改立應立之子。其嫡妻年五十之上自來無子，今已不能扎育者，許立庶出之長子。如有不立庶出長子而立衆子者，同杖八十。若有收養同宗之人爲子，所收養之父母無子，其所收養之子輙捨去者，杖一百，發付與原收養父母收管，仍爲其子。若收養父母自有親生之子，及本生父母無有子嗣，而其子願還其家者，聽其回還。

其乞養異姓義子以亂宗族者，杖六十。若以子與異姓人爲嗣者，罪同，其子歸宗。其遺棄小兒年三歲以下，雖異姓，仍聽收養，即從其姓。若立嗣雖係同宗，而尊卑失序者，罪亦如之，其子亦歸宗，改立應繼之人。若庶民之家存養奴婢者，杖一百，即放從良。

疏議曰：其有人乞養異姓人家之子，名爲義子，從姓以雜亂本家之宗族者，杖六十。若人以子與異姓人爲後嗣者，亦杖六十，其子發歸本宗。其他人有遺棄之小兒年三歲以下，雖是異姓，亦聽收養，即從收養之家之姓，以其年幼而撫育之恩深也。若無子而立他人爲嗣者，雖係同宗之人，亦惡正其尊卑之序。如有叔繼姪，兄嗣弟之類，失尊卑倫序者，亦杖六十，故曰罪亦如之。其失序爲嗣之子孫，亦歸所生之宗，改立名分應該承繼之人爲嗣。若有庶民之家存留蓄養良家男女爲奴婢者，杖一百，即將男女放從良人，不得仍爲奴婢。

問曰：路捨三歲小兒既許收養，若後無子許承襲否？

答曰：三歲小兒遺棄，雖異姓許收養者，謂恐殞絶性命，本非血屬，理難承襲。

又問：若有路捨四歲以上之小兒收養長大，其本生父母識認者，得歸宗否？

答曰：此當以收留迷失子女論。

又問：鬬毆律云：若非理毆子孫之婦，及乞養異姓子孫，致令廢疾者，杖八十，篤疾者，加一等，並令歸宗，則是許其乞養。今本條稱乞養異姓子孫得杖六十，何也？

答曰：毆乞養異姓子孫，是未嘗改姓爲嗣，止養爲子者，此言乞養爲嗣，則是去其本姓，改從吾姓，立爲吾嗣，是亂吾宗族矣，故罪之。若不許乞養，即係常人，何故毆至篤疾者，止杖九十，即此可推。

又問：乞養子毆所養父母得何罪？

答曰：若同宗不失尊卑之人，則論以子孫。若異姓之人理難同論，按鬬毆律，伯叔父母毆殺姪者，杖一百，徒三年。故殺者，流二千里。毆殺異姓子孫，亦杖一百，徒三年。故殺異姓子孫，亦流二千里。則是異姓子孫毆所養父母，比姪毆伯叔父母議罪，上請。

謹詳律意：立嫡以長，古制爲然，捨嫡立庶，是違法也。養同宗而無子，豈可捨離，若有子而願還，聽其捨去。異姓義子實亂宗祧，乞者固非，與者亦悖。幼而遺棄，雖異姓聽其收留，䘏孤苦也。嗣而同宗，其尊卑亦須順序，謹昭穆也。庶民而存奴婢，則是僭分妄爲，治罪從良庶別人類。

（明）雷夢麟《讀律瑣言》卷四《立嫡子違法》 凡立嫡子違法者，杖八十。其嫡妻年五十以上無子者，得立庶長子，不立長子者，罪亦同。若養同宗之人爲子，所養父母無子而捨去者，杖一百，發付所養父母收管。若有親生子及本生父母無子欲還者，聽。其乞養異姓義子以亂宗族者，杖六十。若以子與異姓人爲嗣者，罪同，其子歸宗。其遺棄小兒年三歲以下，雖異姓，仍聽收養，即從其姓。若立嗣雖係同宗而尊卑失序者，罪亦如之。其子亦歸宗，改立應繼之人。若庶民之家存養奴婢者，杖一百，即放從良。

瑣言曰：嫡子者，正妻所生之子也。凡立後者，若嫡子年長於庶子，不待言，雖庶子年長，而嫡子年幼，猶當以嫡子立之，所謂立子以貴不以長也。若同爲嫡子，則當以其長者立之，所謂立嫡以長不以賢也，此立嫡子之法也，違者杖八十。若嫡妻年五十無子，則無復生育之望，方許立庶長子。其立庶子而不以長者，罪同，亦杖八十，明嫡庶之分，別長幼之序，萬世不易之法也。若養同宗之人爲子，所養父母無子，所生父母有子而捨去者，是背養育之恩也，杖一百，發付所養父母收管。若所養父母已有親生子，則恩義或不相維，雖無親生子，而本生父母無子，則宗祀不可無託，故欲還者，聽。水木本源，各有支派，故別生分類，宗族攸敘不可亂也。若乞養異姓之人，從己之姓爲嗣，是亂己之宗族。以子與異姓人，從人之姓爲嗣，是亂人之宗族，並杖六十，其子各歸宗。其不從姓，不繼嗣，則爲義男，律不禁矣。若遺棄小兒三歲以下，雖異姓，仍聽收養。三歲小兒不知其姓，故即從其姓，亦爲之義男，終不可以爲嗣也。乞養收養皆爲義男者，養育之恩無異也，而皆不可以繼嗣者，宗族之派難同也。立嗣雖同宗，而尊卑失序者，是亂宗族之倫也，故亦如乞養異姓者，杖六十，改與應立之人。庶民之家，當自服勤勞，若有存養奴婢者，杖一百，即放從良。庶民之家，不許存養奴婢，則有官者而上皆所不禁矣。故律言：奴婢毆家長，奴婢爲家長首，冒認他人奴婢，豈盡爲功臣之家言哉？但功臣之家有給賜者，而有官者皆自存養耳。問刑者，每於奴婢之罪遂引雇工人科之，誤矣。

問刑條例：

一、凡無子立嗣，除依律令外，若繼子不得於所後之親，聽其告官別立，其或擇立賢能及所親愛者，若於昭穆倫序不失，不許宗族指以次序告爭，并官司受理。若義男女婿爲所後之親喜悦者，聽其相爲依倚，不許繼子并本生父母用計逼逐，仍依《大明令》分給財產。若無子之人家貧，聽其賣產自贍。

《問刑條例》 一、凡無子立嗣，除依律令外，若繼子不得於所後之親，聽其告官別立。其或擇立賢能，及所親愛者，不許宗族指以次序告爭，并官司受理。若義男女婿爲所後之親喜悦者，聽其相爲依倚，不許繼子并本生父母用計逼逐，仍依《大明令》分給財產。若無子之人家貧，聽其賣產自贍。

一、告爭家財田產，但係五年之上，並雖未及五年，驗有親族寫立分書已定，出賣文契是實者，斷令照舊管業，不許重分再贖。告詞立案不行。

（明）佚名《重刻律條告示活套》卷二《立嫡子違法》 前件某府爲違法事。竊惟人民林生總聚，必立其户，立户之法，必先嫡長，此倫序之不失，法制之不違也。今遇大造黄册，分拆開收人户甚多，其間有伯在而立姪者，有兄在而立弟者，有嫡妻年未五十預將庶長子而立者，有收同宗之人尊卑失序而立者，有收乞養義子紊亂宗族而立者，似此之端，不惟乖違法制，抑且有傷倫理。若不禁約，深爲未便，爲此合出告示，發仰各州縣衙門首，并人烟輳集去處曉諭，令造黄册，各户供報該開除已故新收立户之人，須要先儘嫡長親男，次及庶出過房，各要倫序適宜。其乞養異姓，亦要令歸本宗，不許一槩違法亂立。如有故違者，定行從重究問，決不輕恕。

（明）王肯堂《王儀部先生箋釋》卷四《立嫡子違法》 第一節，此與官員襲廕條相通。凡襲廕先儘嫡長，嫡長有故，方及嫡次。如無嫡次，方及庶長。庶出並無，方許立應合承繼弟姪。此爲有官者言也。此條立嫡子違法，則通乎士庶人。凡有家，則有長子，有衆子，長子繼父承祧，禮之所重，故雖士庶人立嫡子，亦必如法。若不立嫡子而立他子，嫡妻年五十以上無子者，得立庶長子，而不立長子，皆爲違法，故並杖八十，改立應立之子，明嫡庶人分，别長幼之序，萬世不易之法也。

第二節，若無子而養同宗尊卑相當之人爲子，則所養父母，即其父母矣。其所養父母照舊無子而輒舍去，是謂背恩，杖一百，發付所養父母承收爲嗣。此爲本生父母有子者言耳。若所養父母生有親子，及本生父母無子，願還者，聽。須看一及字，謂所養父母有子，而本生無子也。

第三節，若乞養異姓義子，改姓爲嗣，是亂己之宗族矣。以子爲異姓人之嗣，是亂人之宗族矣，故並杖六十，其子各還本宗。然惟改姓亂族者坐罪，則不改姓而養爲義子，律所不禁矣。此例所以有義男女壻爲所後之親喜悦者，聽其相爲依倚，不許繼子并繼子之本生父母用計逼逐之文也。

第四節，遺棄小兒四歲以上，須送官，不然以收留迷失子女論矣。三歲以下許其收養，亦許從其所養父姓，舊注謂無人識認子女，不知其姓，故即從其姓。然玩雖異姓，仍聽收養。律文即知其姓亦不妨碍，但不得遂爲嗣耳。

第五節，尊卑失序謂不是子行，如以姪孫而嗣叔祖，則躋穆於昭，而與諸父爲昆弟矣。以弟而嗣兄，則降昭於穆，而以昆弟爲諸父矣。亂昭穆與亂宗族其罪均也，故亦杖六十，其子歸宗，改立應繼之人。應繼者多，聽擇所愛。

第六節，壓良爲賤，既已非法，庶人而畜奴婢尤非分也，故重杖之。或謂此奴婢，即當初給付功臣之人，其子孫賣與庶民之家者，似太拘拘。言庶民之家，不得存養奴婢，則縉紳之家在所不禁矣。舊例凡恩養年久，配有室家者，同子孫論。恩養未久不曾配合者，士庶之家，依僱工人論，縉紳之家，比照奴婢律論。

條例

第三條，律著尊卑失序之禁令。有由親及疎之文，而無次序之説，蓋聽無子之人，於昭穆相當子姪行中，以意擇所欲立，仁之至義之盡也。例中繼子不相得，聽其告官别立，及擇立賢能與所親愛，不許宗族指以次序告争。至於義男女壻爲所後之親喜悦者，亦不許繼子等逼逐，皆律之精蘊，畜而未盡者於此盡之。累朝修改，莫之能易。題奉欽依，違者俱當以違制論。今有全不體此意，不論恩情，但争財賄，往往有無子之人尚在，而羣從輒瓜分其産者，傷風敗化，莫此爲甚，皆不仁不義者，失律意之罪也。

（明）佚名《大明律講解》卷四《立嫡子違法》 凡立嫡子違法者，杖八十。講曰：立嫡者，本擬承繼，若不立嫡妻之長子，却立嫡次庶長者，是名違法。其嫡妻年五十以上無子者，得立庶長子。不立長子者，罪亦同。講曰：罪亦同，謂亦杖八十。若養同宗之人爲子，所養父母無子而捨去者，杖一百，發付所養父母收管。講曰：謂如無子之人，養同宗尊卑相當之人爲子，其子既蒙收養，而輒捨去者，杖一百，仍發所養父母收管。若有親生子，及本生父母無子欲還者，聽。其乞養異姓義子以亂宗族者，杖六十。若以子與異姓人爲嗣者，罪同，其子歸宗。講曰：假有人自有子息繼嗣，又乞養異姓義子，不令爲嗣，仍作義男名色收養者，未知於律禁否？解曰：鬬毆律云：若非理毆乞養異姓義子，致令廢疾者，杖八十，篤疾者，加一等，並令歸宗。乞養子孫發付合得財産養贍。若曰於律禁絶，不許乞養，如此即是常人，緣何毆致篤疾者止杖九十？況毆傷常人篤疾者，杖一百，流三千里，將犯人財産一半斷付被傷之人。今毆傷乞養子孫，緣何又止稱撥付合得財産？既於財産稱爲合得，以此知不令爲嗣。而乞養者據律無禁，又況異姓之人本非族類，若乞養爲子，冒己之姓，使令繼嗣者，必致淆亂宗族，故禁絶之。若乞養爲子不令爲嗣，仍從異子本姓者，不在禁限。其遺棄小兒年三歲以下，雖異姓仍聽收養，即從其姓。若立嗣雖係同宗，而尊卑失序者，罪亦如之。其子亦歸宗，改立應繼之人。講曰：罪亦如之，謂如上文乞養異姓義子以亂宗族，杖六十之罪。若庶民之家存養奴婢者，杖一百，即放從良。

《大清律集解附例》卷四《户律·户役·立嫡子違法》 凡立嫡子違

法者，杖八十。其嫡妻年五十以上無子者，得立庶長子，不立長子者，罪亦同。俱改正。若養同宗之人爲子，所養父母無子所生父母有子。而捨去者，杖一百，發付所養父母收管。若所養父母。有親生子及本生父母無子欲還者，聽。其乞養異姓義子以亂宗族者，杖六十。若以子與異姓人爲嗣者，罪同，其子歸宗。其遺棄小兒年三歲以下，雖異姓，仍聽收養，即從其姓。但不得以無子遂立爲嗣。若立嗣，雖係同宗而尊卑失序者，罪亦如之。其子亦歸宗，改立應繼之人。若庶民之家存養良家男女爲奴婢者，杖一百，即放從良。

條例

一、無子者，許令同宗昭穆相當之姪承繼，先盡同父周親，次及大功、小功、緦麻。如俱無，方許擇立遠房及同姓爲嗣。若立嗣之後却生子，其家産與原立子均分，並不許乞養異姓爲嗣，以亂宗族。立同姓者，亦不得尊卑失序，以亂昭穆。

一、婦人夫亡無子守志者，合承夫分，須憑族長擇昭穆相當之人繼嗣。其改嫁者，夫家財産及原有妝奩，並聽前夫之家爲主。

一、無子立嗣，除依律外，若繼子不得於所後之親，聽其告官別立。其或擇立賢能及所親愛者，若於昭穆倫序不失，不許宗族指以次序告争，并官司受理。若義男、女婿，爲所後之親喜悦者，聽其相爲依倚，不許繼子并本生父母用計逼逐，仍酌分給財産。若無子之人家貧，聽其賣産自贍。

（清）沈之奇《大清律輯註》卷四《户律·户役·立嫡子違法》 凡立嫡子違法者，杖八十。其嫡妻年五十以上無子者，得立庶長子，不立長子者，罪亦同。俱改正。若養同宗之人爲子，所養父母無子所生父母有子。而捨去者，杖一百，發付所養父母收管。若新養父母。有親生子及本生父母無子欲還者，聽。其乞養異姓義子，以亂宗族者，杖六十。若以子與異姓人爲嗣者，罪同，其子歸宗。其遺棄小兒，年三歲以下，雖異姓仍聽收養，即從其姓。但不得以無子遂立爲嗣。若立嗣，雖係同宗，而尊卑失序者，罪亦如之。其子亦歸宗，改立應繼之人。若庶民之家存養良家男女爲奴婢者，杖一百，即放從良。

〔律後註〕：按：《吏律》内已有官員襲廕之法，而此條立嫡子違法，則統士庶人言之也。士庶人雖無襲廕職事，而繼嗣承祧，禮之所重，嫡庶長幼之間立子亦必如法：先儘嫡長子；嫡長有故，方及嫡次子；其妻年五十無子，方得立庶長子。若舍嫡而立庶，舍長而立幼，皆爲違法，並杖八十，改立應立之子。嫡庶有分，長幼有序，禮法之不易者也。若因無子，而於同宗中擇尊卑相當之人，養以爲子，既受撫育之恩，即其父母矣。所養父母後無親生子，而所養子輒捨去者，杖一百，仍發付所養父母收管。若所養父母已有親子，則繼嗣有人，本生父母別無他子，則宗祀無托，故欲還者，並聽之也。其乞養異姓義子，改姓爲嗣，是亂己之宗族矣，故杖六十。若以子與異姓人改姓爲嗣，是亂人之宗族矣，故其罪同，其子仍歸本宗。若遺棄小兒，年在三歲以下者，雖知是異姓，仍聽收養，即從其姓，不在禁限，特不許以無子而遂立爲嗣耳。同宗之人尊卑有序，失序，如以弟嗣兄，以姪孫嗣叔、祖而亂其昭穆之次也，失尊卑之序，與亂宗族之姓者，其罪相等，故亦得杖六十之罪。其子歸宗，改立應繼之人，以正其序。庶民之家，當自勤勞力作，故存養奴婢者，杖一百，即放從良。謂其身等齊民，壓良爲賤，越分實甚也。但言庶民，則士夫之家，在所不禁矣。或謂有罪緣坐之人，方給付功臣之家爲奴，非功臣概不得有奴婢。此説太拘。各律内言奴婢者甚多，豈盡爲功臣言哉，蓋功臣之家有給賜者，士夫之家，則自存養耳。

或謂遺棄小兒，爲人收養長大，所生父母復來告認者，斷與收養父母。其所生父母，既經遺棄，恩已絶矣。非也。父爲子綱，天性至重，即父母欲殺其子，而子亦無自絶於親之理。所養之恩不可棄，所生之恩亦不可絶，當以所生父母有無別子，揆情引義，酌爲去留。

〔律上註〕：此條當與官員襲廕律參看。

按：官員不依次序，攙越襲廕者，杖一百，徒三年。而立嫡子違法止杖八十者，彼是已經襲廕，此但言立嗣耳。

凡立嗣者，先儘嫡長子，不與庶子論長幼，所謂立子以貴不以長，立嫡以長不以賢也。

若嫡子有故，已有子者，以嫡長孫承重，不得立次嫡子與庶出子也。無子而立應繼之人，親疏遠近，有一定次序。此條首節但言立子，而不言無子立後者；第二節養同宗之人，但論聽去不聽去之法；第五節立嗣雖係同宗，但論尊卑失序之罪，俱不指出應繼次序，蓋非有官員襲蔭之事，則應繼之法稍寬。故後條例既著昭穆相當承繼之例，復有擇立賢能及所親愛之例，所謂禮順人情也。

不曰立嗣，而曰養同宗之人爲子，則所養之子，未必即應立嗣之人也。但既自幼撫養，恩義爲重，所養父母尚未有子，分當奉事，不得即捨去耳。

若有親生子，及本生父母無子，是兩項。或所養有子，或本生無子，並得聽還，非謂必所養有子，而又本生無子也。觀及字義可見。《指南》諸書皆謂欲還者聽兼三件説：一則所養父母有親生子，欲將其子送還；一則本生父母因無別子，欲討還其子；一則爲子者因所養有子，本生無子，自欲還也。否則二處父母欲還者，何以斷之耶？此説可謂推原人微，但本文欲還字與上捨去字對照，捨去者，逕情決絶之詞；欲還者，不敢自專之詞，實則皆指爲子者言之。若二處父母欲還，亦可引斷。

三節重在改姓亂宗上。若但養爲義子，不從姓不爲嗣者，固所不禁也。別律多有言乞養異姓子孫者，後附例亦有義男爲所後之親喜悦者，聽其相爲依倚之文，其義可見。

四節收養遺棄小兒，《箋釋》謂：四歲以上，不報官收養，以收留迷失子女論。非也。遺棄者，父母捨置以去，聽其死生不顧，三歲以下，尚不能言語飲食，無人收養，必至填於溝壑。許令收養者，重在全其生也，與收留迷失之義，大相懸絶。但四歲以上，或能自言其姓氏里居，應當報官追查。若遂收養，亦無大過，豈可照收留迷失論？假如收養四、五歲遺棄小兒，即科以杖徒重罪乎？遺棄必是小兒，然亦有不止三歲者，迷失必非小兒，然亦或有小兒者，總之，遺棄與迷失不同，收養與收留亦異，收養遺棄，意在哀其死，收留迷失，意在利其人也。

雖異姓云者，謂遺棄小兒，大概不知其姓，然亦有書留姓氏年歲者，雖知是異姓，亦聽收養從姓。

收養遺棄小兒，雖許即從其姓，而註謂不得爲嗣，蓋收遺棄，與乞養異姓相等，皆可以爲義男者，養育之恩同也；皆不可以繼嗣者，宗族之流不容亂也。

條例

無子者，許令同宗昭穆相當之姪承繼。先儘同父周親，次及大功、小功、緦麻。如俱無，方許擇立遠房及同姓爲嗣。若立嗣之後却生子，其家産與原立子均分。並不許乞養異姓爲嗣，以亂宗族。立同姓者，亦不得尊卑失序，以亂昭穆。

〔例上注〕：此例是無子立嗣之法，所以補律之未備也。
宗廟之禮，父昭子穆。昭穆相當，謂尊卑不失其序也。
承繼之法，由親而疏，自近而遠。若應繼之房止有一子，當出繼不當出繼，須依
大宗、小宗法議之。小宗可絶，大宗不可絶也。

婦人夫亡無子守志者，合承夫分，須憑族長擇昭穆相當之人繼嗣。其改嫁者，夫家財産及原有妝奩，並聽前夫之家爲主。

無子立嗣，除依律外，若繼子不得於所後之親，聽其告官別立。其或擇立賢能及所親愛者，若於昭穆倫序不失，不許宗族指以次序告爭，并官司受理。若義男、女婿爲所後之親喜悦者，聽其相爲依倚，不許繼子并本生父母用計逼逐，仍酌分給財産。若無子之人家貧，聽其賣産自贍。

〔例上注〕：應繼次序，既有一定之法，而立繼之子不得於所後之親，又聽擇賢能親愛者別立，不許宗族以次序告爭。至於義男、女婿，爲所後之親喜悦，聽其相依，不許繼子逼逐。曲體人情至此，可謂仁至而義盡矣。

《大清律例》卷八《户律·户役·立嫡子違法》 凡立嫡子違法者，杖八十。其嫡妻年五十以上無子者，得立庶長子，不立長子者，罪亦同。俱改正。

若養同宗之人爲子，所養父母無子所生父母有子。而捨去者，杖一百，發付所養父母收管。若所養父母有親生子，及本生父母無子欲還者，聽。

其乞養異姓義子以亂宗族者，杖六十。若以子與異姓人爲嗣者，罪同，其子歸宗。

其遺棄小兒年三歲以下，雖異姓，仍聽收養，即從其姓。但不得以無子，遂立爲嗣。

若立嗣，雖係同宗，而尊卑失序者，罪亦如之。其子亦歸宗，改立應繼之人。若庶民之家，存養良家男女爲奴婢者，杖一百，即放從良。

條例

一、無子者，許令同宗昭穆相當之姪承繼，先儘同父周親，次及大功、小功、緦麻。如俱無，方許擇立遠房及同姓爲嗣。苦立嗣之後，卻生

子，其家産與原立子均分。

一、婦人夫亡無子守志者，合承夫分，須憑族長擇昭穆相當之人繼嗣。其改嫁者，夫家財産及原有妝奩，並聽前夫之家爲主。

一、無子立嗣，除依律外，若繼子不得於所後之親，聽其告官別立，其或擇立賢能及所親愛者，若於昭穆倫序不失，不許宗族指以次序告争，并官司受理。若義男、女婿爲所後之親喜悦者，聽其相爲依倚，不許繼子并本生父母用計逼逐，仍酌分給財産。若無子之人家貧，聽其賣産自贍。

一、凡乞養異姓義子有情願歸宗者，不許將分得財産攜回本宗。其收養三歲以下遺棄之小兒，仍依律即從其姓，但不得以無子遂立爲嗣，仍酌分給財産，俱不必勒令歸宗。如有希圖貲財冒認歸宗者，照律治罪。

一、旗人義子必該佐領具保，實係自襁褓撫養成丁以繼其後者，准其另記檔案，不許將民間成丁子弟改隨本姓。

一、凡八旗無嗣之人，如無同宗及遠近族人昭穆相當可繼爲嗣者，除户下家奴，民間子弟雖與另户旗人分屬至親不准承繼外，其有另户親屬情願過繼者，取具兩姓族長人等并該參、佐領印甘各結咨部，准其繼立。倘實有同宗可繼爲嗣，揑稱並無族人朦混繼立異姓者，仍按律治罪。

《蒙古律例》卷二《户口差徭·乏嗣人抱養他人之子》 凡乏嗣抱養他人之子，稟明該旗王、貝勒、管旗章京等登記部院檔案，准養爲子，令入伊旗佐領下丁册。若不稟明該旗王、貝勒、管旗章京等，私自抱養者，將所養之子撤交本人，免罪完結。

《八旗則例》卷三《孝部·户口·旗人歸宗》 另户旗人之子，因年幼隨母改嫁撫養者，仍造入本生父家譜内，俟年長歸宗。如係民人，自幼隨母改嫁與另户旗人者，其子另行記檔。家人之子，隨母改嫁與另户，以及民間之子，隨母改嫁與户下家人者，統以户下造報。俱交與該參佐領、族長，確查具結。呈明都統存案。如已成丁，遇編審之年，各於丁册本名下註明，諮報户部查覈。

《八旗則例》卷三《孝部·户口·旗人過繼承嗣》 旗人無嗣，如有同宗及遠近族人，昭穆相當，可繼爲嗣者，由該參佐領等呈報都統，咨明户部，過繼承嗣。如無同宗及遠近族人可繼爲嗣者，除户下家奴，民人子弟，雖與另户旗人，分屬至親，不准承繼外，其有另户親屬，情願過繼者，取具兩姓族長人等，並該參佐領印甘各結咨部，准其承嗣。其過繼爲嗣者，不准復行歸宗。倘實有同宗可繼爲嗣，揑稱並無族人，朦混繼立異姓者，仍按律治罪。

《廣靈縣志》卷六《政令·禁異姓亂宗示郭磊》 照得律載，乞養異姓爲義子以亂宗族者，杖六十。若以子與人爲嗣者，罪同。其子歸宗。又其遺棄小兒三歲以下，雖異姓仍聽收養，即從其姓，但不得以無子遂立爲嗣。又例載，若義男爲所後之親喜悦者，聽其相爲依倚，不許繼子並本生父母用計逼逐，仍酌分給財産。又乞養異姓義子有情願歸宗者，不許將分得財産攜回本宗。其收養三歲以下遺棄之小兒，仍依律即從其姓，但不得以無子遂立爲嗣，仍酌分給財産，俱不必勒令歸宗等語。蓋乞養之子、收養之子，俱可爲義子，而收留三歲以下小兒，不自知其姓，故可從收養者之姓。至乞養之子，自有本姓，故不許改姓也。再稽之經典，《春秋》有莒人滅鄫之文，考之傳文，非真滅其國族也。鄫君無子，莒君以莒國之子爲鄫君之子，而襲其國，孔子遂書以滅耳。此即異姓亂宗之事也。按之律例，考之經傳，一一燦列，乃關外之俗。無論士夫、平民，養螟蛉者所在多有，無子者固養以爲嗣，即有子者，亦多養以爲子。或娶再醮之婦帶入者，一云帶死即改姓，視爲己子，鄉黨習爲故，然即同胞兄弟以及胞姪，不得過而問焉，惡陋之習牢不可破，殊可痛恨。良由三代以前，關外既難以詳究，石晋以降，又所難言，五代八姓由來久矣，至今舊習難移。爲婦人者，異姓相聚，妯娌本係路人，故己既無子，産業寧歸他姓，而不以與妯娌之子男。夫義理不明，婦言是用，故祖宗之傳流亦寧付他人，而不以給兄弟之子，此乞養異姓所以日多也。婦人本不足責，爲男夫者，縱不知猶子之□□不思若之姪，即若父之孫乎？再遠亦若高曾之裔乎？即極遠非始祖之後乎？木本水源，總屬一體。如以異姓爲嗣，子復生子，孫復生孫，異姓之子孫又各乞養異姓，勢必至一姓之室雜姓並居之，一姓之兆雜姓亂塟之，一姓之龕雜姓其列之。生則呼父呼兒，情愛甚密，清夜回想，有何聯屬，死而有知，更相對無色也。如云爲身後祭塟計，古人云子孫之精神，即祖考之精神，子孫之精神聚，祖考之精神亦聚。以異姓爲嗣，恐張姓子孫之精神聚李姓祖宗之精神，未必聚也。又云祖宗塟吉地者，子孫蒙其福。以異姓爲嗣，恐李姓之祖宗塟吉地，張姓之子孫未必蒙福，原非一脈也。言念及此，情意不灰，心思不淡者，有是理乎？今與爾士民約，自出示之後，乞養、收養他人之子爲義男者，聽斷不許。乞養他人之子改從己姓，立以爲嗣，收養之子雖從己姓，亦不許立以爲嗣，遠者照律究治。其已往者，本縣亦不追究，俟告發時照律聽斷。特示。

《大清會典則例》卷三二《户部·户口·旗人撫養嗣子》 國初定：無嗣人撫養他人之子，許報明本主貝勒、該旗都統送部注册，增入本佐領壯丁數内。若私自撫養者，斷回本宗。順治十八年題準：凡無嗣人存日撫養兄弟族人之子，準承受家産。其撫養他人及奴僕之子，不準承受。若存日未曾立嗣，身故後準近房承受。若本族無人存日保結，撫養異姓之子，亦準承受。若無族人又無撫養異姓人，照絶户家産例辦理。

康熙七年覆準：凡撫養他人子爲嗣。殁後，其子本生父母年老乏嗣，仍令歸宗。又題準：凡無嗣人家，産繫兄弟之子承受，有親生女者，給家産三分之一。若疎族人承受，其女給家産五分之二。若撫養異姓之子承受及應歸佐領撥給者，其女均給家産之半。如數少難分及有分撥餘剩者，均給承受之人。凡分給女子，無論人數，止於應給分内分撥。

雍正十二年議準：無嗣人請繼立異姓親屬爲嗣者，務令該旗取兩姓情願甘結，並各該管叅佐領及族長保結送部存案，以杜占奪財産之端。如無兩姓甘結，不準，其所遺絶户家産照例辦理。

乾隆四年議準：八旗無嗣人，如有同宗及遠近族人昭穆相當可繼爲嗣者，由該旗叅佐領呈報都統咨部，準其承繼，不得過繼異姓以亂宗支。如無同宗及遠近族人昭穆相當可繼爲嗣者，除户下家奴民間子弟雖與正户旗人分屬至親，不準承繼外，其有正户親屬情願過繼者，取兩姓族長並該叅佐領印結咨部準其承繼。倘有同宗可繼，捏稱並無族人溷繼異姓者，按律治罪。

（清）陳生雄《義門陳氏宗譜》卷首《凡例》 一、立繼者，惟許立親兄弟之次子，如無，則立堂兄弟之次子。繼必子行者，以昭穆之序不紊也。如有異姓來繼及出繼他姓者，並不書，螟蛉不書。一、無後又無繼者，惟註名於其父下，如祠之有祔主也。

（清）王明松《王氏族譜》卷一《凡例》 一、無子而立嗣者，當以支近名正繼之，仍於本生父名下書曰：某出爲某兄弟後。於後父名下書曰：以某兄弟之子來繼。並註詳明。承祧重事，須要名正言順。蓋王法繼統不以分，宗法繼世不以情，無容僭紊也。世俗有違理而立異姓爲後者，或以外甥，或以贅婿，或懷抱異姓之子，悖理忘親甚矣，法例並不得書。必不得已，亦須聞衆，顯書其跡，以明示後人，毋諱以亂姓。蓋莒人嗣鄫，《春秋》書滅，賈充後韓，謚法曰荒。神不歆非類，不敢不嚴也。

（清）左輔《念宛齋官書》卷二《禁異姓亂宗示》 爲嚴禁異姓亂宗以敦本别倫事。照得人本乎祖，繼嗣所以重祖祀也。乃擇繼嗣者，不愛祖宗之子孫，而引外姓之子孫爲子孫，實自絶其祖祀。爲人後者，忍自絶其祖父，反以他人之祖父爲祖父，竟不知有人倫絶祖祀者，死何以對祖宗？無人倫者，生何以立天地？本州抵任以來，以敦本善俗爲務，乃採聞泗虹風俗，凡無子嗣者，每以姑舅姊妹之子爲子。甚者，至以贅婿爲子，輾轉相承，有婿之嗣子一姓，婿之嗣孫又一姓，合四五姓而冒一姓者，因是氏族混淆，婚姻瀆亂，父子不親，夫婦無别，傷恩害義，滅禮亂常，莫此爲甚。此風不革，教焉所施？爲此嚴切諭禁：凡有養子冒姓者，著即改歸本姓。所有已受田産，皆安其舊。念事在既往，不得紛争。嗣後無子擇繼，須遵照定例，先擇同氣周親，次及疎遠房族，即有女婿義子不忍相離，准其相爲依倚，不得改姓。要知宗族雖遠，猶一祖之貽留，類也。外戚縱親，究他人之骨肉，非類也。鬼不歆非類，嗣外姓者何藉焉？自諭之後，庶漸興水源木本之思，即隱寓别嫌明微之意，於風俗人心大有關係，如敢故違，如律治罪。凜之，特示。

（清）姚雨薌《大清律例會通新纂》卷七《户律·户役·立嫡子違法》 凡立嫡子違法者，杖八十。其嫡妻年五十以上無子者，得立庶長子，不立長子者，罪亦同。俱改正。若養同宗之人爲子，所養父母無子所生父母有子，而捨去者，杖一百，發付所養父母收管。若所養父母。有親生子及本生父母無子欲還者，聽。其乞養異姓義子以亂宗族者，杖六十。若以子與異姓人爲嗣者，罪同，其子歸宗。其遺棄小兒年三歲以下，雖異姓，仍聽收養，即從其姓。但不得以無子遂立爲嗣。若立嗣，雖係同宗而尊卑失序者，罪亦如之。其子亦歸宗，改立應繼之人。若庶民之家存養良家男女爲奴婢者，杖一百，即放從良。按吏律内已有官員襲陰之法，而此條立嫡子違法則統紳士軍民言之也。士庶雖無襲廕職事，而繼嗣承祧，禮之所重。嫡庶長幼之間，立子亦必如法。先儘嫡長子，嫡長有故，方及嫡次子。其妻年五十無子，方得立庶長子。若舍嫡而立庶，舍長而立幼，皆爲違法，並杖八十，改立應立之子。嫡庶有分，長幼有序，禮法之不易者也。若因無子，而於同宗中擇昭穆相當之人養以爲子，既受撫育之恩，即其父母矣。所養父以正其序。庶民之家，存養良家男女爲奴婢，壓良爲賤，杖一百，即放從良。若非壓良爲賤，不在禁限。

條例

一、無子者，許令同宗昭穆相當之姪承繼，先儘同父周親，次及大功、小功、緦麻。如俱無，方許擇立遠房及同姓爲嗣。若立嗣之後却生子，其家産與原立子均分。

一、婦人夫亡無子守志者，合承夫分，須憑族長擇昭穆相當之人繼嗣。其改嫁者，夫家財産及原有粧奩，並聽前夫之家爲主。

一、無子立嗣，除依律外，若繼子不得於所後之親，聽其告官別立。其或擇立賢能及所親愛者，若於昭穆倫序不失，不許宗族指以次序告争，并官司受理。若義男、女壻爲所後之親喜悦者，聽其相爲依倚，不許繼子并本生父母用計逼逐，仍酌分給財産。若無子之人家貧，聽其賣産自贍。

一、凡乞養異姓義子有情願歸宗者，不許將分得財産攜回本宗。其收養三歲以下遺棄之小兒，仍依律即從其姓，但不得以無子遂立爲嗣，仍酌分給財産，俱不必勒令歸宗。如有希圖貲財冒認歸宗者，照律治罪。

一、無子立嗣，若應繼之人平日先有嫌隙，則於昭穆相當親族内擇賢擇愛，聽從其便。如族中希圖財産，勒令承繼或慫恿擇繼以致涉訟者，地方官立即懲治，仍將所擇賢愛之人斷令立繼。其有子婚而故，婦能孀守，已聘未娶媳能以女身守志，及已婚而故，婦雖未能孀守，但所故之人業已成立，或子雖未娶而因出兵陣亡者，俱應爲其子立後。若支屬内實無昭穆相當可爲其子立後之人，而其父又無別子者，應爲其父立繼，待生孫以嗣應爲立後之子。其尋常夭亡未婚之人，不得概爲立後。若獨子夭亡而族中實無昭穆相當可爲其父立繼者，亦准爲未婚之子立繼。如可繼之人亦係獨子，而情屬同父周親兩相情願者，取具闔族甘結，亦准其承繼兩房宗祧。

一、因争繼釀成人命者，凡争産謀繼及扶同争繼之房分均不准其繼嗣，應聽户族另行公議承立。

一、旂人除乞養異姓爲子詐冒廕襲承受世職者，仍照本例擬發邊遠充軍外，其雖無世職而詐冒抱養民間子弟、户下家奴子孫爲嗣，紊亂旂籍者，將朦混抱養繼立之旂人及以子與旂人爲嗣之人，並知情之義子，俱比照乞養義子詐冒襲廕充軍例減一等，杖一百，徒三年。若有冒食錢糧情事，無論所繼者係屬異姓旂人、民間子弟、户下家奴，悉照冒支軍糧入己，計所冒支之贓，准竊盜律從重科罪，分別旂民辦理。其先後領過銀米照數著追。倘本犯力不能完，該旂查明歷任參佐領，各按在任月日分賠，批解户部歸款。失察各官，交部議處。

《户部則例》卷一《户口·八旗户口·繼嗣》 乾隆四十年奉上諭：户部奏軍營病故立嗣人員請照陣亡之例准以獨子立嗣一摺已依議行矣。獨子不准出繼，本非定例，前因太僕寺少卿曾國華條奏，經部議准行。但立繼一事專爲承祧奉養，固當按昭穆之序，亦宜順孀婦之心，所以例載嗣子不得於所後之親，准其另立，實準乎情理之宜也。至獨子雖宗支所係，但或其人已死，而其兄弟各有一子，豈忍視其無後？且現存者尚可生育，而死者應予續延。即或兄弟俱已無存，而以一人承兩房宗祀，亦未始非從權以合經。又或死者有應襲之職，不幸無嗣。與其拘泥獨子之例，求諸遠族，何如先儘兄弟之子，不問是否獨子，令其繼襲之爲愈乎？嗣後遇有孀婦應行立繼之事，除照例按依昭穆倫次相當外，應聽孀婦擇其屬意之人，並問之本房是否願繼，取有合族甘結，即獨子亦准出繼。庶窮嫠得以母子相安，而立嗣亦不致以成例沮格。該都統即照此辦理，著爲令。欽此。

一、立繼承祧。如子已婚而故，無論其媳能否孀守，或子未婚而故，其已聘未娶之媳能以女身守志，或子雖未婚娶，因出兵陣亡，揆以勿殤之義，均准予立繼。又子雖未婚娶，業已成立當差，年逾二十歲身故者，亦准予立繼。若支屬内實無昭穆相當爲其子可繼之人，應仍爲其父立繼。凡未婚而年在二十歲以下夭亡者無後，在父自當先儘故子同輩中按照服制次序爲其父立繼。如闔族中實無故子同輩可繼之人，亦祇得爲未婚夭亡之子立繼，不得重複議繼，致滋訟端。

一、旗人無子者，許立同宗昭穆相當之姪承繼，先儘同父周親，次及大功、小功、緦麻。如俱無，方准擇立遠房同姓。如實無昭穆相當之人，准繼異姓親屬。取具該參佐領及族長、族人、生父列名畫押印甘各結送部，准其過繼。若繼子不得於所後之親，聽其告官別立。其或擇立賢能及所親愛者，於昭穆倫序不失，不許宗族指以次序告爭。如有抱養民間子弟，户下家奴子孫爲嗣，或實有同宗而繼異姓者，均按律治罪。所養父母有子，所生父母無子，欲還者，聽。

一、八旗及外省駐防有乏嗣應行立繼者，如係長房長子，不准出繼。其長房次子、次房長子，果係昭穆相當者，均准其出繼。儻長房並無次子，此外近支亦無應繼之人，應以一人承祀兩房宗祧。雖長房長子准照獨子之例出繼。

一、駐防旗人繼嗣者，該將軍等飭取該本管官及該族甘結分咨部旗，由旗查明丁册，該參佐領族長加具印甘各結咨部，准其過繼。

一、額魯特爲嗣之吐爾扈特八十二户，造入正户丁册，與額魯特一體挑差。嗣後額魯特等如果無子嗣者，惟在本部落挑取額魯特之子爲嗣，不許混行過養别部落之人爲子。

一、八旗及各省駐防等處世管佐領出缺，本人無嗣，過繼本族爲嗣者，准其過繼，並承襲世職。如族中並無襲替之人，請將另户異姓親屬過繼爲嗣者，祇准過繼承祧，不准承襲世職。其世管佐領改爲公中佐領，由該旗揀選帶領引見。

一、在京八旗及各省駐防，如遇有請繼子嗣之案報部咨文，務須一體清漢兼書，並聲明曾否生過子嗣，有無重複議繼，以憑查覈。儻有含混，一經查出，將率行出結之參佐領查取職名議處，族長人等照例懲辦。

一、立繼行查各旗案件到旗後，該旗查明丁册是否屬實，應即加具印甘各結，隨時咨覆。如積壓不覆，或將原案遺失，查取該參佐領職名議處，查有勒索，嚴行參究。

《户部則例》卷一《户口・八旗户口・歸宗》　一、另户旗人之子自幼給與另户旗人撫養，應請歸宗者，該旗查取兩族結保，並該參佐領印結咨部，准其歸宗。如自幼給與另記檔案開户户下家奴及民人撫養，後有指稱原係另户復請歸宗者，概不准行。

一、另户旗人之子隨母改適，撫養成丁，仍歸本宗。其有子母不忍分離，兩家情願依倚者，聽，仍將本人造入本宗丁册。

《户部則例》卷二《户口・八旗户口・孀婦准繼獨子》　乾隆四十年奉上諭：户部奏軍營病故立嗣人員請照陣亡之例准以獨子立嗣一摺已依議行矣。獨子不准出繼，本非定例，前因太僕寺少卿曾國華條奏，經部議准行。但立繼一事專爲承祧奉養，固當按昭穆之序，亦宜順孀婦之心，所以例載嗣子不得於所後之親，准其另立，實準乎情理之宜也。至獨子雖宗支所係，但或其人已死，而其兄弟各有一子，豈忍視其無後？且現存者尚可生育，而死者應予續延。即或兄弟俱已無存，而以一人承兩房宗祀，亦未始非從權以合經。又或死者有應襲之職，不幸無嗣，與其拘泥獨子之例，求諸遠族，何如先儘兄弟之子，不問是否獨子，令其繼襲之爲愈乎？嗣後遇有孀婦應行立繼之事，除照例按依昭穆倫次相當外，應聽孀婦擇其屬意之人，並問之本房是否願繼，取有合族甘結，即獨子亦准出繼，庶窮嫠得以母子相安，而立嗣亦不致以成例泪格。該部即照此辦理，著爲令。欽此。

《户部則例》卷三《户口・直省户口・民人繼嗣》　一、民人無子，許立同宗昭穆相當之姪爲嗣。先儘同父周親，次及五服之内，如俱無，方准擇立遠房。若繼子不得於所後之親，聽其告官别立。其或擇立賢能及所親愛者，於昭穆倫序不失，不許宗族指以次序告爭。凡繼立不以同姓乾隆三十九年，户部郎中楊嗣曾因伊父幼繼徐姓爲嗣，徐姓現無疎屬可繼，呈請仍從伊父嗣續徐姓。户部據呈具奏，降旨令原籍地方官查明，徐姓實無嫡派近支，亦無産業，特恩準其改嗣徐姓在案。及尊卑失序者，貪圖財産將獨子出繼與人者，獨子藉稱已經出繼不顧本生者，本生父母有子，所後之親無子而捨去者，均照律治罪。若所養父母有子，所生父母無子欲還者，聽。孀婦准繼獨子諭旨一道及别爲其子父立繼條，均詳見八旗户口類。

一、義男女壻爲所後之親親愛者，聽其相爲依倚，酌給財産。若招壻養老者，仍立同宗應繼一人承奉宗祀，財産均分。

一、乞養異姓義子願歸宗者，不許將所得財産攜回本族。其收養三歲以下遺棄小兒，即從其姓，但不得以無子遂立爲嗣，仍酌分財産，不得勒令歸宗。至抱養之子，除初生拋棄者，不准捐考外，如果在週歲以後，非初生暖昧不明，准其應考報捐，即用養父三代。

（清）劉大哲《洪洞劉氏宗譜》卷首《家訓》　一曰慎嗣續。傳云不孝有三，無後爲大，又云繼絶世，則知嗣續之宜慎也。按律立嫡子違法者，杖八十。立嗣而尊卑失序者，罪如之。乞養異姓義子以亂宗族者，杖六十。以子與異姓人爲嗣者，罪同。又云無子者，許令同宗昭穆相當之侄承繼，先儘同父周親，次及大功、小功、緦麻，如俱無，方許擇立遠房及同姓爲嗣。揆之立法之意，亦甚詳且至矣，後世子孫有中絶者，毋以庶干嫡，毋以疎越親，毋尊卑失序以亂昭穆，毋乞養異姓以亂宗支，其有反是者，罰而正之，再犯者斥不與祭。

（清）薛允升《唐明清三律彙編・户律・户役・立嫡子違法》 《唐律》：立嫡違法者，徒一年。較《明律》爲重。嫡妻年五十以上無子者，得立庶以長，不立長者，亦如之。

《疏議》曰：立嫡者，本擬承襲。嫡妻之長子爲嫡子，不依此立，是名違法。嫡妻無子，故許立庶子爲嫡。皆先立長。依令：無嫡子及有罪疾，立嫡孫；無嫡孫，以次立嫡子同母弟；無母弟，立庶子；無庶子，立嫡孫同母弟；無母弟，立庶孫。曾以下准此。無後者，爲户絶。

諸養子，所養父母無子而舍去者，徒二年。較《明律》亦重。若自生子及本生無子，欲還者，聽之。

《疏議》曰：依《户令》：無子者，聽養同宗於昭穆相當者。此即《明律》云：所養父母也。乃因圖内有養母而無養父，是以例内又添入嗣父母名目，殊嫌參差。即兩家並皆無子，去住亦任其情。若養處自生子及雖無子，不願留養，欲遣還本生者，任其所養父母。

即養異姓男者，徒一年；比《明律》亦重。與者，笞五十。比《明律》輕。其遺棄小兒三歲以下，雖異姓，聽收養，即從其姓。

《疏議》曰：違法與者，得笞五十。養女者不坐。其小兒年三歲以下，如是父母遺失，於後來認識，合還本生；失兒之家量酬乳哺之直。

祖父母、父母以子孫妄繼人後者，徒二年。

（清）沈家本《律例校勘記・户律・户役・立嫡子違法》 條例

一、旗人除乞至議處。薛云：既因詐冒科以徒罪，似無庸更科贓罪，若有冒食錢糧至辦理等句似應刪，緣乞養異姓爲子律止杖六十，因冒食錢糧加重擬杖已屬從嚴，再計贓治罪，似非律意。此條例文雖經修改，惟《户部則例》及《中樞政考》例文均准異姓親爲嗣，殊不畫一。户、兵二部則例所云係指異姓親屬而言，蓋彼此均係旗人，且有戚誼者也，故准承繼。刑例所云，係指民間子弟、户下家奴而言，恐其紊亂旗籍，故不准承繼也。

《宗室覺羅律例》卷下《宗室覺羅抱養異姓子女為親生子女以亂宗支》

凡宗室覺羅本身並未生有子女，將異姓子女捏報親生，混亂宗支者，照違制律，加等治罪。宣統三年三月二十四日奏准。

（清）佚名《告示集》卷一《申嚴争嗣刁告》 爲申嚴争嗣刁告之禁，以卹鰥寡，以厚風俗事。照得人生無子乃大不幸之事，而立嗣承祧，俾生有奉養之人，死免若敖之泣，是專爲無嗣之人起見，非爲親族争分財産地也。律載：無子者，許令同宗昭穆相當之姪承繼，先儘同父周親，次及大功、小功、緦麻。如俱無，方許擇立遠房及同姓爲嗣。又云：若繼子不得于所後之親，聽其告官别立。其或擇立遠房及所親愛者，若于昭穆倫序不失，不許宗族指以次序告争，並官司受理各等語。既指定應繼之次序，以伸親親之義，又恐拘泥太過，或繼子不賢，非嗣父母所喜悦，則情意乖離，反致老年失所，是以復有擇立親愛之條。令甲明垂，固已仁至而義盡，若遇無子之人爲之親族者，斟情酌律，從公處分，何有于争訟？乃豫省惡俗，一遇其人絶嗣，凡稍有瓜葛者，靡不垂涎絶産，群起争奪。或云應繼，或云愛繼，訐告紛紜，亂絲難理，究其實，皆屬事外扛幫，並非立嗣者之本意。本部院深悉其弊，業經飭地方官，凡争繼之案，總以無嗣之人得所爲主，如於律例無碍，不妨俯順其情，酌量斷結。既斷之後，若非無嗣之人自告，概不得復行准理在案。乃近日披閲詞狀，仍有告争繼嗣者。夫嗣子既經議定，非係倫次當然，即係本人親愛，設或已繼之後，情有變更，在本人事關切己，豈不能告官别立，而待旁人爲之翻改。且從來争控繼嗣，多係富室大家，即農田細民，亦必薄有資産。若其貧窶之流，毋論應繼愛繼，靡不托故推辭，以免養生送死之累，豈復有代其控理者？則人情大概可知矣。本部院有主持風教、鋤强扶弱之任，深念嫠婦鰥夫，既抱無子之痛，一不幾經躊躇立一嗣子，又被豪强覬覦，捏詞刁告，設或官司不察，輕聽准理，必至匍匐公庭，遭無辜之拖累，受胥役之索詐。縱已定之嗣不可更，而財産已花消大半，殊覺可憫。合再出示曉諭，爲此示仰撫屬紳士軍民人等知悉，嗣後無子之人均遵照定例，或依倫次，或擇親愛，會集宗親定議立嗣，既立之後，概不許旁人告争。如有漁産刁告者，除不准外，仍重懲示儆。若漁産之人不告官司，恃其强横，欺凌鰥寡者，即赴所在官司控告究處。地方官處斷不公，許赴本部院轅門告究。斷不使奸徒得志，而令無辜之民向隅飲泣也。各宜遵從毋違。

紀事

《史記》卷一《五帝本紀》 帝嚳娶陳鋒氏女，生放勳。娶娵訾氏女，生摯。帝嚳崩，而摯代立。帝摯立，不善，而弟放勳立，是爲帝堯。

《史記》卷二《夏本紀》 夏后帝啓崩，子帝太康立。【略】太康崩，弟中康立，是爲帝中康。【略】中康崩，子帝相立。帝相崩，子帝少康立。帝少康崩，子帝予立。帝予崩，子帝槐立。帝槐崩，子帝芒立。帝芒崩，子帝泄立。帝泄崩，子帝不降立。帝不降崩，弟帝扃立。帝扃崩，子帝廑立。帝廑崩，立帝不降之子孔甲，是爲帝孔甲。【略】

太史公曰：禹爲姒姓，其後分封，用國爲姓，故有夏后氏、有扈氏、有男氏、斟尋氏、彤城氏、褒氏、費氏、杞氏、繒氏、辛氏、冥氏、斟（氏）戈氏。

《史記》卷三《殷本紀》 自中丁以來，廢嫡而更立諸弟子，弟子或爭相代立，比九世亂，於是諸侯莫朝。帝陽甲崩，弟盤庚立，是爲帝盤庚。帝盤庚之時，殷已都河北，盤庚渡河南，復居成湯之故居，迺五遷，無定處。殷民咨胥皆怨，不欲徙。盤庚乃告諭諸侯大臣曰：昔高后成湯與爾之先祖俱定天下，法則可修。舍而弗勉，何以成德！乃遂涉河南，治亳，行湯之政，然後百姓由寧，殷道復興。諸侯來朝，以其遵成湯之德也。【略】帝乙長子曰微子啓，啓母賤，不得嗣。少子辛，辛母正后，辛爲嗣。帝乙崩，子辛立，是爲帝辛，天下謂之紂。

《史記》卷五《秦本紀》 二十年，武公卒，葬雍平陽。【略】有子一人，名曰白，白不立，封平陽。立其弟德公。【略】德公生三十三歲而立，立二年卒。生子三人：長子宣公，中子成公，少子穆公。長子宣公立。【略】宣公卒，生子九人，莫立，立其弟成公。【略】成公立四年卒。子七人，莫立，立其弟繆公。

《漢書》卷一二《平帝紀》 〔元始元年春正月〕又令諸侯王、公、列侯、關内侯亡子而有孫若子同産子者，皆得以爲嗣。公、列侯嗣子有罪，耐以上先請。宗室屬未盡而以罪絶者，復其屬，其爲吏舉廉佐史，補四百石。

《漢書》卷三六《劉德傳》　德字路叔，修黄老術，有智略。【略】德寬厚，好施生，每行京兆尹事，多所平反罪人。家産過百萬，則以振昆弟賓客食飲，曰：富，民之怨也。立十一年，子向坐鑄僞黄金，當伏法，德上書訟罪。會薨，大鴻臚奏德訟子罪，失大臣體，不宜賜謚置嗣。制曰：賜謚繆侯，爲置嗣。傳至孫慶忌，復爲宗正太常。薨，子岑嗣，爲諸曹中郎將，列校尉，至太常。薨，傳子，至王莽敗，乃絶。

《漢書》卷五二《竇嬰傳》　竇嬰字王孫，孝文皇后從兄子也。【略】帝弟梁孝王，母竇太后愛之。孝王朝，因燕昆弟飲。是時上未立太子，酒酣，上從容曰：千秋萬歲後傳王。太后驩。嬰引卮酒進上曰：天下者，高祖天下，父子相傳，漢之約也，上何以得傳梁王。太后由此憎嬰。

《漢書》卷八一《孔光傳》　孔光字子夏，孔子十四世之孫也。【略】綏和中，上即位二十五年，無繼嗣，至親有同産弟中山孝王及同産弟子定陶王在。定陶王好學多材，於帝子行。而王祖母傅太后陰爲王求漢嗣，私事趙皇后、昭儀及帝舅大司馬驃騎將軍王根，故皆勸上。上於是召丞相翟方進、御史大夫光、右將軍廉褒、後將軍朱博，皆引入禁中，議中山、定陶王誰宜爲嗣者。方進、根以爲定陶王帝弟之子，《禮》曰昆弟之子猶子也，爲其後者爲之子也，定陶王宜爲嗣。褒、博皆如方進、根議。光獨以爲禮立嗣以親，中山王先帝之子，帝親弟也，以《尚書·盤庚》殷之及王爲比，中山王宜爲嗣。上以《禮》兄弟不相入廟，又皇后、昭儀欲立定陶王，故遂立爲太子。

《後漢書》卷五七《劉瑜傳》　劉瑜字季節，廣陵人也。【略】延熹八年，太尉楊秉舉賢良方正，及到京師，上書陳事曰：【略】蓋諸侯之位，上法四七，垂文炳燿，關之盛衰者也。今中官邪孽，比肩裂土，皆競立胤嗣，繼體傳爵，或乞子疎屬，或買兒市道，殆乖開國承家之義。

《宋書》卷四七《孟懷玉傳》　孟懷玉，平昌安丘人也。【略】時荆州刺史司馬休之居上流，有異志，故授懷玉此任以防之。十一年，加持節。丁父艱，懷玉有孝性，因抱篤疾，上表陳解，不許。又自陳弟仙客出繼，喪主唯己，乃見聽。

《宋書》卷五八《謝弘微傳》　謝弘微，陳郡陽夏人也。祖韶，車騎司馬。父思，武昌太守。從叔峻，司空琰第二子也，無後，以弘微爲嗣。弘微本名密，犯所繼内諱，故以字行。

《南齊書》卷二三《褚澄傳》　澄字彦道。初，湛之尚始安公主，薨，納側室郭氏，生淵，後尚吴郡公主，生澄。淵事主孝謹，主愛之，湛之亡，主表淵爲嫡。

《南齊書》卷三二《王延之傳》　王延之字希季，琅邪臨沂人也。祖裕，宋左光禄儀同三司。父昇之，都官尚書。延之出繼伯父秀才粲之。

《晋書》卷三《武帝紀》〔泰始元年冬十二月己巳〕詔曰：昔王凌謀廢齊王，而王竟不足以守位。鄧艾雖矜功失節，然束手受罪。今大赦其家，還使立後。興滅繼絶，約法省刑。除魏氏宗室禁錮。諸將吏遭三年喪者，遣寧終喪。

《晋書》卷三七《宗室傳·彭城穆王權》　彭城穆王權字子輿，宣帝弟魏魯相東武城侯馗之子也。初襲封，拜冗從僕射。武帝受禪，封彭城王，邑二千九百户。【略】薨，子雄立，坐奔蘇峻伏誅，更以釋子紘嗣。

紘字偉德，初封堂邑縣公。建興末，元帝承制，以紘繼高密王據。及帝即位，拜散騎侍郎，遷翊軍校尉、前將軍。雄之誅也，紘入繼本宗。

《晋書》卷三七《宗室傳·濟南惠王遂》　濟南惠王遂字子伯，宣帝弟魏鴻臚丞恂之子也。【略】武帝受禪，封濟南王。泰始二年薨。二子：耽、緝。耽嗣立，咸寧三年徙爲中山王。是年薨，無子，緝繼。

《晋書》卷四〇《賈充傳》　充婦廣城君郭槐，性妬忌。初，黎民年三歲，乳母抱之當閤。黎民見充入，喜笑，充就而拊之。槐望見，謂充私乳母，即鞭殺之。黎民戀念，發病而死。後又生男，過期，復爲乳母所抱，充以手摩其頭。郭疑乳母，又殺之，兒亦思慕而死。充遂無胤嗣。

及薨，槐輒以外孫韓謐爲黎民子，奉充後。郎中令韓咸、中尉曹軫諫槐曰：禮，大宗無後，以小宗支子後之，無異姓爲後之文。無令先公懷腆后土，良史書過，豈不痛心。槐不從。咸等上書求改立嗣，事寢不報。槐遂表陳是充遺意。帝乃詔曰：太宰、魯公充，崇德立勳，勤勞佐命，背世殂隕，每用悼心。又胤子早終，世嗣未立。古者列國無嗣，取始封支庶，以紹其統，而近代更除其國。至於周之公旦，漢之蕭何，或豫建元子，或封爵元妃，蓋尊顯勳庸，不同常例。太宰素取外孫韓謐爲世子黎民後。吾退而斷之，外孫骨肉至近，推恩計情，合於人心。其以謐爲魯公世孫，以嗣其國。自非功如太宰，始封無後如太宰，所取必以己自出不如太宰，皆不得以爲比。

《晉書》卷八四《殷仲堪傳》　殷仲堪，陳郡人也。祖融，太常、吏部尚書。【略】仲堪雖有英譽，議者未以分陝許之。既受腹心之任，居上流之重，朝野屬想，謂有異政。及在州，綱目不舉，而好行小惠，夷夏頗安附之。先是，仲堪游於江濱，見流棺，接而葬焉。旬日間，門前之溝忽起爲岸。其夕，有人通仲堪，自稱徐伯玄，云：感君之惠，無以報也。仲堪因問：門前之岸是何祥乎？對曰：水中有岸，其名爲洲，君將爲州。言終而没。至是，果臨荆州。桂陽人黄欽生父没已久，詐服衰麻，言迎父喪。府曹先依律詐取父母卒棄市，仲堪乃曰：律詐取父母寧依歐詈法棄市。原此之旨，當以二親生存而横言死没，情事悖逆，忍所不當，故同之歐詈之科，正以大辟之刑。今欽生父實終没，墓在舊邦，積年久遠，方詐服迎喪，以此爲大妄耳。比之於父存言亡，相殊遠矣。遂活之。又以異姓相養，禮律所不許，子孫繼親族無後者，唯令主其蒸嘗，不聽别籍以避役也。佐史咸服之。

《北齊書》卷四四《儒林傳·刁柔》　又參議律令。時議者以爲立五等爵邑，承襲者無嫡子，立嫡孫，無嫡孫，立嫡子弟，無嫡子弟，立嫡孫弟。柔以爲無嫡孫，應立嫡曾孫，不應立嫡子弟。議曰：

柔案《禮》立適以長，故謂長子爲嫡子。嫡子死，以嫡子之子爲嫡孫，死則曾，玄亦然。然則嫡子之名，本爲傳重。故《喪服》曰：庶子不爲長子三年，不繼祖與禰也。《禮記》公儀仲子之喪，檀弓曰：何居，我未之前聞。仲子舍其孫而立其子何也。子服伯子曰：仲子亦猶行古之道也，昔者文王舍伯邑考而立武王發，微子舍其孫盾而立弟衍，仲子亦猶行古之道也。鄭注曰：伯子爲親者諱耳，立子非也。文王之立武王，權也。微子嫡子死，立其弟衍，殷禮也。子游問諸孔子，孔子曰：不，立孫。注曰：據《周禮》。然則商以嫡子死，立嫡子之母弟，周以嫡子死，立嫡子之子爲嫡孫。故《春秋》《公羊》之義，嫡子有孫而死，質家親親先立弟，文家尊尊先立孫。《喪服》云：爲父後者爲出母無服。《小記》云：祖父卒而後爲祖母後者三年。爲出母無服者，喪者不祭故也。爲祖母三年者，大宗傳重故也。今議以嫡孫死而立嫡子母弟，嫡子母弟者則爲父後矣。嫡子母弟本非承嫡，以無嫡，故得爲父後。則嫡孫之弟，理亦應得爲父後。則是父卒然後爲祖後者服斬，既得爲祖服斬，而不得爲傳重者，未之聞也。若用商家親親之義，本不應嫡子死而立嫡孫。若從周家尊尊之文，豈宜舍其孫而立其弟？或文或質，愚用惑焉。《小記》復云：嫡婦不爲舅後者則姑爲之小功。注云：謂夫有廢疾他故若死無子不受重者。小功，庶婦之服。凡父母於子，舅姑於婦，將不傳重於嫡，及將所傳重者非嫡，服之皆如衆子庶婦也。言死無子者，謂絶世無子，非謂無嫡子。如其有子，焉得云無後？夫雖廢疾無子，婦猶以嫡爲名。嫡名既在，而欲廢其子者，其如禮何！禮有損益，代相沿革，必謂宗嫡可得而變者，則爲後服斬，亦宜有因而改。

《南史》卷一五《徐湛之傳》　湛之字孝源，幼孤，爲武帝所愛。常與江夏王義恭寢食不離帝側。永初三年，詔以公主一門嫡長，且湛之致節之胤，封枝江縣侯。數歲與弟淳之共車行，牛奔車壞，左右人馳來赴之。湛之先令取弟，衆咸歎其幼而有識。及長頗涉文義，善自位待，事祖母及母以孝聞。

（宋）王溥《唐會要》卷七一《十二衛》　永徽元年，尚書左僕射褚遂良請千牛不簡嫡庶，上表曰：臣聞主祭祀之裔，必貴于嫡長；擢文武之才，無限于正庶。故知求賢之務，有異承家，前王制禮緣情，于斯爲極。永嘉以來，王塗不競，在于河北，風俗頓乖。嫡待庶若奴，妻御妾若婢，廢情虧禮，轉相因習，構怨于室，取笑于朝，莫能自悛，死而無悔。降及隋代，斯流遂遠，獨孤后罕雎鳩之德，同牝鷄之晨，普禁庶子，不得入侍，自始及末，怨聲未弭。

（宋）王溥《五代會要》卷五《二王三恪》　晉天福二年正月敕：周以杞、宋封夏、殷之後爲二王後，兼封舜之後爲三恪。唐以周、隋之後封公爲二王後，又封魏之後爲三恪。宜於唐朝宗屬中取一人封公世襲，兼隋之酅國公爲二王後，以周後介國公備三恪。

《舊五代史》卷一三三《周書·李從敏傳》　李從敏，字叔達，唐明宗之猶子也。沈厚寡言，善騎射，多計數。【略】鎮州有市人劉方遇，家富於財。方遇卒，無子。妻弟田令遵者，幼爲方遇治財，善殖貨，劉族乃共推令遵爲方遇子，親族共立券書，以爲誓信。累年後，方遇二女取資於令遵不如意，乃訟令遵冒姓，奪父家財，從敏令判官陸涗鞫其獄，而殺令遵。

（宋）李燾《續資治通鑑長編》神宗元豐三年三月〔乙丑〕禮院言：國子博士孟開乞姪孫宗顔爲嫡孫，據無子者聽養同宗之子昭穆合者。又曰：子孫繼絶應析户者，非十八以上不得析，則是有以孫繼祖者。又晋侍中荀顗無子，以兄之孫爲孫。請如開所乞。從之。

《宋史》卷一二五《禮・凶禮・士庶人喪禮・服紀》繼絶。熙寧二年，同修起居注、直史館蔡延慶父褒，故太尉齊之弟也。齊初無子，子延慶。後齊有子，而褒絶，請復本宗。禮官以請，許之。紹聖元年，尚書省言：元祐南郊赦文，户絶之家，近親不爲立繼者，官爲施行。今户絶家許近親尊長命繼，已有著令，即不當官爲施行。四年，右武衛大將軍克務，乞故登州防禦使東牟侯克端子叔博爲嗣，請赴期朝參起居，而不爲克端服。大宗正司以聞。下禮官議，宜終喪三年。遂詔宗室居父母喪者，毋得乞爲繼嗣。

大觀四年詔曰：孔子謂興滅繼絶，天下之民歸心。王安石子雱無嗣，有族子棣，已嘗用安石孫恩例官，可以棣爲雱後，以稱朕善善之意。先是，元豐國子博士孟開，請以姪孫宗顔爲孫，據晋侍中荀顗無子，以兄之孫爲孫；其後王彦林請以弟彦通爲叔母宋繼絶孫，詔皆如所請。淳熙四年十月二十七日，户部言：知蜀州吴擴申明：乞自今養同宗昭穆相當之子，夫死之後，不許其妻非理遣還。若所養子破蕩家産，不能侍養，實有顯過，即聽所養母經官，近親尊長證驗得實，依條遣還，仍公共繼嗣。

《宋史》卷三五六《劉昺傳》劉昺字子蒙，【略】大理議户絶法，若祖有子未娶而亡，不得養孫爲嗣。昺曰：計一歲諸路户絶，不過得錢萬緡。使歲失萬緡而天下無絶户，豈不可乎？

《明實録》宣宗宣德二年六月〔戊寅〕行在兵部奏：富峪衛指揮使張晦死，嫡子璇幼，庶子瓊長，瓊母妄稱嫡，請優給，璇勿能争，及長，乃與母王訴之官，事下行在刑部。晦妹夫高玘右瓊，强辨飾詐，刑部官信之，反坐王罪。王擊登聞鼓訴之，下行在都察院，遂明其誣，瓊、玘各抵罪，當以璇繼。上曰：此刑部之不明也。使其不擊鼓再訴，則庶襲而嫡廢，如公義何？

（明）李時勉《古廉文集》卷一〇《劉逸士志達墓誌銘》事其母極孝謹，與二兄處，友愛尤篤。及家累既衆，兄弟欲分異其財産，惟二兄所處，一無所較。長兄志楨惟一子，未周及病且死，召逸士與語，意欲謀所以繼嗣者，逸士曰：兄有此子，在弟雖不才，不敢悖德。志楨亦喜曰：如此，則吾瞑目矣。

《明史》卷一七〇《于冕傳》冕，字景瞻，廕授副千户，坐戍龍門。謙冤既雪，并復冕官。自陳不願武職，改兵部員外郎。居官有幹局，累遷至應天府尹。致仕卒。無子，以族子允忠爲後，世襲杭州衛副千户，奉祠。

《明武宗寶訓》卷二《戒宗室》〔正德五年〕十二月庚寅，禮部會府部等衙門，議朝廷宗支，各有爵職，其品第之高卑，視支派之疏戚，故爵封之典載於《祖訓》。惟親王之子，不分嫡庶，郡王言嫡，而不言庶者，祖宗立法之意固有在也。其後郡王無嫡者，亦得襲封，至於兄終弟及，係出一時特恩。宗室之中援此爲例，故凡族屬疏遠者，妄圖承襲，累煩廷議，以致逆瑾得以假借納賂，變成法，示私恩，而秉欅、秉檄、誠潡，例不該襲，皆許襲封，至以敗倫傷化。革爵如鐘鍑者，亦復原爵。今已奉旨改正，後各藩襲封，親王、郡王俱以嫡繼，無嫡以庶，如果無庶，許應奉祀者，以本職奉祀，其諸弟姪不得遠引祖父先爵爲詞，及不許親屬撥置徑行奏請，如有仍前朦朧奏擾者，奏詞宜格不行，賫奏人治罪，內外輔導官參奏究治，庶宗派明而法制定矣。議上，詔以封爵重事，自今郡王無庶子，許次及者，以原職奉祀，不許弟姪冒請封襲。有朦朧奏擾者，內外輔導官治罪。保安王誠潡、永興王秉欅，皆應查革，業已有成命，姑仍舊封，以後子孫并已故，郃陽王秉檄子孫悉如議，鐘鍑戮傷倫理，情罪深重，仍革爵降爲庶人。

《明武宗寶訓》卷二《正宗藩》正德四年十二月庚戌，禮部奉旨檢詳：累朝政令凡涉王府者，條列上請：一、舊制，各王府生子女三口，即具奏。其奏報册，歲一上，玉牒册，三歲一上。近多違期，及不開庶生子女所出者，於其請名、請封、選婚日，治長史等官罪。一、親王嫡長以下、郡王嫡長子孫，俱年十歲即請封。其餘子孫，十五方請。內府監局成造册，印諸物，當以奏之先後爲序。各府關領人役有歸，或後期及詭稱使費者，謫戍邊。又各王府儀賓，例賜鞍馬，守候之難，飼養之費，得不償失。自今惟親、郡王儀賓照例關領，餘皆革之。一、《祖訓》止著嫡長襲封之文，其後有以庶弟襲封，如保安王者，以嫡姪襲封，如交城王者，以庶堂姪襲封，如永興王者，俱出特恩。近應山王絶嗣，嫡姪請繼伯王爵。臨潼王進封秦王，庶伯請補姪王爵者，惟命以鎮國輔國，本職奉祀，已著爲令。自今郡王没無嗣，及進封親王有如應山、臨潼者，其宗支正許奏請奉祀。一、各府以罪革爵，重者不復，輕者革未幾，復之。自今有罪重者，不許引輕例冒請。一、親王、郡王病及薨，其子幼則以親支暫理府事，請敕諭，暫理者善撫幼子，無令失所，候其長，即回本府，不得復預諸事。一、王與正妃年五十無嫡子，始立庶長子爲王世子。郡王年老正妃已没無出，乞封庶子爲長子者，請自上裁。一、各王府將軍而下薨故無嗣者，止許以昭穆相應者承祀，不得違例奏乞繼嗣名目。一、親王朝覲雖載《祖訓》，英廟之時亦嘗一舉，然久已不行，以故比者，崇王請朝，則貽書免之，今後凡親郡王請身自入朝者，並免，著爲令。一、凡親王之國無迎養生母之禮，近岐王有請，雖懇切，而祖宗之制不可違。其餘各府宗支没，侍妾無子者，例移居別宫。有子處外者，各從其子迎養。若生子多者，亦止就一人。一、近例，親、郡王妃并將軍夫人没而無出者，許選繼室有出者，止選内助。自今妃、夫人没，不欲選娶繼室内助者，許於宫人中擇其可者，奏請管理家事，不許溺愛濫請。一、各府宫眷有嫉妬、亂倫、争競、越禮詔革封號者，不許妄請復。本府官有爲之請者，本部劾治。一、先是瀋府鎮國將軍詮鋐侍女既娠，爲嫡所妬，出寓他室，生有子，匿不以聞，嫡没，又選繼室請封，事覺乃削。今後有此類者，許親、郡王及輔導官奏聞區處，毋致生育不明，閨門貼玷。一、凡王府婚禮奏選有制，若未娶正室，而侍女先有生育者，輔導官舉奏區處，所生子女不得請名請封，著爲令。輔導官匿不以聞，坐之。一、各王府襲封之初，其先王宫人有出者，留府養贍；無出者，放之。將軍以下并庶人没者，其宫人無出，亦令歸其親屬嫁遣，違者鎮巡官具實參奏，有撥置阻撓者，重治之。一、各府承奉等官，《祖訓》載有額設名數，郡王内使二名，亦奏准之例，員缺則保陞，數少則撥補，不許額外濫保，及擅立内典膳名色，以圖保陞，已著爲令。今後有違者，罪坐營求之人及輔導官。一、先是革爵庶人鍾鍑嘗進琴，詔不納，降敕切責，自今有庶人越分進貢者，本部奏參區處。一、各王府進獻土物，本出尊親之誠，今後若進筍進扇之類，宜令本府自備脚力，免驛遞應付，以蘇民困。一、永樂中有旨，凡使人至王府，止款以飲食，不得賞物。今宜申明，凡使人至府有需索財物者，許巡按御史、按察司參究。一、先是各府有守節及貞烈者，具奏旌表，今王室繁衍宜通行昭示，以爲世勸。一、天下王府有無籍之徒，假以燒丹、煉藥爲名往來誑惑者，鎮巡預爲禁約。一、各府所遣人，除關領者勿限，餘俱嚴限遣歸，如在途延緩及潛住於京有所營求者，照例參究。一、王府凡遇疾病、喪葬、修齋、設醮，一切禁革，至於僧尼、道士、女冠、巫祝之流，尤宜痛絶，勿容出入，違者，許撫按官擒治，並追究誘引之人罪之。一、寺觀廟宇徒耗民財，無益於事，自今各府不許修建並請額。

上批答曰：諸事既議處諦審，凡累朝舊制及見行例，其申明禁約郡王、將軍而下卒無嗣及郡王進封親王者，其宗支正許奏請奉祀，不得營求請封繼嗣名目。親、郡王生母授封者，從簡葬祭。各王府勿容僧尼、女冠出入宫禁及私建寺觀，違者承奉長史以下俱罪不宥，餘皆如議，仍諭諸鎮巡官知之。

正德八年九月丁亥，魯府鄒平王陽鏞子當涼既革王爵，猶與當潩争襲，奏訴不已。復命司禮太監賴義、刑部侍郎黄珂、錦衣指揮陸宣往勘，還奏：當潩、當涼皆庶子，而當潩爲長。禮部尚書費宏等前議以當潩襲封，革當涼封號，其事已明，法已正矣，而當涼争猶未已者，由其父陽鏞狥私溺愛，爲其母子請封，魯王陽鑄亦依違爲之代奏，而先任禮部尚書周洪謨、倪岳等皆爲所惑，不能據禮以折之，皆使得冒長云，繼妃之封已二十餘年，故當涼得藉以爲辭，郡下包慶等利其復立，實從史之。請置慶等於法，逮問長史審理紀善以下，魯王及洪謨、岳等已物故者，惟上裁之。詔：當涼累疏强辯，有違祖訓，當重治，姑從輕，令以齊民巾服，習禮滿三載以聞，仍奪其母原封金册。魯王既引咎舉正，停禄兩月。洪謨、岳已故者，宥之。長史審理紀善以下俱逮治，謫慶等五人成邊。

正德九年八月壬寅，先是鄭康王祐枔薨，無嗣，詔以其從弟祐檡襲封爲鄭王。景門王之孫，而東垣端惠王之子也，鄭王嘗爲其父奏請追封入廟，凡三上疏，禮部屢覆，鄭王以旁支入繼，親王不得顧其私親，詔如議。至是復以爲請，下禮部議。以鄭王懇疏雖出於孝，然非以禮事其親者，執議如初。詔曰：既於禮有悖，其已之。

契約文書

《中國歷代契約會編考釋·北宋乾德二年史氾三養侄為嗣文書》 乾德二年甲子歲九月廿七日，弟史氾三前因不備，今無親生之子，請屈叔侄親枝姊妹兄弟團坐商議，□□欲議養兄史粉塠親男願壽，便作氾三（覆）〔腹〕生親子。自今已後，其叔氾三切不得二意三心，好須勾當，收新婦榮聘。所有□資地水活〔業〕什物等，便共氾三子、息〔媳〕並及阿朵、準亭願壽各取壹分，不令偏併。若或氾三後有男女，並及阿朵長成人，欺屈願壽，倚大猥情作私，别榮小□，□故非理打棒，（押）〔壓〕良爲賤者。見在地水活業□□壹分，前件兄弟例，願壽所得麥粟債伍拾碩，便任叔氾三自折升合，不得論算。其□□分願壽自收，任便榮活。其男願壽後收□婦，漸漸長大，或不孝順父娘，並及姊妹兄弟□，且娶妻親之言，不肯作於活之計，猥情是他願壽親生阿耶，並及兄弟姊妹招換。不□上下，貪酒看肉，結般盜賊，他人更乃作□者，空身趁出，家中針草一無□數。其□債麥粟伍拾碩，升合不得欠少，當便□付。氾三將此文書呈告官中，倍加五逆之〔罪〕。今對親枝衆座再三商議，世世代代子孫□女，同爲一活，押字證見爲憑，天轉地回，不〔下缺〕

《中國歷代契約會編考釋·元天曆二年徽州謝和孫摘立繼子文書》 □□□謝和孫父親勝四朝奉有貳子，長男謝旋孫、次男和孫。見長男旋孫有肆子，和孫有一子名助孫不幸早喪。今和孫擬欲摘旋兄次子佐孫，今來稟覆母親。奉母親主議，摘立兄旋孫次男佐孫繼續和孫，（成）〔承〕接後嗣，奉祀香火。如和孫尚有親出，所有户下物業仍與佐孫一體均分，不在難易。只以今來結立爲（使）〔始〕。如佐孫過之後，貳家並不許悔易。如有悔易者，罰中統鈔伍拾錠，與不悔人用，仍依文書爲使。今恐無憑，立此結立文爲照者。

天曆二年五月初十日

謝和孫 （押） 結立

謝阿李 （押）

我易氏香煙，曾孫男撫養成人，攻書婚配，自當承擔，毋得推諉，將所有薄業田産、房屋、家伙、什物、債負等情，立交單爲憑，理宜付執，禮拜祖母，奉祀先祖，日後如有游嬉怠惰，不遵祖母教訓，任從責罰。克盡子道，永相和好，各無異言。恐無憑，立此過繼文書爲照。

同治十二年四月日立過繼文書陳耀奎仝姪春岩濤小弟。

（清）陳春菘《見聞略・過繼嗣單》 立過繼嗣子憑照。ㄙㄙ爲因昔年間胞兄ㄙㄙ過繼與王氏，不數年夭亡，今因王氏胞兄又無妻子，獨繼母ㄙ氏尚在，門衰祚薄，外無期功强近之親，内無影門之童。因繼母年近七旬，桑榆暮景，晨夕不知，無依所靠，亦無家産有餘，無計可施，覆念過繼之子，胞弟不得已，故而再央親鄰ㄙㄙ、ㄙㄙ等，邀集繼姪ㄙㄙ，今有親生子ㄙ，各芳年幾歲，幾月幾日建生，承嗣吾螟蛉之子，宗祧接代王氏之香煙，當日過門祭告祖先。俟後任從繼祖母訓誨，勤苦營生，不可存私怠惰，成婚娶妻，以負恩德。日後吾婦之薄業，將田産、房屋、家伙、什物一併交與孫ㄙㄙ處。生則養老，没則安葬，克盡承嗣之道，毋得推諉。此係兩願非逼，並無有争執，恐後無憑，立此過繼嗣子文書爲照。

咸豐七年十一月　日立過繼嗣子俞尚振子壽福抄録

（清）陳春菘《見聞略・入贅過繼》 立過繼入贅文書。俞振芳爲因胞弟振德，自幼父母早亡，家貧年長，無力婚配，今因憑媒ㄙㄙ説合，與時宗僕公所生兩女，並無後嗣，長女出嫁，獨存查氏嘗在，門衰祚薄，又無近房承嗣宗祧，老幼無依，故邀親長查坤榮、族長叔明高等憑媒説合，俞振芳之胞弟振德配合小女，過繼入贅寒門，即代時氏之香煙，禮拜祖先。吾老婦生則養膳，没則安葬，所有先夫君宗僕公之薄業田産、房屋、家伙、什物、債負等情，一應交付與振德處，即日題各改姓，各無異言。俟後時氏户役、差徭毋得推違，倘有違逆，即爲不孝，鳴鼓共攻。此係自願非逼，恐後無憑，立此過繼入贅文書爲照。

咸豐九年　日立過繼入贅文書俞振芳胞弟振德

（清）陳春菘《見聞略・過繼入贅接配以媳為子》 立傍老文書。李瑞德妻鄒氏，爲老夫婦桑榆暮景，再四躊躇，幸有一媳ㄙ氏孫女一名。老幼無依，門衰祚薄，家業凌替，外無期功之親，内無近房承嗣宗祧，無計可施，故邀親鄰ㄙㄙ、ㄙㄙ等説合，情願媚媳與配陳耀奎之子名曰虎覌，

《新編事文類要啓劄青錢》卷一一《公私必用・人口・元覔子書式》

某鄉某里姓　某

右某昨娶到阿氏爲妻，相事年深，並無子息，誠恐老來無人供贍，遂托得某人爲媒命，立某處某人第幾男名某，見年幾歲，以爲嗣續，繼紹祖宗，承替差發。自歸家之後，且某如同嫡子看承，不敢嫌棄，幼訓以詩書，長教其手藝，所有梯己置到物業，並與男某管佃。向後，即無異心別立内外親房兄弟兒孫及有遺還之理。如違此約，甘罰中統鈔若干貫文入官公用不詞，謹書。

年月　日　姓　某　號　書
妻　氏　號
媒人姓　某　號
房長姓　某　號

《新編事文類要啓劄青錢》卷一一《公私必用・人口・元棄子書式》

某鄉某里姓　某

右某昨娶到阿氏爲妻，生下男子幾人，每慚添累，今憑得某人爲媒，情願將第幾男，名某，年幾歲，抱與某處某人爲子，繼續祖宗，承當差發。自歸家後，須索孝於二親，睦於九族。倘或稽違，仰加教導。至於納吉之時，甘陪某物若干，以助聘定之用。且ㄙ即無退悔之心，向後長成，亦無鼓誘歸宗之意。如違此約，甘罰鈔若干貫文入官公用不詞，謹書。

年　月　日　父　姓　某　號　書
母　阿　氏　號
媒人姓　某　號
房長姓　ㄙ　號

（清）陳春菘《見聞略・又過繼入贅》 立過繼文書。陳耀奎仝姪春岩濤等，爲因幼姪小弟父母早亡，未存婚配，我無力長次兩房娶妻成婚，以姪又且不能與幼姪娶妻成婚立業，故而情願過繼與易姓作爲螟蛉之子，祖母尤氏、母沈氏爲因門衰祚薄，外無期功强近之親，内無應立業之人，所有孫媳顧氏曾孫男土覌，年以二歲，今因吾老婦桑榆暮景，老幼無靠，再四躊躇，無計可施，幸有孫媳女顧氏即配陳姓之男，名曰小弟覌，作爲夫婦成婚，相連入我寒門，故邀親長ㄙㄙ、族長ㄙㄙ，憑媒ㄙㄙ等説合，情願代吾支管家事，以及傍老之計。生則菽水承歡，没則春秋祖俎。即代

作爲夫婦成婚，似使相連，又作爲螟蛉之子，即代李氏香煙，禮拜父母，入我寒門，代吾支管家務，以及養生死葬，自當承擔，毋得推諉。將所有房屋理宜付執，一應家伙、什物註明於後，倘有争執，會集親鄰公議。自入我門之後，如游嬉好閒，不遵父母教訓，任從責罰，克盡子道。此係兩願非逼，恐無憑，立此傍老文書，兩姓各執一紙存照。

同治十二年四月　日立筒，陳耀奎、李瑞德　兩姓各執一紙憑

案例文書

（唐）張鷟《龍筋鳳髓判》卷一《主爵》　羽林將軍王暢薨，無嫡子，取侄男襲爵，庶子告不合承。

父昭子穆，千齡不易之儀，繼祖承祧，萬代相仍之道。若骨肉無爽，鳲鳩之美克昌，〔血〕屬不同，螟蛉之子何寄。王暢名參驍衛，職綰羽林，俄纏風燭之災，近絶烝嘗之嗣。棄其庶子，收彼侄男，意既不保其家，神必不歆其祀。故荀顗令君之子，珠玉相輝，韋元成丞相之苗，芝蘭遞茂。枚皋孽子，不廢光門。裴秀傍生，無妨貴族。三鱣之室，銀黄所以挺生；七貂之門，金紫於焉間出。側男自須紹允，猶子不合承宗。詐襲者處以徒刑，應續者宜從改正。

（五代）和凝《疑獄集》卷下《希崇明斷》　唐張希崇鎮邠寧日，有民與郭氏爲義子，自孩提以至成人，因戾不受訓，遣之。郭氏夫婦相次俱死，有嫡子，已長。時郭氏諸親與義子相約，云是親子，欲分其財，助而訟之，前後數政不能理，遂成疑獄。希崇覽其訴狀，斷云：父在已離，母死不至。雖假稱義子，辜二十年撫養之恩。儻曰親兒，犯三千條悖逆之罪。大爲傷害名教，安敢理認田園。其生涯並付親子，所訟人與朋黨者，委法官以律定刑。聞者服其明斷。

（宋）陳元靚《事林廣記・别集》卷四《公理類・告狀新式・應立嗣承繼狀式》　告狀人周友

右友年幾歲，無病，係厶鄉厶村籍民，伏爲狀告：有厶户下田産苗米，見應當厶站馬首身役，緣厶見今年老，别無親生男子承紹户業，今得本族房長周公推選，得房弟周厶第二男名周全，見幾歲，過房與厶爲子，承紹户下田産，應當差發，委是昭穆相當，理合立爲後嗣。若不告乞出給公據，付男周全執照爲憑，誠恐向後妄行争繼，煩紊官司不便。有此事因，謹狀上告。

某縣司伏乞

詳狀施行所告執結是實伏取

年　月　日告狀人　周友　狀

《名公書判清明集》卷七《户婚門・同宗争立韓竹坡》　古人宗族之恩，百世不絶，蓋以服屬雖遠，本同祖宗，而况一家叔伯兄弟之親，血脈相通，何有内外間隔。今觀王文植家争立互訴之詞，大可傷歎。文植無子，初立其兄文樞次子伯大爲己之子，伯大亡，遂命其親房姪志學之子志道，爲伯大繼，以嗣以續，出於一家，法甚順也。文植初立志道之時，文樞之長子伯達者，欲以其弟伯謙争立爲文植之子，而不之遂。伯謙，即鶴翁也，文植固嘗有詞於本司，訴鶴翁之打碎家堂香火矣。志道爲文植後者四年，往往此四年間，鶴翁朶頤文植家業，求一染指其間，所以覷釁伺隙於志道者，無一日不憧憧往來於懷也。乘文植小疾，即出二婢，以親藥餌，人之高年，悦於人之奉己，文植游其術，而不自知，喜怒愛憎之心，遽從而生焉，於是鶴翁之謀遂也。志道爲文植嗣，曾承祖母重服，又已娶妻生子，祖孫相依四年，雍雍無間言也。向使志道常念爾祖之高年，當其有怒，和顔以開解之，有命，竭力以奉承之，有疾，夜不解帶，躬嘗湯藥以侍奉之，則尊者之心，自然快樂，一家之内，盎然如春，離間何從而來哉。今觀文植立嗣之初，有志道可愛之語，遣嗣之際，有初心未忍之言。物之逆其天者，其終必還，而况油然此理之天，本無所間然哉。拖詳案卷，凡文植見惡於志道之詞，皆鶴翁縱横之筆爲之，非出於尊長之本心也。逐志道而別立鶴翁，於立嗣遺子孫條無礙也。但鶴翁嘗招文植訟之矣，昔訟之而今立之，文植自爲之背馳，未害也。志道已經給據立之矣，久立而遽逐之，鶴翁蹊人之田，而奪其牛，於心果安乎？觀文植訴志道之詞，無以甚加之罪，亦惟曰狠戾自用而已。狠戾，可消平也；自用，可訓化也。志道挈其妻與子婦，而悔罪悔過於其祖，天理油然而生矣。第獨以志道爲嗣，鶴翁垂涎物業之久，已爲几上肉，囊中物矣，决不能已於詞。不若僉廳兩立之説，以止終訟。文植景薄崦嵫，日暮途遠，子孫致孝致敬，相與娱逸其老可也。聽伯達、節臣之互爲謀主，簸弄詞訴，必至於破家析産而後已，王氏之重不幸，而尊者曰有撓其懷，甚可憫也。古詩云：百年能幾時，奄若風中燭。達孝在承宗，可免親齡促。文植八袠餘老，固可優游數年，以享期頤之壽，爲人子若孫者，亦合體《孝經》養則致其樂之語，朝朝奉養無闕，有以順適其親之意，使之喜樂，勿傷倫誼，以促其親之齡，則可承宗矣。今兩立鶴翁、志道，不許別籍異財，各私其私，當始終乎孝之一字可也。天下萬善，孝爲之本，若能翻然感悟，勸行孝道，天地鬼神，亦將祐之，家道日已興矣。倘或不然，再詞到庭，明有國法，有司豈得而私之哉。

《名公書判清明集》卷七《户婚門・生前抱養外姓殁後難以摇動吴恕齋》　諸無子孫，聽養同宗昭穆相當者，法也。邢林、邢柟爲親兄弟，邢林無子，邢柟雖有二子，不願立爲林後，乃於兄死之日，即奉其母吴氏、嫂周氏命，立祖母蔡氏之姪爲林嗣，今日邢堅是也。夫養蔡之子，爲邢之後，固非法意，但當時既出於堅之祖母吴氏及其母周氏之本心，邢柟又親命之，是自違法而立之，非堅之罪也。使邢柟宗族有知義者，以爲非法，力争於邢柟方立之時，則可；今欲轉移於既立八年之後，則不可。力争於吴氏、周氏未死之時，則可；今欲遣逐於吴氏、周氏方死之後，則不可。况八年之内，非特其祖母、其母鞠之愛之，並無間言，邢柟亦未嘗有詞，指邢堅之過。且堅爲邢氏子八年，三承重服，一旦因其祖母、其母繼亡，柟乃無故遽欲再立吴德孫爲堅之弟，是誠何心哉。其族當因邢柟之啓釁，乃以不應養異姓爲説，合詞以逐之，又果何見邪。且柟謂堅幼弱也，其祖母、其母命立於七歲，而不以爲幼弱，今十有四矣，反以爲幼弱，可乎？柟又以堅爲有過惡也，堅方十四，既謂幼弱，度不能免子弟之過耳。爲叔父者，正當教訓而維持之，何至無故而逐之乎。年未長，惡未著，破家蕩産，未有實迹，遽欲無故遣之，其祖母、其母生前已立八年之嗣，於理斷斷乎不可。憲、漕兩司一再剖斷，皆不直柟之詞，柟不自反，輒敢直指臺府官屬姓名，恣行誣詆，是必欲以私情而廢公法。逐一邢堅，使歸其本生，固無難者，但堅可逐也，使林無後，其祖母、其母能瞑目於九泉乎？柟非特不能撫其姪，實不知孝弟於其父母兄弟。以人心天理不可磨滅，竊詳邢柟既爲后族，合知理法，决不應恝然如此。其實有所激而然，蓋周耀者，邢堅之母舅，王燕喜者，邢堅之母婢，自吴氏、周氏亡後，堅既年幼，未解事，母舅與婢遂爲腹心，必不能導之以敬事叔父之禮。凡叔父所欲，又未必能順適之，釁端自此啓矣。且堅因柟攙立吴爲弟，亦嘗屢詞於官，稱其叔父有謀害占據之意，又稱其叔父有變易瞞昧之事。此皆非堅所當言者，然堅實不能自爲此言，必燕喜鬪喋於内，周耀教唆於外，遂有此等犯上之詞。此榊所以怒，而且謂周耀與燕喜有姦濫偷換之事矣。邢氏家業，邢氏尊長不得爲之主，反使外人主之，此榊之所甚忿也。今再三審問，據邢榊口覆及親書供稱，本無怒其姪之意，特不過以堅忘其命立之恩，聽信周耀、燕喜教唆，經縣妄訴，此其真情，在堅亦不能逃其罪。今當廳勸諭邢榊，盡釋宿憾，當撫其姪如子，戒飭邢堅，悉改前非，當敬事其叔如父。家業不可不檢校，周耀、燕喜不可不區處，以絶他日之争，以全天倫之義。周耀欲勘下杖八十，責狀再不得再干預邢堅家事，燕喜勒令日下議親嫁遣。所有家業，牒嘉興府别委清强官，喚集族長，從公檢校，作兩分置籍印押。其邢堅合得一分，目下聽從邢榊爲之掌管，候其出幼，却以付之，仍不許將來破蕩典賣，庶幾叔姪復還其天，存歿各無所憾，其於風教，實非小補。

《名公書判清明集》卷七《户婚門·兄弟一貧一富拈鬮立嗣吴恕齋》

葉秀發無子，本縣援經據法，謂孫與吴皆異姓，不應立，只當於同宗昭穆相當者求之，可謂名正言順。若論昭穆相當，則容之、詠之皆秀發堂弟，而容之子慧孫、詠之子寄孫皆可立也。今乃各以其子争欲立爲秀發後，容之謂已立慧孫三年，詠之亦謂已立寄孫三年。但其親兄瑞之亦無後，容之謂寄孫係已立爲瑞之之子，詠之亦謂慧孫係已立爲瑞之之子。二説交馳，争欲以其子爲秀發後，而不願爲瑞之後。及詳其母孫氏供，初不曾經官除附，則是所立本無定議，明矣。大義所在，親兄瑞之之無後，重於堂兄秀發之無後，舍親就疏，此其意爲義乎？爲利乎？蓋秀發生理頗裕，瑞之家道侵微，容之、詠之徇利忘義，遂鬩於墻而不顧，訟於官而不耻，甚至誣其母以偏受，人情至此大不美。官司若不早與平心區處，非特瑞之、秀發身後俱失所託，而容、詠手足之義，參商益深，甚非所以慰母心而厚風俗也。欲喚上容之、詠之，當廳以慧、寄二名焚香拈鬮，斷之以天，以一人爲瑞之嗣，以一人爲秀發嗣，庶幾人謀自息，天理自明，存亡繼絶，安老懷少，生死皆可無憾。

《名公書判清明集》卷七《户婚門·不當立僕之子》 黄以安不幸早世，無子，雷焕爲之叔，以寧爲之兄，所當哀矜惻怛，狥公協心，爲之立繼，使嗣真得所托，家業可保勿替，此父兄之責也。今以寧不告其叔，自此繼立，爲是雷焕力詆其姪，深以所立爲非，蓋叔姪素有間隙，各有所爲而爲之，其實非真爲亡者計。誅心而論，源頭既不正當，宜其紛紛。事既到官，只當以理法處斷。詳史權縣四不可之判，據法甚明，若事實果合法意，則雷焕爲名教罪人，當無所容喙矣。但阿袁如果非所生，而謂出於生母之命，曹老如果非姓黄，而欲立爲黄氏之子，則是雖有此法，實無此事，何以絶雷焕之詞？况曹老父子如果姓徐，又素爲黄氏僕，履雖鮮，不可加於枕，名分所在，百世不易。以寧亦何忍以僕之子爲弟之子，非特辱其弟，辱其叔，亦自辱其身，而上辱祖先矣。堂堂大族，豈無昭穆相當之人。偏詞雖未可信，但立繼之時，不使其叔與聞，亦有可疑，合追阿袁、阿湯與曹老父子出官供對，及會問黄氏諸尊長，要見阿袁是不是生母，曹老是不是姓徐，阿湯是不是情願命繼，則曲直可以立判。但追人赴軍，恐成淹延，新知縣儘自聰明，牌押下縣，著實追對，從公結絶，申。萬一曹老不當立，雷焕有子無孫，亦無可立之人，請知縣再請宗族親戚識道理者，合謀選立，以盡存亡繼絶之義。郡守職在宣化，每欲以道理開導人心，閭閻小人，無不翻然悔悟，近來親戚骨肉之訟，十減七八。黄亦儒家，雷焕又號白眉，縱以寧所爲有未盡善處，當教訓包涵之，毋懷忿疾，但使以安有後，則爲叔之道得矣。以寧亦當遵從親叔教訓，毋爲異議所惑，各全倫理。此太守之重望。

《名公書判清明集》卷七《户婚門·吴從周等訴吴平甫索錢吴恕齋》

凡立繼之事，出於尊長本心，房長公議，不得已而爲人後可也。今儒其衣冠，乃欲争立於官司已斷之後，爲義乎？爲利乎？但吴從周、吴文甫亦狀訴，吴平甫嘗有親書許錢文約，是官司當廳焚香拈立後來，自相義遜，盡出於公，吴平甫者，又何必許人錢物。引監所訴三項錢，撥入軍學，添助修造。

《名公書判清明集》卷七《户婚門·争立者不可立葉岩峰》 照得張介然有三子，介然身故，其妻劉氏尚存，其長子張迎娶陳氏，早喪而無子。蓋劉氏康强，兄弟聚居，産業未析，家事悉聽從其母劉氏之命，所以子雖亡，寡婦安之，此不幸中之幸也。今有族人張達善狀，稱叔張迎亡嗣續，自以昭穆相當，今應承繼。劉氏年老垂白，屢造訟庭，不願立張達善，其詞甚功。竊詳所供，見得張達善不當繼紹有三。據劉氏狀稱，張達善隨所生母嫁鄭醫，抱養於彼家，遂爲鄭氏之子，有縣案可證。又據劉氏狀稱，張達善原係張自守之子，兄弟兩人，其兄全老漂蕩不歸，死於淮甸。自守之户已絶，若欲繼張氏，合當繼自守之户。此説亦有理，豈可捨抱養之家，絶親父之後，反欲爲他人之嗣，此不可一也。在法：立嗣合從祖父母、父母之命，若一家盡絶，則從親族尊長之意。今祖母劉氏在堂，寡婦陳氏尚無恙，苟欲立嗣，自能選擇族中賢子弟，當聽其志嚮可否。張達善不此之思，反執族長張翔道之狀，以爲當立，安知非偏詞曲證。何況張達善自畫宗枝圖，初無翔道名，顯非親族屬。豈有舍親祖母之命，妄從遠族人之説，硬欲爲人之後，此不可二也。更以張達善供責觀之，達於取劉氏爲叔祖母，陳氏爲叔嬸，張肖祥、梓爲堂叔，尊卑名分，截然不可犯。今張達善之狀，一則欲追陳氏，二則欲押出二叔，三則稱老癃叔祖婆阿劉出官，抵睚甚至，誣訴變寄財産，意在追擾，迫之命立，可謂無狀。其待尊長如此悖慢，若使繼紹，其後決不孝養重親，敬奉二叔，必至犯上陵下，謀叔母之産業，而可爲人子孫乎？此不可三也。世俗浮薄，知禮者少，嗣續重事，固有當繼而不屑就者，未聞以訟而可强繼。既相攻如仇敵，有何顔面可供子弟之職，豈不流爲惡逆之境，此等氣習不可不革。今仰劉氏撫育子婦，如欲立孫，願與不願悉從其意。張達善勘杖八十，且與封案，再犯拆斷。

《名公書判清明集》卷七《户婚門・下殤無立繼之理葉岩峰》　照對朱運幹有兩子，長司户登科，次詰僧，十歲幼亡，未聞有爲下殤立嗣之理。朱運幹情之所鍾，爲族人鼓惑，遂立朱元德子介翁爲詰僧之後。隨即追悔，經縣投詞，遣已多年矣。近朱運幹身故，肉未及寒，而元德訟端隨起，且復欲以其子介翁爲孫。朱司户在苫塊之中，不欲争至訟庭，竟從族人和義，捐錢五百貫足與朱元德。此與可謂無名，其意蓋圖安静耳。朱元德已立領錢文約，又責立罪罰二千貫，文墨顯然，合族乃朱修炳等一一簽押於其後，亦有一狀申繳在官矣。豈謂朱元德已和而復訟，朱修炳又從而曲證之，却謂親約文書不可照用，有此理否？可見族誼惡薄，貪婪無厭，復謀爲詐取之地，使朱司户更罄竭資産，亦不足以飽溪壑之欲。未欲將妄狀人懲治，仰朱司户遵故父之命，力斥介翁，毋爲薄族所摇。今後朱元德再詞，定照和議狀，追入罰錢斷罪，仍回申使、府照會。

《名公書判清明集》卷七《户婚門・已有養子不當求立葉岩峰》　照得阿陳，嫂也，張養中，叔也。嫂欲立遺棄子爲孫，叔欲以自己子爲嗣，嫂叔相争，族義安在哉？在法：户絶命繼，從房族尊長之命。又云：夫亡妻在，則從其妻。阿陳自夫張養直身故之後，已守志三十年，撫養親生一子頤翁，年二十四歲而夭，遂與頤翁立嗣。以祖母之命，儘可以立幼孫；以寡嫂之分，豈不尊於乃叔。揆之尊長命立之條，委無違礙。又在法：諸遺棄子孫三歲以下收養，雖異姓亦如親子孫法。張頤翁於紹定三年身故，其母阿陳當年收遺棄三歲小兒爲孫，名曰同祖，當廳相驗，今方八、九歲，可見所陳不虛。揆以抱養遺棄之條，委爲允當。又在法：諸無子孫，許乞昭穆相當者。阿陳自情願爲頤翁立嗣，庶幾自子而孫，枝派甚順。況法中亦許無子立孫者聽。今張養中必欲以次子亞愛爲繼，殊不知亞愛，頤翁爲弟，若以弟爲孫，則天倫紊亂。揆之昭穆相當之條，委爲不合。今仰阿陳收養同祖爲孫，張養中所陳，礙法寄斷，今後如再詞，押上施行。

《名公書判清明集》卷七《户婚門・官司幹二女已撥之田與立繼子奉祀》　拖詳案牘，黄行之無嗣，有女二人，其長九歲，次幼。今爲立昭穆相當人爲其後，今就二女名下，斡未議得奩具三分之一，與立繼子爲蒸嘗之奉，其於繼絶之義，均給諸女之法兩得之，而黄氏一脈可續。示房長從公分析，申。

《名公書判清明集》卷七《户婚門・雙立母命之子與同宗之子通城宰書擬》　照得天地設位，聖人則之，制禮立法，婦人從夫，亦猶臣之事君也。貞女不從二夫，忠臣不事二君，信天地之宏義，人倫之大節也。是以共姜作栢舟之誓，李氏勵斷臂之操，有光於國風，稱美於前史，豈徒曰一節之善而已哉。烈烈阿毛，其殆庶幾乎。黄廷吉親兄弟四人，上有兩兄，廷珍，次廷新，一弟廷壽。廷吉娶毛氏，端平元年五月，廷吉短命身死，兒女咸無。毛氏之年，僅二十有三爾，且無一子可爲終身之託，秖有二女，又皆不育。慨然以不嫁自誓，此誠人所難也。壯而守節，猶可敬也，況少而守節乎？有子而守節，猶可敬也，況無子而守節乎？若謂其戀黄氏之家業，則七千之税，初不爲富，天下豈無過此者乎？原其立黄臻爲後，誠有非得已者。是時廷新雖娶，尚未有嗣，廷壽病風喪心，未娶。廷珍雖有三子，與廷吉年齒相若，加以廷吉在時，與廷珍素來不諧，兄弟削迹，不相往來。廷吉身死之時，廷珍父子袖手旁觀，無一人前來吊慰。兼其子之不肖，故阿毛於當年十一月内，問其表姑廖氏家乞次子法郎，立爲廷吉後，名曰黄臻，此合緦麻以上親異姓者與人養，三歲以下即從其姓。但黄臻之立，揆之公議，誠未明白。今謂其夫生前收養，不過欲以此蓋其異姓之名耳。一無除附之據可憑，二無宗族之主可證，徒以廷吉既死之後，所造之墓碑經簿，毛景山、黄仲元有詞之後，所給之縣據，欲以爲照，又何足以取信乎？切聞古人言曰：神不歆非類，民不祀非族。是以鄫子取莒公子爲後，《春秋》書之曰：莒人滅鄫。鄫非莒人滅之也，立他種以爲後，陽若有繼，而陰實滅也。然則黄臻之立，謂之毛人滅黄，不亦可乎？以祖宗積累之難，而外姓得以坐占，黄廷珍如之何而不訟乎？但夫亡妻在，從其妻，法有明條。黄臻已立十有八年，子母相安，終始無間，幹當門户，祗奉差役，增置田額，並無一毫顯過。其次伯廷新、廷壽連年延師訓迪，主盟婚對，初未嘗有異説。近因廷新、廷壽相繼之亡，阿毛、黄臻遂失所倚。廷珍之子黄漢龍乃起吞謀之心，鬬合廷珍，興訟不已。其意只欲逐黄臻而自立耳。故前詞自州而縣，自縣而州，盡非廷珍正身，皆漢龍爲之。廷新、廷壽各皆有子，何緣存日全無一詞。二人纔亡而訟興，亦可以見黄漢龍有所覬覦於其間。被提舉使臺洞照肺肝，不墮其計，押阿毛、臻下縣，仰於黄廷新、廷壽子姪八人，當廳聽阿毛自行選之。令外將阿毛見存産業，摽撥作兩分，經官印押，付黄臻及新立之子各人收執，仍聽阿毛掌管。本縣除已遵稟，收管阿毛、黄臻，唤到黄廷壽兩位子姪八人，當縣已據阿毛選立黄廷新次子禹龍，並立爲子。及責毛氏領狀附縣外，所據分撥一節，尋索到阿毛夫黄廷吉受分鬮書，並典買人户産業干照，備引差鄔節監宅牙董丁傑下保，呼集黄氏族長，將黄廷吉分産，從公作兩分均分。

倉司擬筆

諸無子孫，聽養同宗昭穆相當爲子孫，此法也。諸以子孫與人，若遺棄，雖異姓三歲以下收養，即從其姓，聽收養之家申官附籍，依親子孫法，亦法也。既曰無子孫者，養同宗爲子孫，是非同宗不當立矣。而又一條曰雖異姓，聽收養，依親子法者，何也？國家不重於絶人之義也。如必曰養同宗，而不開立異姓之門，則同宗或無子孫少立，或雖有而不堪承嗣，或堪承嗣，而養子之家與所生父母不咸，非彼不願，則此不欲，雖强之，無恩義，則爲之奈何？是以又開此門，許立異姓耳。如黄廷吉、毛氏之所立黄臻是也。黄廷吉兄弟四人，當其初立嗣之時，其二人則未有子，廷珍一人有子，其年皆與黄廷吉相若，不得而立。在法：無子孫，養同宗昭穆相當者，其生前所養，須小於所養父之年齒，此隆興勅也。勅令所看詳，則爲母所養者，年齒亦合小於所養之母。則毛氏不養廷珍之子，正合上條，無可議者。又法：其欲繼絶，而得絶家親尊長命繼者，聽之。夫亡妻在，從其妻。勅令所看詳云：如生前未嘗養子，夫妻俱亡，而近親與之立議者，即名繼絶。若夫妻雖亡，祖父母、父母見在而養孫，或夫亡妻在而養子，各不入繼絶之色。竊詳法意，謂夫妻俱亡，由祖父母、父母立孫，無祖父母、父母，由近親尊長命斷。若夫亡妻在，自從其妻，雖祖父母、父母亦焉得而遺之，而況於近親尊長，如叔伯兄者乎？所以如此者無他，在法：諸分財産，兄弟亡者，子承父分，寡妻守志而無男者，承夫分。妻得承夫分財産，妻之財産也。立子而付之財産，妻宜得而與之，豈近親他人所得而可否之乎？只以此論之，黄臻爲廷吉之子，既合於三歲以下異姓聽收養之法，又合夫亡妻在之法，止立黄臻，不立禹龍，可也。前提舉但以黄廷吉薄有家産，利所在，小人所必争。是以又於黄氏子孫之中，亦立一人，以塞諸黄之意，而息其訟。毛氏亦已遵從上司所行，立廷新之子一人，與臻爲二。廷新之妻徐氏不念其夫存之日，未嘗不扶持黄臻，而延師訓誨之，却聽黄廷珍、黄仲舉之徒所啜誘，謬爲他詞，脱賺其子禹龍，使歸其家，而誣毛氏母子之趕逐。及至到官，卒無毛氏趕逐之可言，而止稱爲黄臻之所打罵。今證其所打罵者，純姓黄之一黨；今證其未嘗打罵者，皆無干礙之外人，雖徐氏所遣取禹龍之人，亦證其無打罵之事。徐氏，愚婦人，不能計利害如此，而當官之言詞，看定官嘗舉其一二，其受廷珍之嗾，真情已發露矣。人生不幸而無子，而立他人之子以爲後，豈有得已哉。當其未立之前，欲立之間，必嘗反覆思惟，物色籌度其克負荷者而立之，一日瞑目，宗族兄弟當念死者之不得已，相與扶持，使至於成立可也。乃反群起而攻之，攻已非也，上司又使之兩立，以息其訟，可以已矣，而猶不已。彼豈真慮黄廷吉之無後哉，直欲攘其平日所垂涎之業，快其兄弟間平日不睦之忿，使緣訟破家而後已。黄廷珍、黄仲舉者，何不仁之至此哉。如毛氏之事，又有可得而言者，足不踐二庭，婦節之大者也。黃廷吉婚娶未久而亡，計其妻毛氏其齒方韶，守義不嫁，爲其夫養子，正使如訴者之言，黃臻之立廷吉已死之後，亦可嘉尚。看定官謂其有共姜之節，聞者皆當爲之起敬，雖盜賊猶當相戒，不入其門，而黃廷珍、黃漢龍、黃仲舉等，乃攻擊不已，至加悖慢。然毛氏在官供責，終無過甚之辭。拖考案卷，猶使人加歎，義夫節婦，朝廷所重，今若聽信黃仲舉等無根之詞，而使毛氏母子被無已之擾，豈不傷守義者之心，而濟不仁者之惡哉。稽之條令既如彼，參之情理又如此，欲牒鄂州，具照已行，並立黃臻、黃禹龍二人，將關書二本，當官抽拈爲定，仍依舊付毛氏掌管。但禹龍已爲毛氏之子，而乃居徐氏家，於理未安，仰目下回黃氏家，同黃臻侍養毛氏。如徐氏再聽人教唆搔擾，止立黃臻一人，將黃禹龍遣歸本家，將所得之分，並付黃臻掌管。黃廷珍合科不應爲罪，但既係廷吉之兄，黃臻之伯，且免一人。黃漢龍係悖慢叔母毛氏之人，押追照原封案，從杖一百斷。黃仲舉自是世名位下，又非廷珍等比，騙挾貪圖毛氏物業，其心可誅，又敢於鄂州已申之後，再經本司，顯見健訟，勘杖八十。取臺旨。

提舉判

所擬已當。再詳案牘，見黃臻之立，乃次伯黃廷新存日主盟，延師教養，與之擇姻，可見立繼分明。廷新死後，漢龍、仲舉意在貪圖，必欲逐去黃臻，以快其私計，不知漢龍等知有夫亡妻在從其妻，及許立異姓之條否？廷新始立黃臻之意，蓋欲安毛氏栢舟之志，徐氏乃廷新妻，豈不知之，況並立之子，即廷新之子，徐氏不當背其夫，而與族中姦貪者爲黨，使之强詞不已。又緣章提舉有並立之判，遂生此曹倖心。照所擬牒州施行。如再詞，將黃禹龍遣逐，止留黃臻，以奉廷吉祭祀，以償毛氏二十年堅節之心，以伐族屬狗利忘義之謀，仍給據，付黃臻。引上兩詞人黃臻、黃仲舉，當廳讀示，先將黃仲舉勘杖八十，斷訖，並入匣，帖通城縣追黃漢龍赴司，拆案勘斷。

《名公書判清明集》卷八《户婚門·當出家長蔡久軒》 立繼之法，必由所由。李氏既是家長，則立繼必由李氏。李氏之詞，則曰已立劉恢繼嗣十餘年，而劉賓暗作據照謀奪。劉賓之詞，一則曰衆尊長立賓男明孫爲繼，二則曰李氏老病昏昧等語。則明孫之立，乃出於群黨之私計，而非出於李氏之本意明矣。本縣所申，未究底蘊，牒州僉廳詳詞結絶，申。

《名公書判清明集》卷八《户婚門·父在立異姓父亡無遺還之條胡石壁》 準法：諸養子孫，而所養祖父、父亡，其祖母、母不許非理遣還。鄭文寶無子，而養元振以爲子，雖曰異姓，三歲已下即從其姓，依親子孫法，亦法令之所許。文寶之養元振，不經除附，當時年歲固不可考，然當文寶生前，鄭逢吉折簡與之，已呼之爲姪，以此勘驗，昭然不誣。今文寶既亡，雖使其母欲以非理遣還，亦不可得，況伯叔乎。使逢吉有感於莒人滅鄫之事，惡族類之非我，恐鬼神之不歆，則但當以理訓諭弟婦，俾於本宗擇一昭穆相當者，與元振並立，如此爲猶出於公也。若其不聽，在法，夫亡妻在者，從其妻，尊長與官司亦無抑勒之理。今據所畫宗枝圖，却言自己有二子，其意果在是乎？真欲紾兄之臂而奪之食也。弟在則誣訴弟，弟亡則誣訴姪，用心不臧，一至於此。當職平日疾惡此輩如寇讎，今日當官，何可不治，杖一百，枷項市曹，令示衆十日。今晚寄厢，來早斷。

《名公書判清明集》卷八《户婚門·已立昭穆相當人而同宗妄訴翁浩堂》 謹按令曰：諸無子孫，聽養同宗昭穆相當者爲子孫。又曰：其欲繼絶，而得絶家近親尊長命繼者，聽之。又曰：夫亡妻在，從其妻。觀此三條，則王氏争訟可一見便决，何至連編累牘，越月踰年，如是之紛紛乎？王學正思中娶江氏爲妻，無子，立弟學録次男爲子，名作霖，娶兩妻，俱無子。王思中夫妻又爲立姪宗二秀次男爲子，名華老，可謂昭穆相當矣。王永錫於華老爲叔父，所畫宗枝及所供狀，並無異辭，江氏於華老爲祖母，亦無他説。祖父、父養之，尊長命之，祖母主之，華老之得爲作霖嗣，安如山嶽，誰得而動揺之哉。王思權垂涎其傍，不顧理法之不當，但知財利之攫取，欺凌孤寡，起事貪謀，妄謂華老已出繼王興祖。及考宗枝，則知不然，蓋出繼王興祖者，非華老也，乃貴老也，王思權自知理曲，前政累追不出，以致詞訟淹延。當職參詳故牘，事理昭灼，正不待思權之出，自可定斷。但江氏尚訴攘奪簽乘、衣服、器皿等事，今大綱既正，末節即與闊略。引示思權，如今後不安分守，妄生事端，官司定與追究斷治。案給斷由付江氏收執，當官除附，備榜縣門，申州並提舉司照會。

《名公書判清明集》卷八《户婚門・已有親子不應命繼大水》 拖照案卷，見得陳縣丞任内，亦曾批判，方森既無親兄弟，安有支書，既有妻阿黄親生子方治，安用命繼，顯見虚妄。門示。權縣雖能察其情，未與正其罪，遂致方龜又復番訴。方其番訴之初，在當職亦不能無疑。今勒逐名供具，要見方森、阿黄、方龜、方柳姑、方治見幾歲，其方森於何年月日身故。今據具到見得方森係庚申生，年二十而娶阿黄。其阿黄係甲子生，年十六而嫁方森。阿黄於癸未年内親生一女，名柳姑，五歲喪父，見年一十五。阿黄於乙酉年内親生一男，名治，三歲喪父，見年一十三。所謂方龜者，據其供稱，係是方森就伯方凱抱乞爲子，年方八歲，於丁丑年五月，隨父方森同到書坊，開小典買賣。己卯年正月，龜父續娶阿黄。以丁丑考之，方森年始十八，而已抱養方龜爲子。大抵無子立嗣，初非獲已，不是年老，便是病篤，豈有年始十八，無故抱養他人八歲男爲子之理。兼方龜狀貌老大，亦非二十八歲少壯者之比，虚妄情節，於斯益見。取索支書，日復一日，遷延不到，迫之稍急，乃以白紙來上，並不經官印押。爭分全憑支書，有印押者尚多假僞，不足憑據，而況不印押者乎？看來方森與方龜年歲相去不多，而方森在日，方龜想隨其在書坊買賣營運，今見其死後有遺下物業，遂啓貪圖之心，創爲抱養之説。不然，則方森家事，在方龜何爲知得如是詳悉？幸人之死，分人之業，非特論擾良民，亦是紊煩官府。方龜勘杖八十，押出縣界，若要番論，給據從便，所有白紙支書付案。

《名公書判清明集》卷八《户婚門・立繼營葬嫁女並行建陽》 涂子恭死，無嗣，堂兄涂子仁以次子爲之嗣，義也。親弟涂拱以三喪未葬，姪女未嫁爲憂，亦義也。夫既曰義矣，立繼之遲速，喪嫁之後先，宜並行而不悖，而自爲紛紛者，何也？毋乃事在此而意在彼歟？風俗薄惡，良可重歎，使涂子恭無祖業，無分法，應無過而問焉者矣。有司不忍助爲紛紛，各勉以爲義之實。照得涂子仁以其子淮孫繼兄涂子恭後，昭穆爲順，於條無礙。但涂子恭、涂拱兩房未見物業若干，引示門長，從公檢校，取狀申，聽淮孫爲子恭後。仍取責涂拱，日下同姪淮孫安葬三喪，遣嫁姪女狀入案，庶幾並行而不悖，以全兄弟死生之義。仍申提舉使臺。

《名公書判清明集》卷八《户婚門・父子俱亡立孫為後建倉》 絶家命繼，有一舉而兩得者，謂如父子俱亡，無人承紹香火，不必爲父命繼而立孫，則父之香火在其中矣。王聖與有子二人，長怡，次蜀，皆不幸早世。於是立廣聞之子惠孫爲怡之後，立廣祚之子衡孫爲蜀之後。適不幸王廣聞之長子淵道俱死，其惠孫只得歸所生父家，承紹王廣聞之業，而王怡之香火絶矣。雖然惠孫雖去，衡孫尚存，是蜀有後而怡無後，蜀之香火不絶，則聖與之香火亦不絶，但可惜王怡爲不祀之鬼耳。族長王聖沐經本司陳乞，照條擇昭穆相當人，爲王怡命繼，義當然也。本司遂與行下通判廳指定。尋據申到因依，見得惠孫雖歸所生父家，尚欲包占王怡一位絶業，此聖沐所以有詞。兼王齊翼即聖與之父。同男聖與、婦余氏在日，曾於嘉定十三年經縣陳稱，不欲立廣漢爲聖與之嗣廣漢即聖與之堂姪。遂立堂姪王廣聞之子惠孫，爲男王怡之嗣。今來惠孫既已歸宗，只得就本宗内選一昭穆相當人，繼承王怡香火，其理甚明白。本司遂與行下本縣。續據申，唤到王家族長王聖泰等，契勘只有王廣炳次子淵海，方三歲，唤王怡係是叔行，此外别無可繼之人。本司再下契勘，如果詣實，即與立繼訖，申，蓋欲更加詳審耳。今却據族長評議，已立淵海繼王怡外，更欲立王廣漢爲聖與之後。究其所以，乃謂余氏在日，有此遺囑，殆與前此通判所申王齊翼父子並余氏不欲立廣漢之説背馳。設果有遺囑，便合經官印押，執出爲照，不應直待王怡命繼後，方賫出遺囑攙立，爲族長者又附會，而爲雙立之説，此不過又生一秦，相與破蕩王怡物業，於理委是難行。只合行下本縣，聽立淵海爲王怡後，怡之香火不絶，則聖與之香火亦不絶，所謂一舉兩得是也。奉提舉徐户部宫講臺判行。

《名公書判清明集》卷八《户婚門・所立又亡再立親房之子建倉》 照得王廣漢所爭立繼事，以本條論之，王怡不在，只合於近親中擇昭穆相當人，與之繼後。王廣漢，從兄弟也，使其是時已有兩子，則以近親而言，固不當捨其子而立遠族。只緣此時王廣漢次子未生，族人以王怡不可絶嗣，同共商議，立王廣炳之三歲子淵海。其淵海雖是遠房，昭穆既順，諸房則未有子，所以皆無可爭。獨王廣漢者，一時不忍以其祖業分與遠房，遂經官陳詞，執出遺囑，以爲王怡之母曾立其爲嗣，欲與淵海雙立，乃爲叔孫。官司以其遺囑未甚正當，方此尼而不行。豈料淵海得立未幾，忽爾身故。當是時，王廣漢亦既有次子，官司立爲王怡後，族人夫誰得而爭也。縣道有失契勘，乃又立王奇爲淵海子。夫以三歲幼亡子，違法越次，與之立嗣，安能弭争者之詞。其王廣漢爭訴在官，尚未予決，而所立王奇，又爾不在，豈亦造物不欲以王朝散之業，使外房計較而得，必有所待而後與耶？王廣漢之子王椿，既是王朝散直下子孫，立爲王怡後，名正言順，昭穆相當，考之本條，皆無一毫可疵。但其間有王聖沐者，號稱族長，握繼立之權，專事教唆賣弄，前後詞訴，此人必入名於其中，惟知鼓扇族人起爭，以爲一己邀求之利，全不念族人敗家失業，皆職此妄興詞訴之由。近王聖沐又經本司陳告，欲再與王淵海立子。況向者與三歲幼亡子立孫，官司有失契勘，至今惹訴不已，今若再蹈前非，則是復墮王聖沐之姦計也。欲帖縣，照條從公以廣漢次子王椿爲王怡後，除附給據。其聖沐與王怡、王廣漢既服屬疏遠，且爲人不公，不當干預。仍告示王聖沐，如再有詞，定斷以健訟紊煩之罪。限三日具申，奉提舉徐户部臺判，所擬甚當，從行。

《名公書判清明集》卷八《户婚門・命繼與立繼不同擬筆》 命繼有正條在，有司惟知守法，而族屬則參之以情，必情法兩盡，然後存亡各得其所。江齊戴無子，論來昭穆相當，則江淵之子名瑞者可繼之；而族黨之訴，則謂江淵嘗以子繼齊孟矣，不能盡爲人後者之責，故欲以江超之孫名禧者繼齊戴。今契勘禧乃超之子，非孫也，非孫則昭穆不順，有司雖欲從之，不可得也，無已，則别擇他派。按江氏宗圖，自仲任而下，分爲三枝，其應億、周彦二派之下，各五傳而止，惟元偉一派至八傳，如此則惟有元偉派下第八傳諸孫，可以繼齊戴耳。八傳諸孫不惟江瑞一人爲可繼，但詞訴紛紛，既失族黨之意，官司若遽然令其繼之，恐無以得衆心，或生後詞，是繼之者乃所以累之也。當職再三審處，必欲使情法之兩盡，然猶慮族黨之論未能盡公，而枝派所畫或有所隱，不可遽憑以定斷者。竊見江淵、江齊戴二人者，皆集撰侍郎游公之婿，今爭立人江瑞，正侍郎之外孫，當立不當立，可立與不可立，只當取正於侍郎。蓋侍郎碩德雅望，必能爲息族黨之紛訴，公心正理，必能照破族黨之私情，一語可決，庶幾情法兩盡，而可全其族黨之義，顧不美歟。帖本縣知縣，請親詣侍郎宅，稟白上項曲折，仍與其族長折衷，定爲一說，回申，本府却與從公照條施行。一行人並送縣，照已判。

再判

照得江瑞、江禧爭繼江齊戴之後，昨來使府臺判已詳且盡矣。所以帖縣稟白游侍郎，合其族黨，求折衷而爲一説者，蓋欲情法之兩盡。今本縣繳申侍郎之回劄，族長之陳詞，其説猶未一。準臺判，察推擬呈，竊謂立繼、命繼皆有條令，揆之於法，江禧之繼，昭穆不順，誠不當立，其可立者江瑞而已。然察之衆情，侍郎爲江淵、江齊戴之外舅，方不平江淵之所爲，而不願與其爭。江劉員乃齊戴之親兄，方歷舉江淵之過，而不願立其子，蓋自可見矣。況東老一位三子，長劉員，次齊孟，次齊戴，向者齊孟死而無後，江淵嘗以一子繼之矣，不能盡爲人後之責，致爲其母王氏所訴。今齊戴之嗣弗續，江淵又欲以子繼之，如此則其位下三房物業，江淵者得其二，此族黨之所以必爭，而詞訴之所以紛紛也。再三紬繹，欲合情，欲息訟，必當酌其法之中者而行之，斯可矣。江瑞之立，當以命繼論，不當以立繼論。檢照淳熙指揮内臣僚奏請，謂案祖宗之法，立繼者謂夫亡而妻在，其絶則其立也當從其妻，命繼者謂夫妻俱亡，則其命也當惟近親尊長。立繼者與子承父分法同，當盡舉其産以與之。命繼者於諸無在室、歸宗諸女，止得家財三分之一。又準户令：諸已絶之家立繼絶子孫，謂近親尊長命繼者。於絶家財産者，若止有在室諸女，即以全户四分之一給之，若又有歸宗諸女，給五分之一。止有歸宗諸女，依户絶法給外，即以其餘減半給之，餘没官。止有出嫁諸女者，即以全户三分爲率，以二分與出嫁諸女均給，餘一分没官。法令昭然，有如日星，此州縣之所當奉行者。今欲照上條帖縣，委官將江齊戴見在應干田地、屋業、浮財等物，從公檢校抄劄，作三分均分：將一分命江瑞以繼齊戴後，奉承祭祀，官司再爲檢校，置立簿曆，擇族長主其出入，官爲稽考，候出幼日給，江淵不得干預；將一分附與諸女法，撥爲義莊，以贍宗族之孤寡貧困者，仍擇族長主其收支，官爲考覈；餘一分没官。庶幾覬覦之望塞，爭競之心息，人情、法理兩得其平，而詞訴亦可絶矣。區區愚見如此，判府大卿臺判施行。帖委建陽縣尉從公檢校申，限十日。察推再擬。照得上件事爭訴日久，今若委縣尉檢校，或有差出，恐致拖延，又惹詞訴。欲就府委官一員前去，喚上江宅幹人，取索砧基祖簿，集本族尊長，從公點對，從條檢校，徑行均作三分，就縣廳同所委官及房長撿拈開具供申，照限十日。其餘浮財什物一並檢校均分，毋令偏曲。奉判府臺判委合同。

《名公書判清明集》卷八《户婚門·先立一子俟將來本宗有昭穆相當人雙立方鐵庵》　丁□□無子，争立者凡三項。知縣主其族人所推丁僖者，固然矣。僉廳猶有疑焉者，若□氏果其妻，則有夫亡從妻之條，然乘□□死日乃入，婦人有無耻者若是乎。□□父妾安安主其女夫家孕婢，指爲□□遺腹，有嫂□氏之語，而族人不以爲然也。若鄧氏即安安果生□□，則有諸户絶人有所生母若祖母同居者，財産並聽爲主之條。然鄧氏詞稱□□爲亡男，又自曰庶母，而丁一鶚則謂只生一女之妾，是生母之説未必然也。帖縣吏與契勘，著實保明申，十日□□□□□□□□□□□□看詳案卷，參以通判所申，見得丁□□無嗣，丁僖孫三從姪，雖昭穆相當，但年二十有一，已承父分，已自婚娶，與□□素有讎隙，入其家，亂其妾。又近親一鶚、一夔，庶母、繼母之所不樂，若强立之，何以絶詞。榮孫，異姓也，七歲，且遺囑非真，似難争立。貴奴之子雖異姓，方在襁褓，而一鶚、一夔、鄧氏□□皆所願立，固非所由尊長。參之人情法意亦近之，然使獨立，恐不能絶丁僖之詞。莫若照條檢校，先立貴奴之子，仍俟丁族子孫之生者，擇昭穆相當而並立之，而鄧氏□□不許典賣，庶幾□□之業可保，而欺孤滅寡之徒，可絶覬覦之望矣。

《名公書判清明集》卷八《户婚門·檢校嫠幼財産吴雨巖》　方天禄死而無子，妻方十八而孀居，未必能守志，但未去一日，則可以一日承夫之分，朝嫁則暮義絶矣。妻雖得以承夫分，然非王思誠所得干預。子固當立，夫亡從妻，方天福之子既是單丁，亦不應立，若以方天福之子爲子，則天禄之業並歸天福位下，與絶支均矣。先責王思誠不得干預狀，違從不應，爲杖斷。仍將天福押下縣，唤上族長，從公將但干户下物業均分爲二，其合歸天禄位下者，官爲置籍，仍擇本宗昭穆相當者立爲天禄後。妻在者，本不待檢校，但事有經權，十八孀婦，既無固志，加以王思誠從旁垂涎，不檢校不可。請本縣詳判區處訖，申。

《名公書判清明集》卷八《户婚門·無證據范西堂》　饒操無子，養應申以爲子，儻果有庶出之親子，不自撫育，並母逐去，以嫁其僕李三，非人情也。今李三之子李五，謂其母懷孕而出，以嫁李三，自陳歸宗，何所據而然也。準法：諸别宅之子，其父死而無證據者，官司不許受理。李五生於李三之家，年逾二十，父未嘗以爲子，其無證據也決矣。李三，饒操之僕也，二十年間，往來饒操家，不知其幾，必嚴主僕之分，欲爲子者果如是乎？據李五所供，謂是生母之出，母實逐之，理固有此，第母死十年之後，饒操身故十年之久，非一朝夕，饒操胡爲一併棄逐。初母死而不持母之喪，今父死而欲分父之業，夫豈可行。越年二十，明居李三之家，而陰爲饒操之子，天下豈有無父之國哉。夫父子，天性也，不可以强合，縱是其己之所出，而父不認，亦無可强之理，矧爲僞乎？昔衛太子歸詣北闕，公車以聞，是否未可知也，衆方艱於區處，京尹雋不疑乃叱從吏收縛，謂太子得罪先帝，亡不即死，今來自詣，是罪人也，詔獄而竟得其僞。夫大義所在，古今不易之理，家國雖異，其理則同，以義斷之，何所容喙。緣李五出没於族人之家，往往多有主之者，若問族長，必有出而證其實。大槩饒操過房應申，族多不平，乘機抵巇，令得以騁。若果崇篤族義，其行以公，當操存日，何不俾正父子之名於一時，絶紛争之禍於他日。胡爲操死之後，遽相扶持，以圖終訟，族義之薄，莫甚於此。郡縣所斷，反覆辯證，如見肺肝。今之爲政，非曰知之艱，必須行之果也，及至無訟，家已用喪，卒墮族人之姦。李五勘杖一百，編管鄰州。李三本是饒操地客，押出縣界，有詞決配。

《名公書判清明集》卷一〇《人倫門·互訴立繼家財蔡久軒》　姜子朝爲人之壻，肆其搬傳，而欲絶妻家之祀。徐巖甫爲人之子，不能公於財利，而激其母之訟。李氏爲人之母，私意横流，知有壻，不知有子，知有女，而不知有夫家。三人者，皆不爲無罪。姑照僉廳所擬行，各責戒勵狀，如更紛紛不已，徑追姜子朝，正其離間人母子之罪，追徐巖甫，正其不能承順其母之罪。如是而又不已，則是李氏有意於絶其夫之家，在官府亦不得而恕之。各盡其爲子、爲母之道，毋貽後悔。

《名公書判清明集》附録二《陳如椿論房弟婦不應立異姓子為嗣》

使州送下陳如椿論房弟婦劉氏不應立異姓子爲嗣委本縣照條看定，申。本縣參考案牘，又有見任辰溪知縣陳敏學申州公狀，亦與陳如椿之詞一同。劉氏以爲其夫寧鄉知縣陳邵於甲寅年在潭州抱養同官遺棄之子，立名志學，經今十六年，即非今方立爲嗣。辰溪知縣陳敏學及陳如椿却稱知縣不曾立外人爲嗣。今考陳如椿之辭，以爲知縣癸丑年離任，志學甲寅年始生，則是在潭州時猶未生此收養之子。據劉氏賚出印紙，陳知縣乃是癸丑年冬十一月方滿，亦安知非其尚留潭州兩月間收養志學以爲子乎？又考陳如椿之辭，以爲知縣但有庶生子六三哥，即無收養之子。據劉氏却稱六三哥亦是收養之子。及再令陳如椿供對，却是收養吳博士之子，其言詞又自反覆。則其所告志學非收養之子，亦是虛妄可知。又據劉氏賚到自童蒙以來讀書學字十數卷，皆積年陳舊文字，問其所從之師，則在撫州者，見有先生姓饒。及請到饒先生供對，則又稱去年陳知縣已送志學相從讀書，豈得以爲身死之後，旋立十五六歲異姓之子乎？陳知縣年五十有七而亡，其妻劉氏亦年五、六十歲，其相處不爲不久，何其夫身死之後，乃信幹僕之言，立十五六歲素不相識之子以爲嗣乎？則陳如椿之虛妄，無可疑者。陳如椿自稱挾術爲生，則其爲人乃破落，把持起倒劉氏錢物而不得，遂扶陳敏學論訴，意欲立敏學之子爲陳知縣之嗣，異日並有劉氏物業，此市井破落之常，不足深責。辰溪知縣陳敏學身爲士夫，不顧義理，不念劉氏乃其叔母，亦敢移文本州，與破落陳如椿挾同妄訴，欲以呑併叔父之業，廉耻道喪，莫此爲甚。今據劉氏所供，辰溪知縣陳敏學之父一機宜，亦是陳安撫收養遺棄之子，今乃罪劉氏不合收養爲不當，是責其祖，辱其父也。爲人子者，責其祖，辱其父，誣其零丁孤寡之叔母，罪莫大焉。合將陳如椿重行勘斷，念其於劉氏之子有族伯之親，申解使府，乞將陳如椿責戒釋放，仍牒辰溪知縣知委，庶其少知改悔，以全士大夫之名節。餘人放。

《名公書判清明集》附録二《謝文學訴嫂黎氏立繼》　謝文學名駿，訟其嫂黎氏不立其子五六冬郎爲嗣，而立堂兄謝鵬之子五八孜爲嗣。自嘉定三年論訴至今，經隔五年。寧都楊知縣、柯知縣，贛州僉廳及本州趙司法皆以爲立嗣當從黎氏，謝文學不應争立，援法據理，極爲明白。寧都縣曾追到黎氏出官供責，稱是其夫謝驂在日，與弟謝駿時常争鬧，有同宼家，又稱其夫病重，稱欲立謝鵬之子五八孜。又追到族長數人，並稱謝驂不願立謝駿之子，而願立謝鵬之子。在法，夫亡妻在，從其妻。便使謝驂元無意立謝鵬之子，尚聽黎氏所立，況又出於謝驂之本意乎。謝文學駿健訟不已，復經轉運使臺，必欲争立。且法令以爲不當立，兩知縣以爲不當立，本州僉廳以爲不當立，提刑司委送趙司法亦以爲不當立，其族長以爲不當立，其嫂黎氏亦以爲不當立，謝駿何人，乃敢蔑視官府，違慢條法，欺凌孤幼，斥責族長，顯是豪横，難以輕恕。照得提刑李吏部惡其健訟，嘗將謝駿枷禁州院，今來尚不悛改。今據謝駿復遣幹人謝卓前來本縣投詞，錮身解轉運使衙，欲乞併追謝駿痛賜懲治，以爲豪猾健訟者之戒。

《名公書判清明集》附録三《德興縣董黨訴立繼事》　臺牒所謂引誼歸宗以明一本，不刊之言也，如此則無訟矣。惟其訟久未熄，合爲折衷。董黨見逐於母雖久，然自始至終，止訟其僕，未嘗歸怨於其母，況嘗爲所養父承重，別無不孝破蕩之迹，向來之逐之也，其罪其情之可諒一也。補中綾紙，既作所養父三代，今則進退兩難，其情之可諒二也。但此事當以恩誼感動，不可以訟求勝。帖兩縣：請董、許二士亦以臺牒及當職此判，請二士更爲調護。趙氏若能念董黨乃夫在日所立，幡然悔悟，復收爲子，則子無履霜在野之怨，母無毁室取子之誚矣。蓋見行條令，雖有夫亡從妻之法，亦有父在日所立不得遣逐之文，趙氏若不幡然悔悟，它日續立者恐未得安穩，豈如及今雙立，求絶争訟，保守門户乎。董黨亦宜自去轉懇親戚調停母氏，不可專靠官司。

《名公書判清明集》附録三《樂平縣汪茂元等互訴立繼事》　死者有兒有女，豈有四世再從兄弟欲以其子雙立之理。提刑司不比樂平縣，汪伯仁押下司理院勘問。假寫除附公據及過房書帖之人，如實供，當與闊略，或更隱諱，枷勘。及讀判，汪伯仁不到奉判，此必是本司見役公人有與之相爲表裏者，楊季和且勘下杖一百。今後呈覆書擬公事，兩詞人並仰押在廳前聽候書判，如已判而無人可讀示也，定將當行人送鄰州勘。取諸吏知委。

（明）蘇茂相《新鐫官板律例臨民寶鏡》卷八《産業類審語·呑産》

某氏夫死未期，某某等因其無嗣，謀呑産業，逼令改嫁，貪殘之人，綱常中大變也。氏無奈何，召彼兄弟至家訴告。不獲己也，豈爲私運財物。服未滿而遽撤靈幃，産强呑而即封倉屋，不義不仁，莫此爲甚。依强梁律取供，另行繼立，旌獎孤貞。

（明）蘇茂相《新鐫官板律例臨民寶鏡》卷九《彝倫類審語·究脈續祀》　龔氏亂中拾兒，不知何自。據黄玄稱果係待貞之子，事或有據。然龔氏幼則撫育，長則婚娶，其香仔受恩於龔氏不爲不深矣。斷無歸宗之理。如以情處，香仔二子一歸龔氏，一歸待貞，存兩族香火可也。

（明）祁彪佳《莆陽讞牘》卷一《一件慘滅禋祀事》 審得方啓休有兄啓寅，故而無子，啓休有三子耀如、瑩如、尾仔。休以尾仔繼寅，是亦宗支之正派。休之二子已死，止存尾仔一人，此方武珍之所以有詞也。然休之二子雖死，而二子各有一孫，則休之三支仍俱未絶，而以幼子立繼非妄也。啓寅遺妾黃梅花抱螟子方瓊，年尚幼小。黃氏苦訴不願尾仔爲繼。雖寡妾之言未足全據，而平日啓休把握兄弟之貲産，使黃氏母子不安，以致興詞，則黃氏之苦訴亦有至情在也。夫有應繼，有擇繼。尾仔不謂之應繼不可。若言擇繼，則必擇自啓寅。據武珍稱，啓寅立珍爲後，已有治命，雖無遺囑可憑，而方如玉現在，確證可信也。啓寅螟子不宜承祧，則以尾仔爲應繼，以武珍爲擇繼，是可以杜後日無窮之訟端矣。啓寅現産殊爲蕭然，武珍願爲人後，而嘗區區産業之是計乎？據黃氏稱，寅遺房産物值若干，半爲休之所有，此亦未足全據。即以前府堂之審詞論之，方六娘還休四十八兩之價，所稱還債、贖房、行聘等費，非啓休費耶？謂啓休而於兄産並無隱侵，本館不信也，今姑不深究，祇以現産分計。螟子無預繼事，方瓊祇量給田地三畝，其七畝着尾仔與武珍均分，歲時蒸嘗二子共之，存繼之名不計繼之實可也。俱各免科。

（明）祁彪佳《莆陽讞牘》卷一《本府一件呑業滅禋事》 審得翁光俊之子宜旺原承繼光馨之兄時長。光馨告繼子廢祀，必自有故。兩造告息，姑行准從，各罰穀一石，免罪。

（明）祁彪佳《莆陽讞牘》卷二《一起奪繼慘天事張氏告曾懷等》 審得立嗣者以序，亦須以賢，繼子先從繼父。曾宦應驄生子士俊，身故無子，以長房應鯤之次子體胖爲子。胖故，胖之長子震侯繼之。於法於情亦既恰矣。乃應鯤長子之次子懷奇以爲論序應以長房之長繼三房，而長房之次不得預也。應夔遂有立合同嗣懷奇之舉，乃震侯之母張氏因前此夫曾繼於曾宦應驄以子從父不肯甘心，復有此告。方案審間，而族長曾成宗等咸具討逆之詞，列懷諸惡狀以爲破曾宦之産業，墮曾家之聲，且懼曾宦之不血食也。是則以序須合之以賢矣，據其詞中究懷之一端已足以亡家，而況可儼然承二守之祀乎，此曾生應夔所以極口訟其不可承祭，而曾生士璜噤不敢言也。查曾宦有遺租幾四百石，遺債百餘金，除充祭之外，所可問者租三百一十石耳。而已前應夔得九十石，士璜得三十石，懷奇得一百五十石，而震侯亦祇得三十石。百餘金之債撥三十九兩與諸姑姊，而士璜、震侯祇各得十兩，震侯之不甘已矣也。固也，今立震侯爲曾宦之繼，蓋從震侯父體胖之序也，其一百五十石應盡爲震侯産。但念懷奇曾有繼議，且亦親支，撥租三十石與之，而震侯合之已前之三十石，亦一百五十石矣。應夔以十石爲蒸嘗業成議，此外一切砌墳祭祀之事俱以責之震侯，懷奇不得篡而入也。應夔獨得租九十石似屬偏饒，所以震侯、懷奇皆指摘及之，今勸應夔捐出二十石爲二守公祭産，應魁亦當無詞矣。懷奇踞業而招尤，震侯不能預定於前日，各薄罰備賑。

（明）祁彪佳《莆陽讞牘》卷二《本縣一起欺祖滅業事吏房行》 審得黃國梁軍祖有房一所，有租十五石，房值三十兩。向吳縣審國梁應當此軍，則祖約當軍之人即得田房，國梁正其應得也。但祖約當軍之人即奉祀香火，而國梁祖房爲原房主贖去，國梁雖應得銀，而香火存之何處，着國梁自覓一房居住，并存香火可也。此狀爲黃于美所告，今于美出首不認，必有唆此訟者，姑不究；國梁贖房不告於通族，量罰穀一石。

（明）祁彪佳《莆陽讞牘》卷二《縣詞一起篡繼絶食事禮房承》 審得吳氏之子陳皇都身故無子，繼之者應朝燦之子信仔，吳氏會族立繼矣。當皇都身故時，叔元俊借銀四兩代之棺殮。今信仔既承繼，又得繼房六間，應認還此銀，而推諉不管，且使吳氏生養死葬俱無有主，故興此訟。合着信仔供養繼故，繼母死則棺殮以禮，此訟可息矣，朝燦罰穀二石。

（明）顏俊彦《盟水齋存牘》卷一《涎産興訟吳敬章杖》 審得陳亞安，吳存章之養子也。存章與敬章、茂章俱同祖兄弟，存章無子，敬章止一子，茂章有二子，則應以茂章之次子承祀，而兄弟不甚相好，血抱亞安，生養死葬均亞安任之，茂章輩不與也。雖遺田二十八畝，而揭債以了喪葬之費，一一清楚，所餘亦不多矣。況未亡人郭氏又須亞安贍養乎？今斷田四畝於茂章之次子，以杜其爭繼之端。亞安永奉茂章之祀，以無廢墜，不許歸宗。茂章安享四畝之産，偃鼠之腹滿矣。敬章垂涎兄産，捏詞起訟，甚無謂也，杖之。並令亞安代贖，以全叔伯之好。招詳。

本府批：依擬發落，庫收領狀繳。

（明）顏俊彦《盟水齋存牘》卷一《爭繼方懿生杖》 審得方懿生、

方德生皆方鍾棠之族侄也，懿有二子皆出繼族中，不久罄其嗣產，暴棺不葬，其爲人後可見於斯矣。彼時棠以族長深刺其非，情原不洽，乃棠亦未有子，擇德生爲嗣業已有年，懿生耽耽其產，强欲梃繼，不思覆轍在前，棠肯以半生苦挣之資供其一擲乎？至駕捏風化，誣叔蔑嬸，世曾有願爲人後而無尊無親，横口撒潑若此者，言之真髮欲上指也。懿生自恃狡吏，甘蹈悖逆，有干行止，法應遞革，念處人骨肉之間，姑擬杖懲。招詳。

兵巡道批：方懿生二子出繼嗣者，棺尚暴而繼產已没，又欲奪繼堂叔之嗣而忍以惡聲加諸叔妾乎？喪心極矣。仰加責二十板，姑依擬贖發，庫收繳。

本府批：方懿生以二子爲人後而罄產暴棺，誰復有願以爲後者，捏訟以奪鍾棠之繼，棠肯甘之乎。合以行止革役，姑依如詳，免革杖發，仍候道詳示行。

（明）顔俊彦《盟水齋存牘》卷一《挾私訟屋謝文華杖》　審得謝文華伯建宸故絶，無應嗣者，遺房屋一座，税業七分，附大宗祠四房輪管流祭，是建宸無嗣而有嗣也。文華欲私之而以小宗爲言，其如小宗之未嘗有祠何？衆論俱不宜華，華亦無以對故伯於地下矣。其田屋聽照舊附大宗輪管流祭，杖文華以破其私可也。招詳。

海道批：謝文華挾私争業，杖儆允宜。依擬贖發庫收繳。

（明）顔俊彦《盟水齋存牘》卷二《訟繼陳騰宇等杖》　審得陳炳秀故絶，已有陳亞肖繼之矣。惟是炳秀尚有子峻無繼，鄧旗高所爲有繼父子絶之呈也，但目前無可繼者，與其攙入疏枝而起無窮之争，何如聽本枝他日茂衍而繼之未晚乎？旗高之呈似公，但其言似不能無憾於陳騰宇等者，或另有所爲也。據稱逐母毁靈，未必若是之甚。爲人後者，不可不善處之乎？杖亞肖，儆嗣子之薄也。騰宇爲兄而不能誡其弟，且佐之訟，並杖。

（明）顔俊彦《盟水齋存牘》卷二《争繼黎瞻詒杖》　審得黎宗儒兄黎梁故絶，前府審以宗儒之子名奇及黎瞻詒之子士熹並繼，業奉使司詳允，定繼有年。今士熹夭折，自應併之名奇，無可推敲。若以士熹已婚，不可無祀，亦須俟名奇有子議所以嗣之未晚，不得又旁扯一人以起葛藤也。宗儒稱繼産爲瞻詒盜廢，士熹未死之前不必問，果係目前所廢，應追還名奇管業。黎瞻詒覬覦非分，一杖無辭，餘免株求。招詳。

布政司批：立繼所以爲亡者蒸嘗計，擇一次序相應者承之足矣。乃議並繼，以厭俗情杜釁隙耳，其實非法。今並繼之士熹既夭，餘業自應歸併名奇，瞻詒不得妄覬分毫矣。即欲議繼士熹，又不得捨名奇之子而别求矣。天理王法，昭昭難昧。黎瞻詒逞私謬争，姑依擬杖贖發落，餘如照，庫收繳。

（明）顔俊彦《盟水齋存牘》卷二《争繼黄無象等二杖》　審得麥氏以父大聯故絶，無承祀之人，慮爲若敖鬼而哀哀上控，情之所不容已也。質之通族麥雁門及親聞斯行等，以本枝已無可繼，求它枝之可繼者堯年一人，麥之族以爲可繼則繼之而已。黄無象甥也，有所去取其間，則私也，非公也。麥姓之繼豈外姓所得主張，况卑幼乎？麥如翰不能善處骨肉與黄無象挨身作主，各杖無辭。招詳。

提學道批：麥堯年準繼，麥大聯依擬，麥如翰、黄無象杖贖發落。庫收繳。

（明）顔俊彦《盟水齋存牘》卷二《争繼黄恒恩杖》　審得李崇敬、李禮從等祖生四房，崇敬爲長房，禮從爲四房，其二房三房俱絶。崇敬爲長房，次子應繼二房。禮從止一人，不堪出繼。四房尚有和所之子禮讓、聖聰二人，則應以聖聰繼三房，昭穆不紊，房分不偏，於情於法無不當者。何庸輪流祔祭日紛紜其争也？且有可繼與輪祭，律例所不載。兩造之囑書，衙官之審語，俱付之一炬可矣。其現存之業各書一册，印給管業，不許互侵互匿。是役也，皆外戚黄恒恩、黄懷波從中把持，挑激使然，各杖示懲，餘免科。

（明）顔俊彦《盟水齋存牘》卷二《越繼蕩産濮澄源三杖》　審得濮和有長子濮之幹，夭而無嗣。議立祀則和自有三子，已經婚娶生子，繼之未晚。且濮和現在當聽爲政，濮澄源爲和之侄，則澄源之子於之幹爲堂侄，非嫡侄也。安見和三子之必不生子，而突議堂侄入繼乎？且和於澄源爲嫡叔，而澄源恃其子衿，恣意憑凌，滿口蔑詈，豈有讀聖賢書厠足宫墻者而若是？且毋論萬無繼理，果應繼矣，堪即以繼業付之一擲轉屬宦門乎？是明知其産不可踞而借宦彈壓之也。譚宦不察，墮其雲霧中耳。非是者澄源何急於求售，而三倍寫契又止領價一半，據其訴詞已和盤托出矣。濮之族長生員濮大章亦澄源親叔，抵掌言之，真可髮指：誣叔棄嫡而鍾行吾證罪一，誣弟爲庶孽滅嫡而吴氏證罪二，借勢欺耄叔罪三，串棍馮紹虞、伍秀卿爲虎翼慣行局詐罪四，朦朧立契騙鄉紳之銀罪五。三尺凜然，豈容凶衿漏網，應行學除名，詐欺擬配，並請加責，以爲借衣巾而凌尊長者之戒。馮紹虞、伍秀卿同黨爲姦，罪亦如之。譚宦原交銀監追完日發配。招詳。

察院批：濮澄源以章縫而期詐服叔，士品可知，徒革有餘罪焉。馮紹虞、伍秀卿朋黨騙噬，配懲允宜。與濮澄源各加責三十板。馮紹虞、伍秀卿序發濛裹、平圃二驛。餘如照，庫收收管領狀繳。

（明）顔俊彦《盟水齋存牘》卷二《訟繼陸文煉杖》　審得陸文煉爲文燦之嫡弟也。燦叔純禮故絶，應燦入繼，奉祀有年。乃禮妻黄氏忽以文燦忤逆爲聲，欲更繼文煉。問其何以忤逆，通族首弗肯也。大約無子孀婦，心性不甚有恒。文煉之曲意以得其歡心，或遠出阿兄上耳。文燦向受繼産有二十二畝，文煉受父産有十五畝。今欲更繼，請割繼産三畝五分，貼文煉之父産而易之，兄弟不妨易繼。然無名而易産，不可不平也。匪是者，安知文煉不覬覦數畝之産，而從中播弄其兄乎？此何可爲訓？文燦之不善爲人後，文煉之不能安其兄，各杖示懲。招詳。

糧儲道批：陸文燦入嗣已久，復爲繼母所棄，雖曰不善事母，亦未必非其弟文煉覬覦取害而開之釁也。本當從前定嗣，但文燦既不得於其母，義難强合，姑如斷割産更繼，依擬各杖贖發，庫收繳。

（明）顔俊彦《盟水齋存牘》卷五《息訟朱廷實杖》　審得朱廷實爲已故朱士贊疏族，士贊無子，廷實争繼興訟，已經縣審結，奉各上臺詳允在案。今復起波瀾，真刁健之尤也。念已悔息，姑杖治之。招詳。

兵巡道批：朱廷實欺寡涎産，屢發釁端，姑以悔息，杖警。庫收繳。

（明）顔俊彦《盟水齋存牘》卷五《攙繼馮公緺等杖》　審得馮公緺祖兄弟七房，其第五房故絶，應長房次子公綽承繼，此不易之例也。馮公緺以末房攙繼，非制矣，而當日主其議者，生員馮夢昇力持之，遂許以插花田爲謝，即緺所告澳洲趙沙壟尾三百畝是也。今公緺爲通族所攻，時昇初議不堅而踞其田如故。公緺所以有呑搶之控。今改正公綽承祀所有田産，公緺既不得争，則謝夢昇之田又安得而私乎？天下自有名正言順之事，而夢昇且以公緺爲夷吾重耳，公緺且以插花之田爲賂秦之五城。家庭之間何煩此曲折也。公緺之不應繼而攙繼，夢昇之非所繼而議繼，俱應杖。若窩賊劫擄之事，未有顯據，即有之，亦非所論於此案也。招詳。

兵巡道批：馮公緺越分攙繼，馮夢昇亦不當主之，依擬各杖示儆，贖完照斷發落，庫收繳。

（明）顔俊彦《盟水齋存牘》卷五《争繼馮鳴敬等二杖》　審得馮鳴敬兄馮政故絶，應其子南芝挨繼，已經糧廳審定，及螟子基虞各分管業，無容翻駁。唯是政嫡女適李士龍，政既無嗣，女其親骨血也，撥奩之資即稍稍加厚，亦不爲過。鳴敬怒之，於其子南金之病死，而遂以藥殺男命誣控憲臺，且或以争繼爲實，以藥殺爲聲，猶曰刀筆之故套也。今閱其詞，曾稍涉於繼事乎。鑿鑿藥死，稱潘白胤有供，白胤何在，稱縣委驗可證，委驗何憑。此直以誣告爲兒戲，而況其貢生敢投之本道衙門乎。士龍之父廷珍亦挂名學宫，而説以冤殺女命之詞告本道相抵。噫，此等刁誣，即小民不可，而況在青衿，鳴敬、廷珍俱應重創，以端士習。除本事杖懲外，其或查照學政條例，行止有虧，另行處分。聽上裁奪，非職所敢擅也。招詳。

海道批：馮鳴敬等妄捏人命，告争人繼，不仁之尤也，並杖。亦宜依擬贖發。庫收繳。

提學道批：馮鳴敬、李廷珍，一係貢生，一係青衿，皆名教中之人也，乃以宿昔之忿，各架虚詞，自同市棍，本應按例重懲，但廷珍已經文劣行黜，姑與馮鳴敬杖贖。庫收繳。

（明）顔俊彦《盟水齋存牘》卷五《争繼陳演瑚一杖》　審得陳肖一乏嗣，通族陳演俊等公舉長房陳演素入祀。考之宗枝似亦相應，但一妾何氏欲另繼演瑚。繼祀之事，通族主之，非婦人所得問也。何氏有一女適生員盧象復，象復欲擁演瑚爲義帝耳。果爾肖一終無祀矣。請從族議，而演素之族人亦不得以立素，爲德因以爲利，肖一亦終無祀也。據稱有田一頃八十畝，應斷三分之一與象復爲奩業，再斷二十畝與演瑚以謝絶之。尚存一頃，演素世守之以永肖一祭祀，不得蕩費。若再有葛藤，衆共攻之可也。演瑚營繼開釁，杖之。招詳。

按察司批：陳演瑚營繼開釁，依擬杖發。其陳肖一遺産如斷，撥田六十畝爲奩資，二十畝與演瑚，餘一頃歸陳演素嗣守承祀，不得蕩費。庫收領狀繳。

布政司批：陳肖一故絶無嗣，房族僉舉演素入繼，於昭穆更屬相應，該廳審斷更確，演瑚毋庸朶頤矣。依擬贖發，庫收繳。

（明）顔俊彦《盟水齋存牘》卷五《争繼王嗣昌等三杖》　審得王嗣昌，王敬山之族侄也。敬山無子，親枝乏人，應嗣昌入繼。何不定繼於敬山垂絶之日，一任其送終之事，外戚誰得而争之。唯是棺殮之費，哭泣之禮一聽其女若婿爲之，乃徐起而争繼，則無是情理也。審所遺止屋三間，曾經本府批經歷廳處明，以德宣街屋一間與大婿劉心一，以北隅里追與王嗣昌，其土地巷屋一間應與戴天志。志妻物故，相應清出付昌。職以志妻雖死，猶半子也，奈何遽奪之。況嗣昌蠢焉，一稚子未必能終葬事，不若仍以其屋三分之，而葬亦三人共任之。庶情理相安而生死無憾也。餘皆枝詞，不必復問。嗣昌、心一、天志各杖之，以息其嚚。招詳。

布政司批：王敬山夫妻物故無後，無親枝，止有女婿，第令二婿葬之，些須遺業即充其費可矣，何必立後啓争。但王嗣昌係其疏房，不有以塞其望，禍終不息，以屋三間分嗣昌、劉珍、戴天志三人，三分均任葬事，最爲公平。依擬各贖完發落，餘如照，取庫收繳。

（明）顔俊彦《盟水齋存牘》卷五《争繼産陸嘉行杖》　審得陸嘉行娶原振玄之女爲妻，振玄無子，止遺田五畝二分，而振玄弟原象秋等俱乏嗣無繼。嘉行之妻自謂嫡女，圖得前産，情猶可原。乃嘉行誑將自姑陸氏爲象秋姦殺，無情之詞令人髮指，一杖何逃。其岳既無應繼，所遺之田不多，即盡爲公祀，未爲不可。但有親女在，即使有繼，尚不能忘情於父業。合斷均剖一半入於公祠延祭，一半歸於玄女，爲四時饗父之資。庶生死兩無憾耳。餘不深究。招詳。

布政司批：依擬陸嘉行贖杖發落，如照，庫收繳。

（明）顔俊彦《盟水齋存牘》卷五《争繼羅啓善等杖》　審得郭氏夫故無子，止生二女，長嫁黄一驄，次嫁郭承澤。氏兄郭起蟠曾議立族侄羅志學入祀。氏見志學遠房，且族衆有言，遂自擇立近侄羅聯新爲嗣。此在萬曆四十七年事也。乃羅啓善者，以遠房之侄向有案仇，欺新愚懦，構氏内侄郭群右占田占房，致氏不甘，控赴兵糧二道，俱准批縣，啓善無抵，輒拴志學誑憲混執，稱氏婿黄一驄譖岳易繼不思親女之奩厚薄，繇母入繼之事，驄何與焉？即使志學應繼，亦須郭氏願立，況疏不問親。聯新以氏近侄，氏手婚娶，奉養有年，而一旦欲起而篡之，豈情也哉？啓善、群右各杖示懲。招詳。

布政司批：依擬羅啓善、郭群右各贖杖發落，如照，庫收繳。

（明）顔俊彦《盟水齋存牘》卷五《争繼黄從殷等杖》　審得黄從殷之弟黄起桐故絶，親族公舉遠房之侄黄亞歡立繼，從殷以胞兄有子單傳，固不能爲弟之後而屬衆爲政，絶無絲粒之及，因與歡父黄子繁相構，而羅錦爲殷母族，利鷸蚌之持，左袒子繁，互訟不一。業經縣斷，照俗插花十畝與殷杜釁，可無詞矣。乃羅錦與張世昌復借建言爲名，假公挾仇，臚列單欵，狂率瀆憲。殷亦隨開惡單相抵，究竟不離争繼之一案耳。細審事件，俱屬含血互噴，不足辱爰書。然兩人者，皆無良也，擬杖猶不蔽辜。仍請加責枷示，以狗國之無端建言，目無三尺者。張世昌並杖。招詳。按察司轉詳。

軍門批：黄從殷等依擬贖發，餘照行，庫收繳。

（明）顔俊彦《盟水齋存牘》卷五《擅賣繼産張上節杖》　審得張公彝兄弟俱無子，應繼張公相之子紹齊。公倫遺田三十畝，屋三座，除女奩及喪葬費半，餘田應歸繼子，已經縣審斷有案，而螟男張上節與公倫之妾劉氏擅將田亂寫與人，此何足憑乎？應照原斷追還紹齊管業。其陳素吾所買之田，據稱奩田買自其婿黄祚昌，在未繼未訟之前，但祚昌不出一證，似難懸斷，須聽其自與祚昌明白耳。張上節既非族類，敢擅典賣，杖不盡辜，餘姑免擬。招詳。

按察司批：張上節以非種貿人繼産，依擬杖發，其業斷還張紹齊管掌。陳素吾買黄祚昌之田則亦就黄姓理之而已，不得以張爲市也。庫收繳。

（明）顔俊彦《盟水齋存牘》卷五《争繼劉德喜等二杖》　審得劉德喜之弟劉德慶繼伯劉與作爲嗣已十餘年矣，德慶夭折，序應劉鎸次子夢懷接繼，無可費推敲也。惟是向來因繼纏訟，且有喪葬嫁送諸費不無棄産，已經該縣斷明，除賣過羅協都等與蘇起赤田不論外，實存田三十七畝並房屋聽繼夢懷管業，彼此可無詞矣。乃劉鎸爲無厭之求，告涉買田之人欲並已去之産而盡得之，不貪且癡乎？致德喜亦以篡殺還詞，則鎸實有以招之耳。論繼則當定屬夢懷，而德喜不得争，論産則當止承現在而已，慶不得問。喜與鐫均以不情瀆憲。各杖以懲，餘審無干。招詳。

按察院批：劉鐫以子接繼幸矣，復涎所賣之産，不已甚乎。依擬與劉德喜各杖贖發，餘如照，庫收繳。

（明）顔俊彦《盟水齋存牘》卷五《嗣子黄良玿杖》　審得黄良玿繼叔黄道湛爲嗣，通族僉同，無論道湛遺有囑書，即李氏亦主其議，何爲而忽欲逐之？十年之後也，婦人之愛女也，甚於子，況女爲親女而子爲繼子乎？逐良玿而七十畝之産可悉歸二女之奩橐也。然古未有祔婦翁於廟而祭者，道湛不幾爲若敖之鬼乎，此黄氏通族爲之不平也。黄氏之事黄族爲政，外戚不得而與焉。庭訊諸族人，皆齊聲曰：良玿實無不孝罪，從旁有利其母子之相構而烹分其産者。嗟乎，處人骨肉之間，真難言哉。今斷所遺田四十畝付良玿管業，以爲烝嘗之資，其有蕩産合族攻之，其三十畝聽李氏嫁女爲奩撥之産。李氏應就良玿養贍，服未闋而遷居省城，尤不可言也。良玿爲人後而不善事所繼之母，姑薄杖之。招詳。

布政司批：黄良玿既無不孝罪，李氏安得因女而逐子乎，依擬良玿贖發。餘如斷。永永遵守，取庫收繳。

按察司批：黄良玿不能善事繼母，以致起釁，依擬贖杖發落。繼産奩田，俱如照行，庫收繳。

（明）顔俊彦《盟水齋存牘》卷五《攙繼麥銘等杖》　審得何氏夫麥明起無子，明起係第三房，繼長房子麥銘爲嗣。繼之時，長房尚有二子可以出繼也。後夭其一，則在長房亦止銘一人矣，奈何令己之父母爲若敖之鬼，而嗣續其叔乎。應次房麥曉華次子承繼，不待其言之畢矣。但何氏煢煢未亡人，相依麥銘有年，一旦割諸其懷中而復撫他子，情何以堪，況今日已見之訟矣。以訟而繼更不堪也。呼其親族麥載徐、何伯霖而問之，所存之産除烝嘗外，僅四十畝，麥曉華已先得插花二十畝矣，今再益之十畝則三十畝也。存三十畝付之麥銘，令銘雖歸而父，其父猶藉此以聯絡其昔日母子之情，則煢煢未亡人，尚可畢其晚景也。曉華子既得三十畝之産，豈可僅挂一空名而路人相視乎。曉華故子衿，宜教之以孝弟之道矣。其田聽何氏管業，没後纔許分授。麥銘攙繼，麥毓之欲得繼而不以情，均杖無辭。招詳。

提學道批：麥銘等依擬贖發，餘如斷。庫收領狀繳。

（明）顔俊彦《盟水齋存牘》卷五《争繼葉自新杖》　審得劉氏故夫葉少璋無出，劉氏孀守，繼嗣未定也。何葉自新垂涎絶産，不念兄肉未寒，遽興詞訟嫂，指爲篡繼葉伯生。審伯生，少璋族侄也。劉氏無立繼之命，伯生無承祧之迹，逞强横生，誣妄可恨。今照伯生疏屬，自不得繼少璋之産，廢辦衣棺，所存無幾，應聽劉氏生膳死葬，自行執掌，親族不得攘，日後所餘，方許自新次子廷光承受，自新犯義合杖。

（明）顔俊彦《盟水齋存牘》卷五《争繼阮印榮杖》　審得阮瑞贇之繼，印章以親侄爲親叔後，又何辭焉？宗支了了，原斷鑿鑿也。何物印榮以疏乘親，雀角不已，有毁巢破卵之思焉。所謂兇於爾家者，是人也，夫姑杖之。若夫繼，則不可易也。

（明）顔俊彦《盟水齋存牘》卷五《攙繼劉翀免供》　審得劉懋勳與其子劉後之相繼淪殁，疏族劉翀以子廷瑚攙繼，且不善於母歐陽氏，已立退繼，議以親支劉自期之子士昌爲後，之後經府兩審有案。今士昌又不禄，而劉翀又生覬覦，且挾疏族之衆而争之，其如原案之不可磨滅何。自期一子不堪再繼，而尚有親支自綽餘子茂松可以定繼，豈可捨親擇疏，且使歐陽氏生不願以爲後、死而乃以爲祀也。數語附案，倘再有争者即以此證之。免供。

（明）顔俊彦《盟水齋存牘》卷五《涎繼李于寬杖》　審得李詒覆弟兄三人，弟詒儲少亡，兄詒範止一子，于寬覆無子，繼服侄枝藻，枝藻外無更有應繼者。于寬賭費父業，不思己一子不應出繼，垂涎叔産。又有族棍李枝燁所謂禮部儒士者，代其出頭呈告。職語之曰：枝藻之外，誰爲應繼者，啞然無以應爾。既非族長，何故挺身具呈，豈禮部儒士四字可以謊謊神鬼耶，終啞然無以應也。杖之，並杖于寬之倩燁出詞也。餘聽照舊承祀，免科。招詳。

布政司批：李枝燁等依擬贖發，餘如照，庫收繳。

提學道批：李詒覆無子，擇侄枝藻入繼，已有年矣。何物李于寬垂涎繼産，杖李枝燁出頭代訟，杖有餘辜，姑依擬贖發。庫收繳。

（明）顔俊彦《盟水齋存牘》卷五《争嗣産鄧曹穩杖》　審得鄧曹穩與故兄祖迪各分産業，有單可證，不應復開訟端。唯是穩尚有次兄祖洪無嗣，以長房之孫立祀，分作三股，穩以孫不應繼，欲採作二股均分，若是則祖洪娶妻而死，非殤子比，可令爲若敖之鬼乎？謂孫不應繼而此外無可繼者，姑仍其舊，俟穩他日有餘子聽入繼之可也。曹穩之情如是，而告不以實，揑駕浮詞，令人不可捉摸。杖之。招詳。

布政司批：鄧曹穩依擬贖杖發落，如照，庫收繳。

按察司批：鄧曹穩涎次兄絶産，混争於定繼經分之後，駕捏游詞，非杖何儆，依擬發落，餘如照，庫收繳。

海道批：鄧曹穩依擬贖發，庫收繳。

（明）顔俊彦《盟水齋存牘》卷五《争繼謝克充謝克載杖》　審得謝彦旋故絶，先繼謝克充，克遷兄弟以親房之侄倫序相應，時遷年小，即以長克充執喪入繼。續稱克充嫌伯庶出，不願爲繼，而合族遂倡以祔食祖祠爲公舉，撥産助塔存廢相半，在克充固退繼矣。未幾而又以祔祭難行，即舉族侄克載以爲繼。然則向之公舉，其意在沛公也。曾不思克載疏枝也，疏間其戚，能令克充之嘿然無言乎。但充既退在前，且長不爲人後，不可繼也。充弟克遷親枝次子，又無不願繼之説，又何疑乎，允宜承祀，克載不得而争，所遺之産聽克遷管業。克充、克載仍各杖，以爲妄争者之戒。招詳。

布政司批：依擬謝克充、克載各贖杖發落，餘如斷。承嗣管業。庫收繳。

糧儲道批：據詳克遷次子應繼，則所遺之産聽繼子管業，即爲鐵案。若克充之忽繼忽辭，克載之以疏間親，至族人祔食之説紛紛葛藤，總不若克遷應繼之爲斬絶也。依擬杖發，餘照斷行，繳。

（明）顔俊彦《盟水齋存牘》卷五《争繼方鍾棠等杖》　審得方氏之繼方姓者主之，非異姓所得問也，族長方鍾棠漫無主張，而六親譁焉，各因以爲利，遺産無幾，不盡不休，疇顧死者之斬其祀，生者之靡所依也。據議以象壁繼聲駿是矣。而聲駿之子最圓業已成人，孀婦陳氏儼爲在室，忍令爲不祀之鬼乎。不繼最圓而繼聲駿，陳孝廉受甲，憐寡女無倚，所以有不平之鳴也，而方族稱陳孝廉恃勢吞産。夫陳孝廉雖與最圓爲翁婿之親，以方族視之猶然外人也。苟繼嗣早定，陳孝廉亦安能插身其間乎。遠昌以侄繼叔，倫序無違，且陳氏煢煢未亡人，業已相依爲命矣，則自有立愛之説在。應將最圓所有財産載之印册者分爲二股，俟象壁有子與遠昌並繼。目下聽陳氏掌管，其有寡廉鮮耻，明吞暗吸，通族共擊之。陳氏倘私其所親，不力守先世之業，以貽後人，則亦無以見最圓於地下，苦節之謂何，而乃出於此也。若方氏爲最圓親妹，最圓絶矣，聲駿止此嫡血，於情於理宜從其厚，降原撥田七十畝之外，合再加三十畝以足百數，亦不爲過。其已嫁長姊，一適陳，一適蕭，無論當年奩資已豐，而已經物故，子女俱無，不得援之爲例也。至方賓者，籍屬南海，非伊族類，而林龢、林懿以母舅之親，擁之入繼，借賓爲化，快其吞啖，青衿中何得有此無賴也。方鍾棠以族長而不持正論，林懿、林龢以母舅而黨其別種，貪夫殉利，蒙面喪心，俱應杖治，念龢、懿挂名學宫，曲爲矜全，姑免擬。張鴻臨、張進業、張孟舉俱各照原擬。趙叔箴等以佃耕乘機割田穀，聽查明追結招詳。按察司、守道俱批：仰候巡道轉詳。

布政司批：方固宦裔，最圓故絶，豈忍先世爲若敖之鬼。鍾棠不早定繼嗣，致内外姻戚共效逐鹿，風斯下矣。該廳此斷，足暝死而安生。仰候巡道詳行繳。兵巡道轉詳。

軍門王批：方最圓故絶，遠昌雖在服外，而倫序相應，允宜入繼。況又俟方象壁舉子爲之並立，可謂情理之曲盡者矣。至奩資惟量加於後嫁之妹，亦屬妥當，俱如斷行。方鍾棠等各依擬贖發，庫收繳。趙叔箴等查結。

察院吴批：議繼以親、以愛、以序皆情法不可易者，方遠昌雖在五服之外，而叔侄名序秩然，況爲煢煢未亡人所鍾愛，則嗣最圓者，捨此誰屬耶。乃刑廳又以象壁爲親房，待其舉子並繼，則宗族親疏俱可無言矣。如斷行，庫收繳。

（明）顔俊彦《盟水齋存牘》卷五《争繼譚挺動杖》　審得已故陸惟楚無嗣，止遺塘一畝，屋一間。未亡人孫氏擁侄陸挺光爲繼子，乃螟兒譚挺動起而争之，嗟乎，此一畝塘，一間屋不足終煢煢老嫗之殘年，何堪争也。質之族長陸朝望云，挺光亦非應繼，尚有親房惟亮次子二策應繼，畏挺動而不敢入耳。杖挺動而逐之，定二策爲嗣，名正言順，争端自息也。招詳。

布政司批：譚挺動以非種而踞繼業，鋤而去之，情法允協。依擬杖贖發落。餘如照，庫收繳。

（明）佚名《新纂四六合律判語》卷上《户律・立嫡子違法》　無易世子，桓盟矢於《孟》書；國有長君，杜命垂於《宋史》。必須嫡庶分正，然後建立條明。子穆父昭，傳已成於不易；祧承祖繼，禮極重於相因。今某耽溺愛之私情，昧古今之通典。棄彼冢男，絶嗣源於正派；愛伊庶子，陰覆庇於旁支。不辨芝蘭，胡分玉石。蓋高祖非寵如意，漢高祖寵戚夫人，夫人生子名如意，封趙王，極愛重之。及崩，吕后殺如意，將戚夫人斷去手足，置於厠中，號曰人彘。呼惠帝看之，惠帝驚泣數日，遂廢政。召宫中人彘之殘；太宗因溺魏王，致牀上佩刀之逆。莫聞季札，讓國者。藉口太王，立第三子季歷者。欲正嗣宗，當原國令。

（明）張肯堂《榃辭》卷九《李燦滑縣人》　滑人李醇儒死而無子，立其弟李向儒子李燦爲嗣，義甚正也。醇儒生女一人，爲滑生耿抱一之室。抱一亦頗自好，未嘗覬覦外家析產。惟是醇儒亡後，其女匍匐奔喪，而燦則惟恐分其有也，白眼相視，不以姊禮事之，夫李氏即不冠而髽。然實醇儒遺體，爲燦者縱昧煮粥燃鬚之誼，亦思今日所擁誰氏遺貲，而入室未幾，遂視同路人耶。雖經請和，杖懲其恝。

（明）張肯堂《榃辭》卷一〇《樊于香滑縣人》　滑民樊于香爲樊登曉親侄，登曉老死無嗣，于香因承其丁，並享有其地五畝、屋數楹，此出自族人公議。特登曉尚有繼妻吴氏，煢煢無依，故議者令于香每年爲之供雜糧三石一斗，綿花十斤，青蚨二百，贍至終身。今年二麥未收，于香尚逡巡有待，而吴氏求之未得，則以爲夫肉寒，而香盟並寒也。嫉殺之訟，所以越縣而求直乎。如數斷給，此可無辭。于香失吴氏意，以致此訟。意者亦微有孝衰乎，豈能求免於杖。

（明）張肯堂《榃辭》卷一一《周日和》　濬民周時鳳艱於舉子，育其族弟之子日和爲嗣，亦曰庶幾其箕裘之克紹與。乃日和實蕩子也，嗣父之業，視爲無盡藏，博簺負責，則於時鳳是問；纏頭乏錦，則於時鳳是問。且至竊其床頭之蓄，挾妻他徙，爲所欲爲矣。向嘗訟縣，薄警日和，姑責時鳳代償所費，諭之爲父子如初。而日和之驕逞，則更甚也。時鳳業非江海，安能實此漏巵，兼之仇隙已深，更無復合之理，下之耆老，公義分析，令時鳳給銀二十兩，雜糧十石，生具二十事，更用銀二十兩，爲之買莊一所，析箸各居。此後時鳳他產，日和纖毫不得與焉。其悔而治生也，足以小康。即轉眼蕩空，而時鳳之蓄不與俱盡，猶庶幾兩全之一策與。

（明）李清《折獄新語》卷二《承襲・一件佔產事》　審得先故王煬，乃王榮義男，而後故王恩，則榮繼子也。今取分書閲之，猶煬故恩存時，於是舉置田六十畝，作三股均分，而煬子大英、大杰得二，恩僅得一，此豈有説乎？則謂煬子兩，而恩止一子大相耳。夫是舉也，榮有三失：以猶子承祧，又以螟子樹敵，則有非我族類之嫌，一失也；不以子之多寡爲豆判，而以孫之嬴縮爲瓜分，則有不揣其本，而齊其末之誚，二失也；且猶子之子，僅一隅短割，而螟蛉之子，反半壁長截，則有其所厚者薄而其所薄者厚之疑，三失也。雖然，此非正理，獨無隱情乎？夫世所謂繼子者，生安知懷桔爲何物，死安知刻木爲何形，想口不禱松鶴，而心欲咒菌蝣，惟耽耽於一塊土之入掌耳。若義子者，雖曰寄生，不作飛花，故爲之父若母，反有飛鳥依人，人自憐之之意。而未可曰：彼視予猶父也，予不得視彼猶子也。榮之厚畀英、杰，無乃爲是乎？迨死肉未寒，生戈已起。而恩子大相始控之縣，則斷出二畝；繼控之府，則斷出六畝。浸淫而進之，如食桑之蠶，葉不盡不止矣。大英等之告，非求收覆水，但欲保故疆耳。今讀大相詞內，猶以房屋灘園未經均分爲言，而築薛不休，又思逼滕也。無乃有以召大英輩之呶呶乎？恐爲大英兄弟者，未可作齊歸魯侵之説；而爲大相者，亦難作伐虢取虞之計也。王大英、王大相同室操戈，各杖以儆。其所分田產，仍照原斷行。雖然，不平而偏，王榮實召兵矣。若問首禍，當罪老奴。杖不及死，亦幸矣哉。

（明）李清《折獄新語》卷二《承襲・一件活殺事》　審得朱本元、朱本明者，已故朱茂親侄，而朱本孝則茂繼子也。夫人而無子，可作達觀想矣。然有爲身後癡慮者，則不貪生前之五鼎三牲，而偏愁死後之一盂麥飯。於是舉其銖累寸積者，將以遺所不知何人，而既立愛又立賢謂螟蛉而豚犬者，恐終餒若敖之鬼耳。乃釃酒未澆於寒食，戈矛已拘於熱眼。則如茂之立其堂侄本孝，而置嫡侄之本元、本明於弗立者是也。夫本元兄弟，何以勿立？非以不才纖兒，自壞好家居乎？迨瓶罄生耻，則又竊指茂之所有以語人，而謂是皆吾掌中物。此於犢可舐者，所以愴然刺心而別立本孝也。且念本元兄弟終親侄耳，故割玆蜂甘，杜彼狼涎，而以産業一半與。夫他人之賣履分香，猶爲兒孫作馬牛；而茂之區田劃井，僅爲比兒杜雀角。其癡腸可哂，其苦心亦可憐也。噫，設令本元兄弟，或感憤於大門之摽，而力挽前過。則他日屋宇不改，田園增廓，某之所得，孰與繼多。其持一觴以奠亡叔墓，而責其眼内無珠也，豈不怡然自得？胡花酒有興，幾竈釜無煙也，且糊口無策，又思操戈。問其故，則因本明客游有日，而本元輒誣本孝加害耳。夫本明何以不歸，非真子規無啼，弗思故鄉好也。想花酒場中過一生者，其淪落天涯，不過故疾未除耳。吾不知於兀坐故土之本孝將安與也。彼本元所云謀害，道旁聞乎？夢中告乎？抑作浪子兄者，亦曾代伊婦爲金釵之卜而出於神鬼之傳乎？蓋即本明之婦弟王永和，亦誣爲無是公，而此語安據？夫以若所爲，求若所欲，真不肖子也，亡叔可謂知人矣。朱本元合杖治之，以爲無題興戈之戒。

(明) 李清《折獄新語》卷二《承襲·一件究抄事》　審得陳世茂者，乃以長房應時之子，繼次房應宗後，而今復歸其本宗者也。先因應時兄弟五人，而應宗絶，故以世茂繼。且因應時有子三：長世彩，次世英，而世茂其中子耳。今世彩以溺海死，而出繼別房之世英亦絶無後。返果贏於螟蛉之宫，非曰中變，蓋未有他家之蒸嘗永奉，而本宗之血食可斬者。時三房已絶，四房止生一子，惟五房應昌子三人，則以應昌次子陳四九出繼應宗後，而俾辭巢世茂，今復歸其空壘而守之者，情也，理也。今天救之控胡爲乎？不過謂出繼廿年，且有披麻執杖之勞耳。夫世茂本應時子也，今仍以世茂繼應宗，則應時當以何人繼？將又易四九以繼應時，而爲此蓬轉蝶翻之舉乎，何見金不見父也。且遁辭既窮，復駕言在室寡嫂可奉先人，而思爲別枝之戀。夫使所謂寡嫂者，尚有六尺之孤，可延一綫，則世茂無歸，而今安在哉？惟繼已廿年，於應宗頗有情同父子之感，而今忽以馴籠之鷄，驅之户外，則亦世茂所悵然於遺簪、敝履，而不得不割一臠以酬之者也。合無於陳四九名下斷銀七兩與之，亦曰酬其生奉死葬之勞云耳。如喋喋於繼之可再乎？則請起世彩於海底，召世英於泉下，而後徐議之。

(明) 李清《折獄新語》卷二《承襲·一件抄詐事》　審得已故張茂林，張自慶嫡叔，而張自强則茂林繼子也。先因茂林年暮無兒，則屈指自慶，而謂序應繼立者，有之。然自慶可居之不疑乎？未立則絶口不言，既立則好語固讓。其曰，爲尼丘之代禱，而欲其有子，且不欲自居嗣子者，正以善慰叔心，而堅其繼於金城之固也。何計不出處，而挈妻負子，强入伊室乎？夫以屬毛罹裏之父子，有何芥蒂，而迨其暮也，或區田畫井，行止自恣，或呼奴捶婢，唯諾漸移，則猶有父在子專之嫌，況乎叔侄尚隔一間也？夫老者多感，獨者易傷。其捨自慶，而立自强，蓋不忍以含酸銜忿者，終畀嚙犬，而另覓馴駒也。已經府縣參酌，俾自强承祧。而出繼田十畝，以與自慶，可罷戈矣。胡知味彌甘，而以田十畝爲得隴，又以樓房一間爲望蜀。噫，此樓房者，原自慶口中食耳。夫豈第一問？凡自强之歌賓娱孥，錯繡坐擁者，皆自慶掌中物也，急則自捐之耳。一曰將欲取之，必姑與之，有酒食，先生饌。其事叔也，無異事父，而供奉有加者，不辭其實。一曰無欲速，無見小利，牛羊父母，倉廩父母。其爲侄也，終不言爲子，而毫毛無侵者，且避其名。果如是，則子孝父慈，繼嗣定矣。夫天下事，皆求則得之，捨則失之；獨有反其道，而捨則得之，求則失之者，繼嗣一事是也。胡自慶知求不知捨也，今已失之矣。猶以户外之驅鳥，涎籠中之家食乎？張自慶合杖治之，以爲見利忘義之戒。其茂林遺産則自田十畝外，自慶皆不得問。曰，非吾子也。夫何言非吾子乎，則請問之挈妻負子而强入伊室時。

(明) 李清《折獄新語》卷二《承襲·一件抄寡事》　審得胡氏者，已故張世禄妻，而存睿則世禄嫡侄，存璐則世禄堂侄也。先因世禄年暮無嗣，將以他子繼。然床笫呢呢，最易入心，想應雌鷄爲政耳，則胡氏亦張門之華陽夫人，而能立嫡嗣者也。無奈存睿直道而行，不能委蛇閨閫。於是有獻通内之計於存璐者，呼娘唤兒，舞萊衣而扇黄枕，偏多疼熱。其乘世禄之易簀，而捨存睿立存璐，豈無説乎？蓋出於胡氏内令，而以飛鳥之憐依，收作家梟也。今據世禄親叔張廷荷等口供，則祖存睿攻存璐，不遺餘力。且詬誶及於胡氏，責其所立非次。噫，斯言是也。然試問存睿既立，而登堂拜母時，相見何顔，況又有存璐睥睨其側？則内橐漸徙，而外情不接，戈將日鬥矣。故兩廢不可，偏立亦不可。惟合存睿、存璐而兼存之，則亦古人立親立愛之説也。時判斷未終，而忽有哀呼庭下，如孤鳥之失巢者。問之，則張存相。蓋世禄親甥，而以見舅如見娘，已久藉卵翼者也。遵大路兮，摻執子之袪兮。無論鞠育有年，胡氏之腸絲難割；即存睿、存璐輩，忍以娛堂舊燕，作泣野孤鴻乎？合無將世祿所有田宅，從公兩分，屬存睿、存璐等。如若欲三分其有，鼎足而居，恐亦他姓所不敢望也。則亦薄有所與，而存相足矣。張存睿、張存璐兄弟尋戈，合各杖儆。其田宅等項，仍照廷荷等議單行。然則爲胡氏者若何？鸕鳩在桑，其子七兮。厥愛惟均，願深味乎斯言。

（明）李清《折獄新語》卷二《承襲・一件赤冤事》　審得故民王鍾乃王鈺同胞兄，而張方即王鈁，乃兩人同母異父之兄也。今鍾故矣，既有伯道無兒之感，自應立嗣。噫，若捨親弟之子，其將誰屬，而無奈鈺止一子也。螟蠃有種，反令螟蛉無嗣乎？於是計無所出，議及王鈁子。然非我族類，其神不馨，恐若敖之鬼名飽而實餒矣。此族人王鏡欲以子仁興繼也。嗟呼，仁興與鈺，亦有何親，正恐垂涎阿堵物者，將柩前一慟，並無急淚耳。鈺之忿忿不平與鈁合控，情也。今廷質時，明知一子難以出繼，而獨以身壯妻少，將繼未生之次子爲言。夫鈺方日爲多男之禱，而鏡且日爲獨子之咒。若禱不勝咒將奈何？合無以鏡子仁興，仍繼鍾後。其房四間，則盡以歸鈺，曰是故鍾連枝也。且現與鈁同居，將驅而暴之中野乎，故房則不宜分。其遺田廿六畝，則以十畝歸鈺，以十畝歸鏡子仁興，曰是固鍾繼子也。且又附鈺猶子，將孑而守其空器乎，故田則不得不分。而若夫王鈁者，則以餘田六畝，割以付之而已矣。夫鈁固別種也。豈無他人，不如我同，母謂吾家，母則宜與；豈無他人，不如我同，父謂他家，父則不宜與。而卒與六畝者何？則不以鈺之母與，仍以鈺之故父王增與也。今讀增遺囑，而約舉數語，有曰：吾娶汝母賀氏過門，九月生汝，名曰王鈁，且同心耕耘，置田買產。據斯言也，六畝之與非過矣。王鏡垂涎太奢，王鈺告請太過，口曰：吾爲家兄置後也。實則眈眈分甘者又一家兄耳，合各杖以儆。雖然，使鈺數年後復生一子，將何以處？曰：天與子，則與子。王鏡其如命何？

（明）李清《折獄新語》卷二《承襲・一件勢抄事》　審得葉釋者，乃已故葉文炌、沈氏所爲生則子之，而死則半內之半外之者也。夫文蚧守財虜耳，人皆貽之以危，我獨貽之以安。則是子者，令其食足充腸，衣足蓋體足矣。其如文蚧無此達觀何也，於是同宗葉二十，翼其弟培城争繼，則皆葉壽罪也。茲據壽口供，謂文炌無子，乃取之外舍，携之昏夜而呱呱者，曾得於厠上之聞耳。夫葉宗亂乎，若無聲；即不亂乎，若號。今既號矣。曷爲不告之宗族，鳴之公庭？試問文炌與沈氏未亡時，壽之舌在否？曰：在也。昔爲寒蟬之噤聲，今爲百舌之饒舌，嗟其晚矣，至陳氏則又認爲釋之乳母，而灼見其贗者，乃以鬚鬢蒼然指天誓日之親舅葉九源而有言必折，幾同寇仇。噫，真贗兩字，安從辯之，昔有痦女孕而生子，莫知所出，以其生於武鄉，遂以武爲姓。此子慈人也，將亦以慈爲姓乎，則二十等固不痦也。既云非葉，而生非空桑者，莫知其爲何家枝葉也。則俾附於其葉蓁蓁之一枝可乎？若二十弟培誠之求繼，其義安居？果欲剖心自明，惟有仗義鳴鼓，視家資若塗炭浼耳。何沾沾三分之一耶？但滴血既所不忍，則合族議與縣斷兩存之，亦曰聊以止戈云耳。葉壽陰陽反覆，贗則當日誰掩其唇，真則今日宜斷其舌。本當擬徒，姑重罰示懲。葉二十垂涎太過，應杖以儆後。其培誠分產後，田則自耕，宅則別居，非曰飽則颺去也。猘子漸大，釋將咋人。何如高飛安享，而第令文炌、沈氏所爲生則子之者，灑一盂麥飯於兩人之墓足矣。總之，此一事也，明有人非，幽有鬼責。此問官不能必其爲真，然亦不能窮其爲贗，而未敢以莫須有三字，遽作破巢毀卵之舉者也。

（明）李清《折獄新語》卷二《承襲・一件虐節事》　審得已故吴應鳳乃王氏夫，而吴學禮則應鳳父，王起龍則王氏兄也。當氏適應鳳，以青年寡，其苦有三：無夫苦；無夫復無子苦；無夫復無子，而又無一兩情依依憐死並憐生之親姑又苦。況所存一翁又大不近人情之學禮也。於是不爲亡兒立後，而爲己立後，乃以壯年有室之猶子應龍當之。嗟乎，此翁洵老牛也，所舐誰家犢，而罔念空房有悲鵠，若忍使亡兒之煢媳又無兒耶。且此婦昔有三苦，其苦在無：無夫、無子、又無姑；而今又益一苦，其苦在有叔。夫嫂叔不通言，語有之矣，而況寡嫂？傷哉氏也，豈懷有蜂蠆，而靳一螟蛉？姑親猶可以衷訴，而翁尊獨難以言傳。淒淒復淒淒，有泫然暗泣耳。雖然，使翁遠於情，而叔近於義，猶相安也。奈何欺其伶俜。而詬誶不已。夫寡婦與孤兒易欺耳，今乃欺一無孤兒之寡婦耶。起龍以虐節告，情也。然爲妹者處此則甚難，咎翁不敢，咎叔不欲，咎兄又不忍，此方寸地已煎若沸湯。而況一室內，其勃谿彌甚，或疑氏授意，或誣起龍承言，蓋不獨翁嗔叔嗔，即叔有婦亦嗔。噫，數鬼伯至矣，氏之以自縊殞命也。傷哉，夫此婦無殉夫高名，亦無從人卑行，而獨以節苦數奇，致鼠思泣血，故作不良死。此論者悲其遭，痛其志，而亟欲代白其事也。彼學禮、應龍不愴然悔恨，而反以唆死圖詐爲起龍誣，無乃又不情乎。嗚呼，此氏所以死也。合杖治應龍，仍以應龍子，子應鳳，奉王氏祀。若有兒矣，靈其享諸？

（明）李清《折獄新語》卷二《承襲·一件抄滅事》 審得已故林紹泰者，定海縣人也。先因紹泰年暮無嗣，曾立侄君化以嗣。然雖傷伯道之無胤，猶幸中郎之有傳，其既愛女，並愛女夫，人情乎？則舉八畝田契，而與女夫張禮收執。豈曰：之其所愛而僻乎？胡君化得隴望蜀，以抄滅控？夫所謂女婿外人，不得干預者，以黄口之呱呱終其親子耳。若侄爲猶子，婿爲半子，豈猶子遂爲全子，而半子遂爲非子也？瓜剖而豆分之，兩子各執其半足矣。況膝下長繞，不作仗劍之離；柩前絮訣，恍疑聞猿之斷。故世之僻於愛女者，猶謂孝過親子，況乎猶子不得比於親子也。林君化應杖治之，以爲欲而不知止之戒。其原田八畝，仍歸張禮爲業，曰父命也。若君化而自命孝子乎，則當一依父命。

（明）李清《折獄新語》卷三《産業·一件叛抄事》 審得傅堯都者，乃生員傅光嗣男，而已故阮圻婿也。先因圻無子，曾以庶生之女嫁堯都爲妻。今雖物故乎，然小星之遺孕猶存，其雌雄尚未可卜也。何堯都熱中情急，輒唆父光嗣以告，夫所云奩田七十畝者，果係圻所與，將心與乎？抑口與乎？胡索其筆券而不得乎？且未分娩而告，皇皇何爲，蓋恐爲圻妾者，夢熊有徵，産麟可冀，而弄瓦之女，坦腹之婿，或難起割腴想也。涎矣！然就中微有可酌者焉。夫使妾所生者女乎，與堯都妻等耳。即果男乎，然遺腹之子，不夢見父，無形於目也。則生爲膝下之依依，死作柩前之嗚嗚者，唯此一女耳。應於七十餘畝內，斷十畝與堯都，而此後如有望蜀思乎，則蠶食狼貪，安可再肆也，光嗣垂涎太過，堯都與有罪焉。應杖。

（明）李清《折獄新語》卷三《産業·一件抄滅事》 審得鍾繼曾、鍾繼孟，皆故民鍾大武子。而繼曾與弟繼有則嫡妻毛氏出；繼孟與弟繼皐、繼皓、繼陶則妾朱氏出也。夫大武亡矣，而追度生前，必授司晨於雌鷄，而唯唯如伏猫之鼠者也。即如分産一事，何不從六子起見，而嫡、庶鼎立者，乃有兩股均分之亂命乎，則皆毛氏不平也。夫獅音一發，彼賤列小星者，安敢與於分判之議，然猶藉母愛子抱之情，爲諸子一伸不平之鳴耳。不意朱氏先毛氏殞也。噫，母在二子肥，母亡四子瘦矣。兩股均分之說，正坐是病耳。獨是兩人坐享膏腴，而爲四子者，幾有糠糗不給之苦，於繼曾等安乎？汝安，則爲之矣。然則，反其道而行，將遂六子均分略無低昂歟？是不然。夫毛氏所生兩子耳，庶子且倍之。若不稍加區别，恐毛氏有如許豚犬之嘆，而移左就右，其鬩墻益無已也。今特於大武遺産内，量撥田十四畝，爲毛氏養老之需，庶出者不得垂涎焉。其所餘産業，則以房之美惡，配田之肥瘠，剖六股以授六人。且細查構訟後，所源源賣者，已及十畝矣。嗟乎，與其推刃於同根之煎，而盡化作他家之物，何如停戈於止水之平，而各守其先人之業也。倘有違心角口者乎？則首事者之罪。

《盛京滿文檔案》崇德三年正月 （二十日）是日，鑲紅旗巴牙爾圖牛録下張吉泰妻告其小叔諾羅儂於法司曰：我本有子而誑報無子，官職由彼承襲。審實，遂擬諾羅儂鞭一百，革職。奏入，上命革職，鞭一百。

（清）李漁《資治新書》卷一三《承繼·親剿烙詐事》 蔣阿陳一門四寡，淒花恤緯，吊影憐形，豈世界誠多缺限，而穹窿之上果有離恨一天耶。蔣性申死，蔣洪興現繼，又血養三歲蔣乾爲義子，立親立愛，均有其人。乃突出一服盡支窮、城鄉迥别之蔣文如，僞造合同，冀與洪興並繼。溯立合同之年，洪興才十歲，目不識丁，豈能書券。且倫誼所在，譜序昭然，即使合同非贋，亦安所用之。欺孤滅寡，恃吏逞兇，杖之猶有餘恨。蔣慎齊助虐並懲。

（清）李漁《資治新書》卷一四《産業·憲判黑冤事》 姚五聚、姚五緯相争一案，皆因死父之胎禍，來生子之操戈者也。五聚爲已故姚大化嫡子，五緯則其庶子耳。此子雖小，後自能得，豈大化真有知子之明，何厚嫡薄庶者，竟有四六標分之亂命乎。若爲五聚者果明而熟於計，當付是言於飄風，而兄弟相忘，自作止水之平可耳。及父命爲尊一語，伯夷以此讓國，五聚以此争家可乎。且食果取小，弟分固然，而非曰兄之必宜取大也。乃前府審斷時，忽於五聚名下追銀二千兩給五緯，是反瘦兄而肥其弟矣。況縶五聚於獄，以致身受箠楚，於五緯安乎，争皮毛而傷骨肉，無乃太不祥歟。該縣斟酌其間，令五緯吐銀五百，還楚弓而完趙璧，可謂兩得其平矣。合照縣擬，以杜争端。若今案已定，而復有操戈尋釁者乎，行見兩分好家貲並歸烏有，變素封而爲乞丐，此一定之理，必然之勢也，則請兩人者各儲一鉢以待。

（清）**李漁《資治新書二集》卷二〇《繼嗣・滅祧鑽繼事》** 柯英植與柯麟植乃同堂兄弟，而柯世鑚亦再從侄也。麟植艱於子，向以雲植子世蕙爲嗣，後蕙復不年，思得含飴弄孫，以慰老母，因撫世鑚幼兒，擬後世蕙，此英植滅祧鑽繼之控所自來也。夫鑽子原非上承麟植，何祧之云滅，且麟植春秋方艾，秭長枯楊，珠胎老蚌，斯亦未易量也。英植誼屬同堂，何忍逆料其爲石田焦種，必欲以子繼之乎。爲石英者，只當曲盡友於之道，久而情深，繼將焉往，乃不勝朵頤念迫，悻悻出懟詞，則爲麟植者，擇立賢能與所親愛之律，彼益據以有辭，英植之計誠左矣。至其興戎不倫，莠言自口，人之無良，何以風世，相應重儆。若夫嗣續之議，應俟麟植夢蘭有無，以親以賢，惟其所命，不得預爲懸案。

（清）**李漁《資治新書二集》卷二〇《繼嗣・篡宗抄斬等事》** 審得王寅恭之祖王求如兄弟七人，其最幼者爲王鯤，故絶無嗣，叙應寅恭之父之典入繼，所稱昭穆相當者也。乃王鯤於去年四月物故，而之典反先鯤兩月而亡，未及告廟成服，承祧者未有其人。王求者，王鯤兄王式弓之子也。式弓官留守經歷，殉難鳳陽。求藐孤無以自立，王鯤螟負以爲己子，娶妻生孫，二十三年矣，遂得縗絰從事，儼然稱嗣子焉。寅恭以父系應繼，子應承重，出而争之，未爲不可。乃王之宗族暨鯤妻周氏，謂孫不可以禰祖，堅拒不納，以致屢告院道。蓋周氏與王求，母子承歡二十年如一日，不欲使外人間之耳。但查律例有云：繼子不得於所後之親，聽其告官別立，或擇立賢能及所親愛者。寅恭承重之説固爲近理，其如周氏之不願何，即寅恭爲周氏嫡孫，稍有違忤，驅而遠之，尚且一惟母命，況猶未入繼之議乎。玆據族衆處明，議以地二十畝付寅恭爲葬父養母之費，而求奉王鯤蒸嘗如故，兩情允服，似應俯從。

（清）**盧崇興《守禾日紀》卷四《讞語類・一件業蠹疊佔等事》** 審得：施恒若、旋順初同堂昆弟也。向有祖遺住房一業，係長房作霖即恒若父及四房作雨兩分承受。迨後作雨絶嗣，而順初又承繼受業，彼此各居其半，初無異説也。只因恒若錢糧逋欠，欲將一半並與順初，初既不願買並，理應聽售他人。若任情中阻，恒不能無辭矣。今斷：錢糧事重，或買或拆，一聽恒若之便，順初再不得藉口把持，速令急售完逋，以斬葛藤。可也。免供立案。

（清）**葉晟《求芻集・讞語・吞業欺弱事》** 審得：樊紹孔無子，以樊四哇承嗣家業。自是四哇之物，他人不得而争之也。但憾四哇亦無子而故，以致樊倫、樊寧，兩相争訟。在倫踞爲已有，猶曰親弟之物也；若樊寧則屬隔房，其争也殊無謂矣。平心而論，繼紹孔者不絶紹孔之後也。今四哇無後，則紹孔依然無後，必有繼四哇以不絶四哇之後，乃以不絶紹孔之後，庶紹孔之目瞑而攘奪之端亦息矣。樊倫爲四哇親兄而子多，當以次子回保繼四哇，以上繼紹孔。人倫天理，均爲無憾；春露秋霜，不致鬼餒，庶幾可也。若視爲絶業而兩分之，聽其絶祀，烏乎可？着照斷，永杜澆風。逐出。

（清）**葉晟《求芻集》《讞語・霸業趕逐事》** 審得：汶射斗等同父異母兄弟也，射斗爲先娶王氏所出，射星爲繼娶岳氏出，聚斗、升斗爲妾蘇氏出。升斗生未三歲，而蘇氏故，幼隨母舅於乾州。舅死歸來，僅十齡耳。爾時伊父尚無恙，又十餘年而父方故。彼三人者，俱有遺業，而升斗獨無片瓦寸土，何也？即云承嗣蘇門，其後歸宗，然業已歸宗矣，豈非汶姓之子？而射斗等遂無孔懷之誼乎？據稱未有遺言分與家業。而其三人所得莊房，田地，又無故父分單可憑，則知射斗當日之另居者，蓋因繼母前子不能和協，其父暫以房地與其別處。現在所留，則聚斗、射星兩人踞之耳，其實非父所分也。除浮物無可稽查外，莊房、田地應作四股均分，岳氏尚存，於一百八十畝地内辦二十畝爲岳氏養膳資，令射星畊而奉之，俟岳氏故後，仍作四分，族人照斷立單，以杜鬩墻之釁可也。

（清）**李鈞《判語録存》卷一《改繼事道光九年十月初五日》** 審得鞏縣監生趙瑞龍控趙合龍等謀繼圖産等情一案。緣趙瑞龍與趙元龍本同胞兄弟。因瑞龍出繼，降服大功。元龍原配康氏身故乏嗣，命瑞龍次子榮清服孝成喪。繼娶劉氏身故，亦係榮清披麻，但未立約定繼。元龍復娶焦氏，亦未生子，元龍病故，焦氏因曾與瑞龍涉訟，不欲榮清承繼，議取元龍小功服弟合龍子二創爲嗣。瑞龍控府，提訊得悉前情。查榮清雖行嗣子之禮，究無嗣子之名。焦氏因有訟嫌，別擇賢愛。查例載：嗣子不得於所後之親，准於昭穆相當者，另行取繼。是取定者尚准更易，矧未經取定者乎？焦氏此舉，難保不出於私。然而其辭甚正，趙二創姑准承繼。惟榮清雖無嗣子之名，究行嗣子之禮。況不得於焦氏，非不得於元龍也。例本人情，酌於瑞龍昔年置給本生母養贍地內，撥出十畝給榮清管業。焦氏家務，專歸二創主持，不准焦氏父兄焦廷貴、焦黑干預。縣庫所存錢文，着趙瑞龍、趙二創公同領出，殯葬瑞龍嗣父母、生父母，並元龍夫歸各柩，勿延。取結附卷。此判。

（清）李鈞《判語録存》卷一《嫡庶不明事道光九年九月二十九日》 審得洛陽縣佾生姚登山控王玉書等架妾奪嫡等情一案。緣玉書胞叔天鑑先有嫡妻沈氏，次妻馬氏。後於嘉慶十四年，復娶尚氏爲妻。十八年，又娶姚氏爲妻。其時沈氏已故。一國三公，勢如鼎峙；中原逐鹿，旗鼓相當。天鑑狎主齊盟，亦不問其誰執牛耳矣。姚氏生子丙午，六歲而夭。天鑑取其堂侄豹子之子王宿爲孫，以繼丙午。家務由豹子及玉書掌管。宿也既爲丙午之子，則南山之霧，自應祖覆姚墟，而顧爲人羽翼，姚氏積不能平。道光七年，天鑑物故。復取堂侄玉茗爲嗣，以撓其權。於是縱人橫人，各爲一黨矣。豹子妒其分產，玉書亦有偪處之嫌。陰使伊堂兄弟玉成等以鑽繼告。馬氏、尚氏亦以刁妾滅嫡，擅主家政告。該縣斷以尚氏爲嫡，而逐玉茗。姚氏兄登山遂以奪嫡逐繼上告。提訊獲悉各情。查天鑑好色吝財，徒以名器假人，而博貫魚之樂，羣雌煽處，星月朦朧，本無庶，安所謂嫡；均是嫡，又誰爲庶？而自公堂定繼，不能不正名分而統一尊。馬氏曾與沈氏同居，已服左驂，難爲上駟。至尚氏、姚氏誰爲繼室，揔以入門時沈氏存歿爲定。乃問沈氏歿於何年，祖尚者曰：十三年也；祖姚者曰：十七年也。衆喙争鳴，紛紛聚訟。即天鑑兩兄天爵、天彥，俱是八十老翁，亦復全無公道，憑何質究？姑以尚氏先來，又係室女，較再醮之姚氏爲優，斷爲嫡長。若丙午以殤子取繼，本不合例。而考其世次，玉茗實屬應繼之人，自應准其爲後。與王宿之親承飴愛者，並續宗祧。則公義、私恩，庶乎兩盡。雖然該氏等非争繼也，爲争嫡也，亦非争嫡也，爲争產也。蓋以尊號既膺，則大權獨攬，不但田園歸我掌握，若輩妾媵，吾亦得而魚肉之矣。其搆禍正未有艾然。則姚氏固不可遂其鯨吞之志，尚氏又豈可稱其虎視之心？爲之奈何？曰：分土而治，畫疆而守可也。着將天鑑遺產除變價還債外，該氏等與子若孫五股均劈。尚氏、馬氏撫王宿以長；玉茗奉姚氏以終。爲庶者，均霑實惠；爲嫡者，祇抱空名。各固籓籬，勿相侵越，則女戎之禍息矣。豹子等各予薄責。差役閔士魁等亦無押索情弊，一干取結省釋，詳司行縣。此判。

《清代巴縣檔案彙編·乾隆五十九年十二月張昇三承嗣案》 一、十二月九日正里二甲張昇三首狀爲屢索反誣，懇拘法究事。

情蟻祖弟兄三人，本係楊姓，抱在張門爲子，改名張正楊、正魁、正紀。蟻祖正紀行三，生蟻父張在公弟兄三人，蟻父居長，蟻二叔輔公，三叔健公。蟻父生蟻弟兄四人，蟻係幺房，蟻父掙置田業□治正里。蟻因乏嗣，繼二房侄永著押長。乾隆四十三年七月，蟻又□潘姓遺妻殷氏爲室。幸蒙祖庇，□年□月十四日，殷氏得生一子，蟻取名永富，延師教讀，學業未成，去歲蟻與永富納監，因三□□捐名楊永富，三代無差，現在監照年貌可驗。殊蟻族侄□□□□□痞，常索無厭。屢年已來，痞蟻借貸，出有借服約據，□□□□。四月內痞借蟻銀十八兩，吴正過交□質。詎逆鱷腹不飽，又□□月內向蟻痞借不給，逆心不遂，□於十月二十七平空揑以亂宗兇傷等謊，控蟻子永富爲潘姓之子，係殷氏帶過蟻家，現年二十五歲，異姓亂宗等謊在案，沐批：准驗查訊。蟻知駭異。切蟻殷氏生子永富，係蟻嫡脈，年已十六歲，又與納監，倘不係蟻嫡脈，蟻親房焉得不阻。蟻與子納監，何待伊係遠房族侄首控。此等逆惡，圖索妄誣，大干法紀，不叩拘訊嚴究，蟻等父子禍患莫底。爲此首太爺臺前俯准族行。縣正堂批：附卷該房查費玉章、潘永才。如原票無名，即添唤訊。

二、正里三甲民張甫公張楚林公稟狀

爲藐族亂宗，鳴出不平事。

情蟻祖兄弟三大房，惟三房之侄昇三乏嗣，□房之子侄永寧、永忠、永昂等承祧宗嗣，無所不可。至伊三妾殷氏，隨帶前夫潘永才之子潘安懷，更名永富填族，三代捐納，□名異姓亂宗，莫此爲甚。蟻等向昇三理說，猶敢横豪逞兇，衆亦莫何。迨長房之孫張永昇，於十月二十七日，以亂宗兇傷控潘安懷於恩案，差唤蟻等復邀集理。昇三、安懷不惟不遵衆剖□□□□等，稟究不畏，情理何安。且昇三娶潘殷氏□□□費主□□□□

現有請約可據。況永才歷年向昇三□□□昇三每□□□匿不睁面，通鄉咸知可質。爲此，公懇仁恩簽拘潘永才□□□玉章等到案，追出玉章請字，並昇三婚約查閲，庶不致昇三□族，安懷亂宗，百代頂焚不朽。爲此稟乞。

三、十二月十日張永昇悔狀

爲誤聽誣控，悔懇憐看事。

情本年十月二十七日，蟻以亂宗兇傷事控蟻三房叔張昇三乏嗣，不令蟻知，抱伊妾殷氏帶子潘安懷，更名張永富，承祧頂宗，捐納監生，異姓亂宗，不依蟻長房承繼，兇毆等情一案。蒙准差喚。蟻叔昇三以屢索反誣事訴明在卷。本月初三日，蟻竊張甫公、張美千、張秀三、張品三、張連三、張國千九人之名，以藐族亂宗事袓稟，株連潘永才、費玉章在案。沐批：附卷該房查費玉章、潘永才，如原票無名，即添喚訊。添票添名，差往鄉喚，□□□永才同叔昇三，請問張甫公九人講理盟誓，而甫公等俱云□知，亦盟誓，未曾公稟等語。甫公等又來直斥蟻非。蟻思誣告罪有三等，但弟永富係叔昇三娶嬸殷氏親生，並非帶撫螟蛉之説。蟻控情節，誤聽旁言之設，並非實情。蟻午夜猛省，噬臍莫及，是以悔懇□恩，垂憐鄉愚無知，施高厚之恩，布法外之慈，賞念蟻一本，不失蟻雅化之愛，釋蟻誣告之咎，免訊注案，均沾鴻慈不朽。伏乞。

縣正堂批：自知悔懼，暫從寬免，結存。着原差將票呈銷。

四、十二月十日張永昇、張維連結狀

具結狀，正里三甲民張永昇、張維連，今於大老爺臺前與結狀事。

情蟻弟兄結得以亂宗兇傷事控堂叔張昇三與伊子張永富一案，沐准差喚。今蟻等慮誣告罪加三等。蟻等畏憲法森嚴，庭訊難逃，抑且永富係叔昇三親生之子，蟻控之情，盡屬子虛，悔懇註銷，宥蟻無知。倘後滋非，自取罪戾。中間不虛，悔結伏乞。

縣正堂批：准結。

《清代武定彝族那氏土司檔案史料校編》卷六《嘉慶十七年立嗣案卷·那振祖情願孀母任隨選樣繼立甘結嘉慶十八年正月十九日》 具結族侄那振祖，係多嘎古村，今於沙孀母臺前遵奉結得公議嗣續一案，於上年十月內蒙何州主傳喚那昌祖、紹祖、綏祖、繩祖、□祖、紳祖等人驗看。業經孀母將昌祖罷斥，另立在案。復奉孀母傳喚衆族公同商議擇賢另立在等因。情願具結與孀母臺前。自此之後，凡族内身無過犯之侄任隨選擇繼立，永無爭競，如違，甘罪。具結是實。

嘉慶十八年正月十九日具結族侄那振祖

（清）沈衍慶《槐卿政蹟》卷二《判牘·挾恨削嗣事》 羅馬氏前夫胡榮貴道光八年十月身故。煢煢無依，於次年二月初十，憑媒再醮羅章佐爲妻。是年十一月初五生子，因卯刻建生，取名朝生子。時章佐年已四旬有餘，初得添丁，其愛之若掌珠，護之若拱璧，固不問可知矣。十六年，羅端暉、光佐等倡修族譜，在同姓不宗之羅陞貴家設局，欲章佐出錢三十千文，列名主修。章佐不允，端暉等以朝生爲招生，疑係馬氏帶胎所生，削譜不載。迨譜已刊定，羅端福、劉拔羣查明告知章佐，轉向端暉、光佐詢問。稱馬氏二月再醮，三月産子，不應入譜。章佐旋以挾恨削嗣等情具控。經張前縣集證質訊，委係章佐親生，斷令入譜在案。本縣抵任以來，端暉、光佐藉詞翻瀆，迭予批斥。而羅朝忠等旋聯名幫控，復串出胡榮峰以以種作種等詞插控矣。夫異子亂宗，國有明禁；嚴鋤非種，家有成規。但事關宗祧，必須確鑿證據，方可定案。若徒憑風影之詞，冤一人而並冤及其世世子孫，稍有人心者，斷不出此。今朝生子生已十年矣，使果馬氏入門逾月而産，則戚里親鄰應無不周知，談笑而傳述之。何以訊之鍾逢奇等，數年來從未之有聞乎？且朝生子果生係三月，計馬氏再醮之時，已有八九月之懷孕，膨亨其腹，一望可知。章佐豈遂不能待其臨盆以後，而必早争此數十日，靦然爲十目所視，十手所指乎？胡榮貴身故乏嗣，使馬氏而果有遺腹，則或男或女，應否歸宗，胡姓當早有定約，何以原立婚書，查驗並未載明？兒生十載，胡姓竟不提及，乃自羅姓搆訟經年，突有胡榮峰一人聲控抱回，情有可疑。況供稱八月内在茶口墟遇見羅紀佐，説馬氏生子長成，囑令出頭告狀，將來可以帶回等語。謂非賄串，其誰信之。收生之穩婆羅鄒氏遷居隔邑，雖未關提集訊，而鄰佑朱蘭科親戚劉拔羣供稱：十一月内，大家到章佐家賀喜喫酒，固明明可證者也。況古人恐世系易混，始創譜牒。兹查章佐之三代譜系，俱載其表號，而旁註其本名。將數傳而下，按名者必致無從稽考，以爲有心，則其意果何所圖；以爲無心，則此譜又豈足式乎。本縣再三推鞫，朝生子斷無不可入譜之理。飭令將族譜更正添入，庶保赤子而全宗祧。端暉、光佐等並無實據，輒行削除嗣名，雖非訛詐，難免懷私。本應照刁誣懲辦，但鄉鄰涉訟，動多株連，易滋大獄，亦非睦族安民者之所尚。着當堂薄責，具結開釋。劉拔羣訊無包訟情事，亦着具結存案可也。

（清）蒯德模《吴中判牘》　查顔祠祭田先歸長房主祀，則顔懷義之祖也。後歸次房輪執，則顔懷恕之祖也。權歸宗子，本以絶覬覦之心，勢忽中更，亦必有凌夷之漸。乃懷義之祖曾否盗賣，懷恕之祖曾否贖回，蘇城亂後，案據遺失，礙難懸斷。惟懷義等既爲聖裔，又屬職官，論世守必得其人，則懷義不必挾其祖爲大宗而長也，將推以讓賢矣。論天倫必有其序，則懷恕不必執其祖之復舊而賢也，且奉以還長矣。本縣覧其本心，曉以大體，斷令公同收執，挨次承當，義也，當顧名思義，恕也，須責人也恕。慎毋爲此區區互相争執，使簞瓢陋巷中人聞之愀然不樂也。

（清）蒯德模《吴中判牘》　訊汪陳氏控夫弟不肯嗣子一案。提訊到日，該氏皤然一老寡婦，並無旁宗可以承祧。詰其夫弟何意，但云争立是争財，余不願以子出嗣，並無不合。余曰：此則所謂殺汝璧將焉往，居心狠毒，莫此爲甚。其人方在病中，渾身汗下，霍然而愈，乃允嗣立。余退謂友曰：陳琳檄可愈風，杜陵詩能醫瘧。余之判牘得毋類此歟。

（清）鍾體志《柴桑傭録》卷二《批詞·熊萬彬呈》　無子立嗣，先儘同父周親，例有明文，固不容攙越争繼，亦不得藉詞妄控。今爾姊與夫張肇垣相繼身故，並無子嗣，業據該童稟經前縣批飭，族房據實稟復，旋據張肇魁等以爾姊故夫張肇垣兄弟四人，長肇域已故，生子一名榮瑨，次肇璽亦故，遺男一名榮森；三肇培尚未生育；四即肇垣無子身故。現憑族房公同妥議，將榮森兼祧爲嗣，並經肇培之母饒氏延請族戚，立有遺屬，概無異議等情稟復。當經前縣先後批示在案。是張肇培既遵批辦理，則張肇垣已嗣續有人，儘堪接紹宗支。乃爾猶復以串商假捏爲詞，纏訟不休，是不爲張肇垣争立子嗣，直欲爲死者結怨手足。該童讀書明理，應守禮法，訟則終凶，其熟思之。

又　查例載，無子立嗣，除依律外，若繼子不得於所後之親，聽其告官別立，其或擇立賢能及所親愛，若於昭穆倫序不失，不許宗族指以次序告争，並官司受理。又若應繼之人，平日先有嫌隙，則於昭穆相當親族内擇繼。如可繼之人亦係獨子，而情屬同父周親兩相情願者，取具合族甘結，亦准其承繼兩房宗祧。又因争繼釀命者，凡争産謀繼及扶同争繼之房分，均不准其繼嗣，應聽户族另行公議承立，各等語。是例内立繼之法，由親而疏，但須責成户族公同議立，並無應由外氏預議之文。至例内所謂擇立賢能及所親愛一條，已指明除依律外，必應繼之子不得於所後之親，方准聽其告官別立賢愛。又例内兩相情願之文，係專指可繼之人亦係獨子，而情屬同父周親，既係兩相情願，亦准其承繼兩房宗祧者而言，非謂無子立嗣。無論應繼與否，祇須兩相情願，概得聽其自擇，直可置之不問。律意精微，非該童所能細繹。今爾姊與夫張肇垣身故後，已據其兄張肇培經憑族戚，將胞姪張榮森兼祧爲嗣，既係同父周親，本屬遵例辦理，毫無違礙。況張肇培以姪繼弟，並無私意，亦無圖産可言。據稱爾姊因繼殞命，事出空言，毫無實據，足見捏飾，前已批明，毋庸多瀆。

（清）鍾體志《柴桑傭録》卷二《批詞·張劉氏呈》　查無子立繼，不得於所後之親，聽其擇賢擇能及所親愛者別立。誠以繼子必得於後親，方可彼此相安，乃體順人情之意也。此案初係張榮琮控争，該氏並未呈請立繼。毋乃張榮琮希繼圖産，謀産者必非善類。是以覈情批飭。嗣據該氏呈明，願立張賢榜爲嗣。而情詞隱晦，未經聲明何人之子。既恐爲張榮琮竊名捏遞，又慮該氏被其愚朦，致受日後之累，故亦批令邀同族長另稟在案。乃爾罔知此意，輒以張肇廷刁鑽賄托爲詞，所稟實屬荒謬。現據監生張應衡等以該氏祖姑經憑伊等立有遺囑，願俟張肇廷之子榮瑞等生子，儘先立繼，久無異詞，實被張榮琮出而争繼，竊名捏稟等語。張榮瑞等迄今既未生子，該氏如果急須立繼，似難久懸以待，致使孀守無靠。惟畢竟是否該氏願以張賢榜立繼，抑張榮琮圖繼捏稟，非訊不明，候差傳訊斷。

（清）鍾體志《柴桑傭録》卷二《批詞·周獻瑞呈》　查無子立嗣，先儘同父周親之例，係指尋常應繼者而言。若應繼之人平日先有嫌隙，例准於昭穆相當親族内擇立賢愛。是立嗣必須兩相情願，非可勉强從事，例有明文。今爾弟周獻海雖係爾叔周文彪應繼之人，但已不願承繼，前又因此涉訟，斷難勒繼爲後。該民既不忍叔絶嗣，應即邀同族戚，另行妥議擇繼，毋以斬繼阻撓爲詞，復啓訟端。切切。

（清）趙幼班《歷任判牘彙記》卷一《判陸張氏等堂詞》　陸麟芝與陸張氏係親叔嫂，何必久構訟端。張氏既願入清節堂，則所控孔慶宏各節毋庸深追。惟麟芝以子出繼與張氏爲嗣，現仍歸本生父家撫養，應由張氏貼補衣食之費。議作每年交洋十元，陸麟芝將契據繳案，暫爲封存，俟其繼子長大成人，彼時母子來縣領取執業，爾陸麟芝亦可毋慮爾子將來無産可守也。至陸恒德借洋五十元，飭鄉約王斯盛代爲張氏往索。原券無存，另書遺失字據即可了事。兩造既無異言，取具遵結附卷。此判。

（清）趙幼班《歷任判牘彙記》卷二《判陳廷拔等堂詞》　陳長松年老無子，以外甥廷拔立後，改爲陳姓。雖係異姓，有違定例，因念四十年來之定局，尚可原情，准予從俗。賀氏既死，自應查照長松訃帖，孝子陳廷拔出名爲妥。陳錦洪弟兄係陳長松堂侄，既欲争立，何不争在長松病故時。事隔多年，而忽争於此，時賀氏身死，其中顯係藉端圖騙。既據陳錦洪等供稱，光景爲難，並非實爲争立。爾既知錯，斷令爾堂兄廷拔幫助爾弟兄四人洋二百五十元，另貿生業。並限十天繳案，以便給領。爾母月費，仍令廷拔每月津貼一元。爾兄弟四人，以後與廷拔仍敦和好，不准再行生端滋鬧。此判。

（清）趙幼班《歷任判牘彙記》卷二《判潘毓秀等堂詞》　此案訊得族親所供各詞，並核閲譜圖。嘉槐、嘉柏、嘉樞、嘉極、嘉藻共五房，柏極、藻兩房，槐、柏、樞三房，分爲兩股。極乏嗣，以槐房德溥繼之。柏房德注，亦承繼外房，此次應在樞房議繼，藻房汪氏方昭平允。毓秀係德溥之子，與藻房又屬親支。飭令樞房德浴以次子懋琳承繼藻房兆登，毓秀以次子傳鐸承繼藻房兆蕙，産業平分。宗支親支，兩全其美，族戚應無異論，彼此可息争端矣。各遵結附卷。此判。

（清）趙幼班《歷任判牘彙記》卷二《判達春立等堂詞》　此案訊得常在興業已過繼常姓，常楊氏執有繼書爲憑。達春立四子俱存，豈有四人不能養一老親，而反向出繼之一子索貼補者，實出情理之外，顯係訛詐之端。達羽夫從中挑唆，甚屬不合，着即責懲，求寬姑免，飭令達春立以後不得再向常家滋擾。彼此毋庸通作往來，致貽訟累。各遵結附卷，繼書發還。此判。

（清）趙幼班《歷任判牘彙記》卷二《判蘇尹氏等堂詞》　此案訊得蘇尹氏之夫蘇加如，與蘇加法均係蘇朝俊後裔。而蘇景之實屬由遠房過繼與加如爲嗣者。蘇文福身故無子，應以蘇加法承繼，作兼祧之舉，方昭平允。蓋蘇景之原居疏族，本身尚是過繼，豈有一繼與加如爲子，再繼而爲文福之曾孫者？且當日正永撫與文福爲子，加如撫與文福爲孫，並無繼書呈核。詢諸族衆僉謂不知，顯係尹氏聽人挑唆，圖争文福遺産，希冀朦混，殊屬非是。着即責懲，准以加法承繼可也。各遵結附卷。此判。

（清）趙幼班《歷任判牘彙記》卷二《判黄啓福等堂詞》　此案再行提訊，王、潘兩家，以異姓而繼嗣，於例不符，自應廢之。但當日，亦係黄姓族人公議，王、（藩）〔潘〕並無謀心，且墊有費貲二百元，不能任其毫無着落。飭令黄啓才等就存田三石六斗種内，設法除歸清王、（藩）〔潘〕墊款外，以所存田種，再爲議繼，亦不得由黄啓福妄争也。各遵結附卷。此判。

（清）趙幼班《歷任判牘彙記》卷二《判林中琢等堂詞》　此案查林士勇，原係長房林富之子，富弟林春無嗣，即以士勇兼祧。爲之娶兩婦，一錢氏，一侯氏，早有定局，迄今三十餘年，相安無異。林中琢與士勇爲繼不數月，彼此失和，仍行議悔。中琢之父士江亦無怨語，遂改立中喜，係憑族戚公同妥議者，歷有二十餘載，兒女成行。林中琢忽出而争控，顯係聽人唆使，圖分其産而擾其家，殊屬非是，應即責懲，求寬姑免。林中喜現有兩子，即以一子立與林春爲孫，免致再生歧議也。各遵結附卷。此判。

（清）趙幼班《歷任判牘彙記》卷三《判李長洲等堂詞》　李長洲既已議立爲志從嗣子，又立李成金爲孫，稱是雙立，殊屬不合，應作廢局。黎花田一坵，謂已入祠，其筆據並無族人多名入場，似不足信。買局已戊，毋庸再議，至欠祖祠之二十元，須如數還清，爲志從了欠也。取結附卷。此判。

（清）趙幼班《歷任判牘彙記》卷三《判李念祖等堂詞》　此案斷結，業經數月之久。李念祖復行上控，因傳集一干人證再訊。查原日李念祖數次呈詞，並未聲明有嗣單之語，臨審亦未堂呈，直至九月赴府呈控，忽稱立有嗣單。從何而來？即核閲所立之單，係同治十一年七月，並未載有日期，族長、公親，均未書押。且自同治十一年議立，至今三十年之久，何以念祖不在書禮家中同居？書禮歿後，族親自有公論。至領喪一節，劉李氏並不爲念祖作證，且謂當日並無其事。以情節揣之，蔣氏去世只有二十餘歲，是時李書禮尚是强壯之年，並娶有兩妾，未必即肯以疏房之人先行議繼也。至木主係新立者，無憑稽核。總之，立繼之舉，自應由親及疏，前次業已斷明，李葛氏、王氏、冠群等，尚屬相安。李念祖毋庸久結訟端，徒負健訟之名，致蹈終兇之咎，其細思之。地册嗣單存卷。此判。

（清）趙幼班《歷任判牘彙記》卷三《判李桂芬等堂詞》 此案自李書禮病故後，因乏嗣争繼，始而李念祖，繼而李桂芬彼此滋擾，不能治喪。旋據李葛氏、王氏具稟前來，即傳集族親等爲之研訊。查閱檢呈宗譜，敬業、習業、純業、廣業共四房。敬業一子書聲，習業一子書秀，純業一子書典，廣業二子，長華堂，次即書禮。書聲有子桂芳，書秀無子，以桂芬之弟桂枝爲嗣。書典一子桂芬，華堂一子繩祖，生三子，長冠如，次冠軍，三冠群。書禮原生一子，八歲夭亡，係王氏出。現既乏嗣，自應承繼，惟桂枝已繼書秀，有譜可稽，礙難再繼。且桂芬、桂枝與書禮彼此互控，有案卷件可查。既結訟嫌，更不相合。至李念祖本屬疏遠，徒藉口爲蔣氏領喪，詢諸族親，自不確寔。果係同治十一年立議，何以至今三十年尚未妥定，何以冠群於光緒十九年至書禮家中管事之時，念祖並無一語，其中頗多支離。且劉李氏稟詞，不獨不爲念祖作證，並謂當日實無領喪之事，情僞可知，是桂枝、念祖兩人，均非葛氏等所願，若勉强從事，家庭必滋變端。生者不安，歿者奚慰。李冠群既係親脈，且自光緒十九年已至書禮家中，爲之照管家事。八年之久，並無異言，朝夕相依，固已聯撫養之恩情，亦難逃族親之公論。葛氏等原係遵書禮遺詞，擇賢擇愛，自應聽從其便。雖中懸一代，而獨子夭亡，實無昭穆相當，亦准爲未婚之子立繼，即照葛氏等所請以冠群爲嗣，免致紛争不息，徒結訟讎，終無了日也。各結附卷。此判。

（清）孫鼎烈《四西齋決事》卷一《會稽治牘・批・倪福生批》 查例載，無子立嗣，若應繼之人平日先有嫌隙，則於昭穆相當親族内擇賢擇愛，聽從其便。如族中希圖財産，勒令承繼或慫恿擇繼，以致涉訟者，地方官立即懲治，仍將所擇賢愛之人斷令立繼等語。是立繼一事，應聽無子之人自主，其房族希圖財産架詞妄控，最爲惡習。今據爾稱，晚年無子，胞侄不務正業，經族議繼服侄金甫即元良爲嗣，則繼嗣早定，如龍等何能妄生覬覦。卷查倪如龍初次控詞，一則曰輒敢擅自過繼遠族倪阿法，再則曰復敢擅繼倪金甫，其謬妄傲慢情形溢於言表，即其向爾與金甫尋釁，亦在意中，就使實被金甫等毆傷，原屬自取其禍。況裝傷朦驗，係若輩習慣伎倆，本縣即不以倪興富等公稟爲據，何難燭其詐僞。應准爾仍繼倪金甫爲嗣，倪董氏承繼倪阿法爲嗣，各繕立議據，呈案備查。候專提倪如龍、倪如明訊究嚴懲。倪福生等概無庸提質，以省拖累。

（清）孫鼎烈《四西齋決事》卷一《會稽治牘・批・章兆有批》 爾堂伯章喬林物故，獨子夭有亦復夭殤，爾既憑族議繼與喬林爲嗣，則情關父子兄弟，何以查訊喬林何年身故，夭有夭亡時若干年歲，概稱不知。是爾名爲繼嗣，實則專圖承管遺産也，焉用此嗣子爲耶？且章喬林親生祇有女正姑，而立繼不使預聞，繼書無押，亦未妥洽。所呈礙難准理，粘抄發還。

（清）孫鼎烈《四西齋決事》卷五《太平治牘・批・金國禮批》 異姓不得亂宗，而繼嗣非爲承産。金國利年老無子，立繼與否，應聽自主。至無子之人准其賣産自贍，例有明文。今國利夫婦俱在變賣田産，尤非他人所能干預。其抱養周姓之子既經成立，爲之聘妻，僅可相爲依倚。但祇可作爲螟蛉子，不得作爲嗣子，以清宗派。至繼嗣一節，由國利夫婦自行擇定同宗昭穆相當之人，亦不得藉繼争産，覬覦把持，以杜争執。着即遵照。

（清）孫鼎烈《四西齋決事》卷五《太平治牘・判・朱林氏等判》 世有無子争繼之事，從無有子而仍争繼之事。朱會賡身故時，妾子子煦生已二齡，嫡母林氏撫孤守産，今年十歲，相安有素。乃因上年九月朱林氏以夫兄朱恒同霸種竈田五畝，租穀不交等情，三次具控，今年三月始據朱恒同以伊弟恒定身故，伊子思華入繼，立有繼據，載明遺産與王姓養子對半均分，林氏忽匿據謊控各情，具訴前縣，傳訊未到。本縣收呈時，將恒同差帶，諭令朱林氏邀集案證，限日集訊，供詞各執。查例載，繼子不得於所後之親，准其告官別立。即使思華果繼與恒定即會賡爲嗣，現與林氏訐訟已久，寖成仇隙，例應退繼。況參閱情詞及繼據，其中破綻甚多，立繼大事不由宗族列名者，惟恒同父子、兄弟一門五六人，其可疑一也；

林氏親生祇有一女，出嫁陳姓，婿女俱在，而此事不使預聞，繼據既稱婿父陳錫駒主稿，據内不列錫駒之名，其可疑二也；據爲陳學現代筆，或稱其務農，或稱爲道士，皆謂與朱會賡交好，由林氏邀請，而林氏則言並無陳學現其人，飭差查傳，亦以並無其人稟覆，其可疑三也。最難掩飾者，會賡以十七年六月病故，衆口皆同，妾郭氏即子煦生母於會賡故後始出朱門，亦衆口皆同，乃十八年二月所立繼據，叙述林氏口氣，言不幸夫經殤亡，妾郭氏歸寧母家，不過二年亦逝，計立據之日，距會賡病故之日僅八月耳，何以云郭氏不過二年亦逝？則立據在郭氏已死之後可知，無意中露出破綻，一經指破，微特斷獄者確有把握，即唆訟者亦何從置喙？兹經覆訊，朱恒哲既爲該姓族長，朱佑亦讀書明理之人，皆據供稱子煦之生，伊等同赴湯餅之會；會賡之死，伊等共襄殯奠之儀，其爲親生確無疑義。上年八月因租穀起釁，各投朱佑理處。當時尚無思華承繼之説，益信繼據爲臨訟捏造。質諸恒同，遂即供出實情：謂實係聽人捏弄，雖悔已遲。朱恒鎰始猶堅執，見恒同一一實供，亦遂供認。衡情定斷，會賡有子而謂爲抱養，思華並未入繼而謂爲林氏求繼，捏據串供，直欲使親生骨肉變爲異姓亂宗，譸張之幻，實有出於情理外者。幸天網恢恢，自留破綻，或亦朱氏祖宗之靈隱爲呵護者乎？恒同等居心險惡，迨無人理，本應予以應得之罪，惟觀其自知悔悟，尚屬實情；恒鎰挺身插訟，自作主據要質，以爲伊一言之下可以證成此案，迨恒同先吐實情，始俯首無辭，實爲暗中主唆。但據朱佑及恒同等一再代求，且與恒同等前堂已各受笞責，姑免再辦。恒同父子霸種林氏田畝，今年早晚租穀於收後應照數對分，明年將田全數交還，聽林氏招人耕種。飭據朱佑與兩造理明，當堂立據，着即照行。朱林氏撫養孤子，保守遺産，恒鎰、恒同等再敢藉端尋釁，准予鳴究。各具遵結存查。承田議契并存，立繼僞據塗銷。附卷通案人證，均各釋回。地保朱廷和俟枷限滿日，酌量開釋。此判。

（清）熊賓《三邑治略》卷四《堂判利川縣任内·訊董劉氏一案》　訊明董劉氏與董習仲互控一案，緣董習明無嗣，過繼董劉氏之子董學道，驗明繼約並碑石不錯。後查光緒十六年，董習仲等在祝前縣任内呈稱，董習明無嗣，過繼董學道承祧，更屬實在憑據。斷令以後董習明業産盡歸董學道管業，每年春秋祭祀掃墓，免致董習明絶後。現在此田已當一半與董習仲，計錢三十串，仰董習仲將此錢付出，以八串作齋醮，以八串還舊賬，以四串作劉官榮賠張士進失去洋煙之錢，以十串作繼子花費。董學道等所付王長吉當約三十八串，據譚賢德供稱係王董氏賠奩之資，着仍歸王長吉收領。至王長吉供稱董張氏前借有錢十一串，既係岳母，亦應讓出，借字退還董學道手，各具結完案。此諭。

（清）熊賓《三邑治略》卷五《堂判東湖縣任内·訊向曹氏一案》　查訊曹長國有子二人，長子曹子茂，業已成丁，並無子嗣。現曹長國已故，據曹子聰供，從前曹長國令身過繼爲嗣。訊詰有無合同，供稱未有。復據曹賢詩供，身有弟曹賢書，情願過繼曹子茂爲嗣。查曹家榮、曹家元弟兄分支，至曹賢書名下，剛頂五服。而曹子聰分際太遠，不能承祧。且曹子聰如果承繼曹長國名下，伊子曹子茂又復乏嗣，理應代曹子茂立繼，以接曹長國禋祀。斷令憑同族親，即立曹賢書〔於〕〔與〕曹子茂爲子，書立繼約。曹子聰雖無合同，亦有爲子之説，照義子例，除伊莊錢四十三串外，另給錢四十串，再行搬遷。向曹氏所墊葬費二十六串，亦歸嗣子償還。曹長國僅有田地三百串之譜，除當價一百餘串，所剩無幾，爾等亦勿得覬覦家財，各具結完案。此諭。

（清）熊賓《三邑治略》卷五《堂判東湖縣任内·訊艾守懷一案》　訊明趙木匠娶桃花爲室，據趙木匠供，已給胡宏全錢五拾串，交艾守懷分得，質之艾守懷，供稱並無其事。但艾姓户族人衆，何以只交艾守懷一人？且婚書亦無寫字憑證，顯有不實。斷令胡宏全及方家富各出錢拾串，共二拾串文，交艾守懷等作爲艾大訓齋醮之資。至艾大訓有旱田二分，艾守懷等供，約據均被桃花帶去。然業已出嫁，即不能得艾姓家財，仰艾守懷等憑保甲局紳首，照田界四鄰約據，晒清界址另外投税，以作艾大訓立繼之産，各具結完案。此諭。

（清）熊賓《三邑治略》卷六《堂判天門縣任内·訊梅學坤一案》　查訊梅學坤之上輩到蕭姓家招贅，改爲姓蕭，已有數代。現在蕭十廉及其妻王氏物故乏嗣，遺有房屋二間，田地三畝，係屬絶産。乃梅學坤口稱其子靈狗過繼王氏，質之蕭德俊，供並未承繼，且身等弟兄屬近分叔姪，理應承祀等語。但梅姓前輩業已上蕭姓之門，此次自不能復行過繼。惟梅學坤係梅姓後裔，與蕭姓均屬一本，現在光境爲難，即在王氏絶産内提出錢拾串，義給該民，以作遺念，永無纏擾，各具結完案。此諭。

（清）熊賓《三邑治略》卷六《堂判天門縣任内・訊鄒羅氏一案》 訊得鄒羅氏無嗣，已過繼鄒義祖爲子，而族人鄒星階等，堅以立鄒華祖爲嗣。查鄒華祖與鄒義祖服制相等，均到五服。惟鄒羅氏情願立鄒義祖爲子，本有立賢立愛兩條，應將鄒義祖立於鄒羅氏名下，當堂書立繼約，以免他人覬覦。鄒華祖過繼尚未定局，膽敢控其母有姦，實屬可惡，掌責示儆。鄒羅氏有弟宗懷乏嗣，俟鄒義祖生有兩子，一門雙祧，家財應的一股給鄒羅氏親生兩女作爲妝奩。復查鄒羅氏年歲已至五十，面貌枯槁，伊夫去時，未滿百日，斷無與魯大貴通姦之理。魯大貴亦係忠實之人，一併省釋。此諭。

（清）倪望重《諸暨諭民紀要》卷二《正堂倪二任・楊志校控陳鶴元等阻繼勒捐由》 堂諭：訊得楊志校控陳鶴元等阻繼勒捐一案，緣楊志校之祖母楊周氏生子楊孚堂而夫死，遂改嫁於陳姓，又生子國章，國章無子，陳太清等議以楊志校繼爲其後。今年陳族修譜，欲令楊志校出錢拾千文，乃可刊入。楊志校不允，以致具呈。兹經集訊，查異姓不得亂宗，定例所垂，本於《禮經》。所載陳鶴元等何竟以修譜爲利，得錢則楊可繼陳，不得錢，則陳不混楊。志校又何故争爲國章之後？不索錢則安然改姓，索錢則出而控争，此所謂鄉愚無知之甚者也。斷令楊志校仍歸本宗，俾其父楊孚堂得續血食，不得妄繼陳國章爲後，以致亂宗。應由陳鶴元等於陳姓族内由親及疏，選擇昭穆相當之人爲陳國章立後。陳國章遺有田地、山場，祀會各項，即歸繼子管業。若無可繼之人，有産須入祀内，爲之祭掃墳塋。惟據陳太清等供稱，陳國章生養死葬，係楊志校經理，所遺舊平屋貳間，着交楊志校管業，以資貼補，陳族不得混争。楊志校前呈繼書，當堂塗銷附卷，各取甘結完案。此諭。

（清）倪望重《諸暨諭民紀要》卷三《正堂倪二任・方逐堯與方逐德互争繼襲由》 堂諭：訊得方逐堯與方逐德互争繼襲一案，緣方逐堯即廷坎，（之）〔其〕故父方乾基，兄弟有四：長乾溥，次乾發，三乾智，而乾基居幼。乾溥、乾發、乾智三人均無子而殉難，請以世職承襲。乾基生子三人：長逐瑞，出繼長房乾溥爲嗣，逐德出繼三房乾智，逐堯出繼二房乾發，各無繼書，衹以接襲爲憑。當乾基議子分繼時，原有幼子懿德，旋及四歲而亡，仍議逐堯祧還本支，其父承分産業除立各項祀田，餘歸三股均分。乃方逐德挾方逐堯阻收庠租之嫌，輒乘宗祠修譜，不准方逐堯刊載世職，並以方逐（堯）〔德〕聲稱，廷坎係其故兄别字，頂冒承襲，經族理處不明，出而互相呈控。兹集庭訊，查方逐德、方逐堯誼屬同胞，何不明大義如是？即如方逐德所稱方廷坎爲其已故之兄，而非方逐堯别字，查舊譜内註明乾基生三子，曰逐瑞，曰逐德，曰逐堯，别無廷坎其人。且或有廷坎，亦如其幼弟懿德夭亡，則不宜立後、不宜承襲明矣。又譜内所註逐德出繼乾發爲嗣，又出繼乾智爲嗣，方乾基以一子兼祧兩枝，何其謬也？蓋非元繼者也。若方逐堯自謂遵父後命改繼乾發爲嗣，此屬空言不足爲據，則乾發係第二房，應以逐德入繼爲是，況逐瑞既繼長房，逐德又經出繼，逐堯仍争出繼，是其父乾基自生三子而竟不血食爲憂，於理順乎？於心安乎？斷令方逐德自守本支兼祧二房乾發，即以次子爲乾發繼孫。方逐堯亦守本支兼祧三房乾智，俟得長子爲乾智繼孫，除各頂祀田輪管外，其本生父産業既經三股均分，應毋庸議。乾發遺田廿七畝，歸於兼祧爲後之逐德；乾智遺田拾餘畝，歸於兼祧爲後之逐堯，各有世職，將來分别承襲。逐瑞以長子繼長房，相安已久，亦毋庸議，仍着照刊譜牒，永杜争端。方成等前呈宗譜三本，方逐德前呈分簿壹本，分别領還，各取甘結完案。該家族方成等皆知所斷之公，而促方逐德畫結。殊堪嘉奬。此諭。

（清）石鑫《敬畏齋公牘》卷二《批義井高益祥狀訴高喜祥異姓亂宗文》 呈悉：當日高福無後，弟兄數人並無子嗣，是以收養高喜祥爲子，撫養鞠育今已四十餘年。爾等既以異姓亂宗爲詞，當其父母在時何不剖白，必至其父母均亡始行争論，非意在家産而何？查定例：出嗣之子歸宗，亦以所後父母有無子嗣爲斷。又查《五禮通考》内載《金史》張詩一事，詩本李氏子，育於張氏，閱三十年始議歸宗，終以張氏無子遂仍其舊，正於此事相類。準之情理，核之律例，均難斷其歸宗。惟具呈有争毆等情，若不訊明，終是轇轕，候訊可也。此批。

《清代名吏判牘七種彙編》卷上《名士袁枚・嫡庶》 審得劉敬叔呈控劉宏德一案，本縣業已審問明白，不必再傳親族，累及多人。查律：凡無子者，應以最近昭穆相當者之子爲嗣，不得紊亂。此劉敬叔呈控之理由也。又查律：凡無子者，得於應嗣者外別立鍾愛者爲嗣。此劉宏德所持之根據也。劉槐在日，即極鍾愛宏德，視若己子，而臨没又遺命立之爲子。則於律劉宏德入嗣爲劉槐之子，並無不合。但劉敬叔在昭穆上爲最相當之人，自應與劉宏德並嗣，以別親疏而合倫常。仰即遵照，毋再生隙。再本縣又有言者，已故劉槐爲本縣中第一巨富，故該兩造各持一説，争爲之後。使劉槐不名一錢，無一瓦一隴以遺後人者，爾曹更亦出而如是争執乎？抑各自推諉乎？然則爾曹之斤斤以争者，在彼而不在此。世道衰微，賢者不免，本縣亦何暇獨爲爾曹責。所望合嗣而後，本兄弟怡怡之旨，聯鶺鴒棠棣之情，毋再芥蒂，毋再争執，則神鬼自佑，死生均安。不然，高明鬼瞰，多藏厚元。塞翁得馬，未足遽賀。況取之又少合子正悖而入者，或即悖而出乎。勿負吾意，其喻斯旨。此判。

雜録

（南朝宋）劉義慶《世説新語》卷中之下《品藻》 時人共論晉武帝出齊王之與立惠帝，其失孰多，晉陽秋曰：齊王攸字大猷，文帝第二子，孝敬忠肅，清和平允，親賢下士，仁惠好施，能屬文，善尺牘。初，荀勗、馮紞爲武帝親幸，攸惡勗之佞，勗懼攸或嗣立，必誅己，且攸甚得衆心，朝賢景附。會帝有疾，攸及皇太子入問訊，朝士皆屬目於攸，而不在太子。至是勗從容曰：陛下萬年後，太子不得立也。帝曰：何故？勗曰：百寮内外皆歸心於齊王，太子安得立乎？陛下試詔齊王歸國，必舉朝謂之不可，若然則臣言徵矣。侍中馮紞又曰：陛下必欲建諸侯成五等，宜從親始，親莫若齊王。帝從之。於是下詔使攸之國。攸聞勗、紞間己，憂忿不知所爲，入辭出歐血薨。帝哭之慟。馮紞侍曰：齊王名過其實，而天下歸之，今自薨殞，陛下何哀之甚？帝乃止。劉毅聞之，故終身稱疾焉。多謂立惠帝爲重。桓溫曰：不然，使子繼父業，弟承家祀，有何不可？武帝兆禍，亂覆神州，在斯而已，輿隸且知其若此，況宣武之弘儁乎？此言非也。

（明）夏原吉《忠靖集》卷四《挽禮部郎中黄鍾父逐翁並序》 翁本況氏所生，六歲值兵，闔門被害，鞠於里人黄氏，生二子，黄乏嗣，翁命一子繼其後，即鍾焉。餘一子歸宗，以承況氏之業。

不欣榮利樂林泉，嘉遯龍岡七十年。夜月一壺花下酒，春風百畝隴頭田。承家報國雙雛俊，繼絶歸宗二姓全。豈謂清宵遼鶴語，楚猿愁殺白楊烟。

（明）李清《三垣筆記》卷上《崇禎》 新建伯王文成守仁弘治己未，餘姚人。卒，子正億嗣，正億有二子，嫡承勳，庶承恩。及卒，承勳嗣，承勳嫡妻無出，惟妾沙氏有三子，長先進，次先達，季先道。先道以早殤無後，先進生一子業昌，先達生二子業弘、業盛。先進子業昌殀，請於弟先達，欲繼其長子業弘，以待襲爵。時先達妻章氏悍，與伯嫂不相睦，厲聲曰：何繼爲？阿伯無子，襲爵應自我夫耳。繇夫及子，爵安往？先進怒且自傷，改立今王司馬業浩萬曆癸丑，山陰人。親弟業洵爲嗣。業洵者，守仁父華成化辛丑狀元，餘姚人。後也。於是承勳室宇貲財並承襲祭田數百頃，皆爲業洵所有。已，業浩爲業洵謀，謂己非文成後，例不應襲，襲者終是先達耳。襲爵必索産，遂群謗先達爲乞養，而另推承恩子名先通者嗣。不過謂非其爵而爵，則感出意外，自有産不問耳。由是先達與先通爭襲，數十年不決。及奉旨下撫按勘，乃予司李寧波時也，同紹李鄭瑜崇禎辛未，番禺人。與台李張化原會審。時先達亡，唯子業弘與先通對質，予問曰：何以前後兩子皆真，而中子獨贋？又何以無後之兩子皆真，而有後之中子獨贋？且何以沙氏既有子兼有孫，乃預知兩子一孫或絶或殤，而中抱一乞養？先通無以應，不過曰：承勳曾具疏，萬曆時指先達爲贋，今留中耳。予曰：留中疏曾有據乎？先通曰：禁地深嚴，一字不漏，徧簡自見。予曰：若簡而有，則業弘父贋，爵合歸爾。若簡而無，則汝言誕，爵合歸業弘。於是先通、業弘皆叩首承服，然實無從簡也。訊畢，化原舉首指天謂：先通之承服，天道乎。瑜亦嘆曰：業弘實不贋，但奈予鄉公祖何？鄭廣東人，時業浩方總督鄭鄉，故云。及予入刑垣，事猶未決，擬具疏稿，以伸公議。業弘不知，托葉姓者至寓，求予一言，且謂襲爵後當割二歲俸爲壽。予作色曰：若如此，不獨愧文成，且上欺君父，當立焚稿耳。遲一月方上，旋奉旨速覈。時簡承勳留中疏不得，然諸公侯皆爲賄動，遂群倡去疑存信之説，以先通嗣。業弘持疏入禁地，舉刀抹頸，且云：以留中一疏有無定兩家真贋，有原問官刑科李清可問。疏聞，下獄擬罪，竟不問予也。先通襲爵僅四年，京城破，爲闖賊所殺，業弘反免。

（清）徐珂《清稗類鈔·風俗類·立嗣》　我國重宗法，以無後爲不孝之一。凡年至四五十而尚未有子者，輒引以爲大憂，懼他日爲若敖之鬼也，他人亦爲之鰓鰓慮，視滅國之痛尤過之，蓋狹義滅種之懼也。於是有立嗣之事。其法：擇胞兄弟之子以爲嗣，次則擇從兄弟之子，復次則擇再從兄弟之子。兩者皆無，乃及於昭穆相當之族人。惟其中有應繼、愛繼之別。昭穆之最親者爲應繼，繼矣，而不當嗣父母之意，另擇一較疏之人，亦使爲後，曰愛繼。亦有舍應繼而取愛繼者，此皆以同姓爲斷也。

其取於異姓者，或出嫁姊妹之子，或爲女擇一壻，入贅於家，令其奉祀。或買一不知誰何之子，則以二齡至十齡者爲多。間有先期覓一在外之孕婦，而自飾爲有娠者，俟孕婦之將臨盆也，亦坐蓐，收生嫗亦侍於側，孕婦之子方墮地，亟攜以歸，由收生嫗奉之，以交飾娠者撫之，而別雇乳婦飼之焉，俗曰血抱。凡此者皆養子也。養異姓子爲己子者，五代之李克用、王建爲最多。明太祖初起時，亦多畜養異姓兒，稱爲某舍。

（清）徐珂《清稗類鈔·風俗類·處人冒祖》　處州居民，家各有譜，宗支頗明晰。本宗相承，筆以紅色；異姓繼嗣，筆以藍色。惟所序非族中合議，胥以私意出之，故流毒彌多。常有無賴覦富室産，富室乏嗣，筆祖若父以藍色，而自承爲富室正支，或指富室爲異嗣者，甘爲人後，恬不知恥。更有自移他族骸骨瘞諸祖塋，訐人爲盜葬，或陰匿祖骸以實之。

承户析産分部

論説

（漢）應劭《風俗通義》卷四《過譽・汝南戴幼起》　謹按：《禮》有東宮西宮，辟子之私，不足則資，有餘亦歸之於宗也。此言兄弟無離異之義也。凡讓財者類與弟，子弟尚幼，恩情注，希有與兄。既出之日，可居冢下，冢無屋，宗家猶有贏田廬田，可首粥力者耳，何必官池客舍。既推獨車，復表其上，爲其飾僞，良亦昭晰。幼起同辟有薛孟嘗者，與弟子共居，弟子常求分，力不能止，固乃聽之，都與，奴婢引其老者，曰：與我共事，汝不能使之。田屋取其荒壞者，曰：我少時所作買，意所戀也。器物取其久者，曰：我服食久，身口安之也。外有共分之名，内實十三耳。子弟無幾盡之，輒復更分，如此者數。傳稱袁盎三兄子分而供其公家之費，此則然矣。《論語》：泰伯三讓，民無得而稱之焉。何有讓數十萬，畏人而不知，欲令皦皦，乃如是乎？方之袁、薛，差以千里。凡同居，上也；通有無，次也；讓其下耳。況若幼起，仍斯不足貴矣。

（宋）袁采《袁氏世範》卷一《睦親・分給財産務均平》　父祖高年，怠於管幹，多將財産均給子孫。若父祖出於公心，初無偏曲，子孫各能戮力，不事游蕩，則均給之後，既無争訟，必至興隆。若父祖緣有過房之子，緣有前母後母之子，緣有子亡而不愛其孫，又有雖是一等子孫，自有憎愛，凡衣食財物所及，必有厚薄，致令子孫力求均給，其父祖又於其中暗有輕重，安得不起他日争端？若父祖緣其子孫内有不肖之人，慮其侵害他房，不得已而均給者，止可逐時均給財穀，不可均給田産。若均給田産，彼以爲己分所有，必邀求尊長立契典賣，典賣既盡，窺覦他房，從而婪取，必至興訟，使賢子賢孫被其擾害，同於破蕩，不可不思。大抵人之子孫或十數人，皆能守己，其中有一不肖，則十數人皆受其害，至於破家者有之。國家法令百端，終不能禁，父祖智謀百端，終不能防，欲保延家祚者，覽他家之已往，思我家之未來，可不修德熟慮以爲長久之計耶，

（宋）袁采《袁氏世範》卷一《睦親・分析財産貴公當》　朝廷立法，於分析一事，非不委曲詳悉。然有果是竊衆營私，却於典賣契中稱係妻財置到，或詭名置産，官中不能盡行根究。又有果是起於貧寒，不因父祖資産自能奮立，營置財業，或雖有祖衆財産不因於衆，別自殖立私産，其同宗之人必求分析，至於經縣經州，經所在官府，累十數年，各至破蕩而後已。若富者能反思，果是因衆成私，不分與貧者，於心豈無所歉？果是自置財産，分與貧者，明則爲高義，幽則爲陰德，又豈不勝如連年争訟，妨廢家務，及資備裹糧與囑託吏胥、賄賂官員之徒費耶？貧者亦宜自思，彼實竊衆，亦由辛苦營運以至增置，豈可悉分有之？況實彼之私財，而吾欲受之，寧不自愧？苟能知此，則所分雖微，必無争訟之費也。

（宋）袁采《袁氏世範》卷一《睦親・分業不必計較》　兄弟同居，甲者富厚，常慮爲乙所擾。十數年間，或甲破壞而乙乃增進，或甲亡而其子不能自立，乙反爲甲所擾者有矣。兄弟分析，有幸應分人典賣，而己欲執贖，則將所分田産丘丘段段平分。或以兩旁分與應分人，而己分處中，往往應分人未賣，而己分先賣，反爲應分人執鄰取贖者多矣。有諸父俱亡，作諸子均分，而無兄弟者分後獨昌，多兄弟者分後浸微者。有多兄弟之人不願作諸子均分，而兄弟各自昌盛勝於獨據全分者。有以兄弟累衆，而己累獨少，力求分析，而分後浸微，反不若累衆之人昌盛如故者。有以分析不平，屢經官求再分，而分到財産隨即破壞，反不若被論之人昌盛如故者。世人若知智術不勝天理，必不起争訟之心。

（宋）袁采《袁氏世範》卷一《睦親・兄弟貴相愛》　兄弟義居，固世之美事。然其間有一人早亡，諸父與子侄其愛稍疏，其心未必均齊，爲長而欺瞞其幼者有之，爲幼而悖慢其長者有之。顧見義居而交争者，其相疾有甚於路人，前日之美事乃甚不美矣。故兄弟當分，宜早有所定，兄弟相愛，雖異居異財，亦不害爲孝義，一有交争，則孝義何在？

（宋）袁采《袁氏世範》卷三《治家・析户宜早印鬮書》　縣道貪污，遇有析户印鬮，則厚有所需，人户憚於所費，皆匿而不印，私自割析，經

年既深，貧富不同，恩義頓疎，或至爭訟。一以爲己分，失去鬮書，一以爲財分未盡，未立鬮書，官中從文則礙情，從情則礙文，故多久而不决之患。凡析户之家，宜即印鬮書，以杜後患。

（宋）袁采《袁氏世範》卷三《治家·分析鬮書宜詳具》 分析之家，置造鬮書，有各人止録己分所得田産者，有一本互見他分者。止録己分，多是内有私曲，不欲顯暴，故常多爭訟。若互見他分，厚薄肥瘠可以畢見，在官在私，易爲折斷。此外或有宣勞於衆，衆分充與田産，或有一分獨薄，衆分充與田産，或有因妻財、因仕宦置到，來歷明白，或有因營運置到而衆不願分者，並宜於鬮書後開具。仍須斷約不在開具之數，則爲漏鬮，雖分析後，許應分人别求均分，可以杜絶隱瞞之弊，不至連年爭訟不决。

綜述

《宋刑統》卷一二《户婚律·死商錢物諸蕃人及波斯附》 准：《主客式》，諸商旅身死，勘問無家人親屬者，所有財物，隨便納官，仍具狀申省。在後有識認勘當，灼然是其父兄子弟等，依數却酬還。

准：唐大和五年二月十三日敕節文，死商錢物等，其死商有父母、嫡妻及男，或親兄弟、在室姊妹、在室女、親姪男，見相隨者，便任收管財物。如死商父母、妻兒等不相隨，如後親屬將本貫文牒來收認，委專知官切加根尋，實是至親，責保訖，任分付取領，狀入案申省。

准：唐大和八年八月二十三日敕節文，當司應州郡死商，及波斯、蕃客資財貨物等，謹具條流如後：

一、死商客及外界人身死，應有資財貨物等，檢勘從前敕旨，内有父母、嫡妻、男、親姪男、在室女，并合給付。如有在室姊妹，三分内給一分。如無上件親族，所有錢物等並合官收。

一、死波斯及諸蕃人資財貨物等，伏請依諸商客例，如有父母、嫡妻、男女、親女、親兄弟元相隨，並請給還。如無上件至親，所有錢物等並請官收，更不牒本貫追勘親族。

右户部奏請，自今以後，諸州郡應有波斯及諸蕃人身死，若無父母、嫡妻、男及親兄弟元相隨，其錢物等便請勘責官收。如是商客及外界人身死，如無上件親族相隨，即量事破錢物埋瘞，明立碑記，便牒本貫追訪。如有父母、嫡妻、男及在室女，即任收認。如是親兄弟、親姪男不同居，并女已出嫁，兼乞養男女，並不在給還限。在室親姊妹，亦請依前例三分内給一分。如死客有妻無男女者，亦請三分給一分，敕旨宜依。

准：周顯德五年七月七日敕條，死商財物如有父母、祖父母、妻，不問有子無子，及親子孫男女，並同居大功以上親幼小者，亦同成人，不問隨行與不隨行。並可給付。如無以上親，其同居小功親，釋曰：大功、小功親具在《假寧令》後《五服制度令》内。及出嫁親女，三分財物内取一分，均給之。餘親及别居骨肉不在給付之限。其蕃人、波斯身死財物，如灼然有同居親的骨肉在中國者，並可給付。其在本土者，雖來識認，不在給付。

《宋刑統》卷一二《户婚律·户絶資産》　准：《喪葬令》，諸身喪户絶者，所有部曲、客女、奴婢、店宅、資財，並令近親親依本服，不以出降。轉易貨賣，將營葬事及量營功德之外，餘財並與女。户雖同，資財先别者亦准此。無女均入以次近親，無親戚者官爲檢校。若亡人在日，自有遺囑處分，證驗分明者，不用此令。

准：唐開成元年七月五日敕節文，自今後，如百姓及諸色人死絶無男，空有女，已出嫁者，令文合得資産。其間如有心懷覬望，孝道不全，與夫合謀有所侵奪者，委所在長吏嚴加糺察，如有此色，不在給與之限。

臣等參詳，請今後户絶者，所有店宅、畜産、資財，營葬功德之外，有出嫁女者，三分給與一分，其餘並入官。如有莊田，均與近親承佃，如有出嫁親女被出，及夫亡無子，並不曾分割得夫家財産入己，還歸父母家，後户絶者，並同在室女例，餘准令敕處分。

《天盛改舊新定律令》卷一〇《官軍敕門》　諸人一户下死絶，人根已斷，所屬畜、穀、寶物、舍屋、地疇等，死者之妻子及户下住有女、姉妹、及已嫁而未嫁來媳者，妻子可斂集畜、穀、寶物，門下住女等依律令應得嫁妝時當予，其餘畜、穀、寶物不許妻子妄用，與别房人根所近者共監收。其婦人改嫁及死亡時，所遺寶物二分之一依前律令予門下住女、姉妹嫁妝，比總數數目當增多；另一份當予門户不同、畜物不共之祖父母、父母、伯叔、姨、兄弟、侄、孫所遺人根近者。若有女出嫁者，則門下住女應取一份之外，門户不同節親人應得一份者，三分之一爲已嫁女得。無祖父母、父母、伯叔、姨、子、侄、孫等，則所有畜、穀、寶物當由未嫁之門下住女及嫁而未成婚者取。若無門下住女，則已出嫁女當取。其亦無，則畜、糧、實物由同姓五服中所近人取，分取畜物者當共同安葬死絶人。其亦無，然後當由官取。

《通制條格》卷三《户令·親在分居》　至元八年六月，尚書省。御史臺呈：監察御史體究得，隨處諸色人等，往往父母在堂，子孫分另别籍異財，實傷風俗。送户部講究得：舊例：祖父母、父母不得令子孫别籍，其支析財産者聽。今照得士民之家，往往祖父母、父母在日，明有支析文字，或未曾支析者，其父母疾篤及亡殁之後，不以求醫、侍疾、喪葬爲事，止以相争財産爲務。以此參詳：擬合酌古准今，如祖父母、父母在，許令支析者聽，違者治罪。都省准擬。

《通制條格》卷三《户令·親在分居》　至元十一年正月，中書省。御史臺呈：切聞爲人子者，養親當致其樂，不敬其親謂之悖禮。伏見隨路居民，有父母在堂，兄弟往往異居者，分居之際，置父母另處一室，其兄弟諸人分供日用。父母年高，自行拾薪取水，執爨爲食。或一日所供不至，使之詣門求索。或分定日數，令父母巡門就食，日數纔滿，父母自出，其男與婦亦不懇留。循習既久，遂成風俗，甚非國家所以孝治之意。今後禁約，父母在堂之家，其兄弟諸人不許異居，著爲定式，如此庶使人子竭養親之心，父母享終身之樂。都省准擬。

《通制條格》卷三《户令·户絶財産》　中統五年八月，欽奉聖旨條畫内一款：隨處若有身喪户絶别無應繼之人，謂子姪弟兄之類。其田宅、浮財、人口、頭疋盡數拘收入官，召人立租承佃，所獲子粒等物，通行明置文簿，報本管上司，轉申中書省。若抛下男女十歲以下者，付親屬可托者撫養，度其所須季給。雖有母招後夫或携而適人者，其財産亦官知數。如已娶或年十五以上，盡數給還。若母寡子幼，其母不得非理典賣田宅、人口，放賤爲良。若有須合典賣者，經所屬陳告勘當是實，方許交易。

《通制條格》卷三《户令·户絶財産》　至元五年七月，中書省。樞密院呈：平陽路民户鄭堪浄告兄鄭大見充軍户，年老無嗣，合〔元〕〔無〕將男挨哥承繼祖業，充貼户津濟正軍，侍養鄭大。都省議得：合將鄭挨哥名籍除豁，令本人承繼伊伯父鄭大祖業，應當貼户身役。已後民户内有無子之家，軍户内却有承繼同宗弟姪，亦仰依上一體施行。

《通制條格》卷三《户令·户絶財産》　至元六年十一月，中書省。户部呈：南京路鈞州陽翟縣附籍范顯户下駈口張春奴等，告本使范顯及男山兒身故，今有懷州軍〔尸〕〔户〕范總帥男范贊，將引家小搬來本家住坐，昏賴范顯事産。本部參詳，范贊係范顯親姪，擬合承繼伊伯户名當差，將抛下人口事産等物盡行分付本人爲主，却於懷孟路范總帥户下除豁一丁差役。都省准擬。

《通制條格》卷四《户令·親屬分財》　至元三十一年十月，中書省。

禮部呈：大都路申：盧提舉妾阿張告争家財。檢會舊例：諸應争田産及財物者，妻之子各肆分，妾之子各叁分，奸良人及幸婢子各壹分。以此參詳，盧提舉元拋事産，依例，妻之子盧山驢肆分，妾之子盧頑驢、盧吉祥各叁分。都省准呈。

《通制條格》卷四《户令·親屬分財》 至元十八年四月，中書省。禮部呈：彰德路湯陰縣軍户王興祖狀告：至元三年，於本處薛老女家作舍居女壻壹拾年，此時承替丈人應當軍役，置到莊地、宅院、人口等物，有兄王福告作父、祖家財均分等事。本部照得舊例：應分家財，若因官及隨軍或妻所得財物，不在（分）〔均〕分之限。若將王興祖隨軍梯己置到産業人口等物，令王興祖依舊爲主外，據父、祖置到産業家財，與兄王福依例均分。都省准擬。

《通制條格》卷四《户令·親屬分財》 至元十一年六月，尚書。户部：彰德路申：褚克衡告，除與兄褚克衎將家私分另外，際留與母阿劉并老娘阿田養老事産，有兄褚克衎拘占不肯分剖。省部相度，褚阿劉、阿田際出養老財産，今已身死，又兼同户當軍，理合諸子均分，仰依上施行。

《通制條格》卷四《户令·親屬分財》 元貞元年十月，中書省。禮部呈：衛輝路獲嘉縣人户賈拾得，告故伯父賈會首與拾得等全家祖莊住坐，後爲天旱，他處趁熟迴還。有伯父召到養老女壻張威，將房舍地土昏賴，不令拾得爲主。照勘得賈拾得不曾附籍。本部議得，張威雖於賈會首户下附籍，合將應有事産令姪賈拾得兩停分張，同户當差。都省准擬。

《通制條格》卷四《户令·親屬分財》 至元八年四月，尚書省。户部呈：楊阿馬告，小叔楊世基，爲阿馬無子，將訖故夫楊世明元拋家財、房屋并女蘭楊，又將陳住兒收繼爲妾。本部議得，寡婦無子，合承夫分。據楊世基要訖楊世明壹分財産并陳住兒擬合追付阿馬收管，及令蘭楊與伊母同居。至如合行召嫁，令楊阿馬、楊世基一同主婚，阿馬受財外，據應有財産，楊阿馬并女蘭楊却不得非理破費銷用。如阿馬身死之後，至日定奪。爲係軍户，行下樞密院再行披詳，回呈：楊阿馬稱：乞將亡夫財産分付，情願依例津濟當軍之人。若依户部所擬相應。都省准呈。

《元典章》卷一七《户部·户計·分析·父母在許令支析》 至元八年七月，御史臺承尚書省劄付：

來呈：監察御史體究得，隨處諸色人家，往往父母在堂，子孫分另，別籍異財，實傷風化。乞照詳。送户部講究得：唐律：祖父母、父母不得令子孫分另別籍。又舊例：女真人，其祖父母、父母在日支析及令子孫別籍者聽。又條：漢人不得令子孫別籍，其支析財産者聽。今照得（仕）〔士〕民之家，往往祖父母、父母有支析文字，或未曾支析者，其父母疾篤及亡歿之後，不以求醫、侍疾、喪葬爲事，止以相争財産爲務。原其所由，自開創以來，其漢人等別無定制，以致相争，詞訟紛擾如此。若依舊例，卒難改革。以此參詳，隨代沿革不同，擬合酌古准今，自後如祖父母、父母許令支析別籍者聽，違者治罪。省府准擬，仰照驗施行。

《元典章》卷一七《户部·户計·分析·抄數後分房者聽》 至元七年八月，尚書户部：近據太原路申：見取勘不當差户計協濟見當差人户。於内析居户計，若户長與户下〔户〕俱願析居，別無定奪。中間却有户長願，户下户不肯從順；户下户願，户長却不從順。乞定奪事。省部議得，見欽奉聖旨條畫：壬子年合併抄上户計，自願析居各另者，聽從民便。欽此。呈奉到都堂鈞旨，擬定下項析居户體例，照依施行。

一、同姓叔姪兄弟，壬子年同籍，至今同户〔同居〕當差者，止令依舊一户當差，如有兩願析户者聽。

一、同姓叔姪兄弟，壬子年同籍異居，同户當差，雖是異居，未經分另者，兩願析户者聽。

一、同姓叔姪兄弟，已有支析文字、另居文書，或無文字，已經分另異居者，雖是壬子年同籍一户當差，不以户長並户下自願析户者聽。

《元典章》卷一七《户部·户計·承繼·妻姪承繼以籍為定》 大德三年二月二十八日，江西行省移咨都省咨文：

來咨：蕭阿周告：夫蕭念七存日，將男許真過房與伯蕭千八爲男，伯母蕭阿謝將伊兄謝五四男謝顏孫私立爲嗣。責得蕭阿謝狀結：至元二十年，與夫蕭（十）〔千〕八商議，將兄謝五四次男顏孫乞養爲男，改名蕭福九。在後，夫蕭千八并婆阿曾身故，蕭福九承服持孝。至元二十七年官司抄户，蕭福九爲户頭供報，別不曾養蕭許真爲嗣。本省若擬蕭福九歸宗，即係蕭千八生前立繼兒男十有六載，抄籍立户當差及承繼孝服，又與蕭念七自來別籍，蕭阿謝不曾別立嗣續，似難出離。咨請定奪。准此。送禮部照擬得：蕭千八爲無兒男，過繼妻姪謝顏孫，改名蕭福九。蕭念七生子許真、吴真，本人生前不曾争告繼立。至元三十年身故，伊妻阿周於元貞二年赴官陳告：夫蕭念七存日，欲將男許真與伯蕭千八爲後。參詳：蕭福九既係蕭千八生前（生）繼立爲嗣，抄籍立户，經持祖母孝服，又與蕭念七自來別籍另居。合咨行省再行取問，若無差異，准擬相應。具呈照詳。都省准擬，咨請依上施行。

又

大德四年四月□日，江西行省准中書省咨：

來咨：備袁州路申：至元二十六年八月内張元俊告：伯妾阿褚立元俊次男益孫爲親男安老後，將田土房屋分作兩分，一分與乞養男張元平，一分與益孫承管，抄户納糧。不防袁道判説合伯妾阿褚，將益孫分到祖居立爲崇明觀。看詳，張庫使抛下田産（二）〔一〕十五頃七十五畝，除過房男張元平一分該田七頃八十二畝承户納糧外，有田七頃九十三畝，張庫使生前遺撥褚惠真養贍。其褚惠真起立崇明觀，以張庫使男張安老爲户納糧。今張元俊争告，却緣敬奉皇太后懿旨：褚惠真分到田地，斷回與崇明觀養贍道衆者。敬此。本路豈敢不遵，合從省府移咨都省，啓稟明降，非本路專處之事。申乞照詳。得此。咨請照詳。准此。都省照得本省先咨：張庫使至元二十三年身故。二十六年，伊妾阿褚爲乞養男張元平不聽教訓，親男張安老夭亡，自行具狀，赴録事司告給公據，立同祖親姪張元俊男益孫爲安老後，承繼張庫使户名，至元二十七年供抄入籍當差。至元二十八年，阿褚捨俗出家，禮邵法師爲師，將溪園祖居創立崇明觀。張元俊告發到官，本婦狀結前項田土，並不曾捨作常住。已咨本省，斷令張益孫收繼當差去訖。其邵法師却將褚惠真告據過房抄上入籍同祖姪孫張益孫作疏族，姪張元俊妄稱已曾過房爲男，又將張益孫已承繼田土作褚惠真受分物業，朦朧赴皇太后位下呈告。以此議得，褚惠真棄俗爲道，前夫張庫使抛下田産，已令乞養子張元平與入籍孫張益孫承繼户名，應當差税。合准已擬，令張益孫依舊爲主管業。除外，咨請依上施行。

《元典章》卷一七《户部·户計·承繼·軍民承繼絶户》 至元五年七月，中書左三部：

爲藁城縣劉順抛下事産，却有親房軍户姪男劉興乞承繼事，省部照得先奉中書省劄付：爲平陽路鄭湛浄告，男挨哥漏籍，隻身年幼，兒鄭大見充軍户，年老別無子嗣，合無將男挨哥承繼祖業，應當貼户身役。樞密院講究回呈：議得，軍户内若有如此之人，依上爲例，承繼當差爲便。省部行下合屬，將挨哥應當貼户身役。已後民户有無子之家，軍户内却有合承繼同宗弟姪，亦仰依上施行。

《元典章》卷一七《户部·户計·承繼·異姓承繼立户》 大德四年八月，行御史臺劄付：

近據監察御史呈：據萬永年狀告：係鄂州路録事司附籍儒户。有叔父萬珙身故，即無兒男。本宗除亡之外，止存永年係故叔萬珙親姪。有姜仲一係故叔父存日買到人口，將應有家私拘收爲主。具狀告到湖廣行省，送理問所歸問，止據叔父萬珙義婿韓一供指，將叔元買到姜仲一捏合爲乞養之子，通同承頂萬氏物業，改姓萬善達爲户，偏向不肯依例歸結等事。得此。追照得湖廣行省理問所元行文卷内該：萬永年原告，萬佛兒并女使宜姐、興娘俱係萬珙生前買到人口。録事司取問得：佛兒係萬珙生前過房爲男，宜姐、興娘係過房爲女。今次追到萬珙户帖，查照與各人所供相同。責得萬永年狀供：據姜仲一，有韓一説稱係叔父萬五乞養之子，永年至元二十六年六月前往潭州等處勾當，並不知會故叔父萬五乞養佛兒爲男根因。所有宜姐、興娘，叔父生前止將爲婢使唤。今官司檢照户册，照得故叔父萬五將佛兒爲男，宜姐、興娘爲女供報在官，如蒙依理歸斷，准伏無詞。本所議得，萬佛兒係至元二十七年抄户籍面内萬珙生前已立爲嗣，若准録事司已擬，令萬佛兒承繼萬珙家業相應。呈准本省劄付，依上歸結施行。照到如此。看詳，萬珙生前將姜二親子於至元二十七年作男佛兒供報入籍。大德元年，姜佛兒却赴録事司，改名萬善達，爲户承管萬珙家業。其萬永年累次經官陳告係萬珙親姪，例應承繼。若依理問所憑籍議擬，呈准行省劄付，斷付養子佛兒承業，本人終是異姓之子，有失人倫之道。莫若於萬珙所争家財内，以十分爲率，量以二分給付佛兒，以充養育歸宗之資，餘聽萬永年承繼萬珙户名，庶使户不差迭，又且杜絶後訟，乞照詳。得此。憲臺議得，爲係破籍更户已久爲例事理，移准御史臺咨：呈奉中書省劄付該：都省議得，江南似此乞養過房爲子者多。比及通行定奪以來，依准行省所擬，斷令萬佛兒承繼萬珙家業，立户當差。仰照驗施行。

《元典章》卷一九《户部・田宅・家財・兄弟另籍承繼》 至元十五年閏十一月，中書户部：

大都路申：王德用告嫂阿霍自兄王德堅身故之後，拋下田土盡數一面租與他人，更將新桑、棗菓、樹木賣訖。又有本投下韓總管將家緣抄數，不令德用承繼等事。取到各各人等備細詞因。看詳，王德用雖與故兄王德堅另籍，却緣各人即係一母所生。據王德用次男王斌狀告，自願頂替王德堅户門，不絶祭奠之禮。若令王德用承繼，是爲相應。申乞照驗。省部相度，既是王德用與王德堅一母所生，王德堅身故後拋下家産，王德用令男王斌自願承繼，應當門户。合下，仰照驗，如無差異，依准所擬施行。

《元典章》卷一九《户部・田宅・家財・户絶有女承繼》 至元十年七月十九日，中書户部：

來申：耶律左丞下管民頭目張林申：本投下當差户金定户下人口節次身死。今將金定壬子年元籍口數照勘，除身死外，止拋下續生女旺兒一十三歲，雖伊母阿賀存日曾許聘與王大男爲婦，並不見立媒下財紅定等物。並拋下地三頃四十五畝，數内雖該己酉年衆人開到三頃，在後金定展到四十五畝，終是金定在日通行爲主，至今荒閑。擬合於當差額除豁，作不在差户内籍記。據前項拋下地三頃四十五畝，官爲知在，每年依理租賃，課子錢物，養贍金定女旺兒，候長立成人，招召女婿，繼户當差，似爲相應。呈奉都堂鈞旨，送户部，准擬施行。

《元典章》卷一九《户部・田宅・家財・户絶家産斷例》 至元八年六月，御史臺承尚書省劄付：

來呈：河北河南道按察司申：南京路録事司民户張阿劉狀告：先於壬寅年間，有故父劉涉川招到張士安作養老女婿，至今二十八年，同共作活。壬子年，有故父劉涉川身故，母阿王作户訖，抄作女户。丁巳年，母阿王身故。中統四年，本路官司勾追阿劉應當差發。至元五年，有本家驅婦陳二姑等，爲不與從良文字，與驅口陳瘦兒一同赴本路陳告，争要家財。申奉到左三部符文，除銀器具四副斷與阿劉，房屋、事産盡行斷與驅口爲主。本臺看詳，李喜春等狀告與故主劉涉川應有田宅，盡行分付驅婢李喜春等爲主，體例枉曲。今身死劉涉川立媒，與親女阿劉招召張士安爲婿，同居二十四年。壬子年，張士安雖於伊父户下附籍，終是不曾出舍。丁巳年間，丈母身死之後，應當劉涉川户下差發一十四年，與身死户絶别無應繼之人、官收養濟孤貧事理不同。劉涉川户下田宅，以三分爲率，除一分與女均分，餘二分難議作官物收養濟孤貧，止合令阿劉女婿張士安爲主，應當劉涉川户下差發相應。爲此。送户部講究定擬，回呈：照得張士安并妻子壬子年元籍，係伊父張通作户訖，附籍當差。檢會到中統(元)〔五〕年八月初四日欽奉聖旨節文，隨處若有身喪户絶，别無應繼之人，其田宅、浮財、人口、頭疋，盡數拘收入官。又照得欽奉聖旨條畫内一款節該：年限女婿歸宗，與父母同家住坐，應當差役之人，别無定奪。年限已滿不行歸宗，今次另供到手狀口數，仰收係當差。欽此。據張士安已經回宗，承繼伊父户名當差，兼今次張士安供到手狀亦依壬子年元籍，另行供抄了當。本部公議得，若依見奉聖旨處分事意，盡數拘收入官，所據户丁元籍驅婦李喜春等，即聽從良，令本路官司依例收係當差，似爲相應。呈乞照詳。省府相度，雖是張阿劉告稱故父劉涉川生前招到張士安作養老女婿，却緣元媒胡阿曹狀指，當時不曾言將養老。又兼張士安壬子年另將妻子在伊父張通户下附籍，並張士安今次供到手狀亦依壬子年元籍供訖，難議令張士安承繼劉涉川户下當差。除已劄付户部，擬將劉涉川拋下應有財産、驅、婢，依例以三分爲率，内一分與劉涉川二女，作三分，分内二分與張士安妻阿劉，一分與次女趙忠信妻劉二娘，令各人依籍應當差役；外，二分官爲拘收，通行開坐，申部呈省。仍將官司合收驅、婢口數，令合屬發遣申解前來。仰照驗施行。

《元典章》卷一九《户部・田宅・家財・寡婦無子承夫分》 至元八年四月，尚書省：

據户部呈：楊阿馬狀告：小叔楊世基將訖故夫楊世明(下)元拋下家財、房屋并女蘭楊，又將陳住兒收繼爲妾公事。本部議得，寡婦無子，合承夫分。據楊世基要訖楊世明一分財産并陳住兒，擬合追付阿馬收管，及將蘭楊令與伊母同居。至如合行召嫁，令阿馬、楊世基一同主昏，楊阿馬受財。外，應有財産，楊阿馬并女蘭楊却不得非理破費銷用，如阿馬身死之後，至日定奪。又據楊世基男楊瑛告：乞令伯娘阿馬應當一分軍役自願承當，却將房院分付。爲係軍户，行下樞密院再行披詳。回呈：楊阿馬稱乞將亡夫財産分付，情願將一分軍役依例津濟當軍之人。以此參詳，若依户部所擬相應。呈奉都省，准呈施行。

《大明令·户令·户絶財産》 凡户絶財産，果無同宗應繼者，所生親女承分。無女者，入官。

《大明令·户令·子孫承繼》 凡嫡庶子男，除有官蔭襲，先儘嫡長子孫，其分析家財田産，不問妻、妾、婢生，止依子數均分。姦生之子，依子數量與半分。如别無子，立應繼之人爲嗣，與姦生子均分。無應繼之人，方許承紹全分。

《大明令·户令·夫亡守志》 凡婦人夫亡無子，守志者，合承夫分，須憑族長擇昭穆相當之人繼嗣。其改嫁者，夫家財産及原有妝奩，並聽前夫之家爲主。

《大明令·户令·無子立嗣》 凡無子者，許令同宗昭穆相當之姪承繼。先儘同父周親，次及大功、小功、緦麻。如俱無，方許擇立遠房及同姓爲嗣。若立嗣之後，却生親子，其家産與原立子均分。並不許乞養異姓爲嗣，以亂宗族。立同姓者，亦不得尊卑失序，以亂昭穆。

（明）陳永《法家哀集》 如人妻生一子，妾生一子，通房生一子，姦生一子，四子何以分家財乎？

答曰：子無嫡庶，惟有官職從嫡庶次序而襲。姦生者既不預，亦不許承祀也。若分家財，則以三股半均之。

《重修問刑條例》 凡無子立嗣，除依律令外，若繼子不得於所後之親，聽其告官别立。其或擇立賢能，及所親愛者，若於昭穆倫序不失，不許宗族指以次序告争，並官司受理。若義男女婿爲所後之親喜悦者，聽其相爲依倚，不許繼子並本生父母用計逼逐，仍依《大明令》分給財産。若無子之人家貧，聽其賣産自贍。

（明）吕坤《實政録》卷三《民務·禁約風俗》 寡婦守志，果係家道殷實，有繼嗣者照律全承本業，無繼嗣而有養子者，照例量給産業三分之一，餘令同門均分。無養子而有女者，亦量給三分之一，以供禮節之用。子女俱無者，量留土地二頃，以爲衣食之資，仍聽其揀擇莊宅各一處，一切差糧俱令分業之人代納。地不及一頃者，盡令寡婦領業，差糧自納，不許伯叔兄弟人等侵占分毫。果守志終身者，原産聽其變賣度日，親戚往來任其與借，不許宗人攔阻，違者稟官。除本婦聽母家唆調改嫁他人者，所遺財産聽同産告争外，其餘但有指姦、指盗、逼嫁、逼分、强侵、强賣者，許本婦指實訴官，將本犯盡法重究，仍枷號游迎。盗買寡婦田宅者，亦同重究，業給原主，價追入官。

《皇明條法事類纂》卷一二《户部類·已分家産不許告（雜）〔争〕賣絶田地不許告贖其有辱駡捏告勘問官者照刁徒處置例》 成化五年十月初八日，刑部尚書陸等題，爲陳言事。山東清吏司案呈，奉本部送兵科抄出本科給事（守）〔中〕官榮題一件：革（干）〔弊〕以安良民。臣聞《書·君陳》有曰：（祖）〔狃〕於（行完）〔奸宄〕，敗常亂俗，三綱不宥。此成王之意，蓋欲革姦弊以安民也。《易》之《訟》卦象曰：君子以作事謀（便）〔始〕。蓋官君子知人情有争訟之道，故謀始以絶其端，訟無由生矣。竊見各處刁徒（捷）〔健〕興詞訟，打攪官府，詐害良善，不得（共）〔安〕生。原其所自，多（内）〔由〕争分家財田土等項細故，遂成大獄。有因上祖以來，分居（以）〔已〕定，（止）〔至〕於子孫不肖，又行捏告初分不均（若）〔者〕；有憑親族寫立分書，分居年久，又行（睹）〔捏〕詞告要重分者；有將田産絶賣與人，已得實價，過割年遠，又行告贖者。此等刁（潑）〔徒〕，甚至買囑官吏，（下）〔不〕辨（事）〔是〕非，徇私枉斷，良善不無受害。亦有公正官員，勘問參駁，其事允當，别無偏私。其刁潑之徒不遂奸計，中心懷恨，待至事結出外，輒將經該官員當該辱駡或捏詞告害者有之。此誠所謂奸宄敗俗之人，必謀始以絶其訟可也。如蒙乞敕法司計議，出榜禁約，仍通行内外衙門，如有告争財産等項詞訟，務要從公勘理，驗其分書文契。如果分居五年之上，及田地已經實賣過割者，各照原立合（用）〔同〕、分書及賣（與）〔契〕，斷令照舊管業，不許重分再贖，不許所司聽囑枉斷。及各該官員勘問參駁，事情允當，而刁徒挾仇辱駡及捏告排陷者，將所〔告〕情詞，不分虚實，立案不行，仍將刁徒從重問罪，庶使紀綱振肅，良善安生，而刁風息矣。開坐具題。奉聖旨：該衙門知道。欽此。欽遵，抄出送司。查得在外軍民詞訟，俱要自下而上，將干己實情訴理。如有故違，驀越奏訴者，通行問擬違例罪名，發回本管官司勘問原詞，從重歸結。若是虛訴，立案不行，已有見行事例。今抄出前因，案呈到部。參照兵科給事中官榮奏稱，各處刁徒健興詞訟，多有〔由〕争分家財地土等項細故遂成大獄。有因父祖以來分居已定，至於子孫不肖，（之）〔又〕行捏告初分不均者；有憑親族寫立分書，分居年久，捏詞告要重分者；有將田産絶賣與人，已得實價，過割年遠又行告贖者。此等刁徒，甚至買囑官吏徇私枉斷，良善受害。亦有公正官員，勘問參駁，其事允當，别無徇私。其刁徒懷恨，待至事結出外，輒將經該官員當該辱駡或捏詞告害。要行出榜，仍通行禁約一節。緣此等刁徒平日不務本等生理，游手好閑，家財（未）〔賣〕盡，田土賣無，衣食不給，奸計百端。（致）〔卻〕將父祖以來家財等項，分居已定，捏告初分不均；親族寫立分書，分居年久，卻捏稱某人偏向，又要重分；田産賣絶與人，先得價輕，告要取贖。展轉興詞，攪擾官府，欺害良善，誠如給事中官榮所言。合無准其所言，不須出榜，本部通行内外問刑衙門禁約，如有争告家財房屋、田土等項詞訟，務要從公勘理。若由父祖以來，分居已定，親族寫立分書明白，及田産已經實賣，過割遠年者，悉照原立合同、分書，賣契斷令照舊管業，不許重分再贖。原問官吏不許聽囑枉斷，事發一體治罪。若公正官員勘問事情允當，刁徒懷恨，辱駡、捏詞告害，就便拿問如律。所告情詞不問虛實，立案不行。在外軍衛有司，仍呈本管上司，照依刁徒事例處置。如此，則刁徒知懼，良善獲安。緣係事例及奉欽依該衙門知道事理，未敢擅便。具題。次日奉聖旨：是。欽此。

《皇明條法事類纂》卷一二《户部類・分定家産重告者立案不行例》

成化十九年十二月十二日，禮部尚書周等題，該山東濟南府濱州知州唐福奏一件：申明遵奉事例。竊見成化六年正月内，該兵科給事中官榮題内開：各處刁徒健（行）〔興〕詞訟，攪擾官府，詐欺良善，不得安生。原其所由，多因争分家財田地等項細（數）〔故〕，遂成大獄。如有告争家財等項詞訟，務要從公勘理，驗其分書、文契。如果分居五年，及田〔産〕已經（買）〔絶〕賣，過割年遠，悉照原立合同文契及原契，斷令照舊管業，不許重分、再贖，已通行遵守外，今照問刑衙門官員因見〔行〕事例稱分居五年之上，及過割遠年字樣在内，遇有刁徒告争遠年家財、田産，畏懼捏（贓）〔詞〕排陷，至五年之上，不係遠年等情，多不照例施行。往往將分居已定、分書明白及田産已經買賣過割者，不照原立合同、契書問斷，仍令重分、再贖者有之；信憑刁徒展思告害官府，搜尋事情增價者〔有之〕；令被告（賭）〔補〕貼刁徒奏事不實錢米者有之。似此徇情枉斷，非（爲）〔惟〕被告無辜受害，亦將事例視爲虛文。乞敕該部計議，再行申明。今後遇有告争家財、田産等項，合無照依年遠者問斷，惟復不論年月遠近，悉照原立合同、分書、賣契，斷令照舊管業，不許重分、再贖，庶良善得以安生而刁風息矣。

前件會議得，查例施行。奉聖旨：照例。欽此。該刑部查得先該兵科給事中官榮題，各處刁徒健興詞訟，打攪官府，詐害良善，多因争分家財田土等項細故，遂成大獄。有因父祖以來分居已定，至於子孫不肖，（之）〔又〕行捏詞初分不均者；有憑親族寫立分書，分居已定，又行捏詞告要重分者；有將田産絶賣與人，已得實價，過割年久，又行告贖者。甚至買囑官吏不（辦）〔辨〕是非，徇私枉斷。有公正官員勘問允當，别無偏私，其刁潑之徒不遂奸計，中心懷恨，待至事結，輒將經該官吏辱駡或捏詞告害。乞通行内外問刑衙門，如有告争家財等項詞訟，務要從公勘理，驗其文書及原立文契，斷令照舊管業，不許重分、再贖，亦不許聽囑枉斷等因。該本部參看得給事中官榮所言，此等刁徒皆因平日不務本等生理，〔游手〕好閑，家財費盡，田産賣無，衣食不給，奸計百端。卻將祖父以來家財等項，分居已定，捏告初分不均；親族寫立分書，分居年久，卻捏〔稱〕某人偏向，告要重分。田産盡賣與人，得價肥己，卻捏〔稱〕所賣價輕，告要取贖。展轉興詞，攪擾官府，欺害良善。合〔無〕通行内外問刑衙門，如有告争家財、田産等項詞訟，務要從公勘理。若由父祖已來，分居已定，親族寫（文）〔立分〕書明白，及田産已經實賣過割〔年遠〕者，悉照原立合同、（文）〔分〕書、賣契，斷令照舊管業，不許重分、再贖。原問官吏不許聽囑枉斷，事發一體治罪。若公正官員勘問事〔務〕〔情〕允當而懷恨辱駡及捏詞告害者，就便拿問如律。所告情詞，立案不行。奉聖旨：是。欽此。

《蒙古律例》卷二《户口差徭・承受絶嗣人畜産》 外藩蒙古身殁無嗣，若在日將族兄弟之子具呈稟明本扎薩克王、貝勒、貝子、公等養爲〔已〕〔己〕子者，准其承受家産。若拾取抱養遺棄之子及異姓家奴之子，不准承受家產。若在日無抱養爲嗣之子，其家產族間承受。若族中兄弟無子，在日稟明王、貝勒等抱養異姓人子爲嗣者，亦承受家產。若歿後有同姓人而其妻抱養異姓之子者，不准。若養侍妾所生之子爲子，則生子之婦不得嫁夫售賣。倘若嫁夫售賣，則不准養之爲子。若無近族而亦無所養異姓之子，將家產給該管王、貝勒、貝子、公、台吉等。

紀事

《漢書》卷四三《陸賈傳》 陸賈，楚人也。以客從高祖定天下。**【略】**孝惠時，吕太后用事，欲王諸吕，畏大臣及有口者。賈自度不能爭之，乃病免。以好時田地善，往家焉。有五男，乃出所使越得槖中裝，賣千金，分其子，子二百金，令爲生產。賈常乘安車駟馬，從歌鼓瑟侍者十人，寶劍直百金，謂其子曰：與女約：過女，女給人馬酒食極〔欲〕（飲），十日而更。所死家，得寶劍車騎侍從者。一歲中以往來過它客，率不過再過，數擊鮮，毋久溷女爲也。

《漢書》卷四八《賈誼傳》 商君遺禮義，棄仁恩，并心於進取，行之二歲，秦俗日敗。故秦人家富子壯則出分，家貧子壯則出贅。

《漢書》卷五三《常山憲王劉舜傳》 常山憲王舜以孝景中五年立。**【略】**初，憲王有不愛姬生長男棁，棁以母無寵故，亦不得幸於王。王后脩生太子勃。王內多，所幸姬生子平、子商，王后稀得幸。及憲王疾甚，諸幸姬侍病，王后以妒媢不常在，輒歸舍。醫進藥，太子勃不自嘗藥，又不宿留侍疾。及王薨，王后、太子乃至。憲王雅不以棁爲子數，不分與財物。郎或說太子、王后，令分棁財，皆不聽。

《漢書》卷五七《司馬相如傳》 司馬相如字長卿，蜀郡成都人也。少時好讀書，學擊劍，名犬子。相如既學，慕藺相如之爲人也，更名相如。以訾爲郎，事孝景帝，爲武騎常侍，非其好也。**【略】**

會梁孝王薨，相如歸，而家貧無以自業。素與臨卭令王吉相善，吉曰：長卿久宦游，不遂而困，來過我。於是相如往舍都亭。臨卭令繆爲恭敬，日往朝相如。相如初尚見之，後稱病，使從者謝吉，吉愈益謹肅。

臨卭多富人，卓王孫僮客八百人，程鄭亦數百人，乃相謂曰：令有貴客，爲具召之。並召令。令既至，卓氏客以百數，至日中請司馬長卿，長卿謝病不能臨，臨卭令不敢嘗食，身自迎相如。相如爲不得已而强往，一坐盡傾。酒酣，臨卭令前奏琴曰：竊聞長卿好之，願以自娛。相如辭謝，爲鼓一再行。是時，卓王孫有女文君新寡，好音，故相如繆與令相重而以琴心挑之。相如時從車騎，雍容閒雅，甚都。及飲卓氏弄琴，文君竊從户窺，心説而好之，恐不得當也。既罷，相如乃令侍人重賜文君侍者通殷勤。文君夜亡奔相如，相如與馳歸成都。家徒四壁立。卓王孫大怒曰：女不材，我不忍殺，一錢不分也。人或謂王孫，王孫終不聽。文君久之不樂，謂長卿曰：弟俱如臨邛，從昆弟假貸，猶足以爲生，何至自苦如此。相如與俱之臨邛，盡賣車騎，買酒舍，乃令文君當爐。相如身自著犢鼻褌，與庸保雜作，滌器於市中。卓王孫耻之，爲杜門不出。昆弟諸公更謂王孫曰：有一男兩女，所不足者非財也。今文君既失身於司馬長卿，長卿故倦游，雖貧，其人材足依也。且又令客，奈何相辱如此。卓王孫不得已，分與文君僮百人，錢百萬，及其嫁時衣被財物。文君乃與相如歸成都，買田宅，爲富人。【略】

至蜀，太守以下郊迎，縣令負弩矢先驅，蜀人以爲寵。於是卓王孫、臨邛諸公皆因門下獻牛酒以交驩。卓王孫喟然而歎，自以得使女尚司馬長卿晚，乃厚分與其女財，與男等。

《後漢書》卷一四《城陽恭王祉傳》 城陽恭王祉字巨伯，光武族兄春陵康侯敞之子也。

敞曾祖父節侯買，以長沙定王子封於零道之春陵鄉，爲春陵侯。買卒，子戴侯熊渠嗣。熊渠卒，子考侯仁嗣。仁以春陵地埶下濕，山林毒氣，上書求減邑内徙。元帝初元四年，徙封南陽之白水鄉，猶以春陵爲國名，遂與從弟鉅鹿都尉回及宗族往家焉。仁卒，子敞嗣。敞謙儉好義，盡推父時金寶財産與昆弟，荆州刺史上其義行，拜廬江都尉。

《後漢書》卷七六《循吏傳·許荆》 許荆字少張，會稽陽羨人也。祖父武，太守第五倫舉爲孝廉。武以二弟晏、普未顯，欲令成名，乃請之曰：禮有分異之義，家有别居之道。於是共割財産以爲三分，武自取肥田廣宅奴婢强者，二弟所得並悉劣少。鄉人皆稱弟克讓而鄙武貪婪，晏等以此並得選舉。武乃會宗親，泣曰：吾爲兄不肖，盗聲竊位，二弟年長，未豫榮禄，所以求得分財，自取大譏。今理産所增，三倍於前，悉以推二弟，一無所留。於是郡中翕然，遠近稱之。

《宋書》卷五八《謝弘微傳》 〔義熙〕九年，東鄉君薨，資財鉅萬，園宅十餘所，又會稽、吴興、琅邪諸處，太傅、司空琰時事業，奴僮猶有數百人。公私咸謂室内資財，宜歸二女，田宅僮僕，應屬弘微。弘微一無所取，自以私禄營葬。混女夫殷叡素好樗蒱，聞弘微不取財物，乃濫奪其妻妹及伯母兩姑之分以還戲責，内人皆化弘微之讓，一無所争。

《梁書》卷一〇《楊公則傳》 楊公則字君翼，天水西縣人也。【略】公則爲人敦厚慈愛，居家篤睦，視兄子過於其子，家財悉委焉。

《陳書》卷九《歐陽頠傳》 歐陽頠字靖世，長沙臨湘人也。爲郡豪族。祖景達，梁代爲本州治中。父僧寶，屯騎校尉。

頠少質直有思理，以言行篤信著聞於嶺表。父喪毁瘠甚至。家産累積，悉讓諸兄。

《舊唐書》卷一三四《馬燧傳》 馬燧字洵美，汝州郟城人。【略】子彙、暢。

暢以父蔭累遷至鴻臚少卿，留京師。【略】燧貲貨甲天下，燧既卒，暢承舊業，屢爲豪幸邀取。貞元末，中尉楊志廉諷暢令獻田園第宅，順宗復賜暢。初爲彙妻所訴，析其産，中貴又逼取，仍指使施於佛寺，暢不敢吝；晚年財産並盡，身殁之後，諸子無室可居，以至凍餒。

《舊唐書》卷一五五《穆寧傳》 穆寧，懷州河内人也。【略】寧好學，善教諸子，家道以嚴稱。事寡姊以悌聞。通達體命，未嘗服藥。每誡諸子曰：吾聞君子之事親，養志爲大，直道而已。慎無爲諂，吾之志也。貞元十年十月卒，時年七十九。四子：贊、質、員、賞。

贊字相明，釋褐爲濟源主簿。時父寧爲和州刺史，以剛直不屈於廉使，遂被誣奏，貶泉州司户參軍。【略】累遷京兆兵曹參軍、殿中侍御史，轉侍御史，分司東都。

時陝州觀察使盧岳妾裴氏，以有子，岳妻分財不及，訴於官，贊鞫其事。御史中丞盧佋佐之，令課繩裴罪，贊持平不許。

《舊唐書》卷一九二《隱逸傳·崔覲》 崔覲，梁州城固人。爲儒不樂仕進，以耕稼爲業。老而無子，乃以田宅家財分給奴婢，令各爲生業。覲夫妻遂隱於城固南山，家事一不問，約奴婢遞過其舍，至則供給酒食而已。夫婦林泉相對，以嘯詠自娱。

（宋）王溥《唐會要》卷六〇《御史臺上·侍御史》 貞元六年，竇群入拜侍御史。有人誣告故尚父子儀嬖人張氏宅中有寶玉者，張氏兄弟又與尚父家子孫相告訴。詔促其獄，群上奏言：張氏以子儀在時分財，子弟不合爭奪。然張氏宅與親仁宅，皆子儀家事，子儀素有大勳，伏望陛下特赦而勿問，使私自退省。上從之。時人稱其知大體也。

（宋）李燾《續資治通鑑長編》哲宗元祐三年十月　甲申，禮部員外郎丁騭知處州。文彦博《私記》云：丁騭爲諫官，人訟其前在常州借鄉里人錢事，朝廷遽罷騭諫官，責守處州，兩起大獄於淮、浙，推治竟無實狀，騭猶不牽復。按騭自諫官遷禮部，乃緣避胡宗愈親嫌，事在四月十二日，恐騭罷禮部緣此，而《私記》引此以辨賈易，不知信否？當考。蔣之奇誌騭墓云：始騭與裴常者鄉里雅舊，無通財之嫌，及之官嘉興，稍出金帛令常益市田産。常死，騭撫其子，爲經紀其家甚至。常高貲，有養子爲浮屠，與常之子訟分家財不均。爲浮屠者疑騭左右常之子有力，且與王鞏書有請託語，得其書訴於朝。御史中丞孫覺斥言騭與常有迹，遂起獄，騭求辨之，乃得知處州。有司發書驗視，無一辭涉訟事，然竟以此出。蓋是時胡宗愈執政，不得於同列，其排而去之者，意不在騭也。

（宋）李燾《續資治通鑑長編》哲宗元祐七年七月　庚戌，大宗正司言：宗室分異，自來未有著令。今相度欲乞除緦麻以上不許分析居外，祖免以下親父母財産，除永業田及供祭祀之物不許分割外，餘聽均分。從之。

（宋）李燾《續資治通鑑長編》哲宗元祐八年二月　户部言：輒誘母或祖母改嫁而規欲分異、減免等第者，依子孫别籍異財法加二等，爲首者配本州，許人告，給賞。從之。

（宋）李燾《續資治通鑑長編》哲宗元符元年八月　〔丁亥〕户部言：户絶財産盡均給在室及歸宗女。千貫已上者，内以一分給出嫁諸女。止有歸宗諸女者，三分中給二分外，餘一分中以一半給出嫁諸女，不滿二百貫給一百貫，不滿一百貫全給。止有出嫁諸女者，不滿三百貫給一百貫，不滿一百貫亦全給，三百貫已上三分中給一分。已上給出嫁諸女並至二千貫止，若及二萬貫以上，臨時具數奏裁增給。從之。

《宋史》卷二七六《郭載傳》　郭載字咸熙，開封浚儀人。【略】雍熙初，提舉西川兵馬捕盗事。【略】四年，以積勞加崇儀副使。召還，上言：川峽富人俗多贅壻，死則與其子均分其財，故貧者多。詔禁之。

《宋史》卷二九九《郎簡傳》　郎簡字叔廉，杭州臨安人。【略】徙知竇州。縣吏死，子幼，贅壻僞爲券冒有其貲。及子長，屢訴不得直，乃訟於朝。下簡劾治，簡示以舊牘曰：此爾翁書耶？曰：然。又取僞券示之，弗類也，始伏罪。

《宋史》卷三一二《王珪傳》　王珪字禹玉，成都華陽人，【略】珪季父罕，【略】徙知潭州。擢户部、度支副使，復爲潭州。爲政務適人情，不加威罰。有狂婦數訴事，出言無章，却之則勃駡，前守每叱逐之。罕獨引至前，委曲徐問，久稍可曉，乃本爲人妻，無子，夫死，妾有子，遂逐婦而據家資，屢訴不得直，因憤恚發狂。罕爲治妾而反其資，婦良愈，郡人傳爲神明。

《宋史》卷四三七《儒林傳・程迥》　程迥字可久，應天府寧陵人。訓武郎楊大烈有田十頃，死而妻女存。俄有訟其妻非正室者，官没其貲，且追十年所入租。部使者以諉迥，迥曰：大烈死，貲産當歸其女。女死，當歸所生母可也。

《金史》卷七《世宗紀》　〔大定十三年〕四月己巳，定出繼子所繼財産不及本家者，以所繼與本家財産通數均分制。

《金史》卷一一《章宗紀》　〔泰和元年〕八月庚辰，初命户絶者田宅以三分之一付其女及女孫。

《金史》卷八一《趙隇傳》　後十餘年，隇子孫、司徒張通古子孫皆不肖淫蕩，破貲産，賣田宅。世宗聞之，詔曰：自今官民祖先亡没，子孫不得分割居第，止以嫡幼主之，毋致鬻賣。仍著於令。

（元）蘇天爵《滋溪文稿》卷二〇《大元贈朝列大夫秘書少監董府君墓誌銘》　于時先祖、先伯父皆已卒，祖母年高，甘旨滫瀡，克盡孝養。祖母既終，築廬墓傍，啜粥飲水，哭泣三年，猶初喪也，聞者嘉其孝。卒喪，事寡嫂有禮，撫諸姪盡恩義，衣服飲食，不先己子。田廬所入，悉以歸嫂。嫂卒，諸姪求分財異居，凡屋之華好、田之肥美者，悉令諸姪取之。

（明）劉球《兩谿文集》卷二三《故貴州宣慰司儒學訓導王公墓誌銘》　又言五經四書乃聖學之淵源，義理之根底，修齊治平之道所從出，故無日不致力焉。與内外人言，諄諄以守分順命爲勸。其兄弟析産，不立券約，不爲多寡好惡較。憂念其兄戍西凉不已，每形之詩詠。視家人子姪疾病患難，早夜不倦。又嘗解人紛，救人死命，給饑餮之食，卻横卒之。

（明）徐溥《謙齋文録》卷三《封山西道監察御史何公墓表》　公孝友信義，出於天性。甫弱冠，即代理家政，力田供養，奉時祀，館賓客，婚嫁弟妹，皆不以煩。其父後當分異，父念其勞，欲多與之，公獨取瘠田敝屋，悉以器物讓諸弟。母愛少女既嫁，公猶析産與之。

（明）彭韶《彭惠安集》卷四《林思承同知墓誌銘》　公天性孝友，每念二親不逮禄養，先祠什物必極堅緻，歲時忌薦必盡虔恭。創遠祖貢元公祠，自高祖以下塋域完脩如儀。仲弟思纘死無後，公不利立嗣田宅，使季弟思經之子繼之，營己壽藏於鳳凰山，而備季同穴之制。家庭之間，白首無間言焉。家居垂二十年，公事外不入官府。

（明）李東陽《懷麓堂集》卷八九《明故山東萊州府知府進階亞中大夫致仕李君墓誌銘》　君夙敦孝慕，每見儒官輒加禮遇，曰：吾父嘗爲是也。世所遺田宅，悉讓諸弟。

（明）邵寶《容春堂集續集》卷一三《談太恭人錢氏墓表》　公疾瘳，授主事南京，再進至郎中。恭人皆奉茹宜人以養，及携主事公之子一誠延師教之，與其子等。奉政公卒萊州，公與仲兄成章、庶弟絅及一誠四分其産，既而恭人告公曰：一誠也貧，奈何？乃悉推其分與之。

《明史》卷一五八《魯穆傳》　漳民周允文無子，以姪爲後，晚而妾生子，因析産與姪，屬以妾子。允文死，姪言兒非叔子，逐去，盡奪其貲。妾訴之。穆召縣父老及周宗族，密置妾子群兒中，咸指兒類允文，遂歸其産。民呼魯鐵面。

《明史》卷二九七《孝義傳·阿寄》　阿寄者，淳安徐氏僕也。徐氏昆弟析産而居，伯得一馬，仲得一牛，季寡婦得阿寄，時年五十餘矣。寡婦泣曰：馬則乘，牛則耕，老僕何益。寄嘆曰：主謂我不若牛馬耶！乃畫策營生，示可用狀。寡婦盡脱簪珥，得白金十二兩，畀寄。

寄入山販漆，期年而三倍其息，謂寡婦曰：主無憂，富可致矣。歷二十年，積資巨萬，爲寡婦嫁三女，婚二子，齎聘皆千金。又延師教二子，輸粟爲太學生。自是，寡婦財雄一邑。

及寄病且死，謂寡婦曰：老奴牛馬之報盡矣。出枕中二籍，則家鉅細悉均分之，曰：以此遺兩郎君，可世守也。既歿，或疑其有私，竊啓其篋，無一金蓄。所遺一嫗一兒，僅敝縕掩體而已。

契約文書

《敦煌社會經濟文獻真蹟釋録》第二輯《分書樣式》　夫以同胎共氣，昆季情深。玉葉金枝，相美兄弟。將爲同居一世，情有不知，鳥將兩成，飛分四海。堂烟習習，冬夏推移；庭前荆樹，猶自枯觜。分離四海，中歸一別。今則兄厶乙、弟厶甲，今對枝親村鄰，針量分割。城外莊田，城內屋舍，家資什物及牛羊畜牧等，分爲厶分爲憑。右件分別已後，一一各自支配，更不許道東説西，□説剩仗。後有不於此契諍論者，罰綾壹疋，用□〔入〕官中；仍麥拾伍碩，用充軍糧。故勒斯契，用爲後憑。自今已後，別開門户，樹大枝散，葉落情疎。恒山四鳥，亦有分飛。今對枝親，分割爲定。

《敦煌社會經濟文獻真蹟釋録》第二輯《分書樣式》　兄某告弟某甲，□□〔累葉〕忠孝，千代同居。今時淺狹，難立始終。□□〔恐後〕子孫乖角，不守父條。或有兄弟參商，不□〔識〕大體。既欲分荆截樹，難制頽波，□領分原，任從來意。家資産業，對面分張。地舍園林，人收半分。分枝各別，具執文憑，不許他年更相鬥訟。鄉原體例，今亦同塵；反目憎嫌，仍須禁制；骨肉情分，汝勿違之；兄友弟恭，尤須轉厚。今對六親商量底定，始立分書，既無偏坡，將爲後驗。人各一本，不許重論。

某物　某物　某物　某物　某物　車牛羊駝馬駝畜　奴婢　莊園　舍宅　田地鄉籍　渠道四至

右件家産，並以平量，更無偏黨絲髮差殊。如立分書之後，再有宣悖，請科重罪。名目入官，虛者伏法。

年月日

親見

親見

親見

兄

□
□
妹

《敦煌社會經濟文獻真蹟釋録》第二輯《天復九年董加盈兄弟三人分家契》 天復九年己巳歲潤八月十二日，神沙鄉百姓賽田渠地，加和出（買）〔賣〕以人，懷盈和三人不關。佛堂門亭支。董加盈、弟懷子、懷盈兄弟三人，伏緣小失父母，無主作活，家受貧寒，諸道客作，兄弟三人久久不溢。今對親姻行巷，所有些些貧資，田水家業，各自別居，分割如後。兄加盈兼分進例，與堂壹口，（椓）〔椽〕樑具全，并門。城外地，取索底渠地叁畦，共陸畝半。園舍三人亭支。葱同渠地，取景家園邊地，壹畦共肆畝。又玖歲櫻（牸）〔牛〕壹頭，共弟懷子合。又葱同上口渠地貳畝半，加盈、加和出買與集，集斷作直麥粟拾碩，布一疋，羊一口，領物人董加和、董加盈、白留子。弟懷子，取索底渠地大地壹半肆畝半，葱同渠地中心長地兩畦伍畝。城內舍，堂南邊舍壹口，并院落地壹條，共弟懷盈二〔人〕亭分，除却兄加盈門道，園舍三人亭支。又玖歲糶牸牛一頭，共兄加盈合。白（羊）〔楊〕樹一、（季）〔李〕子樹一，懷子、懷盈二人爲主，不關加盈、加和之助。弟懷盈取索底渠大地一半肆畝半。葱同渠地東頭方地兼下頭共兩畦伍畝，園舍三人亭支。城內舍，堂南邊舍壹口并院落壹條，除却兄門道，共兄懷子二人亭分。又叁歲黃草𤘘壹頭。

右件家業，苦無什物，今對諸親，一一具實分割，更不得争論。如若無大没小，决杖十五下，罰黃金壹兩，充官入用，便要後（檢）〔驗〕。

潤八月十二日，立分書。

兄董加盈押　見人阿舅石神神押
弟董懷子押　見人耆壽康常清押
弟董懷盈押　見人兵馬使石福順

《敦煌契約文書輯校》第二輯《分書放書遺書類・戊申年善護遂恩兄弟分書》 戊申年四月六日，兄善護弟遂恩□諸親□別，城外莊田及（捨）〔舍〕薗林，城內（捨）〔舍〕宅家資什物畜乘（安）〔鞍〕馬等，兩家停分，□無偏取，其鎧壹領，壹拾叁增，兄弟義讓，□上大郎，不入分數。其兩家和同，對（親諸）〔諸親〕立此文書。從今已後，不許諍論。如有先是非者，决（丈）〔杖〕五拾。如有故違，山河（違）〔爲〕誓。城外（捨）〔舍〕，兄西分叁口，弟東分叁口，院落西頭小牛（舞）〔廡〕（捨）〔舍〕合，（捨）〔舍〕外空地，各取壹分，南薗，於李子樹已西大郎，已東弟，北薗，渠子已西大郎，已東弟，樹各取半。地水，渠北地叁畦共壹拾壹畝半，大郎分。（捨）〔舍〕東叁畦，（捨）〔舍〕西壹畦，渠北壹畦，共拾壹畝，弟分。向西地肆畦共拾肆畝，大郎分。渠子西共叁畦拾陸畝，弟分。多農地向南仰大地壹畦五畝，大郎。又地兩畦共五畝，弟。又向南地壹畦六畝，大郎。又向北仰地六畝，弟。尋渠九畝地，弟。西邊八畝地，捨坑子壹，大郎。長地五畝，弟。（捨）〔舍〕邊地兩畦共壹畝，渠北南頭尋渠地壹畦肆畝，計五畝，大郎。北仰大地並畔地壹畦貳畝，尋渠南頭長地子壹畝，弟。北頭長地子兩畦各壹畝，西邊地子弟，東邊兄。大郎分，釜壹口受玖㪷，壹㪷勝鍋壹，勝半籠頭鐺子壹，鏵壹孔，鐮兩張，鞣兩具，鐙壹具，被頭壹，剪刀壹，灯壹，鍬壹張，馬鈎壹，碧絹壹丈柒尺，黑（自）〔牸〕牛壹半，對草馬與大郎，钁壹具。遂恩鐺壹口，並主鏊子壹面，銅鉢壹，龍頭鐺子壹，種金壹付，鐮壹張，（安）〔鞍〕壹具，大釿壹，銅灌子壹，（鑵）〔钁〕壹具，絹壹丈柒尺，黑（自）〔牸〕牛壹半。城內（捨）〔舍〕，大郎分，堂壹口，內有庫（捨）〔舍〕壹口，東邊房壹口。遂恩分，西房壹口，並小房子厨（捨）〔舍〕堂口，院落並磑（捨）〔舍〕子合，大門外（舞）〔廡〕（捨）〔舍〕地大小不等，後移墻停分，（舞）〔廡〕（捨）〔舍〕，西分大郎，東分遂恩。大郎分故車𨍏，新車盤遂恩，（買）〔價〕數壹仰取新盤者出，車脚二，各取壹，大郎全轂，遂恩破轂。

兄善護
弟遂恩
諸親兄（見）程進進
兄（見）張賢賢
兄（見）索神神（藏文署名）

《中國歷代契約會編考釋・元泰定三年徽州謝智甫等析户合同文書》 拾都謝章甫同謝智甫、謝和甫共承祖謝顯叔户，總計弓手金民税錢叁拾叁貫柒伯伍拾捌文陸分壹厘。今將本户金税分立壹户，計税錢　　。係謝智甫、和甫承認；弓手民税分立壹户，投金税　分，金壹錢整，共計　，係謝章甫承認。今來商議得：金户支費已有定額，其弓手户支費不定，情願衆出備中統鈔壹拾伍（定）〔錠〕，貼承當弓手户者。其鈔將高田山嶺下塢地内杉木發賣收用。賣出餘鈔，兩家均分。限定泰定肆年十二月以前變賣。如過期不賣，請與金户者將見鈔柒（定）〔錠〕半付還當弓手户者。其貳户税錢不以多寡税數爲定。日下各驗處所畝步叩算，承認分解。候第貳次過税，各收入户供解。議定抽鬮之後，兩家並不許悔易。如有先悔之人，罰中鈔壹拾（定）〔錠〕，與不悔人用，仍依此文爲準。今恐無憑，立此析户合同文書爲用者。

泰定叁年拾壹月貳日　　謝章甫（押）結立

謝智甫（押）

謝和甫（押）

見議親眷李鎮甫（押）

《中國歷代契約會編考釋・元泰定三年徽州謝智甫等分家文書》

十都謝智甫同弟謝和甫並堂弟謝章甫共承祖户謝顯叔户，在户總計金民弓手税錢叁拾肆貫壹伯貳拾伍文六分貳厘。（元）〔原〕作一户同共供解。今來智甫兄弟思之，爲是各人名下税錢多寡不等，又兼弟兄分籍衆多，彼此供解不便。今商議，情願將祖户謝顯叔户分爲貳户，其間金户自作一户，弓手自作一户。外餘民税，貳户登荅收割入户供解。其弓手户内（元）〔原〕該包免税錢壹拾肆貫柒伯捌拾伍文三分。今於金户内亦照數分立金税壹拾四貫柒伯捌拾伍文三分，入户供解外，餘剩全免。金税壹貫貳伯壹拾四文，民税壹貫叁伯玖拾伍文，仍留在弓手户内補荅供解。外有小户謝邦佐民税捌伯文，謝章甫承認解納，見已行對衆拈鬮。其謝智甫、謝和甫分得供解金户，謝章甫分得供解弓手户仍供解餘投金税。今兄弟商議，爲見弓手户計支持繁重，情願將本都土名高田山下塢杉木壹處，盡數補貼謝章甫，作弓手户内支費。今後各照户名自行供解差役，彼此並無津貼。其杉木並聽謝章甫自行爲主管業發賣，智甫兄弟不在阻當。如賣木畢日，其山地仍係衆分管業。限在泰定四年十二月以裹砍斫。如過期不斫，仍是衆分爲主。所是貳户田土合該税數，限在泰定四年正月終以前對筭明白，多寡各於民税内推收入户。如過期不筭，將十都仙洞源謝家段田租盡數委要筭人收苗爲主。如此議定之後，兄弟各人不許（番）〔翻〕悔。如先悔者，願罰中統鈔壹拾（定）〔錠〕，捨助入官，修造公用，仍依此文爲使。所是泰定叁年拾壹月貳拾日，先寫結立文憑爲是。議論不定，不在行用。今恐無憑，立此文書爲照者。其金户謝智甫户内仍解納祖户，民税貳貫壹伯玖拾四文柒分壹厘。

泰定叁年拾壹月貳拾四日　　謝智甫（押）

合同

謝和甫（押）

謝章甫（押）

謝智甫（押）

謝和甫（押）

謝章甫（押）

見立文書親眷葉和卿（押）

饒景星（押）

《中國歷代契約會編考釋・元泰定五年徽州謝俊民等標分祖産批照》

謝俊民同兄謝利仁共有祖屋基地壹片，伯叔父存日已行標分訖，只衆存門屋及西邊相對小屋各取壹間，同共出入往來。今爲偶遭回禄，俊民與利仁各據標分地基做造屋宇，所是衆存東西不便，今議各從便爲業。俊民竟於門首抵利仁界取路壹條，兩家同共出入往來。所是（元）〔原〕祖屋向東門屋外衆存坦補貼取路，俊民自行爲業。今後兩家各據基地從便做造屋宇，並不許阻擋。下園（元）〔原〕臨溪衆存水碓路，見利仁揩離掌管，日後做水碓，仍係衆行無阻。今恐無憑，立批爲照。

泰定五年戊辰三月十一日　　謝俊民（押）

見立批人　謝丙孫（押）

《中國歷代契約會編考釋・元至正五年徽州鄭安卿等分産文書》

十五都鄭安卿、榮卿、椿卿、廷芳，共有本都七保康家園高門山桑地並山共三段，今爲管業不便，將前項地段肥瘦品搭，分爲十五段，立仁、義、禮、智、信五張，各據一籌管業爲主。其山内除生墳塋二所，並柿木二根、株木四根、楮木一根，並係衆存，同共爲主，不在標分之内，如各人分地内及衆存山内日後有遷造風水，並係衆存，不許私自遷造。其餘桑柘苗竹雜木等物，各據所分四至管業。自今抽分之後，各據所分四至埋石，永遠管業爲主，不許翻悔，如悔者，罰中統鈔一百貫與不悔人用，仍依此文書爲準者。下各分地界略。

至正五年乙酉二月二十二日　鄭安卿　鄭榮卿

鄭椿卿　鄭廷芳

《中國歷代契約會編考釋・元至正六年休寧縣吴蘭友為女陪嫁産業文書》　休寧縣淳（議）〔義〕里吴蘭友有女益娘，出嫁與祁門縣十一都項偕甫宅。今來有（忠）〔中〕田壹坵，係商字，坐落土名水覡町。其田東至壽田，西至張家田，南至張家田，北至李家田，其田原上硬租貳拾壹秤。今於内取租壹拾陸秤，批撥與益娘褩洗衣服用度。外有租伍秤。偕甫願將已置到休寧縣卅一都六保土名環灘塢塘堀，係買楊子雲田，上租伍秤，對換，各人收租管業，隨産供解。又將原買吴榮甫山，坐落土名下塢南坑貳處，共計四號。於内照依原買來脚文契，合得分法，批與女益娘以爲手飾之資。所是原買文契隨契繳付，日後子孫即無争論。其前項所批山田，今從批撥之後，一聽益娘婿偕甫自行閗官受税，收苗長養，永遠爲業。水覡町田契與别産相連，未曾繳付。日後要用，本家賫出，照證不詞。如有子孫争競，一聽偕甫將此文書赴官理治，準不存論。今恐無憑，立批）〔此〕契文書爲用。

至正六年十月十五日　父吴蘭友（押）

依口奉書人　吴唐孫（押）

《中國歷代契約會編考釋・元至正十年徽州吴德仁等分業合同》　吴德仁同弟海寧與孺人庭梅，共承祖有上宅住地一段，孺人庭梅共業主邊德仁兄弟（元）〔原〕共業，客邊□，□孺人庭梅合得分法，已行賣與庭椿、庭梧、德仁兄弟名下。今兩下商議，德仁情願與庭椿、庭梧□□取便庭椿、庭梧管業，客邊德仁兄弟管業。主邊上截，與本家梯己佃火住地相連，房對面立棲埋石爲界。兩家界畔，衆存路一條，計叁尺。庭椿、庭梧該貳尺，德仁兄弟該一尺。裏到山，外至水覡。□路日後兩下侵佔及閉塞。所有庭杞（元）〔原〕（亦）〔已〕買得□孺人分法，係存在德仁兄弟份内取分業。自今議立合同之後，各依此文管業，一任兩下遷造屋宇，永遠照依合同管業。所有水覡外餘地，並依立棲爲界，裏至山，外至庭松屋地。今恐無憑，立此合同三本，各收一本爲照者。

至正十年庚寅歲二月十六日吴德仁（押）㕣

見立合同吴壽卿（押）

《中國歷代契約會編考釋・明正統二年祁門縣洪阿王分産合同文書》　五都洪阿王有夫洪均祥撫育四子，〔夫〕存日，有次男寬，永樂六年充本縣儒學生員，所有本户田地山塘新業，立文標分爲四。除土名大路田及本都郭公坑等處田，共貳拾畝有零，未曾標分。後於十七年有存留本都郭公坑田壹拾畝，撥與男寬收浮租以準衣鞋之類。爲男已故，今蒙本縣僉點孫洪濟充儒學生員，亦累衣冠，無人管顧。〔夫〕將原（扒）〔撥〕與寬前田拾畝，除賣一畝五分，仍有捌畝五分，撥與孫洪濟，照例以收浮租支用。其田日後並係户内三分爲業。今將存與洪阿王口食大路新處田共壹拾畝有零，内賣壹畝五分，止有八畝有零。今將土名大坵田内取叁畝五分，又將土名王村大路下内取七分，標與故男寬，充生員往回進京盤費。又將大坵内取二畝五分，標與另户男彦宗爲業。仍有田壹畝，標與四男景富爲業。又將土名王村大路下田内取壹畝，標與孫洪深爲業。自立合同文書四紙，各收一紙爲照永遠。自撥之後，子孫依奉我命，不許争占。如有争占，准不孝論。今恐無憑，立此合同文書爲照。

正統二年十月初四日　囑立文母親　洪阿王

奉囑男　王彦宗

洪景富

孫　洪深　洪　淵

親　眷　汪敬先　陳本道

謝子敬

《中國歷代契約會編考釋・明天順六年祁門縣陳寬兄弟分地産合同》　在城陳寬同弟陳洪，原故父陳本道；在城方帥保，故父方思可，共買五都周音保名下地一片，坐落五都，土名王村官路里。所有地畝税糧向在方帥保户供解。其地是二家造屋召人住歇，耕種田地，年深向未均分。今憑托親眷謝子敬親眼同丈量，對半均分。陳寬鬮得裏截東邊地一半；東至高塝，西至埋石，方帥保分籍地爲界，南至官路，北至墳山外截地。西邊地一半係方帥保鬮得：東至埋石及陳寬分籍地爲界，西至陳寬塘地墻脚爲界，南至官路，北至墳山。二家俱照合同文約鬮扒管業。如違，甘罰白銀三兩入官公用，仍依此文爲始。今恐無憑，立此合同文約爲照。

天順六年三月十五日立約人　陳　寬　陳　洪

見人　陳天麟　方祖善

洪景富　謝子恭

洪　深　程彙堅

代書人　謝子敬

《中國歷代契約會編考釋・明正德十四年休寧縣鄭良曙叔姪分産合同文約》 奇峰鄭良曙同弟良址、姪鄭笏、鄭梅、鄭山、鄭章等，承祖産，除先年標分各業及今衆存祭祀田租外，仍有未分並衆續置田地塘園。今憑表姪朱鏞等爲證，俱照畝步租數品搭均勻，編爲和、氣二字號，鬮分爲定。其見住宅基前田及小墩頭田上下貳坵並西峰堂前田，俱憑量埋石爲界，具圖於左。又各處土名畝步租數開具於後。自立分約之後，各宜遵守管業，毋得悔（易）〔異〕。如悔（易）〔異〕者，甘罰花銀一十兩入官公用，仍依此文約爲準。今恐人心無憑，立此合同文約一樣二紙，永爲照者。

一、和字號　良址叔姪分得：

本都三保：

一、石印丘田二畝四分〇四，計租二十九（平）〔秤〕半。

一、塘塢中截田七分，計租七平半。

一、張四墳塢口田六分二，計租六平。

本都六保：

一、扛牛坵田一畝二分五，計租一十四平。

一、馬鞍丘田二丘四畝四分五三，計租三十八平。

一、言坑口坑邊田一畝三分一六，計租一十三平。

一、壓蛇塢口田二分二五，計租二平。

一、何三塢口坑邊內得田，計租一平。

一、梨木塢內得，計租一十二平。十二都九保：一、紙焙丘，計租十二平。

一、上湖丘三處共田十畝九分九，計租三十八平。

一、下湖丘，計租三十六平。

一、氣字號　良曙叔分得：

本都三保：

葉家山內得田七分九六，計租七平半。

王村塘下大路邊內得田四分，計租二平半。

王村塘該田八分，及四閏塝上地在內，計租十五平。

塘塢頭內得田四分，計租三平。

本都六保：

黄龍源查家塢口內得田一畝三分八五，計租一十二平。

蘭溪上段井丘內得田一畝二分一二，計租一十二平。秤下段木於丘田七分七八，計租七平。秤二畝丘田一畝一分七九，計租一十二平。秤三畝丘田四畝四分二五，計租廿八平。

羊鵝坑口荒田，計租四平半。

檀木坑荒田，計租二平半。

一十都五保：

薛家塢口田三畝一分三一，計租三十六平。

九保方村下田五畝二分五八，計租三十六平。

九保奎兒塢口田二畝二分八〇，計租廿平。

再批：衆共有未分田地山場及漏鬮未上單者，後查出，俱係衆業，各不許執異。又西峰堂前田分爲裏外二截，俱在山邊路下開溝，以通水利，不許阻塞。編立和、氣兩文約，永爲照。

正德十四年己卯歲三月初十日立合同文約人　鄭良曙　號　約

同立約弟　鄭良址　號

姪　鄭　笏　號

鄭　梅　號

鄭　山　號

鄭　章　號

表姪　朱　鎋　號

見人　朱　鏞　號

連　亮　號

《中國歷代契約會編考釋・明正德十五年休寧縣鄭笏兄弟分產合同》

奇峰鄭笏同弟鄭珪、鄭鳳，今憑中將衆三保土名西峰堂前上坦下截民田並吴陂頭坑東田一坵，除衆共存二分外，其餘田本位兄弟三人該得分籍田租以三分率，内將二分摽與鳳股爲業，内將一分摽與笏、珪二股名下爲業。又將淡竹塢田下地俱摽與笏股名下爲業。又將黑竹塢頭地俱摽與珪股名下爲業。又將前山彎荒地並上坦地與叔良址未分地，俱摽與鳳股名下爲業。又將六保土名胡大源田租内取三（平）〔秤〕摽與笏、珪二股名下爲業。自立文之後，各宜遵守，永遠爲業，不許悔異。如悔者，甘罰白銀二十兩入官公用，仍以此文爲始。今恐無憑，立此合同永爲照者。

正德十五年十二月二十二日立約人　鄭　笏　號　約

同　弟　鄭　珪　鄭　鳳號

族　叔　鄭良址　鄭昂新（押）

從　弟　鄭　梅　鄭　山

鄭　章　鄭　瓘

《中國歷代契約會編考釋・明嘉靖十一年休寧縣鄭梅兄弟分產合同》

奇峰鄭梅同弟璋、瓘、姪諒等，承祖買受山一源，坐落本都三保，土名筀竹塢，經理係一千一百九號。今因其山住近人衆，共業不便，托憑親族爲證，立爲天、地、人、和畫圖埋石爲界，鬮定各業。其山上培存田地塝二丈，下培存田地塝二丈五尺。自立文之後，各宜遵守，毋得悔異。如有悔者，甘罰白銀五兩入官公用，仍依此文爲始。今恐無憑，立此合同四紙，各收一紙爲照者。

嘉靖十一年三月二十八日　立合同文約人　鄭　梅　約

天字號係　梅兄弟　鄭　璋　鄭　瓘　號

地字號係　諒、謙、詔　鄭　笏　鄭　瓊　號

人字號係　梅

和字號係　瓘兄弟　鄭　瑶　鄭　諒　號

鄭　謙　鄭　詔　鄭　倓　號

親眷　胡　嵋　書見叔　良枋　號

《中國歷代契約會編考釋・明嘉靖三十四年祁門縣吴岊兄弟分房園合同》

福川十一都吴岊伯姪同弟吴世傑、弟姪等承祖有基地乙片，向未標分。今因人衆，住歇不便，憑中言議，除正堂屋外，將本邊基地並菜園餘地作田字，前後相搭，兩半均分，名爲仁、義二（勾）〔股〕。貼正屋前地搭菜園後地，作仁字勾；正屋後地搭菜園前地，作義字勾。其基地衆存四圍路道闊狹長短，自有畫圖丈尺。通衆往來，日後毋許阻塞。今從議搭均分之後，各便於上造屋，照依畫圖勾搭，遵守管業。如有反（覆）〔復〕悔異者，準以不孝罪論。預立合同四張，各收一張存照。

前一重屋連行磉高丈八。

仁字鬮，杰、昌、忠三人勾得。二重連行磉高丈八五寸。

義字鬮，岊伯姪勾得。三重連行磉高丈九。第四重連行磉高丈九五寸。五重連行磉高二丈。六重連行磉高二丈一尺。

㕮爲照

嘉靖三十四年四月廿一日　立合同人　吴　岊　（押）

吴志杰　（押）

志昌　（押）

達德　（押）

尚忠　（押）

代書人流溪　吴　甫　（押）

丈量畫圖人朱世順　（押）

中　見　吴天奇　（押）

《臺灣私法人事編・親子・養女契字・養女承繼字》　立養女承繼字人安定里東堡林厝莊第七番户有方進才，有同妻生下長女，年五歲。今憑媒説合，承繼新化里西堡第四十二番户陳才爲養女，收過茶禮金四元。承繼以後，任憑伊養父母撫養長成，擇壻嫁夫，不敢阻擋。此係兩願，各無反悔，恐口無憑，立養女承繼字一紙，付執爲炤。

即日收過茶禮金四元，再炤。

光緒三十年三月十六日　立養女承繼字人　方進才

爲媒人　陳　月

《臺灣私法人事編・相續・鬮分田地家業字》

祖父（天化）
- 前妻陳氏
  - （一）吉——芳美
  - （二）喜才——芳遠
- 後妻李氏
  - （三）實女秀茂
  - （四）有財——芳慶
  - （五）長基
  - （六）靈通——文等
- 妾鄭氏
  - （七）光郁

同立鬮分田地家業字人葉秀茂、長基、光郁、靈通、同胞姪芳美、芳遠、芳慶等，承先祖父天化壯歲渡臺，創造鴻業，至於廿拾四歲回家娶陳氏，竟無生育，過繼長男名吉、次男喜才，係先祖父長兄之子，兩繼爲嗣。乃陳氏而碩人云亡，喜才亦相繼而亡，芳遠爲之嗣。繼吉後者芳美。在臺續娶李氏，幸生一女名秀茂，過繼長有財，次長基，叁靈通爲嗣。又回唐再續娶鄭氏，又無生男，螟蛉一男光郁。至於李氏星歸西斗，一生三娶，但生一女，是以招得鄧元和之子名九官入贅理家，面給秀茂奩粧田壹所，址在金包里，每年租粟八拾石以爲鍼線花粉之資。至於壬申年，先祖父魂游佛國，而靈通亦遽往泉京，文等爲嗣。迄今光緒拾叁年聚首庭幃，嘗聞九世高風，江洲盛德，擬欲奕葉同居，無如秀茂深閨弱質，未能顯耀門楣。竊思木大枝繁，派分源遠，生齒瓜綿，恐生毗睚，與其生嫌於異日，孰未雨而綢繆。爰是姊姑，叔姪相議，邀請族親公同酌議，就公抵還他人欠項以外，餘尚剩所有田園、屋宇、瓦店、賬項、家器、什物等件概作七房均分，秀茂應得壹份、長基應得壹份、光郁應得壹份、靈通即文等應得壹份、芳美應得壹份、芳遠應得壹份、芳慶應得壹份，即日同族親焚香祝祖，拈鬮立字，編定仁、義、禮、智、根、於、心。自茲分後，務宜各業各管，各成家道，至異日或有低昂，縱如范石殊科，亦是由人氣運，均不得復爭長競短，致傷昭穆之誼。此係至公無私，各房甘願，今欲有憑，同立鬮分田地家業字壹樣柒紙，各房各壹紙，永遠存炤。

應份田業地段條目列明於後：

仁字號芳美拈得第三鬮，應得金包里牛埔莊田業壹所，四至界址從契內分明。帶印契連司單壹宗，每年小租伍拾四石。又公司胎借葉番叔洋銀四百元。又磧地銀四拾元。議定貼秀茂田額銀貳拾元，並貼起田藔銀四拾元，批炤。

義字號芳慶拈得第壹鬮，應得蚵壳港田業壹所，四至界址從契內分明。帶印契連司單並田藔壹座，每年小租七拾四石，園稅貳拾五元。前公司胎借廖阿鬆洋銀壹千零伍拾元。又欠現佃港兄洋銀玖拾伍元。又磧地銀壹百六拾元。又帶欠謝阿尾借項多少，又應得新店街東畔瓦店壹座，帶謝咸哄磧地銀拾貳元，又帶獅仔磧地銀八元。又應得劉清河借去銀貳百元，批炤。

禮字號芳遠拈得第四鬮，應得金包里磺溪墘東畔田業壹所，小租叁拾叁石，東至磺溪，（至）〔西〕至大坵竪岸，南至李家田，北至横岸透磺溪各爲界，應得田藔、菜園、稻埕、厝地、竹圍，在根字號界內作對半均分。又應得新興街瓦店壹座叁進，亦與根字號對半均分，磧地銀四拾元。又前胎借郭番先洋銀並店磧地銀應開貳百伍拾元。

智字號秀茂拈得第貳鬮，應得金包里牛埔莊田業壹所，四至界址從契內分明。帶印契連司單壹宗，每年小租三拾石，帶磧地銀貳拾元。又應芳美貼田額銀貳拾元，並貼起田藔銀四拾元，批炤。

根字號長基拈得第五鬮，應得金包里磺溪墘西畔田業壹所，東至横岸立石透磺溪，西至李家田，南至大坵竪岸立石，北至竪岸立石，由横岸透清水溪各爲界，磧地銀四拾元。及應得新興街瓦店壹座叁進，興禮字號對半均分。又前胎借郭番先佛銀並磧地銀應開貳百伍拾元。田藔、稻埕、菜園、竹圍，與禮字號對半均分，批炤。

於字號文等拈得第六鬮，應得小基隆田業，每年小租拾石。又應得新店街西畔瓦店壹座。又應得劉清河前借去佛銀貳百元，帶借字並店契壹宗，議定此田業小租、瓦店借項銀元係靈通禋祀之資。並帶欠他人賬項在內，長基承接料理，或有餘不足與別房無干，批炤。

心字號光郁拈得第七鬮，應得金包里小基隆田業小租六拾石，帶印契連司單，於光緒年間先立字據付執爲憑。長孫芳美得綱常田業壹小段，址在金包里磺溪墘，在根字號界內，西北畔清水墘水田五坵，東至横岸立石，西至李家田，南至水溝竪路立石，北至清水溪各爲界。

再批明：秀茂備出佛銀壹百元，以爲鬮分立字需費，批炤。

再批明：列位祖先神主分配各房奉祀。

再批明：三貂三叉港田業壹段，小租壹百伍拾石，胎借他人賬項並磧地銀計壹千九百八拾伍元。又文秀坑田業壹段，小租八拾貳石四斗，胎借他人賬項壹千壹百元、並磧地銀壹百元，將此田租抵還他人欠項以外，餘存租穀以爲連叔養贍之資。即將此貳段田業付長基掌管，永爲己業，以及欠項係基抵擋，別房並無干涉。倘典借等情，各房宜各花押號，均不得刁難，此炤。

再批明：禮、根兩房坑圳水上流下接，均不得截流擁塞，批炤。

再批明：前年同族親抽出田藔港田業壹段，帶印契司單，每年租穀四拾三石，以爲庶母鄭氏贍老需費，批炤。

光緒拾三年閏四月　日

代筆人　謝萃臣

草創人　謝銘三

族親　經　綸

知見族親　萬　福

在場族親　文　和

長基　芳　美

同立鬮分田地家業字人葉秀茂、胞姪　芳遠、芳慶

光郁、文等

案例文書

《敦煌殘卷争訟文牒集釋·丑年十二月沙州僧龍藏牒》　□（漆）相壘並漆盤□□事，所有緣身什□□——□□後經一年，空身却歸沙州來，娶妻陰二娘，又分家中什物。□□□至閻開府上，大番兵馬下，身被捉將。經三個月，却走來，在家中潛藏六個月。齊周諮上下，始得散行。至僉牟使算會之中，出鍮貝鏡一面與梁舍人，附在尼僧脚下，後妻陰二娘死，其妻陰二娘衣服紋緑羅裙一腰，紅錦袴一，羅衫子一，碧羅被子一，皂綾襖子一，剪刀及針線等物，並大哥收拾。去丙寅年至昨午年卅年間，伯伯私耕田卅畝，年別收斛斗卅馱。已上並寄放，合計一千馱，盡是大哥收掌。伯伯亡之日，所有葬送追齋，盡在大家物内，齊周針線尺寸不見。稱床九張者，伯伯共父分割之日，家中房室總有兩口，其床在何處安置，此乃虚言。先家中無羊，爲父是部落使，經東衙算賞羊卅口，馬一匹，耕牛兩頭，牸牛一頭，緋毯一，齊周自出牧子，放經十年，後群牧成，始雇吐渾牧放，至丑年，羊滿三百，小牛驢共三十頭，已上耕牛十頭，盡被賊將，殘牛一頭，驢一頭。其時大哥身著箭，宣子病卧，賊去後，齊周請得知己親情百姓，遮得羊一百卅口，牛驢共十頭。又知己親情與耕牛，　安都督一頭，趙再興一頭，張英玉一頭，安恒處二歯牛一，博得大牛兩頭，人上得牛五頭。未得牛中間，親情知己，借得牛八具，種澗渠地，至畢功。其年收得麥一十七車，齊周自持打。其丑年後，寅年、卯年大兄納突，每年廿馱，計卅馱，並取大家物納。齊周於官種田處，種得床。寅卯辰三年，每年得床三車，巳年兩支種得麥三車。已計床麥一十二車，並入家中共用。齊周身充將頭，當户突税差科並無。官得手力一人，家中種田驅使，計功年別卅馱。從分部落午年至昨亥年，計卅年，計突課九百馱，盡在家中使用。大兄初番和之日，齊周附父脚下，附作奴，後至僉牟使上析出爲户，便有差税身役，直至於今。自齊周勾當之時，突由大家輸納。其身役知更遠使，並不曾料。先家中種田不得豐饒，齊周自開酒店，自雇人，並出本床粟卅石造酒。其年除吃用外，得利莉價七十畝柴十

車，麥一百卌石。內卌五石，齊周買金釜一口。餘並家中破用。齊周差使向柔遠送糧，却回得生鐵熟鐵二百斤已來，車釧七只，盡入家中使用。內三十斤貼當家破釜鏉，寫得八斗釜一口。手功麥十石，於裴俊處取付王菜。齊〔州〕〔周〕差瓜州送果物，並分種田麥。其時用驢一頭，布半匹，買得車一乘。又麥十馱，八綜布一匹，買車轂三只並釧，並入家中。大兄嫁女二，一汜家，一張家，婦財麥各得二十石，計卌石，並大兄當使用。齊周嫁女二，一張家，一曹家。各得麥廿石，並入大家使用。宣子娶妻，婦財麥廿石，羊七口，花氈一領，布一匹，油二斗五升。充婦財。大兄度女平娘，於安督都處買度印，用驢一頭，牸牛一頭。宣子趁入所由印，用麥八馱，付張劍奴，驢一頭與部落使乞心兒。齊周去酉年，看絲棉磑。所得斛㪷，除還外課羅底價，買鏉一面及雜使外，餘得麥粟一百卌石，並入大家用。齊周後母亡後，有新緤纈羅裙一腰，新白錦褲一腰，新羅衫子一，新羅被子一，已上物並大哥收用。城南仏堂，并油梁，及大乘寺明覺房內鐺鏉釜床什物等，並不忓大家之事，一一盡有來處。齊周所是家中修造舍宅，竪立莊園，犁鏵鍬钁，車乘釧鐧，靴鞋，家中少小什物等，並是齊周營造，自爾已來，用何功直，一一請說。右齊周不幸，父母早亡，比日已來，齊周與大哥同居合和，並無私己之心。今見齊周出家，大哥便生別居之意。昨齊周與大哥以理商量，分割什物及房屋畜牲等，所有好者，先進大哥收檢，齊周亦不諍論。昨大哥取外人之言，妄說異端，無種詛競，狀稱欺屈者，此乃虛言，妄入仁耳。復云：齊周用度家中物者，亦有用大家物者，亦有外邊得者。今大哥所用斛斗，賜物，牛畜，及承伯伯私種斛斗，先經分割財物，約略如前，一一並無虛謬。更有細碎，亦未措言。比者已來，齊周所有運爲斛斗及財物、畜牲、車牛、人口請還齊周，今大哥先經伯伯數度分割財物，各有區分。今更論財似乖法式。伏望仁明詳察，請處分。牒件狀如前謹牒。丑年十二月日僧龍藏牒。

（宋）**李昉等《文苑英華》卷五二九《判・户絶判》** 景身死户絶，資財將没官，出嫁女請除葬外，悉收之。叔復請分，所由不決，仰斷。

對

景忝彼齊人，生此王土，逐什一之利，既富家財，服畎畝之勤，方編户籍，既而溘先朝露，遂卜佳城，遠日新封，已供葬備，昔時餘業，可議官收。相彼薄言，將分厚產，且弟惟同氣，女有從人，鳳兆于飛，既歸他族，鴈行以序，自合保家。繼絶請復一作從。於叔兮，論財難專於女也，以茲丕蔽，庶叶其宜。

（宋）**李元弼《作邑自箴》卷九《析户》** 本耆勘會有無祖父母、父母在堂，如祖父母已死，即今孝服滿與未滿，及有無諸般違礙。如無祖父母、父母，及孝服已滿，别無諸般違礙，即許均分。各賚分帳赴縣，仍取隣保結罪狀申。限日。

（宋）**鄭克《折獄龜鑑》卷三《釋冤・王罕》** 王罕大卿知潭州時，有老嫗病狂，數邀知州訴事。言無倫理，知州却之，則又悖詈，但命徼者屏逐而已。罕至，復出訴。左右欲逐之，罕引令歸廳事，召之叩階，徐問其意。嫗雖語言雜亂無次，然時有可曉者，乃本爲人嫡妻，無子，其妾有子，夫死爲妾所逐，家資妾盡據之，屢訴不得直，因忿恚發狂。罕爲直其事，以家資還嫗。

（宋）**鄭克《折獄龜鑑》卷八《嚴明・王罕》** 按嚴明之術，在於察見物情，裁處事體。彼爭產者，困於寒饑；析產者，苦於追逮。理之曲直，何足深校，苟或可已，無不聽命。於是人少資之，令其遠去，則析產者所損不多，而免追逮之苦；爭產者所得不少，而脱寒饑之困。州民獄訟，亦爲衰止。豈非能察見而善裁處乎？儻忿其辨訴，加以峻罰，則物情不無所傷，而事體亦有所害，稱爲嚴明，斯失之矣。若君子，則雖昭然深察，毅然決行，而從容中理，無傷害也。豈非嚴明之懿者乎？

（宋）**鄭克《折獄龜鑑》卷八《嚴明・何武》** 按張詠尚書知杭州。先有富民，病將死，子方三歲，乃命婿主其貲，而與婿遺書云：他日欲分財，即以十之三與子，七與婿。子時長立，以財爲訟，婿持書詣府，請如元約。詠閲之以酒酹地，曰：汝之婦翁，智人也。時以子幼，故此囑汝，不然子死汝手矣。乃命以其財三分與婿，七分與子，皆泣謝而去。此正類何武事也。夫所謂嚴明者，謹持法理，深察人情也。悉奪與兒，此之謂法理；三分與婿，此之謂人情。武以嚴斷者，婿不如約與兒劍也。詠之明斷者，婿請如約與兒財也。雖小異而大同，是皆嚴明之政也。

（宋）**鄭克《折獄龜鑑》卷八《嚴明・張齊賢》** 張齊賢丞相在中書時，戚里有爭分財不均者更相訴訟，又因入官自理於上前，更十餘斷不服。齊賢曰：此非臺省所能决也，臣請自治之。上既許，乃坐相府，召訟者問曰：汝非以彼所分財多，汝所分少乎？皆曰：然。即命各供狀結實，且遣兩吏趣徙其家，令甲家入乙舍，乙家入甲舍，貨財皆安堵如故，文書則交易之。訟者乃止。明日奏狀，上大悦曰：朕固知非卿莫能定也。

按曾肇内翰撰《王延禧朝議墓誌》云：延禧任岳州沅江令時，有兄弟分財者，弟弱，所得田下，訴不均。詰其兄，曰：均矣。即令二人以所得更取之。兄訴於州，州守笑曰：此張詠尚書斷獄法也。豈彼所聞異乎？

（宋）劉克莊《後村先生大全集·貴溪縣毛文卿訴財産事》 文卿姓祝，不父其父而欲認姓毛人爲父。彦明居於貴溪三十年，文卿居於衢州江山，彦明自立二子，各已娶婦。文卿既爲彦明之子，三十年間不與父同居，不與兄弟相往還，此何等父子也？彦明以負盘頭起家，賤微之甚，文卿所執契簿，如毛教、毛惠，皆是白丁，非有官閥可考，文帖尤爲謬妄。彦明身後有妻有子，不可以白撰無干涉契簡文帖求其産業。文卿勘下杖一百，再詞留斷。如欲姓毛，一任其便，但不可求分別人物業耳。

《名公書判清明集》卷四《户婚門·羅棫乞將妻前夫田産没官》 羅謙生子三人，長曰旵，次曰宻，三曰仚。父母身亡，已當服闋，分而爲三，省簿各有姓名。今羅宻死，有男羅寧老隨母改嫁同曾祖之弟羅棫。後寧老又死，羅棫以寧老所分田産，作絶户獻於官。今寧老之叔羅仚欲以長兄羅旵次男爲兄命繼，於法亦順。但在法，諸已絶之家而立繼絶子孫，謂近親尊長命繼者。於絶家財産，若無在室、歸宗、出嫁諸女，以全户三分給一分，餘將没官。合聽羅仚以長兄之子立爲羅宻後，將羅宻家業給與三分之一，其餘照已行没官。但羅棫元與羅宻係是服内從弟，羅宻身死，豈應以妻阿王嫁與羅棫？准法：諸違法成婚，謂嘗爲袒免以上親之妻，未經二十年，雖會赦猶離。羅棫取阿王方更三年，合與聽離。若阿王再歸羅宻之家，不復改嫁，撫養其子，當用夫亡從其妻之法，聽阿王爲主，免與没官。引押兩名下鄉，取已離狀申。

《名公書判清明集》卷五《户婚門·僧歸俗承分翁浩堂》 余觀何氏之訟，有以見天道之不可欺，人僞之不可作也。何南夫生三男，長曰點，次曰大中，幼曰烈。大中出家死絶。點有子曰德懋，七歲而父母亡，十二歲而祖亡，藐然孤兒，茫無依歸。烈乃德懋親叔父，壯年當家，所宜撫育猶子，教以詩書，置其家室，以續乃兄宗祀，豈不仁至義盡矣乎！何南夫身殁纔及兩年，德懋忽出家，投常山縣茗原寺爲行童。以十四歲小兒，棄骨肉，禮僧爲師，在故家七十餘里外，零丁孤苦，至今念之，使人惻然。死者有知，豈不含恨茹痛於九泉之下，何烈之設謀用計，何其忍哉！故國家立法有曰：諸誘引或抑令同居親爲童行、僧、道，規求財産者，杖一百，仍改正，贓重者坐贓論。正爲此也。自此何烈亦無親子，遂抱養異姓子趙喜孫爲男，晚年妾生一男，名烏老。德懋年齒漸老，頗知家世，始有不甘乃叔抑逼之心，遂於淳祐二年歸俗長髪，還與何烈同居。何烈年老依違，悍妻在傍，愛子在側，不能明斷勇決，區處德懋，分屋而居之，析田以贍之。德懋隱忍，不免袖手以待乃叔之死，叔死而訟興矣。在法：諸僧、道犯罪還俗，而本家已分者，止據祖父財産衆分見在者均分。何烈既已身亡，所有規求一節，且免盡法根究。其何氏見在物業，并合用子承父分法，作兩分均劈。繆氏子母不曉事理，尚執遺囑及鬮書一本，以爲已分析之證。此皆何烈在日，作此粧點，不曾經官印押，豈可用私家之故紙，而亂公朝之明法乎？當職此判，非特爲德懋計，亦所以爲繆氏計。傳不云乎：蝮蛇螫手，壯士解腕。謂其所棄者小，所保者大也。德懋之歸俗，其何烈身後之遺毒乎，繆氏子母何以禦之？萬一信唆教之言，不遵當職之判，越經上官，争訟不已，則何氏之業立見破蕩盡净，此其事理之所必至也。案即今監族長并監鄉司根刷何氏見在物業，索出産簿參對，與作兩分均分，置立鬮書，析開户眼，當官印押，以絶兩家之訟。所有喜孫雖異姓子，乃是何烈生前抱養，自從妻在從妻之條。備榜縣門，申州并提舉司照會。

《名公書判清明集》卷七《户婚門·妄稱遺腹以圖歸宗葉岩峰》 術人陳亞墨欲認孫華爲所生父，遂於去年冬作孫景仁名，經尉司論。孫華佃客，無故而改姓氏，蓋欲暗埋根脚，以爲後日歸宗之地。孫華知之，經縣入詞，追到陳亞墨當廳引問，果聲聲口口稱孫華爲父，且云面貌與孫華相類，田産爲孫華詭變。辨説曉曉，非孫華可敵。切詳情節，陳亞墨之父陳三四，娶孫華之婢阿林爲妻，生下陳亞墨，已年四十五矣。四十餘年，畧無一語及遺腹，今忽萌此想，特以孫華景迫桑榆，只俟瞑目之後，便可妄載爲一歲乳，吳琳之據，其間改爲男七歲。若有龍果七歲男，公法不當立，在縣司無由給乳一歲之文。若有龍果乳一歲，則法所當立，在吳琳却不當以一爲七，以乳爲男，是是非非，於斯可見矣。第此之訟興，必始於吳登母子不能協和上下，二十八娘及時而不以禮遣，衆怒難犯，專欲難成，是致二十八娘興出賣之詞。趙知縣深燭其情，遂有均分議嫁之判。二十四娘等不重骨肉之義，又從而攻之。殊不思已嫁承分無明條，未嫁均給有定法，諸分財産，未娶者與聘財，姑姊妹在室及歸宗者給嫁資，未及嫁者則別給財産，不得過嫁資之數。又法：諸户絶財産盡給在室諸女，歸宗者減半。二十四娘等不念父創業之難，相與扶顛持危，以續吳氏一脈生意，一旦爲胡闓所惑，反欲以父之所立爲義子，將所有而瓜分之，爲人後者，當如是乎？今吳有龍命立一節，却有縣據可證，合與照條承分。二十八娘年已及笄。在法：男年十五，女年十三以上，並聽婚嫁。亦只照條給與嫁資，但久居吳氏之家，若給以聘物，必爲烏有，又失倉臺恤孤之意。欲責吳登母子迎取其歸，曲盡姑姪之禮，日下求偶，毋致遷延，再惹詞訴。胡闓等不得見利忘義，違法干預，摇五寸筆撓官府，以成終凶之訟。至若二十七娘或稱已嫁許氏，或稱賣爲義女，有詞以來，不曾根對，又無婚書可憑，欲與移文通城縣取，會却作施行。所有案官引用户絶分撥女分之擬，本司難於檢斷，仍乞備申倉臺照應。管見如此，取臺判。

《名公書判清明集》卷七《户婚門·正欺孤之罪許宰》　陳子牧先娶戴氏，無子，立璋孫爲子，既而庶生一子琪孫，年十三。再娶鄭八娘，亦無子。閲十八年，子牧、璋孫相繼而亡。琪孫乃子牧親生之子，子牧之家本非絶嗣，若爲璋孫立嗣與否，陳氏之大計未害也。子牧前娶戴氏，妻黨無狀，後娶鄭氏，又婦德不良，何子牧之不善娶邪？後子牧再娶鄭氏之因，正欲其撫養琪孫，使之成立，以保全其家業耳。親生之子，誰不加念，若子牧既亡之後，教道琪孫，爲之婚娶，主持家業，無使破壞，此獨非鄭八娘之責乎。奈何子牧之肉未寒，而鄭八娘之心冷矣。陳士駉所以鼓誘琪孫，而破蕩於其先，又得以立紹龍，而吞噬於其後。戴周卿、鄭亨父之徒，因而掩有其業，豈有母在堂，琪孫未娶，遽以田業均分。當來洪知縣給據，止憑一時之詞，今觀所給，只是賣田之據，非立嗣之據也。鄭八娘果有意夫家，尚肯聽其兄亨父，而自賣其田邪？詳觀戴周卿、鄭亨父各認歸宗，占據産業，與孫華諸子爲無窮之爭，其設謀甚深險。送獄證對，親筆供招，非孫華遺腹之子分明。所幸孫華老而多慮，預折其姦，不然則何以杜絶後日之患。陳亞墨勘杖八十，以爲改姓妄詞之戒。仍申使、府照應。

《名公書判清明集》卷七《户婚門·立繼有據不為户絶司法擬》　照得户婚訟牒，不一而足，使直筆者不能酌情據法，以平其事，則無厭之訟熾矣，家不破，未已也。事到本司，三尺具在，只得明其是非，合於人情而後已。吳琛有女四人，子一人，此宗枝之所備載。長曰二十四娘，即石高之室，次曰二十五娘，乃胡闓之妻，子曰二十六，乃吳有龍也，即今立異姓者，次曰二十七娘，據稱已嫁許氏者，幼曰二十八娘，即今陳詞未嫁者。雁行之序既陳，苟得之訟可折矣。石高、胡闓，贅婿也，義猶半子，倘吳琛以二婿爲可托，則生前無由立異姓之男，向立閭丘，以續其傳，復娶李氏，以爲其室，蓋有在矣。綿歷寖久，孫枝挺然，一家之中，父父子子，長長幼幼，各安於數年之遠，曾無異辭，而一旦遽起訟端，其故何也？得非以有龍不當爲吳琛之子邪？則吳琛之死，斬衰之制，二婿行之乎？有龍行之乎？得非有龍行之邪！得非以有龍非吳二十四娘等兄弟邪？則有龍之死，大功之制，姊妹行之乎？他人行之乎？況有龍既能生事死葬，克盡人子之責，而謂之非子，則不可也。若必欲以有龍非己子，稱曰義男，則二十四娘何不訴於吳琛方死，名位不正之時，乃獨訴於有龍既死之後？在法：諸義子孫所養祖父母、父母俱亡，或本身雖存，而生前所養祖父母、父母俱亡，被論訴及自陳者，官司不得受理。又准法：異姓三歲以下，並聽收養，即從其姓，聽養子之家申官附籍，依親子孫法。雖不經除附，而官司勘驗得實者，依法。有龍雖曰異姓之男，初立之時，已易其姓，父死之後，吳琛有詞，又給據以正之，如此則不可謂之義男矣。胡闓又稱吳氏之産，乃二婿以妻家財物，營運增置，欲析歸四女，法則不然。在法：諸贅婿以妻家財物營運，增置財産，至户絶日，給贅婿三分。今吳琛既有植下子孫，却非絶之比，豈可遽稱作絶户分邪？徐考其兩詞之所自憑者，遺言也，縣據也。其所謂遺言者，口中之言邪？紙上之言邪？若曰紙上之言，則必呈之官府，以直其事矣。若曰口中之言，恐汗漫無足據，豈足以塞公議之口？所謂縣據者，却是本縣所給二本，阿涂之據，其人契家，節節姦詭，全不似平常立契，云云。作僞心勞日拙，前後不覺自相牴牾，亦是造物者惡鄭八娘之敗壞夫家，疾陳士驊之吞併叔父，爲今日敗露之地耳。天網恢恢，疏而不漏，鄭亨父、戴周卿謂人可欺也，天可欺乎？牝鷄之晨，惟家之索，戴周卿、鄭亨父皆乘八娘之無狀，盡囊而取之也。人家有不義之妻，一至於此。鄭八娘退而自適，膚革充盈，其視陳子牧家，猶越人視秦人肥瘠，漠然不關其心。傳所謂食言多矣，能無肥乎。夏之日，冬之夜，一念興思陳子十八年之恩義，其忍之乎？使子牧已死而不瞑，琝孫雖生而無聊，鄭八娘不得辭其責也。所有鄭、戴虛契，合從條還原業主陳子牧家。陳紹龍，陳士驊長子，照條，諸爲人後者，不以嫡子。鄭八娘不義，凶於而家，是陳子牧之罪人也，勘杖八十，封案以聲子牧之寃，以正不義之罪，又以爲隳斁天倫者之戒。陳子牧田業原計三百餘石，自鄭八娘不能撫其子琝孫，早爲婚娶，致陳士驊鼓誘，破蕩一半，又假紹龍立嗣，以吞噬之計，既而轉歸鄭、戴之手。琝孫乃子牧親子，煢然獨處，日食不給，有司猶且動心，鄭八娘乃無人心乎？云云。庶使子牧不爲若敖之鬼。戴某平日每每乘人之危，謀併其業，爲富不仁，死有遺臭，傳之子孫，若不知足，異日若無破壞之子，是天富不道之家。戴良佐，周卿之子，雖爲陳之母黨，陳士驊，雖爲陳之房族，自後不得干預陳子牧家事。如再惹詞，却與照斷。如鄭亨父再誘鄭八娘，使不安跡於陳子牧之家，致有詞説，亦合照斷。所有戴、鄭虛契，並行毁抹，給據付鄭八娘、陳琝孫爲照。陳紹龍立嗣，亦合併抹附案。仍揭示縣門，令鄭八娘立視一日，使之詳味所斷，痛自循省前非，歸與琝孫主持夫家，以舒九泉之怨憤，以厚一邑之風俗。仍申臺、省照會。

《名公書判清明集》卷七《户婚門·婿争立葉岩峰》　戴贈有親弟戴盛，同居共爨，儘篤手足之誼。戴盛不娶而無子，自乳哺中，養陳亞六爲嗣子，今年已四十七，且娶阿蔡，生兩子矣。不幸而戴盛先亡，戴贈撫養其姪，不啻己子，中分産業以與之，可謂小民中之依本分者。奈何婿徐文舉萌意覬覦，輒經丞廳，告論妻族不容次子爲戴盛之嗣。戴贈乃其妻父，年八十有七，義氣所激，忿然不平，扶杖而來，經縣經郡，歷訴女婿之非，拳拳然爲猶子之計。今以案牘觀之，徐文舉虛詞妄訟，略不存瓜葛之誼。論妻舅戴六七與弟婦有姦，一可罪也；訟妻叔戴盛詭名立户，二可罪也；誣妻弟戴應孫持刃趕殺，三可罪也。凡此玷辱，視妻族如仇敵，待妻父如路人。尚欲以幼子爲妻叔之後乎？何況欲廢人之嗣，以立己之子，有此法否？若不懲治，則其詞不絶，妻黨被擾不已，老丈人死亦不瞑目也。徐文舉勘杖八十，再犯押上，别作施行，申使、府照應。

《名公書判清明集》卷七《户婚門·探鬮立嗣吴恕齋》　蔡氏立嗣、斫木之訴，雖曰二事，實則相因，只緣立嗣未定，遂致斫木有争。照得蔡氏有四大位，第三幹院位二子，長曰汝加，生梓，幼曰汝勵，生杞。梓、杞俱亡，各有女贅婿而無子，不曾命繼。楊夢登、李必勝，梓之婿也。趙必慥，杞之婿也。近因夢登奉其妻父生母范氏之命，就本位山内斫伐柴木，於諸位本不相干，而諸位子弟群然將夢登等行打，其意蓋謂蔡氏之木，不應楊氏伐之，兼范氏乃汝加之婢，尤非諸蔡所心服者。今范氏乃曰：只欲依二孫婿以養老身，不願爲杞、梓立後。婦人女子，安識理法，范氏自謀得矣，如蔡氏無後何？今若不爲杞、梓命繼，則諸蔡紛紛，必不止今日伐木之争而已。已伐之木，乃范氏命之樵採，委係本位所可自伐者，鬭毆亦無深傷，此事姑置勿論。但命繼一事，所合區處，以綿一位嗣續之脈，以絶諸位睥睨之争。尊長蔡棫等合詞推擇，以第一位楷之子燁爲杞後，極爲允當，而第四位棅者，乃欲以己子炤争立，全無道理，已見於王主簿所擬。然亦有區處未盡者，既爲杞立嗣，又豈可使梓無後，梓位二婿，事力稍分，杞位一婿，生理稍足，故又皆願爲杞之後，而不爲梓之後也。以蔡氏所畫宗枝圖觀之，四位中惟楷有三子，棅亦有三子，可以出繼。今欲帖縣，將楷之子燁、棅之子炤當官拈鬮，以一爲梓之子，以一爲杞之子。命立既立，所有兩分家業、田地、山林，仍請本縣委官從公均分，庶幾斷之以天，而無貧富不公之嫌。合以一半與所立之子，以一半與所贅之婿，女乃其所親出，婿又贅居年深，稽之條令，皆合均分。范氏年老無依，亦深可念，仰所立之子如法供養，仍衆存些小，以爲范氏他日送老之計，庶幾死生皆安，争訟可息。

《名公書判清明集》卷七《户婚門·欺凌孤幼吴恕齋》　尤彬由鋪兵起家，積累既無根源，生聚素昧禮法。彬與彦輔，兄弟也，析居各爨已數十年，不知有手足之義久矣。彬爲兄，瞽而無子孫，彦輔於其垂亡之時，脅以官司，强以其八歲之孫榮哥爲之後。越一年，彬死，而彦輔又興户絶檢校之訟。於是彬之妻阿陸心懷不平，但撥田八畝、會千緡、屋一所，給付榮哥，歸本生家撫養，乃與其女百三娘削髮爲尼，棄屋爲寺，蓋欲絶彦輔父子併吞之計。彦輔復訟之，累經臺府，陸兼僉所擬，固已曲盡其情矣。切詳彦輔、阿陸不義之心，皆有可誅者。使彦輔果有愛兄念嫂之意，憐其絶嗣，思所以繼之，以己之孫爲兄之孫，本合理法，又能以骨肉真情委曲區處，夫豈不可，何爲於彬之方殁也，又興户絶之訟。蓋彦輔本非篤天倫之愛，不過欲以其孫據有其家貲耳。是彦輔不義之心，失之貪。阿陸不勝其忿，量割田錢，塞其溪壑，寧出家棄屋而不顧，殊不知與其忿嫉，歸之僧門，孰若隱忍，留遺夫後。楚人亡弓，楚人得之，婦人女子既不曉此，又有沈百三者陰嗾之。是阿陸不義之心，失之吝。誅二人之心，或貪或吝，固皆狗利忘義。就其中論之，夫人孰不有子孫之心也，阿陸一旦毁身爲尼，毁家爲寺，此豈得已，實彦輔父子有以迫之。今案官擬勒阿陸還俗，檢校財産，别選族長主其家事，以俟榮哥出幼，却不許彦輔干預。此説固爲可行，但阿陸年已八衰，其女又死，孑然一身，真無告之尤可憐者，若遽盡奪其出家之志，是增其忿而速其死，益足以快彦輔父子吞併之私矣。使阿陸盡絶尤氏之嗣，不立榮哥爲孫，則不可。今既立榮哥，以紹其夫之後，又撥田畝錢屋以贍之，則所以爲夫謀，爲身謀，亦不得已而爲此下策矣。除已撥田畝錢屋與榮哥外，欲告示阿陸，先竭力安葬其夫，其女，仍將見在田産，再撥一半，作尤彬贍墳田，令榮哥爲主，不許典賣，目今權責付彦輔父子，爲其孫主張，以俟出幼，於理亦順。所有阿陸身既爲尼，屋既爲寺，應隨身浮財及所餘一半田産，合從其便，終老其身。庶幾安老懷少，生死各得其宜，否則八歲之孫，無所撫恤以俟其長，八十歲之祖母，無所依倚而速其亡，尤彬亦不安於地下矣，彦輔安乎哉？

《名公書判清明集》卷七《户婚門·阿沈高五二争租米吴恕齋》 高五一死，無子，僅有婢阿沈生女公孫，年一歲。阿沈於紹定五年陳乞檢校田産，高五二乃五一親弟，亦於當年陳乞，立其次子六四爲五一後。已差司户檢校，及送法官指定，立高六四爲後，仍令高五二同共撫養公孫。未幾，阿沈携其女改嫁王三。高六四於嘉熙二年稱已出幼，乞給承分田産。官司照條以四分之三與高六四，存一分於公孫，令阿沈逐年收租，爲撫養公孫之資。夫何九年内，阿沈僅得租米十三石，佃户康一乃高五二親家，所逋餘米，非歸之高五二，則歸之康一。阿沈累索不還，正此抱憤，高五二復啗阿沈以三十券，一旦欲逼取其撫養十二歲之女歸其家，意安在哉？蓋公孫一分之産，高五二、高六四不奪不饜，此阿沈所以不平而有詞也。據阿沈爲説，税檢校後，初不知立高六四爲嗣，亦不曾着押，但見高五二父子占據田産，及索到案沓，始焉委官檢校，繼而法官指定，又繼而支撥四分之三與高六四，前後行移，歷歷可考，謂不曾立高六四，不可也。阿沈既已改嫁，婦人女子，必有教唆，但高五二、高六四實有太不近人情者。高五一物業已據其四分之三，所餘一分，又欲奄有之，何其不仁之甚若是！佃人欺阿沈母女孤寡，高五二、高六四猶當爲之主張收索，今乃與康一合謀逋欠，九年之内，僅還租米十三石，何忍如之！欲將高五二、高六四、康一送都轄，監理九年未足租米，還阿沈養贍公孫，取了足狀申。其一分産業，仰阿沈自行管給收租，高五二不得干預。候公孫出幼，赴官請給契照，以爲招嫁之資。

《名公書判清明集》卷七《户婚門·官為區處韓似齋》 李介翁死而無子，僅有一女，曰良子，乃其婢鄭三娘之所生也。官司昨與之立嗣，又與之檢校，指撥良子應分之物産，令阿鄭撫養之，以待其嫁，其錢、會、銀器等，則官爲寄留之，所以爲撫孤幼計者悉矣。夫何阿鄭以婢子之性，忘幼女之孤，反分取良子之嫁資田業，而自爲嫁資，不待其主之葬，以身出嫁宗子希珂。良子無依，遂歸房長李義達撫養，既而從幼婚之議，納余日熒男震子之聘，更以良子就養於余，且半年矣。有李義達以主其議，有韓鳳以爲之媒。阿鄭雖已出嫁，不當復預李氏之事，亦且立合同文約，付余氏收執，見得皆已預聞。乃復狥希珂貪婪之私，乘良子歸送父葬，奪而去之。良子之去留，且非阿鄭之所當預，況希珂乎？名非屬籍，甘心違法，娶人之婢，而不羞其非偶，則辱身冒嫌，貪利招權，奪人之婦，亦何暇自顧其非法。當此之時，爲官司者，便當據條任理而行之，乃聽阿鄭之詞，同所問於十歲之良子，彼何知哉？一時樂歸於所生之旁，豈知其身他日之利害何如也。阿鄭之言，惟希珂是聽，良子之言，惟阿鄭是聽，官司不深爲良子計，而問計於良子，亦卒不免惟良子之是聽。宜乎改嫁趙必慣之謀，脱所寄庫之物，希珂與林端等皆得假良子之名，次第以罔官司。今若從僉廳所擬，牒會宗司，問必慣曾不過禮，又幾於前日引問良子之故智耳。良子之方十二，不問而知其爲欺。官司若欲究詰希珂等之姦慝，盡將一行人追送所司，以良子押付李氏房長，聽從余日獎擇吉成親於及嫁之日，其誰曰不然。但李義達者，既非可以托孤，而希珂作良子名陳詞，所以指斥余日獎者，無所不至，尚可復爲余氏婦乎？在余日獎，今日只當棄良子於不足爭；在官司，亦只得委良子於不暇恤。但余日獎之子既不得婚，先來聘送禮物與半年供給之費，法理悉當追還。李義達者，始焉既受余震子之聘財，今焉又主趙必慣之姻議，反復變詐，放利而行，官司既未欲追究，合併監阿鄭及李義達，逐一計算理還，取會余日獎領狀申。如不伏，却當窮究施行。林端原用林德名具狀，脱取李良子寄庫物件，今又易名林端，欺官脱罪，羽翼宗子，肆爲嫋横，勘杖一百，雖不能回良子婚姻之正，姑以爲敚攘矯虔者之懲。

《名公書判清明集》卷七《户婚門·房長論側室父包併物業韓似齋》

大抵臨財之際，欲辱身焉者，雖未必盡私，而已不能掩狥私之迹；凡欲潔身焉者，雖未必盡公，而不失爲示公之意。梁太固梁居正之族人也，然一主居正之喪，遂挈家以據居正之室，而日用飲食焉，黨套庫僧而營運，號召佃户而收支，每於財利之間，動有披襟攘袂之狀，縱使於中曾宣微勞，人亦得以利心窺之矣。鄭氏固梁居正之側室也，然一從居正之死，便知遣喚梁太行房長之事，既而見梁太之不足託，遂自求於官，首乞檢校，以待二幼之長。但方議梁太之私，而必能自絶其私，招致其父鄭應瑞，輒預梁氏家事，安能免於梁太之詞。官司徒以其前後陳述，猶能委利權於官，以爲他日全身遠害之計，遂得以別公私，定是非於梁、鄭氏之争也。今梁太乃譊譊然，力詆鄭氏爲居正之妾而非妻，且彼雖耻以妾自名，而至於陳乞檢校，則是顯然不敢以妻自處，使鄭氏自詭以居正之妻，則又奚以檢校爲哉。梁太果有悼往恤孤之心，而無謀私營利之計，則又何惡於檢校哉。僉廳所擬，欲示梁太遷歸己居，又示鄭應瑞不得復登梁氏之門，令鄭氏管收租利，以爲拊育二幼之資，令兩庫不得開張，以爲夤緣走弄之計，皆切當之論。但居正存日，既有月錢，以贍鄭氏之父母，而梁太者目今又有自於庫内月取三千。今合每月分明於鄭氏管收租利内，月支錢五貫送梁太，其鄭應瑞則照居正在日，給錢三貫五百文足以贍之。田契昨已寄留縣庫，庫本錢三千六百單八貫足，若不與防閑，不陰消於梁太、庫僧之侵移，必將潛耗於鄭應瑞之搬拱，合併與寄留縣庫。但官庫寄留民錢，歲月推遷，官吏更易，率有攢庫移易之弊，雖有官據，徒執虚文。合從本縣給據，付二幼收執，許令逐季具狀經縣，委收支官同詞人入庫點視，候出幼日，照數給還。既有庫業，必有在庫臺架，帖原檢校官勒庫僧賫簿供具，點對區處呈。此内則有月利三十五貫，歲收穀三十七石、租利錢一百六十三貫，儘可爲鄭氏、二幼衣服、飯食、教導、税賦之資，及梁太、鄭應瑞月給之費。梁太但當時其來往，照拂其門户，不必干預財穀，鄭應瑞但當處居正在日借住之屋，享今來照原數給助之資，不當非時登門預事。當職於孤幼之詞訟，尤不敢苟，務當人情，合法理，絶後患，餘並從擬行，帖縣照應，備榜市曹。

《名公書判清明集》卷七《户婚門·不當檢校而求檢校葉岩峰》 張文更父張仲寅以堂叔之故，陳理卑幼財産，意在檢校。揆之條法，所謂檢校者，蓋身亡男孤幼，官爲檢校財物，度所須，給之孤幼，責付親戚可託者撫養，候年及格，官盡給還，此法也。又准勑：州縣不應檢校輒檢校者，許越訴。此又關防過用法者也。今張文更年已三十，儘堪家事，縱弟妹未及十歲，自有親兄可以撫養，正合不應檢校之條。張仲寅仗義入詞，公耶？私耶？向嘗譏間其母，致與父相離，今復撓亂其家，使不得守父之業，豈非幸災以報仇，挾長以凌幼，用意何慘哉？法不可行，徒然擾擾，但見心術之險，族義之薄，天道甚邇，豈可不自爲子孫之慮也哉。今仰張文更主掌乃父之財産，撫養弟妹，如將來或願分析，自有條法在，餘人並不得干預。

《名公書判清明集》卷七《户婚門·義子包併親子財物》 再嫁之妻將帶前夫之子，就育後夫家者多矣。繼父同居與不同居，於條雖等殺而爲之服，然特以報其拊育之恩耳，未聞其可以淆亂姓氏，詭冒嗣續，凌轢其所自有之子，而强爲之子者也。姚岳晚娶阿鄭，阿鄭携前夫蕭氏子曰蕭真孫者，就育於姚之家。真孫且五歲矣，姚岳拊育之，以至於長成，而爲之婚娶，待之甚恩，以阿鄭故也。然姚岳雖恩之，未嘗不待之。自其既娶，使之別居。近因阿鄭之亡，雖假以隔壁之屋，使之暫居，而又關鎖其便門，檢柅其往來，可謂仁之至，義之盡也。蓋姚岳庶生親子曰虞佐，姚岳深爲真孫之防，正懼其他日自爲虞佐之擾耳。夫何阿鄭死，姚岳相繼而死，真孫之姦貪遂行，欺凌虞佐之幼弱，詭冒姚崇之姓名，占誘姚岳之婢僕，豪奪姚岳之財物，矙虞佐之出，掠取姚岳靈几銀器一百六十兩，搬扛箱篋六隻，並姚岳遺下疋段，書畫，官會，衣物，卷而去之，且挾其婢春喜，逃而入都。歸投姚岳之主家，既繼姚岳身役，以自改其姓名。不知姓名可改，而條法不可移。使蕭真孫而可以貪姚岳之財，冒姚岳之子，則凡天下隨母改適者皆將舍其父而爲他人子，盡忘其本，爲利之趨，族屬混淆，倫叙紛錯，將胥天下爲禽獸歸矣。財物，姚氏之財物也，婢僕，姚氏之婢僕也，蕭真孫豈得而據有之。今據真孫作姚崇名供招分明，以言其妄背親父，輒改其姓名，以絶滅其嗣續，辜負義父，而奪攘其財物，擾害其没存，皆當重置於罰。以其小人，因貪犯法，不足深責，從輕勘杖一百，監還搬運姚岳家銀，會，箱籠，但干物件，取姚虞佐領足狀申。仍責狀，自後不得詭冒姓名，登門擾擾。所有阿鄭奩篋衣物，示虞佐以其半分給之。蔡福，陳順，春喜，來喜，小童，姚岳婢僕，輒敢黨附真孫，搬擄主家財物，内春喜直敢與之俱逃，背主不忠之罪，當浮於真孫。當職自到官以來，定罪於民，率從輕典，並各從恕，勘杖一百，内小童年十四，改決小杖二十。事關風俗，備榜市曹。

《名公書判清明集》卷八《户婚門·嫂訟其叔用意立繼奪業》 甌寧

縣寡婦張氏論叔范遇争立繼奪業事。看詳諸處斷由，見得范通一有子四人，長曰熙甫，次二曰子敬即監税，次三曰遇即達甫，次四曰述即善甫。熙甫已娶妻生子，未幾，夫妻與子俱亡，以理言之，當爲立繼。在法，立繼由族長，爲其皆無親人也。若父母存，當由父母之命。當熙甫死時，其父母俱存，皆無立繼之意，非不愛其子也，蓋謂蕞爾田業，分與見存三子，則其力均，立一孫爲熙甫後，則一房獨分之業已割其半矣，割其一半，使二子分受之，則三子中立有厚薄之分，此通一之本意也。故寧均與三子，而以熙甫私置之田爲烝嘗田，使三房輪收，以奉其祭祀。三房之子皆其猶子，雖不立嗣，而祭祀不絶矣。故紹定二年十月，立砧基簿，簿首言長男熙甫既亡，不願分産，其存日將妻粧奩置到田業等，撥充烝嘗。簿尾係通一、母陳氏着押，兄弟同簽，是有父命明矣。砧基文書，皆已印押訖。熙甫死已一十五年，而春秋祭祀無缺者，以所立范熙甫十五年烝嘗田在故也。爲三子者，遵父之命，輪年時祀，則范氏之鬼不餒矣。夫何范遇者，獨於父母亡，分業八年之後，兄子敬亦亡，遂抑逼其弟善甫，姪餘慶簽押立繼文字，以己子文孫爲熙甫後，此豈誠念其兄之未立後哉，不過欲奪其一兄一弟已分之業爾。提舉司判，送縣結絶申上，謂若立文孫，則已分之業，又釐而爲四，一則不出父母之命，二則難以强兄弟之從，辭理明甚。簽廳忽略不看，乃謂無父母之命，今照范善甫、范餘慶等約，以文孫爲熙甫後。謂烝嘗田不以與文孫，恐違背父母之美意，則割削兄弟之産，以與文孫，獨不傷父母之本意乎？此於理不通，特眩惑於繼絶之美名耳。今參考斷由，范遇係曾經徒斷之人，不孝於其父與母，不敬於其姊與兄，又不友其弟，每操刃趕殺，持杖毆打，傍人救者，至遭其折齒。又其甚者，乘其兄子敬之死，突入其室，將嫂拖打，趕散工作人，不許入殮，勒取錢三百貫，米數百石。又抑逼其弟與姪，爲此私約。於嫂張氏既論之後，旋計會縣吏，印押除附公據，又經丞廳改正户帳。此文約不正，何可照用。况其用意甚惡，僉廳官合用誅心之法。逼脅而盟，謂之要盟，要盟與釐正則可，乃謂既已墮其計中，雖悔何及，容姦若此，則弱之肉，强之食，人之類不能自立於天地之間矣！愚見謂熙甫既有烝嘗田，自不乏祀，若於産業已分之後，驟立一人爲嗣，則從前父母所立砧基支書，皆不足爲據，必將盡取田業分過。八年之久，田業豈無變易，一兄一弟豈肯俛首聽從割産，以益文孫，必將擾亂一家，愈增仇怨，詞訴紛然，何由了絶。非惟遂兇人吞併之謀，抑且無益死者，反有害於生者矣。不若各照砧基支書管業，追毁文約公據，庶幾一家得以安跡。如必欲立繼，則范遇設計吞併，其子文孫亦不當立。欲帖縣照應。奉都運檢詳姚立齋判，照所擬行。欲立繼，難動其已分之業，只當就烝嘗田内，於無礙房分中推立。范遇既如此兇暴，用意吞謀，其子却不可立。帖縣照應。

《名公書判清明集》卷八《户婚門·母在不應以親生子與抱養子析産》

陳文卿妻吴氏昨來抱養陳厚爲子，繼而親生二子，陳謙、陳寅是也。吴氏夫婦若賢，則於有子之後，政當調護均一，使三子雍睦無間言可也。無故自以産業析而三之，文卿既死之後，吴氏又以未分之業析之。陳厚自鬻已産，固爲不是，然使吴氏初無偏私之意，未即分開産業，至今同爨而食，母爲之主，則陳厚雖欲出賣而無從。陳謙、陳寅挾母以治其兄，至謂陳厚毆母，於狀内稱於十月二十九日陳狀判執者，此特謙、寅買填印白紙，栽添訟本而已。不然，二十九日之狀簿，何以獨無吳氏之名。準法，父母在，不許别籍異財者，正欲均其貧富，養其孝弟而已。今觀吳氏子母違法析産，以與陳厚者，是欲蹙之使貧也。昔姜氏惡莊公，愛叔段，東萊吕氏云：愛惡二字，乃是事因。今吳氏愛惡何以異此。幸今吳氏母子因陳厚論收詭户，稍肯就和，此當職之所深願也。唤上陳厚，當廳先拜謝其母，陳謙、陳寅次拜謝其兄，唤鄉司剋除陳厚、陳謙、陳寅三户之外，其餘范從政、陳夢龍、陳氏兒陳堪下黄庚、三姐、陳文卿等五户物業，並歸陳文卿一户，而使吳氏掌之，同居共爨，遂爲子母兄弟如初。他時吳氏考終之後，從條只將陳文卿一户分與三子，陳厚不得再分陳謙、陳寅兩户物業，以其已經分析立户，自行賣盡故也。若以法意言之，謙、寅兩户亦合歸併，但陳厚既已自賣其所受之産，不欲歸併，以遂陳厚重疊分業之科，此又屈公法而徇人情耳。仍給據與謙、寅爲照。陳厚者，歸與妻子改節以事其親，篤友以諧其弟，自此以後，無乖争凌犯之習，以厚里閭，尤令之所望也。仍申。

《名公書判清明集》卷八《户婚門·女婿不應中分妻家財産劉後村》

在法：父母已亡，兒女分産，女合得男之半。遺腹之男，亦男也，周丙身後財産合作三分，遺腹子得二分，細乙娘得一分，如此分析，方合法意。李應龍爲人子婿，妻家見有孤子，更不顧條法，不恤幼孤，輒將妻父膏腴田産，與其族人妄作妻父、妻母摽撥，天下豈有女婿中分妻家財産之理哉？縣尉所引張乖崖三分與婿故事，即見行條令女得男之半之意也。帖委東尉，索上周丙户下一宗田園干照並浮財帳目，將磽腴好惡匹配作三分，唤上合分人，當廳拈鬮。僉廳先索李應龍一宗違法干照，毁抹附案。

《名公書判清明集》卷八《户婚門·利其田産自為尊長欲以親孫為人後李文溪》 吳子順死，其子吳昇又死，獨子順妻阿張在，留得自隨奩田十餘種。暮年疾憂交作，既無夫可從，又無子可從，而歸老於張氏，已可哀矣。其生也，未聞有吳氏能哀而扶持之者，及其既病且死也，則有利其些小田業者矣，是重可哀也。有吳辰者，於去年二月入詞，訟張氏二姪盗收田契田苗。前官包知縣所判，已照破其姦計矣。及張氏之死，吳辰又欲以其孫鎮老，强爲吳昇之後。觀其執到除附文字，求其所謂族長保明者，乃吳子大也。子大即吳辰也，鎮老乃君文之子，君文乃子大之子焉，烏有自爲尊長，而以親孫爲人後之理，何其不避嫌也。張氏縱有疾病，豈有二月内方與吳辰鼓訟，六月内即以其孫爲後，雖三尺之童尚不可欺也，此不謂之利其田産而何？及追到吳氏親房尊長吳君至供證，則云所餘田是張氏自隨田，非吳氏之産也，又謂吳君文假作張氏詞，於權官處陳乞給據。其不義之俗，有如此者。今張氏、吳昇兩喪，俱未葬，合從吳君至所陳，於張氏自隨田内，量所費撥賣，以了兩喪，官司給簿收支。葬畢，於族中從衆選立一人承祀，却撥餘田與之，吳君文一家不得干預，庶幾死者瞑目，公論允協。吳君文勘杖八十，封案，再詞拆斷，餘放。仍申提舉司。所有權官廳脱給公據，毁抹附案。

《名公書判清明集》卷八《户婚門·治命不可動摇人境》 竊聞事合於權，不必繩之以正；情本乎私，未易文之以公。今吳崇之與吳元賓迭爲詞首，而爲吳坦申訴繼後事，雖謂之義舉可也。然拖照案祖，得見吳鏜之立爲吳坦之子，吳深之立爲吳坦之孫，皆出於祖父母、父母之治命，由子及孫，第第相承，已見於再世矣。一旦復使之桯杌不安，可乎？譬如附橘於柚，續梨以查，幸而脈理堅凝，氣勢聯屬，方津津然喜有生意，或者過慮其種性之駁，旦旦而伐之，豈惟枝葉受害，而本根且隨仆焉。此正吳崇今日之舉也。設使吳崇真有意於愛念骨肉，當伯父吳元佐議立之初，自合從事於幾諫，胡爲不於彼時曲盡忠欸？及至吳鏜兄弟析户之日，又同伯吳元賓聯名知押。今吳鏜立繼，已經三十餘年，遽興詞訴，與昨來知押關書之意，大段矛盾，豈能厭服公論也哉！當職顧爲之深思熟惟，方吳坦與其父吳元佐之議立也，想其環視本宗，無人可立，不得已取諸其妻家之裔，亦曰關於九族之一，庶幾親親以睦，而相依以生，其較諸絶無瓜葛者，良有間矣。况人之無子，而至於立繼，不過願其保全家業，而使祖宗之享祀不忒焉耳。今契勘吳鏜與吳彦基分析吳元佐户下産錢，每房計一貫四百有零，見今吳彦基僅留四百文有零，而吳鏜户下增至二貫八百有零，勘驗至此，果何負於乃祖乃父議立之初意。是則吳鏜之繼立也，雖出於一時之權，要亦不害其爲正。既又與之參稽族譜，吳崇之與吳坦，乃其堂弟也，以堂弟之親，而與歿故堂兄議及後事，其誰曰不可。然初詞欲以己之子錡，立繼於吳坦嗣事已定之餘，知縣陳宣教窺見其私，亦既不直之矣。今復欲以衆房之子，立繼於吳坦之男吳鎮之後，未爲不公，然亦安知非以己私之不遂，姑託公以自文，而重爲曾氏困乎？緣曾氏之於吳鎮，乃其親生之子也，豈有其子早世，母氏忍使之無繼者。今據曾氏所供，昨已將第三孫男岩護繼之吳鎮，此外更不願他立。自從其夫吳坦下世，每事皆係曾氏處分，則議立吳鎮，亦須聽從其願，他人何預焉！況吳鏜户下産錢甫及三千，見有孫男三人，孫女一人，皆已長成，將來婚娶，亦非細故。正使官司曲從吳崇之請，更立一人，目今人情不美，如此和氣有虧，焉能保其家道之昌乎？竊念曾氏年華已晚，所立孫男岩護，官司宜與除附，以爲善後之計。不然，他日詞訟復興，吳坦之業難保。回思今日吳崇倡爲繼絶之舉，亦直美談爾，初何補於本宗也哉！區區管見如此，仍録吳崇所具家譜，連粘在前，備申使、府，乞賜裁酌施行。見到人各押下，着家知管，聽候旨揮。

《名公書判清明集》卷八《户婚門·諸户絶而立繼者官司不應没入其業入學李文溪》 建陽縣申到拘没周德田業入學事。僉廳擬云云。帖縣將屋業撥還周起宗，以立周德之後，限十日，取周起宗管業狀申。如阿張更被掌攬唆教有詞，則當徑追阿張後夫章師德，根究積年侵用周德租米多少，計贜定罪。奉提舉臺判，下殤不當立嗣，初無此條，嫁出妾以主田獻入官，亦無此法。起宗雖非周成親生子，畢竟從小抱養，況其有子，可以繼周德之絶，官司合與從厚。今没入其業，於理安乎？建陽，朱文公所居之鄉，學校，教化所出之地，諸友平日講明義利之辨，於取舍必不苟，理所不可，雖千鍾若將浼焉，壹拾伍碩之微，於續食何補，而忍犯不韙乎？此特官司貪徇美名，有以誘之耳。榜縣學前，仰周起宗前來本司，供合立嗣人名，以憑給據。帖縣日下撥田還本人，責領管業。阿張係出嫁妾，不合妄以主家田獻入官，勘杖六十，照赦免斷。餘照擬行。

《名公書判清明集》卷八《户婚門·生前乞養趙庸齋》 身在養子，户絶立繼，事體條法，逈然不同。丁一之無子，生前抱養王安之子爲後，年未三歲，正合條法。殁後，弟用之欲以己子爲一之後。一之生前抱養，與親生同，而一之既自有子，用之不得干預，再詞懲斷。

《名公書判清明集》卷八《户婚門·侵用已檢校財産論如擅支朝廷封椿物法胡石壁》 湖湘之民，率多好訟，邵陽雖僻且陋，而珥筆之風亦不少。然自當職到官以來，每事以理開曉，以法處斷，凡素稱險健者，率皆屈服退聽，未嘗有至再訟者。獨曾仕珍父子狼戾頑嚚，犯義犯刑，恬不知畏。本府未及結斷，而遽經漕司，漕司方爲索案，而又經帥司；帥司方爲行下，而又經憲司。使其果抱屈抑，亦須候逐處官司施行了當，方可次第經陳，豈有首尾不及兩月，而徧經諸司者？何況本府之所處斷，未嘗敢容一毫私意已見，皆是按據條令。又其越獄之罪，已從寬恕，不復窮究，亦可謂曲盡矣。而小人略不知幸，恃其能訟，輒敢求勝不已。使其訟於諸司者，曰本府斷獄不當，猶云可也。今乃一則曰禁死其父，再則曰禁死其父，曾不思囹圄之中，有官有吏，有同禁之人，若或死於非命，十目所視，十手所指，何可誣也。況其逃竄之後，其親戚鄰里有見之者，藏之者，案牘可考而知，其人可追而問，此又何可誣也。而曾元收乃敢妄爲此言，以誣罔臺閫，以誣賴州郡。觀此一節，則其平日罪惡，信有如鄉鄰之所云，姪女之所訟者矣。此一段事既在憲臺，本府當置之於不問。但準勑：輒支用已檢校財産者，論如擅支朝廷封椿錢物法，徒二年。又律：詐爲官司文書及增減者，杖一百。今曾元收擅支已檢校錢六百餘貫，銀盞二十隻，又揩改朱契六道，其視法禁何有哉？若不照條科斷，則閭者將謂本府亦爲其所持，莫敢致詰，自此姦民皆將是則是傚矣。詎可不以杜後患文彈治之乎，二事俱發，以重者論，曾元收决脊杖十五，其曾士殊一分家業，照條合以一半給曾二姑。今僉廳及推官所擬，乃止給三分之一，殊未合法。大使司劄内明言：興詞雖在已嫁之後，而户絶則在未嫁之先。如此則合用在室女依子承父分法給半，夫復何説。餘一半本合没官，當職素不喜行此等事，似若有所利而爲之者，姑聽仕珍、仕亮兩位均分外，仕殊私房置到物業，合照户絶法盡給曾二姑。限三日對定，照已判，專人解推吏併詞人抱案赴提刑司。

《名公書判清明集》卷八《户婚門·處分孤遺田産范西堂》 照對解汝霖因虜入寇，夫婦俱亡，全家被虜，越及數年，始有幼女七姑、女孫秀娘回歸。其姪解懃撫於其家，主管生業，可謂能厚睦族之義，任恤孤之責。余榮祖連年入狀，告論户絶，謂是解懃掩有入已，乞行籍没歸官。前政已略施行，拘納租課，使之入錢，數踰千緡。繼而七姑、秀娘回歸，乃與免行拘籍，仍付解懃主管。而余榮祖至今猶未絶詞，當元州府徒欲拘收花利，其後解懃又欲視爲已業，區處失當，不能絶詞，展轉十年，適滋吏姦。既有二女，法當承分，官司拘錢，已犯不韙，責付族人，又因爲利，詞訴薦至，此實有以起之。汝霖家業，歲收主分租穀大約不下二百石，不爲不厚，解懃以已任之，既無收支簿書，又不主盟姻議，惟立繼絶之子一人，曰伴哥，以承汝霖之業。雖云絶家尊長，許令命繼，異姓非三歲以下，亦姑勿論。然挾一幼子，而占據乃叔田産，二女在室，各無處分，安能免議。解汝霖既無親子，合作户絶施行。准法：諸已絶之家而立繼絶子孫，謂近親尊長命繼者。於絶家財産，若只有在室諸女，即以全户四分之一給之，若又有歸宗諸女，給五分之一。其在室并歸宗女即以所得四分，依户絶法給之。止有歸宗諸女，依户絶法給外，即以其餘減半給之，餘没官。止有出嫁諸女者，即以全户三分爲率，以二分與出嫁女均給，一分没官。若無在室、歸宗、出嫁諸女，以全户三分給一，并至三千貫止，即及二萬貫，增給二千貫。今解汝霖只有幼女、孫女，並係在室，照户絶法均分，各不在三千貫以上。伴哥繼絶，合給四分之一，其餘三分，均與二室女爲業。七姑雖本姓鄭，汝霖生前自行收養，與親女同。今年二十有五，未諧親議，儻更二十五年而後嫁，豈無墓木已拱之歎。乃兄撫存，其意安在？況秀娘往年被擄，遺棄九場，襄陽將官王璋收拾歸家，撫養如己子，更歷八年，解懃始因榮祖之訟，無可憑藉，前往理取，原其本意，取之不過爲占田計耳。儻榮祖之訟不興，汝霖之業可據，秀娘必聽爲襄陽之人，俾正丘首，夫豈暇謀。拖照回文，秀娘元在王氏之家，係存留爲次子婦，此意本善。解懃當官責領，亦謂權暫取回，承認田産，不敢有負親盟。今留秀娘於家，誠可以爲占田之策，而王氏親約，乃不復顧。且當時在難，非遇王璋，久入鬼録，既得生還，乃敢忘義，九原可作，度祖父之意，决不肯違。昔王璋欲爲兒婦，初非圖其厚資，今秀娘既承女分，正宜因以報德。解懃無知，自謀甚厚，而薄以處人，終訟之招，不爲無自。當廳將汝霖田産照條均分，置關三本：一付伴哥，聽從解懃之命，使之繼絶；一付七姑，召人議姻；一付秀娘，收執爲業。牒縣尉打量，均作四分申上，以憑拋拈。移文襄陽，喚上王璋，聽照元約，取回成婚。户絶之家，自有專條，官司處置，一從條令，非惟絶訟，死者可慰舐犢之念，生者可遠兼并之嫌，縱有健訟，奚所容喙。自度無慊，於榮祖乎何畏，牓示市曹。或願議姻，聽自入狀，切待審度，以憑施行。又據所供族圖，解懃亦且無後，僅有一女，年踰六十，此日迫崦嵫，鍾鳴漏盡之時也。孳孳罔利，不知自反，能欺於人，而不能欺於天，能計於一時，而不能計於他日，誠恐後之視今，猶今之視昔，併書以戒之。汝霖一分田租，併行樁管，存爲二女出適之用，餘人並放。申州照會施行。

《名公書判清明集》卷八《户婚門·女合承分范西堂》

鄭應辰無嗣，親生二女，曰孝純、孝德，過房一子曰孝先，家有田三千畝，庫一十座，非不厚也。應辰存日，二女各遺囑田一百三十畝，庫一座與之，殊不爲過。應辰死後，養子乃欲掩有，觀其所供，無非刻薄之論。假使父母無遺囑，亦自當得，若以他郡均分之例處之，二女與養子各合受其半。今只人與田百三十畝，猶且固執，可謂不義之甚，九原有知，寧無憾乎？縣丞所斷，不計其家業之厚薄，分受之多寡，乃徒較其遺囑之是非，義利之去就，却不思身爲養子，承受田畝三千，而所撥不過二百六十，遺囑之是非何必辯也。二女乃其父之所自出，祖業悉不得以霑其潤，而專以付之過房之人，義利之去就，何所擇也。捨非而從是，此爲可以予，可以無予者？設捨利而從義，此爲可以取，可以無取者，設今孝先之予，未至傷惠，二女之取，未至傷廉，斷然行之，一見可決。鄭孝先勘杖一百，釘錮，照元遺囑各撥田一百三十畝，日下管業。

《名公書判清明集》卷八《户婚門·夫亡而有養子不得謂之户絶葉憲》

阿甘見在雖招到接脚夫，而有三歲以下收養之子，非户絶分明。帖縣將所籍之物給還阿甘子母，牒提舉司照會。續又據寧都縣申，具到因依，奉臺判，據本縣當來所申，丁昌在日已養得三歲以下之子，然則丁昌元非絶户，朱先之告妄耳。林知縣既明知之，乃復繩之以不除附之法，彼村人安識除附爲何事，今詳林知縣亦未識此二字之義也。此謂人家養同宗子，兩户各有人户，甲户無子，養乙户之子以爲子，則除乙户子名籍，而附之於甲户，所以謂之除附。彼侯四貧民，未必有户，兼收養異姓三歲以下，法明許之即從其姓，初不問所從來，何除附之有。若只謂丁昌養子，合申官附籍則可耳。然法亦有雖不除附，官司勘驗得實，依除附法之文。林知縣亦不照應，便將丁昌作户絶，拘没其業，而奪之丁昌妻兒之懷，以資告訐無賴之輩，於理殊未安。前謂阿甘已召接脚夫，不應復爲前夫抱子，便欲籍没其業，則尤未安。婦人無所依倚，養子以續前夫之嗣，而以身托於後夫，此亦在可念之域，在法初無禁絶之明文。縱使此子不當養，阿甘係召接脚夫，亦有權給之條，未當拘没也。按户令：寡婦無子孫并同居無有分親，召接脚夫者，前夫田宅經官籍記訖，權給，計直不得過五千貫，其婦人願歸後夫家及身死者，方依户絶法。據丁昌之業，所直不過二百餘貫，其合給阿甘明甚。朱先無賴，伺人子幼家危之際，妄告户絶。官司亦惟微利是嗜，不顧義理，不照法令，便從而没奪之，幾於上下交征矣。本司所斷，係據理據法，兼在提舉司結絶之後翻訴，施行自有次第。本縣不遵本司後斷，乃輒將提舉司元牘不當文移，混亂妄申，承行人勘杖八十。再帖，仰將丁昌物業一文以上，並照條給還阿甘管領，取領狀照申。朱先妄告，本合坐罪，經赦原免，其已納買業價錢二百十四貫有零，未委是何據，官司妄行交收，告示朱先，徑自賫鈔前去請領。其元給公據，責本縣吏人監索解來，毁抹附案，仍給斷由，附阿甘收執。牒提舉司、本州各照會。

《名公書判清明集》卷八《户婚門·後立者不得前立者自置之田》

照得人家立繼，固有出於祖父母、父母之治命，而昭穆相當，法意無礙，雖官司亦不容加毫末其間。然或有溺於私愛，而輒變初心，遂成兩立，訟隙既開，馴至破蕩家計，在官司又安得不主盟公論，而與之區畫也哉。今據汪慶安與其弟堯蕒争論命繼事。當職拖照前案，得見阿游與夫汪球共生五子：如旦、如圭、如璋、如松、如玉。汪球身故之後，其長男如旦亦早世，妻阿周奉阿姑游氏之命，及其夫如旦存日遺囑，將如圭之子慶安，與如旦爲嗣，其文字内，諸子皆有知押，而幼男如玉實預焉。既又經官除附給據，付慶安收執。凡經十有餘載，至嘉定九年，阿游聽信其幼男如玉之言，入狀乞以其次子堯蕒再與如旦立後，是致慶安有詞。前政陳奉議爲見阿游不曾出官，前後詞狀皆非親筆，所立堯蕒必非己意，遂照阿周與其阿姑游氏元初鬮約，只令慶安立繼如旦之後，亦可謂公當矣。其汪如玉不伏，却用其九歲男堯蕒名字，經使、府番論。今契勘阿游再立堯蕒遺囑，止謂慶安病患，恐將來不能承奉如旦香火。至嘉定九年三月狀，則謂慶安顛酒賭博，不治生業。嘉定十年七月内狀，又謂慶安兇很不肖，咆哮尊長。得非汪如玉嫌其不從兩立之議，遂旋生枝節，以羅織之乎？及追到阿游取問，雖據供吐，願立堯蕒，然其年已老耄，心無主宰，每一出官，汪如玉常尾其後。及又契勘汪如玉位下亦生五子，分析之後，家業有退無進，想必是居家之日，朝夕哀鳴其母，而凡曰爲人之母者，多是私愛幼子。况又親目其幼子如玉累重如此，其家計又如此，遂聽其爲兩立之謀，而不暇計其訟隙之所從生也。然慶安、堯蕒蓋均之爲阿游之的孫，阿游願爲亡長男如旦兩立，官司亦只得聽從其説。但慶安當來命繼如旦位下，止有生穀田貳拾壹石，續後就所生父如圭借錢，贖回如旦存日所典生穀田壹拾柒石。今來阿游兩立之意，既是堅決不回，則慶安元佃生穀田貳拾壹石，與堯蕒均分管佃。所是自備錢取贖生穀田壹拾柒石，不當在均分之數。如此則庶幾有合公論，詞訴可絶。其慶安自此以後，亦當承順祖母阿游，不得緣此輒生怨望，違決不恕。今備申使、府，各人着家知管，聽候旨揮。

《名公書判清明集》卷八《户婚門·檢校閶通判財産為其姪謀奪》

閶通判平生清苦自立，鄉曲所共知之。今不幸殁於官所，其家惟一婦一孫，惸惸嫠幼，孤影凄然，過者見之，猶爲不忍，矧如同氣之至愛，猶子之至情乎。扶持之，保護之，以慰泉下之望，此實天下之大義也。今乃幸其人之云亡，睥睨歸橐之物，盻盻然惟恐謀奪之不亟。且其家貲産素微，所餘俸給，一入豺虎之吻，死者何以葬，生者何以養？有如目今所失一箱物，委官驗之，初無外賊來蹤，非家人之謀，而誰爲之乎？舐糠及米，勢所必至，辨之不早，禍必燎原。見委察推躬親屈致季知縣、王宗教、潘縣尉、湯將仕集會其家，點對元檢校數目，嚴與封樁。將來准備襄事支遣之外，以其餘金悉爲買田，活其孤幼，如見留日用婢僕之類，亦合量爲支給，其他蠶食於旁，一切屏去之，毋以姑息爲事。一死一生，乃見交情，季知縣、諸寓公疇昔風誼之厚，藹著旦評，必能相與協心經紀而保全之。煩察推更爲轉致此意，實州家之公禱也。切幸介注。

《名公書判清明集》卷八《户婚門·同業則當同財》

但觀鄰證單狀，李春五、春六居大瓦屋，而牛畜多，阿鄭、阿陳、牛俚居小茅屋，並無一物，以此便見大段不均。縱往年已分析，而牛俚一分實未均其利。春五、春六當念牛俚乃同祖之親，既已同業，必當同財。帖縣尉同曹隅官照單狀所載，將三家物力除田産之外，應係米穀、孳牲之類，並混作三分，内牛俚一分，分明具單入官，責阿陳收掌撫育。所有契照就李春五兄弟索出，封寄縣庫，給據與照，候出幼日給還。各責狀申。

《名公書判清明集》卷八《户婚門・叔教其嫂不願立嗣意在吞併》胡石壁》 李學文既娶而亡，其祖又嘗爲立嗣，則非未成丁之子矣。阿張昨以所命繼子，是李學文親堂弟，昭穆不順爲詞。本府遂與勒令歸宗，別令命繼。而今此所陳，乃稱學文自親弟下不願更與之立嗣，如此則是絶學文之後矣。阿張，一愚婦耳，無所識，此必是李學禮志在吞併乃兄之家業，遂教其母以入詞。忘同氣之恩，棄繼絶之誼，廢其祭祀，餒其鬼神，是可忍也，孰不可忍也。此等禽獸異類，當職惡之如寇讎，若非赦恩在近，便當勘斷編管。且錮身押下僉廳，同本宗尊長供具昭穆相當之人，以憑命繼。又喚到尊長，供無昭穆相當之人，乞立異姓。國立異姓曰滅，家立異姓曰亡，《春秋》書莒人滅鄫，蓋謂其以異姓爲後也。後世立法，雖有許立異姓三歲以下之條，蓋亦曲徇人情，使鰥夫寡婦有所恃而生耳，初未嘗令官司於其人已死，其嗣已絶，而自爲命繼異姓者。今李學文既無昭穆相當之子，而其母阿張又常有不願命繼之詞，在官司豈可强令求之異姓。但當與之分定一户田業，一分還李惟賢，一分還阿張與李學禮母子同共掌管。候李學禮將來如有兩子，令將一子以繼學文之後。如亦無子，則聽阿張區處。李學禮放。

《名公書判清明集》卷八《户婚門・繼絶子孫止得財産四分之一》劉後村》 田縣丞有二子，曰世光登仕，抱養之子也，曰珍珍，親生之子也。縣丞身後財産，合作兩分均分。世光死，無子，却有二女尚幼。通仕者，丞公之親弟，珍珍其猶子，二女其姪孫。男方丱角，女方孩提，通仕當教誨孤姪，當拊恤二女，當公心爲世光立嗣。今恤孤之誼無聞，謀産之念太切，首以己子世德爲世光之後，而賣藏世光遺囑二紙，以爲執手。世俗以弟爲子，固亦有之，必須宗族無間言而後可。今爭訟累年，若不早知悔悟，則此遺囑二紙，止合付之一抹。何者？國家無此等條法，使世光見存，經官以世德爲子，官司亦不過令别求昭穆相當之人。況不繇族衆，不經官司之遺囑乎？通仕所以不顧條令，必欲行其胸臆者，不過以縣丞與世光皆不娶，而姪與姪孫皆幼孤，可得而欺凌耳。在法：諸户絶人有所生母同居者，財産并聽爲主。户絶者且如此，況劉氏者珍珍之生母也，秋菊者二女之生母也，母子皆存，財産合聽爲主，通仕豈得以立嗣爲由，而入頭干預乎。度通仕之意，欲以一子中分縣丞之業。此大不然，考之令文：諸户絶財産盡給在室諸女。又云：諸已絶而立繼絶子孫，於絶户財産，若止有在室諸女，即以全户四分之一給之。然則世光一房若不立嗣，官司盡將世光應分財産，給其二女，有何不可，通仕有何説可以争乎？若劉氏、秋菊與其所生兒女肯以世德爲世光之子，亦止合得世光全户四分之一，通仕雖欲全得一分，可乎？往往通仕亦未曉法，爲人所誤，此通仕之謬也。劉氏自丞公在時，已掌家事，雖非禮婚，然憑恃主君恩寵，視秋菊輩如妾媵。然觀其前後經官之詞，皆以丞妻自處，而絶口不言世光二女見存，知有自出之珍珍，而不知有秋菊所生之二女。所以蔡提刑有産業聽劉氏爲主之判，而當職初覽劉氏狀，所判亦然，是欲并世光一分歸之珍珍，此劉氏之謬也。通仕、劉氏皆緣不曉理法，爲囚牙訟師之所鼓扇，而不自知其爲背理傷道。當職反復此事，因見田氏尊長鈐轄家書數紙，亦以昭穆不相當爲疑。又云族中皆無可立之人，可憐，可憐，又云登仕與珍郎自是兩分，又云登仕二女使誰擡舉，又云劉氏後生婦女，今被鼓動出官，浮財用盡，必是賣産，一男二女斷然流下，又云老來厭聞骨肉無義争訟，須與族人和議。書中言語，無非切責通仕，而通仕不悟，乃執此書以爲證驗，豈通仕亦不識文理邪？當職今亦未欲遽繩通仕以法，如願依絶户子得四分之一條令，可當廳責狀，待委官勸諭田族并劉氏、秋菊母子，照前日和議，姑以世德奉世光香火，得四分之一，而以四分之三與世光二女，方合法意。若更紛拏，止得引用盡給在室女之文，全給與二女矣，此立嗣一節也。劉氏，丞之側室，秋菊，登仕之女使，昔也，行有尊卑，人有麤細，愛有等差，今丞與登仕皆已矣，止是兩箇所生母耳。盡以縣丞全業付劉氏，二女長大，必又興訟，劉氏何以自明？兼目下置秋菊於何地，母子無相離之理。秋菊之於二女，亦猶劉氏之於珍珍也，人情豈相遠哉。縣丞財産合從條令檢校一番，析爲二分。所生母與所生子女各聽爲主。内世光二女且給四之三，但兒女各幼，不許所生母典賣。候檢校到日，備牓禁約違法交易之人。案呈本軍見在任官，選委一員奉行。尋具呈，再奉判。裘司理居官公廉，帖委本官唤上田族尊長，制屬頗有私意干請，司理可以義理曉之。與通仕夫婦、劉氏、珍郎并秋菊、二女當官勸諭，本宗既別無可立之人，若將世光一分財産盡給二女，則世光遂不祀矣。通仕初間未曉條法，欲以一子而承世光全分之業，所以劉氏不平而争。今既知條法，在室諸女得四分之三，而繼絶男止得四分之一，情願依此條分析。在劉氏、珍郎與秋菊、二女亦合存四分之一，爲登仕香火之奉。取聯書對定，狀申。

《名公書判清明集》卷一〇《人倫門・兄弟之訟胡石壁》　鄒應龍兩月前曾當廳投狀，以訟其兄，當職覽其詞，觀其貌，便知其是一無理之人，書判之間已示懲戒之意。未幾，其兄應祥果訴其不恭，其弟應麟又訴其不友，竟不逃當職之所料。紾兄之臂而奪之食，猶且不可，况揮肱以折其齒，執梃以叩其脛乎？且應祥嘗養應龍之子爲子，已不幸短命而死，則又養其女以爲女矣，及笄而嫁之。爲兄如此，亦不可謂之不友矣。應龍何乃不念天顯，而不恭如此之甚邪？豈惟不恭而已哉，堂有慈親，年踰六十，義既乖於同氣，孝寧慰於母心，好貨財，私妻子之念一炎於中，遂至不孝於母，不恭於兄，不友於弟，舉天下之大惡，一朝冒爲之而弗顧，若人也，真禽獸之不若矣，尚何面目以戴天履地乎！今應祥、應麟恐傷慈母之懷，不欲終訟，固足以見不藏怒，不宿怨之心，但應龍罪惡不可勝誅，難盡從恕。以恩掩義者，兄弟之至情也，明刑弼教者，有司之公法也，二者不可偏廢。鄒應龍從輕勘一百。至若分産一節，雖曰在法，祖父母、父母在，子孫不許别籍異財，然紹熙三年三月九日户部看詳，凡祖父母、父母願爲摽撥而有照據者，合與行使，無出入其説，以起争端。應祥兄弟一户財産，既是母親願爲摽撥，於此項申明指揮亦自無礙，今復混而爲一，固不失其爲美，但應龍頑嚚之心，終不可改，今日之美意，未必不復爲他日之厲階，固不若據已摽撥，各自管業，以息紛争之爲愈也。此非有司之所能決，母子、兄弟自擇利而圖之。

（明）吕坤《實政録》卷六《風憲約卷之一・狀式・告財産狀式》

某府州縣某人爲財産事。某祖、父某故遺下房幾所，地若干畝，資本銀若干兩，首飾衣物若干件。應該某與某伯、叔或兄。照枝派均分，令某某倚恃尊長，盡行覇去不分，指遺約或親隣某人證，上告。

（明）蘇茂相《新鐫官板律例臨民寶鏡》卷八《産業類審語・影佔田地》　審得某某兄弟同爨，侄輩尚幼，弟死遽爾分異，恤寡憐孤者，不如是也。侄幼分家，不無影佔田地之心。弟婦出嫁，不無瓜分財禮之事。某不敢以卑而犯尊，某當視侄而猶子。即自創田産亦合判三分之一濟之。某取供。

（明）蘇茂相《新鐫官板律例臨民寶鏡》卷八《産業類審語・争業》　周某二子，一嫡生，一庶生。分産作三股，嫡得其二，庶得其一。非貽謀不臧也，豈有私將三百餘金，陰厚其幼子哉。嫡某不體父心，不守鬮書，而頓起分銀之念，而骨肉自相魚肉，不惟鄉族羞之，而汝父九泉不瞑目矣。物業照原鬮書，敢再嘵嘵，以不孝論。

（明）蘇茂相《新鐫官板律例臨民寶鏡》卷八《産業類審語・吞産》　某氏夫死未期，某某等因其無嗣，謀吞産業，逼令改嫁，貪殘之人，綱常中大變也。氏無奈何，召彼兄弟至家訴告。不獲已也，豈爲私運財物？服未滿而遽撤靈幃，産强吞而即封倉屋，不義不仁，莫此爲甚。依强梁律取供，另行繼立，旌獎孤貞。

（明）蘇茂相《新鐫官板律例臨民寶鏡》卷八《産業類審語・佔業》　一脈同氣兄弟，因財失義，構成雀鼠之訟。藉令灼艾分痛及感荆流涕者見之，必彈指矣。仰原日分業中親並族長，嚴爲從公允釋，毋使鬩墻貽羞家譜。

（明）蘇茂相《新鐫官板律例臨民寶鏡》卷八《産業類審語・争産》　吴天因乏嗣而贅婿，周常因乘産而送終，亦人情也。鄭壬恃里長之尊，挾牛食麥苗之恨，挑伊侄吴良、修齊争産。蓋啓鷸蚌之釁，泄睚眦之念。應依律究治，以爲刁唆之戒。

（明）顔俊彦《盟水齋存牘》卷一《争産伍于燦杖》　審得伍肇平有女無子，所遺財産除撥其女，應侄于燦得受，乃肇平在日與兄肇伊暨侄于燦俱不相得，屬纊之日囑立從房幼子大悦撫長承祧，立其所愛也。縣斷以五十畝爲大悦繼業，以貳拾三畝爲燦插花，似已得情。而肇伊復有正倫定繼之詞，其如孀嬸陳氏誓不欲得燦爲後何也？合斷現田七十三畝分爲兩股，以一股與于燦，一股與大悦。陳氏在日且聽掌管，于燦不得問，若復借父出頭無禮於其嬸，以不孝之罪治之。總之，于燦欲爲人後而先失其歡心，非孝悌中人也，合杖以懲，餘免深究。招詳。

布政司批：依擬伍于燦贖杖發落，如照，庫收繳。

（明）顔俊彦《盟水齋存牘》卷一《争繼丁鼎萬等杖》　審得丁居敬故絶，丁鼎萬以孤系不可繼，丁濵以異派不可繼，丁鎰以殤子不須繼，而應繼爲振邦之子丁訓，縣審已自鑿鑿，無容蛇足一語。唯是居敬遺産頗厚，外戚垂涎，况其子姓，而獨無所以處鼎萬者，故不能已於訟也。今悉如縣斷，議再抽一分給鼎萬帛費，而丁瀇之一分則稍從其腴，訓自此而後可保所有矣。世間之以争繼蕩家者盡自不少，損有餘，補不足，天之道也。專利不祥，其可乎哉。丁鼎萬之架詞攙繼，丁振邦之不善調停，各杖無辭。招詳。

察院批：丁鼎萬、丁振邦依擬各杖，餘如斷，庫收繳。

糧儲道批：據招丁訓以同祖之孫入承伯祧，昭穆所宜。縣審固已鑿鑿，若孤系與遠宗又安得覬覦哉？該廳縣爲抽分之議，亦不過善處人骨肉之意，實非情理所必然者。鼎萬衣冠之戚，可不義命自安乎。仰候按院詳示行繳。

（明）顔俊彦《盟水齋存牘》卷二《争田朱胤隆杖》　審得朱胤隆以侄嗣亡，伯朱介卿受繼業田十三畝，簡正暉以婿娶介卿女朱氏，受奩田五畝，各承管無異。乃正暉之田於萬曆四十七年轉賣梁聖甫，已經歸户，而胤隆於天啓元年突與正暉回贖，僅立虚契。正暉亦誘胤隆寫立石涌尾等田十三畝賣契，各不交價，紛紛互訐。前任洪知府審勘已明，正暉原賣之田，應聽梁聖甫照舊管業。胤隆、正暉逞詐妄訟，並杖以警。假契塗抹附卷。招詳。

糧儲道批：依擬，朱胤隆、簡正暉各杖贖，以懲刁誣，庫收繳。

覆審得簡正暉應得之奩田五畝，明賣梁聖甫爲業。朱胤隆曾訟之，已經府縣審明有案，胤隆何以復控，誠健訟也。據稱，税尚在伊户，則税從田轉，行縣改明可矣。詞多蛇足，杖之。

布政司批：朱胤隆依擬發落，庫收繳。

（明）顔俊彦《盟水齋存牘》卷二《争田薛掄禎等贓詳》　審得郭驄、薛掄禎、薛蘭芳均明德之後，亦咸尅自振，庶幾粤中之王謝子弟也。乃無端以奩撥之産蠻觸不休，似亦少損賢聲，不無望於里黨間之能爲仲連先生者，而必欲質成於官過也。驄爲故宦薛憲副之婿，薛無嗣，産幾二百餘頃。驄所得業止土名高贊田一頃七十一畝，又續撥擺水沙草坦二頃。以滴血所留，止此獨女，而百取其一爲繼子者，似可相忘，乃掄禎等尤不免於争。假使天祚薛氏令其女爲子，掄禎等亦何能宴然而踞，有此田土乎？肯作平心一觀，所以全世好，敦戚誼，以慰先人於地下，其所得孰與多哉？據掄禎、蘭芳執稱置有印簿，一一詳載，撥驄止屬土名浮墟田四十餘畝，又撥海心沙田二頃，後因匿契，轄寫前田。查歷審府縣諸案，當日登樓掠貲，兜契騙田者何其化，實爲戎首薛宦親婿郭驄，何氏嫡婿莫公載稍爲通融囑外，已早見之原審，安得以何其化之兜契，而變爲郭驄之轄寫？且其産久爲驄管業，而今日者乘郭司馬之捐館起而攫之。無論此區區奩業將餘人生心，司馬一生清白，亦無許大家計。（杯）〔抔〕土未乾，而操戈起於至戚，旁觀者不能不揮孝標之涕也。職以是婉諭兩造，而掄禎、蘭芳猶未肯豁然。念二姓姻親，轇轕非一，請借重憲批，令各照舊管業，相好無尤，則職之一審猶蛇足矣。若必須職折其虞芮之争，則有府廳縣之原牘在。念俱係子衿，且有成案，姑免招擬，具贓請奪。

糧儲道批：二姓皆宦裔，薛無子，止一女適郭，遺産甚饒，分婿以百之一，原不爲過。况管業已久，歷案昭然，爲嗣孫者試一平心焉，可無虞芮之訟矣。若以郭司馬存亡起見，益薄惡不可爲訓，據詳可爲善處。人骨肉之間，田如斷免供，仍候司道詳行繳。

布政司批：薛宦無嗣，遺産頗饒，若以律論，女婿與嗣子均分，亦不爲過。今僅以百中之一分潤嫡女，即薛掄禎等復思攘之，名教中人固如是乎？田照原斷，付郭驄管業，薛掄禎等免其究罪，庶幾他日可以見嗣祖於地下也。此繳。

（明）顔俊彦《盟水齋存牘》卷二《争田李成枝等杖》　審得梁存確之田，據買自李瑞，須瑞到對質。李成枝既稱與弟分受父業，則瑞自有名下應得之田，果賣與否，聽瑞聲説，何得匿瑞不出，一手包攬，爲此空中之鬥乎？行縣嚴提李瑞赴審，其田且聽梁存確照舊管業。十日不到，竟具文申解李成枝。詳奪。

覆審得梁存確龍船灣田賣黎氏母子，後確備原價，向黎氏贖回管業，縣審鑿鑿，與李成枝無與也。成枝凌其庶弟李瑞，操戈相向，結訟有年。今復冒弟聽人贖回之産，認爲烝嘗，希圖影佔。若成枝者，三尺所不宥也。田聽存確照舊管業，成枝杖有餘辜，姑寬之以觀其後，爲惡不悛，創之未晚耳。招詳。

布政司批：龍船灣田，該縣初審不在父業之内，聽梁存確管業，何後審之互異也。李成枝之不端，已見該縣一詳。茲復冒爲烝嘗之産，奪人已贖之業，横肆極矣。姑依擬，杖贖示儆。餘如照，庫收繳。

提學道批：李成枝凌虐庶弟，復圖影佔，杖儆不枉。依擬發落，繳。

（明）顏俊彦《盟水齋存牘》卷二《争繼馬邦祚一杖》　審得百户馬經綸故絶，遺妻亦稱馬氏，蓋達族也。論宗派，應第三房。馬經濟子邦祚入繼，通族亦無異議。唯是經濟不能善恤其嫂，而長房子邦奇曲意事之。女流之心，易得易失，況煢煢未亡人，過相慰勞，能不依依。經濟言馬氏私厚邦奇，而廢産腴之，亦總不可問矣。審現在所存之産，尚有新街園半所，東廊、角保園、新碑三土名共田四十石。馬氏尚有四女未嫁，聽十石爲奩資。其四房馬經緯，亦係經綸嫡弟，貧無立卓，給之二石。其二十八石及新街之園，授邦祚爲祀業，馬氏不得再費。有代爲書契典賣他姓，即以盗賣之罪罪之。邦祚既定繼嗣，亦須善事其母。邦奇儼然揮使而不能調停其間，反使叔有挑唆之疑，今而後當知所以自處矣。祀業且聽馬氏掌管自膳，没後交與邦祚可也。杖邦祚，以儆不能爲人後者。招詳。

糧儲道批：馬邦祚序應承祧，而不能善事其母，致馬氏有二心焉，亦邦祚之生父激之也。正名定産與助嫁給貧，情法兼盡矣。依擬，邦祚杖贖發落，餘如照，庫收繳。

審得馬邦奇、馬經緯等一案，原經職審明，具牘奉道詳允，馬邦奇未嘗擬罪。本府若欲稍示懲創，則指揮緣事自有陳言邊務事例，陳景、劉清身爲吏書，豈不諳此？而朦朧錯引成招，致煩院駁，各杖何辭？至馬氏雖有四女未嫁，其橐中之物既不可問。職已斷租十石爲其奩資，而又令變房佐嫁，數世堂構，一旦它屬，馬氏之先人有餘恫焉。其應否從職審，從府審，伏候憲裁。招詳按察司轉詳。

察院梁批：馬邦祚身爲人後，不能事其母、恤其女，而反構訟於公庭，亦烏用是繼者爲哉？馬邦奇周旋憐恤，原無可罪，該府違例杖之，悮也。該司斷房園給馬氏，爲四女四妾之資，確不可易。而馬邦祚承襲得産，則幸矣。馬經濟、陳景等俱依擬杖警，庫收繳。

（明）顏俊彦《盟水齋存牘》卷二《争繼陳廉等杖》　審得陳廉爲陳明宜嫡侄。明宜繼二房叔威國之祀，明宜又絶，以廉嫡侄繼之，亦非攙越。但二房絶，則長房次子承繼。長房次子又絶，三房廷欽以次男亞三入繼，亦自成說。此當日通族僉立合同，有並繼之説也。廉之兄陳甲自恃青衿，從中把持，以背原約，廷欽遂有是控。然兩繼終不相安，彼此互訐，不至於盡不已。據稱：威國遺田一頃二十畝，合斷五十畝歸亞三插花管業，以稍平兩房之偏枯。而聽廉獨繼，以杜紛爭。其所居之屋，據廷欽稱，係並繼後捐貲營造者，並蒂而分，即不能爲古人九世之同居，何妨且共棲息其間也？陳廉背約專繼，杖不可免。陳廉年儘不小，而陳甲出頭代訟何居？子衿豈可加於族人？並杖。招詳。

提學道批：陳廉、陳甲依擬杖贖，繼業如斷。承管庫收繳。

布政司批：陳明厚、陳明宜親兄弟也。明宜以長房次子先承嗣於次房，理也。及明宜絶嗣，而以明厚之次子陳廉入繼，亦理也。若以三房廷欽之子亞三並繼，已非正論，實族人逼之使然耳。今斷陳廉獨繼以存嗣産，於法斯當。乃亞三復得均分遺業，情則過矣。即廷欽稱屋係捐貲營造，然亦遺業之資，安得不與陳廉同居乎？陳廉啓釁，陳甲代訟，應並杖。廷欽免擬，幸矣。如照，庫收繳。

使司清軍道批：陳廉應繼嫡叔之嗣，三房次子得以分其業，亦適分矣。基房又安得不同居乎？前已批，悉左司詳文中，俱依擬，庫收繳。

（明）顏俊彦《盟水齋存牘》卷三《争繼産羅德玄等杖》　審得羅世繁、世登承繼羅政存一案，經縣審斷，亦既詳妥。而世繁、世登、陳氏猶復互訐不已，以陳氏執稱政存曾許伊夫世恭入繼也。夫曾許已，非必然之事矣。今世恭已故，長房無可繼者，則捨世登、世繁又誰屬也？世恭之子會兆，縣審已量給田六十畝，屋一座，可以已矣。而其母陳氏尚哀哀而請，據族長稱，政存遺産將及五頃，則請再加給會兆二十畝，以塞其求，餘聽世繁、世登等掌業如故。世繁、世登不善處骨肉之間，陳氏之訟，羅德玄實唆之。知杖無辭，餘免株求。招詳。

糧儲道批：次房絶嗣，而長房獨子，序應三四房承繼。羅會兆不應繼而享有插花之産，倖矣。何陳氏復爲不已之訟耶？再給田二十畝，似屬過情，但念其冢孫，厚之可耳。姑如斷。羅德玄教唆構訟，世繁、世登承嗣寡情，俱依擬各杖，庫收繳。

（明）顏俊彦《盟水齋存牘》卷三《蕩費繼産陳泰來杖》　審得何氏夫陳真故絶，議以陳泰來入繼，經本府審斷有案。蓋泰來雖疏枝，而捨泰來則無應繼者，故不得已而出於此也。有陳承偉者爲親枝，而承偉止一子，當日商議，陳真所得田屋剖爲三分，一撥泰來，一撥育子李進先，一留以待承偉生有第二子，准其立繼。今承偉果有二子矣，所爲挾何氏而攻泰來也。但詢之親族，承偉雖有第二子，而須以一子入繼其親伯，則仍是一子耳。今何氏已故，所遺之産聽泰來管業，即稱蕩廢，亦不必問。符氏尚有膳田十畝有奇，符氏身没之後，當付之承偉次子，則不必有立繼之名。而於初議，仍不相背，可以已矣。陳泰來輕廢其業，現在得業主爲林秀榕、何少然。查秀榕契爲泰來執筆，何氏點指，承偉亦與僉證之列。此係明賣明買，難置苛求。其何少然契無陳承偉僉證，豈有二百金交易而不聞其親族，恐價未必足。合斷追洗業銀叁拾兩，爲葬陳真、何氏之費。泰來與通族同領，不得又供其一擲也。餘親族之各左右袒者，皆欲從中收漁人之利。今本家處分既明，皆廢然而返矣。泰來不能爲人後，痛責杖之。何其佐、何開男不能調停人骨肉，而反因以爲利，何少然買産不甚明白，各杖無辭，餘免株求。招詳。

提學道批：陳泰來以疏族入繼，廢人多産。何少然非斷洗業，陳真夫妻無葬地矣。依擬發落，庫收領狀繳。

（明）顔俊彦《盟水齋存牘》卷四《争産歐陽帝建二杖》　審得歐陽瓊與歐陽帝建、帝現，同父異母兄弟也。瓊爲前母所生，建、現爲後母所生。從來丈夫愛憐其少子，況一死一生，爲枯爲菀，實命不猶，亦又何言？其橐中不可知之物，盡歸之二弟，瓊亦無須復問矣。唯是現尚有一弟帝瑱，家産原作四股分定，今瑱已夭殤，其一股應三人均分。而建、現猶然據之，瓊之所以不平而鳴耳。據分單每人一股租五百石，鋪銀二十兩，應斷建、現各分一百五十石，而以二百石及二十兩租銀聽瓊管業，所以優長子也，亦所以稍平其不平之情也。帝建、帝現不能兄其兄，各杖之。招詳，提學道。

（明）顔俊彦《盟水齋存牘》卷四《争産歐兆謨杖》　審得歐兆謨之兄歐延詔，生二子，長曰興箕，爲梁氏庶出，次曰興策，爲趙氏嫡出。策不周歲，而母見背。彼時本宗外戚俱有寵妾殺嫡之詞，而詔岳趙相如念甥幼失母，曲爲調停，詔即撥田十五畝將策托付與岳，僱乳撫育。剛及數齡，而詔亦溘焉朝露。有樓房一所，雖賣與弟，實因訟事托弟幹理，不無銷算。今據相如稱：謨立有欠數，俟出房交足以還。歐石城按價並贖先賣之田，向存梁氏母子收藏，爲謨騙匿，不惟無交，而反稱兄尚欠伊銀九十五兩。噫！負心甚矣。近復誘侄賣田，抵還石城花銷未楚。總之，兆謨利嫡庶之異心，而坐收魚人之利，相如曾許托孤，所以爲不平之鳴也。今據悔息，姑不深督，但謨家既饒，而袖手其幼侄之煢煢無倚世，亦何庸是其親叔爲？無論其他，即以空帳遽享其千斤之産，照常加絶，亦所不免。合斷貼銀一百兩給二秩爲洗業之資，聽其贖田，均析取租養贍，不爲過也。兆謨死其兄而欺其倒，一杖殆不可已。相如詞出於公，應免擬，具招詳奪。

隨蒙布政司批：依擬歐兆謨贖杖發落，如照，庫收領狀繳。

按察司批：歐兆謨欺侄幼孤，巧算詐騙，不仁甚矣。依擬贖杖發落，仍追給主，以安孤寡。庫收領狀繳。

（明）顔俊彦《盟水齋存牘》卷四《争産梁大奇、梁大倫杖》　本廳審得梁大奇，果惟堅嫡嗣乎，子承父業，大倫不得而問也。設果非嫡，片瓦寸椽不能自保。特惟堅死矣，葬矣，必欲起枯骸而質之以定其真僞，無論大奇與大倫不忍，即讞獄者亦不忍也。據該縣初斷，屋壹間與大倫，再斷貳間，三斷四間，共屋柒間，而繼經前任刑官覆審，又以賣蔴街一間，大章，育子也，而斷各屋拾間。倫係惟堅親侄，且曾與伯父勤家，曾不得爲惟堅妥靈之所，追還大奇管業。此大倫所以至今不能甘心也。夫人廉、分異姓之半膳乎？張知縣之言曰：大奇暗許屋捌間，招倫左袒，遂爾聽從無語，不然豈有育子十倍於親侄而甘心承受之理？即此便是如山之案矣。今議大倫照廉、章之數，除縣斷之外，再補屋三間，以足一股，庶幾適約，永杜鬩墻。天下未有爲同室之門而不喪身傾家者，大奇即素封，念及此，能不爲之寒心乎？若大倫得隴望蜀，大奇吝不即予，有三尺在矣。大倫不争於伯存之日，大奇失調於未事之先，各合杖懲，具招呈詳。

察院批：梁大倫給屋一詞，三經斷案矣，一斷而一增，自一間以至七間，不益起隴蜀之望，而生無已之争乎？歷觀審案，里鄰親族之公結，梁大奇之爲血胤無疑，未聞有親生子而侄得瓜分其産者。獨不審當時以二育子而斷，各執屋拾間也。侈於育子而儉於侄，所以來呶呶之口也。姑如斷補屋三間，以足一股。如大倫再爲無屬厭之求，並前斷追還大奇，仍重創以法，餘各杖，庫收繳。

（明）顏俊彥《盟水齋存牘》卷五《唆爭繼產趙叔箴等杖》　審得陳氏爲方最圓未亡人，向以族人角繼，幾令最圓爲不祀之鬼。職前聽之而深爲之凄然也。因斷財產分爲二股，一股授原繼方遠昌，一股留俟方象壁有子授之，其女夫張鴻臨原撥田七十畝，念方聲駿止此嫡血，加三十畝補之。業經院道批詳在案，照斷管業，可相安無事。而陳氏復有劫擄之控，何居？蓋陳氏所執當日府堂印册，鴻臨所執族戚僉書印契，土名互異，故不免互相攘割。而亡賴棍徒趙叔箴、趙四山、梁日隆輩復利其骨肉之鬭，鑾觸所以不休也。今斷鴻臨初斷七十畝，照印册土名得受無異，其續添三十畝則於印册上公點土名補足，各遵照管業，其再有爭執，三尺從之。趙叔箴、趙四山、梁日隆姑從杖懲，以儆群小之挑唆者，招詳。

察院批：唆激致鬭，依擬各杖贖發，餘如斷，庫收繳。

布政司批：依擬趙叔箴等各贖杖發落，如照管業，庫收繳。

（明）張肯堂《㽮辭》卷一《李毓芳長垣人》　李毓芳有弟二人，仲毓秀，季毓英，皆庶母朱氏出，與毓芳爲異母弟。家本故族，遺資頗豐。父本愛少子，況毓芳毛裏不屬，又召之釁，奚爲而不成訟也。毓芳身爲子殁之日，聚族而剖。無論嫡庶，等分均分。乃諸子實不克負荷，素封之產，漸向凋落，而毓英則尤最稱不肖者也。肉骨未寒，已業悉歸他姓。有分院一所，亦已別售久矣。毓芳備價贖歸，雖云恢復舊業，欲勿墮先人之緒，然已產尚不能保，而暇問弟產乎？不過於宛轉間少得微潤耳。夫婦人衿，不能窒微杜隙，使垂白庶母匍伏訟庭，固已有愧古人矣。第家庭之際，人所難言，而況以不令之弟挑搆其間，天倫不幸，未可爲毓芳多責也。今毓芳既已晏然得業，合行斷銀十兩爲朱氏贍老用。毓英在朱氏爲蕩子，在毓芳爲傲弟，此而不懲，禍未已也。

（明）張肯堂《㽮辭》卷三《黄三才滑縣人》　黄三才者黄三樂之親弟，而黄應魁之從兄也。與應魁爭黄朝位遺産，積有深仇，互告屢矣。度不能大勝，借三樂爲名而以截劫事告。三樂既老且聵，惟其頤指。對簿之日，囁嚅顧盼，不能舉其詞，乃三才代對甚悉，仿佛嗇夫上林，然終不能悉其被劫何狀，見劫何人。則無情之詞，與嗾使之故，概可見矣。夫爲己雪憤，而使兄出名，爲計頗巧，然匿端於興詞，而露肘於作證，爲術亦綦窮矣。三樂聽人穿鼻，神已游於大庭栗陸間，姑貫其罪，三才奸網已破，一杖無辭。

（明）張肯堂《㽮辭》卷九《申福斗開州人》　申福斗、申屋子同爲申順族孫，順故無子，叙其宗派，産應二人均分無疑也。惟是順之繼妻袁氏，不無左袒屋子，且有前夫子盧一中爲祟，女德無極，枯菀頓分，此福斗所以憤而訟也。對簿之日，一中已逃，而袁氏以族人之議，亦自委身二孫，首願息詞矣。福斗、屋子，産則均分，杖則均罪，庶無傷袁氏之心，而兩人亦終不搆訟於角弓也哉。

（明）張肯堂《㽮辭》卷一一《周日和》　濬民周時鳳艱於舉子，育其族弟之子日和爲嗣，亦曰庶幾其箕裘之克紹與。乃日和實蕩子也，嗣父之業，視爲無盡藏，博簺負責，則於時鳳是問；纏頭乏錦，則於時鳳是問。且至竊其床頭之蓄，挾妻他徙，爲所欲爲矣。向嘗訟縣，薄警日和，姑責時鳳代償所費，諭之爲父子如初。而日和之驕逞，則更甚也。時鳳業非江海，安能實此漏巵，兼之仇隙已深，更無復合之理，下之耆老，公議分析，令時鳳給銀二十兩，雜糧十石，生具二十事，更用銀二十兩，爲之買莊一所，析箸各居。此後時鳳他産，日和纖毫不得與焉。其悔而治生也，足以小康。即轉眼蕩空，而時鳳之蓄不與俱盡，猶庶幾兩全之一策與。

（明）李清《折獄新語》卷二《承襲·一件佔産事》　審得先故王煬，乃王榮義男，而後故王恩，則榮繼子也。今取分書閱之，猶煬故恩存時，於是舉置田六十畝，作三股均分，而煬子大英、大杰得二，恩僅得一，此豈有説乎？則謂煬子兩，而恩止一子大相耳。夫是舉也，榮有三失：以猶子承祧，又以螟子樹敵，則有非我族類之嫌，一失也；不以子之多寡爲豆判，而以孫之贏縮爲瓜分，則有不揣其本，而齊其末之誚，二失也；且猶子之子，僅一隅短割，而螟蛉之子，反半壁長截，則有其所厚者薄而其所薄者厚之疑，三失也。雖然，此非正理，獨無隱情乎？夫世所謂繼子者，生安知懷桔爲何物，死安知刻木爲何形？想口不禱松鶴，而心欲咒茵蛸，惟耽耽於一塊土之入掌耳。若義子者，雖曰寄生，不作飛花，故爲之父若母，反有飛鳥依人，人自憐之之意。而未可曰：彼視予猶父也，予不得視彼猶子也。榮之厚畀英、杰，無乃爲是乎？迨死肉未寒，生戈已起。而恩子大相始控之縣，則斷出二畝；繼控之府，則斷出六畝。浸淫而進之，如食桑之蠶，葉不盡不止矣。大英等之告，非求收覆水，但欲保故疆耳。今讀大相詞內，猶以房屋灘園未經均分爲言，而築薛不休，又思逼滕也。無乃有以召大英輩之呶呶乎？恐爲大英兄弟者，未可作齊歸魯侵之説；而爲大相者，亦難作伐虢取虞之計也。王大英、王大相同室操戈，各杖以儆，其所分田産，仍照原斷行。雖然，不平而偏，王榮實召兵矣。若問首禍，當罪老奴。杖不及死，亦幸矣哉。

（明）李清《折獄新語》卷二《産業・一件叛抄事》 審得傅堯都者，乃生員傅光嗣男，而已故阮圻婿也。先因圻無子，曾以庶生之女嫁堯都爲妻。今雖物故乎，然小星之遺孕猶存，其雌雄尚未可卜也。何堯都熱中情急，輒唆父光嗣以告？夫所云奩田七十畝者，果係圻所與，將心與乎？抑口與乎？胡索其筆券而不得乎？且未分娩而告，皇皇何爲？蓋恐爲圻妾者，夢熊有徵，産麟可冀；而弄瓦之女，坦腹之婿，或難起割腴想也。誕矣！然就中微有可酌者焉。夫使妾所生者女乎，與堯都妻等耳。即果男乎，然遺腹之子，不夢見父，無形於目也。則生爲膝下之依依，死作柩前之嗚嗚者，唯此一女耳。應於七十餘畝內，斷十畝與堯都，而此後如有望蜀思乎，則蠶食狼貪，安可再肆也。光嗣垂涎太過，堯都與有罪焉。應杖。

（明）李清《折獄新語》卷三《産業・一件斬桃事》 審得已故王應期，乃趙慶珠婿，而王惠壽則應期子，即慶珠外孫也。夫慶珠固人面而豕行者耳。想應期之坦腹東床者，已識婦翁之腹無赤心矣。此妻亡身病，所以悵然於惠壽之無依，而計慮獨長也。四齡之呱呱，可托外父；而三十九畝之離離，轉寄密友。豈輕視六尺之孤，重惜一抔之土也？且友密而婦翁反疏乎？王婿真一片有心人也。獨恨所謂密友程樂山者，猶非有心人耳。若果有心人也，亡友之遺言猶存，及其孤壯而畀之也，無我負人矣。可因慶珠垂涎此土而還，猶如拋瓦之易乎？且與疏族王萬賢何與？而此開端，彼效尤。於是疏宗王應聘，又踵萬賢故步，嗾惠壽之姑以告。噫，蠅蟻之攢肉，實慕羶矣。若以此三十九畝者，終寄密友，寧有此涎彼割之紛紛乎？王婿真一片有心人也。彼慶珠者，何以數畝涎割，反成王婿先見之明，而亦念地下有亡女，人間有遺甥否也？此兒三月喪母，四齡失父，唯外祖乳哺是賴，不意慶珠昧心攫利，竟蕩遺産於雲烟，而俾煢煢稚子，有家無炊火之感也。智哉王婿，昔聞知子莫若父，今又見知翁莫若婿耶。慶珠之與萬賢同杖也，恐負死幸生者，當汗背沾衣矣。其惠壽姑占田一畝，與王萬賢現占九畝，俱暫付慶珠，以贍惠壽。

（明）李清《折獄新語》卷三《産業・一件聚抄事》 審得洪應福者，洪珂養子也。先因珂久役河西務，而無兒之痛，殊與伯道同感。其不得不爲螟蛉之負，以供薪水於旦晚者，情也。子生三年，然後免於父母之懷。應福所少者，此焉而已。迨珂回籍物故，立遠房洪應臣爲後，其所遺田二畝，屋三間，已盡歸應臣。而應福則赤手空嗟，徒凄然於繞樹之無依而已。夫非我族類，豈以混本支者亂蒸嘗？然燕營巢而狐搆丘，亦曾殫力於霜春雨薪間。而生爲膝下之依，死作道傍之棄，恐亦泉下亡珂所喟然灑涕，而今不得不割一臠以糊其口者也。合無於應臣名下，斷銀五兩以給之，非以此啓後日爭端也：夫牛馬有勞，尚加帷蓋之報，亦曰不屬於毛，不離於裏，姑以侍奉生前者，比於馬牛之報已矣。

（明）李清《折獄新語》卷三《産業・一件抄滅事》 審得鍾繼曾、鍾繼孟，皆故民鍾大武子。而繼曾與弟繼有則嫡妻毛氏出；繼孟與弟繼皋、繼皓、繼陶則妾朱氏出也。夫大武亡矣，而追度生前，必授司晨於雌鷄，而唯唯如伏貓之鼠者也。即如分産一事，何不從六子起見，而嫡、庶鼎立者，乃有兩股均分之亂命乎，則皆毛氏不平也。夫獅音一發，彼賤列小星者，安敢與於分荆之議，然猶藉母愛子抱之情，爲諸子一伸不平之鳴耳。不意朱氏先毛氏殞也。噫，母在二子肥，母亡四子瘦矣。兩股均分之説，正坐是病耳。獨是兩人坐享膏腴；而爲四子者，幾有糠籺不給之苦，於繼曾等安乎？汝安，則爲之矣。然則，反其道而行，將遂六子均分略無低昂歟？是不然。夫毛氏所生兩子耳，庶子且倍之。若不稍加區別，恐毛氏有如許豚犬之嘆。而移左就右，其鬩墻益無已也。今特於大武遺産內，量撥田十四畝，爲毛氏養老之需，庶出者不得垂涎焉。其所餘産業，則以房之美惡，配田之肥瘠，剖六股以授六人。且細查構訟後，所源源賣者，已及十畝矣。嗟乎，與其推刃於同根之煎，而盡化作他家之物，何如停戈於止水之平，而各守其先人之業也。倘有違心角口者乎，則首事者之罪。

（清）李之芳《棘聽草》卷六《讞詞・産業・兵巡道一件為天討事》

審得陳卿應募標兵，事多悖肆，睸周士選伯母諸氏老寡而淫，乃垂涎遺產，挑白頭文君重諧伉儷，其田產盡爲緑綺之携矣。復命前夫之子周士林代卿出差江右，以致客死異鄉。嗟乎！憐新婚之如弟，而忍予季於不還；何三少之雞皮，而發楊華於枯樹。雖然，謂非陳卿之引誘不及此，而周士選安能默默處此乎？諸氏改絃再醮，義絶於周，所有田十四畝、屋二間，俱退還士選管業，諸氏再不許覬覦其間。若陳卿者，貪癡而娶老婦，自不能免於一杖矣。

（清）李之芳《棘聽草》卷六《讞詞·產業·分守道一件為屠儒事》

審得蔣汝仁、蔣尚舜、蔣德怡遡源一本，其祖蔣深所存遺田十畝，均拍分與兩房，尚舜係長房之支，汝仁與德怡則次房之支也。分房歲祀，歷有年矣，今反紛挐未已者何？蓋其中有膳田、賢田之説不明，而鼠牙雀角之訟頻起。據汝仁、尚舜之言曰：此田祖撥與二房承管以供祭祀，約中所載有勸儉耕種等語。德怡之言曰：此田祖撥與賢田，凡子孫入庠即得承管，約中有發憤讀書以無負養賢之意等語。德怡去歲青其衿，故欲起而有之，孰知前田已爲汝仁、尚舜於七年十二月内憑中受價，賣與明經張燧爲業矣。但兩造之争辯無憑，而祖遺之墨券可據。今約中止言力耕，不言勤讀，想遺田者深知硯田筆耒自獲膏腴，必不事田舍翁多收數石麥耳。德怡今日之争，恐非乃祖之深意矣。若汝仁、尚舜，其先人之田遺以奉祀世守，未嘗訓以售人，何竟爾墜廢，使春薦、秋嘗闕焉不享，是則可杖以慰祖氏之恫乎。

（清）李之芳《棘聽草》卷六《讞詞·婺邑·本縣一件為殘吞釜泣事》

審得俞邦縉乃俞天鷚仲子，邦緯則長子，邦綸則庶子也。天鷚當日開當於京，亦陽翟大賈，所蓄貲重於臨死之際均分三股，爾時邦綸髫齔家居，其應得者悉付長兄邦緯代爲生息，此俞邦忠之議約犁然可考也。邦緯死而家事皆總於邦縉，不恤手足，以致煢煢弱弟異母情疎，且有妹及笄，糚奩無備，殘吞泣釜之鳴所由來也。嗟乎，花蕚不艷於樓中，而豆萁偏鳴於釜底，寧不良朋永歎，嫡庶興嗟也哉！雖今議助嫁妹之資五十金，貼弟之費四十金，告而後允，豈出至情，是應一杖。

（清）李之芳《棘聽草》卷六《讞詞·婺邑·本縣一件為敕剖援救事》

審得梁邦禎、梁之祥同胞兄弟也，向因兵難，同母逃避，於中途失其幼子，爲徐榮一所收，恩撫七年有餘矣。今邦禎欲領回家，以全手足，亦出天性至愛；但之祥受恩甚於骨肉，依戀忘歸，且恐旋家而田業爲兄並賫。父所遺田，撥爲兩股均分，家長梁應朝等議單良是。今每人七石二斗，之祥應得者，且隨徐榮一耕種以資衣食，俟其長成，連田歸宗，此亦體天性而協人情，至當不易之論也。立案免供。

（清）李漁《資治新書》卷一三《承繼·急救烹寡事》審得徐達之從弟徐益病故無嗣，一絲血胤寄之煢煢幼女；微獨魂魄有歸，兩未亡人所以係萍根、蔭葛累者，皆於是乎在。達等不諒，插繼之以徐統。雖服義頗親，鬼歆其類，然統年三十三歲，嚴奴二十九歲，燈前膝下，即號爲母，安得以母道臨之也？立幼徐二，誠爲妥便。且四股均分，長幼並繼，復助祀田十石，既不違族衆之議，又不拂嚴氏之心。俟嚴氏贍給終身，仍以此田一半付女，一半付兩繼子，則存没俱安，亦可杜塞間讒之口矣。

（清）李漁《資治新書》卷一四《產業·虎踞滅倫事》審得邱天民者，已故朱君房之婿也。先因君房無嗣，曾以庶女妻天民，雖設甥館以待，然至則下榻，去則懸之，未聞常館其甥於貳室也。迨君房物故，天民熱中其產，遂携妻挈子而家焉。不思君房雖死，其小星之遺孕尚在，天民能必其無後乎？據云岳父在時，曾有以產房代奩之語，若是，則君房在日胡不同居？直待宛其死矣，忽爲他人入室，誰其信之？况索一字之憑而不得也？嗚呼誕矣！今據胡氏之控，實爲有情；而天民之訴，亦不忍遽爲抹殺。請以三月爲期，視胡氏所誕之雌雄，爲天民所争之得失。爲男乎，則子承父業，非其類者急鋤而去之；爲女乎，則已嫁方生，均有半子之義，合二女爲一男，分一宅爲兩院，亦情理之至平者也。兩宜静聽，無事嘵嘵。

（清）李漁《資治新書》卷一四《產業·慘斬孤命事》何聖志與已故何聖忠，乃嫡出同母弟；而何聖懋與何聖慧，又庶出同母弟也。父遺腴田四十七畝，原屬四子公物，止因嫡母駱氏無鳲鳩愛子之均，而一手握定者，遂爲聖志掌中物矣。坐擁不已，旋復盗賣，得價銀一百五十兩，名入駱氏手，實暗飽聖志腹。然尤不能不致恨聖懋也，始與嫡兄吴越，繼又與胞弟參商，問其故，則因駱氏與聖志等飲以旨酒，啖以厚賄，而改頭換面之後，聖慧遂爲孤掌之鳴矣。今庭質之際，聖志反寂然無言，而聖懋則奮臂揚眉，飾辯甚力，曰駱氏母，聖志兄也，且願以五十金爲嫡母送終費，而所餘百金亦現貯聖志笥中，並未侵蝕。讓哉聖懋乎，何從得此禮義之言也？然今即知食果取小，而昔日關弓之首唱又何爲乎？驟聞斯言，方在猶豫，而忽聞呼冤聲急，則階下之聖慧也。亟召而詢之，供吐歷歷，若指諸掌。噫，聖懋心死矣。合從公剖斷，將賣田五十金爲駱氏棺殮費。明知溢於數也，然子宜殯母，庶不先嫡，理實宜然。其所餘百金，則以四分爲率，聖志、聖懋、聖慧與已故聖忠之子何文燧，各得二十五兩。於是諸人皆叩首心服，默然而退。雖然，兄弟尋戈，豈美德乎？合將聖志、聖懋分別杖治。其應分百金，合從聖志名下追給。

（清）**李漁《資治新書》卷一四《産業・群凶劫殺事》** 審得葉必鑾之妻李氏，瞽目無子，止生一女，配余志汶爲室。鑾因伯道之憂，復娶妾許氏。但宗祧事重，遲暮堪憂，因先繼弟婦王氏次男德繼爲子。迨後妾幸懷孕，而鑾又物化矣，呱呱遺腹，子母伶仃。李氏獨不思妾子即猶子也，止思掌珠，罔顧胤嗣，彼志汶者寧不恃愛而操戈入室乎？及氏之宗族葉德崇等公忿而理折之，李氏反以群凶劫殺爲詞，而王氏、許氏其能嘿嘿已耶？比對簿，而志汶復捏契一紙，上開腴田四畝，云岳之遺贈。無論契之真僞難憑，即曰果真，當日必鑾蘭玉尚艱，産或可遺之半子，今已現存一嫡一繼，區區數畝，糊口尚憂不給，志汶豈得過而問焉？原契涂抹，鑾遺家産着宗族注簿，赴縣請照，爲二子成立之需。敢有別端覬覦，定以三尺從事。

（清）**李漁《資治新書》卷一四《産業・憲剪叛抄事》** 審得士林之有范芝芳，嘉谷之螟蝨，康莊之陷阱，鴞音未革，巢卵俱殘，名教於焉掃地，而人倫至此盡傷者也。前經李推官審，字字爲之髮指；後經李知府審，語語爲之含冤。爲芝芳者省躬咎己，樹德忘仇，猶可掩其前非，庶幾今是；乃冒兄范蘭芳，誑告所仇范希陽等。蓋蘭芳爲父起蛟之親子，因嫡母徐奴奇妒窮凶，生母銀奴從馬房堍檻中抱出寄養，身罹百患。比起蛟病革，手撫稚苗，摩頂命名，一慟氣絶。徐奴思以計奪其厚産，遂竄繼陳姓已長之子，爲生員范芝芳。雖恩繼未爲不可，然數十年享用之資，數千金坐踞之産，誰爲創之，忍使范起蛟血胤一絲，居不得有其一椽，耕不得犁其尺土，煢煢母若子，萍浮蓬轉。始猶鵲巢鳩佔，今且入室操戈；始猶與兄尋仇，今且冒兄具控。間離叔侄，藉手以驅除異己之人，狼心虎目，不可齒於人類，尚可列於纓仁帶義之士類乎？念舉族求和，黙全同氣，甘認吐産，姑從薄罰，以待自新。范希陽在先開構，范蘭芳不守父業，並杖示懲。

（清）**李漁《資治新書二集》卷二〇《田産・朋謀吞殺事駁語》** 張無憂，真智人也。嫡生二子，妾生二子，分産之後，妾又生一子。張無業等年既幼小，復係庶出，無憂若不厚分嫡子，則妾子無遺類矣。嫡子得二大分，妾生共得一分。無憂猶慮嫡子生心，復於分書中云：即妾再生十子，亦與元善、元會無干。幸而分後妾只生一子，使果生十子，亦將聽嫡子擁二大分，十子分一小分乎？爲此言者，不過慰嫡妻之心，防嫡子之妒耳，故知張無憂真智人也。張無我所供妾生之子不才，不能受業，是以不肯平分。查分産之時，元業尚名小秋，元芳尚名小丑，而元美尚未生也，其父何以知孩提之童與未生之子俱屬不才？且無憂分書中亦無此語也。妻分大小，子無嫡庶，爲族長者，宜平心論理，體亡者當日不得已之苦心，爲之公處，豈可左袒嫡子，致亡者之目不瞑於地下乎？仰縣押令族長，於嫡子二大分之中公處，以服元美之心，以息無窮之訟。古人公案中有恐圖謀幼子，作遺囑以家私全分與婿，以待其子之成立，以望後廉明官府之公斷者，此類甚多，故知張無憂之分書煞有苦心，張無憂之偏分真爲智人也。仰縣另行確審招報。

（清）**李漁《資治新書二集》卷二〇《田産・横衿嚇殺事》** 看得劣衿張某，蓋有貪財之癖而無羞惡之心者也。妻亡而續娶王氏。王氏者，王國泰之妾女也。國泰無子，身死之後妾亦繼亡，獨遺老妻依侄王三魁卒歲。其女先嫁韓姓十餘年；韓夫死，復嫁俊猷，亦十餘年矣。張某之於岳父母，均未接面，猶路人耳，忽涎岳家遺資，遂挈其婦而依栖王門，欲借半子之名，以爲中分之計耳。依栖之後，遂藉端尋釁，與三魁角口無寧日。曾憑中親議處，給張某房院一宅，肥地二十畝。此三魁過於仁厚，不當予而予者也。不當予而予之，是自開其漸而爲他人侵蝕之媒矣。張某果以得隴爲詞，竟欲併吞全蜀。此三魁勢不容已而爲横衿嚇殺之控也。夫三魁以本姓親侄奉伯母而承族業，分所應然。以三十年後再醮二姓之妾女，欲向母家重索香奩，以三十年後未覿翁面之繼婿，欲向妻舅共分遺産，此情此理，實未之前聞也。應從樸贖，以振廉隅。其中親先處之房田，念三魁既有成議，姑準免追，是其幸也。逐離王門，不容並處。

（清）李漁《資治新書二集》卷二〇《田産・屠抄事》　審得徐爾順，乃諸生徐士元之弟也，因妻無嗣，娶柳氏爲小星，已育一女。有侄朱澄，罔顧墻茨之譏，亂其幃薄，復逞毒拳之毆，血濺衣襟，致士元控縣，而澄遠遁，及今照提未結，此士元所爲傷心於骨肉也。及得病方危，有同學吕日昌、田一泰，士元素與友善，故以五歲之女許日昌爲媳，而預送衣環，現撥奩産，舉妾楊氏付之一泰，使其善侍吕生，撫養遺女，俟長成而嫁之，哀哀遺囑，皆其手書。當是時也，士元豈不知有侄在，顧其平昔所爲率皆獸行，故臨訣之頃，緑衣在側，黄口在抱，寧付託於友生而他不之問者，誠有大不得已於其中也。及今閲其零星剩墨，如在風雨暗窗，不堪多讀，抑何感慨之極而顧慮之深乎？若之何爲爾順者莫知自憾其子，尚欲謀爲立繼，而欲鯨吞絶産耶？夫士元之不欲澄繼，早已決之生前，安能强於泉下？士元之産，惟士元得而主之，今雖已死，有遺囑在，是身在無異也。爾順雖有覬覦之心，如公論何？况架詞屠抄，妄稱險藥，刺謬已極，杖不爲苛。其朱澄一案，仍聽該縣照提另給。

（清）李漁《資治新書二集》卷二〇《繼嗣・吞篡慘極事》　王氏之故夫汪文奇邁年喪子，因挈外孫徐龍孫，令曹氏子之，以慰孀媳之心，善已。惜乎不早爲計，乘其尚在，籌善策以弭衆口，乃遷延十餘載，昨歲奄然棄世。斯時也，不知其族内期功之親，何以一無議杖者？乃今襄事之後，文郁之子士濟，以伊弟士泳序宜爲後，私鬻二孀之田十餘畝，又聲官作非種之鋤，王氏不勝忿忿，故有是詞。據文郁謂，文奇生前曾有以士泳過房之議，然則王氏在側，胡不與聞，即衆族而訊，皆不能爲之辭也。律文不得以異姓亂宗，是汪祀宜屬汪承固也。但又載，若義男女婿爲所後親喜悦者，繼子與本生父兄不得用計逼逐仍分給家産。夫義男女婿尚不得逐，况外祖亦爲外孫所從出乎？繼子尚不得逐所喜悦，况未成繼者乎？死者命之，生者悦之，一旦指爲非類而逐之，難矣。以非所應繼之士濟與尚未成繼之士泳擅動可繼之産，一爲盗賣，一爲私擅，俱何辭以逃於律？顧本縣以繼絶爲心，睦倫爲重，概不深究。定以士泳父文奇，龍孫母曹氏，總計文奇所遺，授士泳十之六，給龍孫十之四。嗣後王氏生養死埋惟士泳是問，曹氏之百年龍孫身任之，既不亂宗，又不奪愛，庶爲情法兼至而兩得其平者乎！爲語文郁、士濟：果爲其子弟謀，尚訓士泳夫婦克盡子婦叔姒之道，以無傷繼母寡婦心；使入其室而家政自專，爲父兄者又從而侵蝕之，則適中風波之口，他日能賢之擇，未必不執以有辭，翻前案而重事更張，是若輩自取之矣。抑本縣更有慨焉。今之所謂承宗，大半爲争産計耳。設無嗣者家徒四壁，將望望去之若將浼焉者矣。又今之争産者，名曰争之，實爲破産計耳。得隴望蜀，家哄庭争，因是以有户族之賂，因是以有酒食之縻，因是以有輿馬之泥沙，因是以有教唆之乾没，即果得十分，先已去其八九，亦何利益之有哉？爲文郁、士濟、士泳者，皆當牢記本縣斯言，勿使不幸而中。

（清）李漁《資治新書二集》卷二〇《繼嗣・憲斬籍没事》　審得章歷之妻應氏先嫁王昂。昂故無嗣，立族侄王高爲繼。後氏招歷入贅，高不能相安，仍歸本生。夫侄而入繼，則猶之子也；妻而改醮，則路人矣。王昂遺産捨王氏本宗其誰歸哉？前經親族議處，王昂所遺田二畝並山園房屋應歸王族。但應氏未亡，仍應佃種輸租，以供王祀。立議甚公，而歷復有盗賣王田之意，故王加有籍没之控也。今歷堅供，並未盗賣，姑免深求。但既贅其妻，復圖其産，不無太忍，相應罰穀示懲。

（清）葉晟《求芻集・讞語・吞業欺弱事》　審得：樊紹孔無子，以樊四哇承嗣家業。自是四哇之物，他人不得而争之也。但憾四哇亦無子而故，以致樊倫、樊寧，兩相争訟。在倫踞爲已有，猶曰親弟之物也；若樊寧則屬隔房，其争也殊無謂矣。平心而論，繼紹孔者不絶紹孔之後也。今四哇無後，則紹孔依然無後，必有繼四哇以不絶四哇之後，乃以不絶紹孔之後，庶紹孔之目瞑而攘奪之端亦息矣。樊倫爲四哇親兄而子多，當以次子回保繼四哇，以上繼紹孔。人倫天理，均爲無憾；春露秋霜，不致鬼餒，庶幾可也。若視爲絶業而兩分之，聽其絶祀，烏乎可？着照斷，永杜澆風。逐出。

（清）葉晟《求芻集・讞語・霸業趕逐事》　審得：汶射斗等同父異母兄弟也，射斗爲先娶王氏所出，射星爲繼娶岳氏出，聚斗、升斗爲妾蘇氏出。升斗生未三歲，而蘇氏故，幼隨母舅於乾州。舅死歸來，僅十齡耳。爾時伊父尚無恙，又十餘年而父方故。彼三人者，俱有遺業，而升斗獨無片瓦寸土，何也？即云承嗣蘇門，其後歸宗，然業已歸宗矣。豈非汶姓之子？而射斗等遂無孔懷之誼乎？據稱未有遺言分與家業。而其三人所得莊房、田地，又無故父分單可憑，則知射斗當日之另居者，蓋因繼母前子不能和協，其父暫以房地與其別處。現在所留，則聚斗、射星兩人踞之耳，其實非父所分也。除浮物無可稽查外，莊房、田地應作四股均分，岳氏尚存，於一百八十畝地內辦二十畝爲岳氏養膳資，令射星畊而奉之，俟岳氏故後，仍作四分，族人照斷立單，以杜鬩墻之釁可也。

（清）徐士林《徐公讞詞・守皖讞詞・黄香等争繼逐繼案》　審得太邑黄阿查、黄阿徐姑媳兩寡，煢煢無子，又不幸而擁腴産，爲群姦垂涎，争立繼，争逐繼，家庭構難，竟無寧日。本府提卷親訊，兩造戚族，各懷其私，情理二字，固難言之，而李參令孟浪謬讞，死後亦當記一大過矣。

阿查之夫黄忠宜，生子登彝，殁於雍正四年，遺妻阿徐，矢志柏舟。雍正六年，户族議繼，因親支無昭穆相當者，隨議立疏支黄宗榮之子黄二，爲阿徐子。議券内親族列名，即親支之黄樂俊，亦居然畫押，親支之黄扶武，且居然代筆也。二年以來，兩寡婦視黄二爲掌上珠，空闈相依，亦可以稍慰矣。迨扶武即殁，其子黄香妒黄二享厚産，且見阿查分潤於其婿若甥，眼熱生嗔，隨有潛邑疏支黄淑三、黄士弼等，逐臭附膻，争爲捉刀而議立黄二之樂俊，因阿查批給田産，未滿欲壑，亦且反戈相向，捏稱香弟黄朝先繼，黄二不宗，奇兵互出，控縣不休。李參令並不詳察，遂斷立黄朝，而逐黄二。夫黄朝固當立矣，黄二庸可逐乎？縣讞云，登彝死，扶武以次子朝繼忠宜後。是誤聽樂俊等袒詞，並未細查卷情，輒坐黄二以奪繼之罪，查縣卷今年二月二十九日，黄士弼控告異籍紊宗一詞，實爲此案興訟之始。如果黄朝先立，黄二篡立，何詞内止言黄二鑽立，立無黄朝先繼之語。直至三月十三日，始據黄傑生偷寫黄天佑名目，以黄朝先繼串覆。且樂俊稟府詞内，稱黄朝立繼，議約封貯黄天祥之手，質之天祥，并無其事，而隔訊黄香，又稱親支立繼，不用議約。串供未穩，一詰立破。其非黄朝先立，黄二篡立也明甚。讞又云扶武既以己子繼忠宜，寧肯開門揖盗？阿查所稱，現有扶武手立合同，情所必無。查扶武代書合同，立黄二者，不過因公議爲阿徐立繼。扶武雖有數子，與阿徐爲叔嫂輩，且皆幼稚，生子遙遙無期，不得不於疏支孫輩中求之。扶武又得阿查手澤田三石七斗，更無異議。假令立黄二之時，扶武不肯與其事，固已包藏禍心矣。扶武在世，何獨默無一詞。黄二立繼，扶武操筆，不可謂事之所必無者矣。讞又云，黄二同姓不宗。查黄姓所呈三譜，始祖成二，生子瑞六、瑞七，瑞六生景常，瑞七生均位。淑三、傑生，皆瑞六派衍，與忠宜等共成二公祖。傑生去公祖十一世，淑三去公祖十五世也。忠宜、扶武、樂俊，皆瑞七派衍，共曾祖和公，三服兄弟也，黄二與忠宜等皆瑞七第二子均位派衍，去公祖方十世也。按譜考系，黄二雖疏於黄朝，而實親與淑三、傑生。詢問户族黄天祥、黄天瑞、黄天佑、黄廷賜、黄公選等，衆口同聲，堅供黄二實系同宗。即袒證之樂俊，始猶混稱不宗，反復詰之，只云伊居潛邑，不常往來。夫以黄二居潛，即指爲不宗，不容承祧。彼居潛之淑三、傑生、士弼等，世系愈疏，更當指爲不宗矣。胡爲公然出頭，爲忠宜謀宗祧，爲黄朝助兵戈耶？以疏支斷爲不宗，偏聽臆讞，殊不可解。更可駭者，讞云徐氏少婦，雖爲有心者窺測隱衷，致外戚歪尊，拴謀黄二煽惑徐氏，懇姑繼嗣爲子，若據詞裝飾，幾被狐媚。又云青絲寡婦，居二奇貨，折獄者何爲而得逐姦耶？有傷雅化等語。窺其意，大抵惑於姦惡黄士弼詞内黄二、徐氏年若相同一語，遂以瓜李疑之。本府提訊，詢其年，觀其貌，阿徐年則四旬也。黄二年則二十有一也。呼母呼子，適則相當也。狂哉李令，憑空杜撰，汙人名節。爲民父母，何忍出此？且王道本乎人情，序立愛立，經權互相爲用者也。李參令斷陳阿謝立繼一案，以衆人捺立之疏支陳孟，斷其朋繼，此案則以阿查阿徐鍾愛之疏支黄二，斷其回籍，何獨寬於陳孟，而刻於黄二，以阿謝田産三分之一，斷爲伊女妝奩，此則以阿查批給女婿之田，斷押追還，何獨厚於阿謝之女，而簿於阿查之女？任意顛倒，逐其所愛，而立其所不愛。輒發朱封，閉其倉廩。而淑三、樂俊率同黄香母子，搶其稻，奪其牛，盤踞其家産，鵲巢鳩居。而哀哀兩寡，竟不能一夕安枕矣。訊鞫至此，真堪痛恨。況黄朝，阿查侄輩也。逐二立朝，阿查有子，阿徐無子矣。無以安少寡，將何以安老寡。縣斷朝異日生子，再繼登彝之後。朝方八歲，阿徐年已四十矣。無論目前不及待，後事不可期。朝即十年後生子，阿徐年過半百，假幹就濕，而未必能得一日之養。何所取諸？又云親分有應立願繼徐氏者，悉得執業。設親分有應立者，不待今日矣。此言一出，不又啓闔族無窮争端哉？乃阿查不欲立黄朝，匪惟不達理，亦且不度勢。即户族黄天祥等，戚屬陳玉彩等，亦不肯勸阿查立黄朝，不過以黄二疏族，可以聽伊予奪，得遂利心，不欲復立黄朝，致滋掣肘耳。不知黄朝親也，黄二疏也，以親支之産，而入疏支之手，黄朝兄弟，其甘之乎？且此時朝等未生子，無可繼阿徐者，異日朝等生子，不將起而與黄二争乎？黄朝不立，則無以安黄二。黄二不能安，則又將何以安阿查，何以安阿徐？

本府准律酌情，斷令兩立。黄朝繼忠宜，爲阿查子，序也。黄二繼登彝，爲阿徐子，愛也。所有忠宜産業，二人均分，昭穆相當，情理兩得，庶可相安於無事矣。但黄朝母阿陳，嚚婦也。庭質之際，誣黄二爲異姓，捏黄朝爲十六歲。意謂黄朝一立，便可坐擁厚資，悍惡貪饕，不可名狀，獨不思立繼者，爲宗祧計，爲養生送死計也。阿查以幾世幾年辛苦積累之業，不幸無嗣，今爾子平分一半，爾之幸，阿查之慘也。爾果能善處妯娌，訓戒黄朝，致愛致敬，娱阿查於暮年，是能爲爾子造福，倘若急圖家財，誘子争奪，蹈前日故轍，在爾爲不睦，在朝爲不孝，即生子忤逆，不難立置重典，豈繼子忤逆，所能安享富厚乎？黄朝即立，著與阿查相依，應分産業，仍聽阿查管業，俟阿查壽終，黄朝領業執掌。一切葬祭大事，黄朝、黄二公同備辦。黄二善事阿徐，善待黄朝。應分産業，黄朝不得覬覦，即日後阿陳生孫，不得藉口親支，再起争端。律載無子者，女婿有量給財産之條。但今議繼二人，不便任其多分，長婿陳玉彩，次婿徐伊南，各准給田二石，甥葉成章幼失怙恃，依倚阿查，雖屬異姓，視猶己子，亦准給田一石，徐倍千係阿徐之弟，雖伊子徐淳，曾爲登彝捧靈，不便照葉成章之例，分給田産，著阿徐給徐淳稻十石，以酬其勞。黄天瑞亦係遠支，毋得分田，致貽族人口實，所有陳玉彩等多得之田，及批給黄天瑞、徐倍千之田，照數追還，仍作黄朝、黄二公産，以贍兩寡。黄扶武在日，曾得阿查田三石七斗，應作黄朝分授之産，贍養生母阿陳。朝與黄二分産，不得除去此項。黄樂俊，阿查從堂叔也。議繼未協，理應善爲調處，以靖家難，且阿查恤其孤貧，批給田一石八斗，不可謂非寡嫂之厚誼矣。乃因多索不遂，輒勾引遠族，争相搶奪，又假捏異姓亂宗之説，袒供妄證。盍思爾亦無子，獨夫也，年將就木，形影相弔，不數年而争繼争産者，又將向爾室操戈矣。前車可鑒，求田何爲？本應重懲，以儆貪唆，姑念搶奪未成，牛已退還，憐其老邁，從寬逐釋。聽從踞立之黄香，凌逼姆嫂，殊屬可惡。姑念爲縣斷所誤，亦從寬免。嗣後倘敢架母生事，罪坐夫男，决不再宥。黄淑三、黄士弼涎利興訟，閲卷逼露，提審之時，忽出忽没，奸棍也。因值歲暮，急爲寡婦結案，山妖野怪，未必知避，姑恢其綱以待之。陳玉彩等亦勿得嫉妒黄朝，煽惑阿查，私鬻田産，飽衆人囊橐也。縣役孫和，審無執持情弊，毋庸議。黄二立繼議約，縣審附卷，仍給黄二收執。立案行縣，取遵依報查，並書貼照墻，以諭案内各犯。

（清）徐士林《徐公讞詞・守皖讞詞・吕永龍圖産争繼案》

看得太湖縣民吕永龍即吕登友，乃貪戾無恥之徒也。緣伊堂弟吕永言、吕永章弟兄積蓄頗豐，永言久故，有子吕嫩，亦經生子，與叔永章相依，並未析爨。去年十月，永章病故，先有一子，十一齡而早夭，其妻阿汪，遺腹數月，有子無子，尚在未定。不意永龍輒以絶産居奇，硬將伊子立爲永章後，披麻奪幡，兇威逼人，以致阿汪不甘，具報署縣，而永龍亦以永章在生，曾於八月請尊議立伊子興泌爲嗣，爲汪氏聽唆，吵鬧毁議等請搪訴。不思立繼大事，永章如果愛立永龍之子，夫妻之間，豈不預爲商定，何一旦請尊立嗣，一旦又爲婦人阻止？兒戲反覆，恐無是理。而況永章於十月始殞，則八月尚非病革之時，伊妻現懷有孕，孤侄又已生兒，更何必遽爲無後之慮，乃請尊欲立龍子乎？且永龍既以汪氏吵鬧毁議爲詞，則當日實未立繼可知。夫繼人爲後，非只爲死者奉蒸嘗，亦當爲生者供寢膳，其母不願，即或强立，何以相安。律稱繼子不得於所後之親，聽其另擇。是已繼不合，尚當别立，况未繼乎？署縣拘審，永龍規避無蹤。蓋由彼時尚未與吕爾公等串同一局，恐直道自在人心，難以公庭對簿耳。署縣讞稱：阿汪與永龍父子構訟，已大不睦，則汪氏遺腹，無論是否生男，永龍再不得以立繼告争。原屬大公之論，並未涉於偏私。乃署縣離任，永龍復於吕爾公等串通，此告彼應。永龍竟以汪氏遺腹爲詐捏，或稱署縣金埋，或稱内通幕府，狂悖其詞，翻控新縣，審而未斷。吕阿汪赴府具控，披閲情詞，殊堪憐憫。乃於次日據阿汪之弟抱稟，氏於三月初五日旋寓生子。本府即飭懷寧縣密傳穩婆往驗是實，取具甘結，並將穩婆房東取供在卷，一面行知該縣提到新署二令卷宗，閲核前情如見。彼吕永龍之乘危强繼，吕爾公等之扛説明虐，無非以絶産二字，横於胸臆，故爾耽耽虎視，今則阿汪有子矣，是天不欲絶永章，亦所以厭姦惡而杜貪謀也。

永龍稍具人心，當悔恨流汗，何乃貪極生嗔，復敢藉口執杖，號雪盆冤，病狂喪心，至此已極。本應嚴拿重處，姑念一本從寬，免其深求，以爲吕氏遺孤種此福田。惟是吕永龍以污穢之言，誣蠛問官，若概置而不論，刁風長此安窮？應飭縣枷號一個月，滿日責三十板，仍取改過遵依報查。此實永龍自取，與阿汪母子无尤也。除發讞一紙用印與阿汪收執外，並行縣立案。

《清代武定彝族那氏土司檔案史料校編》卷六《立嗣・祖父故後案稿亦那嘉猷故後那顯宗承繼》〔安德順等爲祈天賞準和息立嗣給照，永杜後患事〕附批：乾隆二十五年八月二十八日

安德順等詞批：據爾等呈請和息立嗣給照，議以安氏撫子顯宗，唐氏撫子耀宗。兩申氏各隨子安身，不致失所。家業田産，安氏六分，唐氏四分。嫡庶攸關，差等均屬允協。既已各願，即將田産家私妥議照四六公平均配。寫立合同送赴州署鈐印發給立收執管業。日後永杜争端。至那挺秀既係多事，褫革劣生息詞内毋得入名，再例禁土舍豪矜包覽錢糧。今法誤等六村情願自納均屬定例，應從其便。息亦毋得攙混，仰即另具息詞，由州申送備案可也。

《駁案新編》卷二四《刑律・鬥毆・争繼謀殺期親尊長曾志廣》湖廣司

一起爲報明事。會看得羅田縣民曾志廣商同在逃之曾權萬謀殺胞叔曾生迴身死一案。據湖北巡撫鄭大進疏稱，緣曾志廣之祖曾溥生子五人，長名曾生進早故，止生一子曾文玉。次名曾生通亦故，生三子，曾志廣、曾象南、曾永和。曾志廣生一子，曾啓後。三名曾生迴，生三子，曾鳴甸、曾喜、曾執。四名曾生遴，生一子，曾永年。五名曾生選，並未生子。俱已分晰各居。乾隆四十三年十二月二十一日，曾文玉物故無嗣，遺有田産。四十四年二月，曾文玉之母周氏商議伊翁曾溥，欲立曾志廣之子曾啓後爲曾文玉承嗣，曾生迴不服，要將次子曾喜與周氏承祀，周氏因曾生迴平素强横多事，不願過繼其子。且念伊子曾文玉係屬長孫，娶妻涂氏情願守節，不便絶嗣，争執未定。曾志廣見曾生迴從中霸繼，心生妒恨。四月初六日，曾志廣同曾生選祀祖歸家，途次告知，曾生選云稱，曾生迴霸繼圖立，將來要與拚命，當經曾生選斥責而散。嗣曾志廣又聞曾生迴欲將曾文玉遺妻涂氏嫁賣，希圖穩得絶産，遂起意謀殺泄忿，慮一人不能濟事，於四月初十日早，向素與曾生迴不睦之曾權萬商謀幫助，許給錢五千文。曾權萬應允，議定是日下午，曾權萬先往蕭家灣山下塘邊等候，伊誘曾生迴至該處致死。是日下午，曾權萬先行，曾志廣隨赴曾生迴家，捏稱當田與曾懷友，以便償債，邀往説合作中，許給中資，曾生迴應允。適曾永芳聽聞，亦欲同往做中，曾志廣托詞阻止，當同曾生迴前往，道經曾文炳家，曾生迴欲進屋歇脚，曾志廣因天氣尚早，畏人知覺亦欲延挨，遂同進曾文炳家留吃麥粑。將晚時候，同至蕭家灣山下塘邊，會遇曾權萬坐歇閒談，曾志廣故意提及大房立繼之事，曾生迴執意欲將伊次子過繼，曾志廣斥其圖産，曾生迴氣忿混駡，曾志廣、曾權萬預先拾石在手，乘曾生迴未曾防備，曾志廣連毆曾生迴腦後兩傷，曾權萬亦用石打傷曾生迴頭上兩下。曾生迴向曾權萬扭毆，又被曾權萬連毆頭上兩傷暈倒。曾志廣復毆曾生迴頂心偏左、囟門右兩傷殞命。適值曾永芳趨至驚見查問。曾志廣告以致死實情，並嚇稱，聲張泄露定行扳害。又令幫同棄屍，曾永芳畏懼，當即奔逸。曾志廣遂同曾權萬將曾生迴屍身擡棄塘内，假裝淹斃而歸。嗣經鄰人徐宇元尋見屍身，告知屍子曾鳴甸報縣驗審，供認不諱。曾志廣係曾生迴期親胞侄，將曾志廣依律擬以凌遲處死，照例先行刺字等因。具題前來，應如該撫所題，曾志廣合依謀殺期親尊長，已殺者凌遲處死律，應凌遲處死。該撫既稱，曾生選貿易外出，並無知情同謀，應免提質。曾志廣許給曾權萬錢五千文，係屬口許之臟，並未得受，應免著追。曾文玉乏嗣，聽户族另行議立，其二房三房，現因争繼釀命，均不准其繼立。在逃之曾權萬、曾永芳嚴緝獲日另結等語。均應如該撫所題完結等因。乾隆四十四年十月十七日題，二十日奉旨：此案曾志廣因謀奪繼産，將期親胞叔曾生迴用石毆斃，情罪極爲可惡，該撫照律擬以凌遲處死，並聲明，曾文玉無嗣，應聽户族另行議立，其二房三房，現因争繼釀命，均不准其繼立，所議甚是。曾志廣著即凌遲處死，餘依議。嗣後各省如有似此争繼釀命者，並應照此辦理，著爲令。欽此。

（清）紀昀《閲微草堂筆記》卷一一《槐西雜誌》 晋人有以資産托其弟而行商於外者。客中納婦生一子，越十餘年，婦病卒，乃携子歸。弟

恐其索還資産也，誣其子抱養異姓，不得承父業。糾紛不決，竟鳴於官。官故憒憒，不牒其商所，問真贋，而依古法滴血試。幸血相合，乃笞逐其弟。弟殊不信滴血事，自有一子，刺血驗之，果不合。遂執以上訴，謂縣令所斷不足據。鄉人惡其貪媢無人理，僉曰：其婦宿與某私昵，子非其子，血宜不合。衆口分明，具有徵驗，卒證實姦狀。拘婦所歡鞫之，亦俯首引伏。弟愧不自容，不別而出婦逐子，竄身逃去。資産反盡歸其兄，聞者快之。

（清）張五緯《講求共濟録》卷三《堂斷・審斷閆杜氏閆桂氏應行立繼一案》 審得閆杜氏、閆楊氏係已故閆邢氏姪媳，閆邢氏之夫閆三忙在日，曾繼閆楊氏之夫閆二東喜爲子。未幾夭亡無子，閆三忙身故，係杜氏之夫閆大東喜執牖。大東喜旋亦物故無嗣，杜氏、楊氏與邢氏，均有姑媳名分，應爲杜氏、楊氏立繼子嗣，以接邢氏孫枝。邢氏有分授地四十畝，除賣去尚餘十八畝。於十四年又賣地五畝七分，現存地十二畝零，又有場地一塊，莊房一所。其壻趙希賢、外孫段榮從中覬覦，欲令邢氏立繼子嗣，不給杜氏、楊氏承受，杜氏等不服，因而訐訟，邢氏具控到府。委審未結，邢氏旋即病故，段榮、趙希賢與閆大烈、閆思湯等串商，將邢氏所遺莊房、場園、地畝以邢氏出名，倒填月分，寫立文契，盡賣與閆大烈、閆平、閆求等爲業。契內地無畝數，亦不開載共價若干，昧以賣地清還訟費爲名，瞞哄杜氏、楊氏，巧取外家絶産，已無疑義。旋據杜氏等以邢氏應議繼立孫等情具訴到府，庭訊之下，查杜氏、楊氏均係年老孀居，與邢氏有姑媳之分，自應爲該氏等議立愛繼，以全孤寡而傳閆三忙之後。現據杜氏、楊氏供，有閻維揚長子閻大磨頭，年已十五，爲該氏等鍾愛，自應俯如所願。隨提同族長人等當堂斷立，閻大磨頭爲邢氏之孫，承祧閻三忙嗣子閻大東喜、閻二東喜兩房之後，使邢氏有孫，而杜氏、楊氏均有子矣。惟兩氏既已有子，又均年老貧寒，且閻邢氏未葬，眼前日後，在在需用，應以捏賣之園地七畝四分、地四畝七分、場地一塊、莊房一所，斷歸現繼之孫閻大磨頭承受，他人不得爭執。所有退出段榮等倒填月分空出畝分假契約六紙，當即塗銷附卷。閻大烈、閻平、閻求、閻棟、閻思信等嗣後不得再萌慾念，所有串商圖得價圖賤買之生員段榮、生員閻大烈、趙希賢、閻思湯等，姑念均係親族，從寬免究，所有段榮具訴邢氏該欠盤川之處，訊係借端浮開。即有些微，亦應自行清理，不准再以還欠托名賣地。其閻邢氏棺柩即令繼孫閻大磨頭即日承重發喪殯葬。族長閻思信等即遵斷帶令閻大磨頭過房與杜氏、楊氏承嗣，將來娶妻生子，分頂閻大東喜、閻二東喜兩支，以接三忙之後。嗣後族房親姪中，倘敢再生覬覦，許兩氏及繼子閻大磨頭持本府發給堂斷，呈官嚴究。此判。

（清）李鈞《判語録存》卷一《互争房産事道光九年十月初七日》 審得洛陽縣千總李洛書與監生盧璞、盧瑾互争房産，盧珍復控其兄盧璞等分家不清等情一案。緣李洛書係盧璞等母舅。璞幼失怙，貧無恒産，經洛書出資，與璞、瑾夥販糧食，懋遷二十餘年。璞於嘉慶十四年，借洛書本金，買王于氏房一所，約載李禹疇，即李洛書之名。言俟房價歸清，再行更約。故名雖洛書，約則歸璞收執。而璞兄弟析産之時，得將此房列入分單者以此。去歲，邀牙紀張天章更立文約一紙，請伊母舅書押。洛書不從，以致搆訟。至房價曾否交清，兩造各執一詞，無憑查核。惟念璞領伊母舅本金，生理多年，家計漸臻充裕。迨經辭退，復承洛書給銀六百兩。渭陽之恩，不爲不厚。即使房價交清，復有所贈，亦足酬曩日之情，並非虚擲。查該房原價四百餘兩，令璞酌給其半，洛書另立賣約，交璞等投税管業，以絶葛藤。至盧珍控璞等分家不清一節，查璞等故産，僅有房一所，即與洛書控争之房。歷册一本。璞、瑾分到房爐。珍承辦歷册，復經親族議令璞等幫給珍銀九十兩，當付二十餘銀爲珍賃廡之資，各立文約，嗣亦各自清理。是其分家並無不清可知。至珍謂璞等領伊母舅買賣，獲利八千餘金，欲行瓜分，尤屬妄誕。查伊兄弟自嘉慶十七年析居以前，生意嬴絀自宜分認，業經載在分單。此後各自營業。璞等雖有餘利，珍亦何得垂涎。且又何所據而謂獲利八千餘金耶？架詞訛控，已可概見。姑念珍亦貧無藉，斷令璞等助銀百兩，以全手足之情。嗣後，珍應自謀生理，不許再事訛索。所斷銀兩，俱限十日繳領完案。牙紀張天章年老昏憒，不堪着役，並行縣革退。此判。

（清）李鈞《判語録存》卷一《鑽繼架訟事道光九年十一月二十九日》 審得澠池縣孀婦趙周氏控趙銀保等覬産斃命等情一案。緣氏夫趙振德有兄二人，長自德，次浴德。振德子展道，娶妻張氏，身故乏嗣。次子成娃六歲夭亡。道光六年，振德取自德次孫狗吊爲展道承嗣，憑親族立有繼約。

乃浴德孫銀保强令其弟福元與成娃爲嗣。八年，振德物故，銀保即在周氏家料理喪事，曾墊錢一百七十餘千。迨下葬時，族衆因成娃幼殤，骸骨無存，不容福元承繼，逐回本門。銀保未遂謀産之心，借討債爲名，架令族人逢道等將狗吊毆打，狗吊懼禍，亦回本門。張氏無依改醮。銀保復唆族人維道等控狗吊鑽繼悔繼，及盜賣嗣母重情。該縣訊悉前情，仍斷令狗吊承繼。維道等均予杖責。銀保所墊錢文，勒限追還。狗吊因病身死，周氏及狗吊本生母蕭氏遂以書役逼迫等情，來府呈控。查銀保墊費除收狗吊四十千外，先曾私典該氏地畝，得價九十千，及拉去車輛驢頭，並借用穀石等項。核算足以相抵，勿庸着追。惟銀保覬産鑽繼，架訟滋事，實屬無賴之尤。杖責示懲。户書劉萬吉、差役王文均無不合，周氏等控詞失實。姑念婦女無知，概免置議。取結附卷。此判。

（清）李鈞《判語録存》卷二《謀繼事道光十年十一月初九日》　審得鞏縣監生龐廷輝控龐有玲等朦斷改繼，及白全貴控龐廷輝霸地毁苗等情一案。緣有玲族侄廷魁病歿，與其兄廷亮均無子息。廷魁臨歿，邀有玲暨其甥傅善道等議取族弟廷世子小玉爲嗣，立有草約。廷輝以小玉獨子，欲取遠族廷友子吉德爲嗣。控縣未准，又串出廷魁女周龐氏，詞稱應取廷魁同曾祖弟，隨母改嫁嵩縣崔氏之廷澤子晚成爲嗣。廷輝遺子德潤與族人潤洛及氏夫周水成將廷澤父子唤案。該縣以晚成亦係獨子，且有啞疾，未允所請。廷輝又捏稱晚成有弟喜堪嗣。朦朧邀准，遂與廷澤將廷魁遺産賣於龐女地四畝。廷輝復霸種地十二畝，假稱契買。旋當與龐進地三畝。餘九畝，當與趙雨來、龐鐵成二人管業。又因水成曾稱廷魁欠錢三十千，令其子吉正立給信票二紙取執，以杜其口。奈龐喜實無其人，經有玲等查明，控府行縣。命族衆有傑等公議。斷取廷魁族弟廷祥次子吉昌爲廷亮、廷魁雙承宗祧，並令吉昌助給水成錢五十千，以敦親誼。廷輝見事敗，狡稱與廷魁同姓不宗，所有捏名圖繼等事，與伊無涉。該縣因其年老，未予深究。詎廷輝心仍不甘，並因廷澤歿於其家，晚成無歸，遂誣稱吉昌賄串水成朦斷改繼，以五十千爲行賄之據，使其子德潤暨族人潤洛等復控於府。行縣仍照原斷完案，德潤等量予責懲。廷輝復以改斷寃責，並捏稱差役王天魁等詐贓六十餘千，赴司翻控。批府委訊。當吉昌定繼之後，不知所得遺産，已爲廷輝瓜分。將當與趙雨來等地九畝，憑牙中許正標等説合，賣與白全貴管業。經廷輝查知，率子吉正等犁毁所種花苗，並將全貴毆傷。全貴亦來府申訴。並案提訊，得悉前情。查廷魁兄弟，物故乏嗣。近支既無可繼之人，自應向遠房中秉公擇取。吉昌既符公議，且已持服行殯，仍照縣斷，准其承祧。至小玉，雖不應出嗣，然出自廷魁之意，有玲等不過泥守遺約，主持失當，情有可原，免其置議。若廷輝覬覦絶産，詭譎多方，結龐氏爲内援，挾晚成爲奇貨。一局不成，又設一局，子虚烏有，捏造詭名。逞其狙詐之謀，遂彼鯨吞之志。乃始則冒稱族長，繼則狡辯不宗，玩法逞刁，莫此爲甚。猶復牽綴支詞，上瀆柏府，其謂公庭上竟無三尺法耶？本應按律革究，姑念風燭之年，死期已迫，擊喙數十以當蒲鞭之辱。吉正、德潤不能匡救父過，而且架詞告賄，聚衆争田，各予杖責，以示懲警。水成受人唆使，庸劣無能，從寬勿論。縣斷五十千，既已收訖，所受吉正三十千，當堂追繳。至廷澤父子，煢煢孤露，寄養他鄉。廷輝以其愚懦可欺，招之使來，操爲利柄，以致死無以葬，生無所歸。本應責令廷輝妥爲安置，念吉昌既經過嗣與廷澤，支派較近，着將廷澤速正首邱，晚成送回嵩縣。白全貴在吉昌名下買至地九畝，契明價足，准其管業。趙雨來等所出典價，在廷輝名下追償。龐女買地四畝，龐進典地三畝，雖係得自廷輝等之手，但未經吉昌重賣，姑准承種。至廷輝所告贓款，不但差役堅不承認，即指爲過付之周水成，亦力白其無。夫以水成與廷輝狼狽爲奸，度無不隨聲附和，處處袒劉。何乃於質對之時，反顔相向，已足徵公道難誣。且老革恃符，藐玩健訟爲能，又何懼此二役，而肯自破慳囊，分與虎口中之一臠耶。王天魁、孟懷德既受財實據，亦毋庸議。餘屬無干，概行省釋。取結附卷，一面行縣，一面詳司可也。此判。

（清）李鈞《判語録存》卷二《争繼事道光十年六月二十一日》　審得新安縣民游迪吉控游林子串弊誆斷等情一案。緣迪吉父兄弟五人，顯著居次無子。其妻孫氏物故，曾令迪吉服衰。道光九年，顯著患病，邀同族親議取迪吉爲嗣，因五門有子多人，又取其四子林子並繼，各立繼約。顯著病故。三門游劉氏覬産生妒，以林子不應並繼控縣。查迪吉等繼與顯著爲後，均屬昭穆相當。顯著因擇賢愛，多取一人，例所不禁。該前縣自應聽其並繼，而斥游劉氏妄控之非。乃無事自擾，轉以迪吉較顯著繼妻年長，將其逐回。令林子一人獨繼。迪吉不甘，遂以前情控府。夫繼配之妻，不必皆長於前室之子。設迪吉爲顯著親生，亦將以馬齒有加，而不得爲母子乎？該縣此斷，夫豈無故而然。顧情聯雁序，迪吉尚無偪處之嫌，而志切鯨吞，林子轉有操戈之勢，殊屬可惡。極應將林子逐出，以懲奸貪。本府不爲已甚，着將迪吉喚回，仍准林子並繼，以從顯著之志可也。長門游崇子獲地十畝，係顯著在生所給。林子賣地十六畝，爲殯埋嗣父之費，均無庸議。游劉氏無端具控，致肇訟端，實屬不合。姑念婦女無知，從寬免其到案。一干釋回，取結附卷。此判。

（清）李鈞《判語録存》卷二《争産事道光十年十一月初一日》　審得偃師縣民王月丹控王長庚滅祖背據等情一案。緣王月丹父林昇，與王長庚父允昇爲同胞兄弟。允昇居長，林昇居次。林昇出繼堂伯爲嗣，繼産僅有地六畝，莊基一所。其父以林昇繼産淡薄，仍令與允昇同居。並令日後析箸，將繼産並入本門産業，兩股均劈，立有遺囑爲據。其父暨允昇兄弟相繼而亡。允昇有子長庚等三人，林昇有子月丹一人。九年三月，邀同親誼李文俊等公議析居。合計兩門房産，除長庚生母劉氏私積，應得地八畝不計外，其餘共莊五處，地一頃五十五畝。查照遺囑，按兩股均劈。已立分單，内有地數畝，互争未决，因而成訟。該縣以長庚等人丁較繁，僅得一股，未免偏枯。乃祖雖有遺囑，亦不過欲子若孫同享温飽，既無外待次子之心，詎有岐視諸孫之意？月丹誠能恪守遺言，自當善承先志。除月丹應得繼産地六畝不計外，所有本門遺産，斷令四股均劈，以昭平允。詎月丹情有不甘，叠次由府上控道轅。奉批提訊。查子孫既經出嗣，自不得於本門財産再生覬覦。月丹所以尚得瓜分者，徒恃有乃祖之命耳。既以其祖之言而許其分，即當從其祖之議而許其平分。該縣所斷，固屬教民興讓，然而以君子之心測小人之腹，割宅讓産，正難望之椎魯愚氓也，既不能喻之以情，自不得不折之以理。查其祖停柩未葬，着公除地二十畝，交長庚變賣爲營葬之費。再除地十五畝，爲長庚繼母史氏養老之資。餘莊五處，地一頃二十畝，並家具、糧食等物，着邀同原中，均按兩股公劈，以靖嚚争。一干省釋，取結附卷。行縣知照，並詳覆道憲可也。此判。

（清）李鈞《判語録存》卷二《改繼事道光十二年五月十八日》　審得偃師縣民婦張郭氏控嗣子張自振孝養有缺，欲行改繼等情一案。緣氏夫張琬早亡乏嗣，兄琠僅有一子三聘，因取堂兄坤次子自振爲嗣。該氏有地四十畝，房一所。攜與嗣子，並其兄自新同居，初無閑言。道光十一年，該氏忽欲獨居，令嗣子按月資其食用，同族人立有議單。未幾，遂有斯控。並稱逼伊改醮。自振胞叔彦則謂議嫁屬實，委因該氏中年渝節，育有私胎。而三聘又謂彦等造言誣衊，接該氏寄宿伊家，暗行佐訟。夫數載同居，何以一朝析爨，其爲避人耳目可知。況張彦等衣冠士族，非彼婦果有不端，又何肯以中冓之言，自甘唾面？則失節之事，固難保其必無。然使當敗露之時，立告母家，明正其罪。則真贓現在，正賊焉逃？乃隱忍不言，遲迴遣嫁，致三聘乘機攘臂，奇貨是居。迨至投牒公庭，始執此以藉口，則事無左證，固不得以莫須有三字汚人名節矣。該氏既無失節實據，則猶是張氏之婦，自振之母。嗣子不得於所後之親，聽其告官别立。例有明文。查有張琬堂侄玉潤應繼，乃玉潤既未到案，而族長道深等僉稱其不願，代執甚堅。夫例在應繼，豈容自便。但該氏冒不韙之名，而賦性又極悍潑，人苟自好，孰願依其膝下哉？殊難勉强。捨此而外，則惟使三聘雙承，尚爲合例。查該氏所欲繼者三聘。而三聘以覬産之故，播弄是非，久眈虎視。竟爲取繼，豈不遂彼陰謀？然應繼者不願，而願繼者不准，事處兩難，則爲張琬一綫之祀，大費躊躕，豈非膠柱？況三聘爲該氏胞侄，即使稍參末議，亦與平人唆訟者有間。三聘斷爲張琬兼承禋祠，其次子廷立斷爲張琬之孫。其房産家具等物，着自新即交三聘承管。奉養該氏以終，不准私賣。如有虧孝道，經該氏再行控告，加等治罪。如此定斷，不戾於情，正復不悖於理，庶訟端瓦解，各相安於無事之天耳。至該氏又與自新因向火口角，三聘母谷氏復與地主蘇長法等詈毆成訟，均無重情。祇緣繼案未結，故爲是擾攘耳。一概免究。取結釋回，行縣知照，此判。

（清）李鈞《判語録存》卷三《不為胞兄立嗣事道光十二年七月初三日》　審得新安縣貢生郭遐齡控族弟貢生郭珠生蕩産廢祀等情一案。緣珠生祖郭汴，有子二人。長粹善，娶妻何氏，少亡乏嗣。次盡善，有子二人，長禄合，次即珠生。禄合承嗣伊伯，夫婦雙亡，亦無子嗣。道光三年，何氏邀同族親，命珠生雙承兩門，竟未與禄合取繼。五年，何氏病殁。珠生同高祖兄遐齡，遂於六年具控。該前縣准其雙承，令俟珠生有子，再繼禄合。於是遐齡由府而道而司，歷控數年。節經行縣覆訊，仍照原斷詳覆。前藩憲戴以所斷紕繆，批府提訊。珠生遠游京師，幾及二載，今始集案，訊悉前情。查禄合爲伊胞伯承嗣，既經成丁授室，自應爲其取繼，以延大宗。如聽珠生雙承，則禄合之祀斬矣。若仍爲禄合立嗣，則雙承一事豈非蛇足？且禄合殁已二十餘年，鬼猶求食，久應苦餒，必仍待猶子之生，以延一脈，豈不河清難俟耶？所斷洵屬紕繆。查伊同曾祖兄弟，僅有一子，不能出嗣。其同高祖兄弟遐齡，雖有二子，積有訟嫌，例不取繼。惟柏齡生有三子，應將其季子賀春斷爲禄合承繼。其珠生雙承兩門之案，即行銷毁。惟賀春尚在髫年，家産着仍歸珠生料理，不准柏齡暨其二子干預。俟其成立，再按兩股均分，各取遵結完案。至珠生所控縣役王朝柱捏稟寃責一節，緣珠生久經延案，該縣執欲傳解，不准自投，被其族人郭登魁等私行引走。朝柱稟縣，將登魁等各予責飭，尚無不合，勿庸置議。珠生現欲赴京鄉試，一經延宕，又墮其術。着與遐齡俱交批差帶回，該縣俟其將賀春過房告廟諸事趕辦完竣，再聽自便可也。本府於初三日斷結，初四日即給回文，不爲不速。該生既有志功名，勿得自誤。此判。

（清）李鈞《判語録存》卷四《賣繼産事道光十二年八月十四日》

審得澠池縣民馬應隆與馬士寬、馬林子、馬升等互控一案。緣馬林子係馬中義義子，自幼撫養成人。中義與其元配張氏，皆林子服孝送終。其繼配祝氏，因生子本林，給林子地二十畝，錢二十千，將其逐出。本林幼殤，祝氏取堂侄應隆爲嗣，旋即病故。應隆承受房一所，地一頃六十畝。林子將地費盡，於道光十一年七月，以圖産鑽繼等詞，控應隆於縣。該前代理縣張斷給林子住窑三孔，錢五十千。當付二十千，其餘延宕未繳。九月，應隆將地九段，憑産行張焕説合，賣給馬雲雁爲業，得價二千零六十四千。而以錢一千五百千，買雲雁宜邑羅村地一頃三十畝，因往羅村就耕。馬士寬亦充産行，妒未得用，於十一月，以應隆私賣雲雁謀買等詞控縣。該縣將應隆管押，並追繳雲雁買契五紙。應隆私逃，差役往拘，經馬中海及芮保等毆傷。芮保被獲枷示。應隆控府，馬雲雁、馬中海及馬林子等亦各據情陳訴，當准提訊。馬連升曾買應隆地八畝，因種有麥苗，約與賣主分收。本年麥秋，以應隆在郡，無人收獲。連升先割二畝，被應隆本生母攔阻成訟。經縣役調處，仍以分收寢事。應隆在案，捏稱被搶四十畝，續行呈控。提案並究，獲悉各情。查馬應隆以産换産，並非蕩費。且伊嗣父母已殁，身爲業主，並經官牙説合，何爲私賣。羅村雖屬隔境，距所居不過八里，又非遠離邱墓輕去其鄉，亦難律以忘親之罪。馬雲雁出錢置産，契明價足，何爲謀買。計自成交以至被控，爲期未及三月，又難科以漏税之條。馬士寬飾詞妄控，殊屬不合，姑以年老免究。原契當堂發還，着馬雲雁投税管業。馬應隆既經該縣收管，曲直應候覆訊，遽行逃匿，亦屬玩法，杖責示懲。芮保已被枷責，免其重科。馬中海年已衰邁，姑予掌責完案。馬林子雖爲義子，而生養死葬，克盡事親之道。前祇分地二十畝，後僅斷錢五十千，未免過少。但其人亦非安分之徒，既已輸服無詞，再爲改斷，轉啓争心。所有錢三十千，着即行繳領。林子又稱老宅後有地一畝九分，經該縣斷給與伊，未曾交付。查卷内並無此語，事極瑣屑，無論有無斷案，着應隆回縣後，即將此地交林子管業，以示體卹。至應隆誣控馬連升搶麥一節，既經杖責，足以蔽辜。原被均取結釋回，行縣知照。此判。

（清）李鈞《判語録存》卷四《争産事道光十二年九月初七日》

審得嵩縣民郭恩普控堂兄郭恩廣私吞公産等情一案。緣郭恩普父焕成，與兄自治、自正、自修均已即世。自治子恩廣，自正子恩衢，自修無子，恩普雙承。去歲析居，三門遺産，亦恩普承受。同族親立有分單。外有地十六畝，及陳世福、李朝陽錢會兩道。恩廣謂係伊母私蓄，恩普稱係公産，互争不決。又族親公議爲恩衢除錢十千，以助婚費。恩普不願攤認，並將恩廣等地契霸存己手，争控到縣。地畝錢會，斷歸恩廣，仍令遵議爲恩衢公除婚費，地契飭還。恩普不遵，並添入店户秦魁元勾通差役詐財逼約等情，控府准提。堂訊之下，因恩普自稱童生，問於何年應試，供稱十年十月曾應院試。問分産何以爾得兩股，供稱爲伊三伯母趙氏承繼。問趙氏何年身故，供稱十年四月二十八日。鞫訊至此，不禁發笑。該童生既已過繼，何不丁憂？既不丁憂，何以承業？是所據已屬非分，乃得隴望蜀，更生覬覦，何無饜足至此？恐未遂圖産之私，已先蹈匿喪之咎。如此童生，豈不辱没斯文。所争是否恩廣私蓄，無從查考，但地約會歴，俱載伊名，自應執據管業。即有改竄隱匿等弊，該童生既安享兩門遺産，已足相抵，尚有何説。至婚費十千，區區者亦靳而不予，慳吝已極。况將地契措留，尤屬無賴。當鎖押聽候治罪。嗣經其母郭崔氏再三哀懇，並將地契呈出。既已知罪，姑寬一線。所有分産等事，俱着遵縣斷完結。如再抗違，該原告供招具在，定追出三門遺産，另行取繼，並治其匿喪之罪。其舅崔世太顯有架唆情弊，掌責示警。地契七紙，當堂發郭恩廣等領回。秦魁元僅賒給伊飯錢七千，並無逼立借約、串索錢文等事。既已質實，着回家自行清理可也。取結附卷。行縣知照。此判。

《清代巴縣檔案彙編·乾隆××年六月初一日王左氏嗣子案審單》

問，據王左氏供：這王文金是孀婦胞伯，翁父王文芳娶姑吳氏，生孀婦丈夫王治炳，係是獨子。不料翁姑與孀婦丈夫均故乏嗣，遺田穀一百餘石，請憑族戚與孀婦立嗣，議抱堂兄王治安之子王長壽爲子，書立抱約，被胞伯王文金阻繼，估將他子王治倫勒抱孀婦爲兄弟，霸踞房屋不搬。無奈控案，一切事由，孀婦前已供明，蒙前審訊，爭繼不能，承繼均作罷論，諭孀婦回家擇賢擇愛，另行承繼，如親支無繼，即於遠族中任其擇繼，族人不得把持。孀婦遵諭，回家請憑族長王元福，另抱服內王治煊之子福壽承繼，書立抱約，又被胞伯王文金阻繼，仍霸踞孀婦房屋不搬，並加佃户押銀，估不退還，以致又求復訊。族長王元福，孀婦邀請到案，伊要孀婦許銀百兩，壽木壽衣，始行赴質。孀婦無銀，所以王元福請不到案，孀婦纔來復訊，求作主的。

問，據左輝山供：這王左氏是小的女兒。嗣因小的女婿王治炳物故乏嗣，憑族議抱王治安之子王長壽爲子，被王文金阻繼霸產，估將他子王治倫抱左氏爲弟，並霸踞房屋不搬。小的女兒不允，控案情由，小的前已供明。蒙前審訊，爭繼不能，承繼均作罷論，諭小的女兒回家擇賢擇愛，另行承繼。王左氏業已擇繼王治煊之子福壽承繼，請憑族戚書立抱約，又遭王文金把持，並私加左氏佃户押銀，估不退還，又求復訊，仍請小的作抱的。

問，據王文金供：這王劉氏是武生母親，在鄉染病未案，武生來渝上糧，這左輝山見武生來渝，就要送案，但武生兒子治倫抱王左氏爲兄弟，係遵母命，王左氏聽左輝山唆使，私抱王治安之子王長壽爲子，武生清詢並無其人。武生母親不允，由此互稟。一切情由，武生前已供明。蒙前審訊，爭繼不能，承繼均作罷論，諭左氏回家擇賢擇愛，另行承繼，如親支無繼，即於遠族中任其擇繼，族人不得阻持。武生回家，王左氏抱子並未通知武生，竟抱王福壽爲子，私立抱約。武生並未在彼，母親劉氏不允，王左氏又求復訊，武生來案求作主的。

問，據左相臣、左良臣供：這王左氏是小的們妹子。嗣因妹丈王治炳物故乏嗣，憑族議抱王長壽爲子，書立抱約，被王文金阻繼霸產，估將他兒子王治倫，抱與王左氏爲弟，左氏不允，控案。王文金尢捏他母親王劉氏名，將小的們互控在案，一切事由，小的們前已供明。蒙前審訊，爭繼者均不准承繼，諭王左氏回家擇賢擇愛，即於房族中任其擇繼，族人不得阻持。王左氏回家，業已擇繼王治煊之子王福壽爲子，請憑族戚書立抱約，又被王文金阻繼，故王左氏又求復訊，小的們一同來案質訊的。

問，據惠德昌供：小的去秋以銀一百兩，承佃王治炳、王左氏田業耕栽。嗣因王治炳物故乏嗣，憑族抱子立嗣，遭王文金阻繼霸產，搬入王左氏家踞鬧。左氏控案，彼時小的未家，只有小的兒子在家。王文金請人將小的兒子私押，勒加佃銀一百兩，估逼小的兒子與黄梁氏投佃納租，約係王文金親筆。小的歸家，聞知續稟，一切情由，小的前已供明。蒙前訊令，爭繼者均不准承繼，諭王左氏回家，擇賢擇愛，另行擇繼，族人不得阻持。兹左氏業已擇繼王福壽爲子，書有抱約，又被王文金阻繼，但小的以押銀佃王左氏業耕，全家靠收田穀度日，王文金吼稱搶割田穀，所以王左氏又來復訊求作主的。

縣正堂判詞：審得此案，前已斷令擇賢擇愛。今左氏已抱治煊之子，王劉氏又復呈控，劉氏未經到案，王文金供稱左氏係屬私繼。查訊該族族長係王元福，約内元福有名，應不爲私繼。惟元福未經到案，仰候速傳元福，一到即訊，確定繼體，以保節孝，並永息訟端。速傳王元福連本日限四天到案，元福年老如不能到，即着各趕族中賢能，以憑訊結。

（清）沈衍慶《槐卿政蹟》卷二《判牘·吞產指繼事》

蕭發授、發特，嫡堂兄弟也。發特於嘉慶十七年出外未歸，發授經理田產數年，輒從中侵蝕。賴有從堂兄蕭潤姿出爲整頓，尚存田租三十石有零。自嘉慶二十二年經管，迄今二十年，續增田租七十石。發授身故，僅遺子濱元一人，孀妻弱息，悉潤姿爲之扶養而成人、而授室，則潤姿之有功於發授、發特二人也，明矣。族議濱元承繼發特一子兩祧，出大宗而繼小宗，議雖未協，然潤姿初無私心於其間也。蕭發捷借耕發特名下田畝，欠租未交，反挾潤姿催取之嫌，輒以吞產指繼絶嗣等情邀同發報，控告在案。輾轉拖延，無怪潤姿情激上控。案奉撫憲批府親提，本縣原未便質訊。既據兩造干證人等投到前來，懇請就近聽審，似亦不必拘泥。當堂集訊之下，情形畢繪。發捷等亦供認不諱，應即照案完結申詳。例載：獨子出繼，必同父周親兩相情願，方准承繼兩房宗祧。爲人後者，必有其所生父命之。《傳》曰：己孤則不爲人後。蓋所生已没，無所受命也。今發特外出計今二十餘年，未卜存亡，又無妻室。其親姪濱元父故而母僅存。是在欲立後者並無主繼之人，而在爲人後者又無生父之命。且出大宗而繼小宗，考古證今均未允協。詢之族房人等，僉稱均無應繼之人。應即斷令發特名下田租百石，一半作爲祭産，援無子祔食之例，立發特於祭户，祔伊父名下，令其兄子永遠奉祀，則不繼而自不絶。有餘五十石田租，一半給與濱元，以篤周親之義；一半給與潤姿，以酬經紀之勞。復據潤姿辭稱，願俱給予濱元名下，己毫不受。友讓之風，殊堪嘉尚。准將發特名下田租五十石全予濱元執業，祭産五十石着勒碑垂久，其田畝仍聽潤姿管理。蕭發捷霸耕之田斷令盡數繳出，其挾嫌混控，咎本應得，但念原被誼屬一本，並上堂不敢狡飾，姑予寬免，以全親睦。蕭鍾氏原牽去耕牛二隻，著交還發捷並酌償地保代喂養牛資錢五百文。蕭潤姿撫孤存産，終始如一，洵屬無私，族中原議字約應即塗銷。再，發特倘有生還之日，祭産仍歸伊收執。兩造干證人等各當堂取具遵結，俟申府轉詳銷案可也。

（清）沈衍慶《槐卿政蹟》卷二《判牘·逐繼絶祀事》　王名堂之父伯淳，本係劉姓，乞養於王紹第爲子。因王族修譜禁列異姓，復以弟子王伯宦承繼。宦遠出不歸，紹第仍立遺屬將田業付伯淳承受。是伯淳之繼紹第不以序而以恩，不承祧而承産，本在可離可合之間。然使爲名堂者，能恪守前業，和協族鄰，庶無負燕翼之貽，不失螟蛉之義。詎堂將田産蕩廢無餘，又復生事擾害，致被族衆公首，經竇前縣斷令歸宗，所存房業付王族公同收管，以爲紹第祭醮之需，實屬情法兩盡。胡堂不知悛改，復聳衰邁之周王氏，以逐繼絶祀等詞掣控，王名魁並將遺屬呈驗，不思紹第當日此舉，原冀淳之子孫於春秋霜露之辰，麥飯紙錢長相料理耳。今堂既蕩廢若此，勢必一壞莫保。紹第有知，應亦傷心於地下。名魁係伯宦之胞姪，於紹第爲周親。堂既歸宗，即屬外人。紹第未盡之房業，至親如魁分應承管。堂何得復過而問焉。況傳訊族證王述先、伯方等僉稱所遺四間房業實係族衆經收，賃租有約可憑，名魁並未盜賣。名堂挾嫌誣控，顯而易見。除笞責示儆外，仍照前斷勒令歸宗。原立遺屬塗銷附卷，以斷葛藤。其房屋仍著王族公同收管，租息以資紹第祭醮。名魁亦不得覬覦干咎，庶亡者之高祀長延，而生者之争端永息。周王氏，八旬聾嫗，免供逐出。

（清）沈衍慶《槐卿政蹟》卷六《判牘·指契陷業事》　程萬興之父應九，即程元春之父書亭胞兄，早年分爨。應九生二子，長元魁，次即萬興，亦於道光十四年析産。應九親立付字，分撥萬興名下得田十六畝，其田老契與書亭共業，契交書亭收管。其餘零星租豆糯穀，照股分受，均於付字内註楚，此外並無公産。應九故後，書亭宦歸，歲仍津貼兩侄。萬興旋將分得田畝轉賣無存。書亭長子元春兄弟有五，亦析箸多年。書亭物故，萬興向元春索貸未遂，輒以指契陷業等詞具控：稱其父與叔尚有祖遺産業未分。查萬興之於元春共祖兄弟也，應九之於書亭同父兄弟也。使祖産未分，則應九付撥二子之産，果何所憑而分撥乎？況書亭五子復經一一分析，使有祖業未清，則當元春等支分之時，萬興何默無一言，而迄今忽平空追溯乎？至付字内所稱十六畝老契歸書亭收管，原以契有共業，不便分析，是以註明。而此田萬興已全行出賣，其賣契内亦載有有契與別業相連字樣。是祖産之分受，既有父筆可憑，而己産之蕩完亦有推收可核。萬興何能更置一喙。世無許武推田讓産之高風，已難望之同懷手足，而況欲責之從父弟昆乎？萬興挾嫌妄争，本應坐誣。姑念祖屬周親，一富一貧，不妨略事言情，裒多潤寡。酌令元春等貼補萬興錢一百六十千，以全親睦。仍令萬興書立清白字約，此後不得再行覬覦訛索，以杜後釁，並各具結存案可也。

（清）蒯德模《吴中判牘》　張瑞和，張茂隆之子，嗣張王氏爲孫者也。張順發，張吕氏之甥，嗣張吕氏爲子者也。張吕氏死，而瑞和與順發争産。順發有詞，瑞和亦有詞。然而順發非張氏子，不應得張家之産。瑞和嗣張王氏爲嫡孫，亦不應得張吕氏之産。然則吕氏之産將何歸乎？

查張吕氏有自生子二人，一茂禄，一真德。茂禄被擄，真德早死。而真德妻張徐氏尚在，有子仁壽，年十二，此乃張氏之苗裔，而應得食張氏之租税者也。惜也，仁壽亦非真張家之子也。仁壽非張家子，其何以得張家之産？真德病篤時，遺命立仁壽爲子，族之人莫不知之。真德死，而其妻則以夫命爲辭，此又不得概以爲非張家子也。然則以吕氏之産歸張仁壽，此則以情論，使無重傷張徐氏之心，所謂姑且畀之，而留以待茂禄之歸也。並斷令張徐氏立張瑞和子爲孫，此則以理論，使無以異姓亂張氏之宗，所謂長久計之，而用以安張氏祖宗之心也。張氏有人，其以爲何如？

（清）蒯德模《吴中判牘》　尤薛氏乃七子之母。薛氏殁，其膳田應七股均分，乃長子尤杲公然鳩占，遽爾鯨吞，始則抵押，繼且盗賣，黄金浪擲，半託花費之名，白手獨擎，不作瓜分之想。其意以爲二、三兩房僅餘寡婦，四、五等房均屬稚弟，可以任我欲爲，無人見問也。乃尤張氏竟以欺凌之狀，爲赴愬之詞，本縣追明原價，斷以公分。既於一分之中析之而爲七，而不使其强者獨據之。所謂惟禮定分，使人不争也。又於六分之中併之而爲二，而必擇其苦者先畀之。所謂哿矣，富人哀此煢獨也。至於尤朱氏雖未與尤張氏並控，而且分以與之，所謂推己及人，知其同此無告也。尤權等雖應與尤張氏公分，而獨勸其讓之，所謂發政施仁，必先此無告也。阿兄不道，難應將伯之呼，羣季皆賢，尚有援嫂之意。本縣用是嘉尚，而於尤權等有厚望矣。

（清）鍾體志《柴桑傭録》卷一《讞詞·黄紹喜控孫黄氏案》　訊得黄蔣氏有子出外，廿年未歸，常與其女孫黄氏同居。上年病殁，其族姪黄紹喜至孫家，自稱應繼，當憑戚鄰將黄蔣氏所遺衣資歸黄紹喜收領。所欠債項百餘串，以蔣氏所住茅屋並基地，歸孫黄氏管業，以作還債葬母之資，立有約據。嗣後孫黄氏之子孫廷章在陸家壠買山安葬，被黄紹喜遏阻，以致興訟。據黄紹喜稱，陸家壠所買之山，仍是孫姓出名契買，伊既過繼，契内應載伊名，蔣氏所遺房屋基地，應並歸伊，以資歷年祭掃。查房屋基地早經議明，歸孫黄氏管業，還債葬母，該民何得妄生希冀？至該民既過繼黄蔣氏，所置墳山即用黄紹喜出名承買，尚屬近理。着即邀同賣主更正，黄紹喜年老而貧，至安葬時，或由孫黄氏稍助路費，多寡應聽其便。惟黄蔣氏屍棺，總宜及早安葬，庶各心安理得。倘黄紹喜圖訛妄阻，則爲天理國法所不容，定于重究不貸。

（清）趙幼班《歷任判牘彙記》卷一《判嚴富興等堂詞》　訊得嚴大發妾王氏供稱，李氏係故夫嚴大發之妻，子女無出。該氏所生一女，許配李五十爲妻。氏夫故後，所賴遺屋九間，收租度日。今春李氏病故，女流之見，遂有以女婿李五十承嗣之意。嚴富興係嚴大發之族侄，邀同族長嚴大業、族正嚴家培等出爲争繼。以異姓不能亂宗等情來縣呈控，查嚴富興於同族昭穆，果屬相當。應立富興爲大發之後，承嗣奉祀，理所當然。嚴王氏與女及婿同居，例無不准。所有房屋九間，仍歸王氏收租執守。李氏喪葬，斷令王氏辦理。嚴王氏在日，嚴富興當盡人子之義，不得希冀分産。取具該族親等允服切結存案。此判。

（清）趙幼班《歷任判牘彙記》卷一《判何鍾德等堂詞》　何李氏既無子孫，立族曾孫何鍾德即何春喜，並無不合。於三十一年分憑親族立有繼書爲證。去年，何李氏病故，所遺房屋、田畝載在繼書，應歸何鍾德即何春喜執守，豈容旁支覬覦。惟何李氏之田地，係祖業，老契無存，於光緒十四年分併入何玉全共立一契投税，是何玉全從中不無取巧，姑不深追。並據村長王長林、族長何正華供稱，此案早經調處。因何李氏之田尚有一畝二分，何春有不肯退出，是以涉訟。斷令何春有仍照公議退還，並令村長王長林、長親胡繼明，帶同春喜、春有遵照繼約，如數交給春喜收受。並將田契批明，着春有另出筆據，免再糾葛。取具遵斷完案，各結附卷。此判。

（清）趙幼班《歷任判牘彙記》卷二《判洪長松等堂詞》　翁伏氏之姑翁王氏，原日已再醮與洪姓。何能以翁家産業帶歸洪門而作一分局？是當日分劈之據，即爲今日興訟之由。惟伏氏不能以子婿張金龍更從翁姓，爲之承繼圖産懷私也。分約兩紙應銷。翁富貴受業契據暫存，候投税繳清，再行給領。取具切結附卷。此判。

（清）趙幼班《歷任判牘彙記》卷二《判朱徐氏等堂詞》　此案訊得常乃貽等彼此所供各詞，因公私未明，致啓訟釁。查朱彭林、朱彭義兄弟二人屬一股，朱彭年、彭連、彭高、彭松兄弟四人屬一股。兩大支而分作六股，兩代同居，尚未分析。兹以議分而開争端。查蕭家潤田契係載朱彭高一人名下，然當日管理家事，概係彭高經手，不得藉此以爲私管之憑據。且在未分之先出有力者，即須據爲私執，殊非顧全大局之道。安葬祖母，既係朱魁元墊備費貲，即以毛池厠屋抵償。尚有三女未嫁，即以十字街口基地提歸魁元，作嫁奩之款。盤塘營、蕭家潤田業，品作六股均分。彭義無嗣，即以魁元次子承繼。如此調處，尚屬平允。家庭骨肉之間，毋庸堅執，徒滋訟累。各遵結附卷。此判。

（清）趙幼班《歷任判牘彙記》卷二《判徐梅成等堂詞》　客民徐安太來寧日久，置買田地務農爲業，與姜福海多年相得。本年春，以姜福海去年新生之子爲寄子，認爲乾親，從此尤爲親密。五月徐安太病故，親丁遠在山東，姜福海代爲喪葬，情誼堪嘉。所有遺產，應歸徐子梅成。寄子何能得受，例無異姓立嗣之條。惟姜福海佃種徐田三畝三分，斷令於明年起，姜福海折半上租，業歸徐姓，糧歸徐完，所讓之半租，爲徐安太遺念於寄子。着村長趙太有等協同該處甲董，書立合同，兩造各執一紙，永遠存照。徐安太另有餘資，及本年租穀等項，必爲衣棺喪葬用盡。徐梅成不得再行查問，致傷和氣。此後，仍以乾親往來，兩相和好。取具各結完案。田據當堂發給徐梅成收執，餘件塗銷作廢。此判。

（清）趙幼班《歷任判牘彙記》卷二《判譚王氏等堂詞》　汪安福昔爲王正興贅婿，養老送終，有據可考。汪安福遺有一子，名汪鎮榮，亦生二子，准其一子歸宗。本年春，王正興之婦龍氏病故，汪鎮榮爲之喪葬，理無不合。汪鎮榮之生母已再醮與王維昆，姨母亦再醮與譚毓秀爲妻。雖經龍氏所出，龍氏既無遺產，均不必干預母家之事。汪鎮榮當體故父贅入王姓爲子，奉祀祭掃，竭盡心力可也。此判。

（清）趙幼班《歷任判牘彙記》卷二《判李朝輔等堂詞》　此案訊得兩造供詞，纏訟日久。李守禮屬藻房，朝輔等屬瓚房。查閱系圖，李學瀛兄弟四人，學溥居四，有三子均乏嗣，以長房朝輔兼祧李桂，次房朝宣兼祧李桐，三房朝鈞兼祧李榛。一房派一人承繼，甚爲平允，昭穆相當。而李守禮乃出服疏房，又非朝字班派。瓚房本支非無親丁，何能由藻房之人出而爭繼也。至稱田業議歸公祠，乃學溥之私產。朝輔等是其親支，且有數棺尚未安葬，豈有將田入公，而另行籌款，以辦喪葬之理。李守禮謂係族人，公議此議殊不近情，其中似有挾持之意。即有此意，亦須看朝輔之願與不願，不能勒取。飭令李守禮將各契據交出，憑房領執，以息爭端。遵結附卷。此判。

（清）趙幼班《歷任判牘彙記》卷二《判秦修祺等堂詞》　此案已故民人秦正春、正隆在日有田五畝，身歿乏嗣，經族衆公議，暫入宗祠。由秦修祺、昌祿兩人分種交租，相安無異。去歲秦氏修譜，不忍正春兄弟若敖鬼餒，以昌祿承繼兼祧，載明譜系，昌祿既爲人後，應服先疇。秦正春兄弟所遺絶產，自應歸其全分承受。乃秦修祺以平日食慣之田，一旦爲昌祿所兼併，必不能平。始而霸阻，繼則拚鬧，迨理屈被辱，忿無可洩，又復控其田埂，架詞呈控。似此貪利忘義，謬妄糊塗，殊屬可惡。本應加以懲儆，姑念原被一本之親，連枝同氣，事關家務，當略理而言情。且其人窮極無賴，若遽繩之以法，日後難保不另生枝節，轉非息事寧人之道，是以委曲從權。斷令田給昌祿執業，每年由稻租項下酌給秦修祺英洋二元，以十年爲限，聊示賙卹。各安本分，永息争端。秦修祺倘敢向昌祿尋釁尋隙，藉故滋擾，定即提案嚴究，决不寬貸。兩造悦服，取結附卷，無干省釋。此判。

（清）趙幼班《歷任判牘彙記》卷二《判王余〔氏〕等堂詞》　此案訊得王慕漁、王安義各執一詞。據王西垣、田峙魯等所供，從中調處之法，頗費經營。王安義因其父與叔原日未立分書，藉此欲分王慕漁之肥，以是結訟。但王西垣、田峙魯均老年人，謂當日業已議定，各執各業。王慕漁故母曾有遺囑，似非捏飾之詞。但兄弟、叔侄乃骨肉至親，何必作此錙銖計較，致傷家誼。飭令王慕漁將私管瓜埠之二百畝田，劈一百畝與王余氏承執，以息爭端。王慕漁强以爲可，而王安義猶以爲未足也。再着西垣、峙魯在外委曲開導，彼此毋庸堅執，再候覆訊。至沈傅薪出名作抱，王余氏有子，王安義亦來，事不干己，嘵嘵置辯，顯係從中播弄，着即責懲，求寛姑免。以後毋再挑剔，致干究治也。此判。

（清）趙幼班《歷任判牘彙記》卷二《判朱廷禮等堂詞》　此案訊得朱廷禮五房，僅長房廷用遺有連庚一兒，年甫八歲。父死母嫁，應歸廷禮帶養，不能出繼疏房，名正言順。惟廷用原日徙居金壇，相距甚遠。二十年廷用逝世，其時連庚尚在襁褓之中。現在母已改嫁，族長朱祝臣、朱位三等不忍坐視連庚無依，飭令廷禮接回撫養，廷禮以家境窘迫推卸不允。其實爲顧愛螟蛉子，朱長生恐連庚長大，日後爭分長生所得產業起見。嗣聞族戚有勸朱葉氏接回爲繼之議，始知此事果難阻持，產業終難分析。忽然改計，趁葉氏未接先行接回。是時葉氏並不知廷禮已去，以致亦赴金壇往接，因此爭論。復經族戚調處，議令廷禮備洋五十元，以爲葉氏往返川資及搬柩用費。產業作兩股平分，照議立據。在族戚就此解釋，在廷禮尚不甘休，以致呈控，此訟案所由來也。五房一子出自大宗，長老俱亡僅存一叔，所留産業自應概歸廷禮掌管。連庚孤穉，務宜妥爲撫養，俟其長大承産立家，庶使數房禋祀不致滅絶。朱長生雖係帶以爲子，究屬異姓，平分家産，所議欠妥。惟廷禮瞽目久患廢疾，長生竭力侍奉，尚屬可取。若不爲之安置，無家可歸，只得酌提産業給之，方有着落。朱葉氏應另行立嗣。此次金壇之行，係奉族長之勸，其中尚無貪圖別意，情有可原。往返徒勞，轉受拖累。即飭朱祝臣、朱位三等邀同鄰戚，於産業内設法籌出原議應兑之洋銀五十元，以搬廷用之柩，以清葉氏之款，從中理妥稟復存案，永杜争端。洋條五紙發還。各遵結領狀附卷。至粘呈筆據所議既不允洽，即行批銷可也。此判。

（清）趙幼班《歷任判牘彙記》卷二《判王李氏等堂詞》　此案訊得王尚高圖得尚洲遺産，擅將王李氏逼嫁與楊道成，李氏堅不允從。楊道成尚有憐憫之心，擬送李氏仍歸王家，情猶可恕。王尚高等膽敢强嫁，何以對胞弟尚洲於九泉。其心殘忍，實屬可惡。着將王椿、傅宣鎧等分别責究。王尚高即押，候繳出楊道成已付之財物，並傳陳吴氏將王氏交出，始准開釋，再行提訊。此判。

（清）趙幼班《歷任判牘彙記》卷三《判滿周氏等堂詞》　此案訊結未久，滿周氏迭行翻控，其中原有糾葛之處。查滿玉潔歿後乏嗣，以滿玉峻之子謙益承繼，現在年甫七齡。所存田業店款及銀錢存項，概歸玉峻取去，並不將周氏作何安置，而司氏竟霸居全宅，周氏不敢入門，諸事不能過問，未審是何居心？滿玉峻並未入卯，呈詞敢稱户書，其遇事欺矇，概可想見。應行責懲，求寬姑免。且所存錢文七百二十千，當日具結，願作周氏、司氏養膳之費。至今忽稱代清帳項，以致周氏飄流無歸，何以對亡兄於地下，何以見生嫂於家中。司氏原屬玉潔所納之妾，並無子女。前次呈詞亦稱爲妻，名分攸關，殊屬藐妄。玉峻又不將周氏、司氏從中調停，以免争擾，徒執偏之見，藉爲串通之謀，如此情形，令人髮指。但周氏、司氏既不相和，自應分居，免致釀成倫常變局。飭令玉峻交出七百二十千之款，周氏、司氏各得一半，提出一百串以清滿作舟欠項。趙家屯之當地六十畝，周氏、司氏亦各執一半。城内房宅，歸周氏居住。城外房宅，歸司氏居住。尚有四十二畝之業，暫歸玉峻耕種，以養嗣子。俟謙益長大，仍應隨母周氏度日，其業仍歸周氏管理。所開日盛土莊店業，應歸周氏經營。地約、當約，着族長滿玉友勒令滿玉峻交出，歸周氏收執。應清債項，由周氏查明償還。玉峻亦不得藉挾私嫌，暗中播弄。從此，周氏、司氏各執各業，各安各居，毋得聽人唆使，徒滋訟累，有乖和睦之誼也。各結均附卷。此判。

（清）趙幼班《歷任判牘彙記》卷三《判王大才等堂詞》　葛焕章是王大順妹夫，周士進是王九高内侄，周有山是榮庚舅父，劉廣順是王大成女婿，梁王氏亦到，皆公親也。訊據各供無甚參差之處。查王大順是長房，王大才是二房。大順與大才原日争繼，係争遠房王有功之絶業，族戚理處議爲雙立各執一半産業。雖立有分書，究是争分絶房之産，並非應分祖遺之業。所謂東、西兩分即是長、次兩房。王榮喜雖屬長房，亦非長房之親支，所以榮喜争立，而公親有不願者。大才本是次房，有功之絶業已得一半，又欲爲榮庚之繼而得大成遺業，因榮庚兼祧大成一房，以大才承繼，合大順原日分執有功之半産，大順固有之産，大成所遺之産，歸大才一股而全受之，公親又有不願者。彼此播弄不止，訟案即因以不休，其實俱爲争産而起。然榮庚本支，概已故絶。飭令族親等另行商議，於宗支内擇其昭穆相當者，爲榮庚立繼。大才、榮喜兩人俱不能争，免致兩不相休，終無所立也。此判。

（清）趙幼班《歷任判牘彙記》卷三《判劉羅氏等堂詞》　劉松林當日得田二十二畝，原議如無後嗣，仍歸羅氏管業。現松林雖無子，已議立嗣，自不能以前議爲憑。惟國章、國鎮並立，無此立法，其實爲謀産起見，應由族親另行議繼。國章、國鎮均不得争。遺書批銷，松林立嗣議妥。劉羅氏亦不能執見，定須將二十餘畝田業收回也。取結附卷。此判。

（清）趙幼班《歷任判牘彙記》卷三《判劉竹泉等堂詞》　劉竹泉係劉仲鴻之胞弟。仲鴻死，竹泉自不能不與聞其後事。劉達氏應爲其夫立繼，已願撫竹泉之四子，即此定議。從速邀憑族親，書立繼據。至達掄權應將店中帳目憑人與劉韶禹結算。韶禹原是店内司帳之人，經手事件亦須交代清楚，繳出帳簿，以憑核閲，各避嫌疑。達氏孀居，自應回家與姑同住。立繼之後，應如何分産析爨，彼此相安，再邀請族戚從中調處，公同議妥酌而行之，毋得聽人挑唆，致啓家庭之争訟。至帶養子，應議給以養生之資，使有着落，不能任其窮無所歸也。此判。

（清）趙幼班《歷任判牘彙記》卷三《判嚴富興等堂詞》 嚴富興上控，爲嚴王氏不准富興領嚴大發之妻柩歸葬。富興既承繼嚴大興爲子，則大發之妻棺應准富興領葬，是富興立嗣之根據。准富興領棺埋葬，王氏不得阻攔。惟富興此刻仍不得覬覦分產。房屋九間，仍歸王氏收租度日，不准典賣。王氏生女即大發親生之女，女婿李五十本不能承繼嚴姓爲子，所謂異姓不能亂宗。大發業已絶嗣，其產亦爲絶產。雖立富興爲後，而親生之女未便使其向隅。俟王氏殁後，該房屋六間歸富興，三間歸親生之女，乃爲公允。嚴富興遵斷，族長嚴大業等亦遵斷，嚴王氏遵斷，李五十之妻無有不遵斷也。取具各結，候詳請府憲核銷結存。此判。

（清）孫鼎烈《四西齋決事》卷一《會稽治牘・批・戴朱氏批》 戴梁氏吞匿遺產，欺陵嫡室，其子鍾偉始則弟兄母子互相訐訟，繼則偕生母聯成一氣，復與嫡母厲氏、嗣庶母張氏控爭，蔑倫悖理，莫此爲甚。查閲先後分書，戴雲墀游幕粤東，修羊肥潤，而一生積蓄僅置田一百六十餘畝，除提起祭產各項，五子各授田二十餘畝，乃分析以後僅十三四年，戴梁氏續又置田一百十餘畝，及市房兩所。謂係自己妝奩，則戴厲氏稱梁氏本伊夫所買使女，焉有奩產，其言確鑿可信。謂由節省所致，則鍾偉兄弟三人共分授田七十餘畝，除去日用開支，即使萬分省儉，何遽能贏餘若此。且雲墀及父母兄弟兩世五人，共提存祭田十九畝七分零，而梁氏之父獨提祭田二十二畝五分零，以妾母外家而駕凌其祖父，此皆戴梁氏平日隱匿詭寄干名犯分之見端也。至所立分書，列厲氏於見分，蔑視正室，尤爲狂悖。案經前縣訊斷，不究追其欺隱之產，而僅將查出之葆元堂店屋、路家莊糯米田抵還借款洋二千元，令作五股均分，派出洋四百元補給鍾俊收領，其鍾靈應派一分，尚未提及，復每月貼厲氏養膳洋十元，原屬格外從寬，及梁氏母子抗不具結，迭次上控圖翻。本縣涖任後，氏姑厲氏兩次來案泣請，見其龍鍾老態，顛連苦況，爲之惻然。戴張氏亦以斷洋五百元抗不交還，迭求押繳。節經剴切曉諭，冀梁氏母子天良發現，覺悟旋生，何圖冥頑不靈，抗違如故，勒提鍾偉未到，反逞其訟技，聳梁氏砌詞上瀆。本縣抄録全案，詳請押發下縣，俾便究追。梁氏母子五技既窮，挈家避匿。查其產業，於二十一、二兩年間除賣殆盡。推其隱情，不過以氏姑垂暮之年，風中之燭，一旦物化，便成冰擱。本縣亦慮及氏姑不久人世，使逆子邁母案無了期，急欲爲地方整頓風化，又奉上憲嚴催訊結，當查城中石童坊有戴梁氏住屋一所，五月初二日親往查勘。此屋坐北朝南，五間四進，東邊一路租與劉姓居住，西路係梁氏遷出空房，現在鎖閉。詢明劉氏每年租屋錢三十六千文，今年尚未付過，給梁氏押租錢十八千文，不立租約。當將西路空房發封，飭傳氏姑婦及戴張氏，擬交給收管，收租暫抵斷款，並補貼每月十元膳費。乃氏姑已先期病故，謂臨終遺恨，實所難免。鍾偉兄弟不知奔喪成服，天倫滅絶，人理全無。該氏伶仃孤苦，更無依賴。據呈喪費無出，亦屬實情，着持批自向劉姓商量，將本年五個月房租支收應用，俟喪事辦就再邀同張氏來案，呈候揭封給領執管。

（清）孫鼎烈《四西齋決事》卷一《會稽治牘・批・鍾小姑批》 查例載，義男女婿爲所後之親喜悦者，聽其相爲依倚，不許繼子並本生父母用計逼逐，仍酌分給財產等語。今據稱，鍾承期早故無子，其妻徐氏孀居，於同治九年將親女慶姑贅金聖明在家，意圖靠老相依，至今已二十七年，並無間言。今年八月徐氏病故，生前亦未立有繼子。察核情形，徐氏生而侍奉，病而醫藥，死而棺殮，皆女若婿是賴，其身後遺產，如先已立有繼子，則酌量分給，今並無繼子，則歸慶姑夫婦執業，於人情例意原屬允洽。惟該女自幼出家，住庵修行，是珠息庵乃爾棲身之所，早與俗家無涉，毋庸干預率瀆。

（清）孫鼎烈《四西齋決事》卷一《會稽治牘・批・陳胡氏批》 繼立嗣子所以延似續而承宗祧，爲無子之人立後，非爲其妻妾立繼也。氏夫陳祥林物故無子，遺命以堂兄祥森之第四子照寶過繼爲嗣。韓氏乃氏夫之妾，何得另立繼子。陳祥法等覬覦遺產，丁枚軒等從中播弄，唆令韓氏與該氏分產，各立一子，實屬荒謬。其敢搬擄衣物、契據，尤爲强横不法。查閲堂呈丁枚軒原信，其招摇恐嚇，可見一斑，候即飭差提訊究斷。失單、丁枚軒原信均附。

（清）熊賓《三邑治略》卷四《堂判利川縣任内・訊王德富一案》 訊明王德富之兄王德榮在時，課潘長源租稞二分，去錢一百三十二串，迨王德榮後，潘長源領字，遂落於伊妻劉氏娘門劉名吉、劉錫魁等之手。現據劉名吉呈出潘姓領字，驗明仍係王德榮之名，足見此錢實係王德榮所出，不與劉姓相干。復查二十五年冬月，劉錫魁等已將劉氏領去，並得養膳錢五十串，此次又欲藉王德榮押佃之錢不退，實係可惡。王德富之子王澤動，業已繼王德榮名下，此錢即應歸王澤動承領，作爲王德榮祭掃之資。而劉名吉等住在潘姓庶屋，無力搬家，亦屬實情。經本縣酌斷，以八十串給繼子王澤動祭掃，以五十串文交給劉名吉等搬家，下餘二串，作爲今年潘姓稞錢。劉名吉等僅繳到潘姓領字一張，計錢一百二十串，下餘十二串，領字未交，書立破字，具結完案。此諭。

（清）熊賓《三邑治略》卷四《堂判利川縣任内・訊龍何氏一案》訊明龍何氏夫龍永東，與龍永春、龍永澤係同胞兄弟，先年旴已分家，現在龍永東已故，遺有二子，所分產業，已另佃吴代純耕種。因龍何氏無人照料，龍永春等遂將今歲所收穀子三石，並耕牛一隻，暫存伊家，龍何氏遂誤控龍永春等吞伊家產，復要嫁賣等語。斷令龍永春等憑團首田太和等將穀子三石、耕牛一隻交於龍何氏承領，並具永不嫁賣甘結，以後任憑何氏住在何守明及何多相之家，均不與龍姓相干。龍何氏有子二人，其大兒歸龍何氏自養，次子歸龍永春等領去，念其手足之情，過細撫養，各具結完案。此諭。

（清）熊賓《三邑治略》卷四《堂判利川縣任内・訊譚袁氏一案》訊明譚袁氏與譚光沛互控一案，緣譚袁氏之夫譚光揚已故，遺有田產，據袁氏供稱，約據交隆氏帶去，現無憑據，然譚光沛、譚光輝等，均係同胞弟兄，不能因其無憑竟置不耳。斷令譚光沛、譚光輝回歸，憑同何道容、張啓甲等，速覓受主，將譚光揚名下田業賣出，照袁氏詞内原價三百二十串文，一並交付袁氏，作爲伊母子養用之資。如譚光沛有意阻滯，即行傳案懲究。案内秦光銀忽幫原告，忽保被告，實係刁狡可惡，着速即搬遷，不准再住譚姓之屋，各具結完案。此諭。

（清）熊賓《三邑治略》卷五《堂判東湖縣任内・訊陳陳氏一案》查訊陳世榮姓劉，上陳姓之門，接陳大福禋祀。閔大觀上陳姓媳周氏之門，接陳大品禋祀。係嫡堂弟兄，家未分清，均已絶嗣。先稞種王姓之田，計莊錢七十五串，現在賣於謝姓，理應陳世榮、陳世觀同換莊字，乃陳世榮私自換據，本有不合。斷令爾兩人仍照舊稞種此田，向謝東婉商，萬一謝姓不願，爾陳世榮另給莊錢三十二串五百文，外打搬家費錢十串，交陳世觀自行別寫。總之陳姓本支絶盡，陳氏係陳氏之女，陳周氏係陳姓之媳，彼此應該分得，爾劉國榮、閔大觀均係外姓，如決意强爭，即將此莊錢提交地方首人，代陳大福等修理墳墓，均不與爾與相干，勿貽後悔。此諭。

（清）熊賓《三邑治略》卷五《堂判東湖縣任内・訊羅廣源一案》訊明羅宏進與羅星階係胞兄弟，緣父在日，產業已經均分，惟養膳產業在公。於二十年，羅星階又過繼他房，其有公房一所，經羅宏進先歸一半於陶天香，計價二百四十串文，外修理錢二十八串五百二十八文。迨後羅星階又將一半佃於陶天香，又復轉當陳姓，據稱得錢二百串文。爾羅星階係出繼之子，本不應再歸此屋，姑念爾弟兄均屬羅曉嵐之子，從寬免究。斷令各將歸價備齊，將此屋贖回，另佃他人。所收房租永作羅曉嵐春秋祭掃，各具結完案。此諭。

（清）熊賓《三邑治略》卷五《堂判東湖縣任内・訊王吉輝一案》據王大新供，王吉輝係生所招之婿，已給過佃田一分，計押佃錢壹百八拾串文，所有牛穀種籽，一概付給等語。乃王吉輝心不輸服，意欲同伊子公分家產。查驗原日合同，内載有財多與，無則少與字樣，是不能與王姓之子同分無異。斷令仍照原日所分押佃錢壹百八拾串文，一併交付王吉輝及張發先收執。至王吉慶控稱前有借項，既無憑據，作爲罷論，各具結完案。此諭。

（清）熊賓《三邑治略》卷六《堂判天門縣任内・訊汪許氏一案》查訊許大應無子，過繼許慎林爲嗣，計田地十畝有零，一併付於嗣子。而許大應有親身之女，嫁於汪家齊爲妻，據汪許氏執出奩字，提有田一畝一分，作爲粧奩。現在許慎林已故，質之伊兄許慎明，供從前族人所做之事，不知有無此字，但汪許氏係許大應之女，雖立有繼子，其女應略得奩資。且繼子已得十畝有零，其女僅得一畝一分，亦不爲多。惟此田坐落許姓門首，如汪姓承種，日後亦必生事。斷令照時價作錢貳拾串，由許慎林親手交出。許慎明取的保，奩字註銷存卷，分關發交許朱氏。此諭。

（清）熊賓《三邑治略》卷六《堂判天門縣任内・訊余明漢一案》查訊周氏與余明漢係同胞兄弟，所有家產，於光緒丙子年照四股分開，余明漢與周氏各分五十畝有零。周氏二股因外面無人料理，且公債未完，僅得一股，以作養膳，下餘交余明漢經理。現據余明漢供，所管周氏一股，因其欠債太多，已代爲償還等語。但爾還時，必須憑明户族人等，將帳算清，當面收付，方爲正辦。且數年稻利，亦無存留，本有不是。惟向有元係周氏所養異姓之子，不能平分家財，既已得有二十餘畝，此田即歸向有元承受，此外不得干預。余明漢承領一股家産，作爲嗣子用度，向有元雖係異姓，在余姓已有四十年之久，如不願歸宗，即應守余姓家法，不准冒犯尊長，各具結完案。此諭。

（清）熊賓《三邑治略》卷六《堂判天門縣任内・訊王李氏一案》 查訊王李氏之夫已故，尚無子嗣，其胞嬸王楊氏有子三人，本應俟伊子等生有子嗣，再行承繼於王李氏名下爲嗣。現在王李氏過繼王步生之子王其麟爲嗣，據王昌熾等供稱，係屬異姓。而立繼之時，其嬸母王楊氏及其子王光福等三人，均未到場，本不能算。但王李氏既立王其麟爲嗣，無論是否異姓，均應酌分家産。斷令王李氏家財照三股均分：以一股給先繼之子，王其麟成人之後，再行歸宗，以一股提給王李氏親生之女，以一股留作以後承繼王光福等之子於王李氏爲嗣。戴桂保日後不准干預王李氏之事，各具結完案。此諭。

（清）倪望重《諸暨諭民紀要》卷一《正堂倪二任・葛培榮爲葛毛氏所鍾愛即斷入繼其子由》 堂諭： 此案曾經集訊，查葛培榮爲葛毛氏所鍾愛，即斷入繼其子安吉係葛裘氏之故夫爲後，而葛承義爲弟承祥捏立繼書，核明塗銷在案。乃葛文慶等爲葛毛氏之族人，有偏護葛承祥之意，翻控於府。府批本屬明晰，遂集兩造家族而復訊之。據葛毛氏供稱，家非豐裕，不堪爲訟所纏，情願以葛培榮爲受繼，以葛承祥爲應繼，合繼其子安吉之後，將來家産悉聽均分。惟葛培榮業經撫養多年，葛承祥出争並繼，衹欲俟伊與媳裘氏故後，方令葛承祥入居其室，平分其産，現在不得佔室而居之，覬産而分之，以致老年受累等情。本縣聽其詞，察其實，而此心爲之惻然。即斷葛承祥與葛培榮並繼葛裘氏之夫安吉爲子，即爲葛毛氏之孫，必俟葛毛氏、葛裘氏故後，乃得均分産業，不得於其生前妄有希冀。此時雖未同居共爨，亦毋視爲路人，或生侮慢，斯可矣。噫！以葛文慶等皆屬農夫而爲人争繼，既斷於縣，復控於府，致使兩孀婦奔走不遑，忍哉！本應將葛文慶責懲，姑因兩孀婦意在和族，從寬予以申斥，各取甘結完案。此諭。

（清）倪望重《諸暨諭民紀要》卷一《正堂倪二任・孟佳木與孟春木互争産業由》 堂諭： 訊得孟佳木與孟春木互争産業一案，緣孟佳木等之故父漢靖在日，以孟張御派下漢棹等身故乏嗣，不忍聽其虚懸，先年憑族孟慶滬等議將次子春木出繼漢倬，兼祧漢槎等爲後，因無遺産，仍拍自己産業立據分給爲張御立祀，是孝以友全也，仁以義著也。乃孟佳木早存私見，迫於父命而不敢違。迨光緒九年間，背捏父名呈稱春木出繼反争等情，繼則於漢靖故後出而具控，以違父命，肆行貪詐，可惡殊深。但不思繼其父之志，而竟争其弟之産，不孝不友，不仁不義，實於風俗有乖。本應責懲，姑因誼屬春本之兄，從寬申斥，即斷照依孟漢靖所立議據，仍令孟春木將分産並張御祀田一概執管，所有孟佳木霸佔土名十八闊即石壁夾之山，及山脚田一畝，又葫蘆田一畝四分，均爲孟春木承分之業。其田即於秋收後交還山木，亦不得再行妄砍；從前欠有租穀，概免追給。惟本年興訟後猶敢霸種田畝，着孟佳木折出租穀洋四元，限五日内繳候，轉給孟春木收領。所砍雜樹壹株，既經孟春木取回兩段，餘以微細免追。秋收後孟佳木如敢抗不交田，准由該家族孟芝庭等扭送訊究。宗譜、各據分別發還，仍查有合同分據紙，俟孟春木領錢並領，各取甘結完案。此諭。

（清）倪望重《諸暨諭民紀要》卷一《正堂倪二任・俞田氏控錢美瑤强繼捐留由》 堂諭： 訊得俞田氏控錢美瑤强繼捐留一案，查議繼之規，必出情原。乃錢美瑤不向俞田氏商允，致未立有繼書，而將其子俞瑞榮私刊入譜，已不近情，況異姓亂宗，澆風有所必禁耶。兹經集訊，據俞田氏控稱，不原其子瑞榮出繼，會聘娶駱季山之女即錢美瑤養女爲媳，費有聘財，婚禮各帖可證，錢美瑤何得以義婿爲子，留捺在家？揆之情理與法，三者不合，可惡殊深。斷令俞瑞榮帶同妻兒，回依其母，小心奉養，不准再聽錢美瑤巧言，致生異志。俞瑞榮交差看管，着依限五日内接回妻兒。錢美瑤交錢景芳保釋，俾毋從中攙撓。如違，定着交案嚴懲。各呈宗譜發還，將來續修《錢譜》應將俞瑞榮除名，俞田氏所呈婚禮帖，亦即具領，各取甘結完案。此諭。

（清）倪望重《諸暨諭民紀要》卷一《正堂倪二任・鍾桂秋與鍾連元即杜連元等互相争繼由》 堂諭： 訊得鍾桂秋與鍾連元即杜連元等互相争繼一案，緣鍾桂秋之父鍾春傳與鍾春蘭本同胞兄弟，春蘭生子桂林，娶妻陳氏生三子俱夭，桂林於同治初年身故，僅存其母與妻陳氏。陳氏承姑之命招贅杜才有爲夫，居前夫屋宇，管前夫遺産，生子二：長連元，次秋元。次秋元。已入鍾譜。近來鍾桂秋有子四人，因以長子丙喜入繼桂林爲嗣，遂與杜連元兄弟爭産，以致互呈。茲經集訊，查鍾桂林遺産無多，僅有住屋三間，並佃田園地各産。據杜陳氏供稱，其姑及前夫桂林喪葬費用，皆其爲之經理，帳簿可稽。當時鍾桂秋毫無過問，今乃以子丙喜入繼桂林，始行爭執。但鍾丙喜係桂林長子，本不應由繼旁支，然既刊於宗譜，姑可毋庸變更。斷將鍾桂林遺産除土名棗樹下之地既經杜陳氏賣作喪費外，餘土名裏塘角竹園一畝叁釐，並地二畝，以及横圻等處佃田，均照同治四年議據，歸於杜連元、杜秋元永管。又竹園三分三釐三毫，土名陶河地，係杜陳氏自買，應由杜連元等管業。至土名官田地貳畝即屋宇三間基地，着杜連元等分承。左首屋一間，鍾桂秋之子丙喜分承；右首屋二間，其中間一間杜連元等與鍾丙喜各半間，杜連元等得左，鍾丙喜得右，又土名押沙塔之地，無論曾否水衝，並後山竹園，均歸鍾丙喜執管。惟佃田本賴人力，既斷由杜連元等佃種，即令備出洋銀十元，限本月内繳候，轉給鍾桂秋收領。朱家墳山經朱戚、酈大成等交杜連元兄弟管種，每年爲朱姓清冬祭掃，與鍾桂秋等絶不相關，毋得妄想。仍有鍾桂林所遺鳳山即樓家隝山場，應歸兩造公管。杜連元等仍爲鍾桂林祭掃墳墓。杜連元等前呈靠據及朱順隆户册一本、糧串三聯，候繳錢日領還，各取甘結完案。此諭。

（清）倪望重《諸暨諭民紀要》卷二《正堂倪二任·楊陳氏控楊金標捏繼圖産由》 堂諭：訊得楊陳氏控楊金標捏繼圖産一案，緣楊陳氏之故夫楊浩本兄弟七人，浩本居次，因無所出，繼得第五弟楊浩美之長子玲琭爲嗣，載明宗譜，自幼撫養同居，今已娶妻生女，本可安然。乃浩本故後，幼弟浩道之子楊金標覬覦家産，背違親族，私立繼書遺囑，妄稱係其過繼，以致楊陳氏具呈。茲經集訊，查閲楊金標所呈繼書，係光緒念壹年所立，實因臨訟倒填年月，兼之楊陳氏花押用圈極熟極圓，不似婦人出筆。且立繼以陳昌書居首，楊生忠次之，於理甚謬。夫陳昌書爲楊陳氏母家堂弟楊生忠，又楊陳氏服外之人，何能出名立繼。而楊陳氏之夫弟浩茂即楊金標之第四胞叔，現爲一家之長，於繼書尚不列名，謂非私立，其誰信之。又閲僞造楊浩本遺囑，言及欲祧金標爲嗣，因四弟浩茂、五弟浩美力阻而止，則其不繼金標已露圭角，復言田地房屋各産毋容分析，統歸金標執管，即不繼以爲子，而令其管産，尤無是理。可知種種支離，不煩詰駁矣。斷令楊玲琭照依原議譜據，入繼楊陳氏之故夫楊浩本爲嗣，楊浩本所遺産業，俟楊陳氏故後，概歸楊玲琭執管。楊金標即無兄弟，自顧不暇，何得混爭捏造。繼書、遺囑一併當堂塗銷，着將楊金標笞責，陳昌書、郭素生、楊生忠等背理妄爲，分别予以懲戒。至土名上堰口等處佃田陸畝柒分，又拾畝，園地壹畝捌分，均係楊陳氏之故夫楊浩本在日向楊浩美轉贖管業，其田地係楊金標原押，一俟楊金標備價向贖，楊陳氏仍即任其贖回。現查楊金標承種，上年欠有租穀，從寬免追，着自本年起每年交楊陳氏租穀陸石柒斗，其餘楊金標父遺産業，他人亦不得圖佔。楊陳氏所放帳款，楊金標有無背收，著覓保保回，如有背收錢文，即由楊全標自行交還，違則惟保人是問。楊陳氏所呈宗譜貳本，佃地票叁紙，當堂給領，各取具甘結完案。此諭。

（清）倪望重《諸暨諭民紀要》卷二《正堂倪二任·金周氏控金張氏争繼一由》 堂諭：訊得金周氏控金張氏争繼一案，緣金周氏之夫大茂在日，兼祧其胞叔性海爲嗣，凡田屋概歸執管。旋因己無所出，擇斷堂侄旺富爲子，憑族戚金性介、蔣繼旺等立有繼書，金洪春亦畫花押，當將旺富帶養過門。今金大茂已經身故，其當嬸金張氏之子洪春初生一子，忽然妄圖揑繼，金周氏不依，即敢登門滋擾，以致呈控。茲經集訊，據該戚金燮堂、蔣繼旺等僉稱，金大茂在日兼祧其胞叔性海爲嗣，管其遺産，歷有年所。迨金大茂擇繼旺富，曾撥給金張氏之子洪春有田壹畝捌分，並錢念千文。洵如是，是亦足矣。復核宗譜，金大茂兼祧性海爲嗣，亦自昭晰無疑。及今金洪春生有一子，得以似續本支，豈非厚幸。而金張氏貪心不足，欲以長子位春之子成寶出繼性海之子秀春爲嗣，不知位春爲金張氏故夫維校長子，且已身故，僅遺一子成寶，何能捨本支而他續。況金周氏之故夫大茂兼祧性海於前，葬事既周，其繼旺富爲子又逾叁年之久，金張氏竟復生覬覦，於理可乎？斷令金周氏仍照繼書以旺富爲子，即兼祧性海爲孫，性海所遺産業概依其夫遺囑管理，金張氏及子洪春不得混争。仍着金周氏念及洪春得子亦家之福，貼給洋銀拾元，限拾日内繳候，轉給收領，以盡親親之情。至金張氏所稱金大茂在日變賣順典祀田五分，土名坐下水聞，查已葬祖立碑，事出公正，應毋庸議。金周氏所呈繼書，囑據候給洋銀日領還，各取甘結完案。此諭。

（清）倪望重《諸暨諭民紀要》卷二《正堂倪二任·俞樓氏控俞文燦争繼霸産由》 堂諭：訊得俞樓氏控俞文燦争繼霸産一案，緣俞樓氏故夫福林之高祖衡山生四子：長静川，次静遠，三静溶，四静武。静川係俞文燦之曾祖，當同治玖年間，俞文燦因次房静遠無後，將其次子基達出繼静遠之元孫秉雲爲子。俞樓氏之長孫基鴻亦於光緒二十年間出繼静遠之元孫秉均爲子，各有繼書可憑。又俞樓氏之子東濱承繼幼房静武之孫夢熊，所有祀産，今年應由幼房輪管，被俞文燦出而霸收，以致呈控。兹集庭訊，核閲兩造各呈宗譜系圖，查俞文燦之子基達入繼秉雲爲嗣，刊譜已久，並不兼祧秉均。而俞樓氏以長孫基鴻繼之爲後，恰合情理。蓋蒂臣之長子秉亮幼亡，次子秉均即爲長子，俞志海等出而爲秉鈞立後，禮也。又俞樓氏之幼子東濱入繼静武之孫夢熊爲子，以幼子繼幼房，昭穆相當，亦禮也。夢熊雖失繼之文敬，而不娶早卒，是夢熊依然無後，以東濱續夢熊，又可謂非禮乎？斷將夢熊所遺房屋兩間歸繼子東濱管業，凡祀産亦按年輪管，俞文燦不得混争。今年俞文燦霸收祀租肆石，着繳出價錢叁千六百文，限明日繳給俞樓氏收領。俞文燦捏造俞夢熊喪費帳簿，不准妄向俞樓氏索錢，各取甘結完案。俞樓氏所呈繼書、糧串，俞梅廷所呈議據，俞文燦所呈譜册，分别領還。此諭。

（清）倪望重《諸暨諭民紀要》卷二《正堂倪二任·周雙海與何郎海互控阻繼争産由》 堂諭：訊得周雙海與何郎海互控阻繼争産一案，緣周雙海係已故何來發之外甥，又屬女婿，幼爲何來發撫養。何來發身故乏嗣，周雙海意欲入繼爲子，而何來發之族孫何郎海出而争其家産，致肇訟端。兹集庭訊，據周雙海稱母舅何來發生膳死葬，皆伊主持，家産盡列議單交執，除贖回絶賣外，所剩無幾，但欲入繼何來發爲嗣，被何郎海邀族阻止。質諸該家族何春華等供稱，族内有何永富之幼子何之來即之權議繼何來發爲後，昭穆相當等語。查周雙海係何來發之婿，不得以異姓亂宗。何郎海爲何來發遠房侄孫，何來發之子傳信未婚夭亡，例不立後，何郎海亦不得妄有希冀。斷依族議，以何之權入繼何來發爲嗣。惟何蔣氏與其子何來發生膳死喪，一皆周雙海籌用錢文，何來發所遺土名棺材塘沿田三分，楊花塔田捌分，楊花塔地壹片，大青山、粗豆山山二處，均歸周雙海照議管業，以償墊款，而酬前勞。周雙海出押春分會内破塘横頭田捌分，諭令贖歸何之權執管。又周雙海買受何蔣氏房屋，有契可憑，以其屋價太賤，養出洋銀拾元並給何之權領作立祀葬墳。至楊花塔田稻被何郎海搶割，今秋尚未交業主周楷租穀，著何郎海繳出錢壹千六百八十文，限兩月内繳給周楷收領。何海金呈有佃押契據，周雙海有繳原價錢拾八千五百文，限九月初五日贖回，佃種佃契存候周雙海繳錢領還。周雙海人甚糊塗，予以掌責。何郎海前遞呈詞，語極不倫，做狀人楊繼康又不交案，笞責示懲。屋契、議單，准周雙海繳清斷款具領，各取保狀、甘結完案。此諭。

（清）倪望重《諸暨諭民紀要》卷二《正堂倪二任·何周氏控何應浩等謀産强嫁由》 堂諭：訊得何周氏控何應浩即英浩等謀産强嫁一案，緣何周氏之夫何英奎，於今七月間身故，何應浩等圖佔産業，乘何周氏夫喪僅及兩月，輒綑賣與王志標爲妻。王志標查問情由，未遽成婚，即送歸其母弟周武金家。因向何應浩等索還身價，何周氏又以其搶匿契册、什物，並盗賣田園，遂呈控焉。兹經集訊，查何周氏夫遺家産，頗可自安。其夫弟何應浩、何應隆亟宜加意照料，以對故兄於地下。何阿焕係其夫侄，尤宜誼篤尊親，而不爲利所疚。乃貪暴一似狼虎，於何周氏夫骨未寒，從而强嫁之。强嫁而未成婚，遂佔田園，收穀物，其田園且有乘機盗賣者，澆風若此，可勝嘆哉。著將婚書列名之何英浩、瓜分産物之何應隆、何阿焕分别嚴加責懲。何應浩、何阿焕仍發管押，斷令賠還穀壹百石，折出價洋八十元。何應浩等各繳洋銀廿六元六角六分，統給何周氏收領。又令何應浩、何阿焕共出洋銀三十元，以還王志標所交身價。至何周氏被搶契册、會票、傢伙各物，及現存大猪一口，着原差協同家族何啓昆等督令何應隆一一點交何周氏收存。所有何周氏前被盗賣之小源頭田三畝，龍開子田五畝，大宣藥店背後竹園一處，並押令何應隆等邀同何啓昆等即向何阿德、周載華分别贖回，賣契仍送核銷。王志標始不知情，繼未成婚，應毋庸議。各取甘結完案，婚帖塗銷附卷。此諭。

（清）倪望重《諸暨諭民紀要》卷二《正堂倪二任·徐金氏與徐嘉炎控争繼産由》 堂諭：訊得徐金氏與徐嘉炎控争繼産一案，緣徐金氏之故翁徐志信有弟二人，仲志棨，季廷梁。志信生子嘉棠、嘉迪、嘉立、嘉炎。嘉棠係徐金氏之故夫，生子海生、海祥；嘉迪、嘉立俱幼被匪擄；嘉炎出繼幼房廷梁爲嗣，生子海潮、初二。當光緒十七年間，徐志棨之妻徐張氏因子春江亦被匪擄未回，擇繼海潮爲春江後。海潮旋即夭亡，徐嘉炎仍覇管春江遺産，且有押賣他人者。經徐金氏邀同家族徐英川等議令贖回所押田畝，並現存田畝房屋，歸於志棨之父君先祀内，一俟擇繼有人，即由繼子執管。徐嘉炎不依族議，以致徐金氏具呈。茲集庭訊，核閲徐譜，其同出徐金氏之夫祖君先者，並無多丁。徐嘉炎則僅存幼子初二，惟徐金氏生有二子，長海生，應守本支；次海祥即海象，尚未分繼志棨派下，而嘉迪幼被匪擄，逃在廣西，音信不通，歸期無日，雖傳聞生有六子，亦屬隔膜之談。又查譜内貼説，以聞徐金氏將次子海祥出繼楊姓，但果有其事，亦與《禮經》不合，定例不符。且本宗旁支無人，自應歸宗入繼，即斷徐金氏之子海祥繼爲春江之後，所有二房志棨遺下田地屋宇各項，總歸海祥執管。惟據徐嘉炎供稱，賣田四畝有零，係作志炎之妻張氏喪費。又所押坑頂田畝，將價贖回討奴圵田畝，應毋庸議。至土名溪後沙田之田，查徐嘉炎押得價錢拾五千文，從寬着徐金氏幫出錢柒千五百文，徐嘉炎即繳出錢七千五百文，限十日内繳候，轉給徐金氏收領，以贖溪後沙田之畝。志棨有屋貳間，諭令該家族徐英川等督令徐嘉炎搬移，即交海祥管住，亦於十日内稟復。徐嘉炎准由周才保回，宗譜、繼書、議據分別領還，各取甘結完案。此諭。

（清）倪望重《諸暨諭民紀要》卷三《正堂倪二任・汪張氏控汪蘭生等貪産逼嫁等情由》 堂諭：訊得汪張氏控汪蘭生等貪産逼嫁等情一案，緣汪張氏之夫汪茂圻即佳林身故乏嗣，擇繼汪茂照即茂學之次子繼陽爲子，被汪蘭生圖繼不遂，串通汪繼玉捏造士信祀簿，混稱汪茂圻在日借欠本利錢廿九千八百文有零，向汪張氏逼討，並誣以與蔡明林有私。汪張氏遂出而呈控。茲集庭訊，查閲汪張氏呈送宗譜，汪蘭生係其堂侄，汪茂照係其堂伯，汪張氏受繼汪繼陽爲嗣，汪蘭生爭之而不遂意，串同汪繼玉捏造祀簿，圖詐汪張氏錢文。汪張氏不依，又捏汪茂邦等具呈。以汪張氏與外甥蔡明林情出曖昧，何瑞堂非族非戚，地保黄繼松亦聽一面之詞，於列名呈内，是其天良盡喪，分別責戒，不事姑容。汪茂照之於汪張氏視汪蘭生固屬服内之親，而汪蘭生既與汪張氏控訟成仇，其子汪月林即東狗又爲汪張氏侄孫，何能覬産爭繼？即汪茂照之次子繼陽年逾三十，亦不相宜。斷令汪張氏憑族寫立繼書，以歸汪茂照幼子繼成入續其故夫汪茂圻爲後，汪茂圻所遺産業，俟汪張氏故後方准執管。將來繼成娶妻生子，再爲汪茂志立嗣。至汪繼玉於汪茂圻在日謀買山地不成，因而捏造士信祀帳簿，誣以借欠錢文，從寬掌責。並將帳簿註銷，以杜糾葛。帳簿分別領還，各取甘結完案。此諭。

（清）魏息園《不用刑審判書》卷一 有富民張老者，妻生一女，無子。贅某甲於家。久之妾生子，名一飛。四歲，而張老卒。張病時，謂婿曰：妾子不足任，吾財當畀爾夫婦，爾但養母子不死溝壑，即汝陰德矣。婿乃據有張業不疑。後妾子壯，告官求分。婿以券呈官，遂置不問。他日，有使者至，妾子復訴，婿仍呈券爲證。使者固更其句讀曰：張一非，吾子也，家財盡與，吾婿外人，不得爭奪。曰：爾婦翁明謂吾婿外人，爾尚敢有其業耶？詭書飛作非者，慮彼幼爲爾等害耳。於是斷給妾子。人稱快焉。

《清代名吏判牘七種彙編》卷上《名士袁枚・遺産》 孝者，人倫之本，未有不孝故父，而能事君忠，待友信者。先王治國，不赦梟獍。朝廷教民，首在倫紀。律文所載，凡遇赦不赦者，除叛逆外，即推不孝。故他罪有議功議貴之舉，而不孝獨自天潢以至庶人，無分貴賤。所以重人倫，厚孝道也。本案先由曾庭桂、曾庭槐呈控到縣，曾庭森亦投牒公庭，聲明並未藏匿。本縣查父母疾，不敢解帶，奉藥先親嘗之。已故父曾冠群危疾在床，爲人子者，應何如晝夜不離，盡瘁侍奉，乃安睡者安睡，出門者出門，是其心目中先已有無父之心，故敢出此。親侍在側之謂何，而竟如此，曾庭桂、曾庭槐不孝之罪，百喙莫逃。曾庭森當老父垂死之時，正人子躄踴哀號之際，宜何如呼天愴地，哭泣盡哀。乃猶有餘暇，私開箱篋，其心何有？其意何在？古人有撫几筵而痛苦矣，曾庭森獨忍此乎？不孝之罪，亦無可道。本縣蒞任伊始，即諄諄以孝道代朝廷宣化。乃曾庭桂兄弟三人，以茂才之身，行子止之事。且父屍未寒，操戈涉訟，何顏以對祖父於地下？何顏以對宗族於人間？閲牘至此，爲之髮指。本縣現姑將該兄弟爭産一案，暫爲停止。先治以不孝之罪，以正國法而敦倫紀。著將該兄弟曾庭桂、曾庭槐、曾庭森發交學官拘押，聽候詳革治罪。凡見無禮於其親者，視之如鷹鸇之逐鳥雀也。本縣嫉惡如仇，不敢姑息。盡法懲治，永垂令戒。此判。

雜録

（漢）應劭《風俗通義・佚文・獄法》 陳留有富室翁，年九十無子，取田家女爲妾，一交接，即氣絶；後生得男，其女誣其淫佚有兒，曰：我父死時年尊，何一夕便有子？爭財數年不能決。丞相邴吉出殿上決獄，云：吾聞老翁子不耐寒，又無影，可共試之。時八月，取同歲小兒，俱解衣裸之，此兒獨言寒；復令並行日中，獨無影。大小歎息，因以財與兒。

（南朝梁）吴均《續齊諧記》 京兆田真兄弟三人，共議分財，生貲皆平均，惟堂前一株紫荆樹，共議欲破三片。明日就截之，其樹即枯死，狀如火燃。真往見之，大驚，謂諸弟曰：樹本同株，聞將分斫，所以顦顇，是人不如木也。因悲不自勝，不復解樹，樹應聲榮茂。兄弟相感，合財寶，遂爲孝門，真仕至太中大夫。

（宋）蘇轍《龍川略志》卷五《辨人告户絶事》 廣州商有投於户部者，曰：蕃商辛押陁羅者，居廣州數十年矣，家貲數百萬緡，本獲一童奴，過海遂養爲子。陁羅近歲還蕃，爲其國主所誅，所養子遂主其家。今有二人在京師，各持數千緡，皆養子所遣也。此於法爲户絶，謹以告。李公擇既而爲留狀，而適在告，郎官謂予曰：陁羅家貲如此，不可失也。予呼而訊之曰：陁羅死蕃國，爲有報來廣州耶？曰：否，傳聞耳。陁羅養子所生父母、所養父母有在者耶？曰：無有也。法告户絶，必於本州縣，汝何故告於户部？曰：户部於財賦無所不治。曰：此三項皆違法，汝姑伏此三不當，吾貸汝。某人未服。告之曰：汝不服，可出詣御史臺、尚書省訴之。其人乃服。並召養子所遣二人，謂之曰：此本不預汝事，所以召汝者，恐人妄摇撼汝耳。亦責狀遣之。然郎中終以爲疑，予曉之曰：彼所告者，皆法所不許。其所以不訴於廣州，而訴於户部者，自知難行，欲假户部之重，以動州縣耳。郎中乃已。

（元）陶宗儀《輟耕録》卷七《奚奴温酒》 宋季，叅政相公鉉翁於杭將求一容貌才藝兼全之妾，經旬餘未能愜意。忽有以奚奴者至，姿色固美，問其藝，則曰能温酒。左右皆失笑，公漫爾留試之。及執事，初甚熱，次略寒，三次微温。公方飲，既而每日並如初之第三次。公喜，遂納焉。終公之身，未嘗有過不及。時歸附後，公携入京。公死，囊橐皆爲所有，因而巨富。人稱曰奚娘子者是也。吁，彼女流，賤隸耳，一事精至，便能動人，亦其專心致志而然。士君子之學，爲窮理正心修己治人之道，而不能至於當然之極者，視彼有間矣。

（元）孔齊《至正直記》卷二《老儒遺文》 先人於延祐戊午時，在嘉興幕府，聞宋末一老儒，以某郡知府而致仕歸，無子，養子承其業。年幾七十，妾始生子。老儒病，以所居之田宅析爲二，俾各受其半。未幾，復召其妾語之曰：吾殁後，養子必利其財以害親子。乃作一絶句付其妾，俾以蠟紙裹封細小瓶中，慎勿令人知。給曰：祭糧罌當隨槨埋於墓左，他日有患，以此驗於官。居數年，養子果以親子非父所出，並母逐之。後妾引其子告於官。有知府者，昔與老人同學，詰其妾曰：老先生爲人有學識，性縝密，此事關係甚大，何獨無遺文耶？妾曰：屏去左右，當請具之。遂遣吏卒同此妾啓視之，果得一罌，有詩云：七十餘年一點真，此真之外更無親。雖然不得供温凊，也是墳前拜掃人。知府驗之，果老儒之親筆也。養子遂伏誣。

（明）程敏政《篁墩文集》卷一七《翕樂堂記》 東南之人雖大家巨室，以析産爲故常，然亦有析産而相睦者，要以爲難也。析産之餘，相鬩訟至於老而不相能者，亦往往有之。

（明）羅玘《圭峯集》卷二一《坦然翁傳》 蜀俗兄弟壯且婚，多割竈自食。翁深耻之，然不欲傷母弟心志，悉讓其田宅。

（明）邵寶《容春堂集續集》卷一四《先母太淑人過氏行狀》 既而析産，争取金帛泉貨，母獨取存一。手校先世遺書千餘卷，昌言曰：吾家婦也。

（明）馮夢龍《喻世明言》卷一〇《滕大尹鬼斷家私》 倪善繼引路，衆人隨着大尹，來到東偏舊屋内。這舊屋是倪太守未得第時所居，自從造了大廳大堂，把舊屋空着，只做個倉廳，堆積些零碎米麥在内，留下一房家人。看見大尹前後走了一遍，到正屋中坐下，向善繼道：你父親果是有靈，家中事體，備細與我説了。教我主張，這所舊宅子與善述，你意下如何。善繼叩頭道：但憑恩臺明斷。大尹討家私簿子細細看了，連聲道：也好個大家事。看到後面遺筆分關，大笑道：你家老先生自家寫定的，方才却又在我面前，説善繼許多不是，這個老先兒也是没主意的。唤倪善繼過來，既然分關寫定，這些田園帳目，一一給你，善述不許妄争。梅氏暗暗叫苦，方欲上前哀求。只見大尹又道：這舊屋判與善述，此屋中之所有，善繼也不許妄争。善繼想道：這屋内破家破火，不直甚事。便堆下些米麥，一月前都糶得七八了，存不多兒，我也勾便宜了。便連連答應道：恩臺所斷極明。大尹道：你兩人一言爲定，各無翻悔。衆人既是親族，都來做個證見。方才倪老先生當面囑付説：此屋左壁下，埋銀五千兩，作五壇，當與次兒。善繼不信，禀道：若果然有此，即使萬金，亦是兄弟的，小人並不敢争執。大尹道：你就争執時，我也不准。

便教手下討鋤頭、鐵鍬等器，梅氏母子作眼，率領民壯，往東壁下掘開墻基，果然埋下五個大罈。發起來時，罈中滿滿的，都是光銀子。把一罈銀子上秤稱時，算來該是六十二斤半，剛剛一千兩足數。衆人看見，無不驚訝。善繼益發信真了：若非父親陰靈出現，面訴縣主，這個藏銀我們尚且不知，縣主那裏知道，只見滕大尹教把五罈銀子一字兒擺在自家面前，又分付梅氏道：右壁還有五罈，亦是五千之數。更有一罈金子，方才倪老先生有命，送我作酬謝之意，我不敢當，他再三相强，我只得領了。梅氏同善述叩頭説道：左壁五千，已出望外；若右壁更有，敢不依先人之命。大尹道：我何以知之，據你家老先生是恁般説，想不是虚話。再教人發掘西壁，果然六個大罈，五罈是銀，一罈是金。善繼看着許多黄白之物，眼裏都放出火來，恨不得搶他一錠；只是有言在前，一字也不敢開口。滕大尹寫個照帖，給與善述爲照，就將這房家人判與善述母子。梅氏同善述不勝之喜，一同叩頭拜謝。善繼滿肚不樂，也只得磕幾個頭，勉强説句多謝恩臺主張。大尹判幾條封皮，將一罈金子封了，放在自己轎前，抬回衙内，落得受用。衆人都認道真個倪太守許下酬謝他的，反以爲理之當然，那個敢道個不字。這正叫做鷸蚌相持，漁人得利。

（清）徐珂《清稗類鈔·獄訟類·鄧嶰筠破疑案》 同州嫠者，以事出其繼子，子無所歸，訟至省。鄧佯怒曰：此逆子也，當杖死。繫柱礎下，故久治他事，而潛令人以茶餅給其子。子奉母，母怒不食，奉其叔，叔食之。至日暮，鄧度其母兒子傫然繫庭中，時時顧日影待斃也，意且悔。乃密呼其叔曰：汝嫂癡人耳，試以我意語之：汝撫六歲兒至娶婦，婦死更娶，勞苦甚矣，顧信族人言，有好兒子將爲汝嗣，汝幼而撫者不能子，顧能子長兒乎？彼利汝財而嗣汝，顧能孝養汝乎？汝死，財與子皆族人有也。即汝何利必欲出子者？明日官爲汝杖決，無難也。叔叩頭出。次日，母子來泣謝，不復言出子事。

遺囑遺贈分部

論說

（宋）袁采《袁氏世範》卷一《睦親·遺囑公平維後患》　遺囑之文，皆賢明之人爲身後之慮，然亦須公平，乃可以保家。如劫於悍妻黠妾，因於後妻愛子，中有偏曲厚薄，或妄立嗣，或妄逐子，不近人情之事，不可勝數，皆所以興訟破家也。

（宋）袁采《袁氏世範》卷一《睦親·遺囑之文宜預為》　父祖有慮子孫爭訟者，常欲預爲遺囑之文，而不知風燭不常，因循不決，至於疾病危篤，雖中心尚了然，而口不能言，手不能動，飲恨而死者多矣，況有神識昏亂者乎？

紀事

《後漢書》卷四四《張禹傳》　張禹字伯達，趙國襄國人也。【略】禹性篤厚節儉。父卒，汲吏人賻送前後數百萬，悉無所受。又以田宅推與伯父，身自寄止。

《南齊書》卷三二《張岱傳》　張岱字景山，吴郡吴人也。【略】世祖即位，復以岱爲散騎常侍，吴興太守，秩中二千石。岱晚節在吴興，更以寬恕著名。遷使持節監南兗兗徐青冀五州諸軍事、後將軍、南兗州刺史，常侍如故。未拜，卒。年七十一。岱初作遺命，分張家財，封置箱中，家業張減，隨復改易，如此十數年。

《南齊書》卷三八《蕭景先傳》　蕭景先，南蘭陵蘭陵人，太祖從子也。【略】軍未還，遇疾，遺言曰：此度疾病，異於前後，自省必無起理。但夙荷深恩，今謬充戎寄，闇弱每事不稱，上慙慈旨。便長違聖世，悲哽不知所言。可爲作啓事，上謝至尊，粗申愚心。毅雖成長，素闕訓範。貞等幼稚，未有所識。方以仰累聖明，非殘息所能陳謝。自丁荼毒以來，妓妾已多分張，所餘醜猥數人，皆不似事。可以明月、佛女、桂支、佛兒、玉女、美玉上臺，美滿、豔華奉東宮。私馬有二十餘匹，牛數頭，可簡好者十匹、牛二頭上臺，馬五匹、牛一頭奉東宮，大司馬、司徒各奉二匹，驃騎、鎮軍各奉一匹。應私仗器，亦悉輸臺。六親多未得料理，可隨宜温卹，微申素意。所賜宅曠大，恐非毅等所居，須喪服竟，可輸還臺。劉家前宅，久聞其貨，可合率市之，直若短少，啓官乞足。三處田，勤作自足供衣食。力少，更隨宜買麤猥奴婢充使。不須餘營生。周旋部曲還都，理應分張，其久舊勞勤者，應料理，隨宜啓聞乞恩。卒，時年五十。

《南史》卷七六《隱逸傳·阮孝緒》　阮孝緒字士宗，陳留尉氏人也。父彦之，宋太尉從事中郎，以清幹流譽。

孝緒七歲出繼從伯胤之，胤之母周氏卒，遺財百餘萬應歸孝緒，孝緒一無所納，盡以歸胤之姊琅邪王晏之母，聞者咸歎異之。

《舊唐書》卷五八《劉弘基傳》　劉弘基，雍州池陽人也。【略】永徽元年，加實封通前一千一百户。其年卒，年六十九，高宗爲之擧哀，廢朝三日，贈開府儀同三司、并州都督，陪葬昭陵，仍爲立碑，謚曰襄。弘基遺令給諸子奴婢各十五人、良田五頃，謂所親曰：若賢，固不藉多財；不賢，守此可以免饑凍。餘財悉以散施。

《舊唐書》卷九六《姚崇傳》　崇先分其田園，令諸子姪各守其分，仍爲遺令以誡子孫，其略曰：

古人云：富貴者，人之怨也。貴則神忌其滿，人惡其上；富則鬼瞰其室，虜利其財。自開闢已來，書籍所載，德薄任重而能壽考無咎者，未之有也。故范蠡、疏廣之輩，知止足之分，前史多之。況吾才不逮古人，而久竊榮寵，位逾高而益懼，恩彌厚而增憂。往在中書，遘疾虛憊，雖終匪懈，而諸務多闕。薦賢自代，屢有誠祈，人欲天從，竟蒙哀允。優游園沼，放浪形骸，人生一代，斯亦足矣。田巴云：百年之期，未有能至。王逸少云：俛仰之間，已爲陳迹。誠哉此言。

比見諸達官身亡以後，子孫既失覆蔭，多至貧寒，斗尺之間，參商是競。豈唯自玷，仍更辱先，無論曲直，俱受嗤毁。莊田水碾，既衆有之，遞相推倚，或致荒廢。陸賈、石苞，皆古之賢達也，所以預爲定分，將以絶其後争，吾静思之，深所歎服。

昔孔丘亞聖，母墓毁而不修；梁鴻至賢，父亡席卷而葬。昔楊震、趙咨、盧植、張奂，皆當代英達，通識今古，咸有遺言，屬以薄葬。或濯衣時服，或單帛幅巾，知真魂去身，貴於速朽，子孫皆遵成命，迄今以爲美談。凡厚葬之家，例非明哲，或溺於流俗，不察幽明，咸以奢厚爲忠孝，以儉薄爲慳惜，至令亡者致戮屍暴骸之酷，存者陷不忠不孝之誚。可爲痛哉，可爲痛哉！死者無知，自同糞土，何煩厚葬，使傷素業。若也有知，神不在柩，復何用違君父之令，破衣食之資。吾身亡後，可殮以常服，四時之衣，各一副而已。吾性甚不愛冠衣，必不得將入棺墓，紫衣玉帶，足便於身，念爾等勿復違之。且神道惡奢，冥塗尚質，若違吾處分，使吾受戮於地下，於汝心安乎？念而思之。

今之佛經，羅什所譯，姚興執本，與什對翻。姚興造浮屠於永貴里，傾竭府庫，廣事莊嚴，而興命不得延，國亦隨滅。又齊跨山東，周據關右，周則多除佛法而修繕兵威，齊則廣置僧徒而依憑佛力。及至交戰，齊氏滅亡，國既不存，寺復何有？修福之報，何其蔑如！梁武帝以萬乘爲奴，胡太后以六宫入道，豈特身戮名辱，皆以亡國破家。近日孝和皇帝發使贖生，傾國造寺，太平公主、武三思、悖逆庶人、張夫人等皆度人造寺，竟術彌街，咸不免受戮破家，爲天下所笑。經云：求長命得長命，求富貴得富貴，刀尋段段壞，火坑變成池。比來緣精進得富貴長命者爲誰？生前易知，尚覺無應，身後難究，誰見有徵，且五帝之時，父不葬子，兄不哭弟，言其致仁壽、無夭横也。三王之代，國祚延長，人用休息，其人臣則彭祖、老聃之類，皆享遐齡。當此之時，未有佛教，豈抄經鑄像之力，設齋施物之功耶？《宋書·西域傳》，有名僧爲《白黑論》，理證明白，足解沈疑，宜觀而行之。

且佛者覺也，在乎方寸，假有萬像之廣，不出五蘊之中，但平等慈悲，行善不行惡，則佛道備矣。何必溺於小説，惑於凡僧，仍將喻品，用爲實録，抄經寫像，破業傾家，乃至施身亦無所吝，可謂大惑也。亦有緣亡人造像，名爲追福，方便之教，雖則多端，功德須自發心，旁助寧應獲報？遞相欺誑，浸成風俗，損耗生人，無益亡者。假有通才達識，亦爲時俗所拘。如來普慈，意存利物，損衆生之不足，厚豪僧之有餘，必不然矣。且死者是常，古來不免，所造經像，何所施爲？

夫釋迦之本法，爲蒼生之大弊，汝等各宜警策，正法在心，勿效兒女子曹，終身不悟也。吾亡後必不得爲此弊法。若未能全依正道，須順俗情，從初七至終七，任設七僧齋。若隨齋須布施，宜以吾緣身衣物充，不得輒用餘財，爲無益之枉事，亦不得妄出私物，徇追福之虚談。

道士者，本以玄牝爲宗，初無趨競之教，而無識者慕僧家之有利，約佛教而爲業。敬尋老君之説，亦無過齋之文，抑同僧例，失之彌遠。汝等勿拘鄙俗，輒屈於家。汝等身没之後，亦教子孫依吾此法云。

《宋史》卷二九三《張詠傳》　張詠字復之，濮州鄄城人。【略】有民家子與姊壻訟家財。壻言妻父臨終，此子裁三歲，故見命掌貲産；且有遺書，令異日以十之三與子，餘七與壻。詠覽之，索酒酹地，曰：汝妻父，智人也，以子幼故託汝。苟以七與子，則子死汝手矣。亟命以七給其子，餘三給壻，人皆服其明斷。

《敦煌社會經濟文獻真蹟釋録》第一輯《己酉年正月廿九日孔來兒身故納贈曆》 己酉年正月廿九日，孔來兒身故納（僧）（贈）曆。石社官紫褐八尺，白細褐二丈五尺，土布一疋。武社長生褐三丈八尺，（非）（緋）褐内接二丈九尺。高録事白生褐三丈七尺，又生褐四丈二尺。高山立機二丈三尺，生褐二丈五尺，又生（褐）四十五尺。羅英達（非）（緋）褐内三接□丈□尺，□非褐□郭席録白褐二丈，立機二丈，白官布二丈四尺，又生立機二丈。王清子。樊虞候非褐二丈，紫褐七尺，白生褐一丈二尺。游流住白綿綾三丈，白生（褐）四十四尺。王再慶生官布一丈七尺，生褐二丈。王骨子白生褐四丈，羅□

（後缺）

《敦煌社會經濟文獻真蹟釋録》第一輯《己卯年八月廿四日袁僧定弟亡納贈曆》 己卯年八月廿四日，袁僧定弟亡納贈曆。吳法律白斜褐貳丈八尺。趙社長白昌褐壹丈三尺。又斜褐壹段，長壹丈三尺。何社官談青褐又内接白斜褐内接，長三丈。史友子白昌褐壹丈九尺，又白昌褐二丈一尺。侯定殘白昌出斜褐内壹接壹丈，斜褐壹丈二尺。吳押牙白細褐壹丈六尺，又白斜褐壹丈壹尺。閻苟兒官布昌褐内接三丈。僧住千談青褐壹丈九尺，淘花斜褐壹丈三尺。□

□白斜褐□（後缺）

《敦煌社會經濟文獻真蹟釋録》第一輯《丙子年四月十七日祝定德阿婆身故納贈曆》 丙子年四月十七日祝定德阿婆身故納贈曆。社官氾。録事李並粟，白細褐三十五尺。氾小兒子並粟，白昌褐二丈白斜褐一丈三尺，又白斜褐丈。氾願德並粟，散花昌褐丈七，斜褐丈二，又斜褐丈四。程永德並粟，紅斜褐内接二丈六，白褐一丈。陰善保並粟，□□絹□□□褐丈三，白褐二丈。李富昌並粟，□花斜褐三丈。陰富定並粟，白細褐三丈二尺。程慢兒並粟。程定海並粟，紅褐丈二，碧褐白斜褐内接二丈二。押衙氾延子並粟，白褐一疋。程善保並粟。程閣梨並粟。安支子並粟。竹阿朶並粟。氾願清並粟，碧昌褐白褐三丈。程阿朶並粟。程保成並粟。蔣清奴並粟，白昌褐二丈六尺，白斜褐一丈二尺。陰小兒並粟，白昌褐二丈七尺，紅斜褐一丈四尺。程住德並粟。王安德並粟，白斜褐一丈四尺，白昌褐二丈。安友員並粟。程憨多並粟。陰定德並粟，白昌褐一丈二尺，桃花斜褐二丈二尺，右紫斜褐八尺。李流安並粟，碧昌褐一丈五尺，白桃花昌褐二丈五尺。竹什子並粟。程醜子並粟。李章七並粟，談青斜褐一丈四尺，白斜褐一丈二尺。程保通粟。氾善進郎君粟。竹王午並粟。陰富通粟。陰乜子粟，白斜褐一丈四尺，白斜褐一丈四尺。安撥兒並粟，白斜褐一丈一尺。安慢兒並粟，白昌細褐二丈。安集子並粟，斜談青褐一丈八尺，談青斜褐一丈四尺。程永千並粟，白斜褐二丈五尺，白斜褐一丈四尺。張閣梨並粟，白斜褐一丈二尺，白斜褐一丈一尺。竹閣梨並粟。竹清子。竹員昌並粟。竹清子並粟。竹再富並粟。竹子昌並粟。竹萬定並粟。竹衍子並粟。竹定奴並粟。吳保昌並粟。吳昌子並粟。吳僧子並粟。吳清奴並粟。押牙吳彦松並粟。押牙吳保德並粟。吳昇子並粟。吳子昇並粟。令孤判官並粟。令孤再子並粟。令孤員德並粟。安住奴並粟。王再晟粟，談青昌褐二丈，紫昌褐七尺，白斜褐三丈。就憨兒並粟。郭憨子並粟。□□□（後缺）背面：付色物三十三段，又十段，又一段，又一段。陳（以下不清）□粟五石五斗又一斗又二斗又一斗又一斗，付閣梨並一百，又七百八十，又四十，又册，又四十。

《敦煌社會經濟文獻真蹟釋録》第二輯《慈父遺書一道（樣式）》

夫悲世事以哀，然命應南閻，氣如風燭，人生共壽百歲，七十者希，繫住世間之生榮現而魯電之光炎，死時忽就，無路避逃，固病時漸加深重。吾想此疾，似不成人，留囑遺言，歸他逝路。吾以生存之時，所造家業，一切委付生存，聞吾醒悟，爲留後語。吾若死後，若有喧叫，依吾囑矣，更莫相逢。謹例舍田家産畜牧等及憶念録依後耳。長男厶甲、次男厶甲、某女，右通前當自己内分配指領已訖，後時更不得啾唧。吾自多生，辜負汝等，今以劣弱，死路來奔，未及恩憐，便歸空道。吾若死後，不許相諍。如若不聽母言教，願三十三天賢聖不與善道，眷屬不合，當惡壞憎，百（却）（劫）他生，莫見佛面，長在地獄，兼受畜生。若不聽知，於此爲報。千萬重情，莫失恩顔，死將足矣。時厶年厶月厶日，慈父遺書一道。

《敦煌社會經濟文獻真蹟釋録》第二輯《遺書（樣式）》 遺書一

道：某尊甲身染患疾，已經累旬。種種醫療，未蒙抽（咸）〔減〕。今醒（素）〔甦〕之時，對兄弟子侄諸親等遺囑，房資産業莊園宅舍，一一各支分數，例名如下。右厶乙生居杯幻，處在凡流。今復苦疾纏身，晨昏不覺，准能報答。因緣房資貧薄，遺囑輕微，用表單心，情函納受，准前支給。恐有諍論，盟路之間，故勒斯契，用爲後憑。厶年月日遺書。

《敦煌社會經濟文獻真蹟釋録》第二輯《唐咸通六年尼靈惠唯書》

咸通六年十月廿三日，尼靈惠忽染疾病，日日漸加，恐身無常，遂告諸親，一一分析，不是昏沉之語，並是醒甦之言。靈惠只有家生婢子一名威娘，留與侄女潘娘，更無房資。靈惠遷變之日，一仰潘娘葬送營辦，已後更不許諸親悋護。恐後無憑，並對諸親，遂作唯書，押署爲驗。

弟金剛
索家小娘子
外甥尼靈皈
外甥十二娘十二娘指節
外甥索計計　侄男康毛　康毛
侄男福晟（押）
侄男勝賢　勝賢
索郎水官
左都督成真
〔後殘〕

《清代巴縣檔案彙編・乾隆四十八年盧祥麟遺産糾紛案》　立遺囑母龔盧氏。爲大命將終，歷始末囑咐吾予以防吞業，兼冀吾子盡心事。

外祖母及□□儉成家，四子勤讀，以承父志。緣我父自福建汀州入川，開設六合布行。雍正元年迎娶母張氏，帶一子一女，子名馬之貴，並未上紙爲子。吾父死，亦未承孝。二年父買張姓坐房堂院，坐落楊家十字正街。其界前抵程姓坎上，後抵官街，右抵李姓、周姓、王姓墻脚。坎下廂房左右六間，偏厦二間，坎上廂房一大間，坐樓房三間，二進宅後菜園一大塊，鋪面一間，大門、二門、水井、厠房俱全。自父死於雍正九年，並無拖係客賬，遺有行面傢具部帖一張。有母舅張雲麟感父在生娶親提拔生理之恩，開行供家，盡心撫育。吾僅六歲，父死之時，遺囑母舅云：我一生生子二人早殀，僅有此骨血，須擇善婿入贅，即□坐房賠嫁。是以母舅視吾如親女，未及擇婿得妥。九年母舅將吾父行帖更名盧祥麟，仍開布行。乾隆十一年，母舅去世，舅娘宋氏聽唆與繼兄之貴結控。五年争帖争行，後憑官公賣，行帖另募，各有分財。吾係女流，本屬我家之物，俱爲强暴鯨吞，並未得分釐，惟有含泪而已。自乾隆八年，汝父入贅，憑媒約南之秀。陳嘉聖母遵父遺囑，即以此坐房作賠嫁，親族皆知。之秀、嘉聖□亡，其子南萬成朗證，坎下廂房六間先係母舅出當，後又之貴兄加當，皆係汝父館穀取贖，已歷二十餘年。宅後王姓地基，小二間，先係吾父出銀立定，後母舅足價二十三兩，皆係吾家之銀。嗣後母舅之子張忠義□昧天良，見吾〔缺五字〕買行之銀。又見未曾取贖厢房，即以王姓空地二間作抵，旋憑鄉約楊吉兆揭得買〔缺十字〕。又正宅右首樓房，原議婆婆歸世，即以此房出當安葬。現今聚奎兄住家，倘□□□歸天，可速□□□埋。吾家宗族頗繁，皆係遠房，不得少干吾家之事。我自嫁與汝父，已整三十餘年矣，朝□唱隨，未敢廢禮。丙子生汝姐出嫁，李氏亦頗順適，己卯生焯，壬午生炳，癸未生煒，不幸早亡。庚寅生焕，但炳多病，出家爲僧。吾與汝父不忍，留在家中，讀書學醫。汝等稍有贏餘，可買剃度换去，只不可討親，須和順爲心。今吾將終，婆婆我已供養十載，我死後，仍前供養。汝父今年出貢，雖屬康健，亦是暮年，汝等須盡心孝道。又坐房一院，吾遺汝等，是我父自置。遺囑賠嫁汝等，須永保不可變賣。或有本族異姓設謀吞産，汝等執此遺囑鳴公，自有公斷。只吾四子焕秉性太剛，汝等須勤勤善化，俾其奮心讀書，以務上進。可憐我僅五十八歲，延醫無效，天命已定，將如之何，惟有遺囑，悲泣遺囑。願焯、炳、焕佩服吾言無忘，我亦得以瞑目矣。此囑。

在見
盧中理　王偉望
南萬成　王遇嘉
高文錫　盧履芳
王禹章　李蘭晚
王干亭　高其吉
盧仔和　胡心一

乾隆四十八年五月二十七日立遺囑母龔盧氏

縣正堂硃批：遺囑者，原遺以教子孫。龔錫禄係讀書人，何得以遺囑委之婦女，明係希圖女家遺業。□□隨女□嫁，抵□侵吞，代爲其妻僞造遺囑。此爲欲蓋彌彰，難逃洞察。況所呈賣約又係白契，顯係假造。即此遺囑白契，足見龔錫禄蓄心吞産非一日也。

（清）陳春菘《見聞略・遺囑抄録》 立合同遺囑文書。浦德龍爲因昔年間老夫婦在日之時，年邁無子，門衰祚薄，老幼無依。所生四女，未存婚配，完聚出嫁。近房嫡姪乹觀年幼無知，不能任當家務，因而長女許配蔣文榮之姪，名曰三觀，過繼螟蛉入贅寒門，即代浦氏香煙，禮拜父母，承當代我支管家事，以及數載。前年老婦不幸身故之時，今因二女出嫁，又有幼女未存完聚。我年過六旬於外，桑榆暮景，未知晨夕之憂。如此日後嫡姪與螟蛉之子二人必然争執，待吾在日，故邀親長ㄙㄙ、族長ㄙㄙ等，將所有薄業田産、房屋公議分派囑付二人。生則靠老螟蛉之子，没則殯葬債負等情一應於姪無干，田産、房屋註明，繼子執業，嫡姪公議分拆註明，以作宗祧之費。日後户役差照例並行，各無返悔異言。恐後無憑，立此合同遺囑文書，爲照。

同治二年十一月　日立遺囑文書浦德龍，後寫允囑。

（清）陳春菘《見聞略・又遺囑式》 立合同遺囑文書。俞吴氏自于歸之後，先夫君德芳公昔年間在日之時，並無後嗣，所生兩女，門衰祚薄，外無期功强近之親，内無應門男子奉祀宗祧之子，故而長女配過胡虎觀，長女未存出嫁，幼時不幸身故，以後次女婚配朱毛觀，入贅寒門，代我支管家事，即代俞氏香煙。次婿不數年向年亦即夭亡。因無男子，所生二女，吾老婦無依所靠，不能養老終身。今因長壻虎觀又娶ㄙ氏成婚，以作嫡女一樣。吾老婦年近七旬，桑榆暮景，晨夕不知，故邀親長吴振宗、吴振齒，鄰長俞洪山、張野良等，因長壻虎觀奉先夫君之命入贅奉祀吾之香煙，將所有先夫君之薄業，一應長壻、次女兩股均分，田産、房屋、債負等情註於後，生則養膳，没則殯葬，春秋之事，克盡納子女之道，日後各無争執。倘有户役差搖，亦當兩分均當，勿得推諉，不可違命，各無異言。恐後無憑，立此合同遺囑文書爲照。

同治七年十月　日立遺囑文書俞吴氏允囑長壻、次女。

（清）陳春菘《見聞略・又遺囑式》 立合同遺囑文書。陸吴氏爲因先夫君士高公所生兩子，長曰和觀，即娶丁氏，次曰慶觀，亦娶丁氏，所生之女俱已出嫁完聚。長、次兩房前因分撥已過之後，兩房無子。長子和觀在外耕種，與他家之室有孕得子，弟兄商酌，弟允言合口領回家内，以作爲親生之子，名根觀。時年三歲，扶養成人，攻書婚配。昔年間弟兄分撥數載，各執田産、房屋、户役、差搖，亦應均當，各無異言。向年四月間，長子和觀不幸夭亡，當此時，吾老婦昏悮不知，以次房之長孫男名曰毛觀承嗣長房宗祧，因長孫男根觀年已十六歲，反座無此。吾老婦年近七旬，朝夕不知，家務紛紜，不能勝任，故邀集親長ㄙㄙ、族長ㄙㄙ等將所有田産、房屋、家伙、什物、農具，一應分撥以過。今邀集親族長公議，遺命長房名下貼與次房之長孫男宗祧之費，田産、房屋，註明計開。自後叔嫂與姪弟兄並無争執，故立遺囑爲憑。又無偏向，無生覬覦，須要同氣之心，手足相和，莫違贍依之志，吾之願慰矣。余老婦生則養膳，前定貼費，没則殯葬之禮，兩股均分，勿得推諉，倘有不遵命者，即爲違逆不孝，可能安分守己，不廢耕使祖業，則不負今日之遺命也。恐後無憑，立此合同遺囑文書，各執一紙爲照。

光緒八年三月　日立合同遺囑文書陸吴氏，允囑次子慶觀、長媳丁氏。

（清）陳春菘《見聞略・又交單》 立交單。祖母易尤氏、母沈氏，爲因年老無靠，不幸嫡孫夭亡，所有孫媳女顧氏、曾孫男一名，老幼無依。今因孫媳接配陳耀奎之姪小弟觀，作爲夫婦，似嫡孫如在。余老婦年近七旬，晨夕不知，家務紛紜，不能勝任，故邀親長ㄙㄙ、族長ㄙㄙ等將所田産、房屋、家伙、什物等情註明於後，一概交付與孫小弟觀處執業，以爲靠老養生死葬，曾孫男撫養攻書婚配，接代我易姓香煙，以繼宗祧。並房分争執，即于陳姓，亦不得忘生他論。自後余老婦養生送終，汝當獨任，不可違逆。如有户役、差搖，毋得推。此係親族公議撿點，並無私曲，恐後無憑，立此交單爲照。

《臺灣私法人事編・相續・遺囑》 嘗思合久必分，天下大勢且然，而家庭亦復如是。余自十四歲渡臺，百計經營，儉積月數百金，於下横後街開張金同利煙鋪生理，繼開碧王苑，並在同裕餉典本銀叁千元，應得股分又作振豐號糖間，暨歷年所置厝宅、田園及出入銀項、虛實賬項諸款，統計約按有叁萬左右銀額。茲因抱恙未痊，適子良暫權婚娶，因思人非金石，壽考豈能永錫，苟不預爲籌設，爾兄弟難免意向不齊之虞。再四思維，爰請親戚黄鍾山、吕經五、陳卜五、潘福照等從中確證，後如或不合余意，欲將家財特提出所有明買之田園及仁德南里一帶作爲祭祀公業，以便爾兄弟三人輪值。又按貳千元額作爲繼室贍養之需，歸諸公司生息，現另先抽大銃街店稅付與零用。又按壹千元額作爲子龍行六禮之費。又按壹千元額作爲子水婚娶之費。又按壹千陸百元額作爲次女粧奩。至以繼室復生諸女及庶出一女，現年尚幼，將來出閨，每人按以壹千元額爲粧奩之需。共按銀柒千陸百元額，交子龍掌管，臨時照額如數提用。另抽出銀伍百元額以付交長女英需用。又抽出銀伍百元以爲次女秃需用。又提出制錢五百千文交堂弟平往同安贖回田宅，以奉內地祖先祀費。其餘盡付與爾兄弟三人均攤，或生理、或田園厝宅、以及出入賬項，憑公親酌配，哀多益寡，處置得宜，然後按份拈鬮，照額承管，切不可翻異違訓。專望爾等日後能同炊合灶，固屬萬幸，不然按定份額亦當遵予命而行。爾兄弟其共體予平分之心，各守基業，無生異議，是所至囑。云爾。合立付契字一樣三紙，各守遵炤。

光緒拾玖年叁月　日

爲公親人　吕經五

黄鍾山

陳卜五

潘福照

當場知見人　繼室蔡氏

立付約字　王紹宗

朝　龍

知見子　道　張

麗　水

執筆人　賀　安

內添爾字一字，塗爾字一字；計貳字。

一、批明：明典石家帽仔店面，連買林家瓦厝帶樓壹座。又明典蔡家瓦店壹座；該店前進現先胎借銀項，尚未典賣，後如要典賣，須著加價，公司應墊足數，付與子道張居住，再炤。

一、批明：明買下横後街陳家瓦店壹座，付與子朝龍居住，再炤。又明典石家帽仔街瓦店壹座，又明買林家瓦店壹座，又明典石家瓦店壹座，付與麗水居住，再炤。

一、批明：明買帽仔街張家帶樓瓦店壹座，又明典石家瓦店壹座，付與麗水居住，再炤。

內添註叁字、塗改肆字。除添註塗改外，再添註陳字壹字、塗改葉字壹字。

一、批明：明買過統領巷林家店屋壹座，原係子道張份內，今議抽出後界灶下壹進，付與子朝龍、子麗水公同作灶下，再炤。

《臺灣私法人事編·相續·囑書》　立囑書父陳遜言，其先世居同安登瀛里，後遷魚孚而灌口。我祖子祥公生五子，無遺業，各自營生。我父文瀾公最季，配吾母王太夫人，生我及鯤弟、錟弟三人，迫於家計，始來淡業醫度活。母終堂，我兄弟遂先後渡淡，依於父。比積有微資，付我兄弟作怡和生理，頗獲微利，而我父命兄弟始置室家。至嘉慶拾年，我父年老，立書命分，統計家貲店底共銀壹仟陸百員，作四股均分，我兄弟每股分銀肆百員，存壹股與滬尾陳有福合作布店生理，爲自己膳資。不意於嘉慶拾壹年，被朱匪焚搶淨盡，故後來甘旨歸我自奉。時二弟祇是自顧而已，而我所分之額即招夥合作恒豐生理，後又招夥合作長興生理，兼掌料管事務，漸次獲利。迨我父棄養，一切喪祭之費悉我自理。即二弟後來齒繁家窘，我思手足之誼，亦必時加周恤也。數十年中，經營拮據，艱苦備嘗，幸襲先德遺庥，兼有內佐勤儉持家，始得粒積微貲，創置薄業，仰事俯育，庶有所資賕！非不慕古人數世同居也。但我年已七十三矣，特恐子孫賢愚不一，反啓爭端，與其因嫌隙而後分，何若早分而永無嫌隙也。汝曹讀聖賢書，入泮登科，雖未能立身制行，亦應頗識大義，其各遵父命，守先業，毋爭凌以傷和氣、毋浪費以墜家聲。余嘗撰一楹帖懸於廳事，云數十年辛苦艱難，祖宗創業；第一等忍心害理，兄弟爭田；爲子孫輩勖也。附録於此，小子識之。

一、我娶先室楊孺人，生四子，長維藻已歿，次維藜、三維菁、四維英，而五維藩、六維華、七維苞，俱妾劉氏出。共七子，嫡出四人，則每人應分壹股；庶出三人，則共分兩股，共作陸股均分，長孫另給。現將實業中有與他人合買者，有帶祖墳及零碎者，並典借租利園宅店屋生理，概抽爲公。歷年除公費外，若有贏餘，再置公業，不許侵匿，其餘實業配定田額，分撥各房。凡公私契券，列明於後，將來私契則各房分執，公契並公賬則公舉妥人掌理，設籍登記，不許涉私。惟考試，則文途未入泮者赴郡應試，及已入泮者應科歲試，每名公貼銀四拾員；鄉試每名公貼銀六拾元；會試每名公貼銀叁百員；武途各減半以昭鼓勵。若捐納功名，斷不許開公。自分定以後，公事歸公，私事歸私，或事介公私者，自當公同酌議幫貼。

一、公業契券俱載明公簿內不贅。

一、長孫酌給與林祥記合賣陳三貌等興雅莊田契壹宗、合買陳德盛興雅莊田契壹宗、合買賴連池東勢崙田壹宗、合買林潁水等里族莊田並山壹宗，共契肆宗。

一、長房恭記給買邱詩宗等圭母卒莊田契貳宗、買李固生母卒浪原莊田契壹宗、買蔣水應五谷坑田契壹宗、買李媽意五谷坑田契壹宗、買胡磊福五谷坑田契壹宗、買吳定郎五谷坑田契壹宗、買卓淙新直外莊田契壹宗、買施五大直莊田契壹宗、典周政記二重埔田契壹宗，共契拾宗。

一、次房寬記分給買邱東興大浪原莊田契壹宗、又牛埔莊田契壹宗、買黃光彩等大浪原莊田契壹宗、買葉亭大浪原莊田契壹宗買邱運祖山仔腳田契壹宗、買鄭有和户尾田契壹宗、買張正福户尾大屯坑田契壹宗、買王齊即王輝煌户尾林仔崙田契壹宗、買陳天球户尾水梘頭田契壹宗、買何後、何聰等户尾大屯田契壹宗、買陳榮秀户尾大墩莊田契壹宗，共契拾壹宗。

一、三房信分給買陳玉卿等下婢頭田契壹宗、買韓捷中莊仔田契壹宗、買郭光明中莊仔田契壹宗、買王奕等興雅莊田契合許長契共壹宗、買黃九成等興雅莊田契壹宗、買許婆北投莊田契壹宗、買陳孟記北投莊田契壹宗、買陳賜老北投洋田契壹宗、買陳清雲北投社寮前田契壹宗、買陳光漢等北投社寮後田契壹宗、買陳振榮北投社寮後田契壹宗、買高再發北投粗坑口田契壹宗、買高鍾鐮北投粗坑口田契壹宗、買陳辜氏北投牛埔後田契壹宗、買陳高陞北投水磨坑口田契壹宗、買高沛才北投車路頭田契壹宗、買陳雲九北投社寮後田上手契壹宗、買陳林氏北投路邊田司單並上手契壹宗，共契拾捌宗。

一、四房敏記分給買陳文榜、陳阿部內湖莊田契壹宗、買陳阿淡內湖莊田契壹宗、買郭將內湖莊田契壹宗、買陳沈氏孫阿寬內湖莊田契壹宗、買郭華永內湖莊田契壹宗、買陳阿源內湖莊田契壹宗、買杜長輩舊社後田契壹宗、買杜生其火炭坑田契壹宗、買高克明、高玉記、高五羇三重埔田園契叁宗、內帶理番丈單貳紙、買高天然北投水磨口田契壹莊、買謝大鵬北投洋田契壹宗、買陳青雲北投洋田契一宗、買陳孟記北投田上手契壹宗、買陳美北投社薺前田契壹宗、買陳烏九北投莊田契壹宗、買陳千金北投莊田契壹宗、買陳雲九北投莊田契壹宗、買陳光臨北投洋番仔溝邊田契壹宗、買陳陽笏北投洋澎仔船田契壹宗、買萬添保北投莊田契壹宗、買陳神祈北投九址田契壹宗、買陳吳氏北投竹圍田契壹宗，共貳拾肆宗。

一、五房惠十記分給買凌志老、凌志愿北投莊田契貳宗、買柯瑞華北投莊田契壹宗、買潘媽嗄嘮別田契壹宗、買陳舒泰、陳光蔭嗄嘮別田契壹宗、買陳振榮嗄嘮別田契壹宗、買陳燈嗄嘮別田契壹宗、買萬本生嗄嘮別沙圍內田契壹宗、買林鳳池別嗄嘮沙崙邊田契壹宗、買陳神祈嗄嘮別田契壹宗、買陳正茂等柏仔林田契壹宗、買鄭仰山柏仔林田契壹宗、胎典張希敬柏仔林田契壹宗，共契拾叁宗。

一、六房惠田記分給買李進牛埔仔田契壹宗、買李足容牛埔仔田契壹宗、買劉暹圭母卒莊田契壹宗、蔡添保等嗄嘮別田契壹宗、買高傳祖嗄嘮別田契壹宗、買潘允恭嗄嘮別田契壹宗、買潘牙嗄嘮別田契壹宗、買高光成、高淮泗嗄嘮別田契壹宗、典潘劉氏嗄嘮別田契壹宗，共契玖宗。

一、七房惠心記分給與林拱照合買周瑞彩、周瑞勵三重埔田厝契貳宗、買陳儉記等內埔田契肆宗、買鄧友忝北投洋田契壹宗、買陳雲九嗄嘮別田契壹宗、買陳舒泰、陳閣生嗄嘮埔別田契壹宗、買陳林氏嗄嘮別田契壹宗、買陳林氏北投路邊田印契並上手契壹宗、買陳孟記北投莊田上手契壹宗，共契拾貳宗。

一、公業統號悅記，私記則以恭、寬、信、敏、惠爲次。但庶房均號惠記，而庶房中又分三房，故將惠字拆爲三字：曰惠十記、曰惠田記、曰惠心記以別之。而囑書則柒本壹樣，每本各連皮共拾叁帙，分交各房執照。

爾父親筆批：以上囑書七本壹樣，内四本係令源古代筆，又三本係令植柳代筆。以後各房各管其業，而契券仍合貯壹箱，不許私取。但願爾等克勤克儉，以振家聲，是所厚望焉。

道光貳拾壹年元月

六男維　華
四男維　英
次男維　藜
庶長媳洪　氏
在場見　劉　氏
長媳林　氏
長孫雲　雕
庶長媳吴氏
三男維　菁
五男維　藩
七男維　芭
代筆　胞姪源　古
立囑書　父陳逐言
在場公議　從兄鋭　鍵
楊仰峰
胞姪源　道
知　見堂姪京　安
族姪先　進
姻親王奠邦
林祥雲
女壻林學[illegible]
姪壻林　宗
知見　夥誼張懷浦

案例文書

（五代）和凝《疑獄集》卷中《何武斷劍》 前漢時，沛郡有富家翁，資二十餘萬，有男才三歲，失其母，又無親屬，有一女不賢。翁病，因恐女争其財，兒必不全，因唤族人爲遺書，令悉以財屬女，但遺一劍，云：兒年十五以此付之。其後又不肯與兒，兒乃詣郡自言其劍。時太守司空何武，得其辭，因録女及壻，省其手書，顧謂掾吏曰：女性强梁，壻復貪鄙。畏賊害其兒，又計小兒即得此財不能全獲，故且俾與女，内實寄之耳。夫劍者，亦所以決斷，限年十五者，智力足以自居，度此女壻必不復還其劍，當明州縣，或能明證，得以申理。此凡庸何能用慮宏遠如是哉！悉奪取財物以與兒，曰：弊女惡壻，温飽十歲，亦已幸矣。於是論者乃服。

《名公書判清明集》卷七《户婚門·先立已定不當以孽子易之》 陽夢龍繼八二秀，祖命也，陽攀鱗繼八五秀，父之命與祖母之命也，亦既歷年多矣，親書遺囑，經官給據，班班可考，質之房長，並無異詞。其叔鋭一旦欲逐之，而立其孽子，何其忍也！借曰二姪跌蕩，不無子弟之過，爲叔父者正當哀矜之，教訓之，否則以家法警戒之可也，何至盡廢其父兄之治命，悉爲之紛更邪。此無他，私意一萌，知有庶子，則不知有兄之子矣。知縣所判，司户所擬，極爲切中，人心天理，誰獨無之。當職兩年於兹，凡骨肉親戚之訟，每以道理訓諭，雖小夫賤隸，莫不悔悟，各還其天。且久無同姓之訟，太守方爲之喜。陽鋭身以儒名，尚有此訟，殊駭旁觀，所宜挽回和氣，毋致悖理法而戕骨肉，費貲財而肥吏胥。八二秀産業合付之夢龍，八五秀産業合付之攀鱗，牒縣並照已斷行，所是戊孫、保福重給執照，此乃官司所以誤陽鋭者也，並追索毁抹附案。夢龍、攀鱗既歸，仰請集宗族、親戚，卑辭盡禮，拜謝祖母、祖父，遵依教訓，以堅悔過自新之意。若再有游蕩不肖實迹，自招愆尤，定行追究，坐以不孝之罪，後悔無及。

《名公書判清明集》卷七《户婚門·不可以一人而為兩家之後别行選

立》存亡繼絶，非特三尺昭然，爲宗族兄弟子姪者，皆當以天倫爲念，不可有一毫利心行乎其間。吴烈以祖母遺囑影射，不肯爲季八立嗣，蓋欲奄有其全業，固不知有死者矣。吴登雲已過房爲季五子，今又欲爲季八後，亦不過貪圖其産業，豈真爲死者計哉！二人之心，見利忘義，已大可誅，况祖母遺囑，已知身後不得所托，但摽撥産業，自爲殯葬之資，未嘗有不與季八立嗣之説。烈乃妄辭違法，誣其祖母絶其伯父之嗣，尤爲可罪。至於登雲以一身而跨有兩位之産，又出何條令？前斷任内鄧權命所定，已得其情，何爲兩年猶未施行，遂使兩家困於終訟。今司户所擬，參以人情，尤爲詳允。除照朱氏遺囑摽撥外，餘一分産業，别行命繼。庶幾季八瞑目於地下，烈與登皆可以絶垂涎之念，而還本然之心。仍就親房季一秀、季七秀兩位，選立一人。照所施行，先申憲臺照會。

《名公書判清明集》卷七《户婚門·遺囑與親生女》 曾千鈞親生二女，兆一娘、兆二娘，過房曾文明之子秀郎爲子，垂没，親書遺囑，摽撥税錢八百文與二女，當時千鈞之妻吴氏、弟千乘、子秀郎並已僉知，經縣印押。今秀郎生父文明乃指遺囑爲僞，縣印爲私，必欲盡有千鈞遺産，何其不近人情如此！文明以其子爲千鈞後，自不當干預其家財産。况文明尚欲子其子，乃使千鈞終不得女其女，於理可乎？抑不思父母産業，父母支撥，爲人子者，孰得而違之。使秀郎不得爲千鈞子，尺地寸土，且不可得。今既爲千鈞子，念其女兄，如念其父可也，今亦以遺囑爲僞，是不特不弟其女兄，實不孝於其父矣，千鈞命以爲子，果何望哉？司理所擬甚明，且免施行，再不知悔，則不孝無父之罪，不可逃矣。但兆一娘近日既亡，則所得税産，朱新恩合與立子承紹，未可典賣。庶千鈞愛女之意，不絶如線，而亦可以服文明父子之心。示取知委申。

《名公書判清明集》卷八《户婚門·諸姪論索遺囑錢》 柳璟兄弟四人，久矣分析，各占分籍，素無詞訴。三兄俱亡，有姪凡四，璟死之日，家業獨厚，生子獨幼，遂以四姪貧乏，各助十千，書之於紙，歲以爲常。今纔五七年，而璟之妻子乃渝元約，諸姪陳論，意欲取索，就其族長索到批貼，係璟親書，律以干照，接續支付，似可無辭。第探其本情，實有深意。昔人有子幼而婿壯，臨終之日，屬其家業，婿居其子之二，既而渝盟，有詞到官。先正乖崖以其善保身後之子，而遂識乃翁之智，從而反之，九原之志，卒獲以伸。柳璟之死，子在襁褓，知諸姪非可任託孤之責，而以利誘之。觀其遺詞，初念生事之薄，而助之錢，終以孤兒寡婦之無所託，而致其懇，且言獲免侵欺，瞑目無憾。執筆至此，夫豈得已。此與古人分付家業之事，意實一同，其所措慮，可謂甚遠。諸姪不體厥叔之本意，歷年既遠，執券索償，若果固有。不知璟之子受年日以多，璟之妻更事日以熟，門户之託，既有所恃，則以利啗人，無嫌諸責。合當倣乖崖之意行之，元約毁抹，自今以始，各照受分爲業，如有侵欺，當行懲斷。

《名公書判清明集》卷八《户婚門·假僞遺囑以伐喪》 范瑜放蕩無藉，乘范大佑神朝奉不禄，妄起覬覦，既教唆族人，使於范朝奉垂絶之際，登門伐喪，騙去錢，會，今又敢恃其破落，自行詐賴。鞠之囚圄，理屈辭窮，即無所謂遺囑，特鑿空誣賴，爲騙取錢物之地耳。國家大臣薨，肉未寒，而不肖之族已羣起而并吞之，此風俗之大惡，人情所同惡，不行重懲，無以戒後。范瑜勘杖一百，編管鄰州，所有范朝奉垂絶之際騙去錢物人，牒府第具姓名申來，以憑追究。院司引斷施行間，續據國子進士范涣等連名劄狀陳告，及范承議劄狀，乞從末減，范瑜本合照已判勘杖編管，以明堂赦恩適至，而范族尊長及小范佑神承議合辭有請，姑從輕，送州學決竹篦二十，聽讀三月，放。餘照前判。

（明）蘇茂相《新鐫官板律例臨民寶鏡》卷九《彝倫類審語·奪祀》 陳萃極係陳秉同一姓族長，陳秉高無子死，論序應秉同孫陳準立嗣。秉同往日與高結讎，故高死立有遺囑，以抱養良主與婿張來鸞承管家業。此雖真情，終非治命也。但秉同業爲仇人，使之繼嗣，則秉高當不瞑目於九泉之下。合於所遺田地中，量撥三十畝給陳準，其後田業仍聽良主、張來鸞管掌承祭。陳萃極爲族長，而處分失宜，相應治罪。秉同、張來鸞各擬不應。

（明）顔俊彦《盟水齋存牘》卷二《亂繼李衍庚杖》 審得梁逢南故絶，以侄衍祚入繼，支派相應，此外無可繼者。南妻陳氏昵婿李衍庚，細軟之物得而私之，並欲逐繼，則婦人之惑溺甚矣。據族長梁振達等出逢南囑書一紙，以田十畝爲祖祠蒸嘗，其餘田共叁拾畝有零，房屋二座付繼子掌管，諸婿俱有分銀。更慮陳氏欲自爨，則將上海田捌畝，永義永純塘田捌畝伍分與陳氏贍用，没後作夫妻蒸嘗。其囑盡自有條有理，此治命也，未亡人何忍背之？今彼此所争者貨本與債數耳。債數現有欠主，亦不欲相負者，但須四面清楚，如囑書爲起造房屋等用，不許陳氏私取，轉匿其婿之橐中耳。若所稱珊瑚没藥貨本，恐此時已不可問，一筆抹殺可也。衍祚既爲人後，須奉養陳氏，得其歡心，以慰地下，田房一照囑書管業，李衍庚爲人婿，而唆其妻母不能安其嗣子，杖之。餘免株求。招詳。

布政司批：梁衍祚以侄嗣叔，昭穆相應，李衍庚以婿而私厚其橐，何得復從曳陳氏以驅之也。姑依擬杖贖發，餘如照，庫收繳。

（清）盧崇興《守禾日紀》卷四《讞語類·一件弑逆大變事》 審得：錢世明乃已故錢楚翹繼娶沈氏之親子，而楚翹存日，止生二女。長適王爾欽，次適倪通甫，倪引祖之父。康熙六年間，曾憑鄉鄰懷順吾等，立有遺囑，以田二十五畝並家事三股均分，載有楚翹生養死葬，通甫三人承之，沈氏則世明一人獨任。亦以親敕，微有分别耳。遺券可據，順吾等口供俱在也。乃世明以弘祖胞妹于歸，未備伊母素席，遂以沈氏出名，具有弑逆大變之控，不亦過乎？今審，弑逆無憑，而以口腹致傷骨肉。沈氏之過舉，世明不得辭其責矣。姑念至戚，免供。一平老嫗之氣，一敦甥舅之好。可也。立案。

《清代巴縣檔案彙編·乾隆二十五年孝里七甲周輔公鋪房等遺産析分案》 縣正堂判詞： 審得周沈氏具告王璠等一案。緣周輔公無□□□□子即周子傑，繼嗣堂侄周子正俱已婚配，分受田業，二子□居。輔公因有儲奇門住房四間，城内外鋪房六間，所以在城居住，並將孀妹及其子屈恒升接養同居。在乾隆二十三年，輔公在城患病，兩子均置不顧，惟恒升□□妹丈王璠父子及甥陳澤周照看服事，凡飲食和湯藥，王璠、澤周墊錢使用。是年四月，子正在鄉病故，遺妻□□並幼子周懷仁、懷義，輔公忿激，將儲奇門街房分給外甥王廷魁、陳澤周、屈恒升寫立遺囑，並邀親鄰□□□□後，輔公病重至鄉，二十四年五月身故。王璠等因□□□□□房，延請羽士追薦，亦有用費，街鄰共知。所授街□□□□子正之妻沈氏收租，是年冬，沈氏在城，王璠之妻即輔公□□照遺囑經管，遂相口角。本年二月，沈氏具控，庭訊之下□□□□分給街房，遺囑屬真，俱係病中一時忿□□成亂命□承嗣。□後外甥不得分受財産，應將儲奇門街□□□□□□收租經管遺囑三張追出抹銷存卷。王□□□□□□銀兩，據開單目甚多，但當日甥舅原無閑言，今沈□□□勸令情讓，着沈氏量還銀二十兩，俾免日後口舌。□□□□不得復生枝節。周子傑本係異姓撫抱，已分田産□□□得再生覬覦。屈恒升雖係輔公素日撫養，同□□□□人，不便仍住沈氏房屋，着即搬移，以免物議。沈氏年輕子幼，不得將租息浪費透漏，一應房屋田地不得私行□□賣。其已當者，不許找價，即於契内當堂批注。無於省釋，各具依結立案。

《黄岩訴訟檔案及調查報告·張潘氏呈爲義子强佔哀求訊追事 附遺囑據一件光緒十一年三月十三日**》** 狀式

做狀人施鳳山　歇家奔叩　保戳朱明玉

寫狀人同

經承　原差

光緒十一年三月十三日

具呈張潘氏　年四十八歲　住南鄉廿五都　三啚

蔡家洋莊　離城五里

抱告林安清　年四十歲　係本人之母舅

呈爲義子强佔，哀求訊追事。竊氏故夫曹土，中年無子，挽親娶氏到家。先育一女，後生一子仲鑾，誠恐幼子莫長，故將仙順帶家，以望共撫成立。不幸厥後夫亡，續氏紡織，苦帶子女，以繼夫志，歷今二十餘年，親戚皆仰。氏自夫故後，該義子仙順好賭蕩廢，欺寡霸佔，親鄰均戒其非，始終强霸，莫可如何。詎惡欺氏寡弱子懦，訂心滋横，圖佔氏田，幸母舅林安清出爲叱白，反被其忤。再可憐者，氏膳田反被其霸。現屆農忙在邇，得分養膳，僅六畝均皆交租佃田，一家口舌，糊口不敷，情極慘烈。若不求恩賜，飭差嚴提追究，農秧一誤，不能種作，餓殍難堪。爲迫粘據喊叩，伏乞大老爺電賜差提追究，以援寡弱，上呈。如虚坐誣。

粘據一紙

欽加同知銜大計卓異調補浙江台州府黄岩縣正堂加三級隨帶加一級紀録三次歐陽　批：

着持批邀同親族，妥爲理明，如敢再抗，呈辦提究。粘據揭還。

（清）趙幼班《歷任判牘彙記》卷一《判湯時氏等堂詞》 時啓高因乏子嗣，於同治七年招湯長明爲贅婿，養老送終。由啓高請出親族，寫立遺囑。時加美、起福、起林均到場畫字，並無異言。彼時萬琪尚未出世，萬洲亦甫經生育，四十餘年相安無異。後萬琪、萬洲長成，不務正業，專事煙賭，屢向湯時氏母子滋鬧。控經田前縣秉公酌斷，令湯時氏母子撥出田四畝，爲時啓高祭産，兩造均具結在案。迨三十三年，萬琪兄弟復屢次争鬧，又經親族董鄰等出爲調解，令湯時氏母子再出洋五十元，永斷葛藤。萬洲亦得畫字洋二十元。乃爲日未久，又復牽驢割麥，率人拚鬧不已，實屬無理取鬧。其違背先人爲不孝，其凌虐孤寡爲不義。況當日調處之劉，王二董亦代呈節略申明萬洲兄弟種種無賴，此等刁風，萬不可長。因念本係宗親，擬從寬了結，永斷争競。況時啓高遺囑載明，已産共田四十四畝，除撥四畝，又給七十元，已各得一半。而萬琪、萬洲猶嘵嘵置辯，不肯具結。頑梗不化，不可理喻，收押官房，以示懲儆。此判。

（清）**熊賓《三邑治略》卷五《堂判東湖縣任内·訊劉華元一案》** 訊明劉榮太無嗣，遺媳高氏，招舒七壽上門爲子，已有三十餘年，生一子三孫。現在劉榮太已故，伊胞姪劉華寶控稱劉榮太臨終，囑令此田全歸祭祀公用。訊詰有無遺囑，又供稱未有，足見希冀家財。且劉華寶僅係一人，並無弟兄，現又乏嗣，亦不能再行承繼於劉榮太名下，使劉華元歸宗。令劉華元先出錢三十串，交族人劉德安等，代劉榮太做齋一日，外每年春秋兩季，各出穀一石，接到劉華寶等到場祭掃，勿得異説，各具結完案。期條一紙，交劉德安手，以後如劉華寶與劉華元再生事端，即惟劉德安等是問。此諭。

（清）**倪望重《諸暨諭民紀要》卷一《正堂倪二任·周春海與周文桂互争繼産由》** 堂諭：訊得周春海與周文桂互争繼産一案，緣周沛駱兄弟有四，因其仲兄沛然僅有一孫名春海，業經兼祧長幼兩房，遂擇其從兄沛成之子文桂，憑族議繼爲後，於光緒八年間立有繼書、遺囑，所遺産業除撥出邵家隖佃田八分津貼周春海管種，其餘概歸繼子周文桂執管。乃周春海覬覦周沛駱之産，妄稱周文桂之母後來悔繼，不允載入宗譜。當周沛路臨終時捏造議據，墳爲光緒二十年正月所立姑置勿論，情議據内周沛路花押不符，即繼嗣亦應從前不從後，況周文桂供稱其母並無悔繼情事，實由周春海圖産造誣，即斷周文桂照依繼書仍承周沛路之後，凡周沛路遺産均照遺囑執管，衹以邵家隖佃田八分歸周春海管種。去年既被周文桂搶割田稻，着周文桂繳賠錢貳千壹百文，以五日爲限，並着周文桂撥貼周春海烏糯山路下地二分，其山仍由周文桂管業。至岩後竹山，須照横路爲界，各執各管，自向莊書推糧過户，以免混争。其互控砍樹一層，訊係子虚，應毋庸議。周春海所呈議據，當堂註銷。周文桂所呈繼書遺囑，周裘氏所呈户册、婚貼、帳簿各着領還，取具各甘結保狀完案。此諭。

（清）**魏息園《不用刑審判書》卷一** 張詠知杭州。杭有富民病將死，其子三歲。富民命其壻主家貲，而遺以書曰：他日分財，以十之三與子，而七與壻。其後子訟之官，壻持父書詣府。詠閲之，以書抵地曰：汝之婦翁智人也。時子幼，故以子屬汝，不然子死汝手矣。乃命三分其財與壻，而子與七。

雜録

（明）凌濛初《初刻拍案驚奇》卷三三《張員外義撫螟蛉子　包龍圖智賺合同文》　話説大梁有個富翁姓張，妻房已喪，没有孩兒，止生一女，招得個女婿。那張老年紀已過六十，因把田産家緣盡交女婿，並做了一家，賴其奉養，以爲終身之計。女兒女婿也自假意奉承，承顔順旨，他也不作生兒之望了。不想已後，漸漸疏懶，老大不堪。忽一日在門首閑立，只見外孫走出來尋公公喫飯。張老便道：你尋我喫飯麽？外孫答道：我尋自己的公公，不來尋你。張老聞得此言，滿懷不樂。自想道：女兒落地便是别家的人，果非虚話。我年紀雖老，精力未衰，何不娶個偏房，倘或生得一個男兒，也是張門後代。隨把自己留下餘財，央媒娶了魯氏之女。成婚未久，果然身懷六甲，方及週年，生下一子。張老十分歡喜，親戚之間，都來慶賀。惟有女兒女婿，暗暗地煩惱。張老隨將兒子取名一飛，衆人皆稱他爲張一郎。

又過了一二年，張老患病，沉重不起，將及危急之際，寫下遺書二紙，將一紙付與魯氏道：我只爲女婿、外孫不孝，故此娶你做個偏房。天可憐見，生得此子，本待把家私盡付與他，争奈他年紀幼小，你又是個女人，不能支持門户，不得不與女婿管理。我若明明説破他年要歸我兒，又恐怕他每暗生毒計。而今我這遺書中暗藏啞謎，你可緊緊收藏。且待我兒成人之日，從公告理。倘遇着廉明官府，自有主張。魯氏依言，收藏過了。張老便叫人請女兒女婿來，囑咐了幾句，就把一紙遺書與他，女婿接過看道：張一非我子也，家財盡與我婿。外人不得争占。女婿看過大喜，就交付渾家收訖。張老又私把自己餘資與魯氏母子，爲日用之費，賃間房子與他居住。數日之内，病重而死。那女婿殯葬丈人已畢，道是家緣盡是他的，夫妻兩口，洋洋得意，自不消説。

却説魯氏撫養兒子，漸漸長成。因憶遺言，帶了遺書，領了兒子，當官告訴。争奈官府都道是親筆遺書，既如此説，自應是女婿得的。又且那女婿有錢買囑，誰肯與他分剖？親戚都爲張一不平，齊道：張老病中亂命，如此可笑，却是没做理會處。又過了幾時，换了個新知縣，大有能聲。魯氏又領了兒子到官告訴，説道：臨死之時，説書中暗藏啞謎。那知縣把書看了又看，忽然會意，便叫人唤將張老的女兒、女婿衆親眷們及地方父老都來。知縣對那女婿説道：你婦翁真是個聰明的人，若不是遺書，家私險被你占了。待我讀與你聽：張一非，我子也，家財盡與。我婿外人，不得争占。你道怎麽把飛字寫做非字？只恐怕舅子年幼，你見了此書，生心謀害，故此用這機關。如今被我識出，家財自然是你舅子的，再有何説？當下舉筆把遺書圈斷，家財悉判還張一飛，衆人拱服而散。才曉得張老取名之時，就有心機了。正是：

異姓如何擁厚資，應歸親子不須疑。書中啞謎誰能識，大尹神明果足奇。

（清）徐珂《清稗類鈔·義俠類·貝慕庭臨死贈金》　貝慕庭之本姓爲何，以曾祖啓祚出嗣其母舅貝開仲，遂氏貝。以乾隆己丑正月十七日卒，時年六十五矣。初得痰疾，疾甚時，偏召貝氏、何氏子姓諸姻親之黨至牀前，款語良久，出金，次第分贈之，下至婢僕無遺者。既，乃屬家事於諸子，命治斂具，語之曰：吾胸中無罣礙，可瞑目矣。乃整衣端坐而逝。

（清）徐珂《清稗類鈔·教育類·朱竹垞析産時之家教》　朱竹垞晚年有析産券，其文如下：竹垞老人雖曾通籍，父子只知讀書，不治生産，因而家計蕭然，但瘠田荒地八十四畝零。今年已衰邁，會同親族，分撥付桂孫、稻孫分管，辦糧收息。至於文恪公祭田，原係公産。下徐蕩續置蕩七畝，析荒地三分，均存老人處辦糧，分給管墳人飰米。孫等須要安貧守分，回憶老人析箸時，田無半畝，屋無寸椽，今存産雖薄，能勤儉，亦可稍供饘粥。勿以祖父無所遺，致生怨尤。儻老人餘年再有所置，另以續析。

身份糾紛部

案例文書

《吐魯番出土文書》第七册《阿斯塔那二〇九號墓文書·唐貞觀年間西州高昌縣勘問梁延臺、雷隴貴婚娶糾紛案卷》（一）

〔前缺〕

實不是□壓者。又□□□□□

媒度物，即應□□□□□□□

細審。答得款稱稱：□□□□□

前辯所問，只遣辯□□□□□

以直答，今既更同，乞從□□

臺母既款伏嫁女与□□□□□

得何財聘？仰具□□□□□□

嫁女與張幹作妾，□□□□□

並已領訖，尋即婚了者。□□

夫□在何處，仰實答。得款稱：延臺□□□

□法義比爲與□□□□□□

〔後缺〕

（二）

雷隴貴年卌□□□□

隴辯：被問娶阿趙□□□

款稱妻，二狀從何爲□□□□

是□□虞侯府史楊玉□妻，雷媒媾娶□□□

作妾。隴時用絹五疋，將充聘財，然趙□□□

更無親眷，其絹無人領受。對雷□□□□

□于時賣絹得錢，趙自迴買衣物，□□□□

□是妾，娶來一十四年。前妻阿馬□□□□

□□□見自理，後娶阿嘗之日，阿趙不是不□□□

□□□□口掛言，今日因何頓諱？□□□□□

□□□□□繫囚。趙及阿常俱在□□□□

□□□□□可量各□□□□□□□□

〔中缺〕

□□□遠□□冈冒□□□

下款，浪稱是婦，准如□□□□□

妾名，隴豈能□□□□□□□□

不敢妄陳，依實□□□□□□□

貞□□□□□□□

（三）

〔前缺〕

梁臺妾勘申不？

其雷隴以狀問。實

心白。

六日

（四）

〔前缺〕

問妻□□□□

爲□□□□

今復□□□□□

心□□

□□

（宋）鄭克《折獄龜鑑》卷三《辨誣·丙吉》 漢丙吉爲廷尉時，陳留有一老人，年八十餘。前妻有一女已適人。後妻生一子而翁死。家甚富，子方數歲，女欲奪其財，乃誣後母所生：非我父之子。郡、縣皆不能決，聞於臺省。吉乃言曰：吾聞老人之子不耐寒，日中無影。時方八月，取同歲兒均服單衣，惟老人之子畏寒變色。又令與諸兒立於日中，唯老人之子無影。遂奪財物歸後母之男，前女服誣母之罪。

或疑無影恐其不然，按《南史・蕭映傳》：荆州上津張元始，年九十七生兒，遂無影。前代之人，固嘗驗此，尚有疑哉？

（宋）鄭克《折獄龜鑑》卷六《擿姦・李崇》 後魏李崇爲揚州刺史，部民苟泰有子三歲失之，後見在郭奉伯家。各言己子，並有鄰證，郡縣不能決。崇乃令二父與兒各別禁數日，忽遣吏謂曰：兒已暴死，可出舉哀。泰聞之，悲不自勝。奉伯嗟嘆而已，殊無痛意。隨以兒還泰。

（宋）鄭克《折獄龜鑑》卷八《嚴明・鍾離意》 後漢鍾離意爲會稽北部督郵。有烏程男子孫常與弟並分居，各得田四十頃，並死，歲饑，常稍以米粟給並妻子，輒追計直作券，沒取其田，並兒長大，訟常。掾史皆言並兒遭餓，賴常升合長大成人，而更争訟，非順遜也。意獨議曰：常身爲伯父，當撫孤弱，而稍以升合，券取其田，懷挾姦詐，貪利忘義，請奪其田界並妻子。衆議爲允。

按聽獄者，或從其情，或從其辭。夫常取並妻子田，固有辭矣，奈其懷挾姦詐、貪利忘義之情何？意獨以情責常，是不從其辭而從其情也，可不謂之嚴明乎？

《名公書判清明集》卷一〇《人倫門・叔母訟其姪打破莊屋等事》 阿劉，奉千十一之叔母孔，奉千十一當以事母之禮事之。今使之至於不遠數百里赴愬於訟庭之下，必有大不獲已者。爲人子姪，而使其叔母至此，豈可不知所羞惡乎！當職昨日見之書判，繼而面諭，所以全汝叔姪兄弟之誼，可謂至矣盡矣，有人心者，宜於此焉變矣。但阿劉所愬奉千十乙打破莊屋等事，恐亦不能無之，今既欲釋叔母之忿，復兄弟之歡，豈可不伏辜謝過，舍其舊而新是圖。不然，則女德無極，婦怨無終，其争訟萬未已也。若劉四十五、彭鬼師等既非善良，何可與之交涉。群居終日，所談必非正言，必非好事，今後此徒皆當一切屏去，則同室之内，自此永無問言矣。示奉千十乙，仍貼縣究實劉四十五、彭鬼師前後有無過犯，如果爲鄉曲蠹害，照已追解來。

《名公書判清明集》卷一〇《人倫門・訟曾叔祖占屋延燒》 甚哉。銀元賡之不仁也。銀仲貴爲其曾叔祖，老而無室廬，正所謂天下之窮民而無告者也。行道之人猶將念之，銀元賡稍有怵惕惻隱之心，則必將解衣以衣之，推食以食之，假隙宇以處之矣。一間茅舍，所直幾何，銀仲貴占借以居，要豈得已，而銀元賡乃遽興詞訟，必逐之而後已。邂逅延燒，莫知所自，遂疑其爲銀仲貴之所爲。父子二人，更迭論訴，道乖綏族，誼爽篤親，朴作教刑，不容但已。銀元賡决十下。但銀仲貴爲人尊長，亦當自知羞耻，自識去就，豈可恃其身老行尊，無所顧籍，多行不義，取憎於人。髮短心長，焉得無罪，且責戒勵一次，今後如更惹詞，定行追斷。

（明）佚名《四川地方司法檔案》 叙州府为豪公賄吏積年活奪絲婚伸屈事。今將問過犯人魏孔常等招由理合開具，須至書册者。

壹，問得：

壹名，魏孔常，年肆拾伍歲，叙州府富順縣龍市鄉軍籍。狀招：在官族孫魏疸因與成都府内江縣在官雷正月居住鄰近，魏疸於嘉靖拾肆年拾貳月初捌日央雷正月在官侄雷坤爲媒，度送衣環菓酒，捶定雷正月未到女八姐與在官男魏閏爲婚。後魏疸節遇饑荒。陸續將田産賣費。嘉靖貳拾捌年玖月内，雷正月因見魏疸家貧，意欲悔親。雷坤不合向雷正月商説，這個親事悔與別人也難，除是把來改定孔常在官男魏書歌，纔降得他住，日後無患，還他定禮等語。此雷正月亦不合依聽雷坤，隨與孔常説知前情。孔常明知雷正月女八姐原定與魏閏，亦不合聽允，當出銀耳墜一雙，重壹錢，青綿布衣服壹身，盒酒送至雷正月家接受，將八姐改定與魏書歌爲婚。尚未行取完娶。本年拾貳月内，魏疸得知，思伊先已定明□……批，仰内江縣石主簿問報。移文富順縣關取，壹向未曾歸結。嘉靖貳拾玖年貳月内，蒙巡按老爹鄢按臨叙州府審録，比魏疸來府，欲要告理。孔常訪知，隨趕至府，俱投未到歇户李大相家宿歇。孔常思得魏疸説定雷正月女八姐在先，懼恐到官究問重罪，歃血飲酒，憑神發誓，願將八姐退與魏疸，回日擇期收取。各散回家。後魏疸説定雷坤等説取八姐，伊仍要騙親，商同雷正月，各不合隱情不認。魏疸不甘，自各實告，亦不合將情添捏雷正月貪夜計同未到張自才、徐守冠賄囑官吏屈斷，不行追斷，不行追斷，比未到吏游余亮賺銀叁錢，布壹件，憑未到朱用中度與吏皂，並多添財禮銀牛肆兩等項虚實情詞及牽在官彭萬卷在内，具狀，於本年叁月初柒日告赴布政司。蒙批，仰府提斷招報。蒙提坤與雷正月等□……投問間，雷正月要行遮飾，又不合捏□……起謀意，平空要將八姐强佔與寄男雷么姊妹爲婚虚情訴府。蒙審得：雷正月女八姐委於嘉靖拾肆年定與魏疸男魏閏爲婚，後嫌魏道家貧，唆令孔常奪定，以致争告不杜。雷八姐律合斷給魏道男魏閏，照舊爲婚，擇期完娶。孔常知情定親，雷正月重受聘禮合該入官，但貳家聽媒張主成事，魏孔常曾與魏道男誓悔，姑從追給孔常，另行娶親，以杜後詞。將孔常等取問罪犯。叁名，雷坤，年叁拾伍歲；雷正月，伍拾陸歲；魏道，叁拾叁歲，係内江、富順貳縣軍民。各招同。叁名，彭萬卷，年叁拾歲；魏閏，拾陸歲；魏書歌，拾壹歲，系富順縣軍民。各供同。

壹，議得：魏孔常等所犯，雷正月除再許他人未成婚罪名不坐外，與魏孔常、雷坤、魏道俱合依不應得爲而爲之事理重者律，杖捌拾。俱有《大誥》減等，各杖柒拾。係民，審魏孔常、魏道俱稍有力；雷坤、雷正月俱無力。申詳允日，魏孔常、魏道各照例納贖；雷坤、雷正月各依律的決完，與彭萬卷、魏閏、魏□……

□免紙；魏道、雷正月告紙白銀各壹錢伍分；雷坤、魏孔常民紙白銀各壹錢。魏孔常、魏道又該贖罪工價白銀各壹兩叁錢伍分。追發本府泰興庫收貯紙，罪銀，候秋羅穀備賑。雷正月原得過魏孔常定禮銀耳墜一雙，重壹錢、青綿布衣服壹身、盒酒，姑免入官，合給魏孔常收領。雷正月女雷八姐斷給魏道男魏閏，照舊爲婚，擇期完娶。通取庫收，領狀繳報。魏道添揑余情，與未到李大相、游余亮、朱用中、徐守冠、張自才等係供狀人，並免追提。餘無再照。

（明）吕坤《風憲約》卷六《告姦情狀式》 某府某縣某人爲姦情事，財娶到妻兒婦某氏或妹、女某名，年若干歲，被某人誘姦日久，拐帶財物若干，到某地方潛住，或云强姦不從，見打劄某處傷痕，或强姦已成，見扯破何衣，奪下何物，氏喊叫何人聽證，或不堪差忿，某日某時自縊，刎、投井身死某人某人證上告。

（明）祁彪佳《按吴親審檄稿·一件出巡事》 一件出巡事，行據江陰縣解犯徐武等到院，審得此案最可異矣。查徐務即徐武，之與繆沛霖門毆在六年十二月，徐先曾告保辜，沛霖因與藥資調理，已平復矣。今年三月二十八日，祝塘鎮有戲會，徐武預觀焉。武之親弟徐立、堂弟徐懷與武酣飲於姚成玉店，蘇時見之，醉而扶歸。去徐立家一箭之地，揚聲喊救，口稱打殺，李襟宇見之且問之也。武死於麥田，移之於黄天蕩，在徐立則曰，武尚沛霖索未盡之醫貲。今查沛霖家，去祝塘十餘里，一時不以往返也。在徐武之妻繆氏則曰，武向李襟宇索七分田價。今查襟宇未曾買武之田也。同出而不同歸，武之命不向立與懷問，而誰問之。於是拷究立，立半認尚半推，究懷則一口吐出云，繆雲池與繆沛霖一向成仇，互相造訪，雲池思有以報之，於是二月十二日封銀三十兩於懷家，約立與懷殺武，以圖賴沛霖。久未得便，是日醉而扶歸，雲池要之於路口，坐於木橋上，言此時不下手，更無日矣。於是令僱工人王大幫之用磚塊毆殺徐武，而銀即於是日分用。立得五兩，懷得十兩，王大幫得十五兩，欲移屍於繆沛霖之門首，而以雷電大作，懼而僅拋之於黄天蕩。雲池曰，武死，汝輩反告我，且及於繆雲龍。我則扳沛霖，是沛霖之仇可泄，而雲龍之財可詐也。娓娓如此。後問之立，立亦不能諱矣。但拷究雲龍，雲龍若不認，而中證亦有稱，雲龍貧漢，安得三十金，乃懷稱有楊振寰爲證，宜拘而訊之也。若繆沛霖原有封銀一事，倘在三月以前，事亦可疑，乃究問楊緑野稱，代霖賄立與懷，是四月初五事。立、懷稱與我銀，詞便不及汝。今詞中無沛霖，是錢神之有靈。而以此爲沛霖主謀之證則不可，且沛霖方與徐武有隙，殺武寧不懼及己，想沛霖愚不至是。然則謂立與懷全無主使，而忽殺一兄，復覓利孔，吾又不信也。二犯爲兇首不必言，第主謀尚須確究耳。獨可憐者，此事始終與繆雲龍無干。獨雲龍家稍温飽，故初之以屋成隙也，則告雲龍，今之以人命出詐也，又告雲龍。無非諸姦貪得之計，而雲龍之家盡矣。且四月至今，縣官不審，任人東扳西扯，今日屍親出告，明日地方出呈，雲龍之外有不盡累不已，可不痛乎。雲龍亟與釋放，猶恨其晚。殺人下手主謀，該道亟爲審定成招，以泄死者之憤，以安生者之業。再查有徐順一詞，稱武爲嗣父，亦告雲龍者，屍妻謂並無之。想又是奸棍插入指詐者，應並究明。右行常鎮道

一件出巡事，行據崑山縣解犯王奉村等到院，審得張氏之夫孫實開蔴行者，有客王周、孫志吾以販蔴主於其家。實之妹孫氏新寡，開花行之王奉村欲娶之爲妾久矣。孫氏以奉村妾媵，故不從。孫志吾於本日到，即聞主人有妹，亦欲娶之。議方興，面奉村已知矣。向孫實家叩問王周曰，志吾若何人，周答以是舅子。奉村即忿忿而去。至夜張氏方案排晚餐，二客尚未食，奉村直入其家，扭結志吾，以頭撞其鼻，王周方扯勸之，並周踢

倒於地矣。扭志吾出門，恣其兇毆。後段州審已明，不必再贅。但奉村誣二氏爲土娼者，蓋以土娼之家，方有閩客往來，方可揑出閩客姤奸一節，以圖飾罪，而不知實之實爲蔴行也。閩客於志吾何涉哉，一手打死，自當俛首認罪，於人何尤。仰崇明縣於十日内簡審確報。志吾以孤客旅櫬，更與尋常之人命不同，於王卯名下，先即追銀十兩作埋葬。

（明）毛一鷺《雲間讞略》卷三《一件侮法玷憲事》　鹽院温批上海縣告人李侃狀

前件審得，吴科素與王胤訐訟爲仇。科如鬼，胤亦如蜮。科糾王琦、蘇袍、曹鍠、康濟等爲之爪翼，而琦則科黨中最狡猾無賴者也。欲約胤之仇侄王德於袍家會義，乃機事不密，字托王諫傳送。乃胤亦素饒機械者，覺之而密誘開緘，知其中多詭秘語，欲借此反噬，乃不自發難，而以李侃與蘇袍勢在不共，遂以前書授侃，爲一網打盡計。及至議和索書，胤詐爲烏有，復代環作原字，給封於曹鍠，則亂固陰謀鬼計之尤哉。蓋科等蠅營蟻聚，罪固不（貲）〔貸〕，而胤含沙射影，法所難宥。矧嚴鞫造訪，絶無影響。賄賂一無指據。即信中諸語，不過盟約結黨。度所爲，大率爲朋謀復告之計，且無姓名實迹，終難以買訪懸坐也。李侃誣告多贜，王胤主唆陷害，俱應重擬。科等糾衆歃血，手書可券，各應杖治，仍請枷號，以爲樹黨妄爲者之戒。

（明）毛一鷺《雲間讞略》卷三《一件墾芟巨恶等事》　撫院周批上海縣告人諸庖等呈：

前件審得，諸庖、姚德以鄰保素不相下。會有陳章子死，遺媳錢氏並在抱兒女。欲贅德配氏以撫之，庖從中阻撓。章爲所惑，而德婚不就，即告華亭，斷氏歸德完聚。章亦告批上海，斷氏守制。兩惡相煎，事亦已矣。後章死，氏不安其室，庖遂爲主婚，配吴壽，挾其老姑懦伯以必從。而德復百計欲娶氏。雖氏父錢貴主其事，而實若奪之吴壽者，何物淫鶉，致兩狐相争如逐鹿也，庖與壽復告縣。縣斷兩離極妥。乃錢貴復揑稱女過德已孕兩月，故令貴暫領回，有俟生産再定之説。後孕情虚，而德復違斷歸錢氏，至庖謀不遂，而訟端復起。輒揑窩盗、人命、侵糧諸事，誑呈本院。乃首審窩盗一節，已屬無影。再審謀殺陳三一事，亦屬無據。至怕誣姦佔周氏、擅賣侯氏，一爲其贖身之婢，一則其婿父遺使女也。據稱姦賣産，真如説夢。惟金鍊與陳積索負致争，後積病故，而德以人命告縣，因斷埋葬三兩，此則不無借屍挾詐耳。庖詞已全誣，且歷騙孔鎮、范才、羅顯、金沐多贜，法應從重。旋以病亡，蓋亦惡貫盈而天褫其魄也。至若姚德既違斷而婉轉謀娶，復挾仇而妄呈圖抵，雖被騙各有多人，而人命絶無半影，亦應反坐，以創刁風。錢序、翟元、徐英、孔田、張仲各以愛憎分袒，設機布局，總非善良。其餘連名具呈，難以虚填，至受實禍，姑免概科。姚德冒斷葬銀，合没入官。諸庖所騙諸贜，依律勿徵。錢氏仍斷兩離，聽姑擇嫁。

（明）毛一鷺《雲間讞略》卷三《一件玷官炙詐事》　江院汪批上海縣告人馬驥狀

前件審得，馬驥幼時屬趙相，卵翼如己子。趙相爲王氏之僕，驥爲相也子，豈不亦執帚擁篲之流，而顧侈然以門楣自誇耶，後趙相從嫁，驥亦逡巡出姓，則驥與王門雖無主僕實據，然良賤供案定矣。即據驥自供吐此等來歷，驥固不能自諱也。設相王王門厮養，驥非趙相恩養，兩姓結姻，亦事之常。彼王門諸人何仇於驥，而欲奪其已成之盟耶，細鞫詞證，知驥欲借秦晋，以蓋腥膻之氣。而王善推弟兄，又貪聘金，甘心女吴。更有談生一貫巧爲串合，致吴孟鹿馬幾無别白。假令王女琬姐尚在，自當勒驥吐退，兄配名門。今幸琬姐已死，驥謀未諧。第追出庚貼，付王門之逹者，俾知驥所自出，且令驥與王永不得媾婚姻之好耳。驥忘原來之水木，覬非分之朱陳，姑念姻好不終，薄擬杖懲。王善推誼關手足，輕與犬羊訂盟，大虧門祚，談一貫身厠名教，故爲良賤説合，殊乏鬚眉。善推論杖，念妹死免追財禮，一貫尚係青年，論杖恐阻進取，姑行學戒飭，以勵後來。驥雖篾分，原非趙相嫡子，况趙又從嫁出姓，費幾許宛轉乎。此一役也，良賤固自較然。如必欲追而奴之，王鳳過矣。

（明）顔俊彦《盟水齋存牘》卷一《刁訟鄺伯啓等杖》　審得李氏之子鄺伯啓與舅李雅倩合造枝圓，雅倩病故，未亡人蘇氏與窺諸孤俱煢煢無倚，伯啓念渭陽之誼亦應周恤之，况同事耶，伯啓既以櫬殮之費爲言，則蘇氏自不得不以生前之帳爲抵，骨肉之情同於陌路，惡薄甚矣。至宗叔雅倩之父即李氏之父也，李氏果痛念亡弟，獨不可哀諭其子一義助乎，即庇護其子，獨不可泣向其父一情處乎，而奈何代子出頭以訟也，李氏代其子以訟，宗叔挾其媳而訴，伯啓謂己不可與外祖訟，故托之母。而爲李氏者，果可以女而與父訟乎，亦怪甚矣。姑斷伯啓出銀十兩助蘇氏喪費，蘇氏不必再有言以傷骨肉至情。杖伯啓教之以親親之道也。招詳。

兵巡道批，依擬鄺伯啓贖杖發落，餘如照，行庫收繳。

（明）顔俊彦《盟水齋存牘》卷二《訟兄胡應鳳杖》　審得胡應鳳與兄胡應麟分居有年，應鳳插身衙門幫差度日，自非善類。應麟銅斗家計，俱街訪小小生理苦掙而成。應鳳眈眈虎視，便欲割其所有。抑思父母亡□多年，從來析爨，何故冷灰豆爆，至今日而始爲此訟也，族長胡維高、應鳳所告以爲証者，已不直應鳳之甚，更有何説，應從重擬。姑念弟兄之間，除痛飽桁楊，杖以懲之。招詳。

糧儲道批，胡應鳳兄弟析爨已久，仍眈眈於兄之所有，餙虛聳告何辭，杖警。依擬贖發。庫收繳。

（明）顔俊彦《盟水齋存牘》卷二《賣女郭濱杖》　審得高懋枝賣戴經歷之婢秋至，據買自俞念益。念益回籍，無從對質。郭濱以爲被拐，訟累今日，始明斷女聽袁氏擇配，而量給懋枝原聘銀之半。縣審可謂酌於情法之中，懋枝不應復有言矣。但懋枝稱秋至到家之後，郭濱夫婦常來看視。懋枝之言不足盡憑，轉詰之秋至，亦以爲然，則非忽焉邂逅於載經歷之門者，即從前有拐賣之情，濱難卸不知也。據懋枝稱，念益買自霍天性之家，而念益既不在，天性自不肯認，亦不必窮究到底。郭濱欲有其女，斷原聘拾肆兩給還懋枝，才許擇配。若肯聽配，戴僕則斷懋枝，出銀肆兩與郭濱，明白交易。郭濱以女爲囮，陰陽其術，杖之。懋枝已經憲司招允，姑不重擬。招詳。

兵巡道批：郭濱依擬，餘如照，實收領狀繳。

（明）顔俊彦《盟水齋存牘》卷五《訟婚馮維節一杖》　審得談遇訟馮維節拐妻一案，蓋經府、廳、縣三聽之矣。縣斷其離異，法也。府斷奩田歸談，而姑以陳氏屬之維節，情也。卑職會審，令談遇棄其妻而並棄其田以存秀才志氣，義也。乃遇終不能甘心於維節，而復有是控。據遇稱，妻未常休，偶外出，而匇屬之馮，姦也，拐也。據維節稱，遇棄之，而我取之，媒也，聘也。問其媒，則無是公也。問其聘，則無一人証之也。陳氏之族，生員陳周興陳懋嚴、陳周宇毅然以爲家門不幸，羞憤欲死，誓不肯以此婦屬維節，則此婦在談遇不過一杯覆水，而在陳諸生則爲必灑之耻矣。姦而後合，事屬曖昧，不欲遽污紙筆。然世間寧有一女改適，不聞之前夫，並不聞之親族，而輕輕暗度，李氏老憊不足深誅，維節固名教中罪人矣。維節果無別情，天下豈少美婦人而必一失節之婦爲戀戀乎，陳氏應從縣斷離異。談遇所得李氏奩田既恩斷義絶，無得業之理。其經府審斷歸談遇之田，遇亦願退還之矣。馮維節法應褫革，特念姦拐無証，姑開一面，罰銀五十兩，爲修學之資，仍行學戒飭，以爲青衿無行之戒。李氏槖中故饒，愛其女而盡歸之。維節之罰鍰仍取諸陳氏而足也。李氏老狐，殺有餘穢，但係女流，痛飽桁楊而已，杖其抱告李亞三。招詳。

察院高批，陳氏背夫自嫁，馮維節無媒而娶，此懷姦拐何異，斷離異而返奩田，情法斯當。至議罰以瓦全則幸矣。姑依擬杖李亞三結案，馮維節戒飭，仍詳提學道降處示創，庫收繳。

提學道批，陳氏不潔之婦，談遇棄之，馮維節取之。棄者遭之不幸，取矣明乎，見金不見人矣。即云李氏主之，彼老憊一婦人耳。維節青衿，讀聖賢書者，此等行徑與鑽逾何異，況陳氏宗族亦嘖有繁言。馮維節法應褫黜，但所指姦拐無証，且已斷離異，姑行學重責二十板示警。餘侯按院詳行繳。

（明）顔俊彦《盟水齋存牘》卷五《息詞劉茂珍等杖》　審得劉茂珍之婦翁錢朝所向與陳木盛同居，朝所巫術爲活，舊冬盛父身故，乃以妖鬼詞之於縣，並及茂珍。茂珍即添指詐還控，究竟皆説鬼也。朝所既故，妻已別適，無可對質，而茂珍、木盛旋各悔息，不願終訟。合無俯從下情，量各擬杖。招詳。

憲司批：劉茂珍、陳木盛各逞得已之訟，姑依擬杖折發落，庫收繳。

（明）顔俊彦《盟水齋存牘》卷五《息訟周憲成二杖》　審得周憲成之育女賣蘇繼州育男爲妻，女以病死，似可無聞之憲成者，而憲成以女命控，大無謂也。非無謂也，青青子衿，何堪有市井之心乎，念已悔息，姑不深究，各杖之而已。招詳。

按察司批，周憲成視育女之死爲奇貨，此青衿之無行者，念已悔息，姑依擬並罰，憲成仍行學戒飭十五板示警。餘如照，庫收繳。

（明）顔俊彦《盟水齋存牘》卷一一《息訟陳司直等杖》　審得陳司

直以留女敗倫控憲，拘而訊之，兩造俱叩頭乞息。職問其起訴之因，曰男大須婚而彼故遲之，惡慾期也。今一婚而天下之事畢矣，彼直欲借公廷一紙爲會親符録乎，亦可笑矣。據稱女名咏梅，彼有摽梅之恨，職請爲稱行露之詩，梁於理、陳司直各予一杖，招詳。

按察司批，陳司直等既聯詞訴息，依擬發落，庫收繳。

海道批，陳司直等依擬杖贖發落，庫收繳。

（明）顔俊彦《盟水齋存牘》卷一《息訟張朝彩杖》 覆看得譚氏夫故子没，孫張于韶又繼亡，僅一遺腹子孩張永壽。而孫媳黄氏亦相從地下，張氏不絶之嗣如線，幾宜有以啓族人睥睨之心。據張朝彩螟蛉螺嬴之構，爲伊男張允念鵲巢鳩居之謀，其果爲公平，爲私乎，奸狡灼然矣。族有公結，縣審已明，姑以悔訟求息，朝彩依擬杖之，業聽譚氏掌管。撫此藐孤，仍給照以謹無良可也。招詳。

按察司批，張朝彩欺孤攙繼，情殊可恨，念悔罪求息，從寬一杖幸矣，依擬發落。餘如照，庫收繳。

（明）張肯堂《䜹辭》卷三《徐對滑縣人》 强姦，重辟也。而况行之於親屬，則律復層彖而重。滑民徐九經之訟其族叔徐對，蓋幾幾乎在强姦未成之條矣。然可信者十之一，而可疑者十之九。原情者寧失出無失人也。據九經之執詞，謂已則露宿於餐，而其妻曹氏獨處於中，對姑瞰亡而往，則茲事九經實未目擊矣。呼曹氏而問之，則雲是晚持刀而入，幸以急呼驚起鄰人，對倉皇遁去，猶攫得其氈帽爲據。乃帽與對首實不相符，夫對即神姦，豈能預料此帽之必爲人得，而取他人之帽以爲飾罪計哉。獨是詢之鄰人徐騰文等，咸聞曹氏有詈逐聲，然昏夜不辨何人，此所爲可信者一也。意者家人往來仍無他意，而曹氏以其夫不在，此衷先蓄疑城，故不覺詬誶之加耳。然對亦疏於律己矣，告不盡誣，姑免反坐，姦無確據，難引正條。酌當日之情而予對以一杖，亦足畢此一案矣。

（明）張肯堂《䜹辭》卷三《梅光啓東明人》 東明人梅光啓與高養志甥舅也。光啓貧而無賴，一女即鬻養志爲婢。復偵知王可觀以無子卜妾也，夤緣趙捷屬以謇修，匿其前情，而許此女爲妾，聘資三十金，約以六月十八日至光啓兄光夏家成禮。即逆以歸，盟言既定，已受青蚨二百，汗巾三方爲插戴矣。先期一日，光啓復至可觀家預索聘禮觀之，可觀故有夙儲布絹銀錢爛然盈几，隨即相對封識，斯時光啓之肺腸叵測，而可觀則已慶事之成矣。厥明，約同趙捷及其侄孫生員王好學、蒼頭張來兒，乘馬策驢，以一囊貯聘物，携酒四瓶，欣然而往。未至光夏家十餘里，忽蘆葦中有人突出掣之，挈囊馳去。可觀愕然，不審爲何人，而趙捷旁觀，則識其爲高養志及其餘黨，不知名三四人也。夫光啓以已售之女許人爲妾，其中已伏騙機，至若養志伏莽要路，則究成搶局矣。竊意可觀一落機穽，三十金已入兩人掌握中，何難談笑掇之，而顧出禦人下策。意者可觀財色兩喪，被騙之故隱忍難言，非此不足以甚其罪乎。况自趙捷而外，更無一人見者，故爲騙較真而坐搶尚未確也。兩罪相鄰，别姑從輕者，趙捷作媒，雖非本情，然此段惡姻緣作合者，固難辭其咎矣。

（明）張肯堂《䜹辭》卷七《張化行長垣人》 張化和行須麋丈夫，不能庇其一妻。售之崔明旺，逝梁發笱之後，蓋伉儷情絶矣。乃索詐不休，並速之訟。去帷之妻，視爲奇貨。爲明旺者拒之不能，啖之不飽，捨上控而外，豈有禦之之策乎。夫田産貿易，價中有昂於舊者，然自一加再加而外，亦自赧焉不能出口。曾是一婦人耳，華落理賤，勢所必然，而求多不已，化行之貪而忘醜，則已甚矣。乃陰爲晝策，陽復煽禍者，則有李尚節，非並杖之以死化行之心，明旺之禍正未有已耳。

（明）張肯堂《䜹辭》卷八《李邦興》 王金印之妹李國寶之妻也。國寶病且死，止有田三畝耳，自度必不能起，托保欒化鵬鬻之李玠，得錢四千有奇，其族人李邦興爲之經紀，亡何國寶死喪殮之費皆於是乎需，尚得有餘鏹乎。王氏貧不能自存，姑依其兄金印，面邦興陡發一訟，且誣其挈厚貲以歸母家也。是時所餘者，止一菜色之孱婦耳。歸王而李訟不已，歸李而李且視爲奇貨，且有鬻之非其所者矣。無已，則斷令王氏再醮之日，量給邦興財禮銀伍兩。而邦興饕餮無厭，又嗾李從貴復控矣。國寶嫡派已絶，邦興輩皆其遠宗，然以族誼較之，則從貴稍切，移邦興原斷之伍兩給與從貴，而坐邦興以一杖。庶王氏不終被毒，而從貴蟣虱之胄，庶幾可以稍補乎。

（明）李清《折獄新語》卷一《婚姻・一件逼嫁事》 審得孔弘祖者，乃生員袁尚鼎壻。而二女則尚鼎女，弘祖婦也。先因鄞民何挺，曾求姻尚鼎，而此以紅帖往，彼以紅帖答。夫以紅帖代紅葉，何必新詩之當媒，胡允其請，而又斟酌果盒之費，則於原聘八兩外，更加四兩，此退婚一紙，所以出自勝手也。一女之轉嫁李萬，已成覆水難收矣。當寄語舊燕，而另覓雕梁可矣。何勝事過戈興，復以活拆控？既飽家兄，又挽去婦。魚與熊掌，可兼涎乎？本當以誣反坐，姑念貧而退婚，非其願也。且婚姻論財，夷虜之道，則沈洪亦不能無罪焉。合與巧言如簧，分鴻斷鴛之李春，各杖示懲。其一女則萬妻也。流水落花兩無情矣。方勝不得再有呶呶，自取反坐。

（明）李清《折獄新語》卷一《婚姻·一件飛攫事》　審得毛氏者，陸生員弟婦，而毛文始則毛氏父也。夫女子之嫁也，母命之。女子之再嫁也，父命之。學禮者曾聞斯言乎？毛氏之亡其陸氏夫，而操愧孤鴻，忽欲逐隊野鴛也。當夫家爲政耳。文始以女許汪元瑜，有兩嫁理乎？則陸生以弟婦許陳生，未爲不可。但毛氏既歸陳生，而陸生忽出廿兩，以返元瑜何爲者？嗟乎。亡弟辭世，生妻去幃，感念同乳，若在初没。彼陸生非人情乎。何忍以弟婦爲奇貨，而既許元瑜，又許陳生也？今據陸生口供，謂廿兩累累，特償元瑜酒饌耳。夫元瑜輩固傍海居者，難致山珍，不貴海錯，此何酒何饌乎？而以廿兩費。其始受元瑜之聘，繼受陳生之重聘無疑也。朝雲暮雨，抱琵琶而上别船者，伯與弟婦所行，如合一轍。若以毛氏爲搦墳薄婦，則助其婦以代摘者必貪伯也。陸生忍矣哉。若陳生尤可異焉。既涎毛氏囊有餘蓄，而重賄貪伯，奪汪氏之聘婦爲己婦矣。今讀其呈内，則云：毛氏與元瑜有姦，故因孀謀娶。噫。燕爾新婚，如兄如弟。業與毛氏結今生之緣，而甫訂新歡，忽發舊穢。有其事乎？宜爲掩醜，無其事乎？豈宜織淫。若以公庭數語，流聞深閨，頰赤耶。背汗耶。想婦人之情薄秋雲，而浪逐桃花者，應得此報。彼爲毛氏婦者，固於爲鶉爲雀間自作同群矣，將爲陳氏夫者，亦於不龍不蛇間自置一位乎？陳生蒙面昧心，合與忘親負約之陸生，各杖以儆。仍於陳生名下，追銀六兩，給元瑜以了前案。

（明）李清《折獄新語》卷一《婚姻·一件姻變事》　審得沈之龍者，故民沈應用族侄也。先因應用年暮無兒，立之龍爲嗣，其以養女樓氏許。蓋亦佳兒佳婦之惓惓，而俾取諸宫中者，不煩親迎也。何應用物故後，應用妻於氏，遂欲以樓氏爲奇貨，而章臺别折？時胡奎父胡舜，方爲子求

歷十餘年，不聞挺以聘禮往也？迨夭桃之佳期已過，拓梅之晚感漸生，則二女已廿五歲矣。有女懷春，吉士誘之，雖貞姬亦鍾情良匹。而顧以一紙空言，必欲責二女爲罷舞之孤鸞也。此非近情論也。今弘祖聘娶後，忽來何挺告，雲有金釵彩緞之聘，此其有與無，俱不必辯。而所可一言折者，則二女矢節於鎖窗，灑涕於登輿，而至今猶啼號弘祖之舍者是也。夫使他宅之雙飛無心，則當尚鼎逼嫁時，有割耳毁面，誓死靡他耳。即或箝束繇人，垂泣升車，則盛飾而往，浴體而縊，古貞女不以屍還陰書乎。何適弘祖後寂無一聞也？狂風落盡深紅色，已非昔日青青矣。挺可覓雕梁於别處矣。今乃以破甑之顧，謬希完璧之返者何也？及召二女當堂面質，則願作孔家婦者，有同唤江郎覺矣。夫二女既失身弘祖，豈復與挺爲藕絲之聯，若駁豎子哉。傷心於奪婦之慘，而一慟遽隕，想挺之真情不至是也。非垂情彼婦，實垂涎家兄耳。念係愚稚，姑免究擬。然則袁尚鼎獨無過乎？紅帖之一答，亦禍胎也。薄罰示懲。

（明）李清《折獄新語》卷一《婚姻·一件劫妻事》　審得沈斌者，鄞人也。先因厲馬所生六女，曾許斌爲妻，以十兩聘。夫厲氏女已作方家婦，則非撩人之野花，可一任招颺於狂蜂浪蝶者也。胡馬二三其行者，復改許方德四子也。夫故人恩義重，不忍復雙飛，此爲已嫁之婦言也。若六女與斌，僅作楚岫遥夢耳。獨以斌之尋春稍晚者，忽使鶗鴂爲先佔之枝，恐有情至不堪回首者矣。夫以理論，則宜斷後約，速還先聘。然青青一枝，已折他人手，即令斌與六女，復續歡鸞頸，而追思曩日之逐隊野鸞，若何綢繆？得無悵然於二天可羞乎。而必遣飛花以上故林者，亦非情也。合命德四出銀十兩，補沈氏原聘。而女歸於方，金歸於沈，如是者安矣。厲馬蒙面鼠竄，於禽獸又何難焉。方德四擇婚不慎，姑杖示懲。

（明）李清《折獄新語》卷一《婚姻·一件活拆事》　審得沈洪之以女許方勝子也，乃崇禎元年事也。迨延至三年，則是女紅葉欲沉，而摽梅已過矣。蓋因勝家窘甚，故遲回至今。而未幾忽以果盒禮往，曰：吾將娶婦。夫洪窶人子，生男弗喜女弗悲，非曰門楣是望也，蓋將借掌珠以博筲金耳。胡勝不以數金往，而率略乃爾？將謂田舍翁之十斛麥真可得婦，而以果盒代乎？宜洪妻鄭氏怒不許婚也。時勝展轉無計，凂其表兄李春，轉言於洪，謂吾家壁立矣。合將原聘見還，以伊女另嫁。於是洪與鄭氏皆

偶，而巧阻銀漢之周思萱，遂乘間往語曰：樓氏女佳。夫樓氏固有主羅敷耳。可令他人誤入桃源，而以奎爲阮郎、之龍爲蕭郎乎？今召舜與萱詰責，謂之龍與樓氏，其稱兄妹也。難以雁行諧燕偶。而温家玉鏡臺，何以聯姻姑女？若以十二金餌母，而奪其子婦，恐百匹之賜，難救一慟之隕。之龍今日之情，無乃類是。未可居樓氏於隨風之楊花，而俾捨家鴛逐野鵠也。求我庶士，迨其吉兮，則莫吉於審日之初八。於是暫縶思萱及舜於獄，以絶蠱惑，而押兩人即日成婚。夫齊語呼婦皆曰妹妹，何妨結新歡以仍舊呼。正恐登堂拜母而赧然掩面者，呼母則安，呼姑則怍耳。嗟乎。此一案也，紅絲久授於故父，赤繩幾割於生母。若移樓女以置胡宅，恐甑破而珠還者，一夕亦百年之長恨矣。幸黄花未折，故紅葉終諧。父冰人而官月老，亦《鴛鴦譜》内之新語佳話也。周思萱、胡舜，各杖示儆。其聘禮十二兩，仍追給胡奎，今而後，伊自有婦，無謂他人婦。

（明）李清《折獄新語》卷一《婚姻·一件拆妻事》　審得奉化縣人江昌榮，汪一奴前夫。定海縣人俞七，汪一奴後夫。而汪壽法則一奴父也。先因壽法於崇禎二年，曾以一奴許昌榮，而成婚於五年五月。時問一奴年幾何？僅十三耳。夫兩雛並棲，何異稚戲。而妝無再點，案不別舉，諒如貞女當如是矣。乃一奴之惰呢新歡，心厭故侶者，非獨呂榮過，則昌榮之亡母過。夫一奴猶斷乳幾日人耳。當撫若慈母，愛如嬌女。胡羹藥不諳，輒加箠楚？而幾欲爲姜母汲水之難也；君家婦難爲，心怨矣。迨昌榮母亡，一奴亦病，豈其命帶逐水，而數值飄花者，又當以一病結新姻緣耶？時一奴母竺氏，曾携歸定海，就近調養。而胡縣人俞七，乃以野鴛偶病鶯也？今據壽法口供，則謂七父俞大順，曾借銀無償，劫一奴去。夫阿翁自乏家兄耳。可以己女爲人婦者，爲償逋資耶。乃俞七母蔣氏，何又以八兩之聘言？夫聘與當，俱不必辯。獨以五月適江、以八月歸汪、以六年七月往俞，前後豈不了然？顧何捏六年爲四年，而五年之依依江宅者，豈一奴果爲情女之離魂也？玆壽法、昌榮猶言出同聲。而一奴則初詆老父，繼誶故夫，惟與俞七兩目盼盼耳。蠢今日何遷次，新官對舊官。而揮舍人、唾餅師，何今古婦女，其肺腸若是別也？一奴嫁夫如積薪耳，後來者居上。亦咄咄怪事哉！汪壽法一女兩嫁，應杖。汪一奴斷歸昌榮。仍令壽法補銀四兩，給與俞七，以結此案。

（明）李清《折獄新語》卷一《婚姻·一件譎拆事》　審得淮安府人徐尚德，乃鄞人何冬女夫。而有繼岳劉元禮，有岳母鄭氏，又有妻兄何應錦者也。夫尚德何如人？潘中軍一廝役耳。止因元禮假館武林，應錦亦旅棲長安。於是冬女叔何恩，輒涎尚德一臠，而從中撮合。此鄭氏所以受聘金廿兩，而以牛馬風遥之尚德結鶯燕於冬女也。雖然，身爲野鶩，乃錯佔家雞可乎？今成婚三載，果反目矣。未見賢能舉案，想類貧不下機耳。且有元禮、應錦等，從旁佐鬥。尚德忿忿告府，非無因也。玆召冬女詰之，謂尚德誤信淮棍，將携歸本土，賣伊爲娼耳。查當日聘書内，原云娶妻居寧，何得頓背初約以携歸言？合押尚德賃房與冬女同居。其留鄞乎，則爲鴛偶之終諧；其歸淮乎，則爲燕飛之暫別而已矣。若謂同林已乖，別船可上，則出自尚德之意可也。彼元禮、應錦等，可曰尚德逐浪爲踪，冬女飄花爲性，而謬爲返金歸女之喋喋耶。唧何恩爲媒不慎，貪家兄而誤侄女，恐恩有寡恩之誚矣。合杖。徐尚鎔匿情聘婦，念係貧愚，姑的決示懲。

覆審得何冬女之匹於徐尚德也以正娶，非以苟合。胡言別嫁？蓋明知家徒壁立者，必難諧比目於白頭，而大義所在，不容悖也。今審斷後，尚德復喃喃遞呈，有追還原聘，斷妻回籍語。夫以尚德之糊口不給，則回原籍後，且以其妻爲逐隊野鶯耳。若身客天涯，妻留故里，則流萍繫匏，相親何期？且青青一枝，安知不陰折墻外，而顧令尚德爲抱柱之尾生可乎？合無如尚德所請，將原聘廿兩追還，而冬女則聽別嫁。噫！三載同衾，今將分席矣。未知冬女之結新歡於魚水者，猶作故劍遺簪之戀戀否也？婦情之薄，有似秋雲。於此案不能無感。然爲尚德者，亦身輕似葉矣。况良賤爲偶，其始原不以正。則急斷此惡姻緣可也。徐尚德合照原擬。冬女並擬贖杖，以爲婦道不終之戒。

（明）李清《折獄新語》卷一《婚姻·一件環烹事》　審得王君實故妾夏姐，乃陳英兄陳奎養女，賣與全立仁爲婢，而轉嫁君實爲妾者也。今問伊何以死？則因洗衣池邊，失足溺水故耳。夏姐之不復，君其間諸水濱，英何與乎？而忽以人命告，且又忽指養女爲陳姓嫁女，而生則炊汲，死則毛裏也。於是同族陳怡與立仁之同族大經，皆踵其故智，而此息彼告，相牽如蔓，均有涎心矣。夫以夏姐之萍流蓬飄，寄生於陳，而寓足於全者。久着青衣，不妒朱顔，其由養女而婢，又由婢而妾也。非必貯金屋而列金釵也。在君實雖無寵至不婚之愛，在君實妻江氏雖無我見猶憐之感，而獅吼無作，蜂螫不犇。胡池邊一溺，忽有悍妻殺妾説也？問何以故？則云：王生員書報耳。夫王生員與陳，全二姓何涉？且與夏姐何親？豈真厠有形，發其明酷；瓮有骨，攻其陰虐。故代人鳴冤，而握管如咽者，將以自哭亡妾之急泪，轉哭夏姐乎？抑豈白日帶弦，忽作階前之人聲；又豈中夜投衣，獨聆郵亭之鬼語。故筆有劍而字有鼓者，將洗沉痛，雪幽恨，而指事陳情之確乎有據也。非然者，恐王生一書，將以求吾所大欲矣。蓋見溺而援之以手者，權也；聞溺而報之以書者，利也。合與借題恐嚇、各詐四錢之陳英，一併杖懲。若全立仁劈死夏姐之説，則辭過於水而嫁禍於刃，亦兩人唾餘耳。姑念唆訟無實，薄罰以儆。

（明）李清《折獄新語》卷一《婚姻·一件硬配事》 審得衛源芬出金二百，爲少妓花氏贖身，非以色也。念其墮足風塵，欲爲援手。故以渡蟻之心，移而渡人，義重於情，洵陰功也。近貿易粤東，猶遺書乃弟源馨，欲爲花氏求一好兒郎格調相稱者。不過謂流水何情？拔自火宅，當始終無負吾慈悲耳。適柳氏子榮青年未娶，願納花氏爲妻，是好兒郎也。皎日可矢。豈曰小星乎？故源馨即以配。嗟乎。此婦幸哉。若念成巢新歡，出自卷簾舊德，而潸然出涕，亦以恩，非以情也。逝波不返，從此永作柳家婦矣。況花柳本自同妍，何必華如桃李？彼老鴇周氏之以硬配告，請益云耳。合仍以配之。且與柳氏子約曰：若此婦有子則已，脱年久無子，則或妾、或婢皆可，但不得耦妻。此皆二三冰人相與體源芬贖身初意，而欲以此婦之有始有卒者，爲完茲陰功也。周氏涎利無厭，非戢鴇喧，曷固鴛侣？合杖以儆其後。

（明）李清《折獄新語》卷二《承襲·一件究抄事》 審得陳世茂者，乃以長房應時之子，繼次房應宗後，而今復歸其本宗者也。先因應時兄弟五人，而應宗絶，故以世茂繼。且因應時有子三：長世彩，次世英，而世茂其中子耳。今世彩以溺海死，而出繼別房之世英亦絶無後。返果羸於螟蛉之宫，非曰中變，蓋未有他家之蒸嘗永奉，而本宗之血食可斬者。時三房已絶，四房止生一子，惟五房應昌子三人，則以應昌次子陳四九出繼應宗後，而俾辭巢世茂，今復歸其空壘而守之者，情也，理也。今天救之控胡爲乎，不過謂出繼廿年，且有披麻執杖之勞耳。夫世茂本應時子也。今仍以世茂繼而宗，則應時當以何人繼，將又易四九以繼應時，而爲此蓬轉蝶翻之舉乎，何見金不見父也，且遁辭既窮，復駕言在室寡嫂可奉先人，而思爲別枝之戀。夫使所謂寡嫂者，尚有六尺之孤，可延一綫，則世茂無歸，而今安在哉，惟繼已廿年，於應宗頗有情同父子之感，而今忽以馴籠之鶏，驅之户外，則亦世茂所悵然於遺簪、敝履，而不得不割一臠以酬之者也。合無於陳四九名下斷銀七兩與之，亦曰酬其生奉死葬之勞云耳。如喋喋於繼之可再乎，則請起世彩於海底，召世英於泉下，而後徐議之。

（明）李清《折獄新語》卷二《承襲·一件謀爵事》 審得王先通者，已故新建伯王承勛侄。而承勛有於三人：長曰先進，季曰先道，乃有中子先達，則均係伊妾沙氏所出，而今又獨指先達爲乞養者也。夫吕妾變嬴，黄姬亂芈，昔曾有之。茲之交口而攻先達，且及其子業弘者，得無類是乎？然徒指其非嬴非芈，而不能指其爲吕爲黄之爲誰氏也？此所以有乞養根據，尚未了了之疑也。將以乞養爲是，則先進有子業昌矣，又有弟先道矣。彼沙氏何忽參一乞養者，爲今之搶攘地？甫慶螽斯而旋入螟蛉，豈彭殤莫必之筭，已預決於沙氏之胸中也？則以爲非乞養者，業弘之辯似也；將以乞養爲無，則先進隕矣，先進子業昌又殀矣。顧何捨親支之業弘輩而繼遠派之業洵？己卯可棄，而別巢是護，豈舐犢恩深之説，獨未可律承勛一人也。則以爲是乞養者，先通之語又似也。至取憲臺駁款，細加辨詰，則有謂沙氏未生先道時，恐金吾爲旁支所有，既生先道後，又恐金吾爲非種所攘。故始爲乞養之陰謀，後爲乞養之明供者，是閨窗而狡獪其腸者也；則有謂沙氏雖有言，而先進尚未亡，承勛念世爵重典，非先達所可越冒，故濡忍於數年間者，是顰眉而屈曲其衷也；則有謂宗圖實未奉旨，而適值五年造册之期，故改圖則於六月，而上疏則於十一月者，是出入皆自爲政也；則有謂前疏已經剖明，無煩身後之贅疏者，是首尾可無相應也；則有謂散騎之請，實係先達僞造，後因兵部輟不舉行，故承勛不復措辦者，是一紙之贋鼎可任其自爲浮沉也。噫。承勛於是乎失斷矣。今者，心心有主，喙喙争鳴，終不敢謂鳴鼓業弘者，果田蕘之鋤，而左袒先通者盡狂泉之飲也。乃最後先通自出一語曰：當以留中一疏爲證。

果簡而無乎？則願讓爵業弘，而治己欺罔之罪； 果簡而有乎？則應歸爵於己，而治業弘假冒之罪。斯言也，其此案水落石出時乎？夫所謂乞養一疏，已經御覽矣。且讀先通前疏曰： 邃密深嚴，一字不漏，按疏簡查，自然立見。則必非付之灰燼泥沉，而一簡不獲，再簡終不獲者。以一疏有無定兩家真贋，其出先通口入業弘耳者，有不旨肯心折哉。夫王文成公事功理學，炳若日星。乃昔所欲辨者，千聖之統系； 而今所不能定者，一家之統系。則又先通、業弘兩人所當俟簡疏後，徐聽裁奪。而無使嬌嬌之王業洵有獨爲君子之耻，以玷先德可也。

（明）李清《折獄新語》卷二《承襲·一件冒襲事》 審得楊紹堯之爲何種也，前劉從龍等縷縷悉之矣。然所不能無疑者楊澤也。夫澤既有一子，何又以他姓之子爲子？玆據諸人口供，則澤義子廷萱生鸞，鸞生錢，錢生紹堯，雖有冒楊姓，然實何氏種也。畫龍畫狗，真僞莫分； 騎虎騎猪，進退維谷。往紹堯紛紛爭襲，實勢不容下，而爲澤貽謀之不善也。獨恨指揮劉誠，不深究原委，謬出保結耳。今合衛同宗，交口而贋紹堯者，即劉誠亦引過不暇矣。嘗覽稗官所記： 有甲族無子，其妻潛購一屠沽家兒育之，中外不知也。後逢祭日，昧爽，巫見堂中悉科、袒、睢盱，據案長歠； 而金紫貴人數輩，反徙倚門外。乃信鬼神不歆非類。若遽以廷萱之後，承楊氏先蔭，則異日爭坐奪食者，必何氏先魂； 而遜席引却者，必楊祖之金紫數輩也。可倚蜃樓爲貽構，借螟祝爲承祧乎？紹登之應襲，已斷斷無疑矣。乃所恨者，則此未爲中郎之失傳，彼遽爲小吏之易姓耳。首禍者楊澤，偏聽者劉誠，保結之錯誤，可置不問乎？薄罰示懲。

（明）李清《折獄新語》卷二《承襲·一件屠戮事》 審得周纓子周貴，乃已故周富三嗣子，而周龔九則富三弟，今出繼龔姓者也。先因富三年暮無嗣，立貴爲嗣。今讀其遺囑，有所存田三畝，房二間，與繼男爲業之語。謂富三妻高氏者，宜守此言而勿失可也。彼前夫子范八，於周姓何親？夫螟蛉已入蜾蠃之宮，而寄生不爲非種之鋤，於是親八疏貴者，將耽耽遺田焉。且有八族人范俊，實相與穿鼻，而銀入高氏手，則田爲范家物矣。今據立契族長周瑢口供，則忽嫁禍於出繼之周龔九，而謂今之賣，實因龔九盜賣，有心與高氏爲先發制人者也。噫。無論事屬子虛，而縱有其心尚無其事。瑢豈真爲龔九居臟入肺之蟲，而有隱必闞乎？無非欺纓爲蚩蚩之氓，而恣其一臠之割耳。噫。纓真愚人也，以田三畝歸俊，以銀五兩歸伊。而賣田之十八兩，竟置十三兩於何地？今瑢之言曰： 此俊欠也。俊之言曰： 此高氏受也。如鬼如蜮，何從揣摩。合無將纓銀五兩，仍返范俊而原田仍付周纓，以授其子貴。若高氏所受十三兩，則聽俊索之高氏，而有與無，不必問矣。周瑢借題多詐，范俊私買無名，合各杖示儆。

（明）李清《折獄新語》卷二《承襲·一件赤冤事》 審得故民王鍾乃王鈺同胞兄，而張方即王鈁，乃兩人同母異父之兄也。今鍾故矣，既有伯道無兒之感，自應立嗣。噫，若捨親弟之子，其將誰屬，而無奈鈺止一子也。蜾蠃有種，反令螟蛉無嗣乎，於是計無所出，議及王鈁子。然非我族類，其神不馨，恐若敖之鬼名餒而實餒矣。此族人王鏡欲以子仁興繼也。嗟呼，仁興與鈺，亦有何親，正恐垂涎阿堵物者，將柩前一慟，並無急淚耳。鈺之忿忿不平與鈁合控，情也。今廷質時，明知一子難以出繼，而獨以身壯妻少，將繼未生之次子爲言。夫鈺方日爲多男之禱，而鏡且日爲獨子之咒。若禱不勝咒將奈何，合無以鏡子仁興，仍繼鍾後。其房四間，則盡以歸鈺，曰是故鍾連枝也。且現與鈁同居，將驅而暴之中野乎，故房則不宜分。其遺田廿六畝，則以十畝歸鈺，以十畝歸鏡子仁興，曰是固鍾繼子也。且又附鈺猶子，將孑而守其空器乎，故田則不得不分。而若夫王鈁者，則以餘田六畝，割以付之而已矣。夫鈁固別種也。豈無他人，不如我同，母謂吾家，母則宜與； 豈無他人，不如我同，父謂他家，父則不宜與。而卒與六畝者何，則不以鈺之母與，仍以鈺之故父王增與也。今讀增遺囑，而約舉數語，有曰： 吾娶汝母賀氏過門，九月生汝，名曰王鈁，且同心耕耘，置田買産。據斯言也，六畝之與非過矣。王鏡垂涎太奢，王鈺告請太過，口曰： 吾爲家兄置後也。實則眈眈分甘者又一家兄耳，合各杖以儆。雖然，使鈺數年後復生一子，將何以處，曰： 天與子，則與子。王鏡其如命何。

（明）李清《折獄新語》卷二《承襲·一件抄滅事》 審得已故林紹泰者，定海縣人也。先因紹泰年暮無銅，曾立侄君化以嗣。然雖傷伯道之無胤，猶幸中郎之有傳，其既愛女，並愛女夫，人情乎，則舉八畝田契，而與女夫張禮收執。豈曰： 之其所愛而僻乎，胡君化得隴望蜀，以抄滅控，夫所謂女婿外人，不得干預者，以黃口之呱呱終其親子耳，若侄爲猶子，婿爲半子，豈猶子遂爲全子，而半子遂爲非子也，瓜剖而豆分之，兩子各執其半足矣。況膝下長繞，不作仗劍之離；柩前絮訣，恍疑聞猿之斷。故世之僻於愛女者，猶謂孝過親子，況乎猶子不得比於親子也。林君化應杖治之，以爲欲而不知止之戒。其原田八畝，仍歸張禮爲業，曰父命也。若君化而自命孝子乎，則當一依父命。

（明）李清《折獄新語》卷二《承襲·一件抄寡事》 審得胡氏者，已故張世禄妻，而存睿則世禄嫡侄，存璐則世禄堂侄也。先因世禄年暮無嗣，將以他子繼。然床笫呢呢，最易入心，想應雌鷄爲政耳，則胡氏亦張門之華陽夫人，而能立嫡嗣者也。無奈存睿直道而行，不能委蛇閨閫間。於是有獻通内之計於存璐者，呼娘喚兒，舞萊衣而扇黄枕，偏多痛熱。其乘世禄之易簀，而捨存睿立存璐，豈無説乎，蓋出於胡氏内令，而以飛鳥之憐依，收作家梟也。今據世禄親叔張廷荷等口供，則袒存睿攻存璐，不遺餘力。且詬誶及於胡氏，責其所立非次。噫，斯言是也。然試問存睿既立，而登堂拜母時，相見何顔；況又有存璐睥睨其側，則内橐漸徙，而外情不接，戈將日鬥矣。故兩廢不可，偏立亦不可。惟合存睿、存璐而兼存之，則亦古人立親立愛之説也。時判斷未終，而忽有哀呼庭下，如孤鳥之失巢者。問之，則張存相。蓋世禄親甥，而以見舅如見娘，已久籍卵翼者也。遵大路兮，摻執子之祛兮。無論鞠育有年，胡氏之腸絲難割；即存睿、存璐輩，忍以娱堂舊燕，作泣野孤鴻乎，合無將世禄所有田宅，從公兩分，屬存睿，存璐等。如若欲三分其有，鼎足而居，恐亦他姓所不敢望也。則亦薄有所與，而存相足矣。張存睿、張存璐兄弟尋戈，合各杖儆。其田宅等項，仍照廷荷等議單行。然則爲胡氏者若何，鸕鳩在桑，其子七兮。厥愛惟均，願深味乎斯言。

（明）李清《折獄新語》卷二《承襲·一件抄詐事》 審得已故張茂林，張自慶嫡叔，而張自强則茂林繼子也。先因茂林年暮無兒，則屈指自慶，而謂序應繼立者，有之。然自慶可居之不疑乎，未立則絶口不言，既立則好語固讓。其曰，爲尼丘之代禱，而欲其有子，且不欲自居嗣子者，正以善慰叔心，而堅其繼於金城之固也。何計不出處，而挈妻負子，强入伊室乎，夫以屬毛罹裏之父子，有何芥蒂，而迨其暮也，或區田畫井，行止自恣，或呼奴捶婢，唯諾漸移，則猶有父在子専之嫌。況乎叔侄尚隔一間也，夫老者多感，獨者易傷。其捨自慶，而立自强，蓋不忍以含酸銜忿者，終畀嚙犬，而另覓馴駒也。已經府縣參酌，俾自强承祧。而出繼田十畝，以與自慶，可罷戈矣。胡知味彌甘，而以田十畝爲得隴，又以樓房一間爲望蜀。噫，此樓房者，原自慶口中食耳。夫豈第一間，凡自强之歌賓娱孥，錯綉坐擁者，皆自慶掌中物也。急則自捐之耳，一日將欲取之，必姑與之，有酒食，先生饌。其事叔也，無異事父，而供奉有加者，不辭其實。一日無欲速，無見小利，牛羊父母，倉廪父母。其爲侄也，終不言爲子，而毫毛無侵者，且避其名。果如是，則子孝父慈，繼嗣定矣。夫天下事，皆求則得之，捨則失之；獨有反其道，而捨則得之，求則失之者，繼嗣一事是也。胡自慶知求不知捨也，今已失之矣，猶以户外之驅鳥，涎籠中之家食乎，張自慶合杖治之，以爲見利忘義之戒。其茂林遺産則自田十畝外，自慶皆不得問。曰，非吾子也。夫何言非吾子乎，則請問之挈妻負子而强入伊室時。

（清）李之芳《棘聽草》卷六《讞詞·睦理·按院一件為出巡事》 審得張星篡名士籍，青衿爲護身之符，結納公門，指詐挾通神之技，真敗檢無良之尤也。其罪狀已悉前詳，再經憲臺庭讞，握犀觀火，猶以惡跡甚彰，供吐不悉，復蒙駁問，安敢不盡法研訊，逐嬸吞産等事，在徐氏則謂貪嫠婦之所有，在張星則謂起帷薄之不修，而陳是之所以同居，張昊之所以不娶，陳女之所以不嫁，乃提其女婿、妻黨諸人確問之，陸可文則徐氏婿也，云向在陳是家内，自上年七月始至彼家。即其親兄亦言其妹與同居爲醜行。而陳是妻黨張戬者言陳女雖許張昊，並未曾聘，然其中實有未便合婚者，亦以徐氏與陳冒不韙之嫌耳。氏雖未免於物議，而星猶然侄也，叔死骨肉未寒，操戈之釁旋起，興詞搆訟，歷年不休，争産見於杭府之訐案，而徐氏終以此不返，陳是終以此黜革，張昊、陳女亦未竟其婚姻，謂非星之害理忍心所致歟，即烝庶一事，徐氏言出亡夫之口，研訊無憑，固不能起死者而復質。昊於崇禎九年喪父，至順治四年始至星家，使其離母就兄，不過欲其俯仰唯命，陽借撫弟令名，而陰踞其産，星將何以自解乎，至若占王名徵住房，拘其子王復起對質，取原契查驗，用價一百八十兩，所買是真，泌坐爲詐贓。而編審里役松盛一圖，指稱造册紙張與里書劉德昭、劉蘭亭共詐四百三十八兩，實係三人烹分。即陳二之告昊仲仁者，與星商議使然，既曰商議，則其烹分可知，在陳二應得父物，星何爲而攫其半，況受吳仲仁子吳天眷餽遺乎，餘款與前審無異。職初閱原招，見其惡跡種種，不勝眦裂，以爲所讞不逮所聞。及對簿細加嚴鞫，總之事經憲審，秦鏡所彰，秋毫難遁，除犯應援宥者追贓免擬，按以城旦亦足示懲。劉德昭、劉蘭亭因公科斂，均應徒擬，贓並入官。何嘉宰、陳二等蒙憲審明，相應省釋。徐氏吞產一款，久經結案，現在房屋等項，應給張昊管業。昊與陳女婚嫁雖愆，人言宜恤，各須另擇良配，免《摽梅》之歎，而誦《芣苢》之宜也。

（清）李之芳《棘聽草》卷八《讞詞・婺邑・本縣一件為赦剖還聚事》

審得曹倬於崇禎十六年娶施得時之女爲妻，有從嫁婢名蘭花，時方五歲，倬嫌其幼小，退回於施。於其妻也，琴瑟未知於燕爾，而病愁復斥其歸寧，以致往之母家，溘焉長逝，未聞倬鼓漆園之盆，下奉倩之泣也。迨蘭花年長及笄，不能無人，久處幽谷，隨東風遺嫁於俞福者五年矣。倬於七年間已勒得時銀五兩，去秋徼倖採芹，重尋往事，不知湘烟久隔，空懷紉佩於秋蘭，楚畹人遥，徒憶國香於春夢。不圖坦腹兒如此種種不情也，問誰謀畫而起此訟端，則其師姜仲飛之故。阿瞞自多譎計，何俟釣叟之陰符，伯約雖擅智謀，坐誘子丹於險路。各罰備賑，爲子衿多事者戒。

（清）李之芳《棘聽草》卷八《讞詞・婺邑・本縣一件為活拆大冤事》

審得胡賢能向訂朱十六女喜妹爲兒媳，後因城陷，妹被俘入營中，未聞賢能顧而問也。迨順治三年，其父與池六九相約，措銀贖歸，配爲孫媳，又與賢能酒禮豚蹄，以酬夙昔之雅。從此蕭郎陌路，義絶於胡，何以事踰七年，而復以活拆控也，杖之允宜。

（清）李之芳《棘聽草》卷八《讞詞・婺邑・本縣一件為憲勦局拐事》

審得范學習家窘不聊其生，鬻妻俞氏與朱德桂爲婦，傷哉貧也，生離之痛，慘於死別。三日後俞氏奔還，原夫欲圖破鏡重圓，不願落花隨水，至朱八九七以局拐控，亦無怪也。審俞氏以不忍割其幼女爲辭，夫妻子母總有天性，嫁婦復歸，豈得已哉，但朱氏聘金不可不償，即令原媒范爾生等速着學習設處，清還德桂，以全俞氏子母可也。

（清）李之芳《棘聽草》卷八《讞詞・婺邑・本縣一件為勢折異冤事》

審得申四十九之女小妹於甲申年間已與葉正芳之男訂絲蘿之約矣，一言爲重，百歲永諧，何以於順治五年又以紅定許張繼美爲兒媳，男女婚媾，可如此二三其説哉。雖兩姓俱未行聘，當以葉正芳先議者爲是，張繼美別尋佳婦可也。申四十九背約寒盟，杖不爲枉。

（清）李之芳《棘聽草》卷八《讞詞・攝部・本府一件為親究滅倫事》

審得黃德卿賣其妻劉氏，而復娶應氏，忘情敝屣，偏愛新緋，此婦翁劉長高欲索其原贈嫁銀一兩，併索還綿被一床也。夫朝爲行雲，暮爲行雨，何儵忽之變遷，其新孔嘉，其舊如何？笑恩情之浮薄，尚何戀戀於合歡之衾耶，杖之，追銀一兩給長高，綿被姑捨之，令其衾影負慚可耳。

（清）李之芳《棘聽草》卷八《讞詞・攝部・分守道一件為活拆夫妻事》

審得何士琦以篦頭爲業，流寓於蘭，而胡氏之前夫吳志薦，則徽人而販珠翠者也，與士琦有同盟之雅。後因訟事糾纏，客死於寓，士琦挾刀筆以市恩，爲之寫狀回官，瞷胡氏孤縱，遂結同心。未幾士琦病憊，藥餌俱缺，復以胡氏託駱見田、曹鳴陽執斧柯，受聘銀十五兩，婚書手墨轉賣與張心宇爲妻。今病小愈，頓易初心，一控於府，再控於憲，實駱、曹二棍扛唆其間也。蓋見田沿門歌唱，游方舌比懸河，鳴陽信口譚星，瞽目深藏機械，遑慮有反坐之條哉，況胡氏與士琦草率鴛盟，原非由正，今心宇且憑媒再嫁，反可謂之活奪乎，誣告加等，自不能寬，念蚩蚩之氓，請從寬政，杖而加責。見田、鳴陽應從併杖，胡氏仍聽張心宇完聚。

（清）李之芳《棘聽草》卷八《讞詞・婚姻・府送一件為憲究略良事》

審得葉六三先以銀七兩轉聘江全明未配之妻吳妹爲媳，今復得身價銀一十七兩賣恙朱四七爲從嫁婢矣。苦別生離，愁言江賦，移柯易葉，忽入朱門。吳妹何其飄零薄命，一任東風再嫁哉，江全明與妹既有赤繩之約，羅敷有夫，應聯夙好。斷全明將原銀七兩還葉，而葉仍以十七兩還朱，歸妹可也。葉六三生日資轉賣產，杖復何詞。

（清）李之芳《棘聽草》卷八《讞詞・婚姻・兵巡道一件為羣虎嚼民事》

審得徐開元有堂叔徐鍾德經商而故，遺妻胡氏，轉嫁陳恭二，主婚者有親姑祝氏，交聘者有堂侄徐新苟，爲媒則親戚生唐、胡、李、徐姓諸人，載在婚書，即開元亦列字書押，是婚娶原無弗明。借題起釁，在夫死未久，而兇服頓除，琵琶再抱，固屬情理不堪，但此中薄俗，往往而是，竟有此方葢棺，而彼已合巹，甚且此未屬纊，而彼即牽紅，風化之漓，積習使然，固難獨責之一胡氏也。况在改歲之後，萬爲尋常矣。但以恭二易欺，故開元與徐六和輩出奇無窮，指謀逼、指姦拐、指詈責，風波疊興。而朱八五陰陽構煽，脅詐多金，此恭二不甘而上控也。娶婦審無别情，無容再議。徐開元、徐六和朋謀迭訟，各擬杖懲。朱八五、徐珍等另行提結。

（清）李之芳《棘聽草》卷八《讞詞・婚姻・府送一件爲憲斬變詐事》

審得陳靈長乃張氏親侄也，彼張氏男陳兩觀雖與徐一孫之妹口訂絲蘿，未曾行聘，然自變亂之後，查無歸耗，在一孫原不欲渝盟，其如天涯游子，八年於兹，存亡不可卜哉，夫十年不字，雖女之貞，二十而嫁，亦古之禮，告照擇婚，於情理未爲不協。况張氏已收銀二十二兩，靈長爲之代筆立押，收券猶存，此八年十二月事，何爲不旋踵而復控縣哉，此靈長教唆代告，欲圖詐索，杖之。

（清）李之芳《棘聽草》卷八《讞詞・婚姻・分守道一件爲强佔民妻事》　審得陳奇經反覆無賴之徒也，有女陳氏於崇禎十七年即受聘於朱應冬之子朱日嵩爲配，元霜既定，終無移易之理，况平日以姻家往來，百爲之冰上人者，即其妻兄朱百九，迄今面質無異。若之何一旦渝前盟，而歸女於何克登也？即奇經充兵，犯事下獄，嗔應冬不援救，遂以女奉巾櫛於克登，謂克登之能武斷鄉曲，足以相庇乎？謂克登指稱總兵之孫，資其勢燄乎，抑謂克登之豪有力，雖奪日嵩既聘之婦，而法不能加乎，然婚姻所藉爲信者，惟憑媒妁，今朱百九稱係朱聘在先，確然可據。顧問克登之蹇修安在，云作媒之齊安邦，王信現在江西，夫以金屬之人，何以合巹於天涯，即緣之奇，亦奇不至此，斯言誠不足信。彼陳氏者，方且見金夫而忘故劍，前府讞已洞悉情狀，第因水性之婦眷戀情重，故斷歸克登而令倍償朱聘。應冬不願得銀，復有此控。男女婚媾，實爲人倫之大，律例昭然。若女子之嫁可以豪富易心，則單寒之子皆不得有其室矣。前奇經於府審時即已逸逃，亦足徵其虚，懼數比緝，而今始出，誠法所難貸，應與克登按律杖擬。陳氏仍歸前夫朱日嵩完聚。

（清）李之芳《棘聽草》卷八《讞詞・婚姻・分守道一件爲敕斬阱詐事》　審得徐廿三乃何氏之族伯，何氏藁砧物故，有子四人，雖家業蕭條，母子相依，矢共姜之志，則此未亡人，亦足風世也。有葉六九者，即葉藻之兄，因無嗣息，聞何氏多子，欲取之爲小星。廿三奉命恐後，孰意何氏堅心如石，冰雪不渝，即廿三樂爲主婚，亦安所用其力哉。於是謀姻不遂，狙詐即生。葉藻以何氏曾佃其磽田一斗種菜，遂往取索，奉之以菜租不收，易之以豆菽不受，必登門而换租穀，名雖换租，實欲挾之以允婚也，豈何氏所能堪哉。激烈之性既存，從而面叱，理勢必至。葉藻輒以逋租呈之典史，何氏亦以强婚控之該縣，而告爲干証者則徐福二，此藻之告爲首名也。今葉六九者，緑衣之謀未遂，下及黄泉，此亦害理者之明驗。葉藻身列宫墻，顧忍爲此，獨何心歟。姑從罰儆，使藻而内省疚心，比之夏楚何異。若徐廿三之應杖，又不足怪矣。

（清）李之芳《棘聽草》卷八《讞詞・婚姻・府送一件爲姦謀大變事》

審得方三德乘葉卸男他出，誘其妻吴氏爲婚。不思羅敷有主，豈堪桑陌輕挑；而河鼓雖睽，難許鵲橋偷渡。彼滕純、方成美等冒作冰上人，亦可謂不復知有理法矣，應與三德並杖。呈氏仍聽卸男完聚。

（清）李之芳《棘聽草》卷八《讞詞・婚嫁・臬司一件爲憲斬異變事》

審得邵文龍與趙善富父趙子純皆析薪之朋也。文龍有女鳳娘，於順治四年議許善富爲婚，一言既定，明信可將，雖未有聘，不可易也。後文龍又將許周一俊爲媳，以致訟縣，將鳳娘斷歸善富，文龍益不肯降心相從。適浦江庫吏施爾秀被部院訪拿，内有趙子純一款，該府審明，謂係爾秀得銀四十兩，求情枉斷與善富爲婚，申詳發落。則善富此段婚盟，愈不能攀附絲蘿之好矣。故趙、周二家，皆不得果。至八年四月，文龍將女與丁爾奇爲妻，成親已逾二年，則從前蝶鬧鶯求，俱成落花流水。何復有馬青之者，因善富母傅氏改醮爲妻，適以别案候審在省，忽尋往事，代爲此鳴。既往難追，况非切己，多事已甚，杖儆何辭。然於文龍不能無議，初意既有許諾，何以斷復悔盟，起此種種牽纏，應杖不枉。丁爾奇已經完婚，萬難他議。第善富足破殘疾，實爲可憫。爾奇得諧婚媾，令其出銀四兩給善富，以資醫藥，情理允協。

（清）李之芳《棘聽草》卷八《讞詞・婚嫁・臬司奉鹽院一件爲殺男拆媳事》　審得陳三畏與金世科妻兄何夢良長女向有婚姻之約，迨夢良夫婦淪喪，二女皆養於世科家，三畏復欲求其次女爲媳，在世科亦有圖爲子婦之心，兩不相能致控。前任裴鹽院批審，斷其長女歸陳，次女擇配，已經詳結定案。但世科先將長女聘與暨陽周紫宸爲弟媳，既已於歸，則逝水難掬，即以次女配陳，無不可者。況紫宸復肯出銀十兩與三畏，是一女足遂其初心，而兩姓各全其舊好，衆親之議良是，三畏亦可相安於無言，復速此訟，終是得隴望蜀未厭也。況詞内所控，盡屬虚誕，即吠不擇音，恐亦孟浪不至此。允宜一杖，以爲健訟者戒。

（清）李漁《資治新書二集》卷二〇《婚姻・活拆慘冤事》　審得王明宇之女順姐，向許潘守魁爲妻，受田十畝作聘。後因守魁之父緣訟脱逃，致累明宇鬻田代費。聘田既失，旋欲悔親，於是順姐願歸柳姓，此活拆之控所自來也。庭訊之下，明宇自知理曲，願以所撫侄女代之，配守魁以踐舊約。雖鵲巢鳩踞，破甑難完，而弦斷膠联，葭莩如故，爲守魁者，亦當返寇爲婚而破其涕爲笑矣。應令守魁再備聘銀四兩，爲酒醴之費，與其侄女順姐完姻。杖明宇以懲反覆。

（清）葉晟《求芻集・讞語・欺弱霸親事》　審得：梁廷幹與宋君正同堡而居，素相交好。君正有女，廷幹欲得而爲子媳者已久。然而納采之徵，渺然無聞也。君正於康熙二十二年，憑媒吴英與姚英已結朱陳之好，由是廷幹之憤憤於胸者閱四年所矣。今此女年將及笄，其不久于歸，眼紅心熱，遂乘君正他出，彊行聘禮。至於閉門不納，當亦滿面羞慚，自悔舉動之妄矣。夫何計無所施而又以欺婚姻事控告。宜乎君正有欺弱霸親之控也，正在拘審間；而女之舅氏文乾又以攔路劫奪盗女事控稟。庭訊之際，據廷幹自供，此女才一歲餘，伊餘抱至其家，送與他墜一副，媒人即是張進禄。訊之進禄，據供送墜之時，偶爾在傍作媒之言，原是譫話。夫婚姻何事，有不男下女而女先男者乎。抑不通妁，不問名納采，乃以一時往來相贈之物，遂爲百年晋秦之憑，可乎。妄誕已屬不經，何又乘舅氏携往之頃，輒率廷現要搶此女而歸，知文乾赴告，乃送於梁廷青家，被首到縣。二人狼狽濟横，目中竟不知有三尺矣。本應按律治辠，念係無知，姑從寬典。各責以儆姦邪，餘犯免究。

（清）葉晟《求芻集・讞語・盗賣活婚事》　審得：吴從禮次女招鞏府寧原縣民傅希祥爲壻，以爲待奉夫妻之計。閱其文約，葢半之子、半壻之也。乃贅未半年，而希祥逃。今閱五年，希祥不歸，復無音信。從禮膝下無兒，既復自憐，又念伊女衣食無靠，於今十一月重招梁園棟，而以此女配。甚爲父母之心，人皆有之也。但宜當官告給執照，不應私自重婚。設令傳希祥歸來，從禮誠無以自解於前壻矣。獨可異者，希祥不歸，傅家無語，而長女之夫王國彦儼然執外父而告之，是誠何心。據云曾與同居數月，恐日後牽連之累，而不知今日已犯干名犯義之愆矣。本應按律究擬，姑念愚昧，責以逐之。異日者傅希祥歸而索妻乎。梅花自能主張，無需外人也。

（清）葉晟《求芻集・讞語・略揀略賣拆婚等事》　審得：張進道娶李昌胤之女，雖結褵數載，而琴瑟弗調。本年正月二十八日，憑媒劉振環等送女父銀二兩，情也而理矣。爲昌胤者當念此女命生不辰，向未得所，今再賦于歸年，畢一生心事，何反捏辭控訴，得毋嫌財禮之輕微而以女爲奇貨耶。本應責其妄誕，念係無知，恕而逐之。至於進道告稱伊妻曾生一子，被昌胤謀害，從此夫妻生隙，此贅辭耳，不足爲憑也。免供存案。

（清）葉晟《求芻集・讞語・土豪騙財不償姻事枉誣等事》　審得：秦俗爲婚，行聘納財，舉動多不光明。不幸而男女或有夭折者，必追索其聘財，甚至見於辭訟，陋習相沿，已屬薄惡，而生員張汶則又愈出愈奇者矣。汶弟張元與朱永冬結兒女之歡，永冬諸事不自主，一唯其兄永夏是聽。張淪爲汶族弟，而與朱永夏戚，因爲之執柯，九兩三錢之聘，張滄送而永夏受，納財有實，而六禮之行，殊屬艸艸。未及一年，永冬之女病殁，厥後永夏亦作故人。張汶思爲弟張元退禮，乃持借約一紙來告永冬，謂爲假婚賴債。及閱文約，則係永夏借銀，張淪爲中，心竊疑之。夫永夏借銀，應永夏償還耳，胡爲有永冬之告。若謂永冬借銀，應永冬出券耳，胡爲有永夏之約。其爲定婚之物，讞者已十料其八九，奈永冬不能暢所欲言，張淪摇唇鼓舌，幾令雌黄莫辯。因紿之曰：爾兩造惟有質諸神耳，各具誓辭送驗，投牒於城隍而後判可乎。越日各持狀來，則張淪之誓乃恍惚其辭，若惟恐道實也者。因極窮之張汶恐其弟急，不覺失口，以生員朱舜英、陳言等曾爲處銀，足可證據。時三生俱在堂下觀審，嘑而詢之，初無他説，惟服讞者之明快。因窮其顛末，則張淪之爲媒，汶婦之看女，元妻之視病，處銀之未如所願，説事時永夏之一息尚存，歷歷如畫，而文約則無是公，張汶乃始語塞，叩首謝過。嘻。張汶身列青衿，不能變欲而殆又甚焉，其可謂爲名教中人耶。三生索處，因付之，亦猶金錢之媿云爾。

張淪爲媒喪心，理應重究，姑念諸生乞饒，批其頰而逐之。

（清）丁人可《刑部駁案彙鈔》卷八《户律·婚姻·疏遠親屬圖財强賣》 廣東司一起逼死女命事。據廣撫審題李樹養等圖産逼嫁孀嫂曾氏服毒身死一案，緣李樹養胞兄李經書病故，伊嫂曾氏矢志孀守，李樹養覬覦伊兄遺業，輒起意遺嫁。撞遇陳俊蘭，談及李茂生欲娶繼室，李樹養即以伊嫂曾氏欲行再醮，囑令説合，議定財禮，約日迎娶。曾氏先已聞知，倉惶躲避。李茂生等迎娶無人，始知曾氏不肯，取回財禮各散。詎曾氏被逼不甘，且恐將來難免抑勒失節，往山潛取斷腸毒草，歸家殞命。將李樹養照孀婦自願守志，而夫家搶奪强嫁，而孀婦不甘失節而自盡例，發邊衛充軍。等因。具題。經臣部以例載，孀婦自願守志，而夫家搶奪强嫁，孀婦不甘失節，因而自盡者，照威逼充發例，應發邊衛充軍等語，此專指夫家母家主婚受財搶嫁强奪者而言。今李樹養因伊兄物故，希圖家産，强逼曾氏改嫁，以致服毒身死。核其情罪，與主婚受財者較重。夫以疏遠親屬，圖財强賣，並未致死人命，猶擬繯首。而該犯圖産逼命，僅擬充軍，殊失平允。應令該撫按情妥擬到日再議。等因。題駁去後，今據該撫將李樹養比照疏遠親屬圖財强賣者絞候。仍將比引科斷緣由，恭候聖旨定奪。曾氏奏請旌表。等因。臣部於乾隆二十一年三月内題，奉旨：李樹養依擬應絞，着監候秋後處決。餘依議。

湖廣司一起報明事。據北撫咨達稜江縣通詳劉澤遠搶嫁孀婦黄氏致氏自刎身死一案，緣劉澤遠係黄氏之夫劉永華小功服兄。劉永華身故，遺有祖田五石四斗，陸地五段。黄氏撫孤守志，又自置田四石九斗。迨子夭亡，劉澤遠圖産起意强嫁，央熊敬思、蘇紹一爲媒，説與李守揆爲妻。議定財禮銀三十二兩，争二千文，寫立婚書，即欲迎娶。劉澤遠約俟夜間往搶。是晚邀同李仁等齊至黄氏門首，劉澤遠從耳門進内開門，將黄氏拉出，同李守揆扛抬上馬。劉澤遠復轉至黄氏屋内，搜取田地契約而出，將黄氏送至李守揆，黄氏旗令撫女鳴冤。黄方興情原備銀贖取，李守揆因無現銀不允。黄方興出門欲歸措銀，黄氏即取房内剃刀自刎身死。將劉澤遠依孀婦自願守志，夫家搶奪强嫁，孀婦不甘失節，因而自盡，照威逼例發邊衛充軍。李守揆等分别擬以徒杖。具題。經臣部以例載，孀婦自願守志，而母家夫家搶奪强嫁者，各按服制照律加三等治罪。如孀婦不甘失節，因而自盡者，照威逼例充發。又例載，疏遠親屬圖財强賣者，照例擬絞奏請。各等語。此案劉澤遠係黄氏故夫劉永華再從兄弟，與黄氏已無服制。因黄氏夫死子殤，遺有田産，起意圖佔。輒誘邀熊敬思爲媒，得受財禮，將黄氏私許李守揆。又因黄氏係單户獨居，隨率同李守揆等乘夜將黄氏强搶出門，拉抬上馬。復轉至屋内，搜取田産契約入手，扛扶黄氏送至李守揆家内。至黄氏不甘失節，持刀自刎殞命。該犯以疏遠親屬，因圖佔財産强行嫁賣，逞兇逼命，與母嫁夫家奪志强嫁者迥不相同。今該撫僅擬以邊衛充軍，揆之情法未爲允協。應令該撫另行按例詳晰，妥擬具題到日再議。等因。咨駁去後，續據北撫將劉澤遠改照疏遠親屬圖財强賣者絞候，奏請定奪。李守揆等擬流，黄氏附請旌表。等因。具題。臣部於乾隆二十六年十二月内題，奉旨：劉澤遠依擬應絞，着監候秋後處決。餘依議。

（清）徐士林《徐公讞詞·守皖讞詞·江圖檀文交互争祖塋案》 審得桐邑監生江圖與檀姓同山葬祖，歷年久遠，無契券，無界址，以故檀文交鬻穴于懷貢汪慶懷，江姓不甘，訐訟數載，前後縣令，斷遷斷價，迄無定論。本府密勘山墳，細訪輿論，斷之以理，疑團可破。

縣稱明正統年間，檀孝子諱鬱母卒，苦無葬地，朝夕號泣，鄰里憐而助之以山，山巔現有郇母墓，墓旁建有小塔，俗傳其名曰孝子塔，載在邑乘，班班可考，而檀孝子墓，遠處母墓之下，竪有碑記。是檀姓祖墳，確有根據矣。今謂檀墳助逢鄰里，決非全此一山之境，盡行資助。此説殊屬未確。候令鄰里止助鬱母一棺墳境，孝子死，非附母塚，即别葬他所矣，何以母子同葬一山，而又上下距一百八十弓耶。是鄰里所助之山，斷斷不止一穴。第檀墳在先，江墳在後，而江墳又居於氏母子墳墓之中，世遠年湮，無可究詰。然欲辨孝子墓下，是否江山，唯辨孝子墳旁，是否檀墳。若謂左右纍纍，皆係古塚。孝子母死，鄰人助以山，孝子死，鄰人獨忍令葬於亂塚堆中耶。孝子居中，數十塚繞其左右，且星列於下，其爲檀氏附葬之家無疑。乃江圖供稱，孝子墳右，葬伊曾祖尚美，叔曾祖尚友。夫六皖小户，率有家譜，江氏宦裔，某祖葬某山，豈無譜記可以質證。托諸空方言，其誰信之。至汪墳頂上江姓一墳，乃係汪姓葬之後，江姓妒之，埋殤於此，斬其天罡。道路有口，即江圖亦自認不諱。是孝子墳旁，原無江墳，則孝子墳下，即不得謂江山矣。若謂麥地屬江，即斷此穴屬江。獨不思一山之中，尚且江、檀相間，而山下之麥地，又何足爲據。獨是佳木蔥龍，遍植山河，檀姓式微，祖墓前之餘地，尚不惜私相授受，又何愛於墳外之森，而長之養之，以至於今。明係江姓之所培植，檀姓子孫勿敢剪伐，孝子墓猶得長借餘蔭。是江姓爲孝子之護法，不可謂無功於檀姓者矣。且文義變冷記此山之由來乎。鄰里憐助爾祖，爾反執以爲利，貪得多金，祖父卧榻旁，意容他人鼾睡。祖爲孝子，爾不能爲慈孫，敗類滅義，即謂非孝子後可也。汪慶懷懷江檀二姓，桑梓葭莩，豈不知山界未清。垂涎風水，重價構釁，又復輾轉規避，抗不質審，自立限券，慫母架控，與縣卷汪一詞，互相矛盾，索詐鎮禁，子虛可知。今之愚也詐，慶懷之謂矣。江圖名門鉅族，不達理義，七命三丁，邪説滿紙，總因吉穴二字，横塞胸中，遂不顧出詞之鄙倍。亦思此穴距爾墳遠，距檀墳近。汪姓葬此，則稱截爾祖之唇。爾若葬此，豈不截孝子之唇乎。三姓搆争，均屬悖戾。本府以孝治六皖，特爲檀孝子廓清佳城，留此餘地，毋滋他族實逼處此。汪慶懷所葬之墳，並江圖葬汪墳頂上之墳，均令起遷。江檀二姓，俱不許私賣占葬，樹木長養勿伐。檀文交等得受慶懷山價銀五十兩，追還給主，賣契塗銷。一消婪秀之邪念，一杜貪利之惡風。此亦正人心之一法也。行縣飭遵立案，並書貼照墻，以示三姓。

（清）徐士林《徐公讞詞·守皖讞詞·張三照架詞争婚案》　審看得舒邑監生周緒九等助張三照争婚，皆好事而不達於理者也。旌邑程亮生，以生業僑寓舒城，康熙五十三年，其妻生女，因病無乳，適汪宜章之母，係亮結經拜幹母，隨薦伊妹即三照之母，暫抱乳養。維時或有養得活，即與爲媳之言，然亦不過口頭語耳。蓋妻病垂危，姑爲黄口謀生命，既無媒聘，亦無婚書，此舉爲乳養起見，非爲聯姻定局也。迨旬日之後，亮妻病痊，母女難舍，復行抱回。繼而三照之父張以和，置席邀請江悦生、汪子秀、汪子英等，托求程氏爲媳，亮生不允，前此之局，至此已斷。自後張、程兩家，吉凶慶吊，彼此莫往莫來者，十有餘年，未聞有翁婿情分也。雍正八年臘月，亮生物故，汪子秀之子汪宜章唆撥三照，以風飛灰冷之事，忽作藕斷絲連之想，自備禮物，往奠程門，儀文稱謂，俱托婿禮。亮生之子程玉侯，訝其來之突如，揮而不受，固其所宜。乃三照之叔，張宜公嗜利逞刁，出頭具控。該縣傳訊，並無許配確據，諭令鄉總及兩造親友議處。於是玉侯之族祖程又振、三照之族兄張彦典，出爲調處。念三照原屬寠人程女雖無許婚之議，但曾受張母乳哺，議令玉侯出銀三十二兩，爲三照另娶之費，當經又振、彦典各爲墊給。外張宜公得銀七兩，汪宜章得銀一兩八錢，連鄉約飯食銀共十兩，各具結籲縣照議允息在案。夫事必清其源，訟必絶其根。張母數日之乳養，恩固當酬。程女當年之許配，事實無憑。三十二兩之議，以之酬乳養則可，以之助另娶則不可。在又振等只圖委曲完事；在玉侯自謂寄跡異鄉，不敢與人構釁；在縣令亦以爲俯順輿情。不知名義未正，訟根伏，機必生矣。宜公之貪壑已飽，暫且藏頭，三照之欲心益熾，反復登場。

雍正十年正月，時值舒吧有節孝入祠之舉，一班貢監，銀頂青衫，擺列於明倫堂，正若輩頭角峥嶸時也。三照捏以玉侯悔婚情由哭訴，監生周緒九、貢生曾芬遠、靳咸友等，不察來歷，攘臂言公。適值生員吕子笏，係玉侯瓜葛，因三照風聞程女藏于伊家，登門抄毁。子笏在縣具詞。緒九等因數笏爲振姊夫，令之振出爲兩姓勸和，並將玉侯妹配與三照，一併議和。又振因接江士超同爲勸説，議令三照除還玉侯上年所出銀三十二兩，張宜公等分得十兩，並玉侯原係稻銀加息三十八兩外，又聘金三十六兩，共一百一十六兩；内衆衿監樂輸二十四兩，張姓本家湊出十二兩，餘銀八十兩，係張姓族衆公典祠産之項。緒九等於二月初三日，將銀送置玉侯桌上，稱爲令姊聘金，玉侯不敢抗拒。衆人又議兩立議領互質。在程遇江士超出名爲首立墨，付於周緒九處；在張則周緒九出名爲首立墨，付與江士超處。即於是日在石素臣家演戲筵宴。在衆貢監愈謂我輩鼎力，成此良緣，事已諧矣。不思程氏之父，如果許配於先，玉侯焉敢索聘。張姓又焉肯加聘。在三照以玉侯助娶三十二金，執爲許配之確據，在卑府即以衆人加聘三十六金，定爲未經許配之左券。且程氏，玉侯之妹也，父在則父爲政，父没則兄爲政，彼之振不過玉侯族祖耳，許婚與否，豈能代爲主持？查又振供稱，周緒九們説，玉侯是你侄，不過多給他些銀子，有你幫襯，再無做不來的事。又供監生因與周緒九們是賓主好友，不好回覆他。又供玉侯不肯，監生再四力勸，説你我是異鄉人，在這裏做生意，他們衿監出來勸成，你若不允，豈不得罪他們。玉侯不曾做聲等語。撥此情形，是緒九等夜郎自大，倚仗頭巾，斂派多金，壓令又振捺和，而又振以異籍老生，貿易寄居，仰承教令，如霆如雷，兢兢唯恐得罪，再三玉成。玉侯且敢怒而不敢言矣。若果玉侯着肯，何以優觴佳宴，獨不與席？又何以交付玉侯之銀，玉侯不書領，反以助銀和事之人代爲出名書領，不數日而玉侯抱銀上控？則知衆人議處，原爲逼勒。而江士超等所供玉侯索聘許婚之語，皆係捏詞。且此案祖證生波，汪宜章實爲厲階。抱養程女之時，三照正在孩提，繼而父母俱亡，個裏機緣，三照何由洞悉。宜章以兩姨至戚，從中提弄，假死父飲酒做媒之謊言，煽惑衆聽。不思張宜公詞内媒證江悦生現在，而宜公縣詞内，又有悦生素性分直，是則言是，非則言非之語。卑府提訊，即將乳將養抱回，求親不允表由，供吐如繪。詰以邀媒飲酒，實係何時。堅供實在程女抱回之後，不在張母抱養之日。宜章即有百口，焉能敵悦生公直之一言。周緒九等即欲成人之美，何不向悦生詢明情由，止聽無稽妄言，輒爲此孟浪之舉。況宜公、三照先後控且，俱稱親筆庚帖炳據。卑府庭訊，化爲烏有，海市蜃樓，一派幻境。三照何據而必硬後控縣。緒九等又何據而必强作冰人也。至三照詞稱呂子笏霸佔程女爲媳，更屬荒唐。據子笏供稱，正月初八日，族侄呂安壽帶眷回籍，經過生家，張姓疑爲玉侯妹子，硬來搜尋。生子已經婚娶，孫未及十歲，奪婚配於何人等語。察其情詞，固屬近理。況二月内三照和事，子笏現與其事，若果子笏奪程女爲媳，方將出而與張姓戈矛，豈有甘心飲代筆，以己媳而讓與張姓之理。三照以年少牧竪，層疊架控，非有鬼蜮爲之捉刀，焉能變幻至此。

張三照架詞翻控，本應責儆，姑念程女曾受伊母乳養，事屬有因，又係被人唆使，應請與初次代控，後經具結之張宜公，從寬均免議。唆訟之祖證汪宜章，應與重杖以儆，應與重杖以儆。衿監周緒九、曾芬遠、靳咸友、石素臣等，不察事由，出銀强和，亦屬武斷，姑念人爲完合婚姻，原無他意，從寬將所出銀二十四兩，存皖庫充公，免其議擬。程又振被衆勒令議和，江士超係事後接出，汪紹文並無祖證，應與初奉縣諭處和之張彦典，均無庸議。張姓族衆所出銀十二兩内，除張宜公等退出十兩，給還程玉侯收領，餘銀及公同當田銀八十兩，姑與張姓族衆領回。所有存貯張彦典處銀三十二兩，本應退還玉侯，姑念三照之母，乳養程女，未經酬謝，仍令張三照收領，以幫謝禮。程氏應聽玉侯婚配。據供已嫁江姓，張三照不得外生覬覦。至呂子笏控張姓抄毀什物之案，控府未結，仍聽廬州府查審另結。是否允協，相應詳候憲臺核示飭遵。

（清）徐士林《徐公讞詞·守皖讞詞·張有聲主婚强賣案》

審得潛邑孀婦張阿何，守志撫孤，已七載矣。叔翁張有聲，迫欲遣之。舊歲賣與胡高爵，阿何剪發控縣。縣究有聲，取具不敢再賣遵依。至今年十月二十六日，有聲又托操義三爲媒，硬立婚券，賣與胡傑士。串謀搶親，誘掣何出門接姊，埋伏奇兵，左扯左拽，縛其兩手，扛抬而去。至傑士家，號泣詈罵，不肯合巹。長子烈保拾菜晚歸，奔至胡家，跪求釋母，傑士不允，母子伴宿。次日乘間復剪發。令子抱發控縣。魏令公出，哭訴縣丞，票差傳訊。至十一月初一日，始放阿何到官。五日之内，鄰婦相伴，以防不虞。傑士只畫裏新郎耳，阿何依然完璧也。生員張家載等，庇犯抗訊，縣丞詳報。

本府提犯親鞫，不但阿何供情如繪，即目擊之鄰佑王紹賢等，亦供强搶是實。乃有聲猶狡供阿何舊欲招夫養子，願嫁傑士，乘蹇而往。次日被姦夫李翹囑子李勸到門唆撥變局。而義三、傑士亦復串通一氣，捏稱明媒正娶，成婚日久。不思阿何果有招夫之志，兩經剪發，兩經控官，胡爲乎來。阿何果與李翹有私，焉肯舍李翹而願嫁傑士。阿何果願嫁傑士，李翹既不能密訂於事先，又焉能撥轉於事後。强辭飾罪，不覺自相矛盾矣。至詰其淫行實據，不曰李翹賣阿何田，則曰李翹賣阿何牛，不曰李翹爲阿何管家，則曰衆議紛紛，難掩耳目。夫李翹爲阿何表甥，煢煢孀婦，托賣田牛，即可指爲中媾之確據乎。且訊問有聲住居，與阿何一院兩屋，甚密邇也。有聲衆子衆婦，相聚而居，阿何與李翹果有私情，十目所視，形跡難掩。有聲父子，不難執而鳴諸官，何止藉口衆議，以莫須有之事，誣人以不可説之醜也。及訊聲子如芳，供稱身四弟曾繼伯父爲子，公置田産。李翹勾通阿何賣田種一斛等語。乃知阿何幾門田，原爲有聲父子眼熱，追托李翹賣田，則恨阿何，即不能不轉而恨李翹。涎産生嗔，情見乎詞，曖昧之説，又何足信。

張有聲主婚强賣，本應律擬，姑念年老，從寬免究。其子張如芳代立婚書，並强搶之胡傑士，强媒之操義三，各予重責，以儆悍惡。張有聲所得財禮銀一兩四錢，追出入官公用。婚書塗銷。張阿何聽其守志。倘有聲父子，再敢逼嫁，倍處不貸。生員張家載、張榜挾官阻審，又復抗不到案，另提訊結。至阿何既矢柏舟之志，應避瓜李之嫌。長子婚配，業已成立，一切家事，盡可執掌。瓜葛之李翹，逐而去之，勿令仍爲代庖，致滋口實也。立案行縣。

（清）徐士林《徐公讞詞·守皖讞詞·胡良佐占山强葬案》　審得望民胡良佐等與監生胡德機等昔以修譜控，今以葬出控，乃同姓而吴越者也。德機等爲明初方伯公胡溥苗裔，良佐等祖父，亦自謂方伯第四子胡震之後。德機祖父，群起而攻之，指爲長隨章興發之裔，非其族類，不與同譜。訐訟已非一日。

據德機萬曆年墨譜，及康熙丙午甲午刻譜，震生四子曰愷曰悦曰性曰悻。悻生志暉無嗣，譜注止字。良佐隆慶年墨譜，及康熙丙申刻譜，載悻生志暉，志暉生二子，曰暘，曰晟，伊即暘之裔也。兩造家譜，判然不同。但查德機丙午譜，糾首作序者，内有胡應暘，乃震子悦之後，志暉果有子孫，應暘焉肯注一止字。且譜末附胡勝一支内載暘晟乃巨集子，巨集及第子。據德機供稱：陳令勸諭代遠年湮，不改本姓，令其另立支派，附於譜末，佐祖出費鐫刻，伊等世系領云一部，並無異説；至康熙五十四年增修祖譜，良佐等賄震房胡正軌等，詐稱志暉爲伊祖，復行具控等語。訊之良佐，雖堅稱並無附譜之事，然使當年非經官斷，非經公議，德機祖父，與佐祖搆訟有年，方將斥爲稂莠，鋤而去之不暇，又焉肯附其世系於篇末。則良佐之譜載震裔，殊不足信。然而世無僕人附於宗譜之理，既附於譜，又注載孝其源流，係三公太子之裔，因世遠未清，難别尊卑，故另派行一支子孫，同附譜牒等語。則良佐非長隨之後明矣。所可惡者，良佐争派未遂，輒涎吉穴。雍正九年臘月二十八日，率其本支扛枯柩十六具，不分昭穆，不辨男女，逼葬兩大家；于方伯墳之左右，剪伐蔭樹，狼藉墓門，且藏械以備鬥毆。預稟以誣聚衆，兇横之狀，居然梼杌。德機等訴縣勘審，免擬斷扡，已屬厚幸，良佐等及敢抗斷不遵，赴府嘵瀆。提閲卷宗，又復委謝教諭踏勘繪圖。其右十棺一塚，則離方伯墳四尺也，左六棺一塚，則離方伯墳三尺五寸也。夫方伯葬於洪武年間，止有次子華，華子廣三，附葬塚内。三百年來，墓下子孫，繩繩蟄蟄，從無一人敢侵公墳者。突有數十年訐訟之仇棍，伐樹擁葬。即果係方伯嫡派，亦爲闔族所不容，況來歷尚在恍兮惚兮之際乎。且爲人子孫，睹松楸而愴凄，護邱壟如性命。良佐逞其凶威，憑陵伐掘，乃真非方伯種矣。至其所執爲詞者，則以此山系胡震獨買，執洪武二十四年印契爲據，又以契後縣令批斷爲據。雖據德機等供稱，方伯敕葬于武州山遷寺爲塋，語屬荒墳買山，執先執後，亦無可稽。第方伯有子五人，曰富、曰華、曰傑、曰震、曰闇。譜載才品皆翩翩佳公子，豈有獨任一人買山葬父之理。如果震獨買之山，何以不葬震，而反葬華。不葬震子，而反葬華子。即果如良佐所言，貴旦盜葬廣三，萬曆八年，經官責懲，取供批斷，此山只許震支附葬。何以自萬曆至今，震之孫支，並未附葬一人。又狡稱太魁、文相、周氏、曹氏、張氏俱係震裔，五棺三塚，傍祖疊葬，碑石可驗，及委勘葬所，太魁、三氏乃在方伯墳之東南隅，相距五十六步，並非傍葬，碑載四人名氏，並無文相。良佐混指方伯墳東首土之隆起者，稱爲文相塚。及閲德機譜，太魁、三氏，皆係悦方祖妣，丙午附載胡勝一支之譜，内載文相葬屋後，此處安得有家，且良佐縣詞未稱葬有文相，即府詞初亦未稱葬有文相，至六月第四詞，始添此名，並於譜内捏注葬方伯墓東。意謂捏一本支附葬之家，即可證買山獨葬之斷。及查其墓圖，方伯塚東，並無文相墓，反將東南隅悦房墓三字，紅簽固貼，上書身私祖墓，扯東蓋西，一派影射。狡獪極矣。且良佐亦知數十年未發之姦，至今日而徹底敗露乎。細查前後呈縣抄白契，與原契字樣，改换甚多，契載産業田地一段，抄白則删去一段二字，取其包羅之廣也。契載坐落土名武州嘴下灣乾塘下第四冲，抄白則删去嘴下灣三字，改爲武州山，取其移而上之，以田包山也。契載其田二字於四至之首，抄白則改其田爲其山，取其眩人耳目，混以田界爲山界也。東至則將尋山嘴改爲尋水山嘴，南至則將至山脊分水，改爲包山脊，此中情弊，姑毋深論。止論東北二至，據良佐呈圖，方伯墳山，坐西北，朝東南，田在墳山之下，旁抱山麓，形如月牙。田南復有山，右名白楊林，左名青龍嘴。二山之外，又有田，田外兩旁，復有山。契載西至人行路分水直南直上横過。抄白則改爲西至人行分水，挨南直上横過。夫曰直南直上，則是由西人行路進上南山而横過。爾乃截去路字，改直爲挨，竟欲北上方伯墳山横過而東乎。契載北至尋操普成住後，尋四至内分水直下，尋李秀四田山爲界。抄白則改直下爲西下，豈又欲以北至之西下，接西至之横過，舉方伯墳山而併吞之乎？且不但抄白改換，載於譜者亦然，爾契果屬鐵據，胡爲抄白删改。爾譜果屬確憑，胡爲與契互異。況契既載武州嘴下灣乾塘下第四冲，迄今乾塘何在。一冲二冲三冲何在。契内之田，與方伯墳山，諒非毗連，然則此契乃田契耳，非山契也。乃一段田契耳，並非此處全田契也。欲借田以占山，遂改契以就境。彼萬曆八年不明不白之批斷，似招似看之供狀，出自鬼蜮之手，又何難將無以作有。即果有之，亦不過問官粗疏，因内字跡糊塗，難以猝辨，止據爾家傳舞弊之抄白，一時誤斷。天道昭彰，久而必敗，爾反執爲千古不磨之信案乎。如良佐者，狡詐悍惡，第一敗類。乃於呈譜之時，刻一木戳，添印耿介、正直、公平、好學等字，於伊名下，自作小贊，欲邀刮目。大小濃淡，墨蹟迥别，此雖小試神技，而蜃海幻氣，即此已可窺見一斑。且自譽失實，譜已僞矣，其他又何足論。

胡良佐、胡良質占山强葬，復敢抗斷架控，枷號一月，重責三十板，以儆刁悍。胡文士、胡效聖、胡嗣周等，各葬有棺，均應法處，姑念鄉愚，爲良佐鼓惑，從寬免究。所葬二塚，飭縣嚴押起遷，砍伐大樹，縣勘二十餘株，據良佐供已燒燬無存，著落良佐名下，追價銀十兩，給胡德機等收領，以備修祭之用，如敢再抗，倍處不貸。胡德機等指良佐爲長隨後裔，據良佐所呈供狀，前朝訐訟，即有此語，非德機等創詞捏誣，免其置議，嗣後方伯墳山，五支公管，均不許添葬伐樹，致啓釁端。良佐各分支派，應自祖其祖，據實修譜，毋强附遥遥華胄，爲爾祖宗羞。德機等亦不可以莫須有之語，汙人家世。良佐所執貴旦供狀，及譜内弊竇，批破附卷。契後縣令斷語，同德機萬曆譜稿守墓章興發一段，一併删除，發還立案，並榜示於衆。

（清）全士潮《駁案新編》卷四《户律·婚姻·强嫁寡媳自縊身死 陳玉隆》 四川司

一起爲報明事。會議得馬邊廳民陳玉隆强嫁寡媳彭氏，至氏自縊身死一案。先據四川總督阿爾泰疏稱，陳玉隆長子陳富於乾隆三十一年身故，遺媳彭氏，年甫十八，並無生育，陳玉降以彭氏年輕，恐難終志，與彭氏表兄王起義商議遣嫁。王起義希圖媒金，兼可分潤財禮，從中慫恿。陳玉隆即托王起義代覓人户。三十二年七月初七日，適有周元有來場，向王起義談及娶親之事。王起義即與彭氏媒合，議明財禮七十二兩，向陳玉隆告知，允許發庚。周元有憑謝文照交過銀七十二兩，陳玉隆主婚，得受財禮銀四十兩，餘銀王起義藉詞開銷，擇定十五日迎娶，陳玉隆因見彭氏並無改適之意，未與言明，恐臨時費氣，主使王起義將彭氏哄至峰溪場店中。十五日，周元有央謝文照之妻張氏同伊表嫂李氏接親，彭氏啼哭，不肯上馬。陳玉隆令次子陳宗萬强扶上馬。王起義亦令伊子王萬隆同送至周元有家。陳宗萬等當即各歸。周元有見彭氏悲泣不止，知其不願，遂留李氏、張氏在家，與彭氏伴宿勸慰，並未成婚，詎彭氏不甘失節，十九日，乘李氏歸家，投繯殞命。屢審不諱。查陳玉隆主婚逼嫁，致彭氏自縊身死，雖例無尊長威逼卑幼之條，但既經得財强嫁，已屬義絶，自應照例問擬，將陳玉隆依夫家强嫁，孀婦不甘失節，因而自盡例，發邊衛充軍。王起義擬徒，陳宗萬等擬杖。彭氏請旌，等因具題，經臣部查律載，夫喪服滿，果願守志，而女之祖父母、父母及夫家之祖父母父母强嫁者，杖八十。又例載，孀婦自願守志，而母家、夫家搶奪强嫁者，各按服制照例加三等治罪等語。查翁姑於子孫之婦，與子孫無異，律載夫亡改嫁，詈毆故夫之祖父母、父母，與詈毆翁姑罪同。其舊舅姑毆已故子孫改嫁妻妾者，亦與毆子孫婦同。是子孫之婦即經改嫁，名分恩義猶存，不得與凡人並論，律義顯然。今陳玉隆因彭氏年輕，恐難守志，是以遣嫁，及彭氏不從，當令之子强扶上馬，尚無殘忍逼害情事，固難遽絶其恩義。況彭氏爲夫殉節，仍爲陳氏之婦，其與伊夫恩義至重，即與夫之父恩義有不能絶之理。該督將陳玉隆問擬遣戍，按之律義案情俱屬未洽。或陳玉隆逼嫁，彭氏不從，有必欲致死情節，則當另審確情定擬，庶無枉縱。應令該督再加研訊，按律妥擬具題到日再議等因。題駁去後，續據該督疏稱，究明陳玉隆並無逼嫁不從，必欲致死情事。覆核彭氏爲夫殉節，不肯絶於其夫，即於其夫之父義不能絶。陳玉隆雖圖財强嫁，尚無殘忍逼害情事，尤不便竟照凡人威逼例問擬。但彭氏之自盡，究因陳玉隆强嫁所致，陳玉隆合照孀婦自願守志而失家强嫁，各按服制，照律加三等治罪例，量加一等問擬。查夫人之父母强嫁本律，杖八十，加三等，杖六十，徒一年，量加一等，杖七十，徒一年半。王起義等擬以徒杖等因。具題前來，應如該督所題，杖七十，徒一年半，至配所折責擺站，係彭氏親翁，毋庸追給埋葬銀兩。該督既稱，王起義商同强嫁，其與陳玉隆本罪各別，應依本律首從論，合照威逼充發例，爲從減一等，應杖一百，徒三年，至配所折責擺站。陳宗萬、王萬隆訊未同謀强嫁，但聽從父命，幫同送親，均照不應重律，杖八十，各折責三十板，先行發落。周元有訊非知情謀娶，亦非逼勒成婚。謝文照交過財禮見證，並未知情媒合，均預免議。財禮照追給主等語。均應如該督所題完結。再該督疏稱，彭氏捐軀明志，係由夫翁貪財逼嫁，應由臣給與匾額，以嘉節烈，毋庸請給建坊銀兩等語。彭氏不應如該督所題，仍照例准其旌表等因。乾隆三十年十二月初七日題，九日奉旨：依議。欽此。

（清）全士潮《駁案新編》卷四《户律·婚姻·逼嫁孀媳投塘身死實遣黄江氏》 安徽司

一起爲遵旨議奏事。看得歙縣已故民人黄金寶之妻吴氏，因伊姑黄江氏逼嫁，投塘身死一案。據安徽巡撫農起疏稱，緣黄吴氏係吴爾佳之女，於乾隆四十一年内，適黄金寶爲妻，孝敬舅姑，謹守婦道，族鄰周知。四十四年八月，黄金寶病故，黄吴氏變賣衣飾，殯殮營葬，勤事女工，姑媳度日，四十五年六月内，黄江氏以家貧媳寡，欲氏改嫁，冀圖財禮養老，商之黄吴氏，情願守節事姑立後，不允再醮。嗣九月初旬，黄江氏又欲將媳改嫁，與族嬸黄方氏説及。黄方氏以伊堂弟方教化妻故，欲商續娶回答，黄江氏遂托爲媒。黄方氏意料黄江氏姑媳自必説明，旋向方教化述知。方教化口允，因欲察聽，尚未議定財禮，寫立婚書，九月十七日，吴爾佳前往伊女黄吴氏家探望，黄江氏即將黄方氏作媒之事，向吴爾佳告知，吴氏聞知，即往夫墳哭别，隨即投塘身死，詰究方教化，定無强娶及串同逼嫁情事，似無遁飾。將黄氏依夫喪服滿，妻妾情願守志，而夫家之父母强嫁律，杖八十，收贖。並聲明黄吴氏題請旌表等因。具題前來，查律載，夫喪服滿，妻妾情願守志，而夫嫁之父母强嫁之者，杖八十。又例載，孀婦自願守志，而夫家强奪强嫁，孀婦不甘失節，因而自盡者，照威逼例，發近邊充軍，各等語。是强嫁孀婦擬杖之條，原僅指翁姑强爲主婚，本婦並未自盡者而言。至若孀婦甘心守節，翁姑倚勢圖財，强欲奪其素志，致令情急殞命者，自應按照自盡擬軍之本例科斷，不得妄爲援引，致滋錯誤。此案黄金寶之妻吴氏，青年喪夫，矢志守節，其竭力營葬，勤苦養親，實屬克盡婦道。乃伊姑黄江氏貪圖財禮，逼令改嫁，以致該氏不甘失節，投塘身死。按照本例，黄江氏即應擬遣。該撫輒將孀婦自盡正條置之不論，僅照强嫁孀婦並未釀命之例，將黄江氏擬以八十，並請收贖辦理，實屬錯誤。應將黄江氏改照孀婦自願守志，夫家搶奪强嫁，因而自盡者，照威逼例，發近邊充軍。查黄江氏不能保全其媳名節，强逼改嫁，致令殞命，姑媳恩義已絶，應即予以實遣，不准收贖，行令該撫酌發駐防地方給兵丁爲奴，仍重責四十板實決，以昭平允。該撫發既稱，該撫既稱黄方氏並不查明黄明黄吴氏是否情願改嫁，輒據黄江氏之言，混行説媒，方教化雖無强娶，亦未議定財禮寫立婚書，但於黄方氏説媒之時，並不查明確實，冒昧應承，應各照不應重律，杖八十。黄方氏係婦人，所得杖罪照律收贖。方教化折責發落等語。查方教化雖非知情謀娶，但黄吴氏情急捐軀，究係釁因伊起，若僅照該撫擬以杖八十，無以示儆，應再加枷號一個月，餘應如該撫所擬守結。再該撫疏稱，黄吴氏矢志柏舟捐軀明志，志烈可嘉，相應題請旌表，以難風化等語。應俟命下，臣部移咨禮部，照例辦理等因。乾隆四十六年七月二十九日奏，奉旨：依議。欽此。

（清）全士潮《駁案新編》卷四《户律·婚姻·强奪良家妻女嫁賣産陳之萬》 安徽司

一起爲據實報明事。會看得宜城縣民陳之萬行等强嫁吴氏不從，致氏自縊身死一案。先據原任安慶巡撫孫國璽疏稱，吴氏之夫陳來本生章姓，隨母繼與陳之萬堂兄堂兄陳之相爲子，娶妻吴氏，生有一子。雍正六年，陳來病故。陳之相夫婦欲令吴氏他適，吴氏剪髪誓志。迨陳之相夫婦故後，吴氏携子求乞。詎子年幼迷失，遂自獨守，已經十載。陳之萬屢勸吴氏改嫁不從，頓欲奪其節，捏稱吴氏願嫁，囑令族弟陳進尋媒，許分財禮。陳進商於陳於章，答以事屬可行，即托陳太生覓主。時繆子通欲行娶妻，陳進令族弟陳仁並陳之萬同至陳太生家，與繆子通説合。乾隆二年十二月初二日，在陳進家内，陳之萬主婚，令族侄陳雙代寫婚書，陳太生、陳仁爲媒，當付財禮銀十二兩，約定初八日送親。至期，陳之萬因吴氏堅不改嫁，遂僅陳進糾約多人幫同强嫁，陳進復告知陳於章。陳於章圖得吴氏家財，附和允從。陳進即邀同陳仁、陳雙並進堂弟陳元、陳雙胞弟陳孟幫强嫁。陳之萬計誘吴氏往施姓，令伊原聘養媳回家。吴氏被誘至渡口下船，陳元撑船過渡。吴氏見人多不肯上岸，陳孟强背吴氏前行。陳元持篙同陳之萬、陳仁在後防護，陳進、陳雙復將吳氏捆縛入轎抬行。陳太生接親，目擊吳氏不願改嫁情形，即先奔回。陳之萬護送至繆子通門首散回。陳之萬搬取吳氏紗布、木箱，陳於章搬取吳氏床橱，並將吳氏住房得銀二兩賣去。詎吳氏至繆子通家哭駡不肯成親。繆子通詢知强嫁情由，令幼子伴宿，未曾成婚。次日，往尋陳進等索退財禮，陳進等躲匿不見。至十四日，繆子通將吳氏送回，吳氏復被陳之萬詈駡不甘，即於是夜自縊身死。屢審供認不諱。將陳之萬比照婦人夫亡守志，别無主婚之人，若有用强求娶，逼受聘財，因而致死例擬軍。陳進、陳於章、陳雙、陳仁、陳元、陳孟照爲從減一等律擬徒。陳太生、繆子通擬以杖笞。吳氏附請旌表。等因具題。查定例，强奪良人妻女賣與他人爲妻妾，照强奪良家子女姦佔爲妻妾絞罪，奏請定奪等語。是雖不致逼死人命而强賣之人，即應擬絞。蓋緣風化攸關，是以定例森嚴。今吳氏故夫陳來本章姓，陳之萬乃陳來繼父陳之相之堂弟，原非應行主婚之人，况吳氏夫亡之後，剪髪示志，守節十年。陳之萬利欲熏心，計圖强賣，糾商族棍朋謀奪節。始則計誘下船，繼則綁捆上轎，既貪其聘財，復掠取其紗布什物。及吳氏矢志不移，完節歸家，而廬舍一空，立錐無地，反被陳之萬辱駡不甘，以致自縊身死。種種貪惡非僅逼受聘財者可比，止擬遣戍既於情理未協，且與定例不符，事關致死節婦，未便率結。應令該撫另行確審妥擬具題，到日再議等因。題駁去後，續據該撫疏稱，覆鞫陳之萬强嫁吳氏各情，悉與前招吻合，查吳氏苦守十載，矢志永堅。陳之萬並非應行主婚之人，乃商同陳進等强奪其節。及吳氏完貞而歸，陳之萬復加辱詈，致令自縊。將陳之萬比照擬軍，誠於情理未協。陳之萬應改照强奪良妻女賣於他人爲妻妾例，擬絞監候，請旨定奪。陳進等擬以徒杖。吳氏附請旌表等因。具題前來，應如該撫所題，陳之萬合比依强奪良人妻女，賣與他人爲妻妾者，照强奪良家子女，姦佔爲妻妾絞罪，奏請定奪例，應擬絞監候，奏請定奪。附和强嫁之陳進、陳於章、陳驛、陳仁、陳元、陳孟亦應如該撫所題，均比照婦人夫亡守志，别無主婚之人，用强求娶、逼受聘財，因而致死，發邊衛充軍例，減一等，杖一百，徒三年，至配所折責四十板。再該撫疏稱，吳氏夫亡守志，誓死靡他，激烈自縊，洵屬可嘉，應請旌表，以維風化等語。應如所請，准其旌表，以闡幽貞，照例給銀三十兩，聽本家自行建坊。該縣節孝祠内設位之處，照恩旨定例遵行等因。乾隆五年十一月初五日題，初七日奉旨：陳之萬依擬應絞，著監候秋後處決。餘依議。欽此。

（清）全士潮《駁案新編》卷四《户律・婚姻・先經誘逃後復强搶劉四》　江蘇司

一起爲淫棍搶妻等事。會看得上海縣民劉四與劉六之妻徐姐姦逃夥搶一案。先據江蘇巡撫陳宏謀咨稱，緣劉六與劉四並非同宗。劉四與徐姐之父瞿才交好，常至其家，遂與徐姐通姦。聞劉六擇期完姻，劉四即拐徐姐潛逃，經縣拘獲，分别枷責。徐姐給親領回，及劉六贅居岳家。劉四又將徐姐誘拐，復經枷責，將徐姐交劉六領回。乾隆六年三月二十五夜，劉四糾邀鄭先往搶，路遇鄰人嚴十、方運，同行至劉六門首，嚴十等在外等候，劉四同鄭先推墻入室，用帶縛住劉六之手，將徐姐搶出，鄭先等散歸，劉四帶徐姐輾轉藏匿喬英、張枷、鄭先、陳象家。劉六控縣緝獲，審認不諱。劉四乘夜夥搶，其迹雖似强奪，但徐姐既與劉四通姦同逃，敗名失節，非比良家之婦。且搶奪之時，雖無預約之事，實有願從之情，未便按照搶奪良家婦女律科斷。將劉四照和誘知情例擬遣，徐姐及方運等分别擬以杖徒、枷責。等因咨部，經臣部查律載，豪勢之人强奪良家妻女姦占爲妻妾者，絞監候。又例載，和誘知情之人發雲、貴、川、廣烟瘴少輕地方。各等語。今劉四與徐姐姦拐兩次，已干發遣之條。及劉領回徐姐之後，劉四乘夜糾夥入室，縛住本夫，將徐姐搶去，其爲搶奪顯然。今該撫援例擬遣，僅治從前拐逃之罪，後次用强搶奪，豈得稱爲和誘知情，若以徐姐通姦，伊父瞿才知情，謂非良家之女，不知徐姐經劉六娶歸本夫，並未賣姦，未嘗非良家之婦。况徐姐被搶拏獲，並無願從之供，亦無私約之事。該地方官將劉四姦拐之罪寬縱於前，又將劉四搶奪情形開脱於後，不惟律例牽混，且不足以懲兇淫。再隨行之嚴十等知係搶奪，自應走避，乃仍在外等候，明係幫搶。應令該撫審明，妥擬具題到日再議等。咨駁去後，續據該撫疏稱，劉四與徐姐通姦年久，兩次和誘同逃，原係敗名失節之婦。後劉四用强搶奪，徐姐既未聲喊，又復跟從輾轉逃匿，情似和同，與憑空搶奪良家妻女者有間，惟是劉四當夜搶奪，縛住本夫，嚇禁聲張。雖徐姐犯姦，伊父瞿才知情縱容，迨經出嫁本夫劉六，未曾賣姦。而强搶犯姦之婦，律例又無作何治罪之條，自應遵照部駁，依律改擬。除縱女犯姦之瞿才及被誘縱行並未幫搶之嚴十，俱經病故不議外，將劉四改爲擬絞監候，徐姐，方運擬徒，喬英、張伽等擬以枷杖等因。具題前來，除瞿才、嚴十取供後病故不議外，應如該撫所題，劉四合依强奪良家妻女姦佔爲妻妾者絞監候律，應擬絞監候，秋後處決。徐姐從前既經同逃，應依被誘之人減一等例，杖一百，徒三年。係犯姦之婦，杖罪的決，徒罪收贖，交與本夫，聽其去留。該撫既稱，方運途邁被誘，僅止站立門外，既非預謀亦未同搶，但不及走避，應照被誘人夥，減爲首者絞罪五等例，杖七十，徒一年半，至配所折責二十五板，喬英合依雖知拐行拏首，應照不應重律，杖八十，照例折責發落等語。均應如該撫所議完結等因。乾隆九年五月十四日題，十六日奉旨，劉四依擬應絞，著監候秋後處決。餘依議。欽此。

（清）全士潮《駁案新編》卷四《户律·婚姻·圖産搶嫁不甘失節自刎身死劉澤遠》 湖廣司

一起爲報明事。會看得枝江縣民劉澤遠搶嫁孀婦黄氏，至氏自刎身死一案。先據署湖北巡撫蘇昌疏稱，緣劉澤遠係黄氏之夫劉永華小功服兄，乾隆二十年，劉永華身故，子女俱幼，有祖遺田五石四斗，陵地五段，黄氏撫孤守志，又自置田四石九斗。二十三年五月，其子夭亡，黄氏仍甘心苦守。詎劉澤遠貪圖財禮起意强嫁。二十五年二月，央熊敬思、蘇紹一爲媒，將黄氏説與李守揆爲妻，議定財禮銀三十二兩，錢二千文，三月初八日，在劉澤遠家寫立婚書。劉澤遠得財禮銀二十兩，其餘銀錢給與熊敬思、蘇紹一均分。李守揆即欲迎娶。劉澤遠約俟夜間同媒往搶。李守揆等俱各允從。李守揆又令族兄李仁長、族侄李雙兒同往牽馬。一更時分，劉澤遠率同熊敬思、蘇紹一、李守揆四人趕馬至黄氏門首，劉澤遠從耳門進内，開門將黄氏拉出，同李守揆擯擡上馬，黄氏哭駡。其同居佃户范正宜出看，因孤身不敢救阻。劉澤遠復轉至黄氏屋内，搜取田地契約而出，擯扶黄氏行至途間，會遇李仁長、李雙兒接牽馬匹，熊敬思、蘇紹一當即回家，劉澤遠等將黄氏送至李守揆家，亦各散歸。李守揆止留李雙兒陪伴黄氏。因黄氏哭駡不休，不敢成婚。初九日早，范正宜通知黄氏叔黄方興，查至李守揆家，黄氏托令撫女鳴冤。黄方興情願備銀贖取，李守揆因無現銀不允。及黄方興出欲歸家借銀，黄氏即取房内所掛剃刀自刎身死。報縣驗明，屢審供認不諱，查劉澤遠係黄氏故夫劉永華小功服兄，圖産强嫁，致黄氏自刎身死。將劉澤遠依孀婦自願守志夫家搶奪强嫁孀婦不甘失節因而自盡，照威逼例，發邊衛充軍。李守揆等分别擬以徒杖等因。具題前來，查例載，孀婦自願守志，而母家夫家搶奪强嫁者，各按服制，照律加三等治罪。如孀婦不甘失節，因而自盡者，照威逼例充發。又例載，疏遠親屬中圖財强賣者，照例擬絞奏請。各等語。此案劉澤遠内氏故夫劉永華再從兄弟，與黄氏已無服制，因黄氏夫死子殤，遺有田産，起意圖佔，輒誘邀熊敬思等爲媒，得受財禮，將黄氏私許與李守揆爲妻。又因黄氏係單户獨居，隨率同李守揆等乘夜將黄氏强搶出門，拉抬上馬，復轉至屋内搜取田産契約入手，擯扶黄氏送至李守揆家内，致黄氏不甘失節，持刀自刎殞命。該犯以疏遠親屬，因圖佔財産，强行嫁賣，逞兇逼命，與夫家奪志强嫁者，迥不相同。今該撫僅擬以邊衛充軍，揆之情法，未爲允協，應令該撫另行按例詳晰妥擬具題，到日再議等因。題駁去後，續據署湖北巡撫周琬疏稱，查劉澤遠係黄氏故夫劉永華再從兄弟，與黄氏已無服制，乃因黄氏夫死，圖佔遺産，輒用强搶嫁，且將田産契約乘間搜取，復拉扶黄氏送至李守揆家。黄氏不甘失節，持刀自刎殞命。逞兇不法，實與母家夫家奪志强嫁者不同。劉澤遠應照疏遠親屬，圖財强賣者，絞監候例，擬絞監候，奏請定奪。李守揆、熊敬思、蘇紹一擬流，李仁長等擬杖，黄氏附請旌表等因。具題前來，應如該署撫所題，劉澤遠合依疏遠親屬圖財强賣者，絞監候例，應擬絞監候，秋後處決，奏請定奪。該署撫既稱，知情謀娶及夥同强搶之李守揆、熊敬思、蘇紹一均應照爲從，減一等例，杖一百，流三千里，至配所杖一百，各折責四十板。李仁長、李雙兒雖未謀同搶，但明知用强搶嫁，乃聽從牽馬同行，均屬不合，俱應照不應重律，杖八十，各折責三十板。范正宜因係只身不能救護，應予免議。劉澤遠、蘇紹一、熊敬思所得財禮銀三十二兩，錢二千文，照追入官等語。俱應如該署撫所題完結。再該署疏稱，黄氏捐軀明志，洵屬節烈，應請旌表，以維風化等語，查《會典》載，孀婦撫孤守志，因親屬中逼嫁投繯，原非激烈輕生，照例旌表等語。今黄氏因劉澤遠强嫁不從，自刎身死，應照例准其旌表。令該撫轉行該地方官，給銀三十兩，聽本家自行建坊。其該縣節孝祠内設牌之處，照恩詔定例遵行等因。乾隆二十六年十二月初六日題，初八日奉旨，劉滘遠依擬應絞，著監候秋後處決，餘依議。欽此。

(清) 全士潮《駁案新編》卷四《户律·婚姻·逼嫁有夫堂妹自刎李金詔》 四川司

一起爲報明事。會看得犍爲縣民李金詔逼嫁李氏自盡一案。先據四川總督阿爾泰咨稱，緣李金詔係李氏小功堂兄。李氏之夫胡建盛於乾隆二十六年出外謀食，多年不歸，遺妻李氏無依，隨父李之陽同李金詔同居。三十三年正月十一日，伍忠全赴胡建盛胞伯胡世明家拜年，胡氏明言及胡建盛久出無音，疑係病故，伊妻難以守節。伍忠全以伊戚盧金會托訪親事，遂爲作伐求娶李氏。胡世明囑令伍忠全往李之陽家問明議婚。伍忠全通知盧金華隨帶銀兩，於二十五日同至犍爲，向李之陽詢知李氏不願改嫁，遂起身而歸。詎李金詔聞知，復勸李氏改適，李氏不理。李金詔希圖取利，即追回伍忠全等，商令盧金華送給銀兩，包管將李氏接去，並稱伊叔李之陽爲人本分，有伊力主成婚。盧金華即出銀十兩二錢，給李金詔收受。李金詔又令盧金華出錢三千文，以作李之陽養女飯食，約定二月初四日，前往接娶。李金詔商定回家用言恐嚇李之陽，合將李氏送還胡姓，免致訐訟，並告知約期接去緣由。李之陽畏累，復問李氏，仍不肯從。至期，伍忠全同盧金華備帶酒肉、錢文，前赴李家迎接。李金詔又囑李之陽不必再問李氏願否，即令起程。李氏在房哭泣不允，李金詔復嚇以往囑胡家告官差拏，李氏被逼情急，自持尖刀戳傷咽喉，因傷殞命，將李金詔合比照母家家搶奪强嫁孀婦，因而自盡，照威逼充發例，量加一等，應發邊遠充軍，伍忠全，盧金華均照爲從減等滿徒。李氏並非孀居，其因逼嫁自盡，與孀婦捐軀明志有間，毋庸旌表等因。咨達前來，經臣部取例載，疏遠親屬圖財强賣者，問擬絞罪，不待致死人命，即應定以繯首。此案李金詔圖財强嫁有夫小功堂妹李氏，致氏被逼自刎殞命，查李氏因夫胡建盛久出未歸，本無改節之意。李金詔並非應得主婚之人，始則貪圖盧金華謝禮，主令出錢接娶，且欺氏父李之陽爲人本分，設計恐嚇。李之陽畏累，向女商議不從，李金詔又囑李之陽不必問女願否，並向李氏嚇稱告官差拏，以致被逼情急，自抹殞命。該督以此案情節較之强嫁孀婦，尤爲情重，又僅照威逼自盡充發例，量加一等，仍擬軍遣，情罪未協。應令該督妥擬到日再議等因。咨駁去後，今據該督半李金詔改擬絞監候。伍忠全，華改擬滿流。並聲明李氏可否准與旌表，統聽部議等因。具題前來，應如該督所題，李金詔合依疏遠親屬圖財强賣者擬絞例，應擬絞監候，秋後處決，仍奏請定奪。該督既稱，伍忠全、盧金華均依爲從例，各杖一百，流三千里。胡世明依不應重律，杖八十。均應如該督所題完結。該督疏稱，李氏雖與孀婦捐軀明志有間，但該氏捐軀就義節烈堪嘉，可否准與旌表，統聽部議等語。李氏因伊夫胡建盛久出無音，被堂兄李金詔圖財逼嫁，以致自刎身死。查有夫之婦因親屬逼嫁自盡例，無旌表明條，但該氏矢志靡他，實因逼嫁不從捐軀就義，節烈幽魂，洵屬可憫。應比照孀婦守志，因親屬逼嫁自盡之例，准其旌表等因。乾隆三十四年八月二十八日題，九月初五日奉旨，李金詔依擬應絞，著監候秋後處決。餘依議。欽此。

(清) 全士潮《駁案新編》卷四《户律·婚姻·圖産逼嫁孀嫂擬絞葛繼榮》 河南司

一起爲强嫁圖産事。會看得新野縣民葛繼榮圖産强嫁孀嫂關氏一案。先據河南巡撫阿思哈咨稱，葛繼榮與關氏之夫葛繼成係同胞兄弟，分産各居。乾隆二十四年，葛繼成身故無子，遺妻關氏保守房産，憑族擇立堂侄葛起賢爲嗣，侍奉孀姑盧氏度日。葛繼榮不自安分將分受舊産蕩費一空，覬覦孀嫂家財，節經控縣。審訊皆虚。至二十九年五月内，輒思嫁嫂奪産，先將其母盧氏接至伊家，告以嫁賣關氏之語，盧氏年老耳聾，未經聽明，亦未斥阻。葛繼榮捏稱伊母主婚，托谷二禿説媒，將關氏嫁給齊先齊爲妻，代寫婚書，議定財禮錢十千文，俟關氏過門交給。齊先齊等共至關氏門首，關氏驚覺閉門。齊先齊將房門踢開，葛繼榮進内拉出關氏，交給齊先齊，横駝馬上。葛繼榮按頭，谷二禿按脚，齊先齊持鞭趕馬。關氏一路啼哭，以致焦天順等共見不平，隨同關氏親戚鄧碩士尾追其後，及至齊先齊家内，關氏未肯成親，哭鬧不休。鄧碩士等聲斥責齊先齊强搶之非。齊先齊情怯，未敢争辯。鄧碩士等即將關氏領回，餘衆各散。經關氏控縣，先後獲犯，訊供通詳，餘審研訊，各犯供認不諱。查例載，孀婦自願守志，而母家夫家搶奪强嫁者，各按服制，照例加三等治罪。又若疏遠親屬圖財强賣者，均照例擬絞，奏請。倘期功卑幼謀佔資財，貪圖聘禮，將伯、叔、母、姑等尊屬，用强搶賣者，擬斬監候。各等語。今葛繼榮圖財强嫁孀嫂，現有伊母盧氏在堂，則非例得主婚之人，不便僅照夫家强嫁例，按服制加等治罪。但係闞氏夫弟，既非期功卑幼可比，亦與疏遠親屬不同，而律例内並無夫弟圖產，强嫁兄妻作何治罪之條。查該犯雖經强嫁，究未得財，亦未成婚，葛繼榮應請比照疏遠親屬圖財强賣擬絞例，量減一等，杖一百，流三千里，至配所折責四十板。齊先齊等擬杖等因。咨達前來，查例載，疏遠親屬圖財强賣者，照例擬絞，奏請。倘期功卑幼謀佔資財，貪圖聘禮，將伯、叔、母、姑等尊屬，用强搶賣，擬斬監候等語。今闞氏係葛繼榮親嫂，服屬小功，雖與卑幼有間，亦與疏遠親屬不同。該犯圖謀財產，輒將守志孀嫂强行嫁賣，業已駝至買主齊先齊家。幸賴闞氏戚屬同聲斥責，未得成婚，將闞氏領回。喪心敗倫，究與尋常强賣未成者不同。該撫因其例無明文，照疏遠親屬圖財强賣絞候例，復量減擬流，於情法殊未平允。應令該撫另行妥擬具題到日再議等因。咨駁去後，續據該撫阿思哈疏稱，提犯研訊，該犯供認仍與原詳無異。查葛繼榮係闞氏之夫弟，既與期功卑幼有間，亦與疏遠親屬似覺不同，是以前將該犯酌照疏遠親屬圖財强賣例，量減擬流。兹准部駁，細繹此案，該犯圖謀財產，輒將守志孀嫂强行嫁賣，雖未成婚得財，而喪心敗倫，誠非尋常强賣未成可比，律例内雖無强賣親嫂未成作何治罪之文，而夫弟服屬小功，較之期功實已漸降，自應援照疏遠親屬問擬，將葛繼榮改照疏遠親屬圖財强賣例，擬絞監候，奏請定奪。齊先齊等仍照前擬杖責等因。具題前來，應如該撫所題，葛繼榮應照疏遠親屬圖財强賣擬絞奏請例，應擬絞監候，秋後處決，奏請定奪。該撫疏稱，葛繼榮雖係母老丁單，但廬氏向係闞氏養贍，並非該犯侍養，無庸將應侍緣由聲明。齊先齊知情同搶，係誤信廬氏主婚，應仍照前擬，照孀婦自願守志，而母家夫家搶奪强嫁，娶主知情同搶，照强娶律加三等例，杖八十，折責三十板，谷二禿等緝獲另結等語。查齊先齊强娶闞氏，雖係誤信廬氏主婚，但該犯糾人往搶，踢開房門，强拉上馬，僅擬杖責，殊屬輕縱，應加枷號三個月，以示儆懲。餘俱應如該撫所題完結等因。乾隆三十一年六月初八日題，初十日奉旨，葛繼榮依擬應絞，著監候秋後處決，餘依議。欽此。

（清）沈沾霖《江蘇成案》卷三《户律·婚姻·**强娶孀婦失跌淹斃混收財禮之主婚人比例量減問徒管狀**》 乾隆五十四年刑部覆蘇撫閔㮣咨：嘉定縣趙虎强娶管狀孀居侄媳陸氏不從，逃回母家，失足落河溺斃一案，緣管狀與小功服侄管瀠，同宅居住，乾隆五十三年二月間，管瀠病故，一切棺木喪費俱係管狀代爲賒辦；遺妻陸氏，並無翁姑，亦相依管狀孀守度日。七月間，有趙虎因妻故欲娶陸氏爲繼室，央堂兄趙崔三作媒。管狀商之陸氏，不願改嫁，即行回覆。詎趙虎以別無親事，必欲求娶陸氏，復於八月初七日，邀同趙崔三向管狀再三説合。管狀憶及伊侄死後欠項無償，兼以陸氏年輕無靠，伊係夫家應行主婚之人，隨議定財禮錢二十四兩，於初八日，趙虎即同趙崔三送交收受。管狀因陸氏終未允從，聲言尚須向陸氏之父陸伕説明，不允遽寫婚書而散。趙虎以管狀雖收財禮，恐其商之陸伕，又有變更，輒起意强娶。復邀同趙崔三，即於是夜起更時分，僱不識姓名船隻，摇至管狀門首河下。趙虎進室硬拉陸氏下舡，管狀因已收財禮，不能阻擋。趙虎等當即將舡開行摇回。經趙虎之母吴虎攙扶陸氏到家，陸氏不甘失節，啼哭不止，並未成婚。初九日早，氏父陸伕聞知女被强娶，即携鐵鈎趕至趙虎家吵鬧。陸氏乘間逃出，欲回母家。趙虎從後追趕，陸伕上前攔阻，鐵鈎帶傷趙虎右後肋，維時陸氏行走匆忙，誤踏河岸空缺處所，失跌落河。趙虎赴水拉救，亦淌入河心。經趙崔三等撈救，均已溺斃。報縣驗審，供認不諱。查例載，孀婦自願守志，夫家强嫁，因而自盡者，照威逼例充發。又，威逼條例：婦人夫亡情願守志，若有用强求娶，逼受聘財，因而致死者，發近邊充軍。各等語。此案趙虎欲娶管狀孀居侄媳陸氏，先央趙崔三爲媒，迨陸氏不允改嫁，復向管狀再四求娶，交給財禮，貪夜强娶，以致陸氏不甘失節逃回，失足溺斃，實爲此案罪魁。趙虎應照强娶孀婦，逼受聘財，因而致死例，擬發近邊充軍。業經一同溺斃，應毋庸議。管狀雖係夫家應行主婚之人，亦無串同主使搶娶情事，但明知陸氏矢志守節，輒因賒欠伊侄死後喪費，混收財禮，迨趙虎强娶之時，又不力阻，以致陸氏死於非命，情難輕縱。管狀應即照夫家强嫁因而自盡充發例，於軍罪上量減一等，杖一百，徒三年。趙崔三冒昧作媒，復於趙虎强娶之時，附和同行，合依媒人知情減犯人罪一等律，請於趙虎軍罪上減一等，杖一百，徒三年，發配。再陸氏係失足落河溺斃，究非捐軀明志，投河自盡毋庸請旌等因，㮣咨前來。應如該撫所咨完結。

（清）沈沾霖《江蘇成案》卷三《户律·婚姻·**聽從强嫁孀嫂雖係小功卑幼仍照疏遠親屬論爲從擬流郁關瑞**》 刑部爲報明驗究事：曾看實山

縣郁林等圖財强娶嫁郁王氏，致氏自縊身死一案，據江蘇巡撫奇疏稱，緣郁林籍隸寶山，係郁王氏故夫郁斗觀無服族弟。郁王氏本係張覺之妻，乾隆五十一年因張覺身故，轉醮與郁斗觀爲繼妻。是年冬間，郁斗觀又故，郁王氏在家守志。五十七年十二月間，有沈衣妻故，欲圖續娶，曾托郁林做媒，郁林憶及郁王氏本係醮婦，起意圖財嫁賣。因有郁斗觀之小功服弟郁關瑞，與郁王氏貼鄰居住，十二月十三日，郁林往與郁關瑞商議嫁賣，許分財禮。郁關瑞貪利允從，當即同赴沈衣家，捏稱孀嫂郁王氏自願轉嫁，請定財禮十二兩，於十六日過後寫立婚書，再交財禮。沈衣誤信爲實，十六日早，郁林邀同郁關瑞，前至郁王氏家告知改嫁情由，郁王氏不依。郁林起意强嫁，即同郁關瑞將郁王氏硬拉出門，致在門檻上碰傷左腿。比至沈衣家中，將郁王氏交付，即均走避。原以郁王氏本係醮婦，即已過門，料必成婚，擬俟成婚之後，再索財禮。詎郁王氏哭罵不從，沈衣詢知强嫁情由，不敢成婚，因兄郁林等去尚未遠，意欲追回，將郁王氏交其領去。旋因追趕不及，回至家中，郁王氏業已乘間自縊身死。報驗訊詳，審供不諱。究非知情謀娶，亦無强逼成婚情事。查郁林係郁王氏故夫郁斗觀無服族弟，輒因郁王氏夫亡孀守，圖財强嫁，實屬不法。將郁林依律擬絞監候，郁關瑞等擬以杖、流等因，具題前來。據此，應如該撫所題，郁林合依疏遠親屬圖財强賣者，依絞監候例，擬絞監候，秋後處決。該撫既稱郁關瑞雖係郁斗觀小功服弟，但分屬卑幼，膽敢圖分財禮，聽從强賣，合依爲從減一等例，杖一百，流三千里，到配折責安置。娶主沈衣雖不知情，但不查明確實，冒昧允從，殊屬不合，應照不應重律杖八十，折責發落等語。應如該撫所題完結等因，乾隆五十八年十二月初五日題，初七日奉旨：郁林依擬應絞，着監候秋後處決。餘依議。欽此。相應行文該撫遵照辦理可也。

（清）董誥《全唐文》卷八四八《趙和・對私雇船渡人判》　洛水中橋破，絶往來渡。縣令楊忠以爲時屬嚴寒，未可修造，遂私雇船舫於津所渡人。百姓杜威等，連狀舉忠將爲幹濟，廉使以忠懦弱，不舉職事以邀名，欲科不伏。上洛飛湍，中橋施構。參差危柱，若星影之全開。斷絶浮梁，似虹光之半起。望九衢之車馬，未見川流。瞻兩岸之風烟，更疑波委。楊忠宣風帝輦，作宰神州。以修造之辰，當沍寒之節，私雇船舫，公然來往。論惠雖是恤人，語事更非濟物。且雨畢理道，水涸成梁，莫不率由舊章，抑亦編諸甲令。故違憲法，自置刑科。廉使以懦弱繩愆，正符厥理。杜威以幹濟連狀，未識其宜。

（清）董誥《全唐文》卷九四七《崔釋・對私雇船渡人判》　洛水中橋破，絶往來渡，縣令楊忠以爲時屬嚴寒，未可修造。遂私雇船舫，於津所渡人。百姓杜威等連狀舉忠幹濟。廉使以忠懦弱，不舉職事以邀名。科罪不伏。三川朝市，六合樞機。冠蓋如雲，擁金錢之馬埒，軒車若水，赴鐵鎖之虹橋。遐邇所資，往來爲要。不謂波湍溜激，柱朽梁摧。捉烏鵲填河，空餘處所，驅黿鼉駕海，尚有規模。自合修營，豈宜停廢。楊忠佐光銅墨，境控圭廛。仙舸横流，異林宗之共泛，漁船逗浦，非仲御之來游。縱徇私情，恐乖公理，雖當冬月，況屬閑時。造橋用功，冀暫勞而永逸，渡船費力，但有損而無成。官橋自可官修，何關縣長，私船輒爲私雇，便累宰君。郡人褒揚，將何稱首。廉察附請，即可甘心。以狀告知，庶無喧訴。

（清）董誥《全唐文》卷九五五《李孝言・對私雇船渡人判》　洛水中橋破，絶往來渡。縣令楊忠以爲時屬嚴寒，未可修造，遂私雇船舫，於津所渡人。百姓杜威等連狀舉忠將爲幹濟。廉使以忠懦弱，不舉職事，以邀名欲。科不伏。曲洛圭廛，交風鼎色，途開九達，城控八關。積溜澄雲，王子吹笙之浦，驚湍落日，馮夷剖蚌之川。衣冠之所往來，商賈於焉交集。所以亘茲星柱，架此虹橋，疑海上之浮黿，似天津之飛鵲。誠合因人啓塞，隨事修營，豈可使曲岸前崩。危梁中絶。驚波淼淼，却停流水之車，急浪悠悠，翻擁桃花之騎。楊忠莅斯劇縣，輒樹私恩，不遵十月之規，有損二周之化。造舟之義，自有公營，浮航之機，詎宜私雇。道橋有闕，懦弱可知。請依直指之科，賓以曲從之坐。

（清）董誥《全唐文》卷九八〇《闕名・對好長鳴判》　子弟好長鳴，鄰告是過聲。文物有章，威儀以等，式昭邦典，將糾禮容。鼖鼓戒宵，發五通於晨警，金鉦節旅，齊七步於軍氣。由是吹幽擊土，載享原田，奏角鳴鼙，爰威鹵簿。蓋偏伍之爲用，誡子弟之能學。籥章且誦，古典猶施於樂言，長鳴好爲，今日翻抵於鄰告。過聲本防於建國，吹節何傷於習常。肇此刑書，終貽滅趾。舍功録過，無或噬膚，金矢尚艱，鍰罰奚詰。

（清）董誥《全唐文》卷九八〇《闕名·對城者謳甲判》　甲爲植巡功，城者謳之。甲乃鞭之。其城者訴不伏。千乘制國，百堵興詩，義非取於復隍，道實遵於高壘。緝葺惟隙，人其以寧，廣袤無稽，禍由莫大。是以京制非經，禍延鄭伯，梁興不處，卒有秦兵。在悦使以忘勞，豈嚴刑而毒衆。甲爲其植，是訓於從，庀以功程，務其操築。傅岩之野，疑將見於代刑，邑中之黔，即類聞於有沮。興其百板，就以九成，方取托於啼烏，仁推功於射隼。匪隕嫠妻之慟，寧頽薛縣之琴。晉獻城周，初開仞邑，華元植宋，遂見爲謳。省己良虧，尤人遽睹。棄甲而復，事本棄於前聞，執撲以行，譴何貽於是日。咸其輔頰，雖成滕口之嫌，既勤垣墉，請宜噬膚之罰。

（清）董誥《全唐文》卷九八一《闕名·對私雇船渡人判》　洛水中橋破，絶往來渡。縣令楊忠以爲時屬嚴寒，未可修造，遂私雇船舫於津所渡人。百姓社威等連狀舉忠將爲幹濟。廉使以忠懦弱，不舉職事，以邀名欲。科不伏。圭臬勝壤，鼎邑名都。八達開衢，傍連鶴嶠，九重危堞，近枕黿津。鐵鎖長橋，衣冠不絶；金錢廣埒，車馬相望。楊忠擢以茂材，宰斯京縣。屬虹梁落構，翠瀲驚波，滯商賈於平川，阻□驂於上路。將以日躔南陸，氣葉冬郊，當此沍寒，難於修葺。役徒未集，且葉愛人，船舫有私，何乖蒿事。杜威藴德，載述風猷，廉使繩違，遽投霜翰。究其所以，蓋取義於隨時，觀其所由，亦何煩於褒貶。

（清）董誥《全唐文》卷九八二《闕名·對買奴云是良人判》　王丙於趙丁處，買奴勤心，至家一月餘日，乃自云是良人。丙告縣，勘是良人，科趙丁及奴罪申州。州斷科趙丁，其奴無罪。美言可市，老經之格言，聚人曰財，彖象之明義。王丙室盈黿貝，持貨蒼頭，雖挾諸龐之規，終成教子之競。經三十日，非關買者之愆，依三千條，須結鬻良之罪。趙丁宜從縣斷，勤心難聽州裁，彼此攸同，斯爲可矣。

（清）張五緯《未能信録》卷一《原起總論》　又進賢縣任内，有富户以藉史身故頓賴弟婚一事，具控監生詞稱：職員生子三人，長、次均已成家，三子先年定監生三女爲妻，今年擇期迎娶。不意親家見職員次子上年物故，頓起不良，藉死賴婚等情。監生隨以兩子一妻，弟頂兄婚等事具控富户，詞稱：監生生有一女，原許富户次子爲妻，次子病故，富户不仁，遂起意以子頂婚等情。卷查所呈庚貼，兩家皆同；問媒人則各執一説；問兩造則如詞内所叙。叫其三子到堂查驗，身長貌粗，年亦相似。先後問相屬年歲，俱吐口而出，竟無從後決其真僞，而女家則指爲的係伊壻之弟，男家則以從前托媒求親時，並有親筆回書，書中寫得明白，許於三子爲妻字樣，懇求先令寫出筆迹，然後呈核。隋飭當堂寫出數字，比對無異，遂令女家自看，認係原書，並不狡賴。查兩家俱爲富饒，詢之媒證，兩家又素無嫌隙，自因其子粗俗起意。隋斥之曰：自幼定而多疾。從前求親時，來人必要回書者，正恐知其醜陋耳。當時原説爲其二子求親，不知怎么筆悮就錯寫許於三令郎。既是監生悮寫在前，這就是他們的姻緣了。但是親家何不先以書問我，反聽唆入訟耶？詰之男家，據稱恐其私下不認，所以具控，又恐當堂不認，並求先寫筆迹。所説似亦近情，而女家亦無異詞，只可就案了結。乃男家頻請發給原書，其情甚急，因思原書既經當官質明，女家業已自認，何必索回？若非留爲上控，即係其中有弊，既覺形迹之可疑，自不便以女家已認而稍存將就。隨從頭復閱其書，看至情願以小女許於三令郎句内，看出三字第一畫下露出鍼尖筆鋒，復對亮照看，第一畫係添在二字之上，若嫌壻家貧，或惡壻貌醜，或女之父母各許男家。告者有之，告後搶者亦有之。從未經弟頂兄婚之訟，此又訟情不齊之一端也。録出以備高明者參考焉。

（清）張五緯《風行録》卷四《衡州府·諄勸敦重倫紀》　爲諄勸敦重倫紀，以培根本，而厚風俗事：照得五倫莫重於事親，百行首基於孝道。蓋人本父之氣而生，離母之裏而鞠。方其未分璋瓦，待設帨弧，父也費百計之圖維，母也受百般之疾苦。三朝在抱，彌月憂啼，以致漸而能言，漸而能步，父母之食不甘、寢不寧，出必顧、入必復者，不知凡幾。十月懷胎，三年乳哺，父母之恩，昊天罔極。男子則願爲之有室，女子則願爲有家。嫁女必擇名門，娶媳必求賢媛。無論爲子爲女爲媳，父母之愛總如堂上明珠，嬉笑則同其歡，疾痛則同其戚，聞人譽即憂時亦爲之動容，聞人毁即樂時亦爲之改色。種種爲嗣續計者，至同極渥。則爲子爲女爲媳者，當克盡孝道，方爲無忝厥職。讀書者以顯揚爲孝；耕鑿執藝行運負販者，以奉養順寧爲孝。盡孝之事不一，行孝之人不同，無賢無愚無貴無賤，皆可力行孝道。古今來孝子順孫原不盡出於功勛閥閱之家，父母今日就衰，宜思自己甫生之情狀；父母今日之待養，宜思自己在抱之衣食。無形無聲之中，時時體父母蓄我之心爲心，刻刻存父母撫我之今爲念。誰非人子，誰無父母？興言及此，而忍稍疏孝道乎？況天下無不是的父母，無不愛子父母。總緣人子不能曲體親心，且多違犯，漸至憎惡其子，首告其子，皆曲乎之子以《詩》首《關雎》，重其有别刑於之化，總在先事預防。堂上旨不可缺乏，厨下井臼必須親操。長幼次序不可紊亂，交游往來必須避嫌。淫書小説不可觀看，三姑六婆必須謝絶。外言不入，訴詈無聞，勸儉成家，節義自守。夫不可因婦之性拙，疏於訓言；婦不可因夫之無良，流爲潑悍。父母之命宜守，公婆之論當遵。不可因婦言而失歡於堂上，不可從嚴命而不睦於閨中。且宜心堅金石，操擬松筠。蓋緣婦道一虧，即致終身莫贖。若夫兄弟之道，由合而分，在在相須，異形同氣，所以八章《棠棣》，載於正樂之歌，良朋友生，究非倫比，兄不得憎弟愚頑而失訓教，弟不得藐兄柔弱而弛敬畏。一庭聚順，行路侈爲美談；家故多端，求全必須委曲。倘父母之愛稍分厚薄，妯娌之言偶有參差，交游之論各隨受憎，奴僕之怨每我失實，至親手足切勿誤聽浮言，有失和好。他如争奪家財，聽唆興訟，即使其詞得實，終失推棗讓梨之誼，澆薄行爲尤所不取。以上三者實爲人倫根本，其餘皆可例推。本府訪得衡郡民情素稱淳謹，兹查有衡陽縣民胡慶受不能規戒其弟，胡慶寧致父胡季四將胡慶寧呈首發遣，胡慶寧以兄唆使，挾嫌潛回，故殺胞侄胡常榮身死一案；又清泉縣民王宏禮控子王承煌賭蕩一案；又李許氏控子李添斌匿避一案，本府提訊核批之下，始而髪指，繼則心矜。伊等平日果能閫盡其道，何至身罹重罪，涉訟公堂？凡屬士民，皆當引爲前鑒，合行出示曉諭。爲此示仰閤屬軍民人等知悉，爾等務須力行孝道，夫唱婦隨，兄愛弟敬，於無可加勉之中再行加勉，以期克敦倫紀，孝義流芳。至伯叔姑舅、姊妹昆仲，亦須各盡敬愛，切非謂父子夫妻兄弟之大綱已立，而本支姻婭視等泛常。總期無負本府諄勸戒苦心，以冀共彰孝義。至婦女不出閨門，倘爲父爲夫爲兄爲弟者，或將示意勸勉，或將示語鈔觀，則本府又深賴於向善之百姓也。各宜凛遵毋違。特示。

（清）張五緯《風行録》卷五《衡州府·衡山縣民婦賓王氏呈詞批》

查賓映垣無子身故，伊妻王氏先經議立夫弟映坦次子星照爲嗣，本合律載先盡同父周親之義，即其將光彝三子定祥受繼，亦於昭穆倫序不失，原不許宗族指以次序告争。賓劉氏若以病子出撫，又不許王氏議立愛繼之定祥，即屬有意霸産，不顧夫兄之祀，已干不睦之條。復敢以王氏糶穀了債，指爲伊搶控縣，致孀婦有匍匐公庭之苦，伺候衙門之累。但賓劉氏平素既與王氏妯娌不和，此時又以妯娌涉訟，其子即屬不應承繼之人，自應竟立昭穆倫序不失之定祥承祧。惟劉氏亦屬婦女無知，何能詭計陰謀自行出頭呈控。據稟劉有常、賓立朝及已革代書賓柳章、經承羅玉龍、原差劉詳串謀主唆，必非無因。試思妯娌訐訟，賓氏祖先豈能瞑目地下。該族長公親不能排解，已屬不堪，況忍心爲之串唆挑撥耶。准加差按名嚴提，如敢不到，行縣先將弊經蠹差示革，刻日鎖解，聽候究辦，斷不稍寬。抄圖譜系存核。

（清）佚名《比照案件·吏律·職制·官員襲廕》　湖廣司道光二年

南撫咨：外結徒犯趙子厚與陣亡外委趙奇同姓不宗，因聞趙奇有補給恩騎尉世職，無人襲廕，輒爲任趙名教詐冒承襲，即與自行冒襲無異。今甫經具稟，尚未到官承襲，應酌減問，將趙子厚比照世職用財買囑已經到官襲過者，照乞養子冒襲例，發邊遠充軍例上量減一等，滿徒。

（清）佚名《比照案件·婚姻·典僱妻女》　湖廣司嘉慶十八年

北撫咨：李懷志將妻范氏捏作其妹，改嫁廖志儉爲媳。嗣廖志儉因子身故，將媳改嫁與陳錫儉爲妻。李懷志捏稱被拐向索錢文。復起意糾衆搶回，希圖勒贖。例無治罪明文，將李懷志比照將妻作姊妹嫁人，聚衆行兇，邀搶人財例，發近邊充軍。

貴州司嘉慶二十年

貴撫題：蔡有新毆死吴文燦案内，嚴氏被伊夫捏稱弟婦嫁賣，應比照將妻妾作姊妹嫁人者，妻妾杖八十例，杖八十，離異。

山東司嘉慶二十年

東撫題：朱馬誘拐朱得路之妾武氏爲妻，伊父朱子榮知情縱容，朱得路糾人往搶，致伊父被朱毛扎死，朱馬依子犯姦盜致縱容之父被殺，擬絞監候。武年聽從誘拐，武氏係該犯之女，究與凡人不同，得受朱得路財禮，應比照將親女嫁賣與人騙財後公然領去者，計贓準竊盗論。武氏給朱得路親屬領回。

（清）佚名《比照案件・婚姻・逐婿嫁女》 山東司道光二年

東撫題：趙諤子等共毆王四身死案内之劉松，因伊婿王振犯竊，將女劉氏接回，私行主婚改嫁。例内並無治罪明文，將劉松比照逐婿嫁女律，杖一百。

湖廣司嘉慶二十四年

南城移送：張大因伊女張氏常被其夫傅保打罵，即起意將張氏接回，欲行改嫁，尚未成婚。將張大依逐婿嫁女杖一百，未成婚減五等，笞五十。

（清）佚名《比照案件・婚姻・居喪嫁娶》 雲南司嘉慶十八年

雲撫咨：外結徒犯内李燦圖財逼嫁孀妹李氏，並串娶主謝穎糾搶未成。將李燦依尊屬圖財强賣，卑幼係期功，杖流。未成婚者減等，滿徒例上，量減一等，杖九十，徒二年半。

湖廣司嘉慶二十二年

北撫題：老周黄氏聽從周垂照慫恿，强嫁孀婦小周黄氏，致該氏不甘失節，因而自盡。將老周黄氏照夫之父母應得滿徒罪上，酌減一等，杖九十，徒二年半。

奉天司道光二年

吉林咨：劉文成聽從伊父劉安搶奪堂嫂劉高氏賣與宗有才成婚，得受身價，實緣因伊父劉安因貧養贍所致，並非專圖財禮，自應照强嫁例定擬。惟核其情節，亦有貪圖財禮之意。若僅擬以杖九十，徒二年半，似覺情浮於法。將劉文成依孀婦自原守志，夫家搶奪强嫁，以致被污者，杖九十，徒二年半罪上，加一等，滿徒。李存功被劉安誘同入室，並未動手，因落後被應捕人高成揪住辮梢，回頭咬傷高成左手背，應加拒捕罪二等。例無被誘入室並未動手强搶被獲拒捕治罪明文，將李存功比照搶奪良家妻女，中途奪回爲從者，被誘幫同扛擡，不應重律，杖八十減一等，杖七十，仍加拒捕罪二等，杖九十。

浙江司嘉慶十八年

西城咨送：李氏係與色克當阿先姦後娶，又係居喪改嫁，應照軍民相姦問擬。而李氏本應離異，惟伊家並前夫劉大皆無親屬，且色克當阿成婚多年，生子尚幼稚，情殊可憫，免其離異。

（清）佚名《比照案件・婚姻・出妻》 福建司道光二年

中城移送：賈氏因伊夫陳美功赴口外種地，誤信陳桂林告以伊夫病故之言，改嫁趙七爲妻。例無誤聞去世擅自改適治罪專條，惟賈氏輒因伊夫年餘并無音信，無錢養贍，即擅自改嫁，將賈氏比照伊夫逃亡三年之内，不告官司而擅自改嫁者，杖一百。

（清）佚名《比照案件・婚姻・嫁娶違律主婚媒人罪》 浙江司道光原年

鑲黄旗咨：已故都司明善之女駱駝姐被伊嫡母賣與民人爲女，後經李老兒媒合，轉賣與娼家賈富貴量減一等，杖八十，徒二年。

（清）毋庸《刑部各司判例》卷三《娶親屬妻妾》 刑部等衙門謹奏，爲審擬具奏事。准順天府奏送宛平縣民人史從志商同伊妻李氏將史李氏勒死並史靈科收弟婦史李氏爲妻一案。嘉慶十七年十一月初四日奏旨：交刑部。欽此。據該府尹將史從志等解送到部，查閲原奏，據宛平縣驗得史李氏太陽、左腮頰各有墊傷一處，左額顱偏左有浮皮抓傷二處，咽喉近上紫赤繩痕一道，合面八字交委係被勒身死等情。臣等隨提犯會同研鞫。緣史從志籍隸宛平，娶妻李氏，在三岔澗地方居住。史從志之祖史國瑞生子三人，長史靈芳，次史靈科，三史靈魁，史靈芳無子早故。史靈科娶妻李氏，生子史從志。史靈魁娶妻李氏，生子史從信。史靈科之妻早故，並未續娶。嘉慶元年，史靈魁病故。至三年間，史靈魁之子史從信亦因病身故。史李氏孤苦無依。史靈科因無妻室輒起意欲收史李氏爲妻，以便同居過度。史靈科即向商史李氏之弟李泳年，並告知該處地保杜興，未曾攔阻。史靈科隋收史李氏爲妻。史李氏與史從志夫妻素不和睦，時常吵鬧折磨。本年十月内，史李氏因天氣寒冷，至史從志屋内同睡熱炕，史靈科自往村中廟内借寓。是月二十一日起列時分，史李氏在炕頭熱處先睡，史從志因身穿衣服單寒，令史李氏讓給執處，史李氏不依，向史從志撞頭爭鬧，旋各就寢。至二更時，史李氏睡熟。史從志憶及史李氏屢次將伊夫妻折磨，難以跟同過度，起意史李氏勒死。與伊妻李氏相商，李氏因史李氏常與吵鬧，亦即允從。史從志隨下炕取繩子一根，乘史李氏睡熟套入項頸，挽成活結，令伊妻李氏幫同拉勒，史李氏被勒驚醒喊嚷救人，並用手將史從志臉上抓傷。史從志與李氏各執繩頭用力拉勒，史李氏登時殞命。

鄰人吴連聞聲趨至，見史李氏已死。向史從志夫婦查明，史從志不能隱瞞，告知前情。吴連隨往廟内向史靈科告知，並通知該處地保杜興，將史從志、李氏拿送宛平縣，究出史靈科收弟婦史李氏爲妻，將該犯等詳送順天府尹奏送到部。審據該犯等各供前情不諱。研訊史從志、李氏堅稱實因屢被史李氏折磨吵鬧，起意商同勒死，並無另有加功之人。史靈科收伊弟婦李氏爲妻，委係鄉愚不知例禁，亦無別故，再四研鞫不移，案無遁飾。查律載，謀殺期親尊長已殺者，凌遲處死。又謀殺緦麻以上尊長，已殺者皆斬。又弟亡收弟婦者，各絞。等語。此案史從志之父史靈科收伊嬸母史李氏爲妻，係屬兄收弟婦，律應離異。不得謂爲史靈科繼妻，即不得謂爲該犯繼母。惟史李氏本係該犯期親嬸母，今被該犯起意同伊妻李氏將史李氏勒斃，應即按謀殺期親尊長律定擬。史從志合依謀殺期親尊長已殺者凌遲處死律，凌遲處死。李氏本係史李氏侄婦，服屬大功，該氏聽從伊夫史從志幫同將史李氏勒斃，亦應仍按服制定擬。李氏合依謀殺緦麻以上尊長，已殺者皆斬律，擬斬立決。史靈科於嘉慶三年伊弟史靈魁身故後，收弟婦李氏爲妻。彼時年已六十，曾經向李氏之弟李泳年相商，並告別地保杜興，均未攔阻，以爲事屬可行，隨收李氏爲妻。雖鄉愚無知，究屬亂倫，自應照律定擬。史靈科合依弟亡收弟婦者絞律，擬絞立決。史李氏改嫁夫兄，按律應絞決。業已被勒身死，應毋庸議。李泳年於姊夫史靈魁故後，史靈科欲收伊姊爲妻，並不阻止，應與知情不阻之地保杜興俱照不應重律，杖八十各折責三十板。吴連查知史從志夫婦將史李氏勒斃，即向地保杜興通知，將史從志等拿送，並無不合，應予免議。所有臣等審擬緣由，謹會同都察院、大理寺恭折具奏請旨。嘉慶十七年十一月二十七日，奏旨：史從志着即凌遲處死。李氏着即處斬。其史靈科一犯，收弟婦爲妻，按律本應絞決，但律又載，兄姦弟妻和者絞決。原以重倫紀而杜邪淫，今該犯收弟婦李氏爲妻，時曾與其弟李泳年商明，並告知地保。核其情節實係鄉愚不知例禁，並無先姦後娶情事，若與兄姦弟妻一律絞決，未免無所區所。史靈科着改爲絞監候，入於明年秋審情實。嗣後有似此兄收弟妻，審明實係鄉愚無知，誤蹈瀆倫之罪者，俱着照此案辦理。餘依議。欽此。

（清）李鈞《判語録存》卷一《訛婚事道光九年十一月二十八日》 審得洛陽縣民郭德祥、宋成功等爲婚姻互控一案。緣郭德祥有女講娃，襁褓中許字袁東儒子爲室。嘉慶二十四年，郭戊辰復爲宋成功子執柯，德祥雖未允諾，但未言業已字人。戊辰遂擅過庚帖，並私取聘財四千。彼固模棱，此尤鶻突，均出情理之外。迨經查知，德祥、成功、東儒俱各不依。戊辰邀郭師張等講處，退還成功聘禮。成功亦將庚貼送回寢事。道光八年，袁子未婚而夭，戊辰復申前議。德祥不允，成功遂以賴婚控縣，未經訊結。本年三月間，德祥遽將其女許配岳至肅弟至嚴爲妻。成功申訴，該縣判與宋氏聯姻。經德祥控府准提。查郭、袁久訂姻盟，袁子於去歲始行物故，成功所稱二十四年媒定之語，不辨已虚。況本年八月間經該縣斷後，成功始立婚書，並以包頭、耳環等物爲聘。若謂先經媒定，何遲至十餘年猶未納采耶？亦足爲捏誣之證。讓娃仍判與岳氏聯姻，德祥所存成功聘物着即退還。戊辰擅主他人姻事，肇起釁端，掌責示儆。成功圖婚搆訟，亦有不合，量予掌責。惟於堂訊時，訴其家貧，無力婚娶，情有可憫。德祥當訟案未結之時，率將其女別字至肅，亦不候官斷，遽行聘定，均有不合。罰德祥出錢十千，至肅出錢五千，幫給成功，爲其子另行聘娶。限五日繳領，取結存案。此判。

（清）李鈞《判語録存》卷二《誤娶有夫之婦事道光十一年二月二十九日》 審得洛陽縣民何錦控宜陽縣稟生銷錦堂拐窩髮妻等情一案。緣何錦於嘉慶十八年，娶妻任氏。次年閏二月，氏母任范氏以年荒，與其弟范顯周即范步雲謀，乘錦他出，令步雲夜至其家，領氏潛赴新安，憑中人張三省等媒合，賣與楊中立爲妾，得價銀五十五兩。氏兄任大即任永福，雖知其事，以母命莫敢發也。錦於失妻次日稟縣，該前縣飭錦與永福偕差緝訪。迄未就獲，從此伯勞飛燕，天各西東。錦雖不忘故劍，而琵琶別抱，蕭郎已是路人矣。道光二年，中立物故。七年，楊母憐氏幼孀，令永福領回擇配，不索聘財。適銷錦堂喪耦，經中人張繼業等媒合，納爲繼室。但知爲楊氏之姬，不知爲何郎之婦。寸絲不費，白賺娉婷，窮措大何修得此。詎料藁砧無恙，羅敷尚有夫耶。十年，錦憑母舅馬和尚偵知其跡，與其母托言進香，瞰諸銷氏之門，果故婦也。噫，據蒺藜而入宫，不見將歷廿年，採蘼蕪而山下，相逢僅窺半面。錦此際亦大難爲情矣。拐窩之控，固所宜有。然匹夫只有懷璧之愆，秀才焉有盗綃之手。況春光早占，尚有先我着鞭者乎。錦堂據情申訴，該氏昵情新好，竟謂錦自棄糟糠，並以身契係范姓出名，牽到無干之范元和及送信之馬和尚，列爲媒証。彼婦之口，亦狡矣哉。惟永福與楊氏買契，未經提到，無從質究。本年集訊，得悉前情。查何錦未曾銜玉，例得還珠。因該氏已事二天，不願再收覆水，洵落落丈夫氣也。惟念年逾不惑，尚泣鰥魚，情殊可憫。鎖錦堂誤娶有夫之婦，本應離異，然破鏡既不重圓，則明珠何妨補聘。着幫給錦錢八十千，以便另娶。任氏仍歸錦堂完聚。如此權宜辦理，庶幾兩面俱全，並非趙璧秦城，强作這番交易也。任范氏、范步雲、楊中立、張三省等，均有不合，業已身故，免其置議。任永福知情不舉，咎有應得。俟結案時，再行發落。兩造保候，無干省釋，取結備查。此判。

（清）李鈞《判語録存》卷二《誘拐孀婦事道光十一年七月初八日》 審得鞏縣孀婦陳李氏控陳保等圖財强嫁等情一案。緣氏青年早寡，不能自潔，時有桑濮之行。氏翁陳士禄以其撫養幼孫，未忍遣嫁。去年八月，爲所私陳法科誘逃。氏兄李黑漢偕士禄往尋。黑漢遇之於途，向前理諭，被法科刃傷，因而訟縣。夫以至親投首，宜無可解免之辭。孰知移星换斗，以僞亂真，更有陳平奇計乎。氏在城候訊，寓代書武肅謀家，認肅謀母爲養母，肅謀因爲畫策。謂士禄乃其叔翁，而氏爲李姓抱養之女，黑漢並非胞兄。引一年已九十之丐婦崔郭氏冒稱爲氏生母。蓋士禄既非一脈之親，黑漢又無同懷之誼，其分較疏，則其詞不足深信矣。自是解鈴妙手，幸該縣未爲所惑。但從寬科斷，懲法科以杖，將氏交士禄領回。迨下堂後，又爲肅謀掠去。士禄喊稟，飭差押交，假兄妹欲作真夫婦耶。楊花飄蕩，真所謂鴛鴦處處飛矣，士禄乃與黑漢商明，受聘財八十千，嫁與汜水縣民許學詩爲室。詎氏因未將其子帶去，且情戀舊好，仍欲以孀閨爲野合之場。乘間逃逸，遂以前詞控府。不敢斥言士禄，託詞於族人陳保。本府以該氏應否嫁賣，總以有無姦拐爲憑。士禄等果係其翁、其兄，斷無自行誣衊之理。提案親鞫，悉氏夫實士禄所生。而爲故伯過嗣，以本生父而目爲叔翁，已屬荒謬。至崔郭氏一説，毫無影響。乃核閲原卷，始稱夫翁。陳某未幾而變爲叔尊矣，始稱胞兄李某未幾而變爲異姓矣。前後矛盾，明露馬脚。此等伎倆，不能售之於該縣，而欲施之於本府乎。武肅謀玩法舞文，殊堪痛恨。本府欲證明法科誘拐之情，以便究肅謀架唆之罪。乃何日逃走，何處訪獲，及平日種種冶蕩情形，士禄等供吐鑿鑿。該氏狡不承認，械其十指，極口呼冤。如此頑皮，得未曾有。本府有事秋闈，即日進省，未及覆訊。着將一干人證發交洛陽縣嚴行究報。陳法科誘拐孀婦，拒捕傷人；武肅謀以代書粧點情節，架詞佐訟，均應重懲。務期水落石出，各科各罪，勿得稍事姑息也。全卷併發，此諭。

（清）李鈞《判語録存》卷三《悔婚事道光十二年六月二十四日》 審得孟津縣客民董凝邦控生員郭殿元唆使離婚、恃符插訟等情一案。緣董凝邦籍隸山西，久在孟津陳家凹設肆生理，置有田廬。其子映斗，現年二十歲。郭殿元族兄同振，年逾七旬，子死媳嫁，遺有女孫，現年十八歲。道光十一年四月，同振託其族甥申振業代覓婿家。振業憶與董氏子年甲相當，囑同振暗行相攸。知其愜意，因與執柯。凝邦慳出聘財未就。八月，同振適耿氏女，託其戚王守身轉邀喬振向董姓復申前議。並言不索厚聘。凝邦嘉許。是董姓本無乘龍之願，冰言沓至，實郭翁先屬意東床耳。適喬振爲母延醫，囑其兄喬聲報命女家。同振因振業有議在先，令其堂侄從新於九月初二日邀至家中，浼其同作蹇修。於是議定財禮錢十五千，副以緞帕絲帶，及首飾四種，於初四日過庚，初九日通啓。同振以瓶品裝銀一錠爲答，媒証分明，禮儀周備。孔雀屏久諧妙選，玉鏡臺豈屬要盟。一諾如山，永結朱陳之好，息壤在彼，孰敢干之。十六日，凝邦柬請冰人，擬於二十一日通信，十月初五日迎娶。振業往商，時同振病劇，輾轉在牀。嫌婚期太促，託許文宗擇於十月初六日通信，明年三月迎娶。凝邦不允。詎振業未往覆商，遽與喬振攜帶娶帖禮物，仍於原期通信。凝邦亦備食物數種，隨往探病會親。同振未得覆音，意已改緩。一旦事出不意，未免惶急。遂與媒人互相争論。振業復横肉語相侵，迨凝邦親至病榻，仍懇緩期，亦未見允。蓋自念殘年衰朽，又抱沉疴，弱息伶仃，未忍遽違膝下。彼哉不諒，反出惡聲。於是傷感之餘，繼以仇恚，悔之一念固已怦怦，況物腐蟲生，更有族人之讒構耶。瀕行邀喬振遲日見過。二十三日，喬振往探，仍前議改。二十四日復往，則命從新等將聘物送還。振業、喬振急辦。時郭殿元在坐，遂有攘臂之語。二十六日，捏稱原未允婚，舁赴縣署鳴冤。殿元並上堂代辨。該縣謂兒女婚姻，莫非天定。郭氏既已中乖，董姓何必堅守。遽將姻事判離，純任自然，非太上忘情，孰能及此。財物當堂繳領，婚啓娶帖附卷。詎十五千已用其二，振業代爲賠出。食物折錢一千二百文。凝幫來府控訴，提訊獲悉各情。查婚禮專以通啓爲憑，果未允婚，何以繳自同振之手。若謂强行納幣，計自受聘，以至訂期，尚隔旬日，雖病叟龍鍾，何不號召宗人代爲返璧。其爲事後翻悔可知。夫使婿家果欠清白，或年齒相懸，身膺惡疾，一時受媒妁之愚，尚可追回成約，今董姓均無此事，徒以争冰泮之期，遽使退儷皮之禮。憲章具在，無此明條。查同振已殁，取繼堂侄郭寅之子爲孫，年僅五歲，所有聘禮，交原媒同到案之郭從新轉交郭寅收受。郭女現居其舅周正彦家，俟婚娶有期，送至郭寅家出閣。申振業等辦事不妥，各予掌責。墊錢二千，着董凝邦償還。郭殿元顯有架唆等事，同振身故，無從質訊，姑免深究。此係本府格外矜全，該生當深知儆惕，勿謂三尺可欺也。取結釋回，行縣知照。此判。

（清）李鈞《判語録存》卷三《悔婚抗斷事道光十二年七月初一日》 審得新安縣民白魁與王金榜婚姻互控一案。緣白魁母王氏，係金榜之姑。嘉慶二十年，魁生女，金榜生男。九月爲金榜祖母稱壽，諸姻畢集，以其兒女同庚，慫合爲婚，兩家咸諾。王振德亦金榜姑子也，以冰人自任，於是即席易盞，並以包頭、耳環爲訂。本爲盧李之親，復結朱陳之好，固當敦睦有加。道光元年，金榜父死，白女曾往服衰。然荏苒數年，終未通啓。十年冬，金榜託振德往訂婚期，白魁遂有寒盟之語。十一年二月初六日，金榜糾其族人，在社場與魁争論。時白女往省外家，魁於夜間自縛呼救，謂金榜率衆劫婚，赴縣喊控。夫女未在室，縛汝奚濟。所謂劫者何物。況經鄰人趨救，固未見有一人。所謂衆者爲誰。即使獸散，抑何若是速耶。捏詞可笑。惟兩姓婚約，雖有寸絲之聘，究無隻字之盟。白女、王郎，未必遽稱連理。該縣以編户小民，囿於習俗，不得以六禮未備過事苛求，委曲從權，俾仍舊約，所斷亦不爲無見。夫以縣父母之尊，親爲月老，魁也固與有榮施。稍具天良，能不降心相就。即使不願，亦當上控黄堂，俟有定斷，然後别覓良緣。乃悍然不顧，甫於三月十四日斷結，遽憑井永法等爲媒，改許洛陽縣民張得中之侄張法爲妻，旋於四月十六日過啓。迨金榜得有風聞，控准關訊，張氏已於六月初四日畢姻。覆水難收，徒失聲於破甑。雖有公論，已屬無可如何。白魁早經覷破，故負嵎走險，爲先發制人之計。蜂蠆有毒，其情可惡。三家互控到府，提訊得悉前情。新邑斷案，張氏未必不知，然尚可以强辨。白魁雖百喙何辭。是其悔婚之過小，而抗斷之咎大也。掌責四十，以示薄懲。其女准與張法完聚。王金榜原未通啓，勿許争執。兩造各取遵依附卷，悉予開釋，行縣知照。此判。

（清）沈衍慶《槐卿政蹟》卷二《判牘・滅約廢婚事》 武生潘景魁濫厠青衿之末，精窺《素問》之書。王余氏女病覓醫，魏大杰爲之延致。王余氏以赤貧孀嫗，安所得十千之謝儀。而景魁以此數索者，豈非豫脅娶計乎。乃女也期過標梅，春滿懷中，恰喜誘逢吉士；生也緣深折柳，方抄肘後，居然技擅良師。王氏謂病後餘生，活諸景魁之手，遂不惜以身報之。始則同心，兄妹訂盟於藥罏藤榻之前，繼則交臂，夫妻好合於菊綻梅開之候。不須白璧，竟渡藍橋，計誠得矣。其如持婚帖而大聲疾呼者有萬起漢何？景魁方謂彼居鄰邑，兔窟難搜，身有護符，鵲巢穩佔。豈知一一勾提，那不雙雙投到。王氏供吐情真，景魁難逃謀娶，例應斷離，奚容置議，乃庭執法，情可通權，雖奔鶉應返乎故巢，而亡羊已遵乎歧路。花殘月缺，破甑終難重完；商换宫移，聽曲何妨變調。況起漢之父萬運紹與王余氏各以催娶違婚等情争控在十數月以前。是王氏與起漢實怨耦也。與其初終斂怨，或至釀命啓争，曷若曲折周全，轉覺準情近理。著斷景魁名下罰贖杖錢十千文，並倍追聘禮錢三十千文，一併給運紹具領，爲其子别娶。女仍斷歸景魁。本罰金作贖之條，且使網開一面；取覆水難收之意，姑教絲贖三生。雖爲景魁施法外之仁，亦爲起漢杜後來之患。況彼起漢者，真鈍漢也，始催娶而故遲之，即别適而後争之，米成飯而生者已熟，花落溷而逐之何爲。顧失婦而得金，得金即有婦，又何懟焉。王余氏反覆可惡，念係聾蠢老嫗，姑免重究。

（清）沈衍慶《槐卿政蹟》卷三《判牘・冒領僭充事》 韋奇章與韋宗洮、宗涞等，均係觀察韋丹三十二世之裔。丹傳十四世德永，支分五子，長潭甫爲奇章之支祖；五清甫爲宗洮、宗涞之支祖。韋丹祠向設奉祀生，雍正十二年係清甫後裔士藹承充，藹没無傳，祀缺久懸。嘉慶十九年奉查接充。奇章冒稱係士藹嫡派，取名守謙，報充祀生，達部給照。旋經士藹親房侄孫韋桂芳以冒領僭充等詞呈控，縣、府、司、院批查，案未結而芳故。越二十年，宗洮復以前情續控，業經府宅李親提訊明，查照成例，奉祀生一項，以現充祀生之嫡長子孫承祀；有故，始准以嫡次子孫充補；如再有故，始准以近支同曾祖以下之人充補等因。此案，祀生孫韋士藹所出之缺，韋宗洮於士藹爲近支，韋奇章於士藹爲遠房，斷將奇章斥革追繳部照。並以宗洮素不安分地，不堪接充，飭令該房族另舉等情由詳報大憲在案。嗣據弓前縣移學查覆，舉報洮第宗淶取名壽昌接充，係屬遵例辦理。詎奇章匿不繳照，反串韋榮李等詞稱從前祀生係伊等長房承充，至伊二十六代，祖韋主運頂補之後，因子孫多列膠庠，致舉末房士藹接充。妄援大宗之説，請仍移歸長房。無論所訴各情，族無舊議，官無存案，未足爲據。即自伊支祖主運以迄奇章已經七世，中間並無承充之人。忽攙現在承充祀生士藹之遺缺，而突行佔踞，是置由現充祀生之嫡派推及有服親屬之定例於不問，而聽民間忽彼忽此出入游移，釀訟伊於胡底，況府訊奇章供明，實係冒稱士藹親侄孫捏開三代朦混報充，以致韋桂芳、宗洮先後具控，案延三十年尚無了局。是奉祀生一項，本隆崇德報功之典，反滋覬覦紛競之媒，伊祖有靈應亦傷心於地下。本縣下車伊始，首以清釐積案爲務，集訊人證，縷悉前情。除遵將韋奇章已革祀生部照當堂查繳，准令韋宗淶取名壽昌承充奉祀。宗洮逞刁健訟，控詞語多謬妄，實屬可惡，杖責三十板以儆邀免，解府統候，一併具文詳覆。士藹名下舊欠錢漕，責令韋宗洮掃數全完，如違重究。庶遵一朝之功令，王章與祀典常昭；息三十載之紛争，講信與修睦可復矣。

《黄岩訴訟檔案及調查報告·光緒四年七月十五日潘濟清呈為逆媳無上飭差懲儆事》 完糧户名

都 啚 完銀 米

新糧 完 米 完

舊糧 完 米 完

呈

做狀人 歇家 保戳

經承 原差

光緒四年七月十五日

具呈監貢潘濟清 年五十八歲住東鄉四十四都一啚

洪家場莊 離城四十里

抱告潘文浩 年二十四歲 係本人之子

呈爲逆媳無上，飭差懲儆事。竊清生有三子，於同治十三年間分異。各分連佃田十餘畝、樓屋一邊。又將當店各分錢四百千文，其錢仍存店生息，各計分錢千金之則。奈自分後，各浄存款提取清楚，使清邁老獨支。詎被店伙倫漏巨款，致店虧折。核算借款共計三千餘串。今清因獨力難支，商子文褒，酌各出資，湊還借款。時褒説與清次子寡媳洪氏商酌，一面唆令洪氏向清滋鬧，希藉媳阻，伊亦可免。當清不知詭秘，於本月十一日，原向洪氏説吸湊還賑款。不想洪氏因清平日念其孀寡格外顧卹，凡遇小事均任滋横。今被文褒唆串，致清開言，即敢詈駡，目無尊長，甚用椅毆摜。文褒在旁，坐視觀望，若非三子救阻，幾被毆斃。伏思父若無産，有債亦當子還。況清子之産，即清所與之業。今清設法湊還債項，亦爲子計，又不令其盡所分之業還債，且與其商酌量力湊還。乃媳洪氏竟敢無上毆尊，本當呈求提究，又以父子翁媳匍匐公庭，大爲人倫之慶。惟有仰求宅天恩賜，飭差傳諭，大加申斥，冀可小懲大戒，爲此不已叩乞公祖大人電賜飭差申斥，儆逆肅倫。祝德。上呈。如虚坐誣。欽加同加銜縣補台州府黄岩縣正堂加十級隨帶加五級紀録十次王 批：據呈 該監貢之子潘之褒有意違犯，唆令弟媳洪氏出頭毆駡等情，如果屬實，亟宜治以家法，否則盡可呈請提究，非傳諭申斥所能了事也。

（清）趙幼班《歷任判牘彙記》卷一《判時費氏等堂詞》 此案訊據各供，時費氏不應聽人唆使也。其媳劉氏再醮與馬立有婚書，係張李林爲媒，董樹人、張硯田爲中證，均經簽字，費氏亦已畫押。現在董、張仍無異詞。時長海因患時症，雖未到案，曾具禀聲明。且劉氏之母劉周氏並云與費氏妥商之後，始將劉氏嫁與馬姓，出洋五十元作齋薦之費。其孫女隨母度日，長成時仍歸時家，主持出閣，所議無不協之處。兹費氏因媒人張林物故，忽聽唆訟頓翻前議，並未掌推下河，係自行投水。殊不知如逵夫婦實因如桂等滋鬧不休，逼而至此。幸未溺斃，倘釀出命案，如桂等其能置身事外耶，應將如桂責懲，以爲逞凶者戒。杭如璋不能約束其子，何溺愛之不明也。杭明山亦應責究。趙良璀、魏增齡等爲之代求，從寬姑免。以後如璋嚴加管束。明山從此改過安分，無得再向如達無端索擾，致傷同姓之睦誼，而啓家族之變端。取具切結附卷。此判。

（清）趙幼班《歷任判牘彙記》卷一《判王姜氏等堂詞》　王施氏將王兆昌房業已出售。因世生身故，喪葬用費無從清償，不得已而作此舉。王姜氏欲與之分利，係聽人唆使，其中另有枝節。姜氏本是光林之妾，竟將嫡妻施氏視如途人，何能任其不正名分。應行責斥，求寬姑免。然總屬一屋之人，毋庸纏訟。施氏出八十元，以五十元交姜，以三十元撥入清節堂充作善舉，案可了矣。取結附卷。此判。

（清）趙幼班《歷任判牘彙記》卷一《判包同旺等堂詞》　包同旺係包廷于胞侄，早已分爨。即欲向叔父作分潤之計，只能情商，何可行野蠻之舉動。包同旺即奉天主教，自應守教中規則。侄子何能出而阻持，殊屬非是，着即責儆。包同科更不相干，包同有爲之調處，應發公論。速將婦女人等喚歸，毋得再行滋鬧。至同旺之母，由廷于按年貼嫂零用洋四元，亦無不可。取具切結附卷。此判。

（清）趙幼班《歷任判牘彙記》卷一《判陸張氏等堂詞》　陸麟芝與陸張氏係親叔嫂，何必久構訟端。張氏既願入清節堂，則所控孔慶宏各節毋庸深追。惟麟芝以子出繼與張氏爲嗣，現仍歸本生父家撫養，應由張氏貼補衣食之費。議作每年交洋十元，陸麟芝將契繳案，暫爲封存，俟其繼子長大成人，彼時母子來縣領取執業，爾陸麟芝亦可毋慮爾子將來無產可守也。至陸恒德借洋五十元，飭鄉約王斯盛代爲張氏往索。原券無存，另書遺失字據即可了事。兩造即無異言，取具遵結附卷。此判。

（清）趙幼班《歷任判牘彙記》卷一《判謝霽等堂詞》　謝霽姦人之母，納以爲妾，猶欲奪其産利，絶其生源，可惡已極，應行戒斥示儆。裔程氏淫而且悍，已再醮謝姓，應歸謝霽之門，永不准再入裔宅。並飭謝霽帶往鎮江居住，毋得在此逗留，致滋事變。聲亮之兩妹，暫交官媒處留養一天，即發清節堂收養，從速爲之擇配。裔聲亮交鄉約周鴻儒帶出取保，謝霽切結附卷。此判。

（清）趙幼班《歷任判牘彙記》卷一《判胡錦旺等堂詞》　胡錦旺、吳懷實到案供稱，並無徐開餘與王鴻元口角爭鬥之事。王鴻元亦未鳴知於吳，及勸說悔婚等情。是王徐氏所控各節，均屬子虛，然亦難免不是胡、吳兩人代爲縫飾也。交差取保在外，再候復訊。至錦和，既經查明，上控王蔭雲，實係牽涉，並願擡棺讓田，姑免深究，取具切結附卷，候備文詳復。一面再爲密訪出案原由以憑核辦。此判。

（清）趙幼班《歷任判牘彙記》卷一《判王徐氏等堂詞》　此案王熊氏母子上控不休，而王徐氏已到，熊氏終提不來。先將徐帶訊。據供各詞，自過門後生有兩子，似無不和之處。今忽反目並將所生兩子一併携去，竟任其婦漂流失所。若無積怨，何忍心至此。且當日經黄維忠、王堯棟等調處銷案。議明由王永德每年貼稻十石，洋二十元，徐氏就在母家寄住。僅給兩年以後停止。必是徐氏有不好之處，不然斷不至如此之薄視。然亦不能就此不爲徐氏圖一下落，終貽後患也。尼僧道禪因往花山求戒，徐十樂、士彦因徐塾忽患時症送回家中調治，未及到案，無從詰問。陸大在中學堂内充當雜工，其家與土地廟相依。徐氏棲身廟内。熊氏母子曾專人來訪，向陸大之女查問，廟内有無婦人寄居之語。該女答以不知，以此牽涉，其實並非同居。代書李壽孫，當熊氏案之始，係該書經承，自和息翻控後改李沐卿承辦，以此入控，並無勒稿不抄及索洋情事。至紀少孔之被告，其原因係王永德之嗣母王卞氏另控，有王永德違忤一案，是該書代寫呈詞。至今屢提未到，與此案原不相干，因挾寫詞之嫌藉以牽累。總之王熊氏母子不到，此案無從斷結。王永德出繼與王卞氏，是熊氏乃永德之本生母，徐氏即爲卞氏之嗣媳。徐氏所生兩子是卞氏之嗣孫。王永德之避提不到者，因卞氏另控有案，其中不無情虚，並非因本案有所顧忌也。究不能徒恃上控爲拖累之計，致令本案無訊結之期。徐氏交差取保在外候質，應將卞氏控案，併案集訊。原差李林、董鈺，均已被控。再改妥差往提並備文稟府。如熊氏母子赴郡再控，即請押發下縣，以便傳齊一干人證，徹訊核斷詳銷。此判。

（清）熊賓《三邑治略》卷四《堂判利川縣任内・訊黄連元一案》　訊明黄連元之女黄桂香，經向洪發、朱文明賣於姚本先。據朱文明供稱，係與黄連元至親，託伊代賣，向洪發得錢十四串，身只得錢二串，質之黄連元，供稱並不與朱文明認識，亦無託賣之事，足見此女係朱文明、向洪發所拐。朱文明重責收押，候拿向洪發再行質訊嚴辦。姚本先並不問清來歷，擅娶幼女，亦不有應。即將黄桂香退還黄連元領去。至所去禮價，候傳向洪發到案究追。彭元福之佃户彭啓秀妄行作媒，實屬可惡，着一併傳訊究懲。姚本先婚書存卷。此諭。

（清）熊賓《三邑治略》卷四《堂判利川縣任内・訊劉張氏一案》 訊明劉張氏與劉雷氏互控一案，緣劉張氏先生一子，劉雷氏後生一子，現因劉張氏誤聽劉應倫之言，口稱劉雷氏之子已死。現經當堂驗明，劉雷氏所僱乳媼，領養此子，當面餵乳即吃，並有笑容，足見此子實係真正養熟，並未疾病，斷令劉張氏與劉雷氏以後分居爨，家業照三股均攤，以一股作劉張氏養膳，以一股作劉雷氏養膳，下餘一股以半股歸劉張氏嫡子，以半股歸祠内作内作爲公款。派六房各舉一人，公同掌管。除劉張氏、劉雷氏應出各項捐款應酬外，其餘作爲祠内香火之貲。三股業產，均須搭配勻稱，拈鬮公分。劉應倫從中作祟，本應責懲，念其同姓，從寬將保正卬名革除，不准再問公事，各具結完案。此諭。

此案劉張氏控稱其妾雷氏所生之子病殤，將其屍搬至城外請驗，並云另抱異姓之子，去錢四串，亦將抱養之家邀到堂下，且有劉姓生監八人到案，並遞公禀，均稱情節不錯。及晚間劉雷氏又邀族内生監八人，呈請雷氏之子實係未死，情願具結。所有張氏之詞，均係謊言，因提同質訊。兩造二十餘人，各執一詞，抗不相下。乃另生一策，訊詰此兩兒向係自養，抑係僱乳，均稱僱人代喂。因將兩兒同抱堂前，令其互換餵乳，各自認生，均不肯食。又令雷氏乳媼喂其所養之子，懽喜而食。足見此子並非抱來，若僅抱來一日，生人亦必不肯食乳。此係至情至理，兩造及堂下人無不帖服，此案遂結。

（清）熊賓《三邑治略》卷四《堂判利川縣任内・訊魏張氏一案》 訊明魏緒達之子魏宜家，去年被匪毆斃，遺有約據當借各項憑據。據魏緒達供稱，各項約據，均係魏宜家出名，現在均交於魏張氏帶回娘家，質之魏張氏，堅供不認。但魏張氏總係魏姓之媳，立意守孀，仍宜撫養。斷令魏啓賢所買黃再元老契一紙，去錢九十八串，即歸魏張氏留作養膳，然須在魏家守節，不准再往娘家。其魏宜家買魏緒慶業價四十八串，又買周國松業價一百五十串，以一半作爲魏緒達養老，以一半作爲魏緒達幼子日用。至契約被焚失落，准存案備查。以後魏張氏如查出約據，作爲破紙無用。儻魏宜傢生前借出之賑，果被張祖成代收，仰魏緒達等將原日魏宜家憑據取出，另行單傳張祖成究追，各具結完案。此諭。

（清）熊賓《三邑治略》卷四《堂判利川縣任内・訊牟來倫一案》 訊明卓昌洛娶彭開勤之女爲媳，因彭氏不守婦道，遂行休出，轉嫁於牟來倫。但卓昌洛休出之時，並無彭姓到面，牟來倫承娶之時，亦無彭姓出嫁。照例斷令離異歸宗，任憑彭姓嫁賣他方，不准嫁於牟、陳二姓，以免轇轕，各具結完案。此諭。

（清）熊賓《三邑治略》卷四《堂判利川縣任内・訊祝作善一案》 訊明吴法明娶祝姓之媳，因口角細故，吴法明將祝氏腮頰毆打，祝氏遂服洋烟身死。查例載夫毆妻有重傷自盡者，本夫杖八十。惟念二比均係戚誼，斷令吴法明出錢三十串，以作祝氏齋薦。日後吴法明承娶繼室，生有子嗣，先接祝氏禋祀。並將祝氏擇一吉地安埋，以盡爲夫之心，各具結完案。此諭。

（清）熊賓《三邑治略》卷四《堂判利川縣任内・訊王德銀一案》 此案王德銀之妻陳潤丁，本係童婚，後被外人拐逃，嫁賣於唐厚友。查明婚書，係王吉廷出名，並稱本夫已死，足見子虚。後唐厚友身故，又將陳潤丁轉嫁於唐厚池，係唐德見主婚，得錢十串文。現在本夫王德銀到堂供稱，陳姓在開縣具控，問王姓要人，萬難甘休，斷令陳潤丁仍歸王德銀去，飭令王李氏及王德銀出具永不嫁賣，亦不嫌刻切結。另派妥差一名，送陳潤丁母子三人，先到伊娘家交清，一面到開縣投文銷案，至陳潤丁在唐家所生之子，歸唐厚池領養。其唐厚池禮價，責成唐德見退出，各具結完案。此諭。

（清）熊賓《三邑治略》卷四《堂判利川縣任内・訊劉之傑一案》 此案據李胡氏供，伊女劉李氏實係因胎動腹痛難忍，情急吞藥身死，當即眼同從厚薦埋。而李昌學等膽敢冒認屍親，捏情謊告。查李昌學本年五月遞詞，稱身昌學堂姪李明貴早故，遺妻胡氏等語。又於十一月遞詞，稱身昌學嫡堂兄李昌俸早故，遺妻明氏等語。其派行名目，均未查清，足見訛詐無疑。復據李昌學供，此事均係李亮邀身控案，身不知情，李亮更屬膽大妄爲，當堂重責，飭令出具誣告切結，並收押示儆，迨其悔悟，再行開釋。此諭。

（清）熊賓《三邑治略》卷四《堂判利川縣任内・訊牟秉書一案》 訊明牟秉書與譚維宣互控一案，緣譚維宣嫡堂姪譚敏祥，幼聘牟秉書之女爲

（清）熊賓《三邑治略》卷五《堂判東湖縣任内・訊向曹氏一案》 查訊曹長國有子二人，長子曹子茂，業已成丁，並無子嗣。現曹長國已故，據曹子聰供，從前曹長國令身過繼爲嗣。訊詰有無合同，供稱未有。復據曹賢詩供，身有弟曹賢書，情願過繼曹子茂爲嗣。查曹家榮、曹家元弟兄分支，至曹賢書名下，剛頂五服。而曹子聰分際太遠，不能承祧。且曹子聰如果承繼曹長國名下，伊子曹子茂又復乏嗣，理應代曹子茂立繼，以接曹長國禋祀。斷令憑同族親，即立曹賢書〔於〕〔與〕曹子茂爲子，書立繼約。曹子聰雖無合同，亦有爲子之説，照義子例，除伊莊錢四十三串外，另給錢四十串，再行搬遷。向曹氏所墊葬費二十六串，亦歸嗣子償還。曹長國僅有田地三百串之譜，除當價一百餘串，所剩無幾，爾等亦勿得覬覦家財，各具結完案。此諭。

（清）熊賓《三邑治略》卷五《堂判東湖縣任内・訊劉智杰一案》 訊明胡王氏有子兩人，長子胡上元已故，遺媳席氏，經胡王氏招劉智杰上門爲婿，言明代還劉雲程錢一百三十六串，書有限字。迨今八月，劉智杰同席氏歸宗，又憑親族舊立還宗字據，註明劉雲程錢不與劉智杰相干，但胡王氏有子兩人，本不應將寡媳招贅入門，而劉智杰既已上門，亦不應半途歸宗，均有不是。斷令劉智杰代還錢四十串文，下餘一百二十六串，歸胡王氏及胡上友並伊孫胡家福分還，候家道充裕，再行歸款，各具結完案。此諭。

（清）熊賓《三邑治略》卷五《堂判東湖縣任内・訊陳爾魁一案》 訊明陳秦氏之女，年甫二十八歲，先嫁於龍維望，迨維望已死，經伊母復嫁於黄從乾。該户族陳正杞等，因黄從乾年已四十六歲，尚有唐氏，不應爲妾。質之黄從乾供，唐氏係三房兼祧代娶，業經各居；現娶陳氏，並非爲妾。訊詰張陳氏，情原改嫁黄從乾。伊母秦氏及伊夫家龍維純，均供無異，爾户族亦難勉强。惟陳氏前夫龍維望尚有一子，年甫七歲，在龍秦氏家餵養，以後尚無着落。黄從乾係屬富室，斷令出錢一百串，交付本縣發典生息，一分起利，俟十年後龍維望之子長成，邀同陳、龍二姓户族公人，當堂承領。此卷遇有交卸，專案移交，免致耗廢，各具結完案。易德全不應説媒，笞責示儆。此諭。

（清）熊賓《三邑治略》卷五《堂判東湖縣任内・訊莊傅氏一案》 查婚，尚未過門，牟秉書恐譚敏祥家業耗廢，因而呈控。斷令譚維宣將譚敏祥田稞，約據一併交出，另派譚姓公正户族譚德光、譚維均接管，每逢收稞收帳，邀同牟樹森、牟秉書及譚維宣到面，公同算明，登記帳簿。至譚敏祥從前所欠賬項四十餘串，上即在租稞項下抽除，陸續歸還。譚敏祥仍歸譚維宣領養，每年出大穀十五石作爲稞贖，均交譚維宣經理，另立帳目，不准多用分文。至熊興業今歲穀石，已議定大穀二十八石、土稞七石，着讓大穀三石、土稞兩石，其餘佃户不得援以爲例，各具結完案。此諭。

（清）熊賓《三邑治略》卷四《堂判利川縣任内・訊黄興隆一案》 訊明黄興隆與易黄氏互控一案，緣黄興隆從前説過易黄氏之三女爲婚，嗣因三女病故，黄興隆遂稱係與伊二女開親，經本縣當堂查驗，黄承林年只十四歲，易八妹年已二十歲，實屬年歲不合。斷令易黄氏出錢十串文，作退回從前禮物之費。黄承林另行娶親，易八妹亦另行擇配，但不許説與鍾姓，以後查出如在鍾家，即行傳究，各具結完案。此諭。

（清）熊賓《三邑治略》卷四《堂判利川縣任内・訊譚聚雙一案》 訊明譚聚雙與譚聚開互控一案，緣譚南貴繼娶廖氏，帶有張姓之子張學武、張學國，後又在譚姓生子名譚聚雙，遂令張學國歸宗，並令張學武繼承譚姓，改名譚聚開。遺有産業一處，先已出當，計錢二百八十串。後譚聚開私自加當八十串，以致譚聚雙心不甘服。斷令譚聚開補出錢二十串，作爲譚南貴夫妻齋薦。嗣後三百六十串當業，歸伊二人各贖一半，勿得争論。各具結完案，期票一紙存卷。此諭。

（清）熊賓《三邑治略》卷五《堂判東湖縣任内・訊蔣上珍一案》 訊明蔣上珍承娶劉安發之女爲媳，童養未婚，竟於今月私行逃走。據劉女供，實因打罵不過逃外討米，落於張昌賓家幫工。據張昌賓供，劉女來時，已知鳴地方，請蔣姓不肯來領等語。訊詰楊明昭供，身往查時，見張昌賓有弟兄二人，女子二人，兒子一人，僅住堂屋一間，厨房半間，是張昌賓並未將劉女與伊子成婚，豈有一間房屋能住父子女媳人之理，顯係捏詞。既據蔣上珍供稱，情原不要此女，具結在案。着發交官媒，變價十五串，歸蔣上珍領得；外斷張昌賓補蔣上珍口食錢五串文，蔣吉甫既稱概不知情，從寬具結免究。此諭。

訊莊作梁欲嫁莊傅氏，本無實在憑據，且傅氏詞稱，伊帶十八人到氏家捆賣，氏揀碗至棹，暗將伊刀隨藏身邊，從側門逃走。如果莊作梁帶有十八人，該氏一人，何能逃出，又何能將刀暗藏？且被嫁亦無受主，足見子虚。惟查莊作梁詞稱，擬同莊作富改嫁高氏。即此一言，足見素不安分。姑念年老，戒責示儆。斷令莊作梁以後永不許問莊傅氏之事，該氏户族照料，各具結完案。此論。

（清）熊賓《三邑治略》卷五《堂判東湖縣任内・訊江有寬一案》 查訊王開敏與姜李氏，本屬至親，而李之元又係姜、王兩姓之舅，據李之元供，從前姜李氏之女，三歲時即許與王開敏爲婚，係身説媒屬實，發有庚八，業已送去童養一年。迨後接回，由宜都搬至東湖城内。又隔數年時常往來。現在王開豐等上門求親，李氏不認，以致彼此口角等語。但求親須憑證，何以不等爾李之元去説，竟至上門滋鬧，本有不是，責懲示儆。然王開敏所訂之親，即憑該氏至戚李之元作媒，復有庚八爲證，何能不認，更屬無理。斷令王開敏另擇喜期，交李之元送去。俟該氏之夫回來，即行將女送到王家成親。江有寬及江李氏均交保。此論。

（清）熊賓《三邑治略》卷六《堂判天門縣任内・訊程振之一案》 此案拖累太久，楊涂氏已走，無從着追。而王彦臣與程振之係屬至戚，據程振之供，錢係交於王彦臣，轉交楊涂氏手；質之王彦臣，供實祇錢六十五串，憑人點交楊涂氏收存。現在楊涂氏未到，一時難了。姑念王彦臣與程振之之叔，兒女姻親，且年歲亦高，人甚忠厚，並非濫媒可比。仰爾王彦臣會同伊叔程梅園等，酌籌錢二三十串，代程振之另外説親，以期早日安業。楊伍氏嫁歸聽其自便。如以後楊涂氏回來，再向伊追出身價，還爾程振之可也。此論。

（清）熊賓《三邑治略》卷六《堂判天門縣任内・訊胡恒順一案》 查訊袁在銓、彭在敖該欠胡恒順之銀二百兩，尚有一年利息未清。今年五月初七日，胡恒順向彭文焕家賀生，當面問彭在鋐索要，彼此口角。彭官兒、彭二喜因共父生日，阻斥彭在銓等不應滋鬧，以致彭在銓之母蕭氏出頭互相争執，胡恒順及彭蕭氏各有微傷，均已驗明。惟此事究屬錢債，爾等又係戚誼，不可參商。斷令彭在銓弟兄速將胡恒順銀二百兩限六月内還清，外令胡恒順讓去半年利息。至彭道一在日，收有彭在銓錢八十五串，並未付與胡恒順，應由彭道一之子彭在勤自向彭在銓等清算。彭官兒弟兄無論是否毆打蕭氏，究屬爾嫂，由彭道浦領往賠禮認錯。至彭在銓所控彭文焕各節，彼此均有過當，一概不究。此事應責成彭文焕趕緊回歸理楚，先行具結完案。此論。

（清）熊賓《三邑治略》卷六《堂判天門縣任内・訊韓李氏一案》 查訊韓李氏無子，先過繼其弟之子韓富官爲嗣。乃韓富官桀驁不馴，私將田地撥賣四斗五升於其父韓漢福，殊屬可惡。且李氏之夫，兄弟甚多，韓漢選亦係同胞，有子四人，理應承繼。現在李氏既不願韓富官，斷令改立韓漢選之四子爲嗣，此子年已十六，即憑族人書立斷約，交李氏引去，撫養訂親。並將從前韓富官合同銷毁，當堂將韓富官戒責，以示懲儆。以後李氏家産，憑爾户戚公同照料。至韓漢福已買之男，既供稱代墊帳項，其事已往，從寬免究，各具結完案。此論。

（清）熊賓《三邑治略》卷六《堂判天門縣任内・訊陳一棫一案》 此案經牛前縣訊明，因同胞兄妹，復結兒女姻親，爲陳一棫失明，李陳氏留女不嫁，遂斷令李陳氏代買一妾，俟和好後，再行送女等語。現在陳姓既不願意，自不能不另行訊斷。據李西庚供，從前曾勸李陳氏將女嫁於陳一棫，以陳姓款將衣服做齊，李陳氏又有反覆，是以中止。經本縣酌斷，陳一棫速將衣物做齊，按一百串之譜，並席接李姓合族，及媒證等先生見面，飭令陳一棫向李陳氏及李西庚服禮後，再另行擇期迎娶。復查陳心達有子三人，田地約三十餘畝，每年可見錢數百串，將來弟兄不分，即歸其兄等代爲照顧。如果分家，陳一棫無人照管，爾李姓既屬至戚，亦可幫同經理，萬不令女衣食無資。仰即先行具結完案，以敦戚誼。此論。

（清）熊賓《三邑治略》卷六《堂判天門縣任内・訊帥開鼎一案》 訊明帥開鼎之妻張氏，先因年歲荒歉，賣於江克全爲妾，得錢六十四串。據帥開鼎供，從前實係逃荒，夫妻落於江克全家，經江克全霸佔，並未得錢。質這江克全供帥開鼎並非本人，實係姚字典冒充。當堂隔别審訊，先據帥開鼎供，十月十六日成親；又將張氏另提審訊，供稱八月初五日成親，且父母生日，均不相符，足見帥開鼎並非本人。但江克全究不應娶有夫之妻作妾，且張氏到堂，訴稱受其妻凌辱，不願在江家過度，似此非斷離不可。然從前江姓所云錢，不能落空，斷令張氏交張立祥領去，原日身價六十四串，飭令減去二十四串，由張立祥付錢四十串，交歇家取保，到期如不付錢，飭傳案押究。此論。

（清）熊賓《三邑治略》卷六《堂判天門縣任内·訊吳爲美一案》 此案昨已斷令吳氏歸郭玉美爲婚，其父吳爲美當堂具結。乃吳錫山下堂唆使，膽敢當堂勒令吳爲美翻悔，情殊可惡。但李氏現已被人挑唆，不願在郭姓家居住，將來勉强做成，恐有後禍。吳氏面貌凶惡，郭玉美不娶，亦屬幸事。既情願退人求價，甚爲明理。此錢即責成張萬清向張理金取出，歸還郭姓。吳氏歸吳爲美領去，倘敢私自嫁賣，准張萬清扭案喊禀，加倍重究。吳錫山始而到郭姓家見面，繼又因索錢不遂，從中挑唆，此等刁徒，若不懲治，不足示儆。責懲交連環的保，如再滋事，即惟保人是問，各具結完案。此論。

（清）熊賓《三邑治略》卷六《堂判天門縣任内·訊李澤美一案》 查訊吳陳氏之子吳循年，買王姓退婚之媳李氏，去過禮錢九拾串，現在吳循年已故，李氏屢次不守婦道，經其姑吳陳指控在先，始嫁賣於盛應啓爲妻，得錢六十串。忽有李澤美呈控，云稱伊妹被吳姓搶賣等語。訊詰從前吳姓在王姓家承買之時，有爾李澤美在場與否，供稱並未在場。此次事後訛詐，殊屬可惡。斷令盛應啓仍將李氏領回，並飭其姑吳陳氏繳出錢貳拾串，付於李氏以作零用之資。李澤美本應責懲，姑念俯首認咎，從寬免究，各具切結附卷。此論。

（清）熊賓《三邑治略》卷六《堂判天門縣任内·訊雷尊德一案》 查訊陳大明之女，從前許於雷尊德之子爲婚。據雷尊德供，現在此女周轉賣（于）〔與〕倪家志爲妾。質之陳大明，供此女實係因遭水災，逃在沔陽病故。訊詰陳云珍姑，供稱從小賣於石俊秀家爲婢，家中並無父母兄弟，陳大明並非女之生父。細查陳大明與此女，毫無父子情誼，彼此全不認識。又喚識員石俊秀到堂，飭令憑心説一直話，伊堅稱此女實係買作婢女，後憑蕭士保等嫁（于）〔與〕倪家志爲妾。擄該女供稱，情願跟倪姓過度，應勿庸議。況雷亮二年僅十二、三歲之譜，並未成人，亦與此女年歲不合，更不能無憑强争。姑念雷尊德家境爲難，斷令倪家志出錢二十串，陳大明幫錢十串，共凑三十串，作爲雷亮二另娶之費，各具結完案。此論。

（清）熊賓《三邑治略》卷六《堂判天門縣任内·訊聶饒氏一案》 訊明聶饒氏之媳聶熊氏，其子已故。據聶饒氏供，伊媳無人養膳，遂嫁於前婿吳立鈞等語。但爾女從前嫁吳立鈞，爾媳又何能招伊爲夫，實屬荒謬糊塗。至聶保兒無論亂倫與否，究屬不知遠嫌。譚家邦上堂，强代聶饒氏瀆辯，顯係受賄，一併申飭。斷令聶熊氏仍歸聶饒氏領回守節。至吳立鈞與聶保兒覬覦此婦，情均可惡，一併交差廳，候有的實連環保人，當堂取保，以後永不與聶熊氏往來，出具切結，再行開釋。此論。

（清）熊賓《三邑治略》卷六《堂判天門縣任内·訊梅學坤一案》 查訊梅學坤之上輩到蕭姓家招贅，改爲姓蕭，已有數代。現在蕭十廉及其妻王氏物故乏嗣，遺有房屋二間，田地三畝，係屬絶産。乃梅學坤口稱其子靈狗過繼王氏，質之蕭德俊，供並未承繼，且身等弟兄屬近分叔姪，理應承祀等語。但梅姓前輩業已上蕭姓之門，此次自不能復行過繼。惟梅學坤係梅姓後裔，與蕭姓均屬一本，現在光境爲難，即在王氏紙産内提出錢拾串，義給該民，以作遺念，永無纏擾，各具結完案。此論。

（清）熊賓《三邑治略》卷六《堂判天門縣任内·訊陳耀臣一案》 訊得王巨川之妹，先嫁於江啓忠之子江福珍爲妻，迨後王巨川又復私自勾出，輾轉賣於樊希林，又賣於陳耀臣，屢次得錢，無異俗名放鷹，實屬可惡。現在王巨川逃走，其作媒之族人王楚玉、敖如意等，難保不知情節。王楚玉係王氏之伯，更爲無耻。王氏應歸江啓忠領去，並將該氏戒責以儆。至陳耀臣所云財禮，應向王楚玉及王巨川等追回。王楚玉、敖如意交連環的保，如不付陳姓財禮，即仰保人將王楚玉等交出押究，各具結完案。此論。

（清）熊賓《三邑治略》卷六《堂判天門縣任内·訊翟光玉一案》 翟别氏之子翟順德已故，遺媳劉氏，生有孫兒。現據翟别氏供，已招石和尚上門撫子。質之伊媳，堅供不肯。且未與户族翟光玉及伊娘劉楊氏等言明，僅爾翟别氏主婚，雖係該媳之姑，亦不能出於勉强，應行斷離。以後石和尚不准問翟别氏家事，翟劉氏仍憑翟光玉及保正等領送翟别氏家，當堂與别氏贈禮，回歸守節。倘以後婆媳不能安居，即將田十一畝，分五畝於爾媳，作爲口食，下餘歸别氏善膳。劉楊氏不應將别氏器具毁壞，斷令抱告桂金元賠錢兩串，交别氏兑付，各具結完案。此論。

（清）倪望重《諸暨諭民紀要》卷二《正堂倪二任·樓鉅洪與孫氏秀

玉成婚由》　堂諭：查樓鉅洪與孫氏秀玉成婚多年，且已生子，既非苟合，例無離異之條。況自幼撫養過門，並無定爲養女實據耶，乃孫東康等去年九月間懷疑樓鉅洪將孫氏作妾，憑中姚大佳等向其理論。樓鉅洪以爲兼祧胞叔樓秀中派下，另娶一妻，以圖生子似續，係依紹郡鄉俗而行。孫東康前則爲樓孫氏自幼過門，無多財禮，即經姚大中等勸令樓鉅洪繳出洋銀四十五元，付給孫東康收受。豈知孫東康貪心不足，又使孫際安等出頭理論，理論不聽，遂致互呈。茲據孫際安等供稱，光緒丙子歲，樓鉅洪領養孫氏爲女，即待後來生子配婚，執有婚帖可憑。本縣披閲婚帖，載明覓僕之男爲室，共爲許配作妻可知，何得謂爲養女，又查婚帖内出名之樓秀華，係樓鉅洪之叔祖，行派不符，其爲借帖搪塞又可知，保得謂爲養媳，樓鉅洪所呈孫志校出名婚帖，係許樓鉅洪爲妻事在光緒十有九年，其婚帖雖出於孫東康，而以尊長孫志校出名，實無可議。斷公樓鉅洪以樓孫氏爲妻，照依紹郡鄉例，即爲樓秀中之媳，將來果多得子，並分祧樓秀連爲後。《曲禮》云：禮從宜，使從俗，紹郡鄉例之謂也。並着樓鉅洪繳出洋銀四十元，限期五月十五繳案，以爲補送聘財，候轉給轉樓孫氏之胞兄孫炳揚收領，緣前送洋銀孫炳揚未得分受故耳。至孫東康即葆康屢次多從寬予以戒飭，俾知所懲，各取甘結完案。婚帖候樓鉅洪繳錢給領，借呈僞帖亦由孫際安領還。此諭。

（清）倪望重《諸暨諭民紀要》卷二《正堂倪二任·樓金氏與黄得君互控串詐賴婚由》　堂諭：訊得樓金氏與黄得君互控串詐賴婚一案，緣樓金氏之女夏玉，當九歲時憑黄行相爲媒許配黄得君爲室，幼領過門，並未成婚。迨年十四患貼骨疽，黄得君料必難痊，情願退還母家，當憑原媒交還聘財洋銀十五元，給回婚帖。去年八月間，樓金氏將女改許趙元訓爲妻，成婚有日，黄得君起意圖詐，以致互呈。茲據黄得君供稱，樓金氏之女夏玉於九歲時過門，因被竊取婚帖，經其母樓金氏接回轉嫁，理反蠻抗等語。本縣察核供詞，明係逞刁。原媒黄行相供亦含混，但樓氏雖經黄得君領養過門，業已退還母家，樓金氏呈有收回婚帖，而謂樓氏竊取，其不可信者有三：一則女子並非識字，焉知婚帖爲何物，一則送還母家，明明白白迥異暮夜私奔，況當患毒時號痛不暇，何心取帖而回，其婚帖由黄得君交還可見。一則母家養至七年之久，並未投中理接，而必俟樓金氏將女改許趙元訓爲妻，成婚有日，始行呈控。且不控趙元訓謀娶，獨控劉坤霸匿，其居心尚有問耶，然狡則狡矣，以劉坤爲在官人役，一控必准，准則不問理之是非，必能制勝。獨不思趙楊氏帶子趙元訓投案，一經質訊，水落石出，毫無可遁之形。據趙楊氏供稱，去年四月間媒樓八朝聘得樓金氏之女爲媳，至八月間完婚，現已懷孕，並將婚帖呈核。而其所以控劉坤者，訊據劉坤與樓金氏同供，去年十一月間黄得君來向樓金氏滋閙，劉坤因與趙楊氏素識，出而公言，致被黄得君挾恨誣控，斷令趙氏繳出洋銀十五元，以爲補還聘財，限本月初十日繳案，候轉給黄得君收領。黄得君不思己非，嘵嘵置辨，着與混供之黄行相一併責懲。宗譜、婚帖分别發還，取結完案。此諭。

（清）倪望重《諸暨諭民紀要》卷二《正堂倪二任·陳學彬控周思文賴婚轉嫁由》　堂諭：訊得陳學彬控周思文賴婚轉嫁一案，緣光緒七年間陳學彬憑許名揚往説，領得周敬身之三歲女兒名菊香，現年十六歲，今周敬身已故，其兄周思文將侄女接回許嫁鍾大周爲媳。陳學彬向其理論不依，即以養媳改許呈控。茲閲陳陳學彬呈送婚帖於抱作養三字下扯破不全，詰據供稱，周思文之侄周維鴻將妹改嫁，遂持婚帖親往其家向理，致被逞蠻扯破，仍將原帖奪回。不知陳學彬孑然一身，周思文族内人衆，既扯何能復奪，即奪而帖破，亦何至恰在養字以下一字不留，其爲裝點揑誣可見。且抱女在於光緒七年，而繼陳桂昌爲子遲至十有九年，豈有先養媳而後繼子相隔十餘年之理，其爲養女又可見。況周思文爲周敬身之兄，當日侄女交陳學彬領爲養女與否，焉有寂然無聞，知而必待看帖而後扯帖耶。種種情節，一經駁詰，而詞乃窮。惟陳學彬領養周思文之侄女，給其衣食已十餘年，加以領養時致送周敬身洋銀四元，且有果品，着周思文等所得聘禮洋銀二十元繳給陳學彬收領，以還抱養衣食之資。其侄女既許鍾大周爲媳，應毋庸議。至於星期禮物，即歸周思文之侄周維鴻領備粧奩。許名揚扶同陳學彬誣證，予以掌責示懲，各取甘給完案。兩所呈養帖存查。此諭。

（清）倪望重《諸暨諭民紀要》卷二《正堂倪二任·陳方倫與駱鍾氏互控改許毀據等情由》　堂諭：訊得陳方倫與駱鍾氏互控改許毀據等情一案，緣陳方倫於光緒四年間移往暨邑，抱養駱鍾氏之女小娥爲女，由其夫駱思欽出給庚帖，任陳方倫爲之擇婿。其後陳方倫生子春狗配爲媳，駱鍾氏接女歸來，謂年紀大小懸殊，留之不去，以致呈控。兹集庭訊，查閲陳方倫所呈庚帖，實係駱鍾氏之故夫駱思欽出名，且小娥生未七日，即交陳方倫之妻陳氏領養，迄今年已二十，所費衣食勿論，而心力亦已交勞。駱鍾氏以其子幼，不當配合則可，或因陳方倫領養長大，而欲籍以許嫁得財則不可。質之駱鍾氏之家族駱志槎等，僉以領養原屬實在，後來駱鍾氏所控陳方倫毀搶，亦出子虚。即斷陳德信即德生等當堂將小娥領回，督同陳方倫另爲擇配，不得配年方十歲之陳春狗，亦不得轉賣爲妾，仍候備文移知浦邑存查。駱鍾氏家甚貧苦，因令陳方倫繳出洋銀廿四元覓保限繳，候給駱鍾氏收領，以作飯資。陳方倫所呈庚帖着領還，各取甘結完案。此諭。

《清代名吏判牘七種彙編》卷上《清官第一于成龍·争寡婦》 審得本案屈蔣氏、程桂生、魏雲觀、喬茂英互控一事，研鞫再三，案情業已大白。蓋各有各人之邪心，各有各人之隱衷，故出此丑布一邑之丑案也。夫死改醮，本所不禁。乃屈蔣氏夫死未三月，一姘木匠，再姘鐵匠，三姘生員，惡少紛來，悉抱不拒主議，一一樂爲周旋，且一一私訂終身。今倅夫死三月耳，使再隔三年者，則全村男子，或將均爲汝淫婦之夫矣。天下之無耻，殆莫是過。且又敢於本縣堂上，口出穢言，肆無忌憚，是尤可見其平日之潑悍。昔春秋時，有著名淫婦夏姬者，殺子南，夭御叔，喪陳國，弑靈侯，真世之不祥人。今之屈蔣氏殆亦夏姬之流亞。應鞭背二百，枷號一月，期滿發交官媒價賣，程桂生、魏雲觀，行止不檢，姦淫孀婦，各笞一千以儆。生員喬茂英，以黌門之身，讀書之士，即不思蟾宫折桂，光耀祖宗；又不能謹守繩墨，毋忝名教，乃姦婬孀婦之不已。又揑詞蒙稟，妄思簒政，恃秀才爲護符，以官廳供驅策。應即詳革，拘押候辦。本縣可爲木匠、鐵匠寬，不能爲自命讀書人寬也。此判。

財產法總部

財產分類部

田宅分部

論說

《逸周書·程典解》 政失患作，作而無備，死亡不誡，誡在往事，備必慎，備思地，思地慎制，思制慎人，思人慎德，德開，開乃無患，慎德必躬恕，恕以明德，德當天而慎下。下爲上貸，力競以讓，讓德乃行。慎下必翼上，上中立而下比，争省，和而順。攜乃争。和乃比。比事無政，無政無選，無選民乃頑，頑乃害上。故選官以明訓，頑民乃順，慎守其教，小大有度，以備災寇。習其武誡，依其山川，通其舟車，利其守務。士大夫不雜于工商，士之子不知義，不可以長幼。工不族居，不足以給官，族不鄉别，不可以入惠。爲上不明，爲下不順無醜。輕其行，多其愚不知，慎地必爲之圖，以舉其物，物其善惡。度其高下，利其陂溝，愛其農時，修其等列，務其土實。差其施賦，設得其宜，宜協其務，務應其趣。慎用必愛，工攻其材，商通其材，百物鳥獸魚鱉，無不順時。生穡省用，不濫其度，津不行火，藪林不伐，牛羊不盡齒不屠。

（唐）白居易《白居易集》卷五八《奏狀·論魏徵舊宅狀·李師道奏請出私財，收贖魏徵舊宅事宜》 右，今日守謙宣，令撰與師道詔：所請收贖魏徵宅，還與其子〔孫〕，甚合朕心，允依來奏者。臣伏以魏徵是太宗朝宰相，盡忠輔佐，以致太平，在於子孫，合加優卹。今緣子孫窮賤，舊宅典賣與人，師道請出私財收贖，却還其後嗣。事關激勸，合出朝廷，師道何人？輒掠此美。依宜便許，臣知非宜。况魏徵宅内舊堂，本是宮中小殿，太宗特賜，以表殊恩，既又與諸家不同，尤不宜使師道與贖。計其典賣，其價非多，伏望明敕有司，特以官錢收贖，便還後嗣，以勸忠臣，則事出皇恩，美歸聖德。臣苟有所見，不敢不陳，其與師道詔，未敢依宜便撰。伏待聖旨，謹具奏聞，謹奏。

（宋）袁采《袁氏世範》卷三《治家·違法田產不可置》 凡田產有交關違條者，雖其價廉，不可與之交易。他時事發到官，則所費或十倍。然富人多要買此產，自謂將來拚錢與人打官方，此其癖不可救，然自遺患與患及子孫者甚多。

（宋）朱熹《朱子全書·家禮》卷一《通禮·祠堂》 君子將營宮室，先立祠堂於正寢之東。祠堂之制，三間，外爲中門，中門外爲兩階，皆三級，東曰阼階，西曰西階。階下隨地廣狹以屋覆之，令可容家衆叙立。又爲遺書、衣物、祭器庫及神厨於其東。繚以周垣，别爲外門，常加扃閉。若家貧地狹，則止爲一間，不立厨庫，而東西壁下置立兩櫃，西藏遺書、衣物，東藏祭器亦可。正寢謂前堂也。地狹，則於廳事之東亦可。

（宋）朱熹《朱子全書·家禮》卷一《通禮·置祭田》 初立祠堂，則計見田。每龕取其二十之一以爲祭田，親盡則以爲墓田，後凡正位祔者，皆放此。宗子主之，以給祭用。上世初未置田，則合墓下子孫之田，計數而割之，皆立約聞官，不得典賣。

（宋）黄榦《勉齋先生黄文肅公文集·崇真觀女道士論掘墳》 儒者之道，自君臣、父子、穀粟桑麻、養生喪死之外無他説。異端虚無之教，古無所有，不惟不之信，又且斥而絶之。張官置吏，又不過行儒者之道，使斯民相生相養，和平輯睦，則斂福錫民，莫過於此。豈有崇信老佛，賊害生民，而可以求福田利益之理，崇真觀稱某夫人修煉之所，今女道士居之，虚無誕謾，不足考信，假令有之，亦儒者之所當斥絶。世有豪傑之士，必廬其居，火其書，偶其徒，使不得以亂吾教。豈有拆人屋廬，掘人墳墓，使老幼存没咨嗟怨恨，政足以上干天地之和，又豈能求福應哉，自女道士王道存賫出本觀文書，以與熊氏十數家争訟地界，以爲十數家所居之屋，所葬之墓，皆觀中之地，是以十數家者亦賫出十數年文書，各有經界打量，蓋莫辯其爲誰氏之産。官司自不應受理。本縣何主簿親至地頭看定，得見合給還人户分明。王道存復經轉運司論訴，一時定奪官員不憑人户文書，乃欲給還觀中。運使趙龍圖雖從其説，亦不過拆一家之屋，餘令認還賃錢，即未嘗許其掘人墳墓也。王道存乃一陰毒狠鷙之老婦人，恃其瀾翻之口舌，奔走於貴要之門，必欲發掘余登、譚太兩家數十年已葬之墳墓。本職亦嘗親至其地，見其觀中所謂三劍塚者，巍然居中，有江、鄧兩家之墳，饒、聶兩家之山，與塚爲鄰，而余登、譚太之墳，乃在江、鄧、饒、聶墳之外。去塚最遠，今乃捨其近而攻其遠，此其出於王道存之私忿，無可疑者。遂備申轉運使司，乞免掘兩家墳墓，亦古人掩骼埋胔之意。運使趙龍圖遂判居民元占本觀基地造屋居止，只合量還本觀賃地錢，如占葬日久，並不得勒令舉掘。上司所判如此，則亦深悔前日拆屋之非，而猶以今來掘墓爲戒也。況其地又未必真爲觀中之地，本觀自合聽從上司所斷，今乃輒敢走經省部，埋頭陳詞，更不言已經監司結絶，顯是頑猾。江西之俗，固號健訟，然亦未聞有老黠婦人如此之健訟者。欲乞備申省部，照轉運使司已判事理施行，仍行下本州島，追出頑猾健訟王道存，別擇有戒行道士掌管常住，庶幾閭里安静，所謂崇尚教道，邀求福利，亦莫過於此者。申使州，取指揮。

《宋史》卷一七三《食貨志·農田》　〔淳祐〕六年，殿中待御史兼侍講謝方叔言，豪强兼并之患，至今日而極，非限民名田不可。是亦救世道之微權也。國朝駐蹕錢塘，百有二十餘年矣，外之境土日荒，内之生齒日繁，權勢之家日盛，兼并之習日滋，百姓日貧，經制日壞，上下煎迫，若有不可爲之勢。所謂富貴操柄者，若非人主之所得專，識者懼焉。夫百萬生靈生養之具，皆本於穀粟，而穀粟之産，皆出於田。今百姓膏腴皆歸貴勢之家，租米有及百萬石者，小民百畝之田，頻年差充保役，官吏誅求百端，不得已，則獻其産於巨室，以規免役。小民田日減而保役不休，大官田日增而保役不及。以此弱之肉，彊之食，兼并浸盛，民無以遂其生。於斯時也，可不嚴立經制以爲之防乎？

（元）蘇天爵《元文類》卷四〇《雜著·經世大典序録·屯田》　國家平中原，下江南，遇堅城大敵，曠日不能下，則因兵屯田，耕且戰，爲居久計。當時無文籍以志，制度不詳不可考。既一海内，舉行不廢。内則樞密院各衛，皆隨營地立屯，軍食悉仰足焉。外則行省州郡，亦以便利置屯，甘肅瓜、沙，河南之勺陂、洪澤，皆因古制以盡地利。雲南八番，海南、海北，本非立屯之地，欲因之置軍旅於蠻夷腹心，以控扼之也。其和林、陝西、四川等，或以地所宜，或爲邊計。慮至周密，法甚美矣。其置立之由，增損之制，收穫之數，賞罰之規，悉具左方。

（明）胡廣《性理大全》卷一九《家禮·置祭田》　初立祠堂則計見田，每龕取其二十之一，以爲祭田，親盡則以爲墓田。後凡正位祔位皆放此。宗子主之以給祭用。上世初未置田則合墓下子孫之田計數而割之。皆立約聞官。不得典賣。

（明）李東陽《懷麓堂集》卷七〇《奉謙齋徐先生書》　趙中書回知尊候廸吉足慰下懷東陽，七月初，痔疾復作，病卧甚苦豢恩賜醫，至八月半始出，因念薄質早衰，恐難任重，辈憂積慮，不能自解。顧生地素拙，無以爲退藏。計南都志既弗遂，湖南舊業又落不可歸。惟貴郡乃先祖母誕育之地，先祖亦游寓其間，風土腴厚文獻華美，爲天下最，而貴縣山水尤稱奇絶，乃蘇長公之所深慕。往年嘗爲執事言之，輒蒙引接。今已決策於此，又念賤父二人形影相附，別無子弟可將事者，兹託武進表兄殷通判鎰。及弟康於貴縣境上少買田數畝，以立業，本繫情志，徐爲後圖，必得執事指麾張主於上，勢乃可成。愚不敢厚望，但得有山有水，有佃户，歲可常稔之處足矣。如猝不可得，或於武進境買得亦佳，蓋卜居【略】執事倘許其進，望示一言，即謀將少物寄殷處，以聽尊裁，基址苟定，或得早謝，操杖几以從旦夕之好，實平生一大幸也。秋漸深，惟爲道自重不備。

（明）崔銑《洹詞》卷八《休集·均田》　田之不均，生自二豪。貴宦多賂，富室多財。顓肥饒之區，擅山澤之利。富民又以餘田竄仕籍，業貧民。仕者優力役，貧者代輸租，諺謂，富人家穀，貧者官粟者也。富則曳絲席綺，侈以相競。貧者衣食，下同犬彘牛馬，痛哉！近者有司立法，均田畫丘，計畝三品徵税。惜其付之吏胥，高下任其心。衆口稍喧，尤爲二豪扇摇。欲壞而罷之，曠代而舉事，偶噎而輟餐，惜乎！夫田均則事均，事均則業均，無甚富甚貧之家，則俗自淳。古使民不過三日，今厨傳之供，騶從之煩，百倍於往。州郡一下吏出，乘輿列騎，擁於衢術。驃制度夷等威，視而泛常。宜倣古限田，先禁兼并，召集每丘田主，共辯肥瘠。高田宜潦，下田宜旱，互乘除之，然乃定等分租。凡臣非將命，毋得乘傳，洪武制官人從有定數，各嚴立罰，以懲不遵。夫水旱之虐，聖王遭之。秦廢溝洫，杜撰阡陌，漢以來良吏鑿渠致富，吾相自磁至湯，纔越百

綜述

（宋）王溥《唐會要》卷五〇《雜記》　先天二年五月十四日，勅王公以下，不得輒奏請將莊宅置寺觀。

（宋）王溥《唐會要》卷八五《籍賬》　寶應二年九月勅：客户若住經一年已上，自貼買得田地，有農桑者，無問于莊蔭家住，及自造屋舍，勒一切編附爲百姓差科，比居人例，量減一半，庶填逃散者。

《宋刑統》卷一二《户婚律·賣口分及永業田》　諸賣口分田者，一畝笞十，二十畝加一等，罪止杖一百，地還本主，財没不追。即應合賣者，不用此律。

疏議曰：口分田謂計口受之，非永業及居住園宅，輒賣者，《禮》云田里不鬻。謂受之於公，不得私自鬻賣，違者一畝笞十，二十畝加一等，罪止杖一百，賣閏頃八十一畝，即爲罪止。地還本主，財没不追。即應合賣者，謂永業田家貧賣供葬，及口分田賣充宅及碾磑、邸店之類，狹鄉樂遷就寬者，准令並許賣之。其賜田欲賣者，亦不在禁限。其五品以上若勳官，永業地亦並聽賣，故云不用此律。

《宋刑統》卷一三《户婚律·典賣指當論競物業》　準：《雜令》，諸家長在，在謂三百里内非隔閡者。而子孫弟姪等不得輒以奴婢、六畜、田宅及餘財物私自質舉，及賣田宅。無質而舉者亦准此。其有質舉賣者，皆得本司文牒，然後聽之。若不相本問，違而輒與及買者，物即還主，錢没不追。

臣等參詳，應典賣物業或指名質舉，須是家主尊長對錢主，或錢主親信人，當面署押契帖。或婦女難於面對者，須隔簾幕親聞商量，方成交易。如家主尊長在外，不計遠近，並須依此。若隔在化外，及阻隔兵戈，即須州縣相度事理，給予憑由，方許商量交易。如是卑幼骨肉蒙昧尊長，專擅典賣、質舉、倚當，或僞署尊長姓名，其卑幼及牙保引致人等，並當重斷，錢、業各還兩主。其錢已經卑幼破用，無可徵償者，不在更於家主尊長處徵理之限。應田宅、物業雖骨肉不合有分，輒將典賣者，准盗論，

里，有大川四溢漳洹湯。秋潦之溢，壞禾萬畝，榻側竈陘，悉變沮洳。古所開十二渠，俱湮，推之他方可知已。前元勸農法，良史臣稱曰：王道去今不遠，可稽而舉。夫斂薄則用足，力餘則農修。水泉之溉，督勸之警，又出山澤，使貧者得業如此。十年，家可使給，是故禮教興而頌聲作矣。

（明）崔銑《洹詞》卷一二《三仕集·近田記》　桃林之南有良田焉，太宰松皋公之别業也，潴水爲池，種竹成林，境幽而勝，畝闢而畇。松翁曰，斯田也，負郭而並邑，猶吾階序也。督耕而視獲，猶吾汛掃也。夫田遠地者荒，汲遠水者渴，乃咏而繹之，示其子叅軍與。參軍雅秀好文，因自名曰近田，若弦若韋，無忘庭訓云。予聞而嘉之，間謂叅軍曰，子知夫近之爲道乎，孰爲近？曰身，身孰近曰心。昔者子之大父襄毅公也，威宣西徼，直冠中朝。鄉之耆艾問曰，公之爲士，老實已爾，何仕而功之赫奕也？公答曰，吾亦惟老實爲之。今太宰學不修藻，探頤獨妙，官不崇譽，履真循義，其説近也。曰中而勿險，子如充二父之言，則可蹈二父之德矣。夫人稟健順而生，故實受冲和而育故中，萬理咸具，不亦實乎？一物罔滯，不亦中乎？二者統於心，是故施之於日用，發之以好惡。詩曰伐柯伐柯，其則不遠。其諸近之道歟。

（清）黄六鴻《福惠全書》卷八《錢穀部·雜課部》　軍之有田，自漢之屯戍始，嗣是唐之府兵、宋之營田、明之衛所，皆以卒伍墾種自給，雖納有籽粒草束，起科甚輕。本朝因明之舊，近始裁省衛所，並歸州縣，而糧亦照舊則徵收，頗爲稱便。順治間以各省荒蕪甚多，遂建興屯之議，設興屯道主之，募民耕種，給之屯本，或三分取一，或均半分粒，是又變軍屯爲民屯矣。未幾旋罷，能軍屯以實邊儲，民屯以收地利，皆富國强兵之要道也。夫欲行之有利無害，亦必法而兼善哉。

（清）董誥《全唐文》卷八二八《羅袞·田説》　一夫田，甲氏乙氏判而農之。乙氏糞其田國，田善收。甲氏以爲不善。守天地之和，風雨之挈。而不善收。噫。造化之功，不如糞土乎。

從律處分。

准：建隆三年十二月五日敕節文，今後應典及倚當莊宅、物業與人，限外雖經年深，元契見在，契頭雖已亡没，其有親的子孫及有分骨肉，證驗顯然者，不限年歲，並許收贖。如是典當限外，經三十年後，並無文契，及雖執文契，難辯真虚者，不在論理收贖之限，見佃主一任典賣。

臣等參詳，自唐元和六年後來條理，典賣物業，敕文不一，今酌詳舊條，逐件書一如後：

一、應田土、屋舍有連接交加者，當時不曾論理，伺候家長及見證亡歿，子孫幼弱之際，便將難明契書擾亂别縣，空煩刑獄，證驗終難者，請准唐長慶二年八月十五日敕，經二十年以上不論，即不在論理之限。有故留滯在外者，即與出除在外之年。違者並請以不應得爲從重科罪。

一、應典賣、倚當物業，先問房親，房親不要，次問四鄰，四鄰不要，他人並得交易。房親着價不盡，亦任就得價高處交易。如業主、牙人等欺罔鄰親，契帖内虚擡價錢，及鄰親妄有遮悋者，並據所欺錢數，與情狀輕重，酌量科斷。

一、應有將物業重叠倚當者，本主、牙人、鄰人并契上署名人，各計所欺入己錢數，並准盗論，不分受錢者，減三等，仍徵錢還被欺之人。如業主填納罄盡不足者，勒同署契牙保、鄰人等，同共陪填，其物業歸初倚當之主。

（宋）王溥《五代會要》卷一五《户部》 應順元年正月，勅諸州籍没田宅，並屬户部，除賜功臣外，禁請封。【略】

周廣順三年九月勅：京兆府耀州莊宅，三白渠使所管莊宅，宜並屬州縣。其本務職員節級，一切停廢。除見管水磑及州縣鎮郭下店宅外，應有係官桑土、屋宇、園林、車牛動用，並賜見佃人充永業。如已有莊田，自來被本務或形勢影占，令出課利者，並勒見佃人爲主，依例納租。

《天一閣藏明鈔本天聖令》卷二一《田令》 諸田不得貼賃及質，違者財没不追，地還本主。若從還役外任，無人守業者，聽貼任（賃）及質。其官人永業田及賜田欲賣及貼賃、質者，不在禁限。【略】

諸公私田荒廢三年以上，有能借佃者，經官司申牒借之，雖隔越亦聽。易田於易限之内，不在備（倍）限。私田三年還主，公田九年還官，其私田雖廢三年，主欲自佃，先儘其主。限滿之日，所借人口分未足者，官田即聽充口分，若當縣受田悉足者，年限雖滿，亦不在追還。總得永業者，聽充永業。私田不合。令其借而不耕，經二年，任有力者借之。則即不自加功轉分與人者，其地即回借見佃之人。若佃人雖經熟訖，三年之外不能耕種，依式追收，改給。【略】

諸丁男給永業田二十畝，口分田八十畝，其中男年十八以上，亦依丁男給。老男、篤疾、廢疾各給口分田四十畝，寡妻妾各給口分田三十畝。先有永業者兼（通）充口分之數。

諸黄、小、中男女及老男、篤疾、廢疾、寡妻妾當户者，各給永業田貳十畝、口分田三十畝。諸給田，寬鄉並依前條，若狹鄉新受者，減寬鄉口分之半。

諸給口分田者，易田則倍給寬鄉二（三）易以上者仍依卿（鄉）法易給。

諸永業田，親王一百頃，職事官正一品六十頃，群（郡）王及職事官從一品各五十頃，國公若職事官正二品各四十頃，郡公若職事官從二品各三十五頃，縣公若職事官正三品各二十五頃，職事官從三品二十五頃，〔侯〕若職事官正四品各十四頃，伯若職事官從四品各十一頃，子若職事官，（正五品各八頃，男若職事官，）從五品各五頃，六品、七品各二頃五十畝，八品、九品各二頃，上柱國三十頃，柱國二十五頃，上護軍二十頃，護軍十五頃，上輕車都尉一十頃，輕車都尉七頃，上騎都尉六頃，騎都尉四頃，驍騎尉、飛騎尉各八十畝，雲騎尉、武騎尉各六十畝，其散官五品以上同職事給。兼有官爵及勳俱應給者，唯從多，不並給。若當家口分之外，先有地非狹鄉者，並即回受，有剩追收，不足者更給。

諸永業田，皆傳子孫，不在收授之限。即子孫犯徐（除）名者，所承之地亦不追。

諸五品以上永業田，皆不得於狹鄉受，任於寬鄉隔越射無主荒地充。即買蔭賜田充者，雖狹鄉示（亦）聽。其六品以下永業田，即聽本卿取還公田充。願於寬鄉取者亦聽。

諸因官爵應得永業，未請及請未足而身亡者，子孫不合追請。

諸襲爵者，唯得承父祖業（業）永業，不合别請，若父祖未請及請未足而身亡者，減始受封者之半給。【略】

諸流內九品以上口分田，雖老不在追收之限，聽終其身，其非品官年六十以上，仍爲官事驅使者，口分亦不追減，停私之後，依例追收。賤口五口給一畝，每五口加一畝，並不入永業、口分之限。其京城及州縣郭下園宅地，不在此例。

（宋）宋敏求《唐大詔令集》卷一一一《政事·廢華州屯田制》

敕：間者戎旅未息，徵求煩重，四郊之賦，乃至五税其一。居人蕩折，邦稟空虛。遂命宰臣，大修農政。天下郡國，散置諸屯，轉漕入關，以資均濟。兼詔中尉，左右內史，表屬州縣閒田，分署農官，俾其耕鑿。南至於華，瀕渭而東，林麓洲渚之間，榛莽窫邪之外，非吾人所占者，悉舉籍勸分。載芟載柞，稼多豐碩，畝獲數仲，歲既少殷，軍儲差贍。郡縣之税，於是十而減七，數從其舊，殆復厥常。今宿麥頗登，秋苗益茂，私田加辟，公用漸充。華州人户，土地非廣，其屯田並宜給與貧下百姓。自預關中乏牛力。千里封圻，半是丘荒。置田以來，皆變良沃。惠散其利。以及困窮，藏之於人，孰與不足，宣示郡邑，宜悉朕懷。

（宋）佚名《宋大詔令集》卷一八五《政事·蠲復·招誘流民復業給復詔淳化四年三月辛亥》 先是招誘流民，俾之復業，五年後始令輸租調如平民。淮南兩浙等處，五年外只令輸十分之七，所以勞來安集，欲躋之於仁壽之域。而祁寒暑雨，不免於怨咨，秋獲春耕，便謀轉徙。國計虧損，何莫由之。人之無良，一至於此。宜申約束，以革頑嚚。應諸州逃民，限半年悉令復業，特與給復一年，限滿不復，即許人請射佃作。除墳塋外，便爲永業。自令逃亡者，亦以半年歸業爲限，先給復五年者並如舊。

《通制條格》卷一六《田令·墳塋樹木》 皇慶二年三月十八日，中書省。欽奉聖旨：百姓每的子孫每，將祖上的墳塋並樹木賣與人的也有，更掘了骨殖，將墳塋買與人的也有。今後賣的、買的並牙人每根底要罪過，行文書禁斷者。麽道，欽此。

《元典章》卷五九《工部·造作·公廨·禁賣係官房舍》 大德七年，江浙行省劄付：

近爲各道路州縣所管一應係官房舍基地等項，埋没年深，以爲已業，逐項情弊多端。爲經，行下各處，今後一應係官房舍基地，變賣以〔毋得以〕前私相典賣，以及〔親〕〔租〕就買。并咨中書省照驗。去後，今準咨該，送户部照擬得，各處行省所轄去處，腹裏路分，係官房舍數多。江浙行省所言，於官便益。以此參詳，合准行省所擬，遍行各處，依上禁治相應。都省除外，咨請〔體〕〔依〕上施行。

《元典章》卷五九《工部·造作·公廨·禁治占住民居》 至元二十三年，御史臺咨：

據袁州路德管張國紀呈，會驗欽奉聖旨節該：江南管軍官、管民官員不許占住新附民户房舍田土等事。欽奉如此。今來國紀照得，江南自歸以來，所在路府縣有係官房舍，往往禮任官員因爲官房無主眷守，却於民房處借什物。以此故倚氣力，一面遽將户口梯己房舍田園地土占住，不惟有妨買賣，又且老小出入不便，甚至屋主什物恃强奪要，不敢争取。但是官員占住以後，接踵相承，視爲傳舍，上下蒙弊，多不理問，委是有違元降聖旨事意。呈乞行下合屬，今後遇有禮任官員到來，止於係官房舍安治，無得似前占住百姓人等房舍事。得此。咨請遍行合屬，體察施行。

（元）陳元靚《事林廣記·壬集》卷一《至元雜令·官民墳地》 一品，四面各三百步。二品，二百五十步，三品，二百步。四品五品，一百五十步，六品下，一百步。庶人及寺觀各三十步。若地内安坑墳塋，並免税賦。

（元）鄭文融《鄭氏規範》 一、諸處塋冢，歲節及寒食、十月朔，子孫須親展省。婦人不與。近塋竹樹不許剪拜，各處菴宇更當葺治。至於作冢制度，已有《家禮》可法，不必過奢。

一、墳塋年遠，其有平塌淺露者，宗子當擇潔土益之，更立石深刻名，勿致湮滅難考。

《大明令·户令·過割税糧》 凡典賣田土、過割税糧，各州、縣置簿附寫，正官提調收掌，隨即推收，年終通行造册解府，毋令産去税存，與民爲害。

《大明令·刑令·墳塋不籍没》 凡籍没犯人家産、田地，内有祖先塋墳者，不在抄劄之限。

（明）何廣《律解辯疑》大明律卷五《户律·田宅·任所置買田宅》

議曰：解任，謂如任所官吏，置買田宅，恐侵民力，罪止笞五十。解去現任，遷移別府州縣，不係降等之例。

《大明律直解所載明律》卷五《户律·田宅·功臣田土》　凡功臣之家，除撥賜公田外，但有田土，從管莊人數報官，入籍納糧當差。違者，一畝至三畝，杖六十，每三畝加一等，罪止杖一百，徒三年，罪坐管莊之人。其田入官。所隱税糧，依數徵納。若里長及有司官吏踏勘不實，及知而不舉者，與同罪。不知者不坐。

《大明律直解所載明律》卷五《户律·田宅·任所置買田宅》　凡有司官吏，不得於見任處所置買田宅。違者，笞五十，解任，田宅入官。

（明）曹端《曹月川集·家規輯畧》　撥常稔田五十畝，別蓄其租，專充祭祀之費，其田券印：某郡某氏祭田六字，字號步畝亦當勒石祠堂之左，俾子孫永遠保守，有言質鬻者，以不孝論。

（明）張楷《律條疏議》卷五《功臣田土》　凡功臣之家，除撥賜公田外，但有田土，從管莊人盡數報官，入籍，納糧當差。違者一畝至三畝杖六十，每三畝加一等，罪止杖一百，徒三年，罪坐管莊之人。其田入官。所隱税糧，依數徵納。若里長及有司、官吏踏勘不實，及知而不舉者，與同罪。不知者不坐。

疏議曰：凡功臣之家，除朝廷撥賜公田之外，但有私已自置田土，從其管莊之人，盡數報入册内，令管莊人輸納糧米，應當差役。若違法不報者，一畝至三畝權六十，每三畝加一等，罪止杖一百，徒三年。其罪坐管莊之人不報之田入官，所隱不納之税糧，依數徵納。假如隱田二十畝，歲該納米一石，隱下五年，該納五石，皆徵入官。若里長及有司、官吏踏勘之時，不以實報，致有隱漏，及知隱漏而不舉覺者，與管莊人同罪。不知其隱漏之情而失於撿勘者，不坐。謹詳律意，朝廷優待功臣，已有常賜之禄，自置田土，是私産也。既係私産，即有糧差，若不從實報官，罪坐管莊之單，税糧徵納，田十一入官。刑不及於功臣，亦優其勞而已。里長取勘，官吏承行，不實與不舉者，同刑不知而不舉者免罪，亦因其情而爲之制也。

（明）張楷《律條疏議》卷五《功臣田土》　凡功臣之家，除撥賜公田外，但有田土從管，莊人盡數報官入籍，納糧當差。違者，一畝至三畝杖六十，每三畝加一等罪，止杖一百，徒三年，罪坐管莊之人。其田入官，所隱税糧依數徵納。若里長及有司官吏踏勘不實，及知而不舉者，與同罪，不知者不坐。瑣言曰，專言功臣，恐其倚恃勢力，廣置田宅，不行報官納糧。當差致累小民賠納，故坐。管莊杖一百徒三年之罪，與小民欺隱田糧罪止杖一百不同矣。里長有司官吏踏勘不實，及知而不舉者，是未免於阿附之私矣，故與同罪。

（明）雷夢麟《讀律瑣言》卷五《任所置買田宅》　凡有司官吏，不得於見任處所置買田宅。違者，笞五十，解任，田宅入官。

《皇明條法事類纂》卷一三《户部類·查勘屯田並禁約勢豪占種例》

成化元年三月二十三日，太子少保、户部尚書馬等題，爲陳言事。該巡撫湖廣都察院左僉都御史王儉奏一件：清理屯田。自古有國家者，未嘗不以屯田爲要務也。蓋屯田之制，歷代相承，以資國用。然必有〔例〕〔利〕無弊，斯可以行。否則徒擁虚名，耐我實效，欲其富國足兵也，烏可得乎，我朝稽古定制，立爲屯田之計，腹裏衛所，二分操守，八分下屯。邊境衛所，三分操守，七分下屯。辦納子粒上倉，省轉輸之勞，無坐食之費，深得古人且耕且守之意。近年以來，各處軍伍，日加消耗，遺下屯田，多被官豪勢要强佔耕種，取利肥已。户〔户〕〔部〕屢經具奏，行令管屯官員照依原額取勘，撥軍領種。緣〔人〕〔各〕部、司、衛所衙門，原行文卷多朽爛不存。間有存者，又〔行〕改洗不一。以致無籍官旗人等，乘機作弊，愈肆奸貪。佔田者，推種無田，佔軍者，〔税〕〔控〕作無軍。由是屯田之制日以〔消費〕〔朘削〕，軍餉之需悉出於民，民不勝勞，率多逃竄。乞敕該部將天下都、司、衛、所原額屯田總數，通行查出，令浙江等布，按二司並南北直隸府、州、縣各委堂上明正官員，親詣各該衛、所，逐一查理明白，除各軍見種屯田外，其官豪勢要佔種者，悉令退出，撥與新解軍人並空閒舍餘領種。如〔種不敷〕〔田有餘〕，分撥所在有力〔鞠〕〔無〕田軍民〔耕種〕，照例起科，造册繳報。敢有官豪報要仍前〔古〕〔佔〕種，及各委官循情聽囑，勘撥不實，並聽巡按御史覈奏拿問。如此，則屯田男不失原額之數，而倉廪亦得以充實〔以〕〔矣〕。具奏。奉聖旨，該衙門知道。欽此。欽遵。查得洪武、永樂年間，邊境衛所，三分守城，七分下屯，腹裏衛所，二分守城，八分下屯。每軍俱〔要〕〔有〕額定屯田，勤於耕種，所以倉有贏粟，不待民糧供給。後因徵進等項，選調官軍操守，及有等官豪勢要因其軍士逃亡，占種利己者多。本部惟恐供給不繼，累經奏準照依永樂、宣德年間事例，通行浙江等布、按二司、南北直隸衛、所及轉行都察院，着落巡按南北直隸監察御史，將概管衛、所屯種官軍子粒，遵依洪武、永樂年間分數撥軍補足，或將餘丁轃數，務要不失原額，依法比較屯種去後。行之年久，已是定例。今左僉都御史王儉奏稱前因，要行通查究問，緣無指實姓名。參照本官所奏此等姦弊，（議）〔誠〕爲有理。若不與其再行申明查勘，痛革宿弊，恐因循日久，屯田廢弛，誤事未便。合無本部行移浙江等布、按二司管屯官員，並行都察院轉行巡按南北直隸監察御史，親詣各該衛、所，追要洪武、永樂年間撥過屯田文册、卷宗，調取各州縣黄册到官，將原額屯田總數逐一備細查勘。旗軍見種屯田不種外，中間有被官豪勢要佔種者，就便丈量明白，盡（類）〔數〕（進）〔追〕出，撥與各該新解軍人並空閒舍餘領種。如田有餘，分撥所在有力無田軍民耕種，照例起料，備造文册繳部查考。及踏出官豪勢要强佔地土，並改洗作弊之人，就便拿問如律。干礙軍民職官，徑自參奏施行。如此，庶使軍田不失原額，而勢豪知所警懼，人免作弊，而糧儲日有所增。具題，奉聖旨，是。欽此。

《皇明條法事類纂》卷一三《户部類·禁約紛争田産例》 成化二年八月初二日，太子少保、户部尚書馬等題，爲陳言事。該本科給事中丘弘（待）〔建〕言事件，開坐具題。奉聖旨，該衙門知道。可行的，具奏施行。欽此。欽遵，抄出送司，案呈到部。今將本官所言事件議擬開坐具題。節該奏奉聖旨，是。欽此。計開：一、〔息紛争〕。臣惟事之至繁，〔莫甚〕於詞訟，詞訟之難辨，（莫）甚於田地，田地有消長，故聽民買賣，以通其變。奈何人之刁訴者多，質直者少。有恃豪勢而强佔人産業者。有因接連而妄争人田地者。有倚財富而重買人已賣田宅者。有買時價賤，以後價貴而稱價不敷者，有將糧米飛派别户，及詭作畸零逃亡，以避差徭者。有恃尊屬欺凌卑幼而霸佔財産者。有已賣已换，見其成業，而妄取者。有已賣已典，（賣）〔買〕囑中見人，攙告虚錢實契者。有將遠年田地牽告混争者。有將他人田地朦朧投獻勢要者。甚至聚衆相毆，圖賴人命，反覆争（變）〔辯〕而攪擾官府，驀越奏告而煩瀆聖聽。若不痛爲禁革，天下效風，將來詞訟不勝其繁矣。如蒙乞敕户部、都察院，通行出榜禁約，但有如前刁撥之徒，嚴加懲治，問擬明白，將涉虚之人，軍發極邊瞭哨，民發口外爲民。其洪武、永樂、宣德、正統、景泰遠年田地，已經過〔割〕管業者，軍民人等不許告争，有司不得聽理。違者，軍民悉照前例治罪，聽理官吏以受贓枉法論。仍行嚴加禁約，今後軍民田地，除典當者許令收贖，其餘明賣買，（賣）〔買〕有（買）〔賣〕人親書畫字契約可驗者，即照契約斷給。不許偏聽虚詞，展轉羅（氏）〔織〕，違者一體治罪。如此，庶幾争端可杜而訟簡矣。前件，查得先該南京英武衛考滿經歷李旭言，各處軍民遠年詞訟繁興，多因土重争。有將先立契賣與人田地房屋等項，虚詞（若）〔告〕官，以（到）〔致〕奸徒得計，刁風（兢）〔競〕起，良善受害，官司中被擾等因。已經會議奏准，通行禁約去後。據順天府並直隸真定、保定等府軍民人等，及官豪勢要之家義男、〔女〕婿、家人互相告争田土，愈加繁多，歲無虚日。本部又經奏准，行移刑部、都察院，轉行在年巡視巡撫、侍郎、都御史並巡按御史等官，類行各該布政司、都司，並南北直隸府、州，各該行所屬州縣，備詞出榜，曉諭軍民人等知會。今後敢有仍前故違，用强侵奪，及將已賣田土不憑官司理斷，恃其兇潑，佔種不還者，許令被害之人，赴所在巡視巡撫、巡按官員處（其）〔具〕告，即與行勘理斷。如有别項重情，方許赴京伸訴。若有告理田土，干礙軍民衙門委官踏勘。其所司已經抄案呈行，不即委官勘問回報，先將首領官吏拿問如律，干礙指揮，奏請施行（法）〔去〕後。今本官又奏前因，合無本部仍行都察院，轉行各處巡撫、巡按官員督令司、府、衛、所、州、縣，再行申明，出榜禁約施行。

《皇明條法事類纂》卷一三《户部類·許令軍民耕賃住起科則例》

處置認辦田糧事。成化十七年正月内，該户部尚書陳等題准，行移南北直隸並浙江等處布政司，今後（住）〔如〕有軍民人等將空閑官地、荒地及山場、水（州）〔地〕情願領種起科者，許令具告本管官司，中違司府，先行查勘。如果無礙，着令照依今定則例，在城第官地，每地闊一丈、長三丈，每歲納糧一石。若附近城郭好地，闊二丈、長五丈者，每歲納米五石。餘皆（放）〔倣〕此。（地）如田野山場水地，俱照舊例起科。其前項納米，各於官倉收貯，以備賑濟。如有隱匿不附册者，事發，各司、府、州、縣官吏，一體參問。其（他）〔地〕入官。再有驀越赴京奏詞者，先將具本之人送問，所奏情詞，立案不行。年終通查類奏，但係户（婿）〔婚〕田地、（婿）〔婚〕姻田糧等項，曾經司、府、州、縣（其）〔具〕告，不與從公理斷，致令小民赴京越訴者，每州縣十起以上，每府十五起以上，每布政司、按察司三十起，連該吏各罰俸三個月，移付巡按監察御史處取招，住俸，若有受財枉法等情，從重歸結。

《皇明條法事類纂》卷一三《户部類·各邊屯田子粒不許買補官馬照舊徵納》 一件，開讀事，成化二十三年十月初十日，節該欽奉詔書，内一款，各邊閑地曾經踏勘丈量（造在而爲也）徵納子粒者，後有改將子粒（爲）〔買〕補官馬花費，户部行令改正，照舊（徵）納。其有釋放軍伍遺下屯糧，負累官旗陪納者，巡撫、巡按查勘除豁。

《皇明條法事類纂》卷一三《户部類·清查屯田及查盤倉糧並豪强佔種屯田軍職調邊方軍發邊衛民發口外》 一件，陳言預修武備以保治道事。弘治元年八月内，監察御史汪律奏。該户部尚書李等題准，通行浙江等布政司並南北直隸巡撫、巡按，督同分守並管屯等官，沒丘履畝，逐一清查，要見某衛某所原撥屯田若干，見在屯軍若干，逃亡事故若干，屯地何人耕種，在田無若干，屯糧何人出辦。或撥〔與〕空閑地土，或灑派田多之家。務（軍）〔使〕各有地土，各有糧〔米〕屯田，不失原額，屯軍不致失所。查勘明白，撥與停當，造册奏繳。若豪强軍人等佔種，亦行追出，徑自參奏。官調邊方，軍發邊衛，民發口外，其空閑田地，民願種納屯田者，一依造册，聽分巡，分守、管糧官清查。如或容情受囑，虚應故事，（亦）〔不〕行用心清查，許巡撫，巡按官糾（覈）〔劾〕，奏請黜罷。及行移浙江等布政司，查審宣德年間各所倉糧，軍人若干，存留倉米若干，即今消耗若干，存留積餘糧米若干。果有積餘，每石折好銀四錢，差人解部。如果積（貯）糧米，亦要明白具奏。腹裏倉糧，本部就行各該巡撫、巡按等官，督委都、布、按三司分巡、分守、管糧、管屯等官，三年二次查盤。自弘治二年爲始，分投前去各該府、衛、州、縣，將一應收貯在倉糧米，逐一查盤，要見在〔倉〕若干，虧折若干，浥爛若干，侵盜若干。將應開人犯追問如律，悉照邊方事例發落。干礙軍職及五品以（上）〔下〕官，徑自參提問罪。仍將查過倉糧數目備造文册二本，差人奏繳；一本送部查考。

《嘉靖事例·議處吉府田租》 湖廣清吏司案呈，奉本部送於户科抄出，欽差巡撫湖廣右副都御史凌相題，據湖廣布政司呈，據長沙府申，准吉府長史司牒。該本司啓，奉令旨，著承奉司便將謄（將）〔録〕先年奏請欽依莊田勘合文簿，發去布政司看。敬此。敬遵，該承奉司謄録逐年本司具啓勘劄並年奏事簿籍，印封牒府。本府又查得正德元年文卷一宗及吊長沙、湘鄉二縣各莊田文卷，並寧鄉等縣民譚昇、賀良才等，各執出成化、弘治年間納租（由）〔田〕票，同該司牒到簿籍，差人賫繳到司。據此案照先奏巡撫都御史凌相，據吉府長史司前事，敬奉令旨：先前駁回湘鄉縣莊田租銀，着恁長史申文，只問他佃户照舊要穀，如何久不見面，將話來見。今宫眷急缺用度，恁司裏還將我府前後奏請自行管業來歷並屬奉列聖欽依旨意，逐一備查明白，申呈巡撫衙門定奪，催穀來用。如再展轉，只令退田，我府軍校自種罷。還將申過文書，備抄來看。敬此。敬遵抄出到司，並具節年奏，奉聖旨要照舊每畝納穀四斗五升等因。奉批，仰布政司查議酌處，具由呈奪。又奉本院批，據長沙衛屯住寧鄉縣軍餘謝經隆連名告爲分豁租銀事内稱，吉府先年奏討鷄鵝食田，起初規則，每畝銀四分。正德等年，差來官校，每畝討銀一錢，又要供給等項。各乞仍照徵銀四分轉解等因，奉批仰司查照原行回報。該本司查得該府申送文卷簿籍内，吉府管莊王内官、徐内官、福内官、侯内官、傅内官、陳内官、（違）〔韋〕内官，自成化十七年起，至正德元年止，收過寧鄉等縣佃户賀良才等租銀票貼，每畝徵銀四分，間有免二分、四分者，俱照畝除免。及查該府文卷一宗，該吉王奏，爲乞恩欽定原賜莊田等事。

該户部查議，伏覩弘治十八年五月十八日詔書一款，各處欽賞莊田，有業主自行管業，收受子粒者，多被管莊人等，依勢生事，分外需索，逼迫小民，逃竄失業。今後悉照户部奏准事例，有司照數徵收送用，不許違例奏擾。欽此。欽遵，要行有司依期徵解送用等因，於正德元年十月初二日覆題，奉武宗皇帝聖旨，地（方）〔土〕係先帝特旨與的，還照前著本府自行收受。欽此。看得前項莊田，屢奉聖旨，本府自行收受。但礙成化，弘治等年，本府收租内官，俱係每田一畝收銀四分，合係長沙府轉行所屬寧鄉等縣及行長史司，啓王知會，體驗民難，今後收租，仍照成化，弘治年間舊規，每畝收銀四分解用，不得過多，庶民租易納而王國亦足用矣等因到臣，據此，查得接管卷内，先准本院咨該長沙府湘鄉縣民錢朗子奏，行前巡撫右副都御史黄衷，行據管糧右參議蔣桐仁議得，前項莊田起初規則，每畝每年徵銀四分，有司徵妥長史司交進。若有司徵收過期，照依拖欠禄米坐罪等因，已經行令該府、縣並長史司，及回咨本院各查照外，續又據湖廣布政司呈，該前巡撫右副都御史朱廷聲批，據該府長史司呈同前事，敬奉吉世孫懿旨，湘鄉縣由地是我前輩三王遺留産業，先被奸謀，我祖吉簡王屢奏，節奉先帝聖旨，差官踏撥造册，交與我府管業，差官催辦租穀，到今五十餘年，已爲成規，今被刁民錢朗子捏作有額田糧，妄奏侵奪，該司不行備查申明，以致上司一概斷令每畝納銀四分五釐。姑不計較，且《問刑條例》，凡軍民告争田産，但係五年之上寫立文約是實者，斷令照舊管業，不許重分、再贖，告詞立案不行。今我府莊田，即奉明旨，賜撥該議處管業。若因刁民奏殺，（盧）〔慮〕地方一旦裁革，情似不堪，着長史司作急還查。即奉先帝聖旨，勘合酌處，申請巡撫衙門定奪，照舊輸納，撫養宗室，庶不有辜聖典。敬此。仍要每畝納穀四斗五升，其給紙價等項，悉遵除革等因。又據長沙府申稱，查得湖廣十八府秋糧百三萬五千九百石零，而長沙府已該五十八萬有奇。糧則極重，官田有一畝起科三斗九升者，民間賴有册外開墾餘田，尚不够幫補。先年長沙八縣撥與吉府鷄鵝食田一十二萬九千七百三十二畝三分。初徵之時，恐百姓不從，每畝上徵銀四分。弘治年間猶然，但加耗銀二釐。正德以來，該府承奉獻撥置，八縣各立官莊紅墻，衙門差有内官六員，各帶旗校三五十人，分（投）〔頭〕駐（劄）〔紮〕催收。每畝加追租銀五分二釐，連前九分四釐，其管收校人員外，又勒要煎銷火耗，供給紙劄及紫菜之類，愚民有被騙至五錢三五分者，莫敢誰何，間有不從，每畝要納本色租穀三斗，又加耗穀一斗二升，民皆畏怕，臨倉車揚、淋尖、踢斛、加耗，墊度等項，加倍不够。又且百般刁難，在倉守候，月餘不收，只得依從完銀等因。及稱先該管糧右參議蔣桐仕議呈，批允行府於嘉靖八年八月二十三日，催據湘鄉縣徵完本年份原額租銀共二百八十八兩一錢，差人解付，轉解該司，啓進不允。乞要奏請明旨，敕令該府念百姓之艱難，思舊規之中正，每畝照舊定銀四分，該縣徵解本府，轉送該司，交司進用。遇有荒歉，照户部蠲免分數除豁。各縣所置内官莊宅，一體取回，再不許差人下縣騷擾。該縣催徵違誤，照依拖欠禄米坐罪等因，奉批，仰布，按兩司再加查處施行，該本司掌印左布政使盛儀，會同右布政使胡鐸，先任按察司副使今陞廣西參政胡岳，查議相同，呈詳在卷，續該臣接管。又據該府長史司並長沙衛軍餘謝紹降等各呈告前因，爲照前項莊田，屬奏屬勘，王既不從，民復紛擾，事未歸一。又行該司從長議勘。去後，今據前因，會同鎮守湖廣地方御馬監太監潘真、巡按湖廣監察御史劉濂議，照湖廣長沙府所屬地土，國初時因陳友諒竊據，我太祖高皇帝削平之後，刑用重典，故税畝特爲加重。比時軍民逃竄，遺有荒田未報，自後復業，漸次開墾，因得補墊辦納糧差，不至負累。今吉府前項莊田，即其地也。當時吉王奏討，奉有欽依，行令有司劄撥名曰，鷄鵝食田，則非供（瞻）〔贍〕制額之數，定撥每畝四分，是亦從輕寬恤之意。但節經吉王具奏，欽奉列聖明旨，許令該府自行徵收，然猶止是四（方）〔分〕之數，其所多者，不過加耗而已。正德年間，官校乃始於各縣置立王莊名色，每畝逼取至有一錢以上，分外又有紙劄、供給等項，而王未必知也。今俗之於府，聽其自行徵取，奈何各該業户奏告不服。竊恐民之無良，官校凌逼，力不能堪，尤一激生他變，則是所争者小，而所失者大。且以宗室懿親，而與百姓競取刀錐之利，似非所以正體統而養威重也。欲斷之於民，仍以前例辦納，則該府奏請不已，文移往復，無時（體）〔休〕息，良由轉道不得其人，官校嗜利無厭，不肯放手故耳，而豈王之本心哉，如蒙乞敕户部再加查議，合無將前項田租，每畝量爲加增，仍叫有司類徵完足，解送長史司交收啓進。若年荒照例蠲免，一有違誤，亦照禄米事例，聽臣等查提官吏治罪。伏望天語叮嚀諭王，今後務存大體，以杜紛擾。如再煩瀆，亦聽臣等參提輔導等官及校尉人等，一體問擬，照例發落。如此，則親親之誼既全，而人民之澤不失，王之令名永保勿替，而與辭禄助賑之賢，並得增先〔王〕玉牒矣。惟復聖明，别賜裁度，緣係查復欽定原賜田租事理，未敢擅便等因。該通政司官奏，奉聖旨，户部知道。欽此。

續該欽差鎮守湖廣等處地方御馬監太監潘真題同前事，通鈔送司，卷查先爲處置宗藩田賦以息争端事，該巡按湖廣監察御史王恩奏，該本部議照，各王府欽定莊田，本係朝廷篤念親親加厚之意，但被無籍之徒往往倚勢厚斂，計設侵漁，未免利入私門，怨歸王府。今後除王府之人自行住種者，聽本府徵收外，其餘但係軍民佃種者，俱照原定莊田則例，每畝水田徵銀四分，陸地三分，着落各該有司照數徵完，類解該府交收。如遇災傷，聽巡撫等官皮處軍民田地則例，一體勘實，奏請減免。若跟隨、管莊人等假以催徵爲名，仍前誅求擾害及唆誘他人讎争投獻情弊，許被害之人赴巡撫、巡按處告理，鞫問是實，查照撥置王府勢要生事害人等事例，問發邊衛充軍等因。題奉孝宗皇帝聖旨，是。欽此。又爲乞恩欽定原賜莊田照舊管業便益事，該吉王奏，蒙先帝賜撥莊田地土，每水田一畝或收租穀三斗，折價銀四分，旱地一畝收銀三分。一向本府差於各莊，照例徵收（不）便〔益〕。近該巡按御史王恩奏，將王府田租着落所在該管州、縣，照數徵完，類解該府交收。倘有急用，不無失即受制有司，乞要照舊差官管業等因。該本部議擬題。奉孝宗皇帝聖旨，這莊田既有旨，着本府差官收受，有司毋得干預，只照舊行，不許紛更。欽此。又查得弘治十八年五月十八日，詔書内一款，各處欽賞莊田，有業自行管業，收受子粒者，多被管莊人等倚勢生事，分外需索，逼迫小民，逃竄失業。今後悉照户部奏准事例，有司照數徵收送用，不許違例奏擾。欽此。又該吉王奏稱，要將次撥前王遺下鷄鵝食田照依水田一畝四分，旱地一畝三分則例，自行收受子粒，應用便益等因。該本部議擬，行移湖廣巡撫都御史，轉行該司、府、州、縣，每遇收成時月，將本府應徵子粒，照數依期收受完足，類解送用。如有徵收過期及拖欠不完，聽撫、按等官依律究治。若該府不遵事例，再行奏擾，本部將輔導等另行參奏等因。題奉武宗皇帝聖旨，地土係先帝特旨與的，還照前着本府自行收受。欽此。俱經通行欽遵去後，今准前因，通查案呈到部。看得巡撫湖廣右副都御史凌相，鎮守御馬監太監潘真各題稱，會同巡按監察御史劉濂議，照吉王奏討欽賜前項田租。今欲歸之於府，聽其自行徵收。各該業户奏告不服，切恐民之無良，官校凌逼，力不能堪，萬一激生他變，則是所争者小而失者大。且以宗室懿親而與百姓競刀錐之利，似非所以正體統而養威重也。欲斷之於民，仍以前（利）〔例〕辦納，則該府奏請不已，文移往復，無時休息，良（田）〔由〕輔導不得其人，官校嗜利無厭，不肯放手。乞要每畝量爲加增，仍聽有司類徵完足，解送長史司交收啓進。若要年荒，照例蠲免。一有違誤，亦照禄米事例，查提官吏治罪。如再煩瀆，參提輔導等官及校尉人等，一體問擬，照例發落一節，爲照前項莊田子粒，原擬鷄鵝食田，舊規徵銀，實爲民便。弘治、正德年間，或令該府自行徵收，或令有司徵銀解納，俱各題有奉欽依，並弘治雨具入年明詔事例，允宜遵守。但該府徵收權歸官校，而不利於小民。有司徵解，惠及小民，而不利於官校。得失利害，不較自明，所以鎮、巡等官，交章上請，欲歸之於府。各該業户奏告不服，切恐民之無良，而官校凌逼，激生他變。欲斷之於民，該府奏請不已，交移往復，輔道不得其人，而官校嗜利無厭。事涉兩難，相應議處。

合侯命下，本部移咨湖廣巡撫都御史凌相及咨都察院轉行巡按監察御史，備行湖廣布政司並府、州、縣各該掌印、管糧等官，將前項鷄鵝食田一十二萬九千七百三十二畝三分，水田每畝徵銀四分，旱地每畝徵銀三分。遵照弘治年間詔旨，俱聽有司照依禄米事例，立限類徵完足，解送長史司交收進用。如遇災傷，一體踏勘減免。若有司徵收違誤並該府輔導等官不行尊依，仍前煩瀆，及旗校人等嗜利生事擾民，悉聽撫、按官參提拿問治罪。仍行長史司啓王，當念民惟邦本，本固邦寧，宗室日以蕃增，禄糧尚至拖欠，損上益下，約己裕人，庶可以庇藩封之民，而永保一國之富矣。惟復别有定奪，伏乞聖裁。緣係查覆欽定原賜田租及節奉欽依户部知道事理，未敢擅便，謹題請旨等因。嘉靖十年七月二十三日，本部尚書梁等具題。本月二十五日，奉聖旨，是。這王府田租，你部裏既議停當，都依擬行。

《嘉靖事例·查處福建寺田》　看得巡按福建監察御史白賁題稱，查得福、興、泉、漳、延、建、邵、汀八府福寧一州所屬閩等縣，已廢寺觀田土。除奉例已賣外，尚未賣通計四百一十六處，每年該收租米場，每石徵銀多寡不等，共該銀一萬三千三百九十三兩八錢六分三釐九毫五系八忽八微七纖。乞要行令督糧等官，將前未賣寺田，聽與窮民佃種，估定租米並依民糧，至期帶徵收庫，除（里）〔理〕納糧差外，（尚）〔上〕銀充補被賑，名爲社倉租銀，置立循不簿查考，不許别項動支，年終附入嚴處預備倉糧以防歉歲事册内奏報。以後再有續廢寺田，一體充社，不得輒擬變賣一節。爲照前項廢寺田土，糧差原額既存，里甲不免貽累。今欲召令無業窮民承佃，所徵租税除（里）〔理〕納糧差外，仍有輸官羡餘，不無〔少〕補。但恐承委官員，不行秉公查勘，聽憑勢豪妄將未廢及有僧行住種，原係納糧當差寺田，一概捏報荒廢，以起弊端。既該巡按福建監察御史白責具題前來，相應議擬，合候命下，本部移咨都察院轉行巡按福建監察御史，轉行布、按二司掌印、守巡等官，再加查議。果係廢寺無僧住持，及所遺寺田實係拋荒者，聽與無業窮民耕種納租，至期與民糧帶徵。仍置立循環文簿，稽考造册等項事宜，依擬施行。中間若係有僧行住持，現今編入里甲納糧當差者，俱令退還，照舊管業，不許勢豪侵奪霸佔，及用計賃緣召（賣）〔買〕。違者，從重參究治罪。伏乞聖裁等因，嘉靖十六年正月初六日，本部尚書梁等具題。本月初八日，奉聖旨，是。這僧田查果係廢寺，准召民佃種。有僧行住種現納糧當差者，不許勢要人等捏作荒廢，佔據侵奪。有違的，參奏治罪

《真犯死罪充軍為民例》附録《為民例》 用强佔種屯田五十畝以上，不納子粒者。其屯田人等，將屯田典賣與人，至五十畝以上，與典主、買主各不納子粒者。

（明）支大綸《支大綸告示·丈田示》 本縣節奉院司憲牌前事，本應即行覆丈，以清欺隱，但念公正人等，先因督丈忙促，多致差漏，或貪餌厚賂，或圖利子孫，或惕于勢豪，或狃于親故，以致報數不公，法雖難容，情猶可憫，若不先期示知，聽令自首，遽行覆丈，治以重例，誠恐玉石俱焚，爲此示。仰各鄉公正書算業户人等，但有漏報圻號，及報弓報畝敢以多作少，層山復嶺未經報丈等弊，聽各不時赴縣自首，即與照册改正，准免究罪。如怙終不悛，僥倖行險，謂覆丈未必實行，謂抽丈未必盡法，延至正月十五日以前不行首正者，至次年正月十五以後，本縣親行田畝，密抽嚴丈。查出前弊，或被人出首，踏勘得實，定依律例從重究罪，仍將田盡數入官，並追四年所得花利。夫開爾自新之路，緩其覺發之期，本縣爲爾等計亦已盡矣。儻爾不知自愛，自罹法網，亦安能刓王法以行姑息之政哉，各宜體悉，毋貽後悔。

（明）吕坤《實政録》卷三《民務·有司雜禁》 民間地房，價隨時值。雖荒年與急事，減價與人而不買，與强求原價，難執爲姑息之仁者，憐賣主數告，皆與斷給借紙贖之資者，開告端遂啓無窮詞訟。俗言房地，謂之千年百主。原業既告買家，則原業亦有原主，株連蔓引，滿縣騷煩，贖銀不可勝用，廉者必不爲，而爲者必不廉。有司戒之。

（明）吕坤《實政録》卷四《民務·清均地土》 一本甲本户，如有世荒，久逃及老堤古城河灘，水退從來不在額糧之數者，任民儘力開墾，栽樹，種田，務要盡數報官。初三年不起科，第四年以後，不拘花利多少，只是納穀三升，薄者二升，並不坐差州縣給帖，永遠承種，不許里老指稱本里地土分外索擾，及報派正糧，違者重究。如有勢豪之家，縱放牛羊作踐砍伐者，指名陳告以憑拏問。

一、額糧地土，業主久逃，里長招人承種，如有復業者，前地雖當歸主，但見種田禾仍許承種者全收，如上糞數多，明年仍許分收一半。其所種樹木，係承種者手栽，仍許年年均砍。

（明）吕坤《實政録》卷五《鄉甲約卷之三》 錢到取贖房地，力不能回者，果係日久利多，酌量情法兩便，委曲處分，無令貧人失業。

（明）王肯堂《王儀部先生箋釋》卷五《任所置買田宅》 釋曰，任所求田問舍，詎是政體，不必以侵奪民利爲言也。言見任處所，則去任不論矣。解任只是解見任職事，別處叙用，或謂解叙官職，非也。觀名例内，凡文官犯私罪笞五十，解見任別叙義同。

（明）王肯堂《王儀部先生箋釋》卷五《功臣田土》 釋曰：功臣田土，功勳之家有撥賜公田，除恩免數，外其餘自置田土，俱從管莊人盡數報官入籍，與民間一條納糧當差，違者計畝論罪，至三十畝之上罪止杖一百，徒三步。罪坐管莊人不報之田入官，所隱之税糧，依逋年之額數徵納誠恐功臣倚勢，廣置田宅，不行報官納糧當差，以致偏累小民賠納。故常人欺隱之罪，止於滿杖，而功臣欺隱之罪，至於滿徒者，惡其有所恃也。夫罪不及功臣，固所以優之，而其田入官，即所以罰之矣。若里長及有司官吏，易于畏勢阿附，故踏勘不實及知而不舉者，並與管莊人同罪。

《軍政條例類考》卷三《清審條例·軍田不許絶賣》 今後軍户地土，果因解軍等艱難，止許典當，立限歸贖，不許出契死賣。若買者，正犯並知見人問罪，地土追入官。弘治十三年。

《軍政條例類考》卷三《清審條例·承買軍田非戚屬免解》 今後如果丁盡户絶者，嚴審別無以次人丁，止有義男女婿等親應繼者，責令解補。若止是先買軍産，佃田承糧，非其親屬，不許頂解。及不許里鄰人等，將本係軍丁朦朧結作買産佃田之人開豁。敢有故違，照現行事例問

發。弘治十三年。

《軍政條例類考》卷三《清審條例·軍田許召種頂軍》　凡有逃絶軍人田土賣絶管業已定者，不許告争。若果現今拋荒及分撥十排里甲佃種，陪納糧差累人者，民間人户有情願頂繼本軍名役告佃者，備行該府、州、縣清軍官，督令各該里甲人等查勘。委果本處净民，不係逃移遠軍，結勘明白，方許佃種。本人仍發原充衛分當軍，亦不許改易近衛，以啓弊端。若本軍逃回，或挨拿得獲，仍補原衛。原佃田歸本軍管業，供辦軍裝。其佃田頂軍之人取回仍作民户當差。正德八年。

《律條直引》卷五《户律·田宅·任所置買田宅》　趙甲依有司官、吏不得於見任處所置買田宅，違者律，笞五十。有《大誥》減等，笞四十。係官、吏，納米等項，完日離其見任，起送吏部，調除别處叙用，原置買田宅入官。

《律條直引》卷五《户律·田宅·功臣田土》　趙甲依功臣之家除撥賜公田外，但有田土，從管莊人盡數報官，入籍納糧、當差違者，一畝至三畝，杖六十，每三畝加一等，三十畝罪止律，錢乙、孫丙、李丁俱依有司官吏里長踏勘不實、知而不舉，與趙甲同罪律，各杖一百，徒三年。俱有《大誥》減等，各杖九十，徒二年半。趙甲係管莊佃户，李丁係里長，各有力，錢乙、孫丙俱官吏，納米完日還職役寧家。

（清）沈之奇《大清律輯註》卷五《户律·田宅·任所置買田宅》　凡有司官吏，不得於見任處所置買田宅。違者，笞五十，解任，田宅入官。〔律後註〕曰置買，則非用强占奪之比。然已侵下民之利矣，况求田問舍，大非政體，故笞五十，解任，田宅入官。解任是解現任職事，别處叙用，非解除官職也。《名例》文官犯私罪，笞五十，解現任，杖一百，罷職不叙。

〔律上註〕按，貢舉非其人後條例，有生員不諳文理者，發附近爲吏，則吏亦有同流官者，故官吏並言。然今之吏則皆本籍人，非所禁矣。曰現任處所，則在鄰境與去任，皆勿論矣。武職在任所置産，有新例。

《大清律例》卷九《户律·田宅·功臣田土》　凡功臣之家，除朝廷撥賜公田免納糧當差外，但有自置田土，從管莊人盡數報官入籍。照額一體納糧當差。違者計所隱之田，一畝至三畝，杖六十，每三畝加一等，罪止杖一百、徒三年，罪坐管莊之人。其田入官，仍計遞年所隱糧稅，依畝數、年數，額數徵納。若里長及有司官吏阿附踏勘不實，及知而不舉者，與管莊人同罪，不知者，不坐。

《大清律例》卷九《户律·田宅·任所置買田宅》　凡有司官吏，不得於見任處所，置買田宅。違者，笞五十，解任，田宅入官。

條例

一、各關出差官員，不許携帶家眷，多隨奴僕，及任所置優買妾。任滿回部，未經考核，不許擅買田莊市宅，生息放債，如違，交與該部治罪。衙役人等除解餉公事外，私自赴京長接，及以缺額藉口請展限者，亦交與該部治罪。

一、提督、總兵、副將等官不許在見任地方置立産業，即丁憂休致解退，亦不許入籍居住。或任内置有産業，已經身故，及不能回籍者。該督撫具奏，請旨定奪。至參將以下等官。任所置有産業，或本身休致解退，或已經身故，子孫留住任所欲入籍者，該地方官報明督撫。准其入籍。

《大清會典》卷七二《工部·營繕清吏司》　凡衢市廬舍，如有力不能修，漸至傾圮者，或酌貸官銀，旗民自爲修繕，或給價置買，動帑葺治，均區别緩急先後完整，其不告官司私行折售者，依律科罪。

《大清會典》卷九五《八旗都統》　國初，王公勳戚下逮禁旅，以近畿曠土分爲恒産，承平歲久，漸有遷移，而隨時經理之道起焉，所以通變經久，垂利賴於萬年也。凡授田之法，始給畿輔閒田，除其賦稅永爲世業，厥後户口繁滋，盛京東北及諸邊口新辟之壤咸分授焉。凡經理旗産官軍移外駐防應退之田未徹者，户絶不報佃人乘機隱匿者，冒着墾荒占爲民業者，均令八旗都統委所屬參領會直省地方官勘丈清釐，作爲公産徵租解部分給八旗以贍貧乏。民典旗産動支公帑取贖，以典後十年爲率，十年内給原價，十年外減原價十之一，以次按年遞減，至五十年外給半價，均令退田還官。旗下閉户人承典正户田者，照民典減價之法，户下人承典本主田者，十年内減原價十之一，十年外減十之二，均以次按年遞減。官爲取贖，令原業人交價領田，無力交價，許以俸餉分五年扣抵，無原業人，許其子孫及親伯叔兄弟、兄弟之子承領，如無力交價，又無俸餉可抵，及原繫賣絶之田，均入官作爲公産，歲計所入之租，彙疏以聞，爲八旗贍貧之用。用私相典賣者，追田價入官，與受旗民及失察徇隱之該管各官咸論如法。開濬河道動用旗地，令地方官丈明界址，畝數，開具原業姓名、旗色冊申户部轉行各旗，限半年覈明具結咨覆，按數補償。

（清）董誥《全唐文》卷三三《玄宗·禁官奪百姓口分永業田詔》 周有均土之宜，漢存墾田之法，將欲明其經界，定其等威。食禄之家，無廣擅於山澤；貿遷之伍，罕争利於農收。則歲有豐穰，人無胥怨，永言致理，何莫繇兹？如聞王公百官，及富豪之家，比置莊田，恣行吞併，莫懼章程。借荒者皆有熟田，因之侵奪；置牧者惟指山谷，不限多少。爰及口分永業，違法賣買，或改籍書，或云典貼，致令百姓，無處安置。乃別停客户，使其佃食，既奪居人之業，實生浮惰之端。遠近皆然，因循亦久，不有厘革，爲弊慮深。其王公百官勛蔭等家，應置莊田，不得逾於式令。仍更從寬典，務使宏通。其有同籍週期以上親俱有勛蔭者，每人占地頃畝，任其累計。某蔭外有餘，如舊是無勛蔭地合賣者，先用錢買得，不可官收，限敕到百日内，容其轉賣。其先不合蔭，又蔭外請射兼借荒，及無馬置牧地之内，並從合蔭者，並不在占限，官還主。其口分永業地先合買賣。若有主來理者，其地雖經除附，不限載月近遠，宜並却還。至於價值準格並不合酬備，既緣先已用錢，審勘責其有契驗可憑，特宜官爲出錢，還其買人。其地若無主論理，不須收奪，庶使人皆摭實，地悉無遺。百姓知復於田疇，蔭家不失其價值。此而或隱，罪必無容。又兩京去城五百里内，不合置牧地。地内熟田，仍不得過五頃已上十頃已下。其有餘者仰官收。應緣括簡共給授田地等，並委郡縣長官及本判官録事相知勾當，並特給復業。並無籍貫浮逃人，仍據丁口量地好惡，均平給授，便與編附，仍放當載租庸。如給未盡，明立簿帳，且官收租佃，不得輒給官人親識工商富豪兼併之家。如有妄請受者，先決一頓，然後準法科罪。不在官當蔭贖，有能糾告者，地入糾人，各令采訪使按覆，具狀聞奏。使司不糾察，與郡縣官同罪。自今已後，更不得違法買賣口分永業田，及諸射兼借公私荒廢地。無馬妄請牧田，並潛停客户有官者私營農，如輒有違犯，無官者決杖四十，有官者録奏取處分。又郡縣官人，多有任所寄莊，言念貧弱，慮有侵損。先已定者，不可改移。自今已後，一切禁斷。今所括地授田，務欲優矜百姓，不得妨奪，致有勞損。客户人無使驚擾，緣酬地價值出官錢，支科之間，必資總統。仍令兩京出納使楊國忠充使，都勾當條件處置。凡在士庶，宜悉朕心。

（清）董誥《全唐文》卷一〇八《後唐明宗·城許蓋屋宇敕》 京都之内，古無郡城，本朝多事已來，諸侯握兵自保，張全義土功斯設，李罕之砦地猶存。時已擴清，固宜除、。若特差夫役，又恐擾人。宜令河南府先分劈出舊日街巷。其城壕許占射平填，便任蓋屋宇。其城基内舊有巷道處，便爲巷道，不得因循，妄有侵射。仍請射後限一月，如無力平刻，許有力人户占射平填。

（清）董誥《全唐文》卷一一六《晉高祖·令開墾曠土敕》 鄧唐隨郢諸州管界，多有曠土，宜令逐處曉諭人户，一任開墾佃蒔，仍自開耕後，與免五年差徭。兼仰指揮其荒閒田土本主，如是無力耕佃，即不得虚自占吝。仍且與招携到人户，分析以聞。

（清）董誥《全唐文》卷一二三《周太祖·給還籍没田産敕》 朕臨御以來，憂勤無怠，慮庶政之尚闕，恐蒸民之未安，寢食不遑，夙宵若厲。早歲雍岐連叛，兵革薦興，迨至討平，可知傷弊。誠念負罪之黨，尋以誅夷，亡命之徒，近皆滌盪。則被釋放者皆爲赤子，經□革者悉是平人。雖性命之永全，在生涯之何著？興言軫惻，未嘗去懷。其京兆鳳翔府，先因攻討之時，及收復之後，應有諸色犯罪人第宅莊園店舍水□，曾經籍没，及本主未歸者，已宣下本道，却給付罪人骨肉爲主。仍仰逐處嚴切指揮，勿令所繇衷私闌吝，邀求資金。庶令存濟，用副朕懷。

（清）董誥《全唐文》卷四一〇《常衮·廢華州屯田制》 敕，問者戎旅未息，徵求煩重，四郊之賦，乃至五税其一。居人蕩析，邦廩空虚，遂命宰臣，大修農政，天下郡國，散諸屯田，轉漕入關，以資均濟。兼詔中尉左右内史，表屬州縣閒田，分署農官，俾其耕鑿。南至於華，瀕渭而東，林麓州渚之間，榛莽窊邪之處，非吾人所占者，悉舉籍勸分。載芟載柞，稼多農碩，畝獲數鍾，歲既少殷。軍儲差贍，郡縣之税，於是十而減七，數從其舊，殆復厥常。今宿麥頗登，秋苗益茂，私田加辟，公用漸充。華州人户，土地非廣，其屯田並宜給以貧下百姓。自頃關中乏牛力，封圻千里，半是邱荒，置屯田已來，皆變良沃。惠散其利，以及困窮，藏之於人，孰與不足，宣示郡縣，宜悉朕懷。

（清）毋庸《刑部各司判例》卷一《通行》 一、原例内載，八旗應行入官地内有墳園祭田數在三頃以下者，免其入官。若在三頃這上，除給還三頃外，餘地悉行入官。等因。臣等伏查旗員入官地内，有墳園祭田數在三頃以下，既准免其入官，漢員遇有此等案件，事屬相同，亦應一體准免。惟例未指明，恐將來無所考核，不免辦理參差。自應將原例查明修改，以昭畫一而便遵循。

一、查民人及家人等違例典買旗地，原例内載撤地入官，按照契價議徵。其於何年徵租爲始，並無明文。向來定案俱行令地方官於控發之年徵租爲始，而地方官有以控發之年議徵册報，亦有以控發之後歷年花利，經原業民人收去，請以奉文入官之年徵租爲始。報部辦理，未能畫一。查旗奴民人等，違例典買旗地之案，除地畝入官外，仍應着追歷年花利。是控發之後所得花利應在買主名下著追，自未便復向佃户由控發之年起再行補徵租銀。應請嗣後違例私典旗地入官議租之案，行令地方官於奉文入官之年徵租爲始，俾得有所遵循。

一、民人典買旗地，例應撤地追價入官。旗人民人均按例治罪。到旗地典買與民人後，民人復典賣與旗人，則旗産既已歸旗，應免其撤地入官。其旗人所得原典價銀，民人所得轉典價銀，一併追繳，仍各治以應得之罪。若旗人自行贖回，業已交價撤契者，准其執業，儻既經控發之發，並未立契撤契，捏稱曲賣回贖及設法典買者，應照例入官，並治以應得之罪。民人典買旗房及家奴典買房地，均照此例辦理。

一、旗員緣事抄産，應行入官人口内有看守墳塋家奴，向係免其入官變價，歷經臣部照辦在案。惟例無明文，恐致辦理參差。應嗣後凡入官人口内有看墳家人，令該旗查明取具切實印結送部，一律免其入官。

一、旗婦控理田土房間，無抱呈者照例不准外，凡有抱呈而控屬虚誣者，罪坐抱呈。

一、民人典買旗地撤地入官後，查明内有民人建立墳墓者，免其遷移。四至不得過五畝。著照上等租則納租。

一、各寺院喇嘛典買旗地，在乾隆三十年六月奏明定例以前者，准其管業。如在乾隆三十年六月定例以後，有私行典買及捏稱施捨者，照民典旗地例辦理。

一、旗人圈地並自置地畝，在定例以前施捨寺廟香火地畝，查有確據，立有碑碣者准其管業外，儻定例後妄行施捨作爲香火，即立有碑碣亦照民典旗地例治罪。若租給僧人承種者，聽。

一、旗人指地立契，向民人借貸錢文，契内註有錢無利息、地無租價字樣，一經到官，照民典旗地例辦理。

一、凡旗人家奴及看墳人，將伊主地畝房間捏稱祖遺，及自置名目盜賣與人者，照盜典官田律治罪。

一、理藩院外藩所轄莊頭自置地畝，仍照向例，於立契後原業主用給本佐領圖記，赴翼過税管業。如欲將自置地畝出售與正身旗人者，准其憑原契售賣，令買主用該管佐領圖記赴翼過税，並令賣地之人將原契跟隨。

一、旗人圈地及契置地畝界址不清，争控到官，地方官眼同地鄰勘丈明晰，有多餘地畝，在四至以内與原地毗連者，准其管業。其膈段另塊不與原地相連者，仍撤出入官。再内務府莊頭、王公府莊頭所領差地，四至以内丈有多餘，即令該莊頭加交差銀。如在四至以外有多餘者，仍照例撤出入官。

一、旗人將祖遺及自置田産典賣與人，不將原契跟隨，或捏造民契過税出賣，後本人物故，其子孫恃無質證，執持原契控告，審實照契價計贜以詐論。有禄人加一等治罪。

一、大糧莊頭及旗人看墳地家奴，如係在屯居住，實無養贍，呈請撤地承種者，查明實係莊頭親丁以及在檔家奴，與本村居住在十里以内者，准將該犯按畝撤給三成作爲養贍，不准全行撤出。其撤地原佃，如將地畝全行撤出，准在未曾撤地各佃名下照前成數撥補，勿使失所。儻撤地後承種一二年另佃與人，一經控發，仍照奪佃例斷給原佃承種。並將呈請撤地之人治罪。

一、旗人現買地畝，實係新立墳基估用地若干，准其向佃户撤地外，其餘地畝仍租給原佃承種。儻撤地後並不立墳另行抬佃者，仍照奪佃例辦理。

《户部則例》卷五《田賦・旗地・八旗圈地》 一、八旗王公官員兵丁，國初各給分地，附近京師，永昭世守其地，增丁不加，減丁不退，官員陞遷不加，已故降革不退。

一、八旗過室莊田。鑲黄旗宗室整莊四所，半莊一所，園一所，共地三十六，頃六十畝坐落通州、大興、武清、平谷、河間各州縣。正黄旗宗室整莊五所，半莊十二所，莊四所，園三所，共地一百六頃五十六畝，坐落涿州、易州、大興、宛平、三河、寶坻、順義、房山、保定、雄縣、任邱各州縣。正白旗宗室整莊四所，莊一所，園二所，共地三十六頃，坐落順天府及通州、香河、寶坻、房山各縣、沙河所等處。正紅旗宗室整莊四十五所，半莊三所，整園五十所，半園十所，園四所共地一千二百四十四頃，十六畝有奇，坐落昌平、涿州、遼陽、宛平、文安、保定、定興、淶水、海城、蓋平各州縣。鑲白旗宗室整莊一百七十六所，半莊五所，莊八所，整園八所，園二十所，果地靛地網户獵户等地七十六處，共地二千七百一十七頃一十四畝有奇，坐落通州、昌平、霸州、蘇州、遵化、灤州、易州、滄州、保安、遼陽、大興、宛平、良鄉、固定、永清、東安、香河、三河、武清、寶坻、密雲、懷柔、房山、玉田、平谷、豐潤、遷安臨榆、樂亭、保定、河間、任邱、海城、蓋平、鐵嶺各州縣。鑲紅旗宗室整莊二百九十八所，半莊二十三所，莊五所，整園一百十一所，半園二所，共地二千六百三十頃一畝，坐落通州、涿州、昌平、霸州、灤州、滄州、延慶、大興、宛平、永清、香河、寶坻、房山、新城、河間、肅寧各州縣，及張家口外等處。正藍旗宗室整莊五百四十四所，半莊一百五十一所，莊二十二所，整園一百三所，半園十九所，園七十三所，果園菜園牧地五處，共地五千三百十三頃二十四畝有奇，坐落通州、涿州、昌平、霸州、蘇州、遵化、灤州、易州、遼陽、錦州、寧遠、大興、宛平、良鄉、永清、東安、香河、武清、順義、懷柔、房山、保定、玉田、平谷、豐潤、盧龍、昌黎、樂亭、新城、青縣、無極、保安、承德、開原、廣寧、開平各州縣，及冷口等處。鑲藍旗宗室整莊二百三十一所，半莊六十三所，莊九所，整園一百二所，半園二所，園三所，共地二千二百五十四頃七十四畝有奇，坐落昌平、灤州、安州、遼陽、錦州、大興、宛平、固安、永清、東安、懷柔、蠡縣、高陽、海城、蓋平、開平各州縣。

一、八旗官兵圈地。鑲黄旗滿州官兵，初次給地一萬一千六百三十一頃六十畝，二次給地二千五百三十八頃九十畝，三次給地一千三百十三頃十畝。蒙古官兵，初次給地一千七百九十四頃三十畝，二次給地一千七百頃十畝，三次給地四百十三頃七十畝。漢軍官兵，初次給地二千頃四十畝，二次給地一千一百八十八頃三十畝，三次給地一千五十三頃，共地二萬三千六百三十三頃四十畝，坐落通州、涿州、昌平、霸州、蘇州、遵化、灤州、安州、易州、大興、宛平、良鄉、固安、永清、東安、香河、三河、武清、寶坻、順義、密雲、懷柔、房山、文安、大城、保定、玉田、平谷、豐潤、盧龍、遷安、昌黎、樂亭、清苑、滿城、安肅、定興、新城、唐縣、容城、完縣、蠡縣、雄縣、高陽、新安、淶水、河間、肅寧、任邱、交河、青縣、南皮、獲鹿、赤城、宣化各州縣，永寧、衛良、牧署、採育裏、開平、沙河驛、德州、古北口、冷口、張家口、喜峯口、羅文峪、獨石口中、石匣等處。正黄旗滿洲官兵，初次給地四千四百同四十畝，二次給地九千一百七十四頃九十畝，三次給地一千八百七十三頃八十畝。二次給地一千一百二十七頃十畝，三次給地一千八百八十頃六十畝。漢軍官兵，初次給地一千八百八十四頃六十畝。漢軍官兵，初次地一千八百八十四頃六十畝。漢軍官兵，初次給一千二百七十四頃二十五畝，二次給地一千八百七十八頃七十五畝，三次給地一千六十七頃十五畝。共地二萬三千五百四十三頃八十五畝，坐落通州、涿州、昌平、霸州、蘇州、遵化、灤州、安州、易州、滄州、大興、宛平、良鄉、固安、永清、東安、香河、三河、武清、寶坻、順義、密雲、懷柔、房山、文安、保定、玉田、平谷、豐潤、盧龍、遷安、樂亭、清苑、滿城、安肅、定興、新城、唐縣、望都、容城、完縣、蠡縣、雄縣、高陽新安、淶水、河間、肅寧、任邱、交河、青縣、南皮、獲鹿、開平、赤城、宣化各州縣，古北口、冷口、張家口、獨石口中、石匣等處。正白旗滿洲官兵，初次給地五千七百二十七頃三十畝，二次給地三千三百二十六頃七十畝，三次給地四千三百三十七四頃十畝。蒙古官兵，初次給地一千二百九十三頃七十五畝，三次給地一千九十四頃五十八畝。漢軍官兵，初次給地八百六十七頃六十畝，二次給地一千四百六十五頃二十畝，在次給地一千四百三十九頃七十畝。共地二萬七百九十六頃四十八畝，坐落通州、涿州、昌平、霸州、蘇州、遵化、灤州、安州、易州、滄州、大興、宛平、良鄉、固安、永清、東安、香河、三河、武清、寶坻、順義、密雲、懷柔、房山、文安、保定、玉田、平谷、豐潤、盧龍、遷安、撫寧、昌黎、樂亭、安肅、定興、新城、容縣、完縣、雄縣、高陽、淶水、河間、肅寧、任邱、交河、清縣，南皮、宣化各州縣，羅文峪、張家口、獨石口中、古北口等處。正紅旗滿洲官兵，初次給地二千一百二十九頃八十八畝，二次給地五千三百十頃八十四畝有奇，三次給地二千一百二十頃七十畝。蒙古官兵，初次給地二百三十五頃六十八畝有奇，二次給地七百六十五頃六十畝，三次給地五百五十五頃三十畝。漢軍官兵，初次給地二百七十八頃十畝，二次給六百四十頃八十畝，三次給地三百七十頃二十畝。共地一萬二千四百七頃十畝，坐落通州、霸州、昌平、灤州、宛平、良鄉、固安、永清、東安、武清、寶坻、順義、密雲、房山、文安、保定、樂亭、清苑、安肅、定興、蠡縣、雄縣、任邱各州縣，河西務等處。鑲白旗滿洲官兵，初次給地六千二百六十八頃五十畝，二次給地二千六百七十四頃二十畝，三次給地二千二百九十頃二十畝，蒙古官賓，初次給地一千十四頃三十畝，二次給地一千八百六十一頃九十畝，三次給地九百五十六頃十畝。漢軍官兵，初次給地六百九頃，二次給地三百三頃三十畝，三次給地四百六十六頃八十畝。共地一萬五千四百四十四頃三十畝，坐落通州、涿州、昌平、霸州、蘇州、遵化、灤州、易州、滄州、延慶、大興、宛平、良鄉、固安、永清、東安、香河、三河、武清、寶坻、順義、密雲、懷柔、房山、文安、大城、保定、玉田、平谷、豐潤、盧龍、遷安、樂亭、滿城、安肅、定興、新城、容城、雄縣、新安、淶水、河間、肅寧、任邱、交河、青縣、靜海、南皮、赤城各州縣，良牧署、開平、沙河驛、張家口、喜峯口、冷口、羅文峪等處。鑲紅旗滿洲官兵，初次給地一千二百頃七十畝，二次給地五千七百八十七頃十五畝，三次給地二千六百十二頃二十五畝。蒙古官兵，初次給地三十五頃四十畝，二次給地一千三百四十五頃五十畝，三次給地六百四十三頃二十畝。漢軍官兵，初次給地三百七頃八十畝，二次給地六百三十頃，三次給地五百九十三頃七十畝。共地一萬三千五十五頃七十畝，坐落通州、涿州、昌平、霸州、灤州、滄州、延慶、宛平、良鄉、固安、永清、東安、香河、三河、武清、寶坻、順義、房山、大城、保定、豐潤、盧龍、遷安、樂亭、清苑、安肅、定興、成、唐縣、望都、完縣、蠡縣、雄縣、淶水、河間、肅寧、任邱、天津各州縣，河西務等處。正藍旗滿洲官兵，初次給地六千一百九十八頃七十五畝，二次給地三千九百九十二頃七十畝，三次給地二千二百七十九頃四十畝。蒙古官兵，初次給地一千二百三頃，二次給地七百二十三頃九十畝，三次給地七百十一頃六十畝。漢軍官兵，初次給地八百八十三頃九十五畝，二次給地七百三十二頃九十畝，三次給地四百十頃四十畝共地一萬七千一百三十六頃六十畝，坐落通州、涿州、昌平、霸州、蘇州、遵化、灤州、易州、延慶、大興、宛平、良鄉、固安、永清、東安、香河、三河、武清、寶坻、順義、密雲、給地三百七頃八十畝，二次給地六百三十頃，三次給地五百九十三頃七十畝。共地一萬三千五十五頃七十畝，坐落通州、涿州、昌平、霸州、灤州、滄州、延慶、宛平、良鄉、固安、永清、東安、香河、三河、武清、寶坻、順義、房山、大城、保定、豐潤、盧龍、遷安、樂亭、清苑、安肅、定興、新城、唐縣、望都、完縣、蠡縣、雄縣、淶水、河間、肅寧、任邱、天津各州縣，河西務等處。正藍旗滿洲官兵，初次給地六千一百九十八頃七十五畝，二次給地三千九百九十二頃七十畝，三次給地二千二百七十九頃四十畝。蒙古官兵，初次給地一千二百三頃，二次給地七百二十三頃九十畝，三次給地七百十一頃六十畝。漢軍官兵，初次給地八百八十三頃九十五畝，二次給地七百三十二頃九十畝，三次給地四百十頃四十畝共地一萬七千一百三十六頃六十畝，坐落通州、涿州、昌平、霸州、蘇州、遵化、灤州、易州、延慶、大興、宛平、良鄉、固安、永清、東安、香河、三河、武清、寶坻、順義、密雲、懷柔、房山、保定、玉田、平谷、豐潤、遷安、昌黎、清苑、滿城、安肅、定興、唐縣、容城、友鄰縣、高陽、新安、任邱、青縣、南皮各州縣，良牧署等處。鑲藍旗滿洲官兵，初次給地六千五百二頃八十畝，二次給地二千三百四十頃九十畝，三次給地一千四百六十頃四十畝。蒙古官兵，初次給地一千五百四十八頃三十畝，二次給地二百四十頃七十八畝，三次給地三百十二頃二十畝。漢軍官兵，初次給地七百五十八頃七十畝，二次給地四百八十三頃六十畝，三次給地四百五十三頃六十畝。共地一萬四千一百十一頃二十八畝，坐落昌平、涿州、安州、易州、大興、宛平、永清、東安、香河、三河、武清、密雲、房山、盧龍、樂亭、定興、蠡縣、高陽、淶水、河間、任邱、獲鹿各州縣，河西務、獨石口、張家口等處。

《户部則例》卷五《田賦・旗地・新滿洲房地》 一、留京當差之新滿洲官兵，按其差使等第撥給地畝，由部給租。應得房間什物銀兩，由工部給領。頭等、二等侍衛各應得十名壯丁地，三等侍衛、藍領侍衛、護軍校、驍騎校各應得八名壯丁地。護軍前鋒、親軍司鞍、司轡各應得六名壯丁地。披甲拜唐阿馬上人，各應得五名壯丁地。每壯丁一名，合地三十畝，每畝原定租銀一錢五分。俱按原定每畝該折租銀一錢五分之數減半折給其乾隆三十六年定制以前舊撥地畝，係照地管業者，仍聽自行收租，係退地折領租銀者，亦照伊等減半折給。其折租地數如留京一年内陞轉者，以陞銜計一年外陞轉者，仍以原銜計。此後再有陞條，不另增減。每歲十二月爲支放租銀之期，令該旗預行造册咨部，屆期派員赴領，户部於直隸省徵解旗地租銀内，動欵發交該旗散給。

一、各官兵應得租銀，本人身故，准給在京子孫。如並無子嗣，而其婦守節，亦照舊給與，身故扣除。無妻有女，照絶嗣地畝例酌給租銀十分之三，出嫁後扣除。若本户無嗣，承嗣之人從前亦係留京新滿洲，本身原有地畝租銀者，衹准擇留一分，不准重支。

《大清會典》卷一〇《田賦·存留墳地》 一、八旗絶嗣地畝在臺頃以上者，作爲拾分以柒分入官，叁分留給該族代爲祭埽。無族人者，給本户之親女，次給親姊妹姪女，再次給親外甥、外孫。如地在壹頃以下者，概給叁拾畝，餘地入官，不足叁拾畝全行給予，凡應給祭埽地畝，如無親屬，派本户家奴二名看守主墓。倘本户並無家奴，交該佐領擇人代爲收租祭埽。若得地之人私自典賣者，從重治罪，失察該管官議處。

一、凡八旗及漢員應行入官地内有墳園祭田數在叁頃以下者，免其入官。若在叁頃以上，除給還叁頃外，餘地悉行入官。

（明）佚名《大明律講解》卷五《任所置買田宅》 凡有司官吏，不得於見任處所置買田宅。違者笞五十，解任，田宅入官。

《大清新法令》第一卷《光緒新法令·光緒二十八年正月十七日上諭》 各直省衛所、屯田，原爲轉漕養育兵丁而設。自漕米改由海運以來，屯衛弁丁半成虚設。此項田畝私行典賣，轉輾糾葛，弊端百出。現在定章改折，漕糧急宜認真清查，改歸丁漕，以昭核實，而裕賦課。

《大清新法令》第四卷《光緒新法令·農工商部等會奏核議礦務章程折附片並請單》 第七十條 保護地方墳墓民業生計。礦地如有墳墓須盡力保護，所有一切工程應在距離該墳定章尺寸以外方許施工，歷代有名帝王、聖賢陵墓相距三十里，先賢、名宦墓相距三里，尋常士紳墓相距五百官尺，地下亦不准横斜入限内。萬一墳墓於礦有礙，勢難兼顧者，應禀明地方官，並知照該墳主直屬子孫妥爲商辦，量其情形從優酌給遷費。凡礦産該處地方不能以有關風水、積習空談阻止開採，惟于民間營業生計實有妨礙，民情不能允服者不得稍有强迫，准由該礦商禀請官局詣勘再行酌辦。

《大清新法令》第四卷《光緒新法令·農工商部通飭勸導商民赴桂墾荒文》 接准度支部咨稱，本部會奏廣西巡撫奏，變通章程招商墾荒一折，于光緒三十三年正月二十三日具奏，奉旨，依議，欽此。鈔録原奏，恭録諭旨知照前來，查原奏内稱：招商而外並應多招農民，無論報墾多少俱准認領。外洋墾荒如美洲、非洲等處，向來多用華工，以彼遠適重洋，待遇苛虐，一經墾熟，利歸地主，各省貧民猶復趨之若騖。況以廣西道里之近，升科年限之寬，墾熟即同業已報領，又無荒價。誠以外洋招工之法實力舉行，分派妥員會同各省地方官曉諭周知，應無不奔走偕來等語。廣西土壤肥美，地宜稼穡，現經度支部會同本部議奏，准照前撫林紹年奏請，仿照外洋招商開墾辦法，任商人擇定地段，給以照據，寬以升科，實于墾政前途大有裨益，惟事屬創舉，鄉僻小民勢難共喻，自宜廣爲曉示，俾克周知。合行恭録諭旨，附刷原奏札行該商會總協理等遵照，體察情形廣爲勸導，俾知朝廷重農實邊，子惠黎元之至意。如有商民願赴該省承墾者，務即隨時報部，以便咨行桂撫查照辦理可也。

紀事

《國語·晉語八》 范宣子與和大夫争田，久而無成，宣子欲攻之，問於伯華。伯華曰：外有軍，内有事。赤也，外事也，不敢侵官。且吾子之心有出焉，可徵訊也。問於孫林甫，孫林甫曰：旅人，所以事子也，唯事是待。問於張老，張老曰：老也以軍事承子，非戎，則非吾所知也。問於祁奚，祁奚曰：公族之不恭，公室之有回，内事之邪，大夫之食，是吾罪也。若以君官從子之私，懼子之應且憎也。問於籍偃，籍偃曰：偃也以斧鉞從於張孟，日聽命焉，若夫子之命也，何二之有，釋夫子而舉，是反吾子也。問於叔魚，叔魚曰：待吾爲子殺之。

叔向聞之，見宣子曰：聞子與和未寧，徧問於大夫，又無決，盍訪之訾祏。訾祏實直而博，直能端辨之，博能止下比之，且吾子之家老也。吾聞國家有大事，必順於典刑，而訪諮於耇老，而後行之。司馬侯見，曰：聞吾子有和之怒，吾以爲不信。諸侯皆有二心，是之不憂，而怒和大夫，非子之任也。祁午見，曰：晉爲諸侯盟主，子爲正卿，若能靖端諸侯，使服聽命於晉，晉國其誰不爲子從，何必和？盍密和，和大以平小乎！

宣子問於訾祏，訾祏對曰：昔隰叔子違周難於晉國，生子輿爲理，以正於朝，朝無姦官，爲司空，以正於國，國無敗績。世及武子，佐文、襄爲諸侯，諸侯無二心。及爲卿，以輔成、景，軍無敗政。及爲成師，居太傅，端刑法，緝訓典，國無奸民，後之人可則，是以受隨、范。及文子成晉、荆之盟，豐兄弟之國，使無有閒隙，是以受郇、櫟。今吾子嗣位，於朝無奸行，於國無邪民，於是無四方之患，而無外内之憂，賴三子之功而饗其禄位。今既無事矣，而非和，於是加寵，將何治爲，宣子説，乃益和田而與之和。

《國語·晉語九》 士景伯如楚，叔魚爲贊理。邢侯與雍子争田，雍子納其女於叔魚以求直，及斷獄之日，叔魚抑邢侯，邢侯殺叔魚與雍子於朝。韓宣子患之，叔向曰，三姦同罪，請殺其生者而戮其死者。宣子曰，若何，對曰：鮒也鬻獄，雍子買之以其子，邢侯非其官也而干之。夫以回鬻國之中，與絶親以買直，與非司寇而擅殺，其罪一也。邢侯聞之，逃。遂施刑侯氏，而尸叔魚與雍子於市。

《漢書》卷一上《高帝紀》 〔二年〕漢王如陜，【略】繕治河上塞。故秦苑囿園池，令民得田之。

《漢書》卷四《文帝紀》 〔二年春正月〕丁亥，詔曰：夫農，天下之本也，其開藉田，朕親率耕，以給宗廟粢盛。

《漢書》卷二四上《食貨志》 董仲舒説上曰：【略】至秦則不然，用商鞅之法，改帝王之制，除井田，民得賣買，富者田連仟佰，貧者亡立錐之地。【略】

哀帝即位，師丹輔政，建言：古之聖王莫不設井田，然後治乃可平。孝文皇帝承亡周亂秦兵革之後，天下空虚，故務勸農桑，帥以節儉。民始充實，未有并兼之害，故不爲民田及奴婢爲限。今累世承平，豪富吏民訾數鉅萬，而貧弱俞困。蓋君子爲政，貴因循而重改作，然所以有改者，將以救急也。亦未可詳，宜略爲限。天子下其議。丞相孔光、大司空何武奏請：諸侯王、列侯皆得名田國中。列侯在長安，公主名田縣道，及關内侯、吏民名田皆毋過三十頃。諸侯王奴婢二百人，列侯、公主百人，關内侯、吏民三十人。期盡三年，犯者没入官。時田宅奴婢賈爲減賤，丁、傅用事，董賢隆貴，皆不便也。詔書且須後，遂寢不行。【略】

平帝崩，王莽居攝，遂篡位。【略】又動欲慕古，不度時宜，分裂州郡，改職作官，下令曰，漢氏減輕田租，三十而税一，常有更賦，罷癃咸出，而豪民侵陵，分田劫假，厥名三十，實什税五也。當者驕而爲邪，貧者窮而爲姦，俱陷於辜，刑用不錯。今更名天下田曰王田，奴婢曰私屬，皆不得賣買。其男口不滿八，而田過一井者，分餘田與九族鄉黨。犯令，法至死，制度又不定，吏緣爲姦，天下謷謷然，陷刑者衆。

《漢書》卷二九《溝洫志》 自鄭國渠起，至元鼎六年，百三十六歲，而兒寬爲左内史，奏請穿鑿六輔渠，以益溉鄭國傍高卬之田。上曰：農，天下之本也。泉流灌寖，所以育五穀也。左、右内史地，名山川原甚衆，細民未知其利，故爲通溝瀆，畜陂澤，所以備旱也。今内史稻田租挈重，不與郡同，其議減。今吏民勉農，盡地利，平繇行水，勿使失時。

《漢書》卷九六下《西域傳》　自武商初通西域，置校尉，屯田渠犂。是時軍旅連出，師行三十二年，海内虚耗。征和中，貳師將軍李廣利以軍降匈奴。上既悔遠征伐，而搜粟都尉桑弘羊與丞相御史奏言：故輪臺（以）東捷枝、渠犂皆故國，地廣，饒水草，有溉田五千頃以上，處温和，田美，可益通溝渠，種五穀，與中國同時孰。其旁國少錐刀，貴黄金采繒，可以易穀食，宜給足不乏。臣愚以爲可遣屯田卒詣故輪臺以東，置校尉三人分護，各舉圖地形，通利溝渠，務使以時益種五穀。張掖、酒泉遣騎假司馬爲斥候，屬校尉，事有便宜，因騎置以聞。田一歲，有積穀，募民壯健有累重敢徙者詣田所，就畜積爲本業，益墾溉田，稍築列亭，連城而西，以威西國，輔烏孫，爲便。臣謹遣徵事臣昌分部行邊，嚴敕太守都尉明㷭火，選士馬，謹斥候，蓄茭草。願陛下遣使使西國，以安其意。臣昧死請。

《漢書》卷九九中《王莽傳中》　〔始建國元年四月〕莽曰：古者，設廬井八家，一夫一婦田百畝，什一而税，則國給民富而頌聲作。此唐虞之道，三代所遵行也。秦爲無道，厚賦税以自供奉，罷民力以極欲，壞聖制，廢井田，是以兼并起，貪鄙生，强者規田以千數，弱者曾無立錐之居。又置奴婢之市，與牛馬同蘭，制於民臣，顓斷其命。姦虐之人因緣爲利，至略賣人妻子，逆天心誖人倫，繆於天地之性人爲貴之義。《書》曰予則奴戮女，唯不用命者，然後被此辜矣。漢氏減輕田租，三十而税一，常有更賦，罷癃咸出，而豪民侵陵，分田劫假。厥名三十税一，實什税五也。父子夫婦終年耕芸，所得不足以自存。故富者犬馬餘菽粟，驕而爲邪，貧者不厭糟糠，窮而爲姦。俱陷于辜，刑用不錯。予前在大麓，始令天下公田口井，時則有嘉禾之祥，遭反虜逆賊且止。今更名天下田曰王田，奴婢曰私屬，皆不得賣買，其男口不盈八，而田過一井者，分餘田予九族鄰里鄉黨，故無田，今當受田者，如制度，敢有非井田聖制，無法惑衆者，投諸四裔，以禦魑魅，如皇始祖考虞帝故事。

《三國志》卷一五《魏志·司馬朗傳》　司馬朗字伯達，河内温人也，【略】年二十二，太祖辟爲司空掾屬，除成皋令，以病去，復爲堂陽長。其治務寬惠，不行鞭杖，而民不犯禁。先時，民有徙充都内者，後縣調當作船，徒民恐其不辦，乃相率私還助之，其見愛如此。遷元城令，入爲丞相主簿。【略】又以爲宜復井田。往者以民各有累世之業，難中奪之，是以至今。今承大亂之後，民人分散，土業無主，皆爲公田，宜及此時復之。

《三國志》卷二七《魏志·徐邈傳》　徐邈字景山，燕國薊人也。太祖平河朔，召爲丞相軍謀掾，試守奉高令，入爲東曹議令史。【略】明帝以涼州絶遠，南接蜀寇，以邈爲涼州刺史，使持節領護羌校尉。【略】河右少雨，常苦乏穀，邈上脩武威、酒泉鹽池以收虜穀，又廣開水田，募貧民佃之，家家豐足，倉庫盈溢。

《三國志》卷五四《吴志·吕蒙傳》　曹公遣朱光爲盧江太守，屯皖，大開稻田，又令閒人招誘鄱陽賊帥，使作内應。

《後漢書》卷一下《光武帝紀》　〔建武六年十二月〕癸巳，詔曰：頃者師旅未解，用度不足，故行什一之税。今軍士屯田，糧儲差積。其令郡國收見田租三十税一，如舊制。

《後漢書》卷二五《魯恭傳》　魯恭字仲康，扶風平陵人也。【略】拜中牟令。恭專以德化爲理，不任刑罰。訟人許伯等争田，累守令不能决，恭爲平理曲直，皆退而自責，輟耕相讓。

《後漢書》卷七六《循吏傳·秦彭》　秦彭字伯平，扶風茂陵人也。【略】建初元年，遷山陽太守。【略】興起稻田數千頃，每於農月，親度頃畝，分别肥塉，差爲三品，各立文簿，藏之鄉縣。於是姦吏跼蹐，無所容詐。彭乃上言，宜令天下齊同其制。詔書以其所立條式，班令三府，並下州郡。

《南齊書》卷四四《徐孝嗣傳》　徐孝嗣字始昌，東海郯人也。【略】是時連年虜動，軍國虚之。孝嗣表立屯田曰，有國急務，兵食是同，一夫輟耕，於事彌切。故井陌壃里，長轂盛於周朝，屯田廣置，勝戈富於漢室。降此以還，詳略可見。但求之自古，爲論則賒，即以當今，宜有要術。竊尋緣淮諸鎮，皆取給京師，費引既殷，漕運艱澀。聚糧待敵，每（若）〔苦〕不周，利害之基，莫此爲急。臣比訪之故老及經彼宰守，淮南舊田，觸處極目，陂遏不脩，咸成茂草。平原陸地，彌望尤多。今邊備既嚴，戍卒增衆，遠資餽運，近廢良疇，士多飢色，可爲嗟歎。愚欲使刺史二千石躬自履行，隨地墾闢。精尋灌溉之源，善商肥确之異。州郡縣戍主帥以下，悉分番附農。今水田雖晚，方事菽麥，菽麥二種，益是北士所宜，彼人便之，不減粳稻。開創之利，宜在及時。所啓允合，請即使至徐、兗、司、豫、爰及荆、雍，各當境規度，勿有所遺。別立主曹，專司其事。田器耕牛，臺詳所給。歲終言殿最，明其刑賞。此功克舉，庶有弘益。若緣邊足食，則江南自豐，權其所饒，略不可計。事御見納。

《魏書》卷一一〇《食貨志》 夫爲國爲家者，莫不以穀貨爲本。故《洪範》八政，以食爲首，其在《易》曰聚人曰財，《周禮》以九職任萬民，以九賦斂財賄。是以古先哲王莫不敬授民時，務農重穀，躬親千畝，貢賦九州。且一夫不耕，一女不織，或受其飢寒者。飢寒迫身，不能保其赤子，攘竊而犯法，以至於殺身。迹其所由，王政所陷也。夫百畝之内，勿奪其時，易其田疇，薄其稅斂，民可使富也。既飽且富，而仕義禮節生焉，亦所謂衣食足，識榮辱也。晋末，天下大亂，生民道盡，或死於干戈，或斃於飢饉，其幸而自存者蓋十五焉。太祖定中原，接喪亂之弊，兵革並起，民廢農業。方事雖殷，然經略之先，以食爲本，使東平公儀墾辟河北，自五原至於棝陽塞外爲屯田。

《晋書》卷一九《禮志》 及武帝泰始四年，有司奏始耕祠先農，可令有司行事。詔曰，夫國之大事，在祀與農。是以古之聖王，躬耕帝藉，以供郊廟之粢盛，且以訓化天下。近世以來，耕藉止於數步之中，空有慕古之名，曾無供祀訓農之實，而有百官車徒之費。今修千畝之制，當與羣公卿士躬稼穡之艱難，以率先天下。主者詳具其制，下河南，處田地於東郊之南，洛水之北。若無官田，隨宜便換，而不得侵人也。於是乘輿御木輅以耕，以太牢祀先農。自惠帝之後，其事便廢。

《晋書》卷二六《食貨志》 及平吴之後，有司又奏，詔書王公以國爲家，京城不宜復有田宅。今未暇作諸國邸，當使城中有往來處，近郊有芻藁之田。今可限之，國王公侯，京城得有一宅之處。近郊田，大國田十五頃，次國十頃，小國七頃。城内無宅城外有者，皆聽留之。

又制户調之式：丁男之户，歲輸絹三匹，綿三斤，女及次丁男爲户者半輸。其諸邊郡或三分之二，遠者三分之一。夷人輸賨布，户一匹，遠者或一丈。男子一人占田七十畝，女子三十畝。其外丁男課田五十畝，丁女二十畝，次丁男半之，女則不課。男女年十六已上至六十爲正丁，十五已下至十三、六十一已上至六十五爲次丁，十二已下六十六已上爲老小，不事。遠夷不課田者輸義米，户三斛，遠者五斗，極遠者輸算錢，人二十八文。其官品第一至于第九，各以貴賤占田，品第一者占五十頃，第二品四十五頃，第三品四十頃，第四品三十五頃，第五品三十頃，第六品二十五頃，第七品二十頃，第八品十五頃，第九品十頃。而又各以品之高卑蔭其親屬，多者及九族，少者三世。宗室、國賓、先賢之後及士人子孫亦如之。而又得蔭人以爲衣食客及佃客，品第六已上得衣食客三人，第七第八品二人，第九品及舉輦、迹禽、前驅、由基、强弩、司馬、羽林郎、殿中冗從武賁、殿中武賁、持椎斧武騎武賁、持鈒冗從武賁、命中武賁武騎一人。其應有佃客者，官品第一第二者佃客無過五十户，第三品十户，第四品七户，第五品五户，第六品三户，第七品二户，第八品第九品一户。

《晋書》卷三四《羊祜傳》 羊祜字叔之，泰山南城人也。【略】帝將有滅吴之志，以祜爲都督荆州諸軍事、假節，散騎常侍、衛將軍如故。【略】時長吏喪官，後人惡之，多毁壞舊府，祜以死生有命，非由居室，書下徵鎮，普加禁斷。

《晋書》卷四二《王渾傳》 王渾字玄冲，太原晋陽人也。【略】長子尚早亡，次子濟嗣。【略】性豪侈，麗服玉食。時洛京地甚貴，濟買地爲馬埒，編錢滿之，時人謂爲金溝。

《晋書》卷九八《王敦傳》 王敦字處仲，司徒導之從父兄也。【略】永昌元年，敦率衆内向，以誅隗爲名，上疏曰，劉隗【略】傾盡帑藏，以自資奉，賦役不均，百姓嗟怨，免良人奴，自爲惠澤。自可使其大田以充倉廩，今便割配，皆充隗軍。

《梁書》卷三《武帝紀》 〔普通二年夏四月〕丙辰，詔曰，夫欽若昊天，曆象無違，躬執耒耜，盡力致敬，上協星鳥，俯訓民時，平秩東作，義不在南。前代因襲，有乖禮制，可於震方，簡求沃野，具兹千畝，庶允舊章。

《陳書》卷五《宣帝紀》 〔太建二年〕秋八月甲申，詔曰：懷遠以德，抑惟恒典，去戎即華，民之本志。頃年江介繦負相隨，崎嶇歸化，亭候不絶，宜加卹養，答其誠心。維是荒境自拔，有在都邑及諸州鎮，不問遠近，竝蠲課役。若克平舊土，反我侵地，皆許還鄉，一無拘限。州郡縣長明加甄別，良田廢村，隨便安處。若輒有課訂，即以擾民論。

《陳書》卷五《宣帝紀》〔太建四年閏十一月〕辛未，詔曰：姑孰饒曠，荆河斯擬，博望闕畿，天限嚴峻，龍山南指，牛渚北臨，對熊繹之餘城，邇全琮之故壘，良疇美柘，畦畎相望，連宇高甍，阡陌如繡。自梁末兵災，凋殘略盡，比雖務優寬，猶未克復，咫尺封畿，宜須殷阜。且衆將部下，多寄上下，軍民雜俗，極爲蠹耗。自今有罷任之徒，許分留部下，其已在江外，亦令迎還，悉住南州津裏安置。有無交貨，不責市估，萊荒墾闢，亦停租税。臺遣鎮監一人，共刺史、津主分明撿押，給地賦田，各立頓舍。

《北齊書》卷一八《高隆之傳》高隆之字延興，本姓徐氏，云出自高平金鄉。天平初，【略】入爲尚書僕射。時初給民田，貴皆占良美，貧弱咸受瘠薄。隆之啓高祖，悉更反易，乃得均平。

《南史》卷七三《孝義傳·吴達之》吴達之，義興人也。嫂亡無以葬，自賣爲十夫客，以營冢椁。從祖弟敬伯，夫妻荒年被略賣江北，達之有田十畝，貨以贖之，與同財共宅。郡命爲主簿，固以讓兄。又讓世業舊田與族弟，弟亦不受，田遂閑廢。齊建元三年，詔表門閭。

（唐）李林甫《唐六典》卷三《尚書户部》凡天下之田，五尺爲步，二百有四十步爲畝，畝百爲頃。度其肥瘠寬狹，以居其人。凡給田之制有差：丁男、中男以一頃；中男年十八已上者，亦依丁男給。老男、篤疾、廢疾以四十畝；寡妻妾以三十畝，若爲户者則減丁之半。凡田分爲二等，一曰永業，一曰口分。丁之田二爲永業，八爲口分。凡道士給田三十畝，女冠二十畝；僧、尼亦如之。凡官户受田減百姓口分之半。凡天下百姓給園宅地者，良口三人已下給一畝，三口加一畝；賤口五人給一畝，五口加一畝，其口分、永業不與焉。若京城及州、縣郭下園宅，不在此例。凡給口分田皆從便近；居城之人本縣無田者，則隔縣給授。凡應收授之田皆起十月，畢十二月。凡授田先課後不課，先貧後富，先無後少。凡州、縣界内所部受田悉足者爲寬鄉，不足者爲狹鄉。凡官人受永業田：親王一百頃，職事官正一品六十頃，郡王及職事官從一品五十頃，國公若職事官正二品四十頃，郡公若職事官從二品三十五頃，縣公若職事官正三品二十五頃，職事官從三品二十頃，侯若職事官正四品十四頃，伯若職事官從四品十一頃，子若職事官正五品八頃，男若職事官從五品五頃；上柱國三十頃，柱國二十五頃，上護軍二十頃，護軍十五頃，上輕車都尉一十頃，輕車都尉七頃上騎都尉六頃，騎都尉四頃，驍騎尉、飛騎尉各八十畝，雲騎尉、武騎尉各六十畝。其散官五品已上同職事給。其地並於寬鄉請授，亦任隔越請射，莅帥，皆許傳之子孫，不在此授之限。若未請受而身亡者，子孫不合追請。若襲爵者，祖、父未請地，其子、孫減初受封者之半。凡天下諸州公廨田：大都督府四十頃，中都督府三十五頃，下都督、都護、上州各三十頃，中州二十頃；宫總監、下州各十五頃，上縣十頃，中縣八頃，中下縣六頃，上牧監、上鎮各五頃，下縣及中牧、下牧、司竹監、中鎮、諸軍折衝府各四頃，諸冶監、諸倉監、下鎮、上關各三頃，互市監、諸屯監、上戍、中關及津各二頃，津隸都水，則不别給。下關一頃五十畝，中戍、下戍、嶽、瀆各一頃。凡諸州及都護府官人職分田：二品一十二頃，三品、四品以二頃爲差，五品至八品以一頃爲差，九品二頃五十畝。鎮、戍、關、津、嶽、瀆及在外監官：五品五頃，六品三頃五十畝，七品三頃，八品二頃，九品一頃五十畝。三衛中郎將、上府折衝都尉各六頃，中府、下府以五十畝爲差；郎將各五頃；上府果毅都尉四頃，中府、下府以五十畝爲差；上府長史、别將各三頃，中府、下府各二頃五十畝。親王府典軍五頃五十畝，副典軍四頃。千牛備身、備身左右、太子千牛備身各三頃。諸軍上折衝府兵曹各二頃，中府、下府各一頃五十畝。其外軍校尉一頃二十畝，旅帥一頃，隊正、副各八十畝。凡給職分田，若陸田限三月三十日，稻田限四月三十日，以前上者，並入後人；以後上者，入前人。其麥田以九月三十日爲限。若應給職田無地可充者，率畝給粟二斗。

（唐）杜佑《通典》卷二《食貨·田制》隋文帝令，自諸王以下至於都督，皆給永業田，各有差。多者至百頃，少者至四十畝。其丁男、中男永業露田，皆遵後齊之制。並課樹以桑榆及棗。其園宅率三口給一畝，奴婢則五口給一畝。京官又給職分田，一品者給田五頃，至五品則爲田三頃，其下每品以五十畝爲差，至九品爲一頃。外官亦各有職分田。又給公廨田以供用。開皇九年，任墾田千九百四十萬四千二百六十七頃。隋開皇中，户總八百九十萬七千五百三十六。按定墾之數，每户合墾田二頃餘也。開皇十二年，文帝以天下户口歲增，京輔及三河地少而人衆，衣食不給，議者咸欲徙就寬鄉。帝乃發使四出，均天下之田。其狹鄉，每丁纔至二十畝，老小又少焉。至大業中，天下墾田五千五百八十五萬四千四十頃。按其時有户八百九十萬七千五百三十六，則每户合得墾田五頃餘，恐本史之非實。

大唐開元二十五年令：田廣一步、長二百四十步爲畝，百畝爲頃。自秦漢以降，即二百四十步爲畝，非獨始於國家，蓋具令文耳。國家程式雖則具存，今所存纂録，不可悉載，但取其朝夕要切，冀易精詳，乃臨事不惑。丁男給永業田二十畝，口分田八十畝，其中男年十八以上亦依丁男給，老男、篤疾、廢疾各給口分田四十畝，寡妻妾各給口分田三十畝，先永業者，通充口分之數。黄、小、中、丁男女及老男、篤疾、廢疾、寡妻妾當户者，各給永業田二十畝，口分田二十畝。應給寬鄉，並依所定數；若狹鄉新受者，減寬鄉口分之半。其給口分田者，易田則倍給。寬鄉三易以上者，仍依鄉法易給。其永業田，親王百頃，職事官正一品六十頃，郡王及職事官從一品各五十頃，國公若職事官正二品各四十頃，郡公若職事官從二品各三十五頃，縣公若職事官正三品各二十五頃，職事官從三品二十頃，侯若職事官正四品各十四頃，伯若職事官從四品各十頃，子若職事官正五品各八頃，男若職事官從五品各五頃，上柱國三十頃，柱國二十五頃，上護軍二十頃，護軍十五頃，上輕車都尉十頃，輕車都尉七頃，上騎都尉六頃，騎都尉四頃，驍騎尉、飛騎尉各八十畝，雲騎尉、武騎尉各六十畝。其散官五品以上同職事給，兼有官爵及勳俱應給者，唯從多，不並給。若當家口分之外，先有地非狹鄉者，並即迴受，有賸追收，不足者更給。諸永業田皆傳子孫，不在收授之限，即子孫犯除名者，所承之地亦不追。每畝課種桑五十根以上，榆棗各十根以上，三年種畢。鄉土不宜者，任以所宜樹充。所給五品以上永業田，皆不得狹鄉受，任於寬鄉隔越射無主荒地充。即買蔭賜田充者，雖狹鄉亦聽。其六品以下永業，即聽本鄉取還公田充，願於寬鄉取者亦聽。應賜人田，非指的處所者，不得狹鄉給。其應給永業人，若官爵之内有解免者，從所解者追。即解免不盡者，隨所降品追。其除名者，依口分例給，自外及有賜田者並追。若當家之内有官爵及少口分應受者，並聽迴給，有賸追收，其因官爵應得永業，未請及未足而身亡者，子孫不合追請也。諸襲爵者，唯得承父祖永業，不合別請。若父祖未請及未足而身亡者，減始受封者之半給。其州縣界内所部受田，悉足者爲寬鄉，不足者爲狹鄉。諸狹鄉田不足者，聽於寬鄉遥受。應給園宅地者，良口三口以下給一畝，每三口加一畝，賤口五口給一畝，每五口加一畝，並不入永業口分之限。其京城及州郡縣郭下園宅，不在此例。諸京官文武職事職分田：一品一十二頃，二品十頃，三品九頃，四品七頃，五品六頃，六品四頃，七品三頃五十畝，八品二頃五十畝，九品二頃，並去京城百里内給。其京兆、河南府及京縣官人職分田亦準此。即百里外給者亦聽。諸州及都護府、親王府官人職分田：二品一十二頃，三品一十頃，四品八頃，五品七頃，六品五頃，京畿縣亦準此。七品四頃，八品三頃，九品二頃五十畝。鎮戍關津岳瀆及在外監官五品五頃，六品三頃五十畝，七品三頃，八品二頃，九品一頃五十畝。三衛中郎將、上府折衝都尉各六頃，中府五頃五十畝，下府及郎將各五頃，上府果毅都尉四頃，中府三頃五十畝，下府三頃，上府長史、别將各三頃，中府、下府各二頃五十畝。親王府典軍五頃五十畝，副典軍四頃，千牛備身左右、太子千牛備身各三頃。親王府文武官隨府出藩者，於在所處給。諸軍上折衝府兵曹二頃，中府、下府各一頃五十畝。其外軍校尉一頃二十畝，旅帥一頃，隊正副各八十畝，皆於領側州縣界内給。其校尉以下在本縣及去家百里内領者不給。諸驛封田皆隨近給，每馬一匹給地四十畝。若驛側有牧田之處，匹各減五畝。其傳送馬，每匹給田二十畝。諸庶人有身死家貧無以供葬者，聽賣永業田，即流移者亦如之。樂遷就寬鄉者，並聽賣口分。賣充住宅、邸店、碾磑者，雖非樂遷，亦聽私賣。諸買地者，不得過本制，雖居狹鄉，亦聽依寬制，其賣者不得更請。凡賣買，皆須經所部官司申牒，年終彼此除附。若無文牒輒賣買，財没不追，地還本主。諸以工商爲業者，永業口分田各減半給之，在狹鄉者並不給。諸因王事没落外藩不還，有親屬同居，其身分之地，六年乃追。身還之日，隨便先給。即身死王事者，其子孫雖未成丁，身分地勿追。其因戰傷及篤疾廢疾者，亦不追減，聽終其身也。諸田不得貼賃及質，違者財没不追，地還本主。若從遠役外任，無人守業者，聽貼賃及質。其官人永業田及賜田，欲賣及貼賃者，皆不在禁限。諸給口分田，務從便近，不得隔越。若因州縣改易，隸地入他境及犬牙相接者，聽依舊受。其城居之人，本縣無田者，聽隔縣受。雖有此制，開元之季，天寶以來，法令弛寬，兼併之弊，有踰於漢成哀之間。又田令，在京諸司及天下州府縣監、折衝府、鎮戍、關津、嶽瀆等公廨田、職分田，各有差。諸職分陸田限三月三十日，稻田限四月三十日，以前上者並入後人，以後上者入前人。其麥田以九月三十日爲限。若前人自耕未種，後人酬其功直；已自種者，准租分法。其價六斗以下者，依舊定；以上者，不得過六斗。並取情願，不得抑配。親王出藩者，給地一頃作園。若城內無可開拓者，於近城便給。如無官田，取百姓地充，其地給好地替。天寶中應受田一千四百三十萬三千八百六十二頃十三畝。按十四年有户八百九十萬餘，計定墾之數，每户合一頃六十餘畝。至建中初，分遣黜陟使按比墾田田數，都得百十餘萬頃。【略】

隋文帝開皇三年，突厥犯塞，吐谷渾寇邊，轉輸勞弊，乃令朔方總管趙仲卿於長城以北大興屯田。

大唐開元二十五年令，諸屯隸司農寺者，每三十頃以下、二十頃以上爲一屯。隸州鎮諸軍者，每五十頃爲一屯。應置者，皆從尚書省處分。其舊屯重置者，一依承前封疆爲定。新置者，並取荒閑無籍廣占之地。其屯雖料五十頃，易田之處各依鄉原量事加數。其屯官取勳官五品以上及武散官並前資邊州縣府鎮戍八品以上文武官內，簡堪者充。據所收斛斗等級爲功優。諸屯田應用牛之處，山原川澤，土有硬軟，至於耕墾用力不同。土軟處每一頃五十畝配牛一頭，彊硬處一頃二十畝配牛一頭。即當屯之內有硬有軟，亦准此法。其稻田每八十畝配牛一頭。諸營田若五十頃外更有地剩配丁牛者，所收斛斗皆準頃畝折除。其大麥、蕎麥、乾蘿蔔等，準粟計折斛斗，以定等級。

天寶八年，天下屯收百九十一萬三千九百六十石，關內五十六萬三千八百一十石，河北四十萬三千二百八十石，河東二十四萬五千八百八十石，河西二十六萬八十八石，隴右四十四萬九百二石。後上元中於楚州古謝陽湖置洪澤屯，壽州置芍陂屯，厥田沃壤，大獲其利。

（唐）杜佑《通典》卷三五《職官·職田公廨田》 大唐凡京諸司各有公廨田：司農寺，給二十六頃。殿中省，二十五頃。少府監，二十二頃。太常寺，二十頃。京兆府、河南府，各十七頃。太府寺，十六頃。吏部、户部各十五頃。兵部、內侍省，各十四頃。中書省、將作監，各十三頃。刑部、大理寺，各十二頃。尚書都省，門下省、太子左春坊，各十一頃。工部，一十頃。光禄寺、太僕寺、祕書省，各九頃。禮部、鴻臚寺、都水監、太子詹事府，各八頃。御史臺、國子監、京縣，各七頃。左右衛、太子家令寺，各六頃。衛尉寺、左右驍衛、左右武衛、左右威衛、左右領軍衛、左右金吾衛、左右監門衛、太子左右春坊，各五頃。太子左右衛率府、太史局，各四頃。宗正寺、左右千牛衛、太子僕寺、左右司御率府、左右清道率府、左右監門率府，各三頃。內坊、左右內率府、率更府，各二頃。在外諸司公廨田，亦各有差：大都督府，四十頃。中都督府，三十五頃。下都督、都護府、上州，各三十頃。中州，二十頃。宮總監、下州，各十五頃。上縣，十頃。中縣，八頃。下縣，六頃。上牧監、上鎮，各五頃。下縣及中下牧、司竹監、中鎮、諸軍、折衝府，各四頃。諸冶監、諸倉監、下鎮、上關，各三頃。互市監、諸屯監、上戍、中關及津，各二頃。其津隸都水使者，不給。下關，一頃五十畝。中戍、下戍、嶽瀆，各一頃。諸京官文武職事各有職分田：一品，十二頃。二品，十頃。三品，九頃。四品，七頃。五品，六頃。六品，四頃。七品，三頃五十畝。八品，二頃五十畝。九品，二頃。並去京城百里內給。其京兆、河南府及京縣官人職分田，亦準此。即百內地少，欲於百里外給者，亦聽之。諸州及都護府、親王府官人職分之田，亦各有差：一品，十二頃。三品，十頃。四品，八頃。五品，七頃。六品，五頃。京畿縣亦準此。七品，四頃。八品，三頃。九品，二頃五十畝。鎮、戍、關、津、嶽、瀆及在外監官五品，五頃。六品，三頃五十畝。七品，三頃。八品，二頃。九品，一頃五十畝。三衛中郎將、上府折衝都尉，各六頃。中府，五頃五十畝。下府及諸郎將，各五頃。上府果毅都尉，四頃。中府，三頃五十畝。下府，三頃。上府長史、別將，各三頃。中府、下府，各二頃五十畝。親王府典軍，五頃五十畝。副典軍，四頃。千牛備身、備身左右、太子千牛備身，各三頃。諸軍上折衝府兵曹，二頃。中府、下府，各一頃五十畝。其外軍校尉，一頃二十畝。旅帥，一頃。隊正副，各八十畝。皆於領側州縣界內給。其校尉以下在本縣及去家百里內領者，不給。其田亦借民佃植，至秋冬受數而已。諸職分陸田限三月三十日，稻田限四月三十日，以前上者並入後人，以後上者入前人。其麥田以九月三十日爲限。各前人自耕未種，後人酬其功直；已自種者，準租分法。其價六斗已下者，依舊定，不得過六斗，並取情願，不得抑配。開元十年六月敕，所置職田，本非古法，爰自近制，是以因循。事有變通，應須刪改。其內外官所給職田地子，從今年九月以後，並宜停給。十八年六月，京官職田，特令準令給受，復月舊制。自大曆以來，關中匱竭，時物騰貴，內官不給。乃減外官職田三分之一，以給京官俸。每歲通計，文武正員、員外官及內侍省、閑廄、五坊、南北衙宿衛並教坊內人家糧等，凡給米七十萬石。

《舊唐書》卷一三五《李實傳》　〔貞元〕二十年春夏旱，關中大歉，實爲政猛暴，方務聚斂進奉，以固恩顧，百姓所訴，一不介意。因入對，德宗問人疾苦，實奏曰，今年雖旱，穀田甚好。由是租税皆不免，人窮無告，乃徹屋瓦木，賣麥苗以供賦斂。優人成輔端因戲作語，爲秦民艱苦之狀云，秦城城池二百年，何期如此賤田園，一頃麥苗五石米，三間堂屋二千錢。凡如此語有數十篇。實聞之怒，言輔端誹謗國政，德宗遽令決殺。

《舊唐書》卷一八五上《良吏傳·王方翼》　王方翼，并州祁人也。高宗王庶人從祖兄也。祖裕，武德初隋州刺史。裕妻即高祖妹同安大長公主也。太宗時，以公主屬尊年老，特加敬異，數幸其第，賞賜累萬。方翼父仁表，貞觀中爲岐州刺史。仁表卒，妻李氏爲公主所斥，居於鳳泉別業。時方翼尚幼，乃與傭保齊力勤作，苦心計。功不虛棄，數年闢田數十頃，修飾館宇，列植竹木，遂爲富室。公主卒後，歸長安。友人趙持滿犯罪被誅，暴尸於城西，親戚莫敢收視。方翼嘆曰，欒布之哭彭越，大義也；周文之掩朽骼，至仁也。絶友之義，蔽主之仁，何以事君？乃收其屍，具禮葬之。高宗聞而嘉嘆，由是知名。

（宋）王溥《唐會要》卷五七《翰林院》　元和三年，淄青節度李師道進絹爲魏徵子孫贖宅，翰林學士白居易諫曰，徵是陛下先朝宰相，太宗嘗賜殿材，成其正室，尤與諸家第宅不同。官中自可贖之，而令師道掠美，事實非宜。憲宗深然之。

（宋）王溥《唐會要》卷八三《租税》　武德二年二月十四日制，每丁租二石，絹二丈，綿三兩。自茲以外，不得橫有調斂。七年三月二十九日，始定均田賦税。凡天下丁男給田一頃，篤疾、廢疾給四十畝，寡妻妾三十畝，若爲户者，加二十畝。所授之田，十分之二分爲世業，餘以爲口分。世業之田，身死則承户者授之，口分則收入官，更以給人。

（宋）王溥《唐會要》卷八五《逃户》　〔天寶〕十四載八月制：天下諸郡逃户，有田宅產業，妄被人破除，并緣欠負租庸，先已親鄰買賣，及其歸復，無所依投，永言此流，須加安輯。應有復業者，宜並却還，縱已代出租税，亦不在徵賠之限。【略】乾元三年四月敕：逃户租庸，據帳徵納，或貨賣田宅，或攤出鄰人。展轉誅求，爲弊亦甚。自今已後。應有逃户田宅。並須官爲租賃。取其價直。以充課税。逃人歸復。宜並却還。所由亦不得稱負欠租賦。別有徵索。寶應元年四月敕：近日已來，百姓逃散，至於户口，十不半存。今色役殷繁，不減舊數。既無正身可送。又遣鄰保祗承。轉加流亡。日益艱弊。其實流亡者且量蠲減。見在者節級差科。必冀安存。庶爲均濟。其月敕：百姓田地。比者多被殷富之家、官吏吞併，所以逃散，莫不由兹。宜委縣令。切加禁止。若界內自有違犯。當倍科責。【略】廣德二年四月敕：如有浮客情願編附，請射逃人物業者，便準式據丁口給授。如二年以上，種植家業成者，雖本主到，不在却還限，任別給授。大曆元年制：逃亡失業，萍泛無依，時宜招綏，使安鄉井。其逃户復業者，宜給復二年，無得輒有差遣。如有百姓先貨賣田宅盡者，宜委本州縣取逃死户田宅，量丁口充給。【略】長慶元年正月赦文：應諸道管內百姓，或因水旱兵荒，流離死絶。見在桑產，如無近親承佃，委本道觀察使于官健中取無莊田有人丁者。據多少給付。便與公驗。任充永業，不得令有力職掌人。妄爲請射。其官健仍借種糧，放三年租税。

（宋）王溥《唐會要》卷九二《內外官職田》　武德元年十二月制：內外官各給職分田，京官一品十二頃，二品十頃，三品九頃，四品七頃，五品六頃，六品四頃，七品三頃五十畝，八品二頃五十畝，九品二頃。雍州及外州官二品十二頃，三品十頃，四品八頃，五品七頃，六品五頃，七品四頃，八品三頃，九品二頃五十畝。貞觀十一年三月敕：內外官職田。恐侵百姓。先令官收。慮其禄薄家貧，所以別給地子。去歲緣有水旱，遂令總停，兹聞卑官頗難支濟，事須優恤，使得自資，宜準元敕，給其地子。景龍四年三月，敕旨頒行天下，凡屬文武官員五品以下，各加出五畝，五品以上，各加田四畝。開元十年正月，命有司收內外官職田，以給逃還貧民户。其職田以正倉粟畝二升給之。其年六月敕：所置職田，本非古法，爰自近制，是以因循，事有變通，應須刪改。其內外官所給職田地子，從今年九月以後，並宜停給。十八年三月敕：京官職田，將令準令給受，復用舊制。十九年四月敕：天下諸州縣並府鎮戍官等職田頃畝籍帳，仍依允租價對定，無過六斗，地不毛者，畝給二斗。二十九年二月敕：外官職田，委所司準例倉中受納，納畢一時分付，縣官亦準此。

大曆二年正月詔，京兆府及畿縣官職田，宜令準外州府縣官例，三分取一分。至十月，減京官職田，一分充軍糧，二分給本官。十四年八月勅，内外文武官職田及公廨田，準式，州縣每年六月三十日勘造白簿申省，與諸司文解勘會，至十月三十日徵收，給付本官。【略】貞元四年八月勅，準《田令》，永業田，職事官從一品、郡王各五十頃，國公若職事官正二品，各四十頃，郡公若職事官從二品，各三十五頃，縣公若職事官從三品，各二十頃，侯若職事官正四品，各十四頃，伯若職事官從四品，各十一頃。【略】長慶元年七月勅，百司職田在京畿諸縣者，訪聞本地，多被所由侵隱，抑令貧户佃食蒿荒，百姓流亡，半在於此。宜委京兆府勘會均配，務使公平。其年十月勅司，兼中書令合屬内官，各依舊外，再加田五畝，七品以下仍舊。

《新唐書》卷九八《馬周傳》 馬周字賓王，博州茌平人。【略】初，帝遇周厚，周頗自負。爲御史時，遣人以圖購宅，衆以其興書生，素無貲，皆竊笑。它日，白有住宅，直二百萬，周遽以聞，詔有司給直，并賜奴婢什物，由是人乃悟。

《新唐書》卷一二四《姚崇傳》 （姚）崇始名元崇，以與突厥叱剌同名，武后時以字行，至開元世，避帝號，更以今名。三子，彝、异、弈，皆至卿、刺史。【略】曾孫合是、勗。合，元和中進士及弟，調武功尉，善詩，世號姚武功者。遷監察御史，累轉給事中。奉先、馮翊二縣民訴牛羊使奪其田，詔美原主簿朱儔覆按，猥以田歸使，合劾發其私，以地還民。歷陝虢觀察使，終祕書監。

《遼代石刻文續編·董承德妻郭氏墓誌乾隆七年》 大遼西京警巡院右廂住人，久居係通百姓董承德。今爲亡妻郭氏於京西南約五里買到雲中縣孫權堡劉士言地五畝。長三十八步，闊三十二步，其塋方二十九步，其妻葬在甲穴。

《遼代石刻文續編·秦德昌墓誌太康四年》 其先丘壠本在池水故里，以桑河之所犯，遂徙於幽燕附郭之南原。今幼子絪以公宅於嚮都之久，因於都北不遠一舍吴家里創以別墅。大康四年四月十八日，遷柩於里東桃港而塋之。餘雖不佞，辱藴才勤請，勉爲志曰，湃陽金吾，偉器良圖。三朝所有，百代所無。君得而盛，民望而蘇。嗚呼，榆郡一朝兮軒堦以閏，桃谿千載兮鬆楸不枯。前雙州雙城縣令男進士龍湘書。河間郡尹延毬鎸夫人準先太師遺言，□□□□□代代看守墳營。子孫不議分割，莊田不得別將典賣。

《遼代石刻文續編·大通法寺常住上下院地産碑記》 鄉曲晚近東岩銓□安思道撰並書。佛氏之□□□□□入中□□□往古其所由來者漸矣。時或垂滅復興稍微□稽諸前史而有定論也。□□日相親□接談胸臆灑然終日忘倦，尋閱經文粗知其略爾。大抵如來示教以方便□□惡去彼取此而已，故其化人也，易其□人也，深夫如是歷年滋矣。其法彌彰俾世之俗或□□同□而徼福利者多矣。矧夫童發舍身服膺是教者尤難槩舉，推原其理，良有以焉。眷此名□□□鬆墓而雄柳郡詢及創始岡克周知。傳聞祖師琛公和尚栖息於兹有年矣。玄風以□□□事徒□□□不乏人。嗣法僧曰添曰孝琛公之雲仍也，前後歷典寺事□宇堂廊□□僧□□□條惟本□上下院常住也。地土多寡肥瘠隨宜揪歲計所入□□□兆貽□□□□若刻諸石，昭示空門，永爲張本，固不踼歟，二僧謁餘□□□□□有裏閈舊門□□摭其實姑述始未雲。西南常住莊□□□百□十步，南北計六百五十步，東至崇福寺並安□□至安家地，西至楊家並侯家地，北至官道並張家地。和龍山華嚴寺東至東山分水嶺，南至□□大峪口並近北去小峪内□□□。祖塋北墳山東至燒炭峪口中，南□□□嶺，□□頭，西至分水嶺，北□□嶺。

靈感寺東至焦家，趙家、周家地，南至官街，西至肖家地，北至官街。鬆岩寺東至看山，南至寺□大□澗，西至□梨樹灣子，北至□□澗道頭。南到□子，西至河□□□，北至□子。莊子樹堝子處□□南至口子，西至河□□，北至榆樹□□。黄山坡下地東至官道，南至河坎，西至棍子，北至水渠。水峪店地（東至河，南至古道，西至棍子，北至劉家地。）靈山寺（東至分水嶺奇菜峪，南至大道，西嶺頭。）寺北南峪莊子地（東至土嶺，南至□□，西□□□闌峪，分水嶺，北至田□□。東至古崖子，南至□□澗，西至分水嶺，北至□□□。）碭山院（東至東村行澗亂石頭坡東頭水澗底，南至傅山嶺，西至珪頭嶺西分水嶺，北至卯頭山分水嶺。）增福寺（東西二至澗水心，南北二至道。）玉泉寺（東至□桃峪嶺，南至大峪澗，西至河，北至□□。）崇國寺。四山寺（南至□□□，西至家堤子，北至□□。）重修寺（東南二至道，西至澗，北至東至嶺頭。）深井寺（東至澗，西至分水嶺，北至河心。）靈降寺（東至谷家地，南至澗，西，北至大山後北坎。）雲岩寺（東至王家嶺，南至高嶺，西至□嶺，北至葛家峪澗。）洪福寺（東至東嶺頭，南至□家地，西至河，北至山。）清修院（東至道並院墻，南至道，西至巷，北至墻。）石門山寺（東至峪口，南至分水嶺，西至關脚，北至高本峪頭。）龍泉山寺（東至東山頭，南至分水嶺，西至南北道，北至分水嶺。）□國寺。三塔院（東至道，南至松嶺，西至□渠，北至□家墻並道。）華梨院（東至峪口，南至分水嶺，西至分水嶺，北至□嶺。）觀音堂（東南二至道，西至米家地，北至河心。）假禪院（東至城巷，南至張家地，西至巷，北至侯家，安家、丁家地。）□家講院。

（宋）佚名《皇宋中興兩朝聖政》卷五一《孝宗皇帝·場為民不教田買》 乾道八年三月己巳，馬軍司李顯忠乞兑換民田充都教場，有司申民間不願欲每畝支錢五貫文□買，上曰，馬司諸軍皆未有教場否，虞允文奏雖有之，但未有都教場以備合教，上曰建康營軍馬自有大教場，每遇合教可以時暫教閱，允文奏豈非聖意不欲取民田否，上曰，然。

（宋）李燾《續資治通鑑長編》神宗元豐元年十月 〔戊辰〕經制熙河邊防財用司言，四州軍依朝旨標撥官莊田外，乞於近城各更擇沃土上腴地二十頃爲營田，專差使臣等管勾。從之。

（宋）李燾《續資治通鑑長編》神宗元豐元年十月 〔辛酉〕河北沿邊安撫司言，雄州公人雖全屬南朝召募，其田產多與兩輸相接，慮事機因此傳報。欲自今召募，止於在城久居坊郭，并易河南岸及塘泊以南村。從之。

（宋）李燾《續資治通鑑長編》神宗元豐元年十一月 〔丁亥〕河東路經略司言準中書送下權同管勾河東緣邊安撫司王崇極言豐州永安、保寧二寨地，昨與西界首領商量分定以奢俄爲界，委官標量，合耕地三十頃有畸，乞下本司更令按視，募弓箭手耕治。本司今欲依崇極奏施行。從之。

（宋）李燾《續資治通鑑長編》哲宗元祐六年十月 〔丙子〕河東路經略司奏請應沿邊蕃官、蕃部地土，如係官給者，並不許遞相典賣。熟户蕃部祖父及已業，即聽熟户自行典賣產。並從之。

（宋）李燾《續資治通鑑長編》哲宗元符元年十月 〔癸卯〕又言：詳定一司敕令所奏，按元符元年九月敕，府界諸路場務抵當折納田宅，更不出賣，並召人賃佃。竊詳承買場務所供抵當，自熙寧、元豐以來，立法各是出賣，以補填不足之數。然猶有出賣不及元祐數者，以至檢估官吏備償之法，其檢估官吏，尚或繆增估置。今若不行出賣，盡令佃賃，委有未便，伏乞改正。從之。

（元）程文海《雪樓集》卷一三《記·永新州醫學祭田記》 國家仁民愛物，無所不用其極，天下郡縣建醫學，置官吏，與儒學等，醫有功於民甚大，誠有國者所宜先。昔人方之相業可見已。大德初，王東野爲吉安路永新州官醫提領，七年遷本路副提領，至大四年赴調京師，改臨江、未行，徽政院使羅司徒薦其名興聖宫，命爲太醫。歲年之間，三錫楮幣，凡七千五百緡。皇慶二年夏，又命乘傳還江南，迎妻子。初爲永新時，手建廟學，歲三月三日。九月九日，有事於三皇，唯取給醫家。至是，盡以所受上賜買田五十畝入學，奉春秋之祀。還朝，謁余記。東野，永新人也，大父文信，父慶隆，皆有善行。其祖母又賢，日夜課東野學不懈，而東野長，好倉公之術，遂稱良醫。及被寵用，凡所錫賚不以仁妻子，不以事緇黄，惓惓買田鄉校以觸，誅求可謂不負矣。

《宋史》卷三〇《高宗紀》 〔紹興二十年夏四月壬子〕以没入官田悉歸常平司，禁募民佃種。

《宋史》卷一七二《職官志·奉禄制·職田》 靖康元年，詔諸路職田租存田亡者，並與落租額。紹興間，懼其不均，則詔諸路提刑司依法摽撥，官多田少，即於鄰近州縣通融，須管數足。又詔將空閑之田爲他司官屬所占者，撥以足之，仍先自簿、尉始。其有無職田，選人并親民小使臣，每員月支茶湯錢一十貫文。內雖有職田，每月不及十貫者，皆與補足，所以厚其養廉之利。懼其病民，則委通判、縣令覈實，除其不可力耕之田，損其已定過多之額。凡職租不許輒令保正催納，或抑令折納見錢，或無田平白監租，或以虛數勒民代納，或額外過數多取，皆申嚴禁止之令。察以監司，坐以臟罪，所以防其不廉之害。罷廢未幾而復舊，拘借未久而給還，移充糴本，轉收馬料，旋復免行，皆所以示優恩，厲清操也。

若其頃畝多寡，具有成式：知藩府，謂三京、潁昌、京兆、成都、太原、建康、江陵、延安、興仁、隆德、開德、臨安府，秦、揚、潭、廣州。二十頃。發運、圍運使副，總管，副總管，知節鎮，一十五頃。知餘州及廣濟、淮陽、無爲、臨江、廣德、興國、南康、南安、建昌、邵武、興化、漢陽、永康軍，並路分鈐轄，一十頃。發運、轉運判官，提舉淮南、兩浙、江南、荆湖東西、河北路鹽事官，通判藩府，八頃。知餘軍及監，並通判節鎮州，鈐轄，安撫副使，都監，路分都監，將官，發運司幹辦公事，七頃。通判餘州及軍，滿萬户縣令，六頃。藩府判官，録事參軍，州學教授，並謂承務郎以上者。都監，發運、轉運司主管文字，滿五千户縣令，副將官，五頃。節鎮判官，録事參軍，州學教授，並謂承務郎以上者。轉運司主管帳司，不滿五千户縣令，滿萬户縣丞，餘州都監，走馬承受公事，主管機宜文字，同巡檢，都大巡河，提點馬監，四頃。節度掌書記，觀察支使，藩府及節鎮推官，巡檢，縣、鎮、砦都監，砦主，巡捉私茶鹽，駐泊捉賊，在城監當，餘州判官，學教授，並謂承務郎以上者。軍、監都監，三頃五十畝。軍、監判官，餘州推官，餘州及軍、監録事參軍，巡檢，縣、鎮，砦都監，砦主，巡捉私茶鹽，駐泊捉賊，在城監當，藩府及節鎮曹官，州學教授，謂承直郎以下。滿五千户縣丞，滿萬户縣簿、尉，巡轄馬遞鋪，縣、鎮、砦監當及監堰，三頃。餘州及軍、監曹官，州學教授，謂承直郎以下。不滿五千户縣丞，滿五千户縣簿、尉，巡轄馬遞鋪，縣、鎮、砦監當及監堰，二頃五十畝。不滿五千户縣簿、尉，巡轄馬遞鋪，縣、鎮，砦監當及監堰，二頃。【略】

政和八年，臣僚言，尚書省以縣令之選輕，措置自不滿五千户至滿萬户遞增給職田一頃。夫天下圭租，多寡不均久矣，縣令所得，亦復不齊。多至九百斛，如淄州高苑，八百斛，如常之江陰，六百斛，常之宜興。亦六百斛。自是而降，或四五百，或三二百。凡在河北、京東、京西、荆湖之間，少則有至三二十斛者，二廣、福建有自來無圭租處，川狹四路自守倅至簿、尉，又以一路歲入均給，今固不得而獨有。今欲一概增給一頃，豈可得哉，詔應縣令職田頃畝未及條格者，催促調撥。

宣和元年詔，諸路職官各有職田，所以養廉也。縣召客户、税户，租佃分收，災傷檢覆減放，所以防貪也。諸縣多踰法抑都保正長，及中上户分佃認納。不問所收厚薄，使之必輸，甚至不知田畝所在，虛認租課。聞之惻然。應違法抑勒及詭名委保者，以違詔論，災傷檢放不盡者，計贓以枉法論，入己者以自盗論。

周自卿以下有圭田不税，晋有芻稾田，後魏宰人之官有公田，北齊一品以下公田有差，唐制内外官各給職田。五代以來遂廢。咸平中，令館閣檢校故事，申定其制，以官莊及遠年逃亡田充，悉免租税，佃户以浮客充，所得課租均分，如鄉原例。州縣長吏給十之五，自餘差給。其兩京、大藩府四十頃，次藩鎮三十五頃，防禦、團練州三十頃，中、上刺史州二十頃，下州及軍、監十五頃，邊遠小州、上縣十頃，中縣八頃，下縣七頃，轉運使、副十頃，兵馬都監押、砦主、釐務官、録事參軍、判司等，比通例，幕職之數而均給之。景德二年七月，詔諸州職田如有災傷，準例蠲課。大中祥符九年，殿中侍御史王奇上言，請天下納職田以助振貸。帝曰，奇未曉給納之理。然朕每覽法寺奏款，外官占田多踰往制，不能自備牛種，水旱之際又不蠲省，致民無告。遂罷奇奏，因下詔戒飭之。

元豐中，詔熙河、涇原、蘭州路州軍官屬職田，每頃歲給錢鈔十千。以其元給田及新造之區，墓弓箭手及留其地以爲營田。元符三年，朝散郎杜子民奏，職田之法，每患不均。神宗首變兩川之法，均給上下，一路便之。元祐中，推廣此意，以限月之法，變而均給。士大夫貪冒者，或窮日之力以赴期會，或交書請屬以幸權攝，奔競之風長，廉耻之節喪。乞復元豐均給之法，以養士廉節。從之。

至熙寧間，復詔詳定：

凡知大藩府三京、京兆、成都、太原、荆南、江寧府，延、秦、揚、杭、潭、廣州。二十頃，節鎮十五頃，餘州及軍淮陽、無爲、臨江、廣德、興國、南康、南安、建昌、邵武、興化。並十頃，餘小軍、監七頃。通判，藩府八頃，節鎮七頃，餘州六頃。留守、節度、觀察判官，藩府五頃，節鎮四頃。掌書記以下幕職官三頃五十畝。防禦、團練軍事推官，軍監判官三頃。令、丞、簿、尉。萬户以上，縣令六頃，丞四頃；不滿萬户，令五頃，丞三頃；不滿五千户，令四頃，丞二頃五十畝。簿、尉減令之半。藩府、節鎮録參，視本州判官，餘視幕職官。藩府、節鎮曹官，視萬户縣簿、尉，餘視不滿萬户者。發運、轉運使、副，視節鎮知州。開封府界提點，視餘州。發運、轉運判官，常平倉司提舉官，視藩府通判。同提舉，視萬户縣令。發運司幹當公事，視節鎮通判。轉運司管幹文字，提刑司檢法官，提舉常平倉司幹當公事，視不滿萬户縣令。蔡河、許汝石塘河都大催綱，管幹機宜文字，府界提點司幹當公事，視節鎮判官。總管，視節鎮知州。路分鈐轄，視餘州知州。安撫、路分都監，州鈐轄，視節鎮通判。藩府都監，視本州判官。諸路正將，視路分都監；副將，視藩府都監。走馬承受，諸州都監，都同巡，都大巡河，並視節鎮判官。巡檢，堡砦都監，砦主，在州監當及催綱，撥發，巡捉私茶鹽賊盜，駐泊捉賊，並視幕職官。巡轄馬遞鋪，監堰并縣、鎮、砦監當，並視本縣簿、尉。諸路州學教授，京朝視本州判官，選人視本州曹官。又詔：成都府路提點刑獄司，以本路職田令逐州軍歲以子利稻麥等拘收變錢，從本司以一路所收錢數，又紐而爲斛斗價直，然後等第均給。自熙寧三年始，知成都府，一千石。轉運使，六百石。鈐轄二員，各五百石。轉運判官，視鈐轄。通判二員，各四百五十石。簽判，節推，察推，知録，幹當糧料院，監軍資庫，都監，都巡檢，巡檢，係大使臣。走馬承受，京朝官知縣，各二百石。内職官係兩使支掌以上資序者同。如係初等及權入者，各一百五十石。監商税、市賣院、交子務，係京朝官或大使臣充者。視職官。城外巡檢，監排岸，十縣巡檢，係三班使臣者。各一百五十石。司理，司户，司法，府學教授，係敕劄正授者。監甲仗庫，各一百石。知眉、蜀、彭、雅、邛、嘉、簡、陵州，永康軍，視成都通判。其通判減三之一。知威、黎茂州，視眉、蜀通判。其都監，監押，駐泊，都巡檢，係大使臣者。簽判，推、判官，係兩使職官並支掌以上資序。知録，京朝官并職官知縣，監棚口鎮，係京朝官。視成都職官。監押，巡檢，同巡檢，駐泊，係三班使臣。初等職官或權入職官，録事參軍，縣令，試銜知縣，視成都城外巡檢。司理，司户，司法，諸縣主簿、尉，應監當場務選人監税，監鹽，巡轄馬鋪，係三班使臣。視成都曹官。應諸縣令佐係職員權攝者不給。歲有豐凶，則數有少剩，皆隨時等級爲之增減。

《宋史》卷一七三《食貨志・農田》 先是，知揚州鄭良嗣言，兩淮民田，廣至包占，多未起税。朝廷累限展首，今限滿適旱，乞更展一年。詔如其請。九年，著作郎袁樞振兩淮還，奏，豪民占田不知其數，二税既免，止輸穀帛之課。力不能墾，則廢爲荒地，他人請佃，則以疆界爲詞，官無稽考。是以野不加闢，户不加多，而郡縣之計益窘。望詔州縣畫疆立券，占田多而輸課少者，隨畝增之，其餘閑田，給與佃人，庶幾流民有可耕之地，而田萊不至多荒。

自景德以來，四方無事，百姓康樂，户口蕃庶，田野日闢。仁宗繼之，益務約己愛人。即位之初，下詔曰，今宿麥即登，秋種向茂，其令州縣諭民，務謹蓋藏，無或妄費。上書者言賦役未均，田制不立，因詔限田，公卿以下毋過三十頃，牙前將吏應復役者毋過十五頃，止一州之内，過是者論如違制律，以田賞告者，既而三司言，限田一州，而卜葬者牽於陰陽之説，至不敢舉事。又聽數外置墓田五頃。而任事者終以限田不便，未幾即廢。

《宋史》卷一七四《食貨志・方田》 神宗患田賦不均，熙寧五年，重修定方田法，詔司農以《方田均税條約并式》頒之天下，以東西南北各千步，當四十一頃六十六畝一百六十步，爲一方，歲以九月，縣委令、佐分地計量，隨陂原平澤而定其地，因赤淤黑壚而辨其色，方量畢，以地及色參定肥瘠而分五等，以定税則，至明年三月畢，揭以示民，一季無訟，即書户帖，連莊賬付之，以爲地符。

《宋史》卷一七八《食貨志・役法》 若夫品官之田，則有限制，死亡，子孫減半，蔭盡，差役同編户。一品五十頃，二品四十五頃，三品四十頃，四品三十五頃，五品三十頃，六品二十五頃，七品二十頃，八品十頃，九品五頃。封贈官子孫差役，亦同編户，請父母生前無官，因伯叔或兄弟封贈者。凡非泛及七色補官，不在限田免役之數，其奏薦弟姪子孫，原自非泛、七色而來者，仍同差役。進納、軍功、捕盗、宰執給使、减年補授，轉至升朝官，即爲官户，身亡，子孫並同編户。太學生及得解及經省試者，雖無限田，許寡人充役。單丁、女户及孤幼户，並免差役。凡無夫無子，則爲女户。婦適人，以奩錢置産，仍以夫爲户。其合差保正、長，以家業錢數多寡爲限，以限外之數與官、編户輪差。總首、部將免保正、長差役。文州義士已免之田，不許典賣，老疾身亡，許承襲。

《宋史》卷三一五《韓億傳》 韓億字宗魏，八子，綱、綜、絳、繹、維、縝、緯、緬。【略】綜子仲文。【略】出知滑州，徙許州。殿前指揮使許懷德從妹亡，有別産生陽翟，以無子，籍于官，懷德欲私有之，訟未決。因楊儀爲書屬綜，書至而轉運使已徙獄他州矣。綜坐得書不以聞，奪集賢校理，知袁州。

《宋史》卷三四四《王覿傳》 王覿字明叟，【略】蜀地膏腴，畝千金，無閑田以葬，覿索侵耕官地，表爲墓田。

《宋史》卷四〇七《吕午傳》 吕午字伯可，【略】子沆。【略】端平三年，銓試第一，授黄巖縣主簿，通判婺州，朱君章訟争田四十有二年，吴王府争墓二十有九年，沆皆決之。

《元史》卷二八《英宗紀》 〔英宗至治二年十二月〕賜淮安忠武王伯顔祠祭田二十頃。

《元史》卷二九《泰定帝紀》 〔泰定二年春正月〕甲辰，奉安顯宗像于永福寺，給祭田百頃。

（明）殷奎《强齋集》卷三《崑山州先賢墓祭田記》 鄉先生没而祭于其社，其禮之廢也久矣。後世以義起禮，往往即其遺墓所在而祠之。令甲所著，而儒先之所行也，是亦亡於禮者之禮乎，崑山如宋御史王先生，葆侍御史李先生，衡以道德節行，敦崇名教。龍洲劉先生過，以奇偉跌蕩，振作士氣，此其制行雖不同，要皆非一世之士也。祠之所以勵流俗之媮汙，激懦夫而興起，豈苟然哉。至正廿有三年，知州偰侯斯至官，始詢訪昔賢遺墓，得三先生之墓而封表之。明年，州人管善既以先志割常稔之田四十五畝，入校官養士。又謂諸賢之墓不可無祭，祭不可以無田，於是復割田爲祭祀修葺之用。且以其父隱君之塋，亦在馬鞍山也，請以施田之，故祔其木主於龍洲之祠。偰侯悉爲下令，如其請，有事於先賢，則分奠焉。噫，若管君者，亦可謂知禮慕義者矣。賢賢親親，務一而兩得，君子韙之。世有蠹産破財，妄爲塔廟，飯僧之費，視名教所在，曾莫少槩於其心，苟非智識之明，卓然有見乎流俗，是非之表，能不惑者，鮮矣。管氏此舉，重可嘉也。田凡三十有五畝，歲得米二十五石有奇，籍而隸之學官，俾有司以時檢舉故事，歲再祠之。事其出納者，又必致謹於簿書之外，罔或有少私焉。則諸賢之祭可以無廢，而偰侯表賢善俗之心，管君尚德追孝之志，庶幾相與，永久而不墜也。因爲著其本末如此俾後之人得以攷焉。王先生字彦光，墓在南郭新漕里。李先生字彦平，號樂庵先生，墓在州治南六里圓明村。劉先生字改之，墓在馬鞍山東齋。管隱君名珪，字仲玉，晦德好施，子喜爲時，祔其主龍洲祠，其亦有合也。夫是年冬十月廿日，州人殷奎記。

《明會典》卷一七《户部·田土》 凡田土國初至今，多寡不一，載在册籍可攷。其間科則陞降、收除、開墾、召佃、撥給、有定例，詭射、侵獻，有嚴禁。各宫勳戚寺觀田地，及草場苑牧，有額數。備列于後。洪武二十六年，十二布政司，並直隸府州田土，總計八百五十萬七千六百二十三頃六十八畝零。

《明會典》卷一八《户部·屯田》 國初兵荒之後，民無定居。耕稼盡廢，糧餉匱乏。初命諸將分屯於龍江等處。後設各衛所。創制屯田。以都司統攝。每軍種田五十畝，爲一分。又或百畝、或七十畝、或三十畝、二十畝不等。軍士三分守城。七分屯種。又有二八四六一九中半等例。皆以田土肥瘠，地方衝緩爲差。又令少壯者守城。老弱者屯種。餘丁多者亦許，其徵收則例，或增減殊數，本折互收。皆因時因地而異云。

（明）鄭紀《東園文集》卷六《祭田記》 王制，大夫、士宗廟有田則祭，無田則薦。牲殺、器皿、衣服不備，則不敢以祭，是祭之不可無田也。尚矣。吾家先世，自三秀公罹戎難，田業多喪。宣德、正統間，吾父封翰林檢討，累贈南京户部侍郎。松庵府君始自奮發事産，右于鄉邑。成化初，松庵謝世，吾兄弟又困松庵舊業而恢拓之，迺籍常稔之田五百餘畝，歲人租穀五百餘石，以供烝嘗。松庵子孫輪遞管收，每年正旦、四仲、俗節、除夜，因事祭告墓祭。每晨多朔望，酒果茶油，香燭之費，大率若干。其餘每月會族，與答應上官，並子姪入學，科貢婚嫁喪葬，重事先世。右親禮節，又其餘。逐年修理家廟，鄭林並正廳，公衆處所，上世遺書器物，又其餘。則同族之親，吉凶大事，并親戚閭里大災患，橋道傾圯，量力而行。其該管之人，每年十二月初一日之會，預造青皮簿，將見收租穀某處頓若干，某處頓若干，實數與家長存照是日就開明年一年合行事目，除祠墓祭薦常禮外，其科貢、婚嫁、喪葬、當年偶值者，悉列于册，以時舉行。其有未備，逐月之會補議，每年更要存留。租穀三十石以酬管收者之勞。又如甲年某房管收，則著乙年某人監管，彼此查封相同，其簿計祭物，務要明白清切，與衆同知，不得挨前儧後，別生弊端。家長、監管之人，覺舉定罰。夫祭田本爲祭享而設，今呈家祭田又及科貢婚嫁族黨等事者，蓋是田松庵府君所創之業也。松庵平日輕財重禮樂，善喜施故，因祭享之餘而旁及之，所以成其志也。其田畝租額，祭物品數，別刻碑陰。

《明世宗寶訓》卷五《裁恩澤》 嘉靖八年四月甲戌，户部以勳戚家冒濫莊田數多覆，侍郎王軏奏請：申明詔例，不許分外奏求，其已經欽賞有成命者，仍與管業中有世遠秩降，或非一派相傳者，量存三之一以爲墓祭之節，餘皆入官，以備邊儲。上然之，因諭曰，已賞田土，亦宜查明，有分外强占者，俱給原主，自今勳戚大臣務各安分以保禄位不，許妄行陳乞。

（明）羅玘《圭峯集》卷一八《行狀·故都察院右副都御史謝公行狀》 宣德中，荆國新去之蘄，吏治多姑息而無良習。嚚人骨至，公猶欲來餂也。懷僞券訟田宅者貫魚來，而推其一人先，入券粗見，公即叱曰，爾何僞乃爾，民驚以爲神，而僚吏愕不知何以。公笑曰，吾見其券年踰二紀，而券之紙今式也。今吏試抱二紀前案，驗紙式，果然，諸伺於門皆逸去。

（明）《姑蘇志》卷二八《壇廟下》 三高祠在江南雪灘上，祀越范蠡、晋張翰、唐陸□。宋元祐中，知縣王辟作亭于底定亭南，石處道始塑象祀之。元符二年，主簿程俱重立。乾道三年，邑人王份獻地，知縣趙伯虛爲堂遷之。寶祐三年，知縣曹良朋重建，份之孫栗仍割地以廣之。淳熙六年，知縣陳翥重修。元泰定元年，主簿陸元吉置祭田五十畝。元季祠毀於兵。

《明實録》武宗正德二年閏正月 〔甲戌〕工科給事中馬騤爲清西（理）四川屯田疏四事，

一、責成管屯官員，稽考屯糧多寡，以禁侵欺之弊。一、禁治典賣屯田及體察詭寄，影射等弊，以足原額之數。一、下屯守城旗軍舊額，各有分數，大概守城者十之二、三，下屯着十之七、八。近者官吏徇情，私相更換，宜申嚴成法，如役占餘丁名數。照例降級以禁治之。先年欽賞藍國公遺下灌縣等處樸四九百六十八丘，舊令成都都五衛正軍領種，納子粒如丘之數，後因軍人種辦不敷。遂至積欠。今丈量原額及增出者，計一千五百一十畝，宜如屯田事例，今成都五衛軍人含（舍）餘六十八名〔人〕，各領種二十二畝，每納子粒六百，歲可常得米四百十一石，以備軍士月糧之需。户部覆奏：從之。

《明實録》世宗正德十六年六月 〔丁未〕順天府通州知州劉繹奏，近京地方，若皇莊及皇帝、駙馬、功臣舊土，大爲民害。乞以皇莊田地盡付所在軍民耕種，輸納國課，管莊内臣永爲裁革。其或以皇莊建立以久，遽難議革，請先將内臣取回。凡皇莊田地，明白開造用籍，附之所在官司管理，别差户部主事一員，專管督理。一應租税，依期解送户部，轉送内府，其勛戚田土，亦乞差官查理，果舊願頒賜，聽令管業，照依舊制，每畝起租三分，此外尺許絲毫侵削佃户。若係近來包占奪買等，責令退還。章下所司議聞。

《明實録》世宗嘉靖十三年二月 癸丑，直隸巡按御史王朝用言屯田舊例，私相買賣者，軍民皆以極邊，價業没官，行之已久，人心帖服。近因清軍御史鮑象賢奏請，查覈屯田止令首正還主，價不入官，人不治罪，遂致軍人不論遠典賣産，及將置民地，逃軍遺業，妄事告争。夫行法得平，人心始服，請自今退地歸軍者，價必入官，人必治罪，一如舊例，其田别給無田軍人。户部復議，從之。

《明實録》神宗萬曆二十四年七月 〔戊寅〕命抄没地方，俱入乾清宫，照舊徵租，類進其村落荒僻處所房屋，行令該地方官作速變賣，若香山鄉冉家村，官村各地，盡行之官，不許私占。其凉山河莊房田土俱着做壽宫皇莊。着天壽山守備暫管。

《明史》卷七七《食貨志》 明土田之制，凡二等：曰官田，曰民田。初，官田皆宋、元時入官田地。厥後有還官田，没官田，斷入官田，學田，皇莊，牧馬草場，城壖苜蓿地，牲地，園陵墳地，公占隙地，諸王、公主、勳戚、大臣、内監、寺觀賜乞莊田，百官職田，邊臣養廉田，軍、民、商屯田，通謂之官田。其餘爲民田。

元季喪亂，版籍多亡，田賦無準。明太祖即帝位，遣周鑄等百六十四人，覈浙西田畝，定其賦税。復命户部覈實天下土田。而兩浙富民畏避徭役，大率以田産寄他户，謂之鐵脚詭寄。洪武二十年命國子生武淳等分行州縣，隨糧定區。區設糧長四人，量度田畝方圓，次以字號，悉書主名及田之丈尺，編類爲册，狀如魚鱗，號曰魚鱗圖册。先是，詔天下編黄册，以户爲主，詳具舊管、新收、開除、實在之數爲四柱式。而魚鱗圖册以土田爲主，諸原坂、墳衍、下隰、沃瘠、沙鹵之别畢具。魚鱗册爲經，土田之訟質焉。黄册爲緯，賦役之法定焉。凡質賣田土，備書税糧科則，官爲籍記之，毋令産去税存以爲民害。又以中原田多蕪，命省臣議，計民授田。設司農司，開治河南，掌其事。臨濠之田，驗其丁力，計畝給之，毋許兼并。北方近城地多不治，召民耕，人給十五畝，蔬地二畝，免租三年。每歲中書省奏天下墾田數，少者畝以千計，多者至二十餘萬。官給牛及農具者，乃收其税，額外墾荒者永不起科。二十六年覈天下土田，總八百五十萬七千六百二十三頃，蓋駸駸無棄土矣。

凡田以近郭爲上地，迤遠爲中地、下地。五尺爲步，步二百四十爲畝，畝百爲頃。太祖仍元里社制，河北諸州縣土著者以社分里甲，遷民分屯之地以屯分里甲。社民先占畝廣，屯民新占畝狹，故屯地謂之小畝，社地謂之廣畝。至宣德間，墾荒田永不起科及洿下斥鹵無糧者，皆覈入賦額，數溢於舊。有司乃以大畝當小畝以符舊額，有數畝當一畝者。步尺參差不一，人得以意贏縮，土地不均，未有如北方者。貴州田無頃畝尺籍，悉徵之土官。而諸處土田，日久頗淆亂，與黄册不符。弘治十五年，天下土田止四百二十二萬八千五十八頃，官田視民田得七之一。嘉靖八年，霍韜奉命修《會典》，言：“自洪武迄弘治百四十年，天下額田已減强半，而湖廣、河南、廣東失額尤多。非撥給於王府，則欺隱於猾民。廣東無藩府，非欺隱即委棄於寇賊矣。司國計者，可不究心？”是時，桂萼、郭弘化、唐能、簡霄先後疏請覈實田畝，而顧鼎臣請履畝丈量，丈量之議由此起。江西安福、河南裕州首行之，而法未詳具，人多疑憚。其後福建諸州縣，爲經、緯二册，其法頗詳。然率以地爲主，田多者猶得上下其手。神宗初，建昌知府許孚遠爲歸户册，則以田從人，法簡而密矣。萬曆六年，帝用大學士張居正議，天下田畝通行丈量，限三載竣事。用開方法，以徑圍乘除，畸零截補。於是豪猾不得欺隱，里甲免賠累，而小民無虚糧。總計田數七百一萬三千九百七十六頃，視弘治時贏三百萬頃。然居正尚綜核，頗以溢額爲功。有司争改小弓以求田多，或掊克見田以充虚額。北直隸、湖廣、大同、宣府，遂先後按溢額田增賦云。

《清實録》乾隆四十二年十二月〔己酉軍機大臣等議奏〕每人給地畝三頃，一半官爲開墾，一半著自行從容開墾，或令家人耕種，或募民耕種。其地畝不許私行典賣，如查出私行典賣者，將價銀、地畝並追入官，典賣人照違禁例治罪。

《清實録》乾隆五十六年八月〔丙午，諭軍機大臣等曰〕昨召見河東道和明，詢問鹽務情形。據稱晋省鹽池，係該處百姓所置産業。若監課攤入地丁後，該業户自行刮曬，仍可賣與民人肩挑步販，照舊獲利等語。

（清）徐松《宋會要輯稿・食貨一二・身丁》〔建炎〕二十八年正月二十八日，直秘閣、荆湖北路輸運判官羅孝芬言，荆湖北州縣昨經殘破，亡失版籍，乃有以丁增税者，根括人户，籍其丁口，使一丁受種七斗，以爲税額。有元係一斗之税，而家有三丁，則增爲二石一斗之税，不問其田之多少也。又請佃人户止有常平田，而無己業，常平之租，不可增數，而丁多於常平之田，則虚責其民田之人。欲望行下本路，許人自陳，令監司帥臣選清疆官吏覈寔改正。户部言，欲下湖北轉運司同本路提刑司、常平安撫司，取見詣寔因，依公共從長相度可否利便，保明施行。從之。

契約文書

《吐魯番出土文書》第四册《阿斯塔那一五號墓文書·唐貞觀十四年西州高昌縣弘寶寺主法紹辭稿為請自種判給常田事》 貞觀十四年十二月廿七日，弘寶寺主法紹辭前判得附庸上常田爲作（件畝數）弘寶寺田堞（業），以充僧供養。今時量官田家不與乞索作寺名，寺家自種。請以諮陳，請裁，謹辭。上坐　寺主　都維那　寸　辭

《吐魯番出土文書》第五册《阿斯塔那一三四號墓文書·唐麟德二年牛定相辭為請勘不還地子事》 麟德二年十二月　日，武城鄉牛定相辭：寧昌鄉樊董塠父死退田一畝縣司：　定相給得前件人口分部一畝，逕（經）今五年有餘，從嗦地子，延引不還。請付寧昌鄉本里追身，勘當不還地子所由，謹辭。付坊追董塠過縣對當。果示　十九日

《吐魯番出土文書》第六册《阿斯塔那五號墓文書·唐諸户丁口配田簿（甲件）》 （一）〔前缺〕户主康阿迴年六十八一畝，男秃子年廿七二畝，户主白明憙年十六一畝，户主樊阿憙年五十七二畝，户主康海憙年廿七二畝，户主康塠奴年五十九二畝，户主白嘿子年卅五二畝，户主鄧甘相年五十七二畝，户主畦亥生七□一畝，户□小五王海相年□二畝，□□畝〔後缺〕

（二）〔前缺〕弟祐相年□户主賈阿先年□男慶海年卅二畝，户主張黑相年五十七二畝，□主白相海年六十二一畝，男醜，年廿□户主宋武仁年五十八二畝，男憙洛年十九二畝，户主翟歡住□户主曹不之攬年□户主張康師年廿五□户主祐歡年六十四□户主李居仁年卅七□户主曹玖子年七十八□孫男德洛廿六□户主郭歡悦年廿七□户主大女苻姚妃年八十八□□主曹摩仁年六十九□〔中缺〕弟赤鼠年廿天一畝，户主大女楊足數年卅三二畝，户主秦海珎年廿六二畝，户主令狐運海年五十二畝，户主杜延年六十四一畝，男隆柱年廿六二畝，□主索永悦年五十四二畝，男定信年廿六二畝，□主馮資彌年五十一二畝，弟祐憙年卅□二畝，〔中缺〕□相年廿八二畝，户主趙□相年卅九二畝，户主安畔陀年卅七二畝，户主孟海伯年卅九二畝，户主保祐年六十八□□男阿鼠年卅三□□男緒仁年卅□户主王歡仁年卅八□□弟歡德年卅二□□户主張伏奴年卅三□□〔後缺〕

（三）〔前缺〕户主大女□户主馮阿禪年六十七□□户主白尾仁年六十四□□□主大女趙懷香年七十五□□户主□□陁肆年六十五一□户主白僧定年十三一畝，户主白善相年歲二畝，户主康知□年廿年二畝，户主串願祐□〔後缺〕

《吐魯番出土文書》第六册《阿斯塔那五號墓文書·唐諸户丁口配田簿（乙件）》 （一）〔前缺〕□一畝□年卅□二畝□□鄭海仁年卅八二畝，弟歡柱年廿三二畝，户主鄭願海年廿六二畝，弟歡柱年廿五二畝，户主王海相年七十一一畝，男歡伯年廿八二畝，男憙伯年廿二畝，□主趙歡隹年十三一畝，□主康阿迴年六十九一畝，男秃子年廿八二畝，□□白明憙年五十五二畝，□□阿憙年王五十七二畝，□□□海憙年廿七二畝，□□塠奴年廿四二畝，□□□默子年卅七二畝，□□□甘相年五十八二畝□，□□亥生年六十九一畝，□□□海相年卅四二畝，□子年卅七二畝，□年廿九二畝，□年廿一一畝，□年卅一二畝〔後缺〕

（二）〔前缺〕□都林年卅六二畝，□守住年廿七二畝，□□尃伯德年六十九一畝，□□翟僮海廿七二畝，兄久年卅六二畝，□□李海伯年五十六二畝，男慶悦年廿二二畝，男懷慶年十九二畝，户主高隆歡年廿七二畝，户主杜海隆年廿二二畝，□主孫阿父師子年廿一二畝，户主郭相憙年五十五二畝，男隆護年廿六二畝，□畝〔後缺〕

（三）〔前缺〕□海伯年卅二畝，□保祐年六十七一畝〔後缺〕

（四）□年□德年十六一畝，□養年六十九一畝，□憙年卅二二畝，□柱年卅八二畝，□年六歲一畝，□憙年六十四一畝，□胡年廿二畝，□年五十九二畝，

□年七十二畝，□七二畝〔後缺〕

（五）〔前缺〕□年五十二畝，□富年卌七二畝，□郎仁年六十七畝，□□曹消梨年五十二畝〔後缺〕

《吐魯番出土文書》第六册《阿斯塔那五號墓文書·唐諸户丁口配田簿（丙件）》（一）〔前缺〕□海仁年卅八二畝，□歡住□顛柱年廿六二畝，□顛柱年廿五二畝，□□王海相年七十一一畝，故男歡伯年廿七二畝，男憙伯年廿二畝，□歡住年十三一畝，□六十九一畝〔後缺〕

（二）〔前缺〕弟祐相□畝，□□賈阿先年六十四二畝，男慶海年卌一二畝，□默相年五十八二畝，□□白相海年六十五一畝，男醜年廿七二畝，□□宋武仁年□十八二畝，男憙洛年廿二畝，□□翟歡住年廿七二畝，□□曹不之攬年卅七二畝，□□張康師年廿六二畝，□□白祐歡年六十四一畝，□□李居仁年卅七二畝，□郎仁年六十□一畝，□摩羅年十一二畝，□一畝，〔中缺〕□海年卌九二畝，□相延年六十四一畝，□□趙男隆住年廿六二畝，□□索永悦年五十五二畝，男定信年廿三二畝，□□馮資胡年五十二二畝，弟祐憙卅八二畝，〔中缺〕□畝，□悦年卅七二畝，□妃年八十□一畝，□摩仁年六十九一畝，□定相年廿九二畝，□赤鼠年十二一畝，□□趙善相年卌二畝，□□安畔陁半卅八二畝，□□□海伯年□□□保祐年六十七一畝，□阿鼠年卌一二畝，□緒仁年廿六二畝，□歡仁年卅九二畝，□歡德年卅二二畝，□伏奴子年卅四二畝，□慈仁年卅一二畝〔後缺〕

（三）〔前缺〕□□尉明子年八十八一畝，□阿禪年六十八一畝，□尾仁年六十四一畝，□□□趙懷子年七十一畝，□四年六十四一畝，□年十一一畝〔後缺〕

（四）〔前缺〕□年五十九二畝，□憙年卅七二畝，□□樊阿憙年五十七二畝，□□康埴奴年卅五二畝，□□康海憙年廿七二畝，□埴奴年五九二畝，□□白默子年卅七二畝，□□鄧甘相年五十八二畝，□□串願祐年十四二畝，□卅二畝，□段富年卌八二畝，□亥生年六十九一畝，□尾洛年廿二畝〔後缺〕

（二）〔前缺〕□一畝，□五十六二畝，□知年卌七二畝，□海仁年卌八二畝，□明年卌六二畝，□醜□年廿二畝，延相年五十七二畝，□居年十九二畝，□宣年廿九二畝，□阿祐年五十六二畝，□年五〔後缺〕

（六）〔前缺〕□海隆年廿□十一畝，□阿父師子年廿二畝，□相憙年五十六二畝，□護年廿七二畝，□鼠年十四一畝，□畝〔後缺〕

（七）〔前缺〕□年卅二畝，□年七十五一□〔後缺〕

（八）〔前缺〕□□□阿鼠年卅一二畝，男緒仁年廿六二畝，□□趙□一畝，□□王歡仁年卅九二畝，弟歡德年卅四二畝，□主張伏奴子年卅四二畝，□□嚴慈仁年卅二畝，□阿禪六十八□□□女尉明子□十五一畝，□五十四二畝，户主白尾仁□□□趙□〔後缺〕

（九）〔前缺〕□一白歡□善容□〇六十七一畝，□□鄭海石年十六二畝，□□□張憙仁年十一畝，生□主曹憙相□一畝，□□□二畝，□□張祐□□□□相二畝，康知奴二畝，串願祐二畝，段富二畝，氾郎仁一畝，曹消一畝，張□□一畝，□□隆二畝，□善懷一畝

（明）徐溥《謙齋文録》卷二《與三弟置義田手帖》前歲二弟上京，特爲置義田一事，其意既成，不意彼至家遘疾，竟賚志以没。今汝重念此事出於先尚書府君及諸兄之意，冒暑遠來復申前議，終欲成此美事，足見汝孝義之行，吾心甚悦。其田初定八百畝，已於小旻圩等處撥下五百餘畝，後當再置二百餘畝以足其數。汝歸且與吾三兒元相行之，先取佃户舊

帖俱改作義字號，以免後日移動之弊。共租除完官外，暫將祠堂前宰牲房三二間收貯其給族人以備荒歉之歲者，再當斟酌多寡與汝行之。此事乃宋范文正公之所嘗行，吾德不及古人，本人不敢依倣，但先志不可墜而同族所當卹，姑盡吾力之所能而已。子孫敢有愚頑沮壞其事者，當以不孝論，他日必須申達官府，嚴加禁約，庶可行之久遠也。因書此遺汝，並三兒知之，汝宜謹守勿誤。弘治六年閏五月十五日。

（明）程新春《竇山公家議》卷四《田地議》 知創業守成之不易，由知稼穡之艱難，不知稼穡而能持久者鮮矣。是故七月之風，無逸之訓，志王業者尚倦倦也，况齊民乎，述田地議第四。

議曰：衆存未分田地，原以備户役、祭祀等項用費，今議將韓村、方村、楊坑、青真塢、項源田租，盡貯五倉存積，以備户役糧差。所有羨餘，置買便産。其中村田租，除備祭祀外，餘穀量分，各處暫分浮穀，照依舊則無過。

其暫分各處浮穀，倘衆有急務，俱要存積以應衆用，各房毋得執拗。

韓村租田原因水壞，竇山公應縣主獎召，不惜財力造大圍堘五條，塞塹成田。恐後户役繁重，用度不敷，故立文囑令五房子孫永遠存業以備，毋得變易。續置月山嘴山下、楊坑、方村等處租田，係是韓村等處積蓄所致。

韓村莊田，乃竇山公創業首地，原田壹畝，定租拾陸秤，每秤拾伍斤平稱。今之述事者，每秤以拾柒斤爲則，猶有加焉。且有數號畝步甚緊者，佃何以堪。况别處莊田，仍有賴於山地之利，以補其所不足。而韓村勤勞終歲，專望於田，而無他利。且如溪頭，乃田莊之尤者也，每田壹畝，計租不上捌秤，而韓村倍徵於彼，倘遇兇歉，又何以堪。今之管理，尚當體祖宗之意，存恤下之心，或監，或讓，公議寬之，庶佃人有所依歸，無懷異土之念矣。誠恐人心不古，各出其論。愚見度之，莫若將田丈量明白，定其租數，庶無虧損，公平兩服。

青真塢田，係正德十六年陸續開墾，其山麓仍可田者，宜隨墾以益之爲便，但毋許秩下子孫私墾以破衆業。有私墾者，宜曲處歸衆，毋許執拗入己。

許家坦田地，係竇山公取贖義男汪紘、汪新祖業，遞年雖交租不缺，管理者罕至其所，多爲地鄰佃種者侵佔隱瞞，今已清查定界，以後每年須親往一勘。

正居前塘，五房原爲庇蔭而設，其水所泄之渠，南行數十丈，由東繞大園而南達溪，所關甚切，宜時疏浚，日後毋得罩占侵廢。

續買正居後地，擬爲附祠，及路口瀕溪塘地，今造鋪屋拾壹間，其拾間各房浮分，其中壹間衆存租賃，俱毋許秩下子孫私業私賣。

凡遇水旱，管理者須分勘各處輕重量助，令其救治。若有荒歉，或監，或讓，須親勘通處。其田原畝步緊者，亦須酌量寬減，俱毋得執一，以困貧佃。但不可受囑濫與，以私滅公，亦不許懷恨留難，以逞己忿。

各處田、塘、翢、竭，若有損壞壅塞，管理者當及時修治，毋怠惰廢弛，以致荒蕪田畝。

在城寓宅，乃往來安駐之地，其關係同於正居，管理者宜加意修整。守者但令辦茶水及備修蓋之費，毋許徇私招歇多人，攪亂污穢。

各佃該納租鷄，或衆存祀用，或管理分用，照舊開註。其各佃租膳肴品，亦照舊開註，俾後管理有稽。其未諳者，不致各佃之隱瞞；而存私者，亦不得過徵乎各佃。此雖細務，亦革弊之一端也。

日後續買田地，管理務要親臨查勘畝步、坵數、實租、税糧、時價，必須的實相應，方許動支衆銀買業。其續刊田地款下，開註某年某管理買受某人田，以驗賢否。接管者復勘，倘畝步、租數有名存實亡者，有田少税重者，有濫增重價者，即係私契，接管者即告家長家衆，將田退還。原買管理，責令將原價加利還衆，仍罰。其接管徇情不舉，訪出一體同治。

且買田須宜量力，不可勉强，倘係當緊，方可權處。

各處田、地、塘土名、租數，照保逐號開列於後。每年稱租之時，即於各號邊空行内，填註某年收完，或監，或讓，並佃人名目，逐一註明，以便查考。其字號、四至、畝步、坵數，查註各號下。其各保號後存有空板，日後續買，管理者遞年刊刻續上。

一保楊坑上均等處田，各號土名、畝步、租數開後：

號字一號，洪岸塘内壹所（三分内該二分），共田八坵計拾壹畝，計分租伍拾肆秤，鷄壹只，佃。▲收肆拾捌秤，餘讓。▼〔收叁拾零半秤，餘讓。〕〈收肆拾叁秤半，餘讓〉〔監並收肆拾叁秤，餘讓〕

一號洪岸塘下段田一坵，計捌分，計租捌秤，鷄壹只。佃。▲收足。▼〔收六秤，餘讓。〕〔收陸秤零肆斤，餘讓〕〔收陸秤，餘讓〕

一號冷水塢田十坵，計貳畝壹分，計租貳拾壹秤，鷄壹只。佃。▲收拾柒秤，餘讓佃。▼〔收拾乙秤，餘讓。〕〔收拾伍秤半，餘讓〕〔收拾伍秤半，餘讓〕

一號冷水塢上邊沿山坵田二坵，計四分，計租肆秤。佃。▲收足。▼〔收貳秤，餘讓。〕〔收叁秤半，餘讓〕〔收叁秤，餘讓〕

一號冷水塢下邊沿山坵田一坵，計四分，計租肆秤。佃。▲收足。▼〔收乙秤拾斤，餘讓。〕〔收叁秤半，餘讓〕〔收訖〕

一號桂家門下田二坵，計陸分，計租陸秤。佃。▲收叁秤足▼〔收乙秤四斤，餘讓。〕〔收壹秤肆斤，餘讓〕〔收一半，足〕

一號小塘垃田二坵，計壹畝，計租拾秤肆斤。佃。▲收伍秤零貳斤，足。▼〔收貳秤，餘讓。〕〔收叁秤拾斤，餘讓〕〔收一半，足〕

一號牛厄坵田三坵，計貳畝壹分，計租貳拾壹秤。佃。▲收拾秤半，足▼〔收叁秤三廳，餘讓。〕〔收捌秤半，餘讓〕〔收柒秤陸斤半，餘讓〕

一號橫路上方盤坵田一坵，計玖分，計租玖秤。佃。▲收肆秤半，足。▼〔收乙秤拾貳斤，餘讓。〕〔收叁秤拾貳斤〕〔收一半，足〕

一號舍坵田一坵，計壹畝陸分，計租拾陸秤拾斤。佃。▲收捌秤伍斤，足。▼〔收五秤，餘讓。〕〔收陸秤貳廳半，餘讓〕〔收柒秤，餘讓〕

一號大塘坵田一坵，計貳畝，計租貳拾秤。佃。▲收拾秤，足。▼〔收陸秤半，餘讓。〕〔收捌秤，餘讓〕〔收玖秤，餘讓〕

一號冷水塢口行路上路下（大橫坵、小橫坵共田三坵，計貳畝壹分），計租貳拾壹秤。佃。▲收玖秤半，餘讓。▼〔收五秤半，餘讓。〕〔收柒秤半，餘讓〕〔收捌秤半，餘讓〕

前七號田與方家相共，計租壹百零叁秤拾肆斤，五大分買受內租伍拾貳秤。

一號冢林下田一坵，計貳分，計租貳秤。▲收壹秤，餘讓佃。▼〔收半秤，餘讓。〕〔收一秤，餘讓〕〔收一秤，上二年做定〕

一號橫蝗下田一坵，計柒分，計租柒秤。佃。▲收足。▼〔收叁秤，餘讓。〕〔收伍秤伍斤，餘讓〕〔收柒秤，足〕

一號火爐坵田一坵，計貳畝，計租貳拾秤。佃。▲收拾捌秤，餘讓佃。▼〔收拾貳秤，餘讓。〕〔收拾肆秤，餘讓〕〔收拾陸秤，餘讓〕

一號小項坑大契塢小塘一所（四分內該一分，計田肆坵，原荒坦成田），計租柒秤半。

一號大契塢響塘灣田一坵（原荒地成田），計租叁秤。

一號王三得住畔神林下磎邊田三坵（原山脚成田），計租貳秤半。

前三號田共租壹拾叁秤（每秤貳拾斤稱）。佃。▲收折柒秤拾壹斤，因洪水推田未造，餘讓佃。▼〔收捌秤半，餘讓。〕〔收折拾叁秤半，餘讓〕〔收折拾叁秤，餘讓〕

一號項泥冲田一坵、小塘一所（荒坦成田），計租拾叁秤（每秤貳拾斤稱）。佃。▲收折拾伍秤零伍斤，足。▼〔收貳秤半，餘讓。〕〔收折拾肆秤伍斤，餘讓〕〔收拾叁秤，餘讓〕

一號善寄住前田二坵，計肆分，內早租肆秤。佃。▲收足▼〔收足〕〔收足〕

一號善壽住厫田一坵，計陸分，計早租陸秤。佃。▲收足▼〔收足〕〔收足〕

一號下坳景韶公墳前田一坵（原地成田），計早租陸秤。佃。▲收足▼〔收足〕〔收伍秤，餘讓〕

一號下均冲嶺下田一坵，計捌分，計租捌秤。佃。▲收足▼〔收伍秤半，餘讓〕〔收伍秤陸斤，餘讓〕

一號林梅塢口田一坵，計壹畝陸分，原租貳拾秤（今減捌秤）。佃。▲收拾伍秤，餘讓佃。▼〔收拾肆秤，餘讓〕〔收足拾陸秤〕

一號東坑箬梗冲田一坵，內租伍秤伍斤（貳拾斤稱）。佃。▲收折伍秤半，餘讓佃。▼〔收折伍秤伍斤，餘讓〕〔收折伍秤，餘讓〕

一號陳大坵田貳坵（買法玉田），內租拾秤。佃。▲監叁秤，餘蝕▼監肆秤拾肆斤，餘蝕〕〔收伍秤，上二年做定〕

二保巨字號方村等處田土名、畝步、租數開後：

一號土堋頭田一坵，計叁畝，原早租肆拾貳秤（今減貳秤），鷄一只。佃。〔監收貳拾貳秤，餘蝕〕

一號界上金盤坵田一坵，計壹畝，計租拾伍秤。佃。▲二號共監拾伍

秤零貳斤，餘蝕。▼｛二號共收貳拾秤，做定。｝〈監收柒秤拾肆斤，餘蝕〉〔前二號共收貳拾秤，上二年做定〕

一號太尉廟前田三坵，計肆畝貳分，計租陸拾秤，鷄一只。佃。▲監貳拾貳秤，餘蝕。▼｛收貳拾乙秤，餘讓。｝〈監收叁拾零半秤，餘蝕〉〔收叁拾秤，上二年做定〕

一號胥楊廟上葉虎住前田一大坵（内壹畝肆分五厘），該租貳拾壹秤拾斤。佃。▲監捌秤半，餘蝕。▼｛監收五秤四斤。｝〈收拾捌秤拾肆斤，餘讓〉〔收拾叁秤，上二年做定〕

一號謝福禮門前田一坵，計捌分，計早租捌秤。佃。▲荒▼｛收叁秤，做定。｝〈監貳秤拾貳斤，餘蝕〉〔收坦並租銀共捌錢，上二年做定〕

一號萬初門前蓼沙坵田一坵（四分内該一分，計貳分柒厘），該租肆秤（今減壹秤）。佃。▲監壹秤半，餘蝕。▼｛收貳秤，餘讓。｝〈收壹秤拾伍斤，餘讓〉〔收貳秤，上二年做定〕

一號牌樓前田二坵，計陸分，計租玖秤。佃。▲監叁秤半，餘蝕。▼｛收叁秤半，餘讓。｝〈監肆秤，餘蝕〉〔收肆秤拾肆斤，上二年做定〕

一號方村廠頭田（原仁分田貳畝伍分，内鋌、鏈分未賣，餘五大分買訖，因水推，未議租），計租□□秤。佃。｛收六秤四斤，餘讓。｝〈監貳秤，餘蝕〉〔收拾貳秤拾貳斤，上二年做定〕

一號林家塢口田（内買鉛分籍，因水推，未議租），計租□□□。佃。▲二號共監拾秤半，餘蝕。▼｛收貳秤，餘讓。｝〈監收十斤，餘讓〉〔收貳秤零肆斤，上二年做定〕

一號方村蘭荆塢口田三坵，計租貳拾秤（貳拾斤稱）。佃。▲司監折玖秤半，餘蝕。▼｛收捌秤半，餘讓。｝〈監拾叁秤，餘蝕〉〔收玖秤，上二年做定〕

一號方村魚塘背田口坵（十六年新買程鉍田），計租四秤半。佃。▲水推▼｛水推｝〈監貳秤，餘蝕〉〔水推全没〕

一號方村胥楊廟前田□坵（其田四分中該壹分，十六年新買程鉍田），計分租叁秤半。佃。▲水推▼｛收貳秤，做定。｝〈收貳秤拾斤，餘讓〉〔收貳秤，上二年做定〕

一號四家塢田五坵，塘一所（係買策田），計租拾捌秤半。佃。▲收拾秤，先年做租。▼｛收四秤，做定。｝〈議硬租，此帳亦減，下年寫。監捌秤陸斤，餘蝕〉〔收伍秤，上二年做定〕

二保巨字號林村等處田土名、畝步、租數開後：

一號唎畔下田一坵，計壹畝，計租拾肆秤。佃。▲監捌秤肆斤，餘蝕。▼｛收六秤，餘讓。｝〈監捌秤，餘蝕〉〔收玖秤，上二年做定〕

一號磨房塍下中截田一坵，計伍分柒厘，計租柒秤半。佃。▲監肆秤肆斤捌兩，餘蝕。▼｛收貳秤半，餘讓。｝〈監肆秤半，餘蝕〉〔收叁秤半，上二年做定〕

一號牙家路下田一坵，計柒分，計租拾秤半。佃。▲監陸秤半，餘蝕。▼｛收叁秤半，餘讓。｝〈監伍秤半，餘蝕〉〔收伍秤半，上二年做定〕

一號三畝坵田二坵，計叁畝，計租肆拾秤拾貳斤，鷄一只。佃。▲監拾捌秤，餘蝕。▼｛收貳拾叁秤，餘讓。｝〈監貳拾陸秤拾斤，餘蝕〉〔收貳拾肆秤柒斤，上二年做定〕

一號沙坵田一坵，計貳分伍厘，計租叁秤拾貳斤拾貳兩。佃。▲水推▼｛水推｝〈監拾伍斤，餘蝕〉〔收麥貳斤〕

一號高岸坵名坦上小塘一所，田一坵，計柒分伍厘，計早租拾秤。佃。▲監叁秤半，餘蝕。▼｛收四秤，做定。｝〈監肆秤肆斤，餘蝕〉〔收肆秤，上二年做定〕

一號粉壁段田一坵，計貳畝捌分，原租肆拾貳秤（今減陸秤），鷄一只。佃。▲收叁拾陸秤▼｛監收拾伍秤伍斤。｝〈收足〉〔監並收叁拾壹秤〕

一號松木段共田一坵，計該貳分，計該早租貳秤拾肆斤。佃。▲監陸斤，餘蝕。▼｛收拾貳斤，做定。｝〈收足〉〔收拾貳斤拾貳兩，上二年做定〕

一號湖里田一坵，計壹畝捌分，計租貳拾柒秤。佃。▲收貳拾伍秤，餘讓。▼｛收拾四秤，餘讓。｝〈收貳拾叁秤肆斤，餘讓〉〔收貳拾貳秤，上二年做定〕

一號葉初保住厥地，計早租貳秤。佃勿。〔收足〕

一號林村蘿蔔菜田一坵，計早租捌秤。佃。〔收早租柒秤，讓已〕

一號林村高岸剥菜園田四坵，計早租陸秤。佃。

一號同處田一坵，地一塊，計早租伍秤。佃。▲前四號共納租銀乙錢

捌勢整。▼〔前四號收租銀乙錢八分。〕〔前四號共收租銀壹錢八分，上二年做定〕

一號𠴫塝下田壹坵（買鉍田），計租肆秤。▲收叁秤，餘讓。▼〔收貳秤半，餘讓。〕〔收足〉〔收足〕

一號禾塲坵田壹坵（買渭田），內租壹拾叁秤。▲收玖秤半，餘讓。▼〔收陸秤，餘讓。〕〔監陸秤，餘蝕〉〔收玖秤，上二年做定〕

一號板栗樹下田，計租貳拾秤彥。▲收拾柒秤，餘讓。▼〔收拾五秤，做定。〕【坐喫】〔收拾伍秤，上二年做定〕

一號下沙坵田，計租拾叁秤。▲水推▼〔收拾貳斤，做定。〕〔原水推，今收半秤〕

一號禅樹嶺下田，計租叁秤。▲監壹秤▼〔干收五斤。〕〔監收拾伍斤〕

一號流河坵田，計租拾貳秤。（外道正四秤）▲監玖秤半，餘蝕。▼〔收柒秤半，餘讓。〕【二號金文宗坐】〔收捌秤肆斤，上二年做定〕〔以上約租七百二十八秤十四斤四兩〕

一號方村曲尺坵田，計租。▲監貳秤四斤，餘蝕。▼〔收乙秤半，餘讓。〕〔收貳秤半，上二年做定〕

一號張家段田，內租半秤。▲水推▼〔無收〕〔水推〕

三保闕字號中村等處田土名、畝步、租數開後：

一號文孝廟前路下長坵（田一坵，計壹畝玖分伍厘），計租叁拾捌秤，鷄一只。佃。▲監貳拾捌秤，餘蝕。▼〔監收六秤四斤。〕〔收叁拾貳秤，餘讓〉〔監收拾秤半。〕

一號牌樓上𠴫頭田一坵，計租壹秤。佃。▲監陸斤，餘蝕。▼〔荒〕〔因造廟無租〉〔荒〕

一號廟前長坵界下田四坵，計叁畝玖分柒厘，計租伍拾陸秤，鷄一只。佃。▲收肆拾柒秤半，餘讓。▼〔監收拾乙秤零伍斤。〕〔收肆拾玖秤半，餘讓〉〔干收共肆拾壹秤〕

一號廟前横路下埲上田二坵，計壹畝叁分，計租貳拾秤。佃。〔監收捌秤半〕〔收拾捌秤，餘讓〉〔干收捌秤〕

一號廟前篠邊田一坵，計捌分，計租拾貳秤。佃。▲收拾玖秤，餘讓。▼〔監收貳秤半。〕〔收足〉〔干收叁秤拾斤〕

一號廟前門下田三坵，共計壹畝叁分（該一半），該租柒秤（又買西房，租貳秤，又買宗涪租貳秤半。）佃。▲監收拾壹秤半，足。▼〔收柒秤。〕〔收玖秤拾斤，餘讓〉〔收足〕

一號廟上左邊高田一坵（原山脚成田），該租半秤。佃。▲收足▼〔收足〉〔收足〕

一號行路上店邊田一坵，內早租壹秤陸斤。佃。▲收足▼〔收足〉〔干收陸斤〕

一號何家冲田一坵，計貳畝叁分，計租貳拾叁秤。佃▲收貳拾秤，餘讓。▼〔收拾陸秤半，餘讓〉〔干收陸秤〕

一號下村横路上田一坵，計壹畝貳分叁厘，計租拾捌秤。佃。▲收拾陸秤半，餘讓。▼〔收拾肆秤拾叁斤，餘讓〉〔收拾伍秤，餘讓〕

一號鯉魚塘塢塘下（田六坵，計貳畝，塘一所，該一半，共計伍分陸厘叁毫，外荒），計租拾捌秤。佃。▲收拾叁秤▼〔收拾伍秤，餘讓〉〔收拾伍秤，上二年做定〕

一號宣塢里田二坵，計貳畝捌分，計租貳拾肆秤。佃。▲收足▼〔收拾玖秤半，餘讓〉〔收足〕

一號張家段上廠田一坵，計叁畝，計租肆拾陸秤，鷄一只。佃。▲收肆拾貳秤，餘讓▼〔收叁拾捌秤半，餘讓〉〔收肆拾秤，上二年做定〕

一號同處界下田二坵，計叁畝零，計租肆拾玖秤，鷄一只。佃。▲收足▼〔收肆拾伍秤半，餘讓〉〔干收共貳拾玖秤〕

一號張家段田一坵，計租拾壹秤半。佃。▲退還林村▼〔退還林村訖〉〔退還林村〕

一號社壇前田口坵，內租貳秤。佃。▲收伍秤半。▼〔收叁秤拾伍斤拾貳兩，內買楷田乙秤十五斤十二兩〉〔收足〕

一號廟下塢田四坵，計租玖秤半。佃。▲收柒秤半，餘讓▼〔收捌秤半，餘讓〉〔收柒秤半，上二年做定〕

一號蘭香塢口田一坵，計租貳拾柒秤。佃。▲收拾叁秤半，餘讓。▼〔內退拾肆秤還林村程會，收拾貳秤，餘讓〉〔收拾壹秤，上二年做定〕

一號花橋下酬頭坵田一坵，計租叁秤。佃。▲收足▼〔收足〉〔收足〕

一號廖家塢田一坵，計早租柒秤。▲監叁秤三斤，餘蝕。▼〈監叁秤，餘蝕〉〔收叁秤，上二年倣定〕

三保闕字號楊坑等處田土名、畝步、租數開後（後附別保字號，便收租也）：

一號百花園墳前塘一所，田六坵，計□畝□分，計早租肆拾叁秤（因造莊墻減叁秤）。佃。▲收叁拾柒秤，餘讓。▼〈收叁拾秤，餘讓。〉〈收叁拾捌秤，餘讓〉〔收叁拾柒秤伍斤〕

一號方家墳前田一址，計五分，計早租伍秤。▲收足▼〈收叁秤，餘讓。〉〈收肆秤半，餘讓〉〔干收貳秤〕

一號方家墳前路下長坵田一坵，計□□，原租貳拾秤（今減貳秤）。▲監捌秤，餘蝕▼〈收捌秤，餘讓。〉〈收柒秤肆斤，餘蝕〉〔收壹拾壹秤，上二年倣定〕

一號捕户門户共田一坵，計玖分叁厘，計租拾伍秤。佃。▲監柒秤，餘蝕。▼〈收陸秤半，餘讓。〉〈監柒秤，餘蝕〉〔干收伍秤〕

一號張勝灣田一坵，計□□，計早租陸秤。佃。▲收足▼〈收叁秤，餘讓。〉〈監肆秤玖斤，餘蝕〉〔收足〕

一號黄泥坵田一坵，計壹畝陸分，計租拾陸秤。佃。▲收拾伍秤，餘讓。▼〈收柒秤，餘讓。〉〈收拾叁秤，餘讓〉〔收拾壹秤，餘讓〕

一號禾埸坵、牛厄坵共田二坵，該一半，計壹畝，計租拾貳秤。佃。▲收拾秤，餘讓。▼〈收肆秤半，餘讓。〉〈監伍秤，餘蝕〉〔收玖秤，上二年倣定〕

一號中八畝段方坵田一坵，計壹畝，計租拾貳秤。佃。▲收拾壹秤半，餘讓。▼〈收柒秤半，餘讓。〉〈收玖秤，餘讓〉〔收柒秤，上二年倣定〕

一號中八畝段曲尺坵，計壹畝柒分。計租拾柒秤半，共鷄一只。佃。▲收拾肆秤，餘讓。▼〈收拾壹秤，餘讓。〉〈收拾叁秤，餘讓〉〔收拾肆秤半，餘讓〕

一號觀音堂前三畝坵田一坵，計叁畝陸分，原租肆拾秤（今減四秤），鷄一只。佃。▲監貳拾壹秤，餘蝕▼〈收拾玖秤，餘讓〉〈收叁拾壹秤，餘讓〉〔收貳拾捌秤，上二年倣定〕

號字號上坳下馬坵田三坵，計肆畝，計租肆拾貳秤，鷄一只。▲收足▼〈收叁拾柒秤，餘蝕〉〈收叁拾叁秤，餘讓〉〔收叁拾捌秤，餘讓〕

號字號吴坑塢小塢高田一坵，小塘一所（田畔上下灣山一培），計早租肆秤。佃。▲監壹秤拾伍斤，餘蝕。▼〈收貳秤，做定。〉〈收叁秤半，餘讓〉〔收貳秤，上二年倣定〕

珠字號野塘並塘上田三坵（四分中該一分），計分租陸秤（監收，又買承租半秤），鷄一只。佃。▲收捌秤半。▼〈收五秤，餘讓。〉〈收伍秤拾肆斤，餘讓〉〔收足〕

珠字號野塘下田一坵，計捌分，計租捌秤。佃。▲收足▼〈收陸秤，餘讓〉〔收足〕

珠字號鵝頸坵田二坵，計貳畝叁分，計早租貳拾叁秤。佃。▲收足▼〈收拾肆秤半，餘讓。〉〔收足〕

珠字號麥塢口果兒坵田一坵，計貳畝貳分，原租貳拾貳秤（今減貳秤），鷄一只。佃。▲監玖秤，餘蝕。▼〈收拾秤，餘讓。〉〔收拾肆秤，上二年倣定〕

一號菖蒲坵田壹坵（十九年新買程大位田），内租肆秤零貳斤。佃。▲收足▼〈收叁秤零二斤，餘讓。〉〈收肆秤，餘讓〉〔收足〕

一號吴坑塢頭田□坵（買淳、淦田），計租貳拾秤。佃。▲收拾肆秤半，餘讓。一號新買土塴頭，計租陸秤，監叁秤伍斤，餘蝕。▼〈收拾乙秤，餘讓。〉〈收拾伍秤拾肆斤。一號土名張家坦䙰灘里田□坵，計租半秤，收足〉〔收拾陸秤，上二年倣定。一土坳頭，收伍秤，上二年倣定〕

〔一買良彝土塴頭租拾秤，收肆秤肆斤，做定。

一百花園屋厥頭租柒秤。

一楊坑方盤坵租拾捌秤。

一羊鵝坑口湯周富住前租拾秤。

三號實做叁拾乙秤，餘讓。

此三號田係許家坦對换去塘坑又畊頭，共租叁拾秤，雙斤兩稱。〕

四保珠字號村里等處田土名、畝步、租數開後：

一號住前月山嘴下田二坵，計貳畝捌分，計租伍拾伍秤（監收），鷄一只。佃。▲收叁拾叁秤，餘讓。▼〈監肆拾貳秤，餘蝕〉〔干收捌秤〕

一號胡家段西長坵田一坵，計玖分，計租拾捌秤。佃。〈監收伍秤半。〉〔干收〕

一號同處連界田一坵，計貳分伍厘，計租伍秤。佃。▲二號共監玖秤半，餘蝕。▼〈失業無收。〉〈前二號共監拾貳秤半，餘蝕〉〔前二號共干收拾貳秤〕

一號胡蘆坵田一坵，共計柒分玖厘，內租柒秤。佃。▲監柒秤▼〈收肆秤，餘讓。〉〈又買程大本田租柒秤，監捌秤，餘蝕〉〔干收叁秤〕

一號廣濟橋頭田一坵，計柒分，計租拾肆秤。佃。▲水推▼〈收拾秤拾斤，餘讓〉〔送全收〕

一號廣濟橋上田一坵（原塘、地成田），計租拾陸秤。佃。▲水推▼〈前二號，共折貳拾貳秤半，內除十二秤上庭春公墳。〉〈收拾秤拾貳斤，餘讓〉〔前二號干收共肆秤〕

一號塘坑田十六坵，計拾伍畝伍分，原租壹百叁拾叁秤（今減叁秤），鷄二只。佃。▲收壹百貳拾貳秤，餘讓。▼〈收捌拾叁秤，餘讓。〉〈收壹百壹拾貳秤，餘讓〉〔收壹百貳拾貳秤，餘讓〕

一號梓木坑方三塢口田三坵，計捌分貳厘叁毫，計旱租拾秤。佃。▲收玖秤，餘讓。▼〈監收乙秤半。〉〈收捌秤，餘讓〉〔又對換柏岩公租貳拾秤，收拾肆秤，上二年做定〕

一號梓木坑田二坵，計壹畝陸分，計租貳拾秤，鷄一只。佃。▲收足▼〈監收肆秤。〉〈收拾捌秤，餘讓〉〔干收陸秤〕

一號羊鷄坑楊家坦田十四坵（共計田肆畝壹分，東、北坑，西山，南社田），內租拾秤（又買西房叁秤伍斤，每秤拾捌斤稱）。佃。▲收折拾肆秤零乙斤。▼〈收陸秤半，餘讓。〉〈收折拾貳秤拾斤，餘讓〉〔收足〕

一號汪村園塘上田一坵（共計叁畝，買受鎘，六分中一分），內旱租（監收）。佃。▲監拾壹秤，餘蝕。▼〈監貳秤拾伍斤，餘蝕〉〔收捌秤〕

一號汪村園柿樹下塘成田一坵（計貳畝陸分，買鎘，六分中該一分），內分租（監收）。佃。▲成塘▼〈監貳秤拾貳斤，餘蝕〉〔收拾叁秤伍斤，上二年做定〕

一號黃坑塢口黃泥坵田二坵，內旱租壹拾壹秤（又買錠租壹拾叁秤）。佃。▲監拾玖秤。▼〈監收陸秤伍斤。〉〈監貳拾壹秤，餘蝕〉〔干收柒秤〕

一號和溪橋頭田，計程貳拾肆秤。▲並新買道毛兄弟田計租共監柒秤，餘蝕▼〈收叁秤，上二年做定〉

一號同處茅田降下田，計租壹拾陸秤。▲監伍秤，餘蝕。▼

一號月山嘴田，計租壹拾貳秤。▲監伍秤拾斤，餘蝕。▼〈前田三號共收叁拾秤，折定。〉〔前二號共干收肆秤半〕

一號印山下田，該租貳秤半。▲監叁秤半，餘蝕。▼〈監收乙秤六斤。〉〔干收肆秤〕

一號小嶺上許塢口，該租叁秤半。▲收足▼〈收叁秤，餘讓。〉〔收足〕

一號胡家段槐花坵田，計租壹拾叁秤。▲監伍秤貳斤▼〈收七秤，做定。〉〈收柒秤，上二年做定〉

一號羊鷄坑降上田，一半，該租貳拾秤。▲收拾叁秤，因賊偷，衆議又讓乙秤。▼〈收拾乙秤，餘讓。〉〔干收伍秤半〕

一號許家住上周家坵田，租壹拾伍秤。▲收拾貳秤，餘讓。▼〈收柒秤半，餘讓。〉〔收拾壹秤〕

四保珠字號黃坑塢等處田土名、畝步、租數開後：

一號桂家塢口沿山錠坵界下田一坵，計壹畝陸分，內租玖秤。

一號汪記社住基里外塘貳所（田十一坵，計貳畝陸分陸厘陸毫），內租拾壹秤。〈內除租伍秤原對換茅田降田〉

前二號內，又買西房租陸秤拾斤。佃。▲共租貳拾陸秤拾斤，內除五秤換仁山公茅田降田，實收貳拾壹秤零拾斤，足。▼〈收捌秤，餘讓。〉〈共收十伍秤半，餘讓。又買西房前二號，內收伍秤，餘讓〉〔收拾伍秤，上二年做定〕

一號桂家塢口住畔下末田一坵，計壹畝玖厘，內旱租肆秤半。

一號坑外路下沿山長錠坵田一坵，計陸分，內租貳秤。

一號住前坑上沿坑田二坵，計柒分陸厘，內租貳秤。

前三號內，又買西房租貳秤拾貳斤半。佃。▲收足▼〈共收肆秤，餘讓。〉〈共收拾秤肆斤，餘讓〉〈收玖秤，餘讓〉

一號榫樹塢口田五坵，又坑下山嘴田一坵（原荒），內旱租叁秤。

一號稗樹塢口中段橫路上田三坵，計柒分伍厘，內租叁秤半。

前二號内，又買西房租叁秤叁廳半。佃。▲收足▼〔收肆秤，餘讓。〕
〔共柒秤貳斤，餘讓〉〔收柒秤，餘讓〕
一號柿樹灣口沿山長坵田四坵（原山脚成田），内早租貳秤叁斤拾貳兩。佃。▲收足▼〔收乙秤，餘讓。〕〔收壹秤陸斤，餘讓〉〔收足〕
一號石家大坵及界下官坵田二坵，内該叁分叁厘，内租叁秤伍斤拾兩。佃。▲收足▼〔收貳秤，餘讓。〕〔收叁秤，餘讓〉〔收足〕
一號蘆家塢口田一坵，内早租叁斤拾貳兩。佃。▲收足▼〔收貳斤，餘讓。〕〔收足〉〔收足〕
一號朝山下田一坵，共計貳分伍厘，内祝半秤。佃。▲收足▼〔收足〕〈收足〉〔收足〕
一號黄坑塘塢塘一所（該一半），今成田（監收）。佃。▲荒▼〔監收乙秤〕〈荒〉〔收貳秤，上二年做定〕
一號黄坑塢行者畝坵田壹坵（新買楝田），計租玖秤零伍斤。佃。▲收玖秤，餘讓。▼〔一收五秤，餘讓。〕〈收捌秤半，餘讓〉〔收柒秤，餘讓。以上得一千二百七十六斤七兩二〕
五保稱字號青真塢等處田土名、畝步、租數開後：
一號陳進住前里外田□坵，計租柒拾秤，鷄三只。佃。〈收陸拾捌秤，餘讓〉
一號炭塢口田五坵，計貳畝，計早租拾捌秤。佃。
一號炭灶塢頭田四坵，計貳畝，計早租拾捌秤。佃。〈監收二號共八秤陸斤，餘蝕〉
一號中塢里中坦田四坵，計早租玖秤。佃。〈收七秤，餘讓〉
一號中塢口田一坵，計租捌秤。佃。〈收七秤，餘讓〉
一號中塢口淡竹山田□坵，計租叁秤。佃。〈收足〉
一號吴雲住前里外田□坵，計租陸拾壹秤，鷄三只。佃。〈收足〉
一號青真塢石匣里新墾田二坵，計租□秤。佃。〈計三秤，收足〉
一號柘木坑馬培塢□田一坵，計□分，計租貳秤。佃。▲收足▼〔〈收足〉〔收壹秤壹斤〕
一號柘木坑口田五坵，計柒分，計租拾秤。佃。▲收九秤▼〈收足〉〔收柒秤〕
一號青真塢並端二塢口田四坵，計租拾貳秤。佃。▲前田租，除柘木坑馬培塢及柘木坑日二號外，中秋、許秋二家佃。合塢各號租數，承恩堂五房老陳斯文衆議，交實租壹百秤，有約。今共收壹百壹拾肆秤整，付中秋、許秋收。▼〔青真塢共折實租乙百秤，又新開田租肆秤半。本年共監，改陸拾貳秤。〕〈收拾秤，餘讓〉〔前號共收壹百秤，做定。一買王八大坵，收壹秤壹斤，做定〕
五保稱字號王舟山等處田土名、畝步、租數開後：
一號王家住上田三坵，計壹畝伍厘，計租玖拾斤。佃。▲收折伍秤▼〔監柒秤半，餘蝕〉〔收肆拾伍斤，上二年做定〕
一號王家住外神林前田五坵，計柒分捌厘，計租壹百伍拾斤。佃。▲收折陸秤半▼〔前二號共收陸秤半，折定。〕〈讓半，此行總記在前〉〔收柒拾斤，做定〕
一號紅林塢口田一坵，計壹分，計租捌秤半（每秤拾捌斤稱）。佃。▲收折玖秤▼〔收五秤，餘讓。〕〈收折捌秤半，餘讓〉〔收陸秤，上二年做定〕
一號王舟山田，計租壹秤（買周祥田）。▲荒。因出蛟，洪水推崩。▼〔荒〕〔收豆租訖〕
▲一收良葉典穀拾秤。
一收扣上年罰贖穀叁拾伍秤。
一收新買良彩王八大坵租壹秤肆斤肆兩。▼
一五大分墾業並買受田租開後：
五保溪頭田承祖並買受字號、土名、畝步、租數各開後。
稱字一百一號内葉家坦田一坵（原地成田），計租伍秤。佃。▲收足▼〔收叁秤，餘讓。〕〈收足〉〔收足〕
一百六號、八號内石連坵、丈鼓坵（二號田今平衡成一坵，共計壹畝），計租拾壹秤。佃。▲收足▼〔收柒秤半，餘讓。〕〈收足〉〔收足〕
一百六十七號塌頭石倉坵團二坵，計壹畝陸分，計租貳拾秤，鷄壹只。佃。▲收足▼〔收拾肆秤，餘讓。〕〈收足〉〔干收拾壹秤〕
一百八十號内交加塢灣口田二坵（原地成田），内租貳秤，又買叁斤拾貳兩。佃。▲監，共分拾伍斤。▼〔三十四年開荒，未交租。〕〈收足〉

一百二十三號南山下田六坵，計壹畝肆分柒厘玖毫。
一百二十四號李家住前田一坵，計壹分貳厘。
一百二十七號李家住灣田一坵（原地成田），計玖分陸厘。
一百二十八號李家住畔田一坵（原地成田），計玖分捌厘。
一百三十三號來富住基田一坵，計柒分叁厘捌毫。
一百三十五號程公三住後塢田一坵（原地成田），計柒分捌厘。
一百四十一號血茶坑口上田二坵，計肆分柒厘伍毫。
一百四十二號血茶坑口田三坵，計貳畝柒厘。
一百四十六號南源塢田，計壹畝陸分貳厘壹毫。
一百四十七號同處田，計壹畝肆分肆厘叁毫。
一百四十八號南源塢三號，共田五坵，計貳畝捌毫。
一百五十一號、二號承天塢口田四坵，計貳畝捌分伍厘陸毫。
一百五十五號承天塢口田一坵，計壹畝肆分壹厘貳毫。
一百五十七號林家住下路上田二坵，計壹畝叁分貳厘玖毫。
一百七十一號觀音堂前徯邊田一坵，計貳分捌厘肆毫。
一百七十五號深水坵田一坵，計壹畝貳分叁厘叁毫。
一百七十六號觀音堂前困二坵，計貳畝叁分玖厘陸毫。
一百七十七號黄土坳田四坵，計貳分伍厘捌毫。
二百三號廟下北乂口田五坵，計壹諺畝叁分伍厘伍毫。
前各號田共租叁百伍拾陸秤，與西房相共，東房該租壹百柒拾捌秤。
又買受西房館租拾肆秤拾貳斤半，滴租柒秤陸斤肆兩。
一內買良貴田，計租壹秤。▲收足▼〔收乙秤〕〔收足〕
一內買秋元田，計租貳拾秤。▲收足▼〔收玖秤，餘讓。〕〔收足〕
一內買汪玉泉田，計壹拾捌秤。▲收足▼〔收柒秤，餘讓。〕〔收足〕
上莊汪留保等佃前項田土名、租數開後：
羊角坵、住前、楊家段、窑坵、葫蘆坵、下塘塢、路邊、八畝段、行路上下，共租壹百貳拾秤，共租鷄陸只。
梘頭，早租陸秤。
黄土嶺背，租捌秤。
聖主廟下，租拾秤。

〔荒〕
一百五十三號承天塢口田四坵，計叁分叁厘，計租叁秤。佃。▲收足▼〔未丈〕〔收足〕〔收足〕
一百六十五號内承天段田二坵，計陸分貳厘，計租伍秤。佃。▲收足▼〔未丈〕〔收足〕〔收足〕
一百六十六號内承天段田一坵，計貳分叁毫，計租貳秤。連前號共鷄壹只。佃。▲收足▼〔未丈〕〔收足〕〔收足〕
一號鳳凰坦田□坵，計□□，内租壹秤零叁斤。佃。▲收足。新買良貴租記後。▼〔收半秤，做定。〕〔收足〕〔收足〕
一東西房相共田租内，東房承祖壹半，並買受西房分籍開後：
稱字四十二號梘頭田一大坵，原地成田。
四十四號羊角坵田一坵，計貳分柒厘叁毫。
四十六號内汪留保住前田一坵，計壹貧肆厘壹毫。
四十七號住前山塢口荒塘壹所，田二坵，計田塘伍分伍厘。
五十號汪留保門下田壹坵，計叁分壹厘玖毫。
五十三號楊家坦田五坵，計肆畝壹分壹厘。
五十四號同處路下田四坵，計柒分貳厘壹毫。
五十五號行路下田五坵，計肆分肆厘肆毫。
五十七號路邊汪六住前田一坵，計陸分肆厘捌毫。
五十九號内葫蘆坵田一坵，計玖分肆厘壹毫。
六十號下塘塢口田一坵，計伍分。
六十一號窑坵田一坵，計玖分捌厘。
六十二號八畝段田四坵，計壹畝貳分貳厘伍毫。
六十四號八畝段田一坵，計壹畝零伍厘。
六十六號内同處月坵田一坵，計捌分五厘肆毫。
六十八號八畝段田一坵，計捌分肆厘肆毫。
六十九號同處田一坵，計捌分肆厘肆毫。
七十三號聖主廟下田三坵，計叁分壹厘肆毫。
七十四號同處廠頭田五坵（原地成田），計壹畝肆分陸厘。
七十五號黄土嶺背田八坵，計捌分。

北乂口廟下，租肆拾肆秤，租鷄貳只。

前項田租共壹百捌拾捌秤，汪留保等佃東房壹半，該交租玖拾肆秤，租鷄肆只。又該交買受西房分籍租壹拾壹秤壹拾壹斤肆兩。▲前田原因水推，讓租壹秤，本年承恩堂議讓：汪元壽名下讓伍秤，劉梓壽名下讓壹秤拾伍斤，汪元具名下讓半秤，汪夏壽名下讓伍斤。除衆議讓外，實收玖拾柒秤零四兩。▼〔前號内共收八十貳秤，餘讓。〕〈收足。一百零五秤十一斤四兩，因水推，議讓一秤。三百零五秤十一斤。〉〔收足。内水推，上二年減去貳秤〕

下莊林天生等佃前項田土名、租數開後：

觀音堂前、深水坵、谿邊堨頭、黄土坳，共租肆拾捌秤，租鷄貳只。

承天塢口、血茶坑、林家住下、來富住基、南源塢、李家住畔，共〔秤〕（租）壹百貳秤，共租鷄肆只。

前項田租共壹百陸拾捌秤，林天生等佃東房壹半，該交租捌拾肆秤，租鷄叁只。又該交買受西房分籍租壹拾壹秤半。▲承恩堂衆議讓：深水士丘王社毛名下讓肆秤半。觀音堂王秋毛名下讓伍秤半。汪貞富名下讓叁秤。汪臘富名下讓壹秤伍斤。除讓外，實收捌拾壹秤零四斤。▼〔前號内共1改肆拾貳秤，餘讓。〕〈收足。又收林家住前租伍斤，因去路成田〉〔收捌拾陸秤〕

一五大分買受西房載熙公秩下分籍田開後：

三十二號土名張家塢口下山溪邊田二坵，計伍分，計租伍秤。

一號土名汪家住上行路山邊田一坵，計租半秤。

四十三號内土名梘頭田一坵，計壹分肆厘捌毫。

四十五號内汪留保住前田二坵，計叁分柒厘柒毫。

四十六號内汪家住前溪邊田一坵，計柒厘壹毫。

前三號共田伍分玖厘陸毫，計租肆秤。

九十三號宋家塢口下山溪邊田伍坵（原荒田伍分），計租叁秤半。

九十四號黄土坑高田壹坵，低田伍坵（原荒田壹畝貳分伍厘），計租拾秤。

一百一號内葉家塢田六坵（原地成田），計租柒秤。

一百一號内同處下仍山油麻坵田一坵，計租肆秤。

一百二號葉家段田二坵，計玖分，計租玖秤。

一百六號内石連坵田一坵，計伍分，計租伍秤。

一百八號内小黄泥坵田一坵，計肆分，計租肆秤。

一百十二號葫蘆坵，又名直坵，田二坵，計壹畝陸分，計租拾陸秤。

一百十四號畝塘段行路下溪邊田二坵（原田肆分貳厘，水推），計租壹秤。

一百五十三號承天塢口田二坵，計叁分叁厘，計租叁秤。

一百五十九號林家住前路下田二坵（計柒分壹厘柒毫），計租陸秤。

一百六十三號横路上方坵田一坵（計壹畝叁分壹厘玖毫），計租貳拾秤。

一百六十五號内承天段田二坵，計陸分貳厘，計租伍秤。

一百六十六號内同處界下一坵，計貳分伍厘，計租貳秤。

一百八十號内交加塢灣口田二坵（原地），計租壹秤。

前各號内田共計租壹百零伍秤拾貳斤。五大分買受錧陸分中合得壹分，計租拾柒秤玖斤半。▲收足▼〔前號内共收九秤，餘讓。〕〈收足〉〔收足〕

一内鳳凰坦胡田二號，計租伍拾伍秤。▲收叁拾陸秤，上年議租肆拾秤，餘讓。一林家住前租伍斤，收足。一買光保租壹秤，收足。▼〔收貳拾伍秤，餘讓。一買光保租乙秤，在前號内收。一買宋家山租五斤，荒。〉〔收折叁拾肆秤，上二年做定。一收新買光保田壹秤。又林家住前，荒〕

一五大分買受西房載興公秩下分籍田開後：

二十五號内張家塢口上坦上田四坵，内租叁秤。

五十一號内上塘塢田四坵，計叁分，計租叁秤。

五十六號胡坵田一坵，計玖分肆厘，計租玖秤。

五十九號内葫蘆坵界下，俗名狂坵，田一坵（計捌分肆厘），計租柒秤半。

六十三號八畝段田一坵，計壹畝柒分叁厘捌毫，計租拾貳秤半。

六十五號同處各半坵田一坵，計捌分柒厘伍毫，計租柒秤半。

六十六號同處月坵界下溪邊田一坵，計壹畝，計租捌秤半。

九十四號宋家山田捌坵，計荒田壹畝零，計内租叁秤。

一百七號内葉家坦石連坵田一坵，計壹畝，計租玖秤。

一百十三號畝塘段狂坵田一坵，計壹畝陸分柒厘柒毫，計租拾叁秤。
一百八十號內交加塢灣口田二坵（原地捌厘），計租壹秤。
一百九十三號內鳳凰段下末坵田二坵，計陸分捌厘，計租陸秤。
二百四十七號內北乂口田三坵，計租陸秤。
前各號內田共計租捌拾玖秤。五大分買受滴拾貳分中合得壹分，該租柒秤陸斤肆兩。▲收足▼〔前號內共收五秤，餘讓。〕〈收足〉〔收足〉
一五大分買受田租開後：
七保項源田承祖並買受字號、土名、畝步、租數各開後。
【以下項源櫃樹彎各號承祖遺額，承佃於中，自無私賣等情】
光字一千六十六號櫃樹灣凌輝乞住上田一坵，計貳畝柒厘。
一千六十八號同處界上田三坵，計貳畝伍分壹厘。
一千七十五號內同處行路界下田六坵，計貳畝柒分柒厘。
前三號田共租柒拾伍秤（拾捌斤稱），鷄貳只。佃。▲收折柒拾玖秤柒斤，足。▼〔前三號共收伍拾乙秤，餘讓。〕〈收折柒拾玖秤柒斤一兩四錢三分〉〔收折柒拾伍秤，餘讓〕
周家山田十二坵，許家柄田一坵，紙皮坵田一坵，柿樹背田二坵，中臼坑口田三坵，住前山下段中田七坵，石印坵下段田三坵，三角坵田一坵，石溪里刪頭路下田一坵，橋頭横路上田一大坵。
前十號田共該分租拾貳秤（係買受沙灣方榕分籍），鷄一只。又買方治、方天仁、方應分租貳拾柒秤捌斤半，鷄口只。佃。▲收叁拾玖秤，餘讓。▼〔在前號內收。〕〈收叁拾捌秤，餘讓。陳家佃〉〔收足〕
一號黄沙塢口沿山里田一坵（該一半），分租壹大秤。佃。▲收折壹秤叁斤，足。▼〔收乙秤。〕〈收二十斤。荒〉〔收足〕
一號雙坑口田一坵，計租叁秤。佃。▲收貳秤半▼〔收乙秤半，做定。〕〈讓一秤，收貳秤〉〔收足〕
一號櫃樹灣桃樹嶺下凌家住前水口等處，分租貳拾叁秤半（貳拾斤稱）。佃。▲收折貳拾肆秤拾壹斤，餘讓。▼〔收貳拾貳秤，餘讓。〕〈收折貳拾貳秤十三斤半。十八斤稱。餘讓〉〔收折貳拾壹秤，餘讓〕
一號田尾塢田□坵，計租拾壹秤。佃。▲荒▼〔荒〕〈監肆秤，餘蝕〉〔荒〕

一號王田冲田二坵，計租肆秤半。佃。▲收叁秤▼〔收貳秤，做定。〕〈廿年程鏈等抵家讓乙秤半，收叁秤，餘讓，鐵匠佃〉〔收貳秤，上二年做定〕
一號許家嶺下田□坵，計租拾貳秤（貳拾斤稱）。佃。▲收折拾秤▼〔收捌秤，做定。〕〈欠三斤，收折拾貳秤，餘讓。謝順佃〉〔收柒秤，上二年做定〕
一號王南山下田□坵，內租拾斤。佃。▲收伍斤▼〔收五斤，餘讓。〕〈收五斤，餘讓。福壽佃〉〔收伍斤〕
一號楊樹堨刪頭田□坵（買鏗田），計租壹秤。佃▲荒▼〔水推〕〈荒〉〔水推〕
一號項家嶺下田□坵，計租捌秤半。佃。▲收柒秤▼〔收柒秤半，做定。〕〈收陸秤半，干五秤，餘讓。勝得佃〉〔收柒秤，上二年做定〕
一號櫸木灣桃樹嶺下田□坵（買魯田，十八斤稱），計租陸拾貳秤，鷄壹只。佃。▲收折伍拾秤零拾肆斤。▼〔收伍拾乙秤，餘讓。〕〈十七斤稱外，讓乙秤半，收折伍拾陸秤二斤，餘讓。伏十五秤在凌倉〉〔收折伍拾肆秤，做定〕
一號同處楓樹塢口等處田肆坵（買魯田），計租捌秤。佃。▲荒▼〔荒〕〈荒〉〔荒〕
一號礫下魚塘坵田，該租肆禪。▲荒，因拋荒投里徵租壹秤。▼〔收貳秤，做定。〕〔收貳秤，上二年做定〕
一號田尾塢田，該租叁拾斤。▲收壹秤▼〔收乙秤，餘讓。〕〔收足〕
一號中舊坑田，該租伍秤（買浩田）。▲收叁秤半▼〔收叁秤，餘讓。〕〔收叁秤，做定〕
一東西房相共田租內，東房承祖一半，並買受西房分籍開後：
一千一百六號楊樹堨低壟田六坵，計貳畝捌分捌厘伍毫。
一千一百七號湯三坵田二坵，計貳畝伍貧陸厘玖毫。
一千一百八號同處田一坵，計貳分肆厘。
一千一百十一號湯四坵田四坵，計貳畝捌厘伍毫。
一千一百二十七號宋家山上邊田二坵，計壹畝伍分。
一千一百二十八號宋家山墳下邊田二坵，計陸分壹厘。

一千一百二十九號同處田三坵（原地成田），計伍分貳厘玖毫。
一千一百三十一號同處田二坵，計叁分柒厘伍毫。
一千一百三十二號宋家山田三坵，計肆分肆厘。
一千一百三十五號同處田一坵，計貳分肆厘。
一千一百五十三號住前田一坵，計伍分柒厘壹毫。
一號同處界上田一坵（原地成田），計叁分伍厘。
一千一百五十四號路下溪邊田四坵，計壹畝柒分陸厘。
一千一百五十八號汪住保見住基田二坵，計壹畝壹分伍厘肆毫，外地肆厘貳毫。
一千一百八十一號礫下王田冲田二坵，計捌分柒厘玖毫。
一千一百二十四號柿樹背及楊樹塌頭田，共叁分（俱水推損）。
一號内礫下湯子坑口路邊長坵田二坵，計陸分。
前各號田共計租壹百肆拾玖秤伍斤，與西房相共，内東房承祖一半，計該租柒拾肆秤拾斤。又買受西房館租陸秤叁斤陸兩，鏡租叁秤壹斤拾壹兩，啓租陸秤叁斤陸兩，謨租肆秤拾斤壹兩，夢霓租叁秤壹斤拾壹兩，三壽租壹秤捌斤陸兩，共計買受分租貳拾肆秤拾叁斤玖兩。
汪住保兄弟並萬保佃前項田土名、租數開後：
楊樹塌壟，湯三坵，湯四坵，溪邊路下，住保、萬保等住基田，宋家山，住前山下，共租壹百叁拾秤，共租鷄肆只。
王田冲、楊子坑口共租壹拾陸秤。
柿樹背、楊樹塌頭共租叁秤伍斤。
前項田租共壹百肆拾玖秤伍斤。汪住保兄弟佃東房壹半，該交租柒拾肆秤拾斤，因造横屋減租肆秤，實交租柒拾秤拾觔，租鷄貳只。萬保佃西房壹半，内該交東房買受分籍租貳拾肆秤拾叁斤玖兩，租鷄壹只。内又新買程禎田計租玖秤玖斤，租鷄交銀貳分伍厘，除常例在外妨。▲收足▼〔前號内共收九十六秤。〕〈收共玖拾伍秤，餘各讓〉〔收足〕
一五大分買受西房載熙公秩下分籍田租開後：
一號宋家山田一坵，計壹畝壹分伍厘，計租拾秤。〈記保佃〉
一號陳家住上田一坵（原荒地成田），計租拾貳秤。〈記保佃〉
一號小石礫塢田四坵（原山脚成田），計租捌秤。〈荒〉
前三號田共租叁拾秤，内五大分買受館租伍秤，鏡租貳秤半。佃。▲收伍秤，餘讓。▼〔共收伍秤半，餘讓。〕〈收五秤〉〔收叁秤，餘荒〕
一號陳家住上及甽頭過水坵田二坵（原山地成田），計租拾伍秤。
前號内買受館租貳秤半，鏡租壹秤叁斤拾貳兩。▲收叁秤拾斤，餘讓。▼〔共收十叁秤。〕〈收叁秤十二斤四兩。福得佃〉〔收足〕
一號程東坑黄沙塢田□坵（買淳、淦兄弟田）。内租貳秤零陸斤。佃。▲收壹秤，餘讓。▼〔收乙秤半〕〈收拾斤，餘讓。勝得佃。荒〉〔收壹秤，上二年做定〕
一號湯子坑洪下田□坵（買程文田），計租貳秤。▲收壹秤肆斤▼〔荒〕〈收乙秤二斤。程文佃〉〔收足〕
八保項源果字號礫下等處田土名、畝步、租數開後：
一號七畝段廠頭田二坵，計肆畝伍分，計租肆拾秤，鷄壹只。佃。▲原減四秤，收叁拾陸秤。▼〔收叁拾叁秤，餘讓。〕〈收叁拾伍秤半，餘讓，鐵匠佃〉〔收叁拾陸秤，上二年做定〕
一號七畝段末田二坵，計貳畝，計租拾陸秤，鷄壹只。佃。▲收拾伍秤▼〈陳祖佃〉〔收足〕
一號同處田二坵，計壹畝陸分（萬曆三年買），計租貳拾貳秤。佃。▲收貳拾秤，餘讓。▼〔前二號共收叁拾陸秤。〕〈前二號共收叁拾秤，鷄一只，餘讓。陳祖佃〉〔收足〕
四十三號内湯子坑口路邊長坵田二坵，計陸分，計租捌秤（又買肆秤半，又買佛保壹秤拾肆斤）。佃。▲收拾肆秤，餘讓。▼〔收拾叁秤〕〈收拾貳秤六斤，餘讓。鐵匠佃〉〔收拾貳秤半，餘讓〕
一號項坑方同門前田□坵（小塘一跟），内租壹拾叁秤拾伍斤（貳拾斤稱）。佃。▲監捌秤，餘蝕。▼〔收拾秤，做定。〕〈收折拾叁秤，餘讓。程勝佃〉〔收拾秤〕
一號七畝坦田□坵，内租伍秤（貳拾貳斤稱）。佃。▲收折陸秤捌斤，足。▼〔收肆秤，餘讓。〕〈收折肆秤拾肆斤，餘讓。程勝佃〉〔收足，一收，溪邊田租壹秤〕
七保光字號鳶溪等處田土名、畝步、租數開後：
一號黄狗嶺田地山（俱是本家己業，因慎庵公與程集和秀才讀書至厚，寶山公

批取田地山一半送集和秀才。後集和轉賣與林文顯，後林文顯止將契内山賣與戴求保，
後求保轉賣與方齊。今山本家與方齊共業，田地仍與林文顯子孫共業。其山基至上塢
口上培直上至降，外至行嶺）。後程文祥買受林建分截，亦轉賣與竇山公業。
前號田内租拾柒秤（因水推減壹秤），鷄壹只。佃。▲收拾秤，上二年
做租。▼〔收玖秤，餘讓。〕〔監折陸秤三斤，餘蝕〕〔收捌秤，原做復讓〕
一百九十三號蔣村小腸坵田一坵，計伍分捌毫，内租叁秤。佃。▲收
折貳秤陸斤半足。▼〔收貳秤半，餘讓。〕〔收足〕〔收足折〕
一號齊嶺下田六坵（鷄三年壹只），内租肆秤柒斤。佃，▲收折叁秤拾
貳斤▼〔收叁秤，餘讓。〕〔收三秤三斤，餘讓〕〔計税七分五厘。收足〕
一號江村沙坵益坵泥長坵田□坵，買漳田，内租拾秤半（拾伍斤稱），
鷄半只。佃。▲收折捌秤拾肆斤，餘讓。▼〔收肆秤半，餘讓。〕〔收柒秤
半，餘讓〕〔收柒秤〕
一買受雲公秩下章溪等處田地租數於後：
一號江村石礫坑田□坵，計租壹秤。
一號望母坵田□坵，計租伍秤叁斤拾貳兩。
一號行路下田□坵，計租肆秤半。
一號柿母塆田□坵，計租伍秤。
一號明郎屋基田□坵，計租捌秤零壹斤。
一號冢林背田□坵，計租壹秤半。
一號茶培坑田□坵，計租貳秤。
一號門前塆上田□坵，計租叁秤半。
一號竹匠門首田□坵，計租肆秤半。
一號二十坵田□坵，計租貳秤半。
一號馬舍塢田三坵（又荒地四十步，内云分十三步四分）計早租
伍秤。
一號大苧園田四坵，計租伍秤玖斤。
一號同處田四坵，▲鷄半只▼計租陸秤拾叁斤半。
一號大苧山田九坵，計早租貳拾秤（内云橋壹半，云公壹半）。
一號同處田七坵，計租伍秤叁斤拾貳兩。
一號喏裏田四坵，計租貳拾貳秤（内減壹秤），鷄壹只。

・一號沿山坵佃叁坵（内荒壹坵），計租貳秤。
一號糧杆坵田□坵，計租捌斤。
一號窟坵田□坵，計租貳秤伍斤。
一號塘里田一坵，計租貳秤拾斤。
一號陷泥坵田一坵，計租壹秤叁斤。
一號胡溪嶺下（汪婆塢口、葫蘆坵、井坵、生上並小坵），共租玖秤叁斤，
鷄壹只。
一號葉壟坑（口上並大坵、中段、辛田塢口），共租貳拾秤半，鷄一只。
一號同處廟前並廟上田四坵，計租捌秤。
一號坤堂田二坵，計租叁秤。
一號金盤坑磜上田九坵，計租貳拾捌秤，鷄貳只。
一號同處磜下田四坵，計租柒秤。〔卅五年減五秤〕
一號炭灶塢嶺下並磎邊田七坵，計租肆秤半。
一號竹林塢合塢田。莊基地在内，計租肆拾秤零叁斤（外減叁秤），鷄
貳只。
一號楊樹壟田□坵，計租壹秤半。
前各號内田共計租貳百叁拾陸秤叁斤，五大分買受程橋拾秤，又買錸
分租貳拾捌秤肆斤伍兩，又買周元兄弟共租叁拾柒秤拾斤半，又買滬葉壟
坑、金盤坑二處租壹秤零伍斤拾貳兩半。▲共收折壹佰零捌秤伍斤。▼
〔前號内共收八十四秤，餘讓。〕〔前各號内共監折五拾八秤七斤，餘蝕。
其前田租數與雲相共，竇莎山公得一半〕〔監並收共叁拾伍秤，餘荒〕
一號江村竹匠住基地屋一所（内買錸、周元兄弟分截），計租銀□□，鷄
壹只。
一號江村佛喏里田□坵，計租壹秤半。
一號大苧山田□坵，計租肆秤。
一號同處田□坵，計租叁秤。
一號梨長坵□坵，計租肆秤半。
前四號田，内買洢租壹秤叁斤拾貳兩（十二分中該一分。）▲收折壹
秤壹斤。▼〔共收乙秤半，餘讓。〕〔收七斤四兩，餘蝕荒〕〔收陸斤半〕
十保李字號岩山下等處田地土名、畝步、租數開後：

三百六十六號許家段田一坵（係許節保住畔溪東），計壹田壹分壹厘玖毫（東螃，西溪，南、北田）。

一號同處界下田一坵，計伍分。

前二號田共租拾貳秤（每秤拾捌斤浄稱）。佃。▲收折拾貳秤，餘讓。▼〔收足〕

一號許家住後菜園地共七坵（東、西路，南墻及自地，北至大栗樹止），計租銀，佃。

一號許家住下墻外地五塊。又墻内高地一塊，計租銀，佃。

一號許家坦店前田畔上地拾貳塊，計租銀，佃。

一號許家坦塘坑塢，新丈玖百肆拾陸號（計陸拾壹步，田一坵）。

同處玖百肆拾柒號田叁坵，計陸百零壹步。

前二號共租貳拾捌秤（貳拾斤稱）。佃。▲收折叁拾壹秤貳斤，餘讓。▼〔收足〕

一號許家坦水埠頭豐田計一坵（前三號田係地對換），計租貳秤（貳拾斤稱）。佃。▲收折貳秤陸斤，足▼〔共收貳拾玖秤零五斤〉〔收足〕

一都四保胡良田各號土名、畝步、租數開後：

一號朱乞孫門前下横埲田一坵（三分中該一分，計捌分柒厘），内租捌秤拾肆斤半（每秤貳拾斤稱。後三號同）。佃。▲監柒秤，餘蝕。▼〔收折八秤四斤，餘讓〉〔收捌秤，餘讓〕

一號住前山堨頭田一坵（三分中該一分，計貳分），内早租貳秤。佃。▲收折貳秤陸斤，足▼〔收折乙秤十五斤，餘讓〉〔收貳秤，餘讓〕。

一號朱家墳前田一坵，計壹畝叁分，計租拾壹秤。佃。▲監玖秤陸斤，餘蝕。▼〔收折拾乙秤，餘讓〉〔收玖秤，又二分四錢〕

一號程家塢口六畝坵田一坵（計貳畝貳分，該一半，又買釧分籍），計租拾壹秤拾捌斤肆兩。佃。▲監拾肆秤，議定冬至前五日交銀捌錢肆分整，餘蝕。▼〔監拾貳秤，餘讓。傅再保佃。汪記保賒二秤。發二秤付□。需六秤付古頭。發一秤掃倉。需捌秤付接祖店。發穀八斤支米。催興賒需二秤。生穀十二秤作銀一兩，現錢二分貳需二□。發穀十秤付毛乞木匠。發穀十三秤内需四秤。借弟云需五秤。興毛侄六秤。同祥侄奚穀六秤。又六秤。發穀三十秤付□□。現二秤十三斤得錢八分五厘八□。發一錢一分五厘索面十一斤。□□□去需二十四秤，共八十六秤，外二錢捌分。去穀十五秤付潔弟貼皈，外一秤□。收得興孫銀四錢九分二厘，九秤六斤。收銀三錢二分。去穀四秤十斤半，在倉二十四斤。明祥侄八秤。季弟八秤。支二秤半換布〉〔收拾貳秤〕

五都四保麗字號韓村田各號土名、畝步、租數開後：

巨字號大埲上方村界廠頭田一坵，計壹畝伍分，計租貳拾叁秤（監收），鷄壹只。佃。▲監伍秤貳斤▼〔監柒秤，餘讓〉〔收柒秤，上二年做定〕

麗字二百號大埲下楓樹底（第一坵，又高田一小坵，計叁畝叁分柒厘伍毫），計租伍拾壹秤。佃。▲司監貳拾肆秤半▼〔監貳拾秤，餘蝕〉〔收叁拾肆秤半，上二年做定〕

同號第二坵田一坵，計貳畝柒分伍厘肆毫，計租肆拾陸秤。佃。▲收監叁拾玖秤▼〔收叁拾乙秤，餘讓。積旺佃〉〔收叁拾肆秤，上二年做定〕

一號大埲下山邊田一坵，計陸分，計早租伍秤。佃。▲監貳秤拾貳斤▼〔監叁秤，餘蝕〉〔收壹秤，上二年做定〕

二百二十三號高岸名五畝里田一坵，計壹畝捌分叁厘貳毫。

二百十五號同處田一坵，計陸分伍厘。

二百十六號同處田一坵，計貳畝肆分伍厘捌毫。

前三號田共計租柒拾捌秤。佃。▲監貳拾伍秤半▼〔共監肆拾九秤，餘蝕〉〔收肆拾肆秤，做定〕

二百三號舊住基横路上田一坵，計貳畝，計租叁拾伍秤。佃。▲監拾叁秤▼〔監貳拾秤零十乙斤，餘蝕〉〔干收玖秤〕

二百四號、五號舊住基前田一坵，計貳畝玖分肆厘陸毫，計租叁拾玖秤。佃。▲收叁拾陸秤▼〔收叁拾乙秤，餘讓。於保佃〉〔收叁拾伍秤〕

二百六號、七號吕家門前田一坵，計叁畝玖分玖厘貳毫，計租陸拾秤。佃。▲收肆拾捌秤▼〔議減租十二秤，收足〉〔收肆拾陸秤〕

二百九號新住基前田一坵，計陸分，原議租玖秤。佃。▲監拾秤半▼〔收柒秤半，餘讓〉〔收拾捌秤〕

二百三十一號方坵田一坵，計貳畝伍分貳厘玖毫，計租肆拾秤。佃。▲收叁拾秤▼〔收叁拾乙秤半，餘讓〉〔收貳拾秤〕

二百三十七號窟坵田一坵，計壹畝柒分壹厘柒毫，計租叁拾秤。佃。▲收貳拾柒秤▼〈故貳拾肆秤，餘讓〉〔干收貳拾秤〕

二百二十二號苧塍下山田一坵，計叁畝壹分肆毫，原租肆拾陸秤。佃。▲水推，監叁秤貳斤▼〈監拾秤，餘蝕〉〔干收早叁秤〕

一百九十二號方家住下田二坵，計貳畝貳分，計租叁拾陸秤。佃。▲監拾柒秤叁斤▼〔其田直至方家坪小路止。監拾陸秤，餘蝕〉〔收貳拾叁秤，上二年做定〕

一號舊住基田一坵，計柒分柒厘陸毫，計租拾貳秤。佃。▲造屋▼〈收玖秤，餘讓〉〔造屋〕

一號冢林前田一坵，計壹畝壹分零，計租拾柒秤，鷄半只。佃。▲監陸秤▼〈監八秤五斤，餘蝕〉〔干收叁秤〕

一號方家住畔大塍上低瀧（田一坵，原塞塹成田，計壹畝貳分玖厘肆毫），計租貳拾秤。佃。▲收貳拾秤▼〈內有一小角高坵亦在其田內。收拾捌秤，餘讓〉〔收拾捌秤〕

一號高大坵田一坵，計壹畝，計租拾伍秤。佃。▲收拾壹秤▼〈收拾貳秤七斤，餘讓〉〔收捌秤，上二年做定〕

一號方家住前大塍下低瀧（田二坵，原塞塹成田，計貳畝玖分叁毫），計租肆拾伍秤。佃。▲收肆拾叁秤▼〈收叁拾陸秤半，餘讓〉〔收叁拾秤〕

一號上湖大長坵田一坵（原塞塹成田，計叁畝叁分捌厘柒毫），計租伍拾貳秤半。佃。▲收足▼〈收足〉〔收足〕

一號中湖大長坵田一坵（原塞塹成田，計叁畝叁分捌厘柒毫），計租伍拾貳秤半。佃。▲收足▼〈收足〉〔收足〕

一號下湖大長坵田一坵（原塞塹成田，計叁畝叁分捌厦柒毫），計租伍拾貳秤半。佃。▲收足▼〈收足〉〔收足〕

一號小長坵猫兒崖田二坵（計叁畝伍分貳厘），計租伍拾貳秤半（因去塍一截成田，加租貳秤，後因造屋取路，復減壹秤）。佃。▲收足伍拾壹秤半▼〈收肆拾玖秤，餘讓〉〔收足〕

一號榧坑口田□坵，計壹畝叁分，計早租拾叁秤，又買宗渺、良稷兄弟拾叁秤。佃。▲監陸秤半▼〈監捌秤，餘蝕〉〔干收陸秤〕

一號猫兒崖塍頭田壹坵，計租貳秤。佃。▲監拾伍斤▼〈收壹秤，餘讓〉〔收壹秤，上二年做定。收黄租柒秤〕

各處基地並園地土名、畝步開具於後：

一號正堂住盾地壹拾伍步（原買仁分浚地）。

一號住後下塢山地叁塊。

一號中村書院祠堂地，計貳畝。

一號書院前園地（係仁、義、智三分地，買受鉛、錞分籍。）

一號案山墻外地壹塊。

一號楊坑百花園墳前地伍分。

一號青龍嘴轉角地壹塊。

一號住前溪邊鋪基地（原塘填成地造鋪，衆存壹間，餘拾間，五房浮分管業）。計租銀。

一號庵口前汪可住上厥地貳块，計租鷄壹只（中元祀神用）。佃。

一號汪可住基並高塝園地壹塊，計租銀。

一號汪可住前截地（係程富孫見賃店基），計租銀。佃。

一號在城寓宅，嘉靖四十二年二月間，縣主孫爲起造常平倉查理官地，令保長方儒、周橋查理，方正潘定丈量，親注圖式，卷案可查。草圖廷器收。圖式具後。

一號汪村園路邊柿樹下地壹块，計銀租。佃。▲因荒無租▼

一號羊鵝坑五保塢金塢坦地。

一號楊樹坦里外灣坦地壹片。

共計租鷄貳只（請接管交帳用）。佃。

一號溪頭觀音堂地共計柒分。

一號觀音堂邊地，計叁分（連前號地，嘉靖四十二年重立租約，王祖交銀叁錢陸分，王富交銀貳錢陸分。前項租銀，五大分該銀肆錢壹分貳厘。載參興公分該銀貳錢六厘）。

一號仁山公墓前白虎山嘴地壹塊，計租鷄壹只（墓祀用）。佃。

一號仁山公朝山脚鳳凰坦外邊地貳块（嘉靖三十六年王銀保重立租約，每年交租銀貳錢肆分。五大分該銀壹錢貳分。載团興公分該銀壹錢貳分。原有圖分合同係鋌收）。

一號青真嶺外莊地貳块（原係吴琼住基），計租。佃。〔迭年交九三銀陸中村張壽、乞保共鷄肆只（衆存貳只，生忌祠祀用。貳只清明楊坑墓祀用）。

塘坑鷄貳只（分壹只，辛壹只奠祠）。〔梓木坑一只〕

書院前菜園地（仁、義、智三分地，内買鉛、鍂分籍，六年輪該租鷄壹只）。

楊坑汪金富、汪毛共鷄肆只（衆存，清明楊坑墓祀用）。

下馬圻鷄壹只（辛，奠墓）。

上坳朱辛洪岸塘鷄壹只（分）。

桂壽等冷水塢鷄壹只（分）。

桂元保洪岸塘下段鷄壹只（衆存，清明楊坑墓祀用）。

黄坑塢汪記社等月山嘴下鷄壹只（分）。

插塢口汪住梓木坑日鷄壹只（分）。

羊鵝坑汪三富五保塢地租鷄壹只（衆存，請接管用）。

林四保楊樹坦裏外坦租鷄壹只（衆存，請接管用）。

青真塢陳進鷄陸只（分）。

溪頭各佃共鷄玖只（衆存伍只，中元祠祀用。餘分）。

林壽交加塢口坑上地租鷄壹只（清明溪頭墓祀用）。

項源汪住保等三佃共鷄肆只（辛鷄奠墓，餘分）。三佃又備鷄壹只（清明項源墓祀用）。

萬保鷄壹只（分）。

陳四春鷄壹只（分）。

櫃樹灣凌輝、凌佛共鷄貳只（分）。

黄狗嶺金千、金三共鷄壹只（分）。

章溪江村林法春坦租鷄壹只（清明江村墓祀用）。

庵口前汪義坦租鷄壹只（中元用）。

各處莊佃租膳開具於後：

韓村稱租

方英等肆佃共出銀貳錢付管理買殺，早晨鷄子湯壹次，酒、飯，腐、菜隨用。

方村稱租

方記備猪、牛肉，腐，菜各壹品，酒貳瓶，飯。

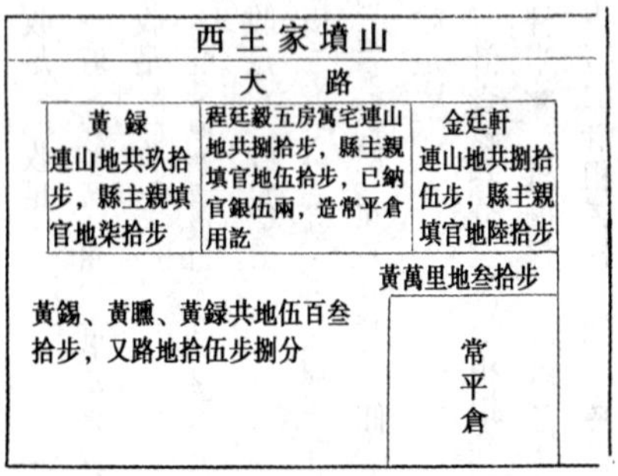

錢柒分伍〕

一號項源佛塔塢坦地壹片，計租。佃。〔迭年交八色折課銀貳錢伍分叁厘〕

一號章溪江村坦地，計租鷄壹只（墓祠用）。佃。

一號薛家段方家坦地壹片（東路，西山，南墻、地，北岬頭）。計租銀。佃。

一號正堂東邊庇蔭大塘一所，計租銀。

一號谿邊地壹片，係一千六百五十八號、九號（買劉地，買育得塘，今填成地）。

一號章溪江村土名胡多住基地壹備，計地（其地賨山公已該三股之二，仁山公三股之一。買受汪廣祖地新造莊屋乙所。賨山公已造一半軍莊，仁山公已造一半。現今胡琴保居住）。

一號橫塝地壹塊（東月山，西、北路，南塘）。

各處田地租鷄存分開具於後（每只計租秤壹斤拾貳兩）：

韓村方英等四佃共鷄拾只半（衆存五只，冬至祠祀用。餘分）。

方村方記鷄貳只（分）。

林村潘新富粉壁坦鷄壹只（分）。

胡、潘二佃三畝圻共鷄壹只（分）。

下村葉住鯉魚塘鷄壹只（分）。

中村稱租

張壽、乞保共出銀貳錢伍分付管理買殽。宰鷄奠祠（開前），煎腐、菜各貳品，酒、飯隨用。每年中元、冬至祭日，管理鷄子湯壹次。

楊坑百花園稱租

汪金富、汪毛備塘魚、猪、牛肉、煎腐各貳品，宰鷄奠墓（開前），酒、飯、菜隨用。

上坳稱租

桂壽、初孫備進門牛肉、腐、菜各壹品，飯，酒貳瓶。晚問猪、牛肉、腐、菜各壹品，酒隨用。早晨鷄子湯壹次（不宿免）。

朱辛備猪，牛肉、腐、菜各壹品，酒五瓶，飯。

青真塢稱租

陳進出銀壹錢伍分付管理買殽，進門煎腐、菜各二品，酒貳瓶，粿（五品）。晚問煎腐、菜各貳品，酒隨用。次早鷄子湯（不宿免），飯。

溪頭稱租

汪、林各佃共出銀叁錢付管理買殽，煎腐貳品，菜，飯，烏豆伍升，酒伍瓶。

項源稱租

汪住保三佃備進門牛肉、腐、菜各壹品（訖），飯，酒貳瓶。晚問猪肉、煎腐各貳品（訖），宰鷄奠墓（開前），酒隨用。次早鷄子湯壹次（訖），菜，飯。午間猪肉、煎腐各貳品，酒貳瓶。

萬保備猪肉、煎腐各貳品，菜，飯，酒貳瓶。

陳佃備猪肉、煎腐、菜各貳品，酒貳瓶。

王六等備猪肉、煎腐、菜各壹品，酒貳瓶（爲祖佛塔塢山脚坦地）。

櫃樹彎稱租

凌輝、凌光備猪肉、煎腐各貳品，菜，飯，酒伍瓶，鷄子湯問年壹次。

凌佛、住保備猪肉、煎腐各貳品，菜，飯，酒伍瓶，鷄子湯間年壹次。

在城寓宅酒一席。

（明）程新春《竇山公家議》卷五《山場議》 昔議山場管理兼之，今祖山皆合，更置五人專治其事，而管理考其成焉，其加意於山場者至矣，治山者其敬承之哉，得人共濟，不出二紀之餘，當獲無窮之利；苟非其人，則今日之更置，實山場之蠹螟也，可不戒〔與〕（歟），述山場議第五。

議曰： 竇山公承祖未分山場，東西存留以備軍裝，兹不及論。其摽分並買業山場，充斥本都十保並外都者難以枚舉，親書謄契文簿尚存可考。但失業頗多，衆存無幾。除摽分各房各業外，其餘各房混業者，嘉靖丁未衆立合同文約，其各號内除先葬墳各業外，各房不許侵害，其餘山場盡行歸衆合業興養，呈縣蒙批云云。附照。誠義舉矣。數十年來未見遵行，徒廢心力，爲義不終，良可太息。今衆慨然復興前議，遵行前文。但各號山場浩繁，必須得人司治。若並責之管理，不免有事煩不給之虞；若欲另置五首，不免有政出多門之弊。爲今之計，莫若將今年管理之人，事完之日，仍委專治山場一年，庶事兩無相礙。其治山者，務要不時巡歷，督令栽養，毋爲私身之謀。其管理者務要不時檢點，給與饋餉，毋爲秦越之視。如此則合異統同，栽培甚便，協謀并力，保養無難，將來材木不可勝用矣。所有合同文書並青真塢禁約，録刊於後，以便衆覽。

前議已得其概矣，而未及其弊也。蓋山木與田租不同，田租歲有定額可考，非若山木之無常數而難稽也。治山者往來經理，情弊多端，必須法制嚴明，賞罰必信，此議方爲有益。苟逐年因循，互相容隱，則一法立，一弊生，且虚靡衆谷，反爲懷私者之資矣。戒之，慎之。

栽坌興養，治山者必要佃與近山能幹之人，便於防盗防火。間有計酒食之豐嗇，饋送之有無，乃舍此而之彼者，斯人惟顧花利，不思栽苗，縱有所栽，火盗難防，猶無栽也。治山者衆罰，仍追出佃山者逓年花利，另人興養。

治山者所獲火盗，輕則投治，重則告鳴，賠還木價，盡行歸衆。間有捕獲之時多方恣取，以充私橐，志得意滿，交相隱匿，及至發覺，聊將所得一二歸衆，以掩衆口，是治山者一火盗也。查比衆罰。

治山者巡行各處，務要視爲己事，着實舉行。間有往返無益於事，或有承此機會反竊取大木以爲己利者，是治山者甚於火盗也。訪出倍罰。

倘有鄰山砍木過界，治山者查明理説，通知管理。賠納木價盡付管理接管者承領。如有失落，罰銀一兩，責令照依匣內草册謄録逐年事績，付接管治山者。

竇山公山場係外户占業年久難復者，與墓山不同，治山者不可一例生事。其有倡言争復者，即係私弊，日後利歸於已，害及於衆。往事可鑒也。青真塢合塢山場，乃竇山公志意所在，後裂亂溷業，蘭峰先兄率衆複合爲一，辟立田莊，興養苗木，承其志意，甚盛舉也。續立禁約，毋許樵採擅入以損木植，毋許生販爲名以擾守僕。向知遵守，故得成業，近年衆用，賴以取給焉。今則舉目皆濯濯矣。近有合山文書，其各處山場悉照青真塢禁約一體施行。自後敢有不遵家約，恃頑故違者，乃忤逆祖宗志意，以不孝論。

青真塢山場盡廣，恐守僕力少，興植不遍，治山者宜令韓村、中村、百花園莊佃同栽爲便，此外不許概令他人混佃。日後力坌照例給與，毋得短少。治山者仍要督令依時栽插，並提防火盗，不許坐玩廢事。

韓村莊傍未有山場，刍蕘無資，莊佃未便，管理者訪有近莊相應山場，買業以便莊佃。

木崙崆即緑袍峰，乃住居水口巽方秀曜，關係匪輕，竇山公爲風水買業，毋得興養樹木，參差遮蔽。

住後來龍山、水口山、前案山，關係住居、墳墓，山並庇稿樹木，管理照防掘挖損伐，輕者戒責，重者理治。

衆山甚多，只要興理，後再不宜濫買，恐衆艱於管業。倘有緊急及凑片者，方可買業。

竇山公秩下子孫伴僕甚多，間有專畜暴悍之徒，結黨連兇，不顧有業山場，白晝恣行砍伐，或盗取小木以充柴薪，或盗取大木以鬻酒貨，山佃理説，狠打隨之。毒横若此，孰敢誰何。爲之主者任其所爲，若罔聞知，及至事覺，反護前飾非，庇姦窩盗，猶虎傅翼也。治山者遞年所養，曾不足以供伴僕旦旦之斧斤。如此而不加緊，欲杉木之成材也得乎，昔青真塢禁約內開伴僕盗砍衆木並私入山討柴種作侵害等項，其罰銀痛責已有定例，今一遵此約。如後有犯者，治山者告家長家衆，即將所犯伴僕並本主一齊照例罰責。若五房子孫躬犯此者，罰責加伴僕一等。此禁一行，則餘議自舉。此輩既治，外且遠者又惡敢犯哉。

收貯，毋得受囑私處。訪出倍罰。

衆存租穀若干，專備治山支用，管理收貯某倉。治山者巡行之日，每人日給飯食穀叁斤，跟隨伴僕每人日給工食。如苟且塞責、虚應故事者不給。凡山佃有事來見，治山者酌量輕重管辦酒食。每月終照數開報，管理查勘，給散前項食用並酒食穀。如虚捏工帳、冒支衆谷者有罰。其治山者所用紙筆並所用物件，管理者每年共給銀壹兩應辦。

凡嶄撥苗木、凑買力坌等項支用，治山者務要與管理商議，管理查實，方動支衆存銀穀，眼同交付山佃。治山者不許私用銀穀，亦不許擅借銀兩。倘有此情，其弊甚大，管理即時〔究〕（糾）正，衆不認還，仍加罰治。

凡杉木成材拚賣，治山者告於管理，同家長家衆一齊商議，務要至山親視圍徑、數目，合衆評品應值時價，毋背衆私行，以招物議，毋低價賤售，以取衆怒。如違，定行照價倍罰。所得木價若干，盡付管理收貯，以應衆用。各房不許分析，治山者不許收價。

治山者拚賣各處雜柴，亦要與管理同議，其價付管理收貯衆用。

前治山者等項支用，管理稱時給發，若應給而不給，及不應給而濫給者，家長家衆即時〔究〕（糾）正。

今時山場率皆荒廢者，其弊由於山主剋刻山佃，揹與力坌，以故山佃惟思花利，不肯栽苗。今議各處山場杉木成材拚賣之日，務照鄉例主、力相分，毋許短少，務與佃約相符。則佃人有所利而專心在是，不惟盡力栽養，而山無曠地，抑且盡力防護，而無火盗之慮矣。

田地俱有定租，家議開注，逐年一册可也。山場長養，逐年功效不同，必須遞年治山事績萃於一册，方有稽考。衆議山場另立草册二本，一本收貯衆匣，管理遞年填注存照；一本輪給遞年治山者，開注本年某處栽坌杉苗若干，某處嶄撥杉苗若干，某處凑買力坌若干，某處大苗若干，某處小苗若干，某處拚賣砍木若干，某處拚賣柴價若干。先期十日逐一開明，交與管理。管理查實，填注匣內草册上，並注家議手册上，至中元日一齊交遞。其草册即付接管治山者收領，開注下年事績。擺管者承領草册，續行查勘。倘有不實，告家長家衆，管理與治山者同罰，仍令將草册所注改正。其草册，治山者逐年輪傳，毋得損壞、失落。如有損壞，不許田之所出，效近而利微，山之所產，效遠而利大。今治山者遞年所需，不爲無費，然後利甚大，有非田租可倫，所謂日計不足歲計有餘也。

其治山所需，管理即當逐時給與，不可怠惰遲延。

治山者倘因火盗不得已在縣告嗚，管理者務要同心共治，毋得推托。

其使用並飯食，管理者即對應辦，不可誤事。

寶山公山場在本都十保並外都，不能盡載，俱有契書及經理可查，但失業頗多，日後查出明白，再續於後。

寶山公摽業並買業山場各保字號、土名、畝步開於後。

一保號字號

三百三十七號吴坑，計山三十七畝（該一半）。

二保巨字號

二百九十三號緑袍峰，計山貳畝（東降，西灣心，南高尖，北鄭山）。

七百六十六號方村塘坑老水塢，計山伍畝（東自田，西高降，南山嘴，北至田，正灣心直上）。

三保闕字號

一百十，匕號蘭香塢，計山貳畝壹角（東程田，西尖，南方山，北程田）。

二百二十三號江坑嶺裏行路，計山叁畝。

五百八十九號中村住後塢，計山叁角肆拾步。

六百九十五號楊坑程乞住居東邊並住後山、百花園等處山，共計壹畝（五大分分得百花園山一片，住後山、石那樹、鐵爛竿樹，直上至尖，西邊山一片）。

一號百花園青龍山。

一號白虎山。

一號亭堂前對面竹山。

一號百花園來龍山及青龍嘴外培山（該一半）。

一號吴大塢頭山。

一號何家冲冷水塢山（買程伯分籍）。

一號中村傍雲山。

四保珠字號

九十五號茶園塢，計山壹畝貳角壹拾伍步（東降，西田，南灣，北高尖）。

九十八號峽山外高培，計山捌畝。

一號羊鵝坑山，里至水菜塢口小灣弦壟直上，外至斫梘塢里石塝直上至降，上降，下田及坑。

一百二十五號羊鵝坑，計山拾伍畝。

一百三十五號同處大培，計山柒畝伍分。

一百五十八號下東山葉福慶住後，計山地壹畝。

三百九十五號朱家源石嶺塢，計山壹畝。

三百九十八號同處，計山壹畝叁角肆拾步。

六百四十五號塘坑，計山貳畝叁角。

六百六十一號塘坑直塢頭，計山拾肆畝壹角。

七百三號黄坑神林下塢，計山壹畝壹角（東雙坑口，西、南、北降）。

四百四十八號降背塢，計山壹畝貳角貳拾步（係住後來龍山，分心直上，隨降繞過下塢，東邊山一片，直至石嘴。係買程添輔兄弟山，祖妣查氏墓葬其麓西。隨降繞過降背塢右支山降直下。全塢山係祖摽業，合塢地係摽與仁、禮、智、信四分管業）。

五保稱字號

一百十一號溪頭長嶺下，計山陸畝壹角。

一百四十八號楓林塢，計山拾貳畝肆拾步。

一號胡三塢窄樹塌（上、下山，裏至八畝段彎心直上，外至住後塢口，上降，下田）。

二百七十七號張家嶺，計山柒畝貳角。

二百七十九號同處，計山陸畝叁角。

二百八十五號大山，計山柒畝貳角。

二百八十九號元祖住後，計山貳畝。

二百九十七號塘塢，計山壹角肆拾步。

三百四十八號干田塢，計山貳拾畝貳角。

三百五十二號蒸皮塢，計山柒畝叁角。

三百五十三號同處，計山柒畝貳角叁拾步。

三百六十二號茄子坑，計山壹畝。

四百一號茄子坑，計山玖畝叁角。

四百二號同處，計山叁畝叁角。

四百七號同處，計山伍畝貳角。
四百十號同處，計山陸畝。
四百十三號同處，計山貳畝。
四百十五號同處，計山玖畝壹角。
四百二十五號汪家山，計山玖畝貳角。
同四百十八號茄子坑，計山貳畝壹角。
四百二十九號方家山，計貳拾壹畝壹角。
四百三十號同處，計山拾壹畝（東自山，西嶺，南坑，北降）。
四百三十二號元祖住前，計山叁畝貳角。
一號南岸塢合塢山（里至血茶坑口，外至木頭灣，上降，下田）。
一號血茶坑合塢山（里至住後塢口，外至南岸塢，上降，下田）。
五百五十五號畝段（石磜下，計山貳畝，東嶺嘴及田，西灣裏壟心直上，南自地，北降）。
五百五十六號畝塘塢，計山柒畝（東坑，西降，南石磜，北降）。
五百五十八號同處，計山柒畝貳角（東坑，西程山，南、北自山）。
三百五十八號自茆山，計山柒拾壹畝（東壟，西、南、北降）。
同五百六十三號畝塘塢，計山叁畝壹角貳拾步。
五百六十九號汪三塢，計山肆畝壹角。
一號承天塢合塢山（東隨下培至程鬃己山，西至塢口塌山，上降，下田）。
六百十五號承天塢口，計山貳畝肆拾步（東、南自山，西住基，北程山）。
六百六十九號高家塢，計山叁畝（東塢口，西塢心，南程山，北灣）。
六百七十四號水塘塢，計山貳角（東灣，西、北王山，南坑）。
六百八十四號張公塢，計山陸畝。
七百七十一號北義口，計山壹角。
七百八十三號同處，計山肆畝。
七百八十四號同處，計山肆畝。
七百八十六號楊舟灣，計山叁畝。
七百九十二號同處，計山玖畝叁角。
七百九十六號横山，計山壹畝。
七百九十七號毛栗樹，計山壹畝。
八百五號同處，計山伍畝貳角叁拾步。
八百二十一號黄爪嶺，計山壹角。
八百二十二號同處，計山壹角（東降，西自地，南程山，北山）。
八百五十七號丁子塢外段，計山貳畝壹角。
一號丁子塢山（東壟，西程山，南降，北小坑。摽與義分一半，衆存一半）。
八百六十八號丁子塢口，計山貳畝。
八百六十九號同處，計山壹畝壹角。
八百七十一號同處，計山壹畝叁角。
八百七十三號横山殿前，計山貳畝壹角。
八百七十四號同處，計山壹畝貳角。
八百七十七號佛子嶺，計山拾壹畝貳角。
一千七十一號栗樹塢，計山柒畝貳角。
一千一百七十一號石壁段住基，計山壹畝肆拾步。
一千一百七十二號林家塢，計山壹畝貳角肆拾步。
一千一百八十二號同處，計山叁角肆拾步。
一千一百八十八號甜珠塢，計山肆畝。
一千一百八十九號同處，計山壹畝。
一千一百三十四號洪尾塢里，計山肆畝。
一千一百三十五號杉木灣上灣，計山拾貳畝。
一千一百三十六號同處，計山陸畝。
一號青真塢合塢山（東至官坑，隨降直出至石匣止，西至長嶺，隨嶺直下至青真塢口程墳，當壟直上至降止）。
一千四百七十一號程七婆源，計山貳畝貳角。
一千四百七十三號椒木塢，計山柒畝貳角。
一千四百七十四號同處，計山叁拾畝。
一千四百九十三號江家冢背，計山壹畝（東路，西田，南、北山）。
一千四百九十四號同處，計山貳角肆拾步。
一千五百三十七號宋廣坑，計山肆拾畝。
同號，計山肆拾畝。
一千五百四十一號板石源，計山捌畝。

一千五百四十六號革培，計山拾貳畝壹角。
一千五百五十三號龍舌嘴，計山拾玖畝。
寶山公分得山場長養竹木。
一林保住後上下山一片（上至程顯宗山界，下至塢口）。
一降背塢全塢山及全塢荒熟地（上至程永得山，下至程道同山）。
一江家冢背張記娘墳，外壟心直上至降，裏截一片及竭下塢山一片
（上至竭下塢心下培，下至汪七塢口過）。
六保夜字號
一號殿前，計山拾伍畝。
九號方家坦，計山伍畝。
十二號上塢口，計山伍畝。
一百九十九號殿下，計山捌畝貳角。
三百七十號葛流坑塘塢里，計山玖畝。
五百十五號葛流坑口奎上，計山貳角。
七保光字號
九十四號胡溪嶺下，計山壹畝肆拾步。
一百二十一號江村莊基，計山叁角，地伍拾伍步。
同號，計山叁角，地伍拾伍步。
一百二十五號麻榨塢，計山貳畝叁角（契内土名住畔，共該地肆勢）。
一百二十六號同處，計山壹畝。
一百八十四號胡溪嶺下，計山壹角肆拾步。
二百二十六號胡里源，計山貳角叁拾步。
二百五十六號金盤坑，計山拾柒畝。
二百六十七號竹林塢，計山貳拾畝。
二百八十六號蕨萁塢，計山壹畝肆拾步。（東程山，西坑，南溪，北降）
二百九十一號白石堀。計山叁畝。
三百二號洪水塢，計山玖畝貳角。
三百九號胡里源，計山拾貳畝貳角。
三百十一號碟坳里，計山柒畝貳角。
三百二十七號蔣村前山，計山壹角。
三百二十八號同處，計山貳畝。
二百三十九號葉聾坑，計山伍畝。
三百四十二號茗坑口，計山伍畝貳角。
三百四十四號同處，計山貳角。
三百六十八號蔣村梘坑，計山柒畝貳角。
四百九十八號羊棧石，計山貳畝。
一百七十九號鄭大塢，計山壹畝叁角。
同號，計山叁畝貳角。
一百八十一號鄭東塢，計山壹畝。
一千一百九十號黃狗嶺里，計山貳拾壹畝。
一千二百七十七號楊坑，計山壹百壹拾畝（該一半）。
四百四十三號梅樹塢，計山壹畝壹角拾柒步。（東、南，北地，西降）
四百六十七號石曹塢，計山壹畝貳角。
二千四百二號舊含塢，計山貳拾柒畝。
二千四百八號魚龕塢，計山拾伍畝貳角。
一號大西坑山，里至報慈庵青柴塢，外至莊背塢，原謝家山，上降，
下坑。
二千四百五十一號石磜坑，計山玖拾畝。
二千四百八十四號王廿公塢，計山柒畝貳角。
二千四百八十五號牛角灣，計山柒畝貳角。
二千四百八十六號黃土尖，計山貳畝叁角。
二千四百八十七號同處，計山玖畝貳拾步。
二千四百八十九號黃土尖，計山貳拾伍畝貳角。
二千四百九十號同處，計山拾捌畝。
二千四百九十一號同處，計山拾畝。
二千四百九十二號黃土尖，計山貳畝。
二千五百號楓樹塢，計山叁拾畝。
二千七百二十七號黃岐嶺，計山伍畝叁角（四分中得三分）。
二千七百二十八號杉木嶺，計山伍畝。

二千七百四十三號坳背，計山伍畝壹角。
二千七百四十四號天倉螃上，計山貳畝壹角。
二千七百四十五號佛塔塢，計山拾柒畝。
二千七百二十九號石礦塢上培山（內買錯六分中該一分）。
一號小礫坑山，里至深坳嶺，外至石磜塢口，上降，下坑。
二千七百六十二號程東坑，計山叁拾畝。
二千七百六十三號同處，計山伍畝。
二千七百六十七號茅栗科，計山貳拾畝。
二千七百七十六號黃沙塢外截宋嘉山，計山陸畝。
一號章溪江村墳後茶園塔上。
一號張家塢内衆存里截金字面山一塊。
一號榧樹塢内衆存大聖堂里截小灣山一塊。
九十七號胡溪嶺下，計山貳角。
一百四十六號江村，計山壹畝。
一百九十號胡溪嶺下漆樹塢，計山壹畝壹角。
一號水碓坑，計山□畝。
一號黃狗嶺方梅坑上舍塢山（東坑，西大降，南嶺，北行路嶺及汪宗文山爲界，原係買受林建分截）。
二千四百四十六號林十四塢，山陸畝貳角叁拾步。
二千四百七十八號茝背塢，山貳拾畝貳角貳拾步。
八保果字號。
七百五十三號南源塢鮑家坦，計山伍拾畝。〈內汪尚三十一秤，欠二秤。內汪記三十一秤〉
一都一保
一號胡良田西山塢南培山（東、南宋山，北謝田，西道正桂竹灣口直上至降）。
一號正灣山，內地貳块（東謝田，西道正山，南桂竹灣口，北坑及正塢）。
一號擔水坑（東道正灣心直上，西大降，南降，北宋地）。
一號陳家住岳山（並地，係原買程理、毛乞墳山及地二塊，七分中合得一分，經理可照）。
一號伍都四保土名下南灣山（東嶺、降，西坑，南灣高尖，北溪。其山與宋溪汪元得相共，該一半。萬曆十七年買受汪祖佑、汪闓元山分截）。
一號伍都四保榧坑口屋基背山（東降，西田，南石嘴及吕山，北方山。吕天時十二分中合二分半）。
一號同處對面前山（東田，西、南峰及吕山，北方山。吕天時六分中合得一分）。
一號同處小乞塢山（東峰，西吕山及程山，南峰，北程山。吕天時四分中合得一分）。
一號里外灣高地，計地貳塊（昃字四百九十一號、昃字四百九十二號。其前山地五號，吕天時本身該得分截，萬曆十二年分，竇山，山公買得）。
一號三保土名桃樹塢山（原係買受程文，內取東邊山一半。東、北降，西塢口太路，南下塢灣心）。
一號楊坑萊塢頭山（其山系竇山公來龍背後山，原買受一半，後又買程鉡一半）。

家議所載，祖文祖業在焉，所係甚大，爲此編號書名給散，以防遺褻。日後管理止許十年定册之時開印一次，每次十册貯匣。有願印者，自備價銀付管理同印編號，不許管理私印濫與。倘字迹不同，即同後罰。

本年治山頭首程　程　程　程　程　經理各處山場事績，逐一開注於後：

一佃與某人某處山場興養杉苗開後。
一山佃某人嶄撥某處山場苗木開後。
一收買某人興養某處力坌苗木開後。
一拚賣某處杉木若干、得價銀若干開後。

一青真塢禁約

六都程旺、程昇、程杲、程時、程暘五大分人等，共有青真塢汪八舍基、插樹嶺、淡竹山、里神林塢、外神林塢、炭灶塢、大中塢、小中塢等號山場，其山新立四至：東至光坑嶺降直出，西至長嶺直下，外至石匣並膏真塢口，裏至插樹嶺，橫過至尖。原上年間自曾祖故後，各栽各業，近因人衆心異，前山杉木聽隨伴僕亂砍，並作柴薪，有負前人創業之意。今同五大分弟侄謪議，將前山各人栽坌大小苗木並管業空山及山脚地，盡數歸衆，五大分均業，各人到山住歇，栽坌鋤養苗木成材，開墾山脚成田，以爲子孫永遠之計。自立合同文書之後，五大分子孫永遠遵守，務要以心體心，時行照管。其杉木並松竹雜木成材，並係五大分眼同共賣均用，毋許占吝混砍並縱伴僕私自入山盜砍。其田並係五大分遞年收租均業，毋許占吝。如違衆議，重罰不恕。如有恃頑不服者，遵文告理，甘罰白銀伍拾兩入官公用，仍依此文爲準。今恐無憑，立此合同文書一樣五紙，各收一紙，永爲照者。

再批：如砍小木壹根，罰銀伍分，壹尺者罰銀壹錢，貳尺者罰銀伍錢，叁尺者罰銀壹兩伍錢，其木仍歸衆用。永遵此例。其五大分伴僕，不許一應私自入山討柴、種作、花利侵害等項，如故犯，伴僕痛責三十，其本主罰銀伍分。其山見在杉木，止除原衆號分老木數根未砍者，昕隨時砍去，不在此例。

再批：其田並山杉木等物，五大分人等毋許私相變賣家外人等。如違，將價入衆公用，其所賣田産並山杉木，買者賣者俱不許入分。其力坌杉木等物毋許私買入己，違者將價入衆公用。其杉木苗並衆業，其召住人，亦不許私買彼物件並借與等物爲由尋非侵害，違者甘罰銀壹兩入衆公用，仍依此文爲準。批此爲照。

正德十五年五月二十六日立合同文書人

程旺、程昇、程果、程時、程晭、程昆、程昪、

程普、程昌、程煦、程昱、程暐、程旸、程易、

程晁、程曇、程星、程晲、程魯、程暤、程曾、

程曙、程冕、程鏄、程鍠、程欽、程鉦、程金、

程釜、程鐈、程鉛、程鈞、程鎜、程鈍、程録、

程銖、程鑰。

書合同人程鏐。

一衆立合山文書

善和程時言同弟侄程煦、程暐、程鋌、程銷五大房人等，仰念我祖寶山公啓疆創業，凡以裕後者無不周至。今逾五葉，尚資帡幪。爲子孫者宜上體我祖惟艱之心，務思培植，允爲不替之圖，斯我祖屬望之意也。然田産衆存以備户役者，率有規條著家議，遵行已久。但各處山場甚廣，原爲各房混業，實畜弊端。近來不惟人繁力怠，抑且短〔兢〕（竟）長爭，日惟不足。況所産漸微而禍萌，浸長議培植之方，公私必將俱無所益，而有負我祖裕後之計也。今會衆議，俱各情願照青真塢事體，除曾摽分各業外，但係寶山公名下承業、買業、佃業各處山場，盡行歸衆，合一興養，以備衆用。其見在山并力分大小苗木，各房大略相侔，義難細計，以嘉靖二十七年正月初一日爲始，俱係衆業，毋許占吝。自立文之後，敢有悖義異言，不遵規議及故縱奴僕侵損者，許管理頭首告於家長家衆，輕則於二祭日鳴鼓各聲其罪於寶山公神前，重則鳴之於官，以準不孝論。乃各秉公勤以收成效，毋惑近小之利以昧遠大之謀。其各號山内有堪扦造風水者，除先葬各業外，各房毋得侵害。今所合山，乃聽各人安葬親屬。禁步之外仍係衆業，各人毋以霸佔杉木爲由，虚設土堆混亂。敬對寶山公之神，同衆立此義約文書壹樣拾壹張，五房各收貳張，衆收壹張，永爲照者。其各處各號山土名開具丁後其字號、畝步、四至，各有各保經理並契書文約可查（其後開各處各號山場土名已開具於前）。

縣批：看得程氏存産奉祀，實天理人心報本追遠至意，仰子孫永遠世守，毋得侵損變賣。付照。印。

嘉靖二十六年七月初二日立合同文書人

程時言、程煦、程昱、程暐、程晃、程星、程錫、

程鍠、程金、程鋭、程鉈、程鋌、程鍃、程鐈、

程鉛、程鈞、程鏌、程鎜、程鈴、程鈍、程釗、

程銖、程銓、程鏠、程銅、程□、程銷、程鐵、

程釟、程錯、程錦、程鉽、程鉋、程鐏、程鉎、

程鉈、程鐞、程鏈、程濟、程澍、程浚、程涯、

程瀾、程漸、程漢、程涣、程漠、程淙、程涞、

程鬆。

一遵行舊議合山文書

善和程鏌、程鈴、程鉼、程銅、程銷五大房人等，思念我高祖寶山公因軍役煩重，存立軍裝以爲裕後之圖，遺文嚴切，倘有違者準不孝論。但田産遞年各房頭首輪管，注之家議，遵守無失，已賴帡幪。惟各處山場甚廣，多有未經摽分，實我祖欲存留以滋日後軍役不替之用。不意各房子孫

不體此心，混業專利，弊不可言。若在不義之家，禍已不可測矣。幸蘭峰公先義，同衆將青真塢立文合衆保守，至今獲利，已有成效。其餘各號山場尚多，仍皆占吝執業，各懷不平，故和溪公復申明竇山公創業艱辛，改立祭祀規制以致孝思，並將我祖承業、買業，佃業各處山場盡行歸衆，照青真塢事體合一興養，以備衆用，以絶争端。此莫大之福也況經具告縣主孫，將文用印批照，限一年内各砍木還山，實係義舉。不期因循日久，徇私作弊，若不申明合一歸衆興養保全之意，將來衆山俱不可保，而争競之禍亦不可息矣。爲此衆議：凡我祖之山，除摽分久業者，其餘承業、買業、佃業各山，悉開號數，合一興養，以備軍役衆用。五房照田産議，另立五人爲首，資其愧糧，用心巡管。敢有悖義異言占吝不服歸衆者，許有分子孫入山盡砍，將山歸衆，及不許故縱奴僕侵損。如違，照青真塢事例一體行罰。倘有秩下子孫私相賣買並私賣外人，以破衆議，治山者並管理頭首告家長家衆，賣者買者俱不許認業，仍行送官，準不孝論。自立文之後，毋得徇私輕縱以紊家議，則將來之福衆所均沾，程氏之義無有渝者矣。但所合之山，倘有風水，仍聽各人安葬親屬，周圍各十丈，毋許侵葬有損。如違，衆叱改正。其外杉木並係衆業，毋許虚戀土堆，霸佔杉木，以混衆議。今恐人心不齊，復立合同義約一樣五紙，各收一紙，永爲照者。

萬曆三年七月初十日立合同義約人

程鏌、程鈴、程鉼、程鈳、程鍏、程鋗、程鈁、程鉎、程錢、程渼、程法、程淶。

書合同文書人程清。

前各處杉木成材，毋許賣與秩下子孫，恐有乘此陰竊連界大木，亦有拴同外人出名因而拾取，又有攔阻外人因而賤吞。以後倘有違文謀買及徇情賣與者，均是私弊，訪出重罰，其價入祠公用，其木仍衆另賣。此關甚大，不可輕恕。

衆立保業合同文書

善和程鏌、程鈴、程鉼、程鈳、程銷五大分人等，承祖新春公辛勤創業，各處田地山場並各處墳墓，子孫世守未怠。近因各分子孫繁衍，人心不一，衆同議立合同文書，永遠遵守。各處墳墓、享堂、書院，務要同心保護，以時祭祀，毋許扦墳挖損。如違，聽衆人立時將柩舉起，挖損處所如舊平殁，仍令備猪羊同衆醮謝。墳墓上並來龍左右朝對四圍庇蔭樹木，毋許盜砍。如違，賠還木價，仍備猪羊同衆醮謝。墓前享祠並四圍空地，亦不許厝柩挖損、占吝、堆塞穢污。違者，衆令移正。除墳墓外，衆共山場，各分子孫已葬者不許侵害，未葬青山聽扦風水，毋得互争侵損。如違各項，罰白銀百兩入祠公用。近墳山場，聽有墳者養本蔭墳管業。如係衆人費工栽養成材樹木山，須先告衆斫木，然後葬墳。其葬墳山與空閑山，俱毋許私賣及將不用棄穴獻賣外人。違者衆令取贖，仍計賣價倍罰銀兩衆用。其收租田並各莊衆業等地，毋許開墳扦葬，如有葬者，衆議出銀貳百兩入祠公用，如不願出銀，即令立時改正。且我祖深慮軍户人衆軍餉難敷，置買田租衆存，以爲軍産，已有世守合同，至今存業。其收租價銀，續買田租，遞年分給各分子孫以濟不敷，亦宜永守，毋許將田並浮租開寫分截，私賣家外人及私當銀使用。違者，先告我祖，治以家教，責令取贖。如不聽，送官懲治，不許入祠收分衆租。以前數項，五大分子孫各宜遵文永守，庶祖墳、祖産可保，各分亦不致有流落之人。爲此衆同議立合同拾壹紙，呈官印信，五分各收貳紙，衆收壹紙付匣存照。如失落壹紙，罰白銀伍拾兩。衆收壹紙，爲首五人檢點交付，如有失落，各罰自銀拾兩，仍鈔録壹紙付匣存照。恐後無憑，寫立合同文書壹樣拾壹張，永爲照證。縣批附照。印。

隆慶四年十一月十五日立合同文書人

程鏌、程鈴、程鉎、程鉼、程鈳、程鍊、程鍏、
程鋗、程鏞、程鐵、程錯、程鈁、程鉋、程錠、
程鏄、程鉍、程鉾、程鉎、程鑵、程鏗、程鉆、
程鋒、程鏈、程錢、程清、程渼、程湜、程洌、
程渙、程浙、程法、程潔、程渠、程沾、程涬、
程河、程洛、程槩、程沛、程漶、程深、程洵、
程淶、程潙、程泓、程濡、程潼、程潭、程洲、
程泮、程汝、程添、程潢、程洪、程澗、程泖、
程洋、程鬆、程杞、程樺、程蘇、程楷、程橋、
程森、程根、程桂、程彬、程校、程榎、程栻、

程梗、程樓、程植、程策、程夢龍。

寶山公秩下五大房子孫程錯、程錠、程鏈、程錢、程潮等，思念我祖原承祖並買受各處山場，具載家議，並續買未刊者，取其利以供軍餉，以備支費也。節立文約保守，代有嚴禁。向因拚木多出管理，以致懷私利己者，一遇當年爲首，隨即搜尋各處山苗，毋問大小老嫩，一概拚砍無遺，其價大半入私囊，而衆家僅存虚名。四山濯濯，軍餉等費何資，甚可寒心，本欲查舉，指名呈治，但係已往，難容盡究。今集衆議共立保守文約，自萬曆二十五年七月起，凡各處祖墳、冢林、江村等處，永遠不許拚賣。其青真塢、項源、章溪等號蓄木山場，止許管理逐一照點督令栽養，依時給工斬撥，毋許管理私自拚賣。倘各號内山木果係成材，有重費莫支，當賣者，各分管理務先期告明各分家長、斯文，集衆庭議，到山驗明。不堪拚賣，復集家長、斯文，同家衆眼同計木估價，拚賣他姓，不許秩下子孫承買。如他姓不買，許令各房子孫分砍做賣。其拚木價錢，悉聽各房公議兑出，歸寶山公買田公用。秩下子孫毋得違文另生異議，與衆矛盾。如當年管理假捏公事陰濟私謀，違悖前文，覬覦冢林，私拚苗木，並秩下私買及以他姓出名而内陰買者，毋問已成未成，即時攻擊保全，追木歸衆外，許秩下子孫呈官理治，準不孝論罪。不問拚木多寡，仍行罰銀二十兩入祠公用。如不服罰，立文逐出衆祠，永遠不許管理，不給本身分穀。再有興山並伴僕人等魆入砍斫衆山苗木，管理不行細察及私受財物、因循不舉者，查出一體同罰。今恐無憑，衆立合同文書一樣十九紙，各收一紙存照。

縣主劉爺批：程宅遞年存留山場，以備墳墓祭掃之費，此報本追遠，子孫世世有同心也。準照議世守。

萬曆二十五年七月十五日立合同文書

家長：程錯、程錠、程鏈、程錢、程潮。

家衆：程溱、程渠、程洓、程光祖、程溟、程森、程木。

斯文：程大藩、程登瀛、程敬之、程良彝、程良謀、程雲鵬。

管理：程鏗、程槩、程潢、程良貴、程文烙。

重建寶山公寢廟並祠旁莊屋暨青真塢莊屋序

嗚呼，亢宗長世之盛，豈不以人哉，不有前者，誰爲其作；不有後者，誰爲其述。故承先啓後，端有藉於鼎革之勞，振蠱之力也，我祖寶山公之事是矣。公勤稼穡，課子若孫以詩書，所遺祀産暨續置山田祀産，衆貯存積以應不給。慎庵公之立文垂訓昭然也，至和溪公復繼嗣而修明之。其載諸家序，最宜興復者四：一青真塢之田山；一韓村之莊田；一百花園之墓祠；一中村之祠堂。皆我祖精神注念處與魂魄所依焉。閲世既多，久而滋敝，非獨其時也，勢也。管理視祖訓爲具文，子孫坐食其先世之田疇而不知覺，致有以歷年衆存暫分之浮租久假不歸，不知其國課果出何人之供，莊田果屬何人之産也夫。我祖之法非不可謂森嚴，而積習相沿，繼序弗逮，嗚呼痛哉，他不暇具論，即如中村饗祠暨青真塢之山田莊屋，事孰有大於此者，乃青真塢之荒也，自莊廢始也。莊既廢，則守莊種植之無人，守莊種植無人，則因利乘便，斧斤之不時旦旦而伐之者多有，而況其不惟是也。姦佃之豪黠，率有托興養秒爲名者，花利成林，攘竊起家。而我祖山之苗木濯濯如故。昔人過牛山泣下，信然。爰集同人，用襄厥志，立有禁議申飭之。其有前佃之破我祖、荒我業，擾我家法者，罰無赦。罰之所自出，則我青真塢之山田莊屋興復所自來也。既成青真塢之役，繼及饗祠之舉。享祠之莊屋日圮，寢廟幾危，人其安乎，神其饗乎，興作寧不議舉哉。如築舍道旁何。竊將供課，存祀以外之浮租，立議衆貯支吾公費。其無事則分給子孫也，有事則衆司出納也，祖宗之制也，經也。經不廢私，權不廢公。是役也，蓋閲經年而功成，君子猶於此不無三致幸焉。幸其能承先也，啓後也，革故鼎新之義在此，而千蠱明作之功皆在於此也。其餘百花園之墓祠並各山田廨寓諸項，將有所漸及。後有作者，其尚無忘乃祖乃父之勤今日之舉哉。是爲序。

順治十四年孟秋月中元日嗣孫程衡、程進、程牲、程喆、程文象、程書、程襄、程思兼、程式、程思光、程元勛、程思皇同百拜謹識。

衆立重造青真塢莊屋並禁山保業合文

寶山公秩下五房家長程宗武等、斯文程衡、程甡等，爲嚴禁青真塢合塢祀山以供國課，以保祖祀事。我祖寶山公創業辛勤，所遺祠墓山田，刻載家規，歷年遵守保全，於今不替。惟青真塢祀山，尤我祖精神注念處，向來立莊置僕看守，興養苗木，上供國課，下濟公需。邇因莊屋圮廢，看守無人，管理不行糾察，至被閑雜佃山之人假公濟私，專利肥已。佃人桐樹襟帶成林，而祖山之苗木萌蘖無遺矣。因而秩下子孫垂涎，奮臂强種接踵，將來弊竇不可勝言。及今不行嚴禁，後雖咄嗟亦無及已。爲此集衆僉議立文申飭禁約，着令本年管理督同各莊衆僕，無論秩下、家外人衆等，凡有在山桐樹一概掃砍無存，管理徇私者罰，梗衆破祖者倍罰。其已前佃山之人，原爲祖山興養苗木，供課存祀，而竟久假不歸，獨肥佃人私橐，季富於周，情理不平，衆議酌罰其佃種爲首擅利專且久者數人，即時追利歸衆，重造青真塢莊屋，另行招人居住看守興養。以後秩下子孫不得入山强種，及大家小户僮僕人等不得以旦旦斧斤竊取柴木。如違，照秩下子孫强種者一體行罰，着令宰猪鳴鑼聲罪加禁，父兄不得庇其子弟，家主不得庇其僮僕，而家長、斯文、家衆等不得徇情容隱，致公議不伸，無以爲將來者之戒。倘有秩下不肖子孫違禁破祖，不服衆罰者，家長、斯文、家衆等連名呈官理治，準不孝論。官費取用衆銀，管理共司出納。日後拚山苗木雜柴各項，眼同祠内出契，管理不得獨專其任。所有拚山柴木價銀，入衆貯匣公支。再有入山失火人等，管理糾出鳴衆，從公重罰，斷不輕恕。凡我秩下人等，各宜遵守保全，毋得明知故犯，庶國課可以常供，而祖祀得以永存矣。今恐無憑，立此禁議存照。

附刻前任縣主邊爺批：遇族祀山、祀田，合遵遺文家規，輪管共理，以憑斯文察核，庶祀産不致乾没，而祀典得以永傳。毋許族中飽利肥私。印照。

順治十二年十一月長至日

家長程宗武、程孟驥、程良遴、程敬德、程良寧同立議文。

斯文程衡、程進、程甡、程喆、程文象、程書、程襄、程思兼、程式、程思光、程元勛、程思皇同立議文並爲首督理。

董事程英、程文賓。

衆立提輪穀重造寶山公寢廟並祠旁莊屋合文

寶山公秩下家長程宗武、斯文程衡等，爲衆議饗祠、墓莊、廨寓修理諸費，暫取供課、存祀外浮租，量行衆支，以昭世守事。我祖寶山公創業艱難，遺有祀田叁千餘秤整，刻載家規，除供國課、存祭祀之外，仍有壹千伍百秤。議定無事則各房管理照房均派浮租，惠給子孫；有事則衆貯出納公費公支，永爲定額。歷年多所遵行無異，近因積習既久，人各沾祖惠而不知誰之賜，坐視墓莊日圮，廨寓荒廢。而寶山公饗祠，猶先靈魂魄所依者，風雨牖户之患猶不忍言，爲人後者將何如，其各無仁孝誠敬之思乎，爲此集衆僉議暫收供課、存祀外浮租名輪穀者拾分中之貳，衆貯公支，先後次及，足以補葺其當務而綢繆於無虞，此係追遠報本至意，人各有心，祖訓遺文班班可考。竊恐秩下人衆，賢愚不等，有敢徇私破公、强梗拗衆者，即準不孝論，聲罪鳴官，仍依此文爲準，以見承先啓後之有人，而堂堂大議，不終撓於秩下之不肖一二人也。今恐無憑，立此議文存照。

具呈，蒙縣主張爺批：準照家議行事，族人毋得執拗生端。如違，赴稟，定以不孝論罪。印照。

順治十三年四月初十日

家長程宗武、程孟驥、程良遴、程敬德、程良寧同立議文。

斯文程衡、程進、程甡、程喆、程文象、程書、程襄、程思兼、程式、程思光、程元勛、程思皇同立議文並爲首督理。

董事程佐聖、程文焯、程文賓、程汝璉。

（明）程新春《寶山公家議》卷六《莊佃議》 今之莊佃，前人之所遺也。往時各佃，率樂業安生，今多飢寒，多流亡，不自寧居者，其必有故矣。承先志者亦知小人之依乎，無小人莫養君子，當有以處之。述莊佃議第六。

議曰：前人置立莊佃，不惟耕種田地，且以備預役使，故馭之寬而取之恕。今時之弊，役使煩苦，且徵收科取比昔不無加重，况又有分外之徵，人所不知者乎，今宜悉革此弊，以蘇佃困。不然，斂愈繁麗而佃愈困，莫不至於遷徙流亡者幾〔希〕（稀）矣。此撫恤之不容已也。倘有姦黠之徒不導主令者，又當以法繩之，難以一例拘矣。

計衆佃僕，昔稱繁庶，今漸落落，殊可慨也。各招置己莊者，又往往取之祖佃。主衆僕稀，徵役日繁，彼何以堪，今議：凡有婚娶喪葬大事，令赴役一日，其餘尋常事務毋得濫徵。

凡自祖莊遷各房己莊佃僕，係己長成而去，及葬墳在衆山者，但遇各房婚娶喪葬大事，赴役一日。

韓村之莊甲子諸莊，佃僕之困甚於諸佃，其所當恤者亦當先於諸佃也。前議丈量定租之説，衆論何如，當必一一處。不然，坐視其流離而後處之，則非祖宗建莊之初意矣。

青真塢外莊已廢，內止一莊，固宜優恤，恐監守自盗之弊亦不能無，管理者不可不察。

百花園莊屋既居守佃僕，又爲墓下祠堂，宜修葺停當，以爲久遠安妥之計。

方村莊屋已經修治，但田少多磽，僕難以安，亦不可不處。且倉厫所關，墻甓堅固，宜修葺貯穀爲便。不可閑曠，以致朽損。

林村之莊係祖傳佃僕，屋廢已久，管理者宜加意起造。

中村莊佃有看守祠宇、供奉香火之責，固宜推恤，苟污穢祠宇、不供香火，責當坐之。

章溪黄狗嶺莊佃地涉遠僻，管理者多因循罕至其所，故山野無所觀感。自後於收租之時須親往徵算，使彼漸知嚮化。

各處莊佃至除日辭歲，例有年釘，管理者照丁散給，每男丁給穀肆斤，幼丁及婦人俱各貳斤。正旦俱集正堂拜年訖，照丁給散包子並酒。此例不可不守。

各莊佃男婦病故者，每人，管理者給與銀壹錢，其年幼不能應役者不給。

莊基土名、住人開後：

韓村莊基（方英、方七、方元保、方才保四家住）。

方村莊基（方記住）。

林村莊基（原潘壽保住，今屋廢）。

中村祠邊莊基（張壽、張乞保兄弟二家住）。

楊坑百花園莊基（汪金富、汪毛住）。

楊坑上坳莊基（桂壽、桂初孫兄弟住，原交租肆拾斤，今應主免徵）。

青真塢里莊基（陳進住）。

青真塢外莊基（原吴瓊住，今屋廢）。

項源礤上莊基（正屋五間，東、西房共業，其背後舊餘屋及下手新建横屋，俱東房已業。汪住保、汪尚、汪先得三家住。又買受西房錨、鏡、孜、啓、謨、三壽分籍，係萬保住）。

章溪黄狗嶺莊基（金千、金三二家住，與林共該一半）。

胡家園莊基（汪福、汪毛乞二家住）。

庵口前下莊基（汪二乞、汪元住）。

庵口前上莊基（原汪可住，係裏截及高塝菜園地，以八股爲率，內買受汪纓、洪繼共壹股，汪縮壹股，汪統、汪維共壹股，汪新富壹股貳分伍厘，程模、程權共貳股五分，程梓肆分叁厘，程燃、程焕共壹分，餘骰未買；其地原係程積祖名目，餘股惟汪絓、紹、繹分未賣。又上厰汪義住後菜園地貳塊及前截程寓孫見賃店基地，俱五大分己業。已開在前地款內）。

黄坑塢莊基（汪住保、汪七、汪三保三家住）。

溪頭承天塢口莊基（林福保、林天生、林七、林記住）。

溪頭黄土嶺莊基（汪六住）。

溪頭上塘塢里莊基（汪留保、汪太、汪初住）。

章溪江村莊基（胡多住，原胡保住基，計地肆分貳厘伍毫，係買陳文通、文達地）。

項源礤上上莊基（陳虎保等四家住，係買沙灣方格兄弟，十二分中得一分）。

方村胥楊廟上莊基（葉虎住，並四園菜園地，俱十二分買受一分）。

胡家園申明亭後莊基（原金癸亥住，今屋廢，係珠字二百六號，計地肆分玖厘肆毫，係買受陳文通、文達地）。

中村案山前莊基（在朱六住後，原吴祖興住，今屋廢，係鬪字五百一號、二號、三號，計地壹畝陸分零，五大分買受，三分中合得一分）。

溪頭北乂口莊基（原汪福緣住，今屋廢）。

胡良田莊基（朱乞孫住。五大分買受，三分中臺得一分）。

一號韓村吕家住邊土庫屋及餘屋並路地（係買受吕大化、吕大佐兄弟截分壹半，分得地四十三步四分三厘毫）。

（明）程新春《賓山公家議》卷八《東西軍業議》　自仁率親，自義率祖，示人有本也。夫由親以及親之親，由祖以及祖之祖，斯仁之至義之盡焉。六世祖仁山公乃東、西二房之宗祖，軍業創於斯，宦迹肇於斯，凡在孫子不可不知所自也，東西軍業議又容已乎，故附此終焉。

議曰：仁山公生元季泰定甲子仲冬十八日，幼嗜學不群，勵志經史，默請韜略。正身率人必先德義，故雖時值兵亂，一方賴以晏然，邑儒汪環轂稱其有濟時才。國初，以江西行省參政鄧公薦，獲佐我太祖高皇帝，下江州，取鄱陽有功，蒙降御札，授行樞密院都事，命守浮梁景德鎮。數載，甚有惠愛於民。及天下平定，即引疾歸。民涕泣請留，不忍舍。既行，江東行省知其賢，命集逃民於州，凡數千户，公不一日盡復其民於市，民咸德之。尋隱淮西，屢徵不起。永樂癸未六月二十八日疾終於家，享年八十。所著有《仁山遺稿》。行實載府、縣誌。嗚呼，公之功德亦懋矣哉，今正居祠堂，當從正龕立主崇祀仁山公暨汪氏孺人，以佐、儀二公配祀，其次分列昭穆左右從祀。每歲臘月二十四日合祀正堂，除夕、元旦拜奠寢室，朝暮香燈各房輪值焉。堂前宜加置門扇，非祭祀香燈，則拂鎖關閉，庶免污穢，神靈安妥。原祀天神，奉祀中樓，不致褻瀆，一舉兩得，於禮爲合。此議已布久矣，迄今未見舉行，無乃因循相襲而不加之意耶，抑亦有待而然也，玆復申前議。且上述公之功德以啓後人之思，祠祀之議莫大乎是矣。

正居祠堂所以聚祖宗之精神，祠内以静潔嚴肅爲主，今諸凡雜作穢礙已悉禁革，尚有二事當議焉。夫後堂乃祖宗燕寢之所，一塵不容，詩所謂寢成孔安是已。今各房有事，輒於此設厨烹飪，色惡臭惡，濫積於前，穢礙若斯，神何以安，殊非君子遠庖厨之意。昔我東房買有祠後基地尚曠，可以起造厨屋，今議置厨於彼，無穢後堂可乎，正堂乃祖宗陟降之地，矧可射思，詩所謂閟宫有恤是已，今每每於此崇尚俳優，妝抬炫耀。不知祠内戲劇有五不韙焉：震撼喧囂，驚我先祖，一也；唾涕便溺，污我清廟，二也；群聚縱觀，内外無限，三也；燃炬通〔霄〕（宵），融風莫測，四也；滿堂若狂，鼓亂致寇，五也。夫君子不作無益害有益，矧此五不韙乎，舊有禁約，止許大門外坊前敷演，不許入祠穢礙。今議復申前禁，違者立罰可乎，二事不革，則黍稷雖馨，祖宗震怒，根本不寧，枝葉將悴。邇來家門多事，子孫罕福利之報者，職此故也，可不思之。

仁山公墓在本里溪頭觀音堂後，安厝已迪吉矣。但清明摽記東、西各舉，墓下地田係東、西各買各業，殊非一體之義，今宜合衆歸一，將墓下空地建立享祠，其餘地租並田租，存爲祭祀之需，則合異爲同，幽明胥慶矣。且功德如我公而墓無誌石可乎，當圖之。

仁山公存日，佐、儀二公同户合爨，縣僉本户吏役，命佐公往充，後罷歸閑。時法網嚴密，犯者連坐。適有他處閑吏抵法，乃概將同時閑吏盡發充軍，佐公亦不免焉。仁山公深念軍役繁重，一原係衆家户門，遺文囑，令佐、儀二房子孫永遠輪役，不許推故争論。將存留未分田租若干存積以備軍裝，並所積續置田産，日後二房子孫俱不許分析變賣。後還春公與賓山公復立合同申明祖令，其意蓋拳拳矣。日後二房子孫，倘有將軍産分析及變賣家外人者，各房管理遍告各房家長及家衆，即時理治追復，以不孝論。

仁山公所遺田租並續買田租及一應事務，每年東房即係當年管理五人内著練達者貳人，同西房爲首者共理。其田租、土名、數目並款例開具於後。一年已完，各宜秉公算結，開註明白，至中元日同時交遞毋違。

正居祠堂看守僕人，每年東、西給與穀拾貳秤，令其供奉香火，潔净祠宇，應時啓閉門户，衆事聽從使役。此例宜守。

東、西二房軍産税糧，舊額並續買共米貳石叁斗捌升肆合貳勺，共麥玖斗伍升肆合伍勺，立例于後，遞年填注糧額若干。其墮役、糧差一應公事，俱係東、西二房管理將衆銀應辦，日後不許分析。

仁山公家議不能盡録，姑取其切要者附於卷末，以便東房管理一體遵守。若欲全刻成册，則與西房同事者共圖之。

今將仁山公分下遞年税糧米麥開具於後：

舊管

麥

新收

米

麥

實在

米

麥

東西軍裝田各號土名、畝步、租數開具於後。

一舊存各處田租開後：

稱字一百十七號溪頭畝塘坑口上邊田二坵，計壹畝貳分陸厘。

稱字一百二十二號汪三塢口橋頭田三坵，計壹畝肆分柒厘壹毫。

稱字一百二十九號李家住畔田一坵，計陸分。
稱字一百三十號李家住下田一坵，計貳畝陸分壹厘貳毫。
稱字一百三十一號住下田二坵，計貳畝叁分捌厘柒毫。
稱字一百三十二號同處田三坵，計肆分叁厘壹毫。
稱字一百四十號冢林下田一坵，計柒分叁厘壹毫。
前七號田，祖文內係總土名來富門前，共租玖拾秤（每秤計拾捌斤，稱租日鷄貳只，肴銀伍分，腐、菜各貳品，酒肆瓶）。佃。
珠字七十四號黄塘塢口石橋頭田一坵（計壹畝伍分貳厘柒），原租貳拾秤（今減陸秤）。佃。
珠字一百八十一號胡家段銀錠坵田一坵，計壹畝陸分陸厘捌毫。
珠字一百八十三號同處田一坵，計伍分肆厘貳毫。
前二號田共租肆拾秤（稱租日猪、牛肉各壹品，菜，飯，酒貳瓶）。佃。
珠字四百三十號黄坑口西澗橋頭（上邊田一坵，計壹畝陸分），計租拾伍秤，鷄壹只。佃。
珠字四百五十三號黄坑中大灣（轉角坵田一坵，計玖分叁厘捌毫），原租拾肆秤（今減肆秤）。（往保）佃。
珠字五百三十二號小嶺上官秤坵（田一坵，計壹畝肆厘捌毫），原租貳拾秤（今減伍秤）。佃。
稱字五百九十三號小嶺上石橋下（田一坵，計壹畝捌分柒厘玖毫），原租叁拾叁秤（今減貳秤，年歉監收。監租日猪牛肉、腐、菜各壹品，飯，酒貳瓶）。佃。
一續買各處田租開後：
一號楊坑下坳冲景韶公墳上田二坵，計壹畝，計租拾秤。佃。
一號楊坑口太尉廟前田一坵，計陸分，計租柒秤半。佃。
一號楊坑海公墳前四畝坵並江塢（共田八坵，內壹畝壹分），該租拾叁秤零伍斤（後買共該租貳拾秤拾貳斤拾兩）。佃。
一號江項坑佛子嶺下杰里並大號內（早租田。裏自塘，上至塢頭山，外自塘，下至圭家竹灣口。共田十五坵。晚租塘下低田十坵，大塘一所）。
一號江下坑礫下田四坵（二號內共該田塘貳畝貳分）。
前二號共該租貳拾叁秤（又買濱租壹秤陸斤），鷄壹只。佃。又買淦租貳拾捌秤。
一號江下坑直塢田□坵，計壹畝壹分，計租拾柒秤（其田因未修整，暫減租叁秤）。佃。
一號江下坑力七塢田一坵，計叁分，計租陸秤。佃。
一號下村鐵爐前、舍下、鞋様坵、曲尺坵（四處內該田叁分），該租叁秤拾肆斤。佃。
一號張家段窑窟里田二坵，計壹畝伍分，計租貳拾伍秤（稱租日猪、牛肉各壹品，菜，酒貳瓶）。佃。
一號張家段上湖坵田一坵，計壹畝伍分，計租拾柒秤。佃。
一號張家段下湖坵田一坵，計肆分玖厘捌毫，計租伍秤半（二號田，稱租日猪，牛肉各壹品，菜，飯，灑壹瓶）。佃。
一號中村文孝廟下邊田二坵，計田柒分，計早租捌秤。佃。
一號胡家段曲尺沙坵田一坵，計貳分，計租肆秤。佃。
一號梓木坑田一坵，計肆分，計租拾陸秤。（棄七）佃。
一號梓木坑頭田十二坵，計貳畝貳分，計租拾陸秤。（㐂付）佃。
一號梓木坑頭路上横塢田一坵（係荒），計早租柒秤。佃。
一號黄坑塢柿樹灣口直錠里田一坵，計伍分，計早租伍秤半（前三號田，稱租日納肴銀伍分，酒貳瓶）。（㐂付）佃。
一號黄坑塢榨下田二坵，計叁分，計租肆秤。佃。
一號七畝段𠜱頭坵田一坵，計肆分，計租拾貳秤。佃。
一號庵口前方伯坊下田五坵，內壹畝叁分柒厘，該租貳拾陸秤伍斤（監租日猪、牛肉各壹品，菜，飯，酒貳瓶）。佃。
一號王家門前田一坵，內捌厘（又買柄壽肆斤肆兩），該租壹秤。
一號皂角樹下大坵田一坵，內田壹分捌厘貳毫，該租壹秤拾貳斤拾貳兩。
一號小嶺上石橋頭上並上大坵（田二坵，計叁畝貳分壹厘），該租肆拾伍秤零肆斤（稱租日猪，牛肉各壹品，菜，飯，酒貳瓶，租鷄壹只）。佃。
一號茅栗樹塢口横山殿下田一坵，計肆分，計租肆秤。佃。
一號峽山里田六坵，計肆分伍厘，計租陸秤。佃。
一號楊舟山降背塢口田□坵，計肆分，計租伍秤。佃。

一號北乂塢方芝住前及查灣山山田□坵（內該壹畝），計租玖秤（稱租日酒銀貳分）。佃。

一號溪頭高家塢口田二坵，計壹分，計租貳秤。佃。

一號高家塢塘一所，田六坵（新開成田），計租□秤。佃。

一號溪頭流沙坑田二坵（原山地成田），計租貳秤（監收）。佃。

一號章溪江家堀宅坵田三坵，內該捌分，計早租玖秤拾壹斤拾兩（又買叁秤叁斤拾肆兩）。佃。

一號江家堀望母坵並墳下共田二坵，計肆分，計租陸秤。佃。

一號江村祖墳前堀里（原周勝富盜葬墳前朝山，投里，賠還此田），計租壹秤。佃。

一號江家堀井坵田一坵，計伍分，計租陸秤半（又買陸秤半）。佃。

一號江家堀楊柳坵田七坵，計玖分，計租拾捌秤。佃。

一號江村大苧園田十坵，計玖分，計租拾陸秤（又買程渫㯿税租壹秤），鷄一只（計貳斤，無鷄徵銀捌分）。佃。

一號蔣村黄牛坦田二坵，計柒分叁厘，計租拾伍秤陸斤肆兩（又買□租陸秤伍斤）。佃。

一號住後來龍山脚祖墳上地一塊。

一號章溪齊嶺下田□坵，內租捌秤半（後買共計租貳拾陸秤拾壹斤肆兩）。佃。

一號黄岐嶺下田□坵，計租〈拾秤〉。佃。

一號下村田一坵，地□塊，共計租叁拾斤。佃。

一號江下坑荒田坵田□坵，計租伍秤。佃。

一號瓦碎坵田□坵，計租肆秤半。佃。

一號廣濟橋里邊田一坵，計租陸秤。佃。

一號證村園塘上田一坵（六股之一），內租肆秤。佃。

一號同處柿樹下田一坵（六股之一），內租叁秤。佃。

一號汪村園卯山下邊地（辰字一千五百六十五號，丈八十九步四分，東、北路，西浙地，南鱗墻，買佛保地）。

一號北義口天地人叁單號內田□坵（買良稷兄弟田），計分租貳拾秤。佃。

一號仁山公墳前原坦成田□坵，計租壹拾伍秤（早），鷄壹只。佃。

一號新開林家住基成田一坵，計租拾秤。佃。

一號溪頭塘塢口地，計租銀伍分。佃。

一號溪頭直坵田□坵（買禮、義分截），計租貳拾斤。佃。

一號項源小磜坑田□坵（買栢壽田），計租伍秤。佃。

一號項源里塢冲田□坵（買周祥田），計租拾陸秤。佃。

一號楊坑周二坦行路下田一坵（買良木田），計租陸秤。佃。

一號張家坦沙坵田壹坵（買良木），計租肆秤半。佃。

一號下村徵坵田□坵（買禮、義田），內租拾斤拾兩。佃。

一號下村祖住基地□塊，計租銀捌分。

一號江下坑蘆家竹塢口田一坵（買宗涪田），計租伍秤。佃。

一號江下坑屏塢口田一坵（買良彬田），計租伍秤。佃。

一號江村莊前田一坵（買良植田），內租半秤。佃。

一號汪婆塢田□坵（買林三春田），內租貳秤半。佃。

一號同處梘頭田□坵，計租貳秤。佃。

一號梨塲坵田□坵，內租叁秤伍斤（內買渫叔侄租貳秤拾斤）。佃。

一號章溪東濱山水口堨下石榨坑王廣門前田□坵，共計租貳拾秤（原周應禄盜葬大苧山墳，投里，賠還此田）。

年分稱收各處租穀共計。

貯胡家園倉計穀。

收各行銀共計。

支過穀共計。

支過銀共計。

見在銀計。

本年未完事件。

上年未完事件。

（明）程新春《賓山公家議・布政公謄契簿》 今將原衆存田、地、山、塘、亨祠、鋪基、僕基、園、坦開後：

楊坑吴坑，早租六秤。

楊坑莊前，大租十五秤。

楊坑潘八塢口，大租八秤。

中村横路下，早租八秤。

賽塢里，大租三十秤。

土舟嶺下，大租三十四秤。

胡家段末，大租十二秤。

中村宅里塢亨祠文兩旁僕基及前塘碑亭空地埂塍外路至神道坊一備。

中村宅里塢合塢墳山一備（東至下培直遶出倒灣回轉山嘴爲界，西至山培直出至程千士墓山爲界，南至自地，北至降及嶺，計山六畝有零）。

中村鮑家塢墳山一備（東至程本堅祖墳山，西至張壯祖管業山，南至高塢頭，北地）。

中村鮑家塢塘地一備（新丈辰字五百號、五百一號、五百二號、五百五號、五百六號）。

中村賨山書院案山菜園地一塊（原四年交租鷄一只，計重一斤十二兩，向管賨山公頭首收，今議衆收）。

中村高塢頭山坦生墳一備（係宏御史墓前遷有出基在上，原佃經理闕字五百四十號、四十一號，東至珠溪寺山，西林山，南程田，北程山）。

羊鷄坑佃山一號（原佃山系經理珠宇八十號，東山，西、南降，北田）。

溪頭黄土嶺里宋家山一號（今王末乞佃種）。

周村碣鋪屋八間並餘屋菜園地（新丈一千八百零六號，每鋪乙間，遞年徵租文銀三錢□分）。

韓村葉積旺兄弟僕基新造正屋二重並兩旁餘屋及方家屋厫頭園地一塊，背後塢楓樹底共四塊。

韓村楓樹底山一號。

韓村高舟山山一號（巨字九百六十四號，東降，西自地，南山嘴，北降及方山，計山五畝）。

韓村汪村岸山一號（真契漢收，今積旺兄弟佃種）。

案例文書

《名公書判清明集》卷九《户婚門·僞作墳墓取贖》 凡人論訴田業，只憑契照爲之定奪。今楊迪功與黄秀實以贖田互相争執，索到兩家契照，得見上項田元係楊迪功父時可斷骨賣與黄琮，黄琮分與男桂子。其後桂子典與吴舜舉，桂子兄秀實就吴舜舉贖回。嘉定十年，桂子立契斷賣兄秀實，四至内並不曾該載楊氏祖墓。端平三年十二月，黄桂子再以上項田重疊與楊迪功交易，却稱有楊氏祖墓。且桂子以田賣與其兄秀實，全無祖墓之説，今契與前契相反，何邪，當唤上黄桂子引問，據供，受楊迪功計囑，一時利於得財，姑從其請，故以楊氏祖墓添入，令書契字。當職親引到地頭定驗，見田蹊上有數塊石聚其畔，稱有墓銘。當問楊迪功，乃云已經年載，土内有石碑可照。渠令其僕人自掘入一尺土餘，見石一片，約長尺四五許，鑿數字其上。又無支書具載，土内有石，何緣而知之，此人情之不能無疑也。楊迪功又執出乾道間上手契書，稱有墓地，子細點檢，契内無官印，契後合接處雖有官印，稍涉疑似，當唤上書鋪辨驗，同稱其僞，不肯保明責罪狀入案。設若此契果真楊迪功父時可賣與黄琮之時，合是説破自己祖墓，不應綱漏，乃置之不言，此又人情之不能無疑也。況此田在楊迪功門首，於己甚便，無計可得，乃暗入石碑，僞書契字，買求黄桂子，多方撰造，爲今日贖回張本。驗之契照，無一可憑，何名取贖。今索到楊迪功僞契及與黄桂子重疊交易契書申縣，見到欲乞當廳毁抹，兩争人見在，取台旨。

《名公書判清明集》卷九《户婚門·禁步内如非己業只不得再安墳墓起造墾種聽從其便》 詳閲案卷，知縣所斷，推官所斷，於法意皆似是而非。推官所引之法曰：諸典賣田宅，四鄰所至有本宗緦麻以上親，其墓田相去百步内者，以帳取問。李細五於黎友寧所買李二姑陸地，係是墓鄰，合聽李細五執贖，其説固是矣。然在法：典賣田宅滿三年，而訴以應問鄰而不問者，不得受理。黎友寧買，係在嘉熙二年之春，李細五入詞，係在淳佑二年之秋，相去凡隔五年，雖曰有鄰，已不在受理之限。而知縣所引之法則又曰：典賣衆分田宅私輒費用者，準分法追還，令元典賣人還價；即典賣滿十年者免追，止償其價；過十年，典賣人死，或已二十年，各不在論理之限。若墓田，雖在限外，聽有分人理認，錢、業各還主，典賣人已死，價錢不追。遂判令李細五於限外執贖，其說尤爲鹵莽。蓋其法中明言典賣衆分田宅輒費用者，則是指未分之産業，已分則不可言衆分矣。又言聽有分人理認，則是指衆分之中有分者，已分則各有所主，衆人不復得爲有分矣。今此地李氏祖業，然李二姑之父李彦椹於寶慶二年已撥與女作隨嫁資，如此則是分析日久，即非衆分之業，李細五安得爲有分之人？執法而不詳其意，宜乎黎友寧之不伏退業也。但在法理年限者，以印契日爲始。又紹興十二年二月二日都省指揮：庶人墓田，依法置方一十八步，若有已置墳墓步數元不及數，其禁步内有他人蓋屋舍，開成田園，種植桑果之類，如不願賣，自從其便，止是不得於禁地内再安墳墓。勑令所看詳，四方各相去一十八步，即係東西南北共七十二步。又紹興十四年十月五日尚書省批下勑令所申：婺州申，墓禁内起造屋宇，合與不合毁拆，及日後聽與不聽起造斫伐，如是田園，聽與不聽地主犂種，本所看詳，雖在禁步内，既非己業，惟日後不許安葬外，如不願賣，自從其便，仍不許於步内取掘填壘。又乾道九年七月十五日指揮，亦只令地主不得於墓禁取掘填壘。今合索黎友寧買契，審驗投印年月，如李細五入詞在印契三年之内，合勒黎友寧交錢退業；如入詞在三年印契之外，合聽黎友寧仍舊管業，起造犂種，並從其便，即不得於禁步内再安墳墓及取掘填壘。僉廳監照施行。

《名公書判清明集》卷九《户婚門・争山及墳禁》　徐克明、鄭宗立所争烏塘下山，鄭宗立就鄭子軒買來，嘉定六年印契；徐克明就鄭思文買來，嘉定十三年印契。子軒，父也，契爲正；思文，子也，契爲不正。則鄭宗立當得業，徐克明不當得業。今日所争，非但爲業，蓋徐克明、鄭八共祖母孫二娘，先已葬在山中，據稱四十餘年矣，今年鄭宗立又以其妻葬於墳畔。契勘徐克明得業雖在後，而葬地却在先，業可奪，墳不可奪，鄭宗立雖可得山，却不可違法犯古墳禁。牒押徐克明、鄭宗立下芝溪，請巡檢躬親前去地頭定驗，就孫二娘墳所打量，照條則留禁地。如鄭宗立所葬別墳犯墓禁内，則合監舉移；如在禁外，兩無相干，則聽仍舊。其山仍係鄭宗立照契管業，徐克明除墓禁外，不得争占。干照給還各人。

《名公書判清明集》卷九《户婚門・主佃争墓地》　吴春論王生掘土，斫木，填塞祖墓，續卓清夫論吴春、吴輝毆傷作人，鬭喪，碎碑，不與安葬。兩詞共寫山圖，是非莫辨。本保勘會，互訴無憑，故未免親行定驗，然後照兩家干照參决。照得此山總名大广，東有一壟，卓之祖墳在焉。南山兩山迴繞，其中爲田，皆卓之業也。北山之背，則名北坑，自隴頭入則吴家之業也。今來所争之地，却是在大广北山分水之南。卓清夫執出支書執狀，則稱吴春之祖有吴四五、吴念七者，乃本家佃人，慶元二年投懇本家，以祖父無地可葬，遂以大广墳山右畔一穴與之，明約不許丈尺侵佔。吴春所執則有吴樫契一道，用錢二貫足，買得江彦山一片，土名大广北坑口隴頭，且稱山上安葬祖墓五穴，已經五十餘年，栽插茂盛。當職自到地頭，唤集鄰保、兩詞，同登山究實，得見大广之北山望南有吴家墓一穴，東去不出十丈，則却有古墓一穴，卓清夫所開新穴，正在古墓之右，去吴家墓凡六丈許，旁下别無五穴來由，亦無填塞之處。再三審問，衆口一辭。吴春復以四鄰盡被卓家買囑，獨有切鄰魏七七可證，引上一問，又復如是。吴春兄弟相顧羞然駭汗。甚矣！世降俗薄，名分倒置，禮義凌遲，徒以區區貧富爲强弱也。卓清夫先世儒者，佃人求葬，割地與之，仁人君子用心也。再傳而後，子孫衰弱，主佃易勢，吴春、吴輝不念舊恩，囂然吠主，得隴望蜀，敢覬併吞。若使卓氏無先見之明，不有經官執狀可據，則及今言之，縱百喙，何辨哉！吴春最是欺罔者，東、西、南、北，天地不易之位，吴春經縣畫出山圖，敢以南爲北，以西爲東，地頭衆證，糊塗指射，且有移步换形之説，决以地羅，其詐遂窮。果如吴春所供，祖充保正，非卓之佃，自山自葬，非卓之地，安厝果有五穴，經歷五十餘年，則以契考之，吴樫與江彦交易，自係嘉定十六年税契，在法，典賣年月只憑印契，豈有未到官，未交業，而預卜葬於他人山之理？借使私下批鑿，年月可據，則自淳熙十年至嘉定十六年，凡經四十載，藏匿白契，果法邪，何況江彦所賣之山，明稱大广北坑口，四至登帶，西至卓縣尉田，南至牛路及卓縣尉山，則今來開穴，自是在大广北山之南，牛路分水之下，非卓家山而何，鄰保僉言，官司目擊，吴春兄弟豈可徒知今日之得地，不思乃祖之乞憐，纔得染指其間，便欲席卷而去。但北山元有古墓一穴，鄰保咸謂久年無人祭祀，吴家以爲祖墓固不可，卓氏欲以爲叔母陳氏墳，何可憑？幾年茅葦，曾不得爲馬醫夏畦之鬼，一旦交惡，乃争欲下郭崇韜之拜，殊可笑也。所有大广北山頭分水而南，牛路爲界，除卓縣尉元尅爲吴家安葬一地外，盡合還卓宅承分子孫管業。吴輝、吴春毆人闌喪，不顧名分，變易南北，熒惑官司，欲各勘下杖六十，照監元責償錢入官。若更怙終健訟，合照元約斷罪監移，庶可爲小人忘恩犯分，貪婪無厭者之戒。案具定斷事理申，更取自縣衙斟酌施行，兩詞並元案發解。

《名公書判清明集》卷九《户婚門・盜葬》 照對吴太師孫新婦段氏夫存日，論訴佃客謝五乙兄弟盜葬本家買來徐大夫男洋及游才卿等地内風水，顛末已經六年，官司雖與定斷，至今尚未了絶。亦嘗推原其盜葬之由，與夫不肯遷移之故，皆緣段氏夫吴思敬寄居本府城内，其所争地乃在本縣三十二都，相去四百餘里，平時照管不到，是致謝五乙兄弟得以遂其盜葬之私。及招本宅論訴，亦不復顧主佃名分，輒敢計謀百出，必欲争占，以爲己物。比年吴思敬已下世矣，妻寡子幼，謝五乙兄弟愈得以肆行無忌。今再索上兩處干照及畫到地圖參考，得見上件山地，吴太師宅係於淳熙八年就徐洋買到，慶元二年就游才卿買到，契内具載畝角四至，節節分曉。其謝五乙兄弟所買姜監鎮一畝一角七十三步之地，却介於吴太師前件山地之間，實在其盜葬陰穴之下，又係開禧二年立契，實在吴太師買來田地年分之後，而契内更不聲説其地四至與何人相抵，則是謝五乙兄弟於當年盜葬之餘，旋撰此等模糊契字，以爲强争影占之具分明。既又據段氏干人周慶供稱：本主自嘉定五年以來，累經州縣論訴，其謝五乙兄弟却結托健訟人古六十，擅自假寫本宅退狀，付保正榮安申繳，已蒙前政陳知縣究見着實，將保正榮安勘杖六十訖。則是謝五乙兄弟意在强葬其地，遂至有此姦謀詭計，抑又分明。切緣謝五乙兄弟見耕段氏之田，一主一佃，名分曉然，昨既盜葬其地，今又欺其主母孤寡，一向不肯遷移，致招再狀論訴。官司若不與之主盟，非惟段氏有妨安葬乃夫，切恐向後凡有田地去家之遠者，人皆得以强佔，夫亦奚取乎張官置吏也哉。合將謝五乙勘杖一百，仍牒定江寨巡檢嚴限監移。如更妄有推托，並追謝五乙弟謝五二同科，以爲恃强霸佔山地者之戒。其古六十不合假寫退狀，昨來陳知縣失於收罪，亦合勘杖六十，併申使臺，取自臺旨。謝五乙、古六十等着家知管，聽候旨揮行下外，謹具申轉運使臺，伏乞臺旨施行。

《名公書判清明集》卷九《户婚門・一視同仁》 豈特姨婣墳不可動，雖古墓亦不可動也。國家法禁，一視同仁，豈有所輕重哉！若劉自誠已安葬在彼，只當照條監移，官司按法而行，若要如此委曲勸諭，幾時是了？

《名公書判清明集》附録二《張運屬兄弟互訴墓田》 祖父置立墓田，子孫封植林木，皆所以致奉先追遠之意。今乃一變而爲興争起訟之端，不惟辱及祖父，亦且累及子孫。今張解元醜詆運幹，而運幹痛訟解元，曾不畧思吾二人者，自祖而觀，本是一氣，今乃相詆毁如此，是自毁其身何異。祖父生育子孫，一在仕塗，一預鄉薦，亦可以爲門户之榮矣。今乃相詆毁如此，反爲門户之辱。詳此事，深爲運幹、解元惜之。世固有輕財急義，捐千金以資故舊者，不以爲吝，今乃於骨肉之中，争此毫末，爲鄉閭所嗤笑，物論所厭薄，所争者小，所失者大，可謂不思之甚。當職身爲縣令，於小民之愚頑者，則當推究情實，斷之以法；於士大夫則當以義理勸勉，不敢以愚民相待。請運幹、解元各歸深思，翻然改悔，凡舊所雠隙，一切湔洗，勿置胸中，深思同氣之義，與門户之重，應憤悶事一切從公，與族黨共之，不必萌一毫私意。人家雍睦，天理昭著，他日自應光大，不必計此區區也。兩狀之詞，皆非縣令所願聞，牒運幹，並告示解元，取和對狀申。

《名公書判清明集》附録二《宋有論謝知府宅侵占墳地》 宋有論謝知府宅强佔園地，已係慶元元年以後論訴屈抑不伸等事。及追謝知府宅幹人索干照理斷，幹人録白到契字，稱宋有已曾作知見交錢着押，又稱一項只得着押，又稱曾吏部宅即是謝知府宅，假作曾吏部宅名字。及索出宋有係與曾吏部宅交易。據宋有稱，宋朝英被謝知府宅關鎖抑逼，一家恐畏，關書，乃是宋有、宋輔兩户均分産業，内有衆户尅留産業甲龍、甲師字兩號，有祖父母墓四所，兄弟商議，不得典賣，關約分明。今謝知府宅乃於嘉定元年立契置買，只作宋朝英立契。豈有宋輔、宋有兩名尅留物業内有墳墓四所，乃徑與宋輔之孫宋朝英交易之理？又豈有紹興年間兄弟立約，不得典賣，乃可以違約交易之理？以宋有共分物業，乃能使之作知見人着押，則是以形勢抑逼可知。交易之時，宋朝英年未及丁，則其畏懼聽從，亦無可疑者。宋有又曾經縣，經軍，經轉運司論訴，竟不獲伸，則倚恃形勢，尤可見也。人家墳墓，乃子孫百年醮祭之地，謝知府宅乃欲白奪，以爲園囿飲宴之所。謝知府獨無祖先父母乎，其不仁不義，倚恃豪强，乃敢如此。謝知府、曾吏部違法典賣宋有共分物業，又抑勒宋有作知見人，顯是知情違法分明，合追契書毁抹。今謝知府宅倚恃形勢，不令賫出契書，且將園池給還宋有、宋朝英，徑自障截管業，仍給斷由爲照。仍申軍及諸司。

（宋）劉克莊《後村先生大全集·持服張輻狀訴弟張載張輅妄訴贍塋產業事》　張提幹既稱長弟之賢明，知叔季二弟之不能皆賢，則分財之際，二兄取其少，二弟取其多可也。今乃惓惓於母氏之遺金田利，則所見何以異於二弟哉。此金若轉歸於它人則不可，今爲二弟取去，如以左手所持，付之右手，何爲未能忘情乎。人家一子仕宦，一家一族孰不望其庇蔭，況同父同母之人哉。前輩尚有爲義莊者，今贍塋田土，乃祖先捌置，弟兄皆有分者，若恐諸弟不能保守，則經官立約，花利輪收，祭享之餘，以助伏臘，通天下之成法也。若曰，我嫡長，我仕宦，我賢，汝庶幼，汝白丁，汝不賢，贍塋祖利由我不由汝，則二弟必至紾臂墻而後已。又祖先田產，子孫不使均霑，乃欲捨以入院，則張氏之鬼餒矣。提幹豈未之思乎？牒洪郎中，請提幹兄弟四人，將贍塋田業開具田段、坐落、畝步、產錢，專置一簿，開載契簿，長位拘收，别立贍塋關約，並經印押，每位各收一本，自淳佑五年爲始，租課長房先收，以後輪流掌管，周而復始，庶熄爭訟。

（明）蕭良泮《重刻釋音參審批駁四語活套》卷三《審語類》　鄭庚分授田產，出自繼父繼母之情；而爲人後者，毅然奪之，是不有父母之命也。今既奪之田，不可復挽矣！且尚存之屋，不許再奪。着李氏子母棲身。

（明）蕭良泮《重刻釋音參審批駁四語活套》卷三《審語類》　吴丁父將產賣時，未成田業，其價因廉。廉，少也。鄭壬過賣之後，漸成圩段，其值稍進。值，價值也。稍進，價已添也。時有今昔，業有遷變，固不得追補前值。但塘田四畝五分，止得銀十兩。通縣物土，未有若此之賤者也。今斷鄭壬照虚契追銀六兩，給還吴丁收領，以培其值。前田責令鄭壬照契承掌，收糧歸户當差。

（明）蕭良泮《重刻釋音參審批駁四語活套》卷三《審語類》　王乾税田四畝，經今四十餘年。交手者俱以物故，人已死謂物故。還來争奪告擾，不過恃老儃耳。且田既名蒸嘗，祭祀曰蒸嘗。乃一家私號。以示子孫世守，不得輕貿。貿，易賣也。非謂子孫既賣，而使他人世聽其奪也。況本非蒸嘗，而假此以爲人攘奪之口實耶。取供問杖，以警其刁。合斷王乾照舊耕管辦納糧役。

（明）海瑞《海瑞集·何耀宗争墳地參語》　淳安縣民何耀宗，與何孟榮等合有土名陣嶺墳地一處。嘉靖二十六年，何孟榮貪圖風水，將父何民彦屍棺安葬始祖何環墳石。後何仲榮剋陰不均，告蒙院府斷令遷葬，何孟榮執不肯遷。耀宗將祖母王氏屍棺壓葬何民彦塚上，何玄輔、玄龍亦各將父祖屍棺浮殯墳旁。何孟榮捏各將母骸肯盗毁抛散將祖母按察司，批壽昌彭知縣踏勘，各造新墳，有紊昭穆，令各遷移。孟榮不服，又告分守道，批委本縣勘問。參審得何氏陣嶺墳山，左葬太祖考妣，右葬高祖考妣，共四穴，已於其下開生墳八穴，正爲後日子孫定計也。何孟榮乃不遵派定次序，惑於風水，逼祖盗葬。自何孟榮一葬之後，人人不甘，財力不敵如何玄輔、何應宗、何玄龍，則浮殯何民述、何民魁、魯氏柩於上；財均力敵如耀宗者則逼葬王氏於下。疊疊塚墓，形如魚鱗，皆孟榮一葬啓之。況孟榮葬父之後，弟何仲榮、何季芳告剋蔭不均，蒙察院裴斷令遷移，各出田二畝賣合葬父母，孟榮抗違至今。何民彦一穴當遷，不待今日而從定也。孟榮告稱祖墳地一丈八尺，所指何民彦葬地尚在一丈尺之内，焉得復有何包三等地。且墳地葬祖，一派子孫混該得分，未分界止，包三焉得指地私買！明是孟榮謀地獨葬，不協衆人心，故將已死何包三名目巧爲抵飾。小西地何瀾子、何民厚等已葬三穴，何浦子、何民述等已葬三穴，似已均平。耀宗果有掘棄屍骸，則張氏屍骸自先壓葬於民彦之上矣。耀宗原無將張氏骸骨毁棄，不必待族長何玄輔説無此生人之言而後可見也。拌木銀三十兩，孟榮始惑於風水則背弟盗葬其父，今日得銀則吝留在己，告官使用，派弟均出。孟榮有利於己則爲之，且與原議己出葬父、弟出葬嫡母並庶母費用之約不合。三十兩内留起三兩爲孟榮遷父使用，恐亦不當與也。耀宗不甘於衆人得分之地孟榮獨擅其利，自合告理爲當，乃暮夜謀葬，不會人知。雖未掘至何民彦塚穴，而懸繩直下壓何民彦塚磚三寸，葬己祖母，乃壓伯祖這上，情皆可惡。其生壙二穴尚未葬柩，何耀宗謂與何孟榮祖共造者，何孟榮謂是何耀宗祖獨造者，斷二家各承一穴，就遷王氏、何民彦於其內。其何玄輔等陣嶺浮殯屍棺，盡令起去。再勘得陣嶺、小西二處地步已盡，日後子孫俱不許再行殯葬，以滋争訟。

（明）蘇茂相《新鐫官板律例臨民寶鏡》卷八《産業類審語・争産》

審得陳某乃同堂兄弟也，初以某父死蚤母孀居，合爨八年，似亦足嘉。今又構訟争産，非靡不有初，而鮮克有終乎。弟某若無産必不能合爨多年，母亦難居孀八載。一脈兄弟，尚自骨肉傷殘，同堂從兄弟，何能亟全如此。其中争必有根，母方氣死，仰族中親舊，秉公代爲解處。

（明）蘇茂相《新鐫官板律例臨民寶鏡》卷八《産業類審語・欺隱田地》

審得黄永潤素行無良，一方共棄。雖非南山之虎，是亦黎丘之魅也。悉照徐大秀等僉訐之辭，殺弟斃父，拋骸姦良，死百莫贖矣。紂惡未必至死，衆惡豈必盡然。即其誣告吴茂動，以十年生育之婦，坐之犯倫離異之科。奸詭不經，生平可知矣。僉狀中一款隱占官田三畝，係林王罔一面承認，又行巡捕曹踏勘丈明，課贓問擬不得而辭也，况欲幸免杖罰乎。

（明）蘇茂相《新鐫官板律例臨民寶鏡》卷八《産業類審語・田土》

審得黄紹經某年得價五兩二錢，將田一畝三分出賣與黄邦聲。某年得價十一兩共契三紙，共田六畝，出賣與朱束園。後又某年間找價三兩，皆祖母郭氏同僉正契正賣，此無容議，已收户當差矣。而乃托祖母出頭，謂黄邦聲等哄誘花賻，有契無銀。面審邦聲尚幼，買田時年在八、九歲，豈有八、九歲童子而能誘人花賻者乎，據其告詞則云十二畝，而口詞絶不相同。二十畝之説又何據也，田産五年以上不許争執。某年以至於今，八、九年矣。如果有契無銀，何爲時訐告，保爲聽憑收除。紹經一向何在？而今始舉詞也。如云田既正賣，何不由祖母見銀僉號，則契中手印是誰爲之，蓋以祖母曾受誥封，則官府必爲曲護，故敢以虚詞聳告耳。刁計殊甚，杖儆。

（明）蘇茂相《新鐫官板律例臨民寶鏡》卷八《産業類審語・贖回故業》 林茂真用銀十兩買田四十三畝並附近荒地十二上三畝，後用工開墾成田，找成六十六畝。田多價少，鄭漢之告似若有因。但田産五年以上不許執争，而鄭漢賣着契在嘉靖四十年，收户經今三十餘載矣。據其親筆文契稱，兵荒之後，田産業荒無，米餉負累，情願出賣，仍書開墾成田之時，田主並無反悔。則當時所賣者荒地耳，非熟田也。計開墾之費十倍於田，而四十三畝之外又墾田二十三畝，原與漢無干。已經丈受米即爲林産，非漢所得而争也。想彼賣時，鄭漢得銀一十兩，而茂真爲代納，其志原已足。近見各處田值日高，此田值甚賤，遂隱情捏告。殊不知破城之後，如此類者，非止一漢然也。如遂其計，則莆吉亂後置業者，當盡歸故主，一縣田産俱當日還。例不可開，然中間必有欲利其田而主之者。本當追究，但葉外生枝，且牽連不已，姑以本犯論罪。

（明）祁彪佳《按吴親審檄稿・一件扛紮事》 行據松江府解犯徐珍等到院，審得顧正倫以八百金助修圩岸，該區以三百七十畝絶户田償之，及後久不清理，爲陳院等所佔種，亦忌其爲顧氏之産矣。今顧善有清理，具告府斷已明，陳完猶復聚衆鬨之，已爲非法。及方知府以陳完祖父有修築之勞，故於其名下所種之九十畝，判還四十畝，而後又許其以五十畝納價，所以恤完者至矣。完尚逋租，且肆刁告，責之田準作價三兩一畝，令完還銀一百五十兩，田聽完管。其餘田清出者二百八十畝，仍與顧善有管業，並許其別召佃種。立案。右行松江府。

（明）祁彪佳《按吴親審檄稿・一件敕簡事》 行據吴江縣解犯孫嘉等到院，審得周文禎有田二畝，向佃與錢行，後即賣之於行，行尚欠其田價，故孫嘉向彼索祖，此時豈有好光景，乃作中之仲翔言並不交手耶。孫湖所言嘉邀行於船，解勸方歸，豈盡屬子虚乎。見者必非一人，仰縣確審，俱縣先報。果有毆情，方與簡奪。

（明）祁彪佳《按吴親審檄稿・一件勢没事》 行據松江府解犯馮觀等到院，審得陸孝有田四畝零，賣之鄭榮考，索找無已，榮造房二間於田上，考又索之，榮不得已賣之唐舉人，考乃並榮與舉人而告之矣。考之所以告者，因田去役存耳。乃考實收過貼役銀二兩，何曉曉焉。考責之。右行松江府。

（明）祁彪佳《莆陽讞牘》卷一《分巡道一件急救孤孀事杖罪陳在仁》

審得生員吴邦良、邦衡，以田兑游藩哥父，邦良等得價五十兩。及其父故，佃户陳在仁等輒負其租，又奚怪藩哥之興詞也。今邦良既賣田償價，邦衡亦寫屋抵還，可勿問矣。第釁繇租起，而在仁之所負獨多，應杖之，以懲久逋者。

（明）顔俊彦《盟水齋存牘》卷一《擅廢嘗田譚達卿杖》　審得譚達卿、譚敬德、譚鎮卿之按田於何憲武債也。以六房公共之嘗田而三房按之，敬輝居其長，所以不平而鳴也。據達卿止得憲武十五金，即償之而還其田可也，其不能償聽歸其半，而存五畝還敬輝等三房共守乃可，達卿其兩房擅廢祖嘗，應杖。

（明）顔俊彦《盟水齋存牘》卷一《踞田黄于田杖》　審得絶軍黄朝宣遺有軍産田地，向留里長鄧慕東甲下辦糧，後奉清丈，報官納佃，給有印帖，已爲民間之業，展轉相賣，不一其主。今屬之譚龍翔，久無異議。而翔突有欺隱之詞，蓋因黄于田等認族包種，翔欲另行起業，故有此控耳。今據於田稱有祖遺荒地一段，與自己税田依爲唇齒，不在翔買之列，則自各有册載丈尺，彼此不得越佔也。其田合着於田等退佃，聽翔另召管業。于田久踞致争，應杖以懲，餘免株求。招詳。

糧儲道批：絶軍黄朝宣遺産既經報官納佃，給有印貼，已爲民間之業，轉相鬻買以及於譚龍翔。于田何物而認族包種，不敢吐業，以致翔之嘵嘵也？一杖尚有剩辜，除祖遺荒地一段照舊與于田管業外，依擬杖贖發落。庫收繳。

（明）顔俊彦《盟水齋存牘》卷一《訟軍産高以詵等杖》　審得高振華父兄高仁宇、祖雲翅等蓮塘二畝有奇，已經易世，後因高以詵以軍産爲辭，已經戎聽審斷，振華出銀七十兩另置軍産，各已無辭。但銀給高仁等領回，未見置産，陳氏疑其瓜分，而孤稚無所倚賴，遂激而上控也。今據仁宇等稱，銀已置田，有契可證。除行該縣勘明另報外，應仍原斷，以杜紛紜。高以詵與高振華召鬻各有其因，均杖示懲。招詳。按察司批：高以詵等依擬發落，餘如照，庫收繳。

（明）顔俊彦《盟水齋存牘》卷一《争佃梁統等》　審得梁文卿遂一瞻軍之田，以遠出不便耕管，兑佃族侄敬儀超漢幫軍納糧，一家之人自爲轉移，田仍無恙，糧無缺額，與按賣他姓者不同，乃梁統、梁恩何爲而有抄祖殺軍之控？蓋争佃也。通族有口，曲在統與恩矣。田仍舊輪收納糧，若後有侵欺，則各房得而問之。

（明）顔俊彦《盟水齋存牘》卷一《僧田變價詳》　看得光孝寺僧田歷宋至今，無論有無轉賣，民間勢□不爲僧人所□矣。但税名猶掛僧户，則輸租與□□□轉完國課，豈復有贏利於僧哉，無怪僧之推出以求免累賠也。民已久假不歸，僧則借花獻佛，然欲定累朝之經界而正之今日，自不得不議價承業。今酌於盈縮而定以八錢，亦折衷之議也。其間再有貧雜下户不堪輸納者，則有聽其退業以别召買而已。呈詳。

布政司批：田價據該廳酌議妥確，如詳行縣，速令輸納充餉繳。依行新會縣，將僧通旺等推出僧田壹百零貳頃肆拾壹畝肆分叁釐，責令業户承業納餉，共該餉銀捌千壹百玖拾叁兩壹錢肆分肆釐追貯充餉。

（明）顔俊彦《盟水齋存牘》卷二《争屋方以雋杖》　審得薛候懿父故宦薛天植，買方以雋甜水里屋一間，中契甚明。管業四載，忽而以殺孤興訟，何居？蓋乘天植之新喪而凌候懿之弱也，云殺孤則真殺孤矣。雋嘗有鬩墻之訟，本府有案。甜水里屋自鬻於人，可覆也，現在原中梁蘭渚曲之，其通族方以貴，方以凪等俱曲之，以雋之有是師也，大無謂矣。姑念房産之事不堪重創，杖之。招詳。按察司批：方以雋以明賣之屋，無故捏訟，罪不止杖，姑依擬贖發。餘照，庫收繳。

布政司批：方以雋賣業甚明，乃乘薛候懿之孤弱，欲扼其吭而奪之，不仁甚矣。姑依擬杖贖發，餘如照，庫收繳。

（明）顔俊彦《盟水齋存牘》卷二《争田黄福等詳批縣》　審看得黄福、曹瑞徵崔廣緒等争藤嵩等土名之田，兩院司道各衙門紛紛上控，案且充棟，而終不能折虞芮之争。蓋崔之以宋朝祭田爲言，及稱隆慶年間事，其詞多恍惚無據。嗟嗟，陵谷已遷帶礪，豈舊韓卻係在王謝堂？非若欲以宋朝鄉賢之祭田問之今日，恐學宫兩廡諸賢，俱有子孫起而争之，民間無寸土矣。且認清獻公爲祖，溯而上之，崔氏之先載之輕傳，以卿大夫顯者，尚有其人賜土食邑，安知無十倍於斯？祭田而奈何置之不問也？真可噴飯！如此荒之案，不得不以諧語醒之，要未可以莊語也。但就黄福等論，則又有説粤中之田，强半承佃，陞科與别省不同。黄福等有被賊巢陷，屢推□官之語，則其田未必非官田。又摘縣審，有山徑崎嶇，難一一履畝之語，則其田亦未必無溢額在内。據黄福等苦稱，當日柯知縣爲衿紳所壓，勘審不公，願再一對册清丈，死且瞑目。合請宅臺嚴批新會縣會同新寧縣，從公勘丈，徹底清查，應還民者還民，應還官者還官，勿壓豪强之腹，勿落勢宦之手。朝廷田土，自難徇情面。事情重大，非兩縣會勘，不足定數十年不結之紛紜也。具繇請奪，呈詳。

察院批：仰行二縣掌印官，會同勘丈明白，該應執法究詳。

（明）顏俊彦《盟水齋存牘》卷二《争田林少嘉等二杖》 審看得林日隆之坦，經順德縣審明在案，日隆有香山横當沙，歷業多年，四面浮生，從毋生子，皆日隆應得之物業也。據此一審，則在林爲世業，在他姓爲侵佔。避順德之原案，而告承在香山。順德審語有云：報餉有名，影占無己，則曲在梁久矣，安得坐林少嘉等搶割，以掩梁世禄等之侵佔耶？念已處明，姑不深求，聽息併杖。招詳。

兵巡道林批：林少嘉、梁世禄互争沙坦，準處息各杖，庫收繳。

分守道洪批：既已悔息，依擬，林少嘉等贖發，庫收繳。

（明）顏俊彦《盟水齋存牘》卷二《争地陳瑞超杖》 審得陳瑞超之地屬之林芝吾，族長陳瑞雲等公僉收税，歸户已十七年，而忽訟之今日，何居？據雲私買軍業，則向時何寂無一言？瑞超能贖，則辦原價贖之。不能辦，斷芝吾給洗業二兩，以助其貧可也。薄杖懲之。招詳。

糧儲道批：陳瑞超依擬杖贖，田如斷，取庫收繳。

（明）顏俊彦《盟水齋存牘》卷二《重佃屯田黄建昭等杖》 審看得黄建昭以逋糧追比，將屯田立契佃李代滋，乃復重叠私佃伍世懋，除加佃三年，無别法也。屯糧於代滋、世懋名下追完。其聞壬德頂承，聽原價贖還。建昭、代滋、世懋各杖無辭，悉如縣擬。招詳。

布政司批：屯田一軍一分，而黄建昭攬種至十分八；屯田不許賣買，而伍世懋、李代滋公然價承，均違法制。姑照限年完官，各依擬杖折贖發落，如照行取庫收繳。

（明）顏俊彦《盟水齋存牘》卷三《訟地梁瑜杖》 審得鄭氏、葉氏二孀婦，據有祖遺塘地，憑中梁舜積等賣與族人梁善聞爲業，中契甚明。而據梁瑜又執一契，稱爲兩氏之夫所立，買在善聞前。夫果在前，則二氏爲重賣，善聞爲重買矣。然二氏若不認夫有賣，謂梁瑜恃其子衿，魚肉孤寡。取瑜契驗之，見證並非梁族，不無可疑，或係暫按，亦未可知。今斷二氏照粤例契開二十二兩，以實價十一兩回贖，先斷梁瑜之想，而後聽其别售，不必問其爲梁善聞與非梁善聞也。梁瑜與抱告梁子定以田産不明，致各蔓詞，均杖無辭。招詳。

布政司批：地止一畝九分，價不過十一兩，梁瑜不失價地，聽原主别售，亦可以息争矣。梁瑜、梁子定依擬各杖，分别贖折發落。如照，庫收繳。

提學道批：依擬行如照，庫收繳。

（明）顏俊彦《盟水齋存牘》卷三《争屋羅元通等杖》 審得羅桂庭之屋地，買自羅尚敬，中契甚明。老儘羅元通乘尚敬身故，架詞索詐，審之絶無風影。此端一開，將來之買受人産業者，人人自危矣。元通杖懲，併杖其挨身作證之鄧朝德，以儆其餘。

（明）佚名《新纂四六合律判語》卷上《户律·任所置買田宅》 俸禄如泉，不須經紀郊原。公厫連雲，自可委蛇退食。《詩》：退食自公，委蛇委蛇。蓋必陶潛歸去，方宜有事西疇。既無郭氏功勛，自合無心甲第。是産業必營於閭里，而富貴當歸於故鄉。今某職未離於任所，輒營膏腴之私；身未解於臨民，却有市居之混。心常求田問舍，劉備對許汜語，見前。志存飽食安居。青苗白稻，秋收轄屬之租；畫棟朱簾，巷識親臨之野。威權在手，券契盈箱。滿户莊家，盡是他鄉之客；空梁語燕，已無舊主之投。既加笞罪，復没於官。

（明）佚名《新纂四六合律判語》卷上《户律·功臣田土》 錫以圭田，用實粢盛於簠簋；公之胙土，共期帶礪於山河。故周公以王室至親，壞地僉於百里；而田蚡爲漢家濫寵，田宅侈於鉅千。規制定於肇封，田土豈容過汰，今某忘編户之租調，託世家爲城社。表請上林之苑，蕭何以長安地狹，上林中多空地，願令民得入田，無收藁爲禽獸食。上怒謂：何多受賈人財爲請。下廷尉械繫數日，因王衛尉言，復赦出。豈同蕭相之自污。陰奪泌水之田，實效竇宅之横暴。禄去公室，三家之惡斯賦斂權門，藩鎮之罪已著。跡其行，未必類請王章於隧邑，原其心，安知不盜抔土於長陵。罪有所歸法難故縱。

（明）張肯堂《䜭辭》卷六《常德澤》 生員李夢庚與常德澤，故有葭莩薄戚。先是有故民李一明者，買地二十畝於夢庚之父者垂二十年。嗣後一明中落，轉售於德澤之父者又垂二十年。一旦夢庚起而争之，德澤能甘心遜乎？然以儒加民，德澤之不堪多矣。積憾思逞，一旦乘其早起，伏於隘路，縱棍擊之，措大鷄肋，遂飽毒手，昇入學宫，瘡痍狼藉，見者掩目。本縣惻然傷焉，盡法懲之，仍令朝夕視其湯藥。並查夢庚另賣與德澤地六畝六分，斷歸夢庚。斯時也夢庚之去死者僅一間耳。即不幸而肢折目眇，猶當成牘以讞也。未幾稍稍强起，迄得無恙，事局亦遂就結。意尚嗛然，所以訟耳。毆儒自杖刑而外，別無窮治之法。夢庚意覬得地，然事經四十餘年，猶在夢庚未生以前也。若曰被毆於德澤，而思以得地爲償，無論非所語於三尺，即夢庚少年子衿，方當以遠大爲期，其識趣亦不應僅是矣。

（明）張肯堂《䝨辭》卷九《陳党言滑縣人》　滑民陳党言所訟張君寵一詞，真無情之甚者也。君寵場圃五畝，中有一井，可抱甕而灌，故人争羨爲沃壤。原其始乃於萬曆二十五年得之李應先，今應先化爲異物久矣。契墨湮渝既歷三紀，即使李姓子孫出而爲難，亦無一詞可執。況無端之党言乎！據党言昧心忿争，或謂應先與彼前有交易，然時異世殊，安從起大撓而推其甲子，蓋党言積役代書，囊疽餘智，試之此舉，何患筆舌之不爲互用。第造詞雖工，其若曲直難混何。

（明）李清《折獄新語》卷三《産業·一件叩清事》　審得孫君化者，乃奉化縣奸書。而蔣道俞、王惟隆，則生員也。夫學田之設，初意甚盛。蓋將爲諸生下帷者，助其膏火之不給耳。自君化以城狐社鼠，爲據鼎之味濃；而蒙面青衿，如道俞、惟隆輩，遂傚顰而學步。於是紛紛窟穴者，咸有佃無人矣。蓋此輩一入泮宫，即置一捲地胡越之疏，而惟以耽耽數畝爲負嵎之據。故逢差催，則自誇曰相公，而縲紲莫加；遇縣比，則口稱曰生員，而蒲鞭不及。甚至督租不足，別欲召佃。則借猴冠爲虎皮，而以貪如狼之書手爲羽翼，以軟如羊之小民爲奴隸，故無敢起而競此一塊土者。各租之欠，職是故也。孫君化、並蔣道俞、王惟隆等，合分別杖治。其生員所占各田，應逐畝清出，違者褫。

（清）葉晟《求芻集·讞語·謀吞房屋事》　審得：田國吉之繼父可桂，先年將架房二間得價當與楊洪金之繼父楊明麟爲業，俱慢不修葺，則風雨飄摇，自不能保其安如磐石，固勢之所必至也。且逼近渭河，洪水衝突，遂至頽廢無存。國吉屢訴前任，皆未直之，理也。今又以謀吞房至事控，夫爾間架房，得價九兩伍錢，其價不爲不厚。至今傾廢已久，即使明麟尚在，亦當置之不問。況明麟已死，乃向另居之義子索其廢産，其可得乎？不情甚矣！洪金母子乞鑒誣之訴，其烏能已？本應責國吉之誣枉，念係失産之人，逐之以杜其葛藤。若夫干證所云，償以小木十八根，此私議也。洪金不失爲厚道，然不在斷例矣。

（清）葉晟《求芻集·讞語·盜賣莊業朋謀滅門事》　審得杜可達物故四十餘年，伊子杜鳳成逊往他方，所遺有地無房之莊基，鳳招視爲己物，築墻蓋房，節年憑與他人，得租取利，已十有餘年。又於今年五月賣與杜金齡，得價銀八兩。物各有主，何竟以他人之業爲己有也？先經杜鳳翔具告，以此地可達曾當與伊父一半，鳳鳴能公證之，而鳳招支吾狡飾，故諭令候可達子到時結案。今地主已歸，鳳招無能置喙，乃以築墻蓋房費銀爲辭，希欲將賣價多歸於房，少歸於地。殊不知房價僅值二兩，而地價六兩，杜金齡言之鑿鑿，不爲回護。即築墻有費，而節年討租，豎獨無利耶？應斷地價銀六兩，着杜鳳成另立契約。其鳳翔先年當字，鳳成自行取贖可也。

（清）葉晟《求芻集·讞語·霸業欺弱事》　審得：梁利乃梁廷清之族叔也。雖五服已盡，而名分猶存，豈容隕越。先年梁利將地四畝五分當梁廷清銀七錢，原議銀到取贖。昨年梁利欲贖地而先以酒酌廷清，是叔之於侄，可謂有禮矣。乃利以貧故，地價一時無措，約收豆後償價，遂將此地犁種紅花。廷清以地價未償，將利所種紅花盡行犁毁，何太無禮也。在利以未與價故，亦殊不敢與争何物。廷清今年二月間輒索地價，怒駡不足，繼之以毆，又將梁利髮辮扯落一半。獨不思既不與地，何復索價，且索而至於打，打而至於採髮耶？干證梁三等畏其焰，囁嚅不敢盡吐，而髮辮實出梁名貴之手。貴供酒館勸和，從利頭上梳下，廷清雖有百喙，何辭於打叔之辠也？本應按律究擬，姑念梅過伏辠，重責三十板。梁利照原約備價，限五日内當堂收贖，以杜争端。其助毆之宋名正、梁廷定宣各責二十板逐出。

（清）徐士林《徐公讞詞·巡漳讞詞》　據該縣申送戴佳與韓飛渭互控各案到道。據此，本道查閲前後卷宗：韓飛渭民田，系坑字六十五號，戴佳學田，系北字六號，字型大小各別。且查前縣魏令審據里書干證各供：牛欄杭離鬼坑有半里路，中隔一條坑，又隔一處田洋，牛欄杭在東，鬼坑在西等語。可見鬼坑與牛欄杭，東西兩處，既隔田洋，又隔田坑，其坑字六十五號與北字六號，兩田各有坐址，並非毗連明矣。韓飛渭倚恃護符，隱匿原田，故行强佔官業，複又抗斷搶穀，種種不法，刁惡已極。據稱買自吴税，税已物故，又無子嗣，無可質證；而現存之上手戴周士，歷供並無交關。則飛渭之冒占，已無疑義。惟是鬼坑既有處所，册載六十五號之田，必另有田面，非比他物可以隱藏，裡書鄉保定知底裡。業據林張查稟六十四號、六十六號之田，既知業主著落，豈有不知六十五號之田面管業者乎？再前縣劉令委衙勘丈，據捕衙所繳圖册，其鬼坑與牛欄杭相去若干路，並未注明，殊屬草率，合行飭丈。爲此，牌仰該縣官吏，照依事理，文到即便查照檄指，於早稻收成日，唤集里書鄉保，吊同韓飛渭，該縣親至鬼坑處所，即將册開六十四號、六十六號田畝，核對四至，逐一挨丈，徹底清查，研訊林張，押令引丈，六十五號之田現在何處，何人管業，根究明白，繪具確細圖册。其鬼坑，牛欄杭坐落方向，彼此相離若干弓步，一一填注圖内。仍將原被犯證，同里書鄉保，一齊批解本道，以憑親訊重究。該縣務須剔弊除奸，毋爲裡書弓手弊混，致干未便。凛速，慎速。

（清）董誥《全唐文》卷四〇八《賀蘭廣·對屯田佃百姓荒地判》 諸畿縣置屯田，佃百姓荒地。主令復業請自耕種，屯司不與。縣司執申，若不還地，人即却逃。人散久矣，地廣大荒，開都護之屯田，開天子之縣内。且耕且戰，成取十千以餉農，足食足兵，武有七德以歲敵。殊管氏之見奪，異周制之不頒，且連屬中與人多復業。惟桑與梓，詩人與敬止之辭，安土重遷，縣司敦仁人之禮。請從地著之業，無俾流萍之艱。

（清）董誥《全唐文》卷六九二《柳子温·對給地過數判》 甲給地過數，科所由，曰更耕之田。磽肥異宜，給受殊制，苟夫田之可易，在公道而奚爽，惟甲奉其所主，念此爲農，無怠無荒，將陳耕鑿之力，是蕆是蓑，以期國家之利。雖在勤不匱，而處墝則勞，風雨每調，莫睹如雲之稼，收穫斯至，空嗟懸磬之室。徒逢時於樂土，終歎乏於良田，懷不足而是憂，思鼓腹而何及。觀其所給，察其所由，在周典而無辜，論漢史而何著，惟農是恤，於法何乖，寧易地以豐財，豈守株而喪本。更耕之訴，據百畝而何傷，過數之科，在三章而宜舍。

（清）董誥《全唐文》卷九〇二《李暄·對屯田佃百姓荒地判》 諸畿縣置屯田，佃百姓荒地。主令復業，請自耕種，屯司不與。縣司執申，若不還他，人即卻逃。敬承畿縣，素匪萊田，是中邦之廬伍，爲上農之井賦。日者旄頭失象，狂寇亂華，王師未赫，國人猶恐，是以苟安便地，多出近關。惜三遷之就荒，歎五溝之不樹，人迷可復，土利宜敦。等充國之大開，時欣歲足，類信臣之廣辟，每詠年豐。今乃黎庶重遷，歸還樂土，服先疇之疆畝，守故里之松榆，將持襏襫，願事蔫蓑。誠宜饁彼南畝，勞乎東郊。國本必於務農，人安固在循業。永言縣執，何謝屯司。

（清）董誥《全唐文》卷九七九《闕名·對率家屬籍名田判》 甲於鄉里率家屬籍名田，乙告甲是賈人，犯令没入田。甲訴云，無市籍不伏。道設彝倫，用和萬物，法垂禮典，以制四人。故版築堤防，各順流而取濟，道達群品，咸徇義以取功。甲本市徒，早馳聲於鮑魚之肆，更率家屬，復求潤於龍鱗之田。廣事兼并，以取浮雲利，專行欺詐，曾無多露之嫌。商賈蓋藏，已聞辜於漢律；籍書携貳，詎免咎於湯羅。乙告没田，自得埋梧之術，甲云不伏，猶迷食椹之思。此而不科，刑章徒設，請援明法，用静姦流。

（清）董誥《全唐文》卷九八〇《闕名·對田中有樹判》 乙有樹於田中，里人讓之。稱在疆埸。緬彼古制，攸列埸人，候農祥之戒晨，服先疇之甽畝。乙偶昌運，不知帝功，是薦是蓑，爰稼爰穡，埸列瓜蔓，圃資蔬材，藒靡芬芳，歲阜其用。多稌多黍，乃顧於中田，優哉游哉，坐矜於老圃。果碩於灌，或成蹊而則妨，枳樹於籬，任爲疆而何有，里人不識，輕爲誚（一作詁）讓，徒肆無稽之言，難投有戾之任。

（清）董誥《全唐文》卷九八〇《闕名·對萊地判》 甲爲匠人，於萊地制溝，遂廣深二尺爲度。所由劾功少，訴不違理。十地分宜，順其高下，九夫爲井，列以溝洫。式備水泉之害，將損壅塞之虞，利以生人，成其務本。永言經典，實著廣深。自甽澮而陳規，及園鄘而不紊。守之勿失，敏則有功。惟彼匠人，誠爲盡力，審端徑術，善相邱陵，設夫間之小溝，明遂上之有徑。水勢地勢，因而用焉，善溝善防，斯焉在矣。二尺爲度，殊其不法，三農取託，乃亦有秋。方黍稷之離離，見流波之活活，決其行潦，達彼巨川。庀度功程，規模曲折，即和夷之既藝，豈陵谷之將遷。樊遲學於孔門，自得老農之術，哀公問於有若，寧有不足之憂。縱彼公田，何妨稼穡。況兹萊地，已輟耕耘。將爲功少取科，實爲淫刑以逞。十門吴堰，撫昔事而無慙，三章漢條，因兹躅而當道。

（清）董誥《全唐文》卷九八〇《闕名・對射田判》　或人於京兆府射蔭田。三秦奥壤，陸海良田，原隰條分，溝塍脈散。涇渭傍潤，鄭白疏流，荷鍤成雲，決渠降雨，抗稻漠漠，黍稷油油，無爽蟬鳴之期，有至鳳冠之稔。其地則上，厥價惟高，準丁而請，則無妨廢。據勘來射，交爽事宜，理既不通，地須追奪。

（清）董誥《全唐文》卷九八〇《闕名・對多田判》　丁多買田至四百頃，極膏腴，上賈他財物稱是。御史糾之。云，天恩數加，賞賜不是贓賄。丁家類封君，田成永業，是稱近甸，亦曰膏腴。資貨乃兼於中人，沃野自登於上賈。義殊不穡，頗謂多藏，道則惡盈，志何自滿。必也德均洙泗，學究典墳，專經述鄭元之風，精義盡邱明之奥。學優則仕，道尊爲師，類張禹之置田，殊蕭何之遺子。况稱恩命，豈等平人。御史繩之，終難糾詰。

（清）李鈞《判語録存》卷一《控争廟地事道光九年八月二十四日》　審得洛陽縣民申五元、曹士秀等爲廟地互控一案。緣該縣申家嶺、高家嶺、郝家灣、李家寨、下磨村五村地方，有聖母堂廟一座，有香火地一百七十餘畝。下磨村地方，有法雲寺一座，有香火地二百一十畝。道光三年，曹士秀等以聖母堂住持傅文窩竊，控縣逐出，另請法雲寺僧源敬住持。申五元復以源敬包娼聚賭，控縣驅逐。諭村民另召戒僧焚修。五元因源敬遷延未去，更以霸産等事與士秀等互訟不休。經縣傳訊，五元以聖母堂、法雲寺均有伊祖所施之地，請將兩廟田産一併歸公，設立義學。該縣斷令每廟留地四十畝，餘如所請。地未丈清，而法雲寺僧源恒以無故牽累，心懷不甘，與各造人證節次赴府呈控。本府以事閲多年，批准提訊。查聖兩廟地畝，是否申姓施捨，毫無憑證。惟聖母堂曾經申姓重修，尚係山主。且寺僧種種不合，五元請將廟地歸入義學，尚係因公起見，合依縣斷。留地四十畝，爲另召戒僧香火之需。餘地一百三十餘畝，歸公設學。其應如何設立？建於何處？廟地尚有出典者，作何回贖？候餘縣勘丈妥議具詳。至法雲寺僧源恒，並無劣迹。五元既無施地確據，且寺建於下磨村，與申家嶺撫涉。五元呈請一併歸公，殊屬越俎，未便准行。仍斷歸該寺管業。倘下磨村民曹士秀等自願設立義學，着公同籌議，呈候批示。傅文、源敬被控各情，事閲多年，免其深究，俱不准再入聖母堂住持，並免到案。聖母堂現缺住僧，聽五村公同召募。申五元以申家嶺人妄干下磨村事，殊屬健訟。姑念兩造俱有不實，從寬免究。源恒着回法雲寺住持，不准復引源敬入廟。申五元、曹士秀、姬春榮、王國楝、郝九有俱發縣聽候丈地，無干省釋。取告附卷。行縣知照。此判。

《清代巴縣檔案彙編・乾隆四十五年四月初三日張仕慶告狀》　为平坟架屋，懇拘法究事。緣蟻父張國賢於乾隆二十四年，以己業田，地名長冲溝田地憑衆賣賕楊坤章，議價銅錢二百二十千，立寫定約，措不交價。延至二十六年，短價錢六十千，蟻父因此得留墳山土木一段，以作祖墳祭掃之資。賣註明界址，炳據。蟻父子搬住利川謀食。今年二月回鄉，始知蟻祖墳四所被楊坤章父子毁平一所起房架屋，將骸骨不知抛棄何地，樹木悉行砍伐，打毁好墳三所，土塊驚犯不安。蟻投約鄰王榮章、王廷早等看墳理説，反被凌辱，大吉賭控。切思無主孤墳四鄰尚且看守，何况蟻祖墳乃是根本，豈容坐視毁傷。爲此，迫切泣血上告，訊究法懲，存殁頂祝。伏乞。縣正堂批：準拘訊。如虚坐誣，代書並究。

（清）倪望重《諸暨諭民紀要》卷一《正堂倪二任・孫榮光等控孫謙即元榮佔造房屋由》　堂論：訊得孫榮光等控孫謙即元榮佔造房屋一案，緣孫謙於光緒十八年間憑中陳崧生等向孫尚學買受屋基，坐落席字叁貳十貳號地壹分，土名後水坑；又同號地貳分，土名後山，計價值洋銀拾元。其實，一切費用洋銀柒拾元。迨十九年間，湊合其祖遺土名基地等處，起造房屋，已早告成，而孫榮光等始亦相安無事。繼則懷妒生嫌，既以其始祖福六墳墓損煞爲詞，又使孫培林等妄借廊字六百五十一號之山，出而影射，互相争執，以致具呈。兹經集訊，查核各呈户册、山圖，並孫謙所呈買受孫尚學契據，註明上至樟樹上平塘，下至日聖住屋滴水，左至竹園，右至瑞蘭園，地依界造，屋本可無争。且查孫廉造屋之處，左距福六墳墓已遠，以爲損煞，誣而又誣。惟孫仁彩心地尚明，臨訊絶不摇舌，即據孫培林等前處呈詞，亦謂其一言不發。按其興訟之由，顯系孫榮光從中指使。但孫榮光、孫繼圓亦自知非，足見天良具在，從寬均免深究。而孫培林强辨是非，可惡已極，着予笞責，以儆混争。斷令孫謙將造屋基地照依契册管業。孫培林等不得再起訟端，妄圖非分。孫棨光、孫培林各呈户册、糧串，孫仁彩户册叁本，糧册捌紙，均當堂發還，議據塗還。孫謙所呈契據壹紙，户册五本、糧串兩聊，亦着領還，各取甘結完案。此諭。

《清代名吏判牘七種彙編》卷上《名士袁枚·空地》 勘得周姚兩姓争地，一謂周姓祖傳，一謂姚姓私産。既無官契，又無界石，窮搜舊案，遍詰鄰人，亦均無可指實。蓋已荒廢五十年矣。所不别者，周遇春富有資財，倉箱萬千，每歲開支，據供有五六百千，何以不急急潤屋，而一聽其荒廢，豈於中心有所懾，而故遲遲其謀耶。顯見周遇春堅執該地爲周姓祖遺者，正不可靠。不然，五十年前，何不即行建築。在姚之讓貧無立錐，雖有其地，從唤奈何，而周姓則非此類也。是周姓祖遺之説，殆不足信。雖然，若以是而即謂姚姓私産，亦有未安。姚姓房到，四圍均有界石痕跡。今雖界石泯滅無存，而挖掘至三寸下，即有可見。姚姓界石，既在其屋之下，則此一畝空地，必非姚姓之産可知。否則何以不移植于空地之外，而植於空地之内，屋角之下。若曰並非界石，則此印象列有何物，是姚姓私産之説，説難憑信。查本縣現在建築育嬰堂一所，謀購地址，本案争地，既不能斷歸周姓，又不能斷歸姚姓，曷若捐之公家，以成好事。誰無子女，誰非人子，育嬰保赤，雖曰官吏之職責，地方人士，亦應量力玉成，以助其事。況該地本非周兩姓所應得，歸入公家，何施不可。着即息争，毋再多瀆。後日育嬰堂告成，即以此判刊入碑志，作周姚兩姓損贈之地，以垂不朽。庶法與情兩得其平。至今萬里長城在，不見當年秦始皇。兩造亦俱可釋然矣。此判。

雜録

《詩經·大雅·瞻印》 人有土田，女反有之。人有民人，女覆奪之。此宜無罪，女反收之。彼宜有罪，女覆説之。

（三國魏）嵇康《嵇中散集》卷三《養生論一首》 夫田種者，一畝十斛，謂之良田，此天下之通稱也。不知區種可百餘斛，田種一也。至於樹養不同，則功收相懸，謂商無十倍之價，農無百斛之望，此守常而不變者也。

（晉）葛洪《西京雜記》卷三 茂陵富人袁廣漢，藏鏹巨萬，家僮八九百人，於北邙山下築園，東西四里，南北五里，激流水注。其内構石爲山，高十餘丈，連延數里。養白鸚鵡、紫鴛鴦、犛牛、青兕，奇獸怪禽，委積其間。積沙爲洲嶼，激水爲波潮，其中致江鷗、海鶴，孕雛、産鷇延漫林池奇樹異草，靡不具植，屋皆徘徊連屬，重閣修廊行之，移晷不能徧也。廣漢後有罪誅，没入爲官園，鳥獸草木皆移植上林苑中。

（北魏）賈思勰《齊民要術·雜説》 凡人家營田，須量己力，寧可少好，不可多惡。假如一犋牛，總營得小畝三頃，據齊地，大畝一頃，三十五畝也。每年一易，必須頻種。其雜田地，即是來年穀資。欲善其事先利其器。

（唐）白居易《白居易集》卷二四《律詩·官宅》 紅紫共紛紛，祇承老使君。移舟木蘭棹，行酒石榴裙。水色窗窗見，花香院院聞。戀他官舍住，雙鬢白如雲。

（唐）白居易《白居易集》卷二五《律詩·題洛中第宅》 水木誰家宅，門高占地寬。懸魚掛青甃，行馬護朱欄。春榭籠煙煖，秋庭鎖月寒。松膠粘琥珀，筠粉撲琅玕。試問池臺主，多爲將相官。終身不曾到，唯展宅圖看。

（唐）谷神子《博異志·敬元穎》 天寶中，有陳仲躬家居金陵，多金帛。仲躬好學，修詞未成，乃携數千金，於洛陽清化里假居一宅。

（宋）李昉《太平廣記》卷二三六《奢侈·宗楚客》 宗楚客造一宅

新成，皆是文柏爲梁。沉香和紅粉以泥壁，開門則香氣蓬勃。磨文石爲階砌及地。着吉莫靴者，行則仰僕，楚客被建昌王推得贓萬餘貫。

（宋）郭茂倩《樂府詩集》卷三一《相和歌辭·銅雀臺陳 張正見》

凄凉銅雀晚，摇落墓田通。雲慘當歌日，松吟欲舞風。人疏瑶席冷，曲罷繐帷空。可惜年將泪，俱盡望陵中。

（宋）洪邁《夷堅志乙》卷四《焦老墓田》 房州西門外三十里有石崖極高峻，其下爲石室，道觀在其側，曰九室宫，土吕本作土。人相傳云：陳希夷隱於華山時，亦常棲此地，石室乃卧窩也。民焦老者，居山下，陳每日必一訪之，且至，則二鶴翔空，飛舞而下。焦氏以此候之，傾家出迎，具茶果延佇，經歲常然。一日告去，焦曰：先生將何之，曰：吾欲歸三峯耳。焦父子强挽留之不可，而問曰：汝家何所欲，欲官邪，欲富邪？焦曰：窮山愚民不願仕，倘得牛千頭，志願足矣。陳笑曰：易事也。携與俱行。入山後，指一穴言：異日葬於此，當如汝志。遂别去。及焦老死，其子奉柩窆於所指穴，數年間貲産豐裕，耕牛果及千頭。迨今二百年，子孫尚守其舊業，牛雖減元數，然猶豪雄里中。鄉人名其處爲焦老墓田。

（宋）李心傳《建炎以來朝野雜記甲集》卷一六《財賦·田幣·官田》

官田，東南舊多有之，靖康中，嘗命經制司鬻蔡京、王黼田爲糴本。翁端朝中丞爲經制使，言恐生弊倖，乞租與客户，歲收課租，損其二分。從之。然諸道閒田頗多，既利厚而租輕，因有增租以攘之者，謂之剗田。由是詞訟繁興。紹興二十八年，知温州黄仁榮請鬻之以止訟，會何内翰溥亦請鬻官田爲常平本。從之其後，户部會其數，得錢五百萬緡。自是數舉行之，獨營田不廢。

（宋）李心傳《建炎以來朝野雜記甲集》卷一八《財賦·田幣·省莊田》

省莊田者，今蜀中有之，號官田，自二税外仍科租，應大小麥、豆、糙白米、穀、桑、麻、蕎、芋之數十有八種，無不必取之，既高估其直，又每引别輸稱提錢，民甚苦之。然其實皆民間世業，每貿易，官仍收其算錢。但世相沿襲，謂之官田，不知所始也。

（宋）李心傳《建炎以來朝野雜記甲集》卷一八《財賦·田幣·屯田》

屯田者，始熙興初，陳密直規爲德安府、復州、漢陽軍鎮撫使，以境内多官田、荒田，乃倣古屯田之制，令射士、民兵，分地耕墾。其説以兵民不可並耕，故使各處一方。凡軍士所屯之田，皆相其險隘，立爲堡寨，寇至則保聚捍禦，無事則乘時田作。其射士皆分半以耕屯田，少增錢糧，官給牛種，收其租利，有急則罷從軍。凡民户所營之田，水田一畝賦粳米一斗，陸田賦豆、麥各五升，滿二年無欠輸，給爲永業。流民自歸者，以田還之。凡營屯田事，府縣官兼行之；皆不更置官吏。條畫既具，乃聞於朝，詔嘉奬焉。元年十一月丁未下詔。三年，下其法於諸鎮，使行之，悉以陳規條畫爲主。其江北無牛之地，仍用古法，以二人拽一犂。凡授田，以五人爲甲，别給菜田五畝爲廬舍、稻場，初年免田租之半。兵屯以使臣主之，民屯以縣令主之，以歲課多寡爲殿最。三年二月癸巳。其後，諸鎮又廢，不果行。四年，朱子發建言：荆襄之間，沿漢、沔上下，膏腴之地七百餘里，土宜麻麥，古謂之粗中，請選良將領部曲鎮之，招集流亡，務農重穀，寇來則禦，寇去則耕，不過三年，兵食自足。詔送都督府，亦未克行。是時韓蘄王在淮東屯田，上命即閩中市千牛賜之，爲屯田之用。五年閏二月壬申。五年冬，張魏公在行府，請屯田郎中樊賓往江、淮措置，遂改屯田爲營田。後以其擾民，但令諸路監司領其事。三十年，李顯忠爲池州都統制，復請令諸軍屯田。十一月丁酉。俄軍興未暇。逮虜兵退，議者建言：宜於淮甸屯田，以修兵備。詔兵部侍郎陳應求往淮東，工部侍郎許覺民往淮西措置。三十二年三月甲辛亥已而，上謂大臣曰：士大夫言此者甚衆，必須先有定論。用諸民乎，用諸軍乎，若論既定，當先爲治城壘、廬舍，使老小有所歸，蓄積有所藏，然後可爲。陳魯公曰：今西北歸正人願就耕者甚衆，已降牛種、本錢及治廬舍矣。其後，應求請募民耕荒，蠲其徭役及七年租賦。上可之。五月甲辰。乾道中，有郭震者，以建康都統守廬州，始創屯田，遂除節鉞。俄又罷屯田兵，令歸正人請佃，蓋得不償費也。荆襄屯田者，自紹興以後，專隸都統司，亦贏有所入。乾道二年，乃詔除朝省及總領所外，他司毋得預。三月己酉。其語互見《營田》事中。

（宋）李心傳《建炎以來朝野雜記甲集》卷一八《財賦·田幣·營田》

營田者，紹興元年，解潛爲荆南鎮撫使，以所管五州絶户及官田年來荒廢者甚多，乃以便宜辟直秘閣宗綱爲屯田使，召人使耕，分收子利。乃以聞。詔以綱爲鎮撫司營田官。五月辛酉。渡江後，屯、營田始此。其後荆州軍食，多仰給於營田，省縣官之半焉。其秋，遂命河南、淮南措置屯田。九月庚申。已而，河南鎮撫司營田官任直清言：河南殘破，民歸業者尚罕，所創營田全籍軍兵，恐力微難以號令，請命鎮撫使翟興兼營田使。十月戊寅。時諸鎮尚未就緒，獨公安縣令孫倚營田辦集選官。十一月丁未。蓋解爲帥故也。三年，韓世忠爲江東宣撫使，上命措置建康營田，世忠言：荒田雖多，大半有主，難以如陝西例，請募民承佃，蠲三年租，田主自訟則歸之，滿五年不言，給佃人爲世業。於是詔江北、浙西、江西、皆如之。田租初年全蠲，次年半減。四月己丑。尋又免科配役。十月辛卯。自後營田專用諸民。五年，王觀察彦爲荆南帥，言已措置營田八百頃，自蜀中買牛賦民。詔多方措置。十二月丁酉。先是，言屯田者甚衆，而行之未見其效。六年，張魏公以都督出行邊，乃奏改江、淮屯田爲營田，凡官田若逃田並無拘籍，以五頃爲一莊，募民承佃。其法，五家爲一保。共佃一莊，以一人爲長，每莊官給耕牛五具，種子、農器副之。別給十畝爲菜田。又貸本錢七十千，分二年償，勿取息。命措置官樊相伯賓、王中孚弗行之。正月丙申。尋命五大將韓、劉、張、吳、岳。及江、淮、荆、襄、利路帥臣悉領營田使。時李伯紀爲江西大帥，亦言今日之事，莫利營田，然兵革災傷之餘，民力必不給，請命江、淮、湖北宣撫司招納京東、西、河北流移之人，貸種授田，勿取其入，次年乃收三之一，又次年則半收之。詔都督行府措置。三月。呂元直時爲湖南大帥，因請錢十萬緡興屯田。五月辛亥。其秋，中孚入見，上諭令竭力久任。議者恐張相還朝，欲留措置。於是遷相伯司農少卿，提舉江、淮營田公事，置司建康府；擢中孚屯田員外郎，以爲之副。官給牛種，撫存流亡，歲中收本穀三千萬斛有奇。七月壬申，除二人。除客户當給六分，官收十萬餘斛。然議者猶以爲奉行峻速，或抑配豪户，或强科保正，田瘠難耕，多收子利，民間有鬻己牛而養官牛，耕己田以償官租者。此監中岳廟李宷奏。中孚上疏争之，且言願假歲月，勿責近效。上許之。七年二月癸卯。七年夏，魏公猶在中書，亦覺其擾民，乃言自置營田司數年，已有成效，請罷司，以監司兼領。六月乙未。十九年夏，兩浙提領營田曹泳言：根括得鎮江荒田二千二百餘頃，請悉以爲營田。六月甲戌。二十一年，鎮江諸軍都統制劉寶請民户識認營田者，畝償開墾工本五千五百。許之。三月丁未。尋詔諸道倣此，由是營田漸以還民矣。隆興二年，孝宗諭大臣以營田事，欲使歸正人耕之。湯丞相曰：歸正人未可用，諸軍不入隊人恐可以使。時中孚提舉四川茶馬，已受代，湯丞相因薦其才。正月庚子。上召見之，畀以營田事，後亦不克行而罷。其後，淮東、西田，卒以歸正人耕之。乾道中，亦詔蠲州縣撮收課子，八年七月。仍免其徭賦焉。

（宋）李心傳《建炎以來朝野雜記甲集》卷一八《財賦·田幣·關外營田》

關外營田者，紹興六年，吴玠爲宣撫副使兼營田使，治廢堰於梁、洋，率軍民營田凡六十莊，計田八百五十四頃。其初，因兵火後，民多失業，故募人耕之，量收租利。李子公爲大漕，奏言：漢中之地，古稱沃野，每畝除出糧種外，止收三石爲率，約收二十五萬石，乞付本司贍軍，可省内郡水運。朝廷難之，但賜玠詔書獎諭，時七年秋。吴玠死，胡承公、鄭亨仲代爲宣撫使。休兵後，亨仲又行之關外四州及興州、大安軍，所營田至二千六百十二頃，除糧種分給外，實入官細色十四萬一千四十九石，得旨撥十二萬石赴成都路對糴米，而金州墾田五百六十七頃、歲入萬八千六百餘石不與焉。時十五年春也。乾道再和後，强將、豪民利於承佃，故爲欠輸，得不償費。虞丞相允文代吴璘爲宣撫使，乃與利路安撫使晁侍郎，公武。總領財賦查少卿籥共議，以爲軍民雜處侵漁百端。又於數百里外差科保甲，指教耕田，間有二、三年不得替者。水旱則令保甲均認租數，民甚苦之。兼所收之租，不償請給之數，如興元府歲收租九千六百七十三石，而種田官兵請給乃爲一萬一千四百四十石，他皆類此。於是宣撫司始以便宜召人承佃，抽兵歸營，時四年秋也。明年春，宣撫司奏其事於朝，詔可。至淳熙初，墾田增至七千五百五十七頃，而租入止有五萬八千石有奇。慶元後，又止爲六萬六千石，而金州田租亦止二千二百三十一石焉。六年冬，王少卿寧總計增其課，朝廷以邊民不便，罷之。語在《時事》中。

（宋）李心傳《建炎以來朝野雜記甲集》卷一八《財賦·田幣·圩田》

圩田者，江、浙、淮南有之。蓋以水高於田，故爲之圩岸。宣州化成、惠成二圩，相連長八十里。蕪湖縣萬春、陶新、和政三官圩，共長一百四十五里。當涂縣廣濟圩長九十三里，私圩長五十里。建炎末，爲軍馬所壞。紹興初，命守臣葺治之。建康永豐圩有田千頃，初以賜韓忠武，後歸秦丞相，今隸行宫。淮西和州、無爲軍亦有圩田。紹興三十年，張少卿初爲漕，徙民於近江，增葺圩岸，官給牛種，始使之就耕。凡圩岸皆如長堤，植榆柳成行，望之如畫云。

（宋）李心傳《建炎以來朝野雜記甲集》卷一八《財賦・田幣・圭田》

圭田，自三代以來有之。本朝沿唐，不廢其制。咸平初，既定以官莊及遠年逃田充其數。天聖中，言者以謂多寡不均，又貪吏或多取歲租，以害細民。七年八月，詔罷天下職田，悉以其歲入租課送官，具數上三司，以所在時估定價而均給之。九年二月，復故。慶曆三年九月，更定守令佐職官頃畝之限。靖康元年五月，始借一年輸内帑。建炎初，以國用不足，遂拘天下職田隸提刑司。元年六月乙酉。李伯紀免相，復給之。明年，吕源爲發運副使，復請收圭租以贍軍。上不許。五月癸丑。紹興末，東南諸路收圭租二十三萬斛有奇，州縣有過給者，上聞之，命及格則止。二十九年十二月癸酉。舊制，圭租皆給正色，至是江西、湖南米斗才數十，而圭租乃令折價至三、四千，陳正獻爲殿中侍御史，爲上言之，遂命復輸本色。三十年十一月庚辰。隆興初，又有權借一年之令。元年六月。乾道改元，以軍事始息，又借職田米三年，用王大寶尚書請也。元年七月辛亥。八年冬，復還之。十月丙辰。時四川州縣職田，宣撫司已借十年，爲軍中減汰使臣之用。乾道四年，虞雍公申請。會其數，歲得十二萬八千八百九十九緡而已。淳熙初，亦還之。淳熙末，言者又論州縣守倅合得圭租皆折見緡，其他小官則交本色，非是。事下户部。户部奏：在法，圭租以前後官在任月日均給，不許折錢。即人户願輸錢而旋增實直者，准律科罪。從之。十四年三月戊辰。今蜀中圭租，皆折見錢，又多從隔郡支給，相承已久，莫知始於何年。

（宋）李心傳《建炎以來朝野雜記甲集》卷一八《財賦・田幣・僧寺住田》 僧寺常住田者，所在多有之。紹興中，高宗嘗取其絶産隸郡國養士。久之，住鬻祠部度牒，其徒寖微。二十年春，命司農寺丞鍾世明往閩中措置寺觀絶産，自租賦及常住歲用外，歲得羨錢三四十萬緡入左藏庫。明年，張如瑩節使爲帥，又請於朝。十還六、七矣。今明州育王、臨安徑山等寺常住膏腴多至數萬畝，其間又有特旨免支移科配者，頗爲民間之患焉。

（宋）羅大經《鶴林玉露乙編》卷一《本政書》 林勳，賀州人，紹興中登進士第。嘗進《本政書》，欲漸復三代井田之法。大略謂：五尺爲步，步百爲畝。畝百爲頃，頃九爲井。井方一里，井十爲通，通十爲成。成方十里，成十爲終，終十爲同。同方百里，一同之地，提封萬井，實爲九萬頃。三分去二，爲城郭市井、官府道路、山林川澤，與夫磽确不毛之地。定其可耕與爲民居者三千四百井，實爲三萬六百頃。一頃之田，二夫耕之。夫田五十畝，餘夫亦如之，總二夫之田，則爲百畝。百畝之收，平歲爲米五十石，上熟之歲，爲米百石。二夫以之養數口之家，蓋裕如矣。總八頃之税，爲米十有六石，錢三貫二百文，此之謂什一。井復一夫之税，以其人爲農正，掌勸督耕耨賦税之事，但收十有五夫之税，總計三千四百井之税，爲米五萬一千石，爲錢一萬二千貫，以此爲一同之率。一頃之居，其地百畝，十有六夫分之。夫宅五畝，總十有六夫之宅，爲地八十畝。餘二十畝以爲社學場圃，一井之人共之，使之朝夕群居，以教其子弟。然貧富不等，未易均齊，奪有餘以補不足，則民駭矣。今宜立之法，使一夫占田五十畝以上者爲良農，不足五十畝者爲次農，其無田而爲閑民，與非工商在官而爲游惰末作者，皆爲驅之使爲隸農。良農一夫以五十畝爲正田，以其餘爲羨田。正田毋敢廢業，必躬耕之。其有羨田之家，則無得買田，唯得賣田。至於次農，則無得賣田，而與隸農皆得買羨田，以足一夫之數，而升爲良農。凡次農隸農之未能買田者，皆使之分耕良農之羨田，各如其夫之數，而歲入其租於良農。如其俗之故，非自能買田及業主自收其田，皆毋得遷業。若良農之不願賣羨田者，宜悉俟其子孫之長而分之，官毋苛奪以買其怨。少須暇之，自合中制矣。其書大略如此。朱文公、張宣公皆喜其説，謂其有志復古。然今時欲行經界，尚以爲難，況均田乎。

（宋）周密《齊東野語》卷一七《景定行公田》 景定三年壬戌，賈師憲丞相欲行富國强兵之策。是時劉良貴爲都漕尹天府，吴勢卿餉淮東，入爲浙漕，遂交贊公田之事。欲先行之浙右，候有端緒，則諸路倣行之。於是殿院陳堯道、正言曹孝慶等合奏，謂限田之法，自昔有之。買官户踰限之田，嚴歸併飛走之弊，回買官田，可得一千萬畝，則每歲六七百萬之入，其餘軍餉沛然有餘。可免和糴，可以餉軍，可以住造楮幣，可平物價，可安富室。一事行而五利興，實爲無窮之利。御筆批依，而買田之事起矣。

時勢卿已死，良貴獨任提領之職，以太府丞陳訔爲簡閲官以副之。且乞内批下都省，嚴立賞罰，究歸併之弊。然上意終出勉强，内批云：永免和糴，無如買逾限之田爲良法。然東作方興，權俟秋成，續議施行。則上意蓋可見矣。賈相憤然以去就争之，於是再降聖旨云：買田永免和糴，自是良法美意，要當始於浙西，庶他路視爲則也。所在利病，各有不同，行移難於一律，可令三省照此施行。既而賈相内引，入劄力言其便，御筆遵依，轉劄侍從、臺諫、給舍、左右司、三省，奉行惟謹焉。賈相遂先以自己浙西萬畝爲官田表倡，嗣榮王繼之，浙西師機趙孟奎亦申省自陳投賣。自是朝野卷舌，噤不敢發一語。獨禮書夕郎徐經孫一疏，力陳買田之害，言多剴切，竟不付外。遂四乞休致，而寂無和之者。

先是議以官品逾限田外回買立説，此猶有抑强嫉富之意。既而轉爲派買之説，除二百畝已下免行派買外，餘悉各買三分之一，及其後也，雖百畝之家亦不免焉。立價以租一石者償十八界四十楮，不及石者，價隨以減。買數少者，則全支楮券，稍多則銀券各半，又多則副以度牒，至多則加以登仕、將仕、校尉、承信、承節、安人、孺人告身。準直以登仕三千楮，將仕千楮，許赴漕試，校尉萬楮，承信萬五千，承節二萬，則理爲進納，安人四千，孺人二千，此則幾於白没矣。遂檄府丞陳訔往湖、秀，將作丞廖邦傑往常、潤，任督催之職。六郡則又有專官：平江則知郡包恢撫參成公策。嘉興則知郡潘墀，撫幹李補，寓公焦焕炎。安吉則知郡謝奕燾，寓公趙與訔，撫幹王唐珪，臨安察判馬元演。常州則知郡洪穮，運屬劉子耕。鎮江則知郡章坰，漕司準遣鄭夢熊。江陰則知軍楊珏，準遣謝司户黄伸。並俟竣事，各轉一官。選人減一，前守臣並以主管公田繫銜。既而提領劉佐司劾罷嘉興宰段浚、宜興宰葉哲佐以不即奉行之罪。又按長洲宰何九齡追毁告身，永不收叙。以不合出給官由令田主包納，失田業相維之初意。至五月，乃命江陰、平江隸浙西憲司，安吉、嘉興隸兩浙漕司，常州、鎮江隸總所。每歲秋租，輸之官倉，特與減饒二分，或水旱，則别議收數。遂立四分司：王大吕，平江；方夢玉，嘉興；董楷，安吉；黄震，鎮江、常州、江陰三郡。初以選人爲之，任滿理爲須入。州、縣、鄉、都，則分差莊官以富饒者充應，兩年一替。每鄉創官莊一所，每租一石，明減二斗，不許多收斛面。約束雖嚴詳，而民之受害亦不少。其間毗陵、澄江，一時迎合，止欲買數之多。凡六斗、七斗者，皆作一石。及收租之際，元額有虧，則取足於田主，以爲無窮之害。或内有磽瘠及租佃頑惡之處，又從而責换於田主，其害尤慘。時中書劉震孫與京尹魏克愚，湖邊倡和詞語，偶犯時忌，則隨命劾去之。

甲子秋，彗見，求言。公卿、大夫、士庶始得以伸田里愁嘆不平於上，然至此業已成矣。賈相遂力辨人言，丐辭相位。御筆答云：言事易，任事難，自古然也。使公田之策不可行，則卿建議之始，朕已沮之矣。惟其上可以免朝廷造楮幣之費，下可以免浙右和糴之擾，公私兼濟，所以命卿決意舉行之。今業已成矣，一歲之軍餉，皆仰給於此。若遽因人言而罷之，雖可以快一時之異議，其如國計何，如軍餉何，卿既任事，亦當任怨，禮義不愆，何恤人言。卿宜安心奉職，毋孤朕倚毗之意。自此公論頗沮，而劉良貴以人言藉藉，遂陳括田之勞，乞從罷免，不允。

至咸淳戊辰正月，遂罷莊官，改爲召佃。或一二千，或數百畝，召人承佃，自耕自種，自運自納，止令分司任責拘催。凡承佃之家，復以二分優之。且以既罷莊官，則分司恐難任責，平江增差催督官三員，安吉、嘉興各一員，常州二員，鎮江、江陰共一員，從各分司奏辟。時提領官編修黄夢炎也。既而常、潤分司劉子澄力陳毗陵向來多買虚數之弊，遂下提領所，徑將常州公租撥隸淮東總領所催納。殊不知朝廷既不可催，總所又可催乎。

當是時人不敢言而敢怨，南康江天錫以入奏而罷言職，教授謝枋得以發策而遭貶斥，大社令杜淵、太常簿陸逵、國子簿謝章，皆於論對及之，或逐去，或補外。至乙亥春，賈既去國，北軍已抵昇、潤，察院季可奏乞罷公田之籍，以收農心。謂此事苛擾，民皆破家蕩産，怨入骨髓。若盡還原主，免索原錢而除其籍，庶使浙西之人，永絶公田之苦。然而僅放欠租，季遂再奏，始有旨云：公田之創，非理宗之本意。稔惡召怨，最爲民苦，截日住罷。其田盡給付原佃主，仰率租户、義兵，會合防拓。其後勘會，謂招兵非便。且其田當還業主，於種户初無相干。秋成在邇，餉軍方急，合且收租一年。其還田指揮，候秋成後集議施行。有旨將平江、嘉興、安吉公田，照指揮蠲放，却從朝廷照凈催米數回羅。其錢一半給佃主，一半給種户，以溥實惠，然則業主竟無與矣。只業主、佃主之分，當時用事者亦不能曉，况大於此者，然邊遽日急，是時仍收公租，還田之事，竟不及行，嗚呼悲哉。昔隋鑿汴渠，以召民怨，乃爲宋漕運之利。今宋奪民田以失人心，乃爲大元餉軍之利。古今害民興利之事，於此亦可鑒矣，於戲悲哉。

（明）虞堪《希淡園詩集》卷一《踏車謡》 一春多風復多雨，田頭踏車最辛苦。去年種田田無收，還租賣却牛一頭。今年城西盜賊起，北巷南村盡燒毁。城頭土崩日夜修，壯者服役老者憂。晨食糟糠每忘晝，妻子長饑面皮瘦。公家喫酒呼歌奴，不念私家租不敷。公家若念農家苦，水滂祈晴旱祈雨。

（明）陳獻章《陳白沙集》卷七《命孫田》 新開斥卤走通川，騰種鳥穧益税錢。士不居官終愛國，孫當從祖是名田。幸生天下承平日，屢見人間大有年。從此不須憂府仰，茆齋向暖抱孫眠。

（明）羅洪先《念菴文集》卷一九《買居》 買居貴得新，買隣貴得親。物新尚可樂，况此百年身。交親尚可依，况此同袍人。古來有大宅，在世不染塵。八荒共一闔，奚辦越與秦。萬寶中自藏，四時常生春。君如未識徑，先請問洪鈞。

（清）徐珂《清稗類鈔·度支類·田法》 四川成都北門外昭覺寺，田業張廣，歲所盈積，更以置田。某縣令新涖任，聞而惡之，謂：若任其添置，則成都之田，將被購盡。乃定自後寺中不得置田。於是歲所入租金悉埋諸地下，每歲約得五六十萬。又上海人置田過五十畝者，輒被舉爲保正，雖隱寄不能避也。故凡富户購田，均不敢過五十畝。又揚州富人購田，輒被指勒，不能得顆粒租，故揚州富人獨不置田。

貲産分部

論説

《春秋左傳正義・隱公五年》明貴賤，辨等列，順省長，習威儀也。鳥獸之肉，不登於俎，皮革、齒牙、骨角、毛羽，不登於器，則公不射，古之制也。若夫山林川澤之實，器用之資，皁隸之事，官司之守，非君所及也。

《春秋公羊傳注疏・桓公元年》此魯朝宿之邑也，則曷爲謂之許田，諱取周田也。諱取周田，則曷爲謂之許田，繫之許也。曷爲繫之許，近許也。此邑也，其稱田何，田多邑少稱田，邑多田少稱邑。

（宋）袁説友《東塘集》卷一〇《禁戢銷金劄子》京邑富盛，風俗易於侈靡，其間儻有侈靡過度，銷毁金寶，上下慣習，殊無限制，久而不戢，深爲財寶之害。臣伏見銷金衣飾，頃歲有司屢行禁止，往往法令稍寬，隨即縱弛。自累歲以來，其侈日盛，豪貴之家固習於此，而下至齊民，稍稍有力者，無不競以銷金爲飾，蓋不止於倡優被服之僭也。今者人以銷金爲業者不下數十家，貨賣充塞，相望於道，積日累月，毁壞金寶，何可數計。豈特上下僭度，侈靡成風，有干風化之美，而國家金寶日銷月削，不復可以收拾，誠非細害。仰惟陛下躬儉約以先天下，豈容民庶習成侈靡，毁棄珠寶，以至於此。臣恭聞祥符四年詔，後苑銷金者並刺配。祥符八年詔，内外廷並不得衣銷金貼多縷金間金戧金圈金剔金陷金明金泥金愣金背金影金盤金織金金線等，但係裝着衣服，並不得以金爲飾。犯人及工匠干連人，並行重斷。紹興七年，高宗皇帝宣諭曰，銷金之法甚嚴，禁中有衣銷金者罰俸三月。淳熙十一年，嘗劄下本府，嚴行禁止，本朝法制之密蓋如此。今此風日盛，禁止已是後時，臣愚欲望睿斷劄下本府，舉行祥符淳熙之制，明列項目，嚴行禁戢。仍乞陛下仰體紹興之旨，自宮禁始以先民，庶幾法制必行，愛惜金寶，以抑僭侈，以厚風俗，不勝幸甚。

（清）趙翼《陔餘叢考》卷三一《潤筆》隋鄭譯拜爵沛國公，位上柱國，高熲爲制，戲曰筆乾，答曰，出典方岳，杖策言歸，不得一文，何以潤筆，此潤筆二字所由昉也。然《北史》，袁聿修爲信州刺史，有善政，既去官，州人鄭播宗等七百人，斂縑帛數百匹，托中書侍郎李德林爲文以記功德，詔許之。則又在鄭譯之前，故洪容齋謂作文受謝，晋宋以來已有之，而王楙野客叢書，并謂陳皇后失寵於武帝，以黄金百斤奉司馬相如作長門賦以悟主，此爲潤筆之始。其見於史書及載記者，唐《李邕傳》，邕尤長碑頌，中朝衣冠及天下寺觀，多賫持金帛，往求其文，前後所受饋遺至巨萬，時議以爲自古鬻文，未有如邕者。故杜甫八哀詩李邕一首云，干謁滿其門，碑榜照四裔，豐屋珊瑚鉤，騏驎織成罽，紫騮隨劍几，義取無虚歲。《唐書》，李華不甚著書，惟應人墓版傳記及州縣碑頌，時獲金帛。柳公權善書，公卿貺遺巨萬，主藏奴盜其所藏盃盂一篋，縢識如故，奴妄言叵測，公權笑曰，銀杯羽化矣，不復詰，惟筆硯自鐍秘之。李商隱記劉義持韓愈金去曰，此諛墓中人得耳，不如與劉君爲壽。劉禹錫祭韓愈文云，公鼎侯碑，志隧表阡，一字之價，輦金如山。皇甫湜爲裴度作福光寺碑，度贈以車馬繒綵甚厚，湜大怒曰，碑三千字，字三縑，何遇我薄耶。度笑酬以九千匹，蓋唐時風尚已如此。

《玉壺清話》，李翰爲和凝門生，同爲學士，會凝作相，翰草制罷，悉取凝舊閣圖書器玩而去。留一詩於榻云，座主登庸歸鳳闕，門生批詔立鰲頭，玉堂舊閣多珍玩，可作西齋潤筆不。歐陽公請蔡端明書集古録序，以鼠鬚栗尾筆銅絲筆格大小龍團茶惠泉等物爲贈，君謨笑其清而不俗，後聞歐得清泉香餅，惜其來遲，使我潤筆少此種物。王禹玉作龐穎公神道碑，其家送金帛外，參以古法書名畫三十種，杜荀鶴及第試卷其一也。張孝祥書多景樓扁，公庫送銀三百星，孝祥却之，但需紅羅百匹，於是合諸妓宴會，以紅羅遍賞之。張端義《貴耳録》，席大光葬母，乞吴傳朋書，預供六千緡爲潤筆，人言傳朋之貧可脱矣，一夕而光死，此又可見宋時士大夫風尚。蓋作文受謝，宋時並著爲令甲，沈括《筆談》，記太宗立潤筆錢數降詔刻石於金人院，每朝謝日，移文督之。楊大年作寇萊公拜相麻詞，有能斷大事，不拘小節，萊公以爲正得我胸中事，例外贈金百兩，曰例外，則有常例可知也。蔡忠惠與歐陽公書曰，勛德之家，干請朝廷出敕，令襄作書，襄謂近世書寫碑誌，則有資利。若朝廷之命，則有司存焉，待詔其職也。今與待詔争利可乎，亦見待詔書碑受饋之有例也。《祖無擇傳》，詞臣作誥命，許受潤筆物，無擇與王安石同知制誥，安石辭一家所饋不獲，乃置諸院梁上，安石憂去，無擇用爲公費，安石聞之不悦。翰林學士王寓謝賜筆札記云，宣和七年八月二十一日，一夕草四制，翼日有中使賫賜上所常御筆硯等十三事，紫青石研一，方琴光漆螺甸匣一，宣和殿墨二，斑竹筆一，金華箋格一，涂金鎮紙天禄二，涂金研滴蝦蟆一，貯粘麪涂金方奩一，鎮紙象人二，薦研紫柏牀一。周益公玉堂雜記，湯思退草劉婉儀進位貴妃制，高宗賜潤筆錢幾及萬緡，賜硯尤奇。以宫禁中事命之草制，尚有如許恩賜，則臣下例有饋贈，更不待言。唐時雖未必有定制，然韓昌黎撰平淮西碑，憲宗以石本賜韓宏，宏寄絹五百匹，昌黎未敢私受，特奏取旨，又作王用碑，用男寄鞍馬并白玉帶，亦特奏取旨。杜牧撰韋丹江西遺愛碑，江西觀察使許于泉寄綵絹三百匹，亦特奏聞。穆宗詔蕭俛撰成德王士真碑，俛辭曰，王承宗事無可書，又撰進後，例得貺遺，若黽勉受之，則非平生之志。帝從其請。以區區文字饋遺，而辭與受俱奏請，則已爲朝野通行之例，亦可知也。其有不肯賣文，及雖受饋而仍他施者，韋均之子持萬縑詣韋貫之求銘其父，貫之曰，吾寧餓死，豈忍爲此哉。

白居易修香山寺記曰，予與微之定交於生死之間，微之將薨，以墓誌見托，既而元氏之老，狀其臧獲輿馬綾帛銀鞍玉帶之物，價當六七十萬，爲謝文之贄，予念平生分，贄不當納，往返再三，訖不能得，不得已回施此寺。凡此利益功德，應歸微之。又柳玭善書，顧彦暉請書德政碑，玭曰，若以潤筆爲贈，即不敢從命。《司空圖傳》，圖隱居山中，王重榮父子雅重之。嘗因作碑贈絹數千，圖置虞鄉市，聽人取之，一日而盡。《容齋隨筆》又記，曾子開與彭器資爲執友，彭之亡，曾爲作銘，其子以金帶縑帛爲謝，却之再，曰，此文本以盡朋友之義，若以貨見投，非足下所以事父執之義也。東坡集亦有得潤筆錢送與王子立葬親之事，又元時胡汲仲貧甚，趙子昂爲介羅司徒請作其父墓銘，以鈔百錠爲潤筆。汲仲怒曰，我豈爲宦官作墓銘耶，是日無米，其子以情告，汲仲却愈堅，嘗誦其送人詩，薄糜不繼襖不暖，飢腸猶作鐘球鳴之句。謂人曰，此吾秘密藏中休糧方也。《明史・李東陽傳》，東陽謝事後頗清窘，有求碑誌者，東陽欲却之，其子曰，今日宴客，可使食無鮭菜耶。東陽乃勉爲之，亦可見其清節矣。然利之所在，習俗漸趨於陋。唐文宗時，長安中争爲碑誌，若市賈然，大官卒，其門如市，至有喧競争致不由喪家者。《侯鯖録》記王仲舒爲郎中，謂馬逢曰，貧不可堪，何不尋碑誌相救，逢笑曰，適見人家走馬呼醫，可立待也。又明唐子畏有巨册一帙，自録所作文，簿面題曰利市，事見《戒庵漫筆》。此皆急於售文之陋也。杜少陵送斛斯六官詩，故人南郡去，去索作碑錢，本賣文爲活，翻令室倒懸。又歐公《歸田録》，記館閣撰文，例有潤筆，及其後也，遂有不依時送而遣人督索者，此又乞文吝饋者之陋也。

（清）趙翼《陔餘叢考》卷四〇《竊人著述》 顧寧人謂，昔人著述，往往自藏其名，而托之於古人，如張霸百二尚書之類，今人則好竊人詩文，以爲己作，此誠風尚之愈變愈下也。然昔人亦有竊人著作者，蔡邕疏云，今待詔之士，或竊成文，虚冒姓氏，是漢末已有此風。《世説》向秀注莊子，未竟而卒，郭象遂竊爲己注，劉勰亦云，排人美詞，以爲己力，寶玉大弓，終非己有。《南史・徐廣傳》，高平郗紹作晋中興書，以示何法盛，法盛有意圖之。謂紹曰，卿名位貴達，不復俟此延譽，我寒士無聞於時，如袁宏干寶之徒，賴有著述傳後，宜以爲惠。紹不與，後法盛詣紹不在，直入竊書，紹還失之，無復兼本，於是遂行何書。《唐摭言》，李播典蘄州，有李生者以詩投，播覽之，駭曰，此僕舊作，何乃見示。生愧懼曰，某執公卷行江淮已久，今乞見惠。播曰，僕老爲郡牧，此已無用，便可相借，生謝別。播問何之，生曰，將往江陵謁表丈盧尚書。播笑曰，秀才又錯矣。盧乃僕表丈，何復冒此。生惶恐曰，承公假詩，則并荆南表丈一併見假，播大笑而遣之。葉石林《玉澗雜書》，楊衡有一一鶴聲飛上天之句，最自負，後因中表盗其文及第，衡自至京追之。既怒問一一鶴聲在否，曰，此句知兄最惜，不敢輒偷，衡乃解。明楊士奇跋《三禮考注》云，此書本吴澄所作，舊藏康震家，後有晏璧者，從康之孫求得之，遂掩爲己作。余見其所録初本，有稱澄曰者，皆改作先君曰，有稱澄按者，改作愚謂，用粉涂其舊字而書之，其迹尚隱然可見。此皆竊人著述之故事也。至如玉澗所云，宋之問從劉希夷求年年歲歲花相似，歲歲年年人不同之句不得，遂使人以計殺之。則竊書賊而并爲盗矣。

按《史記》多採《尚書》、《孟子》、《左傳》、《國語》、《世本》、《楚漢春秋》等書，或全用其文，或摘叙其事，班固作《漢書》，凡武帝以前，皆取《史記》而删節之。又《史記·秦本紀贊》，全用賈誼《過秦論》，班書《陳勝》、《項籍傳》贊，亦全用《過秦論》及史遷《項羽贊》，此則書各專行，不嫌引用，並非掩其美爲己有也。

（清）董誥《全唐文》卷四七五《陸贄·請不簿録竇參莊宅狀》 右。希顔奉宣進止，凡是官吏貪濁，取受錢物，猶並徵贜。竇參負朕至深，廣納賄貨，又更交結，謀行惡事，其莊宅錢物奴婢之類，豈不合收納入官。竇參身既遠貶，亦恐被人破除隱没，今欲使人勾當收拾，卿等商量可否者。謹按國家典法，没入官産，唯有兩科，一謂姦贜，一謂叛逆。皆須先鞫犯狀，審得實情，憲司察冤，法寺論罪，會府覆奏，掖垣參詳，如是悉無異詞，然後謂之獄成，而聞於天子。其有抵於深辟者，制可既下，所司猶三五覆奏，庶或宥之。聖王愛人恤刑，乃至如此精慎。罪法既定，方合徵收，叛逆則盡没其家，姦贜則止徵所犯。蓋示懲戒，匪貪貨財，何嘗有罪未斷，有法未詳，而可以納其資産者也。伏惟聖德廣大，如天包含，懲忿於彝憲之中，念終於常情之外，已存惠貸，不實嚴刑。今若簿録其家，竊恐以財傷義。猥蒙下問，實荷皇明，輒罄愚誠，所祈天鑒。謹奏。

（清）董誥《全唐文》卷七〇九《李德裕·食貨論》 人君不以聚貨制用之臣，處將相弼諧之任，則奸邪無所容矣。左右貴幸，知所愛之人非宰相之器，以此職爲發身之捷徑，取位之要津，皆由此汲引，以塞訕謗。領此職者，竊天子之財以爲之賂，聚貨者所以得昇矣。貴操其奇贏，乘上之急，售於有司，以取倍利，制用者所以得進矣。三司皆有官屬，分部以主郡國，貴幸得其賓賂，多托賈人污吏處之，頗類牧羊而蓄豺，養魚而縱獺，欲其不侵不暴，焉可得也。故盗用貨泉，多張空簿，國用日蹙，生人日困。揚雄上書言漢武運帑藏之財，填廬山之壑，今貨入權門，甚於是矣。孟獻子有言，與其有聚斂之臣，寧有盗臣。子輿以利國爲非，揚雄以榷酤興嘆。稱其職者，必皆挾工商之術，有良賈之才，壽昌習分銖之事，宏羊析秋毫之數，小人以爲能，君子所以不忍爲也。卜式言，天久不雨，獨烹宏羊天乃雨。焉有仲尼之鳴鼓將攻，卜式之欲烹致雨，而反居相位。可爲之甚痛哉。

綜述

《唐律疏議》卷二七《雜律·食官私田園瓜果》 諸於官私田園，輒食瓜果之類，坐贓論；棄毀者，亦如之；即持去者，準盜論。

疏議曰：稱瓜果之類，即雜蔬菜等皆是。若於官私田園之内，而輒私食者，坐贓論。其有棄毀之者，計所棄毀，亦同輒食之罪，故云亦如之。持將去者，計贓，準盜論。並徵所費之贓，各還官、主。

主司給與者，加一等。彊持去者，以盜論。主司即言者，不坐。非應食官酒食而食者，亦准此。

疏議曰：當園主司，將瓜果之屬給與人食者，加坐贓罪一等，謂一尺笞三十，一疋加一等。給與將去者，準盜上加一等，一尺杖七十，一疋加一等。强持去者，謂以威若力，强持將去者，以盜論，計贓同真盜之法，其贓倍徵，贓滿五疋者，免官。若監臨主司自强取者，加凡盜罪二等，除名、倍贓並依常律。主司當即言告者，主司不坐。非應食官酒食而輒食者，亦准此，謂輒食者，坐贓論；棄毀者，亦同持去者，準盜論；强持去者，以竊盜論。若主司私持去者，並同監主盜法；若非主司，不因食次而持去者，以盜論。强者，依强盜法。

《宋刑統》卷一二《户婚律·死商錢物諸蕃人及波斯附》 准：《主客式》，諸商旅身死，勘問無家人親屬者，所有財物，隨便納官，仍具狀申省。在後有識認勘當，灼然是其父兄子弟等，依數却酬還。

准：唐大和五年二月十三日敕節文，死商錢物等，其死商有父母、嫡妻及男，或親兄弟、在室姊妹、在室女、親侄男，見相隨者，便任收管財物。如死商父母、妻兒等不相隨，如後親屬將本貫文牒來收認，委專知官切加根尋，實是至親，責保訖，任分付取領，狀入案申省。

准：唐大和八年八月二十三日敕節文，當司應州郡死商，及波斯、蕃客資財貨物等，謹具條流如後。

一、死商客及外界人身死，應有資財貨物等，檢勘從前敕旨，内有父母、嫡妻、男、親侄男、在室女，並合給付。如有在室姊妹，三分内給一分。如無上件親族，所有錢物等並合官收。

一、死波斯及諸蕃人資財貨物等，伏請依諸商客例，如有父母、嫡妻、男女、親女、親兄弟元相隨，並請給還。如無上件至親，所有錢物等並請官收，更不牒本貫追勘親族。

右户部奏請，自今以後，諸州郡應有波斯及諸蕃人身死，若無父母、嫡妻、男及親兄弟元相隨，其錢物等便請勘責官收。如是商客及外界人身死，如無上件親族相隨，即量事破錢物埋瘞，明立碑記，便牒本貫追訪。如有父母、嫡妻、男及在室女，即任收認。如是親兄弟、親侄男不同居，並女已出嫁，兼乞養男女，並不在給還限。在室親姊妹，亦請依前例三分内給一分。如死客有妻無男女者，亦請三分給一分。敕旨宜依。

准：周顯德五年七月七日敕，條死商財物如有父母、祖父母、妻，不問有子無子，及親子孫男女，并同居大功以上親幼小者，亦同成人，不問隨行與不隨行，並可給付。如無以上親，其同居小功親，釋曰：大功、小功親具在《假寧令》後《五服制度令》内。及出嫁親女，三分財物内取一分，均給之。餘親及别居骨肉不在給付之限。其蕃人、波斯身死財物，如灼然有同居親的骨肉在中國者，並可給付。其在本土者，雖來識認，不在給付。

《宋刑統》卷二六《雜律·受寄財物輒費用公私債負官吏放債》 諸受寄財物而輒費用者，坐贓論，減一等。詐言死失者，以詐欺取財物論，減一等。

疏議曰：受人寄付財物，而輒私費用者，坐贓論，減一等，一尺笞十，一疋加一等，十疋杖一百，罪止徒二年半。詐言死失者，謂六畜、財物之類，私費用而詐言死及失者，以詐欺取財物論，減一等，謂一尺笞五十，一疋加一等，五疋杖一百，五疋加一等。

問曰：受人寄付財物，實死失，合償以否。又監臨受寄，詐言死失，合得何罪。

答曰：下條云，亡失官私器物，各備償，被强盜者不償。即失非强盜，仍合備之。以理死者，不合備償，非理死者，准《廄牧令》，合償減價。若監臨主司受寄，詐言死失者，以詐欺取財物減一等科之。

諸負債違契不償，一疋以上違二十日，笞二十，二十日加一等，罪止杖六十。三十疋加二等。百疋又加三等。各令備償。

疏議曰：負債者，謂非出舉之物，依令合理者，或欠負公私財物，乃違約乖期不償者。一疋以上違二十日，笞二十，二十日加一等，罪止杖六十。三十疋加二等，謂負三十疋物，違二十日笞四十，百日不償，合杖八十。百疋又加三等，謂負百疋之物，違契滿二十日，杖七十，百日不償，合徒一年。各令備償。若更延日，及經恩不償者，皆依判斷及恩後之日，科罪如初。

諸負債不告官司，而强牽財物過本契者，坐贓論。

疏議曰：謂公私債負，違契不償，應牽掣者，皆告官司聽斷。若不告官司，而强牽掣財物若奴婢、畜産，過本契者，坐贓論。若監臨官共所部交關，强牽過本契者，計過剩之物，準於所部强市有剩利之法。

准：《雜令》，諸家長在，在謂三百里内非隔關者。而子孫弟姪等不得輒以奴婢、六畜、田宅及餘財物私自質舉，及賣田宅。無質而舉者亦准此。其有質舉賣者，皆得本司文牒，然後聽之。若不相本問，違而輒與，及買者，物即還主，錢没不追。新起請在第十三典賣物業條内。

又條，諸公私以財物出舉者，任依私契，官不爲理。每月取利不得過六分，積日雖多，不得過一倍。若官物及公廨，本利停訖，每計過五十日，不送盡者，餘本生利如初，不得更過一倍。家資盡者役身折酬，役通取户内男口，又不得迴利爲本。其放財物爲粟麥者，亦不得迴利爲本，及過一倍。若違法積利，契外掣奪，及非出息之債者，官爲理，收質者非對物主不得輒賣，若計利過本不贖，聽告市司，對賣有利還之。如負債者逃，保人代償。

又條，諸以粟麥出舉，還爲粟麥者，任依私契，官不爲理。仍以一年爲斷，不得因舊本更令生利，又不得迴利爲本。

又條，諸出舉兩情和同，私契取利過正條者，任人糾告，本及利物並入糾人。

准：户部格敕，天下私舉質，宜四分收利，官本五分生利。

又條，敕州縣官寄附，部人興易及部内放債等，並宜禁斷。

臣等參詳，今後監臨官於部内放債者，請計利以受所監臨財物論，過一百匹者，奏取敕裁。

准：唐元和五年十一月六日敕節文，應諸色人中，身是卑幼，不告家長，私舉公私錢物等，多有此色子弟，兇惡徒黨因之交結，便與作保，舉諸司及形要家錢物，同爲非道破用，家有尊長，都不知委，及徵收本利，舉者便東西，保人等即稱舉錢主見有家宅、莊業，請便收納，喧訴相次，實擾府縣。今後如有此色舉錢，無尊者同署文契，推問得實，其舉錢主在與不在，其保人等並請先决二十，其本利仍令均攤填納，冀絶姦計。

准：唐長慶二年八月十五日敕節文，或有祖父分析多時，田園産業各別，疏遠子弟行義無良，妄舉官錢，指爲舊業。及徵納之際，無物可還，即通狀請收，稱未曾分析。諸司、諸使、諸軍等不詳事由，領人管領，或依投無處，轉徙至多，事涉甚冤，恐須釐革。伏請應有此色，並牒府縣推尋，若房分多時，妄有指注，即請散徵牙保代納官錢，其所舉官錢，妄指莊園等人，及保人，各决重杖二十。縱屬諸軍、諸使，亦請准百例。若是本分合得莊園，即任填還官債，亦須府縣推勘取實。如未經府縣推勘，請不在收限。

准：唐長慶四年三月三日制節文，契不分明，争端斯起，況年歲寖遠，案驗無由，莫能辯明，只取煩弊。百姓所經臺府州縣論理遠年債負事，在三十年以前，而主保經逃亡無證據，空有契書者，一切不須爲理。

准：唐開成二年八月二日敕節文，今後應有舉放又將産業等上契取錢，並勒依官法，不得五分以上生利。如未辯計會，其利止於一倍，不得虚立倍契，及計會未足，抑令翻契，迴利爲本。如有違越，一任取錢人經府縣陳論，追勘得實，其放錢人請決脊杖二十，枷項令衆一月日。如屬諸軍、諸使，亦准百姓例科處。

諸妄以良人爲奴婢用質債者，各減自相賣罪三等。知情而取者，又減一等，仍計庸以當債直。

疏議曰：虚妄用良人爲奴婢將質債者，各減自相賣罪三等。謂以凡人質債從流上減三等，若以親戚年幼妄質債者，各依本條減賣罪三等。知情而取，謂知是良人，而取爲奴婢受質債者，又減一等，謂又減質良人罪一等。仍計庸以當債直，謂計一日三尺之庸，累折酬其債直。不知情者不坐，亦不計庸以折債直。

（宋）謝深甫《慶元條法事類》卷八〇《雜門·燒舍宅財物》 勅

雜勅

諸故燒官糧草、錢帛、軍器、防城官物並謂積聚或在倉庫内者。下條故燒官酒麴等准此。並敵棚、樓櫓及倉庫屋宇者，絞；謀而未行或已燒未然者，各減一等，已然而自撲滅者，亦同未然。餘條稱未然准此。及死罪從並配廣南，流罪從配千里。在緣邊、次邊者，皆斬，謀而未行或已燒未然者，皆當行處斬。已然而專副及看守、巡防人失覺察者，杖一百，若緣邊、次邊，計已燒之直五十貫以上者，加二等，監官各減一等，擅離地分致故燒者，各加二等。

諸故燒黄河埽岸並物料場糧草法；非向著處，依燒積聚財物法。監專、巡防人失覺察者，各杖一百，非向著處，杖七十，擅離地分致燒者，各加三等。

諸故燒官酒、麴、茶、鹽、香、礬貨，流三千里，配廣南；謀而未行或已燒未然者，各減一等，及流罪從並配千里。已然，而專副及看守、巡防人失覺察者，杖八十，監官減等，擅離地分致故燒者，各加二等。

諸故燒有人居止之室者，絞；無人居止舍宅若積聚財物，蠶簇同積聚。依《燒私家舍宅財物》律，死罪從及爲首而罪不至死，各配千里，從者配鄰州；非積聚財物，及積聚草木之類，計贓准盗論加二等；非積聚草木之類，計贓准盗論。已燒未然者，各減一等。即到致延燒者，各依故燒法。故燒非舍宅而延燒有人居止之室者，止依無人居止舍宅法。下條延燒准此。死罪非殺人者，奏裁，應配千里者配五百里，應配鄰州者配本州。以上殺人者，以故殺傷論。下條殺傷人准此。

諸故燒祖父母、父母居止之室，雖未然，從毆法。燒異居緦麻以上親居止之室及舍宅財物、草木之類，犯尊長，以凡論；犯卑幼，緦麻、小功，減凡人一等，大功、期親，各遞減一等。燒卑幼居止之室而致殺之者，從故殺法。同居准此。同居者，各減異居二等。謂犯人於法下合得分者。若同居卑幼故燒己宅財物、草木之類者，加《私輒用財》律二等。已上燒有人居止之室者，雖同居，依異居故燒法。其故燒卑幼之室而知有尊長幾人在内，各依犯尊長幾人法。

諸故燒有人居止船、車、簰筏，依有人居止之室法。

諸故燒舍宅財物并積聚草木之類者，許人捕。即故燒非積聚草木之類者，許告。故燒同居親無人居止舍宅若財物、草木，並不用此制。

諸因燒田野致延燒係官山林者，杖一百，故燒者，奏裁，並許人告。其州縣官司及地分公人失覺察，杖六十。

名例勅

諸故燒舍宅財物，謂已有所損敗者，即爲從而告獲徒伴者非。不在自首之例。

擅興勅

諸役兵、役夫放火者，在道及役所等犯人，雖於法不許捕者，亦許人捕。同甲人論如《五保》律，不知情者，各減一等。其本轄將校、節級對頭，減犯人罪三等，不知情各減同五保知犯法罪二等，部轄官失覺察犯人罪至流者，杖六十，仍奏裁。

令

賞令

諸獲罪船筏内劫殺、謀殺、已殺人，並同兇惡强盗賞。餘殺人、放火，並同强盗。故燒舍屋十五間以上，罪雖不至死，亦同强盗死罪。

諸兵夫在道或役所放火而人夫獲者，給賞外仍免本户春夫三次。

諸給賞者，以犯人財産充，無或不足者，以官錢代支。即獲放火如事狀明白，當日以官錢借支。

斷獄令

諸水火有所損敗應計贓者，州縣即時差官，集衆驗實入案。

格

賞格

諸色人

獲故燒官糧草、錢帛、酒、麴、茶、鹽、香、礬、寶貨、軍器、防城官物若敵棚、樓櫓或倉庫屋宇者，每人，罪不至死，錢五十貫；死罪，錢一百貫，緣邊、次邊仍轉一資。

獲故燒黄河埽岸並物料場者，每人，罪不至死者，減半。非向著處，錢五十貫；向著處，錢一百貫，仍轉一資。

告獲故燒官山林者：不滿一畝，錢八貫；一畝，錢一十貫，每畝加二貫。五十貫止。獲兵夫在道若役所放火：杖罪，錢二十五貫；徒罪，錢五十貫；流罪，錢一百貫；死罪，錢二百貫。

旁照法

賞格

命官

親獲兇惡强盗一名，升半年名次；二人，免試；三人，減磨勘二年；五人，減磨勘三年；七人，轉一官。

親獲强盗二人，升半年名次；三人，免試；五人，減磨勘二年；七人，減磨勘三年；一十人，轉一官。

諸色人

親獲兇惡强盗一名，轉一資，錢五十貫；二十，轉一資，錢二百貫；三人，下班祗應；五人，進武校尉；七人，承信郎。

新獲强盗二人，轉一資，錢五十貫；三人，轉一資，錢三百貫；五人，下班祗應；七人，進武校尉；一十人，承信郎。

獲竊盜，每人，杖罪，錢一貫；徒罪，錢三貫；流罪，錢五貫。

《通制條格》卷一六《田令・農桑》 至元九年二月，欽奉聖旨節該：據大司農司奏：自大都隨路州縣，城郭周圍，並河渠兩岸，急遞鋪、道店側畔，各隨地宜，官民栽植榆、柳、槐樹，令本處正官提點本地分人，長成樹。係官栽到者，營修隄岸、橋道等用度，百姓自力栽到者，各家使用，似爲官民兩益。准奏。仰隨路委自州縣正官提點，春道栽植，務要生成。仍禁約蒙古、漢軍、探馬赤，權勢諸色人等，不得恣縱頭疋啃咬，亦不得非理斫伐。違者並仰各路達魯花赤、管民官依條治罪，本處官司却不得因而搔擾。

《通制條格》卷二〇《賞令・私曆》 至元十七年六月，太史院。欽奉聖旨：印造《授時曆》，頒行天下。敢有私造者，以違制論。告捕者，賞銀一伯兩。如無本院曆日印信，便同私曆。欽此。

《元典章》卷二二《户部・課程・雜課・聘財依例投税》 至元八年三月，尚書户部：

據真定路申：人户張增等告收管到親家取女聘家取女聘財絹疋，税務作漏税拘管事。呈到省劄該：制司講究到：中都路運司備在城税使司申：從來婚姻財禮。若允所議，表裏不曾收税。若將布絹等物依價准折財錢，合行投税，隨路不曾奉到省府明文。合無擬將各人今次物色驗價收税，遍牓各路照會，使民易避難犯。呈准省劄，依例收税施行。

《元典章》卷二二《户部・課程・免税・農器不得收税》 至元八年八月，尚書户部：

據中都等處民匠打捕鷹房鐵冶總管府申該：王明狀告：鑄到中都路分農器犁耳，搬載前來貨賣。至河西務碼頭卸賣，要納訖税錢鈔。又於七月二十一日，先令焦大押運犁耳七百，而經由施仁門入城内，吊引處要訖鈔四錢五分，税務内要訖七兩四錢。申乞照驗事。省部照得至元八年二月内承奉尚書省劄付：御史臺呈：爲本部准大名路備録事司申：崔良弼等四名狀告：自來但有鑄鑪農器犁鏵等物，並不投税，有税使司不容分説，便要收税公事。省府送法司檢會得舊例：蠶織、農器，及布帛不成端匹，灾傷流民物貨，並不在收税之限。爲此，呈奉到都堂鈞旨：送本部，一體施行。

《元典章》卷三二《禮部・學校・陰陽學・禁私造授時曆》 太史院：

欽奉聖旨，印造大德《授時曆》，頒行天下。敢有私造者，以違制論，告捕者賞銀一百兩。如無本院曆日印信，便同私曆。

（元）沈仲緯《刑統賦疏・第三韻》 直解：枉法受財及盗，詐取物，將來自行用力營運，得到利錢，即非畜自然蕃息，事發除元贓給主，其餘利錢不合追收。

《重修問刑條例》 在京在外問完囚犯，但有入官還官給主贓物，值銀一十兩以上，監追年久，儘其家産變賣陪納。若賣盡，並全無家産變賣，雖是未盡，止遺不堪家産，無人承買者，各勘實，具本犯情罪輕重，監追年月久近，贓數多寡，奏請定奪。若該追贓物，止值銀八九兩以下，及埋葬銀監追一年之上，勘實全無家産變賣者，俱照本犯原擬發落。

《大清律集解附例》卷一八《刑律・賊盗・盗田野穀麥》 凡盗田野穀麥、菜果及無人看守謂原不設守及不待守之物。器物者，並計贓，准竊盗論，免刺。若山野柴草、木石之類，他人已用工力砍伐、積聚而擅取取與盗字有别。者，罪亦如之。如柴草、木石雖離本處，未馱載間，依不得財，笞五十。合上條有拒捕，依罪人拒捕。

條例

一、凡盗掘金、銀、銅、錫、水銀等礦砂，每金砂一片，折銀二錢五分；銀砂一斤，折銀五分；銅、錫、水銀等砂一斤，折銀一分二厘五毫，俱比照盜無人看守物，准竊盜論。若在山洞捉獲者，分爲三等：持杖拒捕者，爲一等，不論人數、礦數多寡，及初犯、再犯，不分首從，俱發邊遠充軍。若殺傷人爲首者，比照竊盜拒捕殺傷人律，斬。其不曾拒捕，若聚至三十人以上者，爲二等，不論礦數多寡，及初犯、再犯，爲首發，近邊充軍；爲從者，枷號三個月，照罪竊盜罪，下同。發落。若不曾拒捕，又人數不及三十名者，爲三等，爲首者，初犯，枷號三個月，照竊盜罪發落；再犯，亦發近邊充軍，爲從者，止照竊盜罪發落。凡非山洞捉獲，止是私家收藏，道路揹負者，惟據見獲論罪，不許巡捕人員，逼令展轉攀指。違者，參究治罪。

《大清律集解附例》卷五《户律・田宅・擅食田園瓜果》 凡於他人田園，擅食瓜果之類，坐贓論。計所食之物價，一兩以上笞一十，二兩笞二十，計兩加等，罪止杖六十、徒一年。棄毀者，罪亦如之。其擅將挾去及食之者係官田園瓜果，如林衡署果，嘉蔬署瓜之類。若官造酒食者，加二等。照擅食他人罪，加二等。主守之人給與，及知而不舉者，與同罪。若主守私自將去者，並以監守自盜論。至四十兩問雜犯，准徒五年。

《大清律集解附例》卷一〇《户律・市廛・器用布絹不如法》 凡民間造器用之物，不牢固、真實，及絹布之屬紕薄、短狹而賣者，各笞五十，其物入官。

（清）沈之奇《大清律輯註》卷五《户律・田宅・擅食田園瓜果》 凡於他人田園，擅食瓜果之類，坐贓論。計所食之物，價一兩以上笞一十，二兩笞二十，計兩加等，罪止杖六十、徒一年。棄毀者，罪亦如之。其擅將挾去及食之者係官田園瓜果，如林衡署果、嘉蔬署瓜之類。若官造酒食者，加二等。照擅食他人罪加二等。主守之人，給與及知而不舉者，與同罪。若主守私自將去者，並以監守自盜論。至四十兩，問雜犯，准徒五年。

〔律後註〕：物各有主，他人田園瓜果之類，不告於主而擅食之，於己非分，於人有損，故計其食過所值之價，坐贓論罪。棄毀者與擅食同也，故罪亦如之。其於他人瓜果擅自將去，則已有利之之心，甚於擅食者矣；及所食係官田園瓜果，若官造酒食，則益無忌憚之心，甚於擅食他人者矣，各加坐贓之罪二等。凡官田園、官造酒食處，必有主守之人，非主守者縱之，固不得而擅食者，故給之與食，及知其食而不舉者，各與犯人同罪。若主守之人私自將云瓜果與酒食者，並計將去之數爲贓，以監守自盜論。按坐贓本律，一兩以下笞二十，至十兩笞三十，每十兩加一等，罪止杖一百、徒三年。今注云一兩以下笞一十，二兩笞二十，計兩加等，罪止杖六十、徒一年，用坐贓論罪而稍變其法，蓋擅食之過甚小，所食之數有限，必不出一兩以外，故改笞一十以從輕；而棄毀將去，爲數或多，故改計兩加等以從重。然罪止杖六十、徒一年，雖重而不苛，誠爲至當也。加二等及同罪者，亦依此注科斷。

〔律上註〕：擅之義與盜不同。盜者，乘人之不見而竊取之，擅則不掩人知而泰然取之，時即無人，其心固不畏人之見之也。故擅將云者，亦不得謂之盜。若係竊取，則自依盜田野谷麥菜果矣。

不言棄毀官瓜果、酒食者，以前有棄毀官物律也。

在官者，設有主守之人，非他人田園之比，主守若不給之食，縱之食，則必無可得之理。故止言食而不言擅食，謂其不得而擅也；止言同罪，不言不知，謂其不應不知也。在他人者，食且不可，況將去乎，故將去之罪加二等。在官者，食且難得，況將去乎。故不著將去之罪。設有將去者，必由主守私自給與，不得謂之擅矣。官物不同於私物，將去不同於擅食，主守自將去無異，非止故縱而已也。

主守自將去，不曰擅而曰私，擅之爲言專也，私之爲言竊也。不言私取他人者，以有盜田野谷麥、菜果律也；不言私取在官者，以有常人盜律也。

此條輕在食物上，故雖有坐贓論罪之法，而不言追贓，以食物之微而原之也。然主守以監守論者，仍應照追還官。食官物者，無主守不知之文，謂主守之人無不知之理也。若果不知，是被竊食矣，所食有限，主寧可原。若被盜去，則自不覺被盜律也。如數人同爲主守，一人私自將去，餘人不知，亦問不覺被盜。知而不舉，則問故縱同罪。主守者，止言私自將去，不言私食者，以自食有限，可弗禁也。

（清）沈之奇《大清律輯註》卷五《户律・田宅・私借官車船》 凡監臨主守，將係官車船、店舍、碾磨之類，私自借用，或轉借與人，及借之者，各笞五十。驗日追雇賃錢入官。不得過本價。若計雇賃錢重於笞五十者，各坐贓論，加一等。加一等，謂加杖至六十，則重於笞五十矣。

〔律後註〕：監守之人，將官物自借用或借與人用，及借之者，皆以官物供私用，市私恩。其情略相等，故其罪相同，各笞五十。驗所借日數，追車船之雇錢，店舍碾磨之賃錢入官。仍計所驗雇賃錢數，坐贜論。如坐贜之罪重於本罪笞五十，則於坐贜罪上加一等科之。如計雇賃四十兩，坐贜論應杖六十，是重於本罪矣，加一等，則杖七十也。《名例》謂車船、碾磨、店舍之類，照依犯時雇工賃直，賃錢雖多，不得過其本價，此追雇賃錢之通例也。

〔律上註〕：車船可以行使，故謂之雇。店舍碾磨不動之物，就其處以用之，故謂之賃。

若因借用而有毀失者當依倉庫律私借官物條末段法科之。

（清）沈之奇《大清律輯註》卷九《户律・田宅・擅食田園瓜果》

凡於他人田園，擅食瓜果之類，坐贜論。計所食之物，價一兩以上笞一十；二兩笞二十；計兩加等，罪止杖六十，徒一年。棄毀者，罪亦如之。其擅將挾去及食之者，係官田園瓜果，若官造酒食者，加二等。照擅食他人罪，加二等。主守之人，給與及知而不舉者，與同罪。若主守私自將去者，並以監守自盗論。至四十兩，問雜犯准徒五年。

（清）沈之奇《大清律輯註》卷一六《刑律・賊盗・盗田野穀麥》

凡盗田野穀麥菜果及無人看守謂原不設守，及不待守之物。器物者，並計贜，准竊盗論。免刺。若山野柴草木石之類，他人已用工力，砍伐積聚，而擅取取與盗字有别。者，罪亦如之。如柴草木石，雖離本處，未䭾載間，依不得財笞五十。合上條，有拒捕，依罪人拒捕。

〔律後註〕：此條要看田野、山野字。凡谷麥菜果，尚在田野，未經收取到家，及一切無人看守之器物，而有盗者，與在家及有人看守者不同，故計其所值之價，准竊盗法，併贜論罪。免刺。若山野柴草木石之類，本無物主，人得共採，但他人已用工力，斫伐積聚，是即其人之物矣，而擅自將去，取非其有，猶之盗也，故亦如上罪科之。

〔律上註〕：若原有人看守，而偶然無人，即不得謂無人看守矣，故注云云。

如盗塘魚竹笋，亦是田野之物。

公取、竊取皆爲盗，律云：木石重器，非人力所勝，雖移本處，未䭾載間，猶未成盗，故注曰：依不得財也。强割田禾，依搶奪科罪，見搶奪内條例。

條例

凡盗掘金銀、銅錫、水銀等礦砂，每金砂一斤，折銀二錢五分；銀砂一斤，折銀五分；銅錫、水銀等砂一斤，折銀一分二厘五毫，俱比照盗無人看守物，准竊盗論。若在山洞捉獲者，分爲三等：持杖拒捕者爲一等，不論人數，礦數多寡，及初犯、再犯，不分首從，俱發邊遠充軍。若殺傷人，爲首者，比照竊盗拒捕殺傷人律，斬。其不曾拒捕，若聚至三十人以上者，爲二等，不論礦數多寡，及初犯、再犯，爲首，發近邊充軍；爲從者，枷號三個月，照罪竊盗罪下同。發落。若不曾拒捕，又人數不及三十名者，爲三等，爲首者，初犯，枷號三個月，照罪發落，再犯亦發近邊充軍；爲從者，止照竊盗罪發落。凡非山洞捉獲，止是私家收藏、道路揹負者，止惟據見獲論罪，不許巡捕人員逼令展轉攀指。違者，參究治罪。

〔例上注〕：凡産礦砂之山，俱經官封禁，非奉旨不得開採，故有採者，即謂之盗。俱照盗無人看守物，准竊盗論者，天地自然之利，雖有封禁，終與盗取於人者不同也。

拒捕最重，謂其有强意也，故不分首從，俱發充軍。如有殺傷，則斬其爲首者。雖不拒捕，而聚至三十人以上者次之，爲首充軍，爲從枷號發落。若既不拒捕，又不及三十人，則枷爲首者而已。再犯，則遣爲首者而已；照罪發落者，計贜准竊也。此等亡命，聚於山洞，恐致謀爲不軌，故特峻其法。然必在山洞捉獲者方坐，故又云凡非山洞云云也。

《大清律例》卷九《户律・田宅・棄毀器物稼穡等》凡故意棄毀人器物，及毀伐樹木稼穡者，計所棄毀之物，即爲贜，准竊盗論，照竊盗定罪。免刺。罪止杖一百，流三千里。官物加准竊盗贜上二等。若遺失及誤毀官物者，各於官物加二等上減三等。凡棄毀、遺失、誤毀，並驗數追償。還官給主。若遺失、誤毀私物，則償而不坐罪。

若毀人墳塋内碑碣石獸者，杖八十。毀人神主者，杖九十。若毀損人房屋墻垣之類者，計合用修造雇工錢，坐贜論。一兩以下，笞二十，罪止杖一百，徒三年。各令修立。官屋加二等。誤毀者，但令修立，不坐罪。

條例

凡廣收麥石，肆行踹麴，大開燒鍋者，杖一百、枷號兩個月，地方官員失察，交部，分別處分。如官吏賄縱等弊，照枉法計贓論罪。

《大清會典則例》卷二〇《吏部・考功清吏司》 乾隆三年議準：坊肆内一應小説淫辭，嚴行禁絶，將板與書一并盡行銷燬，如有違禁造作刻印者，係官革職。買者係官，罰俸一年。若該管官員不行，查出一次者，罰俸六月，二次者，罰俸一年，三次者，降一級調用，仍不準藉端出首訛詐。

《大清會典則例》卷三八《户部・庫藏》 又奏準：部派段紗工料價直自宜與内務府派辦段紗一例辦理。令織造官均照新定條款，題銷緯絲，按照經絲加增之數，每兩酌減五釐，價貴之年，上用緯絨絲每兩準勘中增一分六釐，官用緯絨絲每兩準其加增七釐。如遇價賤年分，即照原定價直採買，仍令浙撫飭産絲地方官確訪時價取具並無揑飾印結，咨部存案，竢織造官報銷到日覈對相符，方準開銷，如有參差浮冒，即行嚴叅議處。二十年覆準：江寧蘇州杭州三處織造買絲定例，上用經絲每兩價銀不得過一錢三釐，緯絲每兩不得過九分三釐；官用經絲每兩不得過九分三釐五毫，緯絲每兩不得過八分二釐，如有不敷，通融辦理。今浙省春雨連綿，天寒葉濕，蠶多損傷，收成歉薄，以致上用絲每兩實需銀一銀三分有奇，官用絲每兩實需銀一錢二分有奇，實不能通融辦理，準其照産絲地方價直，分別經緯據實報銷。

順治初年，定直省起解本色物料，守道布政使司差委廉幹官填付，勘合水陸撥夫限程，扣送到京，先將批迴赴京畿道掛號，方準投部。部令各司察驗收貯，即判批迴給原解官回銷，仍存案以備考察。九年議準：直省解交本色顔料藥材等項，酌議折銀起解。十年諭：民間辦解物料簽點解户，賠累難堪，其應解本色官，收官解不得仍派小民。欽此。十七年準：顔料等項，定限每歲八月交納。

康熙七年題準：各省本色顔料，本年四月領銀辦買，限十月解部。十一年題準：顔料等項該撫委的當官役，批内注定到京月日，赴崇文門掛號後，限五日内交納，由部照批察驗，逾限者將領解官叅處。如已到京，不即交納或姦蠹包攬，及崇文門役需索抑勒者，照侵欺例處分。二十五年奉旨：直山東河南停解本色狐皮，準以折色，解部在京採買。二十六年覆準：直省停解芝麻花絨，折色解部，竢庫内用完，再行解送。其梨木板片停其解送，竢需用時在京購買，如尺寸不符，再行交該撫辦解。又覆準：山東等省停解牛角白芨紫草靛花，均折價解部。二十七年覆準：蜀道險阻，解送白蠟，恐致累民。著停其解送，將采辦價銀撥充兵餉。二十八年覆準：廣東每年解送本色顔料，止委府佐，二人分批匯解。又題準：各省所解顔料，該督撫計路程遠近，酌給水脚，以杜濫派。三十一年覆準：豫省不産牛角，將增辦千一百副，改令廣東太平關、粤海關，限次年二月到部。三十三年諭：各省解送各項物料，内或有無用者，亦有京師可以辦買者，令該部將應解送，應停止款項，確議具奏。欽此。遵旨。議準各省解送黄櫨木等九十九項，令照舊解送白銅，無應用之處，將此項停解。青粉等三十八項，外省價直并脚價合算比在京時價轉貴，停其外解，如有應用之處，在京照時價採買，或遇時價騰貴，京中闕少，由都具題，再令出産省分解送。三十八年議準：各省辦解物料，均照賦役全書開載辦解。其辦買價直路費，均動正項。五十一年議準：各省應解顔料等項，如不堪應用，將監辦官照侵蝕入己例，嚴加究處。該撫照不行遴委能員例議處，其辦買價直，即著落監辦官及該撫分賠。五十八年覆準：顔料庫照銀庫例，動支舊存物料，將新收者別行收貯。

雍正三年奏準：舊定各省解送物料，有非本省所出者，皆停其解送，改於出産省分，或貨物聚集之處，令其解送。直山東原解牛解弓面停其解送，竢庫存牛角將用完時，改令出産之江南、湖北、湖南三省分解。陝西所解紫草暫停解送，竢庫内所存將用完時，令其起解。山西增解之毛頭紙，百有五萬張，停其解送，每年但將原解十有五萬張，解送數年之後，酌量足用再停額解。

《大清會典則例》卷四八《户部・關税》 又題準：采捕魚船夾帶米谷，皆由私牙代買囤品豫積小船般運停泊游移之故，嗣後米牙，必擇身家殷實，取鄰甲同行保結，如串商代買，本人並濫保者一例治罪。其海口居民多行囤積私糶者，鄰甲舉首免罪，止究本人，容隱發覺，並行連坐，外來船均令進口停泊。其各灣小船令地方官按數察明編號入册，取具互結，令各營縣汛口官弁兵役實力稽察，如有盤出私米及首報者，準其賞給十分之三，在洋拏獲者，給半，餘入官充公。仍飭巡察兵役不得將海口居民食米指稱私積詐害，違者按律治罪。

《户部則例》卷四〇《漕運・漕船・成造年限》 一、漕船十年滿號，除驗明可以加修出運者，准其加修運外，其應行改造之船，糧道先期詳請預備物料。原船到次即刻興工，以副兑限。若未經滿號遽請成造，及將已滿號之船留次另雇民船出運者，均查叅議處。

一、浙江省杭州頭幫、二幫、三幫、嘉興幫，處前處後、臺前寧後，金衢湖州所海寧所嘉白等幫，安徽安慶衛前後幫，滿號船數過多，每幫每年加一輪，減將滿號之船留存在次，以待配造，不給三修銀兩。其應裝米石於現運船内分派加裝，漕截銀兩按糧分給各丁。

《大清新法令》第一〇卷《宣統新法令・資政院會奏議决著作權律遵章請旨裁奪摺》 竊查資政院章程第十五條内載前條所列第一至第四各款議案，應由軍機大臣或各部行政大臣先期擬定具奏，請旨於開會時交議。又，第十六條内載第十四條所列事件，議決後由總裁、副總裁分别會同軍機大臣或各部行政大臣具奏，請旨裁奪各等語。民政部擬定《著作權律》一案，先經咨送憲政編查館覆核，竣後，於本年八月二十九日具奏請交資政院議決，照章辦理，旋由軍機處遵旨交出民政部原奏及清單各一件，資政院照章將前項《著作權律》一案，列入議事日表。開議之日，初讀已畢，當會法典亂員會審查並經民政部派員到會發議。該服員會一再討論，提出修正案，於再讀之時，將原案與修正之案，由到會議員逐條議決，復於三讀之時，以再讀之議決案爲議案。多數議員意見相同，當場議決。計原擬《著作權律》凡五章五十五條，經修正議決，其各條中意義字句互有增損，仍定爲五章五十五條。謹繕清單遵照院章，會同具奏，請旨裁奪，一俟命下，即由民政部通行各省，一體遵照辦理。再，此折係資政院主稿，會同民政部辦理，合併陳明。謹奏。宣統二年十一月十七日。奉旨着依議。欽此。

謹將臣院議決《著作權律》繕具清單，恭呈御覽。

計　開

要　目

第一章　通例

第二章　權利期間

第一節　年限

第二節　計算

第三章　呈報義務

第四章　權利限制

第一節　權限

第二節　禁例

第三節　罰例

第五章　附則

第一章　通例

第一條　凡稱著作物而專有重制之利益者，曰著作權。稱著作物者，文藝圖畫、帖本、照片、雕刻、模型，皆是。

第二條　凡著作物，歸民政部註册給照。

第三條　凡以著作物呈請註册者應由著作者，備樣本二分，呈送民政部。其在外省者，則呈送該管轄衙門，隨時申送民政部。

第四條　著作物經註册給照者，受本律保護。

第二章　權利期限

第一節　年限

第五條　著作權歸著作者終身有之；又著作者身故，得由其承繼人繼續至三十年。

第六條　數人共同之著作，其著作權歸數人共同終身有之，又死後得由各承繼人繼續至三十年。

第七條　著作者身故後，承繼人將其遺著發行者，著作權得專有至三十年。

第八條　凡以官署、學堂、公司、局所、寺院、會所出名發表之著作，其著作權得專有至三十年。

第九條　凡不著姓名之著作，其著作權得專有至三十年；但當改正真實姓名時，即適用第五條規定。

第十條　照片之著作權，得專有至十年；但專爲文書中附屬者不在此限。

第二節　計算

第十一條　凡著作權均以註册日起算年限。

第十二條　編號逐次發行之著作，應從註册後，每號每册呈報日起算年限。

第十三條　著作分數次發行者，以註册後末次呈報日起算年限。其呈報後經過二年尚未接續呈報，即以既發行者爲末次呈報。

第十四條　第五條規定，以承繼人呈請立案批準之日起算年限。

第十五條　第六條規定，以數人中最後死者之承繼人呈請立案之日起算年限。

第三章　呈報義務

第十六條　凡以著作物呈請註册者，呈報時應用本人姓名；其以不著姓名之著作呈報時，亦應記出本身真實姓名。

第十七條　凡以學堂、公司、局所、寺院、會所出名發行之著作，應用該學堂等名稱，附以代表人姓名呈報；其以官署名義發行者，除第三十一條第一款規定外，應由該官署於未發行前諮報民政部。

第十八條　凡擬發行無主著作者，應將緣由預先登載官報及各埠著名之報，限以一年内無出而承認者，準呈報發行。

第十九條　編號逐次發行之著作，或分數次發行之著作，均應於首次呈報時預爲聲明，以後每次發行，仍應呈報。

第二十條　第五條至第七條規定，其承繼人當繼續著作權時，應赴該管衙門呈報。

第二十一條　將著作權轉售抵押者，原主與接受之人，應連名到該管衙門呈報。

第二十二條　在著作權期限内，將原著作重制而加以修正者，應赴該管衙門呈報，並送樣本二分。

第二十三條　凡已呈報註册者，應將呈報及註册兩項年月日，載於該著作之末幅；但兩項尚未完備而即發行者，應將其已行之項載於末幅。

第四章　權利限制

第一節　權限

第二十四條　數人合成之著作，其中如有一人不願發行者，應視所著之體裁，如可分别，則將所著之一部分提開，聽其自主；如不能分别，應由餘人酬以應得之利，其著作權歸餘人公有，但其人不願於著作内列名者，應聽其便。

第二十五條　搜集他人著作編成一種著作者，其編成部分之著作權，歸編者有之；但出於剽竊割裂者，不在此限。

第二十六條　出資聘人所成之著作，其著作權歸出資者有之。

第二十七條　講義及演説，雖經他人筆述，其著作權仍歸講演者有之，但經講演人之允許者，不在此限。

第二十八條　從外國著作譯出華文者，其著作權歸譯者有之；惟不得禁止他人就原文另譯華文，其譯文無甚異同者，不在此限。

第二十九條　就他人著作闡發新理，足以視爲新著作者，其著作權歸闡發新理者有之。

第三十條　凡已註册之著作權，遇有侵損時，準有著作權者向該管審判衙門呈訴。

第三十一條　凡著作不能得著作權者如下：

一　法、令約章及文書、案牘；

二　各種善會宣講之勸誡文；

三　各種報紙記載政治及時事上之論説新聞；

四　公會之演説。

第三十二條　凡著作視爲公共之利益者如下：

一　著作權年限已滿者；

二　著作者身故後，别無承繼人者；

三　著作久經通行者；

四　願將著作任人翻印者。

第二節　禁例

第三十三條　凡既經呈報註册給照之著作，他人不得翻印仿製，及用各種假冒方法，以侵損其著作權。

第三十四條　接受他人著作時，不得就原著加以割裂、改竄及變匿姓名或更换名目發行，但經原主允許者，不在此限。

第三十五條　對於他人著作權期限已滿之著作，不得加以割裂、改竄及變匿姓名或更換名目發行。

第三十六條　不得假託他人姓名發行己之著作；但用别號者不在此限。

第三十七條　不得將教科書中設問之題，擅作答詞發行。

第三十八條　未發行之著作，非經原主允許，他人不得强取抵債。

第三十九條　下列各項，不以假冒論，但須註明原著之出處：

一　節選衆人著作成書，以供普通教科書及參考之用者；

二　節録引用他人著作，以供己之著作考證注釋者；

三　仿他人圖劃以爲雕刻模型，或仿他人雕刻模型以爲圖劃者。

第三節　罰則

第四十條　凡假冒他人之著作，科以四十元以上四百元以下之罰金；知情代爲出售者，罰與假冒同。

第四十一條　因假冒而侵損他人之著作權時，除照前條科罰外，應將被損者所失之利益，責令假冒者賠償，且將印本刻版及專供假冒使用之器具，没收入官。

第四十二條　違背三十四條及三十六條規定者，科以二十元以上二百元以下之罰金。

第四十三條　違背三十五條、三十七條之規定，及三十九條第一款、第二款之規定者，科以十元以上一百元以下之罰金。

第四十四條　凡侵損著作權之案，須被侵害者之呈訴始行準理。

第四十五條　數人合成之著作，其著作權遇有侵損時，不必俟餘人同意，得以徑自呈訴，及請求賠償一己所失之利益。

第四十六條　侵損著作權之案，不論爲民事訴訟或刑事訴訟，原告呈訴時，應出具切結存案，承審官據原告所呈情節，可先將涉於假冒之著作，暫行停止發行；若審明所控不實，應將禁止發行時所受損失，責令原告賠償。

第四十七條　侵損著作權之案，如審明並非有心假冒，應將被告所已得之利，償還原告，免其科罰。

第四十八條　未經呈報註册，而著作末幅假填呈報註册年月日者，科以三十元以上三百元以下之罰金。

第四十九條　呈報不實者，及重制時加以修正而不呈報立案者，查明後將著作權撤銷。

第五十條　凡犯本律第四十條以下各條之罪者，其呈訴告發期限以二年爲斷。

第五章　附則

第五十一條　本律自頒佈文到日起算，滿三個月施行。

第五十二條　自本律施行前，所有著作經地方官給示保護者，應自本律施行日起算，六個月内呈報註册；逾期不報或竟不呈報者，即不得受本律保護。

第五十三條　本律施行前三十年内已發行之著作，自本律施行後，均可呈報註册。

第五十四條　本律施行前已發行之著作，業經有人翻印仿製，而當時並未指控爲假冒者，自本律施行後，並經原著作者呈請註册，其翻印仿製之件，限以本律施行日起算，三年内仍準發行，過此即應禁止。

第五十五條　註册應納公費，每件銀數如下：

一　註册費銀五元；

二　呈請繼續費銀五元；

三　呈請接受費銀五元；

四　遺失補領執照費銀三元；

五　將著作權憑據存案費銀一元；

六　到該管官署查閲著作權案件費銀五角；

七　到該管官署鈔録著作權案件費銀五角，過百字者每百字遞加銀一角；

八　將著作權憑據案件蓋印費銀五角。

著作權呈請註册呈式：

具呈（姓名）

爲呈請著作權註册事，竊（某人）有（某種著作），照著作權律，隨送樣本，呈請註册給照，一體保護。伏乞。

民政部查覈施行須至呈者。

年　月　日　籍貫、住址、姓名，押

呈請繼續著作權呈式：

具呈（姓名）

爲呈請繼續著作權立案事，竊（某人）有，（某種著作）業經於某年、月、日呈報註册給照在案。現在，著作者某已於某年、月、日身故，理應遵照著作權律，呈請繼續著作權，一律保護。伏乞。

民政部查覈施行須至呈者。

年　月　日　繼續人籍貫、住址、姓名、押

呈請接受著作權立案呈式：

具呈（姓名）

爲呈請接受著作權事，竊（某人）有（某種著作）業經於某年、月、日呈報註册給照在案。現在，願將著作權（轉售/押抵）與（某人）接受，照著作權委呈請，接受著作權，一體保護。伏乞。

民政部查覈施行須至呈者。

年　月　日（原註册人、接受人）籍貫、住址、姓名、押

《大清新法令》第四卷《光緒新法令·商標註册試辦章程》　第一條　無論華、洋商欲專用商標者，須照比例註册。商標者以特别顯著之圖形、文字、記號或三者俱備，或制成一二，是爲商標之要領。

第二條　商部設立註册局一所，專辦註册事務，津、滬兩關作爲商標掛號分局，以便掛號者就近呈請。

第三條　凡呈請註册者，將呈紙送呈註册局，或由掛號分局轉遞亦可。

第四條　呈紙内須附入説帖，説帖内附商標式樣三紙，務將商標式樣之大概及此項《試辦章程》細目内所定之類别與此項商標特定之商品記載明確。如由掛號分局轉遞，須將呈紙及説帖寫副本各一通。

第五條　註册局收受呈紙，查無不合例處，存留六個月，其間如無他人呈請與此抵觸者，即將此項商標註册。

第六條　如係同種之商品及相類似之商標呈請註册者，應將呈請最先之商標準其註册；若係同日、同時呈請者，則均準注日。

第七條　在外國業已註册之商標，由其註册之日起限四個月以内將此商標呈請註册者，可認其在外國原註册之時日。

第八條　不準註册之商標如下所列：

一　有害秩序風俗並欺瞞世人者；

二　國家專用之印信字樣（如國寶、各衙門關防鈐印等類）及由國旗、軍旗、勳章摹繪而成者；

三　他人已註册之商標，又距呈請前二年以上已在中國公然使用之商標相同或相類似而用於同種之商品者；

四　無着明之名類可認者。

第九條　無論華、洋商標專用年限由本局註册之日起以二十年爲限，其已在外國註册之商標照章來請註册者，則專用年限即從其原註册之年限（但不得過二十年）。

第十條　專用年限届滿時，如欲續用此項商標者，如在期滿之前六個月以内準其呈請展限。

第十一條　業已註册之商標主，如欲將該商標之專用權轉授與他人，或須與他人合夥，須即時至註册局呈請註册。

第十二條　業已註册之商標，若與第八條内第一、第二、第四則在背者，註册局可將其原注之商標註册。

第十三條　業已註册之商標，如有與第六條及第八條之第三違背，於此有利害相關之人準其呈請註銷，但註册已過三年者不在此例。

第十四條　註册局於請注之商標認爲不合例者，應將緣由批明不準註册。

第十五條　有不服前條之批駁者，由批駁之日起六個月以内，許其據情呈請註册局再行審查。

第十六條　凡商標詳請註册人或商標主不在中國者，或距註册局所較遠者，必須擇定妥友，報明作爲經手代理人。

第十七條　如有欲鈔録商標檔册或閲看檔册者，準其至註册局或掛號分局呈請，距局較遠者，可由經手代理人呈請。

第十八條　註册局將註册之商標及註銷關係各事刷印商標公報，布告於衆。

第十九條　有侵害商標之專用權者，準商標主控告，查明責令賠償。

第二十條　控告侵害商標辦法如下所列：

一　如被告係外國人，即由該地方官照會該管領事會同審判；
二　如被告係中國人，即由該領事照會該地方官會同審判；
三　如兩造均係洋人或均係華人，遇有侵害商標事件，一經告發由各該管衙門照辦，以示保護。

第二十一條　如凡下列各條者，罰以一年之内以監禁及三百兩以下之罰款，但須俟被害者控告方可論罪：
一　意在使用同種之商品而摹造他人註册之商標，或將此販賣者；
二　將商標摹造而使用於同種之商品者，又知情販賣其商品或存積該物意在販賣者；
三　以摹造之商標用爲招牌，登入報章告白者；
四　知他人之容器（即箱、匣、瓶、罐等類）、包封等有註册商標，而以之使用於同種之商品者，或知情販賣其商品者；
五　明知可以侵害他人註册商品之品物，故意運進各口岸者。

第二十二條　如有以上各條情事，將其制成之商標及製造商標之器具均没收入官，其與商標不能分離之商品，或容器，或招牌則毁壞之。

第二十三條　凡呈請掛號註册給照等，無論華、洋商，應繳各項公費如下所列：
一　呈請掛號：每件關平銀五兩；
一　註册給發印照：每件關平銀三十兩；
一　合用轉授註册：每件關平銀二十兩；
一　期滿呈請展限並註册：每件關平銀二十五兩；
一　鈔録註册商標之文件：關平銀二兩（過百字者，每百字加銀五錢）；
一　到局閲册：每二刻鐘關平銀一兩；
一　遺失請補印照：關平銀十兩；
一　報明冒牌等事：每件關平銀五兩；
一　呈請再行審查：關平銀五兩；
一　呈請註銷：關平銀三十兩；
一　留傳後人請换印照：每件關平銀五兩。

第二十四條　本章程自光緒三十年九月十五日起施行。

第二十五條　本局未開辦以前，照條約應得互保者，既在相當衙門呈報註册之商標，本局當認其已經呈請合例。

第二十六條　本局未開辦以前，在外國已註册之商標，須於本局開辦六個月以内將此項商標呈請註册本局，當認此項商標爲呈請之最先者。

第二十七條　本局未開辦以前，其商標雖經各地方官出示保護，如本局開辦六個月内不照章來請註册者，即不得享保護之利益。

第二十八條　前三條情節於第五條所定之章程無關。

以上作爲試辦章程，其未盡各項，俟商標例訂成後再行酌量增補。

《大清新法令》第四卷《光緒新法令·外務部咨南北洋運銷首飾完税專章轉飭各關照辦文附專章》附運銷首飾專章

一　運首飾進口者，或用各國郵政信封包裹，或用别法運進，總應於開單呈請海關查驗時，將件數逐一載明，以便詳驗，單内應將每件值價若干詳爲叙事，以便將每件應税若干於單上按件添注存案。

一　凡復運出口時，該商亦應將運出之詳細開列清單，呈關候驗，並將原報進口日期重爲登注，以便查考。俟查明相符，即將復出口之某件原納之税發給存票，其復出口之件數、日期於原報單上註明銷票。

《大清新法令》第四卷《光緒新法令·改訂商標條例細目》第一條　南北兩洋各設登録局一所，以税務司爲登録官。

第二條　一　洋牌爲外國商人已在該國通用之牌；二　專牌爲外國商人在該國本無此牌，而僅在中國貿易及製造之用；三　華牌爲中國商人呈請商牌准用全國者。

第三條　於外國商人之呈請用洋牌，也先將其登録證書呈驗於該管轄官，然後准用，但其准用年限均依該國所定爲准，許其續行展限與否，亦視其該國如何。

第四條　專牌者，須由該國領事官用印公文然可准，此等以二十年爲限，如欲展限，不妨再定。

第五條　華商欲呈請登録商標，須將其緊要事項及他商不可使用之證出一甘結，亦准用二十年，如欲展限，不妨再定。

第六條　凡登録專牌及華牌，登録局將其形式一一明白記述於告示，若有他種率速情弊即不許登録，其餘則以六個月後登簿。

第七條　願請商標者，須呈明形式，應以此商標貼於貨上或貼包上，其姓名、住址一一載明，此節説明登簿備查。

第八條　無論專牌及華牌，倘有相似易於混亂者，不准登録；或與設立登録局以前之商標相同，或與國家專用之商標相同，亦不准登録。如既許商標以後而貨色低僞及他人之舞弊等情，立即撤銷。

第九條　既許登録之商標若轉賣於人，由本人或代理人出具情願甘結，但係公司則須在股之人一同承諾，然後准其轉賣。洋牌者更須有該管轄官及領事之公文爲據，然後准行。

第十條　登録□□□□□□□□貿易，年表於新聞紙之廣告上記明。

第十一條　登録局之購簿不禁人之翻閲。

第十二條　如有侵害商標者，由地方洋商則由領事會同税務司審判。

《大清新法令》第四卷《光緒新法令·商部咨各省呈請專利辦法文》

查東西各國近百年來，講究藝術，研精闡微，一切事物無不日趨於新，凡國中士民有能創新法、得新理、制新器實便民而利用者，准其呈官考驗，得實則給以憑照，許其專利若干年，他人不得仿傚。其奬勸甚至而定例尤嚴，必須確係創作從來未有物品，始得享此利益，所以人人竭思殫慮，求索新法，用能智巧，日出而不窮。近來中國風氣初開，商民漸知專利之益，往往尋常仿製物品，率行稟請專利，核與各國通例殊屬不符。本部綜理商政，提倡不遺餘力，所有各項公司、局、廠，凡有關振興商業，挽回利權之舉，正宜設法勸辦，俾得逐漸推廣。間有創辦公司，本部准予專辦者，然均指定地方，其範圍極狹，實於力與維持之中，仍寓嚴示限制之意。蓋先辦之人，一經准其專利，則雖有資本雄厚者，且將坐視壟斷，無所措手，不特無此辦法且足窒興盛之機，殊與本部振商宗旨相背。查前年與美、日等國訂定商約，載明創制之物，准予專利執照，本部正擬訂定此項專利章程，一經奏定施行，均應一律遵守。現在各省商人呈請專利，往往即行照准，或咨部立案辦理，殊屬參差，亟宜酌定辦法，以昭劃一。現擬嗣後各省呈請專利者，自接到此次部文之日爲止，無論華、洋商人均須諮報本部先行備案，俟專利章程施行後再行核辦。其有未接部文以前業經批准之案，應予通融辦理，仍將已准各案一律報部。惟有年限已滿續行呈請展限者，應均按照現擬辦法辦理，其有援案呈請專辦者，亦應咨由本部核明情形分別準駁，切勿即予照准，以免紛歧而維護商政。相應咨行貴大臣查照通飭所屬一體遵照辦理，是爲至要。

《大清新法令》第四卷《光緒新法令·商標註册試辦章程細目》　一　凡關商標所用之稟牘、説帖等，每一件作一通，將呈請人姓名、住址及呈請之年、月、日均明白記載。稟牘、説帖内之文字須用漢文，其有用外國文字者，亦須加譯漢文。

二　本章程細目定有呈式，須照定式繕寫。

三　如倩代理經手人來局呈請，須呈驗委託之憑信。

四　掛號分局收受呈紙時將副本留存，其正本即申送註册局。

五　註册收受呈紙時，即將呈紙上注寫號數，當將號數知照呈請人，知照後，如遇關係商標，應行稟呈事件，稟牘内須將原注之號數列入，以便本局查驗。

六　凡已註册之商標呈請時，必須將註册號數記載。

七　呈請人如初次由掛號分局呈請者，則此後呈遞文件及繳送商標印版註册費等，皆須由掛號分局轉遞。

八　掛號分局備一簿册，須將收録之次序、呈請之要領及辦理之准駁詳載於上。

九　凡外國已註册之商標，則呈請時須將木國政府印照鈔繕呈遞。

十　商標呈請續用時，須將註册印照呈閲，若在外國已經允准續用者，須將原准須用者文憑抄呈。

十一　凡稟牘、説帖商標式樣不分明、不完備者，註册局可定一期限令其訂正完備，即行稟覆。

十二　呈請註册者及有他項稟告者，如不照《註册試辦章程》所定期限或註册局隨時指定之期限辦理者（以程途遠近、情形難易隨時定限），其所請應無庸議。

十三　註册局於呈請之商標查無不合例者即爲註册，並知照呈請之人，呈請人接到前項知照，即於註册局指定期限内將註册費及商標版並前項知照原文一並呈交本局或掛號分局。

十四　註册局或掛號分局收到註册費及商標印版時，即在前項知照原文内蓋一收清圖記，交還呈請人。掛號分局如照前項一律收清，應速即申送註册局，商標印版須於每月底總結申送註册局留存，以便刻入公報，掛號註册各項公費於每月底總結，申解註册局。

十五　呈請人照第十三條第二項所定辦理，註册局即准其註册，將印照交付。

十六　商標之印版，或用木或用金屬，其版面長不得過四寸，闊不得過三寸，厚七分五。

十七　照《註册試辦章程》第十三條禀請註銷所註册者，須具有禀狀正副二通禀狀，内務將註銷之原委詳載，如有證據物者，亦須隨禀呈驗。

十八　遇有前條情事禀請時，註册局即將原禀收存，將副本發交被告人，定一期限令其訴辯，閲其兩造所言如何酌核辦理。

十九　註册局遇有註銷商標者，或商標主不用其商標者，或停止營業者均速令其繳還印照。

二十　商標專用權由後人承用者，須將其證據呈送註册局，禀請改换註册印照。

二十一　《註册試辦章程》第十一條所定已經註册之人或欲轉授他人，或與他人合夥，須於禀狀上將受受人載明，連名簽字將註册印照及合同抄一清本送呈註册局存查。其已在外國註册之商標，須將其本國政府印照鈔呈，如有前項情事，將原册上添注後復添注在印照背面，將印照還呈請原人。

二十二　註册商標主之地址或代理經手人偶有更换，須速即呈報。

二十三　呈請人照下開類别將其使用商標之商品指定，如該商品之類别有不能指定者，由註册局爲之指定。

一　化學品藥劑（含藥物及醫療補助品）：酸類、鹽類、亞爾加里類、膠、磷、胰子、酒精、食鹽、石灰、硫磺、礦泉、各種之藥材、賣藥即丸散膏丹、綳帶、綿紗、脱脂綿、海綿等（均醫家所用）。

二　染料、顔料、塗料：藍、藍靛、柴根、緑青、洋靛、朱丹漆、假漆、油漆、靴墨等。

三　香料、飾容料、齒牙頭髮及皮膚磨洗料：香水、香油、髮膏、線香、脂粉水、牙粉、洗面粉等。

四　金屬及已成之材料：生鐵片、鍛鐵、鋼鐵、鐵板、鐵線、銅、銅板、銅線、浄鉛、錫、合金等。

五　金屬製品：鑄物、打物等。

六　利器及尖刀器：鐮、鋸、鑿、錐、斧鉞、剃刀、針、釘等。

七　貴金屬、寶玉類及其製器與象真品：金、銀、白金、紫銅、金剛石、珊瑚、瑪瑙、水晶等。

八　建築、又裝飾礦物質及其他之物料：塞門德、粉墻灰、石料土、瀝青等。

九　陶磁器及土器類：陶器、磁器、土器、瓦、煉瓦等。

十　景泰藍（又名七寶燒）。

十一　玻璃及其製品：玻璃板、玻璃管、玻璃球等。

十二　各種之機械裝置及其各部：汽機、汽罐、氣機、水力機、織機、紡績機、印刷機等。

十三　農工器具：犁、鋤、鍬、箕、鐵錘等。

十四　理化學醫術測量教育上之器械、器具及度量衡器（附眼鏡及算數器類等屬）。

十五　樂器。

十六　時辰儀及其附屬品。

十七　船車類：人力車、自轉車、船舶、鐵路用車輛、車輪等。

十八　槍砲、彈丸及爆發物類。

十九　煙草類。

二十　茶、珈琲類。

二十一　牛乳及其製品：鮮乳、罐装牛乳、乳油等。

二十二　穀菜種子類（附五穀粉葛等屬）：五穀、蔬菜、蕈、笋、農業及園藝用之種子類、麥粉、葛等。

二十三　食料品及調味料：肉類、卵、罐頭食物、茶食、果實、麵包、芥子、胡椒等。

二十四　蠶種、野蠶種及繭。

二十五　棉、麻、苧、羽毛、髮及骨類。

二十六　生絲、絹絲及野蠶絲類（附金絲、銀絲類等屬）。

二十七　棉紗。

二十八　毛紗。

二十九　麻絲及與第二十六類至第二十八類不同之絲。

三十　絹布及其製品。

三十一　綿布及其製品。

三十二　毛布及其製品。

三十三　麻布及其製品。

三十四　凡與第三十類至三十三類不同之布、織布及其製品。

三十五　絲類之編物、組物等類。

三十六　被服類：帽子、手套、無大小衣服。

三十七　釀造物及飲料：醬油、醋、葡萄酒、麥酒等。

三十八　砂糖蜜類：白砂糖、冰砂糖、蜂蜜等。

三十九　文房具、紙及其製品：筆、墨、硯、印泥、石筆、鉛筆、紙、紙仿皮、油紙、賬簿等。

四十　皮革及其製品（附各種之鞄箱包等屬）：毛皮、軟皮、柔革、馬具、皮帶、靴、箱包等。

四十一　燃料類：煤炭、焦炭、薪、木炭、燭心等。

四十二　寫真及印刷物類：照片、書籍、新聞紙、圖書等。

四十三　玩具及游戲具類：皮球、骨牌、偶像、檯球具等。

四十四　甲、角、牙類之製品及其仿造品。

四十五　藁草及其製品：麥稈、席、繩、笠、草帽辮等。

四十六　傘、杖、履物、各種扇類。

四十七　燈火器及其各部：洋燈、燭臺、提燈等。

四十八　刷子及假髮。

四十九　木竹藤類及其製品（附木皮、竹皮類等屬）：木、竹、藤料、椅子、桌子、桶類等。

五十　樹膠製品。

五十一　磷寸（即火柴）。

五十二　油蠟類。

五十三　肥料。

五十四　以上未列各商品隸入此類。

《大清新法令》第四卷《光緒新法令·商部奏擬訂商標註册試辦折》

竊爲商人貿易之事，各有自定牌號以爲標記，使購物者一見而知爲某商之貨。近來東西各國無不重視商標互爲保護，與製造專利之法相輔而行。中國開埠通商垂數十年，而於商人牌號向無保護章程，此商牌號有爲彼商冒用者，真貨牌號有爲僞貨攙雜者，流弊滋多，遂不免隱受虧損。今臣部綜綰商務，將一切保商之政次第舉辦，則保護商標一事自應參考東西各國成例明定章程，俾資遵守。

《大清法規大全·實業部》卷八《商標註册·商標註册試辦章程細目》

一　凡關商標所用之禀牘説帖等，每一件作一通，將呈請人姓名、住址及呈請之年月日均明白記載。禀牘説帖内之文字須用漢文，其爲有用外國文字者，亦須加譯漢文。

二　本章程細目定有呈式，須照定式繕寫。

三　如倩代理經手人來局呈請，須呈驗委託之憑信。

四　掛號分局收受呈紙時，將副本留存，其正本即申送註册局。

五　註册收受呈紙時，即將呈紙上注寫號數，當將號數知照呈請人。知照後如遇關係商標應行禀呈事件，禀牘内須將原注之號數列入，以便本局查檢。

六　凡已註册之商標，呈請時必須將註册號數記載。

七　呈請人如初次由掛號分局呈請者，則此後呈遞文件及繳送商標印版註册費等，皆須由掛號分局轉遞。

八　掛號分局備一簿册，須將收録之次序、呈請之要領及辦理之准駁詳載於上。

九　凡外國已註册之商標，則呈請時須將本國政府印照鈔繕呈遞。

十　商標呈請續用時，須將註册印照呈閲。若在外國已經允請續銷者，須將原准續用者文憑抄呈。

十一　凡禀牘説帖商標式樣不分明、不完備者，註册局可定一期限令其訂正完備，即行禀覆。

十二　呈請註册者及有他項禀告者，如不照註册試辦章程所定期限、或註册局隨時指定之期限辦理者（以程途遠近情形難易隨時定限），其所請應無庸議。

十三　註册局於呈請之商標，查無不合例者，即爲註册並知照呈請之人。呈請人接到前項知照，即於註册局指定期限內，將註册費及商標印版並前項知照原文一併呈交本局或掛號分局。

十四　註册局或掛號分局收到註册費及商標印版時，即在前項知照原文內蓋一收清圖記交還呈請人。掛號分局如照前項一律收清，應速即申送註册局。商標印版須於每月底總結，申送，註册局留存以便刻入公報。掛號註册各項公費於每月底總結申解註册局。

十五　呈請人照第十三條第二項所定辦理，註册局即准其註册將印照交付。

十六　商標之印版或用木或用金屬，其版面長不得過四寸，闊不得過三寸，厚七分五。

十七　照註册試辦章程第十三條禀請註銷所注之册者，須具有禀狀正副二通，禀狀内務將註銷之原委詳載。如有證據物者，亦須隨禀呈驗。

十八　遇有前條情事禀請時，註册局即將原禀收存，將副本發交被告人，定一期限令其訴辯，閱其兩造所言，如何酌核辦理。

十九　註册局遇有註銷商標者，或商標主不用其商標者，或停止營業者，均速令其繳還印照。

二十　商標專用權由後人承用者，須將其證據呈送註册局禀請改换註册印照。

二十一　註册試辦章程第十一條所定已經註册將授受人載明，連名簽字，將註册印照及合同抄一清本送呈註册局存查。其已在外國註册之商標，須將其本國政府印照鈔呈。如有前項情事，將原册上添注後，復添注在印照背面，將印照交還呈請原人。

二十二　註册商標主之住址，或代經手人偶有更换，須速即呈報。

二十三　呈請人照下開類别將其使用商標之商品指定，如該商品之類别有不能指定者，由註册局爲之指定。

一化學品藥劑含藥物及醫療補助品：　酸類、鹽類、亞爾加里類、膠、燐、胰子、酒精、食鹽、石灰、硫磺、鑛泉、各種之藥材、賣藥即丸散膏丹、綳帶、綿紗、脱脂綿、海綿等，均醫家所用。

二染料、顔料、塗料、藍、藍靛、柴根、緑青、洋靛、朱丹漆、假漆、油漆、靴墨等。

三香料、飾容料、齒牙頭髮及皮膚磨洗料、香水、香油、髮膏、線香、脂粉水、牙粉、洗面粉等。

四金屬及已成之材料：生鐵線、銅、銅板、銅線、浄鉛、融鉛、錫、合金等。

五金屬製品、鑄物、打物等。

六利器及尖刃器：鐮、鋸、鑿、錐、鏨、斧鉞、剃刀、針、釘等。

七貴金屬、寶玉類及其製器與象真品、金銀、白金、紫銅、金剛石、珊瑚、瑪瑙水晶等。

八建築用又裝飾鑛物質及其他之物料：塞門德、粉墻灰、石料土、瀝青等。

九陶磁器及土器類：陶器、磁器、土器、瓦、煉瓦等。

十景泰藍（又名七寶燒）。

十一玻璃及其製品：玻璃板、玻璃管、玻璃球等。

十二各種之機械裝置及其各部：汽機、汽罐、氣機、水力機、織機、紡績機、印刷機等。

十三農工器具：犂、鋤、鍬、箕、鐵鎚等。

十四理化學醫術測量教育上之器械器具及度量衡器（附眼鏡及算數器類等屬）。

十五樂器。

十六時辰儀及其附屬品。

十七船車類：人力車、自轉車、船舶、鐵路用車輛、車輪等。

十八槍砲彈丸及爆發物類。

十九煙草類。

二十茶、珈琲類。

二十一牛乳及其製品：鮮乳、罐裝牛乳、乳油等。

二十二穀菜種子類（附五穀粉葛等屬）：五穀、蔬菜、蕈、筍、農業及園藝用之種子類麥粉葛等。

二十三食料品及調味料：肉類、卵、罐頭食物、茶食、菓實、麵包、芥子、胡椒等。

二十四蠶種、野蠶種及繭。
二十五棉、麻、苧、羽毛、髮及骨類。
二十六生絲、絹絲、及野蠶絲類（附金絲銀絲類等屬）。
二十七棉紗。
二十八毛紗。
二十九麻絲及與第二十六類至第二十八類不同之絲。
三十絹布及其製品。
三十一綿布及其製品。
三十二毛布及其製品。
三十三麻布及其製品。
三十四凡與第三十類至三十三類不同之布、織布及其製品。
三十五絲類之編物組物等類。
三十六被服類：帽子、手套、無大小衣服。
三十七釀造物及飲料：醬油、醋、葡萄酒、麥酒等。
三十八砂糖蜜類：冰砂糖、白砂糖、蜂蜜等。
三十九文房具、紙及其製品：筆、墨、硯、印、泥、石筆、鉛筆、紙、紙仿皮、油紙、帳簿等。
四十皮革及其製品（附各種之鞄箱包等屬）：毛皮、輭皮、柔革、馬具、皮帶、靴、箱包等。
四十一燃料類：煤炭、焦炭、薪、木炭、燭心等。
四十二寫真及印刷物類：照片、書籍、新聞紙、圖書等。
四十三玩具及游戲具類：皮球、骨牌、偶像、檯球具等。
四十四甲、角、牙類之製品及其仿造品。
四十五藁草及其製品、麥桿、席、繩、笠、草帽辮等。
四十六傘、杖、履物各種扇類。
四十七燈火器及其各部：洋燈、燭臺、提燈等。
四十八刷子及假髮。
四十九木竹籐類及其製品（附木皮竹皮類等屬）：木、竹、□料、椅子、卓子、桶類等。
五十樹膠製品。
五十一燐寸（即火柴）。
五十二油蠟類。
五十三肥料。
五十四以上未列各商品隸入此類。

《大清法規大全・實業部》卷八《商標註册・改訂商標條例》　第一條　南北兩洋各設登録局一所，以税務司爲登録官。

第二條　一、洋牌，爲外國商人已在該國通用之牌。二、專牌，爲外國商人在該國本無此牌，而僅在中國貿易及製造之用。三、華牌，中國商人呈請商牌准用全國者。

第三條　於外國商人之呈請用洋牌也，先將其登録證書呈驗於該管轄官，然後准用。但其准用年限均依該國所定爲准，許其續行展限與否，亦視其該國如何。

第四條　專牌者，須由該國領事官用印公文，然後可准此等以二十年爲限。如欲展限，不妨再定。

第五條　華商欲呈請登録商標，須將其緊要事項及他商不可使用之證出一甘結，亦准用二十年。如欲展限，不妨再定。

第六條　凡登録專牌及華牌，登録局將其形式一一明白記述於告示。若有他種率速情弊，即不許登録，其餘則以六個月後登簿。

第七條　願請商標者，須呈明形式，以此商標貼於貨上或貼包上。其姓名、住址一一載明，此節説明，登簿備查。

第八條　無論專牌及華牌，倘有相似易於混亂者，不准登録。或與設立登録局以前之商標相同，或與國家專用之商標相同，亦不准登録。如既許商標以後而貨色低僞及他之舞弊等情，立即撤銷。

第九條　既許登録之商標，若轉賣於人，由本人或代理人出具情願甘結。但係公司則須在股之人一同承諾，然後准其轉賣。洋牌者，更須有該管轄官及領事之公文爲據，然後准行。

第十條　登録□□□□□□□貿易年表於新聞紙之廣告上記明。

第十一條　登録局之購簿不禁人之翻閲。

第十二條　如有侵害商標者，由地方洋商者由領事會同税務審判。

紀事

《漢書》卷九一《貨殖傳》 關中富商大賈，大氐盡諸田，田墻、田蘭。韋家栗氏、安陵杜氏亦巨萬。前富者既衰，自元、成訖王莽，京師富人杜陵樊嘉，茂陵摯綱，平陵如氏、苴氏，長安丹王君房，豉樊少翁，王孫大卿，爲天下高訾。樊嘉五千萬，其餘皆鉅萬矣。王孫卿以財養士，與雄桀交，王莽以爲京司市師，漢司東市令也。【略】故秦楊以田農而甲一州，翁伯以販脂而傾縣邑，張氏以賣醬而隃侈，質氏以洒削而鼎食，濁氏以胃脯而連騎，張里以馬醫而擊鍾，皆越法矣。然常循守事業，積累贏利，漸有所起。至於蜀卓，宛孔，齊之刀閒，公擅山川銅鐵魚鹽市井之入，運其籌策，上争王者之利，下錮齊民之業，皆陷不軌奢僭之惡。

《晋書》卷一〇《安帝紀》 義熙三年春二月己丑，大赦，除酒禁。

《晋書》卷二六《食貨志》 當黄初中，四方郡守墾田又加，以故國用不匱。時濟北顔斐爲京兆太守。京兆自馬超之亂，百姓不專農殖，乃無車牛。斐又課百姓，令閒月取車材，轉相教匠。其無牛者令養猪，投貴賣以買牛。始者皆以爲煩，一二年中，編户皆有車牛，於田役省贍，京兆遂以豐沃。

《隋書》卷四八《楊素傳》 楊素字處道，弘農華陰人也。【略】素負冒財貨，營求産業，東、西二京，居宅侈麗，朝毁夕復，營繕無已，爰及諸方都會處，邸店、水磑并利田宅以千百數，時議以此鄙之。

（唐）李林甫《唐六典》卷三《尚書户部・金部郎中員外郎》 凡縑、帛之類，必定其長短廣狹之制，端、匹、屯、綟之差焉。羅、錦、綾、絹、紗、縠、絁、紬之屬以四丈爲匹，布則五丈爲端，綿則六兩爲屯，絲則五兩爲絇，麻乃三斤爲綟。

《舊唐書》卷三七《五行志》 〔開元十四年〕七月十四日，瀍水暴漲，流入洛漕，漂没諸州租船數百艘，溺死者甚衆，漂失楊、壽、光、和、廬、杭、瀛、棣租米一十七萬二千八百九十六石，并錢絹雜物等。因開斗門決堰，引水南入洛，漕水燥竭，以搜漉官物，十收四五焉。七月甲子，懷、衛、鄭、滑、汴、濮、許等州澍雨，河及支川皆溢，人皆巢舟以居，死者千計，資産苗稼無孑遺。滄州大風，海運船没者十一二，失平盧軍糧五千餘石，舟人皆死。

《舊唐書》卷一四一《張孝忠傳》 張孝忠，本奚之種類。【略】元和中，爲閑廄使。國家自貞觀中至於麟德，國馬四十萬匹在河、隴間。開元中尚有二十七萬，雜以牛羊雜畜，不啻百萬，置八使四十八監，占隴右、金城、平涼、天水四郡，幅員千里，自長安至隴右，置七馬坊，爲會計都領。岐、隴間善水草及腴田，皆屬七馬坊。至德以後，西戎陷隴右，國馬盡散，監牧使與七馬坊名額盡廢，其地利因歸於閑廄使。寶應中，鳳翔節度使請以監牧賦給貧民爲業，土著相承，十數年矣。又有别敕賜諸寺觀凡千餘頃。及茂宗掌閑廄，與中尉吐突承璀善，遂恃恩舉舊事，並以監牧地租歸閑廄司。茂宗又奏麟游縣有岐陽馬坊，按舊圖地方三百四十頃，制下閑廄司檢計。百姓紛紜論訴，節度使李惟簡具事上聞，詔監察御史孫革往按問之，革還奏曰：「天興縣東五里有隋故岐陽馬坊，地在其側，蓋因監爲名，與今岐陽所指百姓侵占處不相接，皆有明驗。」茂宗怒，恃有中助，誣革所奏不實。又令侍御史范傳式覆按，乃附茂宗，盡翻前奏遂奪居人田業，皆屬閑廄，乃罷革官。長慶初，岐人論訴不已，詔御史按驗明白，乃復以其地還百姓，貶傳式官。

《舊五代史》卷五四《唐書・王都傳》 王都本姓劉，小字雲郎，中山陘邑人也。【略】都好聚圖書，自常山始破，梁國初平，令人廣將金帛收市，以得爲務，不責貴賤，書至三萬卷，名畫樂器各數百，皆四方之精妙者，萃於其府。

《舊五代史》卷一四六《食貨志》 晋天福二年，詔：禁一切銅器，其銅鏡今後官鑄造，於東京置場置場，原本作置常，今據《五代會要》改正。貨賣，許人收買，於諸處興販去。

《新唐書》卷八九《唐扶傳》 唐儉字茂約，并州晋陽人。【略】子扶，字雲翔，仕歷屯田郎中。大和五年，爲山南宣撫使。内鄉倉督鄧琬負度支漕米七千斛，吏責償之，繫其父子至孫凡二十八年，九人死於獄，扶奏申釋之。詔切責鹽鐵、度支二使，天下監院償逋繫三年以上者，皆原。

進中書舍人，出爲福州觀察使。濫殺人，風績不立。會卒，奴婢争財，有司按其貲至十餘萬，時議蚩薄之。

《新唐書》卷一七〇《王鍔傳》 王鍔，字昆吾，自言太原人。【略】鍔初附太原王翃爲從子，以婚閥自高。翃子弟亦借鍔多得官。又常讀《春秋》，自稱儒者，士頗笑之。善任數持下，在淮南時，嘗得無名書，内靴中，俄取它書焚之，人信其無名者，異日因小罪，并以所告窮驗，示衆以神明。性纖嗇，有所程作，雖碎瑣無所遺。官曹簾壞，吏將易之，鍔取壞者付船坊以針箬。每燕饗，輒録其餘賣之以收利。故鍔家錢遍天下。

（清）徐松《宋會要輯稿·食貨三二·茶鹽雜録》〔政和三年正月〕二十八日，提舉陝西路茶事郭思狀：體問得近有客人盡將錢本自來至闕下，於客人、鋪户處轉販四方物貨，前來本路貨賣。契勘中都聚四方商旅萬億物貨，其新茶若許四方客人赴都茶務依新法錢數買引，只於闕下客人、鋪户處依園户批數法，許將全籠篰或罐袋轉販前來，即茶法愈通，商販愈快，於中都事愈甚便。緣新法未有許似此指揮，伏望更賜詳酌降下。又契勘若四方諸處客旅許買引於闕下轉販，即闕下鋪户肯多停蓄，及客人滯留者亦易於發泄，委是通商爲便。又契勘闕下茶貨是客人買引，及販買引是一件茶，得兩重費引錢，又係南客北人情願，兼於法有利。詔並從之，餘路依此。

契約文書

《吐魯番出土文書》第一册《阿斯塔那五九號墓文書·北涼缺名隨葬衣物疏》 彭清結髮一枚 紫結髮一枚 取一枚 帛絹衫一枚 緋襦一枚 帛小根一枚 故絓根一枚 帛裙一枚 綪穴一枚 帛綀一枚 手爪囊一枚 脚爪囊一枚 □百匹

《吐魯番出土文書》第一册《哈拉和卓九六號墓文書·龍興某年宋津妻翟氏隨葬衣物疏》 故緋碧紺綪結髮六枚 故鷄鳴枕一枚 故銀釵二枚 故耳中珠四枚 故帛縺尖一枚 故紺綪尖一枚 故帛縺衫一領 故結緋襦一領 故布小裈一立 故絓在裈一立 故絳絓袴一立 故布裙一立 故緋碧裙一立 故絓襪一量 故絲韗一量

中缺

龍興□年□日宋泮故妻翟氏□隨身所有衣物，人不得仭名仭名須桃劵華生叚鷄子雛□鎮□狗□進董訦共□

《吐魯番出土文書》第一册《哈拉和卓九九號墓文書·苻長資父母墟墓隨葬衣物疏》 故尖一枚 故導一枚 故疏一枚 故帶○ 頭二枚 故覆面一枚 故絹裙一枚 故褶一枚 故褌一立 故小褌一枚 故大褲一立 故蹼一枚 故履一枚 故幡一枚 故遮一枚 故○被一枚 絹九疋 布五疋 絲百斤 兔豪千束 黄金百斤 銀百斤 故手爪囊各一枚 凡有右條衣物絲絹金銀 家居自有，河陌里攀苻長用資父母虛暮，長人國親通道仭舊，不得領遮仭名，如律令。

《吐魯番出土文書》第一册《哈拉和卓九一號墓文書·北涼缺名隨葬衣物疏》（前缺）

覆面一枚 褶一領 大褌位 小褌一立 韗一兩 褠一枚 靺一兩 淮古囊各一枚 答○久囊一枚 手抓囊各一枚 脚抓囊各一枚（中缺）

□過所（後缺）

《吐魯番出土文書》第一册《阿斯塔那二號墓文書·北涼緣禾六年翟万隨葬衣物疏》 故路緋結髮兩枚 故銀導一枚 故帛練覆面一枚 故帛

尖一枚　故靖尖一枚　故帛絹袷一枚　黑索一枚　故帛練衫一領　故帛練兩襠一領故帛練襦一領故帛練小褌一立　故帛練大褌一立　故帛練袴一立　故帛練裙一立　故懷袖蹹臼囊各一枚　故手爪囊一枚　黃金千斤手中黃絲三文　銅錢自副　故銅機郭一具　故帛絹單衣一領　故帛絹枕一枚　故帛絹被一領　故帛練褥一領　兔毛千束　故帛練襪一量　故紺鞾一量　色帛千疋　故黃桑棺一口　手板一枚　緣禾六年正月十四日，延壽里民翟万去天入地，謹條隨身衣裳物數如右。時見左清龍，右白虎，前朱雀，後玄武。田并條。

《吐魯番出土文書》第一册《哈拉和卓九九號墓文書·僧尼財物疏》

（前缺）

師奴冢□□□□玄崇　孫佛保婦冢上枕六百丈；法恭公冢錢一文八百一丈；智度冢二百卌丈三尺三寸；元相中食卌丈六尺；佛保婦冢二百文一尺三寸法恭公冢二百一十丈五尺三寸；弘孫母冢一百八十五丈；忠孝冢五十丈五尺；師奴冢五百八十一丈五尺二寸；宣忠食九十丈四尺；師奴法士二百五十一丈二尺三寸。五月十八日官施上一百一丈二尺五寸。正月十五日卌三丈二尺。王將冢一百九十五丈二尺三十；元世中食一百卌四丈；賁先冢五十三丈八尺；元世中食九十文二尺三寸；令食六十七丈一尺二寸；令施一百卌丈一尺五寸；支主薄冢一百五十三文五尺；阿想母冢二百四丈六尺；女郎子冢二百廿五丈五尺；德文公冢二百廿九丈；進和中食九十八丈四尺；智度法士一百一十丈六尺五寸；元族公冢二百卌五丈。七月七月十一日施八十丈一尺五寸。十月八日施一百九十一丈三尺二寸得分三千七百一十三丈二尺四寸以七十四入典坐。自折餘一百九十三丈二尺一寸，以九百一十入惠顯。

《吐魯番出土文書》第一册《哈拉和卓九六號墓文書·北涼真興七年宋泮妻隗儀容隨葬衣物疏》

紫襦一立　故華緋裙一立□故白絹褌一立　故白絹小褌一立　故鉗尖一枚　故白尖一枚　故白縺□故□故懷袖囊各一枚　故白絹手脚□故白絹蹹麴囊一枚　故黃今千兩　故五□故弩棺郭一具　故黃□九百真興七年六月　廿四日高□鄉延壽里民宋泮故妻隗儀容□謹條隨身衣物數，人不得仞名□辛關津河梁不得留難，如律令。

《吐魯番出土文書》第一册《阿斯塔那三〇五號墓文書·缺名隨葬衣物疏一》

絳結髮兩枚　鍮鋌釵一雙　白珠一雙　絓覆面一枚　紺綪尖一枚　紫縺枕一枚　白縺衫一領　白絓褌一立　縹絓褲一立　白縺褌一立　紫碧裙一立　白絓襪一立　絳地絲鞾一量　蹹麴囊一枚　懷袖囊一枚　黃手絲二兩　銅錢二枚　手脚抓囊各一枚　白絓被一領

缺名隨葬衣物疏二

（前缺）□結髮一枚□帛縺覆面一枚　帛絓袖□　帛絓褌一立　帛絓小□　帛絓襪一量　紺布鞾□　帛絓脚爪囊□帛絓懷袖囊□手中銅錢二枚□帛絓六匹

《吐魯番出土文書》第一册《哈拉和卓九九號墓文書·建平六年張世容隨葬衣物疏》

故緋結髮一枚　故紺綪結髮一枚　故釵一枚　故木疏一枚　故縺覆面一枚　故綪尖一頭　故栖一枚　故縺衫一領　故綺兩當一領　故碧襦一領　故絓小褌一立　故絓大褌一立　故絳絓袴一立　故布裙一立　故絓襪一量　故紺鞾一量　懷祐囊一枚　指抓囊一枚　蹹臼囊一枚　故絹褥一領　故絹被一領　雜色百千匹　右條衣裳雜物悉張世容隨身所有，若有人仞名，詣大平事訟了。建平六年閏月廿八日

《吐魯番出土文書》第二册《哈拉和卓九〇號墓文書·高昌主簿張綰等傳供帳》

（前缺）

□疋，毯六張半付索寅義，買厚絹，供涞□。□半斤，付雙喪供□涞。□出行緤卌疋，主簿張綰傳令，與道人曇訓。□出行緤五疋，付左首興，與若愍提懃。□出赤違一枚，付喪宗，與烏胡填。□阿錢條用毯六張，買沾纘。□疋，付得錢，與吳兜折胡真。□赤違一枚，付得錢，與作都施摩何勃。□緤一疋赤違一枚，與禿地提懃無根。□月廿五日，出緤二疋，付□富買宍供□□。□出毯一張□出行緤□行緤□行緤三疋，赤違三枚，付隗已隆與阿祝至火下。□張綰傳令，出疏勒綿一張，與處論無根。中缺□摩何□□□緤一疋，毯五張赤違□枚，各付已隆，供鍮頭□

《吐魯番出土文書》第二册《阿斯塔那八八號墓文書·高昌延昌七年辰英隨葬衣物疏》

脚靺一雙　右□錦裙一腰　右白綾

裙□綿裲二具　右錦褶二領　右□領　右面衣一顔　右鷄鳴枕一枚　右黄棺一口　右釵一枚　右髻一枚　右鏡一枚　右脂粉具　右梳一右板天係萬萬九千三千三百文延昌七年丁亥歲佛弟子牛氏辰英以此月十二日遇患徂殞逕涉五道，任意所適右上所條悉□生時所用物。時人張堅固李□□。□欲求海東頭若欲覓海□□□□□遏留停，急急如律□。

《吐魯番出土文書》第二册《阿斯塔那一七〇號墓文書·高昌章和十八年光妃隨葬衣物疏》　脚釋一枚　脚靡一枚　履一雙　帛練中衣一枚　□□□　樹葉錦袴一枚腰帶具　黄綾裙一枚，腰攀具　□□　汗衫一丈，領帶具　錦羅當一枚　紫綾褶一枚，領□□　玉豚一雙　丑衣兩雙　大文錦面衣　兩燒結一枚　金釵一雙　團花一枚　烟支胡粉　青黛　黑黛　眉蜱　眉紙　竟歛一枚　一切具　鷄鳴枕一枚　金錢十千　銀錢百萬　大錦千張　大練尤匹　綿千斤　絹萬束　針衣　路囊　一切備具　攀天糸萬萬九千文　章和十八年戊辰歲二月廿三日佛弟子比丘果願敬移五道大神，佛弟子光妃於高昌大城内命過。持佛五戒，專修十善，逕涉五道，幸不訶留。時人張堅固李定度。不得奄遏停留，　若谷求海東豆　若谷覓海東壁急急如律令。

《吐魯番出土文書》第二册《阿斯塔那三一三號墓文書·高昌章和十八年缺名隨葬衣物疏》　□□□具　繡衣一具　白連□□□具　澡袘裙儒□□裙儒一具　白地錦百□陽樹錦五十長　樹葉錦五十長　樹葉錦五十長白卷百匹　澡袘百百匹　澡疊百匹　行澡百匹　金錢百枚　銅吉一具次吉一具　鷄明枕一具　蹹後囊一枚　章和十八年戊辰歲十一月□□十八日，大德法師惠屭爲□　張定土　□見　利堅固　□水中定

《吐魯番出土文書》第二册《哈拉和卓九〇號墓文書·高昌阿苟母隨葬衣物疏》　故枕一枚　故造尖一枚　故排絶髮一枚　故釵一枚　故疏一枚　故面衣一枚　故孺一枚　故衫一枚　故首衣一枚　故裙一枚　故中衣一枚　故小衣一枚　故懷友囊一枚　故脚袜一枚　故蹹毱囊一枚　故理一枚　故被一枚　故褥一枚　狐毛千束　匹白萬匹　〇〇〇右條雜物與母永供身用，阿苟條。

《吐魯番出土文書》第二册《阿斯塔那三〇三號墓文書·高昌缺名隨葬衣物疏》　前缺

□袴□□綾一百匹□中缺□大樹葉□□匹，白絹一百匹，黄金□□斤亂糸千斤，非被緑緣林枕一□□錢一斤，白銀錢二十汶。時見　張定杜請書李堅固此人在水中定

《吐魯番出土文書》第二册《阿斯塔那三三五號墓文書·高昌延昌三十二年缺名隨葬衣物疏》　延昌卅二壬子歲十一月十三日，思廣也文黄今千斤，白銀錢百兩，今錢千文，銀錢百文，歸千張，絹萬匹，百綾百匹，細布百匹，細疊百匹，百凌裙褶一具井凌裙褶一具，細布裙衫一具，奴婢十具。清書史堅故□張下杜正谷得海中停正欲覓海□法照。

《吐魯番出土文書》第三册《阿斯塔那一一六號墓文書·高昌重光二年張頭子隨葬衣物疏》　脚臁一具，脚釋一具，穴根履一兩，衷衣一腰，汗衫一領，鷄鳴枕一枚，朱衣籠一具，金刀子一枚，石恢三斛，五穀具，孝經一弓，手把一雙，攀天糸萬萬九千文，偃鳴一枚，白綾褶袴二具，錦被辱二萬，被錦一千張，雜邑綾各五百匹。右上所條悉是平存所用之物。宜向遐齡，永保難。重光二年辛巳歲，大德比丘果願敬移五道大神，佛弟張頭子持佛五戒，專修十善，昊天不吊，今於此月四日奄喪盛年，逕涉五道，任意聽，幸勿呵留。時人張堅固，倩書李定度。若欲求海東，若欲覓海西辟。不得奄遏留亭，急急如律令。

《吐魯番出土文書》第三册《阿斯塔那五〇號墓文書·高昌重光三年條列虎牙氾某等傳供食賬二》　（前缺）

次廿七日，氾傳油一斗，供康禪師用。次傳，肉八節，細麵八斗，用□縫賬氈宫人食。次傳，豆一斗，供康禪師用。次傳，肉二節，白羅一斗，供鎮軍摩頓。次傳，肉三節，用作逕。楊殿中傳肉一節細麵一斗，供鎮軍食。次肉二節，細麵一斗，供史殿中麴歡岳葛莛三人食。次氾傳粟米二斗，供康禪師舍用。次傳幾代人三節，細麵一斗，作餅，用開賬窗食。十月廿〇日，麴郎阿住傳，麻叄束壹拔供磊波帳上用。次明威嚴傳，油壹升，用摩鎧。次虎牙氾傳，麻一拔供册十頭帳上用。十月卅日，虎牙氾傳，市肉參節，細麵叄兜，供委公主食。次殿中陽傳，市肉捌節，供世子夫人良。康將，市肉叄節，自死肉十二節，麵一斛五斗，供客胡十五人賞。次虎牙氾傳，蘇一斗供供世子送與吴尚書。次傳市肉陸節，細麵叄

斛，供康禪師舍用。次殿中陽傳，繡革靴貳兩，并帝。次傳細麵一斗三升米二升，供明威慶善小兒二人。侍郎辛傳，棗三斗，供□帳中□後缺

《吐魯番出土文書》第三冊《阿斯塔那一一三號墓文書・高昌義和四年缺名隨葬衣物疏》 紫羅尖一□中衣旱衫一具□玉肫□雙 脚躧一兩 鷄鳴枕一 脚釋一 釵髻一具並□□具 烟支糊粉具 □牙疏一錦襦一領 黃裙□紋綾裙一腰 白綾褶一領 白綾裙一腰 白□布裙一腰 鞾一兩 □一 雜色糸一千斤 □文 銀眼龍 □十枚 並針氈具 □五 穀具 □萬萬九千丈。有上□生所用之物。義和四年丁丑歲正月□□大德比丘果願敬移五道大神，佛弟子持佛五戒，專修十善，任意聽果，宜向遐齡，永保難老，而昊天不吊，以此月某日奄喪盛年，經涉五道，任意聽果，不得奄渴留亭。急急如律令。若欲求海□□，若欲覓海西辟，急急如律令。

《吐魯番出土文書》第三冊《阿斯塔那四八號墓文書・高昌延昌三十六年某甲隨葬衣物疏》 紫綾褶袴一具 白練褌衫一具 被錦一百張 雜色彩帛一千段 金銀錢二萬文 鷄鳴枕一枚 石灰一囊 烟脂糊粉具 碁一枚 剪刀尺具 針梳具 玉肫一雙 脚躧一兩 攀天糸萬萬九千丈 延昌卅六年丙辰歲三月廿四日，大德比丘某甲敬移五道大神，佛弟子某甲持佛五戒，專修十善，宜向遐齡，永賜難老。但昊天不弔，以此月十九日忽然徂殞，逕涉五道，幸勿呵留，任意聽過。請書張堅固，時見李定度。若欲求海東頭，若欲覓海西壁，不得奄遏留停。急急如律令。

《吐魯番出土文書》第三冊《阿斯塔那一二三號墓文書・高昌延和四年某甲隨葬衣物疏》 紫綾褶一領 黃綾裙一具 白綾□□□□一具 百福錦一千段，綾絹一千段，雜色糸綿一千斤，今銀錢二萬個，箭刀尺一具，烏牙梳一枚，胭脂胡分具 針一萬枚，鷄鳴枕一枚，手把玉一枚，脚護一兩，五穀具，石灰十斛，天糸萬萬九千文。延和四年乙丑歲正月十九日，大德比丘厶甲南光敬移五道大神，佛弟子某甲五戒，專修十善，宜向遐齡，永保難老。昊天不富，以此月忽然命過，逕涉五道，幸莫呵留，任度。急急如律令。請書張堅古，時見律定度。若欲求海東頭，若欲覓海西辟，不得奄遏留停。急急如律令。

《吐魯番出土文書》第三冊《阿斯塔那一七三號墓文書・高昌延壽十年元兒隨葬衣物疏》 諸依龍官一具，銀眼龍一具，波斯錦面依一具，波斯錦被辱一具，白綾褶袴一具，細布衫袴一具，銀刀帶一具，□□弓箭一具，□千張，綾練一千匹，金銀錢各一萬文，石灰十斛，伍穀具，錫人十□，奴婢十具，悉是平存所用之物。樊天糸萬九千丈。延壽十年癸巳歲五月七日，大德比丘敬移五道大神，佛第子元兒持佛五戒，厶修十善，永保年老。號天而不邊，以此月戌日奄喪盛年。行物呵留，任意聽過。倩書張堅固，時見李定土。若求欲海東頭，若欲覓海西辟，不得奄案留亭。急急如律令。

《吐魯番出土文書》第三冊《阿斯塔那四八號墓文書・高昌延和三年缺名隨葬衣物疏》 紫綾褶袴一具 白練衫袴一具 桐椀弓箭一具□金銀錢二千文 錦彩一萬匹 鷄鳴枕一枚 玉肫□一兩 攀天糸萬萬九千文 石灰二斛 五穀具。延和三年甲子歲四月廿日，大德比丘果願敬移五道大神，佛弟□持佛五戒，專修十善，宜向遐齡，永保難老。而昊天不弔□□月某日奄喪盛年，經涉五道，幸勿呵留，任意聽果。倩書張堅固，時見李定度。若欲求海東頭，若欲覓海西辟，不得奄遏留亭，急急如律令。

《吐魯番出土文書》第三冊《阿斯塔那四八號墓文書・高昌義和四年六月缺名隨葬衣物疏》 脚蹼鞾一兩 紫羅尖一 中衣汗衫一具 白綾廣小衫一具 錦襦黃裙一具 褶綾綺襦一具 白綾初褶一具 釵髻胭脂胡粉 箭刀尺一具 銀文刀子一 口針百枚針氈糸色各十一兩 烏牙一 竟楊梳五枚 錦五十張 絹百匹 □練一千段 金銀錢二百文 石灰三 五穀具 玉屯一雙攀天糸萬萬九千文 有上所調悉是年年所生用之物。義和四年丁丑歲六月二日記。

《吐魯番出土文書》第三冊《阿斯塔那五〇號墓文書・高昌重光三年條列虎牙氾某等傳供食帳一》（前缺）

細麵壹斛床細米貳兜，□十人前十五日用。次虎牙氾 傳細麵叁斛床米陸兜，粟米壹兜半，供襄邑夫人前尼道師貳人十五日食。次專細麵貳斛全兜，床米伍兜，粟米壹兜貳升半，供闍典袁下右禪師肆人五日食。次傳細麵五斗市肉一節，供者兒阿波三日食。次傳細麵壹斛床細米壹兜，

供參軍義宣張善海二人五日食。次虎牙氾　傳市肉拾柒斤，細麵壹斛床細米壹兜半供襄邑夫人作食送與張郎中。次傳細麵伍兜，市肉陸斤，供送與侍郎涉彌子。次傳蘇壹兜付明威慶懷用治赤威拾伍張。次殿中楊　傳白羅麵貳兜市肉叁斤胡瓜子叁升作湯餅供世子夫人食。次宣威曹　傳，油壹升，用摩鎧。次陰　傳粟米貳兜供張夫人用作阿摩胥糜。次虎牙氾　傳，市肉貳斤，白羅麵壹兜，供吳尚書食。次傳細麵伍升，作餅市肉壹斤供襄邑夫人前白元相食。次傳細麵壹兜，供襄邑夫人前索禪師食。重光三年壬午歲十月一日凌江將軍高

《吐魯番出土文書》第三册《阿斯塔那五〇號墓文書·高昌重光三年條列康鴉問等傳供食及作坊用物帳》〔前缺〕

□次傳肉一腳供襄邑夫人用作席。次傳廿五斤麵二斛五斗供縫作女輩食。次傳六斤麵五斗供夫人作食，送與苟侍郎。次傳肉十斤，肝肺二斗頭一供康禪師舍用。唐鴉問傳麻一紱用繫練次傳黑毫五斤駝毛六斤付阿監清毫十斤，用作氈簟緣，付張夫人坊中。十一月五日，黑毫一斤。次嚴子亮傳麵四斛，供白客兒一人下右七人鉉作五日食。次傳麵五斗，死肉三斤，供三搞一人五日食。次傳五斗供同作人五人五日食。次傳市三斤死肉三斤，麵六斗供唐意一人下五人者□盡卅日。曹宣威傳油一升，用摩鐶。唐懷意傳，羊皮三枚用鉉囊。〔後缺〕

《吐魯番出土文書》第三册《阿斯塔那一三八號墓文書·高昌缺名隨葬衣物疏》　諸衣籠官一具白綾褶苦一具紫綾褶苦一具白施褶苦一具紫施兔如一具裴施念當一具細衫苦一具白練綺衫一具細疊衫一具弓頭一具金銀長刀席一具白施手巾一黄施笄大一具同丸弓箭一具紫領馬一匹鬼泥安票銀

《吐魯番出土文書》第三册《阿斯塔那三一二號墓文書·高昌諸寺僧尼財物疏》　（一）〔前缺〕□　疊一匹三斛□寺實葉布裙二斛六斗□實〇忠馬一匹，六十四斛□寺尼願柔　絁一匹，十九斛□行馬寺法端　絁一□持□〔後缺〕

（二）〔前缺〕□□那　法无　同祇□紘行馬寺神湛　匕二斛□六十一斛卯二斗□　黑氈四斛□

錢六文□　絁囊□斛□〔後缺〕

（三）〔前缺〕□保　同盂七斛二斗福寺　相崇　同祇一斛一斗　福行　惠足　匕一斗□□寺惠深　□顯行大韓寺難提長卯三斗經魚□寺惠峻□□綾八斛〔後缺〕

《吐魯番出土文書》第三册《阿斯塔那三七〇號墓文書·高昌延和十二年缺名隨葬衣物疏》　桐椀弓煎一具　銀莊刀帶一具　金銀二萬文　紫綾衫袴一個　白綾衫袴一具　錦彩一萬匹　鷄鳴枕一枚　玉肫一雙　腳靡一兩　攀天糸方萬萬九千文　石灰一斛　五穀具。延和十二年癸酉歲五月四日大德比丘果願敬移五道大神，佛弟子持佛一戒，專修十善，宜向遐靈，永保難老，而昊天不弔，以此月三日奄喪盛年，逕涉五道，幸勿呵留，任意聽果，倩書張堅固，時見李定度。若欲求海東頭，若欲覔海西辟，不得奄遏留亭，急急如律令。

《吐魯番出土文書》第三册《阿斯塔那三一號墓文書·高昌重光元年信女某甲隨葬衣物疏》　重光元年庚辰歲二月朔乙未日。釵結一具黄陵裙紫陵褶一具，大小練衫一具，計氈臼囊一具，胭脂胡靨具，雜糸各十斤，革各百匹，金銀錢各一千文，伎腨百匹，脩布行布疊各一千匹，五穀重具石灰五斛攀天糸萬萬九千文。重光元年庚辰歲二月朔乙未日責信女白衣弟子厶甲侍佛五戒專修十善宜向遐令，永保難老，經從五道奄麥不得留亭捻然聽過。倩張堅固，時見李定杜。若欲求海東豆，若慾海西辟。

《吐魯番出土文書》第三册《阿斯塔那五二〇號墓文書·高昌延和六年碑兒隨葬衣物疏》□具　桐椀弓箭一具銀鍜刀帶上餐　金銀錢二萬文　綿彩一千段鷄鳴枕一枚　玉肫一雙　腳靡一兩　石灰十斛五穀具　攀天糸萬萬九千文　延和六年丁卯歲四月廿九日大德比丘果願花敬移五道大神：　佛弟子碑兒持佛五戒專修十善，宜向遐齡，永保難老，而昊天不弔，以此月廿四日奄喪盛年，經涉五道，幸勿呵留，任意聽果。倩書張堅固，時見李定度。若欲求海東頭，若欲覔海西辟，不得奄遏留亭。急急如律令。

《吐魯番出土文書》第三册《阿斯塔那二〇號墓文書·高昌重光元年缺名隨葬衣物疏》　腳靡一具　穴跟履一兩　白絹裙衫一具　手衣一具　面衣一具　朱衣籠冠一具　白綾褶袴一具　玉肫一雙鷄鳴枕一枚　錦被褥一具　文刀一口　銅椀弓箭一具　白絹千匹　被錦萬張　錫人十枚　鑛錢十四文　孝經一捲　紙百張　石灰三斛　燋五穀各一斗　攀天糸萬萬九千

文　右上所條悉是平契所用物。　重光元年庚辰歲二月甲子朔廿七日，大德比丘果願敬移五道大神佛弟子□五戒專修□□宜向遐齡，贊卑國務，□殞□，□涉五道幸留勿呵留，任□聽過□□如律令。時人張堅固請書李定度。若欲求海東頭，若欲覓海□□不得奄遏留停事事從君命。

《吐魯番出土文書》第四册《阿斯塔那一五一號墓文書・高昌作頭張慶祐等偷丁谷寺物平錢帳》　□寧人張慶祐作頭獨□□偷寺六縱疊五疋平錢□二文；　大钁二口口平錢□□；　羊肉三脚平錢二文。□張慶祐子作頭道人□□高昌解阿善兒二人作□三人合偷丁塔牛□□□錢十文；　馬付一頭，□錢五文；　小麥拾貳□□□疊被一，平錢八文。疊□張慶祐子作頭田地□□從，二人合偷丁谷寺□□奴絁二匹半匹平錢□□；　柒縱疊三疋，疋平□□□；　八縱布一匹，平錢五文；　□□□匹平錢十二文；　□五文；　絁衫一平錢□平錢十二文；　細布裙□文；　腰刀三平錢□四，平錢二文；　□□絁七匹，匹平錢二文。〔後缺〕

《吐魯番出土文書》第四册《阿斯塔那一五號墓文書・唐雜物牲畜帳》

〔前缺〕

□麥瓶子壹口。破同石□伍斗盛伯師壹。捌斗成破□尺一破景鋝鍮鉡壹。龍頭同鉡壹。參□大钁拾壹口，大破钁貳中钁參小钁陸□小钁壹。錫拾貳大斤□貳中鏨拾壹小鏨肆。打磨槌壹。切刀參。鎌參拾參個。犁肆具。馬銜壹具。大小斧肆。大鋸壹，中鋸貳，小鋸肆。中□鬭算鐵箭柒。同匕拾捌個中壹破，小同陣子陸，中壹破，同盛叁，刀錯貳。鐵鉗貳。羊欹壹。同鐵拾□斤半。頭鑕壹，次鑕鐵參個，如鑕貳。藥田壹口上破，并杆具。藥稱壹。鍮石調量麻布稱壹。鐵調量麵稱壹。量餅稱壹鐵燈壹。大頭釧貳。水磨釧壹。大銅槃壹，上有納。中銅槃壹。酒甕貳拾貳。小甕子貳。干盛甕參拾參。瓦貳拾伍個菜甕柒。甑貳。大咸貳。雜色物壹車。石押油槃壹。水磨壹合。中磨貳事。大牛捌頭。在外大牛壹頭。牸馬參疋。草驢參頭。父驢壹頭。驢駒子壹頭。大草牛拾伍頭。特牸捌頭，貳歲草牸陸頭。犢子柒頭。女犢子參頭。羖羯貳拾，羖羊拾肆羠究，母□苟羔子拾參。壹□相長參□壹□叁□〔後缺〕

《吐魯番出土文書》第四册《阿斯塔那五一七號墓文書・高昌延昌三十七年武德隨葬衣物疏》　帽一顔　白綾褶袴一具　白練褌衫一具　被錦一百張　彩帛一千段　金銀二萬文　鷄鳴枕一枚　文刀一口　弓箭一具　孝經一卷　筆研一具　石灰一斛　熬穀八筐　玉肫一雙　脚蹤一兩　攀天糸萬萬九千文　延昌卅七年丁巳歲閏六月十三日大德比丘法海敬移五道大神佛弟子武德持佛五戒，專修十善，宜向遐齡，永賜難老，昊天不弔，忽爾徂殞，逕涉五道，幸勿呵留，任意聽過。倩書張堅固，時見李定度。若欲求海東頭。

《吐魯番出土文書》第四册《阿斯塔那一五號墓文書・唐唐幢海隨葬衣物疏》　白綾褶袴一具，細布衫袴一具，錦表計莫靴一兩，效具帶一具，白練手巾一，白拖墓子一，水牛角把刀一具，諸衣農縮一具，白練早衫一領，白練早衫一領，白練衫袴一具，雞鳴一具，婆斯錦面衣一枚，銀眼農一，玉樊天思毛脚一蹠，白練一千段，雜色物一萬段，黄金白銀盡足，胡禄弓箭一具，攀天思萬萬九千文。若欲求海東頭，若欲覓海西辭，時見張堅固，倩書李定杜。不得留亭。急急如律令。

《吐魯番出土文書》第四册《阿斯塔那一五一號墓文書・高昌缶子中布帛雜物名條疏》　缶子中右疊一疋，皂練一疋，白綾一疋，非八尺白練八尺，彩綾二尺□□碎紫四尺，紫三尺，紫羅領五，支絹尺五，支頭湏一右三五紫綾頭湏一右四尺非綾二尺五，右半福滿非尺五；　黄練衫一扁堅一被錦鞾縹一具，清練三尺，右半福黄練三尺，錢卌文，針卅，錦朱卅，練手巾一布手巾二；　飲水馬錦鎮二，碎錦五戀，小斤二，同早三，路囊二，綖縛三，紫囊尺一，支疊囊子二，緑三尺，右半福，紫綾頭湏一，右三尺，赤絹一尺。

《吐魯番出土文書》第四册《阿斯塔那一五一號墓文書》　高昌重光元年氾法濟隨葬衣物疏

諸衣籠管一具　脚蹤具　穴跟里具　手把玉豚一雙　鷄鳴一具　白綾褶袴一具　蛣草鞾一兩　銅完弓箭一具　刀帶一具　欽被具　綾練各萬段　被錦二百張　細錦萬匹　石灰一斛　五穀具　重光元年庚辰歲二月下旬，仏弟子厶甲敬移五道大神，持仏五戒，專修十善，宜向遐齡，任意聽過，不得奄歇留亭。急急如律令。　攀天係萬萬九千文，若欲求海東頭，若

欲覔海西壁。時見　張堅固，倩書李定杜

《吐魯番出土文書》第四册《阿斯塔那五一七號墓文書・高昌延昌三十一年缺名隨葬衣物疏》　□□跟履一□　綾汗衫一領　練中衣一具　□綾大衫一領；　帶具　紫綾褶一領；帶具　黄綾裙一腰；帶具　頭結一枚　銀釵二雙　手把玉肫一雙　錦繡纚䊁一枚　面衣一枚　攀天糸萬九千丈　□□拝抱一□一枚□□□鏡一枚　針旃百枚　針千枚梳具□粉粧具悉備□雜彩各千萬段　□□□各千萬匹　五穀永□一嚢□昌卅一年□以此月下旬中□過幸□□急急如律令□定度若欲求海東頭，若欲覔海〔後缺〕

《吐魯番出土文書》第四册《阿斯塔那一五一號墓文書・高昌義和二年參軍慶岳等條列高昌馬鞍韉帳》　高昌馬案韉壹剬將延興下左涉沵壹具，將伯瑜下左涉沵壹具，將阿婆奴下自壹具，將佛保下馮衆德壹具，將逋軌□□□受壹具，將佛苟下白弟弟壹具，將智勇下趙□□壹具□□□□翟伯堅壹具將保謙下汜延虎壹具，虎牙□壹具將謙幼下李元保壹具將□將慶嵩下孟龍海壹具，將元祐下王□□壹具，虎牙悦相下孫相祐壹具，諫議元海下康師子壹具，將僧顯下趙祐兒壹具將願得下寫文歡壹具，將顯尊下祁顯明壹具明威慶武下建武壹具將阿伯下同孟□懷壹具，將武崇下田□子壹具。都合馬案韉貳拾貳具。義和二年乙亥歲十二月九日，參軍慶岳，主簿□兒范馮　四人條

《吐魯番出土文書》第五册《阿斯塔那三一一號墓文書・缺名隨葬衣物疏》　〔前缺〕

金鈴三千，銀鈴三百，疋絹二百，黄金三斤，錦百長畳千疋，糸百千斤，綿一斤。

《吐魯番出土文書》第五册《阿斯塔那三〇二號墓文書・高昌缺名（女）隨葬衣物疏》　玉屯壹雙，脚靡壹具龍頭鷄鳴枕具紫羅尖個，珠依聾館具，明塩百斛石鎧一嚢，綾菜百萬段，五穀具，皇□一姚錦儒具，針氈魯嚢具，箭刃釵疏具□具，□□繡靴具皇今千斤，□縱具車牛畜乘具□廿五日，倩信女□持佛五戒，專修十善，宜向□得道果。攀天思萬萬九千文。若□□海東頭，若谷覔海西辟，誰谷推覔者，東海畔上柱。倩書里堅故，時見張定杜。

《吐魯番出土文書》第六册《阿斯塔那四號墓文書・唐咸亨四年左憧憙生前功德及隨身錢物疏》　憧憙身在之日告佛：憧憙身在之日，十年已前造壹佛，貳陪辟。逕叁年，説汙蘭貪逕左郎身自□晚伍伯僧表銀錢用。左郎隨身去日，將白銀錢參斲白練壹萬段清科□麥粟床等伍萬石。婢阿迦婢□香婢多在脛婢解，奴兩只德婢尾香。咸亨四年四月廿九日付曹主左□校收取錢財及練伍谷麥粟等斲斛收領取用。鎧有於人，不得拽取。付主左憧憙收領。

《吐魯番出土文書》第六册《阿斯塔那四二號墓文書・唐缺名隨葬衣物疏》　佛第子ム脩十善，持佛五皆。金錢一千文　銀錢一千文　白綾褶袴拾具車年奴婢拾具　白銀刀帶一具　胡禄弓箭一具　駞馬驢羊鷄苟一千頭　石灰三斛　五穀具　琴天係萬萬九千文。若欲覔海西辟，若欲求海東頭，張堅故、李定杜，鷄鳴審一枚　玉團一雙　脚靡一具

《吐魯番出土文書》第六册《阿斯塔那一五〇號墓文書・唐康某等雜器物帳》　〔前缺〕

康□大百師一口張阿尾□大百師一口史祐相床一□□父師床一張，曹隆信床一張　員總訓床一張，張歡海床一張　張隆護床一張，張阿尾床一張　左信歡床一張，郭洛子床一張　陰武仕床一張，目浮知盆床一張　周海願床一張，竹故匿床一張　目辰相床一張，康郁你延床一張　麹貴哲床一張，郭延明床一張　康阿荷床一張，魏相惠床一張　劉黑相床一張，白憙洛床一張　翟懷願床張達典床李合子床　令孤惠信床一

《吐魯番出土文書》第六册《阿斯塔那一五〇號墓文書・唐白夜默等雜器物帳》　白夜默槃一　龍歡槃□魏貓仁槃一　骨桃仁□郭洛護槃一　杜隆□一鄭願海槃一　畦玄□槃一　趙醜胡槃一　王慶伯槃一　竹都柱□□　杜海柱木椀四盞子五　魏養德木椀十　嚴伯仁木枕十盞子七　支憙伯木椀十□□八　郭養養瓫子一翟默門瓫子一賈□□大盆一　王胡胡大盆一　曹不之擬小瓶一　王□□瓶一　賈阿先瓶一李居仁瓶白願伯小瓶一並翟漢□□索一秋仁草索一牛懷願草索一魏炑炑草□□　史尾尾銅盆二枚翟建折銅盆二　賈□□□盆一竹忽澈銅盆一翟默斗銅盆一□銅盆一趙令峻銅盆一嚴伯仁銅盆□　□利康銀盞一

枚　目張□胡瓶一枚

《吐魯番出土文書》第六册《阿斯塔那二一〇號墓文書・唐居太夫人隨葬衣物疏》　朱衣同官一　□□一具　韓卌具　帶卌具□游卌具　頭髮五十兩　釵梳廿具　大衫並旱衫五十具並是綾羅　金虵並釧刀子各五十具　指環各五十具裙緋綾紫綾並錦廿腰　緋綾褌廿具　披子廿枚並是綾　紫綾褶廿五領十五大綾十小綾袴廿腰十腰大綿十腰大綾　五鮮鞋廿五量十五具小十具□　並羅韡　鞊韉靴卌五量廿五量綿騾廿量平文靴鞠伍拾具並絲　黄衆千斤　白銀千兩　小麥及大麥三萬石　粟床各二萬　奴婢五十口　車牛五十乘　羊馬驢牛駞騾等總　三百五十頭疋　恙是平生用具，隨意取用不得迴面。付東海居太夫人神領付與黄泉。急急如律令。

《吐魯番出土文書》第六册《阿斯塔那三二七號墓文書・唐永徽六年趙羊德隨葬衣物疏》▭綾該▭昔一具悲該▭昔一具白練標一具細疊▭金鈿長刀一具白貤手一巾一▭殞十具馬一疋涇安一具▭逋一金錢二萬文白練千▭五麥具夫鄉萬萬九千▭平生可用之物全從延泉。永徽六年丁卯歲十二月十日，趙羊□成年持從五戒，專厶修十善，宜向行年，□□長故。時見李王谷示可□得安，急急如律令。

《吐魯番出土文書》第七册《阿斯塔那三五號墓文書・唐緤布帳》

布壹端付和葉子　布壹端付趙秋德　布壹端付孫如姜　布壹端付竹守歡　緤兩端付孟勝住　緤壹端付陳緒隆　緤兩端付皂家王阿闍利妻　緤三端半付王阿利　布壹端五月廿八日付史苟仁妻　布壹端同前付索武子母　緤貳丈伍尺付侯默仁婢　緤貳丈伍尺付白住德妻　緤貳丈伍付大女康相女　張通子　索始醜　緤二丈付康納職染服

《吐魯番出土文書》第一〇册《阿斯塔那五〇六號墓文書・唐天寶十四載柳中縣具屬館私供馬料帳歷上郡長行坊牒》　柳中縣　牒上長行坊合當館從天十三載閏十一月十六日郡支帖馬食貯料外，館家私供床麥□□□□□斫玖勝青麥壹碩貳斫▭疋充料。踖子李福兒付馬子戈庭賓〔中缺〕▭叁疋充料。踖子准前付▭叁㪷右同日給過孫常侍帖東磧館瘦弱却迴馬拾貳疋充料踖子准前，付惣管石神龍。青麥壹碩叁㪷右十九日給帖馬拾叁疋充料。踖子准前，付□子戈庭賓。青麥壹碩貳㪷右廿日給帖馬拾貳疋充□。□子准前，付馬子准前。青麥壹頭貳㪷右廿一日給帖馬拾貳疋充料。踖子准前付馬子准前。青麥壹碩貳㪷右廿二日給帖馬拾貳疋充料。踖子准前付馬子准前。青麥壹碩貳㪷右廿三日給帖馬拾貳疋充料。踖子准前付馬子准前。青麥壹碩貳㪷右廿四日給帖馬拾貳疋充料。踖子准前付馬子准前。青麥▭右廿五日給帖馬拾貳□充料。踖子准前付馬子准前。青麥壹碩貳㪷右廿六日給帖馬拾貳疋充料。踖子准前付馬子准前。青麥壹碩貳㪷右廿七日給帖馬拾貳疋充料。踖子准前付馬子准前。青麥壹碩貳㪷右廿八日給帖馬拾貳疋充料。踖子准前付馬子准前。□麥壹碩貳㪷右廿九日給帖馬拾貳疋充料。踖子准前付馬子准前。青麥柒㪷柒勝右十二月一日給馬拾壹疋充料。踖子准前付馬子准前。青麥柒㪷柒勝右二日給帖馬拾壹疋充料。踖子准前付馬子准前。青麥柒㪷柒勝右三日給帖馬拾壹疋充料。踖子准前付馬子准前。□麥柒㪷柒勝右四日給帖馬拾壹疋充料。踖子准前付馬子准前。青麥柒㪷柒勝右五日給帖馬拾壹疋充料。踖子准前付馬子准前。青麥柒㪷柒勝右六日給帖馬拾壹疋充料。踖子准前付馬子准前。青麥柒㪷柒勝右七日給帖馬拾壹疋充料。踖子准前付馬子准前。青麥柒㪷柒勝右八日給帖馬拾壹疋充料。踖子准前付馬子准前。青麥柒㪷柒勝右九日給帖馬拾壹疋充料。踖子准前付馬子准前。□□□㪷柒勝□□日給帖馬拾壹□充料。踖子准前□馬子准前。青麥柒㪷柒勝右十一日給帖馬拾壹疋充料。踖子准前付馬子准前。青麥柒㪷柒勝右十二日給帖馬拾壹疋充料。踖子准前付馬子准前。青麥柒㪷柒勝右十三日給帖馬拾壹疋充料。踖子准前付馬子准前。▭㪷柒勝右十四日給帖馬拾壹疋充料。踖子准前付馬子准前。青麥伍㪷右同日給羅護坊馬拾疋充料。踖子准前付健兒潘玭。青麥肆㪷柒勝□□五日給帖馬拾壹疋充料。踖子准前付馬子准前。青麥□㪷柒勝右十六日給帖馬捌疋充料。踖子准前付馬子准前。青麥伍㪷陸勝右十七日給帖馬捌疋充料。踖子准前付馬子准前。青麥伍㪷陸勝右十八日給帖馬捌疋充料。踖子准前付馬子准前。青麥伍㪷陸勝右十九日給□馬捌疋充料。踖子准前付馬子准前。□麥柒㪷右廿日給帖馬捌疋充料。踖子准前付馬子准前。青麥捌㪷右同日給蒲昌館▭陸疋充料。踖子准前付健兒張庭俊。□□陸㪷右廿三日給達匪館馬拾貳疋充却迴料。踖子准前健兒範婆奴。□麥肆㪷右同日給草堆館帖馬捌疋充料却迴。踖子准前付健兒趙濯。青麥壹□□勝右同日給本館帖馬兩疋羅護迴馬壹疋，共叁疋充料。踖子准前付馬子戈庭賓。青麥叁碩伍㪷 床叁碩伍㪷右廿四日給羅護坊馬壹伯疋充料。踖子准前付付馬子 張承暐等同領。青麥叁碩伍㪷 床叁碩伍㪷右廿八日給赤亭坊馬壹伯疋充料。踖子准前付健兒趙令璋 付惣管張景□。□别採朱承泰狀稱在館客使繁閙准牒每季支帖馬料叁拾碩，並已食盡季終□重，不可闕飼，貸便私供，具通斛㪷如前。請牒上長行坊，聽裁處分，狀上者。縣館□行坊占馬侵食當館斛㪷青麥床等共肆拾玖碩壹㪷玖勝。具狀牒上長行坊聽裁者。上□謹牒。天寶十四載正月八日史孫令彦牒宣義郎行尉尹朝議郎行丞員外置同正員上柱圖何朝散郎行丞業庭玉承奉郎守令劉懷琛正月 日

攝録事嚴 仙泰 受功曹攝録事參軍旺 付連彦莊白廿五日

《吐魯番出土文書》第一〇册《阿斯塔那五〇六號墓文書・唐天寶十四載柳中縣具達匪館私供床麥帳歷上郡長行坊牒》 柳中縣 牒上長行坊

合達匪館從天十三載十一月郡支帖馬貯料外，私供床麥惣叁拾伍碩伍斗閏十一月十七日帖馬貳拾疋，疋料壹斗，食床壹碩麥壹碩。踖了張延壽付健兒范婆奴。十八日帖馬拾玖疋，疋料壹斗食床玖斗伍勝麥玖斗伍勝。踖子准前付健兒准前。十九日帖馬拾捌疋，疋料壹斗，食麥玖斗床玖斗。踖子准前付健兒准前。廿日帖馬拾捌疋，疋料壹斗，食床麥准前。踖子准前付健兒准前。廿一日帖馬拾伍疋，疋料壹斗，食床柒斗伍勝，麥柒斗伍勝。踖子准前付健兒准前。廿二日帖馬拾叁疋，疋料壹斗，食床陸斗伍勝、麥陸斗伍勝。踖子准前付健兒准前。廿三日帖馬拾疋，疋料壹斗，食床伍斗、麥伍斗。踖子准前付健兒准前。廿四日帖馬拾叁疋，疋料壹斗，食床陸斗伍勝、麥陸斗伍勝。踖子准前付健兒准□。廿五日帖馬拾伍疋，疋料壹斗，食床柒斗伍勝、麥柒斗伍勝。踖子准前付健兒准前。廿六日帖馬拾貳疋，疋料壹斗，食床陸斗、麥陸斗。踖子准前付健兒准前。廿七日帖馬拾肆疋，疋料壹斗，食床柒斗、麥柒斗。踖子准前付健兒准前。廿八日帖馬拾疋，疋料壹斗，食床伍斗、麥伍斗。踖子准前付健兒准前。廿九日帖馬拾疋，疋料壹斗，食床准前。踖子准前付健兒准前。十二月一日帖馬拾貳疋，疋料壹斗，食床陸斗、麥陸斗。踖子准前付健兒准前。二日帖馬拾貳疋，疋料壹斗，食床麥准前。踖子准前付健兒准前。三日帖馬拾貳疋，疋料壹斗，食床麥准前。踖子准前付健兒准前。四日帖馬拾□□，疋料壹斗，食床麥准前。踖子准前付健兒准前。五日帖馬拾貳疋，疋料壹斗，食床麥准前。踖子准前付健兒准前。六日帖馬拾貳疋，疋料壹斗，食床麥准前。踖子准前付健兒准前。七日帖馬□貳疋，疋料壹斗，食床麥准前。踖子准前付健兒准前。八日帖馬拾貳疋，疋料壹斗，食床麥准前。踖子准前付健兒准前。九日帖馬拾貳疋，疋料壹□，食□□准前。踖子准前付健兒准前。十日帖馬拾貳疋，疋料壹斗，食床麥准前。踖子准前付健兒准前。十一日帖馬拾貳疋，疋料壹斗，食床麥准前。踖子准前付健兒准前。十二日帖馬拾貳疋，疋料壹斗，食床麥准前。踖子准前付健兒准前。十三日帖馬拾貳疋，疋料壹斗，食床麥准前。踖子准前付健兒准前。十四日帖□□貳疋，疋料壹斗，食床麥准前。踖子准前付健兒准前。牒得捉館官□各使繁閙准牒每季支帖馬料叁拾碩並已食盡季終未□館貸便私供，倶通斛斗如前，請牒上長行坊聽裁處分狀上者。達匪館狀稱長行坊帖馬侵食當館斛㪷床麥等叁佰叁拾伍碩具狀牒上長行坊聽裁者。謹録牒上。謹牒。天寶十四載正月九日史焦如璿牒宣義郎行尉尹朝議郎行丞員外置同正員上柱國何朝散郎行丞業庭玉十四日辛承奉郎守令 劉 懷琛

正月十四日攝録事嚴 仙泰受功曹攝録事參軍 旺連彦莊 白□

《吐魯番出土文書》第一〇册《阿斯塔那五〇六號墓文書・唐天寶十三載礌石館具七至閏十一月帖馬食歷上郡長行坊狀》 礌石館 狀上當館

從七月三日已後至閏十一月廿二日以前，郡坊帖馬迎送使來往，便食青麥總麥粟壹伯玖拾碩江斗伍勝。青麥一百八十石二斗五升，粟十石五斗。七月三日郡坊帖天山館馬甲不送牛判官等到，便騰過，食麥四斗付馬子張延福。同日郡坊帖馬九疋，食青麥六斗五升付馬子常秀期。同日郡坊天山館馬三疋，送劉大夫下行官到，食麥三斗。付馬子惠明。同日郡坊帖馬六疋，食麥四斗二升。付馬子吕祖。同日郡坊帖馬四疋，送談判官到，食麥四斗。付馬子惠初兒。同日郡坊帖馬九疋，食麥六斗三升。付馬子常秀期。同日郡坊帖馬六疋，食麥四斗二長。付馬子吕祖。同日郡坊帖馬十六

疋，從銀山送劉大夫到，內六疋全料，共食麥一石一斗。付趙璀丁光。五日郡坊帖馬九疋，食麥六斗三升。付馬子常秀期。同日郡坊帖馬十三疋，送劉大夫，內九疋騰過。食麥一石一斗。付堂秀期。同日郡坊帖馬十六疋，過劉大夫，食麥八斗。付健兒西光。同日郡坊帖馬六疋，食麥四斗二升。付馬子呂祖。六日郡坊帖馬卅疋，送劉大夫等般次迴，食麥一石五斗。付馬子常期同領馬子孟初兒 健兒張庭俊 押官雍芝。七日郡坊馬六疋，呂祖下；又張俊下帖馬五疋全料；呂祖下七斗，共食麥九斗四升。付呂祖。同日郡坊帖馬天山館三疋，送武判官便騰過，食麥三斗。付天山馬子李羅漢。八日郡坊帖馬六疋，食麥四斗二升。付馬子呂承祖。同日郡坊馬十四疋送趙都護家口，從銀山到，便騰向天山食麥一石四斗。付張延福。同日郡坊帖天山館馬十疋，送使韋芬等首領到並騰過，食麥一石。付馬子閻駕奴。九日郡坊礌石館馬六疋，食青麥四斗二升，付馬子呂承祖。同日馬都督乘郡坊帖馬十疋便騰過，食麥一石。付馬子李。同日北庭計會使樊光乘郡坊帖馬兩疋，便騰過一疋，共食麥一斗五升。十日郡坊帖礌石館馬六疋，食麥四斗二升。付馬子呂承祖。十一日郡坊帖礌石館馬六疋，食麥四斗二升。付馬子呂承祖。十二日郡坊帖礌石館馬六疋，食麥四斗二升。付馬子呂承祖。同日從西收郡坊送使迴馬十六疋，食麥八斗。會健兒上官什伍。十三日郡坊帖礌石館馬五疋，食麥三斗五升。付馬子呂承祖。史將軍乘銀山館郡坊帖馬兩疋，食麥一斗。付馬子呂承祖。十五日郡坊帖十四日郡坊帖礌石館馬五疋，史將軍乘，食麥五斗。付馬子呂承祖。同日礌石館馬五疋，食麥三斗五升。付馬子呂承祖。十六日郡坊帖馬五疋，食麥三斗五升。付馬子呂承祖。十七日郡坊馬五疋，送馬太守等迴，食麥三斗五升。付馬子呂承祖。十八日郡坊帖馬共十二疋，食麥八斗四升。付馬子呂承祖。同日郡坊細馬四疋，帖銀山迎趙光烈，食麥四斗。付馬子楊景秘。十九日郡坊帖馬六疋，又李忠子下收迴馬六疋，乏弱停，共食麥八斗四升。付呂祖李忠子。廿日郡坊帖八疋，食麥五斗六升。付馬子呂承祖。廿一日郡坊帖銀山馬十疋，送趙光烈到，便迴向天山館，並食全料，麥一石。付趙璀。同日郡坊帖馬八疋，食麥五斗六升。付馬子呂承祖。廿二日郡坊帖馬四疋，食麥二斗八升。付馬子呂承祖。廿三日郡坊帖馬四疋，食麥二斗八升。付馬子呂承祖。同日郡坊帖銀山馬十三疋及先送使收迴等，

共食麥六斗五升。付馬子丁光。廿四日郡坊帖馬五疋，食麥三斗五升。付馬子呂承祖。同日郡坊押官雍芝下帖天卌館馬一疋，送崔夐到便騰過，食麥一斗。付李羅漢。廿五日郡坊帖馬五疋，食麥三斗□升。付馬子呂承祖。廿六日郡坊帖馬八疋，內□到，過王判官，共食麥五斗六升。付馬子呂祖 丁光。廿七日郡坊帖馬八疋□帖馬伍疋，呂祖下帖馬共食麥五斗六升。付呂祖。廿八日郡坊帖馬八疋□□□斗六升。付馬子呂祖 健兒丁光。廿九日郡坊帖馬八疋，食麥五斗六升。付馬子呂承祖 健兒丁光。同日郡坊帖天山館馬四疋送使掌書記王伯倫到，內一疋騰向銀山，食麥二斗五升。付李羅漢。卅日郡坊帖馬八疋，內三疋送使王伯倫到，便留礌石充帖館馬，共食麥五斗六升。付呂祖。八月一日郡坊馬八疋，食麥五斗六升。付馬子呂承祖。二日郡坊帖馬八疋，食麥九斗六升。付馬子呂承祖。三日郡坊帖馬八疋，食麥五斗六升。付馬子呂承祖。四日郡坊帖馬八疋，食麥五斗六升。付馬子呂承祖。五日郡坊帖馬八疋，食麥五斗六升。付馬子呂承祖。六日郡坊帖馬八疋，食麥五斗六升。付馬子呂承祖。七日郡坊帖馬八疋，食麥五斗六升。付馬子呂承祖。八日郡坊帖馬八疋，食麥五斗六升。付馬子呂承祖。同日郡坊帖天山館馬六疋，送趙光列，食麥三斗。付馬子趙璀。同日郡坊帖天山館馬三疋，送劉判官到，內兩疋騰過，食麥二斗五升。付馬子趙璀。九日郡坊帖馬八疋，食麥五斗六升。付馬子呂承祖趙璀。同日郡坊帖天山館馬七疋，送段判官到，方到，覆送段判官向銀山，食麥八斗。付馬子趙璀。十日郡坊馬兩疋送自便覆送史方向天山，食麥七斗。付上官什伍。同日郡坊帖銀山馬八疋，史詮到便騰過，食麥六升。付馬子粱仙。同日郡坊帖馬六疋，食麥三斗。付健兒丁光。十一日帖馬六疋，食麥六斗。付健兒丁光。同日帖銀山馬五疋，送韋大夫到，食麥二斗五升。付馬子楊景秘。十二日帖馬七疋，內一疋細馬全料，共食麥四斗。付健兒丁光。同日帖銀山馬六疋，送陳重暉等到，內一疋騰過，食麥四斗。付銀山馬子譚常祐健兒丁光。十三日郡坊馬十五疋，並先送向銀山今，收迴內三疋充帖館，共食麥七斗五升。付趙璀。十四日郡坊帖馬三疋，食麥一斗八升。付健兒丁光。十五日郡坊帖馬三疋，食麥一斗八升。付健兒丁光。十六日郡坊帖馬三疋，食麥一斗八升。付健兒丁光。同日郡坊帖馬兩疋，天山館送使封大夫女聟楊郎到，食

麥一斗。付天山馬子趙賓。十七日郡坊帖天山馬三疋，送米升干判官王進朝到食麥一斗五升。付天山館王興。十九日郡坊帖馬銀山五疋收迴食麥二斗五升。付馬子楊景秘。廿一日郡坊馬十四疋，□帖銀山，礌石迎黎大夫，食麥□□□健兒□廿二日郡坊馬十四□馬送黎大夫到，便騰到天山食麥一石。付楊景秘。廿三日郡坊帖銀□迎楊大夫，食麥五斗。付馬子楊景秘。同日郡坊帖馬□□內兩疋細全料，銀山礌石迎楊大夫，食麥六斗八升。付健兒丁光。廿四日郡坊帖馬十疋，內兩疋細全料共食麥六斗八升。付健兒丁光。廿五日郡坊帖馬十疋，食麥六斗八升。付健兒丁光。同日郡坊馬□疋，帖銀山迎封大夫，食麥一石五斗。付健兒張俊。同日郡坊卌一疋馬帖礌石迎封大夫，食麥兩石五斗六升。付趙璀呂祖。廿六日帖馬卌二疋，食麥兩石五斗六升。付馬子趙璀　呂祖。廿七日帖馬卅二疋，食麥兩石五斗六升。付馬子趙璀　呂祖。同日郡坊馬五疋卅疋銀山送使張自詮到，食麥二斗五升。趙璀領。廿八日帖馬卅七疋，內五疋送張自詮到，趙璀留帖，共食麥兩石九斗六升。付趙璀。同日郡坊帖馬銀山廿二疋送旌節使到，並全料，食麥一石七斗六升。付楊秘。廿九日帖□□□疋，食麥兩石八斗。付馬子趙璀。同日郡坊帖馬銀山四疋，送李中郎到，食麥二斗。付馬子陳瑶貞。卅日帖馬卅五疋，當日便送封大夫向天山，食麥兩石八斗。付馬子趙璀。同日郡坊帖銀山馬六疋，送內使王進朝到，食麥四斗八升。付趙璀。同日郡坊帖馬五十疋，從銀山送封大夫到，食麥四石。付健兒張俊。同日帖銀山館馬十五疋，食麥七斗五升。付楊景秘。九月一日郡坊帖馬□五疋，迎李大夫，食麥一石二斗。付趙璀。二日郡坊帖銀山馬五疋，送談判官到便騰過，食麥五斗。付馬子楊秘。同日□山館馬十疋，送李大夫到，內騰五疋過，共食□□□五升。付楊秘。□銀山馬□五疋，送談判官，李大夫便向天山，食麥□趙璀。□馬十五疋，食麥七斗五升。付馬子趙璀。四日郡坊□馬十四疋，食麥一石二升。付馬子趙璀。五日郡坊□馬十四疋，食麥一石二斗二升。付馬趙璀。六日郡坊帖馬十六疋，內兩疋劉惣管乘迎武判官食麥一石二斗二升。付馬子趙璀。同日郡坊迎武判官四疋，食麥三斗二升。付健兒□□。七日郡坊帖馬十四疋，食麥一石二斗二升。付馬□□璀。同日郡坊帖馬□疋，食麥四斗。付馬子□□。八日郡坊帖馬十三疋，食麥一石四升。付馬子趙璀。九日郡□帖馬十三疋，食麥一石四升。付馬子趙璀。九日郡□□馬十三疋，食麥一石四升。付馬子趙璀。同□官馬兩疋，食麥一斗六升。付健兒張俊。十一日郡□□馬八疋，食麥六斗□□。付趙璀。十二日郡坊帖馬七疋，食麥五斗六升。付槽頭楊光。同日郡坊帖馬十疋，食麥八斗。付健兒丁光。十三日郡坊帖馬十二疋，食麥九斗六升。付健兒丁光。十四日郡坊帖馬十八疋，食麥一石四斗。付健兒丁光。十五日郡坊帖馬十六疋，食麥一石二斗八升。付健兒丁光。十六日郡坊帖馬十七疋，食麥一石三斗六升。付健兒丁光。十七日郡坊帖馬十五疋，食麥一石二斗。付健兒丁光。同日迎梁將軍馬十疋，食麥八斗。付健兒丁光。十八日郡坊帖馬卅疋，食麥兩石四斗。付健兒丁光。十九日郡坊帖馬八疋，食麥六斗四升。付健兒丁光。同日郡坊帖馬九疋，食麥五斗四升。付押官張興。廿日郡坊帖馬十二疋，食麥六斗。付押官張興。廿一日郡坊帖馬七疋，食麥三斗五升。付押官靳莊子。廿二日郡坊帖馬七疋，食麥三斗五升。付押官靳莊子。廿三日郡坊帖馬十疋，食麥五斗。付押官靳莊子。廿四日郡坊帖馬八疋，食麥四斗。付押官靳莊子。廿五日郡坊帖馬五疋，食麥二斗五升。付押官靳莊子。廿六日郡坊帖馬八疋，食麥四斗。付押官靳莊子。十一月七日郡坊帖馬十疋，食麥八斗。付馬子趙璀。八日郡坊帖馬十疋，食麥八斗。付馬子趙璀。九日郡坊帖馬五疋，食麥四斗。付馬子趙璀。十日郡坊帖馬五疋，食麥四斗。付馬子趙璀。十一日郡坊帖馬五疋，食麥四斗。付馬子趙璀。十二日郡坊帖馬五疋，食麥五斗六升。付趙璀。十三日郡坊帖馬六疋，食麥四斗八升。付馬子趙璀。十四日郡坊帖馬六疋，食青麥四斗八升。付馬子趙璀。十五日郡坊帖馬卌二疋，食麥兩石一斗。付健兒鍾光俊。十六日郡坊帖馬廿四疋，食麥兩石五斗。付健兒鍾光俊。十七日郡坊帖馬枚疋，食麥八斗。付健兒鍾光俊。同日郡坊帖馬十五疋，食麥一石五斗。付馬了泰袍仙。同日郡坊帖馬卌五疋，着大夫到；本館帖馬廿疋，其日宿；共食麥一石。付糟頭秦抱仙。十八日郡坊送大夫簡退迴馬廿二疋，食麥一石一斗。付健兒程彥琛。十九日郡帖坊馬廿疋，食麥兩石。付健兒趙慶。廿日郡坊帖馬廿疋，食麥兩石。付健兒趙慶。同日送大夫迴馬卌二疋，食麥三石。付健兒張俊。廿一日郡坊帖馬廿疋，食麥一石六斗。付健兒鍾光俊。同日郡坊帖銀山迴馬六疋，食麥三斗。付健兒趙璀。廿二日郡坊帖馬十八疋，食麥一石四斗四升。付健兒鍾光俊。廿三日郡坊帖馬十八疋，食麥一□四斗四升。付健兒鍾光俊。廿四日郡坊帖馬十八疋，食麥一石四斗四升。付健兒鍾光俊。廿五日郡坊帖馬十八疋，食麥一石四斗四升。付健兒鍾光俊。廿六日郡坊帖馬十八疋，食麥一石四斗四升。付健兒鍾光俊。廿七日郡坊帖馬十八疋，食麥七斗四升，粟七斗。付健兒鍾光俊。廿八日郡坊帖馬十八疋，食麥一石八斗。付健兒鍾光俊。廿九日郡坊帖馬十八疋，食粟一石八斗。付健兒鍾光俊。卅日郡坊帖馬廿四疋，食粟麥兩石四斗。付健兒鍾光俊。閏十一月一日郡坊帖馬廿四疋，食麥粟兩石四斗。付健兒鍾光俊。二日郡坊帖馬廿四疋，食麥粟兩石四斗。付健兒鍾光俊。同日郡坊迎孫常侍馬廿三疋，共食青麥一石二斗五升。付健兒程彦琛　吕承祖。三日帖馬廿四疋，共食粟麥兩石四斗。付健兒鍾光俊。四日帖馬廿四疋，共食粟麥兩石四斗。付健兒鍾光俊。五日帖馬廿四疋，共食粟麥兩石四斗。付健兒鍾光俊。六日帖馬廿四疋，共食粟麥兩石四斗。付健兒鍾光俊。七日郡坊迎孫常侍迴馬八疋，食青麥八斗。付健兒鍾光俊吕承祖。同日帖馬廿四疋，食粟麥兩石四斗。付健兒鍾光俊。八日帖馬廿四疋，共食麥兩石四斗。付健兒鍾俊。九日帖馬廿七疋，共食麥兩石七斗。付健兒鍾光俊。十日帖馬廿五疋，共食麥兩石伍斗。付健兒鍾光俊。十一日帖馬廿四疋，共食麥兩石四斗。付健兒鍾光俊。十二日帖馬廿四疋，共食麥兩石四斗。付健兒鍾光俊。十三日帖馬廿四疋，共食麥□石四斗。□健兒鍾光俊。十四日帖馬廿四疋，共食麥兩石四斗。付健兒鍾光俊。十五日帖馬廿四疋，共食麥兩石四斗。付健兒鍾光俊。十六日帖馬廿四疋，共食麥兩石四斗。付健兒鍾光俊。十七日帖馬廿四疋，共食麥兩石四斗。付健兒鍾光俊。十八日帖馬廿一疋，共食麥兩石一斗。付健兒鍾光俊。十九日帖馬廿一疋，共食麥兩石一斗。付健兒鍾光俊。廿日帖馬廿一疋，共食麥兩石一斗。付健兒鍾光俊。廿一日帖馬廿一疋，共食麥兩石一斗。付健兒鍾光俊。廿二日帖馬柒疋，共食麥七斗。付健兒鍾光俊。右通當館從七月一日已後至閏十一月廿二日以前，郡均迎送帖馬來主，便食前件斛㪷，合郡坊填還。令獻等逐急舉便，隨時供訖。今見被諸頭債主牽撮，無物填還。具食歷如前，伏望商量處分。牒件狀如前謹牒。天寶十三載十二月　日踏子史鉗希俊　牒捉館官許獻芝捉館官鎮將張令獻付判辛交廿三日十二月廿三日攝録事嚴　仙泰　受攝録事又粂軍折衝都尉范連彦莊白

《吐魯番出土文書》第一〇册《阿斯塔那五〇六號墓文書・唐天寶十三載礌石館具迎封大夫馬食醋歷上郡長行坊狀》

礌石館　狀上

合郡坊帖館迎封大夫馬從十二月一日至十九日食醋歷十二月一日迎封大夫郡坊帖銀山礌石馬共卌九疋，食青麥叁碩肆㪷叁勝。付健兒鍾光俊陳懷金　坊官果毅楊俊卿。二日郡坊帖馬廿二疋，共食麥壹碩伍㪷肆勝。踏子史俊付健兒鍾光俊坊官果毅楊俊卿。三日郡坊帖馬廿二疋，共食青麥壹碩伍㪷肆勝。踏子史俊付健兒鍾光俊坊官楊俊卿。四日郡坊帖馬廿二疋，共食青麥壹碩伍㪷肆勝。踏子史俊付健兒鍾光俊坊官楊俊卿。五日郡坊帖馬廿二疋，共食青麥壹碩伍㪷肆勝。踏子史俊付健兒鍾光俊坊官楊俊卿。六日郡坊帖馬廿二疋，共食青麥壹碩伍㪷肆勝。踏子史俊付健兒鍾光俊坊官楊俊卿。七日郡坊帖馬廿二疋，共食青麥壹碩伍㪷肆勝。踏子史俊付健兒鍾光俊坊官楊卿。八日郡坊馬廿二疋，共食青麥壹碩伍㪷肆勝。踏子史俊付健兒鍾光俊。坊官楊卿。九日郡坊帖馬廿三疋，共食青麥壹碩陸㪷壹勝。踏子史俊付健兒鍾光俊　坊官楊卿。十日郡坊帖馬廿三疋，食青麥壹碩陸㪷壹勝。踏子史俊付健兒鍾光俊　坊官楊卿。十一日郡坊帖馬廿三疋，共食青麥壹碩陸㪷壹勝。踏子史俊付健兒鍾俊　坊官楊卿。十二日郡坊帖馬廿三疋，食青麥壹碩陸㪷壹勝。踏子史俊付健兒鍾俊　坊官楊卿。十三日郡坊帖馬廿三疋，食青麥壹碩陸㪷壹□健兒鍾俊　坊官楊俊卿。十四日郡坊帖馬廿三疋，食青麥壹碩陸㪷壹勝。踏子史俊付健兒鍾光俊　坊官楊卿。十五日郡坊馬廿三疋，共食青麥壹碩陸㪷壹勝。踏子史俊付健兒鍾光俊　坊官楊卿。十六日郡坊馬廿三疋，食青麥壹碩陸㪷壹勝。踏子史俊付健兒鍾俊　坊官楊卿。十七日郡坊帖馬卅六疋，共食青麥肆碩玖㪷貳勝。踏子史俊付健兒鍾俊　坊官楊卿。十八日郡坊帖馬廿五疋，食青麥壹碩柒㪷伍勝。踏子史俊付健兒鍾俊　坊官楊卿。十九日郡坊馬五十疋，共食青麥叁碩肆㪷。踏子史俊付健兒鍾俊　坊官楊卿。右郡坊帖馬迎封大夫從□二月一日至下九□計侵食當館東西料青麥卅七石一斗六升。具食歷如前，在館見闕踏料，望請支填處分。牒件狀如前謹牒。天寶十三載十二月廿五日踏子史俊牒捉館官許獻芝捉館官前鎮將張令獻五日年

五月王日攝録事嚴　仙泰攝録事參軍折衝都尉　範連彦莊白天山縣　牒上郡長行坊

《吐魯番出土文書》第一〇册《阿斯塔那五〇六號墓文書・唐天寶十三載天山縣具銀山館閏十一月郡坊帖馬食歷上郡長行坊牒》　天山縣

牒上郡長行坊

銀山舘

合郡坊帖馬從閏十一月一日至其月廿九日以前帖舘迎送刑要使命，食青麥總伍拾伍碩貳斗㪷伍勝。閏十一月一日郡坊帖馬廿四疋，內九疋送孫大夫第一般向礌石，食半料一十五疋在槽食全料共食青麥壹碩玖㪷伍勝。付健兒陳金　總管楊俊卿。二日郡坊帖馬廿四疋，食青麥兩碩肆㪷。付健兒陳金　總管楊俊卿。三日郡坊帖馬廿四疋，食青麥兩碩肆㪷。付健兒陳金　總管楊俊卿。四日郡坊帖馬卅二疋，內□□疋送孫大夫第二般向礌石，□共食青麥叁碩伍㪷。付□兒陳金　總管楊俊卿。□□郡坊帖馬□二疋，食青麥肆碩貳㪷。付健兒陳金　總管楊俊卿。六日郡坊帖馬卅二疋，食青麥肆碩貳㪷。付健兒陳金。七日郡坊帖馬廿疋，食青麥兩碩。□健兒陳金。同日郡坊帖馬十疋，送周特進到銀山停，食青麥壹碩。付健兒陳金。八日郡坊帖馬廿疋，食青麥兩碩。付健兒陳金。同日郡坊帖馬十疋，送周特進到銀山停，食青麥壹碩。付健兒陳金。九日郡坊帖馬廿二疋，食青麥兩碩貳㪷。付健兒陳金。同日郡坊帖馬十疋，送周特進到停，食青麥壹碩，便送第四般向東。付健兒陳金。十日郡坊帖馬廿二疋，食青麥兩碩貳㪷。付健兒陳金。十一日郡坊帖馬廿二疋，內十二疋送第五船向東，食半料；十□食青麥壹碩陸□陳金。十二日郡坊帖馬廿二疋，食青麥兩碩貳㪷。付健兒陳金。同日梨大夫第一船乘礌石郡坊帖馬七疋，食青麥叁㪷伍勝。□十三日郡坊帖馬廿二疋，食青麥兩碩貳㪷。付健兒陳金。同□□般骨禄子乘礌石郡坊帖馬七疋，食青麥叁㪷伍勝。付健兒陳金。□馬廿二疋，食青麥兩原貳㪷。付健兒陳金。□廿二疋，食青麥兩原貳㪷。付健兒陳金。十六日郡坊馬廿二疋，食青麥兩碩貳㪷。付健兒陳金。同日五大夫乘礌石帖馬九疋，食青麥肆㪷伍勝。付健兒陳金。同日田判官乘礌石郡坊帖馬八疋，食青麥肆㪷。付健兒陳金。付十七日郡坊馬廿二疋，食青麥兩碩貳㪷。付健兒陳金。十八日郡坊帖馬廿二疋，食青麥兩碩貳㪷。付健兒陳金。□日黎大夫乘礌石郡坊帖馬十五疋，食青麥柒㪷伍勝。付健兒陳金。□壹碩柒㪷。付健兒陳金。□碩柒㪷。付健兒□金。〔後缺〕

《吐魯番出土文書》第一〇册《阿斯塔那五〇六號墓文書・唐天寶十三載長行坊申勘十至閏十一月支牛驢馬料帳歷》　長行坊

合當坊從今載十月一日已後，至其載閏十一月廿九日以前據案支牛驢馬料總壹阡肆伯伍拾陸碩漆㪷漆勝並青麥。貳伯伍拾玖碩伍㪷伍勝十月小料肆伯漆拾壹碩肆㪷十一月　大料漆伯貳後伍碩捌㪷貳勝閏十一月小料漆伯漆拾貳碩捌㪷貳勝在槽頭疋食訖〔中缺〕□勝十月小在槽牛驢□十月一日兩槽馬一百疋，疋食伍勝。牛四頭各四升；　驢卅八頭各二升。都計伍碩玖㪷貳勝。二日兩槽。馬九十一疋，各食五升。牛四頭各四升。驢卅五頭，各二升。都計伍碩肆㪷壹勝。三日兩槽。馬九十七疋，各食五升；　牛四頭各四升。驢卅八頭，各二升。都計伍頭捌㪷壹勝。四日兩槽馬八十□□□伍升。牛四頭，各四升。驢卅□頭各二升。都計伍碩貳㪷叁勝。五日兩槽馬一百二疋，各五升；　牛四頭各四升。驢卅九頭各二升。計陸碩貳㪷肆勝。六日兩槽馬一百五十疋，各五升；　牛四頭各四升。驢一十五頭各二升。計漆碩玖㪷陸勝。七日兩槽馬一百五十六疋，各五升；　牛五頭各□升。驢一十二頭各二升。計捌碩貳勝。八日兩槽馬一百六十八疋，各五升；　牛五頭各□一十□〔中缺〕計捌碩肆㪷伍勝。□馬一百五十疋，各五升牛五頭各四升驢四頭各□柒碩柒㪷捌勝。□槽馬一百五十疋，各五升牛五頭，各四升。驢廿□頭，各二升計捌碩肆㪷。十二日兩槽馬一百五十疋，各五升牛五頭，各四升。驢廿五頭，各二升。計捌碩貳㪷。十三日兩槽馬一百五十疋，各五升。牛五頭，各四升。驢廿三頭，各二升。計捌碩壹㪷陸勝。十四日兩槽馬一百五十疋，各五升牛五頭，各四升。驢一十四頭，各二升。計柒碩玖㪷捌勝。十五日兩槽馬一百五十疋，各五升。驢一十四頭，各二升。□五頭，各四升。計柒碩玖㪷捌勝。十六日兩槽馬一百五十疋，各五升。驢一十四頭，各二升。牛五頭，各四升。計柒碩玖㪷捌勝。十七日兩槽馬一百五十疋，各五升。驢九頭，各二升；　牛九頭，各四升。計捌碩肆勝。十八日兩槽馬一百五十疋，各五升。驢八頭，各二升；　牛六頭，各四升。□柒碩玖

斛。□九日［　　］升。驢九頭，各二升。牛六頭，各四升。計柒碩玖
斛貳勝。廿日兩槽馬一百五十疋，各五升。驢九頭，各二升；牛五頭，
各四升。計柒碩捌斛捌勝。廿一日兩槽馬一百廿二疋，各五升；驢卌五
頭，各二升。牛五頭，各四升。計柒碩。廿二日兩槽馬一百廿疋，各五
升；驢卌五頭，各二升。牛一十頭，各四升。計陸碩壹斛。廿三日兩槽
馬一百廿疋，各五升；驢卌五頭，各二升。牛一十頭，各四升。計陸碩
壹斛。廿四日兩槽馬一百廿疋，各五升；驢卌五頭，各二升。牛十頭，
各四升。計陸碩壹斛。廿五日兩槽馬壹伯壹疋，共食四石。驢卌頭，各二
升；牛十頭，各四升。計伍碩貳斛。廿六日兩槽馬一百一疋，共食四石
驢卌二頭，各二升；牛一十二頭，各四升。計伍碩叁斛貳勝。
［　　］六頭，各二升；牛□□□頭，各四升。計伍
□廿八日兩糟馬九十五疋，共食四石。驢卌三［　］。牛一十二頭，
各四升。計伍碩叁斛肆勝。廿九日兩槽馬九十六疋，共食四石。驢卌三頭
［　］一十二頭，各四升。計伍碩叁斛肆勝。
壹伯捌拾叁碩陸斛壹勝。十一月大，在槽頭疋□□。十一月一日兩槽
馬九十七疋，共食四石；驢卌三頭，各［　］十二頭，各四升。計伍碩
叁斛肆勝。二日兩槽馬一百二疋，共食四石；驢卌五頭，各二升；牛一
十二頭，各四升。計伍碩肆斛。三日兩槽馬九十［　］〔中缺〕
［　　］捌勝。五日兩槽馬一百一十九疋，共食四石；驢卌五
頭各二升；牛一十二頭各四升。計伍碩壹斛捌勝。六日兩槽馬八十疋，
共食四石；驢卌五頭各二升；牛一十二頭各四升。計伍碩壹斛捌勝。七
日兩槽馬八十疋，共食四石；驢卌三頭各二升；牛一十二頭各四升。計
伍碩壹斛捌勝。八日兩槽馬八十［　］食四石；驢卌四頭各二升；牛一
十二頭各四升。計伍碩叁□□。九日兩槽馬二百一十七疋，共食七石六
斗；驢卌六頭各二升；牛一十二頭各四升。計玖碩。十日兩槽馬二百一
十八疋，共食六石；驢卌六頭各二升；牛一十二頭各四升。計柒碩肆
斛。十一日兩槽□□□一十七疋，共食六後驢卌六頭，各二升牛一十二頭
［　　］斛十二日兩槽馬二百一十五疋□□□□卌三頭各二升
牛一十二頭各四升。計柒碩叁斛肆勝。十三日兩槽馬六十四疋共食兩石伍
斗陸升；驢卌三頭，各二升；牛一十二頭，各四升，計叁碩玖斛。十四
日兩槽馬六十四疋，共食兩石五斗六升；驢卌三頭，各二升；牛一十二
頭，各四升，計叁碩玖斛。十五日兩槽馬六□四疋，共食兩□□斗六升；
驢卌三頭，各二升；牛一十二頭，各四升，計叁碩玖斛。十六日兩槽馬
六十五疋，共食兩石六斗；驢卌三頭，各二升；牛一十二頭，各四升。
計叁碩柒斛肆勝。十七日兩槽馬六十疋，共食兩石四斗；驢卌三頭，各
二升；牛一十二頭，各四升。計叁碩伍斛肆勝。十八日兩槽馬六十五疋，
共食兩石五斗；驢卌三頭，各二升；牛一十二頭，各四升。計叁碩柒斛
肆勝。〔中缺〕［　　］共食兩石六斗；驢卌三頭各二
升；牛一十二頭，各四升。計叁碩柒斛肆勝。廿□一日槽馬九十六
［　］升牛一十二頭［　］計肆［　］廿二日兩槽馬一百卌六疋，共食七
□□□驢卌三頭各二升牛一十二頭，各四升。計捌碩肆斛肆勝。廿三日兩
槽馬二百一十七疋，各□□驢卌四頭，各二升；牛一十二頭各四升計壹
拾貳碩貳斛壹勝。廿四日兩槽馬二百一十七疋，各□□驢卌四頭，各二
升；牛一十二頭各四升計壹拾貳碩貳斛壹勝。廿五日兩槽馬二百四疋，
各五升驢卌四頭，各二升；牛一十二頭各四升計壹拾貳碩伍斛陸勝。廿
六日兩槽馬一百□□□各五升驢卌四頭［　］十二頭各四升計柒碩肆斛陸
勝。廿七日兩槽馬一百廿疋，各五升驢卌四頭，各二升；牛一十二頭
□□升計柒碩叁斛陸勝。廿八日兩槽馬八十五疋，各五升驢卌四頭，各二
升；牛一十二頭各四升計伍碩陸斛壹勝。廿九日兩槽馬八十二疋，各五
升驢卌六□，各二升；牛一十□頭各四升計伍碩伍斛。卅日兩槽馬七十
一疋，各五升驢卌六頭，各二升；牛一十二頭各四升計肆碩玖斛伍勝。
叁伯捌拾柒碩貳斫柒勝閏十一月小，在槽頭疋食訖。閏十一月一日兩槽馬
七十五疋各五升驢卌六事端，各二升牛一十二頭各四升。計伍碩壹斛伍
勝。二日兩槽馬七十五疋，各五升；驢卌六頭各二升牛一十二頭各四升。
計伍碩□□勝。三日兩槽馬七十六疋，各五升；驢卌五頭各二升牛一
十二頭各四升。計伍碩壹斛捌勝。四日兩槽馬八十八疋，各七升；驢卌
五頭各二升牛一十二頭各四升。計柒碩伍斛肆勝。五日兩槽馬一百八十六
疋，各七升；驢卌五頭各二升牛□十二頭各□升。計壹拾肆碩肆斛。六
日兩槽馬［　］疋，各七升；驢卌五頭各二升牛一十二頭各□升。計壹
拾叁碩捌斛肆勝。七日兩槽馬一百五十四疋，各七升；驢卌五頭，各

□十二頭各四升。□壹拾貳碩壹㪷陸勝。八日兩槽馬一百□各七升；驢卌五頭，各二升；牛一十二頭各四升。計□碩玖㪷捌勝。〔中缺〕十日兩槽馬一□十二頭各四□。計壹拾肆碩叁勝。十一日兩槽馬一百六十四疋，各七升；驢卌四頭各二升；牛一十二頭各四升。計壹拾貳碩捌㪷肆□。十二日兩槽馬一百九十二疋，各七升；驢卌四頭各二升；牛一十二頭各四□。計壹拾肆碩捌㪷。十三日兩槽□□百九十一疋，各七升；驢八十五頭各二升；牛一十二頭各四升。計壹拾伍碩伍㪷伍勝。十四日兩槽馬一百七十九疋，各七升；驢八十□牛一十二頭各四升。計壹拾肆碩柒㪷。（下殘）十五日兩槽馬一百九十一疋，各七升；驢六□五頭各二升；牛一十二頭各四升。計壹拾伍碩壹㪷伍勝。十六日兩槽馬一百九十八疋，各七升；驢六十五頭各□升；牛一十二頭各四升。計壹拾伍碩陸㪷肆勝。十七日兩槽馬二百六疋，各七升；驢六十五頭各□□；牛一十〔中缺〕十八日兩槽馬一百六十九疋，各七升；驢六十五頭各二升；牛一十二頭各四升。計壹拾叁碩陸㪷壹勝。十九日兩槽馬二百三疋，各七升；驢六十五頭各□十二頭各四升。計壹拾伍碩玖㪷玖勝。廿日兩槽馬二百六疋，各七升；驢六十五□頭各四□貳㪷。廿一日兩槽馬二百四疋，各七升；驢六十五頭各二升；牛一十二頭各四升。計壹拾肆碩捌㪷。廿二日兩槽馬二百廿六疋，各七升；驢六十五頭各二升；牛一十二頭各四升。計壹拾柒碩陸㪷。廿三日兩槽馬二百廿四疋，各七升；驢六十□□□升；牛一十二頭各四升。計壹拾柒碩肆㪷陸勝。廿四日兩槽馬二百廿五疋，各七升；驢六十四頭各二升；牛一十二頭各四升。計壹拾柒碩伍㪷壹勝。〔後缺〕

《吐魯番出土文書》第一〇册《阿斯塔那五〇六號墓文書·唐天寶十四載某館申十三載七至十二月郡坊帖馬食䜿歷牒》

□□坊帖馬人天十三載七□五十石郡牒支□一百卌八石三斗寝食□七月一日，郡坊□□七疋食青麥三斗□□□□□超。同日，趙都護家口乘郡坊馬□付健兒張庭俊。二日，郡坊帖馬七疋□付押官党超。同日，郡坊馬□疋□麥三斗五升。付健兒張庭俊。三日，郡坊□党超。同日，郡坊□□六□迎趙□護家口□四日，郡坊帖馬七疋□麥三斗五升付押□□超。同日，郡坊帖馬八疋迎趙都護家□食青麥四斗付健□同日，李大夫乘郡坊帖馬□十二疋食青麥六斗付馬子楊景秘。同日，談判官乘馬四疋食青□五日，帖馬七疋食，青麥三斗五升。付押官□同日，劉常侍乘郡坊帖馬十三疋，食青□同日，郡坊帖馬十疋，帖□大夫□六日，郡坊帖馬七疋，食青麥三斗五升。付子□七日，郡坊帖□内七疋送使米俊向西，全料；一十八疋在槽，食半料共食□一石六斗。付馬子趙璀。八日，郡坊帖馬一十八疋，共食青麥九斗。付馬趙璀。九日，郡坊馬十一疋，送馬太守到，共食麥一石一斗。付馬子李思忠。十日，郡坊帖馬廿八疋，共食麥一石四斗。付馬子趙璀。十一日，郡坊馬十捌疋，食麥九斗。付馬子趙璀。十二日，郡坊帖馬五疋，食麥二斗五升。付馬子趙璀。十三日，郡坊馬五疋，食麥二斗五升。付馬子趙璀。十四日，郡坊馬十七疋，食麥八斗五升。付馬子趙璀。十五日，郡坊馬十七疋，食麥八斗五升。付馬子趙璀。十六日，郡坊馬十四疋，食麥七斗。付馬子趙璀。同日，郡坊帖馬七疋，食麥三斗五升。付馬子趙璀。十七日，郡坊馬五疋，食麥二斗五升。付馬子趙璀。十八日，郡坊馬五疋，食麥二斗五升。付馬子趙璀。十九日，郡坊馬五疋，食麥二斗五升。内四疋送五判向□共食青麥四斗五升。付馬子趙璀。同日，王將軍乘郡坊馬四疋，□付馬子趙璀。〔中缺〕□疋，送　封大夫旌節到，食麥粟六石□□大夫馬卅疋到，在槽食麥粟一石五斗。付健兒趙璀。□大夫甘泉却回馬十三疋，食粟麥六斗。付健兒上官什仵。□馬廿五疋，食青麥一石二斗五升。付押□□五疋，食麥二斗五升。付馬子楊景秘。同日郡坊送迴馬十四疋，食青麥九斗二升。付押官党起。廿三日，郡坊馬五疋，食麥二斗五升。付馬子楊景秘。廿四日，郡坊馬五疋，食麥二斗五升。付馬子楊景秘。廿五日，郡坊帖馬五疋，食青麥二斗五升。付馬子楊景秘。廿六日，郡坊帖馬五疋，食麥二斗五升。付馬子楊景秘。廿七日，郡坊馬五疋，食麥二斗五升。付馬子楊景秘。廿八日，郡坊帖馬六疋，食麥三斗。付馬子楊景秘。廿九日，郡坊馬六疋，食麥三斗。付馬子楊景秘。同日，崔判官乘郡坊馬五疋，食麥二斗五升。付丁光。卅日，郡坊帖馬十疋，食麥五斗。付馬子楊景秘。八月一日，郡坊馬十疋，內兩疋細，食全料；八疋半料；共食青麥六斗。付馬子楊景秘。二日，郡坊帖馬十疋，內兩疋細，食全料；八疋半料；共食青麥六斗。付楊景秘。三日，郡坊帖馬十疋，內兩疋細，食全料；八疋半料；共食麥六斗。付楊秘。四日，郡坊馬十疋，內兩疋細，食全料；八疋半料；共食青麥六斗。付楊秘。五日，郡坊帖馬十疋，內兩疋全料；八□□料；共食麥六斗。付楊秘。六日，郡坊馬十疋，內兩疋全料；八疋半料；共食麥六斗。付馬子楊景秘。七日，郡坊帖馬十疋，內兩疋全料；八疋半料；共食麥六斗。付馬子楊□。八日，郡坊帖馬十疋，內兩疋送趙都護向西，食全料；□□□槽，半料共□麥八斗。付馬子楊景秘。九日，郡坊帖馬十疋，內兩疋食全料；八疋半料，共食麥六斗。付楊秘。同日，劉判官乘郡坊帖馬一疋，食麥五升。付馬子楊景秘。同日，郡坊馬送段判官，馬七疋，食麥三斗五升。付馬子呂祖。十日，張大使乘郡坊馬兩疋，食麥一斗。付馬子呂祖。同日，郡坊帖馬五疋，內三疋送段判官，食全料；兩疋在槽食□□共食青麥四斗。付□楊景秘。十一日，郡坊馬五疋，食麥□斗五升。付馬子楊景秘。十二日，郡坊馬五疋，食青麥二斗五升。付馬子楊景秘。同日，郡坊帖馬九疋，內五疋陳將軍乘向東，食全料；四疋半料，□馬子呂祖。十三日，郡坊帖馬五疋，食青麥二斗五升。付馬子楊景秘。十四日，郡坊帖馬五疋，食麥二斗五升。付馬子楊景秘。十五日，郡坊馬五疋，食麥二斗五升。付馬子楊景秘。十六日，郡坊帖馬五疋，食麥二斗五升。付馬子楊景□。十七日，郡坊帖馬五疋，食麥二斗五升。付馬子楊景□。十八日，郡坊帖馬四疋，食麥二斗。付馬子楊景秘。廿一日，郡坊帖馬七疋，黎大夫乘向東麥食七斗。付馬子楊秘。廿二日，郡坊帖馬十疋，迎楊大夫，食麥五斗。付馬子楊景□。廿三日，郡坊帖馬十疋，迎楊大夫，食麥五斗。付馬子楊秘。廿四日，郡坊帖馬十二疋，迎楊大夫，食青麥九斗六升。付馬子楊□。同日，郡坊帖馬十疋，食麥八斗。付健兒丁光。廿五日，郡坊帖馬廿二疋，食麥一石七斗六升。付馬子楊秘。同日，郡坊迎封大夫，馬卌三疋，食麥三石四斗四升。付健兒張庭□。廿六日，郡坊帖馬五十疋，食麥五石。付健兒張庭俊。廿七日，郡坊帖馬五十疋，食麥五石。付健兒張庭俊。廿八日，郡坊帖馬五十疋，食青麥五石。付健兒張庭俊。廿九日，郡坊帖馬五十疋，食青麥五石。付健兒張庭俊。九月一日，郡坊馬十五疋，食青麥一石二斗。付馬子楊秘。二日，郡坊馬十五疋，食青麥一石二斗。付馬子楊秘。三日，郡坊馬十五疋，食青麥一石二斗。付馬子楊秘。四日，郡坊馬十五疋，食青麥一石二斗。付馬子楊秘。五日，郡坊馬十一疋，食青麥八斗八升。付馬子楊秘。六□，□坊馬十一疋，食青麥八斗八升。付馬子楊秘。七日，郡坊十疋，食青麥一石二斗。付馬子楊秘。八日，郡坊馬十一疋，食青麥八斗八升。付健兒司徒愕。九日，郡坊馬一十一疋，食青麥八斗八升。付健兒司徒愕。十日，郡坊馬一十一疋，食青麥□斗八升。付健兒司徒愕。十一日，郡坊馬一十一疋，食青麥八斗八升。付健兒司徒愕。十二日，郡坊馬七疋，食青麥□□五升。付健兒司徒愕。□三日，郡坊馬十一疋，食青麥八斗八升。付健兒司徒愕。□四日，郡坊馬一十一疋，食青麥八斗八升。付健兒司徒愕。□五日，郡坊馬十五疋，食青□一石二斗。付健兒司徒愕。十六日，郡坊馬十五疋，食青□一石二斗。付健兒司徒愕。十七日，郡坊馬十五疋，食青麥一石二斗。付健兒司徒愕。十八日，郡坊馬七疋，食青麥五斗六升。付健兒司徒愕。同日，郡坊馬四疋，迎染將軍，食青麥三斗二升。付健兒司徒愕。十九日，郡坊馬五疋，食青麥四斗。付健兒司徒愕。廿日，郡坊馬八疋，食青麥六斗四升。付健兒司徒愕。廿一日，郡坊馬十四疋，食青麥一石一斗。付健兒司徒愕。廿二日，郡坊馬十三疋，食青麥一石四升。付健兒司徒愕。廿三日，郡坊馬十三疋，食青

□

〔中缺〕

□石四升。付健兒司徒愕。

□付健兒司徒愕。□疋，食青麥六斗。付健兒陳懷金。九日，帖馬六疋，食麥六斗。付健兒陳懷金。十日，帖馬六疋，食青麥六斗。付健兒陳懷金。十一日，帖馬六疋，食青麥六斗。付健兒陳懷金。十二日，帖馬六疋，食青麥六斗。付健兒陳懷金。十三日，帖馬六疋，食青麥六斗。付健兒陳懷金。十四日，帖馬六疋，食青麥六斗。付健兒陳懷金。十五日，帖馬卌四疋，食青麥三石四斗。付健兒陳懷金。同日，平待迎乘礌石郡坊馬七疋，食青麥三斗五升。付健兒陳懷金。十六日，帖馬廿八疋，食青麥兩石八斗。付健兒陳懷金。同日，帖馬六疋，封大郎子食青麥六斗。付健兒陳懷金。十七日，帖馬廿八疋，食青麥兩石八斗。付健兒陳懷金。同日，旌節乘帖馬十七疋，食青麥八斗五

升。付健兒陳懷金。同日，鍾俊從礌石將郡坊帖馬一十八疋，食青麥一石八斗。付鍾俊。十八日，帖馬卌六疋，食青麥四石六斗。付健兒陳金。同日，封大夫乘帖馬卌二疋，食青麥兩石。付健兒鍾俊。同日，郡坊帖馬卌五疋，送封大夫到吕光迴，食麥三石二斗五升。付健兒鍾光俊。十九日，帖馬八十八疋，食青麥四石八斗。付健兒陳金。同日，郡坊帖馬十五疋，送封大夫迴，食青麥七斗五升。付健兒鍾光俊。□□，帖馬廿疋，内五疋孫判官乘向礌石，食全料；十五疋在槽，食半料；共食青麥一石二斗五［　］［　］送王輪判官向西，七疋焦大夫乘向礌石，並食全料□□［　］麥一石六斗五升。付健兒陳懷金。［　］礌石，帖馬六疋，食青麥三斗。付健兒陳懷金。廿二日，郡坊帖馬廿疋，食青麥一石。付健兒陳懷金。廿三日，郡坊帖馬廿疋，内一十疋李判官乘向吕光，食全料；十疋在槽食半料共食青麥一石五斗。付健兒陳懷金。廿四日，郡坊帖馬廿疋，食青麥一石。付健兒陳金。廿五日，郡□帖馬廿疋，食青麥一石。付健兒陳金。廿六日，郡坊帖馬廿疋，食青麥兩石。付健兒陳金。廿七日，郡坊帖馬廿疋，食青麥兩石。付健兒陳金。廿八日，郡坊帖馬廿疋，食青麥兩石。付健兒陳金。廿九日，郡坊帖馬廿疋，食青麥兩石。付健兒陳金。同日，趙都護乘礌石郡坊帖馬六疋，食青麥三斗。付健兒陳金。同日，史將軍乘礌石郡坊帖馬七疋，食青麥三斗五升。付健兒陳□。卅四日，郡坊帖馬廿疋，食青麥兩石。付健兒陳金。閏十一月一日，郡坊帖馬廿四疋，内九疋送孫大夫第一般向礌石，食半料；一十五疋［　］食青麥一石九斗五升。付健兒陳金。

總管楊俊卿。二日，郡坊帖馬廿四疋，食青麥兩石四斗。付健兒陳金。

總管楊□□。三日，郡坊帖馬廿四疋，食青麥兩石四斗。付健兒陳金。

總管楊俊□。四日，郡坊帖馬卅二疋，内一十四疋送孫常侍第二般向礌石，食半料；廿八疋在槽□全料，共食青麥三石五斗。付健兒陳金。

總管□俊卿。五日，郡坊帖馬卅二疋，食青麥四石二斗。付健兒陳金。六日，郡坊帖馬卅二疋，食青麥四石二斗。付健兒陳金。七日，郡坊帖馬廿疋，食青麥兩石。付健兒陳金。同日，郡坊帖馬十疋，送周特進到銀山停，食青麥一石。付健兒陳金。八日，郡坊帖馬廿疋，食青麥兩石。付健兒陳金。同日，郡坊帖馬十疋，送周特進到銀山停，食青麥一石。付健兒陳金。九日，郡坊帖馬廿二疋，食青麥兩石二斗。付健兒陳金。同日，郡坊帖馬十疋，送周特進到停，食青麥一石。便送第四般向東。付健兒陳金。十日，郡坊帖馬廿二疋，食青麥兩石二斗。□□兒陳金。十一日，郡坊帖馬廿二疋，内十二疋送第五般向［　］健兒陳金。十二日，郡坊帖馬廿二疋，食青麥兩碩貳斗。付健兒陳金。同日，黎大夫第一般乘礌石郡坊帖馬七疋，食青麥三斗五升。付健兒陳金。十三日，郡坊帖馬廿二疋，食青麥兩石二斗。付健兒陳金。同日，第二般骨祿子乘礌石郡坊帖馬七疋，食青麥三斗五升。付健兒陳□。十四日，郡坊帖馬廿二疋，食青麥兩石二斗。付健兒陳金。十五日，郡坊帖馬廿二疋，食青麥兩石二斗。付健兒陳金。十六日，郡坊帖馬廿二疋，食青麥兩石二斗。付健兒陳金。同日，王大夫乘礌石郡坊馬九疋，食青麥四斗五升。付健兒陳金。同日，田判官乘礌石郡坊馬八疋，食青麥四斗。付健兒陳金。十七日，郡坊馬廿二疋，食青麥兩石二斗。付健兒陳金。十八日，郡坊帖馬廿二疋，食青麥兩石二斗。付健兒陳金。同日，黎大夫乘礌石郡坊帖馬十五疋，食青麥七斗五升。付健兒陳金。十九日，郡坊帖馬廿十七疋，食青麥一石七斗。付健兒陳金。廿日，郡坊帖馬十七疋，食青麥一石七斗。付健兒陳金。廿一日，郡坊帖馬十七疋，食青麥一石七斗。付健兒陳金。廿二日，郡坊帖馬一疋，食青麥一斗。付張什作。廿三日，郡坊馬一疋，食青麥一斗。付張什作。廿四日，郡坊馬一疋，食青麥一斗。付張什作。廿五日，郡坊馬一疋，食青麥一斗。付張什作。廿六日，郡坊馬一疋，食青麥一斗。付張什作。廿七日，郡坊馬一疋，食青麥一斗。付張什作。廿八日，郡坊馬一疋，食青麥一斗。付張什作。□九日，郡坊馬一疋，食青麥一斗。付張什作。［　］郡坊帖馬食䠶歷如前。天寶十四載正月　日䠶子

□□志牒捉舘官闞紹業十八日年正月十八日攝録事嚴　仙泰　受功曹攝録事參軍　旺　付連彦莊白廿五日

《吐魯番出土文書》第一〇册《阿斯塔那五〇六號墓文書・唐天寶十四載某館申十三載三至十二月侵食當館馬料帳歷狀》

□□□　狀上

□□舘從天十三載三月已從至十二月卅日已前，郡坊帖馬及北□□馬并焉耆新市馬等，共侵食當舘青麥，床總壹伯伍拾捌碩壹㪷叁勝壹伯壹拾捌碩柒㪷伍勝青麥叁拾□□叁㪷捌勝　床［　］坊牒交河縣給［　］　碩床杰

□碩壹拾碩□請青麥壹拾碩同□日於□貳拾碩九月於交□貳後□月□請青麥伍拾碩閏十一月於交河倉請杰壹拾捌碩壹㪷叁勝便縣倉物合坊塡還右件斛㪷郡坊等帖馬共食計欠數請支給。□大夫帖馬卌四疋，食青麥壹碩柒勝伍合，床壹碩伍合。付槽頭張□□官楊千乘。□郡坊帖馬卌四疋，食青麥壹碩柒勝伍合，床壹碩柒勝伍合。付槽頭張瓌判官楊□□。同日，郡坊帖馬卌四疋，食青麥伍㪷，床伍㪷。付槽頭張瓌、判官楊千乘。廿七日，郡坊帖馬卌四疋，食青麥壹碩壹㪷，床壹碩壹㪷。付槽頭張瓌、判官楊千乘。同日，郡坊帖馬卌四疋，食青麥壹碩壹㪷，床壹碩壹㪷。付槽頭張瓌、判官楊千乘。廿八日，郡坊帖馬卌四疋，食青麥壹碩壹㪷，床壹碩壹㪷。付槽頭張瓌、判官楊千乘。同日，郡坊帖馬七疋，向金娑領頭迎大夫，食青麥貳㪷伍勝，床貳㪷伍勝。付槽頭張瓌、判官楊千乘。廿五日，郡坊迎 大夫駞角馱驢伍頭，食青麥柒勝伍合，床柒勝伍合。付槽頭閻駕奴、判官楊千乘。廿七日，郡坊馱角馱驢伍頭，食青麥叁勝柒合伍勺，床叁勝柒合伍勺。付槽頭閻駕奴、判官楊千乘。廿八日，郡坊馱角馱驢伍頭，食青麥叁勝柒合伍勺，床叁勝柒合伍勺。付槽頭閻駕奴、判官楊千乘。三月十日，郡坊帖馬四疋，送元判官，兩日停，共食床肆㪷。付健兒郭運。十九日，郡坊帖馬六疋，迎元判，停兩日，共食床陸㪷。付張什伍， 押官楊俊卿。廿日，郡坊帖從北庭新市馬廿三疋，共食床伍㪷。付押馬毛彦珪。四月廿八日，瀚海軍徵馬伍拾貳疋，送 大夫至舘兼騰過向柳谷，來往共食青麥叁碩陸㪷伍勝。床兩碩壹㪷伍勝。付槽頭楊明太 押官喬待貢 總管白庭養。六月十五日，郡坊帖馬伍疋，爲祇候 大夫，共食青麥貳㪷伍勝。付帖馬健兒范老子十六日，郡坊帖馬伍疋，共食青麥貳㪷伍勝付健兒范老子。十七日，郡坊帖馬伍疋，共食青麥貳㪷伍勝付健兒范老子。十八日，郡坊帖馬伍疋，共食青麥貳㪷伍勝付健兒范老子。十九日，郡坊帖馬伍疋，共食青麥貳㪷伍□□□兒范老子。廿日，郡坊帖馬伍疋，共食青麥貳㪷伍□付健兒范老子。廿一日，帖馬伍疋，共食青麥貳㪷□騰。付健兒范老子。廿二日，帖馬伍疋，共食青麥貳□□□。 付健兒范老子。廿三日，帖馬伍疋，共□□□□□騰。付健兒范老子。廿四日，帖□伍□，食青麥□□□□□健兒范老子。廿五日，帖馬伍疋，□食青麥貳㪷伍勝。

付健兒范□□。廿六日，帖馬伍疋，共食青麥貳㪷伍勝。付健兒范老□。廿七日，帖馬伍疋，共食青麥貳㪷伍勝。付健兒范老子。廿八日，帖馬伍疋，共食青麥貳㪷伍勝。付健兒范老子。廿九日，帖馬伍疋，共食青麥貳㪷伍勝。付健兒范老子。卅日，帖馬伍疋，共食青麥貳㪷伍勝。付健兒范老子。七月一日，同前郡坊帖馬伍疋， 共食青麥貳㪷伍勝。 付健兒范老子。二日，帖馬伍疋，共食青麥貳㪷伍勝。付健兒范老子。三日，帖馬伍疋，共食青麥貳㪷伍勝。付健兒范老子。四日，帖馬伍疋，共食青麥貳㪷伍勝。付健兒范老子。五日，帖馬伍疋，共食青麥貳㪷伍勝。付健兒范老子。六日，帖馬伍疋，共食青麥貳㪷伍勝。付健兒范老子。七日，帖馬伍疋，共食青麥貳㪷伍勝。付健兒范老子。八日，帖馬伍疋，共食青麥貳㪷伍勝。付健兒范老子。□日，帖馬伍疋送使，共食青麥叁㪷伍勝。付健兒范老子。□日，帖馬伍疋，共食青麥貳㪷伍勝。付健兒范老子。十一日，帖馬伍疋，共食青麥貳㪷伍勝。付健兒范老子。□二日，帖馬伍疋，送元判官，共食青麥伍㪷。付健兒范老子。□伍疋，共食青麥貳㪷伍勝。付健兒范□□。□共食青麥肆□〔中缺〕

□青麥貳㪷伍勝。付健兒范老子。□內兩疋送使趙期，共食青麥叁㪷伍勝。付健兒范老子。廿日，帖馬伍疋，共食青麥貳㪷伍勝。□□兒范老子。廿一日，□食青□子。廿二日，帖馬伍疋，□老子。廿三日，帖馬伍疋，內三疋送趙都□□青麥肆㪷付□子。廿四日，帖馬伍疋，共食青麥貳㪷伍勝。付健□□老子。廿五日，帖馬伍疋，共食青麥貳㪷伍勝。付健兒□老子。廿六日，帖馬伍疋，共食青麥貳㪷伍勝。付健兒□。廿七日，帖馬伍疋，共食青麥貳㪷伍勝。付健兒范□□。廿八日，帖馬伍疋，共食青麥貳㪷伍勝。□健□。廿九日，帖馬伍疋，共食青麥貳㪷伍勝。□。八月一日，同前郡坊帖馬伍疋，共食青麥貳㪷伍勝。□。二日，帖馬伍疋，共食青□。三日，帖馬伍疋，共食青□。四日，帖馬伍疋，共食□。五日，帖馬伍疋，共食青□。六日，帖馬伍疋，內兩疋送趙都護共□。七日，帖馬伍□，共食青麥貳㪷伍勝。付□。

▭貳㪷伍勝。付▭九日，帖馬▭十日，帖馬伍疋，共食青▭十一日，帖馬伍疋，共食青麥▭十二日，帖馬伍疋，共食青麥▭十三日，帖馬伍疋，共□青麥▭十四日，帖馬伍疋，共食▭十五日，帖馬伍疋，共食▭健兒范老子。十六日，帖馬伍疋，共食青麥▭付健兒范老子。十七日，帖馬

▭健兒范老子。十八日，帖馬伍疋，共食▭付健兒范老子。十九日，帖馬伍疋，共食青麥貳㪷伍□付健兒▭廿日，帖馬伍疋，共食青麥貳㪷伍▭廿一日，帖馬伍疋，共食青麥貳▭廿二日，帖馬伍疋，共食青▭廿三日，帖馬伍疋，共食青▭廿四日，帖馬伍疋，共食青麥▭廿五日，帖馬伍疋，共食青□貳㪷伍勝。□健兒范□□。廿六日，帖馬□疋，共食青麥貳㪷伍勝。付健兒范老□。廿七日，帖馬伍疋，共食青麥貳㪷伍勝。付健兒范老子。廿八日，帖馬伍疋，共食青麥貳㪷伍勝。付健兒范老子。廿九日，帖馬伍疋，共食青麥貳㪷伍勝。付健兒范老子。九月一日，同前郡坊帖馬伍疋，共食青麥貳㪷伍勝。付健兒范老子。二日，帖馬伍疋，共食青麥貳㪷伍勝。付健兒范老子。三日，帖馬伍疋，共食青麥貳㪷伍勝。付健兒范老子。四日，帖馬伍疋，共食青麥貳㪷伍勝。付健兒范老子。五日，帖馬伍疋，共食青麥貳㪷伍勝。付健兒范老子。六日，帖馬伍疋，共食青麥貳㪷伍勝。付健兒范老子。七日，帖馬伍疋，共食青麥貳㪷伍勝。付健兒范老子。八日，帖馬伍疋，共食青麥貳㪷伍勝。付健兒范老子。九日，帖馬伍疋，共食青麥貳㪷伍勝。付健兒范老子。十日，帖馬伍疋，共食青麥貳㪷伍勝。付健兒范老子。十一日，帖馬伍疋，共食青麥貳㪷伍勝。付健兒范老子。十二日，帖馬伍疋，共食青麥貳㪷伍勝。付健兒范老□。十三日，帖馬伍疋，共食青麥貳㪷伍勝。付健▭。十四日，帖馬伍疋，共食青麥貳㪷伍勝。付健兒范老子。十五日，帖馬伍疋，共食青麥貳□伍勝。付健兒范老子。十六日，帖馬□□，共食青麥貳㪷□勝。付健兒范老子。十七日，帖馬伍疋，共食青麥貳㪷伍勝。付健兒范老子。十八日，帖馬伍疋，共食青麥貳㪷伍勝。付健兒范老子。□九日，帖馬伍疋，共食青麥貳㪷伍勝。付健兒范□□。

▭健兒范老□。

▭兒范老□。

▭共食青麥貳㪷伍□□□范老子。

▭共食青麥貳㪷伍勝。付健兒范老子。廿四日，帖馬伍□□使，共食青麥貳㪷伍勝。付健兒范老子。廿五日，帖馬伍疋，共食青麥貳㪷伍勝。付健兒范老子。廿六日，帖馬伍疋，共□□麥貳㪷伍勝。付健兒范老子。□七日，帖馬□□，共食青麥貳㪷伍勝。付健兒范老子。□八日，帖馬伍□，共食青麥貳㪷伍勝。付健兒范老子。廿九日，帖馬伍疋，共食青麥貳㪷伍勝。付健兒范老子。卅日，帖馬伍疋，共食青麥貳㪷伍勝。付健兒范老子。十月一日，同前帖馬伍疋，共食青麥叁㪷伍勝。爲送使。付健兒范老子。二日，帖馬伍疋，共食青麥貳㪷伍勝。付健兒范老子。三日，帖馬伍疋，共食青麥貳㪷伍勝。付健兒范老子。□□八日，郡坊帖元□□馬壹疋，食青麥伍勝。付帖馬健兒鍾俊。九日，帖馬□疋，食青麥壹㪷。付健兒鍾俊。十日，帖馬壹疋，食青麥壹㪷。付健兒鍾俊。十一日，帖馬壹疋，食青麥壹㪷。付健兒鍾俊。十二日，帖馬□疋，共食青麥叁㪷。付健兒鍾俊。十三日，帖□□疋，共食青麥叁㪷。付健兒鍾俊。十四日，帖馬叁疋，共食青麥叁㪷。付健兒鍾俊。十五日，帖馬叁疋，共食青麥叁㪷。付健兒鍾俊。□□日，郡坊帖□壹疋，共食青麥叁㪷。付健兒鍾俊。十七□，□馬壹疋，共食青麥叁㪷。付健兒鍾俊。

▭帖馬壹疋，共食青麥叁㪷。付健兒鍾俊。□□日，帖馬壹疋，共食青麥叁㪷。付健兒鍾俊。廿四日，帖馬壹疋，共食青麥叁㪷。付健兒鍾俊。廿五日，帖馬壹疋，共食青麥叁㪷。付健兒鍾俊。同日□□帖馬捌疋，送大使娘子，共食青麥䟼捌㪷。付健兒程彦琛。▭疋，共食麥䟼捌㪷。付健兒程彦琛。▭馬捌疋，共食麥䟼捌㪷。付健兒程彦琛。

▭坊帖岑判官馬柒疋，共食青麥叁㪷伍勝。付健兒陳金。▭柒疋，共食青麥叁㪷伍勝。付健兒陳金。▭馬柒疋，共食青麥叁㪷伍勝。付健兒陳金。▭馬柒疋，共食青麥叁㪷伍勝。付健兒陳金。

▭柒疋，□□青麥叁㪷伍勝。付健兒□金。▭馬柒疋，共食青麥叁㪷伍勝。付健兒陳金。▭馬柒疋，共食青麥叁㪷伍勝。付健兒陳金。▭馬柒疋，共食青麥叁㪷伍勝。付□□陳金。▭馬柒疋，共食青麥叁㪷伍勝。付健兒陳金。▭馬柒疋，共食青麥叁㪷伍勝。付健

兒陳金。□柒疋，共食青麥叁㪷伍勝。付健兒陳金。□疋，共食
青麥叁㪷伍勝。付健兒陳金。□柒疋，共食青麥叁㪷伍勝。付健兒陳
金。□柒疋，共食青麥叁㪷伍勝。付健兒陳金。□共食青
麥叁㪷伍勝。付健兒陳金。□市馬壹伯疋，共食青麥伍碩。付
領馬健兒王思莊 押官張子竒。□市馬，奉 大夫牒，令每到館，須
供草𦮠，不得有虧。□郡坊帖楊大夫馬捌疋，共食青麥肆㪷。付帖
馬捌疋送使，共食青麥捌㪷。付健兒范老子。□疋，共食青麥肆㪷。
健兒范老子。□馬捌疋，共食青麥肆㪷。付帖馬健兒范老子。□
付健兒范老子。□捌疋，共食青麥肆㪷。付健兒范老子。□郡坊
送楊常侍馬拾疋，共食青麥陸㪷伍勝。付健兒鍾俊。□下帖馬柒疋，
共食青麥叁㪷伍勝。付健兒鍾俊。□日郡坊帖李大夫細馬壹疋，食青麥壹
㪷。付槽頭王獻玉。□帖馬壹疋，食青麥□獻玉。□壹疋，食
青麥壹㪷。付槽頭王獻玉。□壹疋，食青麥壹㪷。付槽頭王獻玉。
□郡坊帖馬玖疋，共食青麥玖㪷。付帖馬健兒范老子。□帖馬玖
疋，共食青麥玖㪷。付健兒范老子。（中缺）□麥玖
㪷。付健兒范老□。□月一日，同前□馬玖疋，共□□麥玖㪷。付健兒
范□□。二日，帖馬玖疋，共食青麥玖㪷。付健兒范老□。三日，帖馬玖
疋，共食青麥玖㪷。付健兒范老子。四日，帖馬玖疋，共食青麥□㪷。付
健兒范老□。五日，帖馬玖疋，共食青麥玖㪷。付健兒范老子。六日，帖
馬玖疋，共食青麥玖㪷。付健兒范老子。七日，帖馬玖疋，共食青麥玖
㪷。付健兒范老子。八日，帖馬玖疋，共食青麥玖㪷。付健兒范老子。九
日，帖馬玖疋，共食青麥玖㪷。付健兒范老子。十日，帖馬玖疋，共食青
麥玖㪷。付健兒范老子。十一日，帖馬玖疋，共食青麥玖㪷。付健兒范老
子。十二日，帖馬玖疋，共食青麥玖㪷。付健兒范老子。十三日，帖馬玖
疋，共食青麥玖㪷。付健兒范老子。十四日，帖馬玖疋，共食青麥玖㪷。
付健兒范老子。十五日，帖馬玖疋，共食青麥玖㪷。付健兒范老子。十六
日，帖馬玖疋，共食青麥玖㪷。付健兒范老子。同月十四日，郡坊帖馬拾
疋，共食青麥壹碩。付健兒范老子。十五日，帖馬貳拾伍疋，共食青麥兩
碩伍㪷。付健兒范老子。十六日，帖馬貳拾伍疋，共食青麥兩碩伍㪷。付
健兒范老子。同月十四日，北庭徵馬貳拾疋，共食青麥兩碩。付健兒韓
僧。十六日，北庭徵馬肆拾陸疋，共食青□肆碩陸㪷。付健兒韓僧。同日
十二日，郡坊駝帳設驢陸頭至舘，共食青麥壹㪷捌勝。付驢子令狐仙子。
十三日，郡坊驢陸頭，共食青麥壹㪷捌勝。付驢子令狐仙子。十四日，郡
坊驢陸頭，共食青麥壹㪷捌勝。付驢子令狐仙子。十五日，郡坊驢陸頭，
共食青麥壹㪷捌勝。付驢子令狐仙子。同月廿七日，郡坊帖太守馬陸疋，
共食青麥陸㪷。付健兒范老子。廿八日，帖馬陸疋，共食青麥陸㪷。付健
兒范老□。閏十一月廿八日，郡坊帖李判官馬伍疋，共食床麥伍㪷。各
半。付健兒楊元琰。廿九日，帖馬伍疋，共食床麥伍㪷。各半。付健兒楊
元琰。十二月一日，同前，帖馬伍疋，共食床麥伍㪷。各半。付健兒楊元
琰。二日，帖馬伍疋，共食床麥伍㪷。各半。付健兒楊元琰。三日，帖馬
伍疋，共食床麥伍㪷。各半。付健兒楊元琰。四日，帖馬伍疋，共食床麥
伍㪷。各半。付健兒楊元琰。五日，帖馬伍□，□□床麥伍㪷。各半。付
健兒楊元琰。六日，帖馬玖疋，□□□麥陸㪷叁勝，各半。付健兒張延
祚。七日，帖馬拾疋，共□床麥柒㪷，各半。付健兒張延祚。八日，帖馬
拾疋，共食□麥柒㪷，各半。付健兒張延祚。九日，帖馬拾疋，共食床麥
柒㪷，各半。付健兒張延祚。十日，帖馬拾疋，共□床麥柒㪷，各半。付
健兒張延祚。十一日，帖馬拾疋，共□床麥柒㪷，各半。付健兒張延祚。
十二日，帖馬拾疋，共□床麥柒㪷，各半。付健兒張延祚。十二月十二
日，郡坊帖 大夫馬貳拾捌疋，共食床麥壹碩玖㪷陸勝。付健兒魏琳。十
三日，帖馬貳拾捌疋，共食床麥壹碩玖㪷陸勝，各半。付健兒魏林。十四
日，帖馬貳拾捌疋，共食床麥壹碩玖㪷陸勝，各半。付健兒魏林。十五
日，帖馬貳拾捌疋，共食床麥壹碩玖㪷陸勝，各半。付健兒魏林。十六
日，帖馬貳拾捌疋，共食床麥壹碩玖㪷陸勝，各半。付健兒魏林。十七
日，帖馬貳拾捌疋，共食床麥壹碩玖㪷陸勝，各半。付健兒魏林。十八
日，帖馬貳拾捌疋，共食床麥壹碩玖㪷陸勝，各半。付健兒魏林。十九
日，帖馬貳拾捌疋，共食床麥壹碩玖㪷陸勝，各半。付健兒魏林。廿日，
帖馬貳拾捌疋，共食床麥壹碩玖㪷陸勝，各半。付健兒魏林。廿一日，帖
馬貳拾捌疋，共食床麥壹碩玖㪷陸勝，各半。付健兒魏林。廿二日，帖馬
貳拾捌疋，共食床麥壹碩玖㪷陸勝，各半。付健兒魏林。廿三日，帖馬肆
拾壹疋，共食床麥兩碩捌㪷柒勝，各半。付健兒魏林。廿四日，帖馬肆拾

疋，共食床麥兩碩捌㪷，各半。付健兒魏林。其月十九日，帖柳谷馬貳拾捌疋，送旌節到，共食床麥壹碩玖㪷陸勝，付健兒魏林。廿三日，從柳谷來帖馬陸拾疋，送　大夫至，共食床麥叁碩。付健兒薛大郎。十二月一日，郡坊帖　大夫馬貳拾叁疋，共食床麥壹碩陸㪷壹勝。付健兒魏　琳。二日，帖馬拾叁疋，共□㪷壹勝。付健兒魏　琳。三日，帖馬貳拾叁疋，共食床麥壹碩陸㪷壹勝。付健兒魏　琳。四日，帖馬貳拾叁疋，共食床麥壹碩陸㪷壹勝。付健兒魏　琳。五日，帖馬貳拾叁疋，共食床麥壹碩陸㪷壹勝。付健兒魏　琳。六日，帖馬貳拾叁疋，共食床麥壹碩陸㪷壹勝。付健兒魏　琳。七日，帖馬貳拾□□，□食床麥壹碩陸㪷壹勝。付健兒魏　琳。□食床麥壹碩陸㪷壹勝。付健兒魏　□。□碩陸㪷壹勝。付健兒魏　□。〔中缺〕□一日帖□十二日帖馬拾捌疋，共食床麥壹碩貳㪷□右通從天十三載三月已後至十二月□徵馬等共侵食前件館斛㪷，具月日件□牒件狀如前謹牒。天寶十四載正月　日踏□十八日年□〔後缺〕

《吐魯番出土文書》第一〇册《阿斯塔那五〇六號墓文書・唐天寶十四載某館申十三載四至六月郡坊帖馬食踏歷狀》

□帖馬從天十三載四月一日至六月卅日帖館使乘來往共食　□狀上

□捌㪷。卅石四月十四日郡牒支給一十七石八斗青麥。郡支外寝食私供未給。四月十二日，郡坊上官什作下細馬兩疋，帖礌石過黎大夫，食粟麥二斗。付天山坊健兒趙慶。十三日，郡坊帖天山舘一十四疋，送黎大夫到。十四日，郡坊帖天山舘上官下馬四疋，送苻判官到便騰向銀山，食麥粟四斗。付天山舘子李羅漢。十五日，郡坊帖上官下馬兩疋，送子到，便騰向銀山，食麥粟一石三斗。付馬子陳陽。□石神龍□□郡□大夫銀山迴到。食粟麥二斗。付趙嘉慶。□大夫娘□馬七疋銀山迴食麥粟三斗五升。付健兒茲元。廿三日，郡坊馬十疋，送封大夫娘子銀山迴，食麥粟一石。付馬子陳陽趙璀。廿四日，郡坊銀山舘馬十三疋，迎趙都護，食麥粟八斗。付健兒上官什作。廿五日，郡坊上官下割留馬三疋，帖礌石迎趙都護，食麥粟一斗五升。付天山坊健兒趙嘉慶。同日，郡坊帖天山舘馬三疋，送目中郎到便騰過，食麥三斗。付健兒封璋。廿六日，郡坊帖馬三疋，迎趙都護，食麥粟一斗五升。付趙嘉慶。同日，郡坊帖天山舘馬四疋，送使郎德金到，便騰向銀山，食麥粟四斗。付馬子常秀期。同日，郡坊帖礌石馬六疋，送使程有孚等向銀山，食麥粟六斗。付馬子常秀期。同日，郡坊帖天山舘馬八疋，送使程有孚等到，食麥粟四斗。付馬子常秀期。同日，郡坊帖天山舘馬九疋，送王選等到共食麥粟八斗。付梁賓。同日，郡坊帖銀山馬一十三疋，送趙都護到使便向天山，食麥粟一石二斗。付健兒上官什作。廿八日，郡坊馬一十一疋，帖天山舘送羅中郎到便騰過，食麥粟一石一斗。付馬子秦仙。同日，郡坊寄留之馬三疋，食麥粟一斗五升。付馬子秦仙。廿九日，郡坊帖銀山馬廿疋過　封大夫，並全食麥粟兩石。付健兒郭運陳金。同日，使田榮乘郡坊馬五疋到，食麥粟五斗。付健兒郭運。卅日，郡坊帖礌石馬廿疋過　封大夫，食麥粟兩石。付健兒郭運。同日，郡坊帖天山舘馬五疋，送王思道獨駁到，食麥粟五斗。付健兒郭運。同日，郡坊帖銀山馬廿七疋過　封大夫，食麥粟兩石七斗。付健兒党奉起張瓌等。五月一日，郡坊馬十三疋帖舘過旌節使，食麥粟一石三斗。付健兒党起。□帖馬卅三疋過　封大夫，食麥粟三石三斗。付馬子張庭俊。□一石。付健兒上官什作。〔中缺〕三日，郡坊馬六疋，送田判官到，食麥粟三斗。付馬子楊景彼。四日，郡坊馬卌六疋，送　封大夫迴，並全食麥粟四石六斗。付健兒張庭俊。同日，徵馬廿二疋，送　封大夫迴，食麥粟一石一斗。付押尚大賓。同日，劉總管郡坊馬兩疋，送　封大夫迴到，食麥粟二斗。付秦仙。同日，郡坊帖馬四疋，過田判官迴，食麥粟四斗。付馬子楊景彼。同日，送　封大夫迴之馬六疋，食麥粟六斗。付馬子閻價奴。同日，帖馬五疋，送五判到□麥杰二斗□升。付馬子王阿興。五日，帖馬六疋，送陳將軍到便過，食麥粟六斗。付馬子王阿興。六日，帖馬七疋，送梁將軍下傔奏到，便騰過，食麥粟七斗。付張昌琦。七日，郡坊馬七疋，食麥粟三斗五升。付馬子梁賓。同日，郡坊馬三疋，送陳判官到，便騰過，食麥粟三斗。付張什作。八日，郡坊馬七疋，食麥粟三斗五升。付馬子梁賓。□□郡坊馬六疋，送使王義珎，劉判官等到，便騰過，食麥粟六斗。付王樓□。九日，郡坊馬兩疋，食麥粟二斗。付馬子王樓兒。同日，郡坊馬三疋，送郭子干到便騰過，食麥粟三斗。付馬子王樓□。十日，郡坊馬兩疋，食麥粟二斗。付馬子王樓兒。同日，郡坊馬八疋，送吳修，劉判官等到，便騰過，食粟麥八斗。付王樓兒。同日，郡坊帖磑石馬廿疋，過楊大夫，食麥粟兩石。付張庭俊。十一日，郡坊馬廿疋，食麥粟一石。付張庭俊。同日，郡坊馬十疋，送高判官等到，食粟麥一石。付張庭俊。同日，帖馬六疋，送使董子等，食麥粟六斗。付張庭俊。十二日，帖馬廿疋，送楊大夫向銀山，全料，食麥粟兩石。付張庭俊。同日，郡坊馬十五疋送楊大夫到食麥粟一石。付健兒党起。同日，郡坊馬廿五疋，先送般，次向銀山迴，食麥粟一石二斗五升。付健兒陳金。十三日，郡坊馬廿六疋，送楊大夫迴到，食麥粟一石三斗。付健兒張俊。十四日，郡坊先帖銀山馬下三疋，過楊□六月四日，郡墳細馬兩疋，過趙烈到，內一疋騰向銀山，食麥粟二斗。□六日，郡坊細馬一疋，送使趙烈迴，食麥粟一斗。付張什仵。十二日坊細馬兩疋，帖銀山，磑石迎使，食麥粟二斗。付健兒党奉起。十三日，郡坊細馬一疋，党起下帖馬割留，帖磑石過使，食麥粟一斗。付天山坊馬子□十四日，郡坊馬一疋，帖舘食麥粟一斗。付天山坊馬子王嘉琮。十五日，郡坊馬一疋，帖舘食麥粟一斗。付天山坊馬子王嘉琮。十六日，郡坊帖馬一疋，食麥粟一斗。付天山坊馬子王嘉琮。十七日，郡坊帖馬一疋，食麥粟一斗。付天山坊馬子王嘉琮。十八日，郡坊帖馬一疋，食麥粟一斗。付天山坊馬子王嘉琮。十九日，郡坊馬三疋廿日，郡坊馬一疋，食麥杰一斗。付馬子王嘉琮。同日，郡坊馬五疋，送使向銀山，今便收迴，食麥粟五斗。付馬子常秀□。同日，郡坊帖天山舘馬兩疋，送孫判官到，便騰向銀山，食麥粟二斗。付馬子張什□。廿一日，郡坊馬兩疋。廿二日，郡坊帖馬兩疋，食麥粟一斗五升。付馬子張什仵。廿四日，郡坊帖馬兩疋，食麥粟一斗五升。付馬子張什仵。同日，郡坊帖天山舘馬一疋，送李錢到食麥粟伍升。付馬子張什仵。廿五日，郡坊帖馬十二疋，廿六日，郡坊馬七疋，食麥粟四斗九升。付馬子呂祖。七七日，郡坊馬七疋，食麥粟四斗九升。付馬子呂祖。同日，郡坊細馬一疋，迎元判官，食麥粟一斗。付押官楊□□。廿八日，郡坊馬七疋，食粟麥四斗九升。付馬子呂祖。廿九日，郡坊馬七疋，食粟麥四斗九升。付馬子呂祖。□馬七疋□坊馬八疋，帖天山舘送趙光烈家口到，食粟麥八斗。付健兒張庭俊。牒件□郡坊食蹹歷如前謹牒天寶十四載正月　日蹹子申屠冲子　牒捉舘官闞紹業正月十八日攝録事嚴　仙

泰　受□參軍　旺　付□□莊白廿五日

《明嘉靖鄭氏謄契簿・嘉靖十三年李帥保立甘罰文約》　休寧李帥保立甘罰文約

十二都李帥保等，原洪武年間，有十五都外祖母舊鄭英才，買受本都五保，土名馮四塢西塢口山地一條，於內安葬外祖鄭秀雲公在上。是母舊英才，思念姐妹之情，與生李文彬，將母安葬鄭氏墳一所在上。至今年二月間，是帥保不知上祖來歷，到山朦朧砍折柴木，是英才子孫鄭德良等得知，狀投里老，帥保不願紊繁，自情願央憑中人，立還文約。已後再不敢砍□侵犯其餘空閒山地並四周。鄭英才長養庇樹木盡係英才子孫永遠管業，本家自後並無侵犯，基祖□鄭氏墳一所聽本家標祀，自立文之後務宜遵守，如違聽自英才公子孫□文告理，罰銀十兩入官公用，仍以此文爲始。今恐無憑，立此文約爲照。嘉靖十三年二月十七日立文約人李帥保

李渭　勸論里長　胡元　親眷　胡鎬　胡景倉

（明）程新春《竇山公家議》卷七《銀穀議》　夫利者，義之和也，能和義而後能治利。義者何。銀穀出納分明，酌量盈縮而無所私也。斯乃持家之大節，立心之切要。人之賢不肖，即此可觀。經理者幸爲其賢，毋爲其不肖。述銀穀議第七。

議曰：稱收各處租穀，多有以愛憎爲低昂之弊，〔令〕（今）議較鑄鐵祖如天平様，以對針爲率，庶革此弊。此係衆事第一緊要，當即行之，不可姑待。

將收穫之先，曉諭各佃，務要穀色乾燥，以防貯積壞爛。

凡出入銀穀，衆備有天平、頂秤並鐵祖天平，無得更易。

該收銀穀，毋許各佃坐賒，務令依期交納，有見銀坐者聽。

凡糶穀，管理者眼同將銀兑明，方照時價稱發，記算明白，庶免混錯。或本房人告糶，亦照時價稱發，毋得過與變亂。

係衆銀穀，管理者毋許擅行賒借與人，犯者立時追復。

每年七分清明墓祭，百花園正旦墓祭及清明墓祭，生忌二辰祠祭，遞年祭穀，共陸拾陸秤，稱發輪辦之人，豐歉之年皆同。百花園清明墓祭猪，坐穀拾伍秤，付佃汪金富兄弟養辦。中元祠祭猪，坐穀叁拾陸秤，付佃張壽，張乞保兄弟養辦。冬至祠祭猪，坐穀叁拾玖秤，付佃，項源、青

真塢養辦。內多穀叁秤，存肉拾斤，付中村佃醃臘，以備楊坑清明墓祭用。其前三項祭猪，隨穀稱用。議定例則，各祭酒醴。中元、冬至、正旦、生辰、各墓清明，例用穀叁拾伍秤付管理先造，惟忌辰買備。其餘祭物俱管理支銀買辦，例則開後。

管理者收糶一年事完，將收支過銀穀逐一明白開注於後各款下。中元以前，管理者備酌，約會接管者眼同結算。每年租穀，管理者務要盡完，不許開未完。倘倉有見穀，亦要盡糶見銀。若過七月，則新穀又至，無可糶之期矣。其各處租銀，亦不許開未完。其餘事有未完者，方許開注於後本年未完款下，復開注於接管手册上年未完款下，總計俱無差錯，至中元祭日，將手册呈告家長，遍示家衆，查刷收支無弊，家長大書事完無弊四字於當年手册上，方收入匣。其接管手册，即付接管者收貯，以便查考。

收支銀穀分列款式，凡遇收支，即時填注。如收款下注某月日收某處銀穀若干；如支款下注某月日支銀穀若干，某事用；其見在銀款下，注有、無、若干。其餘事未完款下，亦照式填注，庶便會計據此查刷。

年分稱收各處租穀共計。◀泰昌元年稱收各處租穀共計叁千壹百壹拾陸秤柒斤。▶〈萬曆二十四年分稱收各處租穀共計貳千玖百肆拾陸秤十二斤。外收經應貳拾秤，青真塢罰穀壹十乙秤〉〔順治拾叁年分稱收各處租穀，共收貳千捌百貳拾秤拾肆斤整〕

貯韓村倉計穀。〔貯韓村倉計穀玖拾陸斤零，又存上柒拾肆斤，二共存實穀壹百貳拾斤，又伍拾斤，□秤〕【發祭祀燈油，貼清明會首】

貯方村倉計穀。

貯楊坑倉計穀。

貯青真塢倉計穀。

貯項源倉計穀。〔貯項源倉計穀壹伯貳拾陸秤柒斤捌兩，又上存穀伍拾陸秤拾斤拾貳兩，總共實存穀壹伯捌拾叁秤壹兩。肆兩，又二十九日盤存〕

五房均分計穀。〔五房均分計穀壹阡伍伯足秤訖〕【遞年五分均分壹阡伍伯秤】

收各項銀共計。〔收支入後查〕【賓山公生忌二辰發穀伍拾斤，新正拜年在內，清明百花園上墳發穀肆拾秤，清明溪頭塢、黄坑塢上墳發穀肆拾秤，貼清明會首叁拾秤，斯文燈油每名陸秤，祀酒貳拾伍秤】

糶穀銀計〈收糶穀銀伍拾叁兩伍錢陸分〉〔糶穀銀計陸拾伍兩肆錢柒分柒厘，除支壹兩壹錢伍分，又叁兩壹錢陸分，又肆兩壹錢貳分，共除玖兩叁分零，得實存銀伍拾陸兩肆錢貳分柒〕

賣木銀計。〈賣木銀計共三兩柒錢。裏南塢、外南塢、黄花塢、楊坑共四處〉〔賣木銀計陸拾陸兩捌錢玖分貳厘，外支銀伍兩捌錢陸分貳，又支文銀壹兩壹錢柒分陸，共除柒兩貳錢貳分，實存銀伍拾玖兩陸錢柒分貳。以上二宗，除吏零用，仍實存足□足色銀壹伯壹拾陸兩玖分玖厘。一支銀柒拾捌兩買青真塢莊屋。一支銀伍拾陸兩兑本年票並舊票貳拾兩在內。除支，尚存銀壹伯壹拾陸兩玖分玖，仍净透支匣銀壹拾柒兩壹厘。順治十三年十一月冬至日，五首交帳單存，付下年五首收領照〕

地租銀計

〈一收龔末乞銀乙錢零六厘。

一收江村租銀乙錢伍分。

一收記興鋪租貳錢伍分。

一收王銀保租銀陸分半。

一收胡學租銀乙錢。

一收汪村園租銀貳分。

一收林村租銀貳錢〉

雜行銀計

〈一收借槳、述、寄、周銀貳兩。

一收借奇祥銀貳兩。

一收倉基嶺柴價陸錢。

一收程移、貼編銀乙錢。

一收方謝貼造桂家屋銀陸兩貳錢五分。

一收夢元貼造桂莊屋銀叁兩乙錢〉

支過穀共計

〈支乙千伍百秤，五分均分。

支三秤，造胥楊廟浮堨。

支半秤，與汪記揨黄泥蚯田角沙。

支十三斤，居士使禮。
支一秤三斤，糅飯。
支三十五秤，造酒。
支九十八秤，仁、義、信祭祀。
支半秤，江村竹匠喪妻。
支二十四斤，章溪收早租飯菜。
支二十秤，與生員。
支十五斤，挑祀穀並生員穀酒。
支四十秤，還滐、述、記、周。
支壹百秤，與應孫造胥楊石堨。
支乙秤十三斤，挑穀酒方村、林村、韓村、楊坑等處。
支三秤，買忌辰酒。
支一秤，與汪尚，爲喪妻。
支十斤，黄狗嶺看山飯米。
支三秤十四斤，貼王、陳二家做七畝田堨。
支五斤，韓村發穀飯米。
支三秤，與應孫修高宗廟前大塍畔□。
支一秤十斤，與謝順佛塔塢坌分一。
支二十斤，項源二次發穀飯米。
支十斤，與汪記、汪尚掃倉。
支三十三秤五斤，還奇祥。
支五秤，與末富木匠做百花園橙棹。
支十斤，飯米發穀與良彝八人用。
支二十三斤，韓村發分穀飯米。
支六秤七斤，章溪挑穀脚錢並酒飯。
支乙秤半，章溪發穀飯米。
支四斤，章溪掃倉。
支半秤，挑行李進章溪。
支乙秤，與汪尚買梘。
支六秤半，冬至、中元飯米。
支六斤，五壽挑柴飯米。
支二秤，貼才保上胥嶺堨土。
支三秤，與中村百花園分穀酒錢。
支二十秤，殺冬至猪。
支叁十四秤五斤，殺中元猪。
支十五秤，百花園清明肉。
支三秤，百花園築墻。
支二秤，百花園墳下做路。
支一秤，買宋坑屋飯米，二次用。
支十二秤，買汪門十二扇，次六條。
支二十四秤，貼桂六房造屋飯米。
支十斤，看宋坑折屋飯米，三次。
支三秤，與毛乞木匠工錢。
支三斤，汪銀保挑穀酒。
支柒斤，金三。
支陸斤，月得。
支二十四斤，汪毛。
支二十八斤，韓村三家。
支十四斤，汪尚。
支九斤，汪記。
支十二斤，陳家。
支九斤，萬記保。
支一秤，潘新富。
支十六斤，乞元。
支十六斤，乞保。
支十五斤，社乞。
支十五斤，社興。
支十六斤，吴五壽。
支二十斤，繭得、秋乞。
支六斤，葉虎。

支六斤，朱乞孫。
支三十斤，桂家。
支六十一秤，傅良彝。
各倉共蝕耗穀乙十三秤半。
前項共支過穀二千零八十伍秤，並蝕耗在內。仍仗穀八百九拾貳秤十乙斤，糶得銀伍十三兩伍錢陸分。〉
〈一收薛家段方家地租豆二斗。
一收捕户背後山坦地租豆二斗。
一收溪頭王銀保地租豆乙斗。
一收胡良田鴨子四令。
一收佛塔塢地租豆七分。汪尚佃。廿七年荒。
一收秣上王錢因葬在衆山納租豆伍昇。
一收在城安下酒銀貳錢。
以前物件係管理人均分訖。
一收吴坑木價給主銀拾兩，五房分訖〉
〈支過穀共計：
支九百七十五秤，發五房輪穀。
支五十秤，正旦、生忌二辰祭祀。
支四十秤，百花園粿。
支四十秤，溪頭黄坑塢粿。
支三十秤，貼清明羊。
支十五秤，百花園猪。
支十七秤，中元祭猪。
支六十秤，燈油。
支二十五秤，五房造酒。
支乙秤，青真塢挑穀酒。
支三秤半，各莊挑穀酒。
支三秤，冬至羹飯並人工。
支乙秤，中邨挑穀酒。
支二秤，韓村挑穀酒。
支二秤，桂莊年丁。
支二秤半，中元羹飯並人工。
支乙秤半，潘發貴年丁。
支二秤，百花園年丁。
支乙秤半，張六年丁。
支五秤，韓村年丁。
支三秤，項源年丁。
支乙秤，桂莊挑穀酒。
支三秤，項源掃倉。
共支過穀壹千貳百捌拾肆秤，仍仗穀捌百陸拾肆秤零伍斤，糶銀陸拾玖兩壹錢伍分，支出在後。
一收剥菜園租銀壹錢八分。
一收毛峃山興山酒錢五百文。
一收項家培柴價錢三百文。
一收溪頭張家塢坦租錢五十文。
一收葉天元埁租鴨子十個。
一收正衢鋪租銀八分，計水酒八瓶。
一收護鋪租銀四分，計酒四瓶。
一收士讀月下山菜園租銀伍分。
一髽菜園租錢三分。無收。
一收楊鵝坑坦租錢三十文。
一收寓所酒銀捌錢。
一收耀和溪橋頭地租金銀乙百。
一收墳鋪後地租金銀乙百。
一報慈庵坦乙塊。荒。
一方家坦地。荒。
一收青真塢柴價錢二百。
一查氏孺人墳前地乙塊，係瑜種，未納租錢，無租約。
一來龍下塢地二塊，係拱種，未寫租約。
一收榨樹堨柴價錢壹百五十文。

以上共收糶穀銀並柴價租銀陸拾壹兩伍錢三分。出支於後。
支銀陸錢二分文，貼清明上墳。
支乙錢二分，書院香燈。
支三兩二錢，兑官丁。
支四錢，加利並除竈。
支六分，龍燈燭。
支三分，筆、墨、紙，注帳。
支乙兩六錢，冬至羊。
支五兩五錢，冬至猪。
支八錢，魚。
支貳兩一錢，麵食、粇（糖）尖豆。
支三分，挑脚。
支六錢，柑子折豆。
支貳錢伍分，枝圓。
支二分，毛邊福紙。
支二分，紅麯、大料。
支一錢，金銀。
支一錢六分，油上醬。
支一錢二分，供單紙。
支一錢一分，閩笋、木耳、蘿蔔、葱。
支一錢，燭。
支一錢二分，川。
支二錢六分，厨子刀錢。
支分半，交〔奚〕（鷄）酒。
支一錢一分，吹手。
支乙兩六錢，斯文送禮。
支三錢二分，各莊辭年酒。
支一錢二分，備墳奠墓。
支一分二厘，陳新富拜年。
支六錢，清明羊。
支一錢八分，清明〔奚〕（鷄）、火肉。
支一錢二分，猪肉。
支八分，銀。
支三分，油。
支四分半，金銀供單紙。
支一錢六分，拖禄、〔糧〕（糖）尖。
支四分，殺羊〔奚〕（鷄）子花。
支五分，紅麯、大料、柴、醬。
支三分，吹手。
支一錢五分，銀，上墳。
支一錢二分，毛邊紙、燭、香。
支一錢二分，〔奚〕（鷄）。
支一錢七分，鴨子。
支一錢二分，油。
支乙兩六錢，接風餞呈酒。
支三兩二錢，中元猪。
支乙兩六錢，中元羊。
支五錢，銀。
支二錢七分，金銀供單紙。
支二錢，〔奚〕（鷄）。
支三分，檀速香。
支二錢二分，棗子、笋、木耳。
支九錢，麵食。
支七錢七分，糖尖豆。
支一錢二分，川。
支一錢二分，吹手。
支四分，人工、飯錢。
支二錢四分，厨子刀錢。
支四分，抬猪。
支一錢二分，刷家議筆、墨、紙。

支廿四兩零二分，地畝營南衛米、黄荳等項。
支六錢三分，物料。
支二兩二錢，扛脚。
支二兩六錢七分，加平。
支二兩五錢，領蝕。
支二兩，使用。
支一錢七分，火錢封筒。
支七錢七分，加丁。
前共收過糶穀銀並柴價租銀陸拾壹兩伍錢叁分，支過柒拾四兩零四分二厘，仍多支拾貳兩伍錢壹分二厘。
一新買秩下式田苧塢里里租五秤，實收貳秤，又下櫪蚯四秤半。支乙秤，錢一銀仍五秤半，糶銀四錢四分買木、石灰、鐵丁，修書院西廊下屋訖。〕
〔支過穀共計：
支壹千貳百，五房均分。
支壹百貳拾伍秤，與敬宗門訟費，爲青真塢莊僕事。
支壹百柒拾伍秤，湊造書院寢室並莊屋。
支壹百叁拾秤，付三房祭祀。
支陸拾陸秤，斯文燈油。
支叁拾秤，貼清明會首。
支壹秤拾叁斤，挑脚。
支貳拾伍秤，上墳酒。
支拾伍秤，百花園上墳猪。
支貳秤半，補溪頭秤頭。
支壹秤，青真塢挑穀酒。
支壹秤半，中村挑穀酒。
支壹秤，百花園挑穀酒。
支伍秤，各佃挑酒。
支肆秤半，章溪挑脚。
支壹秤伍斤，章溪挑穀酒飯。
支叁秤半，冬至羹飯並人工飯食。
支叁拾伍秤，中元祭猪。
支叁秤，韓村發穀飯米。
支貳秤半，韓村掃倉。
支肆秤，項源發穀飯米。
支貳秤半，項源各家掃倉。
支半秤，章溪掃倉。
支陸斤，冬至挑柴飯米。
支陸斤，中元挑柴飯米。
支叁秤半，中元羹飯並人工飯食。
支壹秤半，汪祖富父子年丁。
支壹秤壹斤，張六兄弟年丁。
支貳拾肆斤，潘聖孫年丁。
支叁拾陸斤，桂莊年丁。
支貳拾貳斤，方夏富年丁。
支拾貳斤，方初壽年丁。
支陸斤，方昌富年丁。
支拾斤，方昌元年丁。
支拾斤，方瘦年丁。
支拾斤，方小九年丁。
支拾斤，方大九年丁。
支壹秤，方端興年丁。
支陸斤，王莊年丁。
支貳拾肆斤，王鳳年丁。
支拾捌斤，萬有富年丁。
支壹秤，陳新壽娶媳。
支壹秤，程福娶媳。
支壹秤，青真塢年丁。
支拾貳斤，陳莊年丁。
前項共支過壹阡捌伯伍拾捌秤壹斤半，仍剩穀玖伯陸拾貳秤拾貳斤半。照上年例，柒分交帳，該銀陸拾柒兩叁錢捌分半。支後。
一收各處坦租於後：
收程鳳奇坦銀捌錢。
收剥菜園租銀壹錢捌分。
一收寓所上例與首酒折銀叁錢。
一收報慈庵租銀陸分。
一收方家坦租銀捌分。
一收羊鵝坑租銀陸分。
江節租荒。
王三毛租荒。
一收程玄壽租銀伍分。
一收楊舟山租銀叁分。
一收胡良田柴價銀叁錢。
一收白石窟柴價銀貳錢。
一收魚龕塢柴價貳錢。
一定黄岐嶺柴價銀叁錢貳分。
一收牛角灣柴價銀肆錢。
一收紅美塢分柴價銀貳錢。
以上柴價並坦租共銀叁兩壹錢捌分。
叁兩零陸分支帳子後：
支陸錢，付清明會首各處上墳。
支壹錢捌分，加利並色。
支捌錢，衆出度孤。
支伍分，紙筆注帳。
支貳錢，書院香燈。
支壹錢陸分，龍燈燭一斤。
支叁兩貳錢，兑丁銀。
支肆錢壹分，加利。
支貳錢伍分，忌辰酒。
支壹兩壹錢，彩旗二幅送學。

支柒分，猪肉。
支陸分，金銀紙，章溪奠墓。
支陸分，項源奠墓金銀紙。
支陸分，百花園奠墓金銀紙。
支陸分，書院金銀紙奠墓。
支貳分，王、陳二莊接收租酒飯。
支貳錢，韓村貳百貳拾陸秤挑穀酒銀。
支叁兩捌錢伍分，冬至羊。
支壹分伍厘，韓村交鷄酒。
支壹分伍厘，溪頭交鷄酒。
支壹錢，冬至拾猪工錢。
支壹兩壹錢，祭魚。
支肆分，稅綱。
支壹拾壹兩，冬至猪。
支捌錢捌分，柑子。
支玖錢，枝員。
支捌錢伍分，麵食。
支捌錢，糖尖。
支捌錢，豆補糖尖。
支捌分，曬表錢。
支叁錢，供單紙。
支捌分，檀速香。
支叁分，毛邊紅紙、長紅緑紙。
支叁錢肆分，石燭。
支貳錢玖分，金錢。
支叁分，紅麯、大料。
支玖分，醬。
支貳錢貳分，鹽。
支壹錢壹分，閩笋。
支壹錢，木耳。

支壹錢，油。
支叁分，牛血。
支叁分，醃菜。
支陸分，胡蘿蔔、葱。
支壹錢陸分，殺猪羊刀錢。
支陸分，殺羊酒。
支捌分，吹手。
支陸分，厨子。
支肆錢，祭鷄。
支貳錢陸分，散夥酒。
支貳錢叁分，縣中買貨川。
支貳錢，時酒。
支陸錢，餞程酒。
支壹兩陸錢，斯文送禮。
支壹錢，燈。
支陸分，燭。
支陸分，除夜金銀紙。
支捌錢，各莊辭年酒肉。
支貳錢，元旦金銀紙、酒粿，拜年。
支貳錢伍分，各莊交銀酒。
支貳分，陳祚拜年。
支壹兩肆錢陸分，清明羊。
支貳錢伍分，臘肉。
支貳錢貳分，塘魚。
支壹錢貳分，香油。
支貳錢伍分，猪肉。
支捌分，供單紙。
支壹錢壹分，拖鹿。
支壹分半，大料。
支叁分，柴。
支貳分，鷄子花。
支伍分，糖尖。
支貳分半，檀速香。
支叁分，石燭。
支肆分，金銀。
支貳分，紙。
支貳分，祭文。
支叁分，吹手。
支伍分，殺羊。
支貳分，殺羊酒。
支壹錢貳分，紅燭。
支壹錢貳分，毛邊祭文。
支伍錢捌分，白鴨子，上墳。
支肆錢，金銀。
支叁錢貳分，供單紙。
支壹錢，火紙。
支貳兩貳錢，上墳猪肉。
支叁分，官香。
支肆錢，塘魚。
支貳錢，香油。
支壹錢，鹽。
支陸分，醬。
支貳錢肆分，江村上墳鷄。
支壹錢伍分，買貨酒飯。
支叁分，税綱。
支肆兩壹錢，中元羊。
支壹兩貳錢，糖尖。
支肆錢伍分，豆補糖尖。
支捌錢，麵食。
支貳錢捌分，供單紙。

支玖錢，解杠。

支壹兩貳錢，兑銀盤川數次封同火錢。

支貳兩，付軍莊頭首使用。

支貳錢伍分，户房算帳酒。

支貳拾兩，内拾兩凑造寢室，付衆支用應口等事訖。

支壹錢伍分，家議紙。

支壹錢，金銀紙，内刷家議祀神。

以上共支過銀壹伯壹拾玖兩捌錢柒分。除前穀銀並坦租柒價銀柒拾兩零伍錢陸分，仍外透支銀肆拾玖兩叁錢壹分。仍外透支銀肆拾肆兩貳錢柒分。

並前共壹伯壹拾玖兩捌錢柒分。

順治拾肆年玖月初七日，五首共收實租穀及租銀清存底賬列後：

總共收實租叁阡柒伯肆秤。

支壹阡伍伯，五房均分。

支柒拾貳秤，燈油。

支壹伯貳拾秤歲粿穀。

支壹伯秤，發上年排年。

支陸拾，貼上下會清明。

支玖拾陸秤肆斤。

前存銀並錢共陸兩伍錢肆分叁。支派於後：

一支銀柒錢陸分柒，酒面議價。

支壹兩壹錢肆分，新糧。

支叁分陸，差情。

支柒分柒，紙燭。

支陸分肆，中伏。

支叁兩貳錢貳分，錢糧。

共支過實銀伍兩貳錢貳分玖。除支，仍存壹兩壹錢壹分肆〕

支過銀共計：

〔支三分，紙筆。

支乙分八厘，方同門前挑早穀酒。

支二分八厘，挑韓村方村挑早穀酒。

支叁分，税綱。

支陸分，捉魚工錢。

支壹兩壹錢，塘魚。

支伍錢陸分，棗。

支貳錢，枝員。

支捌分，檀速香。

支壹錢，閩笋。

支叁分，毛邊紅紙。

支叁分，紅麯大料。

支捌分，曬表紙。

支叁錢陸分，石燭。

支壹錢，香油。支少了。

支捌分，木耳。

支叁分，牛血。

支陸分，白菜、葱。透支了。

支壹錢，鹽。

支玖分，醬。

支肆錢伍分，棹面鷄並神。

支貳錢，殺猪羊刀錢。

支肆分，殺羊酒。

支陸分，厨子。公平。

支叁錢，金銀。

支壹錢陸分，時酒。太少。

支貳兩壹錢，炙肉。

支貳錢陸分，散夥酒。

支捌分，吹手。

支陸錢，接風酒。

支貳錢伍分，下縣買物川。

支陸分，挑脚。

支叁拾捌兩，錢糧加平火耗在内。

支四分半，訂秤並買苧。
支七厘，月得等挑穀並盤穀酒。
支乙分二厘，六畝坵挑早穀酒。
支五分，百花園、上坳等處挑早穀酒。
支七厘，青真塢挑早穀。
支乙分二厘，許節興挑早穀酒。
支四兩，找應孫胥楊埸工錢。
支二兩，送汪興田。
支五分，猪肉。
支四分五厘，酒。
支三分半，鷄。
支乙分二厘，象生。
支二分半，魚。
支三分八厘，心紅並燭。
支六分，布旗。
支二分半，豆。
支三分，火紙、自紙。
支二分，科馬速香。
支半分，匕。
以上封青真塢山。
支乙分二厘，月得搒柴酒。
支乙分二厘，章溪挑早穀酒。
支二錢八分，縣中請興田客。
支乙分八厘，酒。蘭荆塢、大尉廟、金盤坵、牌樓前等處挑穀。
支六錢，餞呈。
支乙錢二分，酒付。
支六分半，猪魄。請應時、楷、淮量桂家地。
支乙分六厘，灰面。
支三分半，包子，至楊坑做點心。
支二錢五分，松木。
支四錢二分，貼求社六家竪屋酒肉。
支二錢五分，木匠賞手。
支三錢七分，買方玉松木。
支拾兩，買屋價。
支伍錢伍分，中人錢。
支三錢乙分半，成交錢。
支三錢，買鐵釘。
支三錢五分，買正屋柱。
支二錢三分，買浩枋二塊。
支四錢五分，妝板。
支四錢五分，橋板。
支乙兩七錢，買謝家屋柱並雜木。
支四兩，右保工錢。
支六錢五分，擗匠。
支二錢五分，買柱並木並枋。
支六錢五分，買灰並磚、匠工食銀。
支四錢二分，找毛乞木匠工食銀。
支四分，抬方村栗樹工錢。
支七錢五分，買瓦二千五百，蓋中廳。
支乙錢五分，挑瓦工錢。
支六錢，羊。
支乙錢，買齊猪肉，補羊肉。
支五錢，魚。
支四錢五分，果子。
支八分，象生。
支五錢五分，麵食糖。
支乙兩四錢，殺齊猪。
支六分，匕。
支六分，油。
支五分，醬、醋。

支五分，閩笋、木耳。
支四分半，建黄白。
支九分，石燭。
支四分，大椒、花椒。
支二分，檀速香。
支二分，紅麯、大料。
支一錢五分，呈文毛邊表白長紅緑。
支三分，葫蘿葡、葱、萊。
支三分，殺羊。
支八分，時酒。
支三分，厨子。
支乙錢六分半，買貨點心並挑磁器僕人用。
支六錢，醜係良本、熊祥文被罰銀。
支乙兩九錢乙分半，買磁器。
支二錢四分，清明醃肉。
支二分，火紙、象生，江村收租奠墓。
支二分七厘，楊坑奠墓火紙，象生。
支二分半，火紙、象生，項源奠墓。
支乙分二厘，書院燈並燭。
支乙分二厘，金三拜年。
支二分四厘，石七二人拜年。
支乙分二厘，朱乞孫拜年。
支五分，金三楊樹彎坌。
支二分，天祥中人錢。
支乙兩九錢八分，付柏岩公，係講奇祥銀。
支五分八厘，買鷄請良彝、良木稱穀用。
支七分四厘，百花園鋸棹板。
支三分，買皮板做棹艷。
支三分，毛釘釘棹艷。
支乙錢，買木做棹脚。
支七分，買鷄付新首上章溪墳。
支乙錢三分，百花園番屋。
支三分，飯米，磚匠用。
支乙分二厘，磚匠常例。
支二錢四分，番中村書院。
支乙分半，肉。
支二分四厘，酒付。
支二分，還招保殺冬至猪刀錢。
支二錢，鴨子。
支八錢八分，肉。
支乙錢六分，香油。
支六分，匕。
支乙錢，呈文紙。
支五分，象生。
支六分，夾白。
支二分半，毛邊、官香。
支二分半，紅燭。
支乙錢，魚。
支五分，火紙。
支乙錢八分，救來龍火。
支四分四厘，常例。
支二錢五分，買桶五只〔乘〕（盛）磁器。
支乙錢二分五厘，鎖五把。
支二錢五分，買文祥方梅坑山。
支三分，找末富木匠工錢。
支五分，成交酒。
支九錢乙分，買繼風社壇前田。
支乙錢二分，成交酒。
支二錢乙分，與楷、李過社壇前田，代納酒。
支二錢五分，買磚門。

支七分，石灰。
支六分，磚。
支六分，工錢。
支三分，酒肉，磚匠用。
支四分，雜工。
支三分，米。
支乙分，紙筯。
支乙錢二分，與催興望坌。
支二分，與長得造柘木坑竭。
支乙錢四分，貼長房清明利錢。
支十一兩四錢五分，糧錢並加秤。
支十兩六錢五分半，外加平五錢三分，緣編。
支七錢，羊。
支四錢五分，果子。
支五錢五分，麵食糖。
支五錢，魚。
支八分，象生。
支四分，匕。
支六分，油。
支五分，閩笋、木耳。
支五分，醬、醋。
支四分半，建黄白。
支九分，石燭。
支四分，大椒、花椒。
支二分，檀速香。
支三分，葱菜。
支乙分半，大料、紅麯。
支乙錢三分，呈文毛邊表白長紅緑紙。
支八分，時酒。
支三分，殺羊。
支三分，厨子。
支乙分半，快子。
支乙錢，買貨點心，並僕人用。
支六錢，接風酒。
支二錢七分，六甲散栗酒。
支二錢五分，五甲算糧酒。
前共支過銀柒拾貳兩貳錢。〉
見在銀計。
本年未完事件（不許開穀銀並租銀，如無未完，其款下注無字）。
做田。
做場。
修理。
木銀。
帳銀。
貨物。
上年未完事件（亦不許開穀銀並租銀，此係交代時，於新册内各款下，如無未完，注無字，使接管者便查處）
做田。
做場。
修理。
帳銀。
〈程鏞收安下租銀六錢未付。
上二年收西房租銀未付。
上二年收羊一只未付。
上二年程鏗欠銀乙兩二錢，約在大成處，未付。
萬曆六年分，頭首收銀二兩乙錢八分未付。
萬曆十六年分，頭首程鈊、鏈、文祥、良機、光祖五人，收新賣田租數拾貳秤正，未付。二十年，鏈出穀二秤，文祥出穀二秤，賠衆，仍二入未付，悉憑衆議。〉
木銀

〈一林興通欠柴價柒錢。
一上二年賣魚壠塢柴價未付。興山人及窟存證。係程濼管理年分。
一上二年付銀貳兩，又穀二十一秤，貼朱乞孫造屋，未造。
一王再保越界强砍田畔上木，未明。有約。〉

貨物

〈韓村抽箱棹一張，係仁祥借去未還。鎖三把。闊松板二塊在韓村莊。
楊坑橋板一方二尺，付求社等收。
修書院仗面地磚叁拾陸塊，付守祠僕收。
宗洋領去宗泚田契一紙，未付。
鏗領去填注家議三本，未付。
文書契簿，并收。
流水帳，上二年未付。〉

今將衆存物件開具於後：

寶山公親書謄契文簿一本，收。
寶山公親書買業流水文簿□本，收。
大匣一個（銅鎖並匙。內謄新買文契簿一本，祭祀簿一本，謄租約合同文簿一本，各處山場草册二本，遞年填注手册□本，山場佃約文書一本，未注手册□本）。
中匣一個（銅鎖並匙。內新買文契□紙，租約并合同文書□紙）。
天平租秤一付（內鐵祖、秤、盤、針，共四件）。
租秤一把，穀印一個，封條板一塊。
各倉鎖匙□個（鎖俱在各倉上）
契籠一只（內貯舊契並舊業流水文簿），收。
大錫香爐花瓶一付，高鐵燭臺一對，收。
銅鼓一付並鈸及架，大鼓一面及架。
木板厨二棹（鎖二把並匙，內家議刊成板片，盟神誓詞板一片，空板片）。
高桶二只（鎖二把並匙，內磁爵三個，磁小爐瓶一付，磁碗百十個，磁杯百十個，磁碟百十個）。
書院門鎖一把並匙。

案例文書

《名公書判清明集》卷九《户婚門·捨木與僧》　捨墳禁之木以與僧，不孝之子孫也；誘其捨而斫禁木者，不識法之僧也。若果如縣斷，則是爲尊者可捨墓木，爲姪者不合訴墓木，與法意大差矣！程端汝勘杖一百，僧妙日不應爲，杖六十。帖縣照斷。

《名公書判清明集》卷九《户婚門·庵僧盜賣墳木》　許孜，古之賢士也，植松於墓之側，有鹿犯其松栽，孜泣，嘆曰："鹿獨不念我乎。"明日，其鹿死於松下，若有殺而致之者。獸犯不韙，幽而鬼神，猶將聲其寃而誅殛之；矧靈而爲人者，豈三尺所能容哉。師彬背本忘義，曾禽獸之不若。羣小志於趨利，助之爲虐，此猶可諉者。潘提舉語其先世，皆名門先達也，維桑與梓，必恭敬止，今其松木連雲，旁起臨淵之羡，斤斧相尋，旦旦不置，鄉曲之義掃地不遺，此豈平時服習禮義之家所應爲乎。事至有司，儆之以法，是蓋挽回頹俗之一端也。師彬決脊杖十七，配千里州軍牢城收管。

（明）蘇茂相《新鐫官板律例臨民寶鏡》卷九《雜犯類審語·争樹木》　據陳從祥手出買契，則年久無容争矣。如果係陳木，則一木砍伐即當告争，何不争於林皇三月砍伐二十四根之時，而争於七月耶，其意不過爲風水有礙耳。當投地方，何無的證，合杖。

（明）顔俊彦《盟水齋存牘》卷二《息訟盧良佐等杖》　審得盧良佐與陳純衷以共養魚塘啓釁，所争甚微而架詞瀆憲。奉行拘質，旋具息詞以進。審無别情，姑各杖之，以儆多事。招詳。

布政司批：盧良佐等争錙銖之利，逞不根之詞，既經悔息，姑依擬各杖贖發，庫收繳。

（明）顔俊彦《盟水齋存牘》卷二《息訟霍見東等杖》　審得佛山爐户計數萬家，省下公務取鐵釘答應，自十斤以上至數百斤，鋪行不堪賠累，議爐户幫貼。前府洪之審案墨未乾也，陳健榮、霍見東等恃頑不貼，舊年候船造各船鐵釘，無從取辦。鋪户葉世祖執原案訴之委官，而陳健榮等遂借衙門，可容其自告自息乎。杖健榮、見東，以懲其狂率。仍聽照原規答應。招詳。

察院梁批：鋪行以幫貼致訟，既經處息，自可從寬。陳健榮等伏擬杖警。至劉勳遠擅詞拘擾，豈盡無因，第以別案見問，姑且置之。餘如照，庫收繳。

（明）顏俊彦《盟水齋存牘》卷二《息訟周鳴啓杖》 審得吴應期與明[鳴]啓以會銀不清開釁，激而上控。奉行拘質，兩造親昵，爲之調停，具息以進。曰藉有憲行各以獲罪爲懼，已處明矣。究竟不肯清楚，咎在鳴啓，姑薄杖之。應期係子衿，姑免擬。具招呈詳。

布政司批：周鳴啓負銀致訟，雖經悔息，終無辭於義也。依擬贖發，庫收繳。

（明）顏俊彦《盟水齋存牘》卷二《息訟陳少思等杖》 審得陳少思、麥建邦以共買一分八厘之地相争而訟。旁觀者爲之解紛，亦遂憬然曰：一分八厘之地所值有幾，不足供訟費，請已之。職善其能悔，姑各杖以請，不深求也。招詳。

按察司批：陳少思、麥建邦争蝸角之地，宜其悔息，依擬各杖，庫收繳。

（明）張肯堂《䇐辭》卷五《邵七雄霍永壽寧山衛軍》 邵七雄與霍永壽阡陌相連。六月間，七雄縱僕竊永壽之禾一束，爲壽侄明芳所覺，得間並縛七雄。七雄懼而謝過，明芳逼令立約一紙，許以償穀三石，然後縱之。此七雄所以憤而訟也。夫所失不過龠合，而責償乃至百倍。天下有是苛法乎哉。然誰實蹊田，以致賊名難湔。七雄内反，倘亦不能無餘愧矣。盗未滿貫，捕非無名，各以不應杖之。

（清）李之芳《棘聽草》卷六《讞詞·産業·本府一件為天討强搶事》

審得柳繼貴於上臘初八日盗砍柳伯瑞之木，雖山有木，工必度之，而非是人皆中伐也。望而濯濯，豈主人所願見哉。呈於衙復行肆砍，斧柯相尋，其存焉者寡矣。反以虚詞抵訴，狡健已極，杖猶爲寬，前木追給。

（清）李漁《資治新書二集》卷二〇《墳墓·盗樹剖墳等事》 看得李芝芬之與李桂等皆共祖同宗之人也，墳墓原在鄉寧。芝芬等則係民户，故歷來仍住祖籍；李桂則係軍户，故隨屯遷居臨晋。雖桂身以上七代之骨未歸首丘，然而鄉寧一冢，實爲李氏木本水源，非若郭韜之認汾陽墓也。但經年寒食不飛蝴蝶之灰，故兩地兒孫莫痛鴟鴞之棘。李芝芬等日就衰薄，因衆户丁糧難完，官司追呼緊急，議將墳地柏樹十一株賣與生員賀璿，取其值以爲賠補之計。李桂聞之，所以有是控也。夫墓門不許樵採，固曰賢者之孝思，然國課無可支持，亦是貧民之若惱。已賣者，不得過而問焉，未伐者，則猶可及止也，永應蓄禁，以安存歿。賀璿擅買墓林，樸贖以警。李芝芬等貧窮無奈，念爲輸官所迫，姑免擬。

（清）董誥《全唐文》卷九八一《闕名·對市賈為胡貨判》 甲爲市賈爲胡貨物，有犯禁者。大理以闌出邊關，論罪至死。刑部覆云，賈人不知法，以誤論罪，免死從贖。

貨以貿遷，日中爲市，化能柔遠，天下通商。爰詰犯禁之人，以明有截之制。矧惟市賈，實主販夫，競彼錐刀，當展誠而平肆，取諸噬嗑，方易有而均無。既泉布之攸歸，何器用之或異。梯山款塞，胡虜初喜其來王，懷寶越鄉，周官方驗其不物。事既告於邊吏，罪方書於賈人。且觀爾實來，則銀錢是入，既按其闌出，何璽節無憑。舉貨既麗於司關，附刑當置於圜土。一成定法，理官可貸其全生，三宥是思，憲部宜允於從贖。

雜録

（梁）任昉《述異記》卷下　袁紹在冀州時，滿市黄金而無斗粟，餓者相食，人爲之語曰：虎豹之口，不茹饑人。劉備在荆州時，粟與金同價。【略】漢末大饑，江淮間童謡云：太岳如市，人死如林。持金易粟，貴於黄金。洛中童謡曰：雖有千黄金，無如我斗粟。斗粟自可飽，千金何所直。

（唐）白居易《白居易集》卷二《諷諭・買花》　帝城春欲暮，喧喧車馬度。共道牡丹時，相隨買花去。貴賤無常價，酬直看花數：灼灼百朵紅，戔戔五束素。上張幄幕庇，旁織笆籬護。水洒復泥封，移來色如故。家家習爲俗，人人迷不悟。有一田舍翁，偶來買花處：低頭獨長嘆，此歎無人諭。一叢深色花，十户中人賦。

（唐）李綽《尚書故實》　又説：漢武帝時，嘗有外域獻獨足鶴，人皆不知，以爲怪異。東方朔奏曰：此《山海經》所謂畢方鳥也。驗之果是。因勑廷臣皆習《山海經》。《山海經》，伯翳著，劉向編次作序。伯翳亦曰伯益，書曰：益典朕虞。

（唐）蘇鶚《杜陽雜編》卷上　上嘗幸興慶宮，於複壁間得寶匣，匣中獲玉鞭。鞭末有文，曰軟玉鞭，即天寶中，異國所獻。光可鑑物，節文端妍，雖藍田之美，不能過也。屈之則頭尾相就，舒之則勁直如繩。雖以斧鑕鍛斫，終不傷缺。上嘆爲異物，遂命聯蟬繡爲囊，碧玉絲爲鞘，碧玉蠶絲。即永泰元年，東海彌羅國所貢，云其國有桑，枝幹盤屈，覆地而生，大者連延十數頃，小者蔭百畝，其上有蠶，可長四寸，其色金，其絲碧，亦謂之金蠶絲。縱之一尺，引之一丈，撚而爲鞘，表裏通瑩，如貫瑟瑟。雖併十夫之力，挽之不斷，爲琴瑟絃，則鬼神悲愁忭舞，爲弩絃則箭出一千步，爲弓絃則箭出五百步，上令藏之於内府，至朱泚犯禁闈，其鞭不知所在。

（宋）李昉《太平廣記》卷三一《神仙・李珏》　李珏，廣陵江陽人也。世居城市，販糴自業，而珏性端謹，異於常輩。年十五時，父適他行，以珏專販事。人有糴者，與糴。珏即授以升斗。俾令自量，不計時之貴賤。一斗只求兩文利，以資父母。歲月既深，衣食甚豐。父怪而問之，具以實對。父曰：吾之所業，同流中無不用出入升斗，出輕入重，以規厚利。雖官司以春秋較權，終莫斷其弊。吾但以升斗出入皆用之，自以爲無偏久矣。汝今更出入任之自量，吾不可及也。然衣食豐給，豈非神明之助耶。

（宋）李昉《太平廣記》卷一七二《精察・趙和》　咸通初，有天水趙和者任江陰令，以片言折獄著聲，由是累宰劇邑，皆以雪冤獲優考。至於疑似晦僞之事，悉能以情理之。時有楚州淮陰農，比莊俱以豐歲而貨殖焉。其東鄰則拓腴田數百畝，資鏹未滿，因以莊券質於西鄰，貸緡百萬，契書顯驗。且言來歲賫本利以贖。至期，果以腴田獲利甚博。備財贖契，先納八百緡，第檢置契書，期明日以殘資换券。所隔信宿，且恃通家，因不徵納緡之籍。明日，齎餘鏹至，遂爲西鄰不認。且以無保證，又乏簿籍，終爲所拒。東鄰冤訴於縣，縣爲追勘，無以證明，宰邑謂曰：誠疑爾冤。其如官中所賴者券，乏此以證，何術理之。復訴於州，州不能理。東鄰不勝其憤，遠聆江陰善聽訟者，乃越江而南訴於趙宰。趙宰謂曰：縣政地卑，且復逾境，何計奉雪。東鄰則冤泣曰：此地不得理，無由自滌也。趙曰：第止吾舍，試爲思之。經宿召前曰：計就矣。爾果不妄否，則又曰：安敢誣。趙曰：誠如是言，當爲寘法。乃召捕賊之幹者數輩。齎牒至淮壖，曰有嘯聚而寇江者，案劾已具。言有同惡相濟者，在某處居，名姓形狀，具以西鄰指之，請梏送至此。先是鄰州條法，唯持刀截江，無得藏匿，追牒至彼，果擒以還。然自恃無迹，未甚知懼。至則旅于庭下，趙厲聲謂曰：幸耕織自活，何爲寇江。因則朗叫淚隨曰：稼穡之夫，未嘗舟楫。趙又曰：證詞甚具，姓氏無差，或言僞而堅，則血膚取實。因則大恐，叩頭見血，如不勝其冤者。趙又曰：所盗幸多金寶錦綵，非農家所寘蓄者，汝宜籍舍之産以辯之。囚意稍解，遂詳開所貯者，且不虞東鄰之越訟也。乃言稻若干斛，莊客某甲等納到者，細絹若干匹。家機所出者，錢若千貫。東鄰贖契者，銀器若干件。匠某鍛成者。趙宰大喜。即再審其實，謂曰：如果非寇江者，何謂諱東鄰所贖八百千，遂引訴鄰，令其偶證，於是惭懼失色。祈死廳前，趙令梏往本土，檢付契書，然後寘之於法。

（宋）李昉《太平廣記》卷二三六《奢侈・霍光妻》　漢霍光妻遺淳于衍蒲桃錦二十四，散花綾二十五匹。綾出鉅鹿陳寶光，妻傳其法。霍顯召入第，使作之。機用一百二十躡，六十日成一匹，直萬錢。又與越珠一斛排，緑綾七百端，直錢百萬，黄金百兩。又爲起第宅，奴婢不可勝數。衍猶怨薄曰：吾爲若何成功，而報我若是哉。

（宋）李昉《太平廣記》卷二三六《奢侈・袁廣漢》　茂陵富人袁廣漢藏鏹巨萬，家童八九百人，於北芒山下築園。東西四里，南北三里。引流注其内，搆石爲山，高十餘丈，連延數里。養白鸚鵡紫鴛鴦，旄牛青兕，奇禽怪獸，積委其間。移沙爲洲嶼，激水爲波潮。其中育江鷗海鶴，孕雛産鷇，延漫林池。奇樹異草，靡不具植。屋徘徊重屬，間以修廊，行之移晷，不能徧也。袁廣漢後得罪誅，没入官。其園鳥獸草木，皆移植於上苑中矣。

（宋）李昉《太平廣記》卷二三六《奢侈・則天后》　則天造明堂，於頂上鑄銕爲鸑鷟，高二丈，以金飾之，軒軒若飛。數年，大風吹動，猶存其址，更鑄銅爲大火珠，飾以黄金，煌煌耀日，今見存焉。又造天樞於定鼎門，並番客胡商聚錢百萬億所成。其高九十尺，下以鐵山爲脚，鑄銅爲二麒麟，以鎮四方。上有銅盤，經三丈，蛟龍人立，兩足捧大火珠，望之如日初出，鐫文于柱曰，大周萬國述德天樞。後開元中推倒，銅入上方。

（宋）李昉《太平廣記》卷二三六《奢侈・張易之》　張易之爲母阿臧造七寶帳，金銀珠玉寶貝之類，罔不畢萃，曠古以來，未曾聞見。鋪象牙床，織犀角簟，鼲貂之褥，蛩蝨之氈，汾晋之龍鬚，臨河之鳳翮以爲席。

（宋）李昉《太平廣記》卷二三六《奢侈・安樂公主》　洛州昭成佛寺，有安樂公主造百寶香爐。高三尺，開四門。絳橋勾欄。花艸飛禽走獸，諸天妓樂，麒麟鸞鳳，白鶴飛仙。絲來線去，鬼出神入。隱起鈒鏤，窈窕便娟。真珠瑪瑙，琉璃琥珀，頗梨珊瑚，車渠琬琰。一切寶貝，用錢三萬。庫藏之物，盡於是矣。

又，安樂公主改爲悖逆庶人，奪百姓莊田，造定昆池四十九里，直抵南山。擬昆明池，累石爲山，以象華岳，引水爲澗，以象天津。飛閣步檐，斜墻磴道。被以錦繡，畫以丹青，飾以金銀，瑩以珠玉。又爲九曲流杯池，作石蓮花臺，泉於臺中流出。窮天下之壯麗，言之難盡。

（宋）李昉《太平廣記》卷二三六《奢侈・玄宗》　玄宗幸華清宫。新廣湯池，製作宏麗。安禄山于范陽，以白玉石爲魚龍鳧鴈。仍爲石梁及石蓮花以獻。雕鐫巧妙，殆非人功。【略】又嘗于宫中置長湯屋數十間。環迴甃以文石，爲銀鏤漆船及白香木船，置于其中。至于楫櫓，皆飾以珠玉。爲一檟車，飾以金翠，間以珠玉。一車之費，不啻數十萬貫。【略】太平公主玉葉冠，虢國夫人夜光枕，楊國忠鎖子帳，皆稀代之寶。不能計其直。

（宋）李昉《太平廣記》卷二三七《奢侈・芸輝堂》　元載造芸輝堂於私第，芸輝香草名也。出于闐國，其香潔白如玉，入土不朽爛，舂之爲屑，以塗其壁，故號芸輝。而更以沉香爲梁棟，金銀爲户牖，内設懸黎屏風紫綃帳，其屏風本楊國忠之寶也。其上刻前代美女妓樂之形，外以玳瑁水晶爲押，絡飾以真珠瑟瑟，精巧之妙，殆非人工所及。紫綃帳得於南海溪洞之帥首，即絞綃類也。輕疎而薄，如無所礙，雖當時凝寒，風不能入，盛夏則清凉自至。其色隱隱，或不知其帳也，謂載卧内有紫氣，其餘服玩奢僭，率皆擬於帝王家。芸輝堂前有池，以文石砌其岸，中有蘋陽花，亦類於白蘋。其花紅而且大，如有牡丹。更有碧芙蓉，香潔菡萏，偉於常者。

（宋）李昉《太平廣記》卷二三七《奢侈・同昌公主》　咸通九年，同昌公主出降。宅於廣化里，錫錢五百萬貫。更罄内庫珍寶，以實其宅。而房櫳户牖，無不以衆寶飾之。更以金銀爲井欄藥臼，食櫃水槽，鐺釜盆瓮之屬。縷金爲笊籬箕筐，制水晶火齊琉璃玳瑁等爲床。搘以金龜銀鹿，更琢五色玉爲器皿什物，合百寶爲圓案，賜金麥銀粟共數斛。此皆太宗朝條支國所獻也。堂中設連珠之帳，却寒之簾。犀簟牙席，龍鳳繡。連珠帳，續真珠以成也。却寒簾，類玳瑁斑，有紫色，云却寒鳥骨之所爲也。但未知出於何國。更有鷓鴣枕，翡翠匣，神絲繡被。其枕以七寶合爲鷓鴣之斑，其匣飾以翠羽。神絲繡被，三千鴛鴦，仍間以奇花異葉，精巧華麗，可得而知矣。其上綴以靈粟之珠如粟粒，五色輝焕。更有蠲忿犀如意玉，其犀圓如彈丸。入土不朽爛。帶之，令人蠲忿怒。如意玉類枕頭，明鈔本頭作實。上有七孔，云通明之象。更有瑟瑟幙，紋布巾，火蠶綿，九玉釵。其幕色如瑟瑟，闊三尺，長一百尺，輕明虛薄，無以爲比。向空張之，則疏朗之紋，如碧絲之貫其珠。雖大雨暴降，不能沾濕，云以蛟人瑞香膏所傅故也。紋布中即手巾也。潔白如雪，光軟絶倫，拭水不濡，用之彌年，亦未嘗垢。二物稱得鬼谷國。火蠶綿出火洲，絮衣一襲，止用一兩，稍過度，則熇蒸之氣不可奈。九玉釵上刻九鸞，皆九色，其上有字曰玉兒，精巧奇妙，殆非人製，有得於金陵者，因以獻。【略】公主乘七寶步輦，四角綴五色錦香囊，囊中貯辟邪香瑞麟香金鳳香，此皆異國獻者。仍雜以龍腦金屑，鏤水晶瑪瑙辟塵犀爲龍鳳花木狀。其上悉絡真珠玳瑁，更以金絲爲流蘇，雕輕玉爲浮動。每一出游，則芬香街巷，晶光耀日，觀者眩其目。【略】韋氏諸宗好爲葉子戲。夜則公主以紅琉璃盤，盛夜光珠，令僧祁捧於堂中，則光明如晝焉。

（宋）李昉《太平廣記》卷二三八《詭詐·成都丐者》 成都有丐者詐稱落泊衣冠，弊服襤縷，常巡成都市鄽，見人即展手希一文云，失墜文書，求官不遂，人皆哀之。爲其言語悲嘶，形容顑頷，居於早遷橋側。後有勢家，於所居旁起園亭，欲廣其池館，遂强買之。及闢其圭竇，則見兩間大屋，皆滿貯散錢，計數千萬。鄰里莫有知者，成都人一概呼求事官人爲乞措大。

（宋）李昉《太平廣記》卷二四三《治生·裴明禮》 唐裴明禮，河東人。善於理生，收人間所棄物，積而鬻之，以此家産巨萬。又於金光門外，市不毛地，多瓦礫，非善價者。乃於地際豎標，懸以筐，中者輒酬以錢，十百僅一二中，未洽浹，地中瓦礫盡矣。乃舍諸牧羊者，糞即積，預聚雜果核，具犂牛以耕之，歲餘滋茂，連車而鬻，所收復致巨萬。乃繕甲第，周院置蜂房，以營蜜。廣栽蜀葵雜花果，蜂採花逸而蜜豐矣。營生之妙，觸類多奇，不可勝數。

（宋）李昉《太平廣記》卷二四三《治生·竇乂》 扶風竇乂年十三，諸姑累朝國戚，其伯檢校工部尚書交，閑廄使宮苑使，於嘉會坊有廟院。乂親識張敬立任安州長史，得替歸城。安州土出絲履，敬立齎十數輛，散甥姪。競取之，唯乂獨不取。俄而所餘之一輛，又稍大，諸甥姪之剩者，乂再拜而受之。敬立問其故，乂不對。殊不知殖貨有端木之遠志。遂於市鬻之，得錢半千。密貯之，潛於鍛爐作二枝小鍤，利其刃。五月初，長安盛飛榆莢。乂帚聚得斛餘，遂往詣伯所。借廟院習業，伯父從之。乂夜則潛寄褒義寺法安上人院止，晝則往廟中。以二鍤開隙地，廣五寸，深五寸。密佈四千餘條，皆長二十餘步。汲水漬之，布榆莢於其中。尋遇夏雨，盡皆滋長。比及秋，森然已及尺餘，千萬餘株矣。及明年，榆栽已長三尺餘。乂遂持斧伐其併者，相去各三寸。又選其條枝稠直者悉留之。所間下者，二尺作圍束之，得百餘束。遇秋陰霖，每束鬻值十餘錢。又明年，汲水於舊榆溝中。至秋，榆已有大者如鷄卵，更選其稠直者，以斧去之，又得二百餘束。此時鬻利數倍矣。後五年，遂取大者作屋椽，僅千餘莖，鬻之，得三四萬餘錢。其端大之材，在廟院者，不啻千餘，皆堪作車乘之用。此時生涯已有百餘，自此幣帛布裘百結，日歉食而已。遂買蜀青麻布，百錢簡疋，四尺而裁之。顧人作小袋子，又買内鄉新麻鞋數百輛，不離廟中。長安諸坊小兒及金吾家小兒等，日給餅三枚，錢十五文，付與袋子一口。至冬，拾槐子實其内，納焉。月餘，槐子已積兩車矣。又命小兒拾破麻鞋，每三輛，以新麻鞋一輛换之。遠近知之，送破麻鞋者雲集。數日，獲千餘量。然後鬻榆材中車輪者，此時又得百餘千。雇日傭人，於宗賢西門水澗，從水洗其破麻鞋，曝干，貯廟院中。又坊門外買諸堆棄碎瓦子，令功人於流水澗洗其泥滓，車載積於廟中。然後置石嘴碓五具，剉碓三具。西市買油靛數石，雇庖人執爨。廣召日傭人，令剉其破麻鞋，粉其碎瓦，以疏布篩之，合槐子油靛，令役人日夜加工爛擣。候相乳尺，悉看堪爲挺，從臼中熟出。命工人併手團握，例長三尺已下，圓徑三寸，垛之得萬餘條，號爲法燭。建中初，六月，京城大雨，尺爐重桂，巷無車輪。乂取此法燭鬻之，每條百文，將燃炊爨，與薪功倍，又獲無窮之利。先是西市秤行之南，有十餘畝坳下潛污之地，目曰小海池，爲旗亭之内，衆穢所聚。又遂求買之。其主不測，乂酬錢三萬，既獲之，於其中立標。懸幡子，繞池設六七鋪，製造煎餅及糰子。召小兒擲瓦礫，擊其幡標，中者以煎餅糰子啗。不逾月，兩街小兒競往，計萬萬，所擲瓦已滿池矣。遂經度，造店二十間，當其要害，日收利數千，甚獲其要。店今存焉，號爲竇家店。又嘗有胡人米亮因飢寒，乂見，輒與錢帛。凡七年，不之問。異日，又見亮，哀其飢寒，又與錢五千文。亮因感激而謂人曰：亮終有所報大郎。乂方閒居，無何，亮且至，謂乂曰：崇賢里有小宅出賣，直二百千文。大郎速買之。又西布櫃坊，鏁錢盈餘，即依直出錢市之。書契日，亮語乂曰，亮攻於覽玉，嘗見宅內有異石，人罕知之。是搗衣砧，真于闐玉，大郎且立致富矣。乂未之信，亮曰，延壽坊召玉工觀之。玉工大驚曰，此奇貨也。攻之當得腰帶銙二十副，每副百錢，三千貫文。遂令琢之，果得數百千價。又得合子執帶頭尾諸色雜類，鬻之，又計獲錢數十萬貫。其宅並元契，乂遂與米亮，使居之以酬焉。又李晟大尉宅前，有一小宅，相傳凶甚，直二百十千，乂買之，築園打墻，拆其瓦木，各垛一處，就耕之術。太尉宅中傍其地有小樓，常下瞰焉。晟欲併之爲擊球之所。他日乃使人向乂，欲買之，乂確然不納，云：某自有所要。候晟沐浴日遂具宅契書，請見晟。語晟曰：某本置此宅，欲與親戚居之。恐俯逼太尉甲第，貧賤之人，固難安矣。某所見此地寬閑，其中可以爲戲馬，今獻元契，伏惟府賜照納。晟大悅。私謂乂不要某微力乎，乂曰，無敢望，猶恐後有緩急，再來投告令公，晟益知重，乂遂搬移瓦木平治其地如砥，獻晟爲戲馬，荷乂之所惠。乂乃於兩市，選大商產巨萬者，得五六人。遂問之，君豈不有子弟嬰諸道及在京職事否。賈客大喜，語乂曰，大郎忽與某等，致得子弟庇身之地，某等共率草粟之直二萬貫文，乂因懷諸賈客子弟名謁晟，皆認爲親故，晟忻然覽之，各置諸道膏腴之地重職，乂又獲錢數萬。崇賢里有中郎將曹遂興當夜生一大樹，遂興每患其經年枝葉有礙庭宇，伐之又恐損堂室。乂因訪遂興，指其樹曰，中郎何不去之。遂興答曰，誠有礙耳。因慮根深本固，恐損所居室宇，乂遂請買之。仍與中郎除之，不令有損，當令樹自失，中郎大喜，乃出錢五千文，以納中郎。與斧釿匠人議伐其樹，自梢及根，令各長二尺餘，斷之，厚與其直。因選就衆材，及陸博局數百，鬻於本行，乂計利百餘倍。其精幹率是類也。後乂年老無子，分其見在財等與諸熟識親友，至其餘千產業，街西諸大市各千餘貫，與常住法安上人經營，不揀日時供擬，其錢亦不計利。乂卒時年八旬餘，京城和會里有邸，弟侄宗親居焉。諸孫尚在。

（宋）李昉《太平廣記》卷三六二《妖怪·王愬》　又於某月日西市舉錢，共四人長行。愬自以不附書。愕然驚異，妻遂話女巫之事。即令召巫來，曰，忽憂，來年必得好官。今日西北上有人牽二水牛，患腳，可勿爭價買取。旬月間，應得數倍利。至時，果有人牽跛牛過，即以四千貫買。經六七日，甚肥壯，足亦無損。同曲磨家，二牛暴死，卒不可市，遂以十五千求買。初愬宅在慶雲寺西，巫忽曰，可速賣此宅，如言貨之，得錢十五萬。又令於河東，月僦一宅，貯一年已來儲。然後買竹，作粗籠子，可盛五六斗者，積之不知其數。明年春，連帥陳少游，議築廣陵城，取愬舊居，給以半價，又運土築籠，每籠三十文，計資七八萬。始於河東買宅，神巫不從包九娘而自至，曰，某姓孫，名思兒，寄住巴陵，欠包九娘錢，今已償足，與之別歸，故來辭耳。吁嗟久之，不見其形，竇氏感其所謀，謂曰，汝何不且住，不然，吾養汝爲兒，可乎。思兒曰：娘子既許，某更何愁。可爲作一小紙屋，安於堂檐，每食時，與少食，即足矣。竇氏依之。

（宋）蘇轍《龍川略志》卷四《江東諸縣括民馬》　予爲績溪令，適有朝旨，江南諸縣市廣西戰馬。江東素乏馬，每縣雖不過十餘匹，而諸縣括民馬，吏緣爲姦，有馬之家，爲之騷然。予謂縣尉郭惇愿曰：廣西取馬使臣未至，事忌太遽，徐爲之備可也。吾邑孰爲有馬者。惇愿曰：邑有遞馬簿，歲月遠矣，然有無之實，尚得其半也。即取簿封之。又曰：何從得馬牙人乎。曰：召猪牙詰之，則馬牙出矣。果得曾爲人賣馬者，辭以不能。曰：吾不責汝以馬，但爲我供文書耳。曰：諾。州符日至縣督責買馬，乃以夏稅過期爲名，召諸鄉保正、副問之，曰：汝保誰爲有及格馬者。相顧，辭不知。曰：保正、副不知，誰當知者。弟勿以有爲無，無爲有，則免罪矣。汝等所具，吾將使衆人訴其不實，而陳其脫落者，不可不實也。人知不免，皆以實告。復喻之曰：買馬事止此矣。廣西取馬者至郡，則馬出，若不至，則已矣。皆再拜，曰：邑人幸矣。然取馬者卒不至。

（宋）洪邁《夷堅志丁》卷一二《温大賣木》　乾道九年，贛州瑞金縣市橋壞，邑宰孫紹發錢授狗脚寨巡檢翟珪買木繕治。縣民温大家有杉木，其巨者一本，圍五尺。前二年其母伐以爲終身之用，未暇鋸斲也。子無狀，不與母議，徑詣里正胡璋、劉宗佃售之。得錢萬三千，悉掩爲己資。母悲泣曰：吾年八十五，旦暮入地矣，百物無用，以上據葉本補。送死者唯此木爾。汝爲我子，何忍見奪耶。翟珪遣軍校張有部役夫葉本作張有部夫役往取。方欲牽挽，木從山自袞下，其末斷折丈許，葉本多不堪駕橋矣五字。見者異焉。四月初，温在田蒔稻，忽大風雨作，雷擊仆於地。其身由鼻準中分，右畔如火所爇，煙色鬱鬱然，左畔半體仍舊而不死。今母子皆存。

（明）何良俊《何氏語林》卷六《政事》 胡汲仲在寧海，日有羣嫗聚佛庵誦經，一嫗失其衣，適汲仲出行，嫗訟之。汲仲命以牟麥寘羣嫗掌中，令合掌遶佛誦經如故，汲仲閉目端坐，且曰：吾令神督之，盗衣者行數周麥當芽。中一嫗屢開視其掌，遂命縛之，還所竊衣。

（清）徐珂《清稗類鈔·農商類·商業有花紅之獎》 花紅，本果名，林檎之屬。林檎之别有六，花紅亦林檎之一種耳，而俗呼林檎曰花紅。又移作獎勵金之别名，例如營業有贏餘時，取其一部以獎勵出力者，俗稱花紅。蓋因我國舊俗，人有喜慶事，插金花披紅。其有功者，亦以此奬之，以表其榮譽。

牲畜分部

論　説

《周易·妄卦》　六三：无妄之災，或繫之牛，行人之得，邑人之災。

（清）董誥《全唐文》卷四八五《權德輿·謝借飛龍馬狀》　蒙恩借飛龍馬三匹

右。今月十日，中使張少禺至長樂驛，奉宣進止，借臣前件馬送出府界者。臣以庸薄，謬叨恩私，寵榮沓至，感戴難處。以今月十五日至東驛，出京兆府界。天閑儲胥，仰瞻日遠，御閑蹀躞，假借恩深。仰元澤以難酬，顧微生而何幸。况代勞比君子之德，負乘積小人之憂。感戀明庭，涕泗横積。當君陳之寄，必竭肺肝，羡騕褭之迴，恨無羽翼。無任感荷戀慕之至。謹奉狀陳謝以聞。謹奏。

（清）董誥《全唐文》卷五四〇《令狐楚·進異馬駒表》　臣某言，得當道征馬使穆林狀稱，忻州定襄縣王進封村界，去五月十二日夜，孳化馬群内異駒一匹，白騧文馬，畫圖送到者。臣謹差虞候辛峻專往考驗，并母取到太原府，而毛色變换與青騧色，駝頭趹額，紅鼻肉駿，尾上茸毛，額帶星及旋，肋骨左右各十八枝，四蹄青，兩眼黑。續得穆林狀稱，當生之夜，群馬皆嘶，靈質炳然，休徵備矣。中謝。臣聞馬之精也，自天而降，馬之功也，行地無疆。是以武藉其威，文榮其德。謹按《馬經》云，肋數十六者行千里。伏惟陛下握負圖之瑞，總服皂之靈，異物殊祥，蔚然叢集。臣觀前件駒靈表挺特，雄姿逸異，頸昂昂而鳳顧，尾宛宛以虬蟠，信坤元之利貞，誠太乙之元貺。自將到府，便麗於宫，每飲以清池，牧於芳草，則彌日翹立，驅之不前。及長風時來，微雨新霽，輒驤首奔騁，追之莫及。臣某恒親省視，專遣柔馴，倘駿骨峰生，奇毛日就，獲登華廄，既備屬車，遠齊飛兔之名，上奉應龍之馭。天下大慶，微臣至願。見今養飼，至秋中，即專進獻。伏惟陛下兼愛好奇，想其風彩。今謹圖畫隨表上進，伏乞聖恩宣付史館，俾此丕烈，垂於無窮。臣無任戰越之至。

綜　述

《唐律疏議》卷一五《廄庫・大祀犧牲養飼不如法》 諸供大祀犧牲，養飼不如法，致有瘦損者，一杖六十，一加一等，罪止杖一百；以故致死者，加一等。

疏議曰：供大祀，犧牲用犢；人帝配之，即加羊豕。其養牲，大祀在滌九旬，中祀三旬，小祀一旬，養飼令肥，不得捶扑，違者，是不如法。致有瘦損者，一杖六十，一加一等，五不如法，罪止杖一百。以故致死者，加罪一等：一死杖七十，五死徒一年。其羊豕雖供人帝，爲配大祀，故得罪與牛皆同。《職制律》：中、小祀遞減二等，餘條中、小祀准此。即中祀養牲不如法，各減大祀二等；小祀不如法，又減中祀二等。

《唐律疏議》卷一五《廄庫・受官羸病畜産養療不如法》 諸受官羸病畜産，養療不如法，笞三十；以故致死者，一笞四十，三加一等，罪止杖一百。

疏議曰：依《廄牧令》：官畜在道，有羸病不堪前進者，留付隨近州縣養飼療救，粟草及藥官給。而所在官司受之，須養療依法，有不如法者，笞三十。以故致死者，謂養療不如法而致死者，一笞四十，三加一等，罪止杖一百。

《唐律疏議》卷一五《廄庫・牧畜産死失及課不充》 諸牧畜産，準所除外，死、失及課不充者一，牧長及牧子笞三十，三加一等；過杖一百，十加一等，罪止徒三年。羊減三等。餘條羊准此。

疏議曰：《廄牧令》：諸牧雜畜死耗者，每年率一百頭論，駝除七頭，騾除六頭，馬、牛、驢、羖羊除十，白羊除十五。從外蕃新來者，馬、牛、驢、羖羊皆聽除二十，第二年除十五；駝除十四，第二年除十；騾除十二，第二年除九；白羊除二十五，第二年除二十；第三年皆與舊同。準率百頭以下除數，此是年別所除之數，不合更有死、失。及課不充者，應課者，準令：牝馬一百疋，牝牛、驢各一百頭，每年課駒、犢各六十，騾駒減半。馬從外蕃新來者，課駒四十，第二年五十，第三年同舊課。牝駝一百頭，三年内課駒七十；白羊一百口，每年課羔七十口；羖羊一百口，課羔八十口。准此欠數者，爲課不充。除外死、失及課不充者一，牧長及牧子笞三十，三加一等，即是欠二十二，合杖一百；過杖一百，十加一等，計欠七十二，罪止徒三年。羊減三等，欠三以下未有罪名，欠四笞十，三口加一等，罪止徒一年半。注云餘條羊准此，餘條謂養飼不如法之類，但餘條論畜罪名無羊者，並減馬三等，故云准此。

新任不滿一年，而有死、失者，總計一年之内月別應除多少，準折爲罪；若課不充，游牝之時當其檢校者，準數爲罪，不當者不坐。游牝之後，而致損落者，坐後人。

疏議曰：新任不滿一年，謂任牧尉、牧長、牧子未滿期年，而有死、失。總計一年之内月別應除多少，準折爲罪，謂若騾新從外蕃來，當年聽除十二，即是月別得除一頭。新任三月，除三頭；五月，除五頭。餘畜一年準當色，應除數準新任，月別折除分數亦准此。若除外死、失，皆準上文得罪。若課不充，游牝之時當其檢校者，準數爲罪，準令：牧馬、駝、牛、驢、羊，牝牡常同群。其牝馬、驢每年三月游牝，應收飼者，至冬收飼。不當游牝之時，課雖不充，依律不坐。注云游牝之後而致損落者，坐後人，謂雖不當游牝之時檢校，於後損落，仍得其罪。

繫飼死者，各加一等；失者，又加二等。牧尉及監各隨所管牧多少，通計爲罪，仍以長官爲首，佐職爲從。餘官有管牧者，亦准此。

疏議曰：繫飼死者加一等罪，謂應牧繫養之者，收飼理不合死，故加罪一等。雜畜一死笞四十，罪止流二千里。失者，又加二等，以其繫飼不合失落，故加二等。稱又者，明累加，即失一杖六十，罪止流三千里。繫飼羊，亦各減三等。牧尉及監各隨所管牧尉、長，通計爲罪。依令：牧馬、牛，皆百二十爲群；駝、騾、驢，各以七十頭爲群；羊，六百二十口爲群。群別置牧長一人。率十五長，置尉一人。其監，即不限尉多少。通計之義，已從《户婚》解訖。仍以長官爲首，佐職爲從者，爲群牧事重，委在長官。死、失及課不充，以監爲首，副監及丞、簿爲從。條言佐職爲從，明主典無罪。注云餘官有管牧者，亦准此，其牧有置監管者，亦有隸州、縣官管者，故云餘官有管牧者，亦准此。

《唐律疏議》卷一五《廄庫・乘官畜車私馱載》 諸應乘官馬、牛、駞、騾、驢，私馱物不得過十斤，違者，一斤笞十，十斤加一等，罪止杖八十。

疏議曰：應乘官馬、牛、駞、騾、驢者，謂因公得乘傳遞，或是軍行。但因公事而得乘官畜者，私馱物不得過十斤。十斤之外更著者，一斤笞十，十斤加一等，罪止杖八十。

其乘車者，不得過三十斤，違者，五斤笞十，二十斤加一等，罪止徒一年。即從軍征討者，各加二等。

疏議曰：應乘官車，或載官私之物，載限之外，私物不得過三十斤。違者，五斤笞十，二十斤加一等，罪止徒一年。從軍征討者，各加二等，馬、牛以下，車以上，各加常犯二等：馬、牛、駞、騾、驢，七十一斤罪止杖一百；車，二百五斤罪止徒二年。

若數人共馱載者，各從其限爲坐。監當主司知而聽者，並計所知，同私馱載法。

疏議曰：若數人共馱載者，謂乘官畜及車。應得私載物限外，謂畜過十斤，車過三十斤。假有十人，同乘官畜，馱私物各十斤，其中五人數外各過一斤，依律各笞十；三人各過十一斤，各笞二十；二人各過八兩，律云過一斤笞十，今數不滿一斤，依律各無罪。又有十人同車，載私物各三十斤，其中五人數外各過五斤，依律各笞十；三人各過二十五斤，各笞二十；二人各過二斤八兩，依律數不滿，各無罪。其監當主司知情者，並計前畜，總過三十九斤，同私馱法科，合笞四十；車總過一百五斤，同私載法，合杖六十之類。若從軍征討，亦依前各加二等。其有他人寄物，各計一斤以上爲罪，皆同私馱、載法。主當車馬及寄物之人，得罪各等，亦無首從。監當官司知情，準上解。若隨身衣仗應將行者，各在私物斤數之外，不在計限。

《天盛改舊新定律令》卷一一《分用共畜物門》　諸人父子、兄弟一同共有之畜物，不問户主，子孫、兄弟、妻子、媳等背後分用者，若爲所分用則不須治罪、賠償。不應處已分用，則五緦以下罪勿治，五緦以上一律有官罰馬一，庶人十三杖，所分用畜物當還屬者。子孫等未分住，則量畜物以分家論。其中與父母分用者，罪勿治。

諸人赤閣禄共有畜物中，彼此不問而隨意分用者，五緦以下罪勿治，五緦以上一律有官罰馬一，庶人十三杖。所分用畜、穀物數以分用者□數中算，比之超出，則當共還主人。

（宋）傅霖《刑統賦解·誤殺私馬牛者法止無罪》　馬有代勞之力，牛有耕犂之功，引重致遠，莫過於此。先王之法，禁治宰殺，而有他人牛馬誤致殺死者，其情豈可與故殺一槩論耶，止令償物主之價，而免其罪也。

《通制條格》卷二八《雜令·闌遺》　大德四年四月，中書省。宣徽院備闌遺監呈：今後各處拘收不闌奚頭疋，選擇堪中支持，開寫齒歲、毛色、膘分，趁水草暢茂時月，差有職役食俸人員送納。如委瘦弱不堪支持，月申内明白稱説，責令牧養添膘。刑部議得：各路府州司縣拘收到不闌奚頭疋，依准宣徽院所擬，差人牧養，管要肥壯，如委瘦弱不堪支持，月申内明白稱説。先將堪中數目依期具解，開寫毛齒、膘分，差有職役不作過犯之人，稱時管押，赴都交納。如點視得但有瘦弱，即將差來人員究治。都省准擬。

《大明令·刑令·開剥牛馬》　凡馬、牛老病不堪爲用，告給判狀，方許宰殺，筋角納官。不告官者，同私宰論。病死者，申官開剥。違者，治罪。

《洪武永樂榜文》　爲私宰耕牛事，洪武三十五年八月初七日奉聖旨：恁本部便出榜禁約，着錦衣衛與兵馬司差人捉拏。

（清）沈之奇《大清律輯註》卷一六《兵律·廄牧·牧養畜産不如法》

凡人户牧養官馬、牛、駝、騾、驢、羊，並以一百頭爲率，若死者、損者、失者，各從實開報。死者，即時將皮張鬃尾入官，牛觔角皮張亦入官。其管牧群頭、群副，每馬、牛、駝一頭各笞三十，每三頭加一等。過杖一百，每十頭加一等，罪止杖一百、徒三年。羊減馬三等，四頭笞一十，每三頭加一等。過杖一百，每十頭加一等，罪止杖七十，徒一年半。驢、騾減馬、牛、駝二等。一頭笞一十，每三頭加一等。過杖一百，每十頭加一等，罪止杖八十、徒二年。若胎生不及時日而死者，灰腌看視明白，不坐。若失去，賠償；損傷不堪用，減死者一等坐罪。其死損數目，並不准除。

〔律後註〕：凡管令牧養馬、牛、駝、騾、羊者，並以一百頭爲率，若有死者、損者、失者，各從實開報，以憑論罪追賠。六畜死者，皆有皮張，而馬之鬃尾，牛之角觔，亦係有用之物，故並入官。六畜中馬、牛、駝爲重，其管牧之群頭、群副，每馬、牛、駝一百頭内有死一頭者，各笞三十，每三頭加一等，至二十二頭，該杖一百。過此則每十頭加一等，至七十二頭之上，罪止杖一百，徒三年。羊爲輕，故減三等，三頭減盡，四頭笞一十，至三十一頭滿杖一百，至五十一頭以上，罪止杖七十，徒一年半。騾、驢次之，故減二等，一頭笞一十，至二十八頭滿杖一百，至五十八頭以上，罪止杖八十，徒二年。若胎生不及應生時日而殞死者，灰腌存驗，不計數坐罪。以上言死者之罪也，若失去而賠償還官，損傷而不堪乘用，減死者罪一等：馬、牛、駝一頭笞二十起，罪止杖九十，徒二年半；羊七頭笞一十起，罪止杖六十，徒一年；騾、驢四頭笞一十起，罪止杖七十，徒一年半，各照上三項分別計算科之。以上言失與損之罪也，失去已賠償，仍照數論罪；死與損既論罪，仍照數賠償，故曰並不准除。

〔律上註〕：此條專言群頭之罪，以一百頭爲率，是准此以科罪，非一群頭額管一百頭也。

羊死者減三等，則一頭至三頭，減盡無科，故自四頭笞十一起。損失者又減一等，通減四等，則一頭至六頭，減盡無科，應自七頭笞一十起也。

驢騾死者減二等，損失者又減一等，通減三等，則一頭至三頭，亦減盡無科，應自四頭笞一十起也。

曰胎生不及時日者不坐，統六畜之駒言之。

條例

凡太僕寺所屬十四牧監，九十八群，專一提調牧養孳生馬、騾、驢、牛。其養户俱係近京民人，或五户、十户共養一匹。若人户不行用心孳牧，致有虧欠倒死，就便著令買補還官。每歲將上年所生馬駒，起解赴京調撥。本寺每遇年終比較，或羣監官員怠惰，或人户姦頑，致有馬匹瘦損虧欠數多，依律坐罪。

（清）沈之奇《大清律輯註》卷一六《兵律・廄牧・驗畜産不以實》

凡官司相驗分揀相驗其美惡，而分別揀選，以定高下。官馬、牛、駝、騾、驢不以美惡之實者，一頭笞四十，每三頭加一等，罪止杖一百。驗羊不以實，減三等。若因驗畜不實而價有增減者，計所增虧官減損民價，坐贜論。入己者，以監守自盗論，各從重科斷。不實罪重，從不實；自盗罪重，從自盗。

〔律後註〕：官畜不足則採買，有餘則變價，須憑獸醫等相驗，分揀定價。若驗馬、牛、駝、騾、驢不以實，一頭笞四十，三頭加一等，至十九頭之上，罪止杖一百。驗羊不以實減三等，一頭笞一十，至十九頭之上，罪止杖七十。若因而價有增減者，計所增所減之數，坐贜論。雖有增減，虧官損民，然無入己之實贜，止是不實之虚數也。若作弊營私，將所增所減之價入己者，以監守自盗論。不實、坐贜、自盗三項，各從其重者科斷。

〔律上註〕：價從驗揀之人估定，所增所減皆其主之，猶監守也，故入己者，以監守自盗論。

此自官畜言之，若民間行人估價不平，自有市司評物價律。

條例

州縣起解備用馬匹，各要經由該管官驗中起解。若有馬販交通官吏、醫獸人等，兜攬作弊者，問罪，枷號一個月，發邊衛充軍；再犯，累犯者，枷號一個月，發極邊衛分充軍。

大同三路官旗、舍人、軍民人等，將不堪馬匹，通同光棍引赴該管官處，及管軍頭目收買私馬，詭令伴當人等出名，情囑各守備等官，俵與軍士，通同醫獸作弊，多支官銀者，俱問罪，官旗、軍人，調別處極邊衛所，帶俸食糧差操；民并舍餘人等，俱發附近充軍；引領光棍并作弊醫獸及詭名伴當人等，各枷號一個月，發落。干礙内外官員，奏請提問。凡受財者，問枉法。係文職，附近充軍；係軍官，立功。出錢人問行求，無贜官依囑託聽從，事已施行，杖一百，不在調衛之限。通同多支官銀分受，以常人盗并贜論。

（清）沈之奇《大清律輯註》卷一六《兵律・廄牧・私借官畜産》

凡監臨官吏主守之人，將係官馬、牛、駝、騾、驢私自借用，或轉借與人，及借之者，不論久近、多寡，各笞五十，驗計借過日期追雇賃錢入官。若計雇賃錢重於笞五十者，各坐贜論，加一等。雇錢不得過其本價。官畜死依毁棄官物，在場牽去依常人盗。

〔律後註〕：監臨主守將所管官畜，因己事而私自借用，或爲情而轉借與人，及借之者，各笞五十。驗其所借頭數，計日照時值，追徵雇賃錢入官。若計雇賃錢各坐贜論，重於笞五十者，加一等科之。

〔律上註〕：此笞五十，與《户律》私借官物罪同。

轉借與人者，於借之者名下追雇賃錢。謂計雇賃錢數，照坐贓論，如重於笞五十者，於坐贓本法上再加一等科之。坐贓本法，通算折半科罪，至四十兩杖六十，方重於本罪，計雇賃之錢如許，則所借多且久矣，故加一等。

條例

在京坐營管操内外官并把總以下官，若將馬匹私占騎用，及撥與人騎坐至五匹者，降一級；六匹以上，降二級。其各邊分守守備、把總、管隊等官，將騎操并驛傳走遞官馬，擅撥與人騎坐，及私用伺候等項，亦照前例問擬。

官軍將所領官馬耕田走驛，駝載物件，及雇與人騎坐，問罪，俱罰馬一匹。

（清）沈之奇《大清律輯註》卷一六《兵律·廄牧·公使人等索借馬匹》 凡公使人等，承差經過去處，除應付脚力外，索借有司官馬匹騎坐者，杖六十。驢、騾，笞五十。官吏應付者，各減一等，罪坐所由應付之人。

〔律後註〕：奉差公使人等，應合給驛者，當由驛應付。若於經過處索借有司官馬騎坐者，杖六十；驢、騾次之，笞五十。有司官吏應付借與者，各減一等：馬笞四十；驢、騾笞三十。罪坐所由。

〔律上註〕：此與借官畜罪不同，亦不言追雇賃錢，以公使人原因公事，非爲己私。且不過暫借一程，但不合舍驛馬而借官馬耳。

借必有因，有司同僚官吏内，何人爲情應付，止坐此應付之人，不概及也。

（清）沈之奇《大清律輯註》卷一八《刑律·賊盜·盜馬牛畜産》

凡盜民間馬、牛、驢、騾、猪、羊、鷄、犬、鵝、鴨者，並計所值之贓，以竊盜論。若盜官畜産者，以常人盜官物論。若盜馬、牛兼官、私言。而殺者，不計贓，即杖一百，徒三年；驢、騾，杖七十，徒一年半。若計贓並從已殺計贓重於徒三年、徒一年半本罪者，各加竊盜、常人盜罪一等。

〔律後註〕：凡盜馬、牛、驢、騾、猪、羊、鷄、犬、鵝、鴨者，並計其所值之價，以爲贓數，分民間與在官兩項科之：若盜係私家所養，以竊盜法一主爲重，并贓論罪，而分首從；若盜在官畜産，以常人盜法，節次合算，并贓論罪，而不分首從。各照本律刺字，至死不減。盜馬、牛、驢、騾而殺者，不論官畜、民畜，俱不計贓，盜殺馬牛，即杖一百，徒三年；盜殺驢騾，即杖七十，徒一年半。馬牛驢騾，負重致遠，效用於人之畜，與猪羊等物不同，宰殺原有例禁。按：宰殺自己馬牛，即應杖一百，駝騾驢杖八十，況今偷盜而殺之，豈可與常盜等哉。若計所值之贓，重於本罪者，各照竊盜、常人盜罪上加一等科之。如官馬牛四十五兩，私馬牛一百兩，俱杖一百、流二千里，是重於本罪，各加一等，則杖一百，流二千五百里。驢騾倣此。並刺字。律意惡其盜而殺，視前盜而不殺者，立法俱嚴，故但盜殺，不論贓數，即坐本罪，是贓輕者，其罪重於前矣。計贓重於本罪，又加一等，是贓重者，其罪亦重於前矣。其盜官馬牛，贓至八十兩，是雜犯絞。盜私馬牛，贓至一百二十兩以上，是真犯絞。《名例》曰：稱加者，罪止杖一百、流三千里，不得加入於死，又曰：稱以者，與真犯刺字、絞、斬，皆依本律科斷。若盜殺之贓滿數，自照前以竊盜論、以常人盜論之本法，非加罪也。如官馬牛贓五十兩，私馬牛贓一百二十兩，本罪是杖一百、流三千里，則不得再加一等，以入於死。若因此加字，而概將計贓滿數者，俱止於杖一百、流三千里，則盜而不殺者，反有死罪，盜而殺者，反無死罪，輕重失倫矣。但贓多者，竊盜真絞，常人盜反止雜犯耳。

〔律上註〕：此條前段重在盜，故計贓分竊盜、常人盜科之。後段重在殺，故官民之物一體同科。至於贓重加等，仍分竊盜、常人盜，故曰各加。

凡不知官物而盜者，只依竊論。

得遺失有印烙官馬而賣者，準常人盜。

或盜官馬寄人，被其勒去，依知盜後分贓。盜殺馬、牛、驢、騾，雖不分官私，不計贓數，而仍分首從。若至贓重加等，則竊盜分首從，常人盜不分首從。

故殺官私馬牛律，在廄牧内。

按：白晝搶奪，贓重者，加竊盜罪二等，有罪止杖一百、流三千里之文。而此不言者，彼本法止是徒罪，以贓重而加竊二等，故不得加入於死；此本法是以竊盜、常人盜論，因盜殺而不計贓，因贓重而復加等，其本法内原有死罪應科也。贓至杖一百、流三千里，則照加字之義不加入於死；贓滿絞罪之數，則照以字之義與真犯同科。

此贓重加等之法，與搶奪條相同。而彼云計贓重者，加竊盜罪二等；此云重於本罪，各加盜罪一等，其文不同者，蓋搶搶、竊盜，前後是兩法，此條前後是一法也。

廄牧諸律，馬、牛、駝、騾、驢並言。此獨無駝，設有盜與殺者，官與民，並依騾、驢科斷。按：宰殺馬牛律，馬牛杖一百，駝騾驢杖八十，此可比照爲例也。

廄牧律内，止有盜賣孳生官畜産，以監守自盜論罪。盜律内無監守牧養人自盜官畜産者，統在監守自盜條内矣。若有盜而殺者，當依此律。贓重者，以監守盜計科加等。

偷馬有新例。

條例

凡盜御馬者，問罪，枷號三個月，發邊衛充軍。若將自己及他人騎操官馬盜賣者，枷號一個月發落。盜至三匹以上及再犯，不拘匹數，俱免枷號，屬軍衛者，發邊衛；屬有司者，發附近衛所，各充軍。五匹以上，屬軍衛者，發極邊衛；屬有司者，發邊衛，各永遠充軍。若養馬人户盜賣官馬至三匹以上，亦問發附近充軍。

〔例上註〕：此御馬，乃是内廄之馬畜牧於外者，非親御之馬也。若盜親御之馬，是盜乘輿服御物矣。

養馬人户，即主守之人矣。買者知是官馬，依知盜贓而故買。

凡冒領太僕寺官馬至三匹者，問罪，於本寺門首枷號一個月，發邊衛充軍。若家長令家人冒領三匹，不分首從，俱問常人盜官物罪。家長引例，家人不引。

《大清律例》卷二一《兵律·廄牧·宰殺馬牛》 凡私宰自己馬、牛者，杖一百；駝、騾、驢，杖八十。觔、角、皮張入官。誤殺及病死者，不坐。

若故殺他人馬、牛者，杖七十、徒一年半；駝、騾、驢，杖一百。官畜産同。若計贓重於本罪者，准盜論。追價給主，係官者，准常人盜官物斷罪，並免刺。若傷而不死，不堪乘用，及殺猪、羊等畜者，計殺傷，所減之價，亦准盜論。各追賠所減價錢；完官，給主。價不減者，笞三十。其誤殺傷者，不坐罪。但追賠減價。爲從者，故殺傷，各減一等。官物不分首從。

若故殺緦麻以上親馬、牛、駝、騾、驢者，與本主私宰罪同。追價賠主。殺猪、羊等畜者，計減價坐贓論，罪止杖八十。其誤殺及故傷者，俱不坐，但各追賠減價。

若官私畜産毀食官、私之物，因而殺傷者，各減故殺傷三等，追賠所減價。還畜主。畜主賠償所毀食之物。還官、主。

若故放官、私畜産，損食官私物者，笞三十，計所食之贓重於本罪者，坐贓論，罪止杖一百，徒三年。失防者，減二等，各賠所損物。還官、主。

若官畜産失防毀食官物者，止坐其罪，不在賠償之限。

若畜産欲觸觝踢咬人，登時殺傷者，不坐罪，亦不賠償。兼官私。

條例

一、凡屠户將堪用牲畜買去宰殺者，雖經上税，仍照故殺他人駝、騾律，杖一百。若將竊盜所偷堪用牲畜不上税買去宰殺者，與竊盜一體治罪。

一、宰殺耕牛，並私開圈店，及販賣與宰殺之人，初犯，俱枷號兩個月，杖一百；再犯，發附近充軍。殺自己牛者，計隻，照盜牛例治罪。故殺他人牛者，仍照律，杖七十、徒一年半。若計隻重於本罪者，亦照盜牛例治罪，俱免刺，罪止杖一百、流三千里。其殘老病死者，勿論。

一、開設湯鍋，宰殺堪用馬一二匹者，枷號四十日，責四十板；三四匹者，杖六十、徒一年；五匹以上，每馬四匹遞加一等；至三十匹者，杖一百、流三千里；三十匹以上者，發雲、貴、川、廣烟瘴少輕地方，交與地方官嚴行管束。若旗人有犯，亦計匹論罪，一匹至四匹者，俱枷號四十日，五匹以上，每四匹遞加一等，加枷號五日；至三十匹以上者，發黑龍江當差。牙行及賣馬之人知情者，照數各減宰馬人罪一等；至三十匹以上者，均發附近充軍。其徒罪以下再犯，及知情賣與者，俱不計匹數，均發邊衛充軍。失察之地方官，按數分別議處。

《大清律例》卷二一《兵律·廄牧·私借官畜産》 凡監臨官吏、主守之人，將係官馬、牛、駝、騾、驢，私自借用，或轉借與人，及借之者。不論久近多寡。各笞五十。驗計借過日期追雇賃錢入官。若計雇賃錢重於笞五十者，各坐贓論，加一等。雇錢不得過其本價。官畜死，依毀棄官物。在場牽去，依常人盜。

（清）董誥《全唐文》卷五一《德宗・給百姓耕牛詔》 諸道節度觀察使所進耕牛，委京兆府勘責有地無牛百姓，量其産業，以所進牛均平給賜。其有田五十畝已下人，不在給限。

（清）董誥《全唐文》卷六八《敬宗・令市耕牛詔》 農功所切，實在耕牛，疲甿乏此，理須給賜。宜委度支於東鎮、武、靈、鹽、夏州分市耕牛萬頭，交付京兆尹，均給畿内貧下百姓，其價以户部綾絹充。

紀事

《漢書》卷七《昭帝紀》〔始元五年〕夏，罷天下亭母馬及馬弩關。

《宋書》卷六《孝武帝紀》〔孝建三年〕夏五月辛酉，制荆、徐、兖、豫、雍、青、冀七州統内，家有馬一匹者，蠲復一丁。

《晉書》卷二六《食貨志》〔杜預言：〕臣前啓，典牧種牛不供耕駕，至於老不穿鼻者，無益於用，而徒有吏士穀草之費，歲送任駕者甚少，尚復不調習，宜大出賣，以易穀及爲賞直。

詔曰：孳育之物，不宜減散。事遂停寢。問主者，今典虞右典牧種産牛，大小相通，有四萬五千餘頭。苟不益世用，頭數雖多，其費日廣。古者匹馬匹牛，居則以耕，出則以戰，非如猪羊類也。今徒養宜用之牛，終爲無用之費，甚失事宜。東南以水田爲業，人無牛犢。今既壞陂，可分種牛三萬五千頭，以付二州將吏士庶，使及春耕。穀登之後，頭責三百斛。是爲化無用之費，得運水次成穀七百萬斛，此又數年後之益也。加以百姓降丘宅土，將來公私之饒乃不可計。其所留好種萬頭，可即令右典牧都尉官屬養之。人多畜少，可並佃牧地，明其考課。此又三魏近甸，歲當復入數十萬斛穀，牛又皆當調習，動可駕用，皆今日之可全者也。

《舊唐書》卷一六《穆宗紀》〔長慶元年〕三月丁酉朔，浙東奏移明州於鄮縣置。劉總進馬一萬五千匹。

《舊唐書》卷四六《康福傳》 康福，蔚州人也，世爲軍校。福以騎射事晉王爲偏將。莊宗嘗曰：吾家以羊馬爲生，福狀貌類胡人而豐厚，胡宜羊馬。乃令福牧馬於相州，爲小馬坊使，逾年馬大蕃滋。明宗自魏反，兵過相州，福以小坊馬二千匹歸命，明宗軍勢由是益盛。

《舊唐書》卷五六《杜伏威傳》 杜伏威，齊州章丘人也。少落拓，不治産業，家貧無以自給，每穿窬爲盜。與輔公祏爲刎頸之交。公祏姑家以牧羊爲業，公祏數攘羊以餽之，姑有憾焉，因發其盜事。

（宋）王溥《唐會要》卷七二《馬》 開元二年九月，太常少卿姜晦上疏。請以空名告身，於六胡州市馬，率三十匹馬酬一游擊將軍。時厩中馬闕，乃從之。十三年，張説爲《隴右群牧使頌》，云：大唐承周、隋離亂之後，貞觀初，僅得牝牡三千。從赤岸澤徙之隴右，仍命太僕卿張萬歲葺其政焉。至麟德中，四十年至七十萬六千匹，置八使以董之。設四十八監以掌之。跨隴右、金城、平涼、天水四郡之地，幅員千里，猶爲隘狹，更析八監，布於河曲，豐曠之野，乃能容之。於斯之時，天下以一縑易一馬。【略】

大曆七年八月，迴紇使還蕃，以國信物一千餘乘遺之。迴紇恃功，自乾元後，仍歲來市，以馬一匹易絹四十匹，動至數萬馬。【略】

〔貞元二十一年四月〕馬之良者直錢數千。【略】

〔元和〕十一年正月，以討吳元濟，命中使以絹萬匹，市馬於河曲。

其月，迴紇使獻橐駞及馬，以内庫繒絹六萬匹償迴紇馬直。

（宋）王溥《五代會要》卷一二《馬》　梁開平四年十月，頒奪馬令，冒禁者罪之。先是，梁師攻戰，得敵人之馬必納官，故出令命獲者有之。

後唐同光三年六月，詔下河南、河北諸州和市戰馬，官吏除一匹外，匿者坐罪。時將討蜀故也。

長興元年七月，分飛龍院爲左右，以小馬坊爲右飛龍院。

四年十月敕：沿邊藩鎮，或有藩部賣馬，可擇其良壯者給券，具數以聞。先是，上問見管馬數，樞密使范延光奏：天下常支草粟者近五萬匹。見今西北諸道蕃賣馬者往來如市，其郵傳之費，市估之直，日以四五十貫。以臣計之，國力十耗其七，馬無所使，財賦漸銷，朝廷甚非所利。上善之，乃降是敕。

清泰三年十月敕：諸道州府縣鎮，賓佐至録事參軍、都押衙、教練使已上，各留馬一匹乘騎。及鄉村士庶有馬者，無問形勢，馬不以牝牡，盡皆抄借。【略】在京文武百官、主軍將校、内諸司使已下、隨駕職員，舊有馬者任令隨意進納，不得影占人私馬。各下諸道准此。

晋天福九年正月，發使於諸道州府，括取公私之馬。時契丹入寇，上駐軍澶州以御，故降是命。

漢天福十二年九月，詔天下州府和買戰馬。

《新唐書》卷五〇《兵志》　自萬歲失職，馬政頗廢，永隆中，夏州牧馬之死失者十八萬四千九百九十。景雲二年，詔群牧歲出高品，御史按察之。開元初，國馬益耗，太常少卿姜晦乃請以空名告身市馬於六胡州，率三十匹讎一游擊將軍。命王毛仲領内外閑廄。九年又詔：天下之有馬者，州縣皆先以郵遞軍旅之役，定户復緣以升之。百姓畏苦，乃多不畜馬，故騎射之士減曩時。自今諸州民勿限有無廕，能家畜十馬以上，免帖驛郵遞征行，定户無以馬爲貲。毛仲既領閑廄，馬稍稍復，始二十四萬，至十三年乃四十三萬。其後突厥款塞，玄宗厚撫之，歲許朔方軍西受降城爲互市，以金帛市馬，於河東、朔方、隴右牧之。既雜胡種，馬乃益壯。

天寶後，諸軍戰馬動以萬計。王侯、將相、外戚牛駝羊馬之牧布諸道，百倍於縣官，皆以封邑號名爲印自別；將校亦備私馬。議謂秦、漢以來，唐馬最盛，天子又鋭志武事，遂弱西北蕃。十一載，詔二京旁五百里勿置私牧。十三載，隴右群牧都使奏：馬牛駝羊總六十萬五千六百，而馬三十二萬五千七百。

《新唐書》卷一五四《李愿傳》　愿少謙謹。晟立功時，諸子未官，宰相以聞，即日召授太子賓客、上柱國。故事，柱國門列戟，遂父子皆賜。

元和初，領夏綏銀宥節度使。政簡而嚴。部有失馬者，愿署牒於道，以金購之。三日，失馬并良馬一繫署下，且曰：逸而至，不告，罪當死，謹以良馬贖。愿歸失馬，而縱其良，境内肅然。

《新五代史》卷四八《盧文進傳》　盧文進字大用，范陽人也。爲劉守光騎將。唐莊宗攻范陽，文進以先降拜壽州刺史。莊宗以屬其弟存矩。存矩爲新州團練使，統山後八軍。莊宗與劉鄩相拒於莘，召存矩會兵擊鄩。存矩募山後勁兵數千人，課民出馬，民以十牛易一馬，山後之人皆怨，而兵又不樂南行，行至祁溝關，聚而謀爲亂。文進有女幼而美，存矩求之爲側室，文進以其大將不敢拒，雖與，心常歉之也，因與亂軍殺存矩反。攻新州，不克，攻武州，又不克，遂奔於契丹，契丹使守平州。

（宋）李燾《續資治通鑑長編》神宗元豐八年二月　丁丑，詔開封府界三路保甲所養官馬生駒，不赴官等量私自市若藏買，並引領牙保及所轄人，各減盗及貿易官馬法一等，許人告，賞錢二十千。

契約文書

《吐魯番出土文書》第二册《阿斯塔那五二四號墓文書・高昌章和五年取牛羊供祀帳》 章和五年乙卯歲正月日，取嚴天奴羊一口，供始耕。次三月十一日，取胡未駒羊一口，供祀風伯。次取麴孟順羊一口，供祀樹石。次三月廿四日，康祈羊一口，供祀丁谷天。次五月廿八日，取白姚羊一口，供祀清山神。次六月十六日，取屠兒胡羊一口，供祀丁谷天。次取孟阿石兒羊一口，供祀大塢阿摩。次七月十四日，取康酉兒牛一頭，供谷里祀。

《吐魯番出土文書》第三册《阿斯塔那五〇號墓文書・高昌牛簿》

實行牛　黄牛公一頭　紫大牛一頭　赤青大牛二頭　梨大牛貳頭　黄大牛一頭　黑大牛一頭　青草牛三頭　赤青草牛三頭　梨草牛四頭　白面梨草牛二頭　紫草牛二頭　黑草牛一頭　晏草牛二頭　梨駮草牛一頭　赤禿草牛三頭　赤白脇草牛一頭　赤草牛三頭　黄草牛一頭

三歲赤青草犻一頭　黑草犻一頭　三歲赤犢牸一頭　二歲紫犢牸一頭　紫晏字犢子二頭　白梨字犢子一頭　黄字犢子二頭　白額晏字犢子一頭　黄禿特犢子一頭　一歲赤字犢子伍頭　赤清字犢子一頭　晏字犢子一頭　赤白額字犢子一頭

未入額犢子　白脇赤字犢子一頭　青字犢子一頭　赤梨字犢子一頭

□字犢子一頭　晏字犢子一頭　梨駮特犢子一

〔後缺〕

《吐魯番出土文書》第三册《阿斯塔那三〇七號墓文書・高昌買羊供祀文書》 〔前缺〕

□□文半，買羊一口，平估肉九十九斤，供祀諸神。

《吐魯番出土文書》第四册《阿斯塔那一五一號墓文書・高昌義和二年七月馬帳》 一：

義和二年乙亥歲七月十六日，范寺思惠赤馬，卜寺赤馬，武衛寺赤馬，丁谷寺瓜馬，田地公寺余馬，追世寺騮馬，北許寺赤馬，韓統寺青馬，竺惠兒黄馬，汜延憙青馬，政明寺青馬，參軍雅珍吐旱馬，建武留馬，和長史洛馬，小威遠駁馬，西主寺赤馬，王寺弘慈余馬，將阿婆奴赤馬，侍郎嚴歡岳青馬，諫議令護白馬，史令寺赤馬，寧遠阿都莫赤馬，常侍安居留馬，威遠孟悦吐旱馬，張寺法朗白馬，康寺赤紫馬，弘光赤馬，楊太伯瓜馬，宣威忠宣青馬，東許寺赤馬。合馬卅匹付汜。次十八日，麴伯養黄馬，張歡悦瓜馬，右衛寺赤騮馬，外崛青馬，永安公主寺赤馬，馮明老留馬，嚴馬寺吐旱黑馬，將智勇赤馬，康相崇留馬，員寺黑馬，虎牙康師兒赤馬，參軍元珍黄馬，趙寺法瑜赤馬，外伍塔青馬，侍郎懷珍赤馬，張阿遵青毛騮馬，汜都寺赤馬，中郎顯仁瓜馬，大司馬寺留馬，明威慶武赤馬，虎牙康相祐留馬，康永兒留馬，虎威子伯赤紫馬，馬郎中赤馬，竺相伯赤馬，侍郎慶哲黄馬，明威懷滿瓜馬，振武白額赤馬，麴郎歡悦黄馬，左寺瓜馬，校郎延護留馬。

二：

〔前缺〕

王頭六兒赤馬，常侍法濟紫馬，衛延紹瓜留馬，康師子白青馬，麴凌江赤騮馬，史凌江黄馬，蘇司馬雛馬，諫議弘慶移畔馬，侍郎僧愍赤馬。

《吐魯番出土文書》第四册《阿斯塔那一五一號墓文書・高昌某年郡上馬帳》 郡上馬：丁谷寺瓜馬，田地公寺余馬，東許寺赤馬，韓統寺青馬，竺惠兒黄馬，汜延憙青馬，政明寺青馬，建武留馬，和長史洛馬，西主寺赤馬，將阿婆奴赤馬，侍郎歡悦青馬，諫議令護白馬，馬郎中赤馬，明威懷滿瓜馬，振武長史赤馬，侍侍僧愍赤馬，麴顯斌赤馬，大張寺瓜留馬，麴善亮留馬，中郎顯仁瓜馬，衛延紹留馬，將智勇赤馬，馮明老留馬，麴伯養黄，康師子白馬，弘光寺赤馬，嚴馬寺黑馬，康寺紫馬，水峽寺青馬，永安公主寺赤馬，趙寺法瑜赤馬，威遠孟悦留馬，員寺黑馬，明威慶武赤馬，主簿歡悦瓜馬，楊太伯瓜馬，寧遠阿都黄赤馬，常侍安居留馬，張司馬黄馬，趙明仲留馬，康趙苟瓜馬，張阿涉青馬，中主寺赤馬，北劉都寺瓜馬，鞏儇保黄馬，范願祐洛馬，范阿保黄馬，賈阿憙留馬，小威遠駁馬，將道軌騮馬，張寺法明白馬，參軍由天瓜馬，聖義寺赤馬，左衛寺赤青馬，殿中紹珍白馬，將武崇赤馬，田衆歡馬，追世寺紫馬。

康師兒赤馬，田忠宣青馬，虎威子伯紫馬，康永兒留馬，張善明赤馬，張阿宗驃馬，焦長史赤馬，校郎延護留馬，合六十七匹。

《吐魯番出土文書》第四册《阿斯塔那一七一號墓文書・高昌私馬長生馬行馬亭馬拾騎馬駝驢帳》 □□□生、行馬、亭馬、[ ]□私馬壹匹，駝肆頭，[ ]楊仕峻長生馬壹匹，[ ]馬壹匹；韓宣志長生馬壹匹，騮[ ]長生馬壹匹，□壹頭；□□□□生馬壹匹，私馬壹匹，騮叁頭；楊仕□□□□壹匹；周懷滿長生馬壹匹；侯阿奴長生馬壹匹，騮壹頭；楊友□□□馬壹匹；馮弍縱長[ ]壹匹；陰善懷長生馬壹匹；韓歡伯長□□壹匹；潘仲悦[ ]趙善歸長生馬壹匹；孫阿相長□□□□；張歡兒長生[ ]僞友長生馬壹匹；張疊舉長生馬壹□；□□願長生馬壹匹；□□□長生馬壹匹；衛阿桑胡長生馬壹匹；張武歡長生馬壹匹；張建□長生馬壹匹；張保憙長生馬壹匹；陰禅住長生馬壹匹；趙歡歸長生馬壹匹；韓明伯長生馬壹匹；隗居巷長□□壹匹；張智德長生馬壹匹；辛海隆長生馬壹匹；侯車利長生馬壹匹；周阿□子長生馬壹匹，騮壹頭；馮元悦長生馬壹匹；隗延懷長生馬□匹；侯海憙長生馬壹匹；楊隆峻長生馬壹匹；楊□友長生馬壹匹；周□崇私馬壹匹，拾騎馬壹匹，騮柒頭；周海崇私馬壹匹，拾騎[ ]

〔後缺〕

《吐魯番出土文書》第五册《阿斯塔那二〇六號墓文書・唐蘇致德等馬帳》 蘇致德等二人馬一疋，留父七歲。張憙德等二人馬一疋，赤草六歲。樊仕遷等二人馬一疋，赤草五歲。安末奴等二人馬一疋，青忩敦五歲。吴君住等二人馬一疋，赤父七歲。杜阿定等二人馬一疋，赤敦七歲。安才子等二人馬一疋，草留五歲。張弥達等二人馬一疋，瓜敦□歲。王隆歡等二人馬一疋，瓜敦六歲。索德師等二人馬一疋，忩敦五歲。竹石住等二人馬一疋，留草六歲。[ ]人馬一疋，留草五歲。

〔中缺〕[ ]七歲。[ ]等二人馬一疋，騅敦九歲。

案例文書

（宋）鄭克《折獄龜鑑》卷六《證慝・顧憲之》 宋顧憲之，元徽中爲建康令時，有盗牛者被主者所認，盗者亦稱己牛，二家辭理等，前後令莫能决。憲之至，覆其狀，謂二家曰：無爲多言，吾得之矣。乃令解牛任其所去，牛徑還本主宅。盗者始伏其辜。發姦擿伏，多如此類。時人號曰神明。

（宋）桂萬榮《棠陰比事》卷上《張受越訴》 唐張允濟爲武陽令，以德教訓下，百姓懷之。鄭邑元武縣有以牸牛依其妻家者，八九年間牸生十餘牛。及將異居，妻家不與。本縣累年不能决。其人乃越界訴於允濟。允濟曰：爾自有令，何至此也。其人垂泣不肯去，具言所以。允濟遂令左右縛牛主，布衫蒙頭，將詣妻家村中，云捕盗牛賊，悉問此村牛所從來。妻家不知其故，恐致連及，乃曰：此是女婿家牛。允濟令發其蒙，謂曰：此即女婿，當以牛歸之。

（明）祁彪佳《莆陽讞牘》卷二《莆田縣一件違禁私宰事巡捕李經歷申詳毓卿私宰緣繇》 鄭在富、花國一私宰耕牛，胡毓卿知情故買，依擬杖笞贖决發落，取實收繳。

（明）佚名《新纂四六合律判語》卷下《兵律・驗畜産不以實》 畜産蕃於牧養，固竭心思；價值定於品裁，宜精目力。豈可忘於高下驪黄之辨，乃不慎於粗良美惡之分。國用攸資，官刑斯著。今某漫矜驢技，黔驢之技，見柳文。妄覬羊珠。飯牛無百里溪之能，相馬昧九方皋之術。既佳騾之罔識，豈良駒之能收？相驗輒紊乎病傷，分擇頓忘其高下。遂使服箱良犢，誤停丙相之車。忍看伏櫪庸材，魏武《樂府》：老驥伏櫪，志在千里。倍作涓人之價。齊使涓價賁千金市千里馬。矯首尚誇於角戢，健蹄猶羨於形龐。健弱更速於入蜀之資，徒別其爲青爲白。疾遲罔解於埋沙之性，祇憐其知水知風。六物之鑒既昏，三尺之刑當坐。

（明）張肯堂《𥌒辭》卷五《李國棟魏縣人》 魏人李國棟，販畜於濬境，嘗飾病騾一頭，同牙儈谷文明售之李鐸花，議價五千錢，先交一千。

鐸花審其病也，退歸文明，而鐸花已別往矣。文明未得要領，畜之數日，水草不時而死。在鐸花方以中詐爲尤，而國棟乃以負錢致索，此訟因也。論事則國棟巧而鐸花愚。第業已成盟，自宜分任其咎。剩錢四千各剖其半。則鐸花二千，肉好未可靳也。至若李秀然欠錢一千，雖云已爲韓東坡收去，然作合者爲靳一朋，目未曾睹，追給無疑。陳萬樓、張對元皆滑臺人，爲緱宦買國棟馬一匹，先索其牙用錢二千，後以馬齒太長退回，侵尋未還，萬樓一千既從私授，對元千文所應併追者也。一紙訟牒，夙逋頓清。國棟是難免於株連之一杖乎，亦已躊躕滿志矣。

（明）張肯堂《㽚辭》卷六《王加增滑縣人》　監生康奇才於三年二月間，用價一十五兩，買高肖山牝馬一匹。而爲之居間者，則爲滑人王加增，不知此馬乃盜贓也。後爲鄆城關取，毛色形齒，無弗合者。審其非誣，即與關發，奇才價遂空懸，向嘗赴縣陳訴。然肖山等皆爲垣人，短綆難汲，固姑置之。此其上控之繇乎。詞行之日，正值本縣代攝垣篆，稍稍得其要領。而肖山遁矣。訊加增則云：交價之日，肖山弟東化預聞之，而東化又稱賣馬不知名人，爲傅白菜牽引，總之肖山通賊，固自無疑，而三人者，亦豈能脱然事外。各追銀五兩，給與奇才，以足原價之數。加增牙儈爲生，不能細究來歷，即未知情，難免於杖矣。

《盛京滿文檔案》崇德三年六月　〔初七〕皇上家牧群一牛死於牧場，鑲藍旗拖克拖洛言稱來年給一兩歲牛，遂將死牛之肉取走食之。然取牛時，拖克拖洛竟不還牛。三年過後，寧塔海牛録下額爾吉圖、科西圖二人去時，拖克拖洛適不在家，遂將包衣阿瑪里之牛抓來。本牛録下吴達海即將其一頭三歲牛送去，欲了其事。吴達海反要了拖克拖洛包衣之兩歲牛。拖克拖洛來涅罕處告稱：我的包衣中没有阿瑪里其人，皇上包衣來後，攜走我牛，又把牛私自换給吴達海後，留下了。涅罕遂訟於法司，如此説來，並非隱匿之罪。經審，拖克拖洛取肉不給牛已三年一事屬實，所稱其包衣中没有阿瑪里一人是虚。欲令了事，吴達海將其牛送去。拖克拖洛，爾曾欲給牛是實，然欺騙涅罕，鞭八十，准折贖。

（清）董誥《全唐文》卷九八一《闕名・對真臘國人市馬判》　真臘國人來，云於峰州市馬。御史科安南都護罪。訴云：爲相知捉搦陸路。不伏。

惟德動天，無遠不屆。北極燭龍之國，屈膝稱臣，南窮火鼠之鄉，傾心向化。眷兹真臘，早挹淳風，自昔雷同，由來霧集。豈假鑄銅之力，無勞刻石之銘，所以來往邊州，市馬峰部。論其由緒，未乖從有之方，驗以逗留，豈爽求無之道。御史職惟激濁，志在揚清，疑彼奸非，欲嬰羅網。都護爲相知捉搦，先有稟承，濫投一面之科，寧杜三緘之口。向若邊烽變擾，論情不可免辜，今既市馬往來，據理難書厥罪。御史科結，有謝於彈珠，都護有詞，無慚於辨璧，宜依薄訴，用叶通途。

（清）董誥《全唐文》卷九八三《闕名・對射牛判》　萬年縣申王祚告侯明射牛。明疑狼入圈齧牛，將弓射狼，誤中牛事。

三光赫赫，牛星紀於北方，八極悠悠，牛山建於東國。錢塘水上，遠浮金鎖之輝，蜀郡江前，遥沉石犀之影。豈止披蹄戴角，玉軑華鞦，南州聞果下之名，西域表花津之異。固以禮標極敬，大祀資於潔圭，易贊神明，引重憑於致遠。由是降兹綸綍，著彼科條，姜牙絶其鼓刀，庖丁息其游刃。侯明鄉閭賤品，稼穡庸夫，常傳甯戚之經，久習高堂之法。西河資産，希十千而萬計，東州奔駿，方一日而千里。俄而野心興暴，縱目爲灾，引騂角之雕弓，控青筌之箭羽，異天弧之垂象，空法向狼之星，殊封禪之舊章，便爲射牛之事。誤殺不禁，著自彝章，罪疑從輕，聞諸古實。

《清代名吏判牘七種彙編》卷上《清官第一于成龍・奪牛》　稟悉。爾踐人田豆，人奪爾耕牛。雖罰之太重，然亦爾自取其咎。牽牛以蹊人之田，而奪之牛。牽牛者與奪牛者，均有罪也。來稟既稱由地保出爲調處，送回耕牛，其亦可以息争矣。呶呶不休，胡爲者。豈爾踏破彼田豆後，商欲令其賠償爾芟豆費耶。地保必少善類者，然調處本案，確甚公平。爾償以豆資，彼還爾耕牛，兩不相虧，兩無所負。即該民亦已允許矣，乃一夜之隔，忽又翻異，苟非從中有人唆使，冀獲漁人之利，其誰信之。爾須知此案若果訊究，本縣處斷亦不過如是而止。而爾之因訟以損失者，不知其幾。彼唆汝投稟涉訟者，正汝之仇，而非汝之友。汝不從善意之調處，和平息争，而意妄聽人言，冀求必不可得之幸勝，爾真至愚矣。即爾之理全直，彼之理全曲，然此區區小事，亦可了則了，何必多事，以滋訟累。况爾與顧福田同居一村，出入相友，守望相助，疾病相扶持，朝夕相見，何至結此深仇。况爾本理曲，亦有不是之處乎。妄瀆官廳，小題大做，而又捏報搶劫，飾詞蒙蔽，本應先將爾傳案究辦，笞責無數，並竊究正名，依律嚴懲。姑念鄉愚暫免拘究，仰即回家安分，毋再多瀆，以干重戾。至耕牛一節，仍照地保調處辦理可也。《易》曰：訟則終兇。本縣非怕事者，爾其知之。此批。

雜録

（宋）李昉《太平廣記》卷九《神仙·沈建》　建嘗欲遠行，寄一婢三奴、驢一頭、羊十口，各與藥一丸，語主人曰：但累屋，不煩飲食也，便去。主人大怪之曰：此客所寄十五口，不留寸資，當若之何。建去後，主人飲奴婢，奴婢聞食氣，皆逆吐不用。以草飼驢羊，驢羊避去不食，或欲抵觸，主人大驚愕。百餘日，奴婢體貌光澤，勝食之時，驢羊皆肥如飼。建去三年乃還，各以藥一丸與奴婢驢羊，乃飲食如故。

（宋）李昉《太平廣記》卷三五《神仙·馮大亮》　馮大亮者，導江人也。家貧好道，亦無所修習，每道士方術之人過其門，必留連延接。唯一牛拽步磨以自給，一旦牛死，其妻對泣。慈母山道士，每過其家，即憩歇累日。是時道士復來，夫婦以此語之，道士曰：皮角在乎。曰：在。即取皮攣綴如牛形，斫木爲脚，以繩繫其口，驅之遂起，肥健如常。曰：此牛不復飲食，但晝夜使之可也。慎勿解其口，爾以此牛拽磨，爲倍於常。

（宋）李昉《太平廣記》卷四三四《畜獸·牛》　唐先天中，有田父牧牛嵩山，而失其牛，求之不得。忽見山穴開，中有錢焉，不知其數。田父入穴。負十千而歸，到家又往取之，迷不知道。逢一人謂曰：汝所失牛，其直幾耶。田父曰十千。人曰：汝牛爲山神所將，已付汝牛價，何爲妄尋。言畢，不知所在，田父乃悟，遂歸焉。

（宋）李昉《太平廣記》卷四三五《畜獸·代宗九花虬》　代宗命御馬九花虬並紫玉鞭轡，以賜郭子儀，子儀固讓久之，上曰：此馬高大，稱卿儀質，不必讓也。子儀身長六尺八寸，九花虬，即范陽節度使李懷仙所貢也。額高九尺，毛拳如鱗，頭頸鬃鬣，真虬龍也。每一嘶，即群馬聳耳。以身被九花，故號九花虬。

（宋）李昉《太平廣記》卷四三六《畜獸·東市人》　開成初，東市百姓喪父，騎驢市凶具，行百步，驢忽語曰：我姓白名元通，負君家力已足，勿復騎我。南市賣麩家，欠我錢五千四百文，我又負君錢數，亦如之，今可賣我。其人驚異，即牽往，旋訪主賣之，驢甚壯，報價只及五千，及詣數行，乃得五千四百文。因賣之，兩宿而死。

（宋）李昉《太平廣記》卷四五三《狐·任氏》 他日，任氏謂鄭子曰：公能致錢五六千乎，將爲謀利。鄭子曰：可。遂假求於人，獲錢六千。任氏曰：鬻馬於市者，馬之股有疵，可買以居之。鄭子如市，果見一人牽馬求售者，青在左股，鄭子買以歸。其妻昆弟皆嗤之曰：是棄物也，買將何爲。無何，任氏曰：馬可鬻矣，當獲三萬。鄭子乃賣之，有醻二萬，鄭子不與。一市盡曰：彼何苦而貴買，此何愛而不鬻。鄭子乘之以歸，買者隨至其門，累增其估，至二萬五千也。不與，曰：非三萬不鬻。其妻昆弟聚而詬之，鄭子不獲已，遂賣，卒不登三萬，既而密伺買者。徵其由，乃昭應縣之御馬疵股者，死三歲矣。斯吏不時除籍，官徵其估，計錢六萬，設其以半買之，所獲尚多矣，若有馬以備數，則三年芻粟之估，皆吏得之，且所償蓋寡，是以買耳。

（宋）洪邁《夷堅志丁》卷五《淮西牛商》 慶元元年夏，浮梁北鄉桃樹村，衆户買牛賽神。得一頭於淮西商人，極肥腯。享獻既畢，分胙而食之。凡七八十人，肉才下咽，悉苦身熱腹脹，如中毒狀，經三日始愈。徐究其故，乃姦商殺青竹蛇入藥，糜碎拌和藁秸而以飼牛，牛咀嚼甘美，十餘日，膚革倍於昔時。商獲息過半，乃引餘牛往浙東。買者方議追執而訴其惡，聞已溺死於前渡，遂置不問。此鬼得而誅之也。

違禁物分部

論說

《禮記正義》卷一三《王制》　凡執禁以齊衆，不赦過。有圭璧金璋，不粥於市。命服命車，不粥於市。宗廟之器，不粥於市。犧牲，不粥於市。戎器，不粥於市。用器不中度，不粥於市。兵車不中度，不粥於市。布帛精麤不中數，幅廣狹不中量，不粥於市。姦色亂正色，不粥於市。錦文珠玉成器，不粥於市。衣服飲食，不粥於市。五穀不時，果實未孰，不粥於市。木不中伐，不粥於市。禽獸魚鼈不中殺，不粥於市。關執禁以譏，禁異服，識異言。

（宋）包拯《孝肅包公奏議・請斷銷金等事》　臣竊見中外臣僚士庶之家，衣服首飾之類，多用銷金，工匠於闤闠之中，任意制造，殊不畏憚。臣伏詳編勑節文，除大禮法物外，上從中禁，下暨庶邦，但係衣服裝著之類，土木玩用之物，並不得以金爲飾，如違，並科違制之罪，其元業匠人，輒更造作，犯者當行處斬。此蓋真宗皇帝躬行儉德，以化天下，故自中禁以及庶邦，凡衣服玩用以金爲飾者，一切禁斷，工匠置於極典，致數十年間，中外絶無犯者。而自近年以來，時俗相尚，銷金之作，寖以公行，近日尤甚。其戚里及臣僚士庶之家，衣服首飾，並用銷金，及生色内間金之類，並無避懼。蓋是匠人等故違條制，厚取工錢，上下相蒙，無敢言者。若不速行禁止，切慮靡壞金寶，扇長澆風，競事浮華，大損聖化。欲乞嚴賜指揮，申明舊制，上以遵先帝崇儉之意，下以絶臣庶好奢之漸。

（宋）蘇轍《欒城集》卷四二《北使還論北邊事劄子五道・論北朝所見於朝廷不便事》　臣等近奉使出疆，見北界兩事於中朝極爲不便，謹具條列如後：

一、本朝民間開版印行文字，臣等竊料北界無所不有。臣等初至燕京，副留守邢希古相接送，令引接殿侍元辛傳語臣轍云：令兄内翰謂臣兄軾《眉山集》已到此多時，内翰何不印行文集，亦使流傳至此。及至中京，度支使鄭顓押宴，爲臣轍言先臣洵所爲文字中事迹，頗能盡其委曲。及至帳前，館伴王師儒謂臣轍：聞常服伏苓，欲乞其方。蓋臣轍嘗作《服伏苓賦》，必此賦亦已到北界故也。臣等因此料本朝印本文字多已流傳在彼，其間臣僚章疏及士子策論，言朝廷得失，軍國利害，蓋不爲少。兼小民愚陋，惟利是視，印行戲褻之語，無所不至。若使盡得流傳北界，上則洩漏機密，下則取笑夷狄，皆極不便。訪聞此等文字販入虜中，其利十倍。人情嗜利，雖重爲賞罰，亦不能禁。惟是禁民不得擅開板印行文字，令民間每欲開板，先具本申所屬。州爲選有文學官二員，據文字多少，立限看詳定奪。不犯上件事節，方得開行。仍重立擅開及看詳不實之禁，其今日前已開本，仍委官定奪。有涉上件事節，並令破板毀棄。如一集中有犯，只毀所犯之文，不必毀全集。看詳不實，亦准前法。如此，庶幾此弊可息也。

綜　述

《唐律疏議》卷九《職制·私有玄象器物》　諸玄象器物，天文，圖書，讖書，兵書，七曜曆，《太一》、《雷公式》，私家不得有，違者徒二年。私習天文者亦同。其緯、候及《論語讖》，不在禁限。

疏議曰：玄象者，玄，天也，謂象天爲器具，以經星之文及日月所行之道，轉之以觀時變。《易》曰：玄象著明，莫大於日月。故天垂象，聖人則之。《尚書》云：在璇璣玉衡，以齊七政。天文者，《史記·天官書》云天文，日月、五星、二十八宿等，故《易》曰：仰則觀於天文。圖書者，河出圖，洛出書是也。讖書者，先代聖賢所記未來徵祥之書。兵書，謂《太公六韜》、《黄石公三略》之類。七曜曆，謂日、月、五星之曆。《太一》、《雷公式》者，並是式名，以占吉凶者。私家皆不得有，違者，徒二年。若將傳用，言涉不順者，自從造袄言之法。私習天文者，謂非自有書，轉相習學者，亦得二年徒坐。緯、候及《讖》者，《五經緯》、《尚書中候》、《論語讖》，並不在禁限。

（唐）李林甫《唐六典》卷一〇《秘書省·太史局》　凡玄象器物，天文圖書，苟非其任，不得與焉。觀生不得讀占書，所見徵祥灾異，密封聞奏，漏泄有刑。

（宋）王溥《唐會要》卷七二《軍雜録》　貞元元年六月詔：槍甲之屬，不蓄私家。

（宋）王溥《五代會要》卷二三《科目雜録》　〔長興四年二月十六日，禮部貢院奏：〕一、懷挾書策，舊例禁止，請自今後入省門搜得文書者，不計多少，准例扶出，殿將來兩舉。

一、遥口受人迴换試處及鈔義題帖書時，諸般相救，准例扶出，請殿將來三舉。

（宋）佚名《宋大詔令集》卷一九八《政事·禁約·禁習天文星算相術圖讖詔景德元年正月辛丑**》**　象緯之書，典法所禁。戒其私習，抑有舊章。近聞士庶之間顯行星算之術，既資奔兢，□□□□特示明文，用懲薄俗。宜令所在告示管内，除先准敕有□陰陽卜筮書外，應元象氣物、天文星算、相術圖讖、七曜、太乙、雷公式、六壬遁甲，并先停廢諸算曆，私家並不得停留，及衷私傳習，有者限一月陳首納官，逐處官吏焚毁訖奏。敢違犯隱藏者，許諸色人論告，其本犯人處死，論告人給賞錢十萬。逐處星算技術人，並送赴闕，當議安排，瞽者不在此限。

（宋）佚名《宋大詔令集》卷一九九《政事·禁約·禁銷金詔大中祥符八年五月壬午**》**　惟彼兼金，是名至寶。邦家所尚，本以備乎威儀。民俗相因，由是成於奢僭。銷鎔浸廣，耗蠹實多。向者繼下制書，禁兹侈服，申嚴未一，抵冒尚繁，今將表正蒼黔，共還樸素。冀群情之率俾，在眇質之躬行，自非大禮之采章。並命攸司而簡省，上從中禁，下暨庶邦，靡限等差，同其條約。必行之令，在率土以咸周，可復之言，示至公而斯在。其乘輿法物，除大禮各有舊制外，内庭自中宫以下，並不依銷金、貼金、鏤金、間金、戧金、圈金、解金、剔金、陷金、明金、泥金、楞金、背金、影金、欄金、盤金、織撚金綫等。但係裝著衣服，並不得以金爲飾。其外庭臣庶之家，悉皆禁斷。三京諸路臣民舊有者，限一月許回易。爲尊像前供養物，應寺觀自今裝功得所用金箔，須具殿位尊像顯合增修創造數，經官司陳狀勘會詣實聞奏，方得給公憑，詣三司收買。其明金裝假果花版樂身之類，應用金爲裝彩物，降詔前已有者，更不毁壞，自餘悉皆禁止。如敢有違，本犯人及工匠干連人並當重斷。皇族諸親大臣等，固宜奉詔，率乃興民，苟或有踰，必行嚴憲。仍令御史臺、皇城左右衙司常切覺察。如不切糾舉，致别處彰露，並寘其罪。其論告人賞錢百貫，以犯事人家財充，不足者以係省錢支給。仍令諸路轉運司遍牒管内，揭榜告示。

（宋）佚名《宋大詔令集》卷一九九《政事·禁約·禁天文兵書詔景德三年四月己亥**》**　天文兵法，私習有刑，著在律文，用防姦僞。顧兹群小，尚或有違，將塞異端，宜懲薄俗。兩京諸路管内，除准敕合留陰陽卜筮書外，應元象器物、天文星算、相術圖書、七曜曆、太乙、雷公式、六壬遁甲、兵書、先諸家曆算等，不得存留及衷私傳習。有者限一月陳首納官，釋其罪。令官吏當面焚毁訖奏。限滿不首，隱藏違犯，並當處死。内有私爲誑惑、言及災異情理重者，當行處斬，論告者賞錢百千。逐處有星算術數人，並部送赴闕，令司天監試驗安排，瞽者不在此限。

（宋）佚名《宋大詔令集》卷一九九《政事・禁約・禁錦背綉背遍地透背等詔景祐元年五月丙寅》 織文之奢，不鬻於國市。纂組之作，寔害於女工。朕稽若令猷，務先儉化，深維抑末，緬冀還淳，然猶杼軸之家，相矜於靡麗，衣服之制，弗戒於紛華，浮費居多，踰侈斯甚，宜懲俗尚，用謹邦彝。內自掖廷，外及宗戚，當奉循於明令，無故習於偷風，其錦背、綉背及遍地密花透背段子，並宜禁斷。西川歲織上供者亦罷之。

（宋）佚名《宋大詔令集》卷一九九《政事・禁約・禁鏤金詔景祐二年五月庚寅》 弊品之興，金鎰爲重。制財藝貢，邦用賴焉。洪惟先朝，深鑒治本，特嚴淦鑠之禁，以杜奢僭之萌。而宵人末工，放利矜巧，如聞比日，潛冒禁防，麋壞至珍，崇華首服，浸相貿鬻，陰長奇衺，官司因循，曾未呵糾，宜申布於前令，俾大革其非心，尚或弗悛，罔有攸赦。敦風遠罪，當稱朕懷。應市肆造作縷金爲婦人首飾等物，並嚴行禁絕。

（宋）謝深甫《慶元條法事類》卷二八《榷禁門・乳香》 雜格

許有禁物

乳香：捌拾品以上貳斤，陸品以上肆斤，玖品壹斤。

《通制條格》卷八《儀制・器物飾金》 至元八年十一月，尚書省。欽奉聖旨節該：今後諸人但係磁器上，並不得用描金生活，教省裏遍行榜文禁斷者。

至元八年十一月，中書省。欽奉聖旨：鞍轡、鞦轡、靴子、箭頭，休教用金者。這般省會了，後頭拿住呵，便教拿住的人要者。欽此。

《通制條格》卷二七《雜令・兵仗應給不給》 至大三年七月二十九日，御史臺奏：在先塔察兒、月兒魯那延臺裏行時分，禁約漢兒人休拏弓箭軍器上頭，世祖皇帝根底奏呵，按察司官人每是拏説謊做賊的人每有，壹個、兩個出去體察勾當行呵，弓箭交拏者。麽道，兩遍聖旨有來。如今尚書省官人每奏了，但有姓的漢兒、蠻子，弓箭、軍器禁了者，拏的人依在前體例要罪過者。麽道，行了文書有。俺商量來，監察廉訪司官人每，是拏做賊説謊的衙門有，歹人每不愛的多有也者，體察勾當行的時分，不教拏弓箭呵，不中的一般有。可憐見呵，依先聖旨體例，教拏弓箭呵，怎生？奏呵，奉聖旨：那般者。欽此。【略】

大德七年十一月，中書省。河東陝西道奉使宣撫呈：太原路所轄州城，有姓在閑達魯花赤，多有執把弓箭之人，合行禁約。刑部議得：有姓達魯花赤如係漢兒人，擬合欽依禁約。都省准擬。

《通制條格》卷二七《雜令・擅造兵器》 元貞元年正月，中書省。刑部呈：賀安等告，東平路達魯花赤咬童，至元二十四年七月內，勒令各司縣達魯花赤、局官等造納胖襖、皮甲、鐶刀、箭隻，緣係詔赦已前事理，擬合革撥。今後司縣達魯花赤，如有各投下似此成造軍器、胖襖等物，隨即牒報本衙門，申覆上司，無得擅自成造。都省准呈。

《通制條格》卷二七《雜令・禁約軍器》 至元二十一年四月十六日，中書省奏：在先欽奉聖旨，漢兒人休執把弓箭者，軍人、打捕户這的每執把者。這般聖旨有來。火魯火孫奏將來，除軍人外，打捕户每弓箭休教執把呵，怎生。商量來。奏呵，奉聖旨：教罷了者。欽此。

《通制條格》卷二七《雜令・金銀》 至大四年四月二十六日，欽奉詔書內一款節該：榷禁金銀，本以權衡鈔法，條令雖設，其價益增，民實弗便。自今權宜開禁，聽從買賣，其商賈收買下番者，依例科斷。欽此。

《通制條格》卷二八《雜令・燻金》 至元二十年六月，中書省。御史臺呈：陝西漢中道按察司申：安西路馮直等，將銀箔燻作假金，裁線織造販賣，一概禁斷，機户生受。刑部照得：欽奉聖旨，禁斷金段疋等物，據馮直等將銀箔用煙燻作假金，終是織金段疋，切恐真假錯亂，犯法者衆，擬合禁斷。都省准擬。

《通制條格》卷二八《雜令・佛像西天字段子》 大德九年八月初二日，宣政院奏：街下織段子的匠人每，織着佛像並西天字段子貨賣有。那般織着佛像並西天字的段子，賣與人穿着行呵，不宜的一般有。奏呵，奉聖旨：怎生那般織着賣有。説與省官人每，今後休教織造佛像西天字樣的段子貨賣者。欽此。

《通制條格》卷二八《雜令・妖書妖言》 延祐元年五月，中書省。御史臺呈：沔陽府陳興祖，告傅萬一妻阿李，倩人抄寫天降經文，該寫今歲山崩地陷，人死玖分。根捉到印經人李行余等，取訖招伏，欽遇釋免。刑部議得：印造無根經文，蓋因切名僧道之徒，不修戒行，往往撰造妖言，捨施符水，苟圖錢物，惑世誣民，關係非輕，理合遍行禁治。若有似此違犯，罪及寺觀主首，其有不居寺觀，四方游蕩，恣爲邪説之流，亦令所在官司常加警察。都省准擬。

《通制條格》卷二八《雜令・禁書》　至元三年十一月十七日，中書省。欽奉聖旨節該：據隨路軍民人匠，不以是何投下諸色人等，應有天文圖書、《太乙》《雷公式》、《七曜曆》、《推背圖》，聖旨到日，限壹伯日赴本處官司呈納。候限滿日，將收拾到前項禁書，如法封記，申解赴部呈省。若限外收藏禁書，并習天文之人，或因事發露，及有人首告到官，追究得實，並行斷罪。欽此。

至元十年二月，中書省。大司農孛羅呈：奏過隨朝官員人等每根底，多有聖旨分付與的陰陽禁書，都教分付與秘書監者。如他每合用着的呵説了，不與那是麽。外路有的禁書，寬與限次，再行嚴切拘收呵，怎生。奉聖旨：那般者。欽此。

至元十八年三月，中書省。御史臺呈：江南行臺咨：都昌縣賊首杜萬一等，指白蓮會爲名作亂。照得江南見有白蓮會等名目，《五公符》、《推背圖》、《血盆》，及應合禁斷天文圖書，一切左道亂正之術，擬合禁斷。送刑部，與秘書監一同議得：擬合照依聖旨禁斷拘收。都省准擬。

至元二十一年五月，中書省。爲河間路捉獲賊徒隱藏苗太監僞造圖讖文書，奏奉聖旨施行外，又奏：這般星曆文書每，在先教拘收者。道來，不好生拘收來的一般有。如今隨路裏行榜文，這般文書教拘收呵，怎生。奏呵，奉聖旨：這的索甚問。那般者。欽此。

至元三十一年十月，中書省。御史臺呈：山南江北道肅政廉訪司申：《博文録》内有聖朝開基太祖皇帝御諱及以次皇族宗派。擬合拘收禁治。省准。

《通制條格》卷二九《僧道・追毀木印》　大德八年七月，中書省。刑部呈：官府用印，本以關防詐僞，取信於民。今僧尼、道冠自造三寶木印，雖稱經疏使用，誠恐恣行，別生事端。合令有司盡行追毀相應。都省准擬。

《元典章》卷二〇《户部・鈔法・僞鈔・格後行使僞鈔》　大德十年，江南行臺准御史臺咨：承奉中書省劄付：

來呈：山東道廉訪司申：知情分買行使僞鈔之人，初犯杖一百七下，再犯斷罪外徒役一年，三犯流遠。其各處見禁所犯買使僞鈔之人，有犯在遠年、二三次經斷者，亦有犯在大德三年三月初三日欽遇赦恩已前、一次經斷者，今次格後再犯，事發到官。如此之類，未審前犯與今犯通理斷罪，徒役流遠，或自大德七年各處承奉斷例日月以准爲始，各驗所犯經斷次數坐罪。本臺看詳，强切盗賊已有定例。外據買使僞鈔之人，宜令合干部分定擬，具呈照詳。送刑部，議得：知情分買行使僞鈔之人，經遇恩再犯者，赦後爲坐。都省准擬，合下，仰照驗依上施行。

《元典章》卷二〇《户部・鈔法・僞鈔・兄首弟安藏造僞科罪》　至元六年七月初二日，中書省劄付：

右三部來呈：濟州申：鄆城縣劉宣差男劉大首獲同居弟劉伯眼察兒知情安藏反獄造僞人蘇堅，又於本家雕造僞鈔，取問招伏是實。欲依已斷安藏雕造僞鈔體例，斷杖一百七下，緣同籍親兄劉大首告到官，合無量決五十七下，乞照詳事。省府相度，劉伯眼察兒所犯，雖是親兄首獲，緣係印造僞鈔事理，難准減輕，合科全罪。合下，仰照驗，依已斷體例，將劉伯眼察兒決杖一百七下。行下合屬，就便斷決施行。

《元典章》卷二〇《户部・鈔法・僞鈔・應捕人捉獲僞鈔理賞》　皇慶元年六月，江西行省准中書省咨該：

陝西省咨：安西路備同州白水縣申：准本縣尉吴好人牒該：至大二年十二月十八日，因巡禁盗賊，捉獲印造僞鈔賊人陳法海等，取訖備細招詞，追搜贓仗到官，別無争功之人。除已比依三原縣弓手武直捉獲印造僞鈔賊人郭斌等、（經）〔涇〕川縣弓手張德捉獲印造僞鈔賊人趙綿子等例，減半放支至元鈔五定，責付本官收管，及劄付安西路，依例給付犯人家産外，咨請照詳。准此。送刑部：照得至大四年四月内欽奉詔書内一款節該：告獲印造僞鈔者，賞銀五定，仍給犯人家産，應捕人減半。欽此。除欽遵外，今奉前因，議得：諸人告獲僞鈔，欽遵舊制，別無定奪。外，據應捕官兵捉獲印造僞鈔之徒，既是例應減半理賞，所有犯人家産亦合依例減半給付，餘有一半没官相應。如蒙准呈，遍行照會。都省准擬，依上施行。

《元典章》卷二〇《户部・鈔法・僞鈔・造僞鈔不分首從處死》　至元十五年二月，中書省：

照得元寶交鈔，大小差發、課程並行收受，又軍國調度，諸路通行，最爲大事。鈔面明該僞造者斬，賞銀五定。近年以來，造僞鈔之人事發到官，辨驗堪以行使，爲首處死，爲從雕板、抄紙、安藏印造、知情受分人等俱各杖斷，捉事人賞銀五定。其鈔不堪行使，爲首流遠，餘者依上杖斷。緣爲各路申到僞造之人甚多，再行議得，但犯僞鈔，無問堪與不堪行使，爲首處死，餘皆杖斷，捉事人賞鈔一十定，官支五定，犯人名下均徵五定，應捕人減半。

《元典章》卷二〇《户部·鈔法·僞鈔·燒毁僞造印板》 至大四年十一月，福建宣慰司奉江浙行省劄付：

近據徽州路申：方子華等印造僞鈔，所據印板、作仗，理宜燒毁。外據刀鋸等物，合行變賣作鈔起解相應。乞明降事。得此。備准中書省咨：〔來咨：〕印造僞鈔印板、作仗，理宜燒毁。外據刀鋸等物，合行變賣作鈔起解。看詳，若依元准咨文一一咨禀，似爲便當。咨請照驗。准此。送刑部，議得：印造僞鈔事既結絶，所據印板作具，例合燒毁。若令行省一一咨禀，似涉紊繁，宜從本省就便分揀，依例發落，若有可疑，臨時咨禀相應。具呈照詳。都省咨請依上施行。

《元典章》卷二〇《户部·鈔法·僞鈔·禁治僞鈔》 大德七年十二月初六日，江西行省准中書省咨：

刑部呈：奉省判：江浙行省咨：杭州等路見禁囚内，印造僞鈔八十八起，二百七十四人，始自大德元年至大德四年三月收禁，多係追取板印僞（造）〔鈔〕到官，止是同犯一二名逃亡，便作未完追勘。今後若蒙照依强盗體例，但獲僞造寳鈔之徒，追搜（獲）〔板〕印到官，取責明白招伏，隨即明正典刑。如此，則塞造僞之源。本部請到户部侍郎王奉政一同講議得：除起意底、雕板底、印造底、收買顔色物料底，俱是同情僞造，合依奏奉聖旨事意處死外，議到知情分買人等各各罪名。都省議得：知情分買行使之人，初犯決一百七下，再犯除斷外徒役一年，三犯流遠。鄰佑人等知是僞造寳鈔而不首告，決杖七十七下。禁治不嚴、失覺察者，各地分當該巡捕軍兵三十七下，捕盗正官及鎮守巡捕軍官各決二十七下，坊里正、主首、社長一十七下。已獲賊徒，追搜板印僞鈔贜物無疑，廉訪司審復無冤，先行結案。首告、捉事人賞錢，如板印到官，犯人招證明白，廉訪司審録無冤，本路隨即當官給付，仍申合干上司照驗。若應給而遲延不給，聽廉訪司糾察究治。

《元典章》卷二〇《户部·鈔法·僞鈔·僞鈔堪以行使處死》 至元七年閏十一月十九日，尚書省：

據刑部來呈：博州路申：聊城縣石治民狀招，至元五年七月内，於瓦上雕成司天臺印一顆，木頭上雕成至元年月日階見，欲寫司天臺文字。又於至元六年八月内，雕成五百文、五十文、二十文僞鈔板印各一副，兩次自行印造僞鈔二十一貫四百九十文，節次使訖七貫五百文。擬定石治民合行處死，乞照詳事。爲此，移准中書省咨：都省議得，據石治民所招，即係自行發意雕板印造僞鈔罪犯，依准所擬，其石治民合行處死。於至元七年閏十一月十六日聞奏過，奉聖旨：依着您的言語者。欽此。

《元典章》卷二〇《户部·鈔法·整治鈔法》 至元十九年十月，中書省奏准下項整治鈔法條畫。都省除已劄付御史臺常切糾察外，咨請遍下合屬照會，仍出榜文曉諭施行。【略】

一、鈔庫内倒换昏鈔，每一兩取要工墨三分，不得刁蹬，多要工本。庫官、吏人等令人於街市暗遞添答工墨，轉行倒换，一十兩以下決杖五十七下，一十兩之上決杖七十七下，一定之上決杖一百七下，罷職。兩相倒鈔之人同罪。於犯人名下追鈔五定，給付捉事人充賞。專委管民官常切提調，如不用心提調，治罪施行。

一、買賣金銀，赴官庫依價回易倒换。如私下買賣，諸人告捉到官，金銀價鈔全行斷没，於内一半付告捉人充賞，應捕人減半。一十兩以下決杖五十七下，一十兩以上決杖七十七下，一定以上決杖一百七下。於犯人名下更追鈔兩，給付捉事人充賞。

一、賣金銀人自首告者，免本罪，將金銀官收給價。買主不首者，價鈔斷没，更於犯人名下追鈔一定，與告捉人充賞。買主自首者，依上施行。

一、金銀匠人開鋪打造開張生活之家，憑諸人將到金銀打造，於上鑿記匠人姓名，不許自用金銀打造發賣。若已有成造器皿，赴平准庫貨賣。如違，諸人告捉到官，依私倒金銀例斷罪給賞。【略】

一、鈔庫官吏將倒下金銀不行附曆，却添價倒出，更將本庫倒下金銀，捏合買金銀人姓名用鈔换出，却暗地添價轉賣與人，許諸人捉拿得獲，不計多寡，處死。將價鈔給付捉事人充賞。

《元典章》卷二〇《户部・鈔法・雜例・禁販私䭾》　大德五年八月，中書省咨：雲南省咨：

照得見欽奉聖旨整治雲南事内一款：雲南行使䭾貨，例同中原鈔法，務依元數流轉，平准物價，官民兩便。近年爲權勢作弊，諸處偷販私䭾，已常禁治。其軍民官府關防不嚴，或受賄脱放入界，以致私䭾數廣，官民受弊。仰順元、大理、臨安、曲（清）〔靖〕、烏撒、羅羅斯諸處官司，並各各關津、渡口把隘軍民人員常切盤緝，禁治私䭾。如有捉獲，將犯人隨即申解拘該上司，依條斷罪，私䭾没官，告捉人依例給賞。如所在官吏依前不爲關防，通同作弊者，並行究治。欽此。

《元典章》卷二二《户部・課程・茶課・私茶同私鹽法科斷》　中書省：

於至元二十二年二月十九日柳林裏奏過事内一件：據東平濟南路鹽局規運官于敏陳言：目即茶貨澀滯，客人將廢引循環行使，中間影蓋私茶，侵襯官課。俺商量得，古今鹽茶係國家榷貨，俱合與引相隨。鹽無引者，便作私鹽斷没。據無引茶貨，若便依鹽法究治，恐傷百姓。如不關防，又慮作弊，夾帶私茶，侵襯官課。擬咨各處行省禁約，江南應有茶貨，權且止於江南發賣，令襄陽、真州、廬州、淮安州、陽邏渡沿江官司關防，毋令客人般來迤北。候腹裏路分無引茶貨立限賣絶，都省明文到彼，方許放行。令户部將客旅行鋪店局人等應有見在茶貨，限一百日賣絶，限外有賣不盡之數，官司依市價收買。如有隱匿，同私鹽法科斷。奏呵，奉聖旨：那般者。欽此。

《元典章》卷二二《户部・課程・茶課・私茶》　大德七年八月初六日，江西行省准中書省咨該：

來咨：榷茶運司申：諸人販賣私茶，事發到官，除正犯人欽依决杖外，茶園人户依驗客賫公據由引，别無詐冒，方許成交，如有事發，（騐）〔驗〕得茶貨與公據輕重不同，茶園人户合無科罪。其各處提調正官禁治不嚴，可否照依鹽司定到罪名科决，惟復别行定奪。准此。送户部，與刑部一同議得：管辦茶課人員，止是發賣引據，事簡務輕，課額非重，即與鹽運司事體不同。所據官吏但肯廉勤奉職，私茶之徒減少，亦無擾民被問之弊。今後茶園磨户，但有買茶客旅，須要驗所賫引據，依數發賣。如有不驗由引，夾帶多賣，買賣之人即同私茶科斷。若告捕得獲，依例給賞。提舉司禁治不嚴，正官取招議罪，首領官吏的决，標注過名，任滿解（申）〔由〕内開寫。如蒙移咨本省，行下合屬，遍行出榜曉諭相應。都省咨請依上施行。

《元典章》卷二二《户部・課程・茶課・僧道私茶事》　大德元年二月，江西行省：

爲榷茶運司捉獲僧人張了興發賣私茶公事，移准中書省咨：送户部照議得：隨路鹽茶，即係立法榷貨，難同其餘買賣商税。參詳，僧道販賣，合依行省所擬一體禁治。若有違犯，一體追斷相應。咨請歸驗施行。

《元典章》卷二二《户部・課程・茶課・恢辦課程條畫》　中統二年六月，欽奉皇帝聖旨：道與各路宣撫司并達魯花赤、管民官、課税所官、不以是何投下軍民諸色人等：隨路恢辦宣課，已有先朝累降聖旨條畫，禁斷私鹽酒醋麴貨、匿税，若有違犯，嚴行斷罪，今因舊制，再立明條，庶使吾民各知所避。欽此。

一、諸犯私鹽者，科徒二年，决杖七十，財産〔一半〕没官。决訖，發下鹽司帶鐐居役，滿日疏放。若有告捕得獲，於没官物内一半充賞。如獲犯界鹽貨，減犯私鹽罪一等。仍委自州府長官提調禁治私鹽罪。如禁治不嚴，致有私鹽并犯界鹽貨生發，初犯笞四十，再犯杖八十，三犯已上開具呈省，聞奏定罪。若獲犯人，依上給賞。如有鹽司監臨官與竈户私賣鹽者，同私鹽法科斷。

《元典章》卷二二《户部・課程・茶課・私茶罪例》　至元二十四年五月，建寧等處榷茶提舉司：

會驗先承奉中書省降到條畫内一款：但犯私茶者，杖七十，所犯私茶一半没官，一半付告人充賞。應捕人亦同。如茶園磨户犯者，及運茶車船主知情夾帶裝載無引私茶，一體科斷。本處官司禁治不嚴，致有私茶生發去處，仰將本處當該官吏勾斷。又奉江西等處榷茶都轉運使司旨揮：備奉行中書省劄付内一款：應係出産園茶地面，所在官司委自各路府州司縣達魯花赤、長官不妨本職，專一提點，務要不致私茶生發起數，倒給解由，方許求仕。仍每月一次開申私茶起數申司事。承此。先爲福建等八路民户採造茶貨，私與客旅成交，侵襯官課，以此呈奉到江西行省劄付，并福建宣慰使司備榜各路，嚴行禁治施行。

《元典章》卷二二《户部・課程・酒課・禁治私造酒》　至元十五年七月，行中書省准中書省咨：

（中）〔北〕京路行中書省咨：心舍歹兒説二月初十日聖旨：做私酒來的，爲頭的人殺者。家筵抄上了呵，官司收拾者。麽道，聖旨了也。欽此。據北京路申：准按察司牒：省部斷大都造酒底人七十七下，飲酒底人一十七下，抄到錢財衣物没官。俱係一體事理，咨請定奪事。都省於七月十六日聞奏，聖旨：造酒底，除本人夫妻二人隻身外，應有老小財産，盡行斷没了者。欽此。

《元典章》卷二二《户部・課程・鹽課・景紹華等私鹽》　大德元年九月，御史臺承奉中書省劄付：

四川省咨：四川鹽茶轉運司申：重慶路録判乞石烈等捉獲船户景紹華等私鹽三千二百二十六斤，追到私鹽財産等没官錢中統鈔一百定二十一兩五錢。本路牒發西蜀四川道廉訪司，以贓罰通類起解陝西行省了當。看詳，斷没私鹽茶等錢，例合運司結課，今廉訪司却作追到贓罰赴陝西行省交納，恐有差池，咨請明降。送户部：照得應犯私鹽茶課，各處轉運司追斷結課，即係通例。前項鈔數，即至元二十九年重慶路牒發西蜀四川道廉訪司，作贓罰起解陝西省收訖，又四川鹽茶運司本年課程已經造册，别難卞改。參詳，合咨陝西省照勘上項錢物，如已到官，依例支持，就咨（西）〔四〕川省照會。如蒙准呈，劄付御史臺行下合屬，今後應犯私鹽茶課等追到没官錢數，依例令運司作横收結課相應。具呈照詳。都省准呈。

《元典章》卷二二《户部・課程・鹽課・立都提舉司辦鹽課》　至元二十九年，中書省：

今照到辦課聖旨條畫，開立於後。【略】

一、蒙古、漢軍、探馬赤、打捕鷹房、站赤諸色人等，一體買食官鹽，不得私煎販賣，及不得私造酒醞，偷匿商税。辦課其間，諸衙門毋得妄生事端攪擾，擅勾辦課官吏人員。如有違犯，或提點官禁治不嚴，並欽依累降聖旨斷遣施行。【略】

一、諸人販賣鹽貨，除官定袋法每引四百斤之外，夾帶多餘斤重者，同私鹽法科斷。

一、巡禁私鹽者，附場百里之内，從運司選委相應人員巡捉。其餘府州司縣行鹽去處，摘委鹽司正官員，與管民正官一同巡捉。

一、諸犯私鹽者，照依已降聖旨，科徒二年，決杖七十，財産一半没官。決訖，發下鹽司帶鐐居役，滿日疏放。若有人告捕得獲，於没官物内一半充賞。犯界鹽貨，減犯私鹽罪一等。仍委自州縣長官提點禁治。知道賣私鹽的人每根底拿去時分，拿去的人每根底相迎着厮殺的根底，敲了。二次做伴當爲從厮閧的，斷没家緣，流遠。又他每之下做伴當來的每根底，家緣斷没了，鐐着，三年竈户裏使用。如竈户人等私賣鹽者，同私鹽法科斷。兩鄰知而不首者，減犯人罪一等。場官失覺察者，初犯笞四十，再犯杖八十，三犯杖一百、除名。場官知情貨賣者，與犯人同罪。管民提點正官不爲用心禁治捉拿，縱令百姓買食私鹽，與場官同罪。如經過關隘港汊去處，管軍官不爲用心盤捉，與管民提點官一體斷罪。如有通同縱放貨賣私鹽者，與犯私鹽人同罪。

《元典章》卷三二《禮部・學校・陰陽學・拘收舊曆文書》　至元二十一年五月二十八日，行御史臺：

准御史臺咨：承奉中書省劄付：爲河間路歹人生發，差官拿獲，奏奉聖旨：因甚麽這般起意來。回奏：趙太祖於苗太監處問來底舊星曆文書見了，尋思有來。又奏：這般星曆文書每，在先教拘收者，道來。不曾好生底拘收來底一般有。如今隨路〔裏行榜文，這般文書教拘收呵，怎生。奏呵，奉〕聖旨：這的行索甚問。那般者。欽此。會集到瓮吉剌歹丞相，樞密院、御史臺等官，一同完議過，委官前去，將賊人磨問，就便處斷外，仰依上施行，（準）〔奉〕此。本臺除外，咨請嚴勒所屬，欽依聖旨内處分事意，將舊曆文書用心拘收，須要盡絶，不致隱匿。仍常切體究關防，毋令歹人生發。准此。

《元典章》卷三二《禮部・學校・陰陽學・禁收天文圖書》　至元三年十〔一〕月，欽奉聖旨：

道與中書省，據隨路軍〔民〕人匠，不以是何投下諸色人等，應有天文圖書及《太一雷公式》、《七曜曆》、《推背圖》，聖旨到日，限一百日赴本處官司呈納。候限滿日，收拾前項禁書，如法封記，申解赴部呈省。若限外收藏禁書并私習天文之人，或因事發露，及有人告導到官，追問得實，並行斷罪。欽此。

《元典章》卷三二《禮部・學校・陰陽學・禁斷推背圖等》 至元十八年三月，中書省咨：

刑部呈：奉省判：御史臺呈：行臺咨：都昌縣賊首杜萬一等，指白蓮會爲名作亂。照得江南見有白蓮會等名目，《五公符》、《推背圖》、《血盆》及應合禁斷天文圖（畫）〔書〕，一切左道亂正之術，擬合欽依禁斷。仰與秘書監一同擬議連呈事。奉此。移准秘書監關：議得：擬合照依聖旨禁斷拘收。外據前項圖（畫）〔書〕封記發來事，本部議得：若依秘書監所擬，將《五公〔符〕》、《推背圖》等天文等圖書并左道亂正之術，依上禁斷，拘收到官封記，發下秘書監收頓相應。都省行下，禁斷拘收發來施行。

《元典章》卷三三《禮部・雜例・得古器送官例》 至元五年八月，蔡國公男張弘範，於本宅故毛夫人衣服內有玉印二顆，非是常人所藏物件，賫赴御史臺送納事。法司擬：即係得古器形制異而不送官事理。他人地內取得物，隱而不送官，計合還主之分坐贓論，減三等。若得古器形制異而不送官者，罪亦如之。今蔡國公身故，其弘範將印送納到官，別無定奪。呈省，准擬。

《元典章》卷三五《兵部・軍器・拘收・禁治弓箭彈弓》 至大元年，行臺准御史臺咨，奉中書省劄付：

大德十一年十二月初四日傳奉聖旨：漢兒人每拿弓箭的多有。麽道，說有。如今依在先聖旨體例，弓箭、彈弓休拿者。省諭多人，教行文書者。麽道，傳聖旨來。欽此。照得至元二十年正月准中書省奏：除弓（人）〔手〕外，別個漢兒人每弓箭軍器不交執把，拘收呵，怎生。奏呵，奉聖旨：伯顏的言語是有。在先已言語了來，行了來那不曾。如今省官每根底說者，那般行者。欽此。又於大德四年初四日傳奉聖旨：大都裏舊城裏有的百姓每，不揀是誰休造彈弓者，也休拿彈弓者。這般宣諭了，造彈弓的、拿彈弓的，打七十七、八十七，斷没一半家私者。聖旨了也。欽此。

《元典章》卷三五《兵部・軍器・拘收・禁買賣人軍器》 皇帝聖旨：

汴梁、湖廣行中書省、行御史臺、宣慰司、廉訪司、軍官每、市舶司官人每根底，城子裏達魯花赤官人〔每〕根底，但是海島裏有的各處外國裏做買賣去的斡脱每根（裏）〔底〕，做買賣每根底，衆百姓根底，宣諭的聖旨：衆官人每、斡脱每、做買賣的每，做自己的面皮，待交買賣行海裏入去的時分，從這裏馬疋弓箭每、箭幹竹子等別軍器也哏將去。到那壁呵，變换了象隻，將着做上位使將來麽道，那裏忻都每的頭目每根底，說謊與有。今後除咱每賜與將去的之外，說謊與自己的財物，從這裏馬疋、軍器，不揀誰休將去者。用別財物買要了象隻，那壁忻都每根底休將去者。道了。這般宣諭了呵。海裏馬疋、象隻、不揀甚麽軍器將去的人，他的財物要了罪過，斷没者。聖旨俺的。鼠兒年七月十二日上都有時分寫來。

《元典章》卷三五《兵部・軍器・拘收・禁斷軍器弓箭》 至元十六年，御史臺劄付：

奉中書省劄付：欽奉聖旨內一款節該：闍里帖木兒說有：民户每、莊家每在先休教拿弓箭者。道來。如今帶着弓箭，射兔子、野鷄行有，說謊做賊，因此生。麽道，說有。俺與省家官人每一同商議（的）〔得〕：漢兒人裏頭拿着弓箭的，嚴行治罪的文書行。麽道，商量來。除側近有的武衛軍外，另個漢軍每出軍，把軍器者；回來，將軍器每置庫納者。奥魯裏來有的軍器，休交拿。怎生。奏呵，奉聖旨：那般者。欽此。仰欽依施行。又奉中書省劄付：樞密院呈：與都省商量定，本院官奏：如今各路打捕户每問將來：俺弓箭合把那不合把。如今明白與文字，交依中統四年行來時聖旨：達達、畏吾兒，回回斡脱、達魯花赤、打捕的、巡馬（司）〔弓〕手、〔巡〕鹽弓手每，交把弓箭呵，怎生。聖旨：依着先聖旨行文書，交把弓箭者。欽此。

《元典章》卷三五《兵部・軍器・雜例・禁約擅造軍器》 元貞元年四月，行中書省：

准中書省咨：刑部呈：賀安等告東平路達魯花赤咬童不數內，成造胖襖、皮甲、衣甲、鐶刀、箭隻、槍頭等物。除外，今後如有達魯花赤、各投下似此成造軍器、胖襖等物，隨即牒報所在衙門，申覆上司，無令擅自成造。乞照詳。都省照得各投下已有額造軍器，咨請依上禁約，無令額外擅造。准此。

《元典章》卷五七《刑部・諸禁・禁毒藥・禁貨賣假藥》 至元九年八月，中書兵刑部承奉中書省劄付該：

准中書省咨：七月二十一日阿合馬平章奏：如今街上多有賣假藥，及用米麵諸色包裹，詐粧藥物出賣的也有，恐誤傷人性命。奏聖旨：您也好生出榜明白省諭者。如省諭已後，有違犯人呵，依着扎撒，教死者。欽此。

《元典章》卷五七《刑部・諸禁・禁毒藥・禁賣毒藥亂行針醫》 至元五年十二月，中書兵刑部承奉中書省劄付：

據提點大醫院奏奉聖旨：仰中書省嚴行禁約：開張藥鋪之家，內有不（是）〔畏〕公法之人，往往將有毒藥物如烏頭、附子、巴豆、砒霜之類，尋常發賣與人，其間或有非違，（殺）〔致〕傷人命。及不習醫道諸色人等，不通醫書，不知藥性，欺誑俚俗，假醫爲名，規圖財利，亂行針藥，誤人性命。又有一等婦人專行墮胎藥者。作弊多端，禁約事。欽此。

《元典章》卷五七《刑部・諸禁・禁毒藥・禁治買賣毒藥》 行省准中書省咨：

大德二年二月初四日，奏過事內一件：前者脱兒迷的上頭，賣毒藥的禁約整治，商量者。麽道，聖旨有來。俺與太醫院官、部官衆人一處商量得：今後如砒霜、巴豆、烏頭、附子、大戟、芫花、黎蘆、甘遂這般毒藥，治痛的藥裏多用着，全禁斷呵，不宜也者。如今賣藥的每根底嚴切整治，外頭收採這般毒藥將來呵，藥鋪裏賣與者。醫人每買有毒的藥治病呵，着證見買者，賣的人文曆上標記着賣與者。不係醫人每、閑雜人每根底，休賣與者。這般省諭了，明白知道，賣與毒藥，害了人性命呵，買的、賣的兩個都處死者。閑雜人每根底賣與（阿）〔呵〕，不曾害人性命，有人告發呵，買的、賣的人每根底各杖六十七，追至元鈔一百兩與元告人充賞者。又街市造酒麴裏，這般毒藥休用者。不通醫術的人每合假藥，街市貨賣的，也禁治者。首告的人每言語若虛呵，也依體例要罪過呵，怎生。奏呵，奉聖旨：那般者。欽此。

《元典章》卷五七《刑部・諸禁・禁毒藥・禁治毒藥》 至大四年八月，江西行省准中書省咨：

刑部呈：太醫院關：至大四年五月初六日本院官奏：在先薛禪皇帝、完者篤皇帝時分，麴藥裏多用（者）〔有〕毒的藥物，爲傷人的上頭，遍行文字禁斷來。如今造酒踏麴的，都交嚴行禁斷，更要罪過呵，怎生。奏呵，奉聖旨：你説得是有。便與省部家文書來，依在先體例，好生的禁斷了者。麽道，聖旨了也。欽此。今將合禁藥物開坐前去，請遍行欽依禁斷施行。准此。具呈照詳。都省咨請欽依施行。

砒霜、巴豆、烏頭、附子、大戟、芫花、梨蘆、甘遂、側子、天雄、烏喙、莨菪子。

《元典章》卷五八《工部・造作・段匹・禁治紕薄段帛》 至元二十三年三月初九日，中書省奏過事內一件：

會驗先欽奉聖旨節該：隨路街市買賣之物，私家貪圖厚利，減剋絲料，添加粉飾，恣意織造紕薄窄短金（索）〔素〕段疋、生熟裏絹，并做造藥綿，織造稀踈狹布，不堪用度。今後選揀堪中絲綿，須要清水夾密段疋，各長五托半之上，依官尺闊一尺六寸，并無藥綿、中幅布疋，方許貨賣。如是依前成造低歹物貨及買賣之家，一體斷罪，其物没官。欽此。累經立限，遍行禁治，有司弛廢，不爲時常檢舉，下民因緣滅裂。若不再行定限，明示罪名，切恐諸人枉遭刑憲。都省議得：遍行各路，文字到日，製造不依式樣條印，發付各處税務收掌，限三十日，店鋪之家即將見有不依式樣紕薄窄短疋段、蘸絲藥綿等物，須要經由各處税務使訖上項條印，方許發賣。限滿却行拘收，元發條印當官毁壞。仍令機户之家，將見使窄狹苧口，亦依限內盡要倒換，依式迭幅闊新苧口織造，須要清水夾密迭幅尺綾羅段疋紬絹、中幅布疋、無藥絲綿等物。仍令本處管民達魯花赤、長官不妨本職，常切用心提調。如限外違犯之人捉拿到官，決杖五十七下，其物没官，止坐見發之家。親民司縣提調正官禁治不嚴，初犯罰俸一月，再犯各決二十七下，三犯别議。親民州縣與司縣同。仍標注過名，任滿於解由内明白開寫，以憑定奪。外，路府州縣達魯花赤、長官不爲用心提調，致有違犯，罰俸二十日，再犯取招别議定罪。

《元典章》卷五八《工部・造作・段匹・禁織佛像段子》 大德九年

十月十九日，湖廣行省准中書省咨該：

宣政院呈：大德九年八月初二日，忽都答兒怯薛第二日，水晶殿內(奏)〔有〕時分，火者小羅有來。本院官阿思蘭宣政院使、乞失迷兒同知、桑哥答思同知、忽都禿忽里副使、闊闊出同僉、謹敦同僉等奏過事內一件：街下織段子的匠人每，織着佛像并西天字段子貨賣有。那般織着佛像并西天字的段子，賣與人穿着行呵，不宜的一般有。奏呵，奉聖旨：怎生那般織着賣有。說與省官人每，今後休教織造佛西天字樣的段子貨賣者。欽此。

《元典章》卷五八《工部·造作·雜造·鞍轡靴箭休用金》 至元八年十一月，中書右三部承奉中書省劄付：

欽奉聖旨：鞍鞊、鞦轡、靴子、箭頭，休教用金者。這般省會了，後頭拿住呵，便教拿住的人要者。欽此。省府合下，據在先造下金鞍等，各處官司拘收印烙了畢，分付元主。已後違犯之人，欽依聖旨事意施行。

《元典章》卷五八《工部·造作·雜造·禁治諸色銷金》 至元二十二年三月，行省准中書省咨：

十二月初一日奏：前者金衣服根底交俺商量者麽道，聖旨有來。俺商量來，係官局裏，大王每底、公主駙馬每底局分，物料要了，他每交織的明白有。除這的外，但是賣的，不揀誰的有呵，金段子不交織，不交拍金，銷金的根底也交罷了。器盒上不交鍍金。這的外，根(裏底)〔底裏〕交罷了呵，一二年裏金衣服也不落後也者。見有的金段子根底，休交賣。麽道，奏呵，奉聖旨：這裏的怯薛歹每根底，怎生商量來。回奏：怯薛歹每，又千户每、百户每底已外，回回、漢兒每根底交罷了呵，不交賣呵，一二年裏穿破了者。麽道，奏呵，奉聖旨：那般者。又奏：樂人每、娼妓每、賣酒底每等，這底每底有金的根底每，交斷了。這裏承應底每金的也有，金的根底斷了，他每的顏色着顏色對附了，交承應呵，怎生。麽道，奏呵，奉聖旨：那般者。欽此。都省今逐一開坐於後，咨請行下合屬，多出榜文，欽依施行。但有違犯之人，許諸人告捉到官，取問得實，犯人依例斷罪，其所獲物件給付告捉人充賞。如應捕人知而不捕，或捕獲受財脫放，與犯人一體斷罪施行。

一、係官、諸王、公主駙馬局分，於官關支草金物料依舊織造者，不在禁斷之限。其餘諸色人等，不得織造有金段疋貨賣。

一、開張鋪席人等，不得買賣有金段疋、銷金綾羅、金紗等物，及諸人不得拍金、銷金、裁撚金線。

一、佛像、佛經許用金外，其餘諸人並不得於造到一切物件上費用下項金課粧飾：鍍金。呀金。扱金。泥金。鏤金。撚金。搶金。圈金。貼金。裹金。嵌金。

一、諸倡優、賣酒座肆人等，不得穿着有金頭面釵釧等物。

《元典章》卷五八《工部·造作·雜造·禁斷金箔等物斷例》 至大四年，中書省咨：

三月十八日欽奉詔書內一款：去奢從儉，阜財之源。今後除係官局院外，民間製造銷金、織金及打造金箔，並行禁止。違者嚴行斷罪，其物没官。欽此。除欽遵外，切恐有不畏公法之人貪利暗行製造，冒觸刑憲，奉都堂鈞旨：今後敢有違犯，許諸人首捉到官，賞至元鈔一定，於犯人名下追給。正犯人斷決六十七下，兩鄰知而不首決四十七下，其物没官。送刑部，就便出榜依上施行。去後，今(後)〔據〕刑部呈：除大都南北兩城並直隸省部路府州縣依上出榜禁止外，據各處行省所轄去處，宜從都省移咨各省，一體出榜禁治相應。具呈照詳。都省准呈，依上施行。

《至正條格·條格》卷二八《關市·違禁下番》 至順元年五月，(聖)〔詔〕書內一款：金銀銅鐵，良家子女，比聞嗜利之徒、出使人員、海商市舶，下番轉賣遠方，並行禁止。拘該官司，關津隘口，嚴加盤詰，若有違犯，依條處斷。監察御史、廉訪司用心體察。

至元元年七月，户部與刑部議得：怯里密丁，自徐州等處買到北絲、鐵條、人口，般赴廣州市舶亭下楊舍宅內收頓，准備下番。事發到官，廉訪司已將本人斷罪，其元買人口，給親完聚外，據絲貨、鐵條，合行給主。都省准擬。

《至正條格·條格》卷三〇《賞令·告獲私鹽》 延祐七年二月，刑部與户部議得：諸獲私鹽犯人，欽遇革撥，應捕軍兵、告捕人合給賞錢，例於斷没回易鹽錢內，支給中統鈔一定。如犯人名下別無抄到家産，及有不敷之數，擬合官爲補支。都省准擬。

《元史》卷一〇三《刑法志·户婚》 諸私造唆魯麻酒者，同私酒法，杖七十，徒二年，財産一半没官，有首告者，於没官物内一半給賞。諸蒙古、漢軍輒醖造私酒醋麯者，依常法。諸犯禁飲私酒者，笞三十七。諸犯界酒，十瓶以下，罰中統鈔一十兩，笞二十，七十瓶以上，罰鈔四十兩，笞四十七，酒給元主。酒雖多，罰止五十兩，罪止六十。

（明）李元弼《作邑自箴》卷六《勸諭民庶牓》 諸色行鋪，不得輒將人户寄付并修整及染練物色之類解賣，其知情收解承買之人，亦當嚴斷。

《皇明條法事類纂》卷一三《户部類·申明禁約西山鑿石取煤等項》 近年以來，有等無（如）〔知〕軍民，因見路程近便，容易裝（戴）〔載〕，往往投托内外官豪勢要之人，或私自開窰賣煤以圖利，或擅鑿山（填）〔塌〕賣石以肥家。甚至〔立〕廠燒灰，打坯取土，其於國法，略無忌憚。

《皇明條法事類纂》卷二〇《户部類·禁約交通夷人易换違禁物件例》 成化八年正月十五日，禮部尚書爲申明關防，禁革奸弊事。查得先該本部儀制司主事高岡奏稱，通行事件送鋪行人，哄誘夷人上街買賣，交通作弊，透漏事情，要乞禁約。合無本部給賞夷人後，並聽於館開市買賣五日，除違禁花様（段）〔緞〕疋等物，并鞍轡、鐵器外，其餘鐵綫、服飾、布帛之物，並從收買。錦衣衛差委官校，在館防閑。該城兵馬〔司〕嚴督火甲，省令各行鋪户，持貨入館，明白買賣，不許縱鋪户在外私與交易，致使夷人得以上街沿門販賣，出入自由，因而窺探事情。如通事及伴送人員，誘引夷人放事爲非，并縱容上街買賣從容，各該委官及兵馬司拿送究問，已經奏准備榜發仰會同館張掛禁革去後，續該會同館副使黄仕寧奏，先年外夷人赴京進貢，各處鎮守總兵官，夷人伴送前來，分歇兩館，進貢畢日，禮部出給告示發館，方令諸人將布絹等件與各夷兩平易買，不許暗帶織金、羅（段）〔緞〕、私茶、軍器等項交結，買（疏）〔硫〕黄、寶石之類，亦不許伴送人等，主使縱容夷人强行搶奪，皆有禁例。近年以來，有等奸頑無籍小人，三五成群，或作權豪子姪，或稱勢要弟男，不待開市，潛藏應禁物件，强入公館，易换方物，騙竊賞賜，無敢但報。及有等伴送人等，主使夷人强奪財物，〔彼〕此均分。乞敕禮部嚴加禁約。今後遇有仍蹈前非者，許令本館擒送法司治罪。奏奉聖旨：該部知道。欽此。今後看得本部合無先前榜文再行翻騰，仍發會同等館，張掛曉諭遵守。如有仍前違者，該管官告呈各該委官，拿送法司究問。奉聖旨：是。欽此。又經翻謄出榜禁革去後，近訪得各處夷人到館，不遵近例，多有將原帶皮條等物，并賞賜（段）〔緞〕疋紬絹，出入街市，易换斛角、弦條、鞍轡、鐵器違禁之物，并伴送夷人與館夫、通事人員，引誘通同，私下於鋪行之家，易換得利分用。合無再行出給榜文禁約，仍行錦衣衛並五城兵馬司，委能幹官一員，各帶旗校火甲人等，遇有夷人到館，專一暗行緝訪巡視。如有伴送人等，與各處夷人通同鋪行人等，私下易賣前項觔角、弦條、鐵器，一應違禁等物，就便拿送法司問罪。如若視爲常事，不行用心巡視，致事遺失，一體治罪。奉聖旨：是。還出榜常川禁約。欽此。

《皇明條法事類纂》卷二〇《户部類·禁約在京并沿途不許賣與夷人觔角弓箭〔及〕銅鐵物件例》 成化十二年十一月二十一日，兵部尚書項等題，爲禁約交通夷人，（賚）〔賣〕與軍需事。職方清吏司案呈，奉本部送兵科抄出，本部右侍郎馬題，節該奉敕，遼東地方，掛懸境外，極爲重鎮，今特命爾前去，會同鎮守總兵、巡撫并督同副參將等官，從長計議，（偏）〔遍〕歷各該地方，逐一點視，或修補，督令着實用工；或增罪，畢日重加懲治。仍乞敕兵部鎮守喜峰總兵等官，并守山海關本部主事，及守備都指揮，遇有三衛達子，及建州、海西、女真，朝鮮國陪臣，回還到官，務要仔細逐一搜檢。但有牛角，弓面及一應鐵器，俱不許過關，照數估還價值，以安夷人之心。仍行遼東鎮守總兵，巡撫、巡按等官，欲行沿途衛所，直抵關原撫順所守備備禦官員，若遇前項夷人過關，就便差分正官員量帶人馬，假以盜賊生發防護爲名，（途）嚴禁軍商人等，俱不許賣與弓面、鐵器，挨程送境外。及乞敕禮部，今後伴送夷人，止許差遣行人，帶領通使一人前來，沿途一體禁約，不必差遣譯字、序班，徒爲縱容生事擾人。緣係禁約不許交通夷人賣與軍器事理，具題。成化十二年十一月十七日兵部尚書項等於奉天門欽奉聖旨：該衙門看了來說。欽此。欽遵抄出送法司，查得該本部題稱，近年以來，各處夷人朝貢，在京在外，全不關防，任其市肆之間，出入交易。有等無知之徒及伴送官舍人等，將銅錢、觔角等物，私易馬匹、絹帛，以中國之利器而假之外，不可不爲禁治。合無行移禮部，今後朝貢夷人，如有買賣，止許（與）〔於〕會同館等衛門內，不許出入市肆，與人交易，透漏事情。及行（衛）〔錦〕衣衛（姜）〔差〕得（委）〔妥〕當旗校訪察。如有在外縱容交易，并軍民人等，將銅錢觔角等物，貪與貨利，賣與夷人者，緝拿究問，治以重罪。仍行居庸、山海等關官員，并行遼東、薊州、永平等處夷人經過關口，并差來伴送之人，不許將鐵銅、觔角等物與夷人貨物〔交〕易。出關之際，務要嚴加盤（誥）〔詰〕，有銅鐵等物，就要審問來歷何處，何人賣與，將物俱收入官，仍將賣之人，指實具奏拿問，重加懲治，以警將來等因，成化十一年二月十六日，本部具題，奉聖旨：是。還通行出榜，嚴加禁約，欽此。欽遵外，又查得成化十一年六月二十六日，都察院欽奉聖旨：如今北虜敬順天道，尊事朝廷，專差使臣等赴京朝貢，都察院便出榜在京會同館，直抵大同、宣府、居庸等處人烟輳集去處張掛，曉諭官員軍民人等知道。但是使臣人等入境及到京，不許人欺侮他，及偷盗他馬駝等物。官員、軍民人等買馬等項，務照時估，與會同館等衙門，兩平交易，不許令其出入市肆，及將一應兵器出賣與他。來的使臣本畏法度，多因這裏的回回、達官人等教唆他，以致與人争鬧。今後都不許與使臣説話，有這等的，着錦衣衛着人體察得實，都全家發邊遠充軍。欽此。又行欽遵外，近該本部議得，廣寧等衛都督允南貼木兒等差都指揮亦吉互等三百員名，赴京進貢，見在會同館安歇。緣北虜自去年以來，與迤北達賊讎殺，因而講和，雖未審有無脅從奸謀詭計，（唯）〔難〕以（側）〔測〕度。防範之策，在所當謹。合無行移錦衣衛，差撥官校密切防閑，如夷人帶有貨物、馬匹等項，止許於會同館在地，軍民人等兩平買賣，不許混同交易，及將違禁銅鐵、觔角等物，兩相貨易，因而交結透漏事情。如是故違，聽該管官校緝拿，奏請處置等因，成化十二年十一月初一日，本部具題。次日奉聖旨：是。着錦衣衛并通事好生訪問，欽此。又經通行欽遵去後，今右侍郎馬又奏前因，案呈到部，參看得本部右侍郎馬奏稱，訪得建州、海西（安）〔女〕真，及三衛達子并朝鮮國，遞年起京進貢，在京在外市利之徒及通事之家，將一應鐵器等件自賣與，以圖（後）〔厚〕利。要行錦衣衛官校，緝訪拿問。及行各該關口鎮守、總兵等官，如遇前項夷人回還，逐一搜檢鐵器等物，不許過關。若有搜獲，估〔還〕價值，差官量帶人馬，挨程送出境外一節，臣等（切）〔竊〕惟四夷來朝，通道納貢，防範已有前項定規。但東西北三邊夷虜，奸（後）〔惡〕百端，難以防閑，合照朵顔等三衛，建州、海西、女真二衛，朝鮮國陪臣，頻年進貢，往往於在京在外居住，軍民并通事人等，相識認親，中間多有將應禁物件，私自變易。此實積年通（串）〔患〕，雖有前例，緣人心滋僞，法立弊生。馬所言，誠思患預防之至計，除迤北使臣進貢，原無定擬年限時候，奏報之日另行外，即日朵顔等衛達子，（合）〔哈〕密等地回回子、番子，并朝鮮國陪臣，見在進貢，事畢回還。合無依其所奏，本部通行出榜禁約，自京直抵山海關、喜峰口、遼東并陝西、甘肅等處地方，曉諭沿途軍民人等，今後凡遇進貢夷人往回經過，各要遵守法度，不許私自與各該夷人往來交結，因而透漏事情，并將應禁觔角、弓面及甲葉、弓箭一應銅鐵物件，私自賣與，圖利肥己。在京錦衣（錦）〔衛〕官校緝訪，在外聽所在官司體察，如有故托，就便拿問究治，照依前項欽定榜文事例，將犯人發邊遠充軍。其在內會同館等衙門，在外鎮守、守備、守關，并沿途官司伴送官舍通事人等，敢有縱容夷人出城鎮市肆之間，與人交通，收買應禁物件，事發一體治罪。若有挾同帶過關，或守關等官，盤驗得出，或被人訐告，就將夷人所買應禁物件俱收入官，給還價值，仍追賣與之人，照例問斷。緣係禁約進貢夷人收買應禁物件，及出榜欽依該衙門看了來説事理，未敢擅便，具題。次日，奉聖旨：是。務要嚴加禁約，犯了不饒。

《皇明條法事類纂》卷二二《禮部類·禁約奢僭及刊行御製諸書例》

弘治元年閏正月十三日，都察院左都御史馬等題，爲申明舊章以厚風化事。該本院題，洪惟我太祖〔高〕皇帝膺天眷命，掩有萬方，君臨天下。慨彼胡元入（生）〔主〕中國，華風淪没，彝道傾頽。欲新一代之制作，大洗（大）〔百〕年之陋習，始著《大明令》以教之於先，續定《大明律》以齊之於後，既製《大誥》三編以告諭〔臣〕民，復（遍）〔編〕《禮儀定式》等書以頒示天下。即孔子所謂道之以德，齊之以禮；道之以政，齊之以刑之意也。當時名分以正，教化以明，尊卑貴賤，各有等差，無敢僭越。真可以遠追三代之盛，而非漢、唐、宋之所能及矣。迨我太宗文皇帝克平内難，正位宸極。下至列聖相承，一遵舊章，禮儀不紊，法令嚴明。尚節儉，不事奢靡。至景泰年間，祖宗成憲，所司奉行未至，風俗漸移。近年以來，群小用事，恣肆姦欺。販賣寶石之徒，盗竊府庫銀兩，供帳、飾服擬於王者，飲（百）〔食〕、房屋勝於公侯，以致京城之内互相仿〔效〕，習以成〔風〕。雖常禁約，玩法不遵。軍民之家僭用渾金織成衣服，寶石（相）〔鑲〕成首飾。僧道俱着紵絲綾羅，指揮亦用麒麟繡補。其官員相遇，尊卑不分，俱不（迴）避。娼優吏卒，騎坐驢馬，亦不讓道。非禮僭分，無所不爲。名分不正，風俗偷薄，舊章廢墜，禮制因循，未有甚於此時也。且治天下莫先於禮，禮莫先於正名分，名分不正，何以言治。仰惟皇上嗣登寶位，任賢去邪，納諫容言，宵衣（肝）〔旰〕食，親決萬機。圖治之心，可謂切矣。然圖（法）〔治〕莫先於法祖。《書》曰：監於先王成憲，其永無愆。《詩》曰：不愆不忘，率由舊章也。然法祖必先於遵舊章而守成憲，舊章成憲，莫重於《大誥》三編、《大明律》、《令》、《禮儀定式》、《稽古定制》、《教民榜》諸書。若不通行申明，使人遵守，而欲治道之隆，風俗之厚，蓋亦難矣。如蒙乞敕禮部，將前項《禮儀定式》、《稽古定制》二書内所載，摘其緊要者奏請出榜，曉（論）〔諭〕禁約。但有前項僭越之徒，在京，本院行令巡城御史督令五城兵馬及錦衣衛坐城軍校，在外，行令巡按御史、按察司緝拿問罪，重加懲治。違禁衣服首飾等物入官。婦人有犯，罪坐家長夫男。及通行兩京各衙門大小官員知會，凡在道往來相遇之間，各要遵守禮制，當迴避者迴避，當讓道者讓道，各守（遵）〔尊〕卑之分，共（效）〔敦〕節儉之風。仍通行浙江等布政司及應天、順天二府，各將《大明律》、《令》、《大誥》三編、《教民榜》、《禮儀定式》諸書，支給官錢刊板，在官印造完備，布政司發仰所屬軍衛有司，應天府、順天府發去南北直隸，各府各發所屬州、縣并鄰近衛所，大小衙門每處各一本，如法收貯，用心講習，務要遵守，不許故違。各學生員並社學子弟亦須誦讀，勿視虚文。原有板者，不須再刊。具題。奉聖旨：是。風俗奢侈，甚害治道。禮部便備榜，嚴加禁約。犯了的，着實懲治他不饒。欽此。

《皇明條法事類纂》卷二二《禮部類·禁約官員軍民人等收藏暗花龍鳳盤碟僭用例》 成化十一年八月二十五日，都察院掌院事太子少保兼左都御史李等題，爲禁約事。准刑部咨，河南清吏司案呈，准錦衣衛鎮撫司手本，該本衛委官千户王春等題：捉獲賊人徐買兒、秦勉，并知情管庫銷數廚役唐寵，知情買銅行竈人楊福貴、吴福海，連賊奏送鎮撫司。問得徐買〔況〕〔兒〕節次盗出暗花龍鳳盤碟等件官物，合送法司擬罪。其中或有盗賣與人者，或因私情相送者，不知利害，收藏在家，私自僭用。合無刑部轉行都察院通行出榜禁約，限一月以裏，許令赴官出首，與免本罪。中間委有不畏法律之徒，仍藏在家私竊僭用者，聽巡視人與火甲挨拿，仍許諸人指實赴官陳告。得實，官司量給官錢充賞，收藏之家治以重罪等因，該本司掌司事正千户楊英等具題。〔該〕奉聖旨：是。該署並管庫官廚都拿問明白，一發來説。欽此。欽遵行拿管庫等官毋建中等，審問明白，通送法司擬罪等因，該本司官具題。奉聖旨：是。都擬了罪來説。欽此。欽遵連人送司，除將犯人徐買兒等各問擬主守自盗官物等項斬、絞、徒、杖罪名，照例做工等項發落。具本發大理寺審允具奏，節該奉聖旨：是。徐買兒至王北京三十五名免做賴字，着錦衣衛都用一百斤枷於東安門外等處枷號一個月，滿日打一百着役。欽此。除將各犯送發枷號外，所據奏准出榜禁約緣由，呈案移咨本院，照依錦衣衛鎮撫司奏，奉欽依内事理，欽遵出榜禁約。施行到部，欲備示出榜，發去京城内外人烟湊集去處張掛，曉（論）〔諭〕官員軍民、僧道人等欽遵禁約。緣係出榜事理，未敢擅便，具題。（奏）〔奉〕聖旨：是。欽此。

《皇明條法事類纂》卷二二《禮部類·禁奢〔僭〕以需國課》 成化二十年十二月十四日，户部爲乞照例致仕等事。巡按浙江等處監察御史林誠奏，計開：

一、禁奢僭以需國（税）〔課〕。乞敕都察院并工部，查照上年事例申明，備榜嚴加禁約。京城内外雜行賤品及市井屠（治）〔沽〕娼優、歌妓之流，不許奢侈僭用。仍議定民間應用之數，開坐昭示，使易遵守，不敢犯分。仍（通）備行浙江等布政司及直隸蘇、松等府巡撫、巡按等官，亦照例出榜禁約，仍着提舉風憲官時常訪察，（祖）〔但〕有違條犯禁者，即將所禁之物納官，變賣銀兩雜糧。其本犯照例問罪，重加罰贖，通備賑濟。仍要挨究其里老、鄰佑、火甲，一體究治。如此，則奢侈以革，民用有經，庶幾（樽）〔撙〕節愛民，上天所生之物以供應朝廷之用，而（明）〔名〕分日正、風俗日厚矣。前件，節該伏睹《大明（律）〔令〕》内一款：庶民男女衣服，並不得僭用金繡，許用紵絲、綾羅、紬絹、素紗。欽此。欽遵。又查得《禮儀定式》内一款，凡文武百官軍民人等，衣服帳幔，並不許〔用〕玄、黄、紫三色，并織繡龍鳳紋。又查得成化二年二十二日該禮部官欽奉聖旨：如今官員軍民人等，多有不遵定制，僭用服色花樣，及婦女僭用渾金衣服，寶石頭面，好生違禮犯分。恁禮部便出榜，於南、北二京張掛禁約，今後敢有仍前僭用者，輕則依律問罪，重則必殺不饒。欽此。欽遵。又查得成化七年正月初七日，刑部尚書陸等節奉聖旨：近年京城日見奢侈，官員軍民人等，衣服用度多有不遵定制，婦女不分貴賤，概用（織）〔渾〕金衣〔服〕、寶石頭面。今後官民人等，衣服首飾各遵定制，不許僭分。違了的，聽給事中、御史指實糾舉，仍（旺）〔聽〕錦衣衛分巡官並五城兵馬緝拿送問。違〔禁〕之物入官。犯人輕則依律照例發落，重則編發邊衛充軍不饒。欽此。欽遵節該通行禁約外，今御史林誠又奏前因。緣前項事例行之已久，人心玩怠，奢侈易生，誠如本官所言。今合〔無〕再行申明禁約。但要議定民間應用之數，開坐昭示，及要提學官時常訪察一節，〔緣〕軍民之家貧富不等，難以拘定數目，提學〔官〕各有職掌，亦難干預他事。合無申明舊制，兩京本院出榜〔禁約〕。直隸并浙江等處，有巡撫處，行（之）〔巡〕撫官；無巡撫官處，行巡按御史，出榜曉諭禁約。官吏軍民人等，衣服首飾各要遵守前項舊制，并節奉欽依榜文内事理，不許僭用。如有故違，兩京許六科、十三道糾劾，及錦衣衛巡捕官、五城兵馬緝拿送官；在外許里老、鄰佑、火甲人等赴官首告，追究明白。違犯之人依律問罪，照例發落。違禁之物入官。如此，則法令（禁）嚴明，人（如）〔知〕警懼。

《皇明條法事類纂》卷二九《兵部類·禁約販賣番貨輕重等則擬罪》

弘治元年五月二十日，都察院左都御史馬等題，爲禁約奸弊事。（誠）〔該〕總督兩廣軍務兼理巡撫都察院右都御史屠奏，臣先任南京都察院右都御史，欽奉敕諭，差往兩廣處置夷情，事完回任，聞有奸詐客商，販賣番貨胡椒等物，到上新河發賣，明知違禁，恐被拏獲，卻乃指稱臣弟姪名色，欺瞞官府，臣暫時到彼公干，尚有客商似此妄爲。臣合到彼巡撫，後日指臣名目者豈能保其必無。若不查例禁約，臣之名節因被其玷污，朝廷法令亦被其（押）〔狎〕玩。除行南京都察院行拏前項客商，得獲究治外，查得舊例，凡打造違式大舡，接買番貨者，正犯處死，全家發邊遠充軍。若止是打造大船，不曾接買番貨者，或接買番貨，不曾打造大船者，俱不分首從，發邊遠充軍。緣此例止行廣東、福建、浙江，不曾通行天下，以此販賣番貨之徒，習以成風，全無忌憚。乞敕都察院查照舊例，（近）〔通〕行南京等處嚴加禁約。今後如有販賣違禁番貨者，俱照例不分首從發邊遠充軍。仍乞敕南京都察院挨拏前項奸詐客商，務要得獲，亦（無）〔照〕此例問罪發遣等因，具本。該通政使司官奏，奉聖旨：都察院知道。欽此。欽遵抄出到道，查得成化七年二十四日，節該欽奉憲宗皇帝聖旨：近聞有等奸頑之徒，擅造違式大船，將帶違禁物貨，前往番國買賣，恁都察院便出榜去福建、廣東、浙江各府、州、縣常川張掛，通行曉諭，有犯了的，即便拏問，正犯處以極刑，家口發沿邊衛所充軍。欽此。已行欽遵去後，續該廣東按察司問得犯人方敏等，違例收買磁器，雇到民人梁大英船隻，裝出外洋，易（洋）換番貨，事發，各問擬越度邊關減等徒罪奏來。本院看得，方敏等雖接番貨不曾自造違式大船，梁大（榮）〔英〕自造違式大船，不曾接買番貨，若只照徒罪發落，似乎太輕，若依榜例處治，不（然）〔無〕太重。題奉憲宗皇帝聖旨：方敏、方祁、方洪、陳佑、〔陳〕榮、吴孟，梁大英都押發廣西邊衛充軍，家小隨住。欽此。已行欽遵發遣外，又該總督兩廣軍務兼理巡撫都察院右都御史朱奏，爲嚴禁例以除邊患所由事，要將軍民人等敢有腹裏聚貨，雇船裝出海（鳥）〔島〕，接買番貨及打造大船往來攬載、通賊買賣者，俱照方敏、梁大英一體定發邊衛充軍。本院看得，此等人犯，例不該載，備咨本官奉後（？）若有此等之徒違犯，俱照方敏事例問擬，徑自奏請定奪。去後，今該前因，查呈到院。看得總督兩廣軍務兼理巡撫右都御史屠奏稱：（問）〔聞〕有奸詐客販賣番貨，到上新河發賣，恐被拏獲，卻乃指稱弟姪名色，欺瞞官府。及查得前例止行廣東、福建、浙江，不曾通行天下，以此，販賣番貨者，俱照例（下）〔不〕分首從，發邊遠充軍。及要挨拏前項奸詐客商，照例問罪發遣一節。此誠嚴禁下海之徒，以除邊方之患，思患預防，莫切於此。臣等查得，打造違式大船，將帶違禁物貨前往番國買賣者，已奏前項正犯處以極刑、家口發沿邊衛分充軍榜例，别無他議外，或打造大船者，止照方敏等事例問擬，奏請定奪。其販賣番貨者，例不該載，以此人不知懼，違犯者多。但此等人犯者，不（論）〔論〕番貨多寡，俱發邊遠充軍，（者）〔則〕不無輕重失宜，刑法太濫。合無通行兩京并南北直隸及廣東、福建、浙江等處問刑衙門，今後除打造大船，將帶物貨，前往番國買賣者，事發照前項欽奉聖旨榜例問擬發邊外，其除打造大船專一雇與下海之人，分取番貨，或又通下海之人，接買番貨，雖不曾打造大船，事發問擬明白，俱發邊衛充軍。若探聽下海之人番貨到來私下收買販賣者，事發到官，若蘇木、胡椒至一千斤以上者，照方敏等事例，不分首從，問擬明白，奏請定奪。若不及前數者，止照前例發落，番貨俱盡數入官，牙行、停貨人家不行首官者，事發一體治罪。仍行南京都察院，轉行巡（街）〔按〕御史等官，將上新河前項指稱風憲官員弟侄名色，販買番貨客商緝拏得獲，照依前例問擬發落。庶法令嚴明，少絶通番之弊；人知警懼，保無地方之虞。緣係申明禁約、收買番貨事例及奉欽依都察院知道事理，具題。奉聖旨：是。欽此。

《皇明條法事類纂》附編《禁革兩淮軍職通同縱容舍餘興販私鹽，違者，事發充軍，鈐束不嚴，革去見任》 一件清理兩淮鹽法事。弘治元年十一月内，户部侍郎兼都察院左僉都御史李奏，該户部尚書李等題，準通行兩淮巡鹽御史等官，今後舍餘有犯興販私鹽，該管指揮、千百户等官通同縱容者，問發充軍；鈐束不嚴者，問罪畢日，革去見任，不許管軍、〔管〕事。

《皇明條法事類纂》附編《禁革滄州軍民堆賣私鹽及客船夾帶私鹽例》

弘治元年九月初六日，都察院左副都御史馬等題，爲陳言公道，以正偏私事。該南京守備内官監太監蔣琮題，前事内一件，縱賣私監，誘人犯法之弊。臣惟備火患者，莫苦於曲突徙薪，泊鹽法者，莫嚴於禁人（犯）〔販〕賣，此理勢之至明而易見者也。今照離京本遠自天津迤南至靖海、清縣、興濟、滄州、磚河（下）〔一〕帶堤岸接連三百餘〔里〕，軍民雜處，多姦懶游食强竊盜賊、竪民之（弊）〔徒〕，皆以私鹽爲活。訪得：其家公然堆積動以千計，尋候馬快、糧、官、民、商旅船隻南還，各以小船裝載隨船趁逐，各舡見得本輕利重，順便買去，各該地方轉賣，彼此得利，習以爲常。近年巡察御史罔究其源，徒自立法，不過出榜文案，行所屬衛府、州縣、巡司官、巡捕官人等，攔截過往舡隻，捉拏搜盤。所委官吏人等，一奉巡按之差，如虎添翼，專用隨處流來無籍棍徒，兼同本處積年害民兇徒、隸兵、快手、火甲而爲牙爪，群聚水次，名爲盤詰，實爲行暴。有等官民客商舡隻慣熟者，預先令人投囑，送與財物。及有在任文職，在外方所坐順迴馬快糧舡、黑摟大舡，傍牌、藤棍、杈槊擺列，公然放過。惟兩京（兩）〔南〕北差使、内官、武職所坐馬快並運糧船隻盡被拘留，逐舡搜檢不問多寡，勒要銀兩，亦皆放過。無銀兩者，就被招呼大漢兇徒將船隻攔搒閂岸，駕舡軍餘拘拏鎖打。在舡行李，乘機亂搶時去。有坐船官員進退無奈，只代得爲出錢送與官吏、人役、兵牌、光棍，分投足意，御將鹽貨十包之内止抬一二包假爲名色，以掩衆眼，人舡等方纔疏放，及到前路治頭等處，巡司官吏隨處皆然。是興販者無知而貪於利，抑巡捕者無法而實爲害者也。以臣愚見，既欲嚴革買鹽之弊，何如痛（革）〔絶〕賣鹽之徒。彼買鹽者，皆當地也。所屬之人，堆貨在家多至三四百引，亦少一二百引，寬則隨時發賣，急則無所藏匿，捕之至爲不難。而買鹽者皆過路無拘，榷貨在舡，多至三四十包，少至一二十包，寬則用財買脱，急則丟棄落水，獲之尤爲不易。設使巡捕官兵果不貪財受囑，故縱部屬之人販賣，而肯排門搜捉，絶其堆積，凡日前鹽課盡收入官，則過往舡隻從何而買，鹽法之弊何由而生。爲鹽司者，昧於法，（法）故縱官兵侵漁，爲官兵者，不體至公，而縱部屬興販，故將以其所設之機，而誘人於誤犯，以其不禁之利，而害人於過惡。似此設心，豈有分毫爲國、爲公，式已成物者哉？合無乞敕内外文武多官，會同公議前項弊端，應設何人獨任其處，明白奏請通行着落。先差巡按、巡捕官員，查其經過舡隻，販賣私鹽出何地方，販賣之家應該捕否，縱容捕獲之人有無受財脱放，從實回話，明正其罪。自從仍差歷謀老成、達知、識大體的當官員，務要嚴督部屬軍衛，有司當該官吏、委官人等，用心巡捕痛絶所在軍民堆積私鹽盗賣之串。倘有似前販賣，事發，通究買主來歷並該巡官吏、兵牌人等，一體治罪。仍將前項地方潛住逃軍、逃民人等，趁逐發運，果肆惡不悛留戀不去者，務要捉拏究問，軍發遣邊衛充軍並附近永遠充軍。如此，則鹽法計清，而河路自無阻礙。等因具題。奉聖旨：這本所言時弊，該衙門看了來説。欽此。欽遵。查得：成化三年十月二十日，户部尚書馬昂等題，爲疏通鹽法事。該巡按直隸監察御史左旺奏前事，本部移奏，但有越境夾帶官私鹽引者，即便擒拏送巡鹽御史並各按察司追問如律：情輕買食者，依律問斷發落；情重鹽至二千斤以上者，不拘軍民、舍餘，就被問發沿邊衛所。原係沿邊衛所者，發遼東鐵嶺衛分。及經過官司縱放者，查治以罪。若有通同受賄情由，各從重論。其四鄰里老知而不舉者，事發，一體問罪。長蘆沿河一帶，不許私自販賣，倘遇馬快、糧舡經過，逐一盤驗，若有夾帶至二千斤以上者，一體問發，果有干礙内外官員，經自具奏施行。具題。憲宗皇帝聖旨：是。欽此。欽遵。又查得：成化十三年二月十三日，户部尚書楊鼎等題，爲整理河道等事。該總督漕運右副都御史李格等奏前事。照得：禁革私鹽已有舊例，其糧舡搜檢有見行事例並有原定地方，但有前項事例已行日久，惟恐人心廢弛，合再申明備咨都察院，轉行長蘆、山東、兩淮、兩浙等處巡按、巡鹽御史，各出榜該管地方，透漏私鹽去處，常川張掛禁約，不許一應官豪勢要及軍民客商人等，興販及越境貨賣，違者，俱照成化三年十月内奏准事例施行。其長蘆、山東、兩淮巡鹽御史，仍要嚴（加）〔令〕該管竈丁人等，今後再有私煎、私販，將犯人依律照例問（移）〔擬〕罪。其沿河軍衛、有司應該巡捕官兵，止許巡捕本處地方私煎、私販及窩藏寄頓，不許拘留馬舡、糧舡，擾誤軍士。其運糧並馬快迴舡，照舊於臨清、儀真二處委官如法檢驗，如搜舡之人似前乘勢偷搶舡上盤纏、食米等項，一體拏問。其稱臨清盤獲私鹽責在長蘆運司等官，儀真盤獲私鹽責在臨清委官並運司等官，言雖有理，但恐中間妄指虛供，事（雖）〔難〕維結絶，若有十分鹽多情重，亦要招由明白，事務着實，方許參究。具題。奉憲宗皇帝聖旨：是。欽此。欽遵。又查得：本年五月二十八日，都察院掌事太子少保兼左都御史李等，節該欽奉憲宗皇帝聖旨：近聞兩京公差人員裝運官物，應輪馬快等舡中間，有等玩法之徒，恃勢多討舡隻，受要各舡小甲財物，縱容附搭私貨、裝載私鹽，沿途索要人夫、指取銀兩，恃强過越巡司，搶開洪閘，軍民受害不可勝言。運糧官軍倣效成風，迴還船隻廣載私鹽阻壞鹽法，勢要之家違法中買此鹽，侵奪民利，似此姦弊非止一端。恁都察院便出榜通行禁約。敢有不思改悔，仍踏前非者，舡隻等項，許管閘、管河官員並軍衛、有司、巡捕官兵，嚴加盤詰，其餘姦弊，許巡撫、巡按等官，嚴加糾舉：應拏問者，就便拏問如律，照例發落；應奏請者，指實參究以聞。若管河、管閘、巡撫、巡按等官容情不舉，坐視民患，事發，一體究治。欽此。欽遵。臣等（切）〔竊〕惟國家重務，莫先於邊儲；所實，莫先於鹽課。故興販者，律有明律。夾帶者，時有（近）〔禁〕例。既分差御史巡禁，而又不時欽命（大命）清理，所以比先年間人知警懼，不敢興販。奈何近年以來，天津、靖海、興濟、滄州一帶，有等姦詐軍民通同盜賊之徒，别無活計以爲生，專販私鹽以度日。或用舡裝載、或用驢馱肩負堆積在家，動致數千百斤，以候迴還馬快、運糧舡隻及官民等舡，減價賤賣，全無忌憚，習以成風。其巡鹽御史止是一身，不能遍歷，不過行文督屬委官嚴加巡捕。而所（以）〔委〕之官姦詐貪贓者多，奉公守法者少，暗受財物，既不捉拏積鹽之家，又不擒捕販賣之人。况兩分差内外勢要官員所討，馬快船或七、八隻，少則不下一、二十隻，或接受幫錢而縱其收買，或自出銀兩而親興販，其至馬快舡小甲人等，買求外夷之人，假作奏討舡隻，亦買私鹽張掛龍虎號、擺列旌纛，吹打響器，聲甚盛，（没）〔沿〕途軍衛、有司並巡檢司兵，懼其勢要，莫敢盤詰，間有盤詰者，禍患立至。今湖廣地方，爲因貸與勢要發賣私鹽借用官私庫銀兩尚未還完。又該户部奏准，將長蘆官鹽許諸人報中，前往揚州等處販賣。沿途俱不許盤詰，以此真僞難辨，私鹽盛行。其在京文武官員奏准，給與馬舡，方敢乘坐順迴糧船者，亦不過一二隻，既有行李妻子在上，縱有顧廉耻夾帶私鹽，數亦不多，抑或舡夫人等收買坐舡，官員或恐不知，其自迴寫狀，糧舡若有裝載私鹽，别無勢要之人在上者，委被沿途巡捕委官、巡檢司，弓兵、光棍人等挾詐銀兩，方許放過。近年馬快舡隻所載私鹽到於南京、龍江關、上新河，亦多賣於彼處勢要之人，公然敢與鋪行發賣，鹽法之壞，莫甚於此。其言乞敕内外文武多官，會同公議，前項弊端，應該何人獨任其咎，明白奏請着落，巡察、巡捕官員，查其經過舡隻販賣私鹽，出於何地，販賣之家應否縱容，有無受財脱放，從實迴語明正其罪一節。在鹽法總於户部，出納掌於運司，而禁革姦弊則又在於巡鹽御史。私鹽之出，無過於天津一帶，而販之家無過於此中軍民，受財脱放，亦不過各處巡捕委官與巡檢司官吏，弓兵人等。賣買私鹽者，非止一人；受財作弊者，非一處：俱已犯在成化二十三年九月初六日大赦以前，况無指實，俱難追究，革後法於嚴明，人知警懼，賣鹽者既少，亦無大概。各官所言，是亦有理鹽法之意。見今已蒙欽差户部侍郎李嗣兼憲職，前去清理鹽法，難以再擬差官查究，合無通行兩浙、長蘆、河東巡鹽御史，及福建、廣東、四川按察司巡鹽官並各運鹽司官員，各要用心禁革姦弊，警戒下人，遵守法度，巡禁私鹽。各處私鹽固多，而長蘆尤甚，長蘆巡按御史，尤當督令軍衛，有司，委官多領軍兵人等，將沿河兩岸但係積鹽之家，逐一曉諭，今後但有堆積私鹽販賣者，務要捉獲送官，兩鄰知而不與者，同罪。仍不時往來緝訪巡視，遇有就便捉拏，先將其地逃軍、逃民、光棍人等，趕逐迴還原籍、原衛。肆惡不悛，留戀不去者，就便捉拏所在官司，牢固枷釘發遣。仍行自天津直抵儀真各巡檢等官，若有馬快、糧舡並官民舡隻經過，務要用心搜檢，但有夾帶私鹽者，就將人舡擒拏，應問人役先送所在官司問理，但干礙應奏官員，明白參奏提問，俱照節該奉准（是）〔事〕例並欽降榜文內事理發。若臨清搜獲〔私〕鹽，將迤北一帶巡捕委官、並巡檢司官吏、並直日弓兵人等，若儀真搜獲私鹽，將臨清以南巡捕，並巡檢等官，俱參問律。具行各處巡撫、巡按官員，着落按察司分巡官，嚴加督軍衛、有司各照行鹽地方賣鹽，不許越境販賣，阻壞鹽法。如有故違，一體拏問。庶使宿弊（姦）〔革〕除，鹽法疏通。具題。奉聖旨：是。欽此。

《皇明條法事類纂》附編《禁約私造應禁軍器貨賣例》 成化十三年閏二月十六日，都察院掌院事太子少保兼左都御史李等於奉天門欽奉聖旨：近年以來，京城內外軍民、匠役人等，敢有私造盔甲等件，貨賣與人，好生不畏法度。恁都察院便出榜禁約，除弓箭、鎗刀、弩弓及魚禾叉依律不禁外，其餘應禁軍器，如盔甲、傍牌、火器等件，不許私造貨賣，敢有不遵禁約，仍前私造賣，若買者，俱依律拏問，照例發落。其官軍應有軍器，一時損壞修整者，不在禁限。欽此。

《皇明條法事類纂》附編《私販焰硝入官》 弘治元年十一月二十三日，太子太保兵部尚書余等題，爲騙害事。該南京刑部咨廣東清吏司案呈，准南京大理寺勘合。該本司發審犯人陳誌等，審完迴報到司，案照先據南京虎（貴）〔賁〕右衛經歷司等本，開送犯人（係）紀等前來，已將各犯節問不應事重各減等杖罪，審有力，各照例送南京工部納科。完日，送司給與原引生理。查得：成化十六等年，本部河南等清吏司，問究文卷二宗，已將犯人劉紀、徐顯等擬罪，仍將販賣焰硝，各追入官，審究發落。訖緣前項焰硝，係造炎藥、火筒、火砲等項應禁軍器之物，已經二次入官，今陳誌等犯該前罪，擅難發落，審畢羈候轉咨，照定奪至日，再問送審。已經牒發審録去後，今承前因，合行抄粘招由，案呈到部，乞爲施行等因到部。據此看得：販賣焰硝犯人陳誌等雖與前項問完文卷情罪相同，但未經查報，有礙發落。除將大使馬廣等參提，及將焰硝應否入官給主緣由具奏外，合行抄粘招由，移咨貴部，煩查焰硝是否違禁之物，應否入官，給主明白，希報施行等因。備咨送司，行准工部虞衡清吏司手本開稱：成化二十一年二月內，據廣積庫申，爲急缺焰硝事。該本部奏准，分派浙江、福建、江西、廣東西布政司各解本色，陸續轉發廣積庫交納。凡在京並各邊成造軍器，俱於該庫關領。應用手本迴報前來，節該檢會《大明律》內一款：凡民私有人馬甲、（傍）牌、火筒、火砲、旗纛、號帶之類應禁軍器者，一件杖八十。每一件加一等。私造者，加私有罪一等。各罪止杖一百、流三千里。非成全者，勿論，許令納官。欽此。除欽遵外，案呈到部。看得：焰硝係造火藥物件，前此私自販賣者，雖該南京刑部二次入官，不曾奏准有例，所以今次犯人陳誌有犯，仍復持疑咨來定奪。今既查得：焰硝止派浙江、福建、江西、四川布政司，俱解本色，赴廣積庫上納。在京並各邊成造軍器，俱於該庫關用。況在京、在外街市鋪行，未見有買賣者，正係應禁之物，揆之律意，犯者，正合没官。欲行南京刑部，將犯人陳誌私販焰硝悉没入官，仍行內外問刑衙門，遇有犯者，一體照例施行。奉聖旨：是。欽此。

（明）何廣《律解辯疑》大明律卷一二《禮律·儀制·收藏禁書及私習天文》 凡私家收藏玄象器物、天文圖讖、應禁之書，及歷代帝王圖像，（止）給付告人充賞。議曰：玄象器物，謂天象器（且）〔具〕，如璇璣玉衡之屬。天文圖讖應禁之書，謂觀天象以察時〔變〕、（何）〔河〕圖洛書及先代聖賢撰述所記未來禎祥一應合禁之書。私習天文，謂私家習讀考驗日月、五星、二十八宿等曜星運之局。以其私能，預知禍福，愚學者非其人，則妖妄惑衆，故禁之也。

《大明律直解所載明律》卷一二《禮律·儀制·收藏禁書及私習天文》 凡私家收藏玄象器物、天文圖讖、應禁之書，及歷代帝王圖像、金玉符璽等物者，杖一百。若私習天文者，罪亦如之。並於犯人名下，追銀一十兩，給付告人充賞。

《洪武永樂榜文》 洪武三十五年十一月初二日，爲禁約事，奉聖旨：近有軍民人等私自下番販賣番貨，透誘蠻夷爲盜，走透事情。恁禮部將洪武年間諸番入貢禁約事理申明，教各處知道。犯了的，照前例罪他。不問官員軍民之家，但係番貨番香等物，不許存留販賣。其見有者，限三個月銷盡。三個月外，敢有仍前存留販賣者，處以重罪。

《洪武永樂榜文》 爲禁約事。該刑科署都給事中曹潤等奏：乞敕下法司：今後人民倡優，裝扮雜劇，除依律神仙道扮，義夫節婦，孝子順孫，勸人爲善，及歡樂太平者不禁外，但有褻瀆帝王聖賢之詞曲、駕頭雜劇，非律所該載者，敢有收藏傳誦印賣，一時拏赴法司究治。永樂九年七月初一日奉聖旨：但這等詞曲，出榜後，限他五日都要乾净將赴官燒毁了。敢有收藏的，全家殺了。

（明）張楷《律條疏議》卷八《私茶》 凡犯私茶者，同私鹽法論罪。如將已批驗截角退引入山影射照茶者，以私茶論。

疏議曰：行茶之法，亦於在京茶課司中，買户部茶引勘合，付客商收照，有此勘合，方爲官茶。經過官司處驗過，將引紙截去一角，以革里冒之弊。如有不給勘合，即爲私茶，同私鹽法論罪，杖一百，徒三年，茶貨車船等項俱入官。如有將已經批驗截角退閑文引賫入茶山，影射照出者，以私茶論罪。

謹詳律意，茶貨之利與鹽貨同，故私茶之禁，亦同鹽禁。茶引已經截角，則已驗過官茶，若帶入山影射茶貨，雖曰有引，與無引同，論以私茶，革奸弊也。

（明）張楷《律條疏議》卷八《私礬》 凡私煎礬貨賣者，同私鹽法論罪。

疏議曰：各處所煎礬貨，亦有主典，必出於官，有文憑執照，然後許賣。如有私自煎出貨賣者，同私鹽法論罪。

謹詳律意，礬利雖小，務出於官，若聽私煎，必成争奪，故必論以私鹽之法，然後人無竊利之心，夫豈與民争利哉，治其貪求而已。

（明）張楷《律條疏議》卷一二《收藏禁書及私習天文》 凡私家收藏玄象器物、天文圖讖應禁之書，及歷代帝王圖像、金玉符璽等物者，杖一百。若私習天文者，罪亦如之。並於犯人名下追銀一十兩，給付告人充賞。

疏議曰：玄象器物謂象天爲器，其理幽玄，如璇璣玉衡之類。天文謂推步測驗之書。圖讖圖象讖緯，皆言將來世道治亂休咎以惑人心者，此等皆爲應禁之書。及畫圖歷代帝王之神像。符者國家符信，命將調兵則用符，其制用金。璽則天子之寶，其制用玉。此等之物皆非私家所宜有，凡有收藏者杖一百。若不係天文生及陰陽人而私竊習學天文，如推步測驗之法者，罪亦如之。並於犯人名下追銀一十兩，給付告人充賞。

謹詳律意，玄象所以著天運，天文所以察災祥，圖讖先知而惑世誣人，圖像尊嚴而非可褻玩，金玉符璽之類皆爲國之信寶，豈私家所宜有哉。天文著七曜之推運，驗休咎之明徵，其旨甚微，其係至大。豈凡人所宜習哉。並杖一百，以責其非分，均給賞銀以嘉其不阿也。

（明）雷夢麟《讀律瑣言》卷八《私礬》 凡私煎礬貨賣者，同私鹽法論罪。

（明）雷夢麟《讀律瑣言》卷八《私茶》 凡犯私茶者，同私鹽法論罪，如將已批驗截角退引入山影射照茶者，以私茶論。

問刑條例

一、成化十八年閏八月二十九日節該：欽奉憲宗皇帝聖旨，私茶有興販夾帶五百斤的，照見行私鹽例，押發充軍。欽此。

一、凡興販私茶，潛住邊境，與番夷交易及在腹裏販賣與進貢回還夷人者，不拘斤數，連知情歇家牙保俱發烟瘴地面充軍，其在西寧，甘肅、河州、洮州販賣者，雖不入番，一百斤以上，發附近，三百斤以上，發邊衛各充軍。不及前數者，依律擬斷，仍枷號兩箇月。軍官將官縱容弟男子姪興販，及守備把關巡捕等官知情故縱者，各降一級。原衛所帶俸差操失覺察者，照常發落。若守備把關巡捕等官自行興販私茶通番者，發邊衛。在西寧、甘肅、洮、河販賣至三百斤以上者，發附近各充軍。

一、陝西、洮州、河州、西寧等處行茶地方，但有冒頂番名將老弱不堪馬二匹以上中納支茶者，官軍調别處極邊衛分帶俸差操，民并舍餘人等，發附近衛分充軍，冒支茶斤俱入官。參將撫夷等官本身並縱容子弟軍伴人等冒中二匹以上者，一體問調。邊衛帶俸差操醫獸通事土民人等通同作弊者，枷號一箇月，發落。

一、做造假茶五百斤以上者，本商并轉賣之人俱問發附近。原係腹裏

衛所者，發邊衛各充軍，店户窩頓一千斤以上，亦照例發遣，不及前數
者，問罪照常發落。
（明）雷夢麟《讀律瑣言》卷一二《收藏禁書及私習天文》 凡私家
收藏玄象器物、天文、圖讖應禁之書，及歷代帝王圖象金玉符璽等物者，
杖一百；若私習天文者，罪亦如之。並於犯人名下追銀一十兩，給付告
人充賞。
瑣言曰：玄象器物謂象天之器，如璇璣、玉衡、渾天儀之類。天文
之書，謂推步測驗之書，如統天曆之類。凡此皆所以防私習也。圖讖之書
謂圖像讖緯，如推背圖、透天經、風角鳥占之類，凡此皆所以防惑衆也。
天文圖讖皆爲應禁之書，歷代帝王圖象、金玉符璽等物，非民間所宜有，
故私藏者杖一百。其器物、禁書、圖象、符璽等項，并入官。私習天文，
謂不係天文生而私自習學，能推步測驗者，亦杖一百，送欽天監充天文
生。並於犯人名下追銀十兩給告人充賞，開樂告之門也。
《明會典》卷一六六《律例・兵律・軍政・私賣戰馬》 凡軍人出征，
獲到馬匹，須要盡數報官。若私下貨賣者，杖一百。軍官賣者罪同，罷職
充軍。買者笞四十，馬匹價錢並入官。軍官軍人買者，勿論。
《明會典》卷一六六《律例・兵律・軍政・私賣軍器》 凡軍人關給
衣甲、鎗、刀、旗幟一應軍器，私下貨賣者，杖一百，發邊遠充軍。軍官
賣者，罪同，罷職充軍。買者笞四十，應禁者以私有論。軍器價錢並入
官。軍官軍人買者，勿論。
《明會典》卷一六六《律例・兵律・軍政・私藏應禁軍器》 凡民間
私有人馬甲、傍牌、火筒、火礮、旗纛、號帶之類應禁軍器者，一件杖八
十，每一件加一等。私造者，加私有罪一等，各罪止杖一百，流三千里。
非全成者，並勿論，許令納官。其弓、箭、鎗、刀、弩及魚叉、禾叉，不
在禁限。
（明）佚名《重刻律條告示活套》卷三《收藏禁書及私習天文》 前
件巡按監察御史某爲禁約事。本院近據某縣民人趙甲訐告本縣民人錢乙，
家内收藏應禁書籍，拘拏到院。審實追出入官問罪，仍於犯人名下追銀十
兩，給賞告人外，若不通行曉諭，誠恐愚民堅執不首，罪臨何追。爲此合
發告示，前去司府州縣衛所等衙門及人烟集處張掛曉諭，軍民勢要之家，
不許私藏應禁之物，如玄象器物、天文圖讖書，及歷代帝王圖像、金玉符
璽等物，即時具實首告免罪。敢有知而故藏私家及有私習天文之人，或告
發或訪知，定行拏問不恕。
（明）魏校《莊渠遺書》卷九 書鋪當禁之書，一曰時文，蠹壞學者
心術。二曰曲本，誨人以滛。三曰佛經，四曰道經，扇惑人心。先已通行
禁革。委官宜責取各鋪，并地方總小甲鄰佑結狀，如再發賣前項書籍，重
治以罪，再不許開書鋪。仍大書告示，張掛關隘去處，不許從外省販賣前
項書籍私入廣東境内。不時差官盤驗，以詰姦弊。
（明）王肯堂《王儀部先生箋釋》卷八《私礬》 釋曰：私煎，謂不
係燒礬窨廠，及開山燒礬而不報官辦課者皆是。同私鹽法，解見私茶條。
凡各處煎礬所在，皆有額設礬課，係官主典，給有文憑執照，然後許賣。
若有私自煎出貨賣者，同私鹽法論罪，杖一百，徒三年。蓋礬利雖微，務
隸於官。若聽私煎，則不惟虧國之課程，而且起民之争奪，故設此律以
禁之。
（明）王肯堂《王儀部先生箋釋》卷一二《收藏禁書及私習天文》
釋曰：玄象器物，如渾天儀之類。天文，謂推步測驗以占災祥之書。圖
讖，謂圖像讖緯，預推治亂，如推背圖、透天經、風角、鳥占之類。符制
用金，半判以示信。璽制用玉，完判以行制。亦歷代所遺也。玄象器物、
天文圖讖，應禁之書，皆妄測未來，預言禍福，每易惑衆，故禁其私藏。
其歷代帝王圖像，金玉符璽等物，雖非上項之比，亦非民間所宜有，皆當
送官。凡私藏者，並杖一百。若非天文生而於私家習學天文，考求推步測
驗之法者，罪亦如之。其有人告發，並於犯人名下追銀十兩給付充賞。應
禁書物入官。私習之人術業已成者，決訖送欽天監充天文生。私藏諸物准
自首，私習天文不准自首。
《律條直引》卷一二《禮律・儀制・收藏禁書及私習天文》 趙甲依
私家收藏玄像器物、天文圖讖、應禁之書、歷代帝王圖像、金符、玉璽等
物者律；錢乙依私習天文者，罪亦如收藏者律，各杖一百。俱有《大誥》
減等，各杖九十。係軍民，無力做工的決，有力納米等項，完日着伍寧
家，違禁之物入官。
（明）佚名《大明律講解》卷一二《收藏禁書及私習天文》 凡私家

收藏玄象器物、天文圖讖應禁之書及歷代帝王圖像、金玉符璽等物者，杖一百。若私習天文者，罪亦如之，並於犯人名下追銀一十兩給付告人充賞。講曰：玄象器物謂象天爲器，其如渾天儀之屬。天文圖讖，應禁之書，謂觀天象以察時變。河圖洛書，及先代聖賢所記未來徵祥，一應合禁之書。

《大清律例》卷一三《户律・課程・鹽法》 凡犯無引私鹽凡有確貨即是，不必贓之多少。者，杖一百、徒三年。若帶有軍器者，加一等。流二千里。鹽徒誣指平人者，加三等。流三千里。拒捕者，斬。監候。鹽貨、車船、頭匹並入官。道塗引領秤手牙人及窩藏鹽犯寄頓鹽貨者，杖九十、徒二年半。受雇挑擔馱載者，與例所謂肩挑背負者不同。杖八十、徒二年。非應捕人告獲者，就將所獲私鹽給付告人充賞。同販中有一人能自首者，免罪，一體給賞。若一人自犯而自首，止免罪不賞，仍追原贓。

《大清律例》卷一三《户律・課程・私茶》 凡犯私茶者，同私鹽法論罪。如將已批驗截角退引，入山影射照出支茶者，以私茶論。截角，凡經過官司一處驗過，將引紙截去一角，革重冒之弊也。

條例

一、官給茶引，付産茶府、州、縣，凡商人買茶，具數赴官，納銀給引，方許出境貨賣。每引照茶一百斤，茶不及引者，謂之畸零，別置由帖付之。量地遠近，定以程限，於經過地方執照。若茶無由引，及茶、引相離者，聽人告捕。其有茶，引不相當，或有餘茶者，並聽拏問。賣茶畢，即以原給由引，赴住賣官司告繳，該府、州、縣，俱各委官一員專理。

《大清律例》卷一三《户律・課程・私礬》 凡私煎礬貨賣者，同私鹽法論罪。凡産礬之所，額設礬課，係官主典，給有文憑執照，然後許賣。

《大清律例》卷一七《户律・儀制・收藏禁書》 凡私家收藏天象器物、如璇璣、玉衡、渾天儀之類。圖讖、圖像讖緯之書，推治亂。應禁之書，及繪畫歷代帝王圖像、金玉符璽等物不首官者，杖一百。並於犯人名下追銀一十兩，給付告人充賞。器物等項，並追入官。

《大清新法令》第四卷《光緒新法令・郵傳部咨各省收買竊毁電桿電綫照窩藏官物例治罪文光緒三十四年二月二十日》 電政司案呈。據電政局汪道嘉棠稟稱：電報之設近來愈推愈廣，無論官商以及外洋名報關係極要。然必一無阻隔方能不誤事機，乃近來竊毁電線之案層見迭出。查光緒十八年七月二十三日，刑部議復前北洋大臣直隸總督李奏匪徒竊毁桿線請明定治罪專條一摺，本日奉旨：依議。又於十月初二日，吏兵等部議復匪徒竊毁桿線地方文武各官明定處分一摺，本日奉旨：依議。欽此。欽遵通行在案，乃日久玩生，以致旋修竊視爲故常。推原其故，實由電線鐵質堅韌耐久，是以各鐵店内樂於收買，匪徒乘機竊線向各鐵店及造車廠等處銷售，獲利日多，偷竊日甚。前此雖明定竊毁桿線治罪專條，而收買此項電線及窩藏之家尚未申明厲禁，無怪匪徒肆無忌憚，任意收買銷毁。應請據情咨明各省督撫嚴飭各該地方官出示曉諭，除竊毁桿線仍照定章辦理外，其私自收買桿線之店一經查實，照窩藏官物例從重治罪。如能將私賣之人扭送到局，更應重加獎勵，以示懲勸。倘能有犯必獲，則此風或可稍息。再，近來偷竊之案以直隸、山東、河南爲最多，應請轉咨各該省轉飭遵照以保桿線等情前來。查電政首重交通，一有阻滯關係匪淺。該局請將收買桿線之店一經查實，照窩藏官物例從重治罪，應如所議辦理。除分咨外，相應咨行貴督查照，轉飭地方官刊刻告示遍行諭，遇有此案認真拿獲，從重治罪，以維電政而利交通可也。

《大清新法令》第四卷《光緒新法令・農工商部等奏核礦務章程摺附片並清單・大清礦務正章・執照》 第二十二款　辦礦須請執照及其限制

除甲字類礦質外，凡欲請辦第十一款乙、丙字下所載之礦質者，必須先行具稟該省總局，請領辦礦執照方準開採。至各種鹽乃國家專有之權利，中國向不作爲礦類，領執照者不準以鹽作礦。領執照者不得將其執照上之權利轉授他人。

第二十三款　執照分兩種

執照分爲兩種：

一、爲勘礦執照，由農工商部豫發，各省總局填給；

一、爲開礦執照，由農工商部核准填發，各省總局轉給領照者，無論獨辦或數人合辦，或合股公司均可稟領。

甲　勘礦執照

第二十四款　請領勘礦執照辦法

呈請勘礦執照之人，須開明履歷，並所擬履勘之地址及所擬探之礦質，詳稟陳明，並須將擬勘之地繪圖貼説，稟呈總局，聽候總局行查該地方官及礦務委員，俟其禀復核奪，倘該請領勘礦執照之人不能合格或所領之礦地，别有違礙，即不能準給執照，或别有可疑之處，可令其呈具保單。【略】

第二十六款　履勘礦産限制

凡公地並非官家留作别用者及與地方毫無關礙者，準領勘礦執照之人在界内履勘第十一款乙、丙字下所列之礦質。如開坑驗礦，其深闊處均不得過中國官尺三十尺，惟在勘礦執照限期之内，若須用鑽石打鑽驗礦者，其深處則不能豫定限制，但至深不過官尺五百尺，如再需鑿深，須與業主商允方可。凡民地如須擬勘，皆須先商業主或其代表人應允，不得毫絲勉强，致啓争端。

第二十七款　續請勘礦限制

凡礦地所有已經禀領礦界在案者，隨後有人禀請勘礦，至少須離前領界外六百官尺，惟已經廢棄之礦則準其履勘。

乙　開礦執照　礦界

第二十八款　勘礦界限

凡勘驗乙、丙兩項之礦質，其所開之坑長處、深處有逾三十官尺者即作爲開礦論，必須加領開礦執照方準辦理。

第二十九款　開礦界限

凡開採第十一款乙、丙兩類之礦質，須將所領礦地劃成礦界，計算準地面平方。每邊三百官尺、横直相等者爲一礦界，領辦者於地中採礦之界綫，須與地面所劃界綫不得横斜出所準領地面以外。

凡所採礦質，無論乙、丙兩項何類礦砂，其深處至礦質竭盡爲止，不再向下掘。

第三十款　礦地面積界限

所請開礦執照或爲一界或爲數界，均可並載一張之内，所請之地如不止一界，其毗連之邊徑必須相連，不得隔斷。惟一人所領礦地無論若干界，每人至多不得過面積九百六十中畝，即一百六十英畝，其領地不及九百六十畝者，礦照批發後如續行請展礦界，須再禀候核奪，與請領新礦同。

第三十一款　請領毗連礦界辦法

如有未領之地，坐落兩三礦界之間，其形式大小與本章所定礦界不合，準毗連此地礦商中之先具禀者領之，如不願領準，此外合格之人先具禀者領之。

第三十二款　減礦、棄礦辦法

設使領有開礦執照之人，欲減去若干礦界或全行舍棄，準照礦務附章所定辦法在總局具禀聲明。

第三十三款　請領開礦執照辦法

凡已領勘礦執照於勘畢後擬禀請開礦執照者，須遵定章在礦務總局具禀，該具禀人無論獨辦、或合辦、或公司，須將來歷詳細聲明。獨辦或合辦須將出資本者及諸經理人之履歷開呈；若係公司，須開呈各董事及領袖辦事人履歷並開呈資本數目，用何法開採，所請礦地四至及界石並礦界若干，擬辦何項礦質，均須一並聲叙明晰，並應取具殷實行號保單銀一萬兩隨禀呈送，此項保銀係擔承領照人遵守照内及礦章所載各款，違者罰令充公。

第三十四款　酌定業主自開期限

凡禀請礦地，準其先請先得，但第十一款乙字所載各礦質，若在民地，其業主自願開辦，應準業主盡先開採，惟總局可豫定一期，諭令於期内開工，過期不開，可由總局將該礦地給價收買歸官。

第三十五款　需用地面有糾葛應聽官斷

設若所請礦地中之某段在民地之内，具禀人如需此段地面以作附屬礦地之用，或需全段地面以作開採散礦或流積礦質之用者，務與業主商辦，其如何商辦之處應聲明禀内。如業主不允與具禀人商辦，應由總局確查情形，如與民間别無妨礙而又爲開礦必不可少之地，可按官斷規條辦理。

第三十六款　分别一礦有乙、丙兩類礦質辦法

一礦地之内有第十一款所載乙、丙兩類之礦質而不能同時開採者，可準首先合格之具禀人領辦，倘禀請開採丙字類礦質者可準兼採乙字類礦質，如只請開乙字類礦質者，則不準兼採丙字類礦質，若欲兼採丙字類礦質必須另行具禀。

第三十七款　核准礦地辦法

總局收到呈請礦地之禀，查明係未領之地，並與地方毫無關礙，即將

原禀事由榜示局前，以備或有糾葛即便核辦。嗣後總局飭測繪委員定立界址，無論彼處有無礦質，已未施工，均照立界，界内如有房屋、道路及營造等事亦無礙，惟開採工程須遵守《礦務警察章程》及第四十四款並附章第四十二條辦理。

第三十八款　填發執照須憑實據

所請礦地一經測量定界之後，且經證明實係未領之地，並查與地方毫無窒礙及曾領得勘礦執照在先，總局即可照章詳請咨部核發開礦執照給具禀人收領。

第三十九款　給照後立可興辦礦工

凡遵守條例請領礦地，一經領到開礦執照後，該礦商可以立時興工，將照内指定之礦開採。

紀事

《漢書》卷五《景帝紀》〔景帝中四年〕夏旱，禁酤酒。

《漢書》卷二四下《食貨志》　其明年，大將軍、票騎大出擊胡，賞賜五十萬金，軍馬死者十餘萬匹，轉漕車甲之費不與焉。是時財匱，戰士頗不得禄矣。

有司言三銖錢輕，輕錢易作姦詐，乃更請郡國鑄五銖錢，周郭其質，令不可得摩取〔鋊〕〔鋊〕。

大農上鹽鐵丞孔僅、咸陽言：山海，天地之臧，宜屬少府，陛下弗私，以屬大農佐賦。願募民自給費，因官器作鬻鹽，官與牢盆。浮食奇民欲擅斡山海之貨，以致富羨，役利細民。其沮事之議，不可勝聽。敢私鑄鐵器鬻鹽者，釱左趾，没入其器物。郡不出鐵者，置小鐵官，使屬在所縣。使僅、咸陽乘傳舉行天下鹽鐵，作官府，除故鹽鐵家富者爲吏。吏益多賈人矣。

《漢書》卷九〇《酷吏傳・田延年》　田延年字子賓，先齊諸田也，徙陽陵。**【略】**宣帝即位，延年以決疑定策封陽成侯。

先是，茂陵富人焦氏、賈氏以數千萬陰積貯炭葦諸下里物。昭帝大行時，方上事暴起，用度未辦，延年奏言商賈或豫收方上不祥器物，冀其疾用，欲以求利，非民臣所當爲。請没入縣官。奏可。富人亡財者皆怨，出錢求延年罪。

《三國志》卷三八《蜀志・簡雍傳》　簡雍字憲和，涿郡人也。少與先主有舊，隨從周旋。**【略】**時天旱禁酒，釀者有刑。吏於人家索得釀具，論者欲令與作酒者同罰。雍與先主游觀，見一男女行道，謂先主曰：彼人欲行淫，何以不縛。先主曰：卿何以知之。雍對曰：彼有其具，與欲釀者同。先主大笑，而原欲釀者。雍之滑稽，皆此類也。

《後漢書》卷四《孝和帝紀》〔永元〕十六年春正月己卯，詔貧民有田業而以匱乏不能自農者，貸種糧。

二月己未，詔兗、豫、徐、冀四州比年雨多傷稼，禁沽酒。

《後漢書》卷七《孝桓帝紀》〔永興二年〕九月丁卯朔，日有食之。詔曰：【略】其禁郡國不得賣酒，祠祀裁足。

《南齊書》卷三《武帝紀》〔永明十一年〕五月戊辰，詔曰：水旱成災，穀稼傷弊，凡三調衆逋，可同申至秋登。京師二縣、朱方、姑熟，可權斷酒。

《魏書》卷一二《孝静紀》〔元象元年夏四月〕壬辰，齊獻武王還晉陽，請開酒禁。

《晉書》卷一〇《安帝紀》〔隆安五年〕是歲，饑，禁酒。

《魏書》卷一二《孝静紀》〔天平四年閏九月乙丑〕禁京師酤酒。

《晉書》卷一〇五《石勒載記下》勒以百姓始復業，資儲未豐，於是重制禁釀，郊祀宗廟皆以醴酒，行之數年，無復釀者。

《北齊書》卷七《武成帝紀》〔河清四年二月〕壬申，以年穀不登，禁酤酒。

《北齊書》卷八《後主紀》〔天統五年〕冬十月壬戌，詔禁造酒。

《舊唐書》卷四八《食貨志》〔元和三年六月〕應天下商賈先蓄見錢者，委所在長吏，令收市貨物，官中不得輒有程限，逼迫商人，任其貨易，以求便利。計周歲之後，此法遍行，朕當别立新規，設蓄錢之禁。所以先有告示，許有方圓，意在他時行法不貸。又天下有銀之山，必有銅鑛。銅者，可資於鼓鑄，銀者，無益於生人，權其重輕，使務專一。其天下自五嶺以北，見採銀坑，並宜禁斷。恐所在坑户，不免失業，各委本州府長吏勸課，令其採銅，助官中鑄作。仍委鹽鐵使條流聞奏。

《舊唐書》卷一三七《趙涓傳》永泰初，涓爲監察御史。【略】先是，侍御史盧南史坐事貶信州員外司馬，至郡，準例得廳吏一人，每月請紙筆錢，前後五年，計錢一千貫。南史以官閑冗，放吏歸，納其紙筆錢六十餘千。刺史姚驥劾奏南史，以爲臟，又劾南史買鉛燒黄丹。德宗遣監察御史鄭楚相、刑部員外郎裴澥、大理評事陳正儀充三司使，同往按鞫。將行，並召於延英，謂之曰：卿等必須詳審，無令漏罪銜冤。三人將退，裴澥獨留，奏曰：臣按姚驥奏狀，稱南史取廳吏紙筆錢計臟六十餘貫，雖於公法有違，量事且非巨蠹。上曰：此事亦未爲甚，未知燒鉛何如。澥曰：燒鉛爲丹，格令不禁。準天寶十三載敕，鉛、銅、錫不許私家買賣貨易，蓋防私鑄錢，本亦不言燒鉛爲丹。南史違敕買鉛，不得無罪。伏以陛下自登寶位，及天寶，大曆以來，未曾降三司使至江南；今忽録此小事，令三司使往，非唯損耗州縣，亦恐遠處聞之，各懷憂懼。臣聞開元中張九齡爲五嶺按察使，有録事參軍告齡非法，朝廷止令大理評事往按。大曆中，鄂岳觀察使吴仲孺與轉運使判官劉長卿紛競，仲孺奏長卿犯臟二十萬貫，時止差監察御史苗伾就推。今姚驥所奏事狀無多，臣堪任此行，即請獨往，恐不須三司並行爲使。德宗忻然曰：卿言是矣。乃復召楚相、正儀與澥俱坐，謂之曰：朕懵於理道，處事未精，適見裴澥所奏，深協事宜，亦不用三人總去，但行首一人行可也，卿等便宜付宰臣改敕。德宗不務大體，以察爲明，皆此類也。而博宣、南史坐誣枉擯逐，賴裴澥悟主，南史不至深罪，後得召還。

（宋）王溥《唐會要》卷六三《史館·修國史》貞元元年九月，監修國史、宰臣韋執誼奏：伏以皇王大典，實存簡册，施於千載，傳述不輕。竊見自頃已來，史臣所有修撰，皆於私家紀録，其本不在館中。褒貶之間，恐傷獨見，編紀之際，或慮遺文。從前已來，有此乖闕。自今已後，伏望令修撰官，各撰日曆，凡至月終，即於館中都會，詳定是非，使置姓名，同共封鏁。除已成實録撰進宣下者，其餘見修日曆，並不得私家置本，仍請永爲常式。從之。

（宋）王溥《唐會要》卷九八《泉貨》元和元年二月，以錢少，禁用銅器。

《舊五代史》卷四二《唐書·明宗帝紀》〔長興二年五月〕丁卯，詔：諸州府城郭内依舊禁麴，其麴官中自造，减舊價之半貨賣。應田畝上所徵麴錢並放，鄉村人户一任私造。時甚便之。

（宋）王溥《五代會要》卷一一《雜録》後唐同光二年九月，司天奏，請禁天下造私曆者。從之。

周廣順三年八月敕：自今後玄象器物、天文圖書讖記、《七曜曆》、《太乙·雷公式法》等，私家不得有及衷私傳習，有者並須焚毁。司天臺、翰林院本司職員，不得以前代所禁文書，出外借人傳寫。其諸時日、五行、占筮之書不在禁限。每年曆日，須候本司再算造奏定，方得雕印，本司不得衷私示外，如違准律科罪。

顯德三年八月敕：應諸色陰陽占卜書，宜令司天臺、翰林院集官詳定。其書如是曾經前代聖賢行用、合正道者，只可存留；其有淺近妖妄不依典據者，並可毀廢。

（宋）王溥《五代會要》卷二六《麴》 後唐天成三年七月十三日敕：應三京、鄴都、諸道州府鄉村人户，自今年七月後，於是秋田苗上，每畝納麴錢五文、足陌。一任百姓造麴，醖酒供家，其錢隨夏秋徵納，並不折色，其京都及諸道州府縣鎮坊界及關城草市内，應逐年買官麴酒户，便許自造麴，醖酒貨賣，仍取天成二年正月至年終，一年逐户計算，都買麴錢數内十分祇納二分，以充榷酒錢，便從今年七月後，管數徵納。榷酒户外，其餘諸色人亦許私造酒麴供家，即不得衷私賣酒。如有故違，便仰糾察，勒依中等酒户納榷。其坊村一任沽賣，不在納榷之限。

（宋）王溥《五代會要》卷二七《泉貨》 後唐同光二年三月敕：泉布之弊，雜以鉛錫，惟是江、湖之外，盗鑄尤多，市肆之間，公行無畏。因是綱商挾帶，舟載往來，换易好錢，藏貯富室，實爲蠹弊，須有條流。宜令京城及諸道，於行市行使錢内點檢，雜惡鉛錫，並宜禁斷。沿江州縣，每有舟船到岸，嚴加覺察，若私載往來，並宜收納。

天成元年八月，中書門下奏：訪聞近日諸道州府所買賣銅器價貴，多是銷鎔見錢，以邀厚利。敕：宜便行曉告，如原舊破損銅器及碎銅，即許鑄造器物；如生銅器物，每斤價定二百；熟銅器物，每斤四百。如違省價，買賣之人，依盗鑄錢律文科斷。【略】其年十二月敕：行使銅錢之内，如聞夾帶鐵錢，若不嚴設條流，轉恐私加鑄造。

《新唐書》卷五四《食貨志》 宣宗即位，茶、鹽之法益密，糶鹽少、私盗多者，謫觀察、判官，不計十犯。户部侍郎、判度支盧弘止以兩池鹽法敝，遣巡院官司空輿更立新法，其課倍入，遷榷鹽使。以壕籬者，鹽池之隄禁，有盗壞與鬻鹻皆死，鹽盗持弓矢者亦皆死刑。兵部侍郎、判度支周墀又言：兩池鹽盗販者，迹其居處，保、社按罪。鬻五石，市二石，亭户盗糶二石，皆死。

《新唐書》卷五四《食貨志》 唐初無酒禁。乾元元年，京師酒貴，肅宗以稟食方屈，乃禁京城酤酒，期以麥熟如初。二年，饑，復禁酤，非光禄祭祀、燕蕃客，不御酒。廣德二年，定天下酤户以月收税。建中元年，罷之。三年，復禁民酤，以佐軍費，置肆釀酒，斛收直三千，州縣總領，醨薄私釀者論其罪。尋以京師四方所湊，罷榷。貞元二年，復禁京城、畿縣酒，天下置肆以酤者，斗錢百五十，免其徭役，獨淮南、忠武、宣武、河東榷麴而已。元和六年，罷京師酤肆，以榷酒錢隨兩税青苗斂之。大和八年，遂罷京師榷酤。凡天下榷酒爲錢百五十六萬餘緡，而釀費居三之一，貧户逃酤不在焉。昭宗世，以用度不足，易京畿近鎮麴法，復榷酒以贍軍，鳳翔節度使李茂貞方顓其利，按兵請入奏利害，天子遽罷之。

《新唐書》卷五四《食貨志》 武宗即位，鹽鐵轉運使崔珙又增江淮茶税。是時茶商所過州縣有重税，或掠奪舟車，露積雨中，諸道置邸以收税，謂之搨地錢，故私販益起。大中初，鹽鐵轉運使裴休著條約：私鬻三犯皆三百斤，乃論死；長行群旅，茶雖少皆死；雇載三犯至五百斤、居舍儈保四犯至千斤者，皆死；園户私鬻百斤以上，杖背，三犯，加重徭；伐園失業者，刺史、縣令以縱私鹽論。

《新唐書》卷五四《食貨志》 武德四年，鑄開元通寶，徑八分，重二銖四參，積十錢重一兩，得輕重大小之中，其文以八分、篆、隸三體。洛、并、幽、益、桂等州皆置監。賜秦王、齊王三爐，右僕射裴寂一爐以鑄。盗鑄者論死，没其家屬。其後盗鑄漸起。

顯慶五年，以惡錢多，官爲市之，以一善錢售五惡錢，民間藏惡錢以待禁弛。乾封元年，改鑄乾封泉寶錢，徑寸，重二銖六分，以一當舊錢之十。踰年而舊錢多廢。明年，以商賈不通，米帛踊貴，復行開元通寶錢，天下皆鑄之。然私錢犯法日蕃，有以舟筏鑄江中者。詔所在納惡錢，而姦亦不息。儀鳳中，瀕江民多私鑄錢爲業，詔巡江官督捕，載銅、錫、鑞過百斤者没官。四年，命東都糶米粟，斗别納惡錢百，少府、司農毁之。是時鑄多錢賤，米粟踊貴，乃罷少府鑄，尋復舊。永淳元年，私鑄者抵死，鄰、保、里、坊、村正皆從坐。武后時，錢非穿穴及鐵錫銅液，皆得用之，熟銅、排斗、沙澀之錢皆售，自是盗鑄蜂起，江淮游民依大山陂海以鑄，吏莫能捕。

《新唐書》卷五四《食貨志》 〔武德〕二十二年，宰相張九齡建議：古者以布帛菽粟不可尺寸抄勺而均，乃爲錢以通貿易。官鑄所入無幾，而工費多，宜縱民鑄。議下百官，宰相裴耀卿、黃門侍郎李林甫、河南少尹蕭炅、秘書監崔沔皆以爲嚴斷惡錢則人知禁，税銅折役則官冶可成，計估度庸則私錢以利薄而自息。若許私鑄，則下皆棄農而競利矣。左監門衛録事參軍事劉秩曰：今之錢，古之下幣也。若捨之任人，則上無以御下，下無以事上，不可一也。物賤傷農，錢輕傷賈，物重則錢輕，錢輕由乎物多，多則作法收之使少，物少則作法布之使輕，奈何假人。不可二也。鑄錢不雜鉛鐵則無利，雜則錢惡。今塞私鑄之路，人猶冒死，況設陷穽誘之。不可三也。鑄錢無利則人不鑄，有利則去南畝者衆，不可四也。人富則不可以賞勸，貧則不可以威禁，法不行，人不理，繇貧富不齊。若得鑄錢，貧者服役於富室，富室乘而益恣，不可五也。夫錢重繇人日滋於前，而鑪不加舊。公錢與銅價頗等，故破重錢爲輕錢，銅之不贍，在採用者衆也。銅之爲兵不如鐵，爲器不如漆。禁銅則人無所用，盜鑄者少，公錢不破，人不犯死，錢又日增，是一舉而四美兼也。是時公卿皆以縱民鑄爲不便，於是下詔禁惡錢而已。

《新唐書》卷五四《食貨志》 大曆七年，禁天下鑄銅器。建中初，户部侍郎韓洄以商州紅崖冶銅多，請復洛源廢監，起十鑪，歲鑄錢七萬二千緡，每千錢費九百。德宗從之。

《新唐書》卷一六一《王仲舒傳》 王仲舒字弘中，并州祁人。【略】初，江西榷酒利多佗州十八，民私釀，歲抵死不絶，穀數斛易斗酒。仲舒罷酤錢九十萬。

（宋）彭百川《太平治跡統類》卷二九 五年三月丁巳，詔書既弛茶禁，論者尤謂朝廷志於便人，欲省刑法，其意良善。然茶户困於輸錢，而商賈利薄，販粥者少，州縣征税日蹙，經費不充。知制誥劉敞、學士歐陽修頗論其事，敞以爲商賈不行，則税額不登，且乏國用，三害也。修以爲弛禁有一利，而害有五。是時朝廷方排衆論而行，敞等雖言不聽也。

（宋）李燾《續資治通鑑長編》仁宗天聖元年春正月 〔丙寅〕 國朝惟川峽、廣南茶聽民自買賣，禁其出境，餘悉榷，犯者有刑。在淮南則蘄、黃、廬、舒、壽、光六州，官自爲場，置吏總之，謂之山場者十三，六州採茶之民皆隸焉，謂之園户，歲課作茶、輸其租，餘官悉市之。其售於官，皆先受錢而後入茶，謂之本錢。又有百姓歲輸税者，亦折爲茶，謂之折税茶。總爲歲課八百六十五萬餘斤，其出鬻皆就本場。在江南則宣歙江池饒信洪撫筠袁十州、廣德興國臨江建昌南康五軍，兩浙則杭、蘇、明、越、婺、處、温、臺、湖、常、衢、睦十二州，荆湖則荆潭澧鼎鄂岳歸峽八州、荆門軍，福建則建、劒二州，歲如山場輸租折税，餘則官悉市而斂之。總爲歲課，江南千二十七萬餘斤，兩浙百二十七萬九千餘斤，荆湖二百四十七萬餘斤，福建三十九萬三千餘斤，皆轉輸要會之地，曰江陵府，曰真州，曰海州，曰漢陽軍，曰無爲軍，曰蘄州蘄口，爲六榷貨務。凡民鬻茶者皆售於官，其以給日用者，謂之食茶，出境則給券。商賈之欲貿易者，入錢若金帛京師榷貨務，以射六務、十三場茶，給券，隨所射與之，謂之交引。願就東南入錢若金帛者聽，入金帛者計直予茶如京師。凡茶入官以輕估，其出以重估，縣官之利甚溥，而商賈轉賣於西北以至散於夷狄，其利又特厚焉。縣官鬻茶，歲課緡錢，雖贏縮不常，景德中至三百六十萬餘，此其最厚者也。

然自西北宿兵既多，饋餉不足，因募商人入中芻粟，度地里遠近，增其虚估，給券，以茶償之。後又益以東南緡錢、香藥、象齒，謂之三税。而塞下急於兵食，欲廣儲峙，不受虚估，入中者以虚錢得實利，人競趨焉。及其法既弊，則虚估日益高，茶日益賤，入實錢、金帛日益寡，而入中者非盡行商，多其土人，既不知茶利厚薄，且急於售錢，得券則轉鬻於茶商或京師坐賈號交引鋪者，獲利無幾。茶商及交引鋪，或以券取茶，或收蓄貿易，以射厚利，由是虚估之利皆入豪商巨賈，券之滯積，雖二三年茶不足以償，而入中者以利薄不趨，邊備日蹙，茶法大壞。景德中，丁謂爲三司使，嘗計其得失，以爲邊糴纔及五十萬，而東南三百六十餘萬茶利盡歸商賈，當時以爲至論。厥後雖屢變以救之，然不能無弊。以上據本志。

丁亥，詔曰：三路軍儲，出於山澤之利。比聞移用不足，二府大臣，其經度之。乃命三司使李諮、御史中丞劉筠、入内副都知周文質、提舉諸司庫務王臻薛貽廓及三部副使較茶、鹽、礬税歲入登耗，更定其法。遂置計置司，《實録》丁亥日同。以樞密副使張士遜、參知政事呂夷簡魯宗道總之。

計置司首考茶法利害，奏言：十三場茶，歲課緡錢五十萬，天禧五年纔及緡錢二十三萬。每券直錢十萬，鬻之，售錢五萬五千，總爲緡錢實十三萬，除九萬緡爲本錢，歲纔得息錢三萬餘緡，而官吏廩給不與焉。是則虛數雖多，實用殊寡。因請罷三税，行貼射之法。其法以十三場茶買賣本息並計其數，罷官給本錢，使商人與園户自相交易，一切定爲中估，而官收其息。如鬻舒州羅源場茶，斤售錢五十有六，其本二十有五，官不復給，但使商人輸息錢三十有一而已。《實録》三月辛卯，《會要》同。然必輦茶入官，隨商人所指而予之，給券爲驗，以防私售，故有貼射之名。若歲課貼射不盡，則官市之如舊。園户過期而輸不足者，計所負數如商人入息。《會要》。舊輸茶百斤，益以二十斤至三十五斤，謂之耗茶，亦皆罷之。《實録》二月。其入錢以射六務茶者，如舊制。

先是，天禧中，詔京師入錢八萬給海州、荆南茶，入錢七萬四千有奇給真州、無爲、蘄口、漢陽，并十三場茶，皆直十萬，所以饒裕商人；而海州、荆南茶善而易售，商人願得之，故入錢之數厚於他州。其入錢者，聽輸金帛十之六。至是，既更十三場法，又募入錢六務，而海州、荆南增爲八萬六千，真州、無爲、蘄口、漢陽增爲八萬。《會要》三年五月。商人入芻粟塞下者，隨所在實估，度地里遠近增其直。以錢一萬爲率，遠者增至七百，近者三百，給券，至京師，一切以緡錢償之，謂之見錢法；願得金帛若他州錢，或茶鹽、香藥之類者聽。《實録》五月甲子。大率使茶與邊糴，各以實錢出納，不得相爲輕重，以絶虛估之弊。朝廷皆用其説。

（宋）李燾《續資治通鑑長編》神宗熙寧八年二月 永興軍等路轉運司言：見管私鐵錢，轉運司九萬餘緡、常平司十一萬餘緡，并買民間私鐵錢數十萬斤，并當改鑄省樣錢。欲除永興、華、河中、陝銅錢監添匠鼓鑄外，更於商、虢、洛南增置三監，耀、鄜權置兩監，共九監改鑄。永興，鄜、耀、河中、陝去鐵冶遠，第改鑄僞錢一年可畢；商州、洛南、華、虢最近鐵冶，可以久行。鄜州等五處，候改鑄罷，工匠併入商州等四監，然後專鑄大錢。從之，仍委皮公弼總制營辦。先是，安撫、轉運司出牓收買四等私錢，一切禁斷舊通用錢，而以銅錢易之，以官庫見管并换到通用私小鐵錢重行鼓鑄。而熊本以爲如此則公私未便，乃下逐司申明前後條約，推揀闕薄漏貫、字樣不明等私錢，犯者依法施行，入官銷毁。應自來通用錢，並令行使如故。其官庫不堪用鐵錢等，即别置錢監，增圜物料，比省樣微加别異，鑄熙寧重寳封樁，俟向去豐熟，奏取指揮。乃詔逐司具官司合改造錢數各計若干及如何措置以聞。至是，轉運司條具來上，故有是詔。

（宋）李燾《續資治通鑑長編》神宗熙寧十年二月〔戊申〕三司言：奉詔同制置解鹽使皮公弼詳議中外所論陝西解鹽鈔法利害。蓋鹽法之弊，由熙河鈔溢額，鈔溢額，故鈔價賤；鈔價賤，故糧草貴。又東、西、南三路通商州縣榷賣官鹽，故商旅不行。如此，鹽法不得不改，官賣不得不罷。今欲更張前弊，必先收舊鈔，點印舊鹽，行貼納之法。然後自變法日爲始，盡買舊鈔入官，其已請出鹽，立限許人自陳，準新價貼納錢，印鹽席，給公據。今條具所施行事：東南舊法：鹽鈔一席，毋過三千五百；西鹽鈔一席，毋過二千五百，盡買入官，先令商人以鈔赴解州榷鹽院并池場照對批鑿，方許中賣。已請出鹽，立限告賞。許商人自陳。東南鹽一席貼納錢二千五百；西鹽一席貼納三千，與换公據，立限出賣。罷兩處禁榷官賣，其提舉司出賣鹽，並依客人貼納價錢充買舊鈔支用，取客人情願對行算。請從省司降篆書鹽席木印樣，委逐州軍雕造，付所差官點檢印記，給與新引。將京西南北、秦鳳河東路、在京開封府界應通商地分，各與官一員。其全席鹽，限十日内經官自陳，點印貼納；委所差官點數，用印號，毁抹舊引，給與新引。其貼納錢許供通抵當。如商人願以舊鈔依估定價折會貼納鹽錢者聽，從便於隨處送納，抹訖封印送制置司。若私鹽衰息，官鹽自可通行。民間請出兩路鹽無慮三十五萬席，比候民間變轉，約須期年。慮緣邊未入新法鹽錢，糧草有闕，乞權於去年折納欠負穀粟計物價借充軍糧，候入到鹽錢，依數撥還。通商州、軍、縣、鎮，歲終委轉運、提點司，各以管下民户多少同者，將繳納商人住賣鹽引多少爲準，比較增虧，依編敕江、淮等路賣鹽酒，比較賞罰。詔除提舉出賣解鹽司官賣地分别降指揮外，及市易司已買鹽，亦依客人例貼納價錢。餘依所定。【略】

沈括《自誌》曰：

先此，陝西鹽利亡其大半，未有以救其弊。括言其爲鹽之蠹者，其説有四：其一，民足於鹽，歲不過三十五萬囊，爲錢二百一十餘萬緡而已。是時乃出鈔三百五十萬緡，鹽有常費而出鈔無藝，此鈔之所以輕也。實用之外，可益二十萬緡，以備水火敗失。以二百萬緡爲歲常，無得加焉，鈔自無低昂。其二，池鹽舊分東、西路，西鹽下東鹽之價囊千錢，欲勝塞外之姦鹽，卒不可止，而徒抑西鹽之價，以傾東鹽之利，西鹽日流於東路，而東鹽益不售，守疆之吏，不能禁也。括請合東、西之價爲一，而省畫疆之吏，兵數百。其三，出鈔委之解鹽司，外司常持損益之柄，不計三司之有無，鈔輕則又出度支錢以斂滯鈔，故中都之藏日虚，而鹽之出者歲溢。括請外司惟謹其出納，而制鈔之本歸之三司。其四，制諸司之鬻鹽者同爲一價，無得低昂以兼商人之利，則歲售有常，而畜鈔可以無弊，而滯錢藏於民者出矣。法雖已具，而鈔之藏於民未有術以斂之，於是閉池無出鹽，而以時價收宿鈔，貸錢八十餘萬緡於少府，以斂滯鈔，而公私之鈔悉上矣。是時鈔爲錢二千五百，滯鈔既上，則爲錢六千，囊有三千五百之羨，藏鈔者過幸。於是發五使分籍公私之鹽，囊輸錢三千，然後得貨民，得羨餘價五百，而斂鈔之貸不失一錢，而鹽利復貫。度支歲糴河北邊粟三百萬緡，悉爲東南鹽鈔，而榷貨務日入鈔之利萬緡以爲常，是時纔得千餘緡。括以其原生於法出於多孔，省、寺羣有司或借鹽鈔而陰用以易百貨，稱貸入息，自制高下之價。民趨一切之利，而度支之鈔益輕。諸道轉運司得用田廬券契質鹽，人不持一錢，摶手以取萬鈞之鹽，豈復賴度支之鈔。又四方上太府錢募民入資，太府執券以受錢於外州，以省轉送之費。此雖爲利，而不知民樂應募，而鈔鹽不售。鹽所以生財，利出於海而無窮，不售則爲朽壤。錢雖未入太府，而藏於外州，其實皆在也。獨費將送而已。閉便錢之路，而專以售鹽爲利者，不知民食鹽有常，而爲鈔歲蔓，則陝西折估之弊，復移於東南，是二法欲相權，當以售鹽爲望，而以便錢調其盈虚，不可以一術御也。三孔既塞，而榷貨萬緡之入，不踰月而復。括《自誌》措置解鹽鈔法，當即是十年二月二十七日《實録》所書者。但《實録》全載吏牘，括《誌》稍文其言耳。三十萬囊，即三十五萬席也。其四説第三説，《實録》乃於元豐二年二月丙辰載之。按：括罷三司使，在熙寧十年七月初九日，括爲三司使，當即行其説，不知何故《實録》就括罷三司使一年後始載此也。《食貨》第五卷：十年，三司言：鹽法之弊，由熙河鈔溢額，故價賤而芻糧貴，又東、西、南三路通商郡邑榷賣官鹽，故商旅不行。今鹽法當改，官賣當罷，請先收舊鈔，印識舊鹽，行加納之法。官盡買舊鈔，其已出鹽，約期聽商人自言，準新價增之，印鹽席，給符驗。東、南舊法，鹽鈔席才三千五百，西鹽鈔席減一千，官盡買，先令解州場院驗商人鈔書之，乃許賣。已請鹽，立限告賞，聽商人自陳。東南鹽席加錢二千五百，西鹽席加三千，爲易舊符，立期令賣。罷兩處禁榷官賣，提舉司賣鹽並用新價錢充買舊鈔，商人願對行算請者聽。官爲印識如法，應通商地各舉官一員，其全席鹽限十日自言，乃令加納錢，爲印識，給新引，聽以舊鈔當加納錢。皆行之，而別定官賣鹽地。詔市易司已買鹽亦加納錢。已上十年二月二十七日。三司言：澶、濮、濟、單、曹、懷州，南京，陽武、酸棗、封邱、考城、東明、白馬、長垣、胙城、韋城九縣，雖使通商，而爲他鹽侵奪，害於商販，請復官賣便。河陽、同華解州、河中、陝府、陳留、雍邱、襄邑、中牟、管城、尉氏、鄢陵、扶溝、太康、咸平、新鄭，試令通商，其入不及官賣者，官復自賣。從之。已上三月十一日。又詔：商鹽入京，悉賣之市易務，每席毋減十千，民鹽皆買之市易，私與商人爲市，許告沒其鹽。已上四月十二日。三司言：皮公弼鹽法，酌前後兩池所支鹽數，歲請以二百三十萬緡爲額。以上四月二十三日。又詔：京師置七場買東南鈔，而市易務言爲錢五十九萬三千餘緡，三司言闕錢，頗還其鈔，令賣之於西，買者其三給錢，其七準緣邊價給新引，庶得民間舊鈔，而新引易於變易。詔用其議。已上四月二十四日。《實録》無。制置解鹽使。皮公弼請復范祥舊法，平市價。詔假三司錢三十萬緡，市鈔於京師。已上六月二十九日。上嘗謂輔臣曰：向以陝西用不足，使市鈔京師，蓋欲權鹽價飛錢於塞下，而出錢五百萬緡不能救其弊也。朝廷措置經始，所當重謹，便國者姑安静以持之。已上元豐二年正月二十六日。先是，解鹽分東西，西鹽賣有分域，又並邊州軍市芻糧給鈔過多，故鈔及鹽甚賤，商旅不行，官價自分爲二。於是三司及制置解鹽司言，鹽價東重而西輕，請令西鹽得自便稍增價如東鹽，以平鈔法，歲可增十二萬緡。因復不分東西，悉廢西鹽約束。解池鹽鈔舊以二百二十萬緡爲額，轉運使皮公弼請增十萬，以助邊糴。至是，又爲二百四十二萬。三司又言，商人已請西鹽，宜令加納錢，使與新法價平。兩議皆行之。已上元豐二年二月十七日。

（宋）李燾《續資治通鑑長編》神宗熙寧十年三月〔丙寅〕三司言：相度及再體問商人，自來出産小鹽及鄰接京東、河北末鹽地分澶、濮、濟、單、曹、懷州，南京及開封府界陽武、酸棗、封邱、考城、東明、白馬、長垣、胙城、韋城九縣，令通商必爲外來及小鹽侵奪，販賣不行。合依舊官自出賣，仍召客人入中外，其河陽、同、華、解州，河中、陝府，及開封府界陳留、雍邱、襄邑、中牟、管城、尉氏、鄢陵、扶溝、太康、咸平、新鄭十一縣，欲且令通商，候逐月繳到客人交引，對比官賣課利不相遠，即立爲定法。若相遠，或趁辦年額不敷，即依舊官賣。從之。本志删潤亦可用，已附注二月二十七日。

先是，張景温提舉賣鹽，八年閏四月十八日。頗增鹽價，民不肯買，則課民日買之，隨其貧富作業爲多少之差；有買賣私鹽者，重賞募人告，以犯人家財充賞；民買官鹽，食不盡留經宿者，同私鹽法。民間騷怨，鹽鈔每席舊直六千，至是才二千有餘，商不入粟，邊儲失備。朝廷疑之，召陝西轉運使皮公弼入議其事，公弼極陳官賣鹽爲不便，詔與三司議之。沈括在三司，雖不能奪公弼議，然王安石方主景温，括希王安石意，乃言若通商則歲失官賣緡錢二十餘萬，雖乞將管城等十一縣并南京、孟、陝、同、華、衛六州府通商，而中書訖不行。此見九年四月二十八日。安石既去位，括始與公弼共言官賣鹽不可不罷，十年二月二十六日。於是詔許孟、陝、同、華、解、河中六州府，陳留等十一縣通商，餘官賣猶如故云。司馬《記聞》載張景温賣鹽事雖多差誤，然不可不入《長編》，今考按前後，刪取附見。大抵官賣鹽事，七年四月二十八日，三司先有相度，中書不行；十年三月十六日，再相度，乃許河陽、同、華、解、河中、陝六州府并陳留等十一縣通商。皮公弼先於二月二十六日言官賣不得不罷，今罷官賣者，但此六州府並十一縣耳，曹、濮、澶、懷、衛、濟、單、南京并陽武等九縣官賣猶如故。【略】

詔：今後客鹽入京，並於市易務中賣，本務依市價收買。雖賤，每席不得減十貫，並畫時支還見錢。其京城內外諸路販賣鹽人，並於本務給印歷請買，願立限賒請者聽。如私自買賣，許人告首，等次給賞，鹽没納入官。《會要》有此，《實録》無之。二月二十八日、四月二十四日當考，本志刪修此段。又詔：商鹽入京，悉賣之市易務，每席無得減十千。民鹽皆買之市易，私與商人爲市許告，没其鹽。

（宋）李燾《續資治通鑑長編》神宗熙寧十年九月　癸亥，以屯田郎中、侍御史周尹提點荆湖北路刑獄。先是，尹上言：成都府路置場榷買諸州茶，盡以入官，最爲公私之害。初，李杞倡行敝法，奪民利未甚多，故爲患稍淺，及劉佐攘代其任，增息錢至倍，無他方術，惟割剥於下，而人不聊生矣。大抵在蜀則園户所苦，壓其斤兩，支錢侵其價直；在熙、秦州則官價太高，而民間犯法不可禁止，又搬運不逮，糜費步乘，堆積日久，風雨損爛，棄置道左，同於糞壤。兼所至不通客旅，惟資無賴小民結連羣黨，持仗私販，虧失征税。茶司認虚額，又侵盜相繼，刑罰日滋，致數千里之害，可爲深慮。臣頃在京師，傳聞其事，既未詳盡，安敢輕議。今受命入蜀，所至體問，乃知買茶爲害甚鉅，有知彭州吕陶、知蜀州吴師孟等論奏可以參驗。往者，杞、佐繼陳苛法，即信用其言，曾不略加參考。今議者條其刓蠹，悉皆明白，未即采聽，何勇於興利而怯於除害乎。臣願敕有司速究榷茶之弊，俯徇衆論，寬西南之慮。

又曰：竊詳朝廷之意，未欲遽罷茶禁者，必以熙河路買馬年計，茶最爲急耳。但通商之後，舊來諸路茶税，年額錢總二十九萬餘緡，先已復故，即可委諸路轉運司一面管認赴熙河路外，有見今官茶，所在州縣堆積極多，足支數年買馬，自今商旅販秦州，熙河路茶，必能有備。臣體問廢罷改革事，皆商旅所願，望速下本路逐處根究，臣之所陳有實，即乞罷榷茶之法，許通商買賣，以安遠方。尹還，未至都而有是命。

（宋）李燾《續資治通鑑長編》神宗元豐二年七月　〔庚辰〕經制熙河路邊防財用李憲言：盧甘、丁吴、于闐、西蕃，舊以麝香、水銀、朱砂、牛黄、真珠、生金、犀玉、珊瑚、茸褐、駝褐、三雅褐、花蘂布、兠羅綿、硇砂、阿魏、木香、安息香、黄連、犛牛尾、狨毛、羚羊角、竹牛角、紅緑皮交市，而博買牙人與蕃部私交易，由小路入秦州，避免商税打撲。乞詔秦熙河岷州、通遠軍五市易務，募博買牙人，引致蕃貨赴市易務中賣，如敢私市，許人告，每估錢一千，官給賞錢二千，如此則招來遠人，可以牢籠遺利，資助邊計。從之。

（宋）李燾《續資治通鑑長編》哲宗元祐元年三月　〔乙酉〕户部言：臣僚上言乞罷榷酤之禁。本部看詳，元豐令即無榷禁之文，欲乞約束申明行下。從之。

（宋）李燾《續資治通鑑長編》哲宗元祐三年三月　〔乙丑〕户部狀：朝請郎、金部員外郎范鍔同京東路轉運司奏：準朝旨，前去京東路計會轉運司同共相度密州市舶，保明聞奏。詢訪得本鎮自來廣南、福建、淮、浙商旅乘海船販到香藥諸雜税物，乃至京東、河北、河東等路商客般運見錢、絲綿、綾絹往來交易，買賣極爲繁盛。然海商之來，凡乳香、犀、象、珍寶之物，雖於法一切禁榷，緣小人逐利，梯山航海，巧計百端，必不能無欺隱透漏之弊。積弊既久，而嚴刑重賞所不能禁者，亦其勢然也。故上下議論，皆以爲與其禁榷，用幸隱匿，歸之於私室，莫若公然設法招誘，俾樂輸於官司，則公私兩便。試言其略：一者，板橋市舶之法，使他日就緒，則海外之物積於府庫者，必倍多於明、杭二州。何則。

明，杭貿易止於一路，而板橋有西北數路商賈之交易，其絲綿、縑帛又蕃商所欲之貨，此南北之所以交馳而奔輳者，從可知矣。二者，商舶通行，既無冒禁枉陷刑辟之苦，而其貲財亦免有籍没窮悴之憂。非特此也，凡所至郡縣，場務課額必大增羨。三省每歲市舶抽買物貨及諸蕃珍寶應上供者，即無數千里道途輦運之費，江、淮風水沈溺之虞。其本鎮變轉有餘者，亦可以就便移撥於他路，擘畫發洩，或充折支賞給之用。凡此皆利源所出，莫非自然，無所侵擾，實爲經久百世之利。今相度板橋鎮委堪興置市舶司。户部勘當欲依范鍔等奏。從之，改板橋鎮爲膠西縣，軍額以臨海軍爲名。

（宋）李燾《續資治通鑑長編》哲宗元祐六年九月〔甲寅〕江、淮等路轉運司言：諸路準備鹽，昨準元祐元年九月朝旨，立定荆湖、江南，蘄、黄、廬、壽、光、舒州，比元條減下外作一年至二年，及宿、亳、滁、和、真、揚、濠、泗州，無爲軍，通、泰、楚、海州作半年至一年。近爲諸路減價賣鹽數多，有詔添復年分，遂致積壓不便，乞依元祐元年九月朝旨。從之。

《遼史》卷二二《道宗紀》〔清寧九年春正月〕辛未，禁民鬻銅。

《遼史》卷二二《道宗紀》〔清寧十年冬十月〕戊午，禁民私刊印文字。

《明會典》卷三七《户部·課程》凡引由，洪武初議定：官給茶引付産茶府州縣。凡商人買茶，具數赴官納錢給引，方許出境貨賣，每引照茶一百斤。茶不及引者，謂之畸零，别置由帖付之，仍量地遠近，定以程限，於經過地方執照。若茶無由引及茶引相離者，聽人告捕。其有茶引不相當或有餘茶者，並聽拏問。賣茶畢，即以原給引由赴住賣官司告繳，該府州縣俱各委官一員管理。

《清實録》雍正七年五月〔辛酉〕兵部議覆：浙江總督李衛疏言：内地商民船隻，向例禁止出洋，嗣因閩省産米不敷食用，准督臣高其倬奏，令該省與南洋貿易，他省仍行禁止。

《清實録》乾隆十年九月〔壬午〕户部議准貴州總督兼管巡撫事張廣泗疏稱：湖南郴、桂二廠，每年所出鉛，除該省鼓鑄外，尚餘商鉛。請照湖南布政使長柱原議，自乾隆十年爲始，每年在郴、桂二廠，收買白鉛十萬觔、黑鉛二十萬觔運京。其黔省上下兩運，每次減辦白鉛五萬觔、黑鉛十萬觔，俾威寧一路，既得從容辦理，而餘出馱脚亦可雇給滇省運銅。從之。

《清實録》道光九年三月〔丁巳〕又諭：成格奏請酌量開採煤窑一摺。前據松筠奏：熱河所屬各處，煤薪昂貴，請將封禁之小冰溝等處仍准開採。當經降旨交成格體察情形具奏。兹據查明：該處柴薪愈伐愈少。舊時開採各窑，多因水旺煤盡，報明停止。若封閉處所，不予弛禁，恐樵採更形缺乏，殊於生計有關。惟概准開採，稽察亦屬難周。自應酌量妥爲辦理。著照所請，准其將産煤最旺、距縣甚近之建昌縣屬小冰溝，及距縣數十里之豐寧縣屬四道溝、赤峰縣屬柳條子溝、朝陽縣屬大楊樹溝均著招商試採，勒限半年，如果煤旺窑成，再行領帖輸課。該都統務當嚴飭各該地方官，隨時認真稽查彈壓，毋許匪徒溷迹滋事，並不准以煤綫透露爲詞，紛紛報採，藉端影射，總期於蒙古民人生計有裨，而於地方亦不致滋擾，方爲妥善。該部知道。

（清）徐松《宋會要輯稿·食貨二〇·榷醋》太宗太平興國七年三月，三司言：韶州酒務所收糟，先許民間買以造醋。昨因天長軍禁止不賣，而諸處積壓極多，請依元勅出賣，其餘羨者令務内自醋酤。從之。

真宗大中祥符六年十二月二十四日，詔許民間市官酵，置坊鬻醋。

仁宗天聖四年七月，三司言：陝府西轉運司狀：永興軍秦坊等州，自來只令人户買糟造醋沽賣，各獲厚利入己。已牒逐州軍差官截曰：官自置務醖造沽賣，候收到課利，别具供申。宰臣王曾等奏：榷酤之法，起自前代，已是曲取民利，蓋以軍國贍用，經費至廣，未能除去。今復醖醋，尤更瑣細。欲只令永興軍秦坊州召人買撲酤賣，并其餘州軍，並不得官置醋坊。帝曰：此事尤可行，速與指揮。崇寧二年，知漣水軍錢景允言建立學舍，請以承買醋方錢給用。詔常平司計其無害公費，乃如所請，仍令他路准行之。

（清）徐松《宋會要輯稿·食貨三二·茶鹽雜録》〔政和五年十二月二日詔〕以淮南提舉鹽香茶礬司奏：本縣有程益等公然興販私茶，殺傷捕人韓十等三人，海運躬親追獲益等九人。兼海運任内，獲私茶七千餘斤，顯是究心，委有勞效。故有是命。

（清）徐松《宋會要輯稿·食貨三二·茶鹽雜録》〔宣和三年〕十月四日，大理寺參詳：園户輒賣茶與無引人，及雖有引人而過數及買之者，既杖，罪不以赦降原減，其徒以上罪，舉輕明重，自合依元降御筆，不以赦降原減。所有諸條内該載依私茶法，本條既無不赦之文，即合從本條定斷。其買賣私茶牙人、鋪户私販之罪輕，並合依御筆斷遣，不以赦原等。從之。

（清）徐松《宋會要輯稿·食貨三二·茶鹽雜録》〔宣和六年〕九月一日，詔：都茶場隸屬應奉司外，其專一按治諸路違戾，可疾速行下諸路提舉茶事官，仰躬親巡歷，嚴切戒飭州縣遵奉成法，禁戢私茶，杜絶姦弊。應商賈陳訴及理索欠負等事，並依條盡理施行，不得少有抑遏。違戾州縣具名按劾，當議重行黜責，都茶場常切覺察以聞。仍檢會宣和二年七月二十七日指揮申嚴行下，及令都茶場出榜曉諭。

（清）龍文彬《明會要》卷五五《食貨·錢禁》 太祖初即位，嚴私鑄之禁。《通典》。

洪武六年，禁民間私鑄銅錢。《世法録》。

正統十三年五月，從御史蔡愈濟言，詔：交易用錢者，以阻鈔論，追一萬貫，全家戍邊。後至天順中，乃弛其禁。《三編》。

成化十七年，令京師内外止許行歷代及洪武、永樂、宣德舊錢，不得以私造新錢攙入，阻壞錢法。如違，依律治罪。《世法録》。

正德三年，申私鑄之禁。《食貨志》。

嘉靖六年，户部請申明禁約，若有藏蓄私鑄小錢，許赴所在官司出首，照鉛錫價給與官銀仍免其罪。違者，照私鑄例究治。

二十八年，嚴私鑄假錢及商賈販解之禁。

三十二年，題准：錢法行使，悉依歷代年號，咸得通行。有銷新舊錢及以銅造像製器者，罪比盜鑄。

四十三年，以私鑄盛行，錢法阻滯，令内外各衙門嚴加訪治。寶源局匠役人等，侵料減工，致輕小濫惡不堪行使者，送法司從重問罪。已上《世法録》。

崇禎十六年十一月十七日，諭：疏通錢法，本欲足國便民。近聞賤濫愈甚，小民反成苦累。皆由經管官通未遵行，姑免察究。再行申飭：將一切低假薄小之錢，概禁行用。五城御史仍遵旨收買，勒限十日内一奏。其京城所有錢桌、錢市，著廠衛五城衙門嚴行禁飭巡緝。《春明夢餘録》。

《名公書判清明集》卷九《户婚門·時官販生口礙法》 見任官買販生口，尤法禁之所不許，黄友押下供。女使三名，責付官牙尋買。據黄友供，呈奉臺判：爲時官而買販生口，固爲礙法，爲本縣市民之女，於法可乎。黄友勘杖一百，押出本路界。其女子三名押下縣，請知縣唤上親屬分付，逐一取領狀申。縣尉不守條令，雇買部民之女，合行按奏，先具析，限一日申。仍請本縣追上潘牙人、程牙婆兩名，各從杖八十訖，申。

（明）蘇茂相《新鐫官板律例臨民寶鏡》卷九《雜犯類審語·私鹽》 審得鹽丁夾帶私鹽出場，則例應問徒。貧民肩挑易米，則例原宥。陳弘五鹽丁也，則私鹽出場矣。鹽止八十斤，則肩挑易米矣。從原宥之例則疑於輕，從問徒之律則過於刻。酌輕重之中，合行杖儆，仍枷號一個月，以爲私鹽之戒。其鹽並入官。其下劉鋪鋪甲挨當。着巡司查見在人户，逐一開報，送縣給册，以次輪當，均其勞逸。

（明）顔俊彦《盟水齋存牘》卷一《私鹽黄奕源等誣捏祁敬修一徒五杖》 審得監生祁敬修鹽船之被劫海面也，據稱三月二十五日被劫，而四月初九日鍾德明等於河下識認李相之船是海面行劫之船，纏獲黄奕源、李彦猷、張二酉、李文綱四人寄監鹽司。夫既於海面行劫，復泊原船河下待認，恐無是理。況二十五至初九爲時非久，行緝正嚴，而以行劫之船儼然河畔，惟恐其不我認，此不待其言之畢而已知誕妄之極也。據稱鍾德明識認，呼而問之，不能置一語，及稍稍聲色而即以德明替身對，則所稱德明者，又不知果有是人否也，大可捧腹。鹽引包數問祁監生，方知范經歷之回文，已隱隱逗漏替身光景。如此構局，敬修所爲不纏送之府縣而寄監於鹽司，有自來矣。至黄奕源者，據稱憑水客張昌告票納餉，賣鹽爲生，而面質張昌，稱去年曾拉同夥，目前之鹽昌絶不認，則本府前所驗之鹽皆私鹽也。現河下未見接濟實迹，以私鹽律配之乃得其平。李彦猷、張二酉、李文綱係奕源僱其駕船之人，應從杖治，其餘株連，摘發寧家，以免詐累。祁敬修憑空架捏，致監斃李蘭泉、徐亞興二命，法應重擬。念其被劫有因，姑予一杖，並杖其所謂鍾德明者。水客馮材等受賄冒結，杖材一人，以儆其餘。招詳。

海道轉詳。

軍門王批：如擬，黄奕源發平山驛擺站，滿放，祁敬修等各杖。餘如照，取庫收收管繳。

（明）顔俊彦《盟水齋存牘》卷一《私鹽陳起教等一徒三改杖》 審得單妙元以商人親自捕鹽二百一十七斤，連犯一名，陳起教人鹽並獲，按律坐罪，教有何辭。唯馮麗賓原非現犯，係教在典史衙所板，若馮聯英、馮兆熊、馮佑經、馮寅東四犯，據在當時打奪人犯之數，不思既有二十餘徒可以拒傷，又何難强阻人鹽而得容商人執之解管也。既可以獲解則拒捕之情難憑，況私鹽止理見獲。今陳起教外，株連五徒已斃其一，麗賓情出展扳，例得不究，其餘三犯亦非現獲，應從末減，俱各加責，擬杖示儆。招詳。

鹽法道批：陳起教艇載私鹽，人贓並獲，一配何辭。馮兆熊、馮佑經、馮寅東既非現獲，改杖非縱。各依擬陳起教發鳳城驛擺站，滿日釋放，私鹽入官。餘如照，庫收收管繳。

（明）顔俊彦《盟水齋存牘》卷一《違禁私採金汝亨等軍》 審得開採一事，煽聚姦宄，流毒地方，利未涓滴，害且江河。聖天子下燭蔀隱，遠及荒徼，屢奉明綸，盡行停止，凡在血氣，莫不歡呼。何物異棍金汝亨，匿隔年之部檄，盤踞地方，令旗虎牌，招集亡賴，各邑震驚，人情洶湧，當事地方者，無不切剥膚之慮，乃復敢呈身布政司，自稱守備真視明旨如弁髦，狎官府如兒戲矣。其依草附木，實繁有徒，今已作驚禽駭鹿，不能盡冒而致之。若陳通者，乃此唱彼和之尤也，此輩不重懲之，將來何所底止。據本犯呶呶稱奉部文，而出部文於今日，部文爲重乎？明旨爲重乎？海外波臣將奉部文之爲是乎？將奉明旨之爲是乎？況所爲部文者，又不知如何朦朧而來也。據文硐石五千六百擔，堆貯陽山、英德等縣，地方府縣未嘗與聞，何人奉行採取。違禁私採，顯迹昭然。除行文該縣查明另報外，金汝亨、陳通應以盗掘礦砂條例，發邊遠充軍，以信明旨，以靖地方，庶足稍寒姦人之膽，而解嘯聚之徒耳。招詳。

布政司及南韶道批府覆審。

（明）顔俊彦《盟水齋存牘》卷二《私錫奸徒文大成二杖》　審得私錫有禁，哨官捕獲，固其職也。文大成販錫至石龍海面，被哨官兵黄璘等盤獲隨解按察司批府究審，而大成遂以劫盗上控。夫哨兵獲貨侵匿，情不能無。而大成添告多贜，挾仇反噬，亦已甚矣。然大成既不能無罪，則哨兵不可謂非功，姑將文大成以不應擬杖，貨物照匿税以一半入官。黄璘獲錫雖即解官，不無少有隱匿，已經該縣追給外，並以杖警。若大成之兄，身爲職官，縱弟貿易，任所雖衛幕閒散，得無以左右望乎。姑免深求，招詳候奪。

詳蒙海道批：文大成之匿税，黄璘之匿贜，各杖俱有餘辜。仰候兩院詳示行繳。

軍門批：依擬贖發，文必顯姑免究。餘照行，庫收繳。

（明）顔俊彦《盟水齋存牘》卷三《私鹽盧裔成等二徒八杖》　審得國家鹽禁甚嚴，若使鄉紳可以給批，公家鹽引何所用之，并鹽憲可以無設矣。甚矣，此中之有天無日也。爲首盧裔成、袁良二名主謀興販，配有餘辜，餘犯張二等，審係傭工，均杖而遣之。批帖現追附卷，鹽一萬四千零九十五斤入官，更請批示。優奬該巡司，以爲不避豪强者之勸。具繇解。

鹽法道審批：仰廳嚴究招報。鄭舜樂緝獲有功，並議奬賞，繳。

覆審得盧裔成、袁良等，敢於私給批劄，公行興販，真目中不知有三尺矣。分别徒杖，猶不盡辜。該巡司鄭舜樂，不避豪强，不貪賄囑，緝獲遵解，此輩有如許人，亦可稱不碌碌者，應以所獲鹽十分之三賞給之，使轉賚兵役，庶可示鼓舞，而聞風者知勸耳。招詳。

鹽法道批：盧裔成、袁良合夥興販，影射宦勢，擅給示帖，船至雙桅，鹽至萬餘，非該廳破柱究詰，此輩安得而問之。徒没允當。張亞二等，審係工人，决之非縱。鄭巡簡緝獲有功，給賞獲鹽十之三，各依擬，餘如照，領狀庫收繳。

（明）顔俊彦《盟水齋存牘》卷三《搬匿私錫鄒以行等杖》　審得薛興周兄岐周，販錫射利而不經報税，則私錫也。私貨入官，自有明例，豈餘人所得問。而鄒以行恃其子衿，攘臂搬運。據店主、地方俱稱：錫有六十一塊，今止二十塊在庫，非鄒以行，其誰匿之。孫夢麟與鄒以行同惡相濟，興周執其同在搬運，而夢麟稱索逋於以行，一時凑會，語竊而態露矣。總之，以行實爲戎首，夢麟從而和之。以行應從褫革擬杖，以爲敗群之戒。夢麟或量行降青，開其自新之路。其原錫應行該縣於以行名下追足，一半入官，一半給主。岐周已故，不可復問。興周架殺兄爲詞，杖不可已。招詳。

提學道批：鄒以行乘商私販，横肆攘匿。孫夢麟慫恿附和，褫革降青，允當其辜。原錫入官給主，俱如照行。鄒以行、薛興周依擬杖贖，庫收領狀繳。

（清）倪望重《諸暨諭民紀要》卷二《正堂倪二任·蔣鴻藻等禀控何起周等違禁藥魚由》　堂諭：訊得蔣鴻藻等禀控何起周等違禁藥魚一案，查白塔湖一河，本屬官河，往年經該處紳耆公禁藥魚，禀請明白，示禁在案。本年八月間，何雨金經過河上，適何起周在河藥魚，因而向阻，投衆議罰不依，以致互控。兹集庭訊，據何起周等供稱，係在小匯頭河内網魚，並無藥魚情事。即使屬實，但不納税，亦豈可公然網魚。况何起周身充地保，理應協同紳士禁人爲非，乃竟自犯藥魚之咎，可惡殊深。即著笞責荷枷，以昭炯戒。何福堂從中幫護，亦予責懲。除已重申示禁外，斷令嗣後照示遵行，不得違犯。各取甘結完案。此諭。

雜録

（宋）蘇轍《龍川略志》卷五《王子淵為轉運以賤價收私販乳香》

熙寧中，王子淵爲京東轉運判官，知密州海舶多私販乳香，即明召舶客入官中，以賤價收之，自以爲奇，言於朝廷。中書户房檢正官向宗儒得之，喜曰：此法所禁，子淵爲監司，知人犯法不能禁，而出錢買之，此罪人也。子淵既得罪，香皆没官，一時以爲奇策。元祐初，販香者訴之朝廷，令户部支還七分錢，議者以爲過猶不及也。有傅永亮者，自言嘗入香於官，今二券具在，然皆非其本名。詰其故，曰：皆家人耳。問其所在，及其親屬之在亡，皆曰：亡之。予笑曰：安知此非姦人乎。尚書李常、郎中趙偁皆曰：此大商，家業數萬緡，安得爲姦乎。予曰：爲姦不問貧富。此事蓋有三説而已：永亮實曾入香，今無以自明，一也；得闌遺文書以欺官，二也；殺此二人而得其書，三也。三説皆不可知，而妄以錢與之，本部吏必大有所受，不可。李、趙皆曰：永亮泉人，可符下實其家財。予曰：永亮之可疑，非爲貧也。二人固争之，予不得已從之。及泉申部，家財止百餘千。予笑曰：今當如何。二人猶執欲予。會韓師朴爲户部，乃止。然永亮竟訴都省，都省與之。時予已去户部矣。

（宋）李心傳《建炎以來朝野雜記甲集》卷一四《總論國朝鹽筴》

國朝鹽筴，舊有三路。解鹽行於關中，東北鹽行於東、西、畿甸，東南鹽行於江、淮。東南鹽者，通、泰煎鹽也，舊爲江、湖六路漕計。蔡京爲政，始行鈔法，取其錢以贍中都。自是淮、浙之鹽，則官給亭户本錢，諸州置倉，許商人買鈔算請。閩、廣鹽則官般官賣，以助歲計。其後亦行鈔法，然罷復不常。舊淮鹽息錢，歲八百餘萬緡，紹興初纔三十五萬緡而已。以後朝廷益修其政，至紹興末年，東南歲産鹽二萬七千八百六十萬斤。浙西路臨安、平江、嘉興三府，凡一百十三萬七千一百四十五石六斗七升七勺。淮東路通、浙東路紹興、慶元府、温、台州，凡八十四萬八千二百八十三石九升二勺。泰、楚三州，凡二百六十八萬三千七百十一石六斗二升五合。廣東路廣、惠、南恩州，凡二十三萬一千六百六十石三斗四升。廣西路廉、高、欽、化、雷五州，凡二十三萬一千六百八十九石。福建路福、泉、漳三州，興化軍，凡一千六百五十六萬九千四百十五斤十三兩五錢。自福建外，每五十斤爲一石，淮、浙鹽六石爲一袋，鈔錢十有八千。紹興四年正月，增三千。九月以入納遲，遂罷之。今六路二十二州，通收息錢約一千九百二十餘萬。紹興中，東南産鹽，每年二萬七千三百七萬餘斤。

（宋）李心傳《建炎以來朝野雜記甲集》卷一四《淮浙鹽》　淮、浙鹽額最多者，泰州歲産鹽一百六十一萬石，嘉興八十一萬石，通州七十八萬石，慶元三十九萬石。淮、浙鹽一場十竈，每竈晝夜煎鹽六盤，一盤三百斤，遇雨則停。淳熙末，議者謂總轄、甲頭權制亭竈，兜請本錢，恣行刻剥，懼其赴愬，縱令私煎，且如一日雨，乃妄作三日申，若一季之間十日雨，則一場私煎三十六萬斤矣。而又有所謂鑊子鹽，亭户小火，一竈之下，無慮二十家，家皆有鑊，一家通夜必煎兩鑊，得鹽六十斤，十竈二百家，以一季計之，則鑊子鹽又百餘萬斤矣。一場之數如此，則諸路可知也。十三年九月己未，遂罷總轄，令亭户自請本錢焉。

（宋）李心傳《建炎以來朝野雜記甲集》卷一四《廣鹽》　廣鹽舊從官賣，建炎四年春，以淮鹽道不通，户部侍郎葉份乞通閩、廣鹽於諸路。蓋高宗以錫賚既少，懼傷民力，故裁損其數云。

（宋）李心傳《建炎以來朝野雜記甲集》卷一四《蜀茶》　蜀茶舊無榷禁，熙寧間始令官買官賣，置提舉司以專榷收之政。其始，歲課三十萬，李稷爲提舉，增至五十萬緡。其後，歲益多，至百萬緡。久之，不能敷其數，而蜀人以爲病。建炎初，趙應祥爲成都漕司，上言：榷茶、買馬五害，請用嘉祐故事，盡罷榷茶，仍令漕司買馬。或未能然，亦當痛減額以蘇園户，輕立價以惠行商，如此則私販衰而盜賊息矣。朝廷然之，擢應祥同主管川、陝茶馬。二年十一月，應祥至官，遂大更茶法，官買官賣並罷，倣蔡京都茶場法，印給茶引，使商人即園户市茶，置合同場以稽其出入，重私商之禁。其法，每斤引錢，春七十，夏五十，市利、頭子在外。所過徵一錢，住徵一錢五分，每百斤增十斤勿算。自後引息錢乃復至一百五萬緡。紹興後，提舉官又旋增引錢。至十四年，每引收十二道三百文，比應祥初立法又增一倍。於是茶司一年遂收二百萬，而買馬之數復不加多，故當此時，茶馬司之富，甲於天下。時以其歲賸者上供，他司不敢問也。自乾道末，青羌作亂，茶司爲之增長細馬名色等錢，歲約三十萬。淳熙六年以後，又累減園户重額錢，歲約十六萬。其四年，李正之爲提舉，以茶課稽滯，爲減引息錢十六萬。至紹熙初，楊嗣勳爲使，遂定以爲例焉。紹熙元年減。今成都府、利州路二十三處茶場，歲産二千一百二萬斤，一千六百十七萬，係成都府路九州軍凡二十場。四百八十四萬，係利州路二州三場。通博馬物帛，歲收錢約二百四十九萬三千餘緡。川茶司歲收一百七十八萬有奇，秦茶司歲收十八萬有奇，川、秦兩馬司歲收諸州博馬物帛並雜貨，收錢共五十二萬有奇。朝廷歲撥共一百十三萬緡，隸總領所贍軍。宣撫司先取撥四十萬，紹興二十五年七月，裕民所又增撥七十三萬。然茶馬司率多難之。乾道以後，歲撥或止一、二十萬緡，至淳熙十一年，遂以五十萬緡爲準，蓋茶司自言歲用二百四十六萬餘緡以支，比收止有賸錢二萬餘緡故也。然川、秦八場額市馬萬二千九百九十四匹，而比歲所市未嘗及焉，則其言蓋未足憑，而歲賸之緡可以坐計矣。自熙、豐以來，茶市官權出諸司之上。淳熙十四年，議者請令制置司檢點。奏可。後亦不果行。舊博馬皆以麤茶，乾道末，趙彦博爲提舉，始以細茶遺之。今雅州徼外夷人亦有即山種茶者，由是綱茶遂爲夷人所賤。然蜀茶之細者，其品視南方已下，惟廣漢之趙坡，合州之水南，峨眉之白芽，雅安之蒙頂，土人亦自珍之，但所産甚微，非江、建之比也。

（宋）李心傳《建炎以來朝野雜記甲集》卷一四《夔州茶》　夔路自祖宗以來不榷茶，政和中，有司請賣引，議者以民夷不便，罷之。紹興中，韓球美成同提舉茶馬，始榷忠、達州茶，即渠、合、廣安置合同場，歲收以八萬斤爲額，然商人以利薄不通，但以引錢敷民間耳。民甚苦之。二十七年冬，忠守董時敏以爲言，事下茶馬司。時許覺民侍郎爲主管官，不肯蠲，乃止。後三年，王瞻叔以漕副攝事，遂除之。先是美成在茶司，盡取園户加饒之茶爲正額，有一場而增至二十萬斤者。韓以十七年十二月領茶事，十九年五月移夔。民知輸官不補所得，於是起爲私販。二十六年六月，秘書省正字張震真甫以爲言，遂命茶司裁損，今茶場每百斤加饒率過半，若茶官稍加裁抑，則商販者遂轉而之他，宜量減引錢，而禁其搭帶，又因地之遠近不同，而稍低昂之，庶幾乎其可矣。

（宋）李心傳《建炎以來朝野雜記甲集》卷一四《東南酒課》　東南酒課之入，自祖宗時悉以留州。慶曆二年秋，祠部員外郎王琪始請增價，以其錢上京。自後提舉常平司、經制司、發運司各因事增添，然多不過每斤增七八錢，少止一、二錢而止。建炎四年冬，每斤始驟增錢二十四，謂之軍期錢。自是總制司、都督府又遞增之。迄紹興六年春，浙路出煮酒，每升共增一百十五錢，而官始困矣。時煮酒每升百三十錢爲率，然則祖宗時每升十五錢。其坊場課利者，自開寶九年冬，詔承買以三年爲限，仍戒當職官吏毋得信任小民，一時貪利，妄增課額。此祖宗之仁政也。大中祥符元年春，始有實封投狀給賣價高之令，而民亦困矣。熙寧以後，坊場錢又盡入常平司。紹興元年，又命概增五分輸户部。二十七年後，其敗闕者復弛之，惟長沙一城無酒禁，蓋劇盗馬友爲税酒之法，人便安之，故不復改也。舊兩浙坊場有一千二百二十四所，每歲收净利錢八十四萬緡，至是合江、浙、荆湖人户撲買坊場才一百二十七萬緡而已，蓋敗闕者衆故也。是時行在户部贍軍，東、南、中三庫殿司所獻酒坊七十五所，歲收息錢亦有一百三十萬緡，諸路酒課約有五百餘萬緡，蓋自軍興諸帥擅榷酤之利，朝廷所仰者茶鹽耳。紹興二十六年正月，始詔諸軍撲買場務，令常平司拘收，城郭酒店令總領所拘收。三十一年二月，楊存中罷殿巖，趙密代爲帥，又上軍中及私家所買酒坊於户部，由是縣官始得以佐經費。至乾道間，行在七酒庫日售錢萬緡，每歲收本錢一百四十萬，息錢一百六十萬，麴錢二萬，而歲額之外，羨餘獻於内帑者，又二十萬，其後加增至五十萬緡，遂爲定數云。

（宋）李心傳《建炎以來朝野雜記甲集》卷一四《四川酒課》　四川酒課，在建炎中，合官民之入，總爲緡錢百四十萬。三年十月，張魏公爲宣撫使，承制以趙應祥總領財賦。應祥言蜀民已困，惟榷酒尚有贏餘，遂大變酒法，自成都始。令罷公帑賣供給酒，即舊撲買坊場所置隔釀，設官主之。民願釀者，米一斛輸錢三千。明年，遂偏四路行其法。於是歲課遞增至六百九十餘萬緡。凡官隔槽四百所，私場店不與焉。然法之始行，聽民就務分槽醞賣，官計所入之米而收其課。行之既久，醞賣虧欠，則責入米之家認定月額，不復覈其米而第取其錢，民始以爲病。二十六年二月，知榮州安仁費廷直夫入對，爲上言之。上謂輔臣曰：此張浚、趙開以軍興財匱，濟一時之急耳。今休兵既久，内外無事，自當更也。遂命總漕司措置。時湯侍郎允恭總計言：若改爲官監，應用米本至多，無從應副。王瞻叔爲潼川漕，獨請罷三州官監，隔槽二百三十餘務許撲買，省官吏冗食以便民。明年，詔許之。其後撲買又改爲官監。今四川酒課累減之餘，猶爲緡錢四百一十餘萬。

（宋）李心傳《建炎以來朝野雜記甲集》卷一四《夔路酒》 夔路自祖宗以來亦不榷酒，趙應祥爲大漕，建炎四年始榷之。舊一路場店一百四十餘所，應祥增爲六百餘所，歲收錢四萬二千九百餘引。紹興十五年，鄭亨仲爲宣撫副使，奏除之。

（宋）羅大經《鶴林玉露乙編》卷五《鬻祠廟》 荆公行新法，鬻坊場河渡，司農又請並祠廟鬻之。官既得錢，聽民爲賈區，廟中穢雜喧踐，無所不至。張安道知南京，上疏言：宋王業所基也，而以火德王。閼伯封於商丘，以主大火，微子爲宋始封，此二祠者，獨不可免於鬻乎。神考覽之震怒，批曰：慢神辱國，無甚於斯。於是天下祠廟皆得免鬻。近時豫章嘗於孺子亭賣酒，劉濳夫題詩云：孺子亭前插酒旗，游人那解薦江蘺。白鷗欲下還飛起，曾見當年解榻時。帥聞之，亟令住賣。嘉定間，臨安西湖上三賢堂亦賣酒，太學士人題詩云：和靖東坡白樂天，幾年秋菊薦寒泉。如今往事都休問，且爲官司趁酒錢。府尹聞之，亦愧而止。

財産取得部

賜贈分部

論說

《孟子・公孫丑下》陳臻問曰：前日於齊，王餽兼金一百而不受；於宋，餽七十鎰而受；於薛，餽五十鎰而受。前日之不受是，則今日之受非也；今日之受是，則前日之不受非也。夫子必居一於此矣。

《春秋左傳正義・莊公十八年》十八年，春，虢公、晉侯朝王，王饗醴，命之宥。皆賜玉五瑴，馬三匹。非禮也。王命諸侯，名位不同，禮亦異數，不以禮假人。

《春秋穀梁傳注疏・昭公八年》秋，蒐于紅。正也。因蒐狩以習用武事，禮之大者也。艾蘭以爲防，置旃以爲轅門，以葛覆質以爲槷，流旁握，御轚者不得入。車軌塵，馬候蹄，揜禽旅，御者不失其馳，然後射者能中。過防弗逐，不從奔之道也。面傷不獻，不成禽不獻。禽雖多，天子取三十焉，其餘與士衆，以習射於射宮。射而中，田不得禽，則得禽。田得禽而射不中，則不得禽。是以知古之貴仁義，而賤勇力也。

《春秋公羊傳注疏・隱公元年》秋，七月，天王使宰咺來歸惠公仲子之賵。【略】惠公者何？隱之考也。仲子者何？桓之母也。何以不稱夫人？桓未君也。賵者何？喪事有賵。賵者，蓋以馬，以乘馬束帛。此道周制也。以馬者，謂士不備四也。《禮・既夕》曰：公，賵玄纁束帛兩馬是也。乘馬者，謂大夫以上備四也。禮，大夫以上至天子皆乘四馬，所以通四方也。天子馬曰龍，高七尺以上；諸侯曰馬，高六尺以上；卿大夫、士曰駒，高五尺以上。束帛，謂玄三纁二，玄三法天，纁二法地，因取足以共事。【略】車馬曰賵，貨財曰賻，衣被曰襚。【略】然則何言爾？成公意也。其言來何，不及事也。其言惠公仲子何？兼之。兼之，非禮也。何以不言及仲子？仲子，微也。

（唐）白居易《白居易集》卷五九《奏狀・臘日謝恩賜口蠟狀》右，今日蒙恩，賜臣等前件口蠟及紅雪澡豆等，仍以時寒，特加慰問者。伏以時逢臘節，候屬祁寒，豈意聖慈，不忘微賤，念嚴凝而加之煦嫗，慮皸瘃而潤以脂膏。喜氣動中，歡容發外。挾纊之恩所勉，和則體舒；不龜之澤既霑，感而手舞。臣等省躬懷愧，因物諭情。豈止飲德瑩心，唯驚寵賜，必擬澡身勵節，以答鴻私，感躍之誠，倍萬恒品。謹具奏聞。謹奏。

（唐）白居易《白居易集》卷五九《奏狀・謝清明日賜新火狀》右，今日高品官唐國珍就宅宣旨，賜臣新火者。伏以節過藏煙，時當改火，助和氣以發滯，表皇明而燭幽。臣顧以賤微，荷茲榮耀，就賜而照臨第宅，聚觀而光動里閭。降實自天，非因榆柳之燧；仰之如日，空傾葵藿之心。徒奉恩輝，豈勝欣戴！

（唐）白居易《白居易集》卷五九《奏狀・謝恩賜冰狀》右，今日奉宣旨，賜臣等冰者，伏以頒冰之儀，朝廷盛典；以其非常之物，用表特異之恩。況春羔之薦時，始因風出；當夏蟲之疑日，忽自天來。煩暑迎消，凉飆隨至，受此殊賜，臣何以堪？欣駭慚惶，若無所措。但飲之慄慄，常傾受命之心；捧之兢兢，永懷履薄之戒。以斯惕厲，用答皇慈。謹奉狀陳謝以聞。

（唐）白居易《白居易集》卷五九《奏狀・謝賜新曆日狀》右，今日蒙恩，賜臣等前件新曆日者。臣等拜手蹈舞，鞠躬捧持。開卷授時，見履端之有始；披文閱處，知御曆之無窮。慶賀既深，感戴無極。謹奉狀陳謝〔以聞〕。

（唐）白居易《白居易集》卷五九《奏狀・謝恩賜茶果等狀》右，今日高品杜文清宣進旨，以臣等在院，修撰制問，賜茶果梨脯等〔者〕。曲蒙聖念，特降殊私，慰諭未終，錫賚旋及。臣等慚深曠職，寵倍驚心。述清問以修詞，言非盡意；仰皇慈而受賜，力豈勝恩？徒激丹誠，詎酬玄造，〔無任欣戴抃躍之至。〕

（唐）白居易《白居易集》卷五九《奏狀・謝賜設及匹帛狀》右，今日高品劉全節奉宣進旨，以臣等在院覆策畢，特加慰問，並賜設及匹帛者。臣等職在掌文，詔令考策，雖竭鄙昧，猶懼闕遺。豈意皇鑒下臨，聖慈曲至，惠加賜食，榮及承筐。寵厚縑緗，仰難勝於玄貺；恩深醉飽，退有愧於素餐，徒積慚惶，何酬慶賜。〔無任感戴屏營之至。〕

（唐）白居易《白居易集》卷五九《奏狀·九月九日謝恩賜宴曲江會狀》 右，（臣）今日伏奉進止，賜臣等於曲江宴會，特加宣慰，並賜酒脯等者。伏以重陽令節，大有豐年，賜宴於無事之朝，追歡於最勝之地。況天厨酒脯，御府管絃，寵賜忽降於寰中，慶幸實生於望外，仍加慰諭，曲被輝華。臣等各以凡才，同參密職，幸遇休明之日，多承飫賜之恩。樂感形骸，歡容動而成舞；澤均草木，秋色變以爲春。徒激丹心，豈報玄澤？謹奉狀〔陳謝以聞。謹奏。〕。

（唐）白居易《白居易集》卷五九《奏狀·社日謝賜酒餅狀》 右，今日蒙恩，賜臣等酒及蒸餅、餜餅等。伏以時唯秋社，慶屬年豐，頒上尊之酒漿，賜太官之餅餌，既非舊例，特表新恩。空荷皇慈，豈伸丹慊，謹奉狀〔陳謝以聞。〕

（唐）白居易《白居易集》卷五九《奏狀·謝恩賜衣服狀》 右，今日守謙奉宣聖旨，以臣初入院，特賜衣服者。臣自入禁司，纔經旬月，未陳薄效，累受殊私。况前件衣服等，獻自遠方，降從御府，既鮮華而駭目，亦輕煖而便身。臣實何人，堪此榮賜？臣必擬秘藏篋笥，傳示子孫。何則？顧陋質而懷慚，貌非稱服；撫微軀而荷寵，力不勝衣。因物感恩，無任愧懼，謹奉狀〔陳謝以聞。謹奏。〕

（宋）蘇轍《欒城應詔集》卷一〇《進策五道·第二道》 臣聞古者天下皆天子之人，田畝之利，衣食之用，凡所以養生之具，皆賴於天子。權出於一，而利不分於强族。民有奉上之憂，而無役屬附麗之困。是以民德其上，而舉天下皆可使奉天子之役使。至於末世，天子之地，轉而歸於豪民，而天下之游民，飢寒朝夕之柄，天子不邮，而以遺天下之富賈。夫天子者，豈與小民爭此尺寸之利也哉！而其勢則有所不可，何者？民之有田者，非皆躬耕之也，而無田者爲之耕。無田者非有以屬於天子也，而有田者拘之。天子無田以予之，而欲役其力也實難。而有田者授之以田，視之以奴僕，而可使無憾。故夫今之農者，舉非天子之農，而富人之農也。至於天下之游民、販夫、販婦、工商、技巧之族，此雖無事乎田，然日食其力，而無以爲朝夕之用，則此亦將待人而生者也。而天子不邮其闕，乃使富民持其贏餘，貸其所急，以爲之父母。故雖游民，天子亦不可得而使，而富者獨擅其利，日役其力而不償其力之所直。由是觀之，則夫天下之民，舉皆非天子之人，而天子徒以位使之，非皆得其歡心也。夫天下之人，獨其有田者，乃使有以附屬於天子。此其爲衆，豈足以當其下之仰給之民哉？此亦足以見天子之所屬者已甚寡矣！

臣愚以爲當今之勢，宜收天下之田而歸之於上，以業無田之農夫，䘏小民之所急，而奪豪民假貸之利，以收游手之用。故因其所便而爲之計，以爲莫如收公田而貸民急。

夫陳蔡荆楚之地，地廣而人少，土皆公田，而患無以耕之。而吴越巴蜀之間，拳肩側足，以爭尋常尺寸之地，安土重遷，戀戀而不能去。此非官爲之畫策，因其凶荒饑饉之歲，乘其有願徙之心，而遂徙之於不耕之公田，則終不能以自去。今欲待其已去而收其田畝，藉其室廬。田爲公田，室爲公室，以授無田之民，使天下雖富庶之邦，亦常有天子之田。而又因其籍没，積而勿復鬻，募天下之丁男，使分耕其中，而無使富民端坐而收公田之遺利，使天下之農夫稍可以免僕隸之辱，而得上麗於天子。而其新徙之民，耕牛、室屋、飲食、器皿之類有所不備，又皆得以貸於國，可以無失其所。

夫所謂貸者，雖其爲名近於商賈市井之事，然其爲意不可以不察也。天下之民，無田以爲農，而又無財以爲工商，禁而勿貸，則其勢不免轉死於溝壑。而使富民爲貸，則有相君臣之心，用不仁之法，而收太半之息。其不然者，亦不免於脱衣避屋以爲質。民受其困而上不享其利，徒使富民執予奪之權，以豪役鄉里，故其勢莫如官貸以賙民之急。《周官》之法：使民之貸者與其有司辨其貴賤，而以國服爲息。今可使郡縣盡貸而任之以其土著之民，以防其逋逃竄伏之姦，而一夫之貸無過若干。春貸以斂繒帛，夏貸以收秋實，薄收其息而優之，使之償之無難，而又時免其息之所當入，以收其心。使民得脱於奴隸之中，而獲自屬於天子。如此，則天下之游民可得而使，富民之貸可以不禁而自息。

然臣以爲收公田者，其利遠非可以歲月之間而待其成也，要之數十百年，則天下之農夫可使太半皆天子之農。若夫所謂貸民急者，則可以朝行而夕獲其利，此最當今之所急務也。

（宋）朱熹《晦庵先生朱文公集》卷一七《乞推賞獻助人狀》　臣昨具奏，乞依前點檢台州措置賑濟官耿延年所奏，將本路獻助糶濟米人户，比乾道七年糶濟賞格，特減米數之半，優與推賞。已蒙聖恩開允，特降指揮，依臣所乞，將諸路州縣人户願出米穀，自行般運前來紹興府糶濟，減半推賞，臣當即恭稟施行，節次勸諭到婺州進士陳夔等，各赴本司及紹興府入狀，情願獻助米斛，本司與紹興府各已差官交量，或已就行散給去訖。臣已與安撫轉運司連名具狀，申尚書省及户部，乞依乾道七年及淳熙八年十二月十三日指揮推賞外，今來竊恐有司將同常事，未即推恩，致使失信本人，無以激勸來者，欲望聖慈，特降睿旨，依已降指揮，將陳夔等特補合得官資，庶幾有以取信於民。將來或有災傷，易爲勸諭，實爲利便，開具逐人所獻米數合補官資畫一下項：

婺州金華縣進士陳夔，獻米二千五百石，準淳熙八年十二月十三日指揮，合補迪功郎。

婺州浦江縣進士鄭良裔，獻米二千石、準淳熙八年十二月十三日指揮，合補上州文學。

婺州東陽縣進士賈大圭，獻米二千石，準淳熙八年十二月十三日指揮，合補上州文學。

處州縉雲縣進士詹玠，獻米二千五百石，準淳熙八年十二月十三日指揮，合補迪功郎。

（明）金幼孜《金文靖集》卷一〇《恭題仁廟御書後》　仁宗皇帝居東宮時，尤重文學侍從之臣，凡賜賚洎有所陳請，必親爲題識。當時被其眷禮者，不數人。今有春坊庶子兼翰林侍讀學士王直，其一也。直永樂初科進士，由庶吉士擢翰林修撰，器識文學，蚤已受知。前後膺賜者三，陳請者一，皆仁廟親御宸翰題識批答者，首則端午賜扇，次則以直目疾賜藥，次則直遭喪將歸，賜白金爲道里費。又其一則直以父在職，年老乞致仕，特勅吏部准所請，其上皆著直姓名，可謂極一時之顯者矣。直謹裝潢爲卷，用彰寵貺，以貽不朽，俾幼孜識之。伏惟永樂中，太宗皇帝屢巡幸北京，仁廟實監國事，親賢納善，惟日不足，仁聲義聞播於四海。凡直之得拜賜予者，皆優禮賢士之盛典，非私之也。其允答陳請者，亦事理之當然，非過也。夫賜隆於上，而報勤於下者，此古昔盛時君臣相與至意，所以治化彰明，休聞彌流而功業宏遠也。今觀仁廟之眷禮於臣下者，既隆且厚，而直之圖報於上者益勤以忠，則上下之情交孚叶契，可謂至矣。然則是卷之藏，固將以貽永久，又豈圖一時之榮而已哉。幼孜拜觀於斯，不勝感激，謹書此於後，以識歲月云。

（明）李時勉《古廉文集》卷八《題恩賜國書記卷後》　予爲謝君庭循作此記，未及奉還而有國子之命，置諸篋笥而忘之。庭循以予窘於應務，亦絶口不言。及予得南還，閲篋中舊書，取而展玩，不勝惶汗，遂識以歸之，使觀者知君之有容，而予之昏眊潦倒如此也。

（明）李賢《古穰集》卷二《三年考滿謝賜寶鈔羊酒》　今日伏蒙皇上以臣賢，三載考滿，特遣太監牛玉賜臣鈔五千貫，羊三隻，酒三十瓶。臣拜領之際，愧悚無涯。竊以異數之頒，乃昭代優賢之禮，腆儀之賚，實聖君待士之誠，宜有勞而後加，豈無功而遽受。如臣者名習藝丈，實疎學業，顧才力何補于當宁，而眷注特異於在廷。幸幽黜之偶寬，豈晋錫之敢望，顔忸怩而罔措，心踧踖以不安。恩重丘山，懼深淵谷。尚冀臻於實效，庶少塞於空餐。睿獎夙叨，懽悰彌極。俯殫駑鈍，仰服龍光，臣不勝感荷聖情之至。

（明）李賢《古穰集》卷二《六年考滿謝賜寶鈔羊酒》　今日伏蒙皇上以臣賢六年考滿，遣太監牛玉齎鈔五千貫、羊三隻、酒三十瓶至臣第宅賜之。臣拜受之餘，愧悚不已，竊惟明君待士，必伸眷注之隆，昭代重才，不吝便蕃之賚。顧惟異數，豈及常流。如臣者資本腐儒，生逢盛世，官崇而效寡，禄厚而報微，面形撻市之慚，心抱履冰之懼，有妨賢路，無補聖朝。晋錫忽臨，危悰益甚，冀塞論思之責，用酬覆燾之仁，勉竭葵誠，尚殫駑力，臣不勝感荷聖情之至。

（明）李賢《古穰集》卷二《辭第宅》　臣本以一介布衣，遭逢盛世，洊歷美職，累荷光榮。自顧才無寸長，學非優等，濫竽綸閣，衹益汗顔。茲者又蒙皇上賜與房屋，夫功微而受厚賞者在理非宜，能薄而承殊貺者揆情未當。天恩莫大，雖不吝於凡庸，株守如常，詎敢安於甲第。伏望皇上收回嘉命，用遂鄙懷。俾臣不動舊居，均爲受賜，無任感激聖情之至。天順三年十一月日奉聖旨：　卿輔導有勞，特賜近居以便宣召，所辭不允。

（明）倪謙《倪文僖集》卷二五《恭題寵榮録後》永樂中，太宗皇帝北巡，仁宗皇帝監國。時則有春坊庶子進詹事府少詹事鄒濟職輔導侍左右，敦厚純誠，端慎和易，文詞雅贍，才德老成，啓沃匡贊，多所裨益。上邃於聖學，好文重士，於公心志契愜，眷顧特厚，恒有詩及手札以賜。公歿，上登極追念舊德，賜誥祭贈太子少保，謚文敏。其子南京禮部尚書幹繕寫爲副，彙爲一帙，名曰寵榮録，鋟梓以傳，出示臣謙，且告之故，曰：先人所得宸章凡八紙。第一紙爲丁酉冬至朝賀畢，上遣中使陳昂賜肴羞十卓于家，并賜此詩。第二紙己亥春隨侍皇太孫五皇孫朝京陛見，文廟喜曰：這老秀才還好。時爲善陰隲書新成未頒，特賜一本，留月餘遣還。上遣中允黄琮賜麃鹿五隻，内醖五十瓶，至滁迎勞，並賜此詩。第三紙有進讒誣搆者，文廟曰：這老秀才是朕所除者。置不聽，上聞之喜，賜此詩慰安。第四紙上因皇孫進學孝愛，賜此詩褒勞。其後四紙一則索書，一則答問安，一則病中寬慰，一則諭祭者也。

（明）夏良勝《東洲初稿》卷三《謝益殿下第一啓》 謹啓爲謝恩事。今月二十八日，伏蒙睿恩憫念在疚，特輟珍饌盎齊，遣使就廬，賜以存問。百拜登受，感激不勝。自念菲才涼德，食浮于人，而不耕多穫。菑自宜及，不即殞滅，延禍先人。瘠毁奄奄，苫席待盡。誤辱加以殊禮，抱愧倍於恒情。爲此具啓，稱謝以知。

（明）夏良勝《東洲初稿》卷三《謝益殿下賜曆等啓》 某年闕月闕日，伏蒙睿恩賜以寶曆、醫書、黄香、紫錠，下拜登受，揣分不堪。仰惟殿下隱德弗耀，至仁無名，雖成王德性，自繫周室之安，而河間禮樂，欲補漢廷之盛。良勝昔在布衣，今居苦次，朝慶未舉，揚厲何能。方虞涼德見疎，遽意厚貺疊至。明曆法以節陰陽，欲稽邵子玩方書以龜壽夭，追進宣公清香可擬佩蘭，金錠似逾面藥大端。欲補方寸之無，丹遠播第，推仁心而有濟，俯躬百拜，鏤骨終身，特以衰服煢煢，尚治兩襄之政，舉故朝班肅肅，懸知一拜之難行。謹治短箋，仰塵睿覽，伏願殿下所寶惟善，當弗替於始終，所愛惟書，乃敢資於萬一。良勝無任感激，謹具啓連書一種，隨進，以謝以知。

（明）夏良勝《東洲初稿》卷一三《辛巳歲首謝益殿下啓》 爲禮儀事。竊惟歲事聿新，元氣更始，仰聖德深厚，曲賜生全，荷宗正仁賢，特殊賚錫。良勝謹重有徵，報稱無地。質方蒲柳，自今更衰一年，靈望海山，效祝再呼千歲。爲此具啓，稱謝以知。

（明）孫承恩《文簡集》卷六《考滿謝賜羊酒疏》 勤勞莫罄，濫延六載之榮，寵禄已踰，仍荷一朝之賜。省循内愧，瞻戴中兢。伏念臣本草茅，謬參流品，叨塵禁苑，荐歷清華，顧資名已積於歲年，而廩禄虚糜於日月。方切懷憂於瘝曠，何期錫賚以駢蕃。尊俎登嘉，榮溢大官之饗，門閭增色，恩叨内醖之頒。惟天地之覆幬同仁，故雨露之霑濡畢達。臣感恩罔極，報德無由，敢不益竭忠誠，寧自諉於駑蹇，愈加策勵，期少効於涓埃，臣無任云云。

（清）董誥《全唐文》卷六〇一《劉禹錫·為淮南杜相公謝貸錢物表》 臣某言，中使南宫懷珍至，奉宣聖旨存問，兼賜臣墨詔。天光下濟，睿澤曲流。銜恩未酬，居寵彌懼。臣某中謝。臣受任斯極，微功莫施。昨以封略未寧，干戈猶動，壽春固壘以備盜，淮甸興師以扞姦。經費所資，數盈鉅萬。餽餉時久，供億力殫。慮始圖終，不敢緘默。輒陳管見，上黷宸聽。伏蒙聖慈，特遂誠請。遠承如綍之旨，特假聚人之財。軍須不愆，士氣彌振。糗糧既備，永無半菽之虞；襦袴足頒，遠起挾纊之感。是爲悦使，咸願先登。臣忝總戎，倍百欣荷。伏以上分國用，俯濟軍興。候清烟塵，謹備償納。

綜述

《天一閣藏明鈔本天聖令》卷二四《廏牧令》　諸牧，馬賸駒一匹，賞絹一疋。駝、騾賸駒二頭，賞絹一疋。牛、驢賸駒、犢三頭，賞絹一匹。白羊賸羔七口，賞絹一疋。羖羊賸（羊）〔羔〕十口，賞絹一疋。每有所賸，各依上法累加。其賞物，二分入長，一分入牧子。

《天一閣藏明鈔本天聖令》卷二五《關市令》　諸糾捉賊盜者，所（理）〔徵〕倍贓，皆賞糾捉之人。家貧無財可（理）〔徵〕及依法不合（理）〔徵〕〔借〕〔倍〕贓者，並計所得正贓準爲五分，以二分賞糾捉人。若正贓費盡者，官出一分以賞捉人。即官人非因檢校而别糾捉，並共盜及知情主人（者）〔首〕告者，亦依賞例。

（宋）宋敏求《唐大詔令集》卷三五《諸王・宋王成器太子太師制》

門下：孟侯之禮，雖歸於冢胤；太伯之風，實尚於高節。左衛大將軍、宋王成器，幼而聰敏，長則温仁，禮樂同歸，質文相半。孝以爲政，每用因親。忠而立誠，所期尊主，故能樂於爲善，好在服儒，占蟻穴以探微，登雀臺而成賦。自奄有梁宋，作藩邦家，其儀孔臧，其德可大。朕之元子，當踐副君，以隆基有社稷大功，神祇僉屬，由是朕前懇讓，言在必行，天下至公，誠不可奪，爰有立季之典，庶協從人之願。况别爲九州，必資於牧伯；貞夫萬國，允佇於師傅，式副僉諧之求，仍光不拜之寵。可太子太師雍州大都督，别加實封二千户，賜物五千段，細馬二千匹，奴婢十房，金銀器皿二百事，甲第一區，良田三十頃。餘如故。主者施行。

（宋）宋敏求《唐大詔令集》卷六三《大臣・功臣陪陵詔》　周室姬公，陪於畢陌，漢庭蕭相，附彼高園。寵錫墳塋，聞諸上代；從窆陵邑，信有舊章。蓋以懿戚宗臣，類同本之枝幹；元功上宰，猶在身之股肱。哀榮之義實隆，始終之契斯允。今宜聿遵故實，取譬拱辰，庶在鳥耘之地，無虧魚水之道。宜令所司，於昭陵南左右厢，封境取地，仍即標誌疆域，擬爲葬所，以賜功臣。其父祖陪陵，子孫欲來從葬者，亦宜聽許。

（宋）宋敏求《唐大詔令集》卷六三《大臣・贈功臣陪陵地詔》　乾坤合德，爰著易簡之功；君臣一體，克成中和之治。遠取諸物，若舟楫之濟巨川；近取諸身，猶股肱之戴元首。同心叶契，在歿以之。故諸侯列葬，周文創陳其禮；大臣陪陵，魏武重申其制。去病佐漢，還奉茂鄉之塋；夷吾相齊，終托牛山之墓。斯蓋往聖垂範，前賢遺則。録囊昔之宿心，篤始終之大義者也。皇運之初，時逢交喪，掃除多難，光啓鴻業。謀臣武將，競進轅門之前；明德異材，争趣魏闕之下。或雷雲伊始，功參締構；或光華在旦，績著弼諧。及密戚懿親，舊勛宿德，委質先朝，特蒙顧遇者，自今以後，身薨之日，所司宜即以聞，並於獻陵左側，賜以葬地，並給東園秘器。事從優厚，庶敦追遠之義，以申罔極之懷。

（宋）宋敏求《唐大詔令集》卷六三《大臣・賜郭子儀太師陪葬建陵制》

天地以四時成物，元首以股肱作輔。公臺之任，鼎足相承，上以調三光，下以象五嶽，允釐庶績，鎮撫四夷。體元和之氣，根真一之德，功至大而不伐，身處高而更安。尚父比吕望之名，爲師贈周公之位，盛業可久，殁而彌光。故太尉、兼中書令、上柱國、汾陽郡王、尚父子儀，天降人杰，生知王佐，訓師如子，料敵若神。昔天寶多難，胡羯作禍，咸秦失險，河洛爲戎。公能翼扶肅宗，再造區夏。國有患，勞其戡定；邊有寇，藉其驅除。安社稷，必在於絳侯，定羌戎，無渝於充國，絳郡綏四散之衆，涇陽降十萬之虜，勛高古今，名讋夷狄，而勞乎征鎮，二紀於兹。頃以春秋既高，疆埸無事，罷彼旌鉞，寵在台衡。以公柱石四朝，藩翰萬里，忠貞懸於日月，寵遇冠於人臣。尊其元老，加以崇號，期壽考之永，養勛賢之德。膏肓生疾，藥石靡功，人之云亡，梁木斯壞。雖賻禮加等，輟朝增日，悼心流涕，曷可弭忘。更議追崇，名位斯極，尊爲尚父，官協太師，雖爵秩則同，而體望尤重。斂以衮冕，旌我元臣。聖祖園陵，所宜陪葬。軾墓重文侯之禮，象山追去病之勛。千載如存，九原可作。册命之禮，有司備焉。可贈太師，陪葬建陵。仍令所司備禮册命，賻絹三千匹、布三千端、米麥三千石。

（宋）宋敏求《唐大詔令集》卷六五《大臣・賜盧懷慎家粟帛敕》

故銀青光禄大夫、檢校黄門監、漁陽縣開國伯、贈荆州都督盧懷慎，衣冠重望，廊廟周材，訏謨當三傑之一，學行總四科之二，等平津之輔漢，同季文之相魯，節鄰於古，儉實可師，雖清白燕翼，籯金非寶，然妻孥貧宴，擔石屢空。言念平昔，彌深軫悼，且恤凌統之孤，用旌晏嬰之德。可賜其家，物一百段，米粟二百石。

（宋）宋敏求《唐大詔令集》卷六六《典禮・后土赦書》　諸州緣供頓所差帖助夫，亦放其家今年地税。孝子順孫，義夫節婦，旌表門閭，終身勿事。諸州侍老百歲已上，賜粟七石，九十已上，賜粟五石，八十以上，賜粟三石，所由速付，勿淹旬日。太原潞州府侍老等，先已加恩，不在此例。亞獻皇太子鴻，賜物二千匹；終獻慶王潭，賜一千匹；邠王守禮、寧王憲、薛王業，各賜物一千匹；忠王浚以下，各賜物三百匹；夾侍正衣、進珪、捧珪、汝陽郡王淳等，各賜物三百匹；皇太子侍正衣，各賜一百匹。裴光庭、蕭嵩，弼亮朕躬，弘益斯遠，不有優異，何殊等倫，加階賜之外，各與一子官，無子者任與周親，仍各賜物三百匹。二王各賜物二百匹，長公主各賜物三百匹，嗣王郡主縣主各賜二百匹。行從文武官，三品以上賜物八十匹，四品五品賜物六十匹，六品七品賜物四十匹，八品九品賜物三十段。升壇官，三品以上特賜一階，四品以上各加一階，應入三品五品官階相當，不限考數，聽得入。知頓使，及判官修禮儀官，撰玉册官，知頓御史等加一階。修壇揚州刺史及修壇官，各賜物一百匹，其已升壇職掌，從一頭處分。緣大禮有職掌官，賜勛三轉，行從官首末不絶，及陪位官，各賜勛兩轉。内外文武官三品以上賜爵一等，四品以下各加一階。致仕官，三品以上賜物七十匹，四品五品各五十匹。從蕃客，鴻臚安置陪官，見大禮者，宜賜物五十匹，節級分付。南北衙應宿衛齋宫官及左右厢知兵馬虞侯總管以上，及判官别奏，傔孔目官等，更加勛一轉，前資官選日稍優與處分。白身人有資勞者，簡選之日，優與處分，無資蔭者，勛兩轉。南北衙行從、三衛飛騎、萬騎、引駕細仗、監門直長、主帥黄衣長以上，各賜勛兩轉，仍各賜物五段。兩營弓手六蕃並行，宜各賜物五段，仍量折，番役諸衛彍騎及兵角弓手，官馬主掌，閑幕士駕，供膳習馭，工人，樂人，雜户、官户白身有職掌人，合行從人等，各賜勛一轉，物三段。其齋郎既是見任官，準壇上壇下有職掌官吏處分。執彈三衛及禮生贊者，各減二年勞，無勞可減者，簡選日稍優與處分。流外行署從者，各賜勛一轉，有職掌者，各兩轉。供頓州刺史同陪位官例，始末轉，支頓官各與上下中考。

（宋）宋敏求《唐大詔令集》卷六八《典禮・開元十一年南郊赦》　自武德以來，實封功臣，知政宰輔，有身無大故而亡官失封，子孫淪屈者，所由勘責，具以狀奏。存者可酬其官榮，逝者當録其胤嗣，使幽明同慶，知有令辰。亞獻邠王守禮、終獻寧王獻，各賜物一千匹；捧俎申王撝，夾侍岐王範、薛王業，各賜物七百匹，侍中源乾曜，中書令張説，兵部尚書、同中書門下三品王晙，各賜物五百匹；正衣駙馬都尉王守一、王繇、温曦、宗正少卿崔澄，各賜物三百匹，二王后，賜物三百匹；壇場使、京兆尹孟温禮，賜物二百匹；修造羽儀使，賜物一百匹；修撰儀注官，五品以上賜物一百匹，六品以下賜物七十段；自餘陪位預宴官，一品賜物一百匹，二品三品八十匹，四品五品六十匹，七品四十匹，八品九品三十匹；鴻臚諸蕃使，與見大禮及在本蕃□□酋長，同宴會例給賜；郡主縣主各賜物八十匹。緣大禮數處有職長者，任於一頭從高叙。天下州府，賜酺三日，京城五日。

（宋）宋敏求《唐大詔令集》卷六八《典禮・天寶十年南郊赦》　天下侍老百姓，百歲以上，賜綿帛五段，粟五石；八十以上，綿帛三段，粟三石；大夫七十五以上、婦人七十以上，綿帛二段，粟二石。太清宫道士，各賜物三十段；陪位道士，共賜物五百段。亞獻太子瑛賜物二千段，終獻榮王琬賜物一千段。文武百官，及有職掌，各賜粟帛有差。率土之内，賜酺三日。

（宋）宋敏求《唐大詔令集》卷七四《典禮・籍田赦書》　亞獻皇太子鴻，賜物二千匹；終獻慶王潭，賜物一千匹；邠王守禮等，各賜物一千匹；忠王浚以下，各賜物三百匹。夾侍、正衣、進珪、汝陽郡王淳等，各賜物二百匹。皇太子夾侍、正衣等，各賜一百匹。裴耀卿等，自其翊贊，誠有忠益，邠賞以序，等數須優，宜各與一子官，仍各賜物三百匹。二王后，各賜物一百匹，長公主，各與一子官，仍各賜物二百匹。嗣王、郡主、縣主，各賜物一百五十匹。京文武官見任及致仕並諸色陪位官，一品賜物八十匹，二品七十匹，三品六十匹，四品五十匹，五品四十匹，六品三十匹，八品九品二十段。節度副大使、三都留守、京兆尹，各一百匹，四大都督府長史、諸道采訪使，各八十匹。諸賜物應兩給者，從一處給。其耕官及侍耕官，各賜勛兩轉。丞相蕭嵩，與一子官，仍賜物二百匹。攝九卿諸侯等，各與一子出身，仍賜物一百五十匹。侍耕執牛官，各賜物一百二十匹。升壇行事官、修禮儀官及判官等，更賜一階。應入三品五品官階相當減四考，聽入。攝司徒、信安郡王禕，禮儀章紹，既不叙階，禕與一子官，賜物二百匹，紹與一子出身，賜物一百五十匹。其升壇及兼禮儀，兩兼從一加階。應與一子官及出身者，若無子，聽過與周親。供奉及押階，不升壇並壇下及助耕執牛官，别敕差中書門下差定人數等，從階合入三品五品。階至考未足者，等考足日聽，非待考者，賜勛兩轉，未承别賜者，各賜一轉。知頓使，賜物一百匹，修壇場長官、屯官、撰玉册官，各賜物八十匹。書玉册官，賜物五十匹，管籍田縣令，賜物六十匹。京文武官、朝集使官、充十道采訪使並判官、諸道節度使及諸道通表使判官，新除五品以上官未赴任、都畿縣令見任陪位者，三品以上，轉爵一級，四品以下，加一階。皇親、諸親及九廟子孫、不入等陪位者並外文武官九品以上，各賜勛。諸蕃八廟、入賀正、蕃客應陪位者，共賜五十匹。節級付分，南北衙門行從宿衛齋官及武官押當有職掌並諸色雜職掌並隨耕公卿從官等，各賜勛一轉。萬騎及飛騎，見當上者，各賜一轉。其宿衛齋宫者，加賜物三段。仗内待訪諸色從人，各賜物三段。彍騎、當兵、角弓手、弩手、官馬主、見當番及留帖人、掌閑幕士、駕士、供膳、習馭、工人、樂人，見當有上職掌，並庶人應耕者，各賜物三段。齋郎、禮生、贊者、行事者，並減兩年勞，無勞可減者，齋郎放出身，禮生、贊者，選日稍優與分。三衛七色見當番並流外行署及番官、見上有職掌者，各賜一轉。淮南洛陽縣陪位父老，各賜物五段。

（宋）宋敏求《唐大詔令集》卷七四《典禮·親祭九宫壇大赦天下制》　天下侍老，百歲以上賜帛五段、粟三石，八十以上帛三段、粟二石，仍令郡縣長官存問給付。亞獻太子禕，宜賜物二千匹，終獻慶王悰，一千匹，正衣、夾侍各五百匹。賢妃三百匹，長公主各三百匹，公主各二百匹，嗣郡王各一百匹。中書門下三品，竭心翊戴，宏益實多，各與一子官，如已授官，量與一階轉。内外文武官，三品官以上賜爵一級，四品以下各加一階。一品賜物七十匹，三品以上六十匹，五品以上賜物四十匹，六品以下二十段。諸節度使，各賜物一百匹，三京留守及二王後，各八十匹，采訪使，各六十匹，諸蕃客，共賜二千匹。其唐元功臣，締構之初，竭其忠款，録功念舊，情所不忘，普恩之外，更加一階，其身殁者，各賜一官。皇親五等以上及九廟子孫，諸親三等以上未有出身者，並放出身。其前資者，選日稍優與處分，見任者，更賜勛兩轉。應天下賜酺三日。赦書有所未該者，所司類例聞奏。宣布中外，咸使聞知。主者施行。

（宋）宋敏求《唐大詔令集》卷七五《典禮·親謁太廟錫賜宗支庶官制》　内外官三品以上有廟者，各賜絹三十匹，以修祭服俎豆。緣謁廟，亞獻邠王守禮，終獻宋王憲，各賜三百匹，夾侍岐王範、薛王業，各賜絹二百五十匹。自餘行禮及供奉，三品以上賜一百六十匹，四品一百四十匹，五品一百二十匹，六品一百匹，七品八十匹，八品六十匹，九品四十匹。鹵薄六引官各減一等，押仗官又減一等。攝官依本官給，有兼充諸使者加一等。兩京文武官並朝集使、諸方道表，一品七十匹，三品六十匹，四品五十匹，六品七品四十段，九品三十段，從者加一等。皇親諸親，準品等禮儀。置頓、營幕使，各賜物一百段，副使八十段，判官及修定儀注官各減三分之二。行所州縣刺史上佐縣令等官，各准行從官與賜。其給賜人應兩處以上者，從一多給，唯有廟官之賜，聽兼給。謁廟有所修造專當官及當頓官、始末不絶者，各賜一半上考。知頓州各免一年租及地税，傍州緣頓供承者，亦准此。行事齋郎及權補充者，各賜物十段，升階者各賜物十五段，三衛飛騎、萬騎並仗内無品人等，賜五段。十月正番衛上等，各賜三段。

（宋）宋敏求《唐大詔令集》卷七七《典禮·謁五陵赦》　諸州侍老，百歲以上賜帛十段，九十以上賜五段，八十以上賜三段。獻陵、定陵官吏並管陵縣官，各别加一階，陵户並放從良，終身灑掃陵寢。仍每陵側近，取百姓六鄉，以供陵寢，永勿徭役。自古帝王、賢臣、將相陵墓，宜令所在州縣致祭。内外文武官，三品以上加爵一級，四品以下各賜一階。寧王憲，薛王業，各賜物八百匹，忠王浚、棣王洽、鄂王涺、光王琚等，各賜物七百匹，中書門下賜物五百匹，開封王毛仲賜物三百匹。皇親五等以上，諸親三等以上及文武百寮各賜有差。

（宋）宋敏求《唐大詔令集》卷八〇《典禮·賜孝義高年粟帛詔》　其孝義之家，賜粟五石，高年八十以上，賜粟二石，九十以上三石，百歲加絹二匹。婦人正月以來生男，粟一石。鰥寡煢獨不能自存，逃户初還，郊無糧貯，州縣長官量加賑恤。

（宋）宋敏求《唐大詔令集》卷一〇七《政事・還馬燧賞軍士家財詔》　殊常之迹，古人所難。舉而行之，用明信賞。仍班王府之貨，式表忠臣之節，宜令度支出錢，充賞將士，馬燧家資並却還，仍宣付史館。

（宋）宋敏求《唐大詔令集》卷一〇七《政事・驪山講武賞慰將士詔》　其講武使各賜物一百段，將軍各八十段，中郎將各六十段，郎將及左右軍長史各四十段，折衝果毅各三十段，押官六品以下各二十段。新豐百姓，宜免來年地税，縣置頓使賜物一百段，緣頓踏踐麥苗，給米酬直。主者施行。

（宋）宋敏求《唐大詔令集》卷一二三《政事・平内難赦》　隆基可封平王，實封一千户，賜帛五千段。薛崇簡封立節郡王，食實封五百户，賜物三千段。鍾紹京可銀青光禄大夫、守中書侍郎，潁川郡開國公，食實封一百户，賜物一千段。前同州朝邑縣尉劉幽求可朝議大夫，守中書舍人，仍參知機務，中山縣開國男，食實封二百户。利人府折衝麻嗣宗可雲麾將軍，行左金吾衛中郎將，賜物一千段。

（宋）佚名《宋大詔令集》卷一八五《政事・獨復・北界歸明人遣使護遷西京許汝間給田詔雍熙三年七月壬午》　應北界歸明人户等：朕君臨萬國，子育兆人，興弔民伐罪之師，示拯溺救焚之惠。爾等久居異地，願襲華風，載嘉歸嚮之誠，宜申惻恤之意。其人户等先令分處并代州，今遣樞密都承旨楊守一等遷於四京，給閒田處之。如分布未盡，更置於許汝間，所分之田，便爲永業。仍免租役，州縣常安撫之。

（宋）佚名《宋大詔令集》卷一八六《政事・獨復・鄆州牧馬草地給與見佃户詔大中祥符三年八月辛酉》　汶上奥區，東巡所出。比從行慶，用慰來蘇。苟芻牧之是資，盧農桑之失業，特敷朝旨，永惠斯人。其侍御史裴宗元、比部郎中袁逢吉、郡牧判官李克勤等，所摽鄆州牧馬草地，並特給與見佃户，所須放牧地，别經度以聞。

（宋）陳元靚《事林廣記・壬集》卷一《至元雜令・孝悌賞勸》　諸割服孝悌，爲祖父母、父母、伯叔父母、姑嫜及舅姑割股，奴婢爲本主同。並委所屬由覆朝廷，官支絹五疋、羊兩頭、田一頃，以勸孝悌。

《天盛改舊新定律令》卷三《追趕捕舉告盜賞門》　一、捕盜舉見等賞賜法已明。依條下有，當由盜人出，盜人無有，貧窮無力出，由家門出工仍不足，則由知盜分物、買、抵債、使典當、接狀中間人等出，其人亦不能，則由畜物主得償還物中，二十緡中分成二份，一份當給追捕、首告賞。二十緡以上每十緡當抽出二緡給賞。若畜物主所得賠償甚少，不足按份給償數，及未得賠償者，則當由官賜給。

一、偷盜、强盜二種盜舉告賞出法：

一等首告强盜賞物法，依人數及物量分爲兩種：盜人多，物甚少，則一人二十緡，十人以上一律二百緡。若人數甚少物很多，則當於全部二十緡中等分，其數以上每十緡中當出二緡，勿超過二百緡。賜舉告賞時，將人數、物量自共比較，當得其高者。其中舉告群盜賞亦依强盜法判斷。

一等舉告偷盜者，當依前述人數甚少物數甚多法賞賜，當勿超過一百五十緡。

一、捕盜及見盜賞法：見盜賞當在舉告賞數上算，應得三分之一。捕賞當於見賞數上算，二分中當賜一分。若盜者强横，設置密謀，自行捕捉，則當在見賞上增利一分。捕、見盜者人多，亦當共同等分之。

《天盛改舊新定律令》卷七《番人叛逃門》　諸盜他人妻、搶奪子女逃跑者，相議女媳在父母門下住，則當還有主價□□□□□則當罰。相議逃男人之妻子、子女勿連坐，依舊當住。畜、穀、寶物等叛逃已行，則取持多少畜物□□□□□□□當爲。其中官私人逃跑，無有畜物，無所取持，及妄助逃跑而逃跑未成等被捕告，捕告賞按捕殺敵人法當由犯罪者出給，不能辦當由官給。其中有婦人若爲逃跑造意者，無力給捕者，則捕告賞十五□□□□（緡錢），當由就近有司處罰贓中給予。【略】

對逃跑者已起行捕告得賞法各項雖已明，但若逃人已捕一半，一半通過，則捕告賞應得一份者當得二分之一。若逃人全通過，未能捕獲，則當得三分之一。

《天盛改舊新定律令》卷一一《渡船門》　河水上置船舶處左右十里以内，不許諸人免税渡船。倘若違律時，當納税三分，一分當交官，二分由舉告者得。若罪税錢自五十至一緡，庶人七杖，有官罰錢三緡。罪税錢一緡以上至二緡，有官罰錢五緡，庶人十杖。二緡以上一律有官罰馬一，庶人十三杖。

《天盛改舊新定律令》卷一三《派大小巡檢門》　一、諸捕盜及其餘罪犯，予功次第當依所定得之。

一等捕獲死罪一至三人銀三兩、雜錦一匹、茶絹三中一段絹；四至六人銀五兩、雜錦一匹、茶絹五中二段絹；七至十人銀七兩、雜花錦一匹、茶絹七中三段絹；十一人以上一律加一官，銀十兩、雜花錦一匹、茶絹十中四段絹。

一等捕獲長期徒刑自一至七人銀三兩、雜錦一匹、茶絹三中一段絹；自八至十五人銀五兩、雜錦一匹、茶絹五中二段絹；十六人以上一律加一官，雜錦一匹、茶絹七中三段絹。

一等捕獲短期勞役自一至七人銀一兩、茶絹三中一段絹；自八至十五人銀二兩、錦一匹、茶絹五中二段絹；自十六至二十人銀三兩、坨呢一匹、茶絹五中二段絹；二十人以上一律銀三兩、雜錦一匹、茶絹五中一段絹。【略】

諸人詐騙，爲人所捕舉時，捕舉賞者，詐騙者取持種畜、穀、財、物可計價則賞計價，依捕舉偷盜之賞法予之。若彼犯罪不可計價，則當依犯雜罪之舉賞次第予之。

《天盛改舊新定律令》卷一三《舉虛實門》　諸人舉他人，予舉賞法一一分明以外，犯餘種種雜罪時，獲死罪賞五十緡，三種長期、無期等賞四十緡，自徒四年至徒六年賞三十緡，自徒一年至徒三年賞二十緡，月勞役十緡，杖罪五緡，當由犯罪者予之舉賞。【略】

一、諸人於敵界轉賣錢及毀錢等，所得勞役總數□舉賞法，依下述實行，犯罪者當出予。若犯者不能出，則當由官方予之。

獲三個月徒刑，賞四十緡。六個月徒刑，賞五十緡。徒一年，賞六十緡。徒二年，賞七十緡。徒三年，賞八十緡，徒四年，賞九十緡。徒五年，賞一百緡。徒六年，賞一百十緡。

三種長期中：

徒八年，賞一百三十緡。徒十年，賞一百五十緡。徒十二年，賞一百七十緡。獲死罪，賞二百緡。

《通制條格》卷四《户令·僞鈔妻屬》　元貞元年二月，中書省。御史臺呈：北兵馬司副指揮高貴，將印造僞鈔人張閏僧妻妾何春哥等隱藏䑸使，犯在革前。刑部議得，欽奉聖旨：印造寶鈔，僞造者處死，首告者賞銀伍定，仍給犯人家産。別無斷没妻屬明文，合將何春哥等發下元籍當差。都省準擬。

《通制條格》卷二〇《賞令·會赦給賞》　皇慶元年正月，中書省。江浙行省咨，諸人賭博錢物並犯私鹽酒稅，已招明白，罪經釋免，未納攤場錢物、犯人家産，告人賞錢，合無追給。刑部議得：賭博錢物，私鹽酒稅，雖已招伏，罪經釋免，其攤場錢物並犯人家産，既未追没，欽依革撥，告人賞錢，依例追給。都省准呈。

《通制條格》卷二〇《賞令·獲逃驅》　延祐二年七月二十二日，也可扎魯忽赤奏：薛禪皇帝時分，逃驅被捉獲呵，將拐帶的財物，三分内一分與拿獲人充賞有來，那勾當，在後住罷了來。如今百姓每爲不與賞，麼道，見逃驅呵，多不肯拿有。准奏呵，依在前體例裏，三分内將一分與拿住人充賞呵，怎生，奏呵，那般者，麼道，聖旨了也。欽此。

《通制條格》卷二〇《賞令·獲僞鈔賊》　至大四年四月二十六日，欽奉詔書内一款節該，告獲印造僞鈔者，賞銀伍定，仍給犯人家産。應捕人減半。告捕挑剜、裨輳者，賞中統〔鈔〕拾定，犯人名下追給。應給而不給者，肅政廉訪司糾察。欽此。

至大四年四月二十六日，欽奉詔書内一款節該：諸造僞鈔，其事未發自首者，除其罪，能自捕獲同伴者，減半給賞。欽此。

大德九年六月，中書省。陝西行省咨：莊浪路司吏李濟，捉獲印造僞鈔賊人趙失剌、立吉等，合該賞錢，若便全給，緣係請俸人吏。刑部議得：莊浪路司吏李濟即非應捕身役，合得賞錢，依例全行支付。都省准呈。

《通制條格》卷二〇《賞令·獲賊》　大德五年〔十〕二月二十六日，中書省奏：諸人告獲强盜，每名官給賞錢至元鈔伍拾貫，竊盜，貳拾伍貫，親獲者（位）〔倍〕之。獲强盜至伍人，與壹官。其捕盜官及應捕人，如本境失過賊人者，聽功過相折，數外合理賞者，比常人減半。獲强盜至伍人，捕盜官減壹資歷，至拾人，應捕人與壹官，捕盜官陞一等。其承他處公文，及諸人告指而獲者，不在論賞之例。

《通制條格》卷二七《雜令·帶行人》　大德二年正月，中書省。河南行省咨：朱參政呈：軍民不便一件。游手好閑的人，不肯依本分作活，多於諸衙門官人根底，投做總領、面前、祇候。江南田地裏，有壹箇司縣官根底，伯拾箇人根着。這的每又没俸錢、田産，他的老小每穿的、喫的，都在百姓身上。如今喫飯的人多，種田人少，久已後哏不便當。怎生般，商量，除額設有俸錢的，依體例存留勾當，其餘的都教罷了，將荒閑田地，斟酌撥與耕種呵，百姓也不被擾，閑人也少去也，便當的一般。都省議得，除額設祇候、公使人數外，其餘額外濫設人等，盡行革罷。

(元)王惲《秋澗集》卷九○《便民三十五事·侵奪民利不便事·定奪官地給民》 京兆路州郡所有營盤草地極廣，舊爲探馬赤牧馬地面，近年遷往西州屯駐，其地悉爲閑田，並隨路營盤草地寬闊去處，量給側近無田農民種養，併贍不足。

《元典章》卷三《聖政·恤流民·大德九年二月詔》 往年流民趁食他鄉，不能還業者，所在官司常加優恤。有官田願種者，從便給之，並免差税五年。

《元典章》卷三《聖政·恤流民·延祐元年正月詔》 流民所至去處，有司常加存恤，毋致失所。願務農者，驗各家人力，官爲給田耕種。不能自存者，接濟口糧。如有復業，並免三年差役，元抛事産盡皆給付。

《元典章》卷三《聖政·恤流民·延祐七年十一月詔》 百姓流移，蓋非得已。如欲復業者，所在官司官給行糧。應有在前拖欠差發、課程，並行倚閣。元抛事産，全行給付，仍免差税三年。其腹裏百姓因值灾傷，典賣兒女，聽依元價收贖。

《元典章》卷一九《户部·田宅·民田·捨施寺觀田土有司給據》 至大三年八月，江西行省准尚書省咨：

禮部呈：奉省判，滁州知州李介呈：切見江淮之間，兵革之時，人民流離，抛下田土屋宇，俱爲他人所有。或元是同莊鄰里親戚故舊，更相占據。平定之後，有未復業者，或狂妄之徒，誣言之曰某家子孫、某家親戚，執把亡宋舊契，或典或當文憑，難辯真僞，虚捏已死某人知見，裝飾虚詞，赴州縣陳告。所在官司，不分可否，輒便受理，遷延數年，不能杜絶。無理之人，自忖其非，故將交争未定田土屋宇，妄行捨施寺觀。其受施之主，不問是非，便行寫立文字。又不問鄰里親戚，亦不交割條段四至，强行使人耕種。或有莊窠房屋，便行懸挂佛像，安置萬歲牌位，致使有理之家不敢起移，因此詞訟尤興。以卑職所見，今後似此互争之人，必待結絶。或有自願出捨之家，須赴有司具四至條段陳告，以憑村保鄰舍親戚人等保勘，别無違礙，出給公據，明白推收税石，方許捨施。如違，其田籍設，犯人斷罪。如此則免争訟之端。具呈照詳。送禮部議擬施行。本部參詳，李介所言：諸人捨施田土，以致詞訟不絶，紊煩官府。今後若有諸人獻施田土，須於有司告給公據，委無違礙，方許獻施。違者田土籍没，犯人斷罪。其言允切。如准所言，遍行照會相應。具呈照詳。都省准呈，咨請依上施行。

《元典章》卷一九《户部·田宅·民田·漏報自己田土》 至元二十六年三月，營田司：

奉行大司農司：參照議擬到元欽奉聖旨條畫内一款，富豪兼并之家多有田土，不行盡實報官，或以熟作荒，詐冒供報，許限内出首改正。如限外不首，有人告發到官，其地一半没官，於没官地内一半付告人充賞，仍驗地畝多少約量斷罪。欽此，行大司農司議得，犯人十畝以下，笞四十七下。一百畝以下，杖五十七下。三百畝以下，杖六十七下。五百畝以下，杖七十七下。一千畝以下，杖八十七下。二千畝以下，杖九十七下。已上地畝雖多，罪止一百七下。奉此。

《元典章》卷二○《户部·鈔法·行用至元鈔法》 至元二十四年三月，尚書省奏奉聖旨，定到至元寶鈔通行條畫，開具於後：

一、至元寶鈔一貫，當中統寶鈔五貫，新舊並行，公私通用。

一、依中統之初，隨路設立官庫，買賣金銀，平准鈔法，私相買賣並行禁斷。每花銀一兩，入庫官價至元寶鈔二貫，出庫二貫五分。白銀各依上買賣。課銀一定，官價寶鈔二定，發賣鈔一百二貫五百文。赤金每兩價鈔二十貫，出庫二十貫五伯文。今後若有私下買賣金銀者，許諸人首告，金銀價直没官，於内一半付告人充賞，仍於犯人名下徵鈔二定，一就給付。銀一十兩、金一兩以下，决杖五十七下。銀一十兩、金一兩以上，决杖七十七下。銀五十兩、金一十兩以上，决杖九十七下。【略】

一、僞造通行寳鈔者處死。首告者賞銀五定，仍給犯人家産。

《元典章》卷二二《户部·課程·恢辦課程條畫》 中統二年六月，

欽奉皇帝聖旨：道與各路宣撫司並達魯花赤、管民官、課税所官、不以是何投下軍民諸色人等：隨路恢辦宣課，已有先朝累降聖旨條畫，禁斷私鹽酒醋麯貨、匿税，若有違犯，嚴行斷罪。今因舊制，再立明條，庶使吾民各知所避。欽此。

一、諸犯私鹽者，科徒二年，决杖七十，財産〔一半〕没官。决訖，發下鹽司帶鐐居役，滿日疏放。若有告捕得獲，於没官物内一半充賞。如獲犯界鹽貨，減犯私鹽罪一等。仍委自州府長官提調禁治私鹽罪。如禁治不嚴，致有私鹽並犯界鹽貨生發，初犯笞四十，再犯杖八十，三犯已上開具呈省。聞奏定罪。若獲犯人，依上給賞。如有鹽司監臨官與竈户私賣鹽者，同私鹽法科斷。**【略】**

一、諸犯私酒麯貨者，取問得實，科徒二年，决七十，財産一半没官，於没官物内一半付告人充賞。

一、諸犯匿税者，所犯物貨一半没官，於没官物内一半付告人充賞。但犯，笞五十。入門不吊引者，同匿税法科斷。

《元典章》卷二二《户部・課程・匿税・隱匿商税罪例》　至元二十五年三月，欽奉聖旨條畫内一款：匿税者，其匿税之物一半没官，於没官物内一半付告人充賞。外，犯人笞五十。其回回通事並使官銀買賣人等，入門不吊引者，同匿税法。欽此。

《元典章》卷二二《户部・課程・鹽課・拿住私鹽給賞》　至元三十一年七月，行御史臺准御史臺咨：准奉中書省劄付：

至元三十一年五月二十一日奏過事内一件：這朱虎説：如今拿住私鹽呵，每一引賞與十兩鈔有。爲賞少的上頭，人每不肯向前拿有。如今若是應捕軍人等拿住呵，與十五兩，不干礙人拿住呵，與二十五兩，這般呵，拿私鹽的人肯向前拿也者。説有。俺商量來，依着他的言語與呵，不虧官，有益有。添與呵，怎生？奏呵，是有，添與者。聖旨了也。欽此。

《元典章》卷五一《刑部・諸盗・獲盗・告捕謀反賞例》　告捕反賊胡王（光）〔先〕生等應理賞人：爲首人徐二、劉程，補六官雜班叙使；爲從人孫諒、王珪，給賞五百貫。外，録判張綱等係應捕人承告，不合理賞。東平府路司吏袁鑑拿獲事發在逃反賊任萬寧，部擬官給袁鑑賞鈔一千貫，省准擬施行。

《至正條格・條格》卷三〇《賞令・獲賊》　至元八年正月，樞密院呈：事主自獲强切盗賊，亦合依例給賞。刑部議得：欽奉聖旨：諸人告捕獲强盗一名，賞鈔五十貫，切盗□〔一〕名，賞鈔二十五貫，應捕人減半。別無事主親獲賊人給賞體例，都省准擬。

《至正條格・條格》卷三〇《賞令・獲僞鈔賊》　至大四年四月二十六日，詔書内一款：告獲印造僞鈔者，賞銀五定，仍給犯人家産，應捕人減半。告捕挑剜、裨輳者，賞中統鈔十定，犯人名下追給。應給而不給者，肅政廉訪司糾察。

《至正條格・條格》卷三〇《賞令・告冒受官職》　至治二年閏五月，御史臺呈：蕭漢臣告：曲靖□〔宣〕□〔慰〕使忽都不花，縣陞不應濫保人員，於所屬州縣勾當，所據合追賞錢中統鈔四百定，合無全給？都省議得：蕭漢臣一狀告趙賢等四人冒受。追到賞錢四百定，若准全給，緣比誣告，止坐一罪，法意不倫。擬合給一主賞，餘數没官。

《至正條格・條格》卷三〇《賞令・告獲私鹽》　延祐元年八月，户部與刑部議得：諸告者、親獲私鹽之人，擬合將各家没官財産，依例一半充賞外，據不及引者，無問多寡，同一引給賞。都省准擬。

《元史》卷一〇三《刑法志・職制》　諸告獲强盗，每名官給賞錢至元鈔五十貫，竊盗二十五貫，親獲者倍之，獲强盗至五人與一官。諸捕獲弑逆兇徒，比獲强盗給賞。諸隨處鎮守軍官軍人，親獲强竊盗賊者，減半給賞。

《大明律直解所載明律》卷一二《禮律・儀制・御賜衣物》　凡御賜百官衣物，使臣不行親送，轉附他人給與者，杖一百，罷職不叙。

《皇明詔令》卷一《太祖高皇帝・賜寧國府税糧詔洪武二年正月初一日**》**

皇帝詔曰：朕自淮右渡江，駐兵太平，開基建業，繼克鎮江，下宣城，賴天之靈，將士之力，西征北伐，罔不平定。朕念創業之初，國用所給，皆取辦四郡，供給繁重，未嘗一日忘之。今天下之勢，十定其九，南北混一有期。朕欲四郡之民，次第甦息，故先太平，次及應天、鎮江，俱已蠲免税糧一年。其寧國府洪武二年夏秋二税，亦與蠲免。有司其奉朕意，益加存恤。故茲詔示，咸使聞知。

《皇明詔令》卷二《太祖高皇帝・賜興王郡民田租糧詔洪武十四年十月**》**

奉天承運皇帝詔曰：朕荷天地祖宗護祐，山川百神效靈，在位十有四年。思昔創業之初，軍需甲仗，惟江左五郡之民甚勞苦矣。特以洪武十四年秋糧，太平、應天、鎮江、廣德、寧國五郡，除官田減半徵收，其民田盡行蠲免。於戲！立法以繩頑，施恩以撫善，斯效先王之道，非朕所能。故茲詔示，咸使聞知。

《皇明詔令》卷一三《英宗睿皇帝·賞賚敕天順元年三月十一日**》** 敕諭文武群臣、軍民人等：茲朕復登大寶，統理萬方，寔惟上天之命是承，宗廟之靈，社稷之福是憑是依，及我聖母皇太后之訓教，是克成就。亦惟爾文武群臣之功，暨爾六軍、萬姓之力是資是藉。眷言及此，日篤不忘。今復册立皇儲，封建親王，宣布仁恩，覃及中外。所有頒賜等第具示於後。特茲敕諭，咸使聞知。計開欽賞定例：

公每員銀五十兩，侯、伯、駙馬每員銀四十兩，一品、二品每員銀二十五兩，三品每員銀二十兩，四品每員銀一十五兩，五品每員銀一十兩，六品每員銀八兩，七品每員銀六兩，八品、九品每員銀四兩，雜職每員銀三兩。侯、伯亡没其子孫未襲者，但有母妻存者，每名銀八兩。優養軍妻見存者，每名銀二兩。操備官與在京官賞例同。將軍、旗軍、勇士、校尉、養馬小厮、軍匠人等，每名銀一兩。優給幼官及鰥寡老疾軍官並紀録幼軍，比在京官賞例減半。辦事吏典、監生、知印、人材及天文生、樂舞生、醫生、順天府學生並樂工，每絹一疋。在京坊厢民、人匠、廚子、僧道、皂隸、弓兵、膳夫人等，每名布一疋。在外聽選並公差、四夷朝貢等項官員人等，一品、二品每員鈔一百錠，三品、四品每員鈔八十錠，五品每員鈔七十錠，六品、七品每員鈔六十錠，八品、九品每員鈔五十錠，雜職每員鈔四十錠，生員、吏典人等每名鈔二十錠。

《皇明詔令》卷一七《孝宗敬皇帝·賞賚敕成化二十三年九月十三日**》** 皇帝敕諭文武群臣軍民人等：朕以涼德，紹承大統，仁恩所施，已遍海宇。顧惟在京文武群臣軍民人等，昔奉先帝效勞有年，宜頒錫賚，用溥新恩。所有等第，具示於後。故茲，敕諭。

計開：

公、侯、駙馬、伯銀二十兩，一品、二品銀一十五兩，三品銀一十兩，四品銀八兩，五品銀六兩，六品、七品銀五兩，八品、九品銀四兩，雜職銀三兩。

公、侯、駙馬、伯已殁，其子孫未承襲者，及無子孫承襲，有母、妻存者，每名銀三兩。優養軍官母、妻見存者，每名銀二兩。將軍、旗軍、勇士、力士、校尉、養馬小厮、軍匠、馴象軍人奴等，每名銀一兩。

操備及營造官員：一品、二品銀十五兩，三品銀十兩，四品銀八兩，五品銀六兩，六品、七品銀五兩，八品、九品銀四兩，雜職銀三兩，操備旗軍每名銀二兩。

優給幼官及鰥寡老疾軍官：一品、二品銀六兩，三品銀四兩，四品、五品銀三兩，六品至九品銀二兩，雜職銀一兩，紀録幼軍每名銀一兩。

辦事官、監生及天文生、樂舞生、醫生、順天府學生，每名絹一疋。

在京吏典、知印、承差、坊厢里老及民匠、廚子、樂工，每名絹布一疋。

在外聽選並公差等項文武官員人等：一品、二品每員鈔一百錠，三品、四品每員鈔八十錠，五品每員鈔七十錠，六品、七品每員鈔六十錠，八品、九品每員鈔五十錠，雜職每員鈔四十錠，生員、吏典人等每名鈔二十錠。

《諸司職掌·禮部職掌·主客部·給賜》 一、凡諸番四夷朝貢人員及公侯官員人等，一切給賜，如往年有例者，止照其例。無例者，斟酌高下等第，題奏定奪。然後本部官具本奏聞，關領給賞。

一、凡賞賜金銀鈔錠疋帛之類，金銀請長隨内官關領，疋帛係内承運庫收貯，冠帶衣靴係工科工部官收掌，鈔錠係户部官收掌。主客部官分投關領其物，或於奉天門，或奉天殿丹陛，或華蓋殿，用桌頓放，引受賜人朝北立置物所，引受賜人叩頭畢，以物授之。如多至十人、百人，則先以所賜之物唱名分授，各人行列叩頭畢，於該科出帖，赴午門倒换勘合，照出所賜之物。復令次日謝恩。

一、凡遠夷之人，或有長行頭疋及諸般物貨，不係貢獻之數，附帶到京，願納入官者，照依官例具奏，關給鈔錠，酬其價值。

（明）張楷《律條疏議》卷一二《御賜衣物》 凡御賜百官衣物，使臣不行親送，轉附他人給與者，杖一百，罷職不叙。

疏議曰：凡朝廷欽賜百官衣物，而所賜之官，或在方面，或居鎮守，而遣人齎賞，其所遣之使臣，不行親自送去，而展轉寄附他人給與者，原遣使臣杖一百，罷職不叙。

謹詳律意，君賜臣服，特遣人將正宜恭捧星馳，庶幾有光恩命。若不自行而寄附，則是褻禮以玩恩，治罪免官，以彰其慢。

（明）雷夢麟《讀律瑣言》卷一二《御賜衣物》 凡御賜百官衣物，使臣不行親送，轉附他人給與者，杖一百，罷職不叙。

《嘉靖事例·義民買立賑田》 看得提督兩廣兼理巡撫兵部侍郎兼都察院左僉都御史陶階題議，輸財時或有之，而捐銀至千兩者，時實罕見。今義民趙希户輸穀五千石，易銀買田一千餘畝，每歲收穀八百石，入官備賑。況本民累乞辭免旌獎，本非有爲而爲。知州林元秩援例請立坊牌，乃有司率民仗義之意。御史鄭濂呈，兩請定奪，是固承行接管之常。今按察司亦已查勘明白，似無別情。合無查照工部近日奏行事例，量加職銜，或照前次節行事例，行仰有司，竪立坊牌，惟復俯從退讓免加旌獎一節，爲照積穀救荒，爲政首務，輸財備賑，亦人所難。但祖宗舊例，每州縣四境，各立一倉，以便給放。如是損多，隨即修理。及查近年題奉欽依，止動支贓罰、紙米、税契、引錢等項價銀，糴穀上倉，不許科取小民財物，通行天下所宜遵守。今義民趙希户，輸穀五千石，知州林元秩，申稱搬運到州。又無倉廒收貯，以致先任巡按監察御史徐錦批稱，積穀既無倉所搬運，又惜虚置，如擬易銀置田，及時增置，計畝入籍，以爲永圖。廣西布政司議稱，度酌中處所，就田修蓋，以免搬運之勞。依閒民間竹倉，不拘大小，每倉可容一百、或二百，量（彀）〔穀〕盛貯一年八百石之數。由此觀之，則是該州預備倉廒，久廢不舉。揆之舊制，實乃有違。又義民趙希户先已輸粟於官，布政司駁令糴銀。及運銀到省，又令改買田，買田已完，又令改買。由此觀之，則非動支官錢而預備倉糧，惟賴小民財物，（撥）〔揆〕之前例，亦屬有悖。況廣西一省，全州爲最。全州之民，爲數亦多。今以一州賑濟之政，而仰賴一家一人之財，在州官舉之，自謂救荒經久之圖。在朝廷視之，殊非公平正大之體。且買〔田〕備賑，隨田立倉，事涉紛更，行多瑣碎。既該巡撫左侍郎陶查題前來，相應議處，合候命下，本部移咨本官，再行廣西按察司查勘義民趙希户輸粟易銀買田，如果是實，免加旌獎，行令本民自行管業，收册納糧當差，不必取以備賑。及行該州，照例修蓋預備倉廒，動支贓罰、紙米等項價銀，糴穀上倉，以備賑濟，不許毫釐科取小民財物。違者，聽巡按御史參究拿問治罪。再照知州林元秩，不遵舊制設立倉廒，止用民財買田備賑，（撥）〔揆〕之事例，俱屬有違。合無行令巡撫左侍郎陶，行提林元秩到官，問擬應得罪名，照例發落。惟復别有定奪。

（明）王肯堂《王儀部先生箋釋》卷一二《御賜衣物》 釋曰凡御賜百官衣物，其使臣承遣齎發，而不行親送本官，乃展轉附寄他人給與者，杖一百，罷職不叙。蓋惡其慢君命，故褫其官。若軍職則降充總旗。

《律條直引》卷一二《禮律·儀制·御賜衣物》 趙甲依御賜百官衣物使臣不行親送，轉附他人給與者律，杖一百，罷職不叙。有《大誥》減等，杖九十。係官，運炭等項，完日罷職不叙。

《盛京滿文檔案》天命六年七月 十四日，爲分田事先期傳諭各村曰：海州地方撥田十萬垧，遼東地方撥田二十萬垧，共徵田三十萬垧，分給我駐紮此地之兵馬。至於我衆百姓之田，仍在我地方耕種。爾遼東地方諸貝勒大臣及富家之田，荒蕪者甚多也。該荒蕪之田，亦列入我所徵之三十萬垧田數內，如不敷用，可取自松山堡以内至鐵嶺、懿路、蒲河、範河、琿托河、瀋陽、撫順、東州、瑪根丹、清河、孤山等地之田耕種。若仍不足，可至邊外耕種。【略】本年所種之糧，準其各自收穫。我今計田每丁給種糧田五垧，種棉地一垧矣。爾等不得隱匿男丁。隱則不得其田矣。嗣後以不使花子求乞，乞丐僧人，皆給以田，勤加耕作。每三丁，合種官田一垧，每二十丁，以一人充兵，一人應役。不似爾國官吏差人歛財於下，賄賂於上。爾漢人參將、游擊一年領取豆類及高粱，小米共五百石，蘇、麥、靛等，不計其數。每月領取食米、木炭、紙張、菜蔬費十五兩。我已諭令廢止此種雜費，秉公執法而生之也。官員出行，由汗賞給買肉之銀兩，按實到人數給米。

《蒙古律例》卷六《盜賊·牲畜被竊，他人要截獲之》 牲畜被竊，他人要截獲之，一則令給謝儀，兩以上、十以下者令取一，多則按十取一。若牲畜之主謂非被竊而不給者，令佐領、驍騎校發誓，誓則免其謝儀，不誓令給謝儀。若將截獲牲畜詐冒收去，發覺時，將假冒之人以賊論。

（清）董誥《全唐文》卷一七《中宗·賜成王千里衣物敕》　晝巡周衛，夜驚巖廊，既曰爪牙，實稱心腹。左金吾衛大將軍成王千里，聲高沛獻，德邁二南。以磐石之崇班，當執金之重寄。察奸無對，討猾若神。固以威動千廬，勤宣五校。近者衙仗之内，輒有詐僞之人。曾不斯須，遽令擒獲。能官之目，久已馳芳，稱職之名，從茲著號。可賜衣一副，兼賜物一百段。

（清）董誥《全唐文》卷二一《玄宗·賜高麗莫離支及吐谷渾等大首領爵賞制》　高麗莫離支高文簡、跌跌都督跌跌思太、吐谷渾大首領刺史慕容道奴、郁射思大首領鶻屈頡斤、大首領刺史苾悉頡力、高麗大首領高拱毅等，或遼海貴族，或陰山寵裔。知則能勇，權而善謀。從事本藩，頡頏高位，料順逆之道，知變通之節。或誓以沈族，或翻然庇身，共驗郅支之亡，遂覩由余之入。將軍遇敵，永罷射雕，使者迎降，果聞乘傳，棄寒苦之地，就陽和之澤，爾其誠矣，朕實休之。宜開土宇之封，式盛壇場之制。文簡可封遼西郡王，食邑三千户，行左衛大將軍員外置同正員，賜宅一區，馬四匹，物六百段。跌跌思太可特進行右衛大將軍員外置兼跌跌都督，封樓煩郡公。食邑三千户，賜宅一區，馬三匹，物五百段。道奴可左威衛將軍員外置兼刺史，封雲中郡開國公，食邑二千户，賜宅一區，物四百段，馬兩匹。鶻屈頡斤可左驍衛將軍員外置兼刺史，封陰山郡開國公，食邑二千户，賜馬兩匹，物二百段。苾悉頡力可左武衛將軍員外置兼刺史，封雁門郡開國公，食邑二千户，賜馬兩匹，物四百段，宅一區。拱毅可左領軍衛將軍員外置兼刺史，封平城郡開國公，食邑二千户，賜馬兩匹，物四百段。鶻屈頡斤妻契苾賜物一百五十段，手力二人，各賜物五十段。

（清）董誥《全唐文》卷五一《德宗·賜百官錢詔》　百辟卿士，實惟股肱。頃屬艱虞，損家殉節，累經寇難，靡不困窮。洎復上京，薦遭歉歲，官俸既薄，公田不收。外虧導從之儀，内懷凍餒之戚。朝列尚爾，蒸人何堪？軫於深衷，良用愧惻。應文武常參官等，宜共賜錢七萬貫，委度支據班秩職事，及所損職田多少，量等級從今至明年四月以來，隨月支給。凡厥多士，宜悉朕懷。

（清）宋廷璣《長洲宋氏世譜》卷一二《規條》　仕宦子姓亦應分別資助也。凡由科目出身現居翰詹御史衙門者，每年公幫銀三十兩。其晉階京卿以上者，每年公幫銀五十兩，至内閣學士而止。再子姓不拘正異途及官階大小，如有從事軍旅，正當不違内顧之時，其本人親屬在家餬口不贍者，按口酌濟薪水。

《臨時臺灣舊習慣調查會第一部調查第三回報告書·台灣私法·齋堂》

齋堂即齋教的堂宇，其信徒稱爲齋友。【略】

財産：齋堂有齋友捐贈或以捐款典買的田園、房屋等附屬財産，此等財産大多以齋堂爲業主，亦有以董事或齋頭爲業主之例。

《臺灣私法物權編·物權之特別主體·慈善事業·諭示》　起廢繼絶，亦仁政之大本也，況無告窮民，可不加意濟恤乎！本帥蒞任臺島，下車伊始，即與群僚熟籌再興養濟院等。無如該院從無業産，有業産者唯育嬰堂、周善堂耳！然尚恐其數之不敷，於是本帥捐俸唱之，官民出貲助之，且加向蒙頒賜英照太后布施遺金三千九百八十三元六角八點一釐正，共計現金有一萬六千八百七十二元二角一點五釐正。至此，財産基本略備，乃將養濟院及育嬰、同善兩堂合而一之，因題其名曰仁濟院，專屬臺北縣掌管，定其章程，稽其出納，按母子之利，設救邮之方，現使鰥寡孤獨廢疾諸人棲止衣食，各得其所，仰副皇仁憐邮窮民之至意焉！惟是本帥初志諒必漸行，各縣不卜可知矣，本年四月，行響老典於彰化城，淹留數日，屢會臺中紳民，諭以養濟留養等事，衆紳莫不誓願贊助。本帥遂躬爲委員長，選委員於縣官鄉紳，勸獎治下一切人等克鑑臺北，速講再興良策。且期臺南復鑑臺中，庶全臺古來趨善急公之休風歷久不墜，而今日起廢繼續之美意四處樂從，是則本帥首唱之大旨也。若夫義捐金額，自一錢以上即將姓名載諸新報等事，另有所定。故有通集腋成裘之義者，前赴附近官署或縣署參事，以及各街莊長等處面商可也。

光緒二十五年十一月

合將勸募捐銀再興養濟事業規程列左：

一、募集期限，自本年十二月初一日起，至明年五月三十一日止。

一、欲應募捐銀之人，理應每區製册，註明金額、姓名、住址，申報所在辦務署長。

一、捐銀額數固不論其多寡，然自一錢起爲可。

一、各辦務署長收捐銀，隨即權交收單，嗣後或當有登載金額、姓名於臺灣日日新報或臺中新聞之事。

一、各辦務署長收銀已完，一面滙解於第三十四銀行出張所貯存，一面詳報本縣廳内委員。

紀事

《漢書》卷一下《高帝紀》〔六年夏五月詔曰：〕故大夫以上賜爵各一級，其七大夫以上，皆令食邑，非七大夫以下，皆復其身及户，勿事。

《漢書》卷五《景帝紀》五年春正月，作陽陵邑。夏，募民徙陽陵，賜錢二十萬。

《漢書》卷五《景帝紀》〔二年秋七月詔曰：〕吏遷徙免罷，受其故官屬所將監治送財物，奪爵爲士伍，免之。無爵，罰金二斤，令没入所受。有能捕告，畀其所受臧。

《漢書》卷六《武帝紀》〔建元二年〕秋七月，詔曰：衛士轉置送迎二萬人，其省萬人。罷苑馬，以賜貧民。

《漢書》卷七《昭帝紀》〔始元三年〕秋，募民徙雲陵，賜錢田宅。

《漢書》卷八《宣帝紀》時掖庭令張賀嘗事戾太子，思顧舊恩，哀曾孫，奉養甚謹，以私錢供給教書。

《漢書》卷八《宣帝紀》孝宣皇帝，武帝曾孫，戾太子孫也。太子納史良娣，生史皇孫。皇孫納王夫人，生宣帝，號曰皇曾孫。生數月，遭巫蠱事，太子、良娣、皇孫、王夫人皆遇害。語在《太子傳》。曾孫雖在襁緥，猶坐收繫郡邸獄。而邴吉爲廷尉監，治巫蠱於郡邸，憐曾孫之亡辜，使女徒復作淮陽趙徵卿、渭城胡組更乳養，私給衣食，視遇甚有恩。

《漢書》卷八《宣帝紀》〔本始〕二年春，以水衡錢爲平陵，徙民起第宅。

《漢書》卷九《元帝紀》〔初元二年三月〕詔罷黄門乘輿狗馬，水衡禁囿、宜春下苑、少府佽飛外池、嚴籞池田假與貧民。

《漢書》卷九《元帝紀》初元元年春正月辛丑，孝宣皇帝葬杜陵。賜諸侯王、公主、列侯黄金，吏二千石以下錢帛，各有差。

《漢書》卷一〇《成帝紀》〔鴻嘉二年夏〕賜丞相、御史、將軍、列侯、公主、中二千石冢地、第宅。

《漢書》卷一一《哀帝紀》〔建平元年春正月〕太皇太后詔外家王氏田非冢塋，皆以賦貧民。

《漢書》卷二四上《食貨志》　理民之道，地著爲本。故必建步立畮，正其經界。六尺爲步，步百爲畮。畮百爲夫，夫三爲屋，屋三爲井，井方一里，是爲九夫。八家共之，各受私田百畮，公田十畮，是爲八百八十畮，餘二十畮以爲廬舍。出入相友，守望相助，疾病（則）〔相〕救，民是以和睦，而教化齊同，力役生産可得而平也。

民受田，上田夫百畮，中田夫二百畮，下田夫三百畮。歲耕種者不易上田；休一歲者爲一易中田；休二歲者爲再易下田，三歲更耕之，自爰其處。農民户人已受田，其家衆男爲餘夫，亦以口受田如此。士工商家受田，五口乃當農夫一人。此謂平土可以爲法者也。若山林藪澤原陵淳鹵之地，各以肥磽多少爲差。有賦有税。税謂公田什一及工商衡虞之入也。賦共車馬甲兵士徒之役，充實府庫賜予之用。税給郊社宗廟百神之祀，天子奉養百官禄食庶事之費。民年二十受田，六十歸田。七十以上，上所養也；十歲以下，上所長也；十一以上，上所强也。種穀必雜五種，以備災害。田中不得有樹，用妨五穀。力耕數耘，收穫如寇盗之至。還廬樹桑，菜茹有畦，瓜瓠果蓏殖於疆易。

《漢書》卷三四《韓信傳》　韓信，淮陰人也。家貧無行，不得推擇爲吏，又不能治生爲商賈，常從人寄食。

《漢書》卷三九《蕭何傳》　蕭何，沛人也。【略】漢五年，已殺項羽，即皇帝位，論功行封，羣臣争功，歲餘不決。上以何功最盛，先封爲酇侯，食邑八千户。【略】是日，悉封何父母兄弟十餘人，皆食邑。乃益封何二千户，以嘗繇咸陽時何送我獨贏錢二也。

《漢書》卷五八《卜式傳》卜式，河南人也。以田畜爲事。有少弟，弟壯，式脱身出，獨取畜羊百餘，田宅財物盡與弟。式入山牧，十餘年，羊致千餘頭，買田宅。而弟盡破其産，式輒復分與弟者數矣。

《漢書》卷六六《蔡義傳》　蔡義，河内温人也。以明經給事大將軍莫府。家貧，常步行，資禮不逮衆門下，好事者相合爲義買犢車，令乘之。數歲，遷補覆盎城門候。

《三國志》卷一五《魏志・温恢傳》　温恢字曼基，太原祁人也。父恕，爲涿郡太守，卒。恢年十五，送喪還歸鄉里，内足於財。恢曰：世方亂，安以富爲？一朝盡散，振施宗族。

《三國志》卷六〇《吴志・鍾離牧傳》　鍾離牧字子幹，會稽山陰人，漢魯相意七世孫也。少爰居永興，躬自墾田，種稻二十餘畝。臨熟，縣民有識認之，牧曰：本以田荒，故墾之耳。遂以稻與縣人。縣長聞之，召民繫獄，欲繩以法，牧爲之請。長曰：君慕承宫，自行義事，僕爲民主，當以法率下，何得寢公憲而從君邪？牧曰：此是郡界，緣君意顧，故來蹔住。今以少稻而殺此民，何心復留？遂出裝，還山陰，長自往止之，爲釋繫民。民慚懼，率妻子舂所取稻得六十斛米，送還牧，牧閉門不受。民輸置道旁，莫有取者。

（晋）皇甫謐《高士傳》卷中《閔貢》　閔貢，字仲叔，太原人也，世稱節士。雖周黨之潔清，自以弗及也。黨見仲叔食無菜，遺以生蒜，仲叔曰：我欲省煩耳，今更作煩邪。受而不食。

（晋）常璩《華陽國志》卷二《漢中志》　初平中，以魯爲督義司馬，住漢中斷谷道。魯既至，行寬惠，以鬼道教立義舍，置義米義肉其中，行者取之，量腹而已，不得過，過多云鬼病之。其市肆賈平亦然，犯法者，三原而後行刑。學道未信者，謂之鬼卒。後乃爲祭酒，巴漢夷民多便之。其供通限出五斗米，故世謂之米道。

《後漢書》卷二《顯宗孝明帝紀》〔永平九年〕夏四月甲辰，詔郡國以公田賜貧人各有差。

《後漢書》卷四《孝和帝紀》〔永元〕十五年春閏月乙未，詔流民欲還歸本而無糧食者，過所實稟之，疾病加致醫藥；其不欲還歸者，勿强。

《後漢書》卷二六《宋弘傳》　宋弘字仲字，京兆長安人也。【略】光武即位，徵拜太中大夫。建武二年，代王梁爲大司空，封栒邑侯。所得租奉分贍九族，家無資産，以清行致稱。

《後漢書》卷二六《韋彪傳》　彪清儉好施，禄賜分與宗族，家無餘財。

《後漢書》卷二七《承宫傳》　承宫字少子，琅邪姑幕人也。【略】建初元年，卒，肅宗褒歎，賜以家地。妻上書乞歸葬鄉里，復賜錢三十萬。

《後漢書》卷三一《孔奮傳》　隴蜀既平，河西守令咸被徵召，財貨連轂，彌竟川澤。唯奮無資，單車就路。姑臧吏民及羌胡更相謂曰：孔君清廉仁賢，舉縣蒙恩，如何今去，不共報德！遂相賦斂牛馬器物千萬以上，追送數百里。奮謝之而已，一無所受。

《後漢書》卷三二《樊重傳》　貲至巨萬，而賑贍宗族，恩加鄉閭。

《後漢書》卷四三《朱暉傳》　建初中，南陽大飢，米石千餘，暉盡散其家資，以分宗里故舊之貧羸者，鄉族皆歸焉。

《後漢書》卷四三《何敞傳》　其出居者，皆歸養其父母，追行喪服，推財相讓者二百許人。

《後漢書》卷四五《韓棱傳》　韓棱字伯師，潁川舞陽人，弓高侯穨當之後也。【略】棱四歲而孤，養母弟以孝友稱。及壯，推先父餘財數百萬與從昆弟，鄉里益高之。

《後漢書》卷四六《郭鎮傳》　鎮字桓鍾，少修家業。【略】永建四年，卒於家。詔賜冢塋地。

《後漢書》卷五六《种暠傳》　种暠字景伯，河南洛陽人，仲山甫之後也。父爲定陶令，有財三千萬。父卒，暠悉以賑卹宗族及邑里之貧者。

《後漢書》卷六二《荀淑傳》　荀淑字季和，潁川潁陰人（也），荀卿十一世孫也。【略】安帝時，徵拜郎中，後再遷當塗長。【略】産業每增，輒以贍宗族知友。

《後漢書》卷六四《吴祐傳》　吴祐字季英，陳留長垣人也。【略】祐以光禄四行遷膠東侯相。時濟北戴宏父爲縣丞，宏年十六，從在丞舍。祐每行園，常聞諷誦之音，奇而厚之，亦與爲友，卒成儒宗，知名東夏，官至酒泉太守。祐政唯仁簡，以身率物。民有爭訴者，輒閉閤自責，然後斷其訟，以道譬之。或身到閭里，重相和解。自是之後，爭隙省息，吏人懷而不欺。嗇夫孫性私賦民錢，市衣以進其父，父得而怒曰：有君如是，何忍欺之。促歸伏罪。性慙懼，詣閤持衣自首。祐屏左右問其故，性具談父言。祐曰：掾以親故，受汚穢之名，所謂觀過斯知人矣。使歸謝其父，還以衣遺之。又安丘男子毋丘長與母俱行市，道遇醉客辱其母，長殺之而亡，安丘追蹤於膠東得之。祐呼長謂曰：子母見辱，人情所恥。然孝子忿必慮難，動不累親。今若背親逞怒，白日殺人，赦若非義，刑若不忍，將如之何，長以械自繫，曰：國家制法，囚身犯之。明府雖加哀矜，恩無所施。祐問長有妻子乎？對曰：有妻未有子也。即移安丘逮長妻，妻到，解其桎梏，使同宿獄中，妻遂懷孕。至冬盡行刑，長泣謂母曰：負母應死，當何以報吴君乎？乃齧指而吞之，含血言曰：妻若生子，名之吴生，言我臨死吞指爲誓，屬兒以報吴君。因投繯而死。

《後漢書》卷七六《循吏傳・劉寵》　劉寵字祖榮，東萊牟平人。【略】後四遷爲豫章太守，又三遷拜會稽太守。【略】山陰縣有五六老叟，尨眉皓髮，自若邪山谷閒出，人賫百錢以送寵。寵勞之曰：父老何自苦？對曰：山谷鄙生，未嘗識郡朝。它守時吏發求民閒，至夜不絶，或狗吠竟夕，民不得安。自明府下車以來，狗不夜吠，民不見吏。年老遭值聖明，今聞當見棄去，故自扶奉送。寵曰：吾政何能及公言邪？勤苦父老。爲人選一大錢受之。

《後漢書》卷七九上《儒林傳・周防》　周防字偉公，汝南汝陽人也。父揚，少孤微，常脩逆旅，以供過客，而不受其報。

《後漢書》卷七九下《儒林傳・高詡》　高詡字季回，平原般人也。【略】〔建武〕十三年，卒官，賜錢及冢田。

《後漢書》卷八一《獨行傳・劉翊》　劉翊字子相，潁川潁陰人也。家世豐産，常能周施而不有其惠。曾行於汝南界中，有陳國張季禮遠赴師喪，遇寒冰車毁，頓滯道路。翊見而謂曰：君慎終赴義，行宜速達。即下車與之，不告姓名，自策馬而去。季禮意其子相也，後故到潁陰，還所假乘。翊閉門辭行，不與相見。【略】

後黄巾賊起，郡縣飢荒，翊救給乏絶，資其食者數百人。鄉族貧者，死亡則爲具殯葬，嫠獨則助營妻娶。

獻帝遷都西京，翊舉上計掾。是時寇賊興起，道路隔絶，使驛稀有達者。翊夜行晝伏，乃到長安。詔書嘉其忠勤，特拜議郎，遷陳留太守。翊散所握珍玩，唯餘車馬，自載東歸。出關數百里，見士大夫病亡道次，翊以馬易棺，脱衣斂之。又逢知故困餒於路，不忍委去，因殺所駕牛，以救其乏。衆人止之，翊曰：視没不救，非志士也。遂俱餓死。

《後漢書》卷八三《逸民傳・高鳳》　高鳳字文通，南陽葉人也。少爲書生，家以農畝爲業，而專精誦讀，晝夜不息。妻嘗之田，曝麥於庭，令鳳護鷄。時天暴雨，而鳳持竿誦經，不覺潦水流麥。妻還怪問，鳳方悟之。其後遂爲名儒，乃教授業於西唐山中。

鄰里有争財者，持兵而鬭，鳳往解之，不已，乃脱巾叩頭，固請曰：仁義遜讓，奈何棄之！於是争者懷感，投兵謝罪。鳳年老，執志不倦，名聲著聞。太守連召請，恐不得免，自言本巫家，不應爲吏，又詐與寡嫂訟田，遂不仕。建初中，將作大匠任隗舉鳳直言，到公車，託病逃歸。推其財産，悉與孤兄子。隱身漁釣，終於家。

《後漢書》卷八三《逸民傳·向長》　向長字子平，河内朝歌人也。隱居不仕，性尚中和，好通《老》、《易》。貧無資食，好事者更饋焉，受之取足而反其餘。

《宋書》卷六一《江夏王劉義恭傳》　義恭性嗜不恒，日時移變，自始至終，屢遷第宅。與人游欵，意好亦多不終。而奢侈無度，不愛財寶，左右親幸者，一日乞與，或至一二百萬，小有忤意，輒追奪之。大明時，資供豐厚，而用常不足，賒市百姓物，無錢可還，民有通辭求錢者，輒題後作原字。

《宋書》卷七六《朱脩之傳》　然性儉剋少恩情，姊在鄉里，飢寒不立，脩之未嘗供贍。嘗往視姊，姊欲激之，爲設菜羹粗飯，脩之曰：此乃貧家好食。致飽而去。先是，新野庾彦達爲益州刺史，攜姊之鎮，分禄秩之半以供贍之，西土稱焉。

《南齊書》卷二《高帝紀》〔建元四年春正月〕癸亥，詔曰：比歲申威西北，義勇争先，殞氣寇場，命盡王事。戰亡蠲復，雖有恒典，主者遵用，每傷簡薄。建元以來戰亡，賞蠲租布二十年，雜役十年。其不得收屍，主軍保押，亦同此例。

《南齊書》卷四三《王思遠傳》　王思遠，琅邪臨沂人。【略】宋建平王景素辟爲南徐州主簿，深見禮遇。【略】景素女廢爲庶人，思遠分衣食以相資贍，年長，爲備笄總，訪求素對，傾家送遣。

《南齊書》卷五五《孝義傳·崔懷慎》　懷慎孤貧獨立，宗黨哀之，日斂給其升米。

《魏書》卷三《太宗紀》〔永興五年秋七月〕奚斤等破越勤倍泥部落於跋那山西，獲馬五萬匹，牛二十萬頭，徙二萬餘家於大寧，計口受田。【略】

辛未，賜征還將士牛、馬、奴婢各有差。置新民於大寧川，給農器，計口受田。

《魏書》卷七上《高帝紀》〔承明九年〕冬十月丁未，詔曰：朕承乾在位，十有五年。每覽先王之典，經綸百氏，儲畜既積，黎元永安。爰暨季葉，斯道陵替，富强者并兼山澤，貧弱者望絶一廛，致令地有遺利，民無餘財，或争畝畔以亡身，或因飢饉以棄業，而欲天下太平，百姓豐足，安可得哉？今遣使者，循行州郡，與牧守均給天下之田，還受以生死爲斷，勸課農桑，興富民之本。

《魏書》卷一一〇《食貨志》　既定中山，分徙吏民及徒何種人、工伎巧十萬餘家以充京都，各給耕牛，計口授田。

《魏書》卷一一〇《食貨志》　九年，下詔均給天下民田：

諸男夫十五以上，受露田四十畝，婦人二十畝，奴婢依良。丁牛一頭受田三十畝，限四牛。所授之田率倍之，三易之田再倍之，以供耕作及還受之盈縮。

諸民年及課則受田，老免及身没則還田。奴婢、牛隨有無以還受。

諸桑田不在還受之限，但通入倍田分。於分雖盈，没則還田，不得以充露田之數。不足者以露田充倍。

諸初受田者，男夫一人給田二十畝，課蒔餘，種桑五十樹，棗五株，榆三根。非桑之土，夫給一畝，依法課蒔榆、棗。奴各依良。限三年種畢，不畢，奪其不畢之地。於桑榆地分雜蒔餘果及多種桑榆者不禁。

諸應還之田，不得種桑榆棗果，種者以違令論，地入還分。

諸桑田皆爲世業，身終不還，恒從見口。有盈者無受無還，不足者受種如法。盈者得賣其盈，不足者得買所不足。不得賣其分，亦不得買過所足。

諸麻布之土，男夫及課，别給麻田十畝，婦人五畝，奴婢依良。皆從還受之法。

諸有舉户老小癃殘無授田者，年十一已上及癃者各授以半夫田，年踰七十者不還所受，寡婦守志者雖免課亦授婦田。

諸還受民田，恒以正月。若始受田而身亡，及賣買奴婢牛者，皆至明年正月乃得還受。

諸土廣民稀之處，隨力所及，官借民種蒔。役有土居者，依法封授。

諸地狹之處，有進丁受田而不樂遷者，則以其家桑田爲正田分，又不足不給倍田，又不足家内人別減分。無桑之鄉準此爲法。樂遷者聽逐空荒，不限異州他郡，唯不聽避勞就逸。其地足之處，不得無故而移。

諸民有新居者，三口給地一畝，以爲居室，奴婢五口給一畝。男女十五以上，因其地分，口課種菜五分畝之一。

諸一人之分，正從正，倍從倍，不得隔越他畔。進丁受田者恒從所近。若同時俱受，先貧後富。再倍之田，放此爲法。

諸遠流配謫、無子孫、及户絶者，墟宅、桑榆盡爲公田，以供授受。授受之次，給其所親；未給之間，亦借其所親。

諸宰民之官，各隨地給公田，刺史十五頃，太守十頃，治中別駕各八頃，縣令、郡丞六頃。更代相付。賣者坐如律。

《晋書》卷一〇《安帝紀》〔義熙九年〕夏四月壬戌，罷臨沂、湖熟皇后脂澤田四十頃，以賜貧人，弛湖池之禁。

《晋書》卷二六《食貨志》 永寧之初，洛中尚有錦帛四百萬，珠寶金銀百餘斛。惠后北征，蕩陰反駕，寒桃在御，隻雞以給，其布衾兩幅，囊錢三千，以爲車駕之資焉。

《梁書》卷二《武帝紀》〔天監十二年二月〕丙寅，詔曰：掩骼埋胔，義重周經，槥櫝有加，事美漢策。朕向隅載懷，每勤造次，收藏之命，亟下哀矜；而寓縣遐深，遵奉未洽，髐然路隅，往往而有，言愍沉枯，彌劳傷惻。可明下遠近，各巡境界，若委骸不葬，或蒢衣莫改，即就收斂，量給棺具。庶夜哭之魂斯慰，霑霜之骨有歸。

《梁書》卷三《武帝紀》〔大同七年十一月丁丑〕詔曰：用天之道，分地之利，蓋先聖之格訓也。凡是田桑廢宅没入者，公創之外，悉以分給貧民，皆使量其所能以受田分。

《梁書》卷一二《韋叡傳》 性慈愛，撫孤兄子過於己子，歷官所得禄賜，皆散之親故，家無餘財。

《陳書》卷五《宣帝紀》〔太建十一年〕三月丁未，詔淮北義人率户口歸國者，建其本屬舊名，置立郡縣，即隸近州，賦給田宅，唤訂一無所預。

《陳書》卷二五《孫瑒傳》 性通泰，有財物散之親友。

《陳書》卷二七《姚察傳》 姚察字伯審，吴興武康人也。**【略】** 值梁室喪亂，於金陵隨二親還鄉里。時東土兵荒，人飢相食，告糴無處，察家口既多，竝採野蔬自給。察每崎嶇艱阻，求請供養之資，糧粒恒得相繼。又常以己分減推諸弟妹，乃至故舊乏絶者皆相分卹，自甘唯藜藿而已。**【略】**

察幼年嘗就鍾山明慶寺尚禪師受菩薩戒，及官陳，禄俸皆捨寺起造，並追爲禪師樹碑，文甚遒麗。

《陳書》卷三〇《陸瓊傳》 陸瓊字伯玉，吴郡吴人也。**【略】** 瓊性謙儉，不自封植，雖位望日隆，而執志愈下。園池室宇，無所改作，車馬衣服，不尚鮮華，四時禄俸，皆散之宗族，家無餘財。

《南史》卷二八《褚彦回傳》 彦回幼有清譽。**【略】** 湛之卒，彦回悉推財與弟澄，唯取書數千卷。湛之有兩厨寶物，在彦回所生郭氏間，嫡母吴郡主求之，郭欲不與，彦回曰：但令彦回在，何患無物，猶不許，彦回流涕固請，乃從之。

《南史》卷七三《孝義傳・郭原平》 太守蔡興宗臨郡，深加貴異，以私米饋原平及山陰朱百年妻各百斛。原平誓死不受，百年妻亦固辭。

《南史》卷七五《隱逸傳・劉凝之》 劉凝之字隱安，小名長生，南郡枝江人也。父期公，衡陽太守。兄盛公，高尚不仕。

凝之慕老萊、嚴子陵爲人，推家財與弟及兄子，立屋於野外，非其力不食。州里重其行，辟召一無所就。妻梁州刺史郭銓女也，遣送豐麗，凝之悉散之屬親。妻亦能不慕榮華，與凝之共居儉苦。夫妻共乘蒲笨車，出市買易，周用之外，輒以施人。爲村里所誣，一年三輸公調，求輒與之。又嘗有人認其所著屐，笑曰：僕著已敗，令家中覓新者備君。此人後田中得所失屐，送還不肯復取。

《南史》卷七五《隱逸傳・沈道虔》 沈道虔，吴興武康人也。**【略】** 有人竊其園菜者，外還見之，乃自逃隱，待竊者去後乃出。人又拔其屋後大筍，令人止之，曰：惜此筍欲令成林，更有佳者相與。乃令人買大筍送與之，盜者慚不取，道虔使置其門内而還。常以捃拾自資，同捃者或争毯，道虔諫之不止，悉以其所得與之。争者愧恧，後每争輒云勿令居士知。冬月無複衣，戴顒聞而迎之，爲作衣服，并與錢一萬。及還，分身上衣及錢悉供諸兄弟子無衣者。

《北史》卷八五《節義傳·郭世儁》 郭世儁字弘乂，太原文水人也。家門雍睦，七世同居，犬豕同乳，烏鵲同巢，時人以爲義感之應。州縣上其事，隋文帝遣平昌公宇文弼詣其家勞問。書侍御史柳彧巡省河北，表其門閭。漢王諒爲并州總管，聞而嘉歎，賜其兄弟二十餘人衣各一襲。

《隋書》卷一《高祖紀》〔開皇元年二月〕戊寅，以官牛五千頭分賜貧人。

《隋書》卷三《煬紀帝》〔大業三年秋七月〕甲寅，上於郡城東御大帳，其下備儀衛，建旌旗，宴啓民及其部落三千五百人，奏百戲之樂。賜啓民及其部落各有差。

《隋書》卷三《煬帝紀》〔大業四年春正月〕丁卯，賜城内居民米各十石。

《隋書》卷三《煬帝紀》〔大業五年三月〕庚午，有司言，武功男子史永遵與從父昆弟同居。上嘉之，賜物一百段，米二百石，表其門閭。

《隋書》卷二四《食貨志》 高祖登庸，罷東京之役，除入市之税。【略】自諸王已下，至於都督，皆給永業田，各有差。多者至一百頃，少者至四十畝。其丁男、中男永業露田，皆遵後齊之制。並課樹以桑榆及棗。其園宅，率三口給一畝，奴婢則五口給一畝。丁男一牀，租粟三石，桑土調以絹絁，麻土以布絹。絁以疋，加綿三兩。布以端，加麻三斤。單丁及僕隸各半之。未受地者皆不課。有品爵及孝子順孫義夫節婦，並免課役。京官又給職分田。一品者給田五頃。每品以五十畝爲差，至五品，則爲田三頃，六品二頃五十畝。其下每品以五十畝爲差，至九品爲一頃。外官亦各有職分田，又給公廨田，以供公用。

《隋書》卷三七《李穆傳》 李穆，字顯慶，自云隴西成紀人，漢騎都尉陵之後也。【略】從太祖擊齊師於芒山，太祖臨陣墮馬，穆突圍而進，以馬策擊太祖而詈之，授以從騎，潰圍俱出。賊見其輕侮，謂太祖非貴人，遂緩之。以故得免。既而與穆相對泣，顧謂左右曰：成我事者，其此人乎！即令撫慰關中，所至克定，擢授武衛將軍、儀同三司，進封安武郡公，增邑一千七百户，賜以鐵券，恕其十死。尋加開府，領侍中。

《隋書》卷三七《李雅傳》 恰弟雅，少有識量。周保定中，屢以軍功封西安縣男，拜大都督。天和中，從元定征江西，時諸軍失利，遂没於陳。後得歸國，拜開府儀同三司，領左右軍。其年，從太子西征吐谷渾，雅率步騎二千，督軍糧於洮河，爲賊所躡，相持數日。雅患之，遂與僞和，虜備稍解，縱奇兵擊破之。賜奴婢百口，封一子爲侯。後拜齊州刺史，俄徵還京。數載，授瀛州刺史。高祖作相，鎮靈州以備胡。還授大將軍，遷荆州總管，加邑八百户。開皇初，進爵爲公。

《隋書》卷三九《于義傳》 于義字慈恭，河南洛陽人也。父謹，從魏武帝入關，仕周，官至太師，因家京兆。義少矜嚴，有操尚，篤志好學。大統末，以父功，賜爵平昌縣伯，邑五百户。起家直閤將軍。其後改封廣都縣公。周閔帝受禪，增邑六百户。累遷安武太守，專崇德教，不尚威刑。有郡民張善安、王叔兒争財相訟，義曰：太守德薄不勝任之所致，非其罪也。於是取家財，倍與二人，喻而遣去。善安等各懷恥愧，移貫他州。於是風教大洽。其以德化人，皆此類也。進封建平郡公。明、武世，歷西兗、瓜、邵三州刺史。數從征伐，進位開府。【略】

及高祖作相，王謙構逆，高祖將擊之，問將於高熲。熲答曰：于義素有經略，可爲元帥。高祖初然之。劉昉進曰：梁睿位望素重，不可居義之下。高祖乃止。於是以睿爲元帥，以義爲行軍總管。謙將達奚惎擁衆據開遠，義將左軍擊破之。尋拜潼州總管，賜奴婢五百口，雜綵三千段，超拜上柱國。

《隋書》卷三九《陰壽傳》 陰壽字羅雲，武威人也。父嵩，周夏州刺史。壽少果烈，有武幹，性謹厚，敦然諾。周世屢以軍功，拜儀同。從武帝平齊，進位開府，賜物千段，奴婢百口，女樂二十人。

《隋書》卷三九《元景山傳》 元景山字珤岳，河南洛陽人也。祖燮，魏安定王。父琰，宋安王。景山少有器局，幹略過人。周閔帝時，從大司馬賀蘭祥擊吐谷渾，以功拜撫軍將軍。其後數從征伐，累遷儀同三司，賜爵文昌縣公，授亹川防主。後與齊人戰於北邙，斬級居多，加開府，遷建州刺史，進封宋安郡公，邑三千户。從武帝平齊，每戰有功，拜大將軍，改封平原郡公，邑二千户，賜女樂一部，帛六千匹，奴婢二百五十口，牛羊數千。

《隋書》卷四〇《虞慶則傳》 虞慶則，京兆櫟陽人也。【略】開皇元年，進位大將軍，遷内史監、吏部尚書、京兆尹，封彭城郡公，營新都總監。【略】後突厥主攝圖將内附，請一重臣充使，於是上遣慶則詣突厥所。攝圖恃强，初欲亢禮，慶則責以往事，攝圖不服。其介長孫晟又説諭之，攝圖及弟葉護皆拜受詔，因即稱臣朝貢，請永爲藩附。初，慶則出使，高祖敕之曰：我欲存立突厥，彼送公馬，但取五三匹。攝圖見慶則，贈馬千匹，又以女妻之。

《隋書》卷四〇《王世積傳》 王世積，闡熙新國人也。【略】後數歲，桂州人李光仕作亂，世積以行軍總管討平之。上遣都官員外郎辛凱卿馳勞之。及還，進位上柱國，賜物二千段。上甚重之。

《隋書》卷四一《蘇威傳》 威見宫中以銀爲幔鈎，因盛陳節儉之美以諭上。上爲之改容，彫飾舊物，悉命除毁。上嘗怒一人，將殺之，威入閤進諫，不納。上怒甚，將自出斬之，威當上前不去。上避之而出，威又遮止。上拂衣而入。良久，乃召威謝曰：公能若是，吾無憂矣。於是賜馬二匹，錢十餘萬。

《隋書》卷四六《長孫平傳》 長孫平字處均，河南洛陽人也。【略】其後突厥達頭可汗與都藍可汗相攻，各遣使請援。上使平持節宣諭，令其和解。賜縑三百匹，良馬一匹而遣之。平至突厥所，爲陳利害，遂各解兵。可汗贈平馬二百匹。及還，平進所得馬，上盡以賜之。

《隋書》卷四八《楊素傳》 楊素字處道，弘農華陰人也。【略】及平齊之役，素請率父麾下先驅。帝從之，賜以竹策，曰：朕方欲大相驅策，故用此物賜卿。從齊王憲與齊人戰於河陰，以功封清河縣子，邑五百户。其年授司城大夫。明年，復從憲拔晋州。憲屯兵雞棲原，齊主以大軍至，憲懼而宵遁，爲齊兵所躡，衆多敗散。素與驍將十餘人盡力苦戰，憲僅而獲免。其後每戰有功。及齊平，加上開府，改封成安縣公，邑千五百户，賜以粟帛、奴婢、雜畜。從王軌破陳將吴明徹於吕梁，治東楚州事。封弟慎爲義安侯。陳將樊毅築城於泗口，素擊走之，夷毅所築。

《隋書》卷五四《杜整傳》 杜整字皇育，京兆杜陵人也。【略】高祖爲丞相，進位開府。及受禪，加上開府，進封長廣郡公，俄拜左武衛將軍。在職數年，以母憂去職，起令視事。開皇六年，突厥犯塞，詔遣衛王爽總戎北伐，以整爲行軍總管兼元帥長史。至合川，無虜而還。整密進取陳之策，上善之，於是以行軍總管鎮襄陽。尋病卒，時年五十五。高祖聞而傷之，贈帛四百匹，米四百石，謚曰襄。子楷嗣。官至開府。

《隋書》卷五六《張衡傳》 張衡字建平，河内人也。【略】高祖受禪，拜司門侍郎。及晋王廣爲河北行臺，衡歷刑部、度支二曹郎。後以臺廢，拜并州總管掾。及王轉牧揚州，衡復爲掾，王甚親任之。衡亦竭慮盡誠事之，奪宗之計，多衡所建也。以母憂去職，歲餘，起授揚州總管司馬，賜物三百段。開皇中，熙州李英林聚衆反，署置百官，以衡爲行軍總管，率步騎五萬人討平之。拜開府，賜奴婢一百三十口，物五百段，金銀雜畜稱是。

《隋書》卷五八《明克讓傳》 明克讓字弘道，平原鬲人也。【略】高祖受禪，拜太子内舍人，轉率更令，進爵爲侯。太子以師道處之，恩禮甚厚。每有四方珍味，輒以賜之。于時東宫盛徵天下才學之士，至於博物洽聞，皆出其下。詔與太常牛弘等修禮議樂，當朝典故多所裁正。開皇十四年，以疾去官，加通直散騎常侍。卒，年七十。上甚傷惜焉，賻物五百段，米三百石。太子又贈絹布二千匹，錢十萬，朝服一具，給棺槨。

《隋書》卷六三《樊子蓋傳》 樊子蓋字華宗，廬江人也。【略】〔大業〕十年冬，車駕還東都，帝謂子蓋曰：玄感之反，神明故以彰公赤心耳。析珪進爵，宜有令謨。是日下詔，進爵爲濟公，言其功濟天下，特爲立名，無此郡國也。賜縑三千匹，奴婢二十口。後與蘇威、宇文述陪宴積翠亭，帝親以金杯屬子蓋酒，曰：良算嘉謀，俟公後動，即以此杯賜公，用爲永年之瑞。并綺羅百匹。

《隋書》卷六五《周法尚傳》 周法尚字德邁，汝南安成人也。【略】高祖受禪，拜巴州刺史，破三鵶叛蠻於鐵山，復從柱國王誼擊走陳寇。遷衡州總管、四州諸軍事，改封譙郡公，邑二千户。後上幸洛陽，召之，及引見，賜金鈿酒鍾一雙，綵五百段，良馬十五匹，奴婢三百口，給鼓吹一部。法尚固辭，上曰：公有大功於國，特給鼓吹者，欲令公鄉人知朕之寵公也。固與之。歲餘，轉黄州總管。上降密詔，使經略江南，伺候動静。及伐陳之役，以行軍總管隸秦孝王，率舟師三萬出于樊口。陳城州刺史熊門超出師拒戰，擊破之，擒超於陣。轉鄂州刺史，尋遷永州總管，安集嶺南，賜縑五百段，良馬五匹，仍給黄州兵三千五百人爲帳内。陳桂州刺史錢季卿、南康内史柳璿、西衡州刺史鄧暠、陽山太守毛爽等前後詣法尚降。陳定州刺史吕子廓據山洞反，法尚引兵踰嶺，子廓兵衆日散，與千餘人走保巖險，其左右斬之而降。賜綵五百段，奴婢五十口，並銀甕寶帶，良馬十匹。十年，尋轉桂州總管，仍爲嶺南安撫大使。

後數年入朝，以本官宿衛。賜綵三百段，米五百石，絹五百匹。未幾，桂州人李光仕舉兵作亂，令法尚與上柱國王世積討之。法尚馳往桂州，發嶺南兵，世積出岳州，徵嶺北軍，俱會于尹州。光仕來逆戰，擊走之。世積所部多遇瘴，不能進，頓于衡州，法尚獨討之。光仕帥勁兵保白石洞，法尚捕得其弟光略、光度，大獲家口。其黨有來降附，輒以妻子還之。居旬日，降者數千人。法尚遣兵列陣，以當光仕，親率奇兵，蔽林設伏。兩陣始交，法尚馳擊其柵，柵中人皆走散，光仕大潰，追斬之。賜奴婢百五十口，黄金百五十兩，銀百五十斤。仁壽中，遂州獠叛，復以行軍總管討平之。巂州烏蠻反，攻陷州城，詔令法尚便道擊之。軍將至，賊棄州城，散走山谷間，法尚捕不能得。於是遣使慰諭，假以官號，僞班師，日行二十里。軍再舍，潛遣人覘之，知其首領盡歸柵，聚飲相賀。法尚選步騎數千人，襲擊破之，獲其渠帥數千人，虜男女萬餘口。賜奴婢百口，物三百段，蜀馬二十匹。軍還，檢校潞州事。

《隋書》卷六五《李景傳》 李景字道興，天水休官人也。【略】景智略非所長，而忠直爲時所許，帝甚信之。擊叛蠻向思多，破之，賜奴婢八十口。明年，擊吐谷渾於青海，破之，進位光禄大夫。賜奴婢六十口，縑二千匹。五年，車駕西巡，至天水，景獻食於帝。帝曰：公，主人也。賜坐齊王暕之上。

《隋書》卷六五《慕容三藏傳》 慕容三藏，燕人也。【略】開皇元年，授吴州刺史。九年，奉詔持節凉州道黜陟大使。其年，嶺南酋長王仲宣反，圍廣州，詔令柱國、襄陽公韋洸爲行軍總管，三藏爲副。至廣州，與賊交戰，洸爲流矢所中，卒，詔令三藏檢校廣州道行軍事。十年，賊衆四面攻圍，三藏固守月餘。城中糧少矢盡，三藏以爲不可持久，遂自率驍鋭，夜出突圍擊之。賊衆敗散，廣州獲全。以功授大將軍，賜奴婢百口，加以金銀雜物。

《隋書》卷六五《王仁恭傳》 王仁恭字元實，天水上邽人也。祖建，周鳳州刺史。父猛，鄯州刺史。仁恭少剛毅修謹，工騎射。弱冠，州補主簿，秦孝王引爲記室，轉長道令，遷車騎將軍。從楊素擊突厥於靈武，以功拜上開府，賜物三千段。以驃騎將軍典蜀王軍事。山獠作亂，蜀王命仁恭討破之，賜奴婢三百口。

《隋書》卷七四《崔弘度傳》 崔弘度字摩訶衍，博陵安平人也。祖楷，魏司空。父説，周敷州刺史。弘度膂力絶人，儀貌魁岸，鬚面甚偉。性嚴酷。年十七，周大冢宰宇文護引爲親信。尋授都督，累轉大都督。時護子中山公訓爲蒲州刺史，令弘度從焉。嘗與訓登樓，至上層，去地四五丈，俯臨之，訓曰：可畏也。弘度曰：此何足畏！欻然擲下，至地無損傷。訓以其拳捷，大奇之。後以戰勳，授儀同。從武帝滅齊，進位上開府，鄴縣公，賜物三千段，粟麥三千石，奴婢百口，雜畜千計。尋從汝南公宇文神舉破盧昌期於范陽。

《隋書》卷七八《藝術傳·庾季才》 庾季才字叔奕，新野人也。【略】周太祖一見季才，深加優禮，令參掌太史。每有征討，恒預侍從。賜宅一區，水田十頃，並奴婢牛羊什物等，謂季才曰：卿是南人，未安北土，故有此賜者，欲絶卿南望之心。宜盡誠事我，當以富貴相答。

《隋書》卷八〇《譙國夫人傳》 譙國夫人者，高涼洗氏之女也。世爲南越首領。【略】梁大同初，羅州刺史馮融聞夫人有志行，爲其子高涼太守寶聘以爲妻。【略】追贈寶爲廣州總管、譙國公，册夫人爲譙國夫人。以宋康邑迴授僕妾洗氏。仍開譙國夫人幕府，置長史以下官屬，給印章，聽發部落六州兵馬，若有機急，便宜行事。降敕書曰：朕撫育蒼生，情均父母，欲使率土清净，兆庶安樂。而王仲宣等輒相聚結，擾亂彼民，所以遣往誅翦，爲百姓除害。夫人情在奉國，深識正理，遂令孫盎斬獲佛智，竟破群賊，甚有大功。今賜夫人物五千段。暄不進愆，誠合罪責，以夫人立此誠效，故特原免。夫人宜訓導子孫，敦崇禮教，遵奉朝化，以副朕心。皇后以首飾及宴服一襲賜之，夫人並盛於金篋，并梁、陳賜物各藏於一庫。每歲時大會，皆陳於庭，以示子孫，曰：汝等宜盡赤心向天子。我事三代主，唯用一好心。今賜物具存，此忠孝之報也，願汝皆思念之。

（唐）李林甫《唐六典》卷三《尚書户部·金部郎中員外郎》 凡賜物十段，則約率而給之：絹三匹，布三端，綿四屯。貲布、紵布、罽布各一端。春、夏以絲代綿。若雜綵十段，則絲布二匹、紬二匹、綾二匹、縵四匹。若賜蕃客錦綵，率十段則錦一張、綾二匹、縵三匹、綿四屯。

《舊唐書》卷二《太宗紀》 六月，凱旋。太宗親披黄金甲，陣鐵馬一萬騎，甲士三萬人，前後部鼓吹，俘二僞主及隋氏器物輦輅獻于太廟。高祖大悦，行飲至禮以享焉。高祖以自古舊官不稱殊功，乃别表徽號，用旌勳德。十月，加號天策上將、陝東道大行臺，位在王公上。增邑二萬户，通前三萬户。賜金輅一乘，衮冕之服，玉璧一雙，黄金六千斤，前後部鼓吹及九部之樂，班劍四十人。

《舊唐書》卷三《太宗紀》〔貞觀十一年〕九月丁亥，河溢，壞陝州河北縣，毁河陽中潬。幸白司馬坂以觀之，賜遭水之家粟帛有差。

《舊唐書》卷五《高宗紀》〔麟德二年〕二月丁亥，雍州人梁金柱請出錢三千貫賑濟貧人。

《舊唐書》卷八《玄宗紀》〔先天十八年〕八月丁亥，上御花萼樓，以千秋節百官獻賀，賜四品已上金鏡、珠囊、縑綵，賜五品已下束帛有差。

《舊唐書》卷九《玄宗紀》〔天寶十三年〕三月丁酉，太常卿張垍貶盧溪郡司馬，垍兄憲部尚書均貶建安太守。丙午，御躍龍殿門張樂宴群臣，賜右相絹一千五百疋，綵羅三百疋，綵綾五百疋；左相絹三百疋，綵羅綾各五十疋；餘三品八十疋，四品五品六十疋，六品七品四十疋，極歡而罷。壬戌，御勤政樓大酺。北庭都護程千里生擒阿布思獻於樓下，斬之於朱雀街。乙丑，左羽林上將軍封常清權北庭都護、伊西節度使。萬春公主出降楊朏。

《舊唐書》卷九《玄宗紀》〔天寶〕十三載春正月丁酉朔，上御華清宫之觀風樓，受朝賀。己亥，安慶緒獻俘于行在，帝引見於禁中，賞賜鉅萬。乙巳，加安禄山尚書左僕射，賜實封千户，奴婢十房，莊、宅各一區；又加閑廄、五坊、宫苑、隴右群牧都使，以武部侍郎吉温爲副。

《舊唐書》卷一三《德宗紀》 三月辛酉，陳許節度使曲環奏請權停當道冗官，待一二年後，民力稍給，則復之。壬戌，左龍武統軍戴休顔卒。甲子，涇原節度使劉昌築胡谷堡，改名彰義堡。堡在平涼西三十五里，亦禦戎之要地。壬申，詔：頃來賜衣，文彩不常，非制也。朕今思之，宜有定制，節度使宜以鶻銜綬帶，觀察使宜以鴈銜威儀。威儀，瑞草也。關輔牛疫死，十亡五六。上遣中使以諸道兩税錢買牛，散給畿民無牛者。辛巳，詔神威、神策六軍將士自相訟，軍司推劾；與百姓相訟，委府縣推劾；小事移牒，大事奏取處分，軍司、府縣不得相侵。癸未，義武軍節度使、檢校司空、平章事張孝忠卒。

《舊唐書》卷一三《德宗紀》〔貞元四年〕九月丙午，詔：比者卿士内外，左右朕躬，朝夕公門，勤勞庶務。今方隅無事，烝庶小康，其正月晦日、三月三日、九月九日三節日，宜任文武百僚選勝地追賞爲樂。每節宰相及常參官共賜錢五百貫文，翰林學士一百貫文，左右神威、神策等軍每厢共賜錢五百貫文，金吾、英武、威遠諸衛將軍共賜錢二百貫文，客省奏事共賜錢一百貫文，委度支每節前五日支付，永爲常式。

《舊唐書》卷一六《穆宗紀》〔長慶元年三月〕丁巳，制：劉總已極上台，仍移重鎮，兄弟子姪，各授官榮，大將賓僚，亦宜超擢。幽州百姓給復一年，賜三軍賞設錢一百萬貫。令宣慰使薛存慶與弘靖計會支給。

《舊唐書》卷一六《穆宗紀》〔長慶二年冬十月〕己卯，以工部侍郎鄭權爲工部尚書，以前華州刺史許季同爲工部侍郎。是日，上由複道幸咸陽，止於善因佛寺，施僧錢百萬，咸陽令絹百匹。

《舊唐書》卷一七《敬宗紀》〔寶曆元年十二月〕戊辰，敕：農功所切，實在耕牛，疲甿多乏，須議給賜。委度支往河東、振武、靈、夏等州市耕牛一萬頭，分給畿内貧下百姓。

《舊唐書》卷一八《武宗紀》〔會昌二年〕五月，敕慶陽節百官率醵外，别賜錢三百貫，以備素食合宴，仍令京兆府供帳，不用追集坊市樂人。

《舊唐書》卷五五《高開道傳》 高開道，滄州陽信人也。【略】〔武德〕三年，復稱燕王，建元，署置百官。【略】時幽州大饑，開道許給之粟，藝遣老弱就食，開道皆厚遇之。

《舊唐書》卷五七《裴寂傳》 裴寂字玄真，蒲州桑泉人也。【略】時太宗將舉義師而不敢發言，見寂爲高祖所厚，乃出私錢數百萬，陰結龍山令高斌廉與寂博戲，漸以輸之。寂得錢既多，大喜，每日從太宗游。

《舊唐書》卷五八《唐儉傳》　儉在官每盛修肴饌，與親賓縱酒爲樂，未嘗以職務留意。又嘗託鹽州刺史張臣合收其私羊，爲御史所劾，以舊恩免罪，貶授光禄大夫。永徽初，致仕于家，加特進。顯慶元年卒，年七十八。高宗爲之舉哀，罷朝三日，贈開府儀同三司、并州都督，賻布帛一千段、粟一千石，賜東園秘器，陪葬昭陵，謚曰襄，官爲立碑。

《舊唐書》卷五九《姜皎傳》　玄宗即位，召拜殿中少監。數召入卧內，命之捨敬，曲侍宴私，與后妃連榻，間以擊毬鬭雞，常呼之爲姜七而不名也。兼賜以宮女、名馬及諸珍物不可勝數。

《舊唐書》卷五九《許紹傳》　許紹字嗣宗，本高陽人也。【略】紹少子圉師，有器幹，博涉藝文，舉進士。顯慶二年，累遷黄門侍郎、同中書門下三品，兼修國史。三年，以修實録功封平恩縣公，賜物三百段。

《舊唐書》卷六二《李大亮傳》　李大亮，雍州涇陽人。【略】義兵入關，大亮自東都歸國，授土門令。屬百姓饑荒，盜賊侵寇，大亮賣所乘馬分給貧弱，勸以墾田，歲因大稔。躬捕寇盜，所擊輒平。時太宗在藩，巡撫北境，聞而嗟歎，下書勞之，賜馬一匹、帛五十段。

《舊唐書》卷八九《狄仁傑傳》　狄仁傑字懷英，并州太原人也，祖孝緒，貞觀中尚書左丞。【略】聖曆三年，則天幸三陽宮，王公百僚咸經侍從，唯仁傑特賜宅一區，當時恩寵無比。

《舊唐書》卷一二〇《郭子儀傳》　郭子儀，華州鄭縣人。【略】大曆元年十二月，華州節度使周智光殺監軍張志斌謀叛，帝以同、華路阻，召子儀女壻工部侍郎趙縱受口詔往河中，令子儀起軍討之。縱請爲蠟書，令家僮間道賜子儀。奉詔大閱軍戎，將發，同華將吏聞軍起，乃斬智光父子，傳首京師。二年二月，子儀入朝，宰相元載、王縉、僕射裴冕、京兆尹黎幹、內侍魚朝恩共出錢三十萬，置宴於子儀第，恩出羅錦二百匹，爲子儀纏頭之費，極歡而罷。

《舊唐書》卷一三九《陸贄傳》　〔陸贄乃上疏論其事曰：〕臣愚謂宜罷諸道將士番替防秋之制，率因舊數而三分之：其一分委本道節度使募少壯願住邊城者以徙焉；其一分則本道但供衣糧，委關內、河東諸軍州募蓄、漢子弟願傳邊軍者以給焉；又一分亦令本道但出衣糧，加給應募之人，以資新徙之業。又令度支散於諸道和市耕牛，兼雇召工人，就諸軍城繕造器具。募人至者，每家給耕牛一頭，又給田農水火之器，皆令充備。初到之歲，與家口二人糧，并賜種子，勸之播植，待經一稔，俾自給家。若有餘糧，官爲收糴，各酬倍價，務獎營田。既息踐更徵發之煩，且無幸災苟免之弊。寇至則人自爲戰，時至則家自力農。是乃兵不得不强，食不得不足，與夫倏來忽往，豈可同等而論哉！

《舊唐書》卷一六〇《孟郊傳》　孟郊者，少隱於嵩山，稱處士。李翱分司洛中，與之游。薦於留守鄭餘慶，辟爲賓佐。性孤僻寡合，韓愈一見以爲忘形之契，常稱其字曰東野，與之唱和於文酒之間。鄭餘慶鎮興元，又奏爲從事，辟書下而卒。餘慶給錢數萬葬送，贍給其妻子者累年。

《舊唐書》卷一六一《劉悟傳》　劉悟，正臣之孫也。正臣本名客奴。天寶末，禄山叛，平盧軍節度使柳知晦受賊僞署。客奴時職居牙門，襲殺知晦，馳章以聞。授平盧軍節度使，賜名正臣。【略】〔元和末〕擢拜悟檢校工部尚書，兼御史大夫、義成軍節度使，封彭城郡王，仍賜實封五百户，錢二萬貫，莊、宅各一區。

《舊唐書》卷一六四《王播傳》　王播字明敭。【略】文宗即位，就加檢校司徒。大和元年五月，自淮南入覲，進大小銀盤三千四百枚，綾絹二十萬匹。六月，拜尚書左僕射，同平章事，領使如故。二年，進封太原公，太清宮使。四年正月，患喉腫暴卒，時年七十二。廢朝三日，贈太尉。

《舊唐書》卷一八五《良吏傳·高智周》　高智周，常州晋陵人。少好學，舉進士。累補費縣令，與丞、尉均分俸錢，政化大行，人吏刊石以頌之。

《舊唐書》卷一八五《良吏傳·王方翼》　王方翼，并州祁人也，高宗王庶人從祖兄也。【略】永徽中累授安定令，【略】方翼發卒濬築，引多樂水環城爲壕。又出私財造水碾磑，稅其利以養飢餒，宅側起舍十餘行以居之。

《舊唐書》卷一八五《良吏傳·吕諲》　吕諲，蒲州河東人。志行修整，勤於學業。少孤貧，不能自振，里人程楚賓家富於財，諲娶其女，楚賓及子震皆重其才，厚與資給，遂游京師。

《舊唐書》卷一八九下《儒學傳·柳冲》　柳冲，蒲州虞鄉人也，隋饒州刺史莊曾孫也。【略】貞觀中，累轉光禄少卿，使突厥存撫李思摩，突厥贈馬百匹及方物，悉拒而不受。

《舊唐書》卷一九二《隱逸傳·陽城》　陽城字亢宗，北平人也。【略】初未至京，人皆想望風彩，曰：陽城山人能自刻苦，不樂名利，今爲諫官，必能以死奉職。人咸畏憚之。及至，諸諫官紛紜言事，細碎無不聞達，天子益厭苦之；而城方與二弟及客日夜痛飲，人莫能窺其際，皆以虚名譏之。【略】約其二弟云：吾所得月俸，汝可度吾家有幾口，月食米當幾何，買薪、菜、鹽凡用幾錢，先具之，其餘悉以送酒媼，無留也。

《舊唐書》卷一九三《崔覲傳》　崔覲，梁州城固人。爲儒不樂仕進，以耕稼爲業。老而無子，乃以田宅家財分給奴婢，令各爲生業。覲夫妻遂隱於城固南山，家事一不問，約奴婢遞過其舍，至則供給酒食而已。

《舊唐書》卷一九九下《北狄傳》　貞觀二年，葉護可汗死，其國大亂。乙失鉢之孫曰夷男。率其部落七萬餘家附于突厥。【略】三年，夷男遣其弟統特勒來朝，太宗厚加撫接，賜以寶刀及寶鞭。謂曰：汝所部有大罪者斬之，小罪者鞭之。夷男甚喜。

《舊唐書》卷二〇〇上《高尚傳》　高尚，幽州雍奴人也，本名不危。【略】寓居河朔縣界，與令狐潮鄰里，【略】縣尉有姓高者，以其宗盟，引置門下，遂以尚入籍爲兄弟。李齊物爲懷州刺史，舉高尚不仕，送京師，并助錢三萬。

《舊唐書》卷二〇〇下《黄巢傳》　時巢衆累年爲盜，行伍不勝其富，遇窮民於路，争行施遺。即入春明門，坊市聚觀，尚讓慰曉市人曰：黄王爲生靈，不似李家不恤汝輩，但各安家。巢賊衆競投物遺人。

（宋）王溥《唐會要》卷二九《追賞》　貞觀十七年十一月，詔曰：天下宜賜酺三日，自漢魏以來，或賜牛酒。牛之爲用，耕稼所資，多有宰殺，深乖惻隱。其男子年七十以上，量給酒米麪。

先天二年八月二十五日勅：賜酺合宴，止欲與人同歡，廣爲聚斂，固非取樂之意。今後宴會所作山車旱船，結綵樓閣寶車等，俱是無用之物，並宜禁斷。【略】

〔開元〕十九年二月八日，勅：至春末以來，每至假日，宜準去年正月二十九日勅，賜錢造食，任逐游賞。【略】

天寶八載正月敕：今朝廷無事，思與百辟，同兹宴賞。其中書門下及百官等，共賜絹二萬匹，其外官取當處官物，量郡大小，及官人多少，節級分賜。

（宋）王溥《唐會要》卷三六《修撰》　貞觀五年九月二十七日，祕書監魏徵撰《群書政要》，上之。太宗欲覽前王得失，爰自《六經》，訖于諸子，上始五帝，下盡晋年。徵與虞世南、褚亮、蕭德言等始成，凡五十卷，上之。諸王各賜一本。【略】十四年五月二十一日，詔以特進魏徵所撰《類禮》賜皇太子及諸王，并藏本于祕府。初，徵以《禮經》遭秦滅學，戴聖編之，條流不次，乃刪其所説，以類相從，爲五十篇，合二十卷。上善之，賜物一千段。

十五年正月三日，魏王泰上《括地志》五十卷，上嘉之，賜物一萬段，其書宜付祕閣。

（宋）王溥《唐會要》卷五三《崇獎》　聖曆三年四月初三日勅：同中書門下平章事賜食，並同中書門下三品例。

（宋）王溥《唐會要》卷八九《泉貨》　〔大和〕四年十一月勅：應私貯見錢家，除合貯數外，一萬貫至十萬貫，限一周年内處置畢；十萬貫至二十萬貫以下者，限二周年處置畢。如有不守期限，安然蓄積，過本限，即任人糾告，及所由覺察。其所犯家錢，並準元和十二年勅納官，據數五分取一分，充賞糾告人賞錢，數止於五千貫。應犯錢法人色目決斷科貶，並準元和十二年勅處分。其所由覺察，亦量賞一半。事竟不行。

《舊五代史》卷三《梁書·太祖紀》　〔開平元年〕十一月壬寅，帝以征討未寧，調補爲先，遂命盡赦逃亡背役髠黥之人，各許歸鄉里。廣州進龍形通犀腰帶、金托裹含稜玳瑁器百餘副，香藥珍巧甚多。廣南管内獲白鹿，並圖形來獻，耳有兩缺。按符瑞圖，鹿壽千歲變白，耳一缺。今驗此鹿耳有二缺，其獸與色皆應金行，實表嘉瑞。

《舊五代史》卷四《梁書·太祖紀》　〔開平二年九月丙戌〕幽州都將康君紹等十人自蕃賊寨内來投，又幽州騎將高彦章八十人騎先在并州，乃於晋州軍前來降。至是到行在，皆賜分物衣服，放歸本道，以示懷服。丁亥，至陳州，賜宴扈從官。

《舊五代史》卷五《梁書·太祖紀》 開平三年九月，御崇勳殿，宴群臣文武百官。賜張宗奭、楊師厚白綾各三百疋，銀鞍轡馬。丁酉，上幸崇政院宴内臣，賜院使敬翔、直學士李班等繒綵有差。

《舊五代史》卷二九《唐書·莊宗紀》〔天祐十八年〕三月，河中節度使朱友謙、昭義節度使李嗣昭、滄州節度使李存審、定州節度使王處直、邢州節度使李嗣源、成德軍兵馬留後張文禮、遥領天平軍節度使閻寶、大同軍節度使李存璋、新州節度使王郁、振武節度使李存進、同州節度使朱令德，各遣使勸進，請帝紹唐帝位，帝報書不允。自是，諸鎮凡三上章勸進，各獻貨幣數十萬，以助即位之費，帝左右亦勸帝早副人望，帝撝挹久之。

《舊五代史》卷三一《唐書·莊宗紀》〔同治二年〕二月己巳朔，親祀昊天上帝於圜丘，禮畢，宰臣率百官就次稱賀，還御五鳳樓。宣制：大赦天下，應同光二年二月一日昧爽已前，所犯罪無輕重常赦所不原者，咸赦除之。十惡五逆、屠牛鑄錢、故意殺人、合造毒藥、持杖行劫、官典犯贓，不在此限。應自來立功將校，各與轉官，仍加賞給。文武常參官、節度、觀察、防禦、刺史、軍主、都虞候、指揮使，父母亡殁者，並與追贈；在者各與加爵增封。諸藩鎮各賜一子出身，仍封功臣名號。留後、刺史，官高者加階爵一級，官卑者加官一資。應本朝内外臣僚，被朱氏殺害者，特與追贈。應諸州府不得令富室分外收貯見錢，禁工人鎔錢爲銅器，勿令商人載錢出境。近年已來，婦女服飾，異常寬博，倍費縑綾。有力之家，不計卑賤，悉衣錦繡，宜令所在糾察。應有百姓婦女，曾經俘擄他處爲婢妾者，一任骨肉識認。男子曾被刺面者，給與憑據，放逐營生。召天下有能以書籍進納者，各等第酬獎。仰有司速檢勘天下户口正額，墾田實數，待憑條理，以息煩苛。

《舊五代史》卷六四《唐書·王晏球傳》 王晏球，字瑩之，自言洛都人。【略】天成二年，授北面行營副招討，從兵戍滿城。【略】晏球能與將士同其甘苦，所得禄賜私財，盡以饗士，日具飲饌，與將校筵宴，待軍士有禮，軍中無不敬伏。

《舊五代史》卷七四《唐書·康延孝傳》 康延孝，塞北部落人也。初隸太原，因得罪，亡命于汴梁。開平、乾化中，自隊長積勞至部校。梁末帝時，頻立軍功。同光元年八月，段凝率衆五萬營於王村，時延孝爲右先鋒指揮使，率百騎來奔。莊宗得之喜，解御衣金帶以賜之。翌日，賜田宅於鄴，以爲捧日軍使兼南面招討指揮使、檢校司空，守博州刺史。莊宗屏人問梁兵機，延孝備陳利害，語在《莊宗紀》中。莊宗平汴，延孝頗有力焉，以功授檢校太保、鄭州防禦使，賜姓，名紹琛。明年，郊禮畢，授保義軍節度使。

《舊五代史》卷一二三《周書·宋彦筠傳》 宋彦筠，雍丘人也。【略】初，彦筠入成都，據一甲第，第中資貨鉅萬，妓女數十輩，盡爲其所有。一旦，與其主母微忿，遽擊殺之，自後常有所睹，彦筠心不自安，乃修浮屠法以禳之，因而溺志於釋氏。其後，每歲至金仙入涅之日，常衣斬縗號慟於其像前，其佞佛也如是。家有侍婢數十人，皆令削髮披緇，以侍左右，大爲當時所誚。又性好貨殖，能圖什一之利，良田甲第，相望於郡國。將終，以伊、洛之間田莊十數區上進，並籍於官焉。

《舊五代史》卷一二七《周書·和凝傳》 和凝，字成績，汶陽須昌人也。【略】晋有天下，拜端明殿學士。【略】凝性好修整，自釋褐至登台輔，車服僕從，必加華楚，進退容止偉如也。又好延納後進，士無賢不肖，皆虚懷以待之，或致其仕進，故甚有當時之譽。平生爲文章，長於短歌艷曲，尤好聲譽。有集百卷，自篆於板，模印數百帙，分惠於人焉。

《新唐書》卷二《太宗紀》〔貞觀三年〕四月乙亥，太上皇徙居於大安宫。甲午，始御太極殿。戊戌，賜孝義之家粟五斛，八十以上二斛，九十以上三斛，百歲加絹二匹，婦人正月以來産子者粟一斛。

《新唐書》卷七九《高祖諸子》 鄷悼王元亨，貞觀二年，授金州刺史，之藩，太宗憐其幼，思之，數遣使爲勞問，賜金盞以娱樂之。六年薨，無子，國除。

《新唐書》卷九一《姜確傳》 確字行本，以字顯。【略】高昌之役，爲行軍副總管，出伊州，距柳谷百里，依山造攻械，增損舊法，械益精。其處有漢班超紀功碑，行本磨去古刻，更刊頌陳國威靈。遂與侯君集進平高昌，戰有功，璽書尉勞。還，爲金城郡公，賜奴婢七十人，帛百五十段。

《新唐書》卷九二《杜伏威傳》 杜伏威，齊州章丘人。【略】是時，秦王方討王世充，遣使招懷，伏威乃獻款。高祖授以東南道行臺尚書令、江淮安撫大使、上柱國、吳王，賜姓，豫屬籍，以其子德俊爲山陽公，賜帛五千段，馬三百匹。

《新唐書》卷九二《王君廓傳》 王君廓，并州石艾人。【略】大業末，欲聚兵爲盜，請與叔俱，不從，乃誣鄉人通叔母者，與叔共殺之，遂皆亡命。【略】高祖兵起，召之，不從。歸李密，密不甚禮，乃歸國。【略】進爵彭國公，鎮幽州。擊突厥，俘斬二千，獲馬五千匹。入朝，帝賜所乘馬，令自廷中乘以出，謂侍臣曰：昔藺相如叱秦王，目眥皆裂。君廓往擊建德，李勣遏之，至發憤大呼，鼻耳皆流血，其勇何特古人哉！朕當不以例賞。乃賜錦袍金帶，還幽州。

《新唐書》卷九三《李靖傳》 李靖字藥師，京兆三原人。【略】武德八年，突厥寇太原，爲行軍總管。【略】御史大夫蕭瑀劾靖持軍無律，縱士大掠，散失奇寶。帝召讓之，靖無所辯，頓首謝。帝徐曰：隋史萬歲破達頭可汗，不賞而誅，朕不然，赦公之罪，録公之功。乃進左光禄大夫，賜絹千匹，增户至五百。既而曰：向人譖短公，朕今悟矣。加賜帛二千匹，遷尚書右僕射。

《新唐書》卷一〇四《張行成傳》 張行成字德立，定州義豐人。【略】族子易之、昌宗。易之幼以門蔭仕，累遷尚乘奉御。既冠，頎皙美姿製，音技多所曉通。武后時，太平公主薦其弟昌宗，得侍。【略】即日拜昌宗雲麾將軍、行左千牛中郎將，易之司衛少卿，賜甲第，帛五百段，給奴婢、橐它、馬牛充入之。

《新唐書》卷一一一《王方翼傳》 王方翼字仲翔，并州祁人。【略】再遷肅州刺史。州無隍塹，寇易以攻，方翼乃發卒建樓堞，斷多樂水自環，烽邏精明。儀鳳間，河西蝗，獨不至方翼境，而它郡民或餒死，皆重繭走方翼治下。乃出私錢作水磑，簿其贏，以濟飢瘵，構舍數十百楹居之，全活甚衆，芝産其地。

《新唐書》卷一一四《徐彦曾傳》 有許鐸者，罷武城令，客於徐，勛脅以官，不從。彦曾官屬被囚，鐸潛饋資糧，及死，爲收瘞，匿免其子弟，賊平，乃皆歸其喪。詔拜石首令，賜銀緋。

《新唐書》卷一一九《白居易傳》 白居易字樂天，其先蓋太原人。北齊五兵尚書建，有功于時，賜田韓城，子孫家焉。

《新唐書》卷一二一《劉幽求傳》 劉幽求，冀州武彊人。聖曆中，舉制科中第。【略】臨淄王入誅韋庶人，預參大策，是夜號令詔敕一出其手。以功授中書舍人，參知機務，爵中山縣男，實封二百户，授二子五品官，二代俱贈刺史。睿宗立，進尚書右丞、徐國公，增封户至五百，賜物千段，奴婢二十人、第一區，良田千畝、金銀雜物稱是。

《新唐書》卷一二三《李嶠傳》 李嶠字巨山，趙州贊皇人。【略】武后將建大像於白司馬坂，嶠諫：造像雖俾浮屠輸錢，然非州縣承辦不能濟，是名雖不税而實税之。臣計天下編户，貧弱者衆，有賣舍、帖田供王役者。今造像錢積十七萬緡，若頒之窮人，家給千錢，則紓十七萬户飢寒之苦，德無窮矣。不納。

《新唐書》卷一九八《儒學傳·顔師古》 顔師古字籀，其先琅邪臨沂人。【略】師古性簡峭，視輩行傲然，罕所推接。既負其才，早見驅策，意望甚高。及是頻被譴，仕益不進，罔然喪沮，乃闔門謝賓客，巾褐裹帔，放情蕭散，爲林墟之適。多藏古圖畫、器物、書帖，亦性所篤愛。與撰《五禮》成，進爵爲子。又爲太子承乾注班固《漢書》上之，賜物二百段、良馬一，時人謂杜征南、顔秘書爲左丘明、班孟堅忠臣。

《遼代石刻文編·重修覺山寺碑記天祚間》 元魏太和七年二月二十八日，孝文帝姿擅岐嶷，性篤仁孝，聽覽庶務，從善如環。而且哀矜百姓，猶若己溺。值太后升遐，日哭於山陵，絶膳三日不輟聲。思答母恩，乃於靈邑之東南，溪行透迤二十里，有山曰覺山，巖壑幽勝，鬪寺一區，賜額曰覺山寺。招集方外禪納五百餘衆，棲息於內，衣粮畢具。仍勅六宫侍女，長年持月六齋，其精進内典者，並度爲尼，亦一時勝舉也。至遼大安五年八月二十八日，適鎮國大王行獵經此，見寺宇摧毁，還朝日奏請皇帝道宗，旨敕下重修，革故鼎新。仍賜錢十萬緡，即於本邑開設賈肆，以所入子錢，日飯緇素。復設提點所，頒給印篆，不由府攝，重其權也。更賜山田五處，計一百四十餘頃，爲歲時寺衆香火贍養之資。地之興復大倍於昔，因勒石紀焉。時大遼重熙七年五月二十五日。

《遼代石刻文編·仙露寺葬舍利佛牙石匣記天禄三年》 講經論大德志願録並書達摩禪師遠涉流沙，登雪嶺，得釋迦舍利辟支佛牙，授與先師。

先師諱清珦，閩川人。自會同五載仲秋齎舍利佛牙到此，於八年季春月冀凋十一葉染疴而逝。臨遷化時，將舍利佛牙付仙露寺講維摩經比丘尼定徽建窣堵波。尋具表奏聞，大遼皇帝降宣頭一道，錢三百貫，以充資助。於天禄三年歲次己酉四月十三日安葬。施主名具鐫於後。

《遼代石刻文編·重修雲居寺碑記統和二十三年》　中邱庭境憍薩羅國西南三百餘里，至黑崒山寺，引正王爲龍猛菩薩，鑿疏山石，建立伽藍。以釋迦佛所宣教法，及諸菩薩所演述論，鳩集部别，藏在其中，期之永固。待至慈氏，東方震旦，燕城西南十餘維那至雲居寺。按范陽圖經：智泉寺僧静琬見白帶山有石室，遂發心書十二部經，刊石爲碑。在唐臨冥報記：隋大業中，沙門智菀造石經，藏以備法滅。煬帝幸涿郡，内史侍郎蕭瑀，皇后弟也，以事白后。后施絹千匹及餘錢物，瑀亦施絹五百匹。朝臣聞之，争共捨施，故菀得遂其功。皇朝應曆十四載，寺主苾芻謙諷，完葺一寺，結邑千人，請右補闕瑯琊王公正作碑。其文稱最，或傳於竹帛，或記於肺腑，成誦在口者亦衆矣！頃因兵火，遂致傷缺。補闕子、諸行宫都署判官、都官員外郎、賜紫金魚袋教，念先人遺迹，出俸錢再修。王公與□主無礙大師爲心照神□，教以釋智光，乃考之執友資也，故命述重刊勒之事。時睿德神略應運啓化皇太后，至德廣孝昭聖皇帝之二十三年，統和乙巳歲八月丁丑朔十一日丁亥記。

《遼代石刻文編·陽臺山清水院藏經記咸雍四年》　今優婆塞南陽鄧公從貴，善根生得，幼齡早事於熏修；净行日嚴，施度恒治於靳惜。咸雍四年三月四日，捨錢三十萬，葺諸僧舍宅，厥道人是念。界獄將逃，非教門而莫出；法輪斯轉，趣覺路以何遥。乃罄捨所資，又五十萬。及募同志助辦印大藏經，凡五百七十九帙。創内外藏而龕措之，原其意也。

《遼代石刻文編·創建静安寺碑銘咸雍八年》　公族衍盛，枝葉芬茂。故南大□諱璟，即帝之房孫也。故左金吾衛上將軍諱寧，即公之長子也。故檢校太師、左千牛衛上將軍、知涿州軍州事諱昌允，即金吾之子也。協輔王室，許國之勳既著；並啓土宇，烈壤之錫斯在。天邑之北，僅餘百里，則公之故地焉。嵐凝翠疊曰佛山，山之足民屋聚居，若郡邑之大曰義州。今蘭陵郡夫人蕭氏主之，即太師公之妻也。【略】凡巨細之費，餘於二萬緡；□□之績，就於十二載。工徒之役，算日酬庸，驅籍一毫不取，驅籍下，一本有之家二字。皆賢夫人鬻匳飾、減衣御之爲也。寺既成，必假衆以居之。遂延僧四十人。有講則復益，二□□□□。僧既居，必資食以給之。遂施地三千頃，粟一萬石，錢二千貫，人五十户，牛五十頭，馬四十匹，以爲供億之本。咸雍六年冬，事達黈聽，上用嘉之，敕賜曰静安寺，奬勤意而賁山藍也。

《遼代石刻文編·添修縉陽寺功德碑記壽昌元年》　縉陽寺者，古之禪房院也。光啓二年，爲創置之始，雖年代寖遠，而壯麗下闕我大遼國先朝聖宗皇帝，初以鑾輿南幸，駐蹕於此。登臨觀眺，深思物下缺寺殘僧少山院細路高，乃命筆題於壁面，於今一百三十餘載。龍鳳之下缺興宗皇帝偶因巡幸事，亦稽先太平間，賜號曰縉陽。蓋其形勝崇麗，下缺名與實相副矣。次至今上睿孝皇帝於清寧年，追思往事，駕幸於下缺田之意，遂賜銀一十兩，絹一十疋。

《遼代石刻文編·梁援墓誌銘乾統元年》　公諱援，字輔臣，其先著籍於定州。四代祖諱文規，字德仁，官至吏部尚書，以太子太保致仕，寓居於燕臺。天顯中，我太宗孝武皇帝平臺天下，既獲謁見，一命授幽州軍都指揮，寵錫殊厚。歷天授穆宗朝，累功遷防禦使。有二子，次曰廷嗣，宰范陽縣。景宗登極，有龍潛之舊，詔養母夫人孟氏爲之妻，並以大水濼之側地四十里，契丹人凡七户皆賜之。特授貴德州節度副使。嘗以天授穆宗所賜衣帶寶玉器幣以進，價直鉅萬。及奏對稱旨，拜寧遠軍節度使，恩賚甚厚。奏乞醫巫閭山之近地永爲别業，上嘉其内徙，命即賜之。詔奉先軍節度使崔匡道爲營壽藏，以監周峪爲塋所，仍用居民三十户租賦贍給之。

《遼代石刻文編·施地幢記乾統二年》　維乾統貳年正月陸日鐫了合家姓名記。王仲遠施地五畝，東至道，南至道，西南至寺院，北至地主。

《遼代石刻文續編·谷積山院讀藏經之記碑大康四年》　清河張君諱文絢，良鄉縣之綉户也。妻田氏，皆性鍾純，吉名聞鄉閭。家有餘資，靡好奢華之樂；身惟積善，頗信浮圖之法。越一日，謂親族曰：我興佛刹，飰僧徒修植善根，鳩集福聚固亦多矣。然於藏典，似闕勝經。乃啓白司空大師，議於谷積山院，請衆僧侣讀大藏經，便從今季四月十五日爲啓讀之始，他時亦然。乃將縣北公村别墅一所，田土園林約近陸柒頃，莊院房舍依舊住佃。擄所收地利斛粟果實等，並元買券契，共壹拾陸道，並分付院，同常住收附，以充逐歲蒻流蒲塞之費。約曰：若僧徒不怠，經課無闕，及不别將貨賣典質他，後子孫無得取索，苟或反此，取之可也。仍刻貞珉，以貽後來者，實於院之文絢地。

《遼代石刻文續編・劉楷等建陀羅尼經幢記大安三年》 大遼興國寺太子螺鈸邑長劉楷等建佛頂尊勝陀羅尼幢，並諸供具實録記。經文從略。太子服□故邑人馬俊，施具諸物，供具隨姓名後。金冠壹頂，貳拾壹兩伍分銀櫬在内，金撒花鈴壹頂，伍兩伍分，珠子砌帶，金雲仙腰帶壹條，壹拾捌兩壹分，鞓全，銀香爐壹坐，蓋上有金鍍鳳子，共貳佰壹拾陸兩，銀蓮花罇子壹對，貳拾伍兩玖分，銀葡萄碗壹對，共叁拾玖兩玖分，銀蓮花榨子壹拾片，共陸拾叁兩，大磬壹枝，螺壹枝，銀鈸壹對，捌拾兩，趙□辦。銅鈸壹拾對，銀聒子壹對，貳拾兩，張謹、張捐辦。銅聒子肆對，金三塔法鼓壹對，共壹拾壹兩，劉樞、梁去暇辦。壹柄，劉楷，馬□□。

教邑人等辦壹柄，銀三塔法鼓壹對，共貳拾伍兩，金鳳銀法鼓壹柄拾兩，紅羅金衣幢子叁對，劉楷、李□、王遷辦。紅紫羅幡並蓋，陸含、王樣、王遷辦。紅羅綉大傘壹柄，圍闊肆拾伍尺，銀穗球捌拾肆吊，金銀頭頂托手帶，金銀竿叁拾兩，劉楷辦。鍍千佛傘壹柄，圍闊貳拾肆尺，銀穗球壹拾陸吊，金銀頭托手珠子，帶金銀竿，壹拾陸兩，梁去暇辦。紫羅中傘壹對，金裝球，連珠頭頂，李寧、王惣辦。紅羅中傘壹對，金裝球吊連珠頭頂帶全梁去暇辦。紅羅中傘壹對，金裝球吊連珠頭頂帶全郭宥、李立辦。紅羅傘壹對，金裝球吊連珠頭頂帶全田鬱辦。紅羅傘壹對，金裝球吊連珠帶全馬亨辦。朱紅竹節大壇面壹坐，圍闊肆拾捌尺，朱紅壇面一坐，闊肆伍尺，香壇面壹坐，□□□□。

（宋）董煟《救荒活民書》卷三《劉彝給米收棄子》 劉彝所至多善政，其知處州也，會江西饑歉，民多棄子於道上，彝揭榜通衢，召人收養。日給廣惠倉米二升，每月一次，抱至官中看視。又推行於縣鎮，細民利二升之給，皆爲字養，故一境生子無夭閼者。

《西夏文物研究・涼州重修護國寺感通塔碑》 營飾之事，起癸酉歲六月，至甲戌歲正月，厥功告畢。其月十五日，詔命慶贊，於是用鳴法鼓，廣集有緣，兼啓法筵，普利群品，仍飾僧一大會，度僧三十八人，曲赦殊死罪五十四人，以旌能事。特賜黄金一十五兩，白金五十兩，衣著羅帛六十段，羅錦雜幡七十對，錢一千緡，用爲佛常住。又賜錢千緡，穀千斛，官作四户，充番漢僧常住，俾晨昏香火者有所資焉，二時齋粥者有所取焉。至如殿宇廊廡，僧坊禪窟，支頽補□□一物之用者，無不仰給焉，故所須不匱，而福亦無量也。乃詔辭臣，俾述梗概。

《繁峙岩山寺・附録碑文・繁峙靈巖院水陸記碑背面碑文》 命工圖書聖像維那人三會村尚教練弟□郎費一百餘石，都維那孫和弟孫嚴費三百餘石，胡俊、斛榮、李紀、李儀、厚琮、趙圓各費一百餘石，李德、李旺各費七十餘石，侯肇、王壽各費五十餘石，祁順、厚興各費四十餘石，段善、張顔、厚全、李滿、王□、劉成各費三十餘石，天臺院僧福洪施粟一百石，管勾人李儀、李旺、趙圓、管琉璃施主趙圓弟趙京費三百石，木匠都料趙青男越惠，瓦匠林真、張贇、琉璃匠劉昇、劉□、御前承應畫匠王逵同畫人王道小木匠都料王敏、檀明、蘇明、畫寫人張□、李□，皆正隆三年戊寅歲四月十五日建訖。鐫造人李□浩，□□，□□，□□。

《金史》卷八《世宗紀》〔大定二十六年三月〕癸巳，香山地成，幸其寺，賜名大永安，給田二千畝，粟七千株，錢二萬貫。

《金史》卷一〇《章宗紀》〔泰和元年〕九月戊申朔，天壽節，宋、高麗、夏遣使來賀。更定贍學養士法：生員，給民佃官田人六十畝，歲支粟三十石；國子生，人百八畝，歲給以所入，官爲掌其數。

《金史》卷八六《李石傳》 李石字子堅，遼陽人，貞懿皇后弟也。先世仕遼，爲宰相。高祖仙壽，嘗脱遼主之舅於難，遼帝賜仙遼陽及湯池地千頃，佗物稱是，常以李舅目之。

（元）張養浩《張養浩集》卷一四《安西府咸寧縣創建霸橋記》 霸橋者，堂邑民劉斌所脩，而圖之者，臣下歸美之意也。初，斌業輪輿，嘗游關中，還偕二客道霸上，水卒至，一死於溺，一幾殆，而斌獨先濟，因叩天自誓：吾不橋霸者，如此水。至語其家，無不仁其心，難其事。斌曰：吾不死，何難爲。乃辭親，廬霸上，以所業易材於人，人誼其爲，皆倍酬之。不給，又募工采秦隴諸山，遂於故蹟少七十舉武，釃渠以殺湍悍，夷阻以端地形，下鋭木地中，而席石其上，然後累石角起，高仞餘，若門而圓其額，俗謂矼者，一十有九。先嘗爲九矼，水來不能制，至是始益其十矼，廣一丈，其隙則錮以銅鐵，經軌三途，中備輦路，欄楯柱礎，玉立掖分。柱琢以狻猊於上。合柱凡五百六十、橋兩端虞其峻甚，又覆石各八十丈。礲甃琱飾，殫極諸巧。袤四十丈，廣如干，崇如廣而省三丈。隆然臥波，若脩蝀下飲，過者莫不駭異嗟訝，以爲永世無窮之利。至元三年肇功，潰成於二十五年。石以車計者五千有奇，木以株計者二萬五千，灰以石計者千有五百。銅鐵以斤計者五千二百五十，始卒糜楮幣十萬緡，輪輿之酬不列也。先是，平章政事賽天赤行省陝西，渭僚佐曰：橋梁不修，乃有司責。今遠方之人來倡斯役，坐視不爲一應，民將謂何？遂捐楮幣千緡，調丁力二百佐之。會行省廢，嗣至此者詭摇以言，冀其中輟，而斌不懈，益虔。

（元）張養浩《張養浩集》卷一五《費縣重修孔子廟記》　費在春秋時爲魯屬邑，隱公八年，鄭伯使宛來歸祊，即其地也。歷秦漢魏晋氏而下，皆縣焉。廟學興復，見諸刻志者，金皇統中嘗一葺焉。入國朝，肇至元，迨元貞、大德間，又一再葺焉。先師李舟軒師聖寔爲之記，今且三紀周矣。向之丹者漫滅，堊者污剥，支者窳陁，而覆者日就於壓。前政數欲撤而一新，摇於道傍之言，率保殘守弊，卒莫敢任，厥後幸其無事以去。泰定二年七月，前某邑尹郝源來爲是縣，敬謁廟已，感其若是，慨然遂以兹役爲己任，且曰：蒞官無定見，雖小善不能爲。使所舉私人，孰我從？如其公，彼何敢吾沮，於是偕監縣六十八、簿亦剌馬丹等，各捐俸有差，其他聞風願助者相踵，凡費楮鏹萬五千緡。興力既集，工成不日。爲殿三楹，前後柱皆易以石，增崇其基，而大其故制。東西兩廡，若門屏，若齋室，若文武堂，靡不整飾，規撫視昔什伯矣。始泰定三年十一月，訖工明年三月。

（元）張養浩《張養浩集》卷一六《復龍祥觀施田記》　初，民匠官張大使雅崇道教，嘗一再葺，師居徒館略具，且入田爲畝七十，俾衣食之。既請葆光法師王某主祠事，六傳而至今嗣教劉志義。

《遼史》卷七《穆宗紀》〔應曆十八年九月〕甲辰，以夷臘葛兼政事令，仍以黑山東抹真之地數十里賜之。

《宋史》卷一二四《禮・凶禮・諸臣喪葬等儀》　熙寧七年十二月，詔頒新式，凡臨幸問疾者賜銀、絹，宰臣及樞密使帶使相者二千五百兩匹，樞密使、使相二千兩匹，知樞密院事、參知政事、樞密副使、同知樞密院事一千五百兩匹，簽書樞密院事、同簽書樞密院事、宣徽使七百五十兩匹，殿前都指揮使一千五百兩匹，駙馬都尉任使相以下者二千五百兩匹，任節度觀察留後以下者一千五百兩匹，並入内内侍省取賜。

《宋史》卷一七三《食貨志・農田》〔建炎〕二十九年，知潭州魏良臣言：本州歸業之民，以熟田爲荒，不輸租。今令結甲輸税，自明年始，不實，許人告，以其田賞之。

《宋史》卷一七八《食貨志・役法・振恤》　京師舊置東、西福田院，以廩老疾孤窮丐者，其後給錢粟者纔二十四人。英宗命增置南、北福田院，并東、西各廣官舍，日廩三百人。歲出内藏錢五百萬給其費，後易以泗州施利錢，增爲八百萬。又詔：州縣長吏遇大雨雪，蠲僦舍錢三日，歲毋過九日，著爲令。熙寧二年，京師雪寒，詔：老幼貧疾無依丐者，聽於四福田院額外給錢收養，至春稍暖則止。九年，知太原韓絳言：在法，諸老疾自十一月一日州給米豆，至次年三月終。河東地寒，乞自十月一日起支，至次年二月終止；如有餘，即至三月終。從之。凡鰥、寡、孤、獨、癃老、疾廢、貧乏不能自存應居養者，以户絶屋居之；無，則居以官屋，以户絶財産充其費，不限月。依乞丐法給米豆；不足，則給以常平息錢。崇寧初，蔡京當國，置居養院、安濟坊。給常平米，厚至數倍。差官卒充使令，置火頭，具飲膳，給以衲衣絮被。州縣奉行過當，或具帷帳，雇乳母、女使，糜費無藝，不免率斂，貧者樂而富者擾矣。

三年，又置漏澤園。初，神宗詔：開封府界僧寺旅寄棺柩，貧不能葬，令畿縣各度官不毛地三五頃，聽人安厝，命僧主之。葬及三千人以上，度僧一人，三年與紫衣；有紫衣，與師號，更使領事三年，願復領者聽之。至是，蔡京推廣爲園，置籍，瘞人並深三尺，毋令暴露，監司巡歷檢察。安濟坊亦募僧主之，三年醫愈千人，賜紫衣、祠部牒各一道。醫者人給手曆，以書所治痊失，歲終考其數爲殿最。諸城、砦、鎮、市户及千以上有知監者，依各縣增置居養院、安濟坊、漏澤園。道路遇寒僵仆之人及無衣丐者，許送近便居養院，給錢米救濟。孤貧小兒可教者，令入小學聽讀，其衣襴於常平頭子錢内給造，仍免入齋之用。遺棄小兒，雇人乳養，仍聽宫觀、寺院養爲童行。宣和二年，詔：居養、安濟、漏澤可參考元豐舊法，裁立中制。應居養人日給秔米或粟米一升，錢十文省，十一月至正月加柴炭，五文省，小兒減半。安濟坊錢米依居養法，醫藥如舊制。漏澤園除葬埋依見行條法外，應資給若齋醮等事悉罷。

《宋史》卷二九八《劉夔傳》 劉夔字道元，【略】不治財産，所收私田有餘穀，則以振鄉里貧人。前死數日，自作遺表，以禄賜所餘分親族。

《宋史》卷三五九《李綱傳》 至於西北之民，皆陛下赤子，荷祖宗涵養之深，其心未嘗一日忘宋。特制於彊敵，陷於塗炭，而不能以自歸。天威震驚，必有結納來歸、願爲内應者。宜給之土田，予以爵賞，優加撫循，許其自新，使陷溺之民知所依怙，莫不感悦，益堅戴宋之心，此綏懷之所當先也。

《宋史》卷四〇一《劉爚傳》 劉爚字晦伯，【略】言：兩淮之地，藩蔽江南，干戈盜賊之後，宜加經理，必於招集流散之中，就爲足食足兵之計。臣觀淮東，其地平博膏腴，有陂澤水泉之利，而荒蕪實多。其民勁悍勇敢，習邊鄙戰鬥之事，而安集者少。誠能經畫郊野，招集散亡，約頃畝以授田，使毋廣占抛荒之患，列溝洫以儲水，且備戎馬馳突之虞。

（元）蘇天爵《滋溪文稿》卷一八《碑誌·故承事郎象山縣尹李侯墓碑》 侯性孝友，事母得其歡心，輕財好義。先業在高唐者，悉推與伯叔昆弟。徙家清平，力穡種樹，生産漸饒，買田四百餘畝。及調官江南，復分與諸族人。侯喪歸葬，蕭然一貧，宗人拜哭，請以田廬還之。其子不受，曰：父命也，吾不敢違。相讓既久，乃取田十餘畝。

（元）蘇天爵《元文類》卷二五《碑文·丞相順德忠獻王碑》 和林控北邊，始置宣慰，時諸部落降者百餘萬口，乃罷宣慰，詔王以太傅爲左丞相行省事，賜楮幣十五萬緡，黄金嬴十二鎰，白金二千五百兩，帛四百端、乳馬六十匹。皇太后賜楮幣五萬緡，帛二百端。【略】至大改元戊申，帝賜大帳，如親王制，諸藩稟命，戎事則以宴之，仍賜酒米百斛。皇太后、今上咸有賜焉。天下傾耳，以俟復召。是冬十一月，遘疾，召其屬曰：吾不起矣，不得報國矣，汝曹各自勉。此間金穀，勿貽朝廷慮。其屬以聞，帝驚愕，命醫偕其子脱歡行。以閏月某日薨於和林所居之正寢，春秋五十又二。天雨木冰連日。帝大傷悼，遣近臣慰諭其子，賜賻錢五萬緡。今上賻錢二萬五千緡。敕大興尹買葬地昌平陽山南之原，曰：使天下後世知吾賢相爾。乃胥議爲石冢柩，至以是月二十有九日葬焉。

（元）蘇天爵《元文類》卷二六《碑文·句容郡王世績碑》 〔至元〕十五年正月，追失列吉逾金山，擒扎忽臺以獻。又敗寬赤哥等軍，俘獲甚衆。冬，入覲，召至榻前，親慰勞之，賜以白金百兩、海東白鶻一。國家侍内宴者，每宴必各有衣冠，其制如一，謂之只孫，悉以賜之。且有詔曰：祖宗武帳，非人臣所得御，卿能歸之，故以與卿，軍中宴諸帥則設之。欽察人爲民户及隸諸王者，别籍之，户給鈔二千貫，歲給粟帛，擇其材者備禁衛。十九年，拜昭勇大將軍、同知太僕院事。明年，改同知衛尉院事，領群牧司事。給霸州文安縣田四百頃，命哈剌赤屯田，益以亡宋新附軍八百。二十一年，賜金虎符，以河南等路蒙古軍子弟四千六百隸之。二十二年，拜鎮國上將軍、樞密副使。

（元）蘇天爵《元文類》卷二六《碑文·太師太平王定策元勳之碑》 天曆元年戊辰，皇帝將正大位，天人合應，丞相臣燕帖木兒以八月四日甲午，率勇士十七人，兵皆露刃，建大義於禁中，乃誓於衆曰：武宗皇帝有聖子二人，孝恭仁文，天下大統當歸之。今爾一二臣敢紊邦紀，有不順者斬。手捽平章烏伯都剌、伯顔察兒，縛之，分命勇士執諸疑貳者，咸下獄待罪。籍府庫，録印符，空百司，皆入内以聽命。其日，屬學士臣明里董瓦等乘遽迎皇帝於中興路，密以意諭河南省臣，而稱臣勸進者，接踵於道左矣。癸卯，弟撒敦、子唐其世皆棄其妻孥來。皇帝以是月之甲辰發中興，以丁巳至京師。比至，浹旬之間，兩以左右矯稱使者。南來者云：駕已次近郊，諸王及河南省臣、萬户各以兵從，民忽嘩驚。北來者云：皇帝大兄且至。於是中外翕悦，而衆志定矣。

九月庚申，諸侯王王禪將北軍軍榆林西，丞相出師，彼未及陣，趣撒敦馳入營壁，衆潰，追之懷來。戊辰，敵入千門鎮關，撒敦赴之，戰薊東，敗之。十有三日壬申，上即皇帝位於大明殿，受百官朝。甲戌，進開府儀同三司、上柱國、録軍國重事、中書右丞相、監修國史、知樞密院事，賜黄金五百兩、白金二千五百兩、中統楮幣一萬錠、金織雜綵二千匹、白鶻一、青鶻一、文豹二。

（元）蘇天爵《元文類》卷五七《神道碑·尚書右丞耶律公神道碑》 明昌元年，進尚書右丞。夏六月丙午，春秋六十一，薨于位。天子聞而震悼。戊申，權殯於都城南柳村。詔百官會喪，中使宣慰其家，賜錢一百萬。秋八月辛巳，車駕臨奠，宰相、百官陪，賜謚曰文獻，賜錢二百萬，帛四百匹、重幣四十端。

《元史》卷四《世祖紀》〔中統元年十二月〕賜親王穆哥銀二千五百兩；諸王按只帶、忽刺忽兒、合丹、忽刺出、勝納合兒銀各五千兩，文綺帛各三百匹，金素半之；諸王塔察、阿朮魯鈔各五十九錠有奇，綿五千九十八斤，絹五千九十八匹，文綺三百匹，金素半之；海都銀八百三十三兩，文綺五十匹，金素半之；覩兒赤、也不干銀八百五十兩；兀魯忽帶銀五千兩，文綺三百匹，金素半之；只必帖木兒銀八百三十三兩；爪都、伯木兒銀五千兩，文綺三百匹，金素半之；都魯、牙忽銀八百三十三兩，特賜綿五十斤；阿只吉銀五千兩，文綺三百，金素半之；先朝皇后怙古倫銀二千五百兩，羅絨等折寶鈔二十三錠有奇；皇后斡者思銀二千五百兩；兀魯忽乃妃子銀五千兩。自是歲以爲常。

《元史》卷一三《世祖紀》〔至元二十二年十二月〕賜皇子脱歡，諸王阿魯灰，只吉不花，公主囊家真等，鈔計七千七百三十二錠，馬六百二十九匹，衣段百匹，弓千，矢二萬發。賜諸王阿只吉、合兒魯、忙兀帶、宋忽兒、阿沙、合丹、别合刺等及官户散居河西者，羊馬價鈔三萬七千七百五十七錠，布四千匹，絹二千匹。以伯八刺等貧乏，給鈔七萬六千五百二錠。賞諸王阿只吉、小厮、汪總帥、别速帶、也先等所部及征緬、占城等軍，鈔五萬三千五百四十一錠，馬八千一百九十七匹，羊一萬六千六百三十四，牛十一，米二萬二千一百石，絹帛八萬一千四匹，綿五百三十斤，木綿二萬七千二百七十九匹，甲千被，弓千張，衣百七十九襲。

《元史》卷一五《世祖紀》〔至元二十五年十二月〕賜諸王愛牙合赤等，金千兩，銀一萬八千三百六十兩，絲萬兩，綿八萬三千二百兩，金素幣一千二百匹，絹五千九十八匹，賜皇子愛牙赤部曲等，羊馬鈔二十九萬百四十九錠，馬二萬六千九百一十四，羊十萬二百一十，駝八，牛九百，賙諸王貧乏者，鈔二十一萬六百錠，馬六千七百二十五，羊一萬二千八百五十七，牛四十。

《元史》卷二〇《成祖紀》〔大德五年二月〕詔飭雲南行中書省減内外諸司官千五百一十四員。增江成兵。戊戌，賜昭應宫、興教寺地各百頃，興教仍賜鈔萬五千錠；上都乾元寺地九十頃，鈔皆如興教之數；萬安寺地六百頃，鈔萬錠；南寺地百二十頃，鈔如萬安之數。

《元史》卷二二《武宗紀》〔至大元年二月〕命有司市邸舍一區，以賜丞相赤因鐵木兒，爲鈔萬九千四百錠。

《元史》卷二四《仁宗紀》〔至大四年〕冬十月戊辰朔，有事于太廟。己巳，敕繪武宗御容，奉安大崇恩福元寺，月四上祭。辛未，賜大普慶寺金千兩，銀五千兩，鈔萬錠，西錦、綵段、紗、羅、布帛萬端，田八萬畝，邸舍四百間。

（明）李時勉《古廉文集》卷一〇《順天府丞朱公墓誌銘》 明日詔吏部，陞公翰林編脩，賜賚優渥。仁宗皇帝素知公名，即任之初，見賜金縧衣一襲，慰勞深至。宣宗皇帝留心文翰，日侍内庭，累承衣服白金之賜，時游内苑，命乘騎以從，賜燕於萬歲山，應制賦詩，輒先就。今上皇帝緝熙聖學，屢應召書大字，賚予甚厚。陞通政司參議，三殿重建，復書禁扁，賜綵段楮幣。

（明）程敏政《篁墩文集》卷四五《李處士景瞻及其配方孺人墓誌銘》 自景泰抵今餘四十年，凡一鄉之貧貸物佃負租者，多不責其償。甚之，請質以其居者燔其券。勸分詔下，即大發粟賑饑以倡。諸巨室雖受冠服之榮號，義民非其志也。

《明會典》卷一七《户部·給賜》 凡各王府有莊田，在京王府有養贍及香火地，公主郡主及夫人有賜地，公侯伯有給爵及護墳地。又有給賜聖賢後裔，及安插夷官各不等，有特賜者，有世守者，有退出者，不能具載，止載常行例於左。

凡賜勳戚莊田。成化六年題准：各王府及功臣之家，欽賜田土佃户，照原定則例，將該納子粒，每畝徵銀三分，送赴本管州縣上納，令各該人員關領，不許自行收受。嘉靖七年題准：查勘過順天等八府各項莊田，除額外多占，遵奉查給軍民，其餘悉聽照舊管業，今後應賞地土，隨品級定制。

（明）陳獻章《陳白沙集》卷四《王徐墓誌銘》 凶歲貸貧者粟，傾廩倒囷。而出粟雖多，不以息歸，在親舊者不責償。而凡公私勸借助修壇宇、津梁、陂河、水利，君亦往往有焉。其所濟大者數百金，捐之弗計也。

（明）倪岳《青谿漫稿》卷二一《大明故太子少保禮部尚書兼翰林學士贈資政大夫太子少傅謚文思彭公神道碑》　丁丑，奉命祭告靖江王，便道歸省還朝。秩滿三載，得賜勑命。辛巳，丁內外艱歸，合葬如禮。是年，以預修《大明一統志》成，賜寶楮五百緡。甲申，服闋，選侍經筵。成化改元，乙酉，奉命主考南畿鄉試。丁酉，英廟實録成，陞侍讀，有白金文綺之賜。戊子，充經筵講官，復奉命主考順天鄉試。己丑，充經筵日講官，有襲衣冠帶韈履之賜。自是時節，頒賜鮮品及端午牙扇與諸大臣等歲以爲常。辛卯，以嘗表請建儲，賜文綺一表裏。壬辰，廷試，充受卷官，禮部恩榮宴日，文憲公爲讀卷官，仲兄彦充爲儀制郎中，季弟禮即彦恭舉進士，與公同預宴席，時以爲榮。未幾，進侍讀學士，掌詹事府事，每歲恒奉命視牲分獻於南郊。癸巳，賜羅衣一襲，金厢玳瑁束帶韈履及新刊《貞觀政要》，皆慰日講之勞也。甲午，賜新刊《通鑑綱目》。乙未，廷試，充讀卷官。皇太子立，賜文綺一表裏。冬三載秩滿，賜誥有操履端純，才學宏邃，秉筆盡紀述之公，積成多啓沃之益之褒。丁丑，《續資治通鑑綱目》成，進學士。以災異上疏乞歸，不允。戊戌，奉命主考禮部會試，皇太子出閣，首進講《大學》，有寶楮之賜，遂進詹事府詹事。己亥，賜《續通鑑綱目》。辛丑，廷試，充讀卷官。冬三載秩滿，即陞奏，上謂：公何以無兼官，詔吏部具履歷以聞，特命兼翰林院學士，仍賜誥推恩其先，悉如制。

（明）倪岳《青谿漫稿》卷二一《大明故嘉議大夫禮部右侍郎費公廷言神道碑》　崔公方莅其地，及林侍郎一鶚爲之守，皆名知人，雅重廷言，咸以禮待之，領天順壬午鄉薦，登己丑進士，簡入翰林爲庶吉士，得閲中秘書，學有造詣。辛卯，授編修，甲午滿考，得賜勑贈考妣如制，妻封孺人。乙未二月，同考禮部會試，丙申選與經筵，丁酉擢國子監司業，庚子，乞歸省祭，賜寶鏹千貫爲道里費。丁未滿九載，進左諭德，仍理司業事。十二月進祭酒，明年戊申，改元弘治。聖天子肇開經筵，爲講官，賜白金三十兩，文綺二表裏，寶鏹三千貫，車駕幸太學，進講如儀，賜大紅金織衣二襲，降勑獎諭，仍宴于禮部。己酉，命充日講官，改少詹事兼翰林侍讀，入史局纂修憲廟實録。辛亥八月書成，進詹事兼侍讀學士，賜白金三十兩，寶鏹三千貫，文綺四表裏，大紅金織羅衣二襲，仍賜宴於中軍都督府。

（明）何喬新《椒邱文集》卷三一《故中奉大夫廣東布政司右布政使左公墓表》　鄉人有假貸不能償者，即焚其券，家食。時嘗宿逆旅，旁舍有自經者，衆救之而甦，公問其故，曰負官租不能辦耳。公如數予之，不問其姓名，其好施多此類。

（明）李東陽《懷麓堂集》卷八一《明故光禄大夫太子太保禮部尚書致仕贈特進右柱國太保謚文端周公神道碑銘》　外戚張氏有河間賜地數百頃，欲并其旁近民田千餘頃得之，且乞畝加税銀二分。公言河間多沮洳，比因久旱，貧民即退灘地耕之，遇潦輒没，即畝加税，將貽無窮之害。且王府賜田，例畝税二分，而此獨加税，人將謂朝廷待外戚與宗親異矣。又聞憲宗妃家亦有私田與民田比，一切奪之，彼亦無以爲業，人又將謂朝廷待張氏與他外戚異矣。

（清）張金吾《金文最》卷二四《大清觀記》　大定中，詔天下佛老之居未列通籍者，聽納貲請名。閻之子寧以是應詔，遂頒賜爲太清觀。土豪武授、李輔輩入金縣吏，度師古、師中爲道士。師中施縣東之田三百畝充常住以贍給之。

《敦煌社會經濟文獻真蹟釋録》第一輯《辛未年三月八日沈家納贈歷》

辛未年三月八日，沈家納贈歷。閻社長緋綿綾内妾二丈三尺，又非綿綾内妾二丈五尺，紫綿綾内妾一丈三尺，又紫綿綾二丈，緑絹内妾一丈四尺。竇社官白綿綾古破，内妾一丈一尺，緑綾子内妾一丈八尺，非綿綾内妾一丈五尺，又非綿綾八尺，黄絹，紫綿綾内妾一丈，古破白綿綾六尺，白綾六尺，白綿綾一丈九尺。鄧都衙紫綿綾一丈八尺，白綿綾二丈四尺，非綿綾二丈，生絹一匹。張録事碧紬内妾二丈一尺，非綿綾内妾八尺，黄畫被柒尺，紫綿綾内妾二丈三尺，非綿綾白綿綾内妾八尺。鄧縣令生絹一匹，白綿綾二丈六尺，又白綿綾一丈一尺，非綿綾二丈。索押衙白綿綾二丈八尺，又白綿綾二丈五尺，又白綿綾内妾、緑絹内妾二丈，生絹一匹。陰押衙小綾子一疋，索綿綾一丈一尺，非綿綾、紫綿綾内妾一丈三尺，非綿綾二丈。小陰押牙黄綾子八尺，白綿綾一丈，非綿綾内妾一丈八尺，白綿綾一丈三尺内妾，又古破白綿綾一丈，又白綿綾二丈一尺。米押衙白綿二丈四尺，紫綿綾内妾二丈三尺，白綿綾一丈三尺，樓綾一疋。齊法律非綿綾内妾一丈八尺，白綿綾一丈九尺，黄綾子、紫綿綾内妾一丈二尺，炎紫綿綾一丈九尺，白綿綾二丈。鄧兵馬使黄畫被子七尺，白綿綾一丈，又白綿綾二丈，白綿綾二丈一尺，碧紬内妾一丈五尺，又碧紬六尺，又白綿綾二丈五尺。鄧南山白綿綾内妾一丈八尺，非綿綾内妾一丈五尺，又非綿綾内妾紫綿綾三丈四尺，白綿綾二丈，又白綿綾一丈八尺。楊殘奴紫綿綾二丈五尺，又紫綾一丈八尺，非綿綾七尺，又非綿綾一丈七尺，碧師内妾二丈六尺，又白綿綾二丈。李願丞樓綾半四，白綿綾一丈八尺，碧絹，白綿綾内妾二丈六尺，又白綿綾一丈五尺。長千。〔後缺〕

背面：

主人碧絹一疋，緑絹一疋，車影錦一疋，胡錦一疋，非綾一疋，甲（頡）〔纈〕一段，黄畫被子兩條。索押牙圓陰押牙，鄧懸令、李願丞、齊法律，大陰押牙圓鄧都頭，米押牙、鄧南山、楊殘奴。後到人榮葬日小陰押牙、米押牙。葬日趂弔不到人，齊法律。

《清代乾嘉道巴縣檔案選編・楊昌榮施捨文約》　立舍白人楊昌榮、楊昌貴、楊昌祿、昌祜同男楊盛福、楊盛廷、楊盛德、盛朝等。情嘉慶十二年，弟□□價九八色銀四百二十四兩正，得當劉禮安田業全分，地名瓦窑灣，憑衆出佃與王大順，取押佃九六色銀一百兩正，每年撟籽粒穀十八石。因禮安叠次借貸，以致昌榮弟兄家道蕭條，難於應付，否禮安何意，十月十八日，砌詞架以欺孤嚼吞等謊控身弟兄於木洞案下，差喚知覺。但身當項業已陷害無取，慘莫極矣。今遭叠控不休，將來禍無底止，是以弟兄叔侄商議，明確畏禍，情甘將此當價九八色銀四百二十四兩，請憑四大地方杜正常、羅長武等，舍於九龍寺永作常住，培補三寶，以絶禮安禍胎，除將當約一紙揭交於住持僧明鑑師徒收掌外，自舍之後，楊姓老幼已在未來人等，永不稱言滋事，如違，許住持僧執約秉公，自甘倍罪。今恐無憑，特立舍白，給僧明鑑永遠存據。

嘉慶十五年十月十八日　立出舍白人楊昌祿、楊昌榮〔下略〕

《清代乾嘉道巴縣檔案選編・盧熙等施舍文約》　立出舍白正里十甲民盧熙同男盧培元。情培元先年在□水廟地界營造□作土庫座房二向，周圍厢房櫺隔共十七間，屢年開設生理。兹因末俗世變，欲培將來，且蒙祐庇，飢寒有預，年□難以久貿，是以父子午夜商議，願將是房請憑遠近鄰證，舍入廟内，以種福田，自舍之後，恁住持僧性柏改觀招佃，其約住房内瓦柱樑磉不得私移外賣，别生異言，有（甘）〔干〕神鑒，於盧姓子孫故舊，亦不得借其施捨外生枝節。此係父子情願，□俟勒石鎸碑以彰功果。中間並無勉勸逼迫等情。特出舍白一紙存卷。

憑鄰證　李説義
吴華先　同見
韋燦章筆

嘉慶七年四月二十九日　出舍白盧熙同子盧培元

《臺灣私法債權編・債權總論・寺觀・誠心樂施田字》　立誠心樂施田字人，海豐莊鄭焕文，本年明買有葉達金竹架下河底洋田壹處，田價銀陸拾圓。其田界址，田分錢糧，悉載在老契内分明。兹因麟洛莊鄭國聖王廟，缺少香油之資，所以誠心歡喜，願將此田樂施於鄭國聖王廟，永遠爲香油之資業。恐口無憑，立誠心樂施田字壹紙，明買契壹紙，丈單壹紙，上年老契壹紙，共肆紙，付執爲照。

即日批明：此田係鄭煥文樂施於麟洛莊鄭國聖王廟，永遠爲香油之資業，後人不得典賣，衆人不得典買。即日將此田交於鄭國聖王廟經理人林天送掌管，收租納課，爲永遠香油之業。立批。

光緒二十七年六月　日　立誠心樂施田字人　鄭煥文

《臺灣私法債權編・債權總論・送山埔地坟字》　立送山埔地坟字人黃斯統、黃斯金、黃斯銀，同侄黃發良、黃發秀等，承父黃阿滿鬮分遺下，應得有山埔壹所，坐落土名楓樹坑、崩山崁坪尾。有侄孫黃阿琳前來，在統等山埔界內擇一吉墓安葬父骸，統等言念至親，當場踏明界址：東至崁眉，與劉家毗連爲界；西至崁眉爲界；南至地坟後第三胎外橫過，與統等業毗連勒石爲界；北至崁眉右角埔中，與劉家毗連爲界。此四界之山埔，情願送於姪孫黃阿琳兄弟掌管爲業；自送之後，任從扞穴展築安葬父骸，統等不得異言阻止。此係至親之誼，允願相送，並無逼勒，今欲有憑，立送山埔地坟字壹紙，付執爲據。

即日批明：統等將字內之山埔尾，送于姪孫阿琳安葬父骸；而阿琳兄弟及伊祖母傅氏、母親陳氏甚不過意，將伊所有上東興莊之水田壹處，大小租穀貳拾石四斗之田，讓與統母親鄧氏爲飲食之資。統兄弟等既經領受，另立有讓與字付于統等爲據，統等恐後人不知互受之事，故特聲明，批照。

在場　陳鏡寰、徐傳、黃進生、陳阿興

代筆　林臺

光緒二十七年辛丑正月　日

立送山埔地坟字人　黃斯金、黃斯統、黃斯銀

姪　黃發良、黃發秀

《臺灣私法債權編・物權之特別主體・獻業字》　立獻業字郡內黃應清，有明買過徐孝瓦店一座，址在凝南坊上橫街，坐西向東，其間聲四至載上手契內明白爲界。今因郡城創建育嬰堂，收養幼孩，大得蒙養聖功之道，閱今兩載，多有捐助，或銀、或業各量力施捨，贊成久遠，清竊慕焉！表其微忱，爰將該店獻歸此舉公設之養生堂前去掌管，公估時價銀七十元，月可得税銀一千五百文，除完該坊蕭鳳來名下地租一間外，餘存收爲本堂之用。截至本月對日止，以後税銀永歸本堂收作經費，不得異言，口恐無憑，合立獻業字一紙，並繳上手契四紙，合共五紙，蓋用圖章，送執爲炤。

咸豐六年六月二十九日　立獻業字人　黃應清

書字人　謝組紨

《臺灣私法債權編・債權總論・願獻膏伙田契字》　立願獻膏伙田契字人，劉厝莊郭克修，有明買過許家水田壹宗，坐落土名在三鳩莊、番仔埔、洋尾翻，年帶納業主大祖粟壹拾肆石莊栳正，又帶辛勞隘口粟參斗捌升正。其田東至江家田爲界；西至許家田爲界；南至崁下江許田爲界；北至大圳岸爲界；四至界址明白。今因屏東書院尚缺考課膏伙，修因敬重斯文，稟過父命，願將此田獻爲膏伙之業，並獻蕭振甲胎借契銀壹佰員，每年利息粟貳拾壹石正，總共值的時價佛銀參佰大員正，任將書院掌管收租納課，起耕過佃，永爲公業，雖至日後，子孫不敢異言生端滋事。保此田係是修自己明買物業，並無典掛他人不明爲碍；如有不明，修自當一力抵當。恐口無憑，今欲有憑，立出願獻膏伙田字壹紙，並繳連上手印契四紙，共伍紙，付執爲炤。

知見人父親　郭繹緒

光緒拾參年捌月　日　立願獻膏伙田契字人　郭克修

在場人兄弟　郭舌古　郭英鶴

代書　自筆

躬送於其家。今某親捧絲綸，漫持衣物，付他人而轉給，寵光頒於雲霄，壅德意以無嫌，步履自珍於道路。靡效皇華之職，曷彰採菽之恩。拜紫誥以戒行，何其重也；委青衣而將命，不亦輕乎？豈不聞楚君遺象床於田文，登徒即勤於敬獻。更弗念沛公贈玉斗於亞父，楚項羽邀沛公會宴鴻門。范增字亞父，數目羽害沛公。羽弗忍。及沛公去，乃使張良持玉斗謝增。增撞辟玉斗。留侯必事於躬持。亟奪而官，雅符僉議。

《清代巴縣檔案彙編・乾隆三十年二月二十三日節里九甲王文道稟狀》

爲稟明事。緣蟻祖王應兆年登九十五歲，於乾隆二十七年，經鄉保報明天案。二十八年蒙皇恩賞銀四兩二錢六分，並賜匾額，以彰尊崇。蟻遵具領有案。不意蟻祖於本年正月初二日亥時告恙，告終。理合稟明。伏乞本縣正堂太爺臺前。

縣正堂批：已悉。

《敦煌殘卷爭訟文牒集釋・唐乾符年間歸義軍上都進奏院賀正使押衙陰信均狀》 上都進奏院狀上當道賀正專使押衙陰信均等，押進奏表函一封，玉一團，羊角一角，犛牛尾一角，十二月二十七日晚到院，廿九日進奉訖。謹具專使上下共廿九人，到院安下。及於靈州勒住數人，分析如後：一十三人到院安下。押衙陰信均，張懷普，張懷德，衙前兵馬使曹光進，羅神政，劉再昇，鄧加興，陰公遂，陰守君，翟善住，十將康文勝長行王養養，安再晟。一十六人靈州勒住。衙前兵馬使楊再晟，十將段英賢，鄧海君，索贊忠，康叔達，長行一十一人。一上四相公書啓各一分，信二角。王相公。盧相公不受，並却分鄭相公就宅送受將訖。一廳闕，其書信原在陰信均處。一奏論清賜節事，正月廿五日奉敕牒，宜令更詳前後，詔敕處分者。其敕牒一封，謹封送上。一賀正專使押衙陰信均，副使張懷普等二人，正月廿五日，召於三殿對設訖。並不赴對，及在靈州勒住軍將長行等，各賜分物錦綵銀器衣等。押衙三人，各十五匹，銀碗各一口，熟綫綾綿衣各一副。將軍十三人，各一十匹，銀屈卮各一枚，楊綾綿衣各一副。長行十三人，各五匹，絁綿衣各一副。一恩賜答信及寄信分物等。尚書答信物七十匹，寄信物五十匹，衣一副，銀榼一具、銀榼碗一具，敕書一封。判官一人、都衙一人，各物廿匹，衣一副，銀榼一口。將軍一十八人，內五人，各一十五匹，衣一副。五人，各十匹，衣一副。八人，各七匹。已上賜物，二月十六日，於客省請領到院。元有皮袋盛，內記木牌子，兼有司徒重印記全。一賜賀正專使陰信均等上下二十九人，驗馬價絹每人各四十三匹三丈三尺六寸，三月廿一日請領訖。南公佐狀一封。右謹具如前，其敕書牒並寄信匹段，並事使押衙陰信均等押領。四月十一日發離院訖，到日伏乞准此申，上交納。謹録狀上。牒件狀如前謹牒。[一] 都統陰信均謹狀。

（明）佚名《新纂四六合律判語》卷下《禮律・御賜衣物》 天恩浩蕩，既頒寵錫之儀，使節輝煌，當識敬將之義。蓋大君有賜於其下，小人

雜録

《詩經・秦風・渭陽》 我送舅氏，曰至渭陽。何以贈之，路車乘黄。

我送舅氏，悠悠我思。何以贈之，瓊瑰玉珮。

（晋）崔豹《古今注》卷下《問答釋義第八》 牛亨問曰：將離別，相贈以芍藥者何？答曰：芍藥，一名可離，故將别以贈之。亦猶相招召，贈之以文無。文無，亦名當歸也。欲忘人之憂，則贈以丹棘。丹棘，一名忘憂草，使人忘其憂也。欲蠲人之忿，則贈之青堂。青堂，一名合懽，合懽則忘忿。

（晋）葛洪《西京雜記》卷一 霍光妻遺淳于衍蒲桃錦二十四疋，散花綾二十五疋。綾出鉅鹿陳寶光家，寶光妻傳其法，霍顯召入其第，使作之，機用一百二十鑷，六十日成一疋，疋直萬錢。又與走珠一琲，緑綾百端，錢百萬，黄金百兩，爲起第宅，奴婢不可勝數，衍猶怨曰：吾爲爾成何功，而報我若是哉。

（南朝宋）劉義慶《世説新語》卷上之上《德行》 宣潔行廉約，韓豫章遺絹百匹，不受，減五十匹，復不受，如是減半，遂至一匹，既終不受。韓後與范同載，就車中裂二丈與范，云：人寧可使婦無褌邪？范笑而受之。

（梁）江淹《江文通集》卷三《袁友人傳》 〔友人袁炳〕歷國常侍、員外郎、府功曹、臨湘令，粟之入者，悉散以贍親，其爲節也如此，數百年未有此人焉。

（唐）劉肅《大唐新語》卷二《極諫》 袁利貞爲太常博士，高宗將會百官及命婦於宣政殿，並設九部樂。利貞諫曰：臣以前殿正寢，非命婦宴會之地；象闕路門，非倡優進御之所。望請命婦會於別殿，九部樂從東門入，散樂一色伏望停省。若於三殿別所，自可備極恩私。高宗即令移於麟德殿。至會日，使中書侍郎薛元超謂利貞曰：卿門傳忠鯁，能獻直言，不加厚賜，何以獎勸。賜綵百疋，遷祠部員外。

（五代）劉崇元《金華子》卷上 宣宗嘗親試神童李㲉於便殿。㲉年數歲，總慧詳敏，對問機悟，上甚悦之。因賜解褐官絹二匹，香一合子，以彰異渥，上之儉德皆此類也。

（宋）李昉《太平廣記》卷一七《神仙・盧李二生》 又曰：公所欠官錢多少。曰：二萬貫。乃與一拄杖曰，將此於波斯店取錢，可從此學道，無自穢身隱鹽鐵也。纔曉，前馬至，二舅令李生去，送出門。波斯見拄杖，驚曰：此盧二舅拄杖，何以得之。依言付錢，遂得無事。

（宋）李昉《太平廣記》卷二〇《神仙・楊通幽》 我太上侍女，隸上元宫，聖上太陽朱宫真人。偶以宿緣世念，其願頗重，聖上降居於世，我謫於人間，以爲侍衛耳。此後一紀，自當相見，願善保聖體，無復意念也。乃取開元中所賜金釵鈿合各半，玉龜子一，寄以爲信，曰：聖上見此，自當醒憶矣。言訖流涕而别，什伍以此物進之，上潛然良久，乃曰：師昇天入地，通幽達冥，真得道神仙之士也。手筆賜名通幽，賜物千段，金銀各千兩，良田五千畝，紫霞帔、白玉簡，特加禮異。暇日問其所受之道，曰：臣師乃西城王君青城真人。

（宋）李昉《太平廣記》卷三四《神仙・裴氏子》 今爲君致少財物，以備數年之儲，裴敬謝之，老父遂命求炭數斤，坎地爲爐，熾火，少頃，命取小磚瓦如手指大者數枚，燒之。少頃皆亦，懷中取少藥投之，乃生紫煙，食頃變爲金矣，約重百兩，以授裴子，謂裴曰：此價倍於常者，度君家事三年之蓄矣。吾自此去，候君家罄盡，當復來耳。裴氏兄弟益敬老父，拜之。因問其居，曰：後當相示焉。訣别而去。裴氏乃貨其金而積糧，明年遇水旱，獨免其災。後三年，老父復至，又燒金以遺之。

（宋）李昉《太平廣記》卷三五《神仙・馮大亮》 客於袖中出柟木一枝，纔五六寸，栽於庭中，便飲酒盡懽而去，曰：勞置美酒，無以爲報，此樹徑尺，則家財百萬，此時可貢助天子，垂名國史。十年後，會於岷嶺巨人宫，當授以飛仙之道。言訖而去。旬日而樹已凌空，高十餘丈，大已徑尺，其家金玉自至，寶貨自積，殷富彌甚。雖王孫、糜竺之家，不能及也。五年，玄宗幸蜀，大亮貢錢三十萬貫，以資國用。

（宋）李昉《太平廣記》卷三五《神仙・齊映》 人報有送錢百千者，老人曰：此是酒肆所入，某以一丸藥作一瓮酒，及晚請去。老人曰：郎君有奇表，要作宰相耶，白日上昇耶。齊公思之良久，云：宰相？老人笑曰：明年必及第，此官一定，贈帛數十疋。

（宋）李昉《太平廣記》卷七三《道術・趙操》 二叟謂操曰：勞汝入都，爲吾市山中所要。操則應命。二叟曰：汝所乘驢，貨之可得五千，汝用此，依吾所約買之而還。操因曰：操大人方爲國相，今者入京，懼其收維，且驢非己畜，何容便貨。況縶之山門，今已一月，其存亡不可知也。二叟曰：第依吾教，勿過憂苦，操即出山，宛見其驢尚在，還乘之而馳，足力甚壯，貨之，果得五千。因探懷中二叟所示之書，惟買水銀耳，操即爲交易，薄晚而歸，終暝遂及二叟之舍。二叟即以雜藥燒煉，俄而化爲黄金，因以此術示之於操，自爾半年，二叟徐謂操曰：汝可歸寧。

（宋）李昉《太平廣記》卷九五《異僧・道林》 唐調露年中，桂州人薛甲常供一僧，法號道林，道德甚高，瞻敬尤切，如是供給，十有餘年。忽一旦辭去，云貧道在此撓瀆多年，更無所酬，今有舊經一函，且寄宅中，一周年不回，即可開展。經歲餘，開鏁，見有金數千兩，後賣一半，買地造菩提寺，並建道林真身，供養至今。

（宋）李昉《太平廣記》卷一〇九《報應・釋曇邃》 後寺僧經祠前過，見有兩高座，邃在北，弟子在南，如有講説聲。又聞有奇香之氣，於是道俗共傳神異。至夏竟，神送白馬一疋，白羊五頭，絹九十疋。

（宋）李昉《太平廣記》卷一四六《定數・尉遲敬德》 隋末，有書生居太原，苦於家貧，以教授爲業。所居抵官庫，因穴而入，其内有錢數萬貫，遂欲攜挈。有金甲人持戈曰：汝要錢，可索取尉遲公帖來，此是尉遲敬德錢也。書生訪求不見，至鐵冶處，有煆鐵尉遲敬德者，方袒露蓬首，煆鍊之次，書生伺其歇，乃前拜之。尉遲公問曰：何故。曰：某貧困，足下富貴，欲乞錢五百貫，得否。尉遲公怒曰：某打鐵人，安有富貴，乃侮我耳。生曰：若能哀憫，但賜一帖，他日自知。尉遲不得已，令書生執筆，曰錢付某乙五百貫，具月日，署名於後。書生拜謝持去，尉遲公與其徒，拊掌大笑，以爲妄也。書生既得帖，却至庫中，復見金甲人呈之。笑曰：是也。令繫於梁上高處，遣書生取錢，止於五百貫。後敬德佐神堯，立殊功，請歸鄉里。敕賜錢，并一庫物未曾開者，遂得此錢，閲簿，欠五百貫，將罪主者，忽於梁上得帖子，敬德視之，乃打鐵時書帖，累日驚歎，使人密求書生，得之，具陳所見。公厚遺之，仍以庫物分惠故舊。

（宋）李昉《太平廣記》卷一八五《銓選・高季輔》 貞觀十七年，吏部侍郎高季輔知選，凡所銓綜，時稱允愜，至十八年於東都獨知選事，上賜金鏡一面，以表清鑒。

（宋）李昉《太平廣記》卷二三六《奢侈・趙飛燕》 趙飛燕爲皇后，其女弟昭儀在昭陽殿，遺飛燕書曰：今日佳晨，貴姊懋膺洪册，上貢三十五條，以陳踴躍之至，金花紫綸帽、金花紫羅面衣、織成下裾、同心七寶釵、七寶綦履、玉環、五色文綬、鴛鴦褥、雲母屏風、琉璃屏風、雲母七寶扇、琥珀枕、龜文枕、金錯綉襠、琉璃瑪瑙彄、珊瑚玦、黄金步摇、金博山爐、七支燈、迴風席、茀葉席、金浦圓璫、孔雀扇、五明扇、九華扇、同心梅、合枝李、三清木香、螺巵、麝香、沉水香、九真黄、鴛鴦襦及被。

（宋）李昉《太平廣記》卷二七七《夢・玄宗》 玄宗夢入井，有一兵士，著緋褌，背負而出。明日，使於兵號中尋訪，總無此人，又於苑中搜訪，見一掌關，着緋褌，便引見。上問汝昨夜作何夢，對曰：從井中背負日出登天。上覩其形狀，與夢相似，乃問汝欲官乎。答曰：臣不解作官，臣家貧，遂敕賜錢五百千。

（宋）李昉《太平廣記》卷四〇〇《金・成弼》 道者曰：子從我久，今復有憂，吾無以遺子，遺子丹十粒。一粒丹化十斤赤銅，則黄金矣，足以辦葬事。弼乃還，如言化黄金以足用，辦葬訖。

（宋）李昉《太平廣記》卷四〇三《寶・寶骨》 長安平康坊菩提寺，緣李林甫宅在東，故建鍾樓於西，寺内有郭令玳瑁鞭，及郭令王夫人七寶帳，寺主元意，多識故事。云李相每至生日，常轉請此寺僧，就宅設齋。有一僧嘗讚佛，施鞍一具，賣之，價直七萬。又僧廣有聲，口經數年，次當讚佛，因極祝林甫功德，冀獲厚襯，畢，簾下出綵篚，香羅帕籍一物，如朽釘，長數寸，僧歸，大失所望，慙惋數日，且意大臣不容欺已，遂携至西市，示於胡商，索價一千。胡見之，大笑曰：未也。更極意言之，加至五百千，胡人曰：此寶價直一千萬。遂與之，僧訪其名，曰：此寶骨也。

（宋）李昉《太平廣記》卷四二一《龍・劉貫詞》 唐洛陽劉貫詞，

大曆中，求丐於蘇州，逢蔡霞秀才者精彩俊爽，一相見，意頗殷勤，以兄呼貫詞，即而携羊酒來宴。酒闌曰：兄今汎游江湖間，何爲乎。曰：求丐耳。霞曰：有所抵耶，汎行郡國耶。曰：蓬行耳。霞曰：然則幾獲而止。曰：十萬。霞曰：蓬行而望十萬，乃無翼而思飛者也。設令必得，亦廢數年。霞居洛中左右，亦不貧，以他故避地，音問久絶，意有所懇，祈兄爲回，途中之費，蓬游之望，不擲日月而得，如何。曰：固所願耳。霞於是遺錢十萬，授書一緘，白曰：逆旅中遽蒙周念，既無形迹，輒露心誠。

（宋）李昉《太平廣記》卷四三四《畜獸·金牛》　長沙西南有金牛岡，漢武帝時，有一田父牽赤牛，告漁人曰：寄渡江。漁人云：船小，豈勝得牛。田父曰：但相容，不重君船。于是人牛俱上，及半江，牛糞於船。田父曰：以此相贈。既渡，漁人怒其污船，以橈撥糞棄水，欲盡，方覺是金，訝其神異，乃躡之。但見人牛入嶺，隨而掘之，莫能及也，今掘處猶存。

（宋）李昉《太平廣記》卷四九九《雜録·王氏子》　京輦自黄巢退後，修葺殘毁之處，時定州王氏有一兒，俗號王酒胡，居于上都，巨富。納錢三十萬貫，助修朱雀門。僖宗詔令重修安國寺畢，親降車輦，以設大齋。乃扣新鐘十撞，捨錢一萬貫，命諸大臣，各取意而擊。上曰：有能捨一千貫文者，即打一槌。齋罷，王酒胡半醉入來，逕上鐘樓，連打一百下，便于西市運錢十萬入寺。

（宋）李昉等《太平御覽》卷四七八《人事部·贈送》　崔鴻《後燕録》曰：王猛伐洛陽，將發，謂慕容垂曰：吾將遂清東夏，或爲東山之別，見物思人，卿將何以爲信。垂以佩刀遺之。

（宋）郭茂倩《樂府詩集》卷八三《雜歌謡辭·徐人歌》　劉向《新序》曰：延陵季子將聘晉，帶寶劍以過徐君。徐君觀劍，不言而色欲之。季子未獻也，然其心許之矣。使反而徐君已死，季子於是以劍帶徐君墓樹而去。徐人乃爲之歌。

延陵季子兮不忘故，脱千金之劍兮帶丘墓。

（宋）洪邁《夷堅志補》卷一五《榷貨務土地》　王傳，慶長之弟也，好學，工文辭。紹興末，監行在榷貨務。時劉正夫孝題任臨安排岸司，亦攝職榷務。兩人每從游論文，相得甚驩。一日，傳訪劉於官舍，意色殊不樂。曰：昨日夢如常日入局，有皂衣吏邀於路曰：土地請相見。即隨詣祠所，覺室宇寬敞，不類晝所見。堂上設果餚三桌，揖吾對席，曰：平時賴庇潤久，某今別有所之，天敕已下，除公爲代，遂託交承之契，殊以自幸也。吾力拒之。主人曰：天符已臨，安可拒？此職亦不易得。俄有美人從中出，左右姬妾捧從圍繞，指曰：此山妻也，當與交代。講禮再拜，起，徑就中席。主人徐曰：某今去此，不復攜妻孥，亦悉以奉贈。酒數行，遂寤。此夢不祥，傳其死矣。明日，務吏報傳以暴疾謁告，劉愕然，驅車奔視，云黄昏後忽頭痛不可忍，日中而卒。

（宋）周煇《清波雜志》卷二《賜進士及第期集錢》　熙寧五年，詔賜新及第進士錢三千緡，諸科七百緡，爲期集費。進士諸科舊用甲次高下率錢，貧者或稱貸於人，過於浮費，至是始賜之，後以爲例。

（宋）周密《癸辛雜識》後集《許占寺院》　南渡之初，中原士大夫之落南者衆，高宗愍之，昉有西北士夫許占寺宇之命。今時趙忠簡居越之能仁，趙忠定居福之報國，曾文清居越之禹跡，汪玉山居衢之超化。他如范元長、吕居仁、魏邦達甚多。曾大父少師亦居湖之鐵觀音寺，後還天聖寺焉。

（明）夏原吉《忠靖集》卷六《欽和御製重陽節賜糕酒詩》　聖主龍飛撫四夷，萬方鼓舞樂清時。玆維九日頒恩澤，皎皎天章著緝熙。

（明）李昌祺《運甓漫稿》卷三《謝賜西洋布》　異縷何纖細，輕盈玉雪紑。鮫宫初織罷，海國遠輸來。捧拜榮恩賜，紉縫稱體裁。微軀增照耀，被服媿非才。

（明）薛瑄《敬軒文集》卷六《賜紗》　理寺承恩召，宫紗被寵光。紅酣昇海日，濃染自天香。省德知輕重，裁衣稱短長。章身良自愧，何以報皇唐。

（明）薛瑄《敬軒文集》卷六《賜扇》　勑賜端陽扇，雲箋五色花。動摇煩暑退，披拂好風斜。法語真堪畏，湯銘恐未加。身心蒙帝力，留與子孫誇。

（明）韓雍《襄毅文集》卷五《二月二十九日蒙恩賜椰子三枚故賦此志感》　海邦佳品貢來新，中使傳宣使近臣。金母仙瓜差可擬，楚江萍實豈堪倫。剖開玉椀光偏潤，瀉出瓊漿味獨真。千載深恩無可報，拜瞻嵩嶽頌嚴宸。

（明）**倪謙**《**倪文僖集**》**卷六**《**午日内賜扇并綵縷**》　五日垂紳侍曉朝，明時恩賚喜親遭。彤庭新賜藍箋扇，藕館初分綵線絛。綺席瑛盤堆角黍，玉壺金盞出葡萄。醉歸馬上仙風軟，猶覺天香襲錦袍。

（明）**章懋**《**楓山集**》**卷四**《**賜扇**》　祝融南來司火令，大地鬱蒸如坐甑。蓬萊宫中夏日長，南薫有歌思解愠。尚方新造宫扇成，削玉裁雲形製精。内侍傳宣賜卿士，一揮頓覺炎塵清。魯公詩句平生志，願與君王除酷吏。安得牧守皆循良，遠播仁風慰黎庶。

（明）**章懋**《**楓山集**》**卷四**《**賜粽**》　細葛香羅試新暑，太平時節逢重午。五兵辟盡百邪消，不用釵符懸艾虎。九重天上宴芳辰，菖蒲香泛宫壺春。青青孤葉包金黍，玉盆滿貯頒羣臣。小臣何幸遭明主，承恩共醉薫風裏。願題宫帖獻新詩，納忠竊效歐陽子。

（明）**孫承恩**《**文簡集**》**卷六**《**謝賜鮮柿疏**》　天家異品，貢自親藩。御席餘珍，頒來下界。覩頳顔之耀日，想嘉核之含春。安邑之産，豈同靈闕之名，莫並甘芳潤頰，清徹爽神。仰飫恩私，俯慙報稱。未須百鍊，擬永託夫赤心。歷自九秋，誓堅持乎素節。臣無任云云。

（明）**王鏊**《**震澤集**》**卷五**《**謝人送楊梅**》　高林乍摘楊家果，風葉脩脩玉露寒。染指忽驚猩血紫，飣筵争愛鶴頭丹。誰將物産修爲譜，多謝山翁餽滿槃。却憶退朝門下賜，美芹思獻自知難。

（明）**王鏊**《**震澤集**》**卷五**《**恩賜玉帶麒麟服**》　寶月團團甫琢成，老臣何德比瓊英。蟠鷩夜室流虹影，行眩天街積雪明。芍藥獻園曾有兆，蒹葭倚坐若爲榮。皇恩錫處如山重，肯换秦家十五城。

錦袍錯落繡輪囷，天上恩光借近臣。一角獲憐西時陋，九章製愛尚方新。文明有象昭皇化，報稱無能愧病身。拜賜歸來人盡羨，好將勳業畫麒麟。

（明）**林文俊**《**方齋存稿**》**卷一〇**《**賜鮒魚**》　禮成薦鮪聖心懽，恩許嘗新遍從官。一飽敢忘明主德，百年深愧腐儒飡。鑾刀細切憐霜膾，官醞旋開侑玉盤。食罷感恩思補報，凴驢長鋏未須彈。

（明）**林文俊**《**方齋存稿**》**卷一〇**《**賜藕**》　碧藕堆盤玉不如，窮冬風物更憐渠。頒從御府榮方重，嚼罷文園渴已除。恩比連絲知未斷，心能容物愛中虚。毫分無補真叨食，慙愧黄封走使車。

（明）**邵寶**《**容春堂集**》**卷六**《**謝少傅公惠梅子**》　誰將碧玉鍊成丸，寒逼人間瑪瑙盤。數顆忽分元老賜，十年如在故山看。清含曉露真消渴，老向春風常帶酸。嘉實秖應金鼎内，調和功在頌皆難。

（明）**邵寶**《**容春堂集**》**卷六**《**賜大明會典**》　緗函新捧出天衢，十載文光照石渠。唐作一經徒託語，周遺六典始成書。聖神功化三才裏，今昔經綸萬卷餘。遐想先皇初詔日，洞觀千古欲何如。

（明）**羅欽順**《**整菴存稿**》**卷二〇**《**壽府免見遣官來賜羊酒**》　靈光伊邇愧塵容，肥羜芳樽禮意濃。因憶先皇虞蜀險，愛深同氣此移封。

（明）**楊爵**《**楊忠介集**》**卷一三**《**謝人賜鵝米**》　還將德惠過圜牆，味帶南風滿屋香。可奈窮囚深恨處，思君高義不能忘。

（明）**何良俊**《**何氏語林**》**卷三**《**德行**》　暢師文任太平路總管，公田收米積之盈屋。曰：我家幾人，能盡食此乎。呼貧士及細民恣其取去。

（明）**文徵明**《**甫田集**》**卷一〇**《**端午賜扇**》　剡藤湘竹巧裁將，珍重瑶華出尚方。四海清凉初拜賜，一時懷袖總生光。最憐明月難捐棄，即有仁風可奉揚。真覺自天題處顯，墨痕狼藉露華香。

（明）**文徵明**《**甫田集**》**卷一〇**《**賜長壽綵縷**》　紫宸朝下錫靈絲，金水橋邊拜命時。文繡自天騰五色，光華約臂結雙螭。重慚潦倒隨恩澤，還忝班行覩盛儀。願得君王千萬壽，日華常照衮衣垂。

（明）**耿定向**《**先進遺風**》**卷上**　羅文恭述楊文襄一清爲相時，有人餽美珠一斗者，公直受之。嗣諸邊將謁請留侍左右詢邊事，公隨出所受珠，分勞之，投之地，頃刻立盡。門生有以貧歸者，發囊助給，率數十百金以爲常。蓋以天下財爲天下用，而不爲私蓄，即比於一介不取，可也。

（明）**耿定向**《**先進遺風**》**卷下**　傅司馬公希摯亦余同門同年也。公暦官素厲冰蘗，囊無餘貲，家世以力産作業務農，重穀廪粟，頗有餘饒。值里中歲饑，穀價騰貴，公傾廪減價出糶，以賑之。計所糶粟，得若十金，止留半以分諸子，餘復悉以賑里人焉。

（清）**曹雪芹**《**紅樓夢**》**第一八回**《**皇恩重元妃省父母　天倫樂寶玉呈才藻**》　少時，太監跪啓，賜物俱齊，請驗等例。乃呈上略節。賈妃從頭看了，俱甚妥協，即命照此遵行。太監聽了，下來一一發放。原來賈母的是金、玉如意各一柄，沈香拐拄一根，伽楠念珠一串，富貴長春宫緞四匹，福壽綿長宫綢四匹，紫金筆錠如意錁十錠，吉慶有魚銀錁十錠。邢夫人、王夫人二分，只減了如意、拐、珠四樣。賈敬、賈赦、賈政等，每分御制新書二部，寶墨二匣，金、銀爵各二隻，表禮按前。寶釵、黛玉諸姊妹等，每人新書一部，寶硯一方，新樣格式金銀錁二對。寶玉亦同此。賈蘭則是金銀項圈二個，金銀錁二對。尤氏，李紈、鳳姐等，皆金銀錁四錠，表禮四端。外表禮二十四端，清錢一百串，是賜與賈母、王夫人及諸姊妹房中奶娘衆丫鬟的。賈珍、賈璉、賈環、賈蓉等，皆是表禮一分，金錁一雙。其餘彩緞百端，金銀千兩，御酒華筵，是賜東西兩府凡園中管理工程、陳設、答應及司戲、掌燈諸人的。外有清錢五百串，是賜廚役、優憐、百戲、雜行人丁的。

（清）姚之駰《元明事類鈔》卷一五《厚德·歸田焚券》　《元史類編》魏敬益好施與，有田十六頃，一日語其子曰：自吾買四莊村之田十頃，環村之民多不自給，今將以田歸其人也。乃呼四莊村民，語之。衆愕不受，因强與焉，焚其券。丞相賀太平聞之，詔授以官，不拜。

拾得分部

論説

《周禮注疏》卷三五《秋官司寇·朝士》 朝士掌建邦外朝之灋，左九棘，孤卿大夫位焉，群士在其後。右九棘，公侯伯子男位焉，羣吏在其後。面三槐，三公位焉，州長衆庶在其後。左嘉石，平罷民焉。右肺石，達窮民焉。帥其屬而以鞭呼趨且辟。凡得獲貨賄、人民、六畜者，委于朝，告于士，旬而舉之，大者公之，小者庶民私之。

《禮記正義》卷一七《月令·仲冬之月》 是月也，農有不收藏積聚者，馬牛畜獸有放佚者，取之不詰。

綜述

《唐律疏議》卷二七《雜律·得宿藏物隱而不送》 諸於他人地内得宿藏物，隱而不送者，計合還主之分，坐贓論減三等。若得古器形制異，而不送官者，罪亦如之。

疏議曰：謂凡人於他人地内得宿藏物者，依令合與地主中分。若有隱而不送，計應合還主之分，坐贓論減三等，罪止徒一年半。注云若得古器形制異，而不送官者，謂得古器，鍾鼎之類，形制異於常者，依令送官酬直。隱而不送者，即准所得之器，坐贓論減三等，故云罪亦如之。

問曰：官田宅，私家借得，令人佃食；或私田宅，有人借得，亦令人佃作，人於中得宿藏，各合若爲分財？

答曰：藏在地中，非可預見，其借得官田宅者，以見住、見佃人爲主，若作人及耕犁人得者，合與佃住之主中分。其私田宅，各有本主，借者不施功力，而作人得者，合與本主中分。借得之人，既非本主，又不施功，不合得分。

《宋刑統》卷二七《雜律·地内得宿藏物得闌遺物》 諸於他人地内得宿藏物，隱而不送者，計合還主之分，坐贓論，減三等。若得古器，形制異而不送官者，罪亦如之。

疏議曰：謂凡人於他人地内得宿藏物者，依令，合與地主中分，若有隱而不送，計應合還主之分，坐贓論，減三等，罪止徒一年半。注云，若得古器，形制異而不送官者，謂得古器鍾鼎之類，形制異於常者，依令送官酬直，隱而不送者，即准所得之器，坐贓論，減三等，故云罪亦如之。

問曰：官田宅私家借得，令人佃食，或私田宅有人借得，亦令人佃作，人於中得宿藏，各合若爲分財。

答曰：藏在地中，非可預見，其借得官田宅者，以見住、見佃人爲主。若作人及耕犁人得者，合與佃住之主中分。其私田宅各有本主，借者不施功力，而作人得者，合與本主中分。借得之人既非本主，又不施功，不合得分。

諸得闌遺物，滿五日不送官者，各以亡失罪論。贓重者，坐贓論，私物坐贓減二等。

疏議曰：得闌遺之物者，謂得寶、印、符、節及雜物之類，即須送官，滿五日不送者，各得亡失之罪。贓重者，謂計贓重於亡失者，坐贓論，罪止徒三年。私物坐贓論，減二等，罪止徒二年。其物各還官主。

准：《捕亡令》，諸得闌遺物，皆送隨近縣，在市得者送市司，其金吾各在兩京巡察，得者送金吾衛。所得之物，皆懸於門外，有主識認者，檢驗記責保還之。雖未有案記，但證據灼然可驗者，亦准此。其經三十日，無主識認者，收掌，仍録物色目，牓村坊門，經一周年無人認者，没官録帳，申省聽處分。没入之後，物猶見在，主來識認，證據分明者還之。

准：《廄牧令》，諸官私闌遺馬駞騾牛驢羊等，直有官印，更無私記者，送官牧。若無官印，及雖有官印，復有私記者，經一年無主識認，即印入官，勿破本印，並送隨近牧，別群牧放。若有失雜畜者，令赴牧識認，檢實印作還字付主。其諸州鎮等所得闌遺畜，亦仰當界内訪主，若經二季無主識認者，並當處出賣。先賣充傳驛，得價入官。後有主識認，勘當知實，還其價。

准：《雜令》，諸公私竹木爲暴水漂失，有能接得者，並積於岸上，明立標牓，於隨近官司申牒，有主識認者，江河五分賞二分，餘水五分賞一分。限三十日，無主認者，入所得人。

准：《軍防令》，諸闌遺得甲杖，皆即輸官。

准：《軍部式》，諸收穫破賊及闌遺器仗等，並申省隨狀處分，納近便庫。如有不堪用者，即須毁却，任充當處修理軍器用。

（宋）謝深甫《慶元條法事類》卷八〇《雜門·闌遺》　勅

雜勅

諸收救得沉溺船所失官物或流失官船及所載官物不送官者，依《得闌遺物》律，輒費用者，毁匿、賣易、質當之類同。准盗論，許人告。若物已絶離溺處而收救之人不知係官者，雖費用，止依得闌遺物法。

諸得闌遺官馬，外界使人馬同。限外不送官，計贓輕者，一匹杖一百，一匹加一等，罪止徒三年。匿北使馬至罪止者，不刺面配本城，並許人告。

廄庫勅

諸軍走失官馬，三十日尋訪不得者，杖一百。限外未決而得及他人得者，除其罪。

諸將校走失官馬，應科校，非自犯者，止坐犯人。

諸軍緣官馬應科校，而試本等事藝，及高強格者，免。人力可制禦而非理死傷，若走失及將校養馬人非。

令

雜令

諸得闌遺官馬，限内送官者，官給賞，給收養，限三十日，馬主認識，給付，追賞錢還官，限滿依没官法。

諸得闌遺畜産，官爲養飼，私馬限十五日，餘衆十日。無人認識者，估價依没官法。半年内聽認識，召保三人，給還，仍理官草料錢。即已給填及賣者，給元價。

諸得闌遺物者，送所在官司，封記籍定，榜諭召人識認。有人認者，先責隱細狀，驗同，取保給付。滿百日無人認者，没官。

諸官地内得宿藏物者，聽收。若他人地内得者，與地主中分之。即器物形制有異者，悉送官，酬其直。

諸收救得漂失竹木，具數申官。

諸得闌遺甲仗，即時論官。

賞令

諸告獲收救得流失官船及沉溺船所失官物而輒費用，或限滿不送官者，其賞准收救法給之。深險非深險等。

諸收救得流失官船及船内官物，其賞責干繫人均備；破壞官空船，即量給賞。

諸收救得無主私船，賞以官錢充。有主認者，追賞入官。

諸沿流沈失官銅，召募人救獲，比元失之數有剩者，計所剩准《運銅出剩格》推賞。即諸色人得闌遺銅納官而不知主名者，准此。仍止計得處銅價。

格

賞格

諸色人

得闌遺官馬限内送官者，每匹錢一貫。

告獲得闌遺北使馬限外不送官者，每匹錢二十貫。五十貫止。

告獲得闌遺官馬外界使人馬同。限外不送官者，每匹錢一十貫。五十貫止。

江河深險處收救得沈溺船所失官物，准價給三分。

收救得流失官船，每隻准價不及一百貫：

諸河，空船，錢五貫；重船，錢一十貫。

江、淮、黄河，空船，錢一十貫；重船，錢二十貫。

一百貫以上：

諸河，給一分；

江、淮、黄河，給二分。

收救得無主私船，每隻錢一貫。

收救得漂失私竹木：

諸河，給二分。

江、淮、黄河，給四分。

無主者，全給。

旁照法

賞令

諸運銅出剩，准格應給賞而係元稱買人者，不在給例。

賞格

諸色人

押綱人部綱兵級、兵梢運銅於諸處交納，若比元裝數出剩，以裝發處元價，共給五分。

《通制條格》卷二八《雜令・闌遺》 皇慶元年五月，中書省。宣徽院備闌遺監呈：本監專管不闌奚人口，頭疋，循行事務，多失其宜，若不更張，深爲不便。具到各項事理，刑部議擬，都省准呈於後：

一、隨處路府州縣達魯花赤提調不闌奚人口、頭疋等物，因仍苟且，不肯用心，以致人口、頭疋逃匿，瘦弱，倒死、移易，不能盡實到官。況各官多愛飛放鷹鶻，將不闌奚馬疋非理馳驟，至於倒死，匿不申聞，縱有解到，瘦損不堪。今後莫若改委各處文資長官提調，凡有不闌奚人口、頭疋，責付里正、主首收養，立法關防，用心點檢，毋致逃易、隱匿、瘦弱、倒死。按月申報，每歲於三月、九月二次送納，實爲便益。

前件議得：除路府州縣達魯花赤，提調不闌奚人口、頭疋已有定例，所擬騎坐、飛放、移易、隱占人口、頭疋，擬合劄付御史臺，行下各道廉訪司，嚴加體察禁約，到官之數，合令宣徽院設法關防，毋致隱匿、瘦弱、死損。

《通制條格》卷二八《雜令・地内宿藏》 至元十三年閏三月，中書。户部呈：王拜驢等，於賀二地内掘得埋藏之物，擬令得物之人，與地主停分。今後若有於官地内掘得埋藏之物，於所得物内壹半没官，壹半付得物之人。於他人地内得者，依上與地主停分。若租佃官私田宅者，例同業主。如得古器、珍寶、奇異之物，隨即申官進獻，約量給價。如有詐僞隱匿，其物全追没官，更行斷罪。都省准擬。

《元典章》卷五六《刑部・闌遺・宿藏・得宿藏物地主停分》 至元十三年閏三月，中書户部：

據西京路申：韓村民户王拜驢狀告：至元十一年四月初三日，相合到王四九、李倉兒、賀二等，前去蔚州新孟莊，與賀二等築墻。李倉兒於窑堝户掘出大白磁鉢子，王四九用杴剜裂，拜驢見黄色金子，不肯分張。得此，勾到一干人等，追到元撅小銀一錠、銀鐲兒一對、金鐲兒一對、金釵兒一隻、鍍金釵兒一隻。乞照驗事。省部照得王拜驢等元物，已有分張陪到價錢，若便没官，誠恐已後凡有異奇珍寶，隱匿不肯出首。爲此，省部公議得：據王拜驢等於賀二地内掘得埋藏之物，〔擬令得物之人與地主停分。今後若有於官地内掘得埋藏之物，〕於所得物内一半没官，一半付告人。於〔他人〕地内得者，依上令得物之人與地主停分。若租〔田〕〔佃官〕私田宅者，例同業主。如得古器、珍寶、奇異之物，隨即申官進獻，約量給價。如有隱匿，其物全追没官，取招斷罪。奉都堂〔鈞旨〕准呈施行。

《元典章》卷五六《刑部・闌遺・孛蘭奚・告首隱藏孛蘭奚賞鈔》 大德六年八月初三日，江西行省准中書省咨：

〔來咨：〕宋國用隱藏孛蘭奚牛隻，僞造文契，意欲貨賣，不行赴官首納。取訖招詞歸斷外，不見給賞鈔數定例。咨請照驗。准此。行據宣徽院呈：送闌遺監議得：遺失之物，隱藏者多。其於賞罰，明當以示懲勸。若擬但凡隱藏孛蘭奚一個，賞鈔若干，且人口、頭疋價直不等，又所遺諸物中間貴賤有差。今後應告隱藏孛蘭奚者，體問明白，估驗所隱之物實直價錢，於犯人名下減半追徵，給付告人充賞，其犯人亦驗分數比附定罪，似望少革隱藏之弊。如准所呈，實爲允當。送刑部議得，隱藏孛蘭奚賞鈔，合准宣徽院所擬。犯人罪名，臨事驗輕重科斷。具呈照詳。都省准呈，咨請依上施行。

《至正條格·條格》卷二四《廄牧·闌遺》　皇慶元年五月，宣徽院備闌遺監呈：本監專管不闌奚人口、頭疋，循行事務多失其宜，具以各項事理。刑部議擬，都省准呈于後：

路府州縣達魯花赤提調不闌奚人口、頭疋，騎坐飛放，移易隱占，廉訪司嚴加體察禁約，到官之數，合令宣徽院設法關防，毋致隱匿瘦弱死損。

不闌奚人口如未到監，各處有主識認者，隨令有司發落。如已到監，即便取問各人來歷根因、住貫去處，行移召主識認。如無主認識者，分撥匹配成户，發付有司收係當差。

本監置造火印三等，一作官字，一作主字，一作支字。凡有納到頭疋，本監官親臨監視，醫獸驗覷齒歲、膘分，明立文案，隨時用官字印烙，若有本主認見，合給付者，即用主字印烙，如蒙上司支撥，用支字印烙，庶革更換之弊。

本監每歲十月，於龐村聚集，凡有收到不闌奚頭疋，官給草料者，本主識認是實，照依喂養過月日草料時估，回納價鈔還官。其牧放者，不拘此例。

在前支撥不闌奚頭疋，多有口傳聖旨，徑直赴監支取，本監不即申院，畫便分付，似涉專越。今後凡支頭疋，須奉宣徽院文字，然後許支。

《至正條格·條格》卷三〇《賞令·闌遺頭匹》　延祐二年三月二十六日，宣徽院奏：各處不闌奚赤每拘收着不闌奚人口、頭疋，與人使用騎坐、輛車有。指拘收不闌奚爲名，那其間裏，哏做賊説謊有。別箇各枝兒每闌支不闌奚人口、頭疋人每，闌了壹箇不闌奚頭口的，和不闌奚赤每通同着，騎兩參箇的也多有。如今俺和省官人每一處商量來，工部官人每根底説了，比着不闌奚人口、不闌奚駱駝、馬、牛、驢、騾、羊口等身子的樣子，教鑄着印子，分付與闌遺監。不揀那箇收拾不闌奚的不闌奚赤每，並別箇各枝兒使（换）〔唤〕不闌奚人口的，騎坐不闌奚頭疋、輛車子的人每有呵，教闌遺監押勘合文字，開寫頭疋的毛色印記，就印上頭疋的身子印兒支與。若收拾不闌奚的人每，並別箇各枝兒使唤不闌奚人口的，騎坐不闌奚頭疋、輛車子的人每，若無闌遺監這般印子的文字，騎坐、輛車子呵，准做賊的例，要罪過呵，怎生？奏呵，奉聖旨：那般者，商量的是有。工部官人每根底説了，教比着那般身子的樣子，鑄與印子，那般提調者。

《元史》卷一〇五《刑法志》　諸鋤獲宿藏之物，在他人地内者，與地主中分，在官地内者一半納官，在己地内者即同業主。得古器珍寶之物者，聞官進獻，約量給價，若有詐僞隱匿，斷罪追没。

（明）何廣《律解辯疑》大明律卷九《户律·錢債·得遺失物》　凡得遺失之物，限五日内送官。官物還官。私物召人識認，於内一半給與得物人充賞，（止）全給。

議曰：得遺失私物，於内一半給與得物人。若官物，不在給與之限。

限外不送官者。

議曰：減二等，謂如坐贓論罪，止杖八十，徒二年。

《大明律直解所載明律》卷九《户律·錢債·得遺失物》　凡得遺失之物，限五日内送官。官物還官。私物召人識認，於内一半給與得物人充賞，一半給還失物人。如三十日内無人識認者，全給。限外不送官者，官物坐贓論，私物減二等，其物一半入官，一半給主。若於官私地内掘得埋藏之物者，并聽收用。若有古器、鐘鼎、符印異常之物，限三十日内送官。違者，杖八十，其物入官。

（明）張楷《律條疏議》卷九《得遺失物》　凡得遺失之物，限五日内送官。官物還官。私物召人識認，於内一半給與得物人充賞，一半給還失物人。如三十日内無人識認者，全給。限外不送官者，官物坐贓論，私物減二等，其物一半入官，一半給主。

疏議曰：凡有拾得他人遺失之物，限五日内送官，官府審問明白。若係官物，則收還官。如係私物，報召原主之人識認明白，於内將一半給與拾得之人充賞，一半給還失物之人。如送官三十日無人識認者，全給與拾得之人。若不送官府，輒收入己者，如係官物坐贜論，私物減二等，罪止杖八十，徒二年。其物一半入官，一半給與原失之主，得物人全不與。無主者全收入官，得物人俱不給與，惡其不送官也。

若於官私地内掘得埋藏之物者，並聽收用。若有古器、鐘鼎、符印異常之物，限三十日内送官。違者杖八十，其物入官。

疏議曰：若有人於或官地或私地内掘得埋藏之物者，並聽掘得之人收用。若係是古器、鐘鼎、符印，異於尋常物件者，限其三十日内送官。如有違此，不送官者杖八十，異常之物入官。

謹詳律意，路失之財他人所失，五日之内並須送官。官物全數入官，私物半給半賞，嘉其不自私也。限外不送則是自私，官則坐贜治罪，私則減等科刑。其財半主半官，拾者全無所與。至若掘得之物，聽其自收。既非他人所遺，難以入官識認。異常物件勒限送官，於分非所宜收，違者治以杖罪。

（明）雷夢麟《讀律瑣言》卷九《得遺失物》 凡得遺失之物，限五日内送官。官物還官。私物召人識認，於内一半給與得物人充賞，一半給還失物人。如三十日内無人識認者，全給。限外不送官者，官物坐贜論，私物減二等，其物一半入官，一半給主。若於官私地内掘得埋藏之物者，並聽收用。若有古器、鐘鼎、符印異常之物，限三十日内送官。違者杖八十，其物入官。

瑣言曰：五日内送官召人識認，於所得遺失物内將一半給與得物人充賞，賞其無隱匿之情，有還人之意也。一半給還失物人，彼既失物，無望復歸，幸而爲人所得，得歸一半足矣。若三十日内無人識認，則是主無見在，全給原得送官之人。若五日限外不送官召人識認，則意在隱匿，何賞之有，又無全還失主之理，故以其一半入官，一半給還失主。若無失主通收入官。若官私地内掘得埋藏之物，原係無主之財，並聽掘得之人收用。但古器、鍾鼎、符印等項非民間所宜有，限三十日内送官，不得收用。限外不送官者，杖八十，其物入官。

《明會典》卷一六四《刑部·律例·户律·錢債·得遺失物》 凡得遺失之物，限五日内送官。官物還官。私物召人識認，於内一半給與得物人充賞，一半給還失物人。如三十日内無人識認者，全給。限外不送官者，官物坐贜論，私物減二等，其物一半入官，一半給主。若於官司地内掘得埋藏之物者，並聽收用。若有古器、鐘鼎、符印異常之物，限三十日内送官。違者，杖八十，其物入官。

（明）佚名《重刻律條告示活套》卷二《得遺失物》 前件某府某縣爲禁約事。竊惟人有遺失之物而得之者，律限五日送官。官物還官，私物招人識認。於内一半給與得物之人，一半給與失物之主。此律例之明載，莫敢違越。近訪得有等姦貪之徒，凡得遺失之物，不行送官，遂以爲應得，誠爲欺官玩法，坑陷人財，若不禁約，何以警戒將來。爲此合出告示，發去人烟輳集之處粘貼曉令，一休知悉，但有得遺失之物依限送官，驗數分給，敢有故違，事發問罪不恕。

（明）王肯堂《王儀部先生箋釋》卷九《得遺失物》 第一節：遺失之物，必有其主，故得之者，限五日内送官。若係官物，則仍舊還官，若係私物，則召人識認。如有人識認者，則於遺失物内，以一半給賞得物之人，一半給還失物之主。如三十日内無人識認，全給得物之人。若五日外不送官者，係官物，則坐贜論，一兩以下笞二十，罪止杖一百，徒三年，追物還官。係私物，則減坐贜罪二等，一兩以上至十兩，笞一十，至五百兩之上，罪止杖八十，徒二年。其物一半入官，一半給還失主。若無失主識認者，則自當全入官矣。

第二節：若於官私地内掘得埋藏無主之物，如金銀及尋常器皿之類，並聽掘者收用。若有古器、鐘鼎、符印異常之物，皆應送官，以非民間所宜有也。如過三十日仍隱匿不送官者，杖八十，追其物入官。《周官》凡獲貨賄告于士，旬而舉之，大者公之，小者庶民私之，此即其遺法也。唐律於他人地内得宿藏物，隱而不送者，計合還主之分，坐贜論，減三等，此謂有主之地也。有主之地，合與地主中分，故隱而不送者，計合還主之分，坐贜論，減三等。今律謂於官私地内掘得埋藏之物，意多指無主者而言，宿藏之物，既無主名，責其送官，恐啓告訐，故除古器、鐘鼎、符印異常之物應合送官外，其餘常物並聽收用。

《律條直引》卷九《户律·錢債·得遺失物》 趙甲依得遺失官物限五日内送官，限外不送官者坐贜論，一百貫律，杖六十，徒一年。錢乙依得遺失私物限五日内送官，召人識認，限外不送官者坐贓論，減二等，二百貫律，杖一百。孫丙依於官、私地内掘得埋藏古器、鍾鼎、符印異常之物，限三十日之内送官，違者律，杖八十。俱有《大誥》減等，趙甲杖一百，錢乙杖九十，孫丙杖七十。係軍民，有力納米等項，無力的決，官物並異常之物并入官。私物寄收在官，三十日内有主識認，一半給主，一半入官，無主者全入官。

（明）佚名《大明律講解》卷九《得遺失物》　凡得遺失之物，限五日内送官。官物還官，私物召人識認，於内一半給與得物人充賞，一半給還失物人。如三十日内無人識認者，全給。講曰：謂得遺失私物，於内一半給與得物人，若官物，不在給與之限。限外不送官者，官物坐贓論，私物減二等。講曰：謂於坐贓論罪上減二等罪，止杖八十，徒二年。其物一半入官，一半給主。若於官私地内掘得埋藏之物者，並聽收用。若有古器、鍾鼎、符印異常之物，限三十日内送官，違者杖八十，其物入官。

《大清律集解附例》卷九《户律·錢債·得遺失物》　凡得遺失之物，限五日内送官。官物盡數還官。私物召人識認，於内一半給與得物人充賞，一半給還失物人。如三十日内無人識認者，全給。限五日外不送官者，官物，坐贓論，罪止杖一百、徒三年，追物還官。私物，坐贓。減二等，其物一半入官，一半給主。若無主，全入官。若於官私地内，掘得埋藏無主之物者，並聽收用。若有古器、鍾鼎、符印異常之物，非民間所宜有者。限三十日内送官。違者，杖八十，其物入官。

（清）沈之奇《大清律輯註》卷九《户律·錢債·得遺失物》　凡得遺失之物，限五日内送官。官物盡數還官，私物召人識認。於内一半給與得物人充賞，一半給還失物人。如三十日内，無人識認者，全給。限五日外不送官者，官物坐贓論，罪止杖一百、徒三年，追物還官。私物坐贓減二等，其物一半入官，一半給主。若無主，全入官。若於官私地内，掘得埋藏無主之物者，並聽收用。若有古器、鍾鼎、符印異常之物，非民間所宜有者。限三十日内送官。違者，杖八十，其物入官。

〔律後註〕：遺失之物，必有其主，得之者限五日内送官。官物盡數還官，私物有人識認，半賞得物人，半還失物人。三十日内無人識認，物主不可踪迹，則應屬之得物人，故全給也。如五日外不送官，係官物坐贓論，私物減二等，其物一半入官，一半給還失主。若無主認，自全入官矣。地内埋藏之物，如金銀之類，謂無主者也，不論官私地内，掘得之物，并聽收用，不必報官。若掘得古器、鍾鼎、符印異常之物，則應送官，以非民間所得有也。違三十日之限不送官者，杖八十，其物入官。

〔律上註〕：按：《周禮》，凡獲貨賄，告於士，旬而舉之，大者公之，小者庶民私之，此其遺意也。

《大清律例》卷一四《户律·錢債·得遺失物》　凡得遺失之物，限五日内送官。官物盡數還官；私物召人識認，於内一半給與得物人充賞，一半給還失物人。如三十日内無人識認者，全給。五日限外不送官者，官物，坐贓論，罪止杖一百、徒三年，追物還官。私物減坐贓二等，其物一半入官，一半給主。若無主全入官。

若於官私地内掘得埋藏無主之物者，并聽收用。若有古器、鍾鼎、符印異常之物，非民間所宜有者。限三十日内送官。違者，杖八十，其物入官。

（清）姚雨薌《大清律例會通新纂》卷一三《户律·錢債·得遺失物》　凡得遺失之物，限五日内送官。官物盡數還官，私物召人識認，於内一半給與得物人充賞，一半給還失物人。如三十日内無人識認者，全給。五日限外不送官者，官物坐贓論，罪止杖一百、徒三年，追物還官。私物減坐贓二等，其物一半入官，一半給主。若無主全入官。若於官私地内掘得埋藏無主之物者，並聽收用。若有古器、鍾鼎、符印異常之物，非民間所宜有者。限三十日内送官。違者，杖八十，其物入官。

遺失之物必有其主，得之者，限五日内送官，官物盡數還官，私物有人識認，半賞得物人，半還失物人。三十日内無人識認，物主不可踪迹，則應屬之得物人，故全給也。如五日外不送官，係官物，坐贓論，私物減二等，其物一半入官，一半給還失主。若無主認，自全入官矣。地内埋藏之物，如金銀之類，謂無主者也，不論官私地内掘得之物，並聽收用，不必報官。若掘得古器、鍾鼎、符印異常之物，則應送官，以非民間所得有也。違三十日之限不送官者，杖八十，其物入官。

《少數民族法典法規與習慣法·嚴禁沿河居民變賣木商漂流竹木碑記》

特授桂林府興安縣正堂加五級紀録五次柳。爲出示曉諭嚴禁事，案據西鄉監生藍崇佑、藍元中，生員藍攢，監生黄國華、廖化賚、黄官禮等，公懸賞示，嚴禁擄撈，以保商旅而衛地方事。情生等居住六峒，山多田少，本所產稻粱，不敷半年食用。全賴禁畜竹木砍伐編筏，運省發賣，藉以養生。惟河身陡狹，水小不能運動，水大每至漂流。幸有冲軍灣、爺子口兩處，岸高塘曲，竹木至此，多隨水勢停阻。該處人民幫同撈獲，存放一處，俟客人認貨，照章收取，不準據爲已有，擅行變賣，稟蒙前憲示禁在案。不料年久玩洩，本年五月初一日河水暴漲，有木客劉金才漂去杉木二百餘株，流至城坪，被該處孫顯標等撈獲數十株。金才前往認取，竟有私行變賣之事，因此争鬧具控案下。現蒙恩訊，分别究追完結。生等復思此案雖蒙結息，嗣後猶恐滋事，如不賞示嚴禁，永遠遵行，爲害商賈匪輕，貽禍地方更重。祇得聯名公懇賞示嚴禁等情到轅，等因據此，合行出示嚴禁。爲此示仰該處沿河鄉村墟市居民諸色人等，自示之後，凡遇漂來竹木，爾等隨時撈獲，如數存放，客人來認，準其照章收取。如敢據爲已有，私行變賣，一經查出或被告發，定行提案嚴辦。此係保衛地方民生起見，勿得視爲具文，幸貪小利，致於重譴，凜之慎之，切切勿違，特示。

光緒七年八月十一日。

（清）江峰《大清律例略記》卷二《得遺失物略記户律》 凡得遺失物端，限五日内送官。官物還官盡數，私物召人查看。一半給與充賞，一半給主付還。過月無人認識，准許得者領全。限外不送官府，官私坐贓酌參。掘得埋藏諸物，收受聽其自專。其有古器、鐘鼎以及符印各般，限一月内呈送，違者重杖不寬。

紀事

《南齊書》卷二六《王敬則傳》 王敬則，晉陵南沙人也。【略】尋遷使持節、散騎常侍、安東將軍、吳興太守。郡舊多剽掠，有十數歲小兒於路取遺物，殺之以徇，自此道不拾遺，郡無劫盗。

《南史》卷七〇《循吏傳·甄彬》 法崇孫彬。彬有行業，鄉黨稱善。嘗以一束苧就州長沙寺庫質錢，後贖苧還，於苧束中得五兩金，以手巾裹之，彬得，送還寺庫。道人驚云：近有人以此金質錢，時有事不得舉而失。檀越乃能見還，輒以金半仰酬。往復十餘，彬堅然不受，因謂曰：五月披羊裘而負薪，豈拾遺金者邪。卒還金。

《北史》卷八四《孝行傳·張元》 張元字孝始，河北芮城人也。【略】南隣有二杏樹，杏熟多落元園中。諸小兒競取而食之。元所得者，送還其主。

《隋書》卷六九《王劭傳》 王劭字君懋，太原晉陽人也。【略】開皇初，邵州人楊令悊近河，得青石圖一，紫石圖一，皆隱起成文，有至尊名，下云：八方天心。永州又得石圖，剖爲兩段，有楊樹之形，黄根紫葉。汝水得神龜，腹下有文曰：天卜楊興。安邑掘地，得古鐵版，文曰：皇始天年，賚楊鐵券，王興。同州得石龜，文曰：天子延千年，大吉。臣以前之三石，不異龍圖。何以用石？石體久固，義與上名符合。龜腹七字，何以著龜？龜亦久固，兼是神靈之物。

《舊唐書》卷一四《順宗紀》 〔元和元年八月乙亥〕靈武李欒奏，黄河岸塌處得古錢三千三百，其形小，方孔，三足。

《舊五代史》卷一八《梁書·張策傳》 張策，字少逸，燉煌人。父同，仕唐，官至容管經略使。策少聰警好學，尤樂章句。居洛陽敦化里，嘗浚甘泉井，得古鼎，耳有篆字曰魏黄初元年春二月，匠吉千。且又製作奇巧，同甚寶之。

《舊五代史》卷七八《晉書·高祖紀》 〔天福四年〕六月辛未朔，陳郡民王武穿地得黄金數餅，州牧取而貢之，帝曰：宿藏之物，既非符實，不合入官。命付所獲之家。

《明實録》神宗萬曆二十五年七月〔丁酉〕下吏部叅看司經局洗馬鄒德溥。先是，霍文炳有没官宅一區，内埋銀二萬五千餘兩，德溥門生王良材偵得其實，以告德溥，遂相與僦房而分之，至是東廠以聞。御史況上進疏論：僞學盜臣，請速行罷斥。部覆，得旨：鄒德溥隱匿官贓，玷辱清班，革去冠帶爲民，永不叙用。法司仍嚴追贓，如數觧進。

案例文書

（宋）陳元靚《事林廣記・辛集》卷一〇《詞狀新式・寫狀法式・申孛攔奚口頭狀》 厶村住人厶人

右厶年壯無病。伏爲於今月厶日厶時，已來因往厶處勾當，見甚毛色牛幾頭，有無印記，於厶地内作踐田苗，無人牧放。爲此厶將上件牛畜收至本家，今來多日無人識認，所據厶不合不即時申告官司，召人識認，合得罪犯，隨狀陳首。伏乞某官詳狀召人識認施行，執結是實，伏取裁旨。

年　月　日告狀人　厶人　狀

（清）李鈞《判語録存》卷二《漂失木貨事道光十年十月十六日》 審得嵩縣民李俊控永寧縣武生邢允元等欺行抗價等情一案。緣邢允元販賣木植，本年四月初四日，與鋪夥李金花在嵩縣潭頭鎮憑牙紀李俊説合，買到董姓木筏一吊，價錢一百零二千六百四十文。同日又憑牙紀尚廷建、惠永清説合，買到張永清木筏一吊，計貨一百八十九件，又三十一件，共價錢一百二十五千七百一十文。又於初七日，買到崔世魁木筏兩吊，計貨二百八十九件，外椽子二十五排，車軸兩根，共價錢一百四十千零五百八十五文。初九日，買到苗太木筏三吊，計貨五百三十一根，外椽子兩排，共價錢三百四十八千三百零五文。均係尚廷建等説合。除所買張永清木筏一吊，先經邢允元令水手鄭安運赴馬回鎮，賣於杜姓木廠外，餘筏六吊停泊水次，於二十八日夜，風雨交作，河水暴漲，全被冲散。經李俊、尚廷建、李金花三人持燈呼救，當有古城村民趙培成等撈獲木貨一百六十七件。經地方趙成瑞在各村查獲木貨五十七件。邢允元以失貨尚多，不肯收領。遂捏稱木筏係趙培成等砍散，被搶一空，在縣呈控。尚廷建亦幫同誣禀。邢允元臨訊逃脱，遽以前情控府。並稱貨物伊未驗收，圖累牙紀。李俊等亦以欺行抗價等詞來訴。提訊得悉前情。查木筏實係被水冲散，衆目共睹。不特李俊供詞可憑，至貨物成交在四月初旬計，至漂失之期已踰二十餘日，何云尚未驗收？且每根木植俱印有伊信成字號戳記，至於水中撈起皆識爲邢姓之物，又烏能諉卸於人乎？邢允元捏詞誣控，本應按律懲處。念其漂失多貨，情有可憫，姑免深究。除交過李俊木價四十一千五百文，張永清五千文，崔世魁二十三千文，下欠六百四十七千七百四十文，除將前後查獲木貨二百二十四件變價抵償，並將賣於馬回鎮木筏原價呈繳外，下欠若干，該縣即勒限追還具報。至漂失貨物，本與牙紀尚廷建無涉，因其幫同邢允元誣告搶奪重情，罰錢一百千，幫給邢允元歸還貨價，以示懲儆。邢允元、李金花俱由洛陽縣押發，餘交批差帶回。以便繳領完案。即行縣遵照可也。此判。

（清）**趙幼班**《**歷任判牘彙記**》卷二《**判童克忠等堂詞**》　童克忠失去耕牛，報明約保丐頭，追緝未獲。旋經王順等出外辦案，在浮橋邊見有逃散走牛，登時牽住，報明捕署。飭令王二房飯店，代爲喂養，出示招認。玆既邀同鄉約鄉保等來前承保，准即給領。至王二房飯店已代爲喂養兩旬之久，應出洋二元以貼喂養費資。領狀保結附卷，並飭知捕署銷案可也。此判。

雜録

（晉）**皇甫謐**《**高士傳**》卷上《**披裘公**》　披裘公者，吴人也。延陵季子出游，見道中有遺金，顧披裘公曰：取彼金。公投鐮瞋目，拂手而言曰：何子處之高而視人之卑，五月披裘而負薪，豈取金者哉。季子大驚，既謝而問姓名，公曰：吾子皮相之士，何足語姓名也。

（南朝宋）**劉義慶**《**世説新語**》卷上之上《**德行**》　管寧、華歆共園中鋤菜，見地有片金，管揮鋤與瓦石不異，華捉而擲去之。

（南朝宋）**劉敬叔**《**異苑**》卷二　晋康帝建元中，有漁父垂釣，得一金鎖，引鎖盡，見金牛，急挽出，牛斷，猶得鎖長二尺。【略】

義熙中，新野黄舒耕田，得一舡金。卜者云：三年勿用，長守富也。舒不能從，遂成土壤。

（南朝宋）**劉敬叔**《**異苑**》卷三　傅承爲江夏守，有一雙鵝失之三年，忽引導得三十餘頭來向承家。

（梁）**江淹**《**江文通集**》卷三《**銅劍贊**》　永明初，始造舊宫，鑿東北之地，皆平岡迤𨻗，尤多古冢墓，有人得銅劍，長尺五寸。余既借看，歎其古異。

（宋）**李昉**《**太平廣記**》卷一一八《**報應・熊慎**》　唐豫章民有熊慎者，其父以販魚爲業。嘗載魚宿于江滸，聞船内千百念經佛聲，驚而察之，乃船中諸魚也。遂歎異而悉取放之，不復以漁爲業。後鬻薪于石頭，窮苦至甚。嘗暮宿於江上，忽見沙中光焰高尺餘，就掘之，得黄金數斤。明日，賫詣都市貨之，市人云：此所謂紫磨金也。酬緡數十萬。熊氏由此殖産鉅富，子孫於今存焉。

（宋）**李昉**《**太平廣記**》卷一三八《**徵應・齊州民**》　齊州有一富家翁，郡人呼曰劉十郎，以鬻醋油爲業。自云：壯年時，窮賤至極，與妻傭舂以自給。忽一宵，舂未竟，其杵忽然有聲，視之，已中折矣。夫婦相顧愁歎，久之方寐。凌旦既寤，一新杵在臼旁，不知自何而至。夫婦前視，且驚且喜，自是因穿地，頗得隱伏之貨，以確杵爲神鬼所賜，乃實而藏之。遂棄舂業，漸習商估，數年之内，其息百倍，家累千金。夫婦神其杵，即被以文繡，置於匱匣中，四時致祭焉。自後夫婦富且老，及其死也，物力漸衰，今則兒孫貧乏矣。

（宋）李昉《太平廣記》卷三〇四《神・喬龜年》　喬龜年者，善篆書，養母甚孝。大曆中，每爲人書大篆字，得錢即供甘旨。或見母稍失所，必仰天號泣，自恨貧乏。夏月，因自就井，汲新水奉母，忽有一青衣人，自井躍出，立於井傍，謂龜年曰：君之貧乏，自前定也。何每因母稍失所，必號泣訴天也。龜年疑是神靈，遂拜而對曰：余常恨自不能取富貴，以豐侍養，且母年老，而旨甘每闕，雖不憚勤苦於傭筆，其如所得資助，不足以濟。是以不覺仰天號泣耳。神人曰：君之孝已極，上天知之矣，君當於此井中，收取錢百萬，天之賜也。言訖而滅。龜年乃取之，得錢一百萬。每建珍饌以奉母，仍多不出游貴達門。後三年，母亡，龜年號慕幾滅性，仍盡以餘錢厚葬其母。復又貧乏。

（宋）李昉《太平廣記》卷三二一《鬼・韋氏》　安定人姓韋，北伐姚泓之時歸國，至都，住親知家。時□□擾亂，齊有客來問之，韋云：今雖免慮，而體氣惙然，未有氣力，思作一羹，尤莫能得。至淒苦，夜中眠熟，忽有叩牀而來告者云：官與君錢。便驚出户，見一千錢在外，又見一烏紗冠幘於執板背户而立，呼主人共視，比來已不復見，而取錢用之。

（宋）李昉《太平廣記》卷三六〇《妖怪・黄尋》　後魏宣武帝景明年中，海陵人黄尋，先居家單貧，忽風雨飛錢至其家。後巨富，錢至數萬。其年被誅。

（宋）李昉《太平廣記》卷四〇〇《金・翁仲儒》　漢時，翁仲孺家貧力作，居渭川。一旦，天雨金十斛於其家，於是與王侯爭富，今秦中有雨金翁，世世富。

（宋）李昉《太平廣記》卷四〇〇《金・侯遹》　隋開皇初，廣都孝廉侯遹入城，至劍門外，忽見四廣石，皆大如斗，遹愛之，收藏於書籠，負之以驢，因歇鞍取看，皆化爲金，遹至城貨之，得錢百萬。

（宋）李昉《太平廣記》卷四〇〇《金・何文》　張奮者，家巨富，後暴衰，遂賣宅與黎陽程家，程入居，死病相繼，轉賣與鄴人何文。文日暮，乃持刀，上北堂中梁上坐，至二更竟，忽見一人，長丈餘，高冠黄衣，升堂呼問：細腰，舍中何以有生人氣也。答曰：無之。須臾，有一高冠青衣者，次之，又有高冠白衣者，問答並如前。及將曙，文乃下堂中，如向法呼之，問曰：黄衣者誰也。曰：金也，在堂四壁下。青衣者誰也。曰：錢也，在堂前井邊五步。白衣者誰也。曰：銀也，在墻東北角柱下。汝誰也。曰：我杵也，在竈下。及曉，文按次掘之，得金銀各五百斤，錢千餘萬。

（宋）李昉《太平廣記》卷四〇〇《金・鄒駱駝》　鄒駱駝，長安人。先貧，嘗以小車推蒸餅賣之，每勝業坊角有伏磚，車觸之即翻，塵土涴其餅，駝苦之。乃將钁斸去十餘磚，下有瓷甕，容五斛許。開看，有金數斗，於是巨富。

（宋）李昉《太平廣記》卷四〇〇《金・裴談》　裴談爲懷州刺史，有樵者入太行山，見山穴開，有黄金焉，可數間屋，樵者喜，入穴取金，得五鋌，皆長尺餘，因以石窒穴，且志之。又數日往，則迷其處，樵者頗諳山谷，即於洛城懷州，造開石物鎚鑿數車。州有崔司户，知而助之。將往開，而談妻有疾，請道家奏章請命，奏章道士忽傳天帝詔曰：帝詔語裴談，吾太行山天藏開，比有樵夫見之，吾已遺金五鋌，命其閉塞，而愚人貪得，重求不獲，乃興惡，將開吾藏，已造鎚鑿數車，若開不休，或中吾伏藏，此若開鎚鑿，此州人且死盡，深無所益。此州崔司户，與其同心，但詣崔驗之，自當有見，急止之，汝妻疾自當瘳矣。談大異之，即召崔子問故，果符所言。乃没其開石具而禁止之，妻尋有間。

（宋）李昉《太平廣記》卷四〇〇《金・宇文進》　夏縣令宇文泰猶子進，嘗於田間得一崑崙子，洗拭之，乃黄金也，因寶持之，數載後，財貨充溢，家族蕃昌，後一夕失之，而產業耗敗矣。

（宋）李昉《太平廣記》卷四〇〇《金・蘇遏》　天寶中，長安永樂里有一凶宅，居者皆破，後無復人住。暫至，亦不過宿而卒，遂至廢破。其舍宇唯堂廳存，因生草樹甚多。有扶風蘇遏，悾悾遽苦貧窮，知之，乃以賤價，於本主質之。纔立契書，未有一錢歸主。至夕，乃自擕一榻，當堂鋪設而寢。一更已後，未寢，出於堂，彷徨而行。忽見東墻下有一赤物。如人形，無手足，表裏通徹光明。而叫曰：咄。遏視之不動，良久，又按聲呼曰：爛木，咄。西墻下有物應曰：諾。問曰：甚没人，曰：不知。又曰：大硬鏘。爛木對曰：可畏。良久，乃失赤物所在。遏下階，中庭呼爛木曰：金精合屬我，緣没敢叫喚。對曰：不知。遏又問：承前殺害人者在何處？爛木曰：更無別物，只是金精。人福自薄，不合居之，遂喪逝，亦不曾殺傷耳。至明，更無事。遏乃自假鍬鍤之具，先於西墻下掘，入地三尺，見一朽柱，當心木如血色，其堅如石。後又於東墻下掘兩日，近一丈，方見一方石，濶一丈四寸，長一丈八寸。上以篆書曰：夏天子紫金三十斤，賜有德者。遏乃自思，我何以爲德。又自爲計曰：我得此寶，然修德亦可禳之。沈吟未決。至夜，又歎息不定，其爛木忽語曰：何不改名爲有德，即可矣。遏曰：善。遂稱有德。爛木曰：君子儻能送某於昆明池中，自是不復撓吾人矣。有德許之。明辰更掘丈餘，得一鐵瓮，開之，得紫金三十斤。有德乃還宅價修葺，送爛木於昆明池。遂閉户讀書。三年，爲范陽請入幕，七年内，獲冀州刺史。其宅更無事。

（宋）李昉《太平廣記》卷四〇〇《金·韋思玄》 寶應中，有京兆韋思玄，僑居洛陽。性尚奇，嘗慕神仙之術，後游嵩山，有道士教曰：夫餌金液者，可以延壽。吾子當先學煉金，如是則可以肩赤松，駕廣成矣。思玄於是求煉金之術，積十年，遇術士數百，終不能得其妙。後一日，有居士辛鋭者，貌甚清瘦，俶然有寒色，衣弊裘。叩思玄門，謂思玄曰：吾病士，窮無所歸。聞先生好古尚奇，集天下異人方士，我故來謁耳，願先生納之。思玄即止居士於舍。其後居士身疾，膧盡潰血且甚，韋氏一家盡惡之。思玄嘗詔術士數人會食，而居士不得預。既具膳，居士突至客前，溺於筵席上，盡濕。客怒皆起，韋氏家僮亦競來罵之，居士遂告去，行至庭，忽亡所見。思玄與諸客甚異之，因是其溺，乃紫金也，奇光璨然，真曠代之寶。思玄且驚且歎。有解者曰：居士紫金精也。徵其名氏信矣，且辛者蓋西方庚辛金也，而鋭字兑從金，兑亦西方之正位，推其義，則吾之解若合符然。

（宋）李昉《太平廣記》卷四〇〇《金·虞鄉道士》 虞鄉有山觀，甚幽寂，有滌陽道士居焉。大和中，道士嘗一夕獨登壇望見庭忽有異光，自井泉中發，俄有一物，狀若兔，其色若精金，隨光而出，環繞醮壇。久之，復入于井。自是每夕輒見。道士異其事，不敢告於人。後因淘井，得一金兔，甚小，奇光爛然，即置于巾箱中。時御史李戎職於蒲津，與道士友善，道士因以遺之。其後戎自奉先縣令爲忻州刺史，其金兔忽亡去，後月餘而戎卒。

（宋）李昉《太平廣記》卷四〇一《金·龔播》 龔播者，峽中雲安監鹽賈也。其初甚窮，以販鬻蔬果自業，結草廬於江邊居之。忽遇風雨之夕，天地陰黑，見江南有炬火，復聞人呼船求濟急。時已夜深，人皆息矣。播即獨棹小艇，涉風而濟之。至則執炬者仆地，視之即金人也，長四尺餘。播即載之以歸，於是遂富。經營販鬻，動獲厚利，不十餘年間，積財巨萬，竟爲三蜀大賈。

（宋）李昉《太平廣記》卷四〇一《金·宜春郡民》 宜春郡民章乙，其家以孝義聞，數世不分異，諸從同爨，所居別墅，有亭屋水竹。諸子弟皆好善積書，往來方士高僧儒生，賓客至者，皆延納之。忽一日晚際，有一婦人，年少端麗，被服靚粧，與一小青衣，詣門求寄宿。章氏諸婦，忻然近接，設酒饌，至夜深而罷。有一小子弟，以文自業，年少而敏俊，見此婦人有色，遂囑其乳嫗，別灑掃一室，令其宿止。至深夜，章生潛身入室内，略不聞聲息，遂升榻就之。其婦人身體如冰，生大驚，命燭照之，乃是銀人兩頭，可重千百觔。一家驚喜，然恐其變化，即以炬炭燃之，乃真白金也。其家至今巨富，群從子弟婦女共五百餘口，每日三就食，聲鼓而升堂，江西郡内富盛無比。

（宋）李昉《太平廣記》卷四〇一《金·豫章人》 天復中，豫章有人治舍，掘地，得一木匱，發之，得金人十二頭，各長數寸，皆古衣冠，首戴十二辰屬，數款精麗，殆非人功。其家寶祠之，因以致福。

（宋）李昉《太平廣記》卷四〇一《金·陳濬》 江南陳濬尚書，自言其諸父在鄉里，好爲詩。里人謂之陳白舍，人比之樂天也。性疏簡，喜賓客。嘗有二道士，一黄衣，一白衣，詣其家求宿，舍之廳事。夜間，聞二客牀壞，訇然有聲。久之，若無人者。秉燭視之，見白衣卧於壁下，乃銀人也，黄衣不復見矣，自是致富。

（宋）李昉《太平廣記》卷四〇一《金·建安村人》 建安有人村居者，常使一小奴，出入城市，經舍南大塚。塚傍恒有一黄衣兒，與之較力爲戲。其主遲之，奴以實告，覘之信然。一日，挾撾而往，伏於草間。小奴至，黃衣兒復出。即起擊之，應手而踣，乃金兒也，因持以歸，家自是富。

（宋）李昉《太平廣記》卷四○一《金・蔡彥卿》 廬州軍吏蔡彥卿，爲拓皋鎮將。暑夜，坐鎮門外納涼，忽見道南桑林中，有白衣婦人獨舞，就視即滅。明夜，彥卿挾杖先往，伏於草間。久之，婦人復出，方舞，即擊之墮地，乃白金一餅。復掘地，獲銀千兩。遂爲富人云。

（宋）李昉《太平廣記》卷四○一《金・玉猪子》 執金吾陸大鈞，從子某，其妻常夜寢中，聞有物啁啾鬭聲，既覺，於枕下攬之，得二物，遽以火照，皆白玉猪子也，大數寸，狀甚精妙，置之枕中而寶之。自此財貨日增，家轉蕃衍，有求必遂，名位遷騰。

（宋）李昉《太平廣記》卷四○二《寶・守船者》 蘇州華亭縣，有陸四官廟，元和初，有鹽船數十隻於廟前，守船者夜中雨過，忽見廟前光明如火，乃窺之，見一物長數丈，大如屋梁，口弄一團火，或吞之，船者不知何物，乃以竹篙遥擲之。此物驚入草，光遺在地，前視之，乃一珠徑寸，光耀射目。此人得之，恐光明爲人所見，以衣裹之，光透出。因思寶物怕穢，乃脱褻衣裹之，光遂不出。後無人知者，至揚州胡店賣之，獲數千緡，問胡曰：此何珠也。胡人不告而去。

（宋）李昉《太平廣記》卷四○二《寶・嚴生》 馮翊嚴生者，家於漢南，嘗游峴山，得一物，其狀若彈丸，色黑而大，有光，視之潔徹，若輕冰焉。生持以示於人。或曰：珠也。生因以彈珠名之，常置於箱中。其後生游長安，乃於春明門逢一胡人，叩焉而言：衣橐中有奇寶，願有得一見。生即以彈珠示之。胡人捧之而喜曰：此天下之奇貨也，願以三十萬爲價。曰：此寶安所用，而君厚其價如是哉。胡人曰：我西國人。此乃吾國之至寶，國人謂之清水珠。若置於濁水，泠然洞徹矣。自亡此寶，且三歲，吾國之井泉盡濁，國人俱病。故此越海逾山，來中夏以求之。今果得於子矣。胡人即命注濁水於缶，以珠投之。俄而其水澹然清瑩，纖毫可辨。生於是以珠與胡，獲其價而去。

（宋）李昉《太平廣記》卷四○三《寶・犀導》 晉東海蔣潛，嘗至不其縣。見林下踣一屍，已臭爛。烏來食之。輒見一小兒，長三尺許，來驅烏，烏乃起，如此非一。潛異之，乃就看之。見死人頭上著通天犀導，價數萬錢，乃拔取之。既去，衆烏爭集，無復驅者。

（宋）李昉《太平廣記》卷四○三《寶・魏生》 唐安史定後，有魏生者，少以勳戚，歷任王友，家財累萬。然其交結不軌之徒，由是窮匱，爲士旅所擯。因避亂，將妻入嶺南。數年，方寧後歸。舟行至虔州界，因暴雨息後，登岸肆目。忽於砂磧間，見一地，氣直上衝數十丈。從而尋之，石間見石片如手掌大，狀如甕片，又類如石，半青半赤，甚辨焉。試取以歸，致之書篋。及至家，故舊蕩盡，無財賄以求叙録，假屋以居。市肆多賈客胡人等。舊相識者哀之，皆分以財帛。嘗因胡客自爲寶會，胡客法：每年一度與鄉人大會，各閱寶物。寶物多者，戴帽居於坐上，其餘以次分列，召生觀焉。生忽憶所拾得物，取懷之而去。亦不敢先言之，坐於席末。食訖，諸胡出寶。上坐者出明珠四，其大逾徑寸。餘胡皆起，稽首禮拜。其次以下所出者，或三或二，悉是寶。至坐末，諸胡咸笑，戲謂生：君亦有寶否。生曰：有之。遂所出懷以示之，而自笑。三十餘胡皆起，扶生於座首，禮拜各足。生初爲見謔，不勝慙悚。後知誠意，大驚異。其老胡見此石，亦有泣者。衆遂求生，請市此寶，恣其所索。生遂大言，索百萬。衆皆怒之，何故辱吾此寶，加至千萬乃已。潛問胡：此寶名何，胡云：此是某本國之寶，因亂遂失之，已經三十餘年。我王求募之，云，獲者拜國相。此歸皆獲厚賞，豈止於數百萬哉。問其所用。云：此寶母也。但每月望，王自出海岸，設壇致祭之，以此置壇上。一夕，明珠寶貝等皆自聚，故名寶母也。生得財倍其先資也。

（宋）李昉《太平廣記》卷四○四《寶・岑氏》 臨川人岑氏，嘗游山。谿水中見二白石，大如蓮實，自相馳逐。捕而獲之，歸置巾箱中。其夕，夢二白衣美女，自言姊妹，來侍左右。既寤，蓋知二石之異也。恒結於衣帶中。後至豫章，有波斯胡人，邀而問之：君有寶乎，曰：然。即出二石示之。胡人求以三萬爲市。岑雖寶之而無用，得錢喜，即以與之。以錢爲生資，遂致殷贍。而恨不能問其石與其所用云耳。

（宋）李昉《太平廣記》卷四○五《寶・淯陽童子》 晉義熙十二載，淯陽縣群童子，浴於淯水。忽見側有錢出，如流沙，因競取之。手滿，放隨流去。又以衣盛裹，各有所得。又見流綫中有一銅車，小牛牽之，勢甚奔迅。兒等奔逐，掣得一輪。徑可五寸，豬鼻，轂有六輻，通然青色。缸內黃脫，狀如恒運。於時沈敞守南陽，求得此物，然莫測之。

（宋）李昉《太平廣記》卷四〇五《寶·岑文本》 文本曰：吾人冠帔，何制度之異，對曰：夫道在於方圓之中，僕外服圓而心方正，相時之儀也。又問曰：衣服皆輕細，何土所出，對曰：此是上清五銖服。又問曰：比聞六銖者天人衣，何五銖之異，對曰：尤細者則五銖也。談論不覺日晚，乃別去。纔出門而忽不見。文本知是異人。乃每下朝，即令伺之，到則話論移時。後令人潛送，詣其所止。出山亭門，東行數步，於院墻下瞥然而没。文本命工力掘之，三尺至一古墓。墓中無餘物，惟得古錢一枚。文本方悟，上青童子是青銅；名元寶，錢之文也。外圓心方，錢之狀也。青衣銅衣也，五銖服亦錢之文也。漢時生於吳，是漢朝鑄五銖錢於吳王也。文本雖知之，而錢帛日盛，至中書令。十年，忽失古錢所在，文本遂薨。

（宋）李昉《太平廣記》卷四〇五《寶·王清》 元和初，洛陽村百姓王清，傭力得錢五鐶，因買田畔一枯栗樹，將爲薪以求利。經宿，爲鄰人盜斫。創及腹，忽有黑蛇，舉首如臂。語人曰：我王清本也，汝勿斫。其人驚懼，失斤而走。及明，王清率子孫薪之，復掘其根下，得大甕二，散錢實之。王清因是獲利如歸，十餘年巨富。遂甃錢成形龍，號王清本。

（宋）李昉《太平廣記》卷四〇五《寶·建安村人》 建安有村人，乘小舟往來建谿中，賣薪爲業。嘗泊舟登岸，將伐薪。忽見山上有數錢流下，稍上尋之，累獲數十。可及山半，有大樹。下有大甕。高五六尺，錢滿其中。而甕小欹，故錢流出。於是推而正之，以石搘之。以衣襟貯五百餘而歸。盡率家人復往，將盡取。既至，得舊路，見大樹而亡其甕。村人徘徊，數日不能去。夜夢人告之曰：此錢有主，向爲瓮欹，以五百顧爾正之，餘不可妄想也。

（宋）李昉《太平廣記》卷四〇五《寶·徐仲寶》 徐仲寶者，長沙人。所居道南有大枯樹，合數大抱。有僕夫灑掃其下，沙中獲錢百餘，以告仲寶。仲寶自往，亦獲數百。自爾每須錢，即往掃其下，必有所得。如是積年，凡得數十萬。仲寶後至揚都，選授舒城令。暇日，與家人共坐地中，忽有白氣甚勁烈，斜飛向外而去。中若有物，其妻以手攫之，得一玉蛺蝶。製作精妙，人莫能測。後爲樂平令，家人復往，於厨側鼠穴中，得錢甚多。仲寶即率人掘之，深數尺，有一白雀飛出，止於庭樹。其下獲錢至百萬，錢盡，白雀乃去，不知所之。

（宋）李昉《太平廣記》卷四〇五《寶·邢氏》 建業有庫子姓邢，家貧，聚錢滿二千，輒病，或失去。其妻竊聚錢，埋於地中。一夕，忽聞有聲如蟲飛，自地出，穿窗户而去，有觸墻壁墜地者。明日視之，皆錢。其妻乃告埋瘞之處，發視皆亡矣。邢後得一自然石龜，其狀如真，置庭中石榴樹下。或見之曰：此寶物也。因收置筐篋中。自爾稍充足，後頗富矣。

（宋）李昉《太平廣記》卷四〇五《寶·林氏》 汀州有林氏，其先嘗爲郡守，罷任家居。一日，天忽雨錢，充積其家。林氏乃整衣冠，仰天而祝曰：非常之事，必將爲禍。於此速止，林氏之福也。應聲則止，所收已鉅萬，至今爲富人云。

（宋）李昉《太平廣記》卷四〇五《寶·曹真》 壽春人曹真。出行野外。忽見坡下有數十錢。自遠而來，飛聲如鈴。真逐之，入一小穴。以手掬之，可得數十而已。又舒州桐城縣雙戍港，有回風捲錢，經市而過。市人隨攫其錢，以衣襟貯之。風入古墓荆棘中，人不能入而止。所得錢，歸家視之，與常錢無異，而皆言亡八九矣。

（宋）李昉《太平廣記》卷四五七《蛇·樹提家》 隋絳州夏縣樹提家，新造宅，欲移入，忽有蛇無數，從室中流出門外，其稠如箔上蠶，蓋地皆遍。時有行客云：解符鎮，取桃枝四枚書符，繞宅四面釘之，蛇漸退，符亦移就之。蛇入堂中心，有一孔，大如盆口，蛇入並盡。令煎湯一百斛灌之，經宿，以鍬掘之，深數尺。得古銅錢二十萬貫。因陳破，鑄新錢，遂巨富。蛇乃是古銅之精。

（宋）李昉《太平廣記》卷四五七《蛇·至相寺賢者》 長安至相寺有賢者，自十餘歲，便在西禪院修道。院中佛堂座下，恒有一蛇，賢者初修道時，蛇大一圍，及後四十餘年，蛇如堂柱。人蛇雖相見，而不能相惡。開元中，賢者夜中至佛堂禮拜，堂中無燈，而光粲滿堂，心甚怪之。因於蛇出之處，得徑寸珠。至市高舉價，冀其識者。數日，有胡人交市，定還百萬。賢者曰：此夜光珠，當無價，何以如此酬直，胡云：蚌珠則貴，此乃蛇珠，多至千貫。賢者歎伏，遂賣焉。

（宋）郭茂倩《樂府詩集》卷八五《雜歌謡辭・徐聖通歌》《會稽典録》曰：徐弘，字聖通，爲汝陰令。誅鉏姦桀，道不拾遺，民乃歌之。徐聖通，政無雙。平刑罰，姦宄空。

（宋）周煇《清波雜志》卷七《汴河遺物》 靖康亂後，汴河中多得珍寶，有獲金燎鑪者。以尚方物，人間不敢留，復歸官府。揚州倉卒南渡，揚子江中遺棄物尤多。後鎮江漁户於西津沙際，有得一囊北珠者。太平興國中，鄭州修東嶽廟，穿土得玉杵臼以獻，亦五代亂離時之物。金玉没于地中，蓋亦有時而復出。

（宋）洪邁《夷堅志補》卷二《何隆拾券》 饒州市老何隆，乾道二年在兵籍。嘗行至茶邸，見桌上有官券一沓，不知其數，略無守者，乃取之。持歸置木匣内，候來訪者，將審實以還，自午至暮悄然。隆只一壻鄭郎，及出街，忘與之言，正逢人執券博錢，心疑之，到家視匣，封閉如初，爲之終夕不敢寐。明日，遇市民董三云，我妹夫在提刑衙，交領官會子三百道，纔出門，更不記得頓放何處，今愁惱欲投死。妹夫者，掌錢庫子包興也。遂詣包氏，見其夫婦相對顰蹙，問其故，所言與董合。隆引包往張山人鋪占卜，已而言：汝放下憂心，此物恰是我收得。拉還舍，悉以授之，三百道一無所欠。包拜謝，願分獻之，隆辭不納。久之得病，從其貸錢三百文，包弗與。鄱陽人共嘆隆獲無望之財，捨而不取爲可嘉，包負恩不義，雖已罷黜配，未必保厥終也。隆今八十餘歲矣。

（宋）洪邁《夷堅志・支癸》卷七《古田民得遺寶》 福州古田村民，夏夜已寢，夢一異人來謂曰：汝暴得遺寶，便可致富。今現在門外，宜急起收取，稍遲，怕落他人手，可惜也。民素貧甚，既覺，即趨出。果得一朱紅小合，正當行路，捧歸開視，有金數兩，銀二錠。未敢輒取，置於神堂桌上，自守宿其側。旦而驗之，皆真物也。不勝喜愜，率妻子拜而受賜。俄見巨蛇蟠於前十數匝，高與桌齊。民知爲畜蠱家移禍，然不可復卻。於是致禱，願盡心敬事，蛇遂隱。時時化爲他蟲，或吐涎沫。民固耳聞鄉井姻戚談説大概，乃貯藏之，施毒於人。積歲所殺不少，貲業日盛。後爲被毒者所告，官捕係勘鞫，家人皆當死，而值紹熙五年七月霈恩，一切末減。民身配海外，子配廣南。押過贛州，子病死於道店。贛丞張思順檢户，防卒出示元犯由，具載本末，今不能憶其姓名也。

（元）陶宗儀《輟耕録》卷一一《賢母辭拾遺鈔》 聶以道宰江右一邑日，有村人早出賣菜，拾得至元鈔十五錠，歸以奉母。母怒曰：得非盗來而欺我乎，縱有遺失，亦不過三兩張耳，寧有一束之理。況我家未嘗有此，立當禍至，可急速送還，毋累我爲也。言之再，子弗從。母曰：必如是，我須訴之官。子曰：拾得之物，送還何人。母曰：但於元拾處俟候，定有失主來矣。子遂依命携往。頃間，果見尋鈔者。村人本樸質，竟不詰其數，便以付還。傍觀之人，皆令分取爲賞。失主靳曰：我元三十錠，今才一半，安可賞之。争鬧不已，相持至廳事下。聶推問村人，其辭實。又暗唤其母審之，合。乃俾二人各具失者實三十錠得者實十五錠文狀，在官後，却謂失主曰：此非汝鈔，必天賜賢母以養老者。若三十錠，則汝鈔也，可自别尋去。遂給付母子。聞者稱快。

（元）陶宗儀《輟耕録》卷三〇《物必遇主》 松江普照寺門首刀鑷胡，忽見街上有小片荷葉舒卷不已，一人拾置懷中去，胡叩之曰：汝得何物，但欲見之以決所疑。及出示，乃至元鈔三十文。又同郡夏氏僕嘗見小花蛇盤旋道左，行人捉藏諸袖，僕頗訝問其所以，則至元鈔貳拾文。右二事絶相類，吁，三十文、二十文直微末耳，尚必待主，今之積金蓄穀倍息計贏孳，孳以利爲，念者於此，寧不可鑒哉。

《元曲選・看錢奴買冤家債主雜劇》〔賈仁同卜兒上，云：〕兀的不富貴殺我也，常言道：人有七貧八富，信有之也。自家賈老員外的便是。這里也無人，自從與那一分人家打墻，刨出一石槽金銀來，那主人家也不知道，被我悄悄的搬運家來，蓋起這房廊屋舍、解典庫、粉房、磨房、油房、酒房，做的生意就如水似長將起來。我如今旱路上有田，水路上有船，人頭上有錢，那一個敢叫我做窮賈兒，皆以員外呼之。

（明）何良俊《何氏語林》卷一《德行》 范史雲遭黨錮，推鹿車載妻子以捃拾自資，兒嘗拾得五斛麥，隣人尹臺遺之一斛，囑兒不得通，史雲後知即令併送六斛還，尹言麥已雜，誓不肯受。

（明）何良俊《何氏語林》卷二二《夙慧》 樂羊子嘗行路得遺金一餅，還以與妻，妻曰：妾聞志士不飲盗泉之水，廉者不受嗟來之食，況拾遺求利，以汙其行乎。羊子大慙，乃捐金於野。

其他取得形式分部

論説

《周易·頤卦》六二：顛頤，拂經於丘。頤征，兇。六三：拂頤，貞兇。十年勿用，無攸利。六四：顛頤，吉。虎視眈眈，其欲逐逐。無咎。六五：拂經，居貞吉。不可涉大川。上九：由頤，厲，吉。利涉大川。

（明）徐光啓《農政全書》卷三《國朝重農考》兵興以來，所有流徙。所棄田，許諸人開墾業之。即田主歸，有司於附近撥給耕種，不聽爭。惟墳墓、房舍還故主，不聽占。

綜述

《唐律疏議》卷二〇《賊盜·山野物已加功力輒取》諸山野之物，已加功力刈伐積聚，而輒取者，各以盜論。

疏議曰：山野之物，謂草、木、藥、石之類。有人已加功力，或刈伐，或積聚，而輒取者，各以盜論，謂各準積聚之處時價，計贓，依盜法科罪。

《唐律疏議》卷二六《雜律·占山野陂湖利》諸占固山野陂湖之利者，杖六十。

疏議曰：山澤陂湖，物産所植，所有利潤，與衆共之。其有占固者，杖六十。已施功取者，不追。

《宋刑統》卷四《名例律·贓物没官及徵還官主並勿徵》諸以贓入罪，正贓見在者，還官主。轉易得他物及生産蕃息，皆爲見在。已費用者，死及配流勿徵，別犯流及身死者亦同。餘皆徵之。盜者倍備。若計庸賃爲贓者，亦勿徵。會赦及降者，盜、詐、枉法猶徵正贓。餘贓非見在及收贖之物，限内未送者，並依赦降原。

疏：諸以贓入罪，正贓見在者，還官主。注云，轉易得他物及生産蕃息，皆爲見在。

議曰：在律，正贓唯有六色，强盜、竊盜、枉法、不枉法、受所監臨及坐贓，自外諸條，皆約此六贓爲罪。但以此贓而入罪者，正贓見在未費用者，官物還官，私物還主。轉易得他物者，謂本贓是驢，迴易得馬之類。及生産蕃息者，謂婢産子，馬生駒之類。

問曰：假有盜得他人財物，即將興易及出舉，別有息利，得同蕃息以否？其贓本是人畜，展轉經歷數家，或有知情及不知者，如此蕃息，若爲處分？

答曰：律注云生産蕃息，本據應産之類，而有蕃息。若是興生出舉而得利潤，皆用後人之功，本無財主之力，既非孳生之物，不同蕃息之限，所得利物，合入後人。其有展轉而得，知情者，蕃息物並還前主。不知情者，亦入後人。

《天盛改舊新定律令》卷一四《誤毆打爭門》一、諸有官無官人往

共戲，彼此無心失誤，致瞎目、折手足、折牙齒、裂唇、豁鼻等時，予之牛羊二，庶人十三枝，有官罰馬一。【略】

一、足、手、目、耳、鼻毀傷時，當予之絹馬。

一、前述牙齒及手指、足趾傷其一，裂唇、豁鼻，當予之馬一。傷其一以上，則當予之牝牛二。【略】

一、前述無心失誤而致人傷死時，予命價法當與毆打爭鬥中相殺之予命價法相同。

《通制條格》卷一六《田令·農桑》 至元二十三年六月十二日，中書省奏：立大司農司的聖旨，奏呵，與者。麽道，聖旨有來。又，仲謙那的每行來的條畫，在先也省官人每的印信文字行來。如今條畫根底，省家文字裏交行呵，怎生，麽道，奏呵，那般者。麽道，聖旨了也。欽此。今將奏奉聖旨定到條畫開立於後：【略】

一、應有荒地，除軍馬營盤草地已經上司撥定邊界者並公田外，其餘投下、探馬赤、官豪勢要之家，自行冒占年深荒閑地土，從本處官司勘當得實，打量見數，給付附近無地之家，耕種爲主。先給貧民，次及餘户。如有争差，申覆上司定奪外，據祖業或立契買到地土，近年銷乏時暫荒閑者，督勒本主，立限開耕，租佃，須要不致荒蕪。若係自來地薄輪番歇種去處，即仰依例存留歇種地段，亦不得多餘冒占。若有熟地夾間本主未耕荒地，不及壹頃者，不在此限，仍督責早爲開耕。

《通制條格》卷三〇《賞令·獲賊》 皇慶元年十一月十三日，中書省奏：前者滄州等處一起賊人，踏踐田禾，射死田主許大上頭，各處差人捕捉去呵，南抵黄河，回到山東，北至大寧，來往拒敵，殺傷射死官兵人等。如今已獲賊内阿失歹兒、覩海、塔海三名，已招明白，五府官審録無冤，將這三個賊明正典刑支解，發付各處諭衆。號令拏這賊每時分，射死了寬徹大王來，這阿失歹兒等賊人柒口家屬，斷付與寬徹大王爲駈，官司更與中統鈔伍伯定：射死的捕盗官員，應繼之人，本等承襲，官司仍給埋葬錢中統鈔一拾定；射死的弓手、田主人等，官給各家中統鈔壹拾定外，弓手依例存恤貳年；被傷流官任回減一資；被傷投下官員、弓手，官給各人醫藥錢中統鈔伍定；射死賊人來的闊闊歹駙馬，與兩表裏金段子呵，怎生？奏呵，奉聖旨：那般者。依着您商量來的行者。聖旨了也。欽此。

《元典章》卷一九《户部·田宅·荒田·荒田開耕三年收税》 至元二十三年四月，江西行省：

準中書省咨：至元二十二年九月十一日奏：（準）〔淮〕西福州、廬州那裏有主底田地裏，有氣力富豪人家占着底也有。別個百姓每來種呵，無主底田地裏與，不勾呵，富豪之家多占來的田地與了。他每根底二、三年的税不要呵，怎生。奏呵，如今的勾當不是有。先也交行來，他每不曾行來那甚麽？如今不索倈，教行者。麽道，聖旨了也。欽此。都省除已劄付户部，欽依聖旨事意，多出文榜，召募諸人開耕。若有前來開耕人户，先於荒閑地土内，驗本人實有人丁約量標撥。每丁不過百畝。如是不敷，於富豪冒占地土内依上標撥。據開耕人户，三年外依例收税。外，咨請依上施行。省府合下，仰照驗施行。

《元典章》卷二二《户部·課程·河泊·池魚難同河泊辦課》 至元七年二月，中書省奏準條畫，區處到下項事理。數内一項：

近水之家，許鑿池養魚並鵝、鴨之類，及栽種蓮藕、雞頭、菱角、蒲葦等，以助衣食。如本主無力栽種，召人依例種佃，無致荒閑無用。據所出物色，如遇貨賣，合税者依例赴務投税，難同自來辦課河泊課程，以致人民不敢增修。

《元典章》卷四二《刑部·諸殺·過失殺·走馬撞死人》 尚書刑部：據益都路申：歸問到谷乞驢狀招：因與軍人楊林相合，一同往解村下二家内，取妻元倩縫補襖襠。又去解村，爲見天晚，恐怕趕不上城門，於大路上加鞭走馬，趕上朱阿郭等，勒馬趓避不迭，以馬頭於朱阿郭脊後撞傷，致命身死罪犯。乞照驗事。省部擬定罪名，呈奉到尚書省劄付：據谷乞驢所犯，量情擬決九十七下，追燒埋銀五十兩，給付苦主。

《元典章》卷四二《刑部·諸殺·過失殺·射鹿射死人》 （大）〔太〕安州申奉到中書刑部至元七年四月二十一日符文：

爲李猪兒首告：因射鹿，將劉伴叔悮射傷身死，伊父劉福要訖人口、車牛、地土等物。爲此，追徵車牛、人口、地土給付李猪兒，亦將本人斷訖四十七下，減半徵燒埋銀兩，給付收管。

《元典章》卷四二《刑部·諸殺·過失殺·神刀傷死》 至元八年四

心風病證舉發，昏迷不省，不知怎生將喬老打死，不合償命。止擬於本人處徵燒埋銀五十兩，給付苦主。於至元八年二月二十六日奏奉聖旨。欽此。仰依上施行。

《元典章》卷四二《刑部・諸殺・老幼篤疾殺人・殺奴婢娼佃・年老打死人贖罪》 陝西行省權省胡讓呈：延長縣申到道士劉志朴爲打死徒弟劉志昇放良驅口蒲民公事。責到劉志朴狀招：年八十歲。至元七年五月十一日早，爲本庵驅跋僧問蒲民，本人嗔問，將志朴腦上打破。以此將蒲民拴縛，用棒毆傷，及於日頭內炙曬，因傷身死罪犯。法司擬得：劉志朴打死蒲民罪犯，並依凡人之法，合行處死，仍徵燒埋銀五十兩給付苦主。却緣劉志朴年及八十，合行具狀上請，聽敕處分。部擬：徵贖罪鈔三十二貫，徵燒埋銀五十兩。中書省擬：徵贖罪鈔一定，更徵燒埋銀五十兩，給付苦主。於至元八年十月二十日聞奏過，欽奉聖旨：準。欽此。

《元典章》卷四二《刑部・諸殺・誤殺・因鬭誤傷傍人致死》 至元二年四月，濟南路歸問到韓進狀招：因與親家相争，將棒於在旁馮阿蘭右肩上誤打一下，因傷身死。法司擬：即係因鬥毆而誤殺傷論，至死者減一等，合徒五年。部擬一百七下。省斷七十七下，徵燒埋銀。【略】

江西行中書省：據龍興路申，移準中書省至元二十九年咨文：張成二因與劉受二相争，張成二用脚悮將解勸人劉萬一陰囊上踢訖一下，因傷身死。擬斷一百七下，追徵燒埋銀給主。

《元典章》卷四二《刑部・諸殺・醫死人・醫死人斷罪》 至元七年七月，尚書刑部承奉尚書省劄：

來呈：北京路焦轉僧狀招：因爲醫慕阿羅患病女夫陳某病證，板曲身死。審刑官已將焦轉僧斷訖七十七下。省府相度：合下，仰照驗，於焦轉僧名下追徵燒埋銀，給付苦主施行。

《元典章》卷四二《刑部・諸殺・殺奴婢娼・佃主户打死佃客》 大德六年七月，中書省劄付：

來呈：山南江北道肅政廉訪司申：照刷出湖北宣慰司文卷內一件：傅汝明因爲佃客李小三不伏使喚，致傷身死。移準中書省咨：送刑部議得：傅汝明所招，爲佃客李小三不送文字，用棒打傷身死，私和埋葬，別無檢到屍傷，兼本人別無故殺情意，二次欽遇詔恩，比例欽依釋免，仍月，奉尚書省劄付：

來呈：備(瞨)〔濮〕州路申：康於兒狀告：高師婆用神刀於男黑斷左額上斫傷身死。歸問得高阿宋狀招：不合於至元七年九月初十日未時，於張老家內祝神，阿宋請下五(獄)〔嶽〕大尉神，將阿宋(付)〔附〕着，不覺被元把神刀尖，於康黑斷左額角抹傷風身死。干連人張老指證相同。再送刑部披詳，回呈：高阿宋所犯，合同過失殺人事，令聽贖。以此公議得：高阿宋所犯，量決五十七下，追徵燒埋銀五十兩，給付苦主。移準中書省咨：準呈施行。

《元典章》卷四二《刑部・諸殺・戲殺・因戲殺人》 至元九年十一月三十日，中書刑部符文：

高萬奴狀招：與張歪頭相撲作戲，萬奴用拳於歪頭左耳近下侵咽嗓打訖一拳，倒地身死。省部相度：量擬九十七下，仍徵燒埋銀五十兩給主。

《元典章》卷四二《刑部・諸殺・戲殺・船邊做戲渰死》 濮州備館陶縣申：歸問到王狗兒狀招：至元四年七月初八日飯時，與焦大等並身死翟二於船頭上坐地。有翟二於船東邊上坐地，探身用手於水面上拏取瓢子。狗兒爲常與翟二相戲作耍，狗兒於本人背上，將上截布衫兒扯着，右手於翟二臂片底往前推了一推，不意脱手，將翟二推在河內渰死罪犯。法司擬：王狗兒所犯，即係戲殺事理。舊例：戲殺傷人者，減鬭殺傷二等，謂以力共戲而致死傷者。雖和，以刃，若乘高、履危及入水中，以故燒傷者，準減一等。其王狗兒合徒五年，決徒年杖一百，仍依例徵銀五十兩給付苦主，充燒埋之貲。部擬：王狗兒決杖一百七下，徵銀五十兩。

《元典章》卷四二《刑部・諸殺・老幼篤疾殺人・心風殺人上請》 至元八年三月，尚書刑部奉尚書省劄：

來呈：康留住因患心風舉發，至元六年十一月二十日夜，不知怎生摸得棍棒，將本家安下喬老打死，並將伊男喬大及留住妻阿李、女婆惜、次女宜奴俱各打傷，又學小孩兒，抱着棍棒，於箔內往來嗷叫笑走。至二十七日，有弓手捉住，纔知爲心風病發，打死喬老罪犯。議得：康留住即係顛狂殺人事理，照依舊例，合行上請，聽敕處分。爲此，移準中書省咨該：都省議得：康留住所犯，即與身死喬老生前雖無讎嫌，委因舊患追燒埋銀兩給付苦主。其餘有招人等，革撥相應。今來看詳：即今本使不請官司，毆殺死擄買驅奴，猶然治罪，蓋因而妄傷故也。良人毆死他人奴婢，例斷一百七下。今江浙之弊，貧民甚多，皆是依托主户，售雇或佃〔他〕〔地〕作客過日，即非客户買致驅奴。亡宋已前，主户生殺，視佃户不若草芥，自歸附以來，少革前弊。斟酌時宜，禁止尚恐不能，若以前例杖斷、追燒埋銀，似啓權豪兼併之家妄殺無辜佃客之門，垂歷代殺人無赦之禁。理合講究定例。都省議得：地主毆殺佃客，其情輕重不同，難議一體定擬。今後若有違犯之人，追勘完備，廉訪司審復無冤，依例結案，至日詳斷。仰照驗施行。

《元典章》卷四二《刑部·諸殺·因姦殺人·打死强姦未成姦夫》東平路申：歸問到成武縣祗候人李松爲招：至元二年三月十二日，隨逐邵縣令夫人上墳。帶酒，將把槐棒一條還家，聽得屋内妻阿耿叫道：這先生好没道理，道這般言語。松入屋内，見陳寶童帶酒與妻阿耿，用手將衣裳厮捽定。問得妻阿耿稱道：這陳寶童拖着我道：咱兩個睡些個去來。松發意，用棒將本人行打，又用拳脚踢打，以致本人身死罪犯。部擬：合行處死，并徵燒埋銀五十兩。呈奉中書省劄付：差斷事官曲出、高宣使前去審斷，本人稱冤。就問得狀稱：委曾親見陳寶童按着妻阿耿腰上，將本人毆打身死。成武縣張令史取狀，本人道：若你説這話，你出醜，則道扯着待强姦來也好。以此隨張令史言語招訖。及李阿耿、張令史各各招伏是實。

正犯人李松。法司擬：舊例：諸姦者，雖傍人，皆得捕擊以送官司。格法準上條捕，罪人已就拘執及不拒捍，而殺或折傷之，各從鬬殺傷法。罪人本犯應死而殺者，徒五年。其李松合徒五年。又招節次指責不實。舊例，詐三品官司不實，杖六十。事發更爲，合行累科。今李松合得本罪徒五年，并重犯杖六十，仍於本人名下追徵燒埋銀五十兩。部擬：量情決六十七下，徵燒埋銀五十兩。省擬：比及聞奏以來，將李松召保疎放。

《元典章》卷四二《刑部·諸殺·因姦殺人·殺死姦婦》真定路申：歸問到冀州新河縣軍貼户孫伴哥狀招：至元四年七月内，爲頭與劉孫兒妻阿尹節次通姦。至至元五年六月二十二日夜，就阿尹家内欲將本婦姦要，不肯隨順上，用斧將阿尹斫死罪犯。法司擬：除通姦係輕罪外，殺死本婦罪犯，合行處死，仍追燒埋銀五十兩。部準擬。呈省準，斷訖。

《元典章》卷四二《刑部·諸殺·因姦殺人·賺推攧死姦婦》中都路申：遵化縣捉解到孔四兒爲招：至元四年四月十三日，拐帶王君義男婦劉當哥，逃於潮陽洞通姦住坐。至十八日，爲恐事發，將本婦賺到石崖下攧死罪犯。法司擬：除通姦係輕罪外，攧死本婦罪犯，合行處死，徵燒埋銀五十兩。部準擬。省準，斷訖。

《元典章》卷四二《刑部·諸殺·因姦殺人·傍人毆死姦夫》至元十七年五月十九日，行中書省準中書省咨該：

來〔呈〕〔咨〕：浙西道宣慰司呈：平江路歸問到吴千三狀招：不合於至元十五年九月初一日，因爲周千六嚇姦蘇小二男婦吴二娘，勸和上，被周千六用瓦鉢頭毆打。其吴千三却用紅油棍於周千六左耳邊臉上打訖一下，因傷於初二日身死。有伊父周小十一受訖油米並物，將屍燒颺了當。按察司審問是實，除將吴二娘先行摘斷外，吴千三所犯，比依大名府徐斌毆死張駒兒、伊母阿許受訖錢準伏例，擬將吴千三減死流遠。咨請照驗。爲此，送刑部議得：已死周千六生前嚇姦人，挾恨尋鬧，將勸和人吴千三毆打，致係本人還打，邂逅身死。其伊父周小十一不欲告官，自願休和，將屍焚颺，即與徐斌毆死張駒兒、伊母告休事理一體。若依全免，其吴千三終是用棍將周千六還打致命，比依前例頗重。以此參詳：將吴千三量情杖斷一百七下，徵燒埋銀五十兩，給付苦主相應。都省準擬施行。

《元典章》卷四二《刑部·諸殺·殺親屬·打死婿》濟南路申：歸問到劉全爲招：至元三年正月二十一日，使令女壻掃地篩穀。不多時，聽得父劉聚稱：我教掃的寬者，孫重二駡我瞎着眼睛，見甚麽？以此全用棒并拳脚將孫重二打傷，至後晌身死罪犯。法司擬：即係因鬬殺壻事理。舊例：緦麻三月，爲妻之父母者一同。又舊例：若尊長毆卑幼折傷者，緦麻減凡人一等；死者，絞。其劉全合行處死，仍徵燒埋銀數。部準擬。呈省斷：將劉全流去迤北鷹房子田地，仍於家屬徵燒埋銀兩給主。

《元典章》卷四二《刑部·諸殺·殺卑幼·渰死有罪男》益都路申：歸問到彭仙招伏：不合爲〔男〕彭友不孝，與房弟彭忠、侄彭顯同謀，綁縛擡舁，撇於河内渰死。取到一起招伏詞因。

彭仙。法司擬：彭友將伊父毆打毁駡，本犯應死。彭仙所犯，原情可恕。部擬免罪。呈省準免罪。

彭忠、彭顯各招：不合爲彭友不孝，與伊父彭仙商量，將本人綁縛，撇於河內淬死罪犯。法司擬：各合徒五年，決杖一百，仍徵燒埋銀數。部擬各決一百七下。省準擬。

彭深招伏同。法司擬：合徒四年，決杖九十。緣本人年七十八歲，依舊例，合行收贖，合徵元寶鈔三十二貫文，入被死之家。部擬：收贖四十貫，入被死之家。省準呈。

《元典章》卷四三《刑部·諸殺·燒埋·殺死二人燒埋錢》延祐三年九月，江西行省準中書省咨：

來咨：吉安路申：準本路萬户府關：盧陵縣申：朱阿黄告：被軍人劉萬四殺死夫朱重一、朱關仔等事。府司照得劉萬四將朱重一父子二人殺死，雖已照依至元六年省部定例追徵燒埋銀五十兩，却緣至元二十四年將銀折鈔之後，不曾奉到上司明文，凡殺二人者，其燒埋銀兩如何追徵。申乞明降。照得即係爲例事理，咨請照詳。准此。送據刑部呈：照得大德十年五月内承奉中書省劄付：來呈：四川省咨：成都府備録事司申：趙友文用刀扎死文友賢、文千奴二名。若依舊例，一家殺死數口，止追一名燒埋銀五十兩，似涉太輕。即今白銀每兩時價中統鈔二十兩，合無照依時價追付？咨請定奪。送本部照擬得：趙友文所招，殺死文友賢、文千奴二人，依例合徵燒埋銀一百兩，給付苦主相應。具呈照詳。都省準擬，仰照驗施行。又照得皇慶元年二月十八日承奉中書省劄付：江浙省咨：嘉興路經歷司備司吏儲潜呈：燒埋銀兩云云見前例。今承見奉，本部議得：劉萬四所招，用刀將朱重一並男朱關仔父子二人殺死情犯，既廉訪分司審招無異，燒埋銀兩擬合依例各徵中統鈔一十定，給付苦主相應。具呈照詳。都省咨請依上施行。

《元典章》卷四三《刑部·諸殺·燒埋·無財可賠家屬典雇》至元六年五月，中書右三部：

據濟南路申：李大打死王大，合徵燒埋銀數，無財可陪。乞明降事。省部照得舊例：應償贓、貧無可陪者，令家屬於官私折庸。其侵損於人者，止令典雇，所得價錢，驗數給付。如有未盡之數，滿日再行典雇，不在折庸之限。呈奉都堂鈞旨，準擬施行。

《元典章》卷四三《刑部·諸殺·燒埋·殺人償命仍徵燒埋銀》至元二年二月，欽奉聖旨條畫内一欵：凡殺人者，雖償命訖，仍出燒埋銀五十兩。若經赦原罪者，倍之。欽此。【略】

皇慶元年三月，江西行省準中書省咨：

江浙省咨：備嘉興路申：經歷司呈：備司吏儲潜呈：燒埋銀兩，至元二年欽奉云云見前。欽此。彼時每銀一兩，該中統鈔二兩。如無白銀，於犯人名下折追中統鈔二定，給付苦主。至元二十四年欽奉聖旨，印造至元寶鈔，一兩準中統鈔伍兩。至元三十一年，湖北廉訪司照得：燒埋銀五十兩，官價每兩至元鈔二兩。若依見行官定銀價，依例於犯人名下追徵至元鈔二定，折中統鈔一十定。若經赦恩釋免，依例追中統鈔二十定，給付苦主相應。申奉御史臺劄付該：呈奉中書省劄付該：都省議得：凡致傷人命，欽依已降聖旨條畫，追給燒埋銀兩。如無，照依官價追徵施行。至大二年欽奉詔書條畫：至大銀鈔一兩，準至元鈔五兩、白銀一兩、赤金一錢。欽此。至大四年二月初七日，奉前行尚書省劄付：準尚書省咨：凡致傷人命，例合欽依追徵燒埋銀五十兩，給付苦主。今後如無白銀，照依目今官定銀價，止追至大、至元鈔兩，或準折銅錢。至大四年欽遇詔赦，釋放殺人重囚。見依奉尚書省定例，陪追燒埋銀兩，該至大銀鈔二定，準至元鈔一十定，折中統鈔五十定。今欽奉詔書條畫内節該：住罷至大銀鈔，不使銅錢，依舊印造中統鈔，與至元鈔子母並行，以便民用。凡官司出納，百姓交易，並計中統鈔數。開禁金銀，聽從買賣。欽此。除欽遵外，據燒埋銀兩，比照始初銀價，尚書省增之數倍，犯人家貧無納者多，苦主必然要足，紊煩官府，不便。況開禁金銀，聽從買賣，既無官定價直，見得各路時價不同，其間必有長落。今後燒埋銀兩，若從白銀，未審如何準鈔折納。若蒙上司比附舊例，定立合追燒埋鈔數，實爲長便。乞照詳施行。卑司申乞照驗施行。得此。本省照詳：上項事理，若準嘉興路所擬，誠恐差池。咨請照驗。准此。送刑部議得：凡致傷人命，合追燒埋銀兩。既至大銀鈔與新舊銅錢俱已住罷，合以至元鈔爲則追理，遇赦倍徵。如蒙準呈，遍行照會相應。具呈。都省準擬，咨請依上施行。

《元典章》卷四三《刑部·諸殺·燒埋·强盗殺傷事主經革倍徵燒埋

銀》　至大四年十二月□日，福建宣慰司承奉江浙行省劄付：

近據建康路申：郭騶兒兩犯强盗，左右項俱刺强盗字樣，用藥除去，又已五次行劫。事發到官，欽遇原免。除左右項擬合刺補，今次三犯，未審合於何處刺字？及從賊趙秉直等，亦用藥除去左項强盗字迹，亦合一例補刺，今犯再刺右項。本賊上盗時，放箭射死事主李萬一，合無比殺人例，於見獲賊人處均徵燒埋銀兩一百兩給付苦主，唯復止於放箭人趙秉直名下追徵？係爲例事理，移準中書省咨：送刑部呈：議得：除强盗再犯刺項並補刺字跡已有定例外，據賊人郭騶兒三犯强盗，例合出軍，却緣欽遇原免，擬合再於本賊項上刺字。從賊趙秉直用箭射死事主李萬一，既遇釋放，比殺人例，倍徵燒埋銀兩給付苦主。若有不敷，着落見獲同賊均徵相應。具呈照詳。都省準擬，咨請依上施行。至大四年十一月十八日，路吏劉允承奉省府令史孫英承行十月初五日劄付。

《元典章》卷四三《刑部・諸殺・燒埋・埋銀先行追給苦主》　大德八年七月，江浙行省準中書省咨：

御史臺呈：準江南行臺咨：浙東海右道廉訪司申：準本道臺、慶等路分司牒該：依準本司牒文，分治紹興、慶元、台州三路。近歷郡縣，各處人户往往赴司告稱家人被殺，官司不行追給燒埋銀兩，無力津送。除另行外，切詳：人之爲生，性命至重。或因鬭爭而致死，或爲財物而被殺，官司依例初、復檢驗，取訖行兇招伏，屍首責親燒埋。其苦主推無燒埋之資，不行津送，官司以爲犯人未曾償命，不與徵給。已死者暴露屍骸，行兇者淹禁囹圄。直至行移勘會，結案待報，動經三五年間，不能結絶。苦主隨衙聽候，犯屬淹延月日，供需囚飯，迤漸消乏。間有償命之囚，施於犯屬名下徵給。既曰燒埋銀鈔，若便追徵，於三五年間不能結絶，苦主之家遲不得濟，犯屬之家貧無可徵。莫若今後有被死之人，官司檢驗明白，行兇人招伏是實，隨於本囚犯屬名下追燒埋銀鈔，責付苦主收領，以爲燒埋之資，庶免有屍骸暴露之苦。備申行臺照詳。准此。參詳：致死人命，檢驗已明，責付屍親埋瘞，舊例於犯人名下，先徵鈔一十兩給付。目今所用物價，比（尚）〔向〕不同。苦主無錢津送，致有屍骸暴露，誠可憫憐。若準分司所言，苦主實爲得濟。具呈照詳。送據刑部擬，回呈：議得：凡圖財謀故鬭毆殺人賊徒，已招是實，屍仗明白，定驗無差，審理無冤者，合追燒埋銀鈔。若候追勘結案待報之後徵給，動經歲餘，不能結絶，致使苦主隨衙生受，暴露屍骸不能埋瘞，甚爲不便。以此參詳：合準廉訪司所擬，此正典刑，將合徵埋銀鈔兩先行追付苦主，充塋葬之資。遍行照會相應。具呈。都省議得：凡殺人者，定驗屍傷無差，招伏贓仗明白，復審無冤，合徵燒埋銀兩，依準所擬，先行追給苦主，以充塋葬之資，庶免暴露骸骨。請依上施行。

《元典章》卷四三《刑部・諸殺・燒埋・燒埋錢不敷官司支與》　大德九年三月十二日，湖廣行省準中書省咨：

大德九年二月二十四日，（幹）〔斡〕脱裏有時分，（大）〔八〕都馬辛右丞、迷兒火者參政、也先伯參議等奏：答剌罕丞相、阿忽（都）〔台〕丞相等俺衆人商量來，這詔書内，致傷人命合死的人每根底放呵，比先合與的燒埋錢添一陪，於犯人下教與有來。盡著這賊每有的教與，若他每是甚麽與的無呵，官司與呵，怎生。麽道，奏呵，奉聖旨：那般者。欽此。

《元典章》卷四三《刑部・諸殺・燒埋・罪人自抹監事人追鈔營葬》

至元十四年四月，中書刑部：

據大都路來申：歸問得昌平縣祗候人劉順招伏：因爲監信萬奴前去本縣，歸問打傷人民公事，沿路不爲用心，以致信萬奴自抹身死。擬議申覆間，欽遇赦恩，將本人疎放了當。乞照驗事。得此。省部議得：信萬奴雖是自抹身死，蓋因劉順不爲用心監看，罪犯欽遇赦恩原免，别無定奪。據被死人營葬之資，擬於劉順名下追鈔五十兩，給付苦主。呈奉中書省移準中書省咨：依準本部所擬施行。

《元典章》卷四三《刑部・諸殺・燒埋・女孩兒折燒埋錢》　至元二十四年，江西行省：

據袁州路申：潘七五打死張層八，除犯人因病身死事，據合徵燒埋錢鈔，責得犯人親屬謝阿楊狀供：除伯潘七五生前上有小女一名，及第屋三間、陸田山地一段計二畝七分，係兄弟潘七八等四分承管外，别無事産、人口、頭疋。若將前項田産盡數變賣，尚不及數。合無將潘七五小女一名，欽依元奉聖旨事意，給付苦主？乞明降事。省府相度：既是潘七五名下事産變賣不及合徵燒埋鈔數，即將潘七五小女孩一名，欽奉聖旨事意，就便斷付苦主收管施行。

《元典章》卷四四《刑部・諸毆・他物傷・戳碎兩眼雙睛》 至大元年五月，袁州路：蒙江西行省所委官斷過：

宜春縣申：僧人劉師一告僧彭妙淨帶領俗兄彭層二、彭層六等，捉倒張德雲和尚行打，挖出眼睛等事。取責到彭妙淨、彭層二、彭層六等招伏，在官審問相同。議得：彭妙淨係是僧人，因師孫張德雲節次理詞於都綱司妄告破壞鈔定，致令欠人債負爲仇，又被占管住持上，討合俗兄彭層二、彭層六前去與張德雲尋鬧。將本僧揪捽，用木柴打傷左額角等一十一處，數內打着左手肘骨斷折。又行騎坐本僧身（巳）〔上〕，彭層二等各用手拿住本僧手、足、頭腦，不令動搖，又用鐵火筯將張德雲兩眼雙睛戳碎，不能視物，已成廢疾。擬將彭妙淨斷一百七下，斷令還俗，追到度牒毀抹。彭層二比依彭妙淨本犯減等，杖斷九十七下。彭層六係是彭妙淨、彭層二親弟，終是聽受兄長使令之人，比彭層二本犯減一等，杖斷八十七下。外據彭妙淨流遠發付迤北遼陽地面住坐一節，申覆省府照詳明降。合徵養贍中統鈔一十定，依例於彭妙淨親屬彭層二、彭層六名下均徵給付。

至大元年閏十一月十一日回奉省劄：移準中書省咨：送刑部議得：僧人彭妙淨所招，用争管常住田產等物，同兄彭層二等將僧人張德雲毆打，及用鐵火筯於張德雲眼内戳訖不記下數，雙睛俱碎，不能視物，及將左手肘打傷骨斷，已成廢疾。參詳：彭妙淨所犯，殘害尤重。罪既斷訖，比例擬合均徵中統鈔二十定，給付苦主充養贍之資，及將正犯人彭妙淨遷移遼陽迤北屯種相應。具呈照詳。都省準擬。

《元典章》卷四四《刑部・諸毆・拳手傷・毆所屬吏人》 省劄送下制國用使司呈：東（京）〔平〕路虞城縣達魯花赤傅禿哥，毆打運司差去解子楊德帶傷罪犯。法司擬：舊例：拒司縣以上吏者，杖六十。毆者，加二等。傷重，加凡人鬭傷一等。又舊例：他物毆傷人者，杖八十。二罪從重，合杖九十。今減一等，杖八十，贖銅一十六斤，折鈔三貫二伯文。部擬罰俸一月。省斷：罰兩月俸，一半没官，一半給付被傷人。

《元典章》卷五〇《刑部・諸盗・放火・放火燒死人》 至元五年，河間路歸問得高奴厮狀招：至元五年正月二十三日，挾讎，與弟高念奴各騎馬疋，前去劉堌子村，將火苗於趙妮子北屋草圍，燒訖本人房屋物件，並燒死九歲小女兒一個罪犯。法司擬：舊例：故燒私家舍宅者，

《元典章》卷四三《刑部・諸殺・燒埋・打死二人燒埋銀止徵五十兩》

至元六年十二月，中書右三部：

據真定路申：（古）〔鼓〕城縣人户魏顯狀告：程三、程五圖財，將長男换住、大口二人打死。除程五在禁身死外，程三杖斷，内於程五家屬處追訖燒埋銀一定外，程三未曾給付事。省部就於斷刑官斷過罪囚册内，照得真定路一起一十六名，至元六年二月廿三日冀州解到數内：程三小名犇兒、程五小名軍兒，殺死行車客人魏换住等二人，一同舁屍村外撇下，被齊祐等一十五人將屍轉遞别村。取訖各人招伏，見行根尋屍首下落，審問已招是實。將捉屍人程犇兒斷訖二十七下外，轉遞屍首人齊祐等爲不知情，省會免罪。並於身死賊人程軍兒家屬處，追徵燒埋銀五十兩給付苦主。又照得至元五年十二月十三日奉中書省劄付：奏奉聖旨處斷各路重刑數内一起，順德路晃貴、徐拗驴、胡丑厮等三人同謀打死陳伴哥並妻男三口，各各處死，仍於各人名下均徵燒埋銀五十兩。今據見申，既身死程軍兒打死魏换住等二人，已將燒埋銀依數追付了當，别無定奪。合下，仰照驗施行。

《元典章》卷四四《刑部・諸毆・他物傷・馮崇等剜壞池傑眼睛》

延祐元年五月，建寧路準南劍路關：

據順昌縣結解到犯人廖阿徐、馮崇等，爲挾讎剜壞池傑眼睛、打折右手肘骨等事。勘責得犯人馮崇、楊僧狀招：不合挾讎，於皇慶二年六月二十三日，主使佃户楊僧、次侄徐明，將池傑鎖監在地名水流際泗州堂後，用麻繩綁倒，石灰和鹽於本人兩眼淹擦，及用篾刀破竹一截，削尖一頭，將池傑兩眼雙睛擉訖數下，剔剜出兩眼内肉瘼，枯瞎不能視物，打折右手肐肘骨節，已成廢疾。廖阿徐將中統鈔二定，付楊僧、徐明作酬勞錢物。楊僧狀招相同。除將干連人徐明等摘斷外，議擬廖阿徐、馮崇、楊僧各各罪名，申奉到福建道宣慰司都元帥府劄付：備奉江浙行省劄付：相度：馮崇爲首主謀，楊僧行兇下手，殘忍惨毒，情理尤重。準擬均徵中統鈔二定，給付池傑養贍。外據馮崇、楊僧，依例遷徙施行。奉此。當府除已依例支給口糧，今將犯人馮崇、楊僧二名鎖項，並申遼陽行省文解一匣，夾板、油單、封印全，發下劍浦縣，差官押發前去外，請收管，依上施行。

絞。又燒死九歲小女兒一個，舊例：以故殺傷人者，斬。二罪從重，合行處死，仍追燒埋銀給付苦主。部擬呈省斷訖。

《元典章》卷五四《刑部・雜犯・違枉・拷勘葉十身死》　大德七年七月初七日，中書省咨：

御史臺呈：行臺咨：浙東廉訪司申：衢州路開化縣尉王澤、百户朱王瑞，因汪有成被盜絲貨，將本人汪雲三、餘添葉十作賊，非法凌虐拷勘，數内葉十因傷身死。問得縣尉王澤狀招：於大德六年九月初十日，獲到汪有成被盜絲貨可疑人葉〔層〕五、葉十、汪雲三，别無明白堪信贓證，自合用心諳情，以理推問。卻不合三次約會軍官，喝令弓手徐魁五等七人，將葉十、葉層五用木棒放在各人䏲𦟜内，令弓兵併立，輪番用力踐踏，及使麻繩綁縛，用使荆杖，將各人非法凌虐，以致葉十、葉層五兩手腳潰爛，俱成大傷，葉十因傷身死。招伏是實。百户朱瑞狀招相同。縣尉王澤脱監在逃。具呈照詳。送刑部議得：衢州路開化縣尉王澤、鎮守百户朱瑞所招，因汪有成被盜絲貨，告指可疑人葉層五、葉十、汪雲三，取問得既無堪信明白贓驗，不即根捕正賊，輒將各人法外凌虐拷勘，數内葉十因訊瘡致命，葉層五被傷，赴廉訪司稱冤。委官取問得寄贓人余曾六等避怕拷勘，轉於事主等處買絲，作元盜正贓納官，一干人招證明白。縣尉王澤避罪，脱監在逃，即同獄成，比例合決六十七下，解任，降先職二等。從御史臺根勾到官，依上施行。外據百户朱瑞，止合依例捉賊，不應與縣尉王澤將無辜葉十枉勘身死罪犯。緣係管軍之職，又曾三次用言止約，王澤不從，止據不合同立案驗情罪，量減二等，決四十七下。仍於於縣尉王澤名下追徵中統鈔一十定，給付苦主，充營葬之資，標附過名相應。都省準擬，請依上施行。

《元典章》卷五四《刑部・雜犯・違枉・重杖打人致死》　大德三年三月，江西行省準中書省咨：

來咨：袁州路宜春縣龔士高告：本縣祗候人王成起夫，索要鈔兩，將男龔仲一行打，在縣妄告，被縣吏抑勒虚招，用奄子將男斷決，回家身死。責得行杖祗候人姚元狀招：不合依隨司吏夏賢分付重打上，於首領樂寶處接到杖子，元爭打頭杖，用大頭徑將龔仲一斷訖一十下，於本人腰眼上近下打訖二下，以致受杖血攻腰腎，致命身死罪犯。樂寶、夏賢所招相同。取訖宜春縣判署官有失關防招伏。咨請定奪。准此。送刑部回呈：施行間，大德三年正月初八日欽奉詔書内一款節該：其餘雜犯，並行釋免。欽此。本部議得：各人所犯，罪經釋免，擬於姚元、樂寶名下依例均徵燒埋銀兩給付苦主。據宜春縣官吏，過名標附相應。都省議得：姚元所犯，因爲夏賢分付此上，將龔仲一非法行打，因傷身死。所據燒埋銀兩，擬合着落夏賢、姚元、樂寶均徵。餘準部擬，請依上施行。

《元典章》卷五四《刑部・雜犯・私役・民官役民致死》　大德六年六月，行臺準御史臺咨：

〔來咨：〕萬安縣尹宗子文，得替閒居，〔持〕〔恃〕勢豪霸，擅差民户挑撅壕渠，修築花園，土崩壓死謝再九等六名。擬合罷職不敘，倍徵燒埋銀兩給付屍親。請照詳。呈奉中書省〔劄付〕，送刑部擬得：宗子文所犯，若准行省所擬，除名不敘，倍追燒埋銀兩並各人役過工錢給付各主，遍行禁治。都省咨請依上施行。

《元典章》卷五四《刑部・雜犯・私役・牧民官私役渰死人夫》　至大元年九月，行臺準御史臺咨：

〔來咨：〕備江南湖北道廉訪司申：準〔沅〕〔沅〕州路黔陽縣〔尹〕牛郁、達魯花赤伯顔大德九年署押批貼，買楠木，令主首楊萬四、祗候蔣仲差倩船夫裝載，船沉渰死黄晚等三人。取訖各官招伏。罪經原免，比例解任，標附過名，均徵錢給付苦主相應。咨請照詳。准此。呈奉中書省劄付：送刑部議得：縣尹牛郁、達魯花赤伯顔，職居牧民，不以撫字爲務，貪圖黄晚江漲撈截楠木，署押批貼，分付主首楊萬四、祗候蔣仲，差倩船夫取運，致將黄晚等三名渰死。罪經原免，擬令依例解見任，於各官名下倍徵燒埋銀兩給付苦主，標附相應。都省準擬。除外，仰照驗施行。

《元典章新集・朝綱・刑部・諸殺・戲殺・李杞一身死》　延祐六年十二月□日，江浙行省準中書省咨：

來咨：饒州路甲：李高三販賣乾魚，令李杞一、余興二作牙。延祐三年四月十七日，於金升六家内一同飲酒。李高三、余興二與李杞一作戲，二次攔阻，不容本人起身小遺。飲酒罷散，李杞一望小路奔走，李高三等又行趕逐，被跌閤着腹肚昏悶，小便帶血，經隔二日身死。李高三、余興二出鈔一十五定，作李杞一賣魚牙錢，付屍親李舜一盤纏埋葬。李杞三等告官，與訖李杞三等鈔三十四定一十五兩。取訖各各招詞，欽遇釋免。上項鈔定，即係不應之贓，追徵沒官外，乞照詳。得此。本省議得：李高三等作戲致傷人命，別無故犯情意，罪合徒刑，欽遇原免。如於各人名下，均徵中統鈔一十五定付屍親。理問所比依省部已斷徐咬住、王狗兒戲殺例，合徵燒埋銀兩。各人罪止徒刑，欽遇釋免，若擬倍追，終無所守通例。咨請照詳。准此。送據刑部呈：議得：李高三、余興二所犯，止是用言作耍，攔當李杞一不容小遺，以致跌傷身死，中間別無故殺情節，又非以力共戲。罪遇釋免，所擬燒埋銀兩，如準本省所擬，李高三等名下，均徵中統鈔一十定給付苦主相應。具呈照詳。得此。都省除外，咨請依上施行。

《元典章新集·朝綱·刑部·諸殺·燒埋·殺人在逃經革倍徵燒埋》

延祐四年十月□日，袁州路奉江西行省劄付：

近據撫州路申：延祐三年六月二十二日，臨川縣申：何阿何告：夫何雲二，六月十八日同小叔何丑老前去田內車水蔭禾。本日夜一更時分，何丑老歸家報稱：有鄭舍俚嗔嫌兄何雲二回應言語，將刀殺死何雲二在徐辛一門首，我亦被本人鑱傷，奔走來了。說罷，何丑老倒地不言。阿何去到徐辛一門首，覷見夫何雲二被人殺死。檢復是實。根捕行兇正賊鄭舍俚去後，延祐四年閏正月十一日，欽遇釋免。今據苦主何孟八告徵燒埋銀兩，若以所犯係是革前行兇人不曾到官招伏勿論，却緣何孟八二子橫罹，一身煢獨，年逾八十之上，目無半點之親，終身有絕嗣之憂，臨老受無依之苦。合無比在逃同獄成例，於犯人名下追徵燒埋銀兩？事干通例，申乞照詳。得此。移準中書省咨該：送刑部議得：鄭舍俚延祐三年六月十八日夜，因爭用篦刀將何雲二殺死，及將伊弟何丑老殺傷，經隔一十三日，因傷致命身死。犯人鄭舍俚避罪在逃，根捕未獲，欽遇釋免，原其所犯，合同獄成。如準本省所擬，依例倍追燒埋銀兩給苦主相應。都省準擬，咨請依上施行。

《元典章新集·朝綱·刑部·諸毆·毀傷肢體·富豪打傷佃户》延祐七年四月□日，中書：

刑部〔呈〕：議得：饒州路鄱陽縣豪民陶孟方所招，因爲被盜金銀等物，不即告官，誣指佃户程方二等爲盜，同兄陶仁壽等僭設官府，非理用刑，將各家夫婦六人凌虐拷打，損傷肢體。除程阿宋等三名被傷平復外，據程方二左右兩手腕被縛，脱出穴臼，右脚微肭，朱簡二傷損左手，不能握拳，施阿朱逼成心驚病証，俱合每名追給養贍之資中統鈔二十定。除程方二已行追給，並施阿朱元要醫藥錢數，已斷陶仁壽等名，別無定奪。據陶孟方所犯，依準饒州路所擬，比例杖斷一百七下，遷徙廣東地面。仍於本人名下追徵中統鈔四十定，給付朱簡二、施阿朱收管。今後似此豪霸擾害平民，宜從都省移咨行省，遍行禁約相應。具呈照詳。得此。都省準擬，咨請依上施行。

《元典章新集·朝綱·刑部·諸毆·毀傷肢體·富强殘害良善》至治元年三月二十八日，福建廉訪司奉江南行臺劄付：

近據來申：分司準建寧路申：建安縣魏子十告：魏義一官等將子十並妻阿張監於私家吊縛，非理打傷。歸問犯人魏疇即魏義一官等招詞議斷外，看詳：魏子十等雖各給鈔二十定，以充養贍之資。況三人俱成廢疾，各家必致失所，合於犯人家産内約量撥給，以遂終身。仍依分司所擬，將魏疇移徙遼陽，庶禁姦惡之弊。然係爲例事理，申乞照詳。得此。移準御史臺咨：呈奉中書省劄付：送刑部議得：建安縣土豪魏智夫與男魏疇，一家父子、兄弟、夫妻、驅奴，倚恃富强，恣騁兇惡，故作非違，殘害良善，抑良爲驅，違例取息，私宰耕牛，派賣百姓，收藏曬乾牛莖穢物爲仗繫人，及將江十二等三人打死，幸遇革撥。其魏疇不悛前過，愈肆兇淫，又將魏子十妻魏阿張强行求姦，不從，故生謀害。先將工作人陳成用鐵連夾私置酷刑，夾損左手，逼令虚認偷盜伊家衣服，教令妄指寄於魏阿張家内爲由，輒將本婦並夫魏子十綁縛，剥去衣服，赤身裸體，寅夜拷打，吊於樹上，懸起一脚，就用曬乾牛莖插入魏阿張陰門，破傷血流，又用棒插入所綁繩内絞紐，繩深入肉，血出昏暈，傷口潰爛作膿。如此非理凌虐，苦楚良人，俱成廢疾。除伊父魏智夫等本路斷訖，紅泥粉壁以彰遇惡外，參詳：魏疇兇狠殘忍，罪已斷訖，合準福建廉訪司比擬，將本人遷徙遼陽肇州屯種。所擬被廢人等養贍之資，除依例追給外，據魏阿張一家夫妻二人，既損四肢，俱成廢人，若不優恤，（成）〔誠〕恐失所。已合依準廉訪司所擬，再於犯人家産内，約量撥田贍濟相應。具呈照詳。得此。都省準擬，依上施行。

《元典章新集·朝綱·刑部·諸毆·毀傷眼目·挖損兩眼成廢疾》

延祐七年三月□日，江浙行省準中書省咨該：

來咨：松江府申：曹辛四告：被曹辛一用手將父曹慶二右眼睛剜出，曹辛三用右手將左眼睛掐擗，及用銛子將父左脚後跟筋脈割斷。取訖曹辛一等招伏。議得：曹辛一名所護所招，與弟曹辛三違禁搬販私鹽，嗔恨親叔曹慶二令伊男曹辛四報知巡鹽軍官，搜獲私鹽，捉拿父曹慶一解官，起意對弟言說：將叔曹慶二打一頓，(控)〔挖〕了眼睛，挑了脚筋，與父報讎。伊弟曹辛三允從。各執器仗，前去叔曹慶二門首場上，先將曹慶二、曹辛四行打。曹辛四走避，曹慶二用木車䡆抵，敲打折弟曹辛三元執竹柄鐵朳。本人用右手將叔曹慶二頭髻揪住，與弟曹辛三併力將叔曹慶二攧倒。曹辛三襟住雙脚，曹辛一下手，將伊兩眼摳(控)〔挖〕睛珠出血，右眼睛珠昏暗不能開視。及曹辛三將叔曹慶二兩脚用鐵朳斫傷脚跟，左脚被傷筋斷，緊縮不能行履，已成廢疾。各人所犯，傷殘親叔，情理酷害。如準松江府所擬流斷，追徵養贍之資，即係爲例事理，咨請照詳，早賜咨文回示。准此。送據刑部呈：逐一議擬，開呈照詳。得此。都省議得：曹辛一等所犯，量擬遷徙遼陽肇州屯種，餘準所擬。除外，合行開咨，請依上施行。

一名曹辛一所招：不合販賣私鹽，嗔恨親叔曹慶二令男曹辛四報獲捉拿伊父曹慶一解官。曹辛一造意報讎，同弟曹辛三將叔曹慶二傷害。其曹辛一將叔曹慶二左右兩眼俱各(控)〔挖〕損，內右眼不能視物，已成廢疾。所犯殘忍兇狠，情理深重。擬合比例，將曹辛一決杖一百七下，遷徙遼陽屯種。前件，本部議得：曹辛一所招，挾恨叔曹慶二報捉伊父曹慶一販賣私鹽，與弟曹辛三將親叔曹慶二左右兩眼(控)〔挖〕損，右眼已成廢疾。詳其所犯，情理深重。合準江浙行省所擬，比例杖斷一百七下，遷徙遼陽屯種相應。前件，議得：曹辛一所犯，量擬遷徙遼陽肇州屯種。

一名曹辛三所招，不合販賣私鹽，嗔恨親叔曹慶二令男曹辛四報獲捉拿伊父曹慶一解官。有兄曹辛一造意報讎，曹辛一先將曹慶二兩眼(控)〔挖〕損，曹辛三又將叔曹慶二兩脚斫傷，內左脚不能行履，亦成廢疾。各人所犯，殘害兇狠，情理深重。擬合比例，將犯人曹辛三決杖一百七下，遷徙遼陽屯種。前件，本部議得：曹辛三所招，挾恨叔曹慶二報捉伊父曹慶一販賣私鹽，聽從兄曹辛一起意報讎，曹辛一先將曹慶二兩眼(控)〔挖〕損，曹辛三亦用鐵朳將伊叔曹慶二兩脚斫傷，內左脚不能行履，已成廢疾。詳其所犯，情理深重。合準江浙行省所擬，比例杖斷一百七下，遷徙遼陽屯種相應。前件，議得：曹辛三所犯，量擬遷徙遼陽肇州屯種。

一、犯人曹辛一，曹辛三係同居兄弟，擬合着落犯屬各追中統鈔一十定，共二十定，給付曹慶二充養贍之資。前件，依準所擬，追給相應。

《元典章新集·朝綱·刑部·諸毆·毀傷眼目·針擦人眼均徵養》

延祐四年六月□日，袁州路奉江西行省劄付：

近據來申：僧周普沾告：萍鄉州南源寺長老黃妙敬，主使賀志杭將佃户楊萬三兩眼針錐，用石灰、鹽、醋擦入，雙目不能視物，已成廢疾。依例杖斷一百七下，遷徙遼陽迤東屯種，均徵中統鈔二十定，付楊萬三充養贍之資。遷徙一節，例合申稟。乞明降。得此。移準中書省咨：送刑部議得：僧人黃妙敬所招，主使徒弟賀志杭等將楊萬三兩眼針錐，復用石灰、鹽、醋擦損，已成篤疾。原其本犯，情理至重。罪既斷訖，比例移咨本省遷徙，庶使兇狠之徒知所誡懼。具呈照詳。得此。都省議得：黃妙敬所犯，罪既斷訖，擬合於本僧名下追徵中統鈔二十定，給付楊萬三充養贍之資。如無可追給，着落賀志杭、王慈印均徵給付。拘收黃妙敬住持聖旨，追毀爲僧文憑，遷徙遼陽，以誡其餘。咨請依上施行。

《元典章新集·朝綱·刑部·諸毆·毀傷眼目·戳剜雙睛斷例》至治二年正月□日，福建宣慰司奉江浙行省劄付：

近據浙東宣慰司呈：衢州路申：舒杞八主意，喝令舒信三甲烏奴剌將姪舒寓一左眼戳傷，及用手指將右眼剜損，兩眼俱各失明，已成廢人。殘害骨肉，情理深重。罪既斷訖，擬合於舒杞八名下追徵養贍之資，將舒杞八遷徙遼陽屯種相應。具呈照詳。得此。移準中書省咨：送據刑部呈：議得舒杞八所招，因兄舒杞四將堂兄舒德堅次男舒寓三殺死，不肯休和，挾讎主謀，糾合舒信三並姪舒孫，同去沿路，將舒德堅長男舒寓一攧倒，胸前騎坐。舒孫捺住雙脚，喝令舒信三將舒寓一左右眼戳剜，雙睛俱各失明，已成廢人。行省已將各人斷訖，追給中統鈔二十定，充養贍之資。以此參詳：舒杞八，伊兄舒杞四先將舒德堅次男舒寓三用刀戳死，挾恨不與準伏，又行起意，主使舒信三從而加功，將舒德堅長男舒寓一剜刺雙睛。傷殘骨肉，滅絶彝倫。原其所犯，情理至重。罪既斷訖，擬合將舒杞八、舒信三遷徙遼陽肇州屯種，以戒其餘相應。具呈照詳。得此。都省咨請依上施行。

（元）沈仲緯《刑統賦疏・第二韻》 鬬殺：延祐六年閏八月，刑部議得：大名路趙九兒因王鄭驢將伊父趙弼打破血出，撞訖一交，以此忿怒，用棒打王鄭驢，行打因傷身死。參詳：趙九兒鬬係父子之情，終無故殺之意，擬杖一百七下，追給燒埋銀兩。終無故殺之意，議擬從輕。至治元年十一月，刑部議得：浙江省咨：楊曾四因與胡官孫争鬬，先將楊曾四扡倒在地，脚踏頭髪，於腰脊等處行打。楊曾四不能起身，因就身傍拔出原帶刀子，將胡官孫左脇戳傷，經隔二日身死。因鬬用刃即同故殺，擬令依例結案，追徵燒埋銀兩。都省準擬。因鬬用刃變而從重。

《洪武永樂榜文》 洪武二十四年九月初六日，爲軍民柴薪事，奉聖旨：嗚呼！天道有餘補不足；人心不才，以不足奉有餘。我朝公侯人等，雖荒閒田地，皆佔爲己有，諸雜草木，民不得採取，可若是之貪邪。恁工部出榜張掛：不分江、淮南北，凡有公侯軍官人等及民間大家所有山場田地内，天地所生荻葦、蒿草、柴薪、針刺，軍民一概採作柴薪。若夏田割麥之後麥稭，秋田收成之後稻稭之類，割荳之後地内落葉之類，皆許軍民取爲柴薪。若公侯百官人等阻擋砍斫，致使軍人艱辛；臨期若在山場平野外阻擋砍斫者，許令軍民綁縛將來。惟墳塋内樹、本官住處籬隔内針刺草木、園内果木，不許動，及不許夾帶正樹株出。

《明會典》卷一六七《律例・兵律・廄牧・畜産咬踢人》 凡馬牛及犬有觝踢咬人，而記號拴繫不如法，若有狂犬不殺者，笞四十，因而殺傷人者，以過失論。若故放令殺傷人者，減鬬殺傷一等。其受雇醫療畜産及無故觸之，而被殺傷者，不坐罪。若故放犬令殺傷他人畜産者，各笞四十。追陪所減價錢。

《問刑條例》 應該償命罪囚，遇蒙赦宥，俱照《大明令》追銀二十兩，給付被殺家屬。如果十分貧難者，量追一半。

（清）李漁《資治新書二集》卷一三《民事・勸開荒・勸諭開荒以廣農業事》 照得農以力田爲本，業以廣植取饒，凡爾百姓歲有應納之官糧，日有必需之雜費。上自祭祀燕享，下及衣食婚嫁，事事要行，節節難省。務期田多業廣，方能取用裕如。今本邑荒田尚多，使富者能墾，則家道益增；貧者能墾，則妻孥有靠；赤身者能墾，便可有室家，以致富庶；流寓者能墾，便可爲世業，以貽子孫。不費半價而可得良田，隆績用工而又得蔑獲，從長計較，開荒實爲上策。況今農事伊始，雨暘時若，正宜及時開種。使秋成有望，千倉萬箱，舉家歡樂，此亦何等美事而甘蹉跎過日？豈本縣能爲爾百姓謀，在爾等百姓反不能爲一家謀、一身謀乎？爲此示諭，四十二里人等知悉：各相鼓勵，有力者獨耕多畝，無力者合本同開；其有欲墾無本者，着同約正具呈，本縣借給牛、種，俱照例三年起課，仍給照帖，以杜争端。如能墾踰百畝，即着呈報本縣，定行賞紅獎勵，並免雜差。是爾百姓既得爲務本之良民，又得受官府之優待。如此機會，萬毋坐失。轉相傳告，以觀厥成。

（清）魏際瑞《四此堂稿》卷二一《告示・招墾荒棄田地》 爲招墾荒田事。照得各屬荒田可開墾者甚多，惟是逃者畏於賠糧，絶者無人管理，所以任其荒廢。今經本院親勘，題豁荒糧汝等可免目前及子孫之累害，所有荒田合宜召墾。爲此示仰士民人等知悉：如有逃避他鄉者，速歸墾種。其逃而不歸、與絶户無主者，不論本地、外方人民，許將殞墾某户荒田，開明坐落地方、畝數具呈縣官。該縣查明於每月朔望日出示曉諭，某田地、某人承墾。一月之内，無本人親屬理論者，該縣即給印照一帋付與本人，永爲亡業。田照五年以後起科，一切差役俱不許於五年内派擾。如有原主拜其族戚，於給帖開墾之後敢來争奪、及官役不俟五年遽行徵糧派差者，許本人指名首告官，即參處差役即行鎖拿究治，決不輕恕。如此可謂簡切矣。

帖式

某府、某縣、某人爲招墾荒田事。案奉巡撫都察院范憲牌示仰縣，即將境内逃絶荒田召民開墾。今據某府、某縣民人某人願墾原係某户、某都、某處田地若干畝，其錢糧差役俱於五年後起科，此田地即聽本人永爲己業。如有原主及其族戚於給帖開墾之後敢來争奪者，許執帖呈告，以憑問擬，解究不貸。右墾字第幾號帖給某人執照。年月日。

（清）沈之奇《大清律輯註》卷一六《兵律・廄牧・孳生馬匹》 凡

馬户群頭管領騍馬，一百匹爲一群，每年孳生駒一百匹。若一年之内止有駒八十匹者，笞五十；七十匹者，杖六十。都群所官不爲用心提調者，致孳生不及數，各減三等。太僕寺官，又減都群所官罪二等。

〔律後註〕：一年之内，孳生有額，群頭不及額者，分別論罪。有駒八十匹，笞五十，則八十匹以上勿論也。有駒七十匹，杖六十。不言六十匹以下，止于杖六十也。都群所官不用心提調者，各減群頭罪三等。太僕官又減二等，通減四等。

條例

太僕寺少卿二員，一巡視京營及各邊騎操馬匹，一巡視順天府所屬寄牧馬匹。寺丞一十二員，一管順天府所屬寄牧馬匹，其餘分管京衛及保定等府孳牧寄操馬匹。

凡把總等官，尅減官馬草料者，計贓滿例，發邊衛立功，滿日，就彼帶俸。盗賣者，發瞭哨。賣至料豆十石以上者，充軍。管領縱容盗賣，發邊衛立功，滿日，就彼帶俸。買者問罪。

〔律上註〕：計贓滿例，指《名例》軍官犯罪免徒流律後第一條例，滿監守自盗贓數也。

（清）沈之奇《大清律輯註》卷一六《兵律・廄牧・隱匿孳生官畜産》

凡人户等牧養係官馬、騾、驢等畜，所得孳生，限十日内報官。若限外隱匿不報，計所隱匿之價爲贓，準竊盗論。止杖一百，流三千里。因而盗賣，或將不堪孳生抵换者，並以監守自盗論罪。不分首從，并贓。至四十兩，雜犯斬。其都群所、太僕寺官，知情不舉，與犯人同罪；不知者，俱不坐。買主知情，以故買盗贓科。匿賣抵换之物，還官。

〔律後註〕：牧養官畜，則孳生之駒皆官物也，故限十日内報官。過此限外不報者，計孳生所值爲贓，準竊盗論。因隱匿而盗賣與人，或不隱匿而抵换入己，則真盗矣，並計贓以監守自盗論罪。其都群所、太僕寺官，知其隱匿、盗賣、抵换之情，而不舉問者，與犯人同罪；不知者，不坐。

〔律上註〕：孳生官物而準竊盗論者，亦謂隱匿非盗，限外不報未必終不報也。至盗賣抵换，乃科盗罪。

孳生之畜，並追還官。若買者不知情，追價給主；知情者，追價入官。律不言知情故買而註補之。

條例

凡盗賣官馬者，追罰馬二匹。知情和買，牙保、鄰人，各罰馬一匹。宰殺及盗賣官驢者，俱照此例。首告，於犯人名下追馬銀三兩，騾二兩，驢一兩充賞。凡巡馬官，每三月一换。

例上注：律内盗賣者，係孳生之駒，此則言盗馬也。照盗律論罪，仍依此例科罰。

凡寄養馬，除年老外，其餘作踐成疾不堪給軍者，原領人户，追罰銀二兩。盗賣三匹以上者，充軍。知情和買者，民發擺站，軍發邊方瞭哨。

例上注：前是他人盗賣者，此是領養人盗賣者，故論罪不同。

凡印烙馬匹，民馬照舊印左，給軍則印右。如京營、邊關馬無右印，即係盗買民間官馬，追究問罪。

《西寧青海番夷成例・罰服牛馬定數》 凡罰服一九之數，馬二匹，犏牛二條，乳牛二條，三歲牛二條，二歲牛一條。五件之數，犏牛一條，乳牛一條，三歲牛一條，二歲牛二條。至追取罰服之人向犯人取三歲牛一條等語，查番地産馬甚少，如罰服内應取馬匹者，準改給犏牛。

《西寧青海番夷成例・頭目强劫殺人》 凡管束部落之頭目等强物件殺人者，令其抵賠外，千户等罰犏牛五十條，百户等罰犏牛四十條，管束部落之百長等罰犏牛三十條。若用軍器或木棍將人毆傷者，給一半身價、二九牲畜，千户等罰犏牛五十條，百户等罰犏牛四十條，百長等罰犏牛三十條。若行强劫而未傷人者，千户等罰犏牛五十條，百户等罰犏牛四十條，百長等罰犏牛三十條，給事主收領。若小頭目及平人或一二人糾衆强劫物件殺傷人者，不分首從，皆斬，將妻子、家産、牲畜抄没，給與事主之家。若小頭目及平人或一、二人糾衆盗竊牲畜物件，或事主或傍人知覺追趕，賊盗將人殺傷者，不分首從，皆斬，將妻子、家産、牲畜抄没，給與事主之家。若小頭目及平人糾衆强劫物件而未傷人者，其造意及爲首二人絞，將妻子、家産、牲畜抄没，爲從者各鞭一百，罰三九牲畜，給與事主之家，或小頭目、或平人，若一人，鞭一百，除妻子外，將家産、牲畜抄没，給與事主之家；若二三人，將爲首一人絞，將妻子、家産、牲畜抄没，爲從者各鞭一百，罰三九牲畜，給與事主之家。

罪。告獲者，官給賞銀二十兩。

《大清律例》卷二六《刑律·人命·威逼人致死》 凡因事戶婚、田土、錢債之類。威逼人致自盡死者，審犯人必有可畏之威。杖一百。若官吏公使人等，非因公務而威逼平民致死者，罪同。以上二項，並追埋葬銀一十兩。給付死者之家。

《大清律例》卷二六《刑律·人命·殺一家三人》 凡殺謂謀殺、故殺、放火行盜而殺。一家謂同居，雖奴婢、雇工人皆是，或不同居，果係本宗五服至親亦是。非實犯死罪三人，及支解活人者，但一人，即坐，雖有罪亦坐，不必非死罪三人也。爲首之人凌遲處死；財產斷付死者之家；妻子，不言女，不在緣坐之限。流二千里。爲從加功者，斬。財產妻子，不在斷付應流之限。不加功者，依謀殺人律減等。若將一家三人先後殺死，則通論。若本謀殺一人，而行者殺三人，不行之人，造意者斬，非造意者，以從者不行減行者一等論，仍以臨時主意殺三人者爲首。

《大清律例》卷二六《刑律·人命·採生折割人》 凡採生折割人者，兼已殺及已傷言。首，凌遲處死，財產斷付死者之家，妻子及同居家口，雖不知情，並流二千里安置。採生折割人是一事，謂取生人耳目臟腑之類，而折割其肢體也。此與支解事同，但支解者止欲殺其人而已，此則殺人而爲妖術以惑人，故又特重之。爲從加功者，斬。財產家口，不在斷付應流之限。不加功者，依謀殺人律減等。若已行而未曾傷人者，首，亦斬，妻子流二千里。財產及同居家口，不在斷付應流之限。爲從加功者，杖一百、流三千里。不加功者亦減一等。里長知而不舉者，杖一百。不知者，不坐。告獲者，官給賞銀二十兩。

《大清律例》卷二六《刑律·人命·屏去人服食》 凡以他物一應能傷人之物，置人耳鼻及孔竅中，若故屏去人服用飲食之物而傷人者，不問傷之輕重，杖八十。謂寒月脱去人衣服，飢渴之人絶其飲食，登高、乘馬私去梯、轡之類。致成殘廢疾者，杖一百、徒三年。令至篤疾者，杖一百、流三千里。將犯人財產一半，給付篤疾之人養贍。至死者，絞。監候。若故用蛇蝎毒蟲咬傷人者，以鬥毆傷論。驗傷之輕重，如輕則笞四十，至篤疾亦給財產。因而致死者，斬。監候。

《大清律例》卷二六《刑律·人命·車馬殺傷人》 凡無故於街市鎮店馳驟車馬，因而傷人者，減凡鬥傷一等；致死者，杖一百、流三千里。

《西寧青海番夷成例·戲誤殺人》 凡人因戲以致誤傷人死者，罰三九牲畜，給與死者之家。

《西寧青海番夷成例·挾仇放火》 凡頭目及平人，有挾仇陷害放火燒死人者，放火之頭目絞，除妻子外，家產、牲畜抄没，給與事主；若係平人，斬，除妻子外，將家產、牲畜抄没，給與事主。若燒死牲畜者，將放火之頭目革退等級，除妻子外，將家產、牲畜抄没，給與事主；若係平人，鞭一百，除妻子外，將家產、牲畜抄没，給與事主。

《西寧青海番夷成例·惡疾傳染》 凡患惡病之人在人家住歇，其病人賣物以致傳染他人身死者，罰三九；病愈者，罰一九；未傳染者，罰牲畜一件。

《西寧青海番夷成例·縱火熏洞》 縱火熏洞，有人見者，其人即罰縱火之人一九牲畜。若延燒致死牲畜，照數賠償；致死人命，罰三九牲畜。若係無心失火，以致延燒，所見之人罰失火之人牲畜五件。燒死牲畜，賠償；燒死人命，罰一九牲畜。

《大清律例》卷一三《戶律·課程·匿税》 凡客商匿税不納課程者，笞五十，物貨一半入官。於入官物内，以十分爲率，三分付告人充賞；務官、攢攔自獲者，不賞。入門不吊引，同匿税法。商匠入關門，必先取官置號單，備開貨物，憑其吊引，照貨起税。

若買頭匹不税契者，罪亦如之。仍於買主名下，追徵價錢一半入官。

條例

一、京師及在外税課司局，批驗茶引所，但係納税去處，皆令客商自納。若權豪無籍之徒，結黨把持，攔截生事，攪擾商税者，徒罪以上，枷號兩個月，發附近衛分充軍；杖罪以下，照前枷號發落。

一、屯莊居住旗人賣馬者，俱令在屯莊所隸之州縣上税，方準發賣。其民間馬匹，或賣與旗人，或賣與驛站，或兵民互相買賣，俱報明地方官上税存案。如不上税，不存案，而私自買賣者，依律治罪，追價一半入官。

《大清律例》卷一三《戶律·課程·舶商匿貨》 凡泛海客商舶大船船到岸，即將貨物盡實報官抽分。若停塌沿港土商牙儈之家不報者，杖一百。雖供報而不盡實，罪亦如之。不報與報不盡之物貨並入官。停藏之人同若無故於鄉村無人曠野地内馳驟，因而傷人不致死者不論。致死者，杖一百。以上所犯，並追埋葬銀一十兩。

若因公務急速，而馳驟殺傷人者，以過失論。依律收贖，給付其家。

條例

一、凡騎馬撞傷人，除依律擬斷外，仍將所騎之馬給與被撞之人。若被撞之人身死，其馬入官。

《大清律例》卷二六《刑律・人命・窩弓殺傷人》　凡打捕户，於深山曠野猛獸往來去處，穿作坑井及安置窩弓，不立望竿及抹眉小索者，雖未傷人，亦，笞四十。以致傷人者，減鬥毆傷二等。因而致死者，杖一百、徒三年，追徵埋葬銀一十兩。若非深山曠野致殺傷人者，從弓箭殺傷論。

《大清律例》卷二六《刑律・鬬毆・鬬毆》　瞎人兩目，折人兩肢，損人二事以上，二事，如瞎一目又折一肢之類。及因舊患令至篤疾，若斷人舌，令人全不能説話。及毁敗人陰陽者，以至不能生育。並杖一百、流三千里。仍將犯人財産一半，斷付被傷篤疾之人養贍。若將婦人非理毁壞者，止科其罪，以不妨生育，不在斷付財産一半之限。

《大清律例》卷三四《刑律・雜犯・放火故燒人房屋》　若放火故燒官民房屋及公廨、倉庫、係官積聚之物者，不分首從。皆斬。監候。須於放火處捕獲，有顯迹證驗明白者，乃坐。其故燒人空閒房屋，及田場積聚之物者，各減一等。

並計所燒之物減價，儘犯人財産折剉賠償，還官給主。除燒殘見在外，其已燒物，令犯人家産折爲銀數。係一主者，全償。係衆主者，計所故燒幾處，將家産剉爲幾分而賠償之，即官民亦品搭均償。若家産罄盡者，免追；赤貧者，止科其罪。若奴婢雇工人犯者，以凡人論。

《蒙古律例》卷七《人命・王等故殺别旗之人》　凡已未管旗王、貝勒等將别旗之人故殺、讎殺、謀殺、同謀殺者，按其所殺之數賠人，王等罰馬一百匹，貝勒、貝子、公等罰馬七十匹，台吉、塔布囊等罰馬五十匹，給被殺者之妻子。若平人，將起意者斬監候，從而加功者絞監候，抄没其産畜，給被殺者之妻子，其未加功者以及妻子産畜一併送鄰封盟長處，賞公事效力台吉等爲奴。

《蒙古律例》卷七《人命・王等以刃物戳殺屬下家奴》　王等將各屬下人家奴用刃物戳砍，故殺、讎殺、醉殺者，罰馬四十匹，貝勒、貝子、公等三十匹，台吉、塔布囊等罰三九牲畜，給被殺者之胞兄弟，將其妻子一併遣赴旗内願往之處。再誤打致死者，將致死之故自行説出。若無讎故不令出去，王、貝勒、貝子、公、台吉、塔布囊各罰俸九個月，無俸台吉、塔布囊罰三九牲畜存公。管旗章京以下、平人以上，各將家奴用刃物戳砍、射殺、醉殺、故殺、讎殺者，若管旗章京、副章京，各罰三九牲畜，參佐領、驍騎校，各罰二九牲畜，平人罰一九牲畜，給被殺者之妻子，連其兄弟出旗。再誤打致死者，將致死之故各稟知扎薩克貝勒等，若無讎故不稟出者，罰牲畜存公。

《蒙古律例》卷一〇《雜犯・讎害放火》　凡官員、平人讎害放火，致死人者，放火之人係官員，絞；平人，斬監候。除其妻子外，抄没産畜，給付事主。致死牲畜者，官員革職，除妻子外，抄没産畜，給付事主；平人鞭一百，除妻子外，抄没産畜，給付事主。

《蒙古律例》卷一〇《雜犯・薰獸穴失火》　薰獸穴而失火，如有人見，則見之者罰給一九牲畜。若延燒以致牲畜死者，罰令賠補；致人死者，罰三九牲畜。若由誤失火，見之者罰給五牲畜。若延燒致牲畜死者，罰令賠補。致人死者，額罰一九牲畜。

《蒙古律例》卷一二《斷獄・罰罪九數》　罰罪之九數，乃馬二匹、犍牛二雙、乳牛二隻、三歲牛二隻、兩歲牛一隻；五數，則犍牛一隻、乳牛一隻、三歲牛一隻、兩歲牛二隻。罰犯人三歲牛一隻，給與追罰之人。

《蒙古律例》卷一二《斷獄・死罪人犯援赦免罪》　凡打死人命，應擬絞之蒙古等，遇赦免其絞罪，由免罪人犯追罰三九牲畜，給付屍親。

《蒙古律例》卷一二《斷獄・凡罰罪牲畜，兩造扎薩克差人取牛》　罰給牲畜犯人之扎薩克，差人取三歲牛一隻；受贓罰之扎薩克，差人於其牲畜内十中取一，二十中取二，三十中取三，此外不準多取。

（清）沈沾霖《江蘇成案》卷一一《刑律・人命・戲誤過失殺・在稻場用鳥鎗打鳥誤傷行人致死比例擬流》　一起爲男遭慘死等事：刑部江蘇司案呈，準蘇撫楊咨稱，昭文縣民顧雙，用鎗打鳥，誤傷陳幅生身死一案，緣顧雙與陳幅生前後村居住，素無嫌怨。乾隆四十一年九月二十三日傍晚，顧雙之父顧衡山見素識之徐幅生携帶鳥鎗，沿途打鳥，由門首經過，隨邀進内閒談。徐幅生將鳥鎗置放門邊，顧雙見鳥鎗内裝有火藥鎗子，因陳鶴聲屋後竹園鳥雀甚多，即私取鳥鎗，用船渡河登岸，意圖打鳥頑耍。詎鳥見人走近，遂飛集陳鶴聲屋前空場稻蘿之上。該犯遂手架鳥鎗，將火繩夾入鉗内，目注衆鳥，則屋右南首小路，沿籬側身向前走出，不期樹枝括落火星，失火鎗發。適陳幅生同父陳鶴聲欲赴田工作，從屋内走至場上稻蘿邊，致被鎗傷額顱等處倒地，陳鶴聲亦被鎗傷腿臂，訴知地鄰看明，將陳幅生扶回。詎陳幅生受傷沉重，延至三更殞命。報縣驗審，供認不諱。查顧雙因目注飛鳥，持鎗斜行，不期失火鎗發，雖屬出於無心，但陳鶴聲場上爲出入經由之所，與深山曠野不同，乃輒敢在該處施鎗打鳥，致釀人命，未便輕縱。顧雙除鎗傷陳鶴聲輕罪不議外，應比照無故向有人居住宅舍放彈射箭，投擲磚石傷人致死律，杖一百，流三千里。徐幅生私藏鳥鎗，並不照例報官編號，應合依私藏軍器一件律，杖八十。各犯事犯到官，在乾隆四十二年五月初二日恩詔以前，顧雙流罪減爲杖一百，徒三年。徐幅生杖罪援免，仍於顧雙名下，追銀十兩，給付屍屬收領營葬等因，並開具失察私存鳥鎗文武職名，咨達前來。顧雙等應如該撫所咨完結。至失察職名，應職吏部查議。合行咨覆。乾隆四十二年十月二十一日準咨。

（清）沈沾霖《江蘇成案》卷一一《刑律·人命·戲誤過失殺·於通行官河橋上抛擲死狗中傷過船水手身死比例擬流》 一件爲報叩電奪事：刑部江蘇司案呈，據蘇撫楊咨稱，丹陽縣鐘伢頭幫同孫長明撩棄死狗，誤傷徐萬二身死一案，緣鐘伢頭曳身求乞度日，與孫殿章家工人孫長明認識，乾隆四十三年二月二十日，孫殿章家之狗自斃，其妻尹氏令孫長明撩棄河中。因恐浮起，被人撈去剥食，復令用蒲包裝貯磚石七塊，將死狗入包，用繩捆好，孫長明邀同鐘伢頭，用扁擔擡至草堰南門外大橋西首石欄杆上。孫長明抽出扁擔，鐘伢頭隨手將蒲包推下，適值無錫縣民徐文相之船撑出橋門，水手徐萬二在船頭彎身撑篙，被包石中傷左後肋連左肋倒在船頭。經徐文相將船撑近河岸，點燈查看，見蒲包内盛有磚石、死狗，當將徐萬二扶進睡卧，延至二十一日午後殞命，並據地總查係鐘伢頭等棄擲致傷。報縣驗訊，供認不諱。查蒲包雖係孫長明邀同鐘伢頭扛抬至橋，但係鐘伢頭一人用手推河，致傷徐萬二身死，自應以鐘伢頭當其重罪。查律載，無故向城市及有人居止宅舍投擲磚石，因而致死者，杖一百，流三千里。註云：仍追埋葬銀十一兩。各等語。今查草堰南門外大河，係通行官河，乃船隻絡繹往來之地，與城市無二。鐘伢頭將蒲包死狗、磚石，不從沿灘棄河，而在於通行官河橋上，混行抛擲，因而致斃人命，並非思慮所不到。且抛擲死狗，原不應在於橋上，與過失殺人不同。鐘伢頭合依無故向城市投擲磚石因而致死律杖一百，流三千里。該犯年未及歲，照律收贖，仍追埋葬銀一十兩，給付屍親收領。孫長明將磚石同死狗捆包，糾約幫抬，從高抛擲，肇釁釀命，殊屬不合。應照不應重律，杖八十，再加枷號一個月，滿日折責發落。孫殿章買米外出，伊妻尹氏在家，不知誤傷情事，均毋庸議等因，咨達前來。應如該撫所咨完結。乾隆四十三年九月初一日準咨。

（清）沈沾霖《江蘇成案》卷一一《刑律·人命·戲誤過失殺·傾潑熱湯誤燙停舟河下之人身死比例擬流》 一件爲夫死求驗事：刑部江蘇司案呈，據蘇撫楊咨稱，陽湖縣丁傅郎潑湯燙傷蔡紹祖身死一案，緣丁傅郎向在汪桂林熱麵店内幫工，與蔡紹祖素不相識，並無嫌隙。汪桂林店屋後窗臨河，店内洗鍋水漿，與用剩麥湯，向從後窗傾入河内。其河不時乾涸，從無船隻來往。乾隆四十四年夏間，河中水大，間有農船往來，各屬稀少。五月二十日，蔡紹祖與蔡紹祥、蔡紹榮、蔡京沅、蔡奉岐合駕無棚農船入城換糞。二十一日將晚，泊汪桂林店後河下，蔡紹祥等共坐船頭，蔡紹祖獨在船艙睡卧乘凉。適丁傅郎將收拾鍋竈内用剩熱麵湯盛於木桶，掇至後窗向外傾潑。未經探視，不知河下有船，以致熱湯燙傷蔡紹祖左胳膊連胳膊連肐肘手腕並腎囊，左右腿膁肕脚腕左臀等處，經蔡紹祥等將蔡紹祖扶至汪桂林店内嚷鬧，蔡紹祖亦知丁傅郎無心誤潑，欲令醫治，不願報官。當經汪桂林將蔡紹祖扶至鹿苑巷内，借屋住歇，延醫吕敦復敷治不痊，於是月二十九日，因傷殞命。報縣驗訊，供認不諱。查汪桂林店後支河，既因夏間水大，間有農船往來，則丁傅郎傾潑麵湯，自應看明河内有無船隻，再行傾出。乃並不向外探看，輒將熱湯混行傾潑，以致蔡紹祖被燙身死，與律注所載耳目所不及，思慮所不到者不同。第丁傅郎與蔡紹祖既不相識，是日又無争鬥情事，亦未便以鬥殺科斷。丁傅郎應比照無故向城市及有人居止宅舍投擲磚石，因而致死律，杖一百，流三千里。事犯在乾隆四十五年正月初一日恩詔以前，應減爲杖一百，徒三年，仍追埋葬銀十兩，給屍屬收領等因，咨達前來。應如該無所咨完結。乾隆四十五年六月二十日準咨。

《户部則例》卷二四《倉庾・京通倉上・修理廒座》 各倉修理廒座，凡工程不及百兩者，該監督估報倉場侍郎，動支部庫原領歲修銀兩，修理百兩至百兩以上者，京倉由查倉大臣移咨工部勘估，仍移交查倉大臣奏明，興修通倉山，查倉御史，倉場侍郎會題，交工部覆估興修。該監督隨工查驗，工竣御史驗收，二千兩以上由工部奏明請旨特派大臣辦理。凡大小修工竣，均造報工部核銷，其承修職名、及修理年月、報銷銀數，事竣，造册存貯，再遇興修，核明附卷查覈。

凡歲修倉厫，春三月勘估興工，若該監督推諉玩視，及都統御史於報後支延者，均予議處。

《户部則例》卷四〇《漕運・漕船・護漕催漕船隻》 瓜洲京口兩岸，設護漕紅船一十隻，黄河設護漕紅船二隻。每船歲修銀九兩三歲三分七釐，三年一次給發，北運河設催漕快船三十二隻，每年每船給歲修銀四兩，均十年期滿拆造。

《大清法規大全・法律部》卷三《變通舊律例・法部奏戲誤殺及可矜人犯擬請追繳埋銀摺》 竊戲誤擅殺並秋審照例入矜，人犯業由臣部先後奏請隨案，改爲流徒，均經奉旨允準在案。惟查例載，應該請償命罪囚遇蒙赦宥，俱追埋葬銀二十兩，給付被殺家屬。又命案減等，發落人犯，應追埋葬銀兩，勒限一箇月追完，各等語。詳繹例意，誠以廣寬仁之治，固貴矜生而酌情罪之平，尤應恤死，法至密，意至善也。臣部改章之始，因戲誤殺等項均毋庸虚擬死罪，既於隨案核議時，當即改爲流徒，似與應償命罪囚不同，故於追埋一項未經擬及。比年以來，各省辦理此等案件咨部時，均止照章改擬流徒，多未聲明追埋，是以照擬核覆，兹據東三省總督徐世昌咨該省王奎滦矯滿糧子二案，俱係幼孩救親斃命，例應入於可矜，將該犯等依律擬絞，照章改流。一則聲明追埋，一則未經聲叙。案屬一省，事涉兩岐，比類參觀辦理，殊未畫一。伏查戲誤與例應入矜人犯雖可照章改爲流徒，惟續定新章，流犯則仍著赭衣，徒犯則於辦後留短髮方寸，均各於右臂衣袖加釘白布，分别揭示罪名曰絞罪改流、改徒之犯，是此項人犯雖去其虚擬死罪之名，究難没其應該償命之實。若併此埋葬銀兩概予蠲除，在犯法者既得免囹圄之拘留，而被殺者反不獲絲毫之撫恤，揆之情法似未持平。況值恩詔特頒尤應衡量於生死之間，曲加矜恤，方不至失之偏重。臣等公同商酌，擬請嗣後除擅殺及毆死妻向不追埋，毋庸置議外，其戲殺、誤殺及别項可矜人犯，擬仍援照應該償命罪囚及命案□□例文，均追繳埋葬銀二十兩，給付被殺之家，以資營葬。若逢恩赦宥者，亦照定例遵行，似此變通辦理，庶刑制益昭整齊，而闔澤不至倖邀矣。如蒙俞允，即由臣部將本年應行彙奏夏秋二季戲誤殺及可矜人犯，在恩詔以前者，均飭於各該犯名下照追埋葬銀兩，以歸畫一。其奉省王奎滦一起，仍先行照復，並將矯滿糧子一起飭令追埋，庶得辦理一律。至别省有漏未聲明者，亦於核覆時隨案更正，俾免參差。恭侯命下，臣部即通咨内外問刑衙門一體遵照。謹奏。光緒三十四年十二月十四日奉旨：依議。欽此。

《臨時臺灣舊習慣調查會第一部調查第三回報告書・不動産的原始取得》 先占：移住民開墾時期得因先占取得土地及該地上的樹木竹草等的業主權，日據後則除民業地以外，其餘的土地皆視爲官有，不許因先占取得。

清律雖然規定番地、非番地、官地及民地之别，並以民業以外的土地爲官地，實際上卻有甚多由移住民先占後，呈請官府丈量追認之地，日據後亦有甚多栽種竹木等後，與田園相同方式典賣的未課税之地。此種土地雖無證明文件，但不得直接視爲官有，因爲其中亦有往昔經官府許可開墾及因先占取得之地，所以必須認定其先占取得原因。然而頒布臺灣官有林野取締規則、臺灣官有森林原野及産物特别處分令等以後，無主地皆視爲官有，要經官府許可始能取得。

紀事

《戰國策·楚·郢人有獄三年不决》 郢人有獄三年不决者，故令請其宅，以卜其罪。客因爲之謂昭奚恤曰：郢人某氏之宅，臣願之。昭奚恤曰：郢人某氏，不當服罪，故其宅不得。

《漢書》卷五《景帝紀》 〔二年〕春正月，詔曰：間者歲比不登，民多乏食，夭絶天年，朕甚痛之。郡國或磽陿，無所農桑繫畜；或地饒廣，薦草莽，水泉利，而不得徙。其議民欲徙寬大地者，聽之。

《漢書》卷二八下《地理志》 樂浪朝鮮民犯禁八條：相殺以當時償殺；相傷以穀償；相盜者男没入爲其家奴，女子爲婢，欲自贖者，人五十萬。雖免爲民，俗猶羞之，嫁取無所讎，是以其民終不相盜，無門户之閉，婦人貞信不淫辟。

《後漢書》卷四《孝和帝紀》 〔永元九年〕六月，蝗、旱。戊辰，詔：今年秋稼爲蝗蟲所傷，皆勿收租、更、芻稾；若有所損失，以實除之，餘當收租者亦半入。其山林饒利，陂池漁採，以贍元元，勿收假税。

《宋書》卷六《孝武帝紀》 〔大明二年閏十二月〕庚子，詔曰：夫山處巖居，不以魚鼈爲禮。頃歲多虞，軍調繁切，違方設賦，本濟一時，而主者玩習，遂爲常典。杶榦瑶琨，任土作貢，積羽羣輕，終致深弊。永言弘革，無替朕心。凡寰衛貢職，山淵採捕，皆當詳辨産殖，考順歲時，勿使牽課虚懸，睽忤氣序。

《陳書》卷六《後主紀》 〔太建十四年三月辛亥，詔曰：〕其有新闢塍畎，進墾蒿萊，廣袤勿得度量，征租悉皆停免。私業久廢，咸許占作，公田荒縱，亦隨肆勤。

（宋）王溥《唐會要》卷八五《逃户》 大中二年正月制：所在逃户，見在桑田屋宇等，多是暫時東西，便被鄰人與所由等計會，雖云代納税錢，悉將斫伐毁折。及願歸復，多已蕩盡，因致荒廢，遂成閒田。從今已後，如有此色，勒鄉村老人與所由並鄰近等同檢勘分明，分析作狀，送縣入案，鄰人及無田産人，且爲佃事，與納税糧。如五年内不來復業者，便任佃人爲主，逃户不在論理之限。其屋宇桑田樹木等權佃人，逃户未歸五年内，不得輒有毁除斫伐；如有違犯者，據限日量情以科責，並科所由等不檢校之罪。咸通十一年七月十九日敕：諸道州府百姓承佃逃亡田地，如已經五年，須準承前赦文，便爲佃主，不在論理之限，仍令所司准此處分。

（宋）王溥《五代會要》卷二六《街巷》 後唐同光二年八月敕：在京應有空閒地，任諸色人請射蓋造。藩方侯伯、内外臣僚，於京邑之中，無安居之所，亦可請射，各自修營。其空閒有主之地，仍限半年本主須自修蓋，如過限不見屋宇，亦許他人占射。其月敕：諸道節度觀察防禦團練等使，刺史，出司土宇，入覲朝廷，將壯宸居，須崇甲第，宜於洛京修宅一區。

長興二年六月八日，據左右軍巡使奏：諸廂界内，多有人户侵佔官街及坊曲内田地，蓋造舍屋，又不經官中判押憑據，廂界不敢懸便止絶，切恐久後别有人户，更於街坊占射，轉有侵佔，不惟窄狹，兼恐久後别有人户，及致人户争競。近日人户係税田地，多被軍人百姓作空閒田地，便立封疆，修築牆壁占射，又無判押憑據。及本主或有文契典賣，兼云占射年深。或有税額，及無税空閒，攔悋不令修蓋。以此致有争競，廂界難以止絶者。其在京諸坊曲，應有空閒田地，先降敕命，許人户請射蓋造。及見種蒔公私田地，如是本主自有力，便令蓋造舍屋；若無力，即許人請射修蓋。自後相次諸色人陳狀，委河南府勘逐。如實是閒田，及不侵佔官街，然後指揮劈畫交付。今所稱諸色人侵佔街坊，及於見有主税地内占射蓋造，必慮有妨車牛過往，及恐百姓互有争論，須定規繩，各令稟守。京城應天街内有人户見蓋造得屋宇外，此後並不得更有蓋造。其諸坊巷道兩邊，常須通得車牛，如有小小街巷，亦須通得車馬來往，此外並不得輒有侵佔。應諸街坊通車牛外，即日或有越衆迥然出頭，牽蓋舍屋棚閣等，並須畫時毁折，仍據搏截外，具留街道闊狹尺丈，一一分析申奏。此後或更敢侵佔，不計多少，宜委地分官司量罪科斷。其街道内除水渠外，不得穿掘取土。若已有穿掘，各勒逐地分人户速速填平。

京城内諸坊曲，除見定園林、池亭外，其餘種蒔及充菜園，並空閒田地，除本主量力自要修造外，並許人收買。見定已有居人諸坊曲內有空閒田地，及種蒔並菜園等，如是臨街堪店處田地，每一間破明間七椽，其每間地價，宜委河南府估價收買。除堪蓋店外，其餘若是連店田地，每畝宜定價錢七千，更以次五千。其未曾有蓋造處，宜令御史臺、兩街使、河南府依已前街坊田地，分劈畫出大街及逐坊界分，各立坊門，兼挂名額。先定街巷闊狹尺丈後，其坊內空閑，及見種田苗，並充菜園等田地，亦據本主自要量力修蓋外，並許諸色人收買，修蓋舍屋地宅。如是臨街堪蓋店處，田地每一間破明間七椽，其每間地價，亦委河南府估價準前收買。除堪蓋店外，其餘連店田地，每畝宜定價錢七千。以次近外，每畝五千，更以次三千。未有人買處，且勒仍舊。遠僻處或欲置菜園，任取穩便，兼應本主所留，諸色人置到田地等，並限三箇月內修築蓋造，須見次第，仍不得兩處收買田地。其地祇許修造宅院，並其間小小栽植竹木外，不得廣作園圃，及種植田苗，仍令御史臺常加覺察。如有故違，仰具姓名申奏，當行嚴斷。

其所置田地，如是本主種田苗及見菜園，候收刈及冬藏畢，方許交割。據交割日限後修蓋，其已定田地內所有苗稅等，宜令據畝數出除，其所買田地，除本主自要修蓋外，有合賣數目，如妄託形勢，輒有逗留，分外邀顔，固心占悋者，許買地人經臺論訴。

《金史》卷一《世紀》 始祖至完顔部，居久之，其部人嘗殺它族之人，由是兩族交惡，鬨鬭不能解。完顔部人謂始祖曰：若能爲部人解此怨，使兩族不相殺，部有賢女，年六十而未嫁，當以相配，仍爲同部。始祖曰：諾。迺自往諭之曰：殺一人而鬭不解，損傷益多。曷若止誅首亂者一人，部內以物納償汝，可以無鬭而且獲利焉。怨家從之。乃爲約曰：凡有殺傷人者，徵其家人口一、馬十偶、牸牛十、黄金六兩，與所殺傷之家，即兩解，不得私鬭。曰：謹如約。女直之俗，殺人償馬牛三十自此始。既備償如約，部衆信服之，謝以青牛一，並許歸六十之婦。始祖乃以青牛爲聘禮而納之，並得其貲産。

《金史》卷四七《食貨志·田制》〔宣宗貞祐〕四年，復遣官括河南牧馬地，既籍其數，上命省院議所以給軍者，宰臣曰：今軍户當給糧者四十四萬八千餘口，計當口占六畝有奇，繼來者不與焉。但相去數百里者，豈能以六畝之故而遠來哉。兼月支口糧不可遽罷，臣等竊謂軍户願佃者即當計口給之。自餘僻遠不願者，宜準近制，係官荒地許軍民耕闢例，令軍民得占蒔之。院官曰：牧馬地少，且久荒難耕，軍户復乏農器，然不給之，則彼自支糧外，更無從得食，非蓄鋭待敵之計。給之則亦未能遽減其糧，若得遲以歲月，俟頗成倫次，漸可以省官廩耳。今奪於有力者，即以授其無力者，恐無以耕。乞令司縣官勸率民户，借牛破荒，至來春然後給之。司縣官能率民户以助耕而無騷動者，量加官賞，庶幾有所激勸。宰臣復曰：若如所言，則司縣官貪慕官賞，必將抑配，以至擾民。今民家之牛，量地而畜之。況比年以來，農功甫畢則併力轉輸猶恐不及，豈有暇耕它人之田也。惟如臣等前奏爲便。詔再議之。乃擬民有能開牧馬地及官荒地作熟田者，以半給之爲永業，半給軍户。奏可。

《宋史》卷一七三《食貨志·農田》〔神宗熙寧二年〕分遣諸路常平官，使專領農田水利。吏民能知土地種植之法，陂塘、圩垾、堤堰、溝洫利害者，皆得自言；行之有效，隨功利大小酬賞。民占荒逃田若歸業者，責相保任，逃税者保任爲輸之。已行新法縣分，田土頃畝、川港陂塘之類，令、佐受代，具墾闢開修之數授諸代者，令照籍有實乃代。

《元史》卷一二《世祖紀》〔至元十九年十一月〕戊寅，耶律鑄言：前奉詔殺人者死，仍徵燒埋銀五十兩，後止徵鈔二錠，其事太輕。臣等議，依蒙古人例，犯者没一女入仇家，無女者徵鈔四錠。從之。

《元史》卷一〇五《刑法志·鬭毆》 諸以他物傷人，致成廢疾者，杖七十七，仍追中統鈔一十錠，付被傷人，充養濟之資。諸因鬭毆，斫傷人成廢疾者，杖八十七，徵中統鈔一十錠，付被〔告〕〔傷〕人，充養濟之資。爲父還毆致傷者，徵其鈔之半。諸豪横輒誣平人爲盗，捕其夫婦男女，於私家拷訊監禁，非理陵虐者，杖一百七，流遠。其被害有致殘廢者，人徵中統鈔二十錠，充養贍之貲。【略】諸以微故殘傷義男肢體廢疾者，加凡人折跌肢體一等論，義男歸宗，仍徵中統鈔五百貫，充養贍之貲。諸尊長輒以微罪刺傷弟侄雙目者，與常人同罪，杖一百七，追徵贍養鈔二十錠給苦主，免流，識過于門；無罪者，仍流。諸弟雖聽其兄之仇，同謀剜其兄之眼，即以弟爲首，各杖一百七，流遠，而弟加遠。諸卑幼挾仇，輒刺傷尊長雙目成廢疾者，杖一百七，流遠。諸以刃刺破人兩目成篤疾者，杖一百七，流遠，仍徵中統鈔二十錠，充養贍之貲，主使者亦如之。諸挾讎傷人之目者，若一目元損，又傷其一目，與傷兩目同論，雖會赦，仍流。諸因争誤瞎人一目者，杖七十七，徵中統鈔五十兩，充醫藥之貲。

《元史》卷一〇五《刑法志・殺傷》 諸殺人者死，仍於家屬徵燒埋銀五十兩給苦主，無銀者徵中統鈔一十錠，會赦免罪者倍之。諸部民毆死官長，主謀及下手者皆處死，同毆傷非致命者，杖一百七，流遠，均徵燒埋銀。【略】諸人殺死其父，子毆之死者，不坐，仍於殺父者之家，徵燒埋銀五十兩。諸蒙古人因争及乘醉毆死漢人者，斷罰出征，並全徵燒埋銀。諸因鬬争，一人誤蹂死小兒，一人毆人致死，毆者結案，蹂者杖一百七，並徵燒埋銀。諸有人戲謔其妻，夫遇而毆之，因傷而死者，減死一等論罪，仍徵燒埋銀。諸毆死應捕殺惡逆之人者，免罪，不徵燒埋銀。諸以他物傷人，傷毒流注而死，雖在辜限之外，仍減殺人罪三等坐之。諸因争，以頭觸人，與人俱仆，肘抵其心，邂逅致死者，杖一百七，全徵燒埋銀。【略】諸軍官，因公乘怒，輒命麾下毆人致死者，杖八十七，解職，期年後降先品一等叙，徵燒埋銀給苦主，若會赦，仍殿降徵銀。諸閫帥侵盗係官錢糧，怒吏發其姦，輒令人毆死者，以故殺論，雖會大赦，仍追奪不叙，倍徵燒埋銀。【略】諸良人以鬬毆殺人奴，杖一百七，徵燒埋銀五十兩。諸良人戲殺他人奴者，杖七十七，徵燒埋銀五十兩。諸奴毆死其弟，弟亦爲同主奴，主乞貸死者聽。諸異主奴婢相犯死者，同常人；同主相犯至重刑者，仍依例結案。諸地主毆死佃客者，杖一百七，徵燒埋銀五十兩。【略】諸兄毆弟妻，因傷而死者，杖一百七，徵燒埋銀。諸嫂溺死其小姑者，以故殺論。諸因争，毆死族兄弟之子者，杖一百七；故以刃殺之者，處死，並徵燒埋銀。諸毆死兄弟之子，而圖其財者，處死。諸夫婦同謀，殺其兄弟之子者，皆處死。諸尊長誤毆卑幼致死者，杖七十七，異居者仍徵燒埋銀。【略】諸兩家之子，昏暮奔還，中路相迎，撞仆于地，因傷致死者，不坐，仍徵鈔五十兩給苦主。諸十五以下小兒，過失殺人者，免罪，徵燒埋銀。諸十五以下小兒，因争毁傷人致死者，聽贖，徵燒埋銀給苦主。諸瞽者毆人，因傷致死，杖一百七，徵燒埋銀給苦主。諸病風狂，毆傷人致死，免罪，徵燒埋銀。諸庸醫以鍼藥殺人者，杖一百七，徵燒埋銀。諸颺磚石剥鄰之果，誤傷人致死者，杖八十七，徵燒埋銀。諸軍士習射，招箭者不謹，致被傷而死，射者不坐，仍徵燒埋銀。諸過誤踏死小兒，杖七十七，徵燒埋銀給苦主。諸昏夜馳馬，誤觸人死，杖七十七，徵燒埋銀。諸驅車走馬，致傷人命者，杖七十七，徵燒埋銀。諸昏夜行車，不知有人在地，誤致轢死者，笞三十七，徵燒埋銀之半給苦主。諸幼小自相作戲，誤傷致死者，不坐。諸戲傷人命，自願休和者聽。諸兩人作戲争物，一人放手，一人失勢跌死，放者不坐。諸以物戲驚小兒，成疾而死者，杖六十七，追徵燒埋銀五十兩。諸以戲與人相逐，致人跌傷而死者，其罪徒，仍徵燒埋銀給苦主。諸駱駝在牧，囓人而死者，牧人笞一十七，以駱駝給苦主。諸驛馬在野，囓人而死者，以其馬給苦主，馬主别買當役。【略】諸圖財謀故殺人多者，皆陵遲處死，驗各賊所殺人數，於家屬均徵燒埋銀。諸同居相毆而死，及殺人罪未結正而死者，並不徵燒埋銀。諸殺人者，被殺之人或家住他所，官徵燒埋銀移本籍，得其家屬給之。諸鬬毆殺人，應徵燒埋銀，而犯人貧寠，不能出備，並其餘親屬無應徵之人，官與支給。諸致傷人命，應徵燒埋銀者，止徵銀價中統鈔一十錠。諸因争，同毆死人，會赦應倍徵燒埋銀者，爲首致命徵中統鈔一十錠，爲從均徵一十錠。諸毆死人，雖不見屍，招證明白者，仍徵燒埋銀。諸僧道殺人，燒埋銀於常住追徵。諸庸作毆傷人命，徵燒埋銀，不及庸作之家。諸奴毆人致死，犯在主家，於本主徵燒埋銀，不犯在主家，燒埋銀無可徵者，不徵於其主。

《清實録》順治六年四月 壬子，諭内三院：【略】察本地方無主荒田，州縣官給以印信執照，開墾耕種，永準爲業。

《清實録》順治十四年四月〔壬午〕其貢監生、民人有主荒地，仍聽本主開墾。如本主不能開墾者，該地方官招民給與印照開墾，永爲己業。

《清實録》順治十八年二月 乙未，户部議復：雲南、貴州總督趙廷臣條奏：滇、黔田土荒蕪，當亟開墾。將有主荒田令本主開墾，無主荒田招民墾種，俱三年起科，該州縣給以印票，永爲己業。

《清實録》順治十八年六月 庚子，户部議復：巡按河南御史劉源濬疏言：南陽、汝寧荒地甚多，應急議開墾，但無人承種之荒地，耕熟後，往往有人認業，興起訟端，官即斷明而資産蕩然矣。三年起科，雖有定例，開種之初，雜項差役便不能免，此所以官雖勸耕，民終裹足不前也。嗣後，請先給帖文，以杜爭端，開列姓名、年月並荒田四至、坐落，每歲由縣申府，而道，而院，則刁訟自息。再寬徭役，以恤窮黎，除三年起科之外，如河工、供兵等項差役，給復十年，以示寬大之政，則人尤鼓舞。再借平倉穀，以資農本。

《清實録》**乾隆六年七月** 壬申，户部議復：陝西巡撫張楷奏稱：陝省荒地應行開墾，並酌議招墾事宜：一、商州及所屬地方，尚有未墾荒地三萬餘畝，現令地方官確查，開明畝數四至，官爲插標招墾；無主之地，即給墾户爲業；其有主而自認無力開墾者，定價招墾，給照爲業。

《清實録》**乾隆十年十月** 甲子，户部又議準兩廣總督策楞疏稱：龍川、海陽、饒平、揭陽、嘉應等五州縣，荒山可種樹木，請令無業貧民，各就山場遠近承墾，每人以一頃爲率，照斥鹵下則例，十年後昇科，準爲世業。

《清實録》**乾隆三十二年十二月** 己丑，陝甘總督吴達善奏：巴里坤所屬穆壘地方，可墾地畝甚多，前軍機處議準，於安西、肅州等屬，招募無業貧民，安插該處耕種，業經節次派往。但該處地勢曠闊，須民人認墾，方得日漸開闢。現據巴里坤鎮臣德昌報，有奇臺商民芮友等三十名呈稱，穆壘地廣土肥，情願開渠引水，認墾荒地，並自購籽種、牛隻、農具。查該商民等携貲貿易，係有工本之人，請飭巴里坤鎮臣給予執照，令其認墾耕種，仍與派拔户民，一體安插。得旨：嘉奬。

契約文書

《**敦煌契約文書輯校·寅年節兒為楊謙讓打傷李條順處置憑**》 寅年八月十九日，楊謙讓共李條順相諍，遂打損（經）〔脛〕。節兒斷，令楊謙讓當家將息，至廿六日，條順師兄及諸親等，迎將當家醫理。從今已後，至病可日，所要藥餌當直及將息物，亦自李家自出，待至能行日，算數計會，又萬日中間，條順不可，及有東西營局破用，合着多少物事，一一細算打牒，共鄉閭老大計算收領，亦任一聽。如不穩便，待至營事了日都算，共人命同計會。官有政法，人從此契，故立爲驗，用爲後憑。

僧師兄惠常

僧孔惠素

見人薛卿子

案例文書

（唐）白居易《白居易集》卷六六《判·得乙以庶男冒婚丁女，事發離之。丁理饋賀衣物，請以所下聘財折之。不伏》 婚以匹成，嫡庶宜別，訟由情察，曲直可知。將令人有所懲，必在弊之不及。相時庶孽，冒乃婚姻，情以矯誣，始聞好合。事欺彰露，旋見仳離。既生非偶之嫌，遂起納徵之訟。辭多執競，理有適歸。乙則隱欺，在法而聘財宜没，丁非罔冒，原情而饋禮可追。是非足明，取與斯在。

（明）張肯堂《㽕辭》卷二《張世剛内黄人》 張以祥以張世剛築墻取土，因與相競，勝似不在以祥，然從無受傷，未至於死也。既而其妻呼氏，籲神求助。以祥以理絀内疚，因取香爐自破其額，次日依然出而力作矣，亦未至於死也。惟是强起之餘，蒙犯霜露，風入而中焉，創乃大潰，半月而死。此出自郭明可之口，鑿鑿不爽者也。呼氏兩訟内黄，兩經審斷，給與葬埋銀二十四兩亦既蔽辜矣，而孤嫠之泣，猶不能抆。然折獄之所持者法也，威逼之條與此相近，斷給埋葬，數止十鍰，今已倍之矣。無已，則坐其啓釁之罪可乎？蓋不取土何緣相毆。

《盛京滿文檔案》天命八年四月 〔初六〕是日，廣寧張參將偷拐喀克都里家之六男、六女，私占未成，而送回。遂將張參將治罪，其家奴和牛馬及一應物件，分爲三份，以二份給其主，以一份由執法者取之。二夫、一女還於喀克都里。再有六男、六女潛逃，則責令張參將償還之。

《盛京滿文檔案》崇德七年十一月 〔二十一日〕兵部多羅額爾克郡王遵旨制定：凡王、貝勒、貝子、公等，若誤射王等，罰銀三千兩，與被射之王。若誤射貝勒等，罰銀二千兩，與被射貝勒。若誤射貝子、公等，罰銀一千兩，與被射貝子、公。其誤射之王、貝勒、貝子、公等，拘禁三日，準按品級加倍坐以應得之罪入官。〔原檔殘缺〕無關，不應射而射者，〔原檔殘缺〕另行查議，〔原檔殘缺〕人，若誤向王、貝勒等發矢，或中王、貝勒之身，或因射獸已中，而只誤中王、貝勒之身，不論受傷與否，其誤射之人論死。若誤射王、貝勒等所乘馬匹，其誤射之人，鞭一百，貫耳鼻，仍罰銀贖身。又以下之人，若誤射貝子、公等，而傷重者，其誤射之人，論死。輕者，其誤射之人，鞭一百，貫耳鼻，籍家。若射中獸，復中貝子、公之身，未致傷者，鞭一百，貫耳鼻，罰銀贖身。誤中所乘馬匹，鞭一百，拘禁三日。又以下之人，若誤向王、貝勒發矢，矢落於五丈之内者，鞭五十。若王、貝勒、貝子、公等，誤射屬下之人，拘禁三日，準按品級加倍坐以應得之罪入官。視被射之人受傷輕重，照陣傷減一等給銀。若被射之人有致死者，除償身價外，仍將誤射之王、貝勒、貝子、公等，罰銀二百兩，與被射死者。傷而未死者，除照常償給銀外，仍罰銀一百兩，給被射之人。若中其身而無傷痕者，罰銀五十兩，給被射之人。王、貝勒、貝子、公等，誤射屬下人所乘馬匹致死，除償還馬匹外，仍坐以應得之罪。馬未死，止坐以應得之罪。

（清）李之芳《棘聽草》卷一《讞詞·人命·分守道奉兩院一件為殛詐事》 審得倪以瑞因吕老尚欠其債銀二兩，日久未楚，於本年二月二十二日親往取討，老尚無銀相償，而欲令寫其妻子服役，事雖未成，言出於口，亦足以明其情之傷心，而氣之凌轢矣。迨以瑞方歸，老尚因即自縊。雖匹夫之愚，經於溝瀆，然察其所以致死之故，謂非以瑞不及此。按律杖百，何能少宜！其親屬吕老七者，乃於控縣之後，不奉官斷，輒私收銀三兩，鵝二隻，酒四罈，稻一挑，隨行葬埋。是上不足以明法，而下惠私也，豈足訓乎？相應追前銀三兩入官，並杖示儆；鵝、酒、稻子之類姑免追，以少資給葬之費。樓明進係告縣干證，併詰之，餘免議。

（清）葉晟《求芻集·讞詞·撻死人命事》 審得：李印喜酒徒也，常往來於張穩之酒務。某月某日酣飲之後，怒張穩索錢，至於忿詈。張穩不能讓醉漢，遂與之角口，因而揮拳，印喜左眼被傷，樊魁等勸而散之。是夜印喜遂宿於張穩之店，匹夫是短，懷忿自經，當勸散。進店之後，印喜復據案飲酒，曹亨之可證也；落繩解救之時，白復興點燈呼人，岳麻子鑿據也。左眼傷非致命，項下繩痕顯然，撻死之説胡爲乎來哉？業有胞弟李印才告狀，而户侄，户兄之李建、李培連何爲紛紛紙筆，非告、非證之生員李聖用何爲咆哮公堂？豈誠哀痛由衷？不過助瀾揚波，借命居奇耳。左眼拳傷，張穩不能辭威逼之辜，應斷燒埋銀十兩，令印才領屍埋葬。印才誣輕爲重，本應按律究擬，姑念兄死，從寬薄責，以儆刁告。培連具狀之日，已經責治，尚未蔽辜。但聖用以釁門青衿，而立心行己如此，又無論於嗤嗤之愚民矣。如再出人公門，自有學政條約在。

（清）葉晟《求芻集·讞詞·懇究人命事》 審得：曹婦張氏之死，死於縊，非死於毆也。其死於縊者，因仰應桂之女偷其髻錢，兩相角口，而仰春哇幫其妹而詈之也。曹金始以懷氣縊死告，初情真實，乃興周轉盼計生，遂架空中樓閣。張元勛從而加辭，是俱以死女爲奇貨也。由是而講和有人，許銀有人，臨審時輒自具悔辭矣。不敢索詐，只受孝布數疋。前供不在案耶？胡墨跡未乾又復興波作浪，真屬一班光棍。視公門辭訟爲游戲，三昧者人命，即威逼情確，追給埋葬不過十兩，何爲而有十八兩之求索？又有孝布檄等也，況乎婦女相罵，非勢非威，即仰春哇幫妹，亦只口解相加，何威何逼？指命圖詐之曹興周，與夫説事關財之陸福、邵虎均應按律究治。姑念尚未人手，重責示懲。曹金貧難葬婦，應桂量助銀四兩，其餘追給原主，着即掩埋。張元勛孝布之外，不得妄有希冀。

雜録

（宋）周煇《清波雜志》卷六《掘藏》 煇僦居毗陵，居後臨河，地無尺許，俾僕治籬，方埋柱去浮土，見成貫小錢，止露四鐶于外，僕亟手之，僅得十三，餘隨縮入地。僕復運鋤，了無一物。信知無妄之財，不容輒取。十三錢寘于佛室，尋失所在。昔洛中第宅求售，評直外復索掘屋錢，蓋其下多有宿藏。張文孝右丞買宅，既償其賈，復隨所索與之。迨入宅，掘地得一石匣，刻鏤甚工巧，中有黄金數百兩，正酬售屋之直。

（宋）洪邁《夷堅志戊》卷四《張拱之銀》 江陵人張拱之，世以富雄州里。政和中，夢白衣人二十餘輩拜揖於床下。問其何人，皆不答，旋没於地。心雖怪之，亦不以爲絶異。已而每夕皆然。于是命僕掘所没處，才深三尺，得大銀二十枚，各重五十兩，樣製甚古，料以爲千歲前物，一一花書之而藏於篋笥，不爲子弟言，亦未嘗非時閲視也。他日，又夢來別云：欲往長沙，助趙官人宅造屋。恨不得久從君游，然終當復來。張疑焉，旦而發笥，空無所見矣，始大駭。欲窮其驗，專詣長沙訪之，果於善化縣傍有趙宅，方興工創大第，治廳事。張老納謁，趙宿聞其名，亟出迎。坐少定，張起白曰：君家治第，曾於土中獲何物？趙不復隱，告以得白金千兩。張曰：乃我家故所蓄，每錠有花書。取視之，信然。張乃話前夢，願以他銀換易。趙欣然許之，張攜。唤銀匠鎔爲一巨毬，當中穿竅，用鐵索維縶，置於床脚，使不可復動。入夜常聞泣聲。後經兵盗，不知所在矣。俗云張循王在日，家多銀，每以千兩鎔一毬，目爲没奈何，正此類也。

（宋）洪邁《容齋隨筆》卷九《射佃逃田》 漢之法制，大抵因秦，而隨宜損益，不害其爲炎漢。唐之法制，大抵因隋而小加振飾，不害其爲盛唐。國家當五季衰亂之後，其究不下秦、隋，然一時設施，固亦有可采取。案周世宗顯德二年，詔：應逃户莊田，並許人請射承佃，供納税租。如三周年内本户來歸者，其桑田不計荒熟，並交還一半。五周年内歸業者，三分交還一分。如五周年外，除本户墳塋外，不在交付之限。其近北諸州陷蕃人户來歸業者，五周年内三分交還二分，十周年内還一半，十五周年内三分還一。此外者，不在交還之限。其旨明白，人人可曉，非若今之令式文書，盈於几閣，爲猾吏舞文之具，故有捨去物業三五十年，妄人詐稱逃户子孫，以錢買吏而奪見佃者，爲可歎也。

（明）董紀《西郊笑端集》卷一《織布謡》 朝拾園中花，暮作機上紗，婦織不停手，姑紡不停車。園中花有盡，蟲蝕兼風損，苟遇商販來，騰踴價無準。經多愁緯少，買花連夜造，不惜斤兩過，且要邊幅好。門前索租賦，催錢又催布，細意織得成，猶恐監官怒。年饑負私債，錢物無稱貸，擬儘納官餘，抱布城中賣。城中布雖賤，得錢圖得現，不恨利輕微，但願身常健。舉家忙不已，一絲難上體，錢布汗血成，監官莫輕視。

（明）葉盛《水東日記》卷一四 杭州西湖傍近編竹節水可專菱芡之利，而惟時有勢力者可得之，故杭人有俗謡云：十里湖光十里笆，編笆都是富豪家。待他十載功名盡，只見湖光不見笆。

（明）陸容《菽園雜記》卷一一 成化間山東魚臺縣民穿窖得古塚中一甕，取以貯水，貯之輒涸。民以其不利，置之大樹上。時鳴鳴作聲，民怪而破之。後有識者云：此寶器也。一鏡照野外，數里村落人畜皆見。縣官聞而取之，浙江督漕張、都指揮洪嘗買其石槨二板，親聞其事。

（明）王士性《廣志繹》卷五《西南諸省》 瑶僮之俗，祖宗有仇，子孫至九世猶興殺伐，但以强弱爲起滅，謂之打冤。欲怒甲而不正害甲也，乃移禍於乙，而令乙來害甲，謂之著事。白晝掠人於道，執而囚之，必索重賂而贖乃歸，謂之墮禁。兩村相殺，命斃不償，斃者以頭計，每頭賠百兩或幾十兩，以積數之多寡爲貴，實無兩也，而以件代之，如豕一爲一兩，而一雞一布亦爲一兩也。撫安僮老爲其和畢，則截刀爲誓，始不報冤，謂之賠頭。諺云：瑶殺瑶，不動朝，僮殺僮，不告狀。

（明）王士性《廣志繹》卷五《西南諸省》 滇雲地曠人稀，非江右商賈僑居之則不成其地，然爲土人之累亦非鮮也。余讞因閲一牘，甲老而流落，乙同鄉壯年，憐而收之，與同行賈，甲喜得所。一日，乙偵土人丙富，欲賺之，與甲以雜貨入其家，婦女争售之，乙故争端，與丙競相推毆，歸則致甲死而送其家，嚇以二百金則焚之以滅跡，不則訟之官。土爽人性畏官，傾家得百五十金遺之，是夜報將焚矣，一親知稍慧，爲擊鼓而訟之，得大辟，視其籍，撫人也。及偵之，其事同，其騙同，其籍貫同，但發與未發、結與未結，或無幸而死、或幸而脱，亡慮數十家。蓋客人訟土人如百足蟲，不勝不休。故借貸求息者，常子大於母，不則亦本息等，無錙銖敢逋也。獨余官瀾滄兩年，稔知其弊，於撫州客狀，一詞不理。

財産流轉部

買賣分部

論説

《周禮・地官司徒・司市》 凡得貨賄六畜者，亦如之，三日而舉之。

《周禮・秋官司寇・朝士》 凡得獲貨賄人民六畜者，委於朝，告於上。旬而舉之，大者公之，小者庶民私之。凡士之治有期日，國中一旬，郊二旬，野三旬，都三月，邦國期，期内之治聽，期外不聽。凡有責者，有判書以治，則聽。凡民同貨財者，令以國法行之。犯令者，刑罰之。凡屬責者，以其地傅而聽其辭。

《周易・旅卦》 六二：行到市場，懷揣錢財，買來奴隸，占得吉兆。

九三：行到著火的市場，買來的奴隸借機逃走，占得險兆。

九四：行到住處，雖然賺了錢，心裡卻不安。

六五：途中射野雞，一箭中的，結果得到善射的美名。

上六：鳥巢失了火，旅人先高興歡笑，後來卻呼號哭泣，狄人搶去了牛羊。兇險。

《論語・述而第七》 子曰：自行束脩以上，吾未嘗無誨焉。

《論語・子罕第九》 貢曰：有美玉於斯，韞匵而藏諸？求善賈而沽諸？子曰：沽之哉，沽之哉！我待賈者也。

《周禮注疏》卷三《天官冢宰・小宰》 以官府之八成經邦治：一曰聽政役以比居，二曰聽師田以簡稽，三曰聽閭里以版圖，四曰聽稱責以傅別，五曰聽禄位以禮命，六曰聽取予以書契，七曰聽賣買以質劑，八曰聽出入以要會。【略】

《國語》曰：黄池之會，吴陳其兵，皆官師擁鐸拱稽。版，户藉。圖，地圖也。聽人訟地者，以版圖決之。《司書職》曰：邦中之版，土地之圖。稱責，謂貸子。傅別，謂券書也。聽訟責者，以券書決之。傅，傅著約束於文書。別，別爲兩，兩家各得一也。禮命，謂九賜也。書契，符書也。質劑，謂市中平賈，今時月平是也。要會，謂計最之簿書，月計曰要，歲計曰會，故《宰夫職》曰：歲終，則令羣吏正歲會；月終，則令正月要。傅別，故書作傅辨，鄭大夫讀爲符別，杜子春讀爲傅別。玄謂政謂賦也。凡其字或作政，或作正，或作征，以多言之宜從征，如《孟子》交征利云。傅別，謂爲大手書於一札，中字別之。書契，謂出予受入之凡要。凡簿書之最目，獄訟之要辭，皆曰契。《春秋傳》曰王叔氏不能舉其契。質劑，謂兩書一札，同而別之，長曰質，短曰劑。傅別質劑，皆今之券書也，事異，異其名耳。禮命，禮之九命之差等。【略】

六曰聽取予以書契者，此謂於官直貸不出子者，故云取予。若争此取予者，則以書契券書聽之。七曰聽賣買以質劑者，質劑謂券書。有人争市事者，則以質劑聽之。八曰聽出入以要會者，歲計曰會，月計曰要。此出入者，正是官内自用物。有人争此官物者，則以要會簿書聽之。【略】

云責謂貸子者，謂貸而生子者，若今舉責，即《地官・泉府》職云：凡民之貸者，以國服爲之息。若近郊民貸，則一年十一生利之類是也。云傅，傅著約束於文書。別者，各得其一，二家別釋，後鄭不從者，名爲券書，即是傅著於文書可知。後鄭傅、別二字，共爲一事解之。【略】

《地官・質人》云：大市以質，小市以劑，若今月平賈，不合有兩名，故不從也。【略】大市以質，小市以劑，鄭注：大市，人民馬牛之屬，用長券；小市，兵器珍異之物，用短券。

《周禮注疏》卷一五《地官司徒・質人》 質人，掌成市之貨賄、人民、牛馬、兵器、珍異。凡賣儥者質劑焉，大市以質，小市以劑。鄭司農云：質劑，月平賈也。質大賈，劑小賈。玄謂質劑者，爲之券藏之也。大市，人民、馬牛之屬，用長券；小市，兵器、珍異之物，用短券。【略】凡治質劑者，國中一旬，郊二旬，野三旬，都三月，邦國朞。期内聽，期外不聽。

《周禮注疏》卷三六《秋官司寇・司約》 司約掌邦國及萬民之約劑，治神之約爲上，治民之約次之，治地之約次之，治功之約次之，治器之約次之，治摯之約次之。此六約者，諸侯以下至於民，皆有焉。劑，謂券書也。治者，理其相抵冒上下之差也。【略】凡大約劑，書於宗彝。小約劑，書於丹圖。

《春秋穀梁傳注疏·莊公二十八年》 臧孫辰告糴于齊。國無三年之畜，曰國非其國也。一年不升，告糴諸侯。告，請也。糴，糴也。不正，故舉臧孫辰以爲私行也。國無九年之畜曰不足，無六年之畜曰急，無三年之畜曰國非其國也。諸侯無粟，諸侯相歸粟，正也。臧孫辰告糴于齊，告然後與之，言內之無外交也。古者税什一，豐年補敗，不外求而上下皆足也。雖累凶年，民弗病也。一年不艾而百姓饑，君子非之。不言如，爲內諱也。

（宋）李昉等《文苑英華》卷三七四《雜文·鞭賈》 市之鬻鞭者，人問之，其賈宜五十，必曰五萬。復之以伍十則伏而笑，以五百則小怒，五千則大怒，必五萬而後可。有富者子，適市買鞭，出五萬，持以夸余。視其首則拳蹙而不遂，視其握則蹇急而不植，其行水者，一去一來而不相承，其節朽黑而無文，材揢之滅瓜，而不得其所窮，舉之飄然若揮虛焉。余曰：子何取於是而不愛五萬？曰：吾愛其黃而澤，且賈者云余乃召僮爚湯以濯之，則遬然枯，蒼然白。嚮之黃者梔也，澤者蠟也。富者不悅，然猶持之三年，後出東郊，争道長樂坂下，馬相踶，因大擊，鞭折而爲五六。馬踶不已，墜於地，傷焉。視其內，則空空然，其理若糞壤，無所賴者。今之梔其貌，蠟其言，以求賈伎於朝者，當其分則善，一誤而過其分則喜，當其分則反怒曰：余曷不至於公卿。然而至焉者亦良多矣。居無事，雖過三年不害。當其有事，驅之於陳力之列以禦乎物，以夫空空之內，糞壤之理，而以責其大擊之効，惡有不折其用而獲墜傷之患者乎。

（宋）李昉等《文苑英華》卷三七八《雜文·觀市》 由命士已上不入於市，《周禮》有焉。乃今觀之，蓋因也。元和二年，沅南不雨，自季春至於六月，毛澤將盡。郡守有志于民，誠信而雩，遂徧山川方社。又不雨，遂遷市于城門之逵。余得自麗譙而俯焉。肇令下之日，布市籍者咸至，夾軌道而介分次焉。其左右前後班間錯跱，如在闤闠制。其列區榜，揭價名物，參外夷之貨。馬牛有牽，私屬有閑。在巿笥者緘文及素焉，在几閣者彤彤及質焉，在筐筥者白黑巨細焉。業于饔者列饔膳陳䵚餌而苾然，業于酒者舉酒旗滌盃盂而澤然，鼓刀之人設高俎解豕羊而赫然。華實之毛，畋魚之生，交蜚走，錯水陸，群狀夥名，入隧而分。韞藏而待價者，負挈而求沽者，乘射其時者，奇贏以游者，坐賈顒顒，行賈遑遑，利心中驚，貪目不瞬。於是質劑之曹，較固之倫，合彼此而騰躍之。易良苦於巧言，數量衡於險手。抄忽之差，鼓舌傖儜，詆欺相高，詭態横出。鼓囂讙，坌煙埃，奮羶腥，壘巾履，囓而合之，異致同歸，鷄鳴而争赴，日午而駢闐。萬足一心，恐人我先。交易而退，陽光西徂，幅員不移，徑如初。中無求隟地俱，唯守大烏烏，樂得腐餘。是日，倚衡而閱之，感其盈虛之相尋也速，故著于篇云。

（宋）李元弼《作邑自箴》卷一《治家》 虧物價不如多與錢，多與錢不如少買物，買於他州縣尤妙，燈心皂角湏月置，茸線染色計兩數收買，不惟事簡，兼更見用。【略】

賣買出入，錢物置都曆拘轄，免涉瓜履。日責廳吏覆筭於繫頭後繫書委的，市買文曆，湏置兩本，以防去失。依得見賣實直上色價例，方可簽押，曆紙三十幅一給，仍以私記印其縫。【略】

節級杖直揀掐廳子之類，令買已物，及借與人，幹置其意，安在不可，不可。【略】

隨行差市，買一名准備緩急，買飲食之類，亦置收支錢曆。緩急買物，不必湏尋行人，但就近多支錢收買，無害此語題于曆首。【略】

香礬鹽酒之類，自有行人者，不必於官務收買。其間有不得已於本務沽買者，丁寧專匠於監官，當面兩平，稱量，押單子前來當廳，再隔手稱量訖，責專匠領錢，及無大帶過官物結罪文狀。【略】

常用斗秤丈尺之屬，先依公較定，封號責付庫子收掌，應買物並委庫子，當廳兩平稱量，仍告示供知委狀。

（宋）李元弼《作邑自箴》卷三《處事》 買賣牛馬之類，所在鄉儀過却定錢，便付買主牛畜，口約試水草三兩日，方立契券。若有疾病，已過所約日限，賣主不伏，却煩官方與奪。人有已交價錢未立契券，已立契券未還價錢，蓋不知律有正條，條在雜律內。湏録全條，曉示牛馬牙人并諸鄉村知委，免興詞訟。【略】

和賃民間動用帳設之類，應副過往，分明置曆，收管候還日，令供領狀，并請賃錢。出帳設人户亦湏均勻置曆輪當。酒務沽賣，不行久例，動樂招邀，若撲牌子之類，便有賭博之弊，非所宜也。

（宋）李元弼《作邑自箴》卷三《處事》　一家田土典賣與數家，爲主者初出帳目之時，務要速售，大寫頃畝疆界，買主爲見價錢，更不較計。經隔年月，互論侵占，及至打量，例各不足，除契中立定硬界，自合止依硬界，外其界至不明，先依年深契内頃畝摽撥，各於契背分明批鑿，印押給付，以絶後訟。

（宋）鄭剛中《北山集》卷一《論白契疏》　奏曰：竊見典賣田宅，法限六十日，投印又六十日，請契恐其故違限約，則扼以倍納之税，恐其因倍而畏，則寬以赦放之限，疑若無弊矣，而其弊今有不勝言者。買産之家類非貧短，但契成則視田宅已爲己物，故吝惜官税，自謂收藏白契，不過倍納而止，遇赦限雖倍納，猶是虚文，必待家有争論，事涉關礙，始旋行投印，此無他官無必懲之法，開因循之路，而使趨宜其資豪猾，而失公利也。虧失公利，猶害之小者，至有不識書計之人，飢寒切身，代書售産，閲時既久，富家管業亦深，或爲書人已死，或牙保闕通，乘放限之便，改移契券，以典爲賣，他日子孫抱錢取券而不得，則飲泣縣令之庭而已爾。臣願朝廷詳酌，下有司立爲信限，出限一日，更示認爲交易，錢不追理，業還本主。典賣田宅者，並依條爲合同契，一處赴官投印，如是則白契可以盡革，上不致於虧損官錢，下不致於以典爲賣，公私偕利矣。

先君自密承上旨，聲望寖隆，天下柄用之意，可見而忌之者，容心矣。十月除寶文閣學士，以本職出爲川陝宣諭使，令户部支賜銀絹二百匹兩。

（宋）朱熹《晦庵先生朱文公文集》卷一八《奏均減紹興府和買狀》

臣聞欲救臣患者，不可惜小費，欲除實弊者，不可循虚名。臣等叨蒙聖恩，備數東浙。竊見紹興和買之患，民所不堪，巧詐之徒，姦弊百出。前此議者非不欲救而除之，而往往過爲國家顧惜小費，下比流俗，苟循虚名，是以因循終莫能革。臣等不肖，誠不足仰窺聖德之萬分，然有以知陛下愛民之心，獨理之明於此，必有所不屑者，是以敢昧萬死而一言之。伏惟陛下留神財擇，臣等契勘：浙東七州，除温州無和買外，其餘六州共管和買二十八萬一千六百四十四匹二丈一尺，紹興一州獨當一十四萬六千九百三十八匹，乃占諸州一半以上，緣此重困，人不能堪，所以子户詭名，巧爲姦弊，雖有重法，終不能禁。且如會稽一縣，經界之初，舊例雖是物力，三十八貫五百以上起科，和買然以通數計之，實及四十七貫方滿一疋。今亦自三十八貫五百起科，以通數計之，乃自十八貫六百單一文已科一疋。則是向來科納一疋者，今增爲二匹半矣，官之所入不加，羸出之在民不加損止，緣人苦其重，避免者多，以故姦僞日滋，以至此極。向來官吏之有意於民者，莫不知有此弊，亦未嘗不爲之惻然動心，評議措畫亦既多端，而利害相形終無定説。如欲首併詭户，則懼其告訐成風，徒敗風俗，而暫併復分，終不能禁。欲以畝頭均紐，則縱舍游末，重困農民，輕重之間，亦未爲允。欲科有産無丁之户，則彼能立詭户者，固不憚，更立虚丁，而寡妻弱子實無丁籍者，反受其弊。如欲減退物力等，則或作鼠尾推排，則彼昔者既能析而爲三十八貫五百以下之户矣。今豈不能再析而爲若干錢以下之户乎？故嘗參酌前後衆人之論，而折衷之獨有通計家活浮財物力貫頭均紐之説，稍爲無弊。雖第五等户昔無今有者，未免有言，然於其間真僞亦復相半，若真貧民，輸一户之和買不過丈尺，彼自不較，惟是子户詭名之衆頓輸數户，積計甚多，故尤不以爲便，而必争之，其力又足以挾下户唱浮論，以摇衆聽，故不察其實者遂以自疑，而莫能復措其説，此和買之議所以洶洶累年，而和買之害固未嘗有一毫之損也。然竊嘗深究其受病之原，則無他焉，直以元額之太重而已。故今臣等相與熟議輒陳此説，欲望聖慈，先發德音，痛減歲額，然後用貫頭均數之説，以定其制。惟慮所敷第五等户之中真下户者，或受其弊，則請參用高下等第均敷，及減免下户丁錢之説，以優恤之。但使真下户者審知此法之行不爲厲，已而無他辭，則彼姦民之浮論亦可以置而不問矣。謹畫一條具于後。

一、所以先裁減歲額者，臣聞祖宗初立和預買法，先支見錢後納紬絹，民間實賴其利，至有形於歌謡者。而當是時，本路漕臣有私於越州者，其吏復私於會稽，故此郡縣所抛獨多，其後請本之數遂爲歲額，而錢不復支，絹日益貴，以至今日，而白着之科，遂反爲一州無窮之害。故建炎元年五月一日，光堯壽聖憲天體道性仁誠德經武緯文太上皇帝登極，赦書有曰：和預買法，本支實價，訪聞官司立價甚低，或高擡他物價直準折，或以無實虚券充數，甚者直至受納未支本錢，不遵條限。前期起催急於星火，今來上供之類欲依祖宗法，其和預買有前項違戾，守令并轉運司並以違制論，加二等，仍委提刑司覺察，每歲於依限後一月内，具有無違戾，奏聞不以實聞與同罪。仰味大哉之言則是，太上皇帝再造之，初聖慮之深固已及於此矣，而兩聖相承於今，五十餘年，迫以軍國之須，所資至廣，卒未能有以仰稱。睿謨預支實價以復祖宗之舊者，臣等竊思其次，獨有擇其甚處如紹興府者，有以少解其倒垂之急，爲庶幾焉爾。然今欲去紹興和買之害，使無姦弊，稍得均平，而不先減其當日請木之額，譬如負千鈞者，背膂之力既已不堪，乃不知減其所負之物，但欲移而寘之懷袖，亦必無益於事矣。故今臣等於此首陳減額之説，而議者顧以爲有虧經費，無所從補。徒然奏陳，必不聽許，則臣等雖愚，有以知其必不然也。臣等仰覩陛下愛育黎元，如親父母，有以病告如切其身，如頃年四川之虚額、饒州之金，徽州之絹，汀州之銀，青陽星子之税，放免蠲除不可勝計。而連年水旱施舍貸給，何啻數十巨萬，何獨於此知其爲害之甚，而不出捐數萬匹者以紓之乎？又況近日已蒙聖恩減免天慶攢陵等處和買二千餘匹，固已漸示救患除弊之端矣。然通而計之人户所減每匹纔及一尺有奇，而坊本煎塩坍江放生四色所放尚未除免，則臣等所以望於陛下者，不但如此而已也。臣等竊見浙西和買最重去處無如臨安府者，而其數纔及八萬餘匹，欲望聖慈將紹興府且依此例，爲額而蠲其餘數，至於版曹經費，或有所闕，則乞量撥内帑之蓄以補其數。蓋如本路坊場課利，出剩錢數歲輸内帑者，至若干萬貫，皆是近歲曹泳創置窠名，即非舊法所當供者，如此之類，倘捐一二，歸之版曹，還以補填本路上供蠲減之數，則聖澤下流，人知德意，舊弊庶乎其可革矣。

一、所以謂貫頭均紐之説爲無弊者，蓋今和買之重，人悉規避，詭爲下户，長姦滋弊，莫可關防。如經界之初，會稽一縣，凡爲物力錢一百二十六萬餘貫，而四等以上科納和買者，當一百一十萬餘貫。今來四十年所謂四等以上，止有物力錢三十七萬九千四百六十貫六百文，而轉入五等者，乃至七十二萬五百餘貫，皆緣和買之重，姦猾之民，争爲子户，詭名以避均敷，而其淳謹畏法不敢爲者，顧乃爲之代受，所免之數幾再倍於其舊，政之不平，莫甚於此。從來爲用縣者，灼知其弊，非不嚴詭户之禁，往往隨併隨分，終莫能革。今若蒙恩先次痛減歲額，却以貫頭均敷，自物力一文以上，並紐寸尺，則高下多寡，其數一定，而姦弊無所從出矣。若猶以真實下户創科爲慮，則所謂高下等第科敷，以及減免下户身丁之説，臣等請得而備陳之。

一、所謂高下等第均敷者，上户舊科和買數多，今用貫頭均敷，則其數却須少減。下户舊不曾科和買，今用貫頭均敷，則其數乃是頓增，若使頓增數中皆是子户，詭名則固不足恤，第其間却有真實下户不能無咨怨者。故今復爲此法，以優恤之。如第一等物力四十貫當科和買一匹，則第二等四十五貫乃科一匹，等而下之，至於五等，則户愈卑，而科愈少矣，如此施行，庶幾下户所增不多，不至反有重困。

一、所謂減免下户丁錢者，大率第五等中有丁者多是真實下户，無丁者多是子户詭名。今若將第五等户所納丁錢特與除放，則真實下户雖增和買，而得除此色官物，其乘除之間，亦畧足以相補矣。

右謹件如前，欲望聖慈特賜省覽，直降睿旨，悉與施行。則不惟臣等之幸，實紹興闔境百萬生靈數十百年永永無窮之幸。

貼黄

第五等户計若干丁，每丁一歲納錢若干，統府八縣計若干貫。後闕。

又小貼子

所以欲改紬頭二字爲物力貫百者，蓋以紬頭科紐，則獨有田之家被科，而有浮財物力者不與，亦有未均之弊。故欲改作物力貫百，則有田及浮財者，皆在其中。此奏是衆人商量，而新秀州嘉興主簿諸葛千能操筆爲之。其人有學行，審細詳練，恕可招而問之，必能博盡異同，得其利病之實，伏乞台照熹上覆。

（宋）袁采《袁氏世範》卷三《治家·田産宜早印契割産》 人户交易，當先憑牙家，索取闔書砧基，指出丘段圍號，就問見佃人，有無界至交加，典賣重疊，次問其所親，有無應分人，出外未回，及在卑幼，未經分析。或係棄産，必問其初，應與不應受棄。或寡婦卑子，執憑交易，必問其初，曾與不曾勘會。如係轉典賣，則必問其元契，已未投印，有無諸般違礙，方可立契，如有寡婦幼子，應押契人，必令人親見其押字。如價貫年月，四至畝角，必即書填。應債負貨物不可用，必支見錢，取錢必有處所，擔錢人必有姓名，已成契後，必即投印，慮有交易在後，而投印在前者，已印契後必即離業。慮有交易在後，而管業在前者，已離業後必即割税。慮因循不割税，而爲人告論，以致拘没者，官中條令，惟交易一事，最爲詳備，蓋欲以杜争端也。而人户不悉，乃至違法交易，及不印契，不離業，不割税，以致重疊交易，詞訟連年不决者，豈非人户自速其辜哉。

（明）蔡清《虚齋集》卷四《民情四條答當路》 福建僻在海隅，去京師近萬里，民間所貢方物如白糖、樟腦、荔枝、龍眼之類，是其本土所有，近京去處所無者，有司科民當地買辦貢上天府自是不易之制也。亦有如牛皮、雜皮、生鐵、肥猪、鵞之類，若悉辦本色則路費靡矣。是以有司例科銀兩，僉付解户入京買辦，遠方之民乍一到京，四無知識，莫知所從，於是京中有一種名攬户者，就而與交，其主家鋪家亦皆通情有素，欺其單弱，多方誘誤，將銀權買貨物稽期圖利者有之，貨物失意，或酒色蕩盡，却轉誘他人那補此負，重復誑誤者有之，甚至有誆逃無所追究者。解户之害或破家或亡身，更貽累親屬。仍及有司耳目所及，可以指數願爲申請諸朝，改立定規。自今但近京所有色物，只令所在有司科解銀兩交納内府，此等物民既可以就京買辦，官有見銀亦不難爲措置矣，庶幾奸民無所滋其惡，良民不至受其害，有司亦易以了公事，且省無名之費，增備有用之需。以此法斟酌通行之天下，或者其可。

（明）曹端《曹月川集·家規輯畧》 增拓産業，彼則出于不得已，吾則欲爲子孫悠久之計。當體究果直幾緡，盡數還足。不要與駔儈交謀，潛萌侵人利己之心，否則天道好還，縱得之必失之矣。立券極務分明，不可以物貨逋負相準，或有欠者後當索償，又不可以秋税暗附他人之籍，使人陪輸官府，積禍非輕。親姻饋送，一年一度，非常弔慶則不拘此，切不可過奢，又不可視貧而加薄，視富而加厚。

（明）李賢《古穰集》卷九《吾鄉説》 吾鄉地廣土肥，民亦竭力其中，而卒無千石之富者，何也？豈上之人侵漁，或下之俗侈靡邪？已而覘之，蓋非二者之弊，乃賈人斂之耳。吾鄉之民朴鈍少慮，善農而不善賈。惟不善賈，而四方之賈人歸焉。西江來者尤衆，豈徒善賈譎而且智，於是吾人爲其勞力而不知也。方春之初，則曉於衆曰：吾有新麥之錢，用者於我乎取之。方夏之初則白於市曰：吾有新穀之錢，乏者於我乎取之。凡地之所種者，賈人莫不預時而散息錢。其爲利也，不啻倍蓰。奈何吾人畧不計焉。一有婚喪慶會之用，輒因其便而取之，逮夫西成未及入囷，賈人已如數而斂之。由是終歲勤動，其所獲者盡爲賈人所有矣。專此之利，寧有既乎？吾鄉之民坐是卒無千石之富，尚不覺悟，若恃賈人以生者，寧與之利而甘心焉。嗚呼！朴鈍少慮，一至於此。惟長人者能禁其弊，不數歲而吾民富矣。

（明）夏良勝《東洲初稿》卷七《家規輯畧下》 黄氏孺人宗亮公繼妻有遠識。當洪武初，家以富號于人，曰夏金銀。云孺人深自秘匿。公嘗欲買隣人塘地，要約既成，孺人止之。後果有著令凡民作金銀交易者，勒從軍。首軍頭目過里門，孺人趣出以金釧投其車，故左右隣若聶姓吴姓皆入尺籍，吾宗獨免，孺人之力也。

（明）黄宗羲《明夷待訪録·財計一》 明初亦嘗禁金銀交易，而許以金銀易鈔於官，則是罔民而收其利也，其誰信之！故至今日而賦税市易，銀乃單行，以爲天下之大害。蓋銀與鈔爲表裏，銀之力絀，鈔以舒之，故元之税糧，折鈔而不折銀。今鈔既不行，錢僅爲小市之用，不入貢賦，使百務併於一途，則銀力竭。

（明）黄宗羲《明夷待訪録·財計二》 有明欲行鈔法而不能行者，崇禎間，桐城諸〔臣〕〔生〕蔣臣，言鈔法可行，歲造三千萬貫，一貫直一金，歲可得金三千萬兩。户工侍郎王鰲永主其説，且言初年造五千萬貫，可得五千萬兩，所入既多，將金與土同價。上特設内寶鈔局，晝夜督造，募商發賣，無肯應者。大學士蔣德璟言，以一金易一紙，愚者不爲。上以高皇帝之行鈔難之。德璟曰：高皇帝似亦神道設教，然賞賜折俸而已，固不曾用之兵餉也。

（清）趙翼《陔餘叢考》卷二七《税契》 市易田宅既立文券，必投驗官府，輸納税錢，給以印憑，謂之税契。此起于東晋時，按《隋志》：晋自過江，凡貨賣奴婢牛馬田宅有文券者，率錢一萬輸作四百入官，賣者三百，買者一百，無文券者，隨物所堪，亦百分收四，名爲散估，歷代遂因之不廢。然其制賣者出錢多，買者出錢少，殊非平允；其後定制，但令買者出錢，不知始於何時。按洪景盧以民間投税，皆買者獨輸，故爲數多者，率隱減價直，賒立歲月；因此轉滋告訐，乞蠲其半，使民皆樂輸，下户部議格。然則買者出錢，南宋時已如此也。

（清）張之洞《張之洞全集》卷一〇二《公牘·咨札·咨南撫院江漢

關詳教士在湖南買房屋地基契約請查辦光緒十七年三月初三日》 爲詳咨事。據署湖北漢黄德道、監督江漢關税務江麟瑞詳稱：光緒十七年二月十七日，準漢口法國哈領事官照會内稱：照得本領事，曾將湖南界溪橋地方痞黨阻擾教務，迭次照請飭辦在案。上年業蒙督部堂轉咨湖南撫部院，煩爲委員查辦，俟稟覆後，再行照會等因，至今未接準該州詳覆，不知作何辦理。茲據該教士稟稱，本年二月，新官到署，即查辦此案。因未見教士所買曾象高、傳笠、曾玉愷房屋基地契約，即有州差路遇教民王選廷，聲言州官傳爾到案。王選廷即隨差進城見州官，州官言有人控爾曾象高之屋，係盜買。曾玉愷之屋，並未賣。爾可將契呈驗。王選廷稱：此約尚在敝上手中，難以遽呈，因將王選廷禁押繳約。王選廷即函請教士繳約，祇得函懇，將前呈契約，轉請飭發該州，驗明蓋印，妥善完結，王選廷釋放等情前來。本領事據查，該教士所買曾象高、曾玉愷房屋基地，均憑中証，立有新約，並繳出老約。既有中証，何云盜買？既繳老約，何云未賣？其爲該痞黨之顛倒是非，故意蒙混，已可概見。相應將曾象高新舊契約二紙，曾玉愷新舊契約三紙，照送貴監督。煩爲賫詳督部堂。轉咨湖南撫部院，嚴飭澧州驗明蓋印，不爲該痞黨所敝，免滋事端。並將該痞黨拘案，治以誣控之罪。教民王選廷等，均無罪之民，理應釋放。所有契約蓋印，仍希賜還敝處，是所切禱。爲此照會，查照詳請，轉咨飭辦，從速施行見覆。計送新舊契約五紙等因。准此，職道卷查光緒十六年九月初六日，準法領事照送教士趙本篤稟呈，曾興柱同子玉愷，將地基房屋永租與天主堂爲業契約一紙，請詳咨南撫部院，轉飭澧州蓋印前來。當經詳奉憲臺批示查契内所寫，係永租字樣，文内則稱價買，語涉含混，地方官自未便蓋印。並將契約發還，已由職道照送法領事查收給領。旋奉憲臺札：據澧州直隸州鄭立誠稟稱：　教士趙本篤於光緒十二年來界溪橋，賃住曾姓房屋傳教，致肇釁端，經卑前州會同委員況守辦結，卷内並無置買房屋之事。今該教士將租字作爲賣契稟請投税，迨經批駁，又聳領事朦請飭辦，實屬違背約章，所請應毋庸議等語。稟奉行關，又經照會法領事查照各在案。茲準前因，所有該領事送到曾興柱父子永租新約一紙，並繳余文清、韓經文等老契二紙，又曾象高、曾傳笠永賣新約一紙，並繳曾小豐等老約一紙，共五紙，應否咨送南撫部院，飭發澧州查明酌辦之處，相應具文詳賫，核奪示遵等情。據此，查此案前據江漢關道詳賫該教士所呈曾興柱屋地永租與天主堂爲業契約，請轉飭蓋印等情，當經本部堂以契内所寫係永租字樣，文内則稱價買，語涉含混，地方官自未便蓋印，如果賣爲該處天主堂公産，賣業之人於未賣之先，應照章報明地方官請示，應否準其賣給，由官酌定，方準照辦。如有私行賣給者，查出立加懲處，並將契約發還給領。明晰批示，並抄録契約，咨明貴部院查照，轉飭澧州遵照辦理各在案。茲據詳前情，相應咨送。爲此合咨貴部院，請煩查照，迅飭澧州查明情節，酌度辦理。如實有違定章，不能蓋印，亦將所以不能蓋印之故，詳晰稟由貴部院，核咨復鄂，以便將各契發還給領可也。須至咨者。

（清）黄印《錫金識小録》卷一《備參上·風俗變遷》 田值之昂，較雍正間不啻倍蓰。蓋昔迫於追呼，但見田之爲累，故棄田之家多，而置田之家少。及乾隆以後，大赦舊欠，閭閻無擾；又米價騰湧，益見田之爲利，故今置田之家多，而棄田之家少。

綜述

（宋）王溥《五代會要》卷一五《户部》〔周廣順二年正月敕：〕

一、諸州鎮郭，下及草市，見管屬省店宅、水磑，委本處常切管句，其徵納課利，不得虧失。若有人收買，具見直價例申省，仍仰本户承認元本税錢。如是元本税錢重大，即減價出賣。如無税錢，亦仰量事出税，管認輸納。其空閑倒塌店宅及空地，亦准此指揮。所有貨賣宅舍，仍先問見居人，若不買，次問四隣。不買，方許衆人收買。其元隨宅舍諸般物色，亦仰隨本業貨賣。其兩京城内及草市屋宅店舍，不在此例。宜令諸道州府准此。

（宋）佚名《宋大詔令集》卷一九八《政事・禁約・禁約戎人私市女口詔太平興國八年》 近屬戎人歲貢馬，所過州縣，多私市女口出邊關。自今謹捕之，敢以女口私市與戎人者，棄市，知而不以聞者，論如法。

《天盛改舊新定律令》卷一一《分用私地宅門》 諸人帳舍、田地、畜、人、物等賣與二人而争時，應較先後，先買者當成交，後買者之資當還。賣與雙方者依做錯法判斷，先未爲憑據，則何人價高當賣，不許其帳舍、田地近邊鄰居主家謂我相臨而斂集之。倘若斂集時，與前述賣與二人同樣判斷。

《天盛改舊新定律令》卷一五《地水雜事門》 一、諸人互相買租地時，賣者地名中註銷，買者曰：我求自己名下註册，則當告轉運司註册，買者當依租傭草法爲之。倘若賣處地中註銷，買者自地中不註册時，租傭草計價，以偷盗法判斷。

一、諸人互相賣租地，買地者曰我求丈量，告轉運司者，當遣人丈量，買憑據上有頃畝數不足者，賣地者其地原是甚多，另二三種已賣，餘持自種，則皆當丈量，超地所在處當承租傭草事，空頃畝上當減之，價當還買地者。其中地雖未另賣，然部分地主人自己未種，皆賣與一人，少於地册上有者，轉運司大人、承旨一人當往丈量。是實言，則當奏而註銷頃畝未足之數。若不合註銷時，依邊等隱瞞官私地而避租傭草事之計量罪狀法判斷，受賄則與枉法貪贓罪比較，從重者判斷。

《天盛改舊新定律令》卷一八《他國買賣門》 一、往隨他國買賣者，所賣官物而載種種畜物者，往時當明其數，當爲註册。往至他國時，官物當另賣之，所得價及實物當於正副使眼前校驗，成色、總數當註册，種種物當記之，以執前宫侍御印子印之。已歸，來至番國時，當引導於局分處，於彼視之，核校種種物成色數目，當斂之。倘若買賣中官私物相雜，不分别賣之，不許以官之好物調换私之劣物。倘若違律，調换者及相與調换者等，一律當共計其官物私物，等價而無高低，則徒二年。若價格有高低而致官虧損，則量其因私獲超利幾何，以偷盗法判斷。若致官虧損微少，則與前述調换罪比較，從重者判斷。官物未破損如前，則當交還，私物當還屬者。其中官物已舊損亡失，則爲虚雜之人依其罪狀共償之。【略】

一、他國買賣者往時，所截諸司務詔等所屬種種所賣官物及所載私物等，當分别賣之而勿混。官私物買賣中，先已競争，價何給處當買賣。相引導中不許知前競争語而欲賣己物，前所競争價格既定，隨意加價買賣。若違律加價時，當量所加之數，依枉法貪贓罪法判斷。有舉者，亦依舉邊等雜罪之予舉賞次第法，由犯罪者給予。未知前競争語，則勿治罪，若舉虚亦同等判斷。

（宋）朱熹《晦庵集》卷九九《曉示科賣民户麴引及抑勒打酒》 勘會民間吉凶會聚或修造之類，若用酒，依條聽隨力沽買，如不用亦從其便，並不得抑勒。今訪聞諸縣，並佐官廳，每遇人户闕輒以承買麴引爲名，科納人户錢物，以至坊場違法抑勒人户打酒，切恐良民被害，婚葬造作失時，須至約束。

右今印榜曉示民户知悉，今後如遇吉凶聚會或修造之類，官司輒敢科買麴引，或酒務坊場抑勒買酒，並仰指定見證，具狀徑赴使軍陳告，切待拘收犯人，根勘依條施行。

（元）胡祗遹《胡祗遹集》卷二二《雜著・革昏田弊榜文》 一、昇平無事，民安地著。逋逃者還業，五穀增價。土田每畝價值，比數年前踴添百倍。所以典賣之間，不無詐冒昏賴，以致詞訟紛紜，連年不絶。府司今議得：每一社議，令社長集衆公議，推保公平官牙人一名，能書寫、知體例、不枉屈寫契人一名，本縣籍記姓名。凡遇本社買賣、租典土田及一切房屋、事産、人口、頭匹交易合立文契者，止令官牙人作牙官立定，書寫人寫契。違法成交者，此二人當罪，到官毁交。不經此二人成交者，毁交，治買主、賣主罪。文契分明，庶革前弊。

一、省部明文：諸交易文契，雖以諸物成交，止合價錢，並以貫鈔，並不得書寫金銀、絲絹、綿布諸雜物貨。府司照得濟寧一路，諸雜交易，多寫絲貨、絲價，或增或減，市色不定，以致詞訟不絶。府司遵依上司格例，今後諸交易交契，並不得書寫雜貨，上寫貫鈔若干。違者先罪牙人、寫契人，買主、賣主同罪。

《元典章》卷一九《户部・田宅・典賣・革撥二十一年已前已賣田土》

至元二十一年五月，中書户部承奉中書省劄付該：

〔來呈：〕東平路申：楊介等啜老百户男三哥强占元賣田業。議擬施行間，據御史臺呈：已前年分典賣田産房舍，其房親人等不曾畫字，爲物價均平，不行争告。今比年添十倍之上，其尊長卑幼親鄰人等，乃以不曾畫字爲辭争競，致令詞訟不能杜絶。合無擬自至元二十一年正月初六日詔書已前事理革撥，已後許相争告。今據前項事理，都省議得，比及通行定奪以來，令見買主依舊種佃。

《元典章》卷一九《户部・田宅・典賣・哈迷與張德榮争房地》 大德四年五月二十八日，湖南宣慰司：蒙湖廣等處行省參知政事議得：張德榮見以娼妓爲生，例應青巾紫抹，合近构肆，與同巷排列居止，若有出賣相鄰房地，依例收買。其張德榮苟避青巾，暗於街市偷竊住坐，已是不應，與士庶相鄰，穢污堦衢。却更添價，争買相鄰房地。牧民官吏不思風化，返與理訟，逗留人難。仰將文狀分付湖南道宣慰司更爲審問，哈迷委曾先已商議定價，令牙人估計前後房院實直，依例通行成交施行。

《元典章》卷一九《户部・田宅・典賣・典賣田地給據税契》 大德四年九月，湖廣行省准中書省咨：

河南行省咨：典賣田地給據，不見各處有無推收田糧，亦不見有司如何關防過割，徒使官糧不盡到官，百姓生受。都省議得，今後親民州縣每處委文資正官或同知或主簿科一員，不妨本職，專掌典賣田地，過割錢糧，明置文簿。凡有諸人典賣田地，開具典賣情由，赴本管官司陳告，勘當得委是梯己民田，別無規避，已委正官監視，附寫元告并勘當到情由，出給半印勘合公據，許令交易。典賣訖，仰買主、賣主一同賫契赴官，銷附某人典賣合該税糧，就取典（賣）〔買〕之人承管，行下鄉都，依數推收。若契到務，別無官給公據，或契到官，却無官降契本，即同匿税法科斷。如不經官給據，或不赴務税契，私下違而成交者，許諸人首告是實，買主、賣主俱各斷罪，價錢田地一半没官，没官物内一半付告人充賞。仍令税務每月一次開具税訖地税，買主賣主花名、鄉都村莊田畝價鈔，申報本管官司，以憑查照。年終止驗實推收，定姓名科催。元委官得替，與新官相沿交割，仍委本路總管提調。廉訪司照刷之日，將州縣所置文簿用心檢勘，有不如法、因循廢弛者，隨事理罪。都省除外，咨請依上施行。

《元典章》卷一九《户部・田宅・典賣・典賣田宅告官推收》 元貞元年六月，江西行省：

准中書省咨：江西産去税存，富者愈富，貧者愈貧，大爲民害。今後典賣田宅，先行經官給據，然後立契，依例投税，隨時推收，免致人難，常切關防，出榜禁治。若委因貧困必合典賣田宅，依上經官給據出賣，買主、賣主一月隨即具狀赴官，將合該税石推收與見買地主，依上送納。如有官豪勢要之家買田産，官吏人等看循，不即過割，止令賣主納税，或科攤其餘人户包納，或虚立詭户，更行取受分文錢物，有人告發到官，取問是實，犯人斷五十七下，於買主名下驗元買地價錢追徵，一半没官，於内一半付告人充賞，當該正官斷罪，典史、司吏斷罪罷役。准此。

《元典章》卷一九《户部・田宅・典賣・質壓田宅依例立契》 至元七年十一月，尚書户部：

照得即目多有典賣田宅之家，爲恐出納税錢，買主、賣主通行捏合，不肯依例寫契，止以借錢爲名，却將房院質壓。如此朦朧書寫，往往争訟到官，難便歸結，深爲未便。爲此，公議得，除在先已成交易者不須定奪外，據自至元七年十一月爲始，凡有典賣田宅，依例令親鄰，牙保人等立契畫字成交，赴務投税。外，據出賃房院，亦須明立房狀，不得似前朦朧寫立文契。合無行下隨路，一體禁約施行。呈奉尚書省劄付：准呈。仰就便行移各部，依上施行。

《元典章》卷一九《户部・田宅・典賣・田宅不得私下成交》 元貞元年三月，湖廣等處行中書省：

准中書省咨：平江路總管移剌忽都帖木兒呈：切謂諸人典買田土，不經本管官司給據，一面私下成交。又有權豪勢要人等，不問有無告官憑據，輒便收買，其賣主又不經合屬陳告過割。擬合立限，令買賣田地人將在先不經官過割田糧數目，經所屬司縣出首推收。如違限不首，許令諸人首告，或官司體察得知，取問是實，將犯人枷令，痛行斷罪。所該田糧，一半没官，一半付告人充賞。已後典賣田地，須要經詣所屬司縣給據，方許成交，隨時標附，明白推收，各司縣置簿附寫，專委主簿掌管提調，每歲計撥税糧，查照推收。所據文簿，候肅政廉訪司依例照刷。如此，免致詭名迷失官糧，亦免産去税存之弊。都省咨請依准平江路總管所言，多出榜文，約量給限，許自陳首，須要盡實到官。限内不首，或今後典買田土不行赴官告給公據、私下交易者，依上追斷施行，毋致因而勾擾動摇違錯。准此。

《元典章》卷二二《户部・課程・雜課・貿易田産收税》　至元七年十月，尚書户部奉尚書省劄付：

來呈：檢到舊例：私相貿易田宅、奴婢、畜産，及質壓交業者，並合立契收税，違者從匿税科斷。乞遍行事。都省准呈，遍行各路，依上施行。

《元典章》卷五七《刑部・諸禁・禁誘略・應賣人口官為給據》　至元三十年十一月，江西行省准中書省咨：

據福建行省〔咨〕：備建寧路申：閩海道廉訪司牒：閩廣之地，前時守令非人，民失其所，遂有盜賊生發，互相擄掠人口，官司莫之省問，縱令販賣，或公然要錢收回。加以作乱地面，提兵一至，玉石俱焚，所擄人口，雖曰分間，未嘗一一能盡。合無今後作過之人家屬，官爲見數，不許收捕官兵分要。及蠻勒江南司縣，應賣人口，依例於本處官司陳告來歷根因，勘會是實，明白給據，方許成交。仍令關津渡口嚴加檢索，如有違犯，痛行斷罪，其所賣人口隨即爲良，厥價入官。若本處把隘人員不爲用心，致有脱漏者，罪亦及之。得此。本省除已遍下，應賣人口，依例先於本處官司陳告所賣人口來歷，給據方許成交，仍令關津渡口把隘人員嚴加檢索。外據的係賊人老小，官爲羈管，依例咨發。請定奪。部省議得：軍兵擄到人口，令本路官與廉訪司官一同分間。如委係作（久）〔歹〕賊徒家屬，依例施行。外據驅擄良人，隨即發付元籍，召親完聚施行。

《大明令・户令・和顧和買》　凡内外軍民官司，并不得指以和顧和買，擾害於民。如果官司缺用之物，照依時值，財物兩平收買，或客商到來中賣物貨，并仰隨即給價。如或減駁價值及不即給價者，從監察御史、按察司體察，或赴上司陳告，犯人以不應治罪。

《大明令・户令・田宅契本》　凡買賣田宅、頭疋，務赴投税。除正課外，每契本一紙，納工本銅錢肆拾文，餘外不許多取。

《大明律直解所載明律》卷五《户律・田宅・典買田宅》　凡典買田宅，不税契者，笞五十，仍追田宅價錢一半入官。不過割者，一畝至五畝，笞四十，每五畝加一等，罪止杖一百。其田入官。若將已典賣與人田宅，朦朧重復典賣者，以所得價錢計贓，准竊盜論，免刺，追價還主，田宅從原典買主爲業。若重復典買之人及牙保知情者，與犯人同罪，追價入官。不知者不坐。其所典田宅、園林、碾磨等物，年限已滿，業主備價取贖。若典主託故不肯放贖者，笞四十；限外遞年所得花利，追徵給主，依價取贖。其年限雖滿，業主無力取贖者，不拘此律。

（明）何廣《律解辯疑》大明律卷五《户律・田宅・典買田宅》　議曰：不税契者，笞五十，即如匿税法。不拘此律，謂如年限已滿，業主無力收贖，典主不在，笞四十，花利追徵給主之例，故云不拘此律。

《教民榜文》　鄉里人民，或有生理不前，家道消乏，因遇非災横禍，缺少用度，不得已要將父祖所置田地産業變賣者，許其明立文契，從便出賣。里鄰親屬合該畫字，不許把持刁蹬，指索財物酒食。違者，治罪。

《洪武永樂榜文》　洪武三十年三月初四日，爲民間買賣高擡時估事，奉聖旨：今後民間買賣，只許使鈔，並不許將金銀於街市交易，阻壞鈔法。敢有仍前，將金銀交易諸物高擡時估、愚弄平人壞法者，正犯處死。所賣之物，盡數斷没入官。家遷化外。

《洪武永樂榜文》　爲收買馬匹事，永樂十一年五月十四日奉聖旨：這換馬的茶，也照舊中鹽的。着客商每將官茶運去中。

《洪武永樂榜文》　爲收買馬匹事，永樂十一年五月十四日奉聖旨：這換馬的茶，也照舊中鹽的。着客商每將官茶運去中。

（明）張楷《律條疏議》卷五《典買田宅》　凡典買田宅不税契者，

笞五十，仍追田宅價錢一半入官。不過割者，一畝至五畝笞四十，每五畝加一等罪，止杖一百，其田入官。

疏議曰：凡有人或典或買他人之田宅而不赴有司投税者，笞五十，仍於本犯名下追要田宅價錢一半入官。其已典已買，管業明白而不過割於自己户由抄報者，一畝至五畝笞四十，每五畝，加一等，罪止杖一百，其不過割之田入官掌隸。

若將已典賣與人田宅朦朧重復典賣者，以所得價錢計贓，准竊盗論，免刺，追價還主田宅，從原典買主爲業。若重復典買之人及牙保知情者，與犯人同罪，追價入官，不知者不坐。

疏議曰：若有人將自己田宅先已典賣與人，又復朦朧典賣者，計其重賣所得價錢，准竊盗論，免刺，追其價錢給還後買之主，田宅從原先典買之人管業。若後典、後買之人，及與之爲牙保者，知其重復情由，則與犯人一同坐罪，追價入官。不知而後買及爲牙者，俱不坐。

其所典田宅園林碾磨等物年限已滿，業主備價取贖，若典主托故不肯放贖者，笞四十。限外遞年所得花利追徵給主依價取贖。其年限雖滿業，一無力取贖者，不拘此律。

疏議曰：其所典與人之田宅、園林、碾磨等物，原定年限已滿業主備辦原價取贖。若典主推托事故，不肯放贖者，笞四十。限外遞年所得花利，如原典三年已滿，又管過二年者，將後二年所得之花利追徵給還業主，仍依原價取贖。其或年限雖已滿足而業主無方，不能備辦原價取贖者，聽從典主管業，不在追徵限外花利給主之律。

謹詳律意，典買田宅，必有契書，税之於官，以立證驗。典買田宅，必行過割，報之於户，以當粮差。契而不税，或有追悔之心，故笞五十。追價一半，買而不報，顯有隱賦之意，故杖一百。其田入官。已典賣而復典賣者，是爲妄求，故價則追還後主，田則斷付前人。已滿歲而不放贖者，是爲貪利故罪則坐以四十，利則追還業主，皆以治其貪詐也。

（明）雷夢麟《讀律瑣言》卷五《典買田宅》　凡典買田宅，不税契者，笞五十，仍追田宅價錢，一半入官。不過割者，一畝至五畝笞四十，每五畝加一等，罪止杖一百，其田入官。若將已典賣與人田宅，朦朧重復典賣者，以所得價錢計贓，准竊盗論，免刺，追價還主，田宅從原典買主爲業。若重復典買之人，及牙保知情者，與犯人同罪，追價入官。不知者不坐。其所典田宅、園林、碾磨等物，年限已滿，業主備價取贖。若典主托故不肯放贖者，笞四十，限外遞年所得花利，追徵給主，依價取贖。其年限雖滿，業主無力取贖者，不拘此律。

瑣言曰：不税契者，虧損其課程，虧官之罪小，故笞五十，追價一半入官。不過割者，遺存其糧税，累民之罪大，故罪止杖一百，追田入官。已典賣與人田宅，即他人田宅矣。而盗賣他人田宅，罪止杖八十，徒二年者，雖賣其田，未損其價也。重復典賣以所得價錢計贓，准竊盗論罪，止杖一百，流三千里者，既受其價，又奪其田也，此輕重之别矣。原契已明立限期，限滿取贖，而典主托故不放者，是典主違約矣，故笞四十，仍追限外花利給主，依價取贖。一取其價，一取其利，各取其在已之所有矣。年限雖滿，業主無力取贖者，是業主違約矣，典主何罪焉，故不拘此律。今例限外無力取贖者，田地仍種二年交還，即以其所餘之利爲所贖之價，亦不失其所有矣。然惟田地花利稍大，故可以抵價餘物。花利或微，故例不及也。

問刑條例

一、典當田地、器物等項，不許違律起利。若限滿備價贖取，或計所收花利，已勾一本一利者，交還原主。損壞者，賠還其田地。無力贖取聽便再種二年交還。

一、告争家財田産，但係五年之上，并雖未及五年驗有親族寫立分書，已定出賣文約是實者，斷令照舊管業，不許重分再贖告詞，立案不行。

《皇明條法事類纂》卷一一《吏部類·禁約貨賣曆日例》　成化十一年七月十三日，欽天監掌監事太常寺卿童等題，爲曆日事。今後如有將曆日在街貨賣，及私下易换米麥等項者，治以重罪。及行浙江等布政使司，凡有進表給由等項官員來京，亦不許將帶曆日前來送作人事。如違，許諸人首告、治罪。具題。奉聖旨：是。欽此。

《皇明條法事類纂》卷一三《户部類·賣過田産不許（在）〔再〕贖及倒耕牛許令變賣略賣人口枷號充軍》　成化十年十二月十九日，禮部尚書鄒等題，爲建言民情事。該四川保寧府通判等官唐平等爲建言民情事件，該通政〔使〕司官奏，係建言事理，合着禮（科）〔部〕抄〔出〕會〔官〕議。奉聖旨：是。欽此。欽遵。今將會〔官〕議〔得〕合准所言，宜從吏部等衙門查勘定奪（事件）〔施行〕開坐。奉聖旨：是。欽此。

計開：通政使司辦事官彭鳳言一件：置買田宅事。臣竊見本府所屬州縣軍民，先因户役欠糧解等項，將田憑見〔證〕人明立契約，得價銀使用，與民爲業，推收在户，納糧造册，曾經二五次，版籍已定。近來有等刁潑之徒，罔遵法律，乘瞰原賣父伯叔兄弟死（妄）〔亡〕，昧情違理，聽信豪勢大户，或囑鄰見，或（拴）〔串〕同有讎之人，教唆將賣絶過割（出塘）〔田地〕，（與）〔興〕詞謀佔。或〔稱〕幼小賣納，及稱典當，或以得價不足，或作逃移被佔復業等情告官。廉明公〔正〕者推究其情，不准〔立案〕；貪懦無爲者，不辨真虚，一概准受。往往提人問理，暗受財囑，非法拷打，朦朧逼退，增追價銀。枉斷之人備情（伸）〔申〕訴，上司見係田土，仍發（衛）〔原〕衙門拘結。官吏因（屬）〔受〕賄賂，〔心生〕怪恨，愈加刑楚，依前（掘）〔屈〕順，枉（所）〔斷〕回報。似此非惟本處，誠恐各處亦有此弊。如蒙乞敕該部計議，通行巡撫、巡按御史及湖廣都、布、按三司分巡等官，今後軍民訐告田土者，着落府、衛委官拘集（都）〔鄰〕見人等踏勘。果係絶賣，曾經過割，在户納糧是實，照舊斷給管業，將誣告及誘唆之人依律治以重罪，庶使軍民無刁（兢）〔競〕之風，田土無争佔之患，官免攪擾，人得安業。前件，行部查例禁約。查得成化五年十月初八日，本部題，爲陳言事。該兵科給事中官棨題前事，合無通行内外問刑衙門禁約，如有告争田土，務要公勘問理。若田産已經實賣，過割年遠者，悉照原立賣契約，斷令照舊管業，不許再贖。原問官吏不許聽囑枉斷，事發一體治罪等因。具題。奉聖旨：是。欽此。欽遵。今辦事官彭鳳又（奉）〔奏〕前因，擬合申明前例禁約。

《皇明條法事類纂》卷一三《户部類・軍户田土賣過與人年遠者不許妄告争奪》 成化二十二年三月初四日，户部左侍郎李等題，爲建言民情事。准禮部咨，成化二十二年月日不等，於禮科抄出吏部等衙門聽選官過亮等建言民情事件。該通政使司官奏，合着禮部抄出會官議。奉聖旨：是。欽此。欽遵，會同各部、都察院、通政使司、大理寺、六科給事中議得，數内五十九件合准所言，宜從吏部等衙門查勘定奪施行。未敢擅便照例，成化二十二年二月二十一日早各官奏。奉聖旨：照例。欽此。欽遵。照得聽選官何源所言一件，原籍人民自洪武二十二年間以丁糧三户垛充興隆衛軍，輪流應當。有因家道貧乏，起程赴衛之際，盤纏缺乏，及有在衛艱難，逃回盡將田地絶賣與人，造册過割五六十年者，有三四十年者，後或正軍丁盡，或左右貼軍户絶，或全户赴衛當軍，轉逃别處潛住。近年以來，有等奸詐之徒，見得本處先年因被兩廣苗賊越境，流卻人民多被燒毁及遺失買地契約，乘機將絶逃軍人原賣過割明白田地，有正軍捏稱收承左右貼軍田畝者，有貼軍妄作收承正軍地土者，連年告争不已。（首）〔有〕司不辨曲直，朦朧斷給與軍或勒買田之人津貼軍裝，以（到）〔致〕一概做效，詞訟蜂起。民被（攪）〔攪〕擾，（其）〔甚〕至結成讎恨，懷記在心，到衛賄屬官吏，將買田之家兒男，捏作出繼、入贅名色，輒便徑行有司勾擾。其弊甚大，深爲民患，嗟怨衝天，致傷和氣。因而旱澇相仍，致災之由，恐在如此。

若使前項過割年遠籍定田地，〔一〕概與軍，以後軍人起程艱難，有錢無錢，欲將變賣，又皆疑忌不買，盤纏（何）〔無〕由措置，必致逃躲，誠非良法，（及）〔極〕爲妨害。誠恐各處亦有此弊，如蒙乞敕都察院，轉行清軍御史并布、按二司清軍官員，嚴加禁約，今後遇有告争絶軍田地，係在正統、景泰年間過割明白，造册三四次者，立（事）〔案〕不行。如係逃軍户下親丁（傷）〔復〕業告取，亦要從公審勘的確，方許斷還。如或有司未（奉）〔奏〕之先，枉斷與軍者，悉令改正還民。若有私自堅執不行改正，聽被害之人赴憲司訴理。應提問者，就便提問；應奏請者，照例施行。如此，則天意回而災（各）〔可〕弭，詞訟息而民獲安矣。

前件，會官議得，户部奏請行都察院禁約。看得聽選官何源所言，遠年軍人田産賣過，收户已定，投告官府，朦朧斷給。又有軍人將買田之家兒男，控作出繼、入贅名色，行文勾擾，深爲民害一節，非惟湖廣〔爲〕然，恐各處府州縣亦有此弊，誠有如本官所言者。雖有見行事例，官司奉行未至，擬合申明禁約。案呈，欲行都察院，轉行各處巡按並清軍監察御史，各行布、按二司（守）〔分〕巡官員，着落府、州、縣、衛所當該官吏，嚴加禁約。今後有告争絶軍田地，曾經造册三四次，過割田糧明白者，不許聽其捏（調）〔詞〕告（害）〔争〕。如是逃軍户下親丁

〔傷〕〔復〕業，告取原租田地，務要勘審的確，方行斷還。其本户丁絶而（婚）〔贅婿〕、義男、親鄰人等承受産業，例該承（斷）擔軍丁貼備軍裝者，下在此限。若有司官吏受財聽賄，朦朧枉斷者，聽巡按清軍監察御史并分巡官究問。干礙五品以上官，徑自奏請提問施行。具題，次日奉聖旨：是。欽此。

《皇明條法事類纂》卷二〇《户部類·接買番貨》 成化十五年正月二十六日，掌都察院事太子太保兵部尚書兼左都御史王題，爲接買番貨事。該廣東按察司奏准：本司巡視海道副使張詰爾問得犯人方敏招，係江西饒州府浮梁縣人。成化十四年三月内，敏明知有例，軍民人等不許私出外洋，（般）〔盤〕接番貨。不合故違，商同弟方祥、方洪，各不合依聽，共湊銀六百兩，買得青白花碗、碟、盆、盞等項磁器共二千八百個，用舡裝至廣城河下。遇有熟識廣東揭陽縣民陳祜、陳榮，海陽縣民吴孟各帶青白苧麻等布，亦在本處貨賣。敏等訪得南海外洋，有私番舡一只出没，爲因上司嚴禁，無人換貨。各不合與陳祜、陳榮、吴孟謀允，雇到廣東東莞縣民梁大英，亦不合依聽，將自造違式雙桅槽舡一隻，裝載前項磁器并布貨，於本年五月二十二日，開舡越過緣邊官富等處巡檢司，遠出外洋，到於金門地方，遇見私番舡一隻在彼。敏等將本舡磁器并布貨兑换得胡椒二百一十二包、黄蠟一包、烏木六條、沉香一扁箱、錫二十塊過舡。番舡隨即掛蓬（使）〔駛〕出外洋，不知去向。敏等艚舡（使）〔駛〕回裏海，致被東安千户所備倭百户郭慶等哨見，連人舡貨物捉獲，呈解巡海張副使處，蒙行廣州府衛委官，眼同秤盤得胡椒、烏木、黄蠟、番錫、沉香俱解送布政司官庫收貯。舡只發回南海衛，改造戰舡備倭。將敏等問罪犯，議得方敏，方祥、方洪、陳祐、陳榮、吴孟、梁大英俱合依緣邊關塞者律，杖九十，徒二年半。查得天順八年五月二十七日，節該刑部尚書陸瑜等題，將原奉欽定榜例，申明通行浙江、福建、廣東都、布、按三司，并直隸衛所總督，備倭巡海等督屬，一體遵奉禁約。軍民人等，不許打造二桅、三桅大舡，私出外洋，（按）〔接〕買番貨，興販私鹽等項爲非。如有故違，事發到官，照依榜例，正犯處以極刑，家口發邊衛充軍等因，具題。奉聖旨，是。欽此。欽遵。今方敏等犯該前罪，欲照榜例發落，但方敏等雖係接買番貨，不曾自造違式大舡，梁大英雖自造大舡，止是雇與他人裝貨，比之事例稍有不同。除將各犯監候外，具本該通政使司官奏。奉聖旨，法司知道。欽此。欽遵抄出到院，查得成化七年二月二十四日，節該欽奉聖旨，有等奸頑之徒，擅造違式大舡，將帶違禁貨物，前往番國買賣。恁都察院便出榜通行曉諭禁約，有犯了的，即便拿問。正犯〔處〕以極刑，家口發邊衛充軍。欽此。欽遵已經備榜通行禁約去後，今該前因，看得廣東按察司奏稱，問得犯人方敏等俱犯該越度關邊，減等各杖九十、徒二年半。參照台律，其稱正犯處以極刑，家口發邊衛充軍，比之事例，稍有不同。節緣方敏等與梁大英所犯，雖與事例不同，終係接買番貨，交通外夷人數，若將各犯止照徒罪發落，似乎太輕。若依榜例，正犯處以極刑，家口發遣，不無太重。伏乞聖明裁處。具題。奉聖旨，方敏等都押發廣西邊衛充軍，家小隨住。欽此。蒙乞敕該部計議，合無請給旨意榜文，順賫前來陝西行都司，轉發各城并平昔交易去處，常川張掛，曉諭禁約。今後報到番人到來賣買貨物，止令都司選委的當官員，照舊量帶人馬，前去關防，提督軍民，各出情願，兩平買賣。若有用强逼迫，致有不平生忿者，輕則聽委官就彼量加懲治，重則指實連人貨拿解赴官，問發充軍。官員之家，敢有風聞到貨，仍使弟男、子姪、軍伴、家人人等，私自前去挾勢用强奪引包占，阻礙交易，逼令減價買賣，以賤爲貴，倍取利息，取怨外夷者，事發一體問發充軍。合委官阿順不舉，或通同强賣分利者，一體治罪。庶使貨易均平，而彼之向慕，（惡）上下驚懼，而我之懷柔不失。具題。該太子少保兼兵部尚書白等於奉天門欽奉聖旨，該衙門知道。欽此。欽遵抄出（得）〔到〕部，參看得所奏前事，誠有此弊。議得合無本部出給榜文，前去陝西行都司轉發甘肅、西寧等處各城，及平昔交易去處，常川張掛曉諭，并巡撫甘肅右副都御史朱英，并鎮守總〔兵〕等官兵，一體嚴加禁約。今後遇有番夷到來，本司選委的當官員，帶領人馬，前去關防提督，聽與軍民人等兩平交易，不許權豪勢要之家，主使弟男、子姪、家人、頭目、軍伴人等，私自前去，挾勢將好馬、奇貨包收，逼令減價，以賤易貴，及將粗重物貨并損瘦頭畜拘收，取覓頭民用錢，方許買賣。如有此等不遵禁約者，輕則就聽委官量加懲治，重則指實姓名，連人貨拿送巡撫、巡按、監察御史，問罪充軍。若有干礙職官員而不舉，通同强買分利者，具奏拿問發落。夷人買賣畢日，就便催促出境。具題。奉聖旨：是。欽此。

《皇明條法事類纂》卷二〇《户部類·禁約鋪行人等副賒夷人貨物問罪枷號》　弘治二年二月初八日，大理寺官奏，爲誆哄夷人財物事。該刑部廣東清吏司，問得犯人張英招，係錦衣衛前所校尉張福户内餘丁，平昔專一與夷人貨賣物件，誆錢使用。弘治二年正月，有遼東毛憐衛進貢夷人郎一里哈，帶有貨物，在于烏蠻（馹）〔驛〕内，要行貨賣。是英明知有例，鋪行人等與各夷兩平交易，俱要見錢，不許賒賣，及脱騙者拿送法司，從重問擬，仍於館前枷號示衆。不合故違，潛進（馹）〔驛〕内，誆得本夷衣服、貨物，拿出四散躲住。事發問擬，張英犯該誆騙人財，減等杖一百、徒三年，係餘丁，審無力，照例做工，滿日隨住。查得先該禮部奏准事例，鋪行人等與各夷兩平交易，俱要見錢，不許賒買，及脱騙者拿送法司，從重問擬，仍於館前枷號示衆。又查得先該本司問得犯人王雄等招稱，各不合違例賒取夷人阿巴乩乞兒銀鼠皮等物，問擬各犯誆賺局騙人財，減等徒罪，各得前項事例，緣無欽定枷號日期，具本發審。弘治元年七月二十三日，該理寺官奏，節該奉聖旨：王雄、王俊照例枷號一月，滿日依擬發落。今張英犯該前罪，欲將本犯照依王雄等欽定日期枷號。今後遇有此等誆賒夷人貨物，事發俱照此例枷號發落。緣係定奪枷號囚人事例，未敢擅便，具奏。奉聖旨：是。張英枷號一個月，滿日依擬發落。欽此。

《皇明條法事類纂》卷二〇《户部類·禁革官員和買貨物及令子姪買賣例》　成化二十一年十二月二十六日，禮部等衙門題，爲建言民情等事。

計開，

一件，浸漁害民事。臣見得福建市鎮街居，惟賴鋪面買賣爲活，柰何有司不顧廉耻官員并兄弟子姪，故令心（復）〔腹〕防夫、火甲、皂隸、門子、馬夫人等，將各鋪官買。本買一物，差來之人乘機卻買什物，致使鋪户含冤不已，虧本而賣。或將原銀抵换者；或抵還物價者；甚至將原銀（克）〔剋〕落入己者；有賒賣推延不還者；及有貧難鋪户一時無貨可賣。亦懼生事，回復本官獲打，則備財物，垂淚送與來人，又過别鋪者。一家買物，動擾百家。況各官亦有别親戚、子姪，原籍販（米）〔來〕貨物，卻（有）〔又〕倚恃官勢，高擡價值，散與鋪户領賣，或抵换本處土産物貨，多取價利。此等民害，非爲有玷各官名節，抑且剥削下民膏（指）〔脂〕。如蒙乞敕都察院，行移巡按、監察御史，備榜於屬人煙輳集去處，張掛禁約。如有仍前故買，許被害之家指實赴官陳告，坐以枉法贓罪。庶使官無玷污，民得安生。前件行各該巡按御史。

《皇明條法事類纂》卷二〇《户部類·禁約交通夷人私自買賣》　弘治三年二月十五日，禮部尚書耿等題，爲夷情事。該哈密衛指揮同知火只阿力奏，奴婢自遠路照例進馬，多受辛苦，被賊搶劫。少人債負，曾帶銀鼠皮（皮）四百六十張，作價銀八十五兩，又（段）〔緞〕子十四疋，被人誆去，説四月力付還。這林順、林廣哄他是叔伯弟兄，同居住，同吃飯。如今他每逃走了，都有親戚做保。見人李茂，他是大衙門錦衣衛王玉百户管的，姓賈的，姓楊的，倪順、張俊，他逃走了，都有妻子、房子，無人敢買。奴婢每艱難，回回人被西番赤斤搶劫，乞追還與奴婢每回去等因。奉聖旨：該部知道。欽此。欽遵查得本部奏准見行事例，凡迤西夷人到京，須給賞後，本部題過，出給告示，於會同館開市五日，俱要見錢，不許賒賣。敢有賒買，故意拖延，致使夷人不得依期起程者，拿送法司，從重問擬，仍於館前枷號示衆。如各夷故違，潛自賒買與人後，告示不與追給。又查得弘治二年五月内，固（拖）〔施〕西夷人火只給辛等，沿途收買食茶，箭竹等件，該會同館舉呈到部，本部爲照迤西進貢夷人，多係累次赴京進貢，熟於買賣得利，久慣沿途，則伴送人員人單力微，不能禁制。到京則館夫、婢甲互爲耳目，巡視官校，隱而不言。以此夷人肆無忌憚，不遵禁例，私下廣爲交易，幸而不發，安生取利。設或事發，不過將通事、館夫、伴送并本館官吏參提問罪；夷人止是行移大通事省諭而已。其人既不治罪，其貨復又給價。罪徒坐於華人，私無虧於夷使，私買之弊，何由而止？議得今次盤出火者哈幸馬黑麻等食茶、箭竹，合無俱照潼關盤驗事例，通行入官，不與價值。茶斤送光禄寺，箭竹送工部，俱作數支用。仍行大通事，曉諭在館夷人，務要遵守國法，不許仍蹈前非。如有故違禁例，私買物貨，事發，私貨照例入官。夷人來給賞者，就將賞賜量爲遞減；已并給賞者，通行管邊官員，後次各夷進貢，再不許曾經違法犯之人起送赴京。如有朦朧起送者，本部審驗得出，就將守邊驗放官奉聖旨：是。欽此。又查得太傅兼太子太師英國公張懋題，爲申明禁革奸弊，處置夷情等事。內開各國來京進貢夷人，在於南、北二館安歇。中間多有將帶貨物到館，常被館夫等交串在外買賣之人，不待禮部出給告示及官買畢，預將違禁貨物教誘夷人隱藏，暗行買賣與人。及有等無籍之徒，又將哈密等國夷人帶來玉石等貨，誆賒轉賣，久不還錢，致使夷人在京經年住等因，（逐）〔遂〕出外以取討貨價爲由，交結情熟，誘引飲酒爲非。該國通事累次催促起程，亦被夷人動經奏（害）〔告〕，縱意（要）〔妄〕爲，不敢鈐束。及至有事發露，又違通行，貽累治罪。該部雖有榜文禁約，各徒得其慣便，視如常法。若不禁約，誠爲奸弊多端。如蒙乞敕該部，再爲申明，嚴加禁約。今後夷人到京進貢，所帶貨物，除官買事務，帶本部出給告示，不許出館，定立限期，着令本等通事，在館鈐束。（省）〔着〕令各夷將帶貨物，驗數擺列宴廳左右，方許諸人將帶不係違禁貨物入館，兩平交易買賣。敢有似前撥置夷人隱藏私買，及誆賒欠久不還，誘引在外飲酒非爲之徒，許本館行事官校，密切緝拿，并本等通事，指實具奏拿問，治以重罪。如此，則夷人不致經年久住，亦不知我中國事情。本部照得，各國夷人進貢給賞之後，告乞買賣，俱係本部備奉奏准事理，出給告示，禁約之久。及查得成化十二年十一月內，該兵部題，今後凡遇進貢夷人往還，不許一應人員私與往來交結，因而透漏事情，并將一應銅鐵物件私自賣與。在京聽錦衣衛官校緝訪，在外聽所在官司體察。如有故違，就便拿問究治，照依欽定榜文事例，犯人發邊遠充軍。其會同館不許縱容夷人出入衛市，與人交通，違者治罪。題，奉憲宗皇帝聖旨，是。務要嚴加禁約，犯了的不饒。欽此。欽遵。及查得近該哈密等使臣馬黑麻等，進貢到京。該會同館呈稱，各夷從水程前來，恐有沿途收買違禁物，見呈乞查盤，免貽後累等因。本部爲照，迤西夷人多有累曾赴京，熟於買賣，得利久慣，又（待）〔恃〕係夷人，法所不加，私下廣爲交易，往往貽累館夫、伴送并通事治罪。議得合無盤出多餘私貨，盡數入官，不與價值。及將今後夷人違例私自交易者，事發私貨照例入官，夷人未給賞者，就將賞賜量爲遞減，仍行錦衣衛并該城兵馬司着落旗校火甲人等，嚴加緝拿治罪。加或容隱，事發一體治罪。奉聖旨：是。欽此。欽遵及照迤西夷人到京，給賞之後，各要買賣者，俱本部題准，出給榜文，前去會同館張掛曉諭。各鋪行人等，將不係違禁之物入館，兩平交易，俱要見錢，不許賒買。其有染做布絹等項，亦定立限期交還。如有賒買及故意拖延騙勒，致使夷人等候日久不得起程者，拿送法司，（縱）〔從〕重問罪，仍於館前枷號示衆。前項禁約事理，不違不減。今本爵又奏前因，合無再行申明禁約。今後夷人到館，不係開市之日，不許一應人員及在京住久回、達人等，私與往來，勾引交易。違者，悉照節次奏奉欽依事理參究治罪。奉聖旨：准議。欽此。

《皇明條法事類纂》卷二九《兵部類·江西人不許往四川地方交結夷人訐告私債例》 成化十年八月初九日，刑部題，爲地方夷民被害事。該四川等處承宣布政使司烏蒙軍民府土官知府實丹等奏，節據耆老合柯、賈多等告前事，欲照四川都司建昌衛土官把事（例）〔劉〕華、嚴如奏，奉都察院勘合，爲陳言邊務事，禁約江西等處軍民，不許深入夷地，交結土人爲非等。查得：先爲前事，該劉華、嚴如奏稱：江西人民將帶絹尺火藥等件，指以課命，前來易賣銅鐵，在（被）〔彼〕娶妻生子，費用盡絶，糾合（西）〔四〕川糧（大）〔夫〕雲南逃軍，潛入生拗西番帖帖山投番，取集八百餘人稱呼（天）〔大〕哥，擅立官（聽）〔廳〕，編造木牌，煎銷銀礦，偷盜牛馬宰殺，惟恐致生邊患累及。具呈鎮守少卿等官張固等，前去帖帖山體（體）〔勘〕。勘得委是江西等處人民，聚衆竊礦，當領土民追捕趕散，房屋燒毀，捉獲逃軍劉忻等、逃民黄泰等并建昌等衛軍人丘宗等，呈解四川行都司，將各賊問發嘹哨及遞回原籍。去訖，守途復逃，懷讎捏告斷事譚興、土民施林等挾騙銀兩，又告建昌等衛官員軍民男婦賒買布貨欠銀。節赴四川按察司，批發本都司斷事司追究，中途邀接，將人名銀數以一改千，將軍餘改做官員，男子改作婦女，官司只依憲司批狀提對，又無店人保見監禁追還。竊詳江西撫州等府金溪等縣民人，起滅詞訟，官司發遣，興詞捏告。臣照得林鹿、川貴番等處蠻人作耗，俱是江西〔民〕買賣夾帶軍器火藥，深入夷地，哄誘夷人，造意反謀，害屯堡至今收剿未絶。所部俱係諸種生番夷，叛服不常，誠恐倣傚，有礙地方，深爲未便。乞敕法司，行移江西撫州等府查勘在逃客商人等。及行四川巡按等官起發照依在前勘合，不許江西〔民〕前（生）〔去〕雲南、建昌夷地買賣，以除邊患，庶得便益。具本奏。奉聖旨：法司知道。欽此。欽遵。

參照所奏，誠有此弊，欲便拏問緣無指實姓名，若不嚴加禁約，恐後貽患地方。合無通行江西都、布、按三司，各行所屬府、衛、所，今後軍民人等，告給文引出外生理，務要明白開寫將帶是何貨物，前去某處地面買賣，定限回繳，不許填寫邊夷地方及四川等處（等）〔字〕樣，而夾帶火藥軍器違禁之物。行四川并雲南、貴州、廣東、廣西都、布、按三司，轉屬府、縣、衛所及把隘關津等處衙門，一體遵守。遇有江西客人經過或來生理，盤驗是實，聽從依限，回還。若故違半年之上，并夾帶違禁物貨，似此生事擾人者，拏送所在官司究問如律，違禁物貨入官，犯人遞解原籍官司收查發落，不許知情故縱。如有告訐夷人私債等項詞訟，各衙門不許受理，違者聽巡撫、巡按官員并該管上司糾舉拏問，應參奏者奏請提問。務在事妥夷安等因，天順三年五月初三日，該刑部尚書臣隆具題。奉聖旨：是。欽此。欽遵移咨禁約去後，今該前因，看得前例原係刑部奏准，轉行欽遵，本院難再施行。除稟堂外，合用手本前去兵部該司，煩寫徑自查照施行等因，到司案呈。先該前項土官知府實丹等奏，節該耆老合柯、賈多等告稱，本府地方棘麻，先因各處軍民人等竊挖礦石，煎燒銀兩，擾害人民，已蒙四川、雲南、貴州都、布、按三司，指揮宰用僉事李叔儀等官，遂遣盡絕，夷民安業。豈（其）〔期〕先竊礦石軍民人等，不改前非，潛住本府地名金沙（紅）〔江〕，聚衆竊挖礦石，煎燒銀兩，擾害地方，挾制（上）〔土〕流官員目把人等，又將病死之人圖賴人命，因見勢重，已經二次批差通事王允鑒、羅吉等赴通政使司陳告。節奉右府并户部勘合劄付，節次備委建昌衛指揮同知縣孫剛、烏撒軍民府知（府）剛正、本府通判吳銘帶領小土官耆把楊河沙等前去所告處所體勘，逐道四散，具結通行四州合干上司。去後，不期四川、雲南、貴州、江西等處軍民、舍餘、客商人等，仍蹈前非，復來聚衆竊（乞）〔挖〕，十（？）蓋官房，私用軍器、榜牌、弓弩、鎗刀，占住掘開糧站地方，强買土人頭畜糧食，不得安業。兜引各處官舍，不守本等俸禄，貪圖小利，假公營私，攪擾衙門，絡（驛）〔繹〕不絕。（不免）打發供應可意停當，首（楊）〔揚〕美其府能幹，稍有微薄（息）〔怠〕慢，土人多有凌辱。又有等軍民官舍家人，馱載客商貨物皮襖酒食，進場買賣，（職）〔曠〕野深山去處，夷漢互相劫搶騾馬等物，兩相鬥毆等項，（劫）〔卻〕乃妄生枝節，捏詞（卒）〔誣〕告官府。有等刁徒，軍民湊集（余）〔舍〕餘三四十人，三五成群，横行鄉（材）〔村〕，專行搜尋（吐）〔土〕人細事，上下交争，妄指平民爲盜，串同作弊。因知土人出外不服中華水土，聲奏告土官目把，屯集土官門首、放賴，欲將刀及刎喉圖賴人命。指一誣百，挾制土官。土人不敢（詎）〔誰〕何。經日不散，只得猶陪牛馬氈衫，准折良民子女，不下數百餘銀兩，方得休息，累被排擺得慣，官民被害無厭。兼（旦）〔且〕本府地方遞年以來，旱澇不時，人民所種蕎麥等苗不（救）〔收〕，民間饑饉流移者多。緣前項刁徒，深入夷地，交結土人，恐生意端，貽患邊方等因，臣實丹等拘集所部耆把人等，帶領民壯，遍歷本府地方，巡視民瘼，體訪賊情。查得該管地方山老人等告稱：中間多係竊礦無籍之徒，裝扮（羅羅）〔玀玀〕，頭帶氈盔，糾合各處賊徒，深入窮谷之處，不特搶劫夷漢財物，夜聚曉散，越河逃避等詞。本年五月十三日，批差通事阿署等，賫執告示前去，將竊礦軍民，善爲撫化，逐出山場，住在本府地方，不首回還。（不）〔本〕籍中間有等官舍礦人等，前來窺伺土人事情，使人代説，竊礦軍民揭借他人銀兩費用，若不開廠，聲説要將家人打死，圖賴人命，不然聚衆（鄉）〔綁〕縛赴京，奏告土流官員目把等詞挾制。思得軍衛有司，各有統攝，軍民版籍，成規已定，皆有親管官旗里甲，況官下舍人族姪豈有不知，顯是故縱，互相容隱，不思地方爲重，貪謀竊挖，攪擾邊方夷民。若不禁革，終爲激變染成邊患。如蒙准奏，乞賜俯順夷情，憐憫邊夷土民受害。乞敕該部，照依四川行都司建昌衛土官把事劉華、嚴如奏奉部院勘合爲陳言邊務事，乞行江西等處軍民不許深入夷地，交結土人爲非。如有訐告夷人私債等項，所在官司不爲受理。仍將竊礦軍民并官舍等項刁徒，降出榜文，發下本府及各處收管張掛禁約，削除民害。如此則奸頑可革，良善獲安。庶使邊方軍静，夷民安業等因，具本奏。奉聖旨：該部知道。欽此。欽遵，已經移咨都察院施行去後，今准前因，案呈到部。參照來文，既稱刑部有〔現〕行事例〔合〕用去手本前去呈堂施行等因到司。案查先該劉華、嚴（奴）〔如〕奏稱：不許江西人民將帶青紅緞疋、火藥等件，指以課命，前來易買銅鐵，娶妻生子，費用盡絕，糾合在逃軍人投番，聚衆煎燒銀礦，偷盜牛馬，捏告軍民，誘哄夷人，擾害地方等因。已經奏准，通行禁約去後，今准前因，參照（爲）〔烏〕蒙軍民府實丹等奏，要照劉華、嚴（奴）〔如〕先年所奏事例，禁約江西等處軍民，不許深入夷地，交結平人爲非。如有訐告夷人私債等項，所在官司不許受理。止將竊礦軍民官舍人等，仍降榜文張掛禁約，削除民害一節，除榜文難給外，緣前例行之既久，顯是各該司府官員奉行未至，人不遵守，以致前弊復作。合再通行，具題。奉聖旨：是。欽此。

《嘉靖新例・户例・田宅・買賣田宅》 嘉靖 年 月刑部題准，凡軍民告争典當田地，務要照所約年限，聽業主備價取贖。其無力取贖者，筭取花利，果足壹本壹利，此外聽其再種貳年。不許一概霸佔，官府亦不許朦朧歸斷。

《宗藩條例》卷下《收買物件》 查得正德三年十一月，秦簡王妃廖氏奏稱，本府食茶，欲於漢中府金州地方收買。本部題行鎮、巡等官查勘等因。該本部覆題。奉武宗皇帝聖旨：是。茶馬司中茶易馬，係是邊方重務，豈容收買。既該鎮、巡官查勘明白，王府食茶，只照舊制於湖廣安陸州買用，便通行陝西各王府知道。如有再行違例奏擾，的係部裏即將長史、輔導等官參奏治罪。科道記着。欽此。又查得正德四年八月，慶王奏稱，本府缺少紗羅紵絲，欲自備價銀脚力，差人前去蘇、杭等府收買等因。本部查得，本年六月韓王奏要收用羅緞，本部覆題。奉武宗皇帝聖旨：是。准收買一次，羅緞各七十疋，差人三名。欽此。今慶王奏買羅緞一節，係出一時特恩。誠恐差去人役不安本分，妄生事端，以致擾害軍民等因。覆題。奉武宗皇帝聖旨：是。收買羅緞，既不係舊制，事體有礙，罷。欽此。

前件臣等議得，王府奏往他處買物，雖各自備脚力，而所差之人不免乘機生事，妄肆擾害，殊非政體。況羅緞等物、食用等項，自有商賈貿遷，在處非乏，但於本地收買，何患不敷。今後各府不許瀆奏收買及擅自差人貿易，因而侵牟肆擾。違者事發，將本爵罰住糧米，承委人員從重問罪。

（明）吕坤《民務》卷三《有司雜禁附》 民間交易，儘有好物，而當行人役答應衙門另買一等低貨，謂之應行。商賈之奸，固爲可恨，然致之者，誰耶？索高貨給短值，遲歲月與低銀，甚者全然不與。而衙門吏皁附帶以圖賤，攙減以虧人，又送貨領銀，刁難伺候，種種傷心，故寧賤以與民，不貴以與官，誠苦之也。有司用度，買取價值，何害親交？先定衙中升斗秤尺，務與懸式相同，如米麪之類，一月一糴，布帛等物，四時總買，務須本人親到當堂驗貨，當面看銀，即刻給與諸肉果菜，先給總銀，按日交送，支盡再給妻子，家僮無乘機之暗騙，衙門吏皁無罔上之私圖。如此，民或者不相外乎，不然過不獨在下也？

（明）王肯堂《王儀部先生箋釋》卷五《典買田宅》 第一節：典賣田宅。照價多寡，納税于官，官爲印其契券，謂之税契。由彼户推收以入此户，謂之過割。不税契，主買者而言，惡其虧損官課，故笞五十。仍查契内價錢，追其一半入官。不過割，主賣者而言，惡其混淆册籍，故計畝論罪。至三十五畝之上，罪止杖一百，仍將不過割之田入官。宅無糧差，故不言過割。不過割之罪，重於不税契者，誠以民間册籍難清結，賦役難核實，皆由過割不明之故也。不過割，多由賣主留難指勒，故買主不坐。然其田入官，則買主之罰，亦不輕矣。

第二節：將已典賣與人田宅朦朧重復典賣。今民間犯者尤多，其設心尤爲不善，故以所得價錢，准竊盜論免刺。追價還後典買之主，田宅聽從原先典買之主管業。其重復典買之人，多係不知情，若知情，則是與典賣者串同，故與同罪。牙保亦然，而追價則入官也。

第三節：其所典人田宅園林碾磨等物，如契中所開年限已滿，原業主備價取贖，而典主託故不放，則有占獲其利之心，故笞四十，計限外遞年所得多餘花利，追徵給主，仍依原價取贖。若年限雖滿，而業主無力不能處辦贖價者，則非典主之罪，聽其照舊管業，故云不拘此律。若典限未滿而業主强贖者，問不應。

條例

釋曰：有親族寫立分書已定，指家財言，此例至當不易。聽訟者，一本於是，則民間告争之弊，未有不杜者也。

《律條直引》卷五《户律・田宅・典買田宅》 趙甲依將已典、賣與人田、宅朦朧重復典、賣者，以所得價錢計贓，準竊盜論，免刺，一百一百二十貫罪止；錢乙依重復典、買；孫丙依牙保各知情者，與同罪律，各杖一百，流三千里。李丁依典、買田、宅不過割者，一畝至五畝笞四十，每五畝加一等，三十五畝罪止律，杖一百。周戊依典、買田、宅不税契者律，笞五十。吴己依所典田、宅、園林、碾磨等物年限已滿，業主備價取贖，托故不肯放贖者律，笞四十。俱有《大誥》減等。趙甲、錢乙、孫丙各杖一百，徒三年。李丁杖九十。周戊笞四十。吴己笞三十。係軍民，無力充徒哨瞭的決，有力納米等項，完日着任寧家。仍於周戊名下追徵價錢一半，并李丁原買賣地土及趙甲盜賣過價銀俱入官。

（明）佚名《大明律講解》卷五《典買田宅》　凡典買田宅，不税契者，笞五十，仍追田宅價錢一半入官。不過割者，一畝至五畝笞四十，每五畝加一等，罪止杖一百，其田入官。若將已典賣與人田宅，朦朧重復典賣者，以所得價錢計贓，准竊盜論，免刺，追價還主，田宅從原典買主爲業。若重復典買之人及牙保知情者，與犯人同罪，追價入官，不知者不坐。其所典田宅、園林、碾磨等物，年限已滿，業主備價取贖。若典主托故不肯放贖者，笞四十。限外遞年所得花利，追徵給主，依價取贖。其年限雖滿，業主無力取贖者，不拘此律。

《大清律集解附例》卷五《户律·田宅·典買田宅》　凡典買田宅不税契者，笞五十。仍追契内田宅價錢一半入官。不過割者，一畝至五畝，笞四十；每五畝，加一等；罪止杖一百。其不過割之田入官。若將已典賣與人田宅，朦朧重復典賣者，以所得重典賣之價錢計贓，准竊盜論，免刺，追價還後典買之主，田宅從元典買主爲業。若重復典賣之人，及牙保知其重典賣之情者，與犯人同罪，追價入官；不知者，不坐。其所典田宅、園林、碾磨等物，年限已滿，業主備價取贖，若典主託故不肯放贖者，笞四十；限外遞年所得多餘花利，追徵給主，依仍聽依原價取贖。其年限雖滿，業主無力取贖者，不拘此律。

條例

一、告争家財田産，但係五年之上，並雖未及五年，驗有親族寫立分書已定，出賣文約是實者，斷令照舊管業，不許重分再贖，告詞立案不行。

（清）陳朝君《莅蒙平政録·告示》　爲再飭首報白契以便開收以杜後患事。照得田産買賣，以契爲憑，契書真假，以印爲主。今當冬暮，例應過割，乃開收之家，白契甚多，而用印粘尾者寥寥無幾。更有不肖之徒將買到原契價值，以多收少，另爲抄謄朦混送縣。即如本月初一日，候于東賣田産一分，當堂抽問，口稱賣時在於十一月内，實得價銀二兩六錢，而驗契却在八月，上寫價銀一兩。豈知白契便屬私契，匿價即爲匿税？倘遇日後告發或經查出，照依新例公斷仍將用價買到田産斷回本主，銀業兩空，追悔莫及。除已往不究外，合再出示曉諭，爲此示仰三鄉人等知悉。示後毋論遠年近日，凡有買過田産，其一切文契未經用印粘尾者，速爲出首免罪，立等用印粘尾，不唯便目前之過割，且可杜後日之争端。如再仍前執迷，隱匿不報，一經發覺，除依新例治罪外，仍將田産斷回本主。慎勿貪一時之小利，而貽世世子孫之大患也。特示。

（清）趙士麟《讀書堂綵衣全集》卷四五《撫吴條約上·正風俗》　田房買賣，當照時估價，公平兩願，過割斷絶，永無争執之端。乃末俗澆僞，買者挾貲要利壓其虧折求，售賣者亦遂曲意和顔滿口唯諾，及受業之後，則一增再增，至於三四不止。甚有祖父契券而子孫尚欲乞餘，房族逃亡而旁支代爲搆訟者。此等流弊深可痛惡，嗣後賣田、賣屋，檢驗契内有價足斷割字樣，槩不許再言增找。如有恃勢逼勒、無賴放潑之人，經告到官以詐財論。

（清）李渻仁《治祝公移·禁贖田地示》　爲嚴禁業主回贖陋弊，以杜刁風，以安民生事。照得田地一經賣斷，則永遠屬於他人，非比典當之産，豈有回贖之例。查齊邑每有棄産之家，已經過割税契，印信炳據，應該買主世世子孫，永遠承業，此定例也。乃少至數年之後，多至數十年之後，業主涎其田地得收，價值騰貴，輒用原價强贖，一不允，則捏稱當日，曾經説明死契活口；再不允，則架詞誣控，稱係私立文書，霸占不吐。若遇昏瞶官長，不辨是非，槩行准訊，竟將良民置買之産，血汗工本，培植多年者，一旦斷歸業主。究之業主，無力取贖，不過暗售他人，希圖羨餘，致令刁徒長志，良民受害，衙蠹訟師，借此收漁人之利。尚得謂之公道否？不思産業從無定價，貴賤各隨其時，年荒差繁，輸納艱難，則價賤；年豐差簡，户口殷盛，則價貴。或有前此賤而後來貴者，或有前此貴而後來賤者，若賤時減價脱賣，及至貴時，賣主自謂虧苦，便欲向買主贖地，設使貴時得價賣訖及至賤時，買主豈不虧苦，亦可向賣主毁交乎？且成交惟憑印契，甚至以印契不足爲憑，口説反云有據，則是田土交易，止須口説足矣，何必立契請印。而民間一切印契俱可毁去，惟任粗鄙強梁之徒，肆行無賴，以爲習俗相因，遂可苟且遷就，真大謬不通也。本縣雖處事和平，從無薄劣偏刻之斷，然枉道狥人，誓不爲此。況維挽風俗，有司責任。縱難逐件轉移，豈容成規紊亂，致開刁徒訟端。理合嚴禁，爲此示仰闔縣軍民人等知悉。嗣後民間已賣之産，除三年以內，力盡歸原，許照時價取贖外，倘無端刁賴，勒逼取贖，即許受害之家，赴縣呈稟，以憑重責懲究，決不稍寬。今本縣定爲一縣除此陋弊。爾等刁民，毋得妄想，以自罹法網可也。

（清）沈之奇《大清律輯註》卷五《户律·田宅·典賣田宅》　凡典買田宅不税契者，笞五十。仍追契内田宅價錢一半入官。不過割者，一畝至五畝，笞四十，每五畝加一等，罪止杖一百。其不過割之田入官。若將已典賣與人田宅，朦朧重復典賣者，以所得重典賣之價錢計贓，準竊盜論，免刺，追價還後典買之主。田宅從原典買主爲業。若重復典買之人，及牙保知其重典賣之情者，與犯人同罪，追價入官。不知者，不坐。其所典田宅、園林、碾磨等物，年限已滿，業主備價取贖，若典主托故不肯放贖者，笞四十。限外遞年所得多餘花利，追徵給主，依仍聽依原價取贖。其年限雖滿，業主無力取贖者，不拘此律。

〔律後註〕：税契者，典買之契，當報官照價納税，印發存照也。過割者，典買之後，當報官推收過户，納糧當差也。凡典賣田宅不税契，則虧損官課，故罪輕罰重，不論多寡，止笞五十，追田宅之價一半入官。典買田宅不過割，則混淆版籍，故罪罰皆重，計畝科罪：一畝至五畝，笞四十，至三十五畝以上，罪止杖一百。其田入官。宅則止科其罪。《箋釋》謂宅無糧差，故不言過割，不過割之罪。非也。典買田宅四字，總冒不税契、不過割兩項而言，罪與罰律文原是兩層，論罪則承上典買田宅，論罰則另言，故不税契下亦有田宅二字，非但曰價錢一半也，不過割下則止曰其田，文義甚明。宅雖無差役，亦有地糧，豈得不過割耶？田宅已經典賣與人，即是他人之業矣，若朦朧重復典賣，與盜何異？故以所得價錢爲贓，準竊盜論罪，至死減一等，免刺，與真盜不同也。追價還後典買之主，田宅聽從原典買之主管業，在重復典賣之人，被其朦朧，多係不知情。若知情則與典賣者通同矣，故與同罪。牙保亦然。其價即係彼此俱罪之贓，例應入官。不知不坐。其所典田宅、園林、碾磨等物，必先議明年限，開載契中，限滿後業主備價取贖。若典主托故不放，則有占護其利之心，故笞四十。業主既已備價，即同贖回，故限外遞年所得花利，俱應追給也。業主無力取贖，則非典主之過，仍聽管業，故曰不拘此律。

〔律上註〕：按：課程律內，客商匿税者，笞五十，一半入官。此不税契即匿税也，故其法同。

《箋釋》謂：不税契主買者言，不過割主賣者言。又云：不過割多由賣主留根作難，故買主不坐。非也。本律明言典買，原無分别。若謂賣者留根作難，則買者何罪，而受入官之罰耶？蓋不税契者雖虧課程，而止損於官，其罪小；不過割者，故留糧差，而遺累於民，其罪大，故罪罰有輕有重。律意皆指典買之人言，若有典賣者留難不放過割，自當酌擬不應，不得概引此律，將其田入官也。或有彼此通同不過割者，似應同坐，俟考。

必税契，所以杜異日假捏之弊也；必過割，所以清各户賦役之籍也不税契者，罪同一笞，而半價入官，以漏税之多寡，爲所罰之輕重也。不過割者，田盡入官，而計畝論罪，以不過割之多寡，定其罪之輕重也。

差役皆起於田糧，宅無差役也。雖不過割，遺糧有限，不致累人，故止科計畝之罪。而宅不入官，夫百金之宅，其地或不及一畝，豈可因不過割而入官耶？

重復典賣，猶盜賣也。而盜賣他人田宅，罪止杖八十、徒二年，此準竊論，則罪至杖一百、流三千里。其法反重者，謂既得其價，仍奪其産，設心尤爲不善，且人情易犯，故立法加嚴。

條例

告争家財田産，但係五年之上，並雖未及五年，驗有親族寫立分書已定，出賣文約是實者，斷令照舊管業，不許重分再贖。告詞立案不行。

〔例上註〕：此例以五年爲争財贖産之限，誠至當不易之法。有司推此例而行之，便可息争省訟。

（清）戴兆佳《天台治略》卷六《告示·勸諭買産户人等事》　一件勸諭買産人户速循天台舊例了根找絶以斬葛藤以清案牘事。照得買賣田産，不許告找、告贖，此定例也。然律設大法理順人情，事貴因地制宜，難以拘泥成法。天台陋例，一正必有一找，又有了根，方爲賣絶，相沿成習。所以從前田産買賣價值，原多未足，今當編審。大造自宜心平氣和，率由往日陋例憑中議處，清找了根，兩不相虧，安居樂業。奈何買者故意措勒，靳而不與賣者，争多論少，谿壑難填。每日本縣升堂理事時，環庭抱牘，告找紛紛。其中查有果係短價，不得不行准理，雖係自拘，然而不無往來盤費、守候工夫，及至公庭對簿，又當量情斷找，何苦多此一番？起倒合行出示曉諭，爲此示仰縣屬買産人户知悉：從前田産交關，凡有應找者，買主、賣主請同原經秉公議處找價若干，立約交銀，粘同找契，具稟本縣批照用印存執，以斬葛藤。爾等速宜趂此清丈之時，了根找價，各領由單，各自立户。所謂一了百了，永無翻騰。倘經此番清找之後，敢有再起風波，定照違禁律治罪，決不姑容。雖然天道有循環，人事有消長，貧富無定勢，田地無定主，有錢則買，無錢則賣。買産之家，當知此理，不可苦抑賣産之人。眉公有詩云：一派青山景色幽，前人田土後人收；後人收得休歡喜，還有收人在後頭。又蘇掖仕至監司家富而嗇，每置産吝不與值争一文，至失色尤喜，乘人窘迫嘗置别業，與售者反覆較論甚苦。其子在傍曰：大人可增少許金，吾輩他日亦得善價。又東海錢翁以小家致富，欲十居城中，或言某房者，衆已償價七百金將售矣，亟圖之，翁閲房，竟酬以千金。子弟曰：業有成議，今驟增價三百，得無溢乎？翁笑曰：非爾所知也。我儕小人彼違衆而售，我不稍溢何以塞衆口？且慾未饜者，争端未息。我以千金獲七百之舍，彼之望既盈，而他人亦無利。我屋歌斯哭，斯從此爲錢氏世業無患矣。已而他居多以價虧求貼，或轉贖每每成訟，惟錢氏帖然。此往事俱可爲訓。但買主智愚不齊，淳頑非一，安能咸悉此理。願都人士之智者、淳者，以本縣之言語之愚者頑者，交相勸勉，俾各相安無事之天，共樂昇平世界，實所厚望焉！特示。

（清）戴兆佳《天台治略》卷六《告示・嚴禁富户措找措贖刁民告找告贖事》　一件嚴禁富户措找措贖刁民告找告贖事。照得大律開載，凡告争田産但係五年之上，并雖未及五年，驗有出賣文契是實者，不許再贖，告詞立案不行。至於找價一項，現奉撫憲通行飭令勒石永禁催取，碑摹煌煌功令炳若日星，曷敢違抗，但此一賣不容再贖，一價不許再找。迺據他處之契，明價足者而言，若在天台則有難以一例施行者。天台田土交關有正必有找，有賣契而無撝根不許推收過户，所以買賣時立契成交。買主故意留難短少價值，以存日後撝根地步；賣者急於求售，姑且忍氣吞聲，以爲將來翻騰張本。惡習相沿已久，是從前大小一切田土買賣若不分已絶、未絶，概以不贖、不找之法繩之，在買者，坐擁膏腴，固志得而意滿；在賣者，剜肉無填，嘔心無血，能不喁喁然向隅而泣乎？然天台百姓又最貪而最黠，若一開斷贖、斷找之門，無論價未足、根未撝而税未過之活産，皆紛紛抱牘前來，即賣經數十餘年撝找數番人户辦糧之絶産，亦投訟棍主維駕虚瀆控，希圖朦混，訟端蠭起，案牘星繁，深可痛恨！合行出示嚴禁，爲此示仰縣屬四民人等知悉：示後不許年月遠近，如正契之外已有撝根票約，而賣主掯不付税者，許買主速即赴稟立押印收。若止有正契，果未經撝根者，亦許賣主請同原經公人，與買主議明，遵循俗例，照依時值足價呈驗契券印收完粮，以斬葛藤。敢有買主欺壓鄉愚、恃横措勒，定按律照豪强吞併之罪罪之。倘本無可處、可找，猶然平地風波違例刁瀆，一經審出真情，必然重責枷示，以儆奸頑，決不稍爲寬假。如邱三懦與吴金奴訐告一案，榜樣具在，毋得玩違，後悔莫及也。雖然凡買田富户寬柔長厚者固多，而刻薄寡恩者亦復不少。司馬温公有云：積金與子孫，子孫未必能用；積田與子孫，子孫未必能守。不如積陰德于冥冥之中，使子孫受用不盡。此言良可三復。蓋今日賣田之窮人，是即當年刻薄、寡恩買田之富室子孫也。本縣忝爲一邑之長，妄思易俗移風、歸真返樸，故長言之不足，又不憚反覆勸勉。願我天台買田富户其共勉之，且共勸焉。特示。

（清）趙申喬《趙恭毅公自治官書類集》卷九《告示・户政類・禁買田勒寫輕糧示》　爲嚴禁買田勒寫輕糧以絶包賠以甦民累事，爲照民間田産買賣，自應按畝照則收糧輪納，庶不苦累原主。乃有等富户瞷茲窮民，將田相售遂故爲刁難，勒合契内不照本田科則，非以多作少，即減重爲輕。而貧民止顧圖價濟急，只得忍減糧石寫立契券，是富户買田入手坐享輕糧之利，而窮民田已出賣仍納無田之賦，包賠貽累殆無窮期，甚至賦税難輸，逃亡相繼，害民虧課莫此爲甚！合行示禁，嗣後民間買賣田産，務照本田畝數科則或上或中或下，該糧若干分晰明白，書立契券過割管業，不得勒令賣主改寫，輕則遣害包賠。一經訪聞或被告發，即以縱惡害民溺職叅處，法在必行，各宜凜遵。

《蒙古律例》卷二《户口差徭·外藩蒙古等不准賣與内地旗人》 乾隆三十七年七月内，本院爲郭爾羅斯台吉濟魯木扎布等私將家奴五庫特等賣與伊屯口領催張鳳偶一案，將濟魯木扎布等革退台吉職銜，閑散蒙古加懲責，買人之領催張鳳偶等革退領催差使，重加懲責，俱交各該管地方折磨辱使。失察之該扎薩克、協理台吉、盟長等分别議處，領催張鳳偶之該管上司官員交部分别議處等因，擬議奏定：

一、凡已入檔案之蒙古等，毋許擅行售賣。即或未入檔之莊頭，亦祇准本旗互相買賣，不許私賣與别旗及内地之人。違者將承賣承買之人從重治罪，失察之扎薩克、協理台吉、盟長等分别罰俸罰九，將所賣之人不給原價撤出，交入本旗充當差使。

（清）萬維翰《成規拾遺·田産分别找贖盜賣祭産墳地并借名刁告治罪》 浙藩張爲嚴禁找貼惡俗等事，乾隆五年正月奉撫憲盧批本司條議，民間産業找價，請定畫一五欵詳候採擇等緣由。奉批查買賣田産乃民間所常有，而找貼回贖易於啓訟，是以本部院遵照定例，嚴行示禁，該司分晰條欵詳情，通飭永定章程甚屬周詳，仰即通飭各屬刊立木榜，通行曉諭等因。

計開

一、賣契大書永不回贖，永無找貼，此與定例相符。嗣後絶賣之産契内各書明不准回贖，不准找貼，估足正價，並入正契，不必另有同日之貼。契非賣絶者，書明回贖字樣。如有刁告者，嚴行治罪。

契有回贖字樣者，准贖。原價不足找過一次者，即以絶賣論，原與定例相符。但從前契紙俱無絶賣字樣，因無書寫賣絶，准其回贖，則無不可贖之産。嗣後雍正八年定例以後，所賣之産契内註明回贖者，如未找過，不拘年限，准其回贖。如無力回贖，願賣者准其找貼一次，另立絶契。已經找過者，不准回贖，再找一次。如契内無回贖字樣，亦無絶賣字樣，俱不准贖，除同日所立找契外，如未找過，許找貼一次。已經找過一次者，不准再找。其雍正八年以前所買之産，有回贖字樣者，如未找過，依例聽贖。如不願贖，亦許量找一次。已經找過，不准回贖，亦不准找貼。如有從未找過者，亦量找一次。

一、典産活業寫定年限，照契價取贖。賣主願賣者，議明賣價。限滿找絶，買主不願買者，聽其别售。如有添造，照例議定贖産時歸還。

一、應贖之産擅自絶賣，以盗賣論，自應斷贖多賣之價入官，盗賣故買之人按律治罪。買主不知情，免罪，追價入官。

一、祭産概不准賣，保全禋祀實多，但争訟者俱藉口祭産難得確實憑據，應不論是否祭産，如非得分之業，即係盗賣。應准其回贖，與盗賣一例科斷。如借名祭産刁告者，重責三十板枷號一個月。至於墳地，原與祭産不同。凡祖遺公置，續置一概不許買賣，如有盗賣者，追價入官。盗賣之人加倍治罪。盗買之人知情，照例問罪，另追契價入官。不知情，免罪，仍另追契價一半入官。墳側餘地即係祖塋，一體問罪。盗賣已塟者，限日斷扦，抗延加倍治罪。

（清）萬維翰《成規拾遺·續定田産找贖墳地祭産不許盗賣各條》 浙藩張爲嚴禁找貼惡俗等事。乾隆五年十月奉督撫憲批，允本司詳陳民間一切買賣産業找貼之處，及從前典賣各産分别找贖，并祭田、墳地不許買賣等緣由，合行摘欵通飭刊榜示遵。

計開

一、民間賣産原係時值估價，契正中明各書字押。惟因售受之際，契内並未明白寫定不准找贖字樣，致啓争端。嗣後果係兩相情願，買主查明並非祭産，估足價值，即同中保三面於正契内書明永不回贖、永無找貼，並非祭産字樣，不必另立找貼，加隨等。契亦不可於空處另添續註不准找贖字樣，以致將來捏冒。如再有逞刁告找、告贖，以及借名祭産慫恿族黨事後告争、告贖者，地方官驗明契載，按例治罪。誠恐鄉民未能周知，今定絶賣契式列載於後。凡民間交易産業，照式畫一定限。成交一月内，賫契赴縣投税粘給，司頒契尾收執過户辦糧。如買主匿契不税，定行按律治罪，照追一半契價入官。

一、民間不願絶賣者，契内仍書明年限回贖。若不明白開註事，在刊榜以後者，將來不准告贖，告找。

一、民間所買之産不論年分遠近，契内註明回贖，如未找過，准其回贖。如願找者，准其找貼一次，另立絶契。已經找過一次、書明絶賣者，不准回贖，亦不准再找。如從前找過一次、仍未絶賣者，准再照找價減半之數量找一次，另立絶契。倘買主不願再找，情願聽賣主回贖者，不得相强。

一、買産契内原經註明回贖字樣，並不找貼。或買主轉賣，應通知原主，契内仍註明回贖，聽原主向轉買之人取贖。倘原主願找者，准照前條找貼一次，另立絶契。

一、民間田産契内無回贖字樣、亦無絶賣字樣在雍正八年未定例以前者，年分久遠，一概不准找贖。其自雍正八年定例以後實非絶賣，從未找貼者，賣主不得借端回贖。許憑原中照契載正價加一之數減半找貼，照所找之數補立找絶文契。若買主不願找貼，聽其别賣歸還原價。倘已經賣絶，契載確鑿，復行告找、告贖者，照例科斷。其原用印板賣契不註回贖者，亦以絶賣論。

一、民間所賣之産，有同日立正找契，未經找過者，如在雍正八年定例以前，則不准找。如在雍正八年定例以後，准照找契再找一半價銀。若同日所立找契之内，已經寫明絶賣，及有永不回贖、不再找貼，并有找絶字樣，過户完糧。又如正契月日在前，找契月日在後，註明找絶者，一概不准再找。契非同日，而告稱係同日書寫者，則以契書年月爲憑，亦不准找。其加隨貼等契與找契同。

一、民間産業早晚時價不同，輾轉售受，勢所必有。如先買價賤、後賣價昂，係絶者不贖、不找妄告者，從重究處。

一、民間買賣田房産業，賣主本身物故，並無嫡派子孫，如有支屬族黨出頭勒索找貼，逞刁妄告，從重究處。

一、田房買賣成交之際，議明交割限期，依限遷移、召佃。如有同居、并租户霸佔不遷，恣意索詐搬擔費名目，或將屋内門窗板片等項拆毁霸佔，或將田地不容另佃者，許買主據實呈控有司，嚴拏究治。

一、民間典産嗣後先於成交時，憑中議明此産實值賣價若干，今止典銀若干，議定幾年回贖。如限滿産主無力回贖，情願賣與典産之人，即照原議賣價找足，另立絶契。如典主不願買者，聽産主别售，歸價交産。其有先前曾經立議，倘有限内回贖，或認開費、或償利銀，即非原主自贖，另覓售主賣絶，如俗稱聽賣不聽典者，典主亦不得措勒，仍依原議。或認開費、或償利銀，其典後房屋或致傾頽、田地或被浸坍不得不修築者，公估工價入契。如未登注明白、工料確有可據者，限内回贖時驗係完固無損，照例償還。如畧加修補、并修築工程業已頽廢者，不准償還。至於典主添造房屋，自圖寬展，並非不得不修者，限滿回贖時，原難責令原主照數償還，應憑中酌估添造工料新舊時值，量爲償還。如原主不願者，仍聽典主拆回。

一、典主無力管業，産主過限不贖或未及年限，典業之人將典産減價轉典與人，原産主回贖之時，務同轉典主三面清算回贖。其不敷原價，原産主照數清還。先典之人收産管業，其原典房屋之内契載物件，如有倒塌、損壞，仍遵定例照依住過年分各行量減。

一、典産現在管業之人，並不聞於原主，私將典産擅自透價賣絶與人，以盗賣他人田宅論，按律治罪。仍將典主多得産價追出，給還原主。如原主不願收受，聽其覓主另賣，追價給還現買之人。如買主知有原主之産，私與賣産之人成交者，各治以盗買、盗賣之罪，仍追産價入官。

一、省城附廓南北兩山，地狹人稠，墳塋櫂厝，都有毗連，原與外郡山原曠濶，墳塋餘地多者不同。嗣後省城地方，如平民有實係墳側餘地，并親支無力完粮管業，公同議明賣出造墳，並不侵毁舊塚者，聽從其便，不在盗賣、盗買之例。如有不肖子孫受人唆聳，貪圖重價，瞞背宗支，私下盗賣與人者，事發除本人照律治罪，居間墳丁人等一體並坐。買主知情盗買者，追價入官，地歸原主。不知情者免究，仍追價給領。墳側餘地是否盗賣，一時難别，自應着買主於成交後即行投税，推收過户辦糧，并在該地竪立界牌，使人知曉。如有人言事故，許憑原中清理、控追。買後半年無人阻撓，聽從阡葬自葬。之後再有人出争控告盗賣者，止究盗賣之罪，墳地不准斷遷，以杜串同索詐之惡習。外郡不在此例。其外郡州縣民間墳地、并墳側餘地，如祖遺公置、續置，一概不許買賣。如有盗賣者，將盗賣之人從重治罪，知情盗買之人一體問擬，契價入官。不知情免罪，地仍歸祭主。其有謀買風水而在貼近墳側造葬者，顯屬知情故買，即以盗買治罪，限日斷遷，仍追契價入官。抗延從重究治。若非公置祭産，原屬私地，或係遠墳空隙山場，同族公議立契出賣、另置祀田等項公用者，不在此例。

一、民間有先因有力自置祭產，後因無力出售，較與盜賣祖遺公置祭產有間，自立榜以後民間如有實係自置祭產，一時貧乏求售，不甘輕棄，志圖回贖，亦必買主允洽，許憑中証買主三面議定，契內開載比係自置祭田，無論年分遠近，如有原價聽憑回贖。或本人無力，許賣主共祖嫡派族黨出銀取贖。如有刁徒以本非祭產而冒稱祭產，本非同族而冒爲同族事發，吊驗原契并無祭產回贖字樣者，即屬刁徒，有司嚴加究處。

（清）萬維翰《成規拾遺·絶賣契式》 立絶賣文契某人今有祖遺自置田地或蕩、或山房若干，坐落某縣、某都、某庄、某字號，東至某處，西至某處，南至某處，北至某處，憑中賣與某處管業，三面議定，時值價銀若干兩，色平。其銀當日一并收足，聽憑管業收除過户辦粮。此係正項交易，上下不瞞。並非債負準折，亦非重叠買賣，以及公置祭產等項。倘有事端，賣主自行承值不涉買主之事。絶賣之後，永不回贖，永無找貼。欲後有憑，立此絶賣文契存照。

此係擬寫絶賣文契大畧。如有民間絶賣產業，尚有應行入契之處，仍聽盡載契內。

年　月　日立絶賣文契人

中　人

（清）萬維翰《成規拾遺·雍正八年前後分年分遠近　買產成交即行投税》 浙藩唐爲敬陳弊源等事，查得民間買賣田產，告找、告贖紛爭不已。雍正八年奉行定例內開絶賣文契，注明永不回贖及契內並未注明找貼者，概不准貼贖。或產主一時急需減價求售，契未載絶者，聽贖等因飭遵在案。嗣因又有契無註贖、亦非絶賣者，仍多争控。乾隆五年經前司議詳，契無回贖，亦無絶賣字樣，在雍正八年未定例以前者，年分久遠，一概不准找贖。其自雍正八年定例以後，實非絶賣，從未找貼者，憑中照契載正價之數減半找貼，補立絶契。詳奉憲批，通行刊榜曉諭亦在案。又乾隆八年，給事中條奏，奉部咨查，因何不照定例辦理，致滋訟端等因，經前司查明，俱照前例辦理。惟有數十年前賣出之產，子孫告找并轉相授受之產，隔手告找，及契載杜絶而年遠人亡，動稱假契告贖索找之處，雍正八年定例未經議及。議以遠年交易，原中故絶並無嫡派子孫，毋許親族冒控找贖。其暫行抵典、未經贖清者，必須開明現業，毋許私相授受，隔手扛帮告贖。若載明年限銀到取贖並未找貼者，年限滿後，聽贖。如無力回贖，估價找貼一次，另立絶契。若買主不願找絶，出給照贖筆帖，聽主覓售，歸贖其找契仍有年限，亦准取贖，量找。如先經絶賣及抵典、已找立有杜絶者，概不准贖等由，詳奉憲臺咨准部允並奉飭行。如先經契賣并抵典，已經加找，立有永遠管業文契，及歷年久遠者，概不准回贖、找貼，毋庸拘定杜絶字樣等因，通飭遵行。乾隆九年又奉户部議覆湖北撫院晏條奏，嗣後如係賣契，又經年遠即無杜絶字樣，雖係原主嫡派子孫，亦不得告找、告贖。至契寫許找許贖之產，原主不能回贖，業主急需聽其轉典。倘有冒稱原主之原主，隔手告找、告贖，照例治罪。若係典契及賣契，立有年限回贖字樣，俱准限滿取贖等由，具題奉旨依議欽遵，通行遵照又在案。今據錢塘縣民人范世榮，以乾隆九年例稱，如係契賣，又經年遠即無杜絶字樣，不准告找、告贖之語，並未指定幾年爲遠，幾年爲近。刁民即以年未久遠混告、押贖，請定以年分、准贖等情，具呈奉憲批司查議遵行，杭州府酌議。去後茲據錢塘縣并該府詳據仁和等縣議覆，該府以乾隆九年例內年遠二字，雖未定有年限，然指子孫不得告贖、告找，則非十年、五年即爲年遠可知，況有幼年賣產、暮年回贖，或祖父暮年賣產、子孫回贖，年分並非久遠，要在有司臨事酌勘，不便拘泥等由，詳覆前來，本司備查民間產業交易，原止三項：一係契載回贖者，則無論年分遠近，查有印契中見確據，俱應聽贖。如回贖無力，憑中找絶，買主不願給照，别售歸價。一係契載絶賣，則更不論遠近，概不准贖找。一係契無回贖，亦無杜絶字樣者。查乾隆五年已經前司議詳，凡在雍正八年未定例以前，爲年分久遠，概不許告贖、告找，其在雍正八年定例以後者，即非年遠，仍照前議。查得實非絶賣從未找貼者，憑中找絶，若不核定年分，僅令有司臨事酌勘，既恐有司隨時臆斷，且滋刁民藉口翻瀆，似應以雍正八年以前爲遠，雍正八年以後爲近，按年定斷，以免紛更。不特與乾隆九年之例相符，即與乾隆五年刊榜亦相合。至范世榮所呈争買田產之案，請以契尾字號先後定斷之處，該府以民間置產、小民或有拮据價銀之後，一時不能即辦税銀投税，并或有成交之後，别有事故，輾轉托人稽遲。設遇有意爭買之人，雖買契在後立時投税，契尾字號反在先買業主之前，亦在有司虛衷察斷等語。查小民買產之後，或因拮据不能即行投税，并或有别故及托人稽遲，事所常有。其有意争買之人既已倒提年月立契，自必搶先投税，以致契尾字號反得居先，殊難保其必無。應如該府所議飭令有司臨時虚衷察斷，毋庸以契尾字號月日先後爲憑，以致謀買之人得以藉口滋訟。但成交一月匿不投税，原有治罪追價入官之文，應再通飭曉諭，不得遲延等因。乾隆十二年十一月初二日，奉撫院顧批據詳年分遠近之處，如詳以雍正八年以前爲遠、雍正八年以後爲近，通飭遵照。至買産投税亦飭各屬通行曉諭，凡成交之後，即行報納，毋任遲延干咎繳。

（清）萬維翰《成規拾遺·灶地先荒後熟照時價回贖　灶地不許民買》

浙江塩驛道趙爲敬抒管見事。查得曹娥場大使任槐條陳回贖灶産六則事宜，據紹府議覆，該場請以灶産出賣之後，一找再找，并找過三四次者，告贖之日，除原價找價外，將叠找銀數按照各契年分半分起息斷給業户，准令回贖一欵。又灶業售與民户，找契内注明五年、七年回贖。貪價別售，年限未滿，架詞告贖者，議將新找契價銀數照依月分二分起息算給業户，准令回贖一欵。查叠找銀兩與未滿年限回贖，照依年分、月分起息，在叠找者，雖已受價而得業者，原有花息若於契外再議息銀，殊啓買户勒措之端。至若年限未滿，聽其加息、取贖，則刁徒日事翻騰，訟端永無停止。此二條議息回贖之處，應如府請均不可行，各毋庸議。又如先荒今熟，召築塘開墾工本，每畆一兩一條，查灶蕩處居濱海，滄桑易變，類多潮侵、沙壅，當日售出之時，價值原輕，受主得業之後，不知費幾許經營，幾許工本始成腴産，今若見其膏肥，即告回贖，誰肯甘心？據議每畆加銀一兩，尚非平允。應照時價回贖，庶人心得以貼服。又原主已經故絶，許同户之人當官回贖，批給執照，永聽執業一條。查産業授售有再找、三找，并契内載明不找、不贖者，非活契可比，應不准贖。其子承父業、或嫡親弟兄、叔姪贖産者，應聽其回贖。若原主已經故絶，許同户之人當官回贖，批給執照，永聽執業。恐將來同姓影響之人、以及非親、非族買囑族姓，扛帮扶捏，串通告争。甚有不肖場胥、官役夤緣作弊給照起衅，獄訟繁興，其害有不可勝言者，此議似難准行。又嗣後灶産不許再售民人，現在民户管業者，聽灶取贖，不許贖出再售民人一條。查草蕩給灶樵薪供煎沙地，給灶刮淋煎塩鹺制，不許私售民人者，誠有妨於煎配也。應如府議，嗣後灶産不許再售民人。現在民户管業者，聽灶取贖。贖出不許灶户貪價售民。如有私相授受，均照違制律治罪，産價入官。又灶産出售原係膏腴，在雍正八年疏江之後，並無築塘工本藉例索取措贖，照訛詐律治罪一條。查原售地畆本係好産，並無開闢工本築塘費用。今昔相等、無加找別故者，應照價回贖。如違治，以措贖之罪，合將該府縣場議詳事理，及本道覆加察核緣由，逐一分晰、詳明，憲臺察奪、批示，遵行等緣由奉批。荒瘠灶産，買户築塘開墾回贖時，每畆加還工本一兩之處，據議尚未平允，應照時價回贖。查立法必須合乎人情，宜乎土俗，且田地修築工價原有償還之例，今議照時價回贖果否允協，可以永久遵行，不致窒碍。又原主故絶，許同户之人當官回贖一條，據議契内載明不找、不贖者，應不准贖。其子承父業、或嫡親弟兄、叔姪贖産者，聽其回贖。若原主故絶，許同户之人回贖，恐致滋弊、興訟，不便准行。但灶産不許民人管業，現在民户執業者，議令聽灶取贖。倘有從前售賣民人，契内載明不找、不贖者，以及原主故絶、而産係民户管業者，應否一例回贖，并原主故絶、許同户之人取贖之處，其中尚未分晰，仰再確酌，妥議詳奪，餘如議，飭遵繳奉此該本道備查。灶産處居濱海，與腹内地土不同。潮患時侵沙壅石積悉成廢壞，既鮮運築之力遂棄如敝屣，照時售出，而買户受地築塘、禦潮、挑沙、運石，不憚辛勤竭蹷，經營轉瘠爲腴，積費工本常倍正價，一旦見其成熟，即思回贖，終年告争，聚訟不休。查乾隆元年，大嵩場灶林炳修等控，贖民買灶田經寧波府議詳，照時價回贖詳奉護塩院張批允飭遵在案，至今訟端屏息。荒蕩墾熟應照時價回贖，正所以勸勤墾而厚民生也。似於情理允宜可垂永久。又奉憲批，灶産不許民人管業。現在民户執業者，議令聽灶取贖。倘有從前售賣民人，契内載明不找、不贖者，以及原主故絶、而産係民户管業者，應否一例回贖，并原主故絶、許同户取贖之處等因。查民間交易田地，三面議定，然後立契成交。契内有載銀便回贖者，有載年限回贖者，有載不找、不贖者，均出自兩相情願。倘將契載不找、不贖之産，而概議聽灶取贖，徒滋紛争不已。應請無論灶買灶産、民買灶地年分遠近、并原主故絶等項，若契内議載不找、不贖者，概不准贖，以斷葛藤。仍通飭曉諭，凡民人所執灶業，契載不找、不贖之産，日後止許轉售灶户，不許再售民人。違者，按治則與雍正四年欽奉上諭，年久被失之地，所有争告無憑詞告，該衙門俱行注銷。凡民人所有灶地，嗣後止許賣與灶户，永遠爲業。如有仍轉行典賣與民者，照盜賣官地律治罪。永以爲例等因，似相符合。再查原主故絕、許同户之人取贖之處，此端一開，則同姓影響之人、以及非親非族，買囑族姓扛帮扶控，串通冒認，告争滋訟者，不一而足，應請仍照前詳，不便舉行似亦息事寧人之一道也等因。乾隆七年十二月初一日奉塩院常批，既據剖晰聲明如詳飭遵繳。

《少數民族法典法規與習慣法·地方法規·冕寧縣不許買酒與夷匪告示》 爲嚴禁事。案據土民姜文富，武生王廷清，甲長李盛業，客長甘思霖，馬朝元，團首鄧光宗稟稱：酥州壩一帶地方逼近夷巢，常有猓夷勾結凉山夷匪，携帶刀矛弓箭混入境內，凶〔酗〕酒横行滋事，稍不遂意，輒敢藉故生端，騙賴不休。每有竊劫不法等事，皆由賣酒之家希圖漁利，奸貪窩留，實爲地方之害。稟請嚴禁等情前來。據此，除稟批示外，合行嚴禁。爲此示仰鋪户居民□酒人等知悉，自示之後，不許賣酒與夷匪等飲食。倘有不遵，私行發賣，定即提案究辦；並不准夷人途次携帶刀矛弓箭，横行入場。倘敢故違，許該場團首人等拿獲稟送來案，定行從嚴懲治，决不稍爲寬貸，各宜凜遵，毋違。特示。

咸豐十一年九月三十一日。

（清）蔡澍《澄江治績續編》卷二《集文告·申嚴找贖定例告示》 爲申嚴違例找贖之禁，以肅功令、以整刁風事。照得民間買賣産業不能禁無找贖，而違例混控，豈容恣長□□。查雍正八年定例內開立有絕賣文契，註明時值估價，永不回贖，及契內並未注明找貼，而後告找貼者，槩不准贖□，或産主不甘輕棄，只因一時急需不得已減價求售，而於契內並未載明絕賣字樣，或註定年限回贖者，並聽其照價取贖。如賣主無力回贖，許憑中公估找貼一次，另立絕賣契紙。如賣主不願找貼，聽其别賣，歸還原價。倘係已經賣絕，契載確鑿，復行告找、告贖，應照例科罪。至有執産動歸原及先儘親隣之説，借端勒揹希圖短價者，該地方官嚴行究治。至典當田地已滿年限，而業主力不能贖，照時價確估，令典主找價，换立賣契。如典主無力，聽其另行覔售，償還典價。年限未滿，業主不許强行回贖。限滿之後，典主亦不得借端揹贖，違者均按律治罪等因，遵經曉諭。乾隆六年□□撫督二憲通飭，找贖田房，定例復經條分縷晰、刊示頒佈，在爾民所當深知、熟悉者也。今本縣查閱呈稟中控、找控贖□十居八九。夫例應取贖之産，邀中驗契交價歸田，原不待争論而始得歸楚。乃有一種刁民本知産已絕賣，祇緣近日時價稍昂，希圖勒找，又或探知現業轉賣浮價，覬覦分肥，遂即揑造謊詞串通硬証朦混具控，詎知賣絕之産久爲他人世業，豈因時價昂貴可以勒令加增？

現奉督撫二憲條例內開已絕之産，如轉賣浮價，仍聽執業者自便，原業不得過問，是徒存妄想，抑何益也。又有一種無耻之徒，訪知原業已故並無嫡派子孫，遂冒認爲承繼之後裔，或甘認爲隨醮之義子，又或女壻冒贖岳家之絕産，內姪强分嫁姑之遺田，利念一萌，名義俱喪，□□承繼子嗣必有立繼文書，或祖遺老契確鑿執據，容或可憑。然亦必究明是否昭穆相當，或因貪圖腴産揑造文書紊亂宗支，冒稱子嗣者，皆法所當懲。故條例所開未加未絕之産，如原業已故，事遠年湮，中証無存，並無上首老契，又非原業子孫，此等一無憑據之案妄行告找、告贖必係奸徒冒中、冒原串詐滋事，必行嚴究。又有一種非理之談混，控混稟，如交價掣契，盡人皆知，未有契不還而先肯付價之理。今則往往以銀收契揹等語，希翼倖准。夫現業既思揹契，豈復收價而自貽訐訟之口實耶？更有一種愚民不知文義，聽信訟棍唆使，稱契內載有永不回贖、永無找貼，再無不盡不絕、或聽憑改造築墳字樣者，方爲割絕如永斷葛藤、永遠執業，再無他説字樣，以憲頒條例所不載，皆爲未絕之産。夫憲示所開典者取贖，賣者不贖，原甚明决，而加以絕賣字樣，反得謂之未絕乎？又有明知産係族人轉賣，杜絕而遺存廢契議單，私照冒認原業登門索找者，又有富豪世宦涎謀庚産、勾通原主私擅成交，給銀勒贖者，又有抗欠歷年條漕無項，抵補指稱産未杜絕，稟請押找償賦者，種種弊端，要皆刁惡之徒明欺得産之家力尚饒餘，私索不遂，控縣、控府即不能如意加找，而訐訟公庭，亦使之拖累無休，更兼訟師代書不按定例、不審是非，只圖有人商謀，隨意揑詞信筆書寫一狀，不准二呈復進，拖延一日即得一日之酒飯，控准一詞即索一詞之謝禮。自此訐告不已，而刁風日熾。興言及此，殊堪痛恨！合再出示嚴禁，爲此示，仰合邑士民人等知悉：嗣後凡有田産買賣，應否加找貼贖，必遵定例分别清理，如不經原中、不驗契紙，輒敢揑詞謊告，有類前弊者，一經查出，將原告按律科罪，更必究追訟師代書，一並責處，以儆刁風，其各凜之。特示。

乾隆七年三月　日

（清）常恩《安順黎平府公牘・道光二十七、八年黎平府告示稿》

爲剴切曉諭以杜爭端事，照得民間置買田地、房屋、山場，國課攸關，例應隨時遵例投稅，粘給司頒契尾，以杜私相授受、透漏稅課等弊，久經奉行飭遵在案。今本府到任以來，審理田土、山場案件案屢以白約混爭，兼之約内所載界址每多不清，因而紛紛訐訟。合行出示曉諭，爲此示仰府屬紳士、軍、民人等知悉：凡尔等買業立約，必須載明四至界址，方免爭佔。並以前所買產業存有白約，無論遠年、近年，趕緊親身持約赴府投稅，以憑粘給契尾。上完國課，下絶民心，既免漏稅之罪，又杜爭訟之端。自示之後，倘敢仍蹈前轍，再將白契收藏，不肯投稅者，一經本府查出、或被告發及興訟呈出白約者，定即照例罰半充公，並治以匿稅之罪，決不再寬。本府言出法隨，毋貽後悔。凜之、慎之毋違。特示。

（清）沈衍慶《槐卿政蹟》卷一《示諭・諭推糧過割告示道光二十四年二月》　照得民間置買田產，例應隨時稅契，推糧過本户完納。其有揩除丟收，及包攬協納肥己，寄户代完，並人住此都承買別都田糧，不將所居都分地名於糧册户下註明者，均干欺隱之咎。兹查泰邑花户積欠各年錢漕十數萬之多，半由於此。而控告丟陷等情，不一而足。此等惡習，若不及早改除，伊於胡底？合亟出示曉諭，爲此示仰閤邑花户人等知悉。嗣後買賣田產，務即將契投稅，於當年八月内開單，過割本户完糧。其從前未經推收，現在協納，及寄在別都別圖別户者，刻即一併趕緊清理歸户。各歸各圖甲立户完納。至承買別都田糧，務將其人住何都圖地名，於糧册户名之下分晰註明，毋稍混淆。所有積欠各年錢漕，亦即分別掃數清完，掣串安業。倘再狃於積習，觀望因循，則是自干咎戾。本縣惟有執法從事，毋謂誥誡之不早也。其各凜遵毋違。特示。

《户部則例》卷一〇《田賦・旗民交產》　一、順天直隸所屬旗地，無論京旗屯居老圈自置，俱准旗户民人互相買賣，照例稅契升科。其同治三年例前置買詭寄旗產者，准令呈明，更正。除酌定賦額外，業主、售主概免治罪，並免追從前花利。如例後匿不首報，一經查出，地畝概追入官，仍照隱匿科罪。

一、民人承買旗地，准赴本州縣首報地畝段數，呈驗契據。該管官驗明後，發給旗產契尾，令其執業，並酌定賦額於首報年啓徵，歸八旗產册内造銷，分數考成及錢糧期限統照地丁正項一律辦理。毋庸等候，覆勘再議科則。其屯居旗人契買旗產，一律照辦。原領屯地不在此例。

一、民人首報旗地，本州縣驗明坐落界至，比照四圍鄰地賦額酌中定則。如毘連山川廬墓或僅止三面兩面一面鄰近有賦民田者，一律比照升科，肆圍鄰地賦額，如壹面每畝貳分，壹面每畝叁分，壹面每畝肆分，壹面每畝伍分，共計壹錢肆分，肆股均分之，每畝叁分伍釐爲適中之數，即可比照定爲新升科則，餘以類推。如四面均無鄰地賦額可照，即照前交旗租減半定賦，惟不得較本州縣下則賦額再行覈減。

一、民人契典旗地，回贖期限以二十年爲斷。如立契已逾例限，即許呈契升科。無論有無回贖字樣。不准回贖。在限内者，仍准回贖。儻賣主無力回贖，許立絶賣契據公估找貼壹次。若買主不願找貼，應聽別售，歸還典價。如或不遵定限，各有勒措找贖情事，均照不應重律治罪。

一、民人置買旗房壹貳間至伍間，連走道、院落統計所占地基，不得過壹畝；陸間至拾間不得過貳畝；拾間至肆拾間不得過叁畝；伍拾間至百餘間不得過伍畝。或原買房間本少、續行添建者，覈其房間不過酌定地數，均准投稅執業。如多占地基，即照上等地則徵租報部。

《户部則例》卷一〇《田賦・違禁置買附押借長租》　一、八旗人員不許在外省置買產業，違者產業入官。照將他人田產朦混，投獻官豪勢要律與者受者同罪。其托民人出名詭名寄户者，受託之民人照里長知情隱瞞入官家產計贓論罪，受財者以枉法從重論，失察地方各官查參議處。駐防兵丁不在此例。

一、文職有司官吏武職自副將以上均不得於任所地方置買田宅，違者解任治罪，田宅入官，叅將以下任所置有產業田糧照民賦一體輸納，其鎮守臺灣大小員弁不得創立莊產，儻有託名開墾者，將該員弁嚴加叅處，地畝入官。如該管官通同容隱，一併議處。

一、盛京管界各官，不得於本管界内置買房地，違者按律治罪。如非本管界内，仍准照舊置買。

一、奉天省所屬旗地，不准民人及旗下家奴並養子開户，另記檔案人

一、民置旗産規避升科，税契仍前藉。稱指地借錢及支使長租者，業户、租户均照違制律治罪，其應追租借錢文，勒令歸還，銷字。若業户實係無力，准其將原地另賣，歸還。如有盜指公中祭田私自借貸錢文者，仍按盜典祭田例辦理。

一、湖南衡州、永州、廣東連州等處猺人地畝山場，除道光十二年以前售賣與民人者，准其照舊執業外，嗣後民猺不准交産。違者將田産斷歸猺人，將買主照違令例責懲。

《户部則例》卷一〇《田賦・置産投税》 一、旗人典賣房地，無論本旗、隔旗俱准成交。係出賣令赴左右翼納税；係出典令各報明該佐領記檔，回贖時仍令報明銷檔。凡典當田房契載年分，統以十年爲率。十年限滿，原業力不能贖，再予餘限一年，令典主呈明該翼，由翼將契紙交旗，鈐用佐領圖記送翼補税，發給本人收執。該佐領毋得措勒，自報税後原業不准告找、告贖，倘逾一年餘限仍不報税，及白契置買房地並老典三五十年遺漏未經納税者，一經查出，或被人首告，均追價治罪。

一、凡旗人置買有糧民地、民房及城内隨地徵糧房屋，均令在坐落地方州縣過税輸糧。其城内無糧房間，各按旗分赴左右兩翼過税。該翼即以跟隨紅契爲憑（毋庸取具置主佐領圖記）。辦給執照，仍黏連原契發還，詳細記檔備查。至旗人將典賣民地、民房輾轉典賣與民人者，聽。

一、盛京十四城旗人置買房屋，就近赴各城城守尉衙門投税。該城守尉驗契鈐印其置買田地，令赴各該地方衙門驗契鈐印注册免其輸税。如有私相賣買不行呈報者，查出治罪。至在京旗人典賣坐落盛京地方房地者，令在本旗都統衙門具呈轉咨盛京户部查辦。

一、帶地投充莊頭，其人丁地畝典賣悉由本主自便。

一、凡置買田地、房屋價銀，每兩納税叁分，州縣官於原契後黏給司頒契尾。其契尾編列號數於前幅，細書業户姓名及田房價銀，契税各數於後幅司印處，大書契價税銀數目。如契價在千兩以下者，令業户看明當面騎字，截開前幅給業户收，報後幅同季册彙送布政司查核。契價在壹千兩以上者，各州縣將所填契尾黏連業户原契，按月申送知府直隸州查驗，直隸州申送該管道員查驗。該上司驗明契尾，截裁兩半，定限十日發還州縣。

等盜典，盜買。（旗下家奴人等典買，乾隆十八年定例。盛京民人典買，乾隆三十四年定例。）清查時隱匿不首，事後查出，地畝入官，業主、售主均照隱匿官田律治罪。若清查後違例，典賣業主、售主俱照違制律治罪，地畝價銀一併撤追入官。失察該管官俱嚴加議處，至應追違例典賣地價銀兩。若實屬無可著追，該管各官確查結報，數在伍百兩以上，專案題請豁免，數在伍百兩以下，咨部年終彙題請豁。

一、民人置買屯田至伍拾畝以上不納籽粒者，照數追納，完日仍行治罪。籽粒不缺，照常辦理。

一、僧道、喇嘛不准典買旗地、旗房。如施捨寺廟作爲香火或立有碑碣，或查明收租年分俱在嘉慶十七年。定例以前者，准其管業，定例以後，不准施捨以杜影射隱匿之弊。違者，照違制律治罪，若租給承種者，聽。

一、西洋人在乾隆十五年例禁後典買旗地，與業主一律治罪。若例前買典地畝，免其撤回，並免治罪，典主願贖，仍聽。

一、土默特蒙古地畝不准典賣。如有民人私行置買者，賣主、買主俱從重治罪，地畝入官。

一、湖南永順等處苗疆田地，祇聽本處土苗互相買賣。如有漢民希圖糧輕，土苗貪得重價私相買賣者，分別責懲，勒令苗民回贖，失察地方官分別議處。

一、廣西省慶遠等五府屬土司官莊田畝，不許私行典賣。如土目、土民典買土司官莊田畝，即將承買之人照盜賣田畝律，每伍畝加一等治罪，追價入官，田還原主，併將違例典賣之土司查參降留，失察之該管知府察議。若查明該土司有倚勢抑勒情事，將勒賣之土司降級調用，失察之該管知府議處。

一、貴州苗疆屯軍人等官給屯田，如民人私行置買，該衛千總嚴行究治。不行清查者，照例議處。

一、貴州漢苗雜處地方，飭令地方官及苗弁稽查，不許漢民置買苗田並放債盤剥，藉端驅使苗人，亦不得承買民地。儻有違犯、隱漏，將田地給還原業，追價入官，仍治以應得之罪。地方文武各官，不實力稽查，嚴參究辦。

一、給業户收領一存俟，彙送藩司稽核。倘州縣不按月申送或道府直隸州查驗不力，及逾限不給或已給而州縣不即發交業户收執者，均分别處分。

一、凡民間置買田房於立契之後限一年内，呈明納税。倘有逾限不報者，照例究追，令各督撫刊刻告示飭發所屬，遍貼城鄉，使愚民咸知例禁。

一、凡置買田房不赴官納税請黏契尾者，即行治罪，並追契價一半入官。仍令照例補納正税。州縣侵肥税銀、止於契紙鈐印不黏給契尾者，嚴參治罪。如係活契典當田房、契載在十年以内者，概不納税。十年以後原業無力回贖，聽典主執業。轉典其有於典契内多載年分者，查出治罪，仍追交税銀。若先典後買，按典買兩契銀兩實數科税。

一、民人典當田房，契載年分統以十年爲率，限滿聽贖。如原業力不能贖，聽典主投税過割執業。倘於典契内多載年分，一經發覺，追交税銀，照例治罪。如買賣田産，將糧額載入印契，即令買主、賣主親赴州縣對册推收，隨時過割。該州縣實力稽查，倘有任聽書吏私行下鄉，違例滋擾等弊，該管各土司即行揭報，該督撫嚴叅究治。

一、湖南長沙等府州屬撥給投誠官兵及裁汰弁卒開墾荒地，准其照民産一律買賣納税，印契過户承糧。如有隱匿漏税等弊，照例治罪，並將弁田名色删除。

一、八旗官員及閒散人等置買旗契房地，不赴左右兩翼納税過契。如有取巧赴大宛兩縣私税民契者，並大宛二縣知情私准納税者，均照違制論。官員議處，閑散人等鞭責發落，仍令赴兩翼衙門補税换照。八旗置買房地契税詳見左右兩翼税例。

一、承買抄産房地，價銀交清後，由地方官給發印信執照，毋庸納税。

一、内務府所屬投充莊頭，後經分撥各王公門上，其在檔人丁，不准援引八旗投充莊頭典賣，悉由本主自便之例辦理。

《户部則例》卷一〇《田賦·盗賣盗耕附竊放農田蓄水》　一、凡盗賣官田及他人田宅，依本律問罪。如軍民人等將争競不明，或已賣及民間開墾已經起科田地，或僧道將寺觀各田地，及子孫將公共祖墳山地朦混，投獻王府官豪勢要之家，私捏文契典賣者，分别參究治罪。盗賣與投獻等項田産及盗賣過田價、并遞年所得花利，分别追繳給主。

一、凡盗賣祖遺祀産、義田、宗祠等項，將盗賣與知情謀買者，分别治罪。房産收回，給族長收管，賣價入官。

一、八旗在京田産及坐落盛京田産，如有家奴、莊頭人等盗賣者，田伍拾畝照子孫盗賣祖遺祀産律治罪，不及數者，照盗賣官田房宅律治罪。串通説合之中保，均與盗賣之人同罪。田産給還原主，賣價入官。

一、凡盗耕他人田地、及盗耕塋堡草場，越踰邊牆界石種田者，依律例分别究擬，仍追所得花利。官田歸官，民田給主。

一、臺灣奸民私贌熟番埔地者，依盗耕本律問擬。於生番界内私墾者，依越渡關塞律問擬，田仍歸番。

一、民間農田除江河川澤及公共塘堰溝渠，或雖非公共，而向係通融灌溉者，不在例禁外。如有各自費用工力挑築池塘、渠堰等項，蓄水以備灌田，明有界限而他人擅自竊放以灌己田者，按其所灌田禾畝數，照侵佔他人田畝例治罪。

《户部則例》卷四〇《漕運·漕船·變價船隻》　一、江西湖廣二省，滿號漕船抵通交糧後，准留通變賣所賣價銀。每隻存銀六十兩，倉場封交，隨帮解交，糧道驗給，以資成造新船之用。江南、浙江、山東、河南等省滿號軍船，仍令跟幫駕回配料，成造其買補船隻，滿號之年，亦准留通變價。

（清）張之洞《張之洞全集》卷一二二《公牘·咨劄·劄發嚴禁鐵路兩旁田地私相賣買出示光緒二十三年二月初九日》　爲曉諭事。照得南北各省現在欽奉諭旨開造鐵路，經過地段所有佔用民業田地、山場，應由委員會同地方官傳集業户，眼同勘丈，分别等則，按照民間常價，由官核定酌中發給，不準居奇抬價，此地球萬國通例。我中華已辦之津榆、京津，現辦之盧溝、保定各路，勘地給價，皆係照此酌定章程，一律辦妥，民間遵行毫無異議。現在開辦幹路南端由漢口、漢陽迤邐而北，誠恐該處紳商民户未悉定章，或多人争買，或業户居奇，以致地價騰貴，大工難於速成。查興辦鐵路，乃朝廷利民經國之要政，美利所及必須公溥，國家創此盛舉，自當使各項商民一體受益，斷無任令賣地之家獨專大利之理。且鐵路

〔清〕薛允升《唐明清三律彙編·户律·田宅·典買田宅》《唐律》無文，惟云：諸賣口分田者，一畝笞十，二十畝加一等，罪止杖一百。地還本主，財没不追。即應合賣者，不用此律。

《疏議》曰：口分田謂計口受之，非永業。合應賣者，謂永業田，其賜田欲賣者，亦不在禁限。

《輯注》按：《課程律》客商匿税者，笞五十，一半入官。此不税契即匿税也故，其法同。又曰：必税契，所以杜異日假捏之契也。必過割，所以清各户賦役之籍也。

雍正十三年十二月二十五日，内閣抄出奉上諭：從前條奏旗人不許在外置産者，蓋以旗員歷任外省者甚多，往往回旗之後遺留田産，於任所安設家人潛匿户口滋生事端，不得不防其流弊，並非爲駐防弁兵而言也。夫駐防弁兵，久於其地，所有産業皆遠年所置，以養贍家口者，若概令變賣，必致防其生計。此乃奉行錯誤，非立法之本意，著該部即速行文外省駐防將軍等知之。特諭。欽此。

户部議覆湖北撫晏斯盛條奏：查雍正八年三月内，經臣部議覆盛京户部侍郎王朝恩條奏行令各該督撫題覆，民間資産立有絶賣文契，注明時值估價，永不回贖，及契内並未注明找貼，而後告找貼者，概不准貼贖。其或産主不甘輕棄，只因一時急需，不得已減價求售，而於契内並未載明絶賣字樣，或注定年限回贖者，並聽其照價取贖。如賣主無力回贖，許憑中公估找貼，倘係已經賣絶，契載確鑿，復行告找告贖，照律科罪。其典當田地、房屋，年限未滿，典主不許强行回贖，除滿之後，業主亦不得藉端掯贖，違者，均照不應重律治罪。著爲定例，通行遵照在案。今該撫奏稱：楚俗以絶字爲多不書於契内，或以杜賣大賣字樣代之，是以凡屬賣契，但無絶字，無不群起告争，請嗣後凡有告贖田房事件，契載絶賣，及不回贖者，不准回贖。若原係賣契，並未注明年限，亦無聽其回贖字樣，但未書明絶字者，即係絶産，概不准其找贖。若契内雖無絶字，而有永遠爲業，永不回贖等字，更不找贖。若立年限回贖字樣，仍聽回贖等語。查典賣田房，近因地價昂始行告贖索找，有數十年出賣之産，而子孫告找者，有轉相授受之産，而隔手告找者；有契内已有永遠爲照字樣，因年遠人亡，雖藉端捏辭而告贖索找者，此雍正八年定例時未經議及。查典賣原有不同，而契載亦有分别，今應酌議。嗣後如係賣契，又經年遠，即無杜絶等項字樣，總屬賣斷之産。雖係原主嫡派子孫，亦不得告找、告贖，其並非嫡派子孫，更不得藉口。如有將遠年出售之産混行告找告贖，即係訛詐，俱應照例治罪。至於契寫許贖之産，如業主一時急需而原主不能回贖，聽其憑中轉典。倘既經别售而又有冒稱原主之原手告找告贖者，亦應照例治罪。若係典契及雖係賣契，而立有年限回贖字樣者，非屬年分久遠，已經轉售，均應准其限滿照價回贖，原主不得於年限未滿之前强行告贖。現業主亦不得於年限已滿之後，藉端掯贖，違者，均照例治罪等因。乾隆九年二月十五日奉旨：依議。欽此。

兵部議覆總漕顧琮條奏：查各省衛贍運屯田，原係恤軍公産，前因日久未查，一任軍民私相典賣，遂至有名無實。於乾隆七年五月内，經九卿議定將各衛原額屯田清查，内有運逃地荒，係民自墾熟田並年遠無稽，以及葬有墳墓者，免其回贖，照例幫貼濟運。其典賣之田，有原主可查，而契卷無存者，令該縣衛查明田地肥瘠，秉公議價，不得因其無契短價强贖。至於典佃之人，有添蓋房屋等項，縣衛勘估補償，公平取賦。等因在案。嗣經該督據各糧道議詳題覆清釐屯田案内，有現運旗丁自行管業者，有典賣之田或議津貼或應回贖者，經查照九卿原議題覆遵行亦在案，是清釐贍運屯田原題甚屬明晰，州縣衛所等官自應恪遵辦理。今據該督奏稱各衛屯田旗丁紛紛具控，多有以民霸占，瞻敢違例掯不許贖，州縣官任聽批飭，終年不爲審斷，若不酌定處分，互相稽察，年復一年，終成懸案等語。應如該督所請，嗣後各省軍旗果有屯田典賣與民，許照清釐條議備價回贖，由衛所移明州縣，飭令民人收價退田。倘地方官不即飭退，即將該州縣照承查遲延例扣限查參，論違限月日分别議處。至該督奏稱，如該丁不即備價混控退田，以及實係民田與軍無涉者，該衛所官弁照申訴不實例參處。查申訴不實例與此等案件尚未吻合，嗣後如該丁不即備價混控退田，以及一時草率不行詳查，旋即更正者，應比照丈量地畝不明白詳報，州縣官罰俸一年例，將該衛所官弁罰俸一年。若實係民田與軍無涉者，故作軍田捏報希圖冒混者，將該衛所官比照荒熟地畝不分晰明白混報，州縣官降一級調用例，降一級調用，將旗丁責革另選駕運。再該督奏稱各衛屯田其不能盡歸現運，倘有書役藉以族丁管船隱佔情弊，一經審實，將該管官照失察衙役犯贓例參處，該役照侵盗官糧例治罪等語。查屯田例應歸船濟運，豈容衙蠹影射侵漁，嗣倘各衙門書識人等有隱佔屯田情弊，該管官弁均照失察衙役犯贓例分别議處，該役照侵盗官糧例治罪。再查各省屯田自定議清釐以後，仍有措贖混控影射侵漁情弊，皆由該管大吏不嚴飭各屬實力奉行所致，應令該督加意督查。倘軍民争控不息，各衙門書識人等有隱佔等情，州縣衙所等官不即審明，以致經年累月，懸案莫結者，將該管之各糧道一並題參等因。乾隆十二年九月初六日奉旨：依議。欽此。

户部議覆浙江按察使同德條奏：查乾隆九年二月内經臣部議覆，原任湖北巡撫晏斯盛條奏，民間典賣田房如係賣契，又經年遠，即無杜絶等項字樣，總屬賣斷之産。雖原主嫡派子孫亦不得告找告贖，其並非嫡派子孫，更不得藉口。如有將遠年出售之産混行告找告贖，即係訛詐，俱應照律治罪等因，通行遵照在案。今浙江按察使同德因找贖田産構訟紛争，奏請以三十年爲限，限内契未杜絶，聽其找贖，其在三十年以外者，概不准贖等語，是原爲清釐訟端起見。竊思典、賣，本自不同，田産若經賣出，自應買主永遠爲業，本無告找告贖之理。惟是各省買賣房業寫立契券字樣不一，除已寫立杜絶文契，不准找贖字樣者，原不許找贖外，其未寫立杜絶等項字樣，向來一任賣主找贖者，本屬江浙等處鄉風，並非各省通例。近年生齒日繁，地價隨時增長，其奸訟紛紜，藉端控告原不過冀獲收餘，稍圖分潤。但未分别年限，民間無所遵循，該按察使所以有三十年之請，應如所議。江浙等處從前置買田産，現今在三十年以内者，准其找贖；如在三十年以外，契内雖無杜絶等項字樣，不許混告找贖。並請嗣後開置買産業，如欲找贖者，即於契内注明回贖字樣，統作典契，若寫立賣契，無回贖字樣，即屬賣斷之産，一概不准找贖。倘若仍前混行告找告贖者，照訛詐例治罪。仍請增入續頒條例，以昭畫一，並令該地官將分别典賣之處，詳悉出示曉諭，務使窮鄉僻壤人人咸知遵守。如有奸猾胥吏藏匿例條，希圖射利，以致愚民誤典作賣，負屈申告者，即將該吏治罪等因。乾隆十八年四月初十日奉旨：依議。欽此。

刑部議覆湖南巡撫楊奏：嗣後徵收税契，俱照徵收錢糧設櫃之例，另設税契之櫃。諭令業户親賫契券投税，務粘司印契尾，若業户貪圖便宜，混交匪人代税，致被假印侵收者，照不應重杖八十，責令换契重契。該管道府嚴加查察，所屬州縣倘有不粘司印契尾，侵收税銀入己者，照例題參究追。嗣後所屬州縣，倘仍有侵收税契情弊，即行據實指參。係直隸州侵收者，將該管道員一併查參。係州縣侵收者，將該管知府直隸州知州一併查參。仍將或係徇隱、或係失察之處，於疏内分晰聲明，如係有心徇隱，照徇庇例降三級調用；如止失察者，照屬員因事受財，同城知府失於查察，降一級留任等因。乾隆十六年閏五月初四日奉旨：依議。欽此。

户部議覆江蘇布政使常亮條奏：活契典業免其輸税一摺，查雍正十三年十二月初六日奉上諭：民間買賣田房，例應買主輸税交官，官用印信鈐蓋契紙，所以杜奸民捏造文券之弊，原非爲增國課而牟其利也。後經田文鏡創爲契紙契根之法，預用布政司印信發給州縣，行之既久，書吏夤緣爲奸，需索之費數十倍於從前，徒飽吏役之壑，甚爲閭閻之累，不可不嚴行禁止。嗣後民間買賣田房，着仍照舊例自行立契，按則納税，地方官不得額外多取絲毫，將契紙契根之法永行停止。至於活契典業者，乃民間一時借貸銀錢，原不在買賣納税之例，嗣後聽其自便，不必投契用印收取税銀。其地方官徵收税課多者，亦停其議叙，仍着各該督撫嚴飭藩司，時加察訪，倘有吏書索詐侵蝕等弊，立即嚴行究處，毋得稍爲寬縱。再，在京兩翼收税之處，亦照此例行，欽此。是活契典業免其税契，業經奉有諭旨，遵行已久，而律文内載有典賣田宅不税契者，笞五十，並未注明典契免税，是以健訟之徒，牽執律文指摘漏税，以致有司聽斷茫無實見，誠不足以杜争端而昭畫一。應如該布政使所奏，凡民間活契典當田房，欽遵雍正十三年諭旨，一概免其納税。仍於律文注明，其一切賣契無論是否杜絶，仍照舊上税。其有先典後賣者，典契概不納税，總按照賣契銀兩實數，照例納税，如有隱漏者，照律治罪。則奸民既不生告訐之心，而聽斷者可以畫一遵守。至該布政使奏稱江蘇州縣徵收田房契税，往往操之經胥吏之手，因各屬素不設櫃，花户無從投納，勢必央浼經承爲之經理，經承由是得以把持，於應納税銀之外任意多收，弊端不可究詰。經詳明督撫，行令各屬，照依徵收地丁之例，於大堂設櫃聽民自行投納，即時印給契尾，不得留難。倘有包攬私收，嚴拏治罪，該管官以失察故縱分别嚴參，通飭遵照辦理等語，亦應如該布政使所奏辦理等因。乾隆二十四年二月二十一日奉旨：依議。欽此。

户部等部會題署湖北巡撫莊等會奏：清查軍丁回贖屯田，酌定限期等款一摺，一奏稱民頂軍田，如有匿不首報，查出照隱匿田地例治罪之處，應如所奏。匿田一畝至五畝，笞四十，每五畝加一等，罪止杖一百等因。乾隆二十四年三月二十日題二十二日奉旨：依議。欽此。

户部奏：竊查旗地旗房概不准民人典買，如有私行典買者，業主、售主俱照違制律究治，此定制也。咸豐二年因各旗違例典賣旗地涉訟繁多，奏請量爲變通，奉旨：旗民交産，例禁纂嚴，無如日久弊生，或指地借錢，或支使長租顯避之名陰行典賣之實，争訟繁多，未始不由於此。着照該所請，順天、直隸等處旗地，無論老圈自置京旗屯居及何項民人，俱准互相買賣，照例税契升科等因。欽此。嗣於咸豐九年户部宗人府會奏交産之禁雖開，有捏作借字並不投税者，有詭寄業主仍不陞科者，且有盗賣隱占等弊，奏請規復舊制，復經奉旨允准。同治二年御史裘德俊條陳：旗籍生計艱難，請仍准旗民交産，經臣部會同宗人府、八旗都統等議准通行，纂入則例。自開禁以來三十餘年，檢查檔案，民置旗地已五千餘項，雖覈辦陞科尚無窒礙之處，而深惟本計終非久遠之圖。恭讀本年十二月十六日欽奉嚴禁通墾荒地招民認種之諭，因思畿輔一帶爲首善之區，八旗老圈關乎旗人生計，較之黑龍江通墾旗地越在邊服者尤關緊要。若旗民交産常此開禁，則旗産日見其少，而八旗生齒日見其繁，俸餉而外無恒産，非所以重根本也。擬請仍復舊制，嗣後京屯旗産無論老圈自置永遠禁止賣與民人，如有違例私自買賣，照例懲辦。至從前民置旗地，已經陞科報部者，仍准執業。其已投税款科，尚未報部暨已經交産有契，尚未報税陞科者，均自奉旨之日起，予限半年，令其趕緊一律陞科。由直隸總督順天府府尹造册報部，以示區别，而昭平允等因。光緒十五年十二月二十八日具奏，奉旨：依議。欽此。

《大清新法令》第四卷《光緒新法令·商部訂定鐵路購地章程光緒三十二年》第一條　自勘定路線後，即由鐵路公司將全部所經地方繪圖貼説具報本部，並移會該管州、縣存案。所有路線經過圖分暫勿税契過户，以杜圈購屯佔諸弊。一俟公司路地按圖購定，應即隨時知照該管知縣按圖弛禁。

第二條　由鐵路公司派員分段設局，會同該管州縣，將應用地畝分别上、中、下等差核定官價，總以參酌附近地方民間賣買價值爲准。地價低昂不一，按圖定值，彼此不准援引。如有青苗樹木亦均分等酌給補費，即由公司分别圖分等差開列清單，曉諭居民，逐段開購。

第三條　凡路線所經之處，其有廬舍、墳墓不能繞避者，均應一律遷移。由鐵路公司會同該管州、縣公平估定價值，按等發給業户，不得抗阻。

第四條　購買地畝以單契爲憑，所有方單紅契均應繳送鐵路公司存儲。如新置之産尚未税契，或係祖業所遺，或經兵燹水火契據無存，有糧串者，以糧串爲憑；無糧串者，以領狀爲憑。仍責成地保圖董鄰右加結聲明無隱匿契據及押轉典賣情事，呈繳公司存案。

第五條　如業户地畝較多，向係總單總串，鐵路不盡購用，所有單串自難悉數收回，即由公司刊印摘單一紙，將都圖、畝數、科則、四址、業户原地若干、公司劃買若干，由業户填注簽字，名曰摘録契底，附入領狀保結之内，仍將劃歸鐵路若干於該業户原來契串内，詳細批明，並加蓋經手委員戳記，發還原業户收執。

第六條　既經按圖分等酌定官價，所有民間舊契原載價值鐵路公司概置不論，總以官價爲准。

第七條　民間地畝雖歸業户，然有永佃分佃者，有披手活租者，有原佃而又轉佃者，名目甚多，或業户領田價，佃户領青苗補費，或業户、佃户分領青苗補費，均須該業户、佃户等于領價時聲明，自行清理。鐵路公司惟照核定官價按苗發給。

第八條　民間地畝如業户已將是地出典于人或出押于人，該業户、典户、押户等均應于領狀上簽名聲明。典價、押價在所領官價内自行清理。

第九條　凡已經勘定丈量插標載明圖内應用各地，一面發價，一面即行填築，如逾限一個月業户遲延不領地價，即由鐵路公司按照插標處所先行填築，即將地價發交地方官存儲，聽該業户隨時具領，以免停工待地之弊。

第十條　鐵路公司購買民間地畝，一經過割，糧隨地轉，即照原額科則歸入鐵路公司，按年完納，所有業户糧額即行如數劃除。

第十一條　所有鐵路應用地畝，如該業户願附入公司作爲股份，自應按照所定官價填給公司股票，應享權利與各股東一律。

第十二條　鐵路購地除軌道基地、車站、機廠各項需用地畝照例插標圈購外，亦不得多方估購，損及民間利益。所有經手購地員司務須按等給價，隨購隨發。不得抑勒折扣、留難需索。如有情弊，准由該業户向該管州、縣暨公司控告究辦。

第十三條　所有鐵路應用地畝，該業户不准擡價居奇，故意抗阻，以致稽延路工。如有不肖痞棍串聳阻撓、妄造謠言、借端滋事者，准由鐵路公司知照地方官嚴辦。一面將標内地段先行撥歸路工應用，照章應給官價由公司如數發交地方官存儲，飭領按照第九條辦理。

第十四條　如遇洋商基地及教堂産業均酌照各路購地章程成案，呈明本部核定。

第十五條　鐵路應用地畝，除購定立明界址外，任憑地土耕種。如所買地畝尚餘畸零，不及一畝不便耕種，情願並歸鐵路收買者，應由公司酌核購買。在一畝以外者，不得援請。

第十六條　鐵路基地未經購定以前，先立號碑爲志。所有路線左右六尺之地目前尚未給價，只能聽民耕種，惟不得轉售别户及建屋、埋葬之用。

第十七條　鐵路購地既竣，公司即將所購地畝按圖分等、造具清册，註明青苗樹木補費、房屋墳墓遷費、業户姓名、四址坐落、地價若干、賦税科則若干，詳晰移會該管州縣，並呈報本堂備案。

第十八條　路線所經如遇王府、旗地，除從寬酌給佃户種養費外，仍由鐵路公司照章按年納租，仍憑執照辦理。屯田、學田則備文領辦分等發給，與民間一律。

《大清新法令》第四卷《光緒新法令·外務部咨飭各關發租界外道契注明鐵路各公用地，照民價購用文光緒三十二年三月初二日**》**　光緒三十二年二月二十三日，准辦理滬寧鐵路總管理處沈道敦和王道勳禀稱：竊照光緒二十九年八月初一日，按奉前督辦大臣盛札開查盧漢鐵路辦過成案，凡民間買賣田地契内應令註明買主籍貫、住址，確係中國民籍，地方、官方准印税，並須加具某結聲明路工需用，願照官價過割，委無影射教産、洋産字樣。萬一契不註明，或契内所注地址爲軌道所必經，即一概不准。印税以杜轇轕漢口成案，則遇洋商呈請印契，責令先與路局商明無礙，由局移覆過縣方准印税。歷年杜漸防微，無非爲顧全要工起見，即按諸萬國鐵路通例，亦斷無准令一人抗霸阻礙全局之理。現查滬寧鐵路發軔于上海，經蘇、松、常、鎮、寧五屬十九州縣，地段過於綿長，防弊即不容鬆懈。前駐滬英領事璧利南函陳辦法兩條：一、該地先經西人註册者，設遇路工需用争價不定，即由地方官會同該管領事公斷，按照毗連地價爲收地之準則。二、華人有地租與西人尚未過户而即將過户者，印税之時由地方官飭就租約註明日後設爲路工所需，亦照上款公斷辦法給與毗連地價，並據隨函聲明凡洋人租地之約未經註册蓋印者，總公司不能認洋人爲地主各等語，經本大臣咨明外務部暨各省督撫通飭遵行。有案合行札飭，札到該處即便查照等因，奉此伏查滬寧鐵路禀定購地章程辦理。洋商基地所謂已經註册及未經註册者，即係有道契、無道契之别。自開購以迄今日，凡與洋商有交涉者，林道向均會同職處辦理，無不以前督辦大臣盛札行各條辦理。故滬站購地遇有道契者，一律請公正人公斷，均無異言。現因上海縣境内第二十一堡十一圖圈用民地以備起造貨棧之用，内有洋商基地並無道契，按即照前項章程不能認爲地主，只應作民地一律辦理。而洋商都不甘願如此辦法，乃有美國博文律師在十一圖地方僱用印度人看守，意在阻撓。當因該處地段急須開工，迭次函商博文律師撤去印人以便工作，日久仍未允從。刻下新年已過，工人紛集停工待地，恐滋事端。是以一面函請上海袁道知照美領事、轉飭博文律師，速將所僱印人撤去。如再不從，一至開工之期，萬難再候，惟有將印人驅逐出界免誤要工。倘因此滋生事故，惟博文是問，路局不任其咎等云。去後，一面切飭工程司于正月十九日即行開工，並飭該段彈壓委員，如印人敢或阻撓即行遣去。現博文律師尚未肯來局按照民地領價，恐此事將來變成交涉之案，合亟將以上原委縷陳，懇請示飭遵行。且職道等更有請者，查條約所載，洋人除教會公産外並無准在在租界外置業明文，即如西歷一千八百九十六年即光緒二十二年《中日訂定通商行船條約》第四款内載：凡通商各口岸城鎮，無論現在已定及將來所定，外國人居住地界之内均准賃買房屋、租地、起造禮拜堂、醫院、墳塋等語。此即外國人不准在界外租地之明證。然按諸目前通商各埠往往有洋商租界外租賃民地情事，闗道亦即發給印契，相沿日久效尤漸多。當此各省自謀建築鐵路之時，倘遇購買洋人執業之地，利權已失，辦理益難。然考外國通例，有外人在本國所置不動之產，仍遵本國律例之條。所謂不動產者，即指地畝、房產而言。此理前經上海英臬司署明認，凡洋人在中國租地如有爭執，須按中律辦理，不能按英國律例判斷云。職道等爲維持大局起見，擬請以後各關道如有發給道契在租界外者，務須在契上註明該地如遇中國建築鐵路、開通馬路及別項公用，應任聽中國國家照毗連民地一律給價購用等字樣。此固中國應有之權，抑亦各國按律行事之例。倘能照此議定實行，則地價可歸一律，不致華、洋地主輕重之別，且可免外人插身干預之爭，實于挽回利權、維持路政兩有裨益等情。據此查鐵路圈用地畝，凡有洋人置業未經註册蓋印者，自當按照定章不能認爲業主，只應作爲民地一律辦理。除批飭總管理處沈道等即按向定章妥辦外，飭江海關道遵照妥辦。再，沈道等稟內附陳各節甚有見地，現各省通商口岸每因洋人置產迭生轇轕，遇有公家圈用地畝，奸民輒串同洋人認爲洋產，以爲抵抗謀利之計，實屬有損主權。應請將沈道等附陳各節通咨各省督撫行飭該管道府縣一體遵照辦理等因前來。相應咨行貴大臣查照轉飭各屬，一體遵辦可也。

《大清新法令》第四卷《光緒新法令·商部奏商民私賣礦地應請申明約章以維權限摺》　竊維路礦、農工諸政，泰西各國皆以此爲開通商務之基，故其通國人民靡不殫精竭思，合力營置，然其于轄制之權限，境土之尺寸則必兢兢焉自保主權，他國人民萬不能侵損其毫末，可見權限所在不容須臾忽也。中國商民不知此義，往往圖目前之小利，不顧日後之隱憂。近年以來各省私估礦地、礦山之案屢見迭出，至各處租界之外，民間農田、房產亦浸假而售諸外人，若不設法查禁，流弊何可勝言。查各國通商條約，外國商民只准在通商口岸租地建置，又從前總理衙門成案，傳教士買地建堂，其賣契內只可載明賣作本處教堂公産字樣，若係洋人在內地買私產，與條約不合仍應禁止，是洋人在內地置買產業原非條約所准行。又總理衙門通咨各省文稱：嗣後各教堂置買產業不必先行報明地方官等因，可見若非教堂置買產業，均應先報地方官查核，且教堂置買產業雖不必先報地方官，而買妥之後則仍由地方官蓋印稅契，其是否教堂置買原不難確切稽查。臣等參考約章，界限本極分明，徒以奸民貪圖重價私自售賣，而地方州、縣不加深察，或吏役人等私受賄托，朦准稅契，迨至事成之後商令退讓，洋人亦不無齮累，反復相持往往釀成交涉。臣等詳加籌度，與其事後爭執轇轕繁多，何如事先防維爲拔本清源之計。擬請飭下順天府尹各省將軍、督撫等嚴飭各該地方州、縣，于商民稅契事件務令澈底查明，勿稍含混。倘有商民將地產私售外人，未經查出輒予稅契者，即將該州、縣照例參處，地主及吏役人等如查有串通朦混情事，一併治以應得之罪，以儆效尤。現值修訂法律之際，應否訂定專條，另由臣等咨行法律大臣酌核辦理，謹奏。

《大清新法令》第四卷《光緒新法令·農工商部等會奏核議礦務章程摺附片並請單·大清礦務附章》　第三十九條　處斷礦商與該地業主轇轕辦法

設如領有勘礦執照之人或係領有開礦執照之人，因勘礦、開礦或取散礦，所需地面業主不止一人，而其中有一段地面或因該地價之高低與該地業主不能商妥，地方官即按照下開辦法妥爲商辦，如全地業主皆不允願，應由官體察情形另行酌辦，不得拘定下開辦法：

元　應由兩造各派一估計人代爲估計，該估計人應自派定之日起于十日內將其所估之數，覆呈地方官察核。

譬如兩造之估計人所估不一，即由地方官另派一估計人公斷，該公斷人亦應將其意見于十日內具核。

地方官既將各估計人之意見及兩造與各估計人所言詳細察核，證據明確，亦應于十日內判定所需該處地面之廣狹及應賠償之多寡。

亨　設該地業主既經地方官飭知後于十日內不派估計人，即由地方官員派一人估計，該估計人無論業主或執照之人爲華商、洋商，必須秉公核估，倘有受賄或偏袒之處，一經查出定行議罰。

利　若不知該地業主究係何人，抑或知而不實，即由地方官代派一估計人，倘辦礦人所派之估計人與地方官代業主所派之估計人所定賠償之數目不相符合，由地方官自行斷定，其斷定賠償之款應代留存，備交應得之業主。

貞　凡爲估計人應將下開三則作爲估計礦界之底本：一則估計地價；二則估計該地所受損之處；三則按照本附章第四十二條所載應爲之事。

紀事

《戰國策・韓・秦大國》秦，大國也。韓，小國也。韓甚疏秦。然而見親秦，計之，非金無以也，故賣美人。美人之賈貴，諸侯不能買，故秦買之三千金。韓因以其金事秦，秦反得其金與韓之美人。韓之美人因言于秦曰：韓甚疏秦。從是觀之，韓亡美人與金，其疏秦乃始益明。故客有説韓者曰：不如止淫用，以是爲金以事秦，是金必行，而韓之疏秦不明。美人知内行者也，故善爲計者，不見内行。

《戰國策・燕・燕昭王收破燕》郭隗先生曰：臣聞古之君人，有以千金求千里馬者，三年不能得。涓人言於君曰：請求之。君遣之。三月得千里馬，馬已死，買其首五百金，反以報君。君大怒曰：所求者生馬，安事死馬而捐五百金？涓人對曰：死馬且買之五百金，況生馬乎？天下必以王爲能市馬，馬今至矣。於是不能期年，千里之馬至者三。今王誠欲致士，先從隗始；隗且見事，況賢於隗者乎？豈遠千里哉？

《漢書》卷二《惠帝紀》〔六年冬十月辛丑〕令民得賣爵。

《漢書》卷五《景帝紀》〔二年〕秋七月，詔曰：吏受所監臨，以飲食免，重；受財物，賤買貴賣，論輕。廷尉與丞相更議著令。廷尉信謹與丞相議曰：吏及諸有秩受其官屬所監、所治、所行、所將，其與飲食計償費，勿論。它物，若買故賤，賣故貴，皆坐臧爲盜，没入臧縣官。

《漢書》卷六《武帝紀》〔元朔六年〕六月，詔曰：朕聞五帝不相復禮，三代不同法，所繇殊路而建德一也。蓋孔子對定公以徠遠，哀公以論臣，景公以節用，非期不同，所急異務也。今中國一統而北邊未安，朕甚悼之。日者大將軍巡朔方，征匈奴，斬首虜萬八千級，諸禁錮及有過者，咸蒙厚賞，得免減罪。今大將軍仍復克獲，斬首虜萬九千級，受爵賞而欲移賣者，無所流貤。其議爲令。有司奏請置武功賞官，以寵戰士。

《漢書》卷一〇《成帝紀》〔鴻嘉〕三年夏四月，赦天下。令吏民得買爵，賈級千錢。

《漢書》卷二四上《食貨志》漢興，接秦之敝，諸侯並起，民失作業，而大饑饉。凡米石五千，人相食，死者過半。高祖乃令民得賣子，就食蜀漢。

《漢書》卷二四上《食貨志》後十三歲，孝景二年，令民半出田租，三十而税一也。其後，上郡以西旱，復修賣爵令，而裁其賈以招民；及徒復作，得輸粟於縣官以除罪。

《漢書》卷二四上《食貨志》此後四年，衛青比歲十餘萬衆擊胡，斬捕首虜之士受賜黄金二十餘萬斤，而漢軍士馬死者十餘萬，兵甲轉漕之費不與焉。於是大司農陳臧錢經用，賦税既竭，不足以奉戰士。有司請令民得買爵及贖禁錮免〔臧〕〔減〕罪；請置賞官，名曰武功爵。級十七萬，凡直三十餘萬金。諸買武功爵官首者試補吏，先除；千夫如五大夫；其有罪又減二等；爵得至樂卿，以顯軍功。

《漢書》卷三九《蕭何傳》蕭何，沛人也。【略】漢五年，已殺項羽，即皇帝位，論功行封，【略】其秋，黥布反，上自將擊之，數使使問相國何爲。曰：爲上在軍，拊循勉百姓，悉所有佐軍，如陳豨時。客又説何曰：君滅族不久矣。夫君位爲相國，功第一，不可復加。然君初入關，本得百姓心，十餘年矣。皆附君，尚復孳孳得民和。上所謂數問君，畏君傾動關中。今君胡不多買田地，賤貰貣以自汙？上心必安。於是何從其計，上乃大説。

上罷布軍歸，民道遮行，上書言相國彊賤買民田宅數千人。

《漢書》卷八九《循吏傳・龔遂》龔遂，字少卿，山陽南平陽人也。以明經爲官，至昌邑郎中令，【略】遂見齊俗奢侈，好末技，不田作，乃躬率以儉約，勸民務農桑，令口種一樹榆、百本薤、五十本葱、一畦韭，家二母彘、五雞。民有帶持刀劍者，使賣劍買牛，賣刀買犢，曰：何爲帶牛佩犢！春夏不得不趨田畝，秋冬課收斂，益蓄果實菱芡。勞來循行，郡中皆有畜積，吏民皆富實。獄訟止息。

《三國志》卷五四《吴志・魯肅傳》魯肅字子敬，臨淮東城人也。生而失父，與祖母居。家富於財，性好施與。爾時天下已亂，肅不治家事，大散財貨，摽賣田地，以賑窮弊結士爲務，甚得鄉邑歡心。

（晉）皇甫謐《高士傳》卷中《嚴遵》嚴遵，字君平，蜀人也，隱居不仕。常賣卜於成都市，日得百錢以自給，卜訖則閉肆下簾，以著書爲事。

《後漢書》卷一上《光武帝紀》〔建武二年五月〕癸未，詔曰：民有嫁妻賣子欲歸父母者，恣聽之。敢拘執，論如律。

《後漢書》卷八〇下《文苑傳・劉梁》劉梁字曼山，一名岑，東平寧陽人也。梁宗室子孫，而少孤貧，賣書於市以自資。

《後漢書》卷八一《獨行傳・范冉》范冉字史雲，陳留外黃人也。【略】桓帝時，以冉爲萊蕪長，遭母憂，不到官。後辟太尉府，以狷急不能從俗，常佩韋於朝。議者欲以爲侍御史，因遁身逃命於梁沛之閒，徒行敝服，賣卜於市。

《後漢書》卷八三《逸民傳・韓康》韓康字伯休，一名恬休，京兆霸陵人。家世著姓。常采藥名山，賣於長安市，口不二價，三十餘年。時有女子從康買藥，康守價不移。女子怒曰：公是韓伯休那？乃不二價乎？康歎曰：我本欲避名，今小女子皆知有我，何用藥爲？

《宋書》卷七《前廢帝紀》〔大明八年〕六月辛未，詔曰：【略】藩王貿貨，壹皆禁斷。

《宋書》卷八《明帝紀》〔泰始三年〕八月丁酉，詔曰：古者衡虞置制，蝝蚳不收，川澤産育，登器進御。所以繁阜民財，養遂生德。頃商販逐末，競早争新，折未實之菓，收豪家之利，籠非膳之翼，爲戲童之資。豈所以還風尚本，捐華務實。宜修道布仁，以革斯蠹。自今鱗介羽毛，肴核衆品，非時月可採，器味所須，可一皆禁斷，嚴爲科制。

《宋書》卷七三《顔延之傳》顔延之字延年，琅邪臨人。【略】遷國子祭酒、司徒左長史，坐啓買人田，不肯還直，尚書左丞荀赤松奏之曰：求田問舍，前賢所鄙。延之唯利是視，輕冒陳聞，依傍詔恩，拒捍餘直，垂及周年，猶不畢了，昧利苟得，無所顧忌。延之昔坐事屏斥，復蒙抽進，而曾不悛革，怨誹無已。交游闒茸，沈迷麴糵，横興譏謗，詆毁朝士。仰竊過榮，增憤薄之性；私恃顧盻，成强梁之心。外示寡求，内懷奔競，干禄祈遷，不知極已，預讌班觴，肆罵上席。山海含容，每存遵養，愛兼彫蟲，未忍遐棄，而驕放不節，日月彌著。臣聞聲問過情，孟軻所恥，况聲非外來，問由己出，雖心智薄劣，而高自比擬，客氣虚張，曾無愧畏，豈可復弼亮五教，增曜台階。請以延之訟田不實，妄干天聽，以强凌弱，免所居官。詔可。

《宋書》卷八一《劉秀之傳》劉秀之字道寶，東莞莒人，司徒劉穆之從兄子也。【略】大明元年，徵爲右衛將軍。明年，遷丹陽尹。【略】時賒市百姓物，不還錢，市道嗟怨，秀之以爲非宜，陳之甚切，雖納其言，竟不從用。

《南齊書》卷三《武帝紀》〔永明五年九月〕丙午，詔曰：【略】京師及四方出錢億萬，糴米穀絲綿之屬，其和價以優黔首。遠邦嘗市雜物，非土俗所産者，皆悉停之。必是歲賦攸宜，都邑所乏，可見直和市，勿使逋刻。

《晉書》卷七《武帝紀》〔咸康元年〕大旱，會稽餘姚尤甚，米斗五百價，人相賣。

《晉書》卷二六《食貨志》〔靈〕帝出自侯門，居貧即位，常曰：桓帝不能作家，曾無私蓄。故於西園造萬金堂，以爲私藏。復寄小黄門私錢，家至巨億。於是懸鴻都之牓，開賣官之路，公卿以降，悉有等差。廷尉崔烈入錢五百萬以買司徒，刺史二千石遷除，皆責助治宫室錢，大郡至二千萬錢，不畢者或至自殺。

《晉書》卷一〇〇《盧循傳》盧循字于先，小名元龍，司空從事中郎諶之曾孫也。【略】義熙中，劉裕伐慕容超，循所署始興太守徐道覆，循之姊夫也，使人勸循乘虚而出，循不從。【略】初，道覆密欲裝舟艦，乃使人伐船材於南康山，僞云將下都貨之。後稱力少不能得致，即於郡賤賣之，價減數倍，居人貪賤，賣衣物而市之。贛石水急，出船甚難，皆儲之。如是者數四，故船版大積，而百姓弗之疑。及道覆舉兵，案賣券而取之，無得隱匿者，乃并力裝之，旬日而辦。

《南史》卷七二《文學傳・崔慰祖》崔慰祖字悦宗，清河東武人也。【略】慰祖賣宅須四十五萬，買者云：寧有減不？答曰：誠異韓伯休，何容二價。買者又曰：君但賣四十六萬，一萬見與。慰祖曰：豈是我心乎？

《南史》卷七三《孝義傳・吴達之》吴達之，義興人也。嫂亡無以葬，自賣爲十夫客，以營家椁。

《南史》卷七三《孝義傳・郭原平》郭世通，會稽永典人也。【略】

子原平字長恭【略】每出賣物，裁求半價，邑人皆共識悉，輒加本價與之，彼此相讓，要使微賤，然後取直。

《南史》卷七三《孝義傳·朱文濟》　文濟字敬達，吴興人。自賣以葬母，太守謝瀹命爲儒林，不就。

《南史》卷七三《孝義傳·郭世通》　郭世通會稽永興人也。【略】其名者。嘗與人共於山陰市貨物，誤得一千錢，當時不覺，分背方悟，追還本主。錢主驚歎，以半直與之，世通委之而去。

《隋書》卷二四《食貨志》　煬帝即位，是時户口益多，府庫盈溢，乃除婦人及奴婢部曲之課。【略】又造龍舟鳳艒，黄龍赤艦，樓船篾舫。募諸水工，謂之殿脚，衣錦行勝，執青絲纜挽船，以幸江都。帝御龍舟，文武官五品已上給樓船，九品已上給黄篾舫，舳艫相接，二百餘里。所經州縣，並令供頓，獻食豐辦者，加官爵，闕乏者，譴至死。又盛修車輿輦輅，旌旗羽儀之飾。課天下州縣，凡骨角齒牙，皮革毛羽，可飾器用，堪爲氅毦者，皆責焉。徵發倉卒，朝命夕辦，百姓求捕，網罟徧野，水陸禽獸殆盡，猶不能給，而買於豪富蓄積之家，其價騰踊。

《隋書》卷二四《食貨志》　晉自過江，凡貨賣奴婢馬牛田宅，有文券，率錢一萬，輸估四百入官，賣者三百，買者一百。無文券者，隨物所堪，亦百分收四，名爲散估。歷宋齊梁陳，如此以爲常。以此人競商販，不爲田業，故使均輸，欲爲懲勵。雖以此爲辭，其實利在侵削。又都西有石頭津，東有方山津，各置津主一人，賊曹一人，直水五人，以檢察禁物及亡叛者。其荻炭魚薪之類過津者，並十分税一以入官。其東路無禁貨，故方山津檢察甚簡。淮水北有大市百餘，小市十餘所。大市備置官司，税斂既重，時甚苦之。

《隋書》卷五五《乞伏慧傳》　乞伏慧字令和，馬邑鮮卑人也。【略】高祖爲丞相，從韋孝寬擊尉惇於武陟，所當皆破，授大將軍，賜物八百段。【略】先是，突厥屢爲寇抄，慧於是嚴警烽燧，遠爲斥候，虜亦素憚其名，竟不入境。歲餘，轉齊州刺史，得隱户數千。遷壽州總管。其年，左轉杞州刺史，在職數年，遷徐州總管。時年逾七十，上表求致仕，不許。俄轉荆州總管，又領潭、桂二州總管三十一州諸軍事。其俗輕剽，慧躬行樸素以矯之，風化大洽。曾見人以簺捕魚者，出絹買而放之，其仁心如此。百姓美之，號其處曰西河公簺。轉秦州總管。

《隋書》卷六四《魚俱羅傳》　魚俱羅，馮翊下邽人也。【略】大業九年，重征高麗，以俱羅爲碣石道軍將。【略】于時東都饑饉，穀食踊貴，俱羅遣家僕將船米至東都糶之，益市財貨，潛迎諸子。朝廷微知之，恐其有異志，發使案驗。使者至，前後察問，不得其罪。

《舊唐書》卷二《太宗紀》〔貞觀二年〕三月戊申朔，日有蝕之。丁卯，遣御史大夫杜淹巡關内諸州。出御府金寶，贖男女自賣者還其父母。庚午，大赦天下。

《舊唐書》卷九《玄宗紀》〔天寶十二年〕八月，京城霖雨，米貴，令出太倉米十萬石，減價糶與貧人。

《舊唐書》卷一〇三《王忠嗣傳》　王忠嗣，太原祁人也，【略】天寶元年，兼靈州都督，【略】其後哥舒翰大舉兵伐石堡城，拔之，死者大半，竟如忠嗣之言，當代稱爲名將。先是，忠嗣之在朔方也，每至互市時，即高估馬價以誘之，諸蕃聞之，競來求市，來輒買之。故蕃馬益少，而漢軍益壯。及至河、隴，又奏請徙朔方、河東戎馬九千匹以實之，其軍又壯。迄于天寶末，戰馬蕃息。

《舊唐書》卷一三五《盧杞傳》　盧杞字子良，故相懷慎之孫。【略】建中初，徵爲御史中丞。【略】明年六月，趙贊又請税間架、算除陌。凡屋兩架爲一間，分爲三等：上等每間二千，中等一千，下等五百。所由吏秉筆執籌，入人第舍而計之。凡没一間，杖六十，告者賞錢五十貫文。除陌法，天下公私給與貿易，率一貫舊算二十，益加算爲五十，給與物或兩換者，約錢爲率算之。市主人牙子各給印紙，人有買賣，隨自署記，翌日合算之。有自貿易不用市牙子者，驗其私簿，投狀自其有私簿投狀。其有隱錢百，没入，二千杖六十，告者賞錢十千，出於其家。法既行，主人市牙語得專其柄，率多隱盗，公家所入，百不得半，怨讟之聲，囂然滿於天下。

《舊唐書》卷一三八《趙憬傳》　趙憬字退翁，天水隴西人也。【略】貞元四年，迴紇請結和親，詔以咸安公主降迴紇，命檢校右僕射關播充使，憬以本官兼御史中丞爲副。前後使迴紇者，多私齎繒絮，蕃中市馬迴以規利，憬一無所市，人歎美之。使還，遷尚書左丞，綱轄省務，清勤奉職。竇參爲宰相，惡其能，請出爲同州刺史，上不從。

《舊唐書》卷一五四《吕元膺傳》　吕元膺字景夫，鄆州東平人。【略】〔貞元〕十年七月，鄆州李師道留邸伏甲謀亂。【略】會小將李再興告變，元膺追兵伊闕，圍之半日，無敢進攻者，防禦判官王茂元殺一人而後進。或有毁其墉而入者，賊衆突出，圍兵奔駭。【略】數月，有山棚賣鹿於市，賊過，山棚乃召集其黨，引官兵圍於谷中，盡獲之。

《舊唐書》卷一六〇《韓愈傳》　韓愈字退之，昌黎人。【略】初，愈至潮陽，即視事，詢吏民疾苦，【略】袁州之俗，男女隸於人者，踰約則没入出錢之家。愈至，設法贖其所没男女，歸其父母。仍削其俗法，不許隸人。

《舊唐書》卷一七七《崔慎由傳》　崔慎由字敬止，清河武城人。【略】大和三年，入爲户部尚書。【略】四年三月，召拜檢校左僕射，兼揚州大都督府長史、御史大夫，充淮南節度副大使、知節度事。揚府舊有貨麴之利，資産奴婢交易者，皆有貫率，羊有口算，每歲收利以給用，從悉除之。

《舊唐書》卷一八二《秦彦傳》　秦彦者，徐州人，本名立。【略】〔光啓三年〕壽州刺史楊行密率兵攻彦，遣其將張神劍令統兵屯灣頭山光寺。【略】彦急求援于蘇州刺史張雄，雄率兵赴之，屯于東塘。重圍半年，城中芻糧並盡，草根木實、市肆藥物、皮囊革帶，食之亦盡。外軍掠人而賣，人五十千。死者十六七，縱存者鬼形鳥面，氣息奄然。張雄多軍糧，相約交市。城中以寶貝市米，金一斤，通犀帶一，得米五升。雄軍得貨，不戰而去。

《舊唐書》卷一八三《薛懷義傳》　薛懷義者，京兆鄠縣人，本姓馮，名小寶。以鬻臺貨爲業，偉形神，有膂力，爲市於洛陽，得幸於千金公主侍兒。

《舊唐書》卷一八九《儒學傳·歐陽通》　歐陽詢，潭州臨湘人，陳大司空頠之孫也。【略】子通，少孤，母徐氏教其父書。每遺通錢，紿云：「賀汝父書迹之直。」

《舊五代史》卷三八《唐書·明宗紀》〔天成二年三月〕丁卯，詔：所在府縣糾察殺牛賣肉，犯者準條科斷。其自死牛即許貨賣，肉斤不得過五錢，鄉村民家死牛，但報本村所由，準例輸皮入官。癸酉，以户部郎中、知制誥盧詹爲中書舍人。

《舊五代史》卷九〇《晋書·張籛傳》　籛，字慕彭，少嗜酒無節，爲鄉里所鄙。【略】高祖即位之明年，加檢校太保，出典密州，未幾，復居環衛。時湖南馬希範與籛有舊，奏朝廷請命籛爲使，允之。籛密齎蜀之奇貨往售，又獲十餘萬緡以歸。

《舊五代史》卷一二五《周書·馮暉傳》　馮暉，魏州人也。【略】初，張希崇鎮靈州，以久在北蕃，頗究邊事，數年之間，侵盗並息。希崇卒，未有主帥，蕃部寇鈔，無復畏憚，朝廷以暉强暴之名，聞於遐徼，故以命之。及暉到鎮，大張宴席，酒殽豐備，羣夷告醉，争陳獻賀，暉皆以錦綵酬之，蕃情大悦。党項拓拔彦昭者，州界部族之大者，暉至來謁，厚加待遇，仍爲治第，豐其服玩，因留之不令歸部。河西羊馬，由是易爲交市。暉期年得馬五千匹，而蕃部歸心，朝議患之。

《舊五代史》卷一三三《世襲傳·馬殷》　馬殷，字霸圖，許州鄢陵人也。【略】總制二十餘州，自署官吏，征賦不供，民間採茶，並抑而買之。又自鑄鉛鐵錢，凡天下商賈所齎寶貨入其境者，祇以土産鉛鐵博易之無餘，遂致一方富盛，窮極奢侈，貢奉朝廷不過茶數萬斤而已，於中原賣茶之利，歲百萬計。唐同光初，首脩職貢，復授太師，兼尚書令、楚王。天成初，加守尚書令。長興二年十一月十日，薨於位，時年七十八。

《舊五代史》卷一三八《外國傳·党項》　党項，其俗皆土著，居有棟宇，織毛罽以覆之。尚武，其人多壽，至百五十、六十歲，不事生業，好爲盗賊。党項自同光以後，大姓之强者各自來朝貢。明宗時，詔沿邊置場市馬，諸夷皆入市中國，有回鶻、党項馬最多。明宗招懷遠人，馬來無駑壯皆集，而所售過常直，往來館給，道路倍費。其每至京師，明宗爲御殿見之，勞以酒食，既醉，連袂歌呼，道其土風以爲樂，去又厚以賜賚，歲耗百萬計。唐大臣皆患之，數以爲言，乃詔吏就邊場售馬給直，止其來朝，而党項利其所得，來不可止。其在靈、慶之間者，數犯邊爲盗。自河西回鶻朝貢中國，道其部落，輒邀刼之，執其使者，賣之他族以易牛馬。明宗遣靈武康福、邠州藥彦稠等出兵討之，福等擊破阿埋、韋悉、褒勒、强賴、埋厮骨尾及其大首領連香、李八薩王，都統悉那、埋摩，侍御乞埋、嵬悉逋等族。殺數千人，獲其牛羊鉅萬計及其所劫外國寶玉等，悉以賜軍士，由是党項之患稍息。其他諸族，散處沿邊界上甚衆，然皆無國邑君長，故莫得而紀次云。

《舊五代史》卷一四六《食貨志》 天成元年八月，中書門下奏：訪聞近日諸道州府所賣銅器價貴，多是銷鎔見錢，以邀厚利。乃下詔曰：宜令遍行曉告，如元舊係銅器及碎銅，即許鑄造器物。仍生銅器物每斤價定二百文，熟銅器物每斤四百文，如違省價，買賣之人，依盜鑄錢律文科斷。

《舊五代史》卷一四六《食貨志》 後唐天成三年七月，詔曰：應三京、鄴都、諸道州府鄉村人户，自今年七月後，於是秋田苗上，每畝納麴錢五文足陌，一任百姓自造私麴，醞酒供家，其錢隨夏秋徵納。其京都及諸道州府縣鎮坊界內，應逐年買官麴酒户，便許自造麴，醞酒貨賣。仍取天成二年正月至年終一年逐户計算都買麴錢數內，十分只納二分，以充榷酒錢，便從今年七月後，管數徵納。榷酒户外，其餘諸色人亦許私造酒麴供家，即不得衷私賣酒，如有故違，便即糾察，勒依中等酒户納榷。其坊村一任沽賣，不在納榷之限。時孔循以麴法殺一家於洛陽，或獻此議，以爲愛其人，便於國，故行之。

（宋）王溥《五代會要》卷二八《迴鶻》 周廣順元年二月，遣使並摩尼貢玉團七十七、白氎、貂皮、氂牛尾、藥物等。先是，晉、漢已來，迴鶻每至京師，禁民勿私市易，其所有貨賣，皆中賣入官，私下市易罪之。至是，太祖命除去舊法，每迴鶻來者私下交易，官中更不禁詰，白是玉之價直，十損七八。

《新唐書》卷五三《段秀實傳》 段秀實字成公，本姑臧人，曾祖師濬，仕爲隴州刺史，留不歸，更爲汧陽人。【略】初，秀實爲營田官，涇大將焦，令諶取人田自占，給與農約熟歸其半。是歲大旱，農告無人，令諶曰：我知人，不知旱也。責之急，農無以償，往訴秀實。秀實署牒免之，因使人逐諭令諶。令諶怒，負農責曰：我畏段秀實邪？以牒置背上，大杖二十，輿致廷中秀實泣曰：乃我困汝。即自裂裳裹瘡注藥，賣己馬以代償。淮西將尹少榮頗剛鯁，入罵令諶曰：汝誠人乎！涇州野如赭，人飢死，而爾必得穀，撃無罪者。段公，仁信大人，惟一馬，賣而市穀入汝，汝取之不耻。凡爲人傲天災，犯大人，撃無罪者，尚不愧奴隸邪！令諶聞，大愧流汗，曰：吾終不可以見段公。一夕，自恨死。

《新唐書》卷五四《食貨志》 劉晏鹽法既成，商人納絹以代鹽利者，每緡加錢二百，以備將士春服。包佶爲汴東水陸運、兩税、鹽鐵使，許以漆器、瑇瑁、綾綺代鹽價，雖不可用者亦高估而售之，廣虚數以罔上。亭户冒法，私鬻不絶，巡捕之卒，遍于州縣。鹽估益貴，商人乘時射利，遠鄉貧民困高估，至有淡食者。巡吏既多，官冗傷財，當時病之。其後軍費日增，鹽價寖貴，有以穀數斗易鹽一升。私糴犯法，未嘗少息。

《新唐書》卷九七《魏徵傳》 魏徵字玄成，魏州曲城人。【略】〔貞觀〕七年，爲侍中。【略】高昌平，帝宴兩儀殿，【略】帝遣使者至西域立葉護可汗，未還，又遣使賫金帛諸國市馬。徵曰：今立可汗未定，即詣諸國市馬，彼必以爲意在馬，不在立可汗。可汗得立，必不懷恩。諸蕃聞之，以中國薄義重利，未必得馬而先失義矣。魏文帝欲求市西域大珠，蘇則以爲惠及四海，則不求自至；求而得之，不足貴也。陛下可不畏蘇則言乎！帝遂止。

《新唐書》卷一三七《郭子儀傳》 郭子儀，字子儀，華州鄭人。【略】大曆元年，華州節度使周智光謀叛，帝間道以蠟書賜子儀，令悉軍討之。【略】明年，還河中。吐蕃復寇靈武，詔率師五萬屯奉天，白元光破虜於靈武。議者以吐蕃數爲盗，馬璘孤軍在邠不能支，乃以子儀兼邠寧慶節度使，屯邠州，徙璘爲涇原節度使。回紇赤心請市馬萬匹，有司以財乏，止市千匹。子儀曰：回紇有大功，宜答其意，中原須馬，臣請內一歲奉，佐馬直。詔不聽，人許其忠。

《新唐書》卷一九九《尹知章傳》 尹知章，絳州翼城人。【略】長安中，擢定王府文學。【略】每休沐，講授未始輟。於《易》、《老》、《莊》書尤縣解。弟子貧者，賙給之。性和厚，人不見有喜愠。未嘗問産業，其子欲廣市樵米爲歲中計，知章曰：如而計，則貧人何以取資？且吾尚應奪民利邪？卒官。所注傳頗多行於時。門人孫季良等頌其德，刻著東都國子監門外。

《新唐書》卷二二一下《西域傳》 師子，居西南海中，延袤二千餘里，有稜伽山，多奇寶，以寶置洲上，商舶償直輒取去。

（宋）李燾《續資治通鑑長編》真宗咸平二年閏三月 以河北轉運使、

右諫議大夫索湘爲户部使。湘在河北時，屬郡有榦釀者，歲輸課甚微，而不逞輩多聚飲其中爲奸盜，湘奏廢之。德州舊率民馬以備驛傳，又役民爲步遞，湘罷其事，悉以官兵卒代之。會内殿崇班臨涣閻日新建議，請于静戎、威虜兩軍置場鬻茶，收其利以資軍用。湘上言：若是，則奪民利。臣恐榷場商旅，自兹阻絶，甚非便也。遂止。又言事者請許榷場商旅以茶藥等物，任於北界販易，復招募北界商旅于雄、霸州市易，北人既獲厚利，則邊患可息矣。詔湘詳議以聞。湘言：北邊自興榷場，商旅臻凑，制置深得其宜。今若許其交相販易，則緣邊商人深入北界，竊以爲非便。又北界商人若至雄、霸，其中或雜以奸僞，何由辨明？况邊民易動難安，蕃人之情宜有羈制，望且仍舊爲便。會有詔經度復修定州新樂、蒲陰兩縣，湘以其地迫窄，非屯兵之所，遂奏罷之。

湘質朴少文而長於吏事，歷任邊部，所至必廣儲蓄爲備豫計，出入軍旅間，頗著能名。先自京輦茶至榷場，最爲煩擾，又多所損敗，湘建議請許商旅緣江載茶詣邊郡入中，既免道塗之耗，復有征算之益。又威虜、静戎軍，歲燒邊草地以處南牧，言事者又請于北寨山麓中興置銀冶，湘以爲召寇，亦奏罷之。

（宋）李燾《續資治通鑑長編》仁宗康定元年四月〔丁亥〕大理寺丞、祕閣校理石延年往河東路同計置催促糧草。明道中，延年嘗建言：天下不識戰三十餘年，請選將練兵，爲二邊之備。不報。及西邊數警，始召見，命副吴遵路使河東，時方用延年之説，藉鄉丁爲兵故也。延年又言：昔漢用西域之兵破滅諸戎，得以夷狄攻夷狄之術。去年授唃厮囉節制，命助討元昊，宜募願使其國者，護發其兵，如有功，則加以王爵。置榷場，許市易羊馬，以通貨財。又回鶻在唃厮囉西，唐用其兵定吐蕃，亦可兼誘之，使犄角興師以分賊勢。

（宋）李燾《續資治通鑑長編》仁宗嘉祐四年二月　始，命韓絳、陳旭、吕景初即三司置局議弛茶禁，其十月三司言：茶課緡錢歲當二百四十四萬八千，嘉祐二年才及一百二十八萬，又募人入錢，皆有虚數，實爲八十六萬，而三十九萬有奇是爲本錢，才得子錢四十六萬九千而已，其輦運縻費喪失與官吏、兵夫廩給雜費又不與焉。至於園户輸納，侵擾日甚，小民趨利犯法，刑辟益蕃，獲利至小，爲弊甚大。宜約至和之後一歲之數，以所得息錢均賦茶民，恣其買賣，所在收算。請遣官詢察利害以聞。詔遣司封員外郎王靖等分行六路，及還，皆言如三司議便。

（宋）李燾《續資治通鑑長編》仁宗嘉祐五年三月〔甲寅〕知制誥劉敞、翰林學士歐陽修頗論其事，敞疏云：

古人有言：利不百，不變法。蓋言立事之難也。朝廷變更茶法，誠欲便百姓、阜國用而已。自變法以來，由東南來者，更言不便。徒以初詔不欲人立異，故一切緘默，莫敢正言。其大要以謂先時百姓之摘山者，受錢於官，而今也顧使之納錢於官，受納之間，利害百倍。先時百姓冒法販茶者被罰爾，今悉均賦於民，賦不時入，刑亦及之，是良民代冒法者受罪，子子孫孫未見其已。先時大商富賈爲國貿遷，而州郡收其税，今大商富賈不行，則税額不登，且乏國用。此三者最其害也。或以謂法遂不變，則中家必困，小家必流，若因緣驅逼，起爲盗賊，甚非國家之利也。臣愚欲乞申敕有司，益采輿議，且收格前詔，極論可否。若朝廷能粲然復三代之舊風，捐山澤之末禁，則乞一弛茶法，恣民勿問。設爲國用尚繁，利源未可悉除，猶當擇其利害，變而通之，使公私兩濟，若求益反損，求利反害，臣恐東南數十州之民，由此而困，則所謂利不百，不變法者也，未知其可。

臣暗於時事，不足以商功利。然耳之所聞，心之所疑，不敢不陳。望朝廷因臣之言，以求便國惠民之策。至於細意委曲，臣亦不能盡也。修疏云：

朝廷近改茶法，欲救其弊失，而爲國誤計者，不能深思遠慮，究見本末，惟知圖利而不圖其害。方一二大臣鋭於改作之時，樂其合意，倉卒輕信，遂晋而行之。令下之日，猶恐天下有以爲非者，遂直詆好言之士，指爲立異之人，峻設刑名，禁其論議。事既施行，而人知其不便者十蓋八九。然君子知時方厭言而不肯言，小人畏法懼罪而不敢言。今行之踰年，公私不便，爲害既多，而一二大臣以前者行之太果，令之太峻，勢既難回，不能遽改。而士大夫能知其事者，但騰口於道路，而未敢顯言於朝廷。幽遠之民日被其患者，徒怨嗟於閭里，而無由得聞於天聽。陛下聰明仁聖，開廣言路，從前容納，補益尤多。今一旦下令改事，先爲峻法，禁絶人言，中外聞之，莫不嗟駭。語曰：防民之口，甚於防川，川壅而潰，傷人必多。今壅民之口已踰年矣，民之被患者亦已衆矣，古不虚語，於今見焉。

臣亦聞方改法之時，商議已定，猶選差官數人，分出諸路，訪求利害。然則二三大臣不惟初無害民之意，實亦未有自信之心。但所使之人見朝廷必欲更改，不敢沮議，又志在希合，以求功賞，傳聞所至州縣，不容吏民有所陳述，直云：朝廷意在必行，但要一審狀爾。果如所傳，則誤事者在此數人。蓋初以輕信於人，施行太果，今若明見其害，救失何遲？患莫大於遂非，過莫深乎不改。臣於茶法本不詳知，但外論既喧，聞聽漸熟。古之爲國者，庶人得傳言於朝，正爲此也。

臣竊聞議者謂茶之新法既行，而民無私販之罪，歲省刑人甚多，此一利也。然而爲害者五焉：民舊納茶稅，今變租錢，一害也；小商所販至少，大商絶不通行，二害也；茶稅不登，頓虧國用，三害也；往時官茶，容民入雜，故茶多而賤，今民自買賣，須要真茶，真茶不多，其價遂貴，四害也；河北和糴，實要見錢，不惟商旅得錢艱於移用，兼自京師歲歲輦錢於河北，理必不能，五害也。一利不足以補五害，今雖欲減放租錢以救其弊，比特寬民之一端爾，然未盡公私之利害也。

望詔主議之臣不護前失，深思今害，黜其遂非之心，無襲弭謗之迹，除去前令，許人獻説，亟加詳定，精求其當，庶幾不失祖宗之舊制。

是時，朝廷方排衆論而行之，敞等雖言，不聽也。及治平中，歲入臘茶四十八萬九千餘斤，散茶二十五萬五千餘斤，茶户租錢三十二萬九千八百五十五緡，又儲本錢四十七萬四千三百二十一緡，而内外總入茶稅錢四十九萬八千六百緡。史臣曰：推是可見茶法得失矣。

（宋）李燾《續資治通鑑長編》神宗熙寧五年四月〔辛未〕知慶州王廣淵言：乞移浪斡、臧嵬等于近裏漢界熟户部内買地住坐耕種，應遷徙者作三等給修造價錢，仍委經略司計口貸糧，常加存附。從之。廣淵又言：浪斡、臧嵬地雖見今耕牧，緣前牒報夏國不曾耕牧，將來必爭。王安石曰：夏國奏狀云依見耕牧爲界，即理不合爭，上以爲必爭，安石曰：彼國主幼，用事者防將來歸責，必且爭執，至于甚不得已衆皆欲割棄，然後敢許我，所以紓將來之責。若敢旅拒，即恐無之。朝廷當知此意；即不須汲汲應之。既而廣淵又言：浪斡、臧嵬官已買與地，初不曾侵耕西界，惟是宣撫司指揮，後有七十餘户侵耕生地百餘頃，乞令鮮于師中相度。文彦博曰：廣淵作帥，豈可卻推師中相度？安石曰：廣淵但恐朝廷不信，故欲朝廷質師中，亦不爲避事。又謂吴充曰：朝廷亦不須計惜此尺寸地。充曰：只恐違卻元降指揮。安石曰：若指揮外求索則難，若指揮内自有所裁損，何爲不可？文彦博、馮京及充問蔡挺，挺言：地已盡耕，向時所買地皆不可種，有名而已。上曰：何如？彦博曰：必已盡耕，西人地不止百餘頃。上曰：蔡挺必知子細。挺曰：臣去慶州後，方招到浪斡等，聞官所買地不堪耕，後來盡耕卻蕃人地。安石曰：挺亦止傳聞，此事可案驗，令鮮于師中案驗盡耕與不盡耕及所耕頃畝，皆可見諸實。上曰：若專要退地，即如何措置臧嵬等？安石曰：向來只用二千貫買地，一頃才十貫餘，宜其不好。今若以臧嵬等歸附，務在優撫，即捐數萬貫買地給與，必不至失所。僉以爲無地可買。上曰：又恐買卻地，熟户無以安存。安石曰：熟户亦須自有買賣田地者，官以善價買其地，賣地者不患失所，亦不患無地可買。上曰：只恐羌夷性貪，示以弱即轉無厭。安石曰：羌夷誠不可狃，然亦計度事勢，若强弱適相當，即狃之更來侵陵無已；若彼方困弱，困弱而示彊，即我稍假借以利，更易爲柔服。且邊鄙事須計大勢，即此尺寸地未有所計，彼豈以尺寸地便絶和好？雖固爭不與，彼亦不過聲言點集爲迫脅之計，終未敢便深入也。然此小利恐不須爭。挺曰：若相度買地，須候商量界至事定。未定間若彼知買地，即難商量。上曰：相度地事，須令經略司密之。安石曰：此事不須密，若彼知我買地，必更緩以待我，我若有地可買，自可退地與彼，我若無地可買，可必要彼地，則彼亦知我取之非得已，正恐他路亦有侵地，因此更難商量。挺以爲諸路地與此不同，此地爲有數山寨，界至分明，故必爭。安石曰：陛下初議界至，亦料此處難商量，即知他處與此處不同。上曰：廣淵作帥，須專委廣淵計置此事。安石曰：按驗地即不須要鮮于師中。上乃從安石言，令廣淵相度以聞。於是，退地與夏國，改徙臧嵬等，廣淵言慶卒尚反側，未可用，不宜有疆事故也。

（宋）李燾《續資治通鑑長編》神宗熙寧六年五月〔辛未〕詔自今漢户典買夷人田土者，聽之。先是，王安石論瀘州夷事，因言：漢户不得典買夷人田土，此條貫合廢。上曰：自來有此條貫，何故？安石曰：

必緣典買相混争，致開邊隙，故立法禁止。苟能變夷爲漢，則此非所恤也。又清井兩邊地，若捐數萬緡官錢市得，令漢户佃，即清井更無夷事矣。上以爲然，遂降此詔。此據王安石《日録》四月二十二日所載，朱史係之九月二十八日，非也。聽典買夷田，據《法册》乃五月二十九日指揮。五年九月三日，初詔陝西緣邊蕃部土地許典買租賃，九月二十八日，熊本云云。王安石《日録》：六年四月二十二日，呈中丞言李曼事，上曰：鄧綰顛爲李曼分説，李曼致變，殺卻許多人，恐不可無罪。蔡挺曰：彼言張荀龍私書，荀龍在遠方，無所告訴，以書與臣，欲得上達，豈是私？今營救李曼，乃卻是私。安石曰：曼措置邊事，恐須有事。如荀龍言其受邊户財利，因别奏恩澤，即恐是誣罔。據鄧綰奏，即曼前未嘗到瀘州，曼既行義爲衆所稱，不容有此。陳升之亦曰：曼治民甚好，人極愛之。上曰：綰所言夷事多是。乃令送熊本相度。安石曰：漢户不得買夷户田土，條貫便合廢。上亦以爲然，曰：自來有此條貫，何故？安石曰：必是爲因典買相混賴，致争鬭起邊事，故立此條貫。然若能變夷爲漢，此事非所恤。又清井兩邊地，若捐數萬貫官錢買得，令漢户佃，即久遠清井更無夷事。上曰：本帶一羅才進隨行，云夷人可以利開説其黨，使爲我用，内相攻擊。果如此，最爲上策。

（宋）李燾《續資治通鑑長編》神宗熙寧八年閏四月〔甲辰〕權發遣環慶路經略使范純仁言：舊陝西敕弓箭手、百姓不許典買租賃蕃部田土，至《熙寧編敕》則不禁。臣今體訪環、慶州諸城寨屬户，昨因災傷，多以田土典賣與藩部，慮漸典賣與漢人。緣熟户以耕種爲業，恐既賣盡田土，則無顧戀之心，以至逃背作過，緩急難以點集。乞自今陝西緣邊屬户蕃部地，止許典與蕃部，立契毋得過三年。詔地連夏國界者，用陝西一路敕，餘用《編敕》。

（宋）李燾《續資治通鑑長編》神宗熙寧八年六月　戊申，中書言：運米百萬石往澶州、北京，計道路縻費不少，請歲給米鹽錢鈔、在京[illegible]六十萬貫石，付都提舉市易司貿易。度民田入多寡，預給錢物，至[illegible]令於澶州、北京及緣邊州軍入米粟麥封樁，候有備。遇物價貴，貫[illegible]住入中借兑支用，須歲豐補還。其市易司所糴，如價高，令以[illegible]之。先是，上令中書勘會運米費錢若干，中書進呈約三十七萬亦必不[illegible]，曰：向曾比較，那得費如許？王安石曰：此乃約數，然比今法可[illegible]比較實數進呈。安石因言俵糴事，以爲非特歲漕百萬石，[illegible]萬貫錢，又可榷河北入中價。河北大河無事，諸河又已循道，所出地及淤田至多，即歲增出斛斗不少。既遇斛斗貴，住糴即百姓米無所糴，自然價減。是雖有住糴之名，而實須有物可糴。府界淤田歲須增出數百萬石，民食有限，物價須歲加賤俵糴轉之。河北非惟實邊，亦免傷農。上以爲然。《吕惠卿日録》：八年九月十六日進呈罷運米，令市易俵放文字，余曰：元初只見在京八十價糴了米，司農寺以一百價賒糴了米，又東南八十價折斛，即是不得八十價米，又以二十文致到河北，不過一百文糴一斗六七分粟米，不爲貴。然本欲以外來物去河北，令官中有備，則和糴價可減，不爲商賈所操。安石欲以粟米易之，固甚善，然綱船兵梢也不易，許多時安排得成次第，且待糴得粟米後，換粳米也不妨，是他須要直罷了，亦不奈何。然因換得粟米後，便説道轉變得息錢一百萬，總是亂道。除以粟米易粳爲異外，等是從外處般物，由黄河到河北，其餘百般變轉得利，只是市易司買賣，干他運米甚事！才與商量便惡發。安石去後，是他所立底法，爲爰護如此，只是恐他來不得。閒朝班中有曹號呼臣爲護法善神，是他到來措置過，事須要改盡。只如市易事，吴安持怎盡會得？只見韓絳、馮京要壞此事，臣計算到約有一百三十萬貫息，故每起請，須要他看過行得，方教入遂貼地，没人語言。自吕嘉問到來，説並措置得不是，道是無他不得。臣見安石來便不能管得，而今也又有一百一十餘萬息錢，其餘措置若無本末，臣怎敢做？臣亦量臣力，尋常事開陳得官家，一時會盡，方始奉行。見得安石奏事，陛下有沈吟，中間安石便自道了：你既如此，須是無心始得。然其他不曾見别有事，只是臣面上如此許多年相知，厮共做了許多事，下梢卻恁地？按：此事即八年九月二十六日，惠卿云安石欲罷河東運米，而行市易俵放之法，惠卿以爲非便者也。初令運米河北，乃六月十八日事，不知安石罷此，卻行市易俵放之法，的係何時？今附注此，更俟考之。

（宋）李燾《續資治通鑑長編》神宗熙寧八年六月〔己酉〕詔邊民典賣地與北界，論如私相交易律，皆配黄河南本城，許人告，畝賞錢十千；所典賣地勒犯人家或地鄰贖歸，犯人家財不足，官爲借給，已有北人居者，官司婉順發遣。其典買北人地者，錢不追，地不得耕，兩地供輸，與全屬南人典賣地者立法有差。先是，邊民以地與敵交易，久則疆畔不明，往往生事。慶曆中，賈昌朝嘗爲約束，後屢申明，不能禁止，至是又著爲法。

（宋）李燾《續資治通鑑長編》神宗熙寧十年五月〔庚午〕同提舉成都府等路茶場公事蒲宗閔言：本司般賣解鹽，已蒙改法依舊通商外，有茶法事亦相關，須至更改。每年欲起發茶四萬馱赴秦州、熙河路依市價賣，仍認定税息錢，應副博馬糴買糧草；并川峽路民間食茶，許逐場依

[illegible]每貫收息錢一分出賣，仍沿貫納長引錢。鳳州、鳳翔、永[illegible]州軍，亦依舊爲通商地分，許客人于川中茶場算請興販。知[illegible]言官場買茶虧損園户，有致詞訴及生喧鬧。詔：川中茶場今[illegible]損官私，其取淨利三分指揮更不施行。彭州堋口茶場園户作鬧，[illegible]路轉運司根究施行。餘令提刑司等同共相度體量利害奏聞。官司如有[illegible]貫，亦一面取勘施行。

先是，陶言：臣竊見朝廷初遣李杞及蒲宗閔等入川相度買茶、往熙河博馬等事，當時奉使者急于進用，不察事體，遂認定逐年息錢四十萬貫，應副熙河。後來運茶積滯，歲課不足，即便擘畫卻于彭、漢二州逐年收買狹布各十萬匹，名爲折當腳錢，其實將布上所得之息充入茶利。自後又恐買布亦難敷及元數，則乞卻雇回腳船車般解鹽入川。洎至鹽法難行，則又乞將川中有茶去處並行收買。前後乖錯，非止一事。國家富有四海，山澤之利多與民共。自仁祖臨御以來，深知東南數路茶法之害，制詔有司一切弛放，任令通商。貨法流行，德澤深厚，聖時盛事，高出前世。今天下茶法既通，而蜀中獨行禁榷，此蓋言利之臣不知本末，苟于勞賞而妄爲之，非所以綏靜遠方之意。況川峽四路所出茶貨，比方東南諸處十不及一，日月所照，文軌混同，法無二門，仁不異遠，豈可諸路既許通商，兩川卻爲禁地？虧損治體，莫甚于茲。大凡官中元有之物，民間私侵其利，方是犯禁。只如解州有鹽池，民間煎者乃是私鹽，晉州有礬山，民間煉者乃是私礬。今川蜀茶園本是百姓兩稅田地，不出五穀只種茶，賦稅一例折科，茶園稅每三百文折納絹一匹，三百二十折納紬一匹，十文折納綿一兩，二文折納禾草一束。役錢亦須均出，自來採茶貨賣，以充衣食。伏緣此茶本非官地所產，乃是百姓己物，顯與解鹽、晉礬事體不同。一旦立法，須令中賣與官，或敢私相交易，便成犯禁，斤數稍重，乃至徒刑，仍没納隨行物色理賞錢，恭惟仁聖卹物之心必不如此。

又言：國家置市易司籠制百貨，歲出息錢不過二分，須以一年爲率。蓋爲今年支出官本一百萬貫，至年終要見息錢二十萬貫，即不是早買一百貫物，晚賣一百二十貫錢。今來茶場司卻不以一年爲率，務重行立法，盡榷民間茶貨入官，旋買旋賣，取利三分。或今日買十貫之茶，明日便作十三貫賣與客旅，或朝買一貫，暮作一貫三百文出賣。日逐將官本變轉，殊不休已。其公牒行下州縣，乃云務令買賣通快，無致妨滯錢本，則所出利息，比至歲終，不可勝算，豈止三分而已。此于市易元條，自相違越。據本州堋口鎮茶場申，六日之間，買到茶八百八十六斤，計本錢一百六貫三百二十文，隨日出賣，收到息錢三十一貫八百九十六文，別無見在。臣固疑其買賣之際，必有侵損官司，尋行體訪，乃是客旅並牙子等爲見榷茶不許衷私買賣，一向邀難園户，或稱官中高擡斤兩，或言多方退難，遂使于外面預先商量減價。其園户各爲畏法懼罪，且欲變貨營生，窘迫之間，勢不獲已，情願與客旅商量，每斤止收七分實錢，中賣與官，所餘三分，留在客人體上，用充買茶之息。纔投場中賣了當，即時卻是客人明立姓名正行請買，所以隨日賣盡。假如茶一百斤，每斤合賣一百三十文，計價錢十三貫，其園户既被邀難恐動，情願只作十貫賣與官場，即時卻是客人納錢一十三貫請買。文歷雖正，情弊則深。如此，則是園户只得七分價錢，暗折三分之息，自是園户本錢，客人元不出備。逐處買茶官司多是畏懼茶場司威勢，務欲買賣通快，出得息錢，始可免罪，以此互相欺誕，不敢申陳。臣伏謂園户是國家兩稅土著之民，今來被好利之臣設此弊法，要出息錢，卻令商旅生姦，侵損兩稅人户，最于遠方不便。又況隨日計利，殊無分限，顯是違越市易元條。伏乞聖慈檢會臣前奏，特降指揮，下本路安撫、轉運、提刑司體量指實，早賜更改，使王澤不壅，可救大弊。

陶累奏未報，而堋口茶園三百餘户凡五千人齎茶赴場。監官以本錢支盡，續于茶場司關請未至，會雨作，不即秤收。聚積忿恚，遂徑陛廳事，園遶監官，欲令牙人先出錢與買。監官起避之，衆隨詬詈，或毆擊從者，或褫裂監官衣袖，牙人等皆散去。陶知衆不可犯，但令約束，不復究治，仍別差官赴場相度增價及依次秤收，并申茶場司多支本錢，復具奏曰：劉佐、李杞、蒲宗閔等苟希進用，妄陳愚見，必欲出息三分，致令茶户被害。若逐場盡數收買之後，商旅將來計算不成，不願興販，則積壞茶貨，監官必被責罰，干連人必着陪填，勢須順承茶場司風旨，減價收買。所貴客人願來興販，變轉得行，或令園户自納三分息錢，請引出外。情弊如此，上下通知。恭惟陛下仁民愛物，與天地等，夙夜孜孜，講求治要，惟恐一夫未得其所，必不容此刻薄小人苟希勞效，作爲弊法，以困西南生聚，有累聖政，衆所不平。臣愚欲望早賜宸斷，特降指揮，下本路監司或帥臣采訪利害。如臣所言稍涉虚誕，甘俟誅戮，若萬分有一可以採用，即乞更張茶禁，以便遠民，或限數收買，或量減息錢，則山鄉茶户不勝至幸！及是，始詔罷取息三分指揮，宗閔等所措置亦微有更張，而陶尋得罪矣。

（宋）李燾《續資治通鑑長編》神宗熙寧十年七月〔丁巳〕詔河東、陝西、河北西路民因災傷典賣田産者，許依元價隨年限出息收贖，如過五年并買時不虧價者，不用此令。

（宋）李燾《續資治通鑑長編》神宗元豐元年十一月〔戊子〕司農寺請應以田宅借人及保人物産用爲抵當諸縣緩急錢物，并來有不依限償納民户，欲别展限半年，限滿不足，以元供抵當平價召人買之，官收其價錢，如一年無人買，即没納所抵當償官，尚有少數，依條催理，有羨聽給本主，其没納抵當依賣户絶田産法。從之。

（宋）李燾《續資治通鑑長編》神宗元豐五年八月〔丙辰〕開封縣言：養馬户未審止以屋業爲物力，或通計營運財物。祥符縣言：自頒養馬令，民買馬後，質賣家産，或於市易務拘管抵當，未審合與不合養馬。詔：以屋契錢數并屋租爲物力，隱匿契者，以鹽税爲定。如有質賣，馬亦隨之。若已抵當，或因事在官拘管，本户不得課利者，驗實與免。二月五日，霍翔云云，并九月十四日，又七年二月八日，又二十八日，又三月二十三日，當考。《王安禮行狀》云，京師坊郭户率以家貲二千緡畜馬一匹，謂之户馬。有訴于堂者，安禮言之，上許用食鹽錢爲法，計三千緡始畜一馬，賴免者甚衆。此事與此相關，須更考詳。七年二月二十八日，詔府界户馬并以家産、鹽税爲定，恐《安禮行狀》云云合附彼時。

尚書右丞王安禮先在開封時，大姓負市易息錢者累訴於庭。安禮既爲執政，言於上曰：市易之法，行之已久，取息滋多，而輸官不時者又有罰息。方天下無事，而行法之弊，民至困窮，竊爲朝廷惜之。臣願陛下涣然下詔，蠲其罰息，則天下幸甚。上曰：卿言有理，羣臣未有爲朕言者。其詔使大姓以限輸納，除其罰息。

（宋）李燾《續資治通鑑長編》神宗元豐六年三月丁巳，廣西經略安撫司奏：據融州溪峒司狀申：據王口寨申洪元州楊昌依、楊聖照、楊昌首、楊聖判等狀，近準誠州差人前來招諭昌依等，緣本州首領人各不願前去誠州，今昌依等頭領五人并船夫六人共一十一人前來到寨，欲乞指揮申解昌依等赴州取覆溪峒事宜，及據楊昌兵二狀寫録在前州司再行責據昌依等狀，竊緣昌依等係洪元州，自來係屬融州，每年出來融州買賣及赴聖節，於元豐五年十月内準誠州沿邊溪峒帖，勾追昌依等前去納土，今來昌依等各不願前去誠州納土，情願依舊屬融州，每年易爲出來州寨買賣并赴聖節。楊昌兵狀乞買耕牛，州司帖商税務依自來條例施行去訖。勘會近準朝旨，湖北轉運司奏誠州抄劄開修溪峒道路，直抵廣西都懷寨界，令臣協力應接。臣已牒知融州錢師孟體訪利害，并具奏聞去訖。今據融州狀申，據溪峒洪元州知州楊昌依等狀，準誠州勾追前去納土，今昌依等各不願前去，情願依舊屬融州，每年易爲出來州寨買賣并赴聖節。臣已再牒錢師孟密竊體問，相度措置，不得譸張，引惹生事去訖。詔劄與湖北轉運司，指揮誠州照會。

（宋）李燾《續資治通鑑長編》神宗元豐七年四月〔己酉〕荆湖路相度公事、右司員外郎孫覽言：沅水已招懷結狼、九衙等百三十餘州峒，乞委本州隨其風俗量宜約束，不必置官屯守，自困財力。盧陽、麻陽之間有生莫猺五百餘户，乞招撫補授，令把托道路。自誠州至融州融江口十一程，可通廣西鹽，乞許入錢於誠州買鈔，融江口支鹽，增息一分，可省湖北歲餽誠州之費，辰、沅州準此。徽、誠蠻多典賣田與外來户，乞立法：溪峒典賣田與百姓，即計直立税，田雖贖，税仍舊。不二十年，蠻地有税者過半，則所入漸可減本路之費。乞下誠、沅、邵三州施行。

（宋）李燾《續資治通鑑長編》神宗元豐八年七月〔甲寅〕殿中侍御史劉次莊奏：伏見倉部起請，乞將賈青買到建茶五十斤，往河北出賣。今若運往河北出賣，不獨猾商乘影接迹，潛冒買販，而姦細之人亦必轉入敵界。敵既知其物之重輕，又復可以必致，則異時賜與，將不爲珍矣。伏望聖慈特賜止絶。詔措置河北糴便司糴本建茶，只令在京變轉。又奏：伏見府界提點范峋於祥符等縣許人買撲都宰殺猪羊及果子牛牙，勾當户部，見行舉問。及訪聞京西路轉運副使沈希顔，亦于本部置棚，拘攔人户，買賣牛馬，出納淨利。近因陳向到任，方行改正。二吏掊克，妄有造立，無有條法。伏望委官根究詣實，重行黜降。詔府界令提舉司，京西路令提刑司，體量詣實聞奏。《政目》二十二日，詔罷河北糴本建茶。二十八日，詔體量府界提點司許人買撲宰殺豬羊并果子牛牙，及京西路轉運副使沈希顏拘攔人户，買賣牛馬，出納淨利。據《密疏》，即劉次莊論列也。

（宋）李燾《續資治通鑑長編》哲宗元祐元年四月 〔辛卯〕詔：元豐七年七月二十日修立應典賣田宅私寫契書并不係籍定牙人衷私引領交易法，更不施行。

（宋）李燾《續資治通鑑長編》哲宗元祐元年八月 〔丁未〕户部言：出賣户絶田宅，已有估覆定價，欲依買撲坊場罷實封投狀。從之。據劉安世言：元年六月七日有敕，罷實封買撲坊場法，而《實録》乃於十一月四日方載之。今八月二十二日已書依坊場罷實封，則是《實録》先後差誤，已取十一月四日事，載六月七日。

（宋）李燾《續資治通鑑長編》哲宗元祐三年閏十二月 〔丙辰〕右正言劉安世言：看詳撲買場務，其弊莫大於實封投狀，蓋無知之民利於苟得，競立高價，務相傾奪，止快目前之欲，不爲後日之計。然而一界之内，豐凶不常，或遇水旱之災，即有敗闕之弊，往往破家竭產，不償逋欠，身陷刑禁，家族流散。至於抵當之物，亦多假於親知，因緣同保，淪胥失業。若此之類，不可勝數。朝廷比用言者之奏，遂罷實封之法，參酌中道，立爲定額，不使愚民貪得忘患。而又兩人以上下狀，惟給已業抵當最多之人，蓋因其有自愛之心，必能生防患之慮，委之場務，可無他虞。郵民省刑，德澤深厚，公私之利，莫大於此。行之二年，幸已就緒，而今歲九月二十九日用户部申請，遽然變法，許人明狀增錢收買。臣詳觀户部狀稱，若只以酌中定額，即沽賣興盛之處，過贏厚利，此乃聚斂誅剥，損下害民之論，非聖朝之所宜行也。且實封投狀雖非善法，然所添之直，人不相知，惟至限滿啓封，方見合給之主。今則明書錢數，衆各見聞，又擇價高之人便行給付，民既是貪得，無有遠圖，並驅爭先，更進迭長，惟恐失之，豈念後患。臣竊謂坊場、河渡之類，既許民間承買，輸納官課之外，必有餘得，乃可爲生。今若復開争端，明狀買價，人知無益，誰肯徒勞。惟是貪迫之人苟求僥倖，一遭凶歲，鮮不破家，賞納不充，累及同保，則明狀之害，有甚於實封者矣。臣昨於領職之日，首論命令數易之弊，今前詔方下，普天受賜，遂徇邪説，輕廢成法，使朝廷救弊之仁未及周浹，而細民失職之害旋踵復生，臣雖至愚，竊爲陛下惜之。況國家賦役之總於地官，方二聖崇尚寬大，仁民愛物，宜得疏通知治體之士以司大計，而右曹官吏不能廣推上意，惟欲盡民之利，州縣監司畏省部之勢，無敢指言其非者，因循日久，上下相蒙，妄更法度，民受其弊，甚非所以稱陛下仁愛元元之意。伏望聖慈特降睿旨，應天下承買場務，並用元祐元年六月七日之法，所有今年九月二十九日指揮，欲乞更不施行。所貴民被仁政，不致失業。從之。户部右曹蘇轍主之，當考。《編録册》三年閏十二月十五日：臣僚上言：伏望聖慈特降睿旨，應天下應承買場務，並用元祐元年六月七日之法，所有今年九月二十九日指揮，欲乞更不施行。閏十二月十四日三省同奉聖旨依奏，仍先次施行。一、檢準元祐元年六月七日敕節文，臣僚上言乞罷實封投狀之法，奉聖旨令韓維等相度聞奏。今相度罷實封投狀，將前界買撲名錢數委本州看詳，若累有增無減，即取累界中次高一界爲額；如增虧不常者，即取酌中一界爲額。前後拖欠數多，及累限無人陳狀，雖有人承買，比最高價虧及五分已上者，縣相度減定，保明申州，州委官體量，保明申轉運司，轉運司體量得實，依所減定施行訖，保明申省。如界滿前一年，見買撲人不拖欠，即先限一月取問願與不願接續承買，如不願即出榜，限一季内許人投狀，仍坐家業抵當數目承買。兩人已上，給家業抵當最多之人，其所通抵産不得出鄰州之外。限滿無人投狀，再限兩月，依上法，餘並依舊條。三省同奉聖旨依。一、檢準元祐三年九月二十九日敕節文，户部狀：看詳買撲場務，巧弊百端，若只以酌中定額，即沽買興盛之處，過贏厚利，並不增長價錢，偶值界滿未有人承買，卻便節次裁減官錢，深慮浸久大段虧減歲入。若許人明狀添錢，承買人户自然酌度合直價錢投狀，若數人下狀價同，並擇抵當最多人給付，即其弊自革。本部今修立到條，仍先次施行。奉聖旨依。一、承買場務，三年爲界，於界滿前一年，本州録合用條及一界額錢，榜要害處，限六十日召人於額錢上添錢承買，仍具抵當家業物數，所坐見在地望，召主户一名委保，不是假名、同詣州投狀，限滿取著價最高錢數。再榜限三十日，召人添價。候滿限三十日，先取問見承買人，如無拖欠官錢，聽依所添價接續別立界承買，不願或有拖欠，即勘會着價最高人户名及抵當所有，詣實檢估，出帖給付。若二人已上價同，並擇已業抵當最多之人，依所著價給買，限外即不得增價爭買。無人投狀，再限六十日，依上法。每經限滿，又無人投狀者，準此。

（宋）李燾《續資治通鑑長編》哲宗元祐元年八月 〔乙巳〕户部言：應副輸助役錢人户典賣田土限五十頃止，限外田土所輸役錢依免役舊法全輸。未降赦前已過限者，非降赦後典賣田土者，即通舊過限田土，亦依免役舊法全輸。荒田并墳地若恩賜者，不在此限。從之。

（宋）李燾《續資治通鑑長編》哲宗元符元年冬十月 〔癸卯〕河東

轉運司言，體量到本路州軍爲經略司科定買馬匹數，多於人户名下配買，至昭德軍，出給公據，令人户往陜西買馬，并抑勒市户結攬軍馬中官狀。詔河東路知州、通判職官降官、展年限，罰銅有差。凡降官，並展兩期敘。【略】

又言：詳定司敕令所奏：按元符元年九月敕，府界諸路場務抵當折納田宅，更不出賣，並召人賃佃。竊詳承買場務所供抵當，自熙寧、元豐以來，立法各是出賣，以補填不足之數。然猶有出賣不及元祐數者，以至檢估官吏備償之法，其檢估官吏，尚或謬增估價。今若不行出賣，盡令佃賃，委有未便，伏乞改正。從之。

（宋）李燾《續資治通鑑長編》哲宗元符二年八月〔戊寅〕河東奏：朔州同知爭買胡疃事宜甯息。北人自去歲欲還東偏頭税場於買胡疃，徑入久良津買賣。朝廷以創改事端，令邊吏移文拒之云：久例於東偏頭村往來買賣，難議創行改移。後數移文至，不肯收受。又於買胡疃創建税場屋宇，及開石牆越漢界，於天澗及黄河取水。至以兵仗擁護取水人過界，射傷巡卒。林希日一奏，以爲北人恐因此生事，又云欲以黄河分水爲界，又云聚兵數千，欲據漢界取水。朝廷亦令折克行相度應接。曾布數諭希，以爲探報皆虚聲，建税場、破石牆、過界取水，皆同知者麄暴妄作，不足恤。希憂恐不已。既而果無事，仍奏云更不發日奏。上亦哂之。

（宋）董煟《救荒活民書》卷三《趙抃救災記》又爲出官粟，得五萬二千餘石，平其價予民，無糶粟之所凡十有八，使糴者自便如受粟。又僦民修城四千一百丈，爲工三萬五千，下户乏食者賑糶。有田無力耕者與賑貸，闔境五邑，以鄉村遠近均粟置場，每場以一總首主出納，十場以一官吏專伺察，越人至今稱之。

（宋）董煟《救荒活民書》拾遺《雜記條畫》南楚新聞孫儒之亂，米㪷四十千，將金玉換易，僅得一撮一合，謂之通腸米。言飢人不可食他物，惟廣煎米飲，可以稍通腸胃。

《宋史》卷一七三《食貨志・農田》時又禁近臣置別業京師及寺觀毋得市田。初，真宗崩，内遣中人持金賜玉泉山僧寺市田，言爲先帝植福，後毋以为例。繇是寺觀稍益市田。明道二年，殿中侍御史段少連言：頃歲中人至漣水軍，稱詔市民田給僧寺，非舊制。詔還民田，收其直入官。後承平寖久，勢官富姓，占田無限，兼并冒僞，習以成俗，重禁莫能止焉。

《宋史》卷一七三《食貨志・農田》建炎元年，籍蔡京、王黼等莊以爲官田，詔見佃者就耕，歲減租二分。三年，凡天下官田，令民依鄉例自陳輸租。紹興元年，以軍興用度不足，詔盡鬻諸路官田。五年，詔諸官田比鄰田租，召人請買，佃人願買者聽，佃及三十年以上者減價十之二。六年，詔諸路總領諭民投買户絶、没官、賊徒田舍及江漲沙田、海退泥田。七年，以賊徒田舍及逃田充官莊，其没官田依舊出賣。二十年，凡没官田、城空田、户絶房廊及田，並撥隸常平司；轉運、提刑、茶鹽司没入田亦如之。

《宋史》卷一七三《食貨志・農田》〔建炎〕二十一年，以大理寺主簿丁仲京言，凡學田爲勢家侵佃者，命提學官覺察；又命撥僧寺常住絶産以贍學。户部議併撥無敕額庵院田，詔可。初，閩以福建六郡之田分三等：膏腴者給僧寺、道院，中下者給土著、流寓。自劉夔爲福州，始貿易取貲。迨張守帥閩，（紹興二年秋。）上倚以拊循凋瘵，存上等四十餘刹以待高僧，餘悉令民請買，歲入七八萬緡以助軍衣，餘寬百姓雜科，民皆便之。

《宋史》卷一七三《食貨志・農田》〔建炎〕二十六年，以諸路賣官田錢七分上供，三分充常平司糴本。初，盡鬻官田，議者恐佃人失業，未賣者失租。侍御史葉義問言：今盡鬻其田，立爲正税，田既歸民，税又歸官，不獨絶欺隱之弊，又可均力役之法。浙東刑獄使者邵大受亦乞承買官田者免物力三年至十年。（一千貫以上免三年，一千貫以上五年，五千貫以上十年。）於是詔所在常平没官、户絶田，已佃未佃、已添租未添租，並拘賣。二十九年，初，兩浙轉運司官莊田四萬二千餘畝，歲收稻、麥等四萬八千餘斛；營田九十二萬六千餘畝，歲收稻、麥、雜豆等十六萬七千餘斛，充行在馬料及糴錢。四月，詔令出賣。七月，詔諸路提舉常平官督察欺弊，申嚴賞罰。分水令張升佐、宜興令陳迟以賣田稽違，各貶秩罷任。九月，浙東提舉常平都絜以賣田最多，增一秩。三十年，詔承買荒田者免三年租。

《宋史》卷一七三《食貨志・農田》乾道二年，户部侍郎曾懷言：

江西路營田四千餘頃，已佃一千九百餘頃，租錢五萬五百餘貫，若出賣，可得六萬五千餘貫；及兩浙轉運司所括已佃九十餘萬畝，合而言之，爲數浩瀚。今欲遵元詔，見佃願買者減價二分。詔曾懷等提領出賣，其錢輸左藏南庫别貯之。四年四月，江東路營田亦令見佃者減價承買，期以三月賣絶，八月住賣；諸路未賣營田，轉運司收租。七年，提舉浙西常平李結乞以見管營田撥歸本司，同常平田立官莊。梁克家亦奏：户部賣營田，率爲有力者下價取之，税入甚微，不如置官莊，歲可得五十萬斛。八年，以大理寺主簿薛季宣於黄岡、麻城立官莊二十二所。九年，以司農寺丞葉翥等出賣浙東、西路諸官田，以監登聞檢院張孝曾等出賣江東、西路諸官田，以郎官薛元鼎拘催江、浙、閩、廣賣官田錢四百餘萬緡。

《宋史》卷一七三《食貨志・農田》　淳熙元年，臣僚言：出賣官田，二年之間，三省、户部困於文移，監司、州郡疲於出賣。上下督責，不爲不至，始限一季，繼限一年，已賣者纔十三，已輸者纔十二。蓋買産之家，無非大姓。估價之初，以上色之産，輕立價貫，揭榜之後，率先投狀；若中下之産，無人屬意，所立之價，輕重不均。莫若且令元佃之家著業輸租，歲猶可得數十萬斛。從之。六年，詔諸路轉運、常平司，凡没官田、營田、沙田、沙蕩之類，復括數賣之。紹熙四年，以臣僚言住賣。慶元元年八月，江東轉運提舉司以紹熙四年住賣以後續没官田，依鄉價復召人承買，以其錢充常平糴本。十有一月，余端禮、鄭僑言，福建地狹人稠，無以贍養，生子多不舉。福建提舉宋之瑞乞免鬻建、劍、汀、邵没官田，收其租助民舉子之費，詔從之。四年，詔諸路召賣不行田，覆實減價，其沙礫不可耕處除之。

《宋史》卷一七三《食貨志・農田》　景定四年，殿中侍御史陳堯道、右正言曹孝慶、監察御史虞虙張晞顔等言廩兵、和糴、造楮之弊，乞依祖宗限田議，自兩浙、江東西官民户踰限之田，抽三分之一買充公田。得一千萬畝之田，則歲有六七百萬斛之入可以餉軍，可以免糴，可以重楮，可以平物而安富，一舉而五利具矣。有旨從其言。朝士有異議者，丞相賈似道奏：救楮之策莫切於住造楮，住造楮莫切於免和糴，免和糴莫切於買踰限田。因歷詆異議者之非，帝曰：當一意行之。浙西安撫魏克愚言：取四路民田立限回買，所以免和糴而益邦儲，議者非不自以爲公且忠也。然未見其利，而適見其害。近給事中徐經孫奏記丞相，言江西買田之弊甚詳，若浙西之弊，則尤有甚於經孫所言者。因歷述其爲害者八事，疏奏不省。

《宋史》卷一七三《食貨志・農田》　六郡回買公田，畝起租滿石者償二百貫，九斗者償一百八十貫，八斗者償一百六十貫，七斗者償一百四十貫，六斗者償一百二十貫。五千畝以上，以銀半分、官告五分、度牒二分、會子二分半；五千畝以下，以銀半分、官告三分、度牒三分、會子三分半；千畝以下，度牒、會子各半；五百畝至三百畝，全以會子。是歲，田事成，每石官給止四十貫，而半是告、牒，民持之而不得售，六郡騷然。所遣劉良貴、陳訔、趙與訔、廖邦傑、成公策等推賞有差。邦傑之在常州，害民特甚，民至有本無田而以歸併抑買自經者。分置莊官催租，州縣督莊官及時交收運發。

《宋史》卷一七三《食貨志・農田》　咸淳三年，京師糴貴，勒平江、嘉興上户運米入京，鞭笞囚繫，死於非命者十七八。太常寺簿陸逵謂：買田本以免和糴，今勒其運米，害甚於前。似道怒，出逵知台州，未至，怖死。四年，以差置莊官弊甚，盡罷之。令諸郡公租以三千石爲一莊，聽民於分司承佃，盜易者以盜賣官田論。其租於先減二分上更減一分。德祐元年三月，詔：公田最爲民害，稔怨召禍，十有餘年。自今並給佃主，令率其租户爲兵。而宋祚訖矣。

《宋史》卷三七四《趙開傳》　〔趙開字應祥〕嘗言：財利之源當出於一，祖宗朝天下財計盡歸三司，諸道利源各歸漕計，故官省事理。併廢以還，漕司則利害可以參究，而無牽掣窒礙之患矣。因指陳榷茶、買馬五害，大略謂：黎州買馬，嘉祐歲額纔二千一百餘。自置司榷茶，歲額四千，且獲馬兵踰千人，猶不足用，多費衣糧，爲一害。嘉祐以銀絹博馬，價皆有定。今長吏旁緣思姦，不時歸貨，以空券給夷人，使待資次，夷人怨恨，必生邊患，爲二害。初置司榷茶，借本錢於轉運司五十二萬緡，於常平司二十餘萬緡。自熙寧至今幾六十年，舊所借不償一文，而歲借乃準初數，爲三害。榷茶之初，預俵茶户本錢，尋於數外更增和買，或遂抑預俵錢充和買，茶户坐是破産，而官買歲增。茶日濫雜，官茶既不堪食，則私販公行，刑不能禁，爲四害。承平時，蜀茶之入秦者十幾八九，猶患積歷難售。今關、隴悉遭焚蕩，仍拘舊額，竟何所用？茶兵官吏坐縻衣糧，未免科配州縣，爲五害。請依嘉祐故事，盡罷榷茶，仍令轉運司買馬，即五害並去，而邊患不生。如謂榷茶未可遽罷，亦宜併歸轉運司，痛減額以蘇茶户，輕立價以惠茶商，如此則私販必衰，盜賊消弭，本錢既常在，而息錢自足。【略】朝廷是其言，即擢開都大提舉川、陝茶馬事，使推行之。時建炎二年也。於是大更茶馬之法，官買官賣茶並罷，參酌政和二年東京都茶務所創條約，印給茶引，使茶商執引與茶户自相貿易。改成都舊買賣茶場爲合同場買引所，仍於合同場置茶市，交易者必由市，引與茶必相隨。茶户十或十五共爲一保，并籍定茶鋪姓名，互察影帶販鬻者。凡買茶引，每一斤春爲錢七十，夏五十，舊所輸市例頭子錢並依舊。茶所過每一斤征一錢，住征一錢半。其合同場監官除驗引、秤茶、封記、發放外，無得干預茶商、茶户交易事。

《宋史》卷三七四《張浚傳》　浚鋭意興復，委任不疑，於是大變酒法，自成都始。先罷公使賣供給酒，即舊撲買坊場所置隔槽，設官主之，麴與釀具官悉自買，聽釀户各以米赴官場自釀，凡一石米輸三千，并頭子雜用等二十二。其釀之多寡，惟錢是視，不限數也。明年，遂徧四路行其法。又法成都府法，於秦州置錢引務，興州鼓鑄銅錢，官賣銀絹，聽民以錢引或銅錢買之。凡民錢當入官者，並聽用引折納，官支出亦如之。民私用引爲市，於一千並五百上許從便增高其直，惟不得減削。法既流通，民以爲便。【略】

最後又變鹽法，其法實視大觀東南、東北鹽鈔條約，置合同場鹽市，與茶法大抵相類。鹽引每一斤納錢二十五，土産税及增添等共納九錢四分，所過每斤征錢七分，住征一錢五分，若以錢引折納，別輸稱提勘合錢共六十。初變榷法，怨詈四起，至是開復議更鹽法，言者遂奏其不便，乞罷之以安遠民，且曰：如謂大臣建請，務全事體，必須更制，即乞劄與張浚照會。詔以其章示浚，浚不爲變。

《宋史》卷四〇四《張運傳》　張運字南仲，【略】紹興五年，通判鼎州。【略】尋改大理少卿，請正兩浙鹽法，以寬私鬻之禁。紹興永裕、昭慈二陵官地與民犬牙相入，請縣重價聽民持券獻納，以免誤犯之罪。尤明於治獄，獄爲之空。

《宋史》卷四〇八《汪綱傳》　汪綱字仲舉，【略】提轄東西庫，【略】制置使訪綱備禦孰宜先，綱言：淮地自昔號財賦淵藪，西有鐵冶，東富魚稻，足以自給。淮右多山，淮左多水，足以自固。誠能合兩淮爲一家，兵財通融，聲勢合一，雖不假江、浙之力可也。祖宗盛時，邊郡所儲足支十年，慶曆間，中山一鎮尚百八十萬石。今宜上法先朝，令商旅入粟近塞，而算請錢貨於京師。入粟拜爵，守之以信，則輸者必多，邊儲不患不豐。

（明）徐溥《謙齋文録》卷四《采石李氏先塋碑銘》　舊有孔子祭田，奪于民，公以俸贖還之，俾世供祀事。有假媒聘賺財，既而懼公之威，鬻其二子及妻以償。公曰，民窮而犯法，畏法而棄妻子，守之過也。贖其妻子還之。

（清）徐松《宋會要輯稿・食貨二五・鹽法》　〔宣和二年三月〕十九日，詔：末塩法今已定，所當遵守，頗聞諸路私塩公行，有妨害販。除以降親筆處分外，如諸路塩本不足，可令提舉塩事官將本路坊場、河渡及椿留積剩錢除存留本處支用外，並特許支撥充本，如敢占留及作名目隱匿者，以違制論。應亭户煎到塩，仰所屬盡數收買，限三日支還價錢，如買不盡若支錢違限，並徒二年。因而乞取減剋者，官勒停，吏配千里。亭户輒賣與私販人，若買之者罪輕，徒二年，配千里。許人告，賞錢每名五百貫。

（清）徐松《宋會要輯稿・食貨二五・鹽法》　〔宣和五年〕五月十五日，詔：客販鈔塩，累降處分，責以遵奉成憲，禁戢私販。矯度之吏懷姦害政，視爲空文，致商賈沮抑中都，入納不廣，及住賣州縣。緣比較法廢，慢吏玩習苟簡，招來商賈理索欠負，漫不留意。令諸路提舉官比較州縣住賣增虧，申尚書省賞罰。塩課國計所資，今來明示勸阻，務在必行，仰諸路提舉塩事官嚴切遵依施行。如違，以大不恭論。

（清）徐松《宋會要輯稿・食貨二五・鹽法》　〔宣和七年〕五月八日，詔：東南、東北塩法，見今客人鋪户每買新鈔一本一十袋，許帶賣舊塩一袋。訪聞中下商旅錢本不多，以此占壓，端居束手，不能回運，徒有糜費。法本以通商賈、資國計，令若物貨滯留，賣販折閲，良有未便。可自今客人鋪户每買新鈔，所帶舊塩與增作三袋，以示寬恤商賈之意。

（清）徐松《宋會要輯稿·食貨三二·茶鹽雜録》〔宣和七年正月〕三十日，尚書省言：江南東路提舉鹽香茶礬事司狀：乞今後應客鋪於園户處買到茶，其園户故不批引，及客鋪藏匿文引，不令園户批鑿，乞指揮施行。詔客販茶至住賣處，蜀人不驗引收買，及客人藏匿文引，依已降指揮斷罪理賞施行。

《清實録》順治十八年九月〔癸巳〕户部題：民間地土房屋，禁止旗人置買，已於順治七年三月内定例遵行。後順治十三年，奉有順治七年未禁以前所買地土房屋入官，户部給發原價，其錢糧行文地方官除免之旨，應將未禁以前所買地土房屋發覺者，請不給原價，免其入官；禁止以後所買地土房屋，仍照定議盡行入官，買者、賣者一併治罪。

《清實録》康熙二十年二月〔甲午〕九卿議復奉差盛京查議鹽政户部侍郎達都疏言：盛京地方，係招徠安插之民。其烏喇以内居住之人，并新滿州邊外蒙古等，盡屬窮苦。自康熙十八年，召募商人吕進寅等，領引行鹽，征課無幾，而鹽價騰貴，將及二倍，窮民難以資生，請停止銷引。民人有情願煎鹽發賣者，聽其自行貿易，不許豪强霸占。更敕奉天將軍并户部侍郎，查緝嚴禁。應如所請。從之。

《清實録》道光五年十二月〔戊寅〕據該督查明，浙江秋收豐稔，商船貿易甚便，請援照成案，令商民販運，以資接濟。著照所請，准其暫弛海禁，即令該省藩司，分飭福州等府州屬，招募商民，由地方官發給印票，齎赴浙省照驗，採買米石，並著程含章曉諭浙省商民，如有情願買米運閩者，亦由藩司給予印照，聽其販運。

《清實録》咸豐五年十月〔己亥〕又諭内閣：户部奏：楚岸鹽斤抽税章程久未奏報，請飭查明聲復等語。前因湖南、湖北借運川粤官鹽，經該部奏准，凡川粤鹽斤入楚時，無論商民均許自行販鬻。

《清實録》光緒二年十二月〔辛卯〕計買此鐵路，共需規平銀二十八萬五千兩，分三期付清，一年限滿。價銀付訖，即將地畝車器各件，照單由中國收管，永與洋商無涉。

《清實録》光緒十年二月〔癸酉〕又諭軍機大臣等：林肇元奏：奉文采辦黑鉛四十萬觔，經部指撥湖南鉛本銀一萬五千兩，江西鉛本銀二萬兩，浙江鉛本銀五千兩，業已籌墊工本，委員赴滇采買；先辦黑鉛二十萬觔，現在廠價與部定價值，大相懸殊，請飭部議，並催解撥款。

《清實録》光緒十年十二月〔己丑〕向匯豐再借五十萬零五千磅，約二百萬兩，照舊案九釐加閏，分十年還等語。

《清實録》光緒十五年七月〔癸酉〕兩廣總督張之洞奏：粤省籌捐經費，購置外洋機器，建廠自造槍砲，以爲自强久計。下所司知之。

《宣統政紀》宣統元年三月〔庚午〕諭軍機大臣等：電寄松壽：據電奏船政所造江船，現經寧滬商船公司承買，認價三十萬元等語。著准其出售。

《吐魯番出土文書》第一册《阿斯塔那三九號墓文書・前涼升平十一年王念賣駝券》　升平十一年四月十五日，王念以茲駝賣與朱越，還得嘉駝，不相敗移。左來右去，二主各了。若還悔者，罰毯十張供獻。時人樽顯豐，書券李道伯共〔後缺〕

《吐魯番出土文書》第一册《哈拉和卓九九號墓文書・北涼承平八年翟紹遠買婢券》　承平八年歲次己丑九月廿二日，翟紹遠從石阿奴買婢壹人，字紹女，年廿五，交與丘慈錦三張半。〔買〕〔價〕則畢，人即付。若後有（何）〔呵〕盗（仞）〔認〕名，仰本主了，不了，（部）〔倍〕還本〔買〕〔價〕。二主先和後券，券成之後，各不得返悔，悔者罰丘慈錦七張，入不悔者。民有私要，要行二主，各自署名爲信。券唯一支，在紹遠邊。倩書道護

《吐魯番出土文書》第二册《阿斯塔那九〇號墓文書・高昌買葡萄園券》　〔前缺〕□到十月内收子□□

□過日期不償，到六月一日已後，疊□四尺。（桃）〔萄〕東共和校郎、松齡寺（桃）〔萄〕□□郎、……齡□二人分垣，西共□□四限……，長不□□□□，人車水道如舊通，後若有（何）〔呵〕道〔盗〕……田，仰本主了。二主先和後（卷）〔券〕，券成之□□□□□悔，悔……付疊□入不□□□□私要，要行二主，□

……出土文書》第二册《阿斯塔那三六五號墓文書・高昌□奴殘券》……缺〕若（新）□〔薪〕要使滿好，若不好……（上）〔償〕，□奴身東西无，仰婦兒（上）〔償〕。若前却不□平爲（新）〔薪〕直。二主作券已竟，各不

得返悔，悔者一罰二入不悔者。民（祐）〔有〕私要，行二主，各自署名爲〔後缺〕

《吐魯番出土文書》第三册《阿斯塔那四八號墓文書・高昌章和十一年某人從左佛得邊買田券》　章和十一年辛酉□從佐（仏）〔佛〕得買孔進渠薄田五畝□度。北詣渠，東與氾寺〔供〕〔共〕畔，南與白衆□西与供〔共〕曹令寺田分畔。交与疊□畢。四畔之内，長不□之後，各不□□悔者。民□□爲信。沽各□。請書□□坐將阿順□順□〔後缺〕

《吐魯番出土文書》第三册《阿斯塔那一三五號墓文書・高昌延壽五年趙善衆買舍地券》　延壽五年戊子歲三月十八日，趙善衆從得迴伯、范慶悦二人邊□□城辛場地中舍地，得迴伯右地拾步，即交與銀錢肆文，次范悦子邊地拾步與買價錢肆文。錢即日畢，舍地即日付。舍方二人方。東詣張容奴分垣，南詣善衆場地分垣，西共趙海相塢舍分垣，北共張延守塢舍分垣，肆在之内，長不還，短不与，車行人（盗）〔道〕依舊通，若後（右）〔有〕人河盗（偲）〔認〕（佲）〔名〕者仰本主了。三主和同立券，券（城）〔成〕之後，各不得反悔，悔者壹罰二入不悔者。民（右）〔有〕私要，要行二主，各自署名爲信。（清）〔倩〕書道人酉□

時見范□□

臨坐張師□

《吐魯番出土文書》第三册《阿斯塔那三一六號墓文書・某人買田契》

〔前缺〕□即畢，田即付。□□趙文安分畔，□肆在之内，□□還，短不足，□二主，先和□□成之後，各不得□倍罰□□□重更者

□厚絹□□悔者。民有私要，要行□主□□溉水道□□道□了，仰本主承了。二主□□□隆□□西□錢□（第）二男□第三男□（後缺）

《吐魯番出土文書》第四册《阿斯塔那一五號墓文書・高昌延壽十四年康保謙買園券》

□□十四年丁酉歲□保謙從雷善祐邊買□與買價銀錢貳拾□錢拾文，到十一月十五日□拾錢後生錢□□□詣道，西共□分垣。園肆在之內，長不□水道依舊通。若有人（河）（呵）盜（偲）（認）（佲）（名）者，一仰本主□□人□若有先悔者，罰銀錢壹（佰）（百）文，入不悔□□□和同立券，券成之後，各不得返悔，悔者一罰二，□私要，要行二主，各自署名爲□

時見康□叔

臨坐□帳姚（後缺）

《吐魯番出土文書》第四册《阿斯塔那三〇一號墓文書・唐西州高昌縣趙懷願買舍券》

□日，趙懷願從田劉通息阿豐邊買東南□舍貳堰，即交與買價銀錢拾文。錢即畢，舍即付。舍容□天，下至（皇）（黄）泉，舍中伏藏、役使，即日盡隨舍行。舍東共張□舉寺分垣，南共趙懷滿分垣，西詣道，北詣道。舍肆在之內，長不還，短不（促）（足），車行人道依舊。□了。貳主和同立券，券成之後，各□□者壹罰貳入□悔者。民有私要，要行□署名爲信。

倩書　張武□

時見　劉德□

臨坐□（下殘）

《吐魯番出土文書》第五册《阿斯塔那一四〇號墓文書・高昌張元相買葡萄園券》

□歲三月廿八日，張元相□渠（蒲）（葡）（桃）（萄）壹園，承官役半畝陸拾□□價銀錢伍拾文。錢即畢，（桃）（萄）即付。（桃）（萄）中□（桃）（萄）行。（桃）（萄）東詣渠，南詣道，□分垣，北詣□。（桃）（萄）肆□之內，長不還，促不□。車行水□依舊通。若後時有人□□（佲）（名）者，仰本□了。二主和同立（卷）（券），券成之後，各□壹罰二入不悔者。民有私要，要行二主，□信。

倩書　趙慶富（後缺）

《吐魯番出土文書》第五册《阿斯塔那一〇號墓文書・高昌延壽八年孫阿父師買舍券》

□□八年辛卯歲十一月十八日，孫阿父師從氾顯□□買東北坊中城里舍壹（堰）（區），即交与舍價銀錢叁佰文。錢即畢，舍付。舍東共郭相憙舍分垣；舍南詣道，道南郭養養舍分垣；□分垣；北共翟左海舍分垣。舍肆在之內，□若後有人（何）（呵）盜（偲）（認）（佲）（名）□舍中有（皇）（黄）金伏藏，行舍□舍行上薪草、出糞處盡依舊。若後有人（河）（呵）盜（偲）（認）（佲）（名）者，仰本主了。貳主和同立券，券成之後，各不得返悔，悔者壹罰貳入不悔者。民有私要，要行貳各自署名爲信。

倩　書買□□

時□□□□□（後缺）

《吐魯番出土文書》第五册《阿斯塔那三三八號墓文書・高昌延壽四年趙明兒買作人券》

延壽四年丁亥歲□□十八日，趙明兒從主薄趙懷祐□買作人賂奴，年貳拾□□□價銀錢叁佰捌拾文。即日交□□貳

佰捌拾文，殘錢壹佰□，到子歲正月貳日償錢使畢。□□□壹月拾錢
上生壹□，□後□人（何）（呵）（道）（盗）（忍）（認）名者，仰本□
承了。二主和同立立□後，各不得返悔，悔者壹罰貳入不悔者。
民有私要，要行二主，各自署名爲信。
倩書　趙願伯
時見　劉尸褌
臨坐　范養祐

《吐魯番出土文書》第六册《阿斯塔那四號墓文書・唐龍朔元年左憧憙買奴契》　龍朔元年五月廿三日高昌縣崇化鄉人前庭府衛士左憧憙，交用水練陸疋、錢伍文，柳中縣五道鄉蒲昌府衛士張慶住邊買奴壹人，字申得，年拾伍□不□奴及練到日交相付□叁日得悔，□者，壹仰□爲信。（後缺）

《吐魯番出土文書》第六册《阿斯塔那四號墓文書・唐總章元年左憧憙買草契》　總章元年六月三日，崇化鄉人左憧憙交用銀錢肆拾，順義鄉張潘塠邊取草玖拾韋。如到高昌之日不得草玖拾韋者，還銀錢陸拾文。如身東西不到高昌者，仰收後者別還。若草好惡之中，任爲左意。如身東西不在者，一仰妻兒及保人知當。兩和立契，獲指爲信。如草□高昌□。
錢主左
取草人張潘塠
保人竹阿闍利
保人樊曾□
同伴人和廣護

《吐魯番出土文書》第七册《阿斯塔那三五號墓文書・唐咸亨四年西州前庭府杜隊正買駝契》　咸亨四年十二月十二日，西州前庭府隊正杜□交用練拾肆疋，於康國興生胡康烏破延邊買取黄（敦）（駿）駝壹頭，年十歲。其駝及練即交（想）（相）付了。若駝有人寒盗偲佲者，一仰本主及保人酬當，杜悉不知。叁日不食水草，得還本主。待保未集，且立私契；□保人集，別市契。西和立契，獲指□驗。
駝主康烏破延
買駝人杜
保人都護人敦
保人同鄉人康莫遮
知見人張軌端

《吐魯番出土文書》第九册《阿斯塔那五〇九號墓文書・唐開元十九年唐榮買婢市券》　揄牒揄行前沙州十月廿五又□□勘過□□□廿五日開元拾玖年貳月　日，得興胡米禄山辭：今將婢失滿兒，年拾壹，於西州市出賣与京兆府金城縣人唐榮，得練肆拾疋。其婢及練，即日分付了，請給買人市券者。准狀勘責，問口承賤不虛。又責得保人石曹主等伍人款，保不是寒良詃誘等色者。勘責狀同，依給買人市券。
練主
用西州都督府印　婢主興胡米禄山
婢失滿兒年拾貳
保人高昌縣石曹主年卌六
保人同縣曹娑堪年卌八
保人同縣康薄鼻年五十五
同元　保人寄住康薩登年五十九
保人高昌縣羅易没年五十九
史
丞上柱國玄亮
券
史竹無冬

《吐魯番出土文書》第九册《阿斯塔那五〇九號墓文書・唐開元二十年薛十五娘買婢市券》　開元貳拾年捌月　日，得田元瑜牒稱，今將胡婢緑珠年拾叁歲，於西州市出賣與女婦薛十五娘，得大練肆拾疋。今保見集，謹連元券如前，請改給買人市券者。准狀勘責狀同，問口承賤不虛。又責得保人陳希演等伍人款，保上件人婢不是寒良詃誘等色，如後虛妄，

主保當罪。勘責既同，依給買人市券。

練主

用州印　婢主田元瑜

胡婢緑珠年十三

保人瀚海軍別奏上柱國陳希演年卌三

保人行客趙九思年卅八

保人行客許文簡年卌二

保人王義温年廿五

同元　保人行客張義貞年卅六

史

丞上柱國玄亮

券

史康登

《吐魯番出土文書》第九册《阿斯塔那五〇九號墓文書・唐開元二十一年石染典買馬契》　馬壹疋騮敦六歲。開元廿一年正月五日，西州百姓石染典，交用大練拾捌疋，今於西州市，買康思禮邊上件馬。其馬及練，即日各交相分付了。如後有人寒盗識認者，一仰主、保知當，不關買人之事。恐人無信，故立私契。兩共和可，畫指爲記。

練主馬主別將康思禮年卅四

保人興胡羅世（郍）〔那〕年卅

保人興胡安達漢年卅五

保人西州百姓石早寒年五十

《吐魯番出土文書》第九册《阿斯塔那五〇九號墓文書・唐開元二十一年石染典買騾契》　開元廿一年二月廿日，石染典交用大練壹拾柒疋，於西州市買從西歸人楊荆琬青草五歲，近人頰膊有蕃印并私印，遠人膊損。其騾及練，即日交相付了。如後寒盗有人識認，一仰主、保知，不關買人之□□□□□故立私契爲記。〔後缺〕

《吐魯番出土文書》第九册《烏爾塘一號墓文書・唐至德二載張公買陰宅地契》　維至二載歲次景酉朔三月戊子，南陽張公謹以清酌之奠，謹因今日今時良功吉日，用錢五十千貫文，帛練五十疋。謹於五土將軍買宅地一段，東西南北，各廿步。其宅上至（黄）〔皇〕天，下至黄泉。一賣已後，不得更相忏擾。其契付五土將軍收領。

《吐魯番出土文書》第一〇册《阿斯塔那五〇六號墓文書・唐大曆四年張無價買陰宅地契》　維大曆四年歲次己酉，十二月乙未朔，廿日甲寅，西州天山縣南陽張府君張無價俱城安宅兆，以今年歲月隱便，今龜筮協從，相地襲吉，宜於州城前庭縣界西北角之原，安厝宅兆。謹用五綵雜信，買地一畝：東至青龍，西至白虎，南至朱雀，北至玄武，內方勾陳，分掌四域。丘（承）〔丞〕墓伯，封步界畔。道路將軍，整齊阡陌。千秋万歲，永無咎殃。若輒忏犯訶禁者，將軍庭帳收付河伯。今已牲牢酒飯，百味香新，共爲信契。安厝已後，永保休吉。知見人：歲月主者；保人：今日直符。故氣（耶）〔邪〕精，不得忏擾；先來居，永避万里。若違此約，地府玄里自當禍，主人內外安吉。急急如律令。

《吐魯番出土文書》第一〇册《阿斯塔那五〇六號墓文書・唐乾元二年康奴子賣牛契》　駕車（咽）〔烟〕犍牛□年捌歲。乾元元貳年正月十日，交用錢叁阡伍佰文，於康奴子邊買取前件牛。其錢及牛，即立契日各交相分付。如立契已後，在路有人寒盗認識者，一仰牛主康奴子知，不□□□□。恐人無信，故立此契爲□。

錢主□

牛主康□子年五十二

保人妻康年卅八

保人□忠感年卅

□□曹庭勗年廿四

□契人　高元定

《吐魯番出土文書》第一〇册《阿斯塔那五〇六號墓文書・唐上元二年馬寺尼法□買牛契》　黑犍牛壹頭伍歲。上元二年七月廿日六，馬寺尼法□□遂於西州市買馬耆行□前件牛，准作錢壹□其錢及牛，即□交相分付□若後有寒盗及有人識

□主，保知□，不關買人之事。□□不許□（誨）〔悔〕，如有先誨者罰□壹阡伍佰文入不誨人。□□共□面平章，畫指爲記。

扶車人　辛□年卅

牛主　姚令奇年□□

保□

保□

保□

《敦煌社會經濟文獻真蹟釋録》第二輯《未年尼僧明相賣牛契》　黑牸牛一頭，三歲，並無印記。未年潤十月廿五日，尼明相爲無糧食及有債負，今將前件牛出賣與張抱玉。准作漢斗麥壹拾貳碩、粟貳碩。其牛及麥，即日交相分付了。如後有人稱是寒（道）〔盜〕識認者，一仰本主（賣）〔買〕上好牛充替。立契後有人先悔者，罰麥三石入不悔人。恐人無信，故立此契爲記。

麥主

牛主尼僧明相年五十五

保人尼僧淨情年十八

保人僧寅照

保人王忠敬年廿六

見人尼明兼

《敦煌社會經濟文獻真蹟釋録》第二輯《未年安環清賣地契》　宜秋十里西支地壹段，共柒畦拾畝。東道，西渠，南索晟，北武再再。未年十月三日，上部落百姓安環清，爲突田債負，不辦輸納，今將前件地出（買）〔賣〕與同部落人武國子。其地畝別斷作斛㪷漢㪷壹碩陸㪷，都計麥壹拾伍碩、粟壹碩，並漢斗。一賣已後，一任武國子修營佃種。如後有人忓恡識認，一仰安環清割上地佃種與國子。其地及麥當日交相分付，一無懸欠。一賣後，如若先翻悔，罰麥伍碩，入不悔人。已後若恩勑，安清罰金伍兩納入官。官有政法，人從私契。兩共平章，書指爲記。地主安環清年二十一

母安年五十二

師叔正燈（押）

見人張良友

姊夫安恒子

《敦煌社會經濟文獻真蹟釋録》第二輯《唐大中六年僧張月光、呂智通易地契》　□〔宜秋平〕都南枝渠上界舍地壹畦壹畝，並牆及井水，門前□張日興兩家合同共出入，至大道。東至張日興園舍平分，西至僧張法原園及智通園道，南至□法原及□□□南牆，□張日興園道智通舍東閤又園地叁畦共肆畝，東至張日興園西至張達子道，南至張法原園及子渠並智通園道，法原園□牆下開四尺道，從智通舍至智通園與智通往來出入爲主已，其法原園東牆□□通舍西牆，法原不許紇悋北至何榮。又僧法原園與東無地分井水共用，園門與西車道□同出入，至大道。又南枝下界地一段，叁畦共貳拾畝。東至劉黑子及張和子，西至氾榮□廟，南至渠及周興子北至索進晟廟。已上園舍及車道井水共計並田地貳拾伍畝。大中年壬申十月二十七日，官有處分，許迴博田地，各取穩便。僧張月光子父，將上件宜秋平都南枝渠園舍地道池井水，計貳拾伍畝，博僧呂智通孟授總同渠地伍畦，共拾壹畝兩段。東至閤家及子渠，西至閤咄兒及建女道，南至子渠及張文秀，北至閤家。又一段東至閤家及麻黃，西至張文秀，南至荒，北至閤家。壹博已後，各自收地，入官措案爲定，永爲主己。又月光園內有大小樹子少多，園牆壁及井水開道功直（解）〔價〕出（買）〔賣〕與僧呂智通，斷作（解）〔價〕直：青草驢壹頭陸歲，麥兩碩壹斗，布叁丈叁尺，當日（郊）〔交〕相分付，一無（玄）〔懸〕欠。立契（已後）或有人忓恡園林舍宅田地等稱爲主記者，一仰僧張月光子父（知）〔祇〕當，並畔覓上好地充替，入官措案。上件（解）〔價〕直斛斗驢布等，當日却分付智通。一定已後，不許休悔。如先悔者，罰麥貳拾馱入軍糧，仍決（丈）〔杖〕三十。如身東西不在，一仰口承人知當。恐人無信，故立此契用作後憑。園舍田地主僧張月光　保人男堅堅　保人男手堅　保人弟張日興（押）

法原　見人于佛奴

男儒奴　侄力力　見人僧張法原

見人張達子　見人王和子　見人馬宜奴
見人楊千榮　見人僧善惠

《敦煌社會經濟文獻真蹟釋録》第二輯《丙辰歲宋欺忠賣宅舍契》

（前缺）叁年丙辰歲十一月十八日，兵馬使張骨子爲無屋舍，遂買兵馬使宋欺忠上件准尺數舍居住。斷作舍價物計斛斗陸拾捌碩肆斗，内麥粟各半。其上件舍價物，立契日並舍，兩家各還訖，並無升合欠少，亦無交加。其舍一買後，任張骨子永世便爲主記居住。中間或有兄弟房從及至姻親忓恡，稱爲主記者，一仰舍主宋欺忠及妻男鄰近穩便買舍充替，更不許異語東西，中間或有恩赦，亦不在論限，人從私契。一買已後，更不許翻悔。如先悔者，罰黄金叁兩，充入官家。恐後無憑，故立此契，用爲驗耳。

見人兵馬使兼鄉官李
舍主兵馬使宋（後缺）

《敦煌社會經濟文獻真蹟釋録》第二輯《唐乾寧四年張義全賣宅舍地基契（抄）》　永寧坊巷東壁上舍内東房子一口並屋木，東西一丈叁尺五寸基，南北貳丈貳尺五寸並基，東至張加閏，西至張義全，南至汜文君，北至吴支支。又房門外院落地並簷欇柱東西肆尺，南北一丈一尺叁寸。又門道地，南北二尺，東西三丈六尺五寸。其大門道三家共合出入。從乾寧四年丁巳歲正月二十九日，平康鄉百姓張義全爲缺少糧用，遂將上件祖父舍兼屋木，出賣與洪潤鄉百姓令狐信通兄弟，都斷作價直伍拾碩，内斛斗乾（貨）〔濕〕各半。其上件舍價，立契當日交相分付訖，一無懸欠。其舍一買已後，中間若有親姻兄弟兼及別人稱爲主已者，一仰舊舍主張義全及男粉子、支子祇當還替，不忓買舍人之事。或有恩勅赦書行下，亦不在論理之限。一定已後，兩不休悔。如有先悔者，罰麥叁拾馱，充入不悔人。恐人無信，兩共對面平章，故勒此契，各各親自押署，用後憑驗。

《敦煌社會經濟文獻真蹟釋録》第二輯《唐天復九年安力子賣地契》

階和渠地壹段兩畦共五畝，東至唐榮德，西至道、汜温子，南至唐榮德及道，北至子渠兼及道。又地壹段兩畦共貳畝，東至吴通通，西至安力子，南至子渠及道，北至吴通通。已上計地四畦共柒畝。天復玖年己巳歲十月七日，洪潤鄉百姓安力子及男擖搥等，爲緣闕少用度，遂將父祖口分地出賣與同鄉百姓令狐進通。斷作價直生絹一疋，長肆仗。其地及價當日交相分付訖，一無玄欠。自賣已後，其地永任進通男子孫息侄，世世爲主記。中間或有迴換户狀之次，任進通抽入户内。地内所著差税河作，隨地祇當。中間若親姻兄弟及別人諍論上件地者，一仰口承人男擖搥兄弟祇當，不干買人之事。或有恩勅流行，亦不在論理之限。兩共對面平章，准法不許休悔。如先悔者，罰上耕牛一頭充入不悔人。恐人無信，故立私契，用爲後驗。

地主安力子

《敦煌社會經濟文獻真蹟釋録》第二輯《後唐清泰三年楊忽律哺賣宅舍地基契》　修文坊巷西壁上舍壹所，内堂西頭壹片，東西並基壹（仗）〔丈〕伍寸，南北並其壹丈伍尺。東至楊萬子，西至張欺忠，南至鄧坡山，北至薛安住。又院（洛）〔落〕地壹條，東西壹仗肆尺，南北並基伍尺，東至井道，西至鄧坡山及萬子，北至薛安昇及萬子，又井道四家停支出入，不許隔截。時清泰叁年丙申歲十一月廿三日，百姓楊忽律哺，爲手頭闕乏，今將父祖口分舍出賣與弟薛安子弟富子二人。斷作舍（賈）〔價〕，每地壹尺斷物壹碩貳斗，兼屋木並栿，都計得物叁拾叁碩柒斗。其舍及物當日交相分付訖，更無玄欠。向後或有別人識認者，一仰忽律哺祇當。中間如遇恩勅大赦流行，亦不許論理。兩共面對平章，准法不許休悔。如先悔者，罰青麥壹拾伍馱，充入不悔人。恐人無信，立此文書，用爲後憑。〔舍〕主兼字

出賣舍主楊忽律哺左頭指
出賣舍主母阿張右中指
同院人鄧坡山（押）
同院人薛安昇（押）
見人薛安勝（押）
見人薛安住（押）
見人吴再住（押）
見人押衙鄧萬延（押）
鄰見人高什德
鄰見人兵馬使鄧興俊（押）

鄰見人張威賢知

《敦煌社會經濟文獻真蹟釋録》第二輯《丙子年阿吴賣兒契（抄）》

赤心鄉百姓王再盈妻阿吴，爲緣夫主早亡，男女碎小，無人（求）〔救〕濟供（急）〔給〕衣食，債負深（壙）〔廣〕。今將（福）〔腹〕生兒慶德柒歲，時丙子年正月二十五日，立契出賣與洪潤鄉百姓令狐信通。斷作時價乾濕共叁拾石，當日交相分付訖，一無玄欠。其兒慶德自出賣與後，永世一任令狐進通家□〔世代爲主〕，不許別人論理。其物所買兒斛斗，亦□□。或有恩勅流行，亦不在論理之限。官有政法，人從私契。恐後無憑，故立此契，用爲後驗。

《敦煌契約文書輯校·唐天復二年赤心鄉百姓曹大行迴換舍地契習字》

天（成）〔復〕貳年壬戌歲拾叁日，赤心鄉百姓曹大行遂將前件舍地迴換與洪潤鄉百姓令狐進通，取同坊南壁上進通上件屋舍兩口，内一口無屋，東西叁（仗）〔丈〕五尺，南北一（仗）〔丈〕二尺并基。其舍准數□□斛㪷玖碩，内伍碩准折進通屋木，更肆碩，當日交相分付，一無（玄）〔懸〕欠，一定已後，其舍各自永充主記，若有別人作主，一仰大行（愋）〔另〕覓上好舍充替。或有天恩赦流行，不在論理之限，（共）〔兩〕共對面平章，不許休悔。如先悔者，罰麥貳馱，人不悔人。官有法，人從此契，用爲後憑。

《敦煌契約文書輯校·寅年令狐寵寵賣牛契》 紫犍牛壹頭陸歲，並無印記。寅年正月廿日令狐寵寵爲無年糧種子，今將前件牛出（買）〔賣〕與同部落武光暉。斷作麥漢㪷壹拾玖碩。其牛及麥，當日交相付了，並無懸欠。如後牛若有人識認，稱是寒盜，一仰主保知當，不忓（賣）〔買〕人之事。如立契後在三日内牛有宿疹，不食水草，一任却還本主。三日已外，依契爲定，不許休悔。如先悔者，罰麥伍碩，入不悔人。恐人無信，故立私契，兩共平章，書指爲記，其壹拾玖頭麥内粟叁碩。和。

牛主令狐寵寵年廿九

兄和和年卅四

保人宗廣年五十二

保人趙日進年卅

保人令狐小郎年卅九

《敦煌契約文書輯校·唐大中五年僧光鏡負儭布買釧契》 大中五年二月十三日，當寺僧光鏡緣闕車小頭釧壹交停事，遂於僧神捷邊買釧壹（救）〔枚〕，斷作價直布壹伯尺。其布限十月已（後）〔前〕於儭司填納。如過十月已後至十二月勾填更加貳拾尺。立契後，不許休悔。如先（誨）〔悔〕，罰布壹尺，入不（誨）〔悔〕人。恐後無憑，答項印爲驗。（朱印）

負儭布人僧光鏡（朱印）

見人僧龍心

見人僧智取（朱印）

見人僧智恒字達

《敦煌契約文書輯校·丁巳年通頰百姓唐清奴買牛契》 丁巳年正月十一日，通頰百姓唐清奴爲緣家中欠少牛畜，遂於同鄉百姓楊忽律元面上買伍歲耕牛壹頭。斷作價直生絹一疋，長三丈柒尺。其牛及價，當日交相分訖爲定。用爲後憑。其絹限至戊午年十月利頭填還。若於時限不還者，看鄉元生利。

買牛人唐清奴（押）

買牛人男定山（押）

知見人宋竹子（押）

《敦煌契約文書輯校·子年悉董薩部落百姓孫清便粟契》 子年二月廿三日，悉董薩部落百姓孫清爲無糧用，今於永壽寺便佛物粟漢斗參碩。其粟請限至秋八月末送納。如違，倍，仍任掣奪家資，用充粟直。如身有東西不在，及依限不辦填還，一仰保人等依時限還足。恐人無信，故立此契爲憑。

便粟人孫清（朱印）（朱印）

保人兄孫昌奴（朱印）

見人

見人僧寶積（署名）

子年三月廿八日，僧寶積爲無牛䟽，今於功德粟便豆漢斗兩碩捌斗。

子年四月二日，汜金藏便豆壹漢碩。

《敦煌契約文書輯校·辛巳年燉煌鄉百姓郝獵丹貸生絹契習字》 辛

巳年四月廿日，燉煌鄉百姓郝獵丹家中欠少疋帛，遂於張丑奴面上（太）〔貸〕生絹一疋，長叁（仗）〔丈〕捌尺，（福）〔幅〕濶貳尺。其絹利頭須還麥粟肆頭。（次）〔此〕絹限至來年（田）〔填〕還。若於限不還者，便著鄉原生利。

《金代石刻輯校・郭仲謙買地券天德二年》　時（大）〔天〕德二年歲次庚午二月建丁亥癸卯朔十三日乙卯癸時，建立人祭主郭昌爲先考郭仲謙者天會十年三月十七日殁故。龜筮協從，相地襲□，置於蔚州靈仙縣崇德鄉季家莊□□原安厝。宅地謹用錢九萬九千九百九十九貫文□□□信□，買地一段，東西□內用地長二十三步，闊一十一步，東至青龍，西至白虎，南至朱雀，北至真武。內方勾陳，壁堂四域。丘丞墓□，□作界畔。道終將□□□□□□歲，永無殃。各（咎）若軒干犯祠禁者，將軍亭長，僅付河伯。（令）〔今〕以食牢酒□，百味香新，共爲信契，財地交相分付，工匠修營，安厝已後，永□□□。知見人歲月主，保人今日直符。故義邪精，不得吝。先有□□，□成避萬里。若□□約，地府主建圖當其禍。主人內外存亡□□安，急文如玉帝使者女青律令。

《金代石刻輯校・錢擇買地券天德二年》　維大金天德二年歲次庚午四月丁未朔二十四日庚午，奉爲殁故錢擇等諸靈大葬立券。生居城邑，死安宅兆。龜筮協從，相地襲吉，宜於河南府洛陽縣金谷鄉南北張村之原。謹用銀錢九萬九千九百九十九貫兼五彩信幣，於后土皇地祇處買地一段，墳域用地南北長二十一步，東西闊十一七步，其地東至青龍，西至白虎，南至朱雀，北至玄武。內方勾陳，分擘四域。今以牲牢錢幣，共立信契，財地交相分付，工匠修營，安厝已後，永保祥吉。見知人歲月星主，保人今日直符。故氣邪精，不得忓吝。先有主者，永避萬里。主人內外存亡悉皆安吉。急急如五帝使者律令。

《金代石刻輯校・王□買地券正隆二年》　□□□□□年歲次丁丑三月丙□（塑）〔朔〕十三日丙子良利，今有□□□邢州內丘縣孟村社胡裏村居侯祭主王□□用錢□九百九十貫文買□南北長一十八步□合一畝一分□東至青龍，西至白虎，南至朱雀，北至玄武□

《金代石刻輯校・杜氏先祖買地券大定十年》　□大定十年歲次庚寅十一月丁丑朔初八日甲申，孝女杜氏□爲殁故父母及張外翁、外婆諸靈，生居城□□安宅兆。龜筮協從，相地襲吉，宜於河南府□□縣第十一都，謹用銀錢九萬九千九百九十九□文，□□后土皇地祇處買地一段，墳圍用地自□九步於圍外東南安葬張外翁、外婆之靈。今以□幣酒饌牲牢，共爲信契，財地相交分付，工□□塋，安厝已後，永保祥吉。見知人歲月星主，保人今日直符。故氣邪精，不得忓吝。先有居者，永避□□。□違此約，地府主吏自當其禍。主人內外存亡皆安吉。急急如□帝使者侶青律令。

《金代石刻輯校・郭氏買地券大定十一年》　維大金大定拾壹年歲次辛卯正月丙子朔初拾日乙酉，今有殁故郭氏，宜於通遠軍隴西縣管下正西山下安厝。宅兆用錢玖萬玖仟玖百玖拾玖貫文兼五綵信幣，買地一段，方壹拾三步，東至青龍，西至白虎，南至朱雀，北至玄武。內方勾陳，阡陌仟秋。張暮陌分步，界畔道路。將軍齊整，收付河伯。今以牲牢酒飰，百味香新，爲信契，財地交相分付，工匠修塋安厝，永保休吉。知見人歲月主，保人今日直使。故氣邪精，不得（忏）〔忓〕（怪）〔吝〕。先有居者，永避萬里。若（爲）〔違〕此約，地（存）〔府〕（生）〔主〕吏自當其禍。主人外存亡安吉。急急如律五帝使者女青律令。

楊冲至造。

《金代石刻輯校・王吉買地券大定十五年》　進義校尉。

維大金河州廓下寺家店居住王吉於二月二十日殁故，自辨浄財，修磚堂一所，卜宅兆四月二十二日遷葬。東至青龍，西至白虎，南至朱雀，北至玄武。見從時壽命延長，亡過者早達西天之路。乙未大定十五年四月日。

講義校尉王吉碑。

《金代石刻輯校・張□買地券大定二十三年》　大金國大定二十三年歲次癸卯三月丙寅朔十九日甲申，亡過張□今用錢九萬九千九百九十九貫文買地一段，東西若干步，南北若干步，東至青龍，西至白虎，南至朱雀，北至真武。時知見人歲月主，保人今日直符。故氣邪精，不得□□。先有居□，□□□□。若違此約，地府主（反）〔吏〕自當其禍。主人內外存亡悉皆□□，急急如□。

《金代石刻輯校・董貴爷買地券大定二十九年》　維大定二十九年閏五

月二十六日乙酉，祭主董承祖。以於天眷三年五月十九日歿故祖父董貴令。龜筮協（促）〔從〕，相地襲吉，宜於嵩州伊陽縣宜陽鄉黄寨村西北源安厝。宅兆僅用錢九萬九千九百九十九貫文兼五彩信幣，買地一段，東西一十九步，南北一十九步，東至青龍，西至白虎，南至朱雀，北至玄武。内方勾陳，分擘四域。丘丞墓伯，封步界畔。道路將軍，□整阡陌。千秋千歲，永無殃咎。若輒干紀訶𡨚者，將軍亭長，收付河伯。今以牲牢酒飯，百味香□，持爲信契，財地交相分付，工匠修營，安厝已後，永保安吉。知見人歲月主，保人今日直執符。故氣邪精，不得□吝。先有居者，永避（力）〔萬〕里。若違此約，地（付）〔府〕主吏自當其禍。主人内外存亡悉皆安吉。急如五帝使者女青律令。

《金代石刻輯校·邢禹買地券大定二十九年》　維大金大定二十九年歲次己酉八月九日，祭主邢元澤□貞元二年四月十七日亡祖禹殞逝。協從相地，龜筮襲宜於東勝州南一里餘，謹用錢貫兼五彩信幣，買地一段安厝亡祖禹之靈。其地南北一十六步，東西闊一十四步三分，東至青龍，西至白虎，南至朱雀，北至玄武。内方勾陳，分擘四域。丘承墓伯，封步界畔。阡陌將軍，瞻前察後。今以牲牢酒飯，百味香新，共爲契約，財地交相分付，修造墳，尊卑□位安靈。以後内外存亡各保安寧，急急如律令。

《金代石刻輯校·潘順買地券明昌二年》　維大金明昌二年歲次壬子正月乙巳朔二十六日庚午，祭主男潘志遷葬亡（夫）〔父〕潘順，以明昌二年次月初二日亡化，亡婦李氏於今年二十日亡化。龜（筭）〔筮〕協從，相地襲吉，宜於京兆府長安縣西鄉萬城門西北原下安厝。宅地謹用錢九萬九千九百九十九貫兼五彩信幣，買地一段，東西闊寬九步，南北長三步，東至青龍，西至白虎，南至朱雀，北至真武。内方勾陳，擘掌四域。丘承墓陌，封步界畔。道路將軍，齊整阡陌。千秋萬歲，永無（秧）〔殃〕咎。若輒干犯封禁者，將軍亭長收付。今以□□牢酒，百味香新，同爲信契，財地交相分付，工匠修營，安厝已後，永保休吉。知見人歲月主，保人今日直符。故氣邪精，不得□兆。先有居者，永避萬里。若違此約，此約地府主吏自當莫禍。主人内外存亡墓皆安吉。急急如五帝使者女青律。

《金代石刻輯校·趙海等買地券明昌四年傳昌》　維大金明昌四年癸丑歲次二月戊（戍）〔戌〕朔十七日甲寅，百日遷葬（癸）〔祭〕主趙海等，奉歿故父趙海等改葬。龜筮協從，相地襲吉，宜於隴州千吴山鄉平湖社村東北之元安（措）〔厝〕。宅兆謹用錢九萬九千九百九十九貫兼五彩信幣，買地一股，東西南北各長一十三步，東至青龍，西至白虎，南至朱雀，北至真武。内方勾陳，分壁四域，丘承墓伯，封步界畔，道□將軍，齊整阡陌。千秋夕夕歲，永一保安吉。知見人歲月主，保人今日有（百）〔直符〕。故氣邪精，不得（忤）〔忏〕（怪）〔吝〕。先有居者，永避萬里。若違自當其禍，主人内外存亡安吉。急急如五帝使者女青律（今）〔令〕。

明昌四年癸丑歲次二月十七日，（卷）〔券〕訖。

陰陽人傅昌。

磚匠王。

木匠。

《金代石刻輯校·郄震買地券明昌四年》　維大金明昌四年十月十六日。郄震以明昌三年三月初五日歿故。龜筮協從，相地襲吉，宜於耀州同官縣永寧鄉豐擇村南原工告厝。宅兆謹用錢玖萬玖千玖伯玖拾玖貫文兼五彩信幣買地過壹段，東西各長壹拾步，南北各闊玖步，東至青龍，西至白虎，南至朱雀，北至玄武。内方勾陳，分掌四域。丘承墓伯，封部界畔。道路將軍，齊整阡陌。千秋萬歲，永無卅咎。若輒（千）〔干〕犯封禁者，將軍亭長，收付河伯。今以牲牢酒飲，百味香新，都爲信契。財兆交相永付，工匠修管，安厝已後，永保休吉。知見人歲月主，保人今日直符。故氣邪精，不得（忏）〔忏〕吝。先有居者，永避萬里。若違此約，地府主吏自當其禍。主人内外存亡悉皆安吉。急急如五帝使者女青律令。

《金代石刻輯校·董海買地券明昌七年》　唯南贍部州大金國河東南路絳州曲沃縣褫祁鄉南方村董海，今於明昌七年十月初一日丙午日，於高原安厝。宅兆謹用錢九萬九千九百九十九貫文，買地一段，東西南北各長一十三步數，東至青龍，西至白虎，南至朱雀，北至玄武。内方勾陳，分擘明堂四域。丘□墓伯，封□界畔。道路將軍，齊整阡陌。秋萬歲，永無（歿）〔殃〕咎。若輒干犯訶禁者，將軍亭長，收付河伯。今以推牢酒飯共爲信契，財地交相付分，工匠修塋，安厝已後，永保休吉。知見人歲月主，主保人今日直執符。故（無）〔氣〕邪精，不得（肝）〔忏〕吝。先有居者，永避萬里。若違此約，地府主（史）〔吏〕自當其禍。主人内外存亡悉皆安吉。急急如律。

明昌七年十月一日。

砌墓人董靖、董樓喜、董念五。

《金代石刻輯校·董玘堅買地券大安二年》 普天下唯南贍部州修羅王管界。大金國河東南路絳州曲沃縣褫祁鄉南方村董玘堅㥿弟董明於泰和八年買了本村房親董平家墓一所。東西兩營準作價錢玖萬玖千玖佰玖拾玖文。東至青龍，西至白虎，南至朱雀，北至玄武，上至青天下至黃泉。口合句㨂，分墨堂四彧。丘丞墓陌，封界畔，道路將軍齊整。千秋萬歲，永無殃咎。若（範）〔犯〕（河）〔訶〕禁者，將軍亭長，收付河伯。今以犧牢酒飫，百味香新，共爲信契，財地交付分付，工匠修營，安墳已後，永保休吉。知見人歲月主，保人今日直符。故氣邪精，不得欄擱。先有居者，永避萬里。若違此約，地主吏自當其禍。主人内外存亡悉皆大安吉，恐亡者或無後人無信，故立地契爲其據。

時大安二年十一月初一日。

葬主董玘堅、㥿弟董明。

《金代石刻輯校·董明買地券大安二年》 普天下唯南贍部州修羅王管界。大金國河東南路絳州曲沃縣褫祁鄉南方村董玘堅㥿弟董明同買□村北墓地一段。□□墓東西兩營，東西各方一十三步。每營東至青龍，西至白虎，南至朱雀，北至玄武□□□□分壁堂四彧。□丞陌，封界畔，道路將□整阡陌。千秋萬歲，□□殃□若（範）〔犯〕（河）〔訶〕者。將軍亭長，收付河伯。今以牲牢酒飫，百味香新，共爲契，財地交相分付，工匠修營，安墳已後，永保修吉。知見人歲月主，保人今日直符。故氣邪精，不得（怦）〔忤〕□。先有居者，永避百里。若違此約，地□主吏自當其禍。主人内外存亡悉皆安吉，□□□後人相争，恐無信故立地契爲□。

大安二年十一月初一日。

董玘堅、董明。

《金代石刻輯校·郭裕買地券大安二年》 維大安元年歲次己巳十一月辛卯朔十八日戊時破土斬草，擇定來年正月八日丁酉安葬。河東北路汾（洲）〔州〕孝義縣悦禮社祭主郭滋□亡考進義副尉郭裕。龜筮協從，相地□吉，宜於□西北三尺已來安厝。賣兆壹座謹用錢三百九十九貫文無纖幣，買墓地壹段，南北長一十步，東西闊九步四尺五寸，東至□□，西至庚辛，南至丙丁，北至壬癸。内廣勾陳，分廳堂域。（立）〔丘〕承墓伯，封步界畔。道路將軍，齊整阡陌。永無殃咎。若輒干犯訶禁者，將軍亭長，收付河宿□□□牲酒飯，百味香新，亦□信□財地交相分付，工匠修當，安厝已後，永保休吉。知見人歲月主，保□□日直符。故氣□精不得□，先有居者，永避萬里。若違此約，地府主吏自當其禍。主人内外存亡悉皆□吉。急急如五帝使者女青律令。

《新編事文類要啓劄青錢外集》卷一一《公私必用·事產·典買田地契式》 厶里厶都姓厶

右厶有梯己承分晚田若干段，總計幾畝零幾步，產錢若干貫文。一段坐落厶都，土名厶處。東至、西至、南至、北至。係厶人耕作，每冬交米若干石。今爲不濟，差役重難，情願到厶人爲牙，將上項四至内田段，立契盡底出賣或云典與厶里厶人爲業。三面言議，斷得時直價中統鈔若干貫文，係是一色現鈔。即非抑勒準折債負。其鈔當已隨契交領足訖，更無別領。所賣或云典其田，的係梯己承分物業，即非瞞昧長幼、私下成交，於諸條制並無違礙等事。如有此色，且厶自用知當，合備別業填還，不涉買或云典主之事。從立契後，仰本主一任前去給佃管業典云：約限三冬備元鈔取贖。如未有鈔取贖，依元管佃。永爲己物。去後子孫更無執占收贖之理，所有上手朱契，一並繳連赴官印押。前件產錢仰就厶户下改割供輸，應當差發。共約如前，憑此爲用。謹契。

年　月　日　出業人姓厶　號　契

知契姓厶號

牙人姓厶號

時見人姓厶號

《新編事文類要啓劄青錢外集》卷一一《公私必用·事產·判山木榜式》 某里某都姓某

右某有梯己承分竹木山一片，坐落厶都，土名某處。東至、西至、南至、北至。見委某人看管。今爲無鈔應急用度，情願到某人爲牙，將上項四至内，除杉木幾根外，雜木盡底判賣與某里某人邊。當三面言議，斷得時直價中統鈔若干貫文。其鈔當已隨手交領足訖，更無別領。所判本山雜木，的係梯己承分物業。印非瞞昧長幼，私下判賣祖宗墳所庇蔭林木，於諸條制，並無違礙。如有此色，且某自用知當，不涉判主之事。從某日爲始，仰本人一任前去交點斫伐，限在某日終不用。所有剋留杉木，却不許乘時日帶斫伐。如或有違，定準盜論。故榜。

年　月　日　山主姓某　號榜

牙人姓某號

《新編事文類要啓劄青錢外集》卷一一《公私必用·頭匹·買牛契式》

某鄉某里姓某

右某有某角某色牛牸一頭，現年幾歲。今因窘迫，召到某人爲牙，將上項牛牸出賣與某人宅。當三面議斷價鈔若干貫文，當已隨契交領足訖，更無別領。所賣其牛係是欄下所養牛隻，即非盜賣人家頭口。如有此色，且某自用知當，不涉買主之事。今恐向後無憑，故立此爲用，謹契。

年　月　日　姓某號契

牙人姓號

《新編事文類要啓劄青錢外集》卷一一《公私必用·頭匹·買馬契式》

某鄉某里姓厶

右某有某色牡馬一匹，鞍轡齊全，現年幾歲。今因消乏托得某人爲牙，將上項馬匹出賣與某人宅。當三面言議斷得時價中統鈔若干貫文，其鈔當日隨契交領足訖，更無別領。所賣某馬，係是某年用梯己鈔兩買到，某人底來歷分曉，即非盜賣綱運及軍中物色。如或有此，且某甘自知當，不涉買主之事。今恐仁理難憑，故立此爲用，謹契。

年　月日　姓某號契

牙人姓某號

《新編事文類要啓劄青錢外集》卷一一《公私必用·事產·典買房屋契式》

厶甲厶都姓厶

右厶有梯己承分房屋一所，總計幾間幾架，坐落厶都，土名厶處。東至、西至、南至、北至。係厶人住坐。今因貧困，不能自存，情願到厶人爲牙，將上項四至內房屋寸土寸木不留，盡底出賣或云典與厶里厶人爲業。三面言議，斷得時直價中統鈔若干貫文。係是一色現鈔，即非抑勒準折債負。其鈔當已隨契交領足訖，更無別領。所賣或云典其屋的係梯己承分物業，即非瞞昧長幼，私下成交。於諸條制並無違礙等事。如有此色，且厶有自用知當，不涉買或云典主之事。從立契後，仰本主一任前去管典云：約限幾年備元鈔取贖。如未有鈔取贖，依元管佃。永爲己物。向後子孫更無執占收贖之理。所有上手，一並繳連赴官印押。共約如前，憑此爲用。謹契。

年　月　日出業人姓厶號契

知契姓厶號

牙人姓厶號

時見人姓厶號

《中國歷代契約會編考釋·北宋開寶八年敦煌鄭醜撻賣地舍契》

〔前缺〕定難坊巷東壁上（捨）〔舍〕院子內堂壹口，東西並基壹丈貳尺五寸，南北並基壹丈柒尺玖寸，南北並基貳丈壹尺半寸；又基下西房壹口，東西並基叁丈捌尺肆寸，南北並基壹丈叁尺；又厨舍壹口，東西並基壹丈伍尺，南北並基壹丈陸尺；又殘地尺數叁丈八尺九寸。院落門道，東至燒不勿，西至氾□信，南至曲，北至街。維大宋開寶八年歲次丙子三月一日，立契莫高百姓鄭醜撻，伏緣家內貧乏，債□深計，無許方求。今遂口分地舍出賣〔後缺〕

《中國歷代契約會編考釋·北宋太平興國七年敦煌吕住盈等賣舍契》

〔前缺〕臨地（防）〔坊〕□巷子東壁上有舍壹院，內□舍南（防）〔房〕壹□南至宋盈盈，北至自院落。於時太平興國柒年，歲在〔壬午〕□赤心鄉百姓吕住盈及弟阿鸞二人家內□今祖與賣都頭令狐崇清，東西並基壹〔丈〕□（仗）〔丈〕貳尺，每尺兩碩□□。都計算著麥粟□日交相分付訖，並無升合（玄）〔懸〕欠。自賣已後，□若中間有兄弟及別人諍論此舍來者，一仰口承〔人〕□□二人面上□並鄰舍充替。或有恩〔敕〕流行，（若）〔亦〕不在論理。不許□黃麻玖馱，充入不悔人。恐後無信，故立此契，用爲後憑。〔後缺〕

《中國歷代契約會編考釋·北宋太平興國九年敦煌馬保定賣舍契》

〔前缺〕政教坊巷東壁上舍壹院，內西房壹口，東西並基貳（仗）〔丈〕伍尺，南北並基壹丈貳尺三寸。東至安信住，西至安針子，南至楊定住，北至王保留子。時太平興國九年甲申歲四月二日，立契莫高鄉百姓馬保定，爲緣家中□闕，負債繁多，祝索之間，填還無計。今將前件祖父口分舍遂出（買）〔賣〕與平康鄉百姓武恒員，斷作舍價每尺貳斗〔後缺〕

《中國歷代契約會編考釋·北宋太平興國九年安喜縣馬隱父子賣墳地契》　安喜縣□□□□□園住人馬隱、安瓊、男安嗣、男安化，同立契，情願賣自己地莊西南約□□道南桑園地。其地東西□二十□步，南北二十四步。其地馬隱等情願□石進□，永充爲墳地。石進及子孫爲主。□有上墳□□□□□有別人（忏）〔忏〕恡，並是賣地人馬隱□□□自管（知）〔支〕當，不〔涉〕石〔進之事〕。準得價銀四貫伍伯。過契文□並足。官有政法，不取私約爲定。太平興國九年十一月四日。情願賣墳地人馬隱，同賣地人安瓊、同賣地人男安嗣、同賣地人銜推□堯。

《中國歷代契約會編考釋·北宋淳化二年敦煌韓願定賣妮子契》　淳化二年，辛卯歲，十一月十二日，立契押衙韓願定，伏緣家中用度不攕，欠闕疋帛。今有家妮子名塩勝，年可貳拾捌歲，出賣與常住百姓朱願鬆妻男等，斷償人女價生熟絹伍疋。當日現還生絹叁匹；熟絹兩匹限至來年五月盡填還。其人及價交相分付。自賣已後，任承朱家男女世代爲主。中間有親（性）〔姓〕眷表識認此人來者，一仰韓願定及妻七娘子面上覓好人充替。或遇恩赦流行，亦不在再來論理之限。兩共面對商議爲定，準格不許翻悔。如若先悔者，罰樓綾壹疋，仍罰大羯羊兩口，充入不悔人。恐人無信，故勒此契，用爲後憑。（押）其人在患比至十日已後，不用休悔者。（押）

（買）〔賣〕身女人塩勝（押）

出賣女人娘主七娘子（押）

出賣女人郎主韓願定（押）

同商量人袁富深（押）

知見報恩寺僧醜撻（押）

知見龍興寺樂善安法律（押）

內熟絹壹匹，斷出褐陸段，白褐陸段，計拾貳段，各（丈）〔長〕一丈二。比至五（日）〔月〕盡還也。（押）

《中國歷代契約會編考釋·北宋至和二年瑞昌縣君孫四娘子買地木券》

維皇宋至和二年，歲次乙未，歿故瑞昌縣君得壽年六十一，於三月二十日終於家。取當年七月二十九乙酉，化龍鄉祖塋西仄，用價錢九萬九千九百九十九文，買得吉地壹段東止甲乙青龍，西止庚辛白虎，南止丙丁朱雀，北止壬癸玄武。其他各分封步分明。或有四畔封疆道路之神，不得占恡，整（濟）〔齊〕阡陌，丘丞之神，今宜日符，分明收掌。急急如律令敕。

《中國歷代契約會編考釋·北宋嘉祐二年南城縣陳氏六娘買地石券》

維嘉祐二年歲次丁酉九月一日甲戌朔二十三日丙申，建昌軍南城縣雅俗鄉訓俗裏後潭新津保歿故亡人陳氏六娘，行年七十八歲，命歸泉路，忽被太山勑召靈魂禁司、土公、土母、土伯、土歷、土下二千石、禄墓門亭長、蒿裏父老、武夷王等土□陳氏六娘宰陰陽定生，孝順□□。上即順於天地，下即順於父母。清清松竹，尚皆枯榮，人非王喬，寧無彫落，遂賫銀錢玖千九百貫，□地名東陂鄉家坑坤山下，永買得本□乙向地一開，爲□年□□。其地東止甲乙，南止丙丁，西止庚辛，北止壬癸，〔中〕央（畐）〔福〕地爲宅府。有社裏土地修墻造路，不□方滯。陳氏六娘仕（？）來。誰爲書，水中魚，□□□讀？天上鶴。鶴何在？飛上天。急急如律令。

《中國歷代契約會編考釋·北宋元祐四年蘇軾為李方叔預擬賣馬公據》

元祐元年，予初入玉堂，蒙恩賜玉鼻騂。今年出守杭州，復沾此賜。東南例乘肩輿，得一馬足矣。而李方叔未有馬，故以贈之。又恐方叔別獲嘉馬，不免賣此，故爲出公據。四年四月十五日軾書

附録：　蘇轍詩

方叔來別，子瞻館於東齋。將行，子瞻以賜馬贈之。

方叔作詩，次韵奉和　轍

小牀卧客笑元龍，彈鋏無輿下舍中。

五馬不辭分後乘，輕裘初許弊諸公。

隨人射虎氣終在，徒步白頭心頗同。

遥想據鞍橫槊處，新詩一一建安風。

黃庭堅跋

翰林蘇子瞻所得天廄，其所從來甚寵。加以妙墨作券，此馬價應十倍。方叔豆羹常不繼，將不能有此馬御以如富貴之家。輒曰：非良馬也，

故不售。夫天廄雖饒馬，其知名絶足，亦時有之爾，豈可求錫馬盡良也！或又責方叔受翰林公之惠，當乘之往來田間，安用汲汲索錢。此又不識蚌痛者從旁論砭疽爾。其窮亦難忍哉！使有義士能捐廿萬，並券與馬取之，不惟解方叔之倒縣，亦足以豪矣！衆不可蓋過人中磊磊者，試以余書示之。

元祐四年十月甲寅黄庭堅書贈李方叔

《弇州山人四部稿》

子瞻以天廄賜馬遺李方叔，使鬻之，而爲書券，魯直又爲跋，索十萬錢，大是佳話。然以子瞻故，硬差作伯樂，抑勒牙人，亦見爾時詞客之機耳。

王杰碑跋

蘇文忠公《馬券帖》並《穎濱詩》，黄山谷跋，其四石舊藏陸宣公祠，歲久散失。順治甲午，宣公後裔求得之。尋有好事者購取其二，餘二石遂湮榛蕪中。今乾隆甲午，嶺南梁君宰嘉禾，訪購人間所藏二石，又於祠中墻角並獲二石，而四石復完。

王昶按：此石今在嘉興縣學流虹亭。《東坡先生年譜》：元祐元年，纍遷翰林學士知制誥。四年三月，除知杭州。七月三日，到杭州任。其書此券在四月，則未出都時事也。弇州稿云：魯直爲跋，索十萬錢。今石刻跋云：能捐廿萬，並券與馬取之。彼此有異。此券石刻，祀在四川眉州蘇公祠内見有券刻，與趙松雪真草文同嵌壁，極爲精妙。但兩刻不知孰先孰後矣。至此石之在嘉興宣公祠，其原委未有詳及者。

《中國歷代契約會編考釋·北宋熙寧八年廬陵縣江注買地石券》 維南贍部洲大宋國吉州廬陵縣城外雍和坊萬歲巷殁故承奉郎守秘書丞江府君甲寅降生。先於熙寧甲寅歲仲夏甲子日卒於江州湖口縣官舍之正寢，享年六十歲。實用錢穀幣帛珍寶等就開皇地主處買得本州吉水縣中鵠鄉青原山，舊名若坑，今更爲祖慶崗陰地壹〔穴〕〔穴〕，永爲祖主。卜取乙卯年正月〔巳〕〔已〕卯二十七庚申日安厝。其地東止甲乙青龍，南至丙丁朱雀，西止庚辛白獸，北至壬癸玄武，上止蒼天，下徹黄泉。給付與殁故江秘丞遠年。宅兆所有，本處山神、土地一切神〔殺〕〔煞〕側域塚〔穴〕〔穴〕，邪精故〔炁〕〔氣〕各不在争占之限。如違牒，赴太上誅斬。急急如律令。敕。時見年直符

書契月直符

《中國歷代契約會編考釋·北宋大觀二年金溪縣孫大郎買地石券》

維大宋歲次戊子、大觀二年十月初三日殁故孫大郎卒，以次年十一月二十日塋葬，龜筮協從，相地襲吉，宜於撫州金溪縣歸政鄉周坊源鷓鴣嶺安厝宅兆。謹用錢九萬九千九百九十九貫文，兼五綵信幣，買地一段。東西一百步，南北一百步。東至青龍，西至白虎，南至朱雀，北至真武。内方勾陳，分掌四域；丘丞、墓伯，分步界畔；道路將軍，齊整阡陌。千秋萬歲，永無殃咎。若輒干犯訶禁者，將軍、亭長收付河伯。今以牲牢酒飯，百味香新，共爲信契。財、地交相分付。工匠修營安厝已後，永保休吉。知見人，歲月主。保人，今日直符。故氣邪精，不得忓怪。先有居者，永避萬里。若違此約，地府主吏自當其禍。主人存亡，悉皆安吉。急急如太上律令。

《中國歷代契約會編考釋·北宋大觀二年金溪縣孫大郎買地石券》

維大宋歲次戊子大觀二年八月二十八日殁故徐氏大娘卒，以次年十一月二十日塋葬，龜筮協從，相地襲吉，宜於撫州金溪縣歸政鄉周坊源鷓鴣嶺安厝宅兆。謹用錢九萬九千九百九十九貫文，兼五綵信幣，買地一段。東西一百步，南北一百步。東至青龍，西至白虎，南至朱雀，北至真武。内方勾陳，分掌四域；丘丞、墓伯，分步界畔；道路將軍，齊整阡陌。千秋萬歲，永無殃咎。若輒干犯訶禁者，將軍、亭長收付河伯。今以牲牢酒飯百味香新，共爲信契。財、地交相分付。工匠修營安厝已後，永保休吉。知見人，歲月主。保人，今日直符。故氣邪精，不得忓怪。先有居者，永避萬里。若違此約，地府主吏自當其禍。主人存亡，悉皆安吉。急急如太上律令。

《中國歷代契約會編考釋·西夏天盛二十二年寡婦耶和氏寶引母子賣地房契》 天盛庚寅二十二年，立文契人寡婦耶和氏寶引等，今有自屬畜養牲口之閒置地一片，連同草屋三間，樹兩株，情願賣與耶和女人。議定地價爲全齒駱駝二，雙峰駱駝一，代步駱駝一，共四匹。此後他人不得過問此地。若有過問者，寶引等管。若有人翻悔，依律令承罪。有不服者，罰麥三十斛入官。立契以後，隨即依行。地界在司堂下，共有二十二畝。

北接耶和回鶻盛界，東、南鄰耶和寫，西與梁嵬名山爲界。

立文契人耶和氏寶引

共商契者子没羅哥張

共商契者〔子〕没羅口鞭

知見人耶和盛□（押）

梁狗人（押）□和乙盛（押）

没羅西鐵（押）

□□□（押）

八□（押）

《中國歷代契約會編考釋·金大定二十八年修武縣馬用父子賣地契》

出賣地業人，修武縣七賢鄉馬坊村故稅户馬愈、男馬用同弟馬和，自立契將本户下□□地二段，共計貳畝叁厘，立契賣與全真門弟子王太和、王崇德爲永業，修蓋全真道庵。準得價錢壹拾陸貫文，各七□九伯。並據即目見定交割。謹具開坐如後：

一、出賣村南竹薗地一段：南北疇，東長貳拾陸步伍分，西長貳拾陸步伍分，南闊壹拾陸步，北闊壹拾步。並次東一段：東長貳拾陸步，西長貳拾捌步半，南闊壹拾步，北無步。東至大河，西自至，南自至，北自至。並據錢、業主對目商議定：所有地内差稅物力實錢，照依通撿去馬愈户下貯脚供輸。所據地内竹竿樹木，不係賣數。

天雨水透流，車牛出入，一依仍舊通行。

右件前〔頃〕〔項〕出賣地土，賣與全真門弟子等爲永業。並不是衷私卑幼□交，亦不是債欠準折，並無諸般違礙；又加立契日一色見錢交領，並□別無懸欠。恐人無信，故立此文爲據。

大定二十八年十二月。自立契出賣地人馬用（押）

同立契人馬和（押）

引領人部下王守尟（押）

寫契人本村王瑩（押）

稅説價錢壹拾陸貫文　廿三日

《中國歷代契約會編考釋·金明昌二年洛陽縣趙通買地磚券》　維大金明昌二年，歲次辛亥，七月丁未朔十五日辛酉，祭主界趙通奉爲殁故先祖父母諂靈龜筮協從，相地襲吉。宜於河南府洛陽縣金谷鄉上清宫北後河村之原，安厝宅兆。謹用銀錢九萬九千九百九十九貫，又兼五綵信幣，買地一段：東西十五步，南北十六步二分。東至青龍，西至白虎，南至朱雀，北至玄武。内方勾陳，分〔掌〕穴域；丘丞、墓伯，封步界畔；道路將軍，齊整阡陌。千秋萬載，永無殃咎。若輒犯訶禁者，將軍、亭長收付河伯。今以牲牢酒飯，百味香新，共爲信契，〔時〕〔財〕地交相分付。工匠修〔營〕〔塋〕安厝已後，永保休吉。〔如〕〔知〕〔見人〕，歲月星；保人，今日直符。故氣邪精，不得〔忤〕〔干〕〔恡；先有〕居者，永避萬里。若違此約，地府主吏自〔當其禍。主人〕内外存亡，悉皆安吉。急急如〔五〕帝女青律令。

《中國歷代契約會編考釋·南宋慶元四年臨川縣朱濟南買地石券》

維大宋國江南西路撫州臨川縣左界具慶坊居住故知軍朝請朱公於慶元三年歲次丁巳五月初三日以疾卒於正寢，享年五十八歲。龜筮協從，相地襲吉。於四年九月二十五日庚申卜葬於本縣静安鄉卅八都，土名上幕之原，用錢九萬九〔阡〕〔千〕九百九十九貫文。五綵信幣，詣五土冥王開皇地主司，買得陰地一段，壬亥山，丙向，安厝宅兆。東止青龍，西止白虎，南止朱雀，北止玄武，上止青天，下止黄泉，中爲亡人萬年塚宅。内方勾陳，分掌四域。丘丞、墓伯，封步界畔，道路將軍，齊整阡陌。千秋永歲，悉無殃咎。四至之内，或有古迹神壇、前亡後化，不得妄有争占，驚動亡人。若輒干犯呵禁者，將軍、亭長收付河伯。財、地相交分付。工匠修營安厝已後，山水朝迎，子孫昌熾，永保休吉。知見人張堅固，保人李定度，書人天官道士。故炁邪精不得忤怪。先有居者，速去萬里。若違此約，地符主吏自當其禍。孝宅内外存亡，同皆安吉。急急如太上律令。勑。

《中國歷代契約會編考釋·南宋嘉定八年祁門縣吴拱賣山地契》　録白附産户吴拱，祖伸户，有祖墳山一片，在義成都四保，場字號項七仁後塢貳拾柒號〔尚〕〔上〕山在墳後高山，見作熟地一段，内取叁角，今將出賣與朱元興。係拱分，並買弟扞等分，共計一半，計價錢官會陸貫省。其山地東止高尖降及三保界，西止墳後山，〔元〕〔原〕買項七山長塢心爲界，北降。今從賣後，一任朱元興聞官受稅，鋤作，變種杉苗爲業。如有外人〔欄〕〔攔〕占，並是拱自（衹）〔支〕當，不及受産人之事。所有本户元買張敏中並扞等官印親契，共計貳道，一併繳付朱元興執照。其契内別有照使，（供）〔拱〕即別立領，於朱元興名下領去。今恐人心無信，立此賣契爲據。嘉定捌年四月初一日

吴拱（押）

今於契後批領：項七仁後塢高山山地價錢前去足訖，並無少欠。今於契後批領爲照。同前年月　日。吴拱（押）

助押契人黄德和（押）

《中國歷代契約會編考釋·南宋淳祐十二年徽州李從致賣山田契》

歸仁都李從致、從卿、侄思賢等，今自情願將地名乾塘塢，係罪字號（夏）〔下〕山玖等拾玖號山肆畝，又民字拾壹號（夏）〔下〕田壹角貳拾步。其山東至胡文質地，西至壟，南至塢口自衆田，北至降。今來無錢支用，衆議將前項四至内山並田出賣與同里人胡南仕名下。叁面（伻）〔評〕值，價錢拾捌界壹百陸拾貫文省。其錢當立契日（以）〔一〕併交領足訖，不零少欠文分。其山地内即無新墳舊塚。今從出賣之後，已任買主聞官納完，遷做風水，收苗，永遠爲業。如有肆至不（名）〔明〕，如有内外人占（欄）〔攔〕，並是出産人（衹）〔支〕當，不涉受産之事。今恐人心無據，立此賣田山文字爲照。

淳祐拾貳年柒月十五日李從致（押）

李從卿（押）

李思賢（押）

今於胡南仕名下領前項四至田山肆畝、田壹角貳拾步契内價錢拾捌界官會壹百陸拾貫，前去足訖，並無少欠。別不立碎領，只此契後壹領爲照。同前月日。從致（押）

從卿（押）思賢（押）

見交錢人　李貴和（押）

《中國歷代契約會編考釋·南宋寶祐三年祁門縣周文貴賣山地契》

義成都周文貴，今自（倩）〔情〕願將本都六保地名中義横坑宜字貳拾伍號（夏）〔下〕等山叁畝壹角貳拾步，其山東至降，西至塢心直出至田，南至周之發山，從小彎心至大石爲界，直上至降，北至埸及吴宅山。今將前項四至内山地並大小杉苗，一併出賣與休寧縣三十乙都張仲文名下。三面（伻）〔評〕值，價錢拾捌官會柒拾叁貫文省。其錢當立契日一併交收足訖，其契後更不批領。其山見經界本家户下，其稅錢將來於文貴户下起割。今從出賣之後，如有四至不明及内外人占攔，並是出産人（之）〔支〕當，不及受産人之事。今恐人心無信，立此賣契文字爲據。寶祐叁年八月十五日。周文貴立。

書契見交錢人　高元圭（押）

《中國歷代契約會編考釋·南宋景定元年祁門縣徐勝宗賣山地契》

義成都徐勝宗自，分得土名字　百玖拾九壹畝，東止上至降，下止田；西止李子宣高坵田，止南至田。今無錢支用，願將前項四至内山地、地上杉苗盡行出賣歸仁都胡應元名下。三面（伻）〔評〕議價錢拾捌界官會叁拾叁貫文省。其錢當立契日一併交收足訖，更不契後立領帖，只憑契爲明。今從出賣之後，一任買主聞官割稅，收苗管業。如有四（止）〔至〕不明，及内外人占（蘭）〔攔〕，並是賣産人（衹）〔支〕當，不及買之事。今恐人心無信，立此斷賣山地私苗爲契爲照。景定元年正月十五日徐勝宗（押）

母親阿朱花押（押）

書契見交錢人李邦善（押）

《中國歷代契約會編考釋·南宋景定五年祁門縣項永和賣山地契》

義成都項永和今將父□□土名下塢食字號四十八號（夏）〔下〕山壹畝，東至項遵山，西至項成山，從水坑彎心直上至壟，南至降，北至大彎心及項隆地；又將土名南坑竹號十四號尚山貳畝，（夏）〔下〕地貳拾伍步。東至項允成山，從彎心水坑隨壟直上，至降；西至高尖，直下至水坑；及項成田塍頭，南至永成山，北至大水坑；又將土名葉家塢白字號三號、八號内，取（夏）〔下〕地壹角貳拾柒步。東至項遵山，西至山，南至項成地，北至項暹地。並山地盡行出賣與同宗人項永高。三面（伻）〔評〕議價錢十八界官會伍拾貫文省。其錢當立契日一併交收足訖，並無分文少欠，別不立碎領。如有内外人占（蘭）〔攔〕，並是賣産人之（支）當取了，不及受産人（知）〔之〕事。今恐人心無信，立此斷賣山地（弍）〔三〕處爲據。景定伍年十月十五日。項永和（押）

依口書契人項永成（押）

見交錢人項文（押）

《中國歷代契約會編考釋·南宋咸淳三年徽州方伯淳賣山地契》

□□都方伯淳奉母親指（零）〔令〕，將自己標帳内大塢縣字號拾號（夏）〔下〕山貳畝；（夏）〔下〕地伍號，計伍步。東止方思義自地，西止（領）〔嶺〕及方文瑞山地，止田塝，南止尖。今將前項山地並地内一應等物盡行出斷賣與李四登仕名下，面議價錢拾捌界官會柒拾貫文省。其錢當日交收足訖，契後別不立領，只此隨契交足訖。今從出賣之後，一任受産人永遠收苗爲業。如有四至不明及内外人占攔，並是出賣人自行（之）〔支〕當，不涉受産之事，今恐人心無信，立此賣契爲照。成淳叁年三月十二日。方伯淳（押）

母親花押汪氏

見交錢人李仲□

《中國歷代契約會編考釋·南宋咸淳六年休寧縣吴運幹賣山地契》

休寧縣常樂裏吴運幹宅有祖産在祈門縣義成〔都〕□四甲，地名國坑，係十叁號、十肆號（尚）〔上〕山壹段，東至何堅山及坎家山，西至降，直下至乾塘；南抵休寧縣界，北至吴種山及項成山，計陸畝。今爲缺錢支納，今情願將前項四至内山地並苗，盡行出賣與祈門縣義成都張日通、項永興名下。取去時值價錢拾捌界官會壹百壹拾貫文省。其錢當立契日交收足訖，即無分文少欠；更不別立批收。今從出賣之後，一任聞官受税，永遠管業。如有内外人占攔及四至不明，並是本宅自行（祗）〔支〕當，不干受産人之事。所是十肆號即係本宅分到祖業外，十叁號一時檢尋入户未及，日後檢尋到日，給還。如或不暇檢尋，日後不在行使。今恐人心無信，立此賣契爲據。

成淳陸年玖月貳拾柒日　賣契

吴元十一交補（押）

母親許孺人（押）

前項山地即係祖産，無契可繳。

王子源（押）

契内價錢交收足訖。同日（押）

書契見交錢　王子源（押）

吴交方（押）

《中國歷代契約會編考釋·元代初年（苦叉）〔庫車〕土爾迷失的斤賣田園房屋契》 □余、土爾迷失的斤因需要大都通用的鈔幣和州帶高昌字樣的也一樣。我由我的女婿，他撥迷失分到的耕田和擠奶子的地方□我經合法的手續，賣給法蘇都。文書内言明中統寶鈔八十錠。自立文書之日起，余、法蘇都即將全數付給；余、土爾迷失的斤即將全數收到。因此，從今日起，他撥迷失的兄、弟、堂侄、伯叔父不論誰不得有所争執。今如有人倚仗有力仕紳或婦人之力借故争執，甚至造謡説我們獻給大軍一錠金子，繳予地方官和胥吏一只羊，這些閒話皆無用。從今日起，此葡萄園、土地、水、房屋、院落，法蘇都有權佔有，如他情願的話；如他不情願，他可轉讓或賣給別人。縱然有搗亂之徒從中作害，與法蘇都無干。

這個手印是我土爾迷失的斤的。（蓋章）

這個手印是我塞温赤脱瑞裏的。（簽字）

這個手印是我提蒲都的。（簽字）

這個手印是我維撥撒的。（簽字）

這個手印是我辛秀的（蓋章）

這個手印是我驅勒剋的。

這個手印是我證人提裏哥乞牙的。（蓋章）

這個手印是我證人鐵木耳補化的。（蓋章）

這個手印是我證人大山的。（簽字）

這個手印是我證人岳拉失的。（蓋章）

這個手印是我證人玉古倫赤不花的（簽字）

余、土爾步應我的親戚土爾迷失的斤清楚的囑托書。

《中國歷代契約會編考釋·元巴比賣房地産契》 □今如有人倚仗豪紳説奉獻□金子□錠啦，交了地方官和每個隨員□鈔□錠啦；除此以外又逐一賄賂了七錠鈔啦。這些話都是没有用的。有欺騙或危害等事□我已具書爲證。

一家見，引年見，條六見。大聖都通引去麋床裏支鈔時分，定惠見，宋吾見。當日交錢捌錠鈔訖。其錢阿體手接將去。團裏與母伴撒南娘子無（？）筆不與，領子後餘壹錠，又是大聖都通交付零鈔不用二兩的，當日兩家會（？）面取九錠領子訖了。其文字親手自題。

《中國歷代契約會編考釋・元至元十九年瑞州路藍氏六娘買地陶券》

維大元國江西道瑞州路在城河南岸慶善坊居住歿故藍氏六娘，元命壬午年九月初七日午時生，享年六十有三，不幸於乙酉年八月初二日午時身故。今命述人遷尋得受地而坐落易俗鄉四十六都，地名青田崗，坐寅山，作申向。今年大利，卜取是日安葬，用錢九萬九千九百九十九貫九百九十九文。在開皇地主買得其地，東止青龍，西止白虎，南止朱雀，北止玄武，上至皇天，下至黃泉，中至亡人墓宅。如有精靈古器魍魎，自今不得亂占，先有居者，速避萬里。如違此約，地府主吏自當其咎。亡存內外委皆安吉。急急如太上五帝主者汝青律令。尋龍點穴郭鄰先生，交正青鳥白鶴仙人，書契張堅固，交錢李定度。

《中國歷代契約會編考釋・元至元二十五年衛輝路齊□□買地磚券》

維大元至元二十有五年，歲次戊子〔二〕〔日〕〔月〕丙辰初五日庚申，祭主齊□伏緣祖先掩逝，未卜兆〔營〕〔塋〕，夙夜憂思，不違所〔厝〕〔措〕。今者，擇此高原，來去朝迎，地□襲吉。地屬衛輝路西關之原，堪爲宅兆。謹備錢綵，買到地壹段，南北長一十六步，東西闊一十四步一分八釐七毫五系。東至青龍，西至白虎，南至朱雀，北至玄武。內方勾陳，管分擘四域；丘丞、墓伯，封步界畔；道路將軍，齊整阡陌。致使千秋百載，永無灾咎。若有干犯，並令將軍、亭長縛付河伯。今備牲牢酒〔飦〕〔飯〕，百味香新，共爲信契。財地交相分付。今工匠修〔營〕〔塋〕安厝已後，永保休吉。

知見戊子歲巳卯〔日〕〔月〕

代保人今日直符申

故氣精不得忓恡。先有居者，永避他所。如違此約，地府主吏自當其禍。助葬□〔主人內〕外存亡，悉皆安吉。急急如律令。

右付□准此　祭主齊□〔至〕元二十五年二月

《中國歷代契約會編考釋・元至元二十六年徽州汪周孫賣地契》

這個手印是我巴比的。（簽字）

這個手印是我梅音茫古的。（蓋章）

這個手印是我哈失的。（蓋章）

這個手印是我玉素普的。（簽字）

這個手印是我容林他撥迷失的。（簽字）

這個手印是我浓裹的。（簽字）

證人沙賓，這個手印是我的。（簽字）

證人阿力，這個手印是我的。（簽字）

證人布阮奇，這個手印是我的。（蓋章）

證人奇林布，這個手印是我的。（簽字）

□這個手印是我的。（簽字）

□（簽字）

□

證人奇呼兒，這個手印是我的。

證人撒裏，這個手印是我的。（簽字）

證人阿爾喀齊，這個手印是我的。（簽字）

《中國歷代契約會編考釋・元羊年敦煌臘贊賣兒馬契約》　羊年春，尚臘桑與尚□等在將軍衙署□比丘和尚張本嘉從蔡多部落甲雜臘贊處購馬一匹，毛色，紋理爲：兒馬，白額，馬身有葉狀與骰點斑紋。若因此馬發生任何大小糾紛，唯臘贊是問。爲免發生其他官司，立此購馬之約：馬身如無殘無缺，立即交與和尚本嘉。此馬在夏季毛色如改變，紋理有增減，立即找到證人填換契文。如此交易，若被認可，向售馬人交付成色足〔銀〕五兩。如臘贊被派支王差或不在家，照前所應諾，找到中人〔說合人〕甲雜部落的洛宗木和彭岱蘇贊。說合證人：論臘桑臘頓、論臘桑多子、吳高戎、周達來、哈華華、蒙達錯、蒙尚結諸人立契約蓋印，馬主和應諾人按指印，舊契由和尚本嘉掌握。

（牙登蘇贊蓋印）

《中國歷代契約會編考釋・元龍年哈剌火州阿體賣奴草契》　辰年八月二十六日，爲贖善斌支鈔數目下項：□九月十一日支鈔時分，小於諸

□□都汪周孫，今情願將日新都汪村源履字號（尚）〔上〕山乙伯八號，通計貳□□角叁十步；（夏）〔下〕地乙伯九號至乙伯十一號，通計伍拾步，本户分得拾貳□□伯十二號，通計乙角，本户分得十五步；（夏）〔下〕地乙伯拾三號，通計五步□□□一步二分五釐。東止神林路，南止路及田，西止江元壍垒爲界，北止降□□以直上止降。又温字號横茶坑（尚）〔上〕山三十一號、三十二號，通計叁角，本户分得□□少。東、西止自地，南、北止胡有等山及張暉山。其山地内（元）〔原〕安厝六九朝□□□連年生灾死亡。今與弟禪老商議，改移前去吉地安葬。今將上項□柳木併空椰，盡數立契出賣與歸仁都李光遠名下。三面評議中統（鈔）伍拾貫文，其鈔當日交領足訖無欠。其山地並前項空椰，未賣已前，不曾與家外人交易。如有占（欄）〔攔〕，並是出産人自行（知）〔支〕當，不涉受産人之事。人無信，立此賣契爲照。

至元二十六年二月初十日。汪周孫（押）

領前項契内價鈔足訖無欠，别不立碎領，只此隨契一領爲照。

八日汪周孫（押）

《中國歷代契約會編考釋·元至元二十七年徽州鄭思通賣地紅契》

□□□□□□□□□□□□□□□□□□□兄鄭文□本都土名□□□□□□□□□小塢（夏）〔下〕山柒畝，東止□□□□□□彎心，直上止降；西止坑□□□□□彎裏小壟直心，上止□□官家山□□。四止内畝步盡行（倩）〔情〕願出賣與尤昌拾貳□□□進士名下爲主。叁面評議中統價鈔計貳拾壹貫文省。其鈔當立契日兩相分付去足訖。其上項山地未賣已前，與家外人亦無牽涉。如有家外人占攔及四止畝步□差，並是出産人自行（知）〔支〕當，不涉買主（知）〔之〕事。今恐人心無信，故立此賣契。

至元貳拾七年十月廿六日鄭思通（押）

鄭應龍（押）

依口書契人周子成（押）

□下領去前項契内價鈔前□□零碎少欠，只此隨契□乙領

鄭思通（押）鄭應龍（押）

依口書契人周子成（押）

《中國歷代契約會編考釋·元元貞二年龍源汪必招賣荒地白契》 龍源汪必招，今將承祖本都一保土名茗坦招州榜上荒地一塊，係五百十四號，計税四分二釐五，本身合一半。今憑中立契出賣與汪名前去爲業。當日三面議時值價（文）〔紋〕銀壹兩整，在手足訖。其價契當日兩明。未賣之先，並無重互交易。來歷不明，壹並自理，不干買人之事。所有税糧隨契推扒供解，再不復立推單。今恐無憑，立此賣契爲照。

元禎二年三月廿日立契人汪必招（押）

親筆無中

《中國歷代契約會編考釋·元元貞二年徽州吴儀甫賣山地契》 歸仁都吴儀甫昨父存日，標分得祖户下本都君字號粒漆源（尚）〔上〕山玖畝，係八號東邊裏分。東至降，西止田，南至叔深之山，北至□□彦山，從塢頭彎底，發洪量出五丈爲界；向東直上至降。又將同處共號山地杉苗（尚）〔上〕山八畝弍角四拾步，係粒漆塢頭正面山，東西北至降，南至塢頭山脚底，直上至鷄心壟，至降。今將前項捌至内山及大小杉苗木並地脚，盡行立契出賣與同都人吴崧山名下。叁面（伻）〔評〕值，價鈔壹拾伍貫文省。其鈔當立契日一併交收足訖。其山地今從賣後，任買主管業。如有四止不明及家外人占攔，並是賣主（祗）〔支〕當，不涉買主之事。所是（元）〔原〕入户上手契要，一並繳付。今恐人心無憑，立此賣山文契爲照。

元貞貳年十二月十五日吴儀甫（押）

今領前項契内山價鈔並行收去足訖無欠。同前月日。再批。吴儀甫（押）

依口代書見交鈔兄吴文甫（押）

《中國歷代契約會編考釋·元至大二年徽州吴永吉賣山白契》 三都吴永吉承祖吴朝瑞户下土名六公坑父字六號方四塢（尚）〔上〕山玖畝。其山東止降，西止坑，南北止壟，分水爲界。其山合得壹半，計肆畝貳角。今來無鈔支用，情願前項四止内山地並大小杉苗内取壹半，盡得立契出賣與祁門縣歸仁十都□梅窻名下，三面（伻）〔評〕值價鈔至元寳鈔伍貫文省其鈔當成契日一併交收足訖無欠。其山地並大小杉苗一任受産人聞官收苗，永遠管業。今從出賣之後，如有四止不明及内外人占攔，並有出

賣人〔知〕〔支〕當取了。所有上手來歷赤契當行繳付受産照會。今恐人心無信，立此賣山地並大小杉苗文契爲照者。

至大貳年十一月　日吴永吉（押）契

依口書契人汪達之（押）

見交易人吴振之（押）

《中國歷代契約會編考釋·元延祐二年徽州胡顯卿賣山地契》□□都六保胡顯卿□□□□坐落土名方家塢（夏）〔下〕山弍角，並大小杉苗雜木。東至葉思聰田，西至大降，南至王伯松墳前壟心，直上至降；北至胡彦遠地，從壟心直下，至田尾爲界。內存墳□所。今來無鈔支用，願將上項山地，（以）〔一〕應大小杉苗，盡行立契出賣與同保人胡朝卿名下，面議價錢中統鈔伍拾貫文。其鈔當立日壹並交足無欠。今從出賣之後，一任買主自行管業收苗受税。其山如有家外人占攔，並是賣山（祗）〔抵〕當，不及買主（祇）〔之〕事，所有上手赤契，壹並繳付。今恐無憑，立此賣契文書爲用者。

延祐弍年肆月拾伍日　胡顯卿（押）

依口代書人胡雲甫（押）

今領山契內價鈔並收足訖。同前月日。再批（押）

《中國歷代契約會編考釋·元延祐二年祈門縣務付李教諭買山田税給》

皇帝聖旨裏，徽州路祈門縣務今據李教諭賫文契壹紙，用價錢中統鈔壹拾叁錠，買受汪子先夏山、次不及田，赴務投税訖。所有契憑，須至出給者。右付本人收執。准此

延祐二年七月　日（押）

《中國歷代契約會編考釋·元延祐二年徽州李梅孫賣山白契》　歸仁都李梅孫梯已標分得及□續買受同分人李黄瓉、李松聰、李於石各人文契，共山壹片，坐落義成都二保老裏坑高坑源頭，（元）〔原〕係結字號，李家並買，李黄瓉等於内合得壹半，計（尚）〔上〕山内取陸畝叁角拾弍步，東至田及吴宅山，西至降，南至水竹彎心小瀧直上至降，北至高尖。今爲無鈔支用，情願將前項四至内山合得山地併地内大小杉苗盡行立契出賣與本都李延檢名下。三面評議時值價中實鈔玖百伍拾貫。其鈔當日交足無欠，契後别不立領。其山今從賣後，一任受産主收苗永遠管業。如有家外人占攔及重叠交易，四至畝步不明，並是出産人支當，不涉受産人之事。本家亦不曾有擡苗文字。其入户文契，當行繳付。今恐無信，立此賣山文契爲用者。

延祐二年八月廿八日　李梅孫（押）契

見交易人李和孫（押）

前項山除當行繳付之受李松聰及李見山批與契共兩紙，其餘入户上手與他産相連，不及繳付。同日　梅孫（押）

《中國歷代契約會編考釋·元延祐五年徽州李五三婆賣山地紅契》□□李五三婆（元）〔原〕有祖墓山地二處，在本都查坑源□方師彎，行字號（尚）〔上〕山半畝。其山東至裏瀧分水上横墩，下至田；南至田，西至外瀧，上至横墩，下至田；北至横墩。又同源賢字九號（尚）〔上〕山□畝。其山東至李提領山，西至李大明地，南至李□□及李永官田，北至平埕。今爲無鈔支用，情願將八至内墓地内取一半，計貳角，出賣與同分人李永昌名下。三面評議中統價鈔壹拾伍貫文。其鈔當立契交足無欠。契後（更不）〔不更〕别立碎領。今從出賣之後，一任買主自行（文）〔聞〕官管業。如有八至不明及外人占攔，並係賣主（之）〔支〕當，不涉買主之事。其祖墓墳地則不曾與外交易。今恐人心無憑，立此賣契爲照者。

延祐伍年四月十五日李五三婆（押）

依口代書人謝貴甫（押）

《中國歷代契約會編考釋·元延祐六年徽州汪潤翁賣山地契》　十六都汪潤翁有山地一段，坐落十八都七保，土名深渡胡家塢，上山四畝一角，（元）〔原〕係國字第一百二十八號，經理係出字一千四十五號。東至高尖，西至青龍臂籬塹，南至祖墳庵後左籬塹隨壟分水直上至降，北至大塢下弦，內有父一三朝奉墳一穴，並庵基屋宅一所。今爲無錢用度，情願將前項四至內山地告給公處，存留父墳禁步及庵屋基地外，於空閒山地內取風水一穴，計尚山一畝，立契出賣與十五都鄭廷芳名下遷造風水壽基爲主。面議時價中統鈔二千六百貫文，其鈔當日交足無欠。其山地一憑鄭廷芳不定年月於空閒地内遷造風水一穴，本家並無阻當。其山地即係潤翁梯己産業，他人並無分籍。未賣已前，與他人即無交易。如有一切不明，並係潤翁自行支當，不涉廷芳之事。今恐無憑，立此爲照。延祐六年十二月

日　汪潤翁

奉書領鈔男　汪志道

《中國歷代契約會編考釋・元至治二年祁門縣謝子英賣山地紅契》

〔歸〕仁拾都謝子英，今將承祖山壹號，坐落本保，土名□□土名裏謝七匠坮（夏）〔下〕山拾畝，土名捉鷄塢，□□字三百七十五號。又土名刀梢塢，共計山四畝，土名梨樹坮坳心，隨坑下至大坑，北至謝□全山。今將項四至内山地四分内取壹分，盡行立契出賣與同分謝蘭蕙□□□人名下。三面評議中統價鈔柒拾二貫文。其鈔交足無欠，契外不立碎領。相只此隨契一領爲照。其山未賣之先，即無家外人交易。如有家外占攔，並是出産人自行（成）〔承〕當，不干買主之事。其山出賣之後，請買主收税收苗管業爲主。今恐無憑，立此文契爲照者。

至治二年五月初一日　謝子英（押）

見交易人馮福之（押）

《中國歷代契約會編考釋・元泰定二年祁門縣務給付李德昌買山田税給》　皇帝聖旨裏，徽州路祁門縣在城務今據李德昌用價錢中統鈔壹佰兩置撥到李文貴契内□□□，赴務投税，所有文契，合行出給者。

右付本人收執。准此

泰定弍年肆月　日　給

《中國歷代契約會編考釋・元至順三年徽州程宏老賣山地契》　六都程宏老，故父顯卿存日，梯己標分得山地三段，俱坐落十五都六保。第一段土名蘭綏下段源，係操字號，經理係萬字六百五十五號下山二畝三角。東至裏壟分水抵鄭安仁山，西至外壟分水抵鄭廷芳山，南至塢口抵鄭廷芳地横過爲界，北至高尖。第二段土名倪家湖上截，原係浮字號，經理係萬字一千一百四十二號上地二角二十六步，東至鄭佑新地，西至山降，南、北至鄭夢龍地。第三段土名倪家湖下截，原係浮字二十號，經理係萬字一千一百四十七號上地二畝三角三十三步。東至大溪，西至鄭廷芳山，南至鄭六進地，北至鄭廷芳地。其前項三段地、山則係宏老梯己標分産業，他人則無分籍。又與程雋民叔侄、洪卿共標分得蘭綏橋頭地屋共一段，元係操字二號，經理萬字五百二十六號，東至行路，抵鄭廷芳地，西至鄭秀魚塘石塍，南至屋後洋溝外，抵鄭秀地；　北至大坑。三分中宏老合得一分，計下地一角一十步，土瓦屋一間半。今爲無錢支用，奉母親阿方指令，情願將前項一十六至内地、山盡數立契出賣與十五都鄭廷芳、鄭天慶名下爲主，面議時價中統價〔鈔〕二十錠。

至順三年五月十五日程宏老　母親阿方

主盟堂叔程宏卿

《中國歷代契約會編考釋・元至順三年徽州王舜民賣山地契》　十六都王舜民昨父親王得甫存日，買受得倪從正本都保樵溪口上岸住後塢（尚）〔上〕地一畝二角，（夏）〔下〕地二畝二角，原係遜字，經理係四百九十七號、九十八號、九十九號。其地山東上壟分水，西至下壟分水，南至塢口住屋洋溝外結石墈，横過西岸結石爲界，北至塢頭大降、内有杉苗一林。其地並杉苗與兄舜英相共，十分中舜〔民〕得三分，舜英合得四分。今爲無錢用度，自情願將四至内自梯己合得地山、苗木盡數立契出賣與十五都鄭廷芳名下爲業，面議時價中統鈔九百四十貫文。足訖。

至順三年十月十五日　王舜民

見立契主盟王舜英

《中國歷代契約會編考釋・元至順四年祁門縣胡苗志（？）賣山地契》

義成都六保胡苗志（？）承父仲□□山地□□，坐落本保摔坑源土名吴八住後，其山坐字六佰□拾壹號（尚）〔上〕山弍畝弍角，其地坐字六佰伍拾號。其山地東至降，西至李宏地，南至胡昌孫山，北至胡昌孫塘塢山，隨座直上至降。今來無鈔支用，情願將前項四至内山地並在山下脚小苗，盡立契出並賣同分人黄汝舟名下，叁面〔評〕議中統價鈔壹拾伍貫文。其鈔當立契日領交足無欠。其山地内所有上脚大木，本家已於壬申冬，自行用工砍斫搬援（？）出賣已。從今時，下脚小苗並山地内（已）〔一〕應苗種，盡行並賣與同片人名下，永遠收苗受税爲業。如有當號四至畝不明，及家外人占攔，並是出賣人自行（低）〔抵〕當，不涉買産主之事。未賣之先，並不曾與内外人重項交易，亦無拼（？）苗文契在他人手。所有入户文契就行繳付。其税錢至於胡德文甫户起割前去。今恐人心無信，立此並賣文書爲用者。□□别不立碎領。（押）

至順四年陸月初十日胡苗志（押）

見立契人王英俊（押）

《中國歷代契約會編考釋·元元統二年徽州馮子永等賣山地紅契》

在城馮子永同弟子良今爲户門無錢用度，自情願將拾西都捌保土名小山、皆承祖經理吊字貳（阡）〔仟〕壹百捌拾號山壹角，玖拾號計山叁角。其山東至彎心上降，西至長嶺降，南至雙塢口處田，北至塢頭坳。今將前項四至内山盡數立契出賣與西都謝能静名下爲業。面議時價梅花銀肆錢，在手前去用度。其價並契當日兩相交付明白。其山聽自能静入山永遠管業。未賣之先，即無家外人重復交易。如有一切不明，並係賣人（之）〔支〕當，不涉買人之事。自賣之後，二家各無言悔。如先悔者甘罰銀壹錢，與不悔人用，仍以此文爲用。今恐無憑，立此文契爲照者。

元統貳年肆月初貳日立契人馮子永（押）契

同弟子良（押）

依口奉書人馮宗義（押）

《中國歷代契約會編考釋·元元統三年徽州鄭關保孫賣山地紅契》

拾伍都六保鄭關保孫今共有山地壹段，坐落□都六保，土名降頭源榴塢，經理係萬字壹（阡）〔仟〕弍佰五十七號（夏）〔下〕山陸畝弍角；又（夏）〔下〕山陸畝。其山東至田，西至大降，南至塢心，直出至田，直進至平坡外彎心，直上至降，北至裏壟分水，抵鄭伯雲山，直上至降，直下至田。又將萬字壹（阡）〔仟〕弍伯五十八號次不及田弍拾伍步，東至鄭一舉田，西、北至自山，南至胡子華山。今蒙官司舉行停喪不□有父親身故，無錢安殯，今托所生父親立契，將前項捌至内田山陸分中合得壹分，出賣與同都人鄭子壽、子俊二人名下爲主，三面評議時（直）〔值〕中統價鈔陸拾貫文。其鈔當契日兩相分付，更不别立碎領。其山地未賣已前，家外即無公私交易。如有一切不明，並是賣主自行理直，不涉買主事。今人無信，立此賣契爲照者。

元統叁年五月初一日　鄭關保孫（押）

領鈔主盟代書所生父鄭社孫（押）

其前項山地還讓與兄　主盟伯鄭立孫（押）

子壽名下爲主。

今批爲照者。堂叔公鄭滿孫（押）弟　子俊批凿。

《中國歷代契約會編考釋·元元統三年徽州鄭滿三郎賣山契》

拾伍都六保鄭滿三郎今共有山地壹段，坐落本都降頭源，土名榴塢，（元）〔原〕係盤字號經理，係萬字壹（阡）〔仟〕弍伯伍拾柒號（夏）〔下〕山，共計陸畝弍角；又（夏）〔下〕山陸畝。其山東至田，西至大降，南至塢心，直出至田，直進至平坡外彎心，直上至降，北至裏壟分水，抵鄭伯雲山，直上至降，直下至田。又同處字號萬字壹（阡）〔仟〕貳伯伍拾捌號次不及田貳拾伍步，東至鄭一舉田，西、北至自山，南至胡子華山。其前項捌至内山田叁分中合得壹分。今爲無鈔支用，情願立契出賣與同都人鄭子壽名下爲主，面議時（直）〔值〕中統價鈔壹伯貳拾伍貫文。其鈔當立契日與相分付，别無碎領。其田山未賣之前，與家外人即無公私交易。如有一切不明，並是賣主自行理直，不涉買主之事。今人無信，故立此賣契爲用者。

元統叁年八月初一日賣山人鄭滿三郎（押）

依口代書姪鄭社孫（押）

見交易人姪鄭立孫（押）

《中國歷代契約會編考釋·元至元二年晋江縣麻合抹賣花園屋基官契》

泉州路録事司南隅排鋪住人麻合抹，有祖上梯己花園一段，山一段，於内亭一座，房屋一間，及花果等木在内。坐落晋江三十七都東塘頭廟西，四園築墻爲界。東至孫府山，西至謝家園，南至瑞峰庵田，北至謝家山；又花園西邊屋基一段，東至小路，西至陳家厝，南至空地，北至謝家園。因爲闕鈔經紀用度，將前項花園並屋基連土出賣。遂□晋江縣（頒）給公勘據□明白，立帖□問親鄰，俱各不願承支。今得蔡八郎引到在城東隅住人阿老丁前來就買，經官牙議定時價中統實鈔六十錠。其鈔隨立文契日一完領訖，（不另）批目。其花園並基地□□上手一應租契，聽從買主收執，前去自行經理管業，並無尅留寸土在内。所賣花園屋基，的係麻合抹梯己物業，即不是盗賣房親兄弟叔伯及他人之業，並無諸般違礙，亦無重張典掛外人財物。如有此色，賣主（抵）〔支〕當，不涉買主之事。所有合該産錢，麻合抹户苗米二斗八升，自至元二年爲始，係買主抵納。今恐（人心）難信，立賣契一紙，付買主印税收爲用者。

元至元二年十月　日文契　情願賣花園屋基人麻合抹

同賣花園母親時鄭

引進人蔡八郎
知見賣花園屋基姑夫何暗都剌
代書人林東卿

《中國歷代契約會編考釋·元至元二年晉江縣務給付麻合抹賣花園屋基公據》 皇帝聖旨裏，泉州路晉江務，據録事司南隅住民麻合抹狀告：父沙律忽丁在日，原買得謝安等山園、屋基、山地，辟成花園，於内栽種花木，四圍築墻爲界，及有花園外屋基地一段，俱坐落晉江縣三十七都東塘頭廟西保。遞年（立）〔例〕，麻合抹通納苗米二斗八升。原買山園屋基，東西四至，該載契書分曉。今來爲□□□遠，不能管顧；又兼闕鈔經紀，欲將上項花園山地出賣。未敢擅便，告乞施行，得此行據。三十七都里正、主首劉觀志等申遵依呼集耆鄰陳九等，從公勘，當得：上項花園山地，委係麻合抹承父沙律忽丁〔原〕買〔梯己〕物業，中間別無違礙。〔出〕到各人執結文狀，繳連保結，申乞施行。得此，除外，合〔行告〕〔給〕又字九號半印勘合公據，付本人收執，前去立帳，〔遍問〕親鄰。願與不願執買，□便□人成交畢日，賚契〔赴務〕投税，合該産苗，依例推收，毋得欺昧違錯。所有公據，合行出給者。至元二年九月十一日給右付麻合抹收執准此。

《中國歷代契約會編考釋·元至元二年晉江縣麻合抹賣花園屋基帳》 泉州路録事司南隅排鋪住人麻合抹，有祖上梯己花園一段，山一段，亭一所，房屋一間，及花果等木在内，並花園外房屋基一段，坐落晉江縣三十七都，土名東塘頭村。今欲出賣〔價〕錢中統鈔一百五十錠。如有願買者，就上批價，前來商議。不願買者，就上批退。今恐〔人心〕難信，立帳目一紙，前去爲用者。

至元二年七月　日帳目　立帳出賣孫男　麻合抹
同立帳出賣母親時鄰
行帳官牙黄隆祖
不願買人姑忽魯舍　姑比比　姑阿彌答　叔忽撒馬丁

《中國歷代契約會編考釋·元至元二年晉江縣務給付阿老丁買花園山地税給》 皇帝聖旨裏，泉州路晉江縣，今據阿老丁用價錢中統鈔六十錠，買到麻合抹花園山地。除已驗價收税外，合行出給者。

至元二年十月初三日給　右付本阿老丁准此

《中國歷代契約會編考釋·元至元三年徽州鄭周賣山地契》 十四都鄭周今無錢用度，自情願將自己用價買授到十二都胡隆曙等名下山地壹號，坐落本都三保土名攔山路，經理係鳳字號，號計山伍畝。其山東止小塢田末，西止老，南止汪家山，北止坑。其山拾陸分内本家買授得玖分，盡數立契出賣與本都汪積祖名下爲業。面議時價稻穀肆拾叁秤。其穀並契當日兩相交付。其山未賣之先，即無家外人重（伏）〔復〕交易。來歷不明，賣人之當不涉買人之事。内除本家祖墳四所。自成交之後，二家各無言悔，如有先者甘罰契内稻穀貳拾秤，（如）〔與〕不悔人用。所有上首文契與別段山塢相連，未曾繳付。今恐人心無憑，立此文契爲用者。

元統伍年四月十五日立契人鄭周（押）契
代書男鄭宗生（押）

《中國歷代契約會編考釋·元至元三年徽州鄭立孫賣山地紅契》 拾伍都六保鄭立孫今有山地壹段，坐落本都六保土名降頭源榴塢，（元）〔原〕係盤字號，經理係萬字一（阡）〔仟〕弍伯伍拾柒號（夏）〔下〕山，共陸畝弍角；又（夏）〔下〕山陸畝。其山東至田，西至大降，南至塢心，直進至平坡外彎心，直上至大降，直出至田，北至裏壠，分水抵鄭伯雲山，直上至降，直下至田；又同處萬字壹（阡）〔仟〕弍伯伍拾捌號次不及田弍拾伍步，東至鄭一舉田，西、北至自山，南至胡子華山。今將前項捌至内田山陸分中合得壹分。今爲無鈔支用，情願立契將前項山田，盡數出賣與同都人鄭子壽名下爲主。三面評議時置中統價鈔伍拾伍貫文。其鈔當立契日兩相分付足訖，別無碎領。其田山未賣已前，家外人即無公私交易。如有一切不明，並是賣主自行理直，不涉買主之事。今人無信，立此賣契爲用者。至元叁年拾月拾伍日。鄭立孫（押）　契

依口代書兄鄭社孫（押）

《中國歷代契約會編考釋·元至正元年徽州葉明夫賣山地契》 十六都四保紫溪源葉明夫梯己有山地二段，坐落本保紫溪源石際塢土名長壟及下塢凌東培，（元）〔原〕係身字號，今係五字三百號，二段（夏）〔下〕山共計九畝經理，外加下山五畝長壟山地一段，東至坑，西至大降，南至田廣裏雙坑口直上至降，北至塢頭高石坎從益心直上至大降；下塢凌東

培山地，東至降，西至下塢凌坑心直上至大降，南至吳家灣口相對直上至降，北至大降。今爲無錢用度，情願將前項八至内山地畝步立契出賣與十五都鄭廷芳名下爲業，面議中統鈔五百貫文。

至正元年十一月十五日　葉明夫

奉書男　葉文甫

《中國歷代契約會編考釋・元至正二年徽州胡季森等賣山地契》　十六都青龍胡季森，字信友，與兄仲友男聖祐孫，及兄業友共承父仁夫與叔義夫共有十五都六保餘家坳下土名塚塢山地一段，内有杉木一林，元係浮字四十一號並四十四號，東至外壟分水，西至裏壟分水，南至塚頭大降，北至塢口結石横過，係萬字一千九十八號。其山地信友、仲友、業友合一半，計上山二畝、夏山四畝三角三十步。昨奉母親指令，陸續將前項四至内合得山地並杉木盡數立契賣與十五都鄭廷芳名下爲主，該信友與兄仲友共斷買得兄業友一分。今爲無錢支用，情願將前項四至内元典及斷得業友一分其前項山地杉木盡數立契斷賣與元受典主鄭廷芳名下永遠爲主，面議時值中統鈔二百貫文，其鈔當日交足。

至正二年六月初三日　胡信友　聖佑孫

《中國歷代契約會編考釋・元至正三年徽州胡祥卿等賣山地契》　十六都一保胡祥卿同弟胡仁卿，原與叔胡信友共承祖義夫有十五都六保餘家坳塚塢（夏）〔下〕山四畝三角，（元）〔原〕係浮字號，經理係萬字一千九十八號，東至塢口抵鄭義郎地，西至塚塢頭大尖，南、北至壟分水，内有杉木一林，昨祖母同父，叔陸續將上項四至内山地出典與鄭廷芳名下訖。今爲無錢支用，自情願將前項原典山地合得一半杉木盡數立契斷賣與典主鄭廷芳名下永遠爲主，面議時價中統鈔三百貫文足。

至正三年六月初一日　胡祥卿　胡雙孫

《中國歷代契約會編考釋・元至正五年徽州汪貴實賣山地契》　十五都汪貴實與叔元鸔共有本都四保土名黄荆塢口下蛟坑口上地山一段，東至黄荆塢口，西至汪三公墳塢口，南至溪，北許家山降，内貴實合得一半，計夏地六步半、夏山二畝二角，經理係賴字九百六十六號。今爲無錢支用，情願將前項四至内合得山地盡數立契出賣與同都人鄭廷芳名下爲主，三面評議時價錢中統鈔四十貫文，當日立契，兩相交付足訖。

至正五年十月十五日　汪貴實

奉書男　汪頤孫

《中國歷代契約會編考釋・元至正（？）十一年徽州李氏孫等賣地白契》　□□□□孫、李已、李壽、李福四孫，奉母親□□命，今將本都□□土名和師嶺戚字號（夏）〔下〕地弍角，東至溪，西至路及田，南至李和之衆地，直入至路，上高田塝爲界。今爲無鈔支用，曾具狀經官告給地字四十三號公據，願將前項四至内地内取（夏）〔下〕地壹角，並地内竹木杉木及果木一應苗物，盡行立契斷賣與同都人胡宗乙官人西谷名下，面議中統價鈔貳拾伍貫文。其鈔當立契日並交收足訖無欠。其地並地内苗物竹果杉雜木植□□□□□□賣之後，□一任買主聞官納税收苗，永遠爲業。□□□□不明及家外人攔占，並是賣主自行（衹）〔抵〕當，不涉買主之事。所是上件産段，實係祖産，即無上手繳付，見憑砧基該載。如要參證，賣出不詞。今恐無憑，立此斷賣契爲用者。

至正（？）十一年十一月廿五日　李氏孫親書（押）

李已孫（押）

李壽孫（押）

李福四孫　福四孫（押）

母親阿胡（押）

契内價鈔隨契（一）〔已〕領收足無欠。同前月日再批（押）

《中國歷代契約會編考釋・元至正十三年徽州鄭趙保賣山地契》　十五都鄭趙保用價買到胡神孫山二號，坐落本都六保，土名竹園塢上下牛角灣。今爲無錢用度，願將其山二號並杉苗盡數立契出賣與同都人鄭清卿名下爲主，面議時價實鈔五十貫文。

至正十三年三月二十五日　鄭趙保

見交易人　胡神孫抄白

《中國歷代契約會編考釋・宋龍鳳五年徽州謝志高賣山地契》　謝志高今爲缺物支用，自情願將四都二保土名烏坑，經理調字壹伯肆拾號上山壹拾貳畝貳角肆拾步。其〔山東至□〕，西至田，南至餘家山，北至餘家山。今將前項四至内〔山盡〕數立契出賣與四都康復輕名下。三面議價錢中〔鈔□〕貫。其鈔當立契日一併收足。其山一任買主永遠管業。其山未賣之先，即不曾與家外人交易。如有家外人□□，〔並是〕出産人自行〔之〕〔支〕當，不干受産人之事。所有上手赤〔契〕，與叔謝興發相共，不及分付。今恐無憑，立此文契爲用〔者〕。

龍鳳伍年七月十一日立契人謝志高（押）

見交易人汪子富（押）

《中國歷代契約會編考釋·宋龍鳳十年徽州謝公亮退地白契》 拾都謝公亮□用價買受到謝士雲住屋基地壹片，坐落王坑源，經理唐字 號〔尚〕〔上〕地肆十步半，〔夏〕〔下〕地叁拾九步。東至衆墓地，西至謝昇叔，南至自存門屋地，北至山。今爲少貨支用，願將前項地基出退賣與謝士雲名下，面議價貸 貫文前去。其貨物當立契日乙並收足無欠。未賣之先，不曾與家外人交易。如退贖之後，乙任買主爲主，本宅即無阻當。所〔是〕〔有〕〔尚〕〔上〕手，乙並繳付。如有漏落，日後不在行用。今恐無憑，立此退契爲用者。

龍鳳拾年十一月廿五日謝公亮（押）契

《中國歷代契約會編考釋·元至正二十六年晉江縣蒲阿友賣山地官契》

晉江縣三十七都東塘頭廟西保住人蒲阿友，父祖阿老丁在日，買得麻合抹花園及山，坐落本處。今來闕銀經紀用度，就本山内撥出西畔山地連花園，東至自家屋基外地，西至墻，南至路，北至本宅大石山及魚池後山爲界。於上□有屋基並四角亭基及樟樹果木等樹及井一口在内，欲行出賣。經官告給日字三號半印勘合公據。爲無房親立帳，盡問山鄰。不願承買，遂得本處廟東住人徐三叔作中，引至在城南隅潘五官前來承買，三面議定直時價花銀九十兩重，隨契交領足訖。當將上項前地連花園交付買主，照依四至管業爲主。其山的係阿友承祖物業，與房親伯叔兄弟無預，亦無重張典掛他人錢物。如有此色，賣主〔抵〕〔支〕當，不干買主之事。其山園該載産錢苗米一斗，自賣過後，從買主津貼阿友抵納。父祖原買祖契，干礙祖墳，難以分析，就上批鑿。今恐無憑，立此賣契一紙，繳連公據，付買主收執，前經官印税□□爲照者。

至正二十六年八月　日文契　賣山地人蒲阿友

作中人徐三叔

《中國歷代契約會編考釋·元至正二十六年晉江縣務給付蒲阿友賣山地公據》 皇帝聖旨裏，泉州路晉江縣三十七都住民蒲阿友狀告：祖有山地一所，坐落本都東塘頭廟西。今來闕銀用度，就本山内撥出西畔山地：東至自家屋基，西至墻，南至路，北至本宅大石山及魚池後爲界，於上一二果木，欲行出賣。緣在手別無文憑，未敢擅便，告乞施行，得此行據。三十七都里正、主首蔡大卿狀申遵依，兹去呼集親鄰人曾大等，從公勘，當得：蒲阿友所告前項山地，的〔係阿友承祖〕物業，中間並無違礙。就出到〔各〕人執〔結〕文狀，繳連，申乞施〔行〕。得此，合行給日字三號半印勘合公據，付蒲阿友收執，〔前去立帳〕，問親鄰，願與不願。依律成交畢日，賫契付〔赴〕務投税，毋得欺昧税課違錯。所有公據，須至出給者。

至正二十六年　月　日　右付蒲阿友准此

《中國歷代契約會編考釋·元至正二十六年晉江縣蒲阿友賣山地帳》

晉江縣三十七都東塘頭住人蒲阿友，祖有山地一所，坐落本處，栽種果木。今因闕銀用度，抽出西畔山地，經官告據出賣。爲無房親立帳，盡賣山鄰。願者酬價，不願者批退。今恐無憑，立此帳目一紙爲照者。

至正二十六年八月　日　立帳人蒲阿友

不願買山鄰　曾大　潘大

《中國歷代契約會編考釋·元至正二十七年晉江縣蒲阿友賣園地契》

晉江縣三十七都東塘頭廟西住人蒲阿友，父祖在日，買得麻合抹荔支園及山地，坐落本處。今來闕銀用度，就本山内撥出西畔山地，連荔支樹及六角亭一座、并門屋等處。東至自家花園，西至墻，南至姐姐住小屋，北至後山墻及路爲界。欲行出賣，經官告給日字三號半印勘合公據。爲無房親立帳，盡問鄉鄰。不願承買，托得本處廟東保住人徐三叔作中，引至在城南隅潘五官前來承買，三面議定價錢花銀六十兩重，隨立文契日交領足訖。當將上項山地連荔支園、六角亭等處，交付買主，照依四至管業爲主。其山園内〔的〕係阿友承祖物業，與房親、伯叔、兄弟並無干預，亦無重張典掛他人財物。如有此色，賣主抵當，不干買主之事。其園該載産錢苗米五升，自賣過後，從買主津帖阿友抵納。父祖原買祖契，干礙墳山，難以分析，就上批鑿。今恐無憑，立此賣契一紙，繳連公據，付買主收執，印税管業，永爲用者。

至正二十七年二月　日　立賣山地荔支園人蒲阿友

知見人吳侄仔

作中人徐三叔

《中國歷代契約會編考釋·元至正二十七年徽州吳鳳郎賣山地紅契》　十六都吳鳳郎，今有祖產山地，坐落十四都十保，土名小嶺下等處山地，東至武嶺爲界，西至羅堆將軍廟爲界，南、北降。四水流歸內山。山照依本保經理，係吳應孫，是應盡數立契出賣與十八都鄭添授郎名下前去，照依經理字號、土名、坐落逐號爲業。三面議時值價鈔拾柒貫伍伯文，書日收足。之先，即無家外人重復。一切不明，並是出產（成）〔承〕當。自賣之後，即無悔易。如悔者，甘罰寶鈔叁貫公用。所有一憑各處土名字號畝步未曾開寫，聽自受產人照號管業，家外人顺即無阻□□。今人必信，立此文契爲用。

至正丁未年十月十二日　出契人吳鳳郎（押）契

見人鄭通文（押）

吳四郎（押）

《中國歷代契約會編考釋·元至正某年徽州謝子以賣山地契》　十都七保謝子以今有山壹片，坐落本保土名大坑周家山，（夏）〔下〕肆拾畝。其山東至謝一清田，西至降，南至思明山，北至嶺，下至坑，隨坑下至溪。今爲無鈔支用，情願將前項四至內山本家合得壹半，盡數立契出賣與弟謝子誠名下，面議價錢中鈔伍（定）〔錠〕式拾伍貫。其鈔當立契日一併交足無欠。其山出賣之後，一任買主收苗管業爲主。如有畝步四至及家外人占攔，並是出產人（知）〔支〕當，不涉買主之事。今恐無憑，立此文書爲用者。

至正年九月十三日謝子以（押）契

主盟父謝和甫（押）

見人謝德翁（押）

《中國歷代契約會編考釋·元至正某年休寧縣吳壽甫賣田契》　休寧縣淳義裏叁拾壹都伍保吳壽甫承父户下有（忠）〔中〕田乙段，坐落本都伍保九根源口水碓坵，係競字乙千三百九十四號，（忠）〔中〕田乙角五十三步。其田東至吳瑞甫田，西至吳辰太田，南至瑞甫塝，北至坑；又將本保土名梨木塢口塘堀（尚）〔上〕田乙丘，係競字一千二百號，計拾三步。其田東至吳黼之田，西至吳子壽田，南至吳黼之田，北至吳成甫田。今來無鈔支用，情願將前項式處八至內田盡行立契出賣與祈門縣十一都名下，三面議取時值中統價鈔貳佰玖拾貫文。其鈔當成契日乙並交收足訖無欠。其田每年上租玖秤。其田今從斷賣之後，一任買主自行聞官受税，收苗，永遠管業。如有四至不明及家外人占攔，並是出產主行（祗）〔支〕當，不及買主之事。所有入户契文與別産相連，不及繳付；如日後要用，於本家索出，即無難易。今恐人心無憑，立此出賣文書爲照者。

至正　年拾式月拾伍日，吳壽甫（押）

見交易人吳唐卿（押）

今領去前項契價錢並收足訖。同前年月日再批（押）

《中國歷代契約會編考釋·明景泰七年上元縣金福滿買地券》　維大明景泰七年，歲次丙子，十月丁酉朔，越二十五日辛酉大吉宜良。貫籍應天府上元縣十三坊鐵獅子衙官舍居住。祭主孝男金福滿洎家眷等：伏緣故太監金英神主存日，陽年六十三歲。原命甲戌相八月十二日吉時受生，大限於景泰七年六月初一日申時分壽終。自從頃逝，未卜（營）〔塋〕墳。夙夜憂思，未遑所厝。遂憑術者擇此高原，龜筮協從，相地得吉。地屬應天府江寧縣安德鄉英臺寺山之畔，依辛酉山，乙卯向，堪爲宅兆。謹用錢九萬九千九百九十九貫文，兼備綵幣，買地一方。東西一百二十步，南北一百二十步。東至青龍，西至白虎，南止朱雀，北至玄武。內方勾陳分掌四域，丘丞、墓伯謹肅界畔，道路將軍齊整阡陌。今具牲牢醴齋，共爲信契。財、地交相各已分付。令工匠修塋安厝已後，永保安吉。

知見人，歲月主；代保人，今日直符；故氣邪精不得忏恡。先有居者永避萬里。若違此約，地府主吏自當其禍。助葬主內外存亡，悉皆安吉。急急如五常使者女青律令　券付

亡過太監金英神魂收執，永爲照證。

《中國歷代契約會編考釋·明成化十二年廬陵朱郡主買地券》　太上高皇帝敕□□，大明江西寧府奏：敕廬陵郡主朱氏，原命生於前丁亥年四月二十五日未時，不幸終於丙申年七月初十日酉時。因往南山采藥，路逢仙人，辭酒一盅，醉而不返。就將銀錢九百九十九貫，於東王公、西王

母名下，買到陰地一穴。坐落南昌府南昌縣儀鳳鄉四十七都，地名赤岸山。午向。東至青龍，西至白虎，南至朱雀，北至玄武，上至青天，下至黄泉，五方四至爲界安葬田。郡主朱氏在上，萬萬於年。主貴富於千年，佑兒孫於萬代。人興財旺，物畜豐肥，陰倡陽和，家安人樂。

《中國歷代契約會編考釋・明萬曆二十一年休寧縣朱春賣田山紅契》

二十七年都五圖住人朱春，今將自己防老田壹坵，土名江村塢，係能字二千九百九十號。東至朱家田，西至朱互田，南至朱互田，北至本家田，計租壹砠，計税玖釐柒毛，計價紋銀捌分正。又將土名前邊山與互文林相共山壹處，係能字三千二百八十三號。東至汪成山，西至本家山，南至山降，北至水坑。六股身得壹股，計税□□□□，計價紋銀叁錢伍分正。今開四至明白，立契出賣與本族朱貴等名下爲業，三面共議時價紋銀壹兩壹錢伍分正。其銀當日收足，所賣其田山式處，任憑買主管業。後遇造册之年，聽憑照號收税。如有重復不明等事，俱是賣人理直，不涉買人之事。今恐無憑，立此賣契爲照。其干旱，長塘車水灌救爲照。

萬曆式拾壹年九月十二日立契人朱春（押）契

中人朱天禄（押）

同日再批：契内田山價銀壹兩壹錢伍分收足。爲照。（押）領

《中國歷代契約會編考釋・明萬曆二十二年休寧縣吴有祈等賣墳山紅契》

三都四圖立賣契人吴有祈同堂弟有則等，爲因吴旦、吴化、吴富祖、吴儐，十九年盗賣自祖已買衆祖墳右邊金廷慶山業，新丈土名後塢，劍字號，與張桃埋葬。訐告斷明，係祈等己業，今奉本府畢爺公判，張桃出銀九兩與身，以償吴旦住基地價。其山除已契賣與吴名下本山右邊山税壹釐捌毫外，今憑親族趙冕、吴玄橋等，情願立契取右邊山税壹毫，其山東至降心，西至祖墳，南至頂尖，北至趙吴墳，賣與張桃前葬墳塋爲業。其官判民銀兩當即收領明白。今從出賣之後，一聽張桃管業，不得再葬。吴旦等不得再盗賣以致侵害。如有内外人生姦異説，盡是賣人承當，不涉買人之事。其税糧候大造之年，吴儒户自行起割，並無難異。今恐人心無憑，立此賣契爲照。

萬曆貳十貳年叁月十八日　立賣契人　吴有祈（押）

同堂　弟　吴有則（押）

吴有倫（押）

從堂　弟　吴有綱（押）

憑族　人　吴玄橋（押）

吴　烒（押）

吴　儐（押）

吴邦俊（押）

親　人　趙　冕（押）

主盟祖母　孫　氏（押）

今就契内價銀一併收足，另不立領札。同年月日再此。（押）

《中國歷代契約會編考釋・明萬曆二十二年休寧縣孫可進賣田骨紅契》

休寧縣十六都二圖立賣契人孫可進，今將承祖置到歙縣廿五都三圖新丈淡字二十七號，計田税五分六釐一毫，土名黄石坑，遞年上租五砠，佃人，自其田東至王家田，西至高塝，南至王家田，北至汪家田。今將前項四至内田，盡行立契出賣與同都畢名下爲業。憑中三面議定時值價紋銀貳兩陸錢正。其銀當成契日一併收足，即無欠少，亦無重復準折等情。自賣之後，聽從買人管業收苗納税，本家並無存留。倘有字號不清，畝步多寡，俱照四至（見）〔現〕業爲定。倘有内外人攔阻，盡是賣人（之）〔支〕當，不涉買人之事。其税糧輪造册之年，聽於孫祖法户内起割，推入買人户内辦納，即無難異。其有來脚契文、丈票，被盗失去無存。今恐無憑，立此賣契爲照。

萬曆二十二年十二月　日　立賣契人　孫可進（押）

中　人　畢　瑶（押）

畢進禄（押）

《中國歷代契約會編考釋・明萬曆二十三年祁門縣謝宗魯賣山地紅契》

十西都謝宗魯承祖能亨公買受黄村上四畝莊基地屋乙備，與敦本堂三大房相共，悉照新丈册歸户，地式拾七步捌分有零，係乙千伍拾號、乙千五拾式號，於上造屋安歇火佃黄應祖、旺壽、旺聖、國保等，四至自有新丈册可照，又將承祖住後山式號，係山經理唐字乙千五百式拾乙號、乙千五百式拾捌號，又將栗樹下山地乙備、係新丈乙千五百捌十三號，俱與敦本堂相共。其山並山地四至悉照丈册可照。今因無錢支用，自情願憑中將前

火佃地屋並後山地本身合得分法，並故叔鑾分法，本身合得一半。能亨公派下，通共合得乙拾式分中乙分，盡數立契出賣與謝敎本名下爲業使喚，本身即無分毫存留。三面議時值價紋銀柒錢伍分整。其價並契當日兩相交付明白。未賣之先，即無家外重復交易。來歷不明，賣人（之）〔支〕當，不及買人之事。成交之後，各無悔異。如有悔者，甘罰契內銀乙錢與不悔人用，仍依此文爲始。所有稅糧乙厘，候大造之年聽自買人於本身户內起割，前去供解無詞。今恐無憑，立此賣契爲照。

再批：其前住後山祖墳穴及禁步不賣外，其餘山骨並竹木，聽自買主管業。

萬曆二十三年二月十九日立賣契人　謝宗魯（押）

見　人　謝廷計（押）

《中國歷代契約會編考釋·明萬曆二十三年祁門縣汪應祥賣房屋紅契》

二十五都三圖立賣契人汪應祥，今缺少使用，自情願憑中將承祖並續置地，坐落土名居安，係新丈皇字二（阡）〔仟〕伍百叁拾陸號。今將土庫壹所，東至人行墻外衆地界，西至墻外巷路界，南至遠式屋地界，北至遠屋地界。續置合得樓上下歇房式間，計地伍步玖分，於上磚瓦、石料、樓梯、（床）〔窗〕、板（璧）〔壁〕俱全。又將同前號衆廳屋及坦地，四至未開，內取廳該分地壹步伍分，坦地四步，又將東邊厨屋壹所，係皇字式（阡）〔仟〕號，東至本家墻地界，西至水溝路界，南至衆路地界，北至節屋地界，內取西邊厨屋樓上下貳間，墻梯板壁俱全，內取該分並餘地共肆步，又將碓基並佃屋，係皇字式千伍百肆拾號，其地東至黄同仁屋地界，西至水溝路地界，南至人行路地界，北至本家厨屋地界，內取該分地壹步，又將皇字二千伍百叁拾四號，土名居安，東至黄家墻地界，西至水溝界，南至路，北至溝界，內取該分地壹步陸分。今將契內前項陸處共計壹拾陸至，共計土地壹拾捌步，共計稅玖釐，憑中立契照該分出賣與堂兄汪名下爲業，當日三面議作時值價紋銀貳伯貳拾兩整。其銀、業當日兩相交明。其銀當成契日壹並盡行收足，並無欠少分文，亦無準折債負及逼勒等情，及重復交易、一切不明等事。如有內外人攔占，盡是賣主（之）〔支〕當，不及買人之事。其稅糧，册年本户自行交割，並無難異。今恐人心無憑，立此賣契爲照。

今隨契內紋銀當日盡行收足。同年月日，再不另領。再批爲照。（押）

萬曆式拾叁年十二月十七日立賣契人　汪應祥（押）契

憑中人　黄廷謨（押）

黄廷諷（押）

汪　俊（押）

《中國歷代契約會編考釋·明萬曆二十四年休寧縣程明德賣地山紅契》

立賣契人程明德，今將續置新丈芥字陸千九伯伍拾式號，土名梨木園，計地稅玖釐陸毫；又將芥字柒千式十四號，土名梨木園，計地稅式分陸釐伍毫；又將芥字陸千壹伯九十號，土名店基頭，計地稅壹分叁釐叁毫；又將芥字陸千式伯號，計地稅伍釐叁毛柒系；又將芥字陸千式伯三號，土名店前，計地稅式釐式毛；又將芥字六千四百□號，土名雙木林，計山稅壹釐。共五號地稅伍分六釐九毫七系。今自情願將前項地山六處盡行出賣與户兄程鑾名下爲業，憑中三面議作時值價銀叁拾式兩整。其銀當成契日一併交收足訖，別不立領札。今從出賣之後，一聽買人收苗管業。如有內外人攔占及重復交易、一切不明等事，盡是賣人（之）〔支〕當，不及買人之事。所有來脚與別産相連，繳付不便。日後要用，索出參照。其四至照（寶）〔保〕簿管業。其稅糧隨即扒與買主辦納無詞。（立）〔今〕恐無憑，立此文契存照。

萬曆貳拾四年閏捌月初一日立賣契人　程明德（押）契

中見人　程祖印（押）

程員滿（押）

今就契內價銀並收足訖。同年月日。再批。（押）

《中國歷代契約會編考釋·明萬曆二十五年休寧縣畢尚文等賣地紅契》

拾六都二圖立賣契人畢尚文、尚質，今爲無錢使用，將承祖分受到淡字四伯二十叁號地壹片，土名柏山脚墩上園，計稅式分捌釐。東至，西至，南至，北至墳。今將四至內地本身合得壹半，情願立契出賣與叔源潮名下爲業。三面議定時值價紋銀壹兩叁錢整。其銀成契之日一併收足，即無欠少，亦無準折。其地未賣之先，即不曾與他人重復交易典當之類。其地聽從買人隨即管業、收苗、受稅。其稅聽於本家歙縣什五都三圖九户下起割，推入買人户下解納，即無難異。倘字號不清，畝步多寡，自有現業

（狹）〔挾〕定。今恐無憑，立此賣契，永遠存照。

契内價銀隨契領足，再不另立領帖。共計分叁斗，本身合得一半。

其來脚契文與別産相連，繳付不便。再批存照。（押）

萬曆廿五年十月日立賣契人　畢尚文（押）

同　弟　畢尚質（押）

中　人　畢尚威（押）

畢文振（押）

正契

《中國歷代契約會編考釋・明萬曆二十六年績溪縣王萬孫賣地紅契》

績溪縣十一都四圖立契人王萬孫，因爲欠少支用，自情願將自己分下經理到本都染字乙千乙百號壂地叁拾弍步半，土名龍棚山脚。其東至坑，西至乙千乙百乙號地，南至胡廷光山地，北至坑。其四至明白，盡行立契出賣與歙東黄名下。三面議定時值價紋銀壹兩整。其銀入手應用，其地日下聽憑管業。其税糧造册之年依契過割，不（在）〔再〕阻當，二各只（？）無悔異。今恐人心無憑，立此賣契爲用。

萬曆廿六年七月初四日　立契人　王萬孫（押）

代筆中人　王高孫（押）

所是前項價銀一併盡行領訖。爲照。（押）

《中國歷代契約會編考釋・明萬曆二十八年祁門縣李尚忠賣田地紅契》

芹溪李尚忠今將承祖鬮分田地壹備，坐落土名下段，係新丈作字八百七十七號下地壹坵，計税壹分弍釐玖毫；又同處九百十壹號下田四坵，計税陸分玖釐；又同處九百十四號下田壹坵，計税壹分四釐壹毛；又同處九百七十號，下田弍坵，計税伍分叁釐；又同處壹千零四號下田壹坵，計税叁分伍釐六毛；又同處九百陸十伍號下田弍坵，與現房誥等共業，本身合得壹分陸釐；又同處八百八十伍號下地壹坵，計税玖釐陸毛；又同處八百七十八號下地壹坵，與琨房共業，本身合得壹分壹釐四毛；又同處九百十五號下田壹坵，與澄共業，本身合得壹半，計税柒釐。前共田壹錢玖分肆釐柒毫，地叁分肆釐。自將前項田地盡行出賣與本祠敦睦堂名下祭祀爲業。三面議作時值價銀壹拾壹兩肆錢三分正。其價、契當日兩相交付足訖，契後再不立領。未賣之先，即無重復交易。所有税糧，候册年聽於四甲李永昌户起割供解。恐後無憑，立此契照。

萬曆廿捌年九月　日立文契人　李尚忠（押）

中見人　李尚茂（押）

李有親（押）

奉書男　李華國（押）

《中國歷代契約會編考釋・明萬曆二十九年休寧縣江仲炎賣山地白契》

東北隅三圖江仲炎，今將新丈寸字五千四百號山一業，土名長頭園，計税貳釐叁毛。東至路，西至黄太初墳墈，南至路，北至何岩壽墳。今將四至明白，憑中盡行出賣與七都一圖黄正初名下爲業。三面議定價紋銀肆兩貳錢正。其銀當日收足；其地聽憑買人日下管業。其税候册年起割入户支解。倘有内外人等異説，俱係賣人承當，不干買人之事。今恐無憑，立此賣契爲照。

萬曆二十九年六月十五日　立賣契人　江仲炎（押）

中見人　游仁甫（押）

張愛齡（押）

江景周（押）

江敬所（押）

《中國歷代契約會編考釋・明萬曆二十九年祁門縣吴孟榮等賣地紅契》

立賣契人吴孟榮、孟桃、官六、聖孫、良鵬五大房等，今將承祖香火樓後衆存地壹塊，計地陸釐正；三至東、西、南，俊德地，北至香火樓。今將前項四至内地出賣與侄俊德名下，前去起造書屋。三面時值價（文）〔紋〕銀壹兩貳錢整。其價當日兩相交付，契後再不立領。未賣之先，再無重復交易。一切不明，並是賣人（之）〔支〕當，不及買人之事。所有税糧，今當大造，隨即起割入户供解。其價銀本邊五大房入永興會生利拜掃之用。恐後無憑，立此賣契爲照。

萬曆二十九年六月十六日　立賣契人　吴孟榮（押）

孟華（押）

孟賢（押）

興得（押）

汪氏（押）

良鵬（押）
記明（押）
孟桃（押）
兆得（押）
聖孫（押）
良玉（押）
四孫（押）
官六兄弟叔侄（押）
中見人　吴自茂（押）

《中國歷代契約會編考釋·明萬曆二十九年蕪湖縣黄應聘賣地紅契》

立賣契人黄應聘，今將蕪湖縣續買地壹號，坐落土名昇仙埠，係字號，計地，計税伍分伍釐。其地東至汪萬權屋墻脚，西至後家屋墻脚，南至本家墻脚，北至長山墻脚。四至内地與應中共業，本身合得壹半，計地，計税。今將前項四至内地合得分數，立契出賣與親人朱名下爲業，當日憑中面議時值價紋銀壹（伯）〔佰〕壹拾兩整。其銀、契當日兩相交付明白。其地今從出賣之後，一聽買人自行管業爲定。如有内外人攔占及重復交易、不明等事，盡是賣人（抵）〔支〕當，不及買人之事。其税糧隨即推收，恐後無憑，立此賣契存照。

萬曆貳拾玖年捌月拾貳日立賣契人　黄應聘（押）
中見人　黄奇堅（押）

《中國歷代契約會編考釋·明萬曆三十年徽寧等處兵備道給付休寧縣吴巨買田契尾》

宙字玖百拾叁號契尾壹道

欽差整飭徽寧等處兵備道，爲時值大造，積弊當釐。敬陳税契末議，以塞貪竇，以一法守事：奉兩院案驗，準户部咨：該本部題準内開：其契尾，直隸用各司道印信，轉發州縣收貯。遇有民間置買田産，即令賣主買主同赴本縣投契納税，買主隨遞納糧認狀；官司給與印信契尾，填寫年月銀數，各用本縣印信鈐蓋，當給買主收執。大造之時，方準過割推收。查無契尾，依律治罪，仍追産價一半還官。等因。奉此，擬合給發。爲此，仰將發去契尾，如遇民間買産投契納税者，填給爲照。須至契尾者。

計開
休寧縣九都三圖　户户丁吴巨用價貳拾叁兩無
錢買明　户户丁朱煙　田　山　照例
地　塘
應納税契銀無兩陸錢玖分無釐。當堂投契交納訖。
右仰給付買人　吴巨　准此
萬曆三十年三月廿八日給
兵備道（押）
契尾紙價出自官□收□□許赴告究。

《中國歷代契約會編考釋·明萬曆三十年徽寧縣余積萬賣田紅契》

十七都二圖出賣文契人余積萬，今因缺少使用，自情願將續田壹坵，坐落土名石排，係宿字叁千零陸號，新丈過伍伯貳拾陸步零，計税貳畝九分柒釐，計租貳拾肆砠。取現四至：東至余家、戴家高基園，西至高塝水渠，南至金、黄二家田，北至金家田。今將前項四至内田憑中三面立契盡行出賣與東北隅貳圖查名下爲業。憑中三面議作時值價紋銀貳拾玖兩整。其銀當成契日一併交收足訖，即無欠少分文，亦無準折債負之類。倘有内外人攔占及重復交易、來歷不明一切等情，盡是出賣人（之）〔支〕當，不涉買主之事。其税糧，今大造之年，本户隨即起割，無得難異。今從出賣之後，聽從買主收苗受税管業無辭。其上手來脚與別産相連，繳付不便，日後將出參照。今恐人心難憑，立此出賣文契，永遠存照。

萬曆叁拾年六月初一日立賣契人　余積萬（押）
同　男　余尚隆（押）
中見人　詹汝洪（押）
余岩鉞（押）
汪大宗（押）
吴良濟（押）

今就契内價銀一併盡行收訖。同年月日再批存照。（押）領

《中國歷代契約會編考釋·明萬曆三十二年休寧縣張士第賣田紅契》

五都四圖立賣契人張士第，今將承父田壹業，土名下西義，新丈劍字四千乙百貳拾捌號，計秈租拾柒砠，計税貳畝四分叁釐，新立四至：東至，

西至，南至，北至。四至內田與叔等共業，三股中本身合得壹股，該秈租伍砠零拾柒（觔）〔斤〕，該稅捌分壹釐。憑中立契出賣與本家玄帝會內爲業，三面議作時值價紋銀伍兩貳錢整。其銀當日收足，別不立領。今從出賣之後，壹聽本會收苗管業，稅糧候至册年本户自行起割，推入張明社户內辦納糧差，並無難異。如有來歷不明及重復交易等事，盡是賣人（之）〔支〕當，不涉買人之事。今恐無憑，立此賣契爲照。

萬曆叁拾貳年正月拾伍日　立賣契人　張士第（押）

親　叔　張天瑞（押）

兄　張士尊（押）

代書人　張士蕓（押）

今就契內價銀並收足訖，別不立領。再批（押）照

《中國歷代契約會編考釋・明萬曆三十二年祁門縣李尚玄賣園地紅契》

拾壹都李尚玄今承祖有園壹備，坐落本保土名後村，係罪字四伯四十三號，計稅八分四釐四毛，計麥、豆租各貳秤零伍斤，又取同處四百五十四號，計稅六分乙釐叁毛，計麥、豆租各貳秤；又取後村磎邊四百六十一號，計稅六分五釐四毛，計麥、豆租各貳秤。又取土名右畊塝，係五百四十六號，計稅七分六釐二毛一，計麥、豆各貳秤叁斤六兩。其地四至自有經理該載，不及開寫。前四處共計麥、豆租各捌秤零捌（觔）〔斤〕六兩。今自情願將前項園骨並租盡行出賣與吴名下爲業。三面議作價紋銀拾肆兩伍錢整。其價契當日兩交付，契後再不立領。未賣之先，即無重復交易。倘有一切不明，盡是賣人（之）〔支〕當，不及受人之事。所有稅糧，候下次册年聽自起割過伊户供解無詞。今恐無憑，立此賣契存照。

萬曆三拾貳年二月初四日立賣契人　李尚玄（押）

中見人　李文焯（押）

李尚群（押）

佃　人　保兒

吴順祖

初得

法得

《中國歷代契約會編考釋・明萬曆三十五年休寧縣朱應武賣山地白契》

卅一都立賣契人朱應武，今買賣缺本，自情願今將承祖父山地六處，坐落土名吴白橋，係贊字四千四百八十三五百三十三號，計地稅貳分五釐。東至降，西至地，南至國虎山，北至三奇山。又將土名柿樹灣口，計稅一分三釐。東至墳地，西降，南至煌山地，（比）〔北〕至墳壟。又將土名橋亭灣陽培，計稅五釐。東至三奇山，西至朱義山，南至灣，（比）〔北〕至降。又取同處陰培，計稅六釐。東至壟，下至園；西至世潘山，南至降，（比）〔北〕至園。又取土名竹灣口，計稅一釐。東至祠山，西至新盛山，南灣心，（比）〔北〕至降。又取竹園地壹塊，係贊字四千五百七號，計稅六釐一毛。東至塘，西至尚德地，南至新淋山，北至墳（墳）〔地〕。今自情願願將六處山地骨並苗竹木盡行立契出賣與同宗人朱名下爲業，三面議作時值價紋銀三兩六錢整。其銀、契當日兩相交付明白。係是兩相情願，並無逼勒成交。倘有家外人占（欄）〔攔〕及一切不明等事，並是賣人（知）〔支〕當，不及買人之事。所有稅糧，聽到册年到本户起割前去認納，本家即無阻當。恐後無憑，立此賣契爲照。

萬曆三十五年六月二十日立賣契人　朱應武（押）契

中見叔　朱新盛（押）

今領去契內價銀並收足訖。同年月日再批。（押）領

《中國歷代契約會編考釋・明萬曆三十七年祁門縣李國永賣基地紅契》

立賣契人李國永，今將承祖父鬮分原買李逞衆廳後前重上邊下第伍間、基地壹間，新丈作字捌百貳拾四號，土名山村中段。東至，西至捌百貳拾叁號李敦地廳屋，南至，北至買主自地。計地捌步，計稅叁釐柒毛；又原買文玉、李偃前屋後空地西邊進山第叁塊，新丈作字捌百貳拾伍號，土名山村中段，東至，西至，南至，（比）〔北〕至。計地陸步，計稅貳釐柒毛。前貳項基地共計壹拾四步，共稅六釐四毛。今因缺少錢糧，自情願將前項地貳備出賣與李有望兄弟名下爲業。憑中三面議作時值價銀叁兩整。其銀、契當日兩相交付足訖，契後再不立領。未賣之先，即無重復交易。如有家外人占攔、來歷不明等事，盡是賣人（之）〔支〕當，不及受人之事。所有來脚契文，係祖兄弟長房收執，本身鬮書爲證，不及繳付。要用之日，將出參照無詞。其稅糧聽自册年於七甲李用康户起割入三甲李有望户供解。恐後無憑，立此賣契爲照。

萬曆卅七年九月十六日　立賣契人　李國永（押）
主盟母　李阿胡（押）
中見人　李應溪（押）
李有親（押）

《中國歷代契約會編考釋·明萬曆三十七年休寧縣汪德新賣山地白契》

十六都汪德新，今有承祖山壹號，坐落本都下十保，土名吳家塢，俗名月弦。其山新立四至：東大降，西荒田，南汪師保山，北至壟彎分水，抵荒田。其山與汪燦等相共，本位通山合得壹半。所有在山浮木先年賣訖，不在契內存留。祖墳叁所，生墳壹所，禁步不賣，買主無得侵害；又山壹號，連界與汪、宋等相共。墳山東至大降，西至荒田，南至月弦山，北至本家祖墳。右手由弦直上至大降。其山本位四（呈）〔成〕中合得壹（呈）〔成〕。今因無錢解納匠役，自情願將前行四至內山盡數立契出賣與同都倪彥弼名下爲業，前去聽自（扦）〔遷〕葬風水，本家無得異説。當日面議時價（文）〔紋〕銀壹拾伍兩正，在手足訖，契、價兩付明白。來歷不明，賣人自理，不干買人之事。自成之後，二家各無悔異。如悔者，甘罰契內銀壹半公用，仍依此文爲始。今恐無憑，立此爲照。

萬曆三十七年十二月十九日　立契人　汪德新（押）
中見人　李一化（押）
汪應龍（押）
倪大進
王　倫
鄭興奇（押）

《中國歷代契約會編考釋·明萬曆三十八年祁門縣謝大綱賣田骨紅契》

西都謝大綱，今有承祖標分水田壹備，坐落八保，土名三角丘，共租貳十秤，與繼善相共。本身該得伍秤，內取貳秤，出賣與謝名下永遠收租爲業，三面言議時值價（文艮）〔紋銀〕壹兩五分正。其價並契當日兩相交付明白，畝步四至自有新丈鱗冊可證。來歷不明，賣人（之）〔支〕當，不及買人之事。自成之後，各不許悔。如先悔者，甘罰（艮）〔銀〕貳錢公用。所有稅糧候大造之年，聽自買主過割入户供解。今恐無憑，立此賣契爲照。

萬曆三十八年六月廿一日立賣契人　謝大綱（押）
中見人　謝可立（押）
依口代筆　謝可忠（押）

《中國歷代契約會編考釋·明萬曆三十九年祁門縣吳士瑾賣田骨紅契》

十一都吳士瑾，今有承父摽分田乙備，坐落五保，土名，湯字九百六十壹號，計硬租玖秤，稅捌分三釐捌毛。其田新立四至：東，西，南，北。自有經理開載，不及詳寫。今將前項四至內田骨，自情願憑中出賣與族人名下爲業。三面議時價紋銀陸兩叁錢正。其價、契當日交付，契後再不立領。未賣之先，並無重復交易。如有一切不明等情，盡是賣人承當，不及買人之事。所有稅糧，候大造之年聽自起割入伊户供解無詞。存照。

其田係碣頭江家門前。

萬曆三十九年正月二十五日　立契人　吳士瑾（押）
中見叔　自　慊（押）

《中國歷代契約會編考釋·明萬曆三十九年休寧縣吳阿程賣山紅契》

廿五都三圖立賣契人吳阿程，原因夫該到族侄給主銀兩。今不幸夫（估）〔故〕，阿無措，自願浼托親族説合，將夫手續置到罔字柒（阡）〔千〕九百廿四號山一業，土名松木塢，計稅叁分陸釐整。其山東至吳良栢山，西至吳時章，南至尖頂，北至山脚。今將四至內盡行出賣與族侄吳尚完名下爲業，三面議定時值價紋銀伍拾兩整。未賣之先，即不曾與他人重復交易。倘有內外人等異説，盡是賣主承當，不干買人之（是）〔事〕，其稅日下起割，即無異説。今恐無憑，立此賣契爲照。

萬曆卅九年七月十三日　立賣契人　吳阿程（押）
中見親族人　吳良榆（押）
吳良栢（押）
吳時章（押）
時　洋（押）
依口代筆人　李玄生（押）
吳良愷（押）

《中國歷代契約會編考釋·明萬曆四十年祁門縣徐汝鸞賣地紅契》

九都十四圖立賣契人徐汝鸞同弟汝鵬、汝鳳，今將自己續買新丈崗字二千零叁號，地貳畝伍分陸釐伍毛，其地東至翟家墳垻手，西至黄田，南至黄田，北至自地；又將崗字二千零四號，地肆分零四毛，東至姚地，西至田，南至自地，北至黄地。二號共計地稅貳畝玖分陸釐九毛，土名下性山，原有埋石爲界，憑中立契盡行出賣與十五都三圖吴名下爲業，遷造風水。三面議定時值價紋銀肆拾壹兩整。其銀當即收足，其地聽從日下管業、遷葬。其地從前至今，即無與他人重復交易。如有内外人等異説，俱係賣人承當，不干買人之事。所賣地内本家即不存留毛稅，亦無古今墳穴。其稅現造黄册，聽從過割人買入户内支解，不（在）〔再〕難異。今恐無憑，立此賣地契爲照。

內添人字一個。其原契並翟家合同一併繳付吴收。再批。（押）

萬曆肆拾年叁月　日　立賣契人　徐汝鸞（押）

同　弟　徐汝鵬（押）

憑　中　徐鶴齡（押）

徐汝鳳（押）

黄大綬（押）

《中國歷代契約會編考釋·明萬曆四十年歙縣給發吴春買地收稅票》

收稅票

德字一百六十號

歙縣爲黄册事：據十五都三圖甲户丁吴春買到本都本圖甲下户丁吴忠榮已經納稅印契訖，合填印票給發本人付該圖册裏照票收入本户造册當差。敢有不行稅契、通同册裏私相過割者，查出依律並究，決不姑恕。須票。

國字六百七十九號地拾步，土名後村。

萬曆四十年六月　日户給

縣（押）

《中國歷代契約會編考釋·明萬曆四十一年休寧縣畢源振賣房紅契》

立賣契人畢源振，今因弟源憲原欠社會銀無辦，自情願將承祖國字號，土名栢山前基地，稅貳釐貳毫，於上樓房右邊，弟圞分壹間並廳堂出入，自情央中出賣與族侄名下爲業。三面議定時價銀玖兩肆錢正。其銀當日一併收足。其房未賣之先，即無重復交易典當等情。倘有内外人攔阻，盡是賣人（成）〔承〕當，不涉買人之事。其稅糧在畢威文户下起割，在本户自行辦納，即無異。恐後無憑，立此賣契存照。

其契内價銀一併收足，再不另立領帖。（押）

萬曆四拾一年六月十六日　立賣契人　畢源振（押）

中　人　畢尚文（押）

應鴻（押）

應鶴（押）

自立（押）

希賢（押）

《中國歷代契約會編考釋·明萬曆四十一年休寧縣汪阿程賣屋地紅契》

二十一都九圖立賣契人汪阿程，爲因阿老，棺衾無措，祖宗暴露有年，自情願央中將夫續置新丈駒字一千六百十六號屋地，土名後底坦，計地拾捌步四分六釐，計稅七釐八毫四系。其地東至衆存水溝，西至汪如願地，南至衆存路磚墻外汪守貴地，北至七分衆路。今將前項四至内屋地並四圍磚墻門窗户扇盡行立契出賣與房侄汪誠名下爲業，憑中三面議作時值價紋銀叁拾叁兩整。其銀當成契日一併收足，並不欠少分（紋）〔文〕。先前亦無重復典質等情。如有内外人言説，盡是賣人（祗）〔支〕當，不涉買人之事。所有夏秋二稅，即於本家户内起割，推入買人户内辦納，即無難異。恐後無憑，立此賣契爲照。

前項契内價銀隨契一併領足，再批爲據。

萬曆四拾一年七月十一日　立賣契人　汪阿程（押）

同　媳　汪阿戴（押）

奉書代筆孫　汪子成（押）

中　人　汪希文（押）

《中國歷代契約會編考釋·明萬曆四十一年休寧縣孫汝禎賣地紅契》

懷仁裏住人孫汝禎，今將續置到國字貳伯六十五號地壹業，土名下塘坑邊，計地，該稅。其地，東至，西至，南至，北至。今將前項四至内地本身續置得壹拾捌步叁分，盡行立契出賣與徐名下爲業。三面議定時值價銀陸兩整。其銀當成契日一併盡行收足，即無欠少，亦無準折。其地未賣之先，並不曾與他人重復交易及典當他人。其稅糧即於本家孫伯嵩户内起割，推入買人户内輸納。其地今從出賣之後，一聽買人管業、收苗、受税。倘字號不清，畝步多寡，並照現業爲足。如有内外人等攔占言説，盡是出賣人（之）〔支〕當，不涉買人之事。今恐無憑，立此賣契爲照。

其來脚契文隨即繳付存照。今就契内前項價銀隨契領足。再批。

萬曆四十一年十月　日　立賣契人　孫汝禎（押）

中　人　程裏全（押）

《中國歷代契約會編考釋·明萬曆四十二年休寧縣王元浚賣房紅契》

立賣人王元浚，今因欠用，自情願將續置到國字一百伍七號，土名栢山前基地，税，於上造屋。四至照新丈爲規，計樓屋叁間，厨樓叁間，門屋叁間，四圍磚墻門窗户扇屎（㕡）〔缸〕等項，一應俱全。與侄柱樓合業，本身合得壹半。央中出賣與畢名下執業。三面議定時值價（文）〔紋〕銀伍拾兩。其銀當成契日一併收足，並無欠少，亦無準折。其屋未賣之先，並不曾與他人重復交易。自賣之後，聽（曾）〔從〕收人管業。其税糧候册年聽從王雲漢户内起割，推入買人户内解納，即無難異。倘有内外人言説，盡是賣人（成）〔承〕當，不涉買人之事。倘後無憑，立此賣契存照。

契内價銀隨契一併收足，再不另收。原本身分法，鬮得左邊。批照。

萬曆四十貳年九月　日　立賣契人　王元浚（押）

中　人　王元演（押）

孫懷石（押）

王仁齋（押）

王明齋（押）

畢自立（押）

畢自聖（押）

畢視泉（押）

《中國歷代契約會編考釋·明萬曆四十四年休寧縣吴能陽賣地紅契》

卅都吴能陽，今將原買父長益並買伯長善有地貳號，坐落本都村心，土名衙前，今丈係字五千六十五號，共税貳分八釐六毛，與衆相共。東西四至自有（燐）〔鱗〕册該載，不及開寫；又將南邊下首新丈係字五千七十乙號，共税四分叁釐六毛，與衆共業，該身税五大分之二，計税玖釐叁毛八。東至街，西至墻及元栢街頭地，南至買人地，北至買人及岩祈等地。今因缺用，自情願將前項四至内貳號地盡行立契斷骨出賣與兄名下爲業，憑中三面議作時值價紋銀伍兩貳錢整。其價契當日兩相交足。其地今從出賣之後，一聽買人隨即管業造屋。未賣之先，即無重復交易。及家外人占攔，一切不明等事，盡是賣人（之）〔支〕當，不及買人之事。所有税糧，現在本户隨即分□認納，不必另立推單。今將鬮分合同並來脚隨即繳付。於上李木乙栿。恐後無憑，立此出賣契文存照。

所有長善伯來脚契文另産相連，未曾繳付。再批。

萬曆四十四年四月初四日立契斷骨出賣契人　吴能陽（押）契

代筆弟　能言（押）

（注）〔主〕盟母　程氏（押）

中見人　吴有恒（押）

此契已改新丈欲字號，此不作行用。

《中國歷代契約會編考釋·明萬曆四十六年休寧縣程一瀾賣田塘白契》

立賣契人程一瀾，今將承祖鬮分芥字捌千柒百拾號，土名楊木塢，田壹坵，計税肆分弍釐九毛，計生租叁砠。四至照依鱗册管業，佃人鄭積義；又將芥字捌千柒伯玖號，土名楊木塢塘，内取塘税壹釐，又芥字捌千陸伯伍拾肆號，土名泥塘源，田壹坵。東至塘塝及井，西至自田，南至鄭保福山，北至路。四至内取税陸釐捌毛，計芋頭租半砠，佃人鄭積義。以上田塘叁號，共計税伍分零柒毛，共計生租叁砠半。今因管業不便，自情願憑中出賣與同都鄭一輔名下爲業，三面議作時值價銀叁兩伍錢整。其銀當成契日一併交收足訖，别不立領札。自從出賣之後，其田一聽買人收租管業。如有内外人攔阻及重復交易、一切不明等事，盡是賣人（之）〔支〕當，不累買業人之事。其税糧候至册年，在程上達户内起割，推入買人户内辦納糧差。所有來脚契文與別産相連，繳付不便。今恐無憑，立此賣契存照。

萬曆肆拾陸年陸月初十日立賣契人　程一瀾（押）

中見人　鄭積盛（押）

鄭積義（押）

書　契　程啓陽（押）

今就契内價銀一併收足訖，别不立領札。同年月日再批。（押）契

《中國歷代契約會編考釋・明萬曆四十六年休寧縣王中極母子賣屋地紅契》　休寧縣十六都二圖王中極同伯母王阿程，今因缺少使用，自情願浼中將父續置到新丈國字二伯四十八號，地名魚地屋，計地九十九步壹分八釐，於上造房屋二間；又水坑邊糞（硎）〔缸〕一個，並地硯房、磚墻、木板、石脚、學堂出路、舂碓、周圍餘地等項，共計税。三分之内，本身同伯母合得二分，計地六十六步壹分貳釐，計税。四至照丈册籍爲定，盡行立契出賣與本都畢名下爲業。三面議定時值價銀貳拾伍兩整。其銀當成契日一併收足，即無欠少，亦無準折。其屋地未賣之先，則不（存）〔曾〕與他人重復交易及典當等情。倘有字號不清、畝步多寡，自有四至墻壁（俠）〔挾〕定。（餘）〔如〕有内外人攔阻，盡是賣人（之）〔支〕當，不涉買人之事。其房屋空地墻壁等項聽從買主隨即管業，本身同伯母二股毫無存留，亦無異説。其地税（量）〔糧〕候造册之年，於王洪滿户下起割，推入買人户下解納，即無難（易）〔異〕。恐後無憑，立此賣契存照。

其來脚契文丈票隨即繳付。其契内價（艮）〔銀〕隨即領足，再不立（另）〔領〕。

其己石橋二根隨契交明管業，與外人無干。又得受（艮）〔銀〕壹錢伍分正。（押）

萬曆四十六年九月初九日立賣契人　王中極（押）

同伯母　王阿程（押）

侄　王　照（押）

中　人　畢玉郎（押）

契照

《中國歷代契約會編考釋・明萬曆四十七年祁門縣孫世忠賣地紅契》

立賣契人孫世忠今將（贖）〔續〕買到二十都五圖胡周育名下在字三千弍百十一號地乙業，土名大灣丘，計税乙分伍釐陸毫正。其田東至周田，西至出産人墳田，南至路宅田，北至吕宅田。今將四至開明，因身管業不便，憑中立契出賣與曹名下爲業，聽憑（阡）〔遷〕塋。三面議定時值陸兩弍錢。其銀並契當即兩相交付明白。倘有胡姓人等異説，俱身一面承當。今恐無憑，立此賣契爲照。原契一（氏）〔紙〕繳付收執。

萬曆四拾七年六月初十日立賣契人　孫世忠（押）

代筆男　孫之震（押）

憑中人　洪念章（押）

汪明啓（押）

天啓元年三月初一日，原買孫世忠空地一業。今因管業不便，憑中轉賣與胡名下爲業。契内原價一併收足，再不另立文約，批載原契存照。

曹民表批（押）

《中國歷代契約會編考釋・明萬曆四十七年休寧縣畢自立賣山地紅契》

十六都二圖立賣契人畢自立，今因缺用，自情願將父遺原買到休寧縣石牌頭吴宅（阡）〔遷〕墓山地二片，計税壹分伍釐六毛，要字陸千。六十弍號。東至，西至，南至，北至。與兄弟合業。本身分得一半，出賣族兄歷綱名下，聽從（阡）〔遷〕墓。當日憑中言定時值價紋銀叁拾捌兩整。其銀就日收足，其地即時管業。倘有字號不清，每畝步多寡，自有四至挾定。其税糧候册年汪宅户下起割，並無難異。但有親人攔阻，賣主一應承當，不涉買人之事。原來脚契文與兄合業，繳付不便。恐後無憑，立此賣契存照。

契内税糧字號、四至，回家再填。（押）

萬曆四十七年十弍月　日立賣契人　畢自立（押）

畢　煌（押）

中　人　徐君求（押）

賣契

《中國歷代契約會編考釋・明萬曆四十八年休寧縣吴阿程賣屋基白契》

廿五都三圖立賣契婦吴阿程同男文清，今因本縣主爺追還結主銀無措，自情願浼中將故夫續置到罔字八千貳百廿八號，土名漢洞村心廳基壹業，叁大分中該身壹分，共計税五分九釐弍毛叁，該身税壹分壹釐捌毛，於上原造廳屋壹所，門窗户壁俱全。東至吴松柏住屋滴水爲界，西至衆水巷爲界，南至坦及大路爲界，北至吴昭住屋滴水爲界。大四至内叁大分中該身壹分盡行立契出賣與廿五都四圖吴名下爲業，憑中三面議定時值價紋銀貳拾叁兩伍錢整。其銀當成契日一併收足，即無欠少，亦無準折。其廳屋未賣之先，即不曾與他人重復交（異）〔易〕。自賣之後，聽從買主就便管業。倘有内外親族人等異說，盡是賣人承當，不涉買人之事。倘有字號不清，畝步不盡，自有土名四至挾定。其稅糧候至册年於吴高户下起割，推入買人户下解納。其有來脚契文與别産相連，繳付不便，日後查出，不（在）〔再〕行用。今恐無憑，立此賣契爲照。

萬曆四十八年正月廿八日立賣契婦 吴阿程（押）

中見人 吴良愷（押）

吴應角（押）

《中國歷代契約會編考釋·明萬曆四十八年祁門縣吴自茂賣塘地紅契》

立賣契侄自茂今有承祖山塘地乙備，坐落土名李稅塢，係（清）〔新〕丈畢字一千五百四十二號，計塘地積共稅。東至山，西至山，南至路，（比）〔北〕至吴塘。四至内及外裏大小塘弍所，該得本身四股之壹。今情願出賣與族叔名下爲業。得受價銀壹拾貳兩整。其（艮）〔銀〕契當日兩相交付明白，契後再不立領。未賣之先，即無重復。如有不明等情，盡是賣人（之）〔支〕當，不累買人之事。所有稅糧，候册年起割入伊户供解。恐後無憑，立此存照。

萬曆四十八年五月二十二日 立賣契侄 自茂（押）

見 人 汝琦（押）

《中國歷代契約會編考釋·明泰昌元年休寧縣孫潮陽賣田骨白契》

挾下孫潮陽今將田一號，坐落本都九保，土名康家圵，加八晚租貳秤，鷄穀貳（觔）〔斤〕，立契出賣與信二侍公名下爲業，憑中面議時價紋銀壹兩貳錢整，在手足訖。其價、契兩相交付明白。所有稅糧，候大造隨照新丈推扒供解無辭。今恐無憑，立此爲照。

泰昌元年十二月初十日 立契 孫潮陽（押）

見侄 有倫（押）

《中國歷代契約會編考釋·明天啓元年歙縣朱得賣山地紅契》 十一都朱得同弟朱聖孫，今承祖墳山壹（遍）〔片〕，坐落本都二保，土名中塘山，周字號，計山貳畝。其山東至長壟，西至田，南至壟，隨壟下至大溪，北至裹大彎口望中小壟，上至尖。於内本家在上祖墳陸穴，本家存留。其餘山並山脚地盡行立契出賣與親人吴名下爲業。三面議定時價（文）〔紋〕銀伍錢叁分整。其銀、契當日兩相交付明白，契後再不立領。未賣之先，即無重復交易。所有不明等情，盡是賣人（之）〔支〕當，不及買人之事。今恐無憑，立此賣契爲照。所有來脚契文全部繳付。

天啓元年八月廿二日立賣契人 朱 得（押）

秉筆同賣弟 聖孫（押）

中見人 吴汝玠（押）

李 丁（押）

《中國歷代契約會編考釋·明天啓二年歙縣朱廷桂賣墳地紅契》 卅七都一圖立賣契人朱廷桂，今將寸字壹千壹百叁拾柒號内黄墳路下墳地，憑中量過，横肆丈，直貳丈壹尺。其地東至本號内受産基地，西至賣人地，南至賣人地，北至路，四至明白。又本號内屋基地肆拾步貳，共計稅叁分整，立契出賣與黄名下爲業。三面議定時值價銀捌兩整，其銀當日收足。其地日後黄宅不（致）〔準〕遷造新墳，有損朱姓墳塋、住屋。今恐無憑，立此賣契爲照。其稅聽憑過割入户支解，不（在）〔再〕難異。照。

（押）契内價銀收訖，再不另立收領。存照。（押）

天啓貳年伍月廿四日 立契人 朱廷桂（押）

封君主盟汪石洲（押）

中 見人胡宗儒（押）

高 池（押）

男筆

《中國歷代契約會編考釋·明天啓二年休寧縣姚世杰加價復賣房屋紅契》 廿一都立賣契人姚世杰，原因四十六年身等兄弟將父遺化字四千七百〇七號房屋壹間，計稅拾捌步貳，土名坐落塘美村。東至出産人屋，西至大路，南至巷路，北至本家衆廳墻。四至明白，出典與廿一都一圖汪國清名下居住。今身乏用，自願加價復賣。因汪見身兄弟居外，未知此屋新扒與身，不肯受業，致告本縣。今蒙縣主爺爺天斷，連前典銀共價捌兩，身願遵斷照數收足。如有内外人等異說，俱身承當，不干買人之事。其稅日下聽憑起割入買人户下支解，再無異說。今恐無憑，立此賣契爲照。

天啓貳年柒月拾三日立賣契人 姚世杰（押）

憑中人 姚世本（押）

鮑之仁（押）
鮑應賢（押）
鮑希尹（押）
姚明老（押）
姚周保（押）

《中國歷代契約會編考釋·明天啓二年歙縣汪鳴陽賣田紅契》　歙縣七都十圖立賣契人汪鳴陽同侄汪允端，今因缺欠糧差使用，自願將己户內談字乙十八號田一業，計稅壹畝伍釐肆毫，土名黄石坑。其田東至，西至，南至，北至；又淡字三十七號，塘稅貳釐壹毫；又九十四號，塘稅貳釐玖毫。今將田四至明白並塘憑中立契出賣與休寧縣十六都畢名下爲業。三面議定時值價（文）〔紋〕銀柒兩貳錢正。其銀當即收足，再不另立領帖。其田未之先，即無重復交易，亦無準折等情。既賣之後，聽從買人便行管業。其稅即於本身户內起割，推入二十五都六圖畢日來户下解納。如有內外人等異説，係身承當，不干買人之事。今恐無憑，立此賣契爲照。

天啓二年八月　日立賣契人　汪鳴陽（押）
同　侄　汪允端（押）
中間人　章金揚（押）
章碧泉（押）

《中國歷代契約會編考釋·明天啓四年歙縣李大勛賣山白契》　十一都立賣契人李大勛同弟大度，今將承祖續買李渡全業荒山乙備，坐落五保，土名枋坑源楓木塢，係經理湯字六百五十三號，計山五十畝；六百五十四號，計山壹十乙畝；六百五十五號，計山乙十乙畝。三號共計七十乙畝，四至自有經理該載，不及開寫。今自情願將前項三號內荒山盡行立契出賣與親人吴名下爲業，面議時值價（文）〔紋〕銀柒兩正。今從賣後，聽自買主入山長養苗木。其價、契當日兩相交付明白，契後再不立領。未賣之先，並無重復交易。如有不明等情，盡是賣人（之）〔支〕當，不及買人之事。所有來脚契文與別産相連，不及繳付。日後要用，將出參照無詞。今恐無憑，立紙契爲照。

天啓四年三月初二日　立賣契人　李大勛（押）
李大度（押）

（下殘）

《中國歷代契約會編考釋·明天啓四年祁門縣陳嘉言賣屋紅契》　五都六圖立賣契人陳加言，今因缺少使用，自情願浼中承祖遺地乙業，土名後塘問道亭，新丈則字號。新立四至：東至大路併田角，西至張趙山脚，南至張趙山脚並本家田，北至大路及文泥竈、己地屋。計步，計稅，與兄共業。四股中本身合得貳股，計步，計稅。於上做造瓦屋四間，本身合得西邊弍間半。其屋瓦料門壁石脚俱全。今憑中立契出賣與同都張名下爲業，三面言議時值價（文）〔紋〕銀伍兩貳錢整。其銀當日收足訖；其地屋聽從買人管業，並無難異。倘有內外人攔阻及重復交易，一切不明等事，盡是賣人（之）〔支〕當，不涉買人之事。其稅候至冊年本户自行起割，並無難異。今恐人心無憑，立此賣契存照。

天啓四年四月初八日立賣契人　陳加言（押）
中見兄　陳加韶（押）
陳加護（押）
中見人　張　泮（押）
張元順（押）

今就契內價銀壹並收足訖。同年月日。再批。（押）領

《中國歷代契約會編考釋·明天啓五年休寧縣黄鼎臣賣房地紅契》　立賣契人黄鼎臣同弟鼎銘，今因缺少使用，自情願央中將承祖鬮分與叔共業，本身合得一半，坐落土名五城上街南。今將屋地壹拾玖步叁分八釐，計稅九釐，係長字一千二百六十號。其地東至黄明得厨地，西至黄汝培地，南至黄明得地，北至本家樓地。又將巷路地伍分貳釐，其地東至，西至，南至，北至。今將前項八至內地央中盡行出賣與叔黄元傅名下爲業，當日憑中三面議取時價銀伍拾捌兩整。其銀當成契日隨手一併收足。如有內外人攔占及重復交易不明等事，盡是賣人（之）〔支〕當，不涉買人之事。其地今從出賣之後，一聽買人自行管業。其稅候冊年本户自行起推，並無異説。其屋地上下瓦磚四圍墻壁俱全。恐後無憑，立此賣契文存照。

天啓五年正月廿九日立賣契人　黄鼎臣（押）
同　弟　鼎　銘（押）

本項契內價銀當成契日隨手一併收足。同日再批。（押）領

黄　衮（押）

中見人　黄伯庸（押）

黄伯貞（押）

《中國歷代契約會編考釋·明天啓六年休寧縣徐堂都賣風水山紅契》

立賣風水契人徐堂都，今因缺用，浼中將續置夜字一千五伯四十一號，土名上前山井後底山，原共山稅叁分柒釐。東至尖及方宅山爲界，西至山脚籬笆及吳家墳爲界，南至徐宗祠山籬笆爲界，北至方宅山籬笆爲界。四至內山十八股內本身合得壹股，該山稅貳釐有零。憑中盡行立契出賣與洪名下葬墳爲業，三面議作價白紋銀壹拾壹兩整，其銀、契當日兩相交足，別不立領。今從出賣之後，一聽買人（阡）〔遷〕作風水葬墳管業，仍在山大小苗木及竹，照依合同內股均分。如有來歷不明及重復交易，內外人生說一切等事，盡是賣人（之）〔支〕當，不及買人之事。其山稅候至册年在七都二圖八甲徐宗祠户聽從起割過户，本家即無阻異。今恐無憑，立此賣契存照。

順治拾壹年拾月拾九日，君璋叁房徐應繼同弟應綏，憑中方元起、方洽仙、方子寧、徐君佐，在山坑方以沛家，伍房眼同取回保命詠來龍祖塚。

天啓六年五月初六日立賣風水契人　徐堂都（押）　契

許　朋（押）

中見人　汪文煌（押）

徐廷春（押）

今就契內價銀並收足訖，別不立領。同年月日再批。（押）領

《中國歷代契約會編考釋·明天啓七年歙縣吳遠庵賣地白契》　立賣契吳遠庵同侄充甫等，有承祖地一備，坐落土名烏雞塔，係經理罪字一千二百九十五、六兩號，其地本房該分地五步有零。今將前地情願出賣與族弟熙宇名下爲業蓋屋。得受價銀叁兩整。其銀、契當日交付明白。其稅糧候大造之年聽從過割當差。今恐無憑，立此賣契存照。

本家存留墳穴壹所。

天啓七年二月初十日立賣契　吳遠庵（押）

同　侄　充甫（押）

中見人　吳輝先（押）

釋圭（押）

《中國歷代契約會編考釋·明天啓七年徽州吳英賣田紅契》　立賣契人吳英今將承祖續置田弍坵，坐落土名銀瓶坵，計租叁拾弍秤，係新丈身字三千肆百九十一號內上田肆百叁拾肆步七分伍釐，計稅四畝四分二釐四毫五。其田見東至，西至，南至，（比）〔北〕至。今將前項四至內田盡行立契出賣與廿三都三圖胡名下爲業，憑中三面議定時值價紋銀叁拾兩整。其銀當成契日一併隨手收足。其田今從出賣之後，一聽買主自行管業收租受稅爲定。如有重復不明等情，盡是賣主（之）〔支〕當，不涉買主之事。所有稅糧聽從推割，並無難異。恐後無憑，立此賣契存照。

天啓七年二月　日立賣契人　吳　英（押）

中見叔　吳元績（押）

前項契內價銀當成契日隨手一併收足。再批爲照。（押）領。

《中國歷代契約會編考釋·明天啓七年休寧縣程永德賣田紅契》　休寧縣十五都五圖立賣契人程永德，今因缺少使用，自情願浼中將承父續置土名燈心塘田壹坵，係位字弍千九伯五十六號。新丈廿玖步，計稅壹分弍釐。其田東至閔家墳墈，西至閔家山脚塘路爲界，南至閔家墳地，北至賣人低田爲界。今將前項四至內田盡行立契出賣與十四都三圖朱名下爲業，（扦）〔遷〕造風水。三面言議時價紋銀拾貳兩整。其銀業當成契日兩相交收足訖。並無重復交易，亦無準折等情。倘有內外人攔阻，及來厲不明，盡是賣主承當，不涉買人之事。其稅糧候大造年在本都圖三甲程永德户內起割，推入買人户內解納，即無難異。其上手來脚隨即繳付。今恐無憑，立此賣契永遠存照。

天啓七年十月廿八　日立賣契人　程永德（押）

中見人　朱加秀（押）

程雲南（押）

葉齊郁（押）

（後殘）

《中國歷代契約會編考釋·明天啓七年歙縣吕必達賣田地紅契》　歙

縣十八都一圖立賣契人吕必達，今因管業不便，自情願將續置田地弍業，土名烏瑶塘，係育字七百八十五號，計田税壹錢貳分叁釐。其田東至汪允地，西至胡長田，南至汪允地，北至汪允地並汪玘墳山爲界；又將土名佛母山，係育字七百零八號，計地税壹畝壹分肆釐。其地東至汪商地，西至汪家地，南至汪助田、北至汪標地爲界。前後八至内盡行憑中立契出賣十八都三圖程文進軍莊户内名下爲業，三面言議時值價紋銀柒兩整。其（艮）〔銀〕契兩相交足，並無欠少分文，亦無準折重復典賣等情。如有來歷不明及外人攔阻，盡是賣主承當，不涉買人之事。其税在本家吕永盛户内，聽從買人依新例隨即起割，推入買人户内支解。其業一聽買主自管耕種，毋得異説。今恐無憑，立此賣契存照。

天啓七年十二月廿四日立賣契人　吕必達（押）

中見人　汪貴所（押）

（後殘）

《中國歷代契約會編考釋·明崇禎元年休寧縣張夢鸞賣山地紅契》

卅一都一圖立賣契人張夢鸞同弟夢鴞、侄大綬，今將承父鬮分基地壹備，坐落土名下丘田，係贊字四千弍百九拾六號，計積步壹拾貳步整，計地税整。其地東至龍蛟鵰墻脚，西至路塝溝，南至榜墻脚，北至巷路及淳兄弟墻脚；又取土名張亥山山壹備，係贊字四千四十五號，計税弍釐伍毛；又取四千乙伯十四號，土名胡嶺塢，山壹分捌釐伍毛；又取四千弍伯號，土名漁良坑，山壹分壹釐五毛；又取三千九伯拾陸號，土名小塘塢，山叁釐柒毛伍系；又取四千弍百九拾九號，土名塘坑口墩，計地捌步柒分，計税叁釐肆毛捌系。以上共山肆號，墩壹號，東西四至，丈册該載。今因缺用，自情願央中將前項貳拾肆至内基地墩及山骨並苗木盡行立契出賣與叔祖名下爲業，三面議作時值價紋銀陸拾兩整，其銀、契當日兩相交付明白。今從出賣之後，一聽買人造屋收受税，永遠管業爲定。未賣之先，即無重復交易。一切不明等事，盡是賣人（之）〔支〕當，不及買人之事。所有税糧在於本户聽買人隨即請納，不另立推單。今恐無憑，立此賣契存照。

崇禎元年五月初七日立賣契人　張夢鸞（押）

同　弟　夢鴞（押）

侄　大綬（押）

中見人　張應推（押）

張成雙（押）

張燦文（押）

張焕文（押）

今將契内價銀一併收足，另不立領札。同日。再批。（押）

《中國歷代契約會編考釋·明崇禎元年休寧縣李一驥賣山紅契》　休寧三十三都六圖雙溪立賣契人李一驥，有祖山一號，土名觀音堂，原卑字五百十八號，今新丈作字一千十四號，原額山三角，與李毓共業。東至地，西至坑，南至地，北至山。李家合得南邊山一半，埋石定界。計山税三分七釐五毛。在山松木廿七根，與叔祖侄兄弟綱時、愛時、振時、習日、高昇、身兄弟共業；又取承祖本山脚地一號，新丈作字一千五十九號，丈則三百步，計税八分六釐。東至塝，西至一千五十八號地，南至山，北至一千五十六號地，共計地税整。前山地原父時興於天啓五年賣與毓堂，身兄弟於天啓七年身兄弟備價贖回。今因錢糧無措，自情願將前山並地該身二十四分之一，並在山松木、雜木、山骨、地骨盡行立契出賣與同都山村李名下爲業。憑中而議時值價銀貳兩伍錢整。其銀契當日兩相交訖，本身（毛）〔毫〕無存留。未賣之先，並無重復交易。如有家外人占攔等情，盡時是賣人（之）〔支〕當，不及受之事。所有税銀，見在六圖八甲胡仁户，聽自起割入四圖五甲李户供解。其父原賣與毓堂原契、係叔祖應綱收執。恐後無，立此賣爲照。

崇禎元年十月　日立賣契人　李一驥（押）

中見人　李尚杰（押）

有道（押）

江喜義（押）

《中國歷代契約會編考釋·明崇禎元年休寧縣李一驥賣山推單》　立推單人李一驥，今將土名觀音堂山，（作）〔字〕一千六十四號，該身廿四分之一，該山税一釐六毛；又同處地税作字一千五十九號，該身地税三釐五毛，得價賣與山村李訖。其税見在六圖八甲胡仁户。遵奉新例，聽自起割入四圖五甲李户。不及面會裏書，亦不及另立推單，今恐無憑，立此爲照。

崇禎元年十月　日立推單　李一驥（押）

中　見　李尚杰（押）

有道（押）

江喜義（押）

《中國歷代契約會編考釋·明崇禎三年休寧縣金一諾賣房紅契》　十四都八圖立賣契人金一諾，今因乏用，自情願將承祖鬮分土名潜阜街，係制字號，泰山樓屋壹所，又右手平屋貳間，共計地貳拾步零叁分柒釐，計税壹分貳釐。其屋東至本家樓墻爲界，西至古老方墻爲界，南至墻外衺巷爲界，（比）〔北〕至墻外一經地爲界。今將四大至並屋上下磚瓦墻壁門窗天井石料一並俱全，盡行出賣與堂弟名下爲業，三面議定時值價紋銀貳拾肆兩整。其銀當成契日一併收足，並無利債準折及重復等情。倘有來歷不明，盡是賣主（之）〔支〕當，不涉買主之事。三面議定通天巷聽從出人。今恐無憑，立此賣契爲照。

崇禎叁年七月十一日立賣契人　金一諾（押）

中　人　金寄孫（押）

金一爵（押）

金嘉錫（押）

《中國歷代契約會編考釋·明崇禎五年休寧縣金運賣樓屋紅契》　十六都十一圖立賣契人金運，今因缺少使用，自情願浼中將父原續至置坐落土名屯溪上街，係大字號，今編有字九伯九十五號住屋樓屋房五間，本身合得西邊壹半，計地貳拾步。東至楊家屋地爲界，西至本家墻脚滴水爲界，南至衆路吴家墻爲界，北至朱家墻爲界，並路直出官街，四至清白。計税壹分整。四圍門壁及床窗瓦磚石、上幔下幔俱全，並天井明堂及石俱全。今將前項四至現業浼中盡行立契出賣十八都十圖戴名下爲業，三面議定時值價銀叁拾兩整，其銀當成契日壹並交足訖，並無欠少分文，（易）〔亦〕無準折債負之類。日前並無重復交易。所有内外人攔占及一切不明等事，盡是賣人（抵）〔支〕當，不涉買主之事。所有樓屋貳間半，隨即交與買人管業。今恐無憑，立此賣契存照。所有上手來脚契文一帋隨即繳付。

同年月日，契内價銀盡行收足。

外又得價銀陸兩，共叁拾陸兩整。再批。

崇禎五年十二月廿四日立賣契人　金　運（押）

中見人　戴　有（押）

吴成順（押）

程　旺（押）

金　明（押）

《中國歷代契約會編考釋·明崇禎六年休寧縣夏源賣店屋交業重復割根文書》　休寧縣一都一圖立交業重復割根文書人夏源，店屋壹所，原於崇禎五年三月初九日，憑親族中人賣與夏有恒名下爲業。當收價銀叁伯壹拾肆兩正。於崇禎陸年三月十三日憑中劉見雲又立收割根加色等項（文）〔紋〕銀叁拾兩正，已收足訖無異。目下過册，又因小忿訐告鉛山縣。任爺又憑親族勸處受業者，（虧）〔規〕勸夏有恒，（義）〔議〕處：又加銀利、家夥搬移各項，一應等件，共銀肆拾陸兩正。原身賣契内前進店屋壹間，原身典與吴新橋開藥店，典價（文）〔紋〕銀叁拾兩，即將屋價内存除銀叁拾兩，即待新橋至日，眼同並原中劉見雲取贖與夏有恒管業。而身不再得生情異説。又屋門前墻已倒壞，有恒來春重砌修理；又後邊厨下屋已朽爛，有恒來年亦要作建。其店屋落在江西鉛山石塘地方。鉛山縣縣主任爺即着令面質親族，找契内價銀。其價文約在徽，繳付不便。日後撿出，不再行用。有恒恐身籍徽民，恐家中人纏害，其文書聽有恒往縣請印，以革二處之弊。今同親族三面立此杜絶文約爲照。

崇禎陸年拾月十五日　立文書人　夏　源（押）

劉見雲（押）

中　人　汪道元（押）

汪君美（押）

夏尚胥（押）

家族人　夏尚耀（押）

夏時霖（押）

《中國歷代契約會編考釋·明崇禎七年休寧縣程時佳賣山地紅契》　十八都二圖立賣契人程時佳，今將承祖土名葉家林山壹號，係垂字壹伯零陸號，共計税壹畝内取山税叁釐。今新立大四至，其山東至吴氏並賣主山地埋石爲界，西至大松樹並本家墳塝埋石爲界，南至降脊柏樹埋石爲界，北至低田爲界。今將前項四至内地盡行立契出賣與二十三都九圖魯名下爲業。當日憑中三面議定時值價紋銀壹拾兩整，其銀當成契日一併交收足。其山地自今出賣之後，一聽買主開造風水，並無（準）〔難〕異。前後並無重復交易、不明等情。倘有内外人攔占等事，盡是賣人（祇）〔支〕當，不涉買主之事。其地聽從買主收苗受税。其税糧隨即起推，並無難異。其地畝不明，自有四至（轄）〔挾〕定。所有來脚契文繳付不便，恐後無憑，立此賣契存照。

崇禎七年十月　日立賣契人　程時佳（押）

主盟祖母　程阿餘（押）

中人　許芝蘭（押）

胡瑞甫（押）

程聖甫（押）

吴伯賢（押）

代書長男　程應和（押）

前項契内價銀隨手收足，同年月日。再批。爲照。領（押）

《中國歷代契約會編考釋・明崇禎七年歙縣汪惟石賣山紅契》 十五都十一圖立賣契人汪惟石，今將承祖有字二千貳百捌拾叁號山，税壹分陸釐柒毛捌錢；又有字弍千弍百捌拾肆號山，税壹分陸釐柒毛捌系。土名白仙塢。四至照依清册。憑中立契出賣與本都四圖陳宗訓名下爲業。三面議定時值價紋銀捌錢五分正。其銀、契當即兩相交付明白，並無欠少準折之類。（曾）〔從〕前並不重復交易。倘有内外親房人等異説，係身一面承當，不干買人之事。其税聽憑買人目下過割入户支解，本家不得難（易）〔異〕。今恐無憑，立此賣契爲照。

其山：南邊小插角，並北邊大尖，中隴過爲界，管業。再批。

崇禎柒年十二月廿二日立賣契人　汪惟石（押）

憑　中　方玉峰（押）

方雲竹（押）

汪退思（押）

弘光元年二月，同衆面議，界至明白。

南至小插角，並北邊大尖，中隴過界；東至照依清册，西至照依册。

無異。

《中國歷代契約會編考釋・明崇禎八年歙縣汪阿孫等賣地官契》 立賣契人汪阿孫同小叔汪懋輔，今將有字貳伯六十三號，計地税乙分六釐，土名運裏。今因夫故，逢年荒歉，衣食無措，自情願（浼）〔浼〕中將故夫有字貳伯九十八號，計税貳分三釐乙毛，土名陳村尾，四至（炤）〔照〕依清册原契，盡行出賣與十五都三圖吴名下爲業，（扞）〔遷〕造風水。三面議定，時值價肆兩五錢正。其銀當即收足，其地聽從管業。其地從前至今，並不曾與他人重復交易。如有親房内外人等異説，俱係賣人承當，不干買人之事。所賣地内本家無毛税，亦無新墳舊塚。其税糧聽憑買人目下過割入户支解，亦無難阻。共地原有廢椁四隻，憑買主拆毁，聽（扞）〔遷〕造取用。其地原有界至爲證。今恐無憑，立契存（炤）〔照〕。其來脚原契日後（簡）〔檢〕出，不在行用。再批。

崇禎八年一月十九日　立賣契人　汪阿孫（押）

小叔　汪懋輔（押）

中見人　陳克明（押）

吴源長（押）

依口代筆弟　汪德恒（押）

《中國歷代契約會編考釋・明崇禎八年休寧縣胡嘉詰賣田骨白契》 立賣契人胡嘉詰，今將承父鬮分醎字壹千六伯貳拾捌號，田税貳分柒釐五毛，計秈租貳砠拾肆斤，土名程婆墓，佃人胡冬保。今憑中立契出賣與同户胡名下爲業。三面議作時值價紋銀叁兩叁錢整。其銀、契當日兩相交訖。其田今從出賣之後，一聽買人即便收租管業。其税糧係同一户隨契推扒與買人認納糧差，再不另立推單。其田倘有内外占攔及重復交易，一切不明等事，盡是賣人（之）〔支〕當，不涉買人之事。其田東西四至，自有保簿該載，不（在）〔再〕開寫。今恐無憑，立此賣契，永遠存照。

崇禎捌年弍月二十七日立賣契人　胡嘉詰（押）契

中見人　吴有慶（押）

胡嘉禨（押）

今就契内領去價銀並收足訖。同日再批。（押）領

《中國歷代契約會編考釋·明崇禎八年歙縣程近仁賣山地紅契》 立賣契人程近仁，係休寧縣十六都一圖人，今將續置到歙縣山貳號，係相字五千叁伯貳拾叁號，土名程半坑，計税貳分柒釐捌毛陸系。其山東至，西至，南至，北至。又將罔字七千五伯〇拾號，土名金坑舌大青堆，計税貳分伍釐叁毛貳系，其山東至，西至，南至，北至。以上山貳號並於上蓄養樹木柴莊，憑中立契盡行出賣與吴名下爲業，三面議定時值價紋銀叁兩整。其（山）〔銀〕當即一併收足，並無欠少準折等情。未賣之先即不曾與他人前後交易。自賣之後聽從買主便行管業。其税於二十五都六圖十甲程時悦户下起割，推入與二十五都四圖吴康進下解納無異。倘有字號不清，畝步不壹，自有四至挾定。如有内外人等異（書）〔説〕，（壹）〔盡〕是賣人承當，不干買主之事。今恐無憑，立此賣契存照。

崇禎捌年捌月拾壹日立賣山契人　程近仁（押）

程養元（押）

居　間　程貴時（押）

吴於敏（押）

《中國歷代契約會編考釋·明崇禎八年歙縣張晋階賣地紅契》 立賣契人張晋階，歙縣西南隅二圖人，今將有字貳百玖拾捌號，地税壹分，土名運裏，出賣與十五都三圖吴名下爲業，聽憑（扦）〔遷〕造堆墻。三面議定時值價銀叁兩正。其銀當即兩相交付明白，並無準折等情。其地從前並未典當他人及重復交易。倘有内外人等異説，俱是賣人承當，不干買人之事。其税聽憑過割入户支解，毛無難易。爲因錢糧無措，故將此地出賣。今恐無憑，立此賣契爲（炤）〔照〕。

崇禎八年十二月　日立賣契人　張晋階（押）

中見人　吴百陽（押）

克明（押）

吴元長（押）

吴鳳竹（押）

陳君顯（押）

吴德徵（押）

吴惟美（押）

吴不伐

《中國歷代契約會編考釋·明崇禎九年休寧縣汪大輅賣房紅契》 立賣契人汪大輅，今因缺用，同男國佐等商議，將承祖（經）〔圖〕分閣房壹眼，係潛字四千五百十號，土名承恩堂，坐落中庭閣西邊房壹眼。東至閣巷，西至墻，南至汪大徹房，北至梄桴巷路。計税壹釐，並（炤）〔照〕房分開井路道，一併今自央中出賣與族名下爲業，三面議作時值價紋銀壹拾肆兩整。其銀、契當日兩相交明。其房即聽買人管業。未賣之先，並無重復交易。如有重復及一切不明等情，盡是賣人（之）〔支〕當，不涉買人之事。其税在九甲汪文甫户，即聽過税入買人户内，外人不得攔阻異説。今恐無憑，立契存（炤）〔照〕。

崇禎九年正月二十八日立賣契人　汪大輅（押）

奉書男　國佐（押）

憑中　汪大徹（押）

汪鍾洪（押）

汪斯益（押）

今就領去契内價銀並收足訖。同日。再批。（押）

《中國歷代契約會編考釋·明崇禎九年歙縣吕希正賣山地紅契》 二十四都二圖立賣契人吕希正，今因管業不便，自願將己續置山一業，係才字三千三百六十五號，土名高石下來龍山。其山東至張光實山，西至余一中山，南至自地，北至嶺脊，計税壹分壹釐貳毛五系。又才字二千九百八十號地壹業，土高石下。其地東至吕地，西至余田，南至田地，北至受産人山，計税貳分壹釐壹毛壹系。今將八至明白，憑中立契出賣與十五都三圖吴名下爲業，三面議定時值價紋銀叁兩伍錢整。其（艮）〔銀〕當日一併收足，其山並地聽憑買主管業，任憑（阡）〔遷〕葬。其山與地在先即不曾與他人重復交易、典當等情。係是兩意情願，並非威逼成交準折之類。倘有内外人等前來異説，俱是賣人一面承當，不干買人之事。其山並地並無新墳舊塚。其税在本家吕道光、道行、道恩户下，候大造年，聽憑印契過割入户支解，即無難易。今恐無憑，立此賣契爲照。又添二字改一字。其來脚契與他業相連，繳付不便。再批爲照。

崇禎玖年五月初十日　立賣契人　吕希正（押）

說合中人　洪一兆（押）

洪國泰（押）

見　人　程德輝（押）

李邱峰（押）

吴元長（押）

《中國歷代契約會編考釋·明崇禎十年祁門縣謝自杰賣田地紅契》 十三、四都立賣契人謝自杰，今有承祖並買受水田一備，坐落西都八保，土名清山塢木橋頭，係冬字乙百七十四號，計田叁坵。該身内得硬大租弍秤拾柒（觔）〔斤〕捌兩，計田柒拾捌步玖分。又乙備，土名界塢，冬字七十乙號，計田壹坵，該身硬大租壹秤，計弍拾四步七分伍釐。前田弍備共計大租叁秤拾柒（觔）〔斤〕捌兩。又將西都八保，土名竹園下江清，新造住基地内，取基地伍步，係經理字號。所有四至（息）〔悉〕照鱗册可證。前田並地共叁處，憑中立契出賣與西都族叔名下永遠管業，當日三面言議時值價紋銀叁兩弍錢整。其契、價當日兩明。未賣之先，即無重復交易。來歷不明，賣人（之）〔支〕當，不及買人之事，自成之後，各無悔異。如悔者，甘罰白銀壹兩公用。今恐無憑，立此賣契存照。

再批：所有稅糧，候大造之年推與買人供解無詞。存照。

崇禎十年四月初六日　立賣契人　謝自杰（押）

依口奉書見侄　其斌（押）

《中國歷代契約會編考釋·明崇禎十一年休寧縣張尚洋賣山田紅契》

立賣契人張尚洋今將續置芥字號，土名丸塢塘，山田一坵，計捌保秈租壹拾貳砠零拾伍（觔）〔斤〕，計稅壹畝陸分貳釐，佃人徐華；又將芥字號，土名觀音塘，田一坵，計八保秈租肆砠零貳拾（觔）〔斤〕，計稅陸分，佃人汪明；又將果字號，土名後田一坵，計秈租叁砠壹拾伍（觔）〔斤〕，計稅肆分陸釐，佃人羅龍；又將果字號田一坵，土名店前，計八保秈租捌砠零捌（觔）〔斤〕，計稅九分五釐，佃人吴法；又將果字號田一坵，土名店前，計秈租陸砠零拾伍（觔）〔斤〕，計稅捌分貳釐。今將前項田五坵，共計八保秈租叁拾伍租零貳拾叁（觔）〔斤〕，今因管業不便，自願憑中立契出賣與房弟名下爲業，當日三面議作時值價銀叁拾伍兩伍錢正。其銀當成契日一併交收足訖，別不立領〔扎〕〔札〕。今從出賣之後，一聽買人收苗管業。如有内外人攔占及重復交易、一切不明等事，盡是賣人（之）〔支〕當，不及買人之事。

其稅聽從買主起割過户。今恐人心無憑，立此文契存照。

其店前秈租陸砠拾五斤，係方九佃種。

内改弟字一個。再批。（押）

崇禎拾壹年二月廿日　立契人　張尚洋（押）

中見人　張榮卿（押）

代書男　張文彬（押）

今就契内領去前項價銀並收足訖。同年月日再（押）批

《中國歷代契約會編考釋·明崇禎十二年歙縣謝正己賣地白契》 立賣契人謝正己今有承祖標分地壹備，坐落土名前山；又壹備，土名竹園，下地壹塊。貳號俱與兄相共，本身合得壹半，又壹備，土名茶培塢，荒坦大小叁塊。今因管業不便，自情願托中盡數立契出賣與房弟謝正仁名下爲業，當日憑中言議價紋銀乙兩弍錢整。其價並契當日兩明。其地未賣之先，即無家外人重復交易。來歷不明，賣人（成）〔承〕當，不及買人之事。所有畝步四至悉明，鱗册可證。所有稅糧隨即扒與買人供解毋詞。自成之後，各不許悔。如悔者，甘罰銀弍錢公用，仍依此文爲準。今恐無憑，立此賣契存照。

再批：所有栗樹大小叁根，盡在契内。照。

崇禎拾弍年五月二十二日立賣契人　謝正己（押）

中見兄　謝正名（押）

謝正思（押）

弟　謝正心（押）

《中國歷代契約會編考釋·明崇禎十二年歙縣鄭瑞卿賣山紅契》 十八都六圖立賣契人鄭瑞卿，今將承祖山一業，土名中耿村，係臣字三千八百八十五號，計稅貳釐，四至在册。憑中立契出賣與十五都四圖吴名下爲業。三面議定時值價紋銀壹拾兩正。其銀、契當即兩相交明，再不另立收領。其業聽憑買主遷造風水。在先並未與他人重復交易，亦無短少準折等情。其稅遵奉新例，隨即過割入買人户内支解，並無留難異說。倘有内外

人等争論，俱係賣人承當，不干買主之事。今恐無憑，立此賣契爲照。

崇禎十二年五月　日立賣契人　鄭瑞卿（押）

中　人　吴公叔（押）

鄭儒立（押）

鄭明吉（押）

鄭子厚（押）

鄭養瑞（押）

《中國歷代契約會編考釋・明崇禎十二年歙縣鄭瑞卿賣山官契》　直

隷徽州府歙縣奉文加增每兩納税伍分

玄字八百八十七號，契紙産價壹拾兩，税銀伍錢，領契紙坊長里長

立賣契人鄭瑞卿，歙縣忠鴞鄉十八都六圖人，今將承祖山一業，土名耿村，係臣字三千八百八十五號，計税貳釐，四至在册。憑中立契出賣與十五都四圖吴名下爲業。三面議定時值價紋銀拾兩整。其銀、契當即兩相交明，再不另立收領。其業聽憑買主（扦）〔遷〕造風水。在先並未與他人重復交易，亦無短少準折等情。其税遵奉新例，隨即過割入買人户内支解，並無留難異説。倘有内外人等争論，俱係賣人承當，不干買主之事。今恐無憑，立此賣契爲照。

崇禎十二年五月　立契人　鄭瑞卿（押）

中見人　吴公叔（押）

鄭明南（押）

鄭儒立（押）

《中國歷代契約會編考釋・明崇禎十二年績溪縣王應禄賣山地紅契》

績溪縣十一都四圖中土立賣契人王應禄、應順，今因欠少（艮）〔銀〕兩支用，自情願將本家柒字乙千伍百叁十號内山一業，計税肆釐，土名金字培，東、西、北俱至黄山，南至賣人山地，眼同釘界爲定，並上所養大松木拾捌根，並小松木，憑中立契出賣與歙縣七都一圖黄名下爲業。三面議定時值價真（文艮）〔紋銀〕捌兩伍錢正，其銀當即收足。其税聽憑目下過割經管，不（在）〔再〕難（易）〔異〕。並無重復交易等情。今恐無憑，立此爲用。

所有契内價銀乙並收足，再不另立收領爲用。

崇禎十二年十一月初二日　立賣契人　王應禄（押）

中見人　王應順（押）

王四老（押）

《中國歷代契約會編考釋・明崇禎十三年休寧縣李焕時賣田紅契》

十七都四圖立賣契兄李焕時，今因第三男貿易乏本，自情願央中將續置田壹坵，計租九砠半，計税；又塘税合得六釐，坐落土名下目林，係新丈發字號。其田東至本家有分塘田，西至本家田，南至程家田，北至賣主田爲界；又將下目林新丈發字號田壹坵，計租伍砠半，計税。其田東至本家新置田，西至程、李田，南至李家田，北至程家田；又將土名竹杯頭田壹坵，係新丈發字乙百八十號，計租貳砠，計税，積步五十步。其田東至本家高塝，西至賣主田，南至程家高田，北至人行高路。今將壹拾貳至内田盡行央中出賣與本都圖族弟李名下爲業。當日三面議定時值價白銀叁拾貳兩正，其銀當成契日一併交收足訖。其田自從出賣之後，聽從買主管業，收苗收（税）〔租〕爲定。其税糧候大造之年，本户自行推出，並無難異。倘有内外人攔占及重復交易一切不明等事，盡是賣主（之）〔支〕當，不涉買主之事。其有上年來脚契文與別産相連，繳付未便，日後（刷）〔將〕出不在行用。今恐人心難憑，立此賣契存照。

今隨契内價銀當日一併交收足訖。

崇禎拾叁年正月　日　立契人　李焕時（押）

同男　李正幼（押）

中人　李焕貴（押）

李聯芳（押）

李天隆（押）

永遠存照

《中國歷代契約會編考釋・明崇禎十三年大興縣傅尚志賣房官契（甲）》　順天府大興縣今據張名用價叁拾叁兩買得傅尚志房税銀貳錢陸分肆釐

立賣房契人傅尚志同寡母張氏，因無錢使用，有故父遺下破瓦房壹所，分賣門北面貳間，貳層兩間，北廂房壹間，大小共五間，門窗户壁上下土木相連，坐落南城正東坊二牌十鋪總甲林孝地坊。今憑官房牙説合，

（情）〔願〕出賣與張名下住坐，永遠爲業。三（言）〔面〕議定，時值價銀叁拾叁兩整，其銀當日公同收足，外無欠少。自賣之後，如有親族人等爭競者，賣主母子一面承管。兩家情願，各不返悔。如有先悔之人，甘罰白米拾石入官公用。立此賣契，永遠爲照。

崇禎十三年九月十六日

同　母　張氏（押）

立契人　傅尚志（押）

房牙王臣（印）

中見人　總甲林孝（押）

左鄰　王仲金（押）

右鄰向口　伊親代書周澤原（押）

《中國歷代契約會編考釋・明崇禎十四年歙縣吴日高賣田塘紅契》

廿五都四圖六甲立賣契人吴日高，今將承祖罔字七千六百九十二號田一業，土名花梨塘，計税七分八釐。東至，西至，南至，北至。又將罔字七千六百九十一號塘一業，土名花梨塘，計税九釐八毛。憑中立契出賣與本圖本甲侄名下爲業。三面言定時價紋銀陸兩，當日收足。其税糧另立推單，吴永和户下交納。未賣之先，並不曾與他人重復交易。既賣之後，聽憑買管業收割，倘有内外親族人等，毋得異説。如有異説，俱係賣主承管，不涉買主之事。恐後無憑，立此賣契存（炤）〔照〕。

崇禎拾肆年五月　日立賣契人　吴日高（押）

吴長富（押）

托中人　吴洪川（押）

吴祥甫（押）

吴於敏（押）

《中國歷代契約會編考釋・明崇禎十五年歙縣徐天禄兄弟賣地紅契》

十一都一圖四甲下立賣契人徐天禄同㚇弟天福，今有承祖並續買地壹號，坐落本都三保長州，土名後山地，係清丈發字二百七十五號，積地貳叁拾貳步，計税玖分〇叁（毛）〔毫〕捌忽叁（微）〔微〕貳（抄）〔沙〕。其地東自地，西山，南山，北山。其四至内地骨並雜木，本身兄弟該得壹半。今因年荒無措，自情願托中將前項四至内地骨並雜木盡行立契出賣與同都李宗祀名下爲業，三面議估時值價紋銀壹兩貳錢正。其銀契當日兩相交明，契後再不立領。未賣之先，並無重復交易。如有不明等情，盡是賣人承當，不及買人之事。所有税糧隨即起割與李昌義户供解無詞。今恐無憑，立此賣契存（炤）〔照〕。

崇禎十五年三月　日立賣契人　徐天禄（押）

天福（押）

中見人　李仰吉（押）

吴記皋（押）

黨兄　徐天祈（押）

《中國歷代契約會編考釋・明崇禎十五年績溪縣胡夢桓賣山地紅契》

績溪縣十一都三圖立賣契人胡夢桓同侄自奇，今將準字乙千九十九號，山税伍分，土名龍培山脚。其山四至，係本家山裏邊，東至脊，南至本號山，眼同釘界爲規；西至同號地，（比）〔北〕至邊黄山裏脊；又將同號地壹伯壹拾步，四至眼同釘界。並界内現有松木，立契出賣與歙東黄名下養木蔭庇。三面議定時值價真紋銀拾兩整，其銀隨（只）〔即〕收足。其山地聽憑目下管業。其税依契割入買人户内支解，只無異言。並無内外親房人等阻（當）〔擋〕。如有此等，俱身（之）〔支〕當，不干買人之事。二各無異。恐後無憑，立此賣契存（炤）〔照〕。

崇禎拾伍年十一月十二日立　賣契人　胡夢桓（押）

同　侄　胡自奇（押）

胡自訓（押）

胡自景（押）

中見人　周敬塘（押）

胡堯臣（押）

胡承之（押）

胡夢楝（押）

周爾瞻（押）

王松老（押）

胡克俊（押）

執　筆　胡自美（押）

胡繼大（押）

契證所是前項契内價足，乙並收（乞）〔訖〕，再不另立收領。存〔炤〕〔照〕。（押）

《中國歷代契約會編考釋·明崇禎十七年歙縣謝泰來賣基地紅契（附扒單）》　立賣契人謝泰來，今有承祖並買受坐落本保，土名黄瓜園，係汪辛保住基荒地壹備，係經理吊字號，本身合得貳拾步零柒分。今因缺少錢糧無措，今自情願托中將前地盡數立契出賣與房侄正仁名下，前去永遠管業。三面言議時值價紋銀叁錢伍正。當日在手足訖，契價兩明。所有畝步四至悉煩本家鱗册圖式可證。其稅糧今仝本户隨即推扒與買人供解毋詞。倘有來歷不明，盡是賣人（成）〔承〕當，不干買主之事。自成之後，各無悔異。如悔者，甘罰白銀契内一半公用，仍依文契爲準。今恐無憑，立此賣契存（炤）〔照〕。

再批：所有上手老契在侄處，日後賫出，不能行用。（押）

税明

崇禎十七年四月十二日立賣契人　謝泰來（押）

依口代書人　嚴秀毛（押）

中見侄　謝明元（押）

同日立扒單人謝泰來，今將土名黄瓜園汪辛保住基地共計貳拾步零七分，抵稅四釐乙（毛）〔毫〕六系正，得價足訖，隨即扒與買人供解無詞。今恐無憑，立此扒單存（炤）〔照〕。

立扒單人　謝泰來（押）

依口代書　嚴秀毛（押）

中見侄　謝明元（押）

《中國歷代契約會編考釋·南明弘光元年休寧縣黄震賣樓屋白契》

廿四都六圖立賣契人黄震，今因缺少使用，情願央中將自己承祖樓屋壹所，坐落土名芳干田，係養字號，其屋東至，西至，南至，北至，共地步，共稅，本身合得一半，計地計稅又將門前地乙片，土名係養字號，計地計稅，其地東至，西至，南至，北至，今將前項八至内屋、地，上至瓦礫，下至地磉並四圍磚墻、石脚、門窗、户扇、閣橋板一應等件，俱全盡行立契出賣與同都一圖親人許名下爲業。當日憑中三面議定時值價銀柒拾兩正，其銀當成契日隨推，並無異説。倘有來歷不明及重復交易等情，盡是賣人（之）〔支〕當，不涉買主之事。今恐無憑，立此賣契存（炤）〔照〕。

弘光元年三月　日賣契人　黄　震

憑親見人　許懋初

許鳳石

許朋石

程衆允

前項契内銀兩當成契日隨手一併收足。同年月日再批。領號。

《中國歷代契約會編考釋·南明弘光元年休寧縣許肇隆賣地白契》

二十四都一圖立賣契許肇隆，今將承祖火佃地〔土名大溪〕邊竹園，係常字四千八百卅三號，計共地，其地東至　西至　南至　北至　於内本身合得分數柒步，該稅貳釐八毫，並在地火佃屋磚墻石塝地僕出入路道等項，盡行立契出賣與族叔許藻名下爲業。三面議定時值價銀乙兩弍錢整，其銀當成契日隨手一併收足，其屋地今從出賣之後，一聽買人自行管業受稅爲定。如有内外人攔占及重復交易一切不明等事，盡是賣人（之）〔支〕當，不涉買人之事，其稅糧，册年本户即行起推，並無難異。今恐無憑，立此賣契存（炤）〔照〕。

弘光元年三月　日立賣契　許肇隆（押）

中　見　許鳳石（押）

税收成貴户原一甲許志有户推。

前項契内價銀自成契日隨手一併收足。同年月日批（押）領。

《明清徽州社會經濟資料叢編》第一集《休寧縣謝元熙賣山赤契》

十都七保謝元熙同侄孟良孫，今爲户門無貨支用，自情願將土名梨禾塢，山地一片，西排上截，唐字一千三百三十號，夏山三畝，其山東至坑，西至降，南至塢頭，北至大灣裏嶺，隨嶺分水，上至降，下至坑，今將前項四至内並地骨大小松苗，盡數立契出賣與李仲德名下，面議價錢花銀四兩。其銀當立契日一併交足無欠。其山未賣（知）〔之〕先，則不（情）〔曾〕與家、外交易。如有家、外占（欄）〔攔〕，並是出賣人自行祇（擋）〔當〕，不涉買者（知）〔之〕事。所有上手赤契與別段相連，不（在）

〔再〕繳付。今恐人心無憑，立此文書爲用者。

洪武二年五月十六日　謝元熙　契

同侄　良　孫

《明清徽州社會經濟資料叢編》第一集《祁門縣鄭伯和等賣山赤契》

十五都鄭伯和、伯原、伯仁，今吾祖産山地壹號，坐落十六都八保，土名塘田源，山七畝，係菊字伍百六十一號，四止自有本保經理可照。今來管業不便，自情願盡數立契出賣與十六都倪振玉名下爲業，面議花銀壹兩足訖。成交之後，各無悔（易）〔異〕，悔者罰價一半與不悔人用，仍依此文爲準。其山如有一切不明，賣人自理，不干買人之事。今人少信，立此文契爲用。

洪武八年十月初七日　鄭伯和　契

伯　原

伯　仁

見人　鄭伯福

《明清徽州社會經濟資料叢編》第一集《祁門縣胡仕可等賣山赤契》

十都三保胡仕可同弟兼善，世承父有山地壹片，坐落本保，土名大港山，經理如字捌百二十七號、八百二十八號，共計山四十八畝，其山東至李孟善、宗裕山降，從壟鏡面心直至胡太住地及大溪，西至從塢明田末灣口曲轉向西，竪心直通降及坑山，南至大溪，北至大横降及塘坑山。今爲無鈔支用，與母親胡濟孺人李氏商議，願將前項四至内山地並大小松苗，盡行立契出賣與同都人徐友成名下，三面評議時值價寶鈔二十一貫。其鈔當立契日一併收足。其山地並苗禾，一任買人自行管業。日後如有家、外人占攔及重復交易，一切不明，並是賣人（底）〔祇〕當，不及受人之事。所有上（年）〔手〕赤契隨此繳付。今恐無憑，立此賣契爲用者。

洪武十一年二月十四日出産人　胡仕可

胡兼善

主議母親　李　氏

依口代書人　胡叔高

《明清徽州社會經濟資料叢編》第一集《祁門縣徐友成賣山赤契》

賣契人拾都徐友成，今有上年買受胡仕可山兩號，坐落本都，土名大港山，經理如字八百二十七號、八百二十八號，共計山肆拾捌畝，東至李孟善、宗裕山降，從壟鏡面心，直至胡太住基及大溪，西至從塢頭田來灣曲轉向西，竪灣心直通降及塘坑山，南至大溪，北至大横降及塘坑山，所有四至悉照經理來脚開載明白。今爲急用，願將前項山骨並大小苗禾，盡行轉賣與十一都人李世率名下，面議作時值價寶鈔貳拾四貫。其鈔當日收訖。賣後聽受人執山管業。如有不明，賣人自理，不及買人之事。所有來脚一紙當即繳付。今恐無憑，立此轉文爲照。

洪武十二年十二月初二日賣契人　徐友成

見弟　友　信

《明清徽州社會經濟資料叢編》第一集《祁門縣謝允恭賣山赤契》

十西都謝允恭，今承祖有山地一片，坐落本都七保，土名王公尖長林，係經理唐字□□□□，夏山壹畝，東至大塢心直上至高尖下至坑，西至嶺上至王公尖下至大坑，南至大降，北至大坑。今將前項山地四至内〔盡行〕大小杉苗，盡行立契出賣與本都謝文先名下，面議寶鈔貳拾貫文。其鈔當立契日一併交足無欠。自立契（知）〔之〕後，一任買者自行管業爲（褚）〔主〕。所有上手赤契，兩相交付收訖。其山地來（力）〔歷〕不明，並是賣者祇當，不涉買者（知）〔之〕事。今恐人心無憑，立此文契爲用者。

洪武十六年五月二十日謝允恭　契

依口代書人　許原茂

《明清徽州社會經濟資料叢編》第一集《休寧縣范和忠等賣山赤契》

十六都范和忠同弟范致忠，今於户門充當弓兵，蒙本司差本家管解軍人，前往松江府，缺欠盤纏，無鈔用度，自情願將本家祖産山地，坐落本都五保，土名文溪源及理黄沙等處山場，盡數内三分取一分，出賣與本都汪丙之名下爲業，面議價錢寶鈔三十貫文，在手足訖。其山地各處畝步四至，自有青荒流水管保經理可照。其山地未賣之先，家、外人則無重迭交易。如有來（力）〔歷〕不明，賣人自行理直，不涉買人之事。自賣之後，二家各無言悔，如先悔者甘罰契内寶鈔一十貫文與不悔人用。今恐人心無憑，立此文契爲用。

洪武十九年二月十一日　范和忠

同弟　范致忠
見交易人　范信輕
見人　蔣信保

《明清徽州社會經濟資料叢編》第一集《祁門縣謝顯先賣山赤契》

十西都謝顯先，今有墓林山地壹片，坐落本都七保，土名烏攔塢，係今經理唐字伍百壹拾號，計山地貳角，其地東至田，西至李田，南至唐路榜，北至降。今將前項四至内墓林山地盡行立契出賣與本都人謝永壽名下，面議時價寶鈔陸貫。其鈔當日收足無欠。其地賣後，一任買人經理管業爲定。未賣之先，即不曾與家、外人交易。如有一切不（盟）〔明〕，並是賣人祇當，不涉買人（祇）〔之〕事。今恐無憑，立此文契爲用者。

洪武二十年正月二十日　謝顯先　契

《明清徽州社會經濟資料叢編》第一集《祁門縣謝景春賣山赤契》

十西都謝景春，承父買受得方貴通山地一片，坐落七保，土名吴隱坑頭，唐字三百五號，山壹畝，其山東至塢心（低）〔抵〕李彌高山，西至小嶺下至石冲（低）〔抵〕本宅山，南至大降，北至坑。今將前項四至内山並大小杉苗，盡行立契出賣與同都人李源清同李子善名〔下〕，面議價錢寶鈔壹拾貫。其鈔當立契日一併收足。其山地並地内大小杉苗盡行立契，一聽買主自行管業爲主，本家即無阻（當）〔擋〕。所有上手赤契，一併交付。今恐人心無憑，立此爲照。

洪武二十四年九月初一日　謝景春契

《明清徽州社會經濟資料叢編》第一集《祁門縣謝芳賣地赤契》

拾西都軍户謝芳，承祖地及兄續買到基地共壹段，坐落本都十保，土名嶺西，經理係伐字三百七十八號壹畝肆分伍釐，又同號地叁分壹釐貳毫。其地二號，東至謝玄保地及楊溝爲界，西、南至程德富田，北至山，取原路壹條，直出至坑。今將前項二號四至内地，盡數立契出賣與拾西都拾保民户謝績祖名下爲業，面議價鈔柒貫整。其鈔當日收足無欠。其地未賣之先，即不曾與家、外人交易。如有家、外占攔及一切不明，並是出賣人自行〔祇〕當，不干買人之事。自賣之後，各家不許（番）〔翻〕悔，如有先悔者，甘罰契内價鈔與不悔人用，後仍依此文書爲始。所是税糧役官事，推收過割之日，一聽買人收割入户，隨産供解。所是上手隨時繳付。今恐無憑，立此文契爲用者。

洪武二十五年二月十二日立契人　謝　芳
主盟在堂叔母　汪　氏
遇見人　胡宗仁
謝原昇

《明清徽州社會經濟資料叢編》第一集《休寧縣李魏相等賣山赤契》

拾捌都李魏相、弟名相，同拾壹都叔李克名，共承祖産山地壹片，坐落拾東都二保，土名欄𪇆塢，係經理遜字捌百叁拾號，其山東至坑，西至尖，南〔至〕李宅山，北〔至〕壟，計（尚）〔上〕山壹拾二畝二角，下山玖畝二角。今將前項肆至内山地，伍分内叁人合得叁分，立契出賣與拾壹都黄伯成名下爲業，面議價錢寶鈔壹拾伍貫，在手前去用度。其山未賣之先，與家、外人即無交易。如有家、外人占攔，並係出産人之當，不涉買人之事。所是山地日後聽自伯成永遠管業，經理入户，本家並不詞〔異〕說。所有（尚）〔上〕手文契，失落不全，日後賫出，不（在）〔再〕行用。今恐無憑。立此文契爲用者。

洪武貳拾陸年四月拾伍日出産人　李魏相契
同賣人李克名妻　張氏渙娘
李名相

所（是）〔有〕契内價錢，當立契日（一）〔一〕併收足。李魏相再批。□

收鈔人張氏渙娘。

《明清徽州社會經濟資料叢編》第一集《休寧縣李資衮賣田赤契》

十二都九保住人李資衮，今將本户田一號，係八保邇字一千五百七號，田一畝六分二釐五毫，東至吴名山，西至倪保田，南至汪顯彰田，北至朱鐵千田，土名大千源查木坵。每年上租穀壹拾柒秤，上田。今來缺物支用，自情願將前項四至内田取一半，計八分一釐三毫，出賣與同里人汪猷觀名下，面議時值價鈔六貫整，前去用度。其鈔當成契日一併收足無欠。其田今從出賣之後，一任買人自行聞官受税，收苗管業爲定。如有四至不明，重復交易，内外人占攔，並是出産人祇當，不及買者之事。所有上手來脚入户契文與別産相連，繳付不便，日後要用，本家索出參照不詞。今恐人心無憑，立（契）〔此〕文書爲用。

洪武二十六年十二月　日出産人　李資衮契

見交易人　胡羊

今就領去契内價鈔並收足訖。同月日再批。

《明清徽州社會經濟資料叢編》第一集《休寧縣朱宋壽賣田赤契》

十二都九保住人朱宋壽，今爲日食不給，同母親吴氏己姑商議，願將承父户下有田二號：係九保乙字一千七十二號田，取五分二釐一毫，東〔至〕□□，西〔至〕□□，南〔至〕□□，北〔至〕□□，土名（隱）〔引〕江，佃人胡辰保，上租穀三秤；又將同保一千七十三號田，取九分五釐二毫，東〔至〕□□，西〔至〕□□，南〔至〕□□，北〔至〕□□，土名引江，佃人朱勝右，上租穀壹拾壹秤。自情願將前項二號四至内田，盡行立契出賣與汪猷于名下，面議時值價鈔九貫文〔整〕。其鈔當成契日一併交收足訖。其田今從出賣之後，一任買人自行（文）〔聞〕官受税、收苗，永遠管業。如有内外人占攔，四至不明，重迭交易，並是出産人祗當，不及買人之事。所有上手來脚人户契文與别産相連，繳討不便，日後要用，本家索出參照不詞。今恐人心無憑，立此賣契文書爲用。

洪武二十六年十二月　日出産人　朱宋壽　賣契

同母親　吴氏己姑

見人　朱勝右

朱德林

汪午

胡驢

今領去前項契内價鈔，並收足訖。同年月日再批。

《明清徽州社會經濟資料叢編》第一集《休寧縣汪致和賣山赤契》

三都汪致和，今有山一片，坐落本都八保，土名盤坑塘塢，山三十五畝，係律字三百五十七號，其山東至大降，西至降隨壟下至小灣及凌家墓山下至田，南至中段田末灣心直上至降，北至大降。今將前項四至内山，盡數立契出賣與同都黄□□名下爲業，面議價錢寶鈔二貫七百文。其鈔並契當日兩相交付。其山未賣之前，即無家、外人重復交易。如有不名〔明〕，並是賣人祗當，不涉買人之事。今恐無憑，立此文契爲用。

洪武二十七年八月二十八日　洪致和契

遇見人　金祖授

《明清徽州社會經濟資料叢編》第一集《休寧縣張奉賣田赤契》

十二都九保張奉，今將十保體字五百四十三號田内，取一畝三分八釐三毫，土名生墳圢，東至水坑，西至汪彦倫田，南至汪彦倫塘，北至胡兆新田。佃人胡真，硬上租干糯壹拾叁秤，上田。今來缺物支用，自情願將前項四至内田，盡行出賣與汪猷名下爲業，面議時值價鈔壹拾伍貫文〔整〕。其鈔當成契日一併收足無欠。其田今以出賣之後，一任買人自行聞官受税、收苗，永遠管業爲定。如有内外人占攔，四至不明，重迭交易，並是出賣人祗當，不及買人之事。所有上手契文與别産相連，繳付不便，日後要用，本家索出參照不詞。今恐人心無憑，立此文書爲照。

洪武二十七年九月　日　張奉契

依口代書兄　張奇德

見人　胡勝右

今領去價鈔並收足訖。同日再批。

《明清徽州社會經濟資料叢編》第一集《祁門縣謝申娘賣山赤契》

十西都謝申娘，今有山一片，坐落七保，土名餘坑大塢，係唐字一千一百三十九號，一畝二角，其山東至大降，西至汪茂山，南至汪茂地，北至小嶺。又將同處一千一百四十號内，其山東至大降，西至李八山，南至李權山，北至方重一山，其山内取五畝一角。今將前項八至内〔出〕，立契出賣與方未郎名下，面議價錢寶鈔六貫文。其鈔當立契日一併收足。其山地未賣之先，即不曾與家、外人交易。如有四至不明，及家、外人占攔，並是賣人之當，不及買人之事。今恐人心無憑，立此賣契爲用。

洪武二十八年正月二十日　謝申娘　立契

代書人　黄庚受

所是上（首）〔手〕一紙，在方遠郎處，日後不再行用。

《明清徽州社會經濟資料叢編》第一集《休寧縣朱勝右賣田赤契》

太平里十二都三圖朱勝右，本户下有田二圢，係十保體字五百一號田，計三畝一分九釐六毫，土名吴失塘下，東至水坑，西至汪彦善等山，南至王貴遠田，北至朱士祥田。每年硬上籼穀三十〔秤〕，上田，佃自。今來爲日食不給，情願將前項四至内田取一半，計一畝五分九釐八毫，出賣與同里人汪猷名下，時值價錢壹拾伍貫。其價當成契日俱係籼穀準足無欠。其田今從出賣之後，一任買人自行聞官受税，收苗管業爲定。如有四至不明，重迭交易，内外人占攔，並是賣人祗當，不及買人之事。所有原人户契文，一併繳付。今恐無憑，立此賣契文書爲用。

洪武二十九年九月　日　朱勝右　賣契

見人　胡延壽

依口代書人　李資衮

今領去前項契内價錢籼穀收足。同日再批。

領穀人　朱周虎

《明清徽州社會經濟資料叢編》第一集《休寧縣朱宋壽賣田赤契》

十二都九保住人朱宋壽，同母親吴氏商議，今將故父户下有田壹號，坐落本都九保，土名前巖，係乙字六百六十五號田，共二畝三分六釐三毫内，取壹畝壹分七釐九毫，東至塝，西至水坑，南至朱德田，北至朱德末田。每年硬上租籼穀壹拾貳秤，上田租〔硘〕。今來缺少錢物用度，情願將前項字號四至内田，盡行立契出賣與同都人汪猷千名下，面議時值價鈔九貫文整，當用籼穀折還。其價當成契日一併收足。其田今從出賣之後，一任買人自行聞官受税，收苗，永遠管業爲定。如有内外人占攔，四至不明，重迭交易，並是出賣人自行祗當，不及買人之事。所有上手來脚，別産相連，繳付不便，日後要用，本家索出參照不詞。今恐無憑，立此賣契爲用。

洪武三十年二月初十日出産人　朱宋壽　契

同母親　吴　氏

見人　朱舟保

依口代書人　汪克忠

保名族長　朱勝右

今就領去前項價錢並收足訖。同時再批。

《明清徽州社會經濟資料叢編》第一集《休寧縣汪阿宋賣田赤契》

十二都十保住人汪阿宋，承故夫汪益户内有田一號，係乙字九保三十號田内，取二畝一分六釐七毫，東至溪，西至路，南至王季遠田，北至路。佃自，每年上租穀二十秤。今來缺物用度，自情願將前項四至内田，盡行立契出賣與汪猷千名下，面議價鈔一十五貫文。其鈔當成契日一併交收足〔乞〕〔訖〕。其田今從出賣之後，一任買人自行〔文〕〔聞〕官受税，收苗管業〔如〕〔爲〕定。〔爲〕〔如〕有内外人占攔及四至不明，重迭交易，並是出賣人〔支〕〔之〕當，不及買人〔支〕〔之〕事。所有上手來〔却〕〔脚〕〔日〕〔人〕户契文與別産相連，繳付不便，日後要用，本家索出參照不詞。今恐無憑，立此賣契文書爲用。

洪武三十年八月二十八日出産人　汪阿宋　賣契

領價人　張　興　　胡留保

見　人　胡真保　　程　有

依口代書人　朱得樵

今領去契内價鈔並收足〔乞〕〔訖〕。同年月日再批。

《明清徽州社會經濟資料叢編》第一集《休寧縣胡周印賣田赤契》

十二都三圖胡周印，承祖父户下有田壹號，坐落本都十保，體字三百四十五號，田一畝八釐三毫。其田東〔至〕□□，西〔至〕□□，南〔至〕□□，北〔至〕□□，土名亭子頭。佃人胡辰右，每年上租穀一十一秤，上田租〔硘〕。今來爲祖父靈紀，無物追薦，自情願將前項四至内田，盡行立契出賣與汪猷名下，面議時值價穀二十秤。其穀當成契日一併收足無欠。其田今從出賣之後，一任買人自行聞官受税，收苗管業爲定。如有内外人占攔及四至不明，重迭交易，並是出産人自行祗當，不及買人之事。所有上手來脚入户契文與別産相連，繳付不便，日後要用，本家索出參照不詞。今恐人心無憑，立此賣田文書爲用。

洪武三十年十月　日出産人　胡周印　契

同叔母　朱　氏

主盟族長　胡聖右

依口代書人　吴志高

今領契内價穀並收足訖。同年月日再批。

《明清徽州社會經濟資料叢編》第一集《祁門縣謝願郎等賣山赤契》

十西都謝願郎同弟謝辛源，共有山一片，坐落七保，土名唐坑，係經理唐字七百四十七號，一畝二角四十五步，其山東至田，西至降，南至唐坑口，北至田廠石充上降。其山（元）〔原〕與謝景清相共，本宅合得一半。今爲欠少謝能静牛租稻穀，願將前項四至内山地合得分法，盡行立契出賣與謝能静名下爲業，面議價錢寶鈔三十貫文。其鈔立契日一併收足。其山地未賣之先，即不曾與家、外人交易。如有四至不明及家、外人占攔，並是賣人之當，不及買人之事。今恐人心無憑，立此賣契爲用。

洪武三十一年正月十二日　謝願郎　契

謝辛源

代書人　黄庚受

《明清徽州社會經濟資料叢編》第一集《休寧縣汪午賣田赤契》

十二都三圖十保住人汪午户有田一號，坐落本都九保，係乙字三十號田，取一畝八釐三毫，東至溪，西至路，南至王李遠田，北至路，土名九畝丘磎邊。佃自，每年上籼穀壹拾秤，係上田租〔砠〕。今爲日食不訖〔給〕，自情願將前項四至内田，立契出賣與同都汪猷名下，面議時值價鈔一十五貫，照依時值用穀準還，當成契日一併收足無欠。其田今從出賣之後，一任買人自行聞官受税、收苗，永遠管業。如有内外人占攔，四至不明，重復交易、典當等事，並是出産人自行祗當，不及買人之事。所有上手來脚入户契文與别産相連，繳付不便，日後要用，本家索取參照不辭。今恐人心無憑，立此賣田文書爲用。

洪武三十一年四月初一日出産人　汪　午　契

見人　胡　得

依口代書　程馬得

今領前項契内價穀並收足訖。同日再批。

《明清徽州社會經濟資料叢編》第一集《休寧縣汪堡等賣山契》

拾二都汪堡同弟汪進生、叔汪太，今有祖産山地壹段，坐落本都四保毛嶺源，土名馬山峑，並胡永迪墳後來龍山地，經理係受字七百七拾四號新字號八百三十九號、八百四十號内，取山貳畝，其山地東止行路及田，西止大降，南止馬山峑壟心分水直上止大降壟心分水，直下止路底永迪田石嘴爲界，北止汪堡、汪太地（底）〔抵〕胡永迪地向北直進止汪顯孫山地，從小灣心直上止大降壟心，直下止汪顯孫地爲界。又將毛嶺源胡永迪墳後山地，小來龍一條，係受〔字〕五千五百三十號，地四拾叁步，其山地東止胡永迪地，西止大降，南止胡永迪山地，北〔止〕汪保地（底）〔抵〕汪顯孫山地小灣心，直上止大降。今爲户門無鈔支用，今自願將前項捌止内山地並馬山峑栗樹、柿樹，盡數立契出賣與同都人胡永迪名下爲業，面議寶鈔玖貫，前去足訖。其鈔並契當日兩相交付足訖。其山地捌止内栗樹、柿樹並胡永迪墳後山地來龍，未賣之先，即無家、外人重復交易。如有不明，並是出産人自行承當，不涉受産人之事。其山地日後起科税糧，照依契内畝步起割，前去（徐）〔輸〕産供解，本家並無（當）〔他〕詞〔異〕説。自（承）〔成〕交之後，二家各無言悔，如先悔者願罰寶鈔五貫與不悔人用，仍依此文契爲始。今恐人心無憑，立此文契爲用。

洪武三十一年閏五月十一日　出契人　汪　堡

弟　汪進生

叔　汪　太

依口代書人　陳　乞

《明清徽州社會經濟資料叢編》第一集《休寧縣朱勝右賣田赤契》

太平里十二都三圖朱勝右，本户下有田一號，係九保乙字二百三十八號田内，取二畝三分四釐二毫，東至吴祖龍田，西至高塍八保界，南、北至程仲芳田，土名大干口。細人自，每年硬上籼租穀二十三秤。上田租〔砠〕。今來爲日食不給，情願將前項四至田内取一半，計一畝六釐三毫，出賣與汪猷干名下，面議時值價鈔三十貫文。價價當（誠）〔成〕契日俱係籼穀準足無欠。其田今從出賣之後，一任買人自行聞官受税，收苗管業爲定。如有四至不明，重迭交易，内外人占攔，並是賣人自行祗當，不及買人之事。所有原入户契文，一併繳付。今恐無憑，立此賣契文書爲用。

洪武三十一年八月　日出産人　朱勝右　賣契

領價穀男　朱護祖

朱周虎

朱　計

見交易人　胡原壽

依口代書人　汪醜干

今領去前項契内價鈔籼穀並收足訖。同日再批。

《明清徽州社會經濟資料叢編》第一集《休寧縣胡周賣田赤契》太平里十二都三圖住人胡周，承父户下有田二號：係九保乙字一千七十二號田内，取五分二釐一毫，東〔至〕汪彦倫田，西〔至〕閔子通田，南〔至〕路，北〔至〕李子成田，土名引江大石頭下，又將同保一千七十四號田〔内〕，〔取〕五分二釐九毫，東、西〔至〕王彦倫田，南〔至〕路，北〔至〕李子成田，土名同。佃自二號田，每年硬上租〔穀〕九秤。上田租〔砠〕。今來爲日食不給，同母親汪氏商議，自情願將前項二號四至内田，盡行立契出賣與同里人汪猷千名下，面議時值價穀一十八秤。其穀當成契日一併收足無欠。其田今從出賣之後，一任買人自行〔文〕〔聞〕官受税，收苗，永遠管業。如有内外人占攔及四至不明，重迭交易，並是出産人自行祗當，不及買人之事。所有上手來脚入户契文與别産相連，繳付不便，日後要用，本家索出參照不詞。今恐無憑，立此賣契文書爲用。

洪武三十一年八月　日出賣人　胡周　賣契

胡四

母親　汪氏

見人　朱雙

義父　李添

依口代書人　汪醜千

今領價穀並收足訖。

《明清徽州社會經濟資料叢編》第一集《休寧縣程原得賣田赤契》

休寧縣一都第四保住人程原得户下有田一號，坐落拾弍都玖保，係乙字玖百柒拾肆號，田壹畝玖分弍釐三毫，東〔至〕汪彦輪田，西至汪猷干田，南至汪彦輪山，北至溪，土名上江坵。佃人胡真原等，上籼祖〔租〕穀壹拾捌秤，上田祖〔砠〕。今來缺物支用，自情願將前項四至内田，盡行立契出賣與拾弍都汪猷干、汪汝名名下，面議時值價花銀弍兩肆錢整。其銀當成契日一併交收足訖。其田今從出賣之後，一任買人自行聞官受税，收苗管業爲定。如有内外人占攔及重迭交易，並是出産人自行祗當，不及買人之事。所有上手來脚契文與别産相連，繳付不便，日後要用，本家索出參照不詞。今恐無憑，立此文契爲用。

洪武三十五年十月二十日出産人　程原得　契

代書人　張鼎義

見人　朱雙

今領去前項契内價銀並收足訖。同日再批。

《明清徽州社會經濟資料叢編》第一集《休寧縣汪得厚賣田赤契》

永康里十都汪得厚，用價錢買到汪仲佳名下田一坵，坐落十二都九保，土名門坑，係壹字三百九十四號田内，取三分五釐四毫，東至路，西至汪彦倫山，南至汪彦善田，北至汪彦善田。今來缺少鈔物支用，情願將前項田出賣與十二都汪猷名下，面議價鈔一十五貫。其鈔當成契日一併收足，更不别立領札。其田今從出賣之後，一任買人自行聞官受税，收苗管業爲定。如有内外人占攔及四至不明，重復交易，並是出産〔人〕自行之當，不及買人之事。所有來脚契文與别産相連，繳付不便，日後要用，索出參照不詞。所有當年田苗一併出賣，佃人胡聖右，上租穀肆砠。今恐無憑，立此文契爲用。

建文元年八月初二日出産人　汪得厚　契

遇見人　朱士貞

今領契内價鈔並收足訖。同年月日再批。

《明清徽州社會經濟資料叢編》第一集《休寧縣朱勝祐賣田赤契》

十二郡三圖朱勝祐，自已置到田叁號：係九保乙字貳佰六十一號，田一畝一分九釐六毫，東至□□，西至□□，南至□□，北至□□，土名小干口，佃自，硬上籼租壹拾秤；又將同保貳佰六十九號，田一畝貳分二釐九毫，東至□□，西至□□，南至□□，北至□□，土名鴨攔坵，佃自，硬上籼租壹拾秤；又將同保二佰肆拾九號，田一畝二分八毫，土名大千，東至□□，西至□□，南至□□，北至□□，佃自，硬上籼租壹拾秤。今來缺物支用，自情願將前項叁號四至内田各取一半，出賣與汪猷干名下，面議時值價鈔叁拾貫文。其價當成契日用籼穀折足訖，無欠。其田今從出賣之後，一任買人自行聞官受税，收苗管業爲定。如有内外人占攔，四至不明，重迭交易，並是出産人自行祗當，不及買人之事。所有來脚契文一併繳付。今恐無憑，立此賣契爲用。

建文元年八月二十五日出産人　朱勝祐　賣契

領穀男　朱護祖

朱　計

依口代書人　胡隆舟

今領前項契内價穀並收足訖。同日再批。

《明清徽州社會經濟資料叢編》第一集《休寧縣吴碧湖賣田赤契》

太平里十二都九保住人吴碧湖，原用價鈔買到十保胡真户下田取一半，係體字五百二十七號，取二角五十二步，土名猴塘，東至□□，西至□□，南至□□，北至□□，每年上租粟〔糯〕六秤。今來缺鈔用度，自情願將前項四至内田一半，盡行立契出賣與汪猷干名下，三面取時值價銀壹兩重〔整〕。其銀當成契日一併〔收〕足訖。其田今從出賣之後，一任買人自行管業收苗，受税爲定。如有四至不明及重復〔交〕〔易〕，並是出産人自行祇當，不及受産人之事。所有入户契文一併繳付。今恐無憑，立此賣契爲用。

建文二年七月　日出産人吴碧湖　契

今領去契内價銀並收足訖。同年月日再批。

《明清徽州社會經濟資料叢編》第一集《休寧縣凌勝孫賣田赤契》

拾貳都住人凌勝孫，原用價鈔買凌安孫田壹號，坐落本都八保，邇字壹仟伍佰一十號，田壹畝二分二釐五毫，其田東〔至〕吴志高山，西〔至〕汪義田，南〔至〕陳正壽田，北〔至〕汪義田，土名大干，每年硬上租穀壹拾貳秤。今來缺物支用，自情願將前項四至内田，盡行立契出賣與同里人汪猷觀、汪賫觀名下，面議時值價鈔壹拾二貫。其價當成契日一併收足訖。其田今從出賣之後，一聽買人聞官受税，收苗管業。如有四至不明及重迭交易，内外人占攔，並是出賣人自行祇當，不及買人之事。所有來脚與別産相連，繳付不便，日後要用，本家索出參照不詞。今恐人心無憑，立此賣契文書爲用。

建文二年八月十八日出産人　凌勝孫

依口代書　吴志高

今領契内價鈔並收足訖。同日再批。

《明清徽州社會經濟資料叢編》第一集《休寧縣胡四賣田赤契》

十二都九保住人胡四，承父户下有田一號，係九保乙字一千八百十九號，田一畝四分二釐九毫，東至汪彦倫田，西至渠，南至自田，北〔至〕自田，土名引江。佃自，硬上租穀壹拾二秤，上田租〔砠〕。今來缺穀支用，自情願同嫂江氏商議，將前項四至内田，盡行立契出賣與汪猷干名下，面議時值價穀一十八秤，上田租〔砠〕。其價穀成契日一併收足無欠。其田今從出賣之後，一任買人自行聞官受税，收苗管業爲定。如有内外人占攔及四至不明，重迭交易，並是出産人祇當，不及受産人之事。所有上手入户契文與別産相連，繳付不便，日後要用，於本家索出參照不詞。今恐無憑，立此賣契文書爲用。

建文二年九月　日　出産人　胡四　契

同嫂　江氏

見人　朱勝右

依口代書人　汪永壽

今領契内價穀並收足訖，同日再批。

《明清徽州社會經濟資料叢編》第一集《李彦昌等賣山赤契》

十都李彦昌同侄宗祥，共有山地四片，係經理虞字五百七十八號，東至李從山，南至降，北至田；五百八十一號，土名同處，東〔至〕山，西〔至〕李濟山，南〔至〕田，北〔至〕降；六百卅一號，土名葉二塢，東〔至〕裏壟直下至田，西〔至〕李積山，南至降，北至京諭田；六百二十七號，土名七樹灣，東〔至〕自山，西〔至〕自山，南〔至〕降，北至坑。今爲無鈔支用，情願將前項山地脚，共計壹拾陸至，盡行立契出賣與吴祐任名下，面議價錢寶鈔壹拾叁貫文。其鈔當立契日在手一併前去。其山今從賣後，一任買人永遠管業。未賣之先，即不曾〔與〕家、外人重復交易。如有占攔並是賣人祇當，不涉買人之事。今恐無憑，立此賣契爲用。

建文二年十月二十五日　李彦昌

李宗祥

所是契内價鈔，同前年月一併〔收〕足訖。

李彦昌

《明清徽州社會經濟資料叢編》第一集《休寧縣李生遠賣田赤契》

十二都九保住人李生遠户内有田壹號，係九保乙字五佰六號，計田貳畝肆分六釐叁毫，土名石□子山下。佃人汪子懸，上租穀貳拾肆砠。東、北至路，西至□子起田，南至吏得名山。今爲攢運糧儲，缺少盤纏支用，自情願將前項四至內田，盡行立契出賣與汪猷千名下，面議時價錢花銀貳兩貳錢，計時價籼穀捌拾捌秤，其銀當成契日一併收足無欠。其田今從出賣之後，一任買人自行聞官受税，收苗管業爲定。如有四至不明，重復交易，內外人占攔，並是出賣人自行祇當，不及買人之事。所有原入户來脚契文與別産相連，繳付不便，日後要用，本家索出參照不詞。今恐人心無信，立此賣契爲用。

建文三年七月　日出産人　李生遠　契

見證人　胡　羊

今就領去契內價銀並收足訖。同年月日批

《明清徽州社會經濟資料叢編》第一集《休寧縣汪午賣田赤契》

十二都十保住人汪午户內有田一號，係十保體字三百五號，內取一畝陸分三釐捌毫，土名岩口，佃自，每年硬上籼穀壹拾伍租〔砠〕，東〔至〕□□，西〔至〕□□，南〔至〕□□，北〔至〕□□。今爲攢運糧儲，缺少盤費用度，自情願將前項四至內田，盡行立契出賣與汪猷千名下，面議時價花銀壹兩叁錢，計穀伍拾貳秤。其價銀當成契日收足無欠。其田今從出買之後，一任賣人自行聞官受税、收苗，永遠管業〔如〕〔爲〕定。所有四至不明，重迭交易，內外人占攔，並是賣者〔祇〕當，不及買者之事。所有上手來脚與別産相連，不及繳付，日後要用，本家索出無詞。今恐無憑，立此賣契爲用。

建文三年八月初五日出産人　汪午　契

依口代書人　李生遠

今領去契內價銀並收足〔訖〕，同年月日再批。

《明清徽州社會經濟資料叢編》第一集《休寧縣胡真保賣田赤契》

十二都十保住人胡真保，今將户下田、塘二號：係十保體字五百一十二號田內，取壹畝伍分陸釐叁毫，土名大百塘下，東〔至〕□□，西〔至〕□□，南〔至〕□□，北〔至〕□□，佃自，每年硬上干爽〔糯〕壹拾伍（租）〔砠〕，又將體字伍百一十一號塘三分三釐三毫，土名大百塘，東〔至〕□□，西〔至〕□□，南〔至〕□□，北〔至〕□□。今爲攢運糧儲事，缺少津貼盤纏，自情願將前項二號田、塘，盡行立契出賣與汪猷千名下，面議時價花銀壹兩陸錢整，計時價籼穀陸拾肆秤。其銀當成契日一併收足無欠。其田今從出賣之後，一任買人自行聞官受税、收苗，永遠管業爲定。如有內外人占攔，四至不明，重迭交易，並是出産人祇當，不及買者之事。所有入户契文，一時撿尋未及，日後要用，索取無詞。今恐人心無信，立此文契爲用。

建文三年八月十三日　胡真保　契

領價銀男　胡　談

見　人　胡　得

依口代書人　李生遠

今就領去契內價銀並收足訖。同月日再批。

《明清徽州社會經濟資料叢編》第一集《休寧縣胡右賣田赤契》

十二都十保住人胡右，承祖父户下有田一號，係本都十保體字四佰九十二號田內取一半，計一畝二分三釐八毫，東至水坑，西至汪午田，南至朱鐵干田，北至胡初田，土名吴失塘下。佃人自，上籼租壹拾秤。今爲缺物用度，與母親李氏商議，自情願將前項四至內田，盡行立契出賣與汪猷千名下，面議時值價寶鈔二十二貫。其價鈔當〔便〕〔面〕收足無欠。其田今從出賣之後，一任買人自行聞官受税、收苗，永遠管業爲定。如有內外人占攔及四至不明，重迭交易，並是出産人自行祇當，不及買人之事。所有來脚入户契文與別産相連，繳付不便，日後要用，索出無難。今恐無憑，立此賣契爲用。又添價鈔二貫。

建文四年六月初三日出産人　胡　右

母親　李　氏

依口代書人　胡　真

見人　胡真源

今就領去前項契內價鈔並收足訖。同日再批。

《明清徽州社會經濟資料叢編》第一集《休寧縣胡留保等賣田赤契》

十二都九保住人胡留保，同弟福保，嫂阿程，原鬮分得田一號，係本都九保乙字一千六十二號田，共壹畝玖分一釐七毫，東至□□，西至□□，南至□□，北至□□，土名引江，佃人自今來無穀支用，自情願將前項四至內田，盡行立契出賣與汪猷千名下，面議時價籼穀十九秤，上田祖〔砠〕。其價當成契日一併收足無欠，其田今從出賣之後，一任買人自行聞官收税、收苗，永遠管業爲定。如有内外人占攔，四至不明，重迭交易，並是出産人自行祇當，不及買人之事。所有入户契文與别産相連，繳付不便，日後要用，索出參照不詞。今恐無憑，立此賣契爲用。

永樂元年八月二十七日出産人　胡留保　契

弟〔福〕保

嫂阿程

見人　朱雙

今領去前項契内價穀並收足訖。同日再批。

《明清徽州社會經濟資料叢編》第一集《休寧縣方添福賣田赤契》

東南隅二圖住人方添福，自己置到十二都九保乙字叁佰叁拾號田壹畝貳分玖釐貳毫，土名門坑口，其田東至□□，西至□□，南至□□，北至□□。今來缺穀支用，自情願將前項四至内田，盡行立契出賣與汪猷干名下，面議時值價穀貳拾壹秤，上田租〔砠〕。其穀當日收足。其田今從出賣之後，一任買人自行管業，收苗、受税，永遠管業爲定。如有内外人占攔及四至不明，重迭交易，一切不明等事，並是出賣人自行祇當，不及買人之事。所有上手來脚契文與别産相連，繳付未便，日後要用，本家索出參照無難。今恐無憑，立此出賣文契爲用。

永樂二年二月二十四日出賣人　方添福　賣契

見人　江　舟

今收前項契内價穀，當收足訖。再批。

《明清徽州社會經濟資料叢編》第一集《休寧縣朱懸祖賣田赤契》

十二都九保住人朱懸祖户下有田壹號，計四坵，係十保體字三百八十九號，土名方家塘下，硬取塘下第一坵内取壹半，計貳分五釐，東至壟，西至山，南至自田，北至方家塘，佃人自，上粈穀叁秤半，上田祖〔砠〕。今來無穀食用，自情願將前項四至内田，盡行立契出賣與同里人汪猷干名下，面議時值價穀四秤。其價穀當日收足無欠。其田今從出賣之後，一任買人自行聞官受税，收苗管業爲定。如有内外人占攔及四至不明，重迭交易，並是出賣人自行祇當，不及買人之事。所有來脚契文與别産相連，繳付不便，日後要用，索出無難。今恐無憑，立此賣契爲用。

永樂二年四月十四日出産人　朱懸祖　賣契

見人　朱真德

今領去前項契内價穀並收足訖。同日再批。

《明清徽州社會經濟資料叢編》第一集《休寧縣李討賣田赤契》

拾貳都拾保住人李討，承父户下有田壹號，係體字拾保捌拾肆號田，計柒分三釐三毫，土名查子源，東至自（衆）〔種〕地，西至自田，南至溪，北至山。今來無穀食用，自情願同母親朱氏商議，將前項四至内田，盡行立契出賣與同里人汪猷干名下，面議時值價穀陸秤。其穀當成契日一併收足訖。其田李討自佃，每年硬上粈租陸（祖）〔砠〕。其田今從出賣之後，一任買人自行聞官受税，收苗管業爲定。如有内外人占攔及重迭交易，四至不明，並是出産人自行祇當，不及受産人之事。所有上手契文與别産相連，繳付不便，日後要用，本家索出參照不詞。今恐人心無憑，立此賣契文書爲用。

永樂二年六月初五日出賣人　李討　賣契

依口代書人　李張

母親　朱氏

見人　胡談

今就領去契内價穀並收足訖。同日再批。

《明清徽州社會經濟資料叢編》第一集《休寧縣朱舟保賣田赤契》

十二都十保住人朱舟保户下有田壹號，大小五坵，係本都十保體字三百八十三號田，共壹畝貳分伍釐，塘壹分貳釐八毫，土名嶺山，東至汪省心田，西至自地，南至路，北至山。佃自，每年硬上粈租壹拾貳（祖）〔砠〕。今來缺物用度，自情願將前項四至内田、塘，盡行立契出賣與同里人汪猷干名下，面議時值價穀貳拾伍石（祖）〔砠〕。其價當成契日一併收足。其田今從出賣之後，一任買人自行聞官受税，收苗管業爲定。如有内外人占攔，四至不明，重迭交易，並是出産人自行祇當，不及買人之事。所有來脚契文與别産相連，繳付不便，日後要用，色（索）出參照不詞。今恐無憑，立此賣契爲用。

永樂二年九月十九日出産人　朱舟保　賣契

依口代書人　汪克讓

見人　胡　羊

今領前項契內價穀收足訖。同日再批。
《明清徽州社會經濟資料叢編》第一集《休寧縣楊極賣山赤契》　永康里十都一保楊極，今將承祖父户下有山壹拾三號，坐落十二都八保，土名當坑原等處，係邇字八百壹拾號山，計八畫捌毫；又將邇字捌百柒拾肆號山，計壹分四畫，又將九百伍拾貳號山，計肆畫二毫，又將壹千陸百九拾伍號山，計陸畫三毫，又將捌百貳拾柒號山，計一畫二毫，又將九百九拾柒號山，計二畫壹毫，又將壹千陸百伍拾六號山，計壹畫伍毫，又將同分十三都三保歸字壹百叁拾肆號，土名町子塢山，計壹畝；又將叁百柒號山，計貳分捌毫，土名池尾塢，又將壹百玖拾伍號山，計叁分叁畫叁毫，又將壹拾二號山，計二分五畫，又將貳百肆拾陸號山，計柒分伍畫。今爲户役缺物支用，情願將前項四至內山，本家合得分數及字號內已業，盡行立契出賣與同都族弟楊新民名下，面議作時值價鈔叁拾貫。其山今從出賣之後，一聽買人自行聞官受税收苗，永遠管業。如有內外人占攔，及重復交易，一切不明等事，並是出賣人自〔行〕祇當，不及買人之事。所有四至及來脚，自本家經理及外都關單入户可照。如日後要用，於本家索出，參照不詞。今恐無憑，立此賣契文書爲用。其契內山價，當成契日並收足訖，別不立領札。

永樂三年六月十六日出產人　楊　極　契

見人　楊彦真

今領契內價鈔並收足。同年月日再批。

《明清徽州社會經濟資料叢編》第一集《休寧縣汪伯敬賣田赤契》

十一都汪伯敬承祖並父買田一備，坐落本都六保，土名梓坑吳八住前，係經理坐字二百八十號，計田一畝八分有零，其田東至自田，西至詹永成田，南〔至〕坑，北至山。計租一十八秤。又取坐字二百五十八號，土名懈背，計田三分九畫九毫，其田東至溪，西至本宅地，南至謝乙地，北至汪宅田，本邊三分中合得一分。又取二百五十九號，計田一畝有零，東至溪，西、南至汪宅地，北至李宅地。又取梓坑口王起住地，坐字五百二十三號起，至五百二十六號止，計地二畝二分七畫五毫，其地新立四至，東至吳宅田，西、北至坑，南至山塝。其王起住地並屋宇，承祖並父買李宗祥、李原等本邊三分中合得一分。今將契內田、地、火佃基屋，本邊合得分數，盡行立契出賣與同都吳希仁名下收租爲業，三面議時值價鈔五百八十貫文整。其價、契當日兩相交付，契後再不立領。未賣之〔光〕〔先〕，即無重復交易，如有來歷不明，並是賣人之當，不及買人之事。今從賣後一聽買人收租管業，本家即無言説。所有原買李宗祥、李原來脚契文，與兄相共，不及繳付。其各號田地聽自買主聞官受税。今恐無憑，立此賣契爲照。

永樂四年二月十八日　立賣契人　汪伯敬

見人　汪伯儀

代書人　李德本

《明清徽州社會經濟資料叢編》第一集《祁門縣謝曙先賣山契》　拾西部謝曙先，今有山壹片，坐落本保，土名汪家後山，係經理唐字一千五百五十八號，計山□□，東至胡二塢口嶺，西至嶺及墓林，南至田，北至塹及地。今〔於〕〔爲〕無〔鈔〕支用，情願將前項四至內山地，盡行立契出賣與謝能静名下，面議時價寶鈔貳拾四貫。其鈔並契當日兩相交付。其山地未賣之先，即不曾與內外人重復交易。如有一切不明，並是賣人之當，不及買人之事。所是上手文契檢尋未見，不及繳付，倘有漏落，不〔在〕〔再〕行用。今恐無憑，立此文契爲用。

永樂五年三月十七日　謝曙先　契

代書男　謝能政

《明清徽州社會經濟資料叢編》第一集《休寧縣李思敬等賣山赤契》

拾都李思敬、思遠，共承父山地壹片，坐落拾壹都五保，土名胡三婆住前，係經理湯字五百三十九號，計山□畝有〔令〕〔零〕，其山東至塢頭隨壟分水爲界，西至大聖嶺直上至尖，南至溪，北至降。今爲要貨支用，願將前項四至內山並地脚苗木，盡行立契出賣與拾壹都住人李桃仁名下，面議時價寶鈔壹百拾貫文。其鈔立契之日收足。其山地並苗木，一聽買人自行永遠管業。來歷不明，出產人之當，不及買人之事。所是上手契文，一併繳付。今恐無憑，立此文契爲用。

永樂六年十二月初六日契　出賣人　李思敬

李思遠

見人　吳邦杰

所是契内價鈔，同年月日並收足訖。

《明清徽州社會經濟資料叢編》第一集《休寧縣謝仕榮賣田赤契》

拾叁都謝仕榮，今有承祖荒田一畝一角五拾捌步，坐落拾西都七保，土名羊鵝塢，係經理唐字一百六十三號，東至山，西至山，南至塢頭，北至塢口。今爲無鈔支用，自情願將前項四至内荒田，出賣與拾西都謝□□名下前去管業，當日面議時價中統寶鈔二十貫文，就行領收足訖無欠。其田聽自開耕，升科納糧，永遠管業，日後再無異言。未賣之先即無重復交易。如有家、外人占攔，並是出賣人之當，不涉買人之事。成交之後，各不許悔，如先悔者甘罰寶鈔五貫與不悔人用，仍依此文爲始者。

永樂七年九月十五日　立契出賣人　謝仕榮

中見人　謝能政

《明清徽州社會經濟資料叢編》第一集《祁門縣謝曙先賣山赤契》

拾西都七保謝曙先，今有承祖經理唐字一千一百二號，計山四畝三角二十步，〔坐〕〔落〕七保，土名金坑，東至嶺，西至坑，南至割粟灣心上至降，北至自山；又將土名同處石冲上，經理唐字□□號，計山三畝，其山東至嶺，西至坑，南至深灣，北至灣心上至嶺。今將前項八至内山地並地内大小杉苗，今（於）〔爲〕無錢支用，情願盡行立契出賣與謝能静名下，面議時價寶鈔壹百貳拾貫。其鈔並契當日兩相交付明白。其山地一聽買人自行永遠管業。未買之先，即不曾與家、外人重復交易。如有一切不明，並是賣人之當，不及買人之事。今恐無憑，立此文契爲用。

永樂八年三月廿七日　謝曙先

代書男　謝能政

《明清徽州社會經濟資料叢編》第一集《祁門縣李賽宗賣山赤契》

十西都李賽宗，承祖有山地一片，坐落本都七保，土名塘子坑，係經理唐字柒百捌拾號，其山東至降，西至田，南至塘子坑口嶺老林際，北至豪猪灣口，計山十三畝；又將七保，土名黄泳塢，係唐字號一千伍百柒十六號，其山東止大正口心，西止高降，南至張五舍基嶺，北至大嶺，計山伍畝；又將言家同處隨田山叁角叁拾步，係唐字一千五百七十六號，其山東至金廿塢口乾田從裏小壟上至降，西至田末壟直上止降，南至降，北至自田。其山（元）〔原〕與李茂端相共，本家合得一半。今將前項十二至内山地並骨，盡行立契出賣與同都人謝能静名下，面議時值價鈔伍拾貫文整。其鈔當立契日一併收足無欠。其山地内大小杉苗並地骨，一聽受買人自行永遠管業，本家即無阻（當）〔擋〕。未賣之先，即不曾與家内外人交易。如有家内外人占攔，並係出産〔人〕之當，不及受買人之事。所是上手文契，檢尋未見，不及繳付，日後不（在）〔再〕行用。今恐無憑，立此賣契爲用。

永樂九年七月十七日　李賽宗　契

見人　李茂端

依口代書人　李仲善

同賣弟　李紹宗

《明清徽州社會經濟資料叢編》第一集《休寧縣胡子華等賣山赤契》

拾貳都胡子華同侄支通等，今有山地一號，坐落拾肆都五保，土名華家坦，經理係竹字一千一百六號，上山七畝一角四十步，下地一角廿步，其山東〔至〕降，西〔至〕溪，南壟心直下至堨頭抵其山松溪直上至塢口抵徐家田，北至壟心直下抵田。今將前項四至内山地，盡數立契出賣與拾肆都王虎名下爲業，面議時價大布叁匹。其布並契當日付訖。其山未賣之先，即無家、外人重復交易；如有，並係賣人之當，不涉買人之事。自成交之後，二家各無言悔，如先悔者甘罰寶鈔貳拾貫與不悔人用。今恐人心無憑，立此文契爲用。

永樂十年四月廿九日　胡子華　契

胡子華

胡支通

胡文郁

見人　徐仕歡

《明清徽州社會經濟資料叢編》第一集《休寧縣吴餘得賣田赤契》

拾壹都吴餘得，有兄添得，承父户原買得江富孫經理田貳備，坐落七保，土名横坑，係經理朝字二百七十六號，計田壹畝有零，其田東至□□，西至□□，南至□□，北至□□。又取土名葉九塢，係朝字二百三十五號，計田壹畝有零，其田東至□□，西至□□，南至□□，北至□□。前項二處田畝是兄弟添得賣與本家管業。今爲家緣無物用度，情願將前項二處八至内田，盡行立契出賣與同都人汪士同名下，面議價鈔壹佰貳拾貫整。其鈔當立契日一併收足。其田今從出賣之後，一聽買人聞官受税，永遠管業。如有一切不明，並是賣人之當，不及買人之事。所有來脚契字與別産相連，不及繳付，日後他人將出不（在）〔再〕行用。今恐無憑，立此文書爲用。

永樂十一年十一月二十日　吴餘得　契

見人　吴懷得

代書男　吴隆生

《明清徽州社會經濟資料叢編》第一集《祁門縣李氏三娘等賣山契》

十西都李氏三娘同叔母方氏雲弟娘，承故夫謝安仁，安定，有山地五片：坐落本都七保，土名大塢係〔經〕理唐字七百五十一號，計山二畝三角三十步，其山東〔至〕大降，西〔至〕塢口飯羅垛，南至坳口，北〔至〕嶺，又將土名大塢西培山二角，經理七百五十三號，其山東至嶺，西至湖田，南至裏灣心，北至墳外灣心，又將土名山背，經理七百五十四號，計山二角，其山東〔至〕自田，西〔至〕降，南、北〔至〕山，又將七百五十五號，同處山背，山二畝，其山東〔至〕降，西〔至〕田，南、北〔至〕謝家山，又將八保，土名大塢源，係經理吊字二千一百九十九號，計山五畝二角，其山東〔至〕降，西〔至〕謝重二〔地〕，南〔至〕山坎，北至田。今將前項二十至内山，盡行立契出〔賣〕與同都李政名下，面議時價寶鈔九十貫。其鈔當口收足。其山地並苗，一聽受買人自行長養，永遠管業。其山未賣之先，即不曾與家、外人〔及〕重復典賣。如有家、外人占攔並出賣，自行祇當，不及買人之事。所是上手文契與別産相連，不及繳付，日後賫出，不（在）〔再〕行用。今從賣後，兩家各不悔（易）〔異〕，如先悔者甘罰寶鈔三十貫與不悔人用。今恐無憑，立此文契爲用。照者。

永樂十二年甲午歲八月廿八日　李氏三娘　契

方氏雲弟娘

主盟人　方裕一

依口代書人　李富宗

《明清徽州社會經濟資料叢編》第一集《祁門縣李道弘賣山契》

西都李道弘，用價買受到同都李彦文山地壹片，座落本都八保，土名大塢，係經理吊字二千一百九拾六號，計山二畝二角下地，其東至謝嵩山，西至山，南〔至〕田，北〔至〕自山。今爲無鈔用度，願將前項四至内山地並地内大小杉苗，盡行立契出賣與同都李仲政名下，面議時價寶鈔肆拾貫整。其鈔當收足訖無欠，契後別不立領。其山今（後）〔從〕賣後，一聽買人自行永遠長養杉苗管業，本宅即無阻（當）〔擋〕。未賣之先，即不曾與内外人交易。如有内外人占攔，並是賣人之當，不及買人之事。所有來脚契文與別産相連，不及繳付。所有李彦佑原賣山五畝貳角，本家亦不（在）〔再〕阻（當）〔擋〕，兩無（易）〔異〕説。今恐無憑，立此文契爲用。

永樂十三年八月初三日　李道弘　契

見立契兄　彦佐

依口代書吏　仲孚

《明清徽州社會經濟資料叢編》第一集《祁門縣謝俊杰等賣山赤契》

拾西都謝俊杰同弟俊賢，俊良，承祖父有山地壹片，坐落本都七保，土名古溪大塢，係經理塘字七百五十一號，計山三畝，其山東至降，西至羅兒塝及田，南至坳隨壟上至降，北至壟下至田角。四至内山地，李仲政買受到李氏三娘一半，禎祥與俊杰得一半，俊杰兄弟三人一半，内山地三分中合得一分。今爲户門無鈔支用，自情願兄弟商議，將承父合得分（發）〔法〕山地，出賣與本都李仲政名下，面議時價鈔一百貫整，收足。其山地並大小杉苗、地骨，一聽受（賣）〔買〕人自行入山，照依分（發）〔法〕管業爲（楮）〔主〕。其山地未賣之先，即不曾與家、外人重復交易。如有家、外人占攔，並是賣人之當，不涉買人之事。自成交之後，兩家各無悔（易）〔異〕，如先悔者甘罰寶鈔五十貫與不悔人用，仍依〔契〕文（如）〔爲〕始。所有來脚契文並謝永受合同文書一紙，在兄禎祥處相共，未曾交付。今恐無憑，立此文契爲用。

永樂十四年丙申歲二月初十日　謝俊杰　契

謝俊賢

謝俊良

《明清徽州社會經濟資料叢編》第一集《休寧縣李昶賣田赤契》

十

二都九保住人李昶，今將承父户下有田壹號，坐落本保一字壹佰捌拾陸號田内取九分七釐五毫，東至□□，西至□□，南至□□，北至□□，土名拌野干。今來缺鈔支用，自情願將前項四至内田，盡行立契出賣與同里人汪希美名下，面議時值價寶鈔壹佰伍十貫。其價鈔當（便）〔面〕收足。其田今從出賣之後，一任買人自行聞官受税、收苗，永遠管業（如）〔爲〕定。（爲）〔如〕有四至、來歷不明及重迭交易，内外占攔，並是出賣人自行衹當，不及受賣人之事。所有上手來脚契文與別産相連，繳付不便，日後要用，於本家索出參照不詞。今恐人心無憑，立此賣契文書爲用。

永樂十五年十月廿八日　出賣人　李昶　賣契

依口代書人　胡舟帥

見人　李文授

今〔恐〕領去前項契内價鈔並收足訖。同日再批。

《明清徽州社會經濟資料叢編》第一集《休寧縣李資袞賣田赤契》

十二都九保住人李資袞，今將本户内有田一號，係九保乙字一佰七十七號田，取壹畝貳分叁釐捌毫，土名盤野干心，東至□□，西〔至〕□□，南至□□，北至□□，佃人朱科。今來缺穀支用，自情願將前項四至内田，盡行立契出賣與汪希美名下，面議時值價值穀貳拾伍秤，上田租〔砠〕，前去用度，本家即無（易）〔異〕説。其穀當成契日一併收足，其田今從出賣之後，一任買人自行聞官受税，永遠管業爲定。如有内外人占攔及來歷、四至不明，重復交易，並是出賣人自行衹當，不及買人之事。所有上手入户契文與別産相連，繳付不便，日後要用，本家索出參照不詞。今恐人心無憑，立此契文爲用。

永樂十五年十二月十七日　李資袞　契

見人　胡　羊

朱舟虎

今就領去契内價籼穀並收足訖。同日再批。

《明清徽州社會經濟資料叢編》第一集《休寧縣李張賣山赤契》　十

二都十保住人李張，今將户下山壹號，係本保體字七十四號，〔山〕内取三釐一毫，東至石階，西至□□，南至□□，北至□□，土名榨塢；又將體字七十五號，内山取壹分八釐三毫，東至□□，西至□□，南至□□，北至□□，土名管兒坵；又將體字七十六號，山内取陸釐外存留壹釐八毫，準作墳穴，東至□□，西至□□，南至□□，北至□□，土名青竹壟；又將休字二百七十號，山内取六釐二毫，東至□□，西至□□，南至□北至降，土名蔡上。今來缺物用度，自情願將前項四至内取山計四號，盡行立契出賣與同里人汪希美名下，面議值價鈔壹百貫整。其鈔當便收足。其山今從出賣之後，一任買人自行永遠管業，本家則無悔（易）〔異〕。如有四至不明及重復交易，内外人占攔及重迭不明等事，並是出賣人自行衹當，不及買人之事。所有上手來脚契文與別産相連，繳付不便，日後要用，本家索出，參照不詞。前項各號山，如先悔者，甘罰籼穀二十砠與不悔人〔之〕用，仍依此契爲照。今恐無憑，立此賣契文書爲用。

永樂十六年十二月十五日出賣人　李　張　契

見人　汪舟得

今就領去前項價鈔，並收足訖。同日再批。

《明清徽州社會經濟資料叢編》第一集《祁門縣周克敏賣山赤契》

在城周克敏，曾用價買到同市馮子永等名下，山地一號，坐落拾西都七保，土名吴坑源木瓜塢口，係經理唐字二千八十七號，計山二拾五畝，其山東至田，西至嶺壟半山抵謝鑾支山，南至大嶺抵木瓜塢山，上至降，下至木瓜塢口田，北至灣塢心坑及鑾支坳下山至路及謝潤昇山。今於永樂十七年間，到山查踏，有西都謝能静賫出文契，亦於上年間，用價買受謝鑾支原買山地於内，畝步多少不同。今克敏不欲争論，將前項山地出〔立〕契，盡行凑賣與謝能静名下管業，當面議價鈔一百五十貫，當收足訖。其地骨一聽買人永遠管業，日後本家不（在）〔再〕阻擋争論。所（是）〔有〕原買文契與別號相連，不及繳付。今恐無憑，立此文契爲用。

永樂十七年十月初四日　周克敏　契

父　周慶和

見人　汪舍支

《明清徽州社會經濟資料叢編》第一集《休寧縣張右賣山赤契》　十

二都三圖張右，今將户下拾保體字六十六號，山取三釐一毫，東至□□，西至□□，南至□□，北至□□，土名黄土坎；又將體字六十七號，山計八釐三毫，東至□□，西至□□，南至□□，北至□□；又將六十八號，山〔計〕四釐三毫，東至□□，西至□□，南至□□，北至□□，二號土名共柞塢，又將體字七十三號，山〔計〕六釐三毫，東至□□，西至□□，南至□□，北至□□；又將七十四號，山〔計〕一釐一毫，東至□□，西至□□，南至□□，北至□□，二號土名共柞塢。今爲户役，缺鈔支用，自情願將前項五號山，盡行立契出賣與同裏汪希美名下，面議時值價鈔弍百貫整。其價鈔當立契日一併收接足無欠。其山今從出賣之後，一任買人自行閣官受税，長養柴木，本家即無悔（易）〔異〕。如有四至來歷不明及重復交易，内外人占攔，一切不明之事，並是出賣人衹當，不及受買人之事。所有上手來脚契文與别産相連，繳付不便，日後要用，於本家索出，參照不詞。今恐人心無憑，立此賣契文書爲用。

永樂十八年九月初一日出賣人　張　右　契

依口代書人　朱祐喜

見人　江辰祖

今領前項契内價鈔，並收足訖。同日再批。

《明清徽州社會經濟資料叢編》第一集《休寧縣吳文斌賣田赤契》

十二都九保住人吳文斌，今將户内有田貳坵，係八保遍字一千四百八十二號，田壹畝玖分五釐八毫，計貳坵，土名大（於）〔圩〕，東至汪汝名等田，西至路，南至汪省心田，北至汪吾於田。今來缺物還人，自情願將前項四至内田，盡行立契出賣與同里人汪希美名下，面議時值價松江綿布叁匹，細苎布壹匹。其布共該時值價穀肆拾秤，其價當日收足。其田今從出賣之後，一聽買人自行閣官受税，收苗，永遠管業，本家即無（誨）〔悔〕異。如有四至、來歷不明及重復交易，内外人占攔，並是出賣人自行衹當，不及買人之事。所有上手來脚契文與别户相連，繳付不便，日後要用，本家索出參照不詞。今恐人心無憑，立此賣契爲用。

永樂二十年六月　日出産人　吳文斌　契

依口代書人　張壽翁

見人　汪誼和

見人　汪記善

今領前項契内價鈔並收足訖。同日再批。

《明清徽州社會經濟資料叢編》第一集《祁門縣李春受賣山赤契》

西都李春受，承繼到李與點户，共有承祖山地，坐落本都七保，土名汪青塢，唐字八百卅六號，下山二畝拾步，東〔至〕田末，西〔至〕壟，南〔至〕山，北〔至〕高尖直下至大石坑；又一號八百卅七號，下山壹畝，東、西〔至〕自山，南〔至〕坑，北〔至〕田末；又壹號，坐落八保，土名黄荆塢口，一千三百六十六號，下山三（刃）〔仞〕，東〔至〕謝和墳地上尖，西〔至〕田，南〔至〕塢頭，北〔至〕田；又一號，土名孫二塢，一千一百卅五號，下山貳刃〔仞〕，東〔至〕嶺分水，西〔至〕嶺分水，南〔至〕坎（刃）〔仞〕邊相對，北〔至〕高尖；又一號，〔土〕〔名〕孫二塢一千一百九十四號，下山二（刃）〔仞〕一十五步，東〔至〕降，西〔至〕地，南〔至〕謝振翁山，北〔至〕山灣；又一號，〔土〕〔名〕塘塢，二千四十五號，上山貳（刃）〔仞〕，上地三角，東〔至〕路，西〔至〕塝，南〔至〕高視，北〔至〕小嶺頭；又一號，土名水口，二千一百廿八號，下山壹角，東〔至〕溪，西〔至〕地，南〔至〕坎口，北自〔至〕唐塍；又一號，土名古溪，二千一百八十二號，上山二角，東〔至〕降，西〔至〕路，南〔至〕圳口，北〔至〕自地。今將前項捌號内山地，陸大分本家合得一分，〔除〕存留各處墳塋禁步，其餘山地六分之一，情願立契出賣與同都住人謝能静名下，面議價鈔貨叁百貫。其鈔貨當立契日一併收足。其山地除墳塋禁步外，一聽買人永遠照分管業。未賣之先，即不曾與家、外人交易。如有内外人占攔及分法不明，並是賣人之當，不及買人之事。所有上手赤契與别産相連，不及繳付。今恐無憑，立此賣契爲用。

永樂二十年六月三十日　李春受　契

書契父　李茂昭

遇見人　李仲積

《明清徽州社會經濟資料叢編》第一集《祁門縣謝慶安等賣山赤契》

十四都謝慶安同弟祈安，今有承祖墓林山地一片，坐落本都七保，土名烏攔塢口，經理唐字五百九號，夏山一角有（令）〔零〕，夏地貳角，東至田，西至灣心下至塘及田，南至官路，北至嶺脚。又將同處寺塢，經理唐字伍百一十號，夏山貳角，東至灣心下至（唐）〔塘〕，西至嶺下至（唐）〔塘〕，南至（唐）〔塘〕及田，北至嶺尖。今於户門無鈔支用，〔今〕自情願將前項八至内山地骨，盡出賣與謝能静名下，面議時價實鈔一百三十一貫。其鈔當日收足。其山地一聽買人永遠管業。如有來脚不明，〔即不曾〕與内外人交易及家、外人占攔，並是出賣〔人〕〔之〕當，不及買人之事。自成交（知）〔之〕後，二家各無言悔，如有先悔者甘罰寶鈔五拾貫與不悔人用，仍依此文爲始。所（是）〔有〕上手文契，一時檢尋未見，繳付不盡，倘有失落，不（在）〔再〕行用。其地内倘有風水，一聽買人自行遷造，本家即無阻（當）〔擋〕。今恐無憑，立文契爲用。

永樂二十一年八月初七日　出賣人　謝慶安

謝祈安

主盟母親　李氏三娘

方氏　榮弟娘

見人義父　李振祖

見人　方　未

依口代書人　吴仕隆

《明清徽州社會經濟資料叢編》第一集《休寧縣楊以清賣田赤契》

十都一保住人楊以清，今將承祖父户下有田壹段，坐落十二都，係八保邇字一千四百七十四號田，計一畝五分三釐三毫，土名互瑶邊即橋坵，其田東至□□，西至□□，南至□□，北至□□，佃人李添，每年上租粈穀壹拾肆砠；又將同保一千四百七十九號，田壹畝貳分，土名大干，其田東至□□，西至□□，南至□□，北至□□，佃人汪童，每年監收粈穀柒砠半；又將九保乙字二百七十五號，田壹畝柒分叁釐三毫，土名大干鴨攔培，其田東至□□，西至□□，南至□□，北至□□，佃人張顔得等，每年監收晚穀；又將同保二百六十三號，田壹畝叁釐叁毫，土名大干，其田東至□□，西至□□，南至□□，北至□□，佃人張支，每年上租穀壹拾砠；又將同保二百七十六號，田柒分叁釐叁毫，土名大干，其田東至□□，西至□□，南至□□，北至□□，佃人李添，每年監收；又將同保二百六十八號田伍分，土名大干，其田東至□□，西至□□，南至□□，北至□□，佃人李添，每年監收。今來缺物支用，與母親汪氏商議，自情願將前項陸號四至内田，盡行立契出賣與十二都汪希美名下，面議時值價穀壹百肆拾伍砠，每砠計穀二十五斤，净。其穀當成契日一併收足，更不另立領札。其田今從出賣之後，一任買人自行聞官受税、收苗，永遠管業。如有内外人占攔及重復交易，一切不明等事，並是賣人之當，不及買人之事。所有上手來脚契文與别産相連，繳付不便，日後要用，本家索出參照不詞。今恐人心無憑，立此契文爲照。

永樂二十二年三月十八日　出産人　楊以清　契

上同母親　汪　氏

見人　汪克□

楊同□

今領去契内價穀並收足訖。同年月日。

《明清徽州社會經濟資料叢編》第一集《祁門縣謝禎祥等賣山赤契》

拾西都謝禎祥等，共承祖有山地壹片，坐落本都八保，土名大塢源，係經理吊字二仟壹佰玖拾壹號，二千壹佰玖拾二、二千壹百玖拾叁號，共計山柒畝貳角壹拾步，地叁角三拾步，其山東至田，西至降，南至外坳灣心下至塢口田，北至塢頭。又將同處二千壹百玖拾四號、二仟壹百玖拾伍號，二千壹百玖拾陸號、二仟壹百玖拾柒號、二千壹百玖拾捌號、二千壹百玖拾玖號、二千二百號，共計山壹拾伍畝二角五十四步，地貳拾步，其山東至降，西至田，南至嶺下至塢口，北至降。今爲無鈔支用，情願將前項捌至内山、地並地骨，並地内大小杉苗，盡行立契出賣於同都人謝能静名下，面議時價實鈔二千貫。其鈔並契當日兩相交付。其山今從賣後，一聽買人自行用工栽種杉苗，永遠管業。未賣之先，即不曾與家、外人重復交易。如有一切不明及家、外人占攔，並是賣人之當，不及買人之事。自成交之後，二家各無悔（易）〔異〕，如有先悔者甘罰契内價錢壹半與不悔人用，仍依此文爲始。所是上手文契，檢尋未見，不及繳付，倘有失落，不（在）〔再〕行用。今恐無憑，立此文契爲用。

永樂二十二年八月十二日　謝禎祥

謝榮祥

謝應祥

謝永祥

謝勝員

《明清徽州社會經濟資料叢編》第一集《休寧縣汪思理賣田赤契》

十都三保住人汪思理，今將户内田一坵，座落十二都九保，壹字叁佰八十七號田内，取四分一釐，土名門坑石板坵，佃人程芝，每年上硬租肆砠，其田東至□□，西至□□，南至□□，北至□□。今來缺物用度，自情願將前項四至内本家合得分數，盡行立契出賣與十二都汪希美名下，面議時價籼穀壹拾陸租。其穀當成契日一併收足。其田今從出賣之後，一聽買人自行閗官受税，收苗，永遠管業。如有内外人攔占，並是出産人自行理直，不及受産人之事。所有上手來脚與別産相連，一時繳付不便。今恐無憑，立此文契爲用。

洪熙元年三月日　出産人　汪思理

見人　楊同文

今收契内價穀並收足訖。同日再批。

《明清徽州社會經濟資料叢編》第一集《歙縣鄭廣成賣基地赤契》

十五都鄭廣成，今有祖産基地住前空園地一片，座落本都三保祈嶺源祖屋住前禾場，與弟得成相共，本家合得一半。今將東邊新立四至，東至鄭洪喬路，南至本家屋檐滴水，西至埋石明堂心爲界，北至小坑。今爲户門無錢支用，自情願將前項新立四至内園地，盡數立契出賣與叔鄭鑄名下爲業，面議大綿布二拾匹，在手前去用度。其地基未賣之先，與家、外人即無重〔迭〕交易。如有一切不明，賣人自理，不涉買人之事。今恐無憑，立此文契爲用者。所有畝步，聽自分割前去入户，畝步不明，自有經理可照。再批。

洪熙元年十二月十五日　鄭廣成　契

見人　鄭洪喬

鄭仲道

《明清徽州社會經濟資料叢編》第一集《祁門縣謝禎祥等賣山赤契》

拾西都謝禎祥、榮祥、應祥、永祥、勝員，共有承祖妣受到故外祖汪辰及買受得韓家山地，坐落本都捌保，土名大塢源，係經理吊字二千壹百玖拾壹號，山二畝，東至降，西至田，南〔至〕田，北至高尖；又二千壹百玖拾二號，同處山壹畝二角，東、西、南〔至〕田，北至第一高尖；又二千壹百玖拾叁號，大塢地叁拾叁步，山肆畝壹角壹拾步，東〔至〕田，西〔至〕降，南〔至〕炭松塢口，北〔至〕塢灣心，〔又〕二千壹百玖拾肆號，山壹畝，東〔至〕尖，西〔至〕田，南至塢頭高尖，北至照五塢口，又二千壹百玖拾伍號，大塢山二畝壹角叁拾步，東〔至〕山坎，西至田，南至塢頭尖，北〔至〕照五塢口；又二千壹百玖拾陸號，大塢山一角，地貳拾步，東至謝嵩山，西〔至〕四五山，南〔至〕田，北〔至〕韓家塚；[又]二千二百玖拾柒號，照伍塢山壹拾肆步，東至尖，西、南〔至〕坎，北〔至〕降。今爲無錢支用，情願將前項柒號山地並地内大小松苗，盡行賣與謝能静名下，面議價錢鈔貨壹千二拾貫整。其鈔當日收足。其山地一聽買人自行永遠管業。未賣之先，即不曾與家、外人重復交易。如有一切不明及家、外人占攔，並係賣人之當，不涉買人之當。自成交之後，二家各無言悔，如有先悔者甘罰契内價錢壹半與不悔人用，仍依此文爲始。所（是）〔有〕原受妣契與別産相連，不及繳付，倘有失落，不（在）〔再〕行用。今恐無憑，立此文契爲用。

宣德元年丙午歲十二月初十日　謝禎祥　契

謝榮祥

謝應祥

謝永祥

謝勝員

又將土名大塢山背，經理吊字二千一百九十八號，山貳角壹拾步，東〔至〕嶺，西〔至〕田，南〔至〕謝六山，北〔至〕孫六山，同此出賣。再批。同年月日，謝禎祥等。

《明清徽州社會經濟資料叢編》第一集《休寧縣汪汝初賣田赤契》

十二都第三圖汪汝初，今將户内田貳號，坐落本都，係九保乙字叁百壹拾九號，田壹畝三分三釐三毫，東至汪彦善田，西至溪，南至水坑，北至汪汝名田，土名一坑口，佃人朱計，每年上籼租穀壹拾秤，上田石租〔砠〕；又將同保乙字貳百叁拾捌號内，取伍分捌釐陸毫，東至程彦能田，西至高塍及八保界，南至□□，北至程仲方等田，土名大干胡坵，佃人胡福社，每年上籼租穀伍秤，上田石租〔砠〕。今來衣食不給，情願將前項貳號四至内田，盡行立契出賣與兄汪汝嘉名下，面議時值價官苎布貳拾陸匹整。其價當日收足。其田今從出賣之後，一聽買人自行管業，收苗受税爲定。如有四至及來歷不明等事，並是出産人自行衹當，不及買人之事。

所有來脚契文與別産相連，繳付不便，日後要用，於本家索出參照不詞。今恐無憑，立此文約永爲照者。

宣德二年五月卅日　出産人　汪汝初　契

見人　吴周乙

今就領去前項契內價布並收足訖。同日再批。

《明清徽州社會經濟資料叢編》第一集《休寧縣汪已千賣田赤契》

十都三保住人汪已千，承祖父户下自己鬮分得有田一號，坐落十二都九保，係壹字二百六十三號，計田伍分壹釐貳毫，每年上糯租伍砠，土名大干口，佃人程芝，其田東至□□，西至□□，南至□□，北至□□。今來缺物支用，情願立契出賣與十二都人汪汝嘉名下，面議時值大苎布捌匹，前去支用。其價當成契日一併收足，別不立領札。其田今從出賣之後，一聽買人自行聞官受稅、收苗，永遠管業。如有家、外人占攔及重復交易一切等事，並是出産人自行抵當，不及受産人之事。所有上手來脚與別産相連，一時繳付不便，日後要用，本家索出參照無詞。今恐無憑，立此爲用。

宣德二年五月二十一日　出産人　汪已千　契

代書領價人男　汪思理

見人　胡　住

胡社興

今領契內價布並收足訖。同年月日再批。

《明清徽州社會經濟資料叢編》第一集《休寧縣汪汝名賣田赤契》

拾貳都第叁圖汪汝名户內有田叁號：係本都九保乙字肆佰貳拾壹號，內取貳分伍釐，土名門坑池坵，佃人胡天祥，上糯租貳（祖）〔砠〕半；又同保乙字柒佰柒拾叁號，內取貳分陸釐伍毫，土名千木丘，佃人胡周勝，上糯租貳（祖）〔砠〕半；又東都十保體字壹千貳百號，內取壹畝陸釐柒毫，土名山後源布袋丘，佃人糯原郎等，上籼租壹拾貳（祖）〔砠〕。其田四至自有經理保簿可照。（見）〔現〕爲户役缺物支用，自情願將前項內取田，盡行立契出賣與兄汪汝嘉名下，面議時值價納官苎布肆拾匹整。其價當成契日一併收足。其田今從出賣之後，一任買人自行聞官受稅、收苗，永遠管業爲定，本家並無悔異。如有四至、來歷不明及重復交易，內外人占攔，並是出産人自行衹當，不及受産人之事。所有上手來脚入户契文，一時檢尋未及，以後要用，索出無難。今恐人心無憑，立此賣契爲照。

宣德三年正月二十日　出産人　汪汝名　契

見　人　程　支

今領前項契內價布並收足訖。同日再批。

《明清徽州社會經濟資料叢編》第一集《休寧縣汪思名賣田赤契》

拾貳都玖保住人汪思名，今將本户自己田乙坵，係本都玖保乙字玖百柒拾貳號田，取壹畝，其田東至汪汝名等山，西至溪，南至汪希華等田，北至汪猷干田，土名上江坵。佃自，上籼租拾（祖）〔砠〕。今來爲户役缺物支用，自情願將前項四至內壹畝田，盡行立契出賣與同里人汪猷干名下，面議時值價籼穀伍拾（祖）〔砠〕，上田。其穀當收段布準還，足備無欠。其田今從出賣之後，一聽買人自行聞官受稅。所有本年租穀，候秋收將籼穀壹拾（祖）〔砠〕上田秤還。收割後一聽買人自行耕種收苗，永遠管業。如有內外人占攔及重復交易，一切不明等事，並是出産人衹當，不及買人之事。所有來脚契文，一時撿尋未及，日後要用，本家索出不詞。今恐人心無憑，立此賣契爲用。

宣德三年閏四月貳拾壹日　出賣人　汪思名　契

主盟父　汪克中

見　人　程　支

今就領去契內價物並收足訖。同日再批。

《明清徽州社會經濟資料叢編》第一集《休寧縣汪思名賣屋赤契》

拾二都玖保住人汪思名户內有地一片，坐落本都九保乙字八百玖拾二號地，共一分陸釐柒毫；又將同保八百玖拾三號地，共一分四釐貳毫，土名渠口村，於上有瓦屋一所，並厨竈牛攔等屋，係胡晋保、李添、胡春□等住歇，其地東至朱舟虎住基，西〔至〕自等地，南至汪猷干地，北至汪猷干□。自情願將前項四至內本家合得分數，八百九十貳號地取玖毫，八百玖十叁號地取壹釐伍毫並地房屋等項，盡行立契出賣與同里人汪希美名下，（實）〔時〕面議籼穀叁拾秤，其價當成契日一併收足，別不立領扎。其地、屋今從出賣之後，一聽買人自行聞官受稅，永遠管業爲定。如有內外人占攔及重復交易，一切不明等事，並係賣人之當，不及買人之事。所有來脚契文，一時檢尋不及，日後要用，本家索出無難。今恐人心無憑，立此爲用。

宣德三年五月初二日出産人　汪思名　契

見人　程　支

父　克　中

今就領契内價籼穀並收足訖。同日再批。

《明清徽州社會經濟資料叢編》第一集《休寧縣汪思廣賣田赤契》

十二都住人汪思廣，同弟思溥商議，今將承父户下有田壹號，坐落本都九保乙字叁百陸拾柒號田，共貳畝貳分捌毫，土名東叉口，東至汪彦倫等山，西至□□田，南至汪猷官田，北至汪子常田，佃人朱天。今爲缺物用度，自情願將前項四至内田内取一半，計壹畝壹分肆毫，每年上籼租拾砠。出賣與同都里人汪猷官名下，面議時值價官苎布貳拾壹匹。其布當收籼穀等物準還，足訖無欠。其田今從出賣之後，一聽買人自行閗官受税，永遠收租管業。如有内外人占攔，一切重復交易等事，並是出賣人自行祇當，不及買人之事。所有來脚契文，一時檢尋未及，日後要用，本家索出參照不詞。今恐人心無憑，立賣契文書爲用。

宣德三年伍月十九日　立契出賣人　汪思廣　文契

同弟　汪思溥

見人　程　支

《明清徽州社會經濟資料叢編》第一集《休寧縣汪存道等賣田赤契》

拾都汪存道，今將承祖户下有田壹坵，坐落十二都玖保，係壹字貳百陸拾叁號，田伍分壹釐叁毫，土名大於口，佃人程支，每年上糯租伍砠，其田東至□□，西至□□，南至□□，北至□□。今來本家缺物支用，情願將前項四至内田，盡行立契出賣與十二都汪猷官名下，面議時價大苎布柒匹。其布當立契日一併收足。其田今從出賣之後，一聽買人自行管業。如有内、外人占攔及重復交易，一切不明等事，並是出賣人自行祇當，不及買人之事。所有上手來脚與別産相連，繳付不便，日後要用，本家索出參照不詞。今恐人心無憑，立此賣契爲用者。

宣德叁年五月日　出産人　汪存道　契

汪存理

領價人　胡　洪

見佃人　程　支

《明清徽州社會經濟資料叢編》第一集《休寧縣胡佛壽等賣田赤契》

十二都九保住人胡佛壽，同弟胡希，今將户内八保邇字壹千肆佰九十三號田，取貳畝壹分二釐五毫，東至汪猷干等山，西至水坑路，南至汪千遠田，北至七畝坵，土名大干源，佃人胡希，每年上晚禾壹拾捌砠，上田石砠。今爲甲首無物納糧，自情願將前項四至内田，盡行立契出賣與同里人汪猷干名下，面議時值納官苎布伍拾陸匹。其價布當〔便〕〔面〕收去，足訖無欠。其田出賣之後，一聽買人自行閗官受税、收租，永遠管業。如有四至、來歷不明及重復交易，盡是出賣人自行祇當，不及買人之事。所有來脚契文，一時檢尋不見，日後要用，本家索出參照不詞。今恐人心無信，立此賣契永遠爲用者。

宣德四年五月二十六日　出産人　胡佛壽　契

佃田同賣人　胡希

弟　雲壽、顯壽

依口代書人　朱暄

母親　朱氏

今就領去契内價布並收足訖。同日再批。

《明清徽州社會經濟資料叢編》第一集《休寧縣朱禮賣田赤契》

十二都九保住人朱禮，今同母親商議，將故父户内田壹號，坐落本保乙字捌百肆拾陸號，計田一畝四分四釐陸毫，土名槽碓塌，東至汪吾田，西〔至〕路，南〔至〕李志真田，北〔至〕汪思濟田。今來缺物支用，自情願將前項四至内田，盡行立契出賣〔與〕本都朱社童名下，面議時價納官綿布叁拾捌匹。其價布當日收足。其田今從出賣之後，（以）〔一〕聽買人自行閗官受税、收苗，永遠管業。如有來歷不明，重迭交易，内外人占攔，一切不明等事，並是出産人自行祇當，不及買人之事。所有來脚契文與別産相連，繳付不便，日後要用，本家索出參照不詞。今恐人心無憑，立此賣契文書爲用。

宣德五年四月　日　出産人　朱禮

母親　王氏

今領前項契内價布並收足訖。同日再批。

《明清徽州社會經濟資料叢編》第一集《休寧縣宋福賣田赤契》

十二都七保住人宋福，原用價買到本部朱禮户内田貳號：坐落本都九保乙字三十五號田壹坵，計貳畝肆釐貳毫，其田東、南至汪希華田，西至吴祖慶田，北至李志真田，土名合坵，佃人朱原得；又將同保乙字三十二號田壹坵，計壹畝六分柒釐貳毫，東至汪汝初田，西至路，南至汪思和田，北至汪猷干田，土名金竹坑口路邊，（田）〔佃〕人宋得文。今來缺物支用，自情願將前項四至内田，盡行立契出賣與同都汪希美名下，面議時價籼穀玖拾硙，上田，當收白㲲弍匹，準籼穀伍拾硙，又細洗白苎布肆匹，準籼穀肆拾硙，其價當日收足。其田今從出賣之後，一聽買人自行聞官受税，當便管業收租爲定。如有四至、來歷不明，重迭交易，内外人占攔，一切不明之事，並是出賣人自行祗當，不及買人之事。所有來脚契文一併繳付。今恐無憑，立此文契爲用。

宣德伍年陸月初一日出賣人　宋福

見人　朱干得

今領前項契内價物並收足訖。同日再批。

《明清徽州社會經濟資料叢編》第一集《休寧縣朱文禮賣田赤契》

十二都九保住人朱文禮，承故父户下有田乙號，坐落本保，係乙字一百八十四號田，計三畝九分七釐一毫，本家合得二畝陸分四釐柒毫，其田東至自田，西至胡福社田，南至渠路，北至自田。今來缺物支用，自情願與母親王氏商議，將前項四至内田，盡行立契出賣與同里人汪希美名下，面議時值價籼穀柒拾秤。其價當成契日用絹布等物準還足訖，别不立領約。其田今從出賣之後，（以）〔一〕聽買人自行聞官受税，收苗，永遠管業。如有内外人占攔，重復交易，一切不明等事，並是出賣人自行之當，不及買人之事。所有上手來脚契文與别産相連，繳付不便，日後要用，於本家索出參照不詞。今恐人心無憑，立此出賣契文爲用。

宣德伍年九月十九日出賣人　朱文禮賣契

見人　汪伯川

同見人　朱社童

今領前項契約内價穀物並收足訖。同日再批。

《明清徽州社會經濟資料叢編》第一集《休寧縣汪希齊等賣田赤契》

拾貳都第三圖汪希齊，同弟希振，承父户下有田一坵，坐落本保乙字貳拾伍號田，取捌分捌釐三毫，其田東至溪，西至同號汪希華田，南至汪希華田及溪，北至胡社興等田，土名上六畝。佃人朱月得，每年上籼租捌硙，上田石硙。今爲缺物支用，同母親商議，自情願將前項四至内田，盡行立契出賣與汪希美名下，面議時值價籼穀肆拾壹秤，係小石租，前去用度。其價穀當成契日一併收足無欠。其田今從出賣之後，一聽買人自行聞官受税、收租，永遠管業。如有内外人占攔，重復交易，一切不明等事，並是出産人自行之當，不及買人之事。今恐無憑，立此賣契爲用。

宣德七年十月廿九日　立契人　汪希齊　賣契

弟　汪希振

母親　金氏

見交易秤價穀人　朱三

朱月得

今就領去前項契内價穀並收足訖。同日再批。

《明清徽州社會經濟資料叢編》第一集《宣德七年汪仕美賣田白契》

□都汪仕美，今將承父用價買受得火佃汪社富住基田壹□，坐落本都六保，土名李岸，係經理坐字叁佰叁拾號，計田貳角伍拾步。其住基東至山，西至墻脚及吴宅田，南至方彦□倉基及倉屋滴水溝爲界，北至吴德俠田及汪永軍田，□汪社富住歇大小房屋五間在内。今將前項基地田並屋壹□（拾）（分）〔份〕中内取壹（分）〔份〕，出賣與同都族兄汪仕同名下，面議時價交官□綿布叁拾貳匹，其價當收足訖，契後並不立領。其住基田□係汪社富子孫永遠住歇，一聽仕同永遠受業，本家即無異説。未賣之先，即無重復典賣交易，如有内外人占攔及重復交易，一切不明，並是出賣人祗當，不及受買人之事。所有上手來脚契文，本家仍有分法，□今不及繳付，要用之日，將出照證不（無）詞。今恐無憑，立此出賣文契爲用。

宣德七年十二月二十二日出賣人　汪仕美（押）契。

見　人　胡　午（押）。

《明清徽州社會經濟資料叢編》第一集《休寧縣汪思廣等賣山赤契》

休寧縣十二都第三圖住人汪思廣同弟思溥，有户内故父存日用價買到山壹片，坐落本部六保，恙字伍百叁拾肆號，山計貳釐壹毫，其山東至□□，西至□□，南至□□，北至□□，土名行坑沙灘灣，山上有風水壹穴，本家未曾開葬。今來缺物支用，兄弟商議，自情願將前項山並未開風水，盡行立契出賣（去）〔與〕十都楊同倫名下，面議時值價紬穀計納官綿布玖拾疋，一併收足，並無欠少。其山今從出賣之後，一任買人自行聞官受税，尋開風水，並無（誨）〔悔〕（易）〔異〕。如有先悔者甘罰契内價鈔綿布壹半與不悔人用，仍依此契爲照。如有字號畝步差錯，四至不明及重復交易並内外人占攔，並是出賣人自行抵擋，不干買人之事。所有來脚契文，一時檢尋不見，日後要用，本家取出，參照不詞。今恐人心無憑，立此賣山並風水爲照。

宣德八年十二月十三日立契人　汪思廣　契

汪思溥

見交易人　楊水清

今就領去契内價錢，並收足訖。同日再批。

《明清徽州社會經濟資料叢編》第一集《休寧縣汪義清賣田赤契》

拾都汪義清，今承故父户下有田一坵，坐落拾貳都玖保壹字壹千叁拾壹號田，取壹畝叁分捌釐捌毫，土名引江櫸木塢口，佃人程知，上紬租壹拾砠，東至□□、西至□□、南至□□、北至□□。又將拾貳都拾保體字伍百壹拾貳號田，取壹畝叁分壹釐捌毫，土名猴塘十畝干，佃人程知，上紬租玖砠，東至□□、西至□□、南至□□、北至□□。今來缺物用度，自情願將前項貳號田畝，出賣與拾貳都汪汝加名下，面議價紬穀伍拾柒砠，每砠計重貳拾陸斤。其價穀當成契日一併收足。其田今從出賣之後，一聽買人聞官受税，收苗，永遠管業爲定。如有四至、來歷不明及重復交易，内外人占攔，一切不明等事，並是賣人自行衹當，不及買人之事。所有上手來脚契文與別産相連，繳付不便，日後本家索出參照無詞。今恐無憑，立此契文爲用。

宣德玖年二月初七日　出賣人　汪義清

見人　汪彥通

今就領去契内價穀並收足訖。同月日再批。

《明清徽州社會經濟資料叢編》第一集《休寧縣楊大猷賣風水地赤契》

直隸新安衛中所第九百户下楊冲各户丁楊大猷，今將原用價買到休寧縣十都楊同倫名下山一號，坐落休寧縣十二都六保，羌字五百叁拾肆號山，計貳釐壹毫，其山東至□□，西至□□，南至□□，北至□□，土名行坑沙灘灣，山上面風水一坑，未曾開葬。今來缺物支用，自情願將前項山並未開風水，盡行立契出賣與休寧縣十二都汪希美名下，面議時值價計納官綿布壹百貳拾匹，當便收足並無欠少。其山今從出賣之後，一任買人自行聞官受税，尋開風水，並無悔（易）〔異〕。如有先悔者，甘罰契内價錢一半與不悔人用，仍依此契爲照。如有字號、畝步差錯，四至不明及重復交易，並内外人占攔，並是出賣人自行衹當，不干買人之事。所有來脚契文隨即繳付。今恐無憑，立此賣山並風水爲照。

宣德九年四月　日出賣人　楊大猷

見人　楊免干

今領去契内價鈔並收足訖。同日再批。

《明清徽州社會經濟資料叢編》第一集《休寧縣汪希齊等賣田赤契》

拾貳都九保住人汪希齊，同弟希振，今將户内田一號，係本都九保乙字貳拾玖號田，計叁坵：（硬）取南邊一坵，計貳畝貳分，新立四至，東北至汪希華田，南至汪猷田，（北）〔西〕至李志真田，土名九畝坵，佃人朱三，上紬租貳拾〔砠〕；又將同保乙字玖佰陸拾陸號田，取南邊二坵，計玖分叁釐叁毫，東至李志真山，西至溪，南至渠，北〔至〕汪猷田，土名江坵塌口。今來缺物用度，自情願將前項貳號田畝，盡行立契出賣與同里人汪猷名下，面議時值價納官闊綿布陸拾匹，其布當用紬穀及首飾花銀準還，當日收足無欠。其田今從出賣之後，一任買人自行聞官受税，召佃耕種，收苗，永遠管業爲定。如有四至不明，重復交易，内外人占攔，一切不明等事，並是出産人自行衹當，不及買人之事。所有來脚契文與別産相連，繳付不便，日後要用，索出不難。今恐人心無憑，立此賣契爲用者。

宣德拾年正月初九日　出産人　汪希齊

汪希振

見人　朱月得

今就領去契内〔前項〕賣契内價物並收足訖。同日再批。

《明清徽州社會經濟資料叢編》第一集《祁門縣李茂昭賣山赤契》

西都李茂昭承祖用價買受到李有宗山地一片，坐落本都八保，土名隱槳，經理二千一百七十八號、二千一百七十九號、二千八十號，共計山伍畝貳角，其山東至降隨嶺下至路，西至降隨嶺下至田，南至田，北至降及尖。今將前項四至内山地除墳穴外，盡行立契出賣與同都謝能静名下，面議時價大綿布八匹。其布當日收足。其山今從賣後，一聽買人自行栽養杉苗，永遠管業。未賣之先，即不曾與家、外人交易。如有一切不明及家、外人占攔，並是賣人之當，不及買人之事。所有上手文契檢尋未着，不及繳付，日後賫出，不（在）〔再〕行用。今恐無憑，立此文契爲用。

正統元年十一月十七日　李茂昭　契

《明清徽州社會經濟資料叢編》第一集《休寧縣方以時等賣山赤契》

叁拾叁都方以時同弟周鼎、周翰、周應，共承父有山地一片，座落八保，土名拜竹坦，係尊字六十六號，計山玖畝，其山分得上截立小四至，東至大溪，西至降，南至石屋上至降，北至水坑通山，四至内叁大分中本家兄弟合得一分，計山貳畝。今來無錢支用，自情願將前項山地骨並苗合得分數，盡行立契出賣與李德清兄弟名下，三面議取時值價絹壹拾匹。當成契日兩相交付足訖。今從出賣之後，一聽買人自行聞官受税，永遠管業。未賣之先，即無重復交易。如有家、外人占攔及一切不明，並是賣人自行祇當，不及買人之事。所有來脚契文與別產相連，不及繳付。今恐無憑，立此文契爲照者。

正統二年七月二十二日出賣人　方以時　契

同賣人　方聞鼎

方周翰

方周應

見人　方叔靖

汪宗實

前項契内價絹，當日一併收足訖。同日再批。

《明清徽州社會經濟資料叢編》第一集《休寧縣汪思濟賣田赤契》

十二都住人汪思濟，今將本户已置並承父分得田肆號：　坐落本都十保體字五百大號田，計三畝二分八釐一毫，東至□□，西至□□，南至□□，北至□□，土名墟丘，佃人朱月名，上租貳拾柒砠；　又將同保體字四百十七號田，計貳畝叁分三釐五毫，東至□□，西至□□，南至□□，北至□□，土名車戽坑，佃人程傳，上租一十八〔砠〕；　又〔同〕保六百四號、又六百一十號田，共一畝六分六釐七毫，二號共坵，東至□□，西至□□，南至□□，北至□□，土名猴塘口，佃人□隆，上租一十三祖〔砠〕。前項各號田畝，先前典去價穀，今來無價取〔贖〕，自情願將前項四號四至内田，斷賣與同都原受典人〔汪〕介美名下，面議添凑價穀四拾祖〔砠〕。價當日收訖，別不立領〔札〕。其田今從出賣之後，一聽買人自行聞官受税、收苗，永遠管業。如有來歷不明及重復交易，内外人占攔，並是出賣人自行祇當，不及買人之事，所有上手來脚契文與別產相連，繳付不便，日後索出無難。今恐無憑，立此賣契爲用。

正統二年九月　日　出產人　汪思濟

代書人　汪思和

見人　胡汝思

今就領去前項契約價穀並收足訖。同日再批。

《明清徽州社會經濟資料叢編》第一集《歙縣吴趙真賣屋赤契》

貳拾貳都住人吴趙真，今爲户役，缺少支用，自情願將承得故祖户下火兒屋地一片，係禍字□□號地，計一畝一分陸釐陸毫，土名幾山頭，於上有瓦屋叁間兩落，係程慶童等□□住（喝）〔歇〕，其屋並地東至水坑，西至塝，南、北至山，其四至内屋並地四分中本家合得一分，今將本家合得一分内取一半，盡行立契出賣與二十三都黄田和名下，三面議取時值價錢手飾花銀貳兩整，前去用度。其銀當（誠）〔成〕契日一併交收足訖。其屋地今從出賣之後，一任買人自行管業收税爲定。如有内外人占攔，並是出賣人自行祇當，不及買人之事。所有原來脚與別產相連，繳付未便，日後要用，索出無難。今恐無憑，立此賣契爲用。

正統三年四月初九日出賣人　吴趙真　契

見人　吴祖得

前項契内價錢隨契領足。同年月日再批爲照。

《明清徽州社會經濟資料叢編》第一集《休寧縣汪克中賣田赤契》

拾貳都叁圖住人汪克中，今將續置到玖保乙字玖佰壹□□，取壹畝正，東至頓塍，西至人行路，南至自田，北至路，土名橋頭，佃人胡文壽，上粈租拾砠。又將同保壹千陸拾陸號田内，取壹畝捌分，東至□□，西至□□，南至□□，北至□□，土名引江，佃人胡遠，上粈租拾貳秤。又將同保壹千捌拾貳號，田貳畝玖分玖釐肆毫，東至□□，西至□□，南至□□，北至□□，土名引江，佃人汪社舟，上租貳拾肆秤。又將十保體字肆佰陸拾柒〔號〕田内，取壹畝，〔土〕〔名〕坎下，東〔至〕□□，西〔至〕□□，南〔至〕□□，北〔至〕□□，佃人胡彦，上租玖秤。又將同保肆佰玖拾壹號，田玖分壹釐柒毫，土名猴塘口櫸樹下，東至□□，西至□□，南至□□，北至□□，佃人朱音奴，上租柒秤半。又將同保肆佰玖拾肆號，田貳畝貳釐壹毫，東至□□，西至□□，南至□□，北至□□，土名連頭山下，佃人胡天祥，上租壹拾陸秤。今來缺物支〔用〕，情願將前項陸號四至内田，盡行立契出賣與本里汪希美名下，面議價粈穀貳百陸拾（祖）〔砠〕。其價穀當成（契）〔日〕一併收足，別不立領札。其田今從出賣之後，一聽買人自行聞官受税，永遠管業爲定。如有四至不明，重復交易，並是出賣人衹當，不及買人之事。所有入户來脚契文與別産相連，繳付不便，日後〔要〕用，本家索出參照不詞。今恐無憑，立此賣契爲用者。

正統三年十月十五日　出産人　汪克中　契

見人　胡春壽

領價男　汪□□

孫　汪存□

今就領去前項契内價穀並收足訖。同年月日。

《明清徽州社會經濟資料叢編》第一集《休寧縣汪存義賣田赤契》

十二都住人汪存義，今將承祖批撥有田一坵，坐落九保一字一千三十三號田，計貳畝四分伍釐捌毫，土名引江，佃人朱音互，上租壹拾捌砠。其田四至自有經理保簿可照。今來缺物支用，自情願將前項字號内田，盡行立契出賣與族叔祖汪汝嘉名下，面議時値價花銀貳兩九錢整。其〔銀〕當成契日一併收足。其田今從出賣之後，一聽買人自行收（砠）〔租〕管業，聞官受税。如來歷不明，重復交易，内外人占攔，一切不明等事，並是出賣人自行衹當，不及買人之事。所有來脚批契與別産相連，繳付不便，日後要用，索出參照不（祠）〔詞〕。今恐無憑，立此賣契爲用。

前田東、西、北至汪希美田，南至汪希美等山。正統四年砠〔租〕穀，係買人收租〔無〕（祠）〔詞〕，汪存義再批。

正統四年陸月拾捌日　出賣人　汪存義

見交易人　金守信

佃見人　朱音互

今領前項契内價銀並收足訖。同日再批。

《明清徽州社會經濟資料叢編》第一集《休寧縣汪泉賣田赤契》

拾貳都住人汪泉，原於正統元年間典到拾貳都汪思和田四號，至正統二年九月間斷賣與本家：係拾貳都九保乙字一千十二號，計田二畝四分四釐六毫，土名前園干，東至□□，西〔至〕□□，南〔至〕□□，北〔至〕□□，佃人胡乞，上租二拾砠；又同都十保體字五百四十三號，田一畝叁分捌釐叁毫，土名坐墳前，東至□□，西〔至〕□□，南〔至〕□□，北〔至〕□□，佃人胡彦，上糯拾叁砠；又五百二十六號，田一畝四分五釐六毫，土名猴塘，東〔至〕□□，西〔至〕□□，南〔至〕□□，北〔至〕□□，佃人胡彦，上糯拾四砠；又四百八十四號，田一畝，土名黄鴨坵，東〔至〕□□，西〔至〕□□，南〔至〕□□，北〔至〕□□，佃人胡彦，上粈一拾砠。今來缺物用度，願將前田盡行立契出賣與拾貳都汪希美名下，議取時値價銀壹拾貳兩整。其價銀當收足訖。其田今從出賣之後，一聽買人自行永遠管業，收苗受税。如有來歷不明及重復交易，内外人占攔一切等事，並是出賣人自行衹當，不及買人之事。所有原典契文與別産相連，繳付未便，爲此今將原賣契文隨即繳付。今恐無憑，立此賣契爲用。

正統四年七月十二日　出賣人　汪泉　契

見人　胡汝思

今領前項契内價銀並收足訖。同日再批。

《明清徽州社會經濟資料叢編》第一集《休寧縣汪希齊賣山赤契》

拾貳都九保住人汪希齊同弟希振，今將户内有山一號，坐落本都二保，七百七十五號，山一分七釐二毫，土名上充，其山東至□□，西至□□，南至□□，北至□□，今來缺物支用，自情願將前項四至内取山，盡行立契出賣與同里人汪希美名下，面議時值價首飾花銀一兩。其價當便收足，别不立領約。今從出賣之後，一聽買人自〔行〕聞官受税，砍樹管〔業〕。其山四至來歷不明及重復交易，内外人占攔，並是賣人祇當，不及買人之事。今恐無憑，立此賣契爲用。

正統五年三月初六日出産人　汪希齊　契

汪希振

見人朱　得

今就領去前項契内價物，並收足訖。同日再批。

《明清徽州社會經濟資料叢編》第一集《休寧縣汪思和賣田赤契》

拾貳都九保住人汪思和，今將户内坐落本都拾保體字田一號，係四佰柒拾九號田内，取一畝捌分四釐六毫，東、西至汪汝名田，南至汪希美等田，北至汪希華等田，土名伍畝坵，籼租一拾伍（祖）〔砠〕，佃人自佃。今來缺用，願將前項四至内取田，盡行立契出賣與同里汪希美名下，面議時值價花銀貳兩捌錢。共價當日收訖。其田今從出賣之後，一聽買人自行聞官受税，永遠管業。如有四至、來歷不明及重迭交易，内外人占攔，並是出賣〔人〕祇當，不及買人之事。所有來脚契文與别産相連，不及繳付，日後要用，本家索出參照不詞。今恐無憑，立此文契爲用。

正統六年七月二十四日　出賣人　汪思和　契

見人　胡遠

今就領去契内價銀並收足訖。同日再批。

《明清徽州社會經濟資料叢編》第一集《休寧縣張敬宗等賣山赤契》

休寧縣三十一都張敬宗同姪張子安，共承祖父張軾户有山地並苗木，座落祁門縣十一都一保起至十保住内。本家先存留各保祖墳穴〔穴〕禁步，又存留土名麻窄坑並宋家坑二處通源山土，又存留七保管坑通源，又存土名桐二塢口一十二號墳山，計七畝五分，不在出賣之數，餘者各保山四大分中内取二大分，盡行立契出賣與祁門縣十一都住人胡彦隆名下，三面議時值價銀四拾伍兩整。其銀當日收足。其山今從出賣之後，一聽買人自行永遠管業。並各保山地字號、畝步、四至未曾開寫，自有各保經理可照。未賣之先即無重復〔交〕〔易〕，倘有家、外人占攔及〔重〕〔復〕，一切不明等事，並是出賣人祇當，不及買人之事。所有上手來脚契文，不及交付。今恐無憑，立此出賣文契爲照。

正統七年三月初三日出産人　張敬宗　契

同姪　張子安

見人　吴子敬

同見人　汪舟互

所是契内價錢，並收足訖。同月日再批。

《明清徽州社會經濟資料叢編》第一集《休寧縣吴華宗賣田赤契》

拾叁都三圖吴華宗，今將本户原買義父汪思濟田壹號，坐落拾貳都玖保乙字四拾八號田内取一畝四分一釐七毫，東至□□，西至□□，南至□□，北至□□，土名梓野干，佃人程永生，〔上〕籼租一十四砠。今來缺用，願將前項四至内取田，盡行立契出賣與同都□□名下，面議時值價好銀四兩整。其價當成契日一併收足，别不立領札。其田今從出賣之後，一聽買人管業，聞官〔受官〕受税。如有四至、來歷不明及重復交易，並是出賣人自行祇當，不及買人之事。所有來脚契文與别産相連，不便〔繳付〕日後要用，索出無詞。今恐無憑，立此爲用。

正統八年三月二十二日　出産人　吴華宗　契

依口代書人　汪思和

今就領〔去〕契内價銀並行收訖。同日再批。

《明清徽州社會經濟資料叢編》第一集《休寧縣金舟原等賣田赤契》

拾貳都壹保住人金舟原，同弟舟顯商議，將承父經理本保黎字貳佰玖拾陸號田，共捌畝貳分捌釐三毫，其田四至自有經理保簿可照。今來缺物支用，自情願將前項、字號内田〔内〕取田四畝，佃自每年硬上籼租穀貳拾捌砠，係是吴宅石砠。自情願出賣與同都汪希美名下，面議時值價籼穀一百四十砠。其價當成契日一併收足。其田今從出賣之後，一聽買人自行聞官受税、收租，永遠管業。如有四至、來歷不明及重復交易，内外人攔占，一切不明等事，並是出賣人自行之當，不及買人之事。所有上〔首〕〔手〕來脚契文與别産相連，繳付不便，日後要用，本家索出參照不詞。其前項字號田係土名七畝裝。今恐人心無憑，立此文契爲照。

正統八年九月初四日　出産人　金舟原　契

同弟　金舟顯

侄　周民

依口代書人　黃思成

見人　黃思清

今領前項契内價穀並收訖。同〔日〕再批。

《明清徽州社會經濟資料叢編》第一集《休寧縣吴思祥賣田赤契》

拾貳都拾保住人吴思祥，今有本都九保一字三百三十七號田，共八分五釐四毫内取壹半，合得四分三釐二毫，（期）〔其〕田東至□□，西至□□，南至□□，北至□□，土名究瑶基。今來缺物（之）〔支〕用，自情願將前項合得分數，盡行立契出賣與汪士熙名下，面議價銀叁錢，前去用度。（期）〔其〕田今從出賣之後，一聽（賣）〔買〕人自行管業。所有來歷不明，重復交易一切等事，並是賣人祗當，不及買人之事。今恐人心無憑，立此賣契爲用。

正統十年十月初十日　出賣人　吴思祥　契

見人　胡春壽

今就領去契内價錢並收足訖。同日再批。

《明清徽州社會經濟資料叢編》第一集《休寧縣朱文禮等賣山赤契》

拾貳部玖保住人朱文禮同弟朱斌，今承故父户下山，座落本保，係乙字伍百貳拾捌號。山九釐，土名金竹坑。其山東〔至〕□□，西〔至〕□□，南〔至〕□□，北〔至〕□□，又將同保乙字伍百貳拾玖號，山伍分三釐八毫，〔除〕本家存留山一分，二（壟）〔釐〕，中心小灣係墳山，不在出賣，外四分三釐八毫，其山東至尖，西至降，南至坳，北至本家存留祖墳小壟，石壟爲界分水低邊買人管業，土名同處。今來軍役缺少盤纏，自情願將前項二號山，盡行立契出賣與同里人汪希美名下，面議時值價好銀伍兩。其銀當日收足。其山今從出賣之後，一聽買人管業在山杉苗，聞官受税。如有四至、來歷不明及重復交易一切等事，並是賣人自行之當，不及買人之事。所有來脚契文與別産相連，繳付不便，日後要用，本家索出口參照不詞。今恐人心無憑，立此賣契爲用。

正統拾年拾壹月貳拾柒日出賣人　朱文禮　契

同弟　朱斌

見人　吴希先

胡玄應

今領前項契内價銀，並收足訖。同日再批。

《明清徽州社會經濟資料叢編》第一集《休寧縣吴雲賣田赤契》

拾貳都九保吴雲，今將本户内原有父吴名批與田土，坐落本都八保邇字壹千肆百叁拾叁號田壹畝伍分，其田東至□□，西至□□，南至□□，北至□□，土名麻榨山，佃人楊二，上租穀一十二（祖）〔租〕。又將邇字一千四百三十五號田一畝六分九釐六毫，土名麻榨山，其田東至□□，西至□□，南至□□，北至□□，佃自，上（祖）〔租〕一十三（祖）〔租〕半。又將邇字一千五佰一拾號田一畝二分五釐，土名太千培，其田東至□□，西至□□，南至□□，北至□□，佃自，上晚（和）〔禾〕（祖）〔租〕九（祖）〔租〕。又將邇字一千五百叁拾七號田一畝四釐二毫，土名太干，其田東至□□，西至□□，南至□□，北至□□，佃人自，上晚（祖）〔租〕八（祖）〔租〕。又將邇字一千五百六拾號田一畝一分六釐七毫，土名連塘下，其田東至□□，西至□□，南至□□，北至□□，佃自，上籼（祖）〔租〕八（祖）〔租〕半。又將邇字一千五百六十一號田七分五釐，土名連塘下，佃自，上（祖）〔租〕五（祖）〔租〕，其田東至□□，西至□□，南至□□，北至□□。今來缺物支用，自情願將前項各號四至内田，盡行立契出賣與同都人汪希美名下，面議時值價籼穀、銀、松江綿布，共該好銀八兩六錢。其價銀、物當（便）〔面〕收足。其田今從出賣（支）〔之〕後，一聽買人自行聞官受税、收（祖）〔租〕，永遠管業。如有四至、來歷不明及重復交易，内外人占攔，並是出賣人自行祗當，不及買人之事。所有故父批撥契文，別有産土在内，繳付不便，日後要用，本家索出參照不詞。今恐無憑，立此賣契爲用。

正統十一年五月十八日　出産人　吴雲　契

代書同領價男　楊二

吴文道

見交易人　朱彦得

胡雲壽

今領前項契内價錢並收足訖。同日再批。

《明清徽州社會經濟資料叢編》第一集《休寧縣吴華宗賣田赤契》

拾叁都住人吴華宗，今將户内田一坵，坐落拾貳都拾保體字伍佰拾伍號田，共計三畝四分内取一半，計田一畝七分，東至程彦真田，西至汪希美等山，南至路及汪希美等田，北至汪希美田，土名四畝壟頭，佃人胡遠、音保，上秈、糯租一拾五砠。今來缺用，自情願將前項四至内田，盡行立契出賣與拾貳都汪希美名下，面議時值價花銀伍兩整。其銀當日收足。其田今從出賣之後，一聽買人管業收税。如有四至、來歷不明及重復交易，一切不明等事，並是賣人祇當，不及買人之事。所有來脚契文與別産相連，不及繳付，日後要用，本家索出無詞。今恐無憑，立此爲照證者。

正統拾貳年正月拾七日　出産人　吴華宗　契

見人　汪思和

今就領去契内價銀並收足訖。同日再批。

《明清徽州社會經濟資料叢編》第一集《休寧縣金積勝賣田赤契》

拾貳都三圖金積勝，今將本户内田一號，坐落本都十保休字肆佰伍拾號田，計貳坵並水堀一口，共計捌分肆釐貳毫，坐落防公塘，東、西至山，南至汪思和山，北至汪希華田。今來缺物支用，自情願將前項四至内田，盡行出賣與同都□□名下，面議時值價銀伍錢整。其銀當成契日一併收足，別不立領札。今從出賣之後，一聽買人聞官受税，永遠管業爲定。如有四至、來歷不明及重復交易，内外人占攔，並是出賣人祇當，不及買人之事。所有來脚契文與別産相連，繳付不便，日後要用，本家索出無詞。今恐無憑，立此賣契爲用。

正統拾貳年拾壹月貳拾貳日出賣人　金積勝　契

代書兄　金永美

今就領去契内價銀並收足訖。同年月日再批。

《明清徽州社會經濟資料叢編》第一集《休寧縣朱文禮賣山赤契》

拾貳都玖保住人朱文禮，今承故父户下山壹號，坐落本保乙字叁百叁號，計山柒分伍釐，土名羊印塢，其東、西四至照依保簿〔該〕〔開〕載管業。今爲户役納糧用度，自情願將前項字號内山，盡行立契出賣與同都住人汪希美名下，面議時值價捌成色銀柒兩玖錢。其銀當成契日一併收足，別不立領札。今從出賣之後，一聽買人聞官受税，永遠管業。其在山杉木植，本家自行存留，砍斫木植下山，一聽買人自行劖作。其在山雜柴木植，買主自行長養管業。如有來歷不明及重復交易，一切不明等事，並是出賣人自行祇當，不及買人之事。所有上手來脚契文與別産相連，不及繳付，日後要用，本家索出參照不詞。今恐人心無憑，立此賣契爲用。

正統十三年十二月十六日出賣人　朱文禮　契

見　人　胡彦善

知見兄　朱南壽

今領前項契内價銀，並收足訖。再批。

《明清徽州社會經濟資料叢編》第一集《休寧縣汪仕顯賣山赤契》

拾貳都一圖汪仕顯，今將户内承父置到杉木山壹片，坐落本都叁保，係歷字伍佰陸拾號，共計山貳分伍釐，其山肆分中内取壹分，計山陸釐貳毫，土名梨木塢橋坑，其四至自有保簿該〔開〕載明白，不〔在〕〔再〕開寫。今來自情願將前項四至内取分數杉木山並在山長養大小杉木，立契盡行出賣與同都汪希美名下，面議時值價捌〔乘〕〔成〕色銀捌兩柒錢。其銀當成契日一併收足，別不立領札。其山從今賣後，一聽買主照依分數管業、長養木植，聞官受税爲定。如有内外人攔占及重迭典賣他人，並是出産人祇當，不及買人之事。所有來脚契字與別産相連，繳付未便，日後要用，索出照〔政〕〔證〕無詞。今恐人心無憑，立此出産契文爲照者。

正統拾四年九月初九日出産人　汪仕顯　契

見人　汪思和

汪政思

今就領契内價銀，並收足訖。同日再批。

《明清徽州社會經濟資料叢編》第一集《休寧縣胡彦昭賣山赤契》

拾壹都胡彦昭，今將承祖七保朝字等號，六保坐字、伍保湯字號，四保商字等號，共取壹拾陸號，其各處土名開單爲照，其四至畝步，自有該保經理爲證，不及逐一備寫，除六保坐字，土名莊坑高塢，四分中本家合得壹分，其餘號内本家於拾二分中合得壹分。今將合得分法，盡行出賣與同宗人胡彦隆男瑛兄弟等爲業。今面議時價白銀柒兩貳錢，當日兩相交付。其山並苗木，一聽買人永遠斫木管業，日後本家即無〔易〕〔異〕説。如〔有〕重復〔交〕易一切不明等事，並是賣人祇當，〔即〕不及買人之事。今恐人心無憑，立此文契爲用。

天順元年四月初二日立契人胡彦昭

胡　玹

胡　璉

《明清徽州社會經濟資料叢編》第一集《休寧縣汪仕盛賣山赤契》

十一都汪仕盛，今將承祖有山一片，坐落本都□□，土名李小塢□，係經理坐字柒百伍十二號，計山肆畝，其山東至田，西至降，南、北至山。今將前項四至内山，本家陸分中合得一分，盡行立契出賣與姪汪異才、汪異輝、汪異文三人名下，面議時價白銀伍錢。其價當收足訖，契後再不立領。其山今從賣後，一聽買人永遠管業，本家即無（易）〔異〕説。未賣之先，即無重復交易。如有來歷不明，並是賣人之當，不及買人之事。所有來脚契文與衆相共，不及繳付。今恐無憑，立此文契爲用。

天順二年伍月初九日　出賣人　汪仕盛　立契

依口代書人　汪仕美

《明清徽州社會經濟資料叢編》第一集《休寧縣胡彦仁賣田赤契》

十二都九保住人胡彦仁，今將自己續買田壹段，坐落本保，係一字一千五十七號，田八分三釐三毫，又將一千五十八號，田柒分陸釐壹毫，又將一千五十九號，田壹畝，又將一千陸拾號，〔田〕肆釐肆毫，其田東，西四至自有（保）〔簿〕（該）〔載〕，土名獅安塘。今來缺物支用，自情願將前項各號田，盡行立契出賣與同都汪士熙名下，三面議時值價獅頭銀肆兩整。其銀當成契日一併交收足訖，别不立領札。其田今從出賣之後，一聽買人自行管業，收苗受税（如）〔爲〕定。如有内外人占攔及重復交易，一切不明等事，盡是出賣人衹當，不及受買〔人〕之事。所有上手來脚〔契〕〔文〕與别産相連，繳付不便，日後要用，索出參照不詞。今恐人心無憑，立此出賣文書爲用。

天順三年四月十五日　出賣人　胡彦仁　契

領價銀男　胡士静

見　人　胡彦善

依口代書人　汪文道

今領賣契内價銀並收足訖。再批。

《明清徽州社會經濟資料叢編》第一集《休寧縣胡四壽賣田赤契》

十二都九保住人胡四壽，今將户内自己分得田壹坵，計壹畝壹分有零，與兄武能相共。今來缺物支用，自情願將前項四至内田，本家合得壹半，係九保乙字土名交笋塢□□號，佃人自，每年上籼租叁砠半，盡行立契出賣與同里人汪乞千名下，面議時值價花銀壹兩。其價當成契日一併收足，别不立領約。今從出賣之後，一聽買人自行管業，收苗受税。如有四至、來歷不明及重復交易，内外人占攔，並是賣人衹當，不及買人之事。今恐無憑，立此賣契爲用。

天順四年三月廿五日　出産人　胡四壽　契

見　人　胡玄應

代書人　朱文道

今就領去前項契内價錢並收足訖。同日再批。

《明清徽州社會經濟資料叢編》第一集《休寧縣朱永興賣田赤契》

十二都十保住人朱永興，今將原買到二都鄭士盈田弍坵，坐落本保體字一千一百十三號田，計七分有零，與汪端相共，其田東、西至山，南至汪希正塘，北至地。今爲缺物支用，自情願將前項四至合得分數田七分有零，盡行立契出賣與同里人汪士熙名下，三面議時值價銀一兩四錢整。其價當成契日一併收足，别不立領約。今從出賣之後，一聽買人自行管業，收苗受税。如有來歷不明及重復交易，内外人占攔，並是賣人衹當，不及買人之事。今恐無憑，立此賣契爲用。其田本家自佃，每年還租四（祖）〔砠〕。

天順四年十一月十八日　出産人　朱永興　契

知見人弟　朱永才

依口代書人　汪希春

主盟父　朱　喧

今就領去前項契内價物〔銀〕並收足訖。再批。

《明清徽州社會經濟資料叢編》第一集《休寧縣吴付童賣田赤契》

十二都住人吴叔大同吴付童，原用價買到二都鄭希榮田叁號，除體字伍百玖拾肆號已賣外，其有二號田共一畝二分四釐。今來缺食支用，有叔大在外買賣未回，家中人口不能度日，吴付童與侄婦李氏等商議，自情願將前項二號田，盡行立契出賣與十二都汪士熙名下，當日面議時值價花銀肆兩整。其銀當（便）〔面〕收足。有原買來脚〔契〕〔文〕，隨時繳付。今恐無憑，立此文契爲用。

天順五年正月二十二日　出産人　吴付童　契

李　氏

依口代書人　朱　暄

遇見人　吴以端

今領前項四（致）〔至〕内價錢並收足（乞）〔訖〕。同日再批。

《明清徽州社會經濟資料叢編》第一集《休寧縣許文富等賣田赤契》

十二都十保住人許文富同親人汪文清，今將承祖户内田一坵，係體字一千一百叁拾肆號田一畝一分五釐四毫，其田東、西四至自有保薄可（正）〔證〕，土名黄吏坑，〔係〕佃人自，每年上租捌砠。今來缺物支用，自情願將前項四至内田，盡行立契出賣與同里人汪士熙名人，三面議時值價花銀叁兩叁錢。其價當成契日一併收足，別不立領札。今從出賣之後，一聽買人自行管業，收苗受稅。如有内外人占攔及重復交易，一切不明等事，並是出賣人之當，不及買人之事。今恐人心無憑，立此賣契爲用。

天順五年二月初七日　出賣人　許文富

汪文清

汪文敬

見人　丘伯敬

今就領去前項契内價銀並收足訖。同日再批。

《明清徽州社會經濟資料叢編》第一集《休寧縣汪舟印賣田赤契》

十二都十保住人汪舟印，今將自己鬮分得原買到同里人潘運户下田一號，坐落本都十保體字一千一百八十六號，田六分四釐六毫，土名小塘上，其田東至□□，西至□□，南至□□，北至□□。今來缺物支用，自情願將前項四至内田，盡行立契出賣與同里人汪士熙名下，面議時值價紋銀一兩八錢整。其銀當日收足。其田今從出賣之後，一聽買人自行管業收租，本家佃作，每年交租伍砠。如有内外人占攔及重復交易，一切不明等事，並是出賣人之當，不及買人之事。所有來脚契文，一併繳付，今恐人心無憑，立此文契爲用。

天順五年三月二十二日　出賣人　汪舟印　契

代書見人　丘伯敬

今就領契内價並收足訖。同〔日〕再批。

《明清徽州社會經濟資料叢編》第一集《祁門縣吴仕榮等賣山赤契》

十六都吴仕榮等，曾於先年間是故父、伯存日，開墾栽坌得汪受孫經理名目山壹號，坐落本都四保，土名黄土嶺，係八佰叁號，計山陸畝壹角，東至山，西至壟分水，南至地，北至大路並栽過陳家山内杉苗。今來管業不便，同弟商議，自情願將前項四至内山，盡數立契出賣與同都人鄭永昌等名下，凑片管業。三面議〔定〕時價花銀捌兩整，在手足訖。其山好歹，買人自見。來歷不明，賣人自理，不涉買人之事。自（承）〔成〕交之後，二家各不許悔，如先悔者甘罰銀二兩與不悔人用，仍依此文爲始。其山本家原開墾二畝伍分，候造册之日，聽自永昌收割入户供解無詞。今恐人心無憑，立此文契爲用照者。

天順五年五月十八日〔立〕〔契〕〔人〕　吴仕榮

同弟　吴仕華

吴久振

見人　倪文清

吴仕通

倪茂懷

談信道

依口代書人　吴仕達

《明清徽州社會經濟資料叢編》第一集《休寧縣胡武寧等賣田赤契》

十二都九保住人胡武寧同弟胡武生，今將本户憑鬮書分撥得自己田一號，坐〔落〕十都四保民字一千七百六十五號田，共大小三坵並水堀，内取下頭二坵，計陸分伍釐並水堀一口，盡行立契出賣與汪士希名下，三面議時值價穀伍拾七秤半，計銀二兩伍錢。其田今從出賣之後，一聽買人自行收苗受税管業爲定。如有來歷不明及重復典賣，一切不明等事，盡是出賣人祇當，不及受買人之事。所有上手來脚與別産相連，繳付未便，日後要用，索出參照不詞。今恐人心無憑，立此賣契文爲用。

天順五年八月廿日　出賣人　胡武寧

胡武生

見人　胡彥仁
依口代書人　汪文通
今領契內價穀並收足訖。同日再批。

《明清徽州社會經濟資料叢編》第一集《休寧縣謝彥良賣山契》 三

四都謝彥良、彥成，今有西都謝震安、振民等，共有山地二片，坐落西都八保南義源，土名紫坑，係經理弟字三百六十二號，山壹拾畝叁角，其山東〔至〕降，西〔至〕坑，南〔至〕朱二坳口，北〔至〕伯政山；又三百六十三號，山伍畝，東〔至〕降，西〔至〕坑，南〔至〕伯政〔山〕，北〔至〕嶺；又三百六十四號，土名東培，山五畝，東〔至〕降，西〔至〕坑，南〔至〕嶺，北〔至〕坑；又三百六十五號，土名東坑，山壹畝，東〔至〕降，西〔至〕嶺，南〔至〕大坑，北〔至〕灣；又三百七十號，土名葱菜塢，東〔至〕嶺，西〔至〕降，南〔至〕尖，北〔至〕坑，共計山五號。其山於上年被火燒損成茅，今立合同文約，合到前去劄作開掘茅柯，無問棧平，遍山栽種杉苗近密。其山骨議作大叁分，震安、振民合得二分，彥良、彥成合得壹分，以準工食。自議之後，彥良、彥成自行前去，用心盡力劄作，栽坌杉苗，看倖、長養、截火，並不致荒廢，即不私自入山，砍斫杉木入己。如有他人侵損，自行通知理治〔直〕。如違前項所議事件，聽自理（治）〔直〕，甘還所合壹分山地骨價花銀壹拾兩，無詞。其杉木日後成材，眼同入山坎斫，照依文約均分。自合後，山骨壹分，子孫不許變賣他人，務要湊賣與同分人，永遠共同管業。如違，聽賫此文告理追取無詞。自議之後，二家不許悔（易）〔異〕，如有先悔者甘罰花銀拾兩，仍依此文爲用。今恐無憑，立此合同文約爲用。

天順伍年辛巳歲十一月初一日　謝彥良
謝彥成

其前項約內所合得山地骨，（爲）〔如〕違約，將前項山骨，盡數退還振安子孫，永遠存留爲業。其浮木仍依叁大分均分，主得貳分，力人得壹分。其山仍係彥良、彥成，遞限斫劄栽苗，不致違約。成化十六年三月十四日□□王芳、余九經□。

《明清徽州社會經濟資料叢編》第一集《休寧縣胡彥善賣田赤契》

十二都九保住人胡彥善，今將自己續置田壹號，坐落土名李家塘，係壹字四佰陸拾伍號，計田叁畝伍分，爲天順五年內取一大坵，計田壹畝五分，每年上租穀□一十砠半，今又內取大坵田上南邊〔與〕汪宅今賣與朱志宗田連界一小坵，約計叁分，計租每年硬上籼租二砠半，其田東、西四至自有保簿該載。今來缺物支用，自情願將前項內取四至內田，盡行立契出賣與同都汪士熙名下，三面議時值價銀壹兩壹錢整。其銀當成契日一併交收足。其田今從出賣之後，一聽買人自行管業，收苗受稅。如有四至、來歷不明及重復典賣，盡是出賣〔人〕之當，不及受買人之事。所有來脚與別産相連，繳付未便，日後要用，索出參照不詞。今恐人心無憑，立此文契爲用。

天順六年二月十二日　出賣人　胡彥善　契
依口代書人　汪文道

今領契內前項價錢並收足訖。同日再批。

《明清徽州社會經濟資料叢編》第一集《休寧縣楊元觀賣田赤契》

十都四保住人楊元觀，今將續置已田一號，坐落本保土名李家塢，係民字一百五十一號，計田壹畝捌分有零，其田東至汪舟保田，西至水坑，南至小路，北至水坑。今來本家缺少物用，自情願將前項四至內田，原買得柒分整，盡行立契出賣與同里人吳道真名下，面議時價獅頭銀肆兩肆錢整。其價銀當成契日，一併交收足訖。今從出賣之後，一聽買主自行收苗受稅，永遠管業爲定。如有內外人占攔及重復交易，一切不明等事，並是出賣〔人〕祇當，不及買人之事。所有來脚當即繳付。今恐人心無憑，立此出賣契文爲用。

天順六年十二月十六日　出賣人　楊元觀
主名〔盟〕父　楊昇千
見人　楊元輝
同見人　吳奇安

今就契內領去價錢並收足訖。同年月日再批。

《明清徽州社會經濟資料叢編》第一集《祁門縣洪昱亮賣山赤契》

十東都洪昱亮，承祖父有山地，坐落十一都五保枋坑源，土名梅枝塢，與兄景亮等相共，係經理湯字五百七十七號，計山四拾二畝捌分四釐二毫，遞山二拾捌分合得一分；又取土名大坑山，係經理湯字五百六拾號、五百六十四號，計山一百四十八畝有零，通山廿八分中合得一分有零，並買吴希睦分法在内；又取同保，土名黄二塢，係湯字五百六十號、五百六十一號、五百六十二號，其山計一百一十九畝，通山二十一分合得一分；又取土名程豚段，係湯字五百七十二號，計山十畝有零，通山二十一分合得一分；又取土名朱壟坑、高倉塢、潘相嶺山，係湯字五百五十二號、五百五十三號，計山三十畝零，通山十二分中合得一分；又取土名莊皆塢山，係湯字五百三十一號，計二畝有零，通山十五分合得一分。今將前項六處山地骨並在山苗木，昱亮合得前項分數，盡行立契出賣與十一都受買人李仕忠名下，面議時〔值〕白銀十四兩整。其價當日收足，契後再不立領。其山未賣之先，即不曾與家、外人重復典賣交易。如有一切不明，並是出賣人之當，不及受買人之事。其前項山地四至，自有該保經理可照。今恐無憑，立此文契爲照。

梅枝塢，程周豆租，本家在留，未賣。

天順七年八月廿二日出賣人　洪昱亮　契

見人　吴仲成

《明清徽州社會經濟資料叢編》第一集《祁門縣謝仕相賣山赤契》

十西都謝仕相，今有第五男文璟已故，有媳李氏因爲子幼，無錢齋喪埋葬，自情願將文璟第已標分得分籍，山地壹片，坐落本都七保，土名吴坑源棗木坎仙人巖，係經理唐字二千九號、二千十號、二千十一號、二千十二號，共山叁百五十六畝二角，地二角，其山四至，自有該保經理可照，其山地與謝玉騰、六保李秉堅、秉通等相共，文璟合得分籍，陸拾分中合得壹分内取壹半，立契出賣與謝文輝、文昱、玉清等名下爲業，面議時價獅頭銀貳兩整。其價並契當日兩相交付。其山地並苗木，聽自買人永遠管業，本家即無言説。未賣之先，即不曾與家、外人重復交易。如有一切不明，並是賣人之當，不涉買人之事。所有上手原買文契及李秉堅等共立合同，〔見〕〔現〕在本家收執，日後要用，賫出照證無詞。自賣之後，二家各無言悔，如先悔者甘罰契内價銀壹半與不悔人用，仍依此文爲始。今恐無憑，立此文契爲用者。

天順八年三月廿日　立契人　謝仕相　契

奉書孫　謝以謙

《明清徽州社會經濟資料叢編》第一集《休寧縣汪亨義賣田赤契》

十都汪亨義，今將承祖父户有十二都十保體字□□號，田叁分叁釐叁毫，土名□□，其田四至自有保簿可照。又將本家原買汪重慶户下十二都保字□號，山肆釐貳毫，土名□□。其山、田今自情願出賣與拾貳都汪希美名下，面議時值價綿布貳匹，計銀伍錢。其價當日收足。其田、山今從出賣之後，一聽買人自行受税，永遠管業。如有内外人占攔，及重復交易，一切不明等事，並是賣人之當，不及買人之事。今恐無憑，立此契文爲照。

景泰元年五月十六日　立契人　汪亨義　契

見　人　楊雲從

今領契内價錢並收足訖。同日再批。

《明清徽州社會經濟資料叢編》第一集《休寧縣汪潤深賣山赤契》

拾二都一圖住人汪潤深，今將承繼父汪士民，分得山一號，坐落本都叁保，係臣字伍百陸拾號，共計二分伍釐，土名梨木塢喬坎，其山四至自有保簿（該）〔開〕載，四分中合得一分，計山陸釐叁毫。今來缺物爲户役支用，自情願將前項四至内山合得分數盡行立契出賣與同都汪希美名下，面議時值價青笑銀玖兩。其銀當成契日收足，别不立領札。其山今從出賣之後，一聽受産人自行管業，長養杉苗木植。如有來歷不明及重復典賣他人，並是出産人祗當，不及受産人之事。所有來脚契文，與别契相連，繳付未便，日後要用，索出參照無詞。今恐人心無憑，立此契文，日後永遠爲照者。

景泰二年六月二十四日出産人　汪潤深　契

主盟父　汪士顯

見　人　汪思和

汪存義

李齊印

今就領契内價銀，並收足訖。同前年月日再批。

《明清徽州社會經濟資料叢編》第一集《休寧縣汪希齊賣地赤契》

十二都汪希齊，今將户内九保乙字一千卅八號，地貳分六釐二毫，土名引江，東至□□，西至□□，南至□□，北至□□。今來缺物支用，自情願將前項地，盡行立契出賣與同里人□□名下，面議時值價銀伍錢。其價當便收足，别不立領約。今從出賣之後，一聽買人自行管業受税。如有四至、來歷不明及重復交易，内外人占攔，並是本家賣人祇當，不及買人之事。今恐無憑，立此賣契爲用。

景泰二年十一月卅日出産人　汪希齊　契

見人　胡顯壽

今就領去前項契内價物並收足訖。再批。

《明清徽州社會經濟資料叢編》第一集《休寧縣陳以成等賣田赤契》

休寧縣三十一都陳以成同弟陳以璇，承祖父共有田貳號，坐落祁門縣十一都四保，土名查木段，係商字九十九號，計田壹畝三角半步，計田貳坵，其田東西四至自有經理該載，又取同處田壹號，壹佰三號，計田壹畝貳角二十八步，其田東西四至自有本保經理該載明白。其貳號田，以成同弟合得分數田骨捌分有零，盡行立契情願出賣與祁門縣十一都程興名下，面議時價白銀陸兩肆錢整。其價銀當立契日收足，契後再不立領。其田出賣之後，一聽買人自行聞官受税，永遠管業。未賣之先即不情〔曾〕與家、外重復典賣，及一切不明等事，並是出賣人祇當，不及受買人之事。其税糧候大造黄册之日，聽自買人於本家莊户起割前去，本家即無阻擋。今恐無憑，立此出賣文契爲用。

景泰四年八月十九日　出賣人　陳以成　契

同賣弟　陳以璇

見　人　朱進得

《明清徽州社會經濟資料叢編》第一集《休寧縣胡彦善賣山赤契》

□□□□□□胡彦善，今將承祖户下山壹片，□□□□□□柒拾壹號，（共）〔其〕山計壹畝柒□□□□□□□忠（供）〔共〕業，四分中本家合得壹分，計山貳分捌釐八毫，土名芸塢，其山東至□□，西至□□，南至□□，北至□□，自有保簿。今來缺物支用，自情願將前項合得分數山，盡行立契出賣與同都人汪士熙名下，面議時值價穀叁拾伍秤，其價穀時值柳銀叁兩伍錢。其價當成契日一併收足，别不立領札。今從出賣之後，一聽買人自行管業，（文）〔聞〕官受税。如有内、外人占攔及重復交易，一切不（名）〔明〕等事，並是出賣人之當，不及買人之事。所有來〔脚〕契文與别産相連，繳〔付〕未便。今恐無憑，立此賣契爲用。

景泰六年三月初一日立契出賣人　胡彦善契

見人　胡希仲

今領前項契内價物，並收足訖。同日再批。

《明清徽州社會經濟資料叢編》第一集《休寧縣潘餘厚賣田赤契》

十二都一圖住人潘餘厚，今將本户經理到本圖一保黎字壹佰捌拾捌號田壹坵，計二畝柒分伍釐，其田東至□□，西至□□，南至□□，北至□□，土名巖坑中六畝。今來缺物支用，自情願將前項四至内田，盡行立契出賣與都内人汪士熙、汪清名下，面議時值價獅頭足色銀伍兩肆錢。其銀當日收足，别不立領札。其田自今出賣之後，一聽買人管業收租。其税糧候至過割之日，一聽買人於本户起割受税，即〔决〕無難〔易〕〔異〕。如有來歷不明及重復交易一切等事，並係賣人祇當，不及買人之事。所有來脚契文與别産相連，繳付不便，日後要用，本家索出參照不詞。今恐人心無憑，立此賣契爲用。

景泰六年三月十二日　立契人　潘餘厚　契

見　人　汪思和

汪　泉

今就領契内價銀並收足訖。同日再批。

《明清徽州社會經濟資料叢編》第一集《休寧縣胡雲慶賣田赤契》

拾貳都九保住人胡雲慶，今將本户田一坵，坐落十都二保唐字貳佰肆拾柒號田，共貳畝捌分貳釐柒毫，土名徐衮唐尾，東至□□，西至□□，南至□□，北至□□，其田本家内取一半，計壹畝肆分一釐叁毫。今來缺用，自願將前項四至内取田，盡行立契出賣與同都里人汪士熙名下，面議時值價銀肆兩貳錢。其銀當日收足，别不立領札。其田今從出賣之後，一聽買人管業。佃人自，每年硬上籼穀壹拾壹（祖）〔租〕，（即）〔决〕不少欠。自交易後，並無重復交易，如有内外人占攔及一切不明等事，並是賣人祇當，不及買人之事。所有來脚契文與别産相連，不及繳付。今恐人心無憑，立此契文爲用。

景泰六年四月初二日　出賣人　胡雲慶　契

見人　汪思和

今就領契内價銀並收足。同日再批。

《明清徽州社會經濟資料叢編》第一集《休寧縣鄭希榮賣田赤契》

二都住人鄭希榮，今將自己置到十二都十保體字五百九十三號，田捌分捌釐伍毫；又將體字五百九十四號，田貳分五釐；又將體字五百九十五號，田叁分五釐五毫，土名胡婆遠，共田叁號，東至□□，西至□□，南至□□，北至□□。今來缺物支用，自情願將前項四至內三號田，盡行立契出賣與十四都吴叔大名下，面議時值價柳笑銀叁兩伍錢整。其銀當成契日並收足訖，别不立領札。今從出賣之後，一聽買人自行管業，收苗受稅。如有內外人占攔及重復交易一切等事，並是賣人之當。所有上手來脚契文與别産相連，繳付不便，日後要用，索出參照。今恐無憑，立此契文爲照。

景泰六年十二月十七日　出賣人　鄭希榮　契

見人　丘伯敬

鄭　盈

今就契內價物並收足訖。同年月日再批。

《明清徽州社會經濟資料叢編》第一集《休寧縣朱雲等賣田赤契》

十二都九保住人朱雲同弟得興，今將户內有田一號，坐落本都九保乙字三百七十四號田，共六分六釐柒毫，本家合得一半，該田叁分叁釐叁毫，土名門坑大痕。今來缺物支用，自情願將前項合得分數，盡行立契出賣與同里人汪士熙名下，面議時值價白笑銀伍錢整。其價當成契日一併收足。今從出賣之後，一聽買人自行管業，收苗受稅。如有四至、來歷不明及重復交易，內外占攔，並是賣人祗當，不及買人之事。今恐人心無憑，立此賣契爲用。

景泰七年三月十一日　出産人　朱　雲　契

朱得興

依口代筆人　汪希齊

今就領去前項契內價錢並收足訖。再批。

《明清徽州社會經濟資料叢編》第一集《休寧縣陳有成賣山赤契》

拾都陳有成，今將承祖山一號，坐落十二都九保，土名門坑嶺，係壹字叁佰七拾二號，與陳有道共業，本家合得分數，盡行出賣與十二都汪希華、士熙名下，面議價銀貳錢。其銀當日收足。其山東西四至，自有保簿該載。今從出賣之後，買人自行管業受稅。如有內外人占攔及重復交易，一切不明等事，並是出賣人祗當，不及買人之事。今恐人心無憑，立此契爲用者。

景泰七年十一月初六日出賣人　陳有成　契

見人　汪文通

今就契價錢，並收足訖。再批。

《明清徽州社會經濟資料叢編》第一集《休寧縣金積勝賣田赤契》

拾貳都住人金積勝，今將户內田壹段，坐落本都十保，係體字壹千壹百玖號、壹千壹百十一號、壹千壹百二十六號，共田玖畝陸分壹釐貳毫，除撥外仍有陸畝肆分捌毫，地肆分壹釐六毫，土名嶺子頭鷄公圻，其田東至汪宅田，西至□□，南至小坑，北至□□。今來缺物支用，自情願將前項四至內田，盡行立契出賣與同都人汪士熙、汪清名下，面議時值價銀貳拾兩整。其價當成契日一併交收足訖，别不立領札。今從出賣之後，一聽買人自行聞官受稅，收苗管業。如有四至、來歷不明及重復交易，內外人占攔一切不明等事，並是出賣人之當，不及買人之事。所有上手來脚契文與别産相連，繳付不便，日後要用，索出參照不詞。今恐人心無憑，立此賣契爲用者。

景泰七年十二月初八日出賣人　金積勝

代筆兄　金光美　契

見　人　朱永文

今領去前項契內價銀並收足訖。同日再批。

《明清徽州社會經濟資料叢編》第一集《祁門縣葉鮮賣墳地赤契》

在城葉鮮，今有父於上年間原買到本圖汪永盛墳地壹片，係經理水字□□號，計地壹畝有零，其地坐落五都五保，土名洪家□，所是字號四至，自有本保經理可照，自情願立契賣與伍都住人饒仕榮名下爲業，面議時價白銀柒錢整。其價並契當日兩相交付。自賣之後，即無重復交易。如有不明，賣人（成）〔承〕當，不係買人之事。自成之後，各不悔（易）〔異〕，如先悔者甘罰契內價一半，與不悔人用。所有上手文契隨時繳付。今恐無憑，立此文契爲用。

成化元年正月十六日立契人　葉鮮　契

《明清徽州社會經濟資料叢編》第一集《休寧縣吴善安賣山赤契》

十一都吴善安，承祖吴欽遠、吴勝武、吴静山，經理山地骨並苗木，本都九保、六保，坐落言坑源，係道字八十號，同處道字八十八號、一百八號，又取同保，土名程村塘塢，道字二百七十三號，又取土名苦細坑，係道字二百七十七號；又同保土名胡家坎，係坐字六百八號。其前項山地字號、四至、畝步，並照依該保經理爲業。所有吴欽遠、勝武經理通山壹拾畝爲率，本邊合得壹分，吴静山經理通山本邊合得壹半。今將前項山地骨並苗木，本邊合得分法，盡行立契出賣與同都住人汪訊名下，面議價銀捌錢整。其價並契當日兩相交付。今賣之後，一聽買人養業。其山未賣之先，即無重復典賣交易。如有一切不明，並是賣人之當，不及買人之事。其山俱係祖產，只憑經理爲業，所有苦細坑字山並受買吴景高分法山地，盡行通契出賣，本家即無言説。今恐無憑，今立契爲照用。

成化元年十二月十七日出賣人　吴善安　契

見人　朱彦雲

《明清徽州社會經濟資料叢編》第一集《休寧縣汪異佐賣屋赤契》

十一都汪異佐承祖同衆有火佃章付、謝三、謝巖保等往歇房屋並基地，坐落本都六保，土名前岸山下，係經理坐字三百二十九號，約計田肆分有零，新立四至，東至山，西至田，南至汪希文住基，北至楊佛得住基。又取同保土名住前，火佃謝乞住歇基地並房屋地，係經理坐字五百十一號，計地叁拾步，新立四至，東至王九洋溝爲界，西至謝乞住後洋溝爲界，南至地，北至坑及汪興行路。今將前項捌至内基地並房屋，上至椽瓦，下至地狀軟磉及披梏小屋，四圍板壁貳處，通興陸分中取壹分，盡行立契出賣與同都族兄汪異常名下，面議時價白銀壹兩捌錢整。其價當立契日一併收足，契後再不立領。其地並屋一聽買人管業。未賣之先，即無重復交易，如有一切不明及家、外人占攔，並是賣人之當，不及買人之事。所有稅糧造册之日，一聽買人於本户起割前去，本家即無阻擋。所有租（任）〔賃〕，係住歇人章付、謝三、謝乞等交還。今恐無憑，立此文契爲照。

成化二年十二月十一日出賣人　汪異佐

見　人　朱彦三

《明清徽州社會經濟資料叢編》第一集《祁門縣鄭文爵賣山赤契》

十五都鄭文爵，今有祖户山四號，坐落十六都，土名焦坑、烏石坡、柴堆、汪西坑，曾於成化二年，斷與馮志通等栽坌杉苗。今爲無錢用度，自情願將本位合得分籍，盡數立契出賣與姪祐新爲業，面議時價白銀四兩，在手足訖。〔其〕價並契，當日兩相交付。未賣之先，即無重復〔交〕〔易〕。畝步四至，自有經理可照。今恐無憑，立此賣契爲用。

成化三年三月十八日　立契人　鄭文爵

《明清徽州社會經濟資料叢編》第一集《祁門縣李仕洪賣山赤契》

拾一都李仕洪，承祖有山肆號，座落本都五保彷坑源，土名□□坑盤坑，係經理六百七十一號、六百七十二號，計山二拾二畝，其山東至降，西至尖，南至降，北至田，通山六分中合得一分；又取項家門前，土名前山灣，係六百七十三號，計山七畝，其山東至溪，西至降，南至揭，北至盤坑口及李□□山，又取土名碎石塢口及横路頭，係經理□□號，其山新立大四至，東至降，西至田，南至吴□□山，北至碎石塢裏壟爲界。今將前項一拾二至内山地骨並苗木，本邊合得分法，盡行立契賣與兄李仕忠名下爲業，面議時價白銀壹拾兩整。其價並契當日兩相交付，契後再不立領。其山未賣之先，即無重復交易。如有來歷一切不明，並是賣人祇當，不及買人之事。今恐無憑，立此賣契爲照。

成化三年十二月廿六日　立契人　李仕洪　契

依口代書人　李添安

《明清徽州社會經濟資料叢編》第一集《休寧縣汪希齊賣屋赤契》

十二都九保住人汪希齊，今將户内承祖鬮分餘地一片，見造屋住歇，其地新立四至，東〔至〕衆存路，西〔至〕汪希華屋地，南〔至〕宋高等往低基，北〔至〕石墻，其字號、丈尺、四至□定，不〔再〕開寫。今爲年老無嗣，情願將前項地屋叁分中内取一分，出賣〔與〕堂侄汪士熙、士剛、雲沾三人名下，面議時值價花銀一拾兩整，前去買辦衣衾等物。其價當日收足，别不立領。其稅隨即分與買人輸納，候下次造册一聽收割入户。今從出賣之後，即無重復交易等事，及内外人占攔，並是賣人抵當，不及買人之事。其基屋我住，待夫婦終身，一聽各人自行管業。今恐人心無憑，立此出賣契文爲用者。

成化五年正月初四日出賣人叔　汪希齊契

見人　倪以洪
朱善宗
朱　昶

《明清徽州社會經濟資料叢編》第一集《□□縣吳永和等賣山赤契》

十一都立賣契人吳永和同弟永明，今有承祖山一片，坐落□保，土名乾田塢，坐字六百十二號，計山十畝，東至山，西至山，南至田，北至降尖，四至内本家合得八分之一，自願將前項山骨並苗木，盡行立契出賣與同都人方茂廣名下，長養管業，三面言定時值價白銀陸兩五錢整。其銀當日收足。未賣之先，並無重復交易。即賣之後，聽自買人管業，本家即無存留。一切家、外人等，不得生情異説。所有來歷，經理載明。如有不明等事，盡是賣人之當，不累買人之事。今欲有憑，立此賣契爲照。

成化六年十一月五日立賣契人　吳永和
中見人　〔永〕明
吳□□
李心□

《明清徽州社會經濟資料叢編》第一集《休寧縣張暄等賣山赤契》

休寧縣三十一都張暄同弟張燦，承高祖張輔山壹片，坐落祁門縣十一都伍保，土名祊坑頭，小名張家片，與衆堂相共，係湯字伍百陸拾伍號、伍百陸拾柒號、伍百陸拾捌號、伍百陸拾玖號、伍百柒拾號，共計伍號。其山畝步、四至，自有經理該載，不及開寫。情願將前項山地骨並苗及贖買李坑合分栽種杉苗分法在内，通山拾大分中合得二分，自情願立契出賣與祁門縣十一都李□□名下，三面議時值價白銀壹拾兩整。其價當日收足。其山今從出賣（祇）〔之〕後，一聽買人永遠管業。未賣之先，即無重復交易。如有來歷不明一切之事，並是賣人抵當，不及買人之事。今恐無憑，立此文契爲用。

成化七年十二月二十四日立契出賣人　張暄　契
同　弟　張燦
奉書人　張振
見　人　吳道住
同見人　吳付初

《明清徽州社會經濟資料叢編》第一集《歙縣吳仕章賣山赤契》

十一都吳仕章，用（價）〔買〕受到十（東）〔都〕洪彦章、□□、彦□山地柒處，俱坐落十一都五保：土名祊坑源梅枝塢，計壹號，〔本〕家通山四十分中内取壹分；又取祊坑源土名黄二塢，計貳號，通〔山〕壹百貳拾分中内取壹分；又取祊坑源土名程衆段，計壹號，〔通〕山玖拾分中内取壹分；又取祊坑源土名潘相嶺高倉塢，〔通〕山玖拾分中内取壹分，計壹號；又取祊坑源土名鹿月塢，計〔壹號〕，通山玖拾分中内取壹分；又取祊坑源土名華坑，計壹號，通山〔拾〕分中内取壹分；又取祊坑源土名大坑，計貳號，通山壹佰貳〔拾〕分中内取壹分。其山係湯字號，所有四至畝步不及開寫，〔字〕號自有經理該載明白。今將前項柒處計玖號賣地，自情願取前項分數，盡行立契出賣與同都吳仁名下，面〔議〕值價白銀壹拾伍兩五錢。其價並契當日兩相交付明白，契〔後〕再不立領。今從賣後，一聽買人長養杉苗、砍木，永遠管業。未賣之先，即無重復交易。如有一切不明，並是賣人之當，不及買人之事。所有來脚契文，本家存留分數，不及繳付。今〔恐〕無憑，立此文契爲照。

成化八年正月廿五日立契人　吳仕章
見人　吳康韶

《明清徽州社會經濟資料叢編》第一集《休寧縣汪異榮賣田赤契》

十一都汪異榮，承祖父有田壹備，坐落陸保，土名莊坑前岸，係坐字叁佰貳拾玖號，其田新立四至，東至山脚，西至吳子實田，南至汪文住屋，北至楊佛得住屋，計田貳角，於内做造屋與章付等住歇。今無錢支用，自情願將前項肆至内田並房屋，通共柒分中取壹分，出賣與同宗汪異常名下，面議時值價白銀壹兩陸錢整。其價當日收足。其田、屋今從出賣之後，一聽買人永遠管業。未賣之先即無重復交易，如有來歷一切不明，並是出賣人祇當，不及買人之事。所有稅糧聽自隨時過割，今恐無憑，立此文契爲用。

成化九年七月十八日　立契出賣人　汪異榮　契
主盟父　汪仕美

其田異榮邊陸分中合得壹分，除前項賣外，其餘分法存留不在出賣之限。再批。

《明清徽州社會經濟資料叢編》第一集《休寧縣高振昂等賣山赤契》

十一都高振昂等，原承父用價買得本都汪仕美分法山地壹片，坐落本都拾保，土名高林塢，係垂字六百捌拾捌號，共計山伍拾二畝，其山東、西至嶺，南至塢頭大降，北至塢口。其山與本都吴宅興相共，本家同方希志買得壹半，吴宅興合得壹半。本家通山肆大分中合得壹分，是父存日同伯立契賣與黟縣朱社付等管業。後於天順八年間，是振昂同兄高振興同方雲宗，用價轉買朱社付前項山地爲業，所有方雲宗通山八分中買得壹分，振興、振昂兄弟共買得通山八分中〔買得〕壹分。是兄振興，先將通山壹拾陸分中合得壹分，賣與吴仕宏。振昂通山壹拾陸分中合得壹分，山地腳並在山大小苗木，今自情願盡行立契出賣與同都汪異常名下，面議時價白銀肆兩肆錢整。其價當立契日一併收足，契後再不立領。其山一聽受買人自行永遠長養管業。未賣之先，即無重復典賣交易。如有家、外人占攔，一切來歷不明，並是賣人之當，不及買人之事。所有原買汪仕美來腳契文，是兄振興繳付與吴仕宏收執，本家原賣與朱社付契字及朱社付轉賣與本家契字，共二紙，俱是同分人方雲宗收執，不及繳付，日後要用，於方雲宗名下將出照證無詞。今恐人心無憑，立此文契爲用。

成化十年三月二十二日立契人　高振昂

見人　方雲宗

謝付保

《明清徽州社會經濟資料叢編》第一集《休寧縣汪源賣田赤契》

六都汪源同侄程鐸等，共有田一坵，坐落本都四保、伍保，土名申明亭後，計田一畝，東至程樞保墻，西至行路，南至塘，北至程載達地及程恕田，字號照本保經理。今自情願將前項四至內田，盡數立契出賣與程泰名下爲業，面議時價白銀四拾兩。其價並契當相交付。所有稅糧造册之日聽自買人收割。今恐無憑，立此文契爲用。

成化十一年五月初二日　立契人　汪　源

同賣人　程　鐸

程　怡

《明清徽州社會經濟資料叢編》第一集《祁門縣胡銘賣山赤契》

立賣契人十二都胡銘，今將承祖並買受山一源，坐落十四都三保，經理五百廿八號，倉頭坑胡子華山十五畝；又五百十三號，桐坑胡廷芳山一畝二角；又六百十五號，高壇坑李家塢李葱夫山十五畝；又五百四十三號，峯塢胡安仁山一畝；又七保二號，壇塢口胡元振山三畝；又六號，鄭家住外元振山五畝；又十二號，紙皮坑汪仲雲山十畝；又十四號，元清公處山十畝；又廿二號，茶家塢胡大濟山十五畝；又一百八十二號，横坑口胡安仁山六畝；又一百八十三號，横坑李貴清山廿五畝；又一百八十四號，楓木灣口聖可山六畝；又一百八十五號，横冲頭胡森甫山六十畝；又一百八十八號，楊木源胡桂雲山十二畝；又一百九十二號，查坑李葱夫，胡安仁山十二畝，前山十五號於內各號該得六股之一，今因軍役盤費無措，自願托中盡數立契出〔賣〕與十四都鄭□□名下，前去爲業，憑中面議時值價紋銀肆兩柒錢整，在手足訖。當日契、價兩明。其山未賣之先，家、外人等無得異言。今恐無憑，立此文契爲照。

成化十二年三月廿日立契人　胡　銘　契

中見看守軍人陝西　郭安讓

《明清徽州社會經濟資料叢編》第一集《休寧縣吴義興賣山赤契》

十一都吴義興，承父買得本都吴斯文原買得東都洪宅山地，座落本都五保，土名梅枝塢，伍百七十七號，計山四拾二畝八分四釐，通山本邊該貳百四拾分之一；又取土名大坑，五百六十叁號、五百六十四號，共計一百四拾捌畝零，通山本邊該陸百玖拾陸分之一；又黄貳塢，五百陸拾號、伍百陸拾一號、五百六十貳號，共山一百一拾玖畝，通山本邊該叁百四拾捌分之一；又取土名程衆段，五百七十貳號，計山一拾畝零；又朱壟坑、潘相嶺高蒼塢，五百五拾貳號、五百五拾叁號，計山三拾畝零；又土名莊背塢，五百三拾一號，計山貳畝；又取土名華坑，五百八十七號，計山四拾一畝零，其四處山地本邊該五百四十分之一。今將前項七處山地骨並苗木，本邊前項分數，兄弟六人義興該一分，盡行立契出賣與同都李景瞻名下，面議時價白銀貳兩整。其價、契當日兩相交付，契後再不立領。今從賣後，一聽買人永遠管業。未賣之先即無重復交易。來歷不明，並是賣人之當，不及買人之事。所有來腳契文未曾繳付，要用之日，將出參照無詞。今恐無憑，立此文契爲用者。

成化十三年五月十九日立契人　吴義興

見　人　張宗秀

《明清徽州社會經濟資料叢編》第一集《休寧縣黄永庚賣山赤契》

十八都黄永庚，今有故祖買受汪塡等祖産，汪景潤經理山埸式號，坐落八保，土名林椿坑仙姑堂，本家該山一半，計山四拾壹畝零。永庚兄弟四人各該山叁畝伍分零，自已用工（栽）〔栽〕坌木苗三塊外，雙丫灣與兄永英共分，上横降下毛山下至程景春木苗，又栽裏雙丫灣上横降下永成昇，又右坎〔栽〕約三十根，三處共栽木二百餘根。今爲户役無錢用度，自情願將本位分剤山地並自己（裁）〔栽〕坌杉苗，盡數立契出賣與本都葉茂英名下爲業，面議時價白銀壹兩二錢整，在手足訖。其山未賣之先，即無重復交易。如有來歷不明，賣人自理，不涉買人之事。自賣之後，二家各無悔（易）〔異〕。今恐人心無憑，立此〔賣〕契爲照。

成化十三年十一月廿八日立契人　黄永庚契

依口代書人　黄永虎

《明清徽州社會經濟資料叢編》第一集《祁門縣洪昇亮賣山赤契》

東都洪昇亮承父有山地一〔源〕，坐落十一都五保祊坑源，土名梅□□，係經理湯字伍百七十七號，計山四十二畝八分四釐二毫，通山二十八分合得一分；又取土名大坑山，係湯字五百六十三號、五百六十四號，計山一百四十八畝有零，通山二十捌分中合得一分有零，並買吴希睦分法在内；又取土名黄二塢湯字伍百六十號、五百六十一號、五百六十二號，共計山壹百一十玖畝，通山二十一分中合得一分；又取土名程塚段湯字五百七十二號，計山拾畝有零，通山二十一分中合得一分；又取土名朱壟坑、高倉塢潘相嶺山，係湯字五百五十二號、五百五十三號，計山三十畝有零，通山十二分中合〔得〕一分；又取土名莊北塢山，係湯字五百三十一號，計山二畝有零，通山拾伍分中合得一分。今將前項六處山地骨並在山苗木，昇亮合得前項分數，盡行立契出賣與十一都李景瞻名下，面議時價白銀參拾捌兩整。其價並契，當日兩相交付明白。其山今從賣後，一聽買人永遠管業。未賣之先，即不曾與家、外人重復交易。如有一切不明，並係賣人之當，不及受買人之事。所有來脚契文，一時檢尋未着，未曾付與，日後要用，將繳與照證。今恐無憑，立此文契一道爲照。

成化十三年十二月二十日立契出賣人　洪昇亮　契

主盟兄　洪暹亮

奉書男　洪　廣

見人堂兄　洪貴清

吴仲成

所有契内價銀，當日並收足訖，再不立領。

《明清徽州社會經濟資料叢編》第一集《休寧縣方福慶賣山赤契》

十六都方福慶，原用價買本都倪福生山壹號，經理係陳昇孫名目，坐落本都伍〔保〕，土名吴戈坑，經理係帶字八百九十六號，計山三十畝。其山東至朱兒灣，西至王光山，南〔至〕田，北〔至〕降，與本都汪業政、忠政等相共，本家合該壹半，計山拾伍畝。今爲無錢用度，自情願將前山，盡數立契出賣與本都汪業政、忠政等名下，凑片管業，面議時價□□□□□就將江仕宗砍斫杉木準還價錢白銀佰兩，在手足訖。其山業政兄弟四人得壹半，忠政弟侄三人得壹半。其價並契當日兩相交付。山有好歹，買人自見。來歷不明，賣人自理，不涉買人之事。其山未賣之先，與家内外人即無重復交易。自成交之後，二家各不許悔，（爲）〔如〕先悔者甘罰契内價錢壹半與不悔人用，仍依此文爲準。今人少信，立此文契爲照者。

成化十四年二月二十一日立契人　方福慶　契

見人　王忠興

李宗富

奉書男　法　宗

《明清徽州社會經濟資料叢編》第一集《祁門縣吴仁賣山赤契》

十一都吴仁，原用價買到本都吴士章□□□東都洪彦本山地柒處，係坐落十一都五保，土名祊坑源梅枝塢，計一號；又取祊坑源土名黄二塢計，二號；又取祊坑源土名程衆段，計一號；又取祊坑源土名潘相嶺高蒼塢；又取祊坑源土名莊背塢計，一號；又取祊坑源土名華坑，計一號；又取祊坑源土名大坑。其山係經理湯字□□號，所有四至畝步分數，自有經理（該）〔開〕載，抄白來脚契字繳付。今將前項柒處山地計玖號，洪彦本合得分數，盡行立契出賣與同都李景瞻名下，面議時值價白銀貳拾貳兩。其價並契當日兩相交付，契後再不立領。其山地骨今從賣後，一聽買人長養杉苗，砍木，永遠管業。未賣之先即無重復典賣交易。來歷一切不明，賣人之當，不及買人之事。來脚契文隨時繳付。今恐無憑，立此文契爲用。

成化十四年七月初六日立契人　吴　仁

見人　張宗秀

《明清徽州社會經濟資料叢編》第一集《休寧縣程道容賣田赤契》

十一都程道容爲父程社和借銀買賣無還，自情願將承父標分得田二備，座落本部九保，土名胡坑榨假橋，係經理道字□□號，計田二畝有零，其田東至山，西至坑，南至堨頭，北至胡家田，其田與九都□□相共，本家合得一半，該田一畝一分有零，又取同保土名麻鞋灣目，係道字□□號，共計田八分，計一坵，其田東至吴家田，西至山，南至朱家田，北至汪宗五田，其田〔與〕朱四保相共，本家合得一半，計田四分，今將前項二號八至内田，共計一畝五分有零，盡行立契出賣與本都汪異常名下，面議時價白銀一拾六兩整。其價並契當日兩相交付，契後再不立領。其田今從出賣之後，一聽買人入田收租，永遠管業，本家（即）〔決〕無言説。其田未賣之先即無重復典賣交易。如有家、外人占攔，一切來歷不明，並是出賣人之當，不及買人之事。所有來脚契文，一時撿尋未及，不及繳付。所有税糧候造册之日，聽自買人入本户起割前去，本家（即）〔決〕無阻擋。今恐無憑，立此賣契爲用者。

成化十五年九月初九日　立賣契人　程道容

中見人　程存義

程尚彬

吴文昶

《明清徽州社會經濟資料叢編》第一集《休寧縣汪瑛賣田契》　八都住人汪瑛，今將承祖父户下經理到十都四保民字一百伍拾三號，又同經理一百五拾五號，二坵共計田一畝一分捌釐六毫，該租一十三砠，土名麻梓山，佃人□□，其田東至小路，西至水坑，南至朱均輔田，北至自等田。今來要物使用，自情願將前項四至内田，盡行立契出賣與十都吴道真名下，三面議作時值價白銀貳拾兩柒錢整。其價當成契日收足，别不立領札。如有内外人占攔及重復交易，一切不明等事，並是出産人之當，不及受産人之事。所有上手來脚與别産相連，一時繳付未便，日後要用，本家索出參看不詞。今恐人心無憑，立此文契爲用。

成化十五年十月廿日　立契人　汪　瑛　契

中　人　李社得

《明清徽州社會經濟資料叢編》第一集《休寧縣黄永寧賣山赤契》

十八都黄永寧，今無錢用度，自情願將祖買受江大雲山地，座落八保，土名林椿嶺張先姑堂，計山四十畝，其山東、西四至，自有本保經理可照，永京、永照、永寧兄弟五分中該山八畝，永寧該山地貳畝七分，盡數立契出賣與同都人葉茂英名下爲業，當日面議時價白銀一兩，在手足訖。其山自賣之後，即無家、外人重復交易。今恐人心無憑，立此文契爲用。

成化十七年二月三十日〔土〕立契人　黄永寧

中見人　王　欽

依口代書人　黄永虎

《明清徽州社會經濟資料叢編》第一集《休寧縣吴景韶賣山契》　十一都吴景韶，承祖父有山地壹片，坐落五保祊坑頭，土名千公畈，係經理湯字伍百柒拾陸號，計山柒拾伍畝，其山東至坑及地，西〔至〕大降，南〔至〕梅枝塢口，北至生地塢心直上至凹。今將前項四至内山地骨並苗木，通山叁拾陸分中景韶該得壹分，計山地骨貳畝零捌釐有零，盡行立契出賣與十一都住人李景瞻名下，面議時價白銀，壹拾壹兩伍錢。其價並契當日兩相交付，契後再不立領。其山今從賣後，一聽買人永遠管業。未賣之先即無重復交易。一切不明，並是賣人之當，不及買人之事。今恐無憑，立此賣契爲照。

成化十九年九月十五日　出賣人　吴景韶

見人　吴景勛

張宗秀

《明清徽州社會經濟資料叢編》第二集《成化二十年祁門謝道本等賣山赤契》　十西都謝道本同弟道濟、道昭六大分等，共有承祖買受山一號，坐落八保，土名小公塢，係經理吊字二千四百零四號，計山一畝。其山東至田，西至伯政山，南至墓林，北至塢口。今將前項四至内山地，盡數立契出賣與同都胡琳名下爲業，面議時值價銀二錢整，其價並契當日兩相交付。來歷不明，並是賣人之當，不及買人之事。所有上手來契與别産相連，不及繳付，日後要用，賫出照證無詞。所有税糧，聽自昇科。自成之後，各無悔（異）〔易〕，如有先悔者，甘罰白銀一兩與不悔人用，仍依此契爲準。今恐無憑，立此文契爲照者。

成化二十年二月十四日立契人　謝道本（押）。
謝道濟（押）。
謝道昭（押）。
謝道著（押）。
謝繼茂（押）。
謝求得（押）。
奉書男　謝榮茂（押）。

原胡琳買謝道本等山契，係繳在謝景處收貯（存），今抄白付孟鸞。日後鸞要用真契，賫出照證無詞。

萬曆卅九年六月廿五批　謝　景（押）。
代筆中見　用　義（押）。

《明清徽州社會經濟資料叢編》第二集《成化二十年祁門項有能賣地赤契》　十一都項有能，承祖有荒熟地一號，坐落本都四保，土名麻榨山，係商字六百四十二號。計地一畝三角廿九步，其地東至（暮）〔墓〕林，西至塝，南至塝，北至塝，其地有墳，項永道等相共，六（分）〔份〕中本家該得一（分）〔份〕。今無錢（之）〔支〕用，自情願將前項四至內地，盡行立契出賣與同都人吴彦璋、吴道禧名下。面議時價白銀九錢三分正，其價當日收足，契後不再立領。其地今從出賣之後，一聽買人自行收苗、受税、管業。未賣之先，即無重復交易，及一切不明等事，並是賣人之當，不及買人之事。所有税糧，在造册之日，聽自於本户起割税糧前去，本家即無難（易）〔異〕。今恐無憑，立此文契爲用。所有叔墳一穴自行存留。

成化廿年四月初八日出賣人　項有能（押）契。
依口代書人　黄敬宗（押）。

《明清徽州社會經濟資料叢編》第二集《成化二十年鄭田宗等賣山白契》　十五都鄭田宗同弟鄭文顯，鄭琰新，共有祖産山一號，坐落本都八保，土名小深坑，經理係蓋字四百五十六號。今將南谷分籍，盡數立契出賣與鄭安信分下爲業，面議時價白銀一兩，在手足訖。其山未賣之先，與家外人即無重復交易。來歷不明，賣人自理，不涉買人之事，所有畝步四至，自有該保經理可照。今恐無憑，立此文契爲照。

成化二十年六月十五日　立契人　鄭田宗（押）契。
書契同賣人　鄭文顯（押）。
鄭琰新（押）。
鄭初新（押）。
鄭右宗（押）。
鄭亮宗（押）。

文顯並兄仕亨分籍在內，初新承廣成分籍，田宗、右宗並叔華受、先受、端受分籍在內。再批。

小深坑頭南谷鄭田宗等山，又南山分下契。

《明清徽州社會經濟資料叢編》第二集《成化二十一年祁門李以聰賣住基地赤契》　十一都李以聰，承父有住基地並屋宇，坐落本保，土名住後塢，係經理商字號，計住地二分五釐。其地新立四至，東至吴彦璋等買項永祥住地，西至吴彦璋等地，南至水坑，北至項永仲住地，於上年間同弟以志、以清，先將住地一分三釐並屋宇賣與吴彦璋、仕禧爲業，（仍）〔剩〕有基地一分二釐，與弟相共，三大（分）〔份〕中合得一（分）〔份〕，以聰該地四釐，上並椽瓦，下並地骨，四圍板壁，以聰合得（分）〔份〕數，盡行立契出賣與同都吴彦璋、廷禧名下。三面議時價白銀六兩整，其價當日收足，契後不再立領。其地今從出賣之後，一聽買人自行聞官受税，永遠管業。未賣之先，即無重復交易典賣，〔及〕來歷不明等事，並是出賣人之當，不及受買人之事。所有來脚契文與弟相共，不及繳付。今恐無憑，立此出賣文契爲用。

成化二十一年正月十五日立契出賣人　李以聰（押）契。
見　人　胡寄宗（押）。
依口代書人　項永昌（押）。

十一都吴彦璋，今將前項基地屋宇退贖與李以聰名下爲業，所是原價並收足訖，立此爲照。

弘治元年二月十四日退贖人　吴彦璋（押）批。

同退贖人　吴文暉（押）。

《明清徽州社會經濟資料叢編》第二集《成化二十一年祁門項有志等賣地赤契》　十一都項有志，同弟有真，承祖有荒熟地一號，坐落本都四保，土名麻榨山，係經理商字六百四十二號，計地一畝三角二十九步。其地東至（暮）〔墓〕林，西至塝，南至塝，北至塝。其地與項永道等相共，本家三大（分）〔份〕中合得一（分）〔份〕。（自）〔因〕無錢支用，情願將前項四至内地，盡行立契出賣與同都吴彦璋、仕禧名下，面議時價白銀二兩整。其價當日收足，契後不再立領。其地今從出賣之後，一聽買人自行收苗、受稅，永遠管業。未賣之先，即無重復交易，及一切不明等事，並是賣人之當，不及買人之事。所有稅糧，候造册之日，聽自於本户起割前去，本家即無難（易）〔異〕。今恐無憑，立此文契爲用。所有父墳，本家自行存留。

成化二十一年後四月二十九日出賣人　項有志（押）。

同賣人　項有真（押）。

依口代書人　方思通（押）。

《明清徽州社會經濟資料叢編》第二集《成化二十一年汪時賣屋基地赤契》　趋化里汪時，承祖父有地一間，坐落十保，土名平護源口，見住祖基係尚字三百六十七號、六十九號，見標得東厫頭地一間，計四釐五毫。於上父造樓房一間，買得兄汪象樓下一間。其地新立四至，東至厫柱心爲界，西至衆廳柱心，南至前簷滴水爲界，北至後簷滴水爲界。今來缺錢支用，自情願將前項地半間，計二釐二毫五系，樓下房一間，上至閣板，下至軟磉，四圍板壁，門窗俱全，盡行斷骨立契出賣〔與〕汪循名下。面議時價白文銀一十六兩整。其價與契當日兩相交付足訖。今從賣後，一聽買人閆官受稅，永遠管業住歇。未賣之先，即無重復交易。如有來歷不明等事，自有原標合同爲證，本户自理，不及買人之事。所有前詹下路，衆存往來，（無）〔不〕許阻塞。原見文契，隨即繳付。今恐無憑，立此出賣文契爲照者。

内添一房字。再批。

成化二十一年七月二十一日出賣人　汪　時（押）契。

見人　汪　智（押）。

本家原賣汪天恭屋地，本家前步存路，一聽汪循出入往來無阻。同日再批（押）。　汪景春（押）。

前項契内價銀當日並收足訖。再批（押）領。

《明清徽州社會經濟資料叢編》第二集《成化二十一年休寧張旭賣山赤契》　休寧縣三十一都張旭，有山坐落祁門縣十一都四保，土名黄祥充，係高字一千八十二號，計山三畝五分。東至田，西至降，南山，北彎。又取一千一百三十六號，土名下塢上培，計山一畝。東墈，西山及墳，南彎，北降。又取一千一百三十九號，土名下山嶺，計山一畝二分五釐。東坳，西彎心，南降，北田。又取一千一百四十一號，土名塌小山，計山五分。東塌頭，西朱朝宗山，南降，北田。又取一千一百四十七號，土名江家堀，計山四畝五分。東溪，西降，南降，北山。其山五號，共計一十畝二分。通山五大（分）〔份〕中合得一（分）〔份〕，計山二畝有零。今將前項山，本家合得（分）〔份〕數，盡行立契出賣與祁門縣十一都吴彦璋、吴廷禧名下，面議時價銀四兩八錢，其價當收足訖。其山未賣之先，即無重復交易。如有來歷不明，一切等事，並是賣人祇當，不及買人之事。所有來脚契文與衆相連，繳付不便。今恐人心無憑，立此文契爲照。

成化二十一年八月十三日立契人　張　旭（押）契。

見人　朱宗陵（押）。

今領去契内價銀並收足訖。再批。（押）領。

《明清徽州社會經濟資料叢編》第二集《成化二十一年李玘賣山白契》　十一都李玘，今承祖竹山一片，坐落本家後山，與弟李珉相共。玘邊該得一半，内取四（分）〔份〕中合得一（分）〔份〕。其山新立四至，經理周字號，東至横降，西至本家住基，南至殺排堀及李景雄店基，北至李仕應竹山楊梅樹，下至栗樹，直下至屋基。今將前項四至〔内〕竹山並地，内取四（分）〔份〕中合得一（分）〔份〕，盡行立契出賣與族弟李梅侄德立，面議時價白文銀一兩八錢整，共價並契當日兩相交付，契後不再立領。今從賣後，一聽買人永遠管業，如有一切不明，並是賣人之當，不及受買人之事。今恐無憑，立此文契爲照。

成化二十一年十二月十九日出賣人　李　玘（押）契。

見　人　李　珉（押）。

《明清徽州社會經濟資料叢編》第二集《成化二十一年李神宗賣山地赤契》　十一都李神宗，承祖山地一片，坐落五保初坑源，土名長塢充上，係經理陽字號，計山畝步，（字）〔自〕有經理（該）〔記〕載。東至石充，隨壟直至降，西至塢頭中壟直上至降，南至田，北〔至〕長降。今來無物用度，自情願將前項四至内□山内取分法二十四（分）〔份〕之一（分）〔份〕，山地骨並苗木，盡行立契出賣（與）同都住人李名下，三面議時價白銀五兩整。其價當日收（割）〔訖〕，其契價兩相交付，契後並不立領。今從出賣之後，一聽受買人自行永遠管業，本家即無（易）〔異〕說。未賣之先，即不曾與家外人重復交易，如有家外人占攔，並是賣人之當，不及受買人之事，所有來脚契文，未曾交付。今恐無憑，立此文契爲用。

成化二十一年十二月二十六日出賣人　李神宗（押）。

依口代筆人　李珍（押）。

《明清徽州社會經濟資料叢編》第二集《成化二十一年詹永芳等賣山白契》　三十四都詹永芳等，今有承祖並買受山地一備，坐落十四都十保，土名仙洞源船坑裏、梘坑二處，係經理伐字六百三號起至六百三十八號止，内有同號六百二十五號，連同號共計三十九號，各號四至憑經理爲照。今將前項一百五十六至内山地，通山本家八大（分）〔份〕中合得一（分）〔份〕，盡數立契出賣給十西都謝景洪、景輝名下爲業，當三面議時價細（系）〔絲〕銀七兩整，其價並契當日兩相交付。其山地並苗木，一聽（授）〔受〕買人永遠管業。未賣之先，即無家外人重復交易。如有一切不明，並是賣人之當，不涉買人之事。自成交之後，二家各不許悔。如悔者，甘罰價銀一兩與不悔人用，仍依此文爲始。今山税糧照依詹貴宗分籍，推與謝用和多寡爲準，本家即無言說。所有上手來脚文契，仍在本家房族分籍相共，不及繳付，日後要用，賫出一同照證。今恐無憑，立此文契爲用。

成化二十一年十二月二十九日立契人　詹永芳（押）契。

書契同賣侄　詹貴昇（押）。

詹貴麟（押）。

中見人　吴志道（押）。

洪　馬（押）。

景輝照依永芳（源）〔原〕賣文契親書一紙付與兄景洪收照（押）。

《明清徽州社會經濟資料叢編》第二集《成化二十二年祁門吴淮賣山赤契》　十一都吴淮，承父有山一片，坐落三保東都，土名大港山，係經理谷字號，計山畝。其山東至大聖彎外壟，直上至降及吴仕達等山，西至彎心及吴仕寵本家相共山，南至湖，北至降。本家通山四（分）〔份〕中合得一（分）〔份〕，内取一半，計八（分）〔份〕中一（分）〔份〕，山地骨並苗，盡行立契出賣與本都吴珩□□名下，面議時價白銀六錢五分整，其價並契當日兩相交付。今從賣後，一聽買人永遠管業。未賣之先，即無重復典賣交易。來歷不明，並是賣人之當，不及買人之事。今恐無憑，立此文契爲用。

成化二十二年三月十五日立契人　吴　淮（押）契。

見　人　吴景端（押）。

《明清徽州社會經濟資料叢編》第二集《成化二十二年祁門吴震賣山赤契》　十一都吴震同仕達等，共有〔山〕一號，坐落東都三保，土名大聖塢，計山□□畝有零。其山新立四至：東至大聖塢下壟上降，西至馬面心上至小尖底吴聖武山，南至路及湖，北至降。今將前項四至内山八大（分）〔份〕中取一（分）〔份〕，出賣與同都吴詔杰名下，前去同共管業。面議時價白銀九錢整，其價契當日〔兩〕相〔交〕付明白。其山今從賣後，一聽照分同共永遠管業。來歷不明，賣人之當，不及買人之事。今恐無憑，立此出賣文契爲照者。

内添塢及湖三字。再批。（押）。

成化二十二年十二月初八日立契人吴震（押）。

《明清徽州社會經濟資料叢編》第二集《弘治元年李涌賣山地赤契》　十一都李涌，承故父李銓原用價買十東都胡彦彬承祖山地，共四號，俱坐落東都九保，土名杭溪源一號，土名寺坑口，係經理道字五百四十四號，計山一畝二角。東至田，西至降，南至石充，北至細石裏壟；又一號，土名鴨丫塢，係經理五百九十號，計山二畝，東坑，西降，南彎頭，北塢口，又一號，土名南岸塢，係經理五百八十七號，計一十畝零，東至田，西至鴨丫塢口，南至高尖，北至田。又一號，土名七畝段，係經理七百三十號，計山二畝一角，東田，西降，南塢口，北山。今將前項一十六至内山並苗木，本家合一十八（分）〔份〕中該得一（分）〔份〕，今情願立契盡行立契出賣與同都住人汪廷春、廷宣名下爲業。面議時價白銀一兩二錢整，其價並契當日兩相交付明白，契後不再立領。其山分數未賣之先，並無重復典賣他人，如有一切不明情事，並是賣人之當，不及買人之事。其山自從賣後，一聽買主永遠栽苗砍木爲業，本家並無異説。所有來脚契文，一道隨時繳付。今恐無憑，立此爲照者。

弘治元年十二月初九日立契人　李　涌（押）契。

見　人　謝　三（押）。

《明清徽州社會經濟資料叢編》第二集《弘治二年李潤玉賣山赤契》

九都李潤玉，承祖李良達僉業山一片，坐落東都五保，土名夫溪源祖基住前，係經理虞字七百二十六號。其山東至衆墳，西至京渝山，南尖，北至田。計山二畝四十七步。今爲住遠，管業不便，自情願托到許大琦爲中，將前項四至内山，盡行立契出賣與十一都族□李景瞻名下爲業，面議時值價銀四兩整，價並契當日兩相交付。今從賣後，一聽買人永遠管業。未賣之先，即無重復交易。如有一切不明，是賣人之當，不及買人之事。今恐無憑，立此文契爲照。

弘治二年五月初十日立契出賣人　李潤玉（押）契。

見　人　許大琦（押）。

《明清徽州社會經濟資料叢編》第二集《弘治二年謝祖生賣山赤契》

立賣契人謝祖生，今有父買受山六號，坐落八保，吊字四百九十號，土名石印山，下山一畝一角。四百九十一號，土名石印山，下山一〔畝〕三角。又四百四十拾（？）號，土名柿樹山，五步。四百四十五號，下山五十步。又四百四十七號，土名牛欄塢，下山五十步。四百四十八號，土名牛欄塢，下山三十畝。共山五號，所有四至悉照經理可（正）〔證〕。今因無錢（之）〔支〕用，自情願托中將承父受山場，盡數苗木並山骨，盡行出賣與堂弟謝時德名下，前去入山管業，三面言（後）〔定〕時值價紋銀二兩四錢整，其銀在手足訖。其山未賣之先，並無重復交易。來歷不明，盡是賣人承當，不干買人之事。自成（交）之後，二〔家〕各無悔。如先悔者，甘罰白銀二兩公用，仍依此契爲準。今欲有憑，立此賣契存照。

弘治二年五月廿一日立賣契人　謝祖生（押）。

中見叔（人）　謝　添（押）。

《明清徽州社會經濟資料叢編》第二集《弘治二年李梅賣地赤契》

十一都李梅，承父標分得民地一備，坐落東都三保，土名湖百州，即山廠下，係經理□字□號，約計地六分。其地東西四至畝步，自有經理（該）〔記〕載，不及開寫。又取湖（九）百州塝上山，本邊該得二十四分（份之）一（分）〔份〕。其山東西四至，自（有）經理（該）〔記〕載，不及開寫。今將前項八至内地並山地骨並苗木，盡行立契出賣與同都吴名下，（時價）白銀四兩五錢整。其價並契當日兩相交付，契後不再立領。今從賣後，一聽買人之□受税管業。未賣之先，即無重復交易，如有一切不明，並是賣人之當，不及買人之事。今恐無憑，立此文契爲用。

弘治二年十二月初一日立契人　李　梅（押）契。

見　人　吴景端（押）。

《明清徽州社會經濟資料叢編》第二集《弘治三年汪永寧等賣山赤契》

十五都汪永寧、永和、永羨、永清、侄汪元，共有山場二號，係本都二保，土名汕漁坑，草字三百四十五號。又汪師嶺，草字五百七十三號，與叔彦俊相共，本位合得一半，盡數立契出賣與本都汪濡名下爲業，面議時價銀七兩整，在手足訖。其山未賣之先，即無重復交易。所有畝步四至，自有崧洛明目經理可照。今恐無憑，立此文契爲用。

弘治三年二月初九日立契人　汪永寧（押）契。

永和（押）。

同賣人　永清（押）。

永羨（押）。

侄　汪元（押）。

奉　書　汪仕玖（押）。

中見人　汪清（押）。

《明清徽州社會經濟資料叢編》第二集《弘治三年汪存暹等賣山赤契》

十五都汪存暹同弟存昱、存星，共承父（摽）〔標〕分得祖産並買受得汪宏遠名目山一源，坐落五保，土名下乾坑，係及字九十五號、九十八號、一百一號、一百二號、一百四號。前山以三（分）〔份〕爲率，存暹、存昱該得二（分）〔份〕，盡數立契出賣與房侄汪潚、汪澈名下爲業，面議時價白銀一十二兩整，在手足訖。所有在山大小杉木，聽自照山管業，再無異言。立此文契爲用者。

弘治三年七月初二日立契人　汪存暹（押）契。

同賣人　存昱（押）。

見　人　汪隆（押）。

《明清徽州社會經濟資料叢編》第二集《弘治三年洪周保等賣山赤契》

十西都洪周保同侄洪馬、牡朱等，於上年間，用價買受到本都謝海潤、謝用和承祖謝曉民山四號，坐落本都八保言塘，土名孫二塢，係經理吊字一千一百九十一號、一千一百九十三號、一千一百九十六號、九十七號。其山裏塢新立四至：東至降，西至中嶺直下至芒地，南至嶺直下地古□口，北尖。又外塢新立四至：東至中嶺直下至地芒，西至田，南至芒地，北至謝子善山。今將前項八至內山骨並苗木，盡數並契出賣與同都謝以洪名下爲業，面議價銀二兩八錢整，其價並契當日兩相交付。其山一聽買人永遠管業。來歷不明，賣人（成）〔承〕當，不係買人之事。所有原買海潤文契，隨時繳付，有用和文契撿尋未着，日後賫出，不（在）〔再〕行用。自成交之後，二家各無悔易。今恐無憑，立此文契爲用者。

弘治三年十一月初二日立契人　洪周保（押）契。

同賣侄　洪　馬（押）。

辛　酉（押）。

洪　住（押）。

有　志（押）。

牡　朱（押）。

洪　□（押）。

奉書男　社　寬（押）。

再批：用和文契繳付，照證收訖。

《明清徽州社會經濟資料叢編》第二集《弘治三年胡宣等賣山赤契》

十一都胡宣、胡政，承祖山十保，土名秧塢，垂字五百七十六、五百七十八號。東坑，西（峰）〔降〕，南張福壽山及家山，北李子安山。共山一十三畝三角。又垂（字）一百一十號，夏山四畝，夏地二畝。東至大坑，西降，南此山，北李山。又一千五百五十八號，東降，西坑，南此山，北自山。又一百一十八號，山四畝，地二畝。東坑，西降，南地，北李山。今將東西二培在山苗木山骨，盡行立契出賣與張名下爲業，憑中面議時值價銀，本身（各）該二十四（分）〔份〕之一，共議〔價〕紋銀二兩五錢整。其價當〔日〕收足，契後不再立領。未賣之先，即無重復交易。一切不明等事，盡是賣人之當，不及買人之事。聽自買主入山管業。恐後無憑，立此文契爲照。

弘治三年十二月十七日同賣人　胡　宣（押）。

胡　政（押）。

中　見　李　文（押）。

《明清徽州社會經濟資料叢編》第二集《弘治三年胡計祖賣山赤契》

廿三都四圖住人胡計祖同弟胡辰宗，今爲本家缺少支用，自情願將承故父戶下合得積字一千二十八號山一片，坐落土名瑤塘，共計稅六釐四毫，四（分）〔份〕中〔內〕取一（分）〔份〕，計一釐六毫。其山東至黃家田及山路，西至田，南至田，北至黃家山。今將前項四至內山，本家存留祖墳四（分）〔份〕內取一（分）〔份〕，計一釐六毫，盡行立契出賣與同都人黃士則、景真兄弟等名下爲業。三面議（取）〔定〕時價白銀二兩整，其銀當成契日一併交收足訖。其山今從出賣之後，一聽買人自行管業，收苗受稅爲定，如有內外人攔占及重復交易、來歷一切不明事，盡是出賣人自行袛當，不及買人之事。所有稅糧候至交割之日，本戶自行推出山一釐六毫，即無難異。今恐無憑，立此賣契爲照。

弘治三年十二月十八日，情願立契出賣人　胡計祖（押）。

依口代書見人　汪宗榮（押）。

前項契內時價銀隨手收足。同年月日再批爲照（押）領。

《明清徽州社會經濟資料叢編》第二集《弘治三年胡餘善等賣山赤契》

二十三都九圖住人胡餘善，同弟胡從善、同侄胡貴，今爲本家缺少支用，自情願將承故父戶下鬮分積字一千二十九號山一片，坐落土名瑤塘，共計六釐四毫，四（分）〔份〕內取一（分）〔份〕，計一釐六毫。其山東至黃宅田及山，西至田，南至黃宅山，北至胡舟生山。前項四至內山，本家存留祖墳，四（分）〔份〕內取一（分）〔份〕，計一釐六毫，盡行立契出賣與同都人黃景思、元貞、景仁、景義、永杰、天生、永太、雲興等名下，面議時價白銀二兩整。其銀當成契日，一併交收足訖。其山今從出賣之後，一聽買人自行管業，收苗受稅爲定。如有內外人攔占，及重復交易、來歷一切不明等事，盡是出賣人自行祇當，不及買人之事。其稅糧，候至交割之日，本户自行推出山一釐六毫，即無難（易）〔異〕。今恐人心無憑，立此賣契爲用。

弘治三年十二月十八日情願立契人　胡餘善（押）

胡從善（押）

胡　貴（押）

依口代書見人　汪宗榮（押）

前項契內時價銀隨手收足。同年月日再批爲照。（押）領。

《明清徽州社會經濟資料叢編》第二集《弘治三年陳受安賣田赤契》

十六都陳受安，今與十五都鄭倉得等相共田一號，坐落本都三保，土名小□（沙）丘，經理係一百六十五號，計田一畝二分。受安兄弟六人，該得田一（分）〔份〕，受安分籍，該得一釐七毫，又將同保土名鴨塢口二百四十八號，承祖陳文仲經理山三角一十八（步），父興宗兄弟八人，該得一半，父興宗分籍，受安六（分）〔份〕該得一（分）〔份〕。四至照依經理爲始。今無錢用度，自情願立契將前項山田該得分籍並栽坌杉苗□□，盡數立契出賣與十五都鄭英才（直）〔秩〕下子孫爲業。面議時價銀三錢五分在（手）〔收〕足訖，其價並契當（日）相交付。未賣之先，與家外人即無重復交易，來歷不明，賣人自理，不干買人之事。今恐人心無憑，立此文契爲用。

弘治三年十二月廿三日立契人　陳受安（押）契。

依口代書人　江得政（押）。

見　人　許書道（押）。

《明清徽州社會經濟資料叢編》第二集《弘治四年徐永順賣地赤契》

十東都徐永順，用價買受得地，坐落十一都一保，土名（其）〔騎〕馬洲湖裏，係經理□字□號，計地一畝有零。新立四至，東、北至徐杭道地，西、南至吳添原地。又取土名高洲，係經理□字□號，計地五分有零，東至徐志名地，西至□，南至徐永付地，北至徐永新地。今將前項八至內地，盡行立契出賣與十一都吳名下。面議時價白銀十兩整。其契並價當日兩相交付，契後不再立領。今從賣後，一聽買人收租管業。其地未賣之先，即無重復典賣交易，如有一切不明，並是出賣人之當，不及受（賣）〔買〕人之事。所有稅糧，候造册之日，聽自於本户起割前去，本家即無（易）〔異〕說。所有來脚契文與別産相連，不及繳付，日後要用，將出參照無詞。今恐無憑，立此文契爲用。

弘治四年正月初六日出賣人　徐永順（押）契。

見　人　徐永新（押）。

依口代書人　徐永春（押）。

《明清徽州社會經濟資料叢編》第二集《弘治四年祁門吳仕達賣地赤契》

十一都吳仕達，承父標分得地一片，坐落本都一保下福（舟）〔洲〕原章招保住地，係經理罪字□□號，與吳振相共，本邊該地一畝三分。今其地東至吳宅地，西至路及塝，南至吳景隆共地，北至塝及李宅地。仕達內取地一畝，出賣與侄吳杰名下，面議時價銀六兩五錢正。其價其契當日兩相交付，契後不再立領。其地今從賣後，一聽買人收租管業。未賣之先，即無重復典賣交易，如有家外人占攔，並是賣人之當，不及買人之事。今恐無憑，立此文契爲用。

弘治四年二月廿三日立契人　吳仕達（押）契。

其地內栗木、柿木，本家自行存留，再批爲用，仕達批（押）。

《明清徽州社會經濟資料叢編》第二集《弘治四年鄭顯達賣山白契》

十五都鄭顯達，今有祖産山一號，坐落本都九保，土名楓盈塔，經理係此字八十三號，計山五畝半，與弟文達等相共，本位四（分）〔份〕中該得壹（分）〔份〕。自情願將前項山並杉苗木本位該得分籍內，除祖墳並保同墳共三穴，墳前至坑，墳後存留禁步，其餘山盡數立契出賣與同都鄭安信分下子孫爲業。面議時價白銀三兩整，在手足論，其價並契，當日兩相交付。未賣之先，與家外人即無重復交易。來歷不明，賣人自理，不涉買人之事。所有上手文契，隨時繳付。今恐無憑，立此文契爲用。

上手文契，買人抄白一張，付文達執照。

弘治四年二月三十日立契人　鄭顯達（押）契。

見交易弟　鄭文達（押）。

《明清徽州社會經濟資料叢編》第二集《弘治四年祁門鄭嘉倫賣山赤契》　十五都鄭嘉倫，今有祖產鄭宏道名業山場，坐落東都六保，土名慈谿源，經理係可字二百四十八號，土名楓木塢；三百三十九號，土名藩村源；三百九十九號，古塘坑；五百二號，充口陂下米三塢；五百三號，陂下；五百十號，曹村源；五百九十五號，古塘坑；五百九十六號，古塘坑；七百號，七百一號、二號、三號、四號、五號、六號，土名曹村源；七百九十九號，石門大塢；八百七十六號，周大陂；八百九十號，周大陂；八百九十一號、九十二號、九十三號、九十四號、九十五號、九十六號、九十七號、九十八號、九十九號，土名芒槌塢；九百號、九百一號、二號，麻柞塢；九百三號。【略】茲照前項山場本位合得分籍，盡數立契出賣與鄭安信分下〔子〕孫永〔遠〕爲業。面議時價銀五兩五錢整，當日兩相交付足訖。其山來歷不明，賣人自理。山有好歹，買人自見。未賣之先，家外即無重復〔交易〕。今恐無憑，立此文契爲用。

外批前項山畝步四至照依經理。

弘治四年四月廿六日　鄭嘉倫（押）契。

見　人　李　忠（押）。

《明清徽州社會經濟資料叢編》第二集《弘治四年陳宇安等賣田白契》　十六都陳宇安、平安、仲安，今有十五都鄭倉得等相□田一號，坐落三保，土名小沙丘，經理係一百六十五號，計□畝二分；宇安兄弟（成）〔承〕父興宗該得一（分）〔份〕，又買得眉宗二釐五毫，又買震安田一分，共計二分二釐五毫，宇安兄弟三人該得田一分零二釐；又將同保土名鴨口山，經理係二百四十八號，其山除受安先賣外，平安等兄弟五人該得分籍。今爲無錢用度，自情願將前項二處田山，盡數立契出賣與十五都鄭英才（直）〔秩〕下子孫爲業。面議時價白銀一兩八錢整，在手足訖，其價並契當日兩相交〔付〕。未賣之先，與家外人即無重復交易，來歷不明，賣人自理，不涉買人之事。今恐無憑，立此文契爲用。

弘治四年八月二十一日立契人　陳宇安（押）契。

陳平安（押）。

陳留安

男　文學（押）。

文才（押）。

陳仲安（押）。

陳學安（押）。

依口代書人　陳奎芳（押）。

見　人　鄭文奎（押）。

倪員通（押）。

《明清徽州社會經濟資料叢編》第二集《弘治四年鄭文質賣山白契》　十五都鄭文質，今有衆共山，坐落本都九保，土名牛欄山，見葬信二婆在內，今將本位山分籍，見坐分栽坌，在墳林外（截）〔栽〕杉苗三佰餘根，並在山竹七十根，今爲無錢支用，自情願將前項山並杉松竹木，盡數立契出賣〔與〕本都鄭安信分下子孫爲業長養，面議時價銀二兩七錢，在手足訖，其價並契當日兩相交付。其山未賣之先，與家外人即無重復交易。其山內杉松竹木，俱孫文質己栽，出賣他人，即無分籍。今恐無憑，立此文契爲用。

弘治四年十一月十五日立契人　鄭文質（押）契。

《明清徽州社會經濟資料叢編》第二集《弘治四年祁門李潤賣住基地赤契》　十一都李潤，承祖住基一備，坐落本都二保，土名梓木源口。今將本邊合得（分）〔份〕數內，取地一間，從本家明堂中心起，至海汪兄等砌石爲界止，直長二丈五尺，橫闊九尺七寸。今將前項基地一間，計地五釐，情願立契出賣與兄李準、李津名下爲業。面議時值價銀一十五兩整，其價並契當日兩相交付明白。今從賣後，一聽買人造屋，永遠管業。未賣之先，即無重復交易。一切不明，並是賣人之當，不及買人之事。所有稅糧聽自本邊分割過房供解。今恐無憑，立此文契爲照者。

弘治四年十二月十八日，立契人　李潤（押）契。

見　人　李海（押）。

李汪（押）。

《明清徽州社會經濟資料叢編》第二集《弘治五年休寧李巧等賣山赤契》　休寧縣三十三都李巧同弟李乞，承祖父李俊椿、李庭秀（遷）〔僉〕

業，有墳林山一號，坐落祁門十東都，土名浮溪源。係五保經理七百二十五號，同號山六十步。其山東至李濟兄弟父墳山，西至吳大安山，南至降尖，北至路。本家存留墳二穴外，其餘山骨並竹木，盡行立契出賣與李濟、李信、李浦名下，面議時值價白銀八錢整，其契並價當日兩相交付足訖。今從出賣之後，一聽買人永遠管業，即無（易）〔異〕説。如來歷不明一切等事，並是賣人之當，不及買人之事。所有來脚契文不及繳付，日後要用，將出參照無詞。今恐無憑，立此文契爲照者。

弘治五年九月十二日出賣人　李　巧（押）契。

李　乞（押）。

見人　胡景英（押）。

所是前項契内價銀並收足訖。同年月日再批（押）領。

《明清徽州社會經濟資料叢編》第二集《弘治六年祁門鄭文奎等賣山地赤契》

十六都鄭文奎同弟文獻、文輝，侄舜一等，有故父、叔存田，於上年間用價買受得山地，俱坐落本都四保，土名黄土嶺背，經理五字七百八十九號，係似翁名目僉業，計山二畝。七百九十號，係陳業遷、九進名業，計山一畝。八百號黄土嶺，係吳叔辛名業，計山一十步。八百二號，黄土嶺係胡一清名業，山一畝，地一角。今無錢用度，自情願將前項四號内山地並在山大小杉木，盡數立契出賣與十五都鄭安信分下子孫爲業，面議時價白銀二十三兩，在手足訖，其價並契當日兩相交付。來歷不明，賣人自理，不涉買人之事。其山地未賣之先，與家外人即無重復交易，所有畝步四至，自有該保經理可照。今恐人心無憑，立此文契爲用者。

弘治六年閏五月二十四日立契人鄭文奎（押）契。

同弟文獻（押）。文輝（押）。侄舜一（押）。舜五（押）。

見人　倪員通（押）。

《明清徽州社會經濟資料叢編》第二集《弘治六年方岳賣田赤契》

在城方岳，今有承祖田，坐落五都黄崗洪家段，計田三畝，坐落利樹丘，大小田丘，岳該〔得〕田四分一釐五毫，又將原買洪家山脚，岳該得分（截）〔籍〕二處，盡數立契出賣與五都洪達等。衆議時價七兩整，其價並契當日兩相交付。來歷不明，並是賣人之當，不涉買人之事。自成〔交〕之後，各不許悔，如先悔者，甘罰銀一兩入官公用，仍依此契爲照。所有稅糧，候造册之年，聽收去供解，本家即無阻（當）〔擋〕。今恐無憑，立此文契爲照。

弘治六年十月初七日立契人　方　岳（押）。

中　人　錢之善（押）。

方　業（押）。

《明清徽州社會經濟資料叢編》第二集《弘治七年鄭幼其等賣山白契》

十五都鄭幼其、鄭斌等，今有祖產山場，坐落十六都四保，土名梓溪官坦山，經理宏道名目；又土名張彎黄土嶺；又十保，土名土堆塢塘頭山，畝步字號四至，自有本保經理可照。今爲無錢用度，自情願立契將前（行）〔項〕山場出賣與十六都倪羊兄弟名下，就便管業，面議時價白銀七兩整，在（手）〔收〕足訖，其價並契，當日兩相交付。自賣之後，與家外人即無重復交易。〔今〕來歷不明，賣人自理，不涉買人之事。今恐無憑，立此賣契爲照。

弘治七年正月十二日立契人　鄭幼其（押）契。

同賣人　鄭幼倫（押）。

鄭　霞（押）。

鄭　充（押）。

書契人　鄭仕斌（押）。

《明清徽州社會經濟資料叢編》第二集《弘治七年謝以榮等賣山地赤契》

十西都謝以榮、以遠、以知大三房，共有承祖山並地一片，坐落八保，土名焦坦，係經理吊字二千四百一十號，四至自有該保經理可照。今爲管業不便，情願將前項四至内山並地，盡行立契出賣與同都住近人謝彥綱名下爲業。面議時價白銀四兩整，其價並契當日兩相交付。來歷不明，賣人之當，不涉買人之事。自成交之後，二家各不許悔，如先悔者，甘罰契内銀一半與不悔人用，仍依此文爲始。今恐無憑，立此文契爲用。

弘治七年四月二十一日立契人　謝以榮（押）契。

謝以遠（押）。

謝以知（押）。

書契人　謝周得（押）。

遇見人　仇本正（押）。

其山係上年間是父綱以四〔分〕〔份〕爲率，内取三〔分〕〔份〕，賣與〔芳〕〔方〕榮昌，本家仍有一〔分〕〔份〕，四大房子孫均業。祁批（押）。

《明清徽州社會經濟資料叢編》第二集《弘治七年祁門胡茂等賣山赤契》

十二都胡茂同弟胡源，今有祖産山一號，坐落四都八保，土名餘匠坑，經理係五百五十四號，東坑，西、南降，北田。又將同保山一號，係五百七十七號，計山三畝一角，東田，西壟，南、北彎心。俱係莘埜名目經理，今〔有〕將前項八至内二人該得分籍，盡數立契出賣與十四都餘祖、仕賢名下爲業，當日面議時價白銀三錢二分，其價並契，當日兩相交付。來歷不明，賣人之當，不涉買人之事。自成交之後，二家各無悔易，如先悔者，甘罰契内價銀一半。其山未賣之先，即無家外人重復交易，所有餘祖前斷約，係是兄汝彦收訖，不〔再〕行用。於内添字三個。今恐無憑，立此文契爲用者。

再批：轉賣與王名下。照。

弘治七年十月二十七日立契人　胡　茂（押）契。

同賣人　胡　源（押）。

中見人　胡隆祖（押）。

《明清徽州社會經濟資料叢編》第二集《弘治七年鄭伯象等賣山白契》

十五都鄭伯象同侄榮華，今共有承祖父原買倪文清、文魁山田二號，俱坐落十六都下十保，土名舍背塢，經理□□號。其田本家五分中，買受倪文魁田計三分，本位媳侄榮華共該得田二分，計租二秤。又將同保山一號，係經理□□號，土名舍背塢口裏培，本與弟伯、侄榮華三分〔祖〕〔相〕共。本位與侄榮華該得二分。今爲無錢用度，自情願〔商〕得侄榮華將前田該〔同〕〔得〕二分，並將山在山大小杉苗分籍，盡數立契出賣與本都鄭英才分下子孫爲業。面議時價白銀二兩一錢整。在手足訖。其價並契當日兩相交付。其田、山未賣之先，與家外人即無重復交易。來歷不明，賣人自理，不涉買主之事。所有山、田原買上手文契，隨時繳付。所有税糧候造册之日，聽自收割入户供解。今恐無憑，立此文契爲照。

弘治七年十一月初七日立契人　鄭伯象（押）契。

同賣侄　榮　華（押）。

中見人　王仕華（押）。

許文祥（押）。

鄭伯四（押）。

《明清徽州社會經濟資料叢編》第二集《弘治七年方憲賣田赤契》

在城方憲，原承祖標分並買受分〔截〕〔籍〕一號，土名犁樹下，民田三畝，計四丘，與叔邦義、邦本、弟方岳相共，憲該分〔截〕〔籍〕九分一釐零；又一號，土名方盤丘，計田一畝，亦與叔邦義、邦本相共，憲該分〔截〕〔籍〕三分三釐零；又其田東西四至、字號、土名，〔自〕〔有〕本保經理可照；又原〔實〕〔買〕洪家山脚地一塊，憲該分〔截〕〔籍〕一半。今將前項田二號，山脚一號，盡數立契出賣與五都洪達等名下。面議時值價銀一十八兩八錢整，其價並契當日兩相交付。其田未賣之先，即無家外人重復交易，如有來歷不明，並是出賣人承當，不涉買人之事。所有税糧，候造册之日，聽自收割，本家即無言説。自成交之後，二家各不許言悔，如違，甘罰〔銀〕二兩入官公用，仍依此契爲準。所有塘分，亦照分數取水管業。今恐無憑，立此文契爲照者。

弘治七年十一月立契人　方　憲（押）契。

中見人　胡　成（押）。

《明清徽州社會經濟資料叢編》第二集《弘治八年黄凌生等賣山赤契》

立賣契人黄凌生、壽生，承祖山一備，坐落六保，土名本家住後，坐字六百二十七號，計山二畝。其山東至彎弦，南地，西山，北降；又土名墓林塢，坐字六百二十八號，計山五畝。其山東至降，西田，南、北至山。其前二處山骨苗木，承祖勾分得六分之一，今自情願立契出賣與同都李洪名下爲業，三面得受時價紋銀一兩二錢整，其契價當日兩相交付，契後不再立領。未賣之先，並無重復〔交易〕。如有不明，賣人承當，不及買人之事。今恐無憑，立此爲照。

弘治八年二月初六日立賣契人　黄凌生（押）契。

黄壽生（押）。

中見人　李　河（押）。

《明清徽州社會經濟資料叢編》第二集《弘治八年方憲賣田赤契》

在城方憲，原用價買到弟方相田一號，坐落五都五保，土名黄崗梨樹下，計田三畝，係經理水字□□號，其田先與叔邦本、弟方岳相共，東西四至，自有本保經理可照。今情願將所買前田相該得分（截）〔籍〕八分三釐三毫。立契出賣與五都洪逵名下爲業。面議時值價白銀十一兩一錢整，其價並契當日兩相交付。其田未賣之先，即無家外人重復交易，如有一切不明，並是賣人之當，不涉買人之事。自成〔交〕之後，各不許悔，如有悔者，甘罰銀二兩入官公用，仍依此契爲準。所有税糧，候造册日，聽自收割入户供解，本家即無言説。上手文契與别項相連，未曾繳付，日後賫出不（在）〔再〕行用。今恐無憑，立此文契爲照。

所有原塘，聽自隨田澆灌。

弘治八年七月初十日立契人　方　憲（押）契。

中見人　胡　成（押）。

《明清徽州社會經濟資料叢編》第二集《弘治八年胡仕美賣地白契》

十二都胡仕美，今將承祖買受標分得地一號，坐落本都六保，土名鄭應受住裏，計地三分四釐六毫，係黎字三百十四號，胡勝可經理名目，所有四至，照依本保經理爲始。因管業不便，立契出賣與十五都鄭名下爲業凑片。面議時價白銀一兩整，在手足訖，其價並契當日兩相交付。其地未賣之先，即無家外人重復交易。來歷不明，賣人之當，不涉買人之事。所有税糧，見在本户供解，候造册之年，聽自買人起割前去，本家即無異言。自（成）交之後，二家各無異悔，如先悔者，甘罰銀四錢與不悔人用，仍依此文爲始。所有原買上手文契，與别號相連，未曾繳付。今恐無憑，立此文契爲照者。

弘治八年七月二十日立契人　胡仕美（押）契。

胡伯進（押）。

胡光澤（押）。

中見人　胡伯連（押）。

胡光遠（押）。

《明清徽州社會經濟資料叢編》第二集《弘治九年康球賣山地赤契》

十三都康球，因爲康濟缺少糧錢，自情願將承祖三保土名鄭坑正五頭山地，本□六（分）〔份〕該得一（分）〔份〕，盡數立契出賣與兄康澄名下前去爲業。面議時價白銀八錢，在手前去納糧。所有來歷不明，賣人自理，不涉買人之事。所有四至，並照舜文經理（如）〔爲〕始。今恐無憑，立〔契〕此文契爲用。

弘治九年正月二十八日立契人　康　球（押）。

康　濟（押）。

代書人　康　洞（押）。

《明清徽州社會經濟資料叢編》第二集《弘治十年休寧李美賣墳山赤契》

休寧縣三十三都住人李美，承祖父有墳林山地一號，坐落祁門縣十東都，土名浮溪源，係經理虞字七百二十五號，同號山陸拾步，東西四至，自有經理（該）〔記〕載，不及開寫。又取同都□保，土名源水橋墓林山地壹片，係經理□字□號。其山四至，自有經理（該）〔記〕載，不及開寫。今爲無錢支用，自情願將前項山地貳處，本家存留墳穴，本邊合得（分）〔份〕數，盡行出賣與祁門縣十一都族叔李瓊名下，面議時值價白銀壹兩叁錢整，其價並契，當日兩相交付足訖。今從出賣之後，一聽買人永遠管業。未賣之先，即無重復交易，如有來歷不明及家人占攔、一切〔不明〕等事，並是出賣人之當，不及受買人之事。其（上）〔來〕脚契文與衆别産相連，不及繳付。今恐人心無憑，立此出賣文契爲照者。

弘治拾年正月二十二日立契出賣人　李美（押）契。

所是前項契内價銀並收足訖，同日再批（押）領。

契内二處山業於弘治十一年三月得受價銀轉與族侄李汎名下爲業訖。

族叔潤夫舉（押）。

李美是李珏叔。

《明清徽州社會經濟資料叢編》第二集《弘治十年謝七保賣山地白契》

十西都謝七保，今爲無錢支用，自情願將本家住後來龍山並地一片，東至降，西至衆洋溝，南至永和、景洪竹山，北至永和、景洪山地。今將前項四至内山地，並竹果等木，本家十（分）〔份〕中合得一（分）〔份〕，盡數出賣與房侄謝景洪名下爲業。面議價銀二錢五分正，其價並契當日兩相交付。未賣之先，即無家外人重復交易。來歷不明，賣人（成）〔承〕當，不及買人之事。成交後，各無悔易，如悔者，罰銀一錢與不悔人用。今恐無憑，立此文契爲用。

弘治十年七月十一日立契人　謝七保（押）契。

《明清徽州社會經濟資料叢編》第二集《弘治十一年祁門吳謙賣地赤契》　十一都吳謙，今將承父批標地一備，坐落東都三保，土名裏坑口下山彎，係經理谷字□號，約計地三分零。其地新立四至，東至路，西至山，南至高破（坡）底吳信地，北至吳光地，其地三大（分）〔份〕中，本邊合得二（分）〔份〕內取一半，自情願盡行立契出賣與吳名下。面議時價白銀八兩五錢整，其契並價當日兩相交付明白，契後不再立領。今從賣後，一聽買人永遠管業，本家即無言說。未賣之先，即無重復交易，如有一切不明，並是出賣人之當，不及受買人之事。其地查明荒熟，聽自收割。所有來脚契文，與別産相連，不及繳付，日後要用，將出無詞。今恐無憑，立此文契爲照。

弘治十一年十二月二十七日立契人　吳謙（押）契。

《明清徽州社會經濟資料叢編》第二集《弘治十二年倪克春賣山地白契》　十六都倪克春，今有衆共自己買受得鄭宏道經理名目山，坐落四保，土名張彎、黃土嶺等處，並買吳家上張彎並下張彎；又四保，土名梓溪宏道名目山地等處，分籍、字號、土名、四至不開。又十保土名宏道經理名目山地柴堆塢汪（亞）〔洋〕坑塘都山，彭家嶺等處；又並買十四都朱曹坑等處山地，字號四至不開，自有該保經理可照。今情願〔立契出賣與〕將前項山地、各保山地、並自己栽坌杉苗木，本位該得分籍，盡數立契出賣與侄倪雙桂弟侄四分名下爲業。面議時價白銀一兩正，在手足訖。其價並契當日兩付。其山未賣之先，與家外人即無重復交易。來歷不明，賣人自理，不涉買人之事。成交之後，各不許悔，如先悔者，甘罰白銀五錢與不悔人用，仍依此契爲準。今恐人心無憑，立此文契爲照者。

弘治十二年二月初三日立契人　倪克春（押）契。

依口代書侄　倪　鑒（押）。

《明清徽州社會經濟資料叢編》第二集《弘治十二年績溪程昇等賣田赤契》　一都住人程昇同弟程用，今爲欠少銀兩支用，自情願將自己分下經理一都畝字□號内田一畝實田，坐落土名師姑口，其田東至文清田，西至周宅地，南至自田及王宅地，北至自田及塘。今將前項四至内田〔明白〕，盡行立契出賣與坊市張士英名下。三面議時值價銀十兩，前去支用。其田自賣之後，一、（仰）〔聽〕買人從便管業收租，不（在）〔再〕受阻（當）〔擋〕，如有内外親房人阻（當）〔擋〕，出賣人自行之當。二、各不許反悔，如有先悔之人，甘罰契外價銀一半與不悔人用。〔中間〕先前即無重復典賣，其稅糧候造册之年，依契過割。今恐人心無憑，立此賣契爲用。

弘治十二年二月二十二日立契人　程昇（押）。

同賣弟　程　用（押）。

依口代書中見人　程文恭（押）。

所是前項契内價銀值□盡行收足無欠。再批爲照（押）。

《明清徽州社會經濟資料叢編》第二集《弘治十二年祁門謝七保賣山赤契》　十西都謝七保，今將（摽）〔標〕分得山一號，坐落本保，土名餘家山横塢，係經理吊字□號。其山畝步四至，自有五房標書可照。其前項四至内山與兄倫相共，本家合得一半。今爲無錢支用，自情願將前項山地並苗木，盡數立契出賣與同都謝社名下爲業，面議時價銀一兩一錢整，其價並契當日兩相交付。未賣之先，即不（情）〔曾〕與家外人重復交易，來歷不明，賣人之當，不及買人之事。成交之後，二家各無言悔。先悔者，甘罰銀五錢與不悔人用。今恐無憑，立此文契爲用。

弘治十二年三月廿五日立契人　謝七保（押）契。

代書人　謝　拱（押）。

《明清徽州社會經濟資料叢編》第二集《弘治十二年吳萬等賣基地白契》　十一都吳萬、吳鰲，將承祖父下號標分基地客邊菜園空地並小屋，方圓四正地，約計一百一十步，立契賣與同都名下，面議時價銀一百零五兩，當收銀四十兩，（仍）〔尚〕欠銀六十五兩，候今〔年〕十二月終，買主起造屋宇之時，將地丈量，從墻直進一十步至小屋，今〔以〕柱心爲界；横從土墩起，至本家門前客邊墻一十一步爲界，約在本年終，買主不（行）〔許〕造屋刁難，（亦行）〔必須〕將前銀交足，其銀務要九成，如無折色，其地丈量足步；如無，拆小屋補湊。其圳係地内丈量之時，聽自將墻脚收圳還衆，所欠原價，務要今年終一併交足，立此爲照。

弘治十二年三月十七日立約人　吳　萬（押）約。

吳　鰲（押）。

《明清徽州社會經濟資料叢編》第二集《弘治十二年祁門謝七保賣山白契》 十西都謝七保，今爲急錢支用，今（摽）〔標〕分得山一片，坐落土名横坑靛塢西倍二處，東田及大坑，西降，南横嶺（倒）〔到〕灣塢口直下至大坑，北至水碓塢口洲頭。今將前項四至内山骨並大小浮苗木，盡行立契出賣與同都謝祐名下。又將土名餘家山西培，東田，西降，南田，北永和山，並浮苗山骨，聽自買人永遠管業，面議時價水（系）〔絲〕紋銀三兩三錢三分整。其價並契當日兩相交付。其山未賣之先，即無與家外人重復交易。如有來歷不明，賣人之當，不及買人之事。如先悔者，甘罰銀五錢與不悔人用，仍依此文爲始。今恐無憑，立此文契爲用。

弘治十二年四月初一日立契人 謝七保（押）契。

代書人 謝 拱（押）。

《明清徽州社會經濟資料叢編》第二集《弘治十三年倪杲賣山地白契》

十六都倪杲，今有衆共自己故父買受鄭宏道經理（明）〔名〕目山，坐落本都四保，土名張彎、黄土嶺等處，並買吴家上張彎並下張彎；又四保土名梓溪鄭宏道經理（明）〔名〕目山地，分籍等處，土名、字號、四至不開，又十保，土名宏道明（名）目山地，土名紫堆塢、汪西〔洋〕坑、塘頭山、彭家嶺等處，又並買受十四都朱曹坑等處山地，字號四至不開，自有各保經理可照。今無錢用度，自情願將前項各保山地，並自己栽坌（山）〔杉〕苗，本位該得分籍，盡數立契出賣與兄倪雙桂兄弟四人名下，凑便爲業。面議時價白銀一兩六錢正，在手足訖，其價並契，當日兩相交付。其山未賣之先，與家外人即無重復交易，來歷不明，賣人自理，不涉買人之事。自成交之後，各不許悔，悔者甘罰白銀□錢與不悔人用，照依此契爲準。今人少信，立此文契爲照。

弘治十三年四月廿五日立契人 倪 杲（押）契。

中見人 倪 衡（押）。

《明清徽州社會經濟資料叢編》第二集《弘治十三年祁門胡齊等賣山赤契》 十一都胡齊同弟胡莊，承祖父同衆山一片，坐落十保，土名秧塢，係垂字五百七十六號，其山東坑，西嶺，南張宅山，北三七彎外壟。五百七十八號，其山東嶺，西坑，南宗益山，北彎口壟降。共計山十三畝有零。其山本身通山合得二十四（分）〔份〕中一（分）〔份〕；又取同保土名方保坑七百九十一號，山一十畝。其山東嶺，西坑，南降，北塢口；七百九十二號，山八畝有零。東坑，西嶺，南吴椿祥山，北塢口。其山與四房相共，本身合得（分）〔份〕數，照依原立合同。今自情願將前二處四號山，地脚並苗木齊、莊兄弟承父（分）〔份〕數，盡行立契出賣與汪振名下。三面議時值價銀二兩五錢整，其價、契當日兩相交付。其山並苗木一聽買人子孫永遠管業。未賣之先，即無重復典賣交易。如有來歷一切不明等事，並是賣人之當，不及買人之事。所有來脚契文，係長房收執，不及繳付，所有合同檢尋抄白與執照。今恐無憑，立此文契永爲照者。

弘治十三年八月初四日立契出賣人 胡 齊（押）契。

同賣弟 胡 莊（押）。

見 人 胡 瑾（押）。

胡東陽（押）。

此契未磨（膳），乃汪謹親處繳來的。

《明清徽州社會經濟資料叢編》第二集《弘治十三年祁門許仲輝賣山赤契》 東都許仲輝，承父有山一片，坐落根坑原，土名徐九坑，係經理遜字□號，其山東至降，西至田及坑，南至壟直上至降及李家山，北至壟及吴大塢山。通山仲輝合得三十二（分）〔份〕中〔得〕一（分）〔份〕。又取土名吴四山一片，其東至降，西至田，南至李壟八角山，北至李家山。通山八（分）〔份〕中合得一（分）〔份〕。又取土名擔樹塢，係經理遜字八百五十八號，計山三畝，東至壟，西至石充，南至降，北至彎心。上四至承父兄價（買受）黄禎祥。通山十（分）〔份〕中合得一（分）〔份〕。今將前項三處十二至山地，立契出賣〔與〕同都胡錦名下，（價）白銀二兩五錢整。其價並契當日兩相交付。出賣之後（前），即無重復交易。如有一切不明，並是賣人之當，不及買人之事。今恐無憑，立此文契（如）〔爲〕用。

弘治十三年九月二十八日立契人 許仲輝（押）。

代書人 謝永奮（押）。

《明清徽州社會經濟資料叢編》第二集《弘治十三年章瑠賣山地赤契》

十二都章瑠，今爲無錢用度，自情願將承上祖買受並承繼續置山地，坐落本都三保，土名石屹山、小南充、大南充、紙焙塢、吴西充、黄土嶺、坳上、鄭□源等號山木；又將三四都，土名炭松塢山木，與德亮等相共。今〔將〕情願將前項山木，本位該得分籍，盡數立契出賣與同業兄章德亮名下爲業。當面議時價白銀一兩二錢整，在手足訖。其價契當日兩相交付。其山地，並在山木，即無典賣（之）〔在〕先。一切不明，盡係賣人（成）〔承〕（管）〔當〕，不涉受産人之事。自成交之後，各無言悔，如違，先悔者甘罰銀三錢與不悔人用，仍依此文（如）〔爲〕始。今恐無憑，立此文契爲用。

弘治十三年十二月十三日立契人　章　瑠（押）契。

見　人　王　忠（押）。

《明清徽州社會經濟資料叢編》第二集《弘治十四年王忠賣地赤契》

十四都王忠，今爲無錢用度，自情願憑中人將一保土名黄係塢地下塊、外塢地下塊，共計二塊，出賣與同都王富名下爲業。面議時價銀一兩整，其價並契當〔日兩〕相交付。來歷不明，賣人（成）〔承〕（管）〔當〕，不干買人之事。今恐無憑，立此爲照。

弘治十四年四月初一日立契人　王　忠（押）契。

中　人　胡永良（押）。

王　祐（押）。

《明清徽州社會經濟資料叢編》第二集《弘治十四年休寧李瑩然賣田赤契》　休寧三十三都李瑩然，承祖□莊田一備，坐落祁門十一都莊坑，土名木杓丘，係經理坐字二百二十一號，計田一畝六分二釐五毫，大小二丘，其田東至章添保田，西至江家田，南至季家田，北至洪田。又取土名子坑源，坐字二百九十四號，計田二畝七分五釐。又取子坑横路上坐字三百九號計田一畝六分七釐五毫。三處田四至，自有本保經理（該）〔記〕載，不及開寫。又取莊坑方家塢山一號，係經理坐字七百四十五號。計山九畝一角其〔山東至□□，西至□□〕，南至尖，北至田。其山與李厚相共。又取大樹塢山一號，計山二十四畝，其山東山，西山，南降，北坑。又取塘塢山一號，坐字六百六十號，計山三畝，其山四至，東坑，西降，南山，北山。其前山三號不便照管，該得本身（分）〔份〕數，並前田骨硬租，托中盡行立契出賣與祁門十一都族人李□□名下爲業。三面議定時價紋銀七十二兩整，其價並契當即兩明。契後並無重復交易，如有來歷不明等情，盡是賣人承當，不涉買主之事。其田税糧，候大造之年，聽自起割過户供解無詞。其山自賣之後，一聽買主入山看養栽苗，並在山老嫩立木，盡是買主永遠執業，本家秩下人等再無生情言説。今恐無憑，立此賣契永遠存照。

契内大樹塢山一號明來（？）

弘治十四年十月十一日立賣契人　李瑩然（押）契。

中見人　李　廉（押）。

李用明（押）。

謝立春（押）。

内山三號，因管業不便，今將此山湊與親人汪名下爲業，得受價訖。

康熙二十四年日立湊契人李勛（押）。

《明清徽州社會經濟資料叢編》第二集《弘治十四年胡子祥等賣山白契》　十東都胡子祥，同侄胡玄互兄弟共承祖買得有山一片，坐落土名捲篷潭松樹崟（峚），係經理遜字六百三十一號，共計二畝。其山東至尖，西大溪，南至長壟，北至小塢壟直上至降。其山與李宅等相共，本家合得（分）〔份〕數，通山二十（分）〔份〕中合得三（分）〔份〕。今爲缺少該（官）差徭銀，自情願將前項山内地骨並杉苗本家二十（分）〔份〕中合得三（分）〔份〕，盡行立契出賣與同都住人洪顯保名下。三面議時值價白紋銀一兩三錢整，其銀並契當日兩相交付。今從賣後，一聽〔買〕人收苗永遠管業，本家即無異説。未賣之先，即不曾與家外人重復典當交易。如有一切不明，並是出賣人之當，不及受買人之事。所有來脚文契〔當〕時繳付。今恐無憑，立此出賣文契爲照。

弘治十四年十二月十七日出賣人　胡子祥（押）。

胡子成（押）。

同弟侄　胡玄互（押）。

胡玄慶（押）。

胡玄振（押）。

見　人　胡文燦（押）。

胡子貴（押）。

其前項山受（管）業不便，情願出贖與胡杭爲業，其價盡行收訖。

嘉靖四十六年二月初二日立契人　洪廷聖（押）。

侄　洪記得（押）。

洪元得（押）。

《明清徽州社會經濟資料叢編》第二集《弘治十五年鄭聯瑾賣山地白契》十五都鄭聯瑾，今有祖産山，鄭宏道經理名目山地四保全，十保全，土名、字號、畝步數多，開寫不盡，本位將前項四保、十保宏道經理名目，並木苗山地合得分籍，盡數立契出賣與十六都倪雙桂等名下湊便爲業。面議時價白銀五錢，在手足訖。其價並契，當日兩相交付。其山未賣之先，與家外即無重復交易，來歷不明，賣人自理，不涉買人之事。今恐無憑，立此文契爲照。

弘治十五年二月十二日立契人　鄭聯瑾（押）。

中見人　倪聖保（押）。

《明清徽州社會經濟資料叢編》第二集《弘治十五年謝孔懷賣山白契》

十西都（謝）孔懷，今爲無錢用度，情願將承父（摽）〔標〕分得山一號，坐落本保，土名東山查木塢，係經理吊字□號，其山新立四至：東至降，西田，南，北至謝永和、永魁二大房山。其山與叔謝永端等相共。今將前項四至内山骨並苗木，本家八（分）〔份〕中合一（分）〔份〕，盡數立契出賣與同都謝次洪名下爲業。面議時並（價）白銀三兩整。其價並契當日兩相交付。其山一聽買人永遠爲業。未賣之先，即無家外人重復交易，一切不明，盡是賣人之當，不及買人之事。其山四至不明，自有五大房（摽）〔標〕單爲證。成交之後，各不許悔，悔者，罰銀五分與不悔人用，仍依此文爲始。今恐無憑，立此文契爲照。

弘治十五年六月十二日立契人　謝孔懷（押）契。

依口代書人　謝玄茂（押）。

《明清徽州社會經濟資料叢編》第二集《弘治十五年程元鼎賣田白契》

和化里住人程元鼎、元弼、元相，今承祖有田壹處，坐落土名麻榨灣，田租伍秤，計乙丘。又壹處，土名□後培脚，（田租）叁秤半，計□丘。又壹處，土名水竹□，（田租）貳秤半，計□丘。共田租叁宗，計壹拾壹秤。其田東西肆至，俱係新文淡字□號，自有保簿，不（在）〔再〕開述。今因輪管排年六甲，貼役無所措辦，情願憑中將前田立契出賣與房叔□□名下爲業，當日三面議定時值估價紋（銀）壹兩整，其銀當日一併收足。（日）〔事〕前並無重（復交）易不明等事，如有此，俱係賣人自理，不涉買人之事。所有稅糧在程日亨户，扒入買人户内無異。恐後無憑，立此賣契存照。

其契内添祖乙個，改壹字壹個（押）。

其契内茅榨灣五秤佃皮亦貼在契内。又照（押）。

弘治拾伍年八月二十九日立賣契人　程元鼎。

程元弼。

程元相。

中　見　程君俊。

程周明。

其契内價銀當日一併收足。再批（押）領。

《明清徽州社會經濟資料叢編》第二集《弘治十五年章蒙清賣山赤契》

十二都章蒙清，今爲甲首無錢支用，自情願將承祖承批（受）章桂堂名目四都十保土名蓮家井，係爲字六百二十六號，計山三十五畝加九畝一角有零。其山東坑，西夅，南塢口小壟，北向家坑口。與叔鍍六、舍安等相共。自情願將本家十二（分）〔份〕中該得一（分）〔份〕籍山地並在山苗木，盡數立契出湊賣與共業人章德亮名下爲業。當面議時值價銀二錢五分整，在手足訖，其契價當日兩相交付。其山地，即無家外人典賣（之）〔在〕先，來歷、分法一切不明，賣人之當，不干買人之事。自成〔交〕之後，各無悔異。如先悔者，甘罰契内銀與不悔人用，仍依此契爲準。其山見是胡白等栽（基）〔坌〕苗木在山。今恐無憑，立此文契爲用。

弘治十五年十一月二十七日立契人　章蒙清（押）契。

見　人　汪　忠（押）。

《明清徽州社會經濟資料叢編》第二集《弘治十五年祁門僧人元亨賣山赤契》五都珠溪寺僧元亨，今爲户門無錢用度，自情願將本寺經理荒山三號，俱坐落六都六保，土名白茅坑。一處白茅坑嶺下，計山五十畝，係經理夜字三十九號。一處白茅坑口，計山四十八畝，係經理五十二號、五十四號。各號四至，自有該保經理可照。其山原與十七都周五宗相共，見賣與程昂管業。本寺三（分）〔份〕合得一（分）〔份〕，元亨十八（分）

〔份〕中該得分籍一（分）〔份〕。山骨並在山大小苗木，自情願盡數立契出賣與六都程昂名下湊片爲業。面議時價銀二兩，其價並契當日兩相交付明白。其木未賣之先，即無重復交易。如有來歷不明，並是賣人之當，不涉買人之事。自成〔交〕之後，各無悔異。如先悔者，甘罰銀五錢與不悔人用，仍依此契爲準。今恐無憑，立此文契爲照。

弘治十五年十二月初二日立契僧　元　亨（押）契。

中見人　程社祐（押）。

《明清徽州社會經濟資料叢編》第二集《弘治十六年祁門程舟乞賣山地赤契》　西都程舟乞，有民□山一備，坐落本都九保，土名冷水堀前老虎彎，係經理民字□號，共計山地□畝。新立四至：東至大溪及蘆金塢口，西至張山，南至田及溪，北至大嶺降。四至内山地，本邊六大（分）〔份〕中合得一（分）〔份〕，自情願將本邊分法四（分）〔份〕中内取山三（分）〔份〕；又將彎内自己用本開得地畝，盡數立契出賣與同都季鄢名下爲業，面議時值價白銀八錢，其價並契當日兩相交付。未賣之先，即不曾與家外人重復交易。如有來歷及分法一切不明，並是賣人之當，不及買人之事。成交之後，各不許悔。如悔者，甘罰銀三錢與不悔人用。今恐無憑，立此文契爲用。

弘治十六年正月二十日立契人　程周乞。

依口代書人　程佛乞。

《明清徽州社會經濟資料叢編》第二集《弘治十六年吴烈賣田赤契》　一都吴烈，用價買受本都李沐民田一備，坐落本都三保，土名湖九百洲店前，係經理谷字□號，計田九分有零。其田新立四至，東至李汪田，西至李漢等田，南至李漢等田，北至吴李田，今將前項四至内田，〔今〕自情願盡行立契出賣與同都吴賞名下。面議時值價白銀一十六兩五錢，其價並契當日兩相〔交付〕明白，契後再不立領。未賣之先，即無重復典賣交易，如有來歷及一切不明等事，並是賣人之當，不及買人之事。今從賣後，一聽買人入田收租，永遠管業。所有税糧，候造册之年，聽自於本户起割民田前去入户供解，本家即無言説。今恐無憑，立此文契爲用者。所有來脚契文，隨時繳付，立此爲用。

弘治十六年三月初一日立契人　吴烈（押）契。

《明清徽州社會經濟資料叢編》第二集《弘治十六年章世安等賣山地赤契》　十二都章世安，同弟世豪、世興、世負，今將承祖（户）〔父〕章遺通經理山一號，坐落四都十保，土名左坑，係爲字二百六十五號，計山一百一十畝零。東至小嶺彎心，西壟上峰，南至塢頭，北至坎。四至内山地與侄瑄光相共。今爲無錢用度，自情願將本家兄弟八（分）〔份〕中合得一（分）〔份〕籍山地，盡數立契出賣與同都住人章德亮名下爲業。面議時值細絲銀五錢正，在手前去，價契當日兩相交付。其山地未賣之先，即無〔與〕家外人重復交易，倘一切來歷不明，賣人自管，不干買人之事。成〔交〕後各無悔異，如先悔者，甘罰銀三錢與不悔人用，仍依此契爲準。今恐無憑，立此文契爲照。

弘治十六年八月初四日立契人　章世安（押）契。

同賣弟　章世豪（押）。

章世興（押）。

章世負（押）。

依口代書侄　章　大（押）。

《明清徽州社會經濟資料叢編》第二集《弘治十七年祁門李淮賣山赤契》　十一都李淮，承祖並買山一片，坐落本都土名麻榨後山，新立四至：東至李濟等虎石山企彎直上，西至白石坑口隨壟直上，南至新開路，北至降。其山骨並苗木，四至内本邊四（分）〔份〕内合得一（分）〔份〕，今自情願將前項四至内山骨並苗木，盡行立契出賣與弟李汎名下。面議時值價銀五兩整，其價契當日兩相交〔付〕，契後不再立領。今從賣後，一聽買人永遠管業。未賣之先，即無重復典賣交易。如有來歷不明，並是賣人之當，不及買人之事。今恐無憑，立此文契爲用。

弘治十七年三月廿四日立契出賣人　李　淮（押）契。

見　人　張宗良（押）。

其契内山及地，淮公房祖塚纍纍，其山分籍著明。房陸續收全，於崇禎十年三月十九日得價轉贖與價、貴、燮三房管業，以保祖塚。立此存炤。李秉正批（押）。

《明清徽州社會經濟資料叢編》第二集《弘治十七年祁門方怡等賣山赤契》　六都方怡同弟方全等，今有共承祖納糧山場一號，坐落本都九保，土名干莊江桐丘田路塝上。又將承祖〔祖〕户山一號，坐落七都十保，土名梨淇冲莊邊，與本都故民方果等山場妻墳相連。其山二號，本家故曾祖方景福與故曾祖方道福、方真福三人相共，三大（分）〔份〕中，怡、全等合得一大（分）〔份〕。其山二號字號、畝步四至，自有各保經理可照。今怡、全等自情願將前項二號山場，該得號内一大（分）〔份〕分籍，山骨並山脚地，在山苗木，八至内山地分籍一大（分）〔份〕，即無保留，盡數立契出賣與同都陳儼俗二人名下爲業。面議時價白銀一兩五錢整，其價並契當日兩相交付明白。此山二號，未賣〔之〕先，即無家外人重復交易。來歷不明，賣人承當，不涉買人之事。自成〔交〕之後，各不許悔。如先悔者，甘罰銀五錢（）如〔與〕不悔〔人〕用，仍依此契爲準。所有稅糧後〔候〕造册日，聽自買主收割入户供解，本家即無言說。今恐無憑，立此文契爲用。

弘治十七年五月二十六日立契人　方　怡（押）契。

同賣人正筆　方金（押）。

侄　方馬保（押）。

方福保（押）。

中見人　程比進（押）。

《明清徽州社會經濟資料叢編》第二集《弘治十七年謝本茂賣山地白契》　十西都謝本茂、謝榮茂二大房人等，今有承祖標分得共有山地一片，坐落本保言塘，土名隱將嶺，係經理吊字□號，其山畝步四至，自有該保經理可證。今將前項山地，盡數立契出賣〔與〕同都謝景洪名下爲業。面議時值價白銀二兩二錢八分正，其價並契當日兩相交付。來歷不明，並是賣人之當，不涉買人之事。自成交之後，二家各不許悔，如先悔者，甘罰白銀五錢與不悔人用，仍依此契爲準。今恐無憑，立此文契爲照。

內添標分得、白四字

弘治十七年十月十五日立契人　謝本茂（押）契。

同賣人　謝榮茂（押）。

代書人　謝榮茂（押）。

再批：謝則成原買契字一紙，又原買謝禎祥、謝榮祥、謝應祥、謝永祥、謝勝員契字一紙，隨時繳付。又買謝則賢、胡仕恭契字一紙，與別產相連，不及繳付，日後要用之日，賫出照證無詞。謝煥批（押）。

《明清徽州社會經濟資料叢編》第二集《弘治十七年謝景輝賣田赤契》

十西都謝景輝，今有標分得田二丘，坐落本保言塘，土名坳上山下田，丈量實田一百一十步整，其田新立四至，東北至景洪田，西至胡乞田，南至山。今將前項四至內田，盡數立契出賣與兄謝景洪名下爲業，面議時價白銀一十兩整，其價並契當日兩相交付。未賣之先，即不曾與家外人重復交易，來歷不明，賣人之當，不涉買人之事，其田好歹，買人親見。所有上手文契未及繳付，日後要用，賫出明證無詞。自成交之後，二家各毋悔易，如悔者，甘罰價銀二兩與不悔人用，仍依此文爲始。今恐無憑，立此文契爲照者。

弘治十七年十一月初三日立契出賣人　謝景輝（押）契。

丈量中見人　葉　繁（押）。

章　佐（押）。

《明清徽州社會經濟資料叢編》第二集《弘治十七年談文忠賣山赤契》

十六都談文忠，今有五保土名東源，裏至源頭起，外至沙彎外龍，有父永讓本位分截，先將一半賣與叔永賢，（仍）〔剩〕有一半，談文忠四（分）〔份〕中合得一（分）〔份〕，並在山栽坌，得大小杉木苗，不計塊數，五坌四（分）〔份〕中合得一（分）〔份〕，盡數立契出賣與叔談永賢名下爲業。面議時價銀一兩二錢整，在手足訖，其價並契當（月）〔日〕兩相交付。其山來歷不明，賣人自理，不涉買人之事。未賣之先，與家外人即無重復交易。自成〔交〕之後，二家各不許悔。如先悔者，甘罰契內銀五錢與不悔人用，仍依此契爲始。今恐人心無憑，立此契爲照者。

弘治十七年十一月二十七日立契人　談文忠（押）契。

主盟父　談永讓（押）。

中見代書人　談文顯（押）。

《明清徽州社會經濟資料叢編》第二集《弘治十八年葉文泰等賣山地赤契》　十三都葉文泰同弟文正，今有承祖山場二號，坐落本保，土名中央坑上山培。今無錢支用，自情願〔將〕其山地骨並栽坌苗木〔今將〕本（役）〔股〕分數，盡數立契出賣與戴珏名下。面議時價白銀一兩一錢整，在（首）〔手〕前去。成交之後，各無悔（意）〔易〕。前項四至畝步字號，照依本保經理（如）〔爲〕始。未賣之先，即無家外重復〔交易〕。今恐無憑，立此文契爲用。

弘治十八年九月二十三日立契人　葉文泰（押）契。

同賣弟　葉文正（押）。

依口代書人　戴義琥（押）。

見　人　戴仕顯（押）。

《明清徽州社會經濟資料叢編》第二集《弘治十八年鄭祇瑾等賣莊基地白契》　十五都鄭祇瑾同弟極瑾、侄志□，承祖買受價祖產莊基地貳號，坐落本都六保，土名黄才乙基地及住前四圍園地，經理係萬字□□號、□□號，本家（叔）〔因〕管業不便，自情願將本家十二（分）〔份〕中合得一（分）〔份〕，盡數立契出賣與同都人鄭安信分下子孫名下爲業，面議時價□□銀一兩二錢整，其價並契當日兩相交付。來歷不明，賣人自理，不干買人之事。未賣之先，與家外人並無重復〔交易〕。今恐無憑，立此爲照。

弘治十八年十一月二十九日立契人　鄭祇瑾（押）契。

同弟　極瑾（押）。

侄　志□（押）。

《明清徽州社會經濟資料叢編》第二集《正德元年章蘇賣田赤契》

十二都章蘇，今自情願將承祖田二號一處，坐落本都一保，土名黄山坑，共約計租三拾秤，〔爲祖〕本位合得分籍，計（祖）〔租〕四秤；又將一保土名火伯坑租□□丘，共計租六秤，本位該得二秤；又將十三都一保土名佛塘坑高塢，在山老嫩苗木並山，本位十五（分）〔份〕中該得一（分）〔份〕，前項内二處〔租〕田租係章蘇該得分籍，盡數立契出賣與同都章廷用名下爲業。當日三面議定時價文銀九兩整，在手足訖，其價契兩付明白。其田山未賣之先，即（無）家外人重復交易，來〔歷〕不明，賣人承（管）〔當〕，不干買人之（當）〔事〕。成交之後，各不許悔，如悔者，甘罰銀一兩入官（工）〔公〕用，仍依此契爲始。今人少信，立此文契爲照用。

所有税糧，見在本户候造册，之日，聽自買人收税入户供解。

正德元年三月初三日立賣契人　章　蘇（押）契。

依口代書人　章　繼（押）。

中見人　京　貫（押）。

《明清徽州社會經濟資料叢編》第二集《正德元年鍾振杰賣地赤契》

三十都鍾〔振〕杰，同侄兆生，今將承祖户下有地一號，坐落九保，土名墩頭，係業字五百七十一號，共地一分二釐五毫。其地東西四至，自有保簿（該）〔記〕再（載）明白，不（在）〔再〕開寫，文内取地一釐有零。今來缺物支用，自情願將前項四至内取地盡行立契出賣與同都人汪宗付名下。三面議時值價白銀一錢二分整，其價當日收足。其地今從出賣之後，並無重復交易，如有來歷不明，一切等事，並是出賣人之當，不及買人之事。所有税糧，見在本户，候造册之日，一聽買人收遷入户，本家即無難異。今恐人心無憑，立此出賣文〔契〕爲用。

正德元年二月二十四日立契賣人　鍾振杰（押）契。

鍾兆生（押）。

今領去契内價銀，並收足訖，同日再批（押）領。

正德四年正月二十八日，鍾振宗將同號該地五毫有零盡行出賣，立此爲照（押）。其價銀六分，當收足訖。

代筆人　鍾福才（押）。

代書　鍾振才（押）。

《明清徽州社會經濟資料叢編》第二集《正德二年鄭明倫等賣住基地白契》　十五都鄭明倫、同弟侄黨倫、叙倫、鄭鐸等，今有祖產住基地一號，並承祖買受得黄才一自住基地一號，坐落本都六保，土名藍溪源。黄家住基係萬字一百廿七號、廿八號，前項基地並住後山，本家四（分）〔份〕中該得一（分）〔份〕，盡數立契出賣與鄭安信分下子孫爲業。當日面議時價文銀二兩六錢正，在手足訖。其價並契當日兩相交付。來歷不明，賣人自理，不涉買人之事。所有税糧，候造册之年，照依其地畝步多寡收割入户供解。今恐無憑，立此文契爲照。

正德二年二月初一日立契人　鄭明倫（押）契。

書契同賣人　黨倫（押）。

叙倫（押）。

中見人 憲倫（押）。
鄭鐸（押）。
□滿（押）。

《明清徽州社會經濟資料叢編》第二集《正德二年饒昶等賣田赤契》

在城一圖饒昶同弟饒旭等，共承祖標分水田一處，坐落五都五保，土名塘塢，係經理水字□等號，東、西、北至山，南至塘，四至內田荒熟共計二十畝，今將本家兄弟合得一畝，盡數立契出賣與五都洪大名下六分爲業。面議時值價銀七兩五錢整，其價並契當日兩相交付。其田未賣之先，即無家外人重復交易，如有來歷不明，賣人之當，不係買人之事。自成〔交〕之後，各不許悔，如先（侮）〔悔〕者，甘罰銀二兩入官公用。所有税糧，候造册之日，聽自買主收割入户供解。今恐無憑，立此文契爲照。

正德二年四月二十八日立契人 饒昶（押）。
饒旭（押）。
饒昂（押）。
饒杲（押）。
中見人 畢六乞（押）。
謝琦（押）。
饒璞（押）。
汪志宗（押）。

《明清徽州社會經濟資料叢編》第二集《正德二年祁門吴悦賣山赤契》

十一都吴悦，承祖父（摽）〔標〕分得山一片，坐落本都三保，土名大港山大聖彎，係經理谷字□號，約計山□畝，其山新立四至：東至大聖壠直上至尖，西至墳彎心，南至田，北至降。今將前項四至內山地並苗，本邊六大（分）〔份〕中合得一（分）〔份〕，盡行立契出賣與吴祒名下。面議時價白銀三錢整，其價並契當日兩相交付，契後再不立領。其山未賣之先，即無與家外重復交易。如有一切不明，並是出賣人之當，不及買人之事。今從賣後，一聽買人永遠管業，本家即無言説。今恐無憑，立此爲用。

正德二年六月十八日立契人吴悦（押）契。

其契內前項山，憑中得價，盡行出賣與侄奎文名下爲業。今將老脚二紙，隨即交付，未另立契。日後倘本家仍有契文撿出，不再行用。

康熙六十一年五月廿五日叔 兆昇（押）。
見中叔 殿臣（押）。
代筆叔祖 其章（押）。

《明清徽州社會經濟資料叢編》第二集《正德二年祁門汪盱賣地赤契》

十一都汪盱，今有承父山地一塊，坐落本保，土名蕎山彎。新立四至，東、西至山，南至塢口，北至彎頭，本邊六大（分）〔份〕中一（分）〔份〕。今將前項四至內地，盡行立契出賣與章添保名下。面議時值價銀一錢整。今從賣後，一聽買人鋤種，永遠管業。其價、契當日兩相交付，契後不再立領。所有家外人等攔〔占〕，一切不明等事，並是賣人之當，不及受買人之事。今恐無憑，立此文契爲照。

正德二年十二月十五日，立賣契人 汪 盱（押）。
見 人 章泰才（押）。

嘉靖二年八月初九日，章進付今將前地，照依原價，轉賣與汪時名下爲業，（押）。

《明清徽州社會經濟資料叢編》第二集《正德三年張阿許賣地赤契》

三十一都張阿許，承祖圖分有地一備，坐落本都六保，土名大墻，係學字一千四百六十九、七十、七十一號，內合得地二分二釐五。其地新立四至，東至大路，西至張迪地，南至張碩地，北至張杰地。今爲户役欠用，自情願將前項四至內地骨本邊合得，盡行立契斷骨出賣與張植兄弟名下。憑中面議，時值價紋銀十兩整。其價、契當日兩相交足。其地今從出賣之後，一聽買人收苗受税，永遠管業。未賣之先，即無重復交易及家外人占攔。一切不明等事，並是賣人之當，不及買人之事。所有税糧，候造册之日，聽自張侃户起割前去，本家即無異説。今恐無憑，立此賣契爲照。

正德三年十月十七日立賣契人 張阿許（押）契。
中見人 吴 和（押）。
依口奉書人 張 碩（押）。

今領契內價銀並收足訖，同月日再批（押）領。

《明清徽州社會經濟資料叢編》第二集《正德三年祁門汪佐賣山地赤契》

三四都汪佐，今爲無錢支用，自情願將承祖標分得山地二號，坐落本都四保，土名苦行坑口裏彎，山一畝，地一角，經理係閏字五百八號。其山新立四至，東西壟份水，南至降，北至田；又將閏字七百九號，土名坳下，山一畝十步，東、西汪鎮山，南降，北至官路。其山八至內四份中，汪佐合得一（分）〔份〕山。其山大小苗木，盡行立契出賣〔與〕叔汪璇名下爲業，面議時價文銀一兩一錢整，在手前去。其契並價當相〔日〕交付，即無重復交易。自成交之後，各無悔異，如先悔者，甘罰銀三錢與不悔人用，仍依此文爲始。今恐無憑，立此文契。

正德三年十月二十一日立契人　汪　佐（押）契。

見人　汪　暉（押）。

汪　珙（押）。

《明清徽州社會經濟資料叢編》第二集《正德三年鄭希等賣莊基白契》

十五都鄭希同弟鄭罕、侄鄭懷、鄭祝，今有承祖莊基一所，坐落本都六保，土名餘進住基並住基上下園地，經理係萬字一百五十號，計地三畝二角三十步；一百五十一號，計地一畝四十三步；又住基後山二號，經理係二百三十六號；又土名樟木嶺，下山十畝；又二百三十七號，土名杉木培，山半畝，四至並照本保經理爲始。其山地本家弟侄俱承祖分籍，鄭希、鄭罕共四十八分中一分，鄭懷、鄭祝，九十六分中一分。今爲無錢用度，將前項各人該得分莊基園地山場分籍，盡數立契出賣與本都鄭安信分下子孫爲業，面議時價文銀九錢九分整在手足訖，其價並契當日兩相交付。其山地未賣之先，與家外人即無重復交易。來歷不明，賣人自理，不係買人之事。所有稅糧候造册之年，聽買人收至入户供解無詞。今恐人心無憑，立此契爲用者。

正德三年十二月十三日立契人　鄭希（押）契。

同賣弟　鄭罕（押）。

同賣侄　鄭懷（押）。

鄭祝（押）。

遇見人　鄭仕琰（押）。

《明清徽州社會經濟資料叢編》第二集《正德四年傅社芳賣地赤契》

二十五都五圖住人傅社芳同弟社佛，今爲見年均徭，欠少支用。自情願將承祖經理陰字□號下地陸步，計稅弍釐伍（毛）〔毫〕，坐落土名前邊林。其地東至李義榮地，西至買人衆地，南至啓高地，北至義榮地。今將前項四至內取地弍步，出賣與本圖李茂、李義、李達、李昂四人名下。三面議定時值價文銀陸錢正，其價當成契日一併收足，既無欠少，亦無準折。其地自賣之後，聽從買主便行管業，收苗、受稅。其地未賣之先，即不曾與他人重復交易，如有內外親房人攔占，並是出產人之當，不及買主之事。其稅糧，候造册之年，於本户下過割，即無難異。今恐人心無憑，立此文契爲用。

正德四年正月十五日立契出產人　傅社芳（押）契。

同弟出產人　社佛（押）。

依口代書人　江法（押）。

《明清徽州社會經濟資料叢編》第二集《正德四年李梅賣田赤契》

十一都李梅，承父標分得民田一備，坐落東都三保，土名大塝山堪八塢口，係經理谷字□號，計田一畝二分，與侄相共，其田新立四至，東至吳家田，西至墩外地，南李家田，北至路；又塘一所。今將前項四至內田，本邊該得一半，並塘該得（分）〔份〕數，自情願盡行立契出賣〔與〕本都吳名下，面議時價白文銀一十兩整，其價並契當日兩相交付，契後再不立領。未賣之先，即無重復交易，如有一切不明，並是賣人之當，不及買人之事。今從賣後，一聽買人永遠管業。所有稅糧，候造册之年，聽自於本户起割，前去入户供解，本家即無言說。今恐無憑，立此文契爲用。

正德四年二月廿七日立契人　李　梅（押）契。

見　人　吳晚興（押）。

《明清徽州社會經濟資料叢編》第二集《正德四年章蒙清賣山赤契》

十二都章蒙清，今爲户役無錢支用，自情願承祖章鑾孫（摽）〔標〕受章桂堂名目經理四都九保土名張坑源大倍山蘆樹彎，並祖户貴通土名汪三□，結（自）〔字〕八百二十八號、八百二十九號、八百三十號、八百三十一號、八百三十六號、八百四十四號、八百四十六號，與兄章佑本相共，本家十二（分）〔份〕中該得一（分）〔份〕（箱）〔籍〕山地，盡數立契〔出〕凑賣與共業兄章德亮名下爲〔業〕。當面議〔還〕時價銀一錢五分，在手足訖，價契當日兩相交付。其山地未典賣之先，即無家外人重復交易。如有一切不明，賣人自行（成管）〔承當〕，不涉買人之事。成

〔交〕後，各無悔（異）〔易〕，如先悔者，甘罰契内銀與不悔人用，仍依此契爲（如）〔準〕。所有原（摽）〔標〕受文簿，係章瑄收貯，日後有爭，自行賫出同衆照正無詞。在山主力笛（苗）木，並聽買人照（分）〔份〕管業。今恐無憑，立此文契爲用者。

正德四年十月十八日立契人　章蒙清（押）契。

見人　章　瓊（押）。

《明清徽州社會經濟資料叢編》第二集《正德四年章瓊賣山地赤契》

十二都章瓊，今爲户役無錢支用，自情願將承祖章鑾孫標受章桂堂名目經理，四都九保土名張坑源、大排山、蘆樹彎，並祖（户）〔父〕貴通名目，土名汪三公坟，結字八百二十八號、八百二十九號、八百三十號、八百三十一號、八百三十六號、八百四十號，與賣業人德亮等相共，本家八大（分）〔份〕中合得二（分）〔份〕籍，前項號内山地，盡數立契出賣與共業弟章德亮名下爲業。當面議（還）〔定〕時值價細絲銀叁錢正，在手足訖前去，價契當日兩相交付。其山地未賣之先，即無家外人重復交易，如有一切不明，賣人自行承（管）〔當〕，不涉買人之事。成〔交〕後各無悔易，如先悔者，甘罰契内〔銀〕壹錢與不悔人用，仍依此契爲準。所〔有〕原標受文簿，章瑄收貯〔藏〕，日後要用，自行賫出照證無詞。今恐無憑，立此文契爲用。

正德四年十月二十日立契人　章瓊（押）契。

見人　章瑄（押）。

《明清徽州社會經濟資料叢編》第二集《正德四年章賢清賣山地赤契》

十二都章賢清，今爲無錢用度，自情願承祖章鑾孫標受章桂堂名目經理，坐落四都九保，土名張坑源、大培山、蘆樹彎，並祖（户）〔父〕貴通〔名目〕，土名汪三公坟裏塘坑，八百二十八號、二十九〔號〕、三十號、三十一號、三十六號、八百四十四號、八百四十六號，與章祐等相共，本家二十四（分）〔份〕中該得壹（分）〔份〕籍山地，盡數立契〔出〕湊賣與共業兄章德亮名下爲業，面議還時價銀玖分整，在手足訖，其價契〔錢〕當日兩相交付。其山地未賣之先，即無家外人重復交易，如有一切不明，賣人自行（成）〔承〕（管）〔當〕，不涉買人之事。自成〔交〕之後，各無悔（意）〔易〕。如先悔者，甘罰契内銀與不悔人用，仍依此文爲始。今恐無憑，立此文契爲用。

正德四年十一月十六日立契人　章賢清（押）契。

依口代筆人　章瑄（押）。

再批：所有原標受文簿，章瑄收貯，日後有用，自行賫出照證無詞。在山主力苗木，並聽買人管業。

《明清徽州社會經濟資料叢編》第二集《正德五年姚奇瑞賣田赤契》

二十三都住人姚奇瑞，今爲缺少支用，自情願將原買到三圖程如海户下一則民田，大小二丘，坐落土名銀瓶丘，係禍字□號，共計税叁畝柒分有零，每年上租叁拾貳秤。其田東至山，西至路，南至吴宅田，北至程宅田，本家合得捌分肆釐，每年上實租柒秤，盡行立契出賣與同都人吴永昂名下，三面議取時值價白文銀壹拾壹兩伍錢，其銀當成契日一併收足。其田今從出賣之後，一聽買人自行管業，收苗受税。如有内外人攔占及重復交易，並是出賣人祇當，不及買人之事。所有税糧，候至過割，本户起推，即無難（易）〔異〕。今恐人心無憑，立此契文爲照。

正德五年二月十九日立契人　姚奇瑞（押）契。

見人　程　鸞（押）。

姚　洪（押）。

吴　志（押）。

前項契内價銀當成契日隨手一併收足。再批爲照。（押）。

《明清徽州社會經濟資料叢編》第二集《正德五年祁門謝芝等賣山赤契》

十西都謝芝同弟謝芳，共有承祖山骨一號，坐落八保，土名本家住後山，係經理字□號。其山四至：東、西至謝田，南至本家基地，北至尖。其山與伯謝祐等相共，本身兄弟通山大十二（分）〔份〕中合得一（分）〔份〕。今爲母親在堂，日食難度，自情願將前合得分法山地骨並竹木等樹，盡行立契出賣與同都謝名下爲業。面議時價紋銀二兩，其價並契當日兩相交付。未賣之先，即無家外人重復交易。來歷一切不明，並是賣人之當，不及買人之事。其山自賣之後，聽自買主長養竹木等事，賣人不得阻（當）〔擋〕私〔自〕砍。如有阻（當）〔擋〕私〔自〕砍，聽自買人賫文告理。成交之後，各不許悔，爲（如）有悔者，甘罰銀五錢與不悔人用，仍依此文爲（使）〔始〕。今恐無憑，立此文契爲用。

所有祖墳本家全留。

正德五年二月二十五日立契出賣人　謝　芝（押）契。

同賣弟　謝　芳（押）。

主盟母　余　氏（押）。

《明清徽州社會經濟資料叢編》第二集《正德六年吴全關賣山赤契》

十七都三圖住人吴全關今來缺支用，自情願將山一片，坐落土名色源大埃頭，係潔字三百九十八號，計税三分。其山東至降尖，西至路，南至程宅買主山，北至金宅山。除本家祖墳二穴外，將四至内山並大松木八根、中様松木六根、小様松木□根，盡行立契出賣與二十五都八圖程慶生、福生名下。三面議定時值價白紋銀四兩整，其銀當成契日一併交收足訖，别不立領札。其山今從出賣之後，一聽買人自行聞官管業，收苗受税（如）〔爲〕定。如有内外人攔占，及重復交易、一切不明等事，盡是賣人之當，不及買人之事。所有税糧候至造册之年，本當推出，即無異説。今恐人心無憑，立此契文爲用。

正德六年九月十五日立契出賣人　吴全關（押）。

憑中人　江　希（押）。

造册時，眼同到山，須四至□定，只有山税一分一釐。再批爲照。（押）。

今從契内價銀盡收足訖。同年月日。再批爲照。（押）領。

《明清徽州社會經濟資料叢編》第二集《正德七年黄鎰賣田赤契》

在城黄鎰，今自情願將受批到同市饒希淵坐落五都，土名塘塢五保，係經理水字□號，其田新立四至，東、西至山，北至山，南至田，共田一十畝零，與堯雲、謝汪嵩等相共，四至内，本身合得分籍田二畝，盡數立契出賣與五都洪名下爲業。面議時值價紋銀一十四兩在手足訖，其價並契當日兩相交付明白。其田未賣之先，即無家外人重復交易，來歷不明，賣人之當。（所有）自成（交）之後，二家各不許悔，如先悔者，甘罰銀五兩入官，仍依此契爲準。所有税糧，隨時推割。今恐無憑，立此文契爲照者。

正德七年四月十三日立契人　黄　鎰（押）契。

中見人　畢　璲（押）。

謝　琦（押）。

係黄崗塘塢六分契。

《明清徽州社會經濟資料叢編》第二集《正德七年胡志榮賣山赤契》

十四都胡志榮，今無錢用度，自情願將承祖買受山一號，坐落本都一保，土名庫坑分小坦，計山十五畝，係胡義雲名目經理，本位六（分）〔份〕中該得一（分）〔份〕，計山二畝五分，盡數立契出賣與同都王名下爲業。當日面議時價文銀五錢八分□釐，在手足訖，其價並契當日兩相交付。其山未賣之先，即無家外重復交易，來歷不明，賣人（成）〔承〕當，不涉買人之事。自成交之後，二家各無悔易，如有悔者，甘罰銀一錢與不悔人用，仍依此文（如）〔爲〕始。所有字號畝步四至，自有本村經理可照。所有上手文契（與）别契相連，未曾繳付。今恐無憑，立此文契爲照者。

正德七年十二月初二日立契人　胡志榮（押）契。

中見人　胡志興（押）。

《明清徽州社會經濟資料叢編》第二集《正德八年祁門黄志權等賣山赤契》

三十四都黄志權同弟志得，今爲母親無錢齋殯，自情願將承祖買受山三號，俱坐落三都八保，土名梨藏塢、浮舟塢、梨木塢，共三處。兄弟二十（分）〔份〕内該（得）一（分）〔份〕。山骨並浮木，盡數立契出賣與同都汪子清、汪子淇名下爲業。面（議）時價文銀二兩二錢整，在手前去，其價並契當日兩相交付。其山未賣之先，即無家外人重復交易，來歷不明，賣人（成）〔承〕當，不干買人之事。自成（交）之後，各不許悔，如悔者，甘罰銀一兩與不悔人用，仍依此文爲始。所有畝步字號四至，照本都經理。其梨藏塢，是父已同黄志護栽坌力坌一塊，亦在契内。今恐無憑，立此爲照。

正德八年十月二十六日立賣契人　黄志權（押）契。

黄志得（押）。

依口代書人　汪　焦（押）書。

中　人　黄　志（押）。

再批：萬曆五年九月初一日用價取回。此照。

再批：契内三十一將梨倉塢山出賣與胡姓。（此）（炤）〔照〕。

《明清徽州社會經濟資料叢編》第二集《正德九年鄭丕妻康氏賣地赤

契》 十五都鄭不妻康氏，今有承夫祖業並買受鄭七、鄭禮分籍地一號，坐落本都三保，土名奇嶺源北岸大橋頭，係不字七百九十一號。計地六分一釐七〔毛〕〔毫〕。東至鄭良瑞等現買鄭疇住基，西至直路，南至坑，北至鄭英才地。其地與鄭克常、克韶相共，本家一半，計地三分八毫半；承夫祖産四十五〔分〕〔份〕中得一〔分〕〔份〕，該得地七毫；又夫同叔鄭隆買得鄭七、鄭禮分籍，該地三釐一毫，本夫該〔得〕地一釐五毫五系。並祖産共該地二釐二毫五，其地叔鄭隆祖産並買受分籍，先年賣與鄭良瑞等爲業，本夫前地祖産並買受地二釐二毫五系。因夫離家年久，少欠食糧，憑侄鄭旦等，將前項地，盡數立契出賣與同業人鄭良瑞叔侄名下爲業。面議時價文銀二兩二錢整，在手足訖。其價、契當日兩相交付。來歷不明，賣人自理，不涉買人之事。所有税糧，候造册之年，聽自買主收割入户解納無詞。今恐無憑，立此文契爲用者。

正德九年四月九日立契婦　鄭不妻康氏（押）契。

見侄　鄭　旻（押）。

依口奉書侄　鄭　旦（押）。

《明清徽州社會經濟資料叢編》第二集《正德十年朱志昂賣屋基田赤契》 二十七都住人朱志昂，今爲户役軍需無辦，自情願將承父田一號，坐落土名井丘，係似字五百三十二號，計田二分四釐。其田新立四至，東至路，西至朱志遠田，南至路及朱志遠田，北至自地。今將前項四至内田，盡行立契斷骨出賣與同里人朱志惠名下。三面議取時值價文銀二兩五錢整，其銀當成契日一併收〔訖〕，別無領札。其田今從出賣之後，一聽買人聞官收苗受税管業爲定。其税糧，候造册之年，本户自行推入買人户内，即無異説。其田倘有來歷不明、及重復交易，一切不明等事，俱是出賣人祇當，不涉受買人之事。今恐人心無憑，立此出賣文契爲用。

正德十年閏四月二十一日，立契出賣人　朱志昂（押）契。

見　人　朱辰宗（押）。

今隨領去契内價銀並收足訖，同日再批（押）領。

此契係是屋基田。

《明清徽州社會經濟資料叢編》第二集《正德十一年歙縣胡英賣基地自契》 歙縣十八都四圖住人胡英，因無錢使用，自情願憑中，將承祖良字□號下地，坐落廳背後。其地東至第二重高塝，西至廳屋滴水爲界，南至胡可大，北至舊花壇水溝。其地四至内〔地内〕取英名下一步五分，立契出賣與□都一圖吴克信名下爲業。三面議定時值價銀十兩整，其銀當成契日，一併交收足訖，〔即〕〔既〕無欠少，亦無準折。其地在先即無與他人重復交易，倘有内外人攔占，並是出産人之當，不干買人之事。其税糧候造册之年，聽從買人收税入户支解，本家即無難異。其地聽從買人管業，所有契内價銀，當日盡行收訖，不再立領。今恐人心無憑，立此契爲照。

正德十一年六月初七日自情願立契出賣人　胡　英（押）。

胡　純（押）。

胡思昊（押）。

胡希明（押）。

胡思漢（押）。

胡希玉（押）。

《明清徽州社會經濟資料叢編》第二集《正德十二年祁門李琴賣基地赤契》 十一都李琴，承祖有基地一片，坐落本都二保，土名梓木源口，係經理□字□號。其地新立四至，南至李操兄弟地，西至路，東至山，北至李漢等地。其四至内，本邊該分内取基地六十步，出賣與叔李名下爲業。三面議作時值價銀三十一兩六錢正，其價並契當日兩相交付，契後不再立領。未賣之先，即無〔重〕復典賣交易，如有一切不明，並是賣人之當，不及買人之事。今從賣後，一聽買人永遠管業。所有税糧，候造册之日，聽自起割前去供解，本家即無異説。恐後無憑，立此文契爲照。

正德十二年三月初一日，立契人　李　琴（押）契。

中見人　李　復（押）。

代筆人　李　松（押）。

李　操（押）。

《明清徽州社會經濟資料叢編》第二集《正德十二年祁門汪香等賣山赤契》 十五都汪香同弟兄汪璧、汪環、汪珦、汪琢，今共承祖並買受汪宏遠山場，二保，土名黄一坳。東至溪，西至降，南溪，北行路。今爲無錢用度，自情願將前項四至内山場並浮木，本位共該得十一〔分〕〔份〕

中合得二（分）〔份〕，盡數立契出賣與族叔公汪立之名下爲業。面議時價紋銀一兩整，在手足訖，其價並契當日兩相交〔付〕。未賣之前，即無重復交易。今恐無憑，立此文契爲照者。

前項山場内本位栽坌力坌松榴（苗）一塊，東羅還榴（苗）爲界，西坳南，盡在契内，並無存留。

正德十二年五月初七日立契人　汪　香（押）契。

汪　璧（押）。

汪　珦（押）。

汪　環（押）。

汪　琢（押）。

中見人　汪　大（押）。

《明清徽州社會經濟資料叢編》第二集《正德十二年鄭鍇賣山地白契》　十六都鄭鍇，今有祖産並買受山地，新立四至，東至鋪後壟，與倪〔桂〕立文埋石爲界〔治〕（下）〔西〕至克仁山壟分田界，南至路，北至夆。其山地坐落四保，土名張彎，本位八（分）〔份〕（忠）〔中〕合得一股。其山内除祖墳堆不賣，其餘山地並杉松等木，盡數立契出賣與本都倪盛桂名下爲業。面議時價文銀八錢正，在手足訖，價契兩付。自成交之後，二家各無悔易〔重付〕，如違，甘罰毋詞。今恐無憑，立此爲照。

其地，每年交地租豆一斗八升不計。

正德十二年十月廿五日立契人　鄭　鍇（押）契。

中見人　葉　政（押）。

《明清徽州社會經濟資料叢編》第二集《正德十三年胡阿方賣山地赤契》　十二都胡阿方，今有承祖胡桂高與嵩孫共業山地一備，坐落十三都七保，土名姚家塢，經理係一千二百號。今因夫久在外買賣，無錢用度，自情願將前項山地並苗木，盡數立契出賣與同都人胡德寬爲業。面議時價銀捌分正，在手足訖。其契、價當日兩相〔交〕付。其山未賣之先，即無重復交易。來歷不明，賣人之當，不涉買人之事。自成〔交〕之後，各不許悔，如先悔者，甘罰契内銀一半與不悔人用，仍依此文爲始。所有畝步四至字號，並照本保經理始爲。〔自成之後，各不許悔〕今恐無憑，立此文契爲照。

正德十三年正月二十三日立契人　胡阿方（押）契。

依口代書人　胡德理（押）。

中見人　胡德洪（押）。

胡德親（押）。

胡玄保（押）。

《明清徽州社會經濟資料叢編》第二集《正德十三年祁門李德璽等賣山赤契》　立賣契人李德璽、德政，今有山一備，坐落本都一保，土名七公山對排，係位字一千七百九十六號。東嶺，西雙塢口，南坑，北嶺；又同處一千七百九十七號，東舍基座前，西、南降，北塢心；又一千八百號，東山，西山，南降，北坑；又一千八百二號，東、西山，南降，北坑；又一千八百三號，東坑，西降，南嶺，北横培路口；又一千八百四號，東、西山，南降，北坑；又一千八百五號，東至前下塢心□，西長嶺分水，南降，北溪；又土名大坑頭，位字一千八百一號，東謝山，西、南謝山，北坑；又土名林家塢，位字一千七百九十九號，東、西山，南，北大降；又土名冷水塢，位字一千八百十六號，東嶺上降，西嶺上降，南坑，北路；又同處西培，位字一千八百十七號；又土名柿木塢，位字一千八百十九號，東大嶺，西雙坑口，南柿木塢頭，北田末；又同處一千八百二十號，東嶺，西山，南大坑，北横降；又一千八百二十一號，東大降，（南）〔西〕大嶺，南水川田口，北塢頭大降；又一千八百二十二號，東降，西塢口，南柿木塢，北山。通山承祖（摽）〔標〕分十分之一，今自情願將前山骨及在山苗木，盡行立契出賣與十一都族人珙名下爲業。憑中三面議作時值價白銀六兩三錢整，其契價當日〔交付〕明白〔訖〕，契後不再立領。未賣之先，並無重復〔交易〕。如有不明，是自（賣人）承當，不及買人之事。今恐無憑，立此賣契永遠存照。

正德十三年二月十八日立賣契人　李德璽（押）契。

李德政（押）。

中見親人　謝静軒（押）。

《明清徽州社會經濟資料叢編》第二集《正德十三年祁門謝甫賣住基地赤契》　十西都謝甫，今有承祖摽分得現住居基地一片，坐落土名坳下，係經理吊字□號。其地新立四至，東至山，西至永和地，南至永端

同賣人　鄭五保（押）。
鄭富昌（押）。
鄭榮昌（押）。
鄭用中（押）。
鄭自成（押）。
鄭自宣（押）。
鄭自復（押）。
中　人　許勝先（押）

《明清徽州社會經濟資料叢編》第二集《正德十四年胡阿周賣山地赤契》　十二都胡阿周，因夫在外買賣日久，無錢用度。自情願將承祖胡桂高與嵩孫共業山地一號，坐落十三都七保，土名姚家塢，經理一千二百號。今自情願將前山地並苗木，盡數立契出賣與同都胡德寬名下爲業。面議時價文銀四錢正，在手足訖，其價並契兩相交付。其山地未賣之先，即無重復交易。來歷不明，賣人之當，不涉買人之事。成交之後，各不〔許〕悔，如先悔者，甘罰契内銀一半入官公用，仍依此文爲始。四至字號畝步，俱照該保經理爲始。今恐無憑，立此文契爲照。

正德十四年正月十一日立契人　胡阿周（押）契。
奉書男　胡　標（押）。
中見人　胡　瑤（押）。
胡　理（押）。

《明清徽州社會經濟資料叢編》第二集《正德十四年胡玄保賣山地赤契》　十二都胡玄保，今有承祖胡桂高名目，並買胡嵩孫名目、胡子華、子周、友慶分籍，合得一半，俱坐落十三都七保，土名姚家塢，經理係一千二百號。今因無錢，自情願將〔山〕前項桂高並買受嵩孫山地，本位合得分籍並苗木，盡數立契出賣與同都胡德寬名下爲業。面議時價紋銀八錢正，在手足訖，其價、契當日相交付。其山地未賣之先，即無〔與〕家外人重復交易。來歷不明，賣人之當，不涉買人之事。成交之後，各不許悔，如悔，甘罰契内〔銀〕一半與不悔人用，然〔仍〕依此文爲始。所有畝步四至，並照本保爲始。今恐無憑，立此文契爲照。

正德十四年正月十八日立契人　胡玄保（押）契。

地，北至原故父永魁賣與永和地。今將前項四至内地，李家合得分法内取〔完〕地五步，自情願立契出賣與同都房侄謝榮名下爲業。當面議時值價紋銀二兩八錢整，其價並契當日兩相交付。其地未賣之先，即無家外人重復交易。一切來歷不明，並是賣人之當，不及買人之事。所有稅糧見在本户，候造册之年，聽自起割前去供解，本家即無言說。其地〔議〕在北邊原故父賣與永和地旁，丈量與榮湊便管業，本家即無〔言〕說。自成交之後，二家各不許悔，如先悔者，甘罰銀二兩與不悔人用，仍依此文爲始。今恐無憑，立此文契存用。

再批：其地〔係〕〔現〕謝浩厨屋在上，候本年九月間願拆屋□地。謝甫再批。

正德十三年三月二十六日立契出賣人　謝　甫（押）契。
中見人　謝　浩（押）。
謝　耿（押）。
謝　翰（押）。
謝　光（押）。

《明清徽州社會經濟資料叢編》第二集《正德十三年祁門鄭時中等賣山赤契》　十五都鄭時中，同弟鄭三保等六大房，共承祖鄭秀公名〔自〕〔目〕墳山一號，坐落十六都二保，土名車田源，下山二畝一角，經理係四字一千四百二十一號。東至平地，西至夆，南鄭其墳地横過，下至鄭堯明住地，隨塹轉上夆，北鄭均震住後左太公墳，上至夆。去年被鄰族燒燬房屋，無錢措辦造屋。六大房商議，將前項四至内，除祖墳一所、除樹木在外，其餘空閒山場，今衆情願盡數立契出賣與十六都倪文玘名下，前去阡造風水爲業。面議時價文銀六兩整，在手足訖，其價並契當日兩相〔交〕付。其山與家外人〔則〕無重復交易，所有房族不明，賣人自理，不干買主之事。自成〔交〕之後，二家各無悔易。如先悔者，甘罰銀二兩與不悔人用，仍依此契爲用。今恐人心無憑，立此文契爲照者。

正德十三年四月二十二日立契人　鄭時中（押）契。
鄭　侃（押）。
鄭友慶（押）。
鄭三保（押）書寫。

中見人　胡得廣（押）。
胡　静（押）。

《明清徽州社會經濟資料叢編》第二集《正德十四年祁門汪珪等賣山地赤契》　十一都汪珙、汪珪、汪琭，有祖母汪阿韓，母親謝氏，於正德十三年三月間，將六保土名朝山塢該分山骨並竹木，賣與汪時訖，係經理坐字七百九十一號。山地（仍）〔剩〕有號内開荒山脚平地，大小三塊，今托憑中人，情願將前地骨，盡行立契出賣與汪時名下爲業。面議時值價銀九錢正，其價契當日兩相交付足訖。其地自賣之後，即聽買人掘種收苗管業。未賣之先，即無重復典賣交易。如有來歷不明及家外人占攔一切等事，並是賣人之當，不及買人之事。今恐無憑，立此出賣文契爲用。

正德十四年二月十一日立契人　汪珙（押）。
珪（押）。
琭（押）。
見人　汪佳（押）。
中見人　章天隆（押）。

《明清徽州社會經濟資料叢編》第二集《正德十四年吴雲真等賣山白契》　十都四保住人吴雲真同弟□真，今將承祖户下山一片，坐落土名杉木塢，計山一分八釐八毫。吴眉合得三釐一毫，本家合得份數山一釐六毫，係民字一百二十號。東至降，西至鄭文匆山，南至降，北至水坑。今來本家缺少使用，自情願將前項四至内山，盡行立契出賣與同族人吴彦成名下。當日三面議作時值價銀四錢五分整，其銀當成契日一併收足。今從出賣之後，一聽買人自行管業，永遠爲定。如有内外〔人〕占攔及重復交易，一切不明等事，盡是出賣〔人〕祇當，不及無〔買〕人之事。其税糧候至造（用）〔册〕之年，本户聽從起割，本家弟男子侄即無阻（當）〔擋〕。今恐人心無憑，立此出賣文契爲照。

正德十四年二月十五日立契出賣人　吴雲真（鉀）。
主盟兄　吴齊真（押）。
同户兄　吴舍得（押）。

今就契内領去價銀並收足訖。同年月日再批（押）領。

《明清徽州社會經濟資料叢編》第二集《正德十四年祁門謝翰賣基地赤契》　十西都謝翰，今有承祖標分得基地一片，坐落土名坳下，係〔經〕理吊字□號。新立四至，東至垟溝，西景輝衆地，南至永高衆地，北至原本家賣與景輝、榮地。〔今將〕前四至内地本家與兄弟耿甫相共，翰願將己該分法取北邊連榮實界地二步五分整，立契出賣與謝榮名下爲業。當面議時值文銀一兩四錢二分整，其價並契當日兩相交付。其〔地〕未賣之先，即無家外人重復交易，如有一切不明，並是賣人之當，不涉買人之事，如有家外占攔，並是本身承當，不累及買人。所有税糧見在本户，候造册日，聽自起割前去供解，本家即無言說。自〔成〕交之後，各無悔異，如先悔者，甘罰銀五錢，與不悔人用，仍依此文爲始。今恐無憑，立此爲照。

再批：前地議將北邊景輝墻脚石横過南邊三尺一寸五分，裏外一同。

正德十四年五月初九日立契人　謝　翰（押）契。
領價男　謝　瑚（押）。
中見人　謝　甫（押）。

《明清徽州社會經濟資料叢編》第二集《正德十四年歙縣胡春茂賣田赤契》　十八都四圖住人胡春茂，今爲使用，自願將分得承祖良字□號民下田，坐落土名楓樹下塘第二基，其田相連三丘，計七分七釐，東至人行路並園，西至胡家山園，南至本家衆田，北至胡思敬田；又將南邊田園上水堨〔?〕一口，聽從修築澆灌；又將良字一千□號民山，約計一分零，民下田一分九釐□，開成田，大小二丘；又山成水堀一口，祺茂六分，合得一分，本身分得，俱係茂名下，坐落土名□布袋，東至胡次盛田，西至本家山並塘舍，南至本家山，北至希明衆園；又水堨〔?〕東至本家園並買人田，西至本家山，南至本家田，北至人行路，其田共契内二處大小五丘、水堨〔?〕二口。四至内，盡行立契出賣與本圖堂叔胡思濟名下爲業。當三面議定時值價銀一十二兩六錢整，其銀當成契日一併交收足訖，（即）〔既〕無欠少，（異）〔亦〕無準折。其田在先即不曾與他人重復交易，如有内外人攔占，盡是出産人之當，不及買人之事，本家子孫許取（讀）〔贖〕，其田山倘有字號畝步不明，自有四至挾定，其税糧，候造册之年，聽從本户起割，本家即無難異，所有契内價銀盡行收足，契後再不立領。今恐人心無憑，立此文契爲用。其契内二處田山水堀，共計八分二鼇，再批爲照。水堀三口隨田澆灌。

正德十四年五月日立契出賣人　胡春茂（押）契。

中見兄　胡春祺（押）。

中　人　程希寧（押）。

《明清徽州社會經濟資料叢編》第二集《正德十四年王寧等賣山地赤契》　一都王寧、同弟侄王迪、王寄洪等，今有承祖竹山地一備，坐落東都四保，土名方村本家住後，計荒山地共五畝，係經理□字□號，自有經理可證。新立四至，内除本家住後墳地，一拉兩邊，照屋直上抵上墳基爲界。東至鮑山降分水爲界，西至洪山壟分水爲界，南至高尖，北至洪地及直路横過，本存留墳腦上埋石爲界。今爲該年甲首，無錢解納，同衆商議，情願托中將前項新立四至，盡數立契出賣與五都洪名下爲業，長養竹松等木。面議時值價文銀四兩三錢整，在手前去。其價並契，當日兩相交付明白。其山地未賣之先，即無家外人等重復交易，如有來歷不明，賣人之當，不係買人之事。自成交之後，二家各無悔（異）〔易〕，如先悔者，甘罰契内銀一半入官公用，仍依此契爲準。今恐無憑，立此爲照。

正德十四年十一月二十日立契人　王　寧（押）契。

同賣人弟侄　王　迪（押）。

王寄洪（押）。

王　志（押）。

王寄生（押）。

中見人　王初乞（押）。

余文宗（押）。

朱　原（押）。

舒　信（押）。

《明清徽州社會經濟資料叢編》第二集《正德十四年休寧邵志宗等賣山赤契》　十二都住人邵志宗同弟志大、志保，今時本户祖業六保羌字九十六號、九十八號、九十九號、一百一號，土名揚家坑、胡六坑，共四號。本邊合得山九分一鼇。其山東西四至，自有保簿（該）〔記〕載。今來本家户役，缺少支用，各自情願憑中商議，將前項四至内山，盡行立契出賣〔與〕同里人邵永澤、文放名下。面議時值價銀四錢二〔分〕整，其價當日收足。其山今從出賣之後，一聽買人自行創作栽木管業。其税候造册之年，推入買人户内。如有内外人占攔，重復交易一切等事，盡是賣人支當，不干買人之事。今恐人心無憑，立此出賣契爲用。

正德十四年十二月十五日立契出賣人　邵志宗（押）。

同賣弟　志　大（押）。

代筆　志　保（押）。

中見人　邵文昌（押）。

今領前項契内價銀並收足訖。同日批（押）領。

《明清徽州社會經濟資料叢編》第二集《正德十五年鄭良弼賣基地白契》　叔良弼，今有承父對换得叔祖懷得、忻得基地一所，坐落本都二保，〔土名〕祖宅住基並前後山塘園地，塘下上塋（坐）上彎牛欄基眼牛山地，與叔祖尚德、報德分下相共，本家兄弟合得一半，本位三（分）〔份〕合得一（分）〔份〕。今爲管業不便，自情願將前項基地山園塘，本位該得分籍，盡數立契出賣與同業侄鄭珪、鄭鳳二人名下凑便爲業。憑中面議時價紋銀一百兩整，在手足訖。其價並契當日兩相交付。未賣之先，與家外人即無重復交易。來歷不明，賣人自理，不涉買人之事。所有原基地，本家標分得東字號，以堂中爲界，西字號係尚德、報德分下標分得，除標分外，衆存未分，長坦園塘山地，盡在契内，所有字號畝步丈尺，悉照合同標書爲證。所有税糧候造册之年，照本保歸數推付解納。今恐無憑，立此文契爲用。

正德十五年正月二十四日立契叔　良　弼（押）契。

奉書男　文　焕（押）。

中見侄　鄭天隆（押）。

《明清徽州社會經濟資料叢編》第二集《正德十五年王寧等賣山地赤契》　一都王寧、同弟侄王迪、王志、王寄洪等，今因該年甲首，無錢管辦夫馬，自情願將承祖荒山地一號，坐落東都四保，土名方村本家住基後。其字號，自有本保經理可證。新立四至，東至洪地，西、南至洪地山，北至本家住基。〔今〕前項四至内，約計地一畝有零，於内存留墳一穴，聽自標祀。其餘空閑山地並竹松等木，盡數立契出賣與五都洪名下爲業。面議時值價銀二兩，其價並契當日兩相交付明白。來歷不明，賣人之當，不干買人之事。未賣之先，即無重復交易。自成之後，各不許悔，如悔者，罰銀一兩公用，仍依此文爲準。今恐無憑，立契爲照者。

再批：浮□喪柩，自行移去遷葬。

正德十五年六月初一日立契人　王　寧（押）。
同賣弟侄　王　迪（押）。
舒　信（押）。
王　志（押）。
王寄洪（押）。
中見人　朱　原（押）。

《明清徽州社會經濟資料叢編》第二集《**正德十五年丁勝賣基地白契**》　十二都丁勝，承父標分得基地一畝，坐落本都五保，土名馮四源十八里，與兄丁容相共，本位該得地一十八步及庇在内。新立四至，東至路及田，西至丁英賣與英才地，南至庇外路，北至丁容地。今爲户役無錢用度，自情願出賣與鄭英才子孫名下爲業。面議時價文銀二兩二錢正，在手足訖，其價並契，當日兩相交付。其地未賣之先，即無家外人重復交易。來歷不明，賣人之當，不涉買人之事。自成交之後，二家各不許悔，〔違〕悔者，甘罰銀五錢與不悔人用，仍依此文爲始。所有税糧候造册之年，聽自起割入户供解。今恐無憑，立此文契爲照。

正德十五年十月十一日立契人　丁　勝（押）契。
中見人　章天得（押）。
丁　班。
丁乞女。

《明清徽州社會經濟資料叢編》第二集《**正德十五年丁庸等賣基地白契**》　十二都丁庸，同弟丁勝，承祖標分得基地一塊，坐落本都五保，土名馮四源十八里，共該得地四十二步。新立四至，東至胡周洪田及路，西至英才地，南至庇外路，北至成新地連庇在内，自情願立契賣與十五都鄭英才子孫名下爲業。面議時價文銀五兩三錢正，在手足訖，其價並契當日兩相交付。其地未賣之先，即無重復交易。來歷不明，賣人之當，不涉買人之事。成交後各不許悔，如悔者，甘罰銀五錢與不悔人用，仍依此文爲始。所有税糧〔候〕造册之年，聽自起割入户供解。今恐無憑，立此文契爲照。

丁瑞地該得分籍，盡數立契出賣與英才分下爲業，價銀一兩二錢，在（手）〔收〕足訖，憑此爲照。丁瑞（押）契。

正德十五年十月十一日立契人　丁　庸（押）契。
同弟　丁　勝（押）。
中見人　丁　班（押）。
章天得（押）。
奉書男　丁乞女（押）。
同賣　丁耕新（押）。
丁　瑞（押）。

《明清徽州社會經濟資料叢編》第二集《**正德十六年祁門李分等賣基田赤契**》　十一都李分、李杉、李孝，承祖有基田一畝，坐落本都二保，土名芒塢□，係經理周字一百二十□號。共計田二畝二十步，本家與李玉等標分下截，從正廳樓上厫柱心量下一尺，直至墻門中心至溪，裏至山，南至山。該田一畝二十步，本邊兄弟内該六分〔中〕之一，計基田一分八釐有零，今自願賣與本都李溥名下。面議時值價銀一十二兩正，其銀並契當日兩相交付，契後不再立領。未賣之先，即無重復典賣交易，所有税糧係官田，候造册之日，聽自起割前去供解，本家即無異説。恐後無憑，立此文契爲照者。

其田本邊該得（分）〔份〕數，盡行出賣，並無存留，如（分）〔份〕數不明，代筆人〔承〕當。

正德十六年二月初三日立契人　李　分（押）契。
李　杉（押）。
李　孝（押）。
代筆人　李　操（押）。

《明清徽州社會經濟資料叢編》第二集《**正德十六年祁門吴鰲賣基地赤契**》　十一都吴鰲，有承祖基地一備，坐落東都三保，土名裏坑口，本宅基地，係經理谷字□號。其地新立四至，東至吴珩墻脚，西至路及山，南至墩外路，北至路及吴信等地，約計地三分有零，本與兄相共，今將本身合得一半，於内該得樓屋間半及小屋一半，椽瓦板壁門扇俱全；又取住後下山彎山地，東至地，西至降，南至吴玉等山地，北至長壽彎口地，於内本身兄弟開墾山地，不計塊數，本身一半及買兄吴肅山地，又取本家墩本身該得（分）〔份〕數，及前數至内地屋，本身（分）〔份〕數，盡行立契情願出賣與同居侄吴珩名下爲業。面議時值價白文銀五十八兩正，其價並契當日兩相交付，契後不再立領。未賣之先，即無重復交易。如有一切不明，並是賣人之當，不及買人之事。今從賣後，一聽買人永遠在屋住業。所有税糧候造册之日，聽自起割供解，本身即無異説。所有買得吴肅山地契，隨時繳付。今恐無憑，立此文契爲照。

正德十六年三月初二日立契人　吴　鰲（押）契。

中見人　吴　倫（押）。

吴　珪（押）。

《明清徽州社會經濟資料叢編》第二集《嘉靖元年祁門謝翰賣基地赤契》　十西都謝翰，今有承祖標分基地一畝，坐落土名坳下，係經理吊字□號，係見住基。新立四至，東至垟溝，西至謝景輝等基地，南至衆地，北至景輝等地。今爲無錢支用，自情願前將項四至内地，翰内取本身分法將北邊與榮連界地，又出賣三步與謝榮名下湊片管業。當三面議時價銀一兩五錢整，其價並契，當日兩相交付。其地未賣之先，即無家外人重復交易，一切來歷不明，並是賣人之當，不涉買人之事。所有税糧，今當造册之年，聽自買人隨時收割入户供解，本家即無言説。自成交之後，二家各不許悔，如先悔者，甘罰銀五錢與不悔人用，仍依此文爲始。今恐無憑，立此文契爲照。

再批：其地日後議在北邊一索值出丈量與榮（押）。

嘉靖元年五月二十六日立契人　謝　翰（押）契。

領價男　謝　琊（押）。

中見人　謝景輝（押）。

謝　珖（押）。

《明清徽州社會經濟資料叢編》第二集《嘉靖元年汪九得等賣山地赤契》　十六都汪九得同弟汪記得，共有祖産山地一源，（在）〔坐〕落本都二保，土名車田坑生墳塢山地。其山地與本都汪鼎、汪卿等大衆相共。新立四至，裏至倪球山，外至汪卿己山，上降下路，本位兄弟該得分籍，並在山大小杉木，二人分股，盡數立契出賣（爲）〔與〕本都汪卿名下爲業。面議時價紋銀八錢整，在手足訖，其價契當日兩相交付。其山未賣之先，與家外人即無重復交易。成交之後，（各無）言悔。如先悔者，甘罰契内銀三錢爲不悔人用。今恐無憑，立此爲照。

嘉靖元年九月初十日立契人　汪九得（押）契。

同弟　汪記得（押）。

依口代書人　康　鼎（押）。

《明清徽州社會經濟資料叢編》第二集《嘉靖二年吴璽賣田白契》

十六都二圖吴璽，今自情願將自己賴字□號下田三分二釐，坐落撩車，其田東至，西至，南至，北至，今將前項四至内田，立契出賣與吴宗祠爲業。面議價銀四兩四錢，其銀當即收足。其税糧，候造册之年，本户起割支解，即無異説。其田原上秈租三秤，佃人胡道。今恐無憑，立此爲照。

嘉靖二年七月二十七日　立契人　吴　璽（押）契。

中見人　吴齊雲（押）。

吴性淳（押）。

吴榮錫（押）。

《明清徽州社會經濟資料叢編》第二集《嘉靖二年吴文景賣田白契》

十六都二圖吴文景，今將賴字一千二百三十號下田一分二釐，土名落金剛堀，其田東至，西至，南至，北至。今將前項四至内田，盡行立契出賣與吴宗祠名下爲業。面議時價銀六兩整，其價當（即）收足，（即）〔既〕無欠少，亦無準折。其田在先即不（存）〔曾〕與他人重復〔交易〕，如有内外人争論，並係出賣之當，不干買人之事。其税候册年，推入吴宗祠户内支解，本家即無難異。今恐無憑，立此文契爲照。

嘉靖二年七月二十七日立契出賣（人）　吴文景（押）契。

中見人　吴齊方（押）。

吴惟淳（押）。

吴榮錫（押）。

《明清徽州社會經濟資料叢編》第二集《嘉靖三年鄭玞等賣山白契》

十五都鄭玞同弟鄭珂、鄭璠，今有衆共祖産山一段，坐落本都六保，土名王六塢，經理係萬字三百六十五號。又土名婆墓塢，係三百六十九號。

又三百七十號。又三百七十二號。其前項山共四號，本位兄弟承父十二〔分〕〔份〕中合得一（分）〔份〕。今爲管業不便，自情願將前山本位兄弟承父十二（分）〔份〕中合得一（分）〔份〕內取一半，並在山苗木，盡數立契出賣與同都共業人鄭梅名下爲業。面議時價紋銀一兩一錢整，在手足訖，其價契兩相交付。來歷不明，賣人自理，不干買人之事。未賣之先，與家外人即無重復交易。所有畝步四至，自有本保經理可照。今恐無憑，立此文契爲用者。

嘉靖三年正月二十二日立契人　鄭　玞（押）契。

書契同賣弟　鄭　珂（押）。

鄭　璠（押）。

見　人　鄭　儒（押）。

再外批：契內三百七十號係本家衆存清明田，不在契內賣。（押）。

《明清徽州社會經濟資料叢編》第二集《嘉靖三年金神祐賣田白契》

二十二都金神祐，今來無錢支用，自情願買受得二十一都茶園山並地及蘭山丘□〔田〕，係潘干宗住山地□片，共□號，及山並苗，畝步四至，自有經理可照；又將同處買得本都王蔥土名牛角塢田一畝；又將同處蘭山丘田三處，計五分；又將小坑邊地三分；又金成住後地三分；又中嘴下地一片；又二十二都裘二塢地路上下，計三片，共地一畝。今憑中將前項田地山並苗、果、竹木，盡數立契出賣與族叔金名〔下〕爲業，面議時價紋銀十三兩五錢整，在手足訖。其田地山來歷不明，賣人自理，未賣之先，與家外人並無重復交易。成交之後，各不許悔，如違，甘罰契銀一半公用，仍依此文爲準。今恐無憑，立此文契爲照。

外批，前賣大松木二根，賣與金挺。

嘉靖三年二月十二日立契人　金神祐（押）。

中見人　金　挺（押）。

《明清徽州社會經濟資料叢編》第二集《嘉靖三年祁門李樞等賣基地赤契》

十一都李樞同弟李棏，承祖父並續買叔渡基地一備，坐落本都二保，土名梓木□□，係經理周字□號。其地新立四至，東至本家石塝，西至大路，南至栗地，北至彬兄弟衆地。前項四至內地，除賣外，（仍）〔剩〕有己地五步，並買渡邊地四步，共地九步，盡行立契出賣與房兄李彬名下爲業。面議時價白銀九兩正，其價並契當日兩相交付明白，契後再不立領。未賣之先，即無重復交易。如有一切不明，並是賣人之當，不及買人之事。所有稅糧，聽自買主隨時過割入房供解。今從賣後，一聽買人造屋，永遠管業，本家即無異說。今恐無憑，立此文契爲照。

嘉靖三年八月十九日立賣契人　李　樞（押）。

代筆同賣人　李　棏（押）。

見　人　吴奇理（押）。

《明清徽州社會經濟資料叢編》第二集《嘉靖四年祁門倪功本等賣山赤契》

十六都倪功本同弟功悌、侄普挺等，今因侄普侃身故，無錢安葬，今弟侄〔嘀〕議，將普侃分股山一備，坐落本都二保，土名麻窄塢，同塢四水流歸內，今普侃本位分籍山土並松杉雜木，立契出賣與侄普恕名下爲業。面議時價文銀三錢整，在手足訖，其價並契當日兩相交付。其山畝步四至，自有本保經理可照。自成交之後，各不許悔。今恐無憑，立此文契爲照者。

嘉靖四年正月十七日立契人　倪功本（押）契。

同弟　功　悌（押）。

侄　普　挺（押）。

普　儉（押）。

中見書人　普衔（押）書。

《明清徽州社會經濟資料叢編》第二集《嘉靖四年祁門李德昇賣山赤契》

十一都李德昇，承祖有山一片，坐落東都三保，土名垂坑，係經理谷字□號上培。其山東至溪，西至吴宅山，南至田，北至降。又取土名麻窄坑鴉雀山，其山三號，字號、四至、畝步，自有經理該載，不及開寫。今將前項一十二至內山地骨並苗木本邊該得（分）〔份〕數，情願盡行立契出賣與族〔人〕李權名下爲業，面議時值銀伍錢整，其價並契當日兩相交付明〔白〕，〔後〕不再立領。今從賣後，一聽買人永遠管業，本家即無異說。未賣之先，即無重復交易，如有來歷不明，並是賣人之當，不及買人之事。所有來脚契文與別産相連，不及繳付，要用之日，將出參照無詞。今恐無憑，立此文契爲照。

嘉靖四年四月十二日立契出賣人　李德昇（押）。

中見人　朱九保（押）。

前項山二號，其垂坑一號，得昇（分）〔份〕數已分與遐。祖墳邊内權買得（分）〔份〕數，得價轉賣遐便業，價銀（共）〔見〕汪雲書屋並基地契上。權批訖。

嘉靖卅五年八月十八日中見人　李杰批（押）。

《明清徽州社會經濟資料叢編》第二集《嘉靖四年祁門謝琊等賣基地赤契》

十四都謝琊同弟謝璋，今爲無錢支用，自情願將承祖標受見住基地一號，坐落土名坳下，係經理吊字□號。新立四至，東至衆存（洋）〔垟〕溝，西至謝榮等衆地，南至謝永高等衆地，北至謝榮原本家賣與地。其地與耿璽相共，琊、璋二人願將各（自）合得分籍内地將本家賣與榮連界地邊，琊内取實地三步，璋内取實地二步，共計五步，出賣與房兄謝榮名下湊便管業。當面議時價文銀二兩六錢正，其價並契當日兩相交付。其地未賣之先，即不曾與家外人重復交易。一切來歷不明，並是賣人之當，不及買人之事。所有税糧今在本户，造册之年聽自買人收割前去供解，本兄弟即無言説。自成交後，二家各無悔（異）〔易〕，如先悔者，甘罰契内銀五錢與不悔人用，仍依此文（如）〔爲〕準。今恐無憑，立此文契爲照。

嘉靖四年六月初二日立契出賣人　謝琊（押）契。

同賣人　謝璋（押）。

中見人　謝玭（押）。

《明清徽州社會經濟資料叢編》第二集《嘉靖四年祁門李仲進賣地赤契》

十一都李仲進，原用價續買得本都吴武民地一備，坐落本都三保，土名騎馬洲湖裏，計地一畝五分。其地新立四至，東、南、北至吴宅地，西至柝地，四至明白。立契出賣與吴名下爲業，面議時值價白銀九兩正，其銀契當日兩相交付，契後不再立領。未賣之先，即無重復交易。如有一切不明，並是賣人之當，不及買人之事。所有税糧，候造册之年，聽自入本户供解，本家即無異説。今恐無憑，立此文契爲照。

所有來脚契文與别契相連，不及繳付。

嘉靖四年閏十二月廿八日立契人　李仲進（押）。

中見人　李德祟（押）。

《明清徽州社會經濟資料叢編》第二集《嘉靖五年鄭賢保賣地白契》

十五都鄭賢保，用價買受得地一備，坐落本都三保，土名吴家塢。其地係買鄭阿汪分籍地一片。今爲無錢用度，自情願立契將所分籍盡數出賣與同業侄鄭冕、鄭盛兄弟名下前去爲業，面議價銀四錢正，在手前去，其價契當日兩相交付。未賣之先，與家外人即無重復交易，來歷不明，隨付原買文契繳付照證。今恐無憑，立此文契爲照。

嘉靖五年十月廿一日立契人　鄭賢保（押）契。

中見人　鄭成立（押）。

《明清徽州社會經濟資料叢編》第二集《嘉靖六年歙縣蔣永顯賣山赤契》

十四都三圖住人蔣永顯，今爲欠少用度，自情願將承祖父經理鳴字一千三百六十五號共山一畝一分二釐五毫，本家合得山五分六釐三，除先年賣過外，（仍）〔剩〕有山三釐三毫，土名前朝山，今來立契盡行出賣與本圖同宗族人蔣岩璽名下。面議時價文銀三錢七分整，其銀當立契日一併收足。其山於上長養柴條並雜木山骨，自今出賣之後，一聽買人（日下）照契管業，本家即無異説。如有來歷不明及重迭交易、内外人争論，並係賣人柢當，不干受買人之事。其税候造册年，一聽買人過割入買人户支解，本家即無異説。今恐無憑，立此賣契爲用。

嘉靖六年三月二十五日立契出賣人　蔣永顯（押）契。

見人　蔣祈華（押）。

《明清徽州社會經濟資料叢編》第二集《嘉靖八年休寧汪岩賣住基地赤契》

鵬源汪岩，承祖父勾分有見住基地屋一號，坐落本保，土名彭護源口大衆門前道邊，係上字□號，於上做造廳屋並地一間，新立四至，東至大衆門前空地，西至汪涓地，南至衆路，北至本家水房（枉）〔柱〕心爲界。上至椽瓦，下至落土，四圍板壁門扇俱全，約計地三釐。今爲缺少支用，自情願將前項四至内地屋，盡行斷骨立契出賣與叔汪涓名下。面議時值價白紋銀一兩三錢正，其價契當日兩相交付足訖。今從賣後，一聽買人聞官受税，永遠管業。未賣之先，即無重復交易。如有來歷不明等事，並是奉家自理，不及買人之事。所有税糧候大造聽自分簽，即無異説。來脚分單别産相連，不及繳付，日後要用，將出參照無詞。今恐無憑，立此出賣文契爲照。

所有本家原路道，聽自出入。再批。

嘉靖八年四月二十五日立契出賣人　汪岩（押）契。

汪慎同兄侄，今將前地盡行斷骨批賣與同居汪名下，得價訖，其稅即行分簽，不再立契，批此爲照。

嘉靖四十三年二月十八日，立批契人汪　慎（押）契。

汪　慥（押）。

汪應宗弟兄（押）

前項契内價銀當日並收足訖，同日再批（押）領。

《明清徽州社會經濟資料叢編》第二集《嘉靖九年張文昂賣山白契》

十一都張文昂，今有承祖山四號。計開：一號，坐落鹽尖，其山東至吳宅山，西至吳宅山，南至尖，北至彎口田；又取岩嶺彎一號，其山東至降，西至彎口田，南至吳宅山，北至張曉山；又取岩山口一號，其山東至小珠坑口田，西至岩山口田，南至降，北至溪。又取小珠坑一號，其山東灣心直上，西至降，南灣頭李宅山，北至灣口田壟直〔□〕。今將前項山四號地骨並苗木本邊合得（分）〔份〕數，自情願盡行立契出賣與同都吳嘉祥名下爲業。憑中面議時價白銀三兩整，其價並契當日兩相交付，契後不再立領。未賣之先，即無重復交易及家外人占攔，如有一切不明等事，並是出賣〔人〕之當，不及受買人之事。今恐無憑，立此賣契爲照。

計開（分）〔份〕數：

鹽尖一號，該本邊十八（分）〔份〕中該一（分）〔份〕。

岩嶺彎一號，該本邊十八（分）〔份〕中該一（分）〔份〕。

岩山口一號，該本邊三十六（分）〔份〕中該一（分）〔份〕。

小珠坑一號，該本邊三十六（分）〔份〕中該一（分）〔份〕。

嘉靖九年十二月初四日情願立賣契人　張文昂（押）契。

見　人　吳　肅（押）。

中　人　吳　柯（押）。

張　謙（押）。

《明清徽州社會經濟資料叢編》第二集《嘉靖十年黃世等賣山白契》

十一〔本〕都六保黃世兄弟，今該甲首正差無措，托憑族叔黃□，將承祖土名莊前墳山金字面二處，係經理垂字六佰六十二號，其山新立四至：東至塢口，南至大源田，北至尖，西至塢口。今將前項八至内山骨，盡行立契，兄弟身下（分）〔份〕數，自情願並黟縣分法在内，出賣與本管程仕文、程仕榮兄弟名下爲業。憑中三面議時值價文銀整，其契價當日兩相交付明白，契後再不立領。未賣之先，即無重復交易。不明等情事，並是賣人承當，不及買人之事。所有稅糧候大造之年，聽自買人起割入伊户供解，本家即無言説。恐後無憑，立此賣文契爲照。

再批：本家存留墳墓，日後子孫入山葬墳，將前契内銀本利付還，取回契文，以聽埋葬無詞。如違，聽買人賫文契理論。中人再批。

嘉靖十年八月二十日立賣契人　黃　世（押）。

黃二保（押）。

中見人　黃　清（押）。

《明清徽州社會經濟資料叢編》第二集《嘉靖十一年鄭流等賣地白契》

十五都鄭流同弟海、淑，承父先年買受十六都郭富安原買十六都倪仕玹等荒地一號，坐落十六都十保，土名陳家塢口，係豈字一千一百六十一號，計荒地一角，每年領交加二大秤租二秤。今爲管業不便，自情願將前地，盡數立契出賣與同户伯鄭梅名下爲業。面議時價紋銀一兩二錢整，在手足訖，其價並契兩相交付。未賣之先，與家外即無重復〔交易〕。來歷不明，賣人自理，不干買人之事。原有上手老契二紙，隨即繳付。今恐無憑，立此爲照。

嘉靖十一年三月十七日立契人　鄭　流（押）契。

同賣弟　鄭　海（押）。

鄭　淑（押）。

中見伯　鄭　錠（押）。

《明清徽州社會經濟資料叢編》第二集《嘉靖十一年吳廷正賣田白契（附推單）》

十六都二圖吳廷正，今將承父賴字三百二十號下田一畝四分，坐落土名朱山下，東至，西至，南至，北至；又將賴字三百九十一號下田五分，坐落土名塚後，東至，西至，南至，北至。今將前二號内共取下田一畝九分，又取竦塘一分，立契出賣與本圖吳宗祠名下爲業。議定時價紋銀三十八兩整，其價銀當成契日一併收足，（即）〔既〕無久少，亦無準折。在先不曾與他人重復交易，如有内外人攔占，並係賣人之當，不于買人之事。自賣之後，聽從買人（日）〔自〕（下）〔行〕管業。其稅糧，造黃册年推入買人户內解納，即無難異。今恐無憑，立此文契爲照。

嘉靖十一年十一月日立賣契人　吴廷正（押）契。

中見人　李　保（押）。

其契內賴字三百九十一號下田五分，坐落塚後，此號田係賣在良和契內，其田聽從良和收租管業。批此爲照。

附推單

十六都二圖吴廷正，今將賴字號，土名朱山下塚後，下田一畝九分，又塘一分，税糧本户，推入本圖吴宗祠户內解納無異。立此推單爲照。

嘉靖十一年十一月二十五日立推單人　吴廷正（押）。

中見人　李　保（押）。

《明清徽州社會經濟資料叢編》第二集《嘉靖十二年吴武澤賣田白契》

十六都一圖吴武澤，今自情願將承祖經理到賴字三百十號下田一畝四分，坐落竦塘下打石堀下，東至，西至，南至，北至；又將賴字四百四十七號下田五分三釐二毫，坐落方塘凹，東至，西至，南至，北至。今將前二項田，共計田一畝九分三釐二毫，盡行立契出賣與吴宗祠户內爲業。三面議定時值價銀三十八兩六錢四分，其價當即收足，即無欠少、準折之類。其田在先不曾與他人重復交易，如有不明，並係出産人之當。其税，候再造黃册，聽從買人收税入户支解，本家即無異説。今恐無憑，立此文契爲照。

嘉靖十二年二月初三日立契出賣人　吴武澤（押）契。

中見人　吴文旐（押）。

其契內賴字四百四十七號下田五分三釐二毫，土名方塘凹，此號係賣在文旐契內，其田聽從文旐收租管業。批此爲照。

《明清徽州社會經濟資料叢編》第二集《嘉靖十二年六月鄭銀等賣山地白契》　十五都鄭銀同弟鄭瑜，今有承祖並自己買受得本都七保，土名汪家園頭李村見周興住下山地一備。東至路及地，西至降，南至鄭昂辛田，北〔至〕鄭平地。今爲無錢用度，自情願將前項山地，盡數立契出賣與同都人鄭安信分下子孫爲業。當日憑中面議時價紋銀五〔兩〕八錢整，在（手）〔收〕足訖。其價、契，當日兩相交付。一切不明，賣人自理，不干買主之事。所有字號畝步荒熟，自有本保簿可照。税糧候大造之年，聽自買主收割入户供解，再無異言。今人少信，立此文契爲照。所有上手文契，與他契相連，未曾繳付。

嘉靖十二年六月二十日立契人　鄭　銀（押）契。

同賣弟　鄭　瑜（押）。

中見人　鄭習政（押）。

鄭　鍫（押）。

鄭　鍛（押）。

鄭　法（押）。

鄭　參（押）。

再批：厚公分籍盡在契內。參書。

《明清徽州社會經濟資料叢編》第二集《嘉靖十二年九月鄭銀等賣地白契》　十五都鄭銀同弟鄭鍛、鄭瑜等，今有承祖並自己買受地一號，坐落本都七保，土名汪家園頭李村，見周興住下山地一備。東至路及地，西至降，南至鄭昂辛田，北〔至〕鄭平地。其地以三十（分）〔份〕爲率，鄭銀兄弟內買受得二十六（分）〔份〕（仍）〔剩〕有鍫股該得三（分）〔份〕，參內得一（分）〔份〕，共計三十（分）〔份〕，盡數立契出賣與同都鄭安信分下子孫爲業。面議時價紋銀五兩八錢整，在手足訖。其價、契當〔日兩〕相交付。來歷不明，賣人自理，不干買人之事。畝步荒熟，自有保簿可照。税糧候大造之年，聽自收割入户供解。今恐無憑，立此文契爲照。所有鄭銀上手買契，與他契相連，未曾繳付。

嘉靖十二年九月十二日，立契人　鄭　銀（押）契。

鄭　鍫（押）。

鄭　鍛（押）。

鄭　瑜（押）。

鄭　法（押）。

中見人　鄭　參（押）書。

鄭習政。

《明清徽州社會經濟資料叢編》第二集《嘉靖十二年祁門李阿張賣園赤契》　十一都李阿張，承祖、夫有菜園地，路隔作二塊，坐落土名裏坑口本家後山，其地新立四至，東至仲富兄弟竹地，西至仲進地，南至塝下及德隆地，北至崇地。又取徑並謝隆保住後山，其山新立四至，東至店屋及大路，西至降，南至店及山壟，北至慶郎家塢口。因夫在外，貧難日食難度，自情願托憑親叔祖李德昇爲證，將夫邊分得山骨並在山松菓等木及後山菜園地並菓竹木，盡行立契出賣與同居叔祖李德崇名下爲業。面議時價白紋銀七錢整，其價並契當日兩相交付明白。自從賣後，一聽買主永遠管業。如一切不明，並是賣人之當，不及買人之事。今恐無憑，立此文契爲照。

嘉靖十二年十月初十日立契人　李阿張（押）。

同領錢男　李朝暘（押）。

中人親叔祖　李德昇（押）。

依口代書人　李良玉（押）。

李　逢（押）。

中　人　李　邁（押）。

《明清徽州社會經濟資料叢編》第二集《嘉靖十三年祁門王新賣地赤契》　十西都王新，今無錢用度，自情願將承祖買受地一號，坐落三保，土名車房。其地新立四至，東至坳及路，西至田，南至行路，北至莊屋爲界。於内存留祖墳莊屋不賣外，其餘盡數立契該得分籍出賣與同都胡廣寬名下爲業，當面議時價文銀二錢整，在手是訖，其價並契當日兩相交付。其地未賣之先，即無重復交易。來歷不明，賣人之當，不涉買人之事。二家成交之後，各無言悔。如有先悔者，甘罰銀五分與不悔人用，仍依此契爲始。其地所有税糧，候造册之日，聽自收割入户供解，即無異言。今恐無憑，立此文契爲照。

嘉靖十三年三月初六日立契人　王　新（押）契。

中見代書人　胡　友（押）。

王　瀚（押）。

王　鐸（押）。

其前契内山地，今憑中轉凑與本都王禄、王袞名下爲業，得價已訖，憑此爲照。

萬曆八年七月十七日胡一陽（押）。同弟胡法生（押）。

中見人　王進保（押）。

王　良（押）。

第三册目録

財產法總部

財産流轉部

買賣分部

契約文書

《明清徽州社會經濟資料叢編》第二集《嘉靖十三年鄭澤等賣地白契》

十五都鄭澤、同侄鄭朗兄弟，今承祖並買受山地一片，坐落本部七保，土名汪家園墻背周興住基。東路，西降，南鄭平地，北鄭珮地。其地三十（分）〔份〕爲率，宣方該得二十（分）〔份〕，賣與鄭安信以（已）訖。（仍）〔剩〕十（分）〔份〕內，澤得一（分）〔份〕，朗兄弟共得二（分）〔份〕。今因户役，自情願將前山地本位合得分籍，盡數立契出賣與鄭安信分下子孫凑便爲業。面議時價紋銀七錢五分整，在手足訖。其契並價兩相交付。未賣之先，即無重復交易。其地、屋宇盡在契內。所有税糧，迨大造之年，聽自過割供解。今恐無憑，立此爲照者。

嘉靖十三年三月十六日立契人　鄭　澤（押）。

同賣人　鄭　朗（押）。

鄭　明（押）。

鄭　潮（押）。

中見人　鄭習正（押）。

《明清徽州社會經濟資料叢編》第二集《嘉靖十三年李浹賣山赤契》

十一都李浹，承祖父有山一備，坐落後坑口，東都住後山。其山與淵四大房等相共，新立四至：東至坑、西至尖，南至李度錫山，北至渭兄弟等。於內四至，浹、澤、江已開地段，不計塊數，栽養栗木等木，不計根數，浹邊合得（分）〔份〕數。又取同保後坑源，是父佃得官山一備，新立四至：東至汶兄地，西至降，南至汶兄弟山彎，北至溟山。於內長養松、竹等雜木，不計根數，又取東都對面朝山，並在山雜木。憑中出賣與房弟李溟名下爲業。面議時值價銀一兩三錢整；又取本家衆廳屋並地，該浹邊（分）〔份〕數，盡行立契出賣，己邊並無存留，議作時值價銀五錢整。其價並契當日兩相交付，契後不再立領。未賣之先，即無重復典賣。如有一切不明，並是賣人之當，不及受買人之事。今從賣後，一聽買人入山，收菓砍竹管業。所有税糧聽自入房供解。今恐無憑，立此文契爲照。

嘉靖十三年十二月十五日立賣契人　李　浹（押）。

中見人　李　槐（押）。

依口代筆人　李　時（押）。

契内官山及地，本家存留。李繩武批（押）。

《明清徽州社會經濟資料叢編》第二集《嘉靖十四年鄭助新等賣山地白契》

十五都鄭助新、同侄鄭希文等，今爲里役無錢用度，自情願將九保承祖並買受土名寺塘坑，係此字三百四十六號，本位三（分）〔份〕中得二（分）〔份〕；又土名楊木原西培，係四百五十六號，買受加倫原鄭明分籍，又土名楊樹原，係四百五十八號；又土名張金坑，係四百六十號，十二（分）〔份〕中得一（分）〔份〕；土名祁嶺下，四百七十二號，本位買受一半；又土名風檜塔，係四百八十一號；土名祁嶺下，係四百八十二號，本位六（分）〔份〕中〔得〕一（分）〔份〕；土名張金坑，四百八十六號，五（分）〔份〕中得三（分）〔份〕；又土名係五百十八號；又土名雙坑口，五百一十九號，本位十二（分）〔份〕中得一（分）〔份〕。前山共一十號，本位兄弟侄該得分籍，盡數立契出賣與鄭安信分下子孫爲業。面議時價紋銀九錢整，在手足訖。其價、契兩相交付。未賣之先，與家外人即無重復交易。來歷不明，賣人自理。所有畝步四至，自有本保經理可照。今恐無憑，立此爲照者。

嘉靖十四年二月初六日立契人　鄭助新（押）契。

同賣人　鄭　玦（押）。

鄭阿胡（押）。

鄭希文（押）。
中見人　鄭良鼎（押）。
同役軍人　鄭　毛（押）。

《明清徽州社會經濟資料叢編》第二集《嘉靖十四年吳廷本賣田白契附推單》　十六都二圖住人吳廷本，今將承父買到及字五百八十四號下田五分，坐落土名餘大塢，其田東至山脚，西至田，南至小路，北至低田。今將前項四至內田，立契出賣與〔吳宗〕（祠）〔户〕內爲業。三面議時值價銀七兩正，其銀當即收足，（即）〔既〕無欠少，亦無準折。其田在先即不曾與他人重復交易。如有內外人争占，並係出賣人之當，不干買人之事。其税糧，候造黄册之年推入買人户内支解，本家即無難異。今恐人心無憑，立此賣契爲照。

嘉靖十四年十一月日立契人　吳廷本（押）。
中見人　吳鶴祥（押）。

附推單

十六都二圖吳廷本，今將及字五百八十四號下田五分，推入祠內支解，自賣年起，至造册年止，夏秋二税，盡行領足，立此爲照。

嘉靖十四年十一月十八日立推單人　吳廷本（押）。

《明清徽州社會經濟資料叢編》第二集《嘉靖十六年休寧張松等賣基地赤契》　七都住人張松同弟張栢，今立文契，將承祖續置本都十保師字七百六拾五號田成基地一片，內取西頭基地二十步，計税八釐四毫。其地新立四至，東至本家地，西至張耀地及北頭曲折至溪，南至路，北至東家地，南頭横闊並撥地二丈二尺，北横闊三丈伍尺，自情願將前項新立四至內地二十步，盡行立契出賣同居叔張灼名下爲業。當日面議時值價白文銀一百零四兩整，其銀當成契日一併交收足訖，別不立領札。今從出賣，買人管業，聞官受税爲定，如有內外人攔占及復重交易，盡是賣人之當，不及買人之事。其税糧候至造册之年，本户自行推割，即無阻異。今恐人心無憑，立此文契爲照。

嘉靖十六年八月初一日立契人　張　松（押）契。
同　弟　張　栢（押）。
中見人　張　池（押）。

今就契內領去前項價並收足訖，同日再批（押）領。

《明清徽州社會經濟資料叢編》第二集《嘉靖十六年祁門章進付等賣山赤契》　十一都章進付、進才、進保，今因甲首，無錢應當，將承祖父原買得汪志保山一備，坐落六保，土名朝山塢，係經理坐字七百九十一號，計山三畝，東西至壟，南至溪，北至塢頭尖，本家合得（分）〔份〕數，盡行立契出賣與房東汪再陽名下爲業。憑中三面議作時值價銀五錢整，其價契當日兩相交付足訖，契後不再立領。未賣之先，即無重復交易。如有來歷一切不明，並是賣人之當，不及買人之事。所有來脚契文，與別産相連，不及繳付，日後參照，將〔出〕無詞。今恐無憑，立此文契爲用。

嘉靖十六年十月十六日立契人章進付（押）契。
章進才（押）。
章進保（押）。

汪天燦同弟天焕，原買章進付、進才、進保朝山塢（分）〔份〕數，盡行凑與族兄汪天相名下爲業，收價鈔六錢訖，本家子孫即無争論，恐後無憑，立此爲照。

隆慶四年二月廿三日　汪天燦（押）。
同弟　汪天焕（押）。
中見人　汪天肇（押）。
汪天舉（押）。

《明清徽州社會經濟資料叢編》第二集《嘉靖十七年朱佛互賣山地白契》　三十一都朱佛互，承祖父有山地一片，坐落土名下東岸清龍潭，係學字五十八號，該民山一分二釐五毫；又將四十二號地，該税糧一分九釐二毫有零。其山、地新立四至：東至降，西至田，南至汪奇真山及永高地，北至王宅山，直下至溪；又將土名上東岸官山，係學字六十九號，該得身邊税糧六釐有零。（有）〔又〕地一號，其官山四至，自有本簿（該）〔記〕載。今來無物支用，自情願將前項並山地骨苗竹山雜等木，盡行立契出賣於同都人吳傳祖名下。三面議時值價白紋銀七兩五錢整，其價、契當日兩相交付。其山地今從出賣之後，一聽買人收苗（是）〔納〕税，永遠管業。未賣之先，即無重復交易。〔及〕家外人占攔，一切不明等事，並是賣人之當，不及買人之事。所有税糧，〔係〕〔俟〕造册之日，到本户起割前去，即無阻〔當〕〔擋〕，其税糧，不另立推單。今恐人心無憑，立此出賣文契爲用。

〔加〕〔嘉〕靖十七年三月二十二日，立契出賣人 朱佛互（押）契。

依口代筆人 吴 洪（押）。

中見人 朱永尚（押）。

汪顯方（押）。

今領去契内價銀並收足訖。同〔前〕年月日再批（押）領。

《明清徽州社會經濟資料叢編》第二集《嘉靖十七年吴時正賣官民地白契》 十六都二圖吴時正，今將分受並續買及字一百九十一號官民地四十六步六分，坐落鐵匠林祖基，出賣與本都一圖吴克紹爲業，價已收訖。其地上原有衆亭一所，本欲拆移交業，於地内仍有侄良玉所分地二十三步三分，紹未收盡。候紹收良玉地盡，正同侄將衆亭移在別處，不致推捱□誤。今恐無憑，立此爲照。

紹欠地内價紋銀九兩，待移亭交業找足，取回原票。

嘉靖十七年五月二十九日立約人 吴時正（押）。

中 人 吴斉虎（押）。

葉長清（押）。

《明清徽州社會經濟資料叢編》第二集《嘉靖十八年祁門吴理等賣山赤契》 十一都吴理、吴珋、吴琇、吴時顯三房，共承摽分得山一備，坐落六保，土名吴八住後山，係經理六百八十六號，計山八畝，盡□四至，自有保簿可照，不及開寫。通山四〔分〕〔份〕中，本家合得三〔分〕〔份〕。今憑中將前號山該分山骨並在山木植，盡行立契出賣〔與〕同都汪淳名下爲業。三面議時值價紋銀三兩三錢整，其價契當日兩相交付。今從賣後，一聽買人入山栽種，永遠管業，本家即無異説。倘有一切不明等事，盡是賣人之當，不及買人之事。所有來脚契文，與別産相連，不及繳付。今恐無憑，立此契文爲照。

計填字二個。

嘉靖十八年正月初十日立契人 吴 理（押）。

代書同賣人 吴 珋（押）。

同賣人 吴 琇（押）。

吴時顯（押）。

中見人 李 槌（押）。

李 植（押）。

汪 琢（押）。

立轉契汪尚禄，今轉到朱中名下爲業。汪尚禄再批（押）。

康熙二十年三月十二日立轉契人 汪尚禄（押）。

《明清徽州社會經濟資料叢編》第二集《嘉靖十八年祁門徐長賣地赤契》 十東都徐長，承祖父民荒地一備，坐落東都三保，土名橋頭楊林邊，計地三畝五分。四至自有本保經理該載，不及開寫。今自情願出賣與十一都吴嘉祥名下爲業，憑中議作時值價文銀十三兩二〔銀〕〔錢〕正。其價並契，當日兩相交付，契後不再立領。未賣之先，即無重復交易不明等事。如有，本家支〔承〕當，不干買人之當。所有税糧，候造册之年，聽自於本户收割前去入户供解，本家即無異説。今恐無憑，立此文契爲照。

内民地二畝，荒地一畝五分。

嘉靖十八年四月三日立契人 徐 長（押）契。

中見人 江 什（押）。

《明清徽州社會經濟資料叢編》第二集《嘉靖十九年休寧吴順賣園赤契》 四都八圖住人吴順，今因缺少使用，自情願將承祖土名莊園山並張村塢園地，其山園東至人行路，西至渠並田，南本户用園，北至山尖。今將前項四至内山園並樹木等項十二〔分〕〔份〕之中本身合得一〔分〕〔份〕；又將土名後門竹園上下二片，其園東至路並田，西至後門衆路，南至吴廷馨叔侄田園，北至吴得槐竹園。今將前項四至内地山園二十四〔分〕〔份〕，本身合得一〔分〕〔份〕，自情願憑中出賣與侄吴□□名下。三面議定時值價文銀四兩五錢，其銀當日盡收足訖，〔即〕〔既〕無欠少，亦無準折。〔日〕〔事〕先並無重復〔交易〕等項，如有内外人攔占，盡是出賣人之當，不及買人之事。其税糧本户隨産支解。今就契尾領去價銀足訖，不再立領札。今恐人心無憑，立此出賣文契爲照。

其朱園山竹園於上雜木盡行賣訖，再無存留，聽從管業。

嘉靖十九年正月　日立賣契人　吴　順（押）。
知見親族人　汪　廣（押）。
胡仁慶（押）。
吴叔銘（押）。
吴得大（押）。
吴得勇（押）。
吴太□（押）。
吴志寬（押）。
吴景芳（押）。
吴廷馨（押）。

《明清徽州社會經濟資料叢編》第二集《嘉靖十九年祁門吴忠賣山赤契》

十一都吴忠，今有承祖（摽）〔標〕分得山一備，坐落本都五保，土名祊坑源楊家塢，係經理湯字□號，其山畝步四至，自有本保經理（該）〔記〕載，不及開寫。通山本邊〔合得〕十六（分）〔份〕中合得一（分）〔份〕，盡行立契自情願憑中出賣與同都李相名下爲業。面議時值價紋銀五錢五分整，其價並契當日兩相交付明白，契後不再立領。今從賣後，一聽買人永遠管業，本家即無異説。未賣之先，即無重復交易。如有一切不明，並是賣人之當，不及買人之事。今恐無憑，立此文契爲用。

嘉靖十九年八月廿四日立契人　吴　忠（押）。
中見人　吴　肅（押）。
轉　賣　李書祥（押）。
李文祥（押）。
中見人　李炌（押）。
胡　昇（押）。

嘉靖四十三年七月二十二日李書祥、文祥，今因管業不便，自情願憑中盡行轉與侄壁稷名下爲業，得受價文銀三兩整。今從批後，聽自管業苗木山骨無詞。

《明清徽州社會經濟資料叢編》第二集《嘉靖二十年汪法賣基田赤契》

十二都住人汪法，今將承父與伯買業汪壽茂，首字五百九十六號基田半間，本身分下合得（分）〔份〕數並屋厰餘地，約計五毫，土名郝塢；又將土名郝塢首字六佰三號，汪安土庫後山地，本身分下，合得菜園地一鱗半，又將首字八百廿號山，土名六畝丘本身合得山一毫；又將黎字一千九十五號，土名韓家塢，本身合得山三毫，東西四至，自有保簿該載，不（在）〔再〕開寫。今來本家缺物支用，自情願將前項基田並地山，共四號，盡行立契出賣與汪安名下。憑中三面議作時值價白文銀四錢四分，其銀當日收足。其基地並山，今從出賣之後，一聽買人隨即管業，長養耕種，本家弟侄即無阻（當）〔擋〕異説。未賣之先，即無重復交易。一切〔不明〕等事，並是賣人之當，不及買人之事。税糧同户單自分納。今恐人心無憑，立此出賣備照。

其地上柹、梅等木，盡行出賣。

嘉靖廿年十一月初三日，立契出賣人　汪　法（押）契。
中見人　汪　細（押）。

今領前項契内（價銀）並收足訖，同日再批（押）領。

《明清徽州社會經濟資料叢編》第二集《嘉靖二十一年休寧葉湖等賣山赤契》

龍山葉湖同弟侄，有山一號，坐落土名前塢，係經理而字六佰三十八號，共山二分五釐，其山東西四至，自有經理該載，不及開述，於内本家弟侄（今）〔合〕得（分）〔份〕數，約計一釐。今爲管業不便，自情願將山並竹木，盡行立契斷骨出賣與侄葉藻名下。面議時值價銀八錢整，當日兩相交付足訖。其山今從賣後，一聽買侄聞官受税，永遠管業。未賣之先，並無重復交易。如有不明等事，本家自理，不及買人之事。所有税糧見在本户，今當大造，聽於本户起割前去無詞。其山脚祖開貯水塘一口，本家（分）〔份〕數，自行存留。今恐無憑，立此斷骨出賣文契爲照。

契内添斷骨二字。再批。

嘉靖二十一年四月初一日立契出産人　葉　湖（押）契。
同賣弟侄　葉　潛（押）。
見　弟　葉　洹（押）。

前項契内價銀當收足訖，同日再批。（押）領。

《明清徽州社會經濟資料叢編》第二集《嘉靖二十二年汪萬賣山赤契》

十二都住人汪萬，今將承祖並續買黎字三百一號，土名邵家山，並父買汪敬，本邊合得七毫；又將黎字三佰三十二號，土名黄干坳，本邊並買汪義、壽齊、壽美、壽茂、壽昌、宋希岩、汪安保等，本邊内取山三釐；又將承祖並汪敬（分）〔份〕數，及包敬邊墳山首字五百七十五號，土名小墓林，本邊内取山乙釐；又承父買敬邊、包敬邊賣山，本邊内取墳山首字七百五十八號、七百六十號、七百六十一號，共山三號，本邊内取（山）墳山乙釐，土名金村；又將七百六十號墳地，本邊内取乙釐。共山四處，計山五釐七毫，計地乙釐。其各字號，東西四至，自有保簿該載，不（在）〔再〕開寫。其山並山骨老嫩杉松雜等立木，今因本家缺物支用，自願將前項四至内山地，盡行立契出賣與同户人汪四大房，〔買〕汪安一（分）〔份〕，汪暹、玑、明三人二（分）〔份〕，玘一（分）〔份〕，規一（分）〔份〕等。三面時值價白文銀四兩二錢二分整，其銀當日收足。其山並木，今從出賣之後，一聽買人長養管業，如有不（名）〔明〕重復，盡是賣〔人〕之當，不及買人之事。税糧各自分納。今恐人心無憑，立此賣契爲照。

嘉靖二十二年四月十一日立契出賣人　汪　萬（押）契。

中見人　汪永節（押）。

其邵家山，本家存留墳穴。

今領前契内價銀並收足訖。同日再批。（押）領。

《明清徽州社會經濟資料叢編》第二集《嘉靖二十三年黄玫賣田赤契》

二十三都一圖住人黄玫，今因缺欠〔錢〕使用，自情願將承祖户下一則民田二丘，坐落土名邵家村下，新田計税八分七釐五毫，每年上租七秤。其田（見）〔現〕東至，西至，南至，北至。今將前項四至内田，盡行立契出賣與二十三都九圖黄文英名下爲業。三面議取時值價紋銀一十三兩整，其銀當成契日一併隨手收足。其田今從出賣之後，一聽買人自行管業，收苗受税爲定。如有内外人攔占及重復交易不明等事，盡是賣人自行抵（當）〔擋〕，不干買人之事。其税糧候至造册之年，本户自行推出，即無難異。今恐人心無憑，立此賣契爲照。

嘉靖二十三年五月初四日立賣契人　黄　玫（押）。

中　人　黄　相（押）。

黄　杲（押）。

前項契内價銀一併隨手收足。同年月日再批爲照。（押）領。

《明清徽州社會經濟資料叢編》第二集《嘉靖二十三年程亨賣園赤契》

一都二圖住人程亨，今因户役缺用，自情願將承祖户下園地一片，坐落土名九畝墩，係裳字三百九號，地一畝五分四毫；三佰十一號，地五分七釐五毫；三佰十二號，地五分三釐三毫。共計地税二畝六分一釐二毫。其地新立四至，東至陳宅衆低基渠，西至陳宅低甲及葉宅田，南至□宅墳地及葉家墳地，北至程宅低田及陳洪二宅低田。其地六（分）〔份〕中本身合得一（分）〔份〕，計税四分三釐五毫，内本身存留先年祖墳穴，地税三釐，聽從本家日後開作風水，今將前項四至内地六（分）〔份〕中本身除存留外合得一（分）〔份〕，計地税四分五毫，盡行立契出賣與九都三圖洪添□名下爲業。憑中三面議作時值價白文銀二兩六錢正，其銀當成契日一併交收足訖，别不立領札。今從出賣之後，一聽買人隨即收苗管業爲定。如有内外人攔占及重復交易，一切不明等事，盡是出賣人祇當，不及買人之事。其畝步不明，四至挾定。所有上手來脚，與别産相連，繳付不便，日後要用，本家索出參照。其税糧候至造册之年，本户程鳳起割，推入買人户内，即無難異。今恐人心無憑，立此出賣文契爲照。

嘉靖二十三年七月初九日　立賣契人　程　亨（押）契。

中見人　程　鼎（押）。

黄岩富（押）。

程岩高（押）。

陳　實（押）。

今就契内價銀並收足訖，同年月日再批（押）領。

《明清徽州社會經濟資料叢編》第二集《嘉靖二十三年程英賣田赤契》

十八都六圖五保住人程英，爲因缺欠〔錢〕使用，自情願將承祖户下田一丘，係能字□號，坐落土名大盈墩，計租二秤半，該税三分，其田東至買主田，西至程初田，南至買主低田，北至人行大路爲界。今將前項四至内田，盡行立契出賣與同都十圖戴興志名下爲業。三面議定時（直）〔值〕價銀四兩三錢整，其銀當成契日一併支收足訖，（即）〔既〕無欠少分文，亦不别立領札，並無準折債負之類。自從出賣之後，一聽買人自行管業，收苗受税爲定。如有内外人攔占，一切不明等事，盡是出賣人抵（當）〔擋〕，不及買人之事。倘有上手來脚，繳付未便。其税糧候至大造之年，本户自行推出，即無難（易）〔異〕。今恐人心無憑，立此文契爲照。

嘉靖廿三年九月初六日立契出賣人　程　英（押）契。

中見人　李　梅（押）。

同年月日，契内價銀盡行領足，即無欠少分文。再批爲照。領銀人程英（押）領。見領銀人李梅（押）。

《明清徽州社會經濟資料叢編》第二集《嘉靖二十四年吴祐等賣山赤契》　十二都一圖住人吴祐同弟吴琳，自情（願）將承祖今設官山，土名羅西，蓋字五百五十一號山一業，計税三分整。其山東黄岩昌田，西至降分水爲界，南至（領）〔嶺〕，北至吴大成等山四至明白，今將前項盡行立契出〔賣〕與本都本圖吴森名下爲業。憑中三面議定價銀二兩四錢整。其山在先，即不（存）〔曾〕與他人重復交易，亦無準折之類。倘有親房内外争占，並係出〔賣〕人之當，不干買人之事。其山内大小桃樹，俱買人管業。其山當即管業無異。其税糧，候造黄册之年，聽從過割支解，即無難異。今恐無憑，立此文契爲照。

嘉靖二十四年閏正月十一日立賣人　吴　祐（押）。

同　弟　吴　琳（押）。

吴積榮（押）。

吴榮舉（押）。

吴　學（押）。

吴　五（押）。

吴　榮（押）。

中見人　吴盛之（押）。

《明清徽州社會經濟資料叢編》第二集《嘉靖二十四年邵響等賣田赤契》　二十三都九圖住人邵響同弟邵岳，因爲缺少支用，自情願央中將承祖户下一則田三丘，坐落土名三眼塘下，係積字□號田，共三丘，上實（稉）〔糯〕租四秤半，計税五分六釐二毫。其田現東至人行路及塘，西至黄宅低田，南至塘，北至黄宅同號田；又將同處田一丘，現東至人行路及塘，西至邵宅田，南至人行路，北至塘；又將同處田一丘，東至塘，西至人行路，南至邵宅田，北至人行路及黄宅低田。其田共三丘，共上實（稉）〔糯〕租四秤半。今將三處前項四至内田，盡行立契出賣與同都黄文英名下爲業。當日三面議定時值價白銀六兩一錢五分整，其銀當承〔成〕契日一併隨手收足。其田今從出賣之後，一聽買主自行管業，收苗受税爲定。如有内外人攔占及重復交易、不明等事，盡是出賣人祇當，不及買人之事。所有税糧，候至造册之年，本户自行推出，即無難異。今恐人心無憑，立此賣契爲照。

嘉靖二十四年三月初二日立出賣契人　邵　響（押）。

邵　岳（押）。

契中人　汪記員（押）。

今將前項契内價白銀一併隨手收足。同年月日再批爲照。

轉賣入遠軒祠，來脚。

《明清徽州社會經濟資料叢編》第二集《嘉靖二十六年胡智等賣山白契》　十一都胡智同侄胡鏗、胡銘，今承祖有山一塊，坐落七保，土名神竈塢口，係經理朝字□號。其山新立四至：東至降，西至田，南至路，北至李社初山。今將前項四至内山骨並松木苗竹，盡行立契出賣與同族叔胡四保名下爲業。憑中三面議時值價銀五錢整，其價契當日兩相交付。未賣之先，即無重復交易。如有一切不明等事，並是賣人之當，不及買人之事。今恐無憑，立此出賣契爲照。

其山價原借磚瓦銀四錢七分，消還磚瓦討價衆用。

嘉靖廿六年正月十八日立出契人　胡　智（押）契。

同　侄　胡　鏗（押）。

胡　銘（押）。

中見人　胡　儒（押）。

胡　法（押）。

嘉靖四十一年正月十三轉賣與李世才子孫入山管業，本家即無言説，面議值價文銀二錢一分整，其價契當日兩相交付，立此爲照。

胡四保（押）。

中見代筆人　胡　鎧（押）。

《明清徽州社會經濟資料叢編》第二集《嘉靖二十六年績溪鄭挺立等

賣山赤契》十五都鄭挺立同弟極立、雲立、成立等，挺立買得叔尚弟中立分籍山一號，坐落本都六保，土名平家坡，係萬字九百四十七號，就孫總理名目，本家兄弟該得分籍，盡數立契出賣與同業侄鄭橋名下前去爲業。面議時值價銀八錢整，在手足訖。〔所有〕未賣之先，即無重復交易。來歷不明，賣人自理，不涉買人之事。所有畝步四至，自有本保經理可照。所有在山木苗，盡在契內。今人少信，立此爲照。

再批分籍：義心該得一半，英才公該得一半，義辛該〔得〕一半，本位兄弟十（分）〔份〕中該得一（分）〔份〕。得立（分）〔份〕先賣與橋已訖。貞立（分）〔份〕賣與侄齊已訖。今本位兄弟盡數賣在契內，無存留。

嘉靖二十六年正月廿八日立賣契人 鄭挺立（押）。

極 立（押）。

雲 立（押）。

成 立（押）。

中見弟侄 鄭 琴（押）。

鄭 儀（押）。

《明清徽州社會經濟資料叢編》第二集《嘉靖二十六年僧道雲等賣寺山白契》 立賣契人十一都永禧庵僧道雲同徒呈裹，今有承師祖僉業山二號，坐落東都二保，土名吴小山，係經理遜字六百四十號，計山一畝二角。其山東至，西至，南至，北至。又取同處，土名吴小山，係經理遜字六百四十一號，計山一角十五步。其山東至，西至，南至，北至。今將前項山骨及在山雜木並杉木共計一千七百餘根，自願盡行立契出賣與檀越名下爲業。當日得受價銀一十八兩四錢整，其契〔價〕兩明，契後不再立領。所有在山杉木雜木，聽自受人入山砍伐，本庵不得生情阻撓。恐後無憑，立此賣契存照。

嘉靖廿六年五月十二日立賣契人僧 道 雲（押）。

依口奉書徒 呈 裹（押）。

中 見 吴 珂（押）。

《明清徽州社會經濟資料叢編》第二集《嘉靖二十八年王太壽賣田赤契》 驛溪王太壽，今爲無錢支用，自情願將八保土名南培口田一畝，憑中立契出賣與王德保名下爲業。面議時價紋銀八兩整，在手足訖。其田東至陳田，西至陳田，北至塝，南至山。其田與家外人即無重（互）〔復〕交易，來歷不明，賣人自理，不干買人之事。自賣之後，各無悔異，如違，甘罰契價一半與不悔人用，仍依此契爲準。今恐無憑，立此爲照。

外批，其田丈量步畝少欠，照數添除。

嘉靖二十八年十一月二十二日立契人 王太壽（押）契。

中見人 王六保（押）。

税明

外批，其田丈量步九分五釐，其田明，田（照）數添除。

《明清徽州社會經濟資料叢編》第二集《嘉靖二十九年程廷器賣田白契》 和化里住人程廷器同弟廷舉、廷采、廷幹承父有田一號，坐落土名麻窄彎水渠邊，田一丘，計租二秤，經理自有保簿。其田東至買人田，西至溪，南至廷璋兄弟田，北至魚池路。今爲缺少支用，兄弟自情願將前項四至内田，盡行立契出賣與程廷贊名下。面議時值價銀一兩四錢整，其銀當成契日一併收足。其田今從賣後，一聽買人自行管業收租，即無異説。（日）〔事〕前即無重（張）〔復〕交易、不明等事，如有此等，賣人自理，不及買人之事。所有税糧，候至造册之年，買人自行認納一則税。今恐人心無憑，立此出賣斷骨文契爲照。

嘉靖二十九年八月初六日立契出賣人 程廷器（押）。

廷舉（押）。

廷采（押）。

廷幹（押）。

中見人 程信（押）。

其契内價當日隨手收足。再批（押）領。

《明清徽州社會經濟資料叢編》第二集《嘉靖二十九年祁門吴珏賣山地赤契》 十一都吴珏，承祖父僉業並續買山地，坐落東都三保及本都二保，土名裏坑源。東都三保山自下嶺塢口起，至源頭止。本都二保山自右塌山起，至源頭止，□計號數；又取本都五保祊坑，土名汪小塢、吴四塢、（院）〔宛〕鬼坑、李家塢，共四號。其前項各處山地，四至畝步，自有經理該載，不及開載。本邊該得（分）〔份〕數並苗木，盡行立契出賣與同都李名下爲業，面議時價紋銀三兩正，其價並契，當日兩相交付，契後不再立領。今從賣後，一聽買人永遠管業。未賣之先，即無重復交易。所有續買來脚契文（與）〔爲〕同分弟吴世昌收貯，要用將出參照無詞。今恐無憑，立此賣契爲照。

嘉靖廿九年十一月二日立賣契人　吴　珏（押）契。

代書中見人　吴巴山（押）。

《明清徽州社會經濟資料叢編》第二集《嘉靖三十年休寧汪税等賣基地赤契》　十六都汪税同弟汪錢、侄以檢，今買受得李乞善基地一備，坐落本都一保，土名裏坑，祐善等住基上邊。新立四至，東屋及田，西〔至〕南祐善等正屋柱心，北場。前項四至内基地屋宇，本家四（分）〔份〕中合得一（分）〔份〕，憑中自情願立契出賣與同業人十五都鄭名下爲業。面議時價紋銀七兩正，在手足訖，其價契當日兩相交付。未賣之先，與家外人即無重復交易。來歷不明，賣人自理，不干買人之事。所有税糧候大造之年，推過入户供解無詞。其上手文契，隨時過付爲證。今恐無憑，立此爲照。

嘉靖三十年正月二十三日，立契人汪　税（押）。

汪　錢（押）。

汪以檢（押）。

中　人鄭天芥（押）。

李美善（押）。

許廷烈（押）。

倪友太（押）。

説明

《明清徽州社會經濟資料叢編》第二集《嘉靖三十一年祁門李金龍賣山赤契》　十三都住人李金龍，今將原祖買戴叔魯山三號，坐落土名黄坑，係經理鳳字八百四十六、八百四十九、八百五十五號，該身山五分二釐五毫。又將祖買吴憲，係經理鳳字號三分二釐山，共計山八分四釐五毫。其山新立四至：東至坑，西至降，南至李岩容竹園山，北至梓樹塢爲界。今因輪差，無銀完官，自情願憑中立契，將四至内於上竹木並山，斷骨出賣與同都人汪欽、鑌名下爲業。當日三面言議時值價銀三兩七錢五分整，其價當日收足。其山今從出賣之後，聽從買主受税管業，如有來歷不明，盡是賣主承當，不及買人之事。今恐人心無憑，立此賣契爲照。

契上四至内吴家山（分）〔份〕數，並與李金龍無干，日後二家再無異説。再批。

嘉靖三十一年二月初十日立出賣契人　李金龍（押）契。

中見人　李岩容（押）。

程永四（押）。

代筆人　李齊五（押）。

今領去契内價銀並收足訖。同日再批。（押）領。

《明清徽州社會經濟資料叢編》第二集《嘉靖三十一年李玘賣地白契》　二十五都五圖李玘，今因管業不便，自情願將續置到陰字□號下地一業，土名墻外。其地東至買人地，西至李顯武地，南至路，北至李顯燦墻脚。今將前項四至内地十步有零，出賣與本家族侄李岩進名下。三面議定時值價文銀二兩三錢正，其銀當成契日，一併收足，（即）〔既〕無欠少，亦無準折。其地未賣之先，即不（從）〔曾〕與他人重復交易。倘有内外親房攔占，盡是出賣人之當，不及買主之事。其税糧候造册之年，聽從户下起割，即無異説，其地聽從別行管業。今恐人心無憑，立此賣契爲用。

嘉靖三十一年三月十二日立契出賣人　李　玘（押）契。

中見人　李岩輌（押）。

《明清徽州社會經濟資料叢編》第二集《嘉靖三十一年汪衆積賣田白契》　十二都住人汪衆積，今將續置程伯中水官田一號，坐落土名下坑口，係黎字一千一百四十六號，内取中水官田三分二釐；又將土名廟南，黎字一千一百七十三號；又一千二百七十二號，共二號，民地三釐三毫；又將黎字八百三十二號民山七分五釐；又將五百七十六號土名朱梓嶺民山三分；又將三百九十二號；又將三百八十六號；又將一千一百四十五號，土名下坑口；又將一千一百三十五號，同處；又將一千一百四十三號，同處；又將一千一百五十六號，土名丁伯塘；又將九百四十四號，土名麻窄塢；又將九百三十一號，同處；又將羌字五十號，共山九號，該得山一畝一分二釐；又將黎字五百八十五號，程伯善官山，合得四分，共計官民山一十二號，計税山二畝五分七釐整，今省四至，自有保簿〔該〕〔記〕載，不及開寫。今來本家缺支用，自情願將前項四至內官、民田、山共計一十五號，共計官、民田、地、山稅三畝二分三釐整，憑中出賣與同族汪邦魅、玘岩、互□、閏溢、印信、齊祥名下，三面議作時值價白紋銀六兩整，其價當日收足。其田、地、山一聽買人隨即管業，如有來歷不明及重復交易，一切不明等事，盡是出賣人祇當，不及買人之事。所有稅糧，係是本戶頭汪瑞雲戶內〔赴〕〔付〕割過戶，即無阻〔當〕〔擋〕。今恐人心無憑，立此出賣文契爲照。

六契

嘉靖三十一年五月初二日立契出賣人　汪衆積（押）契。

中見人　方九富（押）。

依口代筆人　汪社佃（押）。

今領前項契內價銀並收足訖。同日再批爲照。（押）領。

《明清徽州社會經濟資料叢編》第二集《嘉靖三十二年陳述賣田赤契》

廿十一都陳述同弟陳俗，今來無錢用度，自情願將七保土名江坑嶺下正塢，與素善共業，本位兄弟該得一半；又將牛欄塢民晚田一號一處，共計租六秤整，憑中立契出賣與本都陳托名下爲業。當日面議時價文銀二兩六錢五分整，在手足訖。其田未賣（先）〔前〕，與家外人並無重互〔復交易〕，來歷不明，賣人自理。所有稅糧，悉照經理原額推過。成交之後，各不許悔，如違，甘罰銀五錢公用。今恐無憑，立此爲照。

嘉靖三十二年二月十七日立契人　陳　述（押）契。

弟　陳　俗（押）。

中見人　陳　昆（押）。

陳　煌（押）。

善　思（押）。

《明清徽州社會經濟資料叢編》第二集《嘉靖三十二年吴銑賣田白契》

十六都二圖吴銑，今將續買到吴良法名下本都賴字四百五十七號下田一畝九分，土名仁義寺前，計租十九畝（秤）〔半〕，佃人來興、太付；又賴字二百九十六號下田五分半，土名汪山培，計租六秤，佃人江招貴；又及字三百號下田一畝四分，坐落大坪門，計租十四秤，佃人鄭塔機。計三項共田三畝八分半，共該租三十九（稱）〔秤〕。今將前項田四至，照依清册，盡行立契出賣與吴宗祠戶內爲業。面議時值價銀二十三兩一錢整，其銀當成契日，一併收足，即無欠少、準折之煩。在先不曾與他人重復交易，如有內外人爭論，並係賣人支當，不干買人之事。其稅聽從於賣主名下過割入戶支解，本家即無難異。今恐人心難憑，立此賣契爲照。

嘉靖三十二年五月初一日立契出賣人　吴　銑（押）。

中見人　吴　雲（押）。

嘉靖三十六年十一月初六日邦治、邦濟付祠內田價銀四兩，取贖本家原賣賴字四百五十七號內田六分三釐，計租六秤半，土名仁義寺前，佃人太付。批此爲照。其田價銀四兩，付司正玿收（押）。同見管祠存倫（押）。

《明清徽州社會經濟資料叢編》第二集《嘉靖三十二年李世鑾賣地白契》

廿五都五圖住人李世鑾，今爲欠少支用，自願將承父續（至）〔置〕到陰字□號下地一業，土名墻外地。其地東至賣人地，西至顯武地，南至路，北至李顯燦墻脚。今將前項四至內地計地十步，出賣與本家李岩珂名下。三面議定時值價文銀二兩三錢正，其銀當成契日一併收足，（即）〔既〕無欠少，亦無準折。其地未賣之先，（則）〔即〕不（從）〔曾〕與他人重復交易。倘有親房人攔占，盡是出賣人之當，不及買人之事。其稅糧〔從〕本戶起（割）〔解〕納，即無異說。其地聽從（賣）〔買〕主便行管業。今恐人心無憑，立此賣契爲用。

嘉靖卅二年八月初六日立契出賣人　李世鑾（押）。

代筆主盟　李玄祐（押）。

《明清徽州社會經濟資料叢編》第二集《嘉靖三十二年李景昆賣地白契》

二十五都住人李景昆，今爲欠少使用，自情願將承祖並續置到陰字□號地一業，土名茶花樹下（下）地。其地東至買人地，西至賣人地，南至路，北至高基地、李景芬地。今將前項四至內地，計地八步〔計八步〕，計稅三釐三毫有零，出賣與本家李岩珂名下。三面議定時值價文銀一兩九錢正，其銀當成契日一併收足，（即）〔既〕無欠少，亦無準折。其地未賣之先，（則）〔即〕不（）從〔曾〕與他人重復交易。倘有親房人攔占，盡是出賣人之當，不及買人之事。其稅糧聽從本戶分割解納，即無異說。其地聽從買主便行管業。今恐人心無憑，立此賣契爲照。

嘉靖三十二年十二月十八日立契人　李景昆（押）。

代筆中見人　李景豹（押）。

《明清徽州社會經濟資料叢編》第二集《嘉靖三十三年吳學儒賣山白契》　十一都吳學儒，承祖有墳山一備，坐落東都三保，土名大港山今字面，係經理谷字□號。其山四至：東至田塢口山嘴，西至李山隨壟直下，南至溪，北至降。其山與叔等相共，本邊該六分之一。今將前四至内山骨並竹木本邊（分）〔份〕數，盡行立契出賣與同居叔吳雲名下爲業。三面議時值價白文銀叁兩整，其價並契當日兩相交付，契後不再立領。未賣之先，即無重復交易。一切不明，並是賣人之當，不及買人之事。今恐無憑，立此文契爲用。

嘉靖卅三年八月初二日立賣契人　吳學儒（押）。

中見人　江志英（押）。

吳章紀原買兄學儒山契一道，得受價銀叁兩貳錢，其山退與吳文炳名下。章批（押）。

文紀兄弟（押）。

見人　謝興孫（押）。

《明清徽州社會經濟資料叢編》第二集《嘉靖三十四年祁門謝穎賣山地赤契》　十四都謝穎，今有承祖謝冲然、謝允暢二户僉業山地，共計一十四號，俱坐落本都八保，土名松子坳、張嶺、下垛（垛）、上張嶺、坑西塢、方家塢、李二坟、南山族、况培、馬家月、張家山。係經理吊字六百六十四號、六百六十七號、六百七十五號、七百四十四號、七百四十五號、七百四十七號、七百四十八號、七百五十五號、七百七十一號、七百七十五號、七百七十六號、七百七十八號、七百七十九號、七百八十一號，畝步四至，自有本保經理可照。前各號山場，本身十二〔份〕之中合得一（分）〔份〕。今自願將前項各號山場並苗木，本身合得十二份〔中〕一份，盡數立契出賣與同都謝麒名下永遠管業。面議時值價紋銀八錢正，價契當日兩相交付明白。其山地骨並苗木各號，未賣之先，即無家外人重復交易，如有來歷一切不明，盡是賣人之當，不及買人之事。前項各號山場，係荒，無糧過割。所〔有〕標單及上手契字，係是同分人收貯，與別產相連，不及繳付，日後買人要用，將出照證無詞。成交之後，各不許悔。如有悔者，甘罰契内〔價〕加一，與不悔人用，仍依此契爲準。今恐無憑，立此賣契爲照。

嘉靖三十四年四月二十六日立賣契人　謝　穎（押）。

中見人　謝　頵（押）。

謝　玉（押）。

《明清徽州社會經濟資料叢編》第二集《嘉靖三十四年程阿汪賣塘白契》　和化里住人程阿汪，承夫程偉有魚池一所，土名麻榨彎，係川字□號，其塘經理自有保簿，東至廷璋田，西至溪，南、北至賣人田塘。今〔因〕缺少支用，自情願將前項四至内塘，五（分）〔份〕中本身合該一（分）〔份〕，盡行立契斷骨出賣與程廷贊名下，面議時值價銀五錢正，其銀當成契日一併收足。其塘今從賣後，一聽買人管業，本家即無異說。其塘（日）〔事〕前即無重（張）〔復〕交易不明等事，如有此，賣人自理，不及買人之事。所有税糧共户，不再起推，買人認納。今恐無憑，立此斷骨文契爲用。

嘉靖三十四年五月初五日立契人　程阿汪（押）契。

同賣領錢男　廷器（押）。

奉書男　廷夆（押）。

廷菜（押）。

中見人　程仁（押）。

《明清徽州社會經濟資料叢編》第二集《嘉靖三十四年祁門吳奇勛賣山地赤契》　十一都吳奇勛，承父買得吳浩山地一片，坐落本都三保，土名小坑弄，係經理谷字□號。其山新立四至，東至坑，西至降，南至小坑石橋下壟直上，北至山。〔其〕前項四至内山地，本兄弟該得八分之一，自情願將本邊十六分之一，盡行立契賣與同居吳名下爲業。面議時值價白銀五錢五分正，其價並契當日兩相交付，契後不再立領。今從賣後，一聽買人永遠栽種管業。未賣之先，即無重復交易，如有一切不明等事，並是賣人之當，不及買人之事。來脚契文與兄相共，不及繳付。今恐無憑，立此文契爲照。

嘉靖卅四年五月十二日立契人　吳奇勛（押）契。

中見人　吳時輝（押）。

今將前山受（售）價一兩，凑受（售）親人李桃名下爲業。立此爲照。雲祥批。

《明清徽州社會經濟資料叢編》第二集《嘉靖三十四年程廷璋等賣塘白契》和化里住人程廷璋兄弟，承祖有魚池一所，坐落土名麻榨彎，係川字□號，其塘東至廷贊田，西至溪，南至廷器田，北至廷器園。四至〔內〕塘與伯叔程儀兄弟五大（分）〔份〕共業，本身兄弟合該一大（分）〔份〕。今爲管業不便，自情願將前項四至內塘一（分）〔份〕，斷骨立契出賣與兄廷贊名下。面議時價銀五錢整，其銀當成契日隨手收足。其塘今從出賣之後，一聽買人自行管業爲定。（日）〔事〕前即無重復〔交易〕不明等事，如有，賣人自理，不及買人之事。所有税糧候大造之年，在本户買人自行認納。今恐無憑，立此爲照。

嘉靖三十四年八月初二日立契人　程廷璋（押）契。

同賣弟　廷瑾（押）。

廷瑚（押）。

中見人　程　仁（押）。

程　價（押）。

其契內價銀當日隨手收足。再批（押）領。

《明清徽州社會經濟資料叢編》第二集《嘉靖三十四年汪阿凌賣山白契》十一都汪阿凌，因少差役難解〔釋〕，自情願將故夫原承祖買受張軾竹山一號，坐落土名六保三畝丘田塝，坐字號七百一十九，計山五畝。所有四至，自有經理該載，不及開寫。其山該得本邊十二分之一，並竹雜木，盡行立契出賣與汪琳名下爲業。當日憑中三面議定時值價銀五錢整。外又取土名梓坑口地二塊，新立四至：東至初得地，西至才林地，南至杰保地，北至沙雲地。前項四至內，坐字五百二十號，原買得汪必程地，其前地議作時值價銀三錢整。其銀契當日兩相交付。其山、地未賣之先，即無重復交易。如有此等，盡是賣主之當，不及買人之事。恐後無憑，立此爲照。

再批：其山並山脚地骨，盡在其內。再批爲照。

嘉靖三十四年十一月十二日立賣契婦　汪阿凌。

領錢男　汪初付（押）。

依口代書人　汪天珍（押）。

中見人　汪天肇（押）。

前買得汪阿凌名下山一片、坦一塊、柿樹一根，批與汪初□。代筆人　王璀（押）。

《明清徽州社會經濟資料叢編》第二集《嘉靖三十五年程子信賣塘白契》和化里住人程子信，承父有魚池一所，坐落土名麻榨彎，係川字□號，經理自有保簿，不（在）〔再〕開述。其塘東至買人田，西至溪，南至廷兵田，北至廷吴園。四至內塘與兄弟相共，五大（分）〔份〕中本身合該一大（分）〔份〕。今爲管業不便，自情願將前項四至內塘一（分）〔份〕，斷骨立契出賣與侄廷贊名下，面議時價銀五錢整，其銀當成契日隨手收足。其塘今從出賣之後，一聽買人自行管業爲定。（日）〔事〕前即無重（張）〔復〕交易及不明等事，如有此，賣人自理，不及買人之事。所有税糧候大造之年（共）〔過〕户買人自行認納。今恐無憑，立此出賣文契爲照。

嘉靖三十五年四月十三日立斷骨出賣人　程子信（押）契。

中見人　程　仁（押）。

程　璋（押）。

其契內價銀當日隨手收足。再批（押）領。

《明清徽州社會經濟資料叢編》第二集《嘉靖三十五年休寧金瑜等賣山赤契》十七都二圖住人金瑜、金琯、金璟、金琢、金理，今因本家衆等造屋缺用，自情願托中議將承祖墳山一業，坐落土名果子山，係經理貞字一佰零六號，共計税捌分貳釐，內除原將塢山空地叁釐衆（扒）〔捌〕分賣與買主外，（仍）〔剩〕該山税柒分玖釐。其山東至人行大路及塘爲界，西至買主塢內地爲界，南至張家山及低基地爲界，北至人行路爲界。今將大四至內本身兄弟內取壹（分）〔份〕，計税玖釐玖毫，並山內松雜木植，盡行立契出賣與十四都十一圖洪名下爲業。其山內樹木照依分數管業，做造風水拱案。憑中三面議作時值價白文銀叁拾兩整，其銀當成契日一併交收足訖，即無欠少分文，亦無準折債負之類，亦無重復交易。其山自從出賣之後，一聽買主興工堆土作案朝穴，不許阻（執）〔攔〕。本家日後亦不許造謀攔塞鋤挖損害等情。本山木植照（分）〔份〕管業，並不私自砍伐。其税糧俟至造册之年，本户自行起割，推入買主户下，本家並無難異。如有内外人攔占，盡是出賣人之當，不干買人之事。今恐人心無憑，立此文契爲照。

今就契内價銀盡收足訖。同年月日再批爲照。

嘉靖叁十伍年七月初一日立出賣文契人　金　瑜（押）。
金　瑄（押）。
金　璟（押）。
金　琢（押）。
金　理（押）。
中見人　金　珠（押）。
金　璨（押）。
金　鴻（押）。
吴　虎（押）。
江　珣（押）。
游　瑞（押）。
孫　齊（押）。

《明清徽州社會經濟資料叢編》第二集《嘉靖三十五年鄭應暹賣田赤契》　十五都鄭應暹，今將承祖並買受晚田一號，坐落本都三保，土名六沙丘，共計租二十七秤，與弟應（嬗）〔贍〕相共，本位六（分）〔份〕該得一（分）〔份〕；又賣弟應春六（分）〔份〕中一（分）〔份〕，共計加六晚租九秤。今因缺少使用，自情願將前田租，憑中出賣與族兄鄭少潭名下爲業，面議時值價紋銀九兩六錢整，在手足訖，其價契當日兩相交付。未賣之先，與家外人並無重復交易。來歷不明，賣人自理，不干買人之事。所有税糧，候大造之年，聽自收割，入户供解。今恐無憑，立此爲照。

嘉靖三十五年七月初十日立契人　鄭應暹（押）契。
中見人　鄭　晋（押）。

《明清徽州社會經濟資料叢編》第二集《祁門縣黄仁賣田赤契》　九都黄仁，原陸續買受十八都葉廷、表等民水田、塘、屋、山場、莊屋基地乙備，坐落本都二保方坑正源甘子塢及小路三處等田，共計荒熟五十畝有零，與周相共，本身捌分中合得五分，該田三十二畝有零，其田四至經理可照。又買受在城葉賫等方坑正源民田一畝貳分，舊家塢田一畝六分，張家塢口田四分，葉山塢口田貳畝貳分，葉山塢中段田八分，其田四至上手文契可照。今將前項本身該得分劑，荒熟田共計三拾七畝有零，莊屋基地並塘地該得分劑，自情願憑中盡數立契，出賣與伍都洪氏族衆等名下爲業，面議時值價紋銀貳百叁拾玖兩整。其價並契當付明白。未賣之先即無家、外人重復交易。來歷不明，賣人之當，不及買人之事。自成之後，各無悔異，如先悔者甘罰銀三十兩入官公用，仍依此契爲準。所有税糧候造册之年，照依原額成熟民田叁拾貳畝有零、山五分、塘、地、基地照册推收供解無詞。今恐無憑，立此文契爲照。

計開：
方坑正源田、塘
甘子塢田、塘
小路田
莊屋倉房
前項共民田□□共租貳百五拾玖秤，鷄十五隻
葉山塢口田六坵
葉山塢中段田
舊宅塢口田
張家塢口〔田〕
方坑正源田一坵
共租六十一秤拾斤

嘉靖卅六年二月十一日　立契人　黄仁契
代書弟　黄　佐
中見人　方廷田
胡子彦
吴　泰

再批：上手文契隨即繳付過六張，仍有三張良錦等、天瑞等、良錫未付。外許枝、許椿、許鵬、許烈得價銀貳兩整。山契二張。

《明清徽州社會經濟資料叢編》第二集《嘉靖三十六年祁門吴惟一賣基地赤契》　十一都吴惟一，承祖有基地一備，並瓦房四間，坐落東都三

保，土名橋頭，係經理谷字□號，其地新立四至，東至吴珋等基地，西至吴雲祥墻脚，南至吴時春弟侄基地，北至路。其屋上連椽瓦，下連地脚，並四圍（榜）〔板〕壁墻脚俱存。〔今將〕前項四至内地並房屋與叔雲祥相共，本邊合得一半，自情願盡行立契出賣與同居叔吴雲祥名下爲業。三面議時值白文銀二十三兩二錢正，其價並契當日兩相交付，契後不再立領。未賣之先，即無重復交易，如有一切不明，並是賣人之當，不及買人之事。所有上手契文，日後要用，將出參照毋詞。所有稅糧聽自分納。今恐無憑，立此賣契爲照。

計開：房屋四間並正向石墻脚爲界，及屋内石頭，俱在基地賣内。

再批：計地九十步。

嘉靖卅六年五月廿九日立賣契人　吴惟一（押）契。

中見人　吴時暉（押）。

（吴）得倖（押）。

吴　志（押）。

《明清徽州社會經濟資料叢編》第二集《嘉靖三十六年休寧程旺富賣山赤契》　廿九都八圖住人程旺富，因父故之後缺少門户，雜派無辦，自情願將承祖業山一片，坐落土名葉獅塘，係止字一千四十九號，計稅伍分有零。其山東至大降，西至本家田，南至降，北至汪文興山。又將同保山一片，坐落土名下山坟石巖，係（）止〔字〕一千四十六號，計稅二分二釐五毫。東至梅坑尾，西至山，南至畢應庚山。北至雙坑。今將前項四至内山二處共計（八）〔七〕分二釐伍毫内。取程旺富名下合得壹半，計稅（壹）〔叁〕分六釐，自情願盡行立契憑中出賣與陳添盛名下。面議時值價文銀肆兩陸錢整，其銀當成契日一併隨手收足。其山今從出賣之後，於山松木篠柴，一聽買人自行管業，收苗受稅爲定，如有内外人攔拈〔占〕及重復交易不明等事，盡是出賣人自行祇當，不及受買人之事。所有上手來脚契〔文〕與旺鎮共業，繳付未便。其稅糧候至造册之年，本户自行起推。即無難異。今恐人心難憑，立此出賣文契爲照。

嘉靖三十六年十月二十一日立契人　程旺富（押）。

中　人　程志盛（押）。

兄　程旺鎮（押）。

依口代筆人　方廷鎮（押）。

前項契内其銀隨手一併收足。同日再批。（押）領。

《明清徽州社會經濟資料叢編》第二集《嘉靖三十六年休寧徐樸賣塘赤契》　七都徐樸，今爲無銀支用，自情願將承祖户下，係河字一千二十六號，共塘四畝，土名赤土塘。樸邊四十八股該一（分）〔份〕，計塘八釐三毫有零，四至照依保簿。盡行立契出賣與族叔徐禮名下爲業，三面議作時值價白紋銀一兩二〔錢〕整，其銀當成契日並收足訖。其塘聽從〔輪該〕養魚管業。稅糧候至大造，本户自行推出，即無阻（當）〔擋〕。如有來歷不明，重復交易，内外人攔占，盡是賣人之當，不及買人之事。今恐無憑，立此文契爲照。

嘉靖三十六年十二月二十六日立契　徐　樸（押）。

中見人　徐　本（押）。

所就契内價銀並收足訖同年月日（押）領。

《明清徽州社會經濟資料叢編》第二集《嘉靖三十七年吴明六等賣店房基地白契》　拾壹都吴明六同弟衙六，共承祖店房基地並路下地壹備，坐落東都三保，土名墩上，係經理谷字□號。其地新立四至，東至美房及溪，西至應魁田，南至溪，北至塝下田木内，店房三間，並前後披培，上連椽瓦，下連地脚，本兄弟該得（分）〔份〕數，盡行立契出賣與同居叔祖吴德雲名下爲業。面議時值白紋銀二兩正，其價並契當日兩相交付，契後不再立領。未賣之先，即無重復交易。如有一切不明，並是賣人之當，不及買人之事。所有稅糧聽自分納。今恐無憑，立此文契爲照。

嘉靖三十七年四月二十五日立文契人　吴明六（押）契。

同賣弟　衙六（押）。

中見叔　吴一郎（押）。

《明清徽州社會經濟資料叢編》第二集《嘉靖三十七年吴純一賣田白契》　十一都吴純一，今承祖民田地伍備，坐落一保，土名磎邊，計地一畝，其地四至：東至李地，西至吴地，南至路，至溪，北至〔至〕田；又取土名尖角地三分，其地四至：東至本地，南至李地，西至程地，北至吴地；又取同保土名堀〔？〕裏地三畝，東至吴地，西至楊林，南至塝，北至吴地，其地與弟相共，本邊合得一半，計地一畝五分；又取本都二保土名山下，田三畝，四至自有經理（該）〔記〕載，不及開寫，其田與買主相共，本邊合得六分之一； 又取本都五保土名角塢口，田一備，計田二丘，四至：東至，西至，南至，北至，今將前項二十至內田地並苗骨，盡行自情願立契出賣與同居叔吴德雲名下爲業。三面議作時值價白紋銀二十九兩整，其價並契當日兩相交付，契後再不立領。未賣之先，即無重復典賣交易，如有一切不明，盡是賣人之當，不及買人之事。所有稅糧，候造册之年，聽自分納。今恐無憑，立此文契爲照。

其欒木一根在該邊園頭，聽自爲業，再批。

嘉靖三十七年八月十七日立契人　吴純一（押）。

中見人　方付得（押）。

葉蘇得（押）。

《明清徽州社會經濟資料叢編》第二集《嘉靖三十七年程仁賣塘白契》

和化里住人程仁，承父有魚池一所，坐落土名麻榨丘。係川字□號，其塘東至買人田，西至溪，南至買人田，北至廷器隔間墻。今爲缺少支用，自情願將前項四至內塘合該（分）〔份〕數，盡行立契斷骨出賣與侄程廷贊名下，面議時值價銀五錢整，其銀當日收足。其塘今從出賣之後，一聽買人自行管業改造，即無異說。（日）〔事〕前即無重復〔交易〕不明等事，如有此，賣人自理，不及買人之事。今恐無憑，立此出賣文契爲用。

嘉靖三十七年十二月二十七日立契人　程　仁（押）。

見　人　程　輔（押）。

其契內價隨手收足。再批（押）。

《明清徽州社會經濟資料叢編》第二集《嘉靖三十八年李珖等賣山地白契》　東都李珖，同侄李求保、聚保、及時三（佪）〔囝〕，四房共有承祖民地一備，坐落十一都一保，土名上福州後村，係經理罪字□號。其地新立四至，東至李地，西至路，南至墳林，北至李地，計地，本房合得四分之一，該豆租十斤； 又取土名松林降墓前地一備，係經理罪字□號。其地新立四至，東至，西至，南至，北至。計地，本房合得四分之一，該豆租二斤半； 又取土名本都二保根坑坦前山老鴉翼，係經理遜字六百廿五號、廿六號，計山七畝二分。東至胡記佛山，西至卷蓬潭荒地，上號隨壟，上至降，下至大溪，南至横降，北至大溪及坑； 又取東都二保土名根坑坦前山松樹（坐）〔峚〕，係總理遜字六百卅一號，計山一畝。東至高尖及降，西至大溪，南至胡佛山隨壟，上至降，下至大溪，北至李元愷山，隨小壟，上至降。其前二號山，本房合得一半，內取四分之三。今因里長缺少，糧銀無措，自情願憑中將前項山地，共計一十六至，出賣與十一都族人李珀禄、玖禎等名下爲業。三面議時值價紋銀四兩四錢正，其價並契當日兩相交付。未賣之先，即無家外人典當重復交易，如有一切不明，並是賣人之當，不及買人之事。所有後村地稅，候造册之年，聽自（入）〔從〕本户起割前去供解無詞。今恐無憑，立此賣契爲照。

嘉靖卅八年二月十二日，立賣契人　李　珖。

求　保。

李聚保。

同　侄　時三佪（囝）。

中見人　洪四佪（囝）。

《明清徽州社會經濟資料叢編》第二集《嘉靖三十八年鄭宗正等賣山地白契》　十五都鄭宗正同弟宗實、侄夙魁等，共有承祖並買受廷杰、弘道名目山一備，坐落本都九保，土名張金坑，經理係此字四百八十六號； 又土名黄曆樹塢，係四百八十七號、八十八號； 又土名牛欄山，經理係四百八十九號、四百九十號、九十一號； 又土名汪六家塢，四百九十二號； 又同保土名周二塢，地二片，係宗正同侄夙魁標得。今因無錢用度，自情願將前項山地，本位弟侄合得分籍，又買受得分籍，盡數立契並在山杉松等木出賣與同業人安信公分下子孫爲業。憑中面議時價紋銀二兩六錢整在手足訖。其價、契當日兩相交付。未賣之先，與家外人即無重復交易，一切不明，賣人自理，不干買人之事。所有上手文契，與他處相連，未曾繳付，抄付照證。今恐無憑，立此文契爲照。

再批：（東）〔本〕家所買前山分籍，并力坌，本位兄弟侄盡往契內，並無存留。

嘉靖三十八年三月十二日自情願立契人　鄭宗正（押）契。

同　弟　鄭宗實（押）。

侄　夙魁兄弟（押）。

夙志（押）。

夙崗（押）。

夙遺（押）。

中見人　鄭尚儒（押）。

《明清徽州社會經濟資料叢編》第二集《嘉靖三十八年祁門李棨賣基地赤契》　兄李棨，今有承祖並續買住基地一備，坐落本都二保，土名梓木坑口，係經理用字□號，該得承祖住基地一十六步八□；又續買得渡厨地四步四分伍釐四毫二，共地三十一〔步〕□分伍釐四毫。其地新立四至，東至楣兄弟地，西至梯地，南至楣□兄弟後路，北至松基尾地；〔又取〕前項地該得正堂基□（分）〔份〕數地不計。今將前項基地，盡行立契出賣與堂兄弟李桃名下。三面議時值價白紋銀伍十一兩整，其價契當日兩相交付，契後不再立領。未賣之先，即無重復交易。如有一切不明，並是賣人之當，不及買人之事。今從賣後，一聽買人造屋管業。所有稅糧候造冊聽自過房供解。其來脚契文，要用將出參照。今恐無憑，立此文契爲照。

嘉靖三十八年四月十九日立賣契人　李　棨（押）。

中見人　李　貴（押）。

《明清徽州社會經濟資料叢編》第二集《嘉靖三十八年吴世大賣山地白契》　十一都吴世大，今承祖父有標分並父繼買山地一備，坐落東都三保，土名大港山朱婆塢，係經理谷字□號，買時暘該本邊四十八分之一，祖買汪浩四十八分之一，買淮武二十四分之一；又取同處大聖彎，該得本邊（分）〔份〕數；又取本都二保，土名許家段山地一備，本邊該三百七十八分之一；又取本都二保，土名周字□號山地一備，南頭塢、北頭塢，本邊父買四十八分之一；又取欠欄杆塢口與衆當相共，取本邊（分）〔份〕數；又取坳頭，承祖標業山一備，該得六分之一；又取五保湯字□號石山尖，本邊該六分之一；又取同保長塢上培，本（該）〔邊〕一百四十五分之一；又取同保潘湘嶺，本（該）〔邊〕三十六分之一；又取同保枒丫塢，本（邊）該一百零八分之一；又取磚城塢，本（該）〔邊〕一百四十分之一；又父買時暘（分）〔份〕數，又取朱壟坑高塢，本（該）〔邊〕六分之一；又取六保，土名血嶺頭，係經理坐字□號山地，本（該）〔邊〕六分之一。其前項東都三保並本都二保、五保、六保，共計山地一十三處，畝步四至，自有各保經理（該）〔記〕載，不及開寫。今將前項一十三處内山地骨並苗木，盡行立契出賣與同居兄吴德雲兄弟名下爲業。三面議作時值價白銀一兩三錢整，其價並契當日兩相交付，契後不再立領。今從賣後，一聽買人入山栽苗，永遠管業。未賣之先，即無重復典賣交易，如有一切不明等事，並是賣人之當，不及買人之事。所有原買時暘山衆契文，隨時繳付。今恐無憑，立此文契爲照。

内添吴塢二字，再批。

嘉靖三十八年五月二十六日立契人　吴世大（押）契。

中見人　吴奇勛（押）。

《明清徽州社會經濟資料叢編》第二集《嘉靖三十八年吴榮恩賣田赤契》　十六都一圖立契人吴榮恩，今將承祖及字二百九十二號，土名大坪頭，下田一畝六分，計租一拾六秤，四至照依清冊。今將前項四至内田，出賣與本都名下爲業，三面議定時值價銀一十二兩整，其銀當即收足，即無欠少、準折之類，其田在先，即不曾與他人重復交易，如有内外人爭占，並係賣人支當，不干買人之事。其稅，候造冊年，聽從過割，即無異〔議〕。今恐無憑，立此爲照。

嘉靖三十八年九月初六日立契人　吴榮恩（押）。

中見人　吴文明（押）。

是達之（押）。

吴庸之（押）。

吴定之（押）。

吴世遠（押）。

契内田，孝友會衆因管業不便，轉賣與吴宗祠業，議作時值價銀九兩六錢。價銀當即收足，批此爲照。

孝友會仲祥（押）。季祥（押）。玄璣（押）。榮珪（押）。存都（押）。武澤（押）。元模（押）。球（押）。浦（押）。詡（押）。默（押）。邦濟（押）。齊壽（押）。京（押）。

《明清徽州社會經濟資料叢編》第二集《嘉靖三十八年祁門吴禎祥賣基地赤契》　十一都吴禎祥，今有承祖基地一備，坐落東都三保，土名本宅基地，係經理□字□號。其地新立四至，東至得雲地，西至禄地，南至階地，北至加地，共計地十三步，自情願出賣與同居弟吴得倖名下。面議時值價銀三兩六錢七分整，其價並契當日兩相交付，契後不再立領。未賣之先，即無重復交易。如有一切不明，並是賣人之當，不及買人之事。所有税糧候造册之日，聽自起割入伊户供解，本家即無異説。今恐無憑，立此爲照。

今從賣後，一聽買人永遠管業，本家即無悔（異）〔易〕，再批。

嘉靖三十八年十二月十二日立契人　吴禎祥（押）契。

中見人　吴心一（押）。

四十五年九月十二日，十一都吴阿張將契内基地轉賣與同居伯吴雲祥爲業，得足價銀二兩正，立此爲用。

代筆外父　吴得時批（押）。

中見人　吴文燦（押）。

元一今收到叔雲祥名下前契内欠銀一兩九錢正，盡行收訖。

隆慶元年五月十三日元一收（押）。中見叔吴鳳祥（押）。

《明清徽州社會經濟資料叢編》第二集《嘉靖三十九年鄭巘賣山地白契》　族叔祖鄭〔孔〕巘，今承祖宗買受得荒地一備，坐落本都六保，土名周大塢，經理係萬字八百七十七號，計地一畝。其地原分爲上、中、下三截，本位兄弟叔侄分在上截地，其上截地本位三（分）〔份〕中該得一（分）〔份〕。兩邊各上山三丈，憑原文書埋石爲界，今因里役缺用，憑中立契出賣與族侄孫鄭居仁名下凑便管業。面議時價紋銀三錢三〔分〕整，在手足訖。未賣之先，並無與家外重復交易。來歷不明，賣人自理，不涉買人之事。今恐無憑，立此賣契爲證。

嘉靖三十九年三月二十五日立契人　鄭　巘（押）契。

中見兄　鄭　楚（押）。

《明清徽州社會經濟資料叢編》第二集《嘉靖三十九年祁門鄭時文賣園赤契》　十五都鄭時文，今有承父買受得住前園地壹備，新立四至，東至廳屋門前高塝，西至坑，南至衆路，北至鄭潭等低地。今爲無錢用度，自情願將前（行）〔項〕四至内園地，除母親存留一半外，本位四（分）〔份〕中合得一（分）〔份〕，盡數立契出賣與從兄鄭時弼兄弟名下爲業。當日面議時值價銀貳兩五錢正，在手足訖。未賣之先，與家外人並無重復交易。來歷不明，賣人自理，不干買人之事。所有税糧候大造之年，依照原收（數）推付供解。今恐無憑，立此文契爲照。

嘉靖三十九年六月十七日立賣契人　鄭時文（押）契。

中見人　鄭六保（押）。

《明清徽州社會經濟資料叢編》第二集《嘉靖四十年胡瓊玉賣基屋赤契》　奇峰鄭阿胡，有故夫鄭載存日，曾置田租二百餘秤，並置基屋，不料恩宥男時文不肖，將故夫田産賣盡，花費無存，飄蕩在外，以致一家四口日食難度，且今糧錢該差，節次（均）〔軍〕需，難以凑辦。今自情願同孫志堅，托憑堂叔鄭襗代筆，將九保土名承祖基屋並餘地，故夫買受得堂伯鄭□、親伯鄭褅基屋並買各（分）〔份〕基地，該得分籍，盡數立契出賣與親侄鄭時郁名下爲業。當議時值價銀二十五兩正，其價契當日兩相交付收（外）〔訖〕，（仍）〔剩〕有契内銀五兩，以備日後（四）〔死〕喪殯葬支用。家外並無重復交易。所有税糧，照依着士係郁解納。自賣之後，時文無得異言，如違，準不孝論。今恐無憑，立此爲照。

嘉靖四十年五月初一日立賣契媍　胡氏瓊玉（押）契。

代書人堂叔　鄭　襗（押）。

見議人　鄭時寵（押）。

鄭宗周（押）。

鄭本忠（押）。

見領價孫　志　堅（押）。

《明清徽州社會經濟資料叢編》第二集《嘉靖四十年祁門吴二郎賣山地赤契》　十一都吴二郎，今承祖有椿祥、欽遠僉業山地六備，坐落東都三保，土名下嶺塢、長塢、外塢，計山六號，係經理谷字八百九十號、八百九十四號、八百九十五號、八百九十六號、八百九十七號、八百九十九號。其山四至畝步，自有經理該載，不及開寫。今將前項山地並苗木該得本邊（分）〔份〕數，盡行立契出賣與同都李名下爲業。三面議時值價白銀二錢正，其價並契當日兩相交付，契後再不立領。未賣之先，即無重復交易。如有一切不明，並是賣人之當，不及買人之事。今從賣後，一聽買人永遠栽苗管業，本家即無言説。今恐無憑，立此賣契爲照。

嘉靖四十年五月十六日立賣契人　吴二郎（押）契。

中見人　吳奇勛（押）。

《明清徽州社會經濟資料叢編》第二集《嘉靖四十年祁門吳什賣山地赤契》　十一都吳什，承祖有椿祥欽遠山地，共六備，坐落東都三保，土名下嶺塢、長塢、外塢，係經理谷字八百九十號、八百九十四、八百九十五〔號〕、八百九十六號、八百九十七〔號〕、八百九十九號。其前項□地骨，畝步、四至，自有本保經理該載，不及開寫，自情願該本邊承祖僉業分數，盡行立契出賣與江名下爲業。面議時值價銀八錢整，其價契當日兩相交付，契後不再立領。今從賣後，一聽買人入山栽（笛）〔苗〕管業。未賣之先，即無重復交易。如有一切不明等事，並是賣人之當，不及買人之事。今恐無憑，立此爲照。

嘉靖四十年後五月初六日〔立〕賣契〔人〕　吳什（押）契。

中見人　吳奇勛（押）。

《明清徽州社會經濟資料叢編》第二集《嘉靖四十年方佛保賣山白契》　十東都方佛保，今有承祖父山一備，坐落土名黄餘山，係經理宇字□號。其山本家朝山。其山新立四至：東至猪欄塢口，西至廷俸山，南至坦畔，北至方乙音互山。今（有）〔因〕無錢支用，自情願出賣與洪廷仁名下爲業。三面議定時值價紋銀二錢整，其價並契當日兩相交付。未賣之先，即無重復交易。來歷不明，盡是賣人之當，不及買人之事。今恐無憑，立此爲照。

嘉靖四十年閏五月初十日立約人　方佛保（押）。

中見人　洪四保（押）。

立批單人方添保，記秩下買受洪姓老脚契文。今念族交情，兑换與福户秩下保祖爲業。存照。

嘉慶二十三年十月　日立批單人　方德伊（押）。

中　見　德　儼（押）。

《明清徽州社會經濟資料叢編》第二集《嘉靖四十年休寧程祖蔭賣基地赤契》　立賣契人程祖蔭，今將承祖鬮分得五保位字四百十八號地一片，土名家邊，計税五分，於上造小屋三間，樓屋三間，並前後披簷。其地新立四至，東至田，西至璟路，南至七十伯母墻脚，北至衆渠，四圍石脚泥墻。其屋四圍板壁門扇俱全，上至椽瓦，下至黄泉自情願憑中將前項四至屋地，盡行立契出賣與堂叔程璟名下爲業。三面議作時值價白紋銀六十三兩正，其銀當成契日一併交收足訖。其屋即便交與管業，别不立領札。今從出賣之後，一聽買人管業，如有内外人攔占及重復交易、一切不明等事，盡是賣人之當，不及買人之事。其税糧隨即扒與辦納。所有來脚契一道，日後索出交付，本身即無異説。今恐無憑，立此文契爲照。

嘉靖四十年十二月十二日立賣契人　程祖蔭（押）契。

親　叔　程汝和（押）。

親　兄　程玄蔭（押）。

中見人　程子受（押）。

程　奇（押）。

程汝重（押）。

今就契内領立價已並收足訖，同日再批（押）領。

《明清徽州社會經濟資料叢編》第二集《嘉靖四十一年吳世大賣田赤契》　十一都吳世大，今承祖父有民田一備，坐落東都三保，土名磨刀石，係經理□字□號，計田八分五釐，其田新立四至，東至坑，西至山，南至坑，北至坑，其田〔四至〕與李相共，本邊合得一半。盡行立契出賣與同都親人李名下爲業，面議時值價白銀二兩整，其價契當日兩相交付明白，契後再不立領。今從賣後，一聽買人管業。未賣之先，即無重復交易，一切不明等事，並是賣人之當，不及買人之事。所有税糧，正當造册之年，聽自起割供解。所有來脚契文，日後要用，將出付照。今恐無憑，立此賣契爲照。

嘉靖四十一年六月廿七日立賣契人　吳世大（押）契。

中見人　吳學儒（押）。

《明清徽州社會經濟資料叢編》第二集《嘉靖四十一年吳一龍賣田赤契》　十一都吳一龍，今承祖並續買荒熟莊民田地共一十五處，竹松杉山共五號，坐落本都二保，土名西頭園等處，其山、塘、田、地步畝四至、字號，自有該保經理（該）〔記〕載，不及開寫。自情願將前項田、地、山骨，盡行立契出賣與同都李名下爲業。憑中面議時值價白紋銀九十五兩整，其價並契當日兩相交付，契後再不立領。未賣之先，即無重復典賣交易，如有一切不明等事，並是賣人之當，不及買主之事。□有税糧，今當大造之年，聽自起割，推入伊户供解無詞。今恐無憑，立此文契爲照。

計開己田實租於後：

前壟秈租二十九秤，計民田三畝，佃人張寶珠。

西頭園民田一畝五分，計租十二秤，佃人方四。

同處民田一畝二分，計租十一秤，佃人徐四保。

竹山莊田七分，計租六秤零六斤，佃人張錦。

前壟民田六分七釐，計租六秤零七斤，佃人張覺。

大塘下民田五分，計租四秤，佃人徐四保。

百畝段二處民田一畝，計租九秤零十斤，佃人杜廷、方昔、運得。

下沙洲莊田五分，計監租四秤，佃人徐四保。

上充民田四分，計租三秤零十七斤，佃人方三、方五保。

計〔□〕〔開〕與佃相共田租於後：

莊屋下莊田一畝三分，計租十一秤，佃人徐四保。

莊屋前莊田一畝一分，計監租八秤，佃人張記、杜得。

水埠口莊田一畝五分，計監租十秤，佃人徐四保。

西頭園民田六分，計監租四秤，佃人杜得。

計開與伯相共荒田地：

白佑坑荒田地，不計畝步。

楊家彎荒田地，不計畝步。

計開山五號與伯相共：

一號强公充；二號楊家彎；三號李均澤山；四號歐康山；五號上充塢。

並塘

實價銀八十九兩整。再批（押）。

嘉靖四十一年八月初八日立賣契人　吴一龍（押）契。

中見人　吴　什（押）。

江　理（押）。

《明清徽州社會經濟資料叢編》第二集《嘉靖四十一年歙縣鄭天資賣屋地赤契》　歙縣十九都五圖立賣契人鄭天資，於先年間用價買到十八都四圖地名槐源，胡瑹名下良字□號，土名梅村塘頭，下等屋地一業。其地照原四至，東至高墈，西至高墈、〔西至〕胡弘等低基地，南至胡玘等屋，杜皮外直上爲界，北至胡玘等高基山墈。前項四至内地，胡瑹（分）〔份〕下該地十二步，於上平屋，上至椽瓦，下至磚石，四圍墻壁，並屋外空地；又將同另土名梅村塘下民下田成地四步，東至胡玘等高基地墈，西至胡弘土庫墻，南至胡弘屋地，北至胡焕等地。今因管業不便，將前二處各四至内地屋，憑中立契盡行出賣與十八都四圖胡弘名下爲業。三面議定時值價銀一十二兩整，其銀當成契〔日〕一併收足，（即）〔既〕無欠少，又無準折之類。在先即不曾與他人重復交易，如有内外人並原出産人攔占，俱係出産人之當，不干收産人之事。其地日後丈量，多不增價，少亦不補，自有四至挾定。所有税糧聽從目下於原出産人胡瑹户内起割，推入買人户内支解，不在難異。今恐無憑，立此文契爲照。

查原額分法：梅村塘頭高基地，止十一步二分，該過下等，地税四釐七毫；梅村塘下低基地，止三步有零，該過民上田，税一釐三毫三糸□□，基地多係是高墮下二處，盡行賣盡，即無存留，天資再批爲照。

嘉靖四十一年九月十一日立賣契人　鄭天資（押）。

中見人　方松崖（押）。

汪龍泉（押）。

汪南洲（押）。

方及泉（押）。

鄭南山（押）。

《明清徽州社會經濟資料叢編》第二集《嘉靖四十一年休寧程阿王賣地赤契》　九都住婦程阿王，今因嫁女，缺少使用，自情願憑中立契將承祖鬮分得本都五保位字叁佰伍拾肆號地一片，共計壹畝捌分，六（分）〔份〕中本身合得叁（分）〔份〕，土名墓田林，佃人陳志全等，遞年麥、豆、粟，園内監收。〔今將〕前項四至：東至底田，西至程瓚園，南至水溝，北至底田，今來憑中三面議作時值價白文銀壹兩捌錢正，其銀當成契日一併交收足訖，別不立領札。今從出賣之後，一聽買人收苗管業。如有内外人攔占及重復交易，一切不明等事，盡是賣人之當，不及買人之事。其税糧隨即扒與辦納，本家即無阻異。今恐人心無憑，立此文契爲照。其地出賣與同户程鑾名下爲業。

嘉靖四十一年十二月十一日立文契婦　程阿王（押）契。

主盟婆　程阿朱（押）。

代筆伯祖　程　兆（押）。

中見叔　程廷寶（押）。

侄　程華蔭（押）。

今就契内領去價銀並收足訖，同年月日再批（押）領。

税銀三分六釐。

《明清徽州社會經濟資料叢編》第二集《嘉靖四十二年何天良賣地白契》　十二都住人何天良，今將承祖地一塊，坐落土名汪坑嶺脚，係首字□號。其東、南至何岩容田，北至何岩得田。今來本家耕種不便，自情願將四至内，盡行立契出賣與何岩容名下，三面議作時價銀二錢整，其銀契當日交明。其地出賣之後，聽買人耕種管業。其税，先年賣盡，本户無存。今恐無憑，立此契約爲照。

嘉靖四十二年正月十六日立契人　何天良（押）。

親筆無見。

《明清徽州社會經濟資料叢編》第二集《嘉靖四十二年休寧張阿吴等賣山赤契》　休寧三十一都張阿吴同嬸李氏，承夫及叔山數備，今因無錢埋葬男元通，自情願將四保商字一千七十四號，土名前莊，計山四畝，與孫、李共業（分）〔份〕數墳山；又將一千八十三號黄祥充，張家一半；一千九十三號，粟充，四畝二角；一千一百十號，汪五塢上培，二畝；一千九十八號，梨木充，三畝。前項數號四至，自有經理（該）〔記〕載，（□）〔不〕及開寫。自情願將前項山骨，盡行立契出賣與祁門孫名下爲業。三面議定時值白銀肆錢整，當日交付。今從賣後，一聽買人永遠管業。即無重復交易。今前莊墳穴，本家存留。今恐無憑，立此文契爲照。

嘉靖四十二年正月廿日立契人　張阿吴（押）。

同嬸　李　氏（押）。

主盟代筆伯　張良佩（押）。

見人　張良憲（押）。

張守仁（押）。

親見人　張元昌（押）。

《明清徽州社會經濟資料叢編》第二集《嘉靖四十二年祁門胡天彝等賣山赤契》　十二都胡天彝同兄胡天奇，奉母親指令，今將十四都八保土名坐落餘□源山，雲，祖各目，五百十五號、五佰三十七號、五百三十八號、五百四十四號、六百號、六百八號、六百十號，共計山七號，承祖本位（該得）十八（分）〔份〕中合得一（分）〔份〕，盡數立契出賣與十四都王章名下爲業。面議時價紋銀一兩三分整，在手足訖，其價並契兩相交付。來歷不明，賣人（成管）〔承當〕，不係買人之事。未賣之先，即無重復交易。自成（交）之後，各不許悔。如悔者，罰銀一半與不悔人用。今恐無憑，立此爲照。

嘉靖四十二年五月十六日立賣契人　胡天彝（押）。

中見人　胡天化（押）。

《明清徽州社會經濟資料叢編》第二集《嘉靖四十二年金勝祖賣田赤契》　廿八都五圖住人金勝祖，自己續置有田一丘，坐落土名石橋頭，係澄字□號，經理，計硬租八秤零十斤。今爲缺少支用，自情願内取租三秤，出賣與兄金勝興名下爲業，當日面議時價銀三兩五錢整，其銀當日收足。其田四至自有原契。其租田今從出賣之後，一聽買人自行管業，本家即無異說。税候大造之年，本户自行起推，一則民税入買人户無難。恐後無憑，立此出賣文契爲照。

嘉靖四十二年八月十二日立契出賣人　金勝祖（押）。

代書人　金勝童（押）。

中見人　程　合（押）。

其契前項契内價銀，當日隨手一併收足。同日再批（押）領。

《明清徽州社會經濟資料叢編》第二集《嘉靖四十二年王興旺等賣山白契》　十二都王興旺同弟本興、永興，今因户役不時，坐派軍需無措，兄弟商議，自情願將承祖並批受買受來壟山，北至尖，東孟崗坦，西至鐵爐冲節田爲界，南至太惠竹山爲界。又將衆門面屋一間，兄弟分籍。又將與叔祖王天德過厢屋二間，並西邊拖培厨屋，在南邊兄弟本身合得一半，盡數立契出賣與同都章名下爲業，當議時值價紋銀二兩整，在手足訖，價契兩明。來歷不明，賣人承當，不干買人之事。未賣之先，家外人即無重復交易。自成〔交〕之後，各不許悔。如先悔者，甘罰契内銀一半入官公用，仍依此文爲始。今恐無憑，立此賣契爲照。

再批：在山松果雜等木面扇板、壁瓦片磚、石磉俱在契内。

其坦亦在契内。内除墳塋禁步不賣，又將四至内二十四股内取一股賣與章佳應。

嘉靖四十二年十月十九日立賣契人　王興旺（押）。

王本興（押）。

王永興（押）。

中見代書人　王　光（押）。

《明清徽州社會經濟資料叢編》第二集《嘉靖四十三年方天生等賣田赤契》　十一都方天生兄弟，今承祖山一片，坐落七保，土名古樓段瓦（塢）〔窑〕（岑）〔嶺〕，係經理朝字□號，其山畝步四至，自有經理（該）〔記〕載，不及開寫。其山與照默、壽得兄弟相共，本家兄弟共該四分之一；又取山脚下民田一備，坐落同處，土名小橋頭，新立四至：東至大路，西至山，南至山地，北至本家田，共田一畝，計一長丘，其田與（然）〔照〕默相共，本家兄弟共該得四分之一，計田二分五釐有零。今自情願將前項山並田八至内分數，盡行立契出賣與高壽得六保兄弟名下爲業，面議時值價紋銀一十六兩整，其價契當日兩相交付，契後再不立領。其田山自賣之後，一聽買人入田收租管業，其山聽自（載）〔栽〕種，並無存留。未賣之先，如有來歷不明等事，並是賣人之當，不及買人之事。所有田税糧，候造册之年，自入本户起割，前去供解無詞。恐後無憑，立此爲照。

嘉靖四十三年二月十六日立出賣文契人　方天生（押）。

同弟　福　生（押）。

元　生（押）。

中見人　方　山（押）。

《明清徽州社會經濟資料叢編》第二集《嘉靖四十三年休寧程玄祐賣地赤契》　九都住人程玄祐同弟高祐，今將承父續置到五保位字四百十二二、十三等號地一片，土名車田，其地共計税三畝三分。新立四至，東至溪，西至墻脚外路，南至程輝、程輔生地，北至裏段程社地，中段至路，外段至程萬、濱偉、輝蔭衆火兒地墻脚外爲界。其地係餘四十租佃，其屋係四十已造。其地並四圍墻脚〔存〕，及菜園内白菓木一根。其地管業不便，内該一半，計税一畝六分五釐，盡行立契出賣與同都程環名下爲業。當日三面議作時值價白紋銀一十四兩整，其銀當成契日，一併交收足訖，别不立領札。今從出賣之後，一聽買人自行收苗管業。如有内外人攔占、及重復交易、一切不明等事，盡是賣人之當，不及買人之事。所有來脚，隨即繳付。其税糧候大造之年，本户自行起割無詞。今恐無憑，立此出賣契文爲照。

其外段北邊火兒屋邊墻脚，照依來脚契，俱賣在内。

嘉靖四十三年閏二月初八日立契人　程玄祐（押）契。

立契弟　程高祐（押）。

中見人　程　慶（押）。

今就契内領去價銀，並收足訖，同日再批，（押）領。

税銀二錢。

《明清徽州社會經濟資料叢編》第二集《嘉靖四十三年謝敦本堂賣田白契》　十西都謝敦本堂，今有衆存荒田一備，坐落土名程婆塢等號。今因排下甲首凌家爲事，缺少使用，三大房癐議，自情願將前田内取早穀租田七秤，出賣與同分人謝鋭名下爲業，面議時價紋銀三兩五錢整，價契當日兩相交付明白。未賣之先，即無家外人重復交易。來歷不明，賣人之當。今恐無憑，立此爲照。

嘉靖四十三年九月二十日立契出賣人　謝敦本堂（押）。

同賣人　謝　鉥（押）。

謝玄錫（押）。

謝　鏜（押）。

謝應昌（押）。

謝天詔（押）。

謝天春（押）。

謝武佑（押）。

謝天寄（押）。

書　契　謝真佑（押）。

萬曆三年五月二十六日得銀一兩，退還田租二秤與敦本堂業。雲右批。

萬曆五年二月十一日贖回

此程婆贖契共十二張，外贖玄錫還衆穀三秤，批在玄錫契上，契未付衆。

《明清徽州社會經濟資料叢編》第二集《嘉靖四十四年休寧汪七十嫂賣園赤契》

立賣契人汪七十、汪滚，因爲缺少使用，將承祖園六片，坐落土名萬工山，計税五分一釐，計租豆六官斗。其園一片，北至余家地，南至吴家園，西至塝下，東至塝。又一片，北至路，南至王家園，東至塝，西至路，又一片北至汪家墳，南至汪家園，東至汪家園，西至汪家園。又一小片，北至路，南至汪家墳，東至朱家園，西至塝。今將□至内園，有夫先年立契當到汪□名下，銀二兩。因夫久〔在〕外不歸，又不答信銀回家，日食無措，又輪該差，無處出辦復將前園憑伯叔復立契賣與汪益名下爲業。三面〔議〕作時值價文銀三兩，有夫汪七十收二兩，今阿收銀一兩。其園聽從買主管業收苗，倘有來歷不明及内外人攔占，一切不明等事，盡是賣人承當，不及買人之事。所有上手來脚，與别産相連，繳付不便。其税候大造之年，本户自行起割，即無難異。今恐人心無憑，立此賣契爲照。

内山計税五分。汪當再批。

嘉靖四十四年二月初十日立賣契人婦　汪七十嫂（押）。

中見人　查　合（押）。

代筆人　汪　桂（押）。

今就契内價銀收足。再批。

税銀陸分整。

《明清徽州社會經濟資料叢編》第二集《嘉靖四十四年詹添應賣田赤契》

十七都七圖住人詹添應，今因欠少使用，自情願將續置户下傷字□號田，坐落土名占林塢，共計田税一畝三分五釐，内取田税八分一釐三毫五〔系〕〔糸〕八〔分〕〔忽〕，遞年上租穀七砠零乙十七斤半；又内取塘税二釐四毫八忽；又内取東西山沙渠二道，計山税三毫，其田東至（占）〔詹〕爾衆山，西至（占）〔詹〕爾衆山，南至（占）〔詹〕存端等田，北至（占）〔詹〕爾田。今將前項四至内田並塘及沙渠，盡行立契出賣於同圖詹惟義名下爲業，三面〔議〕時值價白文銀七兩玖錢整，其銀當成契日一併交收足訖，即無欠少分文，别不立領札，亦無準折債負之類。今從出賣之後，一聽買人收苗受税管業爲定。如有内外人攔占及重復交易、一切不明等事，盡是出産人之當，不及買人之事。所有上手來脚，與别産相連，繳付未便，日後要用，本家索出參照無難。其税糧候至造册之日，本户自在詹存端户内收入推割，即無異説。今恐無憑，立此文契爲照。

今就契内領去價銀足訖。同日再批爲照，立領人　詹添應（押）領。

嘉靖四十四年五月二十七日立契〔人〕

出産人　詹添應（押）契。

代筆男　詹　欽（押）。

中見人　詹　全（押）。

詹應棋（押）。

《明清徽州社會經濟資料叢編》第二集《嘉靖四十四年鄭汝澄等賣山白契》

十五都鄭汝澄同弟涌、侄本㩁、本恒兄弟、本恂、本忠、本俊等，今有承祖並買受宏道山二號，坐落本都九保，土名黄李樹塢口，係經理屯字四百八十七號、八十八號，其山以七十二（分）〔份〕爲率，澄等該一十八（分）〔份〕，内除潞十八分（份中）四（分）〔份〕先年賣訖，（仍）〔剩〕存一十四（分）〔份〕。今爲均徭，奉本縣僉點鋪兵，爲子祭豬，因各商在外無措，自情願憑中立契出賣與同業人鄭安信公名下爲業，面議時〔價〕紋銀二兩二錢整，在手足訖，價契兩相交付。來歷不明，賣人自理。未賣之先，即無重復交易。立此爲照。

再批：前價銀盡係澄領去完官。内浙分籍，澄己買受。

嘉靖四十四年十二月二十四日立賣契人　鄭汝澄（押）書。

同　弟　鄭　涌（押）。

侄　本　㩁（押）。

本恒兄弟（押）。

本忠（押）。

本恂（押）。

本俊（押）。

中見侄　宗正（押）。

《明清徽州社會經濟資料叢編》第二集《嘉靖四十五年祁門吴加祥賣山地赤契》 十一都吴加祥同侄心一，今承祖有山地一備，坐落本都三保，土名大聖塘下末，係經理谷字□號。其畝步，自有經理（該）〔記〕載，不及開寫。其山新立四至，東至地，西至降，南石確直出至大路，北至朱五保住基礎邊，桐青木爲界。該得本邊叔侄（分）〔份〕數，盡行立契出賣與親人李平伯名下爲業。三面議時值價白文銀二錢正，價契當日兩相交付，契後不再立領。未賣之先，即無重復交易，如有一切不明，並是賣人之當，不及買人〔之〕事。其山與本家小五房相共。今恐無憑，立此賣契爲照。

嘉靖四十五年三月十九日立契人 吴加祥（押）。

同 侄 吴心一（押）。

男 吴 宗（押）。

中見人 謝天賜（押）。

《明清徽州社會經濟資料叢編》第二集《嘉靖四十五年李世祥賣山赤契》 十一都李世祥，承祖並續買荒山數備，坐落五保，土名祊坑源塘坑、黄八塢、黄二塢、李神八塢、言精坑，係經理湯字□號；又取東都三保里坑郭〔角〕塔頭黄連坑許家段，係經理谷字□號；又取東都二保土名里坑郭〔角〕塔頭許家段魚筐塢下塢橋頭彎，係經理周字□號。其山四至、畝步，自有各保經理該載明白，不及開寫。今將前項數號山骨並苗木該得本身（分）〔份〕數，自情願盡行立契出賣與堂弟叔祥名下，長養管業。三面議作時值價白紋銀一兩三錢整，其價並契當日兩相交付，契後不再立領。今恐無憑，立此爲照。

嘉靖四十五年三月二十三日立山契人 李世祥（押）。

中見人 李 貴（押）。

所有角塔頭，係總地名，內有東都張家山、平坦源和尚山，十一都黄栢源、白石崕（岦）、李樹塢，俱賣在內，不及細開。世祥再批。

契內山業，於康熙二十八年五月初七日得價轉賣與侄爲業訖。叔起先（押）。

《明清徽州社會經濟資料叢編》第二集《嘉靖四十五年休寧吴一龍賣田赤契》 永豐里住人吴一龍，今自情願將買到吴游名下一則田一丘，坐落土名古城岩，係積字□號，上租五秤，計税六分貳釐五（毛）〔毫〕。其田東至，西至，南至，北至。今將前項四至內田，盡行立契出賣與同都黄順德祠名下，三面議取時值價白銀壹拾叁兩五錢整，其銀當成契日一併收足。其田今從出賣之後，一聽買人自行管業，收苗受税爲定。如有內外人攔占及重復交易不明等事，盡是出賣人自行祇當，不干買人之事。其税糧候至造册之年，本户自行推出，則無異説。今恐人心難（凴）〔憑〕，立此賣契爲照。

嘉靖四十五年四月 日 立契出賣人 吴一龍（押）。

中見人 吴 琬（押）。

代書人 吴 齊（押）。

同中人 吴 潛（押）。

吴 灩。

吴世沾（押）。

吴玄壽（押）。

□項契內價銀當成契日一併收足，同日再批爲照（押）領。

對驗訖。

税銀二錢七分

《明清徽州社會經濟資料叢編》第二集《嘉靖四十五年浮梁趙菊芳等賣田白契》 浮梁梓舟都趙菊芳同弟英芳、〔譽〕芳、聯芳、遺芳、侄良巨、良□，原共買得祁門二十二都王從龍土名西坑源內外田地山場及基屋地，並土名橋頭田，於內本位兄弟叔侄共買得王從龍二十四股，內得一股。今來爲業不便，自情願將從龍分殖以拾股爲率，內除英芳、良巨該得四股未賣，其餘盡行憑中立契出賣與祁門二十二都王名下，凑便管業。當日三面言議時值價紋銀四兩八錢整，在手足訖，其山場田地菜園基屋，一切不明，賣人〔自〕理〔值〕，不干買人之事，未賣（已）〔以〕（先）〔前〕，與家外人並無重（互）〔復〕交易。自賣之後，各不許悔，如違，罰銀一兩公用，仍依此文爲準。其田山税糧，原在從龍户內。今恐人心（不）〔無〕憑，立此文契爲照。

嘉靖四十五年十一月初四日立契人 趙菊芳（押）契。

譽芳（押）。

同賣弟 趙聯芳（押）。
遺芳（押）。
侄 良器（押）。
中見人 黄榮仙（押）。

《明清徽州社會經濟資料叢編》第二集《隆慶元年洪産賣田白契》

五都洪産，今爲津貼糧長，自情願將五都九保土名建子迸田叁畝，與族兄應陽、族侄桂天與等相共，内本身該得分籍田伍分，新立四至：東至山，西至路及山，南、北至洪田。今憑中立契出賣與族侄洪名下爲業，面議時價紋銀肆兩叁錢整，其價並契當日兩相交付明白。其田未賣之先，即無家外人重復交易。來歷不明，賣人之當，不涉買人之事。自成〔交〕之後，各不許悔，如先悔者，甘罰銀伍錢與不悔人用。所有税糧，隨即推與買人供解（毋）〔無〕詞。今恐無憑，立此爲照。

隆慶元年三月初八日立契人 洪 産（押）。
中見人 洪 儒（押）。

《明清徽州社會經濟資料叢編》第二集《隆慶元年洪天錫賣田白契》

五都洪天錫，今有官田一備，坐落本都，土名程兆坑田，今情願將前項四至：東至行路，西至餘田，南至，北至山，四至内田三畝，計税租穀二十五秤，今内取硬租穀一十六秤，自情願憑中立契出賣與壽二公名下爲業。面議時值價紋銀九兩六錢整，其價並契當日兩相交付明白。未賣之先，即無家外人重復交易，倘有來歷不明，盡是賣人承當，不涉買人之事。今恐無憑，立此爲照。

所有税糧，聽從壽二公隨時收割，供解一畝六分爲照。

隆慶元年三月十五日立契人 洪天錫（押）。
中見人 洪 立（押）。

《明清徽州社會經濟資料叢編》第二集《隆慶元年鄭楚賣基地白契》

十五都鄭楚，今有基地屋宇一備，坐落本都七保，土名榨坦，原買受弟文載仁字號，内得一半。今爲無錢用度，自情願將前買基地並屋宇及屋後山場四圍墻，園内外菓雜等木，盡數立契出賣與安信公分下爲業。面議時價文銀七兩整，在手足訖，價契兩相交付。未賣之先，與家外人即無重復交易。來歷不明，賣人自理，不干買人之事。所有老契，隨即繳付，照土税糧，大造之年，撥付供解。今恐無憑，立此文契爲照。

隆慶元年六月二十一日立契人 鄭 楚（押）契。
中見人 鄭維清（押）。

《明清徽州社會經濟資料叢編》第二集《隆慶二年吴天性賣基地白契》

十一都吴天性，今因正差無措，自情願托中將承祖〔零〕基地一塊，坐落正堂香火樓前，計地二步五分。新立四至，東至魁屋及衆路，西至正屋墻脚爲界，南至香大明堂，係三場房對面，北至本家歇房及出廳衆路。今將前項四至内地，盡行立契出賣與同居侄孫吴名下爲業。三面議定時值價白文銀二兩二錢五，其契價當日兩相交足。其地聽自買主擇日造屋，賣主即無言説，如有家外人占攔，賣主自行承當。其〔前〕地與兄弟相共。性將己住基空地扒補與兄弟便業，不及買主之事。未賣之先，即無重復交易。今恐無憑，立此賣契爲照。

隆慶二年正月初六日立賣契人 吴天性（押）。
中見人 吴仁相（押）。
吴元鋭（押）。
吴元鑒（押）。

《明清徽州社會經濟資料叢編》第二集《隆慶二年洪天錫賣田白契》

五都洪天錫，今賣受五都九保，土名建子進，田三畝，與應陽桂、王與等相共，内本身該得分籍田伍分，新立四至：東至山，西至路及山，南、北至洪田，今憑中出賣與族陸房壽公名下，標記永遠爲業。面議時值價紋銀二兩四錢整，其價並契當日兩相交付明白。此田未賣之先，即無家外人重復交易。來歷不明，盡是賣人承當，不干買主之事。所有税糧，隨即推與供解（毋）〔無〕詞。今恐無憑，立此爲照。

洪産原契一紙繳付，一併收訖。

隆慶二年三月十一日立契人 洪天錫（押）。
中 人 洪 立（押）。

《明清徽州社會經濟資料叢編》第二集《隆慶二年洪阿仰賣山白契》

五都洪阿仰，原夫承祖六大房（摽）〔標〕分荒竹山一號，坐落東都，土名南邊莊屋背後，與伯洪諫、侄洪季芳相共。新立四至：東至淵公房山，西至諫買洪光山，南至六房與僕菜園灣坦，北至衆存坦及莊屋。今將前項四至内，三〔分〕〔份〕中本身合得一〔分〕〔份〕山及在山竹笋，自情願盡數立契出賣與六房永遠〔摽〕〔標〕祀爲業。面議時值價文銀壹兩伍錢整，其價並契當日兩相交付明白。其山未賣之先，即無重復交易。來歷不明，賣人之當，不涉買人之事。如先悔者，（其）〔甘〕罰銀四錢公用，仍依此文爲準。今恐無憑，立此爲照。

隆慶二年三月二十二日立契婦　洪阿仰（押）。

奉命代書男　洪春芳（押）。

洪冬芳（押）。

孫　洪大傳（押）。

中見人　洪　立（押）。

《明清徽州社會經濟資料叢編》第二集《隆慶二年洪音賣田白契》

五都洪音，原買受水（民）〔田〕一備，坐落東郡，土名上溪塔田，計一畝，新立四至：東至，西至，南至，北至，今將開墾成熟田一畝，計硬租，自情願憑中盡數立契出賣與先祖壽公六房子孫，標祀管業。當議時值價紋銀六兩五錢整，其價並契當日兩相交付明白。自成〔交〕之後，並無家外人等重復交易。所有税糧，聽自收割供解外，仍有水損田四分，係身未賣税糧，不得争差。今恐無憑，立此爲照。

内（段）〔添〕都字一個。

隆慶二年四月初二日立契人　洪　音（押）。

中見人　洪天榮（押）。

《明清徽州社會經濟資料叢編》第二集《隆慶二年張珏賣田赤契》

環珠里張珏，今立文契，將承父本都十保帥字二百八十四號土名竹林頭田一丘，原計夾租二砠，計税二分，本身三（分）〔份〕中合得二（分）〔份〕，計税六釐六毫六（系）〔糸〕六（忽）。其田新立四至：東至路，西張柰墻，南至渠、路，北至櫃墻，將前項四至内田本身合得（分）〔份〕數，憑中盡行立契出賣與同居張名下爲業。當日三面議作時值價紋銀六兩六錢七分整，其銀當成契日一併交收足訖，别不立領札。聽從隨即造墻管業，如有内外人佔據及重復交易，一切不明等事，盡是賣人之當，不及買人之事。其税糧自造册之年，聽從本户起割，即無阻異。恐後無憑，立此爲照。

隆慶二年九月廿四日立契人　張珏（押）契。

中見人　張　松（押）。

張　琢（押）。

今就契内領去前項價銀，並收足訖。同年月日再（押）批領。

《明清徽州社會經濟資料叢編》第二集《隆慶二年孫阿光賣田白契》

五都孫阿光原夫孫武存日買受本都土名程北坑口係經理崑字□號連片共田三丘，計實田六畝五分，新立四至：東至溪，西至於田，南北至山，今將前項四至内田計硬租七十秤零十三斤，並無存留，盡數立契出賣與本都洪壽二公分下子孫永遠爲業。當憑中三面議定，時值價紋銀四十一兩整，其價並契當日兩相交付明白。未賣之先，即無家外人重復交易。來歷不明，賣人承當，不涉買人之事。自成〔交〕之後，各無悔異，如有悔者，甘罰契内銀五兩公用，仍依此契爲準。所有税糧，候造册之年，以（由）〔自〕買主收割入户供解，本家即無異言。今恐無憑，立此文契爲照。

所有上手老契三張，隨即繳付（押）。

隆慶二年十二月二十二日立契婦　孫阿光（押）。

中見人叔　孫　廣（押）。

陳相佑（押）。

《明清徽州社會經濟資料叢編》第二集《隆慶三年吴友發等賣田赤契》

二十二都九圖住人吴玄民枝下吴友發、吴炫、吴昦、吴釬、吴齊郎等，今自情願將續置一則田二丘，坐落首原象形後，土名六塘，係禍字□號，計税六分七釐，上租四秤，其田東至吴穴山田，〔西〕至買人山，南至路，北至吴、戴二家山。今將前項四至内田，盡行立契出賣與本都一圖吴名下，三面議取時值價白銀六兩整，其銀當成契日一併盡行收足。其田今從出賣之後，一聽買人自行管業，收苗受税爲定。如有内外人攔占及重〔復〕交易不明等事，盡是賣主承當，不及買人之事。所有税糧，候至造册之日，本户自行推出，即無難異。今恐人心無憑，立此契爲照。

隆慶三年三月初三日立契人　吴友發（押）。

吴　炫（押）。

吴　昦（押）。

吴　釬（押）。

吴齊郎（押）。

代書人　吴　曄（押）。

中見人　胡　鎮（押）。

前項契内價銀，當成契日一併收足。再批爲照。（押）領。稅銀一錢二分。

《明清徽州社會經濟資料叢編》第二集《隆慶三年祁門江津賣山赤契》

十東都江津，今承父買到李仲文（遷）（僉）業山一號，坐落土名長塢，係經理谷字八百九十八號，計山一十六畝。原買得李仲文子孫契二道，該本邊山六畝，其山四至：東至降，西至坑，北至高山塘吴春祥山界，南至吴欽遠山。今將前項四至内並山骨苗竹，盡行立契出賣與十一都李名下永遠爲業。當日憑中三面議作時值價銀四兩五錢整。如有不明等情，盡是賣人之當，不及買人之事。其山未賣之先，即無重復交易。今自情願出賣之後，並無家外争占。恐後無憑，所有來脚契文，隨時繳付存證。立此永遠爲照。

計開：　在山見（在）苗竹一百八十根，點過明白。

計開：　本家長養苗竹，山南至中壟松木分水界止，南中壟外，係李太明見長養苗竹二十餘根，該山二畝，其北邊任從長養，並無争占，東西自大四至爲證。

隆慶三年四月二十三日立賣契人　江津（押）。

中見人　李貴

同見人　謝佛德（押）。

江津客面説，北邊□□，俱是壹拾陸畝分山骨，至北邊高山尖灣直下爲止，椿祥山爲界。聽憑受主長養管業，如有外人争論，盡是江津與辦，不累受主之事。李惟中代批。

《明清徽州社會經濟資料叢編》第二集《隆慶三年祁門許廷轟等賣基地赤契》

十六都許廷轟、同侄文祥、文燦、文皎等，共承祖並買受基地屋宇一備，坐落本都一保，土名主簿譚，現住基地屋宇。其基地屋宇並四園空地，新立四至，裏至英才田，外至英才田，前至山，後至山。於内本家叔侄兄弟該得新舊基地屋宇，並各人買得分籍，盡數立契出賣與十五都鄭英才三大分軍莊爲業。面議時價紋銀四兩五錢整，在手足訖，其銀並契當日兩相交付。未賣之先，即無重復交易，來歷不明，賣人自理，不涉買人之事。其基地屋宇並四園空地，墻脚溝路，各人承祖並買受，盡數立契，本家並無存留。所有稅糧候大造之年，聽自收割入户供解無詞。所有原買上手老契，隨即繳付。今恐無憑，立此文契爲照。

再批：　庇墍並竹木，盡在契内。

隆慶三年六月初六日立契人　許廷轟（押）。

同賣侄　許文祥（押）。

許文燦（押）。

許文皎（押）。

文錢（押）。

文元（押）。

文盛（押）。

文進（押）。

中見人　方聖保（押）。

陳德神（押）。

《明清徽州社會經濟資料叢編》第二集《隆慶三年祁門許文奇賣基地赤契》

十六都許文奇，今有祖産基地屋宇一備，坐落本都一保，土名主簿譚下塢口，新立四至，東鄭英才地，西、南、北山。其基地屋宇與鄭英才對半相共，本位合得一半。今爲無銀用度，自情願立契出賣與十五都鄭英才三大分軍莊爲業。面議時值紋銀二兩七錢正，在手足訖，其價並契當日兩相交付。未賣之先，與家外人即無重復交易。來歷不明，賣人自理，不涉買人之事。所有稅糧候大造之年，聽自收割入户供解無詞。前基地屋宇本家並無存留。今恐無憑，立此文契爲照。

再批：　門前庇墍竹木，盡在契内。

隆慶三年六月廿三日立賣契人　許文奇（押）。

中見人　李補保（押）。

《明清徽州社會經濟資料叢編》第二集《隆慶三年吴立夫賣田赤契》

十五都九圖吴立夫，今自情願將草字□號下田八分五釐，土名磨尾坑，其田東至自田，西至自田，南至溪，北至自田，四至明白，憑中面議時價白銀四兩整，其田契當便兩相交訖。〔存〕〔賣〕前不曾與他人重復交易，倘有内外人争論，自有出賣人之〔承〕當，不干收買人之事。其税糧候造册之年，聽從買人過割入（口）〔户〕支解，本家即無難異。今恐無憑，立此文契爲照。其田係賣與十六都二〔圖〕吴名下爲業，再批爲照。

隆慶三年九月十七日立契出賣人　吴立夫（押）契。

中見人　吴社法（押）。

吴社員（押）。

《明清徽州社會經濟資料叢編》第二集《隆慶三年祁門余守禎賣山赤契》　三十四都余守禎，今因在外買賣，缺少錢糧無措，托族爲中，將承祖並買受四都六保土名棧坑源、張坑源、塘塢、圳塢、蕉坑源、堨下塢、石除源、長灣末塢、灣頭山，其前項土名山場四至，自有本保經理可照。其山骨並苗木〔該得〕本身三十六（分）〔份〕中合得一（分）〔份〕，盡數立契出賣與同都胡龍名下爲業。三面議時值價銀一兩七錢五分整，契價兩付明白。未賣之先，即無重復交易。來歷不明，賣人之當，不涉買人之事。自成〔交〕之後，各不許悔。如悔者，甘罰銀五錢公用，仍依此契爲用。今恐無憑，立此賣契爲用者。

隆慶三年十月十五日立賣契人　余守禎（押）。

中見人　方堯保（押）。

依口代書人　余　江（押）。

所有老契與別産相連，不及繳付。

其前契於崇禎十五年轉與叔大瑢名下〔爲〕業訖。連生批，不另再書。

《明清徽州社會經濟資料叢編》第二集《隆慶三年鄭文楚賣住基地白契》　奇峰鄭文楚，今將承祖住基地並屋宇一備，坐落七保，土名榨坦。以八（分）〔份〕爲率，本位該得二（分）〔份〕，内取一（分）〔份〕，憑中立契出賣與安信公爲業。面議時值價紋銀七兩正，在手足訖。其基地屋宇新立四至，東到門前行路及先賣與安信地，西至屋後山夆，南、北直抵墻外地（值）〔直〕上至夆，於内樹木，盡在契内。所有税糧，大造之年，照依着土推撥照（分）〔份〕供解，今恐無憑，立此文契永遠爲照。

隆慶三年十一月初三日立賣契人　鄭文楚（押）。

中見人　鄭得紹（押）。

《明清徽州社會經濟資料叢編》第二集《隆慶四年祁門李仁祥賣基地赤契》　十一都李仁祥，今將承祖父並續買基地一備，坐落本都土名芒塢口官地，係經理□字□號，承祖該分得地七十九步五分；又父續買坐落同號基地六步五分，煜同基地卅四步五分，□鳳兄弟同號基地十三步八分八釐八毫，共計一百卅四步三分八釐八毫，除先年賣廿三步外，（仍）〔剩〕實〔有〕一百一十一步零三分八釐八毫。其地新立四至，東至，西至，南至，北至。今將前項四至内基地，憑中出賣與李桃名下爲業。三面議時價紋銀五十五兩五錢整，價契當日兩相交付，契後另不立領。如有一切不明，盡是賣人之當，不涉買人之事。税糧（所）〔聽〕自從户供解。所有來脚契文，隨時繳付。今口（恐）無憑，立此文契爲照。

隆慶四年六月廿六日立賣契人　李仁祥（押）。

中見人　李春祥（押）。

《明清徽州社會經濟資料叢編》第二集《隆慶四年祁門汪天成賣住基地赤契》　弟天成，今將承祖住基地並厨屋地餘地一備，係經理坐字□號，新立四至，東至齊孫墻脚爲界，西至本家墻脚外滴水下爲界，南至白虎墩爲界，北至衆廳屋墻脚爲界。其屋地並屋本邊該得一半；又取同處自虎墩及下餘地，並砌大蓋坦地及山一備，新立四至，東至齊孫低地及齊孫糞堋坦，俱砌石爲界，西至汪天瑞山低級爲界，南至大蓋坦□及齊孫山，北至昌兄弟基地並本家基地水溝直出。其山並地，本身該四分之一。今將前項八至内地骨並山骨，厨房屋，上至椽瓦，下及柱磉地骨，及四圍板壁磚墻明星墻脚石，一併盡行立契出賣與兄侄壽、傳心、傳道名下爲業。三面議時值價白紋銀三十二兩整，其價契當日兩相交付，契後不再立領。未賣之先，即無重復交易，如有來歷不明等事，並是賣人之當，不及買人之事。所有田地税糧候造册之年，聽自開挖供解無詞。恐後無憑，立此文契爲照。

隆慶四年五月廿八日立契人　汪天成（押）契。

中見人　黄辛之（押）。

《明清徽州社會經濟資料叢編》第二集《隆慶四年張治賣地赤契》

立賣契人張治，今爲欠少使用，自情願將承祖受字七百四十五號内地一片，土名花坦，該身分下地一分九釐，今將立契出賣與錢名下。三面議時值價白紋銀一兩二錢正，其銀立契之日一併收足，即無短少。其地目下聽從管業。其税候册之年，聽從過割入户，不（在）〔受〕阻（當）〔擋〕。其地（日）〔賣〕前即無重復交易，日後如有内外親房人等異説，俱（事）〔是〕賣人之當，不干買人之事。今恐無憑，立此賣契爲用。其地東至禄墳，西至塝，南瀾地，北元欽地，四至内盡行〔出賣〕。再批。恩代批。

隆慶四年十月十四日立賣契人　張　治（押）。

中見人　張顯恩（押）。

代筆人　張顯遂（押）。

其契内地一分九釐，今來轉賣張立名下爲業，其地價銀照原契收足，其税候册年過割支解。批此爲照。

萬曆四年四月初四日立契僕人　錢景桂。

中見兄　錢景鑾

《明清徽州社會經濟資料叢編》第二集《隆慶四年陳桂賣塘白契》

在城陳桂，今有（民）〔塘〕田一號，坐落五都十保，土名上塢。計塘田四丘，共約計早租穀〔□〕秤，與洪相共。四（分）〔份〕中本身合得一（分）〔份〕，計早租穀三秤，自情願盡數出賣與五都洪壽二公名下標祀爲業。新立四至，東至洪陳山，西至洪陳山，北至彎頭，南至洪陳地及塘。三面議定時值文銀一兩三錢正。其價並契，當日兩相交付明白，即無重復交易，來歷不明，賣人之當，不涉買人之事。今恐無憑，立此爲照。

隆慶四年十二月廿五日立契人　陳　桂（押）。

中見人　汪　四（押）。

《明清徽州社會經濟資料叢編》第二集《隆慶四年程善行賣田白契》

三十二都四圖程善行，承父有田二丘，坐落土名汪庚戊塢，職字二百九十號，計經理七分，其田新立四至：東至山，西至坑，南至吴洽田，北至坑及吴祖田。今因管業不便，自情願將前項四至内〔並〕田骨租苗，盡行立契出賣與同里人吴涯名下。三面議定時值價紋銀六兩整，其價契當日兩相交付明白。其田今從出賣之後，一聽買人收苗受税，永遠管業。未賣之先，即無重復交易及家外人占攔，一切不明等事，並是賣人之當，不及買人之事。所有税糧候造册之日，聽自買人到本户起割前去，本家即無異説。所有來脚契文，隨時繳付。今恐人心無憑，立此出賣文契爲照。

隆慶四年十二月二十九日立契出賣人　程善行（押）契。

中見人　吴　璉（押）。

今領去契内價銀並收足訖。同前月日再批。（押）領。

《明清徽州社會經濟資料叢編》第二集《隆慶五年休寧程實賣山赤契》

永豐里住人程實，今爲缺少支用，央中將續置一則山一段，坐落土名黎家塢，係因字□號。其山（見）〔現〕立四至，東至黄吴程三家共業山，西至黄家地，南至程家丈山，北至吴家低園地（如）〔爲〕界。其山計税一釐；又將本處黄家來龍南邊低基地，東至本家墳頭後，西至黄家地，南至吴程地埋石斜出過西爲界，北至黄家高地，〔今將〕四至内地計税二釐，今將前項四至内山、地二處，盡行立契出賣與同都人黄遠軒祠名下爲業。當日三面議定時值地山價銀二兩五錢整，其銀當日收足。其山、地今從出賣之後，一聽買主自行管業，收苗受税爲定。如有内外人攔占及重復交易不明等事，盡是賣人（知）〔之〕當，不涉買主之事。其税糧候大造之年，本户自行起推，即無難異。今恐無憑，立此賣契爲照。

有對驗訖朱文印。

隆慶五年二月　日立賣契　程　實（押）。

代書侄　程　浦（押）。

中　人　胡　梅（押）。

吴　邦（押）。

張　四（押）。

程　立（押）。

前項契内價銀，當日隨手收足，再批爲照。（押）領。

税銀五分。

《明清徽州社會經濟資料叢編》第二集《隆慶五年程吴賣田白契》

十都程吴，有晚田一段，坐落本都土名前坑屯前。今丈量係盈字號，其田東至，西至，南至，北至，上四大至内該田一畝。今因無錢支用，情願内將租三（秤）〔分〕，計田三分三釐，立契出賣與本家堂叔程寵名下爲業。當日三面議〔定〕時值價錢紋銀一兩五錢整，前去支用。所賣其田，係是自意情願，即非抑勒抵押公私債負，及〔日前〕未賣之先，與内外人並無

（腫）〔朦〕朧交割不明，如有不明，本家自理，不干買人之事。所有契內價錢，當日盡行收足，再不別立領錢文帖，其於書押爲照。所有稅糧，隨產認納。今恐無憑，立此契書爲照。

隆慶五年五月二十六日立契人　程　旲（押）契。

中見人　程　汶（押）。

所有契內價錢，當日盡行收足。再批爲照。（押）

本家今將土名前坑屯前晚田三分三釐，計租三秤，分出賣與叔程寵名下，聽從前去管業收租爲楮，本家無阻。今恐無憑，立此退業爲照。

隆慶五年五月二十六日退業人程旲（押）。退爲業。

中見人程汶（押）。

《明清徽州社會經濟資料叢編》第二集《隆慶五年休寧張仕道等賣山赤契》

二都六圖住人張仕道、張佛民同男五保，今因欠少甲首銀兩，憑中將承祖荒民山一片，坐落土名里舍，係稱字八百七十號，山二分七釐，同兄三人共業，該〔身〕山稅九釐。新立四至：東至程宅田，西至高尖，南至汪程宅山，北至汪宅田山。佛成又將土名里舍尾，係（稱）〔字〕八百七十七號民荒山一（分）〔份〕，同弟張佛音共業，該（身）〔山稅〕六釐。其山新立四至：東至汪宅田，西至同山，南至張文山，北至汪宅山。仕道、佛成今將前項八至內二共山稅一分五釐，出賣與七都三圖汪涌高名下爲業。三面議作價白紋銀六錢整，其銀當成契〔日〕一併交收足訖，別不立領札。今從出賣之後，一聽買人管業。如有重復交易、外人攔占，及家下生情異說，一切不明等事，盡是賣人之事，不涉買人之事。其稅糧，造册之年，本户自行起割過户，即無異說。今恐人心無憑，立此爲照。

隆慶五年九月廿六日立賣契人　張仕道（押）。

張佛成（押）。

代筆中見人　張岩禮（押）。

張佛音（押）。

今就契內價銀，盡是（收）足訖。（押）爲照。

稅銀一分二釐。

《明清徽州社會經濟資料叢編》第二集《隆慶五年吴玄錫賣屋基地赤契》

廿五都四圖住人吴玄錫，今爲缺欠〔錢〕使用，自情願承父並置到壁字□號，〔地〕屋基地一業，土名漢洞村基地，於上做造門屋一重，土庫（梅）〔門〕屋一重，門前照墻一路，及後與吴巒合造墻一所，該身一半。其地東至中廳界，西至吴守德等路，南至人行大路，北至吴巒合業墻心，計地七十七步，該地稅三分二釐；又將壁字□號基地一業，土名新屋地，其地東至吴巒地，西至吴守德地，南至吴良柏低田，北至吴良柏店屋□外，計地稅六釐；又將壁字□號下田一業，土名門前田，做造碓屋一間，東至吴良柏田，西至吴守德地，南至塘，北至守德高基地；又將田一業，土名門前田，做造厠所一個並屋，其田東至吴良柏田，西至人行路，南至塘，北至高塝連基，共計田稅五釐。今將前項十六至內地、屋田、碓屋、厠所、並土庫前後門窗户扇，樓梯壁尺，上下旦板，周圍板壁，磚瓦幔石，更樓門拽，南山花臺，一概俱全，上至青天，下至地土，憑中盡行立契出賣與本都三圖吴良本兄弟名下爲業。三面議定時價白紋銀六十五兩五錢整，其銀當成契日一併盡行收足，（即）〔既〕無欠少，亦無準拆。屋地等項，未賣之先，即不曾與他人重復交易。自賣之後，聽從買人便行進屋管業。倘有親房人等攔占，盡是賣人（只）〔之〕當，不及買人之事。倘有字號不清，畝步不盡，自有土名新立四至挾定，本身即無存留毫末。稅糧聽從便行起割，即無難異。契內價銀，隨契領足，不再另立領帖。來脚契文，與別產（相）（聯）〔連〕，繳付不便，日後賫出不（在）〔再〕行用。今恐無憑，立此賣契爲照。

今查土庫地稅契內共該四分整，再批爲照。

隆慶五年十月初六日立賣契人　吴玄錫（押）。

中見人　吴　常（押）。

李佛照（押）。

吴　海（押）。

吴　俸（押）。

《明清徽州社會經濟資料叢編》第二集《隆慶五年汪天秩賣莊基地白契》

三四都汪天秩，今爲無錢用度，自情願將承祖買受莊基地山一備，坐落本都五保，土名黄土嶺，經理餘字□號，此莊基山地，新立四至，東至田，西壟分水，南莊基墻外地，埋石爲界，北至貴溪胡宅坦地，直上隨壟分水爲界。計莊基地三畝，並在上莊至□與本家汪蔭等五房相共，本身該得分籍並承故（收）〔叔〕汪莪分籍，共十五（分）〔份〕中合得一（份）；又將七保土名胡十六橋下，承祖汪元算名目山地一備，四至悉照本保經理，內除祖墳及抵胡□家墳穴不賣外。其餘山地骨，並在山櫟松等項樹木，本身該得分籍，並承故叔分籍，今將前項八至內盡數立契出賣與同都王安名下爲業。憑中面議時值價紋銀一兩二錢整，在手足訖，此價並契當付明白。未賣之先，即無家外人重復交易。來歷不明，賣人（成）〔承〕當，不涉買人之事。其莊基山地原額係荒，即無稅米推收。自成〔交〕之後，二家各不許悔，如悔者，（干）〔甘〕罰白銀三錢與不悔人用，仍依此契爲準。今恐無憑，立此爲照。

再批：墻外右邊五房共柿木二根，本身該得分籍，俱在契內（押）。

隆慶五年十月十五日立賣契人　汪天秩（押）契。

中見人　王海隆（押）。

鄭三保（押）。

《明清徽州社會經濟資料叢編》第二集《隆慶五年休寧吳冠賣山赤契》

三十二都吳冠，承祖並續置有山一片，坐落土名長壟塢，係職字五十號，通山共計經理一畝八釐三毫。其山新立四至：東至吳德時等山，西至壟，南至□渠頭，北至降。其山與吳嵩等共業，本邊八大（分）〔份〕中合得一（分）〔份〕，該本邊稅一畝三釐五毫三；又將土名小舍塢，係職字一百四十二號，通山共計稅一畝，該得本邊稅三釐五毫；又將土名常芒彎，職字一百五十六號、一百五十七號，通山計稅一畝，該得本邊三釐七毫；又將土名桑木段一百七十四號，雙坑口職字一百八十二號，共計經理畝，本邊該稅五釐；又將土名石葉，係職字二百一十四號，共計稅二分五釐，該得本邊稅七毫；又將土名楊梅樹塢西培，俗名火燒（囤）〔团〕兒，係職字二百五十七號，共計稅五分八釐三毫，十二（分）〔份〕中合得一（分）〔份〕，本邊該稅五釐；又將土名梅樹塢，係職字二百五十九號、二百六十號，通山共計稅二畝零七釐六毫，本邊合得稅三釐五毫；又將土名泗洲嶺，係職字五百五十號，通山計稅一角十步，本邊三十（分）〔份〕中合得一（分）〔份〕，該本邊稅；又將土名汪高段，係職字七百廿三號，通山計稅一畝五分，本邊合得稅七釐五毫；前項各處〔派〕該本邊共稅五分。今來無物支用，自情願將前項四至山骨苗木及竹，盡行立契出賣與三十一都吳熇名下爲業，三面議時值價白紋銀一兩五錢整，其價契當日兩相交付收訖。其山未賣之先，但有重復交易、家外人占攔及來歷不明一切等事，並是賣人之當，不及受主之事。一聽買人收苗受稅，永遠管業。所有稅糧候造册之年，聽到本户起割，前去認納，本家即無異説。今恐人心無憑，立此出賣文契爲用。

隆慶五年十月二十九日立契出賣山人　吳冠（押）契。

中見人　吳班（押）。

同見人　吳燎（押）。

今領去契內價銀並收足訖。同前年月日再批。（押）領。

萬曆十年八月十三日，將契內原買山轉對換與吳大、吳涯名下爲業，所有稅糧，今因清文，聽自注業。立此爲照。再批，吳熇（押）。

內四號對與吳嵩業。

契中有對驗訖朱文印。

《明清徽州社會經濟資料叢編》第二集《隆慶六年胡宙賣地白契》

十二都胡宙，今有承祖對換山脚地一備，坐落本都八保，土名乾田源田畔上。新立四至，東田，西竹山，南胡光墓，北至塘塍。本位該得分籍，憑中立契出賣與同都丘時、安保、周保名下，前去爲業，聽自開路往來。內存田右畔墳塋一所，丘家無許踐踏。面議時價文銀四錢整，在手足訖，價契兩付。未賣之先，即無重復交易，來歷不明，賣人承（管）〔當〕，不干買人之事。既成〔交〕之後，各不許悔。如悔者，甘罰白銀一錢與不悔人用，仍依此文爲始。立此爲照。

再批：契添改祖對換山脚五字。

隆慶六年三月初二日立契人　胡　宙（押）。

中見人　胡淯興（押）。

丘　稅（押）。

代書人　胡　元（押）。

《明清徽州社會經濟資料叢編》第二集《隆慶六年陳寄賣山白契》

十四都陳寄，今有買受山一號，（在）〔坐〕落七保，土名亞兒塢東培。今將四至：東至降侄（直）上，西至田，南至尖，北至彎心（侄）〔直〕上，自情願立契出賣與房東倪名下前去管業。面議時價紋銀二兩整，在手足訖，其價並契當日兩相交付。自成〔交〕之後，二家各不許悔，爲（如）悔者，甘罰一錢爲不悔人用。今恐無憑，立此爲照。

隆慶六年九月初四日立契人　陳　寄（押）。

中見人　倪乞祖（押）。

《明清徽州社會經濟資料叢編》第二集《萬曆元年祁門謝大肇賣田赤契》　十西都謝大肇，今爲將標書衆存前山田地二塊，又將矮公㘭（峄）地一塊，賣與謝璋訖。今議將高㘭（峄）屋基丘下田租二秤，扒補與叔謝知虎名下爲業，日後（則）〔即〕無言説。今恐無憑，立此爲照。

萬曆元年二月二十八日立契人　謝大肇（押）。

同弟　謝大濟（押）。

以係無用之契留之以便驗花押之真僞。

《明清徽州社會經濟資料叢編》第二集《萬曆二年祁門程壽賣山赤契》　八都程壽，今爲無銀解納差役，自情願將承祖並買受山地一備，坐落四保，土名蔣村住後來龍山。係經理龍字六佰七十三號程祥曙名目僉業。計山二角。其山地四至，自有本保經理可證。今將前項四至内山地並在山杉松等木，即無存留，盡數立契出賣與同都蔣名下爲業。面議時值價文銀一兩八錢正，其價並契當日兩交明白。其山地未賣之先，即無重復交易，來歷不明，賣人承當，不干買人之事。自成〔交〕之後，各無悔易。如先悔者，甘罰銀三錢與不悔人用。仍依此契爲準。今恐無憑，立此文契爲照。

萬曆二年三月初五日立文契人　程　壽（押）。

中　人　程廷保（押）。

代筆人　程　勝（押）。

《明清徽州社會經濟資料叢編》第二集《萬曆三年吴祖護等賣山白契》

三十二都吴祖護同弟祖榮，承祖父有勾分竹山一號，坐落土名言塢，係職字七百一十四號。共計經理五分。其山東西四至，自有保簿該載明白。其山通共内取一半，該經理二分五釐。今來無物支用，自情願將前項四至内山骨並苗竹等木，盡行立契出賣與吴涯一半，鈿、釣、鈴一半，名下。憑中三面議時值價白紋銀二十六兩正。其價當日兩相交付明白。其山今從出賣之後，一聽買人收苗受税，永遠管業。未賣之先，即無重復交易及家外〔人〕占攔，一切不明等事，並是出賣人之當，不及買人之事。所有税糧候造册之日，一聽買人到本户起割前去，本家即無異説。今恐人心無憑，立此出賣文契爲照。

其在山内祖葬墳塋，本家存留墳穴，日後買主無許侵葬。再批。

萬曆三年三月初七日立契出賣人　吴祖護（押）契。

同　弟　吴祖榮（押）。

中見人　吴　班（押）。

親　人　李朝明（押）。

今領去契内價銀並收足訖。

《明清徽州社會經濟資料叢編》第二集《萬曆三年休寧金有隆等賣田赤契》　十一都三圖金有隆同弟有名，承祖鬮分己田一丘，坐落土名上干高墩，計税七分二釐，計租六砠零廿斤，每〔砠〕重廿五斤。拱字五百十六號。今立四至，東至，西至，南至，北至。四至明白。今憑中三面議作時值價銀六兩七錢，出賣與同族人金文衡〔中殘〕訖，其田出賣之後，一聽買人管業〔中殘〕入買人户内無辭。其田如有來歷不明及重復交易等事，皆是賣人之當，不及買人之事。今恐無憑，立此出賣契文爲照。

萬曆三年五月十七日立契人　金有隆（押）。

金有名（押）。

主盟母　吴　氏（押）。

中見人　金雲海（押）。

旺（押）。

今隨領去契内價銀並收足訖，同日再批。

《明清徽州社會經濟資料叢編》第二集《萬曆三年陳子淪等賣山赤契》

十四都陳子淪同弟子君，今無錢用，自情願將承祖買受山一號，坐落本都三保，土名楓木塢，經理四百三十六號，係十六都倪振祖名目。其山四至，悉照本保經理；又一號，土名同處，係四佰三十七號，係胡森甫名目；又一號，土名楓木塢頭。其山三號，山骨並在山主利苗木。其山一十六畝五分，本身四（分）〔份中〕該得一（分）〔份〕。今憑中立契出賣與同都胡貴孫名下爲業。當日三面議時值價紋銀一兩五錢整，在手足訖。其價契當日兩付明白。其山來歷不明，不干買人之事，賣人承當。未賣之先，（則）〔即〕無家外人重復交易，自成〔交〕之後，各不許悔，如先悔者，甘罰銀一兩公用。仍依此契爲準。今恐無憑，立此爲照。其山原無糧額，日後無税推割。

萬曆三年十一月初六日立契人　陳子淪（押）。

同賣弟　陳子君（押）。

中見人　馮天德（押）。

陳子文（押）。

代筆人　陳子美（押）。

《明清徽州社會經濟資料叢編》第二集《萬曆三年林仕鍔賣田白契》

仁風里一圖民人林仕鍔，承父應分有水田一段，坐落本里，土名新丘。計田一丘三（）工〔弓〕，年交苗穀六百斤大正。隨田官米三斗二升，民米八升正。其田〔即目〕東至林永富田爲界，南至林喬田塝爲界，西至横路爲界，北至梅宅田砧爲界。今來具出四至分明。爲因管業不便，情願〔請〕人爲中，將前四至内田寸土塊石不留，盡（底）〔行〕立契出賣與本里李勝邊爲業。三面言定〔土風〕時值價紋銀一十兩八錢正，當成契之日，親手交收足訖，並無短少分厘。自賣之後，（且）〔聽〕買主從便管業，無〔有〕阻（當）〔擋〕。所賣所買係是二家情願，（即）〔既〕無相貪逼勒準折之理，亦無重復交易。所賣其田自己應分田業，與門房伯叔兄弟人等各無相干。所有隨田糧米遞年津貼了納完官。如遇大造之年，（且）〔聽買〕主收割入户。先言後定，各無（返）〔反〕悔。今恐人言〔無憑〕，故立契字永爲照。

萬曆三年十一月二十日立契人　林仕鍔（押）。

見契人　梅　鏡（押）。

林仕鋊（押）。

中見人　林仕鑾（押）。

依口代契〔筆〕人　張　鼎（押）。

《明清徽州社會經濟資料叢編》第二集《萬曆四年汪瀾賣山白契》

十六都汪瀾，今有（摽）〔標〕分得故祖買受得民山一號，坐落本都八保。土名下沙彎上培。其山四至：東大降，西田及溪，南至正彎心直上至降，北至大公坑口隨壟分水直上至降。今將四至内山，立契出賣與本都倪道魯名下爲業。憑中面議時價紋銀二兩正，在手足訖。其價並契當日兩付。其山好歹，買人自見。成交之後，各不許悔。如違，甘罰契價一半與不悔人用。仍依此契爲準。倘有來歷不明，賣人自理。其山税糧候下次大造黄册之年，聽自買主悉照原額（正）〔整〕收民山五畝入户供解無詞。今恐人心無憑，立此文契爲照者。

再批：下培本家存留未賣山，聽自開路抬石往來，餘無侵害。

萬曆四年三月十五日立契人　汪　瀾（押）。

中見人　倪　才（押）。

《明清徽州社會經濟資料叢編》第二集《萬曆四年休寧程彦芳賣田赤契》　十九都三圖立賣契人程彦芳，今因錢糧緊急，自願央中將承父業田乙丘，係遐字六百十九號，〔土〕名遠富凉傘丘。計税一畝五分六釐八（毛）〔毫〕，遞年上租十三秤。其田東至，西至，南至，北至。今將前項四至内田，盡行立契出賣與同都汪名下爲業。憑中三面議定時值價銀十三兩整。其銀當成契日一併收（之）〔足〕，並不欠少，亦不别立領札。自從出賣之後，一聽買人管業，收苗受税。如有内外人攔占及先後重復交易等情，盡是賣人之當，不涉買人之事。所有税，今奉新例，隨即於程廷户内起推入買人汪户辦納，兩無異説。恐後人心難憑，立此賣契存照。

前項契内價銀隨即收足，同年月日再批。

其來脚契與别産相聯，未及繳付。

萬曆四年十月十二日立賣契人　程彦芳（押）。

代書人　程少海（押）。

中見人　洪定宇（押）。

洪懷竹（押）。

《明清徽州社會經濟資料叢編》第二集《萬曆四年休寧黄玟等賣火佃屋地赤契》　立賣契人黄玟、黄璧，今因弟琇在日，欠各人銀兩無得還人，今將弟琇分下文進、臘梨、七郎、三保火佃地三步三分，係積字號。又將九力、興力、雷力，惡字號火佃地四步四分四釐。出賣與順德祠名下。三面議定時值價銀四兩三錢三分，當立契之日一併隨手收足。今從出賣之後，聽從買人自行管業。其税糧候至大造年，本户自行推出，即無異説。今恐人心無憑，立此賣契爲照。

内一積字號地三步三分，該價銀二兩五錢。

內一惡字號地四步四分四釐，該價銀一兩八錢三分。

萬曆四年十一月十九日立賣契人　黃　玟（押）。

黃　璧（押）。

中見人　黃　瓚（押）。

黃文英（押）。

黃　鎰（押）。

黃岩鑄（押）。

前項契內價銀當日隨手一併收足，同年月日再批爲照（押）領。

《明清徽州社會經濟資料叢編》第二集《萬曆五年祁門李坙賣基地赤契》　十一都李坙，原於上年用價買叔仁祥地一備，坐落梓木坑口下邊基地。其地新立四至，東至桃、坙基地，西至侄考祥、應節等叔基地，南至後門裏衆路，北至松地。內該實地一步八分。今憑中出賣與叔祖桃名下爲業，三面議定價銀六兩正，其價並契當日兩相交付明白。今從賣後，一聽買人永遠管業。所有隨地稅糧候造册之年，聽自起割過房供解。今恐無憑立此爲照。

萬曆五年三月十九日立賣契人　李　坙（押）。

中見人　李天貴（押）。

李考祥（押）。

《明清徽州社會經濟資料叢編》第二集《萬曆五年祁門汪尚忠賣地赤契》　在城汪尚忠，今將承父買受荒熟地二塊，坐落十二都八保，土名高坑源。新立四至：上至鎮上殿行路，下至丘家臂行路，裏至李潮衆高坑田，外至大路，抵本家地。四至內地，係丘周保種，遞年交粟麥七秤。又將同保馮社住基地二塊，內一塊交粟麥一秤拾斤；內一塊交銀四分。俱周保種。今將前地二處，自情願憑中出賣與十五都鄭功名下，議〔價〕紋銀二兩伍分正，在手足訖。其地未賣之先，即無重復交易。來歷不明，賣人自理，不涉買人之事。契價兩付。前項地盡數立契，即無分毫存留。其地稅候造册之年，查額推割。自成〔交〕之後，各不許悔。如悔者，甘罰銀三錢與不悔人用，〔仍〕依此文爲始。其地聽買人成田。本家即無異言。今恐無憑，立此爲照。

萬曆五年七月十八日　立契人　汪尚忠（押）。

中見人　胡祖興（押）。

胡進奎（押）。

前地聽自本家原價取贖（押）。

《明清徽州社會經濟資料叢編》第二集《萬曆五年祁門李仁祥賣地赤契》　侄仁祥，原父同伯析棟同買得火佃地並屋及後山，坐落梓木坑口畔上。係經理周字□號。新立四至：東至低路，西至彎頭，南、北至山。今仁祥除承父分後買世祥、國祥、祠祥，將合得分法通共該得三分之一。今仁祥除承父分法不賣外，將買世祥兄弟分法，盡行立契出賣與叔蒲溪名下爲業。憑中議價銀七兩八錢整，價契當日兩相交付，契後不再立領。今恐無憑，立賣契爲照。

萬曆五年九月二十九日立賣契人　李仁祥（押）。

中見人　李應節（押）。

契內火佃基屋並後山，照原價轉賣與二淇名下爲業，不另立契，批契存照。其山東至屋地，西至降，南至二淇山，北至仁祥叔山，爲照。

萬曆三十三年十一月二十一日立賣契人　欽　明（押）。

元　明（押）。

休　明（押）。

本　明（押）。

中見人　李景明（押）。

《明清徽州社會經濟資料叢編》第二集《萬曆五年祁門方阿桂賣山赤契》　二十都方阿桂，原爲無錢供解軍民差役，同衆謫（嫡）議，一心照股出名立契，將承祖七保土名大倉坑口住基地並住後山，賣與陳國副訖。今又無錢用度，自情願將同保土名張全段山一號，原係本家朝山。其山四至，自有經理可照。將四至內山本阿〔桂〕該得分籍，憑中盡數立契出賣與陳國副名下爲業。面議時值價銀三錢正，在手足訖。其山未賣之先，與家外即無重復交易，來歷不明，賣人自理，不干買人之事。自定之後，各不許悔，如違，甘罰契價一半公用，仍依此文爲準。今〔恐〕人心無憑，立此契爲照。

萬曆五年十一月初六日立契婦　方阿桂（押）領並男。

方顯祥（押）。

代書見人　陳佛保（押）。

《明清徽州社會經濟資料叢編》第二集《萬曆六年祁門謝佑賣山赤契》

十西都謝佑，今有買受謝惜保山，七保、八保，經理字號、畝步、承祖僉業、並買受，逐號開單，各號通山十八分之一。今爲户役無錢用度，自情願憑中立契出賣與同都謝名下，永遠管業。面議時值價文銀三兩正，其價契當日兩相交付明白。未賣之先，即無重復交易。來歷不明，並是賣人之當，不及買人之事。自賣之後，聽自照單永遠砍木栽苗管業。惜保十八分之一即無存留。倘有惜保單內山，先有賣與他人，謝佑將自己分法撥補，原數不致缺少。所有本家僉業買受開單未盡，日後查出謝佑有〔分〕〔份〕山場，悉聽買主入山照惜保十八分之一管業無詞。本宅祖墳山場，存留，未開不賣。其餘山場，聽自買人管業。自成交之後，各不許悔，如有悔者，甘罰銀五錢與不悔人用。仍依此文爲準。所買謝惜保文契與基地相連，不及繳付，日後要用賫出照證無詞。今恐無憑，立此賣契爲照。

萬曆六年十月初九日立賣人　謝　佑（押）。

中見人　謝道蘊（押）。

呂　秋（押）。

《明清徽州社會經濟資料叢編》第二集《萬曆六年祁門李蒲溪等賣火佃基地赤契》　十一都李蒲溪、元峰，同侄並侄孫等，共有程欽火佃基地屋並山，坐落本都，土名中塘山。係經理周字七百十三號。新立四至：東至彎頭横降，西至李遐地，南至山壟及胡家山，北至李萬仞山。內造屋二重。前項地屋並山骨苗木彎地，共議價紋銀三十三兩整。憑中出賣與宗侄李萬仞名下爲業。約計地税三分，內僕墳存留與伊標掛。今從賣後，一聽買主管業，即無家外人占攔。所有税糧候造册之年，聽自起割過户供解。今恐無憑，立此文契爲照。

內改三字二個

萬曆六年十月十五日立賣契人　李蒲溪（押）。

李元峰（押）。

同賣人　李世祥（押）。

仁祥（押）。

國祥（押）。

書祥（押）。

初明（押）。

恒明（押）。

公明（押）。

弼明（押）。

端明（押）。

惟明（押）。

合明（押）。

宣明（押）。

開明（押）。

宗明（押）。

中　見　李　建（押）。

《明清徽州社會經濟資料叢編》第二集《萬曆七年祁門胡付等賣田白契》　十西都胡付、胡初〔乙〕二大房，共有荒田一備，計硬早租一秤。坐落本保，土名吴坑洪仕坵。今因無錢使用，自情願同衆商議，將前田憑中立契出賣與同都居正堂永遠收租管業，面議時價文銀四錢正，其價並契當日兩相交付明白。其田未賣之先，即無家外人重復交易。來歷不明，盡是賣人之當，不及買人之事。自成交之後，各不許悔。如悔者甘罰銀一錢與不悔人用，仍依比文爲準。今恐無憑，立此賣契爲照。

其田係原買謝應生，田係連賣。

萬曆七年三月初九日立賣契人　胡　付（押）。

胡　初（押）。

中見人　呂　秋（押）。

七甲里長　李　漢（押）。

其田日後聽賣主照原價取贖無詞。

《明清徽州社會經濟資料叢編》第二集《萬曆七年張暹賣山赤契》

三十一都三圖立契人張暹，今將承祖勾分有山三號。坐落本都一保，基字五佰八十五號，土名七母塢，內取山骨六釐；又將一保基字五佰八十九號，土名高塘坑，內取山骨一分三釐；又取一保基字五佰九十二號，土名小麥添，〔內〕取六釐。其山三號內山骨，前項四至自有經理開載明白，不及開寫。今因缺少支用，自情願憑中將前項三號内該分山骨，盡行立契出賣與族人張名下，永遠爲業。當日憑中議作時值價文銀二兩五錢正。其價契當日兩相交付明白。其山今從出賣之後，一聽買人收税執業。所有三號山内取該分二分一釐。未賣之先即無重復交易，如有家外人攔占，並是賣人之當，不及買人之事。所有税糧候造册之年，聽自本户起割前去認納，不再另立推單，本家即無異説。其山先年開建生基，定自買人遷葬。恐後人心無憑，立此出賣爲照。

萬曆七年十月　日立出賣契人　張　暹（押）契。

中見人　朱轉得（押）。

朱　暹（押）。

張辛志（押）。

今領契内價銀盡收足訖再批。

《明清徽州社會經濟資料叢編》第二集《萬曆八年黄俸等賣火佃莊基地白契》　□□塢顯昌房，黄俸同侄世恩，今有承祖火佃並莊屋，坐落土名伊坑源李、鮑二姓。又土名沙灘，胡、周二姓。又土名嶺背，胡姓。又土名店背後，胡姓。又土名閆坑，許姓。又土名乾坑，張姓。又土名下坑，李、鮑二姓。又土名山門坑，凌姓。又土名東坑，周姓。又土名大路麻榨，周、凌二姓。今將前項十二處，盡行立契出賣與仲辛公夫婦，以爲遞年子孫收貯租銀，永遠爲祭祀之費。得受價銀三兩五錢整。其價並契當日兩相交明。自成〔交〕之後，毋許枝下子孫重復交易變賣。如有變賣者，聽憑族長閆官，以不孝罪論。今恐無憑，立此賣契爲照。

萬曆八年正月上元日祭祀立賣契人　黄　俸（押）。

世　恩（押）。

中　見　黄惟亮（押）。

《明清徽州社會經濟資料叢編》第二集《萬曆八年程佛順賣山赤契》

五都五圖立契人程佛順同弟佛員，今因缺少食用，自情願將承祖二人鬮分得民山一處，坐落土名高木塢下截。計民税一分，係稱字□號。其山新立四至：東至汪宅山□□直上，西至張宅山塢心直上，南至葉宅山及田爲界，北至人行路横路爲界。今將前項四至内山並佃，盡行立契出賣與七都張富榮名下。三面議作時值價白文銀一兩正。其銀當日收足。其山即便交與買人長養收苗管業。如有内外人攔占及重復交易，一切不明等事，盡是出賣人之當，不及買人之事。其税糧候至造册之年，本户自行起割，推與買人户内辦納。家下人等即無難異。今恐人心無憑，立此賣契爲照。

萬曆八年十一月廿八日立賣契人　程佛順（押）。

同　弟　程佛員（押）。

中見人　許廷考（押）。

汪勝德（押）。

古黟代書　汪　清（押）。

今就契内價銀當日盡行交收足訖，同年月日再批。

《明清徽州社會經濟資料叢編》第二集《萬曆九年鄭汝源賣塘白契》

弟鄭汝源，今將承祖標分得本都三保土名王村魚塘一（廣）〔業〕，其塘〔新〕立四至，東鄭域晨公塘，西潮汙塘，南大坑，北大路，本位原與伯□相共，本位合得一半。今爲無錢用度，自情願憑中，將前塘四至内，本位該得一半，盡數立契出賣與兄鄭任名下爲業，三面議作時值價文銀二兩三錢整，在手足訖。價契當日兩相交付。未賣之先，與家外人並無重復交易，來歷不明，賣人自理，不干買人之事。成交之後，各無悔易，如有悔者，甘罰銀五錢與不悔人用，仍依此契爲準。所有税糧候大造之年，照依着土推扒供解無詞。今恐無憑，立此文契爲照。

再批：前塘本位實該三股之一，先年多賣分籍，原階補還元任已訖，源批，浩字。

萬曆九年二月十二日立契人　弟鄭汝源（押）契。

奉書男　思倫（押）。

中見人　鄭子勉（押）。

《明清徽州社會經濟資料叢編》第二集《萬曆九年李德元賣山赤契》

十四都李德元，今因弟喪，缺少傜銀，自情願將承父〔巳〕買受山一號，坐落本都三保，土名楊木坣（峚），經理係鳳字五百三十九號，李忽夫名目，計山一十二畝五分。四至：東尖直下坑，西王貴和山，南降，北溪。本家兄弟三（分）〔份〕中合得二（分）〔份〕，計共八畝三分三釐。係買李序保、通保分法。其二老契當付買人收證。並又買李什兄弟憲等分籍俱在内。老契未付，因與別號相連。又連界坣（峚）塢口胡安仁山一號，計山一畝，承祖買受續後〔摽〕〔標〕分在二房時春兄弟處，續後轉賣在故弟先巳名下。其山東至坑，西降，南抵忽夫山，北田末直上降至貴昭山。前項山二號，共計山九畝三分三釐，並買坦上胡高保、聖長得、二得、福、天和等各力分苗木，憑中盡數立契出賣與本都二圖鄭運、文三、法壽等名下，前去爲業。面議時價文銀三兩一錢正，在手足訖。契價當〔兩〕相交付明白。來歷不明，賣人自理，不干買人之事。未賣之先，即無家外人重復交易。成交之後，各不許悔。如先悔者，甘罰契内銀五錢與不悔人用。其巠（峑）塢口買契俟秋間抄付照證。其山並無稅割。今恐無憑，立此賣契爲用。

萬曆九年三月十二日立契人　李德元（押）。

中見人　胡顯貴（押）。

周　鼎（押）。

胡乞保（押）。

周明安（押）。

《明清徽州社會經濟資料叢編》第二集《萬曆九年休寧吴英賣地赤契》

東南隅一圖吴英，今自情願憑中將續置下地一片，坐落土名竹林園，係得字□號。每年上麥豆二大斗，計稅三分三釐二毫，佃人汪大耳等。其地東至，西至，南至，北至。今將前項四至内地，盡行立契出賣與十八都十一圖龔名下爲業。三面議定時值價紋銀一兩整。其銀當成契日一併交收足訖，（即）〔既〕無欠少分文，亦無準折債負之類。今從出賣之後，一聽賣人自行管業收稅爲定。如有内外人攔占及一切不明等事，盡是出賣人祇當，不及買人之事。其稅候會日本户起割，即無難異。今恐無憑，立此出賣文契爲照。

同年月日，契内價銀盡行領足，再批爲照。領銀人吴英（押）契。

萬曆九年四月十七日立契出賣人　吴　英（押）契。

中見人　龔嘉祥（押）。

《明清徽州社會經濟資料叢編》第二集《萬曆十年休寧金鈿賣田赤契》

東南隅一圖立賣契人金鈿，今情願憑中將承祖田一丘，係□字□號，坐落八都窑充，土名許翁墳。東至塝下田，西至東角金田，南至山，北至自田。每年硬上早秈租一十一砠，每砠重二十八斤。計民田稅一畝一分五釐零；外塘一口，合得分數計塘稅一分一釐零。今將前項四至内田並本家合得塘（分）〔份〕數，盡行出賣與五都一圖程汝修名下爲業。三面議定時值價紋銀七兩九錢正。今從出賣之後，一聽買主收苗管業，並無内外人攔占及重復交易。一切不明等情，盡是賣人之當，不及買人之事。其稅糧隨即推割買人户内自行辦納，即無異説。所有上手來脚契文，一時繳付不便，日後要用，（刷）〔索〕出參照。今恐人心無憑，立此賣契爲照。

萬曆十年三月十一日立賣契人　金　鈿（押）。

中見人　程道南（押）。

程汝器（押）。

今將契内價銀一併收足訖，別不立領，同年月日再批爲照。

《明清徽州社會經濟資料叢編》第二集《萬曆十年休寧吴選等賣火佃屋基地赤契》

永豐里吴選、迁、遠等，今自情願將承買到程阿黄及黄永泰名下，火佃程壽等住歇，坐落土名桑樹干，係惡字一百十號、一百十九號。二號地東至，西至，南至，北至。今將前項四至内地，本家合買得稅一分一釐七毫，憑中立契賣與黄遠軒祠名下爲業。三面議取時值價銀一十六兩三錢整。今從出賣之後，但聽買人自行管業收稅爲定。其稅糧候過割之日，本户推出無異。恐人心難憑，立此爲照。

萬曆十年三月十七日　立賣契人　吴　選（押）。

吴　迁（押）。

吴　游（押）。

吴　巡（押）。

吴時位（押）。

中　人　吴憶園（押）。

前項契内銀當日一併收足。再批（押）領。

《明清徽州社會經濟資料叢編》第二集《萬曆十年鄭天章賣田白契》

十五都侄鄭天章，今將承岳父批産田一號，坐落十二部九保，土名長村口高填坑。計晚穀二十二秤。今因管業不便，出湊賣與同都叔鄭公祐名下爲業。當日三面議值價紋銀七兩五錢正在手足訖，當日兩相交付。來歷不明，賣人自理，不干買人之事。所有稅糧聽自歸户。未賣之先，即無重復交易。自成〔交〕之後，各不許悔，如悔者甘罰銀三錢公用。今恐無憑，立此賣契爲照。

萬曆十年六月初八日立契人　侄鄭天章（押）。

中見人　叔鄭禹錫（押）。

《明清徽州社會經濟資料叢編》第二集《萬曆十年休寧吴樞賣火佃屋地赤契》　永豐里住人吴樞、吴禄、吴約、吴糾等，今將承祖桑林干，侄來壽等火佃屋地一片，計税八釐。原係惡字□號，今新丈萬字□號。其地東至吴宅田，西至黄宅路，南至吴黄園地，北至本家屋地。今將前項四至内地，憑中三面立契出賣與同都黄遠軒名下爲業。三面議定時值價銀八兩五錢整。其銀當成契日一併隨手收足。其地出賣之後，一聽買人自行管業，收苗受税爲定。如内外人攔占及重復交易、不明等事，盡是賣主衹當，不及買人之事。所有税糧，今逢大造之年，本户自行推出，並無異説。今恐無憑，立此賣契爲照。

萬曆十年八月二十六日立賣契人　吴　樞（押）。

吴　禄（押）。

吴　約（押）。

吴　糾（押）。

中　人　黄　奇（押）。

前項契内價銀一併隨手收足，同年月日再批（押）。

《明清徽州社會經濟資料叢編》第二集《萬曆十一年休寧詹文魁賣園赤契》　十七都七圖住人詹文魁，今因缺少使用，自情願將承祖買下豆園三片，係坐字二十八號，坐落土名查家山，計税七分六釐，上豆八斗。其園東至人行路，西至金家園，南至詹家及金家園，北至曾楷園；又將宿字九百一十號園一片，坐落土名大坦，計税三分四，上豆三斗。其園東至本家園，西至本家園，南至本家山，北至本家山爲界。今將前項八至内園，盡行立契出賣與本圖衆社會名下爲業。三面言議時值價銀七兩七錢整，其銀當成契日一併收足訖，即無欠少分文，别不立領札。今從出賣之後，一聽買人自行收苗受税管業爲定。如有内外人攔占及重復交易、一切不明等事，並是出産人之當，不及買人之事。所有上手來脚，分與别産相連，繳付未便，日後索出，不再行用。其税糧候至造册之年，本户自行推出，並無異説。今恐無憑，立此賣契爲照。

今就契内價銀領去足訖，同年月日再批爲照（押）。

其園聽從日後原價取贖，並不許阻（當）〔擋〕紋銀九五折。

萬曆十一年二月二十五日立賣契人　詹文魁（押）契。

中見人　詹　仇（押）。

《明清徽州社會經濟資料叢編》第二集《萬曆十一年休寧詹克瑀賣地赤契》　十七都七圖立賣契人詹克瑀，今因管業不便，自情願將續置户下地一業，坐落土名一前山。原傷字號，今丈作坐字號。遞年上白豆二杭斗，内取地税六釐五毫。其園東至金家園，西至人行路，南至金家園，北至路。今將前項四至内園本家合得（分）〔份〕數，盡行立契出賣與社會衆户名下爲業。當日三面議作時值價銀一兩一錢整。其銀當成契日一併交收足訖，即無欠少分文，别不立（領）〔札〕，〔亦〕無準折債負之類。今從出賣之後，一聽買人收〔苗受〕税管業爲定。如有内外人等攔占，及重復交易、一切不明等事，盡是出賣人衹當，不及買人之事。所有上手來脚，與别産相連，繳付未便，日後要用，索出參照無難。其税糧候至大造之年，本家自行推出，即無難異。今恐人心無憑，立此文契爲照。

今就契内領價足訖，同日再批爲照。

萬曆十一年二月二十五日立賣契人　詹克瑀（押）契。

中　人　詹雲廓（押）。

此銀係代占存履賠還，倘日後存履回日，即將原價贖還瑀，衆不得阻（執）〔攔〕。

《明清徽州社會經濟資料叢編》第二集《萬曆十一年趙德道賣山白契》　浮梁梓舟都趙德道，先年買到本都黄榮仙、金玉土名西坑源道字號山五單。小土名徐坑中嘴一單，龍池窟一單，西邊住前外長灣起至山坑口供嘴止一單，山坑東邊中嘴一單，共計五單。每單三分七釐五毫。今自情願憑中立契出賣與祁門二十二都王名下爲業。當日〔憑〕面議價紋銀一兩一錢正，在手足訖。自賣之後，各不許悔。如違，甘罰銀三錢公用，仍依此契爲準。今恐無憑，立此文契爲照。

外批：前山故得遵股分山骨並主分杉松木，俱在契内。

萬曆十一年三月初八日立契〔人〕　趙德道（押）契。

中見人　趙國柱（押）。

類。所有上手來脚，與别産相連，繳付未便。如有重復交易、一切不明之事，盡是出産人之當，不及社會之事。所有税糧候冊年本户自行推出無異。今恐人心無憑，立此文契爲照。

今就契内價銀盡行收足，同年月日再批爲照（押）。

其園日後聽憑原價取贖，銀不起利，地不起租，無難異。再批爲照。

萬曆十一年二月廿九日立賣契人　詹克遠（押）契。

代書男　詹尚彬（押）。

中見人　詹天憲（押）。

萬曆廿一年四月廿五日，衆面議，内除租計豆園四斗，退還賣主，以作税糧銀，仍實賣租豆五斗四升，税豆照契收租，再批爲照。

《明清徽州社會經濟資料叢編》第二集《萬曆十一年休寧黄鋘等賣火佃屋地赤契》　永豐里住人黄鋘、黄鎊、黄鉐，今因缺欠支用，自情願續置黄玘名下火佃屋地一片，坐落土名後墩黄家屋基住後，係積字□號。共地二百四十步，計税一畝。本身合得（分）〔份〕數，該實地三步三分三釐三毫，計税一釐四毫。其屋地見東至，西至，南至，北至路。今將前項四至内屋地，盡行立契出賣與遠軒祠名下爲業。三面議定時值價銀三兩三錢三分整。其銀當成契日一併隨手收足。其地今從出賣之後，一聽買人自行管業，收苗受税爲定。如有内外人攔占及重復交易、不明等事，盡是出賣人祇當，不及買人之事。其税糧候至大造之年，本户自行推出，即無異説。今恐無憑，立此賣契爲照。

萬曆十一年五月二十五日　立賣契人　黄鋘（押）。

黄鎊（押）。

黄鉐（押）。

中　見　黄　駱（押）。

黄鈿（押）。

前項契内價銀一併隨手收足，同年月日再批爲照。

《明清徽州社會經濟資料叢編》第二集《萬曆十二年祁門王三秀等賣田赤契》　歷溪王三秀同弟光秀，今爲户役無解，自情願將水田一號，坐落八保，土名黄丘，係三千一百三十九號，新丈號口二百零七步，計租十秤。與彝相共，本身兄弟四股該得一股，計二秤半租田。四至自有新丈，

《明清徽州社會經濟資料叢編》第二集《萬曆十一年休寧詹懋中賣園赤契》　立賣契人詹懋中，今爲缺少使用，自情願將承故祖父户下並續置山園二業，坐落土名九突山，原係傷字□號，今坐字□號，其園東至，西至，南至，北至。其園大四至内，本身合得（分）〔份〕數，内取白豆四升，取地税；又將原係傷字□號，今坐字□號豆園，坐落土名油蔴田。其園東至，西至，南至，北至。其園大四至内本身合得（分）〔份〕數，内取豆行升五升。今將前項八至内取（分）〔份〕數，盡行立契出賣與〔衆〕社會爲業。三面議作時值價白文銀五錢六分整，其銀當成契日一併交收足訖，（則）〔既〕無欠少分文，亦無準折債負之類。其園今從出賣之後，一聽買人收苗受税管業爲定，如有内外人攔占及重復交易、一切不明等事，盡是出産人之當，不及買之事。所有上手來脚，與别産相連，繳付未便，日後要用，索出參照。今恐人心無憑，立此賣契爲照。

今就契内領去價銀足訖，同年月日再批存照，立領人　詹懋中（押）領。

九突山租計

油藤田行升，其園因荒，着明鈿將原價贖回，計價二錢八。

業（與）〔已〕明白管業。

萬曆十一年五月十九日，立賣契人　詹懋中（押）。

中見人　詹克華（押）。

詹克正（押）。

詹克一（押）。

《明清徽州社會經濟資料叢編》第二集《萬曆十一年休寧詹克遠賣園赤契》　十七都七圖立契出産人詹克遠，今因缺用，自情願將承祖該分（内取租豆）坐落土名山門基上，内取租豆七斗二，□一釐七毫。其園東至、西至、南至、北至，又將土名九突山，該分内取租豆二斗□□七毫，其園東至，西至，南至，北至；又將土名大山朱塘，内取該分税豆一石一升，計地税二分五釐，其園東至、西至、南至，北至。今將前項一十二至内，除本家存留外，内取該分租計豆共九斗四升正，内取税計豆一石一升正，出賣與流塘衆社會名下爲業，三面議作時值價白紋銀一十二兩一錢三分五釐正。其銀當成契日一併盡行收訖，别不立領札，亦無準折債負之

東至王道信衆田，西至程宗旱田，南至王敬心田，北至程田。今將前田租二秤半〔租〕，憑中盡數立契出賣與族叔王敬心名下爲業。面議時價紋銀一兩七錢七分正在手足訖。其田未賣之先，與家外人即無重復交易。來歷不明，賣人之當，不涉買人之事。〔定〕〔後〕各不許悔，如違，甘罰銀六錢公用，仍依此契爲始。所有稅糧，候大造之年，聽照號口收割入户供解無詞。今恐無憑，立此文契爲照。

萬曆十二年二月初九日立契人　王三秀（押）。

同　弟　王光秀（押）。

中見人　王　清（押）。

張士保（押）。

《明清徽州社會經濟資料叢編》第二集《萬曆十二年汪文觀賣田赤契》

十二都一圖汪文觀，今將續置田一號，坐落土名扛桐塢，原黎字一千一百十九號，今編鱗字一千六百十一號。計稅一畝二釐二毫，計田大小五丘，計租十砠，每一砠天平子計重二十六斤。其田四至自有保簿（該）〔記〕載，不及開寫。今來本家缺用，自情願憑中立契出賣與汪廷杲名下。三面議時值價白紋銀七兩三錢正，其銀當日收足。其田聽買人收租管業。其稅糧候大造之年推入買人户內。未賣之先，即無重復交易。一切不明等事，盡是出賣人之當，不及買人之事。其租遞年秋收不缺。今恐無憑，立此文契爲證。

萬曆十二年二月二十日立出賣文契人　汪文觀（押）。

中見代筆人　汪文耀（押）。

今領前項契內價銀並收足訖，同日再批。

《明清徽州社會經濟資料叢編》第二集《萬曆十二年汪天運賣田白契》

十一都汪天運，今將承祖田三備，坐落本都七保，土名中義源火佃門首路上、路下、四畝裏，三處〔其〕〔共〕田十畝有零，大小五丘半，與汪方相共。本身合得九分之一，該田一畝一分零。四至自有本保經理（該）〔記〕載，不及開寫。今自情願將前項總四至內田骨並租、苗，盡行立契出賣與西三房清明會內裏〔汪〕昌壽等名下祭祀爲業。三面議作時值價紋銀七兩七錢正，其價契當日兩相交付，契後再不立領。今從賣後，一聽買人收租永遠管業。未賣之先，即無重復交易，如有一切不明〔一切〕等事，盡是賣人之當，不累受人之事。所有稅糧俱照新丈經理，隨即開挖供解無詞。來脚契文與衆相共，不及繳付，要用將出無詞。今恐無憑，立此文契爲照。

萬曆十二年八月初四日立契出賣人　汪天運（押）契。

親筆無中。

《明清徽州社會經濟資料叢編》第二集《萬曆十二年吴鍾賣田赤契》

霓湖立契人吴鍾，因缺少使用，自情願將承父分田，土名霓湖溪南，原臣字七百八十九號，今鱗字四千十五、十六號田，取租七砠，計稅六分，佃人朱社法；又將原仗字五百四十五號，今鱗字四千六百十二號，土名霓湖市田，取租六砠，計稅五分六釐七（毛）〔毫〕，佃人〔朱〕社三。前項田二號，共取稅一畝一分六釐七（毛）〔毫〕，共計租十三砠，憑中出賣與同都人汪廷杲名下爲業。當日憑中言定價銀九兩八錢正，其銀契當日兩相交足。其田聽從買人收租管業。東西四至，自有保簿（該）〔記載〕，不（在）〔再〕開寫。未賣之先，並無重復交易，倘有內外〔人〕占攔、一切不明等事，並是賣人之當，不及買人之事。其稅候至造册之年，聽從起割過户當差。今恐無憑，立此賣契爲照。

萬曆十二年十二月二十五日立賣人　吴　鍾（押）。

中見人　吴　汶（押）。

李伴儅（押）。

今領前項契內價銀並收足訖，同日再連批領。

《明清徽州社會經濟資料叢編》第二集《萬曆十三年胡遠賣地白契》

十二都胡遠，今有地一號，坐落本都八保，土名上港，計地一塊。新立四至，東至胡興隆地，西至李世用地，南至胡格地，北至胡元地。憑中立契出賣與十五都鄭名下爲業。面議時價文銀一兩五錢正，在手足訖。契價兩付。來歷不明，賣人自理，不干買人之事。未賣之先，即無重復〔交易〕。所有畝步，一遵新丈册。本地糧候大造年推過。自成〔交〕之後，各不許悔，如悔者，甘罰銀三錢公用，仍依此文爲始。今恐無憑，立此賣契爲照。其地租遞年交銀二錢正。憑此。

萬曆十三年三月二十五日立賣契人　胡　遠（押）。

中見叔　胡　元（押）。

胡進奎（押）。

方　海（押）。

《明清徽州社會經濟資料叢編》第二集《萬曆十三年祁門康世禄賣山赤契》 十五都康世禄，今有（摽）〔標〕分得原同兄康世爵、世勛共用價銀買受到在城饒茂良原買汪值等承祖僉業山一備。坐落三四都四保，土名周九塢，經理係閏字七十五號。上山三角，下山二角。其山四至悉照本保經理，畝步、分籍悉照上手老契爲準，今因管業不便，自情願憑中將前山買受分籍，盡數立契出賣與十四都汪廷試户名下爲業。面議時值價文銀三十兩正，在手足訖。其價並契當日兩相交付明白。未賣之先，即無家外人重復交易。來歷不明，賣人自當，不涉買人之事。所有上手傳流原賣老契共計□紙，隨即繳付照證。自成〔交〕之後各不許悔，如悔者，甘罰銀伍兩公用，仍依此契爲準。今恐無憑，立此賣契爲照。

再批：前山是身（摽）〔標〕得，（摽）〔標〕書要用，賫出照證。所有饒氏生墳，聽自汪姓改葬無詞。

萬曆十三年六月廿九日立賣契人　康世禄（押）契。

中見親　謝熊祥（押）。

余德緒（押）。

江　璵（押）。

康時茂（押）。

《明清徽州社會經濟資料叢編》第二集《萬曆十三年休寧汪天福賣地赤契》 十二都三圖住人汪天福，爲因缺用，自情願將承祖經業，原一字八百四十二號地，共一分零四毫，土名八畝段，今新編潛字四千四百四十六號，共丈中地二十七步七分。本身十八股中合得一股，該税五毫七糸七忽，該地一步五分三釐八毫八糸八忽。計新税六毫一糸五忽。今憑中盡行將該身（分）〔份〕數，立契出賣與同都族人汪文甫名下爲業。當日三面議作時值價紋銀五錢五分整。其銀契當日兩相交付。未賣之先，並無重復交易。今從出賣之後，一聽買人管業。其税糧候册年聽從起割過户。所有四至，自有保簿該載，不再開寫。如有來歷不明，一切等事，盡是賣人祇當，不干買人之事。恐後無憑，立此賣契爲照。

萬曆十三年十月初一日立賣契人　汪天福（押）。

中見人　胡　柴（押）。

今就領去契内價銀並收足訖，同日再批（押）領。

《明清徽州社會經濟資料叢編》第二集《萬曆十四年休寧詹懋中賣園赤契》 立賣契人詹懋中，今爲缺少使用，自情願將承故祖父户下山或園一業，坐落土名塘塍頭，原係傷字□號，今丈坐字□號，共地税。其園東至，西至，南至，北至。今將四至内豆園本身合得（分）〔份〕數内，取豆一租斗，取地税二釐半，出賣與〔衆〕社會爲業，三面議作時值價文銀七錢正。其銀當成契日一併交收足訖，（則）〔既〕無欠少分文，亦無準折債負之類。其園今從出賣之後，一聽買人自行收苗受税管業爲定。如有内外人攔占及重復交易、一切不明等事，盡是賣主之當，不及買人之事。今恐人心難憑，立此賣契存照。

今就契内領去價銀足訖，别不立領札，同年月日再批存照。詹懋中（押）領。

萬曆十四年三月初三日立賣契人　詹懋中（押）。

中見人　詹　珂（押）。

《明清徽州社會經濟資料叢編》第二集《萬曆十四年葉良幹賣地赤契》 十八都葉良幹，今將承祖標分得土名金竹坦地一丘，新丈得五十二步，其地與道教等田相連。又號土名西村秧口魚塘窑，係洪世佃，計大租七斤半。新丈弓口一十二步零。前地田二號，憑中盡數立契出賣與族侄葉天銓名下爲業。面議時價銀八錢整，在手足訖。其地田未賣之先，即無重復交易。成交之後，各不許悔，如違，甘罰銀二錢公用，仍依此契爲準。今恐無憑，立此爲照。

再批：大造之年，將前田地税糧，悉照新丈弓口折糧，推入天銓户無詞。

萬曆十四年七月十二日立契人　葉良幹（押）。

中　人　葉道壽（押）。

《明清徽州社會經濟資料叢編》第二集《萬曆十四年休寧邵文桂等賣山赤契》 十二都住人邵文桂同侄元道等，今將承祖民山一號，坐落土名李小塢，原羌字□號，今燐字五千三百二十二號。共山四釐三毫，本邊同侄内取山三厘三毫，今憑中出賣與同族邵四股：爵一、啓一、學一股，良共一股，□二股，仁一股〔等〕名下。三面議作時值價銀二錢七分。其銀當日收足。其山今從出賣之後，一聽買人隨即管業。所有稅糧候至造册之年，聽從買人收稅过户，本家即無阻（當）〔擋〕。〔及〕重復交易、一切不明等事，盡是賣人之當，不及買人之（當）〔事〕。今恐人心無憑，立此文契爲用。

萬曆十四年九月二十二日立賣契人　邵文桂（押）契。

同　侄　邵元道（押）。

顯　榮（押）。

中見人　邵文壽（押）。

依口代筆　邵元勛（押）。

今領前項契内價銀並收足訖，同日再批（押）契。

《明清徽州社會經濟資料叢編》第二集《萬曆十五年汪昇等賣田赤契》

十二都立契人汪昇、汪昌，今將黎字一千一百十五號，今鱗字□號田五分。土名下坑，租五砠，佃人汪得（囧）〔団〕。其田東西四至，自有保簿（該）〔記〕載，不（在）〔再〕開寫。自情願將前項田出賣與同都人吴轉與汪廷昇名下。憑中三面議時值價銀四兩正。其銀契當日兩相交付。其稅糧候造册之年，聽從起割過户，本家即無異說。來歷不明，重復交易一切等事，盡是賣人之當，不干買人之事。今恐無憑，立此契文爲證。

萬曆十五年五月初□日立契人　汪　昇（押）。

昌（押）契。

中見人　吴　汶（押）。

今領前項契内價銀並收足訖，同日再批（押）領。

前項田當年轉賣與汪昇名下，當日收價訖。吴松批。

《明清徽州社會經濟資料叢編》第二集《萬曆十五年休寧黄九賣火佃屋地赤契》　二十二都一圖立賣契人黄九，今因缺欠支用，自情願將承祖户下一則地一片坐落土名村心。原係積字一千三百七十二號，今蒙清丈，改作萬字二千九十六號。見住火佃程文進、程兄、三保、七郎、三力等住屋地。其地見東至黄鍾、黄岩奇地，西至黄鍾、岩尚等地，南至黄鍾、岩屋地，北至人行大路。今將四至内屋地，内取本身合得實地一步三分三釐三毫三系，計稅七毫。又原惡字號地，改作萬字一千九百三十號，見住程梅、戴九等火佃住屋地。見東至本家路，西至吴宅火佃屋地，南至大路，北至吴宅火佃地。今將四至内地，内取本身合得實地三步三分六釐，計稅一釐六毫九系。今二處火佃屋地，共地四步（六）六分九釐三毫三系，共稅二釐三毫九系。今將二處火佃屋地本身合得（分）〔份〕數，盡行立契出賣與黄遠軒祠名下爲業。當日三面議定時值價白銀三兩正，其銀當成契日一併隨手收足。其地今從出賣之後，一聽買主管業收稅（如）〔爲〕定。倘有内外人攔占及重復交易，不明等事，盡是賣人祇當，不及買主之事。所有稅糧候至大造之年，本户黄成户下自行推出，即無難異。今恐無憑，立此賣契爲照。

萬曆十五年八月二十日　立賣契人　黄　九（押）。

中　人　黄　鐸（押）。

前項契内價銀一併隨手收足，同年月日再批爲照。

《明清徽州社會經濟資料叢編》第二集《萬曆十五年休寧黄鐸賣火佃屋地赤契》　二十三都一圖住人黄鐸，今因缺少支用，自情願承父續置火佃屋地萬字二千九十六號，地二步，本身合得一步。又分積慶會地三分。二共該地一步三分，計稅六毫五系。其地見東至黄鍾、岩奇地，西至黄鍾、岩尚等地，南至黄鍾、黄岩奇地，北至人行大路。今將前項四至内，見住程文進、程臘、三保、三力、七郎等住地内，取地一步三分，計稅六毫，立契出賣與黄遠軒祠内〔爲〕業。當日三面議定時值價銀一兩六錢整。其銀當日一併隨手收足。其地今從出賣之後，一聽祠内管業收稅爲定。如有内外人攔占及重復交易、不明等事，盡是賣人祇當，不干祠内之事。所有稅糧候至大造之年，本户自行推出，即無難異。今恐人心無憑，立此賣契爲照。

萬曆十五年九月　日立契出賣人　黄　鐸（押）契。

中　人　黄　鉉（押）。

黄天福（押）。

前項契内價銀當日一併隨手收足，同年月日再批爲照。（押）領。

《明清徽州社會經濟資料叢編》第二集《萬曆十五年休寧汪尚贊賣山赤契》　十二都立契人汪尚贊，今爲缺用，自願將承祖業土名池塘外彎，係乙字八百六十三號，今新丈潛字□號。於内行衆該山二分一釐七毫，地二釐一毫。於内十八股中本身合得一股，該山一釐二毫，該地一毫二系，並在山苗木，出賣與族人文甫名下。又將同號外半山通共三分一釐二毫，並在山大松木十餘根，於内行衆該山一分五毫二系，並號内壑地。於内十八股中本身又合得一股，該山五毫八系四忽。前項裏外二處及壑地並大小松木，本身合得分厘，憑中立契，三面議作時值紋銀九錢正，出賣與族人汪文甫名下爲業。其銀〔契〕當成〔交〕之日兩相交足。其山、地並大小松木，買人即便管業，樹木照股均分。其四至，自有保簿開載。税糧在福澤老户内，造册之年，一聽買人收割過户。前項未賣之先，並無重復交易，一切〔不明〕等事，如有，賣人祇當，不及買人之事。今恐人心無憑，立此契文爲照。

萬曆十五年十月初三日立賣契人　汪尚贇（押）。

中見人　胡　柴（押）。

今就領去契内價銀並收足訖，再批（押）領。

《明清徽州社會經濟資料叢編》第二集《萬曆十五年祁門范天正賣地赤契》　十八都范天正，今自情願將買受本都六保土名前山地一號，計一畝五分，〔與〕汪富興相共。本身該得一半，新丈高地一百四十步零。又一號土名牛屋山，平地一畝五分，與范天雲相共。本身該得一半。新丈弓口一百。前地二號。前山地四至：東至山，西塝，南至塝溝，北至山塝。牛屋山四至：東塝，西降，南黄地，北〔至〕黄地。今將前地八至本身該得一畝五分，盡數立契出賣與十六都房東倪訓兄弟名下爲業。當日面議時價文銀二兩一錢整，在手足訖。其地未賣之先，即無重復〔交易〕，來歷不明，賣人自理。成交之後，各不許悔。如違，甘罰銀五錢公用，仍依此契爲準。今恐無憑，立此爲照。

萬曆十五年十月二十一日立契人　范天正（押）。

代筆中見人　黄固安（押）。

《明清徽州社會經濟資料叢編》第二集《萬曆十五年休寧黄阿朱等賣火兒屋地赤契》　二十三都一圖主盟母黄阿朱，同叔黄九、侄黄瀛、黄洵等，今因缺欠使用自情願將無嗣故叔黄鼎名下該分火兒屋地一片，坐落土名村心，原係積字一千三百七十二號，今蒙清丈，改作萬字二千零九十六號。見住火佃程文進、程玘、三保、七郎、三力等住屋地。其地見東至黄鍾、岩奇地，西至黄鍾、岩尚等地，南至黄鍾、岩奇屋地，北至人行大路。今將四至内屋地，内取本身合得實地一步三分三釐三毫三系，計税七毫。又將原惡字號地，改作萬字一千九百三十號，見住程梅、戴九等火佃住屋地。見東至本家路，西至吴宅火佃屋地，南至大路，北至吴宅火佃地。今將四至内地，内取本身合得實地三步三分六釐，計税一釐六毫九系。今二處火佃屋地共地肆步六分九釐三毫三系共税二釐三毫九系。今將二處火佃屋地本身合得（分）〔份〕數，盡行立契出賣與黄遠軒祠名下爲業。當日三面議定時值價白銀三兩正，其銀當成契日一併隨手收足。其地今從出賣之後，一聽買主管業收税爲定。倘有内外人攔占及重復交易、不明等事，盡是賣人祇當，不及買主之事。所有税糧候至大造之年，本户黄成户下自行推出，即無難異。今恐人心無憑，立此賣契爲照。

萬曆十五年十二月二十七日立賣契人　黄阿朱（押）。

同　男　黄　滔（押）。

黄　球（擲）。

叔　黄　九（押）。

侄　黄　瀛（押）。

黄　洵（押）。

中見人　黄　鐔（押）。

前項契内價銀一併隨手收足。同年月日再批爲照。（押）領。

《明清徽州社會經濟資料叢編》第二集《萬曆十六年舒姨婆賣地赤契》

立賣契人舒姨婆，今因無銀支用，自願將承父豆坦共八處，俱係柰字號。共豆租二十五秤。共地山税七畝五分五釐。清丈各編字號、畝步、租數開寫在後。其各號四至，照清丈册可查。憑中將前地坦八處，共豆租二十五秤，盡行立契出賣與本管余名下，收租管業。三面議作時值價白文銀十四兩二錢正，其銀當日收足。其地坦並豆租隨即聽買主收租管業。所有地山税，照數候册年推與余户解納，本家即無異説推阻。倘有來歷不明及重復交易，盡是賣人之當，不及買人之事。交易之後，各不許悔。如有先悔者，罰契外銀一兩五錢公用，仍依此契爲準。今恐無憑，立此賣契爲照。

萬曆十六年正月十六日立賣契人　舒姨婆（押）。

代書男　舒積富（押）。
中見人　程應瑞（押）。

計開：　字號、租數並畝步四至在後：

一、柰字九佰四十七號，土名大樹林，地税四分三釐，豆租三十斤。自佃。東至賣主地，西至李家墳地，南至余家田，北至山。

一、柰字一千二十號，土名塘背。地税七分，豆租二秤半。佃少舒尚。東至買主坦，西至路，南至胡家坦，北至舒家山。

一、柰字一千三十二號，土名大□邊。地税八分七釐，豆租三秤。佃人程三十。東至買主坦，西至坑，南至買主坦，北至坑。

一、柰字一千三十四號，土名打石塢。地税三畝七分七釐，豆租二十秤。自佃。東至坑，西至舒家山，南至舒家山，北至坑。

一、柰字一千七十號，地税一分三釐，豆租十斤。自佃。東至路，西至山，南至胡家坦，北至程家坦。

一、柰字一千七十三號，土名後屋嶺。地税八分，豆租二秤。佃人舒天生。東至路，西至買主坦，南至胡家坦，北至胡家坦。

一、柰字一千八十四號，土名板山塢。地税六分，豆租二秤。佃〔人〕程三十。東至胡家坦，西至胡家坦，南至胡家山，北至坑。

一、柰字二千六百七十七號，土名牛（厄）〔軛〕山。税二分五釐，豆租三十斤。佃〔人〕舒三。東至舒家山，西至胡家山，南至胡家坦，北至舒家山。

今領契内價銀並收足訖，同年月日再批。

《明清徽州社會經濟資料叢編》第二集《萬曆十六年歙縣胡起頑等賣田赤契》　槐源立賣契人胡起頑等，今將續置新丈黎字二千四百六十六號田一業，土名梅村塘下，計田四十四步二分二釐六（毛）〔毫〕五，計税一分九釐七毫四糸四忽。其田東至高塝路，西至胡弘田，南至胡弘田北至本家墻脚。今將前項四至内田並井基，盡行出賣與堂叔胡弘名下爲業。當日三面議作時值價銀十兩正。其銀成契之日一併收足，即無欠少準折。其田在先亦不曾與他人重復交易。如有内外人攔占，盡是出産人之當，不干買人之事。其税糧候造册之年，聽從買人於本家胡仕户内起割，推入買人户内支解，不在難異。今恐無憑，立此賣契爲照。

萬曆十六年正月廿六日立賣契人　胡起頑（押）。
胡起信（押）。
胡起忠（押）。
胡起文（押）。
胡起敬（押）。
胡起俊（押）。
中人　胡文美（押）。
胡文會（押）。
寫契　胡正宗（押）。

原起頑等出己田並銀斂衆穿井一口，今頑等將田並井基换賣與弘，日後弘若用事，頑等同弘均出銀，再斂衆移井别處，正宗一面承當，如有（返）〔翻〕悔，不出銀同移井者，天理不容，真畜類之人也。再批。

《明清徽州社會經濟資料叢編》第二集《萬曆十六年休寧黄澄賣地赤契》　永豐里住人黄澄，今因缺（欠）〔錢〕使用，情願將承祖户下火佃地一片，土名黄巷口，臘梨、文進等住歇。本身合得内取四步，計税二釐。係新丈萬字二千九十六號。其地東至，西至，南至，北至。今將前項四至内地四步，盡行出賣與遠軒祠内爲業。面議時值價紋銀四兩七錢五分，其銀隨手收足。其地出賣之後，一聽祠内管業。如有内外人攔占及不明等事，盡是賣主之當，不干買人之事。所有税糧候至册年，本户自行推出，並無異説。恐後無憑，立此爲照。

萬曆十六年二月初九日立賣契人　黄　澄（押）。
代書中人　黄　漢（押）。

前項契内價銀當日隨手收足，同日再批。

《明清徽州社會經濟資料叢編》第二集《萬曆十六年休寧朱文通賣田赤契》　立賣契人朱文通，今因缺用，自情願將承父經業原乙字一千六百五十三號，今編潛字一千六百五十三號，土名左千。計秈租八砠，本家自佃；又將遐字□號，今編潛字一千三百十號。土名水渠口。計秈租六砠，佃人，前項二處共計〔秈租〕拾四砠，憑中三面議作時值價銀拾兩伍錢整，出賣與房東汪文甫名下爲業。自從出賣之後，一聽買人收租管業，本家即無異説。如有内外占攔及不明等事，盡是賣人之當，不及買人之事。

其税係十三都朱三户内，二號田共計税一畝四分九釐三（毛）〔毫〕八糸，造册之年，聽從起割過户。今恐人心無憑，立此爲照。

萬曆十六年五月初一立賣契人　朱文通（押）。

中見人　程辛旺（押）。

胡　柴（押）。

胡岩順（押）。

程　乞（押）。

汪廷保（押）。

今領前項契内價銀並收足訖。同日再批（押）。

《明清徽州社會經濟資料叢編》第二集《萬曆十六年休寧黄阿吴賣地赤契》　立賣契人黄阿吴，因無〔銀〕使用，情願央中將承祖火佃胡雷等住，係萬字一千九百二十七號。又將程梅、戴九等火佃，係萬字一千九百三十號。二共内取十步。又將臘梨、文進等火佃，係萬字二千〇九十六號，内取二步。出賣與□名下爲業，三共火佃地十二步。當日議作時價銀十一兩整。其銀當成契日一併隨手收足。有内外人攔占，來歷不明，盡是賣人之當，不涉買主之事。今恐無憑，立此爲證。

萬曆十六年六月十四日立賣契人　黄阿吴（押）。

中　人　黄　錡（押）。

代書男　黄　治（押）。

此契係鉞嫂賣與嫡夙娘者，今轉賣與遠軒祠，得價七兩四錢整。

前項契内價銀當日隨手收足，同日再批爲照。

再批。

《明清徽州社會經濟資料叢編》第二集《萬曆十六年浮梁章會賣田白契》　浮梁縣法京都章會，今將買受得田一備，在於祁門十二都九保，土名潘家塢。計早穀租三十九秤，又晚租一百廿秤，與祁門胡、李三股相共。本身三股該得一股，共計早晚實租五十三秤。所有税糧字號四至丘數，悉照新丈爲準。今將前田自情願憑中出賣與祁門十二都胡宜名下爲業。當三面言議時值價文銀三十兩正在手足訖，當日契價兩相交付。未賣之先，即無重復交易。來歷不明，賣人自理，不干買人之事。所有税糧候造册之年，推入買人户供解。自成〔交〕之後，各不許悔，如悔者，甘罰三兩銀入官公用。今恐無憑，立此賣契爲照。

萬曆十六年又六月廿四日立賣契人　章　會（押）。

中見人　胡希顔（押）。

胡夢林（押）。

侄　章　瑞（押）。

《明清徽州社會經濟資料叢編》第二集《萬曆十六年吴文堯賣火佃屋基地白契》　十一都吴文堯，今承祖火佃基屋一備，坐落土名山（压）〔崖〕下，係新清丈谷字□號。其地四至：東至，西至，南至，北至。今將前項四至内其屋該得本身（分）〔份〕數，出賣與吴世高名下爲業。憑中面議時值價文銀三錢整。又取本宅衆社會銀供田及□，與叔祖相共，一户本身該得四股之一，出賣與吴世高名下爲業。憑中面議時值價文銀四錢整，其價契當日兩相交付明白，契後不再立領。未賣之先，即無重復交易。如有一切不明，盡是賣人之當，不及買人之事。所有火佃基地，候造册之年，聽自起割入伊户供解。今恐無憑，立此賣契爲照。

萬曆十六年六月二十四日立賣契人　吴文堯（押）。

中見人　吴時憲（押）。

吴世大（押）。

吴一誄（押）。

吴邦彦（押）。

吴仁相（押）。

吴　燭（押）。

吴孟華（押）。

吴仲義（押）。

《明清徽州社會經濟資料叢編》第二集《萬曆十六年祁門章廷軒賣山赤契》　十二都章廷軒，爲弟廷軾、侄應權在外，家中缺少，現年甲首，條編糧錢無銀解納。自情願托中將祖買受山三片，坐落四都十保，土名洪村葛兒彎左坑，經理係申央名目，爲字二百二十四、二百四十六、二百四十七〔號〕，計山三十七畝。東至（峰）〔降〕，西至彎及坑，南至尖塢，北至（峰）〔降〕下坑。四至内山與四大房相共，本身弟侄〔合得〕八（分）〔份〕中合得一（分）〔份〕籍，盡數立契〔將〕山骨並在山松杉苗木出賣與侄孫章大行名下爲業。面議時值價紋銀五錢整，在手足訖。價契兩明。其山來歷不明，賣人承（管）〔當〕，不干買人之事。未賣之先，家外（既）〔即〕無重復交易。所有山稅候大造之年，聽自買人收割入户供解，本家即無異言。今恐無憑，立此賣契爲照。

再批：内除洪村墳墓不在契内。（押）

萬曆十六年六月二十六日立賣〔契〕人　章廷軒（押）。

中見人　章應時（押）。

《明清徽州社會經濟資料叢編》第二集《萬曆十六年休寧黃沾賣地赤契》　廿三都一圖立賣契人黃沾，今缺支用，情願央中將承祖分户下一則地一片，坐落土名村心。原係積字一千三百七十二號，今清丈萬字二千零九十六號。見住火佃屋地，係程文進、臘梨、三保、七郎等住歇。其地東至黃鍾等地，西至黃鍾等地，南至黃鍾地，北至人行大路。今將四至内取實地五分，計稅二毫五糸，立契出賣與黃遠軒祠内爲業。三面議取時值價銀六錢正，其銀當成契日隨手一併收足。其地今從出賣之後，一聽買主自行管業爲定。倘有内外人攔占及重復交易、不明等事，盡是賣人承當，不干買人之事。所有稅糧至大造之年，本户自行推出，即無難異。恐後無憑，立此賣契爲照。

萬曆十六年十二月廿一日立賣契人　黃　沾（押）。

中　人　黃　鑠（押）。

前項契内價銀一併盡行收足，同年月日再批爲照。領。

《明清徽州社會經濟資料叢編》第二集《萬曆十七年休寧黃三友賣火佃屋地赤契》　立賣契人黃三友，今因母故缺少使用，自情願將承祖丈出並積慶會火佃屋，坐落土名屋後，萬字二千零九十六號。〔仍〕該實地六分五釐四毫六糸三。又將火佃地二片，坐落土名桑林干，萬字一千九百三十號，又萬字一千九百二十七號。二號共該地一分一釐零二糸七忽〔五抄〕。今將三處火佃〔地〕，盡行立契出賣與黃遠軒户爲業。當面議定時值價銀八錢四分整。其銀當成契日一併隨手收足。倘有重復交易、不明等事，盡是賣人之當，不及買主之事。所有稅〔候〕大造之年，本户自行推出，即無異說。恐後人心無憑，立此賣契爲照。

萬曆十七年五月　日立賣契人　黃三友（押）。

中見人　黃岩奇（押）。

黃　河（押）。

前項契内價銀當日隨手收足，同日再批。

《明清徽州社會經濟資料叢編》第二集《萬曆十七年祁門程童賣山赤契》　二十都六圖程童，今自情願將經（業）〔理〕原良字□號，今新丈王字三百九十六號，民山一片，土名孫塘塢。共山一畝，與兄勛、沛等共業，本身八分之一，該山稅一分二釐五毫。其四至照依鱗册。今來憑中立契盡行出賣與六圖程名下爲業。三面議（取）〔定〕時值價紋銀一兩三錢整，其銀當日收足。其山並在山杉松木植聽從買主管業。如有内外人言説及先後重復交易，盡是賣人祗當，不及買主之事。所有山稅於里長程勛户起推，即無難異。今恐人心無憑，立此賣契爲照。

萬曆十七年十二月十八日立賣契人　程　童（押）。

中　人　胡　僕（押）。

前項契内價銀隨手收足。再批。

《明清徽州社會經濟資料叢編》第二集《萬曆十八年休寧李叔平賣田赤契（附契尾）》　東南隅一圖立賣契人李叔平，今將續置仲兄土名二都乾頭山，民田二丘，新丈暑字三千三百十四號。計稅一畝四分四釐。隨田水堀一口。又大塢塘後底塘二處，計稅五釐，計秈租一十二砠，每砠重廿八斤。其田東至，西至，南至，北至。今將前項四至内田、塘，憑中立契盡行出賣與丁暘名下爲業。三面議作時（值）〔價〕白文銀八兩二錢正。其銀當成契日一併交收足訖，別不立領札。其田自從出賣之後，一聽買主收苗受稅管業，並無内外人攔占及重復交易一切不明等事。如有此情，盡是出賣人之當，不及受買人之事。其稅糧候至大造之年，本户自行起割推入買人户内，並無生情異說。上手來脚契文，隨即繳付。今恐無憑，立此契文永遠爲照。

其稅糧，係在東北隅一圖八甲程道明户内起割。再批。

萬曆十八年四月初九日立賣契人　李叔平（押）。

中見兄　李伯承（押）。

李仲修（押）。

詹長卿（押）。

今就契內價銀一併交收足訖，別不立領札，同年月日再批。

附萬曆十九年休寧縣契尾

休寧縣爲查理稅契事，本年四月二十日抄奉本府紙牌，蒙欽差兵備副使袁批，據本府呈詳，大造將期，先行屬縣一體稅契推收緣由，仰縣查照上年規式，印刷契尾，編定號簿，請印發縣，諭買產民人赴縣投契。每契一紙，給尾一張，每價一兩，納稅二分。如有買產人户匿契不印，照律追價一半入官等因，備行到縣，奉此合行刻刷契尾請印，以便民人報納推收。如有隱匿不行報官及里書私自過割者，定行如律一體重究。須至契尾者。

計開

一據東南都三圖丁暘契價銀八兩二錢，〔買〕本都一圖李叔平〔田〕，計稅該納稅銀一錢六分四釐。

右給付買主收執。准此。

萬曆十九年七月廿八日給。契尾。

《明清徽州社會經濟資料叢編》第二集《萬曆十八年休寧朱天禎賣山赤契》

立賣契兄朱天禎，今因缺欠使用，自情願浼中將祖置得〔分〕民山一處，坐落土名面前山。新丈能字三千二百八十四號，計稅一分二釐五毫。東至衆山，西至朱互山，南至尖，北至田。今開四至明白，憑中立契出賣與弟□祚名下爲業。三面議時值價紋銀三兩六錢整。其銀契當日兩相交明。其山自從出賣之後，聽憑買人隨契管業，收花受稅無阻。倘有內外人争論，俱是出賣人之當，不涉買人之事。其契內山稅，造册年本户自行交扒，並無阻（執）〔攔〕。今恐無憑，立此賣契爲照。

萬曆十八年八月日立賣契兄　天　禎（押）。

中　人　朱　禄（押）。

見　父　朱景和（押）。

同年月日再批：　契內前項價銀並收足訖，批此爲照。

《明清徽州社會經濟資料叢編》第二集《萬曆十九年歙縣朱元輔賣田赤契》

二十七都四圖立賣契人朱元輔，今因缺少使用，自情願將承父置到新丈量字等號田，共計十一丘，土名王興一併汪家門前墩邊。又將量字等號地，土名王興一併汪家門前汪塘上坦，字號四至列後。憑中立契出賣與二十五都四圖親人吳德茂名下，時值三面議定價文銀一百二十兩整，其銀當成契日一併收足，（即）〔既〕無欠少，亦無準折。其田、地未賣之先，即不曾與他人重復交易。倘有內外人攔阻，盡是出賣人之當，不涉買人之事。其田、地隨即照契收租管業，其稅聽從朱永等户下過割，即無難異。今恐無憑，立此賣契爲照。

計開田地塘四至土名租數開列於後：

量字七百六十六號。土名王興，田一畝零四釐二（毛）〔毫〕三，東至自田，西至朱蓋等墳地，南至吳簡等塘並朱地，北至自塘，計租十二砠。佃户洪法保。

七百六十七號。土名同，田一畝一分六釐二（毛）〔毫〕，東至朱應丁田，西至自田，南至吳簡等塘，北至朱蓋、吳簡墈地，計租十二砠，佃户許鸞。

七百六十一號。土名同，田一畝二分二釐一〔毫〕，東至朱八龍田，西至吳簡田，南至朱嵐地，北至自塘，計租十二砠，佃户項全。

七百七十一號。土名同，田七分八釐四（毛）〔毫〕，東至自塘，西至自田，南至朱蓋等墈，北至自田，計租十砠，佃户來貴。

七百七十二號。土名同，田一畝一分五釐五（毛）〔毫〕，東至朱良善等地，西至自田，南至自田，北至朱可仁田，計租十二砠，佃户吳禄。

七百八十七號。土名同，田二畝二分三釐，東至自田，西至朱惟尖地，南至自田塘，北至朱可仁田塘，計租十二砠，佃户天志。

一千二十八號。土名汪家門前，田一畝零九釐二（毛）〔毫〕，東至自地，西至朱文地，南至自塘並朱逵等地丘方。北至吳簡地，計租十二砠，佃户洪法保。

一千二十九號。土名汪家門前，田一畝零四釐七（毛）〔毫〕，東至自地，西至自地，南至王益地墈，北至吳簡等地墈，計租十二砠，佃户旺兒。

七百六十三號。土名墩邊，田一畝二分三釐二（毛）〔毫〕八，東至吳簡等田塘，西至自田，南至自地，北至朱蓋等墳地，計租十二砠，佃户天祐。

七百六十八號。土名汪隴，田一畝二分一釐一（毛）〔毫〕六，東至鄭明龍、朱玄鳳墳地，西至自田，南至吴簡田，北至自塘並朱蓋坦，計租十二砠，佃户張林。

二千六十一號。土名高，田一畝一分八釐四（毛）〔毫〕，東至朱均等田塘，西至朱遠之等田塘，南至朱希賢等地，北至朱子明田，計租十二砠，佃户旺兒。

七百五十五號。土名王興，一塘，税三分四釐六（毛）〔毫〕，東至吴秉地，西至自田，南至朱嵩地，北至自田。

七百八十八號。土名王興，一塘，税一分六釐三（毛）〔毫〕三，東至自田，西至朱時益墳地，南至自田，北至自田。

八百二十五號。土名汪家後，地一畝一分七釐四（毛）〔毫〕，東至朱汝業地，西至朱以厚地，南至自地，北至明尚社地，計租五斗五升，佃户張林。

八百三十二號。土名汪家後，大片地七分四釐六，東至吴廷軍莊，西至汪容地，南至朱卿等墳地，北至自地，計租三斗八升，佃户聰兒。

一千四十五號。土名江家門前，地七分二釐六（毛）〔毫〕七系，東至自田，西至王益地，南至朱曉地，北至自田，計租四斗，佃户六經。

七百九十六號。土名汪家後，地七分四釐，東至朱文汝業地，西至朱卿等地，南至朱本社地，北至朱以厚並自地，計租，佃户。

五百九十九號。土名汪家後，地八分一釐三系，東至王湘、朱嵐地，西至朱本禮、朱嵐地，南至朱希賢墳並葬地，北至朱汝業地。佃户來貴。

一千十九號。土名汪家門前，地七分七釐三，東至吴簡並自田塘，西至吴簡地，南至自地並孫仁卿等地塝，北至吴簡等地，計租三斗八升，佃户聰兒。

八百三十三號。土名汪塘上坦，地六分九釐二（毛）〔毫〕，東至朱八龍地，西至孫文從地，南至自地，北至朱惟謙地，計租三斗五升，佃户壽才。

八百七十四號。土名汪塘上坦，地税七分一釐，東至朱樞地，西至黄昌裔地，南至程繼旺地，北至朱衆祠地，計租四斗，佃户余三。

萬曆十九年四月　日立賣契人　朱元輔（押）。
朱汝潮（押）。
中見人　朱道純（押）。
朱中孚（押）。
朱萬里（押）。
朱懋德（押）。

契内共改十二字再批。

《明清徽州社會經濟資料叢編》第二集《萬曆十九年休寧詹文明賣田赤契》　十七都七圖立賣契人詹文明，今因管業不便，自情願浼中將承故父户下田一業，坐落土名石公莊，坐字一千一百十號。計税一畝八分六釐九毫，計租一十三砠。其田東至，西至，南至，北至。今將前項四至内田，盡行立契出賣與同都圖詹吴同社會名下爲業。三面議作時值價白文銀十一兩七錢正。其銀當成契日一併交收足訖，（即）〔既〕無欠少分文，亦無準折債負之類。今從出賣之後，一聽買人收苗受税管業爲定。如有内外人攔占及重復交易一切不明等事，盡〔是〕出産人之當，不及買人之事。其有上手來脚，與别産相連，繳付未便，以後要用，查出參照。其税隨即交割。今恐人心無憑，立此爲照。

（傍）〔旁〕改二字

今就契内領去價銀訖。同年月日再批。

主盟母姓李氏（押）。

萬曆十九年六月二十八日立賣契人　詹文明（押）。
中見人　詹文佳（押）。
詹明鑒（押）。詹明銓（押）。吴天明（押）。

《明清徽州社會經濟資料叢編》第二集《萬曆十九年休寧夏元孚等賣田赤契》　東南隅一圖立契人夏元孚、夏仲生，今有承祖玄壇會一十五户内共計租一百一十七砠有零。本家合得二户，計租一十五砠有零。今歸户新丈劍字四十八號，土名五都東山横路下中田二丘。共積三百零八步，計租一十四砠，共計税□。其田東至，西至，南至，北至。今將前項四至二户田内取一户神會田並物件，出賣與五都四圖鄭名下入會。一户輪流，照依會規，收租管辦，作興神道。三面議作時值價銀六兩正，其銀田當日兩相交〔付〕足訖，别不立領札。其税，今當大造之年，即推入買人户内辦納。倘有來歷不明等情，盡是賣人之當，不及買人之事。其歸户票在本家相連，日後要用，〔刷〕〔索〕出參照。其本家二户，（仍）〔剩〕該田一砠二十斤有零，並税散在各户，未曾歸户，日後夏、鄭兩家同心清出收税，兩半管業。今恐無憑，立此存照。

萬曆十九年十二月廿六日立契人　夏元孚（押）。

夏仲生（押）。

中見人　姚子綬（押）。

今就契内價銀盡行收足訖，同年月日再批。領。

《明清徽州社會經濟資料叢編》第二集《萬曆二十年戴元化賣田赤契》

十八都十一圖立賣契人戴元化，今將續置中田一丘，坐落土名城山，愛字一千三百七十九號。計二百五十五步，計税一畝一分五釐九毫。遞年上租八秤。其田東至，西至，南至，北至。今將前項四至内田，盡行立契出賣與同都戴名下爲業。憑中三面議定時值價紋銀一十兩整。其銀當成契日盡行一併收訖，（即）〔既〕無欠少分文，亦無準折債負之類。並無重復交易，如有内外人攔占及一切不明等事，盡是賣人之當，不及買人之事。自從出賣之後，一聽買人自行管業，收苗受税爲定。其税糧，今造年，在十一圖五甲下戴元化户内推入買人户内辦納，即無難異。今恐無憑，立此賣契存照。

契内價銀同年月日一併盡行收訖，再批存照。領銀人戴元化。

萬曆二十年四月二十日立賣契人　戴元化（押）。

中見人　戴　浩（押）。

《明清徽州社會經濟資料叢編》第二集《萬曆二十年吴國祚賣山白契》

二十五都三圖立賣契人吴國祚，今因欠少使用，自情願浼中將承父續置到原璧字等號山數業，今新丈罔字七千五百零二號，土名曠牛塢大荒田屯塢口。其山東至田，西至畢扒塢口陰□路，南至山脚坑地，北至尖降分水及國本山。計税一畝五分七釐八毫；又將罔字七千五百零三號，土名畢扒尖畢扒塢。東至自山高尖直下低尖降分水，西至吴長孫等山直下低尖降分水，北至塢口及自山陰□路。計税一畝四分二釐五毫；又將罔字七千五百零四號，土名屯塢口。東至自山，西至自山，南至自山，北至自山。計地税六分八釐六毫；　又罔字七千五百零五號，土名屯塢。東至自山高尖及國泰山分水，西至自山高尖降分水畢扒塢口，南至兩尖凹分水，北至屯塢口荒地。計税三畝五分六釐二毫八糸；　又將罔字七千五百零六號，土名高山脚地。東至自山，西至水坑，南至自山，北至自山，計税一分零七毫一糸；　又將罔字七千五百零七號，土名盈山下高山脚磨刀石。東至張社法山分水直下，西至自山屯塢口高尖直下塢口，南至自山高尖降，北至水坑及自山。計税二畝七分七毫九糸。今將前項四號山，地二號，共二十四至，共山税九畝三分四釐四毫八糸，共〔山〕地税七分九釐三毫一糸。其山及地本身續置弟國維一半，計山税四畝六分七釐四毫四糸，計地税三分九釐六毫五糸五忽，並柴薪樹木，盡行立契出賣與二十五都四圖吴中隆名下爲業。三面議定時值價文銀二百六十兩正。其價當成契日一併收足，既無欠少，亦無準折。未賣之先，即不曾與他人重復交易，倘有内外人攔占，盡是出賣人之當，不及買人之事。自賣之後，聽從買人隨即管業。本身即無毫忽存留。其税糧於吴萬成户下起割，即無難異。其原續置弟國維來脚契文一紙，隨即繳付。今恐無憑，立此賣契爲照。

萬曆二十年七月初三日立賣契人　吴國祚（押）。

中見人　吴嘉言（押）。

吴安陽（押）。

吴國本（押）。

吴國友（押）。

《明清徽州社會經濟資料叢編》第二集《萬曆二十年休寧汪文榮等賣田赤契》　西北隅一圖汪文榮同侄媳汪阿重，今將祖業十都三圖原周字一千二百五十號，今新丈咸字二千六百四十二號，土名安裏塍外谿邊。計田積八十八步五分，計税四分二釐。原租二砠零五斤，佃人。其田東西四至，自有保簿開載，不（在）〔再〕開寫。今因洪水冲破，不能耕種，憑中將前號田盡行立契出賣與十都三圖胡弼、輔、夔三人名下，修造管業。本家二户並無存留，當日三面議作時值價銀五錢整，其銀契當日兩相交訖。其田聽從買人即便管業。如有内外人攔占及重復交易，一切不明等事，盡是賣人之當，不干買人之事。所有糧糧〔税〕，現今大造，隨即在本圖五甲文榮、遇赦二户平推買人户内。其上手來脚並歸户票，日後索出，不（在）〔再〕行用。今恐無憑，立此賣契爲照。

萬曆二十年十二月二十二日立賣契人　汪文榮（押）。

今就契内價銀並收足訖，同日再批。

同侄媳　汪阿金（押）。

中見人　汪　鐵（押）。

《明清徽州社會經濟資料叢編》第二集《萬曆二十一年休寧朱子僖賣山赤契》　三十一都立賣契人朱子僖承祖有山一號，坐落土名張良坑桃木塢，新文賛字四千一百三十八號。新立四至：東至張四廷山壟下至田，西至古網坑口隨壟上分水上降，南至降尖隨壟下至田，北至路坑。今爲缺用，自情願將前項四至内山取山税二分，出賣與同族人朱名下爲業。三面議定價銀六錢正。其價契當日兩相交付明白。其山今從出賣之後，一聽買人收苗受税，永遠管業。未賣之先，即無重復交易，一切不明等事，並是賣人之當，不及買人之事。所有税糧聽自册年到本户朱世户起割前去解納。其來脚契文及歸户票，與別産相連，不及繳付，日後要用，將出參照無詞。恐後無憑，立此出賣文契爲照。

萬曆二十一年三月初三日立賣契人　朱子僖（押）契。

中見人　朱一梅（押）。

今領契内價銀並收訖。同日再批（押）領。

《明清徽州社會經濟資料叢編》第二集《萬曆二十一年浮梁胡記賣田赤契》　浮梁辛正都胡記，續買晚田弍備，坐落土名洞壺，小土名莊里門前。計田弍丘，共計租穀肆拾秤小斤。係與張燧共業，合該本身弍拾秤；又土名沙敦下，計田一丘，計租玖秤。弍號共該租弍拾玖秤。四至照憑由票管業爲證，不必開述。今因缺用，自情願將前項八至内田骨並租，盡行立契，斷骨出賣與休寧三十三都張新鈞名下永遠爲業。當三面議作時值價文銀壹拾弍兩伍錢正，在手足訖。未賣之先，與内外人等並無重（互）〔復〕交易，不明等情，〔如有自理〕，不及買人之事。所有税糧，付出一畝玖分弍釐弍（毛）〔毫〕。見（蒙）〔逢〕大造，聽自在胡天付户起割登載無詞。來脚契文，隨即繳付。日後本家要用，索出參照無詞。賣後各無悔意，如有，先悔者甘罰無詞。今恐無憑，立此斷骨文契爲照。

萬曆二十一年六月十七日立契出賣人　胡　記（押）契。

中見人　黃允詮（押）。

所有契價當日兩相交付足訖。再批（押）。

《明清徽州社會經濟資料叢編》第二集《萬曆二十一年休寧吴汶賣田赤契》　霓湖吴汶，今因缺少使用，情願將自己該業原戎字二十六號，今編鱗字四千七百七十三號，土名廟後，田税一分三釐二毫，計租一砠半，佃人吴甲梅。憑中出賣與同都人汪有壽名下爲業。當日三面議作時值價銀一兩二錢正，其銀契即日兩相交訖。其田即聽買主收租管業。四至自有保簿（該）〔記〕載。未賣之先，即無重復交易，及（如）有内外人占攔一切不明等事，盡是賣人之當，不及買人之事。所有税糧，候造册之年，聽從收割過户當差。今恐人心無憑，立此出賣契文存照。

契内只收租一砠價銀八錢，（仍）〔剩〕半砠價銀四錢未收。再批。

萬曆二十一年十月十八日立賣契人　吴　汶（押）。

中見人　吴甲梅（押）。

今領前項契内價銀並收足訖，同日再批。

萬曆二十三年四月十八日復收契内田價租半砠銀四錢訖。吴汶再批。

《明清徽州社會經濟資料叢編》第二集《萬曆二十二年吴天孫等賣田赤契》　卅都立契人吴天孫、春孫、四十，今將承父業田，係十二都鱗字三千二百卅二號。土名水毛干，税七分零六（毛）〔毫〕五，租七砠，佃〔人〕李松；三千五十一、三千五十二號，李家塢口，税一畝四分五釐八（毛）〔毫〕五，租十三砠半，佃〔人〕李魁；三千一百零六號，土名水毛干，税四分六釐八（毛）〔毫〕，租四砠半，佃〔人〕李乞；三千一百零九號，〔土名〕水毛干，税一畝三分六釐，租十二砠，佃〔人〕李伴儅；三千一百廿三號，〔土名〕水毛干，税一畝二分一釐一（毛）〔毫〕五，租十砠，佃〔人〕李松；三千二百七十五號後干，税一畝零三（毛）〔毫〕，租九砠，佃〔人〕李末；三千五百六十六西坑，税一畝零一釐四（毛）〔毫〕，租十砠，佃〔人〕吴盛才；三千九百五十一東坑口，税六分二釐五，租六砠，佃〔人〕胡社互；四千六百九十四〔號〕，泥湖市，税七分，租七砠半，佃〔人〕李興。共計税八畝五分四釐六（毛）〔毫〕五，共計租七十九砠半。憑中三面議定價銀七十四兩，出賣與十二都汪有壽名下爲業。其銀當日收足，其田並無重復〔交易〕。〔並〕一切攔阻，盡是賣人之當，不及買人之事。税糧至册年，聽從起割過户，本家即無異說。今恐無憑，立此契文存照。

萬曆二十二年二月廿一日立賣契人　吴天孫（押）。

吴春孫（押）。

吴四十（押）。

中　人　朱　法（押）。

朱　滿（押）。

價內銀兩當日並收足訖，同日再批。

《明清徽州社會經濟資料叢編》第二集《萬曆二十二年李阿紀賣山赤契》 嬸李阿紀，今〔因〕户役並缺少日食，自情願托中將家住後竹山承祖僉業，並買（授）〔受〕王貴昭本身並承接共該大五股之一。又住前朝山，本身承順名下，本房二股之一。今將前項二處山場，盡數立契出賣與侄春美名下前去爲業。當日憑中面議時值文銀三兩二錢正，在手足訖。其價並契當日兩相交付。未賣之先，即無家外人重復交易。自成〔交〕之後，各不許悔，如悔者，甘罰銀一兩與不悔人用。仍依此文爲始。今恐無憑，立此爲照。

萬曆二十二年六月十八日立契嬸　李阿紀（押）。

奉書男　李春昌（押）。

同　弟　李　旭（押）。

中見伯　李德昭（押）。

李時隆（押）。

《明清徽州社會經濟資料叢編》第二集《萬曆二十三年休寧鄭佑等賣基地赤契》 五都一圖鄭佑、廷俊、廷侃等，今因缺少門户銀，自情願將承祖基地一業，土名普杭，係巨字□號。其地東至鄭憲地，西至衆巷，南至衆廳地，北至鄭芳地爲界。四至內地直六尺五寸，横七尺伍寸，計地税一釐二毫。今將四至內地，憑中立契盡行出賣與五都四圖鄭九名下爲業。當日面議時值價紋銀七錢整。其價銀當日收足，其地聽從造屋管業。如有內外人攔占及重復交易、一切不明等事，盡是賣人之當，不涉買人之事。其税糧候至造册之年，本户自行起割。今恐無憑，立此賣契存照。

萬曆二十三年九月二十七日立賣契人　鄭　佑（押）。

廷　俊（押）。

廷　侃（押）。

廷　佐（押）。

中見人　鄭文星（押）。

今就契內價並收足訖，同年月日再批爲照。其上〔手〕來脚未繳。

崇禎六年三月初六日，用價一兩原契取回，未從立契文。其税糧照契推税，辦納糧差。其地照管業，無得異說。文星自取親筆批執。

《明清徽州社會經濟資料叢編》第二集《萬曆二十三年方天三等賣山赤契》 二十都方天三、天祥、天謹等，今爲無錢支用，自情願將承祖（摽）〔標〕分得十九都八保方元聖僉業，土名毛塢埋山一號，係信字四百四十四號。其山四至，東降，西坑，南陳應和，北尖。四至內山骨苗木主利分該得一半，盡數立契出賣與本都陳宇任名下爲業。面議時價文銀三錢正，在手足訖。其山未賣之先，與家外人即無重復交易，來歷不明，盡係賣人自理，不干買人之事。自定之後，各不許悔。如違，甘罰契價一半公用，仍依此文爲準。今恐無憑，立此爲照。

萬曆廿三年十二月十五日立契人　方天三（押）。

天祥（押）。

天謹（押）。

前山祖墳二穴不在賣內。思書。

中見人　方久思（押）。

江朝保（押）。

江三興（押）。

外批：其山係方□祥等重（互）〔復〕賣任（出），今憑中清明將山遵希忠分管業册問。

萬曆卅九年五月初九日中見陳明璜。同中用正。

《明清徽州社會經濟資料叢編》第二集《萬曆二十四年祁門倪道仗賣田赤契》 十六都倪道仗，今有承父標分得田一號，坐落四保，土名黄藤坑，計田二畝零五釐，遞年硬交租穀二十六秤，鷄穀二秤在內。其田新立四至，東至武公等田，西至重田，南至坑，北至田及山。四至內田，憑中出賣與本都倪道翰名下爲業。面議時價紋銀十兩整，在手足訖。其價契當〔日〕兩相交付。其田好歹買主自見。來歷不明，賣人自理不涉買人之事。

其田未賣之先，與家外人即無重復交易。自成〔交〕之後，各不許悔。如違悔者，甘罰契内銀二兩與不悔人用，仍依此交易爲始。所有税糧，候大造之年，照新丈積步，推割入户供解無詞。今恐無憑，立此爲照。

萬曆二十四年一月二十日立契人　倪道仗（押）。

中見叔　倪本器（押）。

吴立加（押）。

《明清徽州社會經濟資料叢編》第二集《萬曆二十四年祁門陳廷相等賣山赤契》　二十一都陳廷相同侄守堯，共（摽）〔標〕分得九保土名查木尖山一號，共計三十六畝，與廷耀、廷珍、廷輝、廷□、廷歆共業。本位同侄該得三畝六分。其山四至自有經理可照。東至金家山埋石爲界，西至查家山埋石爲界，上至尖，下至雙坑口。本位同侄四至内山十五股中該得一股半。今因編税無措，自情願同侄將四至内山分籍及在山苗木，盡數立契出賣與二十二都王名下爲業。面議時價文銀四錢五分正，在手足訖。其山未賣之先，與家外人並無重復交易。其山好歹，買主自見。來歷不明，賣人自理。成交後，各不許悔。如違，甘罰契内銀一半公用，仍依此契爲準。恐後無憑，立此爲照。

萬曆廿四年八月廿四日立契人　陳廷相（押）。

同　侄　守堯（押）。

中見人　陳廷珍（押）。

查京（押）。

《明清徽州社會經濟資料叢編》第二集《萬曆二十六年休寧黄得賣地赤契》　二十三都九圖住人黄得，今將承祖土名雙林干地一片，係萬字一千九百十五號。其地見東至，西至，南至，北至。今將前項四至内地本身合該地七步，計税三釐四毫八糸，三面議定時值價白銀十一兩整。其地今〔從〕出賣〔與〕黄遠軒祠名下爲業，聽從收苗受税。如有内外人攔占及重復交易、不明等事，盡是賣人祇當，不涉買主之事。所有税糧，大造之年，本户自行推出，即無難異。今恐無憑，立此賣契存照。

其地當時清丈誤僉八步七分，盡批入祠，再批爲照（押）。

萬曆二十六年六月初十日立賣契人　黄　得（押）。

中見人　黄　鐔（押）。

前項契内價銀當日隨手一併收足，再批爲照（押）領。

《明清徽州社會經濟資料叢編》第二集《萬曆二十七年休寧徐阿汪賣塘赤契》　立契人婦徐阿汪，今爲户役無銀支解，自情願將承祖塘，土名赤土塘，係夜字□號，本身合得塘一分六釐五毫有零。四至照依保簿，今將四至内塘，憑中立契出賣與親侄徐明璧名下爲業，三面議作時值價白紋銀一兩五錢整，其銀當日收足。其塘聽從買人養魚管業，本家即無生情異説。如有來歷不明及重復交易，盡是賣人之當，不及買人之事。其税糧本户買主自行解納。今恐無憑，立此賣契存照。

萬曆二十七年二月十七日立賣契婦　徐阿汪（押）契。

中見人　徐　揖（押）。

徐冬陽（押）。

代書甥　項邦孫（押）。

就契内價銀並收足訖，同年月日再批（押）領。

《明清徽州社會經濟資料叢編》第二集《萬曆二十七年休寧程良璧等賣山赤契》　二十一都九圖立賣契人程良璧、程良璽、程周，今因急用，自願將經（業）〔理〕新丈戎字四千八百九十八號山地一塊，計税八分四釐。其山與十九都程宅合業。此項山地無論豐歉年成，均是每遇三年收山租銀四錢。長養山連旁一帶，左右靠邊田，東至羌字號山大降，南至塢尾横尖，西至下坡頭，北至坡邊本家山直下至田。前項四至内山本身兄弟侄合姓等半，計山税二分三釐七毫五糸。内取一半，計山税一分一釐八毫七糸五忽，該山租銀一錢。憑中盡行立契出賣與二十二都九圖親人汪名下爲業。面議時值價銀六兩正。其銀當成契日一併收足。其山今從出賣之後，一聽買人隨即管業收苗受税、阡作風水爲定。前後並無重復典賣準折交易等情。如有内外人攔占，盡是出賣人祇當，不及買人之事。所有税候至大造之年，於本家程思遠户起割，推入買人户内，並無異説。今恐無憑，立此賣契爲照。

前項契内價銀隨契領足。再批。

憑中公議外加價銀三兩，日後不許取贖生情等事，衆批。

萬曆二十七年閏四月十三日立賣契人　程良璧（押）。

程良璽（押）。

程　周（押）。
程　經（押）。
程　鎖（押）。
程　瑋（押）。

《明清徽州社會經濟資料叢編》第二集《萬曆二十九年祁門胡文憲賣田赤契》　在城胡文憲，今將承祖民田一號，坐落十三都七保，土名小方坑並甲塢。裏至塢頭，外至洪勝菠等住基。本位該硬早租二十四秤，外鷄穀一十五斤，係洪勝菠、社孫耕種。今將前項田並地，因〔管〕業不便，憑中盡數立契出賣與十三都康名下爲業。面議時值價紋銀八兩七錢正足訖，價契兩明。未賣之先，即無重復交易。來歷不明，賣人承（管）〔當〕，不干買人之事。自成〔交〕之後，各無悔異，如悔者，甘罰銀一兩與不悔人用，仍依此文爲始。所有田地税糧悉照新丈歸户畝步，候大造之年，照數推扒與買人户供解，立此爲照。

萬曆廿九年六月十三日立契人　胡文憲（押）。
中見人　余天龍（押）。
汪五龍（押）。

《明清徽州社會經濟資料叢編》第二集《萬曆二十九年祁門陳仲孫賣山赤契》　文堂陳仲孫，今爲無錢支用，自情願將承祖一保土名查樹坑大四至山一號，内有小土名，上號並下號鳳形空山，共山二號，以八大股爲率，守任叔侄買得言策兄弟七大股。（仍）〔剩〕一股，海〔耀〕買耀孫半股，本位兄弟三人該得半股。連山總計四十八股，内仲位該得一股。將二號山骨並上號苗木主力坌，盡行立契出賣〔與〕族叔陳守任叔侄名下湊便爲業。當日時價紋銀一兩四錢正，在手足訖。其山來歷不明，賣人自理。自定之後，各不許悔，如違甘罰契價一半公用，仍依此文爲準。其山未賣之先，與家外人即無重復交易。本山税糧，本位推山五釐，隨契推入守任位下供解。不再立推單。今恐無憑，立此〔爲〕照。

萬曆二十九年十二月十八日立契人　陳仲孫（押）　契。
中　見　陳守僑（押）。
陳寄孫（押）。

《明清徽州社會經濟資料叢編》第二集《萬曆三十年祁門謝文鸞賣山赤契》　十西都謝文鸞，今有承祖標分並陸續買受七保山場地、並在山苗木，悉照承祖置產。本保經理畝步四至自有開單，承祖置産簿爲業。土名王源、大坑、長徑、吴坑、上村、黄村等處。東至周領界，西至八保界，南至叉口界，北至言塘。今因年老孤苦，衣衾棺槨無措，自情願托中將前山地字號等處山地骨並在山苗木，本身通山合得一十八（分）〔份〕中一大（分）〔份〕，盡數立契出賣與謝敦名下，永遠管業。三面言議時值價紋銀一兩七錢正。其價並契當日兩相交付明白。自成〔交〕之後，即無家外人重復交易，來歷不明盡是賣人之當，不及買人之事。當成交之後，各不許悔。如先悔者，甘罰銀三錢與不悔人用，仍以此文爲始。今恐無憑，立此賣契爲照。

買主管業無詞。存照。鸞（押）。
萬曆三十年七月十三日立賣契人　謝文鸞（押）。
中見人　謝世榮（押）。
謝志成（押）。

西都謝文鸞今將承祖標分並買受七保唐字號開單於後：
鐵斧堀下截二千五十七號。
楊梅塢二千七十一號。
葛二坵一千二百九十一號又九十號。
高田山一千二百八十九號。
流坵汪七塢一千六百五號。
金坑頭一千一百四號。
太坑前塢一千二百四十八號。
胡家塢一千五百六十二號。
王公尖下截一千六百八號。長房已業
王坑口下塢八百十五號十六號。
上村牛欄坑鷄公尖三百七十九號、三百七十五號。
晉家坐（岴）三百五十一號。
横塘二千五十四號。
高田八兒山一千三百三十二號。
沙大塢一千八百八號。

東山八畝一千九百九十六號。
木瓜塢一千九百九十七號。
王金坑四百五十六號。
王金坑大鷺四百五十七號五十九號。
屋頭塢四百六十二號。
金坑水塢山一千八百八號。
又一號水塢山□號。
三公田堀二百八十八號。
金坑高塢裏一千六百號。
柏竹塢口二百四十七號。

《明清徽州社會經濟資料叢編》第二集《萬曆三十年汪新蔭等賣地赤契》　卅都汪新蔭、新茂，今爲祖母病重，使用有缺，浼叔近前，將承祖並續置地三號，係業字一千二百三十三號、三十四號、三十二號，內取地兩步，計税一釐，出賣與同族汪名下爲業。三面議作時值價銀四兩，當日兩相交付明白。其地自出賣後，聽從執業，本家各無異説。未賣之先，亦無重復交易等情。所有税糧，現在本户，今值大造之年，一聽照契起割，兩無難異。今恐無憑，立出賣契爲照。

萬曆三十年七月十九日立契人　汪新蔭（押）。
汪新茂（押）。
中見叔　汪文彩（押）。
代書叔　汪　昱（押）。
主盟母　岳　氏（押）。

文契内時價當日憑中交付收足訖。

《明清徽州社會經濟資料叢編》第二集《萬曆三十年休寧金文泮等賣園赤契》　立賣契弟金文泮、同弟金文洋，今在沙溝，爲因缺本無措，自情願浼叔將承分下園一丘，坐落土名汪三樹，計税一畝六分，係□字□號。其園東至葉宅園爲界，西至本主並本宅園，南至溪，有石塝在內，北至葉宅園，四至明白，盡行出賣與兄文淮名下爲業，當日三面議作時值價紋銀十一兩正，其銀契〔當〕下一併交足。又將承分土庫樓房半間，坐落土名石灰堂，係□字□號。其原分房一間並前空坦一片，五（分）〔份〕之中合得坦一（分）〔份〕。先年内取半間及坦半（分）〔份〕，賣與兄文浩爲業，仍存半間空坦，照浩議作價紋銀六兩五錢。二契共價文銀一十七兩五錢，當日盡行收足，别不立領。其園並屋自賣之後，買主隨即管業。税糧本户自行起割，係是兩家情願，亦非他人逼勒成交，亦無債負準折之類。今恐人心無憑，立此賣契爲照。

萬曆三十年七月二十一日立賣契人　金文泮（押）。
同弟　金文洋（押）。
母親　戴　氏（押）。
夏　氏（押）。
見叔　金　禄（押）。
見兄　金文濟（押）。
金文洸（押）。
親人　洪武山（押）。
應　禎（押）。

《明清徽州社會經濟資料叢編》第二集《萬曆三十年祁門吳承慶賣田赤契》　十一都吳承慶，今有承祖田一備，坐落東都三保，土名門前，係經理谷字壹千四十六號，計地捌拾捌步，與緯叔兄弟共。本身分得肆股之叁，高低弍塊。其田新立四至，東至溪，西至土墻脚，南至李田，北至任叔祖田。今將本身（分）〔份〕數，盡行立契出賣與親人李啓祥名下爲業。面議值價銀叁兩肆錢捌分整，其價契當日兩相交付，契後再不立領。未賣之先，即無重復交易，如有一切不明，盡是賣人之當，不及買人之事。其税糧聽入吳（自）〔啓〕祥户起割，過李承章户，隨即供解，不及再立推單。今恐無憑，立此爲照。

其田内來脚及佃俱在契内。再批（押）。

萬曆三十年十二月二十九日立契人　吳承慶（押）。
見親人　李君實（押）。

《明清徽州社會經濟資料叢編》第二集《萬曆三十一年王世芳等賣山赤契》　侄孫王世芳同弟世珍，今將承祖九保土名大園下王賢墳後茶（科）〔棵〕山一塊，東至良駕山，西至世興山，南至墳，北至□。四至內山現世仕鋤種計茶租一斤。今因無錢用度，將四至內茶（科）〔棵〕山立號，李祖人僉業，夏山八畝二角。東甫山，西許五七山，南方叔名田，北降。又取八百四十一號，張甫見伯罔業，夏山三畝二角。土名塘子源。東葉家墳，西叔名山，南許五七山，北自山。又取八百四十二號葉應元（見）〔及〕朱四太業，夏山三畝二角。土名和尚坑。東元聖田，西降，南張甫山，西北方叔名山。共山三號，計十五畝二角，與葉強宗兩半均業。本身該得十八分之一。其前項三號内山十二至，盡行立契出賣與九都親人晏名下爲業。三面議時價白紋銀一兩二錢正。其契並價當日兩相交付，契後再不立領。未賣之先即無重復交易，如有不明等事，並是賣人之當，不及買人之事。其山聽自親人阡葬管業，本身並無異言。所有來脚契文與本房相共，不及繳付。承交之後，各無悔異，如有悔異者甘罰白銀四錢正。

今恐無憑，立此賣契爲照。

萬曆三十二年正月二十六日立契人　方有明（押）。

中見叔祖　方時泰（押）。

親　人　吴應秋（押）。

《明清徽州社會經濟資料叢編》第二集《萬曆三十二年休寧宋惟成賣田赤契》　七都立契人宋惟成。今因宋國用缺少庫銀，累本家賠貱，身無措辦。憑中將新置光字四千六百四十三號，土名莊基，計租三砠，計税四分三釐，佃人江得；又將夜字三千五十六號，土名陶家園，計上地税七分五釐，本家存留五毫蔭火佃墳，計麥二秤，豆二斗，粟二秤，四至照依保簿。今將前項田地，除蔭墳外，盡行立契出賣與江名下爲業。憑中三面議作時值價上則白文銀六兩五錢五分正。其銀契當日兩相交收足訖。其田園隨即聽從買人收苗管業，如有來歷不明及重復交易一切等事，盡是賣人之當，不及受人之事。其税糧候大造之年，在旻生户自行推入伊户，即無生情異説。今恐無憑，立此文契爲照。

萬曆卅二年四月廿六日立契人　宋惟成（押）。

中見人　宋必成（押）。

宋佑華（押）。

宋宗成（押）。

今就契内領去價銀足訖，不另立領札，同年月日再批。（押）領。

《明清徽州社會經濟資料叢編》第二集《萬曆三十三年休寧詹體夬等

契出賣與叔公王欖名下爲業。當日面議時價文銀二錢八分正，在手足訖。其山好歹，買主自見。來歷不明，賣人理值。未賣之先，並無重（互）〔復〕交易。自定之後，各不許悔，如違，甘罰契價一半公用，仍依此文爲準。今恐無憑，立此爲照。

此契轉退與濟昌管業，原價正興收訖，在山茶（科）〔棵〕聽興挖去。此照。

萬曆卅一年正月廿八日立契人　王世芳（押）。

同　弟　世珍（押）。

中見人　世治（押）。

外批：前山除賢墳坐禁步不賣外，其餘荒熟山場，盡行轉賣與繼通名下爲業，所有價銀，憑中得訖。

萬曆四十五年十二月初二日立批契人　王字龍（押）。

中　見　世興（押）。

《明清徽州社會經濟資料叢編》第二集《萬曆三十一年休寧徐保禮等賣塘赤契》　立賣契人徐保禮、徐熇炆、徐慶祥，今因管業不便，自情願將承祖户下，土名赤土塘一處，係夜字□號，計税八釐。四至照依保簿，憑中三面出賣與族人徐名下。三面議作時值價紋銀四錢正，其銀當日收足。其塘即便聽從買人供魚管業，如有來歷不明及重復交易，盡是賣人之當，不及買人之事。其税糧候至造册之年，係在徐祭（記）〔祀〕户内推出收割過户，本家即無異説。今恐人心無憑，立此賣契爲照。

本家塘水，日後聽從救禾，再批。

萬曆卅一年十月初三日立賣契人　徐保禮（押）。

徐熇炆（押）。

徐慶祥（押）。

中見人　徐文光（押）。

代　筆　徐文熇（押）。

今就契内價銀盡收足訖，同年月日再批（押）領。

《明清徽州社會經濟資料叢編》第二集《萬曆三十二年祁門方有明賣山赤契》　十一都方有明，今有承祖茂廣公買同都葉仲名、志成、仲付、社付等，共承祖父山一片。坐落本都九保，土名和尚坑，進字八百四十賣園赤契》　立賣契人詹體夬、詹體晋，今因管業不便，自情願將承祖父户下鬮得菜園一業，坐落土名油麻塢石夬内，係坐字八百一號，與弟豫等共業，四（分）〔份〕中本家合得一（分）〔份〕，該身菜園陸片，取地税□，其園東至，西至，南至，北至。又將坐字□號菜園一片，坐落土名小塘下小突，取地税□，其園東至，西至，南至，北至。今將前項八至内園，盡行出賣與兄詹體恒名下爲業，三面言議時值價白紋銀一兩三錢整。其銀當成契日一併交收足訖，既無欠少分文，亦無準折債負之類。今從出賣之後，一聽買人管業爲定。如有内外人攔阻及重復交易、一切不明等事，盡是出賣人之當，不及買人事。其税糧在本户，從自行辦納，並無異説。今恐無憑，立此賣契存照。

萬曆三十三年二月初二日立賣契人　詹體夬（押）。

詹體晋（押）。

中見人　詹則達（押）。

契内園地於康熙五年六月二十日，本家因錢糧無辦，將此業作原價與房侄孫務茲贖回訖。詹阿汪批（押）。

《明清徽州社會經濟資料叢編》第二集《萬曆三十三年楊和賣田赤契》

立賣契人楊和，今因姐余氏沾疾年餘，漸覺危篤，無銀覓藥醫治，並預備衣棺之費。自情願將業田一處計二丘，土名上干芒園墩。係鱗字一百三十二號。新丈四百零十四步。計税一畝七分五釐，計租穀一十五砠零一秤。其田新立四至，自有新丈文册可查，不必開載。今將前項田畝租數，憑中盡行出賣與親人余名下爲業。面議時值價白紋銀一十六兩正。其銀當日收足。其田聽買主收税管業，税糧亦聽交割過户輸納，並無異説。未賣之先，並無重復交易，既賣之後，亦無生情悔（異）〔易〕，如有悔者，甘罰契外銀兩公用。今恐無憑，立此文契爲照。

萬曆三十三年八月　日立文契人　楊　和（押）。

中見親人　余　禄（押）。

楊　璣（押）。

《明清徽州社會經濟資料叢編》第二集《萬曆三十四年休寧張士第賣山赤契》　五都四圖立賣契人張士第，今因缺用，自情願憑中將承父祖續置民山一業，坐落土名厚塘住後山，與衆共業。新丈劍字五千六百三十三號。四至册定。本身（仍）〔剩〕該山税三釐九毫，並山脚厠所地税，該身一釐；（况）〔況〕又將同處坦劍字五千六百三十八號，門前坦地與衆共業，四至册定。本身合得分法内取地六步，計税二釐四毫。憑中立契出賣與堂兄士萬名下爲業。三面議時值價文銀二兩正。其銀當收足〔訖〕。其山地隨即聽兄收苗管業，並無異説。如有内外人攔阻及重復〔交易〕不明等事，盡是賣人之當，不涉買人之事。今恐人心無憑，立此賣契永遠存照。

萬曆三十四年五月二十二日立賣契人　張士第（押）。

憑中兄　張士道（押）。

〔待〕册年取贖鄉例起息無（辭）〔詞〕。再批。

今就契内價銀一併收足，不另立領札。同年月日。（押）。

《明清徽州社會經濟資料叢編》第二集《萬曆三十四年祁門洪京賣山白契》　二十二都洪京，今將六保土名小南坑上截山一號，與本家俊、仕、寬共業。今自情願將〔本位〕在山浮杉松苗木，本位通山合得一半，將本位分籍内取一半。又將同保土名紅日塢在山浮杉松木通山八股本位合得二股，將本位分籍内取一半，憑中立契出賣與本都汪名下爲業長養。當日面議時值價銀二兩五錢正。其本苗買主自見。來歷不明，賣人理（直）〔值〕。自定之後，各不許悔，如違甘罰銀三錢。仍依此契爲準。今恐無憑，立此爲照。

外批股分小南坑上截以作四股爲率：京二股。京二股中主力内取一股，賣與汪訖。俊、寬、仕、〔辛〕共二段。京合得一股，京一股中内主力一半賣與汪訖。俊、寬、仕、辛共三股。

又批：　紅日塢通山以作四股爲率。

外批：　大前養大松木，不在契内。

萬曆三十四年十一月廿日立契人　洪　京（押）。

中見人　洪　寬（押）。

《明清徽州社會經濟資料叢編》第二集《萬曆三十五年汪瑄等賣山白契》　四都一圖立賣契人汪瑄、汪琥等，原有承祖來龍山並祖續置汪宗圹外山一業。因人心不一，未有定規，以致殘傷樹木，傷壞來龍。自情願將各房分數並已買（分）〔份〕數，各自情願立契出賣與衆祠清明會内。通衆蓄養村木，蔭庇屋基並祖宗墳塋風水。其山東汪壟等山，西至衆山並汪齊坤山，南至路，北至路。四至内盡行立契出賣與清明會各人名下，並不存留分毫。當日得受價銀五兩正。其本房内外人等，毋得生情異説。從前並無重復〔交易〕、不明等情。恐後無憑，立此文契爲照。

萬曆卅五年三月初八日立賣契人 汪 瑄（押）。
汪 琥（押）。
汪 敕（押）。
汪 賢（押）。
汪 家（押）。
汪 爵（押）。
汪若汶（押）。
汪若澧（押）。
汪若匯（押）。
代筆人 汪 劉（押）。
中見人 汪岩德（押）。
汪 軒（押）。
汪 勒（押）。
付若汝（押）。
若 泗（押）。

崇禎十年三月二十一日四房人等照原契原價，四房等面議領訖。汪齊鉉等、汪若匯、汪若伊、汪若瀚、汪百順。

《明清徽州社會經濟資料叢編》第二集《萬曆三十五年祁門謝天晋賣田赤契》 十西都謝天晋，原買受同都謝阿方水田一備，坐落八保，土名莊下。大租四秤十八斤；又一備，坐落土名大冷上，早租四秤；又一備，土名婆丘，大租十五斤；又一備，土名板橋頭，大租十五斤；又一備，土名大冷塝下，大租十五斤。共大早租十一秤零三斤。今因管業不便，自情願托中出賣與同都謝名下永遠爲業。當日憑中議定價紋銀五兩六錢正。其價契當日兩相交付明白訖。其字號畝步四至，悉照青（清）丈册可證。所有税糧候大造之年，聽自買主於時初户起割，入惟忠户供解無詞。自成交之後，各無悔異，如悔者，甘罰銀五錢與不悔人用。今恐無憑，立此賣〔契〕爲照。

再批：土名婆丘外，有實晚租一斤十兩，凑在内管業，價訖，晋批。

萬曆三十五年十一月初七日 立賣契〔人〕 謝天晋（押）。
中見人 謝聯鳳（押）。

《明清徽州社會經濟資料叢編》第二集《萬曆三十六年休寧程善應賣地赤契》 耆德門立賣契人程善應，今爲里長，缺少貱銀，自情願將承祖後山火兒地一片，係新丈鞠字三千二百四十號，計税。其地東至程家山，西至程家地，南至程有仁地路，北至程家高基地。今將四至内除前賣過，（仍）〔剩〕存七步五分，照圖分數，並無存留。又將高基吴尚火兒地一片，本身該分一十四步零七釐六（毛）〔毫〕，與得株社共業。其地係新丈鞠字三千二百卅九號。其地東至山，西至程家地，南至低基，北至程家地，計税。今將前項八至内地，憑中盡行立契出賣與族叔程名下。當日三面議作時值價紋銀七兩整。其銀當日收足，其地聽買人管業。其税糧候册年本户推出無阻。如有内外人攔占及重復交易、一切不明等事，盡是賣人祇當，不及買人之事。今恐無憑，立此賣契爲照。

萬曆三十六年正月初十日立賣契人 程善應（押）。
中見人 程 震（押）。

今就契内價銀並收足訖，同年月日再批（押）。

《明清徽州社會經濟資料叢編》第二集《萬曆三十六年祁門謝阿胡賣田赤契》 十西都謝阿胡今有買受水田一備，坐落本保土名壟裏，計硬晚租六秤十斤。其田内先年取四秤賣與謝□大、天漢訖。本身仍存留硬租二秤十斤，出賣與兄謝孟鸞兄弟名下，永遠收租爲業。面議時值價紋銀一兩四錢整。其價契當日兩相交付明白，四至自有新丈鱗册可徵。所有來歷不明，賣人承當，不及買人之事。未賣之先，即無重復交易，自成〔交〕之後，不許悔，如悔者，甘罰銀五錢公用。所有税糧，候大造之年，悉照畝步過割入買人户内供解無詞。今恐無憑，立此賣契爲照。

萬曆三十六年二月十一日立契婦 謝阿胡（押）。
奉書男 謝時標（押）。
中見人 謝聯鳳（押）

《明清徽州社會經濟資料叢編》第二集《萬曆三十六年祁門胡周興賣田赤契》 立賣契人胡周興，今有承祖並買受水田二備。一備坐落土名水磪塢，硬旱租五秤；又一備，坐落土名石坑横山丘，硬旱租七秤。共計旱租一十二秤。其田畝步四至，悉照清丈鱗册可證。今因無錢使用，自情願托中將前田盡數立契出賣與房東謝名下永遠收租爲業。三面言議時值價紋銀六兩正。其價並契當日兩相交付明白。未賣之先，即無重復交易。來歷不明，盡是賣人承當，不（慮）〔累〕買人之事。自成〔交〕之後，各不許悔，如先悔者，甘罰白銀五錢與不悔人用。所有税糧候大造之年，聽自買人起割入户供解無詞。今恐無憑，立此賣契爲照。

萬曆三十六年二月十二日立賣〔契〕人　胡周興（押）契。

中見房東　謝大富（押）。

見　叔　胡善勝（押）。

《明清徽州社會經濟資料叢編》第二集《萬曆三十七年祁門謝再興賣田赤契》　拾西都謝再興，今有承父買受田壹備，坐落本都八保，土名言塘乾坐（㘸）。計硬早租肆秤正。其田壹丘，畝步四至，悉照清丈册證。今因無錢用度，自情願將前田托中立契出賣與同都謝名下，永遠收租爲業。三面合議時值價紋銀壹兩捌錢伍分正。其田日後無問蟲傷水旱，遞年議還硬租肆秤，送至上門交納無詞。其價並契當日兩相交付。未賣之先，即無家外重復交易，來歷不明，盡是賣人之當，不及買人之事。自成〔交〕之後，各不〔許〕悔，如先悔者，甘罰白銀伍錢公用，仍依此文爲準。所有税糧聽自造册之年，收割入户供解無詞。今恐無憑，立此賣契爲照。

萬曆三十七年四月初八日立賣〔契〕人　謝再興（押）。

中見人　謝應龍（押）。

謝富龍（押）。

代書見人　謝廷茂（押）。

《明清徽州社會經濟資料叢編》第二集《萬曆三十七年祁門謝富龍賣田赤契》　十西都謝富龍，今有買受水田一備，坐落本都八保，土名言塘高山。計硬早二秤零五斤正，共計田二丘。其田畝步四至，悉照清丈册證。今因無錢用度，自情願托中將前田立契出賣與同都謝名下永遠爲業。三面言議時值價紋銀一兩一錢整。其早租無問蟲傷水旱，遞年送至上門交納無詞。其價並契當日兩相交付明白。未賣之先，即無家外重復交易，來歷不明，賣人之當，不及買人之事。自成〔交〕之後，〔各〕不許悔，如先悔者，甘罰白銀三錢公用，仍依此文爲始。所有税糧候造册之年，聽自買主收割入户供解無詞。今恐無憑，立此賣契爲照。

萬曆三十七年四月初八日立賣契人　謝富龍（押）。

中見人　謝再興（押）。

代書見人　謝廷茂（押）。

《明清徽州社會經濟資料叢編》第二集《萬曆三十七年祁門謝應龍賣田赤契》　十西都謝應龍，今有承祖水田一備，坐落本都八保言塘天塢。計硬早三秤正。計三丘，其畝步四至，悉照清丈册證。今因無錢用度，自情願托中將前田立契出賣與同都謝名下永遠收租爲業。三面言議時值價紋銀一兩三錢五正。其田日後無問蟲傷水旱，遞年議還硬早租三秤交納無詞。其價並契當日兩相交付。未賣之先，即無家〔外〕重復交易。來歷不明，盡是賣人之當，不及買人之事。所有税糧候造册之年，聽自買主收割入户供解無詞。自成〔交〕之後，各不〔許〕悔，如先悔者，甘罰白銀五錢公用，仍依此文爲準。今恐無憑，立此賣契爲照。

萬曆卅七年四月初八日立賣契人　謝應龍（押）。

中見人　謝再興（押）。

代書見人　謝廷茂（押）。

《明清徽州社會經濟資料叢編》第二集《萬曆三十七年祁門陳慎官賣田赤契》　廿一都陳慎官，原承父標分得土名二保汪六塢口田一號，計早租一十六秤半。今因無錢用度，自情願將前田租數立契出賣與陳國昌名下爲業。面議時價文銀五兩七錢七分正，在手足訖。其田未賣之先，與家外〔人〕並無重復交易，出賣之後，各不許悔。來歷不明，賣人自理，不干買人之事。所有税糧俟大造之年，推入買人户内供解無詞。今恐無憑，立此爲照。

外批：其田□料一隻。官批。

萬曆卅七年十二月廿三日立賣契人　陳慎官（押）。

奉書男　奇　載（押）。

中見人　陳慎達（押）。

《明清徽州社會經濟資料叢編》第二集《萬曆三十七年休寧程明德賣

山赤契》　九都一圖立賣契人程明德，因弟程道善欠缺錢糧補庫無措，自情願浼中將續置民山，坐落七都，土名巧塘，新丈果字三千六百六十八〔號〕，内取山稅八毫。其山本家原開墳穴一所，新立四至。東至西横闊一丈八尺，南至北計長二丈六尺。今將前項四至内山憑中立契出賣與五都十圖汪名下爲業。當日三面議作時值價紋銀三十一兩整。其銀當成契日兩相交收足訖，別不立領札。今從出賣之後一聽買人開造風水安葬。如有外人攔占及重復交易，一切不明等事，盡是賣人之當，不涉買人之事。其稅糧候大造之年，在三甲程上達户内起割，推入買主户内，辦納糧差。所有上手來脚契文及歸户小票與別産相連。繳付不便，日後要用，（刷）〔索〕出參照，並無異説。今恐無憑立此賣契永遠存照。

萬曆三十七年十二月二十八日立賣契人　程明德（押）。

同　弟　程道善（押）。

程明珍（押）。

中見人　程明時（押）。

金鳴珂（押）。

張克中（押）。

俞振羽（押）。

孫石泉（押）。

今就契内價銀並收足訖。同年月日再批。

《明清徽州社會經濟資料叢編》第二集《萬曆三十八年休寧朱世華賣田赤契》　立賣契人朱世華，今將承父鬮分原湯字三百六十六號，今咸字四千二百五十九號，土名過水町。粈〔租〕三砠半，稅四分一釐二（毛）〔毫〕，佃人汪重九。又將原湯字六百廿號，今咸字四千五百十三號，土名許家塘下，秈〔租〕三砠，稅四分，佃人萬貴。又將湯字八百四十號，今咸字四千七百廿三號，土名壬段，秈〔租〕三砠四斤半，稅三分九釐，佃人潘志法。又將原湯字八百四十號，今咸字四千六十四號，土名擇水丘，秈〔租〕二砠半，稅三分八釐，佃人胡三雲。又將原湯字一百七十一號，今咸字四千六十四號，土名擇木丘，秈〔租〕二砠半，稅三分八釐，佃人張長虎。又將原商字一百六十一號，今咸字三千四百號，土名焦溪，秈〔租〕一砠零一斤，稅一分二釐，佃人程玘。又將原商字一百五十八號，今咸字三千三百九十七號，土名焦溪，秈〔租〕一砠半，稅二分五釐八（毛）〔毫〕，佃人程福玘。又將原商字一百九十五號，今咸字三千四百三十四號，土名焦溪，秈〔租〕三砠，稅三分五釐，佃人程玘。又將今菜字二千四百四十一號，土名胡四塢，秈〔租〕十五砠，稅二畝一分三釐五（毛）〔毫〕，佃人凌四十。又將原火字一千九十五號，今菜字一千二百七十七號，土名南付，秈〔租〕四砠零九斤，稅五分八釐二（毛）〔毫〕，佃人胡叙。又將原火字一百廿九號，今菜字一百六十二號，土名朱家堨，秈〔租〕二砠半，稅四分，佃人善得。又將原火字一百九十五號，今菜字二百五十八號，土名稅丘，秈〔租〕七砠，稅九分三釐，佃人許高。又將原伐字六百九十八號，今海字五千四百七十六號，土名醋疸丘，秈〔租〕九砠，稅九分，佃人汪麥。又將原伐字六百卅三號，今海字五千四百廿號，土名吴家干末，秈〔租〕一砠，稅一分六釐三（毛）〔毫〕五，佃人黄天福。又將原伐字七百廿四號，今海字五千四百九十七號，土名汪九丘，秈〔租〕三砠，稅三分，佃人張廷付。原伐字一百卅七號，今海字五千三百廿五號，土名莊基塢，秈〔租〕五砠十七斤半天平子，稅六分，佃人朱進童。又將原伐字六百廿號，今海字五千四百六號，土名吴家塘下，秈〔租〕十一砠，稅一畝六分八釐，佃人天孫。又將原伐字六百九十一號，今海字五千四百六十六號，土名銀瓶丘，秈〔租〕二砠，稅二分四釐，佃人新圯。又將原伐字七百廿四號，今海字五千四百九十七號，土名汪九丘，秈〔租〕九砠，稅九分一釐，佃人程黑鐵。又將原伐字七百七十七號，今海字五千五百五十二號，土名方丘，秈〔租〕五砠零七斤，稅八分，佃人汪應雲。又將原伐字八百四十五號，今海字五千六百廿一號，土名苎塢，秈〔租〕三砠十七斤，稅四分二釐六（毛）〔毫〕，佃人汪應雲。共租九十八砠十八斤，共田稅一十二畝六分七釐六（毛）〔毫〕五，今將前項憑中立契出賣與堂弟名下爲業。當日三面議作時值價紋銀一百零一兩正。其銀契當日兩相交足，其各號四至，自有保簿可查。自從出賣之後，聽從買人收苗管業。如有來歷不明，及重復交易，一切等情，盡是賣人之當，不及買人之事。其稅候大造之年，聽從本户起割。今恐無憑，立此賣契存照。

萬曆卅八年二月初四日立賣契人　朱世華（押）。

憑　兄　朱世旺（押）。
憑　中　朱積名（押）。
　　　　朱震昆（押）。
代書人　朱膺禄（押）。

今就契内領去價銀並收足訖，同年月日再批。

《明清徽州社會經濟資料叢編》第二集《萬曆三十八年休寧洪廷璉賣地赤契》　十七都五圖立賣契人洪廷璉，今因本家人各住散，有失摽掛祭祀，僅存身一房，看守各處祖墳。奈身無辦摽掛祭祀之物，自情願將土名前充祖墳邊空地内取六步，計税二釐五毫。其地東至□宅高基，西至田，南至本家空地，北至本家墳。前項四至明白，立契出賣與本都一圖程名下爲業厝墳。當日三面議定時值價紋銀三兩五錢整。其銀當日一併收足。其地倘有内外人等争論等情，盡是賣人之當，不涉買人之事。其税糧候大造年，本户自行推出無異。今恐無憑，立此爲照。其地係伐字一千□號。

今隨契内價銀一併收足，如後遷葬，聽從回贖無詞。再批爲照。

萬曆三十八年二月初七日立賣人　洪廷璉（押）。
中見人　程　芝（押）。
　　　　程佑卿（押）。

《明清徽州社會經濟資料叢編》第二集《萬曆三十八年祁門謝宥賣田白契》　十西都謝宥，今有承父僉業標分水田二備，坐落本保土名朱家塢。二號計田六匠，係新丈册二千六百九十九號、二千七百一號，四至自有新册可照。又一備土名謝家丘，計田一丘，新丈册二千八百三十四號，四至自有新册爲證。今因管業不便，自情願托中將前田骨並身該得大早租十二秤三斤六兩，盡數立契出賣與同都謝敦名下永遠爲業。面議時值價紋銀六兩四錢正。價契當日兩相交付明白。未賣之先，即無重復交易。來歷不明，賣人之當，不及買人之事。所有該得税糧，聽買人於造册之年，自謝吉户起割供解無詞。成交之後，各不許悔，如悔，甘罰銀五錢與不悔人用，仍依此契爲準。恐後無憑，立此存照。

再批：前朱家塢田（仍）〔剩〕租十斤，今得價二錢五分，盡湊賣與買主全業，再無存留。批照。

萬曆三十八年二月二十八日立賣契人　謝　宥（押）。
中見人　謝朝經（押）。

《明清徽州社會經濟資料叢編》第二集《萬曆三十八年休寧朱繩武賣田赤契》　立賣契人朱繩武，今因缺用，自願憑中將承祖父己業，原湯字□號，今新丈咸字四千三百九十九號。土名篁竹塢塘下，租三砠，計税二分八釐一毫，佃人潘旺德。又將咸字四千四百五號，又咸字四千四百六號，土名篁竹塢。二共計租二砠零六斤，計税二分九釐四毫，佃人朱天付。自願將前項田，盡行立契憑中出賣與堂兄名下爲業。當日三面議作時值價銀五兩八錢正。其銀契當日兩相交收足訖，另不立領札。其田出賣之後，聽從買人收税管業，無得阻擋。倘有内外人占攔及重復交易，一切不明等事，盡是賣人之當，不及買人之事。其税候大造之年，聽從在三甲朱瑚户起割過户無詞。如有上手來脚契文與別契相連，繳付不便，以後執出不（在）〔再〕行用。今恐人心無憑，立此賣契存照。

内添三字。

萬曆卅八年十一月廿一日立賣契人　朱繩武（押）。
主盟母　張　氏（押）。
中　人　朱大魁（押）。
　　　　程時岳（押）。
憑親叔　朱　璉（押）。

《明清徽州社會經濟資料叢編》第二集《萬曆三十九年歙縣汪周法賣地赤契》　二十七都三圖立賣契人汪周法，因缺少使用，自願將續置到新丈岡字七千八百三十三號，土名汪九坦。東至孫汝謨地，西至江欽地，南至汪清地，北至吴舜華地；又將岡字七千九百六十九號，土名楓樹塘上下。東至江欽地，西至李積善墳地，南至吴伯初地，北至江欽地。將八至内地二處，共計税一畝一分七釐七（毛）〔毫〕，盡行出賣與二十五都三圖吴名下爲業。三面言定時值價紋銀十一兩整，其銀當成契日收足。其地聽從買主便行管業。倘有内外人異説，盡是賣人承當，不涉買主之事。其有來脚契文與別産相連，繳付不便。未賣之先，即不曾與他人重復交易，亦無準折等情。其税糧候造〔册〕之年，聽子汪永茂户下起割，推入吴良悦户下解納。其地二處，本身即無毫忽存留。恐後無憑，立此賣契爲照。

萬曆三十九年二月十八日立賣契人　汪周法（押）。

餘白

中見人　吳時懷（押）。

汪別李（押）。

汪有貴（押）。

依口代筆人　汪周欽（押）。

《明清徽州社會經濟資料叢編》第二集《萬曆三十九年祁門黃宗椿賣田白契》　十一都黃宗椿，承父標分田一備，坐落五保砎坑源，土名下塢口，湯字三百五十四號。計田四、五丘，計步三百二十三步，計租天平子一十五秤，田鷄一隻。其田四至，有經理（該）〔記〕載，不及開寫。今自情願憑中將前項四至內田骨，立契出賣與房弟宗林名下爲業收租。三面議定時值田價紋銀十兩三錢正。未賣之先，即無重復交易。其銀契當日兩相交付明白，契後再不立領。來歷不明，盡是賣人之當，不及買人之事。所有稅糧，造册之年，起割過户，私挖供解無詞。今恐無憑，立此賣契爲照。

萬曆三十九年五月二十七日立賣契〔人〕　黃宗椿（押）。

見弟　黃宗楊（押）。

見人　程冬容（押）。

奉書男　應堯（押）。

《明清徽州社會經濟資料叢編》第二集《萬曆四十年祁門胡夢熊賣田赤契》　立契人名訪坑源上秧丘，係經理□字□號。計積稅一畝一分，計硬租十秤零五斤，佃人汪弟。其田新立四至：東至，西至，南至，北至。又取土名萬城干田三備，係經理□字□號。共計田稅三畝二分六釐，計硬租三十一秤十斤，佃人江興起、興富、應棋等。新立四至：東至，西至，南至，北至。今將前項田骨並租四號，共計稅四畝三分六釐，共計租穀四十一秤十五斤，該分田鷄二隻半，自情願將前項田骨，盡行立契賣與侄孫胡自榮、自起名下爲業。憑中議作價紋銀三十九兩正，其價契兩相交付明白。來歷不明，賣人之當，不及受人之事。所有稅糧聽自入户起割過户供解。今恐無憑，立此爲照。

萬曆四十年三月十五日立賣契人　胡夢熊（押）。

中見人　胡應栢（押）。

胡夢詰（押）。

《明清徽州社會經濟資料叢編》第二集《萬曆四十年祁門方初興等賣山赤契》　祁門在城立賣契人方初興同弟時興、法興，今因年荒缺少用度，自情願托中將原買西都謝承惠、承意兄弟名下山場合源一大源，坐落土名三十四都六保，致字號。並十三都二保，土名，遐字號。其山新立四至：東邊裏至叉口汪均墳住後山起，西至大降至蔭坑口大河止，西邊〔至〕〔自〕叉口汪王廟起，隨四六山大降，出至苦竹坑口止。一河兩岸合源山場，通源山六大股之中本身兄弟同方富保、謝金福共買得一大股。今將原買方重興、方志興分籍山骨地並在山大小苗木，〔今〕憑中盡數立契轉賣與休寧客人方名下爲業。當日三面言議，時值價紋銀十一兩整。其價契當日兩明。未賣之先即無重復交易。來歷不明等事，盡是賣人承當，不涉買人之事。今從出賣之後，一聽買人自行管業，收苗收稅無異。其山十三都山該山稅一畝，地稅二釐。三十四都山該山稅五畝，地稅三分六釐五毫。候造〔册〕之年，照股派稅推入買人户內供解。其上手原買謝承惠、承意契文，係方富保收執，日後付出照驗，毋得執匿。今恐無憑，立此賣契爲照。

萬曆四十年六月十五日立賣契人方初興（押）。

方時興（押）。

方法興（押）。

中見人方新守（押）。

方天一（押）。

鄭　本（押）。

《明清徽州社會經濟資料叢編》第二集《萬曆四十年祁門謝阿程賣田白契》　十西都謝阿程，今有承祖僉業田一備，坐落本保土名流羅坑長彎。係新丈經理唐字四十二號，共積五百二十五步四分，折實稅二畝一分五釐二毫六糸。計田八丘，計硬早租二十秤又零四秤。其田與伯庚生相共，本身合得一半。計硬早租一十二秤。今因娶媳缺用，自情願托中立契將〔田〕骨並本身租一半，盡數立契出賣與同都謝敦本名下，收租永遠爲業。三面言議時值價文銀六兩正，價契當日兩相交付明白。未賣之先，即無家外人重復交易。來歷不明，賣人之當，不及買人之事。所有稅糧，該得一畝零七釐六毫三糸。今當大造，隨即照數於謝訪户起割，入謝用户供解（毋）〔無〕詞，不及另立推單。成交之後，各不許悔。如先悔者，甘罰銀一兩與不悔人用，仍依此文爲準。今恐無憑，立此賣契爲照。

萬曆四十年十一月廿四日立賣契婦　謝阿程（押）。

領價男　謝永顯（押）。

代筆叔公　謝高遇（押）。

中見人　謝玄孫（押）。

謝興祖（押）。

《明清徽州社會經濟資料叢編》第二集《萬曆四十年祁門汪集保賣山白契》　十六都汪集保，今有承祖買（授）〔受〕得山一號，坐落本都下十保，土名康家塢裏培山一片。東至彎心沿培直上至降，西至家主墳山，北至家主山，南至埋石爲界。其山與師保相共，本位六股中合得一股。今因無錢用度，自情願將前四至内山本位該得分籍，憑中盡數立契出賣與家主侃爺名下爲業。面議時價紋銀五兩正，在手足訖。其山未賣之先，與家外人即無重復交易，來歷不明，賣人自理，不干買人之事。自成〔交〕之後，各不許悔，如違，甘罰契内銀五錢與不悔人用。仍依此文爲始。今恐無憑，立此爲照。

萬曆四十年閏十一月十六日立契人　汪集保（押）契。

中見人　汪乙得（押）。

《明清徽州社會經濟資料叢編》第二集《萬曆四十一年休寧徐德元等賣塘赤契》　立賣契人徐德元、同弟徐德明，今爲無銀户役支用。自情願將承祖户下塘一處，土名赤土塘，夜字□號，本邊三股中合得一股，該税五釐七毫有零，四至照依保簿。今將四至内塘，盡行立契出賣與同族徐名下爲業，三面議作時值價白銀五錢正，其銀當易〔日〕收足。其塘聽從買人養魚管業。如有内外人攔阻及重復交易，盡是賣人之當，不及買人之事。其税係在徐元户，聽從起割過户，即無異説。今恐無憑，立此賣契存照。

萬曆四十一年一月二十三日立賣契人　徐德元（押）。

同　弟　得明（押）。

中見人　徐仲陽（押）。

今就契内價銀並收足訖，同年月日再批（押）領。

存照。

《明清徽州社會經濟資料叢編》第二集《萬曆四十一年劉大輝等賣田赤契》　新正都劉大輝同弟大倫，共有晚田一處。坐落勞源上截，土名油官街。計田一丘，計租二十八秤，本身合得六秤〔租斤〕。其田東至，西至，南至，北至爲界。今來管業不便，自情願托中將前田四至内本身合得租，盡行斷骨立契出賣與儒林都查名下爲業。當三面議時值價文銀三兩四錢正，其銀在手足訖。其田未賣之先，並無重復交易。如有不明，賣人自理，不涉買人之事。所有税糧聽自收納。自賣之後，二家各無異説。今恐無憑，立此文契爲照。

萬曆四十一年六月十八日立賣契人　劉大輝（押）。

大倫（押）。

知覺兄　大化（押）。

中見人　李　明（押）。

所有契價，當日兩相付訖，只此。再批（押）。

劉大化知覺銀一錢，加印一錢，當年租穀補銀一錢。

中人　李明（押）。

《明清徽州社會經濟資料叢編》第二集《萬曆四十一年休寧余應綬賣田赤契》　立契人余應綬，今將承祖户下田一處，土名金五丘。原奈字號，今丈稱字三千四百八十號。本邊該租六砠，中則一百二十五步五分八〔釐〕六〔毫〕。佃人二囝。又將土名麻榨園，原奈字□號，今丈稱字三千四百六十四號，計租三砠半，佃人余元。又將土名下墳，原奈字□號，今丈三千六百五十號。本邊該租二砠零七斤半，中則五十七步四分五釐五。佃人余四。前項三號共租一十一砠二十二斤半，四至照依經册，憑中出賣與同都族人余名下。三面議時值價紋銀一十七兩正，其銀當日收足。其田聽從買人收租管業，其税即便起割過户，本家並無異説。〔及〕重迭交易等情，盡是賣人之當，不及買人之事。今恐無憑，立此爲照。

其三千四百六十四號，計中則田八十四步四。再批（押）。

萬曆四十一年七月十三日立契人　余應綬（押）契。

中見人　金永法（押）。

分業之前，憑族將金五丘田租六砠撥與長男廷樞〔自〕己管業，存照。

又撥下墳田租二砠零七斤半，男廷樞〔自〕己管業。存照。

母　汪氏批撥（押）。

中余廷積（押）。

所是契内價紋銀盡收足訖，同年月日再批（押）。批。

《明清徽州社會經濟資料叢編》第二集《萬曆四十一年葉兆賣地赤契》

立賣契人葉兆，今因里役，缺少銀用，自情願將承父鬮分得土名江花坦地一片，共税積一百步，係鱗字□號。三股身該一股，該積三十三步三分零。新立四至：東至余楊田，西至庇埲心，南至葉應春地，北至葉喜賣〔與〕余地。四至内地，憑中盡行立契出賣與同都余名下爲業。三面議定時值價白紋銀一兩整，其銀當日收足。其地即聽買主另召佃人種作。來歷不明，分法不清，重復〔交易〕等情，盡是賣人之當，不及買主之事。所有税糧，今當册年，該税一分四釐，即便推與余吉户輸解。交易之後，各無悔（異）〔易〕。今恐無憑，立此賣契爲照。

萬曆四十一年八月十六日立賣契人　葉　兆（押）。

中見人　葉　德（押）。

李　衍（押）。

《明清徽州社會經濟資料叢編》第二集《萬曆四十一年休寧吴阿金賣火佃屋地赤契》

東南隅一圖立賣契人吴阿金，今因缺少使用，浼中將承祖並續置臣字一佰零七號，土名千秋墩火佃屋地一業；於内本身該地一步四分七釐。又北墻脚地四（分）〔份〕中本身該地六分二釐五毫。其磚一副，自中節起至頂，四分中合得一分。又將土名庵畔路地□號，合得五分。三共税一釐三毫。其地東至吴岩法地，西至本家地，南至吴岩法地，北至本家墻脚。今將前項四至〔内〕憑中出賣與十八都十一圖戴夢琴名下爲業。三面議定時值價紋銀三兩五錢整。其銀當成契日一併收足，並無欠半文。先年並無重復交易。如有内外人攔占，盡是賣主（成）〔承〕當，不涉買人之事。其税糧在吴四旺户内，推入戴名下辦納，並無難異。今恐無憑，立此賣契存照。

萬曆四十一年十月初一日立賣契人　吴阿金（押）。

代書男　吴天意（押）。

中見人　吴良策（押）。

同年月日　立領人　吴阿金。

《明清徽州社會經濟資料叢編》第二集《萬曆四十一年休寧汪大輅等賣地赤契》

立賣契人汪大輅、大胤，今將承父本家潛字三千六百四十八號，土名汝嘉公祠，地税壹分柒釐八（毛）〔毫〕，田税柒釐，僕人朱胡陳於上住守，遞年交納租壹砠；又將三千六百四十九號，土名盤野排坦，地税肆釐式（毛）〔毫〕八糸一忽，田税壹分零五（毛）〔毫〕壹糸九忽（五），租壹砠，僕人朱打由、朱法大等於上造屋住歇，憑中將前項田地税數，盡行出賣與汪文甫名下爲業，三面議作時值價紋銀柒兩柒錢整。其田、地出賣之後，聽從文甫收租管業。其税在八甲汪廷選户，隨即起割過户。未賣之先，並無重復交易。一切不明等情，盡是賣人之當，不及買人之事。今恐無憑，立此賣契爲照。

萬曆四十一年十月　日立契人　汪大輅（押）。

汪大胤（押）。

中　人　汪大議（押）。

汪大申（押）。

汪國光（押）。

今□領去契内價□〔下殘〕。

《明清徽州社會經濟資料叢編》第二集《萬曆四十一年汪道行賣山赤契》

立賣契人汪道行，無錢用度，自願將五保〔土名〕山一號，土名雙港口。本家兄弟三股相共，除本身一股不賣，自己存留。今〔將〕買（授）〔受〕統兄一股，憑中出賣與侄孫汪時義〔已〕名下爲業。面議時價，當時收訖。其山木成才之日，道行、時義二家邀同上山齊砍。二家無得私自上山，瞞設分股。如有此情，甘罰銀五錢入官公用。其山四至自有本保經理可照。今恐無憑，立此賣契爲照。

再批：其山並無税糧。親筆批。

原買統兄老契與別號相連，日後賫出，一同照證（押）。

萬曆四十一年十二月二十三日　立賣契人　汪道行（押）。

中見婿　王繼洗（押）。

《明清徽州社會經濟資料叢編》第二集《萬曆四十二年吴記互賣地赤契》

十一都吴記互，今將買受房東廖增、成源等地一號，坐落土名二都二保葉四公塢，其地合塢八股爲率，本身該得五股，並荒熟地，不存分毫，盡數立契出賣與十四都房東胡春名下爲業。面議時價紋銀一兩五錢整，在手足訖。當日契價兩明。賣之後各毋悔異，如悔者，甘罰契内銀一半公用。未賣之先，即無重復交易，來歷不明，賣人之當，不干買人之事。所有糧稅候大造之年，推割買人供解毋詞。再有老契三紙隨即繳付。今恐無憑，立此爲照。

萬曆四十二年正月初十日立契人　吴記互（押）。

主盟父　吴五乞（押）。

中見房東　廖　泮（押）。

中　見　張　元（押）。

《明清徽州社會經濟資料叢編》第二集《萬曆四十二年休寧張光祉賣山赤契》　三十一都一圖立賣契人張光祉，今有承父勾分得山一備，坐落土名杉木塢北培，係贊字四千七十一號。共山二畝五分，内取山稅三分五釐。新立四至：東至壟頸，西至山脚及水坑，南至壟脊下培四丈，北至稠木塢荒山。今將前項四至内山骨並苗盡行立契出賣與同都葉名下爲業。三面議作價紋銀三十二兩整。其銀契當日兩相交付明白。其山聽買人受稅、開造風水管業，本家並無異說。一切不明等事，盡是賣人之當，不及買人之事。所有稅糧候册年聽到張巘户張光祉名下起割，前去認納。今恐無憑，立此賣契永遠存照。

土名小杉木塢，新編第二五段第一一七三號。

萬曆四十二年十二月十二日立賣契人　張光祉（押）。

見　兄　張光禎（押）。

見　人　朱岩仙（押）。

張冬九（押）。

今領内價紋銀並收足訖。同日再批（押）契。

《明清徽州社會經濟資料叢編》第二集《萬曆四十三年歙縣吴有恩賣山赤契》　二十五都三圖立賣契人吴有恩，今自情願將續置新丈可字二百六十〔號〕柴樹山一業，土名長坑，計山稅三分四釐，於上蓄養松秧、柴薪、樹木。其山東至山嘴許家山，西至降，南至買主山合水爲界，北至降。今將前項四至内山並松秧雜木柴薪，憑中盡行立契出賣與本都四圖吴名下爲業。三面議定時值價銀三十一兩。其價銀當日一併收足，（即）〔既〕無欠少，亦無準折。未賣之先，並不（從）〔曾〕與他人重復交易。自賣之後，即聽管業砍（摌）〔取〕。倘有内外人攔占異説，盡是本身承當，不涉買主之事。其稅糧至册年聽於五甲户頭程汪朋户下起割，推入買主户下解納。所有來脚契文與别産相連，繳付不便。契内價銀隨即收足，再不另〔立〕領帖。今恐無憑，立此賣契爲照。該身分法即無存留毫（勿）〔忽〕。

萬曆四十三年九月十二日立賣契人　吴有恩（押）。

中　人　吴良愷（押）。

汪進壽（押）。

《明清徽州社會經濟資料叢編》第二集《萬曆四十四年鄭章前等賣田白契》　秩下孫章前兄弟，同廣前兄弟，今將本都田一號，坐落七保，土名行路丘，計加八晚租一十七秤九斤；又十四都田一號，土名棧嶺下，計加八晚穀一十一秤六斤，鷄穀十二斤，行路丘信鷄二隻。共計加八大穀廿八秤一十五斤。憑中出賣與高祖信二公祠内爲業。面議時價文銀一十九兩五錢正，在手足訖。契價兩明。所有稅糧悉照新丈推扒供解無詞。今恐無憑，立此爲照。

萬曆四十四年八月初二日立契秩下孫章前兄弟（押）。

廣前兄弟（押）。

中見叔祖　維忠（押）。

親叔　逢慶（押）。

《明清徽州社會經濟資料叢編》第二集《萬曆四十四年李世賢賣塘白契》　二十五都五圖立賣契人李世賢，今因欠少使用，自情願將續置到彼字七百八十號，土名黄賦塘田一業，計〔步〕五百零一步五分，計硬租一十五硇。其田東至水渠，西至塝，南至吴忠順田，北至李時田；又將彼字七百八十八號田壹業，土名黄賦塘，計〔步〕三百三十八步零六分，計硬租十（租）〔硇〕。其田東至水渠，西至塝，南至汪杰田，北至余朋田。今將前項八至田，盡行立契出賣與本都四圖潘鏜名下爲業，憑中三面議定時值價紋銀一十八兩柒錢整。其銀當成契日一併收足，（即）〔既〕無欠少，亦無準折。其田未賣之先，即不曾與他人重復交易，倘有親房内外人等攔阻，盡是賣主之當，不及買主之事。其税糧聽從候册之年，李道明户下起割，推入潘湘湖解納。其田聽從買人隨即管業。其有〔田〕字號不清，畝步不盡，自有四至挾定。其來脚遷票，當成契日繳付。今恐無憑，立此賣契存照。

萬曆四十四年九月□□日立賣契人　李世賢（押）。

中見人　李良校（押）。

程萬桂（押）。

潘永富（押）。

依口代筆人　李世美（押）。

《明清徽州社會經濟資料叢編》第二集《萬曆四十四年祁門謝阿胡賣山赤契》 十西都立賣契人謝阿胡同男友文，今有承祖山一備，坐落本保土名大嶺作馬坎；又一備坐落本保土名前山堨條山；又一備土名福居士苦竹塘；又一備土名神龍坑西培。共山四號，其山所有畝步四至，悉照（摽）〔標〕書經理可證；又承祖買受山一備，土名八畝段朱家堨，係經理吊字□號。其四至：東至降至坳隨坑下至大溪，西至干坑口溪，南至八畝段田，北至小山背；又一號土名泉塢口，係經理吊字□號。計山一畝。東降、西田、南嶺，北至塢口；又一備土名裏外張家山，係經理吊字□號。東至大降，西至大坑，南至嶺隨嶺下至大坑抵打杆塢山，北至小嶺，隨嶺上至降，下至大坑（抵）〔底〕。其山（與）謝浥等相共。買受山三號。原買胡阿史分籍，本身合得一半，盡數立契。又前四號承祖山，本身合得分籍盡數並買受盡數，立契出賣與同都族兄謝孟鸞兄弟名下爲業。三面議定時價文銀五錢正。其價並契當日兩相交付明白。其山未賣之先，（則）〔即〕無重復交易。來歷不明，賣人之當，不及買人之事。自成〔交〕之後，各不許悔，如悔者，甘罰契内銀一半公用，仍依此文爲始。今恐無憑，立此賣契存照。

再批：原買胡阿史老契，係是謝宗互收（貯）〔存〕，日後要用，賚出照證無詞。

內改坑字一個，一字一個，添謝字一個，成批。

萬曆四十四年十二月十八日立賣契人　謝阿胡（押）。

同　男　謝友文（押）。

代筆見人　謝友成（押）。

《明清徽州社會經濟資料叢編》第二集《萬曆四十五年祁門謝阿汪賣田白契》 十西都謝阿汪，今有承夫謝朋宣業田二備，坐落本都七保，土名言家塢，係丈册唐字一千八百四十五號，計早租三秤十斤。又土名刀肖塢，係二千二百三十六號，計早租二秤十斤。二備畝步四至，悉照丈册爲準。今因户役缺用，自情願與男謝國聘商議，將前田骨共實硬早租六秤，憑中立契出賣與同都謝敦本名下爲業。面議時值價文銀二兩九錢正。其價並契當日兩相交明。未賣之先，即無家外人重復交易，來歷不明，賣人之當，不及買人之事。所有税糧候大造之年，照該步數聽買人起割入户供解無詞。自成〔交〕之後，各無悔易，如先悔者，甘罰白銀五錢公用，仍依此文爲準。今恐無憑，立此（爲）賣契爲照。

萬曆四十五年二月初四日立賣契婦　謝阿汪（押）。

奉書領價男　謝國聘（押）。

弟　謝端陽（押）。

中見人　謝懋德（押）。

《明清徽州社會經濟資料叢編》第二集《萬曆四十五年休寧朱永育賣塘赤契》 立賣契人朱永育，今將承父分業，成字四千四百六十五號，土名岩前塘則三步；又咸字四千五百九十八號，土名楊公塘則二步八分四釐；又咸字五千零九十三號，土名戽水塘，塘〔則〕四步八分四釐；又海字五千四百四十三號，土名蘇家塘則七步。以上塘税二分七釐正。其東西四至，自有保簿，可不再寫。今因缺少使用，憑中出賣與堂侄名下爲業。當日議作時值價銀一兩正，其銀契當日兩相收足訖。其塘自出賣之後，聽從買人管業，如有內外人占攔及重復交易等情，盡是賣人之當，不及買人之事。今恐無憑，立此存照。

其税俟大造之年在四甲朱璡起割無辭，再批（押）。

萬曆四十五年二月十六日立賣契人　朱永育（押）。

憑　中　朱松石（押）。

今就契內價銀並收訖，別不立領札，同年月日再（押）批。

《明清徽州社會經濟資料叢編》第二集《萬曆四十五年休寧詹高等賣地赤契》 二都三圖立賣契人詹高、金其夥計二人。新續置□汶溪園地一片，係往字一千七百一十一號，又一千七百一十二號，又一千八百廿八號，三號地共計積步五百六十一步一分三釐，計稅二畝五分零六釐。其地東至路，西至路，南至路，北至葉宅園路。麥豆一石四斗。夥計二人，管業不便，自情願憑中出賣與十七都六圖何名下爲業。憑中三面言議定時值上則真文〔價〕銀四兩正。其地自出賣之後，一聽買人收苗受稅管業，辦納糧差。其有內外人攔阻及重復交易、一切不明等事，盡是賣主二人承當，不涉買人之事。其稅糧候大造之年，詹法户內起割無異。其有上首來脚歸户隨即繳付。其價銀，當〔承〕〔成〕契日兩〔相〕交足，並無欠少，亦無準折。今恐人心無憑，立此賣契永遠存照。

萬曆四十五年五月初十日立出賣契人　詹　高（押）。

中見人　金　其（押）。

金　六（押）。

柯　淮（押）。

程　當（押）。

朱天爵（押）。

代書人　朱天魁（押）。

今就契內價銀一併盡收足訖，同年月日再批。

《明清徽州社會經濟資料叢編》第二集《萬曆四十五年程文一等賣山赤契》　十九都四圖立賣契人程文一、文運、文積，今因缺少使用，自情願央中將承祖新丈羌字二千四百七十七號，土名樓山下山一片，計稅六釐。其山東至降，西至程岩真田，南至程文長山，北至程信山。又將續置羌字二千四百七十八號，土名同，計稅七釐五毫。東至降，西至程岩真地，南至程信山，北至程信山。今將四至內山盡行立契出賣與二十二都六圖軍名下爲業。憑中三面議定時值價白文銀三兩正。其銀當成契日一併收足，並無欠少分文，亦不別立領札。其山今從出賣之後一聽從買人收苗受稅。倘有內外人攔占及先後重復交易不明等情，盡是出賣人之當，不涉買人之事。恐後無憑，立此賣契存照。

前項契內價銀隨時領足，同年月日再批。

立領銀人程文一（押）。

萬曆四十五年六月十四日立賣契人　程文運（押）。

程文一（押）。

程文積（押）。

中見人　程鳳山（押）。

《明清徽州社會經濟資料叢編》第二集《萬曆四十六年休寧朱守浩賣地赤契》　立賣契人朱守浩，今贖回承祖地原湯字四百六十二號，新丈咸字四千三百五十五號，土名村心住東；又湯字四百五十五號，今咸字四千三百四十八號，土名住東竹園。二號共坦地一百三十二步五分，本身合得四十二步三分六釐二毫。計地稅二分一釐一毫八糸一忽。新立四至：東至本家存留巷路，西至受業地，南至樓屋，北至朱鍾秀等滴水爲界，於上東首磚墻石脚，並明南首門屋一間，及坦上階詹。今將前項憑中盡行立契出賣與族兄名下爲業。當日三面議作時值價文銀七十兩零三錢二分正，其銀契當日兩相交訖。自今出賣之後，聽從買人管業。其賣過地，本家並無糸忽存留。倘內地數不足，毋得侵於外面路地。其本家東首存路一道，南頭抵爐墻角，計闊三尺二寸，北頭抵燈南首墻角，計闊三尺二寸。亦不得侵於買業人地。如有內外人占攔及重復交易、一切不明等情，盡是賣人承當，不涉買人之事。其上手來脚契文隨即繳付。其稅候大造之年在九甲朱宗惠户起割，過户當差，無得異說。今恐無憑，立此賣契爲照。

萬曆四十六年五月十六日立賣契人　朱守浩（押）。

憑叔祖　朱　燭（押）。

叔　朱宗文（押）。

宗舜（押）。

尚義（押）。

積名（押）。

震崐（押）。

良弼（押）。

鍾秀（押）。

《明清徽州社會經濟資料叢編》第二集《萬曆四十六年王惟武賣山白契》　兄惟武同弟惟悌等，共將原承侍祖明輔公開墾一保土名地猪塢山場一號，四至悉憑昇科印信文帖可證。今因管業不便，自情願將前山骨出賣與弟惟廷名下爲業。當日面議時值價銀一兩二錢整，在手足訖。其山好

《明清徽州社會經濟資料叢編》第二集《萬曆四十七年休寧程惟登賣田赤契》　九都西營立賣契人程惟登，今將續置芥字三千一百四十五號，又將芥字三千一百四十□□，田二丘，計税一畝六分八釐七毫。二共計租一十四砠零四斤，欇子樹四根，佃人葉東。又將芥字九千六百十三號田一丘，計税一畝三分九釐四毫，租一十二砠，佃人汪元宵。又將芥字八千三百二十號田一丘，計税一畝一分六釐八毫，租一十砠，佃人程牛始、𡖖始。三處共租三十六砠零四斤，每一砠重二十五斤，共計税四畝二分四釐九毫，東西四至自有保簿可查。今自情願將前項田憑中立契出賣與十二都親人朱名下爲業。三面議作時值價紋銀三十六兩四錢正。其銀（契）當成契日，兩相交付足訖，別不立領札。今從出賣之後，一聽買人收租管業。如有内外人攔占及重復交易一切不明等事，盡是賣人之當，不及買人之事。所有來脚，與別産相連，繳付不便。其税糧候大造之年，上達户起割，本家並無異説。今恐（難）〔無〕憑，立此賣契存照。

池舅不取原價，以全致〔至〕親之義，朱大邦批（押）。

萬曆四十七年九月　日立賣契人　程惟登（押）。

憑中親人　朱守鑰（押）。

朱守教（押）。

今就契内價紋銀並收足訖，同年月日再（押）批。

《明清徽州社會經濟資料叢編》第二集《萬曆四十七年婺源何魁賣山赤契》　婺源十七都何魁兄弟，承父原買得舒姓山場一號，坐落浮東新正都。小土名石塘□陸家塢口高池坦。其山東至程家山，南至田，西至陸家塢坑，北至抵劉宅山隨彎直上。通山大（分）〔份〕中，身父買得舒海浦一大（分）〔份〕。今因缺錢支用，自情願托中將一大（分）〔份〕中（内）撥一釐五毫，山骨並杉松竹木，立契斷骨出賣與儒林都查乞祖兄弟四人名下爲業。三面言議時值價紋銀五兩正，在手足訖。其山未賣（已先）〔以前〕，並無重（互）〔復〕交易。如有一切不明，賣人理直，買主無干。所有税糧候大造之年，付户登載無阻。今恐無憑，立此出賣文契爲照。其山通山大（分）〔份〕中，身承父合買舒一大（分）〔份〕，先撥五毫賣口順。今賣一釐五毫與祖兄弟、魁兄弟。仍存八釐正。只此。原老契本家仍存，不（在）〔再〕繳付。歹，買人自見。來歷不明，賣人理值。未賣之先，並無重（互）〔復〕交易。自定之後，各不許悔，如違，甘罰〔價銀〕一半公用，仍依此文爲準。恐後無憑，立此賣契存照。

外批：前山税糧議推一分，候大造年分，聽賣主推過（毋）〔無〕詞。

萬曆四十六年九月二十二日　立契人　王惟武（押）。

王惟悌（押）。

中見侄　其端（押）。

又批：以（明）輔公開墾文帖，當日繳付，惟廷收（貯）〔存〕訖。

《明清徽州社會經濟資料叢編》第二集《萬曆四十六年祁門鄭逢詔賣田白契》　秩下孫逢詔，今將本都七保，土名大十畝丘，四股之一，加八晚租三十秤，信鷄三隻，出賣與安信公祠内名下爲業。憑中面議時價紋銀三十兩正，在手足訖。所有税（糧）大造扒入祠内供解無詞。存照。

萬曆四十六年十一月初一日立賣契秩下孫　逢　詔（押）。

中見人　程善慶（押）。

《明清徽州社會經濟資料叢編》第二集《萬曆四十七年休寧戴佛壽賣火佃屋地赤契》　十八都十一圖立賣契人戴佛壽，今因管業不便，自願央中將承祖火佃屋地一業，土名九畝丘，新丈臣字三百二十八號，土積計地八十九步八分三釐九毫，計税五分整。其地東至戴永和地，西至人行大路，南至人行路，北至戴祥地。十二（分）〔份〕之中，本身同弟合得一（分）〔份〕。今將本身合得分法，計地三步七分四釐三毫，計税二釐八系，並四圍石脚，盡行立賣契憑中出賣與同都戴名下爲業。三面議定時值價銀七兩五錢。其銀當成契日一併收足，並無欠少分文，亦無準折債負之類。倘有内外人攔占及重復〔交易〕、不明等情，盡是賣主之當，不涉買主之事。所有税糧候册年在本圖四甲戴户自行推入買主戴祥户内辦納，並無難異。恐後無憑，立此賣契爲照。

同年月日契内價銀一併收足，再批（押）。

萬曆四十七年七月初七日立賣契人　戴佛壽（押）。

中見人　戴永和（押）。

戴通可（押）。

萬曆四十七年十二月廿八日立賣山契人　何世魁（押）。

弟　世祥（押）。

世福（押）。

世禄（押）。

見人　世僖（押）。

《明清徽州社會經濟資料叢編》第二集《萬曆四十八年祁門王汝杰賣山赤契》　叔汝杰同侄尚宰、尚宇，共有祖産買受山一號，土名前山深家塢。其山東至降，西至正塢心及師姑（垄）〔岾〕山，南至一甲仙桃山，北至尖永山直下抵永正塢頭坦。其山四大股爲率，宰字共一股。杰買受喜志奎一股。孝兄弟買受惠才二股。今因無錢支用，情願憑中立契，將前項四至内山骨並山衫松木植本位該得股（分）〔份〕，盡數立契出賣與尚永名下爲業。當日憑中面議時價紋銀六錢八分整，在手足訖。其山未賣之先，與家外人即無重復交易。來歷不明賣人自理，不（甘）〔干〕買人之事。自定之後，各不許悔，如違甘罰契價一半公用，仍依此契爲準。今恐無憑，立此爲照。

再批：上受手老契並買契繳付尚永收照。斗書，前通山共折成税五分入永無詞。誥臣書。其山税本户隨契扒入尚永位下供解無詞。

萬曆四十八年二月初六日立契人　王汝杰（押）。

同　侄　王尚宰（押）。

尚宇（押）。

中見人　王尚敬（押）。

尚穆（押）。

尚斗（押）。

《明清徽州社會經濟資料叢編》第二集《萬曆四十八年祁門吴文禄賣地赤契》　十一都吴文禄，今將承父民地一備，坐落一保，土名湖裏，係新丈□字□號，計地九分。其地新立四至：東至，西至，南至畔，北路。其地與李同明相共，本身該得三分之一，計地税三分。自情願將前項四至内地骨並監租，盡行立契出賣與同居侄慶名下爲業。憑中面議值價文銀七錢。其價〔契〕當日兩相交付，契後不再立領。未賣之先，即無重復交易。如有不明，盡是賣人之當，不及買人之事。所有税糧候大造年，聽自於寫生户起割入伊户供解無詞。立此賣契爲照。

萬曆四十八年五月初四日立賣契人　吴文禄（押）。

中見人叔　吴　秀（押）。

兄　文明（押）。

文興（押）。

《明清徽州社會經濟資料叢編》第二集《泰昌元年鄭積浩賣塘白契》　立出賣契文人鄭積浩，今因缺少使用，自情願憑中將承祖土名泥塘塝，新丈芥字八千五百九十五號，計税二分肆釐八毫，本身合得地税三釐。其東西四至，照依魚鱗可查。憑中三面議作時值價文銀四錢整。出賣與户侄鄭名下爲業。其銀契兩相交收足訖，别不立領札。今從出賣之後，（已）〔一〕聽買主耕種管業。倘有内外人難攔及重復交易，一切不明等事，盡是賣人之當，不及買主之事。其税糧即便扒納。今恐無憑，立此出〔賣〕契文存照。

再批：横一丈一尺，北一丈二尺；東邊一丈八尺；西直九尺。鄭堅。

泰昌元年十二月初五日立出賣契人　鄭積浩（押）。

憑族衆　鄭廷□（押）。

中見人　鄭積盛（押）。

代筆人　鄭積聖（押）。

今就契内價銀領去並收足訖，别不立領札。同年月日再批（押）。

《明清徽州社會經濟資料叢編》第二集《天啓元年潘鳴珂賣田赤契》　十都三圖七甲立賣契人潘鳴珂，因爲無錢使用，將自己續置租田新丈重字三千一百十六號，土名胡四公塘，計税二畝五分七釐；又三千一百十五號，計塘税三分九釐，二共計（仙）〔秈〕租一十一砠零八斤；又將柰字二千五十五號，土名吴家林，計税二畝二分九釐，計（仙）〔秈〕租二十砠。今自情願憑中出賣與朱名下爲業。當日三面議作時值價銀四十兩七錢整。其銀契兩相交足訖，其田四至自有保簿可查，其田自出賣之後，聽從買主收租管業，並無重復交易，及一切不明等情，盡是賣人承（管）〔當〕，不及買人之事，其税今輪大造，本户起割過户無辭。今恐人心難憑，立此賣契存照。

天啓元年三月十一日立賣契人　潘鳴珂（押）。

妻　汪氏（押）。

憑　約　朱必聞（押）。

憑　裹　汪振光（押）。

代筆人　潘善祖。

佃户鄭文端十一砠零八斤，佃户劉福、許冬二十砠。

今就契内價銀一併收足訖，不别立領，同年月日再批（押）。

《明清徽州社會經濟資料叢編》第二集《天啓元年鄭文燦賣田赤契》

侄文燦，今承祖買受田，七保土名曹冲源，晚田一號，計加八租一秤五斤，自情願立契出賣與鄭良樠公祀名下爲業，憑中面議時價紋銀六錢五分整，在手足訖，其價契當日兩相交付。未賣之先並無重復〔交易〕。一切不明，賣人自理，不干買人之事。所有稅糧，今遇大造，照着〔土〕推付供解，再不分另立推單。今恐無憑，立此文契爲照。

再批：糧稅一分七釐一毫四系，以後壬、癸二年收訖代納。

天啓元年三月十五日立契人　鄭文燦（押）。

中見叔　鄭天李（押）。

《明清徽州社會經濟資料叢編》第二集《天啓元年舒天亮賣屋基地赤契》　立賣契人舒天亮，今爲無銀支用，自情願將承祖基地土名村源，係經理陶字□號，其地新立四至：東至路，西至舒鉉地，南至路及舒汝潤地，北至舒早地，四至内共地九丈零，三（分）〔份〕之中，〔本〕身該一（分）〔份〕，内取實地一丈，計税二釐，託中出賣與弟舒名下爲業。三面議定時值價白紋銀七兩三錢整，其銀當日收足。其地即聽買主管業，本家並無生説阻擋。（及）〔若〕重迭交易，盡身之當，不干買人之事。自成交之後，兩各無悔，如有先悔者，甘罰契外銀二錢五分與不悔人用。今恐無憑，立此賣契存照。

再批：見今册年，税在本户，不必另立推單，即聽買主收割輸納。（押）。

天啓元年三月十九日立賣契人　舒天亮（押）。

中見兄　舒夢鱗（押）。

上件契内價銀一併盡行收足無欠。（押）再批。

立推單收領人舒天亮，所賣村源地契内價銀盡行收足無欠，所領是實。存照。

天啓元年三月十九日　立收領人　舒天亮（押）。

中見人　夢鱗（押）。

《明清徽州社會經濟資料叢編》第二集《天啓元年王音賣山赤契》

嚴塘王音，今將承祖山一號，坐落本都一保，土名余老角塢，係七佰十二號李貴青名目，計山七畝三角，内存顯公墓林不在契内，將坳後本家標分得山本身該得分籍三股之一，今憑中立契出賣與侄孫王大讓名下前去爲業。面議時價紋銀九錢正，在手足訖，契價兩明。本山□坌亦在契内無異。未賣之先，即無重復交易。來歷不明，賣人自理，不干買人之事。自成〔交〕之後，各無悔（異）〔易〕。如悔者，甘罰銀五分公用。今恐無憑，立此爲照。

天啓元年三月廿四日立契人　王音（押）。

中見侄　王應爵（押）。

《明清徽州社會經濟資料叢編》第二集《天啓元年鄭阿汪賣山赤契》

五都十圖立賣契婦鄭阿汪同侄鄭尚理，今因缺少財禮，母侄商議，將承故□坐落土名大王基，係劍字一百一十號，計山税五釐，新立四至：東至埋石爲界，西至塢深及下横路爲界，南至降，北至買人田爲界；又將劍字一百四十號，土名塢山一業，計税一分一釐，新立四至：東至買人山爲界，西至鄭富銑山埋〔石〕爲界，南至路爲界，北至尖爲界。今將前項共八至内山並樹盡行立契出賣與同都鄭英名下爲業，當日三面言議，時值價紋銀三兩整。其銀當成契〔日〕一併交收足訖，别不立領札。今從出賣之後，一聽買人隨（則）〔即〕收□木。如有内外人攔占，及重復典當交易，一切不明等事，盡是出賣人之當，不涉買人之事。其有税糧，隨即賣人户内自行起割，推入買人户内辦納。其有上手來脚與别産相連，繳付不便，日後要用（刷）〔索〕出（存）〔參〕照。今恐人心無憑，立此賣契存照。

其有大王基，本係存留山税五毫埋墳，（仍）〔剩〕山一概並佃頭在内，再批。

天啓元年五月廿十二日立賣契婦　鄭阿汪（押）。

《明清徽州社會經濟資料叢編》第二集《天啓元年汪治賣山赤契》

黟縣七都立賣契人汪治，今□〔因〕生意，自願憑中將承祖共業風水山一備，土名湖三塘，係淡字□□號，其四至不必開寫。其山内本身已開塋穴一所在上，今身不用，出賣與休邑吴名下爲業，造作阡葬，其塋穴立造四圍砌石，横闊一丈八尺，上至本邑胡李二家拜臺舊後界，前至田計山税三釐，當日憑中議作時值價銀一十五兩整。其銀契當日兩相交付。其山塋穴聽買主擇日阡葬，本家並無生情異説。倘家外人等聲説，盡身承當，一切不明等事，不得累及買人〔之事〕。其税今當大造，不必另立推單，聽（無）〔吴〕執此文契（附）〔赴〕局收税，過户輸納。今恐無憑，立此賣契存照。

天啓元年九月廿四日立賣契人　汪　治（押）。

中見人　應烈（押）。

余文謹（押）。

國行（押）。

今領契内價銀並收手（足）訖。同日批（押）契。

《明清徽州社會經濟資料叢編》第二集《天啓元年鄭廷玉賣地赤契》

五都一圖立賣契人鄭廷玉，今因缺少埋妻使用，情願憑中將承祖土名大石塢張家□二處竹園一段；又將大石塢桐子坦地一塊，二共計税三釐。其地係巨字□號，其地東至買人地爲界，西至鄭宅田爲界，南至大石塢陳宅田爲界，北至鄭宅及鄭廷玉墳地爲界。今將四至内地竹雜木，盡行出賣與同居親侄孫鄭國用名下爲業。當日三面議定時值價真紋銀一兩整，其銀當日收足訖。其竹園坦地隨即從買人收苗〔苗〕管業，本家並無存留。其税糧本户派納。其有内外攔占及重復交易、一切不明等事，盡是出賣人承當，不涉受買人之事。今恐人心無憑，立此賣契存照。

天啓元年十一月廿一日立賣契人　鄭廷玉（押）。

中見人　吴文伸（押）。

鄭廷祉（押）。

代筆人　鄭廷侃（押）。

今就契内價銀並收足訖，別不立領札。同年月日再批爲照。

《明清徽州社會經濟資料叢編》第二集《天啓元年吴社得等賣地赤契》

三十二都四圖立賣契人吴社得同弟祖德，承父有地一（塔）〔備〕，坐落土名塢潭，係職字□號，新丈維字四百七十號，計經理税二釐九毫。東至進才園，西至楊祖保園，南至塝，北至溪。今來無物支用，自情願將地骨並租苗盡行立契出賣與吴一泮名下爲業，三面〔議〕時值價錢〔銀〕五錢整。其價契當日兩相交付明白，即無重復交易及家外人佔據、一切不明等事，盡是賣人之當，不及買人之事。所有税糧候造册年本户起割，本家即無異説。恐後無憑，立此賣契存照。

天啓元年十二月二十五日立賣契人　吴社得（押）。

祖得（押）。

依口中見人　吴一臣（押）。

今領去契内價銀並收足訖。同〔前〕〔年〕月日再批。

《明清徽州社會經濟資料叢編》第二集《天啓二年金頁燦賣山赤契》

二十二都金頁燦，今因解納無措，自情願將二十一都九保，土名瓦（摇）〔窑〕山一號；又將勝培塢山一號；又將長塢山一號等，計前山三號，係荒山。今因管業不便，憑中立契出賣與二十一都梅名下爲業。當日面議時價文銀一兩五錢整，在手足訖。其山好歹，買人自見。來歷不明，賣人承當。成交之後，各不許悔。如違，甘罰契價一半公用，仍依此文契爲（照）〔準〕。今恐無憑，立此賣契爲照。

外批：其山四至自有經理可照。留批。

天啓二年二月初六日立賣契人　金頁燦（押）。

中見人　汪十漢（押）。

秦前男（押）。

山鄰佃人　汪大彪（押）。

外批：前山三號，税糧共計二畝，山無足税，實推山糧一分，隨契推入梅新生户供解無詞。（只）〔此〕批（押）瑨。

《明清徽州社會經濟資料叢編》第二集《天啓二年朱世保賣田白契》

立賣田人朱世保，今因〔使用〕，親女招弟行嫁，衣物、首飾、銀兩無物〔底釋〕償還，只得將自己續置田二丘，係海字五千四百九十九號，計秈租十五砠，該税一畝六分一釐，土名徐干墩下，佃人張學；又咸字四千一百四十號，計秈租八砠半，該税一畝一分九釐，土名石壁下，佃人吴的（佃）〔田〕。共税二畝八分，共秈租二十三砠半，立契出賣與女婿程名下爲業。當作時值價紋銀三十五兩整。其田出賣之後，聽憑買主收租管業，並無異說等情，〔及〕一切不明等事，盡是賣主承當，不干買人之事。其税今臨册年，聽憑六甲朱國壽户起割過户，辦納糧差無辭，立此存照。

天啓二年三月初四日立賣田人朱世保親筆（押）。

〔空白〕

今將契内田價紋銀一併收足，不別立領札。（押）。

《明清徽州社會經濟資料叢編》第二集《天啓二年李千壽賣山白契》

二十五都三圖立賣契人李千壽，今因欠少使用，自情願央中將承祖分受到己名下罔字八千一百零四號山一業，土名陰坑，計税六釐七毫。東至水坑山脚，西至降，南至衆家山，埋石爲界，北至汝宣叔山，埋石爲界。今將四至之内，盡行出賣與本家親侄一郎名下管業。三面議定時值價紋銀九兩整，其銀當成契日一併收足。其山聽從即日管業，並無難異。倘有内外人等生情異説，盡是出賣人承當，不干買人之事。未賣之先，並不曾與他人重復交易。其税聽從於本户（花）〔劃〕扒解納。恐後人心無憑，立此賣契文書永遠爲照。

再批：其山日後聽從原價取贖無異。

内添四字。再批。

天啓二年四月二十三日立賣文書人 李千壽（押）。

見親叔 李汝宣（押）。

李汝員（押）。

李尚本（押）。

兄 李文欽（押）。

李社周（押）。

李玄生（押）。

依口代筆 李念仁（押）。

《明清徽州社會經濟資料叢編》第二集《天啓二年洪公孫賣田白契》

立賣契人洪公孫，今有買受洪大志、大斗兄弟叔侄〔内取〕民田二號，内取早租一十秤，坐落本都九保，土名均坦，其四至自有鳞册可證，丈則折田税糧五升零八勺二五，憑中立契出賣與壽公名下爲祀業。三面議時值價紋銀二兩二錢整。其價並契當日兩明。其田未賣之先，並無重復〔交易〕等情。所有税糧在德本户，隨即扒與供解毋詞。今恐無憑，立此賣契爲照。

天啓二年七月十六日立賣契人 洪公孫（押）。

中見人 洪應震（押）。

洪肇慶（押）。

《明清徽州社會經濟資料叢編》第二集《天啓二年項守謨賣田赤契》

二十六都五圖立賣契人項守謨，今爲欠少使用，自情願將承父續買到信字三百八號起，開單立契出賣在城畢名下爲業，三面議定時值價紋銀九兩一錢整，其銀當即收足，其田聽從照數管業。其税照依行源清册過割。從前至今並無重復交易，倘有内外人異説，俱身承當，不干買人之事。其田四至照依行源清册管業。今恐無憑，立此賣契存照。

計開：

信字三百八號，田二分六六五，土名聖水亭。

五百廿號，田五分八五，土名瓦窑頭。

六百四十九號，田八分四四，土名炭山長丘。

四百七十九號，田五分六二，土名石梘坑。

六百五十號，田五分四七，土名炭山脚。

七百廿二號，田三分五三，土名塌坑口。

三百八號，田四分，土名聖水亭。

三百八號，田三分三，土名聖水亭。

四百四十七號，田九分一，土名青山下。

三百九號，田五分四三，土名聖水亭。

以上各號田係承父僉業，該身四股之一，盡行出賣，其税照實徵過割，並無毫忽存留。再批。

天啓二年七月十九日立賣契人 項守謨（押）。

中見人 程尚炯（押）。

《明清徽州社會經濟資料叢編》第二集《天啓二年朱世相賣地赤契》

立賣地山塘契人朱世相，今將原賣過字號開後：地咸字四千一佰零六號，土名前山，中地一步二分五，計税五毫；咸字四千一百零九號，土名前山，中地三步七分五，計税一釐六毫；咸字四千一百二十號，土名前山，中地二步八分二釐五，計税一釐一毫二系五；咸字四千一百二十五號，土名前山，中地一步五分，計税六毫；湯字二百二十八號、二佰三十二號、二百三十三號、二百三十四號，土名前山，中地共二步八分二釐，税一釐二毫；咸字三千九百三十八號，土名石灰山，地七步五分，計税二釐二毫五；咸字四千一百四十五號，土名寒充東培下，下地一步，計税二毫；咸字四千三百八十六號，土名楊村園，地税三釐四毫七；咸字四千四百零三號，土名□竹塢，地税五毫五系；菜字三百二號，土名和尚塢，地税六釐；菜字七百六十三號，土名大王塢，地税五毫五；菜字二百四十七號，土名後底塢，地税四釐六毫；菜字八百十四號，土名莊培，地税一釐二毫二；菜字九百二十三號，土名葉家塢，地税四釐七毫；塘咸字四千四百號、咸字四千四百零七號、四千四百零一號、四千四百零二號、四千四百零七號，土名□竹塢，計塘税一分六釐九毫一；咸字四千五百零八號，土名許家塘，計税六釐二毫；咸字四千一百十七號，土名前山塘，共計税一釐；咸字三千九百卅八號，土名石灰塘，計税三釐；山咸字四千一百零六號，土名前山，計税一毫七；咸字四千一百零八號，土名前山，計税一釐三毫（七）〔五〕；咸字四千一百零九號，土名前山，計税一釐二毫五；咸字四千一百一十七號，土名前山，計税二釐四毫（一）〔三〕；咸字四千八十二號，土名前山，計税一釐一毫五，咸字四千一百四十五號，土名寒充塘尾東培山，計税一釐五毫七；咸字三千九百卅八號，土名石□山，計税五釐三毫；咸字四千二百七十八號，土名上充，計税六釐八毫六；咸字四千九百十一號，土名寧塘，計税三毫（七）〔五〕；咸字五千一百廿五號，土名麻山，計税三毫（一）〔三〕；菜字三百廿號，土名和尚塢，計税二釐六毫；菜字七百五十七號，土名二姐培，計税三毫五；菜字七百六十三號，土名大王塢，計税二釐（七）〔五〕；菜字七百卅號、九百卅號、九百卅三號，土名葉家塢，計税一分六毫（三）〔二〕。除賣過剩實存，今憑中出賣與堂兄名下爲業。

計開：咸字四千二百卌號，咸字二千三百零七號，共計田税九釐三毫，渠下等處，咸字三千九百卅八號，土名石灰山、並戽水塘等處，計税一分零五毫三；咸字四千三百八十六號，土名楊村園廟林墩，計地税一釐；咸字四千三百卌七號，土名胡村住前，地六步九分二釐五，計税三釐四毫七；並學堂咸字四千三佰卅八號，土名前園地六步八分，計税三釐四毫（一）〔三〕，咸字三千七百八十號，土名松樹塢，計塘税四釐五毫；咸字四千四百廿九號，土名劉家塢，計塘税三釐七毫八；咸字四千四百六十五號，土名岩前，計塘税三釐六毫五；咸字五千九十三號，土名戽水塘，計税四釐三毫；海字五千四百四十三號，土名蘇家塘，計税二釐七毫。當日三面議值時價紋銀八兩整。自賣之後，聽從買人執業收税過户，於内並無他人寸土。一切不明等情及重復交易，盡〔行〕是賣人之當，不及買人之事。其税在四甲朱松户内起割過户當差，户内並無存留，（爲）〔惟〕存人丁，今恐難憑，立此賣契存照。

天啓二年十月廿二日立賣契人　朱世相（押）。

憑中人　朱大魁（押）。

朱積名（押）。

朱良能（押）。

章希榜（押）。

今就契内價銀同年月日一併收足訖。再批。

《明清徽州社會經濟資料叢編》第二集《天啓二年金一法等賣基地赤契》

立賣契人金一法同侄有權，今因缺用，情願將承祖分受基地一段，係淡字六千二百六十號，土名廟巷西，計地二十五步，係中地，計税一分。其地新立四至：東至有泰地，西至買人地，南至六衣地，北至衮淇地。四至内地，法該三股之二，權該三股之一；又同侄泰，將淡字六千二百六十號，土名磎邊地一片，計地八十步，係下地，計税二分七釐。原鬮分四至：東至本家老塝脚，西至養益及無人地，南至衮淇地塝脚，北至溪。四至内地，法該四股之二，泰該四股之一，權該四股之一。今將契内地二號，憑中盡行出賣與族人佑俊名下爲業，當日三面議作時值價紋銀二十九兩整，其銀契當日兩相交訖。其地自賣之後，聽從買人管業。於中並無重復交易等情，如有此事，盡是賣主承（管）〔當〕，不干買人之事。其税今遇大造之際，聽買人在本都三圖四甲金立户内起割，推入買人户内，照税輸納無詞。今恐無憑，立此賣契存照。

天啓二年十二月十七日立賣契人　金一法（押）。

金有泰（押）。

有權（押）。

叔命書契人　金　泰（押）。

中見人　金元功（押）。

有養（押）。

今隨契内價一併領收足訖，外不立領。同日再批。

《明清徽州社會經濟資料叢編》第二集《天啓二年倪大立賣地白契》

十六都倪大立，今有喪屋一重，坐落本都九保，土名三桑園，新立四至，東至兒握屋，南至路，北至地。今將四至内地，出賣與倪名下。憑中面議時價紋銀三十四兩整，在手足訖，其契價當日兩付明白。未賣之先，即無重復交易。自成之後，各不許悔，如有悔者，甘罰銀五兩與不悔人用。所有税糧悉照新丈推過。今恐無憑，立此爲照。

天啓二年十二月二十四日立契人　倪大立（押）。

中見人　倪　海（押）。

《明清徽州社會經濟資料叢編》第二集《天啓三年休寧朱世賣山赤契》

三十一都四圖立賣契人朱世，今有承祖山一備，坐落土名梘山下，係贊字四千三百四十二號。除先年户内人等前後賣過，仍存山税三分三釐三毫。東西四至，自有經理（該）〔記〕載。今因管業不便，憑中出賣與同都一圖張名下爲業。三面議作時值價銀三兩三錢三分整，其價契當日兩相交付明白。未賣之先，即無重復交易，一切不明等事，盡是賣人之當，不涉買人之事。今從出賣之後，山骨苗木一聽買主管業。所有税糧聽從到本户起割，前去認納，本家並無阻（當）〔擋〕異説。今恐無憑，立此賣契存照。

天啓三年三月初十日立賣契人　朱　世（押）。

户　丁　朱　檄（押）。

朱　瑄（押）。

朱　學（押）。

代筆人　朱子化（押）。

中見人　朱應禮（押）。

張應推（押）。

今領去契内價銀並收足訖。同前月日再批，（押）領。

《明清徽州社會經濟資料叢編》第二集《天啓三年劉繼東等賣田赤契》

金峰劉繼東、紹東，原受有王邊土名李家塢，服字四百二十八號田一畝八分，四至在號不具。今因管業不便，自情願出（便）〔賣〕與本圖親人江邊爲業，當日實便得價銀五兩一錢整。其田自（便）〔賣〕之後，任憑前去管業。其税現遇清册，即便推税入户，本身並無異詞。恐口無憑，立此（便）〔賣〕契文本存照。

天啓三年三月　日立便〔賣〕契人　劉繼東（押）。

紹東（押）。

憑親人　王國奇（押）。

桂良達（押）。

《明清徽州社會經濟資料叢編》第二集《天啓三年歙縣吴阿俞等賣山赤契》

二十五都三圖立賣契人吴阿俞同男有思，今因欠少使用，自情願央中將續置到可字二百五十八號山一業，土名長坑，計税一分六釐六毫。其山東至，西至，南至，北至。今將前項大四至内山，憑中盡行出賣與吴名下爲業，三面議定時值價紋銀十八兩整，其銀當成契日一併收足。其山未賣之先，並不曾與他人重復交易。倘有内外人異説，盡是賣人承當，不涉買主之事。自賣之後，本身並無毫忽存留。倘有字號不清，畝步不盡，自有土名四至挾定。係是兩相情願，亦無準折等情。其税糧於本都三圖程汪朋户下起割，推入本都四圖吴康進户解納，並無異説。今恐無憑，立此賣契永遠存照。

柴薪樹木即聽受〔管〕業。再批。

天啓三年五月日立賣契人　吴阿俞（押）。

同　男　有思（押）。

中　人　吴幼良（押）。

《明清徽州社會經濟資料叢編》第二集《天啓三年汪天福賣田白契》

十八都二圖立賣契人汪天福，今因缺用，自情願將父置田一業，坐落土名漲塘丘，係育字九百八十號，計税一畝九分三釐六毫，内賣六分四釐五毫三系，計穀租五砠半，今立契出賣與程名下爲業，三面議定時值價紋銀五兩七錢整。其銀契當即兩相交〔付〕明白，並無準折等情。其税因□□

造〔册〕〔以〕〔已〕完，過甲不便，下〔册〕〔次〕過割支解，不得□□異□□。今恐無憑，立此賣契存照。

外同塘税四分六釐，再批存照。

天啓三年九月初六日立賣契人　汪天福（押）。

代筆兄　汪天德（押）。

天啓六年八月廿一日，又將同號田除賣過仍存己田一分二釐九毫一糸，内取四分二釐，出賣與程名下爲業，計租三秤半。得受紋銀三兩五錢。其田〔税〕候册年過割，無得異説。汪天福親筆無中。（押）。

《明清徽州社會經濟資料叢編》第二集《天啓三年洪應登等賣田白契》

立賣契人洪應登，同弟應鵬，今將承祖民田一備，坐落東都四保，土名業落坑口，計田二丘，晚租一十八秤，係經理三千五十一號，東至山，西至坑，南至洪益田，北至自荒地，計一畝九分八釐七毫五糸。其田與叔祖天南相共，本身同弟合得四股之一，該晚租四秤十斤；又一號，土名方村山下莊屋前，田二丘，計早租四秤十斤，與壽公相共，係經理三千一百八十六號，丈則八十二步二分，東至，西至，南至，北至。本身同弟合得一半，計早租二秤零五斤。今因祖塋損壞，自願托中將前田二號出賣與族叔名下爲業，三面議時值價紋銀三兩七錢整。其價並契當日兩相交付明白。自成〔交〕之後，各無悔（異）〔易〕。如先悔者，甘罰銀五錢公用。來歷不明，賣人之當，不涉買人之事。所有税糧隨即在德本户扒與供解無詞。今恐無憑，立此爲照。

天啓三年十一月初五日立賣契人　洪應登（押）。

同　弟　洪應鵬（押）。

中見人　洪彌大（押）。

洪應圖（押）。

《明清徽州社會經濟資料叢編》第二集《天啓三年程宣聖賣園赤契》

二十一都三圖立賣契人程宣聖，今因缺少使用，自情願將承祖經業新丈夙字七百九十五號，土名順水塢，共計地税並下地税一畝零三毫；又山税一分五釐五毫，共上豆租一石一斗半，内佃人陳洪種三斗，〔内〕陳旺種六斗五小升，〔内〕程細種二斗五小升，其山園新立四至，東至，西至，南至，北至；　又將夙字七百九十七號，土名順水塢，計地税二分三釐，上豆租二斗，佃人汪五，其園新立四至，東至，西至，南至，北至。今將前項四至内二號園，盡行立契出賣與陳□□名下爲業。憑中三面議定時值價紋銀十兩三錢整，其銀當日一併收足。其税於本家程永興户内起割，推入買人户内辦納，即無異説。如有内外人言説，盡是出賣人之當，不涉買人之事。今恐無憑，立此賣契爲照。

前項契内價銀隨契領足，再批。

天啓三年十二月日立賣契人　程宣聖（押）。

中　見　程　榜（押）。

程現政（押）。

《明清徽州社會經濟資料叢編》第二集《天啓四年婺源汪應乾賣山赤契》

婺源縣十一都二圖立賣契人汪應乾，同侄汪惟鉉、惟穎，上年用價買到休寧二十七都一圖陳，土名下塘坑，必字二千五百三十六號，通山共税五分，本家買得山税四分三釐五毫，生塋四所；又土名下塘坑，必字二千五百四十號，本家買得山税一分。其二號山計八至，自有保簿開載。今爲隔縣管業不便，自情願憑中將前項二號山並生塋四所盡行立契出賣與休寧縣二十七都六圖親人李名下爲業。當日三面議作時值價紋銀五十六兩整。銀契當日兩相交足，别無領札。其山今從出賣之後，一聽買人隨即管業安葬，並無生情異説。未賣之先，並無重復交易。不明等事，盡是賣人之當，不及買人之事。其税糧寄在休寧二十七都一圖陳世懋户，聽從買人隨即起割，收入買人户内輸納無阻。今恐人心無憑，立此契文永遠存照。

天啓四年正月十三日　立賣契人　汪應乾（押）契。

汪惟鉉（押）。

書契侄　汪惟穎（押）。

中見人　陳夏時（押）。

陳光曜（押）。

陳正元（押）。

《明清徽州社會經濟資料叢編》第二集《天啓四年詹明銓賣園赤契》

十七都七圖立賣契人詹明銓，今因管業不便，自情願憑中將承故父户下受園一業，坐落土名楊梅山，係坐字□□號，共計地税一畝三分六釐七，内取豆租六租斗一升，計地税八分五釐。其園東至，西至，南至，北至；

又將坐字□□號，土名楊梅山豆園，計豆租二杭斗七升，計稅三分一釐。其園東至，西至，南至，北至；又將坐字□□號，土名彎丘，計豆租一杭升，計地稅一釐二毫。其園東至，西至，南至，北至。此三號係詹時俗原賣者。又將續置詹時揚土名楊梅山豆園二號，計豆租一杭斗五升，與大同共業，計稅一分八釐。其園東至，西至，南至，北至；又將土名彎丘，係坐字□□號，計豆租一杭升二合半，其園東至，西至，南至，北至。今將五項共二十至內園本家合得（分）〔份〕數，盡行立契出賣與同圖詹德亨名下爲業。三面議作時值價白紋銀八兩三錢整。其銀當成契日一併交收足訖，既無欠少分文，亦無準折債負之類。倘有重復交易、一切不明等事，盡是賣人之當，不及買人之事。其有上手來脚，與别產相連，繳付不便，日後要用，（刷）〔索〕出參照。其稅糧今值册年，隨即推入買人户內，辦納糧差無異。今恐人心難憑，立此賣契爲照。

又加：灣丘地稅一釐五毫。再照：傍添山字（押）。

今就契内領去價銀足訖。同年月日再批爲照。（押）領。

天啓四年三月初九日立賣契人　詹明銓（押）契。

中見人　詹思忠（押）。

《明清徽州社會經濟資料叢編》第二集《天啓四年程九思賣地赤契》

立賣契人程九思，今將芥字六千八百六十一號，土名石潭尾，中地二百三十七步五分，計稅九分五釐，佃人程壽等，計麥、豆、粟租。東至默地，西至洪模地，南至路，北至自地；又芥字六千八百六十二號，土名石潭尾，下地七十六步，計稅二分二釐七毫，佃人程和才，監收麥、豆、粟租。東至默地，西至洪模地，南至自地，北至溪。今憑中出賣與叔名下爲業，三面議作時值價紋銀五十三兩整，其銀契當日交收足訖，别不立領札。自從出賣之後，一聽買人收苗管業。如有内外人攔占及重復交易，一切不明等事，盡是賣人之當，不涉買人之事。其稅糧，隨即扒與買人户内辦納糧差無詞。今恐無憑，立此賣契存照。

内補六字一個

天啓四年十月二十二日立賣契人　程九思（押）。

中見人　程宗河（押）。

程六通（押）。

程貞伯（押）。

程伯範（押）。

今就契内銀兩一併盡收足訖，别不立領札。同年月日再（押）批。

《明清徽州社會經濟資料叢編》第二集《天啓四年金大兆賣地赤契》

三都三圖立賣契人金大兆，今因糧差缺少，自情願將承祖續置土名李村，新丈暑字二千二佰五十號、六十號、六十七號、五十一號、五十二號，共計五號，共計地稅一畝二分五釐，共計豆租一官擔。東至，西至，南至，北至，憑中出賣與五都李名下爲業，三面議定時值價銀五兩五錢，其銀當日交收足訖。其地即交與買人收苗收稅管業。（係）〔若〕有來歷不明等情，盡是賣人承當，不涉買人之事。其稅糧今因黄册解京，不便推收，原寄賣人户内另有寄稅合同爲照，候大造之年，即便推與買人户内辦納糧差，並無難阻等情。原有上首來脚歸户别契相連，繳付不便。今恐無憑，立此賣契存照。

天啓四年十一月二十七日立賣契人　金大兆（押）。

中見人　金名陽（押）。

葉　香（押）。

葉　男（押）。

朱　福（押）。

代書弟　金大章（押）。

今就契内價銀當日一併盡行收足，不另立領札。年月日同再執存照。

雍正八年二都三圖二甲程羲六公買訖。

《明清徽州社會經濟資料叢編》第二集《天啓五年張應鑒賣園赤契》

五都五圖立賣契人張應鑒同男士菁，今因缺用，自情願將承祖父土名後塘塝裏門前山園地一業，新丈劍字五千六百五十六號。其地東至山脚界，西至水渠界，南至泮英萬田界，北至同號裏園地界，四至内與衆共業，十二股中，本身合得一股，計地十八步有零，計稅七釐六毫。憑中立契出賣與堂侄士萬名下爲業。三面言議，時值價文銀三兩六錢整。其銀當日收足訖，另不立領。其業隨即交與買人管業，並無内外人攔占及重復〔交易〕，一切不明等事，盡在賣人之當，不涉買人之事。其業約在册年。聽從取贖，如不取贖，交割推稅無異説。今恐人心難憑，立此賣契存照。

天啓五年正月二十四日立賣契人　張應鑾（押）。
中見侄孫　張允震（押）。
代書男　張士菁（押）。

今就契内價銀一併收足，另不立領。同年月日批。

《明清徽州社會經濟資料叢編》第二集《天啓五年程繼祐賣屋基地赤契》

立賣契弟程繼祐，今自情願將承父鬮分到在字二千四百四十二號，土名堅勾林，計税三分七釐，計地九十一步五分，於上起造樓房一所，周圍墻壁一應俱全，其地東至大路，西至本家墻滴水，南至墻心，北至本家墻滴水，四至内地屋盡行出賣與堂兄名下爲業。憑中三面議定時值價紋銀四百五十兩整，其銀成契日一併收足。其屋地隨即聽行管業。先年並無典賣他人，亦無準拆等情。倘有内外人言説，盡是本身承當，不涉買人之事。其税糧候大造之年，在本家程户内推入買人户内輸納無難。今恐人心無憑，立此賣契爲照。

前項契内價銀當日一併收足。再批。

天啓五年二月　日立契弟　程繼祐（押）。
中見人　洪符中（押）。
俞爾階（押）。
吴堯年（押）。
江順卿（押）。
程弘吾（押）。

《明清徽州社會經濟資料叢編》第二集《天啓五年朱宗發賣地赤契》

立賣契人朱宗發，今將承父原湯字四百五十五號，今咸字四千三百四十八號，土名住東竹園；又湯字四百六十二號，今咸字四千三百五十五號，土名村心往東，先年賣盡無存，仍存墻外巷路合一步七分，内取一步，計地税五毫，聽從買人管業出入；又將湯字四百五十四號，今咸字四千三百四十七號，土名王村園高基，計地一十六步，計地税八釐，其地東西四至自有保簿可查。二號共計税八釐五毫，今因缺少使用，憑中將前項地立契出賣與朱名下爲業。當日三面議作時值價紋銀一十六兩，其銀契當日兩相交收足訖。自從出賣之後，聽從買人隨即受業，如有内外占攔及重復交易、一切不明等事，盡是賣人之當，不涉買人之事。其税自九甲朱熣户起割，入買人户内當差無異。今恐無憑，立此賣契存照。

其王樹高基地，東至買人地，西至應會墻脚，南至衆家存路，北至墳低基墻脚並土墻。再批（押）。内改衆字一個（押）。

天啓五年五月十三日立賣契人　朱宗發（押）。
主盟母　李　氏（押）。
憑叔　朱　焕（押）。
朱宗文（押）。
程尚貞（押）。
朱積名（押）。

就契内價紋銀並收足訖。同年月日。

《明清徽州社會經濟資料叢編》第二集《天啓五年張應國賣田赤契》

市北張應國，今將本身鬮分己下三都薑字七百五十三號，墾田二分六釐一毫，土名石壁下；又將四都鱗字一號，田一畝零八釐五毫，土名布袋丘；又鱗字七十五號，田三分九釐，土名塘塝下；又潛字一百零五號，田一分，土名漆樹嶺；又潛字一百九號，田九釐四毫五糸，土名同處；又潛字一百一十三號，田一分八釐五毫，土名同處，係地税；又潛字三百八十四號，田一畝零三釐三毫，土名上干；又潛字四百八十八號，田一分七釐七毫，土名上干；又潛字五百四十三號，田一畝六分六釐六毫，土名葉山處；又潛字五百四十四號，塘税一分三釐一毫，土名同處。其田地各號四至，照依經理不開，盡行立契出賣與兄名下，三面議定時值價銀五十兩整，其銀入手應用。其田地塘自出賣後，聽從買人目下管業，先前並無重復交易，亦無内外親房人等阻（當）〔擋〕。其税見造黄册，依契過割，各無許悔（異）〔易〕，悔者，甘罰契銀一半與不悔人用。今恐無憑，立此賣契爲用。

内改重、分、釐三字。（押）。

天啓五年五月二十日立賣契人　張應國（押）。
主盟父　張　溶（押）。
中　人　張應欽（押）。

契證所是前項契内價銀一併盡行收足無欠，再不另立推單。收領爲照（押）。

《明清徽州社會經濟資料叢編》第二集《天啓五年鄭廷玉賣園赤契》

立賣契人鄭廷玉，今身年老缺少用度，自情願將承祖菜園地一塊，坐落土名張家段，其地係巨字□號，計稅五釐。其地東至鄭宅田，西至路，南至鄭時地，北至鄭七十田爲界。今將四至內地憑中盡行出賣與同居住鄭國安名下爲業。當日三面議定時值價文銀三錢五分整，其銀當日收足訖。其地隨即聽從買人收苗種菜管業，即無異說。其稅糧係本户派納，其地並無重復交易及典當，一切不明等事，盡是賣人之事，不涉買人之事。今恐人心無憑，立此賣契存照。

天啓五年六月廿五日立賣契人　鄭廷玉（押）。

中見人　鄭廷祉（押）。

代筆人　鄭廷侃（押）。

今就契內價銀並收足訖，同年月日再批爲照。

《明清徽州社會經濟資料叢編》第二集《天啓五年程文杞賣地赤契》

立賣契程文杞，今將承祖鬮分得芥字七千一百四十八號，土名西館，計步二十步三步，計稅三釐；又將芥字七千一百六十六號，土名西館，計步二十五〔步〕，計稅一分；又將芥字七千二百零九號，土名車田，計步三步，計稅一釐；〔照文棕契管業押〕又將芥字九千五百九十九號，土名上村，計稅四分零六毫；又將果字二千七十六號，土名瓦窑口，計稅二分五釐。以上五號，本身合得分法盡行出賣與户叔名下爲業，共稅。其東西四至，自有冊籍可查。今憑中出賣與户叔名下爲業，當日得受價銀一十二兩五錢整，其銀契當日兩相交收足訖，別不立領札。自從出賣之後，一聽買人收苗管業，並無內外人攔阻。及重復交易，一切不明等事，盡是賣人之當，不及買人之事。所有來脚契文，繳付不便，日後要用，（刷）〔索〕出參照。其稅糧隨即推入買人户內辦納糧差無（辭）〔詞〕。今恐無憑，立此賣契存照。

天啓五年九月二十一日立賣契人　程文杞（押）。

中　見　程太實（押）。

程九思（押）。

今就契內銀兩領去足訖，別不立領札。同年月日再批（押）。

《明清徽州社會經濟資料叢編》第二集《天啓五年如蛟賣田赤契》

弟如蛟，原承父買受得二保，土名舍背田，〔計晚租〕九秤一斤八兩；又同保土名沙培里，計晚租二十斤整。二號共計租十秤零七斤半。今因無鈔用度，並條〔調〕糧無所措辦，自情願將前租盡數立契出賣與兄經綸名下爲業。面議時價紋銀四兩三錢整在手足訖。其田未賣之先，與家外人等並無重復交易，來歷不明，賣人理值。成交之後，各不許悔。如違甘罰契內價銀一半公用，仍依此文爲準。所有稅糧隨契推扒經綸位供解無詞。今恐無憑，立此賣契爲照。

天啓五年九月三十日立契弟　如蛟（押）。

奉書男　胤超（押）。

同侄中見　胤昌（押）。

男　胤起（押）。

佃人　林富（押）。

黄萬（押）。

《明清徽州社會經濟資料叢編》第二集《天啓五年李阿胡賣山白契》

立賣契人李阿胡，今因故夫存日所欠叔公李汝宣名下銀無措，自情願將承祖分受罔字八千一百零四、六號山一業，土名陰坑，計稅六釐七毫。東至水坑，西至降，南至，北至。今將四至內盡行出賣與本家叔公汝宣名下管業。三面議定時值價紋銀九兩整，其銀當成契日一併收足。其山聽從即日管業，並無難異。倘有內外人等生情異說，盡是出賣人承當，不干買人之事。未賣之先，並不曾與他人重復交易。其稅聽從於本户（花）〔劃〕扒解納。恐後無憑，立此賣契存照。

內添四字。再批。

天啓五年十月日立賣契人　李阿胡（押）。

代筆弟　胡心垣（押）。

見立叔公　李汝龍（押）。

李千壽（押）。

《明清徽州社會經濟資料叢編》第二集《天啓六年張成材賣地白契》

二十一都張成材，承父勾分有地一備，坐落土名大園住基，係恙字四千三百九十五號，計地稅二分有零。其地新立四至，東至宇地，西至本家己路，南至路及碓屋衆地，北至成都地。今因缺用，自情願將前項四至內地骨並苗□，盡行立契出賣與親弟成棟名下爲業。憑中三面議作時價銀四兩整，其價契當日兩相交付。未賣之先即無重復交易。一切不明等事，並是賣人之當，不及買人之事。所有税糧，聽到本户起割，本家即無異説。今恐無憑，立此賣契存照。

其地日後不得另賣他人，聽自本家取贖。再批。

天啓六年又六月初二日立賣契人　張成材（押）。

主盟父　守諒（押）。

中見人　張守理（押）。

張成性（押）。

今領契内價銀並收足訖。同日再批。

《明清徽州社會經濟資料叢編》第二集《天啓六年洪八老賣地赤契》

十四都四圖立賣契人洪八老，今因缺少使用，自情願憑中將承祖墳地一業，坐落土名下山頭，係乃字一千九百□號，計地一十九步，計税一分，其地東至洪家地，西至洪家田，南至本家墳墻，北至汪家墻爲界。今將四至寫明，盡行立契出賣與同都一圖族兄萬壽名下爲業。當日三面議作時值價紋銀三兩整，其銀當成契日一併收足，並無欠少分文，亦無準折及重復〔交易〕之類。其税糧今奉（親）〔新〕例，隨即推收，在洪世魁户起割，推入洪學收納糧差，即無難異。其地隨即交業。倘内外人攔阻，盡是賣人承當，不涉買人事。倘步數不清，自有四至挾定。今恐無憑，立此賣契爲照。

其來脚與（便）〔别〕業相連，繳付不便，（刷）〔索〕出不〔在〕〔再〕行用。契内價銀當日一併收足。再批。

天啓六年八月初三日立賣契人　洪八老（押）。

中見人　洪玄保（押）。

洪元保（押）。

《明清徽州社會經濟資料叢編》第二集《天啓六年程一棟賣田赤契》

立賣契人程一棟，今因葬嫂缺用，商議將承祖遺下田一號，土名西充，姜字三千九百五十七號，計秈租一砠零八斤五兩，計税一分八釐六毫。其田東至程求田，西至火佃屋並璋田，南至塝，北至璋田。憑中立契出賣與叔程璋名下爲業，當日三面議作時價銀一十一兩五錢整，其銀契比日兩相交訖，别不立領札。今從出賣之後，一聽買人管業，並無異説。如有内外人等攔占及重復交易，一切不明等事，盡是賣人之當，不及買人之事。其糧隨即推入買人户内無詞。今恐無憑，立此文契存照。

天啓六年九月初一日立賣契人　程一棟（押）。

侄　程大志（押）。

代　筆　程大忠（押）。

中人叔　程　求（押）。

今就契内價銀一併收足，别不立領札。同年月日再批。（押）。

《明清徽州社會經濟資料叢編》第二集《天啓六年汪阿程等賣田赤契》

二十四都二圖立賣契婦汪阿程，同伯汪文秀，今因故夫汪文言缺少（欽）〔退〕贓銀無處措辦，自情願憑中將續置土名瑠瑯，係新丈□字四千六百九十號，積一百八十九步五釐，計税，田一丘，計租十砠，每砠重廿八斤。東至洪家地，西至許家田，南至洪家田，北至程家園。新立四至内，盡行出賣與二都四圖五甲洪名下爲業，三面議作時值價紋銀七兩整，其銀當成契日一併收足訖。其田隨即聽從買主收税管業。倘有來歷不明，及重復交易，一切不明等事，盡是賣人之當，不涉買人之事。其有原買契文一紙，隨即付予買人收管。其税糧隨即交推買人户内辦納糧差。今恐人心無憑，立此賣契存照。

天啓六年十一月十八日立賣契婦　汪阿程（押）。

同　伯　汪文秀（押）。

中見人　許　明（押）。

金華字（押）。

余得宜（押）。

夏　魁（押）。

今就契内銀兩，同年月日一併盡行交收足訖。再批。（押）。

《明清徽州社會經濟資料叢編》第二集《天啓六年程應兆賣山赤契》

八都五圖立賣契人程應兆，今將承祖身分山一號，坐落土名佛子充深塢，柰字二千零九號，計税七釐七毫。其山東至，西至，南至，北至爲界，守山人； 又將山一號，坐落土名半莊，柰字二千四百九十一號，計税七釐。其山東至，西至，南至，北至爲界，守山人。八至内共説一分四畝七毫，憑中盡行立契出賣與韓名下爲業，當日議作時值價銀拾兩整，其銀山兩交明白。自出賣之後，一聽買人收税管業，並無家外人異説，〔如有〕係身一（身）〔人〕承當，不涉買人之事。其税聽憑起割，推入韓户辦納糧差。今恐無憑，立此賣契爲照。

內添人字一個。

天啓六年十二月十六日立賣契人　程應兆（押）。

中見人　劉　華（押）。

程應麟（押）。

程大年（押）。

《明清徽州社會經濟資料叢編》第二集《天啓七年歙縣方近川賣塘赤契》　二十四都六圖立賣契人方近川，今將續置得字三百七十八號塘一業，土名河塘漢尾，共計税五畝八分五釐四毫，其塘一十三股，該身合得二股。因管業不便，自情願憑中立契盡行出賣與二十八都五圖洪名下爲業。三面議定時值價紋銀三兩六錢整。其銀當即收足。其塘隨即聽憑照契管業無異。其塘未賣之先，並無重復交易，倘有內外人等争論，俱係賣人承當，不涉買人〔之〕事。其税於方日昇户內當即聽憑過割無異。今恐無憑，立此賣契爲照。

其塘一股原係買到程如松；又塘一股原係買到汪永椿。二股來脚契因與別業相共，不便繳出，倘日後檢出，不（在）〔再〕行用。再批。

天啓七年二月十七日立賣契人　方近川（押）。

代筆中人　方於野（押）。

《明清徽州社會經濟資料叢編》第二集《天啓七年仇時化賣田赤契》

二十都二圖立賣契人仇時化，今因乏用，憑中將承祖分受己分下鳳字七百四十四號田一業，計税四畝一分五釐六毫四糸，土名白飯丘，連塘在內。其田四至載册不開，立契出賣與本圖仇名下爲業，三面議定時值真紋銀五十兩零七錢整，其銀契當即兩相交付明白，並無威逼準折等情。（曾）〔賣〕前亦未與他人重復交易，係是兩相情願，倘有親房內外人等異説，係〔自〕身一面承當，不干買主之事。其税糧聽憑買主不時過割入户支解，本家即無異説。今恐無憑，立此爲照。契內價銀一併收訖，再不另立收領。再批存照。

天啓七年三月十五日立賣契人　仇時化（押）。

憑中人　仇時新（押）。

仇伯易（押）。

其田東至仇中正田，南至自田，西至仇湘田，北至洪清田。再將鳳字七百四十四號塘税六釐二毫五，土名白飯丘。

衆議其田與母養（膳）〔贍〕，不得聽信煽惑典賣他人。買者不得貪謀，免生異論。憑此爲照。

崇禎元年三月廿七日批約，族衆　仇大詢（押）。

仇覽輝（押）。

《明清徽州社會經濟資料叢編》第二集《天啓七年黄一珪賣屋基地赤契》　三都三圖立賣契人黄一珪，今因管業不便，憑中將承父續置坐落萬安橋東住屋鋪面五間，計三層並後園地及堦伋水埠至墻塝爲界，中則地一畝八分五釐，計税。其屋東至爲界，西至屋墻爲界，南至大溪，北至官街。〔今將〕前項大四至內屋地與本家弟共業，本身該得一半，今憑中將該分屋地，盡行出賣與同都五圖程名下爲業，三面議作時值價紋銀四十二兩整。其銀當日盡收足訖，並無準折情由。其屋隨即交與買人管業改造。其税糧今奉新例，在黄珪璋户內起割，無得刁難異説。倘有來歷〔重復〕不明等情，盡是（一）〔賣〕主之當，不涉買主之事。其有上手來脚，弟先繳付。恐人心無憑，立此賣契存照。

今將契內前項價銀一併收足訖，不另立領扎。

天啓七年六月初二日立賣契人　黄一珪（押）。

中見人　任士候（押）。

余萬元（押）。

余茂德（押）。

黄可選（押）。

《明清徽州社會經濟資料叢編》第二集《天啓七年王阿汪賣田、塘、山赤契》　藤溪市立賣契婦王阿汪，今爲缺用，自情願將承夫續置田一號，坐落土名新田，係得字□號，共租六砠，共税□□，東至，西至，南至，北至。四至內租該（阿）〔汪〕三股之一，計租二砠，計税二分四釐，並塘三分之一在內；又將山一號，土名午塢，係得字九百四十八號，其山四至自有保簿開載，與文行忠信四大房相共，内身續置山税八釐，並前田憑中三面出賣與叔王尚儒名下。共議時值價紋銀二兩二錢。其銀當成契日一併收足。其田山未賣之先，並無重復交易及一切不明等事。今賣之後，隨聽買人管業。如有來歷不明及内外占攔，盡是賣人之當，不涉買人之事。其税糧隨扒入買人名下輸納，本家並無異説。今恐人心無憑，立此賣契永遠存照。

天啓七年八月廿日　立契斷骨出賣人　王阿汪（押）。

中見人　王德懷（押）。

王世顯（押）。

王世光（押）。

代筆　王尚賢（押）。

今領去契内價銀並收足訖。同日再批。

《明清徽州社會經濟資料叢編》第二集《天啓七年洪僉富等賣田白契》

立賣契秩下子孫僉富，同侄春生，承祖民田一備，坐落本都，土名塘塢壽公墳前。内取早租八秤，與堂兄貞瑞相共，本身與侄合得一半，計四秤。係經理□字□號，清丈畝步，自有鱗册可證。今因與侄相共編糧，自三甲起至六甲止，無措辦納，自願托中將前項本身叔侄分籍早租，盡數立契出賣與壽公祀匣爲業。當日三面言議時值價紋銀三兩六錢整，其價並契兩相交付明白。所有税糧在元慶户，隨即扒與供解無詞。未賣之先，並無家外人等重復交易。來歷不明，賣人承當，不涉買人之事。自成〔交〕之後，各無悔異，如悔者，甘罰白銀一兩公用，仍依此契爲準。今恐無憑，立此賣契爲照。

天啓七年九月初二月立賣契秩下子孫　洪僉富（押）。

同侄　洪春生（押）。

中見人　洪貞浚（押）。

《明清徽州社會經濟資料叢編》第二集《天啓七年王阿何賣園赤契》

立出賣契婦王阿何，因夫往楚生理，無銀答回，無得食用，家遺四口，嗷嗷受饑，無處揭借，自願浼托親伯族衆，將夫先年當過霞灘中洲園一片，係列字一千四百四十二號，計税二畝二分，東至爲界，西至爲界，南至爲界，北至路爲界。今將四至内地浼托堂伯姑夫説合，自願盡行立契與同户堂侄胡名下爲業。三面議定時值價文銀三十五兩整。其銀其園當日兩相交割明白。自賣之後，聽從買人收苗管業，辦納糧差，本家並無内外人攔阻，及重復交易，一切不明等事，盡是出賣人承當，不涉受業人之事。日後夫回日，亦無刁難異説。今恐人心難憑，立此出賣契存照。

承父遺下契文，園業該士達一半，計園六林。士達批照。

天啓七年十二月二十五日立出賣契婦　王阿何（押）。

親伯　王子明（押）。

王秦明（押）。

侄　時大（押）。

衆族中見人　王廷忠（押）。

王禄明（押）。

王舜明（押）。

王時盈（押）。

依口代書人　洪時諭（押）。

《明清徽州社會經濟資料叢編》第二集《崇禎元年張繼光等賣田赤契》

立賣契人張繼光、繼仲，今將承祖鬮分業到果字□□號，土名梘下，穤租二砠零拾伍斤，計税，佃人汪社九；又將果字□號，土名湖丘，穤租三砠三十七斤，計税，佃人鄭玄龍。前項穤租共六砠零七斤，每砠重二十五斤。今因管業不便，憑中立契出賣與弟名下爲業。當日三面議作時值價紋銀七兩二錢整，其銀當日收足。其田聽從買人收租管業。如有内外人攔占及重復交易，一切不明等事，盡是出賣人之當，不涉買人之事。其税奉新例在本圖九甲張奉祀户起割，伊並無阻異。今恐無憑，立此賣契存照。

崇禎元年五月初六日立契人　張繼光（押）。

張繼仲（押）。

中　見　張之芥（押）。

張國保（押）。

《明清徽州社會經濟資料叢編》第二集《崇禎元年張三郎賣田赤契》

立賣契人張三郎，今將承祖業到果字□號，土名塘坑，秈租一砠，計税，佃人□積（積）保；又將果字□號，土名下湖墩丘，秈租二砠，計税，佃人姚得義。今因管業不便，憑中立契出賣與弟名下爲業。當日三面議作時值價白紋銀二兩五錢整，其銀當日收足。其田聽從買（租）〔主〕管業。如有內外人攔占及重復交易，一切不明等事，盡是出賣人之當，不涉買人之事。今恐無憑，立此賣契存照。

崇禎元年五月二十九日立賣契人　張三郎

中　見　張之芥

張國寶

今就契內前項價銀並收足訖。同年月日再批。

《明清徽州社會經濟資料叢編》第二集《崇禎元年休寧程伯陽等賣地赤契》

立賣契人程伯陽、叔陽、三陽、四陽，同侄文輝，今將承父鬮分得芥字柒仟拾號，田成地壹片，土名花果園，新立四至，東至本家伍尺路，西至本家田，南至利房仲陽兄弟地，北至程寵宇地。四至內地共計壹佰零伍步；又東至路上取路地伍步〔弍〕，共壹佰壹拾步，計稅伍分伍釐，今因管業不便，自情願憑中立契盡行出賣與族弟程高德、同德名下爲業。三面議〔定〕時值價紋銀玖拾柒兩整，銀契（業）當日兩收足訖，別不立領札。其地自賣之後，聽從買人安石圍墻，造屋管業。倘有內外人攔占及重復交易一切不明等事，盡是賣人之當，不涉買人之事。其稅糧候冊年，在三甲程上達户起割，推入買人户內辦納糧差。所有上手來脚契文，與別産相連，繳付不便，日後要用，（刷）〔索〕出參照。今恐無憑，立此賣契存照。

崇禎元年九月二十一日立賣契人　程伯陽（押）。

叔陽（押）。

三陽（押）。

四陽（押）。

同侄　文輝（押）。

憑弟　程君泰（押）。

復初（押）。

中見人　程繩野（押）。

程涵宇（押）。

程六通（押）。

程明初。

書契侄　程文烓（押）。

今就契內銀兩當日收足，別不立領札。同年月日再（押）批。

《明清徽州社會經濟資料叢編》第二集《崇禎元年洪學富等賣田白契》

立賣契裔孫洪學富同弟來富，有承祖民田一備，坐落五都□保，土名塘塢墳前，與祖壽公共業，丈則畝步四至，自有鱗冊可證。本身與從弟全富、僉富等共該得早租八秤。僉富因三甲里役排年支費，已將伊分籍早租四秤賣與壽公爲業訖。本身分籍四秤，今因排年支費，自情願憑中盡數立契賣與壽公祀匣永遠爲業。當得受時值價紋銀三兩六錢，契價當日兩明。自未賣之先，並無重復交易等情。來歷不明，賣人之當，不涉買人之事。自成〔交〕之後，各無悔（異）〔易〕，如有悔者，甘罰白銀五錢公用，仍依此契爲準。所有稅糧在元慶户，照則隨即推割供解毋詞。今恐無憑，立此爲照。

崇禎元年十一月二十日立賣契裔孫　洪學富（押）。

同弟　來富（押）。

中見人　洪肇慶（押）。

貞收（押）。

起陽（押）。

大斗（押）。

貞才（押）。

大科。

《明清徽州社會經濟資料叢編》第二集《崇禎元年吳阿汪賣樓屋基地赤契》

十六都二圖立賣契婦吳阿汪，今因日食難度，自情願浼中將自己新丈朝字一百九十五號，土名杭橋村，計地稅二分正，於上土庫、上下樓房，四圍墻壁，門窗，户扇，上至椽瓦，下至磚石，一應俱全。其屋東至路，西至本家屋，南至本家朝西横樓屋，北至巷路；又將朝〔字〕二佰零四號，土名杭橋村前，計地稅二分二釐一毫。東至火衆地籬笆界，西至籬笆界，南至前街地，北至吳文泗地。今將前項四至明白，憑中立契出賣與本圖吳名下爲業。三面議定時值價紋銀六十二兩正，當即收足。其業當日交與買人管業。其屋地並不曾與他人重復交易，亦無欠少、準拆、威逼。倘有內外親族人等争論，俱係出産人承當，不干買人之事。其地稅聽憑買人收税□户支解，本家即無難異。今恐無憑，立此賣契爲照。

崇禎元年十一月　日立賣契婦　吴阿汪（押）。

中見人　吴國信（押）。

吴嘉有（押）。

吴秉太（押）。

吴一鳳（押）。

代　筆　吴國有（押）。

吴秉德侵糧潛逃，阿汪等賣業印税完公，準完日發契。

《明清徽州社會經濟資料叢編》第二集《崇禎二年張成棟賣地白契》

三十一都張成棟，原買兄成材地一備，坐落土名大園住基，係恙字四千三百九十五號，計地税二分有零。其地新立四至，東至宇地，西至衆存路，南至碓屋滴水並成都地，北至成都地。今因管業不便，自情願將前項四至内地骨，一併盡行立契出賣與弟成都名下爲業。三面憑中言議時值價紋銀四兩整，其契價當日兩相交付。未賣之先，即無重復交易。一切不明等情，盡是賣人之當，不及買人之事。所有税糧隨即本户會納，無得生情異説。今恐無憑，立此賣契存照。

崇禎二年正月二十六日立賣契人　張成棟（押）。

主盟父　守諒（押）。

中見人　汪一震（押）。

王元勛（押）。

今領契内價銀並收足訖，同日再批。（押）領。

《明清徽州社會經濟資料叢編》第二集《崇禎二年徐阿方賣山赤契》

立賣契婦徐阿方，今因夫往外，缺少食用，自情願憑親族將夫已買徐應義山一股，土名上前山井後山，係夜字一千五百四十一號。原山税三分七釐，四至照依丈册。其山十八股内徐應科一股，該山税二釐有零。憑中立契出賣與洪名下葬墳爲業。三面議作時值價銀二兩二錢整，其銀當日收足。其山隨即聽從買主扦葬管業。如有來歷不明，及重復交易、一切不明等事，盡是賣人承當，不及買人之事。原十八股共買此山，立有合同，隨即繳付，無得生情異説。其税候至册年，係在七都二圖一甲徐雲保户起割過户。在山大小松杉竹苗木，聽從照股均分。今恐無憑，立此賣契存照。

崇禎二年四月初三日立賣契婦　徐阿方（押）。

中見人　徐　枋（押）。

徐應良（押）。

代筆人　徐三孫（押）。

今就契内價銀並收足訖。同年月日再批（押）。

順治十一年十月十九日，大塘徐應繼同弟徐應受，憑中方元□、□浪仙、亨弘、徐君佐，在山坑方以沛家，五房眼同取回，保命脈來龍祖塚。

《明清徽州社會經濟資料叢編》第二集《崇禎二年吴時襄賣田赤契》

四都十一圖立賣契人吴時襄，今因管業不便，自情願憑中將承祖鬮分合得田一業，坐落土名店口干，係養字二百九號，計積二百零五步七分四釐五毫，計税九分三釐五毫。與兄共業，本身合得積步一百七十三步六分，合得税七分八釐九毫，計租六砠二十一斤。其田係野窑塘水澆灌。東至，西至，南至，北至。四至協定，憑中立契出賣與族弟吴□□名下爲業。三面議定時值價紋銀十兩零一錢三分整，其銀當成契日交收足訖，既無欠少分毫，亦無準折債負之類。其田（日）〔賣〕前並無重復典賣等情。出賣之後，一聽買人管業，如有内外人攔阻，盡是賣主之當，不涉買人之事。其税糧今奉新例，自吴子進户内隨即推入買人吴户下，自行解納〔糧邊〕，日後無得異説。今就契尾領價足訖，再不另立領札。立此賣契存照。

崇禎二年八月二十四　日立賣契人　吴時襄（押）。

中見人　吴二雅（押）。

吴師聖（押）。

吴至於（押）。

吴文聚（押）。

《明清徽州社會經濟資料叢編》第二集《崇禎三年承嘉賣山白契》

立賣契侄承嘉，原自己買得梁伯山一備，坐落七保，土名大林山，係經理朝字□號。新立四至，東至田，西至塘塢降及蒲桃彎當心直下至田，北至山嘴隨壟直上至降，南至塘塢路及坦地。自情願將前項山骨並竹木，盡行立契出賣與親伯名下爲業。三面議作時值價紋銀二十三兩整，其價契當日兩相交明，契後再不立領。未賣之先，並無重復交易，倘有不明等情，盡是身當，不累伯事。其税糧候册年起割過户。恐後無憑，立此賣契存照。

其來脚契文，候回即時繳付無詞。再批。

崇禎三年三月念二日立賣契侄 承嘉（押）。

見 兄 明北（押）。

《明清徽州社會經濟資料叢編》第二集《崇禎三年鄭有貞賣地赤契》

十八都六圖立賣契人鄭有貞，今因管業不便，自願將續置首字四千二百七十六號，計税一畝六分七釐正，□□大畝丘，四至在册。憑中出賣與本都五圖黄名下爲業。三面議定作值時價紋銀一十四兩整，其銀當即兩相交明，即無欠少分文，並無準折之類。倘有親房人等（阻難），盡係賣主之當，不干買主之事。其税糧夏秋一併收足，其税遵新例至賣人鄭有貞户下起割，入買人户下支解。今恐無憑，立此賣契爲照。

崇禎三年六月日立賣契人 鄭有貞（押）。

中 人 鄭端所（押）。

鄭端卿（押）。

鄭元長（押）。

宋武經（押）。

代書人 鄭欽鄰（押）。

《明清徽州社會經濟資料叢編》第二集《崇禎三年朱岩保賣田赤契》

三十一都三圖立賣契人朱岩保，今承父田一號，坐落土名李二嫂塢田二丘，計税四分六釐，係羔字一千七百七十號；又羅石姿塢田四丘，係羔字一千七百七十六號，計税二分七釐；又將李二嫂塢田一丘，計税九分七釐，係羔字一千七百六十五號。其前項三號田，東西四至自有實簿（蓋）〔記〕載，不及開寫。今來缺用，自情願將前項田骨盡行出賣與户叔朱名下爲業。憑中三面議作價銀一十二兩整，其銀契當日兩相交付明白。其税糧見在本户，聽自隨即認納，即無異説。未賣之先，即無重復交易，及（如有）家外人占攔，盡是賣人之當，不及買人之事。今恐無憑，立此賣契存照。

崇禎三年十月初九日立賣契人 朱岩保（押）。

中見叔 朱積護（押）。

積 祐（押）。

今領契内價銀並收足訖。同日再批（押）領。

《明清徽州社會經濟資料叢編》第二集《崇禎四年韓得時賣地赤契》

九都三圖立賣契人韓得時，今自情願將承祖父户下地一業，計税二分七釐，土名九畝（敦）〔墩〕。新丈姜字□號。其園新立四至，東至水渠，西至買人園地，南至胡家地及賣人地，北至洪家田。今將前項四至内地，出賣與同都洪名下爲業。憑中三面議作時值價紋銀一兩六錢正，其銀當日交足。其園並佃（則）〔即〕便與買人收苗管業。如有内外人攔阻，及重復交易，一切不明等，盡是賣人之當，不涉買人之事。其有上手來脚，繳付不便，日後（刷）〔索〕出，不（在）〔再〕行用。其税糧，本户自行起割，推入買人户内辦納糧差，即無難異。今恐無憑，立此存照。

崇禎四年二月十一日立賣契人 韓得時（押）。

中見人 陳懷池（押）。

洪子杰（押）。

代筆男 韓繼善（押）。

今就契内價銀並收足訖，再批無辭。

《明清徽州社會經濟資料叢編》第二集《崇禎四年張守諒賣地赤契》

旻川立賣契人張守諒，有地一備，坐落土名大園後地，係羔字四千三百九十七號，計税□零。其地四至，東至朱家地，西至上英等路，南至上英等地，北至上英等地。今因管業不便，自情願將前項四至内地骨並苗木，盡行立契出賣與族侄張起鶚名下。三面議作價銀一兩整，其價契當日兩相交付。並無重復（交易）。其税聽到户起割，認納。立此存照。

其地與字相共。除阿胡賣與侄外，該身（分）〔份〕數，盡行出賣，苗木地骨並無存留。諒再批（押）。

崇禎四年二月十二日立賣契人 張守諒（押）。

今領契内價銀並收足訖。同日再批。（押）領。

《明清徽州社會經濟資料叢編》第二集《崇禎四年謝應選賣山赤契》

十七都五圖立賣契人謝應選，今因乏本生理，自情願憑中將承祖父續置山一業，坐落土名搏牛塢，係新丈鞠字一千六百三號，計税三分五釐。其山東至白虎降分水爲界，西至小青龍外路安石爲界；又取外青龍外段安石爲界。左右原存留江氏火佃墳及頂安石爲界外；青龍中段，江家盡行存留，釘石爲界。南至頂後爲界，北至山脚田爲界。今將前項四至内山，盡行立契出賣與十四都五圖江名下爲業。三面議作時值價紋銀二百兩整，其銀當成契日一併交收足訖，不再另立領札。其山稅照契內數目，今奉新例，隨即在本家謝楷户內推出，聽從買主辦納糧差，並無難異。其山自從出賣之後，聽從扦作風水管業。倘有內外人攔阻及重復交易、一切來歷不明等情，盡是賣主之當，不涉買主之事。今恐人心無憑，立此賣契爲照。

其契內價銀當日一併交收足訖，不再另立領札。所有上首來脚契文，隨即繳付。同年月日再批（押）。

契內改異字一字，添石字一字。（押）

又改江字一字。

崇禎四年六月立賣契人　謝應選（押）。

中　人　金時淪（押）。

金堪孺（押）。

金文甫（押）。

汪吉光（押）。

順治十二年八月　日，將契內山稅取一分五釐賣與十七都七圖詹名下爲業。（仍）〔剩〕本家存稅二分，係墳墓正幹，釘界分明。

本年十一月　日將賣與詹稅□□□明白訖。吴信之批（押）。在見汪我敬（押）。汪大赤（押）。

《明清徽州社會經濟資料叢編》第二集《崇禎五年王弘道賣田赤契》

廿七都一圖立賣契人王弘道，今將自己父置鬮分田一號，坐落土名張坑干茶丘，係必字二千六百二十八號，實租十八砠，計稅；二號因土名降下水碓邊，係得字一千四十四號，計租十二砠，計稅兩畝零八釐兩（毛）〔毫〕。四至自有保簿開載。立契盡行出賣與金日輝名下爲業。當日憑中三面議作時值價紋銀二十八兩，當成契日兩相交明。今從出賣之後，一聽買人隨即收田管業，並無重復交易，一切不明等情，盡是賣人之當，不干買人之事。其稅糧今當大造，即隨推入買人户內交納，本家並無異說。其來脚契文與別契相連，繳付不便，日後要用，索出不（在）〔再〕行用。今恐無憑，立此出賣契文存照。

崇禎五年七月　日立賣契人　王弘道（押）。

中　人　金伯達（押）。

契內田，批還次男日輝，抵償金埜田訖（押）。

《明清徽州社會經濟資料叢編》第二集《崇禎五年吴一國賣田赤契》

三十二都四圖立賣契人吴一國，承祖有田一丘，坐落土名汪高段，係職字□號，新丈惟字二千三百六十五號，計經理一分一釐。其田新立四至，東至水渠，西至大路，南至吴乾田，北至吴澤田。其田與吴正信共業，該身六股之一。今來無物支用，自情願央中〔將〕前項四至內田骨並租苗，盡行立契出賣與吴禄祐名下爲業。三面言時值價銀一兩三錢整，其價契當日兩相交付。其田未賣之先，即無重復交易。（及）〔如〕家外人佔據、一切不明等事，盡是賣人之當，不及買人之事。所有稅糧，今輪册年，聽從吴一賓户下起割。前在本家，並無攔占生情異說。恐後無憑，立此爲照。

其田下邊柿樹一根，該身三股之一，隨田出賣，本家無存。再批（押）。

崇禎五年十一月二十四日立賣契人　吴一國（押）。

依口代筆見人　吴一治（押）。

今領去契內價銀並收足訖。同月日再批。（押）。

《明清徽州社會經濟資料叢編》第二集《崇禎五年徐應信賣山赤契》

立賣契人徐應信，今將贖回徐雲富等賣過山四股，土名中村大塢口，係夜字一千五百四十一號，計山稅三分七釐，〔本〕身四股合得山稅八釐二毫有零，四至照依保簿。於上蓄養大小松杉苗竹雜木，憑中盡行立契出賣與洪名下爲業。三面議作時值價白紋銀十兩整，其銀契當日兩相交足。其山聽從買人隨即收苗、管業，倘有來歷不明等事，及本家人生情異說，盡是賣人之當，不及買人之事。其稅現遇册年，在七都二圖一甲徐天元户起割交户，無得阻異。今恐無憑，立此賣契存照。

其有原賣與方宅是〔本〕身贖回來脚契，隨即繳付。再批（押）。

崇禎五年十二月十三日立賣契人　徐應信（押）契。

中見人　徐應良（押）。

今就契內價銀並收足訖。同年月日再批（押）領。

順治十一年十月十九日，天塘三房徐應繼同弟徐應受，憑中方元起、方浪仙、方士弘、徐君佐，在山坑方漁沛家兄弟五房，眼同取回來，保來龍祖塚。

《明清徽州社會經濟資料叢編》第二集《崇禎五年李叢生等賣地赤契》

立賣契人李叢生同弟叢旺，今將承父地一備，坐落一保，土名騎馬洲楊林頭，係經理罪字六百七十七號，計下地八分。其地新立四至，東至李地，西至吴地，南至荒地，北至塝。今將前項四至内地骨並監租，自情願〔書行〕立契出賣與吴承慶名下爲業。三面憑中議定時值價紋銀二兩二錢五分正，其契價當日交付明白，契後不再立領。未賣之先，（則）〔即〕無重復交易，如有一切不明等情，盡是賣人之當，不及買人之事。所有税糧，今當册年，聽自李之材户起割，過入吴慶源户供解無詞。今恐無憑，立此賣契存照。

崇禎五年十二月十三日立賣契人　李叢生（押）。

李叢旺（押）。

中見叔　李天昭（押）。

《明清徽州社會經濟資料叢編》第二集《崇禎五年程應皋賣田赤契》

立賣契〔人〕程應皋，今將承祖並續置原伐字五百四十號，今海字五千三百八十九號，土名莊基上塢，計田税一畝三分三釐；又塘税一分三釐，係海字五千三百二十號，計秈租二十一砠半，佃人許七十、冬九；又將原伐字八百九十七八號，今海字五千六百六十九號，土名風水塢，計秈租四砠，計田税四分；又同號塘税一分，佃人程來付。今因管業不便，自情願憑中將前項田、塘，盡行立契出賣與親人朱名下爲業。當日三面議作時值價紋銀十五兩五錢整，其銀契當日兩相交〔付〕足訖。其田自今出賣之後，聽從買人收租管業，如有内外人占攔及重復交易、一切來歷不明等情，盡是賣人之當，不及買人之事。其税今輪册年，聽從買人隨即在本圖三甲程潤皋户起割田税一畝三分三釐，塘税二分三釐；程陽春户内起割田税四分，塘税一分，推入買人户内當差，即無異説。今恐無憑，立此賣契存照。

崇禎五年十二月二十五日立賣契人　程應皋（押）。

憑　侄　程尚貞（押）。

中見人　朱百益。

朱有仁（押）。

朱省愚。

今就契内價銀並收足訖，別不立領札。同年月日再（押）批。

《明清徽州社會經濟資料叢編》第二集《崇禎六年張阿吕等賣田赤契》

三都八圖立賣契人張阿吕同男國彬，今因（決）〔缺〕用糧差，同男嘀議，憑中將父續置二丘，土名羅墩，係閏字一千四百六十八號，中則田二百三十五步四分，計税一畝零七釐，計白穀租一十二砠。其田東至孫田，西至吴家園，南至閔家高基園，北至路。其田係長塘水（救）〔澆〕，計税一分；又將土名羅墩田一丘，係閏字一千四百六十六號，中則田三百一十二步零三釐，計税一畝四分六釐八（毛）〔毫〕，計白穀一十三砠半。其田東至係孫家屋地，南至方家田，西至金家山，北至本家路。今將前項八至内共計税二畝五分三釐八（毛）〔毫〕，外長塘税一分，憑中盡行立契出賣與十四都一圖孫名下爲業。三面言議時值價九五色銀共二十兩整，其銀當成契日一併收足（乞）〔訖〕，並無欠少分文，亦無準折債負之類。自賣之後，聽從買主隨即管業，收税收租，倘有來歷不明及重復交易等情，如有内外人攔阻，盡是賣主承當，不涉買人之事。其税糧今現册年，在三都八圖一甲張榮華户内起割，推入十四都一圖十甲孫熙鎏户内，自行辦納，並無難異。今恐無憑，立此賣契存照。

其有上手來脚契文一紙，係閏字一千四百六十八號，隨即繳付。仍有閏字一千四百六十六號契文與别産相連，繳付不便，日後（刷）〔索〕出，不（在）〔再〕行用。再批（押）。

契内銀兩當日領去，不再立領札。再批（押）。

崇禎六年二月初一日立賣契人　張國彬（押）。

主盟母　張阿吕（押）。

憑　兄　張國柱（押）。

中見人　張文德（押）。

孫時濤（押）。

胡　臭（押）。

葉　老（押）。

《明清徽州社會經濟資料叢編》第二集《崇禎六年汪表儀賣基地赤契》

三十都立賣契人汪表儀，今將承父續置基地一片，坐落本都本圖九保，土名隆充，原額業字□號。新丈染字四千九百五十一號，四千九百五十二號，〔染字〕四千九百四十三號、四千九百四十四號等。該身地五步二分，計税；又將染字四千九百五十一號、四千九百五十二號，該身地三步，計税。今因缺用，同母親張氏，自情願央中將前項地出賣與同都族人國焜名下爲業。當日三面議定時值價銀七十兩整，其銀契當日兩相交付明白。聽憑買主執契管業，本家並不得生情異説。其税現在汪川户下，聽從買人隨便交割、過户，並無難異。未賣之先，並無重復交易。〔及〕内外攔占，不明等事，盡是賣人之當，不涉買人之事。今恐無憑，立此賣契爲照。

其原買汪一謙兄弟地契一紙，又買汪應鱗等元霄會地契一紙，當日繳付訖。

崇禎六年二月　日立賣契人　汪表儀（押）。

主盟母　汪阿張（押）。

中見親叔祖　汪之晃（押）。

同見人　汪泰時（押）。

依口代書叔　汪士廣（押）。

今領契内紋銀一併收足訖。同日再批領。

《明清徽州社會經濟資料叢編》第二集《崇禎六年吴阿李賣田白契》

立賣契人吴阿李，承夫有田一號，坐落土名小塢，係新丈羔字六千四百四十五號，計税八分七釐六毫整。其田新立四至，東至吴秧田，西至山，南至山，北至塝，右具四至分明。爲因缺用，自情願央中將前項四至内田骨税該身一半，立契出賣與良公祀名下爲業。三面議作時值價銀二兩五錢整，其銀契當日兩相交付。未賣之先，並無重復交易，（即）〔既〕賣之後，一聽買人收租管業。倘有家外人占攔，及一切不明等情，盡是賣人承當，不累買人之事。所有税糧現在一甲吴俊户，聽買人起割過户認納，本家並無生情異説。今恐無憑，立此賣契存照。

崇禎六年三月　日立賣契人婦　吴阿李（押）。

中見人　吴　禮（押）。

吴　灼（押）。

代書房叔　吴　學（押）。

今領去契内價銀並收足訖。同日再批（押）領契。

其田於崇禎十七年三月日轉賣與子明公祀會爲業，會首吴裕、吴時省批。

《明清徽州社會經濟資料叢編》第二集《崇禎六年張阿胡賣田白契》

三十一都立賣契人張阿胡，承夫元宇有田一備，坐落土名汪二伯塢，係羔字□號，計田税一畝整。其田四至，自有鱗册（該）〔記〕載，不及開寫。今因故夫出柩埋葬使用，自願將前項四至内田骨並租苗，盡行立契出賣與房侄起鵰名下爲業。憑中面議時值價銀八兩五錢整。其本田内典租二秤，並在前價賣内。其價契當日兩相交付。未賣之先，即無重復交易。一聽買人永遠管業。其税在户，聽自起割認納，即無異説。今恐無憑，立此賣契存照。

田鷄一隻在賣内，其田東溪，西荒地，南英山，北守理山。

崇禎六年三月十一日立賣契人　張阿胡（押）。

奉書男　守諒（押）。

中　見　守鸞（押）。

上達（押）。

今領契内價銀並收足訖。同日再批（押）領。

《明清徽州社會經濟資料叢編》第二集《崇禎六年程元登等賣屋基地白契》

和化里住人程元登、元臺，承父有佃屋二所；又地一片，土名上橋頭，其屋地東至溝及本家地，南至高基田塝，西至水溝，北至本家園；又魚塘一眼，並地，其塘地東至文峰地，西至溪，南至買人塘地，北至田。俱係已字□號經理。今因乏用，自願央中立契出賣與侄德新名下爲業。憑中面議時值價銀十二兩整，其銀隨手收足。其屋地今從賣後，一（以）〔依〕買人管業爲定。（日）〔事〕前並無重（張）〔復〕交易，不明等事，有此，賣人自理，不涉買人之事。所有税糧本户自行扒納，不在難異。今恐無憑，立此賣契存照。

其契内魚塘係土名磨榨灣。再批。

崇禎六年五月十八日立賣契人　程元登（押）。

同弟　程元臺（押）。

見人　程豈凡（押）。

程通甫（押）。

其契内價銀當日隨手收足。再批（押）領。

《明清徽州社會經濟資料叢編》第二集《崇禎六年王成甫賣山赤契》

二十一都三圖立賣契人王成甫，今因缺少使用，自願央中將續置到白字一千九百九十五號山園一業，土名戴家塢，計山税六釐二毫，上荳租五斗，佃人孫元保、徐子環等。其山四至，上至尖降分水，下至山脚，裏至塢心孫業，分水爲界，外至孫友忠山降直下。今將前項四至内山園，憑中立契出賣與同都孫紹祖名下爲業。當日三面議定時值價紋銀七兩整，其銀當成契日一併收足。其山隨即聽從買人管業，收苗受税。先年並無重復交易等情，倘有本族内外人言説，盡是出賣人之當，不涉買人之事。所有税糧於本族汪勝保户内起割，推入買人户内辦納，無得異説。其山倘字號不清，分毫不盡，以〔業〕四至挾定。恐後無憑，立此賣契存照。

前項契内價銀，隨契領足。再批。

所有來脚契文與別業相連，繳付不便，再批。

崇禎六年七月日立賣契人　王成甫（押）。

中見人　汪　明（押）。

王勤賜（押）。

汪元功（押）。

《明清徽州社會經濟資料叢編》第二集《崇禎六年金一諾賣塘赤契》

十四都八圖立賣契人金一諾，今因乏用，自情願央中與弟共業土名後底塘一口，本身續置塘一半，係制字四十五號，計步塘一分二釐五毫一系四忽。東至金田，西至本家田，南至金家田，北至本家園及買主園爲界；又將土名後底塘一丘，係（制）〔字〕五十號中田，計地一佰零二分八釐三毫，計税四分五釐六毫。東至金家衆小路，西至本家園，南至路塘，北至金家田。共八（置）〔至〕盡行出（外）〔賣與〕本户一經名下爲業。三面議定，時值價銀六兩正，其銀當成契之日一併交收足訖，並無準折重復等情。倘有來歷不明，盡是賣人之當，不涉買人之事。其税其户隨即扒納收苗。有續置觀音會□□内交訖。今恐無憑，立此賣契存照。

契内價銀盡行收足，不另立領札。再批。

崇禎六年八月□□日立賣契人　金一諾（押）。

金順宇（押）。

《明清徽州社會經濟資料叢編》第二集《崇禎六年程九思賣田赤契》

立賣契人程九思，今將芥字二千六百四十五號，土名河塢口，計生租四砠，計田税三分八釐四（毛）〔毫〕，佃人汪生；又芥字二千六百八十號，塘税四釐；又芥字六千一百八十三號，土名官鋪上田，計田一百三十五步三分，計地一百九十步六分六釐五（毛）〔毫〕，計田税六分二釐五（毛）〔毫〕，計地税七分〔□〕釐。今皆作地，每年交粟二秤，麥二秤，豆一秤，佃人張伴儅。憑中出賣與叔名下爲業。三面議作時值價紋銀十兩整，其銀契當日交收足訖，不別立領札。自從出賣之後，一聽買人收苗管業，如有内外人攔阻及重復交易、一切不明等事，盡是賣人承當，不涉買人之事。其税糧，今當大造之年，隨即起割，推入買人辦納糧差無詞，不必面會。今恐無憑，立此賣契存照。

崇禎六年十月初七日立賣契人　程九思（押）。

中見人　程太實（押）。

程文模（押）。

今就契内銀一併盡收足訖，不別立領札。同年月日再（押）批契。

《明清徽州社會經濟資料叢編》第二集《崇禎六年程夏至賣田白契》

二十八都九圖立賣契人程夏至，今因欠少九甲錢糧上官，自情願央中將承父業田該身田，土名係恃字□號，其田猪欄塢田四丘，計實租四秤整。其田東至低田，西至衡溪社田，南至衆家山，北至程全壽山。今將四至號内，立契斷骨出賣與黄名下爲業。三面議取時值價紋銀三兩四錢整，其銀隨手一併收足。其田出賣之後，一聽買人自行管業收苗受税爲定。但有重復交易，不明等事，盡是賣人自理，不涉買人之事。今恐人心無憑，立此賣契存照。

崇禎六年十二月初六日立賣契人　程夏至（押）。

主盟父　程子有（押）。

代筆中見　吴文高（押）。

中見人　程全壽（押）。

其契内加字二個，内改字一個。

前項契内田價隨手一併收足無異説。再批（押）。

《明清徽州社會經濟資料叢編》第二集《崇禎七年許有定賣田赤契》

立賣契人許有定，今因母故缺少齋葬銀兩，自情願浼中將承繼父原業，土名大塢田二丘，塘一口，計秈租六砠，係劍字□號，計税四分七釐二正。其田新立四至，東至角帶舍山塝爲界，西至水渠，南至光田，北至山脚爲界。今將四至内田塘，盡行立賣出賣與族侄名下爲業。當日三面議定得受價文銀六兩五錢正，其銀當日收足。其田塘即聽買人收租管業，並無内外人攔阻及重復交易。一切不明等事，盡是出賣人承當，不涉買人之事。其税糧本户隨即扒納無詞。今恐無憑，立此賣契存照。

崇禎七年正月廿五日立賣契人　許有定（押）。

中見人　許有忠（押）。

許有志（押）。

依口代書　許應明（押）。

今就契内價文銀一併交收足訖，不別立領札。同年月日再批（押）照。

《明清徽州社會經濟資料叢編》第二集《崇禎七年程懋桐賣田白契》

和化里住人程懋桐，承父有田一處，坐落土名茶灣堆，計租一十三秤，計丘，係已字□號。東至，西至，南至，北至。今因續弦缺少支用，自情願央中將前四至内田出賣與族兄懋昭名下爲業。當日憑中三面議時值價銀一十兩七錢正，其銀當日隨手收足。其田自從出賣之後，一聽買人收租、管業爲定。（日）〔事〕前並無重（張）〔復〕交易、不明等事。如有，出賣人自理，不涉買人之事。所有税糧，本户自行扒納，不（在）〔再〕難異。今恐無憑，立此出賣契爲照。

崇禎七年四月十一日立賣契人　程懋桐（押）。

中見人　程元振（押）。

程懋睦（押）。

其契内價銀當日隨手收足，再批（押）領。

《明清徽州社會經濟資料叢編》第二集《崇禎七年黄萬謨賣田赤契》

二十四都八圖立賣契人黄萬謨，今因保祖墓訟費並復加禁碑修（輯）〔葺〕等項無措，將承祖祀田一號，坐落土名故貢丘，係敢字一千六百五十三號，計税，計租。其田東至，西至，南至，北至。前項四至田，除先年賣過外，仍存田租四砠零十斤。今〔因〕取田租一砠十二斤，計税，立契出賣與同都户人黄名下爲業。當日憑中三面議作時值價銀三兩整，其銀隨手收足。其田自今出賣之後，一聽買人收苗受税爲定。如有内外人攔占，及重復交易不明等情，盡是賣人祇當，不涉買人之事。其税糧今輪册年，即行推〔割〕，並無異説。立此賣契存照。

崇禎七年八月　日立賣契人　黄萬謨（押）。

經手孫　黄應杞（押）。

黄應梧（押）。

黄應桂（押）。

黄從頤（押）。

黄從頌（押）。

黄從頫（押）。

黄如璠（押）。

黄從立。

黄如璧。

黄從衡。

黄從□。

黄從貴。

黄其功。

黄其振（押）。

中見人　黄應邦。

前項契内價銀，當成契日隨手一併收足。同日再批（押）領。

《明清徽州社會經濟資料叢編》第二集《崇禎七年汪阿徐等賣田赤契》

歙縣十八都六圖立賣契婦汪阿徐同男文昌，今因缺少使用，自情願憑中將承夫業田一丘，坐落土名佛塘塢〔田一丘〕，計税一畝五分，係位字二千六百六十五號田。東至塘塝，西至汪可業田，南至汪良珍園塝，北至程家園塝。今將前項四至内田，盡行立契出賣與堂侄汪文俸名下爲業。當日憑中三面言議時值價紋銀八兩整，其銀當成契日一併兩相交收足訖，（即）〔既〕無欠少分文，亦無重復交易等情。又將佛塘（塘）税一分，澆溉前田，該人無得生情異説。其税糧在休寧十五都二圖程彦忠户内起割，推入買人户内解納，（則）〔即〕無難異。今恐無憑，立此賣契存照。

崇禎七年八月　日立賣契婦　汪阿徐（押）。

同男　汪文昌（押）。

憑中人　汪可仕（押）。

《明清徽州社會經濟資料叢編》第二集《崇禎七年鄭生賣山赤契》

五都四圖立賣契人鄭生，今將承祖業山一處，土名金九山，新丈巨字六百三十二號，該〔分〕山稅八分整。其山新立四至，東至，西至，南至，北至。四至內存山稅一釐，開造生塋一所在上，本家存留；又將土名社得山一處，〔所〕〔新〕丈劍字五十六號，日培計山稅一分二釐五毫，內存山稅二釐，原風水一所在上，本家存留，其外山新立四至，東至水坑及田，西至買人山，南至買人山及路地，北至本家風水山，埋石爲界；又將土名高尖山一處，新丈劍字六十一號，內該山一分二釐，其山四至，東至，西至，南至，北至；又將田一處，土名深塢裹邊，新丈劍字□號，田一丘，計租一砠，其稅一分。其田東至，西至，南至，北至。今將前項山三處、田一處，共計一十六至，計山稅一畝零一釐五毫，田稅一分，憑中立契出賣與本都十圖六甲鄭名下爲業。當日三面言議時值價紋銀一十三兩整，其銀〔契〕當成契日一併兩相交收足訖，別不立領札。今從出賣之後，一聽買人收苗、管業，如有內外人攔占，及重復交易，一切不明等事，盡是賣人之當，不涉買人之事。其有上手來脚，與別産相連，繳付不便，日後要用，〔刷〕〔索〕出參照。其稅糧，奉新例，即便推入買人户內辦納糧差，即無生情異說。其山原無上手佃頭。今恐人心無憑，立此賣契存照。契內改存字一個（押）。

於本月二十日時，土名社得，原存風水一所，山稅二釐，盡行出賣〔與〕本家，並無存留，再批。男有韶筆（押）。當憑堂兄有惠（押）。

崇禎七年九月十八日立賣契人　鄭　生（押）。

中見人　鄭應邦（押）。

鄭有計（押）。

今就契內價銀並收足訖。同年月日再批爲照。（押）領。

《明清徽州社會經濟資料叢編》第二集《崇禎七年葉茂芝等賣田赤契》

十八都二圖立賣契人葉茂芝同弟茂蘭同母吴氏，今因缺少使用，自情願憑中將承祖田一業，坐落土名門前塘，係愛字三千八百七十四號，計田稅二分八釐；又將毗連愛字三千八百七十五號，計田稅三分九釐六（毛）〔毫〕。其田東至社園，西至恒堅屋墻，南至路塘，北至文明田。二號共計田稅六分七釐八毫；又將應田塘稅三釐。今將四至內盡行立契出賣與本圖汪名下爲業。當日三面議定時值價紋銀五兩二錢五分整，其銀契當日兩相交訖，並無準折等情，亦無重復交易。其稅糧在葉永存户內起割，推入買人户內支解。本家應〔有〕人争競，盡是賣主之當，不干買主之事。今恐無憑，立此賣契爲照。

其田議定或在本年內，或田或園估值對擬，無得異說。再批爲照。內加二錢五分正字五個整。存照（押）。

崇禎七年十月初六　日立賣契人　葉茂芝（押）。

弟　茂蘭（押）。

母　葉阿吴（押）。

母舅　吴應元（押）。

中見人　葉惟誼（押）。

《明清徽州社會經濟資料叢編》第二集《崇禎八年朱阿劉等賣田赤契》

十五都三圖立賣契婦朱阿劉同男朱廷模，今因缺少使用，自情願憑中將承夫續置田一業，坐落土名湖田，係首字八十二號，計稅一畝整，計租六秤。其田東至，西至，南至，北至。今將前項四至內田，盡行立契出賣與十八都戴照名下爲業，本家並無毫釐留存。當日得受時值價銀八兩四錢，其銀當成契日一併收訖，並不欠少分文，亦無準折之類。其田隨即交與買主管業，收苗受稅。〔日〕〔事〕前並無重復交易、典當〔等情〕及一切不明等事，倘有內外人攔占，盡是賣人之當，不涉買主之事。其稅今輪大造，隨即推與買人辦納無異。所有上首來脚契文，隨即繳付。今恐人心無憑，立此賣契存照。

同年月日，契內價銀一併收足。再批（押）。

崇禎捌年三月　日立賣契婦　朱阿劉（押）。

同男　朱廷模（押）。

中見叔　朱廷甫（押）。

《明清徽州社會經濟資料叢編》第二集《崇禎八年余阿蔣等賣田赤契》

立賣契人余阿蔣同男元運等，今爲無銀支用，自情願將承祖户下一處田，土名下尾，係闕字三百九十二號，本邊該租四砠，佃人遇孫，計

（則）〔租〕，計税；又將土名胡頭七畝，計租一砠，佃人潘伴儅，係闕字一千五百六十五號，計（則）〔租〕，計税。四至照依經册。憑中立契出賣與族人余廷球名下爲業。三面議定時值價文銀九兩一錢整，其銀當日收足。其田一聽買人收租管業，本家無阻〔攔〕，如有來歷不明，盡是賣人之當，不及買人之事。其税候册年同到文盛户下起割〔過户〕解納無阻。今恐無憑，立此存照。

崇禎八年四月二十日立賣契人　余阿蔣（押）。

同男　元運等（押）。

代筆親叔　余廷□（押）。

中見人　汪文德（押）。

今就契内銀兩盡收足訖。同年月日再（押）批領。

《明清徽州社會經濟資料叢編》第二集《崇禎八年姚尚祐賣山赤契》

永豐里住人姚尚祐，今因缺少食用，願央中將己承祖民山一號，土名園堆，係發字三千八百九十四號。其四至照依見業，不（在）〔再〕開寫。今自情願將山税三毫五糸，並在山花息，盡行出賣與弟姚時可名下爲業。三面議取時值價銀七錢整，其銀當日收足。其山今從出賣之後，一聽買人管業，收息爲定。倘有内外人言説，及重復交易、不明等事，盡是賣人之當，不干買人之事。其税候册年本户自行起推，並無難異。恐後無憑，立此賣契存照。

崇禎八年十月　日立賣契人　姚尚祐（押）。

中　人　姚文洽（押）。

《明清徽州社會經濟資料叢編》第二集《崇禎八年鄭四壽賣山白契》

立賣契人鄭四壽，今有叔祖顯保，久外住居不回，遞年編糧、匠班。户門等項，累身辦納無措，今將顯保分下該三保土名江項坑等處山場一備，分（截）〔籍〕内土名、字號、四至，悉照桂前賣契，將前山骨並在山苗木雜柴，即無存留，盡數立契出賣與同都程名下凑片爲業。面議時值價紋銀一兩整，在手足訖，其價並契當日兩明。其山未賣之先，即無家外人重復交易，來歷不明，賣人承當，不干買人之事。日後顯保子孫回有異説，盡係賣人子孫承當，不得累及買人。自成〔交〕之後，各無悔異。如先悔者，甘罰契内銀一半公用，仍依此契爲準。所有税糧悉照新例，隨契推割買人户供解（毋）〔無〕詞。今恐無憑，立此賣契爲照。

崇禎八年十一月二十八日立賣契　鄭四壽（押）契。

依口代筆中見　程　貞（押）書。

中　見　胡法龍。

附推單：

立推單人六都一圖六甲下鄭四壽户户丁四壽，今將本都三保土名江項坑等處山一備，顯保分（截）〔籍〕，賣與本都本圖八甲程宗舜户户丁程名下爲業訖。今遵新例，將前山税糧二分六釐，推入買人户内。自崇禎九年（分）〔份〕起，買人供編糧無詞。今恐無憑，立此推單爲照。

崇禎八年十一月二十八日立推單人　鄭四壽（押）契。

依口代筆人　程貞（押）書。

《明清徽州社會經濟資料叢編》第二集《崇禎八年倪思及賣山白契》

十六都倪思及，今有承祖（摽）〔標〕分得山一號，七保土名齊家充啞見塢、小莊背塢，本位該得五股之三。四至自有經理可照；又地一號，坐落四保，係土名黄土嶺、金鷄嶺上，遞年交豆二斗四升，又交粟二秤。今有不便，憑中出賣與倪名下爲業。面議時價紋銀四兩整，在手足訖，契價當日兩付。未賣之先，並無重復交易。來歷不明，賣人自理，與買人無干。所有税糧隨契扒過。自成〔交〕之後，各不許悔，如違，甘罰契價一半公用，仍依此文爲始。今恐無憑，立此存照。

再批：啞見塢遞年交租二秤五斤，亦在契内。又照。

崇禎八年十二月廿二日　立契人　倪思及（押）。

奉書男　宗　證（押）。

中見人　倪思選（押）。

思詠（押）。

《明清徽州社會經濟資料叢編》第二集《崇禎九年程九思賣山白契》

立賣契人程九思，今將承祖父芥字二千二百九十六號，二千三百零八號，土名守牛塢羊榨山一業，計税二畝，守山人張全、野九等。其山東至，西至，南至，北至。今因管業不便，憑中立契出賣與叔名下爲業。當日三面議作時值價紋銀五十兩整，其銀契當日兩相交收足訖，別不立領札。今從出賣之後，其山石岩及大小松木、雜木，一聽買人收苗、管業。

如有内外人攔占，及重復交易，一切不明等事，盡是賣人之當，不涉買人之事。本山並無分（法）〔毫〕存留。其税糧係本户，照新例隨即推入叔池户辦納糧差無（辭）〔詞〕。今恐無憑，立此賣契存照。

其山東至，西至，南至，北至。再批（押）

崇禎九年五月十三日立賣契人 程九思（押）。

中見人 程若虚

程伯範（押）。

今就契内銀兩，一併盡行交收足訖，别不立領札。同年月日再批（押）契。

《明清徽州社會經濟資料叢編》第二集《崇禎九年胡汝實賣田赤契》

八都四圖立賣契人胡汝實，今因缺欠錢糧，情願將承祖並父續置田業，土名墳前長培，菜字四百七十二、三、四號，計田税七畝二分，計籼租六十砠，佃人胡應社。東至，西至，南至，北至；又將土名池邊門口，菜字□號，計税二分四釐，計籼租二砠，佃人程四九。東至，西至，南至，北至；又將土名寺山，菜字□號，計田税六釐，計秈租半砠，佃人程四九。東至，西至，南至，北至；又將土名查干六畝丘，標字三千九百九十八號，計税一畝六分，計糯租十六砠，佃人吴一元、吴的。東至，西至，南至，北至；又將土名麥坑，標字□號，計田税一分五釐，計秈租一砠零十斤，佃人汪得武。東至，西至，南至，北至。今將前項二十至内，共計秈糯租七十九砠零二十二斤半，共計田税九畝二分五釐，其租每砠重二十五斤，憑中立契出賣與同都同圖徐名下爲業。當日三面議定時價紋銀一百兩零二錢五分整，其銀契當成〔交〕之日兩相交足訖。其田自賣之後，聽從買人收租管業，倘有重復交易，及内外人阻説，盡是出賣人之當，不涉買人之事。其税遵奉新例，隨即起割推入買人户内辦納糧差。恐後無憑，立此賣契存照。

崇禎九年八月 日立賣契人 胡汝實（押）。

憑中人 金潤宇（押）。

許國勝（押）。

徐玉衡。

今就契内價銀當日一併收足訖，另不立領札。同年月日再（押）批。

《明清徽州社會經濟資料叢編》第二集《崇禎九年程舜臣賣田赤契》

十九都一圖立賣契人程舜臣，今將承父續置田一丘，係新丈遐字六百三十七號，計租一十五秤，計税一畝七分，土名遠付上千。其田東至，西至，南至，北至。今將前項四至田，依保簿憑中盡行立契出賣與同都汪名下爲業。當日憑中三面議取時值價紋銀十三兩五錢整，其銀當成契日一併收足，並無欠少分文，亦不另立領札。其田自從出賣之後，一聽買人管業，收苗受税。如有家外人言説，及先後重復交易等情，盡是賣人之當，不涉買人之事。所有税糧候大造之年推入買人户内辦納無辭。恐後無憑，立此賣契存照。

前項契内價銀同年月日時一併收足，再批領銀（押）。

所有來脚契，與别産相連，繳付不便（押）。

崇禎九年八月 日立賣契人 程舜臣（押）。

中見人 汪敬宇（押）。

代筆人 程晉卿（押）。

《明清徽州社會經濟資料叢編》第二集《崇禎十年汪若洊賣屋基地赤契》

立賣契人汪若洊，今將承祖廳屋基地一片，計地九十餘步，内取後重該身屋地一十八步，係羽字四千九百一十六號。東至明卿叔地，西至祖墳，北至綸恩祠及明卿叔地，南至本家廳地。今因缺用，情願央中出賣與明卿叔名下爲業。三面議作時值價銀三佰六十兩正，其銀當日一併收足。自賣之後，隨即聽從買主管業。未賣之先，並無重復交易。如有一切不明等情，盡是賣人理直，並無異説。今恐無憑，立此賣契存照。

其税候大造之年，聽從本户起割無詞。再批。

其屋上至椽瓦，下至地脚，四圍門壁俱全。再批。

實積地十五步一分四釐八毫五糸，以柱心爲界並滴水五十，實得價三百兩正。

崇禎十年三月 日立賣契人 汪若洊（押）。

中 人 吴君求（押）。

汪若順（押）。

汪濟明（押）。

汪桂芳（押）。

奉書男　汪桂茂（押）。

今領去契内銀價一併收足訖。同日再批。

《明清徽州社會經濟資料叢編》第二集《崇禎十年汪喬等賣山白契》

四都一圖立賣契人汪喬、汪順等，原有承祖來龍並祖續置山業，今因人心不一，未有定規，以致戕傷樹木，傷壞來龍，自情願將各房分法，並已買〔分〕〔份〕數，各自情願立契出賣與衆清明會内爲業。連衆蓄木蔭屋基，並祖宗墳塋風水。其山東至，西至，南至，北至爲界，四至〔協〕〔悉〕定，係雲字□號，計税□釐。盡行立契出賣與清明會人名下，〔分〕法並不存留分毫。當日得受價銀一兩三錢三分整，其銀當日一併收足，即無欠少。其内外人等毋得生情異説，從前並無重復〔交易〕不明等情。恐後無憑，立此賣契存照。

崇禎十年四月　日立賣契人　汪　喬（押）。

汪　順（押）。

代筆人　汪爲順（押）。

《明清徽州社會經濟資料叢編》第二集《崇禎十年朱九郎賣田白契》

休寧卅一都立賣契人朱九郎，因父上年欠到張宅債銀，自情願將田一備，在祁州〔門〕十一都坐落四保，土名程充塢口，係經理商字□號，計田一丘，計税五分，計硬租五秤。東至路坑，西至李田，南至吳田，北至李田。今將前項四至内田骨並租，盡行立契出賣到本都張宅名下爲業。面議時值價紋銀三兩二錢整，其價契當日兩相交付明白。一切不明等事，盡是賣人之當，不及受户之事。恐後無憑，立此賣契存照。

崇禎十年七月十六日立賣契〔人〕　朱九郎（押）。

代書人　朱時倖（押）。

立盟伯母　李　氏（押）。

《明清徽州社會經濟資料叢編》第二集《崇禎十年陳雲付等賣山白契》

佃人陳雲付、雲法兄弟，承父置受得二保土名青山培山一號，係陽字一千九百九十七號，新立四至，東至溪，西至降，南至乾坨，北至山末，抵墳爲界。四至内共山四畝，本位兄弟該得一畝。因弟召婚，自情願立契出賣與長源碓爲業。當得價銀三錢八分正，契價當日兩明。未賣之先，並無重復交易，今恐無憑，立此賣契爲照。

崇禎十年十月初一日立賣契人　陳雲付（押）。

雲法（押）。

中見人　汪雲壽（押）。

陳法才（押）。

再批：原契繳付汪朝祐名下，前去管業執契照。

崇禎十二年三月十六日長源碓批。

《明清徽州社會經濟資料叢編》第二集《崇禎十年戴文道賣園地赤契》

十八都十圖立賣契人戴文道，今因管業不便，將續置園一丘，坐落土名水家堀，係朝字□號，計税二畝一分，計中地積，計租每年麥荳上分各十二大斗。其園東至，西至，南至，北至。今將前項四至内園地，盡行〔出賣〕，憑中出賣與同都戴名下爲業，本家並無存留糸毫。三面言定時值價銀六兩整，其銀當日盡收足訖，並無欠少分文，亦無重復交易準債之類。倘有内外攔占，及一切典當不明等情，盡是賣人承當，不涉買人之事。其税糧今輪大造，本户自行起割，推入買主户内辦納糧差。其園隨即交與買主管〔業〕，收苗受税，並無異説。所有上首來脚契文，與别産相連，繳付不便，日後〔刷〕〔索〕出，不當行用。今恐無憑，立此賣契文書存照。

同年月日，契内價銀一併收足訖。

崇禎十年十月日立賣人　戴文道（押）。

中見人　戴壽龍（押）。

《明清徽州社會經濟資料叢編》第二集《崇禎十一年胡天佑賣山赤契》

立賣契人胡天佑，今有承祖父山一號，坐落土名碣頭山。東至高尖，西至路，南至竹灣口，北至李胡山。四至内與侄、兄天孫、元富、元興、三元、祖得，〔租〕該本身六股之二。其山松木並雜木，盡行出賣與里長胡世良名下爲業。三面議定時值價文銀一兩二錢正，其價〔契〕當日兩相交付。〔立〕〔未〕賣之先，即無重復交易，立此賣契爲照。内收定糧〔銀〕二錢四分正，又收□二分。

崇禎十一年正月廿日立賣契人　胡天佑（押）。

親筆中見　胡君典（押）。

其山轉賣與同分胡元善爲業。日後聽照原價取贖無詞。胡率孫（押）。

《明清徽州社會經濟資料叢編》第二集《崇禎十一年朱四十等賣田白

契》　三十一都立賣契人朱四十同弟朱龍孫，有承父買張良琇田一備，坐落土名祁門麻榨坑口，係□字□號共田一丘。東至張上田，西至張社貴田，南至坑，北至塝。其田與長求相共，本身兄弟該得一半，計稅六分有零。今因男朱高娶親，缺少時（財）禮使用等項，自情願將田骨並租苗，盡行立契出賣與張名下，三面議價銀四兩八錢整。遞年交還硬租八秤。其稅在十一都孫霆户，冊年聽自過割無詞。立此賣契存照。

崇禎十一年三月初四日立賣契人　朱四十（押）。

領錢男　朱高（押）。

龍孫（押）。

中見人　張景南（押）。

今領契價銀，並收足訖。同日再批（押）領。

《明清徽州社會經濟資料叢編》第二集《崇禎十一年洪文清賣園地赤契》《直隸徽州府休寧縣，荒字六百三十號契紙，産價十六兩，稅銀四錢八分。領契紙坊長、里長。

立賣契人洪文清，休寧縣吉陽鄉九都三圖人。今將祖遺園一業，土名楊林，係裳字五百八十一號，稅一畝五分。其地東至洪尚地，西至洪縉地，南至陳地，北至路；又將楊林裳字五百九十二號，稅六分。東至洪奇地，西至洪明地，南至陳地，北至大路；又將典口月字六百四十號，稅四分。東至洪橋地，西至洪富，南至墳，北至小路；又將高園裳字五百十八號，稅一畝。東至路，西至洪英，南至墳，北至路；又將九畝姜字五千三百七十八號，稅五分一釐。東至墳，西至洪奇田，南至陳田，北至趙田；又將底園姜字五千五百五十號，稅五分二釐。東至洪漢地，西至胡地，南至洪漢，北至洪俊地。前共六業，共稅四畝五分三釐，遞年夏季共納小麥、豆各一石八斗，合監渡斗平量。憑中出賣與八都四圖五甲徐□□名下爲業。當日三面議定時值價紋銀十六兩，其銀契當日兩相交明。倘内外人攔阻，重復交易、不明等事，是賣人之當，不涉買人之事。其稅糧奉新例，隨即推入買人户内，辦納糧差。恐無憑，立賣契爲照。

崇禎十一年五月初六日立契人　洪文清（押）。

中見人　宋德宇（押）。

汪坤宇（押）。

徐玉衡（押）。

《明清徽州社會經濟資料叢編》第二集《崇禎十一年汪雲壽賣地白契》

佃人汪雲壽，今將承祖買受得二保土名青山培，係九百九十七號。本身該得分籍内取一畝九分三釐五毫，出賣與房東汪朝佑□□名下前去管業。當得價文銀七錢五分整，當日契價兩明。未賣之先，並無重復交易，來歷不明，賣人自理，不干買人之事。新立四至，東至溪，西至降，南至乾坑，北至山嘴。今恐無憑，立此賣契存照。

崇禎十一年八月初十日立賣契佃人　汪雲壽（押）。

代筆人　陳法才（押）。

《明清徽州社會經濟資料叢編》第二集《崇禎十一年王有命賣山赤契》

三十四都立賣契人王有命，今有自己承祖並買受土名勾分田坑山七百四十八號起至七百八十一號止，〔本〕邊與智、仁、聖、義、忠、和（合），本身勾得義字勾、忠字勾二號全業相連山。其山新立四至，東至，西至，南至，北至。今將四至内山骨並在山苗木，憑侄將義字勾、忠字勾内取一半，出賣與同都康名下，前去入山管業。三面言議時值價紋銀二十四兩整，其價並契當日兩明。其山未賣之先，即無家外〔人〕重復交易來歷不明，賣人承（管）〔當〕，不干買人之事。所有老契未（情）〔曾〕繳付，照有謄契簿，字號、山圖另抄單一張照證。二勾二家對半均管，日後無得異言。自成〔交〕之後，各無悔（意）〔易〕，如先悔者，甘罰白銀一兩公用，仍依此契爲準。今恐無憑，立此賣契存照。

崇禎十一年八月初十日立賣契人　王有命（押）。

中見侄　王岩壽（押）。

見親　康鎮文（押）。

再批：其山三年内取贖，每年每兩加利一分七釐九算，如過三年，聽買主管業無詞。

《明清徽州社會經濟資料叢編》第二集《崇禎十二年汪瞳和等賣山白契》　立賣契房東汪瞳和、汪德壽、汪培中三房人等，今將土名葉塘千山一業，新丈苗田字一千八十八號。三家共稅一分三釐六毫，内取山稅一釐，憑中出賣與義男楊招龍名下爲業，遷葬墳塋。三面議定時值價真紋銀四兩整，其銀〔契〕當日兩相交足，別不立領札。其山稅隨（即）〔從〕

本家分割，推入買人户下辦納糧差，並無内外人難阻。一切不明等事，盡是賣人之當，不涉買人之事。今恐人心無憑，立此賣契存照。

崇禎十二年四月　日立賣契人　汪疃和（押）。

汪德壽（押）。
汪社壽（押）。
汪富壽（押）。
汪連壽（押）。
汪培中。
汪坦中。
汪載中。
中　人　汪一楨（押）。
汪富德（押）。
汪百光（押）。
汪玄壽（押）。
汪長久（押）。
汪應堂（押）。
汪無時（押）。

《明清徽州社會經濟資料叢編》第二集《崇禎十二年歙縣王文盛等賣山赤契附：户部關於酌采契紙之議條文》　直隸徽州府歙縣黄字五百六十三號，契紙産價三兩，税銀一錢五分。領契紙坊長、里長。

立賣契人王文盛，歙縣東盈鄉人，同侄明德，今將本户甲首黄來、黄春，歷管數十餘年，絶户，無人承管糧差，拖欠係身己賠，苦情不堪。自願托中將二絶户新丈成字二千二百三十八號，計税一分二釐一毫，土名紅硃塘；又將成字二千五百三十八號，計税一分二釐一毫，土名同。自願托中出賣〔與〕七都七圖黄名下爲業。三面議定時價紋銀三兩整，其銀當即收足。其山四至俱照清册管業。所賣之後，任憑扦造風水，不得生情阻〔當〕〔擋〕。其税聽憑過割入户支解。並無與他人重復交易等情，倘親族人等異説，俱身一併承當，不干買人之事。恐後無憑，立此賣契永遠存照。所有契内價銀，一併收足，再不另立收領。再批（押）。

崇禎十二年十二月初四日立契人　王文盛（押）。

同　侄　王明德（押）。
中見人　張世德（押）。

附：户部題爲酌采契紙之議，以防漏税事。崇禎八年十一月十二日題前事，奉聖旨，税契改用契紙，既編立號籍，及按季造册報部等項事宜，俱依議嚴飭實行，如有勢豪撓阻，郡邑侵欺等情，該撫按即指參重治，徇隱一體追論。欽此欽遵。備行到州、縣。内明按：

《大明律》一款，凡典買田宅不税契者，笞五十，追田宅價錢一半入官。今奉前因，相應刊印契紙，編定上、中、下號簿，呈送巡按御史印鈐，給發該州、縣。責成現年坊長、里長，凡遇典買房産、田、地、山、灘、蕩、峰等項，無論鄉紳士庶，該坊里長一人，將所領契紙轉給受業人户，使出業人將價值數目，眼同填注，隨同受業人赴州、縣照例納税，每兩三分，即將價目税數填寫原頒院印號簿，仍用州、縣印鈐，蓋以便稽查。

一、頒式後，有用白頭文約，不用部頒契紙者，不論被人告發及推收編審時驗出，即以隱漏科罪，照律追半價入官。坊長中見等役，一併連坐。

一、私用州縣印鈐，而非巡按號印者，官吏以侵欺論罪。

一、吏胥勒措，不即印發，不即收銀者，依律重治。

一、税銀每兩三分之外，如有加耗重者，官吏以贓論。

一、契紙用清水綿料，以便久長，每張納紙價銀三釐，多索者重治。

一、領有契紙，納過税銀者，不許賣主告增價值。

一、部文未到以前，無契紙者，但查已經納過税銀，給有契尾，即免其重税，不得指稱漏隱苛索，違者重治。

右契紙付業户洪德收執。

《明清徽州社會經濟資料叢編》第二集《崇禎十四年李天魁賣地赤契》　立賣契人李天魁，今將承父買受地一號，坐落十二都八保，土名高坑埂。全地一備，四至悉照本保鱗册。憑中出賣與十五都鄭名下，前去管業。該地税一分二釐一毫。面議時價紋銀五兩整，在手足訖。未賣之先，即無重復交易，來歷不明，盡是賣人承當，不干買人之事。自成〔交〕之後，各不許悔，如悔者，甘罰銀五錢公用，憑此爲照。

再批：其地係汪和、胡天耕種，遞年交粟麥共五秤整，照計稅一分五釐，聽自收入買人户内供解毋詞。存照。

崇禎十四年九月初六日立契人　李天魁（押）。

中見親　鄭志賢（押）。

見 弟　李天椿（押）。

高坑埂即大塘塢山塝地。

《明清徽州社會經濟資料叢編》第二集《崇禎十四年來發賣山赤契》

十八都三圖立賣契人來發，今因年荒缺用，自願憑中將育字一千三百四十五號，土名前頭，山稅四分五釐；又一千三百四十四號，地四釐二毫，土名左；又一千三百四十（四）〔五〕號，地五分二釐，土名萊四塢；又一千三百四十六號，山一分四釐七毫；又一千二百七十四號，地九釐五毫，土名長園；又一千二百七十五號，山稅二分二釐，土名左。四至照依清册。憑中立契出賣與程名下爲業。三面議定時值價文銀二兩二錢正，其銀契當即兩相交明，並無準折、重復〔交易〕等情。倘有内外人争論，盡是出産人承當，不干買人之事。恐後無憑，立此賣契爲照。

今奉上司新例，必用格眼契紙。因鄉格（路）遠不便，權用白紙，聽買格眼契，照樣謄寫，詳印。再批。

崇禎十四年十月二十五日立賣契人　來　發。

代筆主人　吴致中。

中見人　胡 六。

《明清徽州社會經濟資料叢編》第二集《崇禎十五年余元標賣田赤契》

立賣契人余元標，今爲無銀支用，自情願將承父户下鬮分得租田一處，坐落土名小坑，田租三砠一十五斤，佃人潘六得，係闕字六百八十一號，計稅□正，計（則）〔租〕□整。四至照依經册。憑中立契出賣與族人余廷球名下。三面議定時值價紋銀五兩二錢整，其銀當日收足，不別立領。其田隨即聽從買人收租管業。其稅至册年聽到余文盛户下（花）〔劃〕割過户解納，並無生情異説。如有來歷不明，及重迭交易，盡是賣人之當，不涉買人之事。今恐無憑，立此賣契存照。

崇禎十五年十二月十九日立賣契人　余元標（押）。

代書見弟　余元會（押）。

憑中　畢　白（押）。

潘六得（押）。

所是契内價紋銀盡行收足訖。同年月日再批（押）領。

（明）程新春《竇山公家議・布政公謄契簿・一》六都吴祖興，今有墳山一號，坐落本都三保，土名鮑家塢。其山東至程本堅祖墳山，西至張壯祖管業山，南至高塢頭，北至地。今自情願將四至内山，除墳穴外，其餘山塢立契出賣與同都程泰名下遷造風水，面議時價白（艮）〔銀〕一兩（正）〔整〕。

正統十四年十一月初二日立契人　吴祖興

代 書　張汝清

見 人　程 鐸

（明）程新春《竇山公家議・布政公謄契簿・二》六都程本堅同弟本興、本隆，今有祖産空閒荒山一備，坐落本都二保，土名高舟山，計山五畝，係巨字九百六十四號。其山東至降，西至自地，南至山嘴，北至降及方山。今將前項四至内山盡數立契出賣與五都方永亨名下爲業，面議時價煎銀七兩整。

景泰元年二月初八日出契人程本堅、本興、本隆

前山照價轉賣與六都程泰名下爲業。方永亨批。

（明）程新春《竇山公家議・布政公謄契簿・三》六都程本堅，今將山一片，本家住後宅裏塢全塢，東至下培，直繞出倒彎，回轉山嘴爲界，西至山培，直出至程千士墓山爲界，南至自地，北至降及嶺，計山六畝有（今）〔零〕，字號自有經理可照。今將前項四至内山三分中本堅該得一分，計山二畝有零，立契出賣與同都程新春名下爲業，面議時價白銀一兩七錢半、穀一百七十五斤（正）〔整〕。

景泰二年四月初四日出賣人　程本堅

見　人　陳　瑛

（豆）〔竇〕山公謄契簿上有此抄白。

（明）程新春《竇山公家議・布政公謄契簿・四》六都程本興，今將山一片，坐落土名住後及宅後宅裏塢，其山東至下培，直繞出倒彎，回轉山嘴爲界，西至山培，直出至程千士墓山爲界，南至自地，北至降及

嶺，計山六畝，字號自有本保經理可照。前項四至內山，三分中本興、本隆該得二分，自情願盡數立契出賣與同都程泰名下爲業，面議時價白銀三兩五錢、穀三百五十斤（正）〔整〕。

景泰三年六月初七日立契人　程本興
同賣人　程本隆
中見人　陳　瑛

（明）**程新春《竇山公家議·布政公謄契簿·五》**　前二契山，係本興、本堅、本隆兄弟三人共業，新春公買堅一股，泰公買興、隆二股。其新春公一股續五大分搭百花園標分管業，仁分業百花園青龍山，義分業百花園朝山山，禮分業百花園白虎山，智分業百花園外白虎山，信分無山，將新春公買本堅宅裏塢山聽分扒業，續後信分要得本家銅羅形山葬祖，願將標得宅裏塢山對換故宅裏塢山，乃我泰公全業也。嘉（清）〔靖〕戊戌，本家修墳，彼復到青龍山培開穴，侵害本家，狀告羅二尹案下判明全業，秩下子孫記之。

萬曆十四年爲青龍山風折松木，程五十等强争，中人釘界，合同爲證。

（明）**程新春《竇山公家議·布政公謄契簿·六》**　六都程新文等，今有祖户程雲祖荒地一備，坐落本都三保，土名下村高塢頭，字號自有本保經理可照。新文、新右等合得地一半，計五分。自情願將合得五分，盡數立契出賣與本都程泰名下爲業，面議時價白銀二錢（正）〔整〕。

成化六年十月初六日立契人程新文、程新右、程新仁、程仕忠、程仕同

（明）**程新春《竇山公家議·布政公謄契簿·七》**　六都張汝清，同侄張昺、張皓共地一備，坐落本都三保，土名鲍家塢口，外至路，東至桂家地，西邊至山，約地二畝零。與侄張杲、張文昇相共，汝清，昺、皓三分內合得一分，約計九分零，盡數立契出賣與同都程泰名下，面議時價文銀一兩六錢（正）〔整〕。

成化七年九月廿九日立契人　張汝清
同賣侄　張昺、張皓
見　人　程鐸

（明）**程新春《竇山公家議·布政公謄契簿·八》**　六都程本興、本隆、本堅，共有地塘一備，坐落本都三保，土名宅裏塢及塢口，新立四至：東至本家賣與程新春等山，西至住地，南至山及彎，北至山及田。今因兄弟共業不便，托中分爲天、地、人三單，本隆分得天字單，本興分得地字單，本堅分得人字單。自分後，兄弟照鬮管業，不許異言。今恐無憑，立此分單一樣三紙，各收一紙爲照。

圖式

合同

成化七年十二月廿四日立分單人程本興、本隆、本堅
見人程鐸

（明）**程新春《竇山公家議·布政公謄契簿·十二》**　六都程本隆同侄程明等，今爲無錢用度，自情願將祖産荒塘一所並四圍山脚地一備，坐落本都三保，土名宅裏塢，計塘並地約五分零。東至山，西至地，南至山及彎，北至山及田。字號自有本保經理可照。今將前項四至內塘、地，盡數立契出賣與同都程泰名下爲業，面議時價文銀六錢（正）〔整〕。

成化九年十月初二日立契人　程本隆
同賣人　程明、程三乞
代書侄　程　鳩

（明）**程新春《竇山公家議·布政公謄契簿·十三》**　六都程旭，今將父存日原買到本都程祖安地一片，坐落本都四保，土名胡家園，內取地一塊，約計地四分零。新立四至：東自山，西塝下再達地及程固住基地，南墳山，北自地。字號自有本保可照。今自情願將前項四至內地四分零，盡數立契出賣與同都程泰名下爲業，面議時價白（艮）〔銀〕一兩六錢（正）〔整〕。

成化十年十一月廿二日立賣契人　程　旭
見人　程用周

（明）**程新春《竇山公家議·布政公謄契簿·十四》**　其前地已對換周村碣申明亭訖，本縣給有下帖，謄録於後：直隸徽州府祁門縣爲民情事，據六都一圖排年里老程芳等申奉本縣帖文，依奉前去，（舍）〔會〕同各役，從實體勘，將本都旌善、申明二亭地基，坐落大磎邊，委的積年被

洪水冲塌，隨修隨壞，已經枉費工程甚多，見成荒蕪，深坑可□，委實難以起造。及勘得與本亭相近土名胡家園的有程昂業地，約有四分零，高敞穩便，(轎)〔橋〕樑去處，堪以起造。已與昂議，允將本亭原舊地基議還程管業，於程昂業地内做造二亭，實爲兩便，即無枉曲情由。保結由繳到縣，案照先爲前事已行帖仰勘報去後，今申前因，隨拘程昂到官審問。既已相因，合從民便，擬合就行。爲此本縣給帖文書，到日，仰速照帖文内事理，仰程昂原舊申明亭基地，依文永遠管業，仍將土名胡家園業地四分聽從做造旌善、申明二亭，毋得違錯。須至帖者。

右帖下程昂。准此。

成化十年十一月二十二日帖。

(明)程新春《賣山公家議·布政公謄契簿·十五》 六都張昪，今有自己價買張輝等地一備，坐落本都三保，土名鮑家塢口，約計地二畝零，裏至地，外至路，兩邊至山，與張文昂相共。昶六分合得一分，盡數立契出賣與同都程泰名下爲業，面議時價白銀一兩(正)〔整〕。

成化十年十二月十五日　立契人　張昶

見人　汪源

(明)程新春《賣山公家議·布政公謄契簿·十六》 六都鄭社童等，今有父存日原買荒熟田、塘二號，坐落本都三保，土名鮑家塢，計田、塘共三畝。今又將同處裏田畔東邊山一號，又將原買在城李道同處田畔兩邊山一片，其田、塘、山字號並照本保經理。今將前項田、塘、山十六至内，自情願盡數立契出賣與同都程(太)〔泰〕名下爲業，面議時價白銀三兩八錢(正)〔整〕。

成化十三年七月十一日立契人鄭社童、鄭道童、鄭員童

見人鄭貴

(明)程新春《賣山公家議·布政公謄契簿·十七》 十四都李仁、李勇、李通，有四弟李達，不幸病故，無子，今弟媳方氏與伯李仁等謪議，將故夫存日置買五、六都田産，憑族人李文彬等寫立文書標分各業：仁分得汪村岸上段田一畝，麻榨背下段田五分六釐三(毛)〔毫〕； 勇分得土名麻榨背上段田一畝三分，樞坑口上坵田二畝四分，同處下坵六分；通分得汪村岸下段田一畝，麻榨背下段田五分六(毛)〔釐〕三(毛)〔毫〕；方氏分得土名流河坵三畝一分八釐五(毛)〔毫〕，樞坑塢田二畝四分；婿黄盛批受得樞坑口田一畝二分六釐九(毛)〔毫〕，同處下坵田一畝七分。衆存花橋頭上田一畝一分九釐六(毛)〔毫〕，魚塘邊田七分五釐，韓村廠頭田二畝二分，共計二十畝一分二釐六(毛)〔毫〕。所有六號田，字號四至並照該保經理。又基地五分並屋五間及菜園地五分，竹山一塊。今將前項六處田共計二十畝一分二釐六(毛)〔毫〕並基地、房屋、竹山，自情願盡數立契出賣與六都程昂、旦、杲、昌四人名下爲業，面議時價白銀四百七十兩整。契内基地即葉積旺兄弟住屋，竹山一塊即楓樹底山，菜園即楓樹底坦住後塢地是也。

成化十八年三月十六日立契人　李仁、李勇、李通、

弟媳方氏，同賣婿黄盛

見　人　方文振

代書人　謝　鸞

(明)程新春《賣山公家議·布政公謄契簿·十八》 五都方倫，今有自己見住基地一備，坐落本都四保，土名韓村，約計地一畝有零。今將門前空地並西邊菜地内取二分，丈量四十四步，新立四至：東至本家竹路，西至路及水坑，南至程昂莊屋及方文貴菜園地，北至本家高基地。自情願將前項四至二分内地量，立契出賣與六都程泰名下爲業，面議時價白銀五兩五錢整。

弘治五年正月二十日立契人　方　倫(號)

見　人　林宗浩(號)

原衆存田合田，俱已新丈掛號，契不録載，所有續置田産録後。

今將續置買田、地、山、塘、祠宇、僕基開後：

一契買程雲河宅裏塢早穀□秤。

一契買程雲河方坑園大穀五秤，此田與宗淳對换小項坑梭草塢訖。

一契買程鶴祥社壇前大穀二十秤。

二契買程清、湜、渠、涬、貴、壽兄弟周村碣店後塘一備。

一契買程鏞汪三塢大麥坦五十二秤，與河，凖祠價訖。

一契買程良柱胡家段末大穀六秤。

一契買程雲河楊坑下坳大穀六秤。

二契買程宗渠、程良極賽塢口深坵大穀十一秤，渠賣汪村岸心六秤在此契內。
一契買程宗淳、葉初保住後大穀五秤。
五契買程宗淦、宗泮，良柱、文炤、奇祥兄弟胡家段黃梅潭大穀十一秤十一斤。
二契買程宗渠、良彬韓村、汪村岸心早穀十二秤。
一契買程鈁胡家段心大穀八秤。
二契買程雲河、良植兄弟黃坑塢口土橋頭大穀十二秤。
二契買程宗漸、良杞林村三畝坵大穀十六秤。
一契買程雲河宋坑坳上大塘下大穀七秤十三斤，與河，準祠價訖。
一契買程良杞胡家園汪勝住前菜園地一塊。
一契買程良杞胡家園汪勝住前左邊高低園坦二塊。
一契買程鈁、宗淳、宗洢三房插塢口汪五乞、汪賣僕基地屋分截，與河準祠價訖。
一契買程宗漸榧坑塢及塢頭二處早穀七秤半。
六契買程鉼、錢、溧、漶、潙、文祥宅裏塢頭山骨並在山松竹、雜木。
一契買程宗渠胡家段心大穀二十秤。
一契買程雲河宋坑源美兒塢大穀五秤雙斤，與河，準祠價訖。
一契買程雲河宋坑坳上美兒塢頭大穀五秤零三斤。
一契買程雲河宅裏塢白虎山分截。
一契買程雲河石麟堂建竹岩布政祠。
一契買程良李塘坑塢口田塘一備。
一契買程良稷兄弟宅裏塢白虎山分截。
一契買程良彝小項坑梭草塢雙斤，實租六秤，先年已將八十五斤賣與宗淳，轉賣竹岩公訖，此賣三十五斤。
一契買程良李韓村和尚坵大穀六秤十五斤，每秤二十斤稱。
一契買程雲河宋坑美兒塢明堂彎田塘，計雙斤，租四秤，每秤二十二斤稱。
一契買程良棡北乂坵塢羊棧山莊後田二號，計租四秤半。
一契買程周祥楊坑寺塢口大穀八秤十斤。
一契買程良楷韓村汪村岸上和尚坵大穀六秤十五斤，每秤二十斤稱。
一契買程宗淳西源頭大穀三秤半。
一契買程良悦。
一契買程良禾汪村園月山下塘裏田一秤半。
一契買程良述胡家段橫路下田一秤半。

（明）程新春《賣山公家議・布政公膳契簿・十九》　竹岩公青龍山合同

親族中人陳招保、程梅齡、程大中、程登瀛、程良科，今因程五十、程鈁爲宅裏塢裏外祖墳毗連山界，界邊風折松木，告争在縣張爺臺下。親族思得二家一脈，勸諭息訟。二家聽允，同中到山，三面勘明訂界已訖。二家復央中人當官告準和息，回家議行埋石。因時月不利，憑中將界批明，逐一丈量。其風折松木樁過中三尺，（訂）〔釘〕榿爲界。其泰墳青龍山培丫大松木直上降乙丈三尺（訂）〔釘〕榿爲界，界内俱係泰業，界外俱係宿業。再杉木一根，泰、宿二家均業界木。再雜柴木一根，泰、宿二家均業界木。又山脚下自泰庇塋外弦直出七尺（訂）〔釘〕榿爲界，其山脚下榿直上抵雜柴木界，前限界至開明，候冬埋石。後將二家保存合同，眼同繳付，各收爲照。

萬曆十四年六月初六日親族中人陳招保（號）
程梅齡（號）、程大中（號）
程登瀛（號）、程良科（號）

續置産土開其於後

（明）程新春《賣山公家議・布政公膳契簿・二十》　六都程雲河，今有承祖買受田塘一備，坐落本都四保，土名中村宅裏塢。其田塘畝步、四至、字號，自有本保經理可照。其田塘鏞與叔等相共，本身該得一半，計租　秤，立契出賣與竹岩公秩下子孫爲業，面議時價文銀三兩五錢整。

隆慶三年四月廿二日立契人程雲河
中見人程良楷

（明）程新春《賣山公家議・布政公膳契簿・二十一》　六都程雲河，今有承祖水田一號，坐落土名方坑園。其田四至、畝步，自有本保經理可照，計租二十秤，與叔程鏊等相共，本身該得四分中一分，計租五秤，自情願出賣與竹岩公四分秩下子孫爲業，面議時價文銀一兩六錢整。

隆慶三年閏六月十七日立契人程雲河　中見人程良柱

(明) 程新春《賓山公家議・布政公謄契簿・二十二》　六都程阿王，

今有鬮分得水田一號，坐落本都三保，土名社壇前一坵，共計租四十秤，其田新立四至：東至，西至，南至，北至。其田畝步、四至、字號，自有本保經理可照。其田與叔程淶相共，本身鬮得一半，計租二十秤，今自情願將前項四至內田本身該得分截，計租二十秤，即無存留，盡數立契出賣與竹岩公四大分子孫名下爲業，面議時價文銀一十四兩整。

再批：前田租鷄一隻，與叔程淶相共爲照。

隆慶四年七月初一日立契人程阿王

奉書男程鶴祥

中見人程　鉾

(明) 程新春《賓山公家議・布政公謄契簿・二十三》　善和程宗渠，

今有買受得塘地一所，坐落布政公鋪基屋後，其塘地東至昂、旦二分存路，西至衆路，南至鋪屋，北至塘砌石弦。今將前項四至內塘地並在上浮屋，盡數立契出賣與竹岩公秩下子孫湊（面）〔片〕爲業，面議時價文銀七兩二錢整。

隆慶六年五月十五日立契人程宗渠

見人程鉼

(明) 程新春《賓山公家議・布政公謄契簿・二十四》　善和程阿胡同侄程清、程湜、程滓，原標分塘一所，坐落布政公鋪屋後，其塘東至劉墻，西至昂、旦二分存路，南至鋪屋，北至塘砌石弦。今將前項四至內塘，盡數立契出賣與布政公秩下子孫湊片爲業，面議時價文銀五兩八錢整。

隆慶六年五月十五日立契人程阿胡同侄程清、湜、滓、良極（書）

見人程鉼、見孫良爵

(明) 程新春《賓山公家議・布政公謄契簿・二十五》　六都程良柱，

今有批受得水田一號，坐落本都四保，土名胡家段末。其田與竹岩公、程銖相共。其田四至、字號，自有本保經理可照。共計租廿四秤，本身四分中合得一分，計租六秤。今將前項四至內田本身該得分籍，盡數立契出賣與竹岩公四分名下爲業，面議時價文銀五兩四錢整。

萬曆三年六月十八日立契人程良柱

中見人程　錠

(明) 程新春《賓山公家議・布政公謄契簿・二十六》　六都程鏞，

今有買受得水田一號，坐落本都一保，土名汪三塢口大麥坦，成熟田、塘共計七畝零二分五釐，除荒田一畝外，又除謝文燦兄弟七分五釐，新立四至：東至程田及山，西至新塘及山，南至程田，北至汪三塢頭菜園地爲界。今將前項四至內田並塘，買受分籍共計租五十二秤，盡數立契出賣與竹岩公四大分名下爲業，面議時價文銀廿六兩四錢整。所有程阿汪上手文契一紙，已付出訖。仍有良彝轉契因與別契相連，未曾繳付。批照。上手文契河收，未録。

萬曆五年七月初一日立契人程鏞

奉書兒程洤

見人宗渠、良杞、良極

(明) 程新春《賓山公家議・布政公謄契簿・二十七》　善和程雲河，

今有承祖水田一號，坐落一保，土名楊坑下坳，計田一畝。其田新立四至：東至，西至，南至，北至。前四至內田一畝，租一十秤。內取田六分，租六秤，自情願將前田出賣與竹岩公分下子孫爲業，面議時價文銀三兩七錢五分整。

萬曆六年六月廿八日立契人程雲河

準祠價訖。

中見人程良科

(明) 程新春《賓山公家議・布政公謄契簿・二十八》　善和程良極，

今有承父批受水田一號，坐落本都三保，土名賽塢口深坵，計租□秤。其田與銖等相共，本身該得實租五秤半。其田新立四至：東至，西至，南至，北至。今情願將前項四至內田本身該得分籍，立契出賣與竹岩公秩下子孫爲業，面議時價文銀三兩六錢整。

萬曆六年六月廿五日立契人程良極
中人程良科

（明）程新春《竇山公家議・布政公謄契簿・二十九》　六都程宗淳，今有買受水田一號，坐落本都三保，土名葉初保住後。其田東至，西至，南至，北至。計田□坵，計租十秤。今自情願將前項四至内田取租六秤，出賣與竹岩公名下爲業，面議時價文銀二兩四錢整。

萬曆七年六月廿七日立契程宗淳
中人程銲

（明）程新春《竇山公家議・布政公謄契簿・三十》　六都程良彬，今有買受水田一號，坐落五都五保，土名韓村汪村岸心，計田一坵，計租一十二秤，其田東至，西至，南至，北至。其田與錯叔相共，本身該得租六秤。今自情願將前田租六秤，立契出賣與竹岩公四分子孫爲業，面議時價文銀三兩六錢整。

萬曆七年六月廿七日立契人程良彬
中　人程梅令

（明）程新春《竇山公家議・布政公謄契簿・三十一》　六都程奇祥同弟新祥，今有摽分得水田一號，坐落本都四保，土名胡家段黄梅潭，計田一坵，計租一十五秤零十二斤。其田新立四至：東至田，西至田，南至田，北至田。其田與銖等相共，本身兄弟六分中該得一分，該租二秤一十三斤。今情願盡數立契出賣與竹岩公名下爲業，面議時價文銀一兩八錢整。

萬曆七年七月初二日立契人程奇祥、弟新祥
代筆中見叔程良彬

（明）程新春《竇山公家議・布政公謄契簿・三十二》　六都程宗渠，今有水田二號，坐落土名賽塢口深坵，本身該租五秤半；又一號，土名韓村汪村岸心，田一坵，本身該租六秤。其二號田俱與竹岩公相共，其田畝步、四至，自有竹岩公原買二契可照。今自情願將田本身一十一秤半，盡數立契出賣與竹岩公湊片爲業，面議時價文銀七兩整。

萬曆八年六月廿九日立契人程宗渠
中見人程道川

（明）程新春《竇山公家議・布政公謄契簿・三十三》　六都程鈁，今有買受水田一號，坐落本都四保，土名胡家段心，新立四至：東至五大房田，西至銖田，南至錠田，北至松今田。計田四分二釐，計租八秤。今自情願將前項四至内租八秤，盡數立契出賣與竹岩公分下爲業，面議時價文銀七兩二錢整。

萬曆八年六月廿九日立契人程鈁
中見人程雲河

（明）程新春《竇山公家議・布政公謄契簿・三十四》　六都程良植同弟良樫，今有承祖水田一備，坐落本都四保，土名黄坑塢口土橋頭。共計租十八秤。其田新立四至：東至程田，南至程田，西、北至坑。其田與叔祖銖等相共，本身三分中合得一分，計大租六秤。今自情願將前項四至内田本身兄弟該得租六秤，即無存留，盡數立契出賣與竹岩公四大分名下爲業，面議時價文銀四兩整。

萬曆八年七月初一日立賣契人程良植同弟程良樫
中見人程良杞

（明）程新春《竇山公家議・布政公謄契簿・三十五》　六都程文炤，原買叔程良植兄弟分籍水田一號，坐落本都四保，土名吴家坦，小土名黄梅坦，共計租一十七秤。其田新立四至：東至，西至，南至，北至。今將前項四至内田本身原買得程良植兄弟二秤四斤半，自情願憑中立契出賣與同居竹岩公四分子孫名下爲業，面議時價文銀一兩五錢九分整。

萬曆九年六月廿九日立賣契人程文炤
中人程銈

（明）程新春《竇山公家議・布政公謄契簿・三十六》　六都程良杞，今有承祖買受水田一號，坐落本都三保，土名林村葉初保住前，計田一坵，計租三十二秤。其田新立四至：東至，西至，南至，北至。其田與叔淅、渠、弟彬兄弟相共，本身四分中合得一分，實該租八秤。今自情願將前項四至内田本身該分租八秤，即無存留，盡數立契出賣與祖竹岩公四大分名下爲業，面議時價文銀五兩六錢整。

萬曆九年六月廿八日立文契人程良杞
中見人程宗淦

(明)程新春《竇山公家議・布政公謄契簿・三十七》　六都程雲河，今有承祖水田一號，坐落五都四保，土名宋坑坳上大塘下，計田一坵，計租一十二秤，雙斤每秤廿二斤稱，析小斤一十五秤零九斤。其田內取一半，計小斤租七秤一十三斤。其田新立四至：東至，西至，南至，北至。今將前項四至內田七秤乙十三斤，盡數立契出賣與竹岩公四分子孫名下爲業，面議時價文銀五兩四錢五分整。

萬曆九年六月廿九日立契人程雲河

中見人程良楷

(明)程新春《竇山公家議・布政公謄契簿・三十八》　六都程良植同弟程良樫，今有承祖水田一號，坐落本都四保，土名吴家坦，小土名黄梅潭。共計租一十七秤。其田與叔祖程銖等相共，本身三分中合得一分，計該實租五秤十一斤五兩。先内取二秤四斤半，賣與同居竹岩公訖，仍該三秤七斤五兩。其田新立四至：東至，西至，南至，北至。今將前項四至内田租本身兄弟仍該實租三秤七斤五兩，今内取一秤七斤五兩，出賣與同居程良柱名下爲業，面議時價文銀一兩整。

萬曆九年七月十六日立契人程良植

同弟程良樫

中見人程文燦

程良柱今將前契内田，照價轉賣與竹岩公四大分名下爲業，其價收訖。本年八月初一日程良柱（號）。

(明)程新春《竇山公家議・布政公謄契簿・三十九》　六都程天與，今有承祖菜園地一塊，坐落本都汪勝住基前坦，其地新立四至：東至汪勝住基，西至程錠等坦，南至程濟坦，北至路。今將前項四至内坦，盡數立契出賣與同都程名下爲業，面議時價文銀六錢整。

嘉靖四十五年五月初九日立賣契人程天與

中見人程天保

林保興

程良杞今將前契内地轉賣與竹岩公名下，其價三錢收訖，此照。

萬曆九年十月初七日程良杞（號）

(明)程新春《竇山公家議・布政公謄契簿・四十》　六都程外得、程玄賜、玄錫、存保、大義等，今有承祖管業荒坦二塊，坐落本都四保，土名胡家園汪勝住前左邊，其坦高低二塊相連。其坦新立四至：東至汪勝住基，西至衆地，南至路，北至天與坦。今將前項四至内坦二塊，盡數立契出賣與同居程良杞名下爲業，面議時價文銀六錢整。

嘉靖四十二年十二月初二日立契人程外得、

程玄賜、程玄錫、

程存保、程大義

中見人林興保

程良杞今將前契田地坦轉賣與竹岩公名下，其價三錢收足。

萬曆九年十月初十日立契人程良杞（號）

(明)程新春《竇山公家議・布政公謄契簿・四十一》　六都程淅，今有摽分得水田一號，坐落本都二保，土名林村三畝坵，其田與竹岩公、胡世美相共，本身該得四分中合得一分，該田五分五釐，該租八秤。其田新立四至：東至，西至，南至，北至。今情願將前項四至内田本身該得四股一股，該租八秤，盡數立契出賣與竹岩公秩下子孫爲業，面議時價文銀三兩六錢整。

萬曆九年十月廿六日立契人程淅

奉書男程良楷

中見人程宗舜

(明)程新春《竇山公家議・布政公謄契簿・四十二》　六都程宗泮，今買受得水田一號，坐落本都四保，土名胡家坦黄梅潭，共計租一十七秤有零，本身買良植兄弟實租二秤，其田與竹岩公等相共。其田畝步、四至，自有丈量號數。自情願將前租二秤，出賣與竹岩公分下子孫爲業，即無存留，面議時價文銀一兩四錢整。

萬曆十年六月廿四日立契人程宗泮

中見人程兆應

六都程宗佺（下缺）

(明)程新春《竇山公家議・布政公謄契簿・四十三》　程鈁、程宗淳、宗泖三房人等，共有買受得僕基地屋一備，坐落本都四保，土名插塢口，汪五乞、汪實現住屋地，四至、字號、畝步，自有新丈册、老契可查。今自情願將前屋地買受該得分籍，盡數立契出賣與竹岩公四大分共業，當得受原價文銀一兩一錢整。

萬曆十年七月初二日立契人程鈁、宗淳，

宗浄、達髦

中見人程仙

(明) 程新春《竇山公家議・布政公謄契簿・四十四》 六都程宗淅，今有摽分得水田二號，俱坐落五都四保，土名榧坑塢。內一號，榧坑塢頭，小土名土塘塢田一坵，計租六秤；又一號，榧坑塢田一坵，計租三秤。與弟淳相共，本身該得一秤半。其前二號田共計租七秤半。畝步自有新丈數目可查。今情願將前項二號田租七秤半，盡數立契出賣與竹岩公四分共業，面議時價文銀四兩六錢整。

萬曆十年七月初八日立契人程宗淅

奉書男程良楷

中人程宗漶

(明) 程新春《竇山公家議・布政公謄契簿・四十五》 六都程宗瀉，今有承祖摽分得山一備，坐落本都三保，土名中村宅裏塢。其山四至：裏至灣心直下，外至小塘山嘴王墳，隨隴直上至降，上至降，下至坦。其山與叔鉼等相共，本身六股中合得一股。今自情願將前項四至內山骨並在山松竹雜木，本身該得六股一股，即無存留，盡數立契出賣與泰公秩下子孫爲業，面議時價文銀六錢整。

萬曆十一年三月廿八日立契人程宗瀉

中見人程鈁

(明) 程新春《竇山公家議・布政公謄契簿・四十六》 六都程文祥，今有承祖摽分得山一備，坐落本都三保，土名中村宅裏塢。其山四至：裏至灣心直下，外至小塘山嘴王墳，隨隴直上至降，上降下坦。其山與鉼等相共，本身六股中合得一股。今自情願將前項四至內山骨並在山竹木雜（本）〔木〕，本身該得分截，盡數立契出賣與泰公秩下子孫爲業，面議時價文銀　整。

萬曆十一年六月廿九日立契人程文祥

中見人程鈷

(明) 程新春《竇山公家議・布政公謄契簿・四十七》 六都程雲河，今有買受得水田一號，坐落本都四保，土名土橋頭。其田與銖等相共，本身該租六秤。其田四至、畝步、字號，自有丈册可照。今將前項四至內田該分截租六秤，盡數立契，即無存留，出賣與侄程鶴祥名下爲業，面議時價文銀三兩二錢整。

萬曆十年十二月廿七日立契人程雲河

中見人程良楷

程良柱

其前田照依原價憑中轉賣與竹岩公四大分名下爲業，此照。

萬曆十一年五月初一日程鶴祥批

中見人程錠

(明) 程新春《竇山公家議・布政公謄契簿・四十八》 六都程雲河，今有承祖水田一號，坐落五都四保，土名宋坑源美兒塢。其田新立四至：上至竹岩公及彭壽田，下至大、塘，兩邊至山。其田四至內，取雙斤大租五秤，盡數立契出賣與侄良柱名下爲業，面議時價文銀四兩三錢整。再批：本家所開新田，水路在前田內過，日後毋得阻（當）〔擋〕。河批。

萬曆十年十二月廿八日立契人程雲河

中見人程楷、程漶

萬曆十一年六月初六日，良柱將前田照價轉賣與竹岩公四大分名下爲業訖。良柱批。中見人程楷。

(明) 程新春《竇山公家議・布政公謄契簿・四十九》 六都程雲河，今有承祖水田一號，坐落五都四保，土名宋坑坳上美兒塢頭，又美兒塢應田塘一眼。其田新立四至：東、西至山，南、北至塘。其四至內田五分半，計雙斤租四秤，折小斤五秤三斤。自情願將前項四至田並應田小塘，盡數立契，即無存留，出賣與竹岩公四大分爲業，面議時價文銀三兩二錢整。

萬曆十一年六月廿九日立契人程雲河

中見人程良楷

(明) 程新春《竇山公家議・布政公謄契簿・五十》 六都程漶，今有承祖得摽分山一號，坐落本都三保，土名中村宅裏塢頭。其山四至：

東至彎心直下，外至小塘山嘴王墳，隨隴直上至降，上至降，下至坦。其山與叔鉼、錢等相共，本身六股中合得一股。今自情願將前項四至內山骨並在山松竹雜木，本身該得分截，即無存留，盡數立契出賣與泰公秩下子孫名下爲業，面議時價文銀　整。

萬曆十一年七月初二日立契人程漶

中見人程鉆

（明）程新春《竇山公家議・布政公謄契簿・五十一》　六都程鉼，

今將承祖摽分山一號，坐落本都三保，土名中村宅裏塢。其山新立四至：裏至塢頭彎心直上至降，外至應田小塘嘴王墳直上至降，上至降，下至地。其山與弟錢，侄濼等相共，本身六分中合得一分。今自情願將前四至內山骨本身六分中合得一分，立契出賣與竹岩公秩下子孫爲業，面議時價文銀整。

萬曆十一年七月初十日立賣契人程鉼

中見人程鉆

（明）程新春《竇山公家議・布政公謄契簿・五十二》　六都程宗渠，

今有承祖摽分得水田一號，坐落本都四保，土名胡家坦心，係八百九十四號，計二百一十四步三分，計租二十秤。其田四至，自有丈冊可照。今自情願將前四至內田，盡數立契出賣與竹岩公四大分名下爲業，面議時價文銀一十六兩整。

萬曆十二年六月廿四日立契人程宗渠

中見人程良極、程良楷

（明）程新春《竇山公家議・布政公謄契簿・五十三》　六都程愛，

今有承祖鬮分得山一號，坐落本都三保，土名宅裏塢。其山新立四至：裏至塢頭彎心，外至塘嘴直上至降，上降，下坦。其山與竹岩公及錢叔相共，本身六分中合得一分。今將前項四至內山骨並在山竹（本）〔木〕等項本身該得分截，即無分毫存留，盡數立契出賣與竹岩公四分名下爲業，憑中面議時價文銀六錢整。

萬曆十三年六月廿二日立契人程愛

中見弟程兆應

（明）程新春《竇山公家議・布政公謄契簿・五十四》　六都程錢，

今有承祖摽分山一號，坐落本都三保，土名中村宅裏塢。其山新立四至：裏至彎心，外至小塘山嘴直上至降，上至降，下至坦。其山與竹岩公相共，本身六分中合得一分，今情願將前山骨並在山竹松雜木，盡數立契，即無存留，出賣與竹岩公四大分湊片爲業，面議時價文銀六錢整。

萬曆十三年六月廿四日立契人程錢

中見代書侄程淮

（明）程新春《竇山公家議・布政公謄契簿・五十五》　善和程雲河，

今有承祖基地一備，坐落本都四保，土名善和村中。其地新立四至：東至本屋左邊方石磉弦出四寸爲界，西至屋內原存路，南至屋前路，北至程滓相共墻心及衆路，共計實地四十乙步六分六釐。又本家屋前西南角地一小塊，東、北至路，西至渠地，南至程策地，共計實地二步四分三釐二毫。又本家屋前路地一條，東至本家地，西至路，南至良貴地，北至本屋墻，共計路地三步六分八釐，本身內存一步七分二釐不賣，俱畫圖式在後。今自情願將前項十二至內地並路及在上廳屋樓房、四圍磚墻、磚門、門扇，上瓦片，下明堂及石磉等項，本家止存屋前路地一步七分二釐不賣外，其餘共計實地四十六步，即無存留，盡數立契出賣與竹岩公秩下四大分名下建祠爲業，面議時價文銀一百三十兩整。

萬曆十三年七月初二日立賣契人程雲河

中見人程良楷、程良柱、程良貴、程宗淳

見男程良楹

（明）程新春《竇山公家議・布政公謄契簿・五十六》　衆立合同

立合同人程鈁、程澌、程滓、程雲河四大房人等，今爲竹岩公新祠內西邊，原存路一條，東至本祠地，西至墻外澌、渠已地爲界，南至祠外曲角路，抵程策裏墻頭爲界，北至本祠外竹岩公已路，原係程鋭、程鐄、程鍠、程録、程鑰、程濟、程瀾共存通行。鍾、鏞、鈁及澌、渠無分。今因路在祠內西邊，鋭、鐄、鍠、録、鑰、濟、瀾子孫，將路議作文銀一十二兩助祠，鍾、鏞、鈁分照股應算出銀四兩，澌、渠亦照股應算出銀二兩助祠，四房均平，日後俱係竹岩公祠地，四房均業，其現門、路仍存，聽竹岩公子孫通行往來，各房永無異議。今恐無憑，立此合同文書，一樣四紙，各收一紙爲照。

合同

萬曆十三年七月初二日立合同人程鈁、程淅、程滓、程河、程渠、程淳、程洤、程洴、程杞、程極、程彬、程柱、程栻、程貴、程彝、程爵、程桔、程樿、程稷、程奇祥

（明）程新春《賫山公家議·布政公謄契簿·五十七》 秩下子孫程良李，今有承祖水田、塘三號，坐落本都二保，土名塘坑塢口。一坵新丈一百三十五號，丈得田一百九十五步五分。又一坵一百三十九號，丈得田三百三十九步五分。二號田共租三十六秤，本身該得實租一十二秤。又新丈九十號小塘，本身分得四十步零二分五釐。今自情願將前田、塘本身該得分截，即無存留，盡數立契出賣與竹岩公四大分名下爲業，面議時價文銀五兩八錢整。

萬曆十九年十二月二十九日　立賣契人程良李

中見兄程良楷、程良述

（明）程新春《賫山公家議·布政公謄契簿·五十八》 秩下子孫良稷、良述、良謀、良士，共有承祖並買受山一備，坐落中村宅裏塢布政公墳白虎山，本身兄弟承祖分該六股一股。又買得良彦兄弟一股，本身兄弟共該得三股一股。今自情願將承祖並買受山，盡數立契出賣與布政公名下爲業，面議時價文銀　整。

外千斤凳一對，亦賣在祠内。

萬曆二十二年六月廿五日　立賣契人良稷、良述、良謀、良士

中見人良柱、良李

（明）程新春《賫山公家議·布政公謄契簿·五十九》 秩下良彝，今有承祖買受得水田一號，坐落本都一保，土名小項坑梭草塢，計田二坵，與方寧相共，本身買得實租六秤，每秤廿斤净稱。其田新立四至：東至，西至，南至，北至。畝步、字號，自有本保經理可照。除先年將八十五斤賣與叔宗淳轉與竹岩公訖，仍實租三十五斤。今自情願出賣與竹岩公湊業，面議時價文銀一兩五錢整。

萬曆廿二年十月十四日立契程良彝

中見程良臣

（明）程新春《賫山公家議·布政公謄契簿·六十》 秩下孫程良李，今有承父摽分得水田一號，坐落五都韓村上和尚坵，係新丈字十號，丈得田二百二十步零八分，計田一坵，計實租十三秤半，每秤二十斤。其田四至：東至，西至，南至，北至。其田與兄楷對半相共，本身該得一半，計雙斤租六秤十五斤。今自情願將前田，即無存留，盡數立契出賣與祖竹岩公四大分名下爲業，面議時價文銀四兩一錢整。

再批：其田每年該鷄半隻，本身該得一半。

萬曆廿二年十一月初六日立契人程良李

中見人程良稷

（明）程新春《賫山公家議·布政公謄契簿·六十一》 秩下程雲河，今有竹岩公原將五都四保土名宋坑美兒塢觀堂彎田塘一號，計新丈一百零三號，田塘共一百六十五步五分，計租四秤，雙斤，每秤二十斤稱，出與雲河，以準祠價訖。今雲河自情願將前田塘，盡數立契退轉賣與竹岩公名下爲業，即無存留分毫，賞得文銀二兩九錢五分整。

萬曆二十三年七月初一日立賣契人程雲河

中見人程良楷

（明）程新春《賫山公家議·布政公謄契簿·六十二》 善和程良椆，今有承母批受水田二號，坐落本都五保，土名北乂塢，小土名羊棧山莊後，係　字五百四十二號，計田八十七步六分五釐。又五百四十九號，計田五十步，計田三坵，計租四秤八斤八兩。其田四至自有丈册可照。今自情願將二號田租四秤半，盡數立契出賣與竹岩公分下四房爲業，面議時價文銀二兩一錢五分整。

萬曆廿四年六月廿九日立賣契人程良椆

主盟母程阿陳

見兄良彦、中見伯宗淳

（明）程新春《賫山公家議·布政公謄契簿·六十三》 善和程周祥，今有摽分得水田一號，坐落本都三保，土名楊坑寺塢口，係新丈辰字一千

八十九號，計一百八十七步九分，計田一坵，計實租八秤十斤。其田四至、字號，自有清丈文冊可照。今自情願將前田盡數立契出賣與竹岩公四分名下爲業，面議時價文銀四兩二錢整。

萬曆廿五年六月十五日立契人程周祥

中見人程拱、程貴

（明）程新春《賓山公家議·布政公膳契簿·六十四》 秩下程良楷，今有摽分並買受水田一號，坐落土名汪村岸上和尚坵，係新丈十號，計田二百二十八步八分，計租雙斤十三秤十斤。其田與竹岩公相共，本身該租一半，計丈步一百一十四步四分，計租六秤十五斤。今自情願出賣與竹岩公四大分名下湊片爲業，面議時價文銀四兩一錢整。

再批：租鷄分截亦賣契內，此照。

萬曆廿五年七月初一日立契人程良楷

中見人程良貴

（明）程新春《賓山公家議·布政公膳契簿·六十五》 善和程宗淳，今有承祖水田一號，坐落本都五保，土名西源頭。共計租一百八十秤，與弟淦、藩、侄稷等相共，本身六分中合得一分。其田畝步、字號、四至，自有新丈冊可證。今將本身分截內，取實大租三秤半，出賣與竹岩公名下爲業，面議時價文銀一兩七錢整。

萬曆廿五年七月初一日立契人程宗淳

中見人程雲河

（明）程新春《賓山公家議·布政公膳契簿·六十六》 秩下孫程良禾，今有承父摽分得水田一號，坐落本都四保，土名汪村園月山下塘裏，田一坵，共計租一十八秤。新立四至：東至月山坦畔，西至衆坦及路，南至路，北至畔。其田字號、畝步，自有丈冊可照。其田與涍等衆相共，本身十二分中合得一分，該實租一秤半。今自情願將本身該得田一秤半，立契出賣與竹岩公四房爲業，面議時價文銀七錢五分整。

萬曆廿七年六月初八日立契秩下子孫程良禾

中見人程河、程良彬

（明）程新春《賓山公家議·布政公膳契簿·六十七》 秩下程良述，今有鬮分得水田一號，坐落本都四保，土名胡家坦橫路下，共計租三秤半，田一坵。其田畝步、四至，自有新丈冊可照。其田與弟相共。内取實租一秤半，出賣與竹岩公收租爲業，面議時價文銀八錢五分整。

萬曆廿七年十二月二十日立契人程良述

中見人程良禾

（明）程新春《賓山公家議·布政公膳契簿·六十八》 秩下孫程聖髦，今有承父摽分得水田三號，内乙號，三保，土名傍雲山下，田乙坵，計大租一十二秤，其田四至：東至，西至，南至，北至。内二號，三保，土名張家坦，田乙坵，計早租八秤，其田四至：東至，西至，南至，北至。内三號，三保，土名江項坑塘裏，計大租四秤，其田四至：東至，西至，南至，北至。其前項三號十二至内田，字號、四至、畝步，新丈文冊可照。今自情願將前項三號田共租二十四秤，即無分自有毫存留，盡數立契出賣與布政公四大分名下爲業，面議時價文銀一十一兩整。

萬曆廿六年五月初八日立賣契人程聖髦

中見人程良李

（明）程新春《賓山公家議·布政公膳契簿·六十九》 六都葉積旺、積善、天壽、兆乞，共佃到布政老爺四房名下五都、六都汪村岸山一號，高舟山山乙號，楓樹底山乙號，又方家背後塢菜園地一塊，又方家屋贩頭菜園地一塊，又楓樹底菜園地共三塊，前去栽養，鋤種，其山長養松杉竹木，日後長大，聽主發賣，本身兄弟毋敢私自盜砍。如違，聽從理治，賠還，立此爲照。

萬曆十四年七月廿四日立佃約人葉積善、積旺、天壽、兆乞

《少數民族法典法規與習慣法·高何包賣鋪地契約》 立約永遠賣鋪地人高何包、親母余氏，係州城圩街移居科岜村。今因家中貧寒，無米度活，不已，母子商議，願將祖父遺下鋪基一處，坐落圩街中，共起得鋪屋二座之地，寬有一丈三尺，前至大街，後至河邊，左近邱家，右界農姓。先通本街近鄰，無人承受，憑中問到卷嵩巷趙老兄臺印國福處實永買，取出本銅錢九千文足，即日親手領錢回家應用。三面言定：其地即交與錢主，隨時建造鋪屋並舊遺下石條、石磉說交與錢主爲用。日後倘有黃金、河海之變兩無悔言。若年深月久，或有疏族兄弟冒言争端，係在約内賣主承當不敢異言。此乃明賣明買，並非折債等情。恐後無憑，人心難測，立

約一張，交與錢主收執存據。

中保人本街黃致富。

立永賣地基人高何包親母余氏。

請人代筆。

同治十二年五月十七日。

《臺灣私法債權編・債權總論・債權之物體・貨幣・賣斷根契字》

立賣斷根契人陳向榮，有私置田園壹段，土名坐址下埔心莊尾西勢，大小坵數不計，原丈五分壹毫正。東至呂燦宜園爲界；西至車路爲界；南至呂家始祖公園爲界；北至港爲界，四至明白。今因欲銀使用，自情願出賣。先送房親叔姪、兄弟人等，不欲承受；托中轉送呂宅始祖公蒸嘗子孫呂定海、錦伯秉、仁利行等前來出首承買。當日衆面言議，出得時值根價員錢銀捌拾參員正，即日立契，兩相交付。其員錢銀同中秤交，親收足訖；其田園同中踏過，即付承人掌管、耕作、收租，永遠爲業。其田園係向榮私置之田園，與兄弟、叔侄等無干，並無典當他人，亦無拖欠業主租粟不明等情；如有不明等情，係向榮一力抵當，不干承人之事。此田園係價極甲盡，一賣千休，永無取贖，日後不得異言生端。此係二比甘願，兩無迫勒，人心難信，口恐無憑，今欲有憑，用立賣斷根契壹紙，併帶繳連總契壹紙，又帶上手契壹紙，共參紙，付執存照。

即日收過契內員錢銀捌拾參員正完足，立批再照。

代筆人　呂拔聖

知見人　呂三汲

在見人　陳茂勤

爲中人　呂君操

乾隆拾八年貳月　日，立賣斷根契人　陳向榮

《臺灣私法債權編・債權各論・買賣・賣絶店契字》　立賣絶店契字人鄭禄，有承祖父遺置瓦厝壹座貳落，帶樓竝竈脚壹個，住在大井頭，四至載明上手契。今因乏銀費用，先儘問叔兄弟姪房親，不肯承坐；外托中引就與宅出頭承買，三面言議，定時價銀貳佰伍拾大元。保此訓係是禄自己之業，一賣千休竝無重張典掛他人，亦無來歷交加不明；如有不明，禄自出頭抵擋，不干買主之事。係二比甘願，各無反悔，口恐無憑，今欲有憑，合立賣絶店契字壹紙，竝上手契四紙共五紙，付執爲炤。

其銀即日問中收訖；其店立即交銀主前去掌管，再炤。

爲中人　施　平

光緒五年正月　日　立賣絶店契字人　鄭　禄

知見人　黄　氏

代書人　林　見

《臺灣私法債權編・債權各論・買賣・找絶盡損契字》　立找絶盡根契人，鹽水港趙泉記第二房趙夜子趙瑞，有承祖先遺下青蚶垄頭魚塭兩口，前嘉慶拾年，出典沈姓，沈姓轉賣許姓，許姓又於咸豐捌年欠繳公項，當官變賣郡城黄福記。嗣因同治伍年，我泉記諸房托中人邱治婉，勸黄福記每房找銀陸拾元，立契付執；時瑞出商他所，不與共事，茲再托中人王媽盛，向找來銀六八秤陸拾元外，又懇求幫助來六八秤銀貳拾元，共收來六八秤捌拾元。其同治伍年玖月，十五房所寫公契，瑞再行盡號，倘日後第二房如有不明，瑞自應出頭抵擋，不干銀主之事。合行立找絶盡根契字壹紙，付執爲炤。

爲中人　王媽盛

光緒肆年貳月　日　立找絶盡契字人　趙泉記

第二房　趙　瑞

保認人　紀獻琮

代書人　盧　添

再批明：趙泉記二房之後惟瑞一人，竝無多人，今依前托中保懇向找絶，不敢混冒；如後二房再有別人言及找絶之事，惟保認中人是究。理合批明於後。

《臺灣私法物權編・物權之特別物體・墳墓・杜賣風水地字》　立杜賣風水地人埔頭莊江水，有明買龜丹莊，土名湅仔山脚田一所。因番仔厝莊林火旺先生所觀此段之田有風水地，托中向與江水相議，將此田定抽出横直四方各五丈之地，議定七三銀七十大元正。銀即日同中交收足訖；其此段之田，立即抽出，交付火旺去執掌，擇日開築母墳，水亦不敢阻擋。今同中言明此段之田，歷年如若帶納大租糧賦銀，仍歸業主理清，與火旺無干。自此同中議定，日後子孫不得異言生端滋事。今二比甘願，各

無反悔，口恐無憑，立出抽賣盡根風水字一紙，付林火旺收執，永遠存炤，行。

光緒二十八年（壬寅）葭月　日

立杜賣風水字人　江　水

爲中人　江阿糖

《石倉契約》第一輯《雍正六年五月九日黃禎龍立賣地基契》　立賣地基人黃禎龍，今因錢糧無辦，自情願將到祖父遺下地基壹塊，土名坐落廿一都石倉（原）〔源〕莊，其地基四至分明，東至田爲界，南至吳家地基爲界，西至後山脚爲界，北至小溪坑爲界，欲行出賣，託中送與闕迪臣入手承買，當日憑中三面言斷，時值價紋銀肆兩正，其銀當日收（乞）〔訖〕，其地基任憑買主執契管業，乃是自己（文）〔物〕業，亦無重典交加，此乃正行交易，並無準折債（禍）〔貨〕之故，及與上下房親伯叔人等並無干碍，倘有此色，皆係賣人自己一力承當，不涉闕邊之事，所賣所買，二家情願，各無反悔等情，恐言難憑，故立賣契爲據。

雍正六年五月初九日　立賣契人　黃禎龍

同弟　禎鳳

繼父見中　賴啓斌

仝母　曾氏

憑中　包萬有

代筆人　包君秀

《石倉契約》第一輯《乾隆六年十二月十七日闕天佑立賣田契》　立賣田契人闕天佑，今因錢糧無辦，自情願自手置有民田壹處，土名坐落山頭浴桶坵，田貳坵，又土名寮後則邊，共田貳拾捌坵，又土名老何坵，（也）〔亦〕田壹坵，又土名蜂桶岩（貝）〔背〕，田共伍坵，又土名南山坑田貳坵，共計額肆畝正，今（據）〔俱〕四至分明，託中潘永福前去説合，召得梅永萬前來承買，憑中面斷，時值價紋銀貳拾叁兩伍錢正，其銀當日親收完足，不欠分文，其田任憑梅邊隨買隨收，過户完糧，耕種執契管業，自賣之後，係是自己物業，與伯叔兄弟子侄外人並無争執之理，自賣之後，無得反悔，闕邊與子及孫，並無息認斷贖文契，毋得再找之理，契出二家甘願，並無逼抑等情，恐口難信，故立賣田契永遠爲（招）〔照〕。

乾隆陸年十二月十七日　立契人　闕天佑

憑人　潘永福

見人　梅永大

見中　梅永亮

包高起

依口代筆　王茂蘭

《石倉契約》第一輯《乾隆七年十一月二十六日周應元立賣田契》

立賣田契人周應元，今因錢糧無辦，自情願將父遺下民田壹處，坐落廿一都後宅莊田，土名坐落槽碓頭田，大小共捌坵，又土名周宅寮塆田，大小共貳拾叁坵，又土名内塆坑邊田，大小共肆坵，共田叁項，計額叁畝正，今來託中立契，出賣與闕其興兄邊入手承買爲業，三面言斷，時值價銀貳拾兩正，其銀當日憑中兩相交收足訖，其田任從闕邊管業，過户完糧，自賣以後，自己物業，日後並無找價取贖，内外兄弟人等並無重典文（默）〔墨〕交加，如有此色，賣主自能承當，不涉買主之事，外有柏樹，石磊上叁枝，周邊自收，余外柏樹，闕邊管業，日後不得言三語四，此出二家情願，並無逼抑等情，今恐人言難信，故立賣契永遠爲照。

乾隆七年十一月廿六日　立賣契人　周應元

仝母　王氏

楊盛仁

見中人　王桂生

闕福興

代筆　丁廷桂

《石倉契約》第一輯《乾隆七年十二月十九日林永彩立賣田契》　立賣田契人林永彩，今因錢糧無辦，今將自置民田壹處，土名坐寺壇坑，計田額貳畝正，田邊有荒田，任憑戴邊開種，東至溫五滿田爲界，南至闕田爲界，西至路邊田爲界，北至山爲界，今俱肆至分明，立契出賣與戴天恩爲業，憑中面斷，時值價銀伍兩正，其銀即日親收完足，其田任憑銀主管業完糧收租，此係自己物業，與内外人等並無文墨重典交加，如有此色，林邊一力承當，是係正行交易，並無債貨準折，日後不得取贖找價之理，此出二家心願，並無逼抑等情，恐口難信，立賣契爲照。

乾隆柒年拾貳月拾玖日　立賣契人　林永彩

見中　林啓信

代筆　趙國賢

《石倉契約》第一輯《乾隆八年六月五日梁養生立賣田契》　立出契人梁養生，今有父手遺下水田壹處，土名坐落念一都後宅莊大㮧屋後，田壹項，上至闕邊田爲界，下至闕邊田爲界，左田爲界，右路爲界，今具四至（八）〔分〕明，田伍分正，欲行出賣，自情願立契託中送與闕其興承買爲業，當日憑中三面言斷，時值價銀叁兩貳錢正，其銀即兩相交訖明白，其田任憑闕邊推收過户，完糧管業起耕，梁邊再無異言，其田乃（係）〔與〕兄弟人等並〔無〕干涉，有此色，梁邊一力承當，不涉闕邊之事，自賣自買，兩家情願，並無逼抑債貨準折〔之〕故，此係斷腸絶賣，日後亦不取贖找價等情，恐後無憑，立出賣田契付與闕邊永遠管業爲照。

乾隆捌年六月初五日　立出賣田契人　梁養生

中人　許春旺

春玉

代筆人　吳文祖

《石倉契約》第一輯《乾隆十五年二月九日曾景標立賣田契》　立賣田契人曾景標，今因錢糧無辦，自情願將自置水田壹處，土名坐落凹門，原計額壹畝正，並帶上下左右荒田壹應，上至山頭爲界，下至潘家田爲界，左右山爲界，（源）〔原〕有四至分明，今將欲行出賣，情願託中送與林宅鼎山、立山兄弟二人出首向前承買，當日憑中三面言斷，時值田價玖柒呈色銀本叁兩伍錢正，其銀即日隨契交訖明白，不欠分文，其田並帶荒熟，自賣以後，任從林邊作爲血業，其錢糧任憑林邊推收過户完官，耕種管業，（有）〔與〕內外人等並無文墨交加等情，如有此上首來處不明，賣主（之）〔支〕當，不涉承買之事，兩家甘願，並無逼勒，願賣願買，後日永不敢找贖等情，今欲有憑，立賣田契子孫永遠爲照。

在場見人　梁盛宗

張達生

張長生

馬永壽

乾隆拾伍年二月初九日　立賣田契人　曾景標

依口代筆　林立鴻

《石倉契約》第一輯《乾隆十八年二月五日劉廷賢等立賣田契》　立賣田契人劉廷賢、劉元松，今因錢糧無辦，自情願將到祖遺下民田壹處，土名坐落廿一都夫人廟莊茶排門首上下，共田大小捌坵，計額肆畝正，今俱四至分明，託中送與闕其興入首承買，當日凴中三面言定，時值價紋銀叁拾玖兩正，其銀即日隨契兩相交訖明白，不欠分文，其田自賣之日爲始，任凴買主俱耕管業栽種，賣人不得異言争執，其田所買所賣，二比情願甘肯，兩無逼勒，並無債貨之故，委係正行交易，不是準折，其田（易）〔亦〕不曾重復典當他人，如有來歷不明，皆係賣人一力承〔當〕，不涉買主之事，其與上下伯叔人等並無干礙，其田自賣，永遠子孫不得取贖再找之理，今後二家各〔無〕反悔，今欲有憑，立賣田契永遠爲照。

乾隆拾捌年二月初五日　立賣田契人　劉廷賢

貫

元松

說合中人　徐光藩

王日清

王龍盛

陳士俊

闕天龍

依口代筆人　賴松泰

《石倉契約》第一輯《乾隆二十年三月九日汪仲富立賣田契》　立賣契人汪仲富，今因口食不給，自情願將土名坐落山頭松樹下，田陸坵，計額一畝，計租穀晾壹担正，其田自願立契出賣與周文德兄邊爲業，三面斷定，時值價銀貳兩伍錢正，其銀當日親收歸家應用，其田自賣之後，自願任從銀主前去耕種執契，收租完糧，此出二家心願，並無反悔之理，今恐人言難信，故〔立〕賣契爲據。

□平的婿　朱寶應

乾隆二十年三月初九日　立賣契　汪仲富

中　梅永亮
依口代筆　蔡盛先

《石倉契約》第一輯《乾隆二十一年十月二日王龍益立賣田契》

立賣田契人王龍益，今因錢糧無辦，自情願將自手置到民田壹處，土名坐落廿一都後金石頭崗，上至闕邊田爲界，下至包邊田爲界，左至坑爲界，右至路爲界，今計四至分明，共大小壹拾柒坵正，載額柒分正，欲行出賣，託中送與闕其興入手承買爲業，當日憑中三面言定，時直價紋銀壹拾兩正，其銀即日隨契兩相足訖明白，所買所賣，二家甘願，並無逼勒準折債貨之故，委係正行交易，其田自賣之後，任憑闕邊起耕管業，推收入户完糧，賣人不敢異言阻擋，割藤斷根，日後並無找價取贖等情，其田與内外兄弟人等並無文墨交加，如有來歷不明，王邊一力承當，不涉買主之事，二家情願，各無反悔，恐口無憑，立賣田契書永遠爲照。

在中人　王任珍
意生

乾隆廿一年十月初二日　立賣田契人　王龍益
代筆人　陳從利

《石倉契約》第一輯《乾隆二十一年十月二十二日包秀龍等立賣田契》

立賣田契人包秀龍、秀榮、吉壽、洪高仝侄包君開兄弟，今因錢糧無辦，自情願將到父置民田壹處，土名坐落廿一都茶排莊冷水屋基田，荒熟四坵，計額伍分正，欲行出賣，自託中送與闕其興入手承買，當日凴中三面言定，時價紋銀貳兩壹錢正，其銀即日隨契交訖明白，不欠分文，其田自賣之日爲始，任凴買主入起管業耕種，推收過户完糧，賣人不敢異言爭執，其田委係正行交易，不是準折債貨等情，其田日前並無文墨重復典當他人，與上下兄弟人等並無干礙，如有來歷不明，皆係賣人一力承當，不涉買主之事，所買所賣，二比情願甘肯，兩無逼勒，今後二家各無反悔，今恐無凴，立賣田契永遠爲照。

乾隆貳拾壹年十月廿二日　立賣田契人　包秀龍
洪高
吉壽
秀榮

仝侄　君開
中人　馬永壽
代筆　賴松泰

《石倉契約》第一輯《乾隆二十三年三月二十一日葉永梧等立賣田契》

立賣契人葉永梧仝弟永栢、永松、永楠，姪通瑜，今因管業不便，自願將民田一項，坐落廿一都石倉莊，土名金鐘山大崗，田壹段，上至山脚爲界，下至楊美盛田爲界，左右坑爲界，今具四至分明，立契出賣與城隍廟、東琳宫兩廟爲業，三面斷定，時值紋銀叁拾貳兩伍錢正，其銀當日收足，其田任凴兩廟執契管業，耕種收租完糧，此自己物業，與内外叔伯兄弟子姪人等無涉，日前亦無重典文墨交加，如有此色，本家自能承聽，不干買主之事，自賣之後，任凴兩廟永遠管業，葉邊日後並無反悔找贖，永絶割藤，恐口難信，故立賣契永遠存據。

乾隆貳拾叁年三月廿一日　立賣契　葉永梧
仝弟　葉永栢
葉永松
葉水楠
葉通瑜
見中兄　葉永桂
代筆　葉克□

《石倉契約》第一輯《乾隆二十四年九月十六日孫王貴立永賣田契》

立永賣田契人孫王貴，今因錢糧無辦，自情願將到自置民田叁處，土名坐落廿一都茶排莊冷水，共田叁處，荒（塾）〔熟〕在内，計額壹畝正，今來出賣，自託中送與闕其興入手承買，當日三面斷定，時價紋銀拾兩伍錢正，其銀即日隨契交訖，不欠分文，其田自賣之日爲始，任凴買主入起耕種管業，推收過户完糧，賣人不得爭執，其田委係正行交易，不是準折債貨之故，其田日前並無文墨重復典當他人，亦與上下伯叔人等並無干礙，如有來歷不明，皆係賣人一力（支）當，不涉買主之事，其田契載斷截，永無找贖，所買所賣，二比情願甘肯，兩無逼勒等情，此出兩家情願，各無反悔，今欲有憑，立賣田契永遠爲照。

中人　馬永壽

乾隆式拾四年九月十六日　立賣田契人　孫王貴

代筆　賴松泰

《石倉契約》第一輯《乾隆二十七年三月十九日雷伕養立賣田契》

立賣田契人雷伕養，今因錢糧無辦，自情願將自置民田壹處，土名廿一都張家墎屋後，計額壹畝，上至雷邊田爲〔界〕，下至雷邊田爲界，左至雷邊田爲界，右至雷邊田爲界，今俱四至分明，今來託中出賣與闕天有入手承買爲業，當日三面斷定，時價紋銀壹拾陸兩正，其銀即日隨契兩相足訖，不欠分文，其田自賣之日爲始，任凴買主入起耕種管業，推收過户完糧，賣人不得争執，其田委係正行交易，不是準折債貨之故，其田日前並無文墨重復典當他人，亦與上下伯叔人等並無干礙，如有來歷不明，皆係賣主一力（之）〔支〕當，不涉買主之事，其田契載斷截，永無找贖，所買所賣，二比情願甘肯，兩無逼勒等情，此出兩家情願，各無反悔，今欲有憑，立賣田契永遠爲照。

在塲中人　王任珍

雷保壽

乾隆式拾柒年三月十九日　立賣田契人　雷伕養

在見人　雷公壽

代筆人　陳從利

《石倉契約》第一輯《乾隆二十九年十二月二十六日吴連瑞立賣菜園契》

立賣菜園契人吴連瑞，今因無銀使，自情願將父遺下菜園貳塊，土名坐落茶排門首，東至許邊地基爲界，南至闕邊田爲界，西至葉邊田爲界，北至吴邊墻脚爲界，今俱四至分明，出賣與許春玉入首承買，當日三面斷定九七色銀叁兩叁錢五分正，其銀即日收足明白，其菜園自賣之後，任憑許邊稱菜管業，吴邊不得異言争執，如有來歷不明，吴邊一力（之）〔支〕當，不涉許邊之事，上下伯叔兄弟人等並無干礙，二家甘肯，各無反悔，恐後無憑，立賣菜園契爲照。

乾隆式拾玖年十二月廿六日　立賣菜園契人　吴連瑞

在見中人　孫黄桂

梅永庫

代筆人　闕天九

《石倉契約》第一輯《乾隆三十年十月二十七日林顯昌立賣田契》

立賣契人林顯昌，今因錢糧無辦，自情願將父遺下置民田壹處，坐落廿都南山莊岩下，土名周崗後，田大小拾式坵，計額叁畝正，又塘壹口，其田四至各有分明，（立親）〔親立〕文契出賣與嚴瑞恒承買爲業，當日憑中言斷，時值價銀式拾肆兩正，其銀即日隨契收明，其田此賣之後，任從銀主執契管業，耕種完糧，其田先日並無重典文墨在外，如有此色，賣主一力聽當，不涉買人（之）〔事〕，此出兩家情願，各無反悔，其田自賣之後，永無找贖等情，故立賣契爲據。

乾隆叁拾年拾月廿七日　立賣契人　林顯昌

憑中　鍾士通

王幼華

親筆

《石倉契約》第一輯《乾隆三十一年十月二十八日雷興福立賣田契》

立賣田契人雷興福，今因錢糧無辦，自情願將父遺下民田壹處，土名坐落廿一都蔡宅莊壠鈎墎，計額壹分正，東至弟田爲界，南至大山脚爲界，西至張邊田爲界，北至坑爲界，今俱四至分明，託中送與闕天有入首承買爲業，當日憑中三面言斷，時值價銀捌兩正，其銀即日隨契交足明白，自賣之後，任憑闕邊起耕管業，推收過户完糧，所買所賣，二比情願，並無逼勒債貨之故，委係正行交易，斷根絶賣，雷邊日後並無異言再找取贖等情，上下伯叔兄弟人等並無干礙，如有來歷不明，不涉買主之事，賣人一力（之）〔支〕當，二家甘願，各無反悔，今欲有憑，故立賣契付與闕邊永遠爲照。

在塲中人　王天應

雷寶壽

乾隆叁拾壹年拾月廿八日　立賣田契人　雷興福

代筆人　雷伕順

《石倉契約》第一輯《乾隆三十二年三月十二日王永貴立永賣田契》

立永賣田契人王永貴，今因錢糧無辦，自情願將己置有水田壹處，土名坐落廿一都金鍾山，計額民田貳畝正，上至張邊田爲界，下至蕭家田爲界，左至山嘴頭爲界，右至蕭家田爲界，俱以荒坪在内，共田大小貳拾壹坵，今俱四至分明，欲行出賣，請託中送與徐宗文向前入手承買爲業，當日憑中言斷，時價紋銀拾肆兩正，其銀即日親收明白，不欠（文分）〔分文〕，其田自賣與後，任憑買主起耕管業，過户完糧，王邊不敢異言，倘若上手來歷不明，皆係王邊一力承當，不涉徐邊之事，其田伯叔兄弟子侄親友人等，並無典當文墨交加等情，委係正行交易，不是準（折）債負之故，其田斷根絶賣，永遠無找無贖，二比甘肯，兩無逼勒等情，今欲有憑，故立田契付徐邊永遠爲據。

一批内寫落字。　在場見人　湯日全

乾隆叁拾貳年三月十二日　立永賣田契　王永貴

原中人　雷伏養　黃永茂

代筆人　應余官　仝弟　永賢

《石倉契約》第一輯《乾隆三十三年九月二十三日闕道九立賣田契》

立出賣田契人闕道九，今因錢糧無辦，自情願將自置民田弍處，土名坐落芥菜源梨樹塆口，田壹項，上至山脚爲界，下至坑爲界，左右山脚爲界，又土名橫坑口，田壹項，併及上下荒坪，一應在内，今俱四至分明，共計額叁畝正，欲行出賣，託中出賣與陳增壽邊承買爲業，當日憑中面斷，時值價紋銀貳拾伍兩正，其銀即日隨契兩相交訖明白，自賣之後，其田任（並）〔憑〕銀主起耕過户，完糧管業，此係自置之業，亦後不涉兄弟子侄人等之事，如有來歷不明，闕邊自能一力承當，不涉買主之事，三面言定，其田日後不得取贖找價之理，此出兩家情願，願賣願買，並無債貨準折逼勒等情，恐口難信，今欲有憑，故立賣契永遠爲照。

乾隆叁拾三年玖月廿三日　立賣契人　闕道九

見契兄　闕遠九

在塲母　方氏

憑中人　徐庚壽

闕學吉

代筆人葉振玉

《石倉契約》第一輯《乾隆三十三年十二月二十日柳登元等立賣田契》

立賣契柳登元仝弟登朝，今因乏用，願將父手遺下己分糧田，坐落雲和九都曹山地方，土名上寮，田壹塆，大小共念叁坵，上至柳仲男荒坪，下至毛姓田，左至山，右至毛姓田爲界，又土名松樹礱，田壹坵，四至俱柳仲男田爲界，又土名屋門前石橋頭，田肆坵，上至山，下至坑，左至官田，右至黃姓田爲界，又土名門前礱，田大小肆拾伍坵，上至山脚，下至坑，左至坑，右至山爲界，又土名外塆，田大小拾壹坵，上至毛姓田，下至柳姓田，左右俱山爲界，共田伍處，計畝捌畝叁分，計租拾陸碩正，託中立契賣與吳宅可昌親邊爲業，當日收價銀伍拾兩正，其銀收訖，並無短少，其田任𢓜吳邊前去改佃收租，照畝完糧，柳邊不致異〔言〕，其田未賣之先，並無文墨重疊交加，亦無内外兄弟争執，如有此色，柳邊支當，不干吳邊之事，所賣所受，兩相情願，並無逼抑，恐口難𢓜，立賣契爲照，内注柳字，再照。

乾隆叁拾叁年拾弍月廿日　立賣人　柳登元

仝弟　登朝

榮　炳祖

見中　柳仲男

佃人毛啓良　徐國仁

林　金重曦

代筆　吳芝禎

《石倉契約》第一輯《乾隆三十四年三月十日吳文祖立賣田契》

立賣契吳文祖，今因缺用，願將自己民田坐落二十一都茶排莊安着，計額畝貳畝，共貳處，壹處土名葉山邊，大小肆坵，東至胡邊田爲界，南至闕邊衆田爲界，兩至闕邊田爲界，北至闕邊田爲界，又壹處，土名垟莊屋後貳坵，上至山脚爲界，下至闕邊田爲界，左至竹園爲界，右至山脚爲界，四至分明，𢓜中出契賣與闕天有邊爲業，即日得受九七圓絲銀貳拾壹兩正，其銀隨契收足，其田自賣之後，任𢓜闕邊推收過户，納糧管業，吳邊不得執留，此係自己物業，並無房族兄弟内外人等言三語四，亦無重疊交加利債抑勒等弊，倘有此弊，不涉闕邊之事，吳邊自行支當，兩相情願，各無反悔，今欲有𢓜，立賣契爲照。

乾隆三十四年三月初十日　立賣契　吳文祖

闕斗生
藍田玉
在塲見中 包吉壽
王天應
闕益昌
代筆 楊宗智

一批其田不拘年近年遠，原價取贖。
內注一字。
倘取贖時，外加花字酒席，再照。

《石倉契約》第一輯《乾隆三十八年十一月十九日林顯昌立賣田契》

立賣契人林顯昌，今因錢糧無辦，自情願將父遺下民田，坐落土名廿都岩下莊，土名師公壇，田壹坵，計額壹畝伍分正，其田原有四至分明，親立文契出賣與嚴瑞恒邊爲業，三面斷定，時值價紋銀貳拾兩正，其銀即日親收完足，其田任從銀主執契管業過户，完糧耕〔種〕，其田原係自己物業，與內外伯叔兄弟人等並無争執之理，日先亦無重典交加文墨，如有此色，本家自能支聽，不涉銀主之事，其田自賣之後，並無找價，無贖，此出兩家心願，並無逼抑等情，恐口人言難信，故立賣契爲照。

乾隆叁拾捌年十一月十九日 立賣契人 林顯昌
見中人 鍾士通
王有郎
徐公魁
代筆 藍惟有

《石倉契約》第一輯《乾隆三十九年十二月二十日張光興等立賣斷截田契》 立賣斷截契人張光興、琳生，今因錢糧無辦，自情願將父手遺下水田壹處，土名坐落牛角墑凹下，上至山爲界，下至六益田爲界，左至山爲界，右至山爲界，其山每向四丈，並及荒（懇）〔墾〕柏樹、竹頭，俱一在內，計額四畝正，內有四至分明，立契託中送與劉景和入手承買，當日凴中三面言斷，時值田價紋銀陸拾貳兩正，其銀即日兩相交付足訖明白，不久分文，其田與上下房親兄弟人等並無干礙，亦無重復典當他人，倘有來歷不明，不涉買主之事，賣人一力承當，其田自賣之後，任凴買主推收過户，完糧管業耕種，賣人不得異言另生，如有另生，情願甘受叠騙之例，二比甘肯，兩無逼勒，不是準折債貨之故，其田自賣之日，價訖糧足，一賣千休，永不敢異言等情，立賣挖根絶骨田契付與業主子孫永遠血業爲照。

在見人 張六益
張亦上
説合原中 藍開章
張亦智
藍漢明
在堂母李氏
乾隆叁拾玖年拾弍月廿日 立賣契人 張光興
弟琳生
代筆人 張發龍

《石倉契約》第一輯《乾隆四十年四月十六日闕袁氏等立賣民田地基契》 立賣民田地基契人闕袁氏仝男開龍等，今因錢糧無辦，自願將養膳民田地基壹處，土名坐落廿一都茶排莊樟樹下，民田併及地基，計額伍分正，東至葉姓田爲界，南至闕姓田爲界，西至山脚爲界，北至坑爲界，今具四至分明，自願託中立契，出賣與陳從利親邊入首承買爲業，當日三面言斷，時值價銀貳拾陸兩正，其銀即日隨契兩相交足明白，不短分厘，其田地基自賣以後，任憑陳邊推收過户完糧，起耕管業，其田契載斷截，日後永不敢取贖找價等情，此係自置物業，房親叔侄人等亦無干礙，並無文墨重典他人，上手如有來歷不明，不涉買主之事，賣人一力承當，所買所賣，兩家甘肯，各無反悔，今欲有憑，立田契地基付與陳邊永遠管業爲照。

在見 黄珍龍
在塲中人 闕德學
在見 吴連瑞
乾隆四十年四月十六日 立賣田契地基 闕袁氏
開鳳
仝男 闕開龍

開德

代筆　闕天永

《石倉契約》第一輯《乾隆四十年十一月十六日雷栢壽立賣田契》

立賣田契人雷栢壽，今因錢糧無辦，自情願將父遺下民田叁處，土名坐落廿一都蔡宅莊張坑垮屋下手，田壹處，大小拾叁坵，上至龔邊田爲界，下至小坑爲界，左至雷邊田爲界，右至龔邊田爲界；又張坑垮屋後崗上一處，大小田捌坵，上至李邊田爲界，下至雷邊田爲界，左至山沿爲界，右至闕邊田爲界；下一處大小共田拾貳坵，上至雷邊田爲界，下至闕邊田爲界，左右二至山沿爲界，共額壹畝正，今具四至分明，自願託中送與闕天有邊入首承買爲業，當日憑中三面言斷，時值價銀貳拾兩正，其銀即日隨契兩相交足明白，不欠分文，其田自賣之後，任憑買主推收過户，完糧起耕管業，其田伯叔兄弟人等亦無干礙，並無文墨重典他人，上手如有來歷不明，賣人一力承當，不涉買主之事，其田契載割藤斷根，日後永遠不敢取贖找價等情，所買所賣，兩家甘肯，各無反悔，今欲有憑，立賣田契付與闕邊永遠爲照。

雷寶壽

憑中兄　雷富壽

弟　雷松壽

乾隆肆拾年十一月十六日　立賣田契人　雷栢壽

代筆人　雷伏盛

《石倉契約》第一輯《乾隆四十一年四月二日梁門范氏等立賣田契》

立賣田契人梁門范氏仝男梁禄春，今因錢糧無辦，自情願將自置民田叁處，共計額貳畝正，坐落念一都夫人廟莊，土名芥菜源蔴地窩嶺脚，田壹拾貳坵，又田一處，坐落邱姓田脚下，叁坵，又田壹處，源口大小柒坵，黄姓田石墈爲界，西至闕姓田石墈爲界，南至闕姓田爲界，東至小溪爲界，今具四至分明，託中送與林店下王發琳兄邊承買爲業，當日憑中面斷，時值田價紋銀叁拾兩正，其銀即日隨契兩相交訖明白，不欠分文，其田乃係母手分下清楚物業，並無叔伯兄弟子侄爭執，上手亦無文墨重典交加，若有來歷不明，皆係賣主一力支當，不涉王邊之事，其田自賣之後，任憑王邊推收過户，完糧起耕管業，賣人不得異言，所買所賣，兩甘情願，並無逼抑叠算等情，今欲有凴，故立賣契爲據。

乾隆肆拾壹年肆月初貳日　立賣契人　梁門范氏

男　梁禄春

在塲胞弟　梁壽春

福春

德春

見中　闕斗生

思進

代筆　蕭佑三

《石倉契約》第一輯《乾隆四十二年二月二十九日雷寶壽立賣田契》

立賣田契人雷寶壽，今因錢糧無辦，自情願將父遺分鬮下民田，坐落廿一都蔡宅莊，土名張坑垮屋後崗，大小田拾坵，上下右至闕邊田爲界，左至山沿爲界；又屋基大小田叁坵，又坑邊大小田玖坵，共田叁處，計額壹畝正，今俱四至分明，自願託中送與闕天有邊入手承買爲業，當日憑中三面斷定，時值田價紋銀貳拾兩正，其銀即日隨契交訖明白，不欠分厘，其田自賣之日爲始，任憑買主前去推收過户，完糧起耕，改佃管業，賣人不得異言，其田委係正行交易，不是準折債貨之故，其田日前並無文墨重典他人，亦與上下兄弟人等並無干礙，如有來歷不明，皆係賣人一力支當，不涉買主之事，其田契載割藤斷根，永無找贖，所賣所買，二比情願甘肯，兩無逼勒，各無反悔，今欲有憑，立賣田契付與闕邊子孫永遠爲照。

憑中弟　雷富壽

雷栢壽

雷松壽

乾隆肆拾貳年二月廿九日　立賣田契人　雷寶壽

代筆人　雷伏盛

《石倉契約》第一輯《乾隆四十六年四月十三日闕其千立賣田契》

立賣田契人闕其千，今因錢糧無辦，自情願將父手遺下分鬮内田，坐落念壹都後宅莊，土名洋（幼）〔坳〕頭，田壹處，垮坐田陸坵，上至闕友學田爲界，下至永亮田爲界；又崗中坐田叁坵，上至丁田爲〔界〕，下至永亮田爲界，大小共田玖坵，今俱四至分明，計額貳畝正，今來托中立契出賣與王發琳親識邊人手承買，當日憑中言斷，時值田價九七色銀叁拾兩正，其銀即日隨契兩相交足訖明白，其田自賣之後，任憑王邊銀主執契過户，完糧管業，係自己物業，並無内外伯叔兄弟人等争執，日先亦無典當他人文墨交加，來歷不明，如有此色，賣主一力承當，不涉買主之事，一賣千休，契載割藤斷截，日後子侄不得識認，並無逼勒等情，願賣願買，自出二家心願，恐口難信，故立賣契永遠爲據。

乾隆肆拾陸年肆月拾叁日　立賣田契人　闕其千

憑中人　陳明達

王福雲

代筆伯　闕永春

《石倉契約》第一輯《道光三年十一月二十八日張石琳等立賣田契》

立賣田契人張石琳等，今因錢糧無辦，自情願將父手遺下坐落雲邑九都内管洋村莊，土名牛角塆水口中心塅，安着水田壹處，上至買主田，下至張喬牧田，左至山，右至坑爲界，其田凈處，不留寸土，荒熟俱一在内，計額叁畝正，今立四至分明，託中立契，出賣與闕德璁身邊爲業，當日憑中三面言斷，時值田價銅錢陸拾千文正，其田自賣之後爲始，任憑買主推收過户，完糧起耕，改佃收租管業，賣人不得異言阻執，委係正行交易，不是準折債負之故，日前並無重典文墨交加，與内外房親伯叔人等並無干礙，如有來歷不明，賣人一力支當，不干買人之事，其田契載割藤斷根，永無取贖，所賣所買，此出兩相情願，並無逼抑之理，今欲有憑，立賣田契付與買主永遠子孫爲據。

道光三年十一月廿八日　立賣田契人　張石琳

在場母　雷氏

憑中堂兄　藍養

代筆弟　石養

《石倉契約》第一輯《道光三年十二月二十四日林瑞福立賣田契》

立賣田契人林瑞福，今因錢糧無辦，自情願將自置民田，坐落松邑念一都蔡宅莊，土名上車崗，安着水田壹處，上至林永茂田，下至林永榮田，左至塍，右至坑爲界，其田凈處，寸土不留，荒熟樹木，俱一在内，計額貳畝伍分正，今具四至分明，託中立契出賣與闕德璁身邊爲業，當日憑中三面言斷，時值田價銅錢陸拾貳千文正，其錢即日隨契兩相交訖明白，不短個文，其田自賣之後爲始，任憑買主前去推收過户，完糧起耕，改佃收租管業，賣人不得異言阻執，委係正行交易，不是準折債負之故，日前並無重典文墨交加，與内外人等並無干礙，如有來歷不明，賣主一力支當，不干買人之事，其田契載割藤斷根，永無找贖等情，所賣所買，此出兩相情願，並無逼抑之理，今欲有憑，立賣田契付與買主，永遠子孫管業爲據。

道光叁年十二月二十四日　立賣田契人　林瑞福

胞兄　瑞豐

在場侄　森玉

丁發養

憑中　闕德瓊

闕德玥

代筆　王士耀

《石倉契約》第一輯《道光四年九月十一日蔡庚琳等立找田契》

立找田契人蔡庚琳仝弟漢琳、文琳、侄長發等，今因母故，無從出息，自情願請託原中向到業主闕德璁、德瑞叔邊手内找出契外銅錢壹千弍百捌拾文，其錢即日隨契兩相交兑，親收足訖，並無短少個文，其田坐落茶排莊，土名天堂坑橋子頭安着，畝分界止，前有正契載明，此找之後，永遠不敢識認，如有此色，願甘自（手）〔受〕叠騙之論，恐口無憑，故立找田契爲據。

道光四年九月十一日　立找田契人　蔡庚琳

漢琳

文琳

仝侄　長發

原中叔　子富

代筆　闕來魁

《石倉契約》第一輯《道光四年九月十九日邱昌榮立賣杉木字》

立賣杉木字人邱昌榮，今因缺錢應用，自情願將續置杉木壹塊，土名坐落雲邑九都羊村莊牛角塆，小土名長窩尾，杉木壹塊，上至謝姓田爲界，下至張姓杉木爲界，左至謝姓田爲界，右至謝姓田爲界，今俱四至分明，今請托中出賣闞德璁兄弟邊入手承買爲業，憑中三面言斷，時值杉木價銅錢壹仟文正，其錢即日隨字收足，不欠分文，其杉木自賣之後，任憑買〔主〕前去籙養修理其杉木，日後並無房親伯叔兄弟子姪人等，不敢争執，倘有上手來歷不明，皆係賣人壹力承當，不涉買主之事，其杉木日後出拚之日，任憑買主發運下山清楚，山骨交還山主，買主無得執留，此出二家心願，各無反悔逼抑等情，立賣杉木字爲照。

見中　張陳養

代筆　邱陶成

道光肆年九月拾九日　立賣杉木字人　邱昌榮

《石倉契約》第一輯《道光五年三月十四日邱槐聰等立賣田契》　立

賣田契人邱槐聰仝弟等，今因錢糧無辦，自情願將父手遺下民田壹處，坐落廿一都茶排莊，土名樟樹下屋後，安着田式横，上至闞姓田爲界，下至買主荒地爲界，左至闞姓山爲界，右至闞姓山爲界，併及田頭地角柏樹雜木，計額陸分正，今俱四至分明，請託凴中立契出賣向與闞德璁叔手内承買爲業，當日凴中三面言斷，時值田價銅錢貳拾肆千文正，其錢即日隨契兩相交足，不少分文，其田自賣之後，任凴買主前去推收過户，入册辦糧，起耕改佃，收租管業，賣人不得異言，原係清楚物業，並無文墨典當他人，倘有上手來歷不明，不涉買主之事，賣人一力承當，其田契載永無找贖，割藤斷根，願賣願買，兩無逼抑等情，故立文契，恐口難信，立賣田契付與買主永遠爲據。

槐魁

道光伍年三月十四日　立賣田契人　邱槐聰

槐棋

在塲叔　邱新貴

凴中　邱新利

闞德瓊

代筆　胡其松

《石倉契約》第一輯《道光七年十一月九日周增基等立賣田契》　立

賣田契人周增基仝弟增滿，今因錢糧無辦，自情願將父手遺下田業，坐落二十都横水口莊，土名徐村屋下，民田壹處，上至闞姓田，下至大路横過，左至大路水圳，右至闞姓田爲界，又小土名鄒姓屋前水井邊，民田壹坵，上至鄒姓曬穀坪，下至大路水圳，左至許姓忌田，右至水井大路爲界，又小土名塝坵大路面，民田壹坵，上至蔡姓田，下至塝坵面大路，左至闞姓田，右至大路水圳爲界，以上共計田叁處，共計額肆畝正，並及田頭地角樹木在内，四至界内寸土不留，今俱四至載明，自願立契託中出賣與闞德璁邊入受承買爲業，當日凴中三面言斷，時值田價銅錢壹百伍拾千文正，其錢隨契交訖，不少分文，其田自賣之後，任凴買主推收過户，辦糧起耕，另佃收租，執契永遠管業，其田乃父置清楚物業，與内外伯叔兄弟子侄人等並無干礙，日前亦未重典文墨交加之情，無違致争，如有此色，賣人自能一力承當，不涉買主之事，委係正行交易，不是準折債負之故，其田願賣願買，契載斷截，日後並無找贖，此出兩相情願，並無逼抑等情，今恐人言難信，故立賣田契永遠爲據。

道光柒年十一月初九日　立賣田契人　周增基

仝弟　增滿

周增盛

闞翰通

凴中人　王福生

闞德玽

鄧天發

代筆人　鄧天申

《石倉契約》第一輯《道光七年十二月十日張石琳等立賣田契》　立

賣田契人張石琳仝弟等，今因錢糧無辦，自情願將祖父遺下鬮内民田，坐落松邑廿一都大岑後莊，土名雙坑口大石頭邊，安着路上路下内外田式處，又崀上田壹横，上至山，下至大坑，内至小坑，外至路爲界，又小坑上片田式坵，又土名内茶鋪屋對面爐塲基，路上路下共田壹處，上至山，下至闞姓田，内至石壁水圳，外至路爲界，又外手坑邊田壹處，以上共田陸處，併及田頭地角樹木壹應在内，寸土不留，計額式畝五分正，今具四至分明，託中親立文契闞德璁身邊入首承買爲業，當日凴中三面言斷，定時值田價銅錢陸拾式千文正，其錢即日當中隨契交付親收足訖，不短個文，其田自賣之後，任凴買主推收過户，完糧起耕，改佃收租管業，賣人不得異言另生等情，委係正行交易，不是準折債負之故，未賣之先，並無重典文墨交加，與内外伯叔兄弟子侄人等亦無干礙，如有來歷不明，賣人一力支當，不涉買主之事，所賣所買，此出兩相情願甘肯，並無逼抑等情，今欲有憑，立賣田契付與買主永遠子孫爲據。

憑中兄　藍養
叔　生利
仝弟　石德
的筆弟　石養
道光柒年十二月初十日　立賣田契人　張石琳

《石倉契約》第一輯《道光八年十二月二十日張祥興立拼杉木樹字》

立出拼杉木字人張祥興，今因日先栽種杉木壹塊，土名坐落雲邑九都楊村莊，小土名園樹坳背内手安着，上至山，下至荒山，左右荒山爲界，今具四至分明，今將自願出拼與闕德璁入手承拼爲業，當日三面言斷，時直杉木價銅錢叁千柒百文正，其錢即日隨拼收訖，不短分文，其杉木既拼之日，任憑闕邊修整養籙，出拼砍伐，張邊不得異言阻執，日後砍伐出拼，山租闕邊上納，願拼願受，兩相情願，並無逼勒，各無反悔，今欲有憑，立拼杉木字爲照。

在見兄　德興
弟　朝興
道光捌年拾二月廿日　立拼杉木樹字人　張祥興
張祖有
代筆　林松茂

《石倉契約》第一輯《道光九年一月二十七日張旭鼎立賣田契》　立賣田契人張旭鼎，今因錢糧無辦，自情願將祖父遺下民田，坐落雲邑九都内管楊村，土名石硫坑直坑，安着田壹處，上至石礤，下至吴允石田，左右俱山爲界，又田壹處，石礤面上安着田，上至祖春田，下至石礤，左右俱山爲界，又田壹處，祖春田面上安着，上至祖春田與山，下至祖春田，左右俱山爲界，共田叁處，計額壹畝叁分九釐零，今具四至分明，託中立契出賣與本家兄祖袍入手承買爲業，當日憑中面斷，時值田價銅錢肆拾九千文正，其錢當即日隨契兩相交付足訖明白，不短分文，其田自賣之日，任憑兄邊買主推收過户，起耕改佃，完糧收租管業，日後弟邊賣人不得異言另生等情，委係正行交易，不是準折負債之故，未賣之先，並無文墨重典交加，與内外房親伯叔兄弟子侄人等並無干礙，亦無争執，如來歷不明，賣主自能支當，不涉買主之事，願賣願買，兩相情願，並無逼抑之理，今欲有憑，立賣田契付與買主子孫管業爲照。

在場中人叔　楊牧
廣榮
見兄　能興
叔　細牧
代筆叔　廣盛
道光九年正月廿七日　立賣田契人　張旭鼎

《石倉契約》第一輯《道光九年十月九日張祖瓊等立賣田契》　立賣田契人張祖瓊仝弟祖積等，今因錢糧無辦，自情願將祖父鬮内遺下分己鬮内民田，坐落雲邑九都内管楊村莊，小土名黄姓屋上手過橋子大路塝上，安着田壹大長坵正，上至賣主嘗田，下至大路爲界，左至嘗田上路爲界，右至橋角頭坑爲界，計寔額叁分正，今具四至分明，託中立契出賣與闕德璁入手承買爲業，當日憑中面斷，時值田價銅錢壹拾玖千文正，其錢即日隨契兩相交付足訖明白，不短分文，其田自賣之日，任憑闕邊買主推收過户，起耕改佃，收租完糧管業，日後張邊賣人不得異言另生等情，委係正行交易，不是準折負債之故，未賣之先，並無文墨重典交加，與内外房親伯叔兄弟子侄人等並無干礙，亦無争執，如有來歷不明，皆係賣人一力支當，不涉買主之事，願賣願買，兩相情願，並無逼抑之理，今欲有憑，立賣田契付與買主子孫管業爲照。

在場中兄　能興
見胞叔　羊牧
道光九年十月初九日　立賣田契人　張祖瓊
祖積
代筆叔　廣盛

《石倉契約》第一輯《道光九年十一月四日張石德立賣田契》　立賣田契人張石德，今因錢糧無辦，自情願將祖父遺下鬮内民田，土名坐落雲邑九都内管石子嶺安着，小土名歇塲裏路邊，安着坑前田壹處，上至張炳文屋爲界，下至有子田爲界，左至大路爲界，右至山崀爲界，又坍坑坍田壹處，上至山有子田爲界，下至坑，左至山，右至坑爲界，共田弍處，寸土不留，併及田頭地角雜木荒熟，一應在内，計額壹畝五分正，今俱四至分明，托中立契欲行出賣與闕德璁姐夫入受承買爲業，當日凴中三面言斷，定時值田價銅錢肆拾千文正，其錢即日隨契兩相交付足訖明白，不短分文，其田自賣之後爲始，任凴買主推收過户，完糧起耕，改佃收租管業，賣人不得異言阻執，委係正行交易，不是準折債負之故，日前並無文墨重典交加，如有上手來歷不明，賣人一力支當，不涉買人之事，乃係自己清楚物業，與内外房親伯叔兄弟子侄人等亦無干礙，所賣所買，此出兩相情願甘肯，並無逼抑，各無反悔等情，今欲有凴，立賣田契付與買主子孫永遠管業爲據。

凴中胞兄 石琳

弟 石滿

代筆弟 石養

道光玖年十一月初四日 立賣田契人 張石德

《石倉契約》第一輯《道光九年十一月十三日張石祥立賣田契》

立賣田契人張石祥，今因錢糧無辦，自情願將祖父遺下自分鬮内民田，土名坐落雲邑九都内管金村莊，小土名松樹崗外手排，安着民田壹處，上下左右俱山爲界，又外手崀排田壹處，弍大横，上下左右俱山爲界，其田與石玉弟對半均分，各坐壹半，其田盡處，寸土不留，併及田頭地角雜木柏木荒熟一應在内，計額壹畝五分正，今具四至分明，托中立契出賣與闕德璁姐夫入手承買爲業，當日凴中三面言斷，時值田價銅錢肆拾捌千文正，其錢即日隨契兩相交付，親收足訖，不短分文，其田自賣之後爲始，任凴買主推收過户，完糧起耕，改佃收租管業，賣人不得異言阻執，委係正行交易，不是準折債負之故，日先並無文墨重典交加，如有上手來歷不明，賣人一力支當，不涉買人之事，乃係自楚物業，與内外叔伯兄弟子侄人等亦無干礙，所賣所買，此出兩相情願甘肯，並無逼抑，各無反悔等情，今欲有凴，立賣田契付與買主永遠子孫管業爲據。

凴中胞兄 石琳

弟 石玉

道光玖年十一月十三日 立賣田契人 張石祥

代筆兄 石養

《石倉契約》第一輯《道光九年十一月十九日謝天琳等立賣田契》

立賣田契人謝天琳仝弟等，今因錢糧無辦，自情願將自置民田，坐落松邑廿一都石倉源大寮莊，小土名和尚寮，安着民田壹處，大小田肆坵，上至山脚爲界，下至石壁併及田爲界，左至蔡姓田爲界，右至山爲界，今俱四至分明，計額伍分正，托中立契出賣與茶排莊闕德璁邊入手承買爲業，當日凴中面斷，時值田價銅錢壹拾叁仟文正，其錢即日當中交訖，不少分文，其田自賣之後，任從闕邊推收過户，起耕完糧管業，乃係賣人自置清業，與内外子姪人等無涉，倘有來歷不明，賣人一力支當，不礙買主之事，此賣之後，再不得異言找價取贖等情，一賣一買，兩家心願，並無逼勒等情，一賣千休，永遠割藤斷根，再不得識認，恐口難凴，立賣田契付與闕邊永遠存據。

凴中 丁發養

道光九年十一月十九日 立賣田契人 謝天琳

仝弟 謝石琳

謝赤琳

謝羣琳

凴中 丁宗興

鄧開華

代筆 林永彩

《石倉契約》第一輯《道光九年十二月四日林瑞福立賣田契》

立賣田契人林瑞福，今因錢糧無辦，自情願將自置民田，坐落松邑二十一都蔡宅莊，小土名梨樹崗牛塘口，田壹大坵，右首安着其田，上至丁姓田，下至田併山，左至會田，右至路爲界，又脚下田壹處，水圳下安着，上至水圳併山，下至林姓田，左至水圳，右至闕姓田併山爲界，計額壹畝正，併及田頭地角一應在内，今載四至分明，自願託中立契出賣與闕德璁邊承買爲業，當日憑中言斷，時值田價銅錢柒拾千文正，其錢即日當中隨契交訖，並不短少個文，其田自賣之日，任憑買主前去推收過户，完糧起耕，收租管業，此係自己清楚之業，與房親伯叔兄弟子侄内外人等並無干礙，日先亦無重典文墨，如有上手來歷不明，賣人一力承當，不涉賣主之事，此乃正行交易，兩相情願，日後不得言稱找贖，以作割截斷契，一買所賣，並無反悔，亦無逼抑等情，今欲有憑，立賣田契付與買主永遠爲據。

道光九年拾貳月初四日　立賣田契人　林瑞福

在塲弟　瑞德

兄　瑞豐

憑中人　鄧增明

丁宗榮

李天滿

李福琳

丁宗輝

代筆人　龔相龍

《石倉契約》第一輯《道光十年二月三日林克桂立賣田契》　立賣田契人林克桂，今因錢糧無辦，自情願將父手遺下民田，坐落松邑廿一都五合圩莊，小土名内坑赤子安着，其田壹處弍横，上至林、丁二姓田爲界，下至闕姓田，左至林、丁二姓田爲界，右至林姓田爲界，又田壹坵，上至林姓田，下至左右俱闕姓田爲界，併及田頭荒地在内，寸土不留，計額壹畝叁分，今具四至分明，托中親立文契出賣與闕德璁翁邊入首承買爲業，當日凴中三面言斷，定時值田價銅錢伍拾千文正，其錢即日當中隨契交付，親收足訖，不少個文，其田自賣之後，任凴買主推收過户，完糧起耕，改佃收租管業，賣人不得另生等情，委係正行交易，不是準折債負之故，未賣之先，並無重典文墨交加，與内外伯叔子侄人等亦無干礙，如有來歷不明，賣人一力支當，不涉買主之事，所賣所買，此出兩家情願甘肯，並無逼抑等情，今欲有凴，立賣田契付與買主永遠子孫爲據行。

道光拾年二月初三日　立賣田契人　林克桂

憑中　闕天進

林永泰

代筆　林益茂

《石倉契約》第一輯《道光十年四月十九日張石祥立賣田契》　立賣田契人張石祥，今因錢糧無辦，自情願將祖父遺下鬮内民田，土名坐落雲邑九都内管石子嶺莊，小土名槽碓子下，安着民田壹處，上至山爲界，下至生和田田爲界，左至坑爲界，右至大路爲界，併及田頭地角荒熟雜木，俱一在内，寸土不留，計額柒分正，今具四至分明，託中親立文契出賣與闕德璁姐夫入首承買爲業，當日凴中三面言斷，定時值田價銅錢貳拾千文正，其錢即日當中隨契交付，親收足訖，不短個文，其田自賣之後，任凴買主推收過户，完糧起耕，改佃收租管業，賣人不得另生等情，委係正行交易，不是準折債負之故，未賣之先，並無重典文墨交加，與内外伯叔子侄人等亦無干礙，如有來歷不明，賣人一力支當，不涉買主之事，所賣所買，此出兩相情願甘肯，並無逼抑等情，今欲有凴，立賣田契付與買主，永遠子孫管業爲據。

在（傷）〔塲〕胞兄　石琳

凴中見叔　廣盛

兄　炳文

道光拾年四月十九日　立賣田契人　張石祥

代筆兄　石養

《石倉契約》第一輯《道光十年十月二日王宗福立賣田契》　立賣田契人王宗福，今因無錢使用，自情願將小忌養大也水田壹項，自己分下壹（故）〔股〕，立契出賣與（放）〔房〕弟王德炳弟邊，三面斷定，時值價銅錢柒千文正，其錢即日收足，面斷充納燥租柒桶正，如若其租不偹，任（並）憑錢主起耕管業，賣主不敢（子）〔阻〕擋，計額弍分正，如有此色，不干（賣）〔買〕主之事，日後不論年限，（願）〔原〕價取（續）〔贖〕，此出二家心（原）〔願〕，並無反悔等情，恐口難信，故立賣田契爲據。

外批花押錢弍百文。

道光拾年十月初二日　立賣田契人　王宗福

在見人　王德成

男親筆　國運

《石倉契約》第一輯《道光十年十一月二十六日張石琳立賣田契》

立賣田契人張石琳，今因錢糧無辦，自情願將父手遺下自分鬮内民田，土名坐落雲邑九都內管金村莊，小土名石角裏大路對面，田壹處，上至山爲界，下至大坑爲界，左至山爲界，右至坑爲界，計額五分正，今具四至分明，立契出賣與闕德璁姐夫入手承買爲業，當日憑中三面言斷，時值田價銅錢拾捌千文正，其錢即日隨契兩相交付，親收足訖明白，不短分文，其田自賣之後，任凴買主推收過户，完糧起耕，改佃收租管業，賣人不敢異言阻執等情，原係契斷價足，無找無贖，委係正行交易，不是準折債負之故，未賣之先，並無文墨重典交加，所賣所買，此出兩相情願，如有田頭地角，併及樹木荒熟一應在內，寸土不留，並無逼抑之理，今欲有凴，故立賣田契付與買主子孫永遠管業爲據。

在見胞弟　石德

中

道光拾年十一月廿六日　立賣田契人　張石琳

代筆胞弟　石養

《石倉契約》第一輯《道光十年十二月六日張石玉立賣田契》

立賣田契人張石玉，今因錢糧無辦，自情願將父手遺下自分鬮內民田，土名坐落雲邑九都內管金村莊，小土名松樹崗脚內排田壹處，上至買人自己田爲界，下至山爲界，左至林姓田爲界，右至山爲界，又內手排田壹處，上至山爲界，下至山爲界，左至山爲界，右至山爲界，共田弍處，計額壹畝五分正，今具四至分明，托中立契出賣與闕德璁姐夫入手承買爲業，當日三面言斷，時直田價銅錢五拾千文正，其錢即日隨契兩相交付，親收足訖，不短分文，如有田頭地角，併及柏木雜木荒熟一應在內，寸土不留，其田自賣之後，任凴買主起耕改佃，完糧收租管業，賣人不敢異言阻執等情，委係正行交易，不是準折債負之故，未賣之先，並無文墨重典交加，願賣願買，此出兩相情願，並無逼抑之理，今欲有凴，故立賣田契付與買主子孫永遠管業爲據。

在見胞兄　石琳

中　石祥

石滿

道光拾年十二月初六日　立賣田契人　張石玉

代筆兄　石養

《石倉契約》第一輯《道光十一年一月二十三日蔡長富立送户票》

立賣田契人蔡長富，今因錢糧無辦，自情願將父手遺下兄弟均分自己鬮內民田壹處，坐落松邑廿一都茶排莊，小土名天塘坑屋背後左首安着，土名二亩理路下，田五横，上至山，下至長茂田，左至坑，右至路爲界，又桃樹塆田弍横，上至周姓田，下至翰通田，左至山，右至坑爲界，又坳下坑邊田壹坵，又坳上山脚田壹横，上至山，下至翰通田，左至山，右至坑爲界，又柴子頭崀田壹處，壹崀直上其田，上至山，下至路，左至周、闕兩姓田，右至山爲界，內有德珮田壹坵，以上共田五處，其田四至界內，田頭地角、柏樹雜木等項，俱概在內，界內盡處，寸土不留，計額弍畝正，今俱四至分明，托中立契出賣與闕德璁叔邊入手承買爲業，其田當中面斷，時直田價銅錢玖拾千文正，其錢隨契即日清收足訖，不短分文，其田自賣之後，任從闕邊推收過户，完糧起耕，易佃收租管業，乃係自己清楚物業，與內外房親伯叔兄弟子侄人等並無干礙，亦無重復典當文墨交加，原係正行交易，不是債貨之故，如有上手來歷不明，皆係賣人一力承當，不涉買主之事，一賣千休，永遠割藤斷根，願賣願買，此出兩相心願，各無反悔逼勒等情，恐口難凴，故立賣契付與買主子孫永遠爲據。

在場父　昌琳

道光拾壹年正月廿三日　立賣田契人　蔡長富

在場叔　瑞琳

凴中　李克應

闕天進

代筆　林永泰

一批柴子頭崀田坳上原有草簝壹穴，歸還蔡邊，再照。

《石倉契約》第一輯《道光十一年二月二十六日張石德等立賣田契》

立賣田契人張石德、石滿、石玉，今因錢糧無辦，自情願將父手遺下自分鬮內民田，土名坐落雲邑九都內管石子嶺莊，小土名下屋嘴頭，安着民田壹處，上至九月十三會田爲界，下至張禮章田爲界，左至路爲界，右至十三會田爲界，又土名下屋人對門，安着民田壹處，上至張廣連田併路爲界，下至張連牧兄弟田爲界，左至竹頭凸山爲界，右至坑爲界，併及田頭〔地〕角、柏木雜木一應在內，四至界內，寸土不留，今具四至分明，又土名坐落雲邑九都內管南坑莊，小土〔名〕坪坑，安着下墩民田壹處，上至賣人田併大石頭爲界，下至張廣安田爲界，左至路爲界，右至山爲界，四至之內，踏出租田穀弍担正，併及田頭地角、柏木雜木一應在內，託中立契出賣與闕德璁姐夫身邊爲業，當日憑中三面言斷，時值田價銅錢伍拾壹千文正，共計額壹畝弍分正，其錢即日隨契兩相交付，親收足訖，不短個文，其田自賣之後，任憑買主推收過户，起耕改佃，完糧收租管業，賣人不敢異言阻執等情，委係正行交易，不是準折債負之故，未賣之先，並無文墨重典交加，所賣所買，此出兩相情願，並無逼抑之理，今欲有憑，故立賣田契付與買主子孫永遠管業爲據。

在場憑中胞兄　石琳
　　　　　　　石滿

道光拾壹年貳月廿六日　立賣田契人　張石德
　　　　　　　　　　　　　　　　　石玉

代筆胞兄　石養

《石倉契約》第一輯《道光十一年三月二十五日張石德等立賣田契》

立賣田契人張石德、石滿、石玉，今因錢糧無辦，自情願將祖父遺下自分鬮內民田，土名坐落雲邑九都內管石子嶺莊，小土名下屋人背頭，安着民田壹處，上至新盛九月十三日會田爲界，下至禮章田爲界，左至路爲界，右至十三會田爲界，又土名下屋人對門田壹處，上至路、廣連田爲界，下至才牧兄弟田爲界，左至大坑爲界，右至山爲界，併及荒熟田頭地角雜木一應在內，四至界內，寸土不留，今具四至分明，又土名南坑莊，小土名坪坑，安着下墩民田壹處，上至賣人田爲界，下至廣安田爲界，左至山爲界，右至□爲界，併及田頭地角、荒熟雜木一應在內，弍共計額壹畝弍分正，今具四至分明，託中立契，出賣與闕德璁姐夫入受承買爲業，當日憑中三面言斷，時值田價銅錢五拾千文正，其錢即日隨契兩相交付，親收足訖，不短個文，其田自賣之後，任憑買主推收過户，起耕改佃，完糧收租管業，賣人不敢異言阻執等情，委係正行交易，不是準折債負之故，未賣之先，並無文墨重典加交，與內外房親伯叔並無干礙，如有來歷不明，皆係賣人一力支當，不涉買主之事，所賣所買，此出兩相情願，並無逼抑之理，今欲有憑，故立賣田契付與買主子孫永遠管業爲據。

在見胞兄　石琳
　　　　　石滿

道光拾壹年三月廿五日　立賣田契人　張石德
　　　　　　　　　　　　　　　　　石玉

代筆胞兄　石養

《石倉契約》第一輯《道光十一年九月二十一日張生財等立賣田契》

立賣田契人張生財仝子侄石林、石明、文元等，今因錢糧無辦，自情願將祖父遺下民田，坐落松邑廿一都大嶺後莊，小土名雙坑口，安着水田一處，上至侄長魁田爲界，下至長魁田爲界，左至山，右至坑，又坑背田壹坵，上至山，下至坑，左至坑，右至山爲界，又土名雙坑口上墩坑背田壹處，上至闕姓田，下至坑，左至坑，右至山爲界，又土名大坑圓坵田壹坵，又圓坵塝下田壹坵，上至闕姓自己田爲界，下至侄發生田，左至山，右至發生田爲界，又土名馮姓左手屋角田壹横，上至馮姓田，下至張姓己田爲界，左至小坑，右至路爲界，又土名槽碓頭田壹處，上至山，下至侄長魁田爲界，左至山，右至侄長魁田爲界，共田陸處，共計額肆畝正，田頭樹木荒墾，俱已在內，今托中立契出賣與闕德璁親邊入手承買爲業，當日憑中面斷，時值田價銅錢貳伯千文正，其錢即日隨契兩相交訖明白，不少個文，其田自賣之後，盡處不留，任憑買主起耕改佃完糧，推收過户，收租管業，此係正行交易，不是準折債負之故，願賣願買，兩相情願，並無逼抑，原係清楚物業，與內外人等並無争執，倘有來歷不明，皆係賣人一力支當，不涉買主之事，今欲有憑，故立賣田契爲據。

　　　　　文元
仝侄　石林
　　　石明

道光拾壹年九月二十一日　立賣田契人　張生財

仝子　石蘭

在場中見侄　石旺
　　　　　　藍養
　　　　　　石養

代筆侄　石元

《石倉契約》第一輯《道光十一年十一月十八日張石得立賣田契》

立賣田契人張石得，今因錢糧無辦，自情願將父手遺下闔內民田，土名坐落雲邑九都內管石子嶺莊，小土名屋對面，安着石頭坵內手民田壹處，上至石祥田爲界，外至石來田爲界，左至山爲界，右至坑爲界，又石頭坵頂上田壹處，上至坑爲界，下至石祥田爲界，左至山爲界，右至坑爲界，又土名歇場裏內手新岩邊，安着民田壹處，上至山爲界，下至坑爲界，左至坑爲界，右至山爲界，共田叁處，計額叁分正，併及荒墾田頭地角雜木一應在內，四至界內，寸土不留，今具四至分明，託中立契出賣與闕德璁妲夫身邊入受承買爲業，當日憑中三面言斷，時值田價銅錢拾捌千文正，其錢即日隨契兩相交付，親收足訖，不短個文，其田自賣之後，任憑買主起耕改佃，完糧收租管業，賣人不敢異言阻執等情，委係正行交〔易〕，不是準（執）〔折〕債負之故，未賣之先，並無文墨重典加交，願賣願買，此出兩相情願，並無逼抑之理，今欲有憑，故立賣田契付與買主子孫永遠管業爲據。

在塲胞兄　石琳

道光拾壹年拾壹月十八日　立賣田契人　張石得

代筆胞弟　石養

《石倉契約》第一輯《道光十二年三月四日林才光立賣田契》

立賣田契人林才光，今因錢糧無辦，自情願將祖父遺下民田，坐落雲邑九都內管南坑莊，小土名石角內下山窩，安着田壹處，上至山，下至張姓田，左右山爲界，四至分明，其田盡處，寸土不留，併及山頭地角、雜木荒熟一應在內，計額捌分正，自願托中立契，欲行出賣與闕德璁入受承買爲業，當日憑中三面言斷，定時值田價銅錢叁拾千文正，其錢即日隨契交付，親收足訖，不短分文，其田自賣之後爲始，任憑買主推收過户，完糧起耕，改佃收租管業，賣人不得異言阻執，委係正行交易，不是準折債負之故，當日先並無重典文墨交加，如有上手來歷不明，賣人一力支當，不涉買主之事，乃係自己清楚物業，與內外叔伯兄弟子侄人等亦無干礙，所賣所買，此出兩相情願甘肯，並無逼抑，各無反悔等情，今欲有憑，立賣田契付與買主永遠子孫管業爲據。

在塲胞兄　元光

道光拾貳年叁月初四日　立賣田契人　林才光

張茂祥

憑中見　張廣盛

張培仁

張財興

親筆字

《石倉契約》第一輯《道光十二年十一月十二日何梨香立賣田契》

立賣契何梨香，今因缺錢應用，自情願將父手遺下水田□□□□□□□□□□□莊，小土名大洋上畈，田壹坵，上至周姓田，下至何姓田，內至水圳，外至周姓田爲界，計□□□□□□□□□□田壹坵，計額四分，計租穀壹碩四斗正，上至周姓田，下至何姓田，內至陳姓田，外至何姓田爲界，又下畈水田壹坵，計額九分正，計租穀弍碩柒斗正，其田上至何姓田，下至何姓田，內至山脚，外至何姓田爲界，今俱四至分明，共計額壹畝柒分正，共計租穀伍碩伍斗正，自願托中立契出賣與闕宅德璁兄邊爲業，當日憑中三面言斷，目直時價田價銅錢陸拾陸千文正，其錢即日隨契親收足訖，並無短少分文，其田未賣之先，並無文墨交加重疊，既賣之後，任憑闕邊收租完糧，改耕易佃管業，如有內外人等爭執，賣主一力承當，不涉買主之事，日後何邊不拘年限，脩辦契內（願）〔原〕價贖取，願賣願受，出在兩相情願，恐口難憑，立賣田契爲據。

道光拾貳年拾壹月拾弍日　立賣田契　何梨香

劉良高

見契　劉藍愷

王德高

代筆　李克榮

《石倉契約》第一輯《道光十二年十一月十八日張石玉立賣田契》

立賣田契人張石玉，今因錢糧無辦，自情願將父手遺下分己闔內民田，土名坐落雲邑九都內管石子嶺莊，小土名大窩口，安着民田壹處，上至山爲界，下至大路爲界，左至大路爲界，右至山爲界，又大路邊田壹横，上至賣人自己田爲界，下至石田田爲界，左至大路爲界，右至路爲界，今具四至分明，計額壹畝正，併及田頭地角荒熟，壹應在內，四至界內，寸土不留，託中立契出賣與闕德璁姐夫入手承買爲業，當日凴中三面言斷，時值田價銅錢叁拾千文正，其錢即日隨契兩相交付，親收足訖，不短個文，其田自賣之後，任凴買主推收過户，起耕改佃，完糧收租管業，賣人日後不敢異言阻執等情，委係正行交易，不是準折債負之故，未賣之先，並無文墨重典交加，願賣願買，此出兩相情願，並無逼勒，與内外房親伯叔兄弟子侄人等並無干礙，亦無争執，如有來歷不明，皆係賣人一力承當，不涉買人之事等情，恐口無凴，立賣田契付與買主子孫永遠管業爲據。

在（傷）〔場〕凴中　李光耀

石才

在（傷）〔場〕見人兄　石琳

石德

道光拾弍年拾壹月拾捌日　立賣田契人　張石玉

代筆兄　石養

《石倉契約》第一輯《道光十三年三月十八日闕天培立議合約》　立議合約字人闕天培，今因嘉慶十四年間，與天貴兄合買得闕書光兄弟名下山塲樹木，坐落廿一都百步莊，小土名潘山頭屋上手，柴山壹處，又屋後陽片山塲壹處，天貴兄兑山價錢七千弍百文正，天培兑山價錢廿五千七伯文正，合共去山價銅錢叁拾弍千九伯文，契載分明，當日叔姪面議，日後倘有柴木出拚，照依合同字樣分泊收入，恐日後口不足爲憑，立合同字爲照。

道光十三年三月十八日　立議合約字　闕天培

在見弟　天開

姪　德珅

代筆　張辰東

《石倉契約》第一輯《道光十三年十一月十八日闕有年等立賣田契》　立賣田契人闕有年仝姪明壽，今因錢糧無辦，自情願將父手遺下民田壹處，坐落二十一都石倉源蔡宅莊，土名梨樹崗，安着其田，上至蔡姓田，下至買主自己田，左至山，右至沙墈爲界，並及田頭地角，四至界内，寸土不留，柏樹一應在内，計額叁畝正，今載四至分明，托中立契出與本家德璁叔入受承買爲業，當日凴中面斷，時值田價銅錢壹百千文正，其錢即日收訖，不少分文，其田自賣之後，任凴叔邊推收過户，完糧起耕，收租管業，此係己分之業，與内外伯叔子姪人等無涉，日前亦無典當文墨交加，如有來歷不明，賣人一力承當，不干買主之事，係正行交易，並非債貨準折之故，願賣願買，並無逼抑反悔等情，恐口無凴，立賣田契付與買主子孫永遠管業爲據。

明業

道光拾叁年十一月十八日　立賣田契人　闕有年

仝姪　明壽

闕天耀

凴中　闕有光

闕和生

闕獻奎

闕明玉

代筆　明壽

《石倉契約》第一輯《道光十四年二月四日闕九興等立賣田契》　立賣田契闕九興仝弟等，今因錢糧無辦，自情願將自置民田弍坵，土名坐落雲邑九都金村樟樹邊外片，水田壹坵，内至林姓田，外至林姓田，又四方坵外片，田壹坵，上至林姓田，下至墈，今俱四至分明，計額叁分正，今將託中賣與闕德璁承買爲業，當日凴中三面言斷，時值田價銅錢壹拾陸千文，其錢即日隨契兩相交付足訖，不短分文，其田未賣之先，並無文墨交加，既（買）〔賣〕之後，亦無内外人等争執，如有此色，皆係賣主一力承當，不涉闕邊之事，其田自賣之後，任凴闕邊推收過户，完糧收租管業，願賣願買，兩家情願，並無逼勒之理，今欲有凴，立賣田契付與闕邊子孫永遠管業爲照。

道光十四年弍月初四日　立賣田契　闕九興

在塲胞弟　九英

凴中　張石琳

代筆　林蘭球

《石倉契約》第一輯《道光十四年二月十二日張石林立賣田契》　立賣田契人張石林，今因錢糧無辦，自情願將自己鬮内民田壹坵，坐落雲邑九都内管金村莊，小土名水碓對面石塍内安着，上至闕姓己田爲界，下至闕姓田，左至坑，右至林姓田爲界，今俱四至分明，計額五分正，托中立契出賣與闕德璁姐夫入受承買爲業，當日憑中面斷，時值田價銅錢弍拾伍千文正，其錢即日隨契兩相交訖明白，不少個文，其田未賣之先，並無重典文墨，既賣之後，任憑買主推收過户，完糧收租，起耕易佃管業，原係自己清楚物業，與内外兄弟子（係）〔侄〕人等並無争執，倘有來歷不明，賣人一力支當，不涉買主之事，委係正行交易，不是準折債負之故，所賣所買，此出兩相情願，並無逼抑，今欲有憑，立賣田契爲據。

道光十四年二月十弍日　立賣田契人　張石林

在中弟　石德

代筆弟　石元

《石倉契約》第一輯《道光十四年三月十一日張石旺立賣田契》

立賣田契人張石旺，今因錢糧無辦，自情願將父手遺下自己鬮内民田，坐落雲邑九都内管石子嶺莊，小土名壠子裏，安着水田壹處，上至過路横田内塝爲界，下至石滿兄田爲界，左至山，右至山爲界，今俱四至分明，計額壹畝正，計共田大小拾坵，托中立契出賣與闕德璁親邊入受承買爲業，當日憑中面斷，時值田價銅錢肆拾千文正，其錢即日隨契兩相交訖明白，不少個文，其田自賣之後，任憑買主推收過户，起耕易佃，完糧收租管業，原係自己清楚物業，與内外人等並無干礙，倘有上手來歷不明，賣人一力支當，不涉買主之事，委係正行交易，不是準折債負之故，所賣所買，此出兩相情願，並無逼抑等情，今欲有憑，立賣田契付與闕邊永遠爲據。

道光拾四年三月拾壹日　立賣田契人　張石旺

父　生財

兄　石貴

在場中見　石蘭

石明

石崇

劉紹基

代筆兄　石元

《石倉契約》第一輯《道光十四年四月六日林九春立賣田契》

立賣田契人林九春，今因錢糧無辦，自情願將祖父遺下鬮内民田壹處，坐〔落〕雲邑九都金村莊，小土名樟樹對面長横中壹大坵安着，上至山爲界，下至山爲界，左至賣人田界，右至賣〔人〕田界，計額捌分正，併及田頭地角，寸土不留，今俱四至分明，托中立契，出賣與闕德璁親邊入受承〔買〕爲業，當日憑中三面言斷，時值田價銅錢壹拾捌千文正，其錢即日隨契交付，親收足訖，不短分文，其田自賣之後爲始，任憑買主推收過户，完糧起耕，改佃收租管業，賣人不得異言阻執，委係正行交易，不是準折債負之故，日前並無重典文墨交加，如有上手來歷不明，賣人一力支當，不涉買主之事，乃係自己清楚物業，與内外伯叔兄弟子侄人等亦無干礙，所賣所買，此出兩相情願甘肯，並無逼抑，各無反悔等情，今欲有憑，立賣田契付與買主，永遠管業子孫爲據。

憑中人　張石琳

道光十四年四月初六日　立賣田契人　林九春

代筆　張元沛

《石倉契約》第一輯《道光十四年十一月十六日張石旺立賣田契》

立賣田契人張石旺，今因錢糧無辦，自情願將父手遺下民田，坐落雲邑九都内管南坑莊，小土名石子嶺杉樹頭下壠子裏安着，上至水圳爲界，下至四坵田（磓）〔碓〕爲界，左至山脚爲界，右至石降爲界，又大石頭下田壹坵，四至界内，寸土不留，併及田頭樹木，一應隨田管業，今俱四至分明，共田弍處，共計額叁畝伍分正，自願托中立契，出賣與闕德璁親邊入受承買爲業，當日憑中三面言斷，時值田價銅錢捌拾肆千文正，其錢即日隨契兩相交訖，不少個文，其田未賣之先，並無文墨重典他人，既賣之後，任憑買主推收過户，起耕易佃，完糧收租管業，賣人永不得言稱找贖等情，原係自己清楚鬮内物業，與内外兄弟子侄人等並無争執，倘有上手來歷不明，賣人一力支當，不涉買主之事，所賣所買，此出兩相情願，並無逼抑，今欲有憑，故立賣田契付與闕邊永遠管業爲據。

道光十四年十一月十六日　立賣田契人　張石旺

兄　藍養

石明

在場中見父　生財

兄　石藍

石貴

侄　發通

代筆兄　石元

《石倉契約》第一輯《道光十四年十一月十六日闕德琑立賣田契》

立賣田契人闕德琑，今因錢糧無辦，自情願將父手遺下鬮内民田壹處，坐落松邑念都橫水莊，土名徐村屋背内手，安着田壹處，共田壹拾肆橫正，上至荒地，下至蔡姓田，左至山併荒地，右至小坑爲界，其田盡處不留，併及柏木雜木，一應在内，計額式畝正，今具四至分明，託中立契出賣與本家德瑶弟邊入受承買爲業，當日憑中三面言斷，時值田價銅錢伍拾陸千文正，其錢即日隨契交付，親收足訖，不短分文，其田自賣之後爲始，任憑買主推收過户，完糧起耕，改佃收租管業，賣人不得異言阻執，委係正行交易，不是準折債負之故，日前並無重典文墨交加，如有上手來歷不明，賣人一力支當，不涉買主之事，乃係自己清楚物業，與内外伯叔兄弟子侄人等亦無干礙，所賣所買，此出兩相情願甘肯，並無逼抑，各無反悔等情，今欲有憑，立賣田契付與買主，永遠子孫管業爲據。

道光拾肆年十一月十六日　立賣田〔契〕人　闕德琑

叔　天開

在塲中弟　德瑨

德珅

代筆兄　德璁

《石倉契約》第一輯《道光十五年三月二日張石松等立賣田契》

立賣田契人張石松仝弟、侄等，今因錢糧無辦，自情願將祖父遺下民自己分下民田，坐落二十都梅村莊，小土名風樹下，坐田大小貳坵正，上至水凍爲界，下至路爲界，内至蔴地爲界，外至水圳爲界，計額糧捌分正，併及田頭地角、雜木柏木一應在内，寸土不留，今俱四至分明，托中立契，出賣與闕德璁邊入受承買爲業，當日憑中三面言斷，時值田價銅錢叁拾仟文正，其錢即日隨契交付，親收足訖，不短分文，其田自賣之後爲始，任憑買主推收過户，完糧起耕，改佃收〔祖〕〔租〕管業，賣人不得異言阻執，委係正行交易，不是準折債負之故，日前並無重典文墨交加，如有上手來歷不明，賣人一力支當，不涉買主之事，乃係自己清楚物業，與内外伯叔兄弟子侄人等亦無干礙，所賣所買，此出兩相情願甘肯，並無逼抑，各無反悔等情，今欲有憑，立賣田契付與買主永遠管業子孫爲據。

道光拾伍年三月初二日　立賣田契人　張石松

胞兄　石基

石玉

弟　岩榮

葉海

在見人　梅正監

林光

朱土發

代筆人　梅林開

《石倉契約》第一輯《道光十五年十二月二十五日吴天生等立賣山契》

立賣山契人吴天生、天琳、天鳳，今因無錢應用，自情願將祖父遺下嘗山壹處，坐落廿一都茶排莊，土名天桐坑脚石崀，安着山一處，内外陰陽兩向，上至妍坳爲界，下至路爲界，内至合水田爲界，外至合水田爲界，計額叁分正，今俱四至分明，托中立契出賣與闕德璁先生入手承買爲業，當日憑中三面言斷，時值山價銅錢陸仟伍伯〔文〕正，其錢即日隨契兩相交訖，不少分文，其山自賣之後，任憑買主推收過户，完糧栽插，籙養成林管業，併及山内松杉雜木竹，俱壹在内，净處寸土不留，此係自己清楚業産，與〔内〕外人等並無干礙，亦無重典文墨交加，如有來歷不明，賣人一力（之）〔支〕當，不涉買主之事，其山永遠割藤斷根，無找無贖，任憑買主扦墳安葬，賣人兄弟無得異言執滯，所賣所買，出在兩相情願，並無逼抑，各無反悔等情，今欲有憑，故立賣山契付與買主，永遠子孫管業爲據。

道光拾伍年十二月廿五日　立賣山契人　吴天生

仝弟　天琳

天鳳

憑中　胡其發

代筆　邱槐璁

《石倉契約》第一輯《咸豐二年十月六日闞麗松立退田契》

立退田契人闞麗松，今因錢糧無辦，自情願將父手遺下鬮内民田貳處，坐落松邑念一都後宅莊，小土名梨樹崗丁姓屋邊，安着田一處，其田上至麗松長横田，下至蔡姓田，左至坑，右至塴墒爲界，共田大小拾陸坵，又土名央脚崗，安着田叁坵，上至蔡姓田，下至山脚，内至山脚，外至闞姓田，又土名梨樹崗米缸坵路面，安着田壹坵，毗連田塍下灰寮基地，俱概在内，上至林姓田，下至闞姓田，左至（鐘）〔鍾〕、闞兩姓田，右至闞姓田，並及屋墻脚直出爲界，共田三處，併及田頭地角、椿樹雜木等項，一應在内，計額四畝五分正，今俱四至分明，托中立契出退與胞弟麗和入受承頂爲業，當日憑中面斷，時值田價銅錢貳伯伍拾仟文正，其錢即日隨契兩相交訖，不少分文，其田自退之後，任憑承主起耕推收過户，完糧收租，永遠管業，退人不得異言，此係己分之業，與内外伯叔兄弟子侄人等無涉，未退之前，並無重典文墨，既退之後，一退千休，無得反悔，日後再不敢識認，言找言贖，倘有來歷不明，退人一力支當，不干承主之事，契明價足，願退願承，此乃正行交易，兩家心願，並無貨債準折逼抑等情，恐口無憑，故立退田契永遠爲據。

一批右邊牛欄灰寮基地在内，再照。

咸豐弍年拾月初陸日　立退田契人　闞麗松

振春
石峯
明海
天和
石明
憑中　麗中
麗鶴
明獻
葉顯亮
代筆　闞振新

《石倉契約》第一輯《咸豐二年十二月十日闞玉湖等立賣田契》

立賣田契人闞玉湖仝弟玉海，今因錢糧無辦，自情願將祖父遺下自己鬮内民田，坐落雲邑九都内管金村莊，金村對面排上下塅林姓屋後，民田壹處，上至張姓田，下至本家德琠田，左至小坑，右至小坑爲界，今其四至分明，又田壹處，坐落本邑九都金村莊，小土名直源坑口，安着田壹坵，上至山，下至坑，左至李姓田，右至黄姓田爲界，今其四至分明，共田弍處，計額叁畝正，自願托中出賣與本家翰斌叔入手承買爲業，三面言斷，時值田價銅錢壹佰仟文正，其錢即日隨契交清，不少個文，其田自賣之後，任憑買主完糧推收過户，易佃耕作，賣人不敢異言阻執，如有上手來歷不明，賣人一力承當，不干買主之事，乃係正行交（亦）〔易〕，其田四至界内併及荒坪地角，一應在内，一賣千（体）〔休〕，無找無贖等情，願賣願買，兩相情願，各無反悔，恐口難信，故立賣田契爲據。

咸豐弍年拾弍月初拾日　立賣田契人　闞玉湖
海

翰全　翰兆
翰萬　翰瓊
在見叔　翰彩　天進
翰柳
憑中　胡其根
代筆叔　翰堂

《石倉契約》第一輯《咸豐三年九月二十八日張雲松立賣田契》

立賣田契人張雲松，今因錢糧無辦，自情願將祖父遺下自己鬮内民田貳處，坐落雲邑九都内管金村莊，小土名半坑，安着嘗田壹處，上至上山坑口又庵居坑口爲界，下至水口，左至山，右至山爲界，分自己鬮内田壹小股，計田租穀壹擔肆桶正，又田壹處，坐落南坑莊，小土名君子口上山尾坳子下安着，上至山爲界，下至買主自己田爲界，左至山，右至山爲界，計田租穀壹擔陸桶正，貳共計寔額壹畝正，今具四址分明，併及田頭地角樹木，一應在内，自情託中立契，出賣與親邊闞翰斌承買爲業，當日三面言斷，目值時田價銅錢肆拾玖千文正，其錢即日隨契兩相交付足訖，不短分文，其田自賣之後，任憑買主推收過户，起耕改佃，完糧收租，耕種管業，賣人不得異言，亦不敢阻執，乃係正行交易，不是準折負債之故，未賣之先，上手並無文墨重典，既賣之後，亦無内外人等争執，如有此色，賣人一力承當，不涉買主之事，所買所賣，此出兩相情願，並無逼抑之理，恐口無憑，立賣田契爲照。

中見人　闕玉瑚
叔　發通
在場人　發養
弟　金松

咸豐叁年九月廿八日　立賣田契人　張雲松
代筆人叔　長魁

《石倉契約》第一輯《咸豐五年十二月八日周永乾立賣田契》　立賣田契人周永乾，今因錢糧無辦，自情願將祖父遺下民田壹處，土名坐落松邑二十都樹稍莊，小土名大坪，安着其田，上至永滿田，下至王姓田，左至山，右至王姓田併坑爲界，今俱四至分明，計額壹畝正，併及田頭地角，柏樹雜木等項，一應在内，自願托中立契，出賣與闕玉磬入手承買爲業，當日憑中三面言斷，時值田價銅錢肆拾肆仟文正，其錢即日隨契兩相交足，不少分文，自賣之後，任憑買主起耕管業，過户完糧，收租易佃，出賣人無得異言阻執，其田原係自己清業，與内外伯叔兄弟子侄人等並無干礙，如有上手來歷不明，出賣人一力承當，不涉買主之事，日後永遠無找無贖，此出兩相情願，各無反悔等情，恐口難信，故立賣田契付與買主永遠爲據。

咸豐五年拾弍月初八日　立賣田契人　周永乾
在塲　周永東
周源有
憑中　李克華
闕翰桂
代筆　周永滿

《石倉契約》第一輯《咸豐十年六月十九日徐金財等立出拚杉木字》

立出拚杉木字人徐金財仝弟等，今因日前栽有杉木，土名坐落雲邑九都内管金村直源坑莊，小土名大坑裏支開寮上節，安着栽有杉木壹塊，上至山頂，下至石礤，内外至大降爲界，今具四至分明，界内任選頂木弍佰叁拾枝，自願立字出拚與賴碧龍、李天有兩位客承拚，當日面斷，目值時價銅錢壹拾陸仟文正，其錢上山交付足訖，不短個文，其杉木自拚之後，任凴客邊上山砍伐發運，拚人不敢異言阻擋，内外人等並無干礙，如有來歷不明，拚人自能承當，不涉客邊之事，的限本年拾弍月下山完滿，如有過期，不能行用，願拚願受，各無反悔，恐口無凴，立拚杉木字爲照。

咸豐拾年六月十九日　立拚杉木字　徐金財
山主　闕翰斌
見字　林宗賢
王奇武
代筆　黃祖光

《石倉契約》第一輯《同治元年十月十三日闕江氏立賣田契》　立賣田契人闕江氏，今因錢糧無辦，自情願將夫手遺下民田壹處，土名坐落松邑念一都夫人廟莊闕王廟上手，安着其田壹大坵，上至營房田，下至路，内至闕姓田，外至營房路爲界，計額伍分正，今載四至分明，併及界内田頭地角雜木等項，一應在内，托中立契出與闕昌慶邊入受承買爲業，當日凴中面斷，時值價銅錢弍拾仟文正，其田價錢即日收訖，不少分文，其田自賣之後，任凴買主推收過户，完糧起耕，改佃收租管業，賣人不敢異言，此係己分之業，與内外伯叔兄弟子姪人等無涉，如有上手來歷不明，賣人一力支當，不干買主之事，願賣願買，兩相情願，契明價足，永無找贖等情，恐口難信，故立賣田契永遠爲據。

同治元年拾月拾叁日　立賣田契人　闕江氏
在塲　闕振瑸
在塲伯　闕麗奎
闕麗楓
凴中　闕開賢
石有基
代筆　闕明福

《石倉契約》第一輯《同治元年十一月七日闕翰賓立賣田契》　立賣田契人闕翰賓，今因糧食無，自願將父手遺下自分鬮内民田壹處，坐落松邑廿一都茶排莊天塘坑，小土名四坵頭安着，上至蔡姓田，下至蔡、闕二姓田，左至坑，右至蔡、闕二姓田爲界，今俱四至分明，計額壹畝正，托中親立賣契，出賣本家玉磐賢侄手内承買爲業，當日凴中三面斷定，時值田價銅錢叁拾玖千文正，其錢即日收足訖，不少個文，其田自賣之後，任凴田主完糧收租管業，賣人未賣之先，亦無文墨加交，重疊典當，此係清楚物業，不是債貨之故，亦無逼抑之理，如有上手來歷不明，賣人一力承當，不涉買主之事，並無伯叔兄弟子侄人，不得阻留，四至界内盡處，不留寸土，併及雜木一應在内，願賣願買，二家心願，各無反悔等情，恐口無凴，故立賣田契付與買主永遠爲據行。

同治元年十一月初七日　立賣田契人　闕翰寶

翰佑

在塲中人　翰育

翰佐

代筆　翰陞

《石倉契約》第一輯《同治元年十二月三日闕翰書等立賣斷截田契》

立賣斷截田契人闕翰書、翰增仝侄石翠，今因糧食無辦，自情願將父手遺下自己鬮内民田弍處，坐落松邑廿一都茶排，小土名老虎頭，安着田弍處，廿股内將己分三股，其田上至闕姓〔田〕，下至闕姓田，左至山，右至闕姓田，又田一處，雷永發門首併屋基在内，上至山，下至闕姓田，左右俱係闕姓田爲界，今俱四至分明，計額四分正，托中親立賣契，今將自己三股出賣與本房賢侄玉磐手内承買爲業，當日凴中三面言斷，時田價銅錢念壹仟文正，其錢即日交付足訖，不少個文，其田自賣之後，任凴買主完糧收租管業，賣人並無伯叔兄弟子侄人，不敢異言阻執，此係正行交易，不是債貨之故，一賣千休，契斷價足，願賣願買，無找無贖，割藤斷截，此出兩家心願，各無反悔逼抑等情，恐口難信，故立賣斷截契付與買主永遠爲據行。

同治元年十一月初三日　立賣斷截田契人　闕翰增

書

仝賣侄　石翠

在塲　玉亮

凴中　翰柳

代筆　翰陞

《石倉契約》第一輯《同治二年二月二十九日劉長清立賣田契》

立賣田契人劉長清，今因錢糧無辦，自情願將自置民田，土名坐落松邑十六都東闕米篩崗，安着田壹坵，計額壹畝正，托中親立文契，出賣與張陳養兄邊承買爲業，三面言斷，定目直時價銅錢肆千文正，其錢當日收足，不少分文，其田自賣之後，任凴張邊永遠管業，過户完糧，易佃耕種收租，此係自己物業，與内外兄弟人等無涉，日前並無典當重賣文墨交加，〔爲〕〔如〕有此色，自己一力聽當，不干買主之事，其田自賣之後，無找無贖，永遠割斷，爲同截木，此出兩家心願，並無反悔逼抑等情，恐口難信，故立契永遠爲據。

同治貳年二月廿九日　立賣契　劉長清

見中　鄭文星

鄭尚珠

楊水壽

代筆　王吉昌

《石倉契約》第一輯《同治二年三月六日闕德理立賣田契》

立賣田契人闕德理，今因錢糧無辦，自情願將祖父手遺下自己鬮内民田壹處，坐落廿一都茶排莊，小土名老虎頭，安着田壹處，上至闕姓田，下至闕姓田，左右俱係山爲界，今俱四至分明，計額叁畝正，自願托中立契，出賣與本家玉磐賢侄邊入手承買爲業，當日凴中三面言斷，時值田價銅錢壹伯肆拾仟文正，其錢即日收訖，不少分文，其田自賣之後，任凴買主執契過户完糧，收租管業，起耕改佃，賣人無得異言，如有上手來歷不明，皆係賣人一力承當，不涉買主之事，如違，内外伯叔兄弟子侄人等無涉，此係清業，不是債貨之田，契明價足，一賣千休，無找無贖，願賣願買，兩家心願，各無反悔，恐口難信，故立賣田契付與侄邊永遠爲據行。

同治二年三月初六日　立賣田契人　闕德理

在塲中人　闕甲慶

包人厚

代筆　闕翰陞

《石倉契約》第一輯《同治二年十一月六日闕麗和立賣田契》

立賣田契人闕麗和，今因錢糧無辦，自願將自置民田共拾處，土名坐落松邑廿一都後宅莊，小土名梨樹崗丁姓屋邊，安着田一處，上至闕麗奎田，下至蔡姓田，左至坑，右至塝墘爲界，共田大小拾六坵，又土名秧脚崗，安着田三坵，上至蔡姓田，下至山足，內至山足，外至闕姓田，又土名梨樹崗米缸坵路面田一坵，又毗連田磡下灰寮基地，一概在內，上至林姓田，下至闕姓田，左至（鐘）〔鍾〕、闕兩姓田，右至闕姓田，併及墻足直出爲界，又土名蔡宅莊狀元坑右手坑邊，田一處，其田大小八坵，上至蔡姓田，下至闕姓田，左至坑，右至路爲界，又毗連田右手路上，田大小共三坵，上至蔡姓田，下至路，左至路，右至蔡姓山爲界，上一處田大小弍坵，上下蔡姓田，左右蔡姓山爲界，又坑邊田一處，共田大小四坵，上下蔡姓田，左至坑，右至蔡姓山爲界，又田一處，計田一坵，上至灰寮，下至牛欄，左至蔡姓田，右至大門路爲界，又田一處，梨樹崗竹塆屋右手，安着田大小三坵，上至蔡、雷二姓田，下至雷姓并坑，左至屋并雷姓田，右至蔡姓田爲界，又田一處，牛欄塆安着其田，一横一大坵，又右手下田一小坵，上至闕姓田，下至蔡姓茶山，左右俱闕姓田爲界，共計額拾壹畝正，今載四至分明，托中立契出賣與劉炳寬親邊爲業，面訂時值田價銅錢叁伯捌拾仟文正，其錢即日收訖，不少分文，其田自賣之後，併及田頭地角雜木等項，一應在內，寸土不留，盡付與劉邊業主推收過户，起耕改佃收租，永遠管業，契明價足，無找無贖，一賣千休，日後子孫不敢識認等情，恐口難信，故立賣田契爲據。

同治弍年拾壹月初六日　立賣田契人　闕麗和

在場胞兄　麗松

麗金

憑中　闕明福

闕振厚

闕振書

代筆　闕麗楓

《石倉契約》第一輯《同治二年十一月十一日闕翰日立賣田契》　立賣田契人闕翰日，今因錢糧無辦，自情願將父手遺下鬮内民田，坐落松邑二十一都石倉源夫人廟莊温岱崗，安着民田壹處，大小田捌横正，上至闕姓田，下至蔡姓田，左至闕姓田，右至坑，又毗連田壹處，上至闕姓田，下至包姓田，左至坑，右至路併闕姓田爲界，共田弍處，共計額肆畝正，界内田頭地角，荒熟椿樹雜木，盡處在內，自願托中立契，出賣與堂兄翰禮邊入受承買爲業，當日憑中面斷，時值田價銅錢壹伯陸拾仟文正，其錢即日當中隨契交足，親收兩訖，其田自賣之日，任從兄邊推收過户，起耕完糧，收租管業，乃係清楚物業，與内外兄弟人等無涉，倘有來歷不明，賣人一力支當，不礙兄邊之事，願賣願買，並無逼勒債貨之故，一賣千休，永無找贖，此出兩相情願，不限年月，以偣原價取贖，各無反悔，恐口難信，立賣田契爲據。

同治弍年拾壹月十一日　立賣田契人　闕翰日

在見兄　翰榮

翰信

憑中　胡其根

代筆　林永彩

《石倉契約》第一輯《同治三年六月十日張玉堂立賣杉木字》　立賣杉木字張玉堂，今因缺乏使用，自情願將父手遺下杉木兄弟叁股，其木坐落雲邑九都内管，土名半坑大撇，安着杉木壹塊，今將叁股内自己分下一股，托中立字，出賣與闕玉磬手承買，當日憑中面斷，目值杉木價錢肆千文正，其錢即日交訖，不少個文，其杉木自賣之後，任憑闕邊養籙、砍伐、發運，賣人永不得異言阻執，恐口難憑，立賣杉木字爲據。

同治叁年六月初十日　立賣杉木字　張玉堂

玉林

在見兄　玉基

清松

代筆叔公　雲谷

《石倉契約》第一輯《同治四年六月一日闕起金立賣茶子山字》　立賣茶子山字人闕起金，今因無糧食，自情願將祖父手遺下栽種有茶子樹山場壹處，坐落松邑廿一都茶排莊，土名冷水馬鞍坵對面安着，上至山頂，下至坑，內至翰兆茶子山，外至買主茶子山爲界，今俱四至分明，托中親立賣字，出賣與本家闕玉磬兄邊入手承買爲業，當日憑中三面斷，時值價銅錢壹仟肆伯四拾文正，其錢即日交足訖，不少分文，其茶子山自賣之後，任憑買主前去修理採摘茶子管業，賣人（憑）〔並〕無伯叔兄弟侄子人無礙，此係（親）〔清〕楚物業，願賣願買，兩家心願，並各無反悔逼抑等情，恐口難信，故立賣茶子山字爲據。

同治肆年六月初一日　立賣茶子山字人　闕起金

叔公　翰瓊

翰柳

翰育

代筆人　翰陞

《石倉契約》第一輯《同治四年十一月十一日林茂和等立賣田契》

立賣田契人林茂和、茂興、茂基，今因糧食無辦，自情願將父手遺下民田壹處，坐落松邑廿一都夫人廟莊，小土名南山下龍神廟大門前内手安着，共田陸大横，上至林姓田，下至林姓田，左至大路，右至崩（逄）〔降〕爲界，今具四至分明，計實額式畝叁分正，四至界内，田頭角併及荒地雜木，一應在内，净處不留寸土，自願託中立契，出賣與闕玉磬入手承買爲業，當日憑中三面言斷，時值田價銅錢陸拾仟文正，其錢即日隨契兩相交付足訖，不少分文，其田自賣之後，任憑買主推收過户，完糧收租管業，賣人無得異言阻執，未賣之先，上手並無文墨重典，既賣之後，與内外伯叔並無干礙，如有上手來歷不明，賣人一力承當，不涉買主之事，願賣願買，兩相情願，各無反悔，並無逼抑之理，恐口難憑，故立賣田契付與買主永遠管業爲據。

同治肆年拾壹月拾一日　立賣田契人　林茂和

茂興

茂基

開富

開章

憑中　闕翰申

代筆　闕翰柳

玉燦

《石倉契約》第一輯《同治五年十一月十日闕玉土等立賣斷截田契》

立賣斷截田契人闕玉土仝姪等，今因無錢應用，自情願將祖父遺下自己闔内民田式處，坐落松邑廿一都茶排莊，土名（瘫）〔庵〕基外首路下，安着田壹處，上至大路，下至大河，内至闕姓田，外至山爲界，又田壹處，坐落天塘坑山脚内手坑邊，安着田壹處，上至山，下至闕姓田，内至坑，外至山爲界，今俱四至分明，計額式（分）五釐正，托中親立賣契，出賣與本家玉磬兄邊入手承買爲業，當日憑中三面言斷，目值時價銅錢捌仟文正，其錢即日當中收足訖，不少分文，其田自賣之後，併無内外伯叔兄弟子姪人等無干礙，如有上手來歷不明，皆係賣人一力承當，不涉買主之事，願賣願買，兩家情願，各無反悔等情，一賣千休，無找無贖，割藤斷截，恐口難信，故立賣斷截田契爲據行。

大清同治五年十一月初十日　立賣斷截田契人　闕玉土

代筆　翰陞

在見中姪　起炳

《石倉契約》第一輯《同治六年三月九日周正寶立賣田契》　立賣契人十五都桐村周正寶，今因錢糧無辦，自願將自手置有民田，土名坐落黄潭，田叁坵，計額叁畝正，托中親立文契，出賣與闕振銘兄邊爲業，三面言斷，時值價銅錢念捌千文正，其錢即日收訖，並未短少分文，其田任憑錢主執契管業，過户入册，收租完糧，易佃耕種，周邊無得異言，此係是自己清業，與内外伯叔兄弟子侄人等並無干涉，日前並無典當重賣文墨交加，如有此色，自能一力支當，不涉受主之事，自賣之後，契明價足，無找無贖，如同截木，出在兩家心願，並無反悔等情，恐口難信，故立賣契永遠爲據。

同治陸年三月初九日　立賣契人　周正寶

憑中親　劉必來

劉信忠

代筆兄　周正全

《石倉契約》第一輯《同治十三年二月二十七日潘振嵩立賣斷截田山荒地契》　立賣斷截田山荒地契人潘振嵩，今因糧食無辦，自情願將祖父遺下民田山荒地壹處，坐落松邑二十都大陰莊小山頭老坳坵上，闕姓墳後過路坵上安着，上至潘、陳式姓田，下至闕姓田，左至界石直上爲界，右至闕姓茶子山爲界，今俱四至分明，計額壹分正，門情願托中立契，出賣與闕德璉仝侄翰元、翰書、翰忠四房仝等入手承買爲業，當日凴中三面言斷，時值田價銅錢陸仟文正，其錢即日隨契兩相交付足訖，不少分文，其田自賣之後，任凴買主推收過户，起耕改佃，完糧收租管業，潘姓日後不敢插葬墳地識認，願賣願買，兩相情願，各無反悔，一賣千休，割藤斷根，日後永遠無找無贖，並無逼抑之理，恐口難凴，故立賣田山荒契爲據。

一批界内永遠不許扦挖等情，再照。

同治拾叁年二月二十七日　立賣田山荒地契人　潘振寧

潘振海

潘振嵩

在塲兄　振利

潘廷萬

凴中　潘廷財

潘廷琳

徐宗來

代筆　闕翰柳

《石倉契約》第一輯《同治十三年三月八日闕振銘立賣田契》　立賣田契人闕振銘，今因無錢（吉）〔急〕用，自情願將自置有民田壹處，坐落松邑十五都桐村莊，土名黄潭，安着田叁坵正，計額叁畝正，托中立契，出賣與二十一都茶排莊闕玉磬入手承買爲業，當日三面言斷，時直價洋銀拾捌元正，其洋銀即日隨契兩相交付足，不少分厘，其田自賣之後，任凴銀主推收過户，起耕改佃，完糧收租管業，賣人無得異言阻執，願賣願買，兩相情願，各無反悔，一賣千休，並無逼抑之理，恐口難凴，故立賣田契付與買主永遠管業爲據。一批存原聯正契一紙。一批原價取贖。一批付過花押銅錢叁伯五十文。

同治拾叁年三月初八日　立賣田契人　闕振銘

在見中　張發聰

代筆　闕翰柳

《石倉契約》第一輯《同治十三年六月十三日葉懷仁立拚雜木字》

立拚雜木字人葉懷仁，今因無錢（因）〔應〕用，自情願將祖父遺下兄弟均分自己鬮内雜木一塊，坐落松邑廿一都夫人廟莊，小土（明）〔名〕横（抗）〔坑〕安着，上至山頂，下至大坑，左至大崀，右至方長生屋水口大崀直上爲界，今其四至分明，出拚曹東富客邊入手承拚，三面言定，時直山價銅錢叁拾壹仟文正，其錢上山之日一足付（情）〔清〕，任凴客邊擇日上山砍伐、開路、發運到爐，拚人無得異言阻執，其山如若來歷不明，山主一力承當，不涉客之事，願拚願承，各無反悔，此出兩家情願，恐口難信，立拚雜木爲據。

一批同治拾伍、拾陸年冬成完滿，不（德）〔得〕行用，再照。

同治十三年六月十三日　立拚雜木字人　葉懷仁

葉懷新

葉崇清

在見　葉茂清

陳沛雲

王石發

闕金魁

代筆　葉懷義

《石倉契約》第一輯《光緒元年十二月十九日鄧海松立賣田契》　立賣田契字人鄧海松，今因錢糧無辦，自情願將祖父遺下自己鬮内民田壹契，坐落松邑十六都，小土名毛村大路莊，安着鷄蛋坵田壹坵，計額壹畝貳分五釐正，又四相公前田壹坵，計額七分五釐正，親託凴中立契，出賣與闕玉磬兄邊承買入手爲業，當日凴中三面言斷，時值田價洋銀貳拾叁員正，其洋銀即日交付清足，不少分厘，其田自賣之後，任凴買主起耕改佃，推收過户，完糧收租管業，賣人不敢異言阻執，自賣之後，並無伯叔兄弟子侄人阻執，如若上手來歷不明，賣人一力承當，不干買主之事，既賣之後，亦無重典文墨交加，此係自己清楚業産，一賣千休，割藤斷根，無找無贖，此係正行交易，並非逼勒等情，願買願賣，此出兩相情願，各無反悔，恐口難信，故立賣田契字永遠管業爲據。

光緒元年十二月十九日　立賣田契字人　鄧海松

胞弟　鄧海發

凴中　葉紹柢

葉紹梧

代筆　闕玉山

《石倉契約》第一輯《光緒二年十一月八日闕翰彩立賣田契》

立賣田契人闕翰彩，今因錢糧無辦，自情願將自置有民田壹處，坐落松邑二十一都茶排莊，小土名水桶頭社公門口，安着田壹處，上至社公門口荒坪，下至闕姓田，左至山併闕姓田，右至路爲界，今俱四至分明，計額壹畝正，併及田頭地角，柏樹雜木，一應在内，自願托中立契出賣與玉磬入手承買爲業，當日憑中三面言斷，目直時價洋銀肆拾肆元正，其洋銀即日隨契當中交足訖，不少分厘，其田自賣之後，任憑買主推收過户，起耕改佃，完糧收租管業，其田未賣之先，上手並無文墨交加，既賣之後，以〔與〕内外伯叔兄弟並無干礙，如有上手來歷不明，賣人一力承當，不涉買主之事，愿賣願買，兩相情願，各無反悔，一賣千休，並無逼抑之理，恐口難憑，故立賣田契付與買主永遠爲據。

光緒弍年十壹月初八日　立賣田契人　闕翰彩

玉信

憑中　玉川

翰桂

代筆　闕翰柳

《石倉契約》第一輯《光緒三年二月汪有慶立杜賣田契》

立杜賣田契人汪有慶，今因正用無辦，自情願將父遺下款分己業所有水田，土名坐落十二都新路灣門陣塢，水田大小十三坵，計實租捌籮正，又地塔壹片，田頭地角，一應在内，托中立契，出賣與張秉耀兄身邊承買爲業，當日憑中面斷，時值田價紋銀拾五兩正，其銀立契兑足，其田任憑張邊前去收除過户，完糧起耕管業，汪邊不得異言，此係清業，與内外親房伯叔兄弟人等毫無干涉，亦無重當叠墨，永無找贖等情，倘有上首來歷不清，不涉買主之事，賣人自一力承當，此出兩相情願，各無反悔，恐口無憑，特立杜賣田契永遠存證。一批内注事字一個，此照。

光緒叁年二月　日　立杜賣田契人　汪有慶

俞德順

鍾元新

憑中　陳長禄

夏正聲

林招年

吴永楊

親筆

《石倉契約》第一輯《光緒三年三月四日周永南等立賣墳地契》

立賣墳地字人周永南仝侄源顯等，今因無錢應用，自情願將祖父遺下民山壹處，坐落二十都樹稍莊，小土名屋後下山兒安着，取吉地壹穴，方圓拾丈正，今俱四至分明，自願託中立契，出賣〔與〕茶排莊闕玉磬親邊承買墳地安葬爲業，三面言斷，時直墳地價銅錢伍仟文正，其錢即日隨契交足，不欠分文，此墳地乃係自己清業，〔以〕〔與〕内外伯叔兄弟子侄人等無涉，其山墳地任憑買〔主〕四至界内扦掘録（様）〔養〕安葬，賣人不得異言阻執，如有上手來歷不明，賣人一力承（噹）〔當〕，不干買主之事，自賣之後，任憑買主執契管業，願買願賣，兩（鄉）〔相〕心願，各無反悔等情，恐口無憑，故立賣墳地契爲（處）〔據〕。

光緒叁年三月初四日　立賣墳地契人　周永南

仝侄　周源顯

周永斌

周永東

在場　周源有

周源華

周源聖

李克華

周源吉

代筆　周源俊

《石倉契約》第一輯《光緒四年四月三日闕起賢立賣田契》

立賣田契人闕起賢，今因糧食無辦，自情願將父手遺下民田壹處，坐落松邑二十一都茶排莊，土名老虎頭，安着民田，上至闕姓田，下至闕姓田，左至買主嘗田，右至山脚爲界，今俱四至分明，計額壹畝正，併及田頭地角、柏樹食茶雜木，一應在内，自情願托中親立文契，出賣與本家玉磬叔入受承買爲業，當日凴中三面言斷，目直時價洋銀式拾玖元正，其洋銀即日隨契當中交付足訖，不少分厘，其田自賣之後，任凴叔邊推收過户，起耕改佃，完糧耕種，收租管業，未賣之先，上手並無文墨重典交加，既賣之後，（以）〔與〕内外伯叔兄弟並無干礙，如有上手來歷不清，賣人自己一力承當，不涉買主之事，願賣願買，兩相情願，各無反悔，一賣千休，並無逼抑之理，恐口難凴，故立賣田契付與買主永遠管業爲據。

光緒四年四月初三日　立賣田契人　闕起賢

在場伯　玉田

玉明

凴中　闕玉瑳

代筆　闕翰柳

《石倉契約》第一輯《光緒五年十二月六日蔡開興立賣荒坪斷截契》

立賣荒坪斷截契人蔡開興，今因糧食無辦，自情願將父手遺下分己鬮内荒坪式塊，坐落松邑二十一都夢嶺脚凉亭背葉麻洋，安着上壹塊荒坪，上至山脚，下至蔡姓荒坪，左至路，右至蔡姓荒坪爲界，又坐落下手荒坪壹塊，上至路，下至蔡姓荒坪，左至山，右至山爲界，今俱四至分明，又柏樹叁枝，併及茶樹雜木，一應在内，自願托中立契，出賣與闕玉磬兄邊入手承買爲業，當日凴中三面言斷，目直時價銅錢叁千肆伯文正，其錢即日隨契當中交付足，不少分文，其荒坪地自賣之後，任凴買主起耕改佃，扦葬安墳，賣人無得異言阻執，願賣願買，兩〔相〕情願，各無反悔，一賣千休，割藤斷截，日後永無找無贖，並無逼抑之理，恐口難凴，故立賣荒坪斷截契付與買主永遠管業爲據。

光緒五年十弍月初六日　立賣荒坪斷截契人　蔡開興

在場兄　開富

凴中　闕起請

代筆　闕翰柳

《石倉契約》第一輯《光緒十三年一月二十八日闕玉兆等立賣田契》

立賣田契人闕玉兆仝弟等，今因糧食無辦，自情願將父手遺下民田壹處，坐落松邑二十一都茶排莊，土名桐坑王姓屋對面上手老虎巢窩，安着下半塅水田壹處，其田上至賣主田，下至大坑併闕姓田，内至小坑直上，外至山爲界，今具四至分明，計額叁畝正，並及田頭地角、柏樹食茶雜木，一應在内，自願托中立契，出賣與玉焕仝侄起昌二人人受承買爲業，當日凴中三面言斷，目直價洋銀玖拾元正，其洋銀即日隨契交付清楚，不少分厘，其田自賣之後，任凴買主推收過户，起耕改佃，完糧收租管業，未賣之先，上手並無文墨重典交加，既賣之後，（以）〔與〕内外親伯叔兄弟子侄並無干礙，如有上手來歷不清，賣人自己一力〔承當〕，不干買主之事，願賣願買，兩家心願，一賣千休，並無逼抑之理，恐口難凴，故立賣田契付與買主永遠管業爲據。

光緒拾叁年正月二十八日　立賣田契人　闕玉兆

在場　玉鏞

玉贊

凴中　玉崇

玉銀

代筆　翰柳

《石倉契約》第一輯《光緒十五年二月十一日闕起來立賣斷截田契》

立賣斷截田契人闕起來仝弟等，今因無錢應用，自情願將祖父遺下分己鬮内民田壹處，坐落松邑念一都茶排莊，小土名夢嶺脚五横頭，安着其田，上至茶山，下至闕姓田，左至茶山，右至坑爲界，今俱四至分明，計額柒分伍釐正，並及田頭地角、柏樹雜木，一應在内，自願托中立契，出賣與插花聖壽會内承買爲業，當日三面言斷，目值時價洋銀念元正，其洋即日付訖，不少分厘，其田自賣之後，任凴會内起耕改佃，完糧收租管業，賣人無得異言阻執，〔與〕内外房親伯叔兄弟人等不涉，一賣千休，割藤斷根，永遠無找無贖，兩相情願，各無反悔，恐口難信，故立賣斷截田契永遠爲據。

光緒拾伍年二月十一日　立賣斷截田契人　闕起來

翰增

玉銀

凴中　玉筆

玉同

起任

代筆 玉芝

《石倉契約》第一輯《光緒十五年二月二十三日闕起來等立賣田契》

立賣田契人闕起來仝弟等，今因錢糧無辦，自情願將父手遺下自己関〔闔〕內民田壹處，坐落松邑廿一都百步莊，小土名項車圩，安着水圳內田壹坵，上至玉益田爲界，下至玉朝田爲界，內至新裕田爲界，外至水圳爲界，又及土名蘇地塆下田壹坵正，上至新德地爲界，下至闕姓田爲界，內至闕姓田爲界，外至王姓蘇地爲界，今俱四至分明，共田大小叁坵，共計額壹畝七分伍釐正，四至內有柏茶雜木一應在內，其田與翰桂叔各半均分，今將自己壹半，自願托中立契出賣與玉慶叔邊承受爲業，當日浭中三面言斷，目值時價洋銀肆拾伍元正，其洋隨契兩相交付足訖，不少分厘，其田自賣之後，任浭錢主推收過户，完糧收租管業，賣人無得異言，亦不敢阻執，乃係正行交易，不是準折負債之故，未賣之先，上手並無重典，既賣之後，亦無伯叔子侄人等争執，如有此色，賣人一力承當，不涉買主之事，並無逼抑之理，所買所賣，此出兩家心願，一賣千休，各無反悔，恐口難浭，故立賣田契字爲據。

光緒拾伍年二月廿三日 立賣田契人 闕起來

翰增

在見 玉淮

玉對

起晃

玉芝

代筆 闕玉旗

《石倉契約》第一輯《光緒十六年五月十二日闕培進立賣斷截田契》

立賣斷截契田人闕培進，今因糧食無辦，自情願將父手遺下自己闔內民田，坐落松〔邑〕廿一都夫人廟莊，小土名山頭樟樹下，張姓新屋下手，安着其田，上至山，下至路並闕姓田，內至山及路，外至路爲界，並及荒坪田頭地角，柏棕雜木等項，一概在內，今具四至分明，計額柒分正，自願托中立契，出賣與闕玉磬叔邊入受承買爲業，當日三面言斷，時值田價洋銀弍拾壹員，其洋即日隨契交付足訖，不少分厘，其田自賣之後，任浭買主過户完糧，起耕易佃收租，執契管業，如有上手來歷不明，賣人一力承當，不涉買主之事，一賣千休，永遠無找無贖，契明價足，如同截木等情，此出兩相心願，並無逼抑等情，願賣願買，各無反悔，恐口難信，故立賣斷截田契付與買主永遠爲據。

光緒拾六年五月十弍日 立賣斷截田契人 闕培進

在場伯 玉璠

玉銀

玉對

玉响

玉砇

代筆 玉蒼

今將本都本莊闕成興户糧推出，不得丟漏分毫，此照。

《石倉契約》第一輯《光緒十七年十月二十九日劉基德立賣割截契》

立賣割截契人劉基德，今因錢糧無辦，自情願將父手遺下民田，土名坐落十八都花田坌前崗路下蓑衣坵，計田大小弍坵，計額叁畝正，托中親立文契，出賣與闕玉稼兄邊爲業，當日三面斷定，目值時價英洋伍拾陸元正，其洋隨契交付足訖，其田自賣之後，任浭闕邊執契過户，完糧起耕，易佃收租管業，此係自己清業，與內外伯叔兄弟子侄人等無涉，日前並無典當重賣文墨交加，如〔有〕此色，賣人自能一力承當，不干買主之事，其田一紙賣斷割絶，再無異言找贖之理，如同截木，永絶割斷，此出兩家情願，並無反悔逼抑等情，恐口無浭，故立賣割截契永遠爲據。

光緒拾柒年十月廿九日 故立賣割截契人 劉基德

浭中 劉根基

代筆 金甘霖

《石倉契約》第一輯《光緒十八年六月四日闕玉京等立賣斷截田契》

立賣斷截田契人闕玉京仝侄等，今因缺錢應用，自情願將祖父遺下民田，坐落松邑二十都梅村莊，土名小山頭，安着潘、林式姓屋邊右手大小田壹堘，上至山，下至潘姓田，左至潘姓屋，右至山，又浴桶坵田壹坵，又蘇地塆田壹坵，又屋後崗上水路坳田壹坵，又仁發屋後坳田叁坵，又蜂桶岩背田叁橫肆坵，脚下田壹坵，共土名捌處，今俱肆至分明，並及田頭地角，柏樹雜木，一應在內，計額弍畝弍分正，以上之田與德璁伯公對半均分，今將自己股內，托中立契出賣於本房叁股承買，翰斌、翰成、翰善三人承買兩股，翰忠壹人承買壹股，此作叁股承買爲業，當日三面言斷，時值田價英洋銀陸拾元正，其洋即日隨契交付清訖，不少分厘，其田自賣之後，任凴買主起耕改佃，執契完糧，收租管業，如有上手來歷不明，賣人一力承當，不涉買主之事，一賣千休，永遠無找無贖，契明價足，如同截木等情，此係正行交易，並無逼抑之理，願賣願買，各無反悔，恐口難信，故立賣斷截契付與買主永遠管業爲據。一批翰成名下田價洋銀，玉屏、起恩所付，其田租穀所派翰成名下者，歸與玉屏、起恩式人歸收，內注木字壹個，再照。

光緒拾捌年陸月初肆日　立賣斷截田契人　闕玉京

仝侄　闕起先

在場　闕翰增

闕玉科

代筆　闕玉騰

《石倉契約》第一輯《光緒十八年十二月二十二日朱正發立賣茶山契》

立賣茶山契人朱正發，今因無錢應用，自情願將祖父遺下茶山壹塊，坐落松邑弍拾壹都石倉源茶排莊，小土名夢嶺脚牛穩湖，安着茶山壹塊，其山上至雷姓青山，下至大路，內至闕姓山隨崀分水，外至闕姓田爲界，今俱四至分明，自願托中立契，願將叁股之中，將自己壹股出賣與闕玉磬兄邊承買爲業，當日三面言斷，目值時價銅錢玖百伍拾文正，其錢即日隨字付清足訖，不少分文，此山原（依）〔係〕清净之業，日前並無典當，如有上手來歷不明，賣人一力承當，不涉買主之事，此賣於後，任凴業主脩理並（裁）〔栽〕種，與房親人等無得異言阻執，一賣千休，永遠無找無（續）〔贖〕，兩相情願，各無反悔等情，恐口難信，故立賣茶山契付與業主永遠爲據。

光緒拾捌年拾弍月念弍日　立賣茶山契　朱正發

中人　陳金竹

代筆　闕玉騰

《石倉契約》第一輯《光緒十九年十二月二十一日謝瑞賢立賣田契》

立賣田契字人謝瑞賢，今因缺錢應用，自願托中祖父遺下兄弟均分自己股內民田壹坵正，坐落松邑念一都西山莊，小土名新開田下手第叁坵，上至廷耕田，下至晰賢田，外至大路，內至塝脚爲界，今俱肆至分明，四至界內，柏茶雜木，一應在內，計額叁分正，計租穀拾桶肆斗正，立字出賣與雷嚴根兄邊入受承買爲業，當日三面言斷，時值田價洋銀捌元正，其洋銀即日隨契兩相交訖，不少分厘，其田自賣之後，任凴買主執契管業，完糧收租易佃，與內外房親伯叔兄弟子侄無涉，亦無典當文墨交加在外，如有來歷不明，賣人一力承（耽）〔擔〕，不干買主之事，其田面斷，不論年限，辦其契內洋銀原價取贖，雷邊不得執留，此出兩相心願，各無反悔，恐口無凴，故立賣田契字爲據。

一批契外付錢洋肆角正，利息以作完糧。

光緒癸（己）〔巳〕拾九年十二月廿一日　立賣田契字人　謝瑞賢

一批花押洋銀式角肆分正。

胞弟　晰賢

凴中　劉樟朝

代筆　謝尚銘

雷如順

《貴州文斗寨苗族契約法律文書匯編・姜銀啓三賣木契》

立斷賣杉木地人文堵寨姜銀啓三，爲因家下無銀使用，自願將杉木壹塊，地名坐落皆列山，請中向出賣與姜香喬、今保、今三三人承買爲業永遠，當面議定價銀四錢整，賣主房族兄弟等不得異言。來路不清，俱在賣主理落，不干買主之事。今恐日後無憑。故立此字爲據。

賣主　姜銀啓三

代書　鄧世科

乾隆貳拾九年三月廿日　立

《貴州文斗寨苗族契約法律文書匯編・姜老岩賣倉廒契》

立賣倉廒字人姜老岩，爲因家中要銀使用，無從得出，自願將倉廒一間出賣與本房姜富宇名下承買。當日憑中面議價銀陸兩伍錢正，親領入手應〔用〕。其倉自賣之後，任憑買主管業，賣主不得異言。今欲有憑，立此賣契爲據。

憑中人　姜啓□□、文煙、銀谷

依口代書　姜文玉

乾隆三十年十月二十四日立賣倉人姜老岩　書

《貴州文斗寨苗族契約法律文書匯編・姜周培賣田契》立斷賣田約人本房姜周培，爲因□無從得出，情願將到分下祖遺田大小二坵，土名坐〔落〕黨泥，托中問到族下侄姜□□承買耕種爲業。當日憑中三面言定□兩正，親手□，分釐不欠。其田自賣之後，任從買主子孫管業，賣主之子□並房人不得（番）〔翻〕悔異言。倘有來歷不清，俱在賣主（尚）〔上〕前理落，不干買主之事。糧隨田走，照册完糧。今恐口説無憑，立此斷賣田字爲據。

憑中　姜□、陸生

代書　□□□

乾隆五十八年十一月廿五日　立

《貴州文斗寨苗族契約法律文書匯編・姜福生、陸生兄弟賣田契》

立斷賣田約人平鰲寨姜福生、陸生弟兄，今因要銀用度，無處得出，自願將到地名南塢田貳坵，出賣與文（堵）〔斗〕下寨姜映輝名下承買爲業。當面憑中言定價銀十九兩整，親手領回應用。其田自斷之後，任從買主耕種，永遠管業，賣主弟兄、房族不得異言。如有異言，俱在賣主上承理落，不與買主相干。今恐人信難憑，立此斷賣存照。

外批：原良糧田完。

憑中　母（舊）〔舅〕姜周才

姜福生親筆

乾隆六十年九月二十四日　立

《貴州文斗寨苗族契約法律文書匯編・范學琦賣田契》　立斷賣田契人張化寨范學琦，因要銀用度，無出，自願將到田一坵，地名南鳩，請中度到文斗寨姜映輝名下承買爲業。憑中面議價銀壹拾一兩五錢正，親領入手應用。其田自賣後，任憑買主子孫永遠管業，而賣主子孫並房族人等不得異言。一賣一了，父賣子完。恐後無憑，立斷賣契爲據。

憑中、代筆　龍紹舜　押

嘉慶九年十二（月）十八日　賣主范學琦

《貴州文斗寨苗族契約法律文書匯編・龍紹舜、顯每賣田契》　立斷賣田約人文斗寨龍紹舜、顯每，爲因家下缺少銀用，無出，自願將到田一坵，坐落土名冉翁，今出斷賣與加十寨姜德相名下承買爲業，議定價銀貳拾兩，親手收回任用。其〔田〕自賣之後，任從買主子孫世代耕種管業，賣主日後不得（番）〔翻〕〔悔〕異言。今恐無憑，立此斷賣田爲存照。

外批：秋糧每年該銀三十。

龍紹舜　親筆

嘉慶十二年三月十一日　立

《貴州文斗寨苗族契約法律文書匯編・羅大等賣木收銀字據》　立收木價字人羅大、高見、吴金血、吴全銀、楊起順、楊天文、吴德才、吴朝恩、吴老尤、吴全昌、吴老恩、吴老賢夥計十人，今收到賣與文斗寨姜紹禮、映林名下木一單，共計木柒十七株，價銀每根七兩零五錢，共計木價銀伍佰肆拾貳兩捌錢五分正，其銀親手收清，分文無遺。今恐無憑，立此收字爲據。

憑中　主家羅大吴華舡、孟彦鄧基德

憑中　姜朝杰、舉周

吴德才　親筆

嘉慶拾四年七月初八日收

《貴州文斗寨苗族契約法律文書匯編・楊枝一賣田契》　立斷賣田字人天柱縣楊枝一，今因家下缺少銀用，無處尋出，自願將到先年得買姜濟盛、壽長弟兄之田，地名黨泥。大小三坵，約收穀七運，今憑中出賣與文斗上寨姜開儒名下耕種爲業。當日三面議定價紋銀拾兩正，其銀親領入手。其田任憑買主子孫耕種管業，賣主不得異言。今欲有憑，立此斷賣字約爲據。

内添一字。

憑中　姜朝輝

道光十五年十一月初六日　親筆立

《貴州文斗寨苗族契約法律文書匯編・姜開科、開仲兄弟賣木並山契》

立斷賣油山並嫩杉木、老木字人上寨姜開科、開仲弟兄二人，爲因要銀資用，自願將到祖□所遺油山壹塊，有杉木在内，坐落土名烏假截，其山上憑姜種英田角下爲界，下憑姜通義田角以上爲界，左憑姜通戴田角至下截憑大集爲界，右憑水冲壞坡爲界，四（址）〔至〕分明，憑中斷賣與下寨姜紹齊先生名下承買爲業。當面議定價銀叁兩柒錢整。自賣之後，任從買主管業，賣業弟兄日後不敢異言。特立此斷契紙，以爲賣主永遠執據。

憑度中　姜大受

代筆、中　姜朝干

道光壹拾陸年六月初四日　立

《貴州文斗寨苗族契約法律文書匯編・李紹黄父子賣山契》　立賣油樹並地字人李紹黄父子，爲因缺少銀用，無處得出，自將到名下之油地土名從向坡頂之油山一塊，其界：上下登項，憑杉山爲界，左憑鐘英油山，右憑紹宏山，四至分明，請中出賣與本房姜紹齊名下承買蓄禁爲業。議價□□正，親領收回。其油山自賣之後，任憑買主蓄禁管業，賣主父子勿得異言。恐後無憑，立此賣字爲據。

憑中　老龍

李紹黄　親筆

道光廿四年五月廿五日　立

《貴州文斗寨苗族契約法律文書匯編・姜光典賣倉坪契》　立賣倉坪一塊姜光典，爲因缺少糧食，無處得出，自己問到姜紹熊名下〔承〕買爲業。議定價銀三錢六分，親手收用。任憑買主管業，賣主房族弟兄不得異言。所有焕巧未□，今欲有憑，立賣字是實。

憑中　龍昌貴

道光廿四年六月廿日　親筆　立

《貴州文斗寨苗族契約法律文書匯編・姜紹宏賣木契》　立賣杉木字人姜紹宏，爲因要銀用，無出，自己情願將祖遺山場杉木，坐落地名烏冲，其界至：上憑岩洞，下至溪，左憑冲以姜發所栽爲界，右憑烏冲其水毛爲界。其山杉五股均分，栽手占貳股，地主占叁股，今將地主叁股出賣與姜文英、之干、之相三人名下承買爲業。當日憑中言定價銀捌錢捌分，親手領回。自賣之後，任憑買主管業，賣主不得異言。今欲有憑，立此賣契存照。

外批：買價貳股，文英占一股，之干、之相二人占一股。

憑中　姜文炫

道光二十九年五月廿六日親筆　立

《貴州文斗寨苗族契約法律文書匯編・姜松佰母子賣田契》　立斷賣田契人姜松佰母子，爲因缺少糧食，無出，自願將到先年得典地名寨却田一坵，今出斷賣與姜兆龍名下承買爲業。憑中議定價銀捌錢正，親手收回應用。其田自賣之後，任憑買主耕種管業，賣主不得異言。今恐無憑，立此斷賣田契爲據。

内添四字。

外批：此田之糧幫錢八文。

憑中　姜開邑、老四

代筆　姜開元

道光廿九年十一月十二日　立

《貴州文斗寨苗族契約法律文書匯編・姜本洪、鳳鳴、侄祖錫賣木契》　立斷賣山場杉木字人下房姜本洪、鳳鳴、侄祖錫，爲因缺少銀用，自願將到山場一塊，地名再臥高，出賣與上房姜紹熊、紹齊、侄鍾泰名下承買爲業，修理管業。請中出賣，當面議定價銀三錢五分整，親手收足去用。賣主房族弟兄不得異言。如有不清，俱在賣主〔向〕〔上〕前理落，不關買主之事。其山界限：上憑路，下憑水溝，左憑嶺，右憑冲，四至分明爲界。此山分爲五股，栽手占二股，地主占三股，地主之三股又分爲五大股，本洪弟兄叔侄占一大股。今將出是實，恐口無憑，立此斷字爲據。

批：再臥高山世臣、登幸、登□、登照之股出賣與周禮爲業。

内添四字。

憑中　龍紹賓

鳳鳴　親筆

道光叁拾年九月二十二日　立

《貴州文斗寨苗族契約法律文書匯編・姜老根賣木契》　立賣杉木栽手字人姜老根，今因缺少銀用，無處得出，自願將到先年所栽工黨頭山栽手一塊，上憑路，下憑老木橋頭爲界，左憑禁山，右憑小冲以毓菁山爲界，四至分明。此山分爲五股，地主占三股，栽手占二股。今將栽手出賣與姜鍾碧名下承買爲業，當面議定價銀一兩零四分，親手領足。其木自賣之後，任憑買主修理管業，賣主不得異言。今欲有憑，立此賣栽手字爲據。

内涂一字，添三字。

外批：栽手春香買。

憑中、代筆　姜德宏

咸豐十年十月初二日　立

《貴州文斗寨苗族契約法律文書匯編·姜昌義賣木契》　立斷賣栽手杉木約人姜昌義，爲因要銀使用，無處得出，自願將到栽手地名南休杉木二處，兩邊田二塊，出賣與姜鍾碧名下承買爲業。憑中議價銀五錢，親手領回應用。自賣之後，任憑買主修理管業，賣主不得言。恐後無憑，立此賣字是實。

憑中　李如蘭

代筆　昌遠

咸豐十一年十月十四日　立

《貴州文斗寨苗族契約法律文書匯編·姜相弼賣山契》　立斷山場字人姜相弼，爲因要錢應用，無處得出，自願將祖遺山場一塊，土名九龍山，賣與本房姜鍾齊、鍾太弟兄承買爲業。憑中議定價錢七佰八十文，親手收足。其山界至：上憑黎嘴，下憑路坎脚，以土壟爲界，左憑嶺，右憑冲，四至分明。其山場貳大（股）均分，相弼占一大股，相珍占一大股。相弼占一股出賣。口説無憑，立此斷賣字是實。

同治元年三月十一日　親筆立

憑中　姜昌照、昌連

《貴州文斗寨苗族契約法律文書匯編·姜戴長、姜光和父子賣屋契》

立賣房屋壹間地□□□内字人姜戴長、姜光和父子，家中缺少錢用，無處得出，自願請中上門問到本房□□玖名下承買爲業。當日憑中議定價錢□仟玖佰文，當日憑中親手領足，分文不少。今恐無憑，立此賣字爲據。分界憑屋，左憑賣主，右憑光□，上憑鍾泰（採）〔菜〕園，下憑□坤之屋，四至分明。

外邊走路架樓（溪）〔梯〕，討大門壹路走。

憑中　姜昌明、老恒

□富　筆

同治元年六月十九日　立

《貴州文斗寨苗族契約法律文書匯編·舒昌麟、志禮叔侄賣木契》

立斷賣栽手字人舒昌麟、侄志禮叔侄，〔要銀度用，〕無處得出，自願將到先年佃栽主家之山地名冉下宜，地主栽手分爲五股，栽手占貳股，地主占叁股，今將本名叔侄栽手一股，出賣與地主姜鍾奇、鍾太、鍾芳、鍾碧三小家承買爲業。當日憑中議價錢叁千四百八十文，親手收用。界（此）〔至〕：上憑頂，下憑盤路，左憑嶺，右憑冲，四至分清。任憑買主修理管業，賣主房族弟兄不得異言。若有異言，賣主上前理落，不干買主之事。恐口無憑，立此賣栽手杉木字是實。

憑中　李必才

代筆　姜世清

同治二年七月廿七日親手押　立

《貴州文斗寨苗族契約法律文書匯編·潘元興賣田契》　立斷賣田字人潘元興，先年與鍾太、鍾奇、鍾碧三家共之田坵，地名黨妙，潘姓占一股，姜姓二股，今潘元興憑中出賣一股與姜鍾泰、鍾芳二人名下爲業。議價銀四兩□□，親手收用，任憑買主管業。自賣之後，房族不（德）〔得〕異言。倘有異言，我賣主理落，不與買主之事。恐無憑，立此斷賣田字爲據。

外批：　田老契共一張，多處相連，未拔，日後查出以爲故紙。

代筆　潘大榮

憑中　姜風松

同治三年三月二十六日　立

《貴州文斗寨苗族契約法律文書匯編·楊昌甲、昌子兄弟賣木契》

立賣杉木栽手字人黄養楊昌甲、昌子弟兄，爲因缺少錢用，無處得出，自願將到先年佃栽買主之山一塊，土名南容。界（趾）〔至〕：上憑犁嘴，下憑大路，左憑冲，又憑路，四至分明。此木分爲伍股，地主占叁股，栽手占貳股。今將栽手貳股請中出賣與文斗下寨地主姜鍾奇弟兄、世模弟兄二老家，又世清一小家名下承買蓄禁爲業。當面憑中議定價錢貳千叁佰捌拾文，親手收用。其木自賣之後，任憑買主修理管業，賣主弟兄不得異言。恐口無憑，立賣字爲據。

栽手貳股作叁股，鍾奇弟兄占一股，世模弟兄占一股，世清一人私下占一股。楊昌甲批。

度中　姜映元

楊昌甲　親筆

同治三年五月二十六日　立

《貴州文斗寨苗族契約法律文書匯編·臺老九賣地基契》　立斷賣屋地基字人臺老九，今因要銀使用，無處得出，自己將到先年得買苗老概之屋地基一間，今將出賣與文斗寨姜鍾泰名下承買管業。當日憑中議定價錢貳千貳百文，親手領回應用。其地基任憑買主管業，我賣主弟兄不得異言。如有異言，俱在賣主上前理落，不干買主之事。其有地基之界：上憑買主，下憑截坤之溝，左憑截坤得買姜老順之地基，右憑姜老合、老胖之地，四（字）〔至〕分明。恐後無憑，立此斷賣屋地基字爲據是實。

憑中　姜老恒

代筆　姜恩詔

同治三年九月二十二日　賣主臺老九　押　立

《貴州文斗寨苗族契約法律文書匯編·楊昌甲賣木契》　立賣杉木字人楊昌甲，因無錢用，自願將到先年佃栽文斗寨地一塊，此木上憑路，左憑路，右憑冲，下憑相必之山，界至分明。今將地主、栽手分爲五股，地主占三股，栽手占貳股，今將栽手〔股〕出賣，自己上門問到文斗寨姜鍾奇、鍾芳、鍾碧、鍾泰三小家承買爲業。地（明）〔名〕黄養山，憑中議定價錢五百六十文，親手收用。其山任從買主管業，賣主不得異言。如有不清，賣主理落，不（許）〔與〕買主何干。恐後無憑，立此賣字爲據。

內添三字。

憑中　魏岩元

親筆

同治四年三月十五日立

《貴州文斗寨苗族契約法律文書匯編·李老明父子賣木契》　立賣栽手字人李老明父子，先年佃到姜鍾奇弟兄之山，地名污宜，今因家缺少銀用，無處得出，自願請中問到地主姜鍾奇三小家承買爲業。當中議錢貳百八十文，親手收用。其山界（止）〔至〕：左憑買主之山，右憑相吉之山，上憑田，下憑溪。栽手地主分爲五股均分，將栽手貳股出賣，我姓李父子不得異言。恐口無憑，立此賣杉木字爲據。

憑中登瀛　筆

同治四年六月十三日　立

《貴州文斗寨苗族契約法律文書匯編·姜光清父子賣木契》　立賣栽手杉木字人姜光清父子，先年佃到姜鍾太、鍾奇、鍾芳、鍾碧三小家之山，地名傲堵，地主栽手分爲五股，地主占三股，栽手占貳股，本名出賣栽手一股，界（止）〔至〕：上憑土壟，下憑大河，左憑姜名卿山，右憑大冲；又一處栽世模之山，栽手分爲貳股，本名出賣一股，地名再陋卡，界：上憑田，下憑冲，左憑天壽之山林，右憑本和之木；又一處三老家之山，地名窮爲有，栽手分爲六股，本名出賣一股，界：上憑嶺以盤路，下憑坪至冲，左憑冲以上至盤路岩角爲界。憑中議定價銀貳兩八錢正，親領回應用。其杉木自賣之後，應憑買主修理管業，我賣主弟兄不得異言。恐後無憑，立此賣栽手字是實。

買主　姜鍾太、鍾奇、鍾芳、鍾碧

憑中　姜邦正、鳳喬

代筆　龍昌榮

同治四年十二月十五日　立

《貴州文斗寨苗族契約法律文書匯編·姜鍾述賣木契》　立斷賣栽手杉木字人姜鍾述，爲因要錢使用，自願將到先年佃栽鍾奇弟兄三小家之山一塊，土名污宜，界至：上憑路，下憑污宜溪，左憑橋頭，右憑世模私山，四至分明。今將栽手出賣與姜鍾奇、世楊、世模三老家叔侄承買爲業。當面議定價錢七百八十文，親手收足。今欲有憑，立此斷賣字是實。

憑中　范炳質

代筆　朱達源

同治七年五月十二日　立

《貴州文斗寨苗族契約法律文書匯編·姜老條賣木契》　立賣杉木字人姜老條，（決）〔缺〕少糧食，無處得出，自願將到先年佃栽姜鍾奇弟兄之山，地名黨宜，上憑□，下憑水溝，左憑岩洞，右憑嶺，以路爲界，四至分明。價錢壹仟叁佰八十文，親手（嶺）〔領〕回應用。恐口無據，立此賣字爲據。賣與姜世臣、侄登魁爲業。

憑中　鍾述、世清

代筆　登瀛
光緒七年三月二十日　立
《貴州文斗寨苗族契約法律文書匯編·龍松茂賣木契》　立賣栽手杉木字人龍松茂，爲因缺少銀用，自願將到先年佃到三老家之□其田界限左憑地主之山，右憑田角以（毫）〔壕〕溝爲界，上抵溝，下至溪，憑中出賣與姜世臣名下承買爲業。當面憑中議定價銀□自賣之後，任憑買主修理管業，賣主不得異言。一此買栽手永遠發達。
外批：股數地主栽手分爲五股，地主占三大股，栽手占貳大股。本名栽手□股出賣。永遠發達。
憑中　任五喜
依口代筆　饒成德
光緒九年十二月十八日　立
《貴州文斗寨苗族契約法律文書匯編·龍作林賣木契》　立賣栽手杉木字人龍作林，爲因缺少銀用，無處得出，自願將到先年佃到三老家之山，地名南休，其有界限：左憑地主，右憑地主，上抵溝，下至溪，憑中出賣與姜鍾璧名下承買爲業。當面憑中議定價銀一兩五錢八分。自賣之後，任從買主管業，賣主不得異言。立此賣栽手爲據。
外批：股數地主、栽手分爲五股，地主占叁股，栽手占貳股。栽手貳股分爲八小股，弟兄占四小股，本名占兩小股出賣。
憑中　任伍喜、龍松茂
代筆　李作金
光緒九年十二月十八日　立
《貴州文斗寨苗族契約法律文書匯編·楊老保賣木契》　立賣栽手杉木字人楊老保，爲因家中要銀使用，自願將到先年所佃到三老家□地主、栽手分爲五股，地主占二股，栽手三股，弟兄□斷賣與姜氏秋香名下承買爲業。憑中議定價錢一千三百零八文，親手領應用。自賣之後，任從買主栽修管業，賣主弟兄不異言。立此賣栽手永遠發達存照。山界：上憑溝，下至溪，左田角與（毫）〔壕〕溝爲界，右憑地主□
憑中、代筆　□□□
光緒九年十二月卅日　立
《貴州文斗寨苗族契約法律文書匯編·姜正誠賣木契》　立賣栽手杉木字人姜正誠，爲因缺少銀用，無處得出，自願將到土名南的栽手。地主、栽手分爲五股，地主占三股，栽手占貳股，本名占一股，出賣與姜世臣名下承買爲業，當面憑中議定價銀柒佰八十文。自賣之後，任從買主蓐修（裏）〔理〕管業。買主不清，俱在賣主理落，賣主房族弟兄不得異言。立此賣字爲據。
憑中　壬五使　龍岩林
代筆　姜永文
光緒拾一年十二月廿七日　立
《貴州文斗寨苗族契約法律文書匯編·姜老德賣地基契》　立斷賣屋地基字人姜老德，爲因家中糧缺少，無處得出，自願請中登門問到，將地基一塊，此地基分爲三大股，老德父子占一大股，界（趾）〔至〕：上憑鍾碧、寅邱之地，下憑買主之溝，左憑大路，右憑世浚、登泮二人之園爲界，四至分明，今將出賣與姜世洪名下。當面憑中議定價銀拾兩零八分，親手收足應用。自賣之後，任憑買主起房造屋，賣主族下父子不得異言。恐口無憑，立此斷賣字爲據。
内添二字。
憑中　李先揚
代筆　作金　押
光緒十二年三月十三日　立
《貴州文斗寨苗族契約法律文書匯編·姜喬生、來生賣地基契》　立斷賣屋地基字人姜喬生、來生二人，爲因缺少銀用，無處得出，自願將到所坐地基貳間，界（趾）〔至〕：上憑鍾碧、鳳喬二人地基爲界，下憑買主水溝爲界，左憑大路，右憑□俊、盛泮二人北木嶺爲界，四至分清，此地基分爲叁股，本名二人占貳股，今將出賣與姜世清名下承買爲業。當面憑中議定價銀壹拾柒兩捌錢，親手收足應用。自賣之後，任憑買主起造管業，賣主房族父子不得異言。倘有股數不清，俱在賣主理落，不干買主之事。恐口無憑，立斷賣字爲據。
憑中　龍紹林
代筆　姜□□　押

光緒拾叁年貳月初四日　立

《貴州文斗寨苗族契約法律文書匯編·姜世清賣地基契》　立斷賣屋地基姜世清，情因缺少銀用，無處得出，自願將到先年得買姜喬生、來生、老德弟兄叔侄之屋地基四間，地名楊報，界（趾）〔至〕：裏邊憑坎與世臣弟之地，外邊下憑洋溝世俊叔侄地爲界，左憑路，右憑世俊，登泮之菜園，四抵分清，今將出賣與堂弟姜世臣名下承買爲業。當面憑中議定價銀肆拾肆兩八錢八分，親手收回應用。自賣之後，任憑買主起房造屋管業，賣主房族弟兄叔侄不得異言。如有不清，俱在賣主理落，不關買主之事。恐説無憑，立此斷賣屋地基，永遠發達存照。

內添拾伍字。

憑中　姜永和

光緒貳拾二年十一月二十六日　親筆立

《貴州文斗寨苗族契約法律文書匯編·姜世臣賣田契》　立賣田人姜世臣，情因缺少銀用，無處得出，自願將到祖所遺之共田壹坵，地名岩板坡，界（趾）〔至〕：上憑世風，下憑世臣，左憑路，右憑世風叔侄田，四抵分清，今將出賣與堂兄姜世風名下承買爲業。當面憑中議定價銀叁兩整，親手收回應用。自賣之後，任憑堂兄耕種管業，我弟不得異言。恐説無憑，立此賣田永遠發達存照。

其田我名下占之股出賣。

內添四字。

憑中　姜永和

親筆

光緒二十二年十二月二十六日　立

《貴州文斗寨苗族契約法律文書匯編·臺言發兄弟賣菜園契》　立斷賣菜園字人臺言發弟兄，因爲缺少錢用，無處得出，自願將到先年得買姜世發之菜園，地名羊報，界（趾）〔至〕：上憑路，下憑世□之園，右憑買主之園，左憑永和之園爲界，四（字）〔至〕分清。今將請中出斷賣與姜世官、世鳳弟兄名下承買爲業。當日憑中三面議定價錢壹仟一百六十文，親手收足應用。自賣之後，任憑買主耕種管業，賣主弟兄不得異言。倘有不清，俱在賣主上存理落，不關買主之事。恐口無憑，立此斷賣園字爲據。

憑中、代筆　姜永文

光緒二十三年六月廿一日　立

《貴州文斗寨苗族契約法律文書匯編·姜登高賣田契》　立斷賣田字人姜登高，爲因胞弟天保亡故，無處得出，憑中自願將到分落胞弟名下之田，地名丢了，界（趾）〔至〕：上抵松清，下抵登泮之田，左右憑坡，四抵分清，今將出斷賣與姜世美族叔名下承買爲業。當面憑中議定足文拾叁兩二錢八分，親手收足應用，不欠分文。自賣之後，任憑買主修理耕種管業，我賣主房族叔侄弟兄不得異言。倘有不清，俱在賣主（向）〔上〕前理落，不關買主之事。今欲有憑，立此斷田永遠發達存照爲據。

憑中　姜永和

代筆　姜登科

光緒貳拾陸年柒月初十日　立

《貴州文斗寨苗族契約法律文書匯編·姜老德賣地基並屋契》　立斷賣地基並座屋字人姜老德，爲因缺少錢用，無處得出，自願將到地基房子出賣與姜世臣名下承買爲業。當面憑中議定價錢貳仟七百八十文，親手收回應用。自賣之後，任憑買主管業，賣主房族弟兄不得導言。當有不清，（居）〔俱〕在賣主上（成）〔承〕理（洛）〔落〕，不關買主之事。

外批：地基房屋爲三股，買主占貳，我賣主占壹股，出賣，界（趾）〔至〕：裏邊憑溝，外邊買主，左邊憑根長屋，右邊邊憑買主。恐後無憑，立此斷字爲據，子孫遠永發達存照。

內（天）〔添〕四字。

憑中　龍作連

代筆　傅志桓

光緒貳拾柒年九月卅日押　立

《貴州文斗寨苗族契約法律文書匯編·姜登選賣田契》　立斷賣田約契字人房侄姜登選，爲因要銀用度，無處得出，自願將到祖遺分落本名所占之田壹坵，約穀伍石，在寨脚地名裏黨，界限：上憑賣主之山，下抵世臣之田荒坪爲界，左憑大路，右憑我三老家之共山，四抵分清。今將請中登門問到出斷賣與堂叔姜世美名下承下買爲業。當日憑中三面議價賣足銀拾捌兩壹錢八分，親手收足應用，未欠分毫。其田自斷賣之後，任憑買主修理下田耕種管業，我賣主弟兄以及外人不得異言。今欲有憑，立此斷賣田約契字爲據永遠發達存照。

其有外批田糧壹合。

憑中　姜永和

光緒叁拾壹年十二月十七日　登選親筆　立

《貴州文斗寨苗族契約法律文書匯編·姜世臣賣地基契》　立斷賣屋基地字人堂弟姜世臣，爲因缺少銀用度，無處尋出，自願將到祖遺所共之屋基地壹塊，地名皆抱中寶，界（趾）〔至〕：前憑坎砌以大路爲界；後憑路溝以坎砌爲界，左右俱憑世清所共之屋地基，四抵分明。此地基分四大股，我名下占一大股，今得憑中出斷賣與堂兄姜世官名下承買爲業。當日憑中議定價實新銀叁兩一錢八分，親手領足應用。其屋基自賣之後，任憑買主起造屋房住居，永遠管業。我賣主以及房族外人不得異言。倘有不清，俱在賣主一面全當理落，不干買主之事。今欲有憑，立此斷賣屋基字爲據，永遠發達存照是實。

外批：添貳字。

憑中　姜德能

代筆　胞侄姜登鰲

光緒三十有四年四月二十五日　立

《廣西少數民族地區碑文契約資料集·賞給田産執照》　具懇呈治下五處隴棉村民農生美，爲乞恩俯準賞給執照硃批，以垂永久事。情因民上年永買得農村趙威儀之城田一丢，名唤那定凌大小共一片。但民未曾投堂請税，恐後稽查無憑。兹民只得遵例備辦印色銅錢三千二百五十文，投堂請給印照硃批。伏乞　俯准將民永買得趙威儀之田，賞給歸與民永爲世代子孫管耕恒業，實感鴻恩無既矣。爲此具呈投赴州主大老爺臺前作主施行。

光緒二十一年九月三日具呈

《廣西少數民族地區碑文契約資料集·李輝賣田契約》　立契永遠賣田人李輝，係街居住民，兹因正用急需無錢，不已夫妻議妥，願將在前承得北化上利村之城田，土名叱𥕄、排科、派昔三片、𥕄蒙漏一片、𥕄百喃二片、𥕄譚一子、𥕄渡一丢。先通族内近鄰，無人承受，憑中問到賣與五處下利村農崇益爲業。憑中三面議定，即值價錢五十千文，錢契兩交，彼此心甘情願，自賣之後，永爲世代子孫基業，辦賦黄册。如有混行争端，任從憑理論，即契中有各人擔當，不法混行之事，兩家心願，並無逼勒，等因。恐口無憑，立此文契存照。是實。

光緒二十二年二月初八日立契

堂兄李遠保證　請人代書

《廣西少數民族地區碑文契約資料集·催呈復名頂替文》　具催呈民黄文隆，係治下西化那逐村居住。爲乞恩憐窮民，挑催免究，庶後情衆害事。情民給田買主復名頂後，事竊民原當城田土名唤那老一片，因貧上今年，永遠與同化本村黄文金處，實價買永遠，應出本銅錢八千文正。其田任買主呈懇復名頂後，永民不敢反復争論。爲此具呈，投赴州主大老爺臺前，伏乞作主。

光緒二十七年七月十五日催呈

《廣西少數民族地區碑文契約資料集·安平土州頒發的執照》　世襲安平州正堂李　爲給發執照，以垂永久事。照得本月十一日，據五處農村趙振輝呈稱：竊民祖父買得州城馬頭街李恒貞上城免番田一丢，曾經赴堂復名在案，現奉飭令民將李恒貞之田赴堂謝納，兹民遵辦印色銅錢三千二百五十文，赴堂復名，請給印照。伏乞俯准將民祖父買得李恒貞上城免番田一丢給歸民仍作上城免番田，永爲世代管業等情。據此除批準外，合行給照。爲此照給趙振輝遵照事，嗣後所有大小公件，一切照田備辦前往，所有田業，永爲爾世代管業可也。今將田名開列於後。須至給照者。

計開北城那田昔一丢，遞年納解田例糧錢一百八十七文，其田糧錢婚喪禮，照例類衆辦納毋違。

右照給五處農村趙振輝准此

光緒二十五年十一月十五日

《廣西少數民族地區碑文契約資料集·農成田懇呈税契文》　具懇呈治下五處下利村民農成田，爲乞恩賞給執照，以賴永久，稽查有據。竊民年老喪子，亦無子孫男，舉目無後，幸有孫女名娗鼓，已招得北化打村農崇益爲贅婿。民遺有本分房屋一座，水牛一隻，那排冒、料派昔貳片。另永買得州城東街老㖏李輝城田一子，大小共八片，土名喚罾板排，坐落排冒處，以及林木一切，應歸婿承接。但未請稅，恐查無憑，茲民遵辦印色銅錢拾千文，投堂請稅，伏乞賞給執照，將民遺下房屋、田地、牛、竹及買得老㖏李輝之田，批準民孫婿爲世代子孫恒業，則永沐鴻慈無涯矣。爲此具呈赴投州主大老爺臺前，作主施行。準照。

光緒二十九年七月二十四日具呈

《廣西少數民族地區碑文契約資料集・農崇益稅契執照》　世襲安平州正堂李　爲給發執照，以垂永久事。照得現據五處下利村農成田呈稱：民子已歿，並無孫男，舉目乞息。幸有孫女娟鼓，已招得北化打村農崇益爲贅婿。民遺有屋一座，水牛一隻，田二片。另買得老㖏李輝城田一子，及竹木一切，應歸民孫婿承接，但未請稅，恐查無憑。茲民遵辦印色錢十千文，投堂請稅。伏乞　賞給執照，以賴稽查有據，等情據此，除批準外，合行給照。爲此，照給農崇益遵照事理，嗣後年中糧錢卯項，婚喪二禮，及大小公件，照例備辦。如遇兵戈，仍類衆前往。有成田遺下屋牛隻，並買得李　輝城田及竹木一切，準爾爲世代子孫恒業可也。今將田名列後，須至執照者。計開房屋一座、那排冒、料派背二片，那咟排一子共八片、水牛一隻、竹木一切。遞年合共納糧錢二百五十文。

光緒二十九年七月二十四日右給五處下利村農崇益准此。遵照。

《廣西少數民族地區碑文契約資料集・推呈稟告文》　具推呈人農秀榮，係五處岜賀村居住。爲懇恩俯批給買主復名謝案，以後稽查有據事。情因於上年將以祖上遺下城田一丢，大小共有五片，土名喚□□□□一片，伏大三片，□□一片，坐落在隴桅處。先問族内無人承受，不已，專賣與隴桅村人農大業受買，取出本錢推呈五百文足，即日具推呈，其田永爲買主爾世代子孫恒業，是玆遵照例備辦，復名謝案交與買主，□□是以叩乞臺前俯賜準呈民永遠管耕。於後考查有據，則□感□仁恩無既矣。爲此具推呈投赴州主大老爺臺前，伏乞作主施行。

光緒三十一年三月初十日立出具推呈

《廣西少數民族地區碑文契約資料集・黄陳賣地契約》　立永遠賣地人黄陳，係西華新圩村，因爲急中無銀使用，自問到本村。黎召處取七色銀一兩正，就日親手領銀回家使用。兩面言定：其畬地一片，坐落色㖇，交（如）〔於〕銀主，世代子孫不得争心奪耕。如奪耕者，任從銀主執出文契赴官陳告，甘罰無辭，仍追賠還。今恐無憑，人心難信，立約存照。天（裏）〔理〕人良心。

立約人　黄陳

請人依口代筆

乾隆九年三月十五日

《廣西少數民族地區碑文契約資料集・梁裏賣畬地契約》　立永遠賣畬地人梁裏，係西化埠美村住，因爲急中無錢使用，自將祖遺畬地欖一片自身問到本村。黎何處永賣，取出銅錢三百五十文，即日錢約兩交。當面言斷，錢主任從世代子孫耕管，不敢異言。今恐無憑，立約爲據。

立永賣約人　梁裏

乾隆十五年六月　日

《廣西少數民族地區碑文契約資料集・永賣畬地契約》　立永賣畬地人梁裏，係西化埠美村住，因爲急中無錢使用，自將祖遺畬地咟渠偷一片，自身問到同村。黎何處永買，取出銅錢六百文，即日錢約兩交。當面言斷，其畬地交與錢主，任從世代子孫耕管，不敢異言，反悔退贖。今恐無憑，立永遠約爲據。

立永約人　梁裏

乾隆二十年三月　日

《廣西少數民族地區碑文契約資料集・農文忠賣筋竹契約》　立永遠賣筋竹約人農文忠，係北化上利村住，今因急中無錢還債。不已，夫妻商議，願將祖父遺下之筋竹二座：坐落痕馱一座，科板一座，先通族内無人承受，自身問到本村梁生理處永買，取□□價本銅錢八百五十文正，即日親手領錢回家應訖。二面言定：其筋竹隨約兩交明白，永爲世代子孫基業，父死子繼，兄死弟承。此係明賣明買，並非折賬等弊。倘後年深月久，同堂伯叔兄弟子侄不得争占冒贖，或有何人悔心多端，違背約内之言，錢主任執立契赴上陳理論，甘罰無辭。其筋竹仍給歸與買主，無異是實。今恐無憑，人心難信，爲此，立永約交與存據。

立永遠賣筋竹約人農文忠

請人依口代筆

永遠

乾隆四十年二月十七日

《廣西少數民族地區碑文契約資料集・農文忠賣樹木契約》　立永遠賣樹木約人農文忠，係北化上利村住，因爲家貧饑饉，無門可借。不已，願將祖父遺下龍眼樹一根，木棉樹一根，坐落科板處，先通族内無人承受，自身問到本村梁生理處永買，實取出價本銅錢五百七十文正，即日親手領錢回家度活。當面言定：其樹木隨約兩交明白，永爲歷代子孫恒業。此係明賣明買，並非折賬情弊。日後年深月久，同堂伯叔不得争占冒贖，或有何人横行違背約内之言，錢主任執文契赴上陳理論重占人，其樹木仍歸給與買主無異是實。今恐無憑，人心不古，爲此，立永約交與日後存證。

立永遠賣龍眼、木棉樹約人　農文忠

請人依口代筆

永遠

乾隆四十一年三月二十四日立　天長

《廣西少數民族地區碑文契約資料集・賣河契約》　立憑永遠賣河人陳何金，係東化内凹村居住，今因急中無錢使用。不已，父子商議，願將本分祖父遺下之河，三凹那二半至共合二六片，近河辨城，百長到凹□，不論何方打魚鱉，分派先問主無人，憑中問到李行吉處，實出許本銅錢一百二十八兩足，即日親手領銀回家使用。當三面言定：其河隨約交與銀主世代子孫，不論打魚鱉，分派糧錢□七十文足，永管打爲恒業。其河年中冒争者，係在約内明賣明買。銀實約交與銀主或變是實黄賣，父歿子承，兄亡弟接，不敢異言。恐口無憑，人心難信，收執立約乙張存照。

立約憑永遠陳何金

中保陳何美

乾隆□□年四月十一日

《廣西少數民族地區碑文契約資料集・黄飂賣田契約》　立永遠賣田契人黄飂，係安平西化埠美村居住，因爲家貧無錢，寒難於度活。不已，母子商議，願將本祖遺下役城田一丢，在土名那堪共有三片，禾六十把，地坐落罾板三片。先問族内同堂伯叔兄弟，無人承領。請引憑中問到同村黎唐處實永買，取本銅錢六十千文足，就日當中親手領錢回家還債。訖言定，其田隨約交與錢主永耕，世代子孫基業，父歿子承，兄亡弟接。錢主經鳴復名謝案，田主不敢反復。其田生〔成〕〔出〕黄金，賣主不敢退贖；崩成河海，不與田主干涉。此係明賣明買，並非折賬。況深月年久，若有族内子孫不知妄言争點，錢主任從執此文契勝赴官陳理論，甘罰無辭，仍追給其田交與錢主管耕世代。今恐無憑，人心不古，爲此立契，永遠存照。

中保人農利

立永遠人黄飂

請人依口代筆

嘉慶五年二月二十日

《廣西少數民族地區碑文契約資料集・湯光顯賣木敬契約》　立約永賣木敬湯光顯，西化埠（雞）〔新〕村刀召（主）〔住〕，因爲急中無錢使用，父子商議將本分三木榕問到本村黎聰實取，出本錢三百文正，就日親手領回家應用。兩面言定，木永爲世代子孫恒業以年，人心難信，□□□□□□上陳理論，□□□□□□

立永賣木敬湯光顯

請人依口代筆

嘉慶十二年六月初四日

《廣西少數民族地區碑文契約資料集・賣塘契約》　立約永遠賣塘人梁富，係在西化新圩村居住。因爲急需，無錢使用，父母商議，賣塘一個。先通族内，後通近鄰，無人承領。憑中問到同村黎聰正，出本錢三千五百正，即日親手領錢回家使用。兩人當面商定，並無異言。錢主任從自耕自割。其塘在□凹地名。交錢即日交約與錢主，不論近遠，不可忤心反言所退。若有忤心反言者，錢主任從執是文契上陳理論，甘罪無辭。恐後無憑，人心難信，所以立此文約交與錢主收執爲據。

嘉慶十五年七月初五日立

《廣東土地契約文書（含海南）・大坦尾泥洲滘圍田定帖》　立明永遠斷賣圍田定帖人，南海縣潘贊勤，今因急用，母子酌議，願將承父遺下經分名份圍田二坵，坐在南海縣泮塘埠，土名大坦尾泥洲滘中則民税九畝餘，出賬召人承受。每畝取回時價銀五十四兩正，簽書酒席，一概俱在價內。先召房親人等，各不願受，次憑中人梁葵、梁基、黃照引至餘慶堂看合承買，每畝依口還足價銀五十四兩正，成員司碼平兑。此係三面言明，兩家允肯，即日當中潘贊勤母子親手收賣田定銀五十兩正，並無低僞。買主反悔，定銀不追，賣主反悔，定銀加倍交還。此係明買明賣，並非債折等情。倘有重典重當揭借銀兩與及別人争論，係賣主同中理明，不干買主之事。俟丈量標插明白，擇吉立大契交易。恐口無憑，即日當中立定帖一紙爲據。

一實潘贊勤母子親手收到賣田定銀五十兩正。司碼。十一月初八日收到銀二百四十二兩。又收五十三六錢，連定合共三十伯四十五兩六錢正。

同治十三年十月初八日　立明斷賣園田定帖人潘贊勤的筆

《廣東土地契約文書（含海南）·大坦尾泥洲滘圍田契》　立明永遠斷賣園田契人潘贊勤、贊襄，係南海縣人，現在西門外三聖社居住。今有承父遺下經分名份園田三坵，坐在南海縣泮塘埠土名大坦尾泥洲滘二坵，中則民税七畝七分八釐九毫一絲，又土名河沙二坵中則民税一畝六分六釐六毫，共中則民税九畝四分五釐五毫一絲。今因急於銀兩凑用，母子兄弟相酌，出帳召人承買。每畝取回時價銀五十四兩正，司碼平兑，簽書酒席洗業利是，一應俱在價內。先召房親人等，各不願受，次憑中人黃照、梁基，彭招、梁葵引至餘慶堂看合田土承買，每畝依口還足價銀五十四兩正，司碼秤兑。即日當中書立大契，其田價共銀五百一十兩零五錢七分五釐，係潘贊勤、贊襄母子兄弟親手收去支用，並無低僞，少欠分厘。此係明買明賣，實銀實契，並非債折等情。此田確係潘贊勤、贊襄承父遺下經分名份之業，與別房叔兄弟隻無涉，並不是蒸嘗留祭養口之業，並無重典重揭。如有來歷不明，別人争論，係賣主同中理明，不干買主之事。自賣之後，餘慶堂管業收租割税歸户，輸納糧務。此係三面言定，二家允肯。恐後無憑，立此斷賣園田契一紙，並上手紅契一紙，白契四紙六與餘慶堂收執永遠爲據。

一實潘贊勤、贊襄賣出土名大坦尾泥洲滘二坵，中則民税七畝七分八釐九毫一絲，又土名河沙二坵，中則民税一畝六八六釐六毫。其税載在恩洲堡十四圖七甲梁可立户七畝二分七釐一毫二絲。此柱係增税，應收增米三斗八升九合零一抄。恩洲堡十四圖三甲梁宏業户二畝一分八釐三毫九絲。

一實潘贊勤、贊襄母子兄弟收到餘慶堂園田價銀五百兩零五錢七分五釐正，司碼秤兑。

同治十三年十一月吉日　立明斷賣田契人潘贊勤、贊襄的筆

中人梁基　梁葵　黃照　彭招

《廣東土地契約文書（含海南）·大坦尾塘田契》　立明永遠斷賣塘田契人南海縣胡龍驤、龍歡，現在省城光雅里居住。今有承父遺下經分名份塘田一號，大小共八坵，該税三十九畝五分五釐四絲八忽，坐在泮塘埠，土名大坦尾。兹因急用，母子兄弟相議，願將此田轉賣與人，每畝取實時價銀六十七兩五錢八分。先召房親人等，各不願受，次憑中人曾蕃、黃照引至餘慶堂情願承買，依口還足每畝價銀六十七兩五錢八分，簽書酒席俱在價內。三面言明，二家允肯，即日當中丈量，立明界址，寫立賣契交易。銀契兩相交訖。此銀係胡龍驤、龍歡兄弟親手收到餘慶堂共田價銀二千六百七十三兩一錢一分三釐正，並無低僞少欠。其田的係胡龍驤、龍歡承父遺下經名份之業，與兄弟叔姪無涉，亦不是蒸嘗留祭之物。此係明買明賣，不是債折等情。倘有來歷不明，與及別人争論，係賣主同中理明，不干（賣）〔買〕主之事。自賣之後，任從買主割税歸户，輸納糧務，收租管業，無得異言。今欲有憑，立此永遠斷賣塘田契一紙，並上手紅契一紙與餘慶堂收執存據。

一實賣出泮塘埠大坦尾塘田共大小八坵，共中則民税三十九畝五分五釐四絲八忽。

一實胡龍驤、龍歡兄弟親手當中收到餘慶堂塘田價司碼銀二千六百七十二兩一錢一分三釐正。

其税載在城西堡四圖另甲胡謙光户内。

中人曾蕃　黃照

同治十三年三月初十日　立明斷賣園田契人胡龍驤、龍歡的筆

《廣東土地契約文書（含海南）·大坦尾圍田契》　立明永遠斷賣園田契人南海縣金利司恩洲堡半塘三約顧劉氏顧郭氏、子昌和、昌業、昌蒼，今因急需銀兩凑用，母子酌議，願將承祖父遺下經分名份園田一號，

坐在泮塘五約，土名大坦尾，該中則民税五分二釐三毫，出帳召人承受。每畝取回時價銀五十五兩正，簽書酒席，一概俱在價内，先召房親人等，名不願受，次憑中人郭懷坡被引至餘慶堂看合承買，每畝依口還足價銀五十五兩正，成員司碼平兑。此係三面言明，二家允肯，即日當中丈量，立契交易明白。其田價係劉、郭氏，子顧昌和、昌業、昌蒼母子親手接回家中應用，並無低僞少欠分厘。此田係劉、郭氏子昌和、昌業、昌蒼承祖父遺下經分名份之業，與别房兄弟伯叔無涉。此係明買明賣，不是債折等情，亦不是蒸嘗留祭之業，亦不是重典重當。自賣之後，任從餘慶堂收租管業，割税歸户，輸納糧務。倘有來歷不明，及别人争認，係賣主同中理明，不干買主之事。恐口無憑，即日立賣田契一紙收執爲據，並無上手紅契交執，遠年遺失，他日搜出是爲故紙。

一實顧劉氏、顧郭氏，子昌和、昌業、昌蒼賣出園田一坵，土名大坦尾中則民税五分二釐三毫。其税載在平地堡五十五圖十甲顧子成户。

一實顧劉氏、顧郭氏，子昌和、昌業、昌蒼親手收田價銀二十九兩正。成員司碼兑足。

中人郭懷坡　黄照

昌業伯娘代指模

同治十三年十月初十日　立明斷賣園田契人顧劉氏指模　顧郭氏指模

子昌和　昌蒼的筆

《廣東土地契約文書（含海南）·大坦尾園田契》　立明永遠斷賣民税園田契人餘慶堂係南海縣人，今有前用價銀買受土名大坦尾園田二號，共中則民税三十九畝五分五釐四絲八忽。今因需用，出帳召人承買，每畝取要時價銀五十八兩正。先召房親田鄰人等，各不願受，次憑中人譚全、梁安引至陳修梅看合，依口還足每畝時價銀五十八兩正，所有簽書酒席俱在價内。當經先立定，豎杙清楚，擇吉就日丈量明白，中立契交易。是日餘慶堂等親手收陳修梅田價銀二千二百九十四兩一錢八分，成員司碼兑，銀契互相交訖。此係三面言明，兩家允肯，如有來歷不明，及别人争論，係賣主同中理明，不干買主之事。此係明買明賣，不是債折逼勒等情，亦非蒸嘗留祭之物。交易之後，任從買主隨時割税歸户，輸納糧務，收租管業，招人承耕，無得異言。恐口無憑，即日立明賣契一紙，並上手紅契紙，交與陳修梅收執存據。

一實餘慶堂親手收到陳修梅田價基壆樹木價銀二千二百九十四兩一錢八分正，司碼。

一實餘慶堂親手收到陳修梅買園館一所，上蓋連地磚瓦木石俱全，該價銀二百兩正，司碼。二共該價銀二千四百九十四兩一錢八分正。

一實餘慶堂賣出土名大坦尾園田一號，共中則民税三十九畝五分五釐四絲八忽。其税載在城西堡譚福基户一圖另甲。

中人譚全　梁安

知見親手收銀人裕誠號

光緒七年十月廿七日　立明永遠斷賣園田契人餘慶堂的筆

《廣東土地契約文書（含海南）·大坦尾園田契》　立明永遠斷賣民税園田契人餘慶堂係南海縣人，今有前用價分别先後買受後開土名大坦尾園田二號，共中則民税六畝三分八釐。今因需用，出帳召人承買，每畝取回時價銀五十八兩正。先召房親田鄰人等，各不願受，次憑中人譚全、梁安引至陳修梅看合，依口還足每畝時價銀五十八兩正，所有簽書酒席俱在價内。當經先立定，豎杙清楚，擇吉就日丈量明白，立契交易。是日餘慶堂等親手收陳修梅田價銀三百七十兩零零四分，成員司碼兑，銀契互相交訖。此係三面言明，兩家允肯，如有來歷不明，及别人争論，係賣主同中理明，不干買主之事。此係明買明賣，不是債折逼勒等情，亦非蒸嘗留祭之物。交易之後，任從買主隨時割税歸户，輸納糧務，收租管業，招人承耕，無得異言。恐口無憑，即日立明賣契一紙，並上手紅契紙，交與陳修梅收執存據。

一實餘慶堂親手收到陳修梅田價基壆樹木價銀三百七十兩零零四分正，司碼。

一實餘慶堂賣出土名大坦尾園田二號，共中則民税六畝三分八釐。

計開

一號共税三畝六分七釐，其税載在恩洲堡廿四圖六甲子李秩。

一號共税二畝七分一釐。

中人譚全　梁安

知見親手收銀人裕誠紙店

光緒七年十月廿七日　立明永遠斷賣園田契人餘慶堂的筆

《廣東土地契約文書（含海南）·大坦尾圍田契》　立明永遠斷賣民税園田契人餘慶堂係南海縣人，今有前用價分别先後買受後開土名大坦尾圍田六號，共中則民税二十畝九分四釐一絲。今因需用，出帳召人承買，每畝取要時價銀五十八兩正。先召房親田鄰人等，各不願受，次憑中人譚全、梁安引至陳修梅看合，依口還足每畝時價銀五十八兩正，所有簽書酒席俱在價内。當經先立定，豎杙清楚，擇吉就日丈量明白，中立契交易。是日餘慶堂等親手收陳修梅田價銀一千七百三十六兩五錢八分，成員司碼兑，銀契互相交訖。此係三面言明，兩家允肯，如有來歷不明，及别人争論，係賣主同中理明，不干買主之事。此係明買明賣，不是債折逼勒等情，亦非蒸嘗留祭之物。交易之後，任從買主隨時割税歸户，輸納糧務，收租管業，招人承耕，無得異言。恐口無憑，即日立明賣契一紙，並上手紅契　紙，交與陳修梅收執存據。

一實餘慶堂親手收到陳修梅田價基塱樹木價銀一千七百三十六兩五錢八分正，司碼。

一實餘慶堂賣出土名大坦尾圍田六號，共中則民税二十九畝九分四釐一絲。其税載在城西堡譚福基户一圖另甲。

計開

第一號共税八畝三分零八絲四忽。

第二號共税三畝一分四釐四絲六忽。

第三號共税五分二釐三絲。

第四號共税九畝四分五釐五絲。

第五號共税三畝八分。

第六號共税四畝七分一釐。

中人譚全　梁安

知見親手收銀人裕誠紙店

光緒七年十月廿七日　立明永遠斷賣園田契人餘慶堂的筆

《廣東土地契約文書（含海南）·大坦尾圍田契》　立明永遠斷賣民税園田契人餘慶堂係南海縣人，今有前用價分别先後買受後開土名大坦尾圍田六號，共中則民税三十一畝二分零零八忽。今因需用，出賬召人承買，每畝取回時價銀五十八兩正。先召房親田鄰人等，各不願受，次憑中人譚全、梁安引至陳修梅看合，依口還足每畝時價銀五十八兩正，所有簽書酒席俱在價内。當經先立定，豎杙清楚，擇吉就日丈量明白，立契交易。是日餘慶堂等親手收陳修梅田價銀一千八百零九兩六錢五分，成員司碼兑，銀契互相交訖。此係三面言明，兩家允肯，如有來歷不明，及别人争論，係賣主同中理明，不干買主之事。此係明買明賣，不是債折逼勒等情，亦非蒸嘗留祭之物。交易之後，任從買主隨時割税歸户，輸納糧務，收租管業，招人承耕，無得異言。恐口無憑，即日立明賣契一紙，並上手紅契　紙，交與陳修梅收執存據。

一實餘慶堂親手收到陳修梅田價基塱樹木價銀一千八百零九兩六錢五分正，司碼。

一實餘慶堂賣出土名大坦尾圍田一號，共中則民税三十一畝二分零零八忽。其税載在城西堡譚福基户一圖另甲。

中人譚全　梁安

知見親手收銀人裕誠紙店

光緒七年十月廿七日　立明永遠斷賣園田契人餘慶堂的筆

《廣東土地契約文書（含海南）·大坦尾圍田契》　立明永遠斷賣民税園田契人餘慶堂係南海縣人，今有前用價分别先後買受後開土名大坦尾圍田二號，共中則民税三十二畝七分八釐二絲一忽。今因需用，出賬召人承買，每畝取要時價銀五十八兩正。先召房親田鄰人等，各不願受，次憑中人譚全、梁安引至陳修梅看合，依口還足每畝時價銀五十八兩正，所有簽書酒席俱在價内。當經先立定，豎杙清楚，擇吉就日丈量明白，中立契交易。是日餘慶堂等親手收陳修梅田價銀一千九百零一兩三錢七分，成員司碼兑，銀契互相交訖。此係三面言明，兩家允肯，如有來歷不明，及别人争論，係賣主同中理明，不干買主之事。此係明買明賣，不是債折逼勒等情，亦非蒸嘗留祭之物。交易之後，任從買主隨時割税歸户，輸納糧務，收租管業，招人承耕，無得異言。恐口無憑，即日立明賣契一紙，並上手紅契　紙，交與陳修梅收執存據。

一實餘慶堂親手收到陳修梅田價基塱樹木價銀一千九百零一兩三錢七分正，司碼。

一實餘慶堂賣出土名大坦尾園田二號，共中則民税三十三畝七分八釐二絲一忽。其税載在城西堡譚福基户一圖另甲。

計開

第一號共税一十四畝九分一釐八絲。

第二號共税二十七畝八分六釐四絲一忽。

中人譚全　梁安

知見親手收銀人裕誠紙店

光緒七年十月廿七日　立明永遠斷賣園田契人餘慶堂的筆

《廣東土地契約文書（含海南）·林謙益堂向梁敬和堂立斷賣崗地契》

立明永遠斷賣崗地契人林謙益堂，今有先父遺下崗地一段，坐落省城大東門外，土名猫兒崗，民税十一畝五分。東至崗中人心，西至崗脚，南至崗脚，北至崗背心，四至分明。今因急用，願將此崗地出帳召人承買，每畝取要時價銀三十兩正。先召親房人等，各不願買，次憑中人執帳引至梁敬和堂看合，願每畝依口還足價銀三十兩正。所有簽書利是俱在價内，就日當中立契交易，銀契兩相交訖。此係明買明賣，不是折債勒寫等情。此崗地係青草白地，並無古墳大木，亦不是蒸嘗留祭之物，的係先父遺下，與伯叔兄弟無關。倘來歷不明，或重典重當等情，均由賣主同中理明，不干買主之事。一賣千秋，永無反悔。恐口無憑，特立明永遠斷賣崗地契一紙，交與梁敬和堂收執爲據。

一實賣出大楖簹門外土名猫兒崗地一大段，四至前經註明。

一實林謙益堂親手收到梁敬和堂買地價銀三百四十五兩正，司碼平兑，並無少欠分厘。

中人李先

同治六年三月初五日　林謙益堂的筆立

《廣東土地契約文書（含海南）·楊傑臣向張君訪立賣田契》　立明永賣文契人楊傑臣，係西海住。今因急用，夫妻商議，願將承父買下田一坵，土名大王腳南頭一斗，該今丈税三分零五毫，後開四至明白，出帳召人承買，取要價銀十七兩五錢正。先召服内人等，各不就買，次托中人兄觀禮、張作儒問到本鄉張君訪老承買，還實時價銀十六兩正文馬。三面言定，二家允肯，即日丈量明白，契（人）〔文〕銀兩，兩相交訖，並無少欠分毫。其銀係傑臣當衆親手接回應用，不是（絲）〔私〕賬債折等情。其田係承父經分名下之業，不與兄弟人等干連，並無重復按當。自賣之後，任從買主耕管。如有來歷不明，係賣主同中理明，不干買主之事。其税在大瀝堡十六圖四甲楊浚成户，任從買主割歸本堡四圖二甲張三同户永遠辦納糧差，毋得異言多端。今欲有憑，立此賣契並上手契，與先年典與十排圖會契一紙，交執爲炤。

計開四至

東至張祖田　西至梁田

南至傑臣田　北至張田

中人兄觀禮　張作儒

乾隆十六年十一月初七日　立明賣田契人楊傑臣的筆

《廣東土地契約文書（含海南）·張碧泉祖子孫向張應翔立賣田契》

立明永賣文契人張碧泉祖子孫急用，願將土名石龍田一斗三升，該丈税三分四釐六毫，要取價銀卅兩正。托中人孫順翔、孫澤翔問到應翔承買，還實價銀二十六兩正。三面言明允肯，即日立契賣田，銀契兩相交訖。自賣之後，任從買主辦納收租管業，不干賣主之事，與別人無干。其銀每兩一元外，碎司碼兑。恐後無憑，立明賣田契一紙交賣主收執爲照。並上手紅契，日後搜出，化爲故紙。

日後子孫理會與買主收贖拜掃。

一實田價銀三十六兩正，另簽書折席中人銀，每兩三分二，共該銀一兩五錢六分。

見賣田孫人肖升　毓明　異翔　能翔

孫中人順翔　澤翔

嘉慶廿三年十一月廿八日　立明賣田契人璧泉祖代筆澤翔的筆

《廣東土地契約文書（含海南）·張汝章向張浩斯立賣斷田契》　立明斷賣田契人張汝章，今因急用，夫妻酌議，原將承父遺下經分名份土名石龍田一斗二升，實税三分四釐六，出帳召人承買，取要價銀三十八兩正。先召房親人等，各不就，次憑中人胞兄張郭明、廷章送至本鄉張浩斯承買。當中還實價銀三十五兩正。當中言定，二家允肯，即日交銀，立契交銀。其銀係汝章親手接回家下應用，銀契兩相交訖，並無少欠分厘，亦無重復按當，不是債折等情。此係明買明賣，如有來歷不明，係賣主同中理明，不干買主之事。自賣之後，買主辦納糧差，無得異言。今欲有憑，即立賣契一紙，並上手白契一紙，並無上手紅契，如有，日後查出，化爲故紙。

東至曾田　西至張田

南至張田　北至涌

中人張廷章　張國明

道光十三年正月廿九日　立明賣田契人張汝章的筆

《廣東土地契約文書（含海南）·張俊章向張德章立賣斷屋地契》

立永斷賣屋地契人張俊章，係大瀝堡西海村居住。今因急用，夫妻商議，自願將在祖父遺下經分名份白屋地一段，深二丈六尺，闊二丈八尺，出帳召人承買，取要時價銀四十五兩正。先招親人，各不就價，次憑中人華章、汝章執帳問到房弟德章承買。還實時價三十五兩正，另簽書席儀每兩三分。此地俊章經分名下所得，與別人無涉。即日立契交易，其銀係俊章母子夫妻親手接回應用，並無少欠分厘。此明買明賣，二家允肯，並非債折等情，亦非蒸嘗留祭物業。自賣之後，任從買主德章管業，建造房屋，不得措阻。其地税載在張規户内，今見零少難以過割，其税銀俱補在價内，自後糧銀永遠係俊章辦納，與受主德章無涉。今欲有憑，立永賣屋地契一張，交執存據。

見賣屋地母周氏　妻黄氏措筆

中人張華章　張章

計開四至

東至飄一尺爲界　南至俊章屋腳前漢屋腳爲界

西至信明地爲界　北至俊章屋後墻爲界

道光廿五年八月廿五日　立賣屋地人張俊章的筆

《廣東土地契約文書（含海南）·張氏六世祖衆子孫向張翰章立賣地契》　今有六世祖竹園地一段，坐落地東頭，係楊西間祖之東便，深六丈七尺，闊三丈八尺。衆子孫著議，因見銀兩拜掃不敷，衆子孫酌議將此地出賣，當衆問到本房子孫張翰章承買。該地價銀一十八兩正，司碼兑。即日立契交易，並無少欠分厘，銀契兩相交執。自賣之後，此地任從張翰章管業，日後六世祖子孫不得異言多端。今欲有憑，立回賣地契一紙，交與張翰章收執存據。

在場子孫見賣地人張顯翔　沛時　允斯　浩斯

東至百子地　南至圍墻腳

西至楊祖祠　北至百子會地

咸豐元年二月廿七日　本房衆子孫張汝章代筆

《廣東土地契約文書（含海南）·李修元向張翰章立斷賣田契》　立永遠斷賣田契人係大瀝堡大範鄉李修仁，今因急用，夫妻商議，自願將承父遺下經〔分〕〔名〕份兩熟潮田二坵，土台坳田涌二斗，又四斗，共税一畝六分八釐三毫三絲。四至列後，出帳召人承買，每畝取要時價銀九十兩正。先召族各房親人等，各不就價，次憑中人張達章、張汝章問到西海張翰章兄處，還實價銀八十五兩算，共該價銀一百四十三兩零八分，司碼平兑。當日言定，俱皆允肯，即日丈量立契交易。其銀係李修仁夫妻親手接回應用，不是債折等情，亦無重復按當之業。自賣之後，任從張翰章兄收租管業，不得措阻。恐口無憑，即日立明賣契一紙，並二斗紅契一紙，交與張翰章兄收執爲照。倘有來歷不明，不干買主之事，賣主同中理直。其税任從割歸二甲葉盛户。此田四斗紅契與別業相連，未便交執，如有，日後搜出，是爲故紙。

一實該税一畝六分八釐三毫三絲。

一實收到田價銀一百四十三兩零八分。

中人張達章　張汝章

四至

東至曾田　西至曾田

南至張田　北至涌

咸豐八年十二月十四日　李修仁的筆

此田六斗與別契三斗，雖係翰章公之業，惟敦裕堂長生社事，於同治十年，啓芳手已典與本鄉曾兩怡堂，得典價銀一百四十四兩正，分派會友。又是年八月初四日，敦裕堂啓芳、瓊芳立單揭到本族果護祖嘗銀一百兩正，永珍本銀四十兩正，分派會友，以免滋事搶拆。惟無物業作按，故果護祖備價贖回，將田底作按，將典業批佃。隨於光緒廿六年十一月廿二日，業良名份出銀清還揭項本息，又備典價銀贖回，業良名份出銀二百九十三兩三錢四分正。自此之後，倘各兄弟能如數科合銀兩交回業良，則此田仍爲翰章公産業。倘無力將銀清還與業良，則此田永爲業良名份收租管業，無得異言，並不得多端索補養糧田價等事。恐口無憑，集祠當衆批註契尾存據。

知見人勉之　明立　俊佳　芹舫　憲昌　介農　夢臣

光緒二十六年十一月廿二日泳良的筆

《廣東土地契約文書（含海南）·李竹君向李儉耕堂立斷賣田契》

立明斷賣田人大範鄉李竹君，今因急用，夫妻商酌，情願將承父經分名份兩熟田五坵，坐落在張宅埠內。一坵土名拗田涌，該税五分零七毫三絲二急；一坵土名蝦公潭該税九分八釐四毫六忽；一坵土名廣大圍，該税七分一釐正；一坵二坵土名圳後，該税八分一釐四毫零八忽；五坵共税三畝七分三釐零四絲六忽。出帳召人承買，每畝取要價銀五十五兩正，另簽書中儀每兩各三分。先召親屬人等，各不就買，次憑中人執帳問到本族李儉耕堂承買。當中還實每畝時價銀五十兩正，合計該田價銀一百八十六兩五錢二分三釐，簽書中儀在價外，司碼平兑。三面言明，二家允肯，即日丈量明白，立契交易，銀契兩相交訖。其銀係李竹君夫妻親手接回應用，並無少欠分厘。該田税原載在雷崗又堡一百二十二圖八甲李益節户内，屬在同圖同甲同户，無庸過割。自賣之後，統歸李耕儉堂辦納糧務，收租管業。此是明買明賣，並無債折等情。該田又無重復按當，亦非留祭養口等業。如有來歷不明，係賣主同中理明，不干買主之事。恐口無憑，立明斷賣田契一紙，並上手契二紙，交與李儉耕堂收執爲據。

一實賣出田五坵，共該税三畝七分三釐零四六忽絲。

一實收到田價銀一百八十六兩五錢二分三釐。

中人李昆　李亮

光緒八年十二月初三日　立永遠斷賣田契人李竹君的筆

《廣東土地契約文書（含海南）·李耕儉堂向張志業立賣田定帖》

立明賣田定帖人大範鄉李耕儉堂，今有承夫遺下兄弟名份兩熟潮田二坵，坐落本鄉張姓埠内，土名圳後一坵，該税八分零，一坵該税十畝，二坵共税十三畝零。母子兄弟相議，願將此田出帳召人承買。先召房親人等，各不允買，次托中人李翔立執帳問到本鄉張志業堂承買，還實價銀九十八兩，司碼平兑足，另中人席儀照常，每兩三分算。即日收到張志業堂定銀一十四兩四錢正。準十一月内丈量交易。如有買主反悔，定銀不追；賣主反悔，定銀五倍。恐口無憑，立明定帖一紙，交執存據。

光緒廿七年十一月初五日　大範李鎏立承母命的筆

《廣東土地契約文書（含海南）·李耕儉堂向張志業堂立賣田定帖》

立賣田定帖人大範李耕儉堂，今有承先父遺下兩熟潮田一坵，土名拗田涌，該税六分零。訂明每畝價一百五十二兩正，銀水司碼兑。即日收到張志業堂定銀二兩一錢六分正。倘買主反悔，定銀不追；賣主反悔，定銀三倍交還。訂明簽書席儀，每兩三分算，特此爲據。

另中人每兩三鉺算，買賣各佔一半。

宣統元年又二月十九日　李耕儉堂的筆

《廣東土地契約文書（含海南）·曾熾遠向集善堂立斷賣田契》

立永斷賣田人大範鄉曾熾遠，今因欠太祖集善堂揭項銀未能清款，母子兄弟團家情願將承父遺下經分名份田一坵，坐落在本鄉張西北約埠，土名朱邊石路脚，變賣清還一概本利，以免拖欠。集祠公衆，當面議實每畝價銀六十八兩，另簽書洗業席儀每兩三分算。三面言明，各皆允顯。即日丈量此田，該今丈税二畝零三釐八毫五絲五忽，計該價銀一百三十八兩六錢二分一釐。是日立契交易，銀係母子兄弟連席儀一應同接回清還揭項數目，不欠分厘。其田並契交與集善堂收執管業。該田原税載在大瀝堡四圖三甲曾源合户，今割歸本圖十甲曾萬祝户辦納糧務。此田確係自己名份，與各叔兄弟姪無涉，又無重復典按，亦不是蒸嘗留祭養口等業。如有來歷不明，別人爭認，枝節異言，俱是賣主同中理明，不牽受主之事。今欲有憑，立明永斷賣田契一紙交執。其上手各契，日久無存，倘有日後撿出紅白等契，是爲故紙。特此批明存據。

一實賣田一坵，該今丈税二畝零三釐八毫五絲五忽。

一實收到田價銀一百三十八兩六錢二分一釐。

中人達樞　貴傅　述之

光緒七年歲次辛巳十二月初七日　立永賣田契人曾熾遠、喬遠親筆

《廣東土地契約文書（含海南）·曾集善堂向張志業堂立斷賣田契》

立明永遠斷賣田人大範鄉曾集善堂。兹因公項急需，集祠商議，衆議願將本堂自置兩熟田一坵，土名朱邊石路腳，坐在本鄉張西北約埠内，該税二畝零三釐八毫五絲五忽，出帳召人承買，每畝取時價銀一百兩正，另席中每兩各三分算，俱用司碼平兑。先召族内人等，各皆不允，後托中人張雲兄執帳問到本鄉西海社張志業堂願買。當中還實價銀九十五兩正，另簽中每兩各三分算。三面言明，三家允合，即日丈量明白，當中立契交易，銀契兩相交訖。其田價銀均用司碼收足，並無少欠分厘。此仍明賣明買，並非債折威迫。此田亦非留祭養口物業，亦無重復按典等弊。如有來歷不明，别人争認之事，應由賣主同中理明，與買主無涉。一賣千秋，永不取贖。自賣之後，任由張志業堂收租管業，毋得籍端異言。此田原税載在大瀝堡四圖十甲曾昌引户内，今割歸本圖二甲張葉盛户内，辦納税糧，毋得多推少承。今欲有憑，特立永遠斷賣田契一紙，並上手紅契一紙，統交張志業堂收執存據。

一實賣出兩熟田一坵，土名朱邊石路腳，該税二畝零三釐八毫五絲五忽。

一實收到田價銀一百八十八兩六錢九分九釐正，司碼兑足，另席儀銀五兩六錢六分一釐正。

中人張藹元　曾述亭

在場同賣田人紳耆曾茂居　曾次楠　曾品高　曾泳濤　曾喬遠　曾誌超　曾璧璋　曾健猷　曾詠良　曾恩榮

大清光緒三十二年歲次丙二月初五日

立明斷賣田契人大範鄉曾集善堂代立契人曾則常親筆

《廣東土地契約文書（含海南）·賣主推照》　廣州府南海縣，今驗據大瀝堡四圖二甲户長張葉盛丁張志業堂，買到本堡本圖十甲户長曾昌引丁曾集善堂田税二畝零分三釐八毫五絲五忽，價銀　千　百　十　兩　錢　分，除開收外，合給賣主執照。毋違須票。

光緒廿二年　月　日　給

邇字廿二號

《廣東土地契約文書（含海南）·曾則常向曾廣基立斷賣田契》　立明斷賣田人大範鄉曾則常，今因急用，夫妻商酌，願將承父遺下經分自己名下兩熟田一坵，坐落在本鄉張埠内，土名拗田，該税五分九釐五毫四絲六忽，出帳召人承買，每畝取要價銀九十五兩。先召至親人等，各不就買，後憑中人賓興、泳濤問到本房廣基兄承買。當中還實價銀每畝八十六兩算。三面言明，二家允肯，即日丈量明白，立契交易，該價銀五十一兩二錢一分，另席儀銀一兩五錢三分六釐，其銀係則常親手接回。此田並非留祭業，亦無重復按當與及債折逼勒等情。如有來歷不明，係賣主同中理直，不干買主之事。自賣之後，任由買主收租管業。此田原税載在大瀝堡四圖三甲曾聚隆户，撥歸本圖本甲曾受户，永遠辦納糧務，即收回養糧銀五錢九分五釐。恐口無憑，今特立此賣田契一紙，交執爲據。此田上手紅契與别業相連，未便交出，並此批明，日後搜出，梘爲故紙。

一實賣拗田一坵，該税五分九釐五毫四絲六忽。

一實收到田價銀五十一兩二錢一分正。

中人曾賓興　泳濤

大清光緒八年二月初三日　立永斷賣田契人房弟則常的筆

《廣東土地契約文書（含海南）·曾遠平、暢平向張志業立賣田定帖》

立明賣田定帖人曾遠平、暢平，今承祖父遺下田二坵，坐落張家埠内，土名珠邊，該税八分零，每畝價銀六十五兩；又一坵土名廣大園，該税五分零，每畝價銀一百零六，出帳召人承買。先召房親人等，各不允就，次憑中人張信枝問到張志業承買。即日收定銀五兩正。其田準三月内丈量交易。如有買主反悔，定銀不追；賣主反悔，定銀加倍。立此定帖一紙，交執存據。

光緒廿三年三月初七日　立賣田定帖人曾遠平、暢平的筆

《廣東土地契約文書（含海南）·曾端善堂向張志業堂立賣田定帖》

立賣田定帖人大範曾端曾堂，今有承先遺下兩熟潮田二坵，土名朱邊懷路（部）〔腳〕，八分零；又土名龍田，該税六分。二坵扯價每畝時價銀一百零五兩算，另中席每兩各三分算。即日收到張志業堂定銀七兩七錢。倘買主反悔，定銀不還；賣主反悔，定銀三倍交還。立此定帖爲據。

宣統元年又二月廿日　立定帖人曾端善堂寫

《廣東土地契約文書（含海南）·潘華燕祖向潘餘偉立斷賣田坦契》

立明永遠斷賣坦文潘華燕祖，今因正用，於二月十三日，三房老幼齊集

酌議，願將土名扇面坦一坵，計二畝零，出帳召人承買，每畝取實價銀四十兩正。先召房親人等，各不就買，次憑中人送帳到裔孫餘偉，執帳同中看坦，當衆還實價銀四十兩正，另簽書酒席，每兩三分算。三房老幼允肯，即日丈量，該今税二畝零八釐六毫二絲，共該坦價銀八十三兩四錢四分八釐，外簽書酒席銀二兩五錢零三釐。其坦明買明賣，並無重復按當等情，亦非留祭物。其税在本圖本甲潘世昌户，不用過割。自賣之後，任從受主收租管業，照税辦納糧務，與華燕祖無涉。倘有來歷不明，係賣主同中理明，不干買主之事，各房子孫不得異言反悔。恐後無憑，即日當衆立賣契一紙，上手典契一紙，交與受主潘餘偉永遠收執爲據。

一實賣出坦二畝零八釐六毫二絲。

一實收到坦價銀八十三兩四錢四分八釐，另簽書席銀二兩五錢零三釐，其銀如數，當衆交是年值理支消。

計開四至

東至　西至

南至　北至

中人潘和長　潘集明

見賣坦人二房子孫潘展鵬　潘順榮　潘國章　潘鑑明

咸豐八年歲二月十三日　立代寫賣契裔孫鑑明的筆

《廣東土地契約文書（含海南）》·李彤士向潘餘偉順斷賣田契

立明賣田人李彤士，係大瀝堡大範鄉人，今因急用，叔嫂商議，願將先兄經士名份承父遺下經分熟田二坵，土名流曲田，坐在本鄉埠內，出帳召人承買。先召本家親人，各皆不就，次託中人問到潘餘順承買。當面訂明每畝價銀五十六兩算，另簽書折席每兩三分。即日丈量，該今丈税一畝二釐一毫九絲二忽，該銀一百零七兩六錢二分八釐。即日立契交易，銀契兩相交訖，並無少欠分厘。其銀係李彤士、利氏親手接回應用。是明買明賣，不是債折等情，亦非蒸嘗留祭之業，又無重復按當。如有來歷不明，賣主同中理明，不干賣主之事。原税載在雷崗堡一百二十二八甲李益節户内。自賣之後，任從買主割歸大瀝堡廿六圖七甲潘世昌户辦納糧務，無得多推少（成）〔承〕。其上手紅契因與別業相連，不便交出，今特立賣契一紙交執爲據。

一實該丈税一畝二釐一毫九絲二忽。

一實計田價銀一百零七兩六錢二分八釐。

中人李著行　潘亞丁　李偉仁　凍亞萬

同治八年三月十六日　李彤士的筆

《廣東土地契約文書（含海南）》·潘餘偉向李約堂立斷賣坦契

立明斷賣田人大範鄉潘餘偉，今因急用，夫妻父子商酌，願將承先父經分名下坦一坵，坐落在張宅埠内，土名崩葫蘆涌，該税二畝零八釐六毫二絲，出帳召人承買，每畝取要價銀五十二兩正。先召本族至親人等，各不就買，次憑中人曾達樞執帳問到本鄉李約堂承買。當中每畝還實時價銀五十兩正。三面言明，二家允肯，即日立契交易。今收到李約堂坦價銀一百零四兩三錢一分司平，並無少欠分厘，並洗業之資亦已收足。此是明買明賣，非債折等情，不是留祭物業。如有來歷不明，係賣主同中理明，不干受主之事。其坦税原載在大瀝堡二十六圖七甲潘世昌户，今割歸雷崗堡又一百二十二圖八甲李益節户，永遠辦納糧務，收租管業，不得多推少承，無得異言。今欲有憑，特立明斷賣坦契一紙，並上手墨一契，交與李約堂收執存據。

一實賣坦一坵，該税二畝零八釐六毫二絲。

一實收到坦價銀一百零四兩三錢一分。

中人曾達樞

光緒八年二月十六日　立斷賣坦契人大範鄉潘餘偉的筆

《廣東土地契約文書（含海南）》·潘三長向張志業堂立賣田定帖

立明永遠斷賣田定帖人大範鄉潘三長，今有承父遺下自己名份兩熟潮田二坵，坐落本鄉張姓埠内，土名留曲田，該税二畝零。兹因急用，母子相議，願將此田出帳召人承買。先召房親人等，各不就允，次托中人潘亞五執帳問到本鄉張志業堂，還實價每畝銀九十四兩，中席照常。即日收到張志業堂定銀二十大員。其田準一個月内丈量立契交易。如有買主反悔，定銀不追；賣主反悔，定銀五倍交還。立明此賣定帖一紙，交張志業堂收執存據。

光緒廿八年六月十一日　張三長筆

《廣東土地契約文書（含海南）》·麥貽燕堂向東西堂、同保堂立賣民

地契》　立永賣民地契人麥貽燕堂，係平洲堡江右坊百廿三圖六甲民籍。今因糧務緊急要用，是以集祠衆議，情願將承祖遺下平洲涌口觀音廟對面白地二段，連水埠，深　丈　尺　寸，闊　丈　尺　寸，其水埠直至海邊爲界，該虚實税五分正，出帳召人承買，取要時價銀五十兩正。先召族内人等，各不允受，憑中人麥緒堯帶至本堡東西堂、同保堂執帳承買。依口還實價時銀五十兩正，另簽書另供墨每兩三分，席金一大員，書契利市一中員。三面言定，二家允肯，即日同到涌口踏明地段，豎明界址，回祠立契交易，銀契兩（交）〔清〕楚。其地的係承祖遺下物業，與別子孫無涉。其税載在平洲堡一百廿三圖六甲麥亞二户，今收歸一百廿三圖唐仕明子户東西堂户輸納糧務。其地並非債負準折等情，自賣之後，任由買主東西堂、同保堂建鋪收租管業，永遠不得反悔收贖，多生枝節等弊。此係明賣明買，實銀實契，二家允肯，兩無異言。其上手印契是（煤）〔霉〕爛，不得附執，又不得轉賣到人。欲後有憑，立此永賣民地契一紙，交與買主東西堂、同保堂收執爲照。

一實賣出土名平洲堡涌口觀音廟對面白地二段，連水埠，深　丈　尺　寸，闊　丈　尺寸，其水埠宜至海邊爲界，其虚實税五分正。東西堂買得實税一分二釐零三絲五杪，同保堂買得實税一分二釐六毫六絲。

一實當祠眼同收得時價銀五十兩，每兩一員外碎司碼兑。衿耆值理書名開列

聯紹　德紹　富修　斌堯　賓鴻　顯光　允紹　昭文　祥紹　毓紹　仰文　業文　焕章

見證中人緒亮　文啓

咸豐十一年正月廿四日　立寫永賣民地契人麥貽燕堂宗子廣紹的筆

《廣東土地契約文書（含海南）·陳六連堂向區志遠堂賣田契》　立永遠斷賣文契人南海縣平洲堡陳六連堂。今因凑用，合衆商議，情願將承祖買下田一坵，坐佛山鎮安圍，土名麥婆涌口，田税四畝六分五釐六毫三絲四忽，出帳召人承買，合共取回時價銀一百二十八兩八錢正。先召親房人等，各不就買，憑中人馮群、楊成開引至佛山區志遠堂，依口還足，合共時價銀一百二十八兩八錢正，成員司碼兑，簽書折席利是俱在價内。先經立明定帖，丈量明白，豎明界杙。其田即日交與區志遠堂永遠收租管業，任由批佃。此業的係陳六連堂承祖遺下之物，與別房兄弟叔姪無涉。非孤孀養口蒸嘗留祭物業，與及債折當等情。如有來歷不明，不干買主之事，係賣主同中理明。自賣之後，任由買主隨時割入本户辦納糧務。此係明賣明買，並無加寫勒索。三面言定，二家允肯，毋得異言。即日銀契兩相交訖。今欲有憑，立此斷賣田契一紙，交與區志遠堂收執存據。

一實陳六連堂賣出鎮安圍，土名麥婆涌口田一坵，共實税四畝六分五釐六毫三絲四忽，又土名步頭閘甲一坵，共實税一畝八分五釐三毫四絲。

一實陳六連堂親手收到區志遠堂田價銀一百二十八兩八錢正，並無低僞少欠，淨員司碼上兑。

中人馮群　楊成開

同治十二年六月初十日　陳六連堂的筆

《廣東土地契約文書（含海南）·黄而祥向關翔萬立賣地契》　立賣地契人黄而祥、男榮郎、榮亮，今有承祖父遺下經分桑基地，該税六分三釐，坐落土名九江鄉長興社，東至黄賓界，西至衆路界，南至黄日賓路界，北至自己兄弟界，四至明白。今因移换，父子商議，願將此地出賣，每分取實價銀四兩六錢六分五釐，良馬銀水九六白。先召親房人等，各不承買，憑中人關悦卿執賬送至本坊關翔承買。三面言明，每分價銀四兩六錢六分五釐，並良馬九六白。所有税根供墨，株桑麻，水岸路花枝等項，俱入價内，另簽書等共銀六錢。二家允肯，就日寫立定帖。而祥父子當中領得定銀一十七兩，良馬九六白。擇今吉日，丈量明白，立杙立契。所有價銀，當中領足地價銀共二十九兩三錢九分，並無低僞少欠。此地係而祥父子承父祖經分物業，與別人無干。且前日並無按當，理明不二買主之事，的係明賣明買，不是債負準折，日後任從買主照隨便走此通衢，永遠通行。北邊路界，照屋前之路直達至北頭關殿彩界，永遠通行，不得多端生事。其石中藏子户黄户，任從關翔萬隨便收歸本户辦納糧差，二家不得多推異言。恐口無憑，特立賣契一紙交執存據。

中人關悦卿

見賣地侄吉郎

見賣地侄榮太

黄而祥男榮亮　見賣地侄榮圓

康熙四十年二月吉日　立賣地契人黄而祥男榮郎代筆

《廣東土地契約文書（含海南）・陳鄧氏向梁範四立賣田契》　立絶賣斷田契人陳鄧氏同男振新，今因貿易要錢使用，原將夫遺經分自分膳田，載三都八甲夫啓韶户，民米一斗五升，土名座落陳村李姓門首池塘見底大灿塘一張，内載田六坵，約種七斗。下至外洞塘尾界，左至山界，右至鳳坭屋邊大路爲界，並門口池塘爲界；　大灿塘右邊大路連上企池塘兜一口，種二升，要行出賣。先問房族不受，後托中引至梁範四處應言承受。就日同中勘塘所分明，然後立契交易。中面言定，實取回價銀一百三十兩正。其銀即日經中交氏母子親手領足，並無包寫債貸準折等情。其田係氏自分膳業，亦無霸佔兄弟他人田坵，以及重典叠賣等弊。倘有不明，係氏母子同中理直。自賣之後，任從耕批印税過户，氏永遠管業，不贖不續。今立絶賣斷田契一紙，並上手印契交執爲據。

一實賣出三都八甲陳啓韶户民米一斗五升正。

一實領足田價銀一百三十兩正。

道光五年二月二十二日立絶賣斷田契人陳鄧氏　男振新秉筆

中人梁式幹（悉）

《廣東土地契約文書（含海南）・何卓賢、關勇昭向楊紹和堂立領耕約》　立領耕人何卓賢、關勇昭，係番禺縣慕德里司蕭岡村人氏。今領到楊昭知堂田一號，坐落省城大北門外，土名馬嶺楊府山村前，吴左右共七坵，計田三畝五分，另矮岡田三坵，計田一畝二分，一共實田四畝七分，言明遞年租銀一十元，重七兩二錢正。分兩季，上期二、八月交收，毋得拖欠。如有拖欠，任從業主將種植此田禾瓜芋收割抵租，任業主另批别人。毋得異言，亦不得勒補糞脚。自領之後，守分耕種，不得抛荒失界，亦不得另轉批别人。今欲有憑，立此領耕約一紙，交楊紹知堂收執存據。

道光五年二月十三日　　領耕人何卓賢　關勇昭

《廣東土地契約文書（含海南）・莫玉軒向象嶺文昌宫立賣田契》

立永賣田契人莫玉軒，係潮居六圖三甲莫子清户丁。今因凑用，願將自己所置土名猪仔洲潮田十畝出賣與人，取要時價番銀四百五十兩。先招房親人等，各不願取，次憑中人莫蔭南引至象嶺文昌宫嘗承買，依口酬還如數。三面言定，二家允肯，即日立契交易。其田價番銀四百五十兩，亦即日當中交與莫玉軒親手接歸應用，分釐不欠，其田亦即日隨契交象嶺嘗永遠管業。其税現載在莫俊詒柱，任從隨時割柱過税，辦納糧務。其田確係自己産業，並非棼賣書嘗物業，亦不曾先按典與人。自賣之後，不得反悔收贖。如有不明，係賣主同中理明，不干買主之事。今欲有憑，立永賣契爲照。

計開

一實賣出土名猪洲潮田一十畝正。

東至　西至　南至　北至

一同日領到契内田價銀四百五十兩正，分釐不欠，契領同紙，所領是實。

見契銀男廷獻

道光元年九月二十日　立永賣田契人莫玉軒

中人莫蔭南

《廣東土地契約文書（含海南）・何寶錫向象嶺廟嘗立斷賣圍田契》

立永斷賣圍田契人何寶錫，係遵名都三圖户丁。今因凑用，父子商議，願將自己名下土名小龍泉圍田，該税三畝，坐落潮居二十四圖，出賣與人，取要田價花銀每畝四十八兩。先至房親，各不願取，次憑中人引至象嶺廟嘗承買，依口酬還，即日立契交易。其田價花銀一百四十四兩，當中交與寶父子親手接歸應用，分釐不欠，其田亦即隨契交與廟嘗永遠收租管業，割税歸户輸糧。其田確係自己物業，並非棼賣别人田産，與書嘗産業等情。自賣之後，不得反悔收贖。今欲有憑，合立永斷賣田契爲照。同日領到契内田價銀一百四十四兩正，分釐不欠，所領同紙，所領是實。

中人李聖愛（一生好心）

見銀契人何如柏（一生好心）

道光二年十二月二十六日　立永賣田契人何寶錫（一生好心）

《廣東土地契約文書（含海南）・何晚香向象嶺廟嘗立斷賣田契》

立永斷賣契人何晚香，係遵名都三圖九甲何舉户丁。今因凑用，父子商議，願將自己名下土名小龍泉圍田，該税二畝七分，坐落潮居二十四圖，取要田價番銀每畝四十八兩。先至房親，各不願買，次憑中人人引至象嶺廟嘗承買，依口酬還，即日立契交易。其田價花銀一百二十九兩六錢，一足當中交晚香父子親手接歸，分釐不欠，其田亦即隨契交與廟嘗永遠收租管業，割税歸户輸糧。其田確係自己物業，並非婁賣别人田産，與書嘗産業等情。自賣之後，不得反悔收贖。今欲有憑，立永斷賣田契爲照。

一同日領到契内田價番銀一百二十九兩六錢正，分釐不欠，契領同紙，所領是實。

中人李堅愛（好心）

見銀男何如柏

道光五年十一月初二日　立永賣田契人何晚香（一生好心）

《廣東土地契約文書（含海南）·莫有恒向象嶺文昌宫立斷賣田契》

立斷賣田契人莫有恒，今因急用，無處計備，母子商議，願將祖父經分名下之田，坐落禮樂村鬧脚圍，該上税二畝二分，出賣與人，共取田價花銀五十七兩三錢八分六釐。次憑中人陳璉儒、何維峻引至象嶺文昌宫承買，依口酬還如價。三面言定，二家允肯，就日立契交易。其銀一足當中交恒母子接歸應用，分釐不欠，其田亦即日任文昌宫永遠管業。其税現在潮居九圖莫子清平柱内，任文昌宫不時收割過户。並無先按先典等情。此係明賣明買，實銀實契，並無倍寫分釐。今欲有憑，立斷賣田契一紙爲據。

計開

東至　西至　南至　北至

一實賣出鬧脚圍田二畝二分正。

一同日領到契内田價銀五十七兩三錢八分六釐，分釐不欠，所領是實。

中人陳璉儒　何維峻

見契同接銀母許氏

代書兄其炳（一生好心）

道光十八年十二月二十一日　立賣田契人莫有恒（一生好心）

《廣東土地契約文書（含海南）·余章華向象嶺文昌宫立賣田契》

立永賣田契人余章華，今因急用，兄弟商議，願將祖父遺下經分名下潮田一坵，坐潮落瀧水八圖南沂村，土名牛步頭，該税三畝，連荒尾坦出賣與人。先招房親，各銀未便，憑中引至象嶺文昌宫嘗處承買，共取價銀四十兩正，依口酬還。兩面言定，二家允肯，就日立契交易。即接得田價實銀四十兩正，交華兄弟收訖，分釐不欠。其税現在潮居七圖餘廣生柱内，自賣之後，聽從新主過割，永遠管業，日後倍價，不得反悔收贖。至其田確係華父親遺下之田，與别兄弟無涉，並無婁買賣及按典等情。如有不明，係華理明，不干受業者之事。立賣田契爲炤。

一實賣出土名牛步頭田三畝，接得田價銀四十兩正，分釐不欠。

中人莫祥

同接銀弟倫

道光十九年三月十二日　立永賣契人余章華（一生好心）

《廣東土地契約文書（含海南）·胡士昌向劉老二立斷賣田契》立賣斷田契人係樂善里四甲七柏梛村胡士昌，情因祖父遺得名富峨大熟田、小熟田、老爺田一處，通共高（祇）〔低〕大小四十七坵。其田四至：東至山交陳家田，南至大（講）〔溝〕交梛琵黄坭坎路，西至大溝交陳家田，北至小溝交陳家田爲界；又有便下便陳家田三坵，又有一坵爲界。四至分明，並無包僭他人業分，原坐落官銀五分正，倉米三升三合正。思見程途路遠，欲將土换土，情願出賣與人。先問房親人等，各不承應，次問到富峨村劉老二人頭承買。三面議定賣價銅錢十仟正。即日煮酒宰牲，請到胡士昌共的筆人、同見人等到家，立下賣契一張。現日錢契兩交明白。此係明賣明買，並無迫勒等情。自賣之後，任從劉老二鳴官請印，撥從胡士昌四甲符勝現花名，收入劉老二新立劉士先花名世代輪納。古云父賣子遵，兄賣弟從，日後胡家肖子賢孫，不得返悔生端。恐口無憑，人心難信，將立契爲照。

依口代筆人吴其龍（忠）

同見人紅志二（真）

簽證人麥亞雅（信）

道光二十九年十一月二十一日立契

《廣東土地契約文書（含海南）·胡士昌向劉老二立賣斷田契》立賣斷田契人係樂善里四甲七柏梛村胡士昌等，情因祖父遺得土名富峨大熟田、小熟田、老爺田一處，通共高低大小四十七坵。其田四至：東至山陳家田，南至大溝黄坭坎，西至大溝交陳家田爲界，北至小溝交陳家田爲界；又有下便陳家田三坵，又有一坵爲界。四至分明，並無包僭他人業分，原坐落官銀五分正，倉米三升三合正。思見程途路遠，欲將土換土，情願出賣與人。先問房親人等，各不承應，次問到富峨村劉老二人頭承買。三面議定賣價銅錢十仟正。即日煮酒宰牲，請到胡士昌共的筆人、同見人等到家，立下賣契一張。現日錢契兩交明白。此係明賣明買，並無迫勒等情。自賣之後，任從劉老二鳴官請印。撥從胡士昌四甲符勝現花名，收入劉老二新立劉上光花名，世代輸納。古云父賣子遵，兄賣弟從，日後胡家肖子賢孫，不得返悔生端。恐口無憑，人心難信，將立契爲照。

依口代筆人吴其龍（忠）

同見人紅志二（直）

簽證人麥亞雅（信）

咸豐三年九月初五日立契

《廣東土地契約文書（含海南）·鄧尚典向劉老二立賣田契》 立賣田契人係樂善里九甲鄧屋面前地村鄧尚典同男子兩人朝生、朝興。今因祖父遺得土名碑頭田二處，高低大小共六十四坵，交界相連。其田四至：東至大溝，南至車路，西至葉家小溝田，北至韋家田。四至分明，並無包僭他人寸土在內。原坐官銀八分正，倉米五升三合。欲將土換土，情願出賣與人。先問房親户族人等，各不承買，次問到府峨村劉老二人頭承買。兩面議定買價銅錢十千正。即日煮酒宰牲，請典同男子二人到家，當衆立下斷契一張。現日錢契兩交明白。此係明賣明買，並無迫勒等情。自賣之後，任由劉老二鳴官盍印，其糧稅撥從九甲鄧世德花名，收入三甲劉士光花名，世代輸納永遠。古云父賣子遵，兄賣弟從，日後鄧家肖子賢孫，毋得返悔生端。今恐人心難信，立下斷契永遠爲照。

鄧尚典親手的筆

從姪鄧朝會同見

簽證人蔡生知

咸豐七年十一月十五日立契

《廣東土地契約文書（含海南）·符老尾向陳亞鋭立斷賣田地荒山水溝契》 立賣斷田地荒山水溝契人係樂善里八甲雅横村符老尾，因祖父遺得土名高妥村田地荒山水溝一處，東至孔五田車路妥根爲界，南至柴皮根車路地脊天水爲界，西至大後十字路爲界，北至高妥根地脊天水東路爲界，四至分明，並無包僭他人業分，原坐落官銀五分三釐，倉米三升四合二勺。今欲將土換土，情願出賣與人。先問親族人等，各稱不買，次問到高妥陳亞悦人首承買。三面議定價銀一十兩正。即日煮酒宰牲，請尾親族（家）到，立下斷契，交銀明白。銀係尾親手領用，田地荒山水溝係悦執契世代管業，並修屋立村。自賣買之後，任從悦鳴官盍印，撥糧自八甲符文德花名，收入二甲陳璜璵花名世代輸納。古云父賣子遵，兄賣弟從，日後符家子孫，不得生端反悔。今欲有憑，立契爲實。

依口代筆人符天禄（忠）

同見人符亞青（信）

簽証劉來龍 劉老二（恕）

咸豐二年三月初十日立契

《廣東土地契約文書（含海南）·符老尾向陳亞鋭立賣斷村基田地荒山水溝契》 立賣斷村基田地荒山水溝契人係樂善里八甲雅横村符老尾，因祖父遺得土名高妥村地荒山水溝一處，東至孔五田車路妥要爲界，南至柴皮要車路地脊天水爲界，西至但田大後十字路爲界，北至高妥根地脊天水車路爲界。四至分明，並無包僭他人業分。原坐官銀八分正，倉米四升正。今遇乏銀應用，情願出賣與人。先問親族人等，各稱不買，後問到高妥村陳亞悦人首承買。兩面議定價一十兩正。即日煮酒宰牲，請尾親族到家，立下斷契，交銀明白。銀係尾親領用，村基田地荒山水溝係亞悦執契世代管業。自賣之後，任從悦鳴官盍印，撥糧自八甲符文德花名，收入二甲陳横璵花名世代輸納。古云父賣子遵，兄賣弟從，日後子孫不得生端返悔。今欲有憑，立契爲實。

依口代筆人符錦封

同見人李亞仁 符亞青

見證人劉二把 劉老二 來□

《廣東土地契約文書（含海南）·張震寶、張震達、張震邦向陳亞鋭立賣斷田契》 立賣斷田契人係儋州德慶里十甲海頭老市張震寶、張震達、張震邦，兹因祖父遺得可欣田一處，相連帶地，高低大小共一十五坵。思見路遠不能親耕，將土換土，願將出賣與人。其田東至張家田爲界，南至陋壇車路爲界，西至人行車路爲界，北至張家田爲界。四至分明，並無包僭他人業分。先問房親户族人等，各不承買，次托（忠）〔中〕人代問到樂善里□□操頭村陳亞鋭人頭承買。三面議定買價銅錢八十四千正，每年上納□□銀二（份）〔分〕，穀米四合二勺。即日煮酒宰牲，錢契兩交分明。錢係震寶、震達、震邦親手領用，田係亞鋭執契世代耕食。遇逢大豐年，任從陳亞鋭向對張業昌之花名除收割，撥入本己紅璵花名世代輸納。此係兩家情願，並無迫勒等情。古云父賣子遵，兄賣弟從，日後張家肖子賢孫，不得返悔生端異言。恐口無憑，立下賣契爲實。

代筆人張震達（信）

（忠）〔中〕人劉光帶（忠）

簽證人楊維茂（良）

光緒五年二月初八日立契

《廣東土地契約文書（含海南）·張震保向陳亞悦立賣斷糧書》 立賣斷糧書人係德慶里十甲海頭老市張震保，情因已先諸各兄弟母親遺得可欣田一處，乏錢應用，願將出賣，斷與操頭村陳亞悦承買。三面議定，錢契兩交明白。父賣子遵，兄賣弟斷，此係兩家情願，並無迫勒等情，但寫五年老糧，共錢一千五百文，至於光緒十五年十一月初七日，老田主張震保親到陳亞鋭之家收完。恐口無憑，立下書一張爲實。自此之後，張家生得肖子賢孫，毋得追尋反悔。便係陳亞悦鳴官盍印執契，永遠子孫納餉入官即是。

老田主親手筆

□在南比溝村當衆共見爲憑

《廣東土地契約文書（含海南）·胡小元向高老二立賣斷田契》 立賣斷田契人係樂善里七柏梛村胡小元，因祖承得符屋公田地，土名老爺田一處，共熟田三十六坵，其田叫界：東至大楓根爲界，南至劉士光業天水爲界，西至大溝爲界，北至大墳山爲界。四至分明，並無包僭過他人業分。今欲將土换土，出賣與人。先問田丁人等，各稱不領，後問到富峨高老二人首承食。議定賣價銅錢一十五仟正，坐下□官銀一錢五分正，倉米五升。即日置酒宰牲，請賣主到家，立下斷契一張，當衆言定，錢契兩交明白。錢係元親手領用，契係高老二管業。自（從）〔賣〕之後，任高老二鳴官請印，除同符勝現，收入本里三甲新造花名高日昌世代輸納。古云兄賣弟斷，父賣子遵，日後胡家肖子賢孫，不得生端返悔。今恐人心難信，特立賣契爲炤。

依口代筆人晋書

同見人麥亞雜　胡玉宏（信）

簽證人陳争受（實）

咸豐九年二月初一日立契

《廣東土地契約文書（含海南）·盤財林父子向盤敬明立賣斷水田契》

立賣斷水田契人盤財林、男盤興保，今因家中欠小銀用，（扶）〔父〕子（謪）〔商〕議，（言）〔願〕將祖手遺下水田，土名坐落荒桐坑大坑灣路邊水田一坵，大石墩圳口一坵，面高又一坵，合共三坵，載種二斤，載穀一百斤，田坵水路照舊通行，四（趾）〔至〕分明，要行出賣。先問房親，自中人送到盤敬明出價承買，時值價銀三十八大員正。即日銀契兩相交付明，不欠分釐。兩家心願，兩無迫勒。其水田即賣即退，一賣千休，永遠如藤割斷，不望回頭。日後二家不得（返）〔反〕悔（星）〔生〕端贖補，如有一家先行反悔（星）〔生〕端，公罰契内銀一半入鄉（中）〔衆〕用。恐口爲憑，賣主付買主子孫永遠收執耕作管業爲照。

皇上甲戌年（同治十三年）十二月初一日盤財林賣水契田一紙

男盤興保（保字爲號）

在場中人盤才旺（旺字爲號）

如口代筆人財今（人正爲號）　財交（福安爲號）

《廣東土地契約文書（含海南）·盤財旺、盤財鳳、盤財錢向盤敬明立賣地契》 立賣地契人盤財盤財旺、盤財鳳、盤財錢，今因家中欠小銀用，兄弟（謪）〔商〕議，（言）〔願〕將祖手遺下地頭，土名坐落老虎後地一處，左邊盤財文爲界，齊更右邊敬秀爲界，上齊眉，下齊敬秀地端爲界，地琪茶林竹木棕子，一併包賣包買，四（自）〔至〕分明，要行出賣。先問親房盤敬明出（賣）〔價〕承買，當日到地踏看，時值價銀十大員正。兩相交（乞）〔訖〕明白，不欠分文。二家心（言）〔願〕，兩無逼勒。其山（岑）〔嶺〕即賣即退，一賣千休，永遠如藤割斷，不望回頭。日後二家不得返悔生端贖買，如有一家先行反悔，公罰契内銀一半入鄉衆用。今欲有憑，賣主（扶如）〔付與〕買主子孫永遠收（招）〔照〕契管業，收執爲據。

皇上甲戌年（同治十三年）十二月初一日　盤財旺、盤財鳳、盤財錢三兄弟斷契一紙

在場中人盤才林（林字爲號）

（衣）〔依〕口代筆趙財今（公名心正）

《廣東土地契約文書（含海南）·盤財林向盤敬明立賣斷水田契》

立賣斷水田契人盤財林，今因家中缺少，無銀使用，願將祖手遺下水田，土名坐落荒洞坑大坑醮屋坑口水田大小兩坵，載穀五十斤，載種兩斤；又（岑）〔嶺〕一處，土名坐落遠牛坑圳尾地基一塊，左邊朝生爲界，右邊財尾爲界，上齊眉下坑爲界，四處分明，要行出賣。先問房親盤敬明出價承買。當日三面言定（是）〔時〕值價銀一共四十大員正。即日銀契交（乞）〔訖〕明白，不（小）〔少〕分文。兩家心願，兩無迫勒。其水田山（岑）〔嶺〕即賣即退，一賣千休，如斷萬藤，高岑替石，不望回頭。賣主後日不得（返）〔反〕悔，如有反悔，收贖公罰契内銀一半，牛牯三隻，白米三擔，雙酒三埕，衆鄉公用。恐口爲憑，付與買主子孫永遠自耕管業爲據。

在場中人盤財

代筆敬情

大清皇上丙子年（光緒二年）十一月十九日　立契人盤財林當日立契一紙

《廣東土地契約文書（含海南）·盤敬選向盤敬明立賣斷山嶺契》

立賣斷山（岑）〔嶺〕契人盤敬選，今因家下欠小銀用，祖手遺下山嶺，土名坐落大竹斜桃杵凹（今）〔嶺〕一處，左邊趙良圳小水圳上凹右邊盤敬陞爲界，右邊趙才法細埂上眉爲界，上齊眉，下齊坑；又荒田□一處，左邊盤敬永齊埂上爲界，右邊盤敬行地齊上爲界，齊眉上齊眉下齊坑。當日二面到地（達）〔察〕看，地居茶林竹木棕子，包賣包買，四（自）〔至〕分明，要行出賣。先問房親不取，主請中人送到本村盤敬明出價承買。當日言明價銀二處二十元正。當日契証銀兩相交（乞）〔訖〕明白，不欠分文，即賣即退，一賣千休，永遠如藤（葛）〔割〕斷。一無債貸準（此）〔折〕，二家心願，兩無逼勒，後日二家不得（返）〔反〕悔生端，如有一家先反悔，公罰契内銀一半入鄉用。今欲有憑，賣主（夫如）〔付與〕買主子孫永遠照契管業，收執爲記。

大清皇上辛巳年（光緒七年）十二月十九日立斷書一紙

在場中人盤財堂（心字）

依口代筆人趙財今（公名）

《廣東土地契約文書（含海南）·盤財陞向盤敬明立賣斷水田契》

立賣斷水田契人盤財陞，今因家下欠少錢用，（夫）〔父〕子（謫）〔商〕議，（言）〔願〕將祖手遺下水田，土名坐落荒村買門後（卻）〔腳〕水田一坵，左邊買主石（卻）〔腳〕過爲界，右賣主田押界爲界，上石（卻）〔腳〕過田順齊坑，四至分明，要行出賣。自己親身送到本村盤敬明出價承買。當日言定價銀二十大元正。兩相交（乞）〔訖〕明白，不欠分釐。後日二家不得（返）〔反〕悔生端，一家先行反悔生端，公罰契内銀一半入鄉衆用。今欲有憑，賣主（夫如）〔付與〕買主子孫永遠照契管業，收執爲記。

大清皇上辛巳年（光緒七年）十二月十九日立斷一紙

在場中人盤財官（官字）　盤興富（富字爲號）

（衣）〔依〕口代筆趙財今（公名心正）

《廣東土地契約文書（含海南）·趙良財向盤敬明立賣斷嶺地契》

立賣斷嶺地契人趙良財，今因家下欠少錢用，公孫（謫）〔商〕議，（言）〔願〕將祖手遺下山嶺，土名坐落荒洞坑尾汶背坑地嶺一處，左邊水井角趙興糧上埂爲界，右邊買主地端上爲界，上齊眉下齊坑爲界，地琪茶林竹木，包賣包買，四至分明，要行出賣。先問房親，後問四鄰不取，主請中人送到荒洞坑盤敬明出價承買。當日同中到地踏看，言明價錢穀七十斤，銀紙一千大元。限日契錢兩相交（乞）〔訖〕明白，不欠分文。限賣限退，一賣千休，永遠如藤（葛）〔割〕斷，不望回頭。一無債貸準折，二家心（言）〔願〕，兩無逼勒，後日二家不得（返）〔反〕悔生端。如有一家先行反悔生端，公罰牛頭三隻，白米三（坦）〔擔〕，燒酒十（呈）〔埕〕入鄉衆用。今欲有憑，賣主（夫如）〔付與〕買主子孫永遠（招）〔照〕契管業，收執爲記。

在場見（正）〔証〕中人趙天生（生字）　趙天法（壬字）
代筆中人趙財令（公明心正）
皇上乙酉年（光緒十一年）五月廿八日趙良財親身立斷山嶺地契一紙
在場中人趙良錢（壬字）　趙興福　趙興油（油）　趙興旺（旺字）

《廣東土地契約文書（含海南）・盤敬選向盤盤敬明立賣斷水田契》

立賣斷水田契人盤敬選，今因家下欠少錢用，夫妻（謫）〔商〕議，（言）〔願〕將祖手遺下水田，土名坐落荒洞坑磨石安對面中心同水田一坵；又大傢尾水田一坵，一共大小二坵，載種二斤，載穀五十斤，田坵水路舊通行，四至分明，要行出賣。先問房親不取，主請中人送到本鄉盤敬明出價承買。當日到田（達）〔踏〕看，言定價錢穀四十斤。即日契錢兩相交（乞）〔訖〕明白，不欠分文。即賣即退，一賣千休，永遠如藤（葛）〔割〕斷，不望回頭。一無債貸準折，二家心（言）〔願〕，兩無逼勒，日後二家不得（返）〔反〕悔生端。如有一家先行反悔，公罰契内錢一半入鄉衆用。今欲有憑，賣主（夫如）〔付與〕買主子孫永遠（招）〔照〕契管業，收執爲據。

在場中人盤敬日（日字爲號）　孫財壽（壽字爲號）
大清皇上丙（光緒十二）戌四月初一日盤敬選立賣斷水田契一紙
（衣）〔依〕代筆人趙財今（心正）

《廣東土地契約文書（含海南）・盤財林向盤敬明立賣斷水田契》

立賣斷水田契人盤財林，今因家中欠少錢用，夫妻（謫）〔商〕議，（言）〔願〕將祖手遺下水田，土名坐落荒洞坑尾雷打坑口長田一坵；又行出老屋口水田一坵，大小二坵，載種二斤，載穀一百斤，載糧一釐正。田坵水路，（招）〔照〕舊通行，四至分明，要行出賣。主記親身送到親房盤敬明出價承買。當日同中到田（達）〔踏〕看，言明價錢一百穀斤，銀紙錢三萬（令）〔零〕四千元正。又田面山一塊，左邊買主爲界，右邊墳埂爲界，直上上齊眉下齊田。即日契錢兩相交（乞）〔訖〕明白，不欠分釐。限賣限退，一賣千休，永遠如藤（葛）〔割〕斷，不望回頭。一無債貸準折，二家心（言）〔願〕，兩無逼勒，後日二家不得（返）〔反〕悔生端。如有一家先行反悔生端，公罰牛頭三隻，白米三擔，燒酒十（呈）〔埕〕入鄉衆用。今欲有憑，賣主（夫如）〔付與〕買主子孫永遠照契管業，收執爲記。

大清皇上丙戌（光緒十二年）年四月二十一日盤財林賣斷水田契一紙
在場人男盤興保　盤興順
（衣）〔依〕口代筆人趙財金（公名心正）

《廣東土地契約文書（含海南）・盤得順向盤敬明立賣斷水田契》

立賣斷水田契人盤得順，今因家中欠少錢用，夫妻（謫）〔商〕議，（言）〔願〕將祖手遺下水田，土名坐落荒洞坑磨石（卻）〔腳〕安水田一坵；大澁水田一坵，合共大小二坵，載種二斤，載穀六十斤。田坵水路照舊通行，四至分明，要行出賣。先問房親不取，主請中人送到本鄉盤敬明出價承買。當日到田（達）〔踏〕看，時值價錢三萬四千大員正。即日契錢兩相交（乞）〔訖〕明白，不欠分文。即賣即退，一賣千休，永遠如藤（葛）〔割〕斷，不望回頭。一無債貸準折，二家心（言）〔願〕，兩無逼勒，後日二家不得（返）〔反〕悔生端。如有一家先行反悔生端，公罰契内銀一半入鄉衆用。今欲有憑，賣主（夫如）〔付與〕買主子孫永遠照契管業，收執爲記。

皇上丙戌年（光緒十二年）四月二十七日　立斷契一紙
在場人盤招福（心字爲號）
在場中人盤得旺（長爲號）
（衣）〔依〕口代筆人趙財今（心正）

《廣東土地契約文書（含海南）・盤敬日向盤敬明立賣斷嶺地契》

立賣斷嶺地契人盤敬日，今因家下欠少錢用，祖手遺下山嶺，土名坐落荒田地坑地一處兩岔，敬日一岔，得水味一岔，合共二岔（份），敬日出賣。左邊趙良圳爲界，右邊買主齊（更）〔埂〕爲界，上齊眉下齊坑爲界，地琪茶林竹木京子，包賣包買。又水田磨石安行出嶺脚一坵；又大澁尾一坵，一共二坵，載種一斤，載穀四十斤四至分明，要行出賣。先問房親不取，主請中人送到本鄉盤敬明出價承買。當日同中到田嶺踏看，言明田價錢四十斤穀，嶺地價錢穀一百斤，又錢紙錢三百元零二十文。即日契錢兩相交（乞）〔訖〕明白，不欠分釐。即賣即退，一賣千休，永遠如藤（葛）〔割〕斷。一無債貸準折，二家心（言）〔願〕，兩無逼勒，後日二家不得（返）〔反〕悔生端之事。（異）〔如〕有一家先行反悔，公罰契内銀一半入鄉衆用。今欲有憑，立寫契書一紙（夫如）〔付與〕買主（招）〔照〕契管業，收執爲照。

大清皇上丙戌年（光緒十二年）五月廿三日，立契一紙

在場人盤敬選（選字）

盤財堂（心字爲號）

（衣）〔依〕口代筆人趙財今（心正）

《廣東土地契約文書（含海南）·盤敬堂向盤敬明立賣斷水田契》

立賣斷水田契人盤敬堂，今因家下欠少錢用，（夫）〔父〕子商議，（言）〔願〕將祖手遺下水田，土名坐落大竹斜水田，大小十坵，載種六斤，載穀四百斤。田坵水路（招）〔照〕舊通行，四（自）〔至〕分明，要行出賣。先問房親，（係）〔後〕問（私林）〔四鄰〕不取，主請中人送到荒洞鄉盤敬明出價承買。當日二面到田（達）〔踏〕看，言明田價錢穀八百斤，又錢十五萬零五千圓正。即日契書、銀兩相交（乞）〔訖〕明白，不欠分文。即賣即退，一賣千休，永遠如藤（葛）〔割〕斷，不望回頭。一無債貸準折，二家心（言）〔願〕，兩無逼勒，後日二家不得（返）〔反〕悔生端之事。如有一家先行反悔，公罰契内錢一半入鄉衆用。今欲有憑，賣主（夫如）〔付與〕買主（招）〔照〕契耕作管業，收執爲記。

大清皇上丙戌（光緒十二年）十一月四日□面盤敬堂立斷大竹斜水田契書一紙

在場中人代筆盤財金（公名心正）

盤財興（興字爲號）

盤財聰（興字爲號）

《廣東土地契約文書（含海南）·趙天生向盤敬明立賣斷水田契》

立賣斷水田契人趙天生，今因家中欠少錢用，夫妻（讁）〔商〕議，（言）〔願〕將祖遺下水田，土名坐落荒洞鄉大滗坑口水田，大小十五坵，（種）〔載〕種二斤，種穀一百斤。田坵水路（招）〔照〕舊通行，四（自）〔至〕分明，要行出賣。先問房親不取，主請中人送到荒洞鄉盤敬明出價承買。當日同中到田（達）〔踏〕看，言明價錢六十大圓零二元，又穀五十斤。田契銀兩相交（乞）〔訖〕明白，不欠分文。即賣即退，一賣千休，永遠如藤（葛）〔割〕斷，不望回頭。一無債貸準折，二家心（言）〔願〕，兩無逼勒，日後二家不得（返）〔反〕悔生端之事。（異）〔如〕有一家先行反悔生端，公罰契内銀一半入鄉衆用。今欲有憑，賣主（夫如）〔付與〕買主（招）〔照〕契耕作管業，收執爲記。

大清皇戊子（光緒十四年）六月十九日　坑趙天星立斷水田契一紙

在場中人趙良錢（錢字）

天法（天字）

（衣）〔依〕代筆盤財今（公名心正）

《廣東土地契約文書（含海南）·盤興林向盤敬明立賣斷嶺契》　立賣斷嶺契人盤興林，今因家中欠少錢用，祖手遺下山嶺，土名坐落剌牛坑地一處，左邊盤敬年地爲界，右邊盤敬官爲界，上齊眉，下齊坑；大圓岃地一處，齊埂上右邊方文大石爲界，直上下齊眉，下齊采低才陞爲界，地嶺二岔，興林面岔出賣；又門口坪直；又禾養地一直，地琪茶林竹木，（異）〔已〕並包賣包買，四至分明，要行出賣。主請中人送到盤敬明出價承買。當日到地（達）〔踏〕看，認明價錢穀一百五十斤。當日契書錢兩相交（乞）〔訖〕明白，不欠分釐。日後二家不得（返）〔反〕悔生端之事。如有一家先行反悔，公罰契内銀一半入鄉衆用。今欲有憑，賣主（夫如）〔付與〕買主子孫永遠（招）〔照〕契管業，收執爲據。

大清皇上己丑年（光緒十五年）四月初一日

興林賣一百五十斤穀，買才通手板興林送房母親。

在場中人盤財旺（旺字）

代筆趙才今（心正）

立契人盤財林當日立契一紙

《廣東土地契約文書（含海南）·楊梅榔、鄧得糧向盤敬明立賣斷水田契》　立賣斷水田契人楊梅榔、鄧得糧，今因家中欠少銀用，（夫）〔父〕子商議，（言）〔願〕將祖手遺下水田，土名坐落草田坪寡冲湖口水一坵，行過車圳面墩水田一坵，一共二坵，載糧三合，趙鄧户收載種二斤，載穀一百斤。田坵水路（招）〔照〕舊通行，四（自）〔至〕分明，要行出賣。先問房親，後問四（林）〔鄰〕不取，主請中人送到荒峒鄉盤敬明出價承買。當日同中到田（達）〔踏〕看，認明田價銀八十大員正。即日田契錢兩相交（乞）〔訖〕明白，不欠分釐。即日憑中所斷，一賣千休，

永遠不望回頭。一無債貸準折，二家心（原）〔願〕，兩無逼勒，後日二家不（何）〔可〕（返）〔反〕悔生端之事。如有一家先行反悔，公罰契内銀一半入鄉衆用。今欲有憑，賣主（夫如）〔付與〕買主子孫永遠照契耕作管業，收執爲記。

大清皇上己丑年（光緒十五年）十一月廿九日　鄧得糧立斷水田契一紙

在場中人鄧敬金（今字爲號）

鄧敬銀（銀字爲號）

鄧得福（福字爲號）

鄧得順（順字爲號）

依代筆趙財今（公名心正）

《廣東土地契約文書（含海南）・盤得山向盤敬明、盤敬文立賣斷嶺契》　立賣斷嶺地契人盤得山，今因家下無錢使用，自己（稱）〔親〕身將祖手遺下地嶺三處，一處土名坐落姐祖岃地嶺一處，上齊微、下圳面爲界，左山岃爲界，右子林爲界，四至分明；又一處土名坐落地坪一處，下路底地居子鳳爲界，左子鳳爲界，右敬朝爲界，四至分明；又一處土名坐落豺狗凹地一處，上齊微，下天財爲界，左天才爲界，右敬旺爲界，四至分明，一併地三處要行出賣。自請中人盤敬旺流送到親房盤敬明、盤敬文二兄出價承買。當日三面言定，依中所斷時值價錢六百文正，兩相交（迄）〔訖〕明白，不少分文。並無包買包賣，一無債貸準折，兩家心願，兩無逼勒，如斷（葛）〔割〕藤。自賣之後，賣人後日不得返。如有一人反悔，公罰契錢一半入鄉公用。恐口無憑，立斷賣契一紙付（如）〔與〕買人子孫永遠管業爲照。

大清光緒二十六年庚子歲十二月二十日　立契人盤得山

在場中人盤敬旺　盤敬流

在場見証代筆人盤朝生（長）

《廣東土地契約文書（含海南）・盤得城、盤得天向盤敬明立賣斷水田契》　立賣斷水田契人盤得城、盤得天二兄，無銀使用，合家（謫）〔商〕議，願將祖手遺下水田，土名坐落東坑水田一處，大小共五十八坵，牛欄一界，要行出賣。先問房親不取，後問四鄰人等，自請中人盤子福送到荒洞盤敬明出價承買。當日到田踏看，水路通行，四（趾）〔至〕分明，時值銀七十八大員正，載種四十斤，載穀十擔，載糧陳榮昌一升五合，又陳觀昌田良一升二合，陳壽和三合正。二家（身言）〔心願〕，兩無逼勒。其田即賣即退，任從買主管業，兩相交（迄）〔訖〕明白，不欠分釐。一賣千休，永遠如藤割斷，賣人不望回頭，不得生端返悔者。如有上手來歷反悔者，公罰契内銀一半。立契一紙，今欲有憑，子孫永遠耕作管業爲照。

在場見（正）〔証〕中人盤子福（福字）

見（正）〔証〕中人盤得保（保字）

（如）〔依〕口代筆人財文（福安）

見（正）〔証〕中人盤得住（天字）

大清光緒三十年十二月十四日立契一紙

《廣東土地契約文書（含海南）・張震保、張震達、張震邦向陳紅璵立賣斷田契》　立賣斷田契人係儋州德慶里十里海頭老市張震保、張震達、張震邦，茲因祖父遺得可欣田一處，合共高低大小一十四坵。思見路遠不能親耕，欲將土換土，願將出賣與人。先問親户族人等，各不承買，次托（忠）〔中〕人代問到樂善里二甲操頭村陳紅璵入頭承買。三面議定買價銅錢四十八千三百文，每年上納官糧二分二釐，穀米一升二合。擇日煮酒宰牲，錢契兩交分明。錢係老市震保、震達、震邦三人親手領足，田係紅璵執契世代永遠耕食。遇逢大造之年，任從陳紅璵向對張業昌之花名除收割，撥入本已紅璵花户世代輸納。此係兩家情願，並無迫勒等情。古云父賣子遵，兄賣弟從，日後張家之肖子賢孫，不得返悔生端異言。恐口無憑，當（忠）〔中〕立下賣斷田契爲實。

代筆人張震達（信）

（忠）〔中〕人族内陳亞悦（忠）

簽證人老市楊維茂（良）

光緒三年潤三月十六日立賣契

《廣東土地契約文書（含海南）・張業昌向陳紅典之賣斷田契》　立賣斷田契人係德慶里十甲海頭老市張業昌，因祖父遺得可欣田一處，相連帶地。茲因乏錢應用，願請（忠）〔中〕將大小十五塊，先問房親族内人等，各稱不領，次托（忠）〔中〕問到草頭村陳紅典入頭承斷。三面議定斷價錢八十四正。其田四至分明：東至張家田業爲界，南至陋壇車路爲界，西至車路爲界，北至張家田業爲界。四至明白，並無包僭他人業分。其田坐落糧税每年二百錢。擇日煮酒宰牲，當（忠）〔中〕田交陳紅典執契管耕，錢係張業昌親手領足，若逢大造之年，任陳紅典依張業昌之花名過撥新花名收入。古云父賣子遵，兄賣弟從，日後張家子孫不得返悔異言。恐口無憑，立下斷契一張爲據。

代筆人張振寶　張葉昌　張振邦

（忠）〔中〕人劉光帶（忠）

同見人老市楊維茂（信）

光緒己卯（五）年二月初八日

《廣東土地契約文書（含海南）》·張震邦向陳紅典立賣斷田契　立

賣斷田契人係德慶里十甲海頭老市張震邦，茲因祖父遺得土名可欣田一處，合來大小共一十四坵，原坐實徵官銀三分二釐，官穀米二升正。其田東至張家業爲界，南至陋壇車路爲界，西至大車路爲界，北至張家業爲界。四至交界分明，並無包僭他人寸土。欲想將土換土，願將出賣與人。先問房親户族人等，各稱不承領。次請中人代問到樂善里二甲操頭村陳紅典入頭承買。兩面當衆議定買價銅錢一十二千正。即日煮酒宰牲，錢契兩交分明。錢係震邦親手領用，田係紅典執契耕管，世代爲業。遇逢大造之年，當官除德慶里十甲張業昌之花名，收入樂善里二甲陳紅典之花名，永遠輸納。古云父賣子遵，兄賣弟從，一賣千休，日後張家之子孫，不得返悔生端。今恐人心難信，特立賣契爲實。

代筆人張震達（信）

同見人陳小悦（忠）

簽證人楊維茂（良）

光緒五年三月十六日立契

《廣東土地契約文書（含海南）》·符土保向符堂吉立賣斷田契　立

賣斷田契人係龍頭崗可任村符土保，因祖遺得打養推朗田二坵。情因乏錢應用，欲將産換産出賣與人。先問房親户族人等，各稱不領，次問到那查村符堂吉入頭承領。三面議定價錢六十千正。現日交易明白。錢係保親手領用，田係吉執契耕食，不有食言。古云兄賣弟斷，父賣子從，日後子孫不得返悔。期定指界：東指地備，西指打阜，南指花黎墳，北指嶺頭爲界，四指分明。中人打敦村符亞養。自今向後，子孫不有閑言。現日當衆宰酒，酒老大父兄同証。今日口説無憑，三面立契。今恐人心難信，立契爲實。

代筆人譚忠佑（忠）

中人符亞養（信）

同見人那迓村符福昌（厚）

証易人蕃裡村符亞帝

在場人打斗村王亞材

現場人那查村符翰彰

時龍飛光緒十二年七月十一日當衆立契

《廣東土地契約文書（含海南）》·符世法向符堂吉立賣斷田契　立

賣斷田契人係龍頭峒那迓村符世法，因爲祖遺打養田大小五坵。因爲乏錢應用，欲出賣許人。先問房親户族人等，各稱不領，次問到那查村符堂吉入頭承領。三面議定價錢一百三十千正。現日交易分明。錢係法親手領用，田係吉執契耕食，不有閑言。古云兄賣弟斷，父賣子從，日後子孫不得言及。期定指界：東指打助偷，西指人路，南指打助把，北指南滴朗田，四指分明。現日宰牲飲酒，不有返悔。就有中人係打斗村王亞材。日後除苗撥米入吉之己當納永遠，限期東西南北，自遠一箭弓遠，不得争僭山界，他人業分又不争，隨田至界，不有閑言。今恐人心難信，立契爲憑。

代筆人譚忠佑（信）

爲中人王亞村（厚）

同見人蕃裡村符亞帝

証見人打敦村符亞養

在場人本村符福成

現場人那迓村符福昌

時龍飛光緒十二年七月十一日當衆立契

《廣東土地契約文書（含海南）》·緒亞平向劉亞閩立賣斷田契　立

賣斷田契人係新村山主緒亞平，因爲無錢應用，願將祖父遺得水流麥田上下大小六坵，意欲想買出許人。先問房親人等，各不承應，後問到都鐵村劉亞悶入頭承買。兩面議定錢價光洋銀十元正，水牛八頭，沙牛二頭，後世無得□及，牛任平親手取，田任悶親手耕。立書寫上明白，後代子孫不得生端。人心難信，立契爲實。後來等各時、亞平叫到振光同見。

（大）〔代〕筆人符法高（忠）

同見人緒振光（信）

道光十二年六月初七日　立契爲實

《廣東土地契約文書（含海南）·符亞清、符亦包向陳國興、屢廣清立賣斷田契》　立賣斷契人係樂善里八甲移居坡梅村符亞清、符亦包。情因祖父遺得新村尖嶺後熟荒田一處，其田四至：東至崩開嶺大車路爲界，南至蔡家業分單田交濫柁根爲界，西至新村後車路爲界，北至版石刀釭老村坵山車路爲界。四至分明，並無包僭他人寸土。田原坐落官銀二分正，倉米一升二合。情欲出賣與人。先問房親户族人等，各不承買，即有別立新興村陳國興、屢廣清二名入頭承買。兩面議定賣價銅錢一十千正。即日煮酒宰牲，請到符家親房户族人等，立下賣契一張。自賣之後，任從陳、屢二家鳴官盍印，撥從八甲符文德花名，收入新立花名陳國興世代輸納。古云父賣子遵，兄賣弟從，日後符家子孫毋得反悔生端，立下斷契爲據。

依口代筆人符煥申

同見人符陳帶

簽証人陳同文

咸豐七年四月十五日立書

《廣東土地契約文書（含海南）·符章情向盧亞蘭、盧亞造立賣斷田契》　立賣斷田契人係柯亞村符章情，情因祖父遺得土名沙改田一處，同大石村下來田一處，娜歷溝田一處，好旺田一處，共田四處，原坐糧錢七百文。其四處田四至：　上任由開田至情界分了，下任由開田至情界分了，左由開田至情界分了，右任由開田至情界分了。上下左右，四至分明，並無包僭他人寸土在內。乏錢應用，出賣與人。先問村地户族人等，無人承買，次問到刀綱老村盧亞蘭、亞造入頭承買。三面議定買價銅錢一十仟正，水牛兩雙。糧撥自符室之花名，入盧文德之花名，世代輸納。即日煮酒宰牲，請賣主到家立下斷契一張，錢契兩交明白。錢係情親手領用，契係蘭與造執開（懇）〔墾〕，永遠管耕。自賣買之後，古云父賣子遵，兄賣弟從。日後符家生出賢孫肖子，不得生端返悔。今欲有憑，立下斷契爲實。

親手的筆（忠）

同見人符孟迎（信）

簽証人韋亞斗（善良）

咸豐八年七月十二日立契

《廣東土地契約文書（含海南）·蔡允光等向王三、高老三立賣斷田地嶺頭契》　立賣斷田地嶺頭契人係樂善里四甲高蘭村蔡允光、允聰、允宏，因祖遺得土名付峨崩欺地一處，原坐官銀六分，倉米三升九合一勺。其四至：　東至崩欺嶺尾大車路流下爲界，南至横嶺重大溝流下爲界，西至長塘老路爲界，北至竹頭田大車路至下墳山單田爲界。四至分明，並無包僭他人寸土。思見路遠不能親耕，出賣與人。先問房親人等，各稱不買，次問崩欺村本里八甲王三、高老三入頭承買。三面議定斷價銅錢一十仟正。即日煮酒宰牲，敬請原主到家，當衆將土換土，立下買斷契一張。現日錢契兩交明白。錢係蔡光、聰、宏三人親手領用，田地嶺頭係王三、高老三執契管業。自今賣斷之後，任從買主鳴官盍印，其糧税除自蔡愛輝花名，收入王桂香花名，世代永遠輸納。古云父賣子遵，兄賣弟從，一日賣斷，萬世皆休，日後蔡家子孫，不得借老契生端返悔，賣之而已。今欲有憑，立斷契爲實。

陳道昌代筆（忠）

蔡鼎倫同見（正）

劉仕光同見（實）

咸豐九年三月初十日立契

《廣東土地契約文書（含海南）·鄧忠才、鄧忠申、鄧忠庸向陳黄典之賣山地田契》　立賣斷村山地田契人係樂善里三甲塘頭村鄧忠才、鄧忠申、鄧忠庸，因祖遺得油麻地田，無銀應用，願將出賣與人。先問親房族内人等，各稱不買，後問到孔五村陳黄典入頭承買。其田坐落實徵官銀二分九釐，米穀九合二勺。當賣之時，兩面議定價錢七十千正。其田四至：

東至車路爲界，南至車路爲界，西至毒星溝口爲界，北至河爲界。四至叫界分明，並無包僭他人寸土在內。即日置酒宰牲，銀契兩交明白。錢係忠才、忠申、忠庸三人兄弟親手領用，田係黄典執契管耕。所有山可能開得成地成田者，亦係典執契耕管。若逢大造之年，任由典赴州印契，留遺陳家世代子孫執照耕種，有實有憑。古云父賣子遵，兄賣弟從，日後鄧家生出肖子賢孫，不得生端返悔之事。此係兩家情願，並無迫勒。今恐人心難信，立下賣斷契一張，永遠執照爲憑。

代筆人嘉樂村符祖興（忠）

同見人朱亞春（信）

同治十一年五月初二日立契

《廣東土地契約文書（含海南）・李亞佑等向劉亞讓立賣斷田契》

立賣斷田契人係可康田村李亞佑、李亞燕、譚亞坤，情因祖父遺得榕根頭田一處，大小共八坵。其田東至南班村亞扣田爲界，南至可康田村亞港田爲界，西至本村頭人亞羅田爲界，北至本村亞洪母之田爲界。四至分明，並無包僭他人寸土。今因乏錢應用，兄弟共伴商議，願將出賣與人。先問房親人等，各稱不就，次問到南班新村劉亞讓入頭承領。當面議定斷價銅錢七十千正。即日置酒，錢契兩交分明。錢交與燕、坤、佑三人領足，田交讓執契耕食以爲己業。言定每年幫糧錢一百五十文，後逢大造之年，任從讓當官盍印除收上納。古云父賣子遵，兄斷弟從，一斷千休，日後譚李家子孫昌盛，不得返悔生端滋事。此係兩家情願，並無迫勒等情。今恐人心難信，立下斷契爲實。

代筆人陳震奎（信）

中人譚亞東（信）

同見人藍亞貶（証）

光緒五年十二月廿一日　當衆立斷契

《廣東土地契約文書（含海南）・符開紀向周患邦立賣斷田約》　立

賣斷田約人符開紀，爲因無錢費用，思有遺下土名利木一處，該地丁苗四畝正。其田東至溝，西至陳家，南至溝，北至（波）〔坡〕，四至分明。田因路途遠隔，難得親耕，情願與人。先問房內兄弟，無人承就，後問到周患邦入頭承斷。兩面議定田價銅錢四十千文正。即日價錢兩交明白。自斷之後，任從錢主管耕。古云兄賣弟斷，父賣子休，日後兄弟不得借事生端取贖。空口無憑，立約爲據是實。

代口筆人（旋）〔族〕符生仁

同見人符安龍　符安方　周亞稼

光緒十一年正月　日立約

《廣東土地契約文書（含海南）・高士選向周亞爺立賣斷田契》　立

賣斷田契人係樂善里三甲嶺腳村高士選，因爲胞弟高老三前日買得土名老爺田一處，共熟田三十六坵。其田四至：南至劉士光業分嶺水流下爲界，東至大楓根爲界，西至大溝爲界，北至大墳山爲界。四至分明，並無包僭他人寸土。原坐官銀一錢五分正，倉米五升。今將土換土，願將胞弟所買之田，並與四至界分餘地空山，一切賣出與人。先問房親族內人等，各稱不買，後問到樂善里三甲富峨村周亞爺入頭承領。兩面議定賣斷價銅錢一十千文。即日煮酒宰牲，請賣主到家，立下斷契一張。契錢兩交明白，並無拖欠分毫，錢係選親手領足，田係爺執契爲業，遠貽世代。自賣之後，任從爺請官盍印。其糧稅撥自三甲高日昌花名，收入本里花名周士隆世代輸納。古云父賣子遵，兄賣弟從，日後高家子孫，不得滋端異言。恐口無憑，特立契爲炤。

代筆人麥亞紅（忠）

同見人高亞量（信）

簽証人豹亞水（直）

光緒十二年八月初三日立斷契

《廣東土地契約文書（含海南）・符亞蕊向符亞佑立賣斷田契》　立

賣斷田契人係慕雅村符亞蕊，因爲正務之事，無錢應用，願將祖遺得本已土名打切田，通共大小高低共一十二坵，出賣與人。先問房親人等，各不稱任，後請中向對打學村園亞佑入頭承領，三面議定斷價錢一十千正，水牯牛一隻。兩家情甘，並無勒迫，父賣子從，兄賣弟遵，日後不得異言多事。即日飲酒交易明白，錢牛係亞蕊親手（飲）〔領〕用，田係亞佑執斷契管耕作爲本已。恐慮口空無憑，立斷契爲實。

中人係慕雅村符桂其（忠）

代筆人旺丁村符瑞波（信）

同見人係本村園亞信（實）
蹈雅村符調南　亞冰　亞牒
知要村新哨官亞開　共見
打鵪村業亞淫　黄亞宿
歲次癸巳光緒十九年八月十四日　立契永遠執炤

亦到十月十六日取蛤珥二珥，取猪一隻，秤重四十五斤，言定同今己不得添價。兩家言過，並無異言。亦取三千錢，言過買斷，日後子孫不得問及。

立賣水向對南百村苟化，賣水一條，取公羊二頭，取錢二千四百，取水牛一隻，水牸牛一隻。

立賣水向對南百村亞香，賣水溝一條，取牛一隻，取錢二千四百。

立賣水藤雅村亞保，賣水一條，取銅鑼一個，錢二千八百正。

立賣水藤雅村亞秀，欠米一斗，欠酒一百壺。調南欠牛一隻。

《廣東土地契約文書（含海南）·符亞壯向劉亞吸立賣斷骨田契》

立賣斷骨田係單雅符亞壯，因爲乏錢應用，願將本己土名爸常田二坵，出賣與人。先問房親人等，各稱無買，次問到南北村劉亞吸入頭承領。三面議定價錢水牛二隻，沙牛一隻，共牛三隻。牛現日交易明白，田係亞吸耕食，錢係亞壯親手領用，糧水現日交完。古曰父賣子遵，兄賣弟從，日後無有異言。今恐人心難信，立契爲實。

南北（忠）〔中〕人亞延觀
和南客曾岩携的筆
宣統辛亥年十二月初十日立契

《廣東土地契約文書（含海南）·李文德向招紹齋祖立賣崗田契》

立賣崗田契人譚塘鄉李文德，父子商議，願將土名沙崗田，大小三坵出買。先召房親族内人等，各不承買，次憑中人招蕃昌執帳送到白沙鄉招紹齋祖承買。三面言明實還時值價銀八兩正。商議零星難以收税，三面言明，補回帖納銀四兩正，回家生息，歷年代納。即日丈量明白，該今丈一畝三分零六絲六忽，後開四至明白。就日寫立賣契一紙，其銀係李文德親手接回，並無少欠分釐，銀契兩相交訖。此田不是留祭蒸嘗物業，不是債（節）〔折〕等情，亦無重複按當，但來歷不明，賣主同中理明，不關買主之事。恐口無憑，即日寫立賣契一紙交執爲據。

列開四至：
上一坵：東至冼宅，西至李宅，南至譚宅，北至招宅。
中一坵：東至李宅，西至李宅，南至冼宅，北至李宅。
下一坵：東至李宅，西至招宅，南至招宅，北至招宅。

中人招蕃昌
道光十四年二月廿一日立賣契人李文德筆

《廣東土地契約文書（含海南）·盧榮蓮向兆龐祖立賣田契》　立寫

杜斷大賣田契人係村前里盧昇貴户丁榮蓮，有兄弟均分税田，土名坐落下井窟，大小三。東至本宅田爲界，西至壆爲界，南至本宅田爲界，北至黄宅田爲界；又石龍坑一坵，東至高壆爲界，西至坑田爲界，南至本宅田爲界，北至黄宅田界。二號俱係下坡水源灌注。又上天井窟大壆邊一坵。東至本宅田爲界，西至壆爲界，南至本宅田爲界，北至壆爲界，絶頭坑水源灌注。四號共載種子五斗，該民税一畝五分正。今因急需，少銀應用，夫妻父子商議，願將此税田出賣，取要價銀五十五兩正。房親招過，不允承受，次托中人盧榮瑞、王貴執帳引至本圖本户本甲兆龐祖蒸内值理盧榮福，辛雲出首允承買。即日同中到田踏看坡圳水路，四至明白，回家當中三面言明，還實時值田價銀四十八兩正。係盡田盡税，明賣明買，實銀實契，□不包賣兄弟叔姪以及田物業等弊。倘上手來歷不明，係賣主同中理明，不干買主之事。就日立契，銀契兩相交訖，司碼兑足，不欠分釐。其銀當面交與盧榮蓮親手接足回家應用。但俗例有離洗末業銀，照契價算明收足，後日不得多端反悔重收。乃係一賣千秋，永不收贖。恐口無憑，立大賣契一紙，交與兆龐祖蒸内收執永遠爲據。

一實賣出種子五斗，該税一畝五分正。
一實接得田價銀四十八兩正。
一賣作中公正見契人盧榮瑞、王貴。
光緒十八年二月二十八日　盧亞能代的筆立

《清代寧波契約文書輯校·咸定賣田契》　立永賣契

咸定今因乏用，情願將自置新田壹處，土坐茅洋頭葛藤灣，計田貳坵，糧計四分。其四址：上至得業人山，裏至田下小路，下外俱至得業人地山爲界，具立四址分明。又山地壹處，土名同，糧計貳分，其山地四址：下至大路，上裏外俱至得業人地並山破小彎直落大路爲界，具立四址分明，其田山貳項情願出賣與毛順昌爲業，三面議開，其價錢九千五百文，其錢當日隨契收足，自賣之後，任從出錢人管業布種收花，中間並無争執等事，又外不另立找契，兩（想）〔相〕情願，各無異言，立此永賣契爲照。

咸豐元年二月　立永賣契咸定押。

見代　全宗押。

《清代寧波契約文書輯校・毛青山賣田契》　立永賣契

青山今因乏用，情願將父遺下坑田壹處，土坐新邑下蔡岙山門坑口，計田壹坵，係福字叁百六十五號，糧計貳畝五分四厘三毛。其四址：東至水坑，西南至宋姓並毛大宏更田，北至出業人祖墳並田爲界。又天田壹處，土名鄭家嶺，係福字壹百零五號，田計壹坵，田計六分八厘三毛。其四址：裏至炳煥山，外至溪，上至路，下至吴柱更田爲界。又地田壹處，土名上莊高坵大爿，係福字卅貳號，計田壹坵，糧計貳分五厘。又福字卅五號，土名蝦須地，田壹坵，（量）〔糧〕貳分五厘。其字號坵爿畝分四址悉照丈量册管業。以上六田情願出賣與毛坤山爲業，三面議開，田價錢四拾千文正，其錢當日隨契收足，自賣之後，任從出錢人自行據契管業布種收花，此係兩願，立此永賣契存照。

再批：其糧（念）〔廿〕九都下蔡岙莊朝奎户推與坤山户收入己户完糧並照。

咸豐貳年正月　日立永賣契青山押。

見中　海涵押。

同中　毛秉均押。

榮堃筆。

《清代寧波契約文書輯校・毛青山絶賣契》　立找絶契

青山今因乏用，情願將父遺下坑田壹處，土坐新昌下蔡岙。又天田壹處；又地田貳處。其四址坵爿畝分字號俱以前契載明，情願出找與兄坤山爲業，三面議開，找價錢叁拾千文，其錢當日隨契收足，自找之後，任憑出錢兄管業布種收花，並無再找等情，此係兩願，立找推找契爲照。

咸豐貳年三月　日立找絶契青山押。

見中　秉均押。

中　海涵押。

代筆　榮堃押。

《清代寧波契約文書輯校・玉懷賣田契》　立永賣契

玉懷今因乏用，情願將父遺下民田壹處，土坐東坑王家廠口，田計壹坵，（量）〔糧〕計壹分零。其四址：上至水順地，下裏俱至路，外至塴並玉堂地爲界，具立四址分明，情願出賣與坤山爲業，三面議開，田價錢五千七百文，其錢當日隨契收足，自賣之後，任從出錢人管業布種收花，中間並無争執等事，恐後無憑，立永賣契存照。

再批：其田日後升科輪糧並照。

咸豐貳年貳月　日立永賣契玉懷押。

見弟　玉堂押。

代筆　榮枝押。

《清代寧波契約文書輯校・華林同弟虎林賣田契》　立永賣契

華林同弟虎林今因乏用，情願將太祖祀田壹處，土坐樟樹頭彎衕坑，計田四坵，（量）〔糧〕計貳畝零。又壹坵，（量）〔糧〕計七分零。又屋基坵，（量）〔糧〕計八分零。其四址知明不具，其田拾五股得一情願出賣與坤山爲業，三面議開，田價錢拾壹千文，其錢當日隨契收足，自賣之後，任從出錢人管業輪流收花，中間並無争執等事，此係兩願，各無異言，恐後無憑，立此永賣契存照。

再批：其田推花作利日後對年對月原價取贖並照。

咸豐貳年貳月　日立永賣契華林押。

同弟　虎林押。

見伯　榮僖押。

代筆　榮晏押。

《清代寧波契約文書輯校・華林同弟虎林賣田契》　立永賣契

華林同弟虎林今因乏用，情願將父遺下民田壹處，土坐大方岙，計田壹坵，（量）〔糧〕計六分零。其四址：裏至路下塴，外至水坑，上至世效田，下至得業人田。又壹處，大方岙洪頭，計田壹坵，（量）〔糧〕計三分零。其四址：上至路，下至秉效田，裏至得業人田，外至和秀墳山爲界。具立四址分明，情願出賣與坤山爲業，三面言明，田價錢共錢叁拾五千五百文，其錢當日隨契收足，自賣之後，任從出錢人管業布種收花，中間並無争執等事，此係兩願，各無異言，恐後無憑，立此永賣契存照。

再批：田等地亦賣在内，其糧照號開割過户輸糧並照。

咸豐貳年拾壹月　日立永賣契華林押。

同弟　虎林押。

見兄　仁洲押。

代筆　寅通押。

《清代寧波契約文書輯校·運來賣田契》　立永賣契

運來今因乏用喪費，情願將高祖祀田壹處。土坐蒸籠畈，田八坵。又名板橋閣下貳坵。又沙師圈壹坵。又大門丁一坵。又溪中央貳坵。又奚家坑口貳坵。又老瓦廠前貳坵。其四址知明不具，情願將自己名下一併盡賣與坤山爲業，三面議開，田價錢拾貳千五百文。其錢當日隨契收足，自賣之後，任從出錢人管業輪流布種收花，中間並無争執等事，此係兩願，各無異言。恐後無憑，立此永賣契存照。

再批：其糧照號開割過户輸糧並照。

咸豐貳年九月　日立永賣契運來押。

見兄　世玉押。

中　青山押。

代筆　榮堃押。

《清代寧波契約文書輯校·林照賣田契》　立永賣契

弟林照同侄春瑞今因乏用，情願將父遺下民田壹處，土坐謝婆嶺裏，土名龍潭等，（量）〔糧〕計貳畝零。其七坵四址：裏與上俱至得業人田並玉其山脚又並水坑，外至大溪，下至玉其山並水坑爲界，具立四址分明，情願出賣與坤山兄爲業，三面議開，田價錢陸拾五千文，其錢當日隨契收足，自賣之後，任從出錢人管業布種收花，中間並無等事，即日立除票五拾壹都一莊毛安田户内民田貳畝零出除與本都本莊坤山户内收納輸糧，此係兩願，各無異言，立此永賣契爲照。

咸豐貳年三月　日立永賣契林照押。

同侄　春瑞押。

見叔　安邦押。

見兄　今朝押。

代筆　陳世賢押。

《清代寧波契約文書輯校·方英宗賣田契》　立永賣田文契

方英宗今因乏用，情願將祖父遺下分授民田壹處，土坐大坑門前山脚，計田壹坵，（量）〔糧〕計貳分零。其四址：毛三裕田並㙡，南至英峰田並路，西至金姓田，北至方姓田嘴地爲界，具立四址分明，情願出賣與毛坤山爲業，三面議開，田價錢捌千文，其錢當日隨契收足，即日立除票，方英宗方於六都方聖恒户内民田貳分情願出除與五拾壹都一莊毛坤山户内收納照號開割輸糧，自賣除之後，任從出錢人管業布種收花，中間並無争執等事，此係兩願，恐後無憑，立此永賣田契爲照。

咸豐貳年九月　日立永賣契方英宗押。

見兄　方英玉押。

方英峰押。

見侄　方林化押。

方林福押。

代字　相英押。

《清代寧波契約文書輯校·源來賣田契》　立永賣契

源來今因父喪乏用，情願將克隆太祖祀田壹代，其四址畝分散闊，知明不具，情願將自己名下出賣與坤山叔爲業，三面議開，田價錢（念）〔廿〕五千文，其錢當日隨契收足，自賣之後，任從出錢叔管業輪流收花，中間並無争執等事，此係兩願，各無異言，恐後無憑，立此永賣契存照。

再批：其田不據年遠，原價取贖。其田四股得一其清明田並客田不賣在内並照。

咸豐貳年拾貳月　日立永賣契源來押。

見中　榮堃押。

親筆。

《清代寧波契約文書輯校·仁盛賣地契》　立永賣契

仁盛等今因乏用，情願將祖父遺下分授民地壹塊，土坐岩居頭下，其四址：上至永定地，下至得業人路，外至大路，裏至永定地爲界，具立四址分明，情願出賣與坤山爲業，三面議開，地價錢拾壹千文，其錢當日隨契收足，自賣之後，任從出錢人管業布種收花，中間並無争執等事，此係兩願，各無異言，立此永賣契存照。

再批：其糧照號開割過户輸糧並照。

咸豐貳年拾貳月　日立永賣契仁盛押。

同弟　仁文押。

見中　奎照押。

代筆　秀月押。

《清代寧波契約文書輯校·仁釗賣田契》　立永賣契

仁釗今因乏用，情願將祖父遺下分授民田壹廾，土坐廟下畈，田計壹坵，（量）〔糧〕計四分零，其四址：上至小毛田，下至宏興田，裏至路，外至良房田爲界，具立四址分明，情願出賣與坤山叔爲業，三面議開，田價錢貳拾千文，其錢當日隨契收足，自賣之後，任從出錢人管業布種收花，中間並無争執等事，此係兩願，各無異言，恐後無憑，立此永賣契爲照。

再批：其糧照號開割過户輸糧並照。

咸豐貳年拾貳月　日立永賣契仁釗押。

見叔　余壽押。

代筆　春張押。

《清代寧波契約文書輯校·仁釗賣田契》　立永賣契

仁釗今因乏用，情願將懷邦太祖祀田壹處，土坐樟樹頭朱畓口，田計貳坵，（量）〔糧〕計六分零。又老瓦窑前壹坵，（量）〔糧〕計四分八厘。又麻車下田一坵，（量）〔糧〕計六分零。又塆衕坑田壹坵，（量）〔糧〕計五分零。其田四址知明不具。又六家畓墳左墳右新田壹畈，（量）〔糧〕計五畝零，其田（念）〔廿〕七股得一股，以上情願出賣與叔坤山爲業，三面議開，共計田價錢六千文，其錢當日隨契收足，自賣之後，任從出錢人管業輪流布種收花，中間並無争執等事，此係兩願，各無異言，恐後無憑，立此永賣契爲照。

咸豐貳年拾貳月　日立永賣契仁釗押。

見叔　余壽押。

代筆　春漲押。

《清代寧波契約文書輯校·汪如金賣田契》　立永賣契

汪如金等今因乏用，情願將祖父遺下分授智房民田貳處，土名大坑長塆脚，計田七坵，（量）〔糧〕計七分零。其四址：東南俱至得業人田，西至金姓田，北至得業與金姓田爲界。又廟外長塆口隔水，田計三坵；又荒田地一併在内，（量）〔糧〕計八分零。其四址：東南至水坑，西至山堰，北至山聯爲界。具立四址分明，情願出賣與毛坤山爲業，三面言明，田價錢叁拾叁千文，其錢當日隨契收足，即日立除票糧五拾都一莊汪洋房户内出除與五拾壹都一莊毛坤山户收糧，自賣除之後，任憑出錢人管業布種收花，中間並無争執等事，此係兩願，各無異言，恐後無憑，立此永賣契存照。

道咸豐貳年拾貳月　日立永賣契汪如金押。

同弟　如賓押。

如成押。

同侄　倍明押。

開明押。

見中　毛今朝押。

生木押。

汪如邦押。

述邦押。

代筆　忠倫押。

《清代寧波契約文書輯校·汪如金絶賣契》　立找絶契

汪如金等今因乏用，情願將祖父遺下民田貳處，土坐大坑長塆山脚，其坵叚畝分四址俱以前契載明，情願將此田盡賣與坤山爲業，三面言明，找價錢（念）〔廿〕貳千文，其錢當日隨契收足，自找之後，任憑出錢人管業布種收花，並無再找等情，此係兩（原）〔願〕，各無異言，恐後無憑，立此找契存照。

咸豐三年正月　日立找契汪如金押。

同弟　如賓押，如成押。

同侄　倍明押。開明押。

見中　汪忠邦押，毛今朝押，森木押。

代筆　忠倫押。

《清代寧波契約文書輯校・之恒賣地契》　立永賣契

之恒今因乏用，情願將祖父遺下更地壹塊，土坐老臺門前右大房坐裏，（量）〔糧〕計壹分零。其四址：上外俱至得業人墻，下至周雲並仁陸樓屋墻脚，裏至榮輝墻脚爲界，具立四址分明，情願出賣與坤山舊舊爲業，四股得一自己名下盡賣與（舊舊）〔舅舅〕，三面議開，地價錢地價錢拾貳千文，其錢當日隨契收足，自賣之後，任憑出錢主改造管業，內有厠一口坐裏，上連椽瓦下連基地，行路出入從樓屋游巡下過往無阻，倘日後分開，各從其便，中間並無争執等事，此係兩願，各無異言，恐後無憑，立此永賣契存照。

再批：其糧照號照股開割並照。

咸豐三年四月　日立永賣契之恒押。

見叔　白明押。

白汭押。

中　鴻逵押。

榮堃筆。

《清代寧波契約文書輯校・毛能豫賣田契》　立永賣契

能豫今因開業生利乏用，情願將祖父遺下分授民田壹處，土坐大方岙洪頭，計田壹坵，（量）〔糧〕計七分零。其四址：東至奎照田並路塝，南至秉均更地，西至金義地，北至天化更田爲界，具立四址分明，其田情願出賣與叔坤山爲業，三面議開，田價錢四拾五千文，其錢當日隨契收足，自賣之後，任從出錢人管業布種收花，中間並無争執等事，此係兩願，各無異言，恐後無憑，立此永賣契存照。

再批：其糧照號開割過户輸糧照。

咸豐叁年九月　日立永賣契能豫押。

見兄　仁洲押。

仁釗押。

代筆　鴻逵押。

《清代寧波契約文書輯校・毛凑全賣田契》　立永賣契

凑全今因乏用，情願將繼父遺下民田壹處，土坐舟山岙，計田拾坵，（量）〔糧〕計貳畝零。其四址：上至河清田，下至元房田，裏外俱至賣內山爲界。又山壹處，土名同。其四址：上至崗下至水坑，裏至鐵爐頭墳，外至亨房山埋石爲界。又山壹處，土名同。其四址：上至横路下裏俱至契內田，外至榮森山埋石爲界，具立四址分明，情願出賣與坤山叔爲業，三面議開，田山共價錢壹百四拾八千文正，其錢當日隨契收足，自賣之後，任從出錢叔管業布種林養收花，中間並無争執等事，此係兩願，各無異言，恐後無憑，立此永賣契存照。

再批：其糧照號開割過户，其山內有墳壹塚，上至崗，下至拜壇脚埋石左右新頂埋石爲界並照。

咸豐叁年拾月　日立永賣契凑全押。

見中　樊世押。

見弟　學禎押。

代筆　仁洽押。

《清代寧波契約文書輯校・陳惠來賣田契》　立永賣契

陳惠來今因乏用，情願將父遺下分授民田壹處，坐落土名榆林砑盤坵王冬田，計田壹坵，（量）〔糧〕計壹畝三分零。其田四址：東至世耀田，南西俱至月房田，北至毛三裕田爲界。又壹處，土坐後朱監頭坵，計田貳坵，（量）〔糧〕計壹畝零。其四址：東南俱至懷僖田，西至秋波田，北至原有田。又後朱五斗地糧田壹坵，（量）〔糧〕計三分零。其四址：東至毛姓地，南至陳姓水銀田，西至塝，北至懷培田爲界。具立四址分明，情願出賣與毛坤山爲業，三面議開，田價錢壹百柒拾肆千文，其錢當日隨契收足，自賣之後，任從出錢人管業，即日立除票四十九都二莊陳惠來户內照號開割出除與五十一都一莊毛坤山户內收納，此係兩願，各無異言，恐後無憑，立此永賣契爲照。

咸豐三年拾月　日立永契陳惠來押。

見中　毛秉鑾押。

代筆　陸邦忠押。

《清代寧波契約文書輯校・王昌慶賣田契》　立永賣契

王昌慶等原有祖父遺下天田壹處，坐落新田黄反田，土名前莊，係篤字四百（念）〔廿〕貳號，（量）〔糧〕計貳畝七分七厘五毛，其字號畝分圻廾四址悉照丈量號册管業，爲因無錢使用，情願將前田一直出賣與毛坤山爲業，三面言明，田價錢叁拾千文，其錢當日隨契收足，外不另立領錢文契，所賣之田，憑從買主據契管業布種收花，即日立除票坐新昌（念）〔廿〕九都王世均户内出除與本都本莊毛坤山收入己户輸糧照號開割，中間内外伯叔兄弟子侄並無争執等事，今欲有憑，立此賣契永遠存照。

咸豐三年九月　日立永賣契王昌慶押。

同弟　昌明押。

見平　陳雲久押。

中　方阿四押。

代筆　胡高奎押。

《清代寧波契約文書輯校·毛榮佐賣田契》　立永賣契

榮佐今因乏用，情願將父遺下分授民田壹處，土坐寒風嶺橋塆，計田七圻，（量）〔糧〕計壹畝零。其四址：上至仁一田，下至溪坑並橋，裏至溪坑並山，外至溪坑並仁一山爲界，具立四址分明，情願出賣與坤山爲業，三面言明，田價錢五拾五千文，其錢當日隨契收足，自賣之後，任從出錢人管業布種收花，中間並無争執等事，此係兩願，各無異言，恐後無憑，立此永賣契存照。

再批：　其糧照號開割過户輸糧並照。

咸豐叁年十月　日立永賣契榮佐押。

見中兄　克慈押。

代筆侄　仁育押。

《清代寧波契約文書輯校·華霖同弟虎霖絶賣契》　立賣絶找契

華霖同弟虎霖今因乏用，情願將祖父遺下分授已田壹處，土坐大風岙口，其四址圻叚畝分俱前契載明，知明今不復具，情願絶賣與坤山爲業，三面議明，找價錢叁千七百文，其錢當日隨契收足，自找之後，任從出錢叔管業布種收花，並無再找回贖等情，此係兩願，各無異言，恐後無憑，立此找絶契存照。

再批：　其糧照號開割過户輸糧並照。

咸豐叁年拾壹月　日立永賣契華林押。

同弟　虎林押。

見中　珠霖押。

代筆　快霖押。

《清代寧波契約文書輯校·仁陸同弟仁瀚賣基地契》　立永賣契

仁陸同弟仁瀚今因乏用，情願將祖父遺下分授基地壹塊，土名老臺門底，（量）〔糧〕計壹分零。其四址：前至得業人墻脚，後至出業人並周生墻脚，裏至得業人並榮輝墻脚，外至得業人並有房、永倫滴水爲界，具立四址分明，情願出賣與坤山爲業，三面議開，基地價錢（念）〔廿〕四千貳百文，其錢當日隨契收足，自賣之後，任從出錢人起造興化，中間並無争執等事，此係兩願，各無異言，恐後無憑，立此永賣契存照。

再批：　出業人樓屋檐下車門行路出入無阻並照。

又批：　裏至榮輝並出業墻脚並裝厠貳眼，計明横壹丈直六尺五寸，出業人自己墻脚留路三尺五寸，出業人自己樓屋出入並照。

再批：　其糧照號開割過户並照。

咸豐三年十月　日立永賣契仁陸押。

同弟　仁瀚押。

見中　周生押。

見叔　向洳押。

代字　景新。

《清代寧波契約文書輯校·小香賣田契》　立永賣契

小香今因乏用，情願將元芳太祖祀田壹處，土坐上爿山，計田四圻，（量）〔糧〕計壹畝零。其四址：上至出業人更山，裏下俱至得業人田並得（分）〔份〕田，外至水坑爲界，具立四址分明，其田自己名下並絶户名下共三股得一。又繼父岳明、岳高名下六股得一，共得（分）〔份〕壹半，盡賣與坤山爲業，三面議開，計田價錢拾五千捌百文，其錢當日隨契收足，自賣之後，任從出錢人管業布種收花，中間並無争執等事，此係兩願，各無異言，恐後無憑，立此永賣契存照。

再批：　其糧照號開割過户輸糧，其田等更山自己名下壹半亦賣在内並照。

咸豐叁年七月　日立永賣契小香押。

見中　榮立押。

同　凑全押。

代筆　啓元押。

門邊。

《清代寧波契約文書輯校・榮傐同弟榮質賣屋契》　立允賣契

榮傐同弟榮質今因乏用，情願將祖父遺下更平地樓屋壹間，土坐老臺門邊。其四址：上至得業人地，下至永倫屋合柱，裏至得業人墻脚，外至街路，其屋上連椽瓦，下連基地，四圍門扇壁絡俱全，兩人名下九股得二股情願允與堂弟坤山爲業，言明屋價錢拾千零四百文正，其錢當日隨契收足，自賣之後，任從出錢人弟管業居住，中間並無争執等事。此係兩願，立此允賣契存照。

再批：　其糧照號照股開割並照。

咸豐叁年十月　立永賣契榮傐押。

同弟　榮質押。

見中　榮堃押。

代筆　榮俅。

《清代寧波契約文書輯校・榮俅賣屋契》　立永賣契

榮俅等今有祖父遺下平地樓屋壹間，土名老臺門後。其屋四址：上至得業人地，下至永倫屋合柱，裏至得業人墻脚並衕，外至大路，具立四址分明，情願將和房名下盡賣與坤山管業居住，其屋上連椽瓦，下連基地，四圍門扇壁（洛）〔絡〕俱全，三面言明，計屋價錢拾貳千文，其錢當日隨契收足，中間並無争執等事，此係兩願，立此永賣契存照。

再批：　其糧照號開割過户輸糧並照。

咸豐叁年七月　日立永賣契榮俅押。

同弟　榮倫押。

榮信押。

同　榮值押。

同侄　仁淦押。

見中　望得押。

榮俅筆。

《清代寧波契約文書輯校・松泉賣屋契》　立永賣契

松泉今因乏用，情願將祖父遺下更平地樓屋壹間，土坐老臺門後，（量）〔糧〕計三厘零。其四址：上裏俱至得業人地墻並周順墻脚，下至永倫屋合柱，外至大路爲界，具立四址分明，其屋上連椽瓦，下連基地，四圍門扇壁（落）〔絡〕俱全，情願將自己名下出賣與坤山爲業，三面言明，屋價錢四千五百文正，其錢當日隨契收足，自賣之後，任從出錢人弟管業居住，中間並無争執等事。此係兩願，立此永賣契存照。

又批：　其糧照號照股開割並照。

咸豐叁年十二月　日立永賣契松泉押。

見叔翁　榮俅押。

代字　靈紹押。

《清代寧波契約文書輯校・仁宇賣屋契》　立永賣契

仁宇今因乏錢用度，情願將太祖遺下平屋壹間半，坐落土名老臺門下路裏，糧貳分零。屋四址：上至坤山地，下至永倫合柱，裏至坤山與周雲墻脚，外至大路爲界，立四址分明，其屋合七股得一情願出賣與永振爲業，三面，計價錢一千文。

道光（念）〔廿〕八年七月　立永賣契仁宇押。

見侄　松水押。

親筆。

咸豐四年有找價契一紙未入買業簿。

此契咸豐三年十月契内出業照原契允歸與坤山爲業，取來計錢二千文。

陸邦忠筆。

《清代寧波契約文書輯校・仁釗賣屋契》　立永賣契

仁釗今因錢糧無辦，情願將太祖遺下平屋一間半，土名照依前仁宇契息，三面議開，計價錢一千〇五十文。

道光（念）〔廿〕八年七月　立永賣契仁釗押。

見叔　榮晏押。

代字　秉岳筆。

咸豐四年有找絶契一紙未入置業簿。

此契咸豐三年十月契內之業依原契允歸於坤山爲業，取來計錢貳千文。貳共錢二千。

陸邦忠筆。

《清代寧波契約文書輯校·陸邦忠賣屋換契》 換契

咸豐三年十月，陸邦忠自永振手允歸來仁宇、仁釗名下老臺門後平地樓屋壹間，屋契貳紙是他早賣與永振，將此契取來，原契批明先歸於坤山管業起造，當付貳契價錢四千文，永振亦不另立新契，陸邦忠批明爲據，故將老契換來存照。

仁宇道光（念）〔廿〕八年七月契賣永振。

仁釗道光（念）〔廿〕八年七月契賣永振。

見侄 松水

見叔 榮晏。

代筆 秉鍔。

親筆。

《清代寧波契約文書輯校·華霖賣田契》 立永賣契

華霖今因乏用，情願將祖父遺下民田一處，土坐大風岙，田計壹坵，糧貳分零。其四址：東南西俱以至得業人，北至水坑，情願出賣與坤山爲業，三面言，計價錢肆千文，其錢當日隨契收足，立永賣契照。

再批：其田言明收花作利，日後原價取還並照。

咸豐叁年五月 立永賣契華林。

代字 懷德。

同押。

《清代寧波契約文書輯校·榮培賣山契》 立永賣契

榮培今因乏用，情願將父遺下分授民山壹處，土坐黃坭畈細栗樹坑，計山壹爿，（量）〔糧〕計貳畝零。其四址：上至崗，下至墳山當崅埋石，左手直落小塆，右手直落埋石直落塆流水，裏至餘壽山小塆，外至得業人山爲界，具立四址分明，情願出賣與坤山爲業，三面言明，山價錢五拾貳千文，其錢當日隨契收足，自買之後，任從出錢人管業林養收花，中間並無争執等事，此係兩願，各無異言，恐後無憑，立此永賣契存照。

再批：其糧照號開割過户輸糧並照。

咸豐四年正月 日立永賣契榮培押。

見代字 榮恭押。

《清代寧波契約文書輯校·送金賣田契》 立永賣契

送金今因乏用，情願將董家坪高祖祀田一處，土坐老瓦廠前，計田貳坵，（量）〔糧〕計叁畝。其四址：東至報本堂並月房田，南至世耀並秉鑾田，西至世耀並榮應田，北至壽朋並月房田爲界，具立四址分明，其田六股得一將自己名下情願盡賣與坤山爲業，三面議開，田價錢（念）〔廿〕五千一百文，其錢當日隨契收足，自賣之後，任從出錢人管業輪流布種收花，中間並無争執等事，此係兩願，各無異言，恐後無憑，立此永賣契存照。

再批：其糧照號照股開割過户並照。

咸豐四年四月 日立永賣契送金押。

見中 榮清押。

代筆 明德押。

成化押。

《清代寧波契約文書輯校·美垚賣田契》 立永賣契

美垚等今因乏用，情願將太祖祀田壹處，土坐上麻車，計田叁坵，（量）〔糧〕計貳畝零。又壹處，寺前下漕，（量）〔糧〕計六分。又田貳坵，（量）〔糧〕計壹畝零。其四址知明不具，其田父名下叁拾股得一情願將得分（份）之田盡賣與坤山叔爲業，三面言明，田價錢捌千五百文正，其錢當日隨契收足，自賣之後，任從出錢人管業輪流布種收花，中間並無争執等事，此係兩願，各無異言，恐後無據，立此賣契存照。

再批：其糧照股開割過户輸糧並照。其祀火等項不涉得業人之事，出業人自當承值並照。

咸豐五年十一月 立永賣契美垚押。

同弟 美松押。

見伯 克鑾押。

代筆 鴻逵押。

《清代寧波契約文書輯校·毛慶秀賣山契》 立永賣契

慶秀今因乏錢用度，情願將父遺下分授民山壹處，坐落中華岙火夾塆，山計壹爿，其糧叁畝零。其四址：上至崗，下至溪，裏至得業人山埋石，外至慶方山埋石爲界，具立四址分明，情願出賣與坤山叔爲業。三面議開，山價錢陸拾貳千文正，其錢當日隨契收足，自賣之後，任從出錢人管業林養收花，中見並無房親争執等事，此係兩願，各無異言，恐後無據，立此賣契爲照。

再批：其良照股開割過户輸糧並照。

咸豐四年十月　日立永賣契慶秀押。

見中　南德押。

代字　慶方押。

《清代寧波契約文書輯校·毛山輝賣田契》　立永賣契

連山七都貳莊毛山輝今因父去世缺乏喪支，情願將開墾祀田壹處，坐落土名馬旱頭，計地田貳坵，糧計貳分零。其四址：上至夏房地，下至紊房田，裏至宋姓田，外至儉房地爲界，具立四址分明，其田情願出賣與剡源五拾壹都一莊毛坤山爲業，三面言明，墾田價錢拾叁千文正，其錢當日隨契收足，自賣之後，任從出錢人據契管業布種收花，中間並無伯叔兄弟子侄争執等事，亦無回贖找價等情，即日立除票七都二莊毛湘江户內墾田貳分情願出除與五十一都一莊毛坤山户內收户行糧照號推割，此係兩願，各無異言，立此賣契存照。

咸豐四年九月　立永賣契毛山輝押。

見中兄　聚金押。

石今押。

同侄　朋充押。

代字　瑶仙押。

《清代寧波契約文書輯校·毛永倫賣屋契》　立允賣契

永倫今有分授並自置平地樓屋壹間，土坐黄垙墻頭大路邊，屋計壹間，糧計七厘。其四址：裏至周生墻脚，外至大路，上至得業人合柱，下至有道屋合柱爲界。其屋上連椽瓦，下連基地，情願出賣與兄昆山爲業，三面言明，屋價錢念七千文，其錢當日隨契收足，自賣之後，任從出錢人管業修造，中間並無争執等事，此係兩願，各無異言，其糧亦即日照號開割過户輸糧並照。

咸豐四年捌月　立永賣契永倫押。

見弟　永順押。

代字　榮遇押。

《清代寧波契約文書輯校·聖裕賣屋契》　立永賣契

聖裕今因乏用，情願將父遺下分授平屋半間，坐後。又屋後地壹塊，共計糧五厘。其屋四址：前至兄聖瑞壁棟，後至得業人勘，左至得業人地，右至高屋中路爲界，具立四址分明，將此屋地情願出賣與昆山爲業，三面議開，地屋價錢叁拾貳千文，其錢當日隨契收足，自賣之後，任從出錢人管業改造居住，四位行路出入無阻。又高屋堂前更基地自己一半亦賣在內，中間並無争執等事，此係兩願，恐後無憑，立此永永賣契存照。

再批：其糧照號照間開割過户並照。

咸豐五年拾月　日立永賣契信裕押。

見兄　信瑞押。

同　信照押。

中　寅通押。

代筆　鴻逵押。

《清代寧波契約文書輯校·王昌忠賣田契》　立永賣契

王昌忠今因乏用，情願將父遺下分授民田壹處，土坐下王畈瓦窑門前，計田貳坵，量計貳畝零。其田四址：東至毛秀月更田，南至三壽並世耀田，西至陳姓並張姓更田，北至毛三裕田爲界。又梅樹塆田壹坵，量計三分零。其四址：東至得業人田並何姓田，南至，西至塘徑，北至毛玉林田爲界。又土名田拙，計田壹坵，量五分零。其四址：東至康姓田勘，南至張文杏田，西至毛世耀田，北至崇本堂田爲界，具立四址分明，情願出賣與毛坤山爲業，三面議開，田價錢肆拾五千文正，其錢當日隨契收足，自賣之後，任從出錢人管業布種收花，即日立除票五拾都一莊王哲房户內出除與五拾壹都一莊毛坤山户內收納，中間並無争執等事，此係兩願，各無異言，今欲有據，立此永賣契並除票爲照。

咸豐五年九月　立永賣契王昌忠押。

見弟　昌花押。

中　張永元押。

代筆　康美燕押。

《清代寧波契約文書輯校・王昌忠賣田契》　立永找賣契

立找契

王昌忠今因乏用，情願將父遺下分授民田壹處，土坐下王畈瓦窑門前，田貳坵。又一坵，土坐梅樹塘。又壹坵，土坐田，其四址畝分載明前契。此田情願盡找與毛坤山爲業，三面議開，找價錢叁拾叁千零六百文，其錢當日隨找收足，自找之後，任從出錢人管業布種收花，並無争執再找，亦無回贖等情，此係兩願，各無異言，恐後無憑，立此找契存照。

咸豐五年十一月　日立找契王昌忠押。

見弟　昌化押。

中　張永元押。

代筆　康美燕押。

《清代寧波契約文書輯校・吴位等立賣田契》　立永賣契

吴位等今因乏用，情願將自置關聖會更民田壹處，土坐嶺外，計田壹坵，量計貳分零。其四址：上至得業人並榮遇田，下至壽令田，裏至山，外至路爲界，具立四址分明，情願出賣與坤山爲業，三面議開，田價錢六千五百文，其錢當日隨契收足，自賣之後，任從出錢人管業布種收花，中間並無争執等事，此係兩願，各無異言，恐後無憑，立此永賣契存照。

再批：其糧照號開割過户輸糧並照。

咸豐五年五月　日立永賣契吴位押。

同會友　王忠國士位押。

安釗頂令押。

汝連妻押。

有仁押。

同會　安産榮喧押。

安單押。

仁任貴興押。

仁溥押。

仁聞恭林押。

見代　富金押。

《清代寧波契約文書輯校・榮遇同侄仁煦允賣地契》　立允賣契

榮遇同侄仁煦今因管業不便，情願將祖父遺下衆基地壹塊，土坐老臺門大路外。其四址：裏至大路，外至水坑，上至員有墻脚，下至月房合柱爲界，其地拾股得一，情願將自己名下盡出賣與坤山爲業，三面言明，地價錢貳千文，其錢當日隨契收足，自賣之後，任從出錢人管業，中間並無争執等事，其糧照號照股開割過户。此係兩願，各無異言，恐後無憑，立此永契存照。

咸豐五年十壹月　日立允賣契榮遇押。

同賣侄　仁煦押，筆。

《清代寧波契約文書輯校・長興同弟長法賣田契》　立永賣契

侄漲興同弟漲法今因乏用，情願將短嶼太祖客田土坐樟樹頭楊樹，計田拾壹坵，（量）〔糧〕計五畝零，其四址散闊知明不具，情願出賣與叔宗海爲業，三面議開，田價錢一千四百文，其錢當日隨契收足，自己名下任憑出錢叔管業輪流布種收花。其田言明照依年月原價取還，恐後無憑，立此永賣契存照。

再批：才法叔名下照股亦賣在内。

道光四年二月　日立永賣契侄漲興押。

同弟　漲法。

見叔　茂春押。

代筆　榮評押。

《清代寧波契約文書輯校・新昌俞邦朝賣田文契》　立賣田文契

新昌廿九都下蔡岙俞邦朝今立賣田文契。原有自置田壹處，土坐飯超頭，係福字七百七十九號天田壹坵，（量）〔糧〕計壹畝三分三厘，其四址畝分坵丬悉照丈量號册管業，爲因無錢使用，情願將前田一直出賣與奉邑毛坤山爲業，三面議開，田價錢（念）〔廿〕捌千文。其錢當日隨契收足，外不另立領錢文契，所賣之田任從買主據契管業收花，即日立除票坐新昌廿九都下蔡岙莊俞邦朝户内出除與本都本莊毛坤山户收入己户輸糧照號開割，中間並無争執等事，此係兩願，各無異言，今欲有據，立此賣田文契並除票爲照。

又田壹坵文契内未寫明照號量管業貳坵。

咸豐六年正月　日立賣田文契俞邦朝押。

通有押。

代筆　胡高奎押。

《清代寧波契約文書輯校・余年賣田契》　立永賣契

余年今因乏用，情願將祖父遺下分授僧田壹處，土坐麻家畈土名烏坭坵，計田貳坵。又地貳塊，（量）〔糧〕計壹畝零。其四址：上下俱至出業人更田，裏至山塝，外至水坑並得業人田爲界。具立四址分明，情願出賣與坤山爲業，三面議開，田價錢四拾千文。其錢當日隨契收足，自賣之後，任從出錢人管業布種收花，中間並無争執等事，此係兩願，各無異言，恐後無憑，立此永賣契存照。

再批：其糧照號開割過户輸糧並照。

咸豐六年九月　日立永賣契余年押。

見兄　堯年押。

堂兄　秉鑒押。

代筆　世恩押。

《清代寧波契約文書輯校・榮清榮明同侄懷令等賣山契》　立永賣契

房長榮清等今因乏用，情願將父遺下祀山壹處，土坐朱家岙外茅坪，毛竹雜木山壹爿，其四址：上至崗，下至塝，裏至啓印山，外至士富山爲界，具立四址分明。情願出賣與坤山爲業，三面言明，山價錢拾壹千文，其錢當日隨契收足，自賣之後，任從出錢人管業林養收花，中間並無争執等事，此係兩願，各無異言，恐後無憑，立此永賣契存照。

再批：絶户名下亦賣在内。

咸豐六年八月　立永賣契房長榮清押。

同弟　榮明押。

侄　懷令押。

見代　榮峻押。

《清代寧波契約文書輯校・仁哲賣田契》　立永賣契

仁哲今因乏用，情願將分授墾田壹處，坐落土名大水坑獲坑塝脚，計田五坵，（量）〔糧〕計壹畝零。其四址：上至出業人山，下至水坑，裏至路，外至水坑爲界，具立四址分明，情願出賣與坤山爲業，三面議開，田價錢叁拾千〇壹百文，其錢當日隨契收足，自賣之後，任從出錢人管業布種收花，中間並無争執等事，此係兩願，各無異言，恐後無憑，立此永賣契存照。

又批：田等山壹丈貳尺作田塝亦賣在内。其糧日後升科輸糧並照。

咸豐六年十月　立永賣契仁哲押。

見弟　仁吉押。

代筆　安全押。

《清代寧波契約文書輯校・昆林賣田契》　立永賣契

昆林今因乏用，情願將祖父遺下民田壹處，土坐黄公坪，計田四坵，（量）〔糧〕計壹畝五分零。其四址：上至鐵山脚更田，下至得業人田，裏至朝昌田塝，外至大路。又壹坵，上至餘壽田並山，下至得業人田，裏至朝昌田，外至山。又田貳坵，坐大路下，上至水坑，下與外俱至水坑，裏至塝爲界，具立四坵，四址分明，情願出賣與坤山爲業，三面議開，田價錢六拾貳千文，其錢當日隨契收足，自賣之後，任從出錢人管業布種收花，中間並無争執等事，此係兩願，各無異言，恐後無憑，立此永賣契存照。

再批：其糧照號開割過户輸糧並照。

咸豐六年拾貳月　立永賣契昆林押。

見叔　秉鑒押。

代筆　世恩押。

《清代寧波契約文書輯校・仁洸賣田契》　立永賣契

仁洸今因乏錢用度，情願將祖父遺下分授民田壹處，土名獨山脚，計田壹坵，糧計五分零。其四址：上至昆林田，下至河房衆田，裏至仁漢田，外至大路爲界，具立四址分明，情願出賣與坤山爲業，三面議開，田價錢（念）〔廿〕柒千文，其錢當日隨契收足，自賣之後，任從出錢人管業布種收花，中間並無争執等事，此係兩願，各無異言，恐後無憑，立此永賣契爲照。

再批：其糧照號開割過户輸糧並照。

咸豐六年十二月　立永賣契仁洸押。

見兄　仁漢押。

代筆親　徐蘭振押。

《清代寧波契約文書輯校·毛仁漢同弟毛仁沇賣田契》　立永賣契

仁漢同弟仁沇今因乏用，情願將太祖祀田壹處，土坐樟樹頭塘衕坑，田計四坵，糧計貳畝零。又壹處，土名同，糧計七分零。又屋基坵田壹坵，（量）〔糧〕計八分零。其四址知明不具，其田拾五股得一，情願出賣與坤山叔爲業，三面議開，田價錢拾貳千文，其錢當日隨契收足，自賣之後，任從出錢人管業輪流布種收花，中間並無争執等事，此係兩願，各無異言，恐後無憑，立此永賣契存照。

再批：其糧照股開割過户。

咸豐六年十二月　立永賣契仁漢押。

同弟　仁沇押。

見伯　仁倫押。

代筆親　徐蘭振押。

《清代寧波契約文書輯校·奎仁等賣田契》　立永賣契

奎仁同弟仁右今因乏用，情願將太祖祀田壹處，土坐上爿山，計田四坵，計糧五分零。其四址：上至山，下至得業人田，裏至紹分田，外至水坑爲界，具立四址分明，其田自己名下並絶户名下一併出賣與坤山爲業，三面議開，田價錢拾四千零五十文，其錢當日隨契收足，自賣之後，任從出錢人管業輪流布種收花，中間並無争執等事，此係兩願，各無異言，恐後無憑，立此永賣契存照。

再批：其糧照號開割過户輸糧。其田等更山自己名下壹半亦賣在内並照。

咸豐六年拾貳月　日立永賣契奎仁押。

見弟同賣　仁右押。

中　小香押。

代筆　凑全押。

《清代寧波契約文書輯校·毛門盛氏賣屋契》　立永賣契

毛門盛氏今因乏用，情願將平屋貳間，土坐中華岙四南坑口，糧計貳分零。其四址：前至田塍，後至墻並塍，左至慶秀屋墻脚，右至出業人屋柱大直出爲界。其屋上連椽瓦，下連基地，四圍門扇洛俱全，情願出賣與坤山叔爲業居柱，三面言明，屋價錢（念）〔廿〕七千文，其錢當日隨契收足，自賣之後，任從出錢人管業居住，中間並無争執等事，此係兩願，各無異言，恐後無憑，立此永賣契存照。

再批：其糧照號開割過户輸糧並照。

咸豐六年十二月　日立永賣契毛門盛氏押。

見中　南德押。

親　張南一押。

代筆　仁恩押。

《清代寧波契約文書輯校·毛壬水賣屋契》　立永賣契

壬水今因乏用，情願將祖父遺下更平屋基貳間，土坐老臺門路外，糧計壹分零。其四址：上至偕伯壽令伯兩房並得業人更地，下至得業人屋墻，裏至大路，外至大溪爲界。具立四址分明，其屋上連椽瓦，下連基地，四圍門扇壁落不全，情願將四股得一出賣與坤山伯爲業，三面議開，屋價錢（念）〔廿〕壹千文，其錢當日隨契收足，自賣之後，任從出錢人管業改造居住。又路裏厠基壹口四股得一亦賣在内，中間並無争執等事，此係兩願，各無異言，恐後無憑，立此永賣契爲照。

再批：其糧照號照股開割過户輸糧並照。

咸豐六年貳月　立永賣契壬水押。

見兄　昆林押。

親筆。

《清代寧波契約文書輯校·秉綱賣屋契》　立永賣契

秉綱今因乏用，情願將祖父遺下更平屋貳間，土坐老臺門前大路外。其四址：裏至出業人更平屋基爲界，外至得業人屋墻脚，前至大路，後至大溪爲界。具立四址分明，其屋上連椽瓦，下連基地，四圍門扇壁絡俱全。又路裏厠基壹眼，四址知明不具。情願將自己得份名下盡賣與坤山爲業，三面議開，平屋、厠共價錢拾四千七百文，其錢隨契收足，自賣之後，任從出錢人管業改造居住，中間並無争執等事，此係兩願，各無異言，恐後無憑，立此永賣契爲照。

再批：其糧照號照股開割過户輸糧並照。

咸豐六年拾壹月　立永賣契秉綱押。

中代　雲沼押。

《清代寧波契約文書輯校・世上賣祀田契》　立永賣契

世上今因乏用，情願將太祖祀田壹處，土名上麻車，計田三坵，糧計貳畝零。又寺前下漕田一坵，糧計貳畝零。其四址散闊，知明不具，其田卅股得一。又上麻車自己開墾田碗一個，四址亦知明不具。情願將己田並股頭田盡賣與坤山爲業，三面言明，田價錢拾柒千七佰文，其錢當日隨契收足，自賣之後，任從出錢人管業輪流收花，中間並無争執等事，此係兩願，各無翻悔，恐後無憑，立此永賣契存照。

再批：其糧照股開割並照。

咸豐柒年十二月　日立永賣契世上押。

見兄　克鑒押。

中　秉鑒押。

代筆　世恩押。

《清代寧波契約文書輯校・毛榮俫賣田契》　立永賣契

榮俫今因乏用，情願將父祀田壹處，土名獨山脚，田一坵，（量）〔糧〕計壹畝貳分零。其四址：裏至山脚，外至大路，上至昌揆並得業人田，下至報本堂田。又田壹坵，坐路外，糧計壹畝零。其四址：裏至大路，外至壽林田並溝，上至月房田，下至壬水田爲界，具立四址分明，其田五股得一自己名下情願盡賣與坤山爲業，三面議開，錢價錢（念）〔廿〕貳千文，其錢當日隨契收足，自賣之後，任從出錢人管業輪流布種收花，中間並無争執等事，此係兩願無悔，恐後無憑，立此永賣契爲照。

再批：其田拾壹廿起眅，日後照此輪流推花作利，對年對月原價取贖並照。

咸豐陸年十月　立永賣契榮俫押。

見兄　榮僖押。

代男　華年押。

《清代寧波契約文書輯校・毛榮僖賣田契》　立永賣契

榮僖今因乏用，情願將三股得一祀田壹處，土名鐵山，計田七坵，（量）〔糧〕計五畝零。其四址：東至一帶水坑，南至山，西至山，北至國賣田爲界。具立四址分明，情願賣與坤山爲業，三面議開，田價錢叁拾貳千文，其錢當日隨契收足，自賣之後，任從出錢人管業輪流布種收花，中間並無争執等事，此係兩願無悔，恐後無憑，立此永賣契存照。

再批：其田推花作利日後照依年月原價取贖並照。

咸豐六年十二月　立永賣契榮僖押。

見代　仁弼押。

《清代寧波契約文書輯校・陳傳統賣山契》　立永賣契

陳傳統今因乏用，情願將祖父遺下分授大竹民山壹爿，土坐前塢洪頭，（量）〔糧〕計拾五畝零。其四址裏至破大峒直落巖，外至破宋姓直上低峧，上至一帶延崗，下至田爲界，具立四址分明，情願出賣與毛坤山爲業，三面議開，山價錢（念）〔廿〕千文，其錢當日隨契收足，即日立除票五拾都一莊陳舊太户内民山拾五畝出除與伍拾壹都一莊毛坤山收户輸糧，照號開割，自賣之後，任從出錢人管業林養收花，中間並無争執等事，此係兩願無悔，恐後無憑，立此永賣契存照。

再批：有廠基墳不賣在内。

咸豐三年八月　日立永賣契陳傳統押。

見兄　傳緒押。

母舅　趙義武押。

親筆。

《清代寧波契約文書輯校・宗備賣地契》　立永賣契

宗備今因乏用，情願將將祖父遺下分授民地壹塊，土坐茅洋頭葛藤塆，計地貳爿，（量）〔糧〕計八分零。其四址：上至宗高田塍，下至地塍，裏至宗高山，外至得業人山，具立四址分明，情願出賣與坤山爲業，三面議開，地價錢叁千文，其錢當日隨契收足，自賣之後，任從出錢人管業布種收花，中間並無争執等事，此係兩願無悔，恐後無憑，立此永賣契爲照。

道光（念）〔廿〕九年九月　日立永賣契宗備押。

見中　宗高押。

代筆　全宗押。

《清代寧波契約文書輯校・連效賣祀田契》　立永賣契

連效今因母喪無辦，情願將界嶺益三太祖新置祀田壹處，土坐後潭嶺，糧計叁畝零。其四址致名不具，情願將此得（分）〔份〕名下拾五股得一盡賣與坤山爲業，面議田價錢四千五百文，其錢當日隨契收足，自賣之後，任從出錢人輪流布種收花，中間並無争執等事，此係兩願無悔，恐後無憑，立此永賣契爲照。

再批：其田照號照股開割過户並照。

其田咸豐七年輪着自己早便出並照。

咸豐六年九月　立永賣契連效押。

見中　永年押。

代字　源來押。

《清代寧波契約文書輯校·寶堂賣田契》　立永賣契

寶堂今因錢糧無辦，情願將克隆太祖祀田一代，其田四址散闊知明不具，情願將此田得（分）〔份〕名下出賣與坤山兄爲業，三面言明，田價錢一千一百文，其錢當日隨契收足，自賣之後，任從出錢人管業輪流布種收花，中間並無争執等事，此係兩願無悔，恐後無憑，立此永賣契存照。

咸豐六年二月　日立永賣契寶堂押。

見中　榮昌押。

代字　源來押。

《清代寧波契約文書輯校·仁郁賣田契》　立永賣契

侄孫仁郁今因錢糧無辦，情願將祖父遺下短峒太祖祀田一代，其土名坵段散闊，知明不具，（量）〔糧〕共計（念）〔廿〕餘畝，其四址面議不載，情願將自己得（分）〔份〕名下出賣與叔祖定全爲業，三面言明，祀田價錢七千文，其錢當日隨契收足，自賣之後，任從出錢人照股輪流收花，中間並無争執等事，内有當頭田王字公呑田壹畝不賣在内，其清明忌日俱以出業人自值，不涉得業人之事，錢不起利，田不起租，照依年份原錢取贖，恐後無憑，立此永賣契存照。

嘉慶廿五年　立永賣契仁郁押。

見弟　仁忠押。

代筆　聖恩押。

《清代寧波契約文書輯校·毛望生賣田契》　立永賣契

望生今因乏用，情願將祖父遺下更田與望三各得壹半，民田壹處，土坐中華呑白墳前，計田壹坵，糧計五分零。其四址：東西俱至月房田，南至月房，北至陳姓並月房田爲界，具立四址分明，情願出賣與坤山爲業，三面議開，田價錢九千五百文，其錢當日隨契收足，自賣之後，任從出錢人管業布種收花，中間並無争執等事，此係兩願無悔，恐後無憑，立此永賣契爲照。

再批：其糧照號開割過户輪糧並照。

咸豐六年八月　日立永賣契毛望生押。

見弟　望三押。

中　南德押。

榮堃筆。

《清代寧波契約文書輯校·毛望三賣田契》　立永賣契

望三今因乏用，情願將父祀田壹處，土坐中華呑白墳前，田計壹坵，糧計七分零。上下裏俱至月房田，外至陳姓更田爲界，具立四址分明，其田情願將自己得（分）〔份〕壹半盡賣與坤山爲業，三面議開，田價錢拾千零八百文，其錢當日隨契收足，自賣之後，任從出錢人管業輪流收花，中間並無争執等事，此係兩願無悔，恐後無憑，立此永賣契爲照。

再批：其糧照號照股開割過户並照。

咸豐七年十一月　日立永賣契望三押。

見兄　南德押。

代筆侄　金木押。

《清代寧波契約文書輯校·陳門曹氏絶賣山契》　立找絶契

陳門曹氏同子占稱今因夫故子幼乏用，情願將祖手遺下民山壹爿，土坐前鳴洪頭，（量）〔糧〕計拾五畝零。其四址：裏至破大峒直上巖，外至破宋姓小坵直上低峧，上至更延崗，下至田爲界，具立四址分明，情願出賣與毛坤山爲業，三面議開，山價錢五拾五千文，其錢當日隨契收足，其糧過户前契載明，自找之後，並無再找等情，此係兩願無悔，恐後無憑，立此找絶契永遠存照。

再批：山崗有陳姓墳一穴，下有廠基壹塊在外並照。

咸豐八年貳月　日立永賣找絶契陳門曹氏押。

見伯　陳傳緒押。

見親　趙義武押。

代字親　曹貴年押。

《清代寧波契約文書輯校・瑞芳同弟瑞江賣田契》　立永賣契

瑞芳同弟瑞剛今因乏用，情願將祖父遺下開墾民田壹處，計田貳坵，（量）〔糧〕計貳畝零，土坐花地棚，其四址：上至昆山並大毛田，下至二號房並一慶田，裏至恒月並大頭田，外至申後砂墩並昆水田爲界，具立四址分明，情願出賣與坤山爲業，三面言明，田價錢壹百拾叁千文，其錢當日隨契收足，自賣之後，任從出錢人管業布種收花，中間並無争執等事，此係兩願無悔，恐後無憑，立此永賣契爲照。

再批：其糧日後升科行糧過户輸糧並照。其田堰水須要出業人出干坵過水無阻並照。

咸豐七年十月　日立永賣契瑞芳押。

同弟　瑞江押。

見中　世玉押。

代筆　鴻逵押。

《清代寧波契約文書輯校・毛林高賣田契》　立永遠賣契

侄林高今因乏錢用度，情願將祖父遺下分授民田壹處，土坐毛洋中洋畈馬卯坵田等，計田四坵，（量）〔糧〕計貳畝零。其四址：上至兄仁哲田山並路，下至出業人馬卯坵更田塝，裏至水坑，外山溝爲界。又大水坑金瓜山脚，計田貳坵，糧計七分零。其四：上至林疇地，下至永振田，裏至林疇山，外至出業人竹山爲界，具立四址分明，其田貳處情願出賣與叔坤山爲業，三面議開，田價錢六拾七千文，其錢當日隨契收足，自賣之後，任從出錢叔管業布種收花，中間並無争執等事，此係兩願無悔，恐後無憑，立此永賣契存照。

再批：其糧照號開割過户輸糧並照。

咸豐七年十貳月　日立永賣契林高押。

見兄　仁哲押。

弟　林疇押。

代字　榮堃押。

《清代寧波契約文書輯校・員有同弟員來賣屋契》　立永賣契

員有同弟員來今因乏用，情願將祖父遺下平屋壹間，土坐老臺門口龍手，（量）〔糧〕計五分零。其四址：東至大路，西至水坑，南至員瑞屋合柱，北至榮僖衆地爲界，具立四址分明，其屋上連椽瓦，下連基地，四圍門扇壁絡俱全，前後行路出入無阻，屋後餘地壹半一併情願出賣與坤山爲業，三面言明，屋價錢五拾五千文，其錢當日隨契收足，自賣之後，任從出錢人管業居住，中間並無争執等事，此係兩願無悔，恐後無憑，立此永賣契存照。

再批：其糧照號照間開割過户輸糧並照。

咸豐七年七月　日立永賣契員有押。

同弟　員來押。

見中　世釗押。

代筆　榮森押。

《清代寧波契約文書輯校・永定允賣地契》　立允賣契

永定今因乏用，兩得其便，情願將分授基地壹處，土坐岩龜頭下老臺門口，計地壹塊，（量）〔糧〕計三厘零。其四址：前下俱至得業人，後至塝，上至永峻地照老訂埋石直進面訂埋石爲界，具立四址分明，情願出賣與坤山爲業，三面議開，地價錢（念）〔廿〕貳千文，其錢當日隨契收足，自賣之後，任從出錢人管業，中間並無争執等事，此係兩願無悔，恐後無憑，立此允賣契存照。

再批：其糧照號開割過户輸糧並照。

咸豐七年三月　日立允賣契永定押。

見弟　永寧押。

中　周林押。

同　世釗押。

見親　陸邦忠押。

代筆　世恩押。

《清代寧波契約文書輯校・仁宇同侄松泉賣田契》　立永賣契

仁宇同侄松泉今因乏用，情願將懋錫太祖祀田壹處，土坐樟樹頭塘衕坑，計田四丘，糧計貳畝零。其四址：東至山，南至陳壬泉並毛姓田，西至壬泉田，北至源有田。又田壹坵，（量）〔糧〕計七分。其四址：東至雲翹田，南至源有田，西至壬泉田，北至雲翹田。又中央畈，計田壹坵，糧計壹畝零。其四址：東至金元田，南至陳姓田並壬泉田，西至紊申田，北至壬泉並岩頭人田爲界，具立四址分明，其田九股得一情願出賣與坤山爲業，三面議開，三處田價錢（念）〔廿〕千文，其錢當日隨契收足，自賣之後，任從出錢人管業輪流布種收花，中間並無争執等事，此係兩願無悔，各無異言，恐後無憑，立此永賣契爲照。

再批：其田日後照依年月原價取贖。其祀火出業人自值，又仁釗名下亦賣在内並照。

咸豐七年十貳月　日立永賣契仁宇押。

同侄　松泉押。

見弟　華年押。

代字　啓源押。

《清代寧波契約文書輯校·秉岳賣屋契》　立永賣契秉岳今因乏用，情願將父遺下更平屋壹間，土坐老臺門路外。其四址：東至文秀屋墻脚，南至大路，西至得業人墻脚，北至大溪爲界，具立四址分明，其屋上連椽瓦，下連基地，四圍門扇壁絡俱全，其其自己得（分）〔份〕名下出賣與榮定爲業，三面議開，屋價錢一千文，其錢當日隨契收足，自賣之後，任從出錢管業收花，中間並無争執等事，此係兩願無悔，立此永賣契存照。

道光（念）〔廿〕年十二月　日立永賣契秉鍔押。

見中　文春。

親筆。

《清代巴縣檔案彙編·張鵬翱等出賣田房文約》　立契出賣田房文約人張鵬翱、鵬雲。

情因負債難償，弟兄商議，將父置産業請憑中證譚良才、陳煥章等將鵬翱本已受分正冲四方丘一丘，鵬雲將受分在左邊七柱三間瓦廂房一向，門窗户格俱全，情願出賣與弟鵬翽名下子孫永遠爲業。彼即憑中面議，鵬翱名下四方丘田價時值實價九七色銀六十二兩整，鵬雲名下受分左邊廂房房價時值實價九七色銀三十八兩整，通共九七色銀一百兩整。其銀入手現交，鵬翱、鵬雲二人即日各領各價，如數親收領訖，並不差欠分厘，亦無貨債準折。外有條糧，仍在户内撥出二分輸納。其田憑衆踏明，其房亦憑衆交楚。自賣之後，恁從鵬翽子孫永遠爲業，鵬翱、鵬雲二人子孫、已在未在人等不得别生枝節異言。倘有異言，有鵬翱、鵬雲二人承值。此係三家情願，中間並無逼勒等弊。恐口無憑，立出永賣一契永遠爲據。

實計時值時價：九七色銀一百兩整。書畫一包在内，酒水在外。

立契出賣田房文約人　張鵬翱

張鵬雲

同子　大秀

大禮

大中

大謨

大勳

譚良才

憑親族鄰人　陳煥章

舒林章

代筆　張扶九

《清代巴縣檔案彙編·乾隆四十一年十一月二十四日劉玉華定約》

立出賣定約人劉玉華

情因乏用，請憑中證，今將父祖遺留街房柒間，連後□門□□□有樓、竹山、園林、基址、石工等項，寸木片瓦一併俱全，悉行出賣與胡亮章名下子孫爲業。當憑中證面議，時值房價銅錢壹百叁拾千文整，彼即入手現交定價銅錢貳拾千文整，並無賬債扣算，貨物準折。其餘下剩劉姓請神搬移，恁憑胡姓擇期立契交價，二家不得失誤。自立定約之後，劉姓親族已在未在人等不得異言生端。亦有賣者不賣，接過定錢加賠交還買者，不買分文俱無。原議走邊書畫一併在内，灑水在外。此係二家情願，中間並無包買包賣等情。今恐人心不古，立出定約爲據。

内批：房屋竹山有損照價扣出

原中　冉國明

鄭朝相

説合　歐安倖

今憑衆賣到廖正元名下承買紅柑子秧三千，即日三家面議，價錢每根七文扣算，其錢入手親收。不得少欠分文，日後查出有白柑子秧，得一賠十。恐口無憑，立出賣約爲據。

廖亨泰
憑衆 王正順
余三爺

道光十七年冬月十五日 立出賣紅柑子秧人王長發親筆

《清代乾嘉道巴縣檔案選編・楊子鑒等買陰地文約》 立出買陰地人楊子鑒、楊品級二人。

得買蕭茂良父子名下陰地一塊，大地名紙曹，小地名豐香嘴。涪州長里下二甲蕭茂良，憑中證將陰地一塊出賣與楊子鑒、楊品級二人，遷修安厝。當日三家面議，價值銅錢六千四百文整。其錢彼即憑衆蕭姓父子親收領訖明白，並未少欠分文。其有四至界畔：前面齊田邊豐香樹，橫過左邊紅合嘴，直上嶺崗橫過後面抵松樹爲界。橫過抵干田直下右邊，直下抵大路爲界。四至界畔，憑衆踩踏明白，並未包賣他人寸地，冢内賣主不得侵犯，冢外楊姓不得霸佔。自賣之後，蕭姓父子叔侄老幼人等，已在未在人等，不得異言稱説。日後蕭姓父子人等倘若不賣，其錢一千退還十千文，不得別生異言。此係二家心甘情願，其中並無押逼屈從。今因人心不一，立出賣約一紙，與楊姓兄弟二人子孫永遠存據。

引進 秦天祥
中人 羅貞遠
見證人 陳大坤

乾隆四十八年三月初十日立出賣陰地人肖茂良，同男肖應富、肖應華

唐美玉
憑鄰證人 朱佔魁
黄茂猷
廖歲發
李上珍筆

立出定約人 劉玉華

《清代巴縣檔案彙編・乾隆五十七年四月十五日出賣鋪房文約李學達》

立出永賣房屋地基文約人李學達，因移業就業，將先年祖遺臨江坊石板街鋪面樓房地基五間，内載：七柱鋪面五間，連後批厦五間、樓板、地振，窗格、梯門、櫃檯、鋪板俱全。左邊鋪面，後吊樓厦子一間，樓板、樓扶各全。中間鋪面，後兩分水厨房一間，東廂五間，兩傍墻園後面地基寸土、寸木、寸石、片瓦一併在内。前抵官街，後抵羅宅墻脚爲界，左抵傅宅爲界，右抵官街爲界，四至分明毫無紊亂。請憑中證，情願永遠出賣與本城内居住曾汝垂名下管業。當日憑中議定九五色銀壹百捌拾兩整，入手現交，並無折算。原業走邊畫字一包在内，不與買主相干，酒水在外。自賣之後，聽憑曾姓自坐招佃，子孫永遠爲業。其有李姓叔侄、弟兄親族與已在未在塲人等，不得別生異言。倘有異言，係賣主一面承值，不與買主相干。此係二家情願，並無套哄逼勒等情。恐口無憑，同衆鄰、親友、中證立出永賣約壹紙爲據。

實計時價：九五色銀壹百捌拾兩整。

立出永賣鋪面房屋文約人 李學達
同子 李 棟
李 椿
憑中證約鄰親友 羅啓祥
楊東昇
唐樂齋
顔月□筆

永遠管業

《清代乾嘉道巴縣檔案選編・道光十七年王長發紅柑子秧賣約》 立出賣紅柑子秧文約人王長發。

案例文書

《敦煌殘卷爭訟文牒集釋・後唐清泰三年六月沙州儭司教授福集等狀》

西河都僧統印》 儭司教授福集、法律金光定、法律願請等狀。右奉處分。令執掌大衆儭利。從癸巳年六月一日以後，至丙申年六月一日以前，中間三年，應所有官施私施，疾病死亡，僧尼散施，及車頭齋儭，兼前儭回殘，所得綾錦，綿綾，絹緤，褐布，衣物，盤椀，臥具什物等，請諸寺僧首、禪律、老宿等，就净土寺筭會。逐年破除兼支給，以應管僧尼一一出唱，具名如左。巳年。官賜衣物，唱得布二千三百二十尺陰僧統和尚衣物，唱得布九千三十二尺。賈法律衣物，唱得布三百三十六尺。陰家夫人臨（曠）〔壙〕衣物，唱得布八百三十尺。甲午年。官施衣物，唱得布二千三百二十尺。又一件衣物，唱得布四千八百一十尺。又一件衣物，唱得布五千五百八十尺。龍、張僧正衣物，唱得布四千七百七十六尺。普、精進衣物，唱得布二千九百一十八尺。乙未年。曹僕射臨（曠）〔壙〕衣物，唱得布三千五百四十尺。大王臨壙衣物，唱得布八千三百二十尺。樑馬步臨壙衣物，唱得布五百一十尺。國無染衣物，唱得布三千四百十七五尺。普祥能衣物，唱得布二千五百八十尺。天公主花羅裙，唱得布八百尺。王僧統和尚衣物，唱得布六千三百八十二尺。孫法律衣物唱得布二千二百六十六尺。上件應出唱衣物，計得布五萬八千五百二尺。回殘樓機綾三匹。生絹五匹。黃小綾襖子一領。烏玉（要）〔腰〕帶一。鞓鞢具玖事。計又得見布八百四尺。麁緤三十匹。細緤七匹。絹一百二十八尺。綿綾二匹。官施見布四百尺。麁緤一十一匹。大綾二匹。辛相錦襖子價樓機綾二匹。散施綿綾三匹。又綿綾一匹。王僧統襖子價入。細緤六匹。麁緤七匹。又麁緤九匹絹價入。上件三年共得大小綾七匹。生絹五匹。綿綾五匹。生絹一百二十八尺。麁緤五十七匹，計一千四百五十二尺。細緤一十三匹。計三百二十五匹，布一千二百四尺。已前出唱衣物及見緤，右都計六萬一千四百五十六尺。出破數。樓機綾一匹，計上于闐皇后用。樓機一匹，贖鞍上官家用。大綾一匹，上司空用。又樓機綾一匹，沿大衆所用。生絹二匹，大雲、永安慶寺事用。又生絹二匹，郎君小娘子會親人事用。又生絹一匹，賀官鞍價用。生絹一匹，買麁緤九匹沿大衆用。生絹一匹，二月八日嘗法師用。生絹一匹，天公主上樑人事用。絹八尺，歸文寄信用。綿綾一匹，聖光寺慶鐘用。綿綾一匹，開元寺南殿上樑用。綿綾一匹，安國慶寺人事用。綿綾一匹，甘州天公主滿月人事用。綿綾一匹，二月八日嘗法師用。綿綾一匹，于闐僧鞔衣用。黃綿綾襖子一領，三界净土嘗法事用。細緤一十七匹，天公主滿月，及三年中間諸處人事等用。麁緤五十七尺，三年中間諸處人事用。七月十五日嘗樂人。二月八日嘗法師，禪生衣直，諸寺蘭若慶陽等用。布二千七百一十尺，三年中間沿僧門，八日法師，七月十五日談樂。三窟禪僧衣直，布薩慶陽弔孝等用。二百一十尺，申年修開永支布薩法事用。八十尺，嘗監儭和尚用。一百五十尺，嘗支儭大德三人用。九十尺，嘗都司三判官等用。二十尺，支大衆維那用。四百尺，給筭日供主用。二百四十尺，折醫路漆椀三枚用。已前件都計破得大小綾四匹，生絲八匹八尺。綿綾六匹，細緤三百二十五匹。麁緤一千四二十五尺。布三千九百尺。上件三年間破除外，見存大白綾一匹。樓機綾二匹。布五萬五千八百六尺。應管諸寺合儭僧計三百五十六人。沙彌一百六十三人。合全八十一人半。合得儭大戒式叉尼計三百七十九人。尼沙彌計七十一人。合全三十五人半。上件僧尼通計八百五十二人。各個支布六十尺，僧尼沙彌各支布三十尺。準前件見存額，半滿二種支付外，餘布四千六百八十六尺。右通前件三年中間，沿衆諸色出唱，人事、弔孝，嘗設、破除及見在，一一詣實。如前謹録狀上。伏請處分。牒件狀如前謹牒。清泰三年六月日

儭司法律願清牒

儭司教授福集

儭司法律金光定（後缺）

（宋）李昉等《文苑英華》卷五三〇《判・買賣不和判》 乙買賣不和，郭固以取財，科杖罪，郡以盜論，乙並不伏。

對

必藉美言，爰資善價，化其小大，是等精粗。乙之蚩蚩，叅市爲業，取諸噬嗑，乃競錐刀，既不我虞，遂成爾詐，惑亂爲意，高下在心。覽文

惠之，書漏晷豈，宜免罪披。蕭何之律，鄗固安得無辜？縣吏守文，加杖刑而爲當，郡僚無智，寧以盜而深疑，請據明文，斯爲適理。

《名公書判清明集》卷六《户婚門・已賣而不離業》 阿章紹定年内，將住房兩間併地基作三契，賣與徐麟，計錢一百五貫。當是時，阿章，寡婦也，徐鼎孫，卑幼也，律之條令，阿章固不當賣，徐麟亦不當買。但阿章一貧徹骨，他無産業，夫男俱亡，兩孫年幼，有可鬻以糊其口者，急於求售，要亦出於大不得已也。越兩年，徐十二援親鄰條法，吝贖爲業，亦既九年，阿章並無一詞。今年正月，忽同鼎孫陳詞，當來只典與徐麟，不曾斷賣，仍欲取贖。本縣已令徐十二交錢還業。今徐十二又有詞於府，稱是徐麟見其修整圓備，挾曩年吝贖之恨，扶合阿章、鼎孫，妄以斷賣爲典，且繳到贖回徐麟原買赤契三道。切詳此訟，阿章既有賣與徐麟赤契，分明該載出賣二字，謂之不曾賣，不可也。經隔十有餘年，若以寡婦、卑幼論之，出違條限，亦在不應受之域。向使外姓展轉得之，在阿章已斷無可贖之理。但參酌人情，阿章與徐十二爲從嫂叔，其可贖不可贖，尚有二説。據阿章供稱，見與其孫居於此屋，初不曾離業。倘果如此，則徐十二合念其嫂當來不得已而出賣之意，復幸其孫克自植立，可復舊物，以爲蓋頭之地。楚人亡弓，楚人得之，何忍迫之出外，而使一老二孤無所歸乎！此阿章所以爲尚可贖也。但又據徐十二供，阿章離業已久，只因徐麟挾讎，教唆興詞。若果如是，則又難墮小人姦計，以滋無根之訟。大率官司予決，只有一可一否，不應兩開其説。但本府未審阿章果曾離業與否，難以遽爲一定之論。今兩詞並不到府，暑天又不欲牽連追對，宗族有争，所合審處。欲牒昌化佐官，更與從公契勘，限五日結絶，申。

《名公書判清明集》卷六《户婚門・執同分贖屋地》 理訴交易，自有條限。毛汝良典賣屋宇田地與陳自牧、陳潛，皆不止十年，毛永成執衆存白約，乃欲吝贖於十年之後。本縣援引條限，坐永成以虚妄之罪，在永成亦可以退聽。今復經府，理贖不已，若果生事健訟之徒，所合科斷。詳閲案卷，考究其事，則於法意人情，尚有當參酌者。大率小人瞞昧同分，私受自交易，多是歷年不使知之，所以陳訴者或在條限之外，此姑不論也。永成白約，固不可憑，使果是汝良分到自己之産，則必自有官印干照可憑，今不賫出，何以證永成白約之僞乎？此又不論也。但據永成訴，汝良所賣與陳自牧屋一間，係與其所居一間連桁共柱，若被自牧毁拆，則所居之屋不能自立，無以庇風雨，此人情也。又據永成訴，汝良將大堰桑地一段、黄土坑山一片，又童公溝水田一畝、梅家園桑地一段，典賣與陳潛，内大堰桑地有祖墳一所，他地他田，不許其贖可也，有祖墳之地，其不肖者賣之，稍有人心者贖而歸之，此意亦美，其可使之不贖乎？此人情也。使汝良當來已曾儘問，永成已曾批退，則屋雖共柱，地雖有墳，在永成今日亦難言矣。今汝良供吐，既稱當來交易，永成委不曾着押批退，則共柱之屋，與其使外人毁拆，有墳之地，與其使他人作踐，豈若仍歸之有分兄弟乎！今官司從公區處，欲牒唤上毛汝良、陳自牧、陳潛，將屋二間及大堰有祖墳桑地一畝，照原價仍兑還毛永成爲業，其餘黄土坑山、童公溝田、梅家園桑地，並聽陳潛等照契管業，庶幾法意人情，兩不相礙。陳自牧、陳潛既爲士人，亦須諳曉道理，若能捨此些小屋地，非特義舉，亦免争訴追呼之擾，所失少而所得多矣。

《名公書判清明集》卷六《户婚門・出業後買主以價高而反悔》 李震卿同母倪氏，三月内以八石六斗種田賣盧興嗣，斷下價錢五百五十貫。盧興嗣親履畝爲之打量，倩佃客爲之僉認，先定租管業，而後立契交錢，盧興嗣可謂防之周，審之熟矣。方其立約之初，盧興嗣尚疑李震卿有反悔之意，遂令立文字，明言先悔者罰錢一百貫入官。則當來興嗣買震卿之田，惟恐其不入手。盧興嗣令震卿寫契，明言别無卑幼，則盧興嗣雖高價與之交關，亦其本情之所願，非震卿套合牙人，以拐之也。已踰五閲月，不爲不久，尚執白契出官，是自違契限，自先返悔，罪罰詎可輕責乎！今盧興嗣爲見論其卑幼之説不可行，近方經僉廳入詞，論震卿有弟，年未及格。據震卿供稱，其弟幼年已過房，承叔父位下物業，震卿承父分，與過房弟初無相關。兼盧興嗣經府初詞，並無震卿有弟卑幼之説，豈容逐旋枝蔓其詞，眩惑官府。盧興嗣明知震卿年已及格，而與之交關，經百五十餘日，復以年未及格興詞。興嗣昨賫白契到官，詰問其故，據口稱所賣震卿之田，其價稍重，必欲監震卿原錢償之。揆之人情法意，尤爲不順。大凡人家貧乏，不得已而後出業。使盧興嗣反悔於六十日限之前，則李震卿所領交關錢，尚無恙也。今交關錢已半載，震卿爲父營葬支遣，一孔未必有存，若勒備原錢，以償興嗣，則交關條法不立契限也。若盧興嗣必欲取錢，則震卿須再出業，縱低價而求售於富家巨室，知其交關，見興詞訟，必未有以錢應副之者，反以爲重出業者之害。欲喚上李震卿同倪氏，當官責批還盧興嗣，明言仰盧興嗣憑契管業，如向後過房弟或有争執，仰震卿別抽己分田，照先來交管田段租額，抵還過房弟，不涉盧興嗣之事，庶可以釋其疑。欲併乞照示盧興嗣，日下税契管業，如敢再詞，煩紊使、府，乞先照責罪罰行，後依原約，庶以爲嚚訟者之戒。

《名公書判清明集》卷九《户婚門·出繼子賣本生位業》 所擬已爲詳盡。余自强出繼余端禮，係是紹定五年經縣，經提刑司除附，張皇如此，誰不知之？李宅買自强田業，印契乃在紹定六年正月，則是自强於出繼一年之後，盗賣本生家田，李宅明知違法，而明與交易也。設使余自强不曾出繼別位，而瞞昧母親出賣，猶合錢歸官，業還主，而況爲他位之子，乃盗賣本生位之業，違法悖理，莫此爲甚。李安撫宅抵拒監司、州郡及御史臺已判斷毁抹之契，十五年不肯出官，强行收苗，横已甚矣！縱不監李宅苗還許氏，豈有監錢還李宅之理？余自强、夏潭各從杖八十，並監納苗錢入官。僞契非特假作許氏花押，兼所寫字畫皆在朱印之上，又無年月，全不成契照，可見作僞之拙，毁抹附案。業還許氏管佃。餘照擬行，仍申御史臺照會。

《名公書判清明集》卷九《户婚門·卑幼為所生父賣業》 此項齊元龜訴業事，本州僉廳之所斷，本司檢法之所擬，皆爲失之。天下豈有二父二本之理也哉？撫育之恩固深，而繼承之義尤重，爲人後者，不得顧其私親。設齊元龜訴取其父之業爲不當，則齊元龜席捲其業以歸齊公旦之家，亦不必爲齊司法之子，而繼絶，檢校之條皆可廢矣。此不特於法有礙，而於理亦有礙，使人不知有父子之大倫者，皆自兹始也。況卑幼産業爲尊長盗賣，許其不以年限陳乞。齊元龜陳乞於齊公旦死後，亦非可以釐革論。但本司不欲侵運司事，難以裁斷，給據付齊元龜，仰更自經州陳訴。

《名公書判清明集》卷九《户婚門·母在與兄弟有分》 交易田宅，自有正條，母在，則合令其母爲契首，兄弟未分析，則合令兄弟同共成契，未有母在堂，兄弟五人俱存，而一人自可典田者。魏峻母李氏尚存，有兄魏峴，魏峽、弟魏嶠，若欲典賣田宅，合從其母立契，兄弟五人同時着押可也。魏峻不肖飲博，要得錢物使用，遂將衆分田業，就丘汝礪處典錢。豪民不仁，知有兼并，而不知有條令，公然與之交易。危文謨爲牙，實同謀助成其事。有詞到官，丘汝礪、危文謨不循理法，却妄稱是魏峻承分物業，不知欲置其母兄於何地？又稱是魏峻來丘汝礪家交易，危文謨責契往李氏家着押，只據所供，便是李氏不曾自去交易分明。魏峻雖是未曾出官，其事自可定斷，照違法交易條，錢没官，業還主，契且附案，候催追魏峻監錢足日毁抹。丘汝礪、危文謨犯在赦前，自合免罪，但危文謨妄詞抵執，欺罔官司，敗壞人家不肖子弟，不容不懲，勘杖六十，仍舊召保。如魏峻監錢不足，照條監牙保人均備。張五十契内無名，併丘汝礪放。

《名公書判清明集》卷九《户婚門·重疊》 王益之家園屋、地基既典賣與徐克儉，又典賣與舒元琇，考其投見年月，皆不出乎淳祐元年八、九月之間，其謂之重疊明矣。舒元琇家收得上手，徐克儉家批得關書，若論年月，無大相遠。但徐克儉家却有王益之父王元喜典來一契，本亦疑其非真，及追到出産人、牙人及見知人王安然所供，委有來歷，王元喜之契實真非僞。則徐克儉當得業，而舒元琇不當得業矣。王益之乃重疊出業之人，勘據所供，稱欠王規酒米錢一百貫官會，被展轉起息筭利至三百餘貫，逼令寫下典契。舒元琇者，乃王規所立之詭名也。牙人陳思聰所供亦然。在法：典賣田地，以有利債負準折價錢者，業還主，錢不追。如此，則舒元琇交關委是違法，上件屋業合還元典主徐克儉管佃。又法：諸以己田宅重疊典賣者，杖一百，牙保知情與同罪。王益之重疊，陳思聰知情，並合照條勘杖一百。徐克儉干照給還，舒元琇干照毁抹附案。

《名公書判清明集》卷九《户婚門·賣墓木》 照得鄭茂與冷彦哲互争，初詞止緣鄭文禮兄弟斫伐墳木，賣與冷彦哲。續後冷彦哲父冷濬義供稱鄭茂贖田，還錢未盡。鄭茂再狀論冷彦哲殺牛，犒斫木人。此特其枝詞蔓說，官司何必深信。蓋嘗聞諸民間，固有嗜利之家，每樂於以輕價典人物業，而又幸其無錢可以收贖者矣。今冷濬義昨所典鄭茂田地，既是正行交易，豈應被鄭茂假寫錢，會，脱卸取去。況嘉定八年以來，無復有詞理索，及招鄭茂陳論之後，方始以贖田欠錢爲詞，則其説誠難信也。既又見諸條令，禁止宰牛，或告或捕，皆有不可誣者矣。今鄭茂所訴冷彦哲殺牛，但止憑口述，元無分毫贓證。況去年正月入狀之初，未嘗有此情節，及招冷彦哲解論之後，却再以殺牛犒夫爲詞，則其説果足信哉？至如斫伐墓木，衷私賣買，以致興訟，此其事頗於風教有傷，在官司不得不加體察。昨經使、府台判，亦既灼見其不孝不仁矣。今准帖命再行審定，據鄭茂狀，論鄭文禮兄弟斫賣衆祖墳畔木植，其鄭文禮雖稱係斫他挾户鄭舟山内之木，然既曰親堂叔姪，吾翁即若翁，應墳畔林木，蓋均之不可剪伐。拖照鄰保，昨具到山圖，亦有鄭舟墓地一穴，在衆祖墳側分明，鄭文禮姑指之以爲挾户，則是弗顧其乃祖墓木，而故賣之，其爲不孝也特甚！又據冷彦哲賫出元買鄭文禮木植手批，其中聲説自用斫伐，搬檐出賣，不涉買主之事。然車彦超千四乃兩下所同攀證之人，拖照車彦超稱是冷彦哲昨與鄭茂交争之時，係同在其祖墳山上，則亦明知是鄭氏墳木，而故買之，其爲不仁孰甚焉！定驗至此，鄭文禮擅賣墳木之罪，若果不可逃，則冷彦哲知情而買木，亦當與之同坐。所有斫下木植，昨來知縣李宣教雖欲拘樁，然其木並皆見在，合併申使、府，取自台旨施行。

（明）蘇茂相《新鐫官板律例臨民寶鏡》卷八《産業類審語·找田價》　陳庭輔方今二十六年，公買嫡侄師旦承分園房，價明契絶，而後疊找銀二兩五錢，一已甚矣，詎可再乎！堯齡貪婪無厭，更挾老父以興戎，誣擬是也。但庭槐老矣耄矣。庭輔買業於其子，而阿翁一名一押不見契書，能無伏争端耶！父子兄弟之間，又不可以常理論也。量判斷根銀一兩，永銷異日隴蜀之念。

（明）蘇茂相《新鐫官板律例臨民寶鏡》卷八《産業類審語·贖回故業》　林茂真用銀十兩買田四十三畝並附近荒地二十三畝，後用工開墾成田，找成六十六畝。田多價少，鄭漢之告似若有因。例田産五年以上不許執争，而鄭漢賣契在嘉靖四十年，收户經今三十餘載矣。據其親筆文契稱，兵荒之後，田産業荒蕪，米餉負累，情願出賣，仍書開墾成田之時，田主並無反悔。則當時所賣者荒地耳，非熟田也。計開墾之費十倍於田，而四十三畝之外又墾田二十三畝，原與漢無干。已經丈受米即爲林産，非漢所得而争也。想彼賣時，鄭漢得銀一十兩，而茂真爲代納，其志原已足。近見各處田值日高，此田值甚賤，遂隱情捏告。殊不知破城之後，如此類者，非止一漢然也。如遂其計，則莆中亂後置業者，當盡歸故主，一縣田産俱當日還。例不可開，然中間必有欲利其田而主之者。本當追究，但葉外生枝，且牽連不已，姑以本犯論罪。

（明）蘇茂相《新鐫官板律例臨民寶鏡》卷八《錢債類審語·唆父僥債》　契在債則誰諉，父在子難擅賣。原銀陳君舉，自借自還不得混。以老父凄身之區，作己債搪抵之注，而巧生騙局，更唆老悖以出辭也。

（明）祁彪佳《按吴親審檄稿·一件勢佔事》　行據周推官解犯邵塘等到院，審得周吾以房屋一所初典之邵塘、范成，得銀五十兩，後絶賣得銀五十兩，原契現在可據也。吾又盗賣於人，累塘費銀八十兩贖回。吾又勒其搬揚銀二十兩，而今反誑告塘、成，何其刁横也。以百兩絶賣之房，而無端使增出八十兩，則後之勒加二十兩，何名乎？應追還與邵塘。房立刻逐出於邵塘居住。吾責之。相應立案。

右行蘇刑官。

（明）祁彪佳《按吴親審檄稿·一件剿寡事》　行據松江府張同知解犯董復元等到院，審得董復元於崇禎元年買范必懋之地五畝，原契現在，即范貴所出復元之欠票，則益見地之係明買者矣。乃范必忠乘必懋身故，思争其地，輒與争種，又令張氏出告，皆必忠之狡也。搶告，責之。地斷元管業。立案。

右行松海防

（明）祁彪佳《莆陽讞牘》卷一《一件吞業滅裡事》　審得林永年父興周，萬曆七年以園一所共六畝餘賣之鄭壺陽先生。壺陽於萬曆十年轉賣之黄瑞山。當林賣鄭時，繳有天房林士養兑换此園之合同，及鄭賣黄時，又繳有興周退户之付文，授受昭然。而永年欲以爲假契，謬矣。鄭宦居家清苦，買業不數年而即賣，事固有之。若黄之契係假，何不徑假興周之契，而又轉一鄭契乎？林爾夏年少何知？即同在事之陳廷春，語亦未足信也。若黄有假捏，當時必反税印，以爲告争。張本無印不足難黄也。且時隔四十餘年，永年猶然一貧兒也，何昔之忘，而今突争耶？永年聾疾，究皆爾夏唆之争贖，以圖利耳。四十餘年之業，時移事遷，殊不便於贖也，但黄維楨歷年享有果利，揆其源，皆業主惠也，姑令出找價銀六兩以杜釁隙。爾夏唆兄，杖之。餘免科。

（明）祁彪佳《莆陽讞牘》卷一《本府一起滅寡事》　審得周名藩以房一所典之叔國長，得銀二十二兩。國長令其出房，而名藩先以贖田爲抵。查公田十四畝共分之，朝孔、祖日皆同名藩簽契收户久矣。今朝孔、祖日皆相安無言，而名藩獨曉曉告争，明是貧而思非分之求耳。名藩自田一畝賣得銀一十七兩，亦已收户，屬國長管業八年矣，斷無可贖之理。且名藩力不能贖，意亦不在贖，不過圖些須之找耳。明買明賣，銀契昭然，找之門亦不可開。或念名藩之母久寡而子不肖，菽水不給，則勸國長義周之銀二兩。然惟國長之甘願耳，本館不之强，且恐又涉找價之名目也。名藩親手賣田反唆母争訐，杖之。房屋聽國長管。名藩執一收契乃周生普者，非國長也，不許混抵。

（明）祁彪佳《莆陽讞牘》卷一《一件滅祖殃宗事》 審得詹二娘即子嬰游蕩不務生理，專一盗賣祖業。有祖遺屯田二十三畝，應族衆弘宇頂管，子嬰乃盗典之黄聳林，經糧館徐斷還回贖。近又將祖産五畝八分稱爲己業，欲盗賣之。鄉宦族衆詹應宗等知覺奔訴中止。子嬰又稱四十五年有銀一十三兩借之祖祠。查是時族衆將公田七畝僉賣郭平山，得價六十八兩，其十三兩已還訖矣。况其餘之銀俱屬子嬰父子使用，子嬰出用薄於袖中可據也。豈有十三兩之貸尚未還乎？子嬰又詭捏四十八年借銀十三兩之契，詐稱賣田在前貸銀在後。不思族衆豈數年之間有兩次十三兩之貸，審係假造。子嬰誣通族以取財則不仁，盗祖業以圖利則不孝。蓋無賴刁棍不齒於通宗久矣。莆中盗獻之風正熾，當杖子嬰並枷責以爲戒。至於祖之祭租原賣郭平山者，例不慮贖，或姑念祭産非一人之業，聽族衆公共共贖回，然亦須增平山之價十兩，如平山不願亦不必强也。

（明）祁彪佳《莆陽讞牘》卷一《本府一件滅祖盗賣事》 審得林敬修原撥二十石另爲嫡孫之産。今長子無孫，開芳非嫡孫，亦長孫也。林訓原撥租八石與開芳，後防館祇斷二石，以致開芳再告。姑於二石外再加三石，共足五石之數。林果十石内撥出二石，林顯八石内撥出一石與開芳。原租已賣，准銀一十二兩給主，開芳以侄訐叔，杖之。

（明）祁彪佳《莆陽讞牘》卷二《一件朋奸罩業事》 審得朱志皋貧而無賴，以房四間賣之兄志貴，得銀三十三兩，房應志貴管業矣。而志皋復將此房典許宦，得銀四十兩。一房兩契，致有此訟。今志皋願將别處房四間抵還許銀，而原房四間應仍聽志貴管業。志皋疊賣可恨，杖之。

（明）祁彪佳《莆陽讞牘》卷二《僊游縣一件佔剎事》 李爵四之山公賣與李邦英，邦英抽賣與蔡輝宇，即有誤不在蔡也，况爵四意祇在索輝宇之貼乎。

（明）祁彪佳《莆陽讞牘》卷二《一起滅祖大逆事》 看得陳子壽衆山一所，經子良等房衆簽契明賣，則此山應爲林振宇有明矣。乃子良等以子壽外出不聞之子壽，致有此告。行拘聞子壽亦已簽契同賣，尚復何詞？山准振宇永管業，子良、陳齊、陳可各罰穀一石，免究。

（明）祁彪佳《莆陽讞牘》卷二《莆田縣一件滅裡獻騙事》 田土交易有一定之例，所稱價外勒價，賣後另賣，切中莆邑之積習，當痛除之。陸元武等既經和息，依擬薄罰，取實收繳。

（明）顔俊彦《盟水齋存牘》卷一《刁訟盧起陽杖》 審得盧起陽外出，其男盧于真將田分賣與梁子盛、賴炳宇，得價贍用。今陽回家，自當查實，借價贖回，乃竟不容起業，以致子盛有詞。今既處明，姑不深究，杖起陽以懲輕訟。

（明）顔俊彦《盟水齋存牘》卷一《刁訟甘韶可杖》 審得甘韶可共買甘彦聽田肆畝九分，已經縣審，中券甚明。彦聽將内八分重賣與馮啓端，以致涉訟。縣斷韶可找銀四兩爲彦聽洗業，田聽韶可管業，啓端自聽彦聽取價，可謂區處極當。而韶可復有傾殺之控，搬租掠牛，張皇其詞，何刁健也。念已結之案不堪重科，薄杖韶可以儆其多事可也。招詳。

糧儲道批：此訟該縣原斷情法已協，何韶可之嘵嘵不已也？依擬折鈔發落，餘如照，行庫收繳。

（明）顔俊彦《盟水齋存牘》卷一《刁訟屈景戴杖》 審得楊氏無子，其諸侄屈可超等以插花紛紛訐訟，業經番禺縣審明詳允在案。查原審有田聽楊氏自贍之語，屈景戴之田果係父買，明中正契，何不争之縣審之時、而於詳允之後又起波瀾也？田土之事斷不能離縣勘審，别有遥斷。職奉憲檄，唯有具縣原牘以進耳。屈景戴事後生端，杖以儆之，餘人免科。招詳。

布政司批：楊氏田縣斷已定，屈景戴欺寡復訟，仰加責二十板，依擬杖折發落，餘如照，庫收繳。

（明）顔俊彦《盟水齋存牘》卷一《争山何海崗杖》 審得冼氏之夫黎定彝存買何昭迪之山在二十五年，不爲不久矣。李麟鮫買何海崗之地則在舊年十月間事也，買期固有先後，賣主總是一家。昭迪即海崗之父，後地即前賣相關，一産二主，安得冼氏無勢豪挖骨之控也？海崗果有剩産，誰禁其廢？然經查勘，則麟鮫之新葬實侵於冼氏先買之丈尺，買主理直，海崗不得辭其責矣。合斷海崗查照父賣前契四至界分清還，冼氏不失故物，而麟鮫原出山價聽崗吐償，理法正而争端息也。海崗本當重究，姑念貧愚無知，量杖以懲，仍加責以盡厥辜。李麟鮫係廣文也，年耄被瞞，情出不知，與冼氏女流之添詞，均應免究。招詳。

布政司批：依擬何海崗加責二十板，贖杖發落。繳。

（明）顔俊彦《盟水齋存牘》卷一《争山盧垣杖》　審得恒興蘇大望塋山相連，皆買自徐嵩岳之業，在盧已二十餘年，在蘇已四有餘載，兩家之葬非一日矣。設有疆界不明，賣主現在，可明質也。乃恒突以掘骸發冢控，則誕甚矣。相應杖儆，各照原契四至管業，不得越争。嵩岳以賣主不行理直，致啓釁端，亦應量治，念其貧也，貰之。招詳。

使司清軍道批：依擬發落。餘如照，庫收繳。

本府批：蘇嵩岳賣主現存，乃盧恒二十餘年，蘇大望亦越四年，無端而有發冢之鳴，殊可恨也。俱如詳行，仍候道示繳。

（明）顔俊彦《盟水齋存牘》卷二《息訟湯履昭等杖》　審得湯履昭與湯衷赤以房産交易，中有不明，遂致啓釁。履昭以賭殺控憲，拘齊審質，而抱息以進。與民無訟，上臺之心，而詞則大不根矣。各杖示懲，招詳。

布政司批：湯履昭以交易不明而各捏詞構訐，均屬無良。念已悔息，姑依擬薄懲贖發，庫收繳。

按察司批：湯履昭、湯衷赤以交易細事争訟，不爲無罪。依擬贖發，庫收繳。

（明）顔俊彦《盟水齋存牘》卷二《争田陳冲垣等杖》　審得羅彦斐授陳冲垣之田五十二畝，得銀二百二十兩，此賣也，非按也。中人譚啓泰等現證税契，鑿鑿可據。乃彦斐以尚有欠數，抑何所據乎？但田未過册，欲贖則應聽備銀回贖，而田價約五兩一畝，此係實價，不得引半價之例，復起争端。兩造中證，當堂質對已明也。彦斐、冲垣各詞互執，俱不無添駕，均杖之。招詳。

按察司批：已賣之田求贖，應歸原價，自是無疑。況詞多互執添捏，併杖允當。但羅彦斐方在備價贖田，姑免。陳冲垣折贖發落。餘照斷，庫收繳。

（明）顔俊彦《盟水齋存牘》卷二《訟債李錦寰等杖》　審得朱國翰止屋一間，先按李錦寰、何卓宇銀四十兩，後又按梁悦聰銀二十二兩九錢，合子（毋）〔母〕計之，則已不啻兩倍之矣。國翰避債遠遁，聽錦寰等之自争。翰兄生員朱國藩任其處分，而三人必欲取償原額，亦何從踏破鐵鞋而覓避債之人乎？據稱此屋僅值百金，應斷國藩轉賣，以六償寰與宇，以四償聰。三人者尚咨嗟不已。則聽國翰或有窮極而富之日，償之而已，亦無别法也。悦聰、錦寰、卓宇嗜利各執，均杖之，招詳。

提學道批：李錦寰等依擬贖發，餘如斷，庫收繳。

（明）顔俊彦《盟水齋存牘》卷二《息訟錢茂倫杖》　審得韋紹宇葬地買自錢茂倫，中契甚明，但茂倫爲何氏守山之人，安得而賣諸？紹宇誤矣。隨有林同等爲之處分，令紹宇貼何之價而許無遷其葬，兩造亦允服矣。茂倫法應重究，念既勸息，姑從杖懲。招詳。

布政司批：錢茂倫受雇看山，擅賣主業，杖豈蔽辜，念既悔息，姑依擬贖發。庫收繳。

提學道批：錢茂倫依擬杖贖，庫收繳。

（明）顔俊彦《盟水齋存牘》卷三《争地譚公位杖》　審得譚公卓將地三分按揭陳羅峰銀一兩，同族譚公位隨將銀贖回，乃以十歲之譚觀隆出注，訟稱宄獻。夫果宄獻，何不先告後贖，而先贖後告耶？其爲公卓自業自賣，公位利其業而贖之，借告以箝其口耳。一兩交易，所争甚微，公卓亦不甚争，可聽之矣。公位、羅峰各薄杖以儆其多事。招詳。

兵巡道批：譚公位既向陳羅峰贖業矣，此告是亦不可以已乎。依擬發落，庫收繳。

（明）顔俊彦《盟水齋存牘》卷三《争塘劉祥縣詳》　審得已故嚴宧之僕徐季龍，借其主之名色，爲有影無形之事，如契寫曾志冲之田特其一事也。但季龍死矣，志冲死矣，嚴宧亦死矣。嚴宧之子甫十齡耳，倘群起而問之，可爲寒心。職前斷嚴福出洗業銀二十七兩，以了馮維梓前件，而不謂尚有魚塘三畝九分曾爲劉祥買自志冲者，祥所爲復有獻佔之控也。請如維梓例，斷嚴福再出銀十四兩給劉祥，併追其契附卷。今而後，向之空空有契者，至此有契有價，可爲子孫世守之業矣。是役也，總土宄潘念吾、黎禹臺爲之祟，痛（胞）〔飽〕桁楊，照原招發落。曾蓋卿倔倔一息。無法可施，免究。具詳。

海道批：曾志冲上首文契，併的筆與司縣税印文契，俱存劉祥手，嚴氏豈能持空契佔管人業？如斷，照例給與洗業追契附卷，而業始可長爲嚴氏有矣，土宄黎禹臺、潘念吾各杖，以爲串獻之懲。依擬發落，實收領狀繳。

布政司批：黎禹臺、潘念吾倚冰山而作祟，至於今日竟何益哉！斷令照價贖契，永免争端，則冰山轉爲福田矣。依擬，禹臺、念吾各杖贖發。餘如照，庫收領狀繳。

（明）顔俊彦《盟水齋存牘》卷三《争屋陶耀之等杖》 審得閒必遇侄廷簡有濠畔街屋一所，按賣陶耀之是實，得銀六百兩，其屋價或不止此。而耀之富人，交多貴顯，未免用機術凌駕貧輩，必遇欲貼則不與，欲贖則不能。且稱貸非一，起息過本，富人腴囊，貧人剜肉，而曾無同井相恤之意，此所以憤而上控也。嗟乎！富而好行其德，此豈可望於今之人哉。必遇能贖，則備六百兩贖之。不能贖，則斷耀之貼百金洗業，如是而已。至於重利結債，如游魚自肯吞餌，止堪向隅，不堪語人也。各杖之，以破耀之之慳，以醒必遇之夢夢可也。招詳。

察院梁批：陶耀之買屋而恃富凌軋，與自墮機術之閒必遇併杖贖發，餘如斷行，庫收繳。

（明）顔俊彦《盟水齋存牘》卷三《争屋冼德等杖》 審得冼德所買房屋二座，買自杜華勳、杜熙陽。華勳、熙陽上手買自杜覺吾、杜覺釗，中契甚明。據王克脩稱，係外祖杜秀岳祠宇，被冼德拆滅，乃質之杜族諸人，無一出證，而止一效梅左祖克脩之説。夫秀岳故絶，即無親支，尚有疏族，果須婿家出保其祠宇耶。冼德之中契鑿然，雖有變更，應聽管業。若欲照價回贖，亦聽之杜族之能者，外姓不得而問也。王克脩、杜效梅之借題生端，各杖無詞。冼德詞稱封佔，亦涉添捏，併杖。餘免株求，招詳。

察院批：冼德買屋轉之多手，中契有據。王克脩欲以祖祠宇爲説，何不言於初賣之時，而突發於屢易之後乎？據斷情法妥貼，如擬照行，庫收繳。

（明）顔俊彦《盟水齋存牘》卷四《重賣産業趙友華杖》 審得趙友華、友中兄弟得價賣蘇偉忠之父蘇朝裔土名石藍沙田貳拾陸畝，已經廳縣兩斷，而偉忠母黄氏復有跳陷之控。據縣審，友華將前田内四畝四分重賣與羅孝廉。夫言重賣，則授者、受者俱罪不勝討，議補價壹拾肆兩以抵溢額，此調停之説也。今兩造俱稱貳拾陸畝，合行縣丈釘貳拾陸畝還蘇偉忠。其有溢額聽友華自取。若無溢額，則其賣之羅者聽友華别補，不得冒侵偉忠久承之業，如是而葛藤一斬矣。友華以浪子破家，復賣産不明以致啓釁，杖之。餘免苛求。招詳。

布政司批：依擬趙友華贖杖發落，如照，庫收繳。

（明）顔俊彦《盟水齋存牘》卷四《設計佔屋周李明杖》 審得周李明垂涎周效程之屋，乘效程之病以叁兩壹錢餌效程之子而化，誘其寫契，更倩一稚子周妙成出注，事成則已享其産，事敗則妙成受其罪，貪而且狡未有如李明其人者也。奉憲提審，再四規避，而止以無知之周妙成搪塞。問之妙成，亦期期不能置一語也。李明一杖不足盡辜，併請加責枷示，以徇國之設計吞佔者。原價叁兩壹錢追還李明，原屋聽周效程父子管業，而化父在而私自寫契，併杖之。具招詳。

蒙按察司批：周李明狡詐謀屋，而價僅什一，且多與挾成，真悍民也，加責二十板。依擬與不禀父命之周而化各杖贖發，給銀還屋，俱如照行，庫收領狀繳。

（明）顔俊彦《盟水齋存牘》卷四《争屋鍾繼志繼祖二杖》 審得陳傑之屋買自曹懋德，懋德買自鍾應鴻。明中正契，管住貳拾玖年無異。今傑以家業日落，不能有其業，轉賣生員陳貽王，其誰得而禁之。鍾繼志、繼祖突稱屋係贍軍之産，當日賃與陳傑，傑久假不歸。問其屋契，則曰已失。問其賃契，則曰已失。亦何所據乎？印照壹紙，未嘗開有四至坐向，亦難臆斷陳傑之屋爲即是印照之屋也。陳傑之契鑿鑿可據，而繼志、繼祖徒爲捕風捉影之説，其爲誣罔不待其詞之畢矣。陶紹文稱應鴻負渠叁拾金，果有之，亦自應向繼祖等索取，父債子還，陳傑何與焉？卑職諭陳傑貼繼祖銀拾兩湊還紹文，而傑老而貧，破産之人，不能代人還債亦情也。

然非是，則繼志、繼祖之心不死，不得不强之。繼祖、繼志憑空撤賴，各杖猶有餘罪。招詳。

軍門批：鍾繼祖、繼志各依擬贖發，餘照行，庫收領狀繳。

布按二司俱批：仰候軍門示行繳。

驛傳清軍道批：鍾繼祖等空憑撒賴，杖有餘辜，仰候軍門詳示行繳。

使司清軍道批：鍾繼祖、鍾繼志憑空賴業，貪昧異常，加責二十板，依擬贖杖發落，如照，庫收領狀繳。查軍門有行候批示繳。

（明）顔俊彦《盟水齋存牘》卷四《背斷沈賢思等杖》　審得沈天性有族沈賢俊、沈賢傑、沈君朝之庶子，君朝與父仕興商越石城兩世，死葬彼地。俊、傑兄弟將祖父所置南海田六畝賣出而永居石城。父田子賣，他人不得問也。乃其族沈賢思以棄祖斬祀之詞，肆其詐害，大屬無謂，已經縣斷有案。復唆俊、傑之嫡毋麥氏出告，至株連天性。天性所以有捉局之控以相報也。乃架稱衙蠹不鎖刑拷，説夢矣。今麥氏已故，俊、傑仍往石城，無可推托。賢思之多事，天性之溢詞，均杖以懲。招詳。

布政詞批：依擬沈賢思、沈天性各贖杖發落，如照，庫收繳。

（明）顔俊彦《盟水齋存牘》卷四《争産黄成龍等杖》　審得李積德，將祖遺田五畝貳分得價三十兩五錢賣與堂兄李貴略、李貴超爲業，僉證明白，通族之所知也。乃黄成龍出有印契，共税七畝六分七厘，用價五十六兩，謂其父黄文學買自李積德。查土名簡頭靠，即所賣李貴略、貴超之田也。各執契互争，叠訟不已。但文學之契，無李族僉證。且年月在前，而紙墨色俱新鮮，似在貴略契之後。成龍係州吏，亦易爲之，此貴略所以權吏詭造僞契之訴也。今斷李貴略、貴超照契管業無異。黄成龍之田，積德名下尚有田八畝，聽另扦補。如願償原價，則照粤東之例，照契還半價，該銀二十八兩追給成龍，不得復起争端。李積德之賣産不明，黄成龍、黄韜之倚官生事，均從杖懲。招詳。

巡海道批：李積德賣産不明，依擬與黄成龍、黄韜各杖示儆，分別贖决。餘如照發落，庫收繳。

（明）顔俊彦《盟水齋存牘》卷四《訟田馮君誠杖》　審得馮騰宇父君誠承買絶軍馮細女等三户田地坦一十六畝八分六厘，當日孔祖寅等起而攫之，已經縣審，加價三十兩充解部院火藥之費。聽騰宇收册管業無異。今君誠復有奸詭害民之控，訟祖寅而併及潘英。廷質之，賣與英未嘗與争。何滋此控？據云以杜將來，亦太早計矣。其業聽歸君誠，杖之以儆其多事。招詳。

布政司批：馮君誠原買軍田，經縣給帖管業，尚爾呶呶妄控，杖懲奚辭。依擬贖發，庫收繳。

（明）顔俊彦《盟水齋存牘》卷四《争田文明芳等杖》　審得吴茂元用價五十二兩買文明芳兄弟田地，共税貳畝零，中契甚明，印税可據。明芳復將前業瞞按梁家，明芳亦蚩蚩之氓，土宄曾順忠實搆之，一夥赤棍，難以盡法。今斷茂元出銀拾兩與明芳爲洗業之資，抵還梁家，其田地聽茂元管業，僞契俱作故紙。倘十兩之外，尚有餘欠，聽明芳自還，不得再累。茂元、明芳、順忠各杖，併請加責，枷示順忠以爲土宄之戒。招詳。

布政司批：吴茂元價買文明芳之田，中契甚確，明芳聽唆播弄，愚而狡矣。曾順忠拴謀煽禍，仍加責三十板，枷號一個月以示懲創。依擬各贖發，庫收，領狀繳。

（明）顔俊彦《盟水齋存牘》卷四《争産馮九玄等二杖》　審得郭象屏，不滿十齡耳，依母文氏，煢煢寡嫗。生員黄澤鴻果有抄孀之情，實可恨也。據澤鴻出契二紙，一契在崇禎元年十二月，用價七百兩，買象屏名下土名花塘潦並草地、山場及魚塘七口；一契在崇禎二年二月，用價三百兩買象屏名下旱塘田一大段，俱馮九玄、梁穎耳爲中。今據澤鴻執二契，稱交銀壹千兩，據文氏母子稱，止得銀一十九兩。後九玄又送銅銀三十兩到家，不收仍還。從來交易不明，未有若此之河漢者也。澤鴻即昧心，猶然子矜，豈遂欲以十九兩之銀吞孤兒寡婦之産乎？虚參兩造，細閲二契，及取衷於二中之口，九玄似左祖文氏母子者，則曰曾交一百兩。穎耳較玄差樸併似無所左祖者，則曰曾交三百兩。職因是低徊久之，一契在前，一契在後，前契既無交，何復寫後契？乃知前一契七百兩粤價虚半。穎耳所言三百，乃此契也。其後一契則止交十九兩，壓契而已，未嘗有交也。後以銅銀啓釁，彼此混争，在文氏母子欲併前一契而虚之，在澤鴻欲並後一契而實之，真假混淆，遂不禁其河漢耳。然象屏爲煢煢失業之人，澤鴻爲揚揚得業之人，是役也曲在鴻矣。應斷元年一契，聽澤鴻管業；二年一契，塗抹附卷。其一十九兩，即作前契洗業過册之費，所以抑澤鴻仰各加責二十板。姑依擬贖發。餘如照，庫收繳。沈子國、子茂另提結。

（明）顔俊彦《盟水齋存牘》卷四《争祖祠業倫道溥一杖》　審得馮鍾奇兄弟與倫道溥等皆名公之後裔也，倫祠在粵秀山，祠前有壇宇，有敕書閣，有塘池一丘相連，祠地自壇閣夷爲田園，子孫方抱黍離之戚思，所以修復之，不謂逆子倫紹英竟以己所分授不謀之通族。轉售之馮鍾奇兄弟。鍾奇兄弟亦買爲建祠用也。兩賢相厄，非先志矣。職理論其收價回贖，鍾奇輩唯唯聽從，亦不愧爲有道君子之後人也。粵中契價例有虚數，契上一千三百二十兩折半追給于馮，而其地仍歸倫氏管業，原賣契追抹附卷。若從中再有虧損，曲在倫矣。兩俱望裔，相好如初，以無墮家聲，孝思錫類，不尤勝于建祠乎！倶係子衿，免擬。姑杖其中郭尚貞以爲居間起釁者之戒。招詳。

按察司批：倫氏堂堂世胄，豈忍見祖廟割裂，既經收價退還，依擬杖尚貞以爲起釁者戒。餘如照，庫收繳。

（明）顔俊彦《盟水齋存牘》卷四《息詞羅夢禎杖》　審得羅夢禎之祖羅大伸有象湖等田二百十餘畝，賣與生員蘇進之父，事經易世，歷年已多，乃夢禎身充里甲，思贖前田贍役，致相訐訟。今據已處明，具詞求息，仍各拘到，逐一面質，各報無異，念其改悔息争，姑不深究。夢禎始釁，合予一杖。招詳。

按察司批：羅夢禎强贖父賣之業，殊爲不情，既經處息，依擬杖贖發落。餘如照，庫收繳。

（明）張肯堂《𥁞辭》卷二《郭崇顯》　薄俗喜訟，無情之詞十有八九，然未有若郭崇顯之甚者也。其所告劉三友等多人，係麥、牛、車等多物，一似確有實據者。至臨審之前，忽添一原狀無名之郭自冬爲口實，謂竊牛之人雖不親睹，而買牛之人固可面質也。聽之疑信相半，蓋天下事固有溯流而窮源者，遂並拘自冬而問之。實則自冬之牛即買之於崇顯，事在七月間，見買則有付守祖，經紀則有王世花與三友等，真所稱風馬牛不及也。而後崇顯之情始可燭照數計矣。就彼吞吐其詞，陰留地步，既借三友之狀以中自冬，並借自冬之牛以中三友，其設機非不甚巧，而孰知無自冬則買牛之情未確，而三友盗案折獄者尚未能釋然於胸中也。自結自解，自吐自供，殆天誘其衷也已。强賊何名，盗劫何罪，而顧可以眇無踪影之事

之貪，得恤象屏母子之孤寡也。若象屏母子不肯終棄其業，聽以三百一十九兩當官回贖，其三十兩銅銀據鴻堅執，九玄頂換。九玄赤棍，無從比追，且澤鴻原有拴通棍輩餌象屏之意，其情可恨，亦不應復代其追也。九玄應以詐欺拟徒，念頂换未有實據，姑從杖治。澤鴻併杖，以儆其貪。招詳。

軍門王批：馮九玄、黄澤鴻如擬各杖贖，仍如照立案，取庫收繳。

（明）顔俊彦《盟水齋存牘》卷四《絶産張興祥杖》　覆看得盧惟超之繼婦鄧氏以惟超故絶急於改嫁，遂將惟超所遺屋地壹畝八分議賣與張興祥，亦興祥利其業而有以餌之也，若翁若夫之神主付之路傍所不問矣。義男盧應龍哀哀爲存祀之舉，殆恫乎有餘悲焉。非有所利而爲此也。況鄧氏止得銀肆兩伍錢，屋價原未交足，興祥安得而有之。該縣兩審之，念屋已拆圮，整理爲難，故仍責興祥承買，而斷價三十兩交應龍，眼同族長盧崇亮等另買祭田五畝，以爲惟超父子祔食香火之需，亦可爲情法兩盡矣。興祥乘人之絶而因以爲利，復駕詞控憲，真刁訟之尤哉！杖不盡辜，應仍縣擬。抄招具詳。

按察司批：張興祥既利絶産，復逞刁詞，杖有餘辜，姑依擬杖懲示儆，照斷追給。庫收領狀繳。

（明）顔俊彦《盟水齋存牘》卷四《涎産蒲伯齡杖》　審得沈子國、沈子茂賣田與孔氏故夫沈士勝，查有兩契，一契在天啓二年，土名水松灑，田八分，用價一十四兩七錢；一契在天啓六年，土名圓鼓灑，田八分一厘，用價二十兩。士勝與子國、子茂爲伯侄，而中人沈士通亦子國、子茂之伯也。一家之人，明白交易，明白僉證，管業無異。乃子國、子茂乘伯士勝物故，串棍表兄杜悦存竟將前田擡起年月，重賣與蒲伯齡爲業。沈之通族無一僉證，據契年月，在孔氏夫士勝之前，而空頭白券，紙墨新鮮，取士勝原契對驗之，新舊判然，其謂抬寫無疑也。子國、子茂事露遠遁，孔氏以獻殺控縣，而批衙拘審，竟朦朧其詞，草率了事。孔氏所以激而上控也。今斷田聽孔氏照契管業。沈子國、子茂嚴緝另報。蒲伯齡法應重擬，以子茂、子國未經對質，姑杖懲之。土充杜悦存併杖加責，贋契塗抹附卷。招詳。

按察司批：蒲伯齡買人已賣之田，中人社悦存串謀左袒，杖不盡辜，

加人乎哉。

（明）張肯堂《晉辭》卷二《齊本訓滑縣人》　齊本訓雖爲齊黨之叔，然門户各別久矣。黨幼孤而蕩，八口不支，將已地十五畝轉售與何騰子何發源爲業。本訓垂涎未得，不忿榻邊之鼾睡也，遂芟其穀。向曾告縣審理，曲歸本訓。今告本欲求勝，然實不能爲本訓解也。謂析箸時尚有不均之嘆，則賣者過矣，得者何罪。受訟者宜在黨，不宜在發源也。謂立券時，或有未明之價，則得業者滿志矣，失業者誰肯甘心。舉訟者宜在黨，不宜在本訓也。至楊文整本無干涉而揭之訟首，賈氏、張氏之死與諸人風馬牛不及，而執以興詞，謬盭不倫，總非情實。念其本意止欲争産，且所争者猶齊姓之産也，杖有餘辜，姑徼寬政。

（明）張肯堂《晉辭》卷三《王金城滑縣人》　滑民王加第死而無子，遺妾張氏年未三旬，《柏舟》之操固非所期，然迫之使嫁，則又非法也。寡姑王氏方謀繼嗣之人，及所以位置張氏者，而族梟王教等窺覦其旁，陰嗾張氏舉其甌窶之産二十餘畝，一旦而賤售之魏象等矣。向亦屢興縣訟，斷追王教銀十五兩，如原價之數，給與王氏贍孤，而價之入張氏手者置勿論，王氏可以無言矣。而今復搆此訟者，一似悔爲教等所誤，一似不甘王氏之坐得此價也。嚼蠟而求味，豈得中邊皆甜乎。局已成矣，無可言者。斷歸張而張之價莫追，斷歸王而王之銀已費，惟求始事之王教、王加友兩人而杖之，一以謝張氏而使之絶意垂涎，一以謝王氏而使之安心得價，或者其兩戢乎。

（明）張肯堂《晉辭》卷四《金志端東明人》　東明人金志端，有地一頃二十畝，售之族人金階有年矣。階死，而復向其子金汝試贖回二十九畝六分。既不聽過，復不輸糧。汝試所以訟本縣，而志端不能不爲理絀者也。既不得逞，則托籍濬民而以賺産告，將以自文其逋糧之愆也。與夫産賣汝試父，已經易世，何名爲賺？信如所訟，必將使一頃有餘之地，盡爲志端所有，而糧則仍於金汝試是徵，然後謂之非賺也乎！宜族人之羣起而攻也。

（明）張肯堂《晉辭》卷六《李錦春長垣人》　蒲生侯珍桓者有子粒地一頃有餘，數年前賣與同學趙欽周。欽周死後，其子鍾璧舉其中一十五畝轉售李錦春，然此産實侯氏世業也。恢復有心，特未得其間耳。今乘此轉動之時，能無投袂而起乎。向嘗訟縣，諭令處還。適以謝事不竟其局，錦春方搁然不下。而珍桓之僕張科者，又復盛氣臨之，殃民之訟，所自來乎。錦春囊饒白鏹，是處皆沃壤也。奚必與侯氏争此一塊土？合行斷歸，若價之低昂，止憑現在每畝二兩五錢，固不容少縮分毫矣。

（明）張肯堂《晉辭》卷七《徐國湖等東明人》　東明人徐國湖買趙克化地六分一釐，過業已久，尚承趙户輸糧。趙指徐則名爲貽糧拖累，而徐指趙亦名爲抑勒生奸。此其所以各懷猜忿也，一旦相遇而鬥争起矣。化止一身，而國湖有弟國山佐之，勇怯頓殊，被創殊甚。屢告不休職是故與？東明開州已經再斷，墮齒之兇與影産之弊，各無循情。今惟有再正國湖、國山强梁之罪而已。兄弟同服杖刑，克化豈尚有未盡平之憤哉！

（明）張肯堂《晉辭》卷一二《宋邦國等長垣人》　滑之雲錫，木偶人也。娶妾而謀之陳東位，東位固已生市心矣。會寧陵劉棟販一病婦張氏，置之長垣宋邦國家，托之轉售，而己則他往。一日東位、邦國兩奸邂逅，各售其欺。東位曰：我雲錫也，方謀娶妾。而邦國因誑之曰：家有一妻以貧病不能安其室，願鬻子供箕箒可乎？議價五兩，倉卒成交後，亦竟歸雲錫。雲錫固所稱木偶人耳，得妾爲幸，安問繇來。即在東位止知棄妻之爲邦國，而在邦國亦不悟東位之非真雲錫也。逮棟向邦國索妻，邦國乾没其值，詭稱爲雲錫所擄，至棟訟雲錫而局兩敗矣。對簿喧争，各不識面，兩情所未了者，鞠獄者代爲了之，而後知其可以片言折也。張氏病無人色，即登徒見之，亦應却走。而棟猶視爲奇貨，則莫若即以張氏還之，而雲錫上券五金，竟於邦國取償，庶黠者知悔，而愚民不終魚肉矣乎。東位、邦國各服杖刑，猶寬典矣。

（明）張肯堂《晉辭》卷一二《馮時興》　馮、孟二姓，世爲姻戚。而馮時興則故民馮實繼孫也，向以貧乏，售莊一所與孟登科父化林，議價二百二十兩，止餘六十九兩未交，而莊爲時興父據如故。蓋各敦親誼，所以兩相不較也。亡何化林死，其子登科爲政，以爲此莊不得，則此銀究竟空懸，於是公同時興轉售與生員黃虞會爲業。至虞會得莊，則大非昔日局面矣。未交之價，不難即完，而必不能使時興實逼處此。向訟之縣，斷令交價騰莊，又念實妻吕氏煢煢寡弱，一旦無棲，並斷虞會別授一廛，令其依焉以老，亦庶幾調停之術矣。乃時興則以爲今日所以受虞會迫逐之禍者，毒盡蹊於登科之售莊，故爲此反噬之舉耳。虞會恂恂儒者，特以置産，故不得不赴訟庭，與其弟治邦各不相及。登科故鄉民也，其弟孟行素現充快役於縣，然事又遠不相涉。詞中送訪威嚇等語，不啻如囈，澹民多淳，此則其最刁者矣。念其貧窘，又今之莊價視昔不無稍昂，姑於登科名下斷銀十兩給之。時興雖伏杖刑，猶以爲愉快也已。

（明）李清《折獄新語》卷三《産業·一件冒勛事》 審得張順、沈時逢，慈溪縣人也。先因順之遠祖，曾將己田五畝四分賣與時逢祖。夫年歷數十載，人易二三世，久覆之逝水，安能掬之掌以入之口？而何順以贖田言，誕矣。及召時逢問之，則謂：順之告，蓋因己轉賣林姓，得價四十五兩，稍逾原價耳。夫不賣而贖者非也，轉賣而贖者亦非也。惟閱時逢賣契內，原有從容取贖等語。則取其寄之新主者，返之故主，而以重價贖，未爲不可也。合從其所請，俾順以四十五兩付之時逢，同贖林姓家。果祀田乎？即以當張氏之遺簪敝履可也。然此風一長，將産無定主；而望風起者且日聚鄒魯之鬨矣。合杖治沈時逢。爲再申一語曰：凡産非轉賣，與轉賣而無贖之說者，若係年遠，不在此例。

（清）李之芳《棘聽草》卷六《讞詞·産業·分守道一件爲勢佔吞孤等事》 審得生員趙世對之父價買章瑞父之田四畝，係歲字八百八十六號，問其兩姓交易，皆萬曆年間事，田則趙管而糧仍章納，果爾，悖情之事，無踰此者。及究其所以然，則有故存焉矣。今取世對當日文契細驗，內有一應號數，俱經收明之語，則何以復有章瑞此控？孰知瑞父當年開號付趙，以歲字三百二十號並歲字三百二十七號，錯將祀田號數開付過割，以致前田之號仍存章瑞户內也。今瑞爲此鳴者，不過借言賠租，冀欲清楚以杜日後之累耳。應將號數改正輸糧，但世對管業有年，不即查明以致呈告，不能免於薄罰。

（清）李之芳《棘聽草》卷六《讞詞·産業·兵巡道一件爲憲斬事》

審得樓鳳儀乃樓拱台族侄，黄仲禎乃拱台內弟也。論其親情族誼，以田土交易，必無相欺之理。孰知其先以樓澤七十之名，受仲禎之價，賣與十石；而繼在京師，復受鳳儀之銀，賣與二十石。若是乎，其田之多！及細覈東南其畝，今現在者僅十石耳。宜兩家共爲契買之産，因鳳儀之業場，遂速此訟也。但契則兩立，價亦兩收，孰肯多讓？致此紛争，咎在賣主。今拱台物故，既不能責其價而鳴其罪，惟有校銀數之多寡，將此十石之田樓六、黄四均剖，允得其平。然亦不能不歸咎於彼此交易之模稜，而成今日事後之糾結也，各杖示儆。前所刈穀，即斷與鳳儀爲租，餘免擬。

（清）李之芳《棘聽草》卷六《讞詞·睦理·提學道一件爲衿蠹横抄事》 審得生員王調御有長兄王調紘，以田三畝五分，得價十六兩五錢，契賣於柴翁然爲業；其次兄王調玉復將田四畝，得價一十四兩，亦契賣於翁然爲業，則買者、賣者各有其主。調御即欲光服舊業，亦當備價與翁然取贖，乃舍是而向其堂弟柴抒然以歸前田，則非計矣。抒然號爲儒者，不思臨財無苟得之義，即欣然受其十四金，輒立收票退還調紘前所賣之田，是慷他人之慨，與、受之間，二者均非也。翁然雖心非其事，猶恐傷友于之好，願憑衆議，將王所賣二契聽其取贖，殊不失爲厚道。奈何調御祇虛立欠約，誘其前券，未償價銀，遂登場納稼，將三十石之租取而有之，更非情理矣！此一控也，翁然亦豈得已哉？況田係調紘、調玉契賣，與調御原自無干，應還其欠票，田仍歸翁然管業，調御先收租穀，併應斷還。至於抒然所收之價，聽調御自行清楚，情理俱爲允協。若調御欺壓鄉愚，抒然背兄受價，不能免於各杖。

（清）李之芳《棘聽草》卷七《讞詞·睦理·分守道一件爲劫殺事》

審得余應星欲買鄭十五、鄭雙鳳之木三十二根，當憑余通二議價三十兩，先付銀十兩爲定，此上年十一月内事。既有成議，爲應星者當即完銀以伐其木，殊爲直截，奈何因循不決，而遲之又久哉？彼鄭十五屢空，且遭喪變，況歲臘相催，處此窮愁，豈能優游以待此？鄭賢四、余六四因而往撈，而鄭五三代爲説合成交也。應星自誤遷延，使守分省事之人，安往而不可買木？況前所定之銀即已吐還，可相忘無言矣。輒以劫殺控，不亦甚刺謬乎！杖彼應星，爲健訟者戒。

（清）李漁《資治新書》卷九《人命·人命事》 審得已故童汝鵬者，先年曾將己房一所，契賣周龍，得價若干兩。比其死也，則有猶子童應鳳，浼原中李愛、周敬，議找值焉。龍曰：此無名之師，漸不可長。遂堅持不應。敬與愛等皆勸龍以十兩找，而龍則以半推半就者姑爲緩兵計，曰：三兩則可。應鳳方請益，龍復請損，而敬與愛則曰：請輕之。於是定有五兩之議。乃應鳳隨控之縣，冀以衆議爲據，而向公堂請益焉。龍聞之怒甚，並所議五兩亦堅不肯與。敬、愛兩人復詣其家請如約，時龍扶杖而出，詞色甚厲，謂孺子告我矣！何復爲是言？兩人苦請，龍堅拒，一堂之上，喧若蛙吹。若敬若愛，交口而罪其食言，一的而供兩矢之攢，實有不勝其憤者矣。其以服鹵亡也，敬與愛實有罪焉。夫七十老翁，已嗟白首，此兩人者半黑頭耳！前我一飯，自當遇老人而讓，斷乳幾日，詎宜翼小子以争？伯仁由我而死，詎非兩人之罪案歟？與借題興戈之童應鳳，一併杖懲。仍追埋葬銀十二兩，給周龍子，以結此案。

（清）李漁《資治新書》卷一四《産業・宦屠事》 楊時勤價買宋琦田十八畝，交易既正，契証炳存，其田係方售宋，宋售楊，業更三主。據稱方之前實爲項産，而施與高瓏庵者。在方得産時，緇流咋舌無聲，乃越二十年，實有游僧照璽，串同互爲狼狽之項學程，希圖霸佔。兩經縣斷，持法未平，時勤憲詞之控，有自來矣。若謂楊呑業，則有價緡之及；謂屬宋産，實無舊契可憑。且空門産業未出朱提，難存實相，況照璽又非文貞嫡孫，何得妄争此廿載膏腴？前嘿而今嘵，祖嘿而孫嘵，又不嘵方、嘵宋，而嘵楊，是誠何心歟？六畝之欲未厭，並垂涎其十二畝而强佔之，無發滅法，姦宄甚矣！合改縣擬，力杖惡禿以代捧喝可也。

（清）李漁《資治新書二集》卷二〇《田産・僞屠事》 審得張一敏之父張汝篤，於萬曆年間，將田若干畝契賣與張德霖之父爲業，則物换星移，久成往事矣。向於收糧過户之時，汝篤曾勒寫議約一紙，内有老鷹塘田三石一斗，不拘年月遠近，許原主回贖。其後三石一斗之田既遵前議回贖訖，又於議外再贖八斗，是已逾得隴之望矣。奈之何贖而又贖，必欲全歸趙璧而後已耶。在一敏之嘵嘵不已而先控縣者，惟執議約爲據。及細閲前約，則亦許取贖之句乃係續添，並非原筆。噫，是可欺也，孰不可欺也？夫交易總屬一宗，計田又非二處，如其許贖，何不一筆直寫，又安用旁証爲載？況蝇頭字迹與大書直書者絶不相同，惟其蛇足之綴添，致令畫虎之不類。欲借此爲强贖張本，似此糾纏，凡人尚可置業乎？及面加剖析，一敏亦無以置辯，面干証張元乃代以找價請，此其真情之畢露者也。夫業經兩朝，滄桑叠變，乃欲以清朝之民而找明朝之價，有是理乎？除不聽外，尚加杖儆。

（清）盧崇興《守禾日紀》卷六《讞語類・一件豪佔殺儒等事》 審得：吴佶之田，售於金華宇，自恃武衿，兼踵陋俗，而屢加其價焉。華宇不勝其無厭之求，不得飽其所欲。佶遂以私典佔産諸事控之。今集兩造面訊，則私質之事，並無風影，而呑佔之説，則由加絶而起矣。夫己田出售於人，而强欲其加價之不已，而至於訟，强亦甚矣。而反謂人爲强佔，不亦誣乎？況加價屢奉飭禁，而佶故違之耶。本廳詳褫，但事起微末，姑從寬免究，以寓肆售之意。

（清）盧崇興《守禾日紀》卷六《讞語類・一件金埋真枉事》 審得：倪肇之控濮文昭也，以其抄劫綢緞，箝佔樓房耳。今面訊其情，據供，賣房以償綢價，而見賣房之顧君采則未經到案，且縣文回無其人，而到案之潘君華等又云倪肇賣房，不知還那個的，是知之者不證，而證之者不知，烏足以爲定案乎。況供賣綢之時，在於順治八年間。夫貿易之情，銀貨兩交焉，有遲至二十餘年之后，而冷灰始復燃者乎？其爲誣詞也可知矣。倪肇抄佔之詞，盡屬不根，薄責示懲，洵不爲枉。

（清）李士楨《撫粵政略》卷八《海豐縣申詳一件為勢占害絶事》 據詳葉尚標所買楊一鳳等四姓之地，有原主中証舊契可驗是矣，但蔣入亦有舊契。何不細加研訊？查楊一鳳等四姓在萬曆四年合買于謝隆軒蔣氏祖遺，在萬曆四十七年買于謝雲軒。年分先後不同，買主名字各别是尚標所買，不可謂皆係四姓之地，而蔣氏非其所有也。況蔣氏稱已拆三間之外，尚有契外四間竟被强拆，此係寔事。即據葉尚標口供，與蔣氏買屋三間已有强情，其餘四間不在契内，而擅自强拆有是理乎？毋恠乎蔣氏之匐匍控訴矣！詎該縣反稱，豈有止買三間拆毁竟至四間而不問等語，何狥情曲法一至于此？仰惠州府查驗契券糧册，從公確審詳奪，繳抄契并發。

（清）徐士林《徐公讞詞・守皖讞詞・桐城縣民婦金阿潘控武生章正暉案》 看得桐邑民婦金阿潘控告頂武生章正暉即章天九等一案。緣天九向將洪家圩田一所，得價三百二十兩零，絶賣與程廷公。管業年久，契内並無回贖並埂有義墳字樣。雍正五年十二月内，廷公轉賣與金燕士兄弟，契價三百八十兩零。燕士將田給與堂弟金燕美、金燕升佃種。詎天九捏稱程姓短價，索找未遂。乘燕士雍正六年二月修築圩埂，又捏伊僕向兒父墳葬在圩埂，挖毁無蹤，令向兒赴燕士家理論。向兒已回，後與伊妻角口外出。天九複帶伊侄章文彬，將金姓塘埂挖毁一段。至三月初五日，又欲砍伐楊樹。先在埂邊搭棚，於初六日清晨，率僕章舍、雇工嚴緒宗同往砍樹。金燕吉知覺，前往爭論奪斧。經董彩五勸散。而平素患病之金燕美，聞嚷出視，行至伊家門首圩埂，跌倒跏下，樹樁中傷致命右腰眼，並傷右肋，旋即殞命。燕升與弟燕良，即往棚內拿住章舍、嚴緒宗，並將防夜木棍攜歸。當據保長具報，並屍母以活殺子命事誣控章天九等，天九亦以挖骨謀命，妄呈金燕士等，經縣驗訊通詳，奉批飭審。

（清）張五緯《講求共濟録》卷三《堂斷・審斷李成名呈控李習元短伊墊還馬價不償一案》 審得邯鄲縣民李成名呈控磁州民李習元，短伊墊還馬價不償一案。緣李成名充當邯鄲縣牙行，有磁州人李習元在縣屬，凂令李成名代買成安縣于化龍馬六十九匹，每匹價銀九兩三錢。除交外下欠銀二百二十二兩，李成名同李習元圖省稅銀，越境赴磁，每匹按六兩三錢價銀呈報，投稅于化龍。當令李成名寫立欠帖爲據，迨後于化龍向李成名討要下短馬價無償，將李成名具控邯鄲縣。究訊李成名因越境投稅，少報價值之處未敢供出，而李習元即因此生心狡稱馬價已清。經縣押追，李成名無可申訴，變産呈繳經于化龍具領完案。自此以後，李習元逍遥事外，置負欠於不知。李成名因賠墊受虧，遂糾李習元來府控告。提訊之下，李習元混行狡賴，繼復以李成名控告賄証等詞妄禀，并假李永和名字揑寫趙玉盛字號錢帖，圖作賄據，猶思狡賴。復經提訊，李永和供無其事，始行供出實情。業將李習元掌責示懲。查李成名身爲經紀於代買馬匹不應越境，少報價值，偷漏稅銀，以致李習元從而起意賴銀，固屬咎由自取。第馬價實未清還，變産代賠屬實。斷令李習元歸還李成名代還馬價京錢二百五十千文，草料等項，京錢十一千三百文。兩造俱已允服，并出具遵允限狀各結前來，其餘一干人証概行省釋以息訟端。

（清）沈衍慶《槐卿政蹟》卷二《判牘・狡串謀買事》 鍾占元一衿自守，兩袖生寒，將祖遺田屋出賣。本族並無受主，嗣有傅昌造等承買。鍾徽、鍾拔雲等出阻，云屋雖係占元己業，但門有輝光越國四字匾額，不欲售與外姓，議令合族買回，並付過占元穀七十石，錢票六紙。遷延數月，分文未交。占元因身多積逋，避債無臺，亟應變産清償，屢催族衆成契付價，互相推延。占元情急仍憑中説合售與昌造爲業，議價錢五百六十五千文。書立契約，現收錢八十千文。鍾徽等復聳令族中無賴寫立祖牌，强放占元屋内。占元無奈，旋以戚族難以兩全具禀。嗣後，昌造等以契價兩空呈控。拔雲亦以狡串謀買互訴。集訊之下，各執前情。試思業各有主，或棄或置聽其自專，旁人不得過而問焉。即謂門有祖額，未便出售別姓，然各人門面並不是大衆牌坊。況該族户口千餘，設家置一額能保其永屬鍾姓乎？人非窘迫，孰甘鬻産。拔雲等既不籌買於前，又復阻賣於後，致占元進退旁皇，靡有定局，是以七十石穀爲牽制占元之資也。設立牌位，强放屋内，致昌造措備屋價未敢找付，是以鍾姓祖牌爲嚇制傅姓之具也。此等用心實屬叵測。查占元出賣祖遺田屋，傅姓並無勾謀情事。契約已舊，鍾姓無力贖回，斷令昌造等承買爲業，即將價值找付占元收清。鍾徽、拔雲等如再抗阻生端，即治以訛索之罪，至强放祖牌並未確知何人，姑免深求，仍將木牌當堂撲毁。占元原收族衆穀七十石，錢票六紙，斷令退還，原立各議字塗銷附卷。傅昌造等呈驗契據具領發還，飭即投稅執業，各具遵結完案。

（清）趙幼班《歷任判牘彙記》卷一《判朱袁氏等堂詞》 朱榮林是袁氏之夫弟，其子又爲袁氏承繼，何至從中弄弊。田契失落，再查明實在有若干張，開列界址、田名、畝數多寡，詳細禀案准給執照。至欠據無存，亦須查明欠户，究有幾家？傳來訊明。應償還者，爲之追取，親支一本，無庸久結訟仇。袁洙年老昏聵塗，何能干預朱姓家事。鄉約盧鳳彩即飭差提案訊追。此判。

（清）趙幼班《歷任判牘彙記》卷一《判李發玉等堂詞》 訊據薛金階及鄉約林賓池等所供，衆口一詞。並核印契，明明是賣契，並未載有回贖字樣。且五月間，李發玉尚立有抽豐筆據，何能作爲典契，强與人爭耶。印契各件交王永禄領歸。領結附卷。人證均省釋。此判。

（清）趙幼班《歷任判牘彙記》卷一《判祝承貴等堂詞》 祝承貴以回贖筆據，並光緒六年公議期限合同字約爲憑，其議期限，讓田姓再種兩年。何以從光緒九年至今二十五、六年之久，不向田姓取贖，至本年四月二十八日始行禀案。而據内中人無一存者。試問憑何質證？田鵬林父子執有賣契，係同治十三年十二月初十日所立。契内中人又無一存者。迄今三十六年，尚未投稅。且契内出賣與田名下之處，其田字，係另添者。光緒十六年過割，何以更户完糧而契不稅？細核各據，祝之回贖筆據與田所交之推附字據，筆迹相符。惟光緒六年合同及絶賣契據。則又是兩人筆書。據田晋元遞呈親供稱，光緒六年合同，有劉步高、葉長柏爲中。查前於光緒六年，劉、葉均已物故，何以已死之人而作活證？詢之葉長椿説，葉長柏歿於光緒三年。細爲詰問，答詞含糊。但田數九畝原日填價四十七千，以前之田本不值價，然亦未必如此之廉也。飭鄉約訪查，劉、葉究係何時身死？田價寔值若干？據實禀覆以憑再訊。有可調停之處，爲之排解以息其争，免致彼此各受拖累甚好。此判。

（清）趙幼班《歷任判牘彙記》卷一《判王克湘等堂詞》　王貴、王奎將田售與王克湘，有印契爲憑。且有中證可質，何能以抵契混争。並經陳裕年調停，取洋八元。又周文明排解，取洋十二元。兩次均立有情願杜絶筆據。至訴詞所稱，憑坊約允找洋四十元换寫絶賣之語。詢諸鄉約，並未作此憑證，其言自屬虚無。王貴等不得再向王克湘勒索抽豐，强收麥豆，貽累於人，自取其咎。取結附卷。此判。

（清）趙幼班《歷任判牘彙記》卷一《判余聲和等堂詞》　兩造供詞各執。姚景茂於前堂集訊時，並未供明有四十元條據之事。今忽以條作抵，而條内又註明房價字樣。姚姓買房，余姓出字，已屬於理不合。縱有糾葛，亦應另立手條。何以計不出此，殊不可解。據姚景茂供稱，條據由官牙張選青所寫，核對房契筆迹亦尚相符，其中情節，據稱張選青盡知。候補傳張到案，訊明核斷。堂呈印契仍發還。此判。

（清）趙幼班《歷任判牘彙記》卷二《判袁朝綱等堂詞》　訊據原告袁朝綱供稱，伊有祖遺打場一所。經其堂兄袁啓林，將東首四分售於鄺學義執業。當日杜賣時，渠未到面。鄺學義現又多佔四分，渠刻欲將西首四分與鄺學義互换。願再找二分，情説不依來案控告，繪呈場圖一紙。鄺學義則稱，從前受買袁啓林打場四分，憑同中牙税有紅契，不願以東易西，並將印契當堂呈驗各等情。查袁姓打場，既係祖遺公産，袁啓林亦有分在内。袁啓林變賣已業，應得自主。袁朝綱何能以未曾到面，藉口翻異。至民間田土詞訟，例應以紅契爲憑。今鄺學義所呈印契，坐落東邊，四至分明，既不肯以彼易此，礙難相强。反復開導，斷令照契執業，各守疆界。惟契上載明，受買四分，此外不許侵佔。鄺學義連聲遵諭，袁朝綱亦俯首無詞，兩造悦服。各具切結完案。無干省釋。切結存查。此判。

（清）趙幼班《歷任判牘彙記》卷二《判樊榮桂等堂詞》　查楊忠發所呈聯照，係同治四年五月間，由蔣曹氏請領，内載八間兩厢。復由該氏劈賣與劉、楊兩姓。據稱楊執一號三進，並不呈驗該氏杜據，無憑質實。而所呈杜據，則係同治四年九月間，由馬調元出賣者，距蔣曹氏請領執照，祇隔三月，何得又爲馬姓所賣？既爲馬姓所賣，何得又無馬姓執照？呈驗契照不符，顯係移花接木，有意混争，殊屬藐玩。其樊榮桂祖業六號兩進，核與呈驗執照並無不合，且四至亦甚明晰，彼此既有古走道爲界，豈容楊忠發無理侵佔。兹斷令樊榮桂之業，南至宰牛巷街口，北至古走道。楊忠發之業，南至古走道，北至户部街口。從此各守各界，不准再起争端，致干重咎，取結存查。各據當堂分别發還完案。此判。

（清）趙幼班《歷任判牘彙記》卷三《判戴全勝等堂詞》　黄子儀抄呈上業原契，初次爲柏姓所賣，並無同墻入柱之説。二契由戴玉章轉賣謝姓，確有北首共庍入柱之語。黄子儀向謝姓承買此産，上業既未到場，又無四鄰作中。蓋房之時，並不請中鄰説合，即行拆墻入柱，殊於情理不合。訊據兩造供詞各執，非呈驗印契及親往履勘不明，候便道詣勘，再行訊斷。此判。

（清）趙幼班《歷任判牘彙記》卷三《判史復元等堂詞》　此案各執一詞。核閲史復元所呈各契，係乾隆年，有印可憑。至孫家兩約，則是嘉慶、道光年間，係史姓出筆立賣，尚未投税者。若是史售與孫，何以乾隆之老契當日並未繳出，猶存在史手耶？且此次由孫賣與史家，果有其事，何以中證一名不到？其中頗有枝節，顯然易見。各契約均發還。候再提一干人證，及原中等訊明核斷。此判。

（清）趙幼班《歷任判牘彙記》卷三《判焦海山等堂詞》　湛大無端索上業之費，應行責懲，以後不得再阻耕種。至朱長慶與焦海山錢帳來往，其中糾葛不清。黄豆洋價，焦謂在二百七十元之内，朱稱在二百七十元之外，彼此各執一詞，中證亦莫能辨其虚實。候傳司帳朱小芬到案再訊。惟查朱長慶買受田業，原作四百兩議價，契内只書七十餘兩數目。因何短價如此之多？應照數補税。此判。

（清）趙幼班《歷任判牘彙記》卷三《判陳德龍等堂詞》　駱在元年幼無知，其父永山奉押在天長縣。應與之議定取有筆據，始能作售田之局。且蔣立江既是鄰居，何以不約立江到場？亦呼其子畫字，亦只有十五歲之兒童，其中情弊顯然。並查杜賣上契尚在駱永山之手，更不相合。楊九林着即押究，速將田價退清，以了其事。此判。

（清）孫鼎烈《四西齋決事》卷一《會稽治牘・批・陶冠濤批》　絶産不准回贖，定例昭然，陶渭令如肯從情，何待本縣諭飭。今既不願放贖，本縣豈能違例爲該職抑勒耶。毋再嘵瀆。

（清）熊賓《三邑治略》卷四《堂判利川縣任内・訊秦榜魁一案》　訊明秦榜魁與袁清暉互控一案，緣敖朝遠有田地一分，先於光緒二十六年冬月初十日賣於秦榜魁，於十二日投税，粘連司紙八百九十四號；復於冬月二十二日，又賣於袁清暉，二十七日粘連司紙九百七十八號。是敖朝遠一業兩賣，有意刁狡，實屬可惡。惟袁清暉買約印契在後，此業自應歸秦榜魁先買管業。而袁清暉已付正價六百八十串，外付畫字錢四十串，共計七百二十串。查秦榜魁尚欠有三百五十二串價未付清，當堂書立期票，交袁清暉收執。下餘浄歸敖朝遠補出。外補袁清暉税契錢三十串文，如敖朝遠拖欠不給，准袁清暉呈控，傳敖朝遠押追。秦榜魁約據發還，袁清暉約據註銷，存卷。至秦榜魁與袁清暉連界，有袁姓當業一處，此後不得再行阻滯，各歸各界，以敦和好，具結完案，期票一紙存卷。此諭。

（清）熊賓《三邑治略》卷四《堂判利川縣任内・訊翁治圖一案》　訊明翁治圖與汪祖隆互控一案，緣汪祖隆先賣田地一分於翁治圖，計價四百二十串，價明契税，後又添劃字錢八十串。據汪遵綬供稱不錯，此事已經了結。惟汪祖隆尚餘雷打石之業，並買陳廷珠之業三十六串，復央中人統賣於翁治圖，又經中人議定價錢一百八十串。但陳姓現在尚未搬家，着翁治圖再出錢二十串，以十四串代汪祖隆補陳姓搬家之費，以六串作爲汪祖隆劃字之錢，各具結完案。如陳姓再不搬家，准翁治圖另呈請究。此諭。

（清）熊賓《三邑治略》卷六《堂判天門縣任内・訊甘運得一案》　此案前經訊明，斷令仍照先年取水舊章，公車公用，業已具結在案。現在甘運得等又稱方姓約據，不能靠實。細查方光照等所呈之約，係道光十九年土豐垸公承買，其糧券又係方元之名，核與買約户柱不符，年代既久，户柱又别，此約自不能作算。惟甘姓向取河灘浮土填臺，據方光照供，伊等將生等車墩折毁，質之甘運得，供實係取河灘浮土，並未傷及伊等車墩。斷令以後甘姓只准取河邊浮土，不准傷及方姓車墩，以免轇轕，各具結完案。此諭。

（清）熊賓《三邑治略》卷六《堂判天門縣任内・訊李周氏一案》　查驗李周氏執出周長安所書親筆賣約壹千四百串，據周長安供，係李福丞逼迫所寫。但有親筆字據，萬不能推諉不認。惟李周氏所執之約，係屬白約，未用官契，亦有非是。且此田在周王氏家内門首，爾李周氏住居漢川，收稞爲難，恐日後又復争鬧，不如將田價找出，交李周氏另行置産，以清轇轕。斷令限一月内周王氏湊錢一千四百串，當堂呈繳，交李周氏具領。所有糧券、推收帳簿各據，暫存卷内，俟錢交清，再行發還周長安收執。如到期不能將田價繳清，仍將約據退還李周氏，照田管業。至李周氏另呈息銀四百兩，作爲義讓，一併存卷，日後並發周王氏核銷，各具結完案。此諭。

（清）倪望重《諸暨諭民紀要》卷二《正堂倪二任・王安槎與詹鴻蔭互控賴價逞兇由》　堂諭：訊得王安槎與詹鴻蔭互控賴價逞兇一案，緣王安槎有祖遺土名大棧之田賣與詹鴻蔭爲業，其初則立契兩紙，註明價值洋銀五百元，而田數則以少爲多，虚寫四十貳畝。詹鴻蔭查知其弊，不允受買；中人陳祝三等於契内亦未畫押。旋經王案槎更立賣契，註明大棧、前爿、下田等處共田叁拾捌畝，計價洋銀肆百伍拾元，詹鴻蔭付其田價未全，言俟查明田數再找。後乃查知其田不足叁拾捌畝，遂靳應找之價。王安槎挾恨在心，當相遇於江東地方，輒糾袁寶田將詹鴻蔭兇毆，以致互呈請驗。兹經集訊，查原中周賢德有所偏袒，王廉臣又未到案，惟陳祝三供稱詹鴻蔭買受是田，伊曾經手，代付洋銀叁百元，交王安槎收受。詹鴻蔭則稱王廉臣另付過洋銀壹百元，合成洋銀四百元，尚少伍拾元之數。本縣衡情酌理，諭以語云受業者虧，斷令詹鴻蔭再找洋銀壹百元，限交王安槎收領，以清田價，其田即由詹鴻蔭永遠管業。即此所找之數，較之詹鴻蔭供稱應找洋銀伍拾元，亦不過多出洋銀伍拾元，然既置田以遺子孫，又不至纏訟受累，其獲益多矣。王安槎詞甚支離，又恃蠻悍，姑因讀書應試，從寬予以戒飭。周賢德從中簸弄，抹煞真情，當堂爲王安槎袒護，著與逞蠻之袁寶田一併責懲。至詹鴻蔭稱被王安槎截毆之時，失去洋銀壹百柒拾元，察其所供，亦殊揑飾，但家道殷實，而又捐入成均，不應言同無賴。

蓋詹鴻蔭自其家來縣，行至江東約有六十里，豈有壹百柒拾元之洋銀携在手中，或繫身上，而與擔夫及農家子能負重而不畏勞苦耶？質之勸證，袁籠章供稱，當時並無洋銀被失，應毋庸議。乃詹鴻蔭猶以未稱其意，着即退而自思，不必嘵嘵置辨。先取具王安槎等各甘結存查，未幾而詹鴻蔭亦願具結，並具限狀完案，諒亦自知此斷之公也。其田着莊書查明實在畝數，俟王安槎來案領錢，諭令换爲絶賣田契，以憑過户完糧。王安槎所呈僞票塗銷，廢契兩紙並存案備查。此諭。

雜録

（晋）干寶《搜神記》卷一　漢董永，千乘人，少偏孤，與父居肆，力田畆，鹿車載自隨。父亡，無以葬，乃自賣爲奴，以供喪事。主人知其賢，與錢一萬遣之。永行三年喪畢，欲還主人，供其奴職。

（晋）干寶《搜神記》卷一　前周葛由，蜀羌人也。周成王時，好刻木作羊，賣之。

（晋）葛洪《西京雜記》卷一　武帝作昆明池，欲伐昆明夷，教習水戰。因而於上游戲養魚，魚給諸陵廟祭祀，餘付長安市賣之，池周迴四十里。

（晋）葛洪《神仙傳》卷一《白石生》　白石生者，中黄丈人弟子也。【略】初患家貧身賤，不能得藥，乃養猪牧羊十數年，約衣節用，致貨萬金，乃買藥服之。

（梁）蕭統《六臣注文選》卷二《京都上・西京賦》　爾乃商賈、百族裨、販夫婦、鬻良雜，苦蚩眩邊鄙。

（北魏）賈思勰《齊民要術・自序》　龔遂爲渤海，勸民務農桑，令口種一株榆，百本薤，五十本葱，一畦韭。家二母彘，五母雞。民有帶持刀劍者，使賣劍買牛，賣刀買犢。【略】顏裴爲京兆，乃令整阡陌，樹桑果。又課以閒月取材，使得轉相告戒，教匠作車。又課民無牛者，令畜豬，投貴時，賣以買牛。

（梁）蕭繹《金樓子》卷一《箴戒篇二》　漢靈帝本侯家，宿貧，即位，常歎曰：桓帝不能作家居都無私錢。乃賣官，自關内侯虎賁羽林，各有差，私令左右賣公卿錢，公錢千萬，卿錢五百萬。

（陳）徐陵《徐孝穆集箋注》卷一《賦・長安道》　輦道乘雙闕，豪雄被五都。横橋象天漢，法駕應坤圖。韓康賣良藥，董偃鬻明珠。諠諠擁車騎，非但執金吾。

（宋）李昉等《太平御覽》卷八二八《資産部・賣買》　《東觀漢記》曰：光武嘗與朱祐昔買蜜合藥，上追念之，即賜祐白密一石。問：今憶與朕長安時共買蜜乎？

又曰：郭舟從師長買繻，入函谷關，乃慨然歎曰：舟不乘使者車，終不出關。

又曰：司空宋弘常受俸，得鹽豉千斛，遣諸生迎取。上河令糶之。鹽賤，諸生不糶。弘怒，便遣，及其賤，悉糶賣，不與民爭利。

謝承《後漢書》曰：靈帝數游戲於西園，令後宮綵女爲客，主身爲商賈。

謝承《後漢書》曰：張揩，字公超，治嚴氏春秋。家貧，無以爲業，嘗乘驢車至縣，賣藥，足給食者，輒還鄉。

（宋）李昉等《太平御覽》卷八二八《資産部・賣買》　《三輔黄圖》曰：元始四年，起明堂辟雍，長安城南北爲會市，但列槐樹數百行爲隊，無牆屋，諸生朔望會此市，各持其郡所出貨物，及經書傳記，笙磬器物，相與賣買，雍容揖讓，或論議槐下。

《董卓別傳》曰：吕布殺卓，百姓相對欣喜，抃舞皆賣家中珠環、衣服、床榻，以買酒食，自相慶賀，長安酒肉爲之踊貴。

《漢武内傳》曰：帝先有玉板一枝杖，是西胡王所獻。帝甚愛之，崩後故以入槨，其年有人於扶風郿市中買得者，帝時左右侍人識之，以告有司，詰問，云見市中一人於巷賣之，責三十疋，即雇交直實，不識賣主姓名。

（宋）魏泰《東軒筆録》卷四　治平間，河北凶荒，繼以地震，民無粒食，往往賤賣耕牛，以苟延歲月。是時，劉渙知澶州，盡發公帑之銀以買牛。明年，震搖息，逃民歸，無牛以耕，而其價騰踊十倍。渙復以所買牛，依元直賣與。是故河北一路，唯澶州不失所，由渙權宜之術也。

（宋）魏泰《東軒筆録》卷八　侯叔獻爲汜縣尉，有逃佃及户絶没官田最多，雖累經檢估，或云定價不均。内有一李誠莊，方圓十里，河貫其中，尤爲膏腴，有佃户百家，歲納租課，亦皆奥族矣。前已估及一萬伍千貫，未有人承買者。賈魏公當國，欲添爲二萬貫賣之，遂命陳道古銜命計會本縣令佐，視田美惡而增損其價。道古至汜，閲視諸田，而議增李田之直。叔獻曰：李田本以價高，故無人承買，今又增五千貫，何也？堅持不可。道古雅知叔獻不可欺，因以其事語之，叔獻歎曰：郎中知此田本末乎？李誠者太祖時爲邑酒務專知官，以汴水溢，不能救護官物，遂估所損物直計五千貫，勒誠償之。是時朝廷出度支使錢，俵民間預買箭桿鵰翎弓弩之材。未幾，李重進叛，王師征淮南，而預買翎桿未集，太祖大怒，一應欠負官錢者，田産並令籍没，誠非預買之人，而當時官吏，畏懼不敢開析，故此田亦在籍没。今誠有子孫，見居邑中，相國縱未能恤其辜而以田給之，莫若損五千貫，俾誠孫買之爲便。道古大驚曰：始實不知，但受命而來，審如是，君言爲當，而吾亦有以報相國矣。即損五千貫而去。叔獻乃召誠孫，俾買其田，誠孫曰：實荷公惠，奈甚貧何？叔獻曰：吾有策矣。即召見佃田户，諭之曰：汝輩本皆下户，因佃李莊之利，今皆建大第高廩，更爲豪民。今李孫欲買田，而患無力，若使他人得之，必遣汝輩矣。汝輩必毀宅撤廩，離業而去，不免流離失職。何若醵錢借與誠孫，俾得此田，而汝輩常爲佃户，不失居業，而兩獲所利耶？皆拜曰：願如公言。由是誠孫卒得此田矣。

（宋）魏泰《東軒筆録》卷八　京師置雜物務，買内所需之物，而内東門復有字號，徑下諸行市物，以供禁中。凡行鋪供物之後，往往經歲不給其直，至於積錢至十萬者。或云其直尋給，而勾當内門頭目故爲稽滯，京師甚苦之。蔡襄尹京，詢知其弊，建言乞取内東門買物字號付雜買務，今後乞不令内東門買物，遇逐月宫中請俸錢時，許雜買務具供過物價，徑牒内藏庫截支，以給行人。仁宗大以爲然，其事至今行矣。

（宋）郭茂倩《樂府詩集》卷二七《相和歌辭・對酒》　春水望桃花，春洲藉芳杜。琴從緑珠借，酒就文君取。牽馬向渭橋，日曝山頭脯。山簡接䍦倒，王戎如意舞。箏鳴金谷園，笛韻平陽塢。人生一百年，歡笑唯三五。何處覓錢刀，求爲洛陽賈。

（宋）郭茂倩《樂府詩集》卷八五《雜歌謡辭・范史雲歌》　《後漢書》曰：范冉，字史雲。桓帝時爲萊蕪長，遭母喪不到官。後於梁沛間，徒行敝服，賣卜於市。遭黨人禁錮，遂推鹿車，載妻子，捃拾自資。或寓息客廬，或依宿樹陰，如此十餘年，乃治草堂而居焉。所止單漏，有時絶粒，閭里歌之。及黨禁解，爲三府所辟，乃應司空命。冉或作丹。甑中生塵范史雲，釜中生魚范萊蕪。

（宋）郭茂倩《樂府詩集》卷八五《雜歌謡辭・蘇小小歌》　買蓮莫

破券，買酒莫解金。酒裏春容抱離恨，水中蓮子懷芳心。吴宫女兒腰似束，家在錢塘小江曲。一自檀郎逐便風，門前春水年年緑。

（宋）孟元老《東京夢華録》卷二《御街》　坊巷御街，自宣德樓一直南去，約闊二百餘步，兩邊乃御廊，舊許市人買賣於其間，自政和間官司禁止，各安立黑漆杈子，路心又安朱漆杈子兩行，中心御道，不得人馬行往，行人皆在廊下朱杈子之外。杈子裏有磚石甃御溝水兩道，宣和間盡植蓮荷，近岸植桃李梨杏，雜花相間，春夏之間，望之如繡。

（宋）孟元老《東京夢華録》卷二《州橋夜市》　出朱雀門，直至龍津橋。自州橋南去，當街水飯、爊肉、乾脯。王樓前貛兒、野狐、肉脯、雞。梅家鹿家鵝鴨雞兔肚肺鱔魚包子、雞皮、腰腎、雞碎，每箇不過十五文。曹家從食。至朱雀門，旋煎羊、白腸、鮓脯、㸑凍魚頭、薑豉剿子、抹臟、紅絲、批切羊頭、辣脚子、姜辣蘿蔔。夏月麻腐雞皮、麻飲細粉、素簽沙糖、冰雪冷元子、水晶皂兒、生淹水木瓜、藥木瓜、雞頭穰沙糖、菉豆、甘草冰雪凉水、荔枝膏、廣芥瓜兒、鹹菜、杏片、梅子薑、萵苣笋、芥辣瓜兒、細料餶飿兒、香糖果子、間道糖荔枝、越梅、鋸刀紫蘇膏、金絲黨梅、香棖元，皆用梅紅匣兒盛貯。冬月盤兔、旋炙猪皮肉、野鴨肉、滴酥水晶鱠、煎夾子、猪臟之類，直至龍津橋須腦子肉止，謂之雜嚼，直至三更。

（宋）孟元老《東京夢華録》卷二《飲食果子》　凡店内賣下酒廚子，謂之茶飯量酒博士。至店中小兒子，皆通謂之大伯。更有街坊婦人，腰繫青花布手巾，綰危髻，爲酒客换湯斟酒，俗謂之焌糟。更有百姓入酒肆，見子弟少年輩飲酒，近前小心供過，使令買物命妓，取送錢物之類，謂之閑漢。又有向前换湯斟酒歌唱，或獻菓子香藥之類，客散得錢，謂之厮波。又有下等妓女，不呼自來，筵前歌唱，臨時以些小錢物贈之而去，謂之劄客，亦謂之打酒坐。又有賣藥或果實蘿蔔之類，不問酒客買與不買，散與坐客，然後得錢，謂之撒暫。如此處處有之。唯州橋炭張家、乳酪張家，不放前項人入店，亦不賣下酒，唯以好淹藏菜蔬，賣一色好酒。所謂茶飯者，乃百味羹、頭羹、新法鵪子羹、三脆羹、二色腰子、蝦蕈、雞蕈、渾砲等羹、旋索粉、玉碁子、羣仙羹、假河魨、白渫虀、貨鱖魚、假元魚、決明兜子、決明湯虀、肉醋托胎襯腸沙魚、兩熟紫蘇魚、假蛤蜊、白肉、夾面子茸割肉、胡餅、湯骨頭、乳炊羊肫、羊鬧廳、羊角、肏腰子、鵝鴨、排蒸荔枝腰子、還元腰子、燒臆子、入爐細項、蓮花鴨、簽酒炙肚胘、虚汁垂絲羊頭、入爐羊羊頭、簽鵝鴨、簽雞、簽盤兔、炒兔、葱潑兔、假野狐、金絲肚羹、石肚羹、假炙獐、煎鵪子、生炒肺、炒蛤蜊、炒蟹、煠蟹、洗手蟹之類，逐時旋行索唤，不許一味有闕，或别呼索變。造下酒亦即時供應。又有外來托賣炙雞、燠鴨、羊脚子、點羊頭、脆筋巴子、薑蝦、酒蟹、獐巴、鹿脯、從食蒸作、海鮮時菓、旋切萵苣生菜、西京笋。又有小兒子，着白虔布衫，青花手巾，挾白磁缸子，賣辣菜。又有托小盤賣乾菓子，乃旋炒銀杏、栗子、河北鵝梨、梨條、梨乾、梨肉、膠棗、棗圈、梨圈、桃圈、核桃、肉牙棗、海紅嘉慶子、林檎旋烏李、李子旋櫻桃、煎西京雪梨、夫梨、甘棠梨、鳳栖梨、鎮府濁梨、河陰石榴、河陽查子、查條、沙苑榅桲、回馬孛萄、西川乳糖、獅子糖、霜蜂兒、橄欖、温柑、綿棖金橘、龍眼、荔枝、召白藕、甘蔗、漉梨、林檎乾、枝頭乾、芭蕉乾、人面子、巴覽子、榛子、榧子、蝦具之類。諸般蜜煎香藥、菓子罐子、黨梅、柿膏兒、香藥、小元兒、小臈茶、鵬沙元之類。更外賣軟羊諸色包子，猪羊荷包，燒肉乾脯，玉板鮓犯，鮓片醬之類。其餘小酒店，亦賣下酒，如煎魚、鴨子、炒雞兔、煎燠肉、梅汁、血羹、粉羹之類。每分不過十五錢。諸酒店必有廳院，廊廡掩映，排列小閤子，吊窗花竹，各垂簾幙，命妓歌笑，各得穩便。

（宋）孟元老《東京夢華録》卷三《相國寺内萬姓交易》　相國寺每月五次開放萬姓交易，大三門上皆是飛禽猫犬之類，珍禽奇獸，無所不有。第二三門皆動用什物，庭中設綵幙露屋義鋪，賣蒲合、簟席、屏幃、洗漱、鞍轡、弓劍、時果、臘脯之類。近佛殿，孟家道院王道人蜜煎，趙文秀筆，及潘谷墨，占定兩廊，皆諸寺師姑賣繡作、領抹、花朵、珠翠頭面、生色銷金花樣幞頭帽子、特髻冠子、絛線之類。殿後資聖門前，皆書籍玩好圖畫及諸路罷任官員土物香藥之類。後廊皆日者貨術傳神之類。寺三門閣上并資聖門，各有金銅鑄羅漢五百尊、佛牙等，凡有齋供，皆取旨方開三門。左右有兩缾琉璃塔，寺内有智海、惠林、寶梵、河沙東西塔院，乃出角院舍，各有住持僧官，每遇齋會，凡飲食茶果，動使器皿，雖三五百分，莫不咄嗟而辦。大殿兩廊，皆國朝名公筆跡，左壁畫熾盛光佛降九曜鬼百戲，右壁佛降鬼子母揭盂。殿庭供獻樂部馬隊之類。大殿朵廊，皆壁隱樓殿人物，莫非精妙。

（宋）孟元老《東京夢華録》卷三《馬行街鋪席》 馬行北去舊封丘門外祆廟斜街州北瓦子，新封丘門大街兩邊民户鋪席外，餘諸班直軍營相對，至門約十里餘，其餘坊巷院落，縱横萬數，莫知紀極。處處擁門，各有茶坊酒店，勾肆飲食。市井經紀之家，往往只於市店旋買飲食，不置家蔬。北食則礬樓前李四家、段家爊物、石逢巴子，南食則寺橋金家、九曲子周家，最爲屈指。夜市直至三更盡，纔五更又復開張。如要鬧去處，通曉不絶。尋常四梢遠静去處，夜市亦有燋酸豏、猪胰、胡餅、和菜餅、獾兒、野狐肉、果木翹羹、灌腸、香糖果子之類。各月雖大風雪陰雨，亦有夜市：斟子薑豉、抹臟、紅絲水晶膾、煎肝臟、蛤蜊、螃蟹、胡桃、澤州餳、奇豆、鵝梨、石榴、査子、榅桲、糍糕、團子、鹽豉湯之類。至三更方有提瓶賣茶者。蓋都人公社榮幹，夜深方歸也。

（宋）孟元老《東京夢華録》卷三《般載雜賣》 東京般載車，大者曰太平，上有箱無蓋，箱如构欄而平，板壁前出兩木，長二三尺許，駕車人在中間，兩手扶捉鞭綏駕之，前列騾或驢二十餘，前後作兩行；或牛五七頭拽之。車兩輪與箱齊，後有兩斜木脚拖夜，中間懸一鐵鈴，行即有聲，使遠來者車相避。仍於車後繫驢騾二頭，遇下峻險橋路，以鞭諕之，使倒坐綞車，令緩行也。可載數十石。官中車惟用驢差小耳。其次有平頭車，亦如太平車而小，兩輪前出長木作轅木，梢横一木，以獨牛在轅内，項負横木，人在一邊，以手牽牛鼻繩駕之，酒正店多以此載酒梢桶矣。梢桶如長水桶，面安靨口，每梢三斗許，一貫五百丈。又有宅眷坐車子，與平頭車大抵相似，但棬作蓋，及前後有构欄門，垂簾。又有獨輪車，前後二人把駕，兩旁兩人扶枴，前有驢拽，謂之串車，以不用耳子轉輪也。般載竹木瓦石。但無前轅，止一人或兩人推之。此車往往賣糕及餻麋之類人用，不中載物也。平盤兩輪，謂之浪子車，唯用人拽。又有載巨石大木，只有短梯盤而無輪，謂之癡車，皆省人力也。又有馳騾驢馱子，或皮或竹爲之，如方匾竹筌，兩搭背上，斛㪷則用布袋馳之。

（宋）孟元老《東京夢華録》卷三《都市錢陌》 都市錢陌，官用七十七，街市通用七十五，魚肉菜七十二陌，金銀七十四，珠珍、雇婢妮、買蟲蟻六十八，文字五十六陌，行市各有長短使用。

（宋）孟元老《東京夢華録》卷三《天曉諸人入市》 每日交五更，諸寺院行者打鐵牌子或木魚循門報曉，亦各分地分，日間求化。諸趍朝入市之人，聞此而起。諸門橋市井已開，如瓠羹店門首坐一小兒，叫饒骨頭，間有灌肺及炒肺。酒店多點燈燭沽賣，每分不過二十文，并粥飯點心。亦間或有賣洗面水，煎點湯茶藥者，直至天明。其殺猪羊作坊，每人檐猪羊及車子上市，動即百數。如果木亦集於朱雀門外及州橋之西，謂之菓子行。紙畫兒亦在彼處，行販不絶。其賣麥麵，每秤作一布袋，謂之一宛，或三五秤作一宛，用太平車或驢馬馱之，從城外守門入城貨賣，至天明不絶。更有御街州橋至南内前趍朝賣藥及飲食者，吟叫百端。

（宋）孟元老《東京夢華録》卷三《諸色雜賣》 若養馬，則有兩人日供切草；養犬則供餳糟；養猫則供猫食并小魚。其錮路、釘鉸、箍桶，修整動使，掌鞋，刷腰帶，修幞頭帽子，補角冠。日供打香印者，則管定鋪席人家牌額，時節即印施佛像等。其供人家打水者，各有地分坊巷，及有使漆、打釵環、荷大斧斫柴、换扇子柄、供香餅子、炭團，夏月則有洗氈淘井者，舉意皆在目前。或軍營放停，樂人動鼓樂於空閑，就坊巷引小兒婦女觀看，散糖果子之類，謂之賣梅子，又謂之把街。每日如宅舍宫院前，則有就門賣羊肉、頭肚、腰子、白腸、鶉兔魚蝦、退毛鷄鴨、蛤蜊、螃蟹、雜爊、香藥果子，博賣冠梳領抹、頭面衣着、動使銅鐵器、衣箱、磁器之類。亦有撲上件物事者，謂之勘宅。其後街或閑空處團轉蓋屋，向背聚居，謂之院子，皆小民居止，每日賣蒸梨棗、黄糕麋、宿蒸餅、發牙豆之類。每遇春時，官中差人夫監淘在城渠，别開坑盛淘出者泥，謂之泥盆，候官差人來撿視了方蓋覆。夜間出入，月黑宜照管也。

（宋）周去非《嶺外代答》卷三《土宣》 廣西郡兵卒，歲有押馬綱賞，累至受宣。押馬往來販賣至多貲，亦有累賞補官者。厥後朝廷減賞，只許轉至十將，不許受宣。於是邊州守臣，便宜出帖補副都虞候，謂之土宣。其間亦有以私恩，不令陟階級而補副都虞候者，雖不請厚禄而爲排軍矣。

（宋）周去非《嶺外代答》卷四《邕州横山寨博易場》 蠻馬之來，他貨亦至。蠻之所齎，麝香、胡羊、長鳴雞、披氈、雲南刀及諸藥物。吾商賈所齎，錦綉、豹皮、文書及諸奇巧之物。於是譯者平價交市。招馬官乃私置場于家，盡攬蠻市而輕其征，其入官場者，什纔一二耳。隆興甲申，滕庮子昭爲邕守，有智數，多遣邏卒於私路口邀截商人越州，輕其稅而留其貨，爲之品定諸貨之價，列賈區於官場。至開場之日，羣商請貨于官，依官所定價，與蠻爲市，不許減價先售，悉驅譯者導蠻恣買。遇夜則次日再市。其有不售，許執覆監官，減價博易。諸商之事既畢，官乃抽解，併收稅錢。賞信罰必，官吏不敢乞取，商亦無他縻費，且無冒禁之險。時邕州寬裕，而人皆便之。

（宋）周去非《嶺外代答》卷四《邕州永平寨博易場》 邕州左江永平寨，與交阯爲境，隔一澗耳。其北有交阯驛，其南有宣和亭，就爲博易場。永平知寨主管博易。交人日以名香、犀象、金銀、鹽、錢，與吾商易綾、錦、羅、布而去。凡來永平者，皆峒落交人，遵陸而來，所齎必貴細，惟鹽粗重。然鹽止可易布爾。以二十五斤爲一籮，布以邕州武緣縣所産狹幅者。其人亦淳朴，非若永安州交人至欽者之狡。若左江又有滴江柵，與交阯蘇茂州爲鄰，亦時有少博易，則滴江巡防主之。

（宋）周去非《嶺外代答》卷四《欽州博易場》 凡交阯生生之具，悉仰於欽，舟楫往來不絶也。博易場在城外江東驛。其以魚蚌來易斗米尺布者，謂之交阯蜑。其國富商來博易者，必自其邊永安州移牒于欽，謂之小綱。其國遣使來欽，因以博易，謂之大綱。所齎乃金銀、銅錢、沉香、光香、熟香、生香、真珠、象齒、犀角。吾之小商近販紙筆、米布之屬，日與交人少少博易，亦無足言。唯富商自蜀販錦至欽，自欽易香至蜀，歲一往返，每博易動數千緡，各以其貨互緘，踰時而價始定。既緘之後，不得與他商議。其始議價，天地之不相侔。吾之富商，又日遣其徒爲小商以自給，而筑室反耕以老之。彼之富商，頑然不動，亦以持久困我。二商相遇，相與爲杯酒歡。久而降心相從，儈者乃左右漸加抑揚，其價相去不遠，然後兩平焉。官爲之秤香交錦，以成其事。既博易，官止收吾商之征。其征之也，約貨爲錢，多爲虛數，謂之綱錢。每綱錢一千，爲實錢四百，即以實錢一緡征三十焉。交人本淳朴，吾人詐之於權衡低昂之間。其後至三遣使，較定博易場秤。邇年永安州人狡特甚，吾商之詐彼也，率以生藥之僞，彼則以金銀雜以銅，至不可辨，香則漬以鹽，使之能沉水，或鑄鉛于香竅以沉之，商人率墮其術中矣。

（宋）周煇《清波雜志》卷一二《司馬田宅》 邵康節居洛陽，宅契，司馬溫公户名；園契，富鄭公户名；莊契，王郎中户名。若使今人爲之，得不貽寄户免科調之譏乎？或謂田宅乃三公所予者，特未知王之名，當亦是元祐間人。

（宋）洪邁《夷堅志·夢亡夫置宅》 宗室趙師簡自英州岳祠滿罷還臨江軍故居，將息駕一兩月束裝赴調，而抱疾不起。才過信宿，妻石氏夢之如平生，從外間緩步入，座于堂上，呼與共淡曰：我皆置得俞家宅子一所，極寬潔，要與汝并小姐搬向那裏住，千萬便打併來。石氏不寤其已亡，漫應曰：好。覺以語諸子，絶惡之。未幾，少女暴亡。長子希戚謀卜父葬地，一術士來獻圖曰：此去十餘里有山甚佳，主人需價不高，不可失也。希戚即往，環視龍虎向背，一切合意，亟立契承買。地主實俞姓，念與夢協，切憂之。而業已交易，不復捨，亦類有物主張其間。是時石氏已病，經數日而卒。戚鑿壙作雙穴，擬合祔二親而旁結小坐瘞其妹，又夢父母偕來，告曰：大姐孀居，未久有丈夫，不教他看汝兄弟眉面，今但取來身畔住。既覺，懼牽連無已，尤以爲憂。方與諸弟言之，而希皋者曰：我亦夢如是，爲之奈何！大姐旋發病，不二日奄然，遂俱葬其處。石氏者，故饒州推官士志女也。

（宋）洪邁《夷堅志乙》卷一〇《陳氏貨宅》 陳阶者，建昌人，生計本厚，將新所居門，爲木工所欺，日趨于侈，自門至廳堂，一切更建，浸淫及於什器。歷數年，輪奐整潔，而膏腴上田掃空無餘。其始從事於土木也，當乾道丙戌之春，妻蔡氏夢人告曰：聶君及第矣。蔡曰：他人及第，何預我事！告者不復言，但以錢二千緡置於地而去。蔡寤，以語夫。聶君，同郡人也，是時方赴省，俄登科。十年後，阶家益以貧，蔡氏又死，略無一錢可活，遂以宅售於聶，恰得二千餘緡。追悔勿及，自爲人説如此。

（宋）洪邁《容齋續筆》卷一《田宅契券取直》 《隋書·志》：晉自過江，凡貨賣奴婢馬牛田宅，有文券，率錢一萬，輸估四百入官，賣者三百，買者一百。無文券者，隨物所堪，亦百分收四，名爲散估。歷宋、齊、梁、陳如此，以爲常。以人競商販，不爲田業，故使均輸，欲爲懲勸。雖以此爲辭，其實利在侵削也。今之牙契投税，正出於此。田宅所係者大，奉行唯謹，至於奴婢馬牛，雖著於令甲，民不復問。然官所取過多，并郡邑導行之費，蓋百分用其十五六，又皆買者獨輸，故爲數多者率隱減價直，賒立歲月，坐是招激訐訴。頃嘗因奏對，上章乞蠲其半，使民不作僞以息争，則自言者必多，亦以與爲取之義。既下有司，而户部引條制沮其説。

（宋）李心傳《建炎以來繫年要録》紹興十二年五月　乙巳，軍器監主簿沈該直祕閣，知盱眙軍，措置榷場之法，商人貲百千以下者，十人爲保，留其貨之半在場。以其半赴泗州榷場博易，俟得北物，復易其半以往。大商悉拘之，以待北價之來。兩邊商人，各處一廊，以貨呈主管官牙人，往來評議，毋得相見。每交易，千錢各收五釐息錢入官。其後又置場於光州棗陽、安豐軍化曆鎮，而金人亦於蔡、泗、唐、鄧、秦、鞏、洮州、鳳翔府置場，凡棗陽諸場，皆以盱眙爲準。

（宋）李心傳《建炎以來繫年要録》紹興三十一年十一月　丁酉，詔吴璘於關外募勇士充效用，不刺手面，每及三百人，差官部押赴行在。太府少卿總領四川財賦王之望言：諸州人户典賣田宅合收契税錢，失陷最多，蓋緣所收窠名，七分隸經總制，三分屬係省，諸州以係省所得既少，不復經意。其在民間已交易契書，不行拘催投印，已納在官錢物，亦不盡實收附。今欲將四川州縣田契税錢，從本所措置拘收，將收到錢，取新立經總歲額，及係省數目撥還逐處外，餘數乞不立爲額，仍免分隸諸司，盡撥赴本司，應副大軍支遣，無損於民，有利於官，所補不細。從之。時軍事方興，調度日急，之望一日與官屬泛舟嘉陵江，酒酣，謂左宣教郎本所幹辦公事何耆仲曰：吾比得蜀中富民隱契税錢，可以佐調度。耆仲曰：今日之事，縱如紹興初用兵時冉家灣、丁劉圈、和尚原醲賞之數，在本所之積尤枝梧，柰何當困弊之餘，自戕其根本？且向之富民，即今之鬻田者，設有隱税，所得幾何？公前日持無科配之説，今遽行此，與科配何異？之望不從，於是遣官置司，會三年飛甲之籍，限滿不首，許諸人告，依法論罪，以田宅準元價三分之一没官，以没官之半給告人，凡嫁資遺囑，及民間葬地，隱其直者，視鄰田估之，雖産去券存，亦倍收其賦。於是歲中得錢四百六十七萬餘引，而極邊所捐八郡，及瀘夔等未輸者十九郡不與焉。

（宋）周密《武林舊事》卷六《游手》　浩穰之區，人物盛夥，游手奸黠，實繁有徒，有所謂美人局，以娼優爲姬妾，誘引少年爲事。櫃坊賭局，以博戲關撲結黨手法騙錢。水功德局，以求官覓舉恩澤遷轉訟事交易等爲名，假借聲勢，脱漏財物。不一而足。又有賣買物貨，以僞易真，至以紙爲衣銅鉛爲金銀，土木爲香藥。

（宋）周密《癸辛雜識》别集下《買地券》　今人造墓，必用買地券，以梓木爲之，朱書云：用錢九萬九千九百九十九文，買到某地云云，此村巫風俗如此，殊爲可笑。及觀元遺山《續夷堅志》，載曲陽燕川青陽壩有人起墓，得鐵券刻金字，云：敕葬忠臣王處存，賜錢九萬九千九百九十九貫九百九十九文。此唐哀宗之時，然則此事由來久矣。

（明）施耐庵《水滸傳》第三回《趙員外重修文殊院　魯智深大鬧五台山》　智深走到鐵匠鋪門前看時，見三箇人打鐵。智深便道：兀，那待詔，有好鋼鐵麽？那打鐵的看見魯智深腮邊新剃，暴長短鬚，戧戧地好滲瀨人，先有五分怕他。那待詔住了手，道：師父，請坐。要打甚麽生活？智深道：洒家要打條禪杖，一口戒刀。不知有上等好鐵麽？待詔道：小人這裏正有些好鐵。不知師父要打多少重的禪杖、戒刀？但憑分付。智深道：洒家只要打一條一百斤重的。待詔笑道：重了。師父，小人打怕不打了，只恐師父如何使得動？便是關王刀，也只有八十一斤。智深焦燥道：俺便不及關王？他也只是箇人。那待詔道：小人據常説，只可打條四五十斤的，也十分重了。智深道：便依你説，比關王刀，也打八十一斤的。待詔道：師父，肥了，不好看，又不中使。依着小人，好生打一條六十二斤的水磨禪杖與師父，使不動時，休怪小人。戒刀已説了，不用分付。小人自用十分好鐵打造在此。智深道：兩件家生要幾兩銀子？待詔道：不討價，實要五兩銀子。智深道：俺便依你五兩銀子。你若打得好時，再有賞你。那待詔接了銀子，道：小人便打在此。

（明）莊昶《定山集》卷二《過六峰問買田黄山》　賣犢年年得幾錢，移家何處問安眠。白頭笑恐黄山尹，他日催租更賣田。雞肋尊拳豈足供，一時何怪此元戎。問田亦是癡人夢，天欲窮吾處處窮。

（明）賀欽《醫閭集》卷六《與士諮帖子》　爲訪賣子女者何姓名，

果欠何官府債，如是督府當告令免之，不告則孤平日相推之意，吾黨得以薄待人之罪矣。晏朝士未相識，一聞其和輒悔失不以白金十兩贈其行，況此部民爲貧賣女償債使骨肉分離者，肯不憐之，吝三數兩白金忍視其至此極耶？二事之輕重緩急，得失可否，不俟智者而後知。若以奉告無不從者，縱令已賣爲之贖歸，亦無不可。以類推之，凡有負於府不能償者，可一切寬之，亦父母斯民之一端也，不致忠告吾黨之罪，告而不可斯可已矣。

（明）李東陽《懷麓堂集》卷七〇《再與闔族書》 嘉表回，已有書奉復雅意，所有田契一本，因渠不肯帶回，姑留在此。今附去，煩眼同檢入，仍將數内田地照舊歸還各主，乃見骨肉至親，相厚相信之情。不必再寄，寄亦不敢受也。前書已悉，痛苦之餘不復縷縷。外房屋一事，已附書與奏事老人，亟止其役，想能體念，不俟再囑也。

（明）何良俊《何氏語林》卷二《德行》 王義方初拜御史，意望殊高，忽畧人間細事。買宅既數日，忽對賓朋指庭中青桐樹一雙曰：此亡酬直。賓朋言侍御貴重，不知交易樹當隨宅，無別酬例。義方曰：此嘉樹非他物比。召宅主付之錢四千。

（明）何良俊《何氏語林》卷三《德行》 藴長公自儋北歸，卜居陽羨時，邵民瞻從公游，時時相與，杖策過長橋，訪山水爲樂。邵爲公買一宅，爲緡五百，公傾囊僅能償之，卜吉，將入居，夜與邵步月偶至村落，聞婦人哭聲極哀，公徙倚聽之，與邵推扉而入，則一老嫗。公問嫗何爲哀傷至是？嫗言吾有一居，相傳百年，吾子不肖，舉以售人，今日遷徙百年舊居，一旦訣别，所以泣也。坡亦爲之愴然。問其故居所在，則公以五百緡所得者。因再三慰撫，謂曰，嫗之故居乃吾所售，不必深悲，當以是居還嫗，即命取屋券，對嫗焚之，呼其子迎母還舊居，不索其值，公遂還毘陵，不復買地。

（明）何良俊《何氏語林》卷二〇《棲逸》 韓伯休采藥名山，賣於長安市，口不二價，三十餘年。時女子從韓買藥，守價不移。女子怒曰：公是韓伯休耶，乃不二價？伯休歎曰：我本避名，今女子皆知有我，何用藥爲？乃遁入灞陵山中。

（明）耿定向《先進遺風》卷下 〔太宰屠襄惠公〕營第宅規畫已定，前爲老嫗敗屋二楹，適當門樓之基。屢使人從容譬説，而欲券之。其嫗堅不聽命，既得吉矣。公於丙夜，從一小奚往扣其門，嫗曰：扣門者爲誰？小奚告之。嫗曰：此不過欲券吾屋耳。此吾死生所也。券則須徙吾惸惸老寡，將安歸乎？公曰：汝第起，吾與汝商之。汝意不過憚徙耳。今券而不汝徙也，但去敗屋而更之新聽。汝居也不限以年令。汝子以其貲買販稍爲生殖，俟别有家也，而方議去住，不亦可乎？嫗曰：即如是，幸甚！但須明載券中。公乃袖出柴薪二錠，凡重二十四兩，浮其直，付之嫗，乃以其子販粥日有生息久之告公辭去。公遽止之曰：此可相安，不汝厭也。嫗曰：賴公之賜，天亦助之，今已立業娶婦矣。擇日當徙，復何待乎？公曰：嫗幸得所其如去舊鄰，何欵以飯食爲之惆悵而遣之。

（明）謝肇淛《五雜俎》卷三《地部·嶺南、山東虚集》 嶺南之市謂之虚，言滿時少，虚時多也。兩蜀謂之亥。亥者，痎也；痎者，瘧也，言間日一作也。山東人謂之集，每集則百貨俱陳，四遠競凑，大至騾、馬、牛、羊、奴婢、妻子，小至斗粟、尺布，必於其日聚焉，謂之趕集，嶺南謂之趁虚。而嶺南多婦人爲市，又一奇也。

（明）謝肇淛《五雜俎》卷四《地部·盡價》 俗賣産業與人，數年之後輒求足其直，謂之盡價，至再至三，形之詞訟，此最薄惡之風，而閩中尤甚。官府不知，動以爲賣者貧而買者富，每訟輒爲斷給。不知争訟之家，貧富不甚相遠，若富室有勢力者，豈能訟之乎？吾嘗見百金之産，後來所足之價，反逾其原直者。余一族兄，於余未生之時，鬻田於先大夫，至余當户猶索盡不休，此真可笑事也。

借貸分部

論説

（宋）包拯《孝肅包公奏議》卷七《民事·請放高陽一路欠負》臣昨任高陽關日，以部下十一州軍諸般欠負，並係明堂赦前，合該除放。緣逐州軍從前失於舉行，臣尋具欠折因依，保明申奏，乞與除放。已蒙三司送本路轉運司，再令勘會，至今未盡結絶。況前件欠負，委是逃亡人户，其間或有存者，又無家業抵當。即不是侵欺盜用，今又該南郊大赦，欲望朝廷特賜指揮，檢會臣前狀。盡與除放。

（宋）蘇轍《欒城集》卷三九《右司諫論時事一十五首·乞放市易欠錢狀》右臣頃曾上言，乞將市易欠錢人户，通計所納息、罰錢數，如已納及元請官本數目，即與除放，蒙聖恩依此施行，德澤滂霈，所及甚廣。然臣訪聞京師欠户，貧下之家，從初多作詭名，請新還舊，以此無緣通計息、罰，故除放之恩多止上户。臣近日再行體問，據通直郎監在京市易務宋肇爲臣言，若截自欠二百貫以下人户一例除放，則所放人户至多，事亦均一，仍具本務一宗節目及利害文字，請臣論奏。臣詳究其説，竊以爲當行之事有五：

市易本錢前後諸處撥到共計一千二百二十六萬餘貫，中間撥還内藏庫等處共計五百三十萬餘貫，朝廷支使過共計三百八十四萬餘貫，即今諸場務見在共計三百五十三萬餘貫，將此三項已支見在計算，已是還足本錢，則今來人户所欠皆出於利息。若將見欠二百貫以下人户除放，所放錢數不多，此事之當行者一也。

見今欠人共計二萬七千一百五十五户，共欠錢二百三十七萬餘貫。其間大姓三十五，酒户二十七，共欠錢一百五十四萬餘貫。小姓二萬七千九十三户，共欠錢八十三萬餘貫。若將欠二百貫以下人户除放，共放二萬五千三百五十三户，放錢四十六萬六千二百餘貫。所放人户九分以上，而所放錢止及二分。此事之當行者二也。

元豐年中，朝廷催理欠負極爲峻急。然一歲所納不過三萬貫。頃來朝廷優假細民，所催微細，自今年正月至今止及六七千貫。今且以三萬貫爲率，猶須七十餘年乃可納足。如此則小姓之家，死喪流亡，不可復知。而國家每歲得錢六千貫，臣所乞放二百貫以下欠户錢數，於見欠錢都數中止十分之二。即是每歲催及三萬貫數中，不過催得六千貫而已。如九牛一毛，不爲損益；而二萬餘家困苦，爲害至大。此事之當行者三也。

市易催索錢物凡用七十人，每人各置私名不下十人，掌簿籍，行文書，凡用三十餘人。每人各置貼寫不下五人，共約一千餘人。以此一千餘人，日夜掻擾欠户二萬七千餘家。都城之中養此蝨賊，恬而不怪。此事之當行者四也。

市易之法，欠户拖延日久，或未見歸者，及無家業之人，皆差人監逐，遇夜寄禁。既有此法，則一例公行寄禁。然吏卒頑狡，得錢即放，無錢即禁。榜笞捽縛，何所不至？若不别作擘劃，則日被此苦者，不知其數。此事之當行者五也。

伏乞聖慈以此五事較其利害，斷自聖意，特與除放。或因將來明堂赦書行下，或更溥行諸路，則細民荷戴恩德，淪入骨髓。社稷之利，不可勝計。

然臣竊見太府寺令歲終較課，以本理息，及一分以上，具官員等第保明聞奏。自來市易官，因此酬奬轉官，及請賞錢，所得無算。今來既見市易已支見在實數，僅能還足本錢，則以本理息，皆是欺罔。從前官吏轉官請賞，皆當追奪官爵及所賞錢物。亦乞朝廷根究前後緣市易轉官請賞之人，依理施行。内有吕嘉問係創行市易，害民最深，雖已經責降，尚竊有土，未允公議，更乞重行竄謫，以謝天下。

所有宋肇劄子三道，臣輒備録進呈如左。謹録奏聞，伏候敕旨。

貼黄：臣所言放欠事，上係二聖德澤，唯當直出中旨，不宜更顯言者姓名。或須至令三省相度施行，即乞指揮執政，勿令宣布。

（宋）蘇轍《欒城後集》卷一五《叙三首·民賦叙》《周官·泉府》

之制：凡民之貸者，以國服爲之息。貸而求息，三代之政有不然者矣。《詩》曰：倬彼甫田，歲取十千。我取其陳，食我農人，自古有年。而孟子亦云：春省耕而補不足，秋省斂而助不給。古蓋有是道矣，而未必有常數，亦未必有常息也。至於熙寧青苗之法，凡主客户得相保任，而貸其息，歲取十二。出入之際，吏緣爲姦；請納之勞，民費自倍。凡自官而及私者，率取二而得一；自私而入公者，率輸十而得五。錢積於上，布帛米粟賤不可售。歲暮寒苦，吏卒在門，民號無告。二十年之間，民無貧富，家産盡耗。此所謂不可復者二也。

（宋）董煟《救荒活民書》卷二《貸種》　煟曰：貸種固所以惠民，然不必責其償也。人情易于貸而難于償，征催不集，必有勾追鞭撻之患。青苗之法可見矣。仁宗朝，江南歲饑，貸民種糧十萬斛，屢經倚閣，而官司督責不已。貧民不能自償，上憐而蠲之。周世宗亦謂淮南饑，當以之貸民，或曰民貧，恐不能償。世宗曰，安有子倒垂而父不爲之解者，安在責其必償也。今之議貸種糧者，當識此意，名之曰貸，防其濫請之弊耳，其所可憂者，抄劄之際，利未之及，而擾先之，若措置施行之得人，此等皆不足爲慮。

（宋）董煟《救荒活民書》卷二《賑貸》　此係截留上供米，或者省倉米，或爲朝廷乞封樁米。故于諸色倉廒，權時挪用，一面申奏朝廷，乞内庫，乞度牒，糴米補還，其法專及中等之户，與夫農民耕夫之無力者。既不取息，其勢必償，此真得以陳易新之術。家計不過一石，但支給之際，戒有虚僞，催索之時，或有騷擾，交納之時，戒有乞覓。仍不得用小斗量出，大斗交入，須用收支斗斛一同。又不得取民間頭子朱墨勘合抄紙等錢，其間實係流亡，或有不能償者，姑已之。譬之賑濟，一散無收，亦豈有責其必償哉。此乃官司一時救荒之舉。縱有陪費失陷，居上者亦當以社稷根本爲念，是乃利國家之大者也。

（宋）董煟《救荒活民書》卷一一《雜記條畫》　煟曰：昔唐兵圍洛陽，城中乏食，民食草根木葉皆盡。相與澄浮泥，投米屑，作餅食之，皆病身腫脚弱，死者相枕倚。蓋久飢腸胃噎塞，乍飽多死。惟米飲可以通腸。嘗記乾道間，江西大饑，民有食白墡土築殺者，時帥出勸農，飢民入狀借錢，販糴度荒，帥判云，紛紛黨與立三朝，五十餘年積未消。野老不知當日事，尚持片紙覓青苗。當時若責下户領錢，往他處收買雜斛，循環糶糴，以救飢民，未必若此也。惜哉。

（元）徐元瑞《吏學指南·錢糧造作·借貸》　以物假人曰借，從人求物曰貸。借字從人，從昔，假各人道，所以不能無也。凡以官物假人，雖輒服用觀玩，而昔物猶存，故稱曰借。貸字從代，從貝，凡資財貨賄之類，皆從貝者，以其所利也。假此官物利己利人，雖有還官之意，不過以他物代之，而本色已費，故稱曰貸。又從代者，謂以物替代也。

（元）蘇天爵《元文類》卷一五《奏議·建白一十五事》　一、漢軍征戍嶺海之南，歲病而死者十率七八，其所屬軍官利在危殆之際必用資財，擬指軍人北方本家所有孳畜田産，厚息借貸，準折還納，終致破産，不敢有詞。夫以世襲軍官，蠹食部下行伍，深可哀痛。今後如蒙將在嶺海及漳、汀等數處征戍軍人，果有病患，除官爲看醫外，其貧苦闕用之人，比及取發封裝以來，宜令本處有司約量借放，封裝到日，撥除還官，并不收息。或應借貸而不借貸，不應借貸而借貸者，從本道廉訪司體察究治。如此，庶不致中原軍户日蹙，軍官日富。

（元）蘇天爵《元文類》卷四〇《雜著·經世大典序録·公用錢》　在官者月給廪禄，亦既周矣。而隨朝諸大夫多貴官，時有賀上、燕集、交好之禮，取俸給以備用，則吏屬多不給。乃賜之錢，使得貸諸人，入其子息，以給其用。自至大二年始賜左右司、六部，後諸司援例以請者皆頒賜焉，多寡無定制云。

（清）趙士麟《讀書堂綵衣全集》卷四四《撫浙條約·第二咨》　爲照本都院下車之始，因會同貴將軍都統公衙門會審，見欠債到官之張雲卿、錢順甫並被逼准折妻女之錢大功，一係豆腐生理，一係水菜生理，一係窮迫潛逃，其鳩形鵠面之狀，惟行乞之兒，溝中之殍可以比之絶無人象，傷心慘目不忍見聞。以此責償粉骨莫措一二人，如此人人可知，是以本都院委曲思維不惜破産代民捐賠。且懇慨捐協助，永斷葛藤，以安窮民，且郵介士，誠屬美舉，有何律例可拘？至於年遠之債，皆係疊利轉票所償，悉已數倍，雖有契券，完欠難憑。杭民皆知追餘利給主之旨含忍未言，今仍責追遠年，小民誰肯甘心？恐追獲者少，給民者多也。至查律内欠私債不過笞杖，若違禁取利，官吏放債，勢豪准折强奪奸佔則處分甚十千，半年之内，令納利二千，秋再放十千，至年終，又令納利二千，則又加四利息矣。《元史·太宗本紀》：國初官民貸回鶻金，歲加倍，太宗著令，凡假貸歲久，惟子本相侔而止。時因邪律楚材言回鶻金取息太重，名羊羔利，請以本利相侔而止，故有是詔，見《楚材傳》。世祖至元六年，又申明此制，令民間貸錢雖踰限，止償一本息。時又因劉秉忠言，宜確計官民欠負，依前者使一本一利償還。詔從之，見《秉忠傳》。又布魯海牙宣撫真定，以富民收息，不踰時倍之，乃定令息如本而止，見《布魯海牙傳》。此近代遠年債負一本一利之所始也。至近代京債之例，富人挾貲住京師，遇月選官之不能出京者，量其地之遠近，缺之豐嗇，或七八十兩作百兩，謂之扣頭，甚至有四扣五扣者，其取利最重。按此事古亦有之，《史記·貨殖傳》：吳楚七國反時，長安列侯當從軍者，欲貸子錢，子錢家莫肯貸，惟無鹽氏捐金出貸，其息十之。吳楚平，而無鹽氏之息十倍，曰：子錢家，則專有此出錢取息之人，如今放京債者也。曰息十倍，則如今京債之重利也。又《舊唐書·武宗紀》：中書奏選官多京債，到任填還，致其貪求，罔不由此，乃定户部預借料錢到任扣還之例，此又後世京債故事，及官借俸錢之始。

嚴。本都院一片曲全苦心，定蒙見諒。倘貴將軍都統以請捐之數太多，未免遲疑，不即俯允，本都院當與同城院司各道極力勸募，再捐三千金，共成八千之數。祈貴將軍都統仍勉捐二千，以足萬金，同襄此舉。查照俵分將原票盡行給發，完結此事，以仰答皇上委任地方至意，安輯兵民之心，并見文武同舟之雅，兩浙生民頂感在於世世生生矣。

（清）趙翼《陔餘叢考》卷三三《放債起利加二加三加四並京債》

放債起息，後人皆以《周禮》泉府之官，凡民之貸，與其有司辨之，以國服爲之息一語爲口實。按國服爲之息一語，本不甚了了，鄭衆釋之云：貸者從官借本賈也，故有息，使民弗利，以其所賈之國所出爲息也。鄭康成因釋之云：以其於國服事之税爲息也，於國事受園廛之田，而貸萬泉者，則期出息五百，此亦臆度之詞。蓋《周禮》園廛二十而税一，近郊十一，遠郊二十而三，甸稍縣皆無過十二，惟漆林之征二十而五，漆林自然所生，非人力所作，故税重。康成乃約此法，謂從官貸錢，若受園廛之地，貸萬錢者，期出息五百也。賈公彦因而疏解，謂近郊十一者，萬錢期出息一千，遠郊二十而三者，期出息一千五百，甸稍縣都之民，萬錢期出息二千也，此後世放債起息之所本也。《漢書·谷永傳》：爲人起責，分利受謝。顔師古註曰：富賈有錢，假托其名，代爲之主，放與他人以取息，而共分之。是漢時已有放債之事，然師古謂代富人爲主，放與他人，亦恐未確。蓋如今之中保，爲之居間説合，得以分利受謝耳。《漢書·貨殖傳》：農工商賈，大率歲萬息二千，百萬之家即二十萬。註云：每萬得利二千，故百萬之家得二十萬，此加二之息，見於《漢書》者也。鄭康成註國服爲息句，又云：王莽時，貸以治産業者，但計嬴所得，受息無過歲什一。公彦疏云：莽時雖計本多少爲定，及其催科，惟計所嬴多少，如歲嬴萬泉則催一千，如嬴五千則催五百，皆據利催什一也。然則王莽時，收息僅加一也。然《漢書·莽傳》：令市官收賤賣貴，賒貸與民，收息百月三。如淳曰：出百錢與民，月收其息三錢也，則莽收息乃加三，而非如康成所云什一也，此加三起息之見於莽傳者也。宋青苗條例云：人户所請價錢斛斗，至秋成應納時，如物價稍貴，願納見錢者，當比附元請價錢，不得過三分，如一户請過一貫文，送納見錢，不得過一貫三百文。此後世官利加三之始也。【略】然韓琦疏又云：今放青苗錢，凡春貸

綜述

《宋刑統》卷二六《雜律·受寄財物輒費用公私債負官吏放債》 諸負債違契不償，一匹以上違二十日，笞二十，二十日加一等，罪止杖六十。三十匹加二等，百匹又加三等。各令備償。

疏議曰：負債者，謂非出舉之物，依令合理者，或欠負公私財物，乃違約乖期不償者，一匹以上違二十日，笞二十，二十日加一等，罪止杖六十。三十匹加二等，謂負三十匹物，違二十日笞四十，百日不償，合杖八十。百匹又加三等，謂負百匹之物，違契滿二十日，杖七十，百日不償，合徒一年。各令備償。若更延日，及經恩不償者，皆依判斷及恩後之日，科罪如初。

諸負債不告官司，而强牽財物過本契者，坐贓論。【略】

准：《雜令》，諸家長在，在謂在百里内非隔閡者。而子孫弟姪等不得輒以奴婢、六畜、田宅及餘財物私自質舉，及賣田宅。無質而舉者亦准此。其有質舉賣者，皆得本司文牒，然後聽之。若不相本問，違而輒與，及買者，物即還主，錢没不追。【略】

又條，諸公私以財物出舉者，任依私契，官不爲理。每月取利不得過六分，積日雖多，不得過一倍。若官物及公廨，本利停訖，每計過五十日，不送盡者，餘本生利如初，不得更過一倍。家資盡者役身，折酬役通取户内男口，又不得迴利爲本。其放財物爲粟麥者，亦不得迴利爲本，及過一倍。若違法積利，契外掣奪，及非出息之債者，官爲理。收質者非對物主不得輒賣，若計利過本不贖，聽告市司，對賣有剩還之。如負債者逃，保人代償。

又條，諸以粟麥出舉，還爲粟麥者，任依私契，官不爲理。仍以一年爲斷，不得因舊本更令生利，又不得迴利爲本。

又條，諸出舉兩情和同，私契取利過正條者，任人糺告，本及利物並入糺人。

准：户部格敕，天下私舉質，宜四分收利，官本五分生利。

又條，敕州縣官寄附，部人興易及部内放債等，並宜禁斷。

臣等參詳，今後監臨官於部内放債者，請計利以受所監臨財物論，過一百匹者，奏取敕裁。

准：唐元和五年十一月六日敕節文，應諸色人中，身是卑幼，不告家長，私舉公私錢物等，多有此色子弟，凶惡徒黨因之交結，便與作保，舉諸司及形要家錢物，同爲非道破用，家有尊長，都不知委。及徵收本利，舉者便東西，保人等即稱舉錢主見有家宅、莊業，請便收納，喧訴相次，實擾府縣。今後如有比色舉錢，無尊者同署文契，推問得實，其舉錢主在與不在，其保人等並請先决二十，其本利仍令均攤填納，冀絶姦計。

准：唐長慶二年八月十五日敕節文，或有祖父分析多時，田園産業各别，疏遠子弟行義無良，妄舉官錢，指爲舊業。及徵納之際，無物可還，即通狀請收，稱未曾分析。諸司、諸使、諸軍等不詳事由，領人管領，或依投無處，轉徙至多，事涉甚冤，恐須釐革。伏請應有此色，並牒府縣推尋，若房分多時，妄有指注，即請散徵牙保代納官錢，其所舉官錢，妄指莊園等人，及保人，各决重杖二十。縱屬諸軍、諸使，亦請准百姓例。若是本分合得莊園，即任填還官債，亦須府縣推勘取實。如未經府縣推勘，請不在收限。

准：唐長慶四年三月三日制節文，契不分明，争端斯起，況年歲寖遠，案驗無由，莫能辯明，祇取煩弊。百姓所經臺府州縣論理遠年債負事，在三十年以前，而主保經逃亡無證據，空有契書者，一切不須爲理。

准：唐開成二年八月二日敕節文，今後應有舉放又將産業等上契取錢，並勒依官法，不得五分以上生利。如未辯計會，其利止於一倍，不得虚立倍契，及計會未足，抑令翻契，迴利爲本。如有違越，一任取錢人經府縣陳論，追勘得實，其放錢人請决脊杖二十，枷項令衆一月日。如屬諸軍、諸使，亦准百姓例科處。

《天一閣藏明鈔本天聖令》卷三〇《雜令》 諸出舉，兩情同和私契取利過正條者，任人糾告。本及利物竝入糾人。

（宋）吕大鈞《吕氏鄉約·患難相恤》 患難之事七：一曰水火，二曰盜賊，三曰疾病，四曰死喪，五曰孤弱，六曰誣枉，七曰貧乏。凡同約者，財物器用，車馬人僕，皆有無相假。若不急之用，及有所妨者，亦不必借。可借而不借，及踰期不還，及損壞借物者，皆有罰。凡事之急者，自遣人徧告，同約事之緩者，所居相近及知者告于主事，主事徧告之。凡有患難，雖非同約，其所知者亦當救恤，事重則率同約者共行之。

（明）李元弼《作邑自箴》卷六《勸諭民庶牓》　放債人户，切須饒潤。取債之人，輕立利息，寬約日限。即不得計，套貧民虛裝價錢，質當田産，及强牽牛畜，硬奪衣物，動用之類，準折欠錢。其欠債人户亦不得昏賴失信，須防後來闕乏，全藉債主緩急接濟。

（宋）佚名《宋大詔令集》卷一八五《政事・賑恤・借義倉米不俟上言詔乾德三年三月癸酉》　比置義倉，以備凶歲，救黎元之不濟，宜出納以及時，若俟上言，諒乖賑卹。目今人户欲借義倉充糧食者，委本縣具災傷人户申州，州司即與處分，計户賑貸，然後以聞。仍令及時祇依元數送納，至時如别有災沴，亦當更與寬限。或人户衆多，養倉賑貸不足，亦當具數聞奏，别議發廩充給。

（宋）佚名《宋大詔令集》卷一九八《政事・禁約・禁約民取富人穀麥貸息不得輸倍詔淳化四年七月辛亥》　古者立限田之制，以抑兼并，設常平之倉，用救凶歉。今宇宙至廣，生齒寔繁，阡陌之法，既經界而未定，豪强之族，尚獄市以兼容。累年以來，多稼不稔，蠢茲黎庶，阽於死亡，富者操奇赢之資，貧者輸倍稱之息，歲或小稔，復猶歉然，而横恣之家，責償甚急，什一之税，尚未及供，伏臘之資，固已皆竭，使細民益困。大田卒萊，國計不能充，地利不盡出，職此之由也。宜令州縣吏，戒里胥鄉老，嚴察部民，有取富人家穀麥，貸息不得輸倍，未輸税不得先償私負，違者加罪，所在粉壁，揭詔書示之。

《天盛改舊新定律令》卷三《催索債利門》　一、諸人對負債人當催索，不還則告局分處，當以强力搜取問訊。因負債不還給，十緡以下有官罰五緡錢，庶人十杖，十緡以上有官罰馬一，庶人十三杖，債依法當索還，其中不准賴值。若違律時，使與不還債相同判斷，當歸還原物，債依法當還給。

一、諸人因負債不還，承罪以後，無所還債，則當依地程遠近限量，給二、三次限期，當使設法還債，以工力當分擔。一次次超期不還債時，當計量依高低當使受杖。已給三次寬限，不送還債，則不准再寬限，依律令實行。

一、全國中諸人放官私錢、糧食本者，一緡收利五錢以下，及一斛收利一斛以下等，依情願使有利，不准比其增加。其本利相等仍不還，則應告於有司，當催促借債者使還。借債者不能還時，當催促同去借者。同去借者亦不能還，則不允其二種人之妻子、媳、未嫁女等還債價，可令出力典債。若妻子、媳比所典錢少，及確無有可出典者，現持主者當還債。執主者不能時，其持主人有借分食前借債時，則其家中人當出力，未分食取債人時，則勿令家門人。若皆未能，則借債者當出工力，本利相等後，不允在應算利錢，穀物中收取債償。若違律時，有官罰馬一，庶人十三杖，所收債當歸還。同去借者所管主人者，他人債分擔數，借債者自己能辦時，當還給。

一、前述放錢、穀物本而得利之法明以外，日交錢、月交錢、年交錢，執穀物本，年年交利等，本利相等以後，不允取超額。若違律得多利時，有官罰馬一，庶人十三杖。所超取利多少，當歸還屬者。

一、畜物、財産等借債而取其利者，依法有一則當給一，唯畜債亦年日已過，□生幼畜當算□有，不允如其算利。若違律時，依前述法判斷。

一、諸人買賣及借債，以及其他類似與别人有各種事牽連時，各自願，可立文據，上有相關語，於買價、錢量及語情等當計量，自相等數至全部所定爲多少，官私交取者當令明白，記於文書上。以後有悔語者時，罰交於官有名則當交官，交私人有名則常交私人取。承者有官罰馬一，庶人十三杖。若全超過，有特殊者，勿人罰之列，屬者當取。

一、借官私所屬債不能還，以人出力抵者，其日數、男女工價計量之法當與盜償還工價相同。在典人者，依前法計量出工人之工價，勿算錢上之利。

一、諸人畜、錢、穀、物、人等相借債，寄放等不還，以及未借債説我借出債，誣指時，計量後依不枉法貪贓罪判斷，勿刺一種字。

一、諸人所屬私人於他人處借債者還債主人債時，當令好好尋執主者等。私人自能還債則當還債，自不能還債則執主者當還，執主者無力，則當罰借債主，不允私人用頭監畜物中還債。私人因隨意借債，十三杖。

一、諸人肉、酒價及買賣種種物價，有典貸借債等者，應依數索還。

若不還及説還汝而實際不往取等，相打争鬥時，與別人相打争鬥時傷、不傷第十四卷之罪狀相同判斷。

一、諸人於官私處借債，本人不在，文書中未有，不允有名爲於其處索債。若違律時，有名爲者索債等，有官罰馬一，庶人十三杖，債勿捨棄。

一、同居飲食中家長父母、兄弟等不知，子、女、媳、孫、兄弟擅自借貸官私畜、穀、錢、物有利息時，不應做時而做，使毀散無有時，家長同意負擔則當還，不同意則可不還。借債者自當負擔，其人不能，則同去借者、執主者當負擔。其人亦不能辦，則取者到還債者處以工抵。同去借債者，執主者已食拿時，則當入出工抵債中，未分食則勿入以工抵債中，其中各已用、分者，家長未知，亦當不助還債。若違律時，與不還他人債相同判斷。

一、諸人欠他人債，索還不取□，工價量□□，不允以强力將他人畜物、帳舍、地疇取來相抵。違律時徒一年，房舍、地疇、畜物取多少當還屬者，債當另取。

一、前述諸人無理所借債而取持時，房舍、地疇之穀宜、地苗、畜上工價等，本利債量□當減算。

一、諸人若有債壓身，若以强力威逼等及。（威力買地房畜物人歸期限。）

《天盛改舊新定律令》卷一七《供給交還門》　諸人因公借貸種種官物時，有上諭者，當依數取出借貸，無上諭，則當再奏之。

倘若不爲再奏時，求借求貸者、予之借貸者，又局分人不過問、不奏而予之時，一律徒一年。

（宋）朱熹《朱文公政訓》卷三《再論上户借貸米穀事》　契勘：本軍管屬，去歲旱傷，已行下星子等三縣勸論，上户以所收米穀賑糶，除認數外，有餘剩米穀并不係勸論賑糶米穀人家，遞年多是春間將米穀等生放下户，秋冬隨例收息。今來上户以旱傷之故，慮。恐下户將來負欠不還，官司不爲受理。仍以官司勸諭爲詞，不肯生放，使下户用乏失業，不便使司，今準淳熙四年十二月初三日指揮節文：　諸人户賒糶米令欠户還米本外，每斗收息五升，其生放約秋成計本息還錢亦合一體施行，如有拖欠不還，官爲理索，所貴兩無虧損，合行下三縣散榜勸諭約束施行。

（宋）朱熹《朱文公政訓》卷三《再論上户卹下户借貸》　契勘：今年荒旱非常，得熟處少，本軍多方救卹，務使人户不至飢餓流移，及行勸諭。人户多種二麥，接濟喫用非不叮嚀。當職近因出郊相視陂塘，見得麥田多有未施工處，蓋緣人户打穀未了，亦是官司勸諭未至。其得熟處不闕種粮可以佈種，然其人既無飢餓之憂，便乃懶惰。其荒旱處合更勤苦，又以難得粮種，遂致因循。今仰人户，速將所收禾穀日下打持，趁此土脉未乾，并力耕墾，其高田堪種麥處，即仰一面種麥，其水田不堪種麥處，亦仰趁早耕翻多着遍數，務要均熟，庶得久遠耐旱宜禾。其得熟人户，當念幸得收成，常生慚愧，不可便致惰怠，趁此餘力多種二麥，將來可以博得他處物貨。其遭旱人户，當念既遭此難，尤當勤力多種食物，方可養贍老小，不致飢餓流移。其下户無種糧者，上户當興惻惻之心，廣加借貸，目今施惠既可以結鄰里之驩，將來收成亦自不失收息之利，庶幾過此荒年，各保安業。今恐前來勸諭未明，再此榜示仰人户知委。

（宋）朱熹《朱文公政訓》卷三《約束許下户就上户借貸》　契勘：今歲旱傷非常，得熟處少，本軍已節次行下三縣散榜曉諭。人户趁此土脉未乾，并力耕墾廣種二麥，接濟將來食用。如有惰農耕種失時之人，即請照已行榜示行遣。其貧乏無種粮之家，請論上户借貸。如要官司文曆即印給。令上户收執，遇有下户借貸麥種粮食，即令就曆批領，將來還足，對行勾銷。如有不還，官爲理索。

（宋）謝深甫《慶元條法事類》卷三二《財用門·理欠》　關市令

諸負債違契不償，官爲理索，欠者逃亡，保人代償，各不得留禁。即欠在五年外或違法取利，及高擡賣價若元借穀米而令准折價錢者，各不得受理。其收質者，過限不贖，聽從私約。

（宋）謝深甫《慶元條法事類》卷四八《賦役門·科敷》　户婚

淳熙七年六月十五日尚書省劄子：　民間典買田產，就官請買官契，投納税錢。今州縣却以人户物力大小，給目子科配，預借空契紙，候有交易，許將所給空紙就官書填，名爲預借牙契錢，既無交易而預借其錢，豈法意哉？如有被借之家，許徑經臺、省越訴。仍委監司、御史臺常切覺察，敢有違戾，即重加黜責。

（宋）謝深甫《慶元條法事類》卷八〇《雜門・出舉債負》　勅

雜勅

諸以財物出舉而回利爲本者，杖六十，以威勢毆縛取索，加故殺罪三等。

諸負債違契不償，罪止杖一百。

諸以債負質當人口，（虚立人力、女使雇契同。）杖一百，人放逐便，錢物不追。情重者奏裁。

諸以有利債負折當耕牛者，杖一百，牛還主。

諸命官舉債而約於任所償者，計本過五十貫，徒二年，（重疊或於數人處舉借，皆通計。）財主保引人知情，計已分過數者，各杖一百，數外財物没官。償訖事發者，各減五等。（仍免追没。）因於任所受乞借貸之類，償訖不減。

諸放債與兵級者，徒二年，與將校及剩員若刺面人並出軍家口，杖一百。以上取者，各減三等。（放債與急脚、馬遞鋪兵級、曹司及其家者，仍許人告。）出軍家口不坐。（放債財物不追。）

諸質買急脚、馬遞鋪兵級、曹司月糧，（放債與其家者同。）依放債法，財物不追，並許人告。

諸增價賒賣物與兵級者，杖一百，（錢物不理。）計所增，滿五貫者，依放債法。

諸賒賣官物與兵級者，杖一百。（價錢未納者，賣人備償。）

諸監臨官質當所監臨財物及放債者，徒二年，（若令親戚及容親隨人放債者，准此。）計利贓重者，依乞取監臨財物法。在官非監臨，減一等。

諸以孤遺宗室錢米曆質當者，徒一年，孤遺宗室自質當，減一等，錢主各與同罪。（錢不追。）即因放債及預借財物買所請錢米，而每月取利過四釐者，錢主杖八十，（放借財物不追，已請錢米還主。）並許人告。

諸以私債冒作茶鹽錢立約理索者，徒二年，錢物没官，許人告。內欠人自首，給賞如格。

令

關市令

諸以財物出舉者，每月取利不得過四釐，積日雖多，不得過一倍。即元借米穀者，止還本色，每歲取利不得過五分。（謂每斗不得過五升之類。）仍不得准折價錢。

諸負債違契不償，官爲理索。欠者逃亡，保人代償，各不得留禁。即欠在五年外或違法取利，及高擡賣價，若元借穀米而令准折價錢者，各不得受理。其收質者，過限不贖，聽從私約。

賞令

諸以孤遺宗室錢米曆質當，或因舉債預借買所請錢米，而每月取利過四釐者，賞錢以錢主家財充。

格

賞格

諸色人

告獲放債與急脚、馬遞鋪兵級、曹司及其家者，錢三貫。

告獲放債及預借財物買孤遺宗室錢米而每月取利過四釐者，錢三十貫。

告獲以孤遺宗室錢米曆質當並孤遺自質當及錢主，錢一百貫。

告獲以私債冒作茶鹽錢立約理索者，以没官錢物，給五分。

申明

隨勅申明

詐僞

乾道四年五月五日勅：民間舉質及還欠負錢，其會子正行使用，不得減退百數。

雜勅

淳熙十四年六月二十七日尚書省批狀：刑、户部看詳，民間如甲以錢一貫，借與乙買賣經營，後來利息已及二貫以上者，緣依法，積日雖多，不得過一倍，即係違法取利，自不合理索外，若甲出錢一百貫，雇倩乙開張質庫，營運所收息錢，雖過於本，其被雇倩之人，係藉本因而營運，況係主家出本雇人，或憑倩開張質庫及所收息利，既係外來諸色人將衣物、金銀、匹帛抵當之數，其本尚在，比之徑借取利過本者，事體不同，即不合與私債一例定斷。

《通制條格》卷二七《雜令・卑幼私債》　至元八年正月，尚書省。

御史臺呈：山東按察司，照得權豪勢要之家，往往苟圖利息，借與卑幼錢物，非理使用，多致破敗家産。擬合遍行禁約。都省准呈。

《通制條格》卷二八《雜令・違利取息》　至元十九年四月，中書省奏：隨路權豪勢要之家，舉放錢債，逐急用度，添答利息，每兩至於伍分或壹倍之上。若無錢歸還呵，除已納利錢外，再行倒换文契，累算利錢，准折人口、頭疋、事産，實是於民不便。今後若取借錢債，每兩出利不過叁分。這般奏呵，奉聖旨：那般者。欽此。都省議得，若有似此違犯之人，許諸人陳告，取問是實，即將多取利息追還借錢之人，本利没官，更將犯人嚴行斷罪。

《通制條格》卷二八《雜令・違例取息》　至元二十年十一月二十日，中書省奏：哈剌章富强官豪勢要人每根底，放利錢呵，限滿時將媳婦、孩兒、女孩兒拖將去，面皮上刺着印子做奴婢有。説有。俺商量來，無體例，在先賽典赤也行了來。如今只依那體例與將文書去，教罷了，休教拖者，休教做奴婢者。商量來。奏呵，奉聖旨：那般者。欽此。

《通制條格》卷二八《雜令・違例取息》　大德二年三月，樞密院。照得先爲和林等處軍人取借諸人錢債，有財主前去隨路奥魯家屬處取索，准折財産，搔擾軍户，已經劄付管軍官員，鼇勒頭目，及出牓禁約，軍人并諸人不得私下取借，財主亦不得出放債負。如有違犯，取放錢人一體究治。本管頭目有失覺察者，亦行取招斷罪。若有債主人等，徑直私下取索錢債，毋得歸還。遍行各處去訖。今廣平等路狀申：和林當軍人鄭榮等，狀告忽都魯、楊宣差等，前來將榮等監收，勒要和林當役軍人借訖錢債，非理搔擾。樞府除已另行取問外，若有似此前來取索錢債之人，開坐姓名申院，非奉樞府明文，無得歸還。

《通制條格》卷二八《雜令・違例取息》　至元二十九年十月，中書省。御史臺呈：比年以來，水旱相仍，五穀薄收。闕食之家，必於豪富舉借餱糧。自春至秋，每石利息重至壹石，輕至伍斗。有當年不能歸還，將息通行作本，續倒文契。次年無還，亦如之。有壹石還數倍不得已者，致使無告貧民，准折田宅，典雇兒女，良爲可惜。户部議得：舉借斛粟，合依鄉原例，聽從民便，年月雖多，不過一本一利。如有續倒文契，欽依已降條畫追斷，都省准擬。

《通制條格》卷二八《雜令・違例取息》　至元三年二月，欽奉聖旨：債負止還一本一利，雖有倒换文契，並不准使，并不得將欠債人等，强行扯拽頭疋，折准財産，如違治罪。

（宋）黄震《黄氏日抄》卷七八《公移・紹興府・七月初一日勸上户放債減息榜》　近據晏府新恩劄狀稱：本州上户放債取息，有至合倍以上者，乞行禁戢。當職讀之，駭然最是。去秋大歉，小民必是無可還債。今年春夏飢餓，必是債上添債。今秋若因稍熟，上户便欲一頓對合取償，則小民今歲之苦，更甚於去歲之荒矣。是雖盡與蠲閣可也。但念其貧富相資，世代相聚，不敢行官司。一旦直截之令，反絶小民他日求債之門。先布腹心曉諭上户，上户若非讀書興家，亦是積德致富。義理所在，其誰不知。請自今脱去凡近致身廣大，念性命本同一源，知人我本同一體，財貨不過外物。貧富久，必易位。將利債痛減分數，許鄰佃量力漸還，種德無窮，永保富厚。如或故違，則有法在。

《元典章》卷一九《户部・田宅・種佃・佃户不給田主借貸》　大德八年十月，江浙行省：

會驗近欽奉聖旨内一款節該：佃户不給，各主接濟，借過貸糧，豐年逐旋歸還，田主毋以巧計多取租數，違者治罪。欽此。除欽依外，照得江南佃民多無己産，皆於富家佃種田土，分收子粒，以充歲計。若直青黄未接之時，或遇水旱灾傷之際，多於田主之家借債貸糧，接闕食用，候至收成，驗數歸還。有田主之家，當念佃户借貸口糧，揭取錢債，必須勸令多取利息，才方應副。或於立約之時，便行添答數目，以利作本。才至秋成，所收子粒除田主分受外，佃户合得糧米盡數償還本利，更有不敷，抵當人口，准折物件，以致佃户逃移，田土荒廢。又兼上年多有灾傷闕食去處，官司雖經賑濟，民力尚然未甦。即目正是秋成時月，若不禁治，深爲未便。省府仰照驗，行下合屬，勸諭田主，將佃户常加存恤接濟，毋致失所。若有借貸，其糧照依元借的實數目，須候豐收，逐旋依數歸還。錢債依例三分取息，毋得多餘勒要。如有以利作本之數，許諸人陳告到官，嚴行追斷，仍行移廉訪司體察施行。

《元典章》卷二二《户部・課程・免税・借絲還絹不税》　至元八年，尚書户部：

來申：李和於本家借訖自行抽搔到絲一百兩，却還朱齊驢出舉絲一百兩、絹一十疋。理同交易，合行依例投稅。今趙長留首告，據所獲絹疋，官司不合受理，難作匿税科斷。今據見申，合下，仰照驗施行。

《元典章》卷二七《户部·錢債·私債·軍官不得放債》 大德三年正月，欽奉聖旨節該：

借錢取息，已有定例。今後軍前放債，虛錢實契，不許歸還、多餘取利者，追徵沒官，約量治罪。

又

管軍官吏放債，照依通例取息，歲月雖多，不過一本一利。如有取利無度，番息作本，以致軍户損乏者，追息回主，仍與治罪。民官私債准此〔大德十年五月十八日命相詔〕。

又

應管軍官舉放本管軍人錢物，詔書到日，盡行倚免。典賣親屬，悉聽完聚，價不追還〔至大改元詔〕。

《元典章》卷二七《户部·錢債·私債·放粟依鄉原例》 至元二十九年十月，御史臺咨：

大城縣人户趙琮等告本縣李主簿舉放科粟公事。除另行外，議得：比年以來水旱相仍，闕食之家於豪富舉借餱糧，不以利重，唯得是圖，且救目前之急。自春至秋，每石利息重至一石，輕至五斗。有當年不能歸還，將息通行作本，續倒文契，次年無還，亦加之，有一石還至數倍不能已者。致使貧民准折田宅，典雇兒女，備償不足，良爲可惜，理宜禁斷。呈奉中書省劄付：送（禮）〔户〕部議得：舉借斛粟，合依鄉原例，聽從民便。舉借年月雖多，不過一本一利。如有續倒文契，欽依已降條畫追斷。都省准擬，仰照驗施行。

《元典章》卷二七《户部·錢債·私債·多要利錢本例沒官》 大德二年八月，中書省：據樞密院呈：准上都樞密院咨：

大德二年三月二十日奏：軍官每他每取利息上頭，故意的軍人每盤纏交遲着，軍每用着盤纏呵，他每根底揭借有。每月一兩鈔，一錢、二錢利錢要有。後的盤纏到來呵，那債負裏還了有。時呵，那般放利錢底，依在先大體例裏，一兩鈔一月三分家利錢，已上休要者。今後多要呵，本利沒官，他每根底依體例要罪過呵，怎生？麼道，擬定來。奏呵，那般者。您依體例行文字者。聖旨了也。欽此。

《元典章》卷二七《户部·錢債·私債·錢債止還一本一利》 中統二年八月，欽奉皇帝聖旨：道與中書省，近據諸王、駙馬、投下奏告隨路官員（少欠）〔欠少〕錢債，乞降聖旨取索事。爲有已降詔書，難准所奏。爲此，省諭各路宣撫司，如諸王并投下差人及債主取索錢債之時，仰備細照勘，若管民官委係爲民户欠少債負，照依已降聖旨並行倚閣之數，已後別行定奪，仰債主並不得取索。外據民間私借錢債，驗元借底契，止還一本一利。其間雖有續倒文契，當官毁抹，並不准使。若先有已還數目，前後通同照算，止還一本一利。又照得先帝聖旨：如有爲民借了，雖寫作梯己文契，仰照勘端的爲差發支使，有備細文憑，亦在倚閣之數。仰諸王、投下取索錢債人員，須管於宣撫司與欠債人當面對證，照得委是已身私借錢債，別無異詞，依一本一利歸還，毋得徑直於州縣將欠債官民人等一面强行拖拽人口頭疋，准折財産，搔擾不安。如違，定是治罪施行。欽此。

《元典章》卷二七《户部·錢債·私債·放債取利三分》 至元十九年四月二十七日，中書省：

聞奏：隨路權豪勢要之家出放錢債，逐急用度，添〔答〕利息，每兩至於五分或一倍之上。若無錢歸還呵，除已納利息外，再行倒换文契，累算利錢，准折人口、頭疋、事産，實是於民不便。俺與衆老的每商量來，今後若取借錢債，每兩出利不過三分。這般奏呵，奉聖旨：那般者。欽此。

又

諸人舉放錢債，每貫月利三分，止還一本一利，已有禁條。其有倒换文契，多取利息者，嚴行治罪。監察御史、廉訪司常切體察〔至大改元詔〕。

《元典章》卷二七《户部·錢債·幹脱錢·追幹脱錢擾民》 大德六年十月，江浙行省准中書省咨二道：

〔來咨〕：有扎忽兒真妃子、念木烈大王位下差來使臣晏只哥歹等，欽賫聖旨，追徵幹脱錢物。本省照得，晏只哥歹等追徵本位下錢物，不曾經由中書省，亦無坐到元借斡脱錢人户花名、錢數，止坐到元借斡脱錢人不魯罕丁、法合魯丁、孟林三名，信從各人轉指諸人借欠錢數，展轉攀指一百四十餘户追徵，因而擾民不便。除已行下杭州路，行移使臣晏只哥歹等着落元借斡脱錢人不魯罕丁追徵外，若不移咨，本官係位下差來人員，誠恐迴還異詞妄説。今後凡有投下追徵斡脱官錢，開坐欠少户計村莊、姓名、數目，具呈都省，轉咨行省，行下拘該官（同）〔司〕徵理，官民兩便。請希咨回示。都省合行移咨，請照驗，照依元坐取斡脱錢各人姓名依理追徵，毋致信從勾擾違錯。

《元典章》卷二七《户部・錢債・斡脱錢・斡脱錢為民者倚閣》　大德二年八月二十日，江西行省：

近有蒙古文字譯阿（吉只）〔只吉〕大王令旨：蠻子田地裏屬俺的斡脱錢，本錢、利錢不納有。這贍速丁、馬合謀爲頭使臣，女孩兒、小厮、用着的物，俺根底出來的時分，駞馱斟酌着，鋪馬他每根底與着，交出來的，您省官每識者。麽道，您根底委付將去也。敬此。照得先欽奉聖旨節該：諸王、駙馬并投下奏告随路官員人等欠少錢債。照得先帝聖旨：如有爲民借了，雖寫作梯己文契，仰照勘端的爲差發支使，有備細文憑，亦在倚閣之數。仰諸王投下取索錢債人員，須管於宣撫司與欠債人當面照得委是己身錢債，（另）〔别〕異詞。依一本一利歸還，毋得徑直於州縣將欠債官民人等一面强行拖拽人口頭疋，准折財産，搔擾不安。如違，定行治罪。又先欽奉聖旨節該：江南平定之後，悉爲吾民，今十有八年，尚聞營利之徒以人爲貨。今後南北往來販人客旅，並行禁止。欽此。已經劄付合屬去處，欽奉聖旨事意，毋得縱令收買良民違錯。欠少斡脱錢債人等，依例施行。外，據轉送孩兒、媳婦一節，即係以人爲貨事理。移准都省咨該：請欽依聖旨事意施行。

《元典章》卷二七《户部・錢債・斡脱錢・為追斡脱錢事》　至元二十九年十月，御史臺咨，承奉中書省劄付：泉府司呈：

七月二十四日，本司少卿趙奉直賫擎御寶聖旨前來赴中書省開讀節該：如今過得的每，明有顯跡斡脱每，若有呵，與者。别個失散了的無保人的每，休要者。做頭口與來的斡脱每，真個被不拜户要了呵，委實窮暴無氣力呵，休陪者。要了錢的斡脱每，委實窮暴生受呵，休要者。富的本錢休要，交納利者。窮的若有呵，他的本錢交納者。又秃兒減、磨絲裏兒、青鼠等，依着斡脱每的體例裏，但得的利息納者。道來，欽此。

《元典章》卷二九《禮部・禮制・牌面・軍官解典牌面》　皇慶二年五月，江西廉訪司承奉江南行臺劄付：准御史臺咨，承奉中書省劄付：

來呈：周伴叔告：唐兀衛百户即力嵬尼兌落軍人口糧。令史田澤狀首：本官將所帶銀牌分付質當鈔定，令澤替伊承伏兌糧等事。取訖即力嵬尼招伏，另行斷罪外，看詳：金銀牌面，所以著軍旅之符，昭尊卑之等，朝廷公器，法度所關。僕從懷插，尚且不許，擅自質當，褻棄名家，宜立禁令，以戒不虔。具呈照詳。得此。行據刑部呈：議得：金銀牌面，乃國家之公器，著臣子之尊卑，軍官受之，子孫襲替，綿綿不絕。比之民職，特加優重。以此參詳：今後軍官敢有不虔，擅將所佩牌面解典質當者，取問明白，即將所質牌面追給，仍斷五十七下，削降散官一等換（受）〔授〕，依舊勾當。受質之家，減犯人罪二等科斷相應。具呈照詳。得此。都省仰依上施行。

（宋）陳元靚《事林廣記・壬集》卷一《至元雜令・典質財物》　諸以財物出舉者，每月取利不得過三分，積日雖多，不得過一倍，亦不得回利爲利本，及立倍契。若欠户全逃，保人自用代償。

（宋）陳元靚《事林廣記・壬集》卷一《至元雜令・質債折庸》　諸負債貧無以備，同家眷折庸，其射糧軍於衣糧內兌半准還，家眷不在抑折庸之例。若良人質債折庸身死者，其債並免徵理。若元質數口內有身死者，除一分之數。輸課亦同。

《至正條格・斷例》卷三《職制・違例取息》　至元二十五年六月，御史臺呈：後衛百户忙速兒，除照依每兩月利參分合得本利外，多要訖軍人王興利錢鈔捌拾肆兩。刑部議得：多要利錢，擬合回付借錢之家，量決參拾柒下，標注過名。都省准擬。

至治二年閏五月，刑部議得：漢陽府知府部伯顔帖木兒，因科徵百姓包銀，定立嚴限，致使催差坊正人等，於伊解庫內借鈔。閉納每兩月利陸分，其多要息（大）〔錢〕，雖未入己，終是違法。量笞參拾柒下，依舊勾當標附。都省准擬。

《至正條格・斷例》卷三《職制・勒要借錢文契》　至順元年閏七月，

刑部議得：大乾元寺提點所副使伯顏不花，立約借訖本所大使應賓巴無利中統鈔壹拾定，後因署押本人兜支俸給文字，勒要訖前項借鈔文帖。准不枉法，杖陸拾柒下。既非監臨，解任別仕，已追贓鈔給王。都省准擬。

《至正條格·斷例》卷四《職制·强質驛馬》至治元年十月，刑部議得：沙州路府判魏珪，公差馳驛西寧州，經過大同站，起馬三疋，爲兀剌赤遺失貂鼠（燠）〔襖〕子，不曾經官，輒將驛馬三疋，當還本家，節次倒死。及將迴馬人笞剌赤雇覓，與李八當軍罪犯。幸遇原免，擬合罷職不叙。追徵馬價中統鈔一十五定，給還馬主。雇軍錢二十定，責付笞剌赤收管。都省准擬。

（元）孟奎《粗解刑統賦·私貸私借皆以字為法》金銀寶貝曰貸，錢物曰借，古人移借皆以字爲法而行於文約。

《元史》卷一二《世祖紀》〔中統十九年四月〕定民間貸錢取息之法，以三分爲率。

（明）何廣《律解辯疑》大明律卷九《户律·錢債·違禁取利》凡私放錢債及典當財物，每月取利並不得過三分。年月雖多，不過一本一利。違者，（止）杖一百。

議曰：並不得過三分，謂如本錢一貫，每月計納到利錢三十文，年月雖多，不過一本一利。若計餘利重於笞四十者，坐贓論，亦不得過杖一百。

若監臨官吏於所部内舉放錢債、典當財物者，杖八十。違禁取利，以餘利計贓重者，依不枉法論。

問曰：此條不言以准，惟云依不枉法論，設有犯者，若何斷之？

答曰：在官求索借貸人財物條云：若將自己物貨散於部民，及低價賣物多取價利者，並計餘利，准不枉法論。與此條情罪不異，亦合依准不枉法科之。

《大明律直解所載明律》卷九《户律·錢債·違禁取利》凡私放錢債及典當財物，每月取利，并不得過三分。年月雖多，不過一本一利。違者，笞四十。以餘利計贓重者，坐贓論，罪止杖一百。若監臨官吏於所部内舉放錢債，典當財物者，杖八十。違禁取利，以餘利計贓重者，依不枉法論。并追餘利給主。其負欠私債，違約不還者，五貫以上，違三月，笞一十，每一月加一等，罪止笞四十；五十貫以上，違三月，笞二十，每一月加一等，罪止笞五十；二百五十貫以上，違三月，笞三十，每一月加一等，罪止杖六十。并追本利給主。若豪勢之人，不告官司，以私債强奪去人孳畜産業者，杖八十。若估價過本利者，計多餘之物，坐贓論，依數追還。若准折人妻妾、子女者，杖一百；强奪者，加二等；因而姦佔婦女者，絞。人口給親，私債免追。

（明）陳永《法家裒集》一、如監臨官私借部内，原用銀一兩置買車一輛，每月該銀一錢，計一年該價貨銀一兩二錢，何以斷之？

答曰：《名例律》内云，計雇賃錢，雖多不得過其本價，止依原價一兩罪之。

（明）張楷《律條疏議》卷九《違禁取利》凡私放錢債及典當財物，每月取利並不得過三分。年月雖多，不過一本一利。違者笞四十。以餘利計贓，重者坐贓論罪，止杖一百。

疏議曰：凡私下生放錢債，及典當人財物，每月取利並不過三分，三分者，如一百貫取三十貫之類，雖積年月數多，所還錢物不得過踰一本一利，假如原典當鈔五百貫，還利鈔五百貫，謂之一本一利，縱欠年月多久，所取利錢不得過五百貫之上。如有違此而取利三分以上，及利錢過踰本錢者，放債之人笞四十，以其多取之餘利計筭贓重者坐贓論罪，止杖一百。

若監臨官吏於所部内舉放錢債典當財物者，杖八十，違禁取利，以餘利計贓，重者依不枉法論，并追餘利給主。

疏議曰：若監臨官吏於所部之内，舉放錢債典當財物者，杖八十。若違前項禁限而多取利息者，以其多取餘利計筭。若重於八十貫者，則依受不枉法贓論罪。其前項私放錢債，及監臨官吏放債違禁取利者，既治其罪，並須追其多取利錢，給還本主。

其負欠私債，違約不還者，五貫以上，違三月笞一十。每一月加一等，罪止笞四十。五十貫以上，違三月，笞二十。每一月加一等，罪止笞五十。二百五十貫以上，違三月笞三十，每一月加一等，罪止杖六十，並追本利給主。

疏議曰：其有負欠他人錢債，過違文約内所定年月而不還者，五貫以上，違三月笞一十，每一月加一等，罪止笞四十。五十貫以上，違三月笞二十，每一月加一等，罪止笞五十。二百五十貫以上，違三月笞三十，每一月加一等，罪止杖六十，並追本利給主。謂已上治罪，雖有輕重，而皆追其所借之本錢，所欠之利息，給還放債之主。

若豪勢之人，不告官司，以私債强奪去人孳畜産業者，杖八十，若估價過本利者，計多餘之物坐贓論，依數追還。

疏議曰：若官豪勢要之人，爲因舉放私債不告官司，而强奪欠債人之孳畜産業者，杖八十。若計筭强奪之物其價錢過於一本一利者，計多餘之物坐贓論，追其多取之數倍還物主。

若准折人妻妾子女者，杖一百，强奪者加二等，因而姦占婦女者，絞。人口給親，私債免追。

疏議曰：若因欠債無還，而將人之妻妾子女准受折筭抵還其債者，杖一百。若非欠債之人情願准與而强奪之者，加二等，因而將所奪婦女姦宿占留者，絞，所占人口給親完聚，原欠私債免其追還。

謹詳律，意舉債雖曰求利，取利當有常程，月取而三分過度，是肥己以瘠人，欠久而利息過踰，是使子而踰毋。違者坐以笞決，物重論以坐贓，罪止杖而不徒，以其終有本也。監臨舉債，即有貪心，違禁取資，不枉法，論定罪，多取者，並追餘利給主，負欠者，各計鈔月加刑，强准孳生計餘定罪，准折妻女，强者杖徒，貴人而賤畜也。因奪而姦，不仁之甚，罪則坐絞，債則免追，治其强矜其辱也。

（明）雷夢麟《讀律瑣言》卷九《違禁取利》　凡私放錢債及典當財物，每月取利並不得過三分，年月雖多，不過一本一利，違者笞四十，以餘利計贓，重者坐贓論罪，止杖一百。若監臨官吏於所部內舉放錢債典當財物者，杖八十，違禁取利，以餘利計贓，重者依不枉法論。並追餘利給主。其負欠私債，違約不還者，五貫以上，違三月笞一十，每一月加一等，罪止笞四十。五十貫以上，違三月笞二十，每一月加一等，罪止笞五十。二百五十貫以上，違三月笞三十，每一月加一等，罪止杖六十，並追本利給主。若勢豪之人不告官司，以私債强奪去人孳畜産業者，杖八十，若估價過本利者，計多餘之物坐贓論，依數追還。若准折人妻妾子女者，杖一百，强奪者加二等，因而姦占婦女者，絞。人口給親，私債免追。

瑣言曰：每月取利不得過三分，如借本錢一百貫，每月取利錢三十文是也。年月雖多，不過一本一利，如借本錢一百貫，每月取利錢三十文，計三十三箇月零十日，則利錢已該一百貫，利錢與本錢相停是，謂一本一利。違者笞四十，計所取餘利爲贓，其罪重於笞四十者，坐贓論，至八十貫之上，罪止杖一百。監臨官吏舉放錢債典當財物與部民而收取其利者，雖無多取餘利亦杖八十，若多取餘利者，計贓依不枉法論，並追餘利給主。其負欠私債違約不還者，各以所欠多寡計月科罪，若在三十三箇月零十日之內，以月利三分計之，若出三十三箇月零十日之外，則追一本一利，本與利相等也。故曰：並追本利給與財主。若豪强之人因其違約不還，不告官司，而强奪人孳畜産業者，杖八十，若估價過本利，計所多餘之利坐贓論，依所多餘之數追還，物主不言，准折孳畜産業者，利價相應，兩相情願，勿論。若准折人妻妾子女，雖其利價相應，亦杖一百。蓋妻妾子女，天性之愛，非有逼迫不得已之情，決不聽其准折也，若有以私債强奪人妻妾子女者，加准折罪二等，因强奪而姦占其妻妾及女者，絞，其所准折及强奪人口給親，私債免追。

問刑條例

一、凡勢豪舉放私債、交通運糧官、挾勢擅拏官軍、綁打凌辱、强將官糧准還私債者，問罪屬軍衛者，發邊衛，充軍屬。有司者發口外，爲民運糧官，叅究治罪。

一、聽選官吏監生人等，借債與債主，同赴任所取償至五十兩以上者，連債主俱問發口外充軍。

一、凡舉放錢債買囑各衛委官，擅將欠債軍官軍人俸糧銀物領去者，問擬誆詐，委官問擬受財聽囑罪名。

一、兩京兵部并在外巡撫、巡按、按察司官，點視各衛所印信，如有軍職將印當錢使用者，叅問帶俸差操。

一、內外放債之家，不分文約久近，係在京住坐軍匠人等，揭借者，止許於原借之人名下索取，不許赴原籍逼擾。如有執當印信、關單、勘合等項公文者，提問原債不追。

一、凡負欠私債，兩京不赴法司，而赴別衙門，任外不赴軍衛有司，而越赴巡撫、巡按、三司官處各告理，及輒具本狀奏訴者，俱問罪，立案不行。若兩京別衙門聽從施行者，一體參究，私債不追。

《皇明條法事類纂》卷二〇《户部類·禁約私債執當印信關單勘合及詐稱權貴擾害官民例》 成化四年九月二十日，都察院右副都御史林等題，爲禁約私債擾民事。該漕運總兵、巡撫等官，赴京議事，將各官所言事件，會同各部、都察院、太子少保兼吏部尚書李等議擬，開立前件，具題。奉聖旨：是，准議。欽此。欽遵抄單移咨到院。内一件：該巡撫山東本〔部〕〔院〕右副都御史原〔係〕〔傑〕奏，照得濟南等府所屬州縣，地方〔磽〕薄，兼以遞年水旱相仍，田禾不收，糧差浩繁，人民艱窘。奈何近年以來，有等在京住坐軍匠人等，不思原籍户丁困苦，只惟不來供給，或令家小，或〔令〕親戚，回家取討盤纏。倘若指辦遲慢，不論尊卑，倚恃身役，拖打逼要。設或户無人丁，又行搜尋佃田併里鄰人等，津貼幫助。稍不依從，復回到京，挾私串同無籍之徒，詐稱在於官豪之家，揭取財物。多則七、八十兩，少亦十數餘兩，加倍起利，朦朧將本户并貼户、佃地、里鄰人等姓名，妄作家屬多目，開寫約内，付與債主，執照前來取討。其放債官豪，止知利己，各恃權威，使令親朋替穿異樣衣服，騎坐違禁鞍馬，多帶家人伴當，徑來各該州縣坐并索取，果是軍匠、户丁、貼丁，着令辦還，雖傾家蕩業，死而無怨。若係佃地、里鄰無干之人，舉家呼天叫地，堅執不認。又被取債之人，輒生奸計，或詐稱皇親家人，或言權貴官舍，囑託司府批狀，强逼州縣差人拘拿拷打，責令照數認還。小民懼怕官府，只得忍氣吞聲，典當田産，變賣人畜，打發起程。未交一、二年間，仍復揭債，令人來取，積習成風。以爲得（慣）〔計〕。中間又有見任官員，亦多揭取官豪錢債，逼令家下歸還。此等錢債，保見之人，既各在京，不來證佐，本（寡）〔處〕多寡，原籍州縣别無堪信，止憑討債之人收執前約，照數逼取，深爲民害。如蒙乞敕該部計議，合無今後各該州縣，但有此等（計償）〔討債〕之人，不分文約（又）〔久〕近，就令於在京借債之人名下索取，俱不許前來原籍〔逼〕擾。若係本家（免）〔充〕當軍匠隨住之人，帶人前來取討，應該歸還者，亦候豐稔之年，照例一本一利歸還，亦不許恃强逼取。敢有（恬）〔怙〕〔惡〕不悛，仍前執約，於軍匠、户丁、貼户，併佃地、里鄰之人，一概囑託司府批狀、强逼州縣官員拘勾追理者，許被害之人，就將討債之人，拿送巡按御史及按察司官處，究問明白，依律照例發落，文約塗抹，〔所〕附錢債免追。干礙舉放錢債官豪并受囑（彼）〔被〕逼司、府、州、縣官員，徑自照例施行。前件，議得合准所言，通行天下禁約。又一件，該巡撫直隸，本院右僉都御史邢奏，照得各處解納糧料人户中間，有因納欠借債補完，被放債之人勒要納獲印信、關單、勘合等項公文，准當有係數人共約，其間正有一欠少者，有本利十分，已還八九分者，解户年久消亡，無人取贖，但被執匿不還，以致錢糧不銷。如蒙乞敕法司，通行兩京兵馬司，并在外（在）〔司〕府，出給告示，曉諭内外放債之家，但有執當前項印信、關單、勘合等項公文，不拘年月遠近，俱限三個月以裏，賫赴該管官司首（縱）〔繳〕，追還原欠。如有仍前執匿不首，（考）查究問罪。原債不追，庶免兩相推倭。前件，議得都察院施行。合無將右副都御史原等所言，并户部會官議擬奏，奉欽依事理，在内仰巡視監察御史轉行五城兵馬司，出給告示，在外有巡撫官，就令巡撫官，無巡撫官處，就令巡按御史出榜，轉發各該布按二司，并直隸府、州、縣，翻刊發屬，常川張掛，曉諭内外放債之家，不分文約久近，如係在京住坐軍匠人等揭取者，止許在京原揭之人名下索取，不許前去原籍逼擾。果係原揭借户丁帶來取討應還錢債，亦候豐年照例一本一利歸還。如有執當印信關單勘合等項公文，亦不分年月久近，俱限一個月以裏，賫赴該管官司首繳，即與追還。原籍借之人，敢有似前通同（計）〔討〕債之人，詐稱皇親家人并權貴官舍，賫執私約，前去原籍，倚恃豪勢，囑託有司，强逼各人户丁及佃地、里鄰人等名下，一概追取，打攪官府，擾害人民，及執匿准當印信、關單、勘合等項公文，不行首繳者，許被害之人，赴所在官司陳告。在内拿送法司，在外拿〔送〕巡按御史及按察司官處，究問如律。原債不追，中間若有礙官豪勢要，及聽從囑託代爲追理官員，應拿問者，就便拿問，應奏請者，奏請提問。如此，庶可杜侵漁之源，革擾害之弊。緣係通行禁約事理，未敢擅便，具題。次日，奉聖旨：是。欽此。

《皇明條法事類纂》卷二〇《户部類·禁約私債准折田土等項例》 成化五年十一月二十九日，禮部等衙門尚書等題，爲建言民情事。該知府等官人等晁銓等，建言民情事件，遵奉欽依，會議得，除有例見行及泛言難准外，數内一百八十件，合准所言，宜從吏部等衙門查勘定奪施行，奏奉聖旨：是。欽此。欽遵。

計開：

一、禁豪民謀占小户田産，及招納教師，（娶）〔聚〕衆撕打。江（東）〔西〕臨江府新塗縣民人謝廷碩言，本處（自）〔有〕等土豪之民，置有莊田、房屋，或二十餘處，其心猶有不足。一見附近人民有好山園陸地，輒起謀心，將遠年錢債，展轉違例取息。窘迫至極貧民，無從納還，只得將前園田地并房屋寫作賣（地）〔契〕。甚至受害不過，又有虛寫文契一文，棄家逃走，（遣）〔遺〕下産業，豪民即行管業，（誆）〔罔〕敢言辯。通前自置田宅，招納吉安府州等府屬縣逃民并軍匠人等，分布各莊住坐，無異僕隸。豪民一出，輒令扛抬四人坐轎，跟（跟）隨馬匹，前呼後擁，勢如狼虎。又行僱覓高手教師，教習武藝。但與鄉人開打，豪民一呼，衆皆奔至。各執爬頭、槍刀、鐵鞭、竹竿等器，有如大軍行陣。勝則殺牛置酒歌飲，喧聲沸野。其有殺傷人命，訐告到官，俱被積年浸潤情熟，故行問擬運米、擺站，遮掩其罪。豪民愈加得志，他日寧家無意外之慮。乞敕該部，轉行江西布政司，差委堂上官一員，分令各府、縣廉正官各一員，單夫馬匹，循行阡陌之間，出給告示，三個月內，許令逃户前後自首，遣還故土，（充）〔免〕其差徭三年，善加撫恤。所有被人占去田宅，悉與判還本主。仍取具各該里老、鄰（佑）〔右〕人等保結繳部。查勘其家逃民、教師，今後敢有聚集，偕用各項器械廝打者，官司鞫問明白，將（受）〔首〕惡依律科斷，庶使豪强斂跡，良善獲安。

《皇明條法事類纂》卷二〇《户部類·債主關俸問不應》　成化十年四月初八日，刑部尚書王等題，爲處置條例事。

計開：

一、在京官軍，多有艱難。預先將本身俸糧，揭借官軍人等銀兩銅錢等物使用，立約議將按季該得俸糧、銀兩、絹疋等物抵還。及關俸之際，本身欠債數多，不敢赴委官處領。以致債主不得已，自赴委官處，依約領訖。卻被無籍之徒，輒告債主盜關俸糧，行提到官。爲因不係本主關領，往往債主問擬常人盜倉庫錢糧絞罪，發（運）〔遣〕立功做工等項，甚是有乖律意。合無今後但係軍職負欠私債，而債主依約於委官處領出俸銀等項，事發止問不應杖罪，照例發落，庶幾用刑允當。

成化十年八月初八日，禮部等衙門題，爲建言民情事。

計開：

萬全都司永平衛守備隆州後千户所老幼軍晏言：一件，勢豪生放利債事。臣（切）〔竊〕見山東、河南、湖廣等處，因遞年水旱災傷，軍民徭役被累消乏，多有貧難軍民，將資畜、産業、人口，典賣盡絶，無從〔生活〕，只得揭債富豪勢要之家，銀兩稻穀救濟。或借銀一兩，不過五六個月，逼要本利銀二兩；或借稻穀一石，不過半年，加要一石。償還不及，逼累重換文約，利上加利，逼勒貧苦。有恃豪債主，用强逼准妻小、男女、房屋、田地、山場，致累貧民逃竄。臣見在京，近年以來，米價高貴，營運無活，度日艱窘，不能趁食，只得將衣服、物件，當借銅錢，糴米度命。又被奸頑之徒，倚財爲勢，互相設計欺行。凡遇當物，估值銀一兩，止借銀三錢；值銀一錢，止當銀三分。每銀一錢，自起利息二、三（文）〔分〕者有之。備還不敷，未及二、三月，被算本利，對合日逐取，當原賣物件好者，致被百般刁蹬揹匿。物件低者，被其公然變賣。當物之人，又被勢豪凌辱，欲行告理，緣因貧窘無力，只得含含，有屈無伸。以此，當放之徒，愈加得計，恣（伊）〔意〕利中生利，貧者轉加貧苦。如蒙乞敕廷臣，從長計議，合無遵依《大明律》内事例，通行在京、在外軍衛有司，嚴加禁革。私債及當放物件，每月取利不得過三分，遵爲定例。今後敢有仍前故違禁例取利，在外許被害之人赴合干上司告理；在京赴錦衣衛、巡捕官處，并五城兵馬司具告，提拿究問禁革。就將所當物件，官估價值，除每月起利三分外，餘物給主。將所犯之人，參送法司，治以重罪。如此，則法度昭彰，貧無受害，實爲便益。

前件，通行禁約。

成化十年八月初八日，禮部等衙門題，爲建〔言〕民情事

計開：

吏部起復聽選同知毛璦言一件，扶弱抑强。臣（切）〔竊〕照强者恣横，乃天理所不容；弱者受虧，亦人情所難忍。臣見得各處，近年有等豪富之家，舉放私債，多累伴當家人，不問鄉曲舊家故官子，一或借（貨）〔貸〕，輒便三、五成群，絡繹坐地取要，少失疑侍，穢言辱駡；或拿到家，鎖打逼追，致死人命者，有之。又有一等不才致仕官，倚勢因子

孫衆多，下鄉狼虎害人，准折家業，遇民逃竄，甚至拿鎖〔壯〕〔奄〕場、牛攔等處，〔自〕〔有〕因受氣不過而自縊者，有因饑寒致疾而累死者。又一等家族衆盛，暴横鄉里。打罵〔故〕〔固〕不足言，侵奪尤莫能禦。一逢勢均力敵之家，聚衆輒至一、二百，彼此逞兇，〔歐〕〔毆〕打人命。又有一等潑皮小民，設遇前項人家，則即〔飲〕〔斂〕手屏息，稍遇勢不如良善，取〔粗〕〔租〕索債，卻將老幼久病〔之人〕打死，及將懷孕婦人墮胎，圖賴鄉里，〔里〕長措怕人命〔功〕〔勸〕和，要銀多至三、二百兩者有之。又有一等健訟刁民，憑恃刁潑，每遇良善債主，駕捏虛詞，妄空騙害。凡此五種，深爲民患。有司聽其所爲，不行禁止者，〔監〕〔鑒〕此〔洋〕〔佯〕作不知。〔切〕〔竊〕思此輩所懼，〔上〕〔止〕是御史、布按司官，但此等官按臨，略不究意及此〔死〕，致强梁者愈得志而不顧，良善者益〔受〕害而莫伸。如蒙乞敕法司，從長計議，痛加裁抑。或給榜禁約，或請例以杜除，或依律科斷之餘，而〔無〕量其家資，以十分爲率，罰〔共已〕〔其七〕分入官，以爲賑濟饑荒之備。務在號令嚴明，必使渠魁斂跡。如此，庶使鄉人免横禍之虞，官府無便治之繁。

前件，通行禁約。

成化十年八月初八日，禮部等衙門題，爲建言民情事。

計開：

江西布政司吉安府廬陵縣民王集典言：一件，方〔令〕〔今〕天下爲小民之害者，莫〔甚〕於豪强之徒，挾其富盛之勢，又有伴當爲爪牙，以〔取〕〔助〕其威。〔被〕〔彼〕貧民佃其田者，雖兇災水旱，亦不免被其勒取全租，貪其錢者，則皆被其違禁酷取。有自永樂、宣德、正統、景泰、天順年間起至于今，錢債已還，而文約被其勢留重行勒取；或挾要其子女，以爲驅使；或勒寫其田宅，以爲已有。〔有〕因户役而勒害，有因税糧而過徵，使小民不得安生，而多逃移他處，爲今安養小民之計，必先於除去民害。

前件，〔通行禁約〕

《皇明條法事類纂》卷二〇《户部類·（成化六年三月二十日吏部尚書等題爲）申明舊制禁約事》計開：

一、各處訪得聽選官吏、監生人等中間，賢智之士固多，其間亦有無知不才之徒。〔悒榮〕〔蠅營〕狗苟，以圖僥倖。遂致小人窺視，乘機哄誘。或假説投託某衙門官，轉與方便；或詐稱吏部官鄉親，可與囑託，求計某官處，巧捏情詞，誆騙財物入己。幸而偶中，需索無厭。若或不成，亦侵其半。及行選後，尋訪好處官員，鑿空架説，勒要財物。此等之徒，阻〔懷〕〔壞〕選法，污累官府，最爲害事。又有等官吏、監生，恣行無賴，浪費包資，囊〔匿〕〔篋〕空虛，多有揭取銀兩、布絹及酒肉、米麵，食用無度，積少成多，或至一、二百兩者，擬約選後措還，及〔出〕榜一出，三、五成群，拿收文憑，索要本利。只得與有錢之家立約揭取，分償各主，贖取文憑。甚者，被其拘取三、五個月，不行赴任。又有一等京城小人，專一於〔在〕部前打聽，舉放官債。每遇選時，尋探新除官員，邀請到家，置酒説合，强要借與金帛、銀緞、絹疋，其不才官員，啗其肥飽，立約借取錢財，營辦衣裝、器物，置〔酒〕〔買〕婢妾等項。臨行，債主遂與同到任所，以一取十，或被其主使行事，或聽其説事過錢，鞭撲求取，唯償私債，經營思慮，則及公務。少者累年不足，多者終任莫償。此等之徒最爲害治。前項姦弊，若不嚴加禁約，誠恐弊孔滋漫，事無成效。天順年間，曾有榜例，人不遵守，往往有犯。合無本部再行出榜，申明禁約，今後但有假託姓名，誆騙官吏、監生人等財物者，事發問罪，枷號部前三個月，連當房家小發煙瘴地方充軍。若官吏、監生人等請托營求，被人誆騙財物者，一體治罪。其有借人財物費用，買辦衣裝、器物，置買婢妾等項，及與債主同赴任所取債者，官與債主，俱發口外充軍。仍乞敕錦衣衛，差人密切訪察挨拿。庶幾選法澄清，而弊源自絶矣。

《皇明條法事類纂》卷二〇《户部類·禁約放債執當公文及於户丁名下取討例》　成化六年九月二十日，都察院右副都御史林題，該巡撫山東右副都御史原傑，巡撫南直隸、左僉都御史邢宥等奏，在内行仰巡視監察御史出榜，轉發各該布、按二司并直隸府州，翻刊發屬，常川張掛，曉諭内外放債之家，不分文約久近，如係在京住坐軍匠人等揭借者，止許原借之人名下索取，不許於原籍揭取之人户丁取討。應還錢債，豐年照〔利〕〔例〕一本一利歸還。如有執當關單、印信、勘合等項公文者，不分年月久近，俱限三個月以裏，赴該管上司首繳，即還原債。敢有仍前通同討債之人，詐稱皇親家人并權貴官舍，賫執文約前去原籍，倚持豪勢，囑託有司，强逼各人户丁，及佃種、里鄰人等名下，一概追取，打攪官府，虐害人民，及執匿原當印信、關文、勘合等項，不行首繳者，許被害之家赴所在官司陳告，在内拿送法司，在外拿送巡按御史及按察司官處，究問如律。原債不追。中間若有干礙官豪勢要，及聽從代爲追理官員，應拿問者，就彼拿問；應奏〔請〕者，奏請提問。具題。奉聖旨：是。欽此。

《皇明條法事類纂》卷二〇《户部類・各邊管軍官於所部内放債及强買馬匹》 一件禁約事。成化八年七月内，該都察院左僉都御史李等，節該欽奉憲宗皇帝聖旨：體訪得有等管軍頭目，恃權挾勢，往往便令家人伴當及跟隨人等，假倚買賣爲名，將雜銀粗布散放與各路衛所管操、管屯官員，及散與該管旗軍餘丁，每雜銀一兩，强買細米一石一、二斗，又逼令出備車牛裝送。其管操、管屯官員，因而各將自己物貨，混同在内撒放，加倍取利肥己。又有等欺公貪利之徒，令人興販老弱瘦損不堪馬匹，用强分俵與馬隊軍士，作買補官馬之數。旋即（例）〔倒〕死，致人追（倍）〔賠〕，不免重行買補。似此作弊，非止一端。邊軍被害，莫此爲甚。恁都察院合通行嚴加禁約，出榜沿邊各路大小城堡，常川張掛，曉諭管軍人等。今後敢有稱係家人伴當等項，倚恃豪勢，撒放錢債，强買馬匹，多取價利，擾害邊軍者，許被害之人，指實徑赴巡撫、巡按，并按察司分巡官處陳告，就便拿問明白，監候奏請發落。干礙官軍頭目及豪勢之人，亦就拿問。欽此。

成化九年十月初八日，户部尚書楊等題，爲救弊等事。

計開：

一、所言至如揭取錢債一節，其中官員作弊，軍士苦楚，不可勝言。譬如一衛軍人，或因盤剥費用，被官員侵剋，虧折糧米一百石，若借銀一百兩，可夠買補。其本管官員，乘此機會，設託豪富之家，借銀二、三百兩，倍寫本利五、六百兩，除用百兩買米補納外，餘皆任從虚數花銷，侵分入己，回還之日，就邀債主到衛，强逼各軍變賣産業，准折男女。債還不完，又將欠數轉换文契，利上取利，經年逼取，仍復如前。所以軍士取債，年甚一年，不得完結。甚至有等挾勢豪强債主，或跟往兑糧處所，將正耗糧米變賣（倍）〔賠〕還者；或於淮安總要去處，邀請求託，便往欠債糧船執逼追還者，或於沿途將旗軍綁打，逼至逃走跳水者；或凌辱官員，逼抑自縊者。（切）〔竊〕思官軍所輸之粟，俱是國課，豈有國課永輸，先償私債？三尺孩童，尚知不可。若不禁約，誠恐此等强徒，愈加放肆，倣效成風。似前追并，荼毒官軍，准賣糧餉，非但貽笑四方，亦且朝廷法度安在？此不可不嚴加禁約二也。合無該部行令各處把總官，親躬查審該管衛所官軍，原借某人本銀若干，一年者依例每兩起息三分，年久者止許一本一利。其利（止）〔上〕增利者，悉爲減除。明立文簿，收候下年各衛運糧到京，交納官糧完足，聽把總官公同該衛指揮等官，查算明白，御將餘剩銀米，照簿追還債主。若債負數多，不能完結者，仍候下年照前給還。其銀不許再起利息。仍請聖旨榜文，前去該免糧浙江等布政司，并直隸蘇、松、淮、揚、應天等府，州、縣去處，張掛禁約。敢有豪强債主，似前挾勢，准折私債，許被害官軍并所在官司，拿解赴京送問。重罪發邊衛充軍，民發口外爲民。如此，則豪强頗知畏懼，而軍士所負錢債，庶得結絶矣。

前件節查得，先因漕運官軍作弊多端及遞年攢運之事，本部於景泰元年，會官保舉都御史王竑與總兵都督僉事徐恭攢運糧儲，其添設都御史總督官運漕運，正欲禁革奸弊。今本官奏稱前因，合無通行總督運都御史，總兵官（正）〔平〕江伯，着落各該把總官，須要躬親查審該管衛所官軍，原借某人本銀若干，明立文簿，收候下年各衛運糧到京，交納官糧完足，御將餘剩糧米，照簿給還債主。敢有仍前挾勢，於兑糧去處及沿途擅拿官軍綁打凌辱，强將官糧准作私債，許被害官軍，就於漕運總兵官處陳告。應拿問者，就便拿問。此係强准官物，律無正條，合無准其所擬，發邊遠充軍。民發口外爲民。應參奏者，照例施行。及言請聖旨榜文，前去免糧處所張掛禁約，未敢擅便。伏乞聖裁。

《皇明條法事類纂》卷二〇《户部類・放官債以侵民（例）〔利〕》

成化十五年二月二十五日，禮部等衙門，爲建言民情事，會同各部都察院，通政使司、大理寺、（大）〔六〕科給事中，會議所言事件，宜從吏部等衙門查勘定奪，照例施行。具題。奉聖旨：照例。欽此。

計開：

一件，放官債以侵民（例）〔利〕。吏部聽選監生張瑞言：臣嘗畜馬乘，不察於雞豚，（代冰）〔伐冰〕之家，不畜牛羊。此（倉）〔食〕君之禄，不得以侵民利也。近年以來，多有京官放債，不體虚實，或借本處軍匠，累害原籍户丁，或放他處糧户，冒名復追里甲，違禁取利，多則釘對少加八，每令子孫家人具狀府縣，以勢追取。其府縣官，雖節奏勘明合禁革，視爲虚文，仍阿諛奉承，將小民（考）〔拷〕逼禁追，實難存活。如蒙乞敕巡按御史嚴加禁約，許受（害）之民指實具奏，將資本入官，本官黜退，庶無侵奪民利矣。

前件，巡按御史查例禁約。

《皇明條法事類纂》卷二〇《户部類·豪强放債害民》 成化二十年七月二十八日，都察院爲建言民情事，准禮部咨，成化十九（等）〔年〕月日不等，於禮科抄出吏部等衙門聽選等官奏建言民情事件，該通政使司掌司事、太子少保、禮部尚書張等奏，看得建言事理，合着禮部抄出會官議。奉聖旨：是。欽此。欽遵合同各部、都察院、通政司、大理寺、六科給事中議得，數内四十條合准所言，宜從吏部衙門查勘定奪施行。各官奏，奉聖旨：照例。欽此。欽遵。

計開：

一件，豪强放債害民等事。（切）〔竊〕見本縣見年當役（里）里長，每遇上司坐派軍需顔料，以一科十，甲首人户，稍有不從，被里長投靠豪惡大户，或務要京官弟男子侄措借銀兩，捏稱完官，不過年月，使令狼虎伴當，與同本里下鄉捉拿小民妻子，非刑拷打，每家出要轎馬、銅錢一二百文，本銀一兩，逼討銀二、三兩者，追完又與本里各分使用。及有小民告争田土門（歐）〔毆〕小事，或欠軍需私債，被總甲里長總捉拿到縣，亦不送縣，朦朧私用鐵索鎖禁，寄頓縣市食店飯鋪宿歇，有一月半月者。等要飯銀二一兩，恁詐財物意足，纔得疏放。竊詳此等各縣俱無，惟獨本縣人民受此苦害，逃移者多。如蒙乞敕都察院轉行巡按御史，密切差人緝訪，捉拿勢要之人，問擬重罪，嚴加曉諭禁治。今後鄉民到官有事，拘無事者，不過三日放回務農。庶使民得安生便益。

前件，行巡按御史嚴加禁約。

《皇明條法事類纂》卷二〇《户部類·强放私債運糧人夫加倍取利例》 成化一十一年十二月二十六日，禮部等衙門題，爲建言民情等事。

計開：

一、南直隸并浙江嘉、湖等府遞年運送糧米到京，俱有加耗官價車脚船錢使用。且如一船該夫二十名，運送十名，津貼盤纏飯米，足勾使用。豈期在京官豪勢要之家，貪圖肥己，使令家人將帶銀兩，前去中途置辦酒禮，送與各船吃飯，一船栖放銀一百兩有之。來夫自用，將不來夫名概寫，約借銀一兩還銀二兩。回家致被債主倚勢帶同家人伴當，坐駕快船，勢如狼虎，捉拿欠户，百（船）〔般〕拷打，敲掕逼討。有等艱難小民，受刑不過，只得鬻男賣女（陪）〔賠〕償，情實可憐。如蒙伏望聖恩，憐愍蒼生，乞敕都察院轉行巡撫、巡按出榜禁約。糧夫借銀依律每兩還利銀三分，不許多討利息。如此，則止生放，民無受害，實爲便益。

前件，行各該巡撫、巡按禁約。

《皇明條法事類纂》卷二〇《户部類·禁約教官放債隸卒（欠）〔久〕占衙門例》 成化二十二年三月初四日，都察院右都御史劉等題，（等）爲建言民情事。湖廣道呈：該聽選等過亮等建言民情事件，會同議得，合准所言内一件：教官不職等事。該山東布政司登州府萊陽縣民高玹言：竊惟儒學教官，職司風化，作養賢才，必須正己律身，禮義相先，以臻成效。近年以來，（切）〔竊〕見各處儒學教官，（下）〔不〕以訓誨生徒爲事，惟以利欲是圖，罔知廉耻，非理（要）〔妄〕爲，卻乃阿諛有司，營求署委公務，管解錢糧，貪圖利己，不顧名節；及令子侄家人生放錢銀，違例取息，倚官挾勢，侵漁小民，甚至誆騙財物，囑託公事者有之；縱放生徒，久不肄業者有之，往往胡爲，全無師行，何以勉進後學？似此不惟徒費厚禄，抑且廢弛學教。如蒙乞通行天下儒學一體警諭。庶得賢才成效，不致侵奪民（例）〔利〕。

一件，違例事。該湖廣布政司鄖陽府竹溪縣民葛宣言：照得各衙門皂隸、弓兵、庫子，俱是一年一替，惟獨本縣皂隸、庫子、久戀衙門，多者十數年，少者七八年，營求官吏，不行更替，專一撥置官吏，剥削害民不便。如蒙乞敕該部合無轉行巡按御史，親詣彼縣，查勘久戀衙門皂隸等役，問罪禁革。今後照例一年一替，下民安生便益等因，合行呈乞奏請施行，開呈到縣。看得山東等布政司登州萊陽等府縣民人高玹等各奏前事。

本縣欲行浙江等布政司并南北直隸巡撫〔巡〕按，一體嚴加禁約。今後教官務要循修職業、訓誨生徒，不許似前舉放私債及干預有司等項妄爲。隸兵、門庫等役，俱各一年一替，亦不許仍前營求，及容令久占衙門，撥置害民。違者，聽巡撫、巡按等官訪察拿問。如此，則法令嚴明，人知警懼。聖旨：是。欽此。

《皇明條法事類纂》卷二〇《户部類·禁約違禁取利准折財産及借債不還及行圖賴例》 成化二十二年七月初六日，禮部會同六部、都察院、通政使司、大理寺、六科等官議，爲建言民情等事。該吏部等衙門聽選等官袁志等，建言民情等事件，該通政使司官奉天門奏，合着禮部抄出，會同議。奉聖旨：是。欽此。欽遵抄出到部，會同兵部、都察院、通政使司、大理寺、六科給事中議得：除有例見行及泛言難准外，數內八十四條合准所言，宜從吏部等衙門查勘定奪放行。奏奉聖旨：照例。欽此。

（內）〔南〕直隸松江府上海縣老人陸緒言：

一件，私債害人，放債（如）〔加〕息，律開自條。（切）〔竊〕見本處人民，節遭年荒，日食不給，喪葬無力，或因軍灶匠役，或徭役各色鮮頭不已，舉借大户家錢債。至於還期，又置前開各項，追給償還，不足者，致被大户以一盤二、以二盤四，以四盤八，年遠盤算利多，捉回在家私監拷打，受苦不過，或將許人男女并妻小、房屋、器物准與；或將重額官田，減價佃賣；或准折償還錢糧，存在無力還納，許人男女被告無還。似此詞訟紛紜，〔逃〕移者多，糧累糧里陪納。又有一等良善之家，多被奸滑之徒哄借錢米，連本具被欺賴，及將妻小自孕小兒跌磕殺害圖詐。如蒙乞敕法司，轉行巡撫官，出榜曉諭。凡一應錢債，見放起利，不過加利三分。拖延者不拘年分遠近、已還一本一利者，不許再討。如有故違，許被害之人告理，追出多收利債，賑給貧民，重額減輕，田地追還債主，及佃賣與人種耕，三年、五年已得花利，使其收去存糧。不願者，備價利半贖；　又典當首飾、衣服、器（服）物，起三分取贖；　損壞者，量還本利取贖；　欺賴者，聽告不追本利給還。無力取贖者，田與債主再種二年，交還田主，或加價絶賣。及衣服、器物、首飾，無力取贖者，如價盡絶。如有故違，聽告治罪。

前件，看得各處豪家，放債多取利息，准折田産之類，及奸頑無籍之徒，誆借錢米，及將妻男圖賴。誠有此弊，合行各該布政司并直隸各府，通行各屬，嚴加禁約。凡放債取利，俱依《大明律》，不許故違多取。敢有以利債强奪（入）〔人〕孳畜、産業，及准折人妻妾子女者，依律問斷。其典當田地、器物等項起例，亦依常例，或備贖取，或計所收花利，已（勾）〔夠〕一本一利者，交還田主。若損壞者，量還。欺賴者，不并無利。贖取者，亦聽（使）〔便〕。再種或加價絶賣，俱如所擬。違者，許告官懲治。若奸頑之徒誆借錢米，昏賴不還，或誣債主，欺姦婦女、打死人命者，許債主告官，究問如律，所借錢米，官爲追給。庶使巨室不敢肆其侵凌，刁徒不得逞其兇狡，貧富而俱得安矣。

《皇明條法事類纂》卷二〇《户部類·軍職債主於委官擅領俸銀問擬誆詐罪名委官一體問罪例》 弘治元年八月十三日，都察院右都御史馬等題，爲陳言圖治事。該工部給事中夏昂題，前事內一件：時給散以固軍職。臣聞官以授德，禄以報勞，乃國家之常典；饑者欲食，寒者欲衣，實生人之人情。近年京城有等軍民，專以放債爲活。在京各衛指揮、千百户等官，其有缺食少使用，輒稱借貸名目，揭借俸糧。其債但爲貪得之家，而每取利過多，其各軍職迫於貧乏，而不爲後圖。及至俸錢一關，盡爲債主所有。乃又仍前揭借，更候向後償還。如此相延，畢竟無了，以致放債者日益富，各軍官日益貧。如蒙乞敕户部計議，將在京各衛軍職折色俸糧，務要通行按察關與使用；　仍乞敕都察院出榜，將放債及借債之人，通行禁約；　再乞敕錦衣衛，嚴加緝訪。敢有仍蹈前非者，具奏，俱拿送法司，治以重罪。其校尉知而故縱者，事發問坐等因，具本奏。奉聖旨：該衙門看了來説。欽此。欽遵抄咨到院，查得先該刑部尚書王等題，爲處置條例事內一件：　在京官軍多有艱難，預先將本身俸糧揭取官軍人等銀兩、銅錢等物使用，立約議，將按季該得俸米、銀兩、絹疋等件抵還。及至關俸之際，本身欠債數多，不行赴官告領，以致債主不得已，自赴委官處，依約領出。其欠債之徒，輒告債主盜關俸糧，行提到官，爲因不係本主親自關領，往往將債主問擬常人盜倉庫錢糧絞罪，發遣立功、做工等項，甚是有乖律意。合無今後但係軍職負欠私債，債主依約於委官處領出俸銀等項事發，止問不應杖罪，照例發落，庶幾用刑允當等因，成化十年四月初九日題。奉憲宗皇帝聖旨：准行。欽此。欽遵看得給事中夏昂所言前項事情，誠有此弊，合行禁革。但舉放錢債、典當財物者，自古爲然，律有明條。其軍職之中得過之人，誰（首）〔肯〕借債以蕩生業，間有家無恒産，業無蓄積，饑寒所迫，衣食所累，只得借債典當，暫且聊生。今若不論事情輕重，一概着令校尉緝拿，通行出榜禁約，則當者不肯放債，貧者愈致艱難，誠恐貧窮官員一時無違，別作非違，致生他變。其放債之人，若依原情定罪，俱問不應杖罪發落，又恐債主輕視罪法，不知警懼，借債官員重受其害。合無不必出榜、查照前例，本院斟酌禁約，通行五城兵馬司，出給告示，曉諭在京一應官員、軍民之家，但有舉放錢債者，各要遵守法度，依律取利，不許過多。其所負錢債，係軍職折俸銀兩，務候各官親自領回，陸（緒）〔續〕依數歸還。不許又似往年，買求該衛委官，不候本主自領，委官擅自將銀兩盡數交與債主領去。事發，放債之人問擬誆騙罪名，委官推情問擬受財囑託之罪。其餘若止是多取利息，不曾前去委官處强領銀，及於所部内舉放私債，違禁取利者，各依《大明律》科斷，餘利給主，許被害之人親自具告法司，依前問斷等因，〔具〕題。奉聖旨：是。欽此。

《皇明條法事類纂》卷二〇《户部類·〔奏〕建言民情事》 弘治元年九月十四日，刑部等衙門尚書等官何等題，爲與利除害、安養軍民等事。

成化十年八月，吏部聽選同知毛瓊奏：看得各處豪富軍民之家，舉債多畜伴當家人，不問鄉曲故官子弟，一或借貸，輒便坐取。或穢（害）〔言〕辱罵，或捉鎖逼打人命，或准折家産，逼民逃竄，以致良善受害。要行問罪，仍量其家資以十分爲率，罰其幾分入官，以爲賑濟飢荒之備。奏行禮部等衙門會議，通行禁約。前件，節該伏睹《大明律》内一款：若豪强之人，以積債强奪畜産業者，杖八十，若估價過本利者，計多餘之物坐贓論，依數追還；若准折人妻妾子女者，杖一百；强奪者，加二等，私債免追。又一款：若以威力制縛人，及於私家拷打，因而致死者，絞。欽此。今豪富官民之家，舉放私債，逼取害人，或因致死人命，事發到官，各坐以應得罪名，情法允當。若依前例，既問以罪，又罰取家資賑濟，用法偏行，有乖律意，可革。

《皇明條法事類纂》卷二〇《户部類·禁革山東等處沿海（滄）〔倉〕分（攢）〔攬〕頭借銀不還坑陷官攢并光棍打攬倉場犯該徒罪以上并再犯（苔）〔笞〕杖者俱充軍民發口外爲民職官奏請及禁革債主轉换文約關支幼弱官軍俸糧》 一件，沿海急務事。弘治元年九月内，山東按察司巡察海道副使趙鶴齡奏，該刑部尚書何等題准，通行山東、浙江、福建、廣東沿海倉分，但有攬頭强借官糧不還，坑陷官攬者，照例責限三個月以裏納完者，照常發落。（遇）〔過〕期不完者，儘其財産變賣（倍）〔賠〕納，連當房家小發邊衛充軍。仍將官攢人等借與倉糧者，問擬如律。受財者，以枉法從重論。若有掃倉光棍，三五成群，打攬倉場，及偷盗埠囤糧米者，不必枷號，犯該（苔）〔笞〕杖，及計贓不滿貫徒罪，照詳發落。若再犯，與滿貫徒罪。至雜犯死〔罪〕者，軍校舍餘人等俱發邊遠充軍，民發口外爲民，職官有犯奏請區處。其有債主利上起利，轉爲文約，支關幼官優給，寡婦優養并柔弱官軍俸糧三年之上，不還文約，坑陷年久，不得關支者，扣算原額銀物若干，關過俸糧若干，除一本一利依例算還外，但有利上起利，恃强多取者，將關過俸糧，下分革前革後，照數追完給主。仍將放債之人照依律例發落。其管糧官吏聽囑，一體治罪。

《皇明條法事類纂》卷二〇《户部類·禁約勢豪放債（官）〔害〕民例》 弘治元年十月初二日，户部尚書李等題，爲陳言便民事。山東清（理）〔吏〕司案呈，該魯府鎮國將軍陽鑒奏：臣聞臣人之忠，在於知無不言；聖君之德，在於言無不聽。故能借斯世於平康，濟斯民於仁壽。自古聖帝明王，未有睬是而能者也。恭惟皇上嗣登大位，（霄肝）〔宵旰〕靡寧，頒詔官員人等，許言政務，無非圖惟治道，以臻雍熙。此民千載遭逢之盛也。臣雖鄙陋，叨生盛世，忝派宗室之裔，豈官員人等之可比也。况臣坐享爵禄，愧無寸報，所懷膚淺之見，雖螢火無補於太陽，抑安敢無一言敷陳，以報其萬一哉？今將所見聞坐進呈，非假手於他人，實臣之宿蘊也。伏望聖覽，如所言可採，乞敕頒行，以彰納言更化之美。如臣言無所取，乞寬宥煩瀆之罪，臣不勝戰慄之至等因，具本開坐奏。奉聖旨：該衙門看了來説。欽此。欽遵合就議擬，開立前件，具題。奉聖旨：准擬。欽此。

計開：

禁勢要以侵民例。臣聞：畜馬乘不察（放）〔於〕雞豚，伐（冰）

〔木〕之家不畜牛羊。此食君之禄，不得以侵民利也。臣看得近年以來，各處食禄勢要之家，往往聽信下人，誘哄無知軍民，放與私債，自立（可）〔苛〕限，十個月要取本利，濫使下役，三五成群，狼虎下鄉，違禁生取。縱有兇災，亦難免此追債。少有拖欠，輒拿鎖拶打逼追，或准折其子女田宅，或牽奪其牛具頭匹，或賣青苗器，家業蕩空，債尚未完。甚者，累死人命有之。以致貧以致貧，民揭借還債，居無安身之地，去無還鄉之志，深爲未便。如蒙乞敕該部，合無通行巡按轉行各該有司，出榜禁約。今後如有仍前故違律禁，誘引舉放私債，濫取重利，（雪）〔虐〕害貧民者，許被害之人指實赴巡按、分巡官處告理。務將誘之人問以重罪。其間但有致傷人命重情者，亦將聽信放債之人依法參究。如此，則勢要知懼，而民安業矣。前件，查得成化十年八月初八日，吏部等衙門尚書尹等題，該江西吉安府盧陵縣民人王集典言：方今天下小民之害者，莫甚於豪强之徒挾其富盛之勢，又有伴當之牙爪，以助其威。都指揮亦在其内，各因家道貧難，預將俸錢立約與人揭借使用。且如今年春季，俸錢每銀一兩止得銀八錢；秋季，止得銀七錢；冬季，止得銀六錢。若明年春季，止得銀五錢、四錢，遠者得銀三錢，如有遲違，利（止）〔上〕起利，揭銀一兩還過五七兩者，因是俸糧不得，難以度日，多是在逃。切緣放債多取利息，律有明條，雖得折俸銀絹，在於内府關領，就在中途還債，纔得徑自就歸別手。一官俸糧能有幾何？遭此耗損，更無指望，衣服藍縷，有同乞丐。至於達官，尤其狼狽，在逃益多。以此徒費訓練，豈能得其死力？其放債之家，每季關領俸銀，少則三五百兩，多則七八百兩，一家常放數衛，而一衛之利，皆爲網盡。利歸私門，莫此爲甚。若不禁革，深爲未便。合行併革，庶民亦可以聊生矣。

《皇明條法事類纂》卷二〇《户部類・禁約典膳儀賓等置産放債害人例》 弘治二年正月二十日，都察院右都御史馬等題，爲公務事。該本部等衙門尚書等官李中等題，准欽依内事理，内該巡按江西地方都察院右副都御史李昂奏一件：禁田利之擾，以安生民。據饒州府鄱陽縣民李瓚告稱，各王府内臣、儀賓、典膳等，往往縱容家人，在於各鄉置立莊田、占賣民産，以致逼民無所，逃移爲非。甚至糧不過割，累害里甲（陪）〔賠〕賍。撥軍在莊看守，擾害居民，舉放私債，（磊）〔累〕利加算，准折田産、房屋者有之，折准孳生人口者有之，逼迫多端，甚爲民害等因，其告到臣。除禁革外，臣惟自食禄之家，不得與民争利，所以謹（貧）〔貪〕墨之防，廣廉耻之路也。今儀賓犯媚宗室，而每歲享有禄利，典膳出任王府，而每月支有俸糧，柰何又於各鄉立莊放債，侵奪民利，況致逼民無處安身，逃移在外。如蒙乞敕該部，行移各該王府，今後内臣、儀賓、典膳，與凡在府人員，凡有田土，係利債准折及侵奪者，俱各令其退還民間，以後不許仍前立莊産，撥軍看守，舉放私債，（磊）〔累〕利加算，擾害鄉民，逼迫逃竄。如仍不改，除内臣、儀賓并五品以上官參奏拿問，取自上裁；其六品以下官，聽臣等拿問，莊田財本，俱追入官等因，議行都察院，查例禁約具題。節該奉聖旨：准擬。欽此。欽遵移咨備劄到道。節該伏睹《大明律》内一款：凡有司官吏不得於見任去處，置買田宅。違者，笞五十、解任，田宅入官。又一款：凡侵占他人田宅者，田一畝屋一間以下，（苔）〔笞〕五十；每田五畝、屋三間，加一等，罪止杖八十，徒二年。又一款：凡放債，每月取利不得過三分；年月雖多，不過一本一利。違者，（苔）〔笞〕四十；以餘利計贓，重者，坐贓論，罪止杖一百；若勢豪之人，不告官司，以私債强奪去人孳畜産業者，杖八十。若估價過本利者，計多餘之物坐贓論，依數追完。若准折人妻妾、子女者，杖八十。人口給親，私債免追。欽此。欽遵具呈到院，看得巡撫江西右副都御史李所奏，誠有此弊，甚爲民害。但王府内外官員，職非親民，此與有司官頗有不同，所以任所置買田宅，前項律有無禁治。於親占田宅放債，多取利息，准折田産人口，律例有違，合當禁革。王府六品以下官員，亦難就便提問，欲仍行本官，轉行寧、淮等王府長史司，行令本府内外官員，若係私債准折軍民房屋、田土、人口者，聽令退還原主。其原揭錢物者，令照數追還。其和買田土、糧草不曾過割者，照例過割，依期辦納。其原置莊田不係强買及私債准折者，照舊住種。仍禁約有莊之人不許恃强擾害。有私人民舉放錢物者，亦照律例取息，不許過多。今後敢有仍前强占軍民田産及私債（磊）〔累〕利，准折田地人口，買田不行過割糧草，縱容看莊之人生事害人者，事發，校旗人等就行提問，干礙應奏大小官員，徑自參奏施行。具題。奉聖旨：是。欽此。

《皇明條法事類纂》卷二〇《户部類・軍職（官）債主多取俸（例）

〔利〕問罪追還枷號一月〔例〕》　弘治二年七月十八日，兵部尚書馬等
題，爲修省事。武選清吏司案呈，該本部題，弘治二年七月初七日早，該
司禮監太監韋參節奉聖旨：各衙門政事，有欽失當舉行改正的，斟酌停
當來說。欽此。欽遵。今將本部所屬四司呈列事宜條陳，煩瀆聖〔德〕
〔聽〕，非敢〔異〕〔冀〕消災致福，抑以少效臣等圖報萬一之意。具題，
奉聖旨：都准行。欽此。

計開：

處置操官。照得各衛所指揮、千百户等官，額該見任軍政，其餘帶俸
并多餘。見任俱在各營操練，帶俸都指揮亦在其内。各因家道貧難，預將
俸糧立約，與人揭借使用，且如今年春季，俸錢每一兩止得銀八錢，秋季
止得銀七錢，冬季止得銀六錢，若明年春季止得銀五錢。又如預揭俸絹，
每絹一疋，月日近者，得銀四錢，遠者得銀三錢。如還遲，利上加利，有
揭銀一兩，還至五七兩者。因是俸銀不得，難以度日，止是在逃。切緣放
債，多取利息，律有明條，雖得折俸銀絹，於内府關領，就在中途還債，
纔得徑自就歸别手。一官俸錢能有幾何？遭此耗損，更無指望，以致衣食
藍縷，有〔何〕〔同〕乞丐。至於達官，尤其狼〔懼〕〔狽〕，在逃益多。
似此徒費訓練，豈能得其死力？其放債之家，每季關領俸銀，少則三五百
兩，多則七八百兩，一家放數衛，而一衛之利皆爲網盡。利歸私門，莫此
爲甚。若不禁革，深爲未便。合無本部出榜，於東西公生門張掛曉諭。除
已前揭過俸錢，計其得利不止數倍，自榜文出日爲始，盡行革罷，不許再
行索取。若是一向未還，及以再有揭借者，止依《大明律》出息。年月雖
多，不過本利交還。敢有違例〔取〕禁，多取利息者，聽操官赴官告理。
違例者，依律問罪，追其餘利，仍枷號一個月，滿日疏放。仍乞敕户部，
今後軍職折俸銀絹，務要按季關給。屬府衛分，該衛委官〔官〕領〔領〕
回，就本衛給散。此等委官，務選廉幹有抵業者，庶使俸銀免〔使〕〔致〕
侵欺。操官得以濟用，債主不敢違奪。

《皇明條法事類纂》卷二〇《户部類·操官欠債年月雖多不過本利債
主多取枷號一個月》　弘治二年七月十八日，兵部尚書馬等題，爲修
省事。

計開：

處置操官。照得在京各衛所指揮、千百户等官，除額設見任軍政，其
餘帶俸并多餘、見〔任〕俱在各營操練，帶俸都指揮使、都指揮亦在其
内。各因家道貧難，預將俸錢立約與人揭債使用。且如今年春季俸錢每銀
一兩，止得銀八錢，秋季止得銀七錢，冬季止得六錢。若明年春季，止得
五錢。又如預揭俸絹，每絹一疋，月日近者，得銀四錢，遠者得銀三錢。
如還遲，利上加利，揭銀一兩還至五七兩者，因是俸銀不得，難以度日，
止是在逃。切緣放債多取利息，律有明條，雖得折俸銀絹，雖於内府關
領，就在中途還債，纔得徑自就歸别手。一官俸錢，能有幾何？〔違〕
〔遭〕此耗損，更無指望，以衣藍縷，有同乞丐。至於達官，尤其狼狽，
在逃益多。似此徒費〔諫〕〔訓〕練，豈能得其死力？〔冤〕〔其〕放債之
家，每季關領俸銀，少則三五百兩，多則七八百兩，一家常放數衛，而一
衛之利皆爲網盡。利歸私門，莫此爲甚。若不禁革，深爲未便。合無本部
出榜，於東西公生門張掛曉諭。除已前揭過俸錢，計其得利不止〔款〕
〔數〕倍，自榜文出日爲始，盡行革罷，不許再行索取。若是一向未還，
及以再有揭借者，止依《大明律》出息。年月雖多，不過一本一利。敢有
違禁例多取利息者，聽操官〔首〕〔赴〕官首告，違例者依律問罪，追其
餘利，仍枷號一個月，滿日疏放。仍乞敕户部，今後軍職折俸銀絹，務要
按季關給，係屬府衛分，該府委官領回，就本府給散。此等委官務選廉幹
有抵業者，庶使俸銀免致〔使〕〔侵〕欺，操官等以濟用，債主不敢逼奪。

《皇明條法事類纂》卷二〇《户部類·舉放官吏錢債五十兩以上與債
主俱充軍》　弘治三年九月初八日，刑部尚書何等題，爲違法事。該本部
山西清吏司案呈，問得犯人陳實招，係直隸揚州府高郵州〔具〕〔興〕化
縣人，由吏員除授浙江寧波府奉化縣典史，有驍騎右衛軍餘李紀，同伊已
故兄李本在日，各明知有例，官吏、監生人等，借人財物費用，措辦衣
裝、器物等項，與債主俱發口外充軍。不合故違。專一舉放官吏私債，多
取利錢肥己。成化十一等年以來，有官吏、監生、舉人、承差韓春、〔莫〕
〔英〕茂等，因在吏部候選，各亦不合違例與李紀等借銀置辦衣服等項，
多寡不等，止有英茂未還，係英茂除授廣西南寧府經歷，李紀問伊取討無
有，就不合將原領吏部文憑一紙奪下，措勒在家。〔莫〕〔英〕茂因無還，
不來取討，就行赴任所，至江西九江府彭澤縣地方，不合捏稱被盜，劫去

文憑，告蒙本縣，行委老人宋永札勘帖（何）〔荷〕英茂執照到府，告蒙轉行查勘，暫令到任。韓春等俱遇蒙成化二十三年九月初六日赦宥。英茂又下合不行首官，仍前朦朧在任管事。李紀亦不合不行首正，仍舉放官吏私債。弘治二年二月内，實因在部聽選，缺少銀兩置辦衣服及盤費等項使用，亦不合違例請到錦衣衛軍人陶春引到李紀家舉借。李紀不合違例，（二）〔一〕次借與實銀一十兩，逼令實寫作本錢二十五兩。弘治二年五月内，一次又借銀五兩，寫作本利銀十兩。陶春不合誆收實保頭銀一兩五錢。後實選奉化縣典史，指還李紀銀二十三兩五錢，内除原本銀。李紀不合多取銀四兩九錢，被李紀將實原領吏部文憑一紙揹勒，要還銀六十兩。本年六月初一日，又有直隸定遠縣聽選人孫永昌，亦因缺少盤纏，立約與李紀借銀五兩，致被東廠訪知捉拿。孫永昌不曾借有前銀，回還去訖，將實同李紀等併實文憑借約各一紙，及李紀家帳目揭帖一十個、帳簿二扇、文約三十張，一同捉獲，通行奏送錦衣衛鎮撫司。問招前罪，奏送到司。葉方先爲不應事枉，本司別卷問擬，不應事重減等杖罪。納米完足，取附到卷，行該吏部文選司、清吏司，查得，前項官吏、監生、舉人、承差韓春等，各選除昇授見任内外職事，李世榮等未選，各回原籍；章冕等各已因事去任；施讓等各身故；沈儀等查無職銜，各問報前來；（竊）〔高〕欽等俱貫址未明，未經查報。問陳（貴）〔實〕、李紀、陶春、葉（芳）〔方〕、蘇福崇各徒杖罪，各還職着役隨住。内陳（貴）〔實〕、李紀俱照例送兵部，編發口外充軍，照出文約揭帖；内有名未到官韓春等，俱另行；英茂合無照該鎮撫司奏行事理，轉行彼處巡按監察御史徑自究問。除審允將陳（貴）〔實〕等發落，及將（莫）〔英〕茂轉行提問。查得李塘等俱係軍民人，例不該問，前項有名官及舉人監生施讓等俱病故外，備招案呈，看得官吏、監生人等借人財物費用，措辦衣裝、器物，置買婢妾寺項，及與債主同赴任所取償，已有前項禁例。但近年以來，官吏、監生人寺，候選年久，多有盤費罄竭，貧不自存，未免借錢舉債，以救饑寒、以活妻子，未必俱是措辦衣裝、器物，置買婢妾等項。今照前項官吏、監生、舉人承差，所借銀兩有多至五十兩或一二百兩者，亦有少不過十餘兩、三五兩者，又俱犯在革前，除施讓等俱各病故，別無施行。沈儀等俱查無職銜，及高欽等貫址未明，仍令該司再行查究外，合無將見查出見在在内外衙門及未選在於原籍，并已因事去任官及舉人監生楊祥等。

《問刑條例》 内外放債之家，不分文約久近，係在京住坐軍匠人等揭借者，止許於原借之人名下索取，不許赴原籍逼擾。如有執當印信關單勘合等項公文者，提問。原債不追。

（明）姚鏌《東泉文集》卷八《督撫事宜》 違例放債。訪得兩廣撫屬地方，有等勢豪之家，在鄉生事，或舉放私債，違禁加倍取利，强佔小民田土，準折良家子女，甚至逞兇争鬥，殺傷人命，輒便用財買息。或至事發拘拏，則又聚衆打奪，實爲民害，合行禁約。仰各道守巡官，嚴督各屬掌印官，加意體察。今後敢有如前違犯者，就便擒拏究問，具招開詳，毋得輕縱，以長驕恣。

《宗藩條例》卷下《私放錢債》 查得弘治十六年十二月，兵科給事中戴銑題稱，各處親、郡王及將軍、中尉等官，今後務要恪遵《祖訓》，無從匪彝。其軍民人等，敢有私交王府，因而借索財物，邀請游宴，一切撥置誘導爲非者，許所在官司體訪拏問等因。本部議得，合准所奏，特降敕旨省諭各府親王，俾令戒諭。違者，許教授等官極言諫阻。如或不從，具啓親王轉奏，請自上裁。仍行各王府地方官員軍民之家，通行曉諭禁約。覆題，奉孝宗皇帝聖旨：是。欽此。又查得嘉靖三十二年十一月，兵部咨稱，巡按直隸監察御史蔡樸題稱，代府宗室驕縱不檢，聽信撥置，濫放私債，非刑逼取，致傷民命。乞敕代王鈐束參究。該本部議得合候命下，行移翰林院請敕一道，齎赴代王，令其戒諭各該郡王、宗室、儀賓，今後務要仰體聖心，恪遵《祖訓》，追訟既往之愆，以求自新之實。如有仍前濫放私債，酷刑逼追，准折子女，扳引傍人等項，許被害之人具告按察司，一面啓王從實參奏處治等因。奉聖旨：是。欽此。

前件臣等議得，宗室各享禄爵，尊榮兼備，自合恪遵《祖訓》，安分循理。顧乃嗜利棄義，詐害平民。或因群小依憑，百端引誘，任其撥置，朋比爲非，翼虎毆鶉，流毒境内，或生意外之虞，爲害匪細，今合通行禁止。如有仍前不改者，許鎮巡官奏處。輕則停止禄米，重則降革本爵，輔導官一體治罪，撥置人等問發邊遠充軍。

《真犯死罪充軍為民例·附録·為民例》 勢豪舉放私債，交通運糧官，挾勢擅拿官事，綁打凌辱，强將官糧准還私債，屬有司者。

（明）吕坤《實政録》卷二《民務·收放倉穀》爲慎出納以均恩惠事，往年放借倉穀，賢者事事留心，人人沾惠，不肖者聽任左右，苟且含糊。或主守私扣以肥家；或奸民販糶而專利，吏書皂快門子皆多討而重量，遠鄉貧民老弱致久候而多費；或里長名下總領回家升合不分；或有力囑託報名，極貧餓死不得。至於量穀之人，以厚、薄爲升合之高、下；攔門之卒，以需索爲出入之速遲。有乘機盜穀而不知者，有分名重領而不覺者，有趙甲頂錢乙者，有一家父子兄弟領幾分者。有司厭繁惡勞，一聽衙門作弊。甚者，出倉一千，而册報一千二三百石，多開之數，有作爲自積者，有扣入私囊者。每里多造四五人，每花户名下多造一二斗，比至追穀，懇告緩徵，停徵，捱過一年。又該陞任調任，後官繼之，無所稽憑。又以前官市恩，後官不肯任怨，歲復一歲，倉廩空虛，簿改人忘，莫可考核。往事可鑒，姑不指名，爲此設立出放之法，使民均得實惠，合行通示。

一、二三四五月，此正青黄不接之時，五穀俱貴之日。但借糶太早，不能接新；借糶太晚，民困已久。大率不出三四月，每當此時行糶。賑一次，存留底簿，原票以備查驗。但有借賑而難還者，除嚴追外，再次不准借賑。

一、各約先遞手本，某人極貧應借，某人次貧應放，某人中貧應糶，某人次中貧應賑，分爲四等，各開手本。掌印官將各約手本共筭：可賑若干人，用穀若干石；可放若干人，用穀若干石；可借若干人，用穀若干石；可糶若干人，用穀若干石。如數不足而人有餘者，量減斗數；人不足而穀有餘者，寧糶勿賑，寧賑勿借。每異姓十人，用一連名保結，如不應與而與者，甲長約正及連名人代保拖欠者，甲長約正及連名人包賠。

一、學校生員貧者，自是有數，皆從廩生。查舉如果真正艱難，申呈，量行賑濟，決不可聽從賒借，以累本生行止，又致同保包賠。若大饑之年放賑，視小民加倍可也。

一、名數已定，先印小票，發各鄉約，人給一張。某人賑放借糶若干數上圖書印盖。各約正領散訖，次出榜文，挨約順序。某約某人，某人以上俱限某日到倉；某約某人，某人以上俱限某日到倉。其序：一賑、二放、三借、四糶。一日只限五百人，賑者完，挨序候放，放者完，挨序候借，借者完，挨序候糶。將榜張掛訖，仍做籤一百枝，上寫照支二字。仍用二簿：一扇佐貳官坐於頭門，照約次序點名散籤，一起二十人；一扇選委公正官一員，親坐倉中點名，照籤給穀，其斗數照票驗給，領穀人得穀銷票於委官。二十人出倉，又點二十人進。穀不足數者，許花户口稟。亂進争入者，責二十，不給穀。各色人等，俱要東進西出。出倉之人，仍將籤至頭門，交與佐貳官，以便後番人領。四等領穀人數俱照此行。五百人盡，雖有餘，時不可接放，恐人難伺候。

一、領穀出倉，有債主指欠本利，店家指欠酒飯，里長指欠糧差，名色侵奪一合者，許巡視拏獲。每一升罰穀一石，仍枷號十日。

一、掌印官雖有十分忙迫，不係疾病，不許輕委佐貳，致令領穀之人在城久住，務使如歸市然。本日到倉，本日回家。若召號多人，擁擠城市十數日，不得領穀，衙門人百計刁難，致所領之穀不足盤費，本官之才短虐民，即此可見矣，定行叅提罷斥。

一、斗行人等開倉之日，每日報價，價長則糶增，價退則糶減。斗行如有扶同虚揑，重則枷號革役。

一、收放之日，掌印官偶不得下倉，選委富家，省祭義官。或公直百姓，每日四人，一人監看斗斛，一人掌管簿籍，二人收看銀錢，每日每人給銀四分。仍與寫字二人，登名收票，每日每人給銀二分，俱於收櫃羡餘銀兩支給。撥與皂隸二人，以禁諠譁，但有違犯者，許其稟堂懲治。

一、在倉量斗，不須另外雇人，致費工食。只以在官空閑清白，夫皂快人等充量，半日一换，帶飯在倉，不許往來，仍出入搜檢以防夾帶。或用下班斗行，輪流在倉伺候，每日給燒餅十箇亦可。

一、入倉領穀之人，但有大門、二門、倉門索要分文者，倉中量斗人等，故減升合及越籤亂支刁難一刻者，重責枷號。

一、還穀與放穀一般斛斗，一樣平量，不許分毫多收、分毫低放。倉門置鼓一面，州縣二門置鼓一面，違者許花户擊鼓聲冤以憑拏問。

一、借穀之人身死妻孤，或無子孫，或子不滿十五而無地者，其穀免追。若以生作死，以有子爲無子，以有地爲無地者，許甲長及連名訐舉到官，除重責外，每一斗罰穀一石。

一、倉穀不及三千石者，不許糶賑，以防急用。其三千石以上者，存五出五，以爲定規。所存五分，明年再出，不可狥人無厭之求，致有無及之悔。

一、糶穀比市價每石減銀一分，放者每石加二出息，若稍紅浥者，不許糶放牽搭。但令出借抵斗還倉。

一、有餘之家，三二月放穀加二出息。秋八月始還者，二十石以上准紀善一次，五十石以上准大善一次，百石以上，掌印官獎賞。借百石者，該州縣送扁，書好義二字。借百五十石以上者，本道送扁，書施仁二字。借五百石或施二百石以上者，准給冠帶，本道送扁，書樂善二字。施五百石以上者，兩院送扁書積德二字。有司以禮相待，犯罪不許加刑。

一、糶賒二法，惟有遠鄉之民來往艱難，不得霑恩。以後穀多，每集鎮一處，積穀三五百石，設立殷實富家倉正、倉副各一人。五百石以上者，一年准本色大户一名。三百石以下者，二年准本色大户一名。擇於大寺廟中，或有司設處一房，或義民願施一房者。於内盛放掌印官發簿二扇，一紀見在數，一紀收放數。每年正二月，州縣官呈詳院道，每年三四月，糶賒一次。務要年年增益，不及十年，可增二倍。而一鎮之民，生命有賴矣。

一、各處販糶之人，入本州縣城市集鎮，任其自行糶賣。近有店户斗行專利奸民，强行抑勒，短值收存，却以小升增價，零糶賺錢。以後遠方販糶到於本處者，果係剩餘難賣願留，店家方准收留，外敢有仍前强勒者，許鄉約及本販稟官以憑重究。

一、九月初一開倉收穀，仍選前役坐收，給與工食。放者加二還倉，借者抵斗還倉，賒者照賒日價值還倉。俱要乾淨，不許濕粃。違者管收之人坐贓重究，仍令補數。

一、花户納穀，亦照前挨約順甲之法，以次還倉，即遲不許過十月三十，亦不許零星三斗、五斗上倉，致難勾銷出簿。違者重責，不准再行賒借。

一、遇年前冬三月無雪，麥根不得深入，過年春三月無雨，麥苗不見發旺，又秋未土乾，不得下種者，止於饑民，借十分之一，糶十分之二，留七分在倉，以防凶荒。其三分賒價，慎勿輕行。蓋饑民無以爲生，不得不借糶賣，有銀在庫尚可賑民，若賒多，而秋禾不收，雖明年民亦不能還，而今秋何以救急。蓋三法併行，爲豐年計也。良有司每歲斟酌行之。

一、遇歲凶，穀貴。但有本地出賣，遠方來糴者，任其增長價銀。有司不許作大斗，減價錢。斗小價高，則四方之來者如雲矣。雖欲貴得乎！

一、社倉查盤不免問罪之擾，不查盤不免侵冒之奸。以後社倉老人一年一换、一换一交，須舊役收完之時，方可交代。其不完者，還責成舊役。則人不敢作弊矣。縣官每年只驗出入增損之數，或巡行鄉社，視倉房之完破乾濕，間開一看，以驗糠粃。惟是朝覲陞遷與署官見斗交盤一次明白，方許離任。

其餘查盤官止取册結，不許預備倉一例，盤量問罪。

放賑十禁

一，禁衙役請支。二，禁通學借支。三，禁里老總支。四，禁不貧冒支。五，禁久待遲支。六，禁欠家奪支。七，禁斗級弊支。八，禁不明亂支。九，禁收不查支。十，禁不還又支。

（明）吕坤《實政録》卷五《鄉甲約卷之三》 放債三年以上，本利交還。不與者，處追借人財。不還及毁壞者，主令賠補。

（明）吕坤《實政録》卷五《鄉甲約卷之五》 放債只許一年三分起利，過三年者本利倍還。不還者，法當告理。若一年加倍起利，及雖過三年而折准田宅、人口，强拏欠主、採打苦拷者，以勢豪論。本約同名稟官究治，重者申解本院。

（明）佚名《重刻律條告示活套》卷二《私借錢糧》 前件巡按監察御史某爲禁約事，竊惟錢糧既貯於倉庫，收支必登於簿籍，以便稽考，以防侵盗。近訪得按屬州縣倉庫等衙門，多被不才貪污官吏、職司、監守恒因小事，將已收在庫銀錢等物，或將已徵入倉米麥等項，未經申請明文，擅自動支私借使用，亦或轉借與人指借抵换，甚至假借爲名，以便侵欺入己。其意違法情節甚重，爲此合出告示，發仰各該衙門粘貼曉諭，一体知悉。今後凡係在官錢粮項數不合，多寡不論，已未收存倉庫内外之數，敢有私自借者，事發定行拏問，監守盗罪，干碍應叅官員叅究不恕。

（明）佚名《重刻律條告示活套》卷二《違禁取利》 前件巡按監察

御史某爲禁約事，竊惟將本圖利，而利不可不取，匕利違禁，而禁豈可輕容。近訪得按屬地方有等無知軍民人等，舉放錢債而過取利息者，有勢豪之人放債而利上生利者，有典當財物强奪畜産者，及有准折妻妾子女者，有挾債用强姦占婦女者，有因而逼死人命者，詳其所自，蓋不思計利忘義，爲富不仁，財多害己，貨集招殃，若不疾加禁治，何以警戒將來？爲此合發告示，按屬地方人烟輳集之處，粘貼曉諭，前項之徒知悉，放債當物月利不過三，今年月雖遠不過一本一利，有分外多取及准折房屋人口頭畜者，告發拏問重罪，決不輕恕。

（明）劉時俊《劉時俊告示·勸貸示》 吴江縣爲勸貸事，照得借放一端，人己兩利，放者得生毋子息，借者得救燃眉，富厚人家如肯本分求利，不違禁，不逼准，不磊算，得寬處且寬數日，得饒處且饒一分，人必感之，天必福之，生財濟衆之道，無踰於此，誰禁之使不爲也？但有等無恥無信之民，借時萬狀哀求，取時百計推托，意圖負騙，背義忘恩，以致放債之人進退不得，欲强取又恐生禍，欲不取又難干休，且恨且悔，誓願不借。在富家封箬閉倉，不過家無生殖，在窮民束手枵腹，遂致朝暮不保。況冬作既妨秋成何望，貧富兩困端由騙徒，誠本縣所切齒深恨者也。然富家如此亦不免爲愚人矣，蓋騙債之人，明有官法，汝以實情具告，本縣豈不痛懲。譬如父母生兩子，一子頗富，一子極貧，父母必令富者借債與貧者，以濟其急。若貧者借去不還，父母必打罵之。打罵之者，何也？謂今日不還，後日必難再借，故責之以信義，免其他日束手忍饑，打罵之意非偏愛子之富者，正爲子之貧者長久計也。本縣於爾民亦是如此，豈有聽貧民之騙負，而使富者不得生財，貧者終至坐斃乎。就如欠租一節，本縣明示限閏二月處完，三月初許告，今自三月初一日起，告欠租者俱准批干証處，若再半月不照前示酌量分數完納，本縣定拿來究責不饒，此亦不獨爲田主完粮計，兼恐田主之心不甘，或另招，或自種，逐去佃户，使之生活無門，則是聽其騙租者，反是絶其生路矣。本縣豈見不及此乎，爾等以此意推之，即當安心放債，一面生利，一面濟人，免得株守死財人已兩無利益。且財穀是流通之物，若久藏不出，多致作耗生災，此言似迂似誑，要之至理，亦不外是。本縣不能以法强爾，直是以情勸爾，爾等體之，毋得視爲空言，抗違不聽，特示。

（明）陳龍正《救荒策會》卷三《金華縣社倉規約》 一、社倉只置總簿一扇。

一、一甲不許過三十人，甲頭一人。不滿十人，附甲。不許詭名冒借。犯者，除社甲頭改替，許同甲告，罰甲頭所納給賞。

一、散穀以三時，除夜、下田、接新，並須甲頭相度。

一、每户借一石，甲頭倍之，無居止，及有藝人，不借。若口累衆多，作田廣，甲頭保明，別議借。

一、借穀，上簿不立契。還穀，就簿勾銷。

一、借穀日，每户納錢五十文，甲頭免。十五文給甲頭，十文守倉人，十文雜支，十五文掌倉竈錢，此外不許分文乞索。論曰：此法免息後猶可行，若出息二斗，又見納五十文，太重矣。

一、量穀，本甲甲頭執槩。並見消量，掌倉人植執槩改替。

一、還以三限，限以三日。謂：如十甲，每甲若干人，一限納若干，並甲頭預報定日子，一人不到，甲内穀並留倉，候月交量。

一、甲内逃亾，甲頭同甲内均填，甲頭倍之。若係時疫户絶，甲頭甲倉，差人審實，候還日銷落，若不循理者，雖已還，出社。

一、息穀有餘，遇饑荒給散。計所有，每大人二升，小兒一升，十日止，並以入籍户口爲定。

一、社衆於規約犯一事，不借一年，再犯出籍。

（明）郭子章《郭子章告示》卷一《捐公費銀助龍里貸息走馬示》

爲督撫地方事，據駐鎮龍里楊椎官申稱，龍里驛馬凋疲日熾，奉行做貴陽例措銀爲母借放生息，以充馬價，弟每年須得息五百有奇而後可。此五百之息必需一千五百之本而後可，等因到院部。據此，除本院部捐助公費銀一千兩外，看得本院部此舉專爲龍里軍民永除子孫後累至計，本院部既捐銀一千兩，則所少銀五百兩，論法論理宜軍舍客民出辦，一勞永逸。原非强責，合行曉諭，爲此示，仰龍里衛軍舍客民人等知悉，即將尚少馬本銀五百兩，聽駐鎮官拜衛印所官攤派斂收，奏充馬本，務要各發良心，上緊完納，毋得吝嗇遲延，自貽他日不了之患，須示。

（明）王肯堂《王儀部先生箋釋》卷九《錢債·違禁取利》 第一節。放債典當本所以相濟。若取利無禁，實所以相病矣，故凡民間私放錢債，及與人典當財物，每月取利，不得過三分。如借銀一兩，每月利銀三分，年月雖多，不過一本一利。如借銀一兩，每月取利銀三分，計三十三箇月零十日，則利銀已滿一兩。利銀與本銀相停，是謂一本一利，到得利本相停，雖年月再多，亦不得復援每月三分之例而算取其息也，違禁取利，即違此禁。限取利三分以上，及利銀過於本銀，計所多取者爲贓，三十兩以下，則笞四十，三十兩笞五十，每十兩加一等，至八十兩之上，罪止杖一百。或以一本一利，謂年月雖多，止於三分之利非也。蓋三分乃一月之利，非歲計之利，其言一本一利，亦猶名例，所謂貨錢雖多，不得過其本價之意耳。

第二節。若監臨官吏於所部之内舉放錢債，典當財物與部民，而收取其利者，杖八十。若違禁多取利息，亦計所餘之利爲贓，其罪有重於杖八十者，依不枉法論。若各主者，通算折半科罪，有禄人至三十兩，無禄人四十兩，並杖九十。每十兩加一等，罪止杖一百，流三千里。或謂刑律監臨官吏將自己物貨散與部民，多取價值者，計餘利，准不枉法論，則此亦當作准罪還職，非也。凡律云依某律擬斷者，明其與真犯相同，何可言准。故凡文官吏典，犯贓入己，俱爲行止有虧，散貨於民而取利，且應罷職，況監臨而舉貸者乎？並追餘利給主。總承上二節言庶民官吏，違禁所取多餘之利。其小民負欠私債，有故違期約不還者，各以負欠多寡，計月科罪。五兩以上違三月，笞一十，每一月加一等，至半年之上，罪止笞四十，五十兩以上，違三月，笞二十，每一月加一等，至半年之上，罪止笞五十。一百兩以上，違三月，笞三十，每一月加一等，至半年之上，罪止杖六十，並追本利給主。夫言違三月者有罪，則未及三月者，當勿論矣。

第三節。若豪强勢要之人，因其違約負債不還，不告官司，而强奪欠債人孳畜産業，估價雖未過本利，亦杖八十。若估所奪畜産之價，過於本利者，計所多餘之物，坐贓論。如多餘七十兩，則杖九十，至五百兩之上，罪止杖一百，徒三年，仍計所多餘之數，追物還主。不言准折孳畜産業者，利價相應，兩相情願，即勿論也。

第四節。若人妻妾子女，則雖利價相應，不許准折。准折者，杖一百，强奪者，加二等，杖七十，徒一年半。因而姦占婦女者，絞。因而姦占，只承强奪，一邊説。若准折，則雖有姦占之事，亦只以和姦論也。人口給親，私債免追。此二句，則承准折强奪而言。或云債折人口亦給親，謂何？蓋因典雇人婦女，及和娶人妻妾，在法且皆離之，況以逋貸准折人之伉儷，豈容不給還而已也？

條例

第一條，擅拏官軍綁打，未搬官糧，依威力制縛人拷打，或威力主使人毆打律。强將官糧准還私債，問常人盜，運糧官受贓，以枉法論。無贓，依囑託聽從。或知盜官糧，匿而不舉故縱律。

第二條，聽選借債。指文職不滿五十兩者，不引此例。軍官在京襲替借債，回衛償還，不得引此例。

第三條，放債人問囑託。委官聽從受財者，計贓以枉法論，無贓者，問事已施行，杖一百律。

第四條，當印軍職。與執當之人，或擬違制未確查凡官物私用，俱以盜論。比盜印信則太重，宜准盜關防印記論，杖一百免刺，引此枷號。

第五條，公文，如官憑吏劄，舉監文引執照之類。執當之人，比盜各衙門文書，杖一百免刺。

第六條，越赴撫按三司告者，問越訴，聽從施行者，問違制。

《律條直引》卷九《户律・錢債・違禁取利》　趙甲依豪勢之人以私債强奪人妻、妾、女因而姦占者律，絞，秋後處決。錢乙依豪勢之人以私債强奪人妻、妾、子、女，加准折罪二等律，杖七十，徒一年半，孫丙依豪勢之人以私債准折人妻、妾、子、女者律；李丁依私放錢債、典當財物每月取利不得過三分、年月雖多不過一本一利，違者，以餘利重坐贓論，一貫以下笞二十，八十貫罪止律，各杖一百。周戊依以私債强奪人孳畜、産業者律；吴己依監臨官、吏於所部内舉放錢債、典當財物者律，各杖八十。鄭庚依負欠私債違約不還者，二百五十貫以上，違三月笞三十，每一月加一等，六個月罪止律，杖六十。王辛依負欠私債違約不還者，五十貫以上，違三月笞二十，每一月加一等，六個月罪止律，笞五十。馮壬依負欠私債違約不還者，五貫以上，違三月笞一十，每一月加一等，六個月罪止律；陳癸依私放錢債、典當財物，每月取利不得過三分，年月雖多不過一本一利，違者律，各笞四十。俱有《大誥》減等。錢乙杖六十，徒一年，孫丙、李丁各杖九十。周戊、吴己各杖七十。鄭庚笞五十。王辛笞四十。馮壬、陳癸各笞三十。錢乙、孫丙係舍人，李丁、周戊係富民，吳己係官吏，俱有力納米等項，鄭庚、王辛、馮壬、陳癸俱民，無力的决，各還職役寧家。趙甲係重刑監候，申詳待報處决，妻妾子女給親，頭畜産業，多餘利息并負欠錢債本利追給本主收領。

（明）佚名《大明律講解》卷九《違禁取利》　凡私放錢債及典當財物，每月取利並不得過三分，年月雖多，不過一本一利，違者笞四十，以餘利計贓，重者坐贓論罪，止杖一百。講曰：三分謂，如本錢一貫，每月取利錢三百文，年月雖多，不過一本一利。若計餘利重於笞四十者，坐贓論，亦不得過杖一百。若監臨官吏於所部內，舉放錢債、典當財物者，杖八十。違禁取利，以餘利計贓，重者依不枉法論。並追餘利給主。其負欠私債違約不還者，五貫以上，違三月，笞一十，每一月加一等，罪止笞四十。五十貫以上，違三月，笞二十，每一月加一等，罪止笞五十。二百五十貫以上，違三月，笞三十，每一月加一等，罪止杖六十，並追本利給主。若豪勢之人，不告官司，以私債强奪去人孳畜産業者，杖八十。若估價過本利者，計多餘之物，坐贓論，依數追還。若准折人妻妾子女者，杖一百；强奪者，加二等；因而姦占婦女者，絞，人口給親，私債免追。

（清）李漁《資治新書二集》卷一三《民事·除行户》　爲嚴除行户，請憲勒石永禁，以甦殘黎事。竊照秦地貧苦民生陜隘，由來舊矣。漢南困阨，較他屬爲尤甚。經兵燹者，凡四五次供芻糗者，幾二十年，筋力已盡，流移接踵，皮骨僅存，呼號無路。今者重兵南徙，休息可期，力農作苦，已安耕田鑿井之常。而市井閭閻反有日衰之勢，則以行户之累未除也。夫行户之所苦者，一曰取用，二曰借用。取用者，空票支取，另立官價，候領無期，兼多扣除。即能給發，不及什五。借用者，賫物伺候，既稽時日，及至領歸，遺失更多。雖云補價，不過口惠，甚至四境不産者，逼其轉買。登臨難至者，督其搬運。行商失業，坐賈破家，家愁巷戚，比比而是。所由然者，葢緣兵興以來，供應稠疊，相沿成習，勢不能禁。今漢中文武大小衙門不及十處，咸荷地方之責，均有恤民之心，顧此殘黎呻吟未息，誠不忍以行户重累小民。況煌煌憲禁，凜遵已久，但及今不更加申飭，昭示來兹，則從前積弊恐絶而復續。今據某等連名呈請，本廳竊謂官之于民，猶父母之于子。子方顛連，爲父母者，必求所以安全之。不能安全，而反加困苦，安用此父母者！爲今漢中之民，亦極顛連矣。裁革行户誠安全之一端也。請自今以後，文武大小各衙門，一切服食器具，俱令現銀平價易買，不許另立官價，短少時值。至公私宴會，俱自辦用，不許着行户安置，鋪設及借用各項等物。其行户名色一概革除。如有仍蹈前弊者，或係訪聞，或經告發，許不時揭報，立賜衆處。仍乞嚴飭漢中各屬，勒石永禁。則闔南赤子有更生之望矣。

（清）李漁《資治新書二集》卷一四《荒政·救荒第一示》　爲勸諭緩徵私債，以甦荒困事。照得民間稱貸，原以濟緩急、通有無也。但歲當豐稔，則並權子母而有餘。時值凶荒，則微較錙銖而不足。惟是因時斟酌，舒疾合宜，斯見仁人、君子之用心耳！目今天時亢旱，十室九空，饑饉洊臻，流亡載道，朝夕之謀尚虞不給，賦税之苦甚於剥膚，安得餘貲以償宿負？惟有稍寬歲月，以俟有秋，則名實兼收，利義兩得。如或爲富不仁，惟利是視，不能救災恤患，逼人剜肉醫瘡，驅之溝瀆，迫爲逃亡。民獨何事堪此重困？爲此示仰闔縣軍民人等知悉：一應舊逋宿欠槩行停止，不許追索，俟天意回祥，歲禾稍熟，總計本息，一併取償。倘冒利不遵，立拿懲究。本縣薑桂性成，不畏强禦，即朝廷正供錢糧尚且不避斧鉞，立懇上臺暫停徵比，何有于豪强之私債乎？勿逐蠅頭致干法紀，至于欠債窮民，亦宜感兹義舉，無負本心。稍俟有收，即當完楚，不得以本縣告示藉口，便想賴過。今生若到該償之日，恃刁不還，被人告發者，本縣即當以爾來生果報現之今生，嚴追痛比之下，非復人形，與變牛、變馬無異也。特示。

（清）沈家本《刑部現行則例》卷中《錢債》　旗下人概不准出境外放債。有與境外州、縣民人控告者，概不准行。其境内之人欠債能還，而刁蹬年久不還者，准行審理。若借債之後身死，而家業實無可還之物者，債主雖告亦不准行。

《大清律例》卷一一《户律·倉庫·私借錢糧》　凡監臨主守，將係官錢糧等物，乃金帛之類。非下條衣服之屬。私自借用或轉借與人者，雖有文字，文字兼文約，票批，簿籍。并計所借之贓，以監守自盜論。其非監守之人借者，以常人盜倉庫錢糧論。監守坐以自盜，非監守止以常人盜，追出原物還官。若將自己物件抵换官物者，罪亦如之。自己物件入官。

條例

一、凡管民地方官員借用官銀，初次逾限不能完者，即令離任，限一年，還完開復。若限內不完，革職，著落家産還完。旗員交與該旗催追，漢官交與該督撫催追。

一、凡州、縣、衛所虧空錢糧，如果民欠未完，捏報全完，或私自借給百姓倉糧，其私借錢糧之員，及捏報官員，應照虛出通關硃鈔律，計所虛出之數併贓，皆以監守自盜論。其實在民欠、民借，仍著落原借欠之人完納。其那移錢糧有項可抵者，即令接任官催徵補項。若捏報私借那移之項，該員情願一年内代民全完者，准其復還原職。

一、府、州、縣春間借出倉穀，秋收後勒限徵比，務於十月中全完，造具册收送户部查核。如有紳衿，及牙行、蠹役將家人、佃户姓名影射，零星領出入己，積至二三石者，紳衿斥革，牙行、蠹役枷號一個月、責四十板，俱照追入倉。其代爲造册之鄉保地方。有無受贓，分別治罪，該管司不行揭參，交部議處。

一、虧空人員，除查明家産盡數追賠外，如有屬員借支、借領，及同官那借出有印領者，將所有借欠之項，責令追還，以抵該員虧空，仍分別議處。至平日債負，或幫助親友，及同官私借，雖有文約、書札、記簿，并無印領，止許自行取討，若混請開抵虧空者，無論遠近年分，概不准行，仍將本人照圖賴誣扳治罪。地方有司聽從開抵，妄拿無辜追比者，照故勘平人律治罪；受賄得贓者，計贓以枉法從重論。其因規避處分指引開欠者，承追官照借端將親族濫行著落追賠例問擬，該管上司官交部，分別議處。

一、凡遇地方荒歉，借給貧民米石穀麥，或開墾田土借給牛具、籽種，以及一切吏役兵丁人等辦公銀兩，原係題明咨部，行令出借。倘遇人亡産絶，確查出結，題請豁免。如有捏飾侵漁，以及未經報明，私行借動者，即行題參，按律治罪。

一、凡支銷錢糧，均有一定款項額數，如有違例開銷，著落擅動濫給之員賠補。倘上司官因爲數繁多，一人不能歸結，派令屬員公捐還項，或逼令接任官按股分賠，將抑勒之上司官照例治罪。

《大清律例》卷一一《户律·倉庫·私借官物》　凡監臨主守。將係官什物、衣服、氈褥、器玩之類，私自借用或轉借與人，及借之者，各笞五十。過十日，各計借物坐贓論，減二等。罪止杖八十、徒二年，各追所借還官。若有損失者，依毁失官物律，坐罪追賠。有心致損，依棄毁官物計贓准竊盜論，加二等，罪止杖一百、流三千里。誤毁及遺失者，減棄毁之罪三等，杖八十、徒二年，并追賠。

《大清律例》卷一四《户律·錢債·違禁取利》　凡私放錢債及典當財物，每月取利并不得過三分，年月雖多，不過一本一利，違者，笞四十，以餘利計贓。重於笞四十者，坐贓論，罪止杖一百。

若監臨官吏於所部内舉放錢債，典當財物者，不必多取餘利，有犯即杖八十。違禁取利，以餘利計贓。重於杖八十者，依不枉法論，各主者，通算折半科罪，有禄人三十兩，無禄人四十兩，并杖九十，每十兩加一等，罪止杖一百、流三千里。并追餘利給主。兼庶民、官吏言。其負欠私債，違約不還者，五兩以上，違三月，笞一十，每一月加一等，罪止笞四十；五十兩以上，違三月，笞二十，每一月加一等，罪止笞五十；百兩以上，違三月，笞三十，每一月加一等，罪止杖六十，并追本利給主。

若豪勢之人，於違約負債者，不告官司，以私債强奪去人孳畜産業者，杖八十。無多取餘利，聽贖不追。若估所奪畜産之價過本利者，計多餘之物罪有重於杖八十者，坐贓論，罪止杖一百、徒三年，依多餘之數追還。主。

若準折人妻妾子女者，杖一百。姦占加一等論。强奪者，加二等。杖七十、徒一年半。因强奪而姦占婦女者，絞，監候，所準折强奪之人口給親，私債免追。

條例

一、凡勢豪舉放私債，交通運糧官，挾勢擅拿官軍綁打陵辱，强將官糧官糧與軍糧不同，官糧者，漕運赴京上納正糧也；軍糧，行月二糧也。準還私債者，問罪。屬軍衛者，發邊衛充軍。屬有司者，發邊外爲民。交通、綁打、準糧三項，有一未合，仍各照律發落。該管該運糧官，參究治罪。

一、聽選官吏、監生人等，借債與債主及保人同赴任所，取償至五十兩以上，借者，革職；債主及保人，各枷號一個月發落，債追入官。

一、凡負欠私債，在京不赴法司而赴別衙門，在外不赴軍衛有司而越赴巡撫、司、道官處告理，及輒具本狀奏訴者，俱問罪。依越訴論。立案不行，若本京別衙門聽從施行者，一體參究，私債不追。

一、佐領、驍騎校、領催等，有在本佐領或弟兄佐領下，指扣兵丁錢糧放印子銀者，係佐領、驍騎校，照流三千里之例，枷號六十日；係領催，照邊衛充軍例，枷號七十五日，俱鞭一百。夥同放印子銀者，照爲從杖一百、徒三年例，枷號四十日，鞭一百。所得利銀勒追入官。佐領、驍騎校、領催等，與屬下兵丁保借者，革去職役，該參領交部議處。至佐領、驍騎校、參領等，平時失於覺察，以致該管兵丁將官錢糧扣還印子銀者，俱交部分別議處。

一、凡有民人交通領催，違禁向八旗兵丁放轉子印子長短錢，扣取錢糧者，拿送該地方官，照領催枷號七十五日之例，減一等，枷號四十日。如旗人內有舉放重債，勒取兵丁錢糧，并非在本佐領下放債者，照民人減等枷責例發落。其失察之該管文武官，俱交部議處。八旗佐領，每月將有無重利放債，借債之人，出具印結，呈報該參領。參領按季加結，呈報都統查核。

（清）雅爾圖《雅公心政録》卷三《檄示·為麥收將届通飭減利收債以恤貧民事》　爲麥收將届，通飭減利，收債以恤貧民事。照得豫省向有重利盤剥之事，本部院已于彙飭利弊案內通飭禁止。凡有緩急通那取利，不得過三分在案。但上年被水地方，民力更艱，債負必多。在放債者，如係本省民人，當念桑梓之情，如係外省賈販，亦當思每年坐享豫民之利，何妨暫施小惠？今麥秋將届，正民間清理債務之時，合行通飭減利，爲此仰司官吏照牌事理，即便轉飭上年被水州縣出示曉諭：如有本年取償債負者，止許二分收息。倘債主情愿緩至明年，仍准照三分計算。至于陳年夙債，收利已過于本者，永遠不許索討。倘有倚恃豪横、違禁索取者，被害之人即行稟官究治。爾州縣當秉此麥收培養貧民元氣，毋得視爲泛常，致干未便。

乾隆五年四月十五日

（清）鍾慶熙《四川通飭章程》卷一《禁革官吏借貸部民銀兩》　光緒二十六年二月，奉臬憲札開奉總督部堂批，兩司呈詳，禁革官吏借貸部民銀兩，請批飭各屬，一體遵辦一案。竊查律載，官吏借貸所部內財物者，計贓准不枉法論，强者准枉法論等語，律禁森嚴，有犯即應治罪。本司等訪聞川省州縣常有借貸部民銀兩之事，有於未到任以前，暗地託人先向本屬紳糧告貸以作川資者，有於既到任以後，公然告貸以彌補積年私虧者。其心縱然無他，究係顯違禁令。其不肖者，借銀到手，永不償還，挾勢昧騙，居心尤不可問。甚或擇肥而噬，名爲借貸，實則强索。不遂其欲，則藉端刁難，與棍徒訛詐何異？此風亟宜禁革，以肅吏治。嗣後大小官吏不准向所部內借貸分文，如敢故違，一經察出，或被告發，定即照律計贓論罪，決不寬貸。呈乞批示，分飭各屬一體遵照云云。奉批地方官吏私向部民借貸，即使如數歸還，已屬不成事体，況敢擇肥而噬，藉端刁難乎？自應嚴行禁革，以挽頽風。仰即通飭各屬，一體遵照云云。

《大清新法令》第四卷《光緒新法令·郵傳部奏定江浙鐵路公司存款章程光緒三十四年三月十五日》　第一條　郵傳部于二月初四日奏明商民承領部撥存款路歸商辦一片，奉旨：依議。欽此。茲特議立存款章程，以資遵守。

第二條　江浙兩公司系奉旨商辦，故滬杭甬一綫承受郵傳部存款仍系完全商辦，並無變更，郵傳部仍與他商辦之鐵路公司一律看待。

第三條　江浙兩公司之滬杭甬路局承受郵傳部存款，所有郵傳部向中英公司借款、付息、還本各事由郵傳部經理，滬杭甬路事中英公司毫不干涉。

第四條　此項存款約計一千萬兩，其存撥時或不及一千萬兩，總以多不過一千萬兩，少不過七百五十萬兩爲度，由郵傳部分期撥付。每届撥付之前十日，由郵傳部電知江浙公司接收。第一期自光緒三十四年二月初四日起，于七個月內撥付八十萬兩。第二期于十二個月內一律撥清。如有事故，可展至十八個月，至遲不得過二十四個月。倘到期不能撥付或撥付不全者，此項存款章程即日作廢。滬杭甬路局即查照已收之實存本息，限六個月內如數繳清，至遲不得逾十二個月。

第五條　江、浙兩公司之滬杭甬路局需用款項應用公文聲明原由向郵傳部支領，如慾提款至十三萬兩以上，須于十五日前電知郵傳部預備照付。

第六條　此次存款常年五厘五毫起息，每半年付息一次。所有部借合同內中英公司應得之九三扣及九三扣虛息，提付餘利及提付餘息虛息、還本小二五行用、還利小二五行用、倫敦存款四厘虧息、購料包用及購料包用虚息共九款，除上海之匯豐銀行利息吃虧一款、匯費一款、十年外加還二鎊半一款，均先由郵傳部墊發外，其餘不敷之款由度支部兩江總督、江蘇巡撫、浙江巡撫及郵傳部先行分墊，以上墊款俟江、浙兩公司獲有餘利時，即于原奏江、浙兩公司承認報效餘利中每二十分中之一分盡數歸還墊款。

第七條　滬杭甬線由上海至杭州江幹各段業已次第鋪軌行車，此項部撥存款由江浙兩公司滬杭甬路局擔任清還本息之責。

第八條　自光緒三十四年二月初四日起至扣足十年後，以第十一年至三十年爲止，兩公司應按年期照本攤還。其應於每年某月某日爲攤還本銀之期，届時由部酌定再行知照兩公司。兩公司應于每次還本銀之期前十四日，將應攤之本銀如數交付。如于第十一年後願一次還清或數次還清，均可聽便，惟須于六個月以前報明郵傳部。一俟存款還清，此章程即日作廢。

第九條　存款利息自撥款之日按照撥到實數起算，每半年付息一次。其應于每年某月某日爲結算利息之期，届時由部酌定再行知照兩公司。兩公司當于每次結算利息之期前十四日將利息如數交付。

第十條　江、浙兩公司應于六個月之前預備下期利息，存在上海交通銀行。第十年下半年以後，每六個月之前亦預備下期還本還息之款，存在上海交通銀行。所存款項之利息按照該銀行存款息率給回兩公司，至少不得減于部撥存款息數。

第十一條　兩公司自有遵照商律由股東公舉之查帳員，郵傳部并不因既入存款别令人至兩公司查帳。

第十二條　滬杭甬鐵路建造工程以及管理一切之權，全歸江、浙兩公司。建造工程之時，由江、浙兩公司選派滬杭甬路局總辦秉承兩公司總協理命令選用英總工程司一名，或在英國選擇，或在中國國家鐵路工程人員内選擇，均聽其便。該總工程司須聽命于總辦，或總辦他往，即聽命于其代辦。其僱用該總工程司之合同，由總辦自行訂定。至該路上派用專門人員、分派各該員應辦各事，以及辭退各該員，由總辦或代辦與該總工程司商酌辦理。如有意見不合，郵傳部得令總協理查照僱工合同判斷。至工程造竣後，在存款期内須用英國籍之總工程司一人料理。

第十三條　滬杭甬路局續購洋料，如願托中英公司經理，應給之行用。已另行給予包用，無庸滬杭甬路局另給。如不願托其經理另向他處購辦，聽便。惟願給之行用，由滬杭甬路局另給，不能從中英公司所得之包用扣回。

第十四條　郵傳部指定上海交通銀行爲繳款處所，以便付息還本。其平色悉准存款，平色一律。

《大清新法令》第四卷《光緒新法令·農工商部等會奏核議礦務章程摺附片並請單》　第六章　地權

第二十款　礦業不得私自换賣及質押

礦商不得將礦中産業私行買賣、交换及作爲借貸，抵押必至原給照處呈明事由，經礦務委員查明批准方可遵辦，違者依私自買賣礦地律治罪，惟該礦商此外所有産業，不在此例。【略】

第八章　執照

第二十五款　勘礦執照期限及其限制

勘礦執照定以一年爲限，如因要事可准展期六個月爲止，若領到執照後兩個月之内不派有礦務學校畢業文憑之礦師前往履勘，不論何故概不准展限。每張勘礦執照所准履勘之地至多不得逾三十方中里，並須坐落一縣界内。如系數人均禀請勘礦執照而同指一地者，該執照只予首先具禀之人。所領勘礦執照不准典押、不准互换、不准出售並不准假托他項變動辦法。

紀　事

《漢書》卷一上《高帝紀》　高祖爲人，隆準而龍顔，美須髯，【略】常從王媪、武負貰酒，時飲醉卧，武負、王媪見其上常有怪。高祖每酤留飲，酒讎數倍。及見怪，歲竟，此兩家常折券棄責。

《漢書》卷四《文帝紀》〔三年春正月丁亥，詔曰：〕民讁作縣官及貸種食未入、入未備者，皆赦之。

《漢書》卷六《武帝紀》〔元狩七年〕六月，詔曰：日者有司以幣輕多姦，農傷而末衆，又禁（以）〔兼〕并之塗，故改幣以約之。稽諸往古，制宜於今。廢期有月，而山澤之民未諭。夫仁行而從善，義立則俗易，意奉憲者所以導之未明與？將百姓所安殊路，而撟虔吏因乘勢以侵蒸庶邪？何紛然其擾也！今遣博士大等六人分循行天下，存問鰥寡廢疾，無以自振業者貸與之。諭三老孝弟以爲民師，舉獨行之君子，徵詣行在所。朕嘉賢者，樂知其人。廣宣厥道，士有特招，使者之任也。詳問隱處亡位，及冤失職，姦猾爲害，野荒治苛者，舉奏。郡國有所以爲便者，上丞相、御史以聞。

《漢書》卷七《昭帝紀》〔始元二年〕三月，遣使者振貸貧民毋種、食者。秋八月，詔曰：往年災害多，今年蠶麥傷，所振貸種、食勿收責，毋令民出今年田租。

《漢書》卷八《宣帝紀》〔地節三年冬十月〕詔：池籞未御幸者，假與貧民。郡國宫館，勿復修治。流民還歸者，假公田，貸種、食，且勿算事。

《漢書》卷九《元帝紀》〔永光元年〕三月，詔曰：【略】無田者皆假之，貸種、食如貧民。

《漢書》卷九《元帝紀》〔初元元年〕夏四月，詔曰：【略】江海陂湖園池屬少府者以假貧民，勿租賦。

《漢書》卷一二《平帝紀》〔元始二年夏四月〕罷安定呼池苑，以爲安民縣，起官寺市里，募徙貧民，縣次給食。至徙所，賜田宅什器，假與犂、牛、種、食。

《漢書》卷二四上《食貨志》　漢興，接秦之敝，【略】賈誼説上曰：【略】今農夫五口之家，其服役者不下二人，其能耕者不過百晦，百晦之收不過百石。春耕夏耘，秋穫冬臧，伐薪樵，治官府，給繇役；春不得避風塵，夏不得避暑熱，秋不得避陰雨，冬不得避寒凍，四時之間亡日休息；又私自送往迎來，弔死問疾，養孤長幼在其中。勤苦如此，尚復被水旱之災，急政暴（虐）〔賦〕，賦斂不時，朝令而暮改。當具有者半賈而賣，亡者取倍稱之息，於是有賣田宅鬻子孫以償責者矣。而商賈大者積貯倍息，小者坐列販賣，操其奇贏，日游都市，乘上之急，所賣必倍。

《漢書》卷二四下《食貨志》　其明年，山東被水災，民多飢乏，於是天子遣使虚郡國倉廩以振貧。猶不足，又募豪富人相假貸。

《漢書》卷五〇《汲黯傳》　居無何，匈奴渾邪王帥衆來降，漢發車二萬乘。縣官亡錢，從民貰馬。民或匿馬，馬不具。

《漢書》卷九一《貨殖傳》　吴楚兵之起，長安中列侯封君行從軍旅，齎貣子錢家，子錢家以爲關東成敗未決，莫肯予。唯（母）〔毋〕鹽氏出捐千金貸，其息十之。三月，吴楚平。一歲之中，則（母）〔毋〕鹽氏息十倍，用此富關中。

《後漢書》卷三《肅宗孝章帝紀》　建初元年春正月，詔三州郡國：方春東作，恐人稍受稟，往來煩劇，或妨耕農。其各實覈尤貧者，計所貸并與之。流人欲歸本者，郡縣其實稟，令足還到，聽過止官亭，無雇舍宿。長吏親躬，無使貧弱遺脱，小吏豪右得容姦妄。詔書既下，勿得稽留，刺史明加督察尤無狀者。

《後漢書》卷四《孝和帝紀》〔永元十三年二月〕丙午，賑貸張掖、居延、朔方、日南貧民及孤、寡、羸弱不能自存者。秋八月，詔象林民失農桑業者，賑貸種糧，稟賜下貧穀食。

《後漢書》卷四《孝和帝紀》〔永元十五年〕二月，詔稟貸潁川、汝南、陳留、江夏、梁國、敦煌貧民。

《後漢書》卷四《孝和帝紀》〔永元八年夏四月〕甲子，詔賑貸并州四郡貧民。

《後漢書》卷六《孝順帝紀》〔永和六年〕秋七月甲午，詔假民有貰者户錢一千。

《後漢書》卷七《孝桓帝紀》〔永壽元年〕二月，司隸、冀州飢，人相食。勑州郡賑給貧弱。若王侯吏民有積穀者，一切貣十分之三，以助稟貸；其百姓吏民者，以見錢雇直。王侯須新租乃償。

《後漢書》卷三二《樊重傳》樊宏字靡卿，南陽湖陽人也，世祖之舅。父重，字君雲，世善農稼，好貨殖。【略】其素所假貸人間數百萬，遺令焚削文契。責家聞者皆慙，争往償之，諸子從勑，竟不肯受。

《後漢書》卷三四《梁冀傳》冀字伯卓。【略】永和元年，拜河南尹。【略】和平元年，重增封冀萬户，【略】扶風人士孫奮居富而性吝，冀因以馬乘遺之，從貸錢五千萬，奮以三千萬與之。

《三國志》卷五五《吴志·潘璋傳》潘璋字文珪，東郡發干人也。孫權爲陽羡長，始往隨權。性博蕩嗜酒，居貧，好賒酤，債家至門，輒言後豪富相還。

《宋書》卷一《武帝紀》高祖武皇帝諱裕，字德興，小名寄奴，【略】初高祖家貧，嘗負刁逵社錢三萬，經時無以還。逵執録甚嚴，王謐造逵見之，密以錢代還，由是得釋。

《宋書》卷五《文帝紀》元嘉元年秋八月丁酉，大赦天下，改景平二年爲元嘉元年。文武賜位二等，逋祖宿債勿復收。

《宋書》卷八一《顧覬之傳》顧覬之字偉仁，吴郡吴人也。【略】泰始二年，復爲湘州刺史，常侍、將軍如故。三年卒，時年七十六。追贈鎮軍將軍，常侍、刺史如故。謚曰簡字。

覬之家門雍睦，爲州鄉所重。五子約、緝、綽、縝、緄。綽私財甚豐，鄉里士庶多負其責，覬之每禁之不能止。及後爲吴郡，誘綽曰：我常不許汝出責，定思貧薄亦不可居。民間與汝交關有幾許不盡，及我在郡，爲汝督之。將來豈可得。凡諸券書皆何在？綽大喜，悉出諸文券一大廚與覬之，覬之悉焚燒，宣語遠近：負三郎責，皆不須還，凡券書悉燒之矣。

《南齊書》卷三《武帝紀》〔永明四年閏正月辛亥〕詔曰：【略】諸逋負在三年以前尤窮弊者，一皆蠲除。

《南齊書》卷六《明帝紀》建武元年冬十月己巳，以安陸侯子寶晊爲湘州刺史。詔曰：頃守職之吏，多違舊典，存私害公，實興民蠹。今商旅税石頭後渚及夫鹵借倩，一皆停息。

《南齊書》卷六《明帝紀》建武元年冬十月癸亥，即皇帝位。詔曰：【略】逋租宿責，換負官物，在建武元年以前，悉原除。

《南齊書》卷二六《王敬則傳》王敬則，晋陵南沙人也。【略】建元元年，出爲使持節、散騎常侍。【略】會土邊帶湖海，民丁無士庶皆保塘役，敬則以功力有餘，悉評斂爲錢，送臺庫以爲便宜，上許之。竟陵王子良啓曰：【略】建元初，狡虜游魂，軍用殷廣。浙東五郡，丁税一千，乃有質賣妻兒，以充此限，道路愁窮，不可聞見。所逋尚多，收上事絶，臣登具啓聞，即蒙蠲原。而此年租課，三分逋一，明知徒足擾民，實自弊國。

《南齊書》卷三九《陸澄傳》陸澄，字彦淵，吴郡吴人也。【略】隆昌元年，以老疾，轉光禄大夫，加散騎常侍，未拜，卒。【略】澄弟鮮，得罪宋世，當死。澄於路見舍人王道隆，叩頭流血，以此見原。揚州主簿顧測以兩奴就鮮質錢，鮮死，子暐誣爲賣券。

《南齊書》卷四二《蕭坦之傳》蕭坦之，南蘭陵蘭陵人也。【略】東昏立，爲侍中、領軍將軍。【略】坦之從兄翼宗，爲海陵郡，將發。坦之謂文濟曰：從兄海陵宅故應無他？文濟曰：海陵宅在何處？坦之告。文濟曰：應得罪。仍遣收之。檢家赤貧，唯有質錢帖子數百，還以啓帝，原死，繫尚方。

《魏書》卷一〇《孝莊紀》〔武泰二年〕八月庚戌朔，詔諸有公私債負，一錢以上巨萬以還，悉皆禁斷，不得徵責。

《魏書》卷一一〇《食貨志》孝昌二年冬，税京師田租畝五升，借貸公田者畝一斗。

《晋書》卷三《武帝紀》〔太康〕六年春正月甲申朔，以比歲不登，免租貸宿負。

《晋書》卷二六《食貨志》安帝永初三年，天下水旱，人民相食。帝以鴻陂之地假與貧民。

《晋書》卷四三《王戎傳》王戎字濬沖，琅邪臨沂人也。【略】裴頠，戎之壻也，【略】女適裴頠，貸錢數萬，久而未還。女後歸寧，戎色不悅，女遽還直，然後乃歡。從子將婚，戎遺其一單衣，婚訖而更責取。家有好李，常出貨之，恐人得種，恒鑽其核。

《晉書》卷八二《王長文傳》 王長文字德叡，廣漢郪人也。少以才學知名，而放蕩不羈，州府辟命皆不就。【略】太康中，蜀土荒饉，開倉振貸。長文居貧，貸多，後無以償。郡縣切責，送長文到州。刺史徐幹捨之，不謝而去。

《梁書》卷三《武帝紀》〔大同七年十一月丁丑詔曰〕如聞頃者，豪家富室，多占取公田，貴價僦税，以與貧民，傷時害政，爲蠹已甚。自今公田悉不得假與豪家；已假者特聽不追。其若富室給貧民種糧共營作者，不在禁例。

《梁書》卷五《元帝紀》 承聖元年冬十一月丙子，世祖即皇帝位於江陵。詔曰：【略】逋租宿責，並許弘貸。

《南史》卷七二《文學傳·崔慰祖》 崔慰祖字悅宗，清河東武城人也。【略】父梁州之資，家財千萬，散與宗族。漆器題爲日字，日字之器流乎遠近。料得父時假貰文疏，謂族子紘曰：彼有自當見還，彼無吾何言哉。悉火焚之。

《南史》卷七六《隱逸傳·庾詵》 庾詵字彥寶，新野人也。【略】隣人有被誣爲盜，見劾妄欵。詵矜之，乃以書質錢二萬，令門生詐爲其親，代之酬備。隣人獲免謝詵，詵曰：吾矜天下無辜，豈期謝也。

《北史》卷八六《循吏傳·蘇瓊》 蘇瓊字珍之，長樂武强人也。【略】瓊性清慎，不發私書。道人道研爲濟州沙門統，資産巨富，在郡多出息，常得郡縣爲徵。及欲求謁，度知其意，每見則談問玄理。研雖爲債數來，無由啓口。其弟子問其故，研曰：每見府君，徑將我入青雲間，何由得論地上事。師徒還歸，遂焚責券。【略】

天保中，郡界大水，人災，絶食者千餘家。瓊普集郡中有粟家，自從貸粟，悉以給付飢者。州計户徵租，復欲推其貸粟，綱紀謂瓊曰：雖矜飢餒，恐罪累府君。瓊曰：一身獲罪，且活千室，何所怨乎？遂上表陳狀，使檢皆免，人户保安。

《隋書》卷四五《秦孝王李俊傳》 秦孝王俊字阿祇，高祖第三子也。開皇元年立爲秦王。【略】初，頗有令問，高祖聞而大悅，下書獎勵焉。其後俊漸奢侈，違犯制度，出錢求息，民吏苦之。

《隋書》卷七七《李士謙傳》 李士謙字子約，趙郡平棘人也。【略】隋有天下，畢志不仕。【略】

其後出粟數千石，以貸鄉人，值年穀不登，債家無以償，皆來致謝。士謙曰：吾家餘粟，本圖振贍，豈求利哉！於是悉召債家，爲設酒食，對之燔契，曰：債了矣，幸勿爲念也。各令罷去。明年大熟，債家争來償謙，謙拒之，一無所受。他年又大饑，多有死者，士謙罄竭家資，爲之糜粥，賴以全活者將萬計。收埋骸骨，所見無遺。至春，又出糧種，分給貧乏。趙郡農民德之，撫其子孫曰：此乃李參軍遺惠也。

《舊唐書》卷四《高宗紀》〔永徽〕二年春正月戊戌，詔曰：去歲關輔之地，頗弊蝗螟，天下諸州，或遭水旱，百姓之間，致有罄乏。此由朕之不德，兆庶何辜？矜物罪己，載深憂惕。今獻歲肇春，東作方始，糧廪或空，事資賑給。其遭蟲水處有貧乏者，得以正、義倉賑貸。

《舊唐書》卷二四《禮儀志》〔寶應二年〕又使中使宣敕云：朝恩既辭不止，但任知學生糧料。是日，宰相軍將已下子弟三百餘人，皆衣紫衣，充學生房，設食於廊下。貸錢一萬貫，五分收錢，以供監官學生之費。俄又請青苗地頭取百文資課以供費同。

《舊唐書》卷一三三《李晟傳》 李晟字良器，隴右臨洮人。【略】晟十五子：侗、伷、偕，無禄早世；次愿、聰、總、愻、憑、恕、憲、愬、懿、聽、惎、慤，【略】惎累官至右龍武大將軍，沉湎酒色，恣爲豪侈，積債至數千萬。其子貸迴鶻錢一萬餘貫不償，爲迴鶻所訴，文宗怒，貶惎爲定州司法參軍。

《舊唐書》卷一五四《許孟容傳》 許孟容字公範，京兆長安人也。【略】貞元末，坐裴廷齡、李齊運等讒謗流貶者，動十數年不量移，故因旱歉，孟容奏此以諷。然終貞元世，罕有遷移者。

孟容以諷諭太切，改太常少卿。元和初，遷刑部侍郎、尚書右丞。四年，拜京兆尹，賜紫。神策吏李昱假貸長安富人錢八千貫，滿三歲不償。孟容遣吏收捕械繫，剋日命還之，曰：不及期當死。自興元已後，禁軍有功，又中貴之尤有渥恩者，方得護軍，故軍士日益縱横，府縣不能制。

孟容剛正不懼，以法繩之，一軍盡驚，冤訴於上。立命中使宣旨，令送本軍，孟容繫之不遣。中使再至，乃執奏曰：臣誠知不奉詔當誅，然臣職司輦轂，合爲陛下彈抑豪强。錢未盡輸，昱不可得。上以其守正，許之。自此豪右斂迹，威望大震。改兵部侍郎。俄以本官權知禮部貢舉，頗抑浮華，選擇才藝。出爲河南尹，亦有威名。俄知禮部選事，徵拜吏部侍郎。

《舊唐書》卷一七〇《裴度傳》 裴度字中立，河東聞喜人。【略】又賈人張陟負五坊使楊朝汶息利錢潛匿，朝汶於陟家得私簿記，有負錢人盧載初，云是故西川節度使盧坦大夫書迹，朝汶即捕坦家人拘之。坦男不敢申理，即以私錢償之。

（宋）王溥《唐會要》卷五二《忠諫》 〔元和十三年〕十月，杖殺五坊使楊朝汶。初，有賈人張陟負五坊息利錢，徵理經時不獲。楊朝汶遂取張陟私家簿記，有姓名者，雖已償訖，悉囚捕，重令償之。其間或不伏者，即列拷捶之具于庭。平民恐懼，遂稱實負陟錢，互相牽引，繫囚至數十百人。中書門下御史臺皆爲追捕。又於陟家得盧載初負錢文記，云是盧大夫書跡，遂追故東川節度使盧坦家僮，促期使納。坦男不敢申理，盡以償訖。

（宋）王溥《唐會要》卷七八《諸使中·五坊宫苑使》 貞元末，五坊小兒張捕鳥雀羅於閭里者，皆爲暴横，以取人錢物。或有張羅網於門，不許人出入者；或以張井上，使不得汲者。近之輒曰：汝驚供奉鳥雀。即痛毆之。出錢物求謝，乃去。或相聚飲食於酒肆，醉飽而去，賣者或不知，就索其直，多被毆詈。或時留蛇一囊爲質曰：此蛇所以食鳥雀而捕之者，今留付汝，幸善飼之，勿令飢渴。賣者媿謝求哀，乃攜挈而去。

（宋）王溥《唐會要》卷八八《雜録》 長安元年十一月十三日勅：負債出舉，不得迴利作本，并法外生利，仍令州縣嚴加禁斷。

開元十五年七月二十七日勅： 應天下諸州縣官，寄附部人興易及部内放債等，並宜禁斷。

十六年二月十六日詔： 比來公私舉放，取利頗深，有損貧下，事須釐革。自今已後，天下負舉，祗宜四分收利，官本五分取利。

二十年九月二十九日勅： 綾、羅、絹、布、雜貨等，交易皆合通用，如聞市肆，必須見錢，深非通理。自今後與錢貨兼用，違者準法罪之。

元和五年十一月勅： 應中外官有子弟凶惡，不告家長，私舉公私錢，無尊長同署文契者，其舉錢主并保人各決二十，仍均攤貨納。應諸色買賣相當後，勒買人面付賣人價錢，如違，牙人重杖二十。京兆尹王播所奏也。

寶曆元年正月七日勅節文： 應京城内有私債，經十年已上，曾出利過本兩倍，本部主及元保人死亡，並無家産者，宜令臺府勿爲徵理。

《舊五代史》卷四一《唐書·明宗紀》 天成四年終諸道所欠殘税及塲院欠折，並特放免。羣臣職位帶平章事、侍中、中書令，並與改鄉名里號。朝臣及蕃侯郡守亡父母，及父母在并妻室未沾恩命者，並與恩澤。應私債出利已經倍者，祗許徵本，已經兩倍者，本利並放。河陽管内人户，每畝舊徵橋道錢五文，今後不徵。諸道州府每畝先徵麴錢五文，今特放二文云。商州吏民以刺史郭知瓊善政聞，詔褒之。

《舊五代史》卷九六《晉書·陳保極傳》 陳保極，閩中人也。好學，善屬文，後唐天成中擢進士第，秦王從榮聞其名，辟爲從事。【略】保極無時才，有傲人之名，而性復鄙吝，所得利禄，未嘗奉身，但蔬食而已。每與人奕棋，敗則以手亂其局，蓋拒所賭金錢不欲償也。及卒，室無妻兒，唯囊中貯白金十鋌，爲他人所有，時甚嗤之。

《新唐書》卷五一《食貨志》 太宗方鋭意於治，官吏考課，以鰥寡少者進考，如增户法；失勸導者以減户論。配租以斂穫早晚、險易、遠近爲差。庸、調輸以八月，發以九月。同時輸者先遠民。皆自槩量。州府歲市土所出爲貢，其價視絹之上下，無過五十匹。異物、滋味、口馬、鷹犬，非有詔不獻。有加配，則以代租賦。

其凶荒則有社倉賑給，不足則徙民就食諸州。尚書左丞戴冑建議：自王公以下，計墾田，秋熟所在爲義倉，歲凶以給民。太宗善之，乃詔：畝税二升，粟、麥、秔、稻，隨土地所宜。寬鄉斂以所種，狹鄉據青苗簿而督之。田耗十四者免其半，耗十七者皆免之。商賈無田者，以其户爲九等，出粟自五石至于五斗爲差。下下户及夷獠不取焉。歲不登，則以賑民；或貸爲種子，則至秋而償。其後洛、相、幽、徐、齊、并、秦、蒲州又置常平倉，粟藏九年，米藏五年，下濕之地，粟藏五年，米藏三年，皆著于令。

《新唐書》卷五五《食貨志》 調露元年，職事五品以上復給仗身。【略】州縣典史捉公廨本錢者，收利十之七。富户幸免徭役，貧者破産甚衆。祕書少監崔沔請計户均出，每丁加升尺，所增蓋少；流亡漸復，倉庫充實，然後取於正賦，罷新加者。

《新唐書》卷五五《食貨志》 武德元年，文武官給禄，頗減隋制，【略】京司及州縣皆有公廨田，供公私之費。其後以用度不足，京官有俸賜而已。諸司置公廨本錢，以番官貿易取息，計員多少爲月料。

《新唐書》卷一〇三《蘇弁傳》 蘇世長，京兆武功人。【略】子良嗣，高宗時爲周王府司馬，【略】從孫弁，字元容，擢進士，【略】弁聚書至二萬卷，手自讎定，當時稱與祕府埒。弁之判度支，方大旱，州縣有逋米，斷貞元八年以前，凡三百八十萬斛，人亡數在，弁奏請出以貸貧民，至秋而償，詔可。當時譏其罔君云。

《新唐書》卷一二四《宋璟傳》 宋璟，邢州南和人。【略】玄宗開元初，以雍州爲京兆府，復爲尹。【略】京兆人權梁山謀逆，敕河南尹王怡馳傳往按。牢械充滿，久未決，乃命璟爲京留守，覆其獄。初，梁山詭稱婚集，多假貸，吏欲并坐貸人。璟曰：婚禮借索大同，而狂謀率然，非所防億。使知而不假，是與爲反。貸者弗知，何罪之云？平縱數百人。

《新唐書》卷一七三《裴度傳》 裴度字中立，河東聞喜人。【略】大賈張陟負五坊息錢亡命，坊使楊朝汶收其家簿，閲貸錢雖已償，悉鉤止，根引數十百人，列箠挺脅不承。又獲盧大夫逋券，捕盧坦家客責償，久乃悟盧羣券。坦子上訴，朝汶讕語：錢入禁中，何可得？御史中丞蕭俛及諫官列陳中人橫恣，度亦極言之。

《新唐書》卷一八〇《李德裕傳》 李德裕字文饒，元和宰相吉甫子也。【略】回鶻自開成時爲黠戛斯所破。會昌後，烏介可汗挾公主牙塞下，種族大飢，以弱口、重器易粟於邊。退渾、党項利虜掠，因天德軍使田牟上言，願以部落兵擊之。議者請可其奏。德裕曰：回鶻於國嘗有功，以窮來歸，未輒擾邊，遽伐之，非漢宣帝待呼韓之義。不如與之食，以待其變。陳夷行曰：資盜糧，非計也，不如擊之便。德裕曰：沙陀、退渾，不可恃也。夫見利則進，遇敵則走，雜虜之常態，孰肯爲國家用邪？天德兵素弱，以一城與勁虜确，無不敗。請詔牟無聽諸戎計。帝於是貸粟三萬斛。

《遼代石刻文編·添修縉陽寺功德碑記壽昌元年》 粟一千碩，錢五百緡，每年各息利一分。壽終之日，永入下缺輪，如日月之運傳之無窮。自餘勝因，不可殫述。初録初，一作粗。下缺之詞多驗其所行，則實曰仁人之利溥。俾千古下缺皇朝建號壽昌元年下缺

《遼代石刻文編·六聘上方逐月朔望常供記》 公倜儻有器度，尊賢好事，修福□□□無厭本下缺請隸籍焉。初沙門奉均歲久住持精苦□□聲望□下缺三白食以薦五臺尊容之像，殆無闕焉。至是沖公下缺施錢五千。然後化諸法屬，其友人輩聞而亦樂□下缺斡之于下寺之北質庫，歲得息十餘緡。月朔望下缺設十餐，依法作法，自敬薦之。既罷，掊諸食飯下缺人畜交歡，皆飫充矣。自今歲始終法滅夜下缺者而更增助之。實沖師之意云，庶幾藉下缺徒然哉。

（宋）李攸《宋朝事實》卷一五 富民之家，取有餘以貸不足，雖有倍稱之息，而子本之債，官不爲理。償進之日，布縷菽粟，雞豚狗彘，百物皆售，州縣晏然，處曲直之斷，而民自相養，蓋亦足矣。至于田賦厚薄多寡之異，雖小有不齊，而安静不擾，民樂其業，賦以時入，所失無幾，因其交易，而質其欺隱，繩之以法，亦足以禁其太甚。昔宇文融，括諸道客户，州縣觀望，虚張其數，以實户爲客，雖得户八十萬餘，歲得錢數百萬緡，而百姓困弊，實召天寶之亂，均税之害，何以異此。凡此三者，皆儒者平昔之所稱頌，以爲先王遺法，用之足以致太平者也。然數十年以來，屢試而屢敗，足以爲後世好名者之戒矣。惟嘉祐以前，百役在民，衙前大者主倉庫，躬饋運，小者治燕饗，職迎送，破家之禍，易于反掌。至于州縣役人，皆貪官暴吏之所誅求，仰以爲生者，先帝深究其病。鬻坊場以募衙前，均役錢以雇諸役，使民得闔門治生，而吏不敢苛問，有司奉行，不得其當。坊場求數倍之價，役錢取寬剩之積，而民始困躓不堪其生矣。今二聖鑒觀前事，知其得失之實，既盡去保甲、青苗、均税，至于役法，舉差雇之中，惟便民者取之，郡縣奉承，雖未即能盡，而天下之民知天子之愛我矣。故臣于民賦之篇，備論其得失，俾後有攷焉。

（宋）李燾《續資治通鑑長編》真宗景德二年九月 〔甲寅〕詔舉放息錢，以利爲本，僞立借貸文約者，從不應爲重科罪。

（宋）李燾《續資治通鑑長編》真宗大中祥符二年八月　詔開封府，凡出牓示衆，並當具事聽朝旨。初，本府牓街，止絶牙保引致民家卑幼舉借回鶻財者，上曰：國家惠綏遠人，天下無外，京師四方所湊，豈可指言回鶻耶？故有是詔。

（宋）李燾《續資治通鑑長編》神宗熙寧五年夏四月　先是，權發遣開封府推官晁端彦言：雜供庫歲約支九千餘貫，已裁減三分之一。乞下左藏庫借錢爲本，依古公廨錢及今檢校庫召人借貸出息，卻候償剩撥還。詔左藏庫支本錢七萬貫，差同勾當司録司檢校庫吴安持與本司户曹孫迪專一置局管勾息錢支給。是日，上批問中書：昨支左藏庫錢七萬貫與開封府，召人情願借貸，依常平出息，充捕賊賞錢。訪聞本府違法，並不召人情願請領，卻將逐色行人等第配率。王安石白上：此臣女壻所領，必無此事，自可令馮京取索文字推究，事極分明，未嘗配率也。

（宋）李燾《續資治通鑑長編》神宗熙寧七年三月〔庚戌〕又詔：聞鎮、定州民有拆賣屋木以納免役錢者，令安撫、轉運、提舉司體量，具實以聞。其後逐司奏，體量得諸縣去秋旱災，以故貧下户亦有拆屋賣錢以給己家糧及官中諸費者，非專爲納免役錢也。王安石白上：百姓賣屋納役錢，臣不能保其無此。緣以今之官吏行今之法，必多輕重不均之處，然論事有權，須考問從前差役賣屋納役錢孰多孰少？即於役法利害灼然可見，在遠或難遽見，但問鄭、滑則天下事理可知矣。

上又批問安石，百姓爲貸市易抵當所錢，多没産及枷錮者，安石對：自置市易以來，有六户賣抵當納欠錢，然四人以欠三司錢或以他事折欠故賣産。有納户教唆，令衆人並不須納錢，且申展限，故送三司枷錮納錢。若請官錢不立供抵保法，即理不可行，若供抵當，即本備違欠出賣償官；若不許出賣償欠，即亦理不可行。兩年之間，而賣産償欠及枷錮催欠，止於如此，乃無足怪。今天下三年一郊，所放欠至一百餘萬貫，即其賣産償欠及枷錮催理多少可知，然議者何以不言，陛下何以不怪而問之？上曰：人言賣産極多枷錮，乃至無人可監守。安石曰：人言必知賣産主名及見枷錮人所在，陛下何不宣示言者姓名，付所司推問？若實有之，市易司蔽匿不言，即罪固不可輕斷，若實無此而妄言，不知陛下含容此人於政事何補？上曰：言市易擾人不便者衆，不知何故致令如此？安石曰：文彦博之徒，言朝廷不合言利，此乃爲臣而發。其餘左右近習誣罔市易，即以吕嘉問首公奉法，與内藏庫、内東門司、都知、押班、御藥争曲直，共事皆經論奏。又嘉問每事欲盡理，與三司、開封府屢争職事，雖未嘗不直，然衆怨由此起。向時有言市易賒物後抵當納欠不足，乃令私下買所賒人物者償欠。及根究，乃是三司賒糶糯米，如此追逮，直至河北、京西。若市易但有如此一事，必無不上聞之理。今三司如此，陛下亦聞之乎？不知陛下何故乃不聞此，而但聞市易擾人？此無他由，憑附近習與不憑附近習故也。今人臣皆憑附近習，然後免責，一與近習忤，即吹毛求疵，無所措手足，臣恐治世無此事。

（宋）李燾《續資治通鑑長編》神宗熙寧八年閏四月〔己酉〕是日，韓琦奏倚閣預買紬絹，賒買、借貸斛斗，倚閣稅，今雖或七分熟，須五七年拖帶送納。王安石謂韓絳此不可行，絳曰：民納不得，須着寬恤。及進呈，安石曰：近歲以來，方鎮、監司争以寬恤百姓爲事，以希向朝廷指，倉庫不足，則連乞朝廷應副。如預買紬絹，自祖宗以來，未嘗倚閣，去年李稷乃乞行倚閣，朝廷因亦從之。若言災傷，即祖宗以來，豈是都不曾值災傷？又賒賣銀絹，本因配買傷民，遂令供抵當，情願賒買。韓琦執政十餘年，固嘗值災傷，不知曾倚閣預買否？不知曾配賣銀絹否？向時配賣，一户或陪錢數百貫，無災傷倚閣指揮。今來取人情願賒買，不知如何卻須要五七年拖帶送納。上欲下監司體量相度，安石曰：近歲監司惟以媚民爲事，卻不斟酌有無。河北西路監司，乃李稷、吴審禮、韓宗道，李稷固已擅倚閣預買，吴審禮、韓宗道亦必不肯違俗，但恐其過爲寬貸以媚民。今方鎮意必不肯以用度不足故急民也，且寬恤百姓，固是美名好事，人臣優爲之。然如近歲，上下大小争以此爲事，無復屯其膏者，恐國用不繼，緩急卻不免刻剥百姓爾。如去年體量放稅，所失至多，但長僥倖，何名寬恤！昔蘇秦説齊厚葬以明孝，高宫室以明得意，用破弊齊。今方鎮用心有如此者，陛下豈宜不察。上曰：韓琦用心可知，天時荐饑，乃其所願也。前訪以此事，乃云須改盡前所爲，契丹自然無事。安石曰：琦再經大變，於朝廷可謂有功。陛下以禮遇之可也，若與之計國事，此所謂啓寵納侮。上曰：初亦不意琦用心如此。琦嘗對使人云：先帝，臣所立；陛下，先帝兒子，做得好，臣便面潤，做得不好，臣亦負慚愧。因稱郭子儀事，代宗以爲忠順。

（宋）李燾《續資治通鑑長編》神宗元豐二年春正月〔乙卯〕詔市易司：罷立保賒錢法。已出錢立輸限，如半年内輸本息足者，蠲其出限罰息錢。物力雖薄，而有營運者，量力支借，毋過舊數三之一。令元體量檢估官分認催收，限三年結絶，歲具所收錢數比較賞罰，專委勾當公事官一員催驅。其自今用産業抵當者，並拘留契書，歲收息一分半。檢估官吏如容增直冒請，以違制論，不以去官赦降原減。其賒請物且如舊法檢估本家物力，所請不得過所有之半。

市易舊法，聽人賒錢，以田宅或金銀爲抵當，無抵當者，三人相保則給之，皆出息十分之二，過期不輸息，外每月更罰錢百分之二。貪人及無賴子弟，多取官貨不能償，積息罰愈滋，囚繫督責，徒存虛數，實不可得。於是都提舉市易王居卿建議：以田宅金帛抵當者，減其息；無抵當徒相保者，不復給。自元豐二年正月七日以前，本息之外所負罰錢悉蠲之，凡數十萬緡；負本息者，延期半年。衆議頗以爲愜。

（宋）李燾《續資治通鑑長編》神宗元豐三年九月〔甲子〕都提舉市易司王居卿言：市易之法有三：結保賒請，一也；契書金銀抵當，二也；貿遷物貨，三也。三法之中，惟賒保之法行之積年，逋負益衆。去歲有旨先罷結保見錢，惟賒請物貨舊法未革。然尚恐久遠未便，何則？舊欠之户，多以出限規避不輸，既費催督，又繼以再賒貨物之人，勢亦如此。宿負新貫，歲增月累，其間消折不能備償者，十有四五。則與賒取現錢，同歸於弊，是宜解而更張者也。欲乞自今後市易務許人户賒請物貨，歲不過二百萬貫，别置簿支收，惟聽舊户請賒，以接濟在京行鋪之家，期以五年，所收息已逾元數，然後或止或行，更不取朝廷裁度；其非舊請人户，則惟用抵當、貿遷二法，可以斂滯貨，通餘財。如此，則法全利遠，而用不窮矣。其諸路市易錢穀，以四分爲率，量留一分接濟舊户外，亦不行賒借之法。如蒙朝廷施行，乞於每歲所收息錢内量減萬數。其監官等酬獎，亦與降等推恩。雖取息稍薄，而所收皆實利，庶使此法行之無弊也。詔中書户房立法以聞。已而户房乞：在京物貨許欠户賒請，斂而復散，通欠數不得過三百萬貫，諸路市易貨以四分爲率，以一分許舊欠賒請，斂而復散，通欠數不得過一分，並别置簿支收。從之。

居卿又言：免行所月納或季納見錢，官爲雇人代役使，此朝廷立法之意，欲以寬恤下民也。然有其名而無其實。蓋建法之始，失以貧富爲較，但以其人作業爲等，納錢輕重不一，雖貧者至輕；而日不自給，何暇輸官。催理科較，或至禁錮，誠可矜惻。臣竊詳元定免行租額錢三萬四千八百餘緡，每歲額外常有增羨，今且以雜販破鐵、小販繩索等貧下行人，共八千六百五十四人，月納自一百以下至三文二文，計歲納錢四千三百餘緡。其所出至微，猶常不足。故貧者私不足以養，公不足以輸。欲乞將額外增羨以補舊額，其貧下户並與除放。庶幾小民實免行役，均被朝廷之恩。如將來舊額卻有虧損，不及下户所放之數，即乞於本司市利或息錢内撥填。然月納一百以下行人，其間薄有物力者，乞且如舊法。庶得平允。從之，仍令將來赦中施行。

（宋）李燾《續資治通鑑長編》哲宗元祐五年十二月〔戊申〕户部言：抵當財産限十日差官躬親檢視，内産業須驗契估定，不得過契錢，并親見本家尊長、義居者，見應有分人各令供狀。若義居願同共抵當者，仍供非尊長抑勒。如不願者，令供不侵己分財産。限二十日畢，並置簿拘管。若有折欠，出賣不敷，如本主并保人填納不足者，勒元檢估吏人、牙人均補。如有情弊而檢官知情者，準此供抵當。若同財之人不願，及年二十以下者，聽準分法除出己分財産。其因抵當人及蒙昧尊長，或將同分不願人財産，及妄指他人財産充抵當者，徒二年，未得者，杖一百；官司知情與同罪。若擅將非己分財産充抵當及借請官錢，如檢估官吏不令有分人知委，并官司不候檢估便行支借，若有少欠，於犯人處追理；不足者，勒檢估支借吏人均補。其檢估支借官及干繫人有情弊者，準此。從之。

（宋）李燾《續資治通鑑長編》神宗元豐八年五月〔庚子〕户部狀：檢會條敕，諸路各量閑要州、縣，興置市易抵當，僻小縣分不可興置處，不置。看詳上件指揮，止云僻小縣分不置，即慮其間亦有僻小州郡，及雖不係僻小，卻别無出産物貨，不係商賈買賣去處，須當一例興置，不惟所收息課不多，虛有支破人吏請給，兼恐監司專以趨辦息課，别致拘攔，阻抑民旅在市買賣及諸般違礙，誠爲未便。欲乞下諸路提舉常平司，委自本司官躬親逐一體量，及將自置市易抵當已來，所收息數，會較支費。如内有閑僻或不産貨物，不係商賈買賣，委實不銷興置去處，並具詣實保明，申部看詳廢罷。從之。

（宋）李燾《續資治通鑑長編》哲宗紹聖四年九月〔乙卯〕權殿中侍御史蔡蹈言：臣伏以近者星文示變，陛下恐懼，見于詔命，至于避朝損膳，咨訪直言，可謂勤矣。然猶以爲未也，復肆赦天下，仁恩滂沛，蕩宥囚繫，此誠古昔哲王所以應天敕命之實也。臣伏讀赦文，鬭殺罪至死，猶且得生，而田野良民，乃不霑潤聖澤，是惠及有罪而不及於無罪，與其生而未厚其所以生也。臣愚伏見元祐大臣欲變先朝良法，思有以干百姓之譽，故凡民所欠負，一切蠲免。今且以市易一事言之，初，民間以物産抵當，請貿錢米，久而不償，物産自合入官，用事者欲爲異恩，無故還所抵當，民間既得己物，恣行典賣。紹聖以來，察見用事者之姦，卻行催理，今已累年，空有姓名掛于文書，追擾紛紛，終無益于事。此非民之罪也，而前自朝廷無故蠲放，使有今日之弊，罪在用事者。臣愚欲乞陛下詳酌，特詔有司，契勘今年旱傷地分見今負欠市易錢物人户，若已經根究，不見抵當，或有典賣過，展轉經歷兩户以來，業主不知情，或正欠及干係保人不在而其子孫貧苦不給，委無可送納者，等第量與減放。庶幾澤及困窮，咸遂生理，亦足以召和氣而塞變異也。

（宋）董煟《救荒活民書》卷三《折克柔保借米賑貸》　熙寧七年，知河東府折克柔奏，今歲河外饑饉，雖蒙賑貸，尚未周給。人欲流散，必求生路，恐北人因而招誘，遂擄北邊民户。臣乞保借米三萬石粟二萬石賑貸，俟熟令償。詔賜省倉粟二萬石賑濟，米三萬石借貸。

（宋）董煟《救荒活民書》拾遺《崇安社倉條約》　人户所貸官米，至冬納還，不得過十一月十旬。先于十月上旬，定日申縣，乞差吏㪷前來取納，兩平交量。每石收息米二斗。小歉除息之半，大歉全免收息。候滿十年，以本米送去元借官司。每石量收耗米三升，準備折閱及支吏㪷等人飯米，其米正行附歷收支。每遇支散交納日，本縣人吏一名，㪷子一名，倉子二名，每名支飯米一㪷，鄉官併人役，每名支飯米五升。人從每位不過二人。

《金代石刻輯校・丁氏阡表碑》　時先府君酤僧念堆酒，其鄰近數村多貸訖糧斛。後遇連遭水旱，不夠歸還，不取本利而悉恕之，賴此而免填能壑者甚衆。

（金）元好問《元好問全集》卷二六《碑銘表志碣・順天萬户張公勳德第二碑》　軍興以來，賈人出子錢致求贏餘，歲有倍稱之積。如羊出羔，今年而二，明年而四，又明年而八，至十年則累而千。調度之來，急于星火，必假貸以輸之。債家執券，日夕取償，至于賣田業、鬻妻子，有不能給者。公哀而憐之，與真定史侯論列上前，乞債家取贏，一本息而止。

（元）姚燧《牧庵集》卷二二《榮禄大夫江淮等處行中書省平章政事游公神道碑》　授蘇州宣撫使，遣人四出招來逋民，凡得十三萬家，貸倉穀爲石百三十萬爲種，于民約秋熟償，官民歡輸之，無少折閱。

（元）傅若金《傅與礪詩文集》卷三《記・常寧州義役錢記》　常寧以衡屬邑，自爲州，籍民所占田三十一萬八千四百又六畝有奇，歲賦民錢三千四百五十緡，米萬二千又百石有奇。始爲州民二萬户，既生齒日庶，數竄易其户籍。天歷初，屬歲薦，饑民多死徙。吞并之家並緣爲姦利，往往私取其田而虚其賦入之數於公。其無所於徵徙，占名籍中者爲田六千四百畝，賦以歲計，爲錢五百四十一緡有奇，爲米二百十又三石有奇。□其直又爲錢三千二百緡有奇。吏不以其時□實日月久遠，漫不可理。常歲賦入，徒按籍坐所指户畝，責之坊保、首正。歲終不足，恒係縲鞭扑以督之，其坊保、首正貧不堪役者率廢其産業，至鬻妻子以代責入。民甚苦之，以故富多田者慮害之及，輒詭析户徙役貧者。前時有司坐視，一無所詰。太守余侯之再爲是邦，不忍民之日窮且斃而莫之恤也。念得錢萬數百緡爲孳息之母，歲視其贏以充計上，可已其害。乃身率僚友捐俸一月以風其下，郡人聞者争願出錢，得中統鈔以緡計萬有四百。遂移州下廣盈庫，寄主其藏，嚴置出入之籍，以時散之富民，使質貸生息之，月以緡計，入其贏三分於藏，歲計可得錢三千七百四十緡有奇。每歲當民租入時，官具文書出之，以給前賦之無所於徵而坐之坊保、首正者。

《遼史》卷一五《聖宗紀》〔開泰元年十二月〕甲申，詔諸道水災饑民質男女者，起來年正月，日計傭錢十文，價折傭盡，遣還其家。

《遼史》卷二一《道宗紀》〔清寧三年〕十二月庚戌，禁職官於部内假貸貿易。

《遼史》卷五九《食貨志》　而東京如咸、信、蘇、復、辰、海、同、銀、烏、遂、春、泰等五十餘城内，沿邊諸州，各有和糴倉，依祖宗法，出陳易新，許民自願假貸，收息二分。所在無慮二三十萬碩，雖累兵興，未嘗用乏。

《宋史》卷一七三《食貨志·農田》　至道二年，太常博士、直史館陳靖上言：如授以閑曠之田，廣募游惰，誘之耕墾，未計賦租，許令別置版圖，便宜從事；酌民力豐寡、農畝肥磽，均配督課，令其不倦。其逃民歸業，丁口授田，煩碎之事，並取大司農裁決。耕桑之外，令益樹雜木蔬果，孳畜羊犬雞豚。給授桑土，潛擬井田，營造室居，使立保伍，養生送死之具，慶弔問遺之資，並立條制。候至三五年間，生計成立，即計户定征，量田輸税。若民力不足，官借糴錢，或以市餱糧，或以營耕具。凡此給受，委於司農，比及秋成，乃令償直，依時價折納，以其成數關白户部。帝覽之喜，令靖條奏以聞。

《宋史》卷一七三《食貨志·農田》　建炎以來，内外用兵，所在多逃絶之田。紹興二年四月，詔兩浙路收買牛具，貸淮東人户。七月，詔：知興國軍王絢、知永興縣陳升率先奉詔誘民墾田，各增一秩。三年九月，户部言：百姓棄産，已詔二年外許人請射，十年内雖已請射及充職田者，並聽歸業。孤幼及親屬應得財産者，守令驗實給還，冒占者論如律。州縣奉行不虔，監司按劾。從之。

《宋史》卷一七三《食貨志·農田》　久之，天下生齒益蕃，闢田益廣。獨京西唐、鄧間尚多曠土，入草莽者十八九，或請徙户實之，或議置屯田，或欲遂廢唐州爲縣。嘉祐中，唐守趙尚寬言土曠可闢，民希可招，而州不可廢。得漢邵信臣故陂渠遺跡而修復之，假牛犂、種食以誘耕者，勸課勞來。歲餘，流民自歸及淮南、湖北之民至者二千餘户；引水溉田幾數萬頃，變磽瘠爲膏腴。

《宋史》卷一七三《食貨志·農田》〔端拱初〕乃詔：諸知州、通判具如何均平賦税，招輯流亡，惠恤孤貧，窒塞姦幸，凡民間未便事，限一月附疾置以聞。而比年多稼不登，富者操奇贏之資，貧者取倍稱之息，一或小稔，富家責償愈急，税調未畢，資儲罄然。遂令州縣戒里胥、鄉老察視，有取富民穀麥貲財，出息不得踰倍，未輸税毋得先償私逋，違者罪之。

《宋史》卷一七三《食貨志·農田》　言者謂江北之民雜植諸穀，江南專種秔稻，雖土風各有所宜，至於參植以防水旱，亦古之制。於是詔江南、兩浙、荆湖、嶺南、福建諸州長吏，勸民益種諸穀，民乏粟、麥、黍、豆種者，於淮北州郡給之；江北諸州，亦令就水廣種秔稻，並免其租。淳化五年，宋、亳數州牛疫，死者過半，官借錢令就江、淮市牛。未至，屬時雨霑足，帝慮其耕稼失時，太子中允武允成獻踏犂，運以人力，即分命祕書丞、直史館陳堯叟等即其州依式製造給民。

《宋史》卷一七三《食貨志·農田》　大中祥符四年，詔曰：火田之禁，著在《禮經》，山林之間，合順時令。其或昆蟲未蟄，草木猶蕃，輒縱燎原，則傷生類。諸州縣人畬田，並如鄉土舊例，自餘焚燒野草，須十月後方得縱火。其行路野宿人，所在檢察，毋使延燔。帝以江、淮、兩浙稍旱即水田不登，遣使就福建取占城稻三萬斛，分給三路爲種，擇民田高仰者蒔之，蓋旱稻也。内出種法，命轉運使揭榜示民。後又種於玉宸殿，帝與近臣同觀；畢刈，又遣内侍持於朝堂示百官。稻比中國者穗長而無芒，粒差小，不擇地而生。六年，免諸路農器之税。明年，諸州牛疫，又詔民買賣耕牛勿算；繼令羣牧司選醫牛古方，頒之天下。

《宋史》卷一七三《食貨志·農田》〔淳熙〕七年，復詔兩浙、江、淮、湖南、京西路帥、漕臣督守令勸民種麥，務要增廣。自是每歲如之。八年五月，詔曰：迺者得天之時，蠶麥既登，及命近甸取而視之，則穟短繭薄，非種植風厲之功有所未至歟？朕將稽勤惰而詔賞罰焉。是歲連雨，下田被浸，詔兩浙諸州軍與常平司措置，再借種糧與下户播種，毋致失時。十有一月，輔臣奏：田世雄言，民有麥田，雖墾無種，若貸與貧民，猶可種春麥。臣僚亦言，江、浙旱田雖已耕，亦無麥種。於是詔諸路帥、漕、常平司，以常平麥貸之。

《宋史》卷一七三《食貨志·農田》　紹興元年，詔宣州、太平州守臣修圩。二年，以修圩錢米及貸民種糧，並於宣州常平義倉米撥借。三年，定州縣圩田租額充軍儲。建康府永豐圩租米，歲以三萬石爲額。圩四至相去皆五六十里，有田九百五十餘頃，近歲墾田不及三之一。至是，始立額。

《宋史》卷一七三《食貨志·農田》　乾道二年四月，詔漕臣王炎開浙西勢家新圍田：草蕩、荷蕩、菱蕩及陂湖溪港岸際旋築塍畦、圍裹耕種者，所至守令同共措置。炎既開諸圍田，凡租户貸主家種糧債負，並奏蠲之。【略】以兩浙轉運副使姜詵與守臣視之，詵尋與秀常州、平江府、江陰軍條上利便。詔：秀州華亭縣張涇牐并澱山東北通陂塘港淺處，俟今年十一月興修，江陰軍、常州蔡涇牐及申港，明年春興修；利港俟休役一年興修；平江府姑緩之。三年三月，詵使還，奏：開濬畢功，通洩積水，久浸民田露出塍岸。臣已諭民趁時耕種。恐下户闕本，良田復荒，望令浙西常平司貸給種糧。又奏措置、提督、監修等官知江陰軍徐藏等減磨勘年有差。

《宋史》卷一七三《食貨志·農田》〔隆興〕六年二月，詔曰：朕深惟治不加進，思有以正其本者。今欲均役法，嚴限田，抑游手，務農桑。凡是數者，卿等二三大臣爲朕任之。十有二月，監進奏院李結獻《治田三議》：一曰務本，二曰協力，三曰因時。大略謂：浙西低田恃堤爲固，若堤岸高厚，則水不能入。乞於蘇、湖、常、秀諸州水田塘浦要處，官以錢米貸田主，乘此農隙，作堰增令高闊，則堤成而水不爲患。方此饑饉，俾食其力，因其所利而利之。秋冬旱涸，涇浜斷流，車畎修築，尤爲省力。詔令胡堅常相度以聞。其後，户部以三議切當，但工力浩瀚，欲曉有田之家，各依鄉原畝步出錢米與租田之人，更相修築，庶官無所費，民不告勞。從之。

《宋史》卷一七三《食貨志·農田》〔隆興〕七年二月，知揚州晁公武奏：朝廷以沿淮荒殘之久，未行租税，民復業與創户者，雖阡陌相望，然聞之官者十纔二三，咸懼後來税重。昔晚唐民務稼穡則增其租，故播種少；吴越民墾荒田而不加税，故無曠土。望詔兩淮更不增賦，庶民知勸。詔可。十月，司馬伋請勸民種麥，爲來春之計。於是詔江東西、湖南北、淮東西路帥漕，官爲借種及諭大姓假貸農民廣種，依賑濟格推賞，仍上已種頃畝，議賞罰。九年，王之奇奏增定力田賞格，募人開耕荒田，給官告綾紙以備書填，及官會十萬緡充農具等用。以種糧不足，又詔淮東總領所借給稻三萬石。

《宋史》卷二五〇《石守信傳》石守信，開封浚儀人。【略】子保興、保吉。保吉姿貌瓌碩，頗有武幹。又染家貸錢，息不盡入，質其女，其父上訴，真宗亟命遣還。

《宋史》卷二六四《沈倫傳》沈倫字順宜，開封太康人。【略】倫清介醇謹，車駕每出，多令居守。好釋氏，信因果。嘗盛夏坐室中，恣蚊蚋嚼其膚，童子秉箑至，輒叱之，冀以徼福。在相位日，值歲饑，鄉人假粟者皆與之，殆至千斛，歲餘盡焚其券。

《宋史》卷二六九《王祐傳》王祐字景叔，【略】祐子三人：曰懿，曰旦，曰旭。【略】旭子質，【略】質家世富貴，兄弟習爲驕侈，而質克己好善，自奉簡素如寒士，不喜畜財，至不能自給。初，旦爲中書舍人，家貧，與昆弟貸人息錢，違期，以所乘馬償之。質閲書得故券，召子弟示之曰：此吾家素風，爾曹當毋忘也。

《宋史》卷三三一《陳舜俞傳》舜俞字令舉，【略】青苗法行，舜俞不奉令，上疏自劾曰：民間出舉財物，取息重止一倍，約償緡錢，而穀粟、布縷、魚鹽、薪蔌、耰鉏、釜錡之屬，得雜取之。朝廷募民貸取，有司約中熟爲價，而必償緡錢，欲如私家雜償他物不可得，故愚民多至賣田宅、質妻孥。有識者老，戒其鄉黨子弟，未嘗不以貰貸爲苦。祖宗著令，以財物相出舉，任從書契，官不爲理。其保全元元之意，深遠如此。今誘之以便利，督之以威刑，方之舊法，異矣。詔謂振民乏絶而抑兼并，然使十户爲甲，浮浪無根者毋得給俵，則乏絶者已不蒙其惠。此法終行，愈爲兼并地爾。何以言之？天下之有常平，非能人人計口受餉，但權穀價貴賤之柄，使積貯者不得深藏以邀利爾。今散爲青苗，唯恐不盡，萬一饑饉荐至，必有乘時貴糴者，未知將何法以制之？官制既放錢取息，富室藏鏹，坐待鄰里逋欠之時，田宅妻孥隨欲而得，是豈不爲兼并利哉。雖分爲夏秋二科，而秋放之月與夏斂之期等，夏放之月與秋斂之期等，不過展轉計息，以給爲納，使吾民終身以及世世，每歲兩輸息錢，無有窮已。是別爲一賦以斂海內，非王道之舉也。奏上，責監南康軍鹽酒税，五年而卒。

《宋史》卷三三八《蘇軾傳》蘇軾字子瞻：【略】時安石創行新法，軾上書論其不便，曰：【略】自古役人，必用鄉户。今者徒聞江、浙之間，數郡顧役，而欲措之天下。單丁、女户，蓋天民之窮者也，而陛下首欲役之，富有四海，忍不加恤！自楊炎爲兩税，租調與庸既兼之矣，奈何復欲取庸？萬一後世不幸有聚斂之臣，庸錢不除，差役仍舊，推所從來，則必有任其咎者矣。青苗放錢，自昔有禁。今陛下始立成法，每歲常行。

雖云不許抑配，而數世之後，暴君汙吏，陛下能保之與？計願請之户，必皆孤貧不濟之人，鞭撻已急，則繼之逃亡，不還，則均及鄰保，勢有必至，異日天下恨之，國史記之，曰青苗錢自陛下始，豈不惜哉！且常平之法，可謂至矣。今欲變爲青苗，壞彼成此，所喪逾多，虧官害民，雖悔何及！

《宋史》卷三三三《朱壽隆傳》 朱壽隆字仲山，【略】歲惡民移，壽隆諭大姓富室畜爲田僕，舉貸立息，官爲置籍索之，貧富交利。

《宋史》卷三〇四《劉元瑜傳》 劉元瑜字君玉，河南人。【略】歷京西、河東轉運使，遷右司諫。劾奏集賢校理陸經謫官在河南日，杖死争田寡婦，且貸民鏹，監司列薦其才，投託權要，遂復館職。請重寘於法，并坐保薦者。詔屬吏，遂竄經袁州。

（元）虞集《道園學古録》卷八《記・滕州性善書院學田記》 大德四年，前守尚敏作義塾州治之南，其屋四楹，覆以瓦，其齋舍，茅茨而已。延師以教郡人之子弟，出己俸以率州士，得錢五千緡，貸諸人，取子息，以供師弟子之食。

（元）虞集《道園學古録》卷四一《碑・昭毅大將軍平江路總管府達魯花赤兼管内勸農事黄頭公墓碑》 九曰運舟冒險以出，常賴禱祠以安人心。若所謂天妃、海神、水仙等祠凡十餘處，朝廷給牲牢、醮祭之費，歲爲中統鈔百定而實不給也。公請假官本千封以貸人，收子錢以供其事，罷官給之費，而歲事豐備。

（元）蘇天爵《元文類》卷五七《神道碑・元故領中書省耶律公神道碑》 國初盗賊充斥，商賈不能行，則下令凡有失盗去處，周歲不獲正賊，令本路民户代償其物，前後積累，動以萬計。及所在官吏取借回鶻債銀，其年則倍之，次年則並息又倍之，謂之羊羔利，積而不已，往往破家散族，至以妻子爲質，然終不能償。公爲請於上，悉以官銀代還，凡七萬六千錠。仍奏定今後不以歲月遠近，子本相侔更不生息，遂爲定制。

（元）歐陽玄《歐陽玄集》卷八《碑銘・太中大夫京畿都漕運使王君去思之碑》 漕司有官給營運本錢，計楮幣千百五定，貸人，月取子錢充用。前政或遇怯侈，月入不貲，屢軼元本。

（元）王士點《秘書監志》卷三《食本》 至正元年閏五月初九日，准中書户部關，至正元年四月二十四日阿魯禿怯薛第二日大口納鉢斡脱裏有時分，速古兒赤桑哥失里，必闍赤沙加班、云都赤蠻子、殿中捏烈禿、給事中帖木兒不花等有來，衆省官商量了，别兒怯不花平章、也先帖木兒平章、帖木兒塔失平章、阿魯右丞、許左丞、佛住參政、孛羅帖木兒參議、沙班參議、拜住郎中、蠻子員外郎、察兒吉臺都事、直省舍人倉赤、哈剌帖木兒、蒙古必闍赤都馬不顔帖木兒等奏過事内一件：奎章閣營運錢内翰林院裏與三千定，秘書監裏與一千定鈔，交做堂食錢呵，怎生？奏呵，奉聖旨：那般者。欽此。

至正二年五月，覆奉監官議得，上項營運鈔定諸人借使，監官不過中統鈔五十定，屬官三十定，令、譯史二十定，典書人等一十五定，月息一分五釐。必須明白開寫正借錢人、代保人、元附籍貫、見任職役、事産。借錢人或遇別有遷除，得代本息納足，方許給由。如有推欠利息，随於代保人名下月俸内揞除還官。若上項正借錢人鈔定不完，代保人告滿，文解亦不行給付。借錢人雖在，無錢，將事産折挫入官，外不敷之數，代保人名下一面追徵，事産亦行折挫。凡借錢人文契，典簿廳受訖呈監，然後用半印勘合，行下架閣庫收受的契，方許放支鈔定，仍具出庫起息年月，明白開呈。仍下典簿廳，以備查助。委自太監以下正官一員，每季一次提調，下季不過孟月初五日，明白開寫見在并已借未收實欠備細數目，移文本監轉關，下次提調官照驗施行。凡典簿廳呈到諸人借錢文契，須要提調官與監官相參署押，行下架閣庫，放文施行。仰移關提調官監丞王道奉議，仍下典簿廳架閣庫照驗，依上施行。奉此。

《元史》卷二《太宗紀》 〔十二年〕以官民貸回鶻金償官者歲加倍，名羊羔息，其害爲甚，詔以官物代還，凡七萬六千錠。仍命凡假貸歲久，惟子本相侔而止，著爲令。

《元史》卷一〇五《刑法志・禁令》 諸監臨官輒舉貸於民者，取與俱罪之。諸稱貸錢穀，年月雖多，不過一本一息，有輒取贏於人，或轉換契券，息上加息，或占人牛馬財産，奪人子女以爲奴婢者，重加之罪，仍償多取之息，其本息没官。諸典質，不設正庫，不立信帖，違例取息者，禁之。

《元史》卷一四六《耶律楚材傳》 耶律楚材，字晋卿，遼東丹王突欲八世孫。【略】先是，州郡長吏，多借賈人銀以償官，息累數倍，日羊羔兒利，至奴其妻子，猶不足償。楚材奏令本利相侔而止，永爲定制，民間所負者，官爲代償之。

（明）李賢《古穰集》卷一七《鎮國將軍錦衣衛都指揮同知孫公墓誌銘》 景泰改元，有小人貸公白金，不償，反造謗言，朝議欲陷公，且密緝之。公坦然略不介懷。

（明）倪謙《倪文僖集》卷二六《故定西侯蔣公墓碑銘》 有趙姓者，貸公金三斤，久弗能償，或曰必致於理始可得。公嘆曰，始吾濟其急，今虐之，仁者固如是乎？即焚其券，言者大慚。

（明）陳獻章《陳白沙集》卷四《封署郎中事員外郎魯公墓誌銘》 公諱真，字伯真，別號素軒。右副都御史魯公父也。其先寧國之涇縣人。洪武間，太父以寧國守禦民調戍南昌，歸老于涇。其子通寶由南昌轉戍廣之新會，因家焉。通寶生公父，保輗勤儉理生實基乃家。及公而新會之魯始大。公長者，初補隊長，卒伍爭較曲直，不屑爲辯，而以理譬解之，恒愧服謝去。於所事尊貴人有過，面折之，無少回讓。貸者告窘，或索券焚之。

（明）李東陽《懷麓堂集》卷八七《贈通議大夫通政使韓公墓誌銘》 非義不苟取。顧喜賙施貸不能償，償不及數者輒爲棄。責鄉之人德之曰：公有陰德，他日必大貴富。

（明）夏良勝《東洲初稿》卷七《家規輯畧上》 用理公體貌魁梧，而性度優裕，每歲杪勾稽子母，度不能償者，輒焚其券。諸子就學，公先教其字畫楷正，親師取友必得時選。後仲子雲、季子泉相繼以科名顯。人人惜公未及見也。季弟用璋公少坎坷，最爲父母鍾愛，公先意承順益愛之。用璋公嘗以官田充價爲貲，公以民田易之，俾售得善價，父母安焉。慈其孝弟一節也。餘見墓志。

（明）王守仁《王文成公全書》卷一七《公移》 本地大户，異境客商，放債收息，合依常例，毋得磊算。或有貧難不能償者，亦宜以理量寬。有等不仁之徒，輒便捉鎖，磊取挾寫田地，致令窮民無告，去而爲之盜，今後有此，告諸約長等。與之明白，償不及數者，勸令寬捨。取已過數者，力與追還。如或恃强不聽，率同約之人，鳴之官司。

（明）邵寶《容春堂後集》卷七《靜庵胡君墓表》 君孝友而惠鄉人，有貸力所及應之不少緩，即不及，亦勉副之。其負焉者，不較也。有貸多而不忍負者，以室券授君，即日將遷。君蹙然曰：寧予亡貲，忍使汝亡家乎？立焚之，烏乎！此亦何媿於古人哉？

《承天府志》卷六《風俗》 商游工作者，賃田以耕，僦屋以居，歲久漸爲土著。而土著小民，恒以賦役煩重，爲之稱貸，倍息而償之，質以田宅，久即爲其所有。

（明）梅鼎祚《宋文紀》卷三《春務貸給糧種詔》 去歲，東土多經水災。春務已及，宜加優課，糧種所須，以時貸給。

（明）梅鼎祚《宋文紀》卷三《貸麥種詔》 近炎精亢序苗稼多傷，今二麥未晚，甘澤頻降，可下東郡境勸課埶殖，尤弊之家量貸麥種。

（明）鄭文康《平橋藁》卷一四《愚直翁墓誌銘》 世以無知識者爲愚，無回邪者爲直，愚而直亦君子之所不棄，愚而詐斯爲絶物也。常熟沙溪有一翁，姓王氏，諱蒸，字文篚。高祖純居郡城中，曾祖祺自郡徙海上之塗松，祖貴一再徙於沙溪，考子榮母陳氏居沙溪，至翁已三世矣。翁早喪父，與弟文篤友愛深至，謀曰，人倚官府爲漁民，計左策也。我與若有田可養母，有舟船可經紀，宜專心事此，無妄圖。文篤從之。寖致家有餘財，推以周急貸人，遇稱貸者，初不計其人能償與否，貸即與之。彼擇人而貸者，咸笑其愚。及期不能償者給曰，我將持償，適又有急，盍再貸我，當刻期併償。翁信之，復與不疑。彼設機巧者又笑其直，翁聞之，喜曰，是善命我，乃自號曰愚直翁。積歲既久，逋券盈篋若龔乙，顧義沈敬數十輩，卒莫能償。翁念曰，彼豈忍負我乎，是果無所措也。乃盡焚其券。

（明）李夢陽《空同集》卷四五《明故朝列大夫宗人府儀賓左公遷塋志銘》 公出獨張蓋駿馬見諸所官悉如前定憲時。諸所官不平也，久之乃顧。獨敬重公，以公才行故。然公固美貌奇偉，作詩善畫，今祿給不以時，王孫貧者出或不能具驢車，矧如儀賓，矧如我外舅行。嗟嗟悲乎，悲乎。郡君父曰四鎮國將軍，溺佛燒丹，四方諸以佛燒丹來率，輒騙其金資。居無何，將軍貧，積負以萬數，無能償。而衆債家輒又曰讙其門。將軍泣欲尋死。會公謁將軍出，因佯呼曰將軍死矣。衆愕然，欲散走，公乃止之。謂曰：若等自度將軍力能盡償汝乎。且汝等必迫之使死乃已。邪衆業懼，無敢言者。公曰：假如人償其半，能以全券見還乎。衆皆喜諾謝曰：願矣。於是公乃自往貸諸豪富家緡。諸豪富故雅重公，乃無不願與緡如其半數，公又輒陰易絲絮布帛銅錫等，昂其直與債家。因又勸其半三之一，而即以其一轉生息，償前諸豪富家。歲餘，諸所負者皆平矣。

（元）俞希魯《至順鎮江志》卷六《賦稅·孳息》 館驛祇待息錢各處館驛使客飲饍，祇待惟艱。延祐己未，官降鈔本，令有司規畫以助其費。然潤當孔道，所用浩繁，民尤以爲病也。

本鈔中統。四萬貫。每貫月息三分。年息一萬四千四百貫。録事司，本六千五百三十九貫，息二千三百五十四貫四分，入在城水站。丹徒縣，本一萬三千八十二貫，息四千七百九貫五錢二分，入在城馬站。丹陽縣，本五千九百九貫，息一千七百六十七貫二錢四分，入本縣水站；又本六千三百八十二貫，息二千二百九十七貫五錢二分，入本縣馬站。金壇縣，本四千一百七十九貫五錢，息一千五百四貫六錢二分，入吕城水站；又本四千九百八貫五錢，息一千七百一十七貫零六分，亦入吕城馬站。

（元）俞希魯《至順鎮江志》卷六《賦稅·孳息》 惠民藥局息錢大德間，各路置立惠民藥局，仍降官錢，權子本爲修製藥餌之費。

本鈔中統。二萬五千貫，每貫月息三分。年息九千貫。並録事司。

《户部則例》卷二《户口·八旗户口·重利放債》 一、地方官員及有官職之族長，縱容兵丁民人重利放債者，降三級調用。私罪。失於查禁者，每案罰俸一年。私罪。地方官有能查拏及族長首告者，每二案紀録一次，儻該管官不准首告，捏作自行查出者，降二級調用。私罪。

（清）金梁《滿洲秘檔·太祖禁質庫》 天命九年正月，上諭滿洲漢人之質庫，概行禁止。若有處質銀，則奸宄之人，必生偷竊之心，質銀而逃，爾質鋪之主，固甚願也。其如被竊者之多何？借銀取利，亦一律禁止。放債之人，限於正月初十日前，收束完竣，不歸者執而告之。若逾期則任其人而不得追索矣。售馬牛騾驢羊鵝鴨鷄之人，務各以自養者售之。以圖獲利其買他人之物而售者，人見之可執售者來告，即以其物，令執之者取之。凡售牲畜，以銀核計，一兩收稅一錢，以二分令收稅人取之，以一分令牛彔額真代理章京取之。漢人之稅，以一分令所管備禦及漢千總取之。蒙古人之牲畜，令蒙古人售之。店舍之主，不准代售。以二分令收稅人取之，以一分令店舍之主取之。蓋以街市所有之牲畜，盜賣者多，則國内盜賊起矣。故頒諭通知。後以取稅過重，至天聰帝即位之年減輕。

《清實録》光緒十三年二月 〔丙寅〕又奏：購上海利運輪船一隻，價規平銀九萬五千八百二十五兩。又奏：查明訂購德國商廠定遠、鎮遠鐵甲船收支款目，共銀三百六十四萬六千五百十五兩。又奏：在德國伏耳鏗廠購濟遠輪船，價六十八萬六千二百四兩零。

《清實録》光緒二十一年正月 〔辛卯〕若欲重整海軍，自非另購鐵快等艦不可，惟需費甚鉅，即借用大批洋款，亦未易集事。【略】著張之洞即在上海等處洋行商訂借款，電知户部、總署奏明辦理。如集有成數，即設法購船，以備海洋禦敵之用。

《清實録》光緒二十九年二月 〔癸丑〕署兩江總督張之洞等奏：自滬至甯鐵路，仿照粤漢幹路美款辦法，詳訂合同二十五條，議借英金三百二十五萬鎊，虛數九扣，年息五釐，五十年爲期，即將全路作爲借款抵押。五年全竣，逾限有罰。

《清實録》光緒三十三年十二月 〔戊辰〕督辦鐵路大臣大學士張之洞等奏：津鎮鐵路改爲津浦，借款興修，與英德兩公司改定合同。依議行。

《宣統政紀》宣統二年四月 〔壬寅〕郵傳部奏：京漢贖路後，與比公司交涉，其彼此争執，曰大賠款擔保款項，曰公積久未解决，不得已歸外務部與駐京比使臣秉公斷結。【略】由中國照數存儲上海華比銀行，以爲擔保，至大賠款付清爲止。

《宣統政紀》宣統三年九月 〔庚午〕又諭：張人駿電奏：甯省息借洋款，各國洋商因鄂事未定，意存觀望，惟有由中央籌借分撥濟用，以應急需。請飭下外務部、度支部迅速協商，急向各國銀行息借，各省認用認還，並聲明江甯先後借款共七百萬兩，統由國家擔保等語。著外務部、度支部速議具奏。

契約文書

《吐魯番出土文書》第一册《阿斯塔那一號墓文書・西涼建初十一年張仙入貸床文書》 建初十一年十二月廿四日，張仙入貸床六斛彊□言。

《吐魯番出土文書》第一册《阿斯塔那五九號墓文書・北涼神璽三年倉曹貸糧文書》 □主者趙恭、孫殷：今貸深石□拾斛，秋熟還等斛，督入本□䜴給。明案奉行。神璽三年五月七日起

倉曹□ 簿沇 録事朗 位白□ 二早

《吐魯番出土文書》第一册《哈拉和卓八八號墓文書・北涼承平五年道人法安弟阿奴舉錦券》 承平五年歲次丙戌正月八日道人法安、弟阿奴從翟絲遠舉高昌所作黄地丘慈中錦一張，綿經綿緯，長九五寸，廣四尺五寸。要到前年二月卅日，償錦一張半，若過期不償，月生行布三張，民有私要，要行二主，各自署名爲信。（故）〔沽〕各半，共員馬一匹，各○了。倩書道人知駿

時見 道智惠承安

《吐魯番出土文書》第一册《哈拉和卓九九號墓文書・義熙五年道人弘度舉錦券》 義照五年甲午歲四月四日，道人弘度從翟絲遠舉西向白地錦半張，長四尺，廣四尺。要到十月卅日還償錦半張，即交与錦生布八縱一匹，若過（其）〔期〕不償，一月生布壹丈，民有私要，要行二主，各自署名爲信。沽各半。倩書道護若弘度身无，仰申智償。

時見

《吐魯番出土文書》第一册《哈拉和卓九九號墓文書・高昌延昌二十二年康長受從道人孟忠邊歲出券》 延昌廿二年壬寅歲二月廿二日康長受從道人孟忠邊歲出，到十一月卅日還入正作。歲出價，要得床麥伍拾（斫）〔斛〕：麥貳拾（作）〔五〕，床貳拾伍，平斗中取，使净好。若過其（期）不償，聽拙家財，平爲麥直。若長受身東西毛，仰婦兒（上）〔償〕。二主先和後（卷）〔券〕，卷成之後，各不得返悔，悔者一（倍）〔賠〕二入不悔者。民有私要，各自署名爲信。

時見 倩書道人法慈 侯三安

《吐魯番出土文書》第二册《阿斯塔那一五三號墓文書・高昌趙阿頭六舉錢券》 □十日，趙阿頭六從張恭子邊舉□錢柒文半使畢。若過期不償，壹月生錢□償使畢。若前却不償，聽拙家財，平爲錢直□不得返悔，悔者一罰二入不悔者。民有私要，要行二主，□信。

倩書鄯幼索

時見 楊僧和

《吐魯番出土文書》第二册《阿斯塔那一五三號墓文書・高昌某人舉錢殘券》 〔前缺〕□（遝）〔經〕五个月還□□若過其月不（上）〔償〕，壹月□□□身東西无，仰婦兒（上）〔償〕。若前却□□□拙家財，平爲（前）〔錢〕直。二主和同立（卷）〔券〕，□□之後，各不得返悔，悔者壹□入不悔者，□□私要，要行二主，各自署名爲信。

倩書 李賈和

□見 王萬□

《吐魯番出土文書》第二册《阿斯塔那一五三號墓文書・高昌陽某舉錢殘券》 〔前缺〕□若陽身東西无，仰婦兒償。若前却不償，聽拙家財，平爲錢直。二主和同立（卷）〔券〕，卷成之後，各不得返悔，悔者一罰二。□有私要，要行二主，各自署名爲信。（清）〔倩〕書令狐德守

〔後缺〕

《吐魯番出土文書》第二册《阿斯塔那三一三號墓文書·高昌舉麥殘券》

〔前缺〕□麥拾〔硏〕〔斛〕肆〔皃〕〔斗〕、大麥
□月卅日償大麥生畢，使
□若過期不償，壹
□身東西无，仰婦兒
□主和同立〔卷〕〔券〕，卷成
□者，民有私要，要□
倩書□
時見□

《吐魯番出土文書》第三册《阿斯塔那三四號墓文書·高昌延和元年張寺主元祐舉錢券》

□□□□戊歲二月□張寺主道人元祐從
左□銀錢貳□□□月內，錢壹文与大麥
□合与麥□□□若取錢爲用，書寺上遠
□主身東□□□，仰却後寺主〔上〕〔償〕。若
前却□平爲麥□□□取麥之日，麥使淨好，依
□先和後□□□成之後，各不得返悔，□
□□二入不悔□。民有私要，要行二主，各□□□□
□□賈老胡
時見　云保忠

《吐魯番出土文書》第三册《阿斯塔那三四號墓文書·高昌延和元年隗某舉麥殘券》

□□□年壬戌歲三□□□□□□〔硏〕
〔斛〕壹〔皃〕〔斗〕□□□□使畢，□壹□若
隗身東西□家財平爲麥直，二主□悔，悔者一罰二入
不悔者。□□私要，要行□信。
請書張□□

時見　車□□　賈□□

《吐魯番出土文書》第三册《阿斯塔那三四號墓文書·高昌延和元年□□宗從左舍子邊舉大麥券》

延和元年壬戌歲三月卅日，□□宗從
左舍子邊舉大麥伍□〔究〕〔九〕〔皃〕〔斗〕，壹〔皃〕〔斗〕後生麥柒
〔昇〕〔升〕，要□六月內償麥使畢，若過期□償，壹月壹〔硏〕〔斛〕
上生麥一斗，要麥使淨好，依左〔皃〕〔斗〕中取，若可宗身東西不在，
仰婦兒償使畢。若前却不償，□拙家財，平爲麥直。二主和同立〔卷〕
〔券〕，卷成之後，各□□□悔，悔者壹罰二入不悔者。民有私要，要
行□□□□名爲信。倩書　王仕祐
□見　郭僧忠

《吐魯番出土文書》第三册《阿斯塔那三四號墓文書·高昌良願相左舍子互貸麥布券》

□□□□□歲四月廿二日，良願相從左舍子邊
□後生小麥五〔昇〕〔升〕，
要到七月內償麥使畢，若過期□□〔硏〕〔斛〕上生麥
一斗，要麥使淨好，依左〔皃〕〔斗〕中取。若良□
□仰婦兒償使畢。若前却不償，聽拙家財，平爲□
□。二主和同立〔卷〕〔券〕，卷成之後，各不得返悔，悔者壹罰貳入不
悔者。民有私要，要行二主，各自署名爲信。次左舍子貸良願相八縱布
叁疋，要到八月內償貸布叁疋使畢。若〇〇中□
倩書　王仕祐
□見　□呆兒

《吐魯番出土文書》第三册《阿斯塔那三一一號墓文書·高昌延和五年隗蔵萁等五人分舉大麥合券》

延和五年丙寅歲二月廿日，合有五人
□隗蔵萁舉大麥壹〔硏〕〔斛〕□養舉大麥貳
□麥壹〔硏〕〔斛〕伍〔皃〕斗〔〕。麥一斗生作一斗七升

……□月不償，一月壹（斫）〔斛〕麥上生……□兒償，若前却不償，聽拙家財，平爲麥直，□□……（卷）〔券〕要，卷要（卷）〔券〕成之後，各不得返悔，悔者壹罰二入不悔者。民有私要，要行六主，各自署名爲信。

□□□法賢

□□□□子

……奴取麥一（九）〔斛〕，負罰生息依（卷）〔券〕同。

……一（九）〔斛〕，負罰生息依（卷）〔券〕同。

《吐魯番出土文書》第三册《阿斯塔那三二一號墓文書・高昌延和五年嚴申祐等六人分舉大麥合券》

□□□□丙寅歲二月廿三日，合有六人從□……舉大麥伍（斫）〔斛〕，嚴申祐舉大麥伍（斫）〔　〕斛，張……大麥伍（斫）〔斛〕，趙懷祐……一斗生作一斗八升，到五月內償……二月壹（斫）〔斛〕麥上生麥一斗，若六□□東西无，仰婦兒償，若前却不償，聽拙家財，平爲麥直。七主先相和可，後爲（卷）〔券〕□……各不得返悔，悔者……□私要，要行七主，各自署名……

倩書……

時見□

即日解……依（卷）〔券〕同

倩□……

《吐魯番出土文書》第三册《阿斯塔那三二一號墓文書・高昌延和五年舉銀錢券》

延和五年丙寅歲二……□舉銀錢貳拾文，錢生要……〔中缺〕者。民有私要，要行二主，各自署名□□。

倩書道人法賢

時見　趙海祐

……吘取錢貳拾文〔後缺〕

《吐魯番出土文書》第三册《阿斯塔那三二一號墓文書・高昌延和五年某人舉錢殘券》

……寅歲七月廿日

……〔中缺〕償：　仰婦兒償，若前却不償，聽拙家財，平爲錢直，二主先相和可，後爲（卷）〔券〕要，（卷）〔券〕成之後，各不得返悔，悔者壹罰二入不悔者。民有私要，要行二□，各自署名爲信。

倩□……〔後缺〕

《吐魯番出土文書》第三册《阿斯塔那三二〇號墓文書・高昌巳歲王慶祐等三人取銀錢作孤易券》

……巳歲二月二日，王慶祐、劉婆□、張□□□……取銀錢（究）〔九〕文。到三月卅日錢壹文得……个。到作孤易之日，要得鑊一口洛余一，孤易……樹五寸，孤易破□□□趙不用，若孤……十日孤易不畢，壹釦……若王、劉、張三人身東西无，仰婦兒收……前却不（上）〔償〕，聽拙家財，平爲孤易直。四主和……之後各不得返悔，□□一罰二入不悔者，民……二主，各自署名爲□。

倩□高住兒

時□　令孤□□

……令孤延慶取錢貳文

……孤易……捉友（薄）〔簿〕

依上（卷）〔券〕……□要（問）

〔澗〕西冠曹塢□

《吐魯番出土文書》第三冊《阿斯塔那三三〇號墓文書・高昌□延懷等二人舉大小麥券》 〔前缺〕□麥貳（斫）〔斛〕，大麥一斗生作一斗半，小麥一斗生作一斗六升，到五月内償大麥使畢。到七月内償小麥使畢。若過月不，一月壹（斫）〔斛〕麥上生麥一斗。到七月内，延懷邊不得麥，取未歲（桃）〔萄〕中子秫一年入□海相。三主和同立（卷）〔券〕，券成之後，各不得返悔，悔者壹罰二入不悔者，民有私要，要行二主，各自署名□□。若二人身東西无，仰婦兒償。倩書道人法賢

時見 田相保

《吐魯番出土文書》第三冊《阿斯塔那三三〇號墓文書・高昌延和十年田相保等八人舉大小麥券》 延和十年辛未歲二月一日，合右七人從趙松柏邊舉大小麥，大麥壹（皃）〔斗〕生作（皃）〔斗〕半，小麥壹（皃）〔斗〕生作壹（皃）〔斗〕陸升。田相保取大麥□□□□□皃〔斗〕；田何像取大麥貳（斫）〔斛〕；范養祐取大麥（作）〔伍〕（斫）〔斛〕□□（作）〔伍〕（皃）〔斗〕；趙衆僧取大麥貳（斫）〔斛〕；王何相取大麥捌（斫）〔斛〕；張何悦取小麥肆（斫）〔斛〕；羊歡伯取大麥拾（斫）〔斛〕，次取小麥壹（斫）〔斛〕，麴酉相取大麥肆（斫）〔斛〕。大麥到五月内償麥使畢，小麥到七月内償小麥使□□□□不（上）〔償〕，壹（斫）〔斛〕生麥壹（皃）〔斗〕。若八人（申）〔身〕東西无，仰婦□償，若□却不（上）〔償〕，聽抴家財爲麥直。九主和同立（卷）〔券〕。（卷）〔券〕（城）〔成〕之後，各不得返悔，悔者壹罰二入不悔。悔者民有私要，要行二主，各自署名爲□。

□□ □□□

時見 張胡礼

《吐魯番出土文書》第五冊《阿斯塔那一四〇號墓文書・高昌延壽九年范阿僚舉錢作醬券》 延壽九年壬辰歲四月一日，范阿僚從道人元□□□取銀錢貳拾文，到十月（曹）〔槽〕頭与甜醬拾陸（斫）〔斛〕伍（皃）〔斗〕，与（詐）〔酢〕叁（斫）〔斛〕，与糟壹斫〔斛〕。甜醬（曲）〔麴〕曲（梅）〔霉〕，瓮子中取。到十月曹頭甜醬不畢，醬壹（皃）〔斗〕轉爲苦酒壹（皃）〔斗〕。貳主□同立（卷）〔券〕，卷（城）〔成〕之後，各不得返悔，悔者壹□□□悔者。民有私要，要行貳主，各自署名爲□。

倩書趙善得

時見張善祐

臨坐康冬冬

《吐魯番出土文書》第六冊《阿斯塔那四號墓文書・唐顯慶五年張利富舉錢契》 顯慶五年三月十八日，天山縣南平鄉人張利富於高昌縣崇化鄉人左憧憙邊舉取銀錢拾文，月別生利錢壹文。到左還須錢之日，張即須子本俱還。若身東西不在，一仰妻兒及保人等代；若延引不還，聽掣家資雜物平爲錢直。兩和立契，畫指爲信。

錢主

舉錢人張科富

保人康善獲

知見人

《吐魯番出土文書》第六冊《阿斯塔那四號墓文書・唐龍朔元年龍惠奴舉練契》 龍朔元年八月廿三日，安西鄉人龍惠奴於崇化鄉人右憧憙邊舉取練叁拾疋，月別生利練肆疋。其利若出月不還，月別罰練壹疋入左。如憧憙須須練之日，並須依時酬還。若身東西無，仰妻兒收後者償。人有正法，人從私契。兩和立契，獲指爲信。

練主左

舉練人龍惠奴

保人男隆緒

知見人魏魏

知見人樊石德

保人康文憙

《吐魯番出土文書》第六册《阿斯塔那四號墓文書・唐麟德二年趙醜胡貸練契》　麟德二年八月十五日，西域道征人趙[醜]胡於同行人左憧憙邊貸取帛練叁疋。其練迴還到西州拾日内，還練使了。到過其月不還，月別依鄉法酬生利。延引不還，聽拽家財雜物平爲本練直。若身東西不在，一仰妻兒還償本練。其練到安西得賜物，只還練，兩疋；若不得賜，始還練參疋。兩和立契，獲指爲驗。

練主左

貸練人趙醜胡

保人白秃子

知見人張軌端

知見人竹秃子

《吐魯番出土文書》第六册《阿斯塔那四號墓文書・唐麟德二年張海歡白懷洛貸銀錢契》　麟德二年十一月廿四日，前庭府衛士張海歡於左憧憙邊貸取銀錢肆拾捌文，限至西州十日内還本錢使了。如違限不償錢，月別拾錢後生利錢壹文入左。若延引注托不還錢，任左牽掣張家資雜物口分田（桃）〔萄〕用充錢直取。若張身東西没（洛）〔落〕者，一仰妻兒及收後保人替償。兩和立契，畫指爲信。同日，白懷洛貸取銀錢貳拾肆文，還日別部依上券同。

錢主　左

貸錢人張海歡

貸錢人白懷洛

保人張歡相

保人張歡德

保人[陰]歡德

《吐魯番出土文書》第六册《阿斯塔那四號墓文書・唐乾封元年鄭海石舉銀錢契》　乾封元年四月廿六日，崇化鄉鄭海石於左憧憙邊舉取銀錢拾文，月別生利錢壹文半。到左須錢之日（嗦）〔索〕即須還。若鄭延引不還左錢，任左牽掣鄭家資雜物、口分田園，用充錢子本直。取所掣之物，壹不生；庸公私債負停徵，此物不在停限。若鄭身東西不在，一仰妻兒及收後保人替償。官有政法，人從私契。兩和立契。畫指爲信。

錢主左

舉錢鄭海石

保人寧大鄉張海歡

保人崇化鄉張歡相

知見人張歡德

《吐魯番出土文書》第六册《阿斯塔那四號墓文書・唐乾封三年張善憙舉錢契》　乾封三年三月三日，武城鄉張善憙於崇化鄉左憧憙邊舉取銀錢貳拾文，月別生利銀錢貳文，到月滿，張即須送利。到左須錢之日，張並須本利酬還。若延引不還，聽左拽取張家財雜物平爲本錢直。身東西不在，一仰妻兒保人上錢使了。若延引不与左錢者，將中渠菜園半畝，与作錢質，要須得好菜處。兩和立契，獲指爲驗。左共折生錢，日別与左菜伍尺園，到菜干日。

錢主　左

舉錢人　張善憙

保人　女如資

保人　高隆歡

知見人　張軌端

《吐魯番出土文書》第六册《阿斯塔那四號墓文書・唐總章三年張善憙舉錢契》　總章三年三月十三日，武城鄉張善憙於左憧憙邊舉取銀錢肆拾文，每月生利錢肆文。若左須錢之日，張即子本具還。前却不還，任掣家資平爲錢直。身東西不在，仰收後代還。兩和立契，獲指爲記。

錢主

貸錢人張善憙

保人男君洛

保人女如資

知見人高隆歡

知見人王父師

知見人曹感

《吐魯番出土文書》第六册《阿斯塔那四號墓文書・唐總章三年白懷

洛舉錢契》 總章三年三月廿一日，順義鄉白懷洛於崇化鄉左憧憙邊舉取銀錢拾文。月別生利錢壹文。到月滿日，白即須送利。左須錢之日，白即須子本酬還。若延引不還，聽牽取白家財及口分平爲錢直。仍將口分〔蒲〕〔萄〕〔桃〕〔萄〕用作錢質。身東西不在，一仰妻兒酬還錢直。兩和立契，獲指爲驗。

錢主左

取錢人白懷洛

保人嚴士洛

知見人張軌端

知見人索文達

白懷洛負左憧憙棗樹壹根，好者。

《吐魯番出土文書》第六册《阿斯塔那一九號墓文書·唐咸亨四年張尾仁舉錢契》 □亨四年正月貳拾伍日，酒泉城人張尾仁於高昌縣王文歡邊舉取銀錢貳□至當年□□月別生□日生利具還□錢直。□身東西不在，仰妻兒及收□□和立契，畫指爲驗。

錢主王文歡

舉錢人張尾仁

保人吳白師

知見人李□

〔後缺〕

《吐魯番出土文書》第七册《阿斯塔那二〇號墓文書·唐顯慶四年白僧定貸麥契》 顯慶四年十二月廿一日，崇化鄉人白僧定於武城鄉王才歡邊舉取小麥肆（研）〔斛〕，將五年馬塠口分部田壹畝，更六年胡麻井部田壹畝，准麥取田。到年年不得田耕作者，當還麥肆研入王才。租殊伯役一仰田主，渠破水讁，一仰佃人。兩和立契，獲指爲信。

麥主王才歡

貸麥人白僧定

知見人夏尾信

知見人王士開

知見人康海□

《吐魯番出土文書》第七册《阿斯塔那三五號墓文書·武周長安三年曹保保舉錢契》 長安三（𠡦）〔年〕二（𠥱）〔月〕廿七〔日〕，順義鄉曹保保并母目於史玄政邊舉取銅錢叁佰貳拾文。𠥱別依鄉法生利入史，𠥱滿依數送利；如史須錢之日，利本即須具還。如延引不還，及無本利錢可還，將來年辰歲石宕渠口分常田貳畝，折充錢直。如身東西不在，一仰收後保（𤯔）〔人〕當代知。兩和立契，畫指爲信。

錢主

舉錢𤯔曹保保　曹寶寶

母阿目十金

保𤯔女師子

知見杜孝忠

知見𤯔吳申感

《吐魯番出土文書》第七册《阿斯塔那二三九號墓文書·唐景龍二年西州交河縣安樂城宋悉感舉錢契》 景龍貳年四月十七日交河縣安樂城人宋悉感於高昌縣人成義感邊銅錢叁佰貳拾文。至其年八月卅日內，陸拾肆文作緤花貳拾斤；陸拾肆文至九月卅日內，作烏麻高昌平（斫）〔斗〕中玖斫；錢壹佰玖拾陸文作粟壹拾（研）〔斛〕捌斫。其物至九月卅日內不得，壹　罰　貳　入　成。如　身　東　西　不　在，一　仰　收□不〔後缺〕

《吐魯番出土文書》第七册《阿斯塔那三六三號墓文書·唐麟德二年西州高昌縣寧昌鄉卜老師舉錢契》 麟德二年正月廿八日，寧昌鄉人卜老師於高參軍家人未豐邊舉取錢拾文，月別生利錢壹文。若未豐須錢之日，本利具還。若身東西不在，一仰家妻兒收後（上）〔償〕錢；聽拙家財平爲錢直。兩和立契，獲指爲信。

錢主高未豐

舉人卜老師

保人翟子隆
知見人翟貞信
保人男石德

《吐魯番出土文書》第八册《阿斯塔那一八四號墓文書・唐開元八年麴懷讓舉青麥契》 開元八年九月五日，麴懷讓於捴玄觀邊舉取青麥壹碩捌㪷。其麥限至來年五月卅日付了。如違限不付，其麥□入觀；并拽取隨身家計，平充麥□保人代。恐人無信，故立此契。□

麥主
□麥人　麴懷讓
□人　母孟元善
□人　□
〔後缺〕

《吐魯番出土文書》第一〇册《阿斯塔那五〇六號墓文書・唐乾元二年趙小相立限納負漿錢牒》 □小相并妻左負閻庭漿六石，今年章取壹阡伍伯文：陸伯文限今月十八日納，叁伯文限二月十五日納，陸伯限伍月十日納。右件通三限如前，如違一限，請夫婦各决十下。如東西逃避，一仰妻翁代納。牒件狀如前。謹牒。

乾元貳年　正月　日負漿人趙小相牒
妻左年卅
保人妻翁左義琛年六十

《敦煌社會經濟文獻真蹟釋録》第二輯《唐大中五年僧光鏡賒買車小頭釧契》 大中五年二月十三日，當寺僧光鏡，緣闕車小頭釧壹交停事，遂於僧神捷邊買釧壹救，斷作價直布壹伯尺。其布限十月已後於儭司填納。如過十月已後，至十二月勿填，更加貳拾尺。立契後，不許休悔。如先（誨）〔悔〕，罰布壹疋入不（誨）〔悔〕人。恐後無憑，答項印爲驗。

負儭布人僧光鏡。
見人僧龍心
見人僧智旼
見人僧智恒達字

《敦煌社會經濟文獻真蹟釋録》第二輯《戊戌年令孤安定雇工契（抄）》 戊戌年正月二十五日立契，洪潤鄉百姓令孤安定，爲緣家内欠闕人力，遂於龍勒鄉百姓就聰兒〔面上雇〕造作一年。從正月至九〔月〕末，斷作價直，每月五斗。現與春肆箇月價，餘收勒到秋，春衣壹對，汗衫襣襠并鞋壹兩，更無交加。其人立契，便任入作，不得拋工〔拋工〕一日，勒物一斗。忽有死生，寬容三日，然後則須驅驅。所有農具什〔物〕等，並分付與聰兒，不得非理打損牛畜。〔如〕違打，〔倍〕〔陪〕在作人身。兩共對面穩審平章，更不許休悔。如先〔悔〕者罰羊一口，充入不悔人。恐人無信，故勒此契，用爲後驗。

《敦煌社會經濟文獻真蹟釋録》第二輯《子年二月二十三日孫清便粟契附寶積汜金藏便豆帳》 子年二月二十三日，悉董薩部落百姓孫清，爲無糧用，今於永壽寺便佛物粟漢斗叁碩。其粟請限至秋八月末送納，如違，倍。仍任掣奪家資，用充粟直。如身有東西不在，及依限不辦填還，一仰保人等，依時限還足。恐人無信，故立此契爲憑。

便粟人孫清印
保人兄孫昌奴印
見人
見人僧寶積　寶積

子年二月二十八日，僧寶積，爲無牛躇，今於功德粟便豆漢斗兩碩捌斗。
子年四月二日汜金藏便豆壹漢碩。

《敦煌社會經濟文獻真蹟釋録》第二輯《酉年下部落百姓曹茂晟便豆種帖》 酉年三月一日，下部落百姓曹茂晟，爲無種子，遂於僧海清處便豆壹碩捌斗。其豆自限至秋八月三十日已前送納。如違不納，其豆請陪，一任掣奪家資雜物，用充豆直。如身東西，一仰保人代還。中間或有恩赦，不在免限。恐人無信，故立此帖。兩共平章，書指爲記。

豆主
便豆人曹茂晟年五十

保人男砂彌法珪年十八
見人
見人僧慈燈

《敦煌社會經濟文獻真蹟釋録》第二輯《酉年行人部落百姓張乜奴便麥契》酉年十一月。行人部落百姓張乜奴，爲納突不辦，於靈圖寺僧海清處，便佛麥陸碩。其麥限至秋八月內還足。如違限不還，其麥請陪。如身東西，一仰保人等代還，任牽掣家資雜物牛畜等。恐人無信，故立此契。兩共平章。書紙爲記。

便麥人張乜奴年四十（押）
保人男黑奴〔年〕十三
保人張飀颱年十一
見人索海奴
見人
見人

《敦煌社會經濟文獻真蹟釋録》第二輯《某年沙州寺户嚴君便麥契》

□年四月十五日沙州寺户嚴君爲要斛斗驅使，今於靈圖佛帳所便麥叁碩，並漢斗。其麥請限至秋八月末還足。如違限不還，其麥請陪。仍任將此契爲令六，掣奪家資雜物，用充麥直。如身東西不在，一仰保人等代還。恐人無信，故立此契，書紙爲憑。

便麥人嚴君年四十
保人劉歸子年二十
保人
見人僧法英
見人唐寺主
見人志員

《敦煌社會經濟文獻真蹟釋録》第二輯《某年僧神寶便麥契》 □年二月十四日，當寺僧神寶爲負任柒柒漢斗麥貳拾捌。今於靈圖寺佛帳麥內便兩碩捌斗。其麥自限至秋八月三十日已前送納足。如違其限不還，其麥請陪伍碩陸斗，仍任將契爲領六，掣奪家資雜物，用充麥直。如身東西，一仰保人代還。恐人無信，故立此契。兩共平章，書紙爲記。

便人僧神寶年二十
保人任柒柒年
見人僧神寂
見人
見人

《敦煌社會經濟文獻真蹟釋録》第二輯《某年阿骨薩部落百姓趙卿卿便麥契附使奉仙便麥契》 □年三月二十七日，阿骨薩部落百姓趙卿卿，爲無種子，今於靈圖寺佛帳家物內，便麥兩漢碩。其麥自限至秋八月內送納寺倉足。如違，其麥請陪爲肆漢碩。仍任不著領六，掣奪家資雜物，用充麥直，有剩不在論限。如身東西，一仰保人代還。

便麥人趙卿卿年三十
保人武光兒年四十
見人李意意

同日，當寺人使奉仙便佛帳麥兩碩，並漢斗。其麥自限〔至〕八月內還足。如違，其麥請陪爲肆碩。如身東西，一仰保人代還。恐人無信，故立此契，書指爲記。

便麥人使奉仙年四十
保人男晟子年十四
見人僧神寶
見人進光

《敦煌社會經濟文獻真蹟釋録》第二輯《卯年阿骨薩部落百姓馬其鄰便麥契附僧義英便麥契與便麥記録》 卯年二月十一日，阿骨薩部落百姓馬其鄰爲乏糧〔用〕種子，今於靈圖寺佛帳家麥內便漢斗麥捌碩。至秋八月內送納寺倉足。如違限不還，其麥請陪爲壹拾陸碩，仍任將契爲領六，牽掣家資雜物牛畜等，用充佛麥。其有剩，不在論限。如身東西，一仰保人代還。恐人無信，故立此契，書紙爲記。

便麥人馬其鄰年三十
保人僧神寶年二十
見人僧談顒
見人陳滔
見人龍齊榮

同日，當寺僧義英無種子床，於僧海清邊便兩番馱限至秋，依契填納。如違，任前陪（倍）納。便床僧義英又便麥兩石，分付僧神寶三月十四日記。又便與僧神寶青〔麥〕兩碩四月二十七日

見人僧談惠
見人道遠
見人神寂

《敦煌社會經濟文獻真蹟釋録》第二輯《卯年四月十八日悉董薩部落百姓翟米老便麥契》 卯年四月十八日，悉董薩部落百姓翟米老，爲無斛斗驅使，遂於靈圖寺（便）〔衍〕佛帳所便麥陸碩。其麥請限至秋八月内還足。如違限不還，其麥請陪。仍任掣奪家資牛畜，用充麥直。如身東西不在，一仰僧志貞代納。不在免限。恐人無信，故立此契。兩共平章，書紙爲記。

便麥人翟米老年二十六
保人弟突厥年二十
見人
見人
書契人僧志貞

《敦煌社會經濟文獻真蹟釋録》第二輯《辛丑年二月龍興寺等寺户請貸麥牒及處分》 李庭秀等牒及處分

龍興寺户團頭李庭秀、段君子、曹昌晟、張金剛等狀上。右庭秀等并頭下人户。家無着積，種蒔當時。春無下子之功，秋乃憑何依託。今人户等各請貸便，用濟時難。伏望商量，免失年計。每頭請種子伍拾馱，至秋輸納，不敢違遲，乞請處分。

牒件狀如前，謹牒。

辛丑年二月　日團頭李庭秀等牒（手印）
團頭段君子
團頭曹晟（手印）
團頭張金剛（手印）

准狀支給，至秋徵納，十三日，正勤。依上處分，付倉所由付

《敦煌社會經濟文獻真蹟釋録》第二輯《丑年五月金光明寺直歲明哲等向都頭倉貸便麥粟牒》 金光明寺　狀上

貸便麥拾伍馱、粟伍馱。右緣當寺虛無，家客貧弊，寺舍破壞，敢不修營。今現施工，未得成辦。糧食罄盡，工值未填。只欲休廢，恐木石難存。只欲就修，方圓不遂。旨意成立，力不遂心。伏望教授都頭倉貸便前件斛斗，自至秋八月填納。一則寺舍成立，二乃斛斗不虧。二圖事儀，似有穩便。伏望處分。

牒件狀如前謹牒。

丑年五月　日直歲明哲謹牒。
都維那惠微
寺主金粟

《敦煌社會經濟文獻真蹟釋録》第二輯《丑年十二月百姓曹先玉便小麥契稿》 丑年十二月二十八日百姓曹先玉爲少糧用，今於便小麥貳碩。其麥自限至秋八月内還足。如違，即任掣奪家資牛畜等，用充麥直。如東西，仰保人代還。兩共平章畫〔指〕爲記。

麥主
便麥人
保人
保人
保人

《敦煌社會經濟文獻真蹟釋録》第二輯《甲午年鄧善子貸生絹契》

甲午年八月十八日，鄧善子闕少疋物，遂於鄧上座面上貸生絹壹疋，長叁丈捌尺五寸，（福）〔幅〕壹尺九寸。又貸生絹壹疋，長叁丈玖尺，幅壹尺玖寸。其絹限至十一月填還。若違時限不還，於鄉元生利。恐人無信，故

立此契，用爲後憑。

貸絹人鄧善子（押）

見人押衙張宗進

見人上座宗福

《敦煌社會經濟文獻真蹟釋録》第二輯《癸未年四月十五日沈延慶貸布契》　癸未年四月十五日立契，平康鄉百姓沈延慶，欠闕緤布，遂於張修造面上貸緤一疋，長二丈七。黑頭還羊皮壹〔章〕〔張〕。其緤限八月末還於本緤。於月還不得者，每月於鄉元生利。共對到面平章，更不許〔先〕〔休〕悔。□〔先〕□〔悔〕者，罰麥伍斗，充入不悔人。恐人無信，故□〔立〕此契，用唯後驗，書紙爲憑。〔後缺〕

《敦煌社會經濟文獻真蹟釋録》第二輯《大曆十六年楊三娘舉錢契》

大歷十六年三月二十日，楊三娘□（爲要）錢用，遂於藥方邑舉錢壹仟文，□〔每〕月納貳伯文，計六箇月本利並納□〔足〕。如取錢後，東西逃避，一仰保人等代□〔還〕□錢每齋前納。如違，其錢請陪。恐人無信，兩共對面平章，畫指爲記。

舉錢人楊三娘年卅五（押）

保人僧幽山年五十七（押）

《敦煌社會經濟文獻真蹟釋録》第二輯《建中三年馬令痣舉錢契》

建中三年七月十二日，健兒馬令痣爲急要錢用，交無得處，遂於護國寺僧虔英邊舉錢壹仟文。其錢每月頭分生利□〔貳〕佰文。如虔英自要錢用，即仰馬令痣本利並還。如不得，一任虔英牽制令痣□〔家〕資牛畜，將充錢直，有剩不追。恐人無□〔信〕，故立私契。兩共平章，畫指爲記。

錢主

舉錢人馬令痣年廿

同取人母苑二娘年五十

同取人妹馬二娘年十二

《敦煌社會經濟文獻真蹟釋録》第二輯《子年便麥粟曆》　子年抾領負及官倉如後：昌歸邊便粟兩石，至秋四石。索家倉三馱麥突田倉四月

十日貸青麥兩馱，又於靈圖寺神麥邊便麥一石[三]斗，至[秋]兩石四斗。又於麵師[邊]便粟一漢石五斗本，至秋三石。

《敦煌社會經濟文獻真蹟釋録》第二輯《甲辰年二月後沙州淨土寺東庫惠安惠戒手下便物曆》　甲辰年二月後，東庫惠安、惠戒手下便物曆。

李幸端便豆壹碩，至秋壹碩伍斗。（押）

同日張和子便豆壹碩，至秋壹碩伍斗。（押）

史都科貸豆叁碩。（押）

何義信便豆壹碩，秋壹碩伍斗。（押）得麥八斗，是何奴子陪。

索延慶便黄麻貳斗，至秋叁斗。（押）住在僧願真巷。

安員進便豆壹碩陸斗，至秋兩石肆㪷。（押）

馮友祐便豆兩石，至秋叁碩。（押）共宋游弈同巷。

劉欺泊便黄麻肆斗，至秋陸斗。（押）

陳黑子便黄麻捌斗，至秋壹碩貳斗。（押）

祥慶便黄麻貳斗，至秋叁斗。（押）

唐粉堆便黄麻壹碩，至秋壹碩伍斗。（押）唐紇桃男。

楊繼崇便黄麻壹石貳斗。

玉關鄉武通子便豆捌斗，至秋壹石貳斗。（押）住在鞠家巷。

莫高鄉曹安信便豆肆斗，至秋陸斗。（押）

押衙安文全豆陸石。（押）

醜婢便黄〔麻〕伍斗，致秋柒斗五升。（押）雙撞大母。

人户李皈漢便黄麻陸斗，至秋玖斗。（押）李皈達弟。

鄧住子便麻壹斗，至秋壹斗伍升。放駝（押）

張進通便麻叁斗，至秋肆斗伍升。（押）住在楊都頭舍南。

張猪子便麻壹斗，至秋壹斗伍勝。（押）麴子弟。

汜元進便麻肆斗，至秋陸斗。（押）

孫富住便黄麻叁斗，至秋肆斗伍勝。（押）孫會曹男。

史富通便黄麻壹斗，至秋壹斗伍勝。（押）

程義員便豆兩石，至秋叁碩。（押）得兩石五斗。

鄧員德便黄麻肆斗，至秋陸斗。（押）

康撝搥便黄麻捌斗，至秋壹碩貳斗。（押）住在西水池康都頭男。
同日索萬千便黄麻叁斗，至秋肆斗伍勝。（押）索押衙同巷子住。
彭保定便黄麻壹斗，至秋壹斗伍勝。（押）
張竹訥便黄麻貳斗，至秋叁斗。（押）住在梁家神德巷。
王康三便黄麻叁斗，至秋肆斗伍勝。（押）王都衙同院。
王友信便黄麻貳斗，至秋叁斗。（押）住在梁神德巷子。
何安定便黄麻貳斗，至秋叁斗。（押）何賢威男。
何留子便黄麻貳斗，至秋叁斗，口承人彭憨子。（押）
趙里三便黄麻壹斗，至秋壹斗伍勝。（押）故趙都頭弟。
郭清奴便豆壹碩，至秋壹碩伍斗。（押）郭酒司兄得一碩叁斗。
張竹訥便斗壹碩，至秋壹碩伍斗。（押）
氾盈達便豆壹碩，至秋壹碩伍斗。（押）在西水池東壁。
李義延便黄麻壹斗，至秋壹斗五升。（押）同房兄弟。
李君君便黄麻壹斗，至秋壹斗五升。（押）
李盈子便黄麻貳斗，至秋叁斗。（押）
李婆便黄麻肆斗，至秋陸斗。（押）李章友婦。
李押衙妻便黄麻叁斗，至秋肆斗五升。（押）五人物住在李家巷。
願真豆壹碩。
燒保達便豆壹碩，至秋壹碩伍斗。
張儒逋便黄麻貳斗，至秋叁斗。（押）王都頭外甥。
米里久便黄麻叁斗，至秋肆斗伍勝。（押）米胡男。
行者張建子便黄〔麻〕陸斗，至秋玖斗。（押）住在慶子禪師巷。
安撝搥便黄麻貳斗，至秋叁斗。（押）舍在寺前。
鄧定子便豆肆斗，至秋陸斗。（押）駱駝官男。
彭神奴便斗伍斗，至秋柒斗伍勝（押）。
氾安久便豆壹碩，至秋壹碩伍斗。（押）住在程恩子巷。
鄧住子麻貳斗，至秋叁斗。賀奴子並舍。
朱替子便黄麻肆斗，至秋陸斗。（押）
宋都衙黄麻壹碩肆斗。荆曹六將。
張骨兒便麥壹碩，至秋壹碩伍斗。（押）住在百尺東村。
願真便黄麻貳斗，至秋叁斗。（押）
翟王久便麥壹碩，至秋壹碩伍斗。（押）翟判官弟足。
福子麥壹石。
張粉堆便麥兩碩，至秋叁碩。（押）眼子兒。
康王午便麥壹碩伍斗，至秋兩碩貳斗伍勝。（押）
賀成潤便麥壹碩，至秋壹碩伍斗。（押）住在馬加盈捨南。
彭員達便麥伍斗，至秋柒斗伍勝。（押）
願勝麻壹斗，至秋壹斗伍勝。（押）
官貸黄麻貳碩捌斗。
張善慶便麥壹碩，至秋壹碩伍斗。（押）住在渠子北馬押牙舍邊。
賀定子便麥壹碩，至秋壹碩伍斗。是牧馬人古宋曹子兒女夫。
彭醜兒便麥壹碩，至秋壹碩伍斗。
彭憨子便麥壹碩，至秋壹碩伍斗。
吴德信便麥兩碩，至秋叁碩。（押）范宋章曲住。
押衙宋略明便麥肆碩伍斗，至秋陸碩柒斗伍升。
王幸豐便麻壹碩伍斗，至秋兩石二斗五升。得一石八斗。
〔後缺〕

《敦煌社會經濟文獻真蹟釋録》第二輯《辛亥年正月二十九日善因願通等柒人將物色折債抄録》　辛亥年正月廿九日，先把物團善因、願通等柒人，欠常住斛斗，見將物色折債抄録謹具如後。善因入布柒拾捌尺，准麥粟柒碩捌斗，折黄麻叁碩玖斗。願通入褐布柒拾伍尺，准麥粟捌碩，折黄麻肆碩。願威入榆木兩根，准麥粟陸碩；入昌褐肆拾尺，准麥粟肆碩；木及褐價折黄麻伍碩。保瑞入昌褐叁丈貳尺，准麥粟叁碩貳斗，折黄麻壹碩陸斗。保端替老宿入白方氊壹領，准麥粟肆碩，折黄麻兩碩。又入人上典物銅鐺子壹口。上件物色等對衆僧分付，領入庫内。領褐布人王上座，後要破數。又六月九日，保遂入斜褐壹段，准麥粟還物人保瑞肆碩伍斗，折黄麻兩碩貳斗伍升。又紫錦綾衫表壹領，准麥粟玖碩，折黄麻肆碩伍斗。又白羊毛氊壹領，折麥粟兩碩伍斗。故僧願住入昌褐肆拾尺，折麥粟肆碩，又願通入布叁丈捌尺，折粟叁碩捌斗。其布僧政貸還入。善因褐袋壹口，折麥粟肆碩。保端替故張老宿入布壹丈伍尺，折麥粟壹碩伍斗。又昌褐貳丈肆尺，折麥粟兩碩肆斗。其文書内物於李法律算時總入破了，更無詞理。其文書内黄麻及麥粟並入僧願通知願通交歷及李法律交歷。僧善因癸丑年正月廿日衆僧齊坐領得諸團折債物色抄録如後。

還物人保端（押）

還物人願威（押）

還物人願通（押）

還物人善因（押）

〔後缺〕

《敦煌社會經濟文獻真蹟釋録》第二輯《己亥年二月十七日某寺貸油麵麻曆》　己亥年二月十七日，郭僧政貸油肆升。索□付紙匠。洪漸貸麵貳斗。郭僧政貸麵叁斗。□通。鄧法律貸麻兩碩、金光會。信力貸麵貳斗。鄧彦弘貸麻壹碩肆斗又一石三斗。保人鄧法律。洪漸貸麻壹斗。氾法律貸麻壹碩伍斗，宗明。大庫貸䜴麵伍斗，拔毛用。鄧上座貸麻貳斗。王敖子貸麵兩秤、油壹佛食時又一斗。升。索上座貸麵叁碩，南山。大庫又貸䜴麵陸斗。郭僧政貸麵壹碩叁斗。氾法律貸麵貳斗，屈作坊孔目用。郭寺主貸麵叁斗。吴盈子貸面壹秤。（不清）貸叁斗。紙匠張留住貸麵叁斗。閻加口妻貸□□斗。李義盈妻貸油半升。張流住貸麻柒斗窟上磑□普光寺所由貸麻開元寺貸面叁碩玖斗，付上座惠郎。惠郎。壹碩。法受貸麻貳斗。龍建貸麻貳斗，付道通。賀安定貸麻貳斗（押）弘漸貸麻貳斗（押）七月五日閻友子貸麻壹□斗，吴保子貸黄麻壹斗□吴保子□

《敦煌契約文書輯校・辛丑年龍興寺寺户團頭李庭秀等請便麥牒附處分》　龍興寺户團頭李庭秀、段君子、曹昌晟、張金剛等狀上右庭秀等并頭下人户，家無（着）〔著〕積。種蒔當時，春無下子之功，秋乃濩何依託。今人户等各請貸便，用濟時難，伏望商量，免失年計。每頭請種子伍拾馱。至秋輸納，不敢違遲，乞請處分。牒件狀如前，謹牒。

辛丑年二月　日團頭李庭秀等牒（朱印）

團頭段君子

團頭曹晟（朱印）

頭張金剛（朱印）

准狀支給，至秋徵納，十三日。正勤依上處分，付倉所由付。

《敦煌契約文書輯校・丑年百姓曹先玉便小麥契》　丑年十二月廿八日百姓曹先玉爲少糧用，今於便小麥貳碩。其麥自限至秋八月内還足。如違，即任掣奪家資牛畜等，用充麥直。如東西，丑年臘月廿三日僧開惠記仰保人代還。兩共平章，畫爲記。

麥主

便麥人

保人

保人

保人

《敦煌契約文書輯校・卯年阿骨薩部落百姓馬其隣便麥契》　卯年二月十一日阿骨薩部落百姓馬其隣，爲欠糧種子，今於靈圖寺佛帳家麥内便漢㪷麥捌碩。限至秋八月内送納寺倉足。如違限不還，其麥請（陪）〔倍〕爲壹拾陸碩，仍任將契爲（領）〔令〕（六）〔律〕，牽掣家資雜物牛畜等用充佛麥直。其有剩，不在論限。如身東西，一仰保人代還。恐人無信，故立此契，書紙爲記。

便麥人馬其隣年卅

保人僧神寶年廿

見人僧談顒

見人陳滔

見人就齊榮

《敦煌契約文書輯校・酉年下部落百姓曹茂晟便豆契》　酉年三月一日下部落百姓曹茂晟爲無種子，遂於僧海清處便豆壹碩捌斗，其豆自限至秋八月卅日已前送納。如違不納，其豆請（陪）〔倍〕，一任掣奪家資雜物，用充豆直。如身東西，一仰保人代還。中間或有恩赦，不在免限。恐人無信，故立此帖。兩共平章，書指爲記。

豆主

便豆人曹茂晟年五十

保人男沙彌法珪年十八

見人

見人僧慈燈

《敦煌契約文書輯校・寅年絲綿部落百姓陰海清便麥粟契》 寅年二月十四日，絲綿百姓陰海〔清〕〔爲〕〔無〕糧用，今於處便麥肆碩，粟陸碩，並漢斗。其麥粟自限至秋八月卅日已前還足。如違限不還，即任掣奪家資雜物，用充麥粟直。身有東西不在，一仰保人妻弟代還。中間如有恩赦，不在免限。恐人無信，故立此契，兩共平章，書紙爲記。

麥主

便麥粟人陰海清年廿四

弟陰通通年十五

保人陰家進年廿九

保人

見人僧義超

見人

《敦煌契約文書輯校・寅年上部落百姓趙明明便豆契》 寅年四月五日，上部落百姓趙明明爲無種子，今於處便豆兩碩八斗。其豆自限至秋八月內還足。如違不還，一任掣奪家資雜物，用充豆直。如身有東西不在，一仰保人等代還。如後有恩赦，不在免限。恐人無信，故立此契。兩共平章，書指爲記。 義超

豆主

便豆人趙明明年廿三

保人弟僧義超

見人僧法濟

見人僧惠朗

《敦煌契約文書輯校・寅年宗縈奴貸麥契》 寅年七月六日〔絲〕〔悉〕董薩送乞本馬價麥壹馱半五㪷，合出孔買宜將下百姓宗縈奴。其麥並限至秋八月內還足。如違限不還，一任掣奪家資雜物，用充麥直。如身不在有東西，一仰保（下空）

《敦煌契約文書輯校・年代不詳中元部落百姓曹清奴便麥豆契》 □年三月一日，中元部〔落〕〔百〕〔姓〕〔曹〕清奴爲無種子，今於□□寺僧□手下佛物處便麥肆碩、豈（故）豆壹碩。自限至秋七月還納。如違限不還，其典鐺壹口没。□□請倍，仍任掣奪家資雜物，用充物直。若身東西不在，一仰保人段興子知當代還。恐人〔無〕信，故立此契，用爲後憑。

便種子豆麥人曹清奴年

保人段興子年

見人

見人

□又便黄麻六斗，□豆一斗。依前豆同納。

《敦煌契約文書輯校・唐大中十二年燉煌鄉百姓孟憨奴便麥粟契》 大中十二年四月一日，燉煌鄉百姓孟憨奴爲無糧用。今於朝國邊便麥陸碩、粟叁碩。其典（勿）〔物〕大（華）〔鏵〕一孔、衆釜一當。其麥粟自限至秋八月卅日還以納足，如（爲）〔違〕不還者，掣奪家資物用。如有東西不在，一仰保人代還。恐人無信，故立私契，用爲後驗，書（至）〔指〕爲記。

保人雷惠惠

《敦煌契約文書輯校・辛巳年慈惠鄉百姓康不子貸生絹契》 辛巳年二月十三立契。慈惠鄉百（性）〔姓〕康不子爲緣家內欠少疋帛，遂於莫鄉百姓索骨子面上貸黄絲生絹壹，長三（仗）〔丈〕柒尺五寸，（福）〔幅〕（闕）〔闊〕貳

《敦煌契約文書輯校・癸未年王旳敦貸絹契》 癸未年三月廿八日立契。王旳敦欠闕□□，遂於押衙沈弘禮面上貸生絹壹疋，長四十尺，幅濶壹尺八寸二分。伊（舟）〔州〕使到來之日，限十五日便須（田）〔填〕還，不許推延。絹利白氈一（令）〔領〕，長捌尺，橫五尺。入了便須還

納，更無容面。悉仢敦身故，東西不在，一仰口承人丈白面上，取爲本絹，無（里）〔利〕。立此文書，故勒（司）〔私〕契，用爲後驗。要要。

《敦煌契約文書輯校·乙丑年龍家何願德貸褐契》 乙丑年十二月廿三日，龍家何願德於南山買（買）〔賣〕，欠（小）〔少〕褐，遂於永安寺僧長千面上僋出褐叁段，白褐壹段。比至南山到來之日，還褐六段。若東西不平善者，一仰口承弟定德丑子面上取本褐。若不還者，看鄉原生利，恐人無信，故立此契，用爲後憑。

口承弟定德（押）

口承丑子（押）

取褐人何願德（押）

《敦煌契約文書輯校·庚寅年燉煌鄉百姓鄭繼温貸絹契》 丁亥年四月庚寅年四月六日立契。燉煌鄉百姓鄭繼温伏緣家中欠少疋（白）〔帛〕，遂於洪潤鄉百姓樊鉢畧面上貸帛練壹疋，長叁（仗）〔丈〕捌尺，（福）〔幅〕闊貳尺一寸其絹利頭，現還麥粟肆碩，其絹限至來年於月數填還。若於限不還者，看

《敦煌契約文書輯校·乙未年押衙就弘子貸絹契》 乙未年三月七日立契。押衙就弘子往於西州充使，欠少絹帛，遂於押衙閻全子面上僋生絹壹疋，長肆拾尺，（福）〔幅〕闊壹尺捌寸叁分。其絹（彼）〔比〕至西州迴來之日還，絹（裹）〔利〕頭立機細緤壹疋，官布壹疋。其絹限壹個月還，若得壹个月不還絹者，逐月於鄉原生（裹）〔利〕。若身東西不平善者，壹仰口承男某甲（伍）〔祇〕當。但别取本絹，無（裹）〔利〕頭。兩共對面平章，不（喜）〔許〕悔者，用爲後驗。

《敦煌契約文書輯校·乙未年龍勒鄉百姓張定住貸絹契》 乙未年八月七日立契，龍勒鄉百姓張定住伏緣家中欠少疋帛，今遂於莫高鄉百姓張定奴面上貸帛生絹壹疋，長叁（仗）〔丈〕柒尺，幅（闕）〔闊〕貳尺。其絹利頭現麥粟肆碩。其絹限至來年今月於日數填還。若不還者，看鄉元生利。若定住身不在，仰口承男德子取上好絹者。

貸絹張定住

貸絹人德子

知見人好子

知見人定興

《敦煌契約文書輯校·丙寅年平康鄉百姓索清子貸絹契》 丙寅三月十一日，平康鄉百姓索清子爲緣家中欠疋帛。遂於莫高鄉百姓袁祐住面上貸黄（思）〔絲〕絹生絹壹疋，參（仗）〔丈〕陸尺陸寸，（福）〔幅〕闊貳尺參分。其絹梨〔利〕頭壹看鄉元例生（梨）〔利〕。其絹限至來年三月於時日便須填還，（於）〔與〕尺寸本絹。若於時日不得還本絹者，准鄉元例生（梨）〔利〕。若清子身東西不平善者，壹仰家妻張代知當。兩共對面平章，不許休悔。如先悔者，恐人無信，故勒，用爲後驗。

貸絹人索清子

知見人房弟索又慶

知見人叔父兵馬使索（揞）〔搗〕（擽）

〔槿〕

《敦煌契約文書輯校·甲申年平康鄉百姓曹延延貸絹契》 甲申年五月廿二日立契。平康鄉百姓曹延延伏緣家中欠少疋帛，遂於龍勒鄉百姓張萬子面上貸白絲生絹壹疋，長叁（仗）〔丈〕七尺，幅潤貳尺柒寸。其絹利頭現還麥粟肆石。其絹限至來年，若於限不還者，便看鄉元生利。若或延延身東西不平善者，一仰口承男吉成面上取好本絹壹疋。恐人無信，故立此契，用爲後憑。

貸絹人延延（押）

口承兄曹延昌（押）

知見人（河）〔何〕阿父奴（押）

《敦煌契約文書輯校·甲子年汜懷通兄弟等貸絹契》 甲子年三月一日立契。當巷汜懷通兄弟等家内欠少疋（白）〔帛〕，遂於李法律面上貸白生絹壹疋，長叁（仗）〔丈〕捌尺，（福）〔幅〕闊貳尺半寸。其絹貸後，到秋還利麥粟肆石，比至來年二月末填還本絹。如若於時不還者，於看鄉元逐月生利。兩共對面，貸絹爲定，不許（謂）〔違〕格者。

貸絹人文達（押）

貸絹人懷達

貸絹人懷住

貸絹人兄懷通

《敦煌殘卷争訟文牒集釋・唐天復七年（後梁開平元年）沙州敦煌縣洪池鄉百姓高加盈還債文書》　天復七年丁卯歲三月十一日，洪池鄉百姓高加盈先實欠僧願濟麥兩碩，粟壹碩，填還不辯，今將宗渠下界地五畝與僧願防，貳年佃種充爲物價。其地内所着立布子地子柴草等，仰地主祗當不好，種地人之事。中間或有識認謁爲地主者，一仰加盈不見好地五畝完地替兩共付。

（宋）董煟《救荒活民書》拾遺《金華縣倉規條》　社倉穀本五百石。社倉只置都簿一面，紙盡置第二面。一甲不許過三十人，甲頭一人，不滿十人附甲，不許詭名冒借，犯者出社，甲頭改替，許同甲告罰甲頭所納給賞。散穀以三時，謂除夜。或舊不按新，並甲頭相度。一户借一户，甲頭倍之，無居止及有藝人不得，若口累家多，作田廣，甲頭保明，別議增倍。借穀上簿不立契。還穀就簿内銷。借穀日，每户納錢五十文，甲頭免，十五文給甲頭，十文守倉人，十文雜支，十五文掌倉量錢。此外不許分文乞索，許甲内人告，以所得錢支賞。量穀，本甲甲頭執槩。並見清量掌倉分擅執槩改替。還以三限，限以三日，謂如十甲，每甲若干人，一限納若干，並甲頭預報定日子，一人不到，用内穀並留倉，候足交量。息穀二分。謂石取穀二斗。中饑減半，大饑盡免。本户納息已滿十年免收息。謂第一年納至十一年免。耗穀三蠢。謂穀一石，取耗三升，以備折閲及充每歲社倉雜費。甲内逃亡，甲頭同甲内均填，甲頭倍之。若係時疾户絶，甲頭申倉，差人審實，候還穀日填落，若不循理者，雖已還出社。息穀有餘，遇饑荒給散。計所有，每人大人二升，大兒一升，十日止，並以户口爲定。社衆於規約犯一事不借，一年再犯出籍。

（明）陳龍正《救荒策會》卷三《崇安縣社倉條約五款》　一、逐年二月，分委諸都社首保正副，將舊保簿重行編排，産錢六百文以上，及有營運、衣食不闕之人，即注不合請米，字其合請米人户，問其願與不願，各令親押字。三月内，將新保簿赴官，送鄉官抽摘審問。仍出榜，許人告首。如有漏落、及增添，一户一口不實，即申縣根治。如無欺弊，即與支貸。

一、逐年五月望後，新陳未接之際，應依例給貸，預於四月上旬申縣。

一、申縣訖，隨出榜，排定日分，分都支散，先遠後近，曉示人户，各依日期具狀。狀内開大小人口數。結保每十人爲一保，遞相委保，如保内有逃亾之人，同保均備取足，十人以下，不成保不支。正身，赴倉請米。社首、保正副隊長，並各赴倉，識認面目，炤對保簿，如無僞冒重疊，即與仝押保明。其日鄉官同入倉，據狀支散，給關子，具本息耗米數，付令收執。論曰：不成保不支，聽奇零窮民之餓乎？不如金華縣規，附甲爲妥。

一、人户所貸官米，至冬納還，不得過十一月下旬，先於十月上旬，定日申縣，乞差吏斗，前來受納，兩平交量。

一、每遇支散交納日，本縣吏人一名，斗子一名，倉子兩名，每名支飯米一斗，鄉官并僕從，每名支飯米五升，僕從每位一人。論曰：每人日支飯米一斗，太多矣，後清江縣規亦同，想仍崇安舊制，應減爲一升五合，另給酒菜銀數分，上下均便。

《黑城出土文書（漢文文書卷）》卷一五《契約類》　立欠錢文字人亦集乃路耳卜渠住人韓二，今爲要錢使用，別無得處，今欠到石巡使中統寳鈔弍拾柒兩伍錢。其錢本人自限正月終交還，如至日不見交還，係同取代保人一面替還無詞。恐失故立，故立文字爲用。

至元四年十月廿日立文字人韓二

同取代保人張二

知見人小烏二

《黑城出土文書（漢文文書卷）》卷一五《契約類》　立文字人任黑子今爲大麥使用，別無借處，今問到別尚拜邊處借訖得□大斗内四石，每月每石上行息一斗，按月計算交還，數□不令拖欠。如本人見在不辦，閃趟失走，一面同取代保人替還無詞。立此文字爲憑照用。

皇慶元年正月初一日立文字人任黑子

同取人敢的

代保人安通

知見人猪乃

知見人景直□

立用行者

《黑城出土文書（漢文文書卷）》卷一五《契約類》　立借小麥文字

人沙立渠住人楊行者今爲要小麥☐使用，別無借處，見問到在城住人馬大使處借到☐☐市官斗小麥兩石壹斗，本人限至七月終☐交還。如有借麥人走在東西，係同取代☒替☐☒恐失信，故立此文☒。

《黑城出土文書（漢文文書卷）》卷一五《契約類》　立借弍麥文字

人軍户☒爲短少種子，別無借處☒次其☒人☐☐祥住借到小麥大麥☒伊☒交還如☒西自☐來清☒息一面替還不詞☒保人替還，故立文字爲用。

至正十一年五月初五日立文字人阿的火者

同立文字人哈升日

同立文字人阿厘

知見人霍洛☐

知見人☐

立字代書人王一

《黑城出土文書（漢文文書卷）》卷一五《契約類》　今借小麥亦集乃東關住人張寶奴，今爲缺少口糧，別無借處，今於趙譯使處借到行利市斗小麥伍斗，每月伍升，逐用支取，本人要物之日即便歸還，如物人東西，代同人替還，恐後憑此爲用。

至正廿五年　月　日借麥人張寶奴

☐☐人李☐兒

《新編事文類要啓劄青錢外集》卷一一《公私必用·事産·生穀批式》

某鄉某里姓厶今與某人互相保委，情願立批，就某里某人宅借得無息苗穀幾石，前去耕田食用。約限到冬十月已裏，備一色净穀赴倉交納，不至少欠，如或過期，且保人甘當倍納不詞。謹約。

年　月　日姓　某　號批

保人姓　某　號

《中國歷代契約會編考釋·西夏光定未年耶和小狗山借穀物契》　光定未年四月二十六日，立契者耶和小狗山今於哆訛阿金剛茂處借貸三石，本利共計爲四石五斗，對换一黑色母驢、一全齒駱駝、一幼驢等爲典壓。保典人梁氏月實、室子男功山等擔保。期限同年八月一日當穀物聚齊交出。若不交時，願將所典牲畜情願交出。

立文契者小狗山

商契保典人梁氏月實

接商契保典人室子男功山

同商契☐立福成盛

同商契康茂盛

知人哆訛臈月犬

《中國歷代契約會編考釋·元至元四年亦集乃路韓二取錢文字》　立欠錢文字人亦集乃路耳卜渠住人韓二，今爲要錢使用，別無得處，今欠到石巡檢中統寶鈔式拾柒兩伍錢。其錢本人自限正月終交還。如至日不見交還。係同取代保人一面替還無詞。恐無，故立故立文字人爲用。

至元四年十月廿日立文字人韓二（押）

同取代保人張二（押）

知見人葛二（押）

《中國歷代契約會編考釋·明萬曆五年安寧州張瑚借銀約》　立借銀約人張瑚，係安寧州民，☐新化州吏。爲因缺用，情願憑中立約，借到本州民趙名下松紋銀壹兩伍錢，每月共行利肥伍索。其銀限至本年三月終一并歸還。如若短少分紋，將約赴官理取。今恐人信難憑，立此借約存照。

（押）

實計借紋銀壹兩伍錢，每月共巴伍索，將號票壹張作當。

萬曆伍年貳月拾伍日立

信行　借☐約人張　瑚（押）　中証代保人　戴　（押）

《中國歷代契約會編考釋·明萬曆十年安寧州孫惟忠借海肥文約》　立借海肥文約人孫惟忠，係安所☐☐下軍，爲因家下缺錢使用，別無借處，情願立約，借到本戴老爺名下海肥貳百卉，每月行利巴捌卉，限至次年二月終一并交還。中間不至少欠，無件變賣交還。今恐人信（唯）〔難〕（馮）〔憑〕，立此借約存照。（押）

實計海肥貳百，卉按月行巴捌卉足。（押）

萬曆拾年貳月捌日立約

借到海肥人　孫惟忠（押）

代保人　廖可久（押）

《中國歷代契約會編考釋・借貸契約格式》 立撥約人某都某人，今欠銀引，自願憑中撥到某都某人名下紋銀若干，歸身使用。其銀議作某貨若干，其貨約至某時交完，不敢違誤。憑此爲照。

《中國歷代契約會編考釋・當屋契約格式》 立當房屋文契人某，今因無錢使用，情願將自己續置房屋幾間。東至某，西至某，南至某，北至某。已上四至明白，憑中典與某名下，實得紋銀若干。其房聽從當主擇日搬住。議定銀無利息，房無租稅。至某年爲期，備銀照契取贖。至期無銀，當主仍舊居住。如未及期取贖，約罰銀若干。此房並無重疊不明等事。如有不明，出典人承當，不干當主之事。今欲有憑，立契爲照。

《中國歷代契約會編考釋・當田契約格式》 立當田契人某都某圖某人，今因家下無銀用度，日食不敷，情願將祖父遺下自己受分基趾，溝地水陸田塘一段，坐落土名某處，計幾十幾畝，該租若干，四至明開在後。先召親房，後問田鄰，無人承當。時憑户族鄰中，出賣與某名下承當爲業。三面言議，實典紋銀若干整，即日交完無欠。其田聽從當主管業。每年議納糧銀若干。銀無起利，田不起租。不拘年限，銀到田還。但或未收花利，遽然取贖，約罰銀若干。比係兩願，各無反悔。今恐無憑，立此當田文契爲照。

《明清徽州社會經濟資料叢編》第一集《休寧縣吴名典山地赤契》 拾式都九保住人吴名，今將户下有山壹片，坐落本都九保，係乙字弍百柒拾肆號，山六分弍厘伍，東至□□，西至胡能右山，南〔至〕尖，北至路，又將同處弍百玖拾壹號，山計共伍分，東至□□，西至自山，南至尖，北至胡授山田，土名共小干住前。今爲户役缺鈔支用，自情願將前項四至內山，盡行立契出典與同都汪希華、希美，面議時值價弍百伍拾貫。其鈔當便收足。約在本年八月中將本息鈔貫一并送還。如過期無還，此契準作賣契，一聽受典人砍斫杉木，永遠管業；候至過割，一聽收稅入户，本家即無悔意。所有四至不明及重迭交易，內外人占攔，並是出典人自行祇當，不及受典人之事。今恐人心無憑，立此典契文書爲用。

又添價鈔弍貫。

永樂十九年六月初三日典山人　吴名契

保人　汪宗遠

遇見人　胡彦祥

今領契內典去價鈔，并收足訖。同日再批。

《明清徽州社會經濟資料叢編》第一集《長壽會租銀合同》 立合同僧悟林同長壽會謝資等，原會衆將遞年生放銀買□五都珠溪僧田，土名方盤坵、葫蘆坵田二號，計租叁拾秤。衆議規定遞年無分荒熟，硬租付寺僧收貯，每秤價銀柒分算，共計穀紋銀貳兩壹錢整。約定每年七月卅日僧將穀銀付出與當年注會，當日頭首將穀內銀支壹兩叁錢付僧管辦祝壽，□□□人衆將稅糧寄在寺户供解。每年議定條編稅糧及雜差〔等〕項，貼僧紋銀叁錢上官交納，仍剩銀五錢付會首收。自立文之後，二各子孫永遠遵守，無端異違者，許執文理論。恐人心不一，立此合同二紙，各執一紙爲照。

萬曆肆拾貳年二月二十五日立會合同　僧悟林

徒　清震

再批：　穀銀迭年做三次，除仍支，餘付寺買辦菓餅獻佛，照股散胙訖，照。

長壽會合同二紙，各執一紙。

《明清徽州社會經濟資料叢編》第一集《歙縣鄭阿鮑等典地契》 二十一都四圖立典契人鄭阿鮑同侄茂善，今因欠少使用，自情願浼託親、里將新丈草字號，土名庫屋一堂并門前上下空地二塊，土名坐落上元內，將右邊一半，東至大路，西至汪地，南至鄭出入路，北至堂前心爲界，並竈屋一半，今將四至明白，憑中出典到本圖汪萬金名下爲業，當日三面議定時值典價九五色銀二十五兩整。其銀、契業〔已〕當即兩相交付明白。其屋不起租，其銀不起利，係是兩相情願，亦無準折之類。聽憑本家銀到得便取贖，無得難異。其屋樓上下四壁門扇一應俱全。今恐無憑，立此典契爲照。

萬曆四十五年正月十九日立典契人　鄭阿鮑

同侄　鄭茂善

憑里中　汪晦元

胡　瀾

程惟修

崇禎四年三月初八日，汪萬金今將原典鄭茂善土〔名〕庫屋右邊一半，今因管業不便，自情願轉典二十一都五圖汪林名下爲業，其價照契內一并收訖，再不另立文契。批此爲照。汪萬金

同男 應鼇

中人 應 坤

應 璧

《明清徽州社會經濟資料叢編》第一集《歙縣鮑懋管典田契》 二十一都四圖立典契人鮑懋管，今因欠少使用，自情願浼中將承祖分受己分下，新丈鳴字二千四百八十八號，計田壹畝伍分伍厘九毫零，其田坐落吕湖段；又將新丈在字二千九百八十五號，計田陸分捌厘陸〔毫〕零；又在字二千九百七十五號，計田四分陸厘四毫；又在字二千九百七十七號，計田九分弍厘叁；又在字二千九百八十號，又二千九百八十一號，二共計田弍畝柒分零叁毫，共田陸丘，計田税陸畝叁分柒厘壹毫零，盡行出典與本家叔□□名下爲業，三面議定時值典價禿紋銀弍拾柒兩整。其價銀當日收足。其田即日聽憑典主管業。其税糧係身支解。其田從前至今並無重複交易，典當他人。係是兩相情願，並無威逼、準折之類。倘有親房內外人等前來異説，俱身一面承當，不干收典人之事。其有來脚契壹紙，並付典人收執。今恐無憑，立此典契爲照。

明天啓七年十二月十八日立典契人 鮑懋管

鮑用晦

憑中人 程仁之

鮑志左

其典田使用，約五年後取贖，與身無涉，如五年前贖，身認使用無辭。其價銀俱禿紋，係梁平兑管。再批。

主盟母 鮑阿王

《明清徽州社會經濟資料叢編》第一集《歙縣胡鈐典屋契》 立典契人胡鈐，今將承祖分受並續買草字參百肆拾伍號，樓屋壹所，並北首空地壹片，土名坐落永安街，東至衆塘，西至大路，南至出典人墻脚地，北至胡文星墻脚，四至開載明白，自情願憑中盡行出典與鮑□名下爲業，三面議定得受典價紋銀壹拾弍兩整。其銀當日一并收足，並無欠少分文。其屋隨即交鮑管業。係是兩相情願，並無威逼等情。其屋地從前並未典當他人重複等情。議定銀不起利，屋不起租，日後聽胡將原價取贖，鮑無得推阻。倘有親房內外人前來異説，俱係鈐一面承當，不干典人之事。今恐無憑，立此典契爲照。

崇禎拾弍年正月十八日立典契人 胡 鈐

憑中人 胡茂柏

程仁之

《明清徽州社會經濟資料叢編》第一集《歙縣鄭元壽典屋契》 立當契文書人鄭元壽，今因缺少使用，自情願浼中將承父分受住房一間，草字一千三百六十五號，上至青天，下至黄土，父所生兄弟四人身合得一股，該身分法盡行出當與本圖鮑□□名下爲業。三面言定得受當價銀弍兩整。其銀每月二分起息，約至來年冬將本利取贖。其銀並無貨物準折情由。今恐無憑，立此當契爲照。

崇禎二年四月廿九日立當契文書人 鄭元壽

親見人 鄭元老

代筆人 鄭文明

《明清徽州社會經濟資料叢編》第一集《歙縣鮑士鳳典塘契》 廿一都四圖立當契人鮑士鳳，今因身該見年催征拖欠錢糧，不能應卯，自情願將承祖分受新丈草字三百四十三號，內塘一業，土名門前塘，內將捌步係身分法，憑中出當與本家族叔□□名下爲業，得受當價紋銀壹兩伍錢整。其銀每月加弍起息，約至來年本利取贖，不致違誤。今恐無憑，立此當契爲照。

崇禎叁年九月二十八日立當契人 鮑士鳳

憑中叔 鮑用晦

《明清徽州社會經濟資料叢編》第一集《歙縣華春典屋契》 立典契弟華春，今有承父標分土庫樓房屋一重三間兩閣，相〔向〕與兄受春相共，本身該得一半，今憑中立契出典與常春兄名下居住，得受典價銀伍兩整。其房屋聽兄住歇，言定銀不起利，屋不起租。日後本身要住，將契內原價取贖，兩無異説。恐後無憑，立此典契存照。

崇禎柒年正月初十日立典契弟 華春

見兄 茂春
仰吾
受春

《明清徽州社會經濟資料叢編》第一集《歙縣胡鈐等典屋契》 二十一都四圖立典契人胡鈐同男中士、桂士，今因管業不便，自情願將續典草字□□號，土庫樓屋一所，土名上元，四至照依清册，其屋上連椽瓦，下連柱磉，四圍門扇閣板梯一概俱全，憑中出典與本圖鮑□□名下居住，三面議定典價真紋銀參拾參兩整。其銀當即收足。其屋聽從居住。議銀不起利，屋不起租，約以柒年爲則，日後將原銀價還鮑，鮑即將屋還胡，不致兩相推捱。如有内外人來異説，係出典之當，不干典人之事。今恐無憑，立此典契爲照。

崇禎九年正月二十日立典契人 胡 鈐
同男 胡中士
胡桂士
中人 鮑用誨
胡履端

《明清徽州社會經濟資料叢編》第一集《歙縣楊前當田契》 弟楊前，今將十二都十保，土名木坵田一號，脱租六秤六斤，又九畝段二秤，共計脱租八秤六斤，特自託中出當與兄光前名下管業，當得紋銀二兩整，在收足訖。未當之先並無重複交易。今恐無憑，立此契約存照。佃人福元係九畝段處，又佃人汪分龍。

崇禎九年二月初二日立當契弟 楊前
見伯 逢昌

《清代巴縣檔案彙編・劉善祥立信字文約》 立信字劉善祥。爲因正用，央保陳長法、張文林、張斎三人在擔保蘭永昌煙鋪内短撥錢十千文整，作銀四兩八錢，九六色扣算。其銀初十日一并清還，不短分厘。如過初十無銀，每千六錢扣算，劉姓不得異言。恐口無憑，立信字爲據。

在見人 曾 貴
楊 彪 同在

乾隆六十年三月初五日立信人劉善祥清筆

《清代乾嘉道巴縣檔案選編・劉朝魁轉當約》 立出轉當山土文約劉朝魁。今將得當黄赤玉名下山土二段，園林、基址、草房三間，猪圈，坐落地名葱塘。情願憑衆三家面議，時價值銅錢五十千文整，一應轉與鄰近田登榮名下承主耕種上莊管業。其錢彼即入手現交劉處親領明白，並無貨物折算。其有四至界畔，照依劉姓原當約耕管，並未包當他人地界。年限三載爲定，錢到土歸。依約依期贖取，兩無異言阻滯，三年之内，劉姓不得異言轉加易當。其有草屋、坐屋、修屋照樣相還，桐子在内。其錢照依時市每千底串四文。此係二家情願，非干中證驅逼。恐〔口〕無憑。立出轉當約爲據。

憑中人 黄朝伍
何元弼
王會無筆

乾隆四十九年十月十二日立當約人劉朝魁。

《臺灣私法債權編・債權總論・債權之物體・利息・胎借銀字》 立胎借銀單字人，臺南市外媽祖港街蔡壽山，今因乏銀費用，願將蔡瑞鳳妓女字爲胎，向與同市頂粗糠崎街何某，借出銀壹佰員，面約每月願貼利息銀叁員，照約清還，不敢挨延拖欠。其母銀不拘年月，備足清還明白，贖回妓女字竝原借單字。恐口無憑，合立胎借銀單字壹紙，竝妓女字，送付銀主收存爲據，此照。

即日親收過金壹百員足。再照。

光緒 年 月 日立胎借銀單字人 蔡壽山
知見人妻蔡林氏

《臺灣私法債權編・債權總論・債權之擔保・信借銀字》 立信借銀字人，福建省候官縣龜柄鄉陳寶炎，住在臺北廳城内書院街壹丁目四番户，開張福陞春香港雜貨商爲業，今因乏銀經營，托連帶保證人楊宗端，借同艋舺蓮花街參拾九番户闕金城處，借出現金貳百大員正。其金當場點交借主親收足訖；其銀按月行利息，三面議定；每百圓每月頭，借主應納銀主利金貳圓五角，逐月計納利息金五大圓正。逐月俱要繳清，不得拖欠短少，如有拖欠，皆向連帶處支取，不敢異言推諉。

此項當場議定，還、借不拘年、月、日期：如逢銀主急需，約先壹個月送達該借主，預備足數金額交還銀主，取贖字據，不可故意拖延；倘其銀主別無緊用，該項仍聽借主經營生利。但他年倘遇景況桑滄，借主力不能還此債，皆向連帶保證人福昌隆號楊宗端處支取。此係該連帶楊宗端當場自願擔承，異日倘有風雲不測等事，不敢推諉責任。仁義交關，銀主毫無抑勒。異日恐口無憑，特立借金字壹紙，交與銀主爲執照。

即日當場借主親收字內現金貳百圓正，足訖。

連帶責任保證人福隆昌號户主　楊宗端

在場竝連帶人長男　陳長奎

光緒三十三年十二月廿三日，立借金字人福陞春號　陳寶炎

知見人　妻陳楊氏梅棠

代筆人　王少山

《臺灣私法債權編・債權總論・債權之擔保・質札規則》　質札

規則：

一、此物蛀壞、蟲蛀、鼠咬，物主造化，不干質屋之事。

一、初五內，減收一個月利；貳拾起，由後月算利。

一、取贖，認票不認人。届期不取贖，聽質屋發賣。

一、大札，每員每月利子貳錢五厘。

一、物主如有當票遺失，必告知年、月、日，由保認人證明，方准爲據。

《臺灣私法債權編・債權各論・消費借貸・借銀字》　立借銀字人，嘉義城内西門外街林標，玆因乏項，託中向高德霖兄手內，借出銀七五秤壹佰元正，與中人三面言議，每月按壹分五厘行息。此限約定貳年爲期，本利清還，如有拖欠，惟中保人是問。後日恐無憑，今欲有憑，立借銀字壹紙，付執爲據。

即日同中收過七五銀壹佰元正完足，再照。

中保人　吳孝信

爲中人　葉龍基

年　月　日　立借銀字人　林標自筆

《臺灣私法債權編・債權各論・消費借貸・胎借旱田契字》　立胎借旱田契字人，大哮山腳莊簡媽益等，爲承先父鬮分應份内湖旱田參分五厘，又帶井仔湖長房上節蔴竹、相思樹木在內；其大租、四至界址，載在上手契內明白。今因乏銀費用，無處可借，願將此旱田胎借，先盡問叔兄弟侄，不能承借；外托中引進向草鞋墩李安睢觀出首，借出佛銀參拾員，秤重貳拾壹兩正。其銀，字即日同中兩相交收足訖，當日三面議定，每員銀全年願貼利息粟貳斗正，合共全年利息粟陸石正，分作旱、晚二季對佃完納清楚，不敢少欠升合利粟；如有少欠利粟，作母行。

明約不拘年限，聽從業主備齊銀項取贖原契，銀主不得刁難；如銀項未齊，將原業付銀主收抵利息。保此業係益承父鬮分應份物業，與別房親人等無干，亦無上手重掛他人財物，並無來歷不明等情；如有此情，益一力抵當，不干銀主之事。此係二比甘願，各無反悔，恐口無憑，立胎借銀字壹紙，又帶上手買契鬮書找洗共陸紙，付執爲炤。

即日同中實收過胎借佛銀參拾員秤重貳拾壹兩正完足再炤。

代筆人　莊志綱

爲中並知見人　胞兄媽根

光緒拾年貳月甲申日

立胎借旱田契人　簡媽益

《臺灣私法人事編・婚姻・正式之婚姻・有關粧奩字據・喜添粧奩租穀字》　立喜添粧奩租穀字人魏賢森，今因遵慈親遺命，即將祖父遺置田業一所，址在六張犁莊，願將此處租穀撥出五拾石正，以付胞妹妍記，借作歷年花粉之需。至早季收成之日，自當依時結價，統算銀項若干，一齊支付胞妹收入。合應喜立粧奩租字一紙，付執爲炤。

光緒拾玖年葭月二十七日

立喜添粧奩租字人　魏賢森

《臺灣私法人事編・婚姻・正式之婚姻・有關粧奩字據・妝奩銀借據》

立收過吾妹妝奩銀壹千大員，每年至陸月早季收成之後，即向爾兄打出早粟壹百石，作爲生息之利。合立單壹紙，付與吾妹存據。

咸豐柒年拾壹月初肆日，兄壽田字。

字付耀奎外甥知悉：爾們每年早季有小租穀壹佰石，存在理記，乃

爾母應得之額，原對菜頭蓁田徐阿九，六月收成之日，向佃打粟。自對租以來，歷年清楚，並無短欠。現因爾舊宦游在外，不得不立字爲據。

光緒元年七月　日　母舅　鄭壽田草

案例文書

《敦煌社會經濟文獻真蹟釋録》第二輯《唐大曆七年客尼三空請追徵負麥牒並判詞》　百姓李朝進、麴惠忠共負麥兩石九斗。右件人，先負上件麥，頻索付，被推延。去前日經□□狀，蒙判追還。至今未蒙處分。三空貧客，衣鉢懸絶，伏乞追徵，請處分。牒件狀如前，謹牒。

大曆七年九月　日客尼三空牒。

先狀徵還，至今延引，公私俱慢，終是頑狠，追過對問。九日繼。

《敦煌契約文書輯校·丑年開元寺寺户張僧奴等請便麥牒附處分》　開元寺　狀上

人户請便都司麥肆拾馱

右僧奴等户，今爲無種子年糧，請便上件斛㪷。自限至秋，依時輸納。如違限請陪（倍），伏望商量，請乞處分。牒件狀如前，謹牒。

丑年二月　日寺户張僧奴等謹狀（朱印）

户石奴子（朱印）

户石勝奴

户石什一

户張晟奴

户張弟弟

户石再再

户石曲落

付所由，晟奴已上五户，各便伍馱。已下三户，各與壹馱半。至秋收納。十四日正勤。

《敦煌契約文書輯校·丑年安國寺寺户汜奉世等請便麥牒附處分》　安國寺　狀上

請便都司倉麥叁拾馱

右奉世等人户，爲種逼蒔校，闕乏種子年糧，今請便上件斛㪷，自限至秋輸納。如違請陪（倍）。伏望商量，請乞處分。牒件狀如前，謹牒。

康嬌奴等四人各伍馱，已下各壹馱半，十四日。正勤

丑年二月　日寺戶氾奉世等謹狀（朱印）

戶氾擔奴

戶氾弟弟

戶康嬌奴

戶趙小君

戶張勝朝

戶孫太平

（宋）李昉等《文苑英華》卷四九五《策・問議百司食利錢》 對

臣伏見百司食利，利出於人，日給而經費有常，日徵而倍息無已。然則舉之者，無非貧戶，徵之者，率是遠年，故私財竭於倍稱。官課積爲逋債，至使公食有闕，人力不堪，弊既滋深，法宜改作。且王者惡言求利，患其不均，況天下之錢一也。謂之曰利，曷若謂之曰征乎？取之於寡，曷若取之於衆乎？今者日計其費，歲會其用，舉爲定數，命曰食征，隨兩稅以分徵，使萬人而均出，散之天下，其數幾何？故均之於衆，則貧戶無倍息之弊矣，人之有程，則公食無告闕之慮矣。公私交便，其在茲乎。

（宋）陳元靚《事林廣記・別集》卷四《公理類・告狀新式・應索債告狀式》　告狀人姓某，右某年幾歲，無病，係某里某處籍民。伏爲狀告某年某月不記日，有某處某人前來，引至某處某人作保，寫立文帖，就某家揭借去，行息至元折中統鈔若干，定每月依例納息三分，約某年某月納本息，鈔定一頓歸還。至今過期，累次前去取索，推調不肯歸還，若不告理，於私委無奈何，有此事因謹狀上告某縣，伏乞詳狀施行執結是實伏取，裁旨。

年　月　日告狀人姓某　狀

（明）呂坤《實政録》卷六《風憲約卷之一・狀式・告錢債狀式》

某府州縣某人爲錢債事，某人因缺用，於某年月日向某借去銀若干兩，粟若干石。加三出利，指中人某人，并借約證。今某人至今幾年本利分文不還，或止還本利若干，尚欠若干，屢討延調不與，上告。

（明）蘇茂相《新鐫官板律例臨民寶鏡》卷八《錢債類審語・疊利磊算》　審得吳某原借范某本銀若干，雖越三年，已償過半矣。范某乃疊利磊算，遂吞腴田若干。非其義而取之，不仁甚也。然債根不斷，終爲禍孽。田産不吐，終是訟根。連前還銀，扣算一本一利，得田找價若干，歸某贍家。退田許某另賣，凑足前銀，兩家再無異説。取供。

（明）蘇茂相《新鐫官板律例臨民寶鏡》卷八《錢債類審語・借銀應給》　陳璞有子不肖，以蕩習賭，以賭揭債，實契實證，犁然俱在。告賭又無的據，服毒毒不傷生，而賴債又難終賴也。何不完債訓子，爲自全門戶之計乎。以潛之銀，明係代兄三面會肯，照數償給不得負心。

（明）蘇茂相《新鐫官板律例臨民寶鏡》卷八《錢債類審語・僥負本銀》　借本負盟，輒思僥背。以業影銀，以銀影業。原告若不鳴官，原資兩無下落。雖取其願償自新，亦當繩其負心在始。笞以坐之，蘇字姑免。

（明）蘇茂相《新鐫官板律例臨民寶鏡》卷八《錢債類審語・違禁毆劫》　審得方體禄以取會銀挾忿，遂捏林朝貞高廪囷債，因誣打搶衣銀。據體禄干證，詹章峰及體禄當堂口詞，皆稱朝貞爲受庸賣穀海船而撐篙者。舟人之庸，安得十倉九廪乎。且客米廒積，水陸又大相矛盾也。乘禁高抬，挾仇報害，奸民之尤，笞以儆之。

（明）蘇茂相《新鐫官板律例臨民寶鏡》卷八《錢債類審語・付本千金》　付本一千兩，若某者果扶危救困之丈夫；五年内還銀一千七百兩，若某亦稱不負義之信人。宜心膂相托，没世不衰，胡爲因一片地基，乃雀鼠切齒乎。初密終疏，是又易反易覆小人矣。仰中親爲二家允釋，回報。

（明）蘇茂相《新鐫官板律例臨民寶鏡》卷八《錢債類審語・吞孤異慘》　鄭天和存日契借與鄭桂本銀一百八十七兩，紙墨有之。而鄭桂身亡一十六年矣。官債有三不取例，況寢閣至今，而欲操左券以責償也。以爲非官債乎？則百金非小，何不鳴於兩夫身在之時。一紙已陳，安得闃於雙寡無告之日。冷灰復熾，中間必有吹風之人爲之竄唆，亦不必深究矣。爲嫠恤緯，量加追給，恐爲地方起事效尤也。置之。

（明）蘇茂相《新鐫官板律例臨民寶鏡》卷八《錢債類審語・利又轉本》　審得吳某於某年間借王某本銀若干，陸續償及過本，利又轉本，堆積五十兩之數。翻剥得味，復人勒田寫還，田既到手，糧又逋懸，不仁甚也。債不斷根，終是禍本。田不吐出，終是訟端。吳某除前還外，再追十兩，以飽債主之欲。某乘今追補外，退還勒田，以給欠戶之食。兩情允

服，各擬杖懲。

（明）蘇茂相《新鐫官板律例臨民寶鏡》卷八《錢債類審語·私債執契葬墳》　山有定主，謀者妄焉。債有定額，負者非矣。王某只可據理取債，不可執典契而妄葬李某之山，李某合認還父債，不可昧天理而負王之銀。仰中親鄰里，速爲允釋，毋效鷸蚌相持。

（明）蘇茂相《新鐫官板律例臨民寶鏡》卷八《錢債類審語·僥賴本銀》　陳寧三、張孚四於捕魚窘缺之時，甜借李昆本銀二十三兩，止還一十四兩五錢。而大衆共事僥推寧三出頭誣賴，甚則以李昆非真李昆，明告揑作匿告，昧夙心，奸官法，弊民之尤。追還原銀外，杖寧三以警刁誣，笞孚四等四名以懲拖騙。

（明）蘇茂相《新鐫官板律例臨民寶鏡》卷八《錢債類審語·欠負錢債》　審得戴渙原借危言本銀一兩，屢討不還。告龍溪縣，黄縣丞斷給，尚有本無息，則曲在戴渙。載渙所欠止利息三錢，危言遇焕於王六門首。輒索取相争，大閙一場，似亦曲在危言。二人曲直亦相當矣。二人争後，黄勝興勸歸散訖，時在日中。而渙妻鄧氏當夜縊死，渙遂以威逼揑告。及審王六、曾財興，則危言未嘗辱及渙妻。則渙平日浪蕩，妻所素怨。而戴渙與危言争後歸來，詞色俱憤忿不平，遂出外不歸，故其妻怨望自縊耳。而戴於言無與。第鄧氏以戴渙之忿輕棄其命，而戴渙以危言之故移怒於妻，危言雖無威逼實迹，戴渙則以爲致死根因，故因訐告。特憫戴渙子女俱幼，失母無依，量於危言名下斷銀五兩，給與戴渙，幫其埋葬之費，非謂威逼而然也。危言、戴渙各論不應，王六、曾財興無於久稽，是應速發。

（明）蘇茂相《新鐫官板律例臨民寶鏡》卷八《錢債類審語·借債負債》　借債而負債，貧不守分。放債而磊債，爲富不仁。但債憑中保，或負或磊，中保自有涇渭。合爲公剖，以塞訟端。

（明）蘇茂相《新鐫官板律例臨民寶鏡》卷八《錢債類審語·居房抵債》　父債子還，紙白字黑，夫復何辭。不銀即房，不房即銀，必有一處。銀則子錢免究，房則賣石免追，限半月之內，搬讓速處，原差押追，不准獻勢。

（明）吕坤《實政録》卷六《風憲約卷之一·狀式·告錢債狀式》

某府州縣某人爲錢債事。某人因缺用，於某年月日，向某借去銀若干兩，粟若干石。加三出利，指中人某人并借約證。今某人至今幾年，本利分文不還，或止還本利若干，尚欠若干。屢討，延調不與，上告。

（明）祁彪佳《莆陽讞牘》卷一《一件勢豪估害事》　審得戴生士熺初借林士述銀十兩未還，後又借二十兩，前十兩内算利十兩，遂估合四十兩，寫作一契。士熺以屯田之租撥二十石，年抵其利，計今七年矣，計租一百四十石。以時價或四錢或五錢計之，約得利租五六十兩，若以加工之利算，利亦有餘矣。所餘之利雖不可以抵母銀，獨不可以抵估合之子銀乎？是四十兩内之十兩可無償也。若云原衹二十兩，估俾其半，則士述之素行固然，而非所論久嵗利藪之戴生也。本館所憑者契耳。令照契還三十兩。其内十兩姑免追。屯田應屬黄宗，着宗收管。士熺限即還銀，無久延以致士述又估利息也。士述估債，士鉦揹逋，各杖。

（明）祁彪佳《莆陽讞牘》卷一《本府一件獻估事》　審得劉起鰲借劉兆銀兩，合本捕魚，後以園地作銀十二兩付劉兆抵償，轉賣之游一科，於劉志仰何預？而有獻估之告也。既經和息，志仰姑罰穀二石，免罪。

（明）祁彪佳《莆陽讞牘》卷二《本館一件全恩定價事》　陳碧崗負江波之債，本館已將田四畝折價准抵。在陳開價似太寡，在江開價又似太多，行縣查，照原審，量行定數抵債。

（明）毛一鷺《雲間讞略》卷三《一件肅害事》　鹽院方批告人蔡翹春狀

前件審得：湯錡乃湯文之父，温飽而迷於色。居停趙仁家，因中趙仁賣姦之圈，遂沉匿仁妻唐氏，戀姦不休。因慫之謀充布解，領銀出入，日飽仁貪腹，致破其家，而復以身殉也。有蔡翹春者，亦貪而無行。曾立契托趙仁作中，借銀一百金，議每月加三起息，立券載一百三十金，蓋合子母言也。翹春陸續止還銀七十二兩，則該縣百金之斷，亦惟是量追母銀，未始苛索子錢。翹春安得復爲此不情之控？應從杖治。趙仁以妻爲陣，設漁餌於前，而吮髓血於後。慘毒比於蜂針，行徑一如龜子。宜照縣斷，追償量懲。湯錡代父執贓與各犯欠贓，俱聽該卷追結。

（明）顔俊彦《盟水齋存牘》卷一《息訟吴偉等杖》　審得吴志予欠郭謨等貨本，志予死，聽市司封貨足餉之外，餘應發還商人。而施萃國揑身其際，乘機侵匿，豈胡椒四百擔、紅銅五百擔皆輸之市司耶？且萃國以私金接濟，甫經海憲引越度邊關之例追贓擬徒，案墨方鮮，而自稱舶商呈身，白日行怪。奸攬輩驅之不去，此粤人嘖有煩言乎？郭謨等之銀既經處明具息，不必深究。施萃國應移市司查明，釘解出境，毋使踞地方爲種種不軌也。吴偉、鄧敬臺通同局賴，各予一杖。

（明）顔俊彦《盟水齋存牘》卷一《黨誘廢業劉紹德杖》　審得司徒氏早孀，子士鵾尚稚，煢煢未亡人也，止田十畝，以供朝夕。何憲武欲得而有之，與其黨劉紹德謀也，而以青樓誘之，以呼盧快之，士鵾尚未成人，不覺入其雲霧中矣。唯憲武、紹德之所命，寫契按銀以爲錦纏角彩之費，柳絮隨風，桃花逐水，十人而九，况在孤稚不任拘束者乎？契一入豪手，無論有價，幾不可問，浪子不足惜，其如嫠婦之夜泣何也？今兩質之，稱一契五十兩，一契二十兩。其五十兩者還之矣，其二十兩未還。此憲武之尚耽耽虎視其田也。今斷士鵾速辨二十金償之，留其田以贍寡母，則亡羊補牢之計也。姑杖之，以爲流浪之戒。是役也，紹德實構之，並杖。

（明）顔俊彦《盟水齋存牘》卷一《訟債侯于漢杖》　審得侯于漢因逋糧鎖押無措，從何憲武貸銀十兩以寬其眉睫，蓋計無復之而出於此也。不然，夫豈不知憲武之不可債也。憲武乘其急而要之，謂暫以其嫂之田按，及期而納其銀，聊以示信，無傷耳？乃契一入手，便欲據田而管業之矣。小民公私交窘，剜肉難支，真堪墮泪。爲憲武者亦太甚也。據稱貸銀十兩，已償其息三年，過其本矣。今斷仍還其本而以其田完璧於嫂，庶幾可相安也。于漢即非得已，奈何以未亡人之待以朝夕者而嘗試於虎口？一杖殆不可已。

（明）顔俊彦《盟水齋存牘》卷一《負帳王騰卿杖》　審得熊慶以異鄉磁客投牙余相發器各店家，王騰卿欠銀三十三兩，李則之欠銀六兩七錢，延騙不還，致慶控告，乃勝卿希圖抵飾，反捏牙行收匿，其如對質無詞，客收有筆也。應照數勒限追完給慶，騰卿疑杖，則之所欠既少，甘認清還。免究。

（明）顔俊彦《盟水齋存牘》卷一《債負劉和杖》　審得劉周球父劉襟海借生員方御屏本銀三百兩，每年議還子金百兩，立有合同。襟海化爲異物，父債子還，應責之周球，球何辭焉？據縣審已還過八十兩，則尚欠二百二十兩，應照數追給，方生一生苦積止此矣，豈堪付之一擲？但合同原無劉殷璉名字，欲共追之則無謂耳。若謂合同出自其袖中，彼方執合同之無名以爲證耳？苟欲圖賴，何不並袖中之合同而滅之也？此亦甚易曉者，劉和之告不可已也，而其詞多架捏，應杖。御屏誅逋未還，周球索逋無措，俱如喪家之狗，姑免科。招詳。

布政司批：依擬劉和贖杖發落，餘如斷追，庫收領狀繳。

糧儲道批：劉和依擬贖發，如照，庫收繳。

（明）顔俊彦《盟水齋存牘》卷一《債負王啓公杖》　審得余明商於粤以王啓公爲居停，啓公負余明貨本，寫屋一所抵償，已經縣審勘有案。但余明急欲得銀，而此屋未能脱手，是以復訟啓公。一屋之外已無剩物，其覓主變易，聽明所爲。若云霸佔，則已斷之産抑何能霸佔也？其添捏殺逐情節益無謂矣。啓公之拖延客債，餘明之告不以實，均杖示懲。招詳。

按察司批：王啓公、余明一逋客債，一駕游詞，並杖不枉，依擬發落，餘如照，庫收繳。

（明）顔俊彦《盟水齋存牘》卷一《逋帳倪心源杖》　審得方禮以衢州紙客居廣有日，自貨自賣，並代客作牙，有各散鋪店家賒取，完欠不一。如倪心源之兄啓源逋欠禮銀六十餘兩，經縣斷結未清，而心源兆處認還二十七兩，僅以啓源房屋二間質抵，止值二十二兩，年久而不與决絶。又徐文振共欠九兩四錢，又鄧瑞陽共欠二十四兩，有鄧伯楚代爲招認，先訂還銀八兩，尚欠一十六兩，聽陽長短送還，悉皆置之高閣，異孤血本，奚堪久假？此方禮所以有團殺之控也。除未到關子禎聽本告自行找取外，張覺愷業已交明無論，其餘各帳親筆立約，一一可證，俱照數清還。倪心源老奸巨猾，混推奸賴，應杖以懲，餘免株究。招詳。

兵巡道批：依擬倪心源贖發。庫收繳。

（明）顔俊彦《盟水齋存牘》卷二《負騙吴廷隆等杖》　審得吴廷隆三票借唐廷範銀貳百捌拾伍兩，據廷隆出有收票，謂已完過，然貳百捌拾餘金交易不小，而收票非廷範手筆，捏一何物許伯蕃代收，其爲駕空抵賴不待其辭之畢也。合斷廷隆照票算還，但廷隆一無賴棍商，目下所可抵還前負者，止此壹百叁拾根之木耳。委官同鋪行估計，每根大者可值貳拾餘金，斷以拾肆根屬之唐廷範，聽其自賣，免廷隆之抗延耽擱致廷範之進退

兩難也。若廷隆願以銀易木，則亦聽之。廷隆負心圖賴，杖不蔽辜。林近桂係隆同黨，未免狼狽爲奸，併杖。招詳

使司清軍道批：吴廷隆等販木過關，按銀輸税，歸而屬，（下殘）

（明）顔俊彦《盟水齋存牘》卷二《争債李佐朝等二杖》　審得盧象復與李佐朝、曾斯和俱爲肺腑至戚，佐朝以官事急用，將四十八畝之田按貸盧氏銀壹百肆拾兩，斯和實作中僉契，議每年聽盧收田租作息。今佐朝以收租多年，欲一筆勾抹，象復所以不甘而上控也。三面對質，斯和證之鑿鑿。夫斯和與佐朝爲嫡甥，渭陽之誼豈不更親於象復哉？不能以有爲無，則良心之不可昧也。但象復租息所入已近十年，始斷減本數之六還象復銀捌拾兩，田還佐朝管業，處人骨肉之間，不得不爲調停之術。象復佐朝俱有身家有體面人，親者無失其爲親，所全不既多乎。各杖之，以爲見利忘義之戒。招詳。

布政司批：李佐朝田按盧象復之銀，既券證鑿鑿，乃以收子粒多年，遂欲併母銀而抹殺之，見利不顧至親，静焉思之，直當愧死耳。今念年久酌減，幸矣。盧象復不善調停，併杖，贖發，庫收領狀繳。

按察司批：田按多年，子錢已倍，量斷本銀十分之六，可謂善處人骨肉之間矣。李佐朝、盧象復各折杖發落，通取庫收，領狀繳。

（明）顔俊彦《盟水齋存牘》卷二《負債梁棟材杖》　審得梁棟材一貧無賴，負羅伯初貳拾金之債，手書現存。材爲初妹夫，當日之貸，原至親相緩急耳。今索之不還，而初以訟取，猶是常情。材遂應之以毒藥謀財之詞，不唯無其事，並所謂徐養溟者從無一面，何彌天造謊白日見鬼至此，人間賴債之局不一，而此其最幻最新者也。債斷還本，姑免其息。杖懲其誣，餘人免擬。

（明）顔俊彦《盟水齋存牘》卷二《負債戴静源免究》　審得戴静源負麥宦貳百金之債，前府審斷甚明。今恃其子國衡之青衿，抗延不給，希訟翻案。據出收票爲麥珠月，實亡是公也。據稱爲麥宦之兄，其弟現在，何用兄收？原中周起南不認見收，廷質時起南不覺失笑，静源父子亦無賴甚矣。念已經詳結之案，静源不堪再科，而國衡子衿爲父受過，姑免究擬，止依原斷，追給麥宦。此出憲恩，非職所敢擅也。由詳。

提學道批：事既府審已明，照斷追給，原詞注銷，繳。

（明）顔俊彦《盟水齋存牘》卷二《訟債蒙朝順杖》　審得蒙朝順故兄朝冕以田按周子韶，得銀二十五兩。朝順自揭子韶銀二十兩四錢，皆周邦俊爲中，已經縣審有案。朝順欲扯故兄按田交易混賴己債，其如中契之了了，何且以嫂朱氏出名上控？問朱氏何在乎，無有也。其欲僥幸以免罪，情可知矣。應仍縣斷，朝順杖懲，餘人免科。招詳。

分守道批：依擬，蒙朝順杖贖發落，餘如照追給，取庫收領狀繳。

（明）顔俊彦《盟水齋存牘》卷二《息訟馮成志等杖》　審得黎榮俊通身皆債，析肉難分，因仰藥畢命，實不止負馮成志一人也。俊死，而其婦李氏獨訟成志，以成志其可指者耳。隨有兩姓族長爲之勸息，可無深求。馮成志之放利，黎榮昌之添詞，各杖示懲。招詳。

提學道批：黎榮俊之死果與馮成志無涉，則量與黎榮昌薄杖示懲，未爲縱也。依擬，庫收繳。

（明）顔俊彦《盟水齋存牘》卷二《訟債李平等杖》　審得鉛户李平訟葉茂父子逋其銀捌拾兩，而葉茂父子執有合同，則李平賒其研石，尚欠銀亦捌拾兩有奇。平出壹紙，云是葉志上所立，而既無花押，又非券式，捌拾兩交關，不應草草若是。葉茂合同李平無辭。職因察之，得其情，乃李平欲賴賒研石之所欠，而先架詞以相抵也，無行甚矣。念其窮窘，姑減去其半，斷平還茂銀肆拾兩，合同俱付塗抹，併杖平以懲其欺。招詳。

糧儲道批：李平負賴研價而反捏詞以逞，本當全追，據念其窘，姑從減科，依擬贖發。庫收領狀繳。

（明）顔俊彦《盟水齋存牘》卷二《負債梁穗生等杖》　審得梁達之兄弟出海販鹽爲生，取利不貲，乃揭區宦之銀貳百金，久假不歸。區宦年老子幼，若輩以爲無可如何耳。既告本府拘審，而兄弟五人逞凶逐毆，幾於五虎，是尚知有三尺哉。其中利口如簧、攘臂争先者爲梁穗生，且拘繫之限以還銀始放。凌宦可恨，凌宦之老而畏事者更可恨。負債可恨，負債之販而獲利者更可恨。法應重懲，姑杖達之、穗生，以儆其餘可也。

（明）顔俊彦《盟水齋存牘》卷二《訟債李景唯等二杖》　審得李景唯一契揭邵古從銀四十兩，又續揭銀二十兩，皆馮起凡爲中，鑿鑿也。其基塘一契則授以爲質者耳。據景唯稱，代妾父馮鳳竹借，計銀器二十兩，浼其擔認，因出基契。與從夫妾父何親，肯爲擔認？足矣。乃以己契摘

之，不過厚乎？今鳳竹杳然，此債無論是代非代，總須清楚。景唯猶然子衿，無包借包賴之理。據景唯出有陸續零收幾紙，計所還約有二十之數。今斷景唯還古從本銀四十兩，贖還基契。古從尚欲計本索息，則亦可以已矣。古從之逐利，景唯之逋欠，各杖懲之。招詳。

布政司批：的筆文契違心不認，往往於子衿中見之，亦足慨矣。李景唯、邵古從依擬各杖贖發，餘如追實收，領狀繳。

（明）顏俊彦《盟水齋存牘》卷二《訟債莫能禦等繇詳》 審看得莫能禦一候缺巡簡，潘光汝一候缺經歷，吴以連一清苦之新孝廉，肯傾囊以五十金相貸，佐其困乏，雖輕財好義，亦太過矣。職斤斤尺幅人也，不能曉海内高曠之士有如許意表行事者，睹其詞而心詫之。奉憲拘審，能禦以考察斥逐，先抱頭鼠竄矣。光汝赴質，則云能禦曾以烙船浼吴孝廉請之本府，議有所謝。既行停止，孝廉徵前諾焉，以此開釁。職又詫之。噫嘻，此何事也，而孝廉介介不置乎？據光汝稱，立議時能禦曾暗□其名作中，事後乃知之。此誑也。必當日爲之居間，今不善調停，以至此也。此事不堪深論，以污憲聽。倘邀如天之度，一笑置之，猶可稍存雅道云爾。具繇請奪。

兵巡道批：准註銷。

（明）顏俊彦《盟水齋存牘》卷三《索債繆甲科繇詳》 審得繆甲科一事，據縣申，神棍無影霹空捏詐。夫以神棍而布一詐局，必操有成算。甲科一部民，而持一假契勒索一面不識之縣三尹，此必不得之數，謂神棍而如是乎！及唤高主簿面質之。據稱，二月初三領憑辭朝，現有番禺尹主簿同選可問。路繇鎮江還浙，並未嘗迂道金陵，現有新安縣沈典史偕行可據。甲科稱：二月念一托憑京店主人來借，初三之距念一僅十八日，即謂兼程而進，高主簿與甲科初非相熟，烏能憑一店主人而取之如寄乎？況路繇京口，現有同行，豈能分身結債，其爲僞妄，不辯可知。但察甲科吃吃不能措一語，似非神棍，則必有奸徒從中假冒高主簿拐銀而去。甲科一開店營生之人，銅斗家計，何能捨却百金？明知受假高主簿之騙，而死不肯放眼前之真高主簿，則市井小人，情極（急）使然也。刻舟求劍，執指索月，愚人之心也哉。據稱，店主吕鳳臺、鍾少湖二人作中見在南京，合令到彼跟究，庶不付之蕉鹿一夢也。高主簿之青天霹歷，繆甲科之白日見鬼，俱可付之捧腹。雖狂率瀆憲罪不勝誅，念兩家俱無端被累，俯從寬宥免擬，實在上恩。繇詳。

察院批：據其初見投帖，叙問光景，參差矛盾，明是狡棍誆騙情狀。且借貸全憑契券，而屢索止抄白一紙，益見駕空跳詐矣。恐所云吕、鍾二店主，亦是黎丘之鬼也，遠在南京，未可一時跟究，而繆甲科自稱東莞籍也，獨不可一物色其行踪乎？或責而逐之亦可。

軍門批：前件即注銷，繳。

兵巡道批：繆甲科之索逋於高主簿也，可訝亦可笑。細察情事，似非無據，第其中真假，非得居間之吕鳳臺、鍾少湖兩人對質，必不明白。本官自執而問之，併以問之於心。前詳注銷，繳。

（明）顏俊彦《盟水齋存牘》卷三《息訟胡葵日等杖》 審得胡葵日以銀匠爲業，其先時傾拆龔周二、春元之銀，有無虚實，無可追詰。第事經在官胡伯玉，曾乞胡孝廉名刺爲其解厄，葵日吝嗇，無所以酬之。伯玉即跳以假冒之局，令胡彦抱詞控究也。葵日即當據實告辨，乃稱拴勢轄寫欠約一十五兩，則過誣矣。既各悔息，姑免深求。伯玉嗜利釀非，葵日添詞駕捏，均杖以懲，餘免株究，招詳。

按察司批：胡葵日詞多不實，依擬與胡伯玉各折杖發落，庫收繳。

海道批：胡葵日、胡伯玉以小故互相架捏，俱係刁頑，姑依擬各杖，折工發落。餘如照，庫收繳。

（明）顏俊彦《盟水齋存牘》卷三《息訟楊前峰等杖》 前件審得李福因唐見明揭欠其銀，告縣行司拘提，見明完欠不足，株連親識楊前峰代爲湊賍，業已決截。不意見明身故，而所存未了之案涉及前峰，此不甘而有抄殺之控也。今該拘究，而兩造即已處明，悔懇求息，姑不深究。李福召訟有自，前峰具告添情，各杖以懲。招詳候奪。

糧儲道批：依擬楊前峰等贖發，庫收繳。

（明）顏俊彦《盟水齋存牘》卷四《訟債劉抱真等杖》 審得劉抱真等營充廠書，侵漁廠税，皆異棍也。其借馮啓明銀叁拾肆兩，有契可憑。啓明死，而思負之，昧心甚矣。復架詞瀆憲，語皆不根，總屬刁健之尤。應斷還前銀給啓明之孤寡，抱真杖有餘辜，餘免株求，招詳。

軍門批：劉抱真如擬杖懲，取庫收領狀繳。

（明）顔俊彦《盟水齋存牘》卷四《訟債陳巳等杖》 審得陳巳之父陳肖南據李春華出票一紙，賒其故父肖洲絲綫銀叁拾陸兩，而巳又稱有嗣父陳冲正交銀貳佰陸兩與肖洲定綫，止收綫一擔，尚欠一百三兩。然肖洲冲正，俱不可問。陳巳與李春華俱不經手之人，現在三十六兩之票，肖南尚不肯認，何能執死人故紙而辯其真贋乎？買綫走澳，以覓重利，亦非正經營生，一筆抹殺可也。陳巳之父現在，而認冲正爲嗣父，有喝夷殺命之告，則誣甚矣。杖不盡辜，招詳。

海道批：陳巳非親冒嗣，誣告射利，依擬杖發，庫收繳。

（明）顔俊彦《盟水齋存牘》卷四《訟債丘維華等杖》 審得丘維華一貲郎耳，而在南雄無簪紳之地，郡縣日與周旋，未免有夜郎不知漢大意。魚肉吾民，不可謂無。而陳應宿一案，則兩經刑官聽理，兩經院臺批允，應宿復有今日之師，何居？據應宿稱揭華債一百三十兩，加利銀四十五兩，亦不爲過，惟是應宿在里黨間，與維華亦皮毛相若，特以少年不節，浪蕩傾家，維華始慨然貸以多金，不無餌其屋之意。後見應宿無心授屋，亦遂肆其憑陵，私恃狼僕之爪牙，官借衙門之聲勢。應宿應還子母，亦僅如常額，而其一段難堪難忍之光景，所不能已於今日之控也。所尤可異者，當日貯庫原一百三十金，其四十五兩之利銀，可以陸續徐徵，而先於庫銀扣付作利，乃嚴追其本，一時比足，即錢糧催科，恐未必如許着緊，此雖原差陳上曾之稟，倘問官無面情斷，不凑維華之趣爾爾也。至坐應宿以徒，而吴院臺駁之，其力能得之官可知矣。力能得之官，其攘臂於鄉，更可知矣。鴻臚硃封，入刑官之審單，載院臺之批詳，祇此四字，維華殆矣。但屋雖封而未佔，尚屬應宿一枝之棲，維華姑從杖治，以觀其後。陳上曾衙役而居中播弄，杖不盡辜，更請加責枷示，以殉國人。應宿詞多添溢，併杖，具招呈詳。

察院批：丘維華以銅臭權子母於蕩子，不遂所圖，而借官凌軋，此小人之雄也。兩審詳允已息，復控不休，則陳應宿亦非默默受制於人者，與原差陳上曾各杖允宜，依擬贖完。上曾撥弄，仍加責三十板，餘照原斷行，庫收繳。

（明）顔俊彦《盟水齋存牘》卷四《訟債霍洪練杖》 審得霍洪練父霍日門借向爾貞前後本銀伍百伍拾金，據契寫明，完過貳百金，則尚欠叁百金，此皆經縣細核，照粤例折半而定也。爾貞猶苦稱合同之叁百金分毫皆實，無半折之理，職以負心如洪練父子，即如縣斷，追完亦可已矣。日門借人重貲，行賈於粤西，乃以青衿子洪練出頭抵賴，負心實甚。四民之中，士商原分爲二，如洪練者，儒其貌而賈其行，猶然日門之子也，杖之以洗士林之穢，具招詳奪。

隨蒙兵巡道批：依擬霍洪練贖杖發落，餘如照，庫收領狀繳。

（明）顔俊彦《盟水齋存牘》卷五《息詞譚履禎詳》 審得譚鳴陽與區允顔存日有借貸往來容或有之，但據稱鳴陽用價四百兩買允顔之田，交易亦不爲小，何已經兩載，既不管業，並不齒及。湊顔物故，不半月而忽興栰田之師，致鍾氏有詞，始言實價四百，後又訴止二百，何不一其辭也？縣斷二百，致奉憲駁，陽亦溘焉朝露矣。其子生員譚履禎又願減前斷銀五十具息，大半屬之子虚烏有也。特唐泰來爲鍾氏至戚，已經處明，況經手之人俱已物故，不可深求，合無俯從和息，惟復別賜定奪。繇詳。

憲司批：依擬准息贖發。庫收繳。

（明）顔俊彦《盟水齋存牘》卷五《息訟陸豫敦等杖》 審得陸豫敦與陸廷珪等互訐，豫敦執廷珪嘗銀不楚，廷珪執豫敦踞霸祠地，太約以公家建祠之舉議論齟齬，遂不無溢詞相向耳。今據親族梁衍周、陸廷佐等處明勸息，另醵金買地建祠，似可無深求，豫敦、廷珪各擬薄杖，以儆多事。招詳。

布政司批：依擬陸豫敦、陸廷珪各贖杖發落。庫收繳。

按察司批：陸豫敦、陸廷珪兄弟鬩墻，互相誣訟，各杖不枉，依擬折工贖發。餘如照，庫收繳。

（明）佚名《新纂四六合律判語》卷上《户律・違禁取利》 放利多怨，戒言尚切於宣尼；爲富不仁，警訓尤昭於《孟子》。苟使取之非道，縱亦得之何安？矧在清時，尤嚴朝禁。今某心迷法網，身逐貪途。不師焚券馮諼爲田文收債於薛，悉焚其券，以市孟嘗之義，孟嘗亦不責之。之高風，祇解執籌之小智。王戎性貪鄙，田宅遍天下。尚持籌籌日夜計算不輟。假本將圖於千倍，孳孳鷄唱之興。取利輒過於三分，汲汲蠅頭之計。巧若同於鑽核，王戎家有好李。賣與人，恐人得種，每鑽其核。害何止於青苗。王安石行青苗法，民被其害。已知念重於錢神，直欲手探乎金穴。貨從悖入，寧思有悖出之虞。

利實害隨，弗求爲遠害之道。徒信家兄之可愛，其如法吏之難容。宜加過取之刑，用示傷廉之儆。

（明）張肯堂《𥄦辭》卷五《張克勤王天福開州人》　澶淵人王養粹者，貸杜洪子杜文高錢一千五百文耳，業取其驢爲質，復訟官而加桎梏焉。私索公追，殆無虛日，而養粹病。養粹既不勝追呼之擾而死，其子王光亮鳴之於官。除吐原驢外，又稍稍給與殯埋之需。事畢而文高亦病，是二者亦既足以相當矣，獨有所謂張克勤、王天福其人者，乘養粹之死，以代索驢鞍爲名，日踵洪門，恐喝不休，亦庶幾一臠之染指而庸知洪非易與者乎！十千之望，竟成蕉鹿，而訟已速矣。集羶之蚋，幾何而不爲赴火之蛾乎！小人懷惠，此爲炯鑒。念未受贓，各於之杖矣。

（明）張肯堂《𥄦辭》卷六《史宗曉內黄人》　內黄史宗治窶人也。嘗與族人史宗曉丐貸錢米，以彈丸地爲質。在宗曉直欲要挾損價，而宗治賣菜求益，更多奢望，相與詬厲一番。宗治窘迫無計，竟盡尺組。此四年八月十二日也。治子光顯，方糊口於外，聞計亟歸。十三日與其母趙氏，仍將此地求絶於曉，方得入櫬。當是時也，一利屍親降志，即小費不辭；一利死者成喪，並宿嫌可解。此其所以兩無言也。迨事定後而人命之詞且自趙氏發矣。夫天下必無不共之仇，而肉骨未寒，覥顔告哀，即向其人求送死之需者。且宗治死於八月，越五月而始發訟端，其爲無情，不俟詞畢矣。然宗曉既係同宗，寧無一本之誼，何至錙銖必較，肥瘠漠然，竟令其人抑鬱而死乎。

（明）張肯堂《𥄦辭》卷七《李奉節內黄人》　內黄劉一虎借李奉節錢二千文，未幾而一虎逃矣。所欠清還與否不可必，然總與其弟一明無與也。奉節又別欠李文魁錢五千文，即以一虎爲償，亦屬非理。況各不相涉之一明乎，乃忽舉其地五畝契而歸之文魁，且並嗾魁子生員李若南訟之衙官，擾及鷄犬，桃僵李代，一虎其能默默乎？錢債交易各問主者，一虎之宜償奉節，與奉節之宜償文魁均也。寧得借他人血産，供豪家子母錢耶。地聽一明管業，奉節受杖無辭。

（明）張肯堂《𥄦辭》卷五《陳茂才長垣人》　蒲民陳茂才習爲計然之策，曾貸崔宦本銀六百五十七兩，以營奇贏，而劉思智爲之保，又復私立議單，與山西估客高文偉販鹽百引，後爲文偉發買其半，乘便回鄉。茂才便覺折閲，不能自支，收其餘鹽剩本歸之本宦，共算三百五十三兩九錢，尚有三百三兩一錢未償。此思智所以不能已於告也。息壤具在，券墨昭然，豈謂時移物變遂可寒盟乎！如數斷追，無煩辭説，然亦僅僅故物耳。以子母權之，尚不止此。如聞領銀時，思智不無分潤，即欲徼利，以此當之，此亦兩人胸臆間事也。茂才負本致訟，一杖何辭。

（明）張肯堂《𥄦辭》卷一一《周子花》　周子花素不能睦於爾族，其兄子安貧憊正復相當，曾借與子花錢三千，穀三斗，索之不償，因而忿詬。子安故有老疾，兼之暴怒，頭擊子花不中，因搶於地，流血淋漓，奄奄四十日死矣。向訟之縣，坐杖子花，並斷給銀三兩，成禮殯葬。此五年十一月間事也。嗣後子花避仇他徙，子安子計先宿憾未忘，與周宗順等假賀節爲名，潛伏中途，羣毆子花致傷，以侄犯叔，亦從一杖。此六年正月事也。今至三月，郭氏復有人命之告，准行滑審，滑關二卷而析衷之，猶致疑兩端，而必欲改發本縣，庶幾哀矜折獄者哉。獨謂事出去年元旦拜節激詬，則未曙前後時日故也。蓋子安之死，事在五年十一月十二日；計先之毆，乃在六年正月六日，兩案並不相蒙。杖子花以教天下之爲弟者，杖計先以教天下之爲侄者。三尺本不相礙，該縣誤以兩事爲一，又誤以賀節成毆者爲五年正月事，宜其致疑而不能決耳。事理甚明，可無繁説，獨是子花當滑審時逃亡不赴，此則反滋郭氏藉口耳。擬以贖杖，不爲重科。郭氏舉詞，原非爲夫索命，念其惸寡，姑免深求。

（清）李之芳《棘聽草》卷七《讞詞·誣妄·分守道一件為訛詐烈冤事》　審得葉端之弟葉雲卿借任二本銀生理，不可謂非有德於卿矣。迨青蚨既去，白鏹難酬，卒至於爭，豈當日稱貸之本意乎？此時爲賢父兄者，政當諭之以理，坐解此紛；而反興呼盧搆搶之詞，則不情已甚。端之此舉，是導其弟爲負賴也，豈可訓哉？與雲卿併杖不枉。原欠銀二十兩，合於雲卿名下追給。

（清）李漁《資治新書》卷一四《租債·悍兵抄孤事債》　審得妓女張玉，向揭楊美吾本銀貳拾四兩，歲久無償，征逋甚急。有朱升明者浪迹風塵，與玉偶結繾綣，憐其追呼之迫，而即毅然任之。雖云千金買笑，亦自顧其力量何如耳！且認銀徒托空言，卒無所與，既立召約，則債主楊美吾不得不向升明追楚。他日玉得托身，自當效銜珠之報；若終老烟花，則升明此番豪舉，亦不失爲平康佳話。有誰强之，而以鄙瑣之事成行上控哉？或亦其乘興而任，興盡而悔乎？杖之以儆妄瀆。

（清）李漁《資治新書》卷一四《租債・三命等事債》　看得陰承乾係陰楚善之胞兄，而雷聯則楚善之丈人峰也。楚善經商江右，貸族祖善本銀貳百餘兩，折閲瀕死，同伴陰澤勝者沐猴而冠，簧鼓其舌，爲之構斗焉，欲以貳百金之貸，令承乾兄弟均認。夫士賈各途，家業久析，無怪乎承乾之不任受也。先以楚善之衣與婢抵之，抵之不足，繼之以産，力且竭而計亦窮矣。夫何雷聯不以正道規女，率同黨陰巢、范根、黄起，將乾母張氏聽贍倉穀數拾餘石，擅發以去？爲婦不由姑命，因親而擅他財，於理可乎？乃雷聯不自悔過，方且捏詞控憲，而雷氏，羅氏、或弟婦也而辱其伯，或義婦也而蔑其主，豈陰家果以陰道勝，而奇兵間出者多娘子軍耶？則皆聯與澤勝，執羽扇而爲之指麾也。雷聯嗜利唆訟，與同黨之陰巢、范根、黄起，各杖以儆，倉穀照數追給。始禍之陰澤勝，照提另結。

（清）李漁《資治新書》卷一四《租債・姦惡吞騙事債》　審得借債至百十多金，而止憑數行空白，當問之結繩之代矣，近世恐未易允諾。況借自萬曆年間，積今數十餘載，放債、借債之人又皆已故之祖父。當庭對簿，正憑媛所謂不可知之人耳，安能起九原而訊質？焚券之風，願本生創行之，爲近世勸可乎？仍勸賑穀一石。

（清）李漁《資治新書》卷一四《租債・叛詐事債》　審得汪生員者，乃認途人作僕，而思飫其一臠者也。據本生口供，謂郁文錩父郁秀，曾奴於其家，以銀五十兩借。夫明州所謂家奴，非有世臣之謂也，唯去來一任自便，但可名雁臣耳。來則君之視臣如犬馬，去則臣之視君如國人。以主僕而宛君臣之分者，未可遽律此地之蒼頭，況並無委贄之事乎！何汪生忽奴其父，並欲奴其子也？嗟乎！彼銀借五十兩，時過二十年者，果誰授誰證，乃忽指野梟爲堂燕耶？執路人而求貨，有奴心矣。合杖治之，以爲借題禦人之戒。

（清）李漁《資治新書》卷二〇《租債・謀吞毙命事》　王吉臣之父在日，曾借與黄太居銀二十兩，無約無中，或完或欠，末由稽考。吉臣於順治十五年經黄司久等評處，令太居還銀二十一兩，以杜牽纏，亦可謂克全厚道矣。吉臣立與完帖，親筆可憑，乃字迹方新，而本心已昧，則前此二十一兩之索償亦爲無端騙詐不益彰明較著乎？一有收帖面復詐，一無借券而償銀，君子小人之途於是乎分矣。更可異者，捏造欠票一紙，乃稱伊岳代筆。世有乃翁而不左袒阿婿者乎？況伊岳已不可復生，並求一左袒者而不得也。可久云：此票未經見寫。獨中親黄元貞屢以目視吉臣，而吉臣復以言引元貞。彼此張皇，情詞閃爍，則虚之不能飾而爲實，猶有之不能飾而爲無也。法應究報，姑念子衿，從寬以俟悔。

（清）陳枚《憑山閣增輯留青新集》卷二二《讞語・逼死妻命事》　看得放債之利，每兩重只三分，償債之家，年多不過一倍，古例爲然。楊成曾貸僞兵王有功本銀七錢，叠年還過十一兩，夫亦可以焚券矣。不料虎嗜難厭，仍逼六兩欠票，以七錢之本，而索十八兩之償，此是何等利息。不惟子大於母，指粗于臂，幾至孫邁于祖，髮重于身矣。擴而充之，即有郭家金穴，豈能厭其所欲乎？然而有功之心，尚不止于此也。殆有甚焉！據成女口供，謂本月某日，父出未回，有功率領梟僕王三，同轎夫二人，先到母舅毛雲家吃飯畢，轉到成家。索湯洗浴，時已將晚，即令鋪床要睡。成家止得住房一間，成妻毛氏，因避瓜李之嫌，不肯留宿，有功硬住不去，又討酒吃，無以應之，致氏投繯身死。迨鞫王三暨各証供吐，皆一一與成女同辭。夫傍晚索債者何意，硬要止宿者何心。爲乘氏夫之不在耳？即使床頭有酒，以待不時之需，猶恐醉翁之意不僅在此。況于色心不遂，酒興徒濃，兩無以應，有不咆哮而索命者乎？嗟嗟，毛氏苟非萬不得已，何忍棄枕上之髪夫，割懷中之愛子，捨生門而就死路耶。姦雖未成，死實由此，他人之爲惡者，或因債逼命，或因姦致死。一之爲甚，有功再焉，可謂具兼人之力者矣！天理赫赫，王法森森，職何敢妄爲出入。

（清）全士潮《駁案新編》卷五《户律・錢債・民人盤剥土司審斷咆哮》　貴州司嗣後，内地民人概不許與土司等交往借債。通行

一起爲呈報事。據貴州巡撫李本咨稱，威寧州已革武舉戴麟瑞藉債圖産，不服審斷咆哮公堂一案。緣威寧州法窩土目安起鰲於乾隆二十三年，兩次借武舉戴麟瑞之父戴於和銀五百兩，將田作抵，每年每兩還息米一斗五升，共納息米七十五石。三十二年，安起鰲還過本銀九十兩，尚欠本銀四百一十兩，每年納息米六十一石五斗，按年清楚。至四十年，田被水冲，無米還息，戴麟瑞牽去水牛一隻，作銀二十兩，准米六石，欠米五十

五石五斗。四十一、二、三等年，戴麟瑞兩次拉安氏馬牛，准算米石，並交納息米外，欠米二十四石。四十四年三月間，戴麟瑞因舊欠息米未清，欲行犁田，安氏又以黄牛一條，作銀十五兩，並錢十三千文，給與戴麟瑞以作舊欠。迨是年冬間，又復拖欠米六石七斗五升。四十五年，戴麟瑞復向催逼，安氏無可設措，欲行賣田償還。戴麟瑞希圖准折田土不容變産，於二月二十七日，率領佃户翻犁田土。安氏情急，赴州呈控，差提審訊，核計安氏僅欠戴麟瑞本銀四百一十兩，前後收過息米一千四百十石，照時值銀三千三、四百兩，利過於本數倍，斷令安氏止還本銀，田歸安氏管業，舊欠息米免其追價。詎戴麟瑞倚恃武舉，抗斷不遵，大肆咆哮，將頂帽擲於公案之上，出言詬詈。當經該州將戴麟瑞戒飭，一面詳請咨革，飭委會審。據供重利盤剥各情不諱，將戴麟瑞請照棍徒擾害例，改發極邊足四千里，折責安置。安氏所欠戴麟瑞本銀四百一十兩追繳給領。其拖欠息米六十四石五斗，利過於本，免其追繳。田産歸安氏管業等因。前來，查邊省土、苗、瑶、僮，例禁内地民人相與往來交涉，誠以民人盤剥土、苗，往往滋事肇〔端〕，漸不可長。如本年五月間，臣部核覆廣東省黎匪那回等，挾民人吴香長等重利盤剥之嫌，糾衆搶劫，拒傷官兵，將那回等分别凌遲斬決，吴香長永遠枷號，並聲明，乾隆三十一年，民人在黎地重利盤剥，以致定安黎匪王天成仇殺客民，曾經奏明飭禁在案。是民人凡在土、苗地方舉放錢債案件，於按法嚴懲之外，尤當絶其多取利息之途，俾若輩無例可圖，而其風自熄。此案土目安起鰲同武舉戴麟瑞之父戴於和借銀五百兩，每年納息米七十五石，自二十三年至四十五年，統計得過息銀三千三、四百兩，數倍於本。戴麟瑞以拖欠息米，希圖田土準折，率領佃户前往犁田，滋釁争控。該署州審訊時，戴麟瑞恃符咆哮，當堂詬詈。該撫將戴麟瑞照棍徒擾害民人例懲治，洵爲罪所應得。應如該撫所咨，問發極邊足四千里。至該撫將安氏尾欠戴麟瑞息米，免其追繳，而復斷還其本銀四百一十兩，追繳給領，殊有未協。查律載，舉放錢債，年月雖多，不得過一本一利。今戴麟瑞以本銀五百兩借給安起鰲，嗣於乾隆三十二年還過本銀九十兩，僅欠本銀四百一十兩。戴麟瑞前後共得息銀三千三、四百兩，核其每年所得息米七十五石，約計值銀一百四十餘兩，雖在三分禁限之内，尚非重利盤剥。但歷年久遠，業經數倍於本，若聽其將得過利息三千三、四百兩，盡飽囊橐，而復向安氏追本給領，則不惟放債者仍得遂其無厭之求，亦無以示撫恤土司之道。臣等公同酌議，不但安氏負欠戴麟瑞之本銀四百一十兩毋庸追給，即戴麟瑞從前所得利銀三千三、四百兩内，准其扣留八百二十兩，以符一本一利外，其餘銀二千五百兩，仍於戴麟瑞名下盡數追出入官，方足以儆民人盤剥土苗之漸。並請嗣後内地民人，概不許與土司等交往借債，如若有犯，將放債之民人照偷越番境例，加等問擬，其借債之土苗即與同罪，並通行雲南、四川、廣東、廣西，凡有土、苗等省，一體曉諭遵行等因。乾隆四十六年十二月十日奏，本日奉旨：依議。欽此。

（清）張五緯《未能信録》卷一《原起總論》 又任德安縣時，有富户，以紳士借去銀三百兩，情不言息，並未立約。歷今七年，屢討不還，惟以空書回覆等情具控，原書粘呈。紳士以七年前曾借過銀三百兩，立有借票，寫明一分行息，於上年本利一併清還，將票收回。書信本求寬期，約係三年前所覆等語。因思借用銀錢原以票據爲憑，民間常有相好不言利息，不索票據之事，凡遇此等事件，頗費躊躇，故每逢告無據之欠，雖情詞懇切，不敢遽准，亦不肯批駁，惟批鄰保秉公查處具覆。蓋未進公門，兩造尚未大破情面，果欠者或不致於盡昧天良，且批爲兩平息訟之批，所批之鄰保又爲可以和解息事之人，大半自行清理禀覆，銷案完事。其不能了而仍須到官者，究竟有查覆人可問。此外理所無，而事恒有者，做此批發，實因民間各有其情其理，不可盡以常情常理概論，不能不使之調停息事之辦法也。此案前縣自係因有原書批准，而訴詞則稱係三年前所寄之書，去年業已本利清還。查看原書並無年月，謂爲三年前可也；謂爲一年内亦可也；謂爲已還銀掣回借票可也；謂爲未還銀實未立票亦可也。但既認掣回欠票，則借銀實矣；覆有回書，求寬確矣。意謂既知掣回欠票筆據，何不一併掣回原書親筆實據也。年分口説無憑也，以此詰之，諒無可辯。及至詰問，據供：此書因生員家下有事，煩西席所寫，彼並不知爲代筆，生員如果未清，昧良盡可不認。生員西席現在同來，求唤問，面對筆迹不辯自明矣。復據原告供稱：從前實因相好，故未立票，後以屢討不還，嗚官無據，故索其書以爲再延不還控告之證。雖不知伊托人所寫，第送書之人即其胞侄，故彼不能不認也。次日傳唤生員之侄並西席到案再問，皆如生員所云，而兩造惟當堂争論：一則曰，兩家住居相去不遠，連年數十次登堂面討面約，爾何須再作回書；一則曰，因汝屢次遣人催逼，是以作札求寬。彼此争執不已，兩日不能斷結。只可諭候傳到代往討銀之人覆訊定斷。一面諭令生員之西席邀齊兩造親友，爲之秉公理處。數日後和息，生監帶同兩造，各具允服甘結具呈。請息詞内則稱：某人告某人一案，從中調處，日後永歸和好，俱各允服，不再彼此互控。結内則稱，今承親友調處，情甘允服，此後不再具控。詞結俱屬含混請息，批語只得含混准息，到堂亦只可含混訊息。蓋此類錢債控追、控争事件，惟求其心平氣和肯結，不必定於訊明虚實執法，以增其不解之怨耳。此看卷不能決，連審不能結，仍歸和息之始末也。

又南昌縣有前任批准告欠一件，以欠者先後兩票，共借銀四百兩。先一票二百五十兩，第二票一百五十兩，抄粘借票在卷。隨閲抄票，聲明俱係代筆，卷内並無欠者訴詞，其爲負欠必矣。堂訊時問以何故拖欠不還？欠者供稱：實因近年生意平常，現向親友挪移借貸歸結，既經控案，情願央人代書結狀，懇限月凑繳。隨令出具呈候核限。頃刻呈案，結内止有二百五十兩一項，閲之深爲不解，問其何以止有此數？據供止借此數，遂以先後兩票尚有一百五十兩之票詰之，欠者茫然。極口呼冤。唤代筆問，則曰依口代書，先後兩票均係欠者所借。復訊，據原告供稱：欠票雖係代筆，花押是其自畫。現在帶有原票呈閲，明係昧良欺騙，復敢當堂朦蔽，求查看花押訊究。押追當以次借一票。令欠者閲據，供此押是客民所畫，又以初借之票示之，亦稱是其花押。詰以花押既均係爾筆，何止認還前票？供曰：客民不知他呈出兩票，所以止具一票之結，今原告既呈出兩票，情願照票措還，惟乞饒恕。質對之下，頗有令人不解之處，如謂其有心欠騙，先必有呈詞訴辯，始而到案渾問之因何拖欠，彼則惟稱情願措繳；繼而出具結狀。又止前票所該。詰之則極口呼冤。旋據原告呈出原票，令看花押，又自認不諱，情願俱還乞饒。覩其情狀似非狡者，觀其人實屬憨厚之輩。因思此中必有别故，復問欠者：爾半月内四百兩可能繳齊否？供稱：數日内有一銀會可得，可以凑齊完繳。客民是不肯負人的，告了要還，不告也要還，只要各人心里明白就是了。聽其所供，已情見乎詞。故責之曰：爾既非安心不還，何令人告狀兩月之後，尚不料理歸結，必待當堂訊追耶？供曰：欠主在前縣主卸事時具控，客民並不知情，契中亦未告知。前日案下票唤，始悉控准。因不及查看原詞，所以連訴詞未遞。聞之愈覺可疑。因思商民告欠之舉，原欲使欠者畏懼速清之意也。或慮其知而逃避，或懼其人之强梁，秘亦可也。若此人者皆非也，何以始終並不使知。當以其故詰之原告，原告忿然曰：肯還何必告？拖騙纔來告，既告就是冤家了，何必又去告訴他知道。素聞狡供不認者，研訊追求。原告誣控者，照例反坐，治以枷杖法也。訊明被告拖欠情真，重杖勒限理也。今被告已自認俱還，則原告所控不虚，自當立予重處，刻令繳還，何反問半月能否俱清，復追問原告於不已耶？似此訊斷半月之限，客民萬難甘服，惟懇執法勒追，等語。明知其爲强詞奪理，又不能直指其非，而使之俯首，實不禁愧對兩造詞證諸人。正在進退兩難之際，忽憶花押爲欠者親書，筆畫不多，或係仿照亦未可定。隨以兩張比對，竟不能辨其孰是孰非，惟仔細看去粗細大小如一，宛如印就無二。隨以押蓋押照看，套寫顯然，半真半誣始決。當比照之時，並看原告、代筆情形，兩人神色俱變。詰之，惟悚惶連叩求饒。從而究之，始據供認：素知借銀者忠厚，起意八扣三分盤剥，知爲違例，又畏人言，是以連扣帶利，於告狀時疊算，約共銀一百五十兩。另寫套押，亦因花押易套，始蓄此造控之念。前恐粘呈看破，是以臨審呈案等供。訊明後對衆諭：原告曰此訟兩票，一真、一假，一事半虚，半實，票之真實者，一本、一利還之；事之虚僞者，重枷，重杖治之。此即爾對衆所云，理法之至當也。隨諭抬枷二面，一重一輕，分枷原告、代筆，兩人愧懼不可言狀。堂上觀者無不歡欣，正在執法之際，欠者叩乞曰：客民借欠屬實，當時若非他借銀接濟，那時客民就要被人控告。今有違期約，是我負他，難怪他告。且客民並未受累，又未受責，並蒙審出真情，又少還銀，客民受恩重矣。彼亦素常要臉生意人也，今犯法遭刑，此地不能存矣，人欠不能清矣。客民覩之不禁心痛，惟求網開一面，倘法無可逭，情願以身闋代之。頃刻額腫如瘤。原告奮然曰：你不過延約，我實不良，你不恨我，反爲我如此苦求，我若不受官法，更無顔面對你。隨以頭套枷。欠者遂拉開代筆，亦以頭闋枷内。余隨諭之曰：爾兩人一有天良，一知愧悔，均出至誠血性，當全爾兩人舊好，王法無情，非敢狥爾等情，實憐爾等情耳。原告回曰：既蒙曲恕，客人頋讓借銀，以贖前愆。欠者聞知，復曰：我非不能還銀者，何輕視我？若是兩人始如仇敵，繼而謙讓，當爲之從中處決。令原告再出一百五十兩足銀借給欠者，連前欠共寫一票，註明情不起息，兩年歸還，庶兩人均可心安矣。兩人隨遵斷叩謝，復互相跪拜懽笑而散。此看卷無從看出，於臨審呈據細心查出僞造，復曲體曲恕從權之辦法也。

（清）李鈞《判語録存》卷二《私質弟産事》　審得山西曲沃縣民趙德隆控宜陽縣貢生杜清芳即杜子龍代兄霸産等情一案。緣趙德隆在宜邑韓城鎮開設永泰號錢店。杜子龍胞兄杜自芳即杜子南，自幼出繼堂伯爾宣爲嗣，與子龍降服小功，久經析産。道光五年，子南合夥趙成仁等開採煤窑，憑方書升作中，當給永泰號地一頃零七畝，得價八百五十千，以一資窑費。七年，因煤窑賠累，陸續支借該號錢積至三千六百串，無力歸償。子南私將子龍地四段，計一頃九十畝，詭稱己業，憑原中説合，質與該號作抵，仍行稞回，以故子龍未覺。八年，又拖欠錢三千一百串，因將所當本身之地，覆價一千三百串；所當子龍之地，覆價一千八百串，以抵欠項。將地按段指交。時地内已種麥苗，並詐稱代包佃户籽種。但欲彌縫自固，不慮漫空之霧，見晛而消，實爲途窮計拙。九年，該商赴地收麥，則萬隴黄雲，渺無一穗。蓋子龍先已刈獲登場矣。德隆以搶收控縣。該前縣勒子南繳還典價。迨逾限未償，差押交地。子龍以業不由己抗辯。德隆則謂其本未析居，朋謀霸産，兩造互控到府。查杜氏兄弟，實已析居。本府前因鹽客張有經控詞，業經質明在案。即如德隆所言，則祖業貽留，理當共享，又何能以一人之私約而質兩人之公産耶。其非强霸可知。所有一頃九十畝之地，仍歸于龍管業。其典價、覆價，共錢五千四百千，候飭縣向子南勒限比追。至子南本身之地，准其抵兑，現已交地四十二畝。餘六十五畝，亦行縣飭差押交。惟子南負債累累，不思善爲補救，乃恃其狙詐，掉弄空拳，陽爲割地議和，實屬瞞天造謊。無論豪右受商於之誑，而欺及骨肉，行比穿窬，抑亦難爲兄矣。本應嚴懲，姑念愧悔交集，暫從寬宥。如延不交價，抗不交地，仰該縣加倍究處。趙德隆控出有因，與本未搶收之佃户楊二娃等，並未訛索之差役之宋戊子等，均免置議，一干省釋，取結附卷。此判。

（清）沈衍慶《槐卿政蹟》卷二《判牘·錢債事》　錢債之案必以券約爲憑，玆若劉暢茂控陳濟雲之欠項，所呈券約又有未足憑者。據暢茂稱：嘉慶八年，鍾衍楠、陳世祚同借伊胞伯劉漢賢錢十三千文。嘉慶二十五年，伊伯叔兄弟等析産，將此項分暢茂名下，屢取不償等情。試思暢茂伯叔分産之時，距衍楠、世祚借錢之時已逾十七年之久，何漢賢從不一向索取乎，此不足憑斷者一也。使此項而難以索償，則此券早成廢紙，使此項而猶可索償，則漢賢尚有子孫，胡不自向索取，而必强分之暢茂名下乎，此不足憑斷者二也。暢茂析産之時，衍楠久已身故乏嗣，無從追索。即使世祚肯認此項，亦止應照各半之數。暢茂當日並非幼孩，胡竟甘受此十三千之虚券而不一聲明乎，此不足憑斷者三也。嘉慶八年迄今已三十五載，查世祚歷買暢茂及其伯叔兄弟之業，印契炳炳，豈産業已陸續出售，而借約尚藏篋中，直至三十五年之後始行控追乎，此不足憑斷者四也。至券内見借之賴翌註久已身故，無從質證，本縣揣情度理實難斷令世祚償欠，合將借字塗銷，以杜暢茂之幻想可也。

（清）鍾體志《柴桑傭録》卷一《讞詞·徐僑政控陳以昌案》　前據徐僑政，以本年二月間，用錢七十二串，在開設久記之陳以昌店内，换銀四十五兩，立有票據。逾期不兑，稟准傳訊。玆據傳到徐僑政，呈驗久記手票，并稱此票係從坊間拾得，并非以錢易來。因取銀之時，被久記拖毆不平，以故興訟。據陳以昌供，伊名在林，并非以昌。久記雜貨鋪，係今二月同李傳泰等開設，并無銀票在外。徐僑政所持手票，非伊筆跡，實係僞造。查徐僑政情詞反覆，實屬譸張爲幻。且難保非僞鐫圖記，造票訛索，殊堪痛恨。着掌責示儆。惟徐僑政前曾以徐忍卿之名，具詞揑控魏讓高，經本縣責斥在案。今更名僑政，皆自稱監生。如果捐監填照，豈有兩名？着發看管，勒令撿照呈驗察究。至銀票既稱拾自坊間，無論有無陳以昌其人，均應塗銷，不得再向索取。此諭。

（清）趙幼班《歷任判牘彙記》卷一《判馮定順等堂詞》　朱松林前將浮房靠押於曾信庚名下，洋二百元，及借款租利共合洋三百十三元二角。據供無力歸還，願將浮房杜絶，斷令曾信庚收受浮房，限二十日找出洋二百元，以清欠款。朱松林又欠馮定順洋二百九十三元，亦以浮房靠押。曾先馮後，曾有印契爲憑，馮執白契爲證。朱松林之一屋兩典，是包中孫子亭之詭計。應令其如數認賠，爲串當串押者戒。因念朱松林所欠屬寔，又極困難；孫子亭亦屬赤貧，究追無益，姑准量予斷結。俟曾信庚繳案洋二百元內，以一百元了結馮定順，一百元給朱松林，另謀生計。取具遵斷各結。朱松林限二十日出屋。曾信庚繳款，再行分飭具領完案各據暫附。此判。

（清）趙幼班《歷任判牘彙記》卷二《判葉聲篁等堂詞》　此案訊得陳榮卿原欠葉聲篁有債，以生財作抵，憑中謝道三立據，已經兩載。現在陳榮卿因母病，慮及身後事宜，無款可措，欲將生財各項照原價全售與葉，亦出於無可如何。葉不允，受潘哲生從中開導，處議折價。葉仍堅執，其頑梗固屬可憎，其刁狡已可概見。惟陳榮卿即擡病母拚入葉家滋鬧，實屬不成人子，此等惡習斷不可長。姑念其母病垂危，飭令葉聲篁暫付二十元，以便陳榮卿擡母回家調養，以作醫藥之資。仍飭謝道三、潘哲生等再行排解。兩造俱應聽候調處，毋得各持己見，徒負訟累也。抵約一紙，生財各一紙，均發還結附卷。此判。

（清）趙幼班《歷任判牘彙記》卷二《判楊守邦等堂詞》　張順周避不到案，應向保人孫春霖追取。原斷之一百元，既難如數，即議折減作七十元。楊守邦與張、孫等俱屬表親，何必纏訟而傷戚誼。飭孫書立期條，取結完案。至杜介眉稟控各節，可作罷論也。此判。

（清）趙幼班《歷任判牘彙記》卷三《判方相堯等堂詞》　此案初次提訊未結，經孔厚山、劉鑒堂從中處釋，稟請息銷，本不應再興訟案，乃洪承鉞於去臘，忽向方慕唐尋釁，平空毆辱，方又何能忍耐，以致稟控。飭提是覆雨翻雲，實係洪發其端，自取好訟之累。至原議和局，方與洪店來往，本身帳項均已清楚，毋庸再議。所未了者，因立有合同，載明欠户方同協追，無非以方在洪店經手多年，恐欠者不認，須藉方以指證之，究之追取。有償無償，仍與方不相干涉。但當日立合同之時，亦未指定欠項若干，是何年分，是何人名，統而言之。方與協追，其中自不能免枝節，即以現在洪開之帳，究竟是否係方相堯原日經手之件，無從查悉。何能以洪承鉞所開數單，即爲確據？兹將單發交劉、孔兩人，細爲查核年、日之遠近，姓名之有無，不得以洪開帳單，强令方姓協追，藉此拖累也。合同暫存。此判。

（清）趙幼班《歷任判牘彙記》卷三《判楊嘉棟等堂詞》　姜子修欠楊之款，原有條據可憑。惟以店抵押，立有抵約、收約，彼此各執。其中究竟因何糾葛不清，楊喜棟實受暗累之處，候照會商務分會查明，秉公議覆，以憑核斷。抵收兩約各件均暫存。姜子修取保。此判。

（清）趙幼班《歷任判牘彙記》卷三《判嚴春山等堂詞》　訊據各供，彼此各執一詞，無從得其實在。及核閱屠興源所呈帳簿，係二十九年所訂，於嚴群山名下添註三十年兩小字。原日買靛交易，乃三月十四日之事。二十五日期兩字與所載付洋十五元，付洋三十五元之字筆迹迥不相符。又嚴群山數後有朱子仁一項，係元月之事，何以三月之數書於前，元月之數書於後。且嚴群山以前各數，與朱子仁以後各數，是一筆字。惟嚴群山與朱子仁兩筆雜乎其間，字畫獨殊，前後倒置，其中破綻，昭然若揭。屠興源毋庸抵辯，所謂弄巧反拙也。出洋八元，以了其事。至嚴大田果是無帖，私開行户，有違例禁，即候飭查核辦，取結完案。此判。

《黄岩訴訟檔案及調查報告·陳張氏呈爲喪良蓄噬粘求提追事光緒十一年三月初八日》　狀式

做狀人陳子山　歇家本城　保戳趙德水

寫狀人同上

經承　原差

光緒十一年三月初八日

具呈陳張氏　年四十八歲　住東鄉一都　啚

東禪巷莊　離城　里

抱告陳開光　年五十四歲　係本人之親

呈爲喪良蓄噬，粘求提追事。竊氏夫出外有年，家尚貧窘，紡織苦度，暇賣拆衣，儉積微資，計（啚）〔圖〕賴養終家，以作兒女耳。情緣貼鄰葛善荷即結習，何以聘定乏資，於與氏商借。氏原以婚姻大事，轉向譚姓抱借英洋十五元，面交善荷送聘。詎善荷洋經入手，噬不付還。當氏迭討，本利烏有。致被譚姓坐氏家索鬧，寅卯難遲，固不已將自己養老英洋代償十五元，又加利二元。氏轉向善荷理論，無如伊挽出繆瞿氏立票抱還，票寫光緒八九兩年付還，豈期善荷噬心不改，延今三載，共少氏本利洋二十一元零，仍然分毫不給，仗自兇横，向討無期。氏云控追，反被誇張，以説錢債細故，要他不得。慘氏年近四旬，夫拙無子，滿望此款出借，生可以糊口，死可以備葬資。且被葛善荷黑心吞噬，久討不還，心實不甘，爲此粘票，叩乞大老爺電准究追，杜噬援弱，焚祝上呈。如虛坐誣。

粘憑票二紙

欽加同知銜大計卓異調補浙江台州府黄岩縣正堂加三級隨帶加一級紀録三次歐陽　批：

葛善荷欠洋既有票據給執，又有抱還之人，盡可自行邀同向討，毋庸遽請飭追。票揭還。

（清）張聯桂《問心齋學治續録》卷四《覆英國費領事論郭潤庭借欠太古行銀兩案》　巡覆者現接大函，以英商太古行被華民郭潤庭借去銀三萬餘元，將自住之房屋印契一張作按照請前道查封備抵一案，曾與本道論及，現未知作何辦理。究竟限於何日始能了結，囑爲函覆，以便飭知等。由卷查前件來文，内稱永成發行向太古行借銀一萬五千元，郭潤庭擔保。又稱郭潤庭、郭紫垣賣出新架坡之客單，尚欠本行銀三萬五千元，文尾止稱面晤時，將太古行借銀一萬五千元得郭潤庭產業爲據，謂前道允許查明，卻不再提三萬五千元。一似此欵該行自能理楚，止教追抵一萬五千元，所按產業即經前道照覆，應俟郭潤庭即郭繼棨到案再行核辦，並札澄海縣遵照在案。前此貴領事面交本道清單上粘浮簽於一萬五千元之外，又提及客單一欵除還外，實欠銀二萬五千六百二十元。是此欵至今尚未清楚，合兩欵計算共應欠銀四萬零六百二十元，與來函所開三萬餘元數目不符。其中顯有舛錯，且查客單之銀係郭潤庭、郭紫垣二人同欠。該二人果否一家共爨，應否由郭潤庭一人歸還？或須分别追償？所按屋契估值時價能否足抵該兩欵欠借之數？應先由貴領事查明詳細，照會以憑查核。至此項欠賬，郭姓是否無力籌還，情願將住屋抵償？抑願措備現銀歸欵贖回屋契？以及郭紫垣同欠之欵如何着追？總須欠户到案查問明確，方能分别追抵。現在郭潤庭尚未回汕，魯麟行合同一事，本道與德國司副領事再三辦論，迄未商定辦法。同一產業抵欠，未便辦理兩歧，況在太古行有契收執斷，不至於落空。將來魯麟行事辦有頭緒，總可一律了結，特不能限以時日也。即祈貴領事轉飭知照爲荷。

（清）張聯桂《問心齋學治續録》卷四《覆英國費領事論郭潤庭欠太古行各欵分别辦法》　爲照覆事。光緒十年三月初一日，接准貴領事照會，以郭潤庭、郭紫垣兄弟欠太古洋商銀項一案，貴領事將本道正月三十日來文繙譯該商閲看。據該商稟稱，屋契抵押時，曾訂一層抵一萬五千之數，二包總數。現總數既不能包，則一萬五之數分所應抵。若候至魯麟行及債户事辦結，再行抵領，斷無是理。且未抵此屋時，不知價值能否足抵所借一萬五之數，或有盈餘，尚可抵二萬五千六百二十元五毫九之總數。總數都可勻攤分抵，地方官既如此宕延，不肯給領，看來斷難了結。求將此案移知北京大憲，該當如何辦理等情。貴領事以郭潤庭兄弟定不回汕，其情願將屋抵債，或措備現銀贖回一層，人難得知，若必俟其回汕，方能辦結，徒自躭擱時日。至將屋契交該商時，原指明作抵一萬五之數，請本道不可躭擱，務將此屋抵給該商管業。其餘總數甚多，縱日後查明郭潤庭產業無法抵償，現能將此屋抵付總數，亦只可罷休。倘如本道所云，必須魯麟行抵產之事辦結，太古行抵產之事亦能辦結，務請將此二案迅爲辦理。貴領事又未知因何須俟德商事辦結，英商事方能辦理。謂英商之事與德商之事並無相涉，各歸各辦等由，本道均已閲悉。查郭潤庭欠太古洋商銀一萬五千元，將自住房屋印契作按，本屬有產可抵，不至落空。乃於一萬五千元之外，又欠該行客單銀二萬五千六百二十元五毫九一欵。且係郭潤庭、郭紫垣二人同欠，所以本道前兩次來函照會，查問該二人是否同居共爨，此項客單銀兩應否着落郭潤庭一人追償，或應該二人分還。因合兩欵計算欠數甚鉅，故又問及郭潤庭所按屋契，按照時價估值能否足抵四萬零六百二十元零之數，原擬將此等情節一一查明之後，應如何抵償之處。俟魯麟行合同事議定，一併覈辦，原是一了百了辦法。今查貴領事來文，並不將以上情節查明回覆，但稱屋契交該商時原抵一萬五千元之數，請將此屋抵給。果欲先抵此屋，惟有與貴領事約定辦法，請先將郭潤庭原立一萬五千元借約，及原按屋契備文送交本道，由本道發縣查明，此屋如果别無先抵後賣，及一契兩抵情弊，應於借約屋契上將原委詳晰批明，用印存案，由地方官立一執照，給予該商管業。執照内須叙明房屋由管業主隨時修理，將來郭潤庭備足現銀一萬五千元，不拘何時准其回贖。如該商欲將此屋轉租與人，所得租價不得多過一萬五千元之數。仍應批明不論年限銀，到回贖字樣，與中國民人典當之業相似。緣產業係抵按錢債，本人並不到案。地方官不能代爲絶賣，未便作爲永遠承受之業。如此辦理，在該商目前有屋可管，或自用，或轉租，均聽其便。郭姓日後亦仍得備價回贖，兩得其平，彼此均不受虧。若欲於抵給之後永遠承受，不准回贖，本道斷不能辦。即請貴領事諭知該商，如願遵依，即行照覆，以便飭縣遵辦。至於客單一欵，果如來文所云，只可罷休，則不必置議。若不能罷休，仍應查照前議，由貴領事確查郭潤庭與郭紫垣二人是否同居共爨，應否着落郭潤庭一人追償，或應該二人分還。並須查明當日郭潤庭與郭紫垣有無寫立合同字據，逐一照覆過道。仍俟魯麟行合同事，議定查辦之時，即將字據照送，彼時本道再與貴領事及德國司副領事會議酌辦可也。合就照覆，爲此照會貴領事希爲查照酌覆施行。

（清）熊賓《三邑治略》卷四《堂判利川縣任内·訊徐華霖一案》 此案徐華霖欠白玉堂錢一百串文，當堂呈出借字屬實，外欠三年半利息未給，照每年二十串算，約有利錢七十二串文。而徐華霖佃户，又欠徐華霖租稞九石六斗。佃户鄺基才等，係白玉堂所薦，因徐華霖不給白玉堂之錢，故鄺基才亦不給徐華霖之稞，以致彼此轇轕，分別不清。斷令各清各款，徐華霖欠白玉堂之錢，三年半未有歸利，着讓去半年，净歸本利錢一百六十串文。鄺基才所欠徐華霖之稞，九石六斗，爲數不多，仍如數歸清。徐華霖當堂書立限期票據，俟繳到時，再將借字退還。鄺基才亦當堂書立清稞退莊限字附卷，各具結完案。此諭。

（清）熊賓《三邑治略》卷五《堂判東湖縣任内·訊屈憲祖一案》 此案前已詳細斷清，除付原日當價三百五十串外，給錢七十五串文，業已具結完案。現在袁華玉又呈出借字三百串，據稱係屈憲祖所借身兄袁玉山之款。細核袁華玉初日呈詞，即云身故胞兄袁玉山，於光緒七年，曾歸屈憲祖之田，其價三百五十串，是從前即係爾兄公款所當，又何有另外借賬？且借字亦係光緒七年所書，斷無既當田三百五十串，又復借錢三百串之下是。果有此事，何以不併入約內？況查借字內有隨帶紅契一紙，詰其紅契何在，又云前已交出，足見子虛。爾於前次當堂時，並未提有此款，詢其何以不供？又云一時忘忽。種種虚誣，刁狡已極。當堂將字據批銷，限五日內屈憲祖將買主邀案，當堂交價，給領搬家，兩造均取保候質。此諭。

（清）熊賓《三邑治略》卷六《堂判天門縣任内·訊胡恒順一案》 查訊袁在銓、彭在敖該欠胡恒順之銀二百兩，尚有一年利息未清。今年五月初七日，胡恒順向彭文焕家賀生，當面問彭在銓索要，彼此口角。彭官兒、彭二喜因其父生日，阻斥彭在銓等不應滋鬧，以致彭在銓之母蕭氏出頭互相爭執，胡恒順及彭蕭氏各有微傷，均已驗明。惟此事究屬錢債，爾等又係戚誼，不可參商。斷令彭在銓弟兄速將胡恒順銀二百兩限六月內還清，外令胡恒順讓去半年利息。至彭道一在日，收有彭在銓錢八十五串，並未付與胡恒順，應由彭道一之子彭在勤自向彭在銓等清算。彭官兒弟兄無論是否毆打蕭氏，究屬爾嫂，由彭道浦領往賠禮認錯。至彭在銓所控彭文焕各節，彼此均有過當，一概不究。此事應責成彭文焕趕紧回歸理楚，先行具結完案。此諭。

（清）倪望重《諸暨諭民紀要》卷一《正堂倪二任·陳長貴控陳秋槎圖賴佃田押價由》 堂諭：訊得陳秋槎於光緒十七年二月間憑中陳秋和向陳長貴借得洋銀五元，以土名小湖佃田一畝三分作押，寫立借票，並將原票勻執。旋因利息不納，陳長貴起種佃田，兩相口角，以致呈控。兹經集訊，查陳秋槎供稱本利一概清還，惟未取還押契、借票。質之陳長貴，則稱並無本利交付，是以起田管種。中人陳秋和供亦相符。陳秋槎尤敢聽唆圖賴，殊屬不合。今以其事核之，陳秋槎於十七年二月間押田，陳長貴即於十九年二月間起種，其時不過欠二年利息耳，乃奪其田種之，於族誼何存？於人情何洽？而陳秋槎念其起種佃田，不惟欲賴週年二分五釐之息，並欲賴借本而不還，刁執甚焉。臨訊罔顧中證俱在，契票分明，悻悻然執己見之私，作膚受之愬，頑執甚焉。予以笞責示懲，即斷陳秋槎備出借本洋銀五元，限十月二十日繳候，轉給陳長貴收領。陳長貴起田耕種既及三年，抵利已有贏餘，應免陳秋槎償息。至陳秋槎控稱，被牽耕牛供與呈詞不符，且據核家族陳金福供稱，早經憑保交還，可無庸議。陳秋水從中多事，着予掌責。又查陳秋槎係受王銘三播弄，候訪明專提訊究。佃票、借票各壹紙，俟陳秋槎繳錢時領還。另卷内户册一本、糧串壹聯，仍由陳嚴氏具領，各取甘結完案。此諭。

（清）倪望重《諸暨諭民紀要》卷一《正堂倪二任·吴崇山控黄漢榮圖賴票款由》 堂諭：訊得吴宗山控黄漢榮圖賴票款一案，緣黄漢榮於去年三月間拼開茶行，資本不足，憑中周敦甫等向吴宗山借得洋銀一百元，立有憑票，註明八月初五日付還，應交利息洋銀八元三角。旋以賣茶虧本，經吳宗山如期往討，黃漢榮輒藉票內年字上添註十字，生心儌倖，謂係光緒二年間所借已還，而憑票被留，昧盡天良，任意圖賴，以致吳宗山控追。本縣查核憑票，並詰代筆樓連生等，明係黃漢榮以貳拾年拾字添註，欲賴洋銀，而又詞遁，而竊謂爲光緒二年之票，不知即如所稱，豈貳年間所借者便可不還耶？還之而利息不更多耶？研訊再三，又謂自已送還，曾亦思還，則憑票秘繳，萬一票無從檢，亦當面取收字，其將誰欺？且樓連生供稱籍隸慈谿，今年三十四歲，當光緒二年僅僅年十三四，何能見信於人而代人寫立憑票？種種支吾，固不煩言而解矣。並據吳宗山供稱，票借之外，尚有擔認茶葉洋銀五十三元帳簿可憑。斷令黃漢榮繳出洋銀一百五十元，其利息並買茶零數，共洋銀九元三角，諭令吳宗山以情減讓，仍限令黃漢榮於十二月初五日將所斷洋銀繳候，轉給吳宗山收領。帳簿發吳宗山領還，憑票存候註銷，俟黃漢榮具領，各取甘結完案。此諭。

（清）倪望重《諸暨諭民紀要》卷二《正堂倪二任・徐禹平控徐文照聽信徐逢見主使圖賴由》 堂諭：訊得徐禹平控徐文照聽信徐逢見主使圖賴一案，緣徐文照于光緒二十年間浼中徐敷山、徐張周二人向徐禹平借得洋銀肆拾伍元，以土名外瓦窰坵田壹畝柒分肆釐伍毫，立契作押，並寫借票爲憑。嗣因徐文照聽得徐逢見主使圖賴借款，另立契據，倒填年月，將田重押與徐逢見之祖祀內，徐禹平向理不依，以致呈控。茲集庭訊，查徐逢見明知底蘊，猶復串同窮急無賴之徐文照，將田去押，一經對質，漫稱祀款已還，而又使徐文照妄謂前押是田，祇受得徐禹平洋銀拾元，獨不思徐敷山等經手過付，徐禹平又執有契票可憑，且事歷兩年，曾收租穀，徐文照雖甚刁狡，何能任意混賴耶？當堂猶自恃其貧，形出無賴故態，情殊可惡，著予笞責示懲。斷令徐逢見備出洋銀肆拾伍元，限本月二十日繳候，轉給徐禹平收領。其田即聽徐逢見之祖祀内受押。徐文照或將田轉押他人以還徐逢見繳款，亦聽其便。徐禹平契票兩紙存候領款塗銷，各取甘結完案。此諭。

（清）魏息園《不用刑審判書》卷一 咸通初，楚州淮陰縣東鄰之民以莊券質於西鄰，貨得千緡，約來年加子錢贖。及期，先納八百緡，約明日償足，方取券。兩姓素通家，且止隔信宿，謂必無他因，未將券取回。明日，齎餘鏹至西鄰，佯不認。訴於縣，縣以無證不直之。後訴於州，亦然。東鄰不勝其憤，聞天水趙和令江陰，片言折獄，乃赴江而南訴焉。趙辛以縣官卑，且非境內，因却之。東鄰稱冤不已，趙曰：且住，容吾思之。經宿曰：得之矣。召捕賊之幹者數輩，齎牒至淮陰，祇言獲得截江大盜，供稱有同惡某，請捕送來。唐法惟持刀截江，鄰州不得庇護，果擒西鄰人至。然自恃農家，實無他迹，應對頗不懼。趙嚇以嚴刑，因始泣叩不已。趙乃曰：所盜幸多金寶錦綵，非農家物，汝且籍舍中所有辨之。因意稍解，且不虞東鄰之越訟，遂詳開錢穀金帛之數，並疏所自來，而東鄰贖契百緡在焉。趙閱之笑曰：若果非江寇，何故匿東鄰八百緡？遂出東鄰面質，於是慚懼服罪，押回本土，令吐契而後罰之。

《清代名吏判牘七種彙編》卷上《名士袁枚・斯文》 審得陳春春毆辱生員孫文定一案，據供孫曾欠陳春春錢三十千，屢索無著，反被辱詈，一時憤急，遂奮拳相毆等語。詢諸孫生，供亦相同。孫生學富五車，歷擁臯比，乃時運不齊，寒氈難暖，致門前有債主之逼，户内無隔宿之糧。一寒至此，爲之三嘆。陳春春毆辱斯文，本當加杖。姑出念自情急，實非得已。且衅非彼開，傷不甚重。從寬罰錢三十千，聊當杖責。孫生所欠陳春春債款三十千，即以陳春春罰款抵銷，不必再償。本縣憐才有志，養士無方。心勞致絀，言夸力薄。邦有宿學，竟令潦倒至此。一夫不獲，時予之辜。是真爲民父母之責。捐俸百千，用助膏火。青燈黃卷，墨榜錦標。脫穎有時，毋墮厥志。明年丹桂飄香，當賀子於鹿鳴宴上也。仰爾努力，勿負吾意。此判。

雜録

（晋）干寶《搜神記》卷三　隗炤，汝陰鴻壽亭民也，善易，臨終書板，授其妻曰：吾亡後當大荒，雖爾困，慎莫賣宅也，到後五年春，當有詔使來頓此亭，姓龔，此人負吾金，即以此板往責之，勿負言也。亡後果大困，欲賣宅者數矣，憶夫言輒止。至期，有龔使者果止亭中。妻遂賫板責之，使者執板不知所言，曰：我平生不負錢，此何緣爾邪？妻曰：夫臨亡手書板，見命如此，不敢妄也。

（晋）葛洪《西京雜記》卷二　司馬相如初與卓文君還成都，居貧愁懣，以所著鷫鸘裘就市人陽昌貰酒，與文君爲懽。既而文君抱頸而泣曰：我平生富足，今乃以衣裘貰酒。遂相與謀於成都賣酒。

（晋）常璩《華陽國志》卷一《巴志》　孝桓帝時，河南李盛仲和爲郡守，貪財重賦，國人刺之曰：狗吠何讙讙，有吏來在門，披衣出門應，府記欲得錢，語窮乞請期，吏怒反見尤。旋步顧家中，家中無可與。思往從鄰貸，鄰人以言遺，錢錢何難得，令我獨憔悴。

（南朝宋）劉義慶《世説新語》卷下之上《任誕》　桓宣武少家貧，戲大輸。債主郭求甚切，思自振之，方莫知所出。陳郡袁耽，俊邁多能。宣武欲求救於耽，耽時居艱，恐致疑，試以告焉，應聲便許，略無慊吝。遂變服懷布帽，隨温去，與債主戲。耽素有藝名，債主就局曰：汝故當不辦作袁彦道耶？遂共戲十萬一擲，直上百萬數，投馬絶叫，旁若無人。探布帽擲對人曰：汝竟識袁彦道不？

（南朝梁）宗懔《荆楚歲時記・七月七日為牽牛織女聚會之夜》　牽牛星，荆州呼爲河鼓，主關梁，織女則主瓜菓。嘗見道書云：牽牛娶織女，借天帝二萬錢下禮，久不還，被驅在營室中。

（宋）李昉《太平廣記》卷一二三《報應・韋判官》　唐博陵崔應任扶溝令，亭午獨坐，有老人請見應。應問之，老人對曰：某通於靈祇也。今者冥司韋判官來拜謁，幸望厚禮以待之，請備香案，屏去侍從，當爲延入。應依命，老人即出迎之，及庭，隱隱然不見其形，自通名啣，稱思穆，叙拜俟候，應亦答拜，揖讓再三，乃言曰：某冥司要職也。側聞長官宏才令器，冠於當時，輒將心事，且願相託，故俟停午務隙拜謁，幸無驚異。應曰：某聞神明不昧，今乃不虚，孱劣幽薄，觸事蒙鄙，何幸明靈俯降，但揣微賤，力不副心，苟可施於區區，敢不從命，幸示指南，願効勤勞。冥使曰：某謝去人世數載，得居冥職，自棄擲妻孥，家事零替，愛子文卿，少遭憫凶，鄙野無文，職居鄭滑院，近經十載。交替院務之日，不明簿書，欠折數萬貫疋，實非己用，欲冒嚴明，俯爲存庇。應俯然曰：噫，某扶溝令也，焉知鄭滑院。使者曰：不然。以閣下材器禄位，豈一院哉。自今已後，歷官清顯，雄居方鎮，位極人臣。然數月後，當與鄭滑院交職，儻不負今日之言，某於冥司，當竭微分，仰護榮貴，非止一身，抑亦慶及後嗣。應曰：某雖鄙陋，敢不惟命是聽。冥使感泣，於是叙別而去。應聞淮南杜相悰方求政理，偶具書啓，兼録爲縣課績，馳使揚州。意者以恩穆之言，且於驗試其事。時相國都督維揚，兼判鹽鐵，奏應知鄭滑院事，及交割帳籍錢帛，欠折數萬貫疋，收録家資填償外，尚欠三四萬無所出。初應在扶溝，受思穆寄託，事實丁寧，比及鄭滑，遂違前約。且曰：欠折數廣，何由辨明，文卿雖云贓非己用，積年不申論，須抵嚴刑，以懲慢易。窮達既定，鬼何能移。若棄法徇神，是諂而求福，乃拘縶文卿而白於使，文卿自度必死。乃預懷毒於衣帶之間，比及囚縶，數欲服之，輒失其藥，搜求不獲，及文卿以死論。是日，思穆見於文卿前而告曰：嗚呼，無信之人。陷汝家族，吾爲汝上告於帝，帝許我奪崔應之禄，然吾之族亦滅矣。文卿匍匐拜哭，忽失其父，乃得所懷之藥，仰而死焉。於是應與巡官李擅、滑糺朱程、戎曹賈均就非所將刑之，文卿既已死，應方悔悟，乃禮葬文卿。身衣縞素而躬送之，應後加殿中。

（宋）洪邁《容齋三筆》卷九《赦放債負》　淳熙十六年二月登極赦：凡民間所欠債負，不以久近多少，一切除放。遂有方出錢旬日，未得一息，而并本盡失之者，人不以爲便。何澹爲諫大夫，嘗論其事，遂令只償本錢，小人無義，幾至諠譟。紹熙五年七月覃赦，乃只爲蠲三年以前者。案，晋高祖天福六年八月赦云：私下債負取利及一倍者，並放。此最爲得。又云：天福五年終已前，殘税並放。而今時所放官物，常是以前二年爲斷，則民已輸納，無及於惠矣。唯民間房賃欠負，則從一年以前皆免。比之區區五代，翻有所不若也。

（宋）洪邁《容齋五筆》卷六《俗語放錢》　今人出本錢以規利入，俗語謂之放債，又名生放。予考之亦有所來。《漢書・谷永傳》云：至爲人起責，分利受謝。顔師古注曰：言富賈有錢，假託其名，代之爲主，放與他人，以取利息而共分之。此放字所起也。

（元）關漢卿《關漢卿集・感天動地竇娥冤・第一齣》（沖末扮卜兒上）花有重開日，人無再少年。老身蔡婆婆是也，楚州人氏，嫡親的三口兒家屬。不幸夫主亡逝已過，止有一個孩兒，年長八歲也。俺娘兒兩個過其日月。家中頗有些錢財。這山陽郡有個竇秀才，從去年問我借了五兩銀子，如今本利該銀拾兩。我數次索取這銀兩，他兑付不起。竇秀才有個女兒，我有心看上與我做個媳婦，就準了拾兩銀子。他説今日好日辰，送來與我。老身今日且不索錢去，專在家中等候。這早晚竇先生敢待來也。**【略】**盡世間事，命裏不如天下人。小生姓竇，名天章，祖居長安京兆人也。幼習儒業，頗看詩書。小生未曾進取功名。不幸渾家亡化已過，撇下這個女孩兒，小字端雲，從三歲上亡了他母親，如今孩兒七歲也。小生一貧如洗，今在這楚州山陽郡住坐。此間有個蔡婆婆，子母二人過日。這婆婆有些錢物，小生因無盤纏，曾借了這婆婆五兩銀子，到今本利對該銀拾兩。他數次問小生索取，我着甚麽還他？誰想蔡婆婆常常着人來説，要小生女兒做他兒媳婦。

（元）陶宗儀《輟耕録》卷二四《王義士》　王義士天爵字仁傑，亦夏縣人。家饒於財，有善行，以粟貸人，不圖重息，年豐僅取十之二三，稍饑但收其本，大凶則皆已之。鄉里不知字，咸稱義士云。每值生身之辰，寢苦一月，以報父母。

《元曲選・龐居士誤放來生債雜劇・楔子》　（沖末扮李孝先上，詩云：）心頭一點痛，起坐要人扶。况且家貧窘，門前鬧索逋。小生姓李，雙名孝先，祖居襄陽人氏。自幼父母雙亡，習儒不遂，去而爲賈。只因本錢欠少，問本處龐居士借了兩個銀子做買賣，不幸本利雙折，無錢還他。小生前者往縣衙門首經過，見衙門裏綳扒吊拷，追徵十數餘人。小生向前問其緣故，那公吏人道是欠少那財主錢物的人，無的還他，因此上拷打追徵。小生聽罷，似我無錢還龐居士，若告將下來，我那裏受的這苦楚？小生得了這一口驚氣，遂憂而成疾，一卧不起，在家染病。如今覷天遠，入地近，眼見得無那活的人也。（下。）

（正末扮龐居士領净扮行錢上，云：）老夫是這襄陽人也，姓龐名蘊字道玄。嫡親的四口兒家屬：婆婆蕭氏，女兒靈兆，小厮兒鳳毛。俺四口兒都好參禮這佛法僧三寶。俺多曾遇着幾個善知識來。馬祖師，石頭和尚，百杖禪師，多曾印證俺這三口兒都不及我這女兒靈兆。此女子性根大利，見性明白。俺祖宗以來，所積家財，萬貫有餘。我有一故友，乃是李孝先，往年問我借了兩個銀子，出外做買賣去，本利該還四個了。誰想他命運不利，將那本錢都傷折了也。我聽得道家中染病哩。行錢，將着李孝先那一紙文書，再將着兩錠銀子，咱探望孝先走一遭去。（行錢云：）理會的。（做走科，云：）説話中間，可早來到了也。孝先在家麽？（李孝先上，云：）是誰在門首？（正末云：）是老夫。（李孝先驚科，云：）呀！是龐居士來了也，請家裏坐。（見科，云：）居士，小生病體在身，不能施禮。（正末云：）孝先病體若何？（李孝先云：）居士，眼見得無那活的人也。（正末云：）孝先，曾請良醫調治也不曾？（李孝先云：）没錢，請良醫不起。（正末云：）孝先，你所得的這病，可是什麽症候？（李孝先云：）居士，你試猜我這病咱。（正末云：）你看波，他的病可着我猜。我依着他便了。你不是風寒暑濕麽？（李孝先云：）不是。（正末云：）莫不是饑飽勞役麽？（李孝先云：）也不是。（正末云：）莫不是憂愁思慮麽？（李孝先做哭科，云：）知我者是我心友也，我這病正是憂愁思慮上得來的。（正末云：）呀！孝先，何憂之有？（李孝先云：）居士不知，聽小生試説一遍。往年問居士借了兩個銀子做買賣，誰想本利傷折了，來到家中無錢還居士。因往縣衙門首經過，見裏面吊拷綳扒的人。小生問其緣故，他道是欠少財主的財物，無錢還他，告到官中，如此般打拷追徵。小生聽罷，感了一口驚氣。居士也不是那等人。假似也告到官中，追徵我這銀兩，小生是個讀書的人，那裏受的那等拷打？因此上遂憂而成疾，如今漸漸的沉重了也。（正末背云：）我當初本做善事來，誰想倒做了冤業。我家中多有人欠少我銀兩錢物的文契，倘若都似這李孝先呵，可不業上加業？到家中我將這遠年近日欠少我錢鈔的文契，我都燒了。行錢，是必提我一提兒。行錢，將李孝先那一紙文書來。（行錢做遞文書科。）（回云：）

孝先，這個是你的手字麽？（李孝先云：）居士，是小生的手字。（正末做扯科，云：）我扯了這文書，點個燈來燒了者。本利該四錠銀子，都不問你要。行錢，再將兩錠銀子來。孝先，這銀子我則這般與你做盤纏，你心中這一會兒可如何？（李孝先云：）居士，本利該四個銀子，都不問小生要，又與我兩錠銀子做盤纏。我這會兒心中，恰似無了病的人也。（正末云：）善哉！善哉！我則要冤冤相解。（李孝先云：）居士的銀子不問小生要，又與我這兩個銀子，小生今生今世報答不的居士，到那生那世，做驢做馬，填還你這恩債。居士，你正是財上分明大丈夫也。（正末云：）孝先，我既與了你呵，要說這等言語做什麽？

（明）胡儼《頤庵文選》卷下《二翁歎》 一翁雖貧身尚强，數年不見今還鄉，奔波道路何爲者，爲人駕船走湖湘。湖湘米穀賤如土，人家急糶輸官府，商人得利不知止，滿船又載新昌紙。日夜行船不得休，遥遥捩舵赴章秋，章秋留連竟不歸，春來幾見落花飛。今年里甲頻催迫，催得歸來頭盡白。家中歲久貸人錢，雇直都還償未得。不如近處賣釵環，長過一月又得還。

（明）倪岳《青谿漫稿》卷二四《保竹公小傳》 嘗分守浙東東陽邑，民杜春與道士某僞立逋券，誣良民逼索之，反以告公。公攝至，因其辭色有異，疑之，乃各幽一室，俾不相通首。召春問曰：汝貸錢與若人，券書何紙所寫？春曰：開化紙。命左右取紙示，曰：是也。公收之，幽於原所，又召道士問曰：汝與杜春貸錢與若人，券書何紙所寫。道士曰：姚黄紙。命左右取紙示之，曰：是也。公亦收之，幽於原所，人莫測其故。少頃，復取二人面訊之，曰：汝二人貸錢與人，諒必相同。何所云券紙不一，非詐而何。乃出紙示之，彼此相顧失色，扣首服罪，良民獲直，人服其明。

（明）何喬新《椒邱文集》卷一四《唐氏世德堂記》 其祖曰，淑安材識通敏，襟度夷曠，脩廢橋以利行旅，建義塾以淑鄉閭。人有貸其租不能償者，輒焚其券，不復索，有古君子之遺風。予生也。

（明）何喬新《椒邱文集》卷一六《與胡右都御史拱辰》 荷生初至京時，嘗貸姚三銀百兩，以市居第，故干瀆左右，將薄俸糶銀還彼，今寄來者如數領訖。其餘未審糶否，如已糶，望盡數付彼收領，但取領過數目示下，不煩遠寄也。

（明）陸人龍《三刻拍案驚奇》卷七《生報華蕚恩死謝徐海義》 這人姓張名大德，號望橋。祖父原是個財主，在鄉村廣放私債。每年冬底春初將米借人，糙米一石，蠶罷還熟米一石。四月放蠶帳，熟米一石，冬天還銀一兩，還要五分錢起利。借銀九折五分錢，來借的寫他田地房産，到田地房産盤完了。又寫他本身。每年納幇銀，不還便鎖在家中吊打。打死了，原爲本身只作義男，不償命。

（明）談遷《北游録・紀聞下・保債》 順治初，滿人橐溢，長安新定，謂其易與，往往告貸，須一人預券，如百金例餽五緡。

（清）曹雪芹《紅樓夢》第二四回《醉金剛輕財尚義俠　癡女兒遺帕惹相思》 倪二聽了大怒，要不是令舅，我便罵不出好話來，真真氣死我倪二。也罷，你也不用愁煩，我這裏現有幾兩銀子，你若用什麽，只管拿去買辦。但只一件，你我作了這些年的街坊，我在外頭有名放帳，你卻從没有和我張過口。也不知你厭惡我是個潑皮，怕低了你的身分，也不知是你怕我難纏，利錢重？若說怕利錢重，這銀子我是不要利錢的，也不用寫文約；若說怕低了你的身分，我就不敢借給你了，各自走開。一面說，一面果然從搭包裏掏出一卷銀子來。

賈芸心下自思：素日倪二雖然是潑皮無賴，卻因人而使，頗頗的有義俠之名。若今日不領他這情，怕他臊了，倒恐生事。不如借了他的，改日加倍還他也倒罷了。想畢笑道：老二，你果然是個好漢，我何曾不想著你，和你張口。但只是我見你所相與交結的，都是些有膽量的有作爲的人，似我們這等無能無力的你倒不理。我若和你張口，你豈肯借給我。今日既蒙高情，我怎敢不領，回家按例寫了文約過來便是了。倪二大笑道：好會說話的人。我卻聽不上這話。既說相與交結四個字，如何放帳給他，使他的利錢！既把銀子借與他，圖他的利錢，便不是相與交結了。閒話也不必講。既肯青目，這是十五兩三錢有零的銀子，便拿去治買東西。你要寫什麽文契，趁早把銀子還我，讓我放給那些有指望的人使去。賈芸聽了，一面接了銀子，一面笑道：我便不寫罷了，有何著急的。倪二笑道：這不是話。天氣黑了，也不讓茶讓酒，我還到那邊有點事情去，你竟請回去。我還求你帶個信兒與捨下，叫他們早些關門睡罷，我不回家去了，倘或有要緊事兒，叫我們女兒明兒一早到馬販子王短腿家來找我。一面說，一面趔趄著脚兒去了，不在話下。

（清）徐珂《清稗類鈔・度支類・左文襄倡借洋債》 光緒初年，新疆用兵，左文襄公倡議借用洋債，此爲政府募集外債之始。商人之欠洋款由來已久。道光壬寅中英《江寧約》第五款，酌還商欠三百萬兩，此爲國家代還商欠，非國家自身之欠款也。委道員胡光墉主其事。此事傳之滬上，西報略有諷議，謂借債募兵，非計之得，又有謂國際用兵，新疆兵事頗涉中俄關係。第三國不宜有所資助。此等論調，看似忠於爲我，其實此次借款，劃出若干爲購買槍礮之需，債權者得兩重利益，故得之者欣然，旁觀者遂不免發爲妬詞也。及華字報稍稍登載，事爲左所聞，左即致書某友云：江浙文人無賴，以報館主筆爲其末路。蓋即指此事而言也。

（清）徐珂《清稗類鈔・獄訟類・湯圓案》 鄭裕國令歸安，人稱之爲鄭青天。一日，鄉人某以女將遣嫁，入城購奩物，過一點心肆，食湯圓，而囊無銅錢，告店主曰：我因事入城，僅有銀耳，爾且記賬，稍緩即來償。店主曰：我店資本甚小，且向不識爾，乃圖餔啜耶？鄉人不得已，以銀幣一圓爲質而去。事竣，則持銅錢以贖銀幣，店主不認，曰：湯圓值數十文耳，焉用銀？

（清）徐珂《清稗類鈔・義俠類・貝慕庭壽辰焚券》 吴縣貝慕庭，名紹溥。方年六十，遇壽辰，諸子方奉觴稱祝，慕庭出一篋，其中悉債券也。謂諸子曰：焚之，所以爲若翁壽也。

（清）徐珂《清稗類鈔・義俠類・毛叔成棄債》 毛叔成，名應鎬，錢塘人。性慷慨，人有負其金錢而貧不能償者，輒焚其券，先後凡數千金。嘗過一債家，會日暮，主人留叔成飲，因出而沽酒，久之不返，婦披帷出，與叔成語。叔成不答，疾去，遂棄債，不更往。

（清）徐珂《清稗類鈔・農商類・典質業》 典質業者，以物質錢之所也。最大者曰典，次曰質，又次曰押。典、質之性質略相等，贖期較長，取息較少，押則反是。所收大抵爲盜賊之贓物也。

圖表

《臺灣私法債權編・債權總論・債權之擔保・小票》

質商大源號小札

父一五一一

質入　光緒三十二年三月四日

限期　光緒三十三年三月四日

利子　十五

一、錢五佰文

一、淺布長衫　　月　　日領收

光緒三十二年三月四日

質業　臺南廳打鐵街二十番戶　大源號謝友我

《臺灣私法債權編・債權總論・債權之擔保・大票》

質商大源號大札

氣一七五六

質入　光緒三十二年三月四日

限期　光緒三十三年三月四日

利子　二四

一、金壹圓也

一、破物參件　　月　　日領收

光緒三十二年三月四日

質業　臺南廳打鐵街二十番戶　大源號謝友我

租賃分部

綜述

《通制條格》卷一六《田令・召賃官房》　至元二十一年六月，中書省。御史臺呈：江南行臺咨：江淮等處係官房舍，於内先儘遷轉官員住坐，分明標附，任滿相沿交割。其餘用不盡房舍，依上出賃，似爲允當。都省議得，不係舊來出賃門面房舍，委是係官公廨，先儘遷轉官員，依上相沿交割住坐。

《元典章》卷二二《户部・課程・免税・賃房屋不合理税》　至元七年七月，尚書户部：

據中都路申：康祥於至元六年三月二十三日，於梁善信處借訖鈔五十兩，每月出利錢一兩。同日，梁善信却於康祥處賃到房三間半，見行住坐，除准折外，却貼與康祥鈔一兩二錢。府司看詳，賃房租錢事理，其間生倖，匿税不無。若便作漏税斷没，誠恐未應。乞明降事。省部照得抄連到各人所立借錢、賃房文契，至甚明白，不合作漏税體例斷没。仰照驗施行。

《元典章》卷五九《工部・造作・公廨・召賃係官房舍》　至元二十一年六月，御史臺承奉中書省劄付：

來呈：准行御史臺咨：江淮等處係官房舍，於内先儘遷轉官員住坐，分明標附，任滿相沿交割。其餘用不盡房舍地産，依上出賃，似爲允當。乞明降事。得此。照得江淮行省咨：本省管下府州司縣多有係官房舍，但有損壞，官爲放支價錢，差撥人夫修理，更兼腹裏應有房舍，諸人出錢賃住。所據諸人見住房舍，擬合一體送納房錢，却行修補損壞去處。送户部照擬得：腹裏除諸衙門公廨局院房舍，申准上司明文，方許標撥，及各官自來相沿交代元任官房外，（具）〔其〕餘係官宅院房舍，召人賃住，獲到房錢，逐旋解納。如有損壞去處，估計合用工物，申覆合干上司體覆完備，於賃房錢内就用修補。都省准擬，移咨本省照驗。去後，回咨該：本省議得：各處係官宅院房舍，除亡宋官員相沿交割，自來不曾起納租賃錢物衙院宅舍，欽依已降詔恩事意，令遷轉見任官員於内住坐，仍將各賃房舍間座并在下應什物，官爲知數。但有疎漏，令各處官司自行修理，如是任滿，依上交割。若有倒塌損壞，着落陪償。外據倉庫廨宇等房屋，如遇損壞去處，估計合用工物，申覆合干上司體覆完備，於賃房錢内就用修補。其餘係官宅院并不應占住之人，驗市井緊慢去處，照依市價一體徵收房錢。已後遇有合補公廨局院，須要申准上司明文，方許標撥，仍具見住官房宅舍處所、各官姓名，先行呈省。并今次創行定到今出房錢人等月納房錢數目，與其餘舊出房錢之家，通行依期類解。今後各處府州路縣官員任滿，將元交割到房舍有無損壞數目，於解由内依式開寫。除已行下合屬依上施行外，請照驗事。今據見呈，都省議得：不係舊來出賃門面房舍，委是係官公廨，先儘遷轉官員，依上相沿交割住坐。已經移咨江淮行省施行。

《元典章》卷五九《工部・造作・船隻・船户攬載立約》　至元三十一年□月，江西行省榜文内一款：

今後凡雇乘船之人，須要經由管船、飯頭人等，三面説合，明白寫立雇船文約。船户端的籍貫、姓名，不得書寫無籍貫并長河船户等不明字樣。及保結（如）攬載已後，倘有疎失，元保飯頭人等與賊人一體斷罪。仍將保載訖船户并客旅姓名、前往何處勾當，置立文簿，明白開寫，上下半月於所屬官司呈押，以憑稽考。

《元典章》卷五九《工部・造作・船隻・和雇船隻先支脚價》　至元十九年十一月，行御史臺劄付：

近爲拘刷船隻擾民不便，憲臺與揚州行省官議過，出榜省諭各處官吏上下人等：今後須管兩平和雇五六百料以下、二百料之上堪以裝糧好船，先行放支脚價。毋得將客人裝茶鹽米麪柴薪重船，并不得雇覓大小船隻，依恃官府一概拘刷，强行剥卸，蠻勒裝糧，使船户人等至甚生受。除已暗行差官捉拿外，如有違犯之人，捉拿到官，取問是實，定將犯人對衆號令，嚴行斷罪，仍取所在官司有失鈐束招伏究治。如此禁約去訖。今體知得沿江河上下官司，差人搬販米麥物斛，重載船隻，指以雇船爲名，强行剥卸拘撮，致使客旅不通，因而諸物湧貴。若不禁約，深爲未便。仰速爲差委能幹人員，前去拘該去處，暗行體察。如有違犯之人，捉拿到官，依上嚴行治罪，仍取所在官司有失鈐束招伏申臺。

《大清會典則例》卷四二《户部·漕運》　順治四年，題準：各省漕船闕額，雇募民船裝運，運畢之日，不必催令回南，聽其自便。九年題準：各省雇募民船水脚，江南、蘇松、安廬，並江西、浙江等處，每石自三錢至三錢五分，揚州府每石給二錢五分，均於月糧耗米並輕齎銀内動給。十年題準：各省凍阻闕船，設法雇募，待冰泮趕催接運。十一年題準：雇船水脚，全動輕齎，倘有不敷，於減存行月内動給。十二年題準：雇募水脚，令漕督於輕齎銀内支發，不許抵算到通起欠。

康熙十八年題準：山東漕糧若議裁别省協運船，責令一年兩運，倘遇水旱難以轉回，應令别僉殷軍自備雇募船二百三十餘隻，共爲一運。二十年題準：浙江雇船至淮，每石給脚價銀一錢。三十四年題準：各省升糧既多，停其帶運，總漕將升科糧數豫先題明，撥船載運。四十四年題準：江西募船到淮，每糧一石給脚價一錢二分米四升。五十一年題準：回空遲延之船，不能依限到次者，應運新糧由總漕稽察，將該省減存船兑運，如無減存船於本省漕糧搭運，或本省船不能搭運，即捐雇民船，依限兑運，開行回空阻滯之船，於來年開凍時，沿河文武官飛催，迎淮受兑北上。如有不設法雇船依限兑開，將在南之糧道監兑，州縣等官題參議處。如遲滯船不能迎淮受兑，有誤北上，即將在北沿河催趲回空，文武各官題參，按違限時日分别議處。

雍正元年題準：各省回空漕船，若有凍阻者，雇募民船兑運抵通，不必迎船接换。二年諭：聞今春丹陽縣及常州府等地方漕船，沿塗遇淺槩拏商船起駁，且藉名需索，貪暴公行得賄者，雖空船亦行釋放，不遂其欲者，抑勒當差，有將貨物行李拋棄河干，紛紛露積，或爲風雨所損傷，或爲盗賊所窺伺，該管漕運文武官弁，漫無約束，毫不經心，小民營販資生，何以堪此擾害？江南總督巡撫總漕繫地方大吏，皆當實心體卹，稽察周詳，奉諭之後，若再用起駁當，各嚴飭所屬官弁，申明約束，不得仍蹈前轍。欽此。又題準：漕船並不照額數出運，各軍夥雇大船裝運，其糧道押運領運等官不詳明少船情由，溷報開幫者，照徇庇例議處。

乾隆元年題準：自備船例不支三修科價，僅給重運銀，令其雇募，若令回空，未免拮据，嗣後每年於八月内責軍雇募，免其回空。二年題準：各省雇募民船抵通交糧之後，倉場侍郎按其回南水次、遠近日期，每軍給以空身，限單一紙，勒令及時回次，仍將限單彙送該管糧道察驗。四年題準：山東漕糧於十二月初旬兑竣開行，自備船於八月内雇募運軍，多費雇價，嗣後寬限一月，每年於九月内雇募候兑，令糧道察驗，倘有遲延即行揭參。又奏準：各省重運漕船，凡經過地方，倘遇天旱水淺，萬不能通行之時，總漕總河一面奏明，一面飭地方官豫備民船駁運，將駁過各幫運軍姓名船米貨物數目，以及給過船價呈報督撫漕河諸臣及巡漕御史備案。其雇募駁船價直，官爲酌定給發，如有運軍扣剋，及船户額外勒索者，即行究治。十二年議準：山東河南漕船不比江廣寬大，難以責令帶運，如失事漕船臨兑賠造，不及應運漕糧，雇募民船裝運一次，仍令勒限賠造接運。

《大清會典則例》卷一五五《太僕寺》　雍正十年，諭京中運送軍營之器械甚多，驛站雖備有官車不能敷用，不得不雇募民車，寬裕給價。惟是官吏奉行不善，每於數日之前即將商民之車拘集驛站，地方令其守候備用，至起運之日，始給運價，其餘躭閣之日並不準算。以致商民探知信息即皆遠避行旅，畏懼不前，不可不嚴行禁止。可詳悉定議，具奏，欽此。遵旨議準：軍營器械，據承辦運糧商人代保，令車户運送，照兵部定例給價。至公事需用之車交與大興、宛平、房山三縣雇募，内務府酌量公事之緩急，用車之多寡，先期行文順天府，轉飭該縣等：和雇不必定以五日之限，止須加給二日草料銀作正報銷。再定例雇募民車行走之時，日給銀七錢二分，在塗住歇日給銀五錢二分。今酌議：如遇回空之差，行走十日者，以七日計算，每司召募於起程前一日給以工食。

《户部則例》三四《漕運·兑運·風火事故》　一、糧船失風火燎其船，不致被沉者，無論已未過淮，即令修固原船，復載抵通。如已被沉難牟者，未過淮以前，准雇民船載運，跟幫過淮，聽候盤驗。倘過淮時，未經雇募而米石已洒，通幫帶運者，不許中途再雇民船裝運，以杜盜賣攙和之弊。若過淮後失事，或在黄河中流及失風地方，無民船雇募者，仍准先洒通幫帶運，開行一面，前途雇覓民船裝運，並令通幫衆丁及領運千總出具互保各結，抵通交納，如有虧缺，責令賠補。

一、漕船遇有風火事故，押運官弁即速報明沿河地方各官，協同救護，並將各情由申明各上司，聽漕運總督查明報部。

一、船糧在大江、黄河、洪澤湖，遭風漂没，領押官弁，免其處分。其在内河失風，除自備船隻，原裝米石抵通交卸全完者，免其議處。外如係軍船漂没，果能斥護修固抵通，糧無虧折，或買補全完者，領押等官弁亦免其處分。或船非滿號，不能斥救米有掛欠，雖買補全完，仍照例議處。取具領押官弁並無假捏印結，及地方文武印文送部。其有捏報失風，希圖掛欠，察出將弁丁治罪，官弁從重議處。

一、漕船失火燒燬，領押官弁查叅議處，地方文武官弁不行協救延燒別船者，亦一併議處。其有以火燬漕船捏報失風，希圖避重就輕者，察出將弁丁治罪，官弁從重義處。

一、漕船回次隨幫衛弁，雖已管押到次，若新運千總尚未赴幫，遇有風火等事，仍將隨弁職名開報。倘新運千總已經到幫，出有接收文結，後遇有事故，雖未受兑開行，即以新運千總職名報叅。或減存在次運隨二弁，均難兼顧，遇有事故，即將收管之地方官職名開叅，至押運同知等官幫船抵次後，一運之事已畢，遇有風火等事，免其叅處。

《大清新法令》第六卷《宣統新法令・京師内城巡警總廳補訂外人租房規則》 一、舊有外國人之營業，一經遷移即以停業論，照章不得新開營業。

一、各區界内，凡有鋪商曾爲外國人租房作保者，遇有遷移關閉，即由各區呈報總廳，以便轉飭，分別辦理。其保家所隸之區，除在本管區界内無庸另傳外，其在他區或外城者，統由總廳傳知或分別咨照。

一、租房之草約，應先由區申送總廳核辦，俟核准之後，兩造再行簽押分別在案，以免轇轕。

一、凡鋪保各家於所保定限已滿，如遇有續租之事，不願再保者，準其呈請註銷，由承租人另覓新保。

一、外人租房所取之鋪保，須在工巡捐局納捐七等以上之鋪户。

紀事

《後漢書》卷四《孝和帝紀》〔永元十六年〕夏四月，遣三府掾分行四州，貧民無以耕者，爲雇犂牛直。

《南史》卷七〇《循吏傳・王洪範》 王洪範，上谷人也。【略】建武初，爲青、冀二州刺史，悔爲晋壽時貨賕所敗，更勵清節。先是青州資魚鹽之貨，或强借百姓麥地以種紅花，多與部下交易，以祈利益。洪範至，一皆斷之。

《隋書》卷三八《劉昉傳》 劉昉，博陵望都人也。【略】周武帝時，以功臣子入侍皇太子。【略】及受禪，進位柱國，改封舒國公，閑居無事，不復任使。

昉自以佐命元功，中被疎遠，甚不自安。後遇京師饑，上令禁酒，昉使妾賃屋，當壚沽酒。

《舊唐書》卷四九《食貨志》〔開元〕二十一年，耀卿爲京兆尹，京師雨水害稼，穀價踊貴，玄宗以問耀卿，奏稱：昔貞觀、永徽之際，禄廩未廣，每歲轉運，不過二十萬石便足。今國用漸廣，漕運數倍，猶不能支。從都至陝，河路艱險，既用陸運，無由廣致。若能兼河漕，變陸爲水，則所支有餘，動盈萬許。且江南租船，候水始進，吴人不便漕輓，由是所在停留，日月既淹，遂生竊盗。臣望於河口置一倉，納江東租米，便放船歸。從河口即分入河、洛，官自雇船載運。

《舊唐書》卷一六五《殷侑傳》 殷侑，陳郡人。【略】文宗初即位，滄州李同捷叛，【略】滄景平，以侑嘗爲滄州行軍司馬，大和四年，加檢校工部尚書、滄齊德觀察使。時大兵之後，滿目荆榛，遺骸蔽野，寂無人煙。侑不以妻子之官，始至，空城而已。侑攻苦食淡，與士卒同勞苦。周歲之後，流民襁負而歸。侑上表請借耕牛三萬，以給流民，乃詔度支賜綾絹五萬匹，買牛以給之。數年之後，户口滋饒，倉廩盈積，人皆忘亡。初州兵三萬，悉取給於度支。侑一歲而賦入自贍其半，二歲而給用悉周，請罷度支給賜。而勸課多方，民吏胥悦，上表請立德政碑。以功加檢校吏部

《清實録》乾隆三十三年七月〔戊子〕造船之家，無力貿易，聽其租給與人。查租船只應禁其爲匪，如所租之人，亦係殷實良民，即與船主及船主親屬無異。

《清實録》光緒三十年十一月〔癸未〕署兩江總督端方奏：前因江甯京口駐防旗民生計艱難，議將萬頃湖牧場改爲屯田，招佃認墾。【略】擬請俟招墾成熟，租款收清，再行分起撥還，以資周恤。從之。

尚書。侑以郭下清池縣在子城北，非便，奏移於南郭之内。

（宋）李燾《續資治通鑑長編》真宗景德二年六月〔壬午〕監察御史臨川崔憲言：前知廣德軍，有祠山廟，素號靈應，遠近之民，多以耕牛爲獻。自僞命已來，聽鄉民租賃，每一牛歲輸絹一匹，供本廟費。近者，絹悉入官，望給四百匹，完葺祠宇。上曰：如載在祠典，有益於民，則當官爲崇飾，何必租絹。因令本軍葺之。

（宋）李燾《續資治通鑑長編》神宗熙寧五年四月〔丙子〕相度諸班直、諸軍牧地司言：乞依勾當官董鉞狀，將侵耕牧地分三等出租。從之。

（宋）李燾《續資治通鑑長編》神宗元豐二年九月〔丙子〕修完京城所請賃官地創屋，與民爲麴市，收其租。下開封府相度，乞如其請。從之。仍詔自今空地募人租賃，行訖以聞。其後御史丁執禮以爲言，詔取行遣看詳，而修完京城所有言，令磨户及熟食人於城東西房廊作麴市，收衆磨户錢入官，即無行遣公案，執禮奏遂寢。後開封府又請牙人磨户私以麴貿易者杖一百，許人告捕，五斤以上賞錢三千，十斤以上十千。亦從。

《宋史》卷一七八《食貨志·役法》然役起於物力，物力升降不殽，則役法公。是以紹興以來，講究推割、推排之制：凡百姓典賣産業，税賦與物力一併推割。至於推排，則因其貲産之進退爲之升降，三歲而一行之，然當時之弊，或以小民粗有米粟，僅存室廬，凡耕耨刀斧之器，雞豚犬彘之畜，纖微細瑣皆得而籍之。吏視賂之多寡，爲物力之低昂。上之人憂之，於是又爲之限制，除質庫房廊、停塌店鋪、租牛、賃船等外，不得以猪羊雜色估計，其後并耕牛租牛以免之。若江之東西，以畝頭計税，亦有不待推排者。

《宋史》卷四〇一《劉宰傳》劉宰字平國，金壇人。【略】授泰興會，【略】鄰邑有租牛縣境者，租户於主有連姻，因喪會，竊券而逃。它日主之子征其租，則曰牛斃久矣。子累年訟于官，無券可質，官又以異縣置不問。至是愬于宰，宰曰：牛失十載，安得一旦復之。乃召二勾者勞而語之故，託以它事繫獄，鞫之，勾者自詭盜牛以賣，遣詣其所驗視。租户曰：吾牛因某氏所租。勾者辭益力，因出券示之，相持以來，盜券者憮然，爲歸牛與租。

契約文書

《吐魯番出土文書》第一册《阿斯塔那一號墓文書・西涼建初十四年嚴福願賃蠶桑券》 建初十四年二月廿八日，嚴福願從闞僉得賃叁薄蠶桑（賈）〔價〕交與毯〔後缺〕

《吐魯番出土文書》第二册《阿斯塔那三〇八號墓文書・高昌延昌二十八年趙顯曹夏田券》 延昌廿八年戊申歲四月廿九日，趙顯曹從范阿六邊常田壹畝半，交與夏價銀錢九文。田要□□〔歲〕壹年，到十月卅日。田中役使，仰田主了；渠□□□□耕田兒了。二主先相和可，後爲（倦）〔券〕，□之後，各不得返悔，者壹罰□行二主，各自署

□書道人道收

□□□□兒

《吐魯番出土文書》第二册《阿斯塔那一五三號墓文書・高昌延昌三十六年宋某夏田券》 延昌卅六年丙辰歲二月廿日，宋□邊夏孔進渠常田叁畝，要（逕）〔經〕陸年。畝与大麥陸（九）〔斛〕，畝床陸（九）〔斛〕。若種粟，畝与粟柒（九）〔斛〕。五月內□□使畢，十月內上床使畢。若過期不上，□壹（九）〔斛〕上生麥床壹（皃）〔斗〕。床麥使净好，依官（九）〔斛〕□取床麥之日，依腸取，取麥之要木酒二斗。渠破水□，□□田人了；（紫）〔貲〕（租）〔租〕百役，仰田主了。二主和同，各不得□□，□□□□□入不悔者。民有私要，要行二主，〔後缺〕

《吐魯番出土文書》第二册《阿斯塔那一五三號墓文書・高昌延昌三十七年賃舍券》 延昌卅七年丁巳歲□子邊賃西分舍壹□殘錢二文，到叁月中□与錢貳文，殘錢壹文□□不得（徐）〔餘〕人入來，張□□柱，不得賃与（徐）〔餘〕人，滿□主和同立□□□得返悔，悔者壹罰貳□□□□民有私要，□□□□各自署名爲信。倩書　李兒□

時見　索侯兒

《吐魯番出土文書》第二册《阿斯塔那一五三號墓文書・高昌曹、張二人夏果園券》 〔前缺〕園子秋母与□文，要到七月竟，与銀錢貳拾□，□貳拾伍文，要到八月卅日，償錢貳拾□□期不償，壹月拾錢上生錢壹□身東西不在，曹仰婦兒償；張仰（第）〔弟〕□若二人前却不償，聽拙二人家財，平爲□（桃）〔萄〕中梨棗盡□（桃）〔萄〕行，若曹張二人与馮寺主梨兩（九）〔斛〕。若（桃）〔萄〕水□（桃）〔萄〕，二人還寺主（桃）〔萄〕。若樹（干）〔乾〕（漯）〔濕〕，不得近破。三主□□立（卷）〔券〕，券成之後，各不得返悔，悔者壹罰貳入不□□。民有私要，要行二主，各自署名爲信。□柱廿百一十七□。倩書　王仕祐　□□　將沙彌

《吐魯番出土文書》第二册《阿斯塔那三六五號墓文書・高昌延昌二十七年張順和夏樹券》 延昌廿七年丁未歲二月廿二日，張順和從主簿□十五株，要与夏□取。若棵（菓）〔葉〕之□取。要到十月內（上）〔償〕錢使畢，若不畢，聽拙家財平爲錢直。若□東西无，仰（婕）〔妻〕兒使畢。二主先相和可，後爲（卷）〔券〕要，（卷）〔券〕之後，各不得返悔，悔者壹罰二入□〔後缺〕

《吐魯番出土文書》第二册《阿斯塔那三六五號墓文書·高昌延昌二十八年王幼謙夏鎮家麥田券》

延昌廿八年戊申歲十二月廿二日，王幼謙從主簿孟儁邊夏鎮家細中部麥田貳拾〔作〕〔伍〕畝，畝与夏價麥貳〔研〕〔斛〕柒〔皃〕斗〔□〕，租在夏價中，□賊破水旱，隨大□主先和後〔卷〕〔券〕，券成之後，各不得□民有私要，要行二主，各自署名爲信。時見張忠、苟

倩書張順和

《吐魯番出土文書》第三册《阿斯塔那四八號墓文書·高昌道人真明夏床田券》

□歲五月竟日，真道人真明從時顯明□埳床田拾〔沘〕〔柒〕畝，畝与夏價〔叅〕〔叁〕〔研〕〔斛〕，依官斗〔研〕〔斛〕誻城□役，仰田主了；渠破水讁，仰耕田人了。若風〔虫〕〔蟲〕賊破，水□苗本主。二主先和，後爲〔卷〕〔券〕要，〔卷〕〔券〕成之後，□罰貣貳倍入不悔者。□倩□

□要使淨取□

《吐魯番出土文書》第三册《阿斯塔那三六四號墓文書·高昌某人夏鎮家麥田券》

〔前缺〕夏鎮家南部麥田貳拾壹畝，□租在夏價中，依官〔九〕〔斛〕斗取，使淨好。若有〔灾〕〔災〕〔汗〕〔旱〕隨□若渠破水讁，仰〔秝〕〔耕〕田人了。二主先和後〔卷〕〔券〕，卷成之後，各不得□□，悔者壹罰貳入不悔者。民有私要，要行二主，各自署名□□。時見 趙阿老 倩書 道人惠奄

《吐魯番出土文書》第三册《阿斯塔那三六四號墓文書·高昌卯歲尼高參等二人賃舍券》

□□□□□卯歲五月十二日，女□□尼高參二人，從索寺主□□□賃。二人各賃舍壹〔堅〕〔間〕，□□□賃價錢貳文，高□□賃價錢叁文。二人要〔逕〕〔經〕壹年□□遮〔佘〕餘〔□〕人。不得病死，若病死者，罰錢□与錢壹文，高參交与錢貳文，□□主和同立□□成之後，各不得返悔，□□要，要行三主，各自署名爲信。倩書 索善□ 時見□

《吐魯番出土文書》第三册《阿斯塔那八〇號墓文書·高昌延壽元年張寺主賃羊屎糞刺薪券》

□□□□申歲〔潤〕〔閏〕七月竟日，張寺主□□□□真面二邊〔任〕〔賃〕羊屎糞，要八月、九月任〔賃〕□□□壹車，〔此〕〔刺〕〔辛〕〔薪〕五車，要到舍。与嚴粟柒斛□〔皃〕〔斗〕。三主和同立〔卷〕〔券〕，卷成之後，各不得返悔，□者壹罰二入不悔者。民有私要，要行二主，□自署名爲信。〔清〕〔倩〕書 法岳師 時見 德取師

《吐魯番出土文書》第三册《阿斯塔那一三五號墓文書·高昌田婆泰夏田券》

□月四日，田婆泰從法劑□常田貳畝，畝到五月內，与夏〔研〕〔斛〕伍〔皃〕〔斗〕粟陸〔研〕〔斛〕伍〔皃〕〔斗〕，到五月□到十月內，〔上〕〔償〕床粟使畢。到取□使净好，依官〔研〕〔斛〕皃中取。若不淨□中□了；若渠破水讁，仰〔秝〕〔耕〕□□□。□主和同立〔卷〕〔券〕，卷〔城〕〔成〕之後，各不得反悔，悔者壹罰貳入不悔者。民〔右〕〔有〕私要，要行貳主，各自署名爲信。

□西分〔後缺〕

《吐魯番出土文書》第三册《阿斯塔那一五五號墓文書·高昌延壽六年鄭海儒夏田券》

□壽六年己丑歲正月十日，鄭海儒從賈□□夏東渠內闞寺常田肆畝，要〔逕〕〔經〕壹年，得□大麥伍〔研〕〔斛〕，与秋伍〔研〕〔斛〕，到五月內，〔上〕〔償〕麥□使畢，若過期□不畢，

□〔後缺〕

《吐魯番出土文書》第三册《阿斯塔那二五號墓文書·高昌張永究夏田券》

□歲二月五日，張永究從趙祐宣邊夏□壹畝，到六月□，与夏價大麥柒〔研〕〔斛〕伍〔皃〕〔斗〕，到十□伍〔皃〕〔斗〕。田中□〔殊〕〔輸〕〔伯〕〔佰〕役，仰田主了；渠破水讁，各自承□麥粟之日，依官斗中取，使淨好，若□〔卷〕〔券〕□不得返悔，悔者□罰二入不□〔後缺〕

《吐魯番出土文書》第四册《阿斯塔那三〇一號墓文書·唐貞觀十七年西州高昌縣趙懷滿夏田契》

貞觀十七年正月三日，趙懷滿從張歡□□步；張藺富貳畝。田壹畝，与夏價小麥貳研，□依高昌〔九〕〔斛〕斗中取。使干淨好；若不好，聽向風常取。貲□，仰耕田人了。若風破水旱，隨大匕列。□到六□□上麥使畢。若過六月不□壹月壹〔九〕〔斛〕上生壹〔兜〕〔斗〕。若前却不上，聽挫家財□□麥直。若身東西无，仰收後者上。三人□〔中缺〕

田主　張歡仁　一一一

田主　張藺富　一一一

耕田人趙懷滿　一一一

倩書汜延守　一一

知見　□□□　一一

《吐魯番出土文書》第四册《阿斯塔那一五一號墓文書·高昌義和三年張相熹夏床田券》

義和三年丙子歲四月廿□，張相熹從左祐子邊夏部床田壹畝，到十月內□〔研〕〔斛〕，床依官〔研〕〔斛〕〔皃〕〔斗〕中取。床使干淨好，若淨好，聽□□□□。租〔殊〕〔輸〕〔伯〕〔百〕役，仰田主了；渠破水讁，仰耕田人了。二主和同□□，□□□後，各不得返悔，悔者一罰二入不□者。民有私要，要行二主，□□□□爲信。風破水旱，隨大□□。倩書　翟懷願　□□　□衆德□月二日，取善保田壹畝，罰□〔卷〕〔券〕同。張相軌書。即日，□□□願邊夏宣威忠□畝，罰〔部〕〔倍〕〔皃〕〔斗〕〔研〕〔斛〕□馮衆德

《吐魯番出土文書》第四册《阿斯塔那一五號墓文書·唐貞觀十四年張某夏田契》

□寶寺都□□匡渠常田拾柒畝，畝与別□〔研〕〔斛〕，到十月內与夏價□種床，与伍〔研〕〔斛〕；種□与耕田人。床、粟、麥要□渠破水讁，仰耕田人承了。□要〔逕〕〔經〕丑歲壹年用種。風□壹車。治渠聖道張□成之後，各不得返□□私要，要行二□。〔後缺〕

《吐魯番出土文書》第四册《阿斯塔那一五一號墓文書·高昌義和三年汜馬兒夏田券》

義和三年丙子歲〔潤〕〔閏〕五月十九日，汜馬兒從无良跋子邊夏舊〔墣〕〔業〕部田叁畝，畝与夏價床伍□內〔上〕〔償〕床使畢，依官〔研〕〔斛〕〔皃〕〔斗〕中取。床使畢干淨好，若不干淨□，聽向風常取。〔祖〕〔租〕〔殊〕〔輸〕〔伯〕〔百〕役，仰田主了；渠破水讁，仰耕田人了。風虫賊破，隨大匕列。二主和同立〔卷〕〔券〕，卷成□□，各不得返悔，悔者一罰二入不悔者。民有私要，要行□□，自署名爲信。

倩書　張相熹

時見　張衆德

《吐魯番出土文書》第五册《阿斯塔那二四號墓文書·唐貞觀二十二

年索善奴佃田契》 貞觀廿二年十月卅日，索善奴□夏孔進渠常田肆畝，要（逕）〔經〕□年別田壹畝，与夏價大麥五斛；与□□□到五月內，償麥使畢；到十月內，償□□畢。若不畢，壹月麥秋壹斛上生麥秋壹□□若延引不償，得抴家資平爲麥秋直。若身□西無者，一仰妻兒及收後者償了。取麥秋之日，依高昌舊故平（袁）〔圓〕斛中取。使淨好，若不好，聽向風常取。田中租課，仰田主。若有渠破水讁，仰佃□□指爲信。

田主趙

佃田人索善奴 一一一

知見人馮懷勗 一勗一

知見人劉海願 一一一

《吐魯番出土文書》第五册《阿斯塔那二四號墓文書・唐永徽二年孫客仁夏田契》 永徽二年十月一日，孫容仁於趙歡相□渠常田肆畝，要（逕）〔經〕六年佃。年田壹畝，与夏價□□斛。到五月內，上麥使畢；十月內，上秋□□□其月不畢□□舊袁（圓）斛中取。使□若不淨好，聽向風常取。租（殊）〔輸〕（伯）〔百〕役，仰田主了；渠破水讁，仰佃田人了。壹年与草肆圍，与麨壹車。兩主和可，獲指爲信。

田主明元 一一一

夏田人孫容仁 一一一

知見□阿護 一一一

知見 索阿側

《吐魯番出土文書》第五册《阿斯塔那一四〇號墓文書・高昌重光四年某人夏部麥田券》 □□年癸未歲五月廿七日，□□□邊夏甲申歲部麥田北部□□交与大麥叁（斛）〔斛〕捌（皃）〔斗〕半。田要□租（殊）〔輸〕佰役，仰田主了；□破水讁，仰□□□了。二主和同立（卷）〔券〕，卷成之後，□不得返悔，□者□罰二入不悔者。民有□□，□行二主，□□□名爲信。

倩書 □僧奴 時見 □□□

《吐魯番出土文書》第五册《阿斯塔那一〇號墓文書・唐貞觀二十三年傅阿歡夏田契》 □□□年八月廿六日，武城鄉傅阿歡□范酉隆邊夏孔進渠廿四年中常田貳畝。即交与夏價銀錢拾陸文。錢即日交相付了。□到廿四年春耕田時，傅、范邊不得田時，壹□讁銀錢叁文入傅。田中租（殊）〔輸〕佰役，仰田主承了；渠□□讁，仰傅自承了。兩和立（卷）〔券〕，畫指爲信。

田主 范酉隆 一一一

夏田□傅阿歡

知見□□□思 一一一

知見□

《吐魯番出土文書》第五册《阿斯塔那一〇號墓文書・唐傅阿歡夏田契》 （前缺）□阿歡從同鄉人范酉□□□孔進渠常田貳畝，畝□交与銀錢□文。錢即日交□相了。租（殊）〔輸〕佰□，仰田主承了；渠破水，仰佃□人承了。田要□□年中佃種。兩和立契獲指爲信。

錢主傅阿歡 一一一

夏田人范酉隆 一一一

知見人左素胡一□

知見人□□□

《吐魯番出土文書》第五册《阿斯塔那一〇號墓文書・唐永徽四年四月傅阿歡夏田契》 □□四年四月十叁日，武城鄉人傅□□於同鄉人支醜□邊夏左部渠麥田貳畝。□交与銀錢陸文，錢□

付了。□田□永徽五年內得田種，若□役，壹仰田主承了；渠破水□，壹仰更田人承了。兩和立□，獲指爲□。

□ 一一

□見人□

□見人□ 一

《吐魯番出土文書》第五册《阿斯塔那一〇號墓文書・唐孫沙弥子夏田契》 〔前缺〕□昌鄉人董尾柱邊夏石宕渠□分常田貳畝。要逕六年壹年佃種。田壹□即日交与夏價銀錢拾伍文。合与□拾。其錢、田交相付□〔中缺〕

□當。兩主和可立契，獲指爲信。

田主董尾住 一一一

夏田人孫沙弥子

知見人□〔後缺〕

《吐魯番出土文書》第五册《阿斯塔那一〇號墓文書・唐龍朔元年孫沙弥子夏田契》 □朔元年十一月廿六日，武城鄉人孫沙弥子於順義鄉人李（虍）〔虎〕祐邊夏龍朔叁年中石宕渠口分常田貳畝。畝別□㪷。其麥田即日交相□□子。到孫佃田之日，李□別貳，人不悔人。若孫不佃李田者，適壹別貳，人不悔人。（祖）〔租〕（殊）〔輸〕佰役，仰田主了；渠破水□，仰（更）〔耕〕田（仁）〔人〕承當。兩主和可立契，獲指爲□

田主李虎祐 一一一〔後缺〕

《吐魯番出土文書》第五册《阿斯塔那三三七號墓文書・唐龍朔三年西州高昌縣張海隆夏田契》 龍朔三年九月十二日武城鄉人張海隆於同鄉人趙阿歡仁邊夏取叁肆年中，五年、六年中，武城北渠口分常田貳畝。海隆、阿歡仁二人舍佃食。其耒牛、麥子，仰海隆邊出。其秋麥，二人庭分。若海隆肆年、五年、六年中不得田佃食者，別錢伍拾文入張；若到頭不佃田者，別錢伍拾文入趙。与阿歡仁草玖圍。契有兩本，各捉一本。

兩主和同立契，獲指□記。

田主趙阿歡仁 一一一

舍佃人張海隆 一一一

知見人趙武隆 一一一

知見人趙石子 一一一

《吐魯番出土文書》第五册《阿斯塔那三二六號墓文書・高昌某人從寺主智演邊夏田券》 〔前缺〕寺主智演邊夏力渠田南長田三畝，□与夏價小麥貳（硏）〔斛〕五斗。若渠破水讁，仰耕田了；若（紫）〔貲〕租百役，仰寺主了。二主各□□返悔，悔者壹罰二入悔者。民（祐）〔有〕□□，□□三主，各自署名爲信。

倩書□□陈

□□ □□□

《吐魯番出土文書》第六册《阿斯塔那四號墓文書・唐總章三年左憧憙夏菜園契》 總章三年二月十三日，左憧憙於張善憙邊夏取張渠菜園壹所，在白赤舉北分牆。其園叁年中与夏價大麥拾陸（硏）〔斛〕；秋拾陸硏。夏肆年，与銀錢叁拾文。若到佃時不得者，壹罰貳入左。（祖）〔租〕（殊）〔輸〕伯役，仰園主；渠破水讁，仰佃人當。爲人無信，故立私契爲驗。

錢主 左

園主 張善憙 一一

保人 男君洛

保人 女如資

知見人 王父師

知見人 曹感

《吐魯番出土文書》第六册《阿斯塔那四〇號墓文書・唐杜定歡賃舍契》 □□元年六月廿日，高昌縣崇化鄉人杜定歡從證聖寺三綱僧練伯邊賃取裏舍中上下房伍口，□有門壹具，其舍中並得

□錢叁拾文□錢拾伍□到

二年二月卅日与錢拾伍文。其舍□□年用坐。立契已後，不得悔，若□□錢肆拾文，入不悔人。兩和□□，畫指爲驗。

舍主僧

賃舍人　杜定歡〔中缺〕

知見人　索寶悦

《吐魯番出土文書》第七册《阿斯塔那三五號墓文書·唐垂拱三年西州高昌縣楊大智租田契》

垂拱三年九月六日，寧戎鄉楊大智交□小麥肆斛，於前里正史玄政邊租取逃走衛士和隆子新興張寺潢口分田貳畝半。其租價用充隆子兄弟二人庸緤直，如到種田之時，不得田佃者，所取租價麥，壹罰貳入楊。有人（悋）〔吝〕護者仰史玄應當。兩和立契，畫指爲記。

租田人　楊

田　主　史玄政

知見人　侯典倉

《吐魯番出土文書》第九册《阿斯塔那三七號墓文書·唐□□二年曹忠敏租田契》

□□高渠部田一段廿九畝，内壹拾陸畝舊主王祐□

□二年九月八日，曹忠敏於知田朱進明處租取尊思廉等上件地，進明先於尊廉等邊散於人處租得，今不親營種，遂轉租与前件人。每畝交用小麥壹㪷（斗），租取上件地來年佃種。如到種田之日不得地佃者，一仰朱明知當，不干曹敏事。段内更有別人追理地子，並不干佃地人之事。兩共平章，獲指爲記。謹録契白如前。

麥主

田主　朱進明年卅

保人　□琳年五十八

保□□□〔後殘〕

《吐魯番出土文書》第一〇册《阿斯塔那五〇六號墓文書·唐天寶七載楊雅俗与某寺互佃田地契》

□渠口分常田一段肆畝

□平城南地一段叁□□□七載十二月十三日楊俗寄住南平，要前件寺地營種，今將郡城樊渠口分地彼此逐□□種。緣田地税及有雜科税，仰□□□各自知當。如已後不願佃地者，彼此收本地。契有兩本，各執一本爲記

地主楊雅俗載廿四

保人兄處俗載廿□

保人高澄載廿一

《吐魯番出土文書》第一〇册《阿斯塔那五〇六號墓文書·唐天寶十三載楊晏租田契》

天十三載十一月廿三日，楊晏交用小麥肆㪷於竹玄果邊，租天十四□分□□貳畝。其地要經一周載□食。如□之日不得田佃者，及改租与別人□□價一罰式入楊。租殊□代輸。□

租田人□

田主竹玄果載卅七

《吐魯番出土文書》第一〇册《阿斯塔那五〇六號墓文書·唐天寶十三載張元舉男方暉租田契》

張元舉男方暉，於楊晏邊領得沙堰渠部田貳畝，交領租價畝別式㪷，其地要經天十四載佃種。如到種田之日不得地佃及改租与□人，其麥一罰二入楊。天十三載□月廿八日張元舉男方暉

見人　李□□

《吐魯番出土文書》第一〇册《阿斯塔那五〇六號墓文書·唐至德二載楊堰租田契》

至德二載九月廿六日，順義鄉人楊堰□麥各貳於曹孝績邊租取沙堰□□貳要經至德三載佃種。如到□□□及改租別人者，其麥一罰貳□□曹身東西不在，一仰妻□楊當了。恐人無信，故立此契爲□

田主曹孝□

□人男□□年廿（下殘）

《吐魯番出土文書》第一〇册《阿斯塔那五〇六號墓文書・唐至德二載韓伯掄出佃田畝契》

□德二載□麥肆□於同□人□處陽□地要至德□□營種□交相分付□東西□

麥主（下殘）

地主韓伯掄載廿五

地主母阿麴載卌三

□麥分付韓掄訖

《吐魯番出土文書》第一〇册《阿斯塔那五〇六號墓文書・唐孫玄參租菜園契》　馬寺菜園壹畝，東賈敏，西斯越麻□，南道，北王望。□孫玄參於□寺徒衆邊租取□青麥拾斛，粟拾斛。如取麥、粟□家資車牛雜物，平充麥直。□□拾束与寺家。秋菜一畦從南□入孫，一分与寺家。收秋与（介）〔芥〕壹伯束，每日□一畦子，仰寺知當。其園稅子，兩家共知。□限，如限未滿，改租別人者，罰錢參拾阡入孫。□園内修理（疏）〔蔬〕菜不如法，任改租別人。如園内□水罰，仰佃人。諸渠雜役，仰佃人。兩主和同立此契□□本，各執一本爲記。

園主

《吐魯番出土文書》第一〇册《阿斯塔那五〇六號墓文書・唐張小承與某人互佃田地契》　□□承匡渠西奇口分常田五畝□年十一月廿四日□逐隱便將上件地□酒泉城口分桁渠常田一段五□家各十年佃□如以後兩家□種，各自收本地。如營田以後，□役，各自承祇，不得遮護。兩共平章，恐人無信，故立此契爲記。數内一畝地子，張處直邊收麥兩斛一斗

地主張小承年卌二

保人弟□

契有兩本，各執一本。保人張處直□

保人

《吐魯番出土文書》第一〇册《阿斯塔那五〇六號墓文書・唐趙拂昏租田契》　〔前缺〕□趙拂昏租取馬寺前件地來年佃種，畝別准青麥畝捌㪷，粟畝別玖㪷，計麥壹碩陸㪷，粟計壹碩捌㪷。其官稅子仰撥昏輸納□□家事。准往例，渠破水（擿）〔謫〕仰佃人。如下子之□□□田佃者，仰寺家別處与上替。其麥五月□□月内付浄好者。兩家平和，畫指爲記。

田主　馬寺尼

保人

保人

《吐魯番出土文書》第一〇册《阿斯塔那五〇六號墓文書・唐至德二載楊晏租田契》　至德二載八月五日，楊晏交用小麥肆□於竹玄過邊租取沙堰渠口分部□□畝，其地要□至德□載佃種。如到種□得田佃者，其麥一罰二入楊，若身□西不在，一仰保等知當。爲人無

麥主

田□竹玄過載卅□

□交□小麥二㪷於白如奕邊租取□□渠□分部田一畝，其契准上。

田主　白如奕載卅□

《吐魯番出土文書》第一〇册《阿斯塔那五〇六號墓文書・唐大曆三年僧法英佃菜園契》　馬寺園一區（下殘）大曆三年十月廿四日，僧法□取上件園佃種，其園限叁年佃種。每年租價准麥壹畝貳碩伍㪷，粟叁碩。其麥粟□至時熟，仰□英依數送納；其田稅仰佃人自

知。園内起三月□□送多少菜，至十五日已後并生菜供壹拾束，束壹□。如修理墻壁不如法，送菜闕少，不在□斛㪷，並須依□送付。如違限，任掣奪衣資雜物，平充斛㪷直，并□別人。仍限叁年佃種。如修理□（疏）〔蔬〕如法，斛㪷不闕，徒衆不得中途改悔。其韭兩畦，壹畦佃人收，餘壹畦分爲叁分，兩分入寺家，一分□□。其韭至八月一日更不得侵損，其冬藏蔓□北壁壹畦入寺家。如收菜之時，有不如法，仰佃人□菜充替。其有官科税諸雜，一仰佃人知當，不（忏）〔干〕寺□事。仍下葱子壹㪷其子寺家出陸勝，佃人出肆勝，人功仰佃人。□□葱内所種芥，寺家取壹伯束。契有兩本，各執一本。其園内所種瓜，每日与寺壹拾顆。兩家平和，畫指爲記。地主

地主馬寺尼淨信年卌

地主尼上坐法慈年卅四

《敦煌社會經濟文獻真蹟釋録》第二輯《唐天復二年樊曹子劉加興租佃土地契（稿）》 天復二年（壬戌歲次）〔歲次壬戌〕十一月九日，慈惠鄉百姓劉加興城東□渠上口地四畦共十畝，闕乏人力，（奠）〔佃〕種不得，遂租與當鄉百姓樊曹子（奠）〔佃〕種三年。斷作三年價直：乾貨斛斗壹拾貳石，麥粟五石，布壹疋肆拾尺，又布三丈。布壹疋，至到五月末分付，又布三丈餘到其上□並分付劉加興。是日，一任租地人三年（奠）〔佃〕種不許劉加興，二年除外並不（珍）〔准〕劉加興論限。其地及物，當日交相分付，兩共對面平章，一定與後，不許休悔，如休悔者，罰王六人不悔人

天復二年壬戌，歲次十一月。九日，慈惠鄉百姓樊曹子遂租當鄉百姓劉加興城東□渠上口地四畦共十畝。（以下空白）

《敦煌社會經濟文獻真蹟釋録》第二輯《甲午年二月十九日索義成分付與兄懷義佃種憑》 甲午年二月十九日，索義成身着瓜州，所有父祖口分地叁拾貳畝，分付與兄索懷義佃種。比至義順到沙州得來日，所着官司諸雜烽子官柴草等大小税役，並總兄懷義應判，一任施功佃種。若收得麥粟，任自兄收，粿粒亦不論説。義成若得沙州來者，却收本地。渠河口作税役，不忓□兄之事。兩共面（對）平章，更不許休悔。如先悔者，罰牡羊壹口。恐人無信，故立文憑，用爲後驗。

種地人兄索懷義（押）

種地人索富子（押）

見人索流住（押）

見人書手判官張盈（押）

《敦煌社會經濟文獻真蹟釋録》第二輯《丁酉年租用油樑水磑契（稿）》 丁酉年二月一日立契，捉油樑户磑户二人某等，緣百姓田地窄安珠捉油樑水磑，取看一周年，斷作油樑磑課少多。限至年滿，並須填納。如若不納課税，製奪家資，用充課物。如若先悔者，罰看臨時，充入不悔人。恐人無信，故勒此契。押字爲憑，用爲後驗

《敦煌社會經濟文獻真蹟釋録》第二輯《癸未年四月十五日張修造雇父駝契》 癸未年四月十五日，張修造遂於西州充使，欠闕駝（葉）〔乘〕遂於押衙王通通面上雇五歲父駝壹（碩）〔頭〕，斷作駝價官布十六疋，長柒捌，到日還納。駝若路（上）賊打病死，一仰要同行（證）見。若非（里）〔理〕押損走却，不（關）駝主（知）〔之〕事，一仰修造。（下缺）

《敦煌社會經濟文獻真蹟釋録》第二輯《癸未年七月十五日張修造雇父駝契》 癸未年七月十五日，張修造（王）〔往〕於西州充使，欠闕駝（棄）〔乘〕遂於押衙價廷德面上雇六歲父駝一頭。斷作官布拾個長二丈六七。使入了，限三日便須（田）〔填〕還，更不許推（言）〔延〕，或若路上賊打，看爲大（禮）〔例〕，或若病死，（舌）〔折〕却雇價，立（爲）〔還〕本駝。若是駝高走煞，不（關駝）主（諸）〔之〕事，一仰修造（之）〔祇〕當。兩共對面平章，更（不）許（先）〔休〕悔。又人悔者，罰麥壹碩，充入不悔人。恐人無憑，故立（司）〔私〕契，用爲後驗。（後缺）

《敦煌社會經濟文獻真蹟釋録》第二輯《辛卯年董善通張善保雇駝契》 辛卯年九月二十日，百姓（董）善通、張善保二人往入京，欠少駝畜，遂於百姓劉達子面上雇拾歲黄駱駝壹頭。斷作雇駝價生絹陸疋。其叁疋，長（叁）肆拾尺。又叁疋，長三丈玖尺。又樓機壹疋，看行内駱駝價。將

駝去後，比至到來，路上有危難，不達本州，一看大禮（例），若駝相走失者，雇價本在，於年歲却立本駝，或若道上瘡出病死，須同行證盟。立此文書，故勒私契，用爲後驗。

駝主劉達子（押）

雇人董善通（押）

雇〔人〕張善保（押）

口承史男子（押）

口承押衙張慶明（押）

《敦煌契約文書輯校·丁丑年赤心鄉百姓郭安定僱驢契》 丁丑年十月廿七日赤心鄉百姓郭安定，遂僱百姓高興達伍歲駁驢壹頭。斷作僱價，共驢主高知，若身不平善來者，仰口承妻立驢，兩共對面平章，不許休悔。如若先悔者，罰羊一口，充入不悔不人。恐人無信，故勒此契，用爲後憑。

十月廿七日僱驢人郭安定（押）

口承人妻張氏知

見人孔員道（押）

見人郭保安（押）

《敦煌契約文書輯校·唐乾寧三年平康鄉百姓馮文達僱駝契》 乾寧三年丙辰歲二月十七日，平康鄉百姓馮文達奉差入京，爲少畜乘，今於同鄉百姓季罯山邊，遂僱八歲黄父駝一頭。斷作僱價，卻迴來時，生絹五疋。見立典物，分付駝主。

《敦煌契約文書輯校·壬午年蘇永進僱駁駝契》 壬午年正月廿六日立契，押衙蘇永進伏緣家于闐充使，欠少畜（剩）〔乘〕，遂於都頭鄧裁連面上僱陸歲駁駝壹頭，斷作僱價大紫帛綾一疋，爲定。

立契押衙蘇永進

《敦煌契約文書輯校·癸未年張修造僱駝契》 癸未年四月十五日張修造遂於西州充使，欠闕駝乘，遂於押衙王通通面上僱五歲父駞壹頭，斷作駞價官布十六疋，長柒捌，到日還納。駝若路上賊打病死，一仰要同行見。若若非（里）〔理〕押損走却，不駞主（知）〔之〕事，一仰修造。

《敦煌契約文書輯校·辛卯年百姓董善通張善保僱駞契》 辛卯年九月廿日，百姓董善通張善保二人往入京，欠少駝畜，遂於百姓劉達子面上僱拾歲黄駁駞壹頭，斷作僱駞價生絹陸疋，其叁疋長叁拾尺，又叁疋長三丈玖尺。又樓機壹疋，看行（内）〔納〕駱駞價，將駞去後，比至到來路上有危難，不達本州，一看大（禮）〔例〕，若駞相走失者，僱價本在，於年歲却立本駞。或若道上瘡出病死，須同行證盟。立此文書，故勒私契，用爲後驗。

駞主劉達子（押）

僱人董善通（押）

僱　張善保（押）

見人史興子（押）

口承押衙張慶順（押）

《敦煌契約文書輯校·壬辰年洪池鄉百姓某僱牛契》 壬辰年十月生六日洪池鄉百姓厶乙闕少牛畜，遂僱同鄉百姓雷粉（槌）〔堆〕黄（自）〔牸〕牛一頭，年八歲。十月至九月末，斷作僱價每月壹石，春價（被）〔破〕四月叁日，若是（自）〔牸〕牛（並）〔病〕死者，不關僱人之（是）〔事〕。若馱畜是（煞）〔散〕，不關牛主（諸）〔之〕事。兩共對面張平（障）〔章〕，不許休悔。如先悔者，一馱

《明清徽州社會經濟資料叢編》第一集《休寧縣吴凱轉佃山契》 十二都十保住人吴凱，今將本户承佃到蜜多院官山一號，坐落九保，係乙字一千一百七號，山二分九厘二毫，本家合得壹半，其山東至□□，西至□□，南至□□，北至□□，土名深安塘尾。今來缺銀納糧用度，自情願將前項四至内取山一半，盡行立契出轉佃與本圖人汪士熙名下，三面議價銀二錢，前去用度。其銀當成契日一并收足，别不立領札。其山今從出佃之後，一聽受佃人自行管業。所有及重復交易不明一切等事，盡是出佃人祇當，不及受佃人之事。今恐無憑，立此文書爲用。

景泰六年二月二十二日出佃人　吴凱契

見人　汪文通

今就領去契内價銀，并收足訖。同日再批。

《明清徽州社會經濟資料叢編》第一集《歙縣程良李等租山文約》

房東程良李、良禾，二家共有山一號，坐落本都五保，土名宋家山，其山

四至，上〔至〕降，下〔至〕坑，外至小四分塊山，里至中壠心夏襖乞等山。前四至內山與住人前去砍〔發〕〔伐〕鋤種，三年之內務要密栽苗木，毋許抛荒，五年之外請山主看苗。日後苗木成材，主〔坌〕〔力〕三七相分，主得七分，〔坌〕〔力〕得三分。其坌務要凑與山主，無許另賣他人。自立興養之後，務要用心載苗，亦毋許私自入山偷砍。違者犯一賠九，如若抛荒，迫賠逾年花利毋詞。立此爲照。

萬曆四年二月初二日房東　程良李

程良禾

程鳴鸞

程鸞兄弟

《明清徽州社會經濟資料叢編》第一集《歙縣吴元鎡轉佃契約》　十一都吴元鎡，原佃到寺口汪春門前佃種十王院田一坵，計田三畝，內取三秤零五斤，計佃價一兩二錢伍分與子静，仍存佃租四秤零伍斤，計佃價銀一兩五錢八分整，自情願憑中轉佃與侄吴應喬名下，與汪春取租無詞。今恐無憑，立此轉佃約爲照。

日後有銀聽自取贖無詞。

萬曆十年正月十五日立轉佃約人　吴元鎡

中見人　吴元鑒

《明清徽州社會經濟資料叢編》第一集《祁門縣潘得大承租山文約》

僕人潘得大，今佃到房東王汝希、王尚欽名下山壹號，土名東樹窟下邊，東至灣心直上，西至五希山，北至大尖，南至小灣心欽山。今承佃前去長養杉松樹木，務要用心巡邏，毋許私自砍折。如砍一根，獲出罰銀壹錢賠還山主。日後成材，主〔利〕〔力〕四六勢分。憑此佃約爲照。

萬曆二十一年十二月初十日　立承佃僕人　潘得大

代書見人　王尚好

《明清徽州社會經濟資料叢編》第一集《休寧縣吴自修當田契》　立當契人吴自修，今將國字八百六十六號田，該身己分計租式秤，土名灣坵；又將國字八百八十二號，該身己分下計租三秤，土名流塘下；又將國字六百七十九號，該身己税陸厘，土名梭村，佃地三號憑中出〔當〕與友恭堂名下，本銀式兩整，每月壹分行息。其銀逐年納利，如無，聽憑管業收租作利。倘有人等争論，俱係出當人之當。今恐無憑，立此當契爲照。

萬曆四十年正月十七日立當契人　吴自修

中人　吴　壕

吴　鋟

又將有字□□號，租式秤，土名幾子坦，换出佃地。再批。

《明清徽州社會經濟資料叢編》第一集《祁門縣莊人康具旺等立還約》

莊人康具旺，李六保等，因先年攘山一號，土名成一□塢後，未知房東有分，潛地據造窑柴發賣，房東得知要行告理，自知理虧，情願托中納還價糧，承佃本山，前去砍撥鋤種花利，〔變〕〔遍〕山〔載〕〔栽〕插松〔山〕杉苗禾，不得抛荒寸土。今恐無憑，立此爲照。

天啓五年八月初一日　立約人　康具旺

李六保

范端保

王旺祖

《明清徽州社會經濟資料叢編》第一集《祁門縣洪仰等租山文約》

二十二都洪仰同伙金義、羅壽、李廣、洪族等，今承佃到本都金大麟弟侄名下二份土名佛隍坑山一源，四至悉照伙內管業爲率，憑中承佃前業分該坌籍，前去砍撥鋤種，栽插松杉苗木，務要遍山滿密，毋得抛荒寸土。日後成材，主力兩半均分，倘力坌出賣，先儘山主，毋得變賣他人。如違甘罰白銀伍分公用。今恐無憑，立此承佃爲照。

崇禎十年二月十一日立承佃人　洪　仰

同伙　金　義

李　廣

羅　壽

洪　族

《明清徽州社會經濟資料叢編》第一集《祁門縣朱成龍等租山文約》

立承攬火佃朱成龍、成孫、成志、記勝等，今承到房東謝名下山一備，坐落本保土名刀鞘塢，四至字號悉照拼約爲證，前去撥作鋤種麻、粟、頭年粟以準栽苗工食，次年麻請主到山看睨，三七抽分，主得三分，力得七分。其栽苗無問平棧五尺一株，不致〔攔〕〔懶〕〔殘〕〔散〕荒廢，三年之後請主到山點〔青〕〔清〕。日後待木成林，主得七分，力得三分。如違，聽主理論。今恐無憑，立此承約存照。

弘光元年二月初四日　立承約火佃　朱法弟

成　孫

成　龍

成　志

記　勝

代筆房東　謝正宗

再批：信記俱在酌内訖。

《明清徽州社會經濟資料叢編》第一集《休寧縣汪廷保佃田約》　立佃約人汪廷保，今有承祖佃作田一備，坐落土名沙坵，計田一畝肆分，計租十四秤整，出佃與李□□名下爲業，得受價紋銀一兩叁錢整。其田是身承去耕種，迭年交還小租穀叁秤拾斤整，送至上門交納。如有欠少，聽佃主另佃無詞。其田未佃〔知〕〔之〕先，并無重複交易。不明〔等〕〔情〕，盡是出佃人承當，不及受〔佃〕人之事。恐後無憑，立此佃約存照。

崇禎十五年四月初二日　立佃約人　汪廷保

《明清徽州社會經濟資料叢編》第一集《休寧縣汪志全轉佃芸園約》　立佃約人汪志全，今有芸園一畝四分，内厠所一所并籬〔把〕〔笆〕在内，轉佃與汪六九名下管業耕種，〔的〕〔其〕園價紋銀貳兩捌錢整。其園、銀兩交明白。如有來歷不明，盡是出佃人之當，不及受〔佃〕人之事。恐後無憑，立此佃約存照。

崇禎十六年六月十三日立佃約人　汪志全

《中國歷代契約會編考釋·租店約批格式（甲）》　某都某人，今租到某都某人名下土名某店房幾間，開張。認定每年租銀若干，或四季交納，不致拖欠。憑此爲照。

《中國歷代契約會編考釋·租田契約格式（甲）》　立佃帖人某，因無田耕種，情願憑中佃到某主名下田若干，其田每年秋收，照田支納租米，不致少欠。如遇年成水旱，請田主臨田踏看，除租均分。如有荒蕪田地，依數賠還。恐後無憑，立此佃契存照。

《中國歷代契約會編考釋·租田契約格式（乙）》　立租約人某都某人，今租到某都某人名下土名某處田若干耕種，議定每年租穀若干□，或挑租上納□，或種田均分。其租不致短少，憑此爲照。

《中國歷代契約會編考釋·賃房契格式》　立賃房契人某，今因無房居住，情願憑中賃到某名下瓦草房幾間，家火幾件，逐一開載明白。每年該賃房銀若干，其銀陸續支用。自立契之後，如有房屋倒壞，俱在主人承顧。若門户器用稍有失錯，賃房人自當賠償。今恐無憑，立此賃房文契爲照。

《清代巴縣檔案彙編·乾隆三十二年正月二十四日陳仕位佃房文約》

立佃房人陳仕位。

今憑中佃到汪玉文名下瓦房一間，當日言定每年佃錢四兩正。每季一兩，先交後坐。上有來路不明居在，中保一面承管。今恐人心不古，立此佃約爲照。

立佃房人陳仕位

梅冰清

憑中人　王桂芳

《臺灣私法人事編·婚姻·正式之婚姻·有關妝奩字據·妝奩租字》

立對妝奩租字人葉際昌，有承父明買過林輝顯、彭煌讚等水田貳所，坐落土名大店槺榔莊，四至界址印契内載明。現耕佃人林天順、彭堪。兹因小女錐者婚配林家，其衣食等用饒足可知，但自己針線花粉，時或需用淡薄，爰將該田每年六月早季對佃人林天順踏出小租穀六拾貳石，又對佃人彭堪踏出小租穀叁拾四石，計共七十六石正，付錐者對佃收去，以便自己零星費用。此係喜悦，亦須有憑，合立對妝奩租字壹紙，付執爲炤。

批明：每年六月早季踏出小租穀計七拾六石正，付錐者對佃人林天順、彭堪支收足訖，再炤。

光緒二十二年丙申十月　日　在場人　葉宣記

立對妝奩租字人　葉際昌

《名公書判清明集》卷六《户婚門·占賃房花判》 陳成之有八、九間祖屋，黄清道已一十年僦居，既托風雨之蔽，合分主賓之等級。奈頑夫負義，不償點印之資，及小僕索逋，竟被毆傷之辱。既弗知投鼠之忌憚，輒敢恃放鵰而詐欺。肆逞枝辭，殊無根據。不念身爲屋客，有租賃之親書，及稱業屬妻家，欲贖回於典物，方且執别産以影射鄰界，甚至訟主人而侵占地基，可謂勢若倒行。不思業已經久，蓋楊氏更歷三、四世，難索亡没之契頭，如乾道交易八十年，初無受理之條法。顯見被論之後，妄爲抵拒之詞。君子固難勝小人，客僧反欲爲寺主，倘使市井之輩，盡相傚陸梁，凡有房廊之家，無不遭攘奪，此何風俗，盍正罪名。既經減降之霈恩，姑與從寬而免斷。仰陳成之主持積代祖業，監黄清道填還累月賃錢。如致再詞定逐出屋。

《名公書判清明集》卷六《户婚門·賃者析屋花判》 李廣縣吏貼，有何能爲，鮑焕之屋主人，反遭凌侮。幾載托蔽幪之庇，一朝逞除拆之私。甲家私過乙家，固當搬去自物，東壁打至西壁，不應毁作破廬，遂致四達以無旁，豈知一日而必葺。有心害物，夫何畫茄樹而行，定罪原情，豈可從蒲鞭之恕。李廣勘杖一百，監修。

《名公書判清明集》卷六《户婚門·不肯還賃退屋》 天下有不平之事如此。黄清道頑民中之至頑者，十王之號，信不虚得。陳成之貧儒士人，豈足以敵十王之勢力。奈何有祖屋八、九間，爲黄清道强賃，既不還賃錢，又打傷童僕，無以掩蓋其罪，遂妄托楊氏之名，欲以親鄰吝贖。殊不知乾道八十餘年之業，且經風潮漂蕩之後，契頭各皆亡没，安有吝贖之理。本縣昨已將黄清道斷遣，勒還賃錢，不伏，監出屋，竟不遵從。兩蒙使、府從縣所判，送權縣丞監還，又送縣尉追斷，皆無如之何。大凡爲政，以拔大本薤爲鑒，況黄清道只市井一頑徒，何爲皆畏縮而不敢施行。兹又準使、府狀縣，追上監出屋，限十日。本縣非不嚴行追監，今已一月餘日，本案不敢拘催，承差人甘心受杖，畏黄清道頑惡，如畏虎狼，其間刻木輩憚之，多與之爲地。小人難治如此，何況陳成之屋，白被鎖閉，白折賃錢，何以充養貧之資。黄清道一向逃避，不得已，方令家屬來投詞，妄稱已經使、府論理，反欲監折陳成之屋，可謂倒置之甚。度其意，只在計會追擾，使貧士人數間屋掃地而盡，以快其意而後已。有此世界否？若更拖延，必中其計，且照妻屬楊氏、楊璲狀，責限來日出屋，一窗一户，不得移動，並要齊全，取領足狀申。如不伏，押楊氏、楊璲來，枷錮，具解使、府施行。

《名公書判清明集》卷九《户婚門·賃人屋而自起造》 李茂森賃人店舍，不待文約之立，不取主人之命，而遽行撤舊造新，固不無專擅之罪。但自去年十月初興工，至今年三月末訖事，歷時如此其久，蔣邦先豈不知之？若以爲不可，則當不俟終日而訟之於官矣，何爲及今而始有詞？況當其告成之後，又嘗有筆貼，令其以起造費用之數見諭。以此觀之，則是必已有前定之言矣。不然，則李茂森非甚愚無知之人，豈肯冒然捐金縻粟，爲他人作事哉！詞訟之興，要不爲此，必是見李茂森具數太多，其間必不能一一皆實，所以興訟以邀之，其意不過欲勒其裁減錢數耳，非果欲除毁其屋也。小人姦狀，有何難見，兩家既是親戚，豈宜爲小失大，押下本廂，唤隣里從公勸和，務要兩平，不得偏黨。五日。

（明）毛一鷺《雲間讞略》卷七《一件譖官害民事》 江院李批青浦縣告人楊雲狀

前件審得：楊雲頂王義所賃房，將營酒腐之業。乃王義在房之日，以車碇爲生，有半間稍空，借與張懋新收布。蓋松俗，市布唯在平旦，故彼此貿易兩不相妨耳。及轉賃與楊雲，雲所業酒腐，與義不同，自不得以其餘及懋新，此亦情理之常。懋新何得强踞而乃以謀占擄殺告也。告時縣正公出，縣捕爲政，暫與收詞而馴復闕堂，縣捕官未多事也。維時楊雲正宜聽縣剖分，即萬一情直被抑，而後控訴於上未晚也，乃聽李坤之慫恿，遂奪牌籤爲越詐地。雖其始事較直，乃刁詐之狀亦大可恨也。所告官吏，蓋緣高縣丞收詞闕堂，而懋新之兄日新曾充府吏，故以譖官害民爲詞，冀爲聳上聽聞耳。及審此事，捕官曾未處分，日新並不干預，彼其曲譖者何人，而逼詐者何時耶？蓋官吏不肖，難保必無。至奸民動以官吏裝頭，則此中惡套也。懋新先捏呈爲兵端，且於理不直；楊雲控告爲應敵，實於情不經，均宜誣坐。第念鄉愚無知，比之赤子入井，姑杖治之。仍請枷責，以懲刁横。然爲新左袒而助雲爲祟者，沈天球與李坤也，各宜杖警。房仍楊雲居住，懋新不許攙越。

（明）顏俊彦《盟水齋存牘》卷四《争産關約修等杖》　審得關約修之父關玉華，先年將房前後一間出賃麥盈宇，每年還租銀五兩，居住有年。中有隙地，玉華批定許其自造一間，此原爲久栖計。玉華物故，伊子約修一併混賣蔣仰泉，威逐出房，致宇不甘告縣，斷銀不敷，復有是控。據宇添造稱費不貲，但以賣漿之人搭蓋栖身，所費亦可想見，縣止斷銀貳兩五錢，加一倍，法亦可滿其願矣。約修欺瞞召訟，量杖。招詳。

清軍道批：依擬，關約修贖發，庫收領狀繳。

（明）顏俊彦《盟水齋存牘》卷四《争佃鄭寧一等杖》　審得全淳敏與鄭寧一奪租龔永興軍田，已經本府審明有案。孝廉龔庚復有詐冒之控，或淳敏曾借名色爲孝廉玷也。然永興之田始佃寧一，寧一負租而轉佃淳敏，寧一怒淳敏之奪己佃也，而糾棍龔觀德下石之。本府之原審鑿鑿，不知孝廉所謂詐冒者，此事之外另有指乎！否則本事之顛末盡于此，職不能於府審外蛇足一語也。孝廉之怒實寧一有以挑之，府審有永興、淳敏至春元宅叩頭之諭，想未叩頭耶！寧一、淳敏、觀德各杖以懲。招詳。

憲司批：鄭寧一等依擬贖發。如照，庫收繳。

（明）顏俊彦《盟水齋存牘》卷四《訟嘗租陳雲陽杖》　審得陳雲陽貧老無賴，將蒸租寫典族弟陳梃生及服表舉人彭淳雲。陽止有此蒸租而兩授之，是以有今日之訟，已經生員彭遵古、陳鶴齡處息，似無可深求。但究竟典梃生在前，典彭在後，中分其租，梃生有餘恫焉。雲陽氣餘一喘耳！有子南英稱遠游未歸，俟其歸當責其補梃生之萬一也。雲陽一杖，斷不可已。具招詳。

奉布政司批：依擬陳雲陽贖發，庫收繳。

（明）顏俊彦《盟水齋存牘》卷五《息訟何紹奎杖》　審得梁信平以賃何紹奎小船壹隻，紹奎索租，致信平之族人梁會弘攘臂而起，所争亦無幾耳。乃會弘遂駕拆祠之詞以求勝，不大多事乎！縣審已詳晰之甚，而會弘不免於再控者，以紹奎止一杖，而信平與會弘兩杖之，似稍屈也。然是役也，曲實在梁，今既具詞乞息，姑仍縣審而豁信平之杖以平之，會弘之杖斷不可已也。紹奎亦以一杖爲徵債太急者之戒。招詳。

按察司批：何紹奎逼債啓釁，梁會弘誑告逞刁，均屬不法。既經悔息，姑依擬發落。如，照庫收繳。

（清）趙幼班《歷任判牘彙記》卷一《判陳振海等堂詞》　吉炳華與于聖良有糾葛之處，不能牽及於陳。因陳振海已出押板洋三十元。吉欲取船，應將三十洋交出，則陳之押款方有着落也。吉炳華交差帶去，邀同馬萬根將船交還與于桂和，作何理追？與陳振海作何了結？再憑約保議妥，彼時其船自有一定，歸何人承領者，此時毋庸纏訟，俱無益處，徒苦自累耳。此判。

（清）趙幼班《歷任判牘彙記》卷一《判彭福等堂詞》　戴正富拖欠王二安房租，彭明福代爲收取，楊本利從中間阻，因之争毆。彭明福不應順取茶爐上開水罐行兇，燙傷趙姓小孩。雖屬酒醉誤傷，究亦不安本分。兹據該鄉董周家義供稱，趙姓小孩傷已漸癒，可保無虞。惟醫藥之費，應令彭明福出錢給趙調治。彭明福既已應允，戴正富何以仍不付租，實屬有心抗欠，刁狡異常。查戴正富所欠王二安租錢，至本年閏二月底共計三十四千五百文，飭限三日繳案，不得以王二安之母收過押租之款劃抵，如違押追。俟戴正富搬家之時，王二安應還押租洋五十元，仍由原中楊道炳、韋正海等交割清楚，毋得再生糾葛。此判。

（清）趙幼班《歷任判牘彙記》卷一《判王先五等堂詞》　李宋氏賃錢姓房屋，勢將傾倒，自應拆修。李姓不移，何能興工動作？王先五不爲開導，復從而挑剔之，是何用意。並將差票取閲與宋彭庚，就此揭去不交。經鄉約再三勸説，始行退還，殊屬藐玩。且聳令李家婦女多人，欲向錢處滋鬧，其唆使更爲可惡。着即押究以儆刁風。並補提宋彭庚來案，訊明核辦。此判。

（清）趙幼班《歷任判牘彙記》卷一《判丁大椿等堂詞》　丁大椿原日將房屋出抵，議以四年爲期。尚未滿限，復行出售與丁如霖。來往款目，不爲清厘，輒以踞房不讓稟控。抹煞原由，是欲藉訟挾制以累人也。即丁如霖一刻無可移處，亦不能不稍寬時日，覓有他宅方可遷居。丁大椿何必作此逼人太甚之舉。果係賣與揚州方姓，惟有丁如霖托人向方家賃住，換主而不换客，則兩無妨矣。所繳店票存案。候傳中人黄楚珍來再行訊斷。此判。

(清）趙幼班《歷任判牘彙記》卷一《判王淦泉等堂詞》 韓租王船，立有領據。所議水脚五五分、四五分、四六分、三七分之數，現亦無從核算，即照韓霞泉所説，尚欠九元六角。至押本五十元，已取去二十元，下存三十元，除扣欠款九元六角，王應補出二十元四角。惟原日王船交韓，係完全者，今有破損，韓應賠修。飭韓交五元，由王淦泉再還洋十五元，以清糾轕。韓即將母抬回，將船交出，就此息訟，免受拖累。取具遵結附卷。此判。

(清）趙幼班《歷任判牘彙記》卷一《判彭淦瀛等堂詞》 張秀峰是極老實之人，彭淦瀛不必因其可欺而欺之也。四年之限原未滿期，但再賃此房，將來東客必多唇舌。彭淦瀛亦不得有安枕之時，不若就此了局。彭欠行租，張即寬讓。應退押租六十千文，既已帶呈，飭彭具領。從速讓出房屋，毋得欠延致生枝節。租約銷去附存，取結完案。此判。

(清）趙幼班《歷任判牘彙記》卷二《判李席珍等堂詞》 此案訊得李席珍去夏以田抵與宣學陶，迨後又行售與他人。實爲窘境所逼，出於不得已也。既願備價照贖，宣學陶何能堅執。抵契載有三年六季之語，以爲鐵憑，而不肯讓退耶。所繳本洋四十元，飭令宣手領去。另出一元，以補菜籽之費。抵契塗銷。各遵結附卷。此判。

(清）趙幼班《歷任判牘彙記》卷二《判鄭許高等堂詞》 鄭許高之屋，胡臻慶租開飯鋪，何必又添老虎灶，有礙四鄰。房東出爲阻止，無可如何。胡臻慶既願退租拆讓。斷令鄭許高照退原日押租洋二十元。又胡臻慶自蓋披厦及門前雨板，屋内大竈，並抵欠租帳計洋六十元，統共合洋八十元。限鄭許高二十日内，如數繳案，給領遷讓，以清糾葛。既據老虎竈有礙四鄰，該屋以後均不得再行復設，致干查究，取結存查。此判。

(清）趙幼班《歷任判牘彙記》卷三《判李裕坤等堂詞》 楊治元積欠李裕坤房租，算至去年十二月初六日止，共洋三十九元。結訟數月之久，始據如數繳案。其平日任意拖延，已可概見。現李裕坤決意不租，願將自十二月以後租金概行全讓，已屬仁至義盡。楊治元繳案洋三十九元令其領回外，李裕坤再繳洋三元，湊成押租四十元當堂給領，限本月底將房讓出。如延，定行發封。取遵結領狀存查。此判。

(清）倪望重《諸暨諭民紀要》卷一《正堂倪二任・趙福江等控趙周標等積欠屋租由》 堂諭：訊得趙福江等控趙周標等積欠屋租一案，緣趙周標等之先人東海有坐落下街頭樓店屋一所，計兩間，坐北朝南，曾出押南坡祀内得受價錢七十千文，其店屋仍租與趙周標等之祖父居住，每年認交租錢七千文。乃自同治八年以來，凡短少與全欠，迄今積欠錢一百四十一千之多。經趙福江等屢討屢誘，以致送簿控追。兹集庭訊，查趙周標等所呈分單，店屋原屬其先人之業，議明日後照價贖回。但既押而復賃居，自應依議交租；欠租即應照章出店，聽租他人。今既據籲求贖回，即斷備出原押價錢七十千文。又南坡祀係其所共，從寬減繳租錢七十千零五百文，合成洋銀一百廿七元，限期十一月廿日繳候，轉給趙福江收領，歸祀應用。至趙周標等租店寓客，既無寓匪實情，應毋庸議。祀簿發趙福江領還，分單一紙，俟給趙周標等具領，各取具甘結完案。此諭。

(清）倪望重《諸暨諭民紀要》卷一《正堂倪二任・周紀顯控余永鑑欠租霸店由》 堂諭：訊得周紀顯控余永鑑欠租霸店一案，緣余永鑑有祖遺灃浦溪店屋一所，坐西北朝東南，共樓屋壹間有半；又餘屋三間。一併出押周紀顯執管，計得價錢壹百零四千文，仍自賃開荳腐酒店，議定每年交周紀顯租錢廿千零捌百文，均憑黄燕山等爲中，立有押契、租票，此光緒十六年五月間事也。乃自十八年起，余永鑑迭欠租錢，任催罔應，以致周紀顯呈追到案。兹經集訊，據余永鑑供稱，押店起租已付兩年租息。惟自十八年五月起，欠租至今未付。由此核之，余永鑑所欠周紀顯租錢共有三年零兩月，應計錢六十二千四百文，姑念景況不佳，再三求減，即着繳出租錢五十千文。查帳簿内周紀顯欠有酒肉錢兩千文，除扣抵外，繳出錢四十八千文，合之押店原價錢壹百零四千文，兩共錢一百五十二千文，限十一月廿五日繳候，轉給周紀顯收領。其店屋即由余永鑑管回，或自開店，抑賣他人，悉聽其便。押契、租票存候給領，各取甘結完案。此諭。

雜録

（宋）孟元老《東京夢華録》卷四《雜賃》 若凶事出殯，自上而下，凶由肆各有體例。如方相、車轝、結絡、綵帛，皆有定價，不須勞力。尋常出街市幹事，稍似路遠倦行，逐坊巷橋市，自有假賃鞍馬者，不過百錢。

（宋）孟元老《東京夢華録》卷四《筵會假賃》 凡民間吉凶筵會，椅桌陳設，器皿合盤，酒檐動使之類，自有茶酒司管賃。喫食下酒，自有廚司。以至托盤、下請書、安排坐次、尊前執事歌説勸酒，謂之白席人。總謂之四司人。欲就園館亭榭寺院游賞命客之類，舉意便辦，亦各有地分，承攬排備，自有則例，亦不敢過越取錢。雖百十分，廳館整肅，主人只出錢而已，不用費力。

（宋）洪邁《夷堅志丙》卷九《温州賃宅》 温州城中一宅，素凶怪。先是仲監税居之，一家盡死。後數年，吕監税者自福州黄崎鎮罷官來，亦居之，常見仲君露首秃髮往來西舍間。女子年十二三，最惱人，伺客至，輒映壁窺之而笑，翻弄什器，塗涴窗几，不可搏逐。唯一嫗頗恭謹，每女子出，必叱去。吕妻病，數日不愈，嫗教之曰：縣君無它疾，但煎五苓散，下半硫丸，足矣。吕以其言有理，亟從之，一服而愈。然人鬼雜處，家之百物，震動無時，或空轎自行於廳上，舉室殊以爲憂。他日，嫗又告曰：我輩相與共議，欲迎君作主，約用後月某日。此計若成，君必不免，宜急徙以避禍。吕以告胡季臯。季臯爲福州幹官時識之，亦勸使去。去之日，西舍男女數十輩駢肩出觀，相顧嗟惜，似恨謀之不早也。後無復有敢僦舍者。經一月□□，葉本作未畢。邑胥挈家來，或告其故，胥笑曰：我乃人中鬼也。彼罔兩爾，何足畏？處之不疑，羣鬼亦掃跡。

（明）施耐庵《水滸傳》卷六《花和尚倒拔垂楊柳　豹子頭誤入白虎堂》 侍者去不多時，引着智深到方丈里。清長老道：你既是我師兄真大師薦將來我這寺中掛搭，做個職事人員，我這敞寺有個大菜園在酸棗門外岳廟間壁，你可去那里住持管領，每日教種地人納十擔菜蔬，餘者都屬你用度。【略】當日議定了職事，隨即寫了榜文。先使人去菜園裏退居廨宇内掛起庫司榜文，明日交割。

（明）管時敏《蚓竅集》卷五《稼村贈鄉人孫原璘》 我家三里汀前住，茅堂政近桃花渚。學經不明欲歸耕，佃得官田廿餘畝。有書盡賣買農具，甘作東屯種田父。侯疆既足把犁鋤，餉婦尤能載筐筥。田中蠡稗日自除，墻下蠶桑春可取。秋風禾黍既登場，冬日雞豚復盈圃。全家衣食幸餘饒，老稚那知有辛苦。東鄰擊鼓送農官，西舍烹羊祀田祖。且喜征科一事無，況是豐年好官府。縣吏催租不下鄉，半夜無人打門户。官粮輸足私債無，一村帖然如按堵。自信於焉老此身，豈謂年來繫簪組。汩汩黄塵没馬頭，白水青山竟虚負。羨君學稼如老農，久抱長材隱家墅。奉親菽水喜平安，教子書詩識今古。我今不蠶亦不耕，素餐厚禄知何補。幾時上疏乞東歸，白頭相尋願爲侶。與爾擊壤歌堯年，五日一風十日雨。

國家以穀成金，以桑成銀，使民力不困，則何事不成，何求不獲。苟不措畫以道，切恐一旦彫弊，甚非栽培國家根本之意也。

雇傭分部

論説

（宋）陳襄《州縣提綱》卷二《月給雇金》 縣有弓手手力，役於公家，悉籍月給以爲衣食，縣家常賦不辦，往往越數月不給，彼之仰事俯育，喪葬嫁娶，迫乎其身，弓手不過假捕盜鄉閭，執縛良民騷擾百出，手力亦不過假監繫害民，以覓厚賂實縣令有以致之，故財賦不辦，須措畫有方，若雇金須按月而給，蓋在我無虧於彼，彼或害民以陷於罪懲治雖嚴，而亦無詞無怨矣。

（宋）蘇轍《欒城後集》卷一五《叙三首·民賦叙》 惟嘉祐以前，百役在民，衙前大者主倉庫，躬饋運，小者治燕饗，職迎送，破家之禍，易於反掌。至於州縣役人，皆貪官暴吏之所誅求，仰以爲生者。先帝深究其病，鬻坊場以募衙前，均役錢以顧諸役，使民得闔門治生，而吏不敢苛問。有司奉行不得其當，坊場求數倍之價，役錢取寬剩之積，而民始困躓不堪其生矣。今二聖鑒觀前事，知其得失之實，既盡去保甲、青苗、均税，至於役法，舉差雇之中，惟便民者取之。郡縣奉承，雖未即能盡，而天下之民，知天子之愛我矣。故臣於《民賦》之篇，備論其得失，俾後有考焉。

（元）魏初《青崖集》卷四《奏議》〔至元九年〕十二月十一日。竊見大都修建宫闕合用諸色人匠，每年逐旋於隨路椿要，至有逃避隱匿，煩勞有司勾捉，不惟失誤造作，恐積久民力不勝煩擾之弊。今來參詳：合無於各處取會諸色人匠見數，依和顧之例，以理給付工價，利之所在，人將趨赴，古人謂悦以使民，庶民子來者，正在此也。若以謂國家畜養百姓正欲有用，必每事和顧，恐府藏之積不足以供無窮之應。竊謂不然。今

綜述

《天盛改舊新定律令》卷七《爲投誠者安置門》 來投誠者中原係我方人，因負官私債須還，盗官馬、堅甲賠償及其他罪等逃往敵界，重歸投誠來者，大小罪皆當釋，共抄輔主、父、兄弟、兒子家門等因商議逃跑而知聞，當換地方另外安置，有者當交還，總計賠償，負債不釋，依法當還給。其中因償還債，使妻子、兒女典當别處者，是五十緡以内則當按邊等法出工價。若爲大女，媳當算五十錢，年十五以下十歲以上算三十錢工價。原已住日期多少天亦算工價當減除。□□償錢數與工價數相等時，當依舊往回。若爲五十緡以上，則按大女、媳之價五十緡，幼女年十五以下十歲以上三十緡計算，工價與婦女價格相抵時，使前往，不允使之超過。若無妻子、子女、兒媳時，確不能償債，則償債□□□□□，一緡至二十緡笞四十，二十緡□□□□□□〔以上至五十緡六〕十笞，五十緡以上至百緡笞八十，百緡以上一律當笞一百。

《天盛改舊新定律令》卷一一《出典工門》 諸人自己情願於他處出工典押，彼人若人火中、狗齩、畜踏、著鐵刃、染疾病而死者，限期内，人主人邊近則當告之，人主人邊遠則當告司中及巡檢、軍首領、遷溜檢校等之近處。鄰居主知之而使押，罪勿治。限期已超而不告，則有官罰馬一，庶人十三杖，典錢當計工依法取。若取□□則使他人往押，無人押，則自當出工。其中典押出力人有犯罪，驅往爲苦役，使變換何人典押，亦依前述法實行。

《通制條格》卷一八《關市令·雇船文約》 至元三十一年二月，中書省。議得，今後凡江河往來雇船之人，須要經由管船飯頭人等，叁面説合，明白寫立文約。船户端的籍貫、姓名，不得書寫無籍貫并長河船户等不明文字。及保結攬載已後，儻有疎失，元保飯頭人等亦行斷罪。及將保載訖船户，并客旅姓名，前往何處勾當，置立文簿，明白開寫。上下半月，於所屬官司呈押，以憑稽考。

《元典章》卷二六《户部·科役·脚價·水路和雇脚價》 平章政事制國用使司：

照得隨路罷訖步站，止見官爲和雇脚力。除旱路已有定體外，據水路自來不一。除合破數目外，再令都水監、提舉漕運司驗河水通快淺澀去處，照依目今運糧體例，從實定到每物一百斤自起程至下卸處所合該地里、所該脚價。仰今後凡有起運官物，須管照依坐去分例，和雇船隻搬運前來。仍仰隨路於月申内驗次日類報，再不得似前亂破官錢違錯。

方里馬頭運至：楊村下卸，水路一千四百四十五里，每物一百斤該脚價鈔一錢一分六釐。河西務下卸，水路一千六百一十五里，每物一百斤該脚價鈔一錢五分一釐。李二寺下卸，水路一千七百四十五里，每物一百斤該脚價鈔一錢七分七釐。通州下卸，水路一千七百七十里，每物一百斤該脚價鈔一錢八分三釐。

舊縣馬頭運至：楊村下卸，水路一千三百四十五里，每物一百斤該脚價鈔一錢。河西務下卸，水路一千五百一十五里，每物一百斤該脚價鈔一錢四分。李二寺下卸，水路一千六百七十五里，每物一百斤該脚價鈔一錢六分六釐。通州下卸，水路一千六百七十五里，每物一百斤該脚價鈔一錢七分二釐。

秦家渡運至：楊村下卸，水路一千三百里，每物一百斤該脚價鈔一錢四釐。河西務下卸，水路一千五百里，每物一百斤該脚價鈔一錢三分八釐。李二寺下卸，水路一千六百三十里，每物一百斤該脚價鈔一錢六四釐。通州下卸，水路一千六百六十里，每物一百斤該脚價鈔一錢七分。

《元典章》卷二六《户部·科役·脚價·添答脚力價錢》 至元十五年，中書兵部符文：奉中書省判送：

户部呈：奉省判：兵部呈：〔洛磁〕〔洛磁〕路備永年縣申：和雇脚力遞運諸物，每千斤百里，脚價鈔一兩三錢。今有車户告，即目物料湧貴，乞依真定例添答事。本部議得：比年隨路田禾不收，草料湧貴，若止依舊例和雇，百姓委是生受。參詳，擬合照依真定例，平地千斤百里一兩三錢，加五添答一兩九錢五分，山路亦依上分數添支。奉部堂鈞旨，送户部。照得，參詳見搬諸物，若依兵部已擬，依真定例加五添答。如草料減價，亦舊例。呈奉都堂鈞旨，依上施行。

《元典章》卷二六《户部·科役·脚價·雇船脚力鈔數》 至元二十

三年，湖南道宣慰司：

奉行中書省劄付：爲遞運軍人出征什物等，每千斤百里，支腳價鈔三錢七分。〔文〕〔又〕奉省劄：發下文榜一道，爲和雇船隻腳價，每千斤百里上水一兩、下水減半等事。承此。據各處申：船户委是不敷盤纏，多有棄船在逃，有誤軍情大事。若依接運思明州糧斛定到腳價，千斤百里放支鈔四兩一錢一分，驗程支給，似爲船户樂便。得此。具呈外省劄付：來呈：見運軍器腳價比照運糧價例，擬除耗米價鈔外，每〔百斤千里〕〔千斤百里〕支鈔二兩一錢。外據照依市價餘一兩五釐等，候按察司體覆相應，至日定奪施行。

《元典章》卷二六《户部·科役·脚價·添支水旱腳價》　大德五年十二月，江浙行省準中書省咨：

兵部呈：奉省判：本部呈：伯顔簽省言擾民不便事内一件：東平路起運諸物，元定千斤百里中統鈔一十兩，草料湧貴，官吏腳價不敷。目今街下雇腳，千斤百里該鈔一十七兩，若依街下腳價中統鈔一十七兩雇覓，不致擾民。曹州申：今後千斤百里腳價，例量添一倍。（汀州）〔河間〕路申：如蒙照依街市兩平和雇相應。河南行省咨：河南府申：和雇腳力，元定千斤百里山路一十二兩，平川一十兩。近年諸物湧貴，其得腳價不敷，合無照依目今各路車杖實該價錢預爲支發，兩平和雇，似不擾民。至元二十九年蘄黃運糧，下水千斤百里腳價中統鈔六錢，别無上水定例。議得：上水比下水增倍，作一兩二錢，旱腳價鈔亦和比元定之上量添加五。本部議得：山路腳錢一十二兩，平川一十兩，雖是在先已定通例，却緣比年諸物湧貴，遞運頻數，止循舊例，實是虧民。參詳，除大都至上都五臺腳價外，其餘諸路，今後應有遞運諸物水腳價錢，比附行省所擬，上水添〔作〕一兩，下水止依舊例六錢，旱腳山路作一十五兩，平川一十二兩，於不以是何錢内隨即放支相應。奉都堂鈞旨，連送兵部照勘明白，議擬通例連呈。奉此。照得至元二十五年四月，本部與户部講究定各路應起運諸物，千斤百里，平川支中統鈔一十兩，山路一十二兩，水路六錢。又於大都路倒除水腳卷内照得，千斤百里下水支鈔七錢，上水八錢。爲不見幾年分定例，行據大都路備通州申：官雇水腳，於大德三年爲江西省鈔本和雇到水腳（雇）〔價〕例，係蒙省委倒除官定擬到上水八錢，下水七錢，到今依此例和雇。外據私雇水腳，即與官雇例同。旱路平川和雇腳價鈔二十兩，山路和雇駝運五臺鐵貨，擬支鈔三十六兩，開申〔乞〕照驗。及照元貞二年六月承奉中書省劄付：江浙行省備杭州路申：約量定擬裏河千斤百里支中統鈔六錢，外江上水七錢，下水六錢。移咨（中書省劄付）〔本省更爲〕可否相應，依上施行。又照得大德四年七月二十九日承奉中書省劄付：本部呈：高唐州申：近運官物，差撥百〔里〕（姓）車牛生受。（呈）都省議得：起運官物，已有定立程限。今後各處行省應起運諸物，趁河水通流，分運起離。若遇河水結凍地面，官司將緊用細物秤盤實有斤重，官爲兩平和雇快便腳力，直至前路總管府交割。合該腳價，於本路不以是何係官錢内即便應副〔等〕事。除外，仰遍行合屬，依上施行。奉此。除遵依外，今奉前因，本部議得：遞運腳力若從諸路兩平和雇，先行放支腳價，慮恐各路爲無定例，冒破官錢，將來倒除，倘有爭懸，各言彼處體例如此，似難關防。以此參詳，除大都至上都並五臺腳價外，其餘路分，比附各處所擬千斤百里，中統鈔爲則，量添旱腳山路作一十五兩，平川一十二兩，江南，腹裏河道水腳上水作八錢，下水七錢，惟江黄河上水一兩，下水七錢。驗實有斤重，於不以是何官錢内即便放支，和雇遞運相應。具呈照詳。得此。都省議得，除下水腳價擬依舊例六錢外，餘準部擬。咨請依上施行。

《元典章》卷五九《工部·造作·船隻·禁停櫓取渡錢》　大德二年八月，行御史臺：

據監察御史呈：鎮江西津渡，六月初五日梢水沈興等乘駕渡船滿載過江，欲至中流纔方停櫓勒取船錢，不將風蓬放落。須臾風雨大來，爲無防閑，以致將船打翻。除金山寺救護得活人數外，淹死軍民客旅甚衆。除已責令當該官司將沈興等枷禁取問外，看詳：上項事理事關人命，又恐其餘渡口亦有似此刁蹬客旅，勒取錢物未便，宜遍行禁約。憲臺除外，合下仰依上嚴加禁治，行移合屬，一體施行。

《元典章》卷五九《工部·造作·船隻·揚子江渡江資》　延祐四年閏正月，中書省劄付：

江浙省咨：鎮江路西津擺渡船隻事。送兵部照擬得：江浙行省咨：西津渡係揚子大江險惡衝要去處，每年押運金銀寶貨鈔本等物，往來公差使臣人等，必由此渡，倘有踈虞，〔閑〕〔關〕係非輕。先盡見在船隻外，更爲官與打造船一十隻，依例召募慣熟知水勢梢工撑駕。遇有押運官物、公差使臣及往來官宦，即與擺渡，其餘百姓客旅車騎行貨孳畜，依驗舊例。定立船資中統鈔伍拾文，擬合作至元鈔數給付，一半准備修理船隻，一半贍養梢水。仍量免雜〔犯〕〔泛〕夫役，卻不得多取故意刁蹬，違者斷罪。令路縣正官每季輪流躬親提調。行移鎮江萬户府，止令軍官、軍人鎮遏，不許仍前在江擺渡，便益。本部議得：合依行省所擬。都省議得：上項事理，擬準渡船一十五隻，先盡見在六隻，餘上九隻，江浙省打造五隻，河南省打造四只。梢水一百名，於各管中下户内，照依弓手例差設。遇有大小官吏一切公差者，即與擺渡。其餘過往百姓客旅，依驗每人車騎孳畜，各定立船資中統鈔三錢，老幼貧窮者毋得取要。於内一半修理船隻物件，須要如法牢壯完備，無致損壞，一半贍養梢水。止令親臨官司分輪提調，設法關防兩岸，毋致梢水妄分彼此，專一往來擺渡。明示板榜禁約，不得多餘取要錢數，故意刁蹬人難。違者，不應錢數即便追没，嚴行斷罪。若提調官吏分要梢水錢物，同取受例科斷。及縱令阻滯經行，〔須〕〔雖〕不受財，亦仰究問。餘準部擬。除已移咨江浙、河南行省，及劄付兵部，依上施行，仰廉訪司、監察御史常加體察。

《大明令·户令·侍丁》 凡民年八十之上，止有一子。若係有田産應當差役者。許令僱人代替出官。無田産者，許存侍丁，與免雜役。

《真犯死罪充軍為民例·附録·為民例》 將本狀用財雇寄與人赴京奏訴者，並受雇、受寄之人，屬有司者。

《大清律例》卷二二《兵律·郵驛·私役民夫擡轎》 凡各衙門官吏及出使人員，役使人民擡轎者，杖六十。有司應付者，減一等。若豪富庶民之家，不給雇錢，以勢役使佃客擡轎者，罪亦如之。每名計一日，追給雇工銀八分五厘五毫。

其民間出錢雇工者，不在此限。

條例

一、凡内府官員，執事之人，及各部院衙門官員人等，並無印信憑據，詐欺索取民夫等項，該地方官即行拘拿，一面申報該督撫具題，一面申報該部審實，係官，革職；係領催、執事人等，拿送刑部，從重治罪。拿首之地方官，交部議敘。

一、凡兵部勘合，欽差大臣，及督撫入境，學差、試差、知府下縣盤查，及他縣奉督撫差委盤查者，準其動用民夫，其餘概不準用。倘有違例妄索者，著該管官即行揭報，督撫題參。若該管官違例濫應，發覺之日，照例治罪。

《大清律例》卷二二《兵律·郵驛·承差轉雇寄人》 凡承差起解官物、囚徒、畜産，不親管送，而雇人、寄人代領送者，杖六十。因而損失官物、畜産及失囚者，依本律，合從重論。損失重問損失，輕則仍科雇寄。受雇、受寄人，各減承差人一等。

其同差人自相替者、放者，各笞四十。取財者，承替取放者，貼解之物。計贓，以不枉法論。若事有損失者，亦依損失官物及失囚律追斷，不在減等之限。若侵欺故縱，各依本律。替者有犯，管送人不知情，不坐。

條例

一、起解人犯，每名選差的役二名管押，兵丁二名護送。若兵役派不足數，及雇人代解，許兵、役互相稟報本管官，知會原派衙門查究補派，若兵、役知而不舉，將兵、役，及承派之書吏、弓兵，俱杖一百，革役。其經由前途文武各官，按批查點，有缺少及代解等弊，即詳報督撫，將原派官弁參處。其缺少頂替之兵、役，照承差起解囚徒雇人代送律，杖六十，革役。如前途各官隱匿不報，别經發覺，題參議處。

《户部則例》卷四《户口·直省户口·募雇在官夫役》 凡在陵寢應役各夫及該處衙門隸役，缺出應補均令移知地方官募送充役，不得私行收用。其該處大臣、官員、兵丁、雇用人役，開明姓名、年貌、住址，報明該管衙門行查，原籍實係守分良名、準受僱赴役即由原籍地方官册，報總理衙門及總兵官互相約束，遇有事故隨時報明於册内開除。倘私雇來歷不明，及曾經過犯之人係官議處兵丁責革。

《户部則例》卷四〇《漕運·漕船·雇募船隻》 山東省自備民船，及各省漕船因風火事故雇募者，俱按時價給發明雇裝運，不得濫行强拿，苦累百姓。若漕船應行出運，無故私自雇募糧道及押運領運員弁不即查報者，均查參議處。

紀　事

《漢書》卷五《景帝紀》　三年春正月，詔曰：農，天下之本也。黄金珠玉，飢不可食，寒不可衣，以爲幣用，不識其終始。間歲或不登，意爲末者衆，農民寡也。其令郡國務勸農桑，益種樹，可得衣食物。吏發民若取庸采黄金珠玉者，坐臧爲盜。二千石聽者，與同罪。

《漢書》卷七《昭帝紀》〔始元四年〕秋七月，詔曰：比歲不登，民匱於食，流庸未盡還，往時令民共出馬，其止勿出。諸給中都官者，且減之。

《漢書》卷一二《平帝紀》〔始元元年六月〕天下女徒已論，歸家，顧山錢月三百。

《漢書》卷三一《陳勝傳》　陳勝字涉，陽城人。吳廣，字叔，陽夏人也。勝少時，嘗與人傭耕。輟耕之壟上，悵然甚久，曰：苟富貴，無相忘！傭者笑而應曰：若爲傭耕，何富貴也？勝太息曰：嗟乎，燕雀安知鴻鵠之志哉！

《漢書》卷三七《欒布傳》　欒布，梁人也。彭越爲家人時，嘗與布游，窮困，賣庸於齊，爲酒家保。

《漢書》卷八一《匡衡傳》　匡衡字稚圭，東海承人也。父世農夫，至衡好學，家貧，庸作以供資用，尤精力過絶人。

《漢書》卷九〇《酷吏傳・甯成》　甯成，南陽穰人也。以郎謁者事景帝。【略】武帝即位，徙爲内史。外戚多毁成之短，抵罪髡鉗。是時，九卿死即死，少被刑，而成刑極，自以爲不復收，乃解脱，詐刻傳出關歸家。稱曰：仕不至二千石，賈不至千萬，安可比人乎。乃貰貣陂田千餘頃，假貧民，役使數千家。數年，會赦，致産數千萬，爲任俠，持吏長短，出從數十騎。

《三國志》卷一《魏志・武帝紀》〔建安元年〕是歲用棗祗、韓浩等議，始興屯田。

《魏書》曰：自遭荒亂，率乏糧穀。諸軍並起，無終歲之計，飢則寇略，飽則棄餘，瓦解流離，無敵自破者不可勝數。袁紹之在河北，軍人仰食桑椹。袁術在江、淮，取給蒲蠃。民人相食，州里蕭條。公曰：夫定國之術，在于彊兵足食，秦人以急農兼天下，孝武以屯田定西域，此先代之良式也。是歲乃募民屯田許下，得穀百萬斛。於是州郡例置田官，所在積穀。征伐四方，無運糧之勞，遂兼滅群賊，克平天下。

《後漢書》卷一下《光武帝紀》〔建武二十二年〕九月戊辰，地震裂。制詔曰：【略】吏人死亡，或在壞垣毁屋之下，而家羸弱不能收拾者，其以見錢穀取傭，爲尋求之。

《後漢書》卷二七《承宫傳》　承宫字少子，琅邪姑幕人也。少孤，年八歲爲人牧豕。

《後漢書》卷六四《吴祐傳》　吴祐字季英，陳留長垣人也。【略】後舉孝廉，將行，郡中爲祖道，祐越壇共小史雍丘黄真歡語移時，與結友而別。功曹以祐倨，請黜之。太守曰：吴季英有知人之明，卿且勿言。真後亦舉孝廉，除新蔡長，世稱其清節。時公沙穆來游太學，無資糧，乃變服客傭，爲祐賃舂。

《後漢書》卷七六《循吏傳・衛颯》　衛颯字子産，河内脩武人也。家貧好學問，隨師無糧，常傭以自給。

《後漢書》卷七六《循吏傳・第五訪》　第五訪字仲謀，京兆長陵人，司空倫之族孫也。少孤貧，常傭耕以養兄嫂。

《後漢書》卷八三《逸民傳・逢萌》　逢萌字子康，北海都昌人也。【略】初，萌與同郡徐房、平原李子雲、王君公相友善，並曉陰陽，懷德穢行。房與子雲養徒各千人，君公遭亂獨不去，儈牛自隱。

《南齊書》卷四六《顧憲之傳》　顧憲之，字士思，宋鎮南將軍凱之孫也。【略】憲之議曰：【略】山陰一縣，課户二萬，其民貲不滿三千者，殆將居半，刻又刻之，猶且三分餘一。凡有貲者，多是士人復除。其貧極者，悉皆露户役民。三五屬官，蓋惟分定，百端輸調，又則常然。比衆局檢校，首尾尋續，横相質累者，亦復不少。一人被攝，十人相追；一緒裁萌，千蘖互起。蠶事弛而農業廢，賤取庸而貴舉責，應公贍私，日不暇給，欲無爲非，其可得乎？

《南齊書》卷五五《孝義傳・公孫僧遠》　公孫僧遠，會稽剡人也。治父喪至孝，事母及伯父〔甚〕謹〔節〕。年〔穀〕饑〔穀〕貴，僧遠省飡減食，以供母、伯。弟亡，無以葬，身販貼與隣里，供斂送之費。躬負土，手種松柏。兄姊未婚嫁，乃自賣爲之成禮。名聞郡縣。太祖即位，遣兼散騎常侍虞炎〔等〕十二部使行天下，建元三年，表列僧遠等二十三人，詔竝表門閭，蠲租税。

《晋書》卷八八《孝友傳・吴逵》　吴逵，吴興人也。經荒饑疾病，合門死者十有三人，逵時亦病篤，其喪皆鄰里以葦席裹而埋之。逵夫妻既存，家極貧窘，冬無衣被，晝則傭賃，夜燒磚甓，晝夜在山，未嘗休止，遇毒蟲猛獸，輒爲之下道。朞年，成七墓、十三棺。時有賻贈，一無所受。太守張崇義之，以羔雁之禮禮焉。卒於家。

《晋書》卷一二〇《李特載記》　李特字玄休，巴西宕渠人，其先廪君之苗裔也。【略】尋有符下秦、雍州，凡流人入漢川者，皆下所在召還。【略】流人布在梁益，爲人傭力，及聞州郡逼遣，人人愁怨，不知所爲。

《梁書》卷一八《馮道根傳》　馮道根字巨基，廣平酇人也。少失父，家貧，傭賃以養母。

《周書》卷四〇《樂運傳》　運字承業，南陽淯陽人，晋尚書令廣之八世孫。【略】年十五而江陵滅，運隨例遷長安。其親屬等多被籍，而運積年爲人傭保，皆贖免之。

《南史》卷七三《孝義傳・王彭》　王彭，盱眙直瀆人也。少喪母，元嘉初，父又喪亡。家貧力弱，無以營葬。兄弟二人，晝則傭力，夜則號感，鄉里並哀之，乃各出夫力助作塼。

《南史》卷七三《孝義傳・郭世通》　郭世通，會稽永興人也。【略】母亡，負土成墳。親戚或共賻助，微有所受，葬畢，傭賃還先直。

《南史》卷七三《孝義傳・郭原平》　郭世通，會稽永興人也。【略】子原平字長恭，【略】父篤疾彌年，原平衣不解帶，口不嘗鹽菜者，跨積寒暑，又未嘗睡卧。父亡，哭踊慟絶，數日方蘇。以爲奉終之義，情禮自畢，塋壙兇功，不欲假人。本雖巧而不解作墓，乃訪邑中有營墓者，助人運力，經時展勤，久乃閑練。又自賣十夫以供衆費，窀穸之事，儉而當禮。性無術學，因心自然。葬畢，詣所買主執役無懈，與諸奴分務，讓逸取勞。主人不忍使，每遣之。原平服勤未嘗暫替，傭賃養母，有餘聚以自贖。【略】及母終，毁瘠彌甚，僅乃免喪。墓前有數十畝田，不屬原平，每至農月，耕者恒裸袒。原平不欲使人慢其墳墓，乃貿家資，貴買此田，三農之月，輒束帶垂泣，躬自耕墾。

《南史》卷七三《孝義傳・郭原平》　郭世通，會稽永興人也。【略】子原平字長恭，又稟至行，養親必以己力，傭賃以給供養。性甚巧，每爲人作正，取散夫價。主人設食，原平自以家貧，父母不辦有肴味，唯飧鹽飯而已。若家或無食，則虚中竟日，義不獨飽。須日暮作畢，受直歸家，於里糴買，然後舉爨。

《南史》卷七三《孝義傳・公孫僧遠》　公孫僧遠，會稽剡人也。居父喪至孝，事母及伯父甚謹。年饑，僧遠省飧減食以養母及伯父。弟亡，貧無以葬，身自販貼與隣里，供斂送終之費，躬負土，手種松柏。兄姊未婚嫁，乃自賣爲之成禮。名聞郡縣。

《南史》卷七四《孝義傳・沈崇傃》　沈崇傃字思整，吴興武康人也。父懷明，宋兖州刺史。崇傃六歲丁父憂，哭踊過禮。及長，事所生母至孝，家貧，常傭書以養。

《北史》卷八四《孝行傳・華秋》　華秋，汲郡臨河人也。幼喪父，事母以孝聞。家貧，傭賃爲養。

《舊唐書》卷四《高宗紀》〔永徽五年〕冬十一月癸酉，築京師羅郭，和雇京兆百姓四萬一千人，板築三十日而罷，九門各施觀。

《舊唐書》卷一〇一《韋湊傳》　韋湊，京兆萬年人。【略】景龍二年，轉太府少卿，【略】明年春，起金仙、玉真兩觀，用工巨億。湊進諫曰：陛下去夏，以妨農停兩觀作，今正農月，翻欲興功。雖知用公主錢，不出庫物，但土木作起，高價雇人，三輔農人，趨目前之利，捨農受雇，棄本逐末。臣聞一夫不耕，天下有受其飢者，臣竊恐不可。帝不應。湊又奏曰：且陽和布氣，萬物生育，土木之間，昆蟲無數。此時興造，傷殺甚多，臣亦恐非仁聖本旨。睿宗方納其言，令在外詳議。中書令崔湜、侍中岑羲謂湊曰：公敢言此，大是難事。湊曰：叨食厚禄，死且不辭，況在明時，必知不死。尋出爲陝州刺史，無幾，轉汝州刺史。開元二年夏，勅靖陵建碑，徵料夫匠。湊以自古園陵無建碑之禮，又時正旱儉，不可興功，飛表極諫，工役乃止。

《舊唐書》卷一九二《隱逸傳・王希夷》　王希夷，徐州滕縣人也。

孤貧好道。父母終，爲人牧羊，收傭以供葬。

《舊五代史》卷一一《周書·太祖紀》〔廣順元年三月〕辛卯，詔：諸道節度副使、行軍司馬、兩京少尹、留守判官，並許差定當直，人力不得過十五人；諸府少尹、書記、支使、防禦團練副使，不得過十人；節度推官、防禦團練軍事判官，不得過七人，逐處係帳收管。此外如敢額外影占人户，其本官當行朝典。先是，漢隱帝時，有人上言：州府從事令録，皆請料錢，自合雇人驅使，不合差遣百姓丁户。秉政者然之，乃下詔州府從事令録，本處先差職役，並放歸農。自是官吏有獨行趨府縣者，帝頗知之，故有是命。

《新唐書》卷一四三《王翃傳》王翃字宏肱，并州晉陽人。【略】大曆中，擢容管經略使。【略】前經略使陳仁璓、元結、長孫全緒等皆僑治藤、梧。翃至，言於衆曰：我，容州刺史，安可客治它所。必得容乃止。即出私財募士，有功者許署吏，於是人自奮。不數月，斬賊帥歐陽珪。

《新唐書》卷一六七《裴延齡傳》裴延齡，河中河東人。【略】乾元末，爲汜水尉。【略】是時，陸贄爲宰相，帝素所信重，極論其譎妄不可任，帝以爲排娼，愈益厚延齡。贄上疏列其狀，具言：延齡嘗奏句獲乾隱二千萬緡，請舍別庫爲羡餘，供天子私費，故上之興作廣，宣索多矣。延齡欲實其言，乃大搜市廛，奪所入獻，逮捕匠徒，迫脅就功，號曰敕索，弗讎其直，名曰和雇，弗與之庸。又度支出納，與太府交相關制，出物旬計，見物月計，符按覆覈，有御史以監董之，則財用不得回隱。

《宋史》卷一七三《食貨志·農田》〔紹興〕二十八年，兩浙轉運副使趙子潚、知平江府蔣璨言：太湖者，數州之巨浸，而獨洩以松江之一川，宜其勢有所不逮。是以昔人於常熟之北開二十四浦，疏而導之江；又於崑山之東開一十二浦，分而納之海。三十六浦後爲潮汐沙積，而開江之卒亦廢，於是民田有淹没之患。天聖間，漕臣張綸嘗於常熟、崑山各開衆浦；景祐間，郡守范仲淹亦親至海浦，濬開五河；政和間提舉官趙霖復嘗開濬。今諸浦湮塞，又非前比，計用工三百三十餘萬，錢三十三萬餘緡，米十萬餘斛。於是詔監察御史任古復視之。既而古至平江言：常熟五浦通江誠便，若依所請，以五千功，月餘可畢。詔以激賞庫錢、平江府上供米如數給之。二十九年，子潚又言：父老稱福山塘與丁涇地勢等，若不濬福山塘，則水必倒注於丁涇。乃命併濬之。

（元）王士點《秘書監志》卷三《工匠》大德五年八月初六日，秘書監據知書畫支分裱褙人王芝呈，近蒙都省欽奉聖旨：裱褙書畫，差官前到杭州取發芝并匠人陸德祥等共五名，馳驛前來秘書監裱褙書畫勾當。所據芝等夏衣已蒙關支，所有冬衣，合行開坐具呈。乞賜依例放支。

總計五名

知書畫支分裱褙人一名：王芝

裱褙匠三名：陸德祥　馮斌　尤誠

接手從人一名：陳德

至元二十一年十月十三日，秘書監據本監管勾董濟呈，本監裱褙人匠趙德秀等除已支夏季四月至閏六月鹽糧外，有秋季六月至九月合支鹽糧數目開坐具呈。得此，關户部依例放支。

一總白米二石四斗

白麵一百二十斤　鈔一十兩

趙德秀，每月白米三斗，白麵一十五斤，鈔一兩五錢。四個月總該米一石二斗，白麵六十斤，鈔六兩。

張柏松，每月白米三斗，白麵一十五斤，鈔一兩五錢。四個月計該白米一石二斗，白麵六十斤，鈔六兩。

《永樂大典》卷一五九五〇《運·元漕運·大德典章》大德五年十月二十四日，江西行省準中書省咨，兵部呈奉省判本部呈伯顔簽省言擾民不便事内一件，東平路起運諸物，元定千斤百里，中統鈔一十兩，草料湧貴，官支脚價不敷。自今街下顧脚，千斤百里該鈔一十七兩。若依街下脚價中統鈔一十七兩顧覓，不致擾民。曹州申，今後千斤百里，脚價例量添一倍。河南路申，如蒙照依街市，兩平和顧相應。河南行省咨，河南府申，和顧脚力，元定千斤百里，山路一十二兩，平川一十兩。近年諸物湧貴，其得脚價不敷，合無照依自今各路車杖實該價錢，預爲支發，兩平和顧，似不擾民。至元二十九年蘄黄運糧，下水千斤百里，脚錢中統鈔六錢，別無上水定例。議得上水比下水增倍作一兩二錢，旱脚價錢亦合比元定之上量添加五。本部議得，山路脚錢一十二兩，平川一十兩，雖是在先已定通例，御緣比年諸物湧貴，遞運類數止循舊例，實是虧民。參詳除大都至上都並五臺脚價外，其餘路分今後應有遞運諸物水脚價錢，比附行省所擬，上水添作一兩，下水止依舊例六錢，旱脚山路作一十五兩，平川一十二兩，於不以是何錢内隨帥放支相應。奉都堂鈞旨，運送兵部照勘明白，議擬通例連呈。奉此。照得至元二十五年四月，本部與户部講究定各都應起諸物，千斤百里，平川支中統鈔一十兩，山路一十二兩，水路六錢。又於大都路倒除水脚卷内照得，千斤百里，下水支鈔七錢，上水八錢。爲不見幾年分定例，行據大都路備通州申，官顧水脚，於大德三年，爲江西省鈔本和顧到水脚價例，係蒙省委倒除官定擬到，上水八錢，下水七錢，到今依此例和顧，外據和顧水脚，即與官顧例同。旱路平川和顧脚價錢二十兩，山路和顧馳運五臺帖貨，擬支鈔三十六兩，開申乞照驗。及照得元貞二年六月，承奉中書省劄付，江浙省備杭州路申，約量定擬裏河千斤百里，支中統鈔六錢，外江上水七錢，下水六錢，移咨本省，更爲可否相應，依上施行。又照得大德四年七月二十九日，承奉中書省劄付，本部呈高唐州申，遞運官物，差撥百姓車牛生受。都省議得：起運官物，已有定例程限，今後各處行省應起諸物，趁河水通流分運起遣。若遇河水凍結地面，官司將緊用細物，秤盤實有斤重，官爲兩平和顧快便脚力，直至前路總管府交割。合該脚價，於本路不以是何係官錢内即便應付等事。除外仰遍行合屬，依上施行。奉此。除遵依外，今奉前因，本部議得：遞運脚力，若從諸路兩平和顧，先行放支脚價，慮恐各路爲無定例，冒破官錢，將來倒除，倘有爭懸，各言彼處體例如此，似難關防。以此參詳，除大都至上都並五臺脚價外，其餘路分，比附各處所擬千斤百里中統鈔爲則，量添旱脚山路作一十五兩，平川一十二兩；江南腹裏河道水脚，上水作八錢，下水七錢；江黄河，上水一兩，下水七錢。驗實有斤重，於不以是何官錢内即便放支和顧遞運相應具呈。照詳得此，都省議得：除下水脚價擬依舊例六錢外，餘準部擬，除外咨請照驗，依上施行。

《清實録》乾隆十八年四月〔乙卯〕江蘇撫莊有恭奏：據淮安府知府趙酉稟稱：淮民習於游惰，不知紡織爲何事，因募織工，並備織具，設局教民學習。淮關監督高恒。聞即捐款，於板閘添設一局，各道廳於清河添設一局，紳衿耆庶亦皆鼓舞，有自募紡人在家學習者。

契約文書

《吐魯番出土文書》第一册《阿斯塔那五九號墓文書・北涼玄始十二年翟定辭爲雇人耕床事》 玄始十二年□月廿二日，翟定辭：昨廿一日〔顧〕〔雇〕王里安兒、堅彊耕床到申時，得大絹□疋[　]今爲□与□安堅二口[　]等□可[　]狀如錢。〔後缺〕

《吐魯番出土文書》第三册《阿斯塔那八〇號墓文書・高昌延壽元年張寺主明真雇人放羊券》 □□□年甲申歲九月十日，張寺主明真師從嚴[　]〔陽〕〔羊〕壹百伍拾口，從九月十日至到臘月十五日，與雇價床[　]伍〔斫〕〔斛〕，壹日與放〔陽〕〔羊〕兒壹分餅与糜貳〔㒵〕〔斗〕。雇價十月上半□□上使畢。〔陽〕〔羊〕不得出寺階門，若出寺階門住，壹罰貳入張寺□。冬至日，臘日，真罷放〔陽〕〔羊〕兒，仰張寺主邊得〔賈〕〔價〕食。二主和同立□□之後，各不得返悔，悔者一罰二□□□□□私要，□□□□□□□名爲信。倩書□□□

時□[　]

《吐魯番出土文書》第三册《阿斯塔那一五五號墓文書・高昌延壽八年張憙兒雇人耕作券》 □□八年辛卯正月十九日，張憙兒□□□[　]畝作壹次，与錢六文，与□□□斛叁斗，与钁一口。若作[　]悉不知，仰□□了，二主和同立〔卷〕〔券〕，□□□□□□得反悔，悔者壹□□[　]有□□□□□各自署名爲信。□□□□□

時見□□□

《吐魯番出土文書》第四册《阿斯塔那一五號墓文書・高昌康保謙雇劉祀海券》 [　]三日，康保謙雇劉祀海用[　]價銀錢柒文、粮壹斛肆斗[　]銀錢貳文。錢伍文作作滿來到[　]仰劉祀海承了。二主[　]〔後缺〕

《吐魯番出土文書》第四册《阿斯塔那三〇一號墓文書・唐西州高昌

縣趙某雇人契》（前缺）▭更上范▭自當罪承了，趙悉不知。若來到武城過▭壹日四錢上生錢半文入范。二主和可

（後缺）

《吐魯番出土文書》第四册《阿斯塔那一五一號墓文書・高昌延和十二年某人從張相憙等三人邊雇人歲作券》□□□□癸酉歲正月廿▭張相憙三人邊雇佛奴、□□、相兒用歲作，要經壹▭（校）〔交〕与雇價銀錢貳拾□□，錢即畢，人即入作。若▭不作壹日，到年滿頭，壹□還上壹日。若客兒身病，聽▭死，到頭壹日還上壹□，若相兒共家中大小人行將作▭者，亡失作具，犯人苗▭悉不知。若相兒身獨將▭行，亡失作具，六畜犯▭仰相兒承了。作具亡▭（倍）〔賠〕十。四主和同立（卷）〔券〕□□之後，各不得返悔，悔者□□□□悔者。民有私要，要行四□，各自署名爲信。

倩書張相□

時見□善伯

《吐魯番出土文書》第五册《阿斯塔那一四〇號墓文書・唐張隆伯雇董悦海上烽契》（前缺）▭一日武城□□□隆伯□寧戎鄉人董悦海用河頭上烽一次一十五日，与雇價錢五文。其錢□日交相（府）〔付〕了。▭逋□▭當，張悉▭信。

▭人張

□雇人董悦海

知見人　張相願

知見人　高騊□

《吐魯番出土文書》第五册《阿斯塔那一四〇號墓文書・唐張隆伯雇范佳落上烽契》▭正月廿八日武城鄉▭文雇同鄉人范住落用柳▭拾伍日，即日与钱肆文，殘錢叁▭迴來，上錢使畢。若烽上有▭不在，並烽前忽有雜▭契以後，先有悔者，▭從私契。兩主知可□□人范佳落▭張隆伯

▭書人趙武亮

《吐魯番出土文書》第五册《阿斯塔那一四〇號墓文書・唐張隆伯雇人上烽契》（前缺）□付懸上（豐）〔烽〕壹十五日。即日□錢▭須十日至。若不，錢一日謫錢半文。若有（謁）〔遏〕留，仰□悦子承，張隆伯悉不知。二主和同立卷，卷成▭壹罰二入張▭（後缺）

《吐魯番出土文書》第五册《阿斯塔那一四〇號墓文書・唐張信受雇上烽契》▭月十四日▭銀錢陸文，雇同鄉人▭烽一次十五日。若上▭有罪，一仰，張信自▭一罰貳入不悔人。▭信。（後缺）

《吐魯番出土文書》第五册《阿斯塔那一〇號墓文書・唐永徽六年匡某雇人上烽契》　永徽六年十一月□日，武城鄉匡□□交用銀錢肆文，▭鄉人易隆仁往□城上烽壹次，拾▭烽上有逋留□□壹仰易自▭匡悉不知。兩和立契，獲指爲□。

主□□□

受雇易隆仁

知見人傅隆護

嚴武達

▭旨道

《吐魯番出土文書》第五册《阿斯塔那三三八號墓文書・唐顯慶三年西州范歡進雇人上烽契》　顯慶三年十一月二日交河府衛士范歡進交用銀錢柒文，雇前庭府衛士白憙歡用▭拾五日。若有逋留，官罪，一▭范悉不知。若更有別使白，計日還錢▭兩主和可立契，獲指爲信。錢主范歡進（後缺）

《吐魯番出土文書》第五册《阿斯塔那三二六號墓文書・高昌午歲武城諸人雇趙沙彌放羊券》▭午歲十月廿五日趙沙弥爲武城諸人放羊▭中羊三口，与粟一斗。從未歲正月，到未歲十月卅日，羊五口，与錢▭正月內償放羊價錢使畢。羊朋大償大，朋小償小。若羊▭折骨，仰放羊兒。若▭卅日，羔自入（郡）〔群〕，与大麥一斗。若羊經宿完（具）〔俱〕死，放羊兒悉不知。▭上有破壞處，仰（大）〔打〕放羊兒了。諸人和可後爲（卷）〔券〕要，卷▭不得返悔，悔者壹罰二入不悔者。民有私要，要行二主，各

□放羊兒，放羊兒悉不知。

□□法賢

《吐魯番出土文書》第五册《阿斯塔那三二六號墓文書·唐西州高昌縣武城鄉張玉塠雇人上烽契》 □正月廿八日，武城鄉□銀錢八文，雇同鄉人鮮知德當柳中□壹次拾伍日。其錢即日交相付□若烽上有逋留，官罪，壹仰鮮知德當。張玉塠悉不知。□有先悔者，一罰貳，入不悔人。□指爲記。

錢主□□塠

受雇人□知德

保人　張板德

知見人　張仁豐

《吐魯番出土文書》第五册《阿斯塔那三二六號墓文書·唐西州高昌縣陽某雇人上烽契》 □年六月一日，高昌縣□□錢拾文雇交河縣人□□用神山烽上壹次拾伍日。□即日交相付了。若烽上有逋□當，陽悉不知。□畫指□〔後缺〕

《吐魯番出土文書》第五册《阿斯塔那三二六號墓文書·唐西州趙某雇人上烽契》 □六月□海□拾文雇□李駋居□交河上烽□其錢即日付□烽上有逋留官□□仰李自當，趙□□知。□□□別二□□悔人。兩和立契，獲□爲。□

錢□趙

受□□李駋居〔後缺〕

《吐魯番出土文書》第七册《阿斯塔那九三號墓文書·唐西州高昌縣嚴某雇人上烽契》 □六月一日，高昌縣人嚴□□□文雇取交河縣人趙松□□當交河上烽壹次拾伍日。其錢□□付了。若烽有逋□當，嚴悉不知。若□□人隨身□□書指□

〔後缺〕

《敦煌契約文書輯校·寅年僧慈燈僱博士氾英振造佛堂契》 寅年八月七日，僧慈燈於東河莊造佛堂一所，爲無博士，遂共悉東薩部落百姓氾英振平章，造前佛堂，斷作麥捌漢碩。其佛堂外面壹丈肆尺，一仰氾英振壘，並細泥一遍。其佛堂從八月十五日起首，其麥平章日付布壹疋，折麥肆碩貳斗，又折先負慈燈麥兩碩壹斗，餘欠氾英振壹碩柒斗，畢功日分付。一定已後，不許休悔。如先悔者，罰麥叁馱，入不悔人。恐人無信，故立此契，兩共平章，書紙爲記。

博士氾英振年卅二（朱印）

見人僧海德。

《敦煌契約文書輯校·戊戌年洪潤鄉百姓令狐安定僱工契》 戊戌年正月廿五日立契。洪潤鄉百姓令狐安定爲緣家内欠闕人力，遂於龍勒鄉百姓龍聰兒造作一年。從正月至九末，斷作價直，每月五斗。現與春肆箇月價，（與）〔餘〕收勒到秋，春衣壹對，汗衫禮襠並鞋壹兩，更無交加。其人立契，便任入作，不得抛工。一日勒物一斗。忽有死生，寬容三日，然後則須驅驅。所有農具什等，並分付與聰兒，不得非理打損，牛畜違打，（倍）〔賠〕在作人身。兩共對面穩審平章，更不許休悔。如先者，罰羊一口，充入不悔人。恐人無信，故勒此契，用爲後憑。

《敦煌契約文書輯校·乙未年塑匠趙僧子典男契》 乙未年十一月三日立契，塑匠都料趙僧子，伏緣家中户内有地水出來，闕少手上工物，無地方覔。今有腹生男苟子，（只）〔質〕典與親家翁賢者李千定，斷作典直價數，麥貳拾碩，粟貳拾碩。自典已後，人無僱價，物無利潤。如或典人苟子身上病疾瘡出病死者，一仰兄佛奴面上取於本物。若有畔上及城内偷刼高下之時，仰在苟子衹當。忽若恐怕人無憑信，車無明月，二此之間，兩情不和，限至陸年。其限滿足，容許（修）〔收〕贖。若不滿之時，不（喜）〔許〕（修）〔收〕贖。伏恐後時交加，故立此契，用爲後憑。

（只）〔質〕典身男苟子（押）

（只）〔質〕典口承兄佛奴（押）

商量取物父塑匠都料趙僧子（押）

知見親情米願昌（押）

知見親情米願盈（押）

知見竝畔村人楊清忽（押）

知見親情開元寺僧願通（押）

《敦煌契約文書輯校·甲寅年龍勒鄉百姓張納鷄僱工契》 甲寅年

當。一定已後，更不許休悔。如〔先〕悔者，罰麥伍碩，充入不悔之人。
恐人無信，兩共對面〔平〕章，故立私契，用爲後憑。

〔售〕〔受〕僱人鄧仵子（押）

口承人兄鄧清子（押）

見人

《敦煌契約文書輯校·後晉天福四年姚文清僱工契》天福肆年己亥歲正月壹日，百姓姚文清爲無人力，遂僱同鄉百姓程議深男一人，斷作僱價每月壹馱，麥粟各半。春衣壹對，長袖壹領，汗衫壹領，褐袴壹腰，皮鞋壹量。餘外欠闕，任自排〔備〕〔比〕。自從入作已後，不得抛功壹日，如若欠作壹日，尅物貳㪷。不得偷他麥粟瓜果羊牛，忽若捉得，自身祇當。手上使用籠具失卻，〔倍〕〔賠〕在自身。若逢賊打，壹看大例。

《敦煌契約文書輯校·庚子年洪潤鄉百姓陰富晟僱工契》庚子年三月一日，洪潤鄉百姓陰富晟爲家中乏少人力，遂僱同鄉百姓陰阿朵造作一年。從此玖月末，春衣一對，汗衫，褐襠，皮鞋一量，其厮兒（白）〔自〕僱後一任造作，不得抛〔功〕一日。

《敦煌契約文書輯校·戊申年燉煌鄉百姓李員昌僱工契》戊申年正月十六日，燉煌鄉百姓李員昌爲緣家欠少人力，遂於赤心鄉百姓彭鐵子男章三，正月至九月末，斷作僱價每月麥粟壹馱。春衣汗衫壹（禮）〔領〕，褐襠裩袖衣（蘭）〔襴〕，皮鞋壹量共壹對。自僱已後，駈駈造作，不得左南直北閑行。若忙時抛一日，尅（勿）〔物〕二斗，閑抛功一日，尅（勿）〔物〕一斗。兩共對平章，不許休悔。如先悔者，罰麥叁馱，充入不悔。恐人無信，故勒書記，用爲後憑。

《敦煌契約文書輯校·丙午年莫高鄉張再通僱工契》丙午年六月廿日立契，莫高鄉張再通爲緣家中欠少人力，遂僱赤心鄉百姓安萬定男永昌（熒）〔營〕作九箇月，從正月至玖月末，不得抛摘。限滿伍月，任取任

《敦煌契約文書輯校·乙卯年莫高鄉百姓孟再定僱工契》乙卯年正月一日，莫高鄉百姓孟再定闕少人力，遂僱龍勒鄉百〔姓〕馬富郎弟盈德一年造作，斷作價值，每月斷物捌㪷，至九月末造作。春衣汗衫，皮鞋一兩。所用鋤钁，主人無付。分與盈德者失卻，仰盈德祇當，若到家內，付與主人者，不忏盈德之事。若盈德抛敵，（芒）〔忙〕〔日〕抛卻二日，勒

（五）〔正〕月廿八日立契。龍鄉百姓張納鷄家內欠少人力，遂取神鄉百姓就憨兒造作一年，從正月至九月末。斷雇價月麥粟一馱，春衣衦衫一（礼）〔領〕，褸一（要）〔腰〕。鞋一兩，共一對。自從入作已後。比期滿驅驅造。

《敦煌契約文書輯校·丙子年赤心鄉百姓安富通僱工契》丙子年六年五日立契。赤心鄉百姓安富通伏緣家內欠少人力，遂僱同鄉百姓宋通子造作一周年，從正月至九月末，斷作。

《敦煌契約文書輯校·庚辰年洪池鄉百姓唐醜醜等僱工契》庚辰年三月十七日，洪池鄉百姓唐醜醜，慈惠鄉百姓氾子通，欠少急用，遂僱厶乙。入作已後，事須兢兢，不得（勉）〔抛〕敵（公）〔工〕□。克物一斗。若勉敵入作主人已後，事須後付。

《敦煌契約文書輯校·壬午年慈惠鄉百姓康保住僱工契》壬午年正月一日立契，慈惠鄉百姓康保住爲緣家中欠少人力，遂於莫高鄉百姓趙緊（昕）〔匠〕面上僱男造作壹周年，從正月（之）〔至〕九月末，斷作每月壹馱，春壹對，汗衫壹領，汗衫壹領，褸襠壹腰，皮韈壹兩。如內欠闕，（隹）〔仰〕自𢮁（棵）〔比〕。自僱如後，便須造作，不得抛工壹日，若（亡示）〔忙時〕抛工日，抛。

《敦煌契約文書輯校·甲申年燉煌鄉百姓蘇流奴僱工契》甲申年三月五日燉煌鄉百姓蘇流奴，伏緣家內欠少人力，遂於效穀鄉百姓韓德兒面上雇壯兒，造作營種，從正月至九月末。斷僱價麥粟（衆）〔中〕亭陸碩，限至來年正月却還。

《敦煌契約文書輯校·乙酉年乾元寺僧寶香僱工契》乙酉年二月十二日，乾元寺僧寶香爲少人力，遂僱百姓鄧仵子捌個月，每月斷作僱價麥粟壹馱，內麥地叁畝，粟地肆畝，其地折柒個月，餘殘月取（勿）〔物〕。春（依）〔衣〕長袖一並襴，袴一腰，皮鞋一量。從入僱已後，便須逐月逐日駈駈入作，不得抛却作功。如若忙月抛一日，勒（勿）〔物〕五斗。閒月抛一日，勒（勿）〔物〕壹㪷。仵子手內所把（隴）〔農〕具一（勿）〔物〕已上，忽然路上（違）〔遺〕失，畔上睡卧，明明不與主人失却，一仰僱人祗當。如若有病患者，許五日將理，餘日算價。節下依鄉原例寬閑。如若當鄉用水打□□他人莊舍苗子□□官罰羊來，一仰當官人祗

物一斗，閑日勒物一斗。兩共面對平章，更不許休悔。如若先悔者，罰青麥兩馱，充入不悔人。恐人無信，故勒私契，用〔爲〕憑，押字爲驗。

兄富朗（押）

入作弟盈德（押）

《敦煌契約文書輯校·後梁龍德四年燉煌鄉百姓張厶甲僱工契》 龍德肆年甲申歲二月一日燉煌鄉百姓張厶甲爲家內闕少人力，遂僱同鄉百姓陰厶甲。斷作僱價，從二月至九月末造作，逐月壹馱。見分付多少已訖，更殘到秋物出之時收領。春衣一對，長袖並褌，皮鞋一量。餘外欠闕，仰自排〔批〕〔比〕。入作之後，比至月滿，便須競心，勿〔存〕二意，時向不離。城內城外，一般獲時造作，不得抛滌工夫。忽忙時不就田畔，蹭蹬閑行，左南直北，抛工一日，剋物貳㪷。應有沿身使用農具，兼及畜桑，非理失脱傷損者，（陪）〔賠〕在厶甲身上。忽若偷盜他人麥粟牛羊鞍馬逃走，一仰厶甲親春〔祇〕當。或若澆溉之時，不慎睡卧，水落在〔他〕處，官中（書）〔施〕罰，仰自祇當。亦不得侵損他〔人〕田苗針草，須守本分，大例賊打輸身却者，無親表論説之分。兩共對面平章爲定，準法不許翻悔。如先悔者，罰上草壹口，充入不悔人。恐人無，故立明文，用爲後驗。

見人厶甲

僱身厶甲

見人厶甲

口（丞）〔承〕人厶甲。

《新編事文類要啓劄青錢·外集》卷一一《公私必用·人口·雇女子為妾書式》 厶鄉厶里姓厶

右某有親生女名幾姐，今已年高，未曾嫁事，誠恐耽誤前程，遂與妻阿氏商議，情願托得某人爲媒，將本女不立年限，雇與厶里厶人爲妾。即日交到禮物於後：金釵一對、采（叚）〔緞〕一合。已上共折中統鈔若干貫文，交領足訖；更無別領。所雇本女幾姐的□□女未曾許事他人。即目憑媒雇與厶人爲妾，是某〔甘心〕情願，於絛無（儗）〔礙〕。如有此色，且媒人並自知當，不涉雇〔主〕之事。或女子幾姐在宅，向後恐有一切不虞，並是天〔之〕命也，且某更無他説。今恐無憑，立此爲用。謹書。

年　月　日父　姓　某　號　書

母　阿　氏　號

媒人姓　某　號

《新編事文類要啓劄青錢·外集》卷一一《公私必用·人口·雇脚夫契式》 某州某縣某里脚夫姓厶

右厶等今投得厶鄉厶里行老姓厶保委，當何得厶處某官行李幾擔，送至某處交卸。當三面議斷，工雇火食鈔若干貫文，當先借訖上期鈔幾貫，餘鈔逐時在路批借，候到日結算請領。且某等自交過擔仗之後，在路須用小心照管。上下，不敢失落，至於中途亦不敢妄生邀阻需索酒食等事。如有閃走，且行老甘自填還上件物色，仍別雇脚夫承替，送至彼處交管。今恐無憑，立此爲用。謹契。

年　月　日脚夫姓　厶　號　契

行老姓　某　號

《新編事文類要啓劄青錢·外集》卷一一《公私必用·人口·雇船隻契式》 厶州厶縣厶處船户姓　某

右某今托得某鄉某里船牙姓某保委，攬載得某處某官行李幾擔，前到某處交卸。當三面言議斷得工雇水脚鈔若干貫文，當已借訖幾貫爲定，餘鈔候載到彼岸交卸了當，盡數請領。自裝載後，須用小心看管，不敢上漏下濕。如有損壞，甘伏一一償還不詞。謹契。

年　月　日船户姓　某　號　契

船牙姓　某　號

《新編事文類要啓劄青錢·外集》卷一一《公私必用·人口·雇小厮契式》 厶鄉某里姓　某

右某有親生男子名某，年幾歲。今因時年荒欠，不能供贍，情願投得某人保委，將本男雇與厶里厶人宅充爲小厮三年。當三面言議斷，每年得工雇鈔若干貫文。其鈔當已預先借訖幾貫，所有餘鈔候在年月滿日結筭請領。自男某計工之後，須用小心伏事，聽候使令，不敢違慢抗對無禮，及與外人通同搬盜本宅財貨什物，將身閃走等事。如有此色，且保人並自知當，甘伏賠還不詞。或男某在宅，向後恐有一切不虞，並是天之命也，且某即無他說。今恐仁理難憑，故立此爲用。謹契。

年　月　日父　姓　厶　號　契

保人姓　某　號

《黑城出土文書（漢文文書卷）》卷一五《契約類》　立雇身文字人小張今爲身閑别無營生，自願雇與古二處作雜色酒店内使喚，每月言定工錢中統鈔貳拾兩，按月計算。如人天行時病逃亡走失，一切違礙並不干雇主之事，同雇人一面承管。一寫已後各無番悔，如有先悔者罰鈔壹拾兩，與不悔之人受用。恐後無憑，故立此雇人文字爲照用。

至正元年八月初四日立雇身人小張

同雇人太黑内

□□□

《中國歷代契約會編考釋·典雇男子書式》　某處某人，有親生男名某，見年幾歲。今因荒歉不能供贍，托得某人爲保，情願將男典雇與某處某人宅，充爲小斯，當三面得典雇錢若干，交領足訖。自工雇後，須用小心伏事，聽候使令，不敢違慢，亦不敢擅自抛離，拐帶財物在逃。如有此色，且某甘當報尋前來，依數陪還無詞。男某在宅，向後倘有不虞，皆天命也，且某即無他説。今立子爲用者。

年　月　日　父親姓　某押　文字

保人姓　某押

《中國歷代契約會編考釋·典雇女子書式》　某處某人，有親生女名某姐，見年幾歲，不曾受人定聘。今爲日食生受，托某人爲媒，情願將某姐雇與某人宅爲妾，得財禮若干。所雇其女，的係親生，即非誘引外人女子，於條無礙。如有此色，且某自用知當，不涉雇主之事。如或女子在宅，恐有一切不虞，皆天之命也，且某更無它説。今恐無憑，故立典雇文字爲用者。

年　月　日　父親姓　某押　文字

媒人姓　某押

《中國歷代契約會編考釋·典雇工人文約格式》　立雇約人某都某人，今因生意無活，自情托中幫到某都某名下替身農工一年，議定工銀若干。言約朝夕勤謹，照管田園，不懶惰。主家雜色器皿，不敢疏失。其銀歸按季支取，不致欠少。如有荒失，照數扣算。風水不虞，此係天命。存照。

《中國歷代契約會編考釋·雇船隻文約格式》　某處船户某人，今憑某人保委，將自己船隻攬載各客人貨物，至某河下交卸，議脚與若干。所裝貨物，不許漏濕損壞。如遇□灘擱淺，若有疏虞，船户甘認，照數賠還。今欲有憑，立契爲照。

《中國歷代契約會編考釋·包工議約格式》　立議約人某，今包到某人器用幾（佯）〔件〕，用心作造。當日憑中面議：高若干，大若干，俱有舊式照樣。該銀多少，本銀工價一應在内，務宜細察精巧。造完之日，價銀依議交足。如有不照原樣，悉隨減價無説。恐後無憑，立此存照。

《明清徽州社會經濟資料叢編》第一集《祁門縣謝元堅斷山文約》

十西都謝元堅，是祖振安、振民於上年間，將本都八保南□源，土名紫坵、葉家莊、葱菜塢等號東西二培，願立合同將其山骨三大分中取一分，合斷與三四都謝彦良、彦成前去用工劄作，以凖栽苗，臏火，看倖工食。今有彦良、彦成不行用心栽苗，闌殘荒蕪等情，本家具情告縣，蒙批里老踏勘審實回報。彦良、彦成不願終訟，當憑里老諭解。彦良、彦成自知違約，無錢罰贖，自情願將原合約山地骨，盡數退還本家爲業，以凖罰贖。其前項山地内，見栽浮苗木並荒閑山地，仍係彦良、彦成前去管得，用心栽苗，隔截火盜。候浮木成材，照依原議，堪砍之日務要眼同本家入山砍斫。照依原議，文約三大分中本家合得二分，彦良、彦成合得一分，其山骨並係本家存留，永遠管業。自立文約後，彦良等不違前議，聽自遞限子孫劄作，栽種杉苗，毋許荒廢，不許私自盜砍入己及私自變賣他人。如違前件，聽自本家理（治）〔直〕，另行召人栽種，彦良、彦成不許阻擋。所有字號、畝步、四至、土名，俱照原立文約爲凖。今恐無憑，立此合同文約爲用。

成化十六年三月十四日立約人　謝元堅

同約人　謝元佺　謝思武

中見人　李仲仁　謝道貞

勘諭里老　王芳　余九經

《明清徽州社會經濟資料叢編》第一集《祁門縣童正等斷山文約》

十二都童正同胡記保、童社孫，今斷到本都山主胡正到、胡世用山壹號，生落本都十保，土名長坑面培，山一塊，前去砍撥鋤種，栽培杉苗，毋問險峻栽成杉苗，不許抛荒。日後杉苗成材，照依鄉例，主力相分，不許逼〔變〕賣他人，務要盡及山主。亦不許私自入山砍斫，如砍一根，其照付銀一分。今恐無憑，立此爲照。

貼米一斗五升四。

嘉靖三十年三月十四日立斷約人　童正　童社孫　胡記保

《明清徽州社會經濟資料叢編》第一集《祁門縣王志洪等看山文約》

看山人王志洪、天華、天壽等，今看守到洪名下柴山三片，土名長塢、索塢，言議三年砍斫，三七均分。其山松木長養成林，三七均分。如有内外人等砍斫柴薪木□，捉獲送與山主，賞銀五錢與看山人用。内有看守自盜者，捉獲罰銀一兩與山主公用。今恐無憑，立此爲照。

萬曆十一年三月初一日　王志洪

劉天華
洪天壽
洪灰九
洪東壽
洪秋九
王社思
方萬全
方萬金
田　三
王周涌
姜　四
畢濂止
方萬遂

案例文書

（宋）李昉等《文苑英華》卷五三一《判・傭賃》　有客户閒人請移執事，許之，恐因有流散；不許，則見無常職。欲允其請，仍立案牒，爲其限約，州以爲優，具請省裁。

對

閒人者五列在《周官》，雖去家而不歸，終寓世而無職。喬木空，在乘白雲而不見斷，蓬斯飄，待凉風而未得。今乃請移執事，願效劬勞，誠自强而不息，復知迷而可尚。必也未游，是恣浮迹難悛，許之而行未敢聞命。如或恪居爾職，無俾我虞，遂其由衷，是亦奚擾。況復存乎案牘，置以隄防自可定於職司，亦何請於華省。

（明）張肯堂《䇺辭》卷一《李光明内黄人》　李光明、史國秋皆内黄船户也。先是同受王三德僱值，許爲運米至天津發賣。行至小灘，光明舟膠於淺，議併入國秋别舟，唱籌之際，虧米十有三石。追出僞造米印，諗爲二人所竊無疑。當欲鳴之於官，而兩人哀祈乞免，共立合同，期以寬限取償。日久盟寒，掉臂不顧。問光明則云船米交卸已久，何爲事後窮追。問國秋則云失米不屬渠船，豈代他人償逋。窮之此則遁於彼，兩人踪跡無常，終不並出以塞口也。即訟後行關内黄，據回關稱二人俱發，然止光明一人，所指爲國秋者，實不與事之史國祥耳。總之，此兩人者顯爲矛盾，陰則首尾。以三德求國秋甚難，以光明覓國秋甚易。今亦不必更關國秋，即於光明名下追米如數給與三德。至國秋或聽於私下自相均認，或聽光明另行告理。蓋追國秋而光明愈得逋情，罪光明而國秋自難匿影。寧使光明居代償之名，不使三德受折閲之實。此又用法之權，而非有所軒輊也。

（明）張肯堂《䇺辭》卷一〇《吴養書長垣人》　長垣張國甫僱工於吴養書家，積錢數百，寄頓主家，欲爲娶妻計。不久爲養書所逐，國甫索錢以行，而養書小人也，爲德不卒，托言惰工，並質其錢而截劫之，訟於是乎生矣。據講和之口，以爲僕不加主，罪歸國甫，然匿錢致訟，曲在養書，雖欲不與國甫同杖，其可得乎！

（明）張肯堂《晉辭》卷一二《蘇三友長垣人》 湯陰鄭有德傭食長垣，與垣之蘇三猷萍聚交合，力作相憐也。居二年而有德病死，三猷既爲之棺殮矣。德母李氏痛子之亡，並未知兩人生平膠漆，因以人命訟三猷。生死之誼未酬，而鼠雀之難忽作，即有德地下有知，當有愴然於懷者。惟是李氏貧老可念，況三猷兩載傭值，一棺之外，豈無稍贏，而今亦未見其舉原槖而返之也。姑於三猷名下量斷二金，聊塞氏願。而杖仍歸之三猷，以警夫開門而揖禍者。

《盛京刑部原檔》崇德三年九月〔三十日〕正黄旗戴都在前往修路時，令本甲喇張松弟牛録下十二人留下爲伊叔父伊哈納牛録替工二日，張松弟因告於法司，審實。戴都應解甲喇任，鞭五十，計算工價折銀二兩四錢，付還替工之人。奏聞，上命：戴都仍管甲喇，鞭五十之罪準折贖，另罰二兩四錢銀給替工之人。

張大猷鞫審

（清）李鈞《判語録存》卷二《過載行發脚事》 審得洛陽縣民劉登奇控孟津縣民孫天信違斷發長一案。緣劉登奇係洛陽過載行。洛邑舊有行户十三家，今存十二。凡有客貨投行，代僱長脚發運，謂之發長。該行户抽用納税，兼支過往官差，此舊規也。孫天信係孟津過載行，津邑向無驛站，不須行户支差。若一體發長，則洛邑行户攬載少而應差繁，未免苦累。道光八年，因兩邑行户控争，前府斷令津邑行户，如遇發長，每車幫洛邑行户差費錢五百文。至白布、花包、金針菜三種貨物，永不準其發長。兩造各具遵依在案。乃九年九月間，孫天信暨侄孫念又將金針菜十一車，擅發長脚。經劉登奇控訴到府，提訊屬實。查案經前府斷定，未及一載，孫天信等輒敢變亂舊章，殊屬藐玩。杖責以儆。嗣後，津邑行户，固應照斷奉行，不得抗違干咎。洛邑行户，尤不得籍差居奇，勒揹商旅。本府自有公道也。此諭。

（清）趙幼班《歷任判牘彙記》卷二《判（李）〔朱〕雲從等堂詞》

鍾寶林承包饒星記土工，内有隱洞工三十丈，轉包與朱雲從等十七人工作，計洋一百六十元。業由鍾寶林付過洋一百十五元，結欠四十五元，自應嚴追鍾寶林如數交出。惟查朱雲從領摺内載明，承包饒星記鍾寶林名下洞工，則饒星田不能置身事外，該大包無論如何吃虧，斷令饒星田出洋二十二元五角，以安朱雲從等十七人之心。朱雲從以後不得再向大包饒星田生事。鍾寶林收押，候將二十二元五角繳案再釋。易汗卿等與鍾寶林口角爭毆，姑不深究，取遵結附卷。

雜録

（晉）皇甫謐《高士傳》卷下《夏馥》 馥乃頓足而嘆曰：孽自己作，空汙良善，一人逃死，禍及萬家，何以生爲。乃自翦鬚，變服易形，入林慮山中，爲冶工客作，形貌毀悴，積傭三年，而無知者。後詔委放，儉等皆出。馥獨嘆曰：已爲人所棄，不宜復齒鄉里矣。留賃作，不歸家，人求不知處。

（晉）葛洪《西京雜記》卷二 匡衡字稚圭，勤學而無燭，隣舍有燭而不逮。衡乃穿壁引其光，以書映光而讀之。邑人大姓，文不識，家富多書，衡乃與其傭作，而不求償。主人怪問衡，衡曰：願得主人書，遍讀之。主人感嘆，資給以書，遂成大學。

（晉）王嘉《拾遺記》卷二 伊尹賃爲赭衣者，春於深巖以自給。夢乘雲繞日而行，筮得利建侯之卦。歲餘，湯以玉帛聘爲阿衡也。

（晉）王嘉《拾遺記》卷六 王溥，即王吉之後，吉先爲昌邑中尉。奕世衰，凌及安帝時，家貧不得仕，乃挾竹簡，插筆於洛陽市傭書。美於形貌，又多文辭，來僦其書者，丈夫贈其衣冠，婦人遺其珠玉，一日之中，衣寶盈車而歸積粟於廩，九族宗親莫不仰其衣食，洛陽稱爲善筆而得富。

（唐）李復言《續玄怪録》卷一《麒麟客》 麒麟客者，南陽張茂實家傭僕也。茂實家於華山下，大中初偶游洛中，假僕於南市，得一人焉，其名曰王夐，年可四十餘，傭作之直月五百，勤幹無私，出於深誠，苟有可爲，不待指使。茂實器之，易其名曰大曆，將倍其直，固辭。其家益憐之。居五年，計酬直盡，一旦辭茂實曰：夐本居山，家業不薄，適與厄會，須傭作以禳之，固非無資而賣力者。今厄盡矣，請從此辭。茂實不測其言，不敢留，聽之。

（明）洪楩《清平山堂話本・董永遇仙記》 荏苒光陰，不覺過了一年有餘，無錢殯送，心思一計：不免將身賣與人傭工，得錢揭折。當日離家，徑投傅長者家，見了院子，央他報説賣身之事。傅長者出廳，叫董永入來，備問其事。董永道：小人姓董名永，丹陽縣董槐村人氏。自幼喪母。今年又喪父，停柩在家，無錢殯葬。今日特告長者，情願賣身與長者，欲要千貫錢回家葬父，便來長者家傭工三年。望長者慈悲方便！長者見説，乃言：你是大孝之人。便教院子取一千貫錢付與董永。董永拜别長者出門。

（清）佚名《燕京雜記》 爲僕役者莫多於京師，其賤莫過於京師，其惡莫甚於京師，姦詭變幻，寡廉鮮耻，未可窮述。至典司出納者，過尤不可言，予十買五，更稱良厚。而達官貴人耻與市人交易，亦不暇廣採市價，任其魚肉而已。

僕役有司閽者謂之門上，其價倍於常僕，其惡亦倍於常僕。遇有徒行客，薄其窮酸，竟不傳刺。又或客稱有事欲面語，彼懶於伺候，主人在家亦説外出。至修門生屬吏之禮者，必先饜其所欲然後始通，使得見。士子入京，其初未嘗不苦之，及身爲顯官，又倚此等爲腹心耳目，容忍故縱，頓忘前苦矣。

司烹飪者謂之厨子，每日二饍，定以菜品，限錢若干，名曰例菜錢。買至賤之物，僅足其數而已，即雜以惡草具，主人不傳而問也。至開筵宴客之日，不須常饌，亦必索例菜錢以爲應得云爾。僕役工價，皆以月算，故有數月斥者，有數日斥者，有半日斥者。

（清）吴德旋《初月樓聞見録》卷二 長洲布衣曹嶢亭，名炳，家貧失學，年二十餘，猶爲人傭保以給食。

（清）范祖述《杭俗遺風・喪事類・埠夫》 喪事白布轎圍，亦有跳轎，每日税錢五十六文。每逢用行人之事，答應者可得綵結行之除頭，不過要看場頭之大小而已。埠夫幫忙，名曰打雜，每日工錢一百二十文。

其他流轉形式分部

論　說

《周禮注疏》卷一五《地官司徒・廛人》　廛人，掌斂市絘布、緫布、質布、罰布、廛布，而入于泉府。凡屠者，斂其皮角筋骨，入于玉府。凡珍異之有滯者，斂而入于膳府。

《春秋公羊傳注疏・桓公元年》　鄭伯以璧假許田。其言以璧假之何？易之也。易之則其言假之何？爲恭也。曷爲爲恭？有天子存，則諸侯不得專地也。許田者何？魯朝宿之邑也。諸侯時朝乎天子，天子之郊，諸侯皆有朝宿之邑焉。

《春秋左傳正義・桓公元年》　傳元年，春，公即位，修好于鄭。鄭人請復祀周公，卒易祊田。公許之。三月，鄭伯以璧假許田，爲周公、祊故也。

綜　述

《唐律疏議》卷二六《雜律・受寄物輒費用》　諸受寄財物，而輒費用者，坐贓論減一等。詐言死失者，以詐欺取財物論減一等。

疏議曰：受人寄付財物，而輒私費用者，坐贓論減一等，一尺笞十，一疋加一等，十疋杖一百，罪止徒二年半。詐言死失者，謂六畜、財物之類，私費用而詐言死及失者，以詐欺取財物論減一等，謂一尺笞五十，一疋加一等，五疋杖一百，五疋加一等。

（唐）李林甫《唐六典》卷三《尚書户部・金部郎中員外郎》　凡有互市，皆爲之節制。諸官私互市唯得用帛練、蕃綵，自外並不得交易。其官市者，兩分帛練，一分蕃綵。若蕃人須糴糧食者，監司斟酌須數，與州司相知，聽百姓將物就互市所交易。

《宋刑統》卷二六《雜律・受寄財物輒費用公私債負　官吏放債》　諸受寄財物而輒費用者，坐贓論，減一等。詐言死失者，以詐欺取財物論，減一等。

疏議曰：受人寄付財物，而輒私費用者，坐贓論，減一等，一尺笞十，一匹加一等，十匹杖一百，罪止徒二年半。詐言死失者，謂六畜、財物之類，私費用而詐言死及失者，以詐欺取財物論，減一等，謂一尺笞五十，一匹加一等，五匹杖一百，五匹加一等。

問曰：受人寄付財物，實死失，合償以否？又監臨受寄，詐言死失，合得何罪？

答曰：下條云，亡失官私器物，各備償，被强盗者不償。即失非强盗，仍合償之。以理死者，不合備償，非理死者，准《廄牧令》，合償減價。若監臨主司受寄，詐言死失者，以詐欺取財物減一等科之。

《天盛改舊新定律令》卷一一《分用共畜物門》　諸人寄置畜、穀物於他處而遺失時，遺失是實，有知信只關、擔保者，已取寄資而遺失時，所寄畜、穀物當全還，罪勿治。若未予寄資，則當還其半，其半罰屬者。

《通制條格》卷一六《田令・典賣田産事例》　大德七年五月，中書人畫字估價，立契成交。都省准呈。

《元典章》卷一九《户部·田宅·典賣·貿易田宅》 大德七年五月二十六日，江西行省准中書省咨：

禮部呈：真定路（普）〔晋〕州知州趙仁舉呈：諸典賣田宅，已有定例。近有私相貿易田宅地土。至元七年舊例：私相貿易田宅、奴婢、畜産，質壓交業者，並合立契收税。今後私相貿易田宅、奴婢、畜養，依例從本主便换估價，立契收税。既非典賣，親鄰難以争論。本部參詳，既有已行通例，宜准趙仁舉所言，遍行遵守相應。於内若有將田宅指稱貿易爲名，因爲物直争懸，却行暗添價錢，緣其所由，即與貨賣無異。擬合照依典賣田宅例，批畫給據成交。得此。送據户部呈：諸私相貿易田宅，即與貨賣無異，擬合給據，令房親〔鄰〕人畫字估價，立契成交，似爲相應。具呈照詳。得此。都省准擬施行。

（明）何廣《律解辯疑》大明律卷九《户律·錢債·費用受寄財産》 凡受寄人財物、畜産而輒費用者，坐贓論，減一等。詐言死失者，准竊盜論，減一等。

議曰：謂如一貫以下，笞二十，減一等，笞一十，罪止杖九十，徒二年半。准竊盜論，如一貫以下杖六十，減一等，笞五十，罪止杖一百，徒三年，並免刺。又曰：若二人費用，一人鈔一百貫，應分首從論之。

《大明律直解所載明律》卷九《户律·錢債·費用受寄財産》 凡受寄人財物、畜産而輒費用者，坐贓論，減一等。詐言死失者，准竊盜論，減一等。并追物還主。其被水火、盜賊費失及畜産病死有顯跡者，勿論。

（明）張楷《律條疏議》卷九《費用受寄財産》 凡受寄人財物畜産而輒費用者，坐贓論，減一等。詐言死失者，准竊盜論，減一等，並追物還主。其被水火盜賊、費失及畜産病死有顯跡者，勿論。

疏議曰：凡有受寄他人之財物畜産而輒便費用者，坐贓論，減一等。自一貫以下笞一十起，次第減科罪，止杖九十，徒二年半。本不曾死失而詐言死失者，計贓准竊盜論，減一等。自一貫以下笞五十起，次第減科罪，止杖一百，徒三年之類，並追原寄之物還其本主。其或委被水火、盜賊不測之事，而將所寄之財物或費或失，及所寄之畜産自行病死有顯然可驗之跡者，不治其罪，亦不追還。

謹詳律意，受人之托，當忠其事。輒費用者，猶有陪償之意，故減坐贓。稱死失者，是懷昏賴之心，故從盜論。若被水火盜賊費失所寄之財，畜産因病死傷俱有顯跡可驗，不坐以罪，物亦免償，非費用詐稱者比也。

（明）雷夢麟《讀律瑣言》卷九《費用受寄財産》 凡受寄人財物、畜産而輒費用者，坐贓論，減一等。詐言死失者，准竊盜論，減一等，並追物還主。其被水火盜賊費失，及畜産病死，有顯跡者，勿論。

瑣言曰：受寄人財物、畜産輒費用者，雖是輒擅費用，猶有償還之意，故坐贓論，罪減一等。詐言死失者，則有欺騙之意，故准竊盜，論減一等，並追物還主。其被水火、賊盜，而費失及畜産病死，各有顯跡明白者，勿論，免罪，且不追償矣。若隱匿受寄財産而騙賴不認者，依誆騙律科之。

問刑條例

一、親屬費用受寄財物，並與凡人一體科罪，追物還主不必論。服制遞減。

《明會典》卷一六四《刑部·律例·户律·錢債·費用受寄財産》 凡受寄人財物、畜産而輒費用者，坐贓論，減一等。詐言死失者，准竊盜論，減一等。並追物還主。其被水火盜賊費失，及畜産病死，有顯跡者，勿論。

一、親屬費用受寄財物，並與凡人一體科罪，追物還主，不必論，服制遞減。

《嘉靖新例·户例·錢債·費用受寄財産》 嘉靖柒年月刑部題准，費用親屬受寄財物者，與凡人一體坐贓論，減等科罪，追物還主，不須以服遞減。

《大明律疏附例·新例·户例·費用受寄財産》 嘉靖七年九月刑部奏准：今後有犯該費用受寄財物者，雖係親屬，與凡人一體坐贓論，減等科罪，追物還主，不須以服遞減。

（明）王肯堂《王儀部先生箋釋》卷九《費用受寄財産》 釋曰：受寄他人財物畜産，而輒擅費用者，坐贓論減一等，一兩以下笞一十，至五百兩之上，罪止杖九十，徒二年半。若將財畜費用而詐言死失者，計贓准竊盜論減一等，一兩以下笞五十，至一百兩之上，罪止杖一百，徒三年，免刺。受寄之物，原在其家，與取諸外者稍有不同，故減一等。輒費用者，猶有償補之意，詐言死失，則懷欺騙之心矣，故罪有輕重之别也，並追物還主，承輒費用及詐言死失二項言。其受寄財畜，若被水火盜賊費失，及畜産病死，各有顯跡可據者，勿論，皆不坐罪，亦免追償。按倉庫財物，言盜賊劫奪，此但言盜賊費失，則雖被竊亦所勿論矣。若隱匿受寄財物而混賴不認者，依誆賺律科之。

條例

釋曰：寄託財畜多係親屬，若以服制減罪，則負者衆矣，故與凡人一體科之。

《律條直引》卷九《户律・錢債・費用受寄財産》趙甲依受寄人財物、畜産詐言死、失者，准竊盜論，減一等，免刺，一百二十貫罪止律，杖一百，徒三年。錢乙依受寄人財物、畜産而輒費用者，坐贓論，減一等，五百貫罪止律，杖九十，徒二年半。俱有《大誥》減等。趙甲杖九十，徒二年半。錢乙杖八十，徒二年。係軍民，無力充徒哨瞭，有力納米等項，完日寧家着伍。隱匿之物照數追給本主。

（明）佚名《重刻律條告示活套》卷二《費用受寄財物》前件某府爲禁約事，竊惟人以妻子寄託，尚無凍餒之患，況以財物寄放，豈有費用等情。訪得所屬州縣人民有欠忠厚，不顧廉恥之輩，輒將素相親識所寄財物等項，或有寄放畜産財物之類不令主知，一匕花費無存。及至取討原物，又假以水火盜賊踈失，或因病倒死，百計遮掩，似此面做好人，心行賊事奸人，受計平人受虧，法所難容。爲此合出告示，發去各州縣門首，及人烟輳集去處，張掛曉諭知悉，今後敢有費用受寄平人財物者，定行挐問重罪，如果有故踈失，亦要顯跡驗真，方兑本罪。

（明）佚名《大明律講解》卷九《費用受寄財産》凡受寄人財物畜産而輒費用者，坐贓論，減一等。講曰：謂如一貫以下笞二十，減一等笞一十，罪止杖九十，徒二年半。詐言死失者，准竊盜論，減一等。講曰：謂如一貫以下杖六十，減一等笞五十，罪止杖一百，徒三年，並免刺字。並追物還主，其被水火盜賊費失及畜産病死有顯跡者，勿論。

《大清律集解附例》卷九《户律・錢債・費用受寄財産》凡受寄他人財物、畜産而輒費用者，坐贓論，以坐贓致罪律。減一等。罪止杖九十、徒二年半。詐言死失者，准竊盜論，減一等。罪止杖一百，徒三年，免刺。並追物還主。其被水火、盜賊、費失及畜産病死有顯跡者，勿論。若受寄財畜而隱匿不認，依誆騙律。如以産業轉寄他人户下，而爲所賣失，自有詭寄盜賣本條。

條例

一、親屬費用受寄財物，並與凡人一體科罪，追物還主。不必論服制遞減。

（清）沈之奇《大清律輯註》卷九《户律・錢債・費用受寄財産》

凡受寄他人財物畜産而輒費用者，坐贓論以坐贓致罪律，減一等。罪止杖九十、徒二年半。詐言死失者，準竊盜論，減一等。罪止杖一百、徒三年，免刺。并追物還主。其被水火、盜賊費失及畜産病死有顯跡者，勿論。若受寄財畜而隱匿不認，依誆騙律。如以産業轉寄他人户下，而爲所賣失，自有詭寄盜賣本條。

〔律後註〕：凡受人寄托之財物畜産，而輒擅費用者，猶有償還之心，非遂乾没之也，故坐贓論減一等。若詐言死失者，欺騙而隱匿之，有盜之心矣，故準竊盜論，減一等。蓋受寄之物，原在其家，與取諸外者，稍有不同，故坐贓準盜，皆減一等。并追物還主，承費用及詐言死失二項言。其所寄財物畜産，若被水火、盜賊費失，及病死，各有顯跡可據者，勿論。不坐罪，亦不追賠，事出不測，非受寄者之過也。

〔律上註〕：坐贓滿數，杖一百，徒三年。本法減一等，故註曰：罪止杖九十，徒二年半。竊盜律一百二十兩以上，絞，稱準者至死減一等，本法又減一等，故註曰：罪止杖一百，徒三年也。言有顯跡者，所以别于詐言者也。

按：倉庫財物，言被盜賊劫奪，免罪，不賠。此但言盜賊費失，則雖被竊，亦所勿論，蓋受寄人物，與主守官物固自不同也。

條例

親屬費用受寄財物，并與凡人一體科罪，追物還主，不必論服制遞減。

例上註：寄托財物畜産，多係親屬，若以服制減罪，恐長負賴之風，故一體科之。

《大清律例》卷一四《户律・錢債・費用受寄財産》凡受寄他人財

物、畜産而輒費用者，坐贓論，以坐贓致罪律。減一等。罪止杖九十、徒二年半。詐言死失者，准竊盜論，減一等。罪止杖一百、徒三年，免刺。并追物還主，其被水火、盜賊、費失，及畜産病死有顯跡者，勿論。若受寄財畜而隱匿不認，依誆騙律。如以産業轉寄他人户下，而爲所賣失，自有詭寄盜賣本條。

條例

一、親屬費用受寄財物，大功以上及外祖父母得相容隱之親屬，追物給主，不坐罪，小功減三等，緦麻減二等，無服之親減一等，俱追物還主。

（清）沈沾霖《江蘇成案》卷四《户律・課程・鹽法・牙行代買私鹽二萬斤照越境販私例擬軍袁世發》 一起爲遵旨核擬速奏事：刑部江蘇司案呈，准蘇撫閔咨稱，南滙縣盜犯金大等行劫事主丁恒案内，續獲代買私鹽之袁世發一案，緣袁世發籍隸浙江定海縣，充當魚牙，與金大等販魚認識。乾隆五十二年四月初一日，金大等在鎮海縣洋面，糾劫丁恒、吴元兩船衣米錢文，開至定海縣白泉莊海灘停泊。初三日，金大等前至袁世發行内販買鮮魚，並將錢文交託袁世發代買私鹽。袁世發不知盜劫情事，貪圖販魚主顧，即向沿海不識姓名魚船上，陸續收買醃切餘鹽，積存二百擔。每斤四五六文不等，將鹽交付金大等載回。行至南滙羊山洋面，經營汛兵捕拿獲，審擬分别斬決軍遣，奉准部覆完結。嗣經定海縣拿獲袁世發移解該縣，訊詳審解，據將代買私鹽各情，供認不諱。究無積慣囤銷濟梟，並夥同行劫情事。查袁世發混與盜匪交易，已非善類。復代買私鹽至二萬斤之多，殊屬不法。若僅照引領牙人本律擬徒，不足蔽辜。應從重照越境與販私鹽至三千斤以上例，發附近充軍。雖據供母老丁單，不准留養。所得用錢，照追入官。牌保訊無包庇情事，應毋庸議。偷買餘鹽各漁船不知姓名，並免緝拿。失察職名現飭移取另參，逸盜錢阿貴等，緝獲另結等因，咨達前來。應如該撫所咨完結。乾隆五十三年九月十九日准咨。

《户部則例》卷二三《庫藏・追賠・承變》 一、凡入官應變田房，該承變官於入官之日即飭犯屬呈明契券，眼同確估出示召售。願售者官給印照，照内開明不許原主勒索找價字樣，取具買主並無假冒影射甘結。倘犯屬影射踞佔，照隱瞞入官財物房産律坐贓論罪。承變官知情縱容，照徇隱例治罪。該管各上司照徇庇例議處。

一、入官田房内如有活典及當存物件，該承變官責成原主具限取贖。逾限不贖，照價出示售變。

一、官吏承變入官田房什物，或將田房私租，或將什物易换，許本犯家屬及旁人首告，查寔追賠，仍照侵盜錢糧例治罪。

一、地方官承變入官田房什物於估定價值後，限半年内將田房召得售主，將什物照估變完，逾限照例處分。其逾限未變之什物，除器皿、衣服仍責成召變外，至金銀珠玉等物，承變官眼同犯屬封固開造清册，出具並無易换印甘各結，解交崇文門變價。

一、承變入官田房産業價估一千兩以内者，於半年限内變完。至于僻小州縣有一千兩以上之産，或無有力之家，及雖係大邑通都而旧房價值至數千兩以上，一時不能即售者，令該督撫酌量定限一年，或分作二年完解。逾限不完，分别查參議處。

一、承變限期初參以估價定準之日起扣，二參即以初參限滿日接扣，限内遇封印日期不准扣除。

一、凡認買入官田房，其定限二年者，如有售主先交銀一半，即令管業。其餘銀兩于次年交清，承變官給與印照，該管官先將分年完解之處詳明上司，咨部存案。至所收銀兩解交司庫，咨部查核。

一、入官變抵欠項之房産什物，如所變之價浮於原欠之數者，准將所浮之數給還本人。

《户部則例》卷三四《漕運・兑運・幫船派兑》 一、各省幫船兑運漕糧，先儘本地衛所，就近派兑。倘船不足數，再於隔屬衛所派撥兑運。

一、山東省德州帮兑運德州、禹城、陽信、齊東、鄒平、長山等六州縣漕糧。臨清衛山東前幫兑運夏津、武城、館陶、臨清、利津、蒲臺等六州縣漕糧。臨清衛山東後帮兑運章邱、青城、新城、平原、齊東、臨清等六州縣漕糧。濟寧衛前帮兑運歷城、冠縣、高唐、平陰、肥城、東阿、陽穀、莘縣、城武、金鄉、單縣、嘉祥、鉅野、魚臺、滕縣、嶧縣等一十六州縣漕糧。濟寧衛後帮兑運邱縣、冠縣、長清、萊蕪、濟寧、菏澤、曹縣、定陶、滋陽、曲阜、寧陽、鄒縣、泗水、高唐、清平等一十五州縣漕糧。濟寧衛左帮兑運歷城、章邱、鄒平、齊河、商河、恩縣、德平、臨邑、惠民等九縣漕糧。濟寧衛右帮兑運長清、邱縣、平原、商河、蒲臺、歷城、陵縣、樂陵等八縣漕糧。東昌衛兑運長清、濟陽、利津、聊城、堂邑、博平、茌平等七州縣漕運。濮州所兑運青城、濱州、淄川、鄆城、壽張、濮州、范縣、觀城、朝城等九州縣漕糧。東平所兑運陵縣、陽信、長山、泰安、萊蕪、汶上、東平、冠縣等八州縣漕糧。

一、河南省通州所帮兑運安陽、武安、林縣、涉縣、陳留、通許、杞縣、祥符、温縣、鞏縣、睢州、河内、濬縣、考城等一十四州縣漕糧。天津所帮兑運安陽、涉縣、孟縣、商邱、寧陵、濬縣等六縣漕糧。德州衛左帮兑運修武、武陟、林縣、内黄、滑縣等五縣漕糧。任城衛帮兑運内黄、湯陰、洛陽、鞏縣、偃師、孟津、修武、商邱、輝縣、滑縣、淇縣、延津、陳留、鄭州、滎陽、滎澤、濟源、武陟等一十八州縣漕糧。平山衛前帮兑運陽武、太康、中牟、杞縣、洧川、蘭陽、臨漳、原武、濟源、長葛、禹州、密縣、新鄭、鄭州、滎陽、滎澤、汜水等十七州縣漕糧。平山衛後帮兑運湯陰、臨漳、睢州、杞縣、尉氏、許州、孟縣等七州縣漕糧。臨清衛河南前帮兑運濟源、河内、孟縣、温縣、修武等五縣漕糧。臨清衛河南後帮兑運通許、祥符、封邱、陳留、原武、汲縣、新鄉、獲嘉、淇縣、許州、武安、涉縣、濬縣、滑縣、扶溝、杞縣、洧川、鄢陵、中牟、濟源、武陟、長葛等二十二州縣漕糧。徐州衛河南前帮兑運輝縣、太康、湯陰、河内、商邱、儀封、濬縣、杞縣、陽武、尉氏、通許、祥符、考城、禹州等十四州縣漕糧。徐州衛河南後帮兑運河内、登封、武陟、睢州、新鄉、安陽、臨漳、汲縣、鞏縣、孟津、滑縣、汜水、獲嘉、陽武等十四州縣漕糧。

《户部則例》卷四〇《漕運・漕船・料價》 一、各省成造漕船先行咨部，每船給料價銀二百八兩七錢七分有奇。其江南省之江淮興武二衛漕船，除額給料價外，每船准給鑽夫銀五十兩，底料銀五十一兩。底料一項係十分計算，每分銀五兩一錢。若無底料者，全給銀五十一兩。或有底料不足，則照不足分數補給。除動支額編軍三民七銀兩外，不敷料價即於餘丁協濟及道庫減存銀内動支，俱令糧道親身如數給發取具。各弁丁並無需索尅減，印甘各結送部。倘有侵扣等弊，總漕查明題參議處，給發工料銀兩於漕項奏銷册内題銷。

《户部則例》卷四三《錢法・解運・天津全行起剥》 一、銅鉛運抵天津雇船起剥，向係起六存四。如存四原船尚可前進，仍照舊例起剥六分外。如原船實係破漏不能前進，會同天津縣全行起剥，一體報銷原船。水脚銀兩應截至天津縣止，天津至通州計程三百二十里，合每百斤扣銀三分七釐六忽零，於水脚内照數扣除。

（清）江峰《大清律例略記》卷二《費用受寄財産略記户律》 凡物受寄於人，本屬相信相親，所寄財物畜産，須與謹固收存。若敢輒自費用，坐贓減等責懲。詐言死失蒙蔽，准以竊盜擬刑。並將所計財物，追給原主還清。其被水火、盜賊，事出不測有因，以及畜産病死，本非故意相傾，各有顯蹟可據，得以原情勿論。

（清）薛允升《唐明清三律彙編・户律・錢債・費用受寄財産》 唐律：諸受寄財物，而輒費用者，坐贓論，減一等。詐言死失者，以詐欺取財物論，減一等。

《疏議》：以詐欺取財物論減一等謂一尺笞五十，一匹加一等；五匹杖一百，五匹加一等。

此律應與隱匿費用税糧課物及詐欺取財參看。

《疏議》：問曰：受人寄付財物，實死、失，合償以否？又，監臨受寄，詐言死、失，合得何罪？

答曰：下條云：亡失官私器物，各備償。被强盗者，不償。即失非强盗，仍令償之。以理死者，不合備償；非理死者，准《廄牧令》，合償減價。若監臨主司受寄，詐言死、失者，以詐欺取財物減一等科之。

雍正三年，以親屬相盜，俱得按服制減等。今費用受寄財産，稱與凡人一體科罪，不必論服制追減，是費用受寄，反甚於親屬相盜，似未允協，因改定此例。

《輯註》云：寄託財産，多係親屬，若以服制減罪，恐長負賴之風，故與凡人一體科之。

乾隆四十一年六月内，大學士仍管兩江總督高晉條奏：江苏、安徽、江西三省，典鋪失火延燒着賠案，照所當貨物，分別減數賠償。經户議覆，通行各省。查典商收當貨物，按本計利，扣限取贖，原物各歸其主，故商民兩無所爭。至典物被火焚失，事屬偶然，是以分別賠償，多就各該處情形，相沿辦理，未經明定章程，今據該督高奏稱，江蘇、安徽、江西三省，既有賠多、賠少之不同，又有着賠、免賠之互異。輸殊覺參差，恐因此紛紛訐請。嗣後典鋪自行失火，被焚貨物悉以值十當五計算，照典價作准。如鄰火延燒，實係猝不及防，因人連累者，照值十當五之例酌減十分之二，扣除本利，按數賠償。其粗重之米豆、棉花等物，當價較重，以貫二、貫三遞減着賠，不扣利息，通行三省，畫一遵辦，庶免逐案議詳，商民控擾之弊等語。查典內自行失火與鄰火延燒，情事原有不同，自當略爲區分，以昭平允。嗣後當鋪失火，其未焚及搶出各物，仍聽當主照號取贖外，其被火焚毀貨物，應如該督所奏：自行失火者，以值當五計算，照原典價值作爲准數；鄰火延燒者，減二，均按月叩除息利，照數賠償。至米麥、豆石、棉花各物，該督摺內聲明，均以逢新爲滿，是過一年者已不贖，而追減日期，又須在半年以外，該計其中月日，相去無多，似每庸多列科條，致援引紛紜，互相抵賴，應請將貫二名色刪除，統以貫三計算，照原典價值給還十分之三，均不扣除利息，按數着賠。倘奸商因有此例，於失火時，將不及五貫重器，匃貪利隱匿，照隱没之物，按所值銀數計贓，准竊盜論例治罪。仍將原物給還本主。再查各省典鋪，雖一處有一處情形，向來俱未能畫一。但窮兵民質物被焚，其可閔之情，本無二致，似均應量與着賠以允。當相應行文各直省，斟酌各該地情形，一體遵照。其或亦有一年爲滿，當價較重者，即此照此案米豆棉花等物賠償之例辦理。較之原例，統以七成賠還者，似屬周詳。因將此例照户部原議。

《大清新法令》第四卷《光緒新法令·郵傳部諮南洋擬定沿江沿海華洋各商輪簡明表式文附表式光緒三十三年十二月二十五日**》**　船政司案呈：本年六月二十三日，本部會同軍機大臣奏定官制原折內開船政司掌全國船政，凡輪船應行考核、調查及籌畫擴充，並審議船律各項事件。又清單內開船政司掌國船政舉內港、外海各江航業所有測量沙線、推廣埠頭、建設公司、營辟廠塢，以及審議運貨保險，檢查燈檯、浮標各事，凡有關於船政者胥掌焉等語。奉旨允准，欽遵分行在案。查日本遞信省官制，管船局內分設三課，其職掌與本部官制相同。我國商民行輪嚮無專官統轄，自互市以後，沿江、沿海競辟碼頭，惟因事起通商，以致行船事宜概歸税關經理。比年航業大盛，不惟內港洞辟，即邊陲腹地亦漸次擴充，商輪公司幾于各省林立。現在輪船一項奉旨併入本部，既經奏設專司，其理船廳章程業經諮取到部，所有沿海、沿江、內港各關出口、進口華洋商輪名號、艘數，並該公司從前、現在所定航海管駕、轉舵、轉帆、防碰、保險、搭客、載貨、停泊、拖帶、晝夜暗號各項章程，俱應詳細匯齊報告本部。嗣後商家購置船舶、糾集公司，經農工商部註册後，仍應報明本部立案以憑稽核而重航政。茲由本部就所知津海、東海、江海、江漢各關往來各船擬定商輪簡明表式，飭令該關監督遵式填報。倘船隻遺漏，船數增加爲本表所未備，或該船今昔異名及轉售他公司者，應責成該關逐加補正。其奉天、山東、閩、浙、兩廣各關船名未經列入本表者，應遵照此式造表填報，以昭一律。除將表式通飭各關道遵填報部外，相應諮行貴督查照並轉飭辦理可也。

《大清新法令》第四卷《光緒新法令·外務部諮南洋通行酌定小輪拖船限制載客額數試辦章程文並章程光緒三十年十月初八日**》**　光緒三十年九月二十一日，准署兩江總督諮據鎮江關道稟稱：准税務司雷樂石函開，本口及通商各口往來之小輪船暨所拖船只貪載多客，異常危險，往往有不測之事，亟應妥籌善法，示以限制。經本口理船廳悉心斟酌，得一善策。其法先就水之艙面量明計長若干尺，其居中之寬處計若干尺，再就船艙量明計長若干尺，其居中之寬處計若干尺。即以此寬長之數爲准，細加核算。譬如，艙面寬長各若干尺，寬長相乘得若干尺，以九除之得若干尺，所得之數即爲艙面容客之數。其船艙寬長各若干尺，寬長相乘得若干尺，以六除之得若干尺，所得之數即爲艙中容客之數。本口照此辦法，凡小輪暨拖船載客立有限制，行之半載有餘，尚稱妥便。因思各口小輪日盛，倘能照此辦理，官商之乘輪來往者均有裨益。茲擬就試辦章程五條，除申請總税務司核示外，合繕備章程送請察核，稟請轉諮外務部鑒核施行。復經該關道以船之長處、寬處不皆能容坐客，所謂量明艙面、船艙長處及居中之寬處是否專就可以坐客之處丈量計算，函詢該税務司。據復稱，船之艙面不比艙中平穩，必先將艙面不能坐客之處一律扣除，然後就其寬長尺寸相乘以九除之，若艙中本係平正之處均可坐客，就艙之寬長相乘以六除之，可得實數等語。據此諮請查核通飭照辦，並將章程諮送前來。查核章程係爲限制小輪暨拖船載客人數以免危險起見，所擬辦法尚屬簡明妥協，通商各口應即一律照行，除劄總税務司轉飭各關税務司外，相應刊印原章程諮行。貴大臣查照轉飭各關監督遵照辦理可也。

酌定小輪暨拖船載客額數免險試辦章程

輪船

一、量明該船之艙面計長若干尺，所謂艙面者，凡艙頂平面坐客之處皆是。其居中之寬處計若干尺，寬長相乘得若干尺。以九除之得若干尺，所得之數即爲艙面容客之數。譬如：艙面長六十八尺四寸，寬十四尺三寸，以一四三乘六八四得九百七十八尺。有奇再以九除之，可得一百九尺，則艙面可容一百九人。以此類推。

二、量明該船艙計長若干尺，其居中之寬處計若干尺，寬長相乘得若干尺。以六除之得若干尺，所得之數即爲艙中容客之數。

三、凡輪船有上層樓面者，若距水面相懸，在此坐客船易傾倒，上層樓面不准載客。按：船艙本較船身稍小，艙外兩旁留有餘地便人行走。現在，凡自一噸至八噸之小輪往往將船艙展開寬與船身相等，另於船身兩旁架設跳板以爲行走之路。此等小輪最爲危險，該船艙面不准載客。

拖船

四、該拖船艙或搭客居坐之處量明計長若干尺，其居中之寬處計若干尺，寬長相乘得若干尺，以六除之得若干尺，所得之數即爲該船容客之數。

五、凡拖船之有煙篷者，在此坐客船易傾側，最爲危險。煙篷之上不准載客。

《大清新法令》第四卷《光緒新法令·商部諮復南洋滬關稅司擬辦蘇杭滬內河行輪起卸煤灰章程合同文光緒三十二年四月二十三日》 光緒三十二年四月二十日，接准諮稱，據蘇松太道瑞澄稟稱：竊照行駛內河小輪傾棄煤渣辦法一案，現由新關稅務司好博遜商由領袖總領事暨各總領事擬定暫行試辦章程五條，先于本年二月二十四日起試辦三個月，再行察看。照録章程暨承辦蘇、杭、滬各小輪起卸煤灰合同各一件送請查核等因。所擬章程尚爲簡便易行，應請准予試辦等情，到本大臣查滬稅司會同各領事所訂章程似尚可行。除批示外，應諮明查照核准通行等因前來。查此案前經本部覆核，總以華洋各輪同時並辦方無流弊等因。諮行飭屬籌辦在案。茲准前因所擬章程公允簡易尚屬可行，合同大致亦妥，應准立案，相應諮復貴督查照飭屬通行可也。

附章程

一、各項小輪無論係由何處內河駛來，一經抵口，務須即將所有燒剩煤渣起卸，交於海關所備之駁船查收。

二、各小比輪船均應自備洋鐵桶若干隻，爲足以暫時存放煤渣之用，凡在途中行駛之時，一概不準將此煤渣任意傾入沿路河內。

三、凡屬常川來往貿易小輪之行駛各口者，應得每船每月一律繳洋兩元，此數或由各口自定亦可。至別項小輪，或爲官用或爲游歷之用等類，應得每船每次一律繳洋三角。此項繳款均爲津貼駁船裝卸煤渣之費。

四、設有小輪不遵以上章程，一經海關察出，定必從嚴懲罰。其初次違犯者，罰銀五兩；第二次違犯者，加罰十兩；以後再犯，則照此遞加，惟至多罰不過二十兩。

五、凡各小輪駛往內地之未經通商口岸者，亦須將其煤渣存儲洋鐵桶內，不得任意傾入於沿路河中。一俟該小輪駛回通商口岸之時，即可照章起卸於海關駁船也。

以上定章現在暫先作試辦，以後如有未盡善美之處，准可隨時斟酌改良。

《大清新法令》第四卷《光緒新法令·外務部諮南洋內港限制小輪載客章程應另添罰款一條以資儆戒文光緒三十一年六月日》 所有限制小輪暨拖船載客人數以免危險試辦章程五條，前經本部於光緒三十年九月二十七日劄行總稅務司並諮貴督在案。茲據總稅務司申稱：據閩海關稅務司杜德維詳報，閩江有鼎梅輪船一艘，駛經馬尾口製造局之上流氣鍋炸裂，搭船客商三十餘人咸遭不測等情。查內河往來行輪各省所在皆是此等，慘遭意外之事亦時有所聞，亟應將各船身暨機器按期嚴查，並妥訂章程，將各司機人認真考驗。又據浙海關稅務司辛盛詳報，本口有寧波輪船一艘，往來鎮海。於四月十二日因鎮海有都神大會，前往附會者甚多，該船遂載客約至四百人之多。若照定章只能載客一百三十五人，至開行時詎料河水洶湧，載客過重，一經撥轉即將該船衝激傾覆，淹斃人數至三百三十九名之多等情。查前奉鈞劄，係爲限制小輪暨拖船載客人數，以免危險起見，遂定有試辦章程五條。茲既據報前情，顯係該輪載客有違定章致罹慘厄，是以亟應添加一條如下，即係凡小輪暨拖船若逾章程內所定載客額數，一經查出，罰銀五百兩。若因載客逾額出有災患，更行另議嚴辦云云。如此擬訂，庶可稍知儆懼，不致故違定章，申請鑒核等因前來。本部查所擬辦法甚爲周密，應即與前定章程五條一律照行。總税務司查照轉飭各關税務司遵照辦理外，相應諮行，貴督查照轉飭各關監督遵照辦理可也。

紀事

《三國志》卷二二《魏志・陳泰傳》 泰字玄伯。青龍中，除散騎侍郎。正始中，徙游擊將軍，爲并州刺史，加振威將軍，使持節，護匈奴中郎將，懷柔夷民，甚有威惠。京邑貴人多寄寶貨，因泰市奴婢，泰皆挂之於壁，不發其封，及徵爲尚書，悉以還之。

《宋書》卷五八《謝弘微傳》 謝弘微，陳郡陽夏人也。【略】所繼叔父混名知人。【略】晋世名家身有國封者，起家多拜員外散騎侍郎，弘微亦拜員外散騎，琅邪王大司馬參軍。

義熙八年，混以劉毅黨見誅，妻晋陵公主改適琅邪王練，公主雖執意不行，而詔其與謝氏離絶，公主以混家事委之弘微。混仍世宰輔，一門兩封，田業十餘處，僮僕千人，唯有二女，年數歲。弘微經紀生業，事若在公，一錢尺帛出入，皆有文簿。遷通直郎。高祖受命，晋陵公主降爲東鄉君，以混得罪前代，東鄉君節義可嘉，聽還謝氏。自混亡，至是九載，而室宇修整，倉廩充盈，門徒業使，不異平日，田疇墾闢，有加於舊。

《晋書》卷四七《傅玄傳》 傅玄字休奕，北地泥陽人也。【略】泰始四年，以爲御史中丞。時頗有水旱之災，玄復上疏曰：【略】

其一曰，耕夫務多種而耕暵不熟，徒喪功力而無收。又舊兵持官牛者，官得六分，士得四分；自持私牛者，與官中分，施行來久，衆心安之。今一朝減持官牛者，官得八分，士得二分；持私牛及無牛者，官得七分，士得三分，人失其所，必不歡樂。臣愚以爲宜佃兵持官牛者與四分，持私牛與官中分，則天下兵作歡然悦樂，愛惜成穀，無有損棄之憂。

《南史》卷七四《孝義傳・謝貞》 貞字元正，幼聰敏，有至性。【略】吏部尚書姚察與貞友善，及貞病篤，問以後事。貞曰：孤子釁禍所集，將隨灰壤，族子凱等粗自成立，已有疏付之，此固不足仰塵厚德。弱兒年甫六歲，名靖，字依仁，情累所不能忘，敢以爲託。是夜卒。後主問察曰：謝貞有何親屬？察以靖答，即敕長給衣糧。

《南史》卷七六《隱逸傳・庾詵》 庾詵字彦寶，新野人也。幼聰警篤學，經史百家，無不該綜。緯候書射，棊算機巧，並一時之絶。而性託夷簡，特愛林泉，十畝之宅，山池居半。蔬食弊衣，不修産業。遇火，止出書數簣坐於池上，有爲火來者，答云唯恐損竹。乘舟從沮中山舍還，載米一百五十石。有人寄載三十石，及至宅，寄載者曰：君三十斛，我百五十斛。訥默然不言，恣其取足。

《北史》卷八六《循吏傳·蘇瓊》 蘇瓊字珍之，長樂武强人也。父備，仕魏，至衛尉少卿。【略】

除南清河太守，郡多盜賊，及瓊至，奸盜止息。或外境奸非，輒從界中行過者，無不捉送。零縣人魏雙成，住處與畿内武城交錯，失牛，疑其村人魏子賓，列送至郡。一經窮問，知賓非盜，而便放之。雙成云：府君放賊去，百姓牛何處可得？瓊不理其語，密遣訪獲盜者。從此畜牧不收，云：但存府君。其隣郡富家，將財物寄置界内以避盜。冀州繹幕縣人成氏大富，爲賊攻急，告曰：我物已寄蘇公矣，賊遂去。

《新唐書》卷八八《劉義節傳》 劉義節，并州人。隋大業末，補晉陽鄉長，富於財。裴寂薦之唐公，又與王威、高君雅游，然於唐公爲最厚。兵將起，威、君雅疑之，義節刺知其情，得先事禽威等。從平京師，爲鴻臚卿。時傾府庫爲軍賞，帑財大乏。義節曰：今京師屯兵多，樵貴帛賤，若伐街苑樹爲薪，以易布帛，歲數十萬可致。又請軸舒藏内見繒，取羨尺，補雜費，得十餘萬段，調度遂給。遷太府，封葛國公。

（宋）真德秀《西山先生真文忠公文集》卷二五《全行可度牒田記》

予里人全何孫，字行可，少放浪不自羈束，俄悔且悼，謂老氏之學，可全生而引年。於是擺棄塵累，受道家法，爲黄冠師，以仙游有林嶺之勝，丹臺劍池之故蹟，遂隸籍焉。而時往來於天慶道院，舉先疇之入，悉歸諸二宫，從祖西嶽公曰：汝之背囂譁而鄉虚寂，美矣，然田者，汝受之先人，而共其祀者也。今若是得無使汝祖考，爲若敖氏鬼乎？

行可曰：不然，何孫此舉，所以深爲祖考地也。觀今之人，積金錢恐不多，占田宅恐不廣，皆曰吾將世其蒸嘗，使萬世子孫毋變也，然一傳焉而弗失者，寡矣，再傳三傳焉而弗失，則又寡矣。其來也塵積，其去也川潰，若是者，何邪？子孫不能皆賢，而盈虚相代者，天之道也。今吾悉歸之二宫，二宫常存，則吾之田亦存，吾之田存，則吾先人之祀，亦與之俱存，其爲慮顧不遠邪。西嶽弗能止，遂以諗于有司。

明年，行可僊去，西嶽屬予爲之記。予謂天下之可恃者理，而不可豫期者事，行可譏世人嗣守之不能長，亦焉知常住之必可常也哉？雖然，行可不娶無子，前其爲此，固有所不得已也。惟主是宫者，受其託而毋負其約，饗其利而毋爽於誼，於不可常之中，期於可常，豈非行可之志哉？故書以授知觀事張日隆周道珍，俾刻之。田之入二宫者，各有籍，歲修其先之祀，凡十六，餘則以助其徒之求爲道士者焉。主其約者，從祖某，今以訓武郎，主管華州西嶽廟云。

《清實録》光緒九年七月 〔戊子〕又諭軍機大臣等：雲南素産五金，乃天地自然之利。該省銅政久經廢弛，本應整頓規復，以資鼓鑄而利民用。此外金銀鉛鉄各礦亦復不少，均爲外人覬覦。自宜早籌開采，以廣中土之利源，即以杜他族之窺伺，實爲裕國籌邊至計。惟經費較巨，籌款維艱。近來各處開采煤礦，皆係招商集股，舉辦較易，若仿照辦理，廣招各省殷實商民，按股出資，與官本相輔而行，則衆擎易舉，事乃克成。前據岑毓英等奏整頓銅政章程五條，業經户部議復准行。昨據署左副都御史張佩綸奏稱招集商股，開采滇礦，爲富强本計，不爲無見。

《清實録》光緒二十四年二月 〔戊寅〕山西巡撫胡聘之奏：復陳晉省鉄路礦務，歸商借款承辦情形，并將合同章程呈覽。

《清實録》光緒二十五年六月 〔己亥〕總理各國事務衙門奏：申明增定礦務章程：一、限制礦地，只准指定某縣一處，不得兼指數處，及混指全府全縣，以杜壟斷。一、華洋股本均令各居其半，以免偏畸，并須由華商出名領辦。一、請辦礦務，必須查無窒礙，業經批允，始准招集洋股，訂立合同。一、批准後以十個月爲期，即須呈報開工，逾限准案作廢。其議開在先各礦，仍照舊覈辦，以免紛擾。從之。

《清實録》光緒二十八年九月 〔辛巳〕會辦商務大臣工部左侍郎盛宣懷又奏：請將義賑存款十萬兩，撥作勘礦總公司第一次官股。下部議。尋奏：該大臣籌設勘礦總公司，集股一百萬兩，官商各半；又分五次撥付，輕而易舉，自屬可行。所請挪撥陝西義賑存款十萬兩作爲官股，應行照准。從之。

《宣統政紀》宣統二年八月 〔戊寅〕署兩廣總督袁樹勛奏：官商合

辦寶昌銻礦公司，懇援案明定專利年限，并酌减税項，以維實業而資提倡。下部議。

契約文書

《敦煌契約文書輯校·乙丑年龍勒鄉百姓祝骨子合種地契》 乙丑二月廿四日立契，龍鄉百姓祝骨子爲緣家中地數窄〔寅〕〔狹〕，遂於莫高百姓徐保子面上合種地柒拾畝。莫抛直課，好生〔堆〕〔推〕剥種事，濠知澆管收刘，渠河口作，農種家祇當。唱之，兩共對面平章，不〔喜〕〔許〕翻悔者，罰上羊壹口。恐人無信，〔催〕〔故〕立私契，用爲後憑。

《黑城出土文書（漢文文書卷）》卷一五《契約類》 立合同火計文字人李閏通▨

住人趙譯史二人火計作開米▨

定趙譯史出錢在家住坐▨

酒器什物床塌泉椅全▨

安停市斗内價錢小麥▨

通取備到本錢市斗壹▨

二人跟同各備己本收買酒米□

疋外有人工各另出力□料▨

到息錢如係元本二人均▨

却有倒折兩家停攤▨

各無番悔。有先悔者甘▨

詞故立此文字爲照用。

至正廿一年八月正立▨

同立▨

知見▨

知見□小黨

知見人沈重禄㊉

後吉利

《中國歷代契約會編考釋·元至正十年徽州胡鼎卿、鄭貴夫换地文書》

十二都胡鼎卿有夏地一段，坐落十五都四保土名黃荊塢口上，係賴字九百四十四號。其地與十五都尊姑夫鄭世京原買汪元鸜賴字九百四十二號山與九百十四號地抵界；鼎卿見於黃荊塢口山内遷造風水，其山鼎卿與世京宅黃荊塢九百四十九號田末抵界。今來結砌未便，憑親眷鄭貴夫言議，願將賴字九百四十四號内取與鄭世京抵界夏地上截一段，對換鄭世京黃荊塢口新結石埢外小丘田一截，其田價地〔?〕對面結石埢爲界。黃荊塢口田新結石埢以裏仍係鄭世京管業爲主，新結石埢外小丘田一截係胡鼎卿管業爲主；其賴字九百四十四號夏地埋石以上係世京管業爲主，新立埋石之下仍係胡鼎卿管業爲主。今二家對換之後，據從評人言議，願意對換，各不許悔。如悔者，願罰中統鈔一十貫與不悔人用，仍依此文書爲準。今恐無憑，立此對換文書爲用。

至正十年正月十五日　胡鼎卿

主議對換人　鄭貴夫

《中國歷代契約會編考釋·明永樂十一年休寧縣吴希仁對換田地白契》

十一都吴希仁，昨用價買到汪伯敬六保田乙備，坐落莊坑謝乙栿背，係經理坐字號。內買得伯敬一半，與胡丑甫相共，計租穀叁秤。其田四至、字號、畝步并依經理可照。今將前項田畝租數對與汪伯春梓坑口汪起住前硬租叁秤，每秤貳拾斤凈。對換之後，各照管業，兩無推説，稅糧亦無推收。又取買得伯敬門首苧地乙塊，取汪乞住畔下厥路下苧地，約計五分有（令）〔零〕，四至并依原買來契可照。今將前項苧地價鈔六伯貫準還伯春名下廟前新開田，價足訖，兩無欠少。自立對契之後，各無悔異。如先言悔者，甘罰寶鈔五百頭與不悔人用，仍依此文爲始。所有原買苧地契文隨即繳付，懈背田契與別產相連，不及繳付，要用之日，賫照毋詞。今恐無憑，立此文契爲用。契內原價六百頭折訖。

永樂十一年九月廿五日　吴希仁

《中國歷代契約會編考釋·明景泰七年休寧縣汪志忠兄弟對換墳地文約》　在城汪志忠同弟汪得忠，承祖與族衆相共有地乙片，坐落十一都六保土名莊坑頭黃家住後，與衆祖墳山相連。其地字號、四至、畝步，只憑該保經理爲業，通衆本家合得一半。今來爲因管顧不便，今自情願盡行對換族弟汪異常名下一都二保土名三里岡桐木嶺祖墳山地一片。今從對換之後，兩下各照對換文約管業云云。

景泰七年正月十五日　對換人　汪志忠　汪得忠

代書男　汪　啓

《中國歷代契約會編考釋·明弘治十三年祁門縣朱文琛等夥山合同》

十一都朱文琛與族兄朱友文、友學等，共有承祖墳山壹片，坐落本都七保，土名章八塢口，係經理朝字壹（阡）〔千〕卅陸號。其山畝步四至，自有經理該載，本邊該得壹半。今將本邊分數内取壹半合與同都方桂名下，前去（裁）〔栽〕養竹木。日後成材，并作對半均分。朱文琛該得壹半，方桂長養，該得壹半，準作栽種工食，務要用心管顧。眼同砍斫，無許私自砍斫發賣。如有私自不令知會，砍斫壹根，甘罰白銀壹錢入官公用。其山骨本家自行存留，日後子孫（僉）〔遷〕葬風水，無得異説。在山浮竹木，兩家子孫永遠兩半管業，各無異言。今恐無憑，立此合同爲用。

弘治十三年十月廿八日　立合同人　朱文琛（押）

中見人　朱兆保（押）

《中國歷代契約會編考釋·明萬曆十七年祁門縣李新明等以房兑田紅契》　十一都李新明、吴彦五二家爲店基溪潭等地訐告，蒙縣主常爺委中以情勸論，李新明將店量撥數間給吴，吴彦五量出價銀給李。今二家思係至親，不願（終）〔爭〕訟，李願將裏坑口渡頭李店基貳間，其店新立四至：東至路及塝，西至本家店，南至溪，北至街。憑中立契，兑換吴長洲堨頭田骨内取硬租拾柒秤整。自兑換之後，其田聽李收租管業，其店聽吴改造管業，兩家即無異説。所有稅糧，候造册之年，兩家各照清丈畝步起割入各户供解。其溪潭地，各照保簿字號管業，毋得混爭。如違，甘罰白銀拾兩入官公用；仍以此文爲準。（念）〔今〕恐無憑，立此兑換文契爲照。

兑換存照

萬曆拾柒年玖月拾捌日　立兑換契人　李新明（押）

中　人　余龍源

光容宇

《明清徽州社會經濟資料叢編》第一集《績溪縣黃希中等受寄產代納

稅合同》　績溪縣七都十甲立受寄代納合同人黃希中，今有歙縣本家堂兄黃全初、完初等，買到績溪縣土名中王水竹塢口等處風水，因無寄莊戶籍，自願受寄本戶，代爲支解稅糧，均攤一應等項，每地一畝照官則加耗上納，遞年錢糧依期收領完官，彼此不得生情異說。恐後無憑，立此合同一樣三紙爲照。

今將所寄産稅開後：

一、染字一千四百九十八號，并一千五百一十五號、一千五百一十六號、一千五百卅三號、一千五百卅五號，共地稅二畝三分四厘六毫。土名中王水竹塢口。遞年議定錢糧正、耗銀一錢六分整。內全初等每年納銀一錢貳分八厘，完初該納三分二厘。

一、恃字六百一十八號，山一畝六分八厘八毫，土名交塘坑培。

一、染字一千四百九十七號，并一千五百廿二號、一千一百號、一千五百卅四號、一千五百卅五號，共地四分九毫三絲，土名烏山塢口、水竹塢、龍棚山脚，前二項山地係全初己業，遞年議紈正、耗銀一錢四分整。

萬曆卅年十二月一日立合同人　黃希中
黃積中
黃太初
黃全初
黃完初
代書人　黃　田

萬曆四十一年又受寄産稅開後：

染字一千五百三十九號，又一千五百四十號，共地稅七分四厘，土名烏山塢口，遞年錢糧正銀三分四厘三毫，加耗一分七厘。

染字一千五百四十號，山稅一畝七分八厘，土名烏山塢口，遞年錢糧正銀七分二厘，加耗三分六厘。

萬曆四十二年三月初一日立受寄稅人　黃希中
黃積中
代書人　黃正田

前式項共正、耗銀一錢六分。

內願學衆納錢糧正、耗銀八分。

內願登納銀三分二厘。

完初納糧三分二厘。

願良納銀一分六厘。

《明清徽州社會經濟資料叢編》第一集《葉進德贖子文書》　立還文書人葉進德，原於萬曆□□年間，將長男應祥賣與房主程□□名下，爲義男使喚，今因妻死、身老無人伏侍，願將財禮取贖回宗。向蒙恩主扶養成人，無恩可報，議定遞年着應祥應役伍工。倘主呼喚不致抵拒，立此文書爲照。

萬曆三十八年六月二十日立還文書人　葉進德
中見房東　程斯善
程良發
依口代筆人　汪　義

《清代乾嘉道巴縣檔案選編·道光十七年田池玉廖正元合夥種橘約》

立合夥種橘合約人田池玉、廖正元。

緣道光十七年正月下旬，二人和議合夥種橘一園，池玉指明自己業內沙坡子頂上熟土一段，與廖正元合夥栽橘，橘秧價錢二人均出。憑住居房屋，池玉一人修理。初種橘時，橘園隙地正元耕種，并無土租，凡栽橘樹，四面種鐵籬笆，提土作垣，一切人力工資，正元一人獨認。橘樹栽齊，田姓幫糞，廖姓不得爭論多寡。俟三年後，橘樹發榮，糞草二人均出。異日結實出賣，無論銀錢，二人入面均分，兩造不得私行漏落分文。迨至橘樹老枯不結，方議拆夥還山，房屋籬笆仍歸田姓管理，廖姓無得拆毁借索。如廖姓在此惹事生非，心姦私漏，田姓查出，廖姓各自搬移，不得借端異說。倘田姓見橘成園，别生異心，每根認錢三百文，無得異言。自後春榮秋實，橘紅滿山，二人同心，始終如一。恐後無憑，特立合約二紙，各執此證，永遠爲據。

憑證人　劉懷德
況伯才
田興永
王詞譜筆

道光十七年丁酉正月二十八日立種橘合伙合約人田池玉、廖正元

《臺灣私法債權編・債權總論・債權之擔保・甘願拆夥退給股字・順風得利》立甘願拆夥退船股字人增順號，茲年與淡水永成、裕合號合夥置造烏艚壹隻，船名金吉成，給領象山縣牌照。原此船作三股：增順號得壹股，永成、裕合號各得壹股。經往各處貿易，此幫回閩，所有船面本銀及得利等數，俱各算清領回。增順號近有別圖，隨將船身在閩省就與淡水永成、裕合號承買，三面議妥船價銀臺伏壹萬貳千元，增順號三份應得壹份，船價應收臺伏肆千元正。其船價銀本日如數收足，賬目亦會算清楚，隨將船股歸與永成、裕合號承管，永遠爲業，聽其各處貿易。他日發財萬金，係是裕合、永成號造化，與增順號無干。自歸結之後，價足心願，永斷葛藤，不敢別生技節。其船中人欠欠人數目，歸船支理，與增順號無干。此係心甘意願，各無反悔異言。因恐口無憑，今欲有憑，故立退股船字壹紙，付執存照。

中保人　葉郁文

柯尾源

代書人　莊采芹

光緒貳拾年六月　日，立折夥退股船字人　增順號

《臺灣私法物權編・物權之特別物體・山林・合約字》同立合約字人北門外街總董王國泰、許朝選、陳光烺、楊光侯、李寅世等，奉前縣主吴，錢嚴諭，併奉縣主杜出示嚴禁：彰山來龍原本秀茂，因被奸民挖石掘塗，以致山坑崩壞，煞氣傷害縣龍，是以地方不安，人民遭難。諭令該總董等自備工本栽種樹木，遮掩坑煞，將來樹木茂盛，縣龍自能堅固闔邑，不特文武高陞，則地方安寧，人民必然興旺矣！倘有不法奸民仍然挖取塗石及盜砍樹木，許該總董指名稟究。茲泰等奉縣主嚴諭，爰是公議各備工本，合夥在於大坑内等處栽種樹木，遮掩山坑，則縣龍自然秀茂。此係各出工本栽種，以顧山龍無致崩壞，如日後樹木高大，務宜公議砍伐，照份均分，不得私自取用，亦不得私賣及私送親朋；倘有歹人盜砍樹木，須公同稟究，違者公罰。此乃公議甘願，均出工本合夥栽種，苦樂均分，各無反悔，異言生端。今欲有憑，同立合約字一樣二十三紙，各批一紙存炤。

道光十年二月　日

董事　禮總科　蔡員觀　李寅世　王步蟾

林懷觀　陳溢源　張九王　林朝昌

楊光侯　許煌壁　王國泰　三合記

許朝選　王太原

同立合約字人總理　陳光烺

鋪户　楊海利

莊者　羅永元　林合信　鄭光輝　張連喜

羅旋觀　李扶生　鄭觀好　王勝記

案例文書

（宋）李昉等《文苑英華》卷五三一《判・同賈分利判》　得景與乙同賈，景多收其利，人刺其貪，辭云知我貧也。

對　白居易

仁無貪貨，義有通財，在潔身而雖乖，於知己而則可。景乙奇□同業，氣類相求，競以錐刀。始聞小人喻利，推其貨賄，終見君子用心，情表深知，事符往行，如或貧富必類，自當興讓立廉。今則有無相懸，固合損多益寡，是爲徇義，豈曰竭忠。受粟益親，孔氏用敦吾道，分財損己，叔牙嘗謂我貧，無畏人言，俾彰交態。

（宋）鄭克《折獄龜鑑》卷七《鈎慝・趙和》　近時小説載侯臨侍郎一事云：臨爲東陽令時，他邑有民因分財産，寄物姻家，遂被諱匿，屢訴弗直。聞臨治聲，來求伸理，臨曰：吾與汝異封，法難以治。止令具物之名件而去。後半年，縣獲强盜，因縱令妄通有贓物寄某家，乃捕至下獄引問，泣訴盜所通金帛皆親黨所寄。臨即遣人追民識認，盡以還之。此乃用和鈎慝之術者，雖巧，捷不逮，而沈密過之，譬猶持重之將，不苟出於奇，亦必依於正，以此用譎，財無敗事，尤可貴也。

（明）程新春《竇山公家議・布政公謄契薄・佃山下帖》　告狀人程昂，年二十八歲，係六都一圖軍籍。狀告本家用工開墾積荒民山二號，坐落本都，土名鮑家塢等處，意欲起科，未敢擅便，爲此今將畝步、字號、四至并該起科税糧具狀來告祁門縣詳狀施行。

計開：山二號，共四分，麥四合二勺，米四合三勺。

一號山一分，坐落本都三保，土名鮑家塢，係經理闕字五百五十六號，東降，西田，南、北程山。

一號山一分，土名同處，係經理五百五十七號，東降，西田，南、北程山。

一號山二分，坐落本都四保，土名羊鵝坑，係經理珠字八十號，東山，西、南降，北田。

成化七年四月十一日告。

直隸徽州府祁門縣爲開墾事，據六都軍籍程昂狀告前事，據告得此，參照前事，既（以）〔已〕開耕山土，擬合就行。爲此

一立案；

一帖下告人程昂。前去文書到日，仰將告開山土如法開耕，永爲己業，候征税糧，依期送納毋違。

計開：俱如前。

開墾事印。

成化七年四月□日知縣（缺）、縣丞湯、主簿邵、典史曹、司吏（缺）、典吏吴宣、張道。

（明）顔俊彦《盟水齋存牘》卷二《息訟馮參宇等杖》　審得馮湛吾與馮參宇同本販穀，因結算不明，遂致興訟，奉憲拘質，兩造具息，似可俯從。各杖，以懲其多事。招詳。

按察司批：馮參宇、馮湛吾以結帳細嫌，互捏虚詞，杖當厥辜。依擬折贖發落。餘照，庫收繳。

巡視海道批：馮參宇等依擬贖發，庫收繳。

（明）顔俊彦《盟水齋存牘》卷三《逋餉胡一敏等杖》　審得胡一敏與周九賦爲翁婿，共本販賣桅木過黄江，廠例該納餉銀壹百陸拾伍兩。時高要縣管理廠務批發主簿孫瑞芳追比，止九賦完伍拾兩，尚欠壹百拾伍兩未完。此係額餉，不容片刻拖延者也。又一敏同九賦借販綢客人金文銀貳百兩，議加子銀壹百兩，止九賦還伍拾叁兩，尚欠本利銀貳百肆拾柒兩未完，契約中證甚明，亦不容抵賴者也。唯是一敏欲推九賦獨償，遂致雀角，而至爲含血之噴，訟及追餉之主簿孫瑞芳併金文同族之主簿金日益，大可恨矣。今查周九賦存有桅木叁拾壹株，胡一敏存有桅木貳拾捌株，相應委官公估作價，抵還餉銀併金文之債。金文利銀既已涉訟，不能盡如原約。止每百加利拾伍兩，減去柒拾兩，以恤客途之苦，可也。一敏、九賦應兩股對認。若一敏再肆刁潑，法所不貸。一敏之欺悍，杖不蔽辜，應請加責。九賦不善處分，併杖，餘免株求。招詳，具繇呈詳。

布政司批：胡一敏與周九賦爲翁婿至親，共賈遠方，苦樂與同。同借金文銀納税，契約見存。乃視岳如仇，波及追餉之孫主簿，又因金文而

及順德之金主簿，非淪染夷風之邊民，則病而失其本心者矣。今得因訟而減息七十金，爲幸莫大，法應反坐。姑念遠方孤商，加責二十板，同周九賦各杖發落。其所存桅木，公估還税及抵還金文本利，均如照行。取庫收繳。

（明）顔俊彦《盟水齋存牘》卷五《息訟關倫杖》　審得關倫與黎斗璉共本而商，斗璉遠販未歸，倫急於對算，數叫呼其家。而璉妻温氏遂以璉死無踪相抵，小人不可同利，固其所也。今經算明，亦隨以息進矣。倫之控毋乃多事，杖之。招詳。

按察司批：關倫急利輕詞，依擬杖發。庫收繳。

（明）顔俊彦《盟水齋存牘》卷五《息訟蔡孔恩等杖》　審得蔡孔恩以劫擄、詐掠二詞控院控司，似出不得已之鳴，而被告冼隆又有逆奴叛掠之控，各□□語，細審三詞，止販布二字是真實諦，餘皆空花也。以販布分息不均角口，遂敢捏如許大狀，冒昧上控。此中人不知有法若此，叩頭乞息晚矣。姑念蚩蚩，均從杖治。招詳。

察院批：冼隆、蔡孔恩以販息之爭，逞無情之訟，姑各杖警。庫收繳。

（明）顔俊彦《盟水齋存牘》卷五《息訟明惟存杖》　審得嚴氏夫李君亮與明惟存合夥販魚營生，君亮客死，嚴氏與惟存輩結算帳目，中有齟齬，遂激而訟，訟而以殺夫爲詞，則搆狀者之罪也。奉憲拘審，兩造悔息，嚴氏女流無可深求，姑杖其干審之明從吾，以懲其妄，明惟存起釁有因。併杖。招詳。

兵巡道批：依擬明惟存等各贖杖發落，餘如照行，庫收繳。

（明）佚名《新纂四六合律判語》卷上《户律·費用受寄財産》　見得當戒於貪，式勵清修之行。受託必忠其事，蓋學信義之風。使竊用以無嫌，於僭奪其何異？今某承夫人財産之寄，忘君子廉耻之心。不以道而得之，輒試攫金之手？《列子》：齊人有欲金者。清旦衣冠之市，適鬻金者之所，因攫其金而去。吏捕之問曰：人皆在焉，子攫人之金何故？對曰：取金之時，徒見金，不見人耳。因其來而取也，似甘攘鷄之愆。豈尚冀於賠償，以故輕於費用。不思凍餒其友之妻子，齊宣先曰棄之；寧知失牧於人之牛羊，距心尚爲友也。聞范文正之清介，寧弗懷慚。遇包孝肅之廉明，豈能逃罪？欲懲汙罪，合治貪夫。

（清）趙幼班《歷任判牘彙記》卷一《判戴鶴林等堂詞》　戴鶴林爲人照應船物，不論生人取錢六文，殊屬非是。若外來船户，其來路不明者，藉此得有寄停之處，憑何稽查。而戴鶴林强抗異常，着即責懲，以抑其兇暴之氣。朱寶琪稱是淌來之船，將船寄交季二之時，何以不鳴知鄉約、地保及左右鄰居？貼出告白招主。承認其中謂無私弊，其誰信之。應行責押。並傳鄉約、地保及季二到案再行訊究結存。此判。

（清）趙幼班《歷任判牘彙記》卷二《判孫長發等堂詞》　此案訊得朱立邦原與孫長發、張德如夥開行店。嗣因店歸朱開，孫、張兩人不管其事，議定每年貼補費貲，均非虚語。現復背約不發，朱立邦寔係逞刁。再三開導，並飭陳秉元等委曲勸解。將泰昌祥糧食行歸朱獨開。乾昌祥斗行，原係五股，亦將孫姓一股拆出，免致再滋訟端。其成本概由朱認照原數兑清。行帖、合同、領約各據，悉歸朱立邦一手承執。津貼之款折半付交，書立手條，分別發與孫、張，按期持取。各遵結領狀附卷。此判。

（清）趙幼班《歷任判牘彙記》卷二《判姜良駉等堂詞》　查開設永和錢號，原日，實係凑成股本一千七百兩，姜良驅、達掄權、李錫麟均各出五百，達彩黼出二百，因此集而成之。現在店已閉歇。達掄權以當日未立合同，藉生異志，即行變詞稱，原日並未入股，反謂銀項係挪存永和店內，其刁巧實屬不合。現在入款尚有未收到者，出款亦多未兑付者。三人原議入股，必是交好，始能合成，此時逼累之境，同安樂者，須同患難，何必作凶終隙末之事，徒結訟讎。飭令姜良（駉）〔駉〕等邀同李錦春、朱紹雲憑簿核算，從中調處。至徐緝夫原係借三百兩與姜良驅作股本者，乃是姜、徐私項，不與錢號相干，或虧或盈不在攤扣之列也。此判。

（清）趙幼班《歷任判牘彙記》卷三《判畢懷洲等堂詞》　沈國俊原日以三斗種田與畢家換溝，是欲成就己身之房宅，仍完本業之錢糧。畢姓因此始允換者。所以，換約內註明，各完各糧，兩不過户。此時何能頓改原議。至紮修籬笆，沈姓仍照舊制。畢懷洲擅將依田之竹木砍伐，究屬妄動，即賠錢五百文，以貼修籬之費，毋庸再争，取結完案。此判。

（清）張聯桂《問心齋學治續録》卷三《批澄海縣稟丈明英商呫啞與郭忠恕堂調換地段請弔銷原買印契及調换批字另給執照管業案》　據稟已

悉：直該處福源行地基一段先經英商呍唔與郭忠恕堂私行調換，曾用另紙批明粘連原印契上。當時僅止呍唔稟明前署佛領事加批照會該前縣加判，郭忠恕堂並未另行立契税印辦理均有不合。現在原主郭姓另案逃逸，呍唔業已物故無從查詢，萬難以丈尺不符自寫之契率准税印，惟既由該縣會同看明上手郭姓原契與呍唔批明另換地段，契内丈尺四至相符。前此費領事照會本道閲看鈔契内開長九十三尺八寸零五，係屬鈔寫時遺漏一百兩字，並經該縣親往該處會同勘丈，計自西至東寬一十八弓，約合英尺十丈之數，自北至南直至海邊石離止長八十二弓二尺五寸，共核四十一丈二尺五寸。除原契一十九丈三尺八寸零五外，計尚溢出地寬十丈長二十一丈八尺七寸，連馬頭一條寬八尺五寸長八丈稱係該商自用工本填築餘地，察核情節不至懸殊。且已由費領事照會該縣聲稱，此地並無影射争佔及來歴不明重典重賣等弊，如有上項情弊，領事自當理值與縣中無涉，似此切實擔承，自應顧全友誼，准予格外通融。先給執照管業，一面將呍唔原買地段印契及調換批字一併由費領事送繳塗銷，存卷備查。應由該縣將呍唔契内批明調換地段四至丈尺暨該商自用工本填築餘地丈尺，及將原契批字繳銷緣由分別清楚，詳細叙入照内，並須聲明將來如轉租别人承受，仍應照例赴縣投税，不得恃有此照朦混私租。致于照會英領事查究，俟其將原契及批字送繳到日，即將執照備文照送費領事查收，轉給該商福源行收執，仍鈔録執照送道備查可也。仰即遵照，妥慎辦理。此繳。

雜録

（南朝梁）蕭統《昭明太子集》卷四《陶淵明傳》　先是顔延之爲劉柳後軍功曹，在潯陽與淵明情欵，後爲始安郡，經過潯陽，日造淵明飲焉。每往必酣飲致醉。弘又邀延之，坐彌日不得。延之臨去，留二萬錢與淵明，淵明悉遣送酒家，稍就取酒。

（北齊）劉晝《劉子》卷四《因顯》　昔有賣良馬於市者，已三旦矣，而市人不顧。乃謂伯樂曰：吾賣良馬而市人莫賞，願子一顧，請獻半馬之價。於是伯樂造市，來而迎睇之，去而目送之，一朝之價遂至千金。

（宋）李昉等《太平御覽》卷八二八《資産部・駔儈》　《續漢書》曰：平原王君公，以明道深曉陰陽，懷德滅行，和光同塵，不爲皎皎之操。王莽世退身儈牛自給，有似蜀之嚴君平。【略】晉令曰：儈賣者，皆當着巾白帖，額題所儈賣者及姓名，一足着白履，一足着黑履。

（宋）魏泰《東軒筆録》卷四　范文正公仲淹少貧悴，依睢陽朱氏家，常與一術者游。會術者病篤，使人呼文正而告曰：吾善煉水銀爲白金，吾兒幼，不足以付，今以付子。即以其方與所成白金一斤封誌，内文正懷中。文正方辭避，而術者氣已絶。後十餘年，文正爲諫官，術者之子長，呼而告之曰：而父有神術，昔之死也，以汝尚幼，故俾我收之。今汝成立，當以還汝。出其方并白金授之，封識宛然。

（明）謝肇淛《五雜俎》卷三《地部・京師集市》　京師朔望及二十五，俱於城隍廟爲市，它時散處各方，而至此日皆合爲一市者，亦甚便之。而京師間有異物奇寶，郎曹入直之暇，下馬巡行，冠帶相錯，不禁也。初四、十四、二十四等日，則於东皇城之北有集，謂之内市，多是内人贏餘之物，不及廟中之多也。至每歲正月十一日起，至十八日止，則在東華門外，迤邐極東，陳設十餘里，謂之燈市，則天下瑰奇鉅麗之觀畢集於是，視廟中又盛矣。

財産權利部

業權分部

論 說

《孟子·梁惠王上》 王曰：吾惛，不能進於是矣。願夫子輔吾志，明以教我，我雖不敏，請嘗試之。曰：無恒産而有恒心者，惟士爲能。若民，則無恒産，因無恒心。苟無恒心，放闢邪侈無不爲已。及陷於罪，然後從而刑之是罔民也。焉有仁人在位罔民而可爲也？是故明君制民之産，必使仰足以事父母，俯足以畜妻子；樂歲終身飽，凶年免於死亡。然後驅而之善，故民之從之也輕。今也制民之産，仰不足以事父母，俯不足以畜妻子；樂歲終身苦，凶年不免於死亡。此惟救死而恐不贍，奚暇禮義哉。王欲行之則盍反其本矣？五畝之宅，樹之以桑，五十者可以衣帛矣。鷄豚狗彘之畜，無失其時，七十者可以食肉矣。百畝之田，勿奪其時，八口之家可以無饑矣。謹庠序之教，申之以孝悌之義，頒白者不負戴於道路矣。老者衣錦食肉，黎民不饑不寒，然而不王者，未之有也。

（宋）袁采《袁氏世範》卷三《治家·寄産避役多後患》 人有求避役者，雖私分財産甚均，而鬮書砧基則裝在一分之内，令一人認役，其他物力低小，不須充應。而其子孫有欲執書契而掩有之者，遂興訴訟，官司欲斷從實，則於文有礙。欲以文爲斷，而情則不然。此皆俗輩初無遠見，規避於目前，而貽争於身後，可以鑒此。

（宋）袁采《袁氏世範》卷三《治家·田産界至宜分明》 人有田園山地，界至不可不分明。異居分析之初，置産典買之際，尤不可不仔細。人之争訟，多由此始。且如田畝，有因地勢不平，分一丘爲兩丘者；有欲便順，並兩丘爲一丘者；有以屋基山地爲田，又有以田爲屋基園地者；有改移街、路、水圳者，官中雖有經界圖籍，壞爛不存者多矣。況又從而改易，不經官司鄰保驗證，豈不大啓争端？人之田畝，有在上丘者，若常修田畔，莫令傾倒；人之屋基園地，若及時築疊坦墻，纔損即修；人之山林，若分明挑掘溝塹壍纔損即修，有何争訟？惟其鹵莽，田畔傾倒，修治失時，屋基園地，止用籬圍，年深壞爛，因而侵佔。山林或用分水，猶可辯明，間有以木以石以坎爲界，年深不存，及以坑爲界，而外又有坑相似者，未嘗不啓紛紛不決之訟也。至於分析止憑鬮書，典買止憑契書，或有鹵莽，該載不明，公私皆不能決，可不戒哉！間有典買山地，幸其界至有疑，故令元契稱説不明，因而包占者，此小人之用心。遇明官司，自正其罪矣。

（明）吕坤《實政録》卷四《民務·改復過割》 爲復初制，以除積弊事，照得過割之制，祖宗自有成法，今四海通失初意，至起奸民詭隱之端，多有司無窮之訟。昔人云，有分土，無分民。國家分天下爲兩京十三省，自各省言之，山西、河南固接壤也，未見河南人買山西地而過之；河南者，自各府言之，平陽、太原固接壤也，未見平陽人買太原地而過之；平陽者，自各縣言之，陽曲、徐溝固接壤也，未見徐溝人買陽曲地而過之。徐溝者，至於一縣之有各里，猶天下之各省，一省之各府，一府之各州縣耳。鄉圖各有土名，地土各有坐落，安得以南里之地，因北里所買，遂隨北里之民，改爲北里之地哉。天語固言之矣。曰：凡買地、賣地，務要過割，不許寄莊。又曰：移坵换段者，全家化外。過割、寄莊、移坵、换段此八字者，講求分明，而後知祖宗過割之法。曰過割者，謂北里趙甲買南里錢乙之地，錢乙割地過於趙甲名下，非謂割錢乙之南里過於趙甲之北里也。曰不許寄莊者，錢乙之地，錢乙爲莊，仍在錢乙名下納糧，謂之寄莊，言仍寄錢乙以爲莊，而避地多家富之門户也。曰移坵换段，則今日之過割是已。蓋大區爲坵，小塊爲段。謂錢乙之坵段，本在南里，今從趙甲，走入北里，謂之移坵。錢乙有地一段，不便耕種，與趙甲相换，本自不妨，今將錢乙之南段换入北里，趙甲之北段换入南里。總之，亂版圖，失原額，開影射之端，成飛跳之弊。歲去年來，糧虧地少，不可究詰。聖王惡之，故重其罪。然則海内皆以移坵换段爲過割，不亦迷謬之甚乎！自以移坵換段爲過割而其弊始不可勝道矣。

地緣里定，寡多不甚懸絶，今則有東里一百頃，西里五百頃矣；有一甲三百頃，一甲三十頃矣。里甲偏累，弊一。版者一片之名，圖者方正之意。今不以人隨地，乃引地就人。鳥隨樹棲，曾見樹隨鳥走乎？變亂版圖，弊二。地不分明，當求之地中。今乃求地於紙上，何以清白？弊三。一里之地，滿縣分飛，滿縣之田，皆無定處，謂概縣只一里可也。是以一里催科，四境尋人，多里老之奔馳，成輸納之逋負，弊四。今日均丈方清，明日過割又亂。十年册籍，半不相同。沿舊稽新，漫無可考，弊五。糧隨地定，有成規矣。賣主利於多價，應帶糧十石者，止帶五石，契既可據，誰復生疑。地不失額，而糧已失額，弊六。過割之日，賣主中人，不同到官，任從買主，通同書手，或有開無收，或多開少收，糧既失額，而地亦失額，弊七。西里孫丙有地一頃，賣與北里李丁二十畝，賣與東里周戊三十畝，賣與南里吴己二十五畝。此三人者，又轉賣於東里三家。此三家者，俱賣與西里一人。數年之間，地分幾里，賣經幾人矣。及查孫丙失額之地，須從三人推筭三家以及一人，瑣碎曲折如理亂絲，令人目炫心煩，竟不清白，弊八。均丈區册，收之架閣，非告狀稟官、用財求吏，誰與揭查？稽遲刁措，愚民受殃，弊九。書手得財，洗改册籍；有司厭繁，往往虧問，弊十。本身之地，鬼分數名。催頭執名，尋覓終日，對面相逢，竟不知此名爲何人，此人在何處。是以差糧不是，拖欠即與包賠，弊十一。本民地也，子粒輕則詭爲子粒屯，糧輕則詭爲屯糧。實與子粒屯糧之家通同影射，全無糧差，弊十二。將上作中，將中作下，問其段落，則指一中下者相欺，竟不知此段是否原段，弊十三。書手受賄，隱漏錢糧。加合增升，概縣撒派。小民以升合之故，誰去告官。及至被發覺之時，但云誤筆，弊十四。有司詞訟，十狀五差。糧官多拘問之煩，民多牽連之累，弊十五。夫復國初之田里，遵時制之過割，革詭隱之巨奸，寬善良之賠累，清郡邑之繁訟，便里老之催科，省永遠之均丈，便頃刻之清查，本院名此法謂之萬年清。留心世道者，其三復之。今列其法如左。【略】

一、州縣置一過割簿，每里空餘三五張。凡買地、賣地，交價已完，買主、賣主、甲正同到縣堂，税契訖，縣官即將買地里分注云：某年月某里某人，買本里幾甲地若干。割趙甲之地，過與錢乙名下。趙甲仍在該里納糧，不許收入自己里中，違者以移坵論；不許仍在賣主名下納糧，違者以寄莊論。【略】

一、糧在各里上納，數不收入本身，則上户大差得以逃躲，是滋奸民之弊也。大凡審户必用户長，每户户長，各置開收簿一扇。假如北里趙甲買南里錢乙之地，書契之日眼同兩家户長如無户長，以里長代之。與賣里甲正書云：南里錢乙，因某事將本里第一甲上中下地一段一頃、原糧若干，同本家户長錢子、伊家户長趙丑、本甲甲正王辛，受價若干，賣與北里趙甲訖，當日過割。並無寄莊、移坵情弊，如違甘罪。書訖，錢子將錢乙名下除去一頃，趙丑將趙甲名下增入一頃，王辛將錢乙前件名下注賣訖一行。當税契之日，三人同買賣主執簿與册，各用印鈐數，以防姦弊。如趙甲再買東里馮壬地若干、西里陳癸地若干，俱照前法登記。二年審户編差，趙丑將趙甲原業、續買房地類在一處，便知應陞幾則、應坐重差。錢子將錢乙原業、歷賣房地類在一處，便知應擦幾則、應坐輕差。凡買賣地土，不同户長或里長與甲正者，不準過割，重加究治。

一、有人户之里，有地土之里。人户之里，所謂以籍爲定。某里某甲之人也。地土之里，所謂畫野分郊，某里某甲之地也。蓋古者人里居、田井授，故人地合而爲一。今也地在此、居在彼，故人地分而爲二。契書所寫，賣主之里，甲地，里甲也；買主之里，甲人，里甲也。此處不可不辯。

一、十年，大造黄册，掌印官將過割總上。所注十年買地賣地之家，取縣總、里總、甲總通行更造一番，留舊者備照。【略】

一、里正、甲正，只掌册總，不管催糧。買賣地土，註册既畢，甲正持甲總向里正説知本甲某人賣地，合將里總改注，里正照甲總將里總改注。不許里正干與買賣地土之事，以起揹索之端。其里正、甲正，事故或衆所不服者，里中、甲中衆人推舉，將册總交代明白。如有弊端，仍行追究。

（清）李塨《平書訂》卷七《制田》 《平書》曰：孟子以制民恒産爲王政之本，然則民産不制，縱有善治，皆無本之政也。譬諸室基固者，即壁桷有損不傾；基不固，雖極雕繪之觀，一遭風雨立覆矣。三代以下，百姓未嘗無治安之時，乃多不過數十年，少則數年，即不得其所者，本不立也。然自秦開阡陌，盡天下皆私田，人君何由制民之産，以立王政之本哉！漢限田矣，限之一時，不能限之百年也。魏均田矣，均之一時，不能均之後世也。尤不可者，奪民田以入官本欲養之，乃先奪其所以自養。凡有田者，能不怨咨駭擾，致離叛之憂乎？坐視之既不忍，欲養民又無策，仁者將何道以處此。曰：吾有收田之策六，行於草昧初造固甚易，即底定之後亦無不可行，蓋誘之以術，不劫之以威，需之以久，不求之以速。有議在後。

一曰清官地，如衛田學田之原在官者，清之使無隱；一曰闢曠土，凡地之在官而污萊者開之，不棄之無用；一曰收閒田，兵燹之餘，民户流亡，而田無主者收之，有歸者，分田與之，不必没其全業；一曰没賊産，凡賊臣豪右，田連阡陌者，没之入官。四策行，田可得什二三矣。其二策，一曰獻田，一曰買田。明告天下以制民恒産之意，謂民之不得其養者，以無立錐之地，所以無立錐之地者，以豪强之兼并。今立之法，有田者必自耕，毋募人以代耕，自耕者爲農，無得更爲士、爲商、爲工。士士矣，商商矣，工工矣，不爲農。不爲農則無田，士商工且無田，況官乎？官無大小，皆不可以有田，惟農爲有田耳。軍有田亦自耕，但其制少異。天下之不爲農而有田者，願獻於官，則報以爵禄，自登仕郎至中憲大夫，五品虚銜，皆有禄。願賣於官酬以資，不能依其原價，酌立一價，歲給之穀，數歲如其質而止。願賣於農者聽，但農之外無得買。有議在後。而農之自業，一夫勿得過百畝，參用限田之法。則田之不歸於官者不僅十之一哉。且夫井田可以行乎？曰：師其意，不必師其法。井田之法方，方則利平壤，不利曲狹，利於整，不利於散。棄地多，概用之恐不便。有井有不井，法不一，不一則亂，請仿牧田之法。周牧田之法，或横或縱，不爲方。爲畺田，亦如井字象其形。六百畝爲一畺，長六十畝，廣十畝，法用縱横之，則原隰曲狹無不宜。中百畝爲公田，上下五百畝爲私田，俱種桑以爲界。十家受之，各五十畝，地分上中下，户亦分上中下，男女二三人爲下，四五六人爲中，七八九人爲上。受各以其等。年六十則還田。子更爲農則授其子，無子或不爲農則另授。有議在後。每畺立一表，書十夫姓名其上，田可指而數，農可呼而按也。取之用助法，編之用保甲，畺百一鄉，鄉畯督之，縣丞總之，縣令稽之，勉其勤警其惰，徵其租，忽擾也。畺一亭，鄉一舍，丞畯令所止憩也。其樹藝用代田法，《漢書·食貨志》，趙過能爲代田，一畮三甽，歲代處，古曰代田，故法也。後稷始甽田，以二耜爲耦，廣尺深尺爲甽。一夫三百甽，而播種于甽中。苗生葉以上，稍耨隴草，因隤其土以附苗根，故其詩曰：或耘或耔，黍稷薿薿。耘，除草也。耔，附根也。言苗稍壯，每耨而附根。比盛暑隴盡而根深，能風與旱故薿薿而盛也。陸世儀曰：代田大約如區田而簡易之。通六十畝犁之，隴與甽間廣各二尺，今尺，甽深一尺，穀種其中，糞之。土積於隴，苗出，漸下培之，平地而止。根尺餘，風旱無畏也，獲可倍。種有法，耕有法，耘有法，李剛《主瘳忘編》引《呂覽》曰：苗其弱也，欲孤其長也，欲相與居。其熟也，欲相扶。又曰：三之爲族，苗乃多粟。謂三莖三簇也。又曰：凡苗之患，不俱生而俱死，是故先生者爲秕，是故其耨也，長其兄而去其弟。又曰：樹肥無使扶疏，樹磽不欲專生而族居。肥而扶疏則多秕，磽而專生則多死。謂肥地不必密，瘦地不可稀也。其言皆精。種田唱歌最妙。獲又倍，於是犁其隴糞，暴之數四，明年則起其土爲甽，而以今年之甽爲隴，隴甽代。是以五十畝爲二十五畝，而獲數倍，人力厚、地力有餘也。其溝洫則一畺横計七十五丈，甽隴各一百八十七，共得七十四丈八尺，餘二尺於兩旁爲路，合鄰畺則路二尺，以爲界。畺兩端爲溝，廣二尺，深一尺五寸，澇可洩，旱則水可車而入，鄰畺共之也。畺鱗次，百畫外洫環之，廣六尺深四尺，通於澮。澮廣八尺，深六尺，上下通於川，此水道也，不在畺田内。官道廣八尺，通車馬，旁爲溝，廣二尺深四五尺，通水。水澇道不没，種樹道旁以爲蔭，而田路曲折達於官道者，二尺而已。本《周禮》而變通之。若賦税惟取之公田，每頃約收百石。今之中縣田率數萬頃，以最下計之，田約一萬二千頃，公田可得二千頃，歲可入穀二十萬石，爲米十二萬石。縣用約三萬石，存三萬，以四萬入之郡。郡入約二十餘萬石，用約萬餘石，郡省于縣者，以鄉師學生鄉官俱在縣。縣之土又多于郡也。存五萬，以十五萬入之州藩。州藩入約七八十萬，用約十萬，歲有軍二千，番練不耕而食之。入京二三十萬，存之四十萬，以備兇荒之用、賑濟之資，軍旅之費，宗室及虚銜官之禄。京師歲入約六七百萬，用約二三百萬，餘皆太倉之積矣。況上縣之田或十倍於下縣，大畝或十倍於小畝，計其所入且十數倍於此，而粟可勝食乎？凡私田俱無租，但户納絹三尺、綿一兩，或布六尺，麻二兩，丁歲役之三日，如唐庸調制。此官田也。其未歸於官而農自種者，爲民田，民田賦税徭役悉如今，不增亦不減，其重自倍於官田，彼見官田也如彼，民田如此，何苦不歸之官而更受之於官乎？如此則天下之田盡歸諸官無疑矣。至於果園菜圃之在官者，募民種之而收其半，在民者計畝取其什一而已。園户俱附于農籍。噫，以二千年不可復之法，一旦而復之，使民之恒産立而王政有其本，於是通商賈以資之，修武備以强之，興禮樂以化之，豐亨豫大，天地位而萬物育焉矣。

井田不可與封建並論也。封建不宜行，而井田必宜行也，不行則民必不能家給人足。即聖君賢相世世補救，差免流亡，而苦樂不均，怨咨痛疾，無可如何。且不行則不能寓兵於農，即曰於農民選之，而必不能田賦共出，定爲幾家出一兵，幾十家出一兵，何者？以民有田無田，田多田少，參差不齊，不可以供億也。民不溥所養則貧，兵不出於農則弱，貧弱之天下，可久支乎？故曰井田必宜行。然井田又不可與選舉並論也，選舉易行而難壞，井田難行而易壞也。雖曰人才久養乃出，然學校三物以之教士，即以之取士，化隆積久，法定崇朝。況以功名奔走天下，彼辭賦詩文至無用且勞人，士子猶覃精傍訊以應之，今使自成其德，自理其行，自善其居身治人之具，以尊於四民上，有不風行而草偃耶！而誰不變耶。至仁賢之修其天爵，不邀人爵者，又不待言矣。故行之易而壞之難。井田則不然，削多益寡，不能驟削；招集流亡，不能驟集；遷稠民而之荒原，不能驟遷。如紹興一地，聞其家與田相當，每家不能一畝，則必遷十之九九而後可也。或均或不均，則法不一，必易亂。立驅盡均，則勢難行，或中阻。《平書》曰需之以久。愚以爲久以待之，即不行之説也。賢君立法，心身親收其成者乃可立。若曰百年必世，而吾法始就，則君相一身，豈必永歷年所，而曰待後之人。漢高祖、唐太宗子，即不振矣。將事未結而已壞，如之何？況此易壞之政也。君之下惟臣與民耳，今爲臣者皆不許有田，則才技之士思以宦橐斥地長子孫者不便矣。凡民不得過五十畝，得豪雄思兼并者不便矣。皋夔稷契幾何？畏壘之氓幾何？勢必簧鼓邪説，君相一無主折而從之矣。其難興而易壞，不坐可測哉！若必欲行，則宜尋法焉。三五年間即釐然有定，而不得爲遲久之説也。且必開誠布公、雷動風行，以爲一勞永逸之計。若誘之以術，則蘇洵父子國策之習言耳，無所用之。聖人所言百年必世，謂治化之成，非論立法也。不使募人代耕，則兼貪者雖欲多得田，無所用之，意甚善也。但耘獲之時，三五日爲彊，以者不論，惟不得有常工爲之治田耳。

崑繩爲我言：四民僕從當有定制，不惟正名定分，且游手無所容，豪强不得斥，而後農田可均也。愚意農工商無僕，農僕以子弟，工僕以從學者，商僕以從商者，惟士至官有僕，而下士無之。中士上士一僕，選士二僕，九品三僕，八品四僕，七品六僕，六品九僕，五品十四僕，四品二十僕，三品二十八僕，二品三十八僕，一品五十僕。居官僕不足用者用役，恬静情願少者聽之，惟多則有禁。致仕則去其半。

官不得有田，則致仕之官當有禄。凡以老病而休致者，給原官俸三之一。其子復爲官，或已歸士農工商者，給十之二。如坐罪斥退者，則驅歸農工商，不予以禄。

《周禮》載師有士田賈田，孟子言卿以下有圭田，而《平書》言官士工商皆不得有田，似相背者而非也。給農之田，使耕也。圭田士田等，非使耕也，即禄也。朱晦庵謂圭田即與之公田之入是也。但士工商之子出六七口外，願爲農而可授田者，則又實與之田。士工商老則其子養之，士即至大官者，其子之田不奪。又工非有常廩於官而私作交易者，與里井小商不足五十貫者，量其工商不足養，可與半産，以其身之餘力或子田之。

制田五十畝，而又令有力者得自買五十畝，則或五十畝或百畝，是自亂其制也，其毋然。

收田於六者外，更有四策焉。顔先生曰：如趙甲田十頃，分給二十家，甲止得五十畝，豈不怨咨？法使十九家仍爲甲佃，給公田之半於甲，以半供上，終甲身，一策也。田多而犯罪者，量其罪使入田若干以贖，二策也。凡無子而死者，不許養異姓子，以其田分族親之無田者，有餘官收之，三策也。收寺廟田，四策也。

而制田之道有七：民與田相當之方立行之，一也。其荒縣人少者，即現在之人分給之，餘田招人來授；人多之處犯罪者，則遷發至其地，二也。民有八分願而二分不願者，古人謂民可與樂成，難與慮始，雖嚴驅就法，不憚也，三也。明白諄諭，爲民立命，田多者即暫損一時，而萬世子孫永無飢寒，利孰大焉？四也。凡藩郡縣畯制田有方者，立加爵賞，五也。如萬一有必不可行之地，則或一藩一郡一縣且如舊例，而限田以數，令多者可賣而不可買，買田者如數而止，而一縣之內則必不可或均或不均，以滋變端，六也。井田畺田，或貢或助，或陸或水，隨地隨宜，無所不可，但不得過授田之數耳。每家五十畝亦約略言之，行時以天下户口田畝，兩對酌計可也，七也。

有井有不井則亂，此言不然。古鄉遂溝洫，都鄙井牧，未嘗不一而亂也。田制以井爲主，不可井乃畫，不可畫乃奇零授之。畫田六百畝，中百畝爲公田，是六分取一也，毋乃重乎？三代之法什一，漢乃至三十取一，明代除蘇松勿論，大約中原重者不過什一。今民所苦者，暴官雜派耳，非朝廷税過什一也。然則天下概六一，過矣。愚意如當行畫田者，宜廣十畝，長五十六畝，以五百畝爲十家私田，六十畝爲公田耳。古給民五畝之宅，今畝大，祇可邑一畝，田一畝，共二畝。其田之宅，宜如周制於公田內給之。

六十還田，有子以田與子，受其養；無子以窮民養之，收其田。惟是有子而孩幼者，收其田則非獨夫，仍其田則老而無人耕種，宜仿古餘夫制，與之半産二十五畝，令七家公佃養之。其子少長，率其子佃之，即所謂疾病相扶持也。待其子至二十，則授田五十畝焉。若其子入學爲學生者，待至二十五歲有禄，收此半産另給。

地分上中下而家口因之，與地有上中下而易不易因之，二者皆古制。然祇可行其一，不必兼也。愚意欲行一易再易之法，則家口不必分上中下矣。然則家口可均乎？曰：非也，家口亦活法耳。張文升曰：以八口爲率，如家四口者，兩家一分；十六口者，一家兩分，而三人五人皆可當四口，七人九人皆可當八口，如此則治田出賦，更爲均停。不然，以二三人之下，與八九人之上，同爲一家一分，則治田必有精粗，出賦必有苦樂矣。

《平書》計縣用內，有學生一條。考前學生俱無禄米，惟至下士始有禄，豈藩師、郡師、縣師、考學生之優者賞以米乎？若如此，亦善政也。

上縣十倍於下縣，大畝十倍於小畝，以今時言也。分土制田，則上縣不得過下縣一倍，古者大國百里，小國五十里。田畝天下如一，而分上中下焉。

或謂天下之田恐不足授天下之人者，未思之言也。天下之口食，不墜於天，不湧於泉，不輸於外國，今時民遇中歲，未至餓莩相望也，況制産則地闢田治，收穫自加倍蓰，乃憂田少不足於養乎？惟以天下之農，分天下之田，田無論多少，而四民上下之食皆足，斷然也。或謂溝洫多則損地，余曰：溝洫開而灌溉興，田必沃，稼必茂，一畝可敵陸田數畝，是益田也。溝洫廢地幾何而憂其損耶？溝洫上可藝瓜果雜蔬，《詩》曰疆埸有瓜是也。且陸田若無水泉，而又高燥平坦，不致雨潦時洩者，惟均田制産而已，亦未嘗盡責以溝洫也。

然有一端當豫計者，計口授田之後，承平既久，生齒日夥，若又少其數以分之，則屢易爲煩，若初即荒地若干以待其後，又惜曠土奈何。萬季野持此議，遂謂三代井田亦易亂，又誤矣。三代去古未遠，地多未辟，觀周初岐下皆爲荒萊可見也。今田已耕不可復荒。然當思别策。或謂人多使爲士，余曰：士以爲官用，豈初授田時，官可缺人而後乃補足乎？抑士官已相當而後之歸士者，但使之頂帶榮身乎？以學爲游閑藪乎？曰：不可。則使爲工爲商。予曰：越十年生聚則吴不能當，漢晋後，每代户口全盛時，增開創一兩倍，世有一農而二三工商者乎？已而思周大司徒造都鄙，制其地域而封溝之，不易之地家百畮，一易之地家二百畮，再易之地家三百畮，遂人辨其野之土，上地、中地、下地以頒田里，上地夫一廛，田百畮，萊五十畮，中地夫一廛，田百畮，萊百畮，下地夫一廛，田百畮，萊二百畮。今可仿而行之，分田爲上中下，上地如《平書》家五十畝，中地家一百畝，每年休五十畝耕耀之，下地家一百五十畝，每年休一百畝耕耀之，歲種易處，亦代田法也。其後户口漸增，田亦漸熟漸沃，將中地之多五十畝者再分一家，又增，將下地之多一百畝者再分兩家，則未分之時田原有上中下，未爲不均，既分之後，田各得五十畝，未嘗或少，畫界依然，溝洫不改，雖户口增一兩倍，而無憂田不足也。農增則士工商所用亦多。庶可行之道也。

田皆歸官而授之民，則園圃亦如之，曷爲又有在官在民之分乎？當云：凡天下之田宜果蔬而不穀者，令園户藝果蔬，每家與園田若干，量八口力能藝治爲數。亦二十授，六十收，什一取之，折米定若干，不以果蔬。近都供天子者，則以什一進蔬果焉。

古有晨起出民於田、日暮入民於里之制，宋藝祖、明太祖有課民樹藝及種樹種菜等政，皆鄉畯保長事也。

惲皋聞曰：收田之法，莫善於先限田，一户不得過五十畝，其過五十畝者爲逾制，必分之於人，必賣之於官而後已。

又：《平書》又曰無得過百畝，是一户而兼二户之産也，難以均矣。即顔先生十九家爲甲佃之説，仍屬多事。且牽延時日，未妥也。

綜述

《唐律疏議》卷一三《户婚・盗耕種公私田》　諸盗耕種公私田者，一畝以下笞三十，五畝加一等；過杖一百，十畝加一等，罪止徒一年半。荒田，減一等。强者，各加一等。苗子歸官、主。下條苗子准此。

疏議曰：田地不可移徙，所以不同真盗，故云盗耕種公私田者。一畝以下笞三十，五畝加一等，三十五畝有餘，杖一百。過杖一百，十畝加一等，五十五畝有餘，罪止徒一年半。荒田減一等，謂在帳籍之内，荒廢未耕種者，減熟田罪一等。若强耕者，各加一等：熟田，罪止徒二年；荒田，罪止徒一年半。苗子各歸官、主，稱苗子者，其子及草並徵還官、主。下條苗子准此，謂妄認及盗貿賣、侵奪私田、盗耕墓地，如此之類，所有苗子各還官、主。其盗耕人田，有荒有熟，或竊或强，一家之中罪名不等者，並依《例》以重法併滿輕法爲坐。若盗耕兩家以上之田，只從一家而斷，併滿不加重者，唯從一重科。若親屬相侵得罪，各依服紀，準親屬盗財物法，應減者節級減科。若已上籍，即從下條盗貿賣之坐。

《唐律疏議》卷一三《户婚・妄認盗賣公私田》　諸妄認公私田，若盗貿賣者，一畝以下笞五十，五畝加一等；過杖一百，十畝加一等，罪止徒二年。

疏議曰：妄認公私之田，稱爲己地，若私竊貿易，或盗賣與人者，一畝以下笞五十，五畝加一等，二十五畝有餘，杖一百。過杖一百，十畝加一等，五十五畝有餘，罪止徒二年。《賊盗律》云：闌圈之屬，須絶離常處；器物之屬，須移徙其地。雖有盗名，立法須爲定例。地既不離常處，理與財物有殊，故不計贓爲罪，亦無除、免、倍贓之例。妄認者，謂經理已得；若未得者，準妄認奴婢、財物之類未得法科之。盗貿易者，須易訖。盗賣者，須賣了。依令：田無文牒，輒賣買者，財没不追，苗子及買地之財並入地主。

《唐律疏議》卷一三《户婚・在官侵奪私田》　諸在官侵奪私田者，一畝以下杖六十，三畝加一等；過杖一百，五畝加一等，罪止徒二年半。

園圃，加一等。

疏議曰：律稱在官，即是居官挾勢。侵奪百姓私田者，一畝以下杖六十，三畝加一等，十二畝有餘，杖一百。過杖一百，五畝加一等，三十二畝有餘，罪止徒二年半。園圃，謂蒔果實、種菜蔬之所而有籬院者，以其沃塉不類，故加一等。若侵奪地及園圃，罪名不等，亦準併滿之法。或將職分官田貿易私家之地，科斷之法，一準上條貿易爲罪，若得私家陪貼財物，自依監主詐欺。其官人兩相侵者，同百姓例。即在官時侵奪、貿易等，去官事發，科罪並準初犯之時。

《唐律疏議》卷一三《户婚·盜耕人墓田》 諸盜耕人墓田，杖一百；傷墳者，徒一年。即盜葬他人田者，笞五十；墓田，加一等。仍令移葬。若不識盜葬者，告里正移埋，不告而移，笞三十。即無處移埋者，聽於地主口分內埋之。

疏議曰：墓田廣袤，令有制限。盜耕不問多少，即杖一百。傷墳者，謂窀穸之所，聚土爲墳，傷者合徒一年。即將屍柩盜葬他人地中者，笞五十；若盜葬他人墓田中者，加一等，合杖六十。如盜葬傷他人墳者，亦同盜耕傷墳之罪。仍各令移葬。若不識盜葬之人，告所部里正移埋，不告而移，慮失屍柩，合笞三十。即無處移埋者，謂無閑荒之地可埋，聽於地主口分內埋之。

（宋）佚名《宋大詔令集》卷一八五《政事·賑恤·招諭開封流民詔太平興國七年二月庚午》 開封府管內，近年以來，蝗旱相繼，流民既衆，曠土頗多，蓋爲吏者失於撫綏，使至於是。天災所及，隱匿而不以聞；歲調既興，循常而不得免，編户遂成於轉徙，大田乃至於汙萊，深用疚懷，不遑寧處，俾申惻隱，別示招攜。宜令本府設法招誘，並令復業。只計每歲所墾田畝，桑棗輸稅，至五年復舊，舊所逋欠悉從除免。限百日許令歸復，違者，其桑土並許他人承佃。便爲永業，歲輸租調，亦如復業之制。仍於要害各粉壁，揭詔書示之。

（宋）朱熹《晦庵先生朱文公集》卷九九《約束侵佔田業榜》 本司簽廳申，照對本司見行下諸縣根刷沒官田産，有下項事件申乞指揮，須至曉示：

一、今來根刷諸司沒官户絶等田産並新漲海塗溪漲淤成田地等，多是豪勢等第並官户公吏等人不曾經官請佃，擅收侵佔，暗收花利，不納官租。其間雖有經官請佃，止量立些少租課，計囑主行人吏，又且不曾催納入常平倉，上下蒙庇，官司無緣得知。今出榜遍於縣鎮鄉村張掛曉示，限一月經官陳首，與免罪，從公紐立租課，就行給佃，更與免追日前冒占花利。如犯人尚敢恃其豪勢，仍前坐占，限滿不首，如官司覺察得知，或因諸色人告首，定當送所司根究，從條斷罪，追日前花利入官，仍盡給告人租佃。

一、諸司沒官田産多是本縣公吏與有蔭人詭名請佃，或與出名人分受花利，上下蒙庇，不曾納租。如此積弊何緣覺察？今來出榜曉示諸色人，如有似此之人，仰經官陳首，當與將所首出田産不拘多寡，盡給告人租契。如詭名人並出名人能在一月內赴官首説，當與免罪，從公紐立租課，就令租賃，仍免追日前花利。如限滿不首，被人陳告，或官司覺察得知，當送所司根勘，依條施行。

（宋）謝深甫《慶元條法事類》卷八〇《雜門·採伐山林》 雜敕

諸因讎嫌毁伐人桑柘者，杖一百，積滿五尺，徒一年，一功徒一年半，於木身去地一尺，圍量積滿四十二尺爲一功。每功加一等，流罪配鄰州。雖毁伐而不至枯死者，減三等。

户婚勅

諸以墓地瞻塋田土同。及林木土石非理毁伐者，杖一百，不以蔭論。土石可追改者，悉追改。諸人户栽種桑柘，非災傷及枯朽而輒毁伐者，杖六十。

令

時令

諸春夏不得伐木，若不可待時者，不拘此令。

雜令

諸前代帝王及諸后陵寢，不得耕收樵採。其名臣賢士、義夫節婦墳塚准此。

諸係官山林，所屬州縣籍其長闊四至，不得令人承佃。官司興造須採伐者，報所屬。諸嶽瀆廟及名山洞府、靈迹界內山林，不得請占及樵採。所禁地內亦不許創造舍屋、置窑埋葬。

《至正條格·條格》卷二六《田令·公廨不為鄰》 泰定二年六月，禮部議得：上都亦思馬因用價買到牙納失里房院一所，大司農司指以公廨相鄰，不曾畫字。奏奉聖旨，照依元賣價直争要。參詳：僧寺、道院尚不爲鄰，合令亦思馬因依舊爲主。都省準呈。

《大明律直引·户例·田宅·盗賣田宅》 一、刑部等衙門會議開題：檢《大明律》一款，凡侵佔人田一畝以下，笞五十。每田五畝，加一等。罪止杖八十，徒二年。係官者，各加二等，欽此。又查得見行事例：凡用强佔種屯田者，問罪。官調邊衛，帶俸差操。旗軍餘丁人等，發邊衛充軍。民發口外爲民。臣等會議得，强佔屯田者，屯畝委有多寡之殊，而人情所犯亦有輕重之異。況前例所謂强佔屯田調發者，專指用强霸佔者而言。若不曾用强，止因無人承種，而混佔及侵過界至者，自依侵佔官田律坐罪。但近來問刑衙門不察條例本意，一概調發，誠有如給事中楊□所言。合無通行兩京問刑及各該巡撫、巡按轉行司屬等衙門，今後如有軍職舍餘及旗軍餘丁人等，果有用强霸佔屯田五十畝以上，不納子粒者，俱照前例調發。若止是侵種，不曾用强，或不及前數者，自依侵佔官田問罪，照常發落。如此，庶輕重得均，而人心服矣。

（明）何廣《律解辯疑》大明律卷五《户律·田宅·盗耕種官民田》

凡盗耕種他人田者，一畝以下笞三十，每五畝加一等，罪止杖八十。荒田減一等。

議曰：謂如盗耕種他人户下力所不及之荒田，一畝以下笞二十，每五畝加一等，罪止杖七十。

强者，各加一等。

議曰：謂如强侵耕種他人户下田地，一畝以下笞四十，每五畝加一等，罪止杖九十。若因强佔種他人户下力所不及荒田，一畝以下笞三十，每五畝加一等，罪止杖八十。

係官者，各又加二等。花利歸官主。

議曰：如盗種他人熟地，一畝以下笞三十；係官（田）者，加二等，笞五十，每五畝加一等，罪止杖一百。若盗種他人荒田，一畝以下二十；係官（田）者，加二等，笞四十，每五畝加一等，罪止杖九十。其間强佔種他人熟田，一畝以下笞四十；係官者，加二等，杖六十，每五畝加一等，罪止杖六十，徒一年。若用强佔種他人荒田，一畝以下笞三十；係官者，加二等，笞五十，每五畝加一等，罪止杖一百。故謂之各又加二等。

（明）何廣《律解辯疑》大明律卷五《户律·田宅·盗賣田宅》 凡盗賣、換易及冒認，若虚錢實契典買及侵占他人田宅者，田一畝、屋一間（止）係官者，各加二等。議曰：謂係官〔者〕，田一畝、屋一間以下，杖七十，每五畝、屋三間加一等，罪止杖一百，徒三年。

《大明律直解所載明律》卷五《户律·田宅·盗耕種官民田》 凡盗耕種他人田者，一畝以下笞三十，每五畝加一等，罪止杖八十。荒田，減一等。强者，各加一等。係官者，各又加二等。花利歸官給主。

《大明律直解所載明律》卷五《户律·田宅·盗賣田宅》 凡盗賣換易及冒認，若虚錢實契典買及侵占他人田宅者，田一畝、屋一間以下，笞五十；每田五畝、屋三間，加一等；罪止杖八十，徒二年。係官者，各加二等。若强占官民山場、湖泊、茶園、蘆蕩及金、銀、銅、錫、鐵冶者，杖一百，流三千里。若將互争及他人田産妄作己業，朦朧投獻官豪勢要之人，與者、受者，各杖一百，徒三年。田産及盗賣過田價，並遞年所得花利，各還官給主。若功臣初犯，免罪附過；再犯，住支俸給一半；三犯，全不支給；四犯，與庶人同罪。

（明）張楷《律條疏議》卷五《盗耕種官民田》 凡盗耕種他人田者，一畝以下笞三十，每五畝加一等，罪止杖八十。荒田，減一等。强者，各加一等。係官者，各又加二等。花利歸官主。

疏議曰：凡有人將他人田土不明知會私竊耕種者，一畝以下笞三十，每五畝加一等，罪止杖八十。若他人田土原係荒蕪不種者，雖私竊耕種，得減一等。一畝以下笞二十，罪止杖七十。若不係私竊而恃强將他人田土耕種者，各加一等。謂强耕種他人之熟田者，一畝以下笞四十，罪止杖九十。强耕種他人荒田者，一畝以下笞三十，罪止杖八十。若强種官熟田者，又加民熟田地二等，一畝以下杖六十，罪止杖六十，徒一年。强耕種官荒田者，一畝以下笞五十，罪止杖一百。盗耕種官熟田者，一畝以下笞五十，罪止杖一百。盗耕種官荒田者，一畝以下笞四十，罪止杖九十。故曰係官者，各又加二等。其盗耕種、强耕種所得之花利，官田者還官，民田者還主。故曰歸官主。

謹詳律意，他人之田，利由彼得，盗竊耕種，是奪其利也。故熟田則罪坐八十，荒田則減一等科刑。若非盗種而强耕，則是恃强而欺弱，荒熟各加一等，官田又各遞加。所獲花利，悉給主以歸官，則田有定業，而無侵犯之弊矣。

（明）張楷《律條疏議》卷五《盗賣田宅》 凡盗賣、换易及冒認若虚錢實契典賣及侵占他人田宅者，田一畝、屋一間以下笞五十，每田五畝、屋三間，加一等，罪止杖八十，徒二年。係官者各加二等。若强占官民山場、湖泊、茶園、蘆蕩及金、銀、銅場鐵冶者，杖一百，流三千里。

疏議曰：他人田宅，非已所得專者。若有不明其人得知而盗賣與人，及將自己田宅私自易换，及詐冒認作自己田宅，或本無交易價錢，而虚寫數目，實立文契，作典買名色，及非冒認易换等項，而直侵占爲己業者，每田一畝、屋一間，笞五十；每田五畝、屋三間，加一等，罪止杖八十，徒二年。若盗賣换易、冒認、虚錢實契典賣、侵占係官田宅，各加二等，田一畝、屋一間，杖七十，罪止杖一百，徒三年。若有强占，或民之山場以採樹木，湖泊以捕魚，茶園以採茶，蘆蕩以刈蘆，及金、銀、銅之場並鐵冶者，杖一百，流三千里。

問曰：上言田宅皆有等第，侵占者罪止杖八十，徒二年。此言强占官民山場等項，皆不分多少，何也？

答曰：上文俱無强字，故罪輕。此言强占，故罪重。一以禁强暴之心，二以情重乎物故也。

又問：設有强占人田宅者，作何擬斷？

答曰：鞫問明白，果有强占情犯，比依强占山場等項，擬流三千里，奏請發落。

若將互争及他人田産妄作己業，朦朧投獻官豪勢要之人，與者、受者各杖一百，徒三年。田産及盗賣過田價，並遞年所得花利，各還官給主。若功臣初犯，免罪附過；再犯，住支俸給一半；三犯，全不支給；四犯，與庶人同罪。

疏議曰：前項盗賣换易、冒認虚錢實契典買及侵占强占、投獻等項，問罪明白，其田産並盗賣及虚錢典買價錢，與遞年所收花利，俱各追徵，係官者還官，係民者給主。若功臣有犯盗賣、换易、强占他人田宅等項者，初犯免其本罪，紀附過名。再犯，住支俸給一半。三犯，全不支俸。四犯，與庶人一般坐罪。他條無功臣罪犯，獨此條與隱蔽差役條開載者，恐功臣家多恃勢力廣置田宅，容占人口，故特舉以爲言。雖曰附過住俸以優之，實所以防之也。

謹詳律意，物各有主，况田宅乎？盗賣换易者固爲奸詐。虚買侵占者尤爲欺罔，故坐以徒役。官民山場等處皆出息以取資。若有恃其豪强占爲己業，則又奸之甚者，故坐以全流。若將互争之産業妄爲己物以獻報，與者固爲不經，受者尤爲非義。功臣若犯此等，情同隱蔽差役，三犯不支俸糧，四犯與民同斷，蓋亦念其勳蹟耳。

（明）雷夢麟《讀律瑣言》卷五《田宅・盗耕種官民田》 凡盗耕種他人田者，一畝以下，笞三十，每五畝加一等，罪止杖八十。荒田減一等。强者，各加一等。係官者，各又加二等。花利歸官主。

瑣言曰：律凡言田者，兼園地在其中矣。盗耕種與侵占不同，侵占者，是占爲己業，故其罪重；盗耕種者，是業屬官民，盗耕種以取花利，非占爲己業也，故其罪輕。荒田減熟田一等，人有用舍之分也。强耕種他人荒熟田者，各加盗耕種一等，已有强弱之異也。若係官者，或盗，或强，或熟，或荒，各又加民田二等。所得花利，官田歸官，民田歸主。

問刑條例

成化十年七月十一日節該欽奉憲宗皇帝聖旨：陝西榆林等處近邊地土，各營堡草場，界限明白。敢有那移條款，盗耕草場，及越出邊場界石種田者，依律問擬，追徵花利，完日，軍職降調甘肅衛分差操。軍民係外處者，發榆林衛充軍；係本處者，發甘肅衛充軍。有毁壞邊墻私出境外者，枷號三個月發落。欽此。

（明）雷夢麟《讀律瑣言》卷五《田宅・盗賣田宅》 凡盗賣、换易及冒認，若虚錢實契典買，及侵占他人田宅者，田一畝、屋一間以下，笞五十，每田五畝、屋三間加一等，罪止杖八十、徒二年。係官者，各加二等。若强占官民山場、湖泊、茶園、蘆蕩及金銀銅場、鐵冶者，杖一百，流三千里。若將互争及他人田産妄作己業，朦朧投獻官豪勢要之人，與者、受者，各杖一百，徒三年。田産及盗賣過田價，並遞年所得花利，各還官給主。若功臣初犯，免罪，附過；再犯，住支俸給一半；三犯，全不支給；四犯，與庶人同罪。

瑣言曰：盗賣者，盗他人田宅以賣與人；盗换易者，以己之瘠田弊宅盗换人之沃好者，皆欺其業主之不知而賣易之也。冒認者，妄認他人之田宅爲己業，欺其業主之不在而冒認之也；虚錢實契典買者，或出於逼勒，或被其誆詐，非業主之得已也；侵占者，因其業界之相連而侵越界限，占爲己業者。以上人犯，皆計田之畝數與屋之間數論罪，其罪止於杖八十、徒二十。若田宅係官者，各加二等。若有用强占據官民山場、湖泊、茶園、蘆蕩及金銀銅場、鐵冶，專取其利，不容官民人等管業者，杖一百，流三千里。此不計畝數，不分官民者，惡其强也。但田宅言侵占而不言强占，設有用强霸占顯跡者，當比依强占官民山場等項律。山場、胡泊等項，皆自然之利，不賴人力爲之者，有其占之，則皆强矣。其無强者，不過盗取其利而已，當以盗論罪。若將妄争不明之田宅、山場、湖泊等項，及係他人産業妄作己業，朦朧投獻官豪勢要之人，使其業主不敢與之争論，與者、受者，各杖一百，徒三年。投獻之人，有例充軍田産，及盗賣過田價，並遞年所得花利，各還官給主，通承以上數事言。田産並所得花利，係官者還官，係民者給主。盗賣價銀，買主知情，入官；不知情，給主。

問刑條例

軍民人等，將争競不明並賣過及民間起科，僧道將寺觀各田地，朦朧投獻，王府及内外官豪勢要之家，捏契典賣者，投獻之人問發邊衛，永遠充軍，田地給還寺觀及應得之人管業。其受投獻家長並管莊人，參究治罪。山東、河南、北直隸各處空閒地土，祖宗朝俱聽民盡力開耕，永不起科，若有占奪投獻者，悉照前例問發。

凡用强占種屯田五十畝以上，不納子粒者，問罪，官調邊衛，帶俸差操；旗軍軍丁人等，發邊衛充軍；民發口外爲民。其屯田人等，將屯田典賣與人至五十畝以上，與典主、買主，各不納子粒者，俱照前問發。若不滿數及上納子粒不缺，或因無人承種而侵占者，依律論罪，照常發落。管屯等官，不行用心清查者，糾奏治罪。

西山一帶密邇京師地方，内外官豪勢要之家，私自開窑賣煤、鑿山賣石、立廠燒灰者，問罪，枷號一個月，發邊衛充軍。干礙内外官員，參奏提問。

大同、山西、宣府、延綏、寧夏、遼東、蘇州、紫荆、密雲等邊分守、守備、備禦，並府、州、縣官員，禁約該管官旗軍民人等，不許擅自入山，將應禁林木砍伐販賣。違者，問發南方烟瘴衛所充軍。若前項官員有犯，軍職俱降二級，發回原衛所都司，終身帶俸差操；文職降邊遠叙用。鎮守並副參等官有犯，指實參奏。其經過河道守把官軍，容情縱放者，究問治罪。

《皇明條法事類纂》卷一三《户部類·禁約侵佔田産例》 成化五年十二月二十五日，禮部爲建言民情事。本年月日不等，於禮科抄出雲南姚安軍民府等衙門知府等官（人等）晃銓等建言民情事件，該通政使司官具奏，抄出會官議得，數内一百八十件，合準所言，宜從吏部等衙門查勘定奪施行。未敢擅便，各官奏。奉聖旨：是。欽此。欽遵。内開江西臨江府新淦縣民人謝廷碩言一件：本處有等土豪之民，置有田莊房屋或二十餘處，其心猶有不足，一見附近人民有好山園陸地，輒起謀心。將遠年錢債展轉違例取息。窘迫至極貧民，無從納還，只得將前項園地並房屋寫作賣契。甚至受苦不過，又不甘虚寫文契，一夕棄家逃走，産業豪民即行管業，誰敢言辯！通行自置田宅，招納吉安府等州府屬縣逃民並軍匠人等，分布各莊住坐，無異僕隸。豪民一出，輒令扛抬四轎，跟隨馬匹，前呵後擁，勢如虎狼。又行雇覓高手教師〔傳〕習武藝，但與鄉人鬥打，豪民一呼，衆皆奔至，各執扒頭、槍刀、鐵鞭、竹竿等器物，如大軍戰（時）陣。勝則殺牛置酒歌飲，喧唱滿野。其殺傷人命，訐告到官，俱被積年浸潤情熟，故行問罰運米、擺站，遮飾其罪。豪民愈加得志，他人寧無異議之慮？乞敕該部轉行江西布政使司，差委堂（長）〔上〕官員分領各府縣廉正官各一員，軍夫馬匹，循行阡陌之間。出給告示，三個月内許令前項逃户自首，回還故土，免其差徭三年，善加撫恤。所有被人佔去田土〔房〕宅，悉與判還本主。仍取各該里老鄰佑人等保結繳部，查勘明白，將首惡依律科斷，庶使豪强斂跡，民善獲安。前件，議得法司行查禁約。

《皇明條法事類纂》卷一三《户部類·禁約内外官員軍民人等侵佔草場田地例》 成化五年月日，户部等題，爲權豪奪田，招逃軍民害人等事。雲南清吏司案呈，奉本部送刑科抄出給事中等官白昂等題稱，先該本部右侍郎焦寵等具題，節該奉聖旨：朝廷舊設草場，〔令〕内外官員提督軍（事）〔士〕收養大馬。這（斯）〔斯〕每是該官的人，〔卻〕私役官軍，〔將〕草場好田地占種，自收子粒，採草貨賣。又與官員人等交通，擅（供）〔借〕與（地）〔他〕耕種。縱容豪官之家侵佔，及立窰座，創蓋寺廟，以致草場窄狹，水草不便，軍士受害，馬多瘦損，論罪好生深重！且都饒〔他〕每這次，便着改（政）〔正〕。見在各馬房管事〔内官〕、内使官劉永誠原種處，每處與他一頃，共與〔他〕十六頃八十三畝。晋保共與每都就本管處内官，撥與地一頃，内〔使〕（浄）〔禁〕軍各與五十畝。内他三頃，阮宣與一頃，劉寧與五〔頃〕。軍民人等耕種〔田地〕辦納糧草子粒的，户部還查明白，都（照）〔着〕依舊耕種，辦納〔子粒〕。勇士小厮〔原〕屯種地照舊屯種起科。糧米送御馬監倉收貯，歲終類奏，給與勇士每食用。見蓋寺廟，止依地址撥與，不許過多。其餘内外官員人等〔侵〕占田地、草場，及借、買等項的，盡行入官（收）〔牧〕馬。户部便差的當官同御史去分撥，整理停當，交與御馬監看了奏來。都察院還出榜禁約，每年秋後，着給事中、御史去巡視。敢有仍前犯的，（者）〔即〕查勘明白，具奏拿問，殺了不饒。欽此。欽遵，會同前往鄭村霸等處馬房牛房，原額草場地共一萬三千三十三頃四十二畝七分，除皇莊耕種湯草場二百三十九頃八十八畝七分，及馬房牛房草欄麻地等項並内官、勇士人等原撥該種地一千二百六十五頃八十三畝四分外，見在牧放馬牛草場地千三百六十七頃三十八畝九分。其餘（地）被官民勇士人等、錦衣衛帶俸勇士、指揮張清等侵佔地畝，責令退出。各人原占地共二千一百六十頃二十九畝七分，參照委官人等千百户宋清等徇情玩法，通同作弊，縱人耕種，革後不行改正等情，具題。奉聖旨：是。已成熟的，仍與本莊耕種。劉能等且都饒這遭。該部知道。欽此。又該本官等題，照得各馬牛房俱有本部原委主事等官在彼監收草料，宜從就委各官於成化五年春間提督各該養馬官軍人等，照依封堆舊界，五十丈設土堆一座。内有軍民地土，開挑壕塹等因。題奉聖旨：是。耕種地時，也要給事中、御史巡〔視〕，立封堆壕塹處都着栽種榆柳爲界。該衙門知道。欽此。

《皇明條法事類纂》卷一三《户部類・禁約豪强佔種葦場地土例》

成化六年五月二十一日，都察院題，爲申明禁約事。貴州道呈，刑科抄出後軍都督府掌府事太傅、會昌侯孫繼宗等奏前事。據本府委官指揮同知王鋭等呈：奉本府劄委管理葦場，採辦年例葛稭、蘆葦、黄（穰）〔麻〕、馬連根等項，依期送赴内府内官監等衙門交納。依奉親詣本府葦場、地土名楊柳青等處，逐一踏勘。拘據原看場老軍馬忠等供稱葦場多有泥水壅高，退灘成地，俱被附近武清等處衛縣軍民張林等强佔耕種，霸爲己業。及至本府委官前來採取公用物件，又不輸情辦納，倚恃刁潑人衆，公然不服追徵等因。緣本府本場例該遞年採辦前項物件，今被鄰近住居軍民耕佔，子粒入己，不肯辦納官物。若不禁約，誠恐豪强之人互相倣效，一概佔種，未便，呈乞施行。據此，查得本府舊葦場坐落天津等處地方，東至丁字沽桃花口，南至楊柳青，西至哈剌嘴，北至一枝花。正統十年八月内，該户部等衙門委官公（用）〔同〕踏勘明白，奏奉欽依還與後軍都督府採用。欽此。欽遵。一向係是本府掌管，後因彼處豪强人等侵佔葦場地土，天順元年三月内，本府奏奉欽依禁約。又該都察院復奏，出榜前去葦場張掛禁約外，（合）〔今〕委官指揮王鋭等又呈，前項葦場多被軍民張林等佔爲己業，不肯辦納官物。臣等竊詳本府原掌葦場，廣闊荒漫，退灘成地，多被軍人民等佔種。雖有奏準給榜禁約事理，爲因年久，以致愚頑視常不遵，仍前佔種。若便挨拿送問，干礙人衆。且本府年例該辦葛稭、蘆葦、黄〔麻〕等項數多，俱於本場措辦。若不申明禁約，非惟葦場被人佔種，抑恐拖欠官物，負累未便。蒙乞敕都察院出榜申明禁約，今後但有權豪軍民人等佔種葦場地土，恃强不服辦納前項葛稭等項者，聽從本府委官指實姓名，行移所在官司捉拿解府送司追問，以警其餘，庶革侵奪霸佔之弊。本府仍行直隸天津衛，轉行附近衛、縣，曉諭軍人等遵奉施行等因，題奉聖旨：都察院知道。欽此。欽遵，抄出到道。行準本府經歷司手本開稱，前項葦場地土被軍民人等佔種者，查無着令辦納葛稭等物事例，回報具呈到院。看得後軍都督府掌府事太傅、會昌侯孫繼宗等奏稱：前項葦場多被附近軍民人等佔種，既查無着令辦納年例物件事例，合無準其所奏。本院再行申明，出榜前去原坐葦場處所張掛曉諭，申明禁約。但有官豪勢要並軍民人等佔種本場地土者，榜文至日，限三個月以裏許其自首，將所佔地土退出還官，與免問罪。敢有故違（限）不〔退〕，並今後倚恃豪强無籍，仍行侵佔耕種，以爲己業者，聽從管場委官踏勘所佔地土畝數明白，指實姓名，呈達本府，轉行法司拿問，明正其罪，仍追所得花利入官，庶得草場不（到）〔被〕侵佔，而豪强知所警戒。具題。次日奉聖旨：是。欽此。

《皇明條法事類纂》卷一三《户部類・侵佔牧馬草場處死》 爲踏勘草場事。先年（訪）〔該〕户部節該欽奉英宗皇帝聖旨：朝廷舊（政）〔設〕草場，令内〔外〕官員提督軍士收養大馬。這〔厮每是〕該管的人，御私役官軍，將草場好田地佔種，自收子粒，採草貨賣，又與官員人等交通，擅借與他耕種。縱容官豪之家侵佔，及立窑座，創蓋（李）〔寺〕廟，以致草場窄狹，水草不便，軍士受苦，馬多瘦損，論罪好生深重！且都饒他每〔這遭〕，（使）便着改正。見在各馬房管事内官、内使每都就本管處内官，撥與他一頃，内使、（净）〔禁〕軍各與五十畝。内（管）〔官〕劉永誠原（籍）〔種處，每〕處與他一頃，共與他十六頃八十三畝。晋保共與他三頃，阮宜與一頃，劉寧與五頃。軍民人等耕種田地（見）〔辦〕納糧草子粒的，户部還查明白，都着依舊耕種，辦納子粒。勇士小厮原屯種地，照舊屯種起科。糧米送御馬監倉收貯，歲終類奏，給與勇士〔每〕食用。見（監）〔蓋〕寺廟，止依地址撥與，不許過多。其餘内外官員軍民人等侵佔田地、草場，及借、買〔等項〕的。盡（數）〔行〕入官牧馬。户部便（着）〔差〕的當官同御史去分撥，整理停當，交與御馬監〔看〕了（泰奉）〔奏來〕。（外）〔都〕察院還出榜禁約，每年秋後，着給事中、御史去巡視。敢有仍前犯的，即查（勘）明白，具奏拿問，殺了不饒。欽此。

《明會典》卷一七《户部・田土》 凡詭寄投獻等禁例。洪武初令，凡民間賦稅，自有常額，諸人不得於諸王、駙馬、功勛大臣，及各衙門，妄獻田土、山場、窑冶，遺害於民。違者治罪。十五年，令各處奸頑之徒，將田地詭寄他人名下者，許受寄之家首告。就賞爲業。十八年令，將自己田地，移坵換段，詭寄他人，及灑派等項，事發到官，全家抄没，若不如此，靠損小民。正統九年奏準，順天府所屬地土有限，今後公侯、駙馬，伯等官，在京年久，及外夷人員曾經撥地安插住坐者，不許奏討田地。天順二年，敕皇親、公侯伯、文武大臣，不許强占官民田地起蓋房屋，把持行市，侵奪公私之利。事發，坐以重罪。其家人及投託者，悉發邊衛永遠充軍。成化二年，題準公侯、駙馬、伯及勛戚大臣之家，有將官民地土，妄稱空閒，朦朧奏討，及令家人伴當用强侵占者，行移法司。先將抱本奏告人，拏問如律。干礙主使教令人員，奏請拏問，仍追究報地投獻之人。該府州縣官阿附權勢，容令占種，不即具奏者，事發，一體究治。弘治二年，令皇莊及皇親、公侯、駙馬、伯等官莊田，如遇灾傷，俱令照依民田灾傷分數徵收。其各處王府不許置買田地，霸占民業。三年奏準，今後如有皇親並權豪勢要之家奏討地土，非奉旨看了來說，一切立案不行。仍要追究撥置主謀之人，參送問罪。本部仍行都察院轉行巡視五城及巡按御史，出榜曉諭禁約，軍民人等，敢有投託勢要之家充爲家人，及通同旗校管莊人等，妄將民間地土投獻者，事發，悉照天順並成化十五年欽奉敕旨事例，問發邊衛永遠充軍。十一年，令今後額辦錢糧田地，不許王府奏討。十三年題準，凡軍民人等，將爭競不明並賞過，及民間起科，僧道將寺觀各田地，朦朧投獻王府及内外官勢之家，捏契典賣者，投獻之人，問發邊衛永遠充軍。田地給還寺觀及應得之人管業。其受投獻家長並管莊人，參究治罪。山東河南北直隸各處空閒地土，祖宗朝俱聽民盡力開種，永不起科。若有占種投獻者，悉照前例問發。十五年議準，各王府、皇親、侯伯莊田地土店肆等項，如有强奪侵占，並管莊人役，生事害民，撫按官拏問發遣，應參奏者參奏。嘉靖六年，詔户部通行各撫按衙門轉行各司府州縣官，民間田地，悉照册籍應當糧差，查出奸弊，即爲究治改正，不許一概丈量改科，自立新法，生事擾民。又詔勛戚之家，除欽賜莊田以資養贍外，再不許聽信撥置，將有主之業，朦朧陳乞，違者，許本部該科參究處治。八年奏準，清查部科道等官，將各該勛戚田土，盡數查出。内有世遠秩降，果係宗派，照舊不動外，若世遠、本房子孫已絶，傍枝影射冒占者，於内量存三分之一，以爲修墳辦祭之資。其餘盡革入官，照例徵銀解部，以備邊餉。其戚畹開墾置買田土，欺隱不行報官者，比照功臣田土律例，一體追斷。又令雲南總兵官田土，果係先年給賜者，將正數莊民，計田分户，佃納子粒。如有額外侵占民業並投獻等項，悉照例退給軍民住種納糧當差。一應投充影射莊户，嚴加查究。積年極惡，照例發遣。又議準，受獻田土之人，與投獻人，一體永遠充軍。事干勛戚，追究管莊佃僕，永爲定例。又議準，甘肅各衛所湖場，撫按等官查照節次題準禁革事例，通行本鎮，鎮總、副參、游守等官，如有相承占據者，即照馬房迷黑二湖退出還官，一體免罪。如有仍前霸占抗違者，參奏治罪，仍會委各道風力官員，將闔鎮草場通查坐落遠近、四至、頃畝。已經給撥者聽便，或開墾，或採草納糧。其餘盡行給撥衛所官軍採草牧放。十一年題準，陝西地方入官莊基地土，如有豪强占種，即令自首還官，賣銀貯庫認納無主糧差，違者從重問擬，仍追花利。十二年，令各撫按官清查邊江濱海草場、塗田、灘地、山場、湖蕩、蘆洲、沙洲，並寺觀田地等被官豪大户奪占者，不分新舊，入官變賣，積穀以備賑濟。公文到日，限一月以裏，自首退出。敢有執恡，在京官員並在外五品以上官，指名參奏。其餘徑自處治，通行造册奏繳。二十二年，令各邊鎮守養廉地土，論畝收税，俱貯都司，專備總督大臣取用犒賞。如有勢豪占種及官府侵欺者，許其首正。遞年花利，並免追究，違者從重治罪。二十四年題準，各王府除欽賜地土不動外，其空閒官田，並軍民徵糧地土，敢有私自投獻，捏契典賣者，許被害之人告發。所在官司，即與丈量明白改正，還官給主。投獻之人，照例問發。三十九年，令宣慰土司越境收種田土，無知軍民，互爲投獻者，撫按官將土司查究，軍人目把人等，各照例發遣，田土、價銀入官。四十三年，令河南各王府郡王而下，但有置買民田者，盡數查出，附與原賣各里甲項下，即以佃户的名編立户籍。凡正雜差役，俱要與平民一體派編。先將查過田糧造册二本。一本啓親王，一留有司，以便稽查。民間有願將田地賣與宗室者，先將田糧數目報官，以憑附册編差。違者，以投獻論。隆慶二年，令天下有王府去處，或有儀賓軍校誘引奸豪，投獻田宅，及宗室公然借名置買，恃强不納差糧者，有司驗契查實，先將投獻人依律究遣，田宅入官。另給軍民管種輸租，以補各宗禄糧之缺。中有宗室執留占恡，就照民間編納差糧則例，盡數抵扣應得禄糧，方行補給。有司濫受饋遺，阿縱不舉者，撫按糾劾重治。萬曆十二年題準，昌平州地土，除撥給陵莊果園，及勛戚莊田外，其見係民間耕種者，永爲州民恒産，不許勛戚奏討。

《明會典》卷一六三《户部·律例·户律·户役·盗耕種官民田》

凡盗耕種他人田者，一畝以下笞三十，每五畝加一等，罪止杖八十，荒田減一等，强者各加一等，係官者，各又加二等。花利歸官主。

一、成化十年七月十一日節該欽奉憲宗皇帝聖旨，陝西榆林等處近邊地土，各營堡草場界限明白，敢有那移條款，盗耕草場，及越出邊墻界石種田者，依律問擬，追徵花利完日，軍職降調，甘肅衛分差操。軍民係外處者，發榆林衛充軍。係本處者，發甘肅衛充軍。有毁壞邊墻，私出境外者，枷號三個月發落。欽此。

《嘉靖新例·户例·田宅·盗賣田宅》 嘉靖捌年肆月户部題準，投獻地土與受投之家一體問發邊衛，永遠充軍。事干勳戚，先將管莊佃僕及引進家人問罪發遣，其勳戚大臣照例參奏定奪。

《重修問刑條例》 凡用强佔種屯田五十畝以上，不納子粒者，問罪，官調邊衛，帶俸差操；旗軍軍丁人等發邊衛充軍；民發口外爲民。其屯田人等將屯田典賣與人至五十畝以上，與典主買主各不納子粒者，俱照前問發。若不滿數及上納子粒不缺，或因無人承種而侵佔者，依律論罪，照常發落。管屯等官不行用心清查者，糾奏治罪。

《大明律疏附例·續例附考·户例·盗賣田宅》 弘治十六年十月，刑部等衙門議奏：今後軍職、舍餘、旗軍、餘丁，果有用强霸佔屯田五十畝以上，不納子粒者，俱照用强佔種事例調發。若止是侵種，不曾用强，或不及前數者，自依侵佔官田問罪。屯田人等將屯田轉賣與典主買主，俱比照用强佔種事例，問罪調發。如管屯指揮等管，知情不舉，或受財容隱，一體參問。奉聖旨：是。照律例行。欽此。

（明）吕坤《實政録》卷五《鄉甲約卷之三》 地土不明，查審文契中人，應退回者退回，應找子粒者找子粒，應補差糧者補差糧。算明主令改正。若係欺隱詭寄不肯首正者，待告狀之日，本約一同呈報。【略】地界房界不明者，查明改正。【略】走失收留人口牧畜，主令各還本主，中間事情，應處分者處分，應呈報者呈報。

（明）佚名《重刻律條告示活套》卷二《盗賣田宅》 前件某府爲禁約事。竊惟田宅不明則訟獄不息，官司不治則盗賣益多。近訪得所屬州縣人民，有盗賣、易換田宅者，有冒認虚錢實契者，有侵占他人田宅者，有强占官民山場、湖泊者，有妄將他人田産以爲己業者，有將田産朦朧投獻官豪勢要者，有典當年久未及贖取暗行轉賣與人者。詳此之端，蓋因貪心一起，奸詐百生。曾不思田必有業，宅必有主，爭之不易，守之實難。若不曉諭改過，決綱一陷，後悔何追！爲此合出告示，發去州縣門首及人烟輳集去處，張掛曉諭，一體知悉。務要改過自新，敢有仍蹈故轍，稔惡不悛者，事發挐問不恕。

（明）王肯堂《王儀部先生箋釋》卷五《盗耕種官民田》　釋曰：律凡言田者，兼園地在其中矣。盗耕種與侵佔不同，侵佔是占爲己業；盗耕種但欺業主之不知而盗取花利，業尚屬原主也。荒田減熟田一等。强耕種他人荒、熟田，各加盗耕種一等。若係官田者，或盗、或强、或熟、或荒，各又加民田二等。所得花利，官田歸官民，民田歸主。强種屯田，有例在前條。官田民田、荒田熟田、盗種强種，荒田減熟田，强種加盗種，官田加民田。數項錯綜，俱二十六畝之上罪止。

盗耕種

民田一畝以下，笞三十，每五畝加一等，罪止杖八十。民荒田減一等，一畝以下笞二十，每五畝加一等，罪止杖七十。官田加民二等，一畝以下笞五十，每五畝加一等，罪止杖一百。官荒田減一等，一畝以下笞四十，每五畝加一等，罪止杖九十。

强耕種

民田加盗一等，一畝以下笞四十，每五畝加一等，罪止杖九十。民荒田減一等，一畝以下笞二十，每五畝加一等，罪止杖八十。官田加民二等，一畝以下杖六十，每五畝加一等，罪止杖六十，徒一年。官荒田減一等，一畝以下笞五十，每五畝加一等，罪止杖一百。

條例

釋曰：　盗耕草場及越出邊墻種田，俱依盗種官田。毀壞邊墻事重，比依越度緣邊關塞。

（明）王肯堂《王儀部先生箋釋》卷五《盗賣田宅》　第一節：　盗賣。盗字，兼換易言。盗賣者，盗他人田宅以賣與人；　換易者，以己之瘠田敝宅盗換他人之腴田美宅。皆欺業主之不知而賣易之也。冒認者，妄認他人之田宅爲己業，欺業主之不在而冒認之也。虚錢實契，謂實立典賣文契，而價錢則虚。如或出於逼勒，或被其誆詐，非業主之得已也。侵占者，因業界之相連而侵越界限，占爲己業也。以上人犯，皆計田之畝數與屋之間數論罪。田至四十一畝，屋至二十五間之上，各罪止杖八十、徒二年。若田宅係官者，加二等。假如盗賣官田，其引議當云：　某人依盗賣官田，加他人田二等，一畝以下杖七十，每五畝加一等，罪止律杖一百、徒三年。設以他人田置於上，而係官二字列於下，雖律文之順，而引擬不通也。各條凡稱係官者俱倣此，此未言其强，則其情猶輕，故尚分官民，計畝數科罪耳。

第二節：　若用强占據官民山場、湖泊、茶園、蘆蕩及金銀銅錫、鐵冶等項，而專取其利者，則其强占之情重乎物，故不分官民，不計畝數，而皆杖一百、流三千里。凡官民田宅，止言侵占，此山場、湖泊之類，地利廣博，非勢力不致，故以强占言之。若官民田宅，設有用强霸占顯迹者，自當比依此强占律。蓋山場、湖泊等項，皆自然之利，終比田宅不同。若有盗賣、換易及冒認、侵占等情，似難比依田宅之律，臨時酌處。

第三節：　若將不明互爭之産業，及以他人田産妄作自己田産，投獻勢豪，則其藉勢害人，莫此爲甚。故與者、受者，各杖一百，徒三年。投獻之人得財除此律，依誆騙不得財依本律，俱引例充軍。

第四節：　通承上三條，言盗賣、換易、冒認、虚錢實契典買、侵占、强占、投獻等項，田産及盗賣過他人田價，並遞年所得花利，係官者各追還官，係民者給主。若知情故買盗賣之田，其價係彼此俱罪之贓，亦追入官。

第五節：　功臣犯，指盗賣以下數事，四犯與庶人同罪，雖笞杖，其俸給仍舊不支。

條例

第一條：　爭競或與人爭買，或因爭界限，或與族人爭分等項，依將互爭田妄作己業並賣過，依重復典賣民間起科，係是用力開種，報官納糧者；　依將他人田妄作己業律，其田地給還應得之人。僧道將寺觀各田地，若子孫將公共祖墳山地投獻者，俱比依投獻律。私捏文契投獻之人，依與者律問邊遠充軍。受獻家長，依受者律。管莊人叅究治罪。其寺觀墳山地，歸同宗親屬各管業。

第二條：　占者，問侵占官田律。典賣與人，問盗賣官田律。稱軍丁人等，包舍人、舍餘在内，管屯官不清查問違制。

第三條：私開者，問强占官山場律。官員有犯，亦問此罪。縱容家人犯者，問違制。

第四條：軍民違禁砍伐販賣，問常人盜；官問知罪人不捕；買主知情，問知盜贓故買；官員伐賣，問監守盜；未馱載，問毀伐；或棄毀官物，容情縱放，問知罪人不捕。

《律條直引》卷五《户律·田宅·盜賣田宅》 趙甲依强占官、民山場、湖泊、茶園、蘆蕩、金、銀、銅場、鐵冶者律，杖一百，流三千里。錢乙依盜賣、換易、冒認、虚錢實契典、買侵占官田，宅加侵占他人田、宅罪二等田一畝、屋一間以下杖七十，每田五畝、屋三間加一等，田五十一畝、屋三十一間罪止律；孫丙依將互争他人田産妄作己業、朦朧投獻官豪勢要者律；李丁依受者，各杖一百，徒三年。周戊依盜賣、換易、冒認、虚錢實契典、買、侵占他人田、宅者，田一畝、屋一間以下笞五十，每田五畝、屋十三間加一等，田四十一畝、屋二十五間各罪止律，杖八十，徒二年。俱有《大誥》減等。趙甲杖一百，徒三年。錢乙、孫丙、李丁各杖九十，徒二年半。周戊杖七十，徒一年半。係軍民，無力充徒哨瞭，有力納米等項，完日寧家着伍。

《律條直引》卷五《户律·田宅·盜耕種官民田》 趙甲依强耕種官田者。加盜耕種罪一等，一畝以下杖六十，每五畝加一等，二十六畝罪止律，杖六十，徒一年。錢乙依盜耕種官田者，加盜耕種他人田罪二等律，孫丙依强耕種官荒田者，減强耕種官田罪一等，一畝以下笞五十，每五畝加一等，二十六畝各罪止律，杖一百。李丁依强耕種他人田者，加盜耕種罪一等；周戊依盜耕種官荒田者，減盜耕種官田罪一等，一畝以下笞四十，每五畝加一等，二十六畝各罪止律，杖九十。吴己依盜耕種他人田者，一畝以下笞三十，每五畝加一等，二十六畝罪止律，杖八十。鄭庚依盜耕種他人荒田，減盜耕種他人田罪一等，一畝以下笞二十，每五畝加一等，二十六畝罪止律，杖七十。俱有《大誥》減等，趙甲杖一百，錢乙、孫丙各杖九十，李丁、周戊各杖八十，吴己杖七十，鄭庚杖六十。係軍民，無力的決，有力與官吏納米等項，完日還職役寧家着伍，其地並遞年取收花利還官主。

（明）佚名《大明律講解》卷五《盜耕種官民田》 凡盜耕種他人田者，一畝以下笞三十，每五畝加一等罪，止杖八十。荒田減一等。講曰：謂盜耕他人户下力所不及之荒田，一畝以下笞二十，每五畝加一等，罪止杖七十。强者各加一等。講曰：謂用强侵種他人田地，一畝以下笞四十，每五畝加一等，罪止杖九十。若用强占種他人户下力所不及荒田，一畝以下笞三十，每五畝加一等，罪止杖八十。係官者各又加二等，花利歸官主。講曰：謂如盜種他人熟田，一畝以下笞三十。係官者加二等，笞五十，每五畝加一等，罪止杖一百。若盜種他人荒田一畝以下，笞二十，係官者加二等，笞四十，每五畝加一等，罪止杖九十。其用强占種他人熟田，一畝以下笞四十。係官者加二等，杖六十，每五畝加一等，罪止杖六十，徒一年。若用强占種他人荒田，一畝以下笞三十，係官者加二等，笞五十每五畝加一等，罪止杖一百。故謂之各又加二等。

（明）佚名《大明律講解》卷五《盜賣田宅》 凡盜賣、換易及冒認、若虚錢實契典買及侵占他人田宅者，田一畝、屋一間以下笞五十，每田五畝、屋三間加一等，罪止杖八十，徒二年。係官者各加二等。講曰：謂係官者田一畝、屋一間以下杖七十，每田五畝、屋三間加一等，罪止杖一百徒三年。若强占官民山場、湖泊、茶園、蘆蕩及金銀銅錫鐵冶者，杖一百、流三千里。若將互争及他人田産妄作己業，朦朧投獻官豪勢要之人，與者、受者各杖一百、徒三年。田産及盜賣過田價，並遞年所得花利，各還官給主。若功臣初犯，免罪附過；再犯，住支俸給一半；三犯，全不支給；四犯，與庶人同罪。

（清）沈之奇《大清律輯註》卷五《户律·田宅·盜耕種官民田》 凡盜耕種他人田園地土者不告田主，一畝以下笞三十，每五畝加一等，罪止杖八十。荒田減一等。强者不由田主，各指熟田、荒田言。加一等。係官者，各通盜耕、强耕荒、熟言。又加二等。仍追所得花利官田歸官民田給主。

〔律後註〕：凡律言田者，兼園地在内，故注添園地字。盜耕種者，欺業主之不知，私取其花利也。强者，恃其勢力，明欺業主，而奪其花利也。盜耕種與强耕種二項爲綱，而中分民田、官田，官民中又分熟田、荒田，皆計畝論罪：俱起自一畝以下，每五畝加一等。熟重於荒，强重於盜。係官田者，或盜或强，或熟或荒，又各重於民。照追所得花利，官田歸官，民田歸主，分别科罪。盜種民田，起自笞三十，加等罪止杖八十；盜種民荒田減一等，起自笞二十，加等罪止杖七十；盜種官田，照民田加二等，起自笞五十，加等罪止杖一百；盜種官荒田，照民荒田加二等，起自笞四十，加等罪止杖九十。强者各加一等，按上民田、民荒、官田、官荒四項，分别各加一等科之。

〔律上註〕：此條與侵占、强占不同。占是據爲己業，耕種則止取其花利，田仍屬之業主也，故其罪特輕。於中極重是强種官田，亦罪止杖六十、徒一年耳。但言田者，皆熟田也。業主偶未耕種，或耕而未種，爲其盗耕種耳。若現在耕種，何由得盗？若久不耕種，即荒田矣。

此荒田之在民、在官者，皆係納糧當差之地，或因無力，或因有故而荒者也。人承糧差，彼取花利，故科其罪，而仍追花利。若無糧荒地，召人認墾者，亦官地也，有盗種者，應依官田科之。如便據爲己業，不報官起科，即欺隱矣。盗種與欺隱不同，今往往將盗種荒地未報官者，即作欺隱科斷，誤矣。律之輕重相似，而新例則欺隱甚嚴，不可不慎也。

官田，古有給田爲俸之制，或入官之田未經變價，及今之官屯、學田之類是也。若强種屯田者，有例。見盗賣田宅條後。

條例

近邊地土，各營堡草場，界限明白。敢有那移條款，盗耕草場及越出邊墻界石種田者，依律問擬，追徵花利，完日，軍職降調差操，軍民調發衛所充軍。有毁壞邊墻私出境外者，枷號三個月發落。

（清）沈之奇《大清律輯註》卷五《户律・田宅・盗賣田宅》　凡盗他人田宅賣、將己不堪田宅换易及冒認他人田宅作自己者，若虚寫價錢實立文契典買及侵占他人田宅者，田一畝、屋一間以下，笞五十，每田五畝屋三間，加一等，罪止杖八十、徒二年。係官田宅者，各加二等。若强占官民山場、湖泊、茶園、蘆蕩及金、銀、銅、錫、鐵冶者，不計畝數，杖一百，流三千里。若將互争不明及他人田産妄作己業，朦朧投獻官豪勢要之人，與者、受者，各杖一百，徒三年。盗賣與投獻等項田産及盗賣過田價，並各項田産中遞年所得花利，各應還官者還官、應給主者給主。若功臣初犯，免罪，附過；再犯，住支俸給一半；三犯，全不支給；四犯，與庶人同罪。

〔律後註〕：首節分五項，而其罪則同也。一盗賣，謂私將他人田宅，作爲己産，而盗賣與人也；一盗换易，謂以己之瘠薄弊壞田宅，盗换人之膏腴完好者也。凡欺人不知而取之曰盗，此盗字貫賣與换易言，欺業主之不知而賣之、易之，皆盗也。一冒認，謂妄冒他人之田宅，認爲己業，欺業主之不在而冒認之也。一虚錢實契，謂實立典賣文契，未交價錢，虚填數目，或出於逼勒，或被其誆騙，非業主之得已也。一侵占，謂因彼此田宅相連，而侵越界限，占爲己業也。凡此並計田之畝數、屋之間數論罪：田一畝、屋一間以下，笞五十，田至四十一畝，屋至二十五間以上，罪止杖八十、徒二年。若田宅係官者，加二等科斷：起於杖七十，罪止杖一百、徒三年。若倚勢力，用强占據官民山場、湖泊、茶園、蘆蕩及金、銀、銅、錫、鐵冶，不容官民管業而專取其利者，杖一百，流三千里。此不計畝數，不分官民者，惡其强占，情重於物也。互争，謂彼此争奪未定也。妄作己業句，兼承互争與他人兩項田産言。若將互争田産及他人田産，妄作己業，朦朧投獻於官豪勢要之人，使人不敢與之争論，獻與之人與受獻之人，各杖一百，徒三年。此不分田産多寡者，藉勢害人，亦情重於物也。凡盗賣、换易、冒認、虚錢實契典賣、侵占、强占、投獻等項田産，及盗賣過他人田宅價值並遞年所得花利，按數照追，係官者各還官，係民者各給主，通承上三節言。功臣犯者，即前盗賣五項及强占、投獻之罪也。功臣在應議之列，故至四犯後，方與庶人同罪。然三犯以前，雖止附過、住俸，而田産賣價、花利，則初犯即各追還官、給主，通承上四節言。

〔律上註〕：按：《瑣言》曰：田宅言侵占而不言强占，設有用强霸占顯跡者，當依强占山場等項律。《箋釋》亦云：《管見》曰山場言强而不言侵占，設有侵占者，亦當比侵占田宅律。《讀法》謂兩節之義互見，有犯當互比。夫田宅不言强占，山場等類不言盗賣諸項，誠爲未備，若互比科斷，亦當斟酌。蓋山場等類，地利廣博，在官在民，原有管業之主，非大勢力者，不能占而據之，故獨著强占之罪。要知律雖不言多寡之數，而所指山場等類，必非些少之處、微薄之利也。若强占田宅者，情事雖同，仍當因其輕重權衡斷之。後附條例，用强占種屯田五十畝以上，不納子粒者，軍發邊衛，民發邊外。若不滿數，照常發落。屯即官田也，必至五十畝以上不納子粒者，方發邊外。例定在後，大概皆重於律，尚猶如此，而强占田宅者，猶納糧當差者也，豈可不分多寡，一概比照。假如强占人地一畝、屋一間以下，即坐以杖一百、流三千里重罪乎？至於盗賣、換易、冒認、侵占山場等類者，亦難概照田宅之律，蓋天地自然之利，雖有官民管業，終與田宅不同，且不能計畝科斷也。《據會》云：其無强者，不過盗取其利，當依盗論。《箋釋》云：當隨事酌處。諸解亦俱有見，但不可泥定耳。

盗賣諸項，其跡類於竊盗，計田宅之數論罪，猶計贓之意也。然終與竊盗有間，故罪止杖八十、徒二年。若强占、投獻，則不分多寡，概坐流徒。蓋强占次於强盗一等，投獻直與搶奪相同，此比例定罪之權衡也。

强占與受投獻者，同是倚勢奪人之業，而流、徒不同者，强占出於己意，投獻則必有所因，受獻則有人來投，自有分别也。

互争下止注不明二字，即後條例争競不明義也。然互争之因不一，或争賣不得，或争界不清，或争祖遺家財，或争族人絶産，非獨不明而已。争之不能，因而算計投獻與欲謀害他人獻其田産，倚勢肆惡，其心可誅。雖次於强占，實甚於盗賣諸項也。

朦朧投獻，謂不明告其情也。然勢豪即不知是互争及他人之田産，而既受其獻，好同攘奪，故與受之罪相同。受獻者，後有充軍例，當照例科斷。

按：典買田宅律，若重復典買之人，及牙保知情者，與犯人同罪，追價入官。不知者，不坐。此條内盗賣者有買主、牙保，虚錢實契者亦有牙保，當借引科斷，知情同罪，追價入官，不知不坐。

别律皆不載功臣，獨此條與隱蔽差役條言之，蓋功臣家多恃勢力，廣置田宅，强占人口，以靠累小民，故特著其法。

條例

軍民人等，將争競不明並賣過及民間起科，僧道將寺觀各田地；若子孫將公共祖墳山地，朦朧投獻王府及内外官豪勢要之家，私捏文契典賣者，投獻之人，問發邊遠充軍，田地給還應得之人；及各寺觀、墳山地歸同宗親屬，各管業。其受投獻家長並管莊人，參究治罪。山東、河南及直隸各處空閒地土，俱聽民盡力開種，永不起科。若有占奪投獻者，悉照前例問發。

〔例上注〕：争競不明，即所謂互争也。賣過者，雖係己業，既賣於人，即所謂他人田産也。民間起科，係其開墾之業；寺觀田地，非僧道己物；祖墳山地，非子孫一人可專者，亦猶他人田産也。私捏文契，即所謂妄作己業也。子弟受人投獻，必由家長縱容；而奸徒投獻，不能自達，必有管莊人招致引進，故罪坐家長並及管莊人，亦春秋誅亂賊必絶其黨之義。然曰參究治罪者以本律之罪，若係功臣，必依次數科斷，而管莊人亦無正律，當隨事之輕重，斟酌以請也。

盡民開種，永不起科之例，今不行。皆六年後起科也，有新例。

用强占種屯田五十畝以上，不納子粒者，問罪，照數追納，完日，官調邊衛帶俸差操，旗軍軍丁人等發邊充軍，民發邊外爲民。其屯田人等，將屯田典賣與人至五十畝以上，與典主、買方，各不納子粒者，俱照前問發。若不滿數及上納子粒不缺，或因無人承種而侵占者，照常發落。管屯等官，不行用心清查者，糾奏治罪。

〔例上注〕：屯田係給衛軍耕種之業，各有定額，亦官田也。强占、典賣，必至五十畝以上，又不納子粒者，方依此例問發。或不納子粒而未滿五十畝；或滿五十畝而上納子粒；或五十畝不納子粒，非由强占，因無人承種而侵占者，皆不在問發之限，故曰照常發落。

西山一帶密邇京師地方，内外官豪勢要之家，私自開窑賣煤、鑿山賣石、立廠燒灰者，問罪，枷號一個月，發邊衛充軍。干礙内外官員，參奏提問。

近邊分守、守備、備御，並府、州、縣官員，禁約該管官旗軍民人等，不許擅自入山將應禁林木砍伐販賣。違者，問發南方烟瘴衛所充軍。若前項官員有犯，文官革職爲民，武官革職差操。鎮守並副參等民有犯，指實參奏。其經過關隘、河道守把官軍，容情縱放者，究問治罪。

《大清律例》卷九《户律・田宅・盗耕種官民田》 凡盗耕種他人田園地土者，不告田主。一畝以下，笞三十，每五畝加一等，罪止杖八十。荒田減一等。强者，不由田主。各指熟田荒田言加一等。係官者，各通盗耕强耕荒熟言。又加二等。仍追所得花利，官田歸官、民田給主。

條例

一、近邊地土、各營堡草場，界限明白。敢有那移條款，盗耕草場，及越出邊墻界石種田者，依律問擬，追徵花利，至報完之日，不分軍民，俱發附近衛所充軍。若有毁壞邊墻，私出境外者，枷號三個月發落。

《大清律例》卷九《户律・田宅・盗賣田宅》　凡盗他人田宅賣，將己不堪田宅换易，及冒認他人田宅作自己者，若虚寫價錢實立文契典買，及侵占他人田宅者，田一畝、屋一間以下，笞五十。每田五畝、屋三間，加一等，罪止杖八十、徒二年。係官田宅者，各加二等。

若强占官民山場、湖泊、茶園、蘆蕩，及金、銀、銅、錫、鐵冶者，不計畝數杖一百、流三千里。

若將互争不明及他人田産，妄作己業，朦朧投獻官豪勢要之人，與者、受者，各杖一百、徒三年。

盗賣與投獻等項田産及盗賣過田價，並各項田産中遞年所得花利，各應還官者還官，應給主者給主。

若功臣有犯者，照律擬罪，奏請定奪。

條例

一、軍民人等將争競不明並賣過及民間起科，僧道將寺觀各田地，若子孫將公共祖墳山地朦朧投獻王府及内外官豪勢要之家，私捏文契典賣者，投獻之人問發邊遠充軍，田地給還應得之人。其受投獻家長，並管莊人參究治罪。直隸各省空閒地土俱聽民盡力開種，照年限起科，若有占奪投獻者，悉照前例問發。

一、用强占種屯田五十畝以上不納子粒者，問罪，照數追納，完日，軍，發邊衛充軍；民，發邊外爲民。其屯田人等，將屯田典賣與人，至五十畝以上，與典主買主各不納子粒者，俱照前問發。若不滿數，及上納子粒不缺，或因無人承種而侵占者，照常發落。管屯等官不行用心清查者，參奏治罪。

一、西山一帶密邇京師地方，如有官豪勢要之家私自開窑賣煤，鑿山賣石，立廠燒灰者，枷號一個月，發邊衛充軍。干礙内外官員，參奏提問。

一、近邊分守武職，並府、州、縣官員，禁約該管軍民人等不許擅自入山，將應禁林木砍伐販賣違者，問發雲、貴、川、廣烟瘴稍輕地方充軍。若前項官員有犯，俱革職爲民，鎮、守並副、參等官員有犯，指實參奏，其經過關隘河道守把官軍容情縱放者，究問治罪。

一、各省丈量田畝，及抑勒首報墾田之事，永行停止，違者以違制律論。

《大清律例》卷二四《刑律・賊盗・盗田野穀麥》　凡盗田野穀麥、菜果及無人看守器物謂原不設守，及不待守之物，者，並計贓，準竊盗論，免刺。

若山野柴草、木石之類，他人已用工力砍伐積聚，而擅取者，罪亦如之。如柴草、木石雖離本處，未駄載間，依不得財笞五十；合上條有拒捕，依罪人拒捕。

條例

一、凡盗掘金、銀、銅、錫、水銀等礦砂，每金砂一斤，折銀二錢五分；銀砂一斤，折銀五分；銅、錫、水銀等砂一斤，折銀一分二厘五毫，俱計贓，準竊盗論。若在山洞捉獲，持仗拒捕者，不論人數、砂數多寡，及初犯再犯，俱發邊遠充軍。若殺傷人，爲首者，照竊盗拒捕殺傷人律，斬。不曾拒捕，若聚至三十人以上者，不論砂數多寡，及初犯再犯，爲首，發邊衛充軍；爲從，枷號三個月，照竊盗罪發落。若不曾拒捕，又人數不及三十名者，爲首，初犯，枷號三個月，照竊盗罪發落；再犯，亦發邊衛充軍。爲從者，止照竊盗罪發落。非山洞捉獲，止是私家收藏，道路背負者，惟據見獲論罪。不許巡捕人員逼令展轉扳指，違者，參究治罪。

一、産礦山場，山主違禁勾引礦徒潛行偷挖者，照礦徒之例，以爲首論。若係約練勾引接濟夥同分利者，照引領私鹽律，杖九十、徒二年半，得財者，計贓，準竊盗從重論。如因官兵往拿，漏信使逃，及陰令拒捕者，俱照官司追捕罪人而漏洩其事者，減罪人所犯罪一等律治罪。保甲、地鄰，知情容隱不報者，均照强盗窩主之鄰佑知而不首例，杖一百發落。

一、旗、民越度禁約山河，偷採人參，已得者，財主及率領頭目，一人名下，所放之人至百名以上，所收之參至五百兩以上，爲首，擬絞監候；爲從，照例發遣。其刨參免死減等人犯，亦照爲從例發落。所放之人不滿百名，所收之參不滿五百兩者，爲首，杖一百、流三千里；爲從，減一等，杖一百、徒三年。旗人及奉天民人，俱照例枷責發落，分别刺字。牲畜等物付拿獲人充賞，人參入官。家僕有犯，其主知而遣去者，杖八十；知而巧供不知者，杖一百；係官，交部議處，不知者不坐。若未得參者，財主及率領頭目，係旗人，枷號兩個月，鞭一百；係盛京及內地民人，俱枷號一個月，杖一百，並妻送户部入官；爲從，枷號一個月，杖一百。

一、偷刨人參應擬發遣之犯，係滿洲、蒙古，發江寧、荆州、西安、杭州、成都等處滿洲駐防省城當苦差，係民人，僉妻發廣東沿海及廣西水土平和地方當差；係漢軍，發廣西、雲南、貴州等處各水土平和地方當差。其寧古塔等處拿獲刨參人犯，一經審明，按律定擬，即徑解各犯原籍，交與該督撫分別僉遣定驛充徒，免其解部，仍於年底彙題。

一、山海等關巡查人員，如有搜獲人參、珠子，巡查人等，户部按數給賞；該管官，兵部議叙。如有搜查不力，以及私帶過關者，將該管官，照失察例議處；巡查人等，照不應重律治罪。明知故縱者，該管官，革職；巡查人等，枷號一個月，杖一百。受賄賣放者，計贓，以枉法從重發落。其失察偷出邊關刨參至一百名者，領催、披甲人等，鞭五十；至二百名者，鞭一百；至五百名以上者，枷號一個月，鞭一百。該守禦官，亦按失察名數，分別議處。如有自行拏獲者，免議。

一、凡拿獲販參之犯，所販之參至五百兩以上者，照偷刨人參五百兩以上絞監候例，減一等，擬流；不滿五百兩者，照偷刨不滿五百兩杖一百、流三千里例，減一等，擬徒；不滿十兩者，照一二人刨參不滿十兩杖一百例，減一等，杖九十。均免刺字。

《大清律例》卷二四《刑律·賊盜·盜馬牛畜産》 凡盜民間馬、牛、驢、騾、豬、羊、鷄、犬、鵝、鴨者，並計所值之贓，以竊盜論。若盜官畜産者，以常人盜官物論。

若盜馬、牛兼官私言而殺者不計贓，即，杖一百、徒三年；驢、騾，杖七十、徒一年半。若計贓並從已殺計贓重於徒三年，徒一年半本罪者，各加盜竊盜，常人盜罪一等。

條例

一、凡盜御馬者，問罪，枷號三個月，發邊衛充軍。若將自己及他人騎操官馬盜賣者，枷號一個月發落。盜至三匹以上，及再犯者，不拘匹數，俱免枷號，發附近衛所各充軍；五匹以上者，發邊遠充軍。若養馬人户盜賣官馬與三匹以上者，亦問發附近充軍。

一、凡冒領太僕寺官馬至三匹者，問罪，於本寺門首枷號一個月，發邊衛充軍。若家長令家人冒領三匹，不分首從，俱問常人盜官物罪，家長引，例家人不引。

一、凡偷盜官馬二匹以下，仍以竊盜論；三匹以上，杖一百、流三千里；十匹以上，不分首從，皆絞監候。窩主及牧馬人役自行盜賣者，罪亦如之。

一、凡盜牛一隻，枷號一個月，杖八十；二隻，枷號三十五日，杖九十；三隻，枷號四十日，杖一百；四隻，枷號四十日，杖六十、徒一年；五隻，枷號四十日，杖八十、徒二年；五隻以上者，枷號四十日，杖一百、徒三年；十隻以上，杖一百、流三千里。盜殺者，枷號一個月，發附近充軍，俱照竊盜例刺字。其窩家知情分贓者，與盜同罪；知情不分贓者，杖一百。

一、駐劄外邊官兵，及跟役等，有偷盜蒙古馬匹者，審實，即在本處正法。其蒙古偷盜官兵馬匹，或官兵等自相偷盜馬匹，仍照舊例行。

一、偷竊馬匹案件，除外藩蒙古仍照理藩院蒙古律擬罪外，其查哈兒蒙古有犯偷竊馬匹之案，審明，如係盜民間馬牛者，依律計贓以竊盜論；如係盜御馬及盜太僕寺等處官馬者，亦仍照律例治罪。

《大清律續纂條例》卷二《刑律條例·盜田野穀麥》 一、旗、民越度禁約山河偷採人參，除財主頭目，所放之人至百名以上，所收之參至五百兩以上者，照例擬絞，及未得參而人至百名以上，財主頭目照例枷責並妻入官外，如所放人自一、二名至十名，所收參自一、二兩至十兩，杖六十、徒一年；人以十名遞加，參以五十兩遞加，分別擬以徒、流。人加至八十名以上，參能加至三百五十兩以上，仍擬滿流。至於並無財主頭目，審係一時烏合各出資本，參係自得者，人自十名至三十名，參自十兩至不滿百兩，爲首，比財主頭目各減一等；人至三十名以上，參至百兩以上，爲首，照財主頭目定擬；爲從，各減一等。未得參，各減二等，俱免刺，仍分別旗、民照例折責發落。外省流民無論人數、參數、已得、未得，俱照例遞回原籍，倘有人多參少及參多人少者，各從其少者治罪。再刨參已得，首犯係正身，照從例免刺，係開户，俱刺臂，係家奴，照常刺面。

《嘉隆新例・户例》 嘉靖四十二年十二月兵部題準：

一、各州縣掌印官將坐落本境屯田，不拘軍旗、餘丁，俱聽提調。但遇夏、秋起徵之時，照依民糧事例督催完納。如有屯頭、旗甲人等恃頑不服軍官，故行阻撓及違慢者，俱參呈重治。其衛、所管屯官，止許督率旗甲人等布種、上納，不許經收錢糧。各府仍令清軍佐貳官躬親督理，如有推託誤事者，聽督理屯田該道徑自提問參究。

一、軍、衛有司掌印官出示，但有荒田，軍民願自開墾者，準開耕種。果係無糧田地，三年後照例徵租。田既成熟，給與執照，不許補役復業軍民告争。其極貧下户無力開墾者，許告官量給牛具、種子，待其收成還官。

（清）沈衍慶《槐卿政蹟》卷一《示諭・禁取城磚墳土告示道光二十九年七月》 爲嚴切諭禁事。照得本年大水之後，各處近河城墻磚石間有冲卸，誠恐無知愚民撿取盜賣，而修屋之家貪財收買，均屬有干法紀。除飭各地保、傭工將整塊磚石撿齊堆貯，存備將來修城應用外，合行出示嚴禁，爲此示仰闔郡軍民人等知悉。爾等慎勿違禁妄取城墻磚石，買者、賣者皆干法律。再，現在水退，正值居民、鋪户修理房屋之時，舊磚、木料、瓦片等件，物各有主，各歸本家自行撿取，不準混争生事。至於修屋，應擇曠野無礙處所取土。凡有新舊墳墓泥土一概不準挑取，至令傷塚露棺，害及枯骨。自示之後，如敢故違，買賣城墻整塊磚石，混争他人屋料，以及妄取墳土者，定即嚴究懲治，決不姑寬。該地保、民人等知情容隱，或誣扳滋事，一體嚴究。各宜凛遵毋違。特示。

（清）薛允升《唐明清三律彙編・户律・田宅・盜賣田宅》 《唐律》： 諸妄認公私田，若盜貿賣者，一畝以下笞五十；五畝加一等，過杖一百，十畝加一等，罪止徒二年。《疏議》曰：《賊盜律》云：闌圈之屬，須絶離常處；器物之屬，須移徙其地。雖有盜名，立法須爲定例。地既不離常處，理與財物有殊，故不計贓爲罪，亦無除、免、倍贓之例。

在官侵奪私田者，一畝以下杖六十；三畝加一等，過杖一百，五畝加一等，罪止徒二年半。園圃，加一等。

又《雜律》： 諸占固山野陂湖之利者，杖六十。

《疏議》曰：山澤陂湖，物産所植，所有利潤，與衆共之。占固者，杖；已施功取者，不追。

愚按：官私同科與《明律》不同。《唐律》（屍）言占固山野陂湖之利者，杖六十。而無强占山場等類之文。別律皆不載功臣，獨此條與户役隱蔽差役條言之，蓋以功臣家多恃勢力廣置田宅，强占户口，以靠累小民，故特著其法。

刑部江西司案呈準江蘇司傳抄本部，議得據蘇撫莊有恭奏稱：直省士庶之家，其篤念親支者，每多立祀産以供先世蒸嘗，立議田以贍同宗貧乏。其祀産義田歲所收穫，除完納條漕及春秋祭掃贍給支銷外，所贏餘俱儲積以備饑年之用。江省上年歉收億萬，窮黎無不仰給。天府間有故家大族，凡經設立祀産義田者，該族貧民即係各動積存田租贍養，雖所養無多，亦于荒致不無小補。惟是祀産義田係屬合族公業，近歲糧價增昂，田土日貴，即有等爲富不仁奸民設謀誘買賄囑族一、二不肖子孫，將所欲得田産私立賣契給與半價，即令遠颺，買者遂恃强佔踞硬收租利。及控告到官，每因得價者不能緝獲，審結無期，聽盜賣者執業，即緝獲審明，又以例無治罪專條，隨意擬結，以致富黠棍徒無所顧忌，犯者往往不少。夫以子孫而私賣祖宗祀先贍族之産，即屬不孝，以豪富而謀買他族祀先贍族之産，即屬不仁，不孝、不仁，皆不可不重治其罪。伏查乾隆二十年十二月内提督衙門議奏：嗣後如有不孝子孫，將祖父墳園樹木砍伐私賣一株至十株者，杖一百，加枷號二個月；十株以上，即行充發。奴僕盜賣者，買同盜他人墳園樹木者，杖一百，加枷號一個月。其盜賣墳塋、房屋、碑石、磚瓦木植者，亦照此例治罪。至於私買之人，若不嚴加懲創，恐市井無賴，貪利引誘，則盜賣弊端仍難杜絶。嗣後有犯，請亦照盜他人墳園樹木例治罪。所有私砍樹木等物，分別入官給主等因。奉旨：依議。欽遵。現準刑部移咨内外畫一辦理。臣查砍伐樹木，固攸關風水觀瞻，若盜賣祀産義田，則既絶其先世之蒸嘗，復絶其族衆之生計，其情更爲較重。應請嗣後凡有不肖子孫私賣祀産義田者，即照私賣墳園樹木例，一畝至十畝者，杖一百，加枷號三個月；十畝以上，即行充發。但無私之人，則雖有不肖子孫，無從覔售。凡私賣者，皆由富室强宗囮誘謀買而起，以同鄉其並之人於他族祀産義田，不得諉爲不知，乃忍心貪利圖謀。若僅照盜他人墳園樹木例治罪，不足蔽辜，應與私賣者同罪，田産仍交原族收回，賣價照追入官。其有盜賣盜買宗祠者，亦照此例辦理。並飭地方官出示曉諭，令各族將所有祀產義田坐落坵段各勒石宗祠義莊，並呈報地方官立案。庶祀產義田可以世守勿替，偶遇歉歲，貧族皆有所賑貸，而不至於流移等因具奏。查例載子孫將公共祖墳山地朦朧投獻王府，及內外官豪勢要之家私捏文契典賣者，投獻之人，問發邊遠充軍，田地給還應得之人，其受投獻家長並管莊人，參究治罪。又雍正十年七月內據內閣學士兼禮部侍郎張奏稱：己田一千畝作爲義田贍給族人，請將義田官爲查覈立册存案，載入縣誌，不得擅賣擅買，違者雖係嫡派子孫，亦以盜賣官田論，經部議覆准行在案。又律載盜他人田宅賣，將已不堪田宅換易者，田一畝、屋一間以下笞五十；每田五畝、屋三間加一等，罪止杖八十、徒二年。係官田宅，各加二等等語。今該撫奏稱子孫私賣祖宗祀先贍族之產，即屬不孝，豪富謀買，即屬不仁，請照子孫盜砍墳園樹木計數加罪定例。一畝至十畝者，杖一百，加枷號三個月；十畝以上，即行充發，其富强宗罔誘謀買者，應與私賣者同罪。田產收回，賣價入官。盜賣宗祠者，亦照此辦理，並出示曉諭，令各族祀產義田勒石報官立案等因。查墳園樹木原因宗祖體魄所安，故定例特嚴，盜賣計數至十株以上，即擬充發，此與原例所載子孫將祖墳山地朦朧投獻勢要者，問發充軍，皆爲子孫戕賊墳塋者重示之戒也。若祀產雖屬先世烝嘗所係，究與祖宗窀穸之地有間，至於義田一項，則係贍養族黨好義施仁之事，又與祀產有別，不得視爲一例。臣等悉心酌議，請嗣後祖宗祀產倘有不肖子孫投獻勢要私捏典賣，及富室强宗謀吞肥產貪圖風水，知情受獻受買各至五十畝以上者，悉依投獻捏賣祖墳山地原例問發充軍，田產收回，賣價入官。不及前數者，即照盜賣官田律治罪。其盜賣歷久宗祠者，亦應計間數一體辦理。若盜賣義田，自應與祀產量爲區別，應仍照議準內閣學士張陳奏之例，依盜賣官田律治罪，罪止杖一百，徒三年。以上謀買之人，各與同罪。若不知情者不坐，似不必再照盜砍墳園樹木計數加罪例更立科條，應將該撫所奏毋庸另議。再查祀產義田必須立有確據，方可按例治罪。應令地方出示詳悉曉諭，嗣後有力之家，聽其自行勒石報官存案，即田數無幾，亦必族黨自立議單公據，以爲有犯者定斷之憑。倘有公私並無確據，藉端生事者，即照誣告律治罪。如此則盜賣之法既嚴，不肖者自知斂戢，於興仁教孝之風有裨，而棍徒亦不誣捏滋訟。乾隆二十二年六月初八日奏。奉旨：依議。欽此。

刑部查廣西省慶遠等五府屬土司，各有祖遺官莊田畝，收取租息，收資養贍。原不許私行典賣，今據該布政使朱奏稱：該土司等漸習奢靡，用費無節，竟有將田典給管下土目、土民之事。彼此交易，勢必土官日僨，土目、土民之勢日張，强弱相形，漸致不受約束。若不明立科條嚴行查究，不免日久玩生。嗣後土目、土民如有典賣土司田畝，即將人照律治罪，田仍給主追價入官。其違例典賣之土司及失察之該管知府，定以處分等語。查土司於所屬目民，原有管轄稽查之責，若竟以田畝互相買賣，不惟土司祖遺之業一但失守，養贍無資，且官民在土司或倚勢勒賣，而土目亦藉端構釁，勢必上下交涉，不受約束，種種滋生事端，於政體邊防實有關係。嗣後嚴禁各土司不許私相典賣，如有違禁不遵者，立即追價入官，田還原主，並將承買之人比照盜賣田律，田一畝笞五十；每五畝加一等，罪止杖八十，徒二年。其違例典賣之土司，議以降一級留任；該管知府失於查察，罰俸一年。若該土司有倚勢抑勒情事，即將勒賣之土司降一級調用；該管知府降一級留任等因。乾隆四十二年十二月十三日奏。奉旨：依議。欽此。

（清）薛允升《唐明清三律彙編·户律·田宅·盜耕種官民田》

《唐律》：盜耕種公私田者，一畝以下笞三十，五畝加一等，過杖一百，十畝加一等，罪止徒一年半。荒田，減一等。强者，各加一等。苗子歸官、主。

《疏議》曰：田地不可移徙，所以不同真盜。甚盜耕人田，有荒、有熟，或竊、或强，一家之中罪名不等者，依例以重法併滿輕法爲坐。若盜耕兩家以上之田，只從一家而斷，並滿不加重者，惟從一重科。

《唐律》：官私田同科，《明律》不同。

《大清新法令》第四卷《光緒新法令·農工商部等會奏核議礦務章程摺附片並請單·大清礦務正章》第六章　地權

第十三款　地面、地腹釋義

按照第十一款凡有礦質各地應分爲兩層：

甲　第一層指地面而言，其厚至業主平日所用之深處，以耕種、築造並其他土工所及，不關於礦務者爲限。

乙　第二層指地腹而言，即第一層之下，其厚所及之深處並無限制。

第十四款　地面、地腹權利之區别

地面權利除業主準其自用外，至承辦地腹各礦之礦商並不能有地面業主應有一切之權利，惟於執照所準之地界，按章業已奉官局允準，遵繳各費，則所有開礦應辦一切事宜，該業主及他人亦均不得阻礙。

各國通例地腹皆爲國家所有，凡五金之屬及一切貴重礦質非官不得開採，業主、民人不能沾地腹之利。中國政策寬大，務在體恤民生，所有地腹礦産之利，除照章徵收礦界年租及礦産出井税外，其合股餘利，惟丙字類之礦質，國家應酌提紅股一半，歸地面業主分沾一半，總之，國與民共分此全數餘利十成中之五成，以示與民同享樂利之意。凡合格之礦商繳費合辦者，無論華商、洋商，均不能將地權給與該礦商掌管。

礦商如係華洋合股，應先將開礦需用之地面，與業主商明是否願以礦地作股，其不願以地入股而願得地價者，準業主呈報總局，按照相當價值由官收買，再與礦商合股開辦，如業主不願將礦地出售，可由官查詢原委，斟酌辦理，礦商不得絲毫抑勒强迫，致拂民情。其由官核准給照之礦地，該礦商只有權辦理礦上一切事宜，不得管及地面，官亦不以定章以外之科條阻礙礦事，俟開礦事竣，仍將地面交還官局，官局收回地面，即將該商所領開礦執照註銷。

開採之權，屬之國家。無論官辦、民辦或華洋商人合辦，均以奉有部照始準開辦，倘有民間私將礦産賣於外人者，由官局查明，除礦地充公外，並將該業主照盜賣律治罪。

如無華人合股，斷不準他國礦商獨自開採一礦。

第十五款　銀股、地股之區别

凡華洋合資開採一礦謂之銀股或中國礦商力有不足，官家助以資本者謂之銀股；凡業主有地無資開採，願與礦商合力呈請領辦者，民業主應分之利謂之地股，或官家之地官不自開，準給礦商領辦者，官家應分之利謂之官地股。

第十六款　甲字類礦專歸業主開採

第十一款甲字類礦質，如在民地，應準地面業主任便開採；如在官地，應稟明總局批準方可開採，一切税捐仍照本省舊章辦理，勿庸徵收年租及出井税。

第十七款　乙字類礦合股辦法

第十一款乙字類所載各礦質，如在官地應由官辦；如在民地準業主盡先開採，如業主無力自開，準其以地作股與礦商合股開辦，所得礦利，除開除一切用費外净存餘利。此類礦質利息不多，業主應得十成之三，礦商應得十成之七，官但照章徵收礦税年租，不提業主餘利。

第十八款　丙字類礦合股辦法

第十一款丙字類所載各礦質，辦法悉與上條乙字類相同，惟所得礦利除開支一切用費外，净存餘利業主應得十成之二五，國家酌提十成之二五，礦商應得十成之五。

第十九款　稽查礦産總數

無論官地、民地，公用、民用所開出之礦質，數目按季呈送礦務委員，轉遞總局詳咨農工商部，以備核算統國每年礦産總數。【略】

第七章　以地作股

第二十一款　礦地作爲紅股

凡業主所有礦地，準其以礦地作爲成本，與情願租辦之礦商合股經營，其礦地即作爲紅股，應占本礦股本若干，視礦質爲定。如係乙字類礦，則所得餘利礦商七成，地面業主三成；如係丙字類礦，則所得餘利礦商一半，地面業主二成五，國家二成五。無論礦之大小、難易，總以除去地租、礦税、用費、公積外，其地股之業户與銀股之礦商照上列成數各分餘利爲斷。如礦係官地，則除礦商所得外，統歸國家所得，如礦商不允照此辦法，即不能承辦各種礦務。凡以礦作股與他商合辦者，一切開礦事宜，均歸出資之礦商經理，如有虧耗專歸礦商承認。惟既報虧耗，則業主自無餘利可分，應準地股之業户得隨時查考該礦商出入款目帳簿，俾可知是否虧耗，有無餘利實情，以免争執。

凡官地即作爲官股，無論華洋商民稟請給領官地開礦者，其股分只許占一半，不得逾於官股之數，官股應分餘利悉照上節辦理，並須由官派員駐礦，隨時稽核款目，考查礦工。

凡地股之業户，如兼有銀股，除地股不認虧耗外，其銀股仍一律按股公認，民股、官股皆同。

第八章　執照【略】

第四十款　開闢隧峒所關事項

因開闢隧峒洩水、通氣或轉運，而其地工程乃在所領地界以外，如彼處有未領之地可資開辦本款所載之工程者，則須遵照稟請礦地之例，另行請領所需之地。儻該工程須越別人礦界者，該具稟人必須先與別界之礦商妥商，並須議明設因上開工作而獲礦質理應如何分派；儻與別界之礦商未經議妥，除經總局按官斷規條斷準外，則不得擅行開工。

凡開隧峒遇見乙、丙兩類礦質，礦商應即稟報礦務委員，並按附章第四十條辦理。【略】

第十一章　礦商應遵之禁令【略】

第五十一款　礦地洩水法

礦中之水屬礦商者，應由礦商自行設法挹注，惟挹注時不得損礙別人産業。如在地面挹注，照本地向例放水，不得阻礙現有水道。【略】

第十三章　外人合股

第六十四款　宣示有礦地方阻礙事由

礦政總局如以某處地方尚未安謐，或經地方官隨時稟明有礙地方安謐不宜外人入内辦礦，可將事由宣示，領稟礦照者即不批準。

大清礦務附章

第四十一條　隧峒承領人之利益及其限制

凡有稟請地段僅開隧峒以作泄水、通氣、轉運之用者，如經批準，則所領地段界内準該隧峒承領人有先請開礦執照之權。如有別人擬於該處請領開礦執照，或全領、或分領者，總局應即知照該隧峒承領人是否有意添請此地以爲開礦之用，該隧峒承領人應自知照之日起於三個月内具稟聲覆；如該隧峒承領人覆稱不願添領或不如期稟覆，則期滿之時，總局可將此地准予别人領照。惟該隧峒承領人所有稟準開通隧峒之利仍舊不失，而後來礦商亦不得損壞、或更改、或干預其原有地腹之工程。

第四十二條　《正章》第五十款所指辦法

按礦務《正章》第五十款所指，本章附款詳列於下：

一　溝渠之合例義務，即云設若甲主不防護硔内溝渠，以致乙主産業受損，或甲主不如法極力防護該溝渠以致其水流至乙主産業者，甲主應當賠償乙主。

二　如礦商未經彼此商定，除實在不得已外，不能穿越别人礦界以開隧峒。

三　按本條第二節所載之情形，如隧峒所經之地之礦商因得隧峒泄水之益，應照硔工所沾之益貼補該開隧峒之人，其如何貼補，乃按各硔體質及當下情形爲定。

四　凡擬開隧峒者，必須先行稟明，俟由總局批準給照方許動工。但總局須在給照之前詳核礦務委員所陳之附稟及所呈之圖，其擬開隧峒之横直、各段工程應詳晰分載。

五　當開隧峒經過某硔之時，某硔商可派一人監工，如見其辦理不合，只能報知礦務委員或該處地方官查核，不能干預工程。

六　設該隧峒與硔工交通者，當開通時，應自行妥設提防，以免阻運道及路徑。

七　按照本條第三節所開公共隧峒，若非各有關涉之人公同依允並立約據，且在礦務委員處註册存案，該隧峒不得另作别用。按照本條第六節所開運道、路徑以及一切詳細情形，於所立約據之内應聲明如有不遵者應將此約作罷。

八　如有新開之硔亦在已設總隧峒之處，而亦可以分沾該隧洞之利益者，即須遵照本條之第三、第五、第六、第七各節辦理。

九　礦商若須耗費巨款始能在本界内設辦通氣峒者，其鄰近礦商即應準該礦商就近其界内租用通氣峒，以免耗費巨款。

十　除由此界礦商與其臨界礦商互相立約，並將該約在礦務委員處註册存案外，彼此應在本界之内隨時妥設堤防，以免阻運道及路徑通行。

十一　除本條第九節所載外，本界礦商所開硔工若令數家之硔工受其通氣之益，本礦商不得索取酬資，而此家受通氣之益者亦不得干預本礦商硔工之利益。

十二　凡開闢通氣工程並陸續保存通氣工程所有費用之款項，應由請領開闢工程執照之人自行開支。

十三　凡爲建造礦章所載之地腹工程專爲轉運之需者，須當遵照第二、第三、第四、第五、第六、第十二各節方法辦理。

十四　凡爲開隧峒而在掘起之土沙中得獲值價礦苗，若由批準礦地之界内而得者，應將該苗歸還該礦原主；若僅由準開隧峒界内而得者，應歸開峒之人領受，設此工程係屬數家合辦者，即按合辦分數照派。

十五　凡於甲礦利便而於乙礦阻礙，必須照下開辦法方爲合例。或由該礦主將許可之事訂立合同呈請礦務委員註册；或由礦務委員會同地方官審結，或由礦政局斷結。若乙礦主不許可，甲礦商應先稟請礦務委員裁判，若不服其裁判再行稟請該地方官判斷，如再不服，即盡兩個月内上控礦政局斷結。【略】

第十二章　樹木、水道

第五十七款　礦地樹木

砍伐樹木，或因清道之故，或因開礦之用，均不列在勘礦及開礦執照准行之内。如所在係官地，應在礦務委員處請領伐樹準單，所伐之樹按照該處市價納繳；如係民地，則須備價向業主商購，經業主允許方能砍伐，或由地方官按律定斷准行方可。

紀事

《後漢書》卷四《孝和帝紀》　〔永元五年〕二月戊戌，詔有司省減内外廄及涼州諸苑馬。自京師離宫果園上林廣成囿悉以假貧民，恣得采捕，不收其税。

《宋書》卷二《武帝紀》　高祖武皇帝諱裕，字德輿，彭城縣綏里人，【略】〔元興九年〕先是山湖川澤，皆爲豪强所專，小民薪採漁釣，皆責税直，至是禁斷之。

《魏書》卷六八《甄琛傳》　甄琛，字思伯，中山毋極人，漢太保甄邯後也。【略】太和初，拜中書博士，遷諫議大夫，時有所陳，【略】琛表曰：王者道同天壤，施齊造化，濟時拯物，爲民父母。故年穀不登，爲民祈祀。乾坤所惠，天子順之；山川祕利，天子通之。苟益生民，損躬無吝，如或所聚，唯爲賑恤。是以《月令》稱：山林藪澤，有能取蔬食禽獸者，皆野虞教導之；其迭相侵奪者，罪之無赦。此明導民而弗禁，通有無以相濟也。《周禮》雖有川澤之禁，正所以防其殘盡，必令取之有時。斯所謂鄣護雖在公，更所以爲民守之耳。且一家之長，惠及子孫；一運之君，澤周天下；皆所以厚其所養，以爲國家之富。未有尊居父母，而醯醢是吝；富有萬品，而一物是規。今者，天爲黔首生鹽，國與黔首鄣護，假獲其利，是猶富專口斷不及四體也。且天下夫婦歲貢粟帛。四海之有，備奉一人；軍國之資，取給百姓。天子亦何患乎貧，而苟禁一池也。

《晋書》卷八八《孝友傳·桑虞》　桑虞字子深，魏郡黎陽人也。父冲，有深識遠量，惠帝時爲黄門郎。河間王顒執權，引爲司馬。冲知顒必敗，就職一旬，便稱疾求退。虞仁孝自天至，年十四喪父，毁瘠過禮，日以米百粒用糝藜藿，其姊諭之曰：汝毁瘠如此，必至滅性，滅性不孝，宜自抑割。虞曰：藜藿雜米，足以勝哀。虞有園在宅北數里，瓜果初熟，有人踰垣盗之。虞以園援多棘刺，恐偷見人驚走而致傷損，乃使奴爲之開道。及偷負瓜將出，見道通利，知虞使除之，乃送所盗瓜，叩頭請罪。虞乃歡然，盡以瓜與之。嘗行，寄宿逆旅，同宿客失脯，疑虞爲盗。虞默然無言，便解衣償之。主人曰：此舍數失魚肉鷄鴨，多是狐狸偷去，君何以疑人。乃將脯主至山冢間尋求，果得之。客求還衣，虞投之不顧。

《梁書》卷三《武帝紀》〔大同十年〕秋九月己丑，詔曰：今兹遠近，雨澤調適，其穫已及，冀必萬箱，宜使百姓因斯安樂。凡天下罪無輕重，已發覺未發覺，討捕未擒者，皆赦宥之。侵割耗散官物，無問多少，亦悉原除。

《周書》卷四《明帝紀》〔武成元年五月〕乙卯，詔曰：比屢有糾發官司赦前事。此雖意在疾惡，但先王制肆眚之道，令天下自新。若又推問，自新何由哉。如此之徒，有司勿爲推究。惟庫廄倉廩與海内所共，漢帝有云朕爲天下守財耳。若有侵盗公家財畜錢粟者，魏朝之事，年月既遠，一不須問。自周有天下以來，雖經赦宥，而事迹可知者，有司宜即推窮。得實之日，但免其罪，徵備如法。

《隋書》卷四六《趙煚傳》 趙煚字賢通，天水西人也。祖超宗，魏河東太守。父仲懿，尚書左丞。煚少孤，養母至孝。年十四，有人盗伐其父墓中樹者，煚對之號慟，因執送官。

《舊唐書》卷四九《食貨志》 建中四年六月，户部侍郎趙贊請置大田：天下田計其頃畝，官收十分之一。擇其上腴，樹桑環之，曰公桑。自王公至於匹庶，差借其力，得穀絲以給國用。詔從其説。

（宋）王溥《唐會要》卷八九《磑碾》〔元和〕八年十二月勅：應賜王公、郡主並諸色莊宅磑碾等，並任典貼貨賣，其率税夫役，委府縣收管。

（宋）李燾《續資治通鑑長編》真宗天禧四年八月〔丙午〕是月，詔：自今逐年兩税版籍，並仰令佐躬自勾鑿點檢，勘新收舊管之數。民有典賣析户者，驗定舊税，明出户帖。勸農使按部所至，索視帳目。其縣官能用心者，批歷爲勞績，當議升獎。時上封者言諸州版籍止委吏人，失於勘驗，移易税賦，多不均等，故有是命。尋又詔：前敕諸路勸農使，所至究民間疾苦，檢視帳籍，慮其因緣取索，受越訴以擾民，宜令使副常切鈐束，不得妄有行遣呼集。其籍帳不整，止移牒索視，論訴公事，並依舊次第陳狀。如已經州縣、轉運司不行者，並即時盡公處理，所置曹典勿得過提點刑獄司數。

（宋）李燾《續資治通鑑長編》真宗乾興元年十二月〔乙卯〕詔應典賣田産影占徭役者，聽人告，以所隱田三之一予之。鄉村不得增置酒場，其已募民主之者，期三年，他人雖欲增課以售，勿聽；主者欲自增課，委官吏度異時不至虧負，然後上聞。初，上封者言州縣力役煩重，多典賣田産入形勢之家，以規避徭役。又天下酒課，月比歲增，無有藝極，非古者禁群飲、教節用之義。故條約之。

（宋）李燾《續資治通鑑長編》神宗元豐二年八月 都提舉市易司言：諸路民以田宅抵市易錢，欠不能償，公錢滯而不行，欠户有監錮之患。欲令賒當在官於法當賣房廊田土，重估實直，如賣坊場、河渡法，未輸錢間，官收租課，不惟稍寬欠户禁錮，而公家亦享實利。在京市易務准此。又言本司歲出本錢計置畿縣第四等户體量草，關由開封府界提點司，而提點司自熙寧八年至去年，尚逋草價十三萬緡，乞限歲終，仍自今委三司隨秋税催促提舉司拘收封樁，聽從本司支用，如敢借兑支遣，乞論如封樁錢法。又乞選本司勾當公事官一員專管簿籍。並從之。

（宋）李燾《續資治通鑑長編》哲宗元祐七年十月〔丁巳〕工部言：陝西轉運司奏，乞將本路州縣應有前代帝王陵寢祠廟去處，鄰近地各行摽撥，委所屬縣分擇比近多丁之家召募看守。本部欲依所奏，每陵寢比近十里内有係官空閑地土可修處，擇丁多之家召募五户，每户給田一頃，與免管田地内每歲所出租課及本縣内諸般差役，永充看守。其祠廟若小有損壞，亦責修葺。其間有不就給田看守，及雖有承佃地土不及一頃，而情願看守者，並聽從便。如本家有田自合應役者，即不免諸般差役。若無人召募，仍陵寢側近無田可給，即並依本縣差役條差，仍止於第四等、五等人户内召募看管，内祠廟若有損壞，即令各屬官依條修葺。從之。

（宋）李燾《續資治通鑑長編》哲宗紹聖四年七月〔辛酉〕上批：沿汴兩岸房廊，除隄面依條留一丈五尺外，應地步並交割與京城所。其屋宇地基，依祖修蓋；仍令都大并合干地分使臣、鋪頭、兵員等同共照管，兼隸本管所割。

《宋史》卷一七四《食貨志·方田》 宣和元年，臣僚言：方量官憚於跋履，並不躬親，行纏拍埄、驗定土色，一付之胥吏。致御史臺受訴，有二百餘畝方爲二十畝者，有二頃九十六畝方爲一十七畝者，虔之瑞金縣是也。有租税十有三錢而增至二貫二百者，有租税二十七錢則增至一貫四百五十者，虔之會昌縣者是也。望詔常平使者檢察。二年，遂詔罷之。民因方量流徙者，守令招誘歸業；荒閑田土，召人請佃。自今諸司毋得起請方田。諸路已方量者，賦税不以有無訴論，悉如舊額輸納；民逃移歸業，已前逋欠税租，並與除放。

《宋史》卷二八五《劉沆傳》 劉沆字冲之，吉州永新人。【略】〔天聖八年〕再遷太常丞、直集賢院，出知衡州。大姓尹氏欺鄰翁老子幼，欲竊取其田，乃僞作賣券，及鄰翁死，遂奪而有之。其子訴於州縣，二十年不得直，沆至，復訴之。尹氏持積歲税鈔爲驗，沆曰：若田千頃，歲輸豈特此耶？爾始爲券時，嘗如敕問鄰乎？其人固多在，可訊也。尹氏遂伏罪。

《宋史》卷二九八《司馬旦傳》 以父任，爲秘書省校書郎，歷鄭縣主簿。鄭有婦藺訟奪人田者，家多金錢，市黨買吏，合爲奸謾，十年不決。旦取案一閱，情僞立見，黜吏十數輩，冤者以直。

《宋史》卷三〇一《章頻傳》 章頻，字簡之，建州浦城人。【略】知九隴縣，遷殿中丞。眉州大姓孫延世僞爲券奪族人田，久不能辨，轉運使使按治之。頻視券墨浮朱上，曰：是必先盜印然後書。既引伏，獄未上，而其家人復訴於轉運使，更命知華陽縣黄夢松覆按，無所異。夢松用此入爲監察御史，頻坐不時具獄，降監慶州酒，徙知長洲縣。

《明實録》憲宗成化六年二月 乙亥，六部、三法司等衙門尚書姚夔等奏：比奉敕諭，命臣等條具政事未善刑罰失中，可更張者，並惠利可興舉冤抑可伸理者以聞，臣等愚昧無知，謹會議如左：【略】

一、河南、山東、北直隸土田，洪武、永樂年間，許民開種，永不起科，高阜低窪處所，聽其採柴草、魚鰕以自給，比來王府及勢家多謂空地棄閑，請爲己業。民無田者，仍佃種之，每畝納穀二斗或三斗者，人多怨咨。自定其數，瘠田納五升，沃土不過一斗。仍諭勢家勿得請閒田，與民爭利。【略】

一、白河抽分竹木局，去京三十里，非商旅所由，只抽細民柴炭間，有至廣積局重抽者，乞罷白河之局。

一、蘆溝、通州二抽分周，積弊最多，自今乞工部、都察院各遣一官，同内官，抽分敢復欺隱者，論之以法。【略】

疏入，詔曰：白河抽分局不必革。通州五處，每處止遣主事給事中、御史各一員，内官罷遣。其餘皆如所議行之。

（明）倪岳《青谿漫稿》卷二一《大明故太子少保禮部尚書兼翰林學士贈資政大夫太子少傅謚文思彭公神道碑》 正統丁卯，一齋居憂於家，公時方十五六，嘗過邑城，坐客有持故券證以争産者，辯論不已。公齒坐下，獨抗聲曰：此贋也。衆驚問故，公曰：券果出革除。寅辰年則當以建文三年，書乃云洪武三十三年，非贋而何？争者赧然而罷。

《明世宗寶訓》卷五《裁恩澤》 嘉靖六年十一月甲午，大學士楊一清言，近畿八府，土田多爲各監局及歲畹勢豪之家請討，乞行禁絶。上曰：卿等所奏，深合朕意。近年裏八府地方，多有被奸人將軍民徵糧地土投獻於勢要之家朦朧奏討，作爲莊田，侵占强奪。捶撻逼取地租。雖節經奏訴，委官勘斷，終不明白。民既失其常産，何所恃以爲命？逼迫逃竄者實多，京畿如此，在外可知，便着户部，差侍郎一員，科道各差風憲公直官一員，領敕前去各該地方踏看，不問王親勢要，除已賞有田土，足勾的不動，但係泛濫乞討及額外多占侵奪民産，曾經奏訴的，查吊籍册再勘，是實都退與軍民，照舊管業。各項草場亦有將軍地土混占，致令失業，一體清查斷理。在外地方都行與各該巡按、御史，委官查勘各王府及功臣之家，除祖宗朝欽賜有文籍册可質証的不動，但係近年乞討及多餘侵佔的，都給還軍民住種納糧當差。各處勢要官員，亦有將軍民世業指作無糧拋荒地土，及將係官山場、湖蕩、草塗等項勢囑官司奪爲已有，都要清出，從公處置。僧寺田土，小民與他耕種，租糧本輕，多被官豪違例典買，倚勢兼併，田連阡陌，料取重租，甚至將僧舍屋宇占爲住居也，要查明改正。事完各另造册，回報户部。職司人民務要從實查考，以稱朕恤民固本之意，承委官員如有畏避權勢，不行從公勘報的，指實參來究治。

《清實録》乾隆二十九年五月 〔庚辰〕陝甘總督楊應琚奏：巴里坤地方駐兵屯種，年來種植小麥、豌豆，地氣日漸轉移，近水易墾之地甚多，現在屯兵遣犯，每歲僅能種地一萬四、五千畝，臣請照辦送烏魯木齊户民之例，招募内地無業貧民，送至彼處墾種立業。

一具，私厝洪主祖墳邊旁，二載不報，意圖侵葬。因事發覺，已另還服罪文約，求主山地安葬祖母。今因目下日期未卜，托中願立限約，請主眼同保甲長等，將棺木封號暫厝主山，即擇吉日請主到山驗葬，不得私行搬移。如擅移不報，即係侵葬，是的聽主遞官理治無詞。今恐無憑，立此限約爲照。

天啓六年二月二十二日　立限約僕人　陳社魁

同　侄　陳周發

中見保長　饒宗仁

甲　長　畢天浩

義　兄　胡社志　胡社夏

《明清徽州社會經濟資料叢編》第一集《休寧縣汪汝嘉等分界合同》

十二都第三圖住人汪汝嘉、汪汝弼、汪汝名、汪汝初兄弟四人，共承父存日置到住屋東邊地一片，土名干塘口，於上長養竹木，鬮書上俱作四人平取。今爲管業不便，情願公〔同〕商議，將前項地段量作四分，各立新樴籬爲界。各人從便，永遠管業，庶得長養竹木，屋宇造作便益。爲此今將各人分得地段四至圖册條畫於後。今後各人只照依見立合同圖册管業，各不許悔異。如先悔者甘罰粈稻壹百秤與不悔人用，仍依〔此〕文爲用。其税糧仍依父鬮書輸納，日後不必推收。今恐無憑，立此合同文爲用。永樂二年十一月初七日。汪汝嘉　汪汝弼　汪汝名　汪汝初

《明清徽州社會經濟資料叢編》第一集《休寧縣謝從政等分界合同》

西都謝從政有山地一片，坐落本都七保，土名吴坑源斗水嶺，係經理唐字貳千捌拾捌號，捌拾玖號，南至謝安榮炎進山與本都謝能静唐字貳千捌拾柒號，北至彎塢心坑及鑾支吴坑坳山，下至路及謝潤伸山連界。爲因界至互换，兼又重復不明，今憑衆議立定分界，從斗水嶺脚大坑心，隨坑直進至石充上微轉西，從彎心直上至高降爲界。其東邊二千八十七號係山地，能静管業。其西邊二千八十八號、八十九號山地，係從政管業。其二千八十七號山地，從政亦有買受重復契文，爲因與二千八十八號、八十九號山地連契，不及廢毁，日後賫出〔二千八十七號山地〕從政不在〔再〕行用，一聽能静管業。自從衆議之後，二家各依今立定界至管業爲始，日後各不許異詞。如有異詞聽將此文照證，仍依此文爲始。今恐無憑，立此合同文書爲照。

永樂十八年庚子歲十一月初七日　謝從政　謝能静　合同

見議人　李從舟　謝能遷

代書人　李仲菁

《明清徽州社會經濟資料叢編》第一集《祁門縣僕人陳社魁等立限約》

立限約僕人陳社魁同侄陳周發，今因身不合於天啓五年二月將祖母棺木

案例文書

《敦煌社會經濟文獻真蹟釋録》第二輯《唐天復年代神力為兄墳田被侵陳狀並判》　（前缺）□□□□□□□右神力去前件回鶻賊來之時，不幸家兄陣上身亡。緣是血腥之喪，其灰骨將入積代墳墓不得，伏且亡兄只有女三人，更無腹生之男，遂則神力兼侄女，依故曹僧宜面上，出價買得地半畝，安置亡兄灰骨。後經二十餘年，故尚書阿郎再製户狀之時，其曹僧宜承户地，被押衙朗神達請將。況此墓田之後，亦無言語。直至司空前任之時，曹僧宜死後，其朗神達便論前件半畝墳地。當時依衙陳狀，蒙判鞠尋三件，兩件憑由見在，稍似休停。後至京中尚書到來，又是澆却，再亦争論，兼狀申陳，判憑見在，不許校撓，更無啾唧。昨來甚事不知，其此墓田被朗神達放水瀾澆，連根耕却。堂子灰骨，本末不殘。如此欺死劫生，至甚受屈。凡爲破墳壞墓，亦有明條。況此不遵判憑，便是白地天子澆來五件此度全耕，攪亂幽魂，擬害生衆。伏望司空仁恩照察，請檢前後憑由，特賜詳理，兼前狀，謹連呈過，伏聽裁下處分。牒件狀如前，謹牒。天復□付都□□（後缺）

《敦煌殘卷争訟文牒集釋·唐景福二年九月盧忠達狀》　百姓盧忠達狀右忠達本户於城東小第一渠地一段二十畝。今被押衙高再晟侵劫將，不放取近，伏望常侍仁恩照察，乞賜公平。伏請處分牒件如前謹牒。景福二年九月　日押衙兼侍御史盧忠達狀。

（宋）李昉等《文苑英華》卷四九五《策·問議百官職田》　對：

臣伏以職田者，職既不同，田亦異數。内外上下各有等差，此亦古者公田稍食之制也。國家自多事已來，厥制不舉，故稽其地籍，而田則具存，考以户租而數多散失，至有品秩等官署同，而廪禄厚薄之相懸近乎十倍者矣。今欲辨内外之職，均上下之田，不必乎創新規，其在乎舉舊典也。臣謹按國朝舊典，量品而授地，計田而出租，故地之多少必視其品之高下；租之厚薄必視其田之肥磽。如此則沃瘠齊而户租均，等列辨而禄食足矣。今陛下求其典而典存焉，索其田而田在焉。誠能申明而舉行之，則前弊必自革矣。

（宋）李昉等《文苑英華》卷五二八《判·菜地判》　甲爲匠人，於菜地制溝，遂廣深二尺爲度，所由劾功少，訴不違理。

對：

十地分宜順其高下，九夫爲井列以溝洫。式備水泉之害，將損壅塞之虞，利以生人，成其務本。永言經典，實著廣深，自畎澮而陳規，及園鄽而不紊，守之勿失。敏則有功。惟彼匠人，誠爲盡力，審斷徑術，善相邱陵，設夫間之小溝，明遂上之有徑。水勢地勢，因而用焉，善溝善防，斯焉在矣。二尺爲度，殊其不法，三農取託，乃亦有秋。方黍稷之離離，見流波之活活，決其行潦，達彼巨川。庀度功程，規模曲節。郎和夷之既藝，豈陵谷之將遷？樊遲學於孔丘，自得老農之術。哀公問於有若，寧有不足之憂。縱彼公田，何妨稼穡。況茲菜地，已輟耕耘。將爲功少取科，實爲淫刑以逞。十門吴堰，撫昔事而無慙，三章漢條，因茲躅而當宜。

（明）祁彪佳《按吴親審檄稿·一件陷抄事》　行據吴江縣解犯吴時俊等到院，研審得楊禎有炮字圩田二十一畝四分，乃吴氏於萬曆三十七年賣者。今忽爾回贖，大有迫勒之意，但未必扛擡耳。乃楊禎已面收其銀七十兩矣，又佃其内田五畝六分矣，則禎後亦愿聽其回贖者，今何絶不認得價而但以陷抄告乎！但吴時俊、吴國鑰有大錯處：强贖久賣之田，一錯也；交銀止立收票而不取回原契，二錯也；未贖之先又索其找價二十兩，三錯也；不過而揹田耳，乃告以搶殺，四錯也。此四錯，故楊禎嘵嘵以母出名告耳。今斷還找價二十兩，共前九十兩外，判租十石係楊禎所欠者，準除價十兩，田與吴時俊管業。禎已量責之，立案。右行吴江縣。

（明）祁彪佳《按吴親審檄稿·一件神誆事》　行據華亭縣解犯李仲謨等到院，審得李仲謨假託宦親，誆童子陸廷佳，瞞其父陸榮，希走捷徑以青其衿，初以十兩爲質，繼以田契五十畝爲抵，復又以二十兩爲轉投書札之貲，及術不售，便當璧其物寢其事矣。乃李仲謨復唆胡吉出首，圖冒管陸榮之田，此仲謨之奸險可恨也。陸榮懼田契在人，田被投管，焉能已於上控，查其中串合尚自有人，姑不深究。仲謨追贓擬罪，田契限於三日内追出還榮收領。右行華亭縣。

（明）祁彪佳《按吴親審檄稿·一件出巡事》　據靖江縣解犯劉仲雲

等到院，審得李明之田，縣審已明，即去年之搶麥縣亦審明矣。李明再告誠爲多事，但今年劉仰雲猶不遵縣斷，向佃户任三私收麥租，此明之所以不能已於再告也。惟是役誣爲搶，又屬蛇足。李明薄責，仰雲重責之，田照縣斷管業。右行靖江縣。

（明）蕭良泮《重刻釋音參審批駁四語活套》卷三《審語類》 張一之産既賣，則産爲他人之産矣。張大雖仗義執言，能施之於一，施之他人乎！且大何不保之於未賣之先，而乃挽回於既賣之後也。分明叔侄僞相乖異，圈套索詐買主耳。古來田地自無定主，有則置，無則廢。雖張大將不能保其子也，而安保其侄乎？彼張大者必老奸巨猾，假公行私之人也。此輩最巧於蠹民，不可不誡。張一原賣前田，合斷於李二等管業。

吴小父死非命，母著惡聲。覺發在官，曲圖完保。當時妄費已不貲矣，用價買産之人何過乎？爲小計者，正宜包羞含垢，幹蠱立身，顧乃規求小利，挑動前愆，竊謂舊家兒女不取也。且賣産之時，其主尚存，其無錯賣可知矣，應無別處。但念天倫遭變，稚子無辜，乳口失依，髫年可憫，聽伊族老開單勸處。

（明）祁彪佳《莆陽讞牘》卷一《本府一件勢佔事》 審得王民瑞墾田五畝零，謝童墾田二十五畝零，受業五十餘年矣。謝童之田原係民田，因興化衛折色缺少，故墾熟撥助軍糧，與民瑞之田相去亦遠。葉鳴益一旦欲奪而有之，據稱，萬曆四十五年經前縣王與，何至天啓五年方給帖？明係假帖混争，況王、謝輸糧已久，鳴益向嘗在夢中，今始告争耶？原田應還民瑞與童管業，鳴益假帖附卷，杖之。

（明）祁彪佳《莆陽讞牘》卷一《一件乞除民害事》 審得吴爾錫買江萬丈兄弟田二畝九分，管業已久。萬丈之侄惕侯索找已數次，今復登爾錫之門，再欲逞索找之故智，姑念貧棍，免罪。

（明）顔俊彦《盟水齋存牘》卷一《佔産關獻可杖》 審得關獻可借梁公成名影，占劉榮顯北丫等處田塘，其實所謂梁公成者，杳無其人也。據縣稱，獻可聽曾敬所居間而易劉之大水口田，覓曾敬所亦了不可得，然則獻可又何所據乎？總一榮顯之族孽劉鼎翰爲之祟□。縣審未免稍爲曲折，遂致枝節不已，今一刀兩斷，田與獻可全無涉也。獻可之影占，鼎翰之杷族，杖不盡辜，姑以觀其後。招詳。

按察司批：關獻可假名影占，劉鼎翰族孽作奸，各杖不枉，依擬發落，餘如照，庫收繳。

（明）顔俊彦《盟水齋存牘》卷一《訟田胡貞華杖》 審得生員胡士衡與胡貞華、胡澤華同堂兄弟也。士衡二契典賣田地於貞華兄弟，又一契批田與耕管業無異，適因貞華另有争山之訟，疑衡主使，具告學道，致士衡不忿，遂稱批田是假，不容收割，又執貞華父賣之房踞佔爲辭。查勘典賣批田三契皆士衡手筆，其田應聽貞華兄弟收割無疑。貞華父賣房契據已三十餘年，未經起業，相屬影響不過爲一時抓沙抵水之語耳。貞華以別詞釀釁，應杖以懲，士衡搆衆捏誣，亦應並擬，念係青衿也，貫之。

（明）顔俊彦《盟水齋存牘》卷一《争山侯帝賚候勘》 看得此中之争山争坦者，十詞而九各持一説，各繪一圖，其山鄰坦畔又各左右其袒，故非勘不定也。生員侯帝賚以强鋸松木告張應才，應才又以涎佔世業應，或其間有界址相連，故剪伐旁及，非親履而勘之，堪以射覆爲定案乎？連人卷發戎衙從實勘報，以憑審奪，勿狥秀才面皮，勿惑光棍口舌，則庶幾其可。

（明）顔俊彦《盟水齋存牘》卷二《争田黄澤鴻繇詳》 看得文氏與黄澤鴻告争田土一案，原經職審具詳，澤鴻執二契，共銀壹千兩，文氏稱止得銀壹拾玖兩。職以澤鴻猶然子衿，豈遂欲以十九兩之銀，吞孤兒寡婦千金之産？此情理之所必無，因折衷叁百兩一契，斷文氏回贖。乃結案之後，文氏剪髮哀訴，職爲惻然。其狀並瞿然，其審也行縣查勘者非一，而澤鴻總抗不赴質，且竿牘日至，職益知前審謂情理之所必無，而乃情理之所竟有者矣。因丁同知署清遠事，屬〔囑〕其細心一訪。據報，實止交銀壹拾玖兩，且澤鴻父子慣行跳詐，案不止此。夫粵中獻占成風，言之髮指。以一青衿而敢横行吞噬，進而上之，民間無寸土矣，此何可一日容於宫墻之内哉？合請將前田聽文氏管業，澤鴻一面行學除名，聽嚴提，依律究擬。職刑官也，自謂小大之獄雖不能察，必以情。乃不能犀照神奸，未免墮其雲霧，是溺職也，且席藁以待斧鉞矣。具繇請奪。

軍門批：審斷正不容着成心，亦難以執前案，平反正當如此。何物黄澤鴻借青衿而害孤寡，交價拾玖兩即欲奪千金之産乎？王法天理，澌滅盡矣。且素行奸詭，亟宜黜革。仰該府即報提學道除名，仍將局騙寡婦及積思吞謀情狀，從實究解。繳。

（明）顔俊彦《盟水齋存牘》卷二《爭田謝克節等杖》　審得謝克節有姑謝氏嫁崔應衢，應衢之子崔斯興非謝氏所出。據克節稱，有田陸畝，爲父與姑暫贍。夫曰暫贍，其爲奩田可知也。但以斯興非己姑所出，遂欲興訟索還前田耳。據斯興稱係明買，並非奩撥。總之此田應歸之崔，不論是奩是買也。至斯興稱有土名基外等田，共稅拾捌畝捌分零，串僕盜契，又出一紙合同，田寄謝履泰户内。查册，無履泰户頭。且問向來何人辦糧，油票何在，斯興茫然，有非崔氏業可知也。克節欲索還奩田，斯興並欲影佔他田，其見利忘義等耳，各杖示懲。招詳。

提學道批：如議發落，庫收繳。

（明）顔俊彦《盟水齋存牘》卷二《訟田黎惟岡等杖》　審得梁明昭曾將土名横岸路田二畝零按袁永浩父純可，實銀伍兩而寫二十五兩之契，有張幼謙作中可證也。後明昭將此田賣與黎惟岡，應清楚永浩之按，乃可而竟付之不問，永浩安能無説而處於此？今斷一本一利，明昭還永浩銀拾兩，田聽惟綱管業。明昭貧不能辦，惟綱得業之人，斷出洗業銀伍兩助之。惟綱、明昭不清原按，擅自交易，各杖，餘免科。

（明）顔俊彦《盟水齋存牘》卷二《爭屋李舜臣等詳批縣審》　看得李舜臣與譚益以房屋交易互告，據舜臣則稱賭局，據益則稱踞屋。職以事干産業，須行縣查勘。及該縣回文，止據該學申文，明譚履亨等無攤賭事情，而文末輕輕帶一語，云至於賣屋一事，自有契中可證，機鋒隱躍，該縣絶無一勘明房屋之語。職意學文何難力致，尚欲行縣勘其業價果否相當，立契曾否交價，乃可據以審斷具詳。而譚宦坐賓館逼審不已，且貽書相責，謂職該承沉案舞文。今全卷具在，所沉何案？未經具牘，所舞何文？職待罪省刑，凡十郡之事，自勘合以至憲案，每歲從事，動以千計，各上臺不以職爲不肖，呵其無當，乃有沉案無文之吏在旁而不覺，則職直聾聵人也，天下有聾聵之人而可折虞芮之爭者哉？三日前，職曾奉院道批，行審譚宦與濮澄源之事矣。澄源以子衿盜賣叔屋，職請黜而配之，以稍殺投獻之風。侄盜叔産，子盜父産，事不無相類，或坐是謂職沉案舞文也？職甘之矣。職度嶺四年，一官如葉，若欲屈三尺以事鄉紳，非唯法有所不可，實性有所不能，毋煩借吏侵官，多此曲折爲也。除將本官書併附原卷賫解外，伏乞憲臺細閲，有無沉案舞文，併請改發新會縣，從公勘審結案，以杜紛紜，庶爲妥便。具詳。

按察司批：據詳，案具在，不名爲沉；文未申，不成其舞。□法已悉，況千金之産授受，豈無證佐錢契？虚實一鞫自明。仰新會縣確審詳。

學道批：五月之内連立二契，又云子書父僉，此其事已可疑。中契果明，何妨静聽？而私書逼審，借吏侵官，如此氣焰，則該學之申結，安知不出於鉗制也？濮澄源之事，爲中爲契者竟何如乎，仰廳行新會縣確勘執法，速審報。

（明）顔俊彦《盟水齋存牘》卷二《爭田葉奕華等杖》　審得葉奕華盜寫同族葉崙之田，各按葉孟鳴、吴昌運、吴伯清。因奕華久匿不出，紛紜其訟。雖經職審，田還崙母何氏，然終未水落日出，伯清等猶争之不置。今奕華就拘矣，孟鳴、昌運束手而退，伯清再三呼之，始乃赴審。奕華面質謂：當日止按得伯清銀三十兩耳。其田委係崙業，伯清以影借之按契而欲踞他人之實田，貪而愚矣。田聽葉崙照舊管業，田契塗抹附卷。伯清之銀，自聽覓原中向奕華討取。交易原屬朦朧，非官法所得問也。奕華、伯清各杖示懲。招詳。

布政司批：葉奕華盜按人田，釀兹釁孽，薄杖倖矣。仰候按院詳示行繳。

察院梁批：據斷田歸原主，價覓原中，最得此案之情。葉奕華姑依擬杖贖，庫收繳。

（明）顔俊彦《盟水齋存牘》卷二《爭田李弘昭詳》　審得李弘昭獻佔之控，此事經縣審有案，職亦曾聽之矣。查黄邦傑等有土名野芋荒田地三頃餘畝，李弘昭等有名南村荒田二頃五十畝，俱憑中賣與梁道進爲業。道進既故，其子士英不能守，憑麥省華轉賣之舉人劉起相。邦傑、弘昭欲贖還前田，祇須向士英回贖。據稱舉人寫有退契，而舉人又稱勒寫，此俱不可解。向年有陳良佐與葉命新曾以此田上控，職嘗質之，此時無所爲劉舉人者。出而對審，則邦傑以謂贖還，則可聽其他屬矣。今劉舉人者，現身角立。據邦傑，謂贖還之田已轉賣之葉命新。據劉舉人，謂買士英之田轉賣之何萬派。據李弘昭，謂已憑麥省華贖還前田。據劉舉人，又謂此田已轉賣之陳良佐。其間線索都係麥省華一人。據葉命新等稱，拘到麥省華便見明白，而劉舉人又言省華已死。田土之事，豈可憑空臆斷？伏乞。憲臺改批：新寧縣要見此田何年過册，何人名下納糧，查上下手契應何人管業，庶得披見根株，折虞芮之爭耳。伏候憲裁具詳。

院司道批：縣勘審。

（明）顔俊彦《盟水齋存牘》卷二《争山何爵宇等杖》　審得帽子嶺山，蘇積德等之祖墳在焉。馮汝禎兄弟新築之塋，即在其下。據稱，憑何爵宇爲中，用價十一兩買之朱弘魯，而積德等執稱佔其墳地。業經本府密差繪圖及委官踏勘，審明在案，而積德等猶未心折，上控不置。其果有未盡平耶？抑刁悍之尤耶？職覆鞫之，亦不能有出於據圖據勘之外。但積德等呼天叫地，似萬分不得已。職因訊弘魯，此地上手得之誰氏。以祖遺舊業對。而既無册籍可憑，又無看山人可問。細查舊牘，有蘇世澤與蘇君獻争墳一案。沈知縣審語，載有上面一穴，乃蘇君獻，蘇世澤之所争者，而今又新書朱公、馮氏字眼於上，此必棍徒冒勢以争此冢者。後云其棍徒書寫朱公字樣，速令洗去，以杜後日釁端。此時踏勘，並無别有朱姓之墳在前後左右，亦並無有朱姓之人起而争此山前後左右尺寸之土。今弘魯仍同朱公之朱，汝禎兄弟又仍同馮氏之馮。毋乃朱馮原係瓜葛，而當年影占爲沈知縣所拈破者，今復乘時移事遠，而復爲此朦朧侵踞之事乎？豈青青子衿，所以妥先靈意耶？不然牛眠佳地，何處不可覓？而既有沈知縣之成案在前，諺云有錢不買糊塗産，何不三思之也？汝禎兄弟猶然囊序中人，不便直窮到底。念已卜葬，遷之不情，議馮汝禎兄弟另出地價，姑容其葬焉可也。何爵宇、牛弘魯無賴之尤，杖不盡辜。蘇積德雖爲祖宗守一抔之土，身命不顧而慘毆二生，毋乃太横，並杖之。招詳。

布政司批：朱弘魯等魍魎爲奸，以有主之山盜賣於馮汝禎，致兩家蝸戰不休，是誰作之孽歟？第汝禎初買，未必明知。而墓傍隙地，何須戀訟？該廳念其安厝日久，給價免遷，可使死者安而生者息矣。依擬發落，庫收領狀繳。

（明）顔俊彦《盟水齋存牘》卷二《欺孤占産吴自昆等二杖》　（上殘）□出淚隨，令讞者如坐凄風苦雨中，直欲推案而起，更□□者，一樂以同堂之伯而與自昆表裏爲祟，魚肉孤寡，罪尤不勝討也。契已追出，田聽美懿管業，行州簽釘明白還懿，勿使豪横恃頑不吐，自昆、一樂各杖無辭。自昆應否降黜，或行學戒飭以儆敗群，伏候憲裁。至文自誠者爲美懿母舅，目前爲美懿母子所依，然當終始以扶孤掖寡爲心，若有他念，則嚴其討，不在一樂、自昆下矣。職請並以此預誡之。招詳。

察院梁批：吴自昆喪心蔑理，以攘孤寡之業，一杖尚有餘辜，姑依擬贖發，仍行學降青，如再生端纏訟，即徑黜革。陳一樂串合爲祟，併杖示警。餘如斷，庫收繳。

提學道批：吴自昆得外家之有不爲不多，必欲盡其嗣子之産而百計吞之耶？青衿如此，可謂貪而無良心者矣。仰行學降青示警。餘候按院詳示行繳。

（明）顔俊彦《盟水齋存牘》卷二《占産曾洪儒杖》　審得曾洪儒一子衿耳，乃以遠年白契占孤寡之産，經縣行學審明，堅插封簽，鑿鑿在案。洪儒之罪其足討乎。念已褫革，産還故主趙氏。抄孀之控，杜其將來覬覦也。姑杖懲以戢其横，如再肆憑陵，重典隨之。招詳。

兵巡道批：曾洪儒欺孤占産，經黜不悛，依擬杖發。庫收繳。

（明）顔俊彦《盟水齋存牘》卷四《争地梁起鸞、陳如璧二杖》　審得王瑞焜父於天啓四年，憑中張名揚用價八十兩買梁起鸞税地四分，管業有年，里長龐裔興及房鄰梁起鴻俱能證之。起鸞或有洗業之想，據實以陳，未爲不可，而燒毁祖宗，酷殺妻妹，此成何語，幾於説鬼説夢矣。起鸞蚩蚩之氓，似非刁訟，瑞焜疑陳如璧叠訟有仇，實從中主唆如璧，故非不好事之人也。其地聽瑞焜照舊管業，斷出加價銀拾兩給起鸞，不得再有後言。起鸞之誑詞，如璧之助訟，均杖儆之，招詳。

布政司批：梁起鸞捏詞妄控，陳如碧從中挑釁，各杖不枉，依擬贖發。庫收繳。

（明）顔俊彦《盟水齋存牘》卷四《争屋蘇朝光等杖》　覆看得蘇朝光夫猶是蘇諫議之孫也，有龍光、國光兩不肖者爲之兄，而燕飛非復王謝之堂矣。屈氏、黎氏兩世未亡人撫朝光及其二弟，煢煢在疚，望其成立，以延先脉之如綫，乃收拾餘燼，止一銀臺里二千金之産尚不易姓，可不至露處，而以兩母三子所苦積，贖回龍光、國光敗費萬分之一於以畢晨夕也。復有配犯蘇雍卓者，突據僞契爲鵲巢之據，何哉？盜割前税則番禺之呈明有案，龍光契賣而母兄之僉點無憑，況取買蘇崇禮之契對質之，一真一膺，兩不相掩也。歐氏執其故夫之假券而肆其潑爭悍也，朝光因控雍卓之踞佔而併及崇禮貪也。縣斷朝光給歐氏三十金而徙其居，崇禮補朝光亦如之，聽世其業，以了二十年不結之案。蘇崇禮、蘇朝光均以貪受杖。歐氏以女流免科，法之平也。轉詳候奪。

分守道批：歐氏以假契踞業，蘇崇禮業重價輕，以崇禮之三十金還歐氏，斯至當之畫，亦以救諫議之後於橫流之餘也。俱依擬，田業如照，庫收領狀繳。

（明）顏俊彦《盟水齋存牘》卷四《爭産蘇伯玄等杖》　審得蘇臺南用價買故伯蘇燦吾房産，稅契明白，現有伊叔守吾作中可證。乃燦吾子伯玄、伯子復將前業東典西賣，彼受其典賣者，如所稱蘇葆真、李氏、蘇昌合其人，夫豈不知房之久已屬臺南也，不過利其無正價而思吞之耳。貪心所使，俱可一筆抹殺。定其自與伯玄、伯子聲說不必問矣。但據契止二佰五兩，粵中半價則止百兩零耳。縣審留價百兩之說，不知何據？想欲委曲爲伯玄、伯子，打發諸典買主出門耳。臺南家計有幾何，堪此一委曲也。應止斷臺南再出銀貳拾兩，與伯玄、伯子爲洗業之資，房聽臺南管業，永杜紛爭。伯玄、伯子難免重賣之罪，念其愚稚，姑各杖之，具招呈詳。

糧儲道批：蘇伯玄等依擬贖發，餘如照，庫收繳。

（明）顏俊彦《盟水齋存牘》卷四《爭山呂龍陽杖》　審得呂龍陽以賣風水爲事者也。據稱銀錠山地買自謝孔成之父謝睦鄉，睦鄉已死，不可問矣。則惟有質之守山者與山之兩鄰，而皆謝家山也。夫山果屬呂久矣，而猶以謝稱乎？況爲龍陽作中賣山與羅敬宇者，即守山之招成伯林，招成口口稱是，謝山又何說之詞？細審鄰證，稱係荒山，並無墳穴，想在謝亦向置之不問，而龍陽因居以爲奇。羅敬宇惑於風水之說，不覺入其雲霧中耳。呂龍陽得羅敬宇山價六兩追還，山仍聽謝孔成管業，龍陽應重擬，以其老也，姑杖之，餘免株求。招詳。

分守道批：依擬呂龍陽贖發，餘如斷追給，庫收領狀繳。

巡視海道批：呂龍陽賣人之山，本應重處，但憐其老，姑從杖懲，依擬折工發落，餘如照，庫收領狀繳。

（明）顏俊彦《盟水齋存牘》卷四《爭山趙汝立等二杖》　審得羅永盛肆厘山地買自馮惟業，與呂兆元錯壤，兆元欲溷而有之，已經府斷有案。乃光元復勒其地，以趙汝立爲訛而據之，所爭有幾，而輒轉不休，亦貪而愚哉。既經勸息，姑免深求。汝立、兆元各杖以懲。招詳。

按察司批：依擬各折杖發落，餘如照，庫收繳。

（明）顏俊彦《盟水齋存牘》卷四《踞佔房屋鄭茂華杖》　審得鄧昌父鄧少南買鄭原誠等屋一所，中契甚明，管業有年，與鄭茂華毫無相涉。茂華出合同一紙，乃四十年前按銀之合同也，與此屋更毫無相涉也。中有相知交易等語，非契非書，總不可爲典要者。而欲執此以搖四十年管業之産何居？不過以昌瞽目可跳耳。天下人盡瞽目耶？至投宦指欠封屋踞抄，審未必然。粵東雖在邊徼，夫獨非王土，三尺凛凛，誰敢干之？屋聽鄧昌照契管業，鄭茂華憑空跳詐，杖不盡辜，加責枷示，以殉國中，亦足以警矣。具招呈詳。

察院批：鄭茂華生端告奪，杖有餘辜，依擬加責三十板。以遇恩例免枷，倖矣。庫收繳。

（明）顏俊彦《盟水齋存牘》卷四《爭墳温富禎俞元貞一徒一杖》　審得温富禎盗葬俞學彦父墳，移骨潮子嶺，證有李應達。後禎自吐，學彦與親族俞學乾、温尚文、袁顯忠等奔獲棄骨，衆口如一，該州初審，鑿鑿可據也。但職讀其審語，有法紀不貫，深爲可憾，姑準和息。温富禎罰穀拾擔，俞元貞罰穀伍擔。心已異之。伐〔發〕冢拋骸何事也，而乃以和息罰穀結局耶！及閲覆審，而前之稱富禎盗學彦父骨者，忽改而爲學彦盗富禎母骨矣。何倏忽變幻，令人不可捉摸也。職進諸犯證而廷質之，夫温尚文非他人，富禎之嫡叔父也。袁顯忠非他人，富禎之嫡姊丈也，唯有叩頭爲富禎乞命。而富禎自叙當日盗骨，乞和學彦矢不鳴官等情歷歷如畫，與該州初審無異。其忽而改招，出富禎入學彦，其中轉移之妙，職不忍深求也。據稱學彦挖富禎母骨，職問富禎：汝母墳買何人地，契在何處？禎俯首無對。據賣主李大珍出所繪墳圖，中爲李大珍祖李松秀穴，左爲李大珍祖母梁氏穴，右爲俞學彦父新穴。指圖問富禎，禎亦以爲然，則所稱單騎往勘，學彦兄弟發富禎母冢，空穴具在，豈其夢耶。至新土新灰，貯庫爲憑。夫安知非學彦冢上之土灰，而舍親族交證、本犯自認之昭然可據者，轉憑之土灰，何其心思之曲而拗也。至於盗人之冢，謀甚秘也，而聚合門親戚商之，獨不慮泄乎！其商之之語及拷詈之語，筆筆描寫，而從無一人證之，豈問官自從旁聽之乎？總之，此案以前審爲是，則後審之爲非。以後審爲是，則前審爲非。而虛心細質，衆口一詞，與夫本犯之自供自吐，則該州之前審爲鐵案，而後審爲石虎也。天下儘有留心案牘而耳目大廣，意見偶偏，遂不免黑白變亂。事關人命之出入生死，卑職斷不敢漫徇情面，附和雷同，以自罹於冥譴也。若俞志道之縊死，則該州初審，有造意者禎之岳，濟惡者禎之舅。元貞縱痛父而愬，殆不知莫輕於兹縊等語，此亦如山之案也。卑職之聽斯獄也，非翻該州後審之非，乃成該州前審之是。温富禎合依發掘墳冢之律擬配，俞元貞同惡相濟，亦應重擬，念其父已死，姑以妄告杖懲。招詳候奪。

軍門批：温富禎盗葬之情，據招剖晰甚確，棄骸法當重論，但稱係火骨，姑依擬加責三十板。該道定驛擺站，滿放，俞元貞贖發。餘照行，庫收收管繳。

(明) 顏俊彦《盟水齋存牘》卷四《争界徐昭泰等杖》 審得徐應鸞與徐昭泰猶然同堂兄弟也，以祖居分受，界址相連，假門出入，遂爲鬩墻之鬪。應鸞挾其父徐漢以叔之尊而凌昭泰，獨不云應鸞視昭泰分猶兄乎。縣以孝友之誼諭之，已各悔泣。房屋聽各照分單管業，仍令昭泰肉袒請罪於其叔，應鸞屈膝請罪於其兄。自此化戎莽爲荆枝，則眼前蠻觸俱可付之黑甜一夢也。昭泰、應鸞各杖，以爲骨肉參商者之戒，具招詳奪。

隨蒙提學道批：徐昭泰等依擬分别贖發，庫收繳。

(明) 顏俊彦《盟水齋存牘》卷四《息訟黄宅俊杖》 審得黄宅俊爲闞氏之侄婿，闞氏孀而無嗣，俊遂陰以其田立契賣與雷萬辰，闞氏不甘上控。職奉憲拘審，俊與辰自知理短，已將田退還，仍爲闞氏故業矣。盗賣孀田，法應重擬，念其悔過，姑杖宅俊，萬辰示儆，餘人免科。招詳。

布政司批：黄宅俊、雷萬辰盗將闞氏田授受，明欺孀婦無告，應計贓準盗論，念已退還明白，依擬各杖折發落。如照，庫收繳。

(明) 佚名《新纂四六合律判語》卷上《户律·盗賣田宅》 民有居室，乃世業之相傳；國有輸徵，由版籍之是貢。物各有主，豈應盗賣於官豪？經界既正，焉得移丘而换段？今某不顧王法有懲，肆意欺公而利己；安知天憲無私，更亂禹甸之舊規。《禹貢》：五百里甸服，故曰禹甸。版籍徒存於府庫，産業已入於豪家。强者兼併，安措宋高之宅上；富者多取，有乖孟氏之《軻書》。奸既同於曹吕，法宜警於將來。

(明) 佚名《新纂四六合律判語》卷上《户律·盗耕種官民田》 良農力於耕獲，必已業而後宜；甫田屬諸官民，若盗耕奚其可？蕭何爲貧民請地，尤見囚於囹圄；竇憲凌貴主奪田，重招譴於臣工。使竊加乎耒耜，真射利於膏粱。今某肆汶陽之奸，無虞芮之讓。南畝西疇，各有其主，輒興負郭之嗟；上原下隰，本係諸官，乃起穰田之望。淳於髡曰：朝見穰田者，持一豚蹄，祝曰：甌窶滿車，污邪滿家。所費者少，所望者奢。黄犢私耕於曉月，青種潛種於春風。不思陽羡未嘗之茶，王公責專其私，是雖鄆灌見侵之後，齊人侵魯人，鄆灌汶陽之田，後皆還之。齊人前悔其非。固難比罪於穿窬，亦合論刑於計畝。

(明) 張肯堂《䓨辭》卷三《張承教河南淇縣人》 淇、濬壤地相接如錯繡，故濬之民亦有置産於淇者，如馬有作是也。有作河壖地二畝五分，得之族人君正，君正又得之淇民張繼道，其子則爲張承教。方售産時承教尚未生也，迨承教胎髮燥而難端作矣。曰此淇地，且祖産也，不奪不厭，每於東作時擾之，使不得耕。有作固已不勝其苦，今年復訟之淇，縶其傭工二人以去，並下之獄，能無搶地之呼乎。夫置買田宅，不聞有越籍之禁，而必曰淇産淇耕，則環淇之人皆得而有之，不止承教一人矣。第念主客勢殊，承教不靖，有作究竟非安枕時也。斷令承教以原值贖歸此地，淇水悠悠，今而後當無褰裳而鬥者，争桑之隙庶幾其可杜矣。承教非法凌人，豈曰淇民也，而爲三尺所不及糾乎。

(明) 張肯堂《䓨辭》卷七《邢三槐長垣人》 邢文星與邢三槐雖爲族人，然文星愚而三槐狡。文星孑然一身，顧影無儔；而三槐兄弟數人，皆能瞋目語難者也。四年八月間，三槐與弟三益建起大宅，狹小己産，占文星地基三尺，墻犁於前，潦經其宫，謂文星能一日居乎！抄危一詞不無過當，然其情深可察也。無約請和，文星蓋不覺囿於術中矣。窮詰至再，得其私約一紙，愿返侵界，請罪不遑者，乃出三槐兄弟，是非曲直，即列眉不啻矣。寧得徇堂下之請，姑置兩平乎哉。

(清) 李之芳《棘聽草》卷六《讞詞·産業·分守道一件爲抄劫大變事》 審得杜七十一之與杜明衍同惡相濟也，因賈正倫死，遂私拍其所佃之田，輒行耕種，且慶登場矣。不思物各有主，此田實係姜淵之業，既不認明於前，又不償租於後，而悠悠視之，等於無主，有是理乎？及淵歸而收其在田之穀九石，我有田疇，獲其遺穗，誰曰不可？復率衆肆奪，抑非情矣！今明衍雖死，合於杜七十一名下追租九石以還姜淵，與杜光岳、杜九十二、錢百三併杖允宜。

（清）李漁《資治新書二集》卷二〇《田産・誣盜殃民等事》 看得曹學，乃曹志獻之胞弟也。獻無子而家計稍豐，學有二兒而一貧如洗，故覬覦其兄之身後，將琴朕而弤朕矣。獻以己地一片，出賣與武進士李弘實爲業。學以爲是兄之物實己物也，見實築墻，力争無狀。實控於縣。縣尚未審，而學遂聳憲臺。夫志獻無子，固有兄終弟及之義。然一息尚存，學不敢過而問也。今將欲拯兄之臂奪其地而不得，反遷怒於受地之人，貪而且驁，一杖不枉。

（清）李漁《資治新書二集》卷二〇《田産・清查官地事》 王國棟擅占社學地基建造住房，旋售緑旗兵某爲業。此明知官地不可久據，故借兵勢以蓋前愆耳。及奉清查官地，國棟急宜首明，何待總甲指報，又何可報後而復爲掩飾耶？本圖脱罪，而罪案反從此定矣。合將原基斷歸本學，仍加杖懲。

（清）李漁《資治新書二集》卷二〇《墳墓・伐冢大冤事》 看得樂安二十七都中華庵後，歷葬武氏墳冢，子孫世守無異。夫有墳則有山，有山則有木，非武氏主之而誰主乎？乃左右居人以武墳在官山之下，芻蕘可以不禁；武發生等遠住郡城，樵採逾界莫可指名；即陳遜四等距匪遥，指爲砍伐山木似亦無據。但觀遜四出頭狡辯，稱係官山，武氏不宜據爲己有，則剪伐知情不言可喻。不然，即是官山，何與彼事而争之甚力耶？法應擬杖。念事在赦前，相應寬免。其墳山一帶樹林，無論官民，俱不得擅行砍伐。

（清）葉晟《求芻集・讞語・盜賣莊業朋謀滅門事》 審得杜可達物故四十餘年，伊子杜鳳成迯往他方，所遺有地無房之莊基，鳳招視爲己物，築墻蓋房，節年賃與他人，得租取利，已十有餘年。又於今年五月賣與杜金齡，得價銀八兩。物各有主，何竟以他人之業爲已有也？先經杜鳳翔具告，以此地可達曾當與伊父一半，鳳鳴能公證之，而鳳招支吾狡飾，故諭令候可達子到時結案。今地主已歸，鳳招無能置喙，乃以築墻蓋房費銀爲辭，希欲將賣價多歸於房，少歸於地。殊不知房價僅值二兩，而地價六兩，杜金齡言之鑿鑿，不爲回護。即築墻有費，而節年討租，豈獨無利耶？應斷地價銀六兩，着杜鳳成另立契約。其鳳翔先年當字，鳳成自行取贖可也。

（清）佚名《比照案件・户律・田宅・盜賣田宅》 安徽司 嘉慶二十二年

順尹咨：張泳存因開煤窯之李陞素有瘋病，託伊經管煤窯。該犯以在窯辦事並無證據，誆令李陞立給送窯字據，復私改合同，誘令窯夥張天錫等畫押，以作霸窯證據，殊屬刁詐。惟該犯經管煤窯原係李陞囑託，且李陞實有寫給送窯字據，似與倚恃勢力憑空强佔有間。張泳存應於强佔山場流量上量減一等，滿徒。

安徽司 嘉慶二十二年

户部咨：周廷福因貪王朝佐未經絶賣之地膏腴，即仿照原典契另行謄寫添揑，無力回贖，聽憑報税字樣，混行報税，希圖杜絶向贖，即與冒認田畝虚錢實契無異。惟王朝佐之地實係伊家先行亟典，並非平空揑造，全行冒認。周廷福應於冒認他人田宅虚寫錢數，實立文契，典賣一畝以下笞五十，每五畝加一等，罪止杖八十，徒二年罪上減一等，杖七十，徒一年半。

江蘇司 嘉慶二十一年

江督咨：卞儀輝將洲灘地畝得價盜賣，復摭拾妄控，惟該縣一經示禁，即行中止，不敢復行佔賣，究與恃强久佔者有間。卞儀輝應照强佔官民山場蘆蕩杖流律上量減，滿徒。

江蘇司 嘉慶二十三年

蘇撫咨：徐實舟等明知胡覺文盜賣祖遺報明陞科洲地，貪利故賣。雖盜賣田宅律内並無買主知情作何治罪明文，惟查重複典賣田宅，其典買之人知情，與犯人同罪。則盜買亦應一體科斷。據買地畝數目，照盜賣律治罪。

貴州司 道光二年

宗人府咨送：屈進喜係宗室吉勒章阿看墳家人，輒敢將伊主墳旁祭田二十五畝盜典得價，惟律例内並無家人盜典主人墳地治罪明文，將屈進喜比照子孫盜典祖遺祀産不及五十畝例，杖六十，徒一年。

直隸司 嘉慶二十五年

直督咨：安其所佃種公主府之地，係奉旨賞給公主府爲業，即屬官田。經沈守押令退地交租，乃膽敢乘間脱逃，數次抗傳不到。數年以來，將地畝霸爲己業，並不交租。復阻止衆佃不許交納，以致衆皆觀望。計地九十九畝，應比照佔種屯田五十畝以上不納子粒者，發近邊充軍。

江西司 嘉慶二十五年

江西撫咨：胡學連與劉多燧兩家墳俱葬在牛尾堝山，嗣因争山訐訟，兩造所執係前明廢紙，例不爲憑，斷令不許添葬。迨後劉多燧將伊父劉多申屍棺安葬該山。胡學連等聞知，往將棺木挖起，擡匿別處。胡學連合依發掘他人墳塚見棺槨，爲首發近邊充軍。劉多燧比照强佔官民山場滿流律上量減一等，滿徒。

福建司 嘉慶十八年

鑲黄滿咨送：額駙家世襲佐領玉堂管理公主墳塋事務，將所收祭銀一千六百兩私行侵用無存，與子孫盜賣祖遺祀産無異。其侵用銀一千六百兩，核計在五十畝以上。將玉堂比照子孫盜賣祖遺祀産五十畝以上例，發邊近充軍，折枷。

安徽司 嘉慶二十二年

順尹咨：内務府渣軍佟五私賣投充入官地畝，查佟五既已將地投充入檔，即同官産，不準私相盜典。乃佟五始而借給建房，總復捏稱民地價賣。應比照盜賣他人田一畝笞五十律，係官莊，加二等。

（清）蒯德模《吴中判牘》 吴顧氏，一弱女子耳，夫死子幼，闔以外伯也，任之矣。乃夫兄監生吴秋坪於每年租息之入，半託開銷，遂至該氏日用之資亦多缺乏。迨索取租簿，請自收管，則又措不交還。嗚呼！是何心哉？寡婦、孤兒造物已留其缺陷，諸父昆季人力，端賴其扶持，試問該氏即無遺産，非該生之是依，而誰依乎？該生代權餘資，非該氏之是用，而誰用乎？當有錢家算無憑？帳既誤於假手，實難以甘心。至於租簿不還，其將去籍耶？抑亦戀棧耶？丁年守志，不過稱未亡人；午夜捫心，何以告先死者？乃斷令將租簿交出，由該氏自管。

（清）趙幼班《歷任判牘彙記》卷二《判梁記清等堂詞》 旗營圈地係牧放官馬之場，不許民間侵佔。杜有成、梁記清、馬步青等盜種多年。乃前奉軍憲札發下縣，經陳前任訊斷，飭限於十一月間讓清，取結在卷。乃延宕至今，仍然盤踞，殊屬藐玩。現準左右司函移疊催，本應提案重懲，念其異地貧民，姑寬既往。着再勒限十日，仰原差押令，將私墾官地，並搭蓋草蓬一律拆讓，以便移覆旗營。倘再遲延，即行帶案笞責，遞回原籍，决不寬貸。取到限狀存查。此判。

（清）熊賓《三邑治略》卷四《堂判利川縣任内・訊吴榮朝一案》 訊明李世爵所買吴姓先人之田，驗明各項約據屬實。惟吴榮朝等執出分關，云青龍山留作培植風水，不準外人砍伐。復查李世爵約據，又無上抵青龍山界字樣。而吴榮朝僅執分關，亦無約契。是彼此均無實在憑據，斷令青龍山之地，以後均作官荒，既培吴姓陰地，又培李姓陽宅，彼此均不準在此砍伐樹木，以昭平允。此次吴姓所砍樹林，又被李姓取去數根，着斷李世爵出錢四串文，以二串作天主堂醫館功德，以二串作鍾靈書院津貼，以後永敦和好，各具結完案。此諭。

（清）熊賓《三邑治略》卷五《堂判東湖縣任内・訊易賢注一案》 訊明易賢注與易墨卿田地連界，查驗易墨卿所執約據，有磄門裏外旱田一塊，細核裏字係口字所改，足見此界含糊。又查易賢注所執約據，有磄内磄外旱田一段字樣，惟此約係道光二十二年白約，並未投税，亦難靠實。據易墨卿供，磄内磄外，實係生累年收租，而易賢注現執出舊約不服，彼此争執。斷令磄内磄外旱田兩塊，仰易墨卿捐入祖父易國宏名下，以作春秋祭掃。至原日黄丙庵處，令兩造掉田和息，註銷存卷，各具結完案。此諭。

（清）熊賓《三邑治略》卷五《堂判東湖縣任内・訊楊祖琪一案》 訊明楊祖琪有祖田一分，先賣於王文卿，轉賣蕭清庵，後又賣於王開柏，查明老約，並無楊姓祖墳，質之楊祖琪等，供稱有墳十一塚，亦無憑據。經本縣酌斷，勸令王開柏將所有墳塋，無論楊姓外姓，一併包好，聽伊等自行祭掃，有墳無界，合計古墳數塚，刊立小碑，以杜後患。所有樹木，歸王開柏自修自伐，外人不得異言。至楊祖琪等佃種王開柏之田，從寬讓種一年，仰詞證宋徵五等五人兑保，如認真給稞，亦可接種；倘租稞不清，即憑兑保之人驅逐另换可也，各結附卷。此論。

（清）熊賓《三邑治略》卷六《堂判天門縣任内·訊嚴正章等一案》 此案經本縣勘明，嚴正章所葬之棺，距劉姓祖墳實在未及三弓，無怪劉姓争執。惟劉姓不應急於强令搬遷，均有不是。斷令嚴正章除三弓外，另行遷葬。劉士執既與嚴正章至戚，酌再義給錢二十串，以作遷葬之費，各具結完案。此諭。

（清）熊賓《三邑治略》卷六《堂判天門縣任内·訊楊焕新一案》 此案轇轕太多，據何宗遜等供，建修頸子隄，水勢曲折，可以一勞永逸，約計需錢千餘串之譜。質之高攀桂等，供頸子隄中隔四垸，周轉太多，費亦過重，不如修舊有之平王代溝，只要錢百餘串，使行消洩，能包三年穩固等語。爲今之計，自以省費省力爲主。斷令即照高攀桂所議，復修平王代溝。至需費百餘串，如再收錢，勢必又生枝節。即照本縣所斷老觀垸隄案，飭令圩長人等，按畝派夫，趕緊興工。如不到者，準其指名禀究。所有爾高攀桂等，先管此事，所收之錢，已買平王代溝地基，並何宗遜接手所管經收之錢，已買頸子隄溝地基，及先買平王代溝路之處，均著一併歸公。既往不咎，免致爾等互相争權，致令鄉民受累。何宗遜又供頸子隄尚有價四五百串未付，仰即自行清理。按照原買之界，退出若干，作價抵補。各處界址，均須兩造到面踏清，竪立界碑，以便永遠管業。承修平王代溝時，即歸高攀桂等經理，但須會同何宗遜等協同幫修。自此之後，永歸和好，遇有公事，務須當面商量，不可各存意見。高攀桂與何宗遜年歲均老，共事之日無多，不必互相争執，有傷友誼，本縣有厚望焉。高攀桂繳約一紙，何宗遜繳約三紙，暫存卷，俟清界時領出。清界之後，仍禀覆，連約繳案備查可也。各結附卷。此諭。

（清）熊賓《三邑治略》卷六《堂判天門縣任内·訊李定鴻一案》 查訊李定鴻原買李登魁等公項房屋三間，已有十餘年之久。惟買屋之時，將地基除留未賣，言明每年另認地租錢四串二百文；去年李定鴻之屋被燒，又欲自行修理，未向李登魁等商量，是以伊等不願，因買木條屋架，自行修蓋。但從前爾李登魁等先輩，已將此屋賣出，雖李定鴻被燒，係屬天意，然爾等乘機另蓋此屋，全置從前李定鴻買價於不問，李定鴻何能甘心？經本縣酌斷，此屋仍歸李定鴻修理，憑族長李凌雲、李時若等，按照三百串之譜，核實修造。並令李登魁等眼同監工，以十年爲期。如十年之後，李登魁等欲要此地基自行蓋屋，即將李定鴻修房之價退還贖取。如無錢回贖，即歸李定鴻常住。原日僅止地租四串二百文，既係祭産，仰李定鴻再加錢壹串八百文，每年認地租錢六串文。至此次李登魁等已竪木架，即由李定鴻給錢三拾串文歸併，以作修屋之用可也。各具結完案。此諭。

（清）熊賓《三邑治略》卷六《堂判天門縣任内·訊姚英傑一案》 查訊姚英傑與周操廷互控一案，緣姚英傑有祖遺田地四十八畝，坐落天邑所屬養馬團内，與漢川周操廷等田地毗連。據周操廷供，伊祖遺之業在大南灣、小南灣等湖之南；姚姓這業在吴能灣直亭之北，本係兩界等語。質之姚英傑，供因湖道淤浮，滚至北岸，將身等祖遺之田全移於南。現北岸均係外姓産業，並無姚姓田地。細查此案，湖水變遷，本無定所。爾周姓田地，本在南岸，今湖既改移，將姚姓湖田全淤在内，若再執南北而論是姚姓毫無遺産，何以有歷年糧券在手？倘將姚姓全行斷空，無論如何，萬不甘心，即揆之天理，亦所不容。爾周操廷欲子孫常守此業，亦斷不肯乘隙佔人之田致令子孫難守。惟查此處尚有湖水夾於其内，並非全行成田。應斷令姚姓看開，照原日四十八畝，讓去十八畝，由周姓交出三十畝與爾姚姓。然此地在周姓界内，如勉强要田，又恐滋事，不如照時價折錢，每畝給錢拾貳串文，合共三百六十串，由周姓交出，給爾姚姓另外置産，永斷葛藤。兩造先行具結，周操廷取保，限八月内付清價值，候禀明上憲核銷，並移知漢川縣備案，票據當發。此諭。

（清）倪望重《諸暨諭民紀要》卷一《正堂倪二任·鄭岐瑞等呈控余繼定等佔種官蕩由》 堂諭：查本縣前任内曾訊得鄭岐瑞等呈控余繼定等佔種官蕩，斷令照依《經野規畧》，凡高湖中之官蕩，無糧者不準佔種蓮藕，只準湖民蓄水牧牛，各取遵結在案。兹鄭光燦、郎子真等控稱，余繼定違諭種藕，因其車水牧牛，竟恃强悍阻逐逞兇。旋據余仁海等幫同余繼定具訴，以種藕在於己塘，被鄭子真等輒藉官塘爲名，放牛踐蹈。各等情。即經集訊，查閱余繼定等所呈户册，土名蕩屮塘五分，係紛字四百八十一號，並核受買鄭其瑞塘契内，渾言塘三個，並無字號畝步四至，而塘價又僅錢二千文，其爲鄭其瑞即岐瑞私賣官蕩毫無疑義。著將鄭其瑞掌責，以懲混冒，並斷令繳出錢二千文，當堂給予余繼定等收領。姑念余繼定無知被騙，可免深求。嗣後該處塘三方，須照《規畧》留爲官蕩，俾資牧牛蓄水，以便湖民。凡住湖畔者，不得混佔私賣。余繼定等誤買之契註銷存查，諭飭莊書查除該户内蕩廾塘糧，所種荷藕，限於來年二月内拔移，各佔種者亦然。倘有逾限，定照《規畧》統給圩長收管，仍禁報陞，各取具遵結完案。告示，户册分別發還。此諭。

（清）魏息園《不用刑審判書》卷一　程顥爲鄠縣主簿，民有借其兄宅以居者，發地中藏錢。兄之子訴曰：父所藏也。令曰：此無證佐，何以決之？顥曰：此易辯耳。問兄之子曰：汝父藏錢幾何時矣？曰：四十年矣。彼借宅居幾何時矣？曰：二十年矣。乃遣吏取錢十千，視之，謂借宅者曰：今官所鑄錢，不五六年即偏天下。此錢皆爾未藏前數年所鑄，何也？其人遂服。

雜録

《詩經·小雅·大田》　有渰凄凄，興雲祁祁，雨我公田，遂及我私。

（宋）周煇《清波雜志》卷一一《常産》　煇頃侍鉅公，語及常産，公云：人生不可無田，有則仕宦出處自如，可以行志。不仕則仰事俯育，粗了伏臘，不致喪失氣節。有田方爲福，蓋福字從田、從衣。雖得此説，三十年竟無尺土歸耕，老而衣食不足。福基淺薄，不亦宜乎！

（明）李東陽《懷麓堂集》卷七一《余肅敏公傳》　公姓余氏，諱子俊，字士英，眉之青神人也。少爲縣學生，景泰辛未登進士第，授户部主事。有兩貴家争田，公承部檄案之，其一以地名偶同其姓執爲已業，公曰：張家灣盡屬張家耶？事乃直。

（明）何良俊《何氏語林》卷二《德行》　楊綰、知友皆一時名士，或造之者清談，終晷未嘗及名利。有欲干以世務，綰言：必玄遠不敢發詞。内愧而退。大歷中，德望日崇，天下雅正之士不遠數千里争趨其門。段秀實初爲營田官，涇原大將焦令諶强占民田，給與農約熟歸其半。歲旱，令諶索入，農往訴秀實，秀實署牒免之。令諶召農，責曰：我畏段秀實耶？以牒置背上，大杖擊二十，輿致庭中。秀實泣曰：乃我困汝，即自裂裳裹瘡注藥。賣己馬以代償。淮西將尹少榮罵令諶曰：假公廉仁，惟一馬賣而市穀入汝，汝取之不耻，汝何能爲人？令諶大愧，流汗曰：吾終不可見段公，一夕自恨死。

《金瓶梅》第一回《西門慶熱結十兄弟　武二郎冷遇親哥嫂》　因此武大在紫石街又住不牢，要往别處搬移，與老婆商議。婦人道：賊餛飩不曉事的，你賃人家房住，淺房淺屋，可知有小人羅唣！不如添幾兩銀子，看相應的，典上他兩間住，却也氣概些，免受人欺侮。武大道：我那里有錢典房？婦人道：呸。濁才料，你是個男子漢，倒擺佈不開，常交老娘受氣。没有銀子，把我的釵梳凑辦了去，有何難處！過後有了再治不遲。武大聽老婆這般説，當下凑了十數兩銀子，典得縣門前樓上下兩層四間房屋居住。

共有分部

論説

《春秋穀梁傳注疏·莊公二十八年》 冬，築微。山林藪澤之利，所以與民共也。虞之，非正也。

（宋）袁采《袁氏世範》卷一《睦親·同居不必私藏金寶》 人有兄弟子侄同居，而私財獨厚，慮有分析之患者，則置金銀之屬而深藏之，此爲大愚。若以百千金銀計之，用以買産，歲收必十千。十餘年後，所謂百千者，我已取之，其分與者皆其息也，況百千又有息焉，用以典質營運，三年而其息一倍，則所謂百千者我已取之，其分與者皆其息也。況又三年再倍，不知其多少，何爲而藏之篋笥，不假此收息以利衆也！余見世人有將私財假於衆，使之營家久而止取其本者，其家富厚均及兄弟子侄，綿綿不絶，此善處心之報也。亦有竊盗衆財，或寄妻家，或寄内外姻親之家，終爲其人用過，不敢取索及取索而不得者，多矣。亦有作妻家、姻親之家置産，爲其人所掩有者多矣。亦有作妻名置産，身死而妻改嫁，舉以自隨者亦多矣。凡百君子，幸詳鑒此，止須存心。

（宋）朱熹《朱子全書·家禮第一·司馬氏居家雜儀》 《内則》曰：子婦無私貨，無私蓄，無私器，不敢私假，不敢私與。婦或賜之飲食、衣服、布帛、佩帨、茝蘭，則受而獻諸舅姑；舅姑受之，則喜，如新受賜；若反賜之，則辭；不得命，如更受賜，藏之以待乏。鄭康成曰：待舅姑之乏也。不得命者，不見許也。又曰：婦若有私親兄弟，將與之，則必復請其故賜，而後與之。夫人子之身，父母之身也。身且不敢自有，況敢有私財乎？若父子異財，互相假借，則是有子富而父母貧者，父母饑而子飽者。賈誼所謂：借父耰鉏，慮有德色。母取箕箒，立而誶語。不孝不義，孰甚於此。

（宋）范仲淹《范文正公集》附目《建立義莊規矩》 知開封府襄邑縣范純仁奏：切念臣父仲淹，先任資政殿學士日，於蘇州吴長兩縣置田十餘頃。其所得租米，自遠祖而下諸房宗族，計其口數，供給衣食及婚嫁喪葬之用，謂之義莊。見於諸房選擇子弟一名管勾，亦逐旋立定規矩，令諸房遵守。今諸房子弟有不遵規矩之人，州縣既無敕條，本家難爲申理，五七年間，漸至廢壞，遂使飢寒無依。伏望朝廷特降指揮下蘇州，應係諸房子弟有違犯規矩之人，許令官司受理。伏候敕旨。

右奉聖旨，宜令蘇州依所奏施行。札付蘇州，准此。治平元年四月十一日押。

文正位勘會先文正公於平江府興置義莊，賙給宗族，德澤至厚。其始定規矩，雖有版牓，不足久傳；及有治平元年所得朝旨，亦未揭示族人；兼有後來接續措置可爲程式者，未曾刊定，深慮歲久漸至隳廢。今盡以編類刻石，置於天平山白雲寺先公祠堂之側，子子孫孫遵守勿替。今具如後。

文正公初定規矩：

一、逐房計口給米，每口一升，並支白米。如支糙米，即臨時加折。支糙米，每斗折白米八升。逐月實支每口白米三斗。

一、男女五歲以上入數。

一、女使有兒女，在家及十五年，年五十歲以上，聽給米。

一、冬衣每口一疋，十歲以下五歲以上，各半疋。

一、每房許給奴婢米一口，即不支衣。

一、有吉凶增減口數，畫時上簿。

一、逐房各置請米歷子一道，每月末於掌管人處批請，不得預先隔跨月分支請。掌管人亦置簿拘轄，簿頭録諸房口數爲額。掌管人自行破用或探支與人，許諸房覺察勒賠填。

一、嫁女，支錢三十貫。七十七陌下並准此。再嫁，二十貫。

一、娶婦，支錢二十貫。再娶，不支。

一、子弟出官人，每還家待闕、守選、丁憂，或任川廣福建官留家鄉里者，並依諸房例，給米絹並吉凶錢數。雖近官，實有故留家者，亦依此例支給。

一、逐房喪葬，尊長有喪，先支一十貫，至葬事，又支一十五貫。次長五貫，葬事支十貫。卑幼，十九歲以下喪葬，通支七貫，十五歲以下支三貫，十歲以下支二貫，七歲以下及婢僕皆不支。

一、鄉里、外姻、親戚如貧，窘中非次急難或遇年饑不能度日，諸房同共相度詣實，即於義田米内量行濟助。

一、所管逐年米斛，自皇祐二年十月，支給逐月餱糧並冬衣絹。約自皇祐三年以後，每一年豐熟，樁留二年之糧。若遇凶荒，除給餱糧外，一切不支。或二年糧外有餘却，先支喪葬，次及嫁娶。如更有餘，方支冬衣。或所餘不多，即吉凶等事，衆議分數，均匀支給。或又不給，即先凶後吉。或凶事同時，即先尊口，後卑口。如尊卑又同，即以所亡、所葬先後支給。如支上件餱糧、吉凶事外，更有餘羨數目，不得糶貨，樁充三年以上糧儲。或慮陳損，即至秋成日方得糶貨，回換新米樁管。

右仰諸房院依此同共遵守。皇祐二年十月　日。

資政殿學士、尚書禮部侍郎、知杭州事范押。

續定規矩：

一、諸位子弟得大比試者，每人支錢一十貫文，七十七陌下並准此。再貢者減半。並須實赴大比試乃給，即已給而無故不試者，追納。

一、諸位子弟縱人採取近墳竹木，掌管人申官理斷。

一、諸位子弟内選曾得解或預貢有士行者二人，充諸位教授，月給糙米五石。若遇米價每石及一貫以上，即每石即支錢一貫文。雖不曾得解預貢，而文行爲衆所知者，亦聽選，仍諸位共議。本位無子弟入學者，不得與議。若生徒不及六人，止給三石，及八人，給四石，及十人，全給。諸房量力出錢以助束修者聽。

右三項以熙寧六年六月　日二相公指揮修定。

一、掌管人侵欺及諸位輒假貸義莊錢斛之類，並申官理斷，償納不得，以月給米折除。

一、族人不得租佃義田。詐立名字同。

一、掌管子弟，若年終當年諸位月給米不闕，支糙米二十石。雖闕而能支及半年以上，無侵隱者，給一半已上。並令諸位保明後支。若不可保明，各具不可保明實狀，申文正位。

一、義莊勾當人催租米不足，隨所欠分數克除請受。謂如欠米及一分，即只支九分請受之類。至納米足日全給。已尅數更不支。有情弊者，申官決斷。

右四項以元豐六年七月十九日二相公指揮修定。

一、身不在平江府者，其米絹鈔並勿給。

一、兄弟同居，雖衆，其奴婢月米，通不得累過五人。謂如七人或八人同居，止共支奴婢五人之類。

一、未娶不給奴婢米。雖未娶，而有女使生子，在家及十五年，年五十歲以上者，自依規給米。

一、義莊不得典買族人田土。

右四項以紹聖二年二月初八日二相公指揮修定。

一、義莊事惟聽掌管人依規處置。其族人雖是尊長，不得侵擾干預。違者，許掌管人申官理斷。即掌管人有欺弊者，聽諸位具實狀同申文正位。

右二項以紹聖二年四月二十九日二相公指揮修定。

一、義倉内，族人不得占居會聚。非出納，勿開。

一、因出外住支月米者，其歸在初五日以前，取諸位保明詣實，聽給當月米。

一、義宅有疏漏，惟聽居者自修完。即拆移舍屋者，禁之。違者，掌管人申官理斷。若義宅地内自添修者，聽之。本位實貧乏無力修完，而屋舍疏漏實不可居者，聽諸位同相視保明詣實，申文正位，量支錢完補。即不得乞添展舍屋。

一、諸位請米歷子，各令諸位簽字圓備，方許給。給訖，請人親書交領即去。失歷子者，住給，勒令根尋。候及一年，許諸位及掌管人保明，申文正位。候得報，别給歷頭起支。

一、積留月米併請者，勿給。

一、諸位不得於規矩外妄乞特支。雖得文正位指揮與交，亦仰諸位及掌管人執守勿給。

一、義莊人力船車器用之類，諸位不得借用。

一、諸位子弟官已升朝，願不請米絹錢助贍衆者，聽。

一、諸位生男女，限兩月，其母或所生母姓氏及男女、行第、小名報義莊。義莊限當日再取諸位保明訖，註籍。即過限不報。後雖年長，不理爲口數給米。

一、遇有規矩所載不盡事理，掌管人與諸位共議定保明，同申文正位。本位有妨嫌者，不同申。雖已申，而未得文正位報，不得止憑諸位文字施行。

右十項以元符元年六月　日二相公、三右丞、五侍郎指揮參定。

一、諸位關報義莊事，雖尊長，並於文書内著名，仍不得竹紙及色箋。違者，義莊勿受。

右一項以元符二年正月十七日三右丞指揮修定。

一、義莊遇有人贖田，其價錢不得支費，限當月内以元錢典買田土。輒將他用，勒掌管人償納。

右一項以崇寧五年十月十二日五侍郎指揮修定。

一、諸位輒取外姓以爲己子，冒請月米者，勿給。許諸位覺察報義莊。義莊不爲受理，許諸位徑申文正位公議，移文平江府理斷。其大觀元年七月以前已收義莊給米者，不得追訟。

右以大觀元年七月初十日五侍郎及二相公指揮參定。

一、諸位子弟在外不檢生子，冒請月米，掌管人及諸位覺察，勿給。即不伏，掌管人及諸位申文正位，移文平江府理斷。

右以政和三年正月二十一日五侍郎指揮修定。

一、族人不得以義宅舍屋私相兑賃質當。

右一項以政和五年正月二十九日五侍郎指揮修定。

右仰義莊及諸位遵守施行。内文意前後相妨窒礙者，從後規。若有違犯，仰掌管人或諸位備録。治平元年，中書札子所坐聖旨，申官理斷，各令知委。政和七年正月十三日。

朝散大夫、充徽猷閣待制、提舉亳州太清宫范。

清憲公續定規矩：

朝散郎、左司諫兼侍講范之柔奏：臣不避誅夷，輒瀝誠悃，仰干天聽。伏念臣五世祖、故參知政事、謚文正、臣仲淹，奮身孤藐，遭世休明，深念保族之難，欲爲傳遠之計，自慶曆、皇祐以來，節次於蘇州吴長兩縣置田畝，立義莊，贍同姓，創定規矩，刻之版牓，以貽後人。已而，臣高叔祖、故尚書右僕射、謚忠宣、臣純仁，於治平元年知開封府襄邑縣，日慮版牓不足久傳，且諸房子弟有不遵規矩之人，州縣既無敕條，本家難爲申理，必將漸致廢壞，即嘗具奏，乞降聖旨下本州，許令官司受理。繼蒙朝廷依所奏施行，遂得憑藉保守。伏自南渡之後，雖田畝僅存，而莊宅焚毁，寄廩墳寺，遷寓民舍，蠹弊百出，盡失初意。慶元初，臣與兄弟始協謀同力，盡復故基，漸還舊觀，參定約束，加備於前。固嘗經本州鏤給版牓，揭示義宅，然非更得朝廷行下本州，申明受理。元降指揮，恐無以善後，懷此日久，無路自申。今臣幸蒙公朝軫念故家，擢綴班列，若不於此時控告君父，則何以副先人屬望子孫之意，用敢冒昧以聞。伏望聖慈俯鑒微衷，特頒睿旨，札下平江府，令將續添規約，常切照應。治平元年已降指揮受理，庶幾足以敕勵來者，增固舊規。臣與闔族，實均戴天地施生之造。所有治平元年指揮，併慶元二年續添條約，謹繳連在前。瀆犯宸嚴，臣無任惶懼俯伏俟命之至。謹録奏聞，伏候敕旨前連治平元年已降規約指揮。十一月五日奉聖旨，依右併録連送范司諫。嘉定三年十一月七日。

一、文正公曾祖徐國公、祖唐國公、父周國公墳塋，並在天平山坐落。間有族人輒敢於上牧羊，及偷斫林木柴薪。近雖行下義莊，專一責令墓客看守外，今後如有違犯之人，諸房覺察，申文正位，罰全房月米一年。全房，謂照本房請米歷内口數，並行住罰，下皆准此。義莊輒令墓客充他役者，罰掌莊子弟本名月米一季。

一、天平功德寺，乃文正公奏請追福祖先之地，爲子孫者所當相與扶持，不廢香火。今則不然，多有疏遠。不肖子弟請過義米歸己，却返竄食於寺中。至有欺詐住持，逼逐僧行，假借舟船，役使人僕，亞托私酒，偷伐林木柴薪，强占常住田地布種或作園圃，不還租米，以致常住空虚，住持數易，日漸敗壞。今後探聞有違犯之人，罰全房月俸兩月；欺詐住持及占種田地者，罰全房月米一年；詐過錢物，經官乞行根究，從條施行，田地退還常住爲業，畢日申文正位，候回報起支；雖已退業，而故作阻障，不容常住耕種者，亦行前罰。

一、義莊及白雲功德寺差役併應干非泛科敷，併蒙官司蠲免。近來縣道胥吏，多因乞覓不從，故意搔擾。今後如有似此之人，許從本家經府陳理，嚴行斷理。

一、舊規諸房不得租種義莊田土，詭名者同。近來有恃强公然於租户名下奪種者，及有壩捺義莊田渭涇浜車漕種菱，不容租户車水上下者，爲害甚大。今後探聞有違犯之人，罰全房月米半年。

一、義莊租户，所當優卹，使之安業。聞有無賴族人，將物貨高價亞賣，顯屬不便。今後輒有違犯，罰全房月米兩月，仍經官陳理。

一、舊規義莊事務惟聽掌莊子弟自行處置，雖是尊長，不得侵擾干預。緣違犯者未曾有罰，是以近來多有族人專爲貨賂，不顧義莊利害；或爲攬户兜納苗米，必要多增貼耗；或主張不逞之徒充應脚力及墓客之類；甚至鼓誘外郡族人挾長前來，擅開倉廒，妄用米斛，恣行侵擾，意在破壞。今後如有違犯，許掌莊指實，申文正位。自行體訪知覺，罰全房月米一年外，仍經官乞行根究懲治。內有乞覓過錢物之人，即合從條施行。

一、舊規掌莊子弟侵欺，徑行申官理斷，勒令賠填。近自移建倉宇，遴選主計，此弊稍革。深慮日久玩習，合行關諸房：今後掌莊子弟如有違犯，許諸房覺察，申文正位，委請公當子弟，對衆點算，取見實侵數目，以全房月米填還，足日起支。仍控告官府，乞行懲治，以爲掌莊侵欺者之戒。諸房子弟即不得專擅興詞，紊煩官府。

一、諸房聞有不肖子弟因犯私罪聽贖者，罰本名月米一年。再犯者，除籍，永不支米。姦盗賭博鬬毆陪涉及欺騙善良之類，若户門不測者，非。除籍之後，長惡不悛，爲宗族鄉黨善良之害者，諸房具申文正位，當斟酌情理，控告官府，乞與移鄉，以爲弟子玷辱門户者之戒。

一、舊規諸位輒取異姓爲己子，冒請月米者，勿給。今乃有將己子與人，破蕩他人家業，却欲歸宗請米。如有似此之人，仰掌莊人申文正位，不得支行。

一、義宅地基久爲外人占據，今來復業，甚爲艱難。宜體文正公之意，專爲聚族之地，即不許族人占造私宅等用。如有違，罰全房月米一年，仍勒還原地。

一、舊規，諸房子弟得貢大比者，義莊支裹足錢十千。今物價翔貴，難拘此數。如有子弟得解赴省，義莊支官會一百千。其錢於諸房月米內依時直均尅，其免舉人及補入太學者，支官會五十千。庶使諸房子弟知讀書之美，有以激勸。

一、歲寒堂，除科舉年分諸位子弟暫請肄業，餘時不得於內飲宴安泊。如違，罰全房月米一月。

（明）胡廣《性理大全》卷一九《家禮・通禮》　凡爲家長，必謹守禮法，以御群子弟及家衆。分之以職，授之以事，而責其成功。制財用之節，量入以爲出，稱家之有無，以給上下之衣食，及吉凶之費，皆有品節，而莫不均壹。裁省冗費，禁止奢華，常須稍存嬴餘，以備不虞。凡諸卑幼，事無大小，毋得專行，必咨稟於家長。凡爲子婦者，毋得蓄私財，俸禄及田宅所入，盡歸之父母舅姑。當用則請而用之，不敢私假，不敢私與。

（明）鄭岳《山齋文集》卷二四《世祠祭田紀範》　莆世族祭田，遠自唐宋，傳至今尚存。以族衆相維，不得私售。若私田，不過數世，輒爲他人有矣。以是知祭田最重上以延宗祀，下以遺子孫，可爲經久之圖。吾起家艱難，鏡觀是事，雖私田不多，必欲增立祭田。居官中外，三十年來禄積買置，計租一百五十餘石。今世祠始建，吾兄弟各割租二十石及祖遺麥豆租，通計二百三十石有奇。內取石泉院坑租四十九石，五斗爲墓田，子孫應當軍户役者，給租二十石；應當民户役者，給租一十石。各與日食，餘皆爲祠田，總名曰祭田。祠墓二田分年遞收，歲有豐儉，率取十之二，別貯木倉。至次三四月，易錢入公篋。又倣他族規例，長男生彌月者，入銀一兩。長男婚而廟見者，入銀二兩。次男以下，各減其半。貧則衆議量減公篋所貯。主祀者，司其數，富而知義者司其財。其財，凡以備脩祠墓及一切公費。子孫能讀書選入學者，助銀一兩。預秋試者，助銀一兩。預春試者，助銀五兩。男女過時不能婚，孤子節婦無所依及喪不能葬者，俱量爲資給。其子孫仕宦及積有厚産者，量力買租入祠。凡祭田糧差，伯仲二房均辦。向後本房子孫毋以立田，自我覘規藉口，致傷和氣，甚至侵奪變賣。別房子孫亦毋以收租納糧視爲共分物業，希圖侵没。近見人家不肖子孫指以户役，或與人争訟，輒賣祭田，殄絶祀典，不孝之大者也。吾宗不幸有是，族衆協力阻執，告之官治罪。然此特舉其大凡耳，尊祖睦族因時處宜，固望賢子孫推廣而潤色之，兹將祭田段落畝數開列如左。

綜　述

《唐律疏議》卷一二《户婚·同居卑幼輒用財》　諸同居卑幼，私輒用財者，十疋笞十，十疋加一等，罪止杖一百。即同居應分，不均平者，計所侵，坐贓論減三等。

疏議曰：凡是同居之内，必有尊長。尊長既在，子孫無所自專。若卑幼不由尊長，私輒用當家財物者，十疋笞十，十疋加一等，罪止杖一百。即同居應分，謂準令分别。而財物不均平者，準《户令》：應分田宅及財物者，兄弟均分。妻家所得之財，不在分限。兄弟亡者，子承父分。違此令文者，是爲不均平。謂兄弟二人，均分百疋之絹，一取六十疋，計所侵十疋，合杖八十之類，是名坐贓論減三等。

《唐律疏議》卷一二《户婚·子孫别籍異財》　諸祖父母、父母在，而子孫别籍、異財者，徒三年。别籍、異財不相須，下條准此。

疏議曰：稱祖父母、父母在，則曾、高在亦同。若子孫别生户籍，財産不同者，子孫各徒三年。注云别籍、異財不相須，或籍别財同，或户同財異者，各徒三年，故云不相須。下條准此，謂父母喪中别籍、異財，亦同此義。

若祖父母、父母令别籍及以子孫妄繼人後者，徒二年；子孫不坐。

疏議曰：若祖父母、父母處分，令子孫别籍及以子孫妄繼人後者，得徒二年，子孫不坐。但云别籍，不云令其異財，令異財者，明其無罪。

（宋）佚名《宋大詔令集》卷一九八《政事·禁約·禁西川山南諸道祖父母父母在别籍異財詔乾德六年六月癸亥**》**　厚人倫者莫大於孝慈，正家道者無先於敦睦。况犬馬尚能有養，而父子豈可異居，有傷化源，實玷名教。近者西川管内及山南諸道相次上言：百姓祖父母在者，子孫别籍異居。詔到日，仰所在長吏明加告諭，不得更習舊風，如違者並准律處分。

《通制條格》卷二七《雜令·侵占官街》　中統四年七月内，欽奉聖旨：在京權豪勢要、回回、漢兒軍站、民匠、僧道諸色人等，起蓋房舍，修築垣墻，因而侵占官街，乞禁約事。准奏。今後再不得似前侵占，如違，即便將侵街垣墻房屋（折）〔拆〕毁，仍將犯人斷罪。欽此。

《通制條格》卷二七《雜令·山場》　至大二年九月十四日，尚書省奏：官人每根底，放鷹（大）〔犬〕分撥與的山場，禁治着不教百姓每採打柴薪，以致柴薪價錢貴了。麽道，奏呵，奉聖旨：如今不揀誰權豪勢要，休禁者。禁治的人每，有咱每知識的，奏者，不知識的，您尚書省官人每，依體例要罪過者。教百姓每採打柴薪者。欽此。

至大四年正月十六日，詹事院官月魯帖木兒特奉皇太子令旨：在先薛禪皇帝時分，但屬係官的並寺院的山場裏出産的柴炭每，諸王、駙馬、官員、權豪人等，倚着聖旨裏與了也。麽道，占來的，並因放狗占了的山場多有。但是那般禁了的去處，依着在先薛禪皇帝時分體例裏，隨處回與者。後頭占來的，再休侵犯者。百姓依舊體例採打賣者。不揀誰，抽分休要者。月魯帖木兒去和伯顔一處皇太后根底奏者。麽道，奉令旨上頭，奏呵，奉懿旨：太子題的是有，那般者。教詹事院家疾忙行文書出榜者，中書省家也隨處出榜者。這般省諭了呵，占的人每，要抽分的人每，有罪過者。麽道，懿旨了也。敬此。

《元典章》卷三《聖政·賑饑貧·至大二年二月詔》　諸位下、各投下及僧、道、權勢之家，占據山場、河泊、關津、橋梁，並諸人撲認牙例、諸名色抽分等錢，詔書到日，盡行革罷，違者嚴行革斷。監察御史、廉訪司常加體察。

《元典章》卷三《聖政·賑饑貧·至大二年九月奏奉聖旨》　官人每根底放鷹犬分撥與的山場，禁治着，不交百姓每採打柴薪，以致柴薪價錢貴了。麽道，奏呵，奉聖旨：如今不揀是誰，權豪勢要，休禁者。禁治人每，有咱每知識的，奏者。不知識的，恁尚書省官人每，依體例要罪過者。交百姓每打柴薪者。欽此。

《元典章》卷三《聖政·賑饑貧·大德七年三月詔》　河南山場、河泊，截日開禁，聽飢民從便採取。

《元典章》卷三《聖政·賑饑貧·至元十三年二月詔》　所在州郡山林、河泊出産，除巨木、花果外，鰕魚、菱芡、柴薪等物，權免徵税，許令貧民從便採取，貨賣賑濟。

《元典章》卷三《聖政·復租賦·延祐七年十一月詔》　燕南、山東、汴梁，歸德，汝寧災傷地面，應有河泊，無問係官投下，並仰開禁，聽民採取。若有元委抽分頭目人等，截日革去。

《元典章》卷二二《户部・課程・河泊・山場河泊開禁》至大元年四月，江浙省準中書省咨：

〔來咨：〕近準杭州路申：準江南浙西道廉訪司牒該：爲蘇湖常秀等路自今春陰雨連綿，四月初八日雨復霖霈，塘路衝隕，圍岸崩頹，稻秧浸爛，米價驟增，饑民遠來陳訴，詞理痛不可言。其餘路分，闕食尚多。除本省另行區處外，據監申米糧等六事内一件，如準所言，將浙西、江東山場河泊課程權且住罷，聽民採取，誠爲救荒之急務。准此。除差官賑濟鹽菜米糧等事另行外，於大德十一年九月二十三日奏過事内一件：江浙省所轄去處，今年田禾不曾收成，闕食的百姓每根底，差人交賑濟去了來。在前似這般田禾不曾收成時分，闕食的百姓每根底交得濟者麼道。今納課租禁着的山場，河泊，交開禁了來麼道，行省官人每，臺官，廉訪司官提調説將來有。他每的言語是的一般有。比例田種收成不交要課租，開禁呵，怎生？奏呵，奉聖旨：那般者，欽此。

（宋）陳元靚《事林廣記・壬集》卷一《至元雜令・卑幼交易》諸有尊長，而卑幼不得典賣田宅人口。其尊長出外，若遇闕乏，須合典賣，疾病官事之類於所屬陳告，驗實給據，即聽交易。違者，田宅人口各還主，債並不追。若卑幼背尊長，奴婢背主及官户監，不得作債，知而與者，債並不追。財主不知，保人代償，無保者亦不追。若從征代及在他應當差役，實有闕用，聽所屬官司告結文憑。

（明）程敏政《休甯陪郭程氏本宗譜・附録・休甯陪郭程氏贍塋首末》

今具約束開坐於後：

一、諸處墓林贍塋田土，官有禁例，子孫不許貿易典賣，如違，許諸人陳告。或有尊長及在上之人，恃長凌幼，妄起異心，貿易執占，許在下子孫執此赴官陳告，並同不孝論罪。又或一等不孝之徒，不以祖宗爲心，苟圖利己，貿易山林者有之，變賣贍塋者有之，其事雖小，其情甚重。必須將已斷還物業明白書寫，所犯情由標附過名，以彰其惡，不許入族，視如途人。

一、每年輪流子孫，一名當首，下次一同見數收支。

一、每年租穀，田信鷄並係當首之家收貯，於內先支納官稅糧，餘者收貯，不可另用。

一、每年放塘魚，於內先存下魚樸錢十五兩，付下次預買魚樸供養，下年使用。冬月放在下園塘內，令守墳人看。

一、拜掃不過穀雨，違者，罰肉十斤入衆。

一、行山掛紙，子孫各各到當首之家早飯，然後前去各墳所添土掛紙。如是不到，一名議罰肉四兩入衆。晚散支酒肉，一名五錢爲例，不可多支。

一、祭祀或家中，或斷石，或永思亭，或長汀，或古寺，諸處墳墓，普通供養。

一、應支用燒餅，鹽料，柴等物，並墳鄰鹽包，並行衆辦。

一、祭祀之日，子孫十五歲已上者，各賫燒紙二錢半，前來助祭。

一、祭祀，子孫不到者，不必送物。如有緊急事務，明白回報，衆行體覆相同，依例送胙。

一、俵散胙肉，子孫十五歲已上者各得一斤，十五歲已下者各行十二兩，七歲已下者各得半斤，出嫁女除名。

切惟吾家世以清白相承，春秋祭祀，族有贍塋，禮合去奢從儉，以保悠遠，無忘祖宗墓所。每歲拜掃，支糯以造酒，糶秈以備肴饌，請族衆致祭，然後行山標掛，飲福受胙，此常例也。今當首之家崇尚浮華，過禮辦備，飲必沈醉，恐惹事端，不無有妨下年拜掃之期。今後議定各處祭掃酒禮，或三行，或五行，不過七行，肴不過五品，以爲定例。違者議罰，庶幾革去奢華，可爲悠久之計。謹書以戒之。至正七年歲在丁亥三月上巳峴書。

（元）鄭文融《鄭氏規範》家中産業文券，既印義門公堂産業子孫永守等字，仍書字號，置立砧基簿，書告官印押。續置當如此法。家長會衆封藏，不可擅開。不論長幼，有敢言質鬻者，以不孝論。

《大明令・户令・祖父母在析居》凡祖父母，父母在者，子孫不許分財異居。其父祖許令分析者，聽。

（明）何廣《律解辯疑》大明律卷四《户律・户役・別籍異財》議曰：分異財産，謂如父母在，而子孫別立户籍者，得杖一百。

（明）何廣《律解辯疑》大明律卷四《户律・户役・卑幼私擅用財》

講曰：止杖一百，若盜用數多，加罪否？

解曰：計和律意，不曰盜而曰擅用者，蓋卑幼所以用財物，於理合得，但責不禀命於尊長而擅用之，所以用雖過度，而不加罪者，以爲親親之恩。

《大明律直解所載明律》卷四《户律・户役・别籍異財》　凡祖父母、父母在，而子孫别立户籍，分異財産者，杖一百。須祖父母、父母親告，乃坐。若居父母喪而兄弟别立户籍，分異財産者，杖八十。須期親以上尊長親告，乃坐。

《大明律直解所載明律》卷四《户律・户役・卑幼私擅用財》　凡同居卑幼，不由尊長，私擅用本家財物者，二十貫笞二十，每二十貫加一等，罪止杖一百。若同居尊長，應分家財不均平者，罪亦如之。

（明）張楷《律條疏議》卷四《卑幼私擅用財》　凡同居卑幼，不由尊長，私擅用本家財物者，二十貫笞二十，每二十貫加一等，罪止杖一百。若同居尊長應分家財不均平者，罪亦如之。

疏議曰：凡同一家居住之卑幼，不由尊長之命，而私竊擅用本家財物者，至二十貫笞二十，每二十貫加一等，罪止杖一百。以卑幼得用本家財物，但責其不禀命於家長耳。若禀命，是所用雖過度，亦不加罪也。至若同居之尊長，將應分與卑幼之家財不行均平俵散者，亦杖一百，故曰罪亦如之。蓋以同居財産，卑幼合得，今既不均，是上必有私也，故坐罪與卑幼無異。

謹詳律意，財賦掌於尊長，卑幼豈得擅私，若不禀命而用，是狥利而忘義。故以鈔數定罪，極於一百之刑，禁下罔上也。同居尊長與幼分財，若偏徇而不平，是恃尊而枉道，亦計鈔數以次加刑，禁上欺下也。齊家之義，於此亦可見焉。

（明）張楷《律條疏議》卷四《别籍異財》　凡祖父母、父母在，而子孫别立户籍，分異財産者，杖一百。須祖父母、父母親告乃坐。若居父母喪而兄弟别立户籍，分異財産者，杖八十。須期親以上尊長親告乃坐。

疏議曰：凡祖父母、父母在堂而爲子爲孫者，將其名籍别立另抄，將其財産分隸各掌者，子孫杖一百。須祖父母、父母親告乃坐者，謂如此等子孫，恐其或奉尊命，若準他人首告，即坐其罪，是使遠間亲也。若居父母喪而兄弟别立户籍、分與財産者，杖八十。須期親以上尊長現告乃坐者，亦謂恐有遺命而非常人所知。若準他人首告，即坐其罪。是使皆遺命也。若期親尊長告發，則是無親命矣。既無親命，則坐杖八十之罪。

謹詳律意，財産成於父祖，營運在於子孫，尊長在堂，而分則是忘所自矣。父母憂制，哀痛方深，若别籍以異財，是徇私而忘戚，各隨輕重治以杖刑，並須尊告方行，恐或各有所受，亦制律之微意也。

（明）雷夢麟《讀律瑣言》卷四《别籍異財》　凡祖父母、父母在，而子孫别立户籍，分異財産者，杖一百。須祖父母父母親告乃坐。若居父母喪，而兄弟别立户籍，分異財産者，杖八十。須期親以上尊長親告乃坐。

瑣言曰：子孫别籍異財，是有離親之心，故杖一百。然須親告乃坐，恐其或奉親命也。兄弟居父母喪，别籍異財，是有忘親之心，故杖八十。然須期親以上尊長親告乃坐，恐其或有遺命也，故他人不得而與焉。凡問别籍異財，雖財異而籍不分，籍别而財未分，皆是。仍令併户同財發落，所以教民睦也。

（明）雷夢麟《讀律瑣言》卷四《卑幼私擅用財》　凡同居卑幼不由尊長，私擅用本家財物者，二十貫，笞二十，每二十貫加一等，罪止杖一百。若同居尊長應分家財不均平者，罪亦如之。

瑣言曰：同居共財，孰非己有？但總攝於尊長，卑幼不得而自專也。用若私擅，順德何存？分散於卑幼，尊長不得而自私也。分不均平，公道安在？皆非所以教民睦也，故各以貫數計罪，並罪止杖一百，在尊長不少減，在卑幼不少加焉。

（明）佚名《重刻律條告示活套》卷二《卑幼私擅用財》　前件某府爲禁約事。嘗謂家庭之序，存乎尊卑。財貨之司，統於尊長。今訪得所屬州縣有等無知人民，生本卑幼，輒敢放恣，不禀命於所尊；擅用財於自己。庭闈政亂，當歸不孝之條。長幼倫乖，難望風俗之美。若不禁約，深爲未便。爲此合出告示，發仰前去各衙門首及人烟輳集去處張掛曉諭，各要洗必滌慮遵守家法。敢有仍前故犯者，事發挐問，重治不恕。

（明）佚名《重刻律條告示活套》卷二《别籍異財》　前件某府爲禁約事。竊惟九世同居者，盛傳古今之美；百口同爨者，稱揚遠近之名。

况財産積於祖宗，而子孫豈易分異。近訪得所屬州縣人民中間，有祖父母、父母在而子孫别户刻籍者，有父母存日兄弟相争而分異財産者，有父母新亡未及月餘而兄弟分異財産者，有分不均平累次訟官者。性愚自放，曾不念骨内之情，惟利是争，更不顧彝倫之道。人情既拂，法律可憑。若不通行禁約，無以警戒將來。爲此合出告示，發仰各屬大小衙門及人烟輳集去處張掛曉諭。各要遵守理法，勉盡人倫。敢有别立户籍，分異財産者，事發拿問，重罪不恕。

（明）王肯堂《王儀部先生箋釋》卷四《别籍異財》　釋曰：父祖在而子孫别立户籍，分異財産，薄俗之甚，不孝之尤，不加嚴禁，風俗安得而歸厚乎？若父母亡故之後，兄弟雖許聽分析，然居喪而分異，何其争也？薄於孝友可知。律注云：須父祖親告乃坐，則原係父祖許令分析者，父祖必不告也，此又所以通人情也。告則必治罪如律，此正所以懲薄俗也。别籍、異財二項開説，或别籍而財未分，或異財而籍未别皆坐。故《唐律》云：别籍異財不相須。按子孫别籍異財，及違犯教令，其律注並云祖父母父母親告乃坐。蓋特惡其叛親。不得同自首免罪之限。至於卑幼私擅用財，親屬相盗，恐嚇詐欺，畧誘故殺馬牛之類，皆不云親告乃坐，則知親屬相告者，但依干名犯義律免減擬斷，惟他人告發，乃依本條。《唐律》所謂即非相容隱被告者，論如律是也。不然，則親屬相侵田産，律無開載者，殆將從何典耶？或曰信斯言也，則凡罵尊長本律，皆云親告乃坐。至於親屬相毆，何獨不云？豈罵者坐而毆者反不坐耶？曰：不然。凡損傷於人者，法不準首，故尊長卑幼相犯，直以本律罪之。理無可貸，則雖不云可也。或又謂别籍異財，恐出於父祖之命而他人不知，故須親告乃坐。若然，則如卑幼私擅用財，其不言親告者，豈他人盡知之耶？且同居自期以下親告，如之何其亦不坐也！

（明）王肯堂《王儀部先生箋釋》卷四《卑幼私擅用財》　釋曰：同居既不異財，制命須由尊長。卑幼而擅，必所用非正，雖正亦罪也。故一十兩笞二十，每一十兩加一等，至一百以上罪止杖一百。不及一十兩者免罪。同居尊長，若伯叔父及兄之屬，應分家財，若有偏向，即不均平，其罪亦論如卑幼私擅用財之律。凡同居卑幼，引他人盗己家財物者，加擅用罪二等。若己自盗用，止以私擅科斷。蓋卑幼所用財物，於分合得，但責其不禀命耳，故罪止於杖，用過財物免追，此不言親告乃坐。説見前律。

條例

第二條按此令與此律互相備，與前無子三條又相照。

《律條直引》卷四《户律·户役·别籍異財》　趙甲依祖父母，父母在而别立户籍、分異財産者律，杖一百。錢乙依居父、母喪而别立户籍、分異財産者律，杖八十。俱有《大誥》減等，趙甲杖九十，錢乙杖七十。係軍民，無力的决，有力與官吏納米等項，完日還職役寧家。

《律條直引》卷四《户律·户役·卑幼私擅用財》　趙甲依同居卑幼不由尊長，私擅用本家財物者律，錢乙依同居尊長應分財産不均平者，罪亦如卑幼私擅用財二十貫，笞二十，每二十貫加一等，一百八十貫各罪止律，杖一百。俱有《大誥》減等，各杖九十。係軍民，無力的决，有力與官吏納米等項，完日還職役寧家。應分財産照數均分，卑幼用過財物，花費無存免追。

（明）佚名《大明律講解》卷四《别籍異財》　凡祖父母父母在，而子孫别立户籍，分異財産者，杖一百。須祖父母父母親告，乃坐。若居父母喪而兄弟别立户籍，分異財産者，杖八十。須期親以上尊長親告，乃坐。

（明）佚名《大明律講解》卷四《卑幼私擅用財》　凡同居卑幼不由尊長，私擅用本家財物者，二十貫，笞二十。每二十貫，加一等，罪止杖一百。若同居尊長應分家財不均平者，罪亦如之。

《大清律集解附例》卷四《户律·户役·别籍異財》　凡祖父母、父母在，子孫别立户籍，分異財産者，杖一百。須祖父母、父母親告，乃坐。若居父母喪而兄弟别立户籍，分異財産者，杖八十。須期親以上尊長親告，乃坐。或奉遺命，不在此律。

條例

祖父母、父母在者，子孫不許分財異居。其父母許令分析者，聽。

《大清律集解附例》卷四《户律·户役·卑幼私擅用財》　凡同居卑幼，不由尊長私擅用本家財物者，十兩笞二十，每十兩加一等，罪止杖一百。若同居尊長應分家財，不均平者，罪亦如之。

條例

一、嫡庶子男，除有官廕襲，先儘嫡長子孫，其分析家財田産，不問妻妾婢生，止依子數均分。姦生之子，依子量與半分。如別無子，立應繼之人爲嗣，與姦生子均分；無應繼之人，方許承繼全分。

一、户絶財産，果無同宗應繼者，所有親女承分；無女者，入官。

（清）劉澤霖《蒞鳳簡言》卷四《禁污水渠示》 爲禁約事：照得郡城昔有舊渠一道，關係鳳脉神水，因經兵燹淤塞年久。自本府蒞任之後，致祭修引入城，已復源流。首爲培補風氣，次爲官民食用。近訪得無知之民或洗濯惡物，或放畜踐穢，以致水渠不清，濁混難用。除前已往不究外，合行嚴禁。爲此，仰該地保及臨近渠源居民知悉，示後各宜恪遵，不得仍前渠内作穢壅滯。如敢故違，許該地保指名陳禀，以憑拏究。如容隱不舉，以致渠水不清，查出一併重究不貸。

（清）沈之奇《大清律輯註》卷四《户律・户役・别籍異財》 凡祖父母、父母在，子孫別立户籍，分異財産者，杖一百。須祖父母、父母親告，乃坐。若居父母喪而兄弟別立户籍，分異財産者，杖八十。須期親以上尊長親告，乃坐。或奉遺命，不在此律。

〔律後註〕：祖父母、父母在，子孫不得有私財，禮也。居喪則兄弟猶侍乎親也，若遂別立户籍，分異財産，均爲不孝，故有杖一百、杖八十之罪。仍令合籍共財。注曰須祖父母、父母親告，乃坐，若係祖父許令分析，則祖父必不自告；曰期親以上尊長親告，乃坐，若係祖父遺命分析，則尊長亦必不告，所以通人情也。告則坐罪如律，所以教人孝也。

〔律上註〕：别籍、異財是兩項。或别籍而財未分，或異財而籍未别，并坐罪。故唐律云别籍異財不相須。

祖父在而别籍異財，惡其有離親之心也。父母亡，兄弟雖許分析，然三年之喪未滿，而即别籍異財，惡其有忘親之心也。親告乃坐之注，《箋釋》援引多端，謂是惡其叛親，不得同於自首免罪之限。按：自首及干名犯義律内，所指親屬告言得免罪者，皆指所犯别事，非指干犯本身之事也。既著此别籍異財之律，豈有祖父尊長親告，猶恐人援自首免罪之條而特注此語乎？。果爾，應注曰：親屬告者，不在免罪之限，何云親告乃坐乎？按：駡祖父母、父母律本文曰親告乃坐，而子孫違犯教令律亦注此語，謂是無憑之事，非他人所得而告也。而此條亦注此語者，有無奉親之命，非他人所得而知也。本自直捷明白，何須牽引附會？

條例

祖父母、父母在者，子孫不許分財異居。其父母許令分析者，聽。

（清）沈之奇《大清律輯註》卷四《户律・户役・卑幼私擅用財》 凡同居卑幼，不由尊長，私擅用本家財物者，十兩笞二十，每十兩加一等，罪止杖一百。若同居尊長應分家財不均平者，罪亦如之。

〔律後註〕：卑幼與尊長同居共財，其財總攝於尊長，而卑幼不得自專也。若不由尊長，私擅用本家財物者，十兩以内勿論，十兩笞二十，至九十兩以上，罪止杖一百。若同居尊長，如伯叔與兄之屬，將應分與卑幼之家財，有所偏向，分不均平者，計其不均之數，亦論如卑幼私擅用財之律。按：卑幼引他人盗己家財物者，加擅用罪二等；自己盗用，止科私擅之罪，蓋家財亦卑幼有分之物也。

〔律上註〕：父輩曰尊，而祖輩同；子輩曰卑，而孫輩同。兄輩曰長，弟輩曰幼。不曰盗財，而曰擅用，蓋本家財物原是卑幼所有分者，但責其不請命於尊長耳，故所用雖多，罪止於杖。不均平者，謂分與卑幼者多寡不均，非尊長自多取也。若有所私，亦應同論。

家政統於尊長，家財則係公物，故尊長不均平，與卑幼私擅用之罪相同，不少加減也。

擅用，不均，亦猶侵財也，親屬告發，不在免罪之限。

條例

〔例上注〕：此例二條，亦是補律之未備。與立嫡子違法律、例參看之。

嫡庶子男，除有官廕襲先盡嫡長子孫，其分析家財田産，不問妻妾婢生，止依子數均分。姦生之子，依子量與半分；如別無子，立應繼之人爲嗣，與姦生子均分；無應繼之人，方許承繼全分。

户絶財産，果無同宗應繼者，所有親女承分。無女者，入官。

《大清律例》卷八《户律・户役・卑幼私擅用財》 凡同居卑幼，不由尊長，私擅用本家財物者，十兩，笞二十，每十兩加一等，罪止杖一百。若同居尊長，應分家財不均平者，罪亦如之。

條例

一、嫡、庶子男，除有官廕襲，先儘嫡長子孫，其分析家財、田産不問妻妾婢生，止以子數均分。姦生之子，依子量與半分。如別無子，立應繼之人爲嗣，與姦生子均分。無應繼之人，方許承繼全分。

一、户絶財産，果無同宗應繼之人，所有親女承受。無女者，聽地方官詳明上司，酌撥充公。

《大清律例》卷八《户律・户役・別籍異財》 凡祖父母、父母在，子孫別立户籍分異財産者，杖一百。須祖父母、父母親告乃坐。若居父母喪，而兄弟別户籍分異財産者，杖八十。須期親以上尊長親告乃坐。或奉遺命，不在此律。

條例

一、祖父母、父母在者，子孫不許分財異居。此謂分財異居，尚未別立户籍者，有犯亦坐滿杖。其父母許令分析者，聽。

（清）張五緯《講求共濟録》卷三《示諭・廣平府任内頒發禁止郡城居民挖掃街土示諭》 爲曉諭事。照得城内地土宜於平坦，豈可挖成坑坎，任意作踐？今查得文昌宫前挖成深坑，空地挖成坑缺者不一而足，因莫解其故，隨傳各地保查問，據稱城内無業居民向掃街道浮土，賣於菜園肥地，因掃積街土無多，遂私挖地土攙和，多賣錢文，是以文昌宫前及城内土坑不少等語。查掃土須得積存多日纔可賣錢，並不能按日度用，已非謀生之道。若園户以街土爲肥，則遠鄉不能得街土者，皆不種菜矣。況附近園户所買街土並多半攙假，是必須街土，而後可以肥地之説已難盡信。若云凡係城内之土皆佳，從此愚夫、愚婦、男婦、大小任意私挖，不但不成事體，且恐有傷地脉。合行諭禁。爲此示仰城内居民人等知悉：自禁之後，務必父戒其子，兄勉其弟，婦戒其夫，毋許再行掃挖街土及空地浮土，希冀賣錢致干重咎。倘有不遵諭禁，一經察出，定即嚴懲。毋違，特諭。

（清）姚雨薌《大清律例會通新纂》卷七《户律・户役・別籍異財》 凡祖父母父母在，子孫別立户籍，分異財産者，杖一百。須祖父母、父母親告乃坐。若居父母喪，而兄弟別立户籍分異財産者，杖八十。須期親以上尊長親告乃坐。或奉遺命，不在此律。【略】

條例

一、祖父母、父母在者，子孫不許分財異居。此謂分財異居，尚未別立户籍者，有犯亦坐滿杖。其父母許令分析者，聽。

（清）姚雨薌《大清律例會通新纂》卷七《户律・户役・卑幼私擅用財》 凡同居卑幼不由尊長，私擅用本家財物者，十兩笞二十，每十兩加一等，罪止杖一百。若同居尊長應分家財不均平者，罪亦如之。卑幼與尊長同居共財，其財總攝於尊長，而卑幼不得自專也。若不由尊長，私擅用本家財物者，十兩以内勿論，十兩笞二十，至九十兩以上，罪止杖一百。若同居尊長，如伯叔與兄之屬，將應分與卑幼之家財，有所偏向，分不均平者，計其不均之數亦論如卑幼私擅用財之律，按卑幼引他人盗己家財物者，加擅用罪二等。自己盗用，止科私擅之罪，蓋家財亦卑幼有分之物也。

條例

一、嫡庶子男，除有官廕襲，先儘嫡長子孫，其分析家財、田産不問妻妾婢生，止以子數均分。姦生之子，依子量與半分，如別無子，立應繼之人爲嗣，與姦生子均分。無應繼之人，方許承繼全分。

一、户絶財産，果無同宗應繼之人，所有親女承受。無女者，聽地方官詳明上司，酌撥充公。

（清）江峰《大清律例略記》卷四《侵占街道略記工律》 街巷以通人行，道路以便旅程，皆係官治公地，不得私占經營。倘欲侵占入己，起蓋房屋園亭，律應擬杖六十，各令折毀自更。街巷原宜潔浄，勿礙往來行人。若將已屋汙穢，穿墻引向外傾，以致街巷壅滯，笞以四十責懲。水非汙穢之物，穿墻而出，勿論。

（清）薛允升《唐明清三律彙編・户律・户役・別籍異財係十惡内不孝》

《唐律》：諸祖父母、父母在，而子孫別籍異財者，徒三年。別籍異財不相須。

注云：別籍異財不相須，或籍別財同，或户同財異者，各徒三年，故云：不相須。祖父母、父母令子孫別籍，及以子孫妄繼人後者，徒二年，子孫不坐。

居父母喪生子，及兄弟別籍異財，徒一年。

《疏議》曰：其服内生子，事若未發，自首亦原。

《大清新法令》第一卷《光緒新法令・光緒三十一年八月十七日上諭》

商部奏請飭清理礦産以保利權一摺。中國地大物博，礦産之富甲於全球，只以研究無人，遂致利源未辟。又或姦徒勾結，設謀售賣，輾轉影射，流弊滋多，亟應澈底清厘，認真整頓。茲據商部奏稱周馥所陳委查三江礦産並集股試辦禁止私售各節，有裨要政，請飭各省一律援照辦理等語。著各省將軍、督撫即行遴派諳練廉正之員，酌帶工師，周歷各屬，切實探勘，按照商部所發表式，將已開未開礦逐一詳晰註明，隨時咨報。

《大清新法令》第四卷《光緒新法令・農工商部等會奏核議礦務章程摺附片並請單》　第十一章　礦商應遵之禁令

第五十款　公同利害之處置

道路、溝渠、水道、氣道，或其礦地之内，或在毗連鄰産之内，均同獲其利或同受其害，如欲勒令遵行本款義務，或欲占計賠償之數，除照《礦務附章》載明辦法外，均應遵行該省通行律例。

第五十三款　礦局有迫令除患之權

設使數家礦産同在一處，因有水患以致被災不能開採，如果各該礦商曾經倡議設法除患而未能協商定議者，總局應即迫令各該礦商公同捐資設法除患，酌量定斷辦理。

第十二章　樹木、水道

第五十八款　礦地水利

各省内地江、河、湖、港可行舟艇之處，均歸國家管轄，官民公用所有江河等處水道，礦商不得借故擅擬更改，亦不得分注上流之水，致奪下流居處之水利。

紀事

《漢書》卷六《武帝紀》〔元鼎三年〕秋九月，詔曰：仁不異遠，義不辭難。今京師雖未爲豐年，山林池澤之饒與民共之。

《漢書》卷八九《循吏傳・召信臣》　召信臣字翁卿，九江壽春人也。**【略】**信臣爲人勤力有方略，好爲民興利，務在富之。躬勸耕農，出入阡陌，止舍離鄉亭，稀有安居時。行視郡中水泉，開通溝瀆，起水門提閼凡數十處，以廣灌溉，歲歲增加，多至三萬頃。民得其利，蓄積有餘，信臣爲民作均水約束，刻石立於田畔，以防分爭。

《後漢書》卷四《孝和帝紀》〔永元五年秋九月〕壬午，令郡縣勸民蓄蔬食以助五穀。其官有陂池，令得采取，勿收假税二歲。**【略】**〔永元十二年春二月〕詔貸被灾諸郡民種糧。賜下貧、鰥、寡、孤、獨、不能自存者，及郡國流民，聽入陂池漁採，以助蔬食。

《後漢書》卷三二《樊宏傳》　樊宏字靡卿，南陽湖陽人也。**【略】**父重，字君雲，世善農稼，好貨殖。重性温厚，有法度，三世共財，子孫朝夕敬禮，常若公家。其營理産業，物無所棄，課役童隸，各得其宜，故能上下戮力，財利幾倍，至乃開廣田土三百餘頃。**【略】**外孫何氏兄弟争財，重耻之，以田二頃解其忿訟。

《後漢書》卷六〇下《蔡邕傳》　蔡邕字伯喈，陳留圉人也。**【略】**母卒，廬於冢側，動静以禮。**【略】**與叔父從弟同居，三世不分財，鄉黨高其義。

《宋書》卷六《孝武帝紀》〔元嘉三十年秋七月辛酉詔曰：〕其江海田池公家規固者，詳所開弛。貴戚競利，悉皆禁絶。

《宋書》卷六《孝武帝紀》〔大明七年七月〕丙申，詔曰：前詔江海田池，與民共利。歷歲未久，浸以弛替。名山大川，往往占固。有司嚴加檢糾，申明舊制。

《宋書》卷五七《蔡興宗傳》　蔡廓字子度，濟陽考城人也。**【略】**少子興宗。興宗年十歲失父，哀毁有異凡童。廓罷豫章郡還，起二宅。先成東宅，與軌，廓亡而館宇未立，軌罷長沙郡還，送錢五十萬以補宅直。興宗年十歲，白母曰：一家由來豐儉必共，今日宅價不宜受也。母悦而從焉。軌有愧色，謂其子淡曰：我年六十，行事不及十歲小兒。

《梁書》卷二《武帝紀》〔天監七年〕九月丁亥，詔曰：芻牧必往，姬文垂則；雉兔有刑，姜宣致貶。藪澤山林，毓材是出，斧斤之用，比屋所資。而頃世相承，並加封固，豈所謂與民同利，惠茲黔首？凡公家諸屯戍見封熂者，可悉開常禁。

《南史》卷二五《到溉傳》溉字茂灌，撝弟子也。【略】梁天監初，昉出守義興，【略】家門雍睦，兄弟特相友愛，初與弟洽恒共居一齋，洽卒後，便捨爲寺。

《南史》卷七三《孝義傳·義興陳玄子》建元三年，大使巡行天下，義興陳玄子四世同居，一百七口。武陵邵榮興、文獻叔並八世同居。東海徐生之，武陵范安祖，李聖伯，范道根，並五世同居。零陵譚弘寶，衡陽何弘，華陽陽黑頭，疎從四世同居。詔俱表門閭，蠲租税。

又蜀郡王續祖，華陽郝道福並累世同爨，建武三年，明帝詔表門，蠲調役。

《北史》卷八五《節義傳·李几》李几，博陵安平人也。七世共居同財。家有二十二房，一百九十八口，長幼濟濟，風禮著聞。至於作役，卑幼競集。鄉里嗟美，標其門閭。

《北史》卷八五《節義傳·王閭》王閭，北海密人也。數世同居，有百口。又太山劉業興，四世同居，魯郡蓋儁，六世同居，並共財産，家門雍睦。鄉里敬異。有司申奏，皆標門閭。

《黄河金石録·都總管鎮國定兩縣水碑金天眷二年》竊以利天下之物者，莫善於水。得之則其利博；不得之，則其利鮮，斯可知矣！伏見平陽府者，水土演以且肥，民俗殷而猶儉，乃古帝堯所都者也。府東北九十餘里有山，曰：霍山。山陽有泉，曰：霍泉，涌地以出，流而成河。居民因而導之，分爲兩渠，一名南霍，一名北霍。兩渠游趙城、洪洞縣界而行，其兩縣民皆賴灌溉之利，以治生也。自宋時，慶曆五年分有兩縣人户争霍泉河灌溉水田，分數不均。是時，責有司推勘。據兩縣分析到，霍泉河水共澆溉一百三十村莊，計一千七百四十七户，計水田九百六十四頃一十七畝八分。動水碾磨四十五輪。趙城縣人户合得水七分，洪洞縣人户合得水三分。兩縣自此而定其户籍，水數若干，具在碑石，永爲未來，迨今積有年矣，不聞詞訟。至本朝天會十三年，趙城縣中據使水人户虞潮等狀告，有洪洞縣人户盗使水，府衙數差官，規劃不定。至天會十五年十月内再牒委府判高金部規劃，定於母渠上置木隔子，更隔上岸水勢匀流，取到兩縣官吏委是均平，别無偏曲不均文狀。至天眷元年四月八日準奉，樞密院上畔元帥府札子咨送封題到平陽府。趙城縣張山等，狀告高府判創行填塞了南岸海水泉眼，更於元置定霍河三七分限口次東五步外，海泉出水口，頓然創修石堰一道，匱起水勢高漲，於上面流過，諸處泛出泉眼合流入南霍河，增溢水多山等，北霍河水見減二分，乞去除創起石堰。下本府仍分析所告虚的，府衙縣前後争告使水不均及差官定奪詞因申過樞密院。當年八月二十六日準奉，樞密院上畔，據所申因，依緣不見，得指定：一十一村因甚未肯準伏，再委廳幕與兩縣知縣，並一十一村户依準積年體例，從長規劃，仍責兩縣人户各無詞訴文狀申上。爲本府闕員申覆樞密院，去後於十月十一日準奉上畔，已下錢帛都勾判官朱伸計會兩縣知縣，及勾取一十一村人户，從長規劃，依準積年體例，立定三七分，限口分使水利。仍取責兩縣各無詞訴文狀連申。天眷二年二月二十七日準奉行臺尚書省上畔，據新授中京留判官朱伸告，爲定水公事，頭役乞更差官一員，同共規劃。已下絳陽軍節度副使楊楨同共規定。當年四月九日，洪洞縣人户張方等經元帥監軍行府狀告府判官高金部定水不均，及朱勾判亦定不均，乞差新到任近上官員與楊楨奉直同共定奪。今下河東南路兵馬都總管鎮國上將軍完顏謀離也，將帶兩縣官吏并合干人户親詣□定水頭，仔細檢驗及參照積古體例定奪，務要兩便，準奉上畔差委前去定奪，趙城洪洞兩縣人户水利不均公事。尋親詣到兩縣所争分水處驗覷，得先前高府判創立水櫃並分水去處，委是不依古舊置定，到痕迹是有不均，遂行圻了當。及將兩縣元置定分水碑文内照得，該寫趙城縣陡門内水，南北闊一丈六尺一寸，深一尺七寸；洪洞縣陡門内東西闊六尺九寸，深一尺六寸。遂再將陡門内見行流水等量得：趙城縣深一尺四寸，比舊時霍水淺一尺一寸。其洪洞縣見今水數不及三分。尋將兩縣見流水相並等量得共深一尺九寸，依古舊碑文内各得水分數，比附内趙城縣合得一尺，洪洞縣合得九寸。若便依此分定，緣洪洞縣陡門外地勢低下，水流緊急，減一寸，只合得水深八寸。趙城縣水只與深一尺，又緣陡門外地勢高仰，水流澄漫，以此更添深一寸，共合得一尺一寸。遂將兩渠水堰塞，令別渠散流。兩陡門内闊、狹依古舊尺寸外，將兩渠陡門中，用水㪷量定。於洪洞縣限口西壁，向北照直添立石頭，闊二尺攔水入南霍渠内，以此立定趙城縣水七分，洪洞縣水三分。考驗古碑，水數無異，各已取到，兩縣官吏並使水人户準狀別無偏曲，執結文狀具解，申覆元帥府並行臺尚書省照驗訖，却奉上畔。噫！智之與仁，根乎性者也。決物所惑曰：智也，賙人不足曰：仁也。以兩渠之訟，命前官經度措劃，詞不能定。自公親詣分水之所默而計之，悉見諸利害，折去詞訟，智也；即使兩縣溉田人户得水平，壹舉皆蒙利，仁也。愚所爲仁智之道，於是乎盡矣。丘行衆在幕官，物承公旨，今摭其事，再爲之記，刻於其石帖。趙城、洪洞兩縣置碑二亭，一亭於兩縣分水渠上竪立，一亭於本府公廳内竪立，免使更有交争者。

（宋）范仲淹《文正公集》附録六《歷代義莊義田記·義田記附范直方記》　范文正公，蘇人也，平生好施與，擇其親而貧、疏而賢者咸施之。方貴顯時，於其里中買負郭常稔之田千畝，號曰義田，以養濟羣族。族之人日有食，歲有衣，嫁娶凶葬皆有贍。擇族之長而賢者一人主其計，而時其出納焉。日食人米一升，歲衣人衣一縑，嫁女者錢五十千，娶婦者二十千，再嫁者三十千，再娶者十五千，葬者如再嫁之數，葬幼者十千。族之聚者九十口，歲入粳稻八百斛，以其所入，給其所聚，霈然有餘而無窮。仕而家居俟代者預焉。仕而之官者，罷其給。此其大較也。初，公之未貴顯也，嘗有志於是矣，而力未之逮者二十年。既而爲西帥，以至於參大政，於是始有禄賜之入，而終其志。

公既殁，後世子孫至今脩其業，承其志，如公存也。公雖位充禄厚，而貧終其身。没之日，身無以爲斂，子無以爲喪，唯以施貧活族之仁遺其子而已。昔晏平仲敝車羸馬以朝，陳桓子觴之曰：君位之上卿，禄之百萬，而敝車羸馬，是隱君之賜也。晏子曰：自臣之貴，父之族無不乘車者，母之族無不足於衣食者，妻之族無凍餒者。齊國之士，待臣而舉火者三百餘家，如此爲隱君之賜乎？彰君之賜乎？於是齊侯以晏子之觴而觴桓子。予嘗愛晏子好仁，齊侯知賢，而桓子服義也。又愛晏子之仁有等級，而言有次序也。先父族，次母族，次妻族，而後及其疏遠之賢。孟子曰：親親而仁民，仁民而愛物。晏子爲近之。今觀文正之義，其與晏子比肩矣。然晏子之仁止於生前，而文正公之義垂於身後，其規模遠舉又疑其過之。嗚呼！世之都三公位，享萬鍾禄，其邸第之雄，輿馬之盛，聲色之侈，妻孥之富，止乎一己，而族之人弗得其門而入者豈少哉？況於施賢乎？其下爲卿，爲大夫，爲士，而廩稍之充，奉養之厚，足乎一己，而族之人操壺瓢，爲溝中瘠者又豈少哉？況於賙人乎？是皆文公之罪人也。公之忠義滿朝廷，事業滿邊陲，功名滿天下，後必有良史書之者。予可無書也，獨書其義田以警世云。公諱某，字希文。

昔逮事忠宣公，親聞緒論，嘗云：先文正置義田，非謂以斗粟疋縑始能飽煖族人，蓋有深意存焉。時年尚少，未甚領略。綿歷三紀，當宣和末，避亂南渡。紹興乙卯，自嶺海被召至行闕。丙辰春，出使至淮上，始過平江。時義宅已焚毁，族人星居村落間。一旦會集於墳山，散亡之餘尚二千指，長幼聚拜，慈顔恭睦，皆若同居。近屬以家譜考之，自麗水府君下逮良字諸孫，蓋十餘矣，然後見文正之用心，悟忠宣之知言也。紹興己巳十月辛未，曾孫直方記。

（宋）范仲淹《文正公集》附録六《歷代義莊義田記·范氏復義宅記》

吴門范氏，自唐杜國麗水府君居於靈芝坊，今在雍熙寺之後。五世孫文正公，少長北地。皇祐中守杭，始至故鄉，訪求宗族，買田千畝，作義莊以贍之。宅有二松，名堂以歲寒，閣曰松風，因廣其居，以爲義宅，聚族其中，義莊之收亦在焉。中更兵燹，族黨星散，故基榛蕪，編民豪據爲居宇，爲場圃，僦直無幾，甚失遺意。粟無所儲，寓於天平山墳寺，倍有往來給散之勞。尋復圮廢，改寘城中，反寄他舍，病此久矣。自公長子監簿而下，又五世而至良器。一日，謂二弟曰：先君奉議，念此有年，賫志而殁，吾儕當有以振起之。慨然自任，思圖其新。於是歷告居民，盡除僦直，約期而遺之。不服者，訴於郡、於監司，以至上達臺省。提刑臨川何公異、太守四明鄭公若容咸義此舉，力爲主張，由是悉得故地，周一千四百四十八丈。首捐私帑，繚以垣墻，創建一堂，仍扁歲寒，以祠文正。結屋十楹，以處貧族。就立新倉，寢復舊觀。庀役於慶元二年之季夏，中秋告成，不愆於素，觀者無不歎息。親掌出納一年，以爲後式。選族子之廉謹者二人繼之，詳具要束，以補舊規，揭於堂上。田籍之傳遠者，俱刻之石，以爲永久之計。介弟之柔，續世科於百二十有四載之後，尤勇於義，既力贊其兄謀之，屬鑰爲記始末。鑰不佞，先祖少師收卹宗族，有意於此，而歲不與。伯父楊州始爲之，雖不及文正公之盛，而寒宗之貧者賴以自給，亦四十餘年於玆。先工部欲附益之，清貧終身，猶未果也。見范氏家法，爲之媿歎。是舉也，衍文正公累世之遺澤，伸先奉議九原之餘恨，又以綿范氏無窮之休，豈不偉哉！嗚呼，文正公奮身孤藐，未嘗賴宗人毫髮之力。既達，則闔族受解衣推食之恩。天佑范氏，三子鼎貴，皆以宏才高誼上繼父風。後人得維持馮藉，以保其家。良器一布衣，而決意興起，不惟義宅載新，義莊亦復整飭，剗蠹省費，又爲數世之利，用心如此，後其興乎！嗚呼，文正公初立規矩，止具給予之目，僅設預先支請之禁。不數年，忠宣公已慮其廢壞，故治平奏請聖旨，違犯《義莊規矩》之人許令官司受理。又與右丞、侍郎自熙寧以至政和隨事立規，關防益密。今之規約又加密矣。一門同姓，爲此義事，其難如此，況天下之大，思所以爲億萬世之計者又可忽乎！嗚呼，衣冠之族不免飢寒者甚衆，願如范氏之宗派而不可得。今坐享飽煖者幾人，若人人如良器用心，更相扶持，以永其志，則善矣。若曰是我所當得者，而不思自力，甚者反爲蠹於其間，則文正諸公實臨之。其聞於有司曰公元者，蓋今之族長云。三年立秋，顯謨閣直學士、大中大夫、提舉江州太平興國宮、奉化縣開國男、食邑三百户樓鑰記並書。

（宋）范仲淹《文正公集》附録六《歷代義莊義田記·范氏義莊題名》

昔之貴富而能仁其族者，當其盛時而止耳，終其世而止耳，逮其子若孫而止耳。其間親疎遠近愛憎之不齊，固已或薄或厚，有及有不及；至於禄謝而力單，子若孫猶不自保，則於其族何有？嗚呼！若吴范氏之有義莊也，然後能仁其族於無窮，非文正公之新意歟？蓋公平生所立不待稱贊，此其一事已足爲百世師矣。近代士大夫稍或慕而爲之，皆未有如公家自皇祐以來百有五十年之久者。初公傾橐以爲義田，歲得八百斛，忠宣公與右丞、侍郎廣之爲二千斛，至今保之。惟故宅毀於兵，裂爲僦廛，芟據有年，頑不可遷，其廩庾因寄於天平墳寺，乃或顚利廢約，漁入蠹出，歲計大乏，邦族憤嘆。前數歲，五世孫良器伯璉獨奮然請於官，至聞於朝，爲盡逐僦者，以宅還范氏，則出私錢築垣百有八十尋。大起歲寒堂，峙廩其旁，且爲列屋芘其族之尤貧者焉，於是義莊巋然復興。乃更定約束，歲屬廉幹子弟二人掌其莊之事。通選六人，三年而一易。叶議并力，參核明白，以相授受，而均節其贏益以市田。蓋公之時，所賦族九十口，今而五倍之矣。蕃衍未艾，惟繼是圖，固當然哉。伯璉没，母弟叔剛父主之。因刻石歲寒堂，列掌事者名次，自伯璉始，凡有功於義莊則併書之，示有勸焉。叔剛名之柔，踐世科，今奉議郎、新知富陽縣事。公之後爲不乏人矣，其于義莊又將多於前功爲無疑也，故樂爲之書。慶元六年閏二月望日，奉議郎孫應時序。

（宋）范仲淹《文正公集》附録六《歷代義莊義田記·范氏義莊申嚴規式記》

中奉大夫、權尚書吏部侍郎、兼權給事中、兼侍講劉榘撰，朝議大夫、權尚書禮部侍郎、兼中書舍人、兼太子左諭德、兼同脩國史實録院同脩撰、兼國子祭酒曾從龍書並題蓋，朝散郎、左司諫、兼侍講范之柔立石。物本天，人本祖。閭閻之人有視其祖之子孫如路人，相毁訾、相并兼如仇敵者，不知本爾。榘少讀文正范公遺事，公平居語子弟曰：吾吴中宗族甚衆，於吾固有親疏，然吾祖宗視之，則均是子孫，固無親疏也，吾安得不恤其飢寒哉！且自祖宗來積德百餘年，始發於吾，得至大官。若貴富而不恤宗族，何顔以入家廟？榘歛衽歎曰：公之行，百世之標的；公之言，薄俗之鍼砭也。吾鄉居家，遇有不如人意事，即因公言以自媿責，不敢有一毫恚心。官中都，獲與公之孫左司諫公之柔游，見其處己静而明，際物莊而和，雖資稟之懿，亦家法所自來。一日，於公几間得文正公與其兄推官帖，問以遺女乏資，共甘苦，通有無，不啻己子，使人歎玩不去手。司諫公因言先祖所創義田，今幾二百年，聚族數千百指，雖甚窶者，賴以無離散之患。義莊故址曩因兵火，爲居民侵據。之柔與吾兄良器極力經理，爲屋以棲義廩餘，以待族人之無家者，浸還吾祖之舊。惟是義莊規式，歲月易隳，請之朝，屬之鄉郡，勒之堅珉，俾世守而傳之無窮者，吾猶不敢懈也。幸備位諫垣，當具本末奏陳，乞申嚴行下，庶不負文正公所以責望子孫之意。暨得旨如請，屬榘以記，不容以不敏辭。抑聞之，士尚志，志有小大，功業利澤亦如之。方文正未遇，讀書長白山，凍粟糜而食，人不堪其憂，而公貫通古今，經濟之略已具於此時。及率言官叩閽爭事，自請鎮靈、夏，迄破戎人之膽，功烈焜燿，則斂而惠宗族者抑餘事也。忠宣公致身台輔，忠賢是侶，想其捐所載麥歸亳時，文正公已心知其有子矣。嗚呼！有文正則有監簿、忠宣、右丞、侍郎數賢子，厥後不熾昌競爽，尚得爲有天理邪！諫垣所以立身承家，固已無愧於乃祖，願益以文正、忠宣之宏猷大節自勉。公之族人又當相與扶植，以成諫垣之志，則范氏之門益大，義廩之儲益辟，義居之族益貴達，富盛相望，將不止如今之所見云。嘉定四年三月一日椝謹記。

《明清以來蘇州社會史碑刻集·蘇學名宦祠公田記嘉靖四十三年三月即望》 凡學校有文廟之祀，有名宦之祀。文廟，天下通祀也。名宦者，郡邑各祀宦於其地之賢而有功德者，一方之專祀也。蘇學故有先賢祠，群祀名宦鄉賢，成化丁未始分祠而祀，所祀歷有因革，嘉靖丁亥乃重定焉。【略】君在郡，每朔望詣學謁廟，必敬拜先公於祠，若睹儀形而聞謦咳者，寮屬羡之，士民榮之，君猶歉然，懼他日將違瞻仰，思爲永圖，謂：祠宇實妥靈之地，歲當修葺，我其助之。癸亥，恭進衮衣，例給公費，君辭勿獲，則捐白金五十兩，屬教授進士潘君儁買良田籍之學，歲收其入儲之，以備修祠之助。潘君白之郡，郡聞之上司，皆嘉奬報可，則奉行惟謹。甲子，君擢廣西太平郡守，行潘司，訓以田記屬余。余惟學之有田，其來尚矣，未聞名宦祠之有田也，有之自今華源君始。【略】余故樂爲記之。其田在某縣某都某圖某圩凡若干畝，歲收租若干石，歲辦糧若干，詳具府帖，勒在碑陰。

嘉靖四十三年歲次甲子三月既望。

賜進士出身前吏部文選清吏司員外翰林院庶吉士郡人太原王穀祥謹撰。

《少數民族法典法規與習慣法·保護公山碑記》 特授麗江府劍川州正堂加六級紀録十次金，爲據呈嚴禁侵佔公山以垂永久事。據貢生趙有蘭等呈稱：劍西老君山爲全滇山祖，合州要地，近爲武生顔仁率李萬常等盤踞其下，延山砍伐，縱火燒空。以致水源枯竭，栽種維艱。前經合州士民扭稟，蒙前任州主開恩，主勘審嚴，遂給有讞語云。審得顔仁等與貢生趙有蘭等互控一案，查老君山係省諸山之祖，州誌府誌俱載其説，是不唯顔仁等不得佔，即劍川州不得而私也。乃顔仁等□敢住其地，砍伐樹木，開挖田地，盤踞數十年之久，踐踏數十里之寬，究其執據則捏造禾瓦子賣契紙及木土官妄給遵照一張。查原契紙色墨迹並非五十年之物，顯係僞造。查該處係官山，禾瓦何從得有其地，况毫無來歷，而契載四至之外，仍係官山，並無業主地鄰，豈中間一派山脉獨爲瓦子之産而可以擅賣乎？且契内祇許牧放牲畜，並未載有起房居住、砍樹開地之語，况禾瓦子並無其人，明係顔仁等捏造假契。始則借牧放爲名，久之而無人過問，遂肆行侵佔併吞之志，□至土官遵照，更屬可惡。伊並非守土之官，乃敢串通姦民，擅將隔境官山給照開挖，□□□□□罪屬難恕，本應從重究治，姑念事歷多年，伊等現知罪具結，立限遷徙，姑免深究等由。今顔仁等雖絶跡他處，誠恐貪昧之徒乘間竄入，任意侵踏，均未可定，合將公山應禁條規，□□□□□恩批飭禁，勒石永遵，並祈給與趙□□、□□魁看守公山遵照，免其門户等情。據此，除給照與看守人等外，合行批示嚴禁，爲此示仰州屬士民人等知悉。查老君山爲合州來脉，栽種水源所關，統宜共爲保全，爲自己受用之地，安容任意侵踏，以敗萬姓養命之源。自示禁之後，務遵律紀條規保全公山，如敢私佔公山及任意砍伐、過界侵踏等弊，許看山人等扭稟，以便究治，絶不姑寬，示遵照毋違時。計開公山嚴禁條規：

一、禁顔仁等現留公山地基田畝不得私佔；
一、禁巖場出水源頭處砍伐活樹；
一、禁放火燒山；
一、禁砍伐童樹；
一、禁砍挖樹根；
一、禁各村不得過界侵踏；
一、禁販賣木料。

右仰遵守。

合州紳士貢生趙有蘭、生員張定樞、楊森梅、羅崇、張世德、楊定雄、張善、張汝□、王誠、趙樸、陳緝林。

乾隆四十八年十月十二日示。

（清）張金吾《金文最》卷二二《記·開廣濟民渠記正隆三年 張元喆》 邑民蘇公仲禮者，世習儒業。宋公淇者，精通算術。以積水竄管，知地形高下。二公慨然相謂曰：今之大旱，編户愁歎，孝子河岸高百丈，開崖穿洞，流渠行水，糾多工成之，可以救旱。今歲不及興，嗣歲不亦可乎。聞者忻從，集工七十五。公以己錢代買渠地十餘里，費千餘貫，就藥家里河口三處，卜七月十九日啓土，率衆渠長監部人役，莫不相勵而樂爲之導。及邑之東北司馬里，上下二十里中間，地之突者削而平，坎者積而坦。堆阜者，鑿而深之。缺窪者，補而完之。斷岸則刳木爲槽以通焉。積工至次年四月二十五日落成。三年月日也，牛車並人力，總二萬二千。衆工孫奇等推舉二公作都副水頭，立券分水酬之。

契約文書

《休寗范氏族譜・五・譜塋・延祐六年姚村各處祖塋合同禁約》　切惟人之有祖，如木之有根，水之有源。既有此身，安可忘其宗祖乎？本族十世祖十二宣議，祖妣胡氏，葬於本縣十七都瑶村。子孫蕃衍，聚居十八都博村。後有遷本縣汊川諸鄉及寧國、無爲、安慶、廬州、江州等處居住者，皆同其源。而族之居遠者，不得時其拜掃，整理墳塋。今附近居住十世孫同十一、十二世孫會議：尊祖敬宗乃子孫當然之理，伏睹皇慶二年三月内，國朝明有不許典賣墳地墓木禁例。今族衆重新修理祖宗墳塋，之後有各項合關防事務，盡一開寫連押合同文字。各支子孫收執，永遠照用，各守理法，毋致有違者。

一、世祖十二宣議，祖妣胡氏，列葬瑶村。其墓地元係尚竹地，出稅計二畝三角二十步，東至范德純及范承信山，西至范吴巡地，南至路，北到范吴巡地。各房節次供報納官。延祐二年，官司經理田糧，各户仍照元數供報畝步，輸納官賦。除先於大德十一年正月初一日，衆議該立合同外，今於延祐六年己未十一月内，重新用石甃砌二墳，及於餘地栽種竹木。議：自本年十二月初一日爲始，各子孫不許私有違例典賣祖墓地段。如有違犯之人，從本宗尊長衆議一人經官陳告，將犯人治罪，勒令取回私契，對衆毁抹，仍罰至元鈔五十貫入官公用，永依此合同文字爲照。

一、自世祖瑶村及洪塘楓木頭諸處祖墳，衆議截自延祐六年十二月初一日爲始，如有不孝子孫，或於祖墓周回盜葬喪柩，侵犯祖墓者，本宗尊長會約族衆，各帶人夫開掘盜葬冢堆，取出喪柩，對衆毁棄寄頓，隨宜區處。即議一人經官陳告，將犯人治罪，罰至元鈔壹百貫入官公用，仍勒如儀醮祭祖墓，對衆謝罪，永依此合同文字爲照。

一、祖墓砌石及墓地竹木，不許挑掘揉踐，斫伐損壞。如有違犯者，告官治罪。或有子孫於地内假立冢堆者，從尊長會衆平毁，仍罰犯人至元鈔貳拾貫入官公用，勒令如儀醮祭祖墓，永依此合同文字爲照。

一、各處祖墳及墳山地段，並砌石竹木，如有内外人一應侵犯違礙，必合力陳告整理。從尊長會約族衆，酌量輕重，敷派鈔物，盤費支持。如有不遵約束者，尊長以家法區處，不許推托。凡有合行事務，如尊長或有事故，從本族以次舉行，並依此合同文字爲照。

右本族今衆議規劃各項事務，連立合同，並係直下子孫情願。議立遵約，各守理法，尊祖敬宗，期無違犯，日後並無番悔。今連押合同文字，各行收執，永遠爲子子孫孫照用者。

延祐六年己未十二月　日衆立合同

恭甫　仁甫　日新　貴孫　日華　義觀仁　顯孫　珙孫　處仁　桂孫

元孫　日宣　孝友　全甫　震孫　聖甫　士通　亨甫　敬觀　祥仲

純甫

（宋）朱熹《婺源茶院朱氏家譜·批田入祠契》　長田朱伯亮等，有衆存祖墳山地一片，坐落一都，土名練下塢，經理寒字一千七百二號，柴某山二畝二角，茶山三角，荒草地一畝，下旱田一角三十步，内安葬朱五上舍等墳八所，元係本户經理掌立。上件祖墳，係與先賢朱文公同出一源，切慮日後子孫不能久遠保守，復睹文公口（已）立廟宅，祖墳山地祭田歸一掌管，永遠不廢。今將上件茶山、草地、旱田，係本處朱記秀兄弟耕作，每年計租穀一拾歸稱，請本廟逐年收租，以充輸納用度，仍量立價錢中統寶鈔三十貫文，以憑印契受税管業，庶幾祖墳得以歲時拜掃標掛保全，以盡子孫之責。恐後無憑，立此爲照。至元十（？）年十一月十五日

朱伯亮　押契

朱樵隱　押

朱桂芳　押

契尾

皇帝聖旨裏，徽州路婺源州據朱文公廟宅用中統寶鈔三十貫文，據朱伯亮兄弟批舍到墳山：一都下練塢（？）柴蓧山二畝二角，茶山三角，荒草地一畝，下旱田一角三十步，山内安葬朱五上舍墳八所。至元六年十二月日

右付本廟收執，准此。税課司　印押、押、押

《元代文書二種引證·吴蘭友嫁女奩田文契》　休寧縣淳議〔義〕裏吴蘭友有女益娘，出嫁與祁門縣十一都項偕甫宅。今來有忠〔中〕田一丘，係商字，坐落土名水圳町，其田東至壽田，西至張家田，南至張家田，北至李家田。其田原上硬租二十一秤，今於内取租一十六秤批撥與女益娘褩洗衣服用度。外有租五秤，偕甫願將已置到休寧縣二十一都六保土名環灘塢塘崛係買楊子雲田上租五秤對换，各人收租管業，隨産供解。又將原買吴榮甫山坐落土名下塢南坑二處，共計四號，於内照依原買來脚文契合得分法批與女益娘，以爲手飾之資，所是原文契隨契繳付，日後子孫即無争論。其前項所批山、田，今從批撥之後，一聽益娘婿偕甫自行聞官受税、收苗長養永遠爲業。水圳町田契與别産相連，未曾繳付，日後要用，本家賫出照證不詞。如有子孫争競，一聽偕甫將此文書赴官理治，準不孝論。今恐無憑，立批契文書爲用。至正六年十月十五日（具名略）

《中國歷代契約會編考釋·明正統九年祁門縣朱忠伙山地合同》　十一都朱忠，有本都吴景禎承父買得山地，坐落本都七保，土名赤橋下末，係朝字一千五十貳號，計山壹畝貳角七步半。東至田，西至李家山，南至田，北至降。其山係是荒山成茅。今將前項四至内叁分中内取壹分，合與朱忠名下，前去用工劉作掘茅。遍山務要三尺遠栽種杉苗一根，又可管（雇）〔顧〕，不得他人偷砍。候木長大，同景禎宅砍斫分木。其山脚永遠同共管業。自合之後，杉苗日後子孫不許在山賣與他人。如若賣與他人，此契不用。今恐無憑，立此合同爲用。

正統九年十二月初一日　立合同人　朱忠（押）

依口代書人　胡永祥（押）

《中國歷代契約會編考釋·明景泰元年祁門縣方茂廣出夥山地合同》　十一都方茂廣用價買受山一片，坐落本都七保，土名赤橋下末，係經理朝字壹（阡）〔仟〕伍拾弍號，計山壹畝貳角有零。其山東至田，西至李宅地，南至田，北降。其山於因無苗，今自情願將前項四至内山地脚出合與同都朱忠名下前去掘茅栽種杉苗。其山地並苗木議作對半管業，本家得壹半，朱忠栽種杉苗得壹半。其山今合之後，務要遍山密種杉苗，無毁花答荒廢。日後子孫與家並作對半，永遠管業。毋許私自入山斫砍。今立合同貳本，各收壹本，日後爲照。今恐無憑，立此出合合同爲用。

景泰元年二月十五日　立合同人　方茂廣（押）

今立㕛貳本各收壹本日後爲照

《中國歷代契約會編考釋·明景泰元年祁門縣朱忠承夥山地合同》

十一都朱忠承合到同都方茂廣名下山壹片，坐落本都七保，地名赤橋下末，係經〔里〕〔理〕朝字壹〔阡〕〔仟〕五十弍號，計山壹畝貳角〔令〕〔零〕。其山東至田，西至山咀及田，南至地，北至降。今合與本家掘茅栽種杉苗，其山地脚並苗木議作兩半管業，本主得乙半，本家栽種杉苗得乙半。其山四至内今合之後，本家自行鋤掘茅腦栽種杉苗，即不花荅荒廢。今立合同之後，兩家子孫永遠共同砍木管業，無許私自入山砍斫。今立合同貳本，各收壹本。今恐無憑，立此合同爲用者。

景泰元年二月十五日 立合同人 朱 忠（押）

依口代書男 朱思張（押）

今立㕠貳本各收壹本日後爲照

《中國歷代契約會編考釋·明景泰六年祁門縣方伯起等分山合同》

在城方伯起、葉仕彰管山一備，坐落五都五保，土名仁家塢，計山二十九畝，係經理字一千四十號。東至方山隴心，西洪山，南降，北地。今將前項山場三分相分，伯起山骨一半，仕彰山骨一半，三分内得一分與五都表叔饒仕榮。同衆相共，各不許私自入山遷造風水。若有一家入山遷造風水一穴，出銀伍兩入衆公用。有税糧在二户供解，候造册聽自仕榮照依經理畝步，在方伯起户、葉仕彰户，二家各無言説。今將前項山場寫與葉茂芳、得芳名下，前去盡山栽坌杉苗。日後長大，照依鄉例對半均分。自立文書之後，各不異言。失誤壅開，聽自遵約人賫文告理，甘罰違約人名下銀五兩入官公用，仍依此文爲準。今恐人心不一，立此合同二紙爲照。

景泰六年九月二十六日立約人 方伯起 同約人 葉仕彰 中見人

饒仕榮

《中國歷代契約會編考釋·明弘治十一年祁門縣饒永善斷山文約》

五都饒永善今承斷到五都洪達等名下山乙號，坐落土名俞塘坑口廟背。其山新立四至：東至胡成見長養柴木劑，直上至降，西至塢口合山，南至降，北至水甽。今將前項四至内山寫立合同斷去長養柴木。日後成材，眼同砍斫，對半均分；及原栽木，亦照原約相分。自立文約之後，二家不許私自入山盜砍及〔費〕〔廢〕山場。如有盜斫，聽自賫文陳理無詞，甘罰白銀貳兩入官公用，仍依此文爲準。今恐無憑，立此合同爲照。

弘治十一年六月二十一日立 文約人 饒永善

中見人 程九保

《中國歷代契約會編考釋·明正德二年祁門縣胡進童兄弟斷山合同》

五都住人胡進童同弟三乞，今承斷到五都洪積等山二號，坐落俞塘坑。一號係水字一千二十四號，一號一千三十三號。其山四至照依經理；塘塝上是王文興栽，塘塍外是本家栽坌松杉。里至塘塍隴心上，外至余山上，南至坑，北至降。今斷去用心遍山栽坌，日後長大對半均分，毋許荒〔費〕〔廢〕。其力不許私賣他人。違者甘罰銀壹兩公用，仍依此文爲準。今恐無憑，立此爲照。

正德二年閏正月十七日立 合同人 胡進童 胡三乞

代書人 饒永喜

《中國歷代契約會編考釋·明嘉靖二十七年祁門縣畢伴儅斷山木文約》

五都住人畢伴儅，今斷到同都洪輝、洪珏、洪儒三大房承祖洪大東衆業山一號，係經理水字乙千三十號，計山柒畝貳角，坐落土名俞塘坑小塢。東、西至降，南至方山及小塢口，北至宋山及上培。今蒙縣明文，興利除害，將前號山斷去，〔稱〕〔乘〕時栽種松杉等木，不致抛荒。五年之内，請主入山點苗打柴，聽主入山眼同均分。其松杉本成材之日，眼同砍賣，主力均分。自斷之後，毋許私自砍斫。如砍一根，罰銀乙錢入官公用，仍依此文爲始。今恐無憑，立此文爲照。

嘉靖二十七年八月十六日立 斷約人 畢伴儅

依口代書 畢五保

《中國歷代契約會編考釋·明崇禎六年歙縣方繼纘伯侄三房分山合同》

立合同兄方繼纘同承裕、承福三房人等，今有承祖賢貴、吴萬等五大房山一備，坐落七保，土名赤橋下末，係經理朝字壹千五十二號，計山地壹畝弍角柒步半。東至朱七塢口岡，西至李家山，南至田地及〔徑〕〔陘〕，北至降。晟房僅存賢〔貫〕〔貴〕分數十二股之二，其餘山骨並苗木盡是本家先年買業，所有朱忠發養分法苗木，本家曾買茂廣房全業，二家清業之後，各宜遵守，蓄木成材之日〔拼〕〔弄〕砍，各照分數均派，兩下毋得争論。恐後無憑，立此合同貳張，各收壹張爲照。

合同内晟公房所存賢〔貫〕〔貴〕名下分數於乾隆貳拾肆年十月 日

轉湊静公祀爲業，當日議價捌兩整，合同並價即時兩繳訖。
中見祀侄孫萃和聲同批（押）（押）
合同貳張各執壹張存照
崇禎六年十一月初一日　立合兄　繼纘　（押）
同侄　承裕
承福　同立合同弟　玄宇　（押）
侄　承禧　（押）
代書中見叔　鳳阿　（押）
弟　志茂　（押）世顯　（押）
侄　席珍　（押）

《明清徽州社會經濟資料叢編》第一集《祁門縣洪廷諧等立族産會約》

〔立〕合同會約人族長洪廷諧等，我家尚書恭靖公乃世世不遷之祖，其貽有諭葬墳山、祠屋及第宅、祭田、牌坊、基址、正所以表國恩，留先澤，尤當世世守之勿失。近因不肖子孫希圖盗賣，已經告府，懇有照帖，自後各宜遵守無生異心，違者執此經公，以不孝論罪。其照帖隨光裕會輪管收執，倘有遺失，定罰白銀一百兩，仍責令告補。今恐衆心無憑，立此合同會約爲照。萬曆卅五年二月二十六日　洪廷諧　洪元亮　洪應采　洪應辰　洪應祖　洪應陽　洪允思　洪應周　洪應槃　洪應勛

《清代寧波契約文書輯校・有培立地基合同據》

立合同據

有培坤山同有老臺門坐後基地墻脚，坤山朝上坐龍首，有培屋朝下亦坐龍首，中間墻脚脚地兩下公共。現在所築小屋墻磚坤山自己築成，日後有培等倘欲起造樓屋，找高墻面，任憑培等找高，坤山等毋得阻格，此係公共墻脚，公共應用，恐後無憑，立此合同據存照。

道光貳十年十月　日立合同據有培押。
同　坤山押。
見中　曉湖押。
代字　仁立押。

《清代臺灣大租調查書・臺灣土地制度考察報告・養贍租（五）》

同立合約劉中立等，今有水底寮崁下，與大茅埔附近均爲荒區向來未經墾辟，蒙各屯弁暨屯長等稟請在案。仍備墾約蓋鈐訖，付立招佃備本開鑿。其埔四至界址，載明墾約字内。茲因先墾水底寮崁下一帶，招得列位前來合墾，即日公議按作二十二股定額，所有築莊、鑿圳、雇募壯丁一切雜費，隨時照股並派並出。其埔上下肥瘦，隨即拈鬮分給各股經管。公議三年墾成之日，或田或園，照例按甲配租完納屯官；如有贏餘租息，逐一均分。若遇公事，當事出身辦理。股内各宜同心協力，照約遵行；倘或恃强混佔，刁違抗約等情，定將該埔份充公，仍不許在莊居住，決不徇情。此乃同心合墾，惟期休咎相關，苦樂均受，各懷和氣，大振基業，則莊旺而業成矣！至於議約條款，登明於後。今欲有憑，特立約字一樣二十九紙，永執爲照。

一、議：水底寮崁下埔地，編定二十二股額，花名載明於下，鬮分界址亦載於後。凡股内字約務要當衆蓋記爲憑，方得執掌，此照。

一、議：屯弁墾約一紙，公給泰和圖記一領，俱交劉中立執掌，股内要用，自當交出，不得私匿，致誤公事，此照。

一、議：公館莊地惟當事居住執掌，股内不得混爭。所有莊中事務，惟聽當事指揮約束；如違稟究，此照。

嘉慶二十一年八月　日同立合約。

劉華先　一股　劉鳳元　一股
劉中立　一股　吕登科　一股
劉保寧　一股　羅逢永　一股
李桃珍　一股　黄懋器　一股
陳必照　一股　林德燕　一股
陳光傳　一股　林德多　一股
陳光受　一股　林德長　半股
劉　平　半股　劉光墻　半股
劉文西　一股　羅　水　半股
劉娘鏡　半股　胡應義　半股
李大枋　半股　蘇接文　半股
陳　發　半股　黄　義　一股
林德喜　一股　詹　依　半股
許　富　半股　張尚臨　半股

林福安　半股

計開拈鬮埔分界址於後：

一、劉文西份下一股，現分埔份第十四號，坐落本莊南片，東至崁，西至崁上，南至陳家，北至詹、張爲界，未經丈明配租，此照。

又一處，坐落本莊前下崁第十五號，東至水溝墘，西至崁，南至林家爲界，北至劉平爲界，未經丈明配租，此照。

《清代臺灣大租調查書·臺灣土地制度考察報告·養贍租（六）》

立合約永照字人林長榮、梁集福、徐明桂、徐德昌、梁鴻勳、張永廣、張裕賢、邱湯藍、陳仰松、張桂香、吳張興、林元淑、温洪忠、劉吴長、黄合成、廖天興、吳會章等，合夥徵本，據墾批串名林福昌、梁張徐、邱湯成等，向中港社番副通事哲生，土目潘水金等承墾有二三灣平潭南北埔一帶樹林青埔開墾，又向新港社番屯丁首林武力、吘于等就地承墾有養贍屯埔，各界址載明墾批内，經通土、屯首等呈請分憲薛，準出示設隘招墾在案。茲夥内林長榮出銀□□□□元，梁集福出銀一百一十元，徐明桂出銀三百大元，徐德昌出銀三百大元，梁鴻勳出銀四百大元，林元淑出銀三百大元，温洪忠出銀四百大元，張永廣出銀三百大元，張裕賢出銀三百大元，邱湯藍出銀二百大元，陳仰松出銀三百大元，張桂香出銀原本三十，辛勞一百七十元，吳張興出銀三百大元，劉吴長出銀二十五元，黄合成出銀一百五十元，廖天興出銀一百五十元，吳金章出銀一百一十元，合共出銀□□□□元造築隘寮，募丁把守一切口糧用費；若不敷用，仍照份加徵銀元。俟墾成田園，按照出銀多寡，勻定沃瘠園份定界，各自耕營。其水田每甲每年供納大租穀六石，旱園每甲每年供納大租穀二石，交公舉總辦人收貯公館，每年除給發隘丁口糧並供納屯社租外，仍剩若干，於每年底彙算後，按照出銀多寡分租。至日後分定之業，倘有出售者，務先知會同夥，依照時值公估，二比不得刁難。自此立約之後，務要同心竭力，勷成其事，斯爲子孫永享長久之福也。恐口無憑，合立約字一樣十七張，各執一張存照。

計開會議條規於左：

一、議：莊中一切諸務，必須公議公舉一人辦理，所給公戳圖記交其收執，以憑日用。若經周歲，果能辦理妥協，除月給辛勞外，仍每年底加酬辛勞銀二十元；倘辦理不滿一年者，不在此議。至辦理不公，即須辭出，另行公舉妥人辦理，不得徇情容留，致誤公事。至應用小工人數，亦要揀擇謹人傭用。倘經辦人有虛開數目，騙公肥己，一經查出，若係同夥中人，即將伊份内本銀扣還外，仍將所騙數目對倍罰賠；若非夥内，即就保舉人是問，及另舉妥人接辦。再所舉經辦人或要内渡，或因年老，不能任事，則聽衆人公舉妥人接辦，原辦人不得霸佔留戀，不肯退出等情，此照。

一、議：徵用銀元多寡未定。若先徵之，銀仍不敷用，自應約期，再議徵出。倘有至期逾限，不能照數加徵。嗣後墾成田園之日，無論先後徵銀，悉照銀數得業，不得異説，此照。

一、議：徵分銀元，總辦之人向合約内有名人津收，若於合約中湊人多寡，悉向其合約出名人清理，不干公衆之事。日後分業，亦合約出名人按銀分業，不得混牽公衆，以昭劃一，此照。

一、議：經辦人務將出入銀元數目登記明白，每年至六月、十二月，約齊人按簿清算各一次，仍將所有給與佃人耕種田園，於初墾尚未起耕之日，或應抽政佃人穀若干，務將所抽何佃名下穀石雜糧若干，登記簿内，幫貼隘糧之需，不得以應抽者徇情不抽，及將已抽者漏記入己等弊；查出，即將經理人對倍罰賠，立即辭出，舉妥人接辦，此照。

一、議：該地墾闢田園，無論年限接近，務須公費有餘，方準鬮分，不得以現墾之田遽欲瓜分，以致功虧一簣；如有違者，則衆夥將其人所出原銀算還，其田歸衆，此照。

一、議：公立合約以後，一切章程已定，即將所發合約計共十七張，所有合約姓名登記入簿，不得再加分數，此照。即日批明，衆夥向中、新兩社承給墾批兩紙，經衆面交徐昌鑽收，倘遇應用，隨即檢交，不得推卸異言，立批，照。

嘉慶二十二年正月間加批：茲因十七股内無力盡墾，公議除將肚兜角、平潭、九勝埔一帶既經墾成之業，統歸十七股内照出銀多寡勻分，仍有大小南北埔、中心埔、圓林仔等處地方，應另請陳仰松、徐昌纘、張裕賢爲總理，經弁任憑松等給出埔底銀以爲發隘公費之需。至給出之業，日後十七股内僅收回大租以爲公費外，照出銀多寡得息立批。鑾字第六號，張裕賢收執。

再加批：前議許配糧户並對保班頭，與前經理人等酬謝，茲公議將大商埔一處地方，當衆給出，並無收埔底銀元，立批，再照。

再加批：衆股夥公給有總墾公記一顆，又有總理圖三顆，丸三灣等莊有給批與人，務要蓋用此四顆圖記，方是實據之憑，批照。

嘉慶二十一年十月　日。

立合約人　林長榮　除明桂　梁集福　徐德昌　張永廣　邱湯藍　張裕賢　梁鴻勳　陳仰松　張桂香　温洪忠　林元淑　吴張興　劉吴長　黄合成　廖天興　吴會章

《臺灣私法物權編·物權之特別主體·共有·合約字》　同立合約人張子彰、歐家千、歐獻臣，因同出本銀二百兩，合買過薄昇燦請墾彰邑布嶼稟南勢底荒埔一所，照原日請給墾單告示界址，東至大坪，西至海，南至虎尾溪，北至海豐港，四至明白，立户薄昇燦。其界内作十股均分，内薄家前經契買二股與段、謝，茲子彰等三人同出本銀，合買其八股。公議草地照本銀作八股均分，家千現出本銀七十五兩，得三股；獻臣現出本銀七十五兩，得三股；子彰現出本銀五十兩，得二股。其歷年正供及莊費俱照八股均出，不得互相拖累；所收租息俱照八股均分，不得互相侵漁；莊中所有事務須當協力辦理，不得互相推諉。如正供莊費股内之人乏銀以應，夥記中公借其應用，議約每兩貼利三分，至冬收成，將伊本股内抽收租息扣抵，不得異言。倘八股之中有不合意欲轉售者，必先儘問股内之人照時價不願承受外，方得别向他人。其文契、墾單、告示共三紙，即日跟同拈鬮分收，薄家手契係獻臣收執，官給墾單係子彰收執，告示係家千收執，各宜謹慎收存炤用。從茲立約之後，永期管鮑莫逆，地利之開，終遺子孫基業。今欲有憑，同立合約一樣三紙，各執爲照，行。

雍正五年二月　日。

同立合約人　張子彰　歐獻臣　歐家千

《臺灣私法物權編·物權之特別主體·共有·合約字》　同立合約字人目港壽記號、郡城良記號、月港仁記號等。蓋聞同聲相應，同氣相求；欲追陶猗之遺風，須慕管鮑之雅誼。茲良記等三股合夥，在鹽水港伽藍廟境開張西江號質庫，訂作三十分，良記得十分，出本銀六百元，秤四百零八兩；壽記得十分，出本銀六百元，秤四百零八兩；仁記得十分，出本銀六百元，秤四百零八兩；統計在本銀一千八百大元，共重一千二百二十四兩，俱登載在賬。從茲振作營爲，逐年除店中福食、薪金、店税、雜費外，所有贏餘，照股就本均分，得利登記在數，不得混取混支；而在場當事之人，公貼酬勞薪金外，亦不得袒護親朋，濫借濫賒。俟至年久，生理興隆，利溥本盈，有可開支之處，那時公同酌議，舉妥而行。此係諸股夥誼悦從，各宜守約，毋得翻異，合立約字一樣三紙，各執一紙當照。

同治七年閏四月　日。

同立約字人　郡城良記號　月港壽記號　月港仁記號

秉筆人　葉春塘

《臺灣私法物權編·物權之特別主體·共有·退股字》　立退股字人水按鄉陳權，於本年正月間，曾與合發號合買南澳雲澳鄉雙合商船一隻，名喚金和順。一股之額的銀一百六十元，權半股之額，的銀八十元。今權因欲棄置別創生業，無奈，托中引就，將此半股之額情願賣與合發號八二銀八十元。其銀即日同中收訖；將船聽付合發號放去掌理，經營貿易，不敢刁難阻當，别生枝節爲礙。如有交加來歷不明，以及各處東西南北港往來運載等弊不明者，陳權出首受當，不干合發號之事。保此船乃係權自己創置，甘願退股，贖回原銀，與房親叔兄弟姪無干，亦無重張胎借他人。此三面言約，二比甘願，各無反悔異辭，恐口無憑，今欲有憑，即立退股字一紙，付執永爲存照。

即日同中收過契面銀六十元足，再照。

歲次丁酉年五月　日。

作中人　陳烏唇

代書　藻記

立退股字人水按鄉　陳權

（宋）李昉等《文苑英華》卷五二八《判・陂防判》　甲秉權決去陂水，人相傳云有兩鵠言陂當復。甲以惑衆，云飯我豆食羹芋魁，科不伏罪。

對

秉國之權，非賢奚？可因人所利，君子不奪。甲爲政者，異於是乎？以爲畜水不流，竭之何害？豈知舊防是要，罷之或損。且川浸藪澤，殖物於是乎生；蒲魚稻粱，爲利於是乎博。濟人理國，職此之由，潰塘涸源，過孰斯盛？蓋藏或寡，純固則盈。割彘厭粱，空思於舊貫；飯豆一作菽煮芋，奚取於托一作訛言？愚謂載以既陂，政可遵於夏訓，廢而興謗，事無取於漢臣。此則有過能改，彼當内訟自直。無往不復，傳者何傷？聊以抒憂，未爲惑衆。甲自不典，人無匪彝，輒欲笞之，未由也已。

同前　樊晦

開物議制，興化優人，務先適時。權貴合道，甲爲正典，欲遵救弊，決其澤障，成我井疆，冀茨梁有作，蕪蔑無嫌；何已日未乎，率籲斯戚。然在鳌變俗，必觀習土，與其芋羹豆食，黄鵠興謡；曷若池陽谷口，白渠作頌。自邑告命，當反古以順今；代天救人，奚愎衆而從己。謂莫益或擊，須移轍知方，成既無終，往何難復。雖聞言不信，將降戾乎齊甿而有怨是叢，請懲忿於鞭朴。

同前　任璆

紐金曳組，賢不兼利，決水窒陂，權曷由己？伊甲開甿洗務，無聞史起之功；鳩藪牧皋，習爲翟進之理。俾初汪萬頃，隱長天而不見；載翔千仞，下高風而有言。評其放紛，涸將必復，而草木震色，猶失其潤。況舄鹵偏溉，孰不思肥？寄黄鵠而遺音，食蹲鴟而猶美。且受羹含菽，利不天來；委畝宿糧，事資陂漲。今奪衆水，不及私恩，是曰殘人，何以富俗？更收威也，能無辭乎？與其秉權以求利，曷若乘禄以自馭？請遏其清畝之充，罔愆我宜鱗之所。

同前　裴鼎

天生五材，水善利物。且溉且糞，長我黍禾。爲隄爲防，制爲畜泄。甲秉國鈞軸，作人父母，可興以利除害，仍舊貫以從時。豈宜違俗變常，歸疑作師乃心而改作？使或者相駭，訛言不懲，托黄鵠以興詞，冀鴻陂之必復。鳥鳴亳社，抑有前聞；石言魏榆，斯無可採。昔田疇是闢，歌鄭卿之遺愛；今羹芋興謡，嗟漢臣之不軌。細想翟公之策，安可效諸？竊詳甯越之鞭，非其罪也。

同前　于季重

政在利農，人惟守業，順其事者，莫不胥悦；變其舊者，曾是興謡。惟甲國均是秉，具瞻斯重，永言溝洫，而新見謀。水旱不愆，資變理而成化，人天可望，冀敦勸而有秋。然則南陽之陂，自滮池而爲睦澤；鄴傍之水，因舄鹵而作膏腴。是汎是流，俯雲雨之攸潤，我疆我理，棲豆芋之餘糧。方進不忘於前蹤，白公且同於斯類。此則有益於國，專利而行，未可式禮苟愆，更從人欲。陂兮當復，聽乃輿言，惑衆論笞，責則何甚？黄鵠既聞於師古，焉敢定刑，丹筆亦宥於無稽，終宜伏念。置之理也，誰曰是乎！

《名公書判清明集》卷八《户婚門・鼓誘卑幼取財》　黎定夫等六名利孫某之幼，教其私輒將田業，就張上舍、宋通判宅倚當，生錢共一百二十貫足，非所使用。内黎定夫等三名解受孫某錢，會，係欺詐取財，從盜論。黎定夫贓滿三十貫八百，合配本州。夏某贓滿一十五貫二百，合徒二年。劉庚四贓五貫五百文，合徒一年半。餘教誘卑幼，非理費用財産，合杖一百，編管鄰州。李楶受孫某寄錢，共官會五百二十貫，據孫某及其母阿楊所供，並係李楶留此錢，欲爲鬻舉，以事體稍重，未欲盡情根究。蕭子章只就李楶名下借錢，已還，尚可闊略。孫某有母在，而私以田業倚當，亦合照瞞昧條，從杖一百。劉順爲牙保，亦當同罪。雖犯在赦前，然黎定夫等詐欺得財，陪涉卑幼，以破壞人家財産，殘害人家子弟，豈容罰不傷其毫毛。案備所供，申使、府取自施行。蕭子章放，餘名各知在聽候。

《名公書判清明集》卷九《户婚門・共帳園業不應典賣》　照得梁淮元有兄弟三人，兄與弟俱殁，獨梁淮在焉。其侄回老、錫老則其兄弟之子，俱承父分。梁氏物業已析，獨留靈耀寺邊園地一所，即今與龔承直所爭之地是也。其支書該載明言：此係衆業，權尅退候却分。則上件園係共帳之業，固不容分析也。分析尚不可，而况於典賣乎！今梁回老盜將兩分園地賣與龔承直，獨留梁淮一分，僅能葬其母范氏在內。龔宅又於所買兩分園地内架造掘鑿，非惟法意之所礙，亦於人情爲不安，梁淮其能無詞？本府通判謂：龔宅買園在范氏未葬之前，何謂墓園？不知上件園地，始者尅留而不分，固有意存焉。今梁回老等不恤其叔，不問共帳，輒與龔宅交關，所謂瞞昧尊長，衷私交易，不知於法意無礙否？龔承直有園與梁淮園地切隣，豈不知其園係三分未分之業，乃買誘梁回老等立契。在梁回老等係盜賣，龔承直係盜買，俱不爲無罪。自合照條，錢没官，業還主，以既經赦宥，不欲準法施行。昨通判行下建陽縣，令梁淮備錢取贖，亦已允當。續據本縣承差申，梁淮無錢可贖。今據梁淮陳詞，稱已賫錢、會到官，縣吏執覆，不與交錢取契。恐縣吏受龔承直之囑，故爾拖延。欲帖丞廳，監梁淮向龔宅幹人當官以錢兩相分付，限三日具了當申。如有不伏人，解赴本司施行。奉都運台判：照所擬，帖丞廳監錢、業兩相交付，限三日了絶，如違，解來。

（明）祁彪佳《莆陽讞牘》卷二《唐經歷一件欺孤呑業事》　陳啓秀薄視弟侄，又造贋契以没其公共之屯，不直甚矣，原屯如斷，一半給還陳宗，餘如照發落，取實收領狀繳。

（明）祁彪佳《莆陽讞牘》卷二《一起盗賣滅裡事劉壽哥告劉愛霖等》

審得劉愛霖有公共房一所，霖之父祖已分典於人，得銀一百六十兩，時已共分用久矣，壽哥之祖父亦在其内也。今愛霖典之侯生樹屏，得銀一百八十兩，除一百六十還舊典主及費用外，實祇得十五兩。壽哥外出初歸，疑叔私典有厚得，固興此訟。今叔與算明，除一應債務所坐外，以三房計之，壽哥亦應有二兩餘，壽已收銀願息矣，但當時何不於叔善處，而即孟浪控告？罰穀一石，餘免究。

（明）顔俊彦《盟水齋存牘》卷一《爭墳倫澄宇杖》　審得倫氏祖遺墳旁隙地原爲闔族公共之所，非一人可得私售也。乃倫澄宇竟以賣之繆純初之伯繆敬居爲穴，事已有年，而族人倫道聰鳴之今日，固已晚矣。但納糧油單道聰現執可據，税隨田轉，澄宇即以無税之地爲詞，亦復何補？地應仍歸道聰管守，澄宇所得繆姓契價聽自吐償，宇合杖儆，純初事繇其伯敬居，敬居已故，應免究。招詳。

布政司批：依擬倫澄宇贖杖發落，如照，庫收繳。

按察司批：倫澄宇私賣衆地，依擬杖折發落，餘如斷，庫收繳。

（明）顔俊彦《盟水齋存牘》卷二《踞鋪馮順宇等二杖》　審得馮順宇與胡聖健合本開鋪有年，各懷市井之心，不能相調。而聖健遂欲借宦勢，以獨踞其鋪，則太横矣。今斷兩人算清子母，分鋪生理，以安其業。姑各杖之，以儆多事。招詳。

布政司批：馮順宇、胡聖健合本生理，始和而終讐，此市井小人常態也。若聖健倚勢獨踞，尤屬兇暴，仰加責二十板，依擬併杖贖發。如照，庫收繳。

（明）顔俊彦《盟水齋存牘》卷二《爭田何仕和等四杖》　審得何仕和之孫何擴衷，非守家之子也。仕和一生勤苦，挣置田塘數十畝，擴衷蒙蔽其祖，寫産按銀作浪蕩之費。蕭貞復、葉元密一群亡賴，環而局之。據稱二人作中，將田塘二十五畝寫與鍾啓遇，實得銀七十兩。啓遇亦利其祖老孫蕩，田可半價，得不難以七十金餌之，今竟欲管業其田。天下豈有其尊長現在，曾不相問，而誘其卑幼私相授受，此可謂明中正契否？仕和老奸，又匿其孫不出，而以捉勒控，則無情甚矣。田聽仕和管業，追契附卷，啓遇不得而問，其所借之銀自向原中蕭貞復、葉元密問討。總之，得便宜處失便宜，貪心所使又何尤焉？仕和之詞誣甚，念其耄矣，姑杖之。元密、貞復、啓遇併杖擬，以狗國中之朦朧寫按者。招詳。

布政司批：仰候軍門示行繳。

軍門熊批：依擬，何仕和等各杖贖，分別收納田銀俱如斷，庫收繳。

（明）顔俊彦《盟水齋存牘》卷二《擅賣嘗田劉克瞻杖》　審得蔡兆麟叔祖少齋故絶，已撥嘗田五畝與婿劉克瞻，情已盡矣。所遺蒸嘗之田，各房輪祭，乃以鄧氏出名賣貳畝玖分零與劉子玉，其契止克瞻僉證，而蔡氏無人焉。其爲克瞻串通孀婦，賣此産烹分入己無疑也。不然，果係公用，何不聞之通族乎？克瞻爲人婿而得有嘗産，袖中所私，更不可問。合斷克瞻出銀拾兩贖回此田，以永祭祀，亦不爲過。克瞻、子玉暗地説合，私相授受，各杖不枉。餘人免科。

（明）顏俊彦《盟水齋存牘》卷二《佔祖祠黎廷芳杖》 審得黎廷芳父黎簡恃瞽踞祠，大干族怒，已經丁同知親詣勘明，審詳巡道，批允在案，無容再議。職奉憲拘審通族之人，無一是簡者。且據稱五代神主暫移簡家，此已自認移主矣，應以不孝重懲。哀其瞽也，姑杖之。廷芳既厠宮墻，不能善匡其父而反佐之焰，一杖亦不可已。招詳。

提學道批：黎簡倚其瞽目，移祖佔祠。彼創建以奉蒸嘗者，夫孰非黎氏子孫耶，何忍心忘本至此？黎廷芳已爲青衿，不能匡正其父而反爲助惡，均法所不應貸者。依擬，廷芳杖儆，黎簡以瞽目廢人，姑免罪，祠仍歸衆。取庫收繳。

（明）顏俊彦《盟水齋存牘》卷四《争産黄維屏杖》 審得黄維屏與黄維英，同堂兄弟也。有祖屋一所，各居其半。後英貧窘，遂得銀壹百七十兩，賣併於屏，屏轉撥其子承受。後英以逋官銀向兄貼價，得洗業銀拾壹兩，已無容置喙矣。今屏突以抄家訟英，及廷訊之，英府首無争，唯曰：房係明買，應兄管業而已。屏所稱伊男聖行串獻之詞，未始有據也。屏之意不過設此伏兵，以杜英將來之請耳。兄弟之間用心如是，不太甚乎！屏輕率瀆憲，應杖。英見在囹圄，應聽本罪詳結，具招候奪。

蒙按察司批：黄維屏無端横訟，殊無兄弟之情，姑依擬折杖發落，庫收繳。

（明）李清《折獄新語》卷三《産業·一件勢抄事》 審得春元王一虞，與生員王一相之相争，蓋爲祖塋風水也。夫生存華屋處，零落歸山丘，想先人之長眠泉下者，不知作多少名灰利燼感。乃子若孫輩，反以夜游爲晝錦之始基，而鬩墻兄弟，忽鬩於墳，可嘆亦可思也。然問以何爲曲直，總從公私分曲直耳。夫一虞所持者公，一相所持者私也。何言乎公？則一虞有言，謂伊祖所葬者大隆興山，而小隆興山則來龍咽喉也。從祖故曰公也；何言乎私？則一相有詞，謂伊孫所葬者小隆興山，而於大隆興山，則風馬牛不相及也。從孫故曰私也。雖然，不獨私也，且又愚甚。夫一虞之朱紫漸逼，而一相之黄白多藏。親之欲其貴也，愛之欲其富也，祖塋之蔭兩家均矣。若祖之不靈何有於孫？至問一相葬孫，買自誰氏？則同族王主一耳。縣招爲王守一，憲駁爲王志一，而今又幻出一王主一，何君子有三變也。噫！主一之地有幾？僅於二畝中，得二分耳。此彈丸一塊土，安有萬户千鍾，胎於其間？彼一相豈真欲爲伐虢取虞計？而試問當年公契内，又何云將此二畝，推出公族管業，而不聞二分之另爲主一私物也。故主一之賣非也，一相之買亦非也。買而以孫葬，且葬孫而以空棺，則又非也。皆非也，則有一是者於此乎？夫春元亦是而未全是者也。既經呈告，何不候踏公遷？乃遽掘冢開棺，授人疑竇。豈咽喉一動，將出折臂三公，故有鑒前人相墓之驗，而遑遑開掘乎？春元亦是而未全是者也。王一相應杖。王一虞輕發太躁，合坐僕王順以杖。其小隆興山，仍聽公族管業，如有私賣私葬者乎？請罰如一相父子律。

（明）李清《折獄新語》卷三《産業·一件慘斬事》 審得何聖志與已故何聖忠，乃嫡出同母弟。而何聖懋與何聖慧又庶出同母弟也。先因聖志父存日，曾餘遺田四十七畝，然其存者，皆四子公物也。止因嫡母駱氏無鸕鳩愛子之均，而一手握定者，遂爲聖志掌中物矣。聖懋等有涎空垂，望望如遠行客者，殆亦有年，然猶虚懸其器耳。何坐擁不已，旋已盜賣，而有一百五十兩之入已也。名入駱氏手，實暗飽聖志腹矣。然尤不能不致恨聖懋也：始與嫡兄吴越，繼又與胞弟參商。問其故？則因駱氏與聖志等，始飲以旨酒，繼啖以厚賄，而改頭换面者，聖慧遂爲獨鳥之失羽，而南風之不競矣。今庭質之際，聖志反寂然無言，而聖懋則奮臂揚眉，飾辯甚力，曰：駱氏，母；聖志，兄也。且願以五十金爲嫡母送終費。而謂所餘百金，亦現貯聖志笥中。讓哉聖懋乎？何從得此禮義之言也。然今既爲食果之取小，而昔何爲關弓之首唱？時縣聞斯言，方在猶豫間，而忽聞呼冤聲急，爲衆人掩口而製足者，則階下聖慧也。亟召而詢之，則歷歷供吐，若指諸掌。噫！聖懋心死矣。合從公剖斷，將賣田五十金，爲駱氏棺殮費。明知溢於數也，然子宜殯母，庶不先嫡，理應從讓。其所餘百金，則以四分爲率：何聖志得廿五兩；何聖懋與何聖慧各得廿五兩；而何聖忠既故，則其子何文燧亦應得廿五兩。於是諸人皆叩首心服，默然而退。雖然，兄弟尋戈，豈美德乎？合將何聖志，何聖懋，分别杖治。其應分百金，合從聖志名下追給。

（清）李之芳《棘聽草》卷二《讞詞·産業·分守道一件為劫殺事》 審得黄良新之以劫殺告，實起於争墳小隙耳。初，黄、楊二姓共買墳山一片，土名應家墓脚，歷來合葬。上年九月内，黄良新亦欲葬母於中，有楊常即楊禹回者，以其有礙先塋而阻之。後雖就葬於楊姓祖塚之側，未幾楊常即以犯煞傷命告縣，其親兄黄良全業已立約，認將寄殯母棺於清明時遷去。今良新之輒圖誣控，波及於黄良里兄弟者，何也？蓋良里有父葬於此山正穴，楊常不容分一抔於墓門，不得不轉疑良里之唆使矣。鏡花之詞易駕，而山鬼之技終窮，按律坐誣，似不爲過。念其愚民，姑從寬政，擬杖示懲。社保張懷升扶同左袒，併杖不枉。良新母棺既經議遷，勒令别葬，以杜訟端。

（清）李之芳《棘聽草》卷六《讞詞・産業・分守道一件為姦弑奇冤事》　審得王宗禎乃王氏堂弟，而王氏即陳氏繼姑，申時宜係陳氏親男，申雲章又時宜之堂叔祖也。王氏嫁申門無所出，家業皆媳陳氏經理，以致控府，斷姑掌管。宗禎因爲王氏取田二十石，併衣、皿移回，此一事也；初陳氏新寡，宗禎代李維鄂爲蹇修求親不允，又致控府，後雖議和，親族盈庭，各項使費，陳氏實去銀一百二十兩，此又一事也；　復因扦葬，宗禎聲言王姓有牛眠佳地，可出公侯，須得價三百金，雖有此言，彼無山而此亦無價，此又一事也；　申用志捹申時宜松木一片，宗禎因欲助官修橋，王六八五出爲調停，得銀五兩寢事，此又一事也；　王族有祀田，每歲輪流當祭，而即取備於田租，雖有羨餘，皆主祭者所得，八年春應王臣三十四、王崇四九輪值，宗禎欲創修祠之舉，不許收租入己，此又一事也。職此之故，以致控憲者紛紛然。　王氏復以申裕八十一、申芳七十六等告於守憲者，蓋裕八十一即其叔祖申雲章，芳七十六即前捹木之申用志，宗禎心實銜之，雖王氏出詞，而運籌帷幄者，非宗禎其誰？藉中冓之穢談以污帷薄，增宣淫之詩句用辱閨房，此豈婦姑勃磎之細故？而忍暴揚通衢如是，非夫人之教唆不及此。一紙情書，從何查覓；二更入卧，盡屬虚談。王氏何耄而荒，儼如傀儡，當場任人提挈也！今王氏與時宜祖母稚孫悔過，家庭不願終訟，但所取前田等物，應歸王氏贍養，仍聽時宜管理。陳氏雖費前銀，念非宗禎入己，姑置勿論。申用志所付王六八五銀五兩，即於本人名下追給。王臣三十四輪祀一案，已剖明無説，其列款證佐俱不對簿，無容深求，俱援有免擬。

（清）李之芳《棘聽草》卷六《讞詞・婺邑・本縣一件為激救殺命事》

審得邵隆四見汪英百八有山在門，林木蓊密，誘以立券，邵之人力，汪之樹材，所得之值四六相分，可謂公且平矣。孰知斧斤旦旦而伐之，牛山童已濯濯，所售之銀盡入隆四囊中，按股而分，邵猶欠汪八十兩未楚也。想當日栽培樹植，不知幾何辛勤，而始成平林翠色，一旦負前盟而圖私飽，使山靈有知，亦應笑爾薜荔之厚顏矣。杖之，前銀速追給領。

（清）李漁《資治新書二集》卷二〇《田産・屠儒事》　審得蔣汝仁、蔣尚舜、蔣德恰溯一本，其祖蔣深所存遺田十畝，均撥分與兩房。尚舜係長房之支，汝仁與德恰則次房之胤也。分房歲祀，歷有年載。乃至今日紛爭未已者何也？蓋其中有膳田、賢田之説不明，而鼠牙雀角之訟類起。今汝仁、尚舜之言曰：此田租撥與二房承管，以供祭祀，而約中所載有勤儉耕種等語。德恰之言曰：此田租撥以養賢，凡子孫入庠，即得承管，而約中有發憤讀書，以無負養賢之意等語。德恰去歲青其衿，故欲起而有之。孰知此田，已爲汝仁、尚舜於七年某月内，憑中受價賣與明經張燧爲業矣。但兩造之爭辯無憑，而祖遺之墨券可據。今約中只言力耕，不言勤讀，想當日遺田者深知硯田筆耒自獲豐腴，必不似田舍翁多收數斛麥耳。德恰今日之一事，殆非乃祖之深意乎。若汝仁、尚舜之可議者，其先人之田遺以奉祀世守，而未嘗訓以售人，何爲竟爾墜廢，使春薦秋嘗，闕焉不享，是則可杖，以慰祖氏之恫乎。

（清）盧崇興《守禾日紀》卷六《讞語類・一件滅倫屠抄事》　審得：徐瀾、徐潢共祖之兄弟也。瀾與潢有共承之祖業，潢欲售而瀾購之，正價、加價之外，復有議貼移居出柩銀兩，而潢猶婪心不足，更捏爲屠抄之詞，以控其兄。今詢之證佐，則前後之價，俱已交清，驗其契券，則正加之數，載甚明晰，潢胡爲興此鼠牙雀角之訟乎？滿紙虚花，實爲加價而起，既違憲禁，復犯誣條，蒲鞭未足未辱，荷校稍可蔽辜。

（清）董誥《全唐文》卷九八〇《闕名・對開溝向街判》　丁開溝向街流惡水，縣令責情杖六十。訴違法既有文，不合責情，並仰依法正斷。

惟丁門接通衢，美非仁里，異汾澮而流惡，成閈閎之致沼。遂使軒車曉度，將墜於曳輪；銅墨風行，有聞於箠令。雖禮律之目，彼此或殊；小大之情，得失斯在。而法有恒禁，政貴移風，故議事之刑，則符令典。妄情之訴，期於自息。

（清）董誥《全唐文》卷九八〇《闕名・對穿牆出水判》　甲孟穿墻

爲水竇，流其惡於街衢。坊人論告。甲孟地遥汾澮，居此閭閻，喧上陌之風塵，亂中衢之車馬。攸繁湫隘，未適閒居，仰甲第而多慙，顧衡扉而自惡。鄰光近接，亦重於邱墳；竇孔傍流，忽染於泥滓。遂使浮雲之騎，坐惜連乾，道路之人，行嗟揭厲。流惡既侵於五府，議刑還抵於三章，牒送有司，用懲其失。

（清）李鈞《判語録存》卷二《互控鋪債事道光十年十月二十四日》　審得宜陽縣監生趙鳴傑與堂弟監生趙鳴鷝互控鋪債一案。緣趙鳴傑與趙鳴鷝胞兄鳴鐸於道光元年，夥開二合號生理，存有外欠公賬一本，計錢三百二十千。五年，復合夥王振京，開三益號雜貨鋪生理。將二合號欠項交振京討要作本，言明連前各兑足本錢五百千。振京只算人分，按本六人四劈兑足。自八年算賬後，鳴傑向鳴鐸言明，將其多兑本錢一百千掣出，撥入鳴鐸僅兑錢二百千，連所討欠項，算入本錢三百六十千。經鳴傑屢催未能賬，立有合同。嗣鳴傑兑錢三百千，連所討欠項，算入本錢四百六十千。統萬號，轉撥入舒泰號，仍寄存三益號内生息。其進本老賬，未經改正。並有二合號寄存公項三十二千，因鳴鐸用過鳴傑錢十五千，將此項全撥入鳴傑名下寄存，亦未改賬。九年，鳴鐸身故。十年二月算賬，鳴傑因二合號舊賬，僅討起錢三百千，進本老賬，仍多記錢二十千，並掣出移寄各賬，均行更正，同夥三面算明。連本共賠錢九百千，開有紅單。鳴傑連伊舒泰號寄存之項，並息錢貼入賠款，尚有贏餘。因同中將伊子來卿借用三益號錢二十九千之賬勾銷，號内買賣，鳴鷝情願接做。四月，同中人杜雲奇等書立合同，交代清楚。詎鳴鷝因賬内有改易筆迹，疑有弊端，不願接手。鳴傑亦以鳴鷝受唆翻悔等情，由縣互控到府。查買賣生理，必須一律兑本，方能公認賠賺。鳴傑多兑本錢一百千，鳴鐸既未能找齊，則鳴傑理應掣出，作爲存項，方屬公允。惟未眼同鳴鷝改賬，是其不合之處。姑念誼關兄弟，免其深究。餘無弊端，無庸置議。至鳴鷝誣控鳴傑代人作呈，經鳴傑懇恩免究，亦從寬典。惟該號買賣，鳴鷝既不願接做，亦難勉强。斷令鳴傑、鳴鷝，同鋪夥王振京邀同原中杜雲奇等，將賠賬按本六人四，三股公同劈認。欠外、外欠各項，配鬮拈取。所有貨物，除鳴鷝接手賣去若干，應歸鳴鷝名下承認外，餘再抵兑分領。取結附卷，即行縣遵照。俟兩造核算清結，再行詳覆可也。此諭。

（清）沈衍慶《槐卿政蹟》卷三《判牘・恃勢越佔事》　武生劉飛鵬固以利爲利，而不知以義利者也。比鄰陳長泮舊欠伊祖洋錢百元，於道光十八年經中言明加息二十元，分四年清款，將住屋書契作押。鵬父照山服賈楚南，長泮子翼芳在楚措還錢一百千文餘息，懇讓照山同兄彩門，業已許允，立有收約。翼芳旋里向鵬取契。鵬以贖價未盈不肯檢付，視孔方兄太重而視父伯之命太輕矣。長泮另有承受親房遺屋一所，與侄翼華共掌。翼華傭於劉照山店，長用錢數十千文，無從措償，遂將該共業於道光二年書契售準。雖列有長泮、翼芳名字，實未在場書押，僅找付翼華名下契價百金之半，長泮所應得半百之數因前欠項牽扯，一欲坐扣除抵，一冀藉貨居奇。爾詐我虞，久已各懷私念，一言不合，兩釁都來。此飛鵬之控前縣定斷，恃有兩契可憑，翼芳不甘而控府，固與尋常刁翻者有間乎。夫叔共業而侄私主賣授受，已欠光明，然使爲飛鵬者略破慳囊，立還故券，其事未始不可玉成。乃於此則靳之，於彼則索之，已屬壟斷。且以二十年似成未成之契投税於臨訟之時，而於伊父所書典項清約概從抹煞，放利而行，未免不留餘地。應斷令將陳長泮己屋之典契交出準贖，其尾欠本息，伊父既讓明於前，厥子何得固索於後？所有原限繳洋銀四十元即行註銷。其與翼華共業之賣契，著飛鵬備價銀五十兩找付。長泮屋準照契管業。所呈雜項字約，訊明一並塗銷，以清葛藤。其私買、私賣之處，殊覺近於謀佔，事已多年，姑免追究，各具遵結聽候詳府銷案。嗚呼，肯平心以待物，何致鄰里之紛爭；毋刻薄以成家，庶克子孫之長保。願爾等其敬聽之無忽。

（清）趙幼班《歷任判牘彙記》卷一《判張寶臣等堂詞》　張寶臣、寶穀、寶和共田二十八畝，既係三房公管之業，何能由寶臣一人私賣？劉世忠並不查明，輒行買受，亦屬不慎重矣。且張王氏控案，劉世忠明知所買之業，尚有糾葛未清，價值亦未全付，忽將契據投税。查係三十二年臘月立契，何以不税於控案之前？不税於結案之後？臨審投税是何居心。謂非謀買其誰信之！寶臣孑然一身，王氏孤兒寡婦，捨此公業，無一畝之産，終絶養命之源。寶臣如此忍心，應薄責，以爲欺凌者戒。劉世忠本屬殷實之家，何必勒買此争訟之業。繳案之二百八十千，仍將原票發還。已付之價，由張王氏措繳，計洋三百元，俟王氏交案，再傳世忠帶契來領。取具各結附卷。此判。

（清）趙幼班《歷任判牘彙記》卷一《判畢述（勒）〔勤〕等堂詞》　畢述（勒）〔勤〕供，畢傳金房基係老一、三房祖遺公産，畢傳金則供稱係該支三房公産。既無契串可憑，訊據畢氏族譜，又未登載，孰是孰非，殊難揣測。惟縱係支三房公産，杜氏、王氏係該支後裔，均未到場簽字。傳金一人，何能擅專出賣。畢述貴明知公産由伊一人作中，尤屬荒謬。據該鎮董劉、姜二人公禀，亦稱秦序實素昔横蠻。而秦序實堅稱，該董等從未預聞，豈公禀亦係假冒耶。傳金、述貴暫行交差，俟諭知劉、姜二董明白禀復，再行訊斷。秦序實堂呈印契附卷。此判。

（清）趙幼班《歷任判牘彙記》卷二《判李獻文等堂詞》　此案訊得李廷鏴與李獻文争論，因獻文所買公業，原日係廷鏴之父經理其事，内有整修之費，廷鏴出得費多，而房衆均攤派者，不過多寡不一也。現在業歸獻文買受，價足契明，毫無糾葛。李廷鏴聽人唆使，藉其父原日出有修整之費，向獻文索取，獻文不允，擅牽其驢騾，横掠其衣服，實屬目無法紀。殊不知修整之費，原係公派，即李獻文亦派有款在内。現在既經歸獻文接買，其所得之價，已建立宗祠。當日攤取之款，何能向獻文索取耶。着即將驢騾、衣服等項，概行退還。飭令由公祠内提出洋六元，付與廷鏴以了訟端。各房不得援以爲例，彼此遵結附卷。此判。

（清）趙幼班《歷任判牘彙記》卷二《判劉順年等堂詞》　此案訊得彼此供詞，各執一説，及詢鄉約，向來此業錢糧歸公祠完納？且劉必興果係廿三年買受，何以二十四年餉項仍歸公完？串票可憑，是劉必全之田，原屬公管，毫無疑義。私買公産，殊屬非是。並查閲呈案契據，只有陳坤山、陸文發爲中，並無一姓劉者在場，其中顯有隱飾弊端。飭令仍歸公祠管理。至劉必興供稱，祠款存有一百四十元，亦應公存，以備建祠之用，毋得議以各股分執。抵契發還。劉必興受業所立之據，即行批銷。各遵結附卷。此判。

（清）趙幼班《歷任判牘彙記》卷二《判陸忠炳等堂詞》　訊得陸忠炳控何永玉争占秧田、園溝、樹木等情，前飭該處甲董秉公理處，迄未妥洽。兹據何永玉所供各節，顯係覬覦陸忠炳所栽樹木。且據陸、何兩姓劈分是田已將十載，其園溝、樹木，果爲何、陸兩姓共有，何不早爲清理。直待樹已成林，始行顧問，實屬無理取鬧。兩造均無劈分字據，又無中證，無從分辨，應各照舊址，不準更易。斷令陸姓秧田北界外樹木，及西界外園溝，統歸何姓執業。楊姓屋基北界外樹木，及東界外園溝，統歸陸姓執業。楊姓屋基北界外樹木，及東界外園溝，統歸陸姓執業。惟陸姓屋基北界外迤東接連何姓，斷令陸忠炳劃讓一丈寬，歸何永玉執業。門面、塘水、路照舊公用，魚鮮平分。飭該管地甲張洪秉公劃界，繪具詳圖説帖，協同兩造書立合同，各執一紙，以息争端，而免訟累。取具甘結存查完案。此判。

（清）趙幼班《歷任判牘彙記》卷三《判陳國富等堂詞》　董兆喜與董楊氏原日合買董修貴之房屋，嗣後又作變換。而董兆金不將楊氏應得所換房間交出，兆喜不爲清理，是楊氏之房屋毫無着落，甚不平允。所以，楊氏纏訟不休也。至陳國富稱楊氏冲毁鍋竈，楊氏則控國富捆縛毆打，搜去錢洋。詢諸保鄰均含糊其説，恐以直言而招怨累。董兆喜收押。陳國富交差看管，候補提原日解縛之王玉金及董兆金，並取合買正契來案，再行訊斷。此判。

（清）熊賓《三邑治略》卷四《堂判利川縣任内·訊彭紹宣一案》　訊明彭紹宣與許受南互控一案，緣兩姓姓所買之業，界址毗連，内有堰塘兩口，因彭紹宣在堰塘内開有田地，不能蓄水，於許受南田業有礙。惟彭紹宣與許受南數代姻親，不可失此和氣，斷令彭紹宣以後不用此田，仍作堰塘蓄水，以清轇轕。至彼此互相閒言，均無憑據，着勿庸議，各具結完案。此諭。

（清）熊賓《三邑治略》卷五《堂判東湖縣任内·訊陳朝連一案》　查訊陳朝連與黄柄三互控一案，據陳朝連等供，從前紙坊鋪有金香寺公稞，後因廟宇朽壞，道人將此田帶於觀音閣，現有碑文可質等語。查驗所抄碑文，因伯龔上有一句，原碑無龔字。又恩屬紙坊鋪一句，原碑係恩屬字，且前文均不清楚，何以所抄如此詳細。質之黄柄三，供稱：此碑係現在所刻，揆之字迹不符，其中難保無别項情節。但此觀音閣，係霧渡、深溪、紙坊三鋪公廟，應將此田仍歸觀音閣，另派三鋪局紳公同掌管。每年算帳一次，張貼廟門。爾陳朝連與黄柄三均不必問事，各具結完案，並候分諭該三鋪紳首遵照。此諭。

（清）熊賓《三邑治略》卷五《堂判東湖縣任内·訊李正海一案》　訊

明李國全之胞姪李正海有旱地一分，每年可收包穀壹石四斗。據李國全供，李正海有女子二人，無以養活，此地應歸伊子女養用。但李正海赤貧難度，爲令李正海將田賣出，提錢四十串文，交李國全掌放，留作日後伊子女娶嫁之資；下餘歸爾李正海自領。如田地無人買，即着佃户李正元加押租十串文，下粿四斗，每年僅認包穀三石，交於李國全留作伊子女用度，各具結完案。此諭。

（清）熊賓《三邑治略》卷五《堂判東湖縣任内·訊杜發緒一案》　此案前已訊明，堰溝下水，應歸杜發緒得。復查唐廢元約内，下抵溝心，並無由田姓堰頭直下，流至田内字樣。其上界亦無由杜姓堰頭經過字樣。是此水不與爾唐發元相干。斷令大溝以上仍歸唐發元照舊管業，但不准將水故意撇在别處，至流於堰内，即歸杜發緒灌入田内，唐發元不得妄争。杜發培案内無名，膽敢插訟，屢次舞弄筆墨，長篇累牘，實屬訟棍，戒責交連環的保。如敢滋事，即提保人重究。又諭。

（清）熊賓《三邑治略》卷六《堂判天門縣任内·訊李應兆一案》　查驗李應兆等所執老約，係買蕭姓半頭湖内一半；又李恒茂老約，係買蕭姓一股。據李榮供稱，此湖尚有一股，現歸黎姓管業。但湖水界址難定，應以股分均攤。李應兆應得兩股，李恒茂應得一股，黎姓應得一股，歸成四股之數。將來此湖若果淤浮成田，亦應照四股均分，先行具結。仰保李維柱會同原解之人，秉公剖分中也。老約發還。此諭。

（清）熊賓《三邑治略》卷六《堂判天門縣任内·訊甘得之一案》　查訊甘得之等與方丕春等田地連界，均用縣河之水，遇有天旱，彼此均匀車水灌溉。甘得之等供，此溝本係身等祖業，向來車水無異。質之方光熙等，供稱：此溝係生等公溝，因甘得之等老溝淤塞，從前曾將此溝借伊灌田，遂踞爲己有等語。復查陳國仁等所具公禀，云此水取用不竭，應照先年取水舊章，和好了案，不然，分日取水，亦聽其便。是語極爲公平。惟甘得之係屬祖業，老約不在，須憑方光熙等約，公車公用。據方光熙云，欲令甘得之另寫借溝字據。然從前公用此溝，既無字據，此次若令寫字據，亦屬爲難。況爾等均屬至戚，不必過於固執。以後甘得之車水時，須先向方姓等説明，彼此商議，輪日分車，以昭平允，各具結完案。此諭。

（清）孫鏡寰《之游唾餘録·省控案判詞武昌發審局》　查閲全卷，此案自咸豐十一年三月，先係現在到案之周映升在嘉魚縣，以房鳳翔等藉伊白湖水業圖佔伊等草場，强阻不準放牛。每牛一頭勒要取錢三百文等情具控。並據房鳳翔等以黄華先等藉湖近伊肘腋，夥衆拋放牛隻，不準管業呈訴。經縣準理，於同治三年斷令各照各界，管理割草牧牛，取結完案。四年該被告又在縣翻控，復經縣斷，各管各業，草場照舊衆姓牧牛。本屬公允。詎房鳳翔等欲心未遂，抗不遵斷，輒敢以民人赴府，詞稱縣斷不公，隨以軍户仍係原名赴糧憲，詞稱伊等自明初承業至今，難以失業，每牛取錢八十文，任意歧控，並先後赴學憲、藩憲、制憲架詞上控，均奉批行府提訊詳。迨各前府督同委員提訊，兩造各懷私意，屢斷屢翻。

查該處草場本係多年荒地，向爲九姓十八村牧場，牛有數百隻之多，其爲便民已久。乃房鳳翔等竟欲指稱該處爲伊等爲太平湖及水脚湖。即洗脚湖餘地，平空勒錢，以遂其欲。又串出周廷選等與周東興，藉伊先人於嘉慶年間，佃於昔存今故之生員黄際盛種地八廂，巧爲壟斷。而房周與李龍程等五姓同業，他人並未出頭，獨伊等挺身圖佔，謂爲八廂以外餘地影射分肥。更於六年七月續詞，忽稱八廂以外，尚有二百餘廂，復垂涎於西灣嶺周映升現種麥地。此其居心險詐，尤爲可惡。查西嶺名目，載在縣册。向完紅糧，不但與房姓水脚湖無涉，即周廷選等亦不得因縣示内有全行退佃字樣，係專指黄際盛不準退半留半而言。其餘既無佃字，何得藉詞生事？故意逞刁。再查該處近在縣城西門外，前於八月年經縣親詣勘丈，繪具圖摺詳覆在案。所有房鳳翔藉完些須水課、紅糧欺隱淤地，又圖覺取西灣嶺下有中下二截淤生之土，且該處淤土廣潤，房姓周姓及衆姓人等，皆係土多糧少，按圖核摺，一目了然。該民人等心猶不足，纏訟至十有數年。餘本應飭縣查照原勘地界，一一調契驗劵，某户在某處，某處錢糧若干。但有欺隱及飛洒詭寄等弊，即照例治罪，地並入官。此等頑民，亦有何恤？姑念此次到案，明諭以利害所在，均各俯首無詞，尚可從寬免究。斷令嗣後該處麥地業經承種，無論何姓，各管各業。其向來牧牛處所，作爲官荒，任聽衆姓牧牛，永遠不準開墾，以杜争端。黄際盛之子生員黄如煜即行退佃，周東興既故，有湖鄰監生江華國傳諭其家屬收回，各具結完案。未到人証免提，以省拖累。聽候詳銷。惟房鳳翔、房懷珍、房和均及周廷選、周品璜等五名，始而抗違縣斷，繼復捏詞上控，若遽予省釋，難保不聽唆復翻，仍蹈前轍。自應押發江夏，遞解到縣，當堂保領，毋任再滋事端。一面檄飭該縣乘此春夏之交，親詣該處將草場四至捐貲立石爲界，内共畝數若干，繪圖帖説，詳細具覆存案，並出示嚴毀石，責成地保隨時照守。仍俟五年大丈之期，由官勘驗，有無私侵，分別查辦。庶人人知儆，免於傚尤。此判。

（清）倪望重《諸暨諭民紀要》卷一《正堂倪二任・孫鋆控孫天祥即福祥等背典逞蠻由》　堂諭：訊得孫鋆控孫天祥即福祥等背典逞蠻一案，〔緣〕孫鋆兄弟五人，分承父遺樓屋一所，坐落衆安橋里衖内，立有分書，註明大廳公用。先年孫天祥之故父肇貞在日，曾將承分正樓屋四間、側屋兩間出典與盧延相即何彬居住，受有價錢一百八十千文；又於去年十二月間，孫天祥將正樓屋三間、側屋二間出典與楊再成即楊正耀居住，受有價錢一百七十千文。各自憑中立契，均註明大廳公用。而孫天祥之胞伯孫鋆以其出典住屋不早商明，擅將公用之廳典與外人聽用，諸多不便，因向孫天祥理斥。孫天祥輒敢出言頂撞，勢若逞蠻，以致孫鋆具控。兹集庭訊，查閲分書，大廳本屬公用之産，此次孫天祥依其故父前立趙姓典契，載明大廳公用，固非無因。但始則不告明孫鋆，繼則不聽孫鋆阻典外人，而與天德之子啓孝滋争，經孫鋆喝阻，尤敢言無忌憚，一似與孫鋆鬥狠情形，殊屬目無尊長。本應嚴懲，姑因孫天德爲之再三籲求，孫天祥亦即當堂向孫鋆服禮，從寬予以掌責，俾戒將來。且據楊再成供稱，日前經中理勸，議令孫天祥將自住屋兩間換回大廳，以免公用不便。而孫天祥妄謂孫鋆未允，孫鋆則稱如此變換無所不可，況孫天詳之住屋與己無干，尤應聽其自主。惟孫天祥未與明説，是以氣不能平耳。着孫天祥以自住屋兩間調换與楊再成管住，其大廳换回之後，仍係孫天祥有分，祇不得出典外人，並限孫天祥於中秋日搬出住屋，不得稍延。至何彬如有要事，仍舊向孫鋆借用大廳，凡污穢雜物，應不準擅行安放。楊再成、何彬各呈典契，孫鋆所呈分書，當堂發還。孫天祥分書一紙，並何彬等所送發票，須各領回，取具各甘結完案。此諭。

（清）倪望重《諸暨諭民紀要》卷二《正堂倪二任・趙瑩等與趙金鑑等互控砍樹兇毆由》　堂諭：訊得趙瑩等與趙金鑑等互控砍樹兇毆一案，緣趙瑩與趙金鑑等共有古墓鄔公山，自前明以來，山内葬有祖墳纍纍，墳旁蓄養松雜各樹，大者約至數圍，其藉爲祖墳庇蔭可見。乃趙金鑑供稱議將樹木揨砍以造墳莊，趙瑩等則謂並未與衆妥商，實被趙金鑑私行採取。於是核明議單，有祀山柴爿揨砍公用一語，夫所謂柴爿者，必非數圍大木，今據趙金鑑稱係鈎取樹椏，則貪圖小利，事已顯然。但趙啓華等不向理阻，祇逞兇蠻，殊屬可惡。查趙金鑑所受傷痕，曾經驗明在案，本應將趙啓華分別責懲，第趙金鑑私取樹椏，於理不合，兩造又誼關一本，所貴在和，從寬著趙瑩、趙啓華等繳出洋銀念元，内除洋銀捌元作罰趙金鑑安墳費用，仍限繳洋銀拾貳元，候給趙金鑑收領，以爲醫傷賠物之資。至古墓鄔山内養有蔭木，無論祀裔他人，嗣後不得私砍。如有修祠公用，亦須各房公同妥商，必當事者皆願而後可。各取甘結完案，議單、户册俟趙瑩等繳款發還。此諭。

（清）倪望重《諸暨諭民紀要》卷三《正堂倪二任・魏占魁與魏光錢等控争庠産由》　堂諭：覆訊得魏占魁與魏光錢等控争庠産一案，緣魏占魁等同出高祖子榮祀内置有庠田五畝零，曾祖君位亦置有庠田廿五畝零，兩共計田叁拾畝零。凡派下子孫入文學者，照章收租。因魏占魁考入錢塘縣學，魏光錢等以其外籍文生，既離故土，不允管收庠租，以致涉訟。當經集訊斷結，而魏占魁越控圖翻，本就仍照原斷，以儆刁風。姑念魏光錢等畏累，籲求情原，聽（者）〔從〕分收租穀，祇稱本籍，外籍，（名）〔明〕文生必有區別，衆心乃服。即斷將子榮、君位兩祀庠産，外籍文生得一，本籍文生得二。嗣後有新入學者，即與老生按名均收，以爲常式。列查本籍文生無人，除魏占魁應收外籍庠産壹股外，本籍兩股，由魏占魁兼管，每年按畝出錢壹千捌百文，分別歸入子榮、君位兩祀祀内，當用則用，不（用）〔當〕用存以置田。其祀帳應照前斷自明年九月初一日起，以長房爲始，每年挨次輪管，上交下接，不得紊亂營私。據魏占魁供稱，往年魏周安管祀侵蝕，誠恐輪管再有弊端，不知前則一人獨管，（令）〔今〕則一房共管，附於各房祀内，權不獨歸一人，何從侵蝕？即或有之，亦由房祀賠償也。至魏光錢所稱拷毁一節，訊係子虚，應毋庸議。各取甘結完案。此諭。

典當分部

綜述

《宋刑統》卷一三《户婚律・典賣指當論競物業》準：《雜令》，諸家長在，在謂三百里内非隔閡者。而子孫弟姪等不得輒以奴婢、六畜、田宅及餘財物私自質舉，及賣田宅。無質而舉者亦准此。其有質舉賣者，皆得本司文牒，然後聽之。若不相本問，違而輒與及買者，物即還主，錢没不追。

臣等參詳，應典賣物業或指名質舉，須是家主尊長對錢主，或錢主親信人當面署押契帖。或婦女難於面對者，須隔簾幕親聞商量，方成交易。如家主尊長在外，不計遠近，並須依此。若隔在化外，及阻隔兵戈，即須州縣相度事理，給與憑由，方許商量交易。如是卑幼骨肉蒙昧尊長，專擅典賣、質舉、倚當，或僞署尊長姓名，其卑幼及牙保引致人等，並當重斷，錢業各還兩主。其錢已經卑幼破用，無可徵償者，不在更於家主尊長處徵理之限。應田宅、物業雖是骨肉不合有分，輒將典賣者，準盜論，從律處分。

準：建隆三年十二月五日敕節文，今後應典及倚當莊宅、物業與人，限外雖經年深，元契見在，契頭雖已亡没，其有親的子孫及有分骨肉，證驗顯然者，不限年歲，並許收贖。如是典當限外，經三十年後，並無文契，及雖執文契，難辯真虚者，不在論理收贖之限，見佃主一任典賣。

臣等參詳，自唐元和六年後來條理，典賣物業，敕文不一，今酌詳舊條，逐件書一如後：

一、應田土、屋舍有連接交加者，當時不曾論理，伺候家長及見證亡殁，子孫幼弱之際，便將難明契書擾亂别縣，空煩刑獄，證驗終難者，請準唐長慶二年八月十五日敕，經二十年以上不論，即不在論理之限。有故留滯在外者，即與出除在外之年。違者並請以不應得爲從重科罪。

一、應典賣、倚當物業，先問房親，房親不要，次問四鄰，四鄰不要，他人並得交易。房親着價不盡，亦任就得價高處交易。如業主、牙人等期罔鄰親，契帖內虛擡價錢，及鄰親妄有遮悋者，並據所欺錢數，與情

論説

（宋）陳襄《州縣提綱》卷二《交易不憑鈔》 田産典賣，須憑印券交業。若券不印，未及交業，雖有輸納鈔，不足據憑，蓋白券可僞造，賦税可暗輸。昔劉沆丞相知衡州時，有大姓尹氏，欲買鄰人田，莫能得。鄰人老而子幼，乃僞爲券。及鄰人死，即逐其子，訴二十年不得直。沆至又出訴，尹氏出積歲所收户鈔爲驗，沆不憑鈔而詰其元買非實，始服罪。事有適然類此者，宜加察焉。

（清）阮本焱《求牧芻言》卷四《附詳各憲》 阜邑城中僅止一典，與東溝鄉典向不收當被胎，不獨資本維艱，亦無間架可容。迥非興化一城五典者可比。上年誤引興邑典章，隆冬減利，止讓布、棉襖、褲、被絮四項，未將被胎二字删去，以致刁民藉詞幾釀重衅。今該城典李振新等既願無論何項衣物，臘月概照一分五釐取贖，鄉典事同一律則前引興典被胎等字樣，應毋庸議。且去冬滋事時已奉本府巡發示諭，實貼該典門首，不準再以被胎掗當，民亦遵服無異。將來更不得藉爲口實。現當永定善章之始，誠恐年深月久，民間或云前示有被胎一項，在內又滋事端，不得不預防其漸。相應附文報明，仰祈電鑒立案。

狀輕重，酌量科斷。

一、應有將物業重疊倚當者，本主、牙人、鄰人並契上署名人，各計所欺入己錢數，並準盜論。不分受錢者，減三等，仍徵錢還被欺之人。如業主填納罄盡不足者，勒同署契牙保、鄰人等，共同陪填，其物業歸初倚當之主。

《天盛改舊新定律令》卷三《當鋪門》　一、諸當鋪諸人放物典當取錢時，十緡以下，識未識一律當典給，是盜物亦不予治罪，物應還回，錢當取。送十緡以上物者，識則令典給，未識則當另尋識人，令其典當。假若無識信人而令典當，是盜物時，限三個月期限當還，當尋盜者。若得盜者，未知則不治罪。若超限期仍未得盜者，則物當歸現屬者，所典錢當全罰。其後盜人出，典錢能出，則因先未使尋識信只關者，有官罰馬一，庶人十三杖。

一、典當時，物屬者及開當鋪者二廂情願，因物多錢甚少，說本利相等亦勿賣出，有知證，及因物少錢多，典當規定日期，說過日不來贖時汝賣之等，可據二者所議實行。此外典當各種物品，所議日限未令明者，本利頭已相等，物屬者不來贖時，開當鋪者可隨意賣。若屬者違律訴訟時，有官罰馬一，庶人十三杖。

一、典當物時，任意將衣物變破舊者，當取本錢，利當罰，現物歸回屬者。

一、諸人居舍、土地因錢典當時，分別以中間人雙方各自地苗、房舍、穀宜利計算。不有名規定，有文字，何時送錢時當還給。此外，其中錢上有利，房舍、地畝亦重令歸爲屬有者穀宜，交利有名者，錢上利、房舍、地上苗、菓、穀宜等當各自重算，不允與本利錢相等以後再算利。若違律本利送，地土、房舍不歸屬者時，有官罰馬一，庶人十三杖。

一、官私所屬畜物、房舍等到他處典當，失語而着火、被盜詐時，所無數依現賣法次等估價，當以物色相同所計錢還給，本利錢依法算取。若物現有□殊益，現有中已得益而說無有，所隱價量償還者，已尋何殊益，當比偷盜減二等。及若物屬者說我物好□時，當比偷盜罪減三等。

一、諸人買活死畜物者，當找知識人而買，當做規定。若所置物爲現尋捕盜畜物時，先買處明，有中間知人，實有規定，則畜物當歸還現屬者，價錢當由買處取，盜人罪依法判斷。若畜物買處不明，無賣中間知人，無有規定，未得盜，則罰價承罪法當與前盜物典當之罪狀同。

一、諸人當鋪中典當各物品時，本利不等，此後無語量，不問屬者，不準隨意出賣。若違律賣典物時，物價在十緡以內，有官罰馬一，庶人十三杖，十緡以上一律徒一年。物現有，則當還屬者，若無，則依現賣法則，賣錢及物色相同價錢當還給，應算取本利。

《天盛改舊新定律令》卷一一《分用私地宅門》　諸人有典房舍、田地於他人者，未贖，不許賣與他人。若違律賣時，有官罰馬一，庶人十三杖。所典處本利錢全部給予，然後允許另賣。若未予本利而賣與他人，本利不至，此房舍、田地當歸所典處人所有，本利納畢而贖時方可賣。其中雙方情願而爲憑據者□□□□□實行。

《天盛改舊新定律令》卷一一《出典工門》　一、使軍之外，諸人自有妻子及輔主之妻子等、官人婦男，使典押他人處同居及本人情願等，因官私語，允許使典押。又□室人婦男等、正軍真無主貧子，本人不願，亦因彼二種事，允許使典押。賠償官馬、鎧甲，因派出官事等能辦時，正軍□能辦及非賠官馬、鎧甲、派官事，不許因私事典押。彼典押人屬者，抽無主貧子而未能辦時，彼典人因幾緡押，一律自典押錢中每日一緡之中減除工價一錢。減算工價，典錢盡畢時，當依舊往還。若因畜、物、糧穀使典押，亦當量錢，依前述錢法實行。日未竟而抽往時，當依所押減，所遺尾數當予之而往。倘若違律時，有官罰馬一，庶人十三杖。【略】

一、諸人將使軍、奴僕、田地、房舍等典當、出賣於他處時，當爲契約。未取典償價而典賣者改口時，有官罰馬一，庶人十三杖。若典償價等多少已取，然謂不曾取而變者，所取數依取債錢而改變法判斷。若使買典未成而謂已買典，謀之，亦已受買典價而謂未受，則與前述變債罪相同。

【略】

一、諸人不許因官私債典父母。倘若違律典之時，父母情願，則典之者當絞殺，父母不情願而强典之者，依第一卷子毆打父母法判斷。

《天盛改舊新定律令》卷一七《雜物庫門》　官之當鋪內，諸人典當種種物時，經計量本利相抵時可使典之，不計量不許典。若違律時，受賄則以枉法貪贓論，未受賄則有官罰馬一，庶人十三杖。本利錢未足之數由掌當鋪者償之。若鋪小監及節親、宰相諸大人及他人等倚勢强行，不計官當鋪内之本利，因錢多而典當，亦當令强行典當者本人償其本利錢，罪依前述法實行。

《通制條格》卷一六《田令・典賣田産事例》 大德十年五月，中書省。御史臺呈：河南道廉訪司申：近年告争典質田産，買囑牙見人等，通同將元典文據改作買契，昏賴。親隣、牙見證説争差，致使詞訟壅滯。禮部議得：典質地産，即係活業。若一面收執文約，或年深迷失，改作賣契，或昏昧條段間座，多致争訟。以此參詳，今後質典交易，除依例給據外，須要寫立合同文契貳紙，各各畫字，赴務投税。典主收執正契，業主收執合同，雖年深，憑契收贖，庶革僥倖争訟之弊。都省準呈。【略】

至大元年十月，中書省。樞密院呈：冠州貼軍户張著，告正軍周元，於大德八年欺昧本家，將欒下桑棗地伍拾叁畝，暗地賣與伊另籍軍户房親周二等爲主。禮部議擬：即係違例成交，擬合改正，令張著依價收贖。周元姪周義却告，張著又將伯父周元節次賣與義等地土伍段，欲驗舊價收贖。本院看詳，正軍貼户，驗各家氣力津助一同當軍，破賣田産許相由問，恐損同户氣力。今周元與周義等雖是有服房親，却係另户。已後周元無力，累及張著。除例前已買地土擬合革撥，例後合無依禮部先擬，同户張著驗價收贖。今後諸軍户典賣田宅，先須於官給據，明立問帳，具寫用錢緣故，先儘同户有服房親並正軍貼户。如不願者，依限批退。然後方問隣人，典主成交，似不靠損軍力。都省準呈。

《通制條格》卷二七《雜令・解典》 大德六年十月，中書省。河南省咨：淮安路朱忠瑞告稱：孔勝將元典衣服説稱被盗，不肯放贖。雖於被盗卷内，照有上項衣服名件，却緣孔勝不係出名解典正庫，係違例加一取息，暗解諸人衣服。切恐指倚失盗，將他人典當衣服欺隱入己，虚作盗去，情亦難顯。合無着落孔勝名下追賠元典價直，先行給主，候捉賊得獲，至日追問。送禮部約會刑部一同照擬得：孔勝不依通例明發解帖，暗行出典，加一取息，俱係違法。設或真盗，實緣禦備不周，以致如此，即非力所不及之故；若從破説，恐啓僥倖之門。參詳合准行省所擬。都省準擬。

《通制條格》卷二七《雜令・解典》 元貞三年二月，中書省。江浙省咨：姚起告：將珠翠、銀器、衣服，於費朝奉家典當鈔兩，周年後不肯放贖。都省議得，今後諸人解典金銀，貳周歲不贖，許令下架。

《元典章》卷一九《户部・田宅・典賣・典田執契歸着》 至元二十三年十月，中書省回咨江西行省：

爲瑞州路趙虎仔亡宋時典得趙貴全田土明執合同典契事。都省看詳，既有明立典契，即是活業。咨請就令合屬歸對追照元立文約，委的是實，别無詐僞，依例歸着。

《元典章》卷一九《户部・田宅・典賣・典賣田宅須問親鄰》 〔來呈：〕備太原路申本路人民凡有典賣田宅、物業，有欺昧親鄰典主，〔親鄰典主〕亦故行推調，不肯畫字釐勒，望减價錢，反勒要畫字錢物，固非一端，以致相争，紊煩官司。爲無定例，不能決斷。乞明降事。省府照得舊例：諸典賣田宅，及已典就賣，先須立限取問有服房親〔先親後疏〕，次及鄰人〔親從等及諸鄰處分典賣者聽〕，次見典主。若不願者限三日是批退，願者限五日批價。若酬價不平，並違限者，任便交易。限滿不批，故有遮佔者，仍不得典賣。其業主亦不得虚擡高價，及不相（本）〔由〕問而輒交易。違而成交者，聽親鄰、見典主百日内依元價收贖，限外不得争告。欺昧親鄰典主，故不交業者，雖過百日，亦聽依價收贖。若親鄰、見典主在他所者，令以次人取問〔謂親鄰典主以次之人〕。若無人、並除程過百日者，不在争告之限。若遇饑饉災患喪亡争鬥之事，須典賣者，經所屬陳告給據交易。仰依舊例，行下各路，照會施行。

《元典章》卷一九《户部・田宅・典賣・典賣批問程限》 延祐二年九月，江浙行省劄付，準中書省咨：

禮部呈：奉省判：御史臺呈：據監察御史言：切謂民間諸典賣田宅者，皆因迫於飢寒，或遇喪事並軍、站差發，及欠少錢債，委無措置，（將）〔致〕將田土房舍或典賣以救其急，蓋不得已也。檢會到至元二十七年都省議得：今後凡典賣田宅，皆從尊長畫字立帳，取問有服房親，次及鄰人、典主。不願者批退，願者五日批價，依例立契，交錢兑業。若酬價不平並違限者，任便交易。其親鄰典主毋得故行遮占刁蹬，取要畫字錢物。如業主虚擡高價、不相由問成交者，聽親鄰典主百日内收贖，限外不（知）〔得〕争告。欺昧親鄰典主、故不交業者，雖過百日，並聽依（例）

〔價〕收贖。若親鄰典主在它所者，百里之外，不在由問之限。軍户依例給據。如有違反者，依例歸結。若所管官司應與決不行與決，或作疑申稟，致使爭訟之大，繁紊上下官府，將當該官吏嚴行治罪。奉此。除遵依外，今照〔得〕近年以來，多有房親、鄰人、典主，不遵官司定限（限），恃以富勢，欺壓良民，勒要畫字錢物，刁蹬多端，難以備舉。動經年月，推調不行畫字，致令業主多負錢債，重納利息，困苦至極，少有不赴官陳告。其當該人吏又不隨即結絶，亦行取受錢物，往往如是，事理細微，良多受害。原其所由，蓋因當時雖設批退程限，别無定到違限當有罪責，以致如斯，深不便易。以此參詳，此項公事即係違例定例事理。莫若今後諸典賣田宅，但凡親鄰典主不願者，三日內不行批退，加以罪責，若有五日內不行酬價，亦行治罪。若有其業主却行欺昧親鄰典主，私下成交者，亦行治罪。若有如此立定成憲，似望少革其弊，不唯貧民受賜，官司亦省文繁，公私得濟。宜從憲臺具呈中書省，令合干部分定擬相應。具呈照詳。〔準〕〔得〕此。送禮部照擬施行。奉此。本部議得，上項事理若依舊立程限議擬科罪，切恐限次促迫，不能完備，致使百姓枉遭刑憲。以此參詳，今後軍户諸色人户凡典賣田宅，皆從尊長畫字給據立帳，取問有服房親，次及鄰人、典主。不願者限一十日批退，如違限不行批退者，決一十七下。願者限一十五日批價，依例立契成交，若違限不行酬價者，決二十七下，任便〔交易〕。其親鄰典主故行刁蹬，取要畫字錢物，取問是實，決二十七下。如業主虛擡高價，不相由問成交者，決二十七下，聽親鄰典主百日內收贖，限外不得爭告。欺昧親鄰（業）〔典〕主、故不交業者，決四十七下，雖過百日，並聽依價收贖。若〔親〕鄰（人）典主在他所者，百里之外，不在由問之限。若告發到官，不行依例理斷，從監察御史、廉訪司糾治。如蒙準呈，遍行照會。具呈照詳。得此。都省除外，咨請依上施行。

《元典章》卷一九《户部·田宅·典賣·虛錢實契田土》　大德元年八月，江南諸道行御史臺：

據嶺北湖南道廉訪司申：武岡路府判昔里吉思，虛錢實契典買部民田土，乾要租錢。元貞元年七月內收訖民户徐端乾租錢中統鈔四定，折至元四十兩，爲重。若依枉法例科斷，及將追到租錢没官，其田還付元主，慮恐未應。乞照詳。移準御史臺〔咨〕：呈奉中書省劄付：送刑部照擬得：近奉判送廣西宣慰副使于弘道所招：不合將秦少九等一十五户除免差役，占作佃户，周歲供納米糧。恐怕察知，虛立典契，與訖秦少九中統鈔二定，影抵官司。收要訖米四十八石三斗，估價中統鈔四定一十七兩三錢五分，折至元四十三兩四錢七分。每户該至元二兩八錢一分。依不枉法例，二十貫以下，決三十七下。欽遇詔恩原免，依例解見任别行求仕。呈奉準擬施行。議得，昔里吉思將民户舒德輿等田土虛立典賣文契，影占不當雜役，即與于弘道一體，所據要訖徐端中統鈔四定，折至元四十貫。依不枉法例五十貫以下，經遇詔恩，擬合解任，期年本等叙用，標附相應。呈奉都省，準呈。咨。憲臺准此。

《元典章》卷二二《户部·課程·雜課·質當文契收税》　至元四年十二月，制國用使司：〔來申：〕段阿李質當人户房舍，不行投税，取訖招伏。合得罪犯，已經赦恩原免。本路擬：段阿李質當房舍，不係漏税。制府相度，段阿李終是立到文契，欽遇赦恩，止合免罪。據斷到鈔數，合行結課。承此。

《元典章》卷二七《户部·錢債·私債·解典金銀諸物并二周年下架》

大德八年七月，江浙行省準中書省咨：

備江西省咨：龍興路：備録事司申：熊瑞狀告：大德六年八月初三日，將珍珠一千二百顆有零及玳瑁梳子六個，於誠德庫內解訖中統鈔一百二十五兩。至大德七年八月十六日、九月廿七日，兩次將本息鈔兩前去本庫，不肯放贖。勾問得誠德庫子張義供指：已過周年，下架了當。得此。照得元貞二年二月內準中書省咨該：議得，今後諸人解典二周年不贖，許令下架。今問得在城豐義庫子張貴狀供：本庫除金銀珍珠二周歲下架，其餘疋帛衣服諸物一十八個月下架。取訖如此結罪文狀。緣珍珠與金銀均是寶具，難與疋帛衣物相比。合無照依豐義庫金銀珍珠二周歲下架之例，令熊瑞叩算本息鈔兩取贖，實爲民便。本省看詳，若準本路所擬，放贖相應。咨請定奪回示。准此。送禮部照擬回呈。本部議得：解典諸物，望圖利息。因爲定例不一，以至爭訟繁多。照得即目在京典庫，有每兩二分者，五十個月方纔本息相對。今應典諸物周年下架，即係一十二個月日，便有過倍之利。如此取息，委是虧民。據應典諸物，擬合照依金銀一體二年下架，實爲民便。如蒙準擬，遍行各處遵依，永爲定例相應。具呈。都省準擬。咨請照驗，依上施行。

又

元貞二年二月，中書省：

議得：今後諸人解典二周歲不贖，許令下架。

《元典章》卷五七《刑部·諸禁·禁典雇·禁典買蒙古子女》 延祐七年十一月，至治改元詔書内一款：

回回、漢人、南人典買蒙古子女爲驅者，詔書到日，分付所在官司應付口糧，收養聽候，具數開申中書省定奪。

《元典章》卷五七《刑部·諸禁·禁典雇·典雇有夫婦人贓鈔》 大德六年十一月，江西行省準中書省咨：

來咨：大德六年三月初三日已前，諸人違例將妻典雇，事發到官，取訖招伏，罪經釋免，其妻斷與完聚。據已招受訖贓鈔，合無追徵等事。送刑部照議得：諸人違例將妻典雇，即係違法事理。其妻已斷完聚，價錢合行没官。既是欽遇赦恩，不係侵盗官錢正贓，合行革撥相應。都省準擬，咨請照驗施行。

《元典章》卷五七《刑部·諸禁·禁典雇·典雇妻妾》 元貞元年二月，行御史臺準御史臺咨：

山東東道廉訪司申：膠州同知林承事呈：去年灾傷，百姓饑荒，以致父子兄弟離散，質妻賣子，不能禁止。又有指稱買休，明受其價休棄，將妻嫁賣。略舉膠西縣見禁苗月兒，有夫楊大，至元二十七年因爲缺食，受訖馬國忠中統鈔六十兩，嫁與本人爲妾。合行改正完聚，所受財錢没官。外，照得至元二十七年奉尚書省劄付：河南道按察司副使王朝列呈：體知兩浙良民，因值缺食，將親生男女得價，雖稱過房乞養，實與貨賣無異。將來腹裏，轉賣爲驅，使父子離散，擬合禁治。送户部議擬得：（除）吴越之風，典妻雇子，成俗久矣，前代未嘗禁止。況遇饑饉之年，骨肉安能相保？實與中原禮教不同。所（擬）〔據〕乞養過房繼嗣子女，合從人便。轉賣爲驅，擬合禁治。都省準擬。卑司參詳：江淮被灾，典賣過房男女，有司不爲賑濟，以致如今腹裏，亦與中原無異。所有被灾缺食，嫁賣妻室男女，官爲收贖相應。呈奉中書省：送禮部照擬得：腹裏人民，近年嫁賣妻妾男女，皆因缺食，實非得已。若依山東廉訪司所言，官爲收贖相應，必須遍行取勘，似涉動摇。以此參詳：父子夫婦，人倫至重。比年缺食，往往嫁賣妻妾男女。買賣之家，俱係違法，擬合追没。欽遇赦恩，所據已行嫁賣，若有事發到官者，除女子已嫁良人别無定奪外，據嫁賣妻妾男女者，如中間别無窒礙，許令歸宗。今後禁約相應。都省準呈：咨請照驗，行移合屬，禁治施行。

《元典章》卷五七《刑部·諸禁·禁典雇·禁典雇有夫婦人》 至元二十九年六月，中書省：

據御史臺呈：浙東海右道廉訪司申：準本道副使王朝請牒：蓋聞夫婦乃人之大倫，故妻在有齊體之稱，夫亡無再醮之禮。中原至貧之民，雖遇大饑，寧與妻子同棄於溝壑，安得典賣於他人？江淮混一十有五年，薄俗尚且仍舊，有所不忍聞者。其妻既入典雇之家，公然得爲夫婦，或爲婢妾，往往又有所出。三年五年，限滿之日，雖曰還於本主，或典主貪愛婦之姿色，再捨錢財，或婦人戀慕主之豐足，棄嫌夫主，久則相戀，其勢不得不然也。輕則添財再典，甚則指以逃亡，或有情不能相捨，因而殺傷人命者有之。即目官法，如有受錢令妻與人通奸者，其罪不輕。南方愚民，公然受價，將妻典與他人數年，如同夫婦，豈不重於一時令妻犯法之罪？有夫之婦，擬合禁治不許典雇。若夫婦一同雇身不相離者，聽。得此。本臺看詳，如準所言禁止，誠厚風俗。具呈，乞照詳。都省送禮部議得：夫婦乃人道大倫，如準王朝請所言，將有夫婦人禁約典雇相應。都省準呈：咨請遍行合屬，禁約施行。

《元典章》卷五七《刑部·諸禁·禁典雇·典雇男女》 至元三十一年五月，行御史臺準御史臺咨：

近據監察御史呈：近蒙差遣江西追問公事。除外，切見北方諸色目人等，或因仕宦，或作商賈，或軍人應役，久居江淮迤南地面，與新附人民既相習熟，將南人男女以轉房乞養爲名，亦有照依本俗典雇之例，聊與價錢，誘致收養。纔到迤北，定是貨賣作驅。是使無辜良民永陷驅役，無所赴愬，深不副聖主好生之意。以此論之，積小成大，不一二年，良人半爲他人之驅矣。若論江淮之民典雇男女，習以成俗，止就南方自相典雇，終作良人，權令彼中貧民從本俗法可也。至於轉房之俗，或同宗派，或同姓氏，不幸無子，使之繼絶。安有諸色目人，生不同鄉，殊俗異姓，亦得做賴？此等北人，雖有文憑，俱宜禁絶。憲臺準呈。

《元典章》卷五七《刑部・諸禁・禁典雇・禁主户典賣佃户老小》至元十九年十二月，御史臺：

據山南湖北道按察司申：準副使楊少中牒：切見江南富户止靠田土，因買田土，方有地客。所謂地客，即係良民。主家科派，其害甚於官司差發。若地客生男，便供奴役；若有女子，便爲婢使，或爲妻妾。今後合無將前項地客户計取勘實數，禁治主家科派，使令地客與無税民户一體當役，實爲官民兩便。又準分司簽事劉承務牒，峽州路判官史擇善呈：本路管下民户，輒敢將佃客計其口數，立契或典或賣，不立年分，與買賣驅口無異。間有略畏公法者，將些小荒遠田地夾帶佃户典賣，稱是隨田佃客，公行立契外，另行私立文約。如柳逢吉、段伯通爭典佃户黄康義之訟，其事係亡宋時分，祗今約三十餘年，已經宣慰司及按察司送下本路歸問，未有定奪。典賣佃客，若不嚴行禁治，必致起爭，引惹詞訟。又有佃客男女婚姻，主户常行攔當，需求鈔貫、布帛禮數，方許成親。其貧寒之人，力有不及，以致男女怨曠失時，淫奔傷俗。卑司參詳：江南主户佃客極多，此係爲例事理，申乞定奪。得此。憲臺相度：前項事理，即係亡宋弊政，至今未能改革，南北〔悉皆〕王民，豈有主户將佃户看同奴隸役使典賣，一切差役皆出佃户之家？至如男女婚嫁不由父母，惟聽主户可否，腹裏並無如此體例。蓋是牧民之官不爲禁約，以致如此。牒宣慰司具呈行省照詳，禁約施行。

《元典章》卷五七《刑部・諸禁・禁典雇・典雇立周歲文字》至元二十二年九月初五日，荆湖行省：來咨：備廣東道宣慰司同知吕昶呈：典雇男女，係亡宋舊弊，傷風敗俗，即非良法。若將江南應係典雇男女，如年限已滿，即便放還，如年限未滿，元雇價錢不須回付，仍禁約今後毋得將親生男女典雇。如貧窘之家急用錢物，無處折挫，依腹裏例，止許立定周歲每歲月文字，覓貨工依（吏）〔使〕唤，年限滿日，即便放還。移準中書省咨各處行省講議通例擬定，希咨回示。准此。參詳：若依所擬，實爲相應。准此。省府仰依上施行。

《元典章》卷五七《刑部・諸禁・禁典雇・典妻官為收贖》至元十五年十一月，江西行省：據袁州路〔申〕：歸問到彭六十爲家貧，將妻阿吴立契雇與彭大三使唤，三年爲滿，要訖雇身錢五貫足。取到彭六十不合典雇良人招伏。乞照詳。省府照得彭六十狀招明該：道路艱辛，養贍不力，自願將妻典雇。即非得已，似難議罪。合下，仰官爲支鈔五貫，當官給付彭大三，收贖阿吴與夫彭六十完聚，追收元約，毁抹附卷。仍遍行合屬禁治，毋得將妻子典賣爲驅。

（宋）陳元靚《事林廣記・壬集》卷一《至元雜令・典雇身役》諸良人典雇身不得過五年。若限内重立文約增加年月者，價錢不追，仍聽出離。或依元立年限準尅已役月日轉典雇者，聽。其典身限滿無可贖者，折庸出離。或典數口内有身死者，除其死者一分之價即典。奴婢不在折庸之例，内有身死者，收贖日並出元價。其官户及奴婢並不得典雇良人，亦不得典雇監户官户，違者元價不追。

（宋）陳元靚《事林廣記・壬集》卷一《至元雜令・典質財物》諸以財物典質者，並給帖子，每月取利不得過三分，經三周年不贖，要出賣，許。或亡失者，收贖日於元典物錢上别償兩倍，雖有利息，不在準折之限。

《至正條格・斷例》卷七《户婚・典賣田宅》延祐二年二月，禮部呈：民間典賣田宅者，皆因飢寒、喪事、軍站差發、錢債，致將田土、房舍典賣，蓋非得已。今後軍民諸色人户，凡典賣田宅，皆從尊長畫字，給據立帳，盡問有服房親，次及鄰人、典主。不願者，限壹拾日批退。如違限不行批退者，決壹拾柒下。願者限壹拾伍日批價，依例立契成交。若違限不行酬價者，決貳拾柒下，任便交易。其親鄰、典主，故行刁蹬，取要畫字錢物，取問是實，決貳拾柒下。如業主虚擡高價，不相由問成交者，決參拾柒下，聽親鄰、典主，百日内收贖，限外不得爭告。欺昧親鄰、典主，故不交業，決四拾柒下。雖過百日，並聽依價收贖。若親鄰人、典主在他所者，百里之外，不在由問之限。若告發到官，不行依例理斷，從監察御史，廉訪司糾治。都省準呈。

《至正條格・條格》卷二六《田令・典賣隨地推税》泰定三年十二月，户部議得：監察御史言：江南人户典賣田土，過割税糧，令路府州縣置立勘合文簿，正官、首領官輪流提調封收。凡有諸人典賣地土並交佃官田，明白標附，遇有科徵，止着得業之人。年終，於計撥税糧推收項下，開寫過割，買賣田主姓名，攢造册解，令廉訪司常加體察，庶革姦弊。參詳：典賣田土，過割税糧，已有定例，腹裏、江南即係一體，合準所言，令路府州縣置簿，明白標附，正官、提調官提調封收，依例推收，年終造册解部，都省準擬。

《至正條格·條格》卷二六《田令·典質合同文契》　大德十年五月，禮部議得：典質地産，即係活業，若一面收執文約，或年深迷失，改作賣契，或昏昧條段、間座，多致争訟。今後質典交易，除依例給據外，須要寫立合同、文契二紙，各各畫字，赴務投税。典主收執正契，業主收執合同，雖年深，憑契收贖，庶革僥倖争訟之弊。都省準呈。

《至正條格·條格》卷二六《田令·典質限滿不放贖》　至元二年五月，刑部議得：今後凡有典質田宅、碓磑、邸店、園林、山澤之類，年限已滿，業主依期備價收贖。若典主恃强刁蹬，不即放贖，量事輕重坐罪，錢業各歸元主。仍扣筭物業年限外，歲得租課，徵付業主。如業主無力，雖過限期，不拘此例，年數雖遠，錢到放贖。都省準擬。

（明）何廣《律解辯疑》大明律卷五《户律·田宅·典買田宅》　議曰：不税契者，笞五十，即如匿税法。不拘此律，謂如年限已滿，業主無力收贖，典主不在，笞四十，花利追徵給主之例，故云不拘此律。

《大明律直引·户例·田宅·典買田宅》　刑部等衙門會議開題：查有見行事例，近年以來，各處問刑衙門不察條例本意，但因告争典當田地，不問原（納）〔約〕限期，不計利息多寡，一概斷□□坐，於（以）〔律〕相悖。合無申明前例，通行内外衙門：凡有軍民告争典當田地，務照所約年限，聽其業主備價取贖。其無力取贖者，算其花利，果足一本一利，此外聽其再種二年，不許一概朦朧歸斷，則財□適均，而人心服矣。

《嘉靖新例·户例·田宅·買賣田宅》　嘉靖　年　月刑部題準，凡軍民告争典當田地，務要照所約年限，聽業主備價取贖。其無力取贖者，筭取花利，果足壹本壹利，此外聽其再種貳年。不許一概霸佔，官府亦不許朦朧歸斷。

《明會典》一六三《刑部·律例·户律·户役·典買田宅》　凡典買田宅，不税契者，笞五十。仍追田宅價錢一半入官。不過割者，一畝至五畝，笞四十。每五畝，加一等。罪止杖一百。其田入官。若將已典賣與人田宅朦朧重復典賣者，以所得價錢計贓，準竊盗論，免刺，追價還主，田宅從元典買主爲業。若重復典買之人，及牙保知情者，與犯人同罪，追價入官。不知者不坐。其所典田宅、園林、碾磨等物，年限已滿，業主備價取贖。若典主托故不肯放贖者，笞四十。限外遞年所得花利，追徵給主，依價取贖。其年限雖滿，業主無力取贖者，不拘此律。

一、告争家財田産，但係五年之上，並雖未及五年，驗有親族寫立分書已定、出賣文約是實者，斷令照舊管業，不許重分、再贖。告詞立案不行。

《問刑條例》　典當田地器物等項，不許違律起利。若限滿備價贖取，或計所收花利，已勾一本一利者，交還原主。損壞者賠還。其田地無力贖取，聽便再種二年交還。凡負欠私債，兩京不赴法司，而赴别衙門；在外不赴軍衛有司，而越赴巡撫、巡按、三司官處，各告理，及輒具本狀奏訴者，俱問罪，立案不行。若兩京别衙門聽從施行者，一體參究。私債不追。

《大明律疏附例·續例附考·户例·典買田宅》　弘治十六年十月刑部等衙門議奏：今後軍民告争典當田地，務照所約年限，聽其業主備價取贖。其無力取贖者，算其花利，果足一本一利，此外聽其再種二年，官府不許一概朦朧歸斷。奉聖旨：是。照律例行。欽此。

（清）李漁《資治新書二集》卷一三《民事庶務·嚴禁違旨背律等事》　照得典鋪之設，原即有無相通，緩急相濟之遺意，爲法甚善。本道宦轍所至，閱歷頗多，大約大典取利不過分半，及二分而止，即小當亦利不過三分。贖必按月，滿月之後，再踰五日方作兩月算，即踰四日仍算一月，此天下之通例也。獨爾青州不然，利則四分，以至六七分，甚有至八分者。更於票上不寫月息若干，以便恣意横索。及於取贖之期限更爲迫促，辟如此月二十五日來當，至下月初五來贖，不過十日耳，輒以前月之五日作一月，復以後月之五日作一月，十日之内而收人兩月利錢。又皆八分起息，此較明火執杖劫掠取財者豈有兩樣？爾等試思，爾雖富足，豈能常富？人雖貧窮，未必常窮。何不趁此家計殷實做些好事，貽爾子孫？何故貪取一時重利，斂取衆怨，令人敢怒而不敢言？爾看世上做經商買賣之人，那箇不起早睡晚，登山涉水，衝寒冒暑，既憂消折，復畏盜賊？但得三分利息，安穩到家，即父子妻孥舉家歡慶矣。獨爾等不須奔走道路，不必抛棄眷屬，不必侵犯霜露，不受意外驚恐，不憂絲毫折耗，安安穩穩高坐在家，收享成利，已是萬分得計，何苦更作此利己損人之事？爾看苛取重利之典鋪，後來子孫幾箇得昌盛的？况放債取利不許過三分，久奉嚴旨申飭，而《大清律》内開載：凡典當財物，每月取利並不許過三分，重者坐贓論罪。誰敢不遵，自干法網？顧爾輩之得以藉口者有二：曰辦納國課也；曰答應官府也。爾等試思，國課幾何？每年不過五兩耳。凡開當鋪者，多則盈萬，少則數千，今以五兩交國課，以三分起息計之，不過費爾十五兩本錢之利耳。于爾何損？辟如買田一頃，所收不過百石，祁寒暑雨，男耕女饁，受盡多少辛勤，自交納錢糧而外所存有幾？一遇水旱即顆粒無收，誰敢不變完課？試與爾輩較之，誰逸誰勞，誰豐誰嗇？至於答應官府，從前陋規，原可痛恨，然未必官官如此。本道自下車以來一年有餘，曾取當鋪中一絲一紵否？曾借用當鋪中一件什物否？本道既自審無愧，便可推己及人。

我今爲爾等嚴禁所屬，不許沿習舊規，取用一物，仍請之兩臺勒石永禁，則爾輩可以無累，亦不得藉口累人矣。及又有一事不便於爾輩者，曰當錢。錢價自有一定，無奈奸民往往變幻低昂。假如當出去時，時價一兩一串，及取贖時，奸民或低爲八錢一串，或七錢一串。取贖之時錢數既不便加增，錢本遂不免虧損，此爾輩之所以通盤打算，借重利以補微耗也。今亦爲爾等立法：凡當錢時即於票上寫明照時值銀若干，俟來贖時但照出當之原價，不照取贖之時值，則此項虧損之病去矣。爾輩既除其害，復去其病，便當取出良心，各做公道生涯，勿作欺天勾當。自出示之後，止許三分起息，不得加增毫釐。按日計月，不得任意挪僣。本道不時採訪，如有不遵，立拿重究，決不姑貸。其有見示之後收鋪不開，或虛開鋪面以無銀可當爲辭者，此等皆係奸徒，本道不時訪出，一體懲究。其已前當過之物，自今日以後來贖者，亦只許索三分之利，不許多索分文。總之，本道身在地方，富民、貧民皆吾赤子，豈忍偏枯？興利除害，出自本心，豈容姑息？爾輩若欲享利，先須避害，急急警醒，勿貽後悔。

（清）田文鏡《撫豫宣化録》卷三《文移·嚴禁當鋪濫收賊贓以杜盜源事（當物必得熟識保人收當）》　照得開張典當原以接濟貧民緩急之需，止許從公取息。若貪圖賤當，濫收賊贓，固在禁例。近訪得豫屬當鋪見物即當，並不查問來歷，凡有劫竊衣贓，盡歸當店，以致盜賊充塞。若無當店收贓，彼必不敢公行無忌。及鄰邑捕獲供招，雖當票丢棄，而所當衣服顔色、件數、銀錢、月日鑿鑿，可據移關查起。而不肖州縣平日俱受當商餽送交接，使爾從中袒護，不曰遍查各當並無其物，即曰已將原當衣贓起貯在庫，先行關取當本，方肯發贓。詎不知當店濫收盜贓起出質認，必俟定案正法之後，方在各盜家屬名下追還當本。若必先索當本，倘一時無出，盜案終不結乎？各處皆然，惟祥符之朱仙鎮陳州之臨蔡城、商水之周家口、西華之小么鎮、河内之清化鎮、磁州之車騎鎮等處爲尤甚。除密訪查參外，合亟飭禁，爲此牌仰該司、府、州官吏查照牌内事理，即便轉飭所屬，將本都院牌文大張告示，實貼各當鋪門首曉諭：嗣後凡押當物件，除平日熟識之人即於號簿内註明姓名外，倘面生可疑，形踪詭秘，即當嚴加盤詰根由，必得熟識保人方許收當。若無的保，不得貪圖微利，濫行接受。大凡盜賊入店，最易鑒別：爲盜之人，面帶兇形，一也；舉止慌張，恐人覺察，二也；物多價賤即便肯當，三也；當貨零亂，並不整齊包裹，四也；自言自語，滿口支吾，五也。掌櫃之人一見便知，但明知故犯者，因有利無害也。嗣後各州縣拿獲盜賊，招出當贓，不論有票無票，訊明顔色、件數、銀錢、月日，即刻備關，飭委捕員星飛查起。倘鄰邑袒護當商，措贓不發，立行詳報，本都院以憑批行該管上司查起，官則飛參，當商隨招解究，決不寬貸。本都院爲杜絶盜源起見，法在必行，均勿違忽。文到先取遵依併當商結狀具報查考，慎速，慎速！

雍正三年正月　日

《大清律例》卷九《户律·田宅·典買田宅》　凡典買田宅，不税契者，笞五十；仍追契内田宅價錢一半入官，不過割者，一畝至五畝，笞四十，每五畝加一等，罪止杖一百。其不過割之田入官。

若將已典賣與人田宅，朦朧重復典賣者，以所得重典賣之價錢，計贓，準竊盜論，免刺，追價還後典買之主。田宅從原典買主爲業。若重復典買之人及牙保知其重典賣之情者，與犯人同罪，追價入官；不知者，不坐。

其所典田宅、園林、碾磨等物，年限已滿，業主備價取贖。若典主托故不肯放贖者，笞四十。限外遞年所得多餘花利，追徵給主。仍聽依原價取贖。其年限雖滿，業主無力取贖者，不拘此律。

條例

一、告爭家財田產，但係五年之上並雖未及五年，驗有親族寫立分書，已定出賣文約是實者，斷令照舊管業，不許重分、再贖，告詞立案不行。

一、凡八旗人員置買產業於各省者，令該員據實首報，交與該督撫按其產業之多寡勒限變價歸旗。如有隱匿不首，及首報不實者，該督撫訪查題參，將所置產業入官，其隱匿不首者，照侵占田宅律治罪。首報不實者，按不實之數，亦照侵占律治罪。如地方官扶同徇隱，別經發覺者，照例議處。其未經查出之知府，並督撫、司、道，均照例分別議處。至於查禁以後仍有違禁置產私相授受者，照將他人田產朦朧投獻官豪勢要律，與者、受者，各杖一百、徒三年，產業入官，其託民人出名，詭名寄户者，受託之民人，照里長知情隱瞞入官家產計所隱，贓重者，坐贓治罪；受財者，以枉法從重論；地方官失於查察者，照例議處。

一、賣產立有絶賣文契，並未注有找貼字樣者，概不準貼贖。如契未載絶賣字樣，或注定年限回贖者，並聽回贖。若賣主無力回贖，許憑中公估，找貼一次，另立絶賣契紙。若買主不願找貼，聽其別賣歸還原價。倘已經賣絶，契載確鑿，復行告找、告贖，及執產動歸原先儘親鄰之説，借端指勒，希圖短價者，俱照不應重律治罪。

一、八旗官兵人等，有將現銀承買入官人口、房產者，即將銀兩先行交部，俟收明銀兩，知照到旗之日，兩翼給與印信，執照，報部入册。如有將俸禄錢糧坐扣抵買者，一面咨部坐扣俸餉，一面將人口、房產給認買人領去，俟俸餉坐扣完日，再行知會兩翼給與執照，報部入册。

《大清律例續纂條例》卷五《户律條例·典買田宅》　一、旗丁有將運田私典於人及承典者，均照典買官田律計畝治罪，該丁革退，其田追出，交與接運新丁典價入官。其旗丁出運之年，將運田租與民人，止許得當年租銀，如有指稱加租立券預支者，將該丁與出銀租田之人，均照典買官田律減二等治罪，租價入官。【略】

一、凡各省衛所贍運屯田，有典賣與民，許照清釐條議備價回贖。如衙門書識人等，藉稱族丁、管船，侵占屯田，不歸船濟運者，照侵盗官糧例治罪。若原係民田，與軍無涉，該丁捏控者，將該丁責革。另僉該管官弁不實力稽察，或承查遲延，或互相徇縱，查出，俱交部分别議處。

（清）雅爾圖《雅公心政録》卷四《檄示·為通飭修省政治以邀天和以祈瑞雪事》　一、查禁指贖兒女。凡民間偶因歉歲將女兒、孩子、養媳當人富户以救目前饑餒，寫定年限，大約身價輕則年限少，身價重則年限多也。但適遇豐年可以指贖之時，因格於年限不敢向贖，即或央中代懇，主人又指不放贖，以致遷延日久，兒女長成，怨女曠夫終身禁錮。州縣當出示曉諭，如有遇荒暫當之人，遇豐向贖者，勸令該主諒情放贖，不得拘定年限指留。更有一等惡薄之家，窺女色艾，肆行無忌，始終指贖者。又有一種租債盤折，勒寫伊兒女身紙者。並有兒女長大收贖時，既清身價，又要勒算積年飯食銀兩者。種種指贖之風，豫省最爲積習。地方官宜隨時體察，留心聽斷，以期平允。

乾隆五年十一月十二日。

《乾隆朝旗鈔各部通行條例》　乾隆七年六月十五日一件，當月旗來文，爲大學士伯鄂等議奏合慶條奏：八旗官兵認買公產，如有私行典賣，除將本人及該管官治罪外，並將認買之地及所扣銀兩入官。該管參佐領及屯領催務不時嚴查，有無私行典賣之人，於年終造報本旗都統查覈一摺。奉旨：依議。欽此事。

（清）佚名《乾隆朝山東憲規》第一册《當鋪常年二分起息冬月免其讓利通飭乾隆二十三年三月東撫阿批司詳》　山東布政司爲當鋪減利便民事。蒙撫院阿批本司呈詳濟南府，詳請長山縣通濟當典常年二分起息，冬月免其讓利，並請通行各屬一體辦理。蒙批當鋪冬月減利一分，原加惠窮黎，長山縣南北通濟二當，向係通年加二起息，因有冬月減利之舉，遂改爲三分起息，是窮民未得冬月減息之惠，而反受通年加利之累，殊非歷年曉飭遵之意。今據詳如有二分起息之當鋪，冬月免其減利，事屬可行，仰即通飭各屬，出示曉諭，畫一辦理。遵照納等因。云云。即便通行所屬，出示曉諭，如有二分行利之當鋪，俱照舊通年二分起息，冬月免其減利。如有情殷桑梓，自願冬月一體讓息者，聽從其便，並不得借冬月減利改爲三分起息，使窮民陰受加利之累。其借端短利强贖等事，並即一體嚴禁毋違。

（清）佚名《乾隆朝山東憲規》第一册《凡遇災年正二月取贖農器概以二分取息其餘别物仍照三分取贖》　乾隆十一年十月内議準昌邑條陳，請以被災州縣，正、二、三月，凡有取贖農器者，概以二分起息。其餘别物俱照舊例三分起息，十三年兖州府董稟覆，奉司議詳通飭遵行。

州縣課税等項奏銷册籍，止宜送司院查覈，毋庸咨部，乾隆二十三年十一月二十七奉到通飭。

（清）佚名《乾隆朝山東憲規》第二册《當鋪冬月讓息》　東省當鋪，每年冬季，奉院通飭，出示勸諭，各典自十一月起，至年底止，於常利之内讓息一分，開春仍照舊例加息。嗣奉通飭每年三分起息者，讓息；二分者，不讓。

（清）佚名《乾隆朝山東憲規》第二册《典當田房契内註明過割活糧字樣》　乾隆十二年，撫院阿咨訪利弊清平縣條議，批司府議準，嗣後民間典當田房，如願過割者，聽其呈明過割。如不願過割者，立契時，務將納糧户名，都圖里甲，及應完錢糧、漕米各數，於契内逐細開載明白，聽典主在業户名下自行完納，執票爲憑，不得仍前私交業主，致有額外浮收，侵吞拖欠等弊。其間或有暫當一兩季，及熬地活典等産，錢糧仍係業主完納者，亦於契内注明，錢糧業主完納字樣，以杜日後争端。示禁之後，如有抗違不遵，仍前私相授受，以致侵吞拖欠，即將欠項責令典主完納，並將典主、業主，及契内原中，各治其罪。批如詳通飭，一體遵照。

（清）佚名《乾隆朝山東憲規》第六册《賣契當契定式》　布政司梁爲通飭遵照事。乾隆二十九年八月二十七日蒙巡撫部院崔批據肥城縣稟送前頒契式二紙緣由，蒙批仰布政司覈明飭遵繳式并發等因。蒙此，查據該縣並稟到司，當閲所鈔契式，極爲明晰周詳，係乾隆十八年經李前司議定，詳明前撫憲楊批準通行遵照。今肥邑民間，契載混淆，争訟紛繁，皆係歷來奉行不力所致，隨批泰安府如稟照辦，誠恐事歷年久，各屬或有未盡照式填寫之處，合亟鈔式通飭。云云

立絶賣文契某人，係某縣某鄉某村莊人，今因乏用，情願憑中將自己某人户内承糧地幾頃幾畝幾分零，出賣與某人名下永遠管業，三面議定，每畝價銀幾兩幾錢幾分，共價銀幾百幾十幾兩幾錢幾分整。其銀當日交足，自賣之後，任憑業主永遠承糧管業，並無伯叔兄弟子姪告找告贖情事。恐後無憑，立此存照。

計開

某地段　畝　分　釐零　東至　南至　西至

北至　坐落土名

某地段　畝　分　釐零　四至

原户某人　今收入某人户内承納錢糧起計完糧銀清米若干

乾隆　年　月　日立絶賣契某人　花押

中見

代書

條款列後

一、契内填注數目，俱用大寫，不得隨手寫小字，以及添注涂抹，致啓日後争端。

一、契内數目，有不填注之處，俱打圈填實，不得擅留空白，亦不得全行涂黑，致滋借端添改等弊。

一、契板不拘刻字匠紙店一切人等，許其照式翻刻，務須用堅白毛頭紙，刷印發賣，每十張定價大制錢十五文。如鄉村市鎮，小店販去零賣，每張定價二文，毋許多索，違者究責。

一、議定價值，立契之後，原主中人，前往該地丈量畝分確數，果與契載相符，並查明四至，坐落土名，然後憑中畫押交價。如有不遵，草率成交，以致錯誤争控者，一概不準。

一、成交後，即赴本縣投税。如有藏匿原契，將銀數改少，另立假契，希圖漏税者，察出將未税契價，照例追出一半入官。該縣查封契内，如無添改空抹等事，立即黏連契尾，鈐印截給，不得任聽胥役留難需索，致於查究。

立活當文契某人，係某縣某鄉某村莊人，今因乏用，情願凂中將自己某人户内承數糧基地，　畝　分釐内正側大小房屋共　間，出當與某人名下管業居住，三面議定共當價銀若干整，銀水何色何平，其銀當日收清，言明幾月爲滿，對月原價取贖。如年限不滿，不得礙贖，已滿不得措贖，恐後無憑，立此存照。

計開

某地段　畝　分　釐　正屋幾間　側屋幾間　過道　夥路　東至　南至　西至　北至

覈准應完糧銀　兩　錢　分　釐漕米　石　斗　升　合議定，仍用原名，當主自行赴櫃完納

乾隆　年　月　日立活當契某人　花押

中見

代書

一、活當產業，例不投稅，將錢糧漕米，按則覈定數目，填寫契內，並令曹主照數自行赴櫃，仍用原户名投納執票爲憑，以省推收過割之煩，並免胥役勒索之弊。其餘四條，與絶賣條款同。

（清）萬維翰《成規拾遺》卷上《賣産二找及契有絶字不準找贖》 浙藩張爲嚴禁找貼等事，詳覆撫院常批示，田房平水及祭産各事，宜分晰條欵刊列於後。

計開：

一、嘉善縣議詳，民間活産契有回贖字樣，除同日所立貼契外，查明並未找過或找過一次，價仍不敷，尚無絶字，在雍正八年以前，概聽照價取贖。如願找者，準其議價，寫立絶契。買主不願找者，聽其回贖。總之贖産已得二找，毋論例前例後，概不準找贖。已經加貼者，如契内已有絶字，即作絶産，亦不準找贖。又雍正八年定例以後，若已加一次，倘仍議回贖者，必於加契上書明，嗣後聽贖。不加或某年取贖字樣，亦聽回贖。如初注回贖後，又加絶一次，難以再贖。

一、平湖縣議詳，以出入平水務須照契實充，不得短少石邑以祭産請。自雍正八年定例以後出賣者。查明祭户辦糧，有祭簿可稽者，準照契回贖。其在雍正八年以前出賣，契無祭産回贖字樣，且已貼絶，不許捏祭翻贖各等語，實係切中時弊。今杭屬之仁和、錢塘、海寧、富陽、餘杭、臨安等縣，湖屬之烏程、歸安、德清、武康、孝豐等縣，咸稱嘉府議詳，各欵與俗例大概相同，均請一例照行，似應飭令二該府照式添入刊榜。

一、海寧縣議詳，契書回贖交易，固應準其取贖。但緣承買之人又經轉售，且於契内立有年限尚未滿期。今因原主向贖，不得不轉贖歸還，而現業執契不允，以致呈控到官，彼此理俱無屈。應否斷贖，或仍俟期滿伏候憲示等語。查契載不拘年月回贖，或銀到回贖者，自應原業隨便回贖。其轉售契内註明年限，仍係轉售之咎，而承買之人並不根查此産出自何人，查看原契，竟與轉售之人私立年限亦有不合，應仍聽原業照契隨便回贖。不得因轉售之契立有年限，藉詞措勒，庶幾平允。

一、海寧縣議詳，寧邑贖産皆須對月。如正月所賣仍於正月取贖，若遲至將及秋收，業主即不收價。每有原主不顧産已轉售，擲價勒收。迨轉贖不清，遂相訐訟，甚至産價兩懸，延累經年。應請嗣後凡有應贖之産，已經轉售，務須三面會同查對。契價相符，照依轉賣月期將價交現業取贖。收銀之後，若契未撿出，則先立收票，訂日各將原契掣回，無許掯價措契及轉售之人混行接收，致令懸宕。倘有已絶之産串合棍徒冒稱原主擲價勒贖，嚴行究懲等語。查對月取贖原屬公平之道，而掯價措契致啓訟端，理當禁戢，且係寧邑現行俗例，應請照縣詳遵行。

一、海寧縣議詳，卑縣買賣房屋有並連基地者，則於契内開注畝分。亦有不連基地者，契内並不註明，易致弊混。應請嗣後凡連基地者，務將基糧隨産收辦，不得包納。如係現年回贖交易、不連基地者，務於契内載明基地若干在外，每年應交租糧若干字樣。歷年久遠得有考據，不致昧賴侵佔等語。查買賣田房，隨時過糧原係成例，而奉頒契式内開民間别有情故應入契載者，聽民自便等因。是式内未盡之處，原聽自行開載，亦應如縣請：凡買賣房屋，所有基地，錢糧隨時收辦，其不連基地者，務於契内分晰註明可也。

以上各條應令地方官刊榜曉諭，自奉文之日爲始，遵照辦理。如有不肖之徒格外滋事，盡法懲治，以遏刁風。乾隆七年。

（清）萬維翰《成規拾遺》卷下《典當取息》 浙藩富　爲遵批核議事案。照該縣典鋪取息讓利月日，前於通查案内聲明，按季取結，通送查覈在案。但省會每十個月讓利一個月，其起息總以扣定三十五日方準取利一月。如係上月二十五六日質當，至下月初七八日取贖，爲期不過數日，不得濫取兩月之利。至當本一兩以内，二分起息；一兩以外，分半起息；十兩以上，一分起息；五十兩，八厘起息。當貨以三十六個月爲滿，聽民留贖。該縣各當典是否照此遞相减讓，前經節次飭查，迄今多月，總不查覆。本即差提，姑再嚴催。爲此仰縣官吏，文到立即遵照，指

飭確查各典取息讓利事。宜是否照省會成例遞相減讓，即行據寔詳覆，出示曉諭，並令各典臚列規條，刊刻木榜，竪立各典門首，以便商民遵守，毋許暗中多索重利剥民。務於票内註明當銀、填銀、當錢、填錢，飭取遵依甘結，按季通送院司各衙門察核，並將竪立榜式送候核查。此飭。乾隆三十五年二月廿九日行。

《大清會典》卷一七《户部・雜賦》 凡民間賣買田宅，皆憑書契納税於官，以成其質劑，曰契税。税契之法，布政使司作契帖，鈐以司印頒之州縣。民之賣買田宅者，領契帖於官，徵其税，書其姓名，揭其物數，並原契予之，以防詐僞，以治訴訟。其税輸藩庫，布政使司覆覈之，以達於部，歲無常數。

《大清會典則例》卷五〇《户部・雜賦》 又諭民間活契典業者，乃一時借貸銀錢，原不在買賣納税之例。嗣後聽其自便，不必投契用印，收取税銀。其地方官徵收税課多者，亦停其議叙。再，在京兩翼收税之處，亦照此例行。欽此。

（清）佚名《錢穀指南・利・田房税契》 旗人、民人典當田房，契載年分統以三五年以至十年爲率，仍遵舊例，概不税契；十年後，聽原業取贖。如原業力不能贖，聽典主執業，或行轉典，悉從民便。倘立定年限以後，仍有不遵定例，於典契内多載年分者，一經發覺，追交税銀，並照例治罪。

如係賣契，又經年遠，即無杜絶字樣等項，總屬賣斷之産，雖係原主嫡派子孫，亦不得告找告贖，其並非嫡派子孫更不得籍口。如有將遠年出售之産混行告找告贖，即係訛詐，俱應照例治罪。至於契寫許找許贖之産，如業主一時急需而原主不能回贖，聽其憑中轉典；倘既經别售而又有冒稱原主隔手告找告贖者，亦應照例治罪。若係典契，及雖係賣契而立有年限回贖字樣者，非屬年分久遠已經轉售，均應準其限滿照價回贖，原主不得於年限未滿之前强行找贖，現業主亦不得於年限已滿之後藉端措勒，違者均應照例治罪。

《清朝文獻通考》卷五《田賦・八旗田制》 八旗地畝，原係旗人産業，不準典、賣與民，向有定例。今竟有典、賣與人者。但相沿已久，著從寬免其私相授受之罪。各旗務將典、賣與民之地一一清出，奏請動支内庫銀，照原價贖出，留在各該旗，給限一年，令原主取贖。如逾限不贖，不論本旗及别旗人，均準其照價承買。

《少數民族法典法規與習慣法・治瑶臚例六條》 湖南江華理瑶直録軍民府加十級姚爲遵劄曉諭事。案奉督部堂訥、撫部院員會同具奉湖南瑶地善後事宜，增議章瑶一減，欽上諭，抄出轉行到府，合就出示，曉諭爲此示。仰各冲瑶總瑶目及軍民人等知悉，爾等務各民瑶相安遵照。後開各保，敬謹奉行，毋得視爲文具，致於查究。謹將六條臚例於後。計開：

一、準贖頂當山場，以復瑶業也。查瑶人地畝山場，除從前售與民人者，其仍舊執業外，嗣業瑶人户業，祇準瑶户互相買賣，不準與民人交産。案奉責定章瑶出示在案，至於從前瑶人與民人交産。有頂契當契及永批之契，並非售賣可比，均準瑶人取贖。若瑶人無力取贖，準其按年月之違近，分定取贖之章程。凡契在十五年以外者，酌令減原價三分之一；二十年以外者，準其半價取贖。若原主實在赤貧無力，又無田可種者，令典主佃種，酌分一半與原主佃種分租。俟其有力時，再照現定章程取贖。至此之後，如有不遵令仍交産者，應請《廣東善後章程》，將田斷續歸原主，不準追價，仍將兩造場照，違令律責懲。

（清）李璋煜《視已成事齋官書》卷五《禁抑勒典當示》 爲出示嚴禁事。照得城鄉開設典當，原以便民間之緩急。近日雨水過多，錢米奸牙，預張聲勢，米價勝貴，銀價頓賤，大屬病民。業經本署司札飭府縣密拏究辨，一面出示諭禁在案。兹又訪聞城鄉各典當，凡遇民間典當衣飾什物，值此錢貴銀賤之時，只肯當銀，不肯當錢，以圖將來回贖之日，銀貴錢賤，一出一入，暗中漁利，貧民飲恨吞聲。在各典商家道殷實，資本較豐，禮義生於富足，諒不肯作此刻薄害民之事，定係奸夥詭謀譎計。非獻巧於主人，即分肥於私橐，實堪痛恨。除飭府縣嚴密查辦外，合亟出示嚴禁。爲此示仰闔屬軍民暨城鄉各典當知悉，嗣後民間典當衣飾什物，無論當本多寡，或銀或錢，應聽民便，不得於銀賤錢貴之時，當銀而不當錢，抑勒居奇。如敢故違，一經訪實，或被告發，本署司定將該典當商人及雇夥，一併提案究辦，分別治罪，決不姑容。其各凛遵，毋違特示。

（清）沈衍慶《槐卿政蹟》卷一《示諭・開設穀當禁止挾詐示》 爲出示曉諭事。案據稟生孫岐、歙賓孫熙等稟稱，生族職員孫明捐義田一百民人照里長知情隱瞞入官家産計所隱贓重者，坐贓治罪，受財者，以枉法從重論。地方官失於查察者，照例議處。

一、賣産立有絶賣文契，並未注有找貼字樣者，概不準貼贖。如約未載絶賣字樣，或注定年限回贖者，並聽回贖。若賣主無力回贖，許憑中公估，找貼一次，另立絶賣契紙。若買主不願找貼，聽其别賣歸還原價。倘已經賣絶，契載確鑿，復行告找告贖，及執産動歸原先儘親鄰之説，借端指勒，希圖短價，並典限未滿而業主强贖者，俱照不應重律治罪。

一、八旗官兵人等，有將現銀承買入官人口、房産者，即將銀兩先行交部，俟收明銀兩知照到旗之日，兩翼給與印信執照，報部入册。如有將俸禄錢糧坐扣抵買者，一面咨部坐扣俸餉，一面將人口、房産給認買人領去，俟俸餉坐扣完日，再行知會兩翼給與執照，報部入册。

一、旗丁有將運田私典於人及承典者，均照典買官田律計畝治罪。該丁革退，其田追出交與接運新丁，典價入官。其旗丁出運之年，將運田租與民人，止許得當年租銀。如有指稱加租立券預支者，將該丁與出銀租田之人，均照典買官田律減二等治罪，租價入官。

一、凡各省衛所贍運屯田，有典賣與民，許照《清釐條議》備價回贖。如衛門書識人等，藉稱族丁管船侵佔屯田不歸船濟運者，照侵盜官糧例治罪。若原係民田，與軍無涉，該丁捏控者，將該丁責革另僉。該管官弁不實力稽察，或承查遲延，或互相徇縱，查出俱交部分别議處。

一、嗣後民間置買産業，如係典契，務於契内註明回贖字樣，如係賣契，亦於契内註明絶賣永不回贖字樣。其自乾隆十八年定例以前，典賣契載不明之産，如在三十年以内，契無絶賣字樣者，聽其照例分别找贖。若遠在三十年以外，契内雖無絶賣字樣，但未註明回贖者，即以絶産論，概不許找贖。如有混行争告者，均照不應重律治罪。

《户部則例》卷一〇《田賦·重複典賣》 一、已經典賣與人田宅、重複典賣者，照本律治罪，追價發還後典買之人，田宅歸原買之人爲業。若典買之人及牙保知情者，與犯人同罪，追價入官，不知情者不坐。

一、旗人將祖遺及自置田房典賣與人，不將原契跟隨或捏造民契過税，出賣後本人物故，其子孫恃無質證，執持原契控告者，審實照契價計贓，以詐論。有禄人加一等治罪。

五十餘碩，前已稟明立案。查此項義田，除每丁給領三斗耕種外，每年尚有餘穀，並族中急公會、祭會、義學會，共計有穀二千餘石。誠恐分借弊生，久囤穀爛。現在合族公議，將穀開設穀當，每石取息二斗，秋後取贖，擇族中敦實者四人經理。其事當青黄不接之時，鄰里貧民咸得共便，且上年穀價多昂，下年穀價較賤，雖加息二斗，民不受累，而族中穀石日積日多，雖有荒年可保無虞。但穀本無多，難以敷當，每年總以穀盡爲度，誠恐地方賢愚不等，毋論有穀無穀借此挾當，合將開設穀當緣由稟明給示等情到縣。查米穀本貴流通質押，實資接濟，耕作貧民當青黄不接之時，如遇窘乏，得將衣物以質穀石，鄉田同井有無相通，誠爲便民良法。今職員孫明捐置義田之外，復後將餘穀並各會穀開設穀當，由本族以及鄰里睦婣任卹，殊堪嘉尚。但穀有定數，焉得人人而濟之。倘有無賴棍徒，或恃强勒押，或藉端訛索，不可不嚴其禁。合行出示曉諭，爲此示仰該處軍民人等知悉。爾等當知孫職員開設穀當，專爲濟貧，非以圖利。質押物件，聽其憑公估計，不得以少當多。每石取息二斗，必須按數付交，不得故意短欠。穀貴之時，自必質押者衆，每年總以穀盡爲度；更不得强質滋擾。穀石日積日多，豐稔之年，可以周急；荒歉之歲，得以全生。義舉垂諸久遠，本縣實有厚望焉。自示之後，倘敢故違，或有强勒滋擾情弊，本縣惟有執法從事，照例懲治，不稍寬貸。各宜凛遵，毋違。特示。

條例

（清）姚雨薌《大清律例會通新纂》卷八《户律·田宅·典買田宅》

一、告争家財田産，但係五年之上，並雖未及五年，驗有親族寫立分書已定，出賣文約是實者，斷令照舊管業，不許重分再贖，告詞立案不行。

一、凡八旗人員置買産業於各省者，令該員據實首報，交與該督撫按其産業之多寡，勒限變價歸旗。如有隱匿不首，及首報不實者，該督撫訪查題參，將所置産業入官。其隱匿不首者，照侵佔田宅律治罪。首報不實者，按不實之數，亦照侵佔律治罪。如地方官扶同徇隱，别經發覺者，照例議處。其未經查出之知府，並督撫、司道，均照例分别議處。至於查禁以後仍有違禁置産私相授受者，照將他人田産朦朧投獻官豪勢要律，與者受者各杖一百、徒三年，産業入官。其託民人出名，詭名寄户者，受託之

《户部則例》卷三七《田賦・典賣田産・典賣找贖》　凡民人典當田房，契載年份統以三五年至十年爲率，限滿聽贖。如原主力不能贖，聽典主執業或行轉典，悉從民便。倘於典契内多載年份，一經發覺，追交税銀，照例治罪。

凡典契而原主不願找，賣契而現業主不願找貼者，均聽原主別售，歸還典、賣本價。至典契並原賣聽贖之産，現業主果有急需，原主不能回贖，亦聽現業主轉典。倘有稱原主之原主，隔年告找、告贖；或原主於轉典未滿年限以前强行告贖，及限滿而現業主勒贖者，均治其罪。

《户部則例》卷三九《漕運・屯租・禁止私典屯田》　一、各省旗丁將屯田私典與人及承典者，均照典買官田律計畝治罪。該丁革退，其田畝追出交與接運新丁，原典價銀追出入官。乾隆三十七、三十八、三十九、四十等年清查屯田，案内奏準：各省從前有典賣屯田因歷年久遠，若斷田歸公，追價入官，未免滋擾，免其追價撤回。或令本丁取贖歸屯，或議加津濟運。至湖南省係隨糧當差内有別，伍軍丁頂買者，承買此船之田即當此船之差，其典賣在民者，除歷年久遠已造有房屋墳墓，難以遷徙，及軍逃地荒係民人自行出資開墾培成沃壤者，免其回贖，仍照舊貼費當差。其餘典賣地畝，槩令照契同贖。未經回贖以前，俱令現業按糧貼費。本軍同伍均係無力，並準別伍軍丁代贖承還。若本丁有未贖之田，不許另置民産，詭避差費。如並無應贖屯田，聽其置買。嗣後各省清出屯田，永禁典賣。違者照例辦理等因。在案。

一、民人租種屯田，該丁或預支數年租銀，立券長租巧避典當名目者，察出仍照私典軍田例，與、受一體治罪，租價入官。

一、湖廣省屯田典賣在民者，只許同船之軍同贖。如不同船之軍取贖，照民人從重加津之例，追給該衛各船資運。

《福建省例》卷一四《田宅例・典業免税》　一件飭知田房活契典業等事。乾隆二十四年四月，奉巡撫部院吴憲牌：照得閩省所屬各州縣中，廉潔自勵，實心愛民者固不乏人，而悠忽從事、以致胥吏舞弊者亦不能無。葢緣吏役人等無不偷閒自逸，是以頒發告示，名雖實貼，半多沉匿，並不張掛，以致小民無由共曉。今此活契典業不須投税之例，尤非税契書吏所樂聞，必致有心抽匿，使聖澤弗能下逮。是以特行刊刷通頒，並即諄諄檄飭。爲此牌仰府、州官吏，照牌事理，即將發到告示，照單分發各屬，諄囑各縣勿爲胥吏朦蔽而抽藏隱匿，勿任風雨飄摇而任其摧殘，務使家喻户曉，不爲衙蠹所欺。倘地方遼闊，所發之示不敷張掛，即另行照繕發貼。仍將奉發告示若干道，添繕若干道，現貼某某村莊，各距城若干里，造册禀送查考，以憑按册密行察訪，果否實貼。倘敢視爲具文，置之高閣，徒以空言搪塞，一經察實，定即嚴參，決不寬恕。該府、州亦須留心察訪，如所屬吏胥匿示不貼，該府、州不即查究，別經訪聞，均干未便。凛之凛之等因。

乾隆二十四年四月初二日，福建巡撫部院吴行。

《福建省例》卷一四《田宅例・典賣契式》　一件設立合同契式、曉諭遵照，以杜假捏，以息訟端事。乾隆二十五年二月，奉巡撫部院吴憲牌：照得民間典賣産業，全以原契爲憑。而呈官剖斷，亦以契券爲據。閩省詞訟，半由田産契載不清，以致雀角紛争。且聞閩省典田者不立下契，以致取贖無券，徒滋口舌。今欲除其弊，必先清其源。除賣斷者原係永不取贖，應照閩俗向例仍只立契一張交買主收執外，如係暫典田房産業，則令中見人等一手繕寫二紙，中間大書合同上下典契字樣。如係先典後賣者，亦即另立賣契，並將從前典契、老契一併歸於買主。如此則賣斷者既不得執廢契以滋訟，而典産者仍得執下契以取贖，似於民俗爲便。合行出示曉諭。爲此示仰撫屬軍民人等知悉：嗣後交易田産，務須遵照現頒上下合同契式，將出售田地畝數，坐落地方、糧額、租額、價銀、年限，逐一開清。如係典産，即寫立合同上下典契，同時一手書寫，中見人等當場畫押，中間騎縫處大書合同上下典契字樣，對半分開，典主執上契，原主執下契，各執一紙爲據，以便於回贖時原主執下契向典主取贖，收回上契。如係賣絶者，原係永遠斷絶，不復取贖，故可不立下契。爾等務各遵照後開典契、賣契式樣書寫，以免後日争端，毋違！特示。

頒發契式開後

立典契某人云云〔聽憑民間俗例開寫〕，今將祖傳或自置某縣某都某圖民〔屯〕田幾號土名某某等處，共計幾畝幾分，年載租穀米若干，應納錢糧若干，本色米若干，託中典與某姓某名處爲業，得價銀若干兩〔何戥何色或係紋廣〕。其銀即日全數收明。其田聽憑典主對佃收租管業，推收入户，完納糧色。此田面約幾年爲限。限滿之日，聽某備照契載銀兩贖回，某處不得以糧經過割等詞措留。如無銀取贖，仍聽某處管業云云〔聽憑民間俗例開寫〕。今欲有憑，邀同中見人等當場寫立合同上下典契一樣各一紙，典主執上契，原主收下契，各執一紙爲照。

計開田地四至。

此上契買主某人收執存照。

乾隆某年某月日立典契某人

中見某人、某人

知契某人、某人

立典契某人云云〔聽憑民間俗例開寫〕，今將祖傳或自置某縣某都某圖民〔屯〕田幾號土名某某等處，共計幾畝幾分，年載租米穀若干，應納錢糧若干，本色米若干，託中典與某姓某名處爲業，得價銀若干兩〔何戥何色或係紋廣〕。其銀即日全數收明。其田聽憑典主對佃收租管業，推收入户，完納糧色。此田面約幾年爲限。限滿之日，聽某備照契載銀兩贖回，某處不得以糧經過割等詞措留。如無銀取贖，仍聽某處管業云云〔聽憑民間俗例開寫〕。今欲有憑，邀同中見人等當場寫立合同上下典契一樣各一紙，典主執上契，原主執下契，各執一紙爲照。

計開田地四至。

此下契原主某人收執存照。

乾隆某年某月日立典契某人

中見某人、某人

知契某人、某人

立賣斷契某人云云〔聽憑民間俗例開寫〕，今將某縣某都某圖民〔屯〕田幾號土名某某等處，共計幾畝幾分，年載租米穀若干，應納錢糧銀若干，本色米若干，託中賣與某姓某名處爲業。得銀價若干兩〔何戥何色或係紋廣〕。其銀即日全數收明。其田聽憑買主對佃收租，推收入户，完納糧色，永遠管業。某等不得别生枝節，言找言贖。一切老契典契盡歸買主收執云云〔聽憑民間俗例開寫〕。今欲有憑，邀同中見人等當場寫立賣斷契一紙爲照。

乾隆某年某月日立賣斷契某人

中見某人、某人

知契某人、某人

《福建省例》卷一四《田宅例·民間活典産業毋庸設立對契》一件

遵批飭議事。乾隆四十八年三月二十八日，奉巡撫部院雅批本司呈詳：查得署霞浦縣史殿榮通禀民間活典産業設立對契一案，先據史令以民間詞訟，每有私將典契套寫絶賣，預行投税，爲涉訟張本。議立兩契中書合同字樣，付典主、原業主各執一紙，以憑核對等情。奉前憲以據禀似亦杜弊之一端，但恐鬼蜮之徒，情僞百出，原業主恃有對契在手，或另行套寫，減改年月，少寫價銀，希圖勒贖，迨至告發，兩造各執一詞，或原中物故，事無質證，真僞仍易於淆混，是又不可不防其弊。應如何設法釐剔，俾原業主恃有對契，從中套寫減改，不能保其必無。惟套寫摹仿筆迹墨痕於相似之中，微有區分，究難盡逞其鬼蜮之伎倆，請如所議，易於杜弊。並據霞浦縣擬具合同兩紙，隨詳附送到司。因查各屬地方情形不同，是否可以通行遵辦，不致滋弊之處，又經前司照抄契式，通飭各府州確查妥議去後。兹據福州等九府、二州，各按所屬地方情形，查明核議，先後詳覆前來。查各屬所議情形，均不相同。如福州、延平、建寧、邵武、汀州、臺灣、龍巖等府州，各以設立對契事屬便民，請照所議通行遵辦。而興化、泉州、漳州、永春等府州又以合同對契，無難假造，請從民便，自行交易。本司覆查乾隆二十五年間，奉前憲吴以閩省典田不立下契，取贖無券，徒滋口舌，設立合同上下典契，頒式通行，曉諭遵照，以杜假捏，以息訟端等因在案。與署霞浦縣史令現請活典産業寫立典對二契，事同一轍。但各屬自奉頒上下典契之後，遇有民間控争田産，吊驗契券，俱無前頒典契之式，則其中似有扞格難行之處。又乾隆二十九年，兵部侍郎蔣條奏民間典業，分立正副二契，各執一紙。經户部議覆，典契向係得業收執，契内中證確鑿，押記分明，自足憑爲信券，亦無待再立副契，始足杜絶弊端在案。今若如福州等府州所議，準其設立對契，通行遵辦，與前奉部行不準再立副契之議未符。倘慮典主套寫賣契，又安保原業主之不假造合同？設由典找絶，或對契未經銷毁，原主堅執控贖，又值原中物故，事無質證，轉致混淆。是欲除一弊而又滋一弊，似不若悉從民便，自行交易，毋庸設立對契，徒事紛更。緣奉飭議，是否有當，理合彙核詳覆察奪，批示遵行等由。

奉批：查民間典賣田産，原應從便交易，如有争控到官，惟在有司悉心推究，自可得其虛實。若設立對契，難保無假捏之弊。徒事紛更，無裨實效。該司所議，洵屬妥協。如詳通飭遵照。繳。奉此，經即通飭所屬一體遵照在案。

《福建省例》卷一六《當税例·開張典當分別本銀行息限期》 一件詳明飭遵事。乾隆三十九年三月初七日，奉巡撫部院余批藩司詳：竊照民間開張典當，原以濟貧民之緩急。從前向按各縣情形，行息有二分、三分及二分四厘不等，限期有三十六、二十六、二十四個等月不同。酌量地宜，均準開張。惟因日久弊生，先於乾隆二十九年間經朱署司議請，嗣後大當行息二分，限期三十六個月爲滿，小典行息二分四釐，限期二十四個月爲滿。並於詳内聲明本銀多寡，分別大小行息限期，具結報陞等情，詳奉前憲批允通飭遵照在案。緣未議定本銀以若干者爲小典，至若干者爲大當，各屬奉行，殊無定則。乾隆三十七年，據諸羅縣詳報當户薛文琛開張典鋪，備本銀一千兩，請照小典行息限期，致奉憲批飭薛文琛備銀千兩開典，已屬多本，據請行息二分四釐、二十四個月爲限，與例未符。當經轉行該縣查明換結，並通飭遵照各在案。今查各屬詳報開典，有本銀二、三百兩者請照大當限期，有本銀五、六百兩者又照小典限期行息。更有多本捏爲小典，冀圖重利，爲害貧民。亟宜明定章程，俾有遵守。應請嗣後凡有開張典當，如本銀在五百兩以上者，概照大當行息二分，限期三十六個月爲滿。如在五百兩以下者，悉照小典行息二分四釐，限期二十四個月爲滿。通飭各屬，通行曉諭。仍於詳報開典文内，聲明本銀多寡確切數目，分別辦理。並取具該當户族鄰地保，並無扶同以大捏小甘結，加粘印結，詳送請陞，以昭畫一。是否有當，理合具文詳候憲臺察奪批示，以便通飭遵照等由。

奉批：如詳通飭遵照。至閩省向有一種私當，三月限滿，加一起利，閭閻受其剥削，兼之窩當賊贓，殊干功令，業經前院飭禁。恐有陽奉陰違，該司應即飭令各該府縣實力訪查，嚴行示禁革除。倘有胥役包攬徇庇，立即嚴拏詳究，毋任玩縱。仍候署督部院批示。繳。又奉署總督部堂三批：如詳通飭遵照。仍候撫部院批示。繳。奉此。

（清）薛允升《讀例存疑》卷一〇《户律·田宅·典賣田宅》 凡典賣田宅不税契者，笞五十，仍追契内田宅價錢一半入官。不過割者，一畝至五畝，笞四十；每五畝加一等，罪止杖一百，其不過割之田入官。

若將已典賣與人田宅，朦朧重複典賣者，以所得重典賣之價錢計贓，準竊盗論。免刺。追價還後典買之主。田宅從原典買主爲業。若重複典買之人及牙保，知其重典賣之情者，與犯人同罪。追價入官。不知者，不坐。

其所典田宅、園林、碾磨等物，年限已滿，業主備價取贖，若典主托故不肯放贖者，笞四十。限外遞年所得多餘花利，追徵給主。仍聽依原價取贖。其年限雖滿，業主無力取贖者，不拘此律。

此仍明律，其小注係順治三年添入。

條例

一、告争家財田産，但係五年之上，並雖未及五年，驗有親族寫立分書，已定出賣文約是實者，斷令照舊管業，不許重分再贖。告詞立案不行。

此條係前明問刑條例。

《箋釋》：有親族寫立分書已定，指家財言。此例至當不易，聽訟者一本於是，則民間告争之弊，未有不杜者也。

《輯注》：此例以五年爲争財贖産之限，誠至當不易之法。有司推此例而行之，便可息争省訟。

《集解》：本家告争家財，與年限未滿之業主無涉，故立案不行。

謹按：田産已經出賣，無論是否五年以上，何能再贖。後立有絶賣文契各條，應參看。

一、凡八旗人員置買産業於各省者，令該員據實首報，交與該督撫，按其産業之多寡，勒限變價歸旗。如有隱匿不首及首報不實者，該督撫訪查題參，將所置産業入官。其隱匿不首者，照侵占田宅律治罪。首報不實者，按不實之數，亦照侵佔律治罪。如地方官扶同徇隱，別經發覺者，照例議處。其未經查出之知府並督撫、司道，均照例分別議處。至於查禁以後，仍有違禁置産，私相授受者，照將他人田産朦朧投獻官豪勢要律，與者、受者各杖一百，徒三年，産業入官。其託民人出名詭名寄户者，受託之民人，照里長知情隱瞞入官家産，計所隱贓，重者，坐贓治罪。受財者以枉法從重論。地方官失於查察者，照例議處。

此條係雍正十二年定例。

銀租田之人，均照典買官田律減二等治罪，租價入官。

此條係乾隆五年，户部議覆漕運總督托時條奏定例。

謹按：此條之運田，與下條之贍運屯田，並後條之軍田有無分別，查《户部則例》係屯田，蓋均官田也。

一、凡各省衛所贍運屯田有典賣與民，許照清釐條議。備價回贖。如衛門書識人等藉稱族丁管船侵占屯田，不歸船濟運者，照侵盜官糧例治罪。若原係民田與軍無涉，該丁捏控者，將該丁責革另僉。該管官弁不實力稽察，或承查遲延，或互相徇縱，查出俱交部分別議處。

此條係乾隆十二年，兵部等衙門議覆漕運總督顧琮條奏定例。

謹按：乾隆七年，九卿議定，將各衛原額屯田徹底清查，分別估價回贖，在案。此云照清釐條議，即本於此。

一、嗣後民間置買産業如係典契，務於契内註明回贖字樣。如係賣契，亦於契内註明絶賣永不回贖字樣。其自乾隆十八年定例以前，典賣契載不明之産，如在三十年以内，契無絶賣字樣者，聽其照例分別找、贖。若遠在三十年以外，契内雖無絶賣字樣，但未註明回贖者，即以絶産論，概不許找、贖。如有混行争告者，均照不應重律治罪。

此條係乾隆十八年，刑部議覆浙江按察使同德條奏定例。

謹按：此係乾隆十八年纂定之例，是以十八年以前有分別三十年内外字樣，若由現在溯自十八年以前，萬無三十年以内之理。例内如此者尚多。每值大修之年，何以並未更正耶？再，分別三十年内外，現在各省仍未能畫一辦理，且有不知有此例者。

一、凡州縣官徵收田房税契，照徵收錢糧例，别設一櫃，令業户親自賫契投税，該州縣即黏司印契尾，給發收執。若業户混交匪人代投，致被假印誆騙者，照不應重律杖八十，責令换契重税。儻州縣官不黏司印契尾，侵税入己，照例參追。該管之道府直隸州知州，分别失察、徇隱，照例議處。

此條係乾隆十六年，刑部議覆湖南巡撫楊錫紱條奏定例。

謹按：應與《户部則例》、置買田地房屋每兩納税三分各條參看。

一、凡民間活契典當田房，一概免其納税。其一切賣契，無論是否杜絶，俱令納税。其有先典後賣者，典契既不納税，按照賣契銀兩實數納

謹按：上半段分別首報及隱匿不首之罪，下半段言查禁以後又犯之罪，皆係爾時禁令。《户部則例》亦有此條，惟例末注云，駐防兵丁不在此例。自係遵照雍正十三年諭旨纂定。刑例未經添入，係屬遺漏。

一、賣産立有絶賣文契，並未注有找貼字樣者，概不準貼贖。如契未載絶賣字樣，或注定年限回贖者，並聽回贖。若賣主無力回贖，許憑中公估找貼一次，另立絶賣契紙。若買主不願找貼，聽其别賣，歸還原價。儻已經賣絶，契載確鑿，復行告找告贖，及執産動歸原先儘親鄰之説，藉端指勒，希圖短價，並典限未滿而業主强贖者，俱照不應重律治罪。

此條係雍正八年，户部議覆侍郎王朝恩條奏定例。嘉慶六年改定。

謹按：《户部則例》置買田房各條，俱極詳明，而獨無此條。原奏有：原主不得於年限未滿之時，强行告贖。現業主亦不得於年限已滿之後藉端措贖。最爲明晰。此例及執産動歸原二語，似係指原業主而言；下藉端措勒又似係指現業主而言，語意並未分明。似應將已經賣絶復行找贖作爲一層，年限未滿强贖作爲一層，年限已滿現業主措勒作爲一層。産動歸原先儘親鄰之説，原奏並無此層，因何添入，按語亦無明文。

一、八旗官兵人等，有將現銀承買入官人口房産者，即將銀兩先行交部，俟收明銀兩知照到旗之日，兩翼給與印信執照，報部入册。如有將俸禄錢糧坐扣抵買者，一面咨部坐扣俸餉，一面將人口房産給認買人領去。俟俸餉坐扣完日，再行知會兩翼，給與執照報部入册。

此條係雍正十二年定例，原載任所置買田宅門。乾隆五年，以此條係雍正十二年所定，及八旗坐扣俸禄錢糧之事，與律例無關，毋庸纂入進呈黄册。後奉旨，此條在任所置買田宅内，固屬無涉，若移入典賣田宅條例内，甚屬符合，欽此。因遵旨將此條移入此門内。

謹按：爾時人口田房一體入官，且有承買人口者，今則絶無此事矣。應與《户部則例》參看。

一、旗丁有將運田私典於人，及承典者，均照典買官田律，計畝治罪。該丁革退，其田追出交與接運新丁，典價入官。其旗丁出運之年，將運田租與民人，止許得當年租銀，如有指稱加租立券預支者，將該丁與出

税。如有隱漏者，照例治罪。

此條係乾隆二十四年，户部議覆江蘇布政使常亮條奏定例。

謹按：《户部則例》，民人典當田房，契載年分，統以十年爲率，限滿聽贖。如原業力不能贖，聽典主投税，過割、執業。儻於典契内多載年分者，追交税銀，照例治罪云云。又十年以後，原業無力回贖，聽典主執業、轉典云云，與此例不符。

總爲多收税銀而設。

一、民間私頂軍田，匿不首報，一畝至五畝，笞四十，每五畝加一等，罪止杖一百。

此條係乾隆二十四年，户部議覆湖北巡撫莊有恭條奏定例。

謹按：上言私典之罪，此言私頂之罪。

私典則軍田已化爲民田，私頂則猶有軍田之名，故治罪輕重不同。

一、旗地旗房，概不準民人典買，如有設法借名私行典買者，業主售主俱照違制律治罪。地畝房間價銀一併撤追入官。失察該管官，俱交部嚴加議處。至旗人典買有州縣印契跟隨之民地民房，或輾轉典賣與民人，仍從其便。

此條係嘉慶十三年户部奏準定例。

謹按：咸豐年間定有章程，旗地亦許民人典買。

《户部則例》旗民交産各條内有，無論京旗屯田、老圈、自置。俱準旗户民人仍互相賣買，照例税契陞科等語，俱與此例不符。光緒十五年，覆經户部奏明仍照原例。即此一事，而數十年間屢經改易，蓋一則爲多收税銀起見，一則爲關係八旗生計起見也。

（清）張之洞《張之洞全集》卷一六八《公牘·諭示·典當減息示光緒十六年五月初八日》 照得湖北武昌省城暨漢陽、漢口地方，自咸豐以來元氣尚未盡復，近年又復水患頻仍，民生困苦，物力艱難，所恃以濟緩急通有無者，惟典當一門尚可稍資周轉。而省城質當十餘家均係三分取息，漢陽、漢口城鄉二十餘家公典二分五釐取息，餘皆三分。利息過重，窮民深以爲苦。本部堂、院軫念民艱，前飭司道暨各該府縣等剴切勸導，令各當店減息便民，復恐商力不支。數月以來，多方籌畫，不憚以損上益下之謀，爲恤商惠民之舉。茲據武昌、漢陽兩府，江夏、漢陽兩縣先後稟覆，省城仁昌、和昌等各當店十二家，漢陽、漢口樂福昌等各當店二十三家，均已遵諭一律減爲常年二分取息，以便貧民，尚屬樂善好義。所有向來發商生息之官款，無論原息或係一分或係九釐，應即一律減爲五釐，並准將當店各項捐輸寬免十年，以示體恤，並飭各該地方官嚴禁吏役棍徒需索規費，俾安生業，違禁索擾者，準其稟官懲治。各該當店等亦不得借詞勒價少當，刁難窮民，務期當贖均平，商民兩便。其官款息銀歷年已久，本係備地方緊要公事及各項善舉之需，不能稍有短少。今一概減爲五釐，不敷甚巨，應即以土藥店捐繳善後經費一款抵補此項，以充公用。除分别飭遵立案外，合行出示曉諭軍民人等知悉：自本年六月初一日爲始，所有武漢開設各當店，無論典當、質當均一律定爲常年二分取息。其五月三十日以前所當之物，仍照從前利息取贖。六月初一日以後所當各物，均照二分取贖。所減官息亦以六月爲始。各當店永遠奉行，不準藉詞續請增息。從此物力漸紓，商民均沾樂利，有厚望焉。

（清）席裕福《皇朝政典類纂》卷三八〇《刑·户律·田宅》 凡民間活契典當田房，一概免其納税。其一切賣契，無論是否杜絶，俱令納税。其有先典後賣者，典契既不納税，按照賣契銀兩實數納税。如有隱漏者，照例治罪。

紀　事

《宋書》卷六四《何承天傳》　何承天，東海郯人也。【略】義熙十一年，爲世子征虜參軍，【略】謝晦鎮江陵，請爲南蠻長史。時有尹嘉者，家貧，母熊自以身貼錢，爲嘉償責。

《南齊書》卷二三《褚淵傳》　褚淵字彦回，河南陽翟人也。【略】淵弟澄。澄字彦道。【略】建元中，爲吳郡太守，豫章王感疾，太祖召澄爲治，立愈。尋遷左民尚書。淵薨，澄以錢萬一千，就招提寺贖太祖所賜淵白貂坐褥，壞作裘及纓，又贖淵介幘犀導及淵常所乘黄牛。

（宋）王溥《唐會要》卷四九《像》　大足元年正月，成均祭酒李嶠諫曰：臣以法王慈敏，菩薩護持，唯擬饒益衆生，非要修營土木。殿堂佛宇，處處皆有，見在足堪供養，無煩更有修營。竊見白司馬坂欲造大像，雖税非户口，錢出僧尼，不得州縣祇承，必是不能濟辦，終須科率，豈免勞擾！但天下編户，貧弱者衆，亦有傭力客作以濟餱糧，亦有賣舍貼田以供王役。

（宋）王溥《唐會要》卷八九《泉貨》　〔上元元年〕十二月二十九日，詔：應典貼莊宅、店鋪、田地、碨磑等，先爲實錢典貼者，令還以實錢價。先以虚錢典貼者，令以虚錢贖。其餘交關，並依前用當十錢。

（宋）王溥《五代會要》卷二六《市》　周廣順二年十二月，開封府奏：商賈及諸色人訴稱被牙人、店主引領百姓，賒買財貨，違限不還。其亦有將物去後，便與牙人設計，公然隱没。又莊宅牙人，亦多與有物業人通情，重疊將産宅立契典當。或虚指別人産業及浮造屋舍，僞稱祖父所置。更有卑幼骨肉，不問家長，衷私典賣及將倚當取債，或是骨肉物業，自己不合有分，倚彊凌弱，公行典賣。牙人、錢主，通同蒙昧，致有爭訟。起今後，欲乞明降指揮，應有諸色牙人、店主人引致買賣，並須錢物交相分付。或還錢未足，祇仰牙行人、店主明立期限，勒定文字，遞相委保。如數內有人前却，及違限別無抵當，便仰連署契人同力填還。如諸色牙行人內，有貧窮無信行者，恐已後誤累，即却衆狀集出。如是客旅人自與人商量交易，其店主人、牙行人，並不得邀難遮占，稱須依行店事例引致。如有此色人，亦加深罪。其有典質倚當物業，仰官牙人、業主及四鄰同署文契，委不是曾將物業印税之時，於税務內，納契白一本，務司點檢，須有官牙人、鄰人押署處，及委不是重疊倚當，方得與印。如有故違，關連人押行科斷，仍徵還錢物。如業主別無抵當，仰同署契行保、鄰人均分代納。如是卑幼不問家長，便將物業典賣倚當，或雖是骨肉物業，自己不合有分，輒敢典賣倚當者，所犯人重行科斷。其牙人、錢主，並當深罪。所有物業，請準格律指揮。如有典賣莊宅，準例房親鄰人，合得承當。若是親人不要，及著價不及，方得別處商量。不得虚擡價例，蒙昧公私。有發覺，一任親人論理，勘責不虚，業主、牙保人並行重斷，仍改正物業。或親鄰人不收買，妄有遮恡，阻滯交易者，亦當深罪。從之。

（宋）李燾《續資治通鑑長編》太宗太平興國八年三月〔乙酉〕，乎又言：莊宅多有爭訴，皆由衷私妄寫文契，説界至則全無丈尺，昧鄰里則不使聞知，欺罔肆行，獄訟增益。請下兩京及諸道州府商税院，集莊宅行人衆定割移典賣文契各一本，立爲榜樣，違者論如法。詔從之。

（宋）李燾《續資治通鑑長編》神宗元豐元年十一月〔戊子〕，司農寺請應以田宅借人及保人物産用爲抵當諸縣緩急錢物，並來有不依限償納民户，欲別展限半年，限滿不足，以元供抵當平價召人買之，官收其價錢，如一年無人買，即没納所抵當償官，尚有少數，依條催理，有羨聽給本主，其没納抵當依賣户絶田産法。從之。

（宋）李燾《續資治通鑑長編》神宗元豐四年五月〔乙巳〕，詔：內外市易務民户見欠屋業等抵當，並結保賒請錢物息罰錢，並等第除放。其本錢分三季輸納，息錢並出限罰錢分爲三分，等第除放：第一季本錢納足者，息、罰錢並放；第二季，放二分；第三季，放一分；出限尚欠，即估賣抵當及監勒保人填納。所催錢物，在京於市易務下界、在外提舉司封樁。

（宋）李燾《續資治通鑑長編》神宗元豐四年五月〔癸丑〕，御史滿中行言：開封府治蓋漸之獄，漸有田宅質與樞密院都承旨張誠一，質既虧元價，而又不盡償直，仍約將來贖田，卻取貴價，贓貪不法，何異寇攘？而道路之言，以爲前知陽翟縣孫賁實爲之地。賁在任姦狀甚多，昨因蓋漸家業檢校在官，而責輒違法轉易，視如己物，倍價而買，半價而償，下以應副親識，上以交結權貴。誠一爲利所啖，故數薦責於朝。案誠一職在樞府，陛下左右之臣，而馮恃權寵，黷貨外交，託公報私，欺罔聖聽。今聞開封府典獄官吏追逮證左，而責獨在所遣。詔送開封府。當求蓋漸起獄因依，先著之。紹聖元年十二月六日可考，是年六月十三日可並此。

《金史》卷五七《百官志》 大定十三年，上謂宰臣曰：聞民間質典，利息重者至五七分，或以利爲本，小民苦之。若官爲設庫務，十中取一爲息，以助官吏廩給之費，似可便民。卿等其議以聞。有司奏於中都、南京、東平、真定等處並置質典庫，以流泉爲名，各設使、副一員。凡典質物，使、副親評價直，許典七分，月利一分，不及一月者以日計之。經二周年外，又逾月不贖，即聽下架出賣。出帖子時，寫質物人姓名，物之名色，金銀等第分兩，及所典年月日錢貫，下架年月之類。若亡失者，收贖日勒合干人，驗元典官本，并合該利息，陪償入官外，更勒庫子，驗典物日上等時估償之，物雖故舊，依新價償。仍委運司佐貳幕官識漢字者一員提控，若有違犯則究治。每月具數，申報上司。

《宋史》卷一七四《食貨志・賦税》 〔宣和〕三十一年，先是，諸州人户典賣田宅契税錢所收窠名，七分隸經、總制，三分屬係省。至是，總領四川財賦王之望言，請從本所措置拘收，以供軍用，詔從之。凡嫁資、遺囑及民間葬地，皆令投契納税，一歲中得錢四百六十七萬餘引，而極邊所捐八郡及盧、夔等未輸者十九郡不與焉。

《宋史》卷三二九《王陶傳》 王陶字樂道，京兆萬年人。【略】陶微時苦貧，寓京師教小學。其友姜愚氣豪樂施，一日大雪，念陶奉母寒餒，荷一鍤剗雪，行二十里訪之。陶母子凍坐，日高無炊烟。愚亟出解所衣錦裘，質錢買酒肉、薪炭，與附火飲食，又捐數百千爲之娶。

《元史》卷一〇三《刑法志・户婚》 諸典賣田宅，從有司給據立契，買主賣主隨時赴有司推收税糧。若買主權豪，官吏阿徇，不即過割，止令賣主納税，或爲分派别户包納，或爲立詭名，但受分文之贓，笞五十七，仍於買主名下，驗元價追徵，以半没官，半付告者。首領官及所掌吏，斷罪罷役。諸典賣田宅，須從尊長書押，給據立帳，歷問有服房親，及鄰人典主，不願交易者，限十日批退，違限不批退者，笞一十七。願者限十五日議價，立契成交，違限不酬價者，笞二十七。任便交易，親鄰典主故相邀阻，需求書字錢物者，笞二十七。業主虚張高價，不相由問成交者，笞三十七，仍聽親鄰典主百日收贖，限外不得争訴。業主欺昧，故不交業者，笞四十七。親鄰典主在他所者，百里之外，不在由問之限。若違例事覺，有司不以理聽斷者，監察御史廉訪司糾之。

（清）葉晟《求芻集・讞語・謀吞房屋事》 審得：田國吉之繼父杜可桂，先年將架房二間得價當與楊洪金之繼父楊明麟爲業，俱慢不修葺，則風雨飄摇，自不能保其安如磐石，固勢之所必至也。且逼近渭河，洪水衝突，遂至頹廢無存。國吉屢訴前任，皆未直之，理也。今又以謀吞房屋事控，夫爾間架房，得價九兩伍錢，其價不爲不厚。至今傾廢已久，即使明麟尚在，亦當置之不問。況明麟已死，乃向另居之義子索其廢産，其可得乎？不情甚矣！洪金母子乞鑒冤誣之訴，其烏能已？本應責國吉之誣枉，念係失産之人，逐之以杜其葛藤。若夫干證所雲，償以小木十八根，此私議也。洪金不失爲厚道，然不在斷例矣。

《清實録》乾隆十九年二月 〔壬辰〕軍机大臣等議奏：臣等現查以俸餉坐扣贖出地畝及買得公産地畝共九千八百十三頃八十二畝，除租佃與民及典賣在旗外，其餘典賣與民人地畝共七百二十五頃二十八畝。伏思此項地係特恩動帑向民贖回，將伊等俸餉坐扣，俾各得原業，不許私行典賣與民之處，例禁甚嚴；乃竟有不肖旗人，圖利私典與民，民人違例私典，均屬不合，請將此項七百二十五頃有另地盡行徹出，照户部原奏收取租銀，年終彙奏賞給旗人之例辦理。

（清）徐松《宋會要輯稿・食貨一・農田》 紹興元年九月十八日赦：民間耕牛累年以來，屢遭兵火，宰殺殆盡。應曾經殘破州縣人户典買耕牛，特與免納税錢一年；其客旅興販，經由去處依此。

契約文書

《敦煌資料》第一輯附録《西夏天慶十一年典麥契殘卷十五件》

（一）

知見人李善□

〔天慶十一年五月〕初三日立文人兀女浪粟今（下缺）

（上缺）襖子裘一領，於裴　處（下缺）

斗加三利，小麥五斗，加四利，共本利大麥（下缺）

斗五升。其典不充。限至來八月（下缺）

任出賣。不詞。

立文人兀女（下缺）

知見人訛静

（二）

〔天慶十一年〕五月初四日立文人（下缺）

（上缺）馬毯一條，於裴

（上缺）小麥七斗。其典不充。限

（上缺）出賣。不詞。

立文人劉折兀埋（押）

同典人來兀哩嵬（押）

知見人馬能嵬（押）

（三）

天慶十一年五月五日立文人康（下缺）

已舊皮毯一領，於裴　處典到（下缺）

共本利大麥九斗一升。其典不充。限（下缺）

□贖來時，一任出賣。不詞。

立文人康吃□

同典人篤屈哆遏

〔天慶十一年五月五日〕立文人夜利那征（下缺）

（四）

天慶十一年五月初六日立文人吃（下缺）

將自己舊皮毯一領，於裴　處（下缺）

加四利，共本利大麥四斗二升。其典不（下缺）

月初一日不贖來時，一任出賣。（下缺）

立文人吃□□□

知見人武褚□

〔天慶十一年五月初六日〕立文人梁折元埋（下缺）

（上缺）裴　處（下缺）

（五）

天慶十一年五月初七日立文人夜賀尼（下缺）

舊皮毯一領，苦皮四張，於裴　處典（下缺）

三利，共本利大麥一石七斗二升。其典不充。（下缺）

四日不贖來時，一任出賣。不詞。

立文人夜賀尼

知見人武屈粟

〔天慶十一年五月初七日〕立文人武屈粟今將（下缺）

（上缺）於裴　處典到（下缺）

（六）

〔天慶十〕一年五月初九日立文人（下缺）

（上缺）白帳氈一領，皮毯一領，於裴（下缺）

加三利，共本利大麥一石九斗五升。其典（下缺）

（上缺）不贖來時，一任出賣。不詞。

立文人夜利那征布□

同典人兀哆女□□

（七）

〔天慶十一年五月〕（全件下缺）

（上缺）一條舊皮毯一領於

（上缺）本利二石七斗其典

（上缺）日不贖

立文
書契
（八）
（前缺）
時□樂一任出賣（下缺）
立文字人夜（下缺）
同典人夜（下缺）
同典人（下缺）
書契智（下缺）
（九）
天慶十一年五月（全件下缺）
（上缺）馬毯一條
（上缺）麥五斗
（上缺）石其典
（十）
天慶十一年五月（下缺）
（十一）
〔天慶十一年五月〕二日立文（下缺）
（上缺）皮毯一舊（下缺）
（上缺）典到大麥四石（下缺）
（上缺）月一日將本利□（下缺）
（上缺）時一任出賣不詞
立文字人（下缺）
書契智（下缺）
（十二）
天慶十一年五月
皮毬一領於裴（下缺）
大麥一石三斗七（下缺）
（上缺）出賣不□
（十三）
天慶十一年五月（下缺）
自己□皮毬一（下缺）
（十四）
〔天慶十一年五月〕（中缺）人褋折
於裴松處（下缺）
（上缺）充限當年（下缺）
（上缺）贖之時（下缺）
立文字人褋折
（十五）
（上缺）如限日不贖（下缺）

《敦煌社會經濟文獻真蹟釋録》第二輯《後周廣順三年龍章祐、祐定兄弟出典土地契》　廣順三年歲次癸丑十月廿二日立契，莫高鄉百姓龍章祐、弟祐定，伏緣家内窘闕，無物用度，今將父祖口分地兩畦子共貳畝中半，〔只〕〔質〕典已蓮畔人押衙羅思朝。斷作地價：其日見過麥壹拾伍碩。〔字〕〔自〕今以後，物無利頭，地無佃價。其地佃種，限肆年内，不〔喜〕〔許〕地主收〔俗〕〔贖〕。若於年限滿日，便仰地主〔辨〕〔辦〕還本麥者，便仰地主收地。兩共對面平章爲定，更不〔喜〕〔許〕休悔。如若先悔者，罰青麥拾馱，充入不悔人，恐後無信，故勒〔次〕〔此〕契，用爲後憑。

地主弟龍祐定（押）
地主兄龍章祐（押）
〔只〕〔質〕典地人押衙羅思朝
知見父押衙羅安進（押）
知見人法律福海（知）

《敦煌契約文書輯校・唐天復七年洪池鄉百姓高加盈等典地契習字》

天復柒年丁卯歲三月十一日，洪池鄉百姓高加盈光寅欠僧願濟麥兩碩粟壹碩，填還不辦。今將宋渠下界地伍畝，與僧願濟貳年佃種，充爲物價。其地内所著官布、地子、柴草等仰地主祗當，不忏種地人之事，中間或有識認稱爲地主者，一仰加盈覓好地伍畝充地替，兩共對

《敦煌契約文書輯校・癸卯年慈惠鄉百姓吴慶順典身契》　癸卯年十

月廿八日，慈惠鄉百姓吴慶順兄弟三人商〔擬〕〔議〕，爲緣家中貧乏，欠負廣深，今將慶順己身典在龍興寺索僧政家，見取麥壹拾碩，黄麻壹碩陸㪷，準麥叁碩貳㪷，又取粟玖碩，更無交加。自取物後，人無僱價，物無利頭，便任索家驅馳。比至還得物日，不許左右。或若到家被惡人拘卷，盗〔切〕〔竊〕他人牛羊園菜麥粟，一仰慶順祗當，不忓主人之事。或若兄弟相争，延引抛功，便同僱人逐日加物叁㪷。如若主人不在，所有農遺失，亦仰慶順填〔倍〕〔賠〕。或若瘡出病死，其物本在，仰二弟填還。兩共面對，商量爲定。恐人無信，故立此契，用爲後憑。又麥壹碩粟貳㪷，恐人不信，押字爲憑。

〔只〕〔質〕典兄吴慶順（押）

叔吴佛婢（押）吴同取物口承弟吴萬昇（押）

同取物口承兄吴慶信（押）

口承見人房叔吴佛婢吴見人安寺主（押）

《中國歷代契約會編考釋·西夏天慶十一年某人典麥契（丙）》

〔天慶十一年五月初〕二日，立文〔人□□□□〕，今將〔自〕〔己〕皮毬一，舊〔皮毬〕一，〔白帳氈一，苦皮十張，於裴〔松〕〔處〕典到大麥四石，〔加三利。其典不充，限至〔來〕〔八〕月一日將本利〔大麥五石二斗來贖。不〔贖〕〔來〕時，樂一任出賣不詞。

立文字人□□□□

書契　智□□

《中國歷代契約會編考釋·西夏天慶十一年某人典麥契（丁）》　天慶十一年五月〔初三日，立文人□□□□，今將自己〕皮毬一領，於裴〔松處典到大麥三斗，加三利；小麥七斗，加四利〕。〔共本利〕大麥□石三斗七〔升。其典不充，限至來八月初一日。不贖〔來時，一任〕出賣不詞。

立文字人□□□□

書契　智□□

《中國歷代契約會編考釋·西夏天慶十一年裓折典麥契》　〔天慶十一年五月〕……〔立文字〕人裓折……於裴松處〔典到〕……〔其典不〕充，限當年〔八月初一日〕。〔不〕贖之時，〔一〕任出賣不詞〕。

立文字人裓折。

《中國歷代契約會編考釋·西夏天慶十一年兀女浪粟典麥契》　〔天慶十一年五月〕初三日，立文人兀女浪粟，今〔將〕〔自己〕□□襖子裘一領，於裴　處〔典到大麥〕〔五〕斗，加三利；小麥五斗，加四利。共本利大麥〔一石〕〔三〕斗五升。其典不充，限至來八月〔一日。不贖來時，一〕任出賣不詞。

立文人兀女〔浪粟〕（押）

知見人訛静□□（押）

《中國歷代契約會編考釋·西夏天慶十一年某人典麥契（甲）》

〔天慶十一年五月初一日，立文人□□□□，今將自己襖子裘一領，馬毬一條，舊皮毬一領，於〔裴松處典到大麥一石〕，〔加三利；小麥一石，加四利，共〕本利二石七斗。其典〔不充，限至來〕〔八月初一〕日。不見〔來贖，一任出賣不詞〕。

□□屈卜　立文人□□□□

書契〔智〕□□

《中國歷代契約會編考釋·西夏天慶十一年某人典麥契（乙）》　天慶十一年五月〔初一日，立文人□□□□，今將〔自己〕馬毬〔一條，皮裘一領，於裴松處典〕〔到小〕麥五斗，〔加四利；大麥一石，加三利，共本利〕〔大麥二〕石。其〔典不充，限至來八月一日。不贖來〕〔時，一任出賣不詞〕。

立文字人□□□□

〔書契〕□□□

《中國歷代契約會編考釋·西夏天慶十一年夜某典〔麥〕契》　〔前缺〕

〔不贖來〕時，樂一任出賣〔不詞〕

立文字人夜……

同典人夜……

同典人……

書契智……

《中國歷代契約會編考釋·西夏天慶十一年夜利那征布典麥契》

〔天慶十〕一年五月初九日，立文人〔夜利那征布，今將〔自己〕白帳氈一領，皮毬一領，於裴　〔處典到大麥一石五斗〕，〔加三利〕，共本利大麥一石九斗五升。其典〔不充，限至來八月〔四日〕。不贖來時，一任出賣不詞。

立文人夜利那征布（押）

同典人兀哆女□□（押）

《中國歷代契約會編考釋・西夏天慶十一年夜賀尼典麥契》　天慶十一年五月初七日，立文人夜賀尼，〔今將自己〕舊皮毬一領，苦皮四張，於裴　處典〔到小麥一石三斗，加〕三利，共本利大麥一石六斗九升。其典不充，〔限至來八月〕四日。不贖來時，一任出賣不詞。

立文人夜賀尼（押）

知見人武屈粟（押）

《中國歷代契約會編考釋・西夏天慶十一年吃□□□典麥契》　天慶十一年五月初六日，立文人吃□□□□，〔今〕將自己舊皮毬一領，於裴　處〔典到小麥三斗〕，加四利，共本利大麥四斗二升。其典不〔充，限至來八〕月初一日。不贖來時，一任出賣〔不詞〕。

立文人吃□□□□（押）

知見人武褚□□（押）

《中國歷代契約會編考釋・西夏天慶十一年康吃□典麥契》　天慶十一年五月五日，立文人康〔吃□，今將自〕己舊皮毬一領，於裴　處典到〔大麥七斗，加三利〕，共本利大麥九斗一升。其典不充，限〔至來八月一日〕。〔不〕贖來時，一任出賣不詞。

立文人康吃□（押）

同典人篤屈哆遏（押）

《中國歷代契約會編考釋・西夏天慶十一年劉折兀埋典麥契》　〔天慶十一年〕五月初四日，立文人〔劉折兀埋，今將自己〕□馬毯一條，於裴　〔處典到小麥五斗，加四利〕，〔共本利〕小（大）麥七斗。其典不充，限〔至來八月一日。不贖來時，一任〕出賣不詞。

立文人劉折兀埋（押）

同典人來兀哩嵬（押）

知見人馬能嵬（押）

《中國歷代契約會編考釋・元泰定三年徽州胡日和典山契》　十五都胡日和今有山壹段，在本都二保土名板櫪培，係量字號。東至坑心，南至大降，北至大坑，西至麥園塢心上至尖，下出大坑抵胡興進山。今將前項四至內山本應伍分內得壹分，盡數出典與同都人汪龍二官人名下爲主，面議典去中統鈔四拾伍貫前去足訖。未典已前，即不曾與家外人交易。如有乙切不明，並是出典人自行理直。今恐人心無信，故立文契爲照者。其山斷典收苗折利。泰定三年十月二十二日

胡日和（押）

奉書人胡德龍（押）

《中國歷代契約會編考釋・元致和元年徽州鄭升甫典桑地契》　十六都鄭升甫與兄震甫，共有桑地一段，坐落本都保土名樵潭本家住前園，原係邇字號，經理係大字四百六十三號上地一畝二角四十八步。東至大路，西至屋前籬塹橫過爲界，南至坑，北至倪云卿田。其地三分中升甫合得一分。今爲無錢用度，奉父親傳翁指令，情願將前項四至內合得桑地盡數立契出典與十五都鄭廷芳名下爲主，面議典去中統價鈔五十七貫文。

致和元年八月十五日父傳翁　鄭升甫

代書人　王舜民

《中國歷代契約會編考釋・景泰元年祁門縣李孝宗典山紅契》　九保李孝宗承祖父有山壹片，坐落本保後山，土名甬塢，係經理卑字伍伯柒拾壹號，計山五分。其山東至降，西至田，南至彎心，直上至降；北至壟，直上至降。通山四分中合得壹分，計山壹分貳釐五毛。今來無物支用，自情願將前項四至內合得分數，除墳塋外，山骨並竹木盡行立契出典與本保李用忠名下。典去青尖銀壹兩重，前去用度。其銀照依大例供息，約在來年終，將本息送還。如過期，一聽受典人自行受稅，永遠收苗管業。未典之先，即無重複交易。如有家外人占攔及來歷一切不明等事，並是出典人（祇）〔支〕擋，不及受典人之事。無力取贖，此契一準賣契，再不立斷契。今恐無憑，立此典契爲用者。

崇禎三年繳與紹龍名下收執。

景泰元年十一月廿五日　立典契人　李孝宗（押）契

依口代書人　李仕忠（押）
其前項契内價銀係是希觀己銀名字，已作用忠收買。恐後無憑，立此爲用。景泰七年十一月十三日。
謝子春再批（押）
所是前項契内價錢並收足訖。同月日再批。（押）

《中國歷代契約會編考釋·隆慶六年祁門縣葉思華當山白契》　十一都葉思華，今將水碓坵山一片，在山浮松杉等木，自情願當與同都吴富高名下。當日憑中議定價銀貳兩貳錢整。其銀約至本年十月將本利一併送還。其銀每月加利銀肆分伍釐算。如過十月無（艮）〔銀〕送還，聽自本主入山砍斫其木，憑中估價，本家即無阻當異説，亦無家外人等攔阻。如有此等，盡是（賣）〔當〕人（之）〔支〕當，不及受主之事。恐後無憑，立此當契爲照。
同男（賣）〔當〕人　葉周林（押）
隆慶六年四月五日　立契　人　葉思華（押）
中見　人　葉思五（押）
葉天祥（押）
葉記社（押）
代筆人　吴吉甫（押）

《中國歷代契約會編考釋·萬曆十四年祁門縣僕人胡喜孫當男約》
五都僕人胡喜孫，今爲娶長媳缺少財禮，自情願將三男胡社禄當到　房東洪壽公祀（文）〔紋〕銀乙兩柒錢正。其銀照例每月加利二分筭，約至來年八月間，將本利一併送還，不致少欠。今恐無憑，立此當約爲照。
萬曆十四年十二月初四日立　當約人　胡喜孫
依口代書人　洪天南
中　見　人　洪德聚

《中國歷代契約會編考釋·萬曆三十三年祁門縣洪嘉永典入殿屋合同》
立典約合同洪嘉永，今托中典到　壽公（標）〔禋〕祀（店）〔殿〕屋内取中間一間，後厨房並樓不在内，三面議定典價（文）〔紋〕銀二兩。其（店）〔殿〕並契銀當日兩相交明。其（店）〔殿〕房門壁俱全，住歇日後不得損壞。日後二家不用，聽將原價贖回毋詞。今恐無憑，立此合同二帋。各收一帋爲照。
萬曆三十三年六月（刀）〔初〕八日立典約合同　洪嘉永　号
中間头　首　洪旺富　号
洪應會　号
洪朝显　号

《中國歷代契約會編考釋·弘光元年休寧縣黄應中當地契》　廿四都一圖立當契人黄應中，自情願將地契貳道、契尾乙張，今當到許　名下，銀六拾兩零七錢貳分，其銀（炤）〔照〕當鋪每月加利乙分錢算。約至三年取贖，如過期不取，聽從（炤）〔照〕契管業，並無異説。今恐無憑，立此當契爲（炤）〔照〕。
平合義和當右兑
税收成貴户原一甲許志有户推
弘　光　元　年　四　月　初　五　立當約人　黄應中
中　見　許見可
係常字四千八百八十八
八十九號
九十

《中國歷代契約會編考釋·弘光元年休寧縣許嵩壽當田契》　立當契人許嵩壽，今將土名大堨干田租拾柒砠，佃人干郎，憑中出當與許　名下，本九八銀拾兩正，其銀每月加利貳分錢算。約至週年本利取贖，如過期不取，聽從執此管業，並無異説。今恐無憑，立當契存（炤）〔照〕。
其銀米平兑。
弘　光　元　年　五　月　十　三　日　立當契人許嵩壽
中　人許君用
許元杰
順治十一年俊得侄轉典還欠票本銀拾兩。

《中國歷代契約會編考釋·清康熙三十四年大興縣李溶發兄弟典房草契》　立典房契人李溶發，同兄李士賓，同弟浹、泓發，因父已故，乏用殯葬，今將故父遺下自置瓦房壹所、門面房叁間、壹過道通後叁層、左右廂房肆間，共計大小房拾叁間、壹過道，門窗户壁俱全，坐落南城東南坊三鋪總甲趙耕地方，今憑中保人馬如龍等説合，情願出典與周名下住座。三言議定，典房價銀肆佰捌拾兩整。其銀當日同衆親手收足，外無欠少。言定五年爲滿，銀到歸贖。房無房租，銀無利息。大修房主，小修典主。但此房原無閤姓老契，其情中保人深知。自典之後，倘有宗族弟男子侄及旗下滿漢人等争競，並執本房契約在外典當、借貸銀債等情，有典房原主兄弟同中保人一面承管。兩家情願，各無返悔，如有先悔之人，甘罰契内銀一半入官公用。恐後無憑，立此典房契存照。其典價銀係玖叁成色。又照。

此房有本房紅契壹張，並付，俟贖房之日一併交還。再照。

勝過官契

康熙三拾肆年伍月　日

立典房契人　李溶發（押）、同兄李士贇（押）

同弟浹發（押）、李泓發（押）

中保人　馬如龍（押）謝廷俊（押）、張世銘（押）

趙進臣（押）、李結巷（押）

大吉利　左鄰、右鄰

房牙　李蘊　總甲　趙耕（押）　代書　韓廓如

《新編事文類要啓劄青錢外集》卷一一《公私必用·事産·兀當何房屋約式》　厶甲厶都姓　厶

右厶今得厶人保委，就厶處厶（人）〔邊〕當何得房屋一所，計幾間幾架，門窗户扇並已齊全，坐落厶都，土名厶處。東至、西至、南至、北至，前去住坐。每年議斷賃鈔若干貫文，不至拖欠。自住坐後，只得添修，不敢毁拆及開置賭坊，停着歹人，㨶賣私貨，妄生事端，連累鄰佑。如有此色，且保人並自（知）〔支〕當，不涉本主之事。恐後無憑，立此爲用。謹約。

年　月　日　佃人姓　某　號　約

保人姓　某　號

《河北隆化鴿子洞元代窖藏·元至正廿二年王清甫典地契》　□興州灣河川河西寨住人王清甫，今爲要（力）〔錢〕使用，無處展兑。今將自己寨後末谷峪祖業白地壹段，約至伍（晌）〔垧〕，河楊安白地兩（晌）〔垧〕，梨樹臺白地兩（晌）〔垧〕，寨前面白地壹（晌）〔垧〕，通白地拾（晌）〔垧〕，並無至内，今立典契出典□李寨王福元耕種爲主，兩和議定典地價（力）〔錢〕白米玖碩、粟柒碩，當日兩相並足，不致短少。不作年限，白米粟到，地歸李主。如米粟不到，不計，長年種佃。立典契已後，如有遠近房親（憐）〔鄰〕人前來争競，並不干王福元之是，□是地王清甫壹面代（嘗）〔償〕承當不剋。恐後無憑，故立典契文字□□□

至正廿二年十二月十三日立典契人王清甫

鄰　人　韓敬先　（押）

見　人　王　七　（押）

見　人　邢敬福　（押）

書見人　□文卿　（押）

（清）詹元相《畏齋日記》　立出典屋契人詹起濡。本家有樓屋一局，坐落土名索木丘，今出典與××弟名下，當得典價銀十二兩正。其屋四圍磚墻，屋内樓房窗扇、平門、板壁俱全。自今出典之後，一聽典人進屋無阻。銀不起利，屋不起租。下邊厨房並在典内。今欲有憑，立此典契爲照。

其銀係樹槐等，其色係九七色八兩、九三色四兩，共十二兩正。日後出屋，本家備原價取贖，兩無難異。再批。

康熙三十九年十月十七日　立出典屋契人詹起濡

見：弟廷樞、廷楹，侄元楷

《康雍乾三朝滿漢文京旗房地契約四種》　立典契人係是鑲黄旗公夫爾淡佐領下典溥〔簿〕廳官拉巴、同子德明，今因手乏，將自己薊州地方孫家莊房基一段，周圍所有地五十五畝、樹木三十餘稞〔棵〕滿文作栗樹、核桃樹各種樹三十餘，情願典與鑲白旗包〔衣〕阿賴佐領下太監蘇才敏名下爲業，共典價銀一百兩整。其銀筆下交足。言明一百年爲滿，銀到許贖。自典之後，任從典主蓋房、砌墻、載樹、穿井、安立墳塋，如有弟兄子侄人争競者，本主父子一面承管。日後年滿贖時，將所蓋之房屋、墻壁、栽種之樹木、所穿之井，除原典價外，按時價所置合算銀兩，以〔一〕同交付典主，將所立墳塋永遠不移、所用之地永不許贖。此係二姓情願，不許反悔。恐後無憑，親筆立契存照。

康熙伍拾伍年正月十八日

立典契人　德明（押）

拉巴（押）

代子　馬七

本佐領　小撥什庫和尚同保

族長　萬柱

以下數行不見於滿文文本

同中言明，其房地起今已後並不與羅姓相干。

羅敏書（押）

中見　延禧（押）、色勒（押）

《少數民族法典法規與習慣法·農世禄當田契約》　立約典田人農世禄，係五處托村居住。今因急中無錢還債，不已，母子商議，願將祖父遺下城田一召，土名喚罾彭，大小共有四片，坐落在墾布數處。先問通族，後憑中問到同村農兄臺立方處，實應取出本銅錢二十五千文足，即日親手領錢回家還債。當面言定：其田隨約交與錢主，任從自耕自收，年中二造以禾把爲花利。錢莫起利。不論近遠，錢到田返，錢主不得阻留文契。此係明典明當，並非折賬等弊。若有何人争論者，有名承當是實。今恐口無憑，人心不古，多詐難信，故立約一張，交與錢主收執存照爲證。

中保堂叔農立志。立約當田人農世禄。依口代筆。

光緒二十五年六月初四日。

《清代巴縣檔案彙編·乾隆四十一年七月初四日劉榮木當約》　立出當地文約人劉榮木，因年歲荒旱，願將己名下熟土，出當與近鄰唐師聖名下耕種，彼日三家議定□值，當價銅錢五千文整。其錢入手現交，並無貨物折算。其土河邊大土一塊，魯堡大土一塊，上齊岩侖，下齊入行路爲界。其土以二年爲準，自當之後，任從唐姓上莊耕種，凡有劉姓已在□在人等，不得阻滯。錢無利，土無租，錢到土回，兩無異言。今恐人心不古，故立當約一紙，與唐師聖爲據。

憑中人　劉含益　劉含輔　王熙洪　熊蒼輔

《清代巴縣檔案彙編·劉榮木田地當約》　立出當土文約人劉榮木。情因年歲荒欠，外債難支，是以將己名下一份地名□□寺，栽種一斗五升，情願出當與堂侄劉奇輝名下管耕，得□當價銅錢十八千文整。其錢入手現交，並無貨物折算，其有四置界畔，東抵陳姓岩侖爲界，西界跟岩侖直下小河溝抵北界，北界跟小河溝轉上至大土直抵南界，轉交東界岩侖。四置界畔俱已踩踏清楚，界内荒熟田土悉行在内。自當之後，恁意奇輝上莊耕種，其有差糧，有榮木輸納，並不與奇輝相干。此係榮木情願，並無別情。今欲有憑，立當約爲據。實計當價銅錢十八千文整。再照。

憑中人　周漢章　熊蒼輔　劉含輔　朱統益

《清代乾嘉道巴縣檔案選編·晏朝相提回承輸合約》　情因昔年將己分受田地房屋等項，坐落地名大堰，一併掃當與比鄰李彩榮弟兄耕種，僅憑趙正達等另行議□，且朝相家資積富，並非賣業之人，而李彩榮身故，收穀十二石，過耕無異。今年春張義寛等云稱：上行另當户加錢二十五千文，朝相入手親收。近聞縣諭，照當價踩踏，秉公補加，立契承輸。今相榮叔侄家資各分，亦難售産。又憑衆將田以作三股均攤，今朝相將彩榮受當田地提回地名李家堡，齊大高坎田地一段，山脚田一連，大田坎下田一塊，以作屢年差務之資，俟後凡遇大小差糧，朝相自行輸納，不得累及當户。今恐人心不古，立出合約存據。

憑中　朱光祖　晏朝覲　趙光帝筆

乾隆四十七年八月二十五日　立出提回承輸合約人晏朝相

《清代乾嘉道巴縣檔案選編·梁肇祥當約》　立出當約人梁肇祥。情因負債，將祖父分田摘出大田一段、柴山一段、大彎水口田大小九丘，憑本族親算，當與堂兄梁千祥名下耕種。彼即憑衆議當價銅錢二百八十千文整。憑中交足，並無貨物虧折，肇祥親收領去，並無少欠。憑中證議，年限四年爲準，是期錢到田回。俱係弟兄，心悦情歡，其中並無套壓等弊。今恐人心不古，立出當約爲據。

實際當價：　銅錢二百八十千文整

憑族親識人　梁永達

梁永盛

梁永茂

梁帝銛筆

具有押

乾隆三十七年十月初十日　立出當約人梁肇祥

乾隆四十年十月二十七日外批一筆：梁肇祥乾隆三十九年將分受田業一丘當與堂兄梁千祥，肇祥欲將此田加當，相議，千祥無力加當，情願將所約內摘出水田一丘，上堰一丘，順山秧田一丘，共三丘，肇祥摘回耕種。其田來歲所當，〔聽〕從肇祥當售，千祥不得異言。恐口無憑，立批約爲據。

又憑族親人　梁古祥　梁令祥　具有押

《清代乾嘉道巴縣檔案選編・彭良臣當約》　立當約人彭良臣。

今將己名下受分田宅下秧田四丘，長田一連三丘，榜上田九丘，憑衆出當與牟尚朝名下耕種。當日議定當價銅錢一十六串整。入手現交，並無折算。內有廂房一向，柴山一段，一併在內。其錢無利，田無租。不拘年限，照日錢退田回。恐口無憑，立當約有據。

憑中

彭德萬

彭裕江

聶東山

乾隆二十年九月十七日立　彭良臣

《清代臺灣大租調查書・漢大租・典賣字（一）》　立杜退青埔底契人金朝樑，於厦尾莊門首，向得業主李文煥手內贌墾青埔一分，東至大水圳，西至番仔大溝，南與劉壞道埔地爲界，北與伯現埔地爲界；四址分明，未經業丈甲數。今因自己欠乏本力，不能開墾成田，盡問房親人等俱各無力承退，三請託中送與何廷俊前來出首承退，當日憑中三面言斷時值埔地價銀二十兩零五錢正，銀、契兩交訖，並無短少等情。其埔地委係自己向贌，並無他人相共，自杜退之後，即交付承退主前去墾鑿耕作，永遠爲業，不得異言阻擋生端，亦不得於成田之後，言增找取贖等；倘有上手不明，不干承退主之事，係樑一力抵擋。此係二比甘願，葛藤永斷，兩無抑勒成交。今欲有憑，立杜退埔契一紙，付執爲照。

即日批明：實領到契內青埔底價銀足訖，照。

雍正七年三月日。

依口代筆人林瑞麟

説合中人湯新河

立杜退青埔底契人金朝樑

《清代臺灣大租調查書・漢大租・典賣字（二）》　立退佃契人承禹，今有自墾、自置水田帶園一所，坐落土名恠官莊，東至田僯黃與，西至吴儲，南至柴坑大圳，北至大渡溪爲界；四至明白，經丈熟田七分五釐園五分八毫。今因不成片段，自情願出退，托中引就劉宅前來出首承頂，當日三面言定出得鋤頭工資並倉廒水圳共銀十兩。即日同中秤收足訖，歸用其田即踏付銀主前去耕作管業。其田並無上手來歷不明，債折典當他人等情；如有此情，係賣主抵擋，不干銀主之事。雍正七年上，租粟係上手之事；七年之下，係是銀主之事。此田係盧承禹自置田園，內外人等不敢言及生端。此係二家甘願，兩無相迫，恐口無憑，立退佃契一紙，付執爲照。

即日收完足。

雍正八年　月　日。

在見人盧文左

代筆人黃際賴

中見人吴開承

立退佃契人盧承禹

《清代臺灣大租調查書・漢大租・典賣字（十二）》　立爲蒸嘗合同文約字人鍾復興，先年買有水田一處，坐落土名萬連福興莊濫底。中心大小六坵，田甲一甲三分七釐正，業主施每年每甲供納大租八石，運港交納。今因我夫妻年邁，並及弟復盛奈無嗣後，即將此田預立爲蒸嘗，以重永遠之計。經請族戚莊中老大等商議，總要遺下與弟瑞若兄弟管守耕作，方可放落之意，日後年年有祀典之儀，而無至我等墳墓有腐草之飛螢。當日三面言定，供納小租一十二石，大租係瑞弟耕作之事。寸思此田，生則飲食之需無欠，死則殯葬、追薦、洗骸、掃墳之費有賴，親疏人等日後不得異言生端混爭；如有生端混爭，執守據憑，投明族戚鄰右呈明官究治。此係二比甘願，兩無逼勒，恐口無憑，立爲蒸嘗合同文約字一樣四張，付於瑞弟收存一張，付於劉萬連收存執照一張，付於羅雲章收存執照一張，付於吳元來收存執照一張。雖千秋萬世，而子子孫孫引常勿替，遠近之精神已通，親疏之血脈畢貫，則幽明胥悦，人鬼咸歡，億萬斯年，俾我蒸嘗之事存者更奕世而彌熾，夫豈偶然之遭哉！

即日批明：後有兄弟叔侄親疏他姓背簽名字，背典、背當、背賣，日後查出莊中長老合同四紙，呈明官究治。

再批：興百年歸壽，殯葬乃係耕人調理。除去一年小租可消，殯葬掛掃乃係耕人之事。

當天稟明：欺死瞞生，全靠天理人心出現。

又批明：興並弟妻吕氏三人百年歸壽之日，修齊還庫錢除去二年小租穀可消，乃是耕田人之事。

乾隆十八年歲次（癸酉）正月　日。

管事　黄亨元

侄

淑珍

展傑

在場見（叔）廷現

中見人　劉萬連

羅雲章

羅日輝

吳元來

林至彬

依口秉筆弟　發奕

立蒸嘗合同文約字人　鍾復興

《清代臺灣大租調查書·漢大租·其他契字（二〇）》　立典大租契字人馬芝堡菜堂館林源瑞户下林菜，有承父明典課租田鬮份應分大租田一十六甲一分零，併帶水份，址在竹頭仔車後牛埔港、西勢厝、三塊厝、番婆莊，計共六莊，每年該收大租粟遵憲例扣四成完糧，剩實大租粟七十四石三斗四升正，每年配納番口糧銀一員五角正。其大租早晚二季對佃徵收，車工照依本館舊例。今因乏銀費用，願將此大租出典，先儘問房親人等不欲承受，外托中引就向與二林上堡番婆莊陳纂出首承典，三面言議時值價銀三百大員，庫平二百十兩正。其銀即日同中交收足訖；其大租隨即對佃，付銀主承掌管徵收抵息，日後不敢異言生端，添多移累。同中言約庚寅年春起，至戊戌年冬止，若到限之際，聽菜備足佛銀取贖，典主亦不得刁難；至期無銀可贖，依舊銀主掌管，不敢藉端滋事。保此大租係是菜兄弟承父物業，與別房親人無干，亦無重張典掛他人，以及來歷交加不明爲礙；如有不明等情，菜出首一力抵擋，不干銀主之事。此係二比甘願，各無抑勒反悔，口恐無憑，今欲有憑，立典大租契字一紙，並繳上手典掛契一紙，共二紙，付執爲照。

即日同中交收過典契内佛銀三百大員，庫平二百十兩正完足，再照。

批明：陳纂先出中人筆記禮銀九大員，面約無利息；菜若備銀取贖之際，應如數清過，再照。

批明：林菜有被佃所欠之租穀六十二石五斗零，陳纂坐去五折，林菜同中交收過番銀三十一員，庫平二十一兩七錢正完足，再照。

再批明：日後陳纂如有被佃所欠之租穀，菜日後欲贖之際，穀價依時照坐，不可異言，再照。

光緒十六年一月　日。

代筆人楊禄參

爲中人林拴

陳心匏

在場知見人林心婦

立典大租契字人（林源瑞户下）林菜

《清代臺灣大租調查書·漢大租·其他契字（二一）》　立暫典大租契字人武西堡崙仔脚莊佳溪館施植瓊房下至場，有祖父遺下鬮分應份得大租田一館，址在本堡三角莊、三塊厝莊等處。今因乏銀還債，願將此大租暫典，即抽出三塊厝莊陳光著一户田一甲九分一釐零，又一户林仁璜田一甲二分二釐正，又一户陳著、蔡攸樓共合田一甲二分二釐正，又一户吳厦田一甲正，計共大租田五甲三分五釐零正。年該大租並車工粟四十七石零九升一合正，奉憲抽四成，伸實大租粟二十八石二斗五升四合零正，先問房親人等不受，外托中引就與二林上堡塗厝厝莊蔡揚合立出首承典，抵還債項，同中三面言議時值典價佛銀一百一十五大員，庫平八十兩零五錢正。

其銀即日同中交收足訖； 其大租隨即對佃點明，交付銀主收租抵利，不聽阻擋。保此大租併是場承祖父鬮分應得物業，與房親人等無干，亦無重張典掛他人不明爲礙； 如有不明等情滋事，場自應出首一力抵擋，不干銀主之事。其大租不拘年限，至十月冬收成明白，即聽場備足典契面銀取贖，銀主不得刁難。此係二比甘願，各無反悔，恐口無憑，立典大租契字一紙，圖章一號，付執爲照。

即日同中親收典契面佛銀一百一十五大員，庫平八十兩零五錢正完足，再照。

光緒十八年正月日。

爲中人施性周

知見人施性模

親筆人至場

立典大租契字人施至場

契後批明： 蔡扁出銀五十大員，應得八折實粟九石正。蔡大炎出銀三十大員，應八折實粟五石四斗正。蔡攸春出銀一十九員，應得八折實粟三石四斗二升正。楊萬勝出銀二十一大員，應得八折實粟三石七斗八升正，合應批明，再照。

《清代臺灣大租調查書·漢大租·其他契字（二二）》 立繳典課租字人鹿港街林源瑞户下林星耀，有承典過林鴻騰課租五段，合一館，址在二林上堡塗厝厝莊、西勢厝莊、港尾莊、竹頭仔莊、岱馬莊等處田。其每年應完供穀丁耗銀，經已奉憲復丈，抽四成抵完錢糧，尚存六成課租。今因乏銀費用，願將此五段課租出繳典，先問房親人等不欲承受，外托中引就與鹿港蔡元榮堂出首承繳典，同中三面言議時值繳典價銀三百大員，庫平二百一十兩正。其銀即日同中交收足訖； 其各佃應納課租、佃册，俱各對明白，交付銀主前去收租抵利，不敢阻擋。保此課租係是耀明典物業，與房親人等無干，亦無重張典掛他人爲礙； 如有不明等情滋事，耀自應出首一力抵擋，不干銀主之事。其課租不拘年限，上忙至二月給，下忙至八月給，聽上手備足上手典契面銀取贖，銀主不得刁難； 如上手王施陳無若取贖，林家永不敢言及取贖之事。此係二比甘願，各無反悔，口恐無憑，今欲有憑，合立繳典課租字一紙，併繳上手契八紙，佃册五段合一本，付執爲照。

即日同中親收過繳典契字内佛銀三百大員，庫平二百一十兩正完足，再照。

再批明： 如有欠租穀多寡，盡歸元榮堂管收，合應批明，再照。

光緒二十年八月日。

代筆人許時珩

爲中人黄摺舅

蔡世祥

知見人林維潛

立繳典課租契字人林星耀

《臺灣私法人事編·親族·典女之例》 立典女子字人依仁里中洲莊周鄭氏名四雍，因爲家貧難度，將此親生女兒名燕，與大潭莊鄭蟬記爲幼婢，身價銀貳拾大圓。保此燕係是四雍親生女兒，年有十四歲。先問親人等不肯承接，不得已向鄭蟬記典出七三銀貳拾大圓，限陸年終爲滿，聽雍備銀討回，蟬記不得刁難。口恐無憑，立字壹紙，付執爲炤。

即日同中收過七三銀貳拾大圓足，再炤。

光緒二十七年正月日

爲媒人林得記

立典女子字人鄭四雍

代書人林成記

《臺灣私法人事編·親族·典女之例》 立轉典字人蔴荳堡嵌仔莊李家，有承典過蔴荳堡大埤頭莊陳家女婢一口，今因不合使用，願將此女婢轉典，托媒引就，向與臺南廳善化里東堡東勢藔莊蘇家出頭承典，三面言議着下時價銀四拾六大員。若上手要討，不限年月，銀主不敢阻擋； 如無上手要贖，定限參年爲滿。倘有不測之虞，係是造化，二比抹消。此係二比甘願，各無反悔，立胎轉典女婢字壹紙，付執有炤。

光緒三十年十一月日

爲中人楊罕

立轉典字人李家

代書人郭乾

《臺灣私法人事編・親族・典女之例》立典幼女字人海頭社第五十七番户陳永富，今因小女壹口，名叫基知，年七歲。今因乏銀費用，托中引就向與臺南市牛磨後街第三十六番户汪耀欽官典出七三銀四拾六圓，面議每月願貼利息銀六角。其幼女即交銀主帶去，呼喚使用。合立典字壹紙，付執爲炤。

一、訂：利息銀逐月繳清；倘若利息銀拖欠過一年者，其幼女聽銀主取消。

一、訂：幼女倘若風水不慮者，不干銀主事，亦當備足銀，不定年月，聽典字人贖回幼女，銀主不敢異言生端，再炤。約幼女有往來，再炤。

光緒三十一年八月日

證人臺南市牛磨後街蔡謙

立典幼女字人海頭社五十七番户陳英富

案例文書

《名公書判清明集》卷六《户婚門・抵當不交業》　在法：諸典賣田宅並須離業。又諸典賣田宅投印收税者，即當官推割，開收税租。必依此法，而後爲典賣之正。徐子政嘉定八年用會二百八十千，典楊衍田七畝有奇，契字雖已投印，然自嘉定至淳祐二十有六年，徐即不曾收税供輸，楊即不曾離業退佃，自承典日爲始，虚立租約，但每年斷還會三十千。以此觀之，楊衍當來不過將此田抵當在子政處，子政不過每歲利於增息而已。楊衍死於寶慶元年，寶慶以前，楊衍歲以租錢還之，徐未嘗有詞，寶慶以後，楊衍之子王廷亦歲以租錢還之，間有少欠，徐亦未嘗有詞。

至淳祐元年，徐始有詞於縣，理索王廷等每年租穀一千斤，自寶慶以後，總欠十八年，計一萬八千斤，除入錢二百一十貫外，盡索未足穀數。夫子政理索未足租錢可也，一旦變錢爲穀，近年薦饑，穀價騰踴，若以穀直計之，不知其幾錢矣，何其不仁之甚邪！使當來果是正典，果是取穀，則後來穀價百倍於前，王廷等亦當還穀，而不當還錢。今既不曾受税，不曾管業，所以不曾收穀，其爲抵當，而非正典明矣！兼二十六年内，楊衍既還錢於未死之日，王廷等亦還錢於其父既死之後，初未嘗一日還穀，何爲獨無一詞？切觀子政溪壑之欲，必以近年會價賤，穀價貴，故欲捨賤取貴。又否，則以王廷等嘗經官取贖，姑欲張大其欠數，以抑遏之。殊不思有典必有贖，況初不曾過税離業，所典非正典，始不過以二百八十貫抵當，積累二十六年，取息亦不爲少，嗜利何時而已。本縣取後所斷，勒令王廷、王烈除已還租錢外，再以新會六十千還之，仍照近元年除約束，備三分新舊會二百八十貫，贖回其父典契，已爲允當，但起初不合以其抵當爲正典，前後累判，並不曾剖析子政不過税，不過業，其爲抵當，本非正條，無以杜絶其希覬之心，故子政尚敢固執己私，紊煩官府。欲帖縣，照已斷示徐子政知委，再敢妄狀，從條施行。

《名公書判清明集》卷六《户婚門・倚當》　照得葉渭叟身故，其家以幹人入狀，訟宋天錫、李與權脱騙交易錢。所謂脱騙者，非果交易也。

李與權之子李正大狀稱，先父元抵當田畝。所謂抵當者，非正典賣也。此邑風俗，假借色物，以田爲贄，必立二契，一作抵當，一作正典，時移事久，用其一而匿其一，遂執典契以認業。殊不知抵當與典賣不同，豈無文約可據，情節可考邪？且李與權於嘉定十一年，將田三十三畝典與葉渭叟，計價四百五十貫，有宋天錫爲牙保。以契觀之，似若正典，其無抵當也。大凡置産，不拘多少，决是移業易佃，况三十餘畝，關涉非輕，何不以幹人收起田土，却以牙人宋天錫保抱租錢，已涉可疑。何况宋天錫亦將自己田契一紙相添抵當，有葉渭叟親批領云：宋天錫與李與權爲保借錢，將自契爲當，候錢足檢還。可見原是抵當分明。李與權因入三年租息，恐債負日重，於嘉定十三年冬還前項借錢，又有葉渭叟親批領云：宋天錫與李兄送還錢共三百貫足，執此爲照。書押尤分曉。較之原錢，今猶有未盡。

李正大稱，續有古畫梨雀圖障一面，高大夫山水四大軸，唐雀内竹鹊四軸，潭帖、絳帖各一部，準還前項未盡之券。雖無葉渭叟批領，據葉之幹人供稱，係莊幹李喜收訖，可見還所借錢、會分明。李與權人還錢、會之後，經今一十五年，已不管業，不收租矣。抵當之説，償還之約，委爲可信。向使李與權與葉渭叟尚皆無恙，必然了絶無争，何至留爲子孫之灾。奈何先後一年而殂，兩家主者各皆亡没。葉渭叟之寡妻當事，幼孫何知，必有主持門户者，往往檢出此契，直欲認李正大之業。殊不思抵當之産，昨已還錢，十五年間既無詞訴，今方欲管業責租，不亦妄乎！但有一説，原錢計四百五十貫，錢、會中半，李與權雖還三百貫足，揆之半錢，已爲過數，若以餘錢入半會，方及三分之一，縱一圖畫、一法帖可以凑還，一欲價賤，一欲價貴，低昂不等，所以李有剩錢之語，葉有不直錢之説，兩争終不絶。不若以圖畫、法帖取還其子李正大，仰自辦原會未盡之數，還葉渭叟之家，使其借以錢、會，還以錢、會，尚何辭乎！

《名公書判清明集》卷六《户婚門・以賣爲抵當而取贖》 鄉民以田地立契，權行典當於有力之家，約日尅期，還錢取契，所在間有之。爲富不仁者因立契抵當，徑作正行交易投税，便欲認爲己物者亦有之。但果是抵當，則得錢人必未肯當時離業，用錢人亦未敢當時過税，其有錢、業兩相交付，而當時過税離業者，其爲正行交易明，决非抵當也。陳嗣佑於紹定二年八月，繳連先置三紹羅家塢山地赤契，作價錢七貫，立契賣與何太應。當時嗣佑既離業矣，太應亦過税矣。越五年，太應將契投税爲業。又十餘年矣，淳祐二年，嗣佑始有詞於縣，謂當來止是抵當。初非正行斷賣，意欲取贖。知縣以唐昌風俗多有抵當之事，兼此地段，嗣佑於寶慶二年以十三千得之，不應於紹定止以七貫折價出賣，疑是抵當，勒令太應退贖。知縣若能酌人情者。今太應堅不伏退贖，乃有詞於府。初亦疑其健訟，反復看詳，蓋有説焉。官司理斷交易，且當以赤契爲主，所謂抵當，必須明辨其是非。嗣祐立契賣地之後，既即離業，太應用錢得地之後，又即過税，此其爲正行交易較然。已越十年，一旦以抵當爲詞，十餘年已印之赤契，乃意其爲抵當，此太應之所以不伏也。若曰嗣祐買貴賣賤，則寶慶至紹定亦既數年，安知其直之貴賤不與時而高下乎？且在法，諸典賣田地滿三年，而訴以準折債負，並不得受理。况正立賣契，經隔十餘年而訴抵當者乎？富者多懷貪圖之私，所當誅心，貧者每有屈抑之事，尤當加念。然官司亦惟其理而已。此必羅塢之山昔荒而今闢，昔童而今茂，嗣祐雅欲復還青氈。然正行立契，既已年深，過税離業，又已分曉，倘意其爲抵當，而狥其取贖之請，將恐執契者皆不可憑，駕浮詞者類萌僥倖。鄉井有一等教唆之徒，譁然生事，而官司亦不勝其擾矣。欲帖縣，只令何太應照紹定二年買到赤契管業，取陳嗣佑知委申，違坐以虚妄之罪。

《名公書判清明集》卷九《户婚門・典主如不願斷骨合還業主收贖》

大凡人家置買田宅，固要合法，亦要合心。合法則不起争訟，合心則子孫能保。夫欲置田宅，必予高價，蓋欲厚其所積，使爲子爲孫不至又如此其典賣也。范鄘之父初以乳名侁立户，後來却以范庚名領舉得官，初於主簿，終於推官，而其户名則終仍范侁之舊，而不改易，故典賣田地，亦用范侁名契。及有官之時，則田産往往已賣盡矣。范鄘賫出數重干照，歷歷可考，范侁於乾道三年至淳熙四年，以小郭坂園屋，三次計價錢一百九十二貫足，出典與丁逸。丁逸家人丁叔顯等於嘉泰末、開禧初年，兩次計錢一百八十二貫足，繳上手轉典與丁伯威管業，整整二十年，積收課利不爲不厚，豈不知其爲范鄘父之業。范鄘貧窘，欲斷屋骨，則不爲之斷骨，欲取贖，則不與之還贖，欲召人交易，又不與之賣與他人。偶因其父有二名，又有官稱，以此爲詞，拄應官司，坐困范鄘，欲白據其園骨，是誠何心哉？況轉典價與元典價已有十千之損，只以此十千之外，所增能幾何，與之斷骨，則可以塞范鄘之望矣。却乃巧詞曲説，持訟官府，丁伯威亦可謂不仁之甚者也。最是范侁上手契出於丁元珍之手，范侁契草出於范鄘之手，就當廳比對字畫，元詞年月更無差錯。當官喚上識認，丁元珍亦口呿面赤，而無辭以對。如丁元珍願與斷骨，合仰依時價。如丁元珍不與斷骨，即合聽范鄘備元典錢，就丁伯威取贖。如范鄘無錢可贖，仰從條别召人交易。丁伯威如敢仍前障固，到官定從條施行。干照各給還。

《名公書判清明集》卷九《户婚門·典主遷延入務》 照得孫知縣於去年十二月間，判令阿龍候務開日，收贖所典與趙端之田。其趙端自合遵照縣司所行，及時退贖，今乃以施工耕種爲辭。當職觀所在豪民圖謀小民田業，設心措慮，皆是如此。當務開之時，則遷延月日，百端推托，或謂尋擇契書未得，或謂家長出外未歸，及至民户有詞，則又計囑案司，申展文引，逐限推托，更不出官，展轉數月，已入務限矣，遂使典田之家終無贖回之日。且貧民下户，尺地寸土皆是汗血之所致，一旦典賣與人，其一家長幼痛心疾首，不言可知。日夜夫耕婦蠶，一勺之粟不敢以自飽，一縷之絲不敢以爲衣，忍餓受寒，銖積寸累，以爲取贖故業之計，其情亦甚可憐矣。而爲富不仁者，乃略無矜卹之心，設爲姦計，以坐困之，使彼贖田之錢，耗費於興訟之際，縱是得理，而亦無錢可以交業矣。是以富者勝亦勝，負亦勝，而貧者負亦負，勝亦負。此富者所以田連阡陌，而貧者所以無卓錐之地也。今趙端之困阿龍，其術正出於此。阿龍此田出典於趙端之家，四頃共當錢九十八貫，凡歷八年而後能辦收贖之資，則其艱難之狀，可以想見。阿龍積得此錢在手，惟恐得田之不早，而趙端乃欲候秋成而後退業，此其意蓋知阿龍之錢難聚而易散，此去秋成，尚有半載之遥。半載之間，幸而其錢復轉而爲他用，則雖務開之日，呼之來贖，彼亦無所措手矣。趙端之操心不善，當職視之，已如見其肺肝。況阿龍係是去春得孫知縣判憑，今春正月又在縣陳狀，皆在未入務之先。在法：諸典賣田産，年限已滿，業主於務限前收贖，而典主故作遷延占據者，杖一百。趙端本合照條勘斷，且以其年老，封案。兼趙端僞寫税領，欺罔官司，其姦狡爲尤甚。今不欲併加之罪，且將兩項批領當廳毁抹，勒令日下交錢退業。

《名公書判清明集》卷九《户婚門·孤女贖父田》 俞梁有田九畝三步，開禧二年典與戴士壬，計錢八十七貫。俞梁死於紹定二年，並無子孫，僅有女俞百六娘，贅陳應龍爲夫，當是之時，阿俞夫婦亦未知此田爲或典或賣。至嘉熙二年二月，始經縣陳訴取贖。而戴士壬者稱於紹定元年内，俞梁續將上件田作價錢四十五貫，已行斷賣，堅不伏退贖。展轉五年，互訴於縣，兩經縣判，謂士壬執出俞梁典賣契字分明，應龍夫婦不應取贖。今應龍復經府番訴不已，準台判，僉廳點對，尋引兩詞盤問，及索俞梁先典賣契字辨驗看詳。切惟官司理斷典賣田地之訟，法當以契書爲主，而所執契書又當明辨其真僞，則無遁情。惟本縣但以契書爲可憑，而不知契之真僞尤當辨，此所以固士壬執留之心，而激應龍紛紜之争也。今索到戴士壬原典賣俞梁田契，喚上書鋪，當廳辨驗，典於開禧，賣於紹定，俞梁書押，敻出兩手，筆迹顯然，典契是真，賣契是僞，三尺童子不可欺也。作僞心勞，手足俱露。又有可證者，俞百六娘訴取贖於嘉熙二年二月，而士壬乃旋印賣契於嘉熙三年十二月，又嘗於嘉熙三年三月内，將錢説誘應龍立契斷賣四畝，以俞百六娘不從，而牙保人駱元圭者，嘗獻其錢於官。使其委曾斷買，契字真實，何必再令應龍立斷賣契，又何爲旋投印賣契於俞百六娘有詞一年之後耶？此其因阿俞有詞取贖，旋造僞契，以爲欺罔昏賴之計，益不容掩。切原士壬之心，自得此田，歷年已深，蓋已認爲己物，一旦退贖與業主之婿，有所不甘，故出此計。

照得諸婦人隨嫁資及承户絶財産，並同夫爲主。準令：户絶財産盡給在室諸女，而歸宗女減半。今俞梁身後既别無男女，僅有俞百六娘一人在家，坐當招應龍爲夫，此外又别無財産，此田合聽俞百六娘夫婦照典契取贖，庶合理法。所有假僞賣契，當官毁抹。但應龍既欲取贖此田，當念士壬培壅之功，蓋已年深，亦有當參酌人情者。開禧田價，律今倍有所增，開禧會價，較今不無所損。觀應龍爲人，破落澆浮，亦豈真有錢贖田，必有一等欲炙之徒資給之，所以興連年之訟。欲監陳應龍當官備十八界官會八十七貫，還戴士壬，却與給還一宗契字照業。俞梁既别無子孫，仰以續祭祀者惟俞百六娘而已，贖回此田，所當永遠存留，充歲時祭祀之用，責狀在官，不許賣與外人。如應龍輒敢出賣，許士壬陳首，即與拘籍人官，庶可存繼絶之美意，又可杜應龍賤贖貴賣之私謀，士壬憤嫉之心，亦少平矣！

《名公書判清明集》卷九《户婚門·正典既子母通知不得謂之違法》

典、絶兩契皆是周道卿親筆，所謂母親盧氏四字不同，乃是真草有異，謂非周道卿之筆，則吾不信也。周道卿典契押字與絶契押字，誠是不同，但押字或然隨時改易，事在出業之人，不干得業人之事。若使得業人僞爲，則正當摹效使之相似，豈有故作兩樣之理？盧氏押字，或印或寫，亦是此類，遇筆則押，遇印則印，又何拘焉？又典買只憑牙證，既有陳德清證契，胡爲更支蔓强聒？又盧氏初詞稱倚當，再詞稱典當，若倚當不必批支書，既批支書，則不得爲倚當，此一項盧氏已自虚妄。惟絶賣不批支書，其絶契中已自射破，而盧氏獨憑此罅隙，便謂其子違法斷骨，而已不知情。所謂違法之事，世或有之，須至子弟不肖破蕩，然後私自典賣，不使父母聞知。今正典係母子通知，而絶賣乃獨諉其子，絶賣已及一年，初無詞説，而其子死方一月，便發此詞，情可見矣。更下編録司，呈條取見批典不批絶，有無不成交易，以憑施行。

再判：上件事當職前判已了絶，惟支書批典不批絶一項可疑，近使、府斷曾保、丁斗南公事内，丁縣丞支書批典不批絶，亦不受理，案照例門示盧氏，毋得再詞。

(明)蘇茂相《新鐫官板律例臨民寶鏡》卷八《産業類審語·找價》

黄時會先典後賣魏氏之産二十餘年。而魏鳴表告贖告找時會之價，乃在此日。遲則遲矣，但付文筆迹，則推其久癩竈手之兄，賣契代書，又歸諸久死無證之叔。想孫别館判給原價之時，時會有力斡旋，鳴表兄弟未必面承手領，以致今日之嗷嗷而叫也。量給絶根三兩，此係初案朦朧，貽貧民無厭之求，故本縣得屈法而周之。非例也，他告找者，不得准此。

(明)祁彪佳《莆陽讞牘》卷一《一件踞佔事》 審得阮生騰光以二百一十三兩典王君章之房，而吴監生夢梅以四百二十兩買之。君章隨以原典價付還阮生，是房屬吴有矣。乃阮生藉口有些須之小價未完，久不搬移，致吴生興詞。倘果有短少銀色，如阮生者當時又安肯即繳原契乎？又稱修整三十兩，此毫無憑據者，且典房無貽修整之，例也。況天啓四年交銀而阮生尚住至今日，則阮生之佔便宜多矣。姑念舊典主，着王君章備銀二兩作搬移之禮，全交易之好可也。阮生又何多求哉？銀備之後限十日内出房。

(明)祁彪佳《莆陽讞牘》卷一《一件土豪强佔事》 審得周夢隆兄子喬將田三畝二分典朱載賡銀三十七兩。又加找七兩，今子喬身故，子子載年幼。夢隆欲贖此田，乃稱此田先共八畝七分，抽出典朱生，子喬妻林氏掽疊賣陳宅。經前館佘判贖，已將五十兩贖回，此田乃在其内。不知當時若先典朱，而後賣陳，則陳應收租矣，何田租至今屬朱收耶？且夢隆向陳贖回之時，豈不知在先典朱，當時何不一説明耶？查此田一坐塘東洋落，一坐溪上洋落，要知三畝二分與八畝七分之田原不相蒙也。但此三畝二分無絶賣之契，相應斷贖，即朱生亦聽贖，但不願爲夢隆贖，即子載亦求贖，亦不肯被夢隆贖。此田應俟子載長成之日，備銀照契贖回以存父母香火，是酌於情法之平矣。夢隆因貪啓事，罰穀三石。

(明)祁彪佳《莆陽讞牘》卷一《本府一起急救寡命事》 審得陳氏有子嚴伯泰、伯纘。伯纘不肖，聽佃人鄭宗九、鄭陽一閧誘，將田一畝六分典柯玄城銀五兩。夫寡婦之業，況有兄在前，伯纘何敢擅賣？宗九、陽一爲之佃，而利其中錢，唆不肖之子鬻産，各應杖懲；伯纘併杖。張朝昂閧誘無證，姑免罪。原典銀五兩，於伯纘名下追給玄城。

(明)祁彪佳《莆陽讞牘》卷一《本府一起滅寡事》 審得周名藩以房一所典之叔國長，得銀二十二兩。國長令其出房，而名藩先以贖田爲抵。查公田十四畝共分之。朝孔、祖日皆同名藩簽契收户久矣。今朝孔、祖日皆相安無言，而名藩獨嘵嘵告争，明是貧而思非分之求耳。名藩自田一畝，賣得銀一十七兩，亦已收户，屬國長管業八年矣，斷無可贖之理。

(明)祁彪佳《莆陽讞牘》卷一《一件滅契冤罩事》 審得徐忠典康生員之房，原約典價七兩，祇交五兩，尚欠二兩。忠自修整用銀一兩。應除典一兩矣，尚欠一兩。忠住居一十五年，一年欠一兩便少利一錢矣。計十五年應還利一兩五錢。及原欠價一兩共二兩五錢。徐忠應杖，姑免，姑再加五錢。

(明)祁彪佳《莆陽讞牘》卷二《莆田縣一件吞占事許閣棟僉告林昭千》

許閣棟典房與林昭千，以十年爲期，而今索取於二年之後，背約甚矣。如擬貼昭千修葺工資併原典價，贖回原房，閣棟杖懲允宜，取實收領狀繳。

(明)祁彪佳《莆陽讞牘》卷二《龔經歷一件異變事》 張振所典之

銀，煢煢寡婦，何以應彦匡之逋？彦匡亦豈肯甘心拋此債於逝水乎？粵契例半虚其價，若大倫欲得屋，償還原銀，纔許管業，不然，猶然候生之産也。其餘産業還聽黄氏掌管，没後交與大倫。黄氏既以大倫爲嗣，亦不得有外心，蕩費家産則有原案在矣。蘇大倫爲人後而不母其母，大奇佐之，法應重創，姑薄杖之，以足前案。

（明）顔俊彦《盟水齋存牘》卷一《争産麥天植杖》 審得麥如璋以雙井街園塘田一所典黄如璉父知州黄啓泰，實銀壹百兩，此産未經啓泰管業，起租議每年加利貳拾金。今麥天植欲議贖，誰得而禁之？但已閲十年而利銀分文未交，以二十金積計之，便應有二百金之息，共本則三百金矣。天植既不忍棄産，而又不能辦三百金之資，徒欲以訟求減，其如原契之鑿鑿何？曾經前本府洪審明，念天植之貧，酌一百五十金回贖，可謂曲處。而天植尚不免駕詞上控，則亦奈之何哉？今請以一百五十金爲注，天植能贖則速辦此以前，如其不能即斷如璉出此，找足前價而另立賣契，聽天植擇於斯二者而已。若驛前鋪面，另年另契，業已歸户辦糧，不必並扯入案以滋葛蔓也。天植健訟而詞不以實，應杖。招詳。

按察司批：據招麥天植所按債才園塘田也，而混以鋪屋告賴，一杖非枉，依擬發落，餘如照，庫收繳。

（明）顔俊彦《盟水齋存牘》卷一《債負余良相等杖》 審得黄嘉諫爲嘉詔嫡弟也，詔於萬曆四十六年按房余良相得銀四十五兩。按也，非賣也。詔故，應聽諫回贖。朱建義何人而得贖黄姓之産乎？據稱此房當歸詔孤子，而諫稱弟兄三房淪絶，查世昌係異姓之子，已隨妾趙氏改嫁有年，即昌在尚當爲非種之鋤，況在建義而奄有黄氏一枝之棲，真大不可解矣。無非欺諫殘廢，價輕利重，久假而不歸耳。歲租一十二兩，數年以來計得過利銀一百有奇，子過於母。今自斷之日始租銀截支，聽諫照原按減十兩與原主余良相回贖，惡其擅也。若更抗斷阻贖，三尺從之。良相之擅賣，建義之擅買，各杖以懲。

（明）顔俊彦《盟水齋存牘》卷二《盗典主業林貴杖》 審得林貴爲生員陳熙春家僕，春有驛前承税之地，向批貴領出，搭蓋鋪面取租。乃貴朦朧將鋪屋轉典生員陳大元，立契一百七十兩，實得銀七十兩，中人陳清涇可證也。今熙春自起管業，大元遂有勢占之控，不思主業僕典，與其僕

田，契稱取贖，壽星年既漸長，贖之亦可，但十五兩之價減至九兩，而六年之租復未嘗，兩造是否允服，仰覆查報。

（明）祁彪佳《莆陽讞牘》卷二《縣詞一起為疊契慘奪事高履祺告徐萬奪等 刑司承行》 審得徐秉烈有田一畝二分，原典女婿姚起聖爲粧奩之貲。後因起聖欠秉芳會銀，將田還秉烈轉作償秉芳之逋，是起聖已無田矣。天啓六年，秉烈之孫光甫將此田賣與徐萬奮，秉芳爲中。又秉烈之子孔貞將己田四分八釐亦賣與萬奮，亦秉芳爲中。二契甚爲明白。乃高生履祺今始突出起聖四十三年一契，併秉烈原與起聖田一契，稱此一畝二分曾爲伊業。夫起聖之奩田已還伊丈，惟秉烈之子孫得賣之，高生所執之契，蓋起聖假捏者，非高生之自誤，則起聖之欺高生耳。惟有俟起聖回日追還原價，若萬奮之明賣明買則應聽其管業，不得摇動者也。姚文聿爲起聖一家僞作中人，笞之，餘免科。

（明）顔俊彦《盟水齋存牘》卷一《争産黄邦傑杖》 （上殘）也，共計三頃七十餘畝，先因按賣與梁道進，道進身故，遺妻麥氏，子幼不能自立，聽舅麥省華爲政，將前田轉投與舉人劉起相，未必有正價也。後傑訟省華於縣以圖回贖，而原價無措，遂挽出葉命新備銀贖出而已，從中沾其餘潤。劉舉人當日原無正價，意不在得産，收銀退契已自滿志。傑與省華處和具息，並不聞有陳良佐、何萬派之涉也。乃空中樓閣，忽幻出一陳良佐，稱此田買自劉起相之弟劉起光，起相前契爲傑所勒，非願退也。夫勒契之事或孝廉加之平民則有之，曾平民而可加之孝廉乎？庭訊之口，止一陳良佐自説自證，劉起相已無從問。而所謂劉起光者，不知東漢有楊子雲否也，平空跳詐不虞見於子衿，即良佐亦唯低頭面赤不能措一語而已。合斷命新照舊管業，良佐本應重擬，姑念田土小故，不復深求，黄邦傑射利起釁，薄杖示懲。招詳。

察院批：黄邦傑貪利展轉致啓訟端，杖擬非枉，依擬贖發，庫收繳。陳良佐喪心幻争，行學戒飭。

（明）顔俊彦《盟水齋存牘》卷一《争産蘇大倫等杖》 審得蘇大倫應繼故叔蘇旭陽，府斷已定，唯是所貴於承繼者，養生送死無憾耳。今黄氏儼然未亡人，而大倫曾莫之顧恤，旭陽生前所典候彦匡之屋，原契八十兩，後黄氏再貼銀一契二十四兩爲旭陽殯葬之費。今大倫踞其屋而不認其

交易而不聞其主，可乎？應斷屋歸原主，追林貴原銀七十兩給還大元，典契涂抹附卷。林貴法應重懲，念愚蠢無知典與買有別，姑從杖治。陳清涇不應居間，並杖。大元係子衿，念爲所欺，免擬。招詳。

布政司批：林貴等依擬贖發，還屋還價，俱不易之定理。領狀，庫收繳。

（明）顔俊彦《盟水齋存牘》卷二《追武指揮屋價補餉縣詳》　看得故揮武乙禄欠餉銀壹百五拾玖兩有奇，除嘗田壹拾玖畝五分計估價七拾捌兩貳錢伍分，餘不足者，不得不取足於賣易春元之房。倘易春元欲得其房，則應貼銀完餉。若不肯貼銀，則當退業招賣，以有餘補餉。經縣兩勘，何説之辭。事關國餉，即春元亦無如之何也。候詳允日，行縣追足完案。伏候上裁。詳奉

兩廣軍門熊批：退業招賣，以有餘補餉，更見直截。易宅不得留難，阻霸之者速報。完餉，繳。

（明）顔俊彦《盟水齋存牘》卷四《争産岑希貽杖》　審得岑希景將園塘典麥大積，契開四百兩，則二百兩其實也。希景即故，原中陶遠宜現在，可抹殺乎？唯是希景、希貽又立一契，賣其園於龐爾珍，中契甚明。據麥謂龐係重典，而龐堅稱所典不同。況希景見住房舍，所值不貲，麥宦見竪匾其堂，即此可取償有餘，無俟舍旃而問爾珍，果爾則大積衹求二百金不落空耳，又何分彼此而爲蠻角之争乎？希景不可復起，希貽岑琚尚在，或還銀，或與産，當明白交割，不得袖手一聽兩家之争也。押希貽與琚照契清還，併杖以儆之。具招呈詳。

按察司批：麥大積既有銀典岑之園塘，則岑希貽等或銀或業，必還一於此矣，希貽何得抵賴？依擬杖發，仍照契清還。庫收繳。

（明）顔俊彦《盟水齋存牘》卷四《争復典賣麥啓鰲杖》　審得麥啓鰲先以田三畝按吴勤銀三十兩，後復將田七畝寫與麥充足，前三畝亦在數中矣。勤與充足兩争之，而啓鰲無以應也。業經縣斷明以三畝歸勤，責勤補價貳拾捌兩領回原契，以四畝歸充足，責充足補價參拾叁兩，令啓鰲另立新契。似已處分近情，而充足復有局殺之控，何爲乎？庭訊之，以明買之田補價貳拾捌兩而復失其半，非所甘心也。職因爲之轉一語曰：七畝之田盡歸充足，而責令補價三十三兩即抵還吴勤之原按，則此事之葛藤斬盡矣。勤與充足各躍然而去，啓鰲朦朧按賣，以致啓訟，法應重擬。念其貧也，姑杖之。具招呈詳。

按察司批：麥啓熬朦朧按賣，杖有餘辜。姑依擬杖懲示儆，贖完發落，照斷追給管業，庫收領狀繳。

（明）顔俊彦《盟水齋存牘》卷四《投獻湛臨宇杖》　審得謝宦買湛臨宇菓園，明白交易，明白管業，無可費推敲者也。唯是天啓五年湛曾以園典伍業奕，得銀八十六兩，税契可證。臨宇既割絶與謝，應清楚前銀，而價一入手，悍然不顧，且聽兩家之争而坐收其利。世寧有此無賴之尤哉！業奕既執有税契，衹應向賣主理論，乃乘謝奇往採荔菓之日統凶集趕，豈特目中不知有簪紳，並不知有三尺矣。以賤凌貴，風胡可長也。今斷菓園謝宦仍照舊管業，而追臨宇原典銀八十六兩以還業奕，則亦無可別生枝節矣。業奕惡少行兇，應杖。臨宇匿逋挑釁，陰陽反復，即律以城旦猶不盡辜，姑念愚氓，亦從杖治，仍請監追契銀，追滿之日，加責枷號，以儆國之鬻産而懷二心者，招詳。

察院批：湛臨宇先得伍業奕價銀八十六兩，且云輸納税契，典乎？賣乎？典則未贖回而遽易主，已爲非法。若重賣則欺鄉愚以籠價，借勢宦以壑欲，既刁且狡，無賴之尤。但謝價多而伍價少，自難併争。依擬園聽謝德執業，嚴追臨宇原價勒限給還伍業奕，仍枷號壹月，重責三十板以儆投獻，各杖。爲收領狀繳。

軍門批：臨宇加責二十五板，與伍業奕俱贖發。餘照斷行，庫收領狀繳。

（明）顔俊彦《盟水齋存牘》卷四《訟債李茂登杖》　審得李茂登將伊男紹桂倉邊街屋按抵周孝廉之銀，契載壹百伍拾兩，確有明證。而茂登稱止實得銀伍拾兩，且延及三年。其房與銀兩無歸着，登豈托身衙門，有所憑恃而然耶？今兩造廷鞫，據還過銀貳拾兩，而遂置之不理，周孝廉是以有今日之師。總計其中不無子母相兼，乃尚虧百叁拾兩，業憑劵證應追，抵贖前屋。姑念其貧，量減叁拾兩，速追百兩了局。如再恃頑，並叁拾兩嚴追不貸矣。薄杖示儆，具招呈詳。

分守道批：依擬李茂登照斷追給，贖完發落，庫收領狀繳。

（明）佚名《新纂四六合律判語》卷上《户律・典買田宅》　文王既

亡，已無虞芮之讓；文王時，虞、芮二國爭田不已，聞文王德政，往質之。至其境，見行者讓路，耕者讓畔，二國耻曰：吾輩小人，豈可入君子之國？遂讓其田爲義田。蘇瓊雖在，尚有兄弟之爭。故田宅典買不明，斯官司訟獄不息。今某奸心肆起，巧詐百端。不稅契書，欲使朦朧照證；不收籍册，復圖隱蔽差糧。若此玩法之徒，宜坐笞杖之罪。

（明）張肯堂《䪴辭》卷五《郭之垣》　郭之垣、張素行皆所謂鴞集泮林者也。先是之垣窺里民秦杲之耄與其侄秦夢日之稚，而皆饒於貲也，遂誘以合夥開當，令兩人各出三百金爲母，而已一莊貯貨，亦虚算銀三百兩。夫銀有盈縮，莊無動摇。莊在而貨將焉往，貨畢而莊又焉往？兩人固已墮其雲霧中矣。亡何管、鮑不終，子母均析，此莊巋然獨存。非三人鼎分物乎，乃之垣雄踞不吐，且先發訟端也。訊之而之垣理屈，則遂詭其詞曰：莊吾故物，不忍落他姓手耳。若然則償二人之本以莊歸汝也。不佞詞畢矣，之垣語塞唯唯。居月餘則又詭其詞曰：吾惟牀頭金盡，故昔年以莊作銀耳。今又安得如許阿堵物，而恢復故業乎。若然則令秦杲償汝本銀，而以莊歸杲也。又不佞詞畢矣，之垣復語塞唯唯。迄於今券已立矣，價已交矣，而幻出張素行之一訟，胡爲也哉？謂不甘之垣之得業而訟乎。據素行原詞稱：賣莊與之垣，事在萬曆四十四年，無時不可贖也。胡以至今始訟也？謂不甘之垣之鬻産而訟乎。當斷産歸之垣時，應贖莫過此時。胡以寂無一言？必俟杲價已交而始訟也。蓋兩生相爲表裏，名爲素行訟，仍是之垣訟耳。三訟迭興，而愈後則愈巧。始之訟，以爲前特媒此莊以堅其出銀。迨銀既析矣，而莊之歸吾自若，是可以得志矣。然而不如願也。中之訟，以爲償銀莊，何利之有，不若姑與之莊，而杲復不得不找吾價，迨得價後，而吾之不吐莊自若，是可以得志矣。然而不如願也。今之訟以爲得莊則失銀，得銀則失莊，何利之有，不若令素行出名興訟，而之垣甘受擅鬻之罪，則莊歸素行，猶其在之垣也。既可奪杲之産，又可以混杲之銀，而使之無可索。是又可以得志矣，然而究竟不如願也。則以杲可愚，而洞見其肺腸者，始終不可愚也。

（明）張肯堂《䪴辭》卷九《張孔德開州人》　澶淵諸生郭垓曾典劉慶遠地二十畝，典地之後，慶遠即糊口四方，未嘗向其兄君寵告之，故君寵茫然昧其顛末也。幸弟遠出，自謂可以坐享遺産，而庸知已爲垓業乎。兩姓逼處俱可有辭，而垓訟之州，爲名頗正，惟是州守謝事，署篆者屢傳捨其官，而垓亦乘此事會，故行遲滯以老其師。又張孔德者，郭垓僕也，時藉公差之威，叫呼蹂躪。君寵之訟，想亦有大不獲已者乎。慶遠之典業於垓也，券墨尚新，即云賤售，慶遠豈無歸日，自應聽其管業。然君寵雖愚，亦自可以理奪。何至一訟數月，使之奔命不皇，且縱僕凌之乎。孔德一杖，亦曰此一售也，罪不及於青衿云爾。

（明）張肯堂《䪴辭》卷一〇《徐邦彦滑縣人》　李守亮典徐邦彦軍地一十五畝，累價至十九兩零，自以爲二十年來不遷之業矣。不知軍如傳舍而地亦隨之，亡何邦彦以老被革，爲之繼者爲楊進孝，守亮失計在先，又從而益之價焉。進孝荷戈未幾，旋復卸擔，軍復歸於彦弟邦堯，又從別典，而守亮歷年銖積俱成烏有矣，一訟豈得已哉。邦堯業得此産，自不得不償此價，斷追銀十五兩，而邦彦、進孝各以二兩佐之，共十九兩給補守亮原價。楚弓楚得無改於昔，而守亮亦不失其固有，庶幾調停之一法乎！邦彦得價而不終其畝，邦堯得産而獨奪其利。厥罪均矣，並杖何辭。

（明）張肯堂《䪴辭》卷一二《賈士俊南樂人》　南樂佀二吾豎子也，有地十畝五分，當與侯久誠久矣，後爲賈士俊所誘，復貸生員梁舃銀四兩二錢，亦以地爲抵。後二吾他往，耰鉏互施，訟端啓矣。斷是獄者，以二吾未歸，難分曲直，姑令此地屬舃，然久誠不甘也。再訟之後，二吾亦出，左袒久誠殊切。蓋當地久誠是其本願，而貸銀梁舃乃入士俊術中耳。誤在二吾，毒繇士俊，而舃銀又難虚懸，斷於二吾名下責償。久誠種地如故，庶可返於無事乎。士俊之杖，固無置喙處矣。

（清）李之芳《棘聽草》卷六《讞詞・産業・分守道一件為佔殺屠儒事》　審得毛國俊乃義烏縣書役，用價十六兩典吴周美、吴州來樓房一所，後吴州來拍其應得之半絶賣與國俊。今周美照原價取贖前房，在國俊亦無不允之意，祇因内有修理，欲求多於原價之外，何遂至於相爭相毆，甚而將周美傷睛出血乎？此學捕之申詳，本生之控告所由來也。國俊不自悔艾，亦遂上告，對象以抵飾，牽及原中之吴聖儒，而誣爲踢妻，架稱雙命，種種虚妄，亦足以明其辭之窮矣。但前屋今據衆議，實頗加修葺，應於原價之外補修理銀一兩，着周美回贖。其州來一半雖係另賣，然與周美實共一區，不若並使周美回贖以杜爭端。今國俊雖甘心聽其並贖，然以衙役而毆及士子，豈可爲訓？杖不蔽辜，再請加責。黃思佩係原中，餘各無干，俱免擬。

（清）李之芳《棘聽草》卷七《讞詞・誣妄・分守道一件為窩蠹聯抄事》 審得張元清將衣一件當施拱璧之米二斗、銀五錢，及持銀取贖，而拱璧屑屑以權子母，此亦計利錐刀者所必至之情也。乃元清執無利之説，以致相爭，此曾何與祝永日事，從而唆元清以私當告縣！蓋亦因舊有爭水之仇，故唆其興戈以圖快心，而彼則挺然直證不辭。此拱璧既懼私當之名，復憤陰挑之釁，所以有此控也。元清以小争捏首，永日以修郄撥唆，各杖不枉。第拱璧所控了官銀五十兩，細審俱屬子虛，自亦不能免於並杖。周悌乃永日工人，與無干之施五四俱免擬。

（清）李漁《資治新書二集》卷二〇《田產・抗斷盜當事》 看得物必先腐也，而後蟲蝕之。李善四與其嫂黃氏，家庭不和，親族乘隙，此周主六等得以搖弄善四，挾騙黃氏也。夫營債勢債，非萬不得已，何可過而問焉？善四雖爲娶妻計，亦何至始而營頭，既而勢宦，輾轉借貸，必底於鵲巢鳩居而後已乎？善四典房，而黃氏不能獨有其居矣。總之，主六與黃氏屋宇相連，主六寓目動心，正在計賺無由，善四至愚，所以墮其術中而不自覺也。合斷善四立辦前銀，取回當約原房，仍令黃氏永栖，亦曰毋毀我室，爲伊寡婦之利云。

（清）盧崇興《守禾日紀》卷四《讞語類・一件豪熄劇冤事》 審得：吳德遠、吳迪行以徽民而經營於禾地，典沈壬龍之房以居焉。沈壬龍瞷其素封，欲將己產出售於吳氏，而迪行等以異鄉僑寓，不之願也。壬龍遂轉售於他人，理應還其價、贖其居，則彼此何釁之有。胡爲典價不償，而反以吞佔控之耶？且一間三進，爲房幾何，而架云價值三千餘金，誣亦甚矣。但念事起微末，姑免深求。至此產已經他售，典價應清歸吳氏。如典價不楚，應聽吳迪行居住。可也。

（清）徐士林《徐公讞詞・巡漳讞詞・詔安縣民李天告葉醜等案》

據該縣申送李天告葉醜等原卷二宗到道，本道逐加查覈。

據李天則稱，現在葉醜住房一所，係其祖業，先經伊祖價典陳和姐，後和姐將屋前後二落，分典李二七與葉醜之父葉省。其陳姓轉典李二七之屋，先已贖回，又復另典，至陳姓轉典葉姓之屋，一時無力，未贖。曾於康熙三十九年收贖轉典李屋時，同繼叔汪洋即李次成向陳和姐言明，寫立約字，所有轉典葉屋聽其日後自向葉家贖取。現有陳元勳即陳和姐約字。李天似爲有據。而葉醜則稱：屋係買自陳和姐，先典後賣，並不知爲李姓原業。陳和姐之子陳斌亦稱：屋係祖業父賣，並非典自李姓，亦無伊父約字。兩造各執其説，紛紛訐控。前縣胡令審斷：李天贖屋，仍於典價外，斷出修葺銀八兩，共銀廿八兩繳庫飭領。葉醜抗避，案懸未結。及葉醜控經該縣復審，又以此屋是否李天原業，中證物故，年遠無憑；而李天所執陳姓約字，又無葉姓列名。改斷李天收回原銀，屋令葉醜管業。在該縣決非好翻前案，而要之前後審供飭斷，俱未詳確妥協也。

查卷内李天抄白約字二紙，一係陳和姐，一係陳元勳。李天指元勳爲和姐之號，約係和姐自書，字係和姐之子陳賢代書，故約字名號互異。而陳斌則謂元勳爲祖。是元勳、和姐之是一是二，是祖是父，豈容混冒？所當查訊者一也。陳斌復詞稱康熙卅九年，其父已没。而李天稟稱陳和姐係康熙四十八年六月間，在橋頭街被墻倒壓壞身死，尚有鋪鄰可質，立約在先，而死在後等語。是陳和姐身故年月，兩詞迥異，必有一真。所當查訊者又一也。陳和姐與其子陳賢雖俱亡故，然兩人生前既能書寫，則其字跡之散見於鄰里鄉族，或别有買賣交易，而立字者，必不一而足，自可飭定兩造並保鄰公親中證，查送一二紙，比對約字之是否真筆，並典賣葉姓契字，是否一樣，且李天既稱贖過陳和姐轉典李二七房屋一落，則李天必有贖回之陳契，吊驗字跡，當場立明，從此定斷，亦可折服。所當查吊者又一也。再查葉醜抄粘陳和姐典賣二契，其契内並無填明上手契失落字樣。而卷内供單，載入胡前令堂諭，有總是看葉醜的契，又無上手契，契内稱是上手契失落等語。是胡令查看之契，與抄白契，必有異同。今契不在卷，無憑查考。

至此屋如果係陳和姐祖業，因何又帶李家地税銀四錢，逐年收取？本道每見南人房屋，若係賣約，則契開隨帶地基，或幾畝，或幾分；而典屋則有收税土例。間嘗詢訪其故，或云典價輕而許贖，故契内不開隨帶地基，而每年收税。在各省風土不同，此説自難概論。然如該縣詰問李天所云如果是你屋出典陳家，爲何這屋地還是你收租之語，恐不無以李姓之左券，而反作陳屋之把柄。又如葉醜詞稱：貢生汪洋康熙卅九年，同陳和姐與父面會付贖，陳家參名立約，何不令父俱參加立約？似屬扼要爭奇之論，但李典於陳，陳典於葉，李姓回贖，惟陳姓是問，如謂必參葉姓名字，恐鄉間約字，未必如此周到。且李天如果假捏陳和姐字約，又何難添入葉姓名字？葉醜又云且有面會必知盡賣，肯不控究等語。夫和姐既將原典之屋瞞賣，轉典之主，則必秘密其事，李姓又何能知風？況現執之賣契，尚在真假之間，則是否陳和姐私賣，抑或葉醜因李天控贖此屋，而賄串陳和姐之子陳斌私立賣契，高擡年月，事難臆斷，更當詳辨。總之，案貴得情，事須確據。使此屋應贖，則葉醜抗逃於前，翻控於後，奸民未便長奸。如此屋果不應贖，而李天倚藉前令斷案，抗違上瀆，更不可令刁徒得志。合亟飭審。

爲此，牌仰該縣官吏，照牌事理，立即拘齊兩造，並各保鄰詞人等，遵照檄内指明情節，逐一吊查質對研訊，務得約字、契書各真假實情，將房屋應否取贖之處，確鑿議擬，加具切看。同各約字、契書，並今發原卷，一併詳送察奪，不得執泥，亦不得迎合，惟在該縣之聽斷公平允協，合情合理而已。再此案拖延三載，尤宜速結。文到限半月内審詳，毋任怠玩差承延挨滋累。勿違，速速！

批縣詳：

李天果有贖回父手原典陳偉屋契，何以此屋尚屬他人？若云只贖曠地所蓋寮厝，則止應於原契内註明，斷無正屋現在轉典，而即將原典契給付原主之理。他如各契約字内開載銀數參差，李周李惠人名互異。又李天稱：陳和姐轉典李二七後厝之契，已還陳和姐。林紅稱：按典李二七後屋，並無上手契繳連。陳元生妄認約字爲伊父筆跡。各供狡混牽扯之處，該縣駁詰甚明，但尚有弊竇未經指出者。

查李天所呈順治己亥年價典陳偉一契，内有二偉字，俱係洗補另改，紙上水痕，斑跡現存，照之亦甚清朗，再將契紙通身翻看，字字墨不透紙，顯係將紙做舊書寫；又因先寫陳某之名，恐計算年份不對，故復洗改偉字。且李天初控各詞，並未稱有贖回陳偉典契，何忽爾又添把柄耶？再查十年五月廿七日，貢生汪洋即李次成稟詞，稱胞叔李周、李惠。夫李次成係李天之叔，而李惠又係李次成之叔，則李惠乃李天之祖輩也。何以李天于胡前令堂訊，則李惠是叔祖，今該縣詰訊，又稱李惠是小的父親名字？前之以爲叔祖者，今則以爲父；李次成所呼爲叔者，李天又稱爲父，先後各口供詞稟，顛倒錯謬。總因事屬假捏，故不覺屢露破綻。此案訟根，實起於劣貢汪洋之唆使計謀，若非先伏冥誅斷難逃於三尺。

仰即拘齊兩造詞證人等，示以詳批，並將弊契令衆目閱視，暴其姦詐，將李天重責三十板，以爲聽唆刁誣者儆。前繳屋價，餘即領回，假約並字，及李惠假契，塗銷附卷。房屋聽令葉醜管業，地基仍聽李天照舊收稅。李二七、林紅、陳元生、沈員實等先曾幫同捏覆，今復狡串混供，俱屬不法，各責廿板示懲。李二七如果年老，免其責處。餘概逐釋，取領遵同發落過緣由報查，此繳，原卷各契約併發。

（清）徐士林《徐公讞詞·守皖讞詞·僧省庵典田轉賣案》 審得僧人省庵原買千總李京田四石五斗，價一百二十兩，契載歸贖，乃活産，非絕産也。雍正二年，省庵轉典田三石與鄭君啓，得銀三十五兩，將買契付君啓收執。至六年君啓復轉典與省庵佃人殷宋堯。既而省庵囑李京轉賣，清伊原價，立有準約。李京隨向宋堯議賣，先交銀五兩四錢，稻六百三十斤，立準約，未立契也。繼而宋堯田價無措，其事不諧。

省庵典田於君啓，君啓轉典於宋堯，原無不可。省庵果能備價取贖，君啓何辭？君啓即以省庵之價，取贖於宋堯，宋堯又何辭？乃省庵不能備贖，君啓執業，與宋堯執業，一而已矣。省庵亦復何辭？至李京業主也，以準贖之産，或斷賣於買主，或別賣於他人，李京爲政，省庵惟有得價已耳，況省庵已立准約與李京，令其別賣，是李京宋堯之授受，正大光明，省庵又復何辭？李京宋堯交易不果，省庵仍可取贖於君啓，君啓仍可取贖於宋堯，故物不失，兩無所害，省庵更復何辭？皖衛先斷宋堯足價，原欲斬斷葛藤，但未審明省庵準約勘斷，殊失平允。繼因宋堯力不能買，仍批省庵贖田執業，情理允協。

何物禿奴刁詞疊控，不曰盜贖則曰盜買，不曰佃占東田則曰囑衛翻案。窺其隱衷，蓋省庵急欲得原價，李京急欲得重價，串成一局，兩路夾攻，雖列李京爲告犯，實藉李京爲聲援，本應責儆，姑寬逐釋。宋堯果能成交，即著李京楚還省庵原價。如果力不能買，仍聽省庵贖取執業，李京所得宋堯銀稻，如數清償可也。

（清）李鈞《判語録存》卷二《控追本銀事道光十一年三月二十三日》

審得洛陽縣民盧光華控蕭永亮等霸本不歸等情一案。緣永亮等故祖，於乾隆三十四年，當給光華故伯等地五十畝，立有典約。四十四年，永亮故父珍領到盧姓本銀三百兩，開設糧坊。獲利照本分七分五厘，人分二分五厘公劈，載在領約。年餘歇業，領約迄未掣銷。嘉慶八年，永亮等叔祖贖回故産三分之一，餘地照原價更立新約。道光七年，永亮等備價贖地，光華兄光和等忽出領約，令其先歸本銀，再行贖地。永亮等謂早經清結，彼此争執。經中人韓璽等調處未協，遂致成訟。縣斷將地放贖，本銀無賬可憑，不準着追。屢斷屢翻。去歲，光華復控於府。查地畝業經贖回，無庸置議。惟所控本銀，如全已歸楚，蕭姓當日斷無不掣原約之理。如全未歸楚，盧姓多年又無不索原銀之理。蓋賬款實有轇轕，或未歸而以別項作抵，或已歸而有尾欠未清，一時難以結算。又恃人皆現在，活口足憑。牽制因循，迄未將葛藤斬斷。迨蕭珍既殁，其子尚在孩提，而一紙信符，遂爲盧氏傳家之物，久藏塵篋，亦或悠忽忘之。嗣經查取典約，並將此紙檢出，五十畝既返鄭田，三百篇應歸趙璧。兄終弟及，遂爾瀆訟不休。揆之情理，大概如斯。至當年究竟若何，則故老無存，孰能起死者而問之？然而筆迹分明，正不得視爲廢紙。彼有據而可贖遠年之産，我有據而不能收遠年之債，亦何怪語若蜩螗呶呶置辨耶。善乎韓璽之言曰：蕭姓當日既分利四分之一，盧姓今日宜收銀四分之一。彼此情讓，便可權宜了事。語雖模棱，實爲得間。本府明斷，亦竟無以易之。着蕭永亮於一月内照原平繳元銀七十五兩給領完案。事已遠隔五十年，限故寬予三十日，從其類也。取結備查，行縣知照。此判。

（清）李鈞《判語録存》卷二《一房兩典事道光十年八月十一日》　審得洛陽縣職員郭廷選控羅聚德一房兩典，及博士關篤行强霸市房等情一案。緣聚德開設煙房，道光七年九月，因乏資本，將市房作價五百千，典於廷選，仍賃回生理，按季出租。聚德又陸續借欠篤行銀錢無償。十一月，篤行向索，經聚德之戚王淑申説合，典地五十畝作抵。尚不足數，復將典給廷選市房作價四百千，立據押賬。因廷選承典在先，倒填月日。篤行即將市房收回，亦開煙坊生理。廷選錢房兩空，赴縣呈訴，斷令將房變賣，分償廷選典價，及篤行債項。因篤行占據，無人承買。廷選遂以前情控府，提訊得悉原委。查聚德業將市房出典，重行押質，殊屬欺詐。現仍延不到案，着將其弟聚中交縣看管，令速將聚德喚案，以便究懲。篤行重典霸房，亦有不合，據其子錦歧堅供先不知情，姑念年老博士，免其深究。該房仍依縣斷，變價分償兩家欠項。限篤行三日内騰房，召人售買。如敢抗延，定行提究。取結附卷，行縣遵照。此判。

呈批道光十二年二月初八日

案經本府斷定，已閱年餘，乃羅聚德延不到案，該房亦無人承買，致兩家欠項尚屬虚懸，殊不成事。且該房自經封閉，無人修葺，恐未免日久傾圮。本府查閲原卷，關博士承典在後，且已得地五十畝，可以歲收花利；郭廷選承典在先，而原價五百千，至今毫無着落，未免向隅。該房姑着郭廷選收回生理，俟羅聚德到案，有人承買，立即騰交，仍照原斷辦理。郭廷選如敢强霸，亦如前押交不貸。

（清）李鈞《判語録存》卷二《以地抵債事道光十二年九月初九日》　審得洛陽縣民府役劉振清控孀婦申陳氏等搶收麥禾等情一案。緣申陳氏歷年借給監生韓呈祥錢文，本利牽算，款目轇轕，屢被兇討。呈祥又爲他債所逼，夫婦潛匿。該氏私至其家，取去衣物及零碎紬片數十件。嗣經呈祥庶母劉氏給伊地三十五畝，彌補欠項。呈祥托其族長韓廷舉議給該氏地二十畝抵債，扣留一畝，以抵衣物等價。又恐各債家聞風逼討，不自出名，將地寫給廷舉，由廷舉立契，賣於該氏爲業，計地兩段，共十九畝，作價二百零三千。廷舉偕牙中張文明等，領該氏赴地丈交，呈祥並未同往。陽作畏避之狀，實陰伏圖賴之機。不知地可冒指，契可捏造，其家藏老約一紙，非有羽翼，何以飛入他人手耶？實屬愚詐。嗣因賬未抵清，遂以盜賣誣控廷舉。該縣未及集訊，復憑縣役郝振宗説合，將地一段，計十五畝九分，典於劉振清管業。振清交原佃户張興邦布種麥苗。旋經該縣將地斷歸該氏，其價作爲前後清結。如韓呈祥備有原價，準其回贖完案。該氏又憑牙中李景等説合，將地十九畝，照原價統典於振清胞兄縣役劉振興管業。夫當呈祥興訟之時，振清身爲官役，豈有不知之理？乃不候訊問，將地私典。迨振清既典之後，振興身爲家長，又豈有不知之理？乃不相關會，將地重典。此等行爲，非公門中人，何敢出此？殊屬可惡。本年李景等前往收地，旋又刈取麥禾。振清迭次具控，提訊得悉各情。查申陳氏固不應以私債準折田産，但所存韓呈祥自出錢票一百八十五千，無從支取，如同局騙。其成契時，即將錢票退交，亦非虛價實契可比，情有可原。其地自應歸該氏管業，各債一筆勾銷。雖屬重利，但以二百零三千概行抵結，尚不敷本，呈祥已屬便宜。外有摺欠六千八百文一款，該氏不甘情讓，仍聽理討可也。至錢到許贖之説，亦不可漫無限制。着以十日爲期，如韓呈祥備足原價，該氏即同劉振興具領，將地放贖，歸劉振清管業，逾期仍歸劉振興管業。再限十日，着韓呈祥將劉振清典價一百七十千繳楚。韓呈祥已賣復典，肇起訟端，夏楚示懲。劉振清等亦有應得之咎，俟結案時再行發落。其麥石自應歸劉振清收用，如肯讓兄，亦聽其便。無干省釋，取結附卷。申陳氏、韓呈祥、劉振興、劉振清仍取店保，俟到限作何辦理，再行縣知照可也。此判。

又道光十二年九月二十日

現已到限，韓呈祥既未繳價，其地斷歸申陳氏管業，契紙發還，着即赴縣投税。本府前斷，謂呈祥以二百零三千，將賬抵結，未免便宜。故摺欠之項，仍着申陳氏自行理討，該氏現已得地，所值斷不止二百餘千，是便宜又在該氏。摺欠亦予塗銷，俾兩清無欠，永絶葛藤。劉振興所收麥子兩石五斗，限三日内退交其弟振清。劉振清典價一百七十千，再限十日，着韓呈祥繳案，如違嚴比。劉振清雖有私典之咎，亦斷不能使之錢地兩空也。連前斷一併行縣。又諭。

《清代巴縣檔案彙編·乾隆五十五年十一月初七日楊啓元稟狀》 爲邀理愈兇，非訊難贖事。

緣前月十八蟻以違示痞揞事具控嚴光大，於乾隆三十八年，蟻將瓦房五間當伊，受伊當價錢五十千，今蟻遵照恩示，每錢一千合銀六錢，共湊銀三十兩，向光大贖房，遭伊子嚴彪恃强，揞不容贖等情在案。沐批：償銀贖業，理無可揞。着批：邀中理楚，毋遽涉訟。恩批甚明，蟻遵批於前月二十八及本月初一，叠憑晏述庵、雷信豐、張興武、嚴一祥等理剖，衆剖：目今錢賤，遵示給銀，甚屬公平。理應領銀還贖。無如光大父子不遵，勒要給伊成都新局錢五十千，方肯容蟻贖取，愈反兇横，衆莫可何。是以再懇憲恩差拘訊究，蟻願將銀呈繳，追約贖房。霑恩。伏乞太爺臺前俯準施行。

縣正堂批：仰原中理楚稟復，毋令涉訟。

（清）趙幼班《歷任判牘彙記》卷一《判丁大椿等堂詞》 丁大椿原日將房屋出抵，議以四年爲期。尚未滿限，復行出售與丁如霖。來往款目，不爲清厘，輒以踞房不讓稟控。抹煞原由，是欲藉訟挾制以累人也。即丁如霖一刻無可移處，亦不能不稍寬時日，覓有他宅方可遷居。丁大椿何必作此逼人太甚之舉。果係賣與揚州方姓，惟有丁如霖託人向方家賃住，換主而不換客，則兩無妨矣。所繳店票存案。候傳中人黄楚珍來再行訊斷。此判。

（清）趙幼班《歷任判牘彙記》卷一《判蔣泰生等堂詞》 袁應章所争者三分田地，其實並非李廷芝乃李徐氏也。據徐氏所呈印契核閲，河西係二十八畝三分，則袁所少者只二分，並無三分之多。即少二分其數甚微，彼此相讓俱無所損。惟胡文山將袁之車基毁壞，自應賠修。文山不依，殊屬藐抗，暫行管押。至蔣泰生所控，袁應章出典田畝欠租不交各情，典契呈驗，袁應章何能圖賴。據供原日典價百元，實在只收七十元之數，尚有三十在胡德富處。胡又不認，蔣不能空，袁與胡錢項來往尚多糾葛之處，另案辦理。即以七十之數論，袁應照納七十元之租，何能拖欠兩年？至袁説典價已付，何以典契未銷？何能使蔣姓全無着落？且湯佃之田，已經袁手全數收訖，竟不與蔣一石，其居心太不良善。袁恃健訟語多刁蠻，着即押追，候再研訊。胡德富交差看管。李徐氏年過七旬令其回家，以免拖累。典契暫存。此判。

（清）趙幼班《歷任判牘彙記》卷一《判魯長順等堂詞》 魯長順原日出典地基，其抵契載明八十元，後加二元，現在魯願備價取贖，盧孫氏何能霸踞？惟魯長壽、魯長林均有借項，並立有字約爲憑。夏永山、葉承霖俱能質證，長壽、長林與長順是兄弟。壽、林兩人不知何往，魯長順不能置之不問。魯欲贖典，盧不放贖，是盧之過。魯欠之款，盧應追取。不在典價之内者，魯長順不理，任盧無着非持平之論也。盧正興、魯長順均交差取保，再候質訊。此判。

（清）趙幼班《歷任判牘彙記》卷一《判王益成等堂詞》 核閲王盧氏所呈約據，共四紙。一紙係光緒十一年五月二十二日，借李名下英洋三十元；一紙係光緒十一年五月二十九日借李名下英洋三十元。七日之内，借洋兩次，數目均三十元，其五月二十二日一紙，代保人李有宜係後添者，因墨色新濃，露出破綻。果是王庭耀借欠，應由李姓追取，何以該氏王姓執李姓借據來索。又抵約一紙，係光緒十一年正月二十日，得抵洋六十元，尚在借洋以前，其約内並未載明，以房屋出抵於某名下，即是王庭耀出抵，應有受抵之主，或不書名，亦須列姓。既是以房屋出抵，書立抵約，何得如此之空空洞洞？又期條一紙，係光緒二十九年十月，載明期至次年正月終執付，王錦春花押於後，並蓋有王永泰昌黑戳。此條則係認票不認人者。據王錦春堅稱，並未出有此六十洋元之期，且戳記向用硃而不用墨。至抵約一層，光緒十一年四月二十三日，曾以房屋出抵與李姓，業經贖回。原約尚存，察核無異。其中枝節甚多。王盧氏所呈各據，似難憑信，飭差協同約保，將王錦春家中現用戳記交案，以憑核對。如與期條所蓋之戳記相符，則王錦春亦有口難辯矣。至部帖縣示，據王錦春所呈議單業已註定，請領部帖縣示，皆歸王業盛承領存執。所領藩示，皆歸王益成承領存執。其界限早已分明，毋庸爭論。究竟是何實情，候照會海安商會，將全卷發閲，請其就近查明，秉公調處，以了其事。兩造暫歸，人證均省釋。此判。

（清）趙幼班《歷任判牘彙記》卷一《判營穩山等堂詞》　劉霞林稱，有二百餘串之典價者，因典受此房，至今四十餘年之久，計算歲修之費，積累約有此數。然居住於内，小修自不能免，何必定須業主出費。營穩山堅稱，只有五十二千者，因本身只有四間半房屋，尚有一間半係伯父執業，當日是否出典無從查悉。若向追詢，其伯父早往江南，現在不知其存亡下落。以典契論，由姚姓轉典計價二十六千，後又借錢十千，共三十六千。又一契三十千，並修理錢二千。又一契八千，又一契二十二千，合而計之，陸續加典，實在九十八千。飭令營王氏照數繳案，即將房屋繳還。至所控巡警局各節，劉霞林並非鄭家雇用工匠，同仁堂房屋向用劉匠修理。該堂現爲巡警局借作局所，乃係公地，而營穩山遂指爲鄭姓之私宅也。怒責二十竹片，係鄭總辦當面開導，無非欲營穩山議作了局，其時穩山過於挺抗，出言無狀，其氣難忍，打了幾下，並非用刑勒訊。彼時交黄、楊兩巡士帶營穩山送其回家。在門房内，坐有數時之久，並未看押。劉霞林欲將贖價充作經費，實以營穩山不易説話，屢經鄉約等從中調處，總是作難，不願與之争論。交局充費，聽候核斷，免致久訟不休，並無別意。現在營王氏母子既願如數繳價，房屋即行啓封，俟將贖款繳案之後撥爲公用。並將典契批銷，以便營姓執業。取具兩造切結完案附卷，候備文詳請府憲銷案。營王氏母子毋得再聽唆使，自貽訟累也。此判。

（清）趙幼班《歷任判牘彙記》卷二《判陳長萬等堂詞》　陳長萬之田，於光緒九年典與陳復初之父，計典價洋六十五元，迄今二十餘年矣，準其原價贖回。自限本月十八日措洋繳案。惟陳長萬年老貧窮，且又喪子。斷令陳復初幫助族叔陳長萬棺木資十五元，以清糾葛。陳復初堂呈典據一張附卷，候長萬繳洋再給飭先具結。此判。

（清）趙幼班《歷任判牘彙記》卷二《判林孚先等堂詞》　此案王楊氏與林孚先原屬至戚，因當産而啓争端。林備原價回贖，王何能久踞不願移出。惟稱裝修及起披房，應取貼補之費，尚在情理之中，亦不能藉此以圖重索。擬令林出費洋二十元，而王猶以爲未足，候飭估再議可也。此判。

（清）趙幼班《歷任判牘彙記》卷三《判胡國楨等堂詞》　訊得胡國楨控徐家治阻攔栽秧各節，據原中徐光裕供稱，去年十一月中旬，徐家治將田四畝當與胡國楨耕種。議定當價七元，言明麥已下種，次年麥季歸徐收割。胡國楨不遵前議，將麥子强割殆盡，約計三石餘。徐家治不投原中理直，竟敢無理阻栽，兩造皆有不是。斷令胡國楨退田，徐家治收田自耕。當價七元，以所割麥子劃抵。飭胡國楨當堂書立退據，以清糾葛。餘均免議，取具遵結存案。徐家治交差候訊。此判。

（清）趙幼班《歷任判牘彙記》卷三《判侯長富等堂詞》　侯長富將田議抵與田李氏執業，並不將原抵朱姓退清，是一田而兩抵也。應繳銷原票，並還已得價洋，以清糾葛。另立條據，限四月底清楚。尚有未繳租稻，折作四石。田姓既招新佃，自應讓莊，以半月爲度，從速遷走。至添造三間房屋，候飭差協同約保看明拆去，免致再生枝節。抵約、收字條據等件一概批銷。此判。

（清）孫鼎烈《四西齋决事》卷一《會稽治牘·批·高祥泰批》　據呈，是項房屋，爾伯母高金氏契典與鄭四六，迨金氏病危，同女昭姑立契找絕，所得價值作爲金氏身後喪葬費用。是爾一再控鄭四六捏造絕契，即係誣告。屋既絕賣，存毁聽受主自便。供祖堂屋一間，如果爾亦有分，前經高金氏契典，爾既知覺，何以並不即時理令贖回，又不將自己祖先牌移出，其爲高金氏已産已賣無疑。高金氏已立有找絶契據，又何庸爾另立契據交執，顯係高金氏故後，覬覦已賣之産，飾詞興訟，嚇詐挾制，既滿其欲，即請息銷。起滅自由，此等刁風，深堪痛恨，候單提訊究，以儆揑誣。

（清）孫鼎烈《四西齋决事》卷二《會稽治牘·判·陳鳳圖判》 陳嘉餘貧乏無聊，覬覦公産，又有蔣乃容、蔣一泉慫恿其間，所以始則由其子禪唐即蓮舟將陳曾易户湯字田二畝九分四釐五毫立契絶賣與阮文義，繼復將陳夢吉户湯、殷等字田六畝七分零，又上虞縣露字田一畝四分零立契絶賣與蔣阿金。雖據稱陳鳳圖亦同到場，惟押係陳禪唐代書，既非親押，其不願賣田可知。陳文英雖自畫押，並未分價，推旗及田價收清字據又係嘉餘一人所出，擅賣公田之罪，非嘉餘其誰歸。至阮文義之祖阮秀峯出典湯字田契，現經陳鳳圖呈案，典價銀六十五兩，陳禪唐竟以三十二千文出與絶賣契，固爲阮文義霸租挾制，亦其貪得之心爲之也。本應追繳陳嘉餘父子賣價，贖田歸祭，惟據稱教讀爲生，家計窘迫，一經押追，案將延宕，姑從寬斷。令阮文義照契繳出銀六十五兩，作錢六十五千文，準其回贖，除陳禪唐已收錢三十二千外，再找出錢三十三千文，自行給付陳鳳圖，文英收執；贖回秀峯出典老契，陳蓮舟絶契塗銷。蔣阿金明知祭田，賤價受買，蔣乃容、蔣一泉朋串圖盗，均有不應，著蔣阿金找出田價洋三十元，蔣乃容、一泉各罰洋五元，共洋四十元。復於陳熊祭户内提出露字七百七十八號田一畝，併前項洋元，給與陳鳳圖收執。陳文英聽從嘉餘，任意揑謊，姑從寬薄罰，僅撥與熊祭户内露字八百二十二號田八分。均候移請上邑飭莊除入裕祥、鳳鳴等户承糧，各爲己産。其溥祭、熊祭户内尚存田六畝零，仍三房輪流收租值祭。蔣阿金、乃容、一泉三人各取保具限繳款，餘皆釋回安業，各具遵結、限狀附卷。陳鳳圖呈户管三本，陳秀峰典契一紙併契尾一紙，蔣阿金呈户管一本，阮文義呈户管一本、糧串兩聯，均發還。蔣阿金受買契四紙，俟斷款繳清給領。此判。

（清）孫鼎烈《四西齋决事》卷五《太平治牘·批·江孔氏批》 查例載，無子之人，財産應聽自主。該氏欲將出典住屋一間，並分出典價洋二十元撥入宗祠，將氏故夫及氏故後木主附祀祠内，春秋饗祭，核與《禮經》無後者祔食於祖之義相符，事屬可行。惟出典房屋是否已産，有無承受分書，何户承糧，有無户存串票，未據明晰聲叙，着即檢齊各件，呈候核明辦理。

（清）孫鼎烈《四西齋决事》卷五《太平治牘·判·林文裕等判》 林文裕於同治五年將樓屋一間半立契出典與朱紅旂之父明升居住。光緒二十四年四月，備價取贖，時明升已故，與朱紅旂因契價不符争執涉訟，紅旂所執典契載價銀五十二兩，陳敏捷代筆。文裕指爲假造，借呈敏捷代寫他家契券，飭吊紅旂執契比對，花押不符，其筆跡亦全無似處。前縣復批令紅旂另借敏捷他契核對，則本不足憑。結訟兩年，未能定斷。兹經集訊，查閲典契，墨色新鮮，似非三十餘年舊物。字雖笨拙，而點畫間時露靈動筆意，明係能書人變相。契内中代俱故，而契主林文裕尚在，親筆花押可以對驗。飭令當堂寫字畫押。的是粗人手筆。契内文裕名下書押，運腕自爾輕靈，且與呈後粘契合縫處花押筆跡墨色相似，研訊紅旂，諉稱契係伊父傳授，合縫處係主家朱鳳祥代押。續呈陳敏捷代筆借票一紙，亦由鳳祥代做，並呈出鳳祥謊騙信函。由後證前，虚實可以立判。惟念朱紅旂究屬鄉愚，受人播弄，姑寛免究，斷令林文裕出光洋五十元，限一月交與紅旂贖回典屋。紅旂之父添造披屋已經數十年，木料朽壞，一經拆卸，所值無幾，應與所許文裕每年地税洋三角約略抵過，不準拆回。修費並未説明，借錢並無票據，紅旂自己帳簿不足爲憑，皆置勿論。既兩造均原遵斷，着各具結完案，釋回安業。林坤差稟有揑飾情節，訊係林文裕主家林光注做就囑遞，詞訟糾纏皆由歇家主使，林光注、朱鳳祥均候飭提訊辦，假契塗銷存案。林文裕前呈陳敏捷代筆白契一紙，當堂發還。此判。

（清）熊賓《三邑治略》卷五《堂判東湖縣任内·訊楊寶三一案》 訊明華興廉有田一分，先當於楊寶三，後當於華興智。一田兩當，本屬無理。但楊寶三田在先，此稞應歸楊寶三得，至華興智係在華正江手所兑之錢七十串，斷令華興廉寫借據一紙，每年照一分五釐起利。楊寶三歸約，批明管業。華興智以後所寫歸約註銷，老約暫存卷内，俟日後將此田買出，兩分帳項交清，再行發還。此諭。

（清）熊賓《三邑治略》卷五《堂判東湖縣任内·訊王道洪一案》 訊明王道明於光緒十九年承當劉陳氏房屋一所，計錢四拾串。據王道洪供，伊父修理數次，因劉陳氏不能回贖，始行賣於熊成緒，計價壹百五十串文。但查劉陳氏老約在手，實係不錯。王道洪本不應無約私賣，雖定例有十年以外補税一條，而劉陳氏貧苦無聊，非得錢亦不甘心。斷令照劉陳氏老約價值拾八串，加三倍補還，合共五拾四串文，連從前趙龍成已付過王道洪錢貳拾串，均在其內。趙龍成與劉陳氏至戚，自行清理。熊成緒除五拾四串外，净找王道洪錢九十六串，具結完案。此論。

（清）倪望重《諸暨諭民紀要》卷二《正堂倪二任·陳德安控陳玉林揹贖各情由》 堂論：訊得陳德安控陳玉林揹贖各情一案，緣陳德安之故父陳瑞林在日，於咸豐年間將土名後山塘頂佃田捌分，錢宅塘頂佃田五分，及屋基地一分五釐，山陰塘裏中間側屋左首之屋第二間，先後憑中陳章寶、陳瑞清等分立票契，出押與陳玉林管種、居住，共得價錢五拾柒千文。現在陳德安欲向贖回後山塘頂佃田，及田字四百七十三號屋基，陳玉林復以陳瑞林零欠洋銀捌元，又陳章寶經手代借洋銀拾元，應同贖價付還，不得僅贖佃田、屋基，兩相争辨，以致具呈。兹經集訊，查閲陳玉林所呈票據，受押後山塘頂佃田，計去價錢拾陸千文；屋基地畝，計去價錢十二千文。合成錢二十捌千文，斷令陳德安照依押契贖回，即將錢宅塘頂佃田當堂出立賣契，向陳玉林找錢陸千文，除抵還贖價外，仍備錢廿二千文，限期繳給陳玉林收領。其後山塘頂佃田押票兩紙、屋基押契兩紙，均由陳德安領回管業。若陳德安之故父陳瑞林所借陳玉林洋銀八元，查陳玉林所呈帳簿，註明收過錢壹千文，仍欠洋銀七元，即屬遠年借款，又僅以賬簿爲憑，着陳德安照依四折限繳洋銀二元捌角，轉給陳玉林具領銷帳。至山陰塘裏屋壹間，陳德安現在無力向贖，應由陳玉林領回押契暫管，候日後備給價錢廿三千五百文，再行繳還陳德安管住。陳玉林所稱陳章寶前代陳瑞林借去洋銀十元，查覈帳簿所注，咸豐六年十二月三十日陳瑞林親自向借洋銀八元，何至同日又託陳章寶代借，於理已不足信。且簿內註明九年十二月間收錢拾二千五百文，讓去利錢八百七十文，是明明借款還清矣。而乃將收字改爲該字，墨色新鮮，顯然揑造。後又注净少錢數不相符合，實屬弄巧成拙。陳章寶之子繼昌供稱此款早還，尤無疑義。著陳玉林不準妄追，當堂將帳塗銷，以了糾葛。契簿存候繳領錢文，分别給還，各取甘結完案。此論。

（清）倪望重《諸暨諭民紀要》卷三《正堂倪二任·曹盛昌控陳鎬相即桂潮揹贖樓屋由》 堂論：訊得曹盛昌控陳鎬相即桂潮揹贖樓屋一案，緣曹盛昌入繼曹貢瑜爲後，與曹宏寶即德清共祖瑞照。當咸豐七年間，曹宏寶將父遺樓屋三間，憑中出典與陳鎬相之故兄陳桂林執管，得受典價錢壹百廿千文。迨咸豐九年間，又憑中向加典錢捌拾千文。其左首屋一間，仍歸曹宏寶居住，議定每年交納租錢六千文。其後曹宏寶身故，有子開官，又寄居蘇州，屋由陳鎬相居住。亦越同治八年，曹盛昌之從堂兄曹元善等邀往向贖屋，陳鎬相不允，控經劉前縣集訊，諭令曹元善等應備原價及修理費用，共錢貳百五十千文，任憑向贖，仍候移查曹開官是否在蘇，再行核奪。及今曹盛昌以曹元善、曹開官等先後身故，屋尚虚懸，各以意見相持，遂復呈控。本縣核明陳鎬相所呈典契、租票，並閲曹盛昌所呈宗譜，查曹盛昌出於蒼祚派下，兼祧汝棠之曾孫貢瑜爲後。曹宏寶係其嫡堂兄也。以陳桂清受典是屋，因無後嗣，其弟陳鎬相守之，是謂弟承兄産，以曹宏寶出典之屋，因其子開官客亡，其從弟曹盛昌贖之，是亦謂弟承兄産。且無論族屬之親疏，但論屋宇之典押。出典者本支已絶，自應由旁支贖回。又核陳鎬相呈有帳簿，其修屋工資約錢貳百數十千文，均係零星儲積，姑亦勿計其帳之虚實，即以鄉俗論。小小修理，各處皆典是屋者自認出貲，若工程浩大，亦應邀同出典人估工注契，今費小而不眼同傭工，契內又不添注。其何説之辭？然事須酌理，尤貴衡情。斷令曹盛昌備出原押價錢二百千文，又貼修理錢四十千，合成錢貳百四十千文，限六月初三日繳候，轉給陳鎬相收領，並限陳鎬相於六月廿日搬移出屋，其屋歸曹盛昌管業。陳鎬相交差回錢候出屋再給。押契、租票註銷贖回字樣，併宗譜兩本，俟由曹盛昌領回，各取甘結完案。此論。

（清）倪望重《諸暨諭民紀要》卷三《正堂倪二任·陳德孝等控蔡汝霖等揹贖押産由》 堂論：訊得陳德孝等控蔡汝霖等揹贖押産一案，緣陳德孝之祖陳祥瑞等在日，於道光廿二年間將土名海螺山後田一畝九分九釐一毫賣與蔡汝霖等公共春秋會内，計得價錢百廿千文，又於道光廿四年間續押同號田九分九釐五毫，計得價錢六十七千文，其田仍陳祥瑞、陳祖堯分别佃種，迨光緒十六年起，陳德孝等積欠租穀，經蔡汝霖等向討，遂以九分九釐五毫之田，是押非賣，並謂一畝九分九釐一毫之田，亦當併向取贖。憑中蔡普庭等理處，各以意見相持，出而互控。茲集庭訊，查蔡汝霖等供稱買契已失，事本可疑，原中蔡普庭則稱同治八年間，陳德孝因有欠款納利，無資寫契，將田出賣，仍限十二年内贖回，逾限不贖等語。但核蔡汝霖等所呈，陳祖堯之認租票年分，亦不相符。且閲春秋會租簿，自道光廿二年以來收租，至今無異，此非同治八年間事明矣。又陳德孝等以出押是田，當時推入春秋會内完糧，暨邑鄉俗，本屬罕聞。然出於愚夫，容或有之。所以然者，春秋會租簿内註明道光廿二年十月十四日買田壹畝九釐壹毫，土名海螺山後，係利字八十八號，計價錢壹百廿千文，此陳祥瑞絶賣者也。又道光廿四年十二月，受押田九分九釐五毫，土名字號同前，計價錢四十二千文。其後又找錢廿五千文，找字下並無絶字，而以前行典價二字貫之，可以意會，此陳祖堯押賣者也。斷令蔡汝霖等照依時值找田錢三十三文，又還人事錢拾六千文，並交陳德孝等收領，其田即絶賣與蔡汝霖歸入春秋會内，永遠收租。查陳德孝等應還本年租穀六石，着折價錢肆千貳百文，又舊欠租穀廿二石五斗，以八折償還拾捌石，作錢拾二千六百文，兩共錢十六千八百文。除蔡汝霖等扣找外，蔡汝霖等仍實繳出錢三拾貳千文，俟給陳德孝等收領。春秋會總簿壹本、租簿貳本、户册壹本、糧串壹聯塗銷，佃票二紙、老糧串貳張，均由蔡汝霖等領還，各取甘結完案。此諭。

（清）樊增祥《樊山批判》卷一五《判·趙清暉贖房判》　訊得趙清暉祖遺住房一所，其父在日，受價四百五十千，典與李姓即李湯鐸之父爲業。繼而李姓又典李姓，李姓轉典張姓，張姓轉典本署工房劉宗垚。據趙清暉供稱，李湯鐸回籍之日，曾經同中立約，屬趙姓徑向張氏取贖，約據呈驗在案。此事輾轉數十年，張、李兩姓均已故絶，業歸劉宗垚之手。去年趙清暉向宗垚取贖，宗垚賴稱房係李湯鐸買業，抗不放贖，互控到案。各前任堂訊數次，各執一詞。宗垚復串鄜縣把總丁潽，云係湯鐸表兄，湯鐸有子禄兒，寄養丁姓，移文具稟争産前來。各前任深燭其奸，置之不理。復於此案訊結兩月以後，老幼二人，自稱李禄、李萬春，執持紅契具呈投案前來。經本縣當堂驗明，分别研訊，此房實係趙清暉祖業，而劉宗垚意存吞霸，勾串丁潽，僞造印契，鬼蜮伎倆，俱已洞明。試逐一指駁，以關其口。據丁潽稟稱，李湯鐸於同治八年入川，寄子而去。彼時禄兒作一歲算，今亦十八年矣。而該童形軀藐小，不過十三四歲。據趙清暉供稱，此即丁潽親子，雖難遽定，實亦可疑。可駁者一。李禄既稱十八歲，而童昏幺幼，一無所知，問其契從何來，父在何處，茫然四顧，概曰不知。及至下堂，又復呈控，謂非劣書指嗾，百喙何辭。可駁者二。李湯鐸之子既已付託他人，而紅契則隨身携帶，重契輕子，情理所無。可駁者三。此契爲李湯鐸隨身至寶，自必珍藏箱篋，乃黴朽破爛，若屢經水淫霉變者，然明係有意造成，並非真正老契。可駁者四。丁潽去冬兩稟，均未言馳取紅契，迨冬月廿五安前任當堂硃判，謂無買契可憑，丁潽在鄜，遂於臘月十二日移稱星夜赴川取契，是丁、劉之朋謀作僞，情節顯然。可駁者五。李湯鐸浪游十餘載，杳無音信，即十八歲之子，尚不知其父在何方，丁潽何人，竟能剋日往返，聲稱無契惟職是問，足見此契即丁、劉僞造，非取自蜀中矣。可駁者六。劉宗垚初供謂李湯鐸在富平，繼又云在鄜縣，丁潽來稟則謂在四川，前後不符，彼此互異，曾經安前任當堂指斥。可駁者七。查劉宗垚當契後注丁潽坐價百八十串，夫以李姓之業，而丁潽隔手坐價，劉宗垚何以慨然肯加。既經註明百八十串，乃又短付百千，丁潽何以甘聽其少，均不可解。前經蕭委員訊明，此一行字即劉宗垚自註，意圖倍其當價，指勒錢文。一虚百虚，餘可概見。可駁者八。劉宗垚當人之業，終久還之於人，但使得錢，何分趙、李，况案經官斷，其無後患可知。乃屢限屢違，抗官藐斷，與趙姓作到頭之冤對，爲李家作守土之忠臣，所爲何來，長此凶訟。可駁者九。丁潽之具稟也，由劉宗垚兩次致書，曾將信稿鈔呈附卷。李萬春之抱告也，亦稱有李湯鐸親筆信函，及查對各書，實係一人筆跡。夫以鄜縣之鈔稿，與川中之來函，如出一手，此何説也？可駁者十。似此種種弊端，顯而易見。總之，李湯鐸之有無其人，李禄、李萬春之是否姓李，紅契之是否可憑，均屬無從考究。而趙清暉所呈祖遺之老契及抽回李湯鐸之當約，則固灼然無疑也。復據劉宗垚狡稱，契可假印不可假，夫此契將到未到之時，正余前任彌留之際，蠹書舞弊，盜印何難，不惟不足憑，抑更不必究矣。查，劉宗垚當人房屋，窺張、李二姓故絶，遽謀吞霸，可謂坐昧天良。丁潽以現任職官，甘爲蠹書鷹狗，膽敢請將趙氏契據粘文移知。試問，長安案卷移爾鄜縣把總何居？是謂不知人事。此案經該書等朋謀霸業，機械叢生，若非前後印委各官秉公研斷，則此一塊土久非趙氏有矣。本應將該書該弁分別究懲，姑念案經訊結，不爲已甚，今照喻州尊原斷，令趙清暉持出錢五百九十串，交劉宗垚具領，勒限半月，將典業騰交。從此和璧依然，仍自歸於趙氏；荆州久假，終不屬於劉家。李禄、李萬春冥頑無識，受人唆使，姑免深究。僞契及當契四紙、信二紙，存案備查。取具交領各結附卷。

（清）汪鐘霖《贛中寸牘·辦結萬載縣教民宋鑑堂盜典房屋與天主堂一案》 此案前於光緒三十一年五月間據萬載縣稟職員宋恩華等控稱：光緒十九年公建房屋名爲移華堂家塾，未久即典與族人宋補山居住，當得價錢八百千文，十年期滿取贖，憑中立有典據，各執合同爲據。迨三十年限滿，宋補山身故，向子鑑堂回贖。先付錢三百千文，餘約以兩月爲期。俟補山柩眷出屋找清。迨兩月後找錢贖業。鑑堂借稱節年修葺，共用工料錢三百餘串，欲令補給，恩華等不允，鑑堂遂將該屋轉典與新昌縣天主堂。控經將鑑堂交差看管，候訊。旋即脱逃。稟奉本局批飭，將疎脱之原差收禁勒交，復經獲案，因病保醫，在家病故。經縣函據天主堂抄録典契，計典價錢五百千，依限十年期滿。契中龍元升等四人隨差傳到案訊明，責成中人同鑑堂之母朱氏向天主堂贖還，交宋恩華等收管。嗣因延宕數年，未據贖回。

上年到局後，按月嚴行批催，勒限辦結。始據該縣覆稱，據法教士柏泐史派人來縣，聲稱此屋現已暫作教堂，固應聽從取贖。奈一時無可遷移，惟有請寬限期，自當照辦。復訊據原告宋恩華等以應找典價錢五百千文，現難措齊。從前因鑑堂將此屋轉典教堂，契價年限均未深悉。且已作天主教堂，誠恐永無贖回之期，是以具控。今教堂已允照原價五百千回贖祇求定期，稍緩數年亦可。惟鑑堂已故，伊母朱氏受累，乞向教堂訂定回贖年限。或以轉典教堂契載年限詳明備案，當經餘縣商允教士立約載明，此屋現在暫歸天主堂照典管業，俟限滿日，由原主移華堂子孫宋恩華等備給典價錢五百千文，向天主堂贖回收管，教堂及宋鑑堂家屬均不得再生異議，彼此簽字，並在典契内批明，所有原立典據亦經調騐批銷，以斷葛藤，在禁差役高福等從寬提釋，詳結完案。

（清）汪鐘霖《贛中寸牘·辦結豐城縣民盛廷松等盜典房屋與福音堂一案》 此案前於光緒三十一年六月間據該縣稟報： 監生盛開甲以故父盛廷樑於光緒十三年間典受族人盛嘉淦祖遺百歲坊内園場房屋，租與甘李等姓居住多年，被族人盛廷松盛拐子盜典與福音堂，契載典價洋四百元，三年爲滿。今該堂以期滿管業，稟經提訊盛廷松等盜典屬實，質之甘李等姓均稱無異。而教堂率同工匠將房屋拆卸、估管。經縣力阻，稟經由局飭員與省堂美牧師包文商，據稱非原主盛嘉淦之姪盛景璿携契回籍清理，即須管業。經局札委嚴令葆瑛會縣訊明，盛屋並無原契，請照無主之業入官充公，由官典與教堂。稟奉前撫憲瑞批準照辦。旋據廣西候補知府盛景璿回籍來局，具控以此屋係伊祖業，詳載志乘可考，請飭斷還業。由局將入官充公辦法作爲罷論。札委馮令政賢赴縣訊斷，該印委以盛紳旋已奉調赴鄂，無從定斷。並允在押之盛廷松赴省，求包長老調解。隨與教堂商明，另行購地掉换。又經由局札委許令赴縣購地换回。上年到局後，據許委員會縣稟報，購定地基兩塊，大小相當。包牧師仍翻議，云須添地，方能商辦。當批查律例盜賣他人房屋與夫子孫盜賣祖遺祀産，按間數多寡分别治以杖徒，知情謀買之人與犯人同罪，房産收回，賣價入官。至各教堂在内地典買産業，先就該處挿牌告白。俟經月以後，無人出争始行兑價成交。係爲杜絶勾串、盜賣及一地兩售諸弊。均經遵守通飭各在案。此案盛開甲故父盛廷梁，於光緒十三年間典受族人盛嘉淦祖遺百歲坊内園場房屋，租與甘李等姓居住多年，被族人盛廷松、盛拐子等勾串盜典與福音堂承受，並有契載典價四百元，三年期滿即歸管業之語。維時該教堂並不挿牌告白，輒行私相授受。涉訟後又不將契呈騐，謂非盛廷松等勾串盜賣，該教堂知情謀買，其誰信之？況詰諸盛拐子等，亦已俯首無辭。質諸租户甘、李等信又無異詞，其爲盛廷松、盛拐子串同盜賣，毫無疑義。自應收回房屋還主，追價入官，治以應得之罪。例章具在，外人亦不能藉口。乃始因盛景璿在粤未回，無憑質訊，日久躭延。迨盛景璿回籍，該署縣孫令既不立時照例訊斷，又於盛廷松口稱自願求堂中贖回之際，並未訊取確供，特向教堂理結。種種枝節從此起。事後思之，應如何引咎不遑。嗣經該委員馮令會同該縣與教士議商，由縣購地掉换並購定基地兩塊，長濶丈尺較盛屋寬大有餘，均據稟覆，已向包牧師商允在案。查盜典屬實，律有明條。如此辦法，本屬非是。其所以得奉前撫憲瑞暨本總局批準照辦，原因案延已久，拖累堪虞，姑予法外通融。即飭令該印委員等趕將原屋换回取契，塗銷辦結具報。該教堂當亦深諒本總局之推誠相與，仁至義盡矣。茲據稟稱包牧師頓翻前議，云須再添相當之地方能商辦，是得寸思尺，有意爲難，並自忘其產從盜典而來也。牧師係遵守十誡之人，此種來歷不明之産，衆所共鄙，方以爲有地掉換，必願退還以重教規。豈有勸人爲善之教士從不能説謊、失信，乃肯聽人唆使，允而復翻，冀遂其無饜之求耶？如果有人構弄其間，該令應即密訪澈究，詳候核辦。一面將本總局力顧公理之意，與教士剴切開導，緣一經照會領事布告中外，尤於教堂名譽有關。至該令辦案未能執法秉公，致生無數波瀾，辦理不善，咎又奚辭？本應詳請撤任，姑寬責令辦結此案，再赴弋陽本任。現王令即日來豐接事，除由局詳請留結外，仰南昌府迅飭剋日拘傳盛拐子、盛廷松等到案，研訊實情，仍按照例章究辦，斷結詳報，毋違切切。旋據孫令稟請，仍行添地和平商辦。

又經批查此案，前據該令會同許令，將包牧師翻議情形具稟到局，當經明晰，批仰南昌府迅飭剋日拘傳盛拐子、盛廷松等到案，研訊實情，照例辦結詳報。並以該令辦理不善，咎無可辭，本應詳請撤任，姑寬責令辦理此案，再赴弋陽本任等因，於三月初六日印發在案，迄今匝月之久，該令究竟已否遵批辦理，何以來稟全未提及？猶以添買地基和平了結爲辭，豈購地掉換之外，別無應辦之事耶？查盜典、盜買均干例禁，身任地方之責，應如何秉公執法以儆其餘，該令藉口和平二字。試問照例究辦有何不和平之有？案經批飭置若罔聞，殊屬玩謬已極。應即先記大過二次，詳請行司註册以示薄懲。至許令係奉委掉地之員，既經翻異，自應另行核辦。況據稱許令與盛紳係同鄉至戚，無論如何公允，終易貽人口實，尤未便。再委仰仍遵照前次批指各節，剋日拘傳盛拐子等到案，照例究辦，毋再違延，致干重咎。嗣該教士亦自知過誤，願仍遵初議所購地基兩塊換回盛屋，由縣詳請核明辦結，並批飭迅拘盛廷松等照例治罪，完案。

《清代名吏判牘七種彙編》卷上《名士袁枚·屈映伯》　審得屈映伯呈控湯崔氏一案，控案雖爲毀物毆人，而起因實在房屋找價。再上推原由，則在湯崔氏自故夫湯賓生逝世後，孤兒寡女，孑立無依，無可温飽，遂思故夫在日，尚有房屋一所，典在屈姓，正可向之找價，以支生活。屈映伯則以房屋願否找絶，須雙方同意，我既不願，彼亦不能相强，因生活之艱難，起雙方之齟齬，遂至有毀物毆人等事。本縣按房屋找絶與否，雖須出雙方同意，不能强典屋者以必從。然湯崔氏柏舟矢志，畫荻教兒，茹苦含辛，煢煢孑立。其可憐凄楚之狀，雖路人亦爲扼腕。況屈映伯本有蒹葭之親，又有同師之雅，即無此房屋相抵，亦應欽其守節，哀其無告，量予資助，成人之美。況有房屋糾葛，依價找絶，名正言順，無可拒絶。乃屈映伯利其寡孤之可欺，一再拒絶之不已。又惡聲以相加，爲富不仁，一至於此，本縣不能再曲爲寬恕也。着令找出錢一百千文，交畀湯崔氏，作房屋加價之費。但在三十年内，如湯姓孤兒撫養成立，有志贖回先人産業者，亦聽其出價贖回，屈映伯不得藉故拒絶。如湯崔氏年甫及笄，已遭此厄，斯真天道之無知，人生之極苦，而又無一瓦之覆，一隴之植，縱有十指，亦難恃以爲生，仰即送入清節堂守節。從此米鹽有着，不愁吾子之多餐；門户安横，無慮狂奴之入室。此日少儀訓子，機聲與夜課齊消；他年翬翟封章，彤管共女史偕顯。成爾苦節，聽吾良言。此判。

雜録

（元）關漢卿《關漢卿集》下册《劉夫人慶賞五侯宴　楔子》（正旦抱倈兒上，云）妾身是這潞州長子縣人氏。自身姓李。嫁的夫主姓王，是王屠。嫡親的兩口兒。妾身近日所生了個孩兒，見孩兒口大，就喚孩兒做王阿三。不想王屠下世，争奈家中一貧如洗，無錢使用！妾身無計所奈，我將這孩兒長街市上賣的些小錢物，埋殯他父親。自從早晨間到此，無人來問，如之奈何也！（做哭科）（趙太公上，云）自家是趙太公。城中索錢去來也，不曾索的一文錢，且還我那家中去。兀的一簇人，不知看甚麽？我試去看咱。（做見正旦科，云）一個婦人，懷裏抱着個小孩兒。我問他一聲咱：兀那嫂嫂，你爲何抱着這小的在此啼哭？可是爲何那？（正旦云）老人家不知：我是這本處王屠的渾家，近新來我所生了這個孩兒，未及滿月之間，不想我那夫主亡逝，無錢埋殯，因此上將這孩兒但賣些小錢物，埋殯他父親。是我出於無奈也！（趙太公云）住、住、住，正要尋這等一個婦人看我那孩兒，則除是恁的……兀那王嫂嫂，你便要賣這小的，誰家肯要？不如你尋個穿衣吃飯處，可不好？（正旦云）你説的差了也！便好道：一馬不背兩鞍，雙輪豈碾四轍？烈女不嫁二夫，我怎肯嫁侍於人！（趙太公云）你既不肯嫁人，便典與人家，或是三年，或是五年，得些錢物埋殯你夫主，可不好？（正旦云）我便要典身與人，誰肯要？（趙太公云）你若肯呵，我是趙太公，我家中近新來也無了渾家，有個小的，無人擡舉他；你若肯典與我家中，我又無甚麽重生活着你做，你則是抱養我這個小的，我與些錢鈔埋殯你那丈夫，可不好？（正旦云）住、住、住，我尋思咱：我要將這孩兒與了人來呵，可不絶了他王家後代？罷、罷、罷，寧苦我一身罷，我情願典與太公。（趙太公云）既是這般，則今日我與些錢物，你埋殯你夫主。你便寫一紙文書，典身三年。則今日立了文書，我與你錢鈔，埋殯了你夫主，就去俺家裏住去。（正旦云）也是我出於無奈也呵！（趙太公云）你是有福的，肯分的遇着我。（正旦唱）

【正宫・端正好】則我這腹中愁、心間悶，俺窮滴滴舉眼無親。則俺這孤寒子母每誰瞅問？俺男兒半世苦受勤，但能夠得錢物，寧可着典咱身！（趙太公云）則今日埋殯你丈夫，便跟我家中去來。（正旦唱）則今日將俺夫主親埋殯。（同下）

《孤本元明雜劇・施仁義劉弘嫁婢》〔仙吕點絳唇〕我本是箇巨富的明儒，開着座濟貧的典庫。爲財主，貫滿京都，掌着那萬萬貫的這多財物。【略】

〔云〕王秀才近前來，我問你，我當初開這解典庫，我正意是怎生來？〔净王秀才云〕這箇，姑夫老人家，一法老的糊突了。爲甚麽開這解典庫？常言道早晨栽下樹，到晚要乘凉。可不道喫酒的望醉，放債的圖利，也則是將本圖利來。〔正末云〕噤聲！我幾曾圖利息？我正意的那，我則是賑人之貧波，周人之急。婆婆，誰想這廝，去那解典庫中，治下許多的弊病。顛倒與我身上爲害。我上的長街市上，那一箇相識朋友每，不看着我下言語，道您這廝忒不中，更慳波吝波苛波克波。俺兩口兒無兒，都是你這廝在這解典庫中，治下弊病，都折罰了也。兀那廝，你省的那君子愛財，取之有道麽。〔净王秀才云〕姑夫，爲人憎愛中半，佛也不得人道是哩。君子不羞當面，我有甚麽弊病處，對着姑娘，你就説。〔正末唱〕。

〔油葫蘆〕則這君子惜財有道上取，誰似你忒無法度。〔净王秀才云〕怎麽無法度？拏住作踐的，打五棍？吊在樹上，怎麽無法度？〔正末唱〕人道你忒慳忒吝忒心術。〔净王秀才云〕我有甚麽心術處？〔正末云〕兀那廝，那的是你那心術處。〔唱〕人家道那把時節將爛鈔你强揣與，巴的到那贖時節要那料鈔教他贖將去。〔净王秀才云〕他拏將鈔來討，没的不與他去不成？〔正末云〕兀那廝，你聽我説你那弊病，你則休賴。〔净王秀才云〕我有甚麽弊病？〔正末唱〕你將焦赤金化做了淡金。〔净王秀才云〕姑夫，也不必鬧，也容易，從今後人拏的高麗銅來，我也當金子留下，等人來贖，可把金子賠他便了也。〔正末云〕你看波，這高麗銅不别，這金子不别，這莊也罷。〔唱〕你把好珍珠寫做了他蚌珠。〔净王秀才云〕也容易，從今後拏將魚眼睛來，當珍珠留下，等人要，可把珍珠賠他。〔正末云〕你看波，這魚眼睛不别，珍珠不别，這兩莊也不當緊。〔唱〕人家一領簇新的衣你去那典場上你便從頭的覷。〔云〕是人家那簇新做出來的衣服，帶兒也不曾綴，衽兒也不曾叠的倒哩。人家急着手用那錢使，將來到你這廝行當那錢，這廝提將起來看了一看，味着你那一片的黑心。下的筆去那解帖上批上一行。〔唱〕呀，這廝便寫做甚麼原展污了的舊衣服。〔浄王秀才云〕裁衣不及段子價，這箇也是我向家的心也。〔正末唱〕

〔天下樂〕噤聲賊也！豈不聞道財上分明大丈夫。〔云〕比喻説到今月初一日，把這號改到那月初二來贖。你這廝！〔唱〕但那日數兒過來波餘，你休想道肯放那贖。〔云〕初二日來贖，道員外不在解典庫裏，明日來。不付能到那初三日來贖，你道員外人情去了，不在家。〔唱〕這廝兀那愛錢的心，他百般裡推些箇事故。〔卜兒云〕老的，他爲甚麼那？〔正末唱〕他則待日要所增。〔云〕初三日不贖與那人，初四日合當贖與那人，你又不贖與他。婆婆，你知道他那初四日不贖與那人的緣故麽？〔卜兒云〕可更是怎生？〔正末唱〕這廝直熬到箇月不過五，〔云〕過了五箇日頭。索你怎生問他要一箇月的利錢？賊醜生也！〔唱〕你倚仗着我這幾貫錢索則麽以擲的些窮人家每着他無是處。

《新校元刊雜劇三十種·看錢奴買冤家債主》〔倘秀才〕今只有錢學不的哥哥五湖四海，更他也受用不的千年萬載。你箇勒掯窮民狠員外，或有典緞疋，或是當鉀釵，恨不的加一價放解。

〔滾綉球〕典玉器有色澤你寫没色澤，解金子赤顔色寫着淡顔色。你常安排着九分斷賴，把雪花銀寫做雜白。解時節將爛鈔揣，贖時節將料鈔擡。恨不的十兩鈔先除了折錢三百，那裏肯周急心重義疏財！今日孟嘗君緊把賢門閉，交你箇柳盗跖新將解庫開，又不是官差。

〔云：〕他既賴了我的恩養錢，你看我摺底罵一場出些怨氣咱。

〔唱：〕

〔脱布衫〕那一箇開解庫的曾受宣牌？

〔帶云：〕子這蟲傷鼠蛀，並不賠償。〔唱：〕

這是你自立下條畫。你做的私倒金銀買賣，則是打劫我小民山寨。

〔煞尾〕把當的一週年下架休贖解，趲的五箇月還錢本利也該，納了利從頭再取索，還了錢文書又厮賴。

【略】

（明）何良俊《何氏語林》卷一《德行》 甄彬甚有行誼，嘗以一束苧長沙寺庫質錢，後贖苧還，於苧東中得金五兩，以手巾裹之。彬送還寺庫，寺僧以半與甄，甄拒不受，曰：五月披羊裘而負薪，豈受遺金者耶？

（明）李斗《揚州畫舫録》卷一三 吴老典初爲富室，居舊城，以質庫名其家。家有十典，江北之富，未有出其右者，故謂之爲老典。今已中落。里人尚指其門曰老典破門樓。

（清）徐珂《清稗類鈔·義俠類·張瑛聽人贖田》 張瑛，字玉采，汾陽人。家素饒，每歲杪，輒出粟周鄉鄰。康熙丁丑，饑，既出財粟以助振矣。而振所不及，有持田契求售以踵門者，皆自貶其值，第如其願售之，價視平時，蓋不及十之二，於是得田且千畝。明年大熟，瑛乃榜示各村曰：願贖者聽。匝旬，悉贖之以去。

租佃分部

論説

（宋）包拯《孝肅包公奏議》卷七《民事·請將邢洺州牧馬地給與人户依舊耕佃》 第一章

臣竊見河北漳河淤地，名爲沃壤，而廣平監於邢、洺、趙三州，共占民田約一萬五千餘頃，並是漳河左右良田。每牧馬一匹，占草地一百一十五畝。兼知衛州淇水監每馬一匹，止占地三十一畝。其廣平監剩占八十四畝。兼廣平係兩監，自後停廢一監，三州共約退下草地七千五百餘頃。往歲官司，遂令百姓請射出租課佃，時年歲深遠，耕爲熟田，就種已成園林，及作父祖邱塋。其佃户共九千三百四十餘户，每年共約出粟八萬七千五百餘石，小麥三萬一千二百餘石，稈草五十五萬六千餘束，絹八百餘匹。昨准羣牧司指揮，令逐州作二年盡起遣佃户，卻收其地入官，今年限滿，人户全不肯起移。累經鼓司進狀，及三司亦曾論列，不報。訪聞廣平雖再分爲兩監，馬只有五六千匹，不及往時一監之數，亦不銷得此地，枉有廢爲閑田，縱添得馬三二千匹，況元占牧馬一匹之地，比淇水監可就牧三匹，亦未爲闕事。緣河北西路惟漳河南北最是良田，牧馬地已占三分之一，東路又值横隴、商胡决溢，占民田三分之二，乃是河北良田六分，河水馬地已占三分，其餘又多是高柳及澤鹵之地，俾河朔之民何以存濟？欲乞且令人户依舊耕佃，供納租課。若據一年所得，亦可置數倍鞍馬，公私大利，無甚於此，伏望聖慈體念河北人户累值灾傷，流亡未復，豈忍更奪其衣食，俾之失所，有傷和氣，無益仁化。又况與國家歲出斛斗萬數，不少經久，實爲穩便。伏望出自宸斷，特降指揮。

第二章

臣近爲廣平監牧馬草地，乞令人户依舊佃種，至今未降指揮。切緣廣平監元係兩監，於邢、洺、趙三州内，共占民田一萬五千餘頃。頃由停廢一監，共約退下草地七千五百餘頃，官司令百姓出租課請佃，年歲深遠，耕爲熟田，及作父祖邱塋。其佃户共九千三百四十餘户，每年共約出粟八萬七千餘石，小麥三萬一千餘石，稈草三十五萬餘束，絹八百餘匹。昨准羣牧司指揮，令逐州作二年起遣佃户，收地入官，今年限滿，人户全不肯起移。累曾進狀不行。況兩監馬只有五六千匹，不及往時一監之數，亦不銷此地，枉有廢爲閑田。縱添得馬三二千匹。若比淇水監一匹之地，可就牧三匹，甚不闕事。臣前進劄子，見下羣牧司相度，必是妄説事端，故要占留。欲乞特出宸斷指揮，令人户依舊耕佃輸納，兼據一年所得，亦可置數倍鞍馬，公私實爲大利。

（明）胡居仁《胡文敬集》卷一《與南康府論租》 蒙給租谷，方司訓十九日來洞支給。居仁以先父忌日之憂，未得面論。蓋學租本以養賢、賙不足，此二者，義也。事合義則久而益安，不合義則久而必弊。昨蒙欲一槩施給，澤雖似普，然在洞者，賢愚不齊，貧富不等，若愚者富者亦與之，則濫矣。亦恐將來不足於用也。望容居仁審其賢愚高下，有無貧富而品節之。開其多寡之數，以憑支給，方爲允當。

（明）邵寶《容春堂别集》卷六《務本堂記》 林泉處士鄒翁顯之，營新居於塘莊之上，祠寢齋室，儼然古有家者之遺制。務本堂者，其燕居也。實雖未獲造翁之堂，然往往聞翁於其壻，主客錢君，君之謂翁也。玩《易》攻《詩》，文以濟質，禮以處羸。事親愉愉，喪而皇皇，葬而顓顓。其處諸伯仲皆篤恩義，有田數千畝，課家衆耕之。又以其餘業諸無田者，豐年取其租如約，饑則减之，大饑則又减之，或遂不取其貸人而取息也，如其取租焉。

（清）李漁《資治新書二集》卷一四《荒政·救荒第二示》 爲勸周貧佃，以固本業事。照得田主之與佃户，相依爲命者也。歲豐則均享其利，歲歉則並罹其殃。然豐歲多而歉歲少，惟賴有無相通，患難相恤。故雖遇凶年，猶可轉禍爲福，以待其稔。此情理所必然也。目今偏野飛蝗，夏秋無雨，禾苗絶望，蕎豆不登，除一二不罹旱蝗地方外，其餘災傷處所，滿目荒蕪，塵生釜甑。夫妻父子束手哀號。本縣目擊心傷，救荒蕪策，再四思維，爲爾貧農等畫。飢寒所迫，勢必流亡，但今各處告荒，孰爲樂土？故鄉生長之地，親戚聚居，尚且無可資生，一旦流落異鄉，舉目無親，無房可棲，無事可做，憑何術以養生其爲死亡一也。況當功令森嚴，面生可疑之人到處盤詰，即有熟識在彼，自救不暇，安肯容留？是爾民一離故鄉，其仳傂困苦之狀，更有不可勝言者也，不若株守阡陌，苦覔升斗，苟延旦夕。轉盼金風肅殺，蝗絶雨滋，亟種二麥，以收桑榆之獲，自然苦盡甘來，室家如故。然無米之炊，不能枵腹而待，此則爾各業主切膚之痛，亟宜多方周恤，自爲爲人，以圖後効。極知時值災祲，下絶稟便庚，上賠國課，有産之家亦苦不足，然此時不爲救濟，倘佃户逃亡，無人耕種，久遠之業一旦抛荒，將來賠累無時底止，豈非計小而遺大，舍本而務未者乎？爲此示諭概縣軍民人等：凡窮佃三口以上，各業主借米一石，五口以上，借米二石，其有好義多與者，不在此列。雖不能計日受餐，亦可少資饘粥，令其別爲營運，以俟麥秋。其佃户之稍稍温飽，可以自給者，亦不在此例。如此則業主保其恒産，佃户安其室廬，所謂人心既固，天不能災，衆志成城，蝗亦退舍，非一舉而兩得之事哉！示後如有退田、退牛等事，即以惰農之法懲之。幸各盡血誠，交相慰勉，慎毋自悮，以致噬臍。

綜述

《福建省例》卷一四《田宅例·禁革田皮田根，不許私相買賣，佃户若不欠租，不許田主額外加增》

一件嚴禁田皮田根之錮弊，以全民業事。乾隆三十年閏二月初十日，布政使司顔牌：案照本司具詳内開：查得紳士鄭漢履等以田皮田根名色，雖奉明示飭禁，而風雨損壞，仍至視爲故套。玩佃或籍上役營兵，或恃聚族負隅，任意積逋，業主竟成佃産，錮弊莫破。呈請立碑永禁，使其觸目警心，主佃相安等情。奉憲批司查議，隨經行據福州府議覆前來。本司查閩省佃民，私立田皮田根名色，歷奉禁革有案。如汀州府屬，雍正八年經前司議詳内，並田主收租而納糧者謂之田骨，田主外又有收租而無納糧者謂之田皮，是以民官田畝類皆一田兩主。如係近水腴田，則田皮價值反貴於田骨，争相佃種，可享無賦之租。田是田皮即屬佃户之項乎，一經契買，即踞爲世業，公然抗欠田主租穀。田主即欲起田召佃而不可得。甚有私相田皮轉賣他人，竟行逃匿者。致田主歷年租欠無着，馱糧累比，陷身家而誤考成，弊害不堪，亦難名言。加以紳監土豪，貪嗜無糧無差，置買田皮，剥佃取租，只顧利己。凡佃民逋欠主租者，反爲之袒護，獄訟繁興。請照從前通革之例，凡屬皮租，盡行革除，不許民間私相買賣，一切訟事，告找告贖，概不准理。並令刊刻告示，曉諭佃户，只納田主正租，不許另納皮租，若有逋欠正租，聽憑田主召佃。如有紳監土豪，仍敢揩納主租等弊，發覺從重究擬。再田皮一經革除，則瘠土不啻膏腴，恐有無厭田主，從中勒佃加租。或刁農貪圖耕種，私向田主加租奪佃，致啓訟端。此等惡俗，亦所時有。並請飭禁。嗣後佃户若不欠租，不許田主額外加增，生端召佃，俾佃户知所勸勉完租，田主不致誤租欠課，兩相安業等由。詳奉前憲批允通飭，勒石永禁在案。嗣於乾隆二十七年，侯邑民人林天崇等控争州田案内，又經前司詳明，福州府屬田皮，田根與汀州府屬田骨、田皮，名色雖殊，致弊則一，應照詳定禁革舊案，通飭各屬刊刻告示，於窮鄉僻壤，遍行曉諭嚴禁。如有仍以田皮、田根等名色私相售頂承賣及到官控争者，務即按法重究，追價入官，田歸業主另行召佃，不得少事姑息，留貽訟源等因，檄行遵照在案。

是先後飭禁，立法已屬周詳。但自雍正八年迄今三十餘載，從前各屬奉行或有未經勒石之處，年久無從稽考。乾隆二十七年飭令刊刻告示，更易損壞，以致愚民無所儆畏，積習未能盡除。今據該紳士等呈請建立石牌，以垂久遠，應如請所，飭知各屬於廓外適中之地，遵照前後詳定章程，立碑永禁。其窮鄉僻壤，難以周知之處，即令照式竪立石碑，或刊刻木榜，一體示禁。務使家户諭曉。仍飭取碑摹榜式同鐫竪日期，通送備查。如有佃民再藉田皮、田根等項名色私相頂售逋租，或田主額糧勒加，生端召佃，到官控争，即照依碑榜内所定章程，按法分别懲究，不得少事姑息。庶遵循可久，訟源亦不杜自除等由。

乾隆二十九年十一月十七日，詳奉巡撫部院定批：查田皮、田根名色，歷經先後通飭，勒石永禁，並令刊刻告示，遍行曉諭。乃地方官奉行不力，以致日久廢弛，愚民無所儆畏。自應再爲申明禁例，嚴加整飭。如詳速即撰擬碑文，通飭各屬在於城鄉處所，一體勒石禁革。如敢虚應故事，即拘違玩之地方官，先行揭報參處。仍取各碑摹遵依同鐫竪日期報查。餘已悉。此檄等因。奉此。

《天盛改舊新定律令》卷一五《取閑地門》　諸人無力種租地而棄之，三年已過，無爲租傭草者，及有不屬官私之生地等，諸人有曰願持而種之者，當告轉運司，併當問鄰界相接地之家主等，仔細推察審視，於棄地主人處明之，是實言則當予耕種諭文，著之簿册而當種之。三年已畢，當再遣人量之，當據苗情及相鄰地之租法測度，一畝之地優劣依次應爲五等租之高低何等，當爲其一種，令依納地租雜細次第法納租。該年内於前地册當註册，租傭草當依邊等法承之。若屬者□未放棄，依租傭草法爲之時，有出言掩飾，無理持取，察者與告者暗中做諭文，察者受賄則以枉法貪贓罪法，未受賄十三杖，從其重者判斷。又諸人已棄之，屬者未明，是生地等，不告於局分而隨意種之，及所告日完華而不納租，又局分處不過問，察者見是好地，受賄徇情，減頃畝數，爲之減租以避租傭草，當計量，比偷盜罪減一等。舉賞比舉盜賞。

《通制條格》卷一三《禄令・俸禄職田》　至元二十一年五月，御史臺。體訪得，各路府州司縣，以至提刑按察司官，元撥職田，不依例召客佃種分收，督勒附近百姓認種，無問年歲豐歉，徵收本色粟草，銷用不盡者，折收價鈔，及有不曾標撥者，驗合該頃畝扣算粟草數目，俵散所管州縣，敷斂百姓送納，搔擾違錯。擬合照依中書省定到合得職田，標撥無違礙地土地，召募佃客種時，驗年豐歉，依例分收，無致椿配人户，科徵違錯。【略】

延祐二年七月十八日，中書省奏：江南湖廣道奉使温的罕等，俺根底與將文書來有：姓陳的人，俺根底告有，在先按察司時分，佃種職田呵，每壹拾畝納叁石谷有來，在後改立廉訪司時分，每壹拾畝添作陸石來，如今本道按攤不花監司添做拾分取要有。麽道，告有。在先爲官員職田的上頭，教依鄉原例分收者，若遇災傷呵，依例除免者。麽道，行了文書來。只依那例交行。又行轉與生利錢本、餧養猪隻等勾當有，其餘道分也有似此的勾當也者，合遍行禁止有。如遇災傷呵，依例合除免有。麽道，與將文書來有。依着他每説將來的交行呵，怎生？奏將來有。奏呵，那般者。麽道，聖旨了也。欽此。

《通制條格》卷一六《田令・逃移財産》　至元十年七月，中書省。户部呈：議得在逃人户，抛下地土事産，擬合召諸色户計種佃，依鄉原例，出納租課，毋令親民官吏、權豪之家射佃。都省准呈。

《通制條格》卷一六《田令・江南私租》　大德八年正月，欽奉詔書内一款，江南佃户，承種諸人田土，私租太重，以致小民窮困。自大德八年，以拾分爲率，普減貳分，永爲定例。比及收成，佃户不給，各主接濟，無致失所。借過貸粮，豐年逐旋歸還，田主毋以巧計多取租數。違者治罪。

《通制條格》卷一六《田令・佃種官田》　大德五年七月，中書省。議得，江南各處見任官吏，於任所佃種官田，不納官租，及奪占百姓已佃田土，許諸人赴本管上司陳告是實，驗地多寡，追斷黜降，其田付告人或元主種佃外，據佃種官田人户，欲轉行兑佃與人，須要見兑佃情由，赴本處官司陳告，勘當别無違礙，開寫是何名色官田頃畝，合納官租，明白附簿，許立私約兑佃，隨即過割，承佃人依數納租，違者斷罪。

《元典章》卷三《聖政・減私租・至元二十二年二月詔》　江南有地

土之家，召募佃客，所取租課重於公稅數倍，以致貧民缺食者甚衆。今擬將田主所取佃客租課，以十分爲率，減免二分。

《元典章》卷三《聖政・減私租・至元三十一年十月奏奉聖旨》　皇帝登寶位時分行詔書呵，嘆兒、蠻子百姓每的今年納的稅糧，十分中免三分者。説來。如今杭州省官人每與將文書來：蠻子百姓每，不似漢兒百姓每，富户每有田地，其餘他百姓每無田地，種着富户每的田地，養和㗋嗉係，更納租稅有。如今稅糧免三分呵，免了地主每的有。地主却問佃户全要呵，於窮百姓每無益有。在前先皇帝江南免二分地稅時分，也道：已免了的二分，地主每都却休轉問佃户每要者。道來。如今依那體例裏，佃户每的三分也不交要呵，怎生？説將來有。奏呵，有體例，休交要者。聖旨了也。

《元典章》卷三《聖政・減私租・大德八年正月詔》　江南佃户承種諸人田土，私租太重，以致小民窮困。自大德八年，以十分爲率，普減二分，永爲定例。比及收成，佃户不給，各主接濟，毋致失所。借過貸糧，豐年逐旋歸還，田主無以巧計多取租數。違者治罪。

《元典章》卷一五《户部・禄廪・職田・職田佃户籽粒》　皇慶二年六月，江西廉訪司奉江南行臺劄付該：

據監察御史呈：伏謂天下之廣，黎元之衆，居總要者，政不親民。惟風憲之司，牧民之官，職當任重。是以月奉之外，復加之以公田養廉者，務在政重民安也。天禄不虚其賜，天民不可以重其擾。切照各處廉訪司，有司官職田雖有定例，地土肥瘠有無不仝，主佃分收多寡不等。或有全缺不敷去處，官挾其勢，民畏其威，無田虚包者有之，逃亡閉納有之，影避差徭原輸者有之，掊斂加要輕賫者有之。人有貧乏，時有旱澇，官稅、私租俱有減免之則例，獨職田子粒，不論豐歉，多是全徵，豈親民之任哉？理合遍行禁止，違者究治黜降。今後各官合得職田，若有不敷全缺去處，驗其遠近，依例於荒閑係官田地内約量標撥，毋致騷擾於民，誠爲兩便。乞照詳。得此。憲臺相度，標撥公田已有定例，非法取要者，理合禁止究問。仰依上施行。

《元典章》卷一七《户部・户計・逃亡・逃户抛下地土不得射佃》　至元十年閏六月，中書吏禮部承奉中書省：元呈宋安仁陳言事理，批奉都堂鈞旨：據逃亡户事産人户種佃一節，並禁治大都穢言事理，送本部，就關合干部分依上施行。

一項。宋安仁照得聖旨條畫内一款節該：户口流散，籍賬隱没，農桑不勤，倉廩減耗，爲私蠹害，黠吏豪宗兼并縱暴，及貧弱冤苦不能自伸者，委監察并行糾察。欽此。尋思得，國家如此明誡，猶然未絶害民之弊。且如在逃軍民抛下田桑園圃水陸事産，省部符文，令諸色户計依鄉原例出納租課射佃。此等事産，各處親民官吏、鄉司、里正、主首并在官一切人等不無射佃，雖云出備租課，中間情弊多端，以致在逃軍民畏避官司權勢，不能還業。此弊不革，害民非淺。合無遍下諸路京府州縣，將逃户事産止令無力貧民射佃，似爲防奸革弊。使遠近年分在逃户計，襁負其子，却歸閭里，軍民安堵如故，則無逋流之患。此端事理，似爲官民兩便，乞參詳施行。一前件，户部公議得，據在逃軍民户抛下地土事産，擬合召諸色户計種（田）〔佃〕，依鄉原例出納租課，無令親民官吏、豪勢之家射佃，似爲相應。

《元典章》卷一九《户部・田宅・官田・轉佃官田》　大德五年七月，江西行省准中書省咨：御史臺呈：

備山南廉訪司申：體知得一等農民，將見種官地私下受錢，書立私約，吐退轉佃。佃地之家，又不赴官告據，改立户名。又諸衙門見勾當大小官吏，於内一等不顧廉耻營利之徒，於任所恃勢詭名佃種官田，不納官課，更占奪百姓見佃官田，自行種佃，或轉與他人，分要子粒。如蒙禁治相應。具呈照詳。得此。都省議得，江南各處見任官吏，於任所佃種官田，不納官租，及奪占百姓已佃田土，（違者）許諸人赴本管上司陳告是實，驗地多寡，追斷黜降，其田付告人並佃人種佃。外，據佃種官田人户欲轉行兑佃與人，需要（其）〔具〕兑田情由，赴本處官司陳告，勘當别無違礙，開寫是何名色官田頃畝、合納官租，明白附簿，許立私約兑佃，隨即過割，承佃人依數納租，違者斷罪。咨請依上施行。

《元典章》卷一九《户部・田宅・種佃・開種公田》　尚書省：

至元二十五年正月二十八日奏過事内一件：脱脱俺根底與文書有江南田地裏，公田、荒閑田地多有。富户百姓每根底與，又官司工本㪺酌着與，交百姓每入來種田呵，地稅江南納的，三分裏減了一分，交納二分呵，這般幾年謹慎提調呵，荒閑田地開了，糧也多入來有。麽道，與了文書也。俺商量的，富户百姓每根底，田地的工本不須與。有心種田百姓每根底交開了，第一年不要地税，第二年要一半，第三年依着他説來的，三停内交納二停。種的百姓每根底，不交當别個雜泛差發呵，怎生，奏呵，那般者。麽道，聖旨了也。欽此。

《元典章》卷一九《户部・田宅・荒田・荒地許赴官請射》 至元二十八年《至元新格》内一款：

諸應係官荒地，貧民欲願開種者，許赴所在官司入狀請射，每丁給田百畝。官豪勢要人等不請官司，無得冒占。年終照勘已給數目，開申合屬上司，類册申部。

（明）佚名《重刻律條告示活套》卷二《勸民勿令荒蕪田地》 前件某府某縣爲勸農事。竊惟國賦有資於田畝，當耕墾惟勤。田畝苟至於荒蕪，則生養何籍？近訪得有等無知之民，肆懶惰之性，昧衣食之原，田地荒蕪，畧不加意，草萊叢脞，何以經心。五穀不登，國税無從而納。三秋絶墾，家業何自而生？若不曉諭，深爲未便。爲此合出告示，發仰村城鎮店集場張掛，曉諭知悉。務要深耕易耨，俾田潤而調，朝耔夕培，使禾生而茂。如有逃户死絶，抛荒田土令本里丁力有餘之家承佃。如有丁力消乏，地畝有餘，不能自種，務要租倩牛與人力開耕。敢有故違不遵者，許里隣呈報拏問，重治不恕。

（清）萬維翰《成規拾遺》卷上《佃户出銀頂種契載不明以三十年内外分别贖》 爲報明事。會看得臨海縣民何其賢之妻楊氏，自縊身死一案，緣何其賢與何文勺係無服叔姪。乾隆十四年，何其賢之子何榮登將原召沈吉照佃田一畝五分，出召何文勺佃種。尚未找絶，至十七年間，沈吉照私向何文勺找絶，未經通知其賢。二十七年十二月初七日，其賢倩何世整、何仁標、何發希邀同原佃沈吉照之子沈逢池赴文勺家找召，文勺即將沈吉照找票給看，不允再找。世整等遂即散歸。初八日，其賢之妻楊氏又向文勺理論，彼此角口，文勺失足跌下山坡，磕傷頭心偏左。楊氏亦即回家。傍晚時候，文勺三子何應足以伊父受傷釁起找召，向楊氏吵鬧。楊氏被駡不甘，至初九日用帶自縊，經伊夫其賢窺見，喊同隣佑何應友解救不及，業經殞命。鄉總陶正倫並不查明實情，混行禀報。當經該縣驗訊議擬，通詳奉批，會議二本司覆加察核。何楊氏自縊身死之處，既據該縣訊明，委因被駡不甘，短見輕生，並無别故，似無疑義。查何應足與何楊氏本係無服祖孫，應同凡論。何應足因伊父何文勺被跌有傷，向楊氏吵鬧，與逼勒有間。但楊氏之死，實由何應足詈駡所至，未便竟置不議。何應足應如所擬，照不應重律杖八十，折責三十板。鄉總陶正倫混行禀報，應照不應輕律笞四十，折責十五板。何文勺跌傷，飭令自行醫治。屍棺飭屬領埋，無干省釋。至何榮登出召、何文勺佃田，應否找贖之處，查佃户出銀頂種田地，或稱田脚、田皮，或稱大租、小租等類，名雖不一，土俗相沿，到處皆有。歷經縣府條禀詳奉批飭，應聽業佃自便，毋庸更易滋擾。惟中間亦有絶頂、活頂，契載不明告找、告贖。該縣附請酌定年分，似亦息争杜訟之一法。

查定例，民間置買産業，如係典契，務於契内註明回贖字樣。如係賣契産，亦於契内註明絶賣、永不回贖字樣。其自乾隆十八年定例以前，典賣契載不明之産，如在三十年以内，契無絶賣字樣者，聽其照例分别找贖。若遠在三十年以外，契内雖無絶賣字樣，但未註明回贖者，即以絶産論，概不許找贖。如有混行争告者，均照不應重律治罪等語。是業户之找贖，已有年限可循，而佃户之頂頭，應請亦照業户典賣找贖定例酌斷。嗣後頂契、召契開載未明之業，在三十年以内，契無絶頂字樣，聽其照例分别找贖。若遠在三十年以外，契内未注回贖者，即作絶産，不許找贖。如蒙允準，即通飭各屬一體遵照。仍飭出示曉諭，凡頂契、召契俱須註明回贖、絶頂字樣，以杜争端。此案何其賢佃田，應飭縣查明沈吉照召票是絶、是活，因何隔手私找，應否斷贖，另行核議，畫一辦理等因。乾隆二十八年三月二十八日，奉撫院熊批如詳，飭將何應足照擬折責，仍飭查明何其賢佃沈吉照召票是絶、是活，因何隔手私找，應否斷贖，核議另詳，餘如議。通飭遵照並候督部堂批示繳。又奉總督楊批，何應足等仰即照擬杖笞，轉飭折責發落。至頂契、召契開載未明之業，照典賣契定，以年限分别找贖，亦屬杜訟之法。即如詳通飭各屬，一體遵照，出示曉諭。嗣後凡頂召契内，務須註明回贖、絶頂字樣。以免紛更争訟。餘照行仍候撫部院批示繳。

《大清會典則例》卷一五《吏部・考功清吏司》 雍正十二年議準：

凡不法紳衿私置板棍擅責佃户勘實，鄉紳照違制律議處，衿監吏員革去衣頂職銜，照律治罪。地方官容隱不行察究，經上司訪出，題參照徇庇例處分。失覺察者，照不行察出例罰俸一年。如將佃户婦女占爲婢妾者，皆革去衣頂職銜，按律治罪。地方官徇縱肆虐者，照溺職例革職。不能詳察者，照不行察出例俸一年。該管上司徇縱不行揭參，照不揭報劣員例議處。至有姦頑佃户，拖欠租課，欺慢田主者，照例責治。所欠之租照數追給田主。

（清）李璋煜《視已成事齋官書》卷八《禁佃户吞租示》　爲嚴禁頑佃吞租以清鬭源事。照得田産各有業主，佃户理應輸租，如敢吞欠抗延，則有比追治罪之例。今本道訪聞某鄉頑佃，始因械鬭拖欠田租，漸則視爲己業，相率抗吞。兇徒坐享無糧之田，業主轉受賠糧之累，欲換佃而無人承種，欲退田而依然霸耕，賦課難償，追呼徒切，於理則悖，於法難容，合亟曉禁，爲此示仰某鄉人等知悉：爾佃户等凡有佃耕業主地畝，悉行照額還租，毋得仍前抗違，藉資鬭很。該鄉衿耆等亦當向衆人剴切開導，喻之以理，戒之以法。認真約束，勿啓衅端。倘再有頑徒抗租糾鬭，該衿耆等即指名禀送究辦。如敢徇護，併治以不能禁束之罪。其各凜遵毋違，特示。

《户部則例》卷一〇《田賦・撤佃條款》　一、民佃官贖旗地，官給印照，開寫地畝及應徵租銀各數，於秋成後徵收，解司彙解部庫。佃民遇有事故，准其報官具退，聽官招佃，不得私相授受。倘有典賣，照盗賣官田律治罪，仍撤地另佃。遇災按照分數分别蠲緩。如有荒瘠應行除租，令該管道員親勘，加結出具印文，申報總督衙門咨部。

一、民人佃種旗地，地雖易主，佃户仍舊。地主不得無故奪佃增租。如佃户實係拖欠租銀，許地主撤地另佃。倘佃户指霸，呈官勒退。或地主實欲自種，佃户雖不欠租，亦應退地。若並無前項情事，而莊頭、地棍串唆奪佃增租者，嚴加治罪。

一、民佃地畝或因欠租，或因自種，原業撤回地畝之丙，如佃户已蓋房建墳，佔用地基，即丈明畝數，令原佃照上等地交租，地主不得勒令遷移，及額外需索，違者治罪。凡佃户欲於現種納租地内葢房、葬墳，地主允從者，聽之。

一、民人佃種八旗入官地畝，應納官租，准照原業所收租數，每銀壹兩，減納銀壹成叁分，交官報解。地方官不得多收，其銀兩隨解藩庫，分季彙册解部，每年另册奏銷。各官經徵督催不力，指名糸處。

一、民佃地畝，業户因建墳塋占地若干，准其撤地，其餘地畝仍租給原佃承種。如撤地後並不立墳，另行招佃者，照奪佃例辦理。

一、大粮莊頭及旗人看墳管地，家奴如係在屯居住，實無養贍，呈請撤地承種者，查係莊頭親丁以及在檔家奴，與本村居住在十里以内者，准將該地按畝撤給三成。其撤地原佃如將地畝全行撤出，准其在於未曾撤地各佃名下，照前成數撥補。如該莊頭、家奴等撤地後，承種一二年，另佃與人，一經控發，照奪佃例另詳專條斷給原佃承種，仍治以應得之罪。

一、内務府莊頭、園頭拖欠錢糧革退後，親丁、另姓、孤户等三限無人接充，内務府足例，親丁四箇月期限，另姓及孤户均三箇月期限。限内代完錢糧准其接充。派令現充莊頭、園頭就近認領計畝交差。若莊頭、園頭不願認領，責成地方官照每畝交租銀壹錢捌玖分之數，按年交納。六月交納三成，十月交齊。由内務府派委員役前往各州縣牌取，以備差需。

一、革退莊頭地畝無人接充，准令現充莊頭並無拖欠錢糧者具呈，先交現年錢糧。整分者，撤領官地玖頃，原領官地拾捌頃者爲整分。今准更領半分官徵地玖頃。半分者，撤領民地拾捌頃，原領官地玖頃者爲半分。今准更領整分官征地拾捌頃。按額加差交糧。其陳莊頭如有願領加地者，止准撤領半分。儻有拖欠，一體查抄，備抵治罪。

（清）薛允升《唐明清三律彙編・户律・田宅・檢踏災傷田糧》　户部覆東撫佛倫條奏：嗣後直隸各省，遇有特旨蠲免錢糧之省，業主既當一應差徭將蠲免錢糧之數分作十分，以七分蠲免業户，以三分蠲免佃種之民，此蠲免數目，業户若不蠲免，或被地方官員查出，或被旁人首告，將業户從重議處。其佃種之民蠲租之處，仍報明該地方官蠲免。康熙二十九年七月二十八日奉旨：依議。

户部九卿議覆廣西布政使元展成條奏，查蠲免佃民之分數，各省風俗不同，有將恩免錢糧之數計免三分者，有將佃户應完租米酌量減免者。但鄉里愚民不知計算，無從分晰，應免之數或爲業户所欺，以致不得實沾浩澤。應如元展成所奏，將廣西省蠲免錢糧不必分作十分，以七分蠲免業户，以三分蠲免佃民，亦不問完糧多寡，止就佃户應納業户之租合計，十分減一。如佃民應納田租一石者，於本年均減租一斗，務使業户佃民各沾實惠。倘有業户照常勒取者，該地方官查出，將業户按律治罪。又不特廣西一省當然，並可通行直省。以爲定例。但賦輕少之省，每租一石免其一斗，與十分免二之數大概相符，而江浙賦重糧多之地，若租米一石，祇免一斗，不及恩例十分免三之數。請將江浙省分凡遇蠲免錢糧之年，依蠲免分數計算。恩免十分者，佃民應納租一石，減租一斗五升，如恩免五分者，減租七升五合。其餘各省，悉照廣西之例，遇蠲免之年，依蠲免分數計算。恩免十分者，佃民應納一石，減租一斗；恩免五分者，一石減租五升。如有蠲免分數多寡不一，依此計算。雍正八年八月初四日奉旨：依議。

乾隆二年七月三十日奉上諭：蠲免錢糧所以舒民力而惠黎元，或偏災偶見，尤宜急加寬恤，故《周禮·荒政》以薄徵爲先，乃不肖州縣一聞蠲免恩旨，往往於部文未到之前差役肆出晝夜摧比，追呼之擾更甚平時，迨詔旨到日百姓已完納過半。朝廷有賜復之恩而閭閻不得實被其澤，甚至官吏分肥侵漁中飽，情弊種種，深可痛心。我皇考世宗憲皇（皇）〔帝〕洞悉其弊，雍正十一年八月内，蠲免甘肅地丁銀兩，奉旨將已完在官之項，准抵明年正課。此誠萬世之良規，所當遵奉者。嗣後凡有蠲免，俱以奉旨之日爲始，其奉旨之後部文未到之前，有已輸在官者，准作次年正賦，永著爲令。如官吏朦混隱匿，即照侵盗錢糧律治罪。欽此。

《大清新法令》第七卷《宣統新法令·外務部咨各省洋商租地約未經註册不能認為業主文光緒三十二年》 光緒三十二年二月十三日，準辦理滬寧鐵路大臣文稱，本年二月初八日接據滬寧鐵路總管理處沈道敦和王道勛禀稱，竊照光緒二十九年八月初一日，奉前督辦大臣盛札開前駐滬英領事璧利南函陳，鐵路辦法兩條：一、該地先經西人註册，設遇路工需用争價不定，即由地方官會同該管領事公斷，按照毗連地價爲收地之準則。二、華人有租地與西人尚未過户而即將過户者，印税之時由地方官飭就租約註明，日後設爲路工所需亦照上款公斷辦法，給與毗連地價。並據隨函聲明，凡洋人租地之約未經註册蓋印者，總公司不能認洋人爲地主各等語，經本大臣咨明外部暨各省督撫通飭遵行有案。查鐵路圈用地畝，凡有洋人置業未經註册蓋印者，自當按照定章不能認爲業主，只應作爲民地一律辦理，除批飭總管理處沈道等即按照定章妥辦外，請查照咨行兩江督部堂、江蘇撫部院迅飭江海關道道照妥辦。再，沈道等禀内附呈各節，甚有見地，現各省通商口岸每因洋人置産，迭生糾葛，遇有公家圈出地畝，奸民輒串同洋人認爲洋産，以爲抵抗，謀利之計，實屬有損主權，應請將沈道附陳各節通咨各省督撫，行飭該管道、府一體導照辦理等因前來，相應咨行貴督撫查照，轉飭各屬一體導照辦理可也。

《臺灣私法物權編·業主權·業主權之沿革·田園之業主權·墾單》

特簡州正堂管彰化縣正堂張，爲請墾荒埔，以裕國課事。據貢生楊道弘具禀前來，詞稱：農爲民事之本，産乃國用之源。弘查興直埔有荒地一所，東至港，西至八里坌山脚，南至海山山尾，北至干荳山，堪以開墾。此地原來荒蕪，既與番民無礙，又無請墾在先，兹弘願挐借資本，備辦農具，募佃開墾。爺臺愛民廣土，恤士裕國，恩准給墾單告示，弘得招佃開荒，隨墾陞科，以裕國課等情。據此，飭行鄉保通事查明取結外，合就給墾。爲此，單給貢生楊道弘即便照所請墾界，招佃墾耕，務使番民相安，隨墾隨報，以憑轉報計畝陞科，供納課粟，不得遺漏，以及欺隱侵佔番界，致生事端，凛之，慎之。須至墾單者。

右單給貢生楊道弘准此。

雍正五年二月初八日給。

《臨時臺灣舊習慣調查會第一部調查第三回報告書·臺灣私法·不動産·總論·不動産的種類·總説》 臺灣的土地及其他物體的權利隨時代推移有所變遷。荷蘭時期的王田，其業主權爲官府所有，人民只是佃人而已，但房屋的業主權爲人民所有。【略】迨至清代，由於田園一律歸爲私業，而且租佃關係隨開拓發展日日增加，官府亦一任人民私約，以致除宜蘭地區之外，在各地發生頗爲復雜的土地權利關係，即向小租户承耕土地的佃人稱爲現耕人要每年向其繳納一定的小租，向大租户承租土地開墾的小租户要每千向其繳納一定的大租的關係。大租户又稱墾户、墾首、業户或業主等，即向官府或番人取得土地開墾權之人。小租户又稱佃户或田主等，臺東地區稱之爲墾户。佃人稱大租户及小租户爲頭家。又向番人或番社承給土地開墾時要向番人或番社繳納番祖，如自己開墾則成爲小租户而番租成爲大租，轉給他人開墾則成爲大租户，而要負擔番租。

臺灣開闢之初，水圳大多由資産家出資開築，小租户利用水圳灌溉時要向其繳納水租，將於埤圳之部叙述。

厝地房屋基地的租權關係更復雜。向小租户承給土地建造房屋之人稱爲厝主，要向小租户繳納地基租，給出厝地之人稱爲地基主，要向大租户繳納大租。厝主將房屋出租時，承租人要向其繳納租金。

如斯，臺灣的田園及厝地租權通常有幾個層次，列表如下：

大租或番租——小租——佃人——田園
水租（小租之下）

番租——大租——小租——佃人——田園
水租（小租之下）

大租或番租——地基租——厝主——厝地

番租——大租——地基租——厝主——厝地

此種土地權利重疊的制度，可比封建時期的土地由諸侯承受於主權者，並約定役務，臣下承受一部份於諸侯，亦約定役務，佃人承受於臣下，並約定繳納報酬之制，與德國古法、英國法的不動産法及日本的上土、下土制度相似。

紀事

《三國志》卷一六《魏志・任峻傳》　任峻字伯達，河南中牟人也。漢末擾亂，關東皆震。【略】是時歲饑旱，軍食不足，羽林監潁川棗祗建置屯田，太祖以峻爲典農中郎將，〔募百姓屯田於許下，得穀百萬斛，郡國列置田官〕，數年中所在積粟，倉廩皆滿。

《後漢書》卷三《肅宗孝章帝紀》　〔元和元年〕二月甲戌，詔曰：【略】其令郡國募人無田欲徙它界就肥饒者，恣聽之。到在所，賜給公田，爲雇耕傭，賃種餉，貰與田器，勿收租五歲，除筭三年。其後欲還本鄉者，勿禁。【略】

〔元和三年〕二月壬寅，告常山、魏郡、清河、鉅鹿、平原、東平郡太守、相曰【略】今肥田尚多，未有墾闢。其悉以賦貧民，給與糧種，務盡地力，勿令游手。

《宋書》卷八二《周朗傳》　周郎字義利，汝南安城人也。【略】世祖即位，除建平王宏中軍録事參軍。時普責百官讜言，朗上書曰：【略】今自江以南，在所皆穰，有食之處，須官興役，宜募遠近能食五十口一年者，賞爵一級。不過千家，故近食十萬口矣。使其受食者，悉令就佃淮南，多其長帥，給其糧種。

《晉書》卷二六《食貨志》　魏明帝世徐邈爲涼州，土地少雨，常苦乏穀。邈上修武威、酒泉鹽池，以收虜穀。又廣開水田，募貧民佃之，家家豐足，倉庫盈溢。【略】

元帝爲晉王，課督農功，詔二千石長吏以入穀多少爲殿最。其非宿衛要任，皆宜赴農，使軍各自佃作，即以爲廩。【略】

百官各上封事，後軍將軍應詹表曰：【略】江西良田，曠廢未久，火耕水耨，爲功差易。宜簡流人，興復農官，功勞報賞，皆如魏氏故事，一年中與百姓，二年分税，三年計賦税以使之，公私兼濟，則倉盈庾億，可計日而待也。

（宋）李燾《續資治通鑑長編》神宗元豐七年四月〔己酉〕又沅州

官水陸田、山畬，乞許射佃，候耕墾熟，限年立課。辰州土丁三千，自建誠、沅州，分在逐州屯守，裹糧番休，相繼於道，人力不易。欲乞募歸明人及内都每土丁十人兼雇四人，漸可減罷土丁。緣邵州屬湖南，誠、沅州屬湖北，融州屬廣西，地跨四州，分屬三路，緩急措置不相照應。欲乞誠、沅、融、邵四州内，擇地理居中要便一州，令知州帶提舉誠、沅、融、邵四州緣邊溪峒兵甲公事，或緣邊安撫都監名目。如逐處溪峒有合措置，許申稟提轄，抽那應副。詔：誠州買廣西鹽，立蠻人地税，免租課佃官地，並施行。其乞誠、沅、融、邵四州擇知州帶四州兵甲事，下逐路相度。

（宋）李燾《續資治通鑑長編》哲宗元祐二年三月〔辛巳〕侍御史王巖叟言：

臣伏見翰林學士蘇軾上言，乞出内帑錢帛，補常平元數三千萬貫、石，盡以買田募役事，欲一變陛下成法，所繫甚大。原無朝旨令下三路相度，其詳定役法所專輒行下，竊恐三路郡縣人情驚擾，安疑國家別欲更張。陛下方務以安静養天下，今日之事，不宜輕有動搖。伏望聖慈先詔執政大臣深究可否，如執政大臣皆以爲可，更乞下近臣集議，近臣又以爲可，然後訪之四方，未爲晚也。臣欲乞速賜指揮詳定役法所，追收三路相度文字，及令分析行下因依聞奏。

巖叟又言：伏見蘇軾建議乞盡發天下所積常平寬剩錢斛三千萬貫、石，買田募役，欲卓然立一大事，自陳五利、二弊。臣竊考五利皆難信之辭，二弊皆必然之理，然未足以盡也，臣與士大夫深究其説，又得十弊，爲陛下列之。

無知之民苟於得也，初或應募佃地，三五歲間，或以罪停，或以疾廢，或老且死，其家無强丁以代役，則當奪其田而別募，乃是中路而陷其一家於溝壑。此一弊也。

富民召客爲佃户，每歲未收穫間，借貸周給無所不至，一失撫存，明年必去而之他。今一兩頃之空地，佃户挺身應募，室廬之備，耕稼之資，芻糧之費，百無一有，於何仰給，誰此主當？此二弊也。

近郭之田，人情所惜，非甚不得已不易也。今郡縣官吏迫於行法，或倍益官錢，曲爲誘勸，或公持事勢，直肆抑令。愚民之情，一生於貪利，一出於畏威，不復遠思，容肯割賣。洎官錢入門，隨手耗散，遂使兄弟啓交争之患，父子有相怨之家，舊章既隳，美俗亦壞。此三弊也。

良農治田，不盡地力，故所獲有常，所利無盡。今應募之人，知官田終非己業，耕耘種殖定不致力，務劫地力，以苟所收，所收浸薄，其去益輕。此法果行，數年之後，不獨變民田爲官田，將見壞好土爲瘠土。此四弊也。

前日以錢雇役，患在市井之小人，今日以田募役，又止得鄉村之浮客，均之不可爲郡縣。此五弊也。

弓箭手雖名應募，實不離家，有事則暫時應用，無事則終歲在田。雖或輪次上番，自亦不妨農事，非如其餘色役，長在公門，猶聞未足者難招，已招者時去。引之爲比，不切事情。此六弊也。

第三等已上人户，皆能自足，必不肯貪佃官田，願充永役。今既立法，須第二等以上人户許充弓手，第三等以上許充散從官以下色役，乃是以給田募役之名，得揭簿定差之實。既云百姓樂於應募，何故第四等以下即須要第一等、第二等户委保？一有逃亡，便勒保人承佃充役，仍是知其不可，曲爲之防。既不能措下户於安業，又不能躋上户於樂生。此七弊也。

民間典賣莊土，多是出於婚姻喪葬之急，往往哀求錢主，先爲借錢，後方印契，略遭梗礙，猶必陳辭。今賣之入官，官吏艱阻，事節必多，設法雖嚴，終難杜絶。或已申官欲賣，令佐未暇親行相驗，或已定價賣到，未有投名人情願承佃，未敢支錢，抑留多日，百姓欲罷則不能，欲訴則無路。此八弊也。

應募之人，若盡納貧民，則水旱凶飢，何以禁其流徙？若皆收募上户，則支移、折變，卻當並在何人？此九弊也。

朝廷患不理去官、赦降原減之法爲太重，方詔有司更定，而又立此條，蓋議者自度其難，而專欲以力制事，以法驅人。若緣久遠召募不行，官吏並科違制，又不以赦降去官原減，則凡歷三路郡縣之吏，無全人矣。此十弊也。

臣雖陳十弊，止百姓有司之事，未及社稷計也，蓋有大可惜者三焉。陛下之所恃以爲國者，祖宗之成法也。成法之中，天下共以爲利而不可改者，莫大於差役之法。陛下復之，而行之方幾日，今率然獻議而欲變之。此大可惜者一也。

有天下者，常以得民心爲難也。自陛下與百姓休息，人人之心以父母戴陛下矣。保而勿失，安樂之福足以無窮，何苦而欲擾之？此大可惜者二也。

內帑之所藏，常平之所積，積之甚艱，國家宜留以備倉猝，紓百姓之急。今平居無事，而欲傾竭之，不知將何以待非常？此大可惜者三也。

臣誠愚不足以知天下事，徒知天下蒼生不容再誤，故盡愚忠而無所避。願陛下守成法，固人心，愛國用，爲廟社生靈無窮之計，天下幸甚！乞下臣章與軾之議參考而擇之。

貼黄稱：建議者云：給田募役，真先帝本意。臣契勘熙寧七年五月，因李承之奉使陝西，於役法內修立奏請施行，次年四月，即降朝旨寢罷。若非先帝意已釋然明知其不可，何由有後來指揮？乞下中書省檢尋本末文字詳究。又建議者云：弓箭手已有成法，無可疑者。臣按：元豐元年，河東經略使韓絳奏，以麟、府、豐三州招置到弓箭手逃亡及放免外，其闕額人，自來爲地土瘠薄招刺不得。元初招置之時，惟仰借請官中牛具、農器、錢斛以徇目前之利，復值連年不豐，官給口食養育，逃免者二千人，逋欠錢斛一萬七千餘貫、石，及有不會農作，只在城市賣熟食之人，其空閒地土，又大半砂瘠不堪耕種。此奏具在，乞賜考詳。

又建議者云：係官田先問見佃人，若無丁應募，或自不願充役者，方得別行召募。按三路百姓佃官田者甚衆，往往父祖相傳，修營廬舍，種植園林，已成永業。一朝奪去，遂使何歸？臣恐大傷民情，非陛下今日意也。

三路，元豐八年人户見佃户絶荒田都共一萬一千六百八十頃有零：河北三千八百三十八頃，河東三千一百七十八頃，陝西八千六百七十一頃。

右司諫王覿言：伏見蘇軾建議免役寬剩錢斛三千餘萬貫、石，向緣軍興借支幾半，乞出內帑金帛復全三千萬貫、石，於河北、河東、陝西三路買田募役，詳定役法所已下三路相度。臣竊以爲非計也。

夫尺地莫非王土也，一民莫非王民也。自天地既分，君臣既立，民爲君役，亦已久矣。短長之命，君所制也；天地之宜，君所相也。故食其租，役其力，而不爲虐也。雖使陷水火而不敢辭，冒白刃而不敢怨者，分定故也。今買田募役之議，遠不法二帝、三王常行之道，近不用一祖、五宗已成之法，而必欲如富家大姓幸其鄰里之破産賣田，則啗以厚利而兼并之，然後可以食其租而役其人，亦已陋矣。夫田連阡陌，役屬佃户，匹夫用此以雄於一鄉，可也；以謂此真可以爲有天下者力役之良法，則豈不惑哉！

今陝西緣邊與羌戎之地犬牙相錯也，故朝廷出捐其地，以募弓箭手，而免其租税。所謂弓箭手者，身先常役也。彼得其地以力耕，而無租税之憂，我得其人以捍寇，而省養兵之費。世以爲便，不亦宜乎？以至鎮戎、德順皆在極塞，所募役人，雖有常職，而人肯應募者，亦以田無租税而已。自餘惟洮、河數州未有租税之民，與德順、鎮戎事體均等，既無五等税户可以差役，則勢不得已，恐須給田召募。蓋常賦既不及之，則役人固其願也。然亦豈須效富家大姓，出金幣以買田而後可爲耶。今若創買民田，行其法於內地，而免其常賦，則是縣官先有買田之費，又歲歲以其租税而雇役也，與給錢雇人果何異哉？所謂異者，前日雇人，錢出於民，今日雇人，税出於官而已。税既太虧，豈不爲經費之害，若不免其常賦，則一二頃之田歲得幾何，而既奪其力，又責其税，使終身不得休息，而更爲子孫之累，豈不酷哉？夫無知之民，初雖以得田爲悦，及其勞於役使，困於饑饉，則以逃亡自免而已，豈常久之計耶？

今差役之法，萬户之邑，歲役不過數百人也。擇數百人於萬户中，非物力優厚者不預也，又有時而更休焉。然論者猶恐其不能勝役，故生以田募役之議也。彼應役之民，得田於官，雖爲一時之幸，若論其實，則受田於官與受田於父祖者，有以異乎？地利之所生，均有限也。豈不受田於父祖者，則田雖甚多，又有更休，而猶慮其不能勝役；受田於官者，則田雖至少，又無更休，而反可以應役無窮耶？此不待深思而可知者也。

軾之議曰：熙寧中，嘗行給田募役法，聞之道路，出自先帝聖意。而左右大臣意在遽成，且利寬剩錢以爲他用，故更相駁難，遂不果行。孝者，善繼人之志，善述人之事，武王、周公所以見稱於萬世也。臣亦以爲不然。謂其法出於先帝之聖意，非臣之所能知也。謂其法廢於大臣之私意，亦非臣之所能知也。然有可以知者，初行之，則先帝必以其法爲是，而終罷之，則先帝必以其法爲非矣。今但欲奉承先帝行其法之意，而不能奉承先帝罷其法之意，又豈非惑耶？夫孝者，善繼人之志，善述人之事，固武王、周公之所務。然聖人之志，惟聖人爲能知之，其知之無難者，事而已。所謂事者，亦隨時而損益焉，乃所謂善述也。是故文王作豐邑，非不爲長久之計也，至武王則不居而作鎬京。文王治岐，關市譏而不征，澤梁無禁，非不爲長久之法也，至周公相成王而治周，則關市有征而澤梁有禁。此周公、武王之事豈盡同於文王哉？然後世以武王、周公爲達孝者，以其事在於適時之宜，而損益更張，不害其爲善繼善述也。使買田募役之法，先帝終行之而不宜於今，猶當更改，況先帝察其爲非而罷之者耶？

且民不可以屢動。前日，朝廷以免役之法不能無弊，暨變而爲差役。夫差役者，祖宗之舊法，有成書也，行之宜甚易矣，然猶衆議紛紜、民情疑惑者，經年而後定也。今又欲無故改作，以駭郡縣，以惑三路之民，非安靖之道也。臣欲乞聖慈詳酌，指揮下有司，罷以田募役之議，以安民情。蘇軾買田募役議附見元年四月、六月。王巖叟、孫升、王覿議自注云三月十八日。升議云正月以後，而無其日。今因於三月末附王巖叟及覿並上官均議。

殿中侍御史孫升言：臣嘗讀《詩》曰：不愆不忘，率由舊章。竊以祖宗百有餘年，聖賢經綸，成就太平之業，自三代以來，未有如今日之治。然則法度典章，萬世子孫遵而守之，不可改易。雖聖人之法，行之既久，必有偏弊，要在後世救其偏，補其弊而已。

伏惟陛下自臨御以來，祇率舊章，允迪前烈，深知免役出錢困民而爲害於天下，故自元祐之初，發德音，詔四方復行祖宗百年舊法，罷去出錢免役，盡依熙寧元年以前條貫施行。令下之日，四方民庶莫不鼓舞。然自去年九月中旬以來，復議城郭五等以上出錢，九月十八日。今年正月以後，又使鄉村三百貫以上減半免役。一年之間，詔令凡三易矣。臣訪聞四方之民，自降九月中旬指揮，又見今年正月所頒條貫，皆詾詾不安，以謂朝廷命令變更不定，而祖宗舊法將復改易。刻剥聚斂之徒，假息竊視，幸其有間，復肆毒螫。臣嘗罄竭狂瞽，冒聞天聽，終未蒙朝廷省察施行。

臣又聞議者建言欲廢祖宗差役法，而買田以募役。中外傳聞，莫不怪駭，而廟堂之論不能折其狂言，詳定役法之官畏避不決，乃行下三路相度。臣竊恐四方聞之，民心益不自安。且買田募役，在熙寧蓋嘗行之，曾未數月而罷。今日建議之人，以謂聞之道路，出於先帝之意。臣竊以先帝勵精政事，必有見於朝廷，豈當聞於道路？夫買田募役，雖甚愚知其不可行，不待臣言然後見也。臣且以建議者自言其利有五而其害有二，利之大者不過散免役寬剩錢三千萬以買田，使民知先帝非有意於重斂，蓋將爲今日之用耳。臣以謂天下之民，雖愚夫愚婦，莫不知先帝有仁民愛物之意，而聚斂之臣，行法之過，豈待爲區區之跡以自明哉？豈必因議者之言然後信哉？害之大者，使陛下捨祖宗百年太平之成法，而令百姓有患及子孫之害。輕重得失，較然易知。古人以謂利不百不變法，今給田募役，利之小者，猶謂不過有五，而害之大者，自言必須有二，則是利未及百而害已過半矣，徒爲紛紛惑亂天下。

恭惟陛下即政之初，正在遵守祖宗成法之時，不當輕有改易，以動人心。伏望聖慈詳察，早降指揮下詳定役法所，速止絶三路相度行遣，以慰安四方人心，則天下幸甚！

監察御史上官均言：臣竊見翰林學士蘇軾近論買田募役事，朝廷送役法所相度。議出之日，中外士大夫莫不駭異，以爲於理決不可行。臣輒因軾之所具利害條目，得以縷陳之。

軾以爲募役人大抵多是州縣百姓，若所買田去州縣太遠，即久難以召募，欲乞所買田並限去州若干里，去縣若干里。臣以爲弓手給田二頃，散從官一頃，計每縣役人少者須近百人，給田近二百頃。頃畝既多，又須接近城郭，勢必難足。蓋强民出賣則買怨，誘民出賣則傷民，聽其自便則田不可得足，此不可行一也。

軾以爲今三路官吏推行，恐或抑勒賣田，或召募浮浪，或多買瘠薄，取辦一時，不顧後患，欲選材質朴厚知州三人，令自辟屬縣，令每路一州先次推行，令一年中略成倫理，一路便可推行，委轉運、提刑常切提舉，若不推行，或推行乖方，朝廷覺察，重賜行遣。臣以爲民之賣田未必膏腴，所賣膏腴未必近州縣。今既不許抑勒，則賣田應格者宜少，雖使材質朴厚太守自辟屬令，若不抑勒賣田，召募浮浪，取辦一時，安能一年中成倫理耶？夫士農工商，技有所長，用有所適。蓋辨墝肥、相種藝農圃之事，非士之所學也。世之士大夫自買田業，非不悉心，往往價高而田薄，地廣而收鮮。何則？以其非所習也。今若以縣令誤以高價買瘠田爲推行乖方，便加譴責，而不考其餘事，則循良之吏將有不幸而罷去者矣。又既令監司督察，則往往承望朝廷風旨，要以速辦。監司督州，州督縣屬，上下相承，苟務應法，勢必至於抑勒賣田，多買瘠薄以逃責矣。自熙寧以來，監司奉法者類多如此。蓋奉法嚴則繩吏峻，繩吏峻則苟免之心生，文具而無實，民受其弊，理之必然，此不可行二也。

軾以爲百姓賣田須先申官，令佐親自相驗，委是良田，方得收買。如官價低小，即聽賣與其餘人户，不得抑勒。又買到田未得支錢，先召投名人情願承佃充役，方得支錢，不得抑勒。臣以爲百姓不願與官中貿易者，蓋上下勢隔，情意不通，又胥吏輩輾轉求索，百方邀賂，雖嚴明令長不能絶也。正使官中買田與私價等，百姓寧自相貿易。今令賣田之人必先申官，官價低小，方得賣與其餘人户，名爲不抑勒，實與抑勒無異。又鄉閭之民，自非窘乏朝夕待用者，必不肯出賣良田，今令賣者申官，令佐檢視，然後收買，役人情願承佃，方得支錢，近須半年，遠須一年以上。既不能紓目前之急，又重有往來賂遺之費，雖官中不至失利，而賣田之民重困弊矣，此不可行三也。

軾以爲令佐如買瘠薄田，致久遠召募不行，即官吏並科違制，分故失定斷，仍不以去官赦降原減。臣以令佐之能，在於公心愛民，寬明不擾，鉅細畢舉，則爲善政。不當以事之一二論其殿最。今有長令世以爲循吏，偶於買田之際不能辨識，有數十頃瘠薄，召募不行，便加以違制之罪，是以一而廢百，得無失刑歟？熙寧之初，柄臣過計，官吏有違常平新法，不以去官赦降原減。當是之時，官吏以此獲罪者，不可勝數，中外竊議，以爲非宜。今既已罷煩擾矣，又欲襲前日之過計，未見其善也。大抵議者立法，意欲必行，則必嚴爲法禁，法禁太嚴，則更以便文苟免，不復計民之利害，此不可行四也。

軾以爲係官田若是人户見佃者，先問見佃人，如無丁可以應募，或自不願充役者，方得別行召募。臣以爲人户所請官田，近或五七年，遠或數十年，其間有墾荒、糞瘠費用財力。耕治既熟，一旦奪之，有傷人情，此不可行五也。

軾又以爲應募之民，正與弓箭手無異。臣以爲並邊之地既難得田，又弓箭手平居無役，止於每歲一閱，故邊境之民樂於受田於官。今則受田一二頃，而役之終身，累其子孫，豈民之所願欲哉？雖曰受田二頃，服事奔走，當費其半，豈若役屬富民爲佃户，中分其利，作息自如，刑責不及之爲便耶？愿民既不就募，而浮浪者又不許充役，將見有名而無實，安能減色役而寬農民耶！

軾又以爲穀賤傷農，而農民賣田常多不售，若官爲買，則田、穀皆重，農可小紓。臣以爲頃歲以來，民多賣田者，以助役納錢，常平出息，聚斂之臣肆行掊克，中民困於不足，故多鬻田。錢歸公帑，歲不流布，賣田者多，積鏹者少，故田苦不售。今則罷常平、助役之法，一切財利皆歸於民，行之歲餘，民力已紓，自今已往，賣田者必少。賣田既少，則不患其不售。如官中出錢買田，厚於私價，則是誘民破産，公私非便；與私價等，則民不願鬻，無一可者。臣未見其可以重田穀，紓農民也。

軾又以爲納錢於官，常苦幣重，若散以買田，則貨幣稍均。臣以爲諸路之錢，今已散爲平糴，又隨州郡所出，變轉物貨，則曩時之積既流布於民矣，不待買田而後貨幣可均也。

軾又以爲此法既行，民享其利，追悟先帝所以取寬剩錢者，凡以爲我用爾，疑謗消釋，恩德顯白。臣以爲先帝神聖文武，興立法度，所以垂無窮者，如日麗天，孰不瞻覩者。至於役錢寬剩，蓋因謀利之臣私憂過計，此天下之所共知也，安在其散錢買田而後釋疑謗耶？

軾又以爲寬剩役錢，令付有司逐旋支費，終不能卓然立一大事，建無窮之利，若用買田，如私家變金銀爲田産，乃是長久萬全之策。臣以爲買田募役，臣已縷陳其有五不可行，至於散常平之積以爲平糴，以爲水旱荒兇之備，此所謂出民力而爲民用，亦所以結民心而裕民財也。繼志之孝，無窮之利，孰大於此！又何必如私家變金銀爲田産，然後爲長久之策耶？又況變錢爲田，常平遂無本錢，將何以因時糴糶便農民耶？若夫患有司之妄費，爲之節制，適當可矣，日減月亡，又何足恤哉？

臣以爲三代以來至於本朝，累聖相繼，法度損益，無所不有。至於治民之政，以力供役，以田供税，凡數千年未之有改也。熙寧中，先帝以議臣之請，買田募役，行之半年，田既難置，民鮮就募，士論不以爲便，遂不果行。以先帝之睿慮英斷，勵精爲治，如以此法爲便，豈復疑於左右之論而中輟？臣竊意其不然也。今役法已成，頒下四方，四方之民休息安堵，沐浴聖澤，既已少定矣。願陛下不以一臣之私論，而破天下之公議，速行寢罷，以解中外之疑，天下幸甚！

《宋史》卷一七三《食貨志·農田》 凡州縣曠土，許民請佃爲永業，蠲三歲租，三歲外，輸三分之一。官吏勸民墾田，悉書于印紙，以俟旌賞。【略】

真宗景德初，詔諸州不堪牧馬閑田，依職田例招主客户多方種蒔，以沃瘠分三等輸課。河朔戎寇之後，耕具頗闕，牛多瘠死。二年，内出踏犂式，詔河北轉運使詢於民間，如可用，則官造給之；且令有司議市牛送河北。【略】

〔仁宗〕帝聞天下廢田尚多，民罕土著，或棄田流徙爲閒民。天聖初，詔民流積十年者，其田聽人耕，三年而後收賦，減舊額之半；後又詔流民能自復者，賦亦如之。既而又與流民限，百日復業，蠲賦役，五年減舊賦十之八，期盡不至，聽他人得耕。至是，每下赦命，輒以招轉流亡、募人耕墾爲言。民被災而流者，又優其蠲復，緩其期招之。詔諸州長吏、令佐能勸民修陂池、溝洫之久廢者，及墾闢荒田、增税二十萬已上，議賞，監司能督責部吏經畫，賞亦如之。【略】

〔建炎十四年〕十月，募佃江東、西閑田，三等定租：上田畝輸米一斗五升，中田一斗，下田七升。四年，貸廬州民錢萬緡，以買耕牛。【略】

〔建炎二十七年〕三月，户部言：蜀地狹人夥，而京西、淮南膏腴官田尚多，乞許人承佃，官貸牛、種，八年乃償。並邊免租十年，次邊半之，滿三年與其業。願往者給據津發。上曰：善。但貧民乍請荒田，安能便得牛、種，若不從官貸，未免爲虛文，可令相度支給。四月，通判安豐軍王時升言：淮南土皆膏腴，然地未盡辟、民不加多者，緣豪强虛占良田，而無徧耕之力；流民襁負而至，而無開耕之地。望凡荒閑田許人剗佃。户部議：期以二年，未墾者即如所請，京西路如之。詔以時升爲司農寺丞。十月，用御史中丞湯鵬舉言，離軍添差之人，授以江、淮、湖南荒田，人一頃，爲世業。所在郡以一歲奉充牛、種費，仍免租税十年，丁役二十年。【略】

紹興二十七年，趙子潚奉詔措置鎮江府沙田，欲輕立租課，令見佃者就耕；如勢家占吝，追日前所收租利。詔速拘其田措置，蠲其冒佃之租。二十八年正月，詔户部員外郎莫濛同浙西、江東、淮南漕臣趙子潚、鄧根、孫藎視諸路沙田、蘆場。先是，言者謂江、淮間沙田、蘆場爲人冒占，歲失官課至多，故以命蒙等。既而殿中侍御史葉義問言：奉行者不恤百姓，名爲經量，實逼縣官按圖約紐，惟務增數，以希進用。有力之家初無加損，貧民下户已受其害。因小利擾之，必致逃移，坐失税額。因極論之。二月，詔：沙田、蘆場止爲勢家詭名冒占，其三等以下户勿例根括。六月，以孫藎措置沙田滅裂，罷之。詔：浙西江東沙田、蘆場，官户十頃、民户二十頃以上並增租，餘如舊。置提領官田所掌之，不隸户部。二十九年，以莫濛經量沙田、蘆場失實，責監饒州景德鎮税，遂詔盡罷所增租。【略】

大抵南渡後水田之利，富於中原，故水利大興。而諸籍没田募民耕者，皆仍私租舊額，每失之重，輸納之際，公私事迴殊。私租額重而納輕，承佃猶可；公租額重而納重，則佃不堪命。州縣胥吏與倉庾百執事之人，皆得爲侵漁之道於耕者也。季世金人乍和乍戰，戰則軍需浩繁，和則歲幣重大，國用常苦不繼，於是因民苦官租之重，命有司括賣官田以給用。其初弛其力役以誘之，其終不免於抑配，此官田之幣也。

（明）邱濬《重編瓊臺藁》卷二三《海航處士趙君墓表》 浙西自昔多善富之家，而皆以田農起，率守道循理，各安其分而世其業。近日或乃有離制而棄本，忘其身之爲齊民，而不知所以品節限制焉者。有能於風靡波頹之中，而知以持盈爲戒，恐或淪於失墜，豈非善人君子哉！常之無錫鴻山趙山趙氏，故宋室之遠裔，有號海航者，其言曰：人涉世如舟之浮於海也，盈滿而不知所戒，則將有沈覆之患矣。故以海航爲號，人亦以是稱之。予友陳朝用，昔簉屬天官時，常屬予爲作海航序。今爲福建方伯以事上京師，復請爲文以表其墓。且出其所撰狀曰：君諱淵，字廣洋，海航其别號也。係出宋成國公叔黔後。南渡初，自汴南來居平江之臨頓里，平江今蘇郡也。叔黔生朝請大夫本之，本之生大中大夫公禮，四傳至若勝，若勝生吉甫，君之高祖也。再徙長洲之南橋。吉甫生繼道，君之曾祖也。國初來贅無錫唐氏，故今爲無錫人。繼道生公韞，號聽鶴，君之祖也。公韞生汝明，號怡菊，君之父也。君生稟異常，類河朔間人。時方以侈靡相尚，意氣相加，游玩爲樂。君獨平心易氣，勤生務本，斂華就實，未嘗佚游慢戲以棄日。非禮恣肆以殄物，恃財怙勢以凌人。介介然以安分知足，自戒畏刑，惜福爲心。嘗代父役爲糧區之長，更繇租賦惟其公，有後期者，姑緩之，或代之輸，而徐取其償，曰：吾與若皆編户也，徒以物力優於彼，爲之督爾租，了官事，幸無相貽累足矣。父老代掌家事，歲取租於佃田者，量歲豐兇而多寡其取予，有所欠負，未嘗盡其償，曰吾借力於若，若資食於吾，皆不可相無者，苟了官租，而徵有所得足矣。

（明）鄭文康《平橋藁》卷一一《别集類·成以昭配沈氏墓誌銘》

孺人諱在，姓沈氏，崑山成以昭之配也。以昭先娶浦，生一男一女。浦殁，續孺人。世之不幸失母之子，多受虐於所繼。孺人獨能一視均育姑安，而人誦之。初以昭有藏金若干，當孺人至，囑付焉。孺人曰金之性好動不好静，朝東暮西，若浮雲然。故人總目物皆曰東西，以見非一家一人所能永有。久閉不祥，否則或至移失。我曾大父伯敷，大父朝富，皆儒者，嘗言之，我能記之。以昭乃盡發所有，買田十頃，入其租，以供歲費。踰十年，陳腐相因，積廪無所容。於是以昭悉召佃者來減其舊入三之一。踰十年，又無所容，孺人曰：多財多累，且斂怨，何不爲寡累釋怨計乎？以昭遂凡故舊賓客、鄉氓、邮婦來告事，出於不意者悉賑之，歲爲常。迨今田至百頃，而食指恒數千焉。

（明）鄭文康《平橋藁》卷一二《王以平墓誌銘》 君姓王氏，諱衡，字以平，蘇州崑山人，兄弟四人。君善記歷代諸史盛衰興廢之蹟，家有田數百畝，歲收佃者，不計租之常額，而視歲之豐歉。豐則取盈，歉則降下其數。有田家皆惡之，君不爲改。故佃者樂佃其田，恒恐入租之後也。其租入歲費之餘，不習犬馬聲色無益，惟以濟貧結客爲事。其結客，不結聲勢氣焰而結道義。

（明）李夢陽《空同集》卷四三《明故例授宣武衛指揮使張公墓碑》

土俗租地，畝錢百張，公則八十已。而曰吾地畝租五十。於是，人争來租地無間者。計其入反倍於他，由是富盛。

（清）徐松《宋會要輯稿·食貨一·農田》 〔紹興〕二十七年五月十一日，中書門下省言：軍中揀退人或有死亡，州軍不支請給，其妻其子遂爲窮民。已許指射荒閑田耕種，支與一年請給，令買牛種，免租税丁役，使爲永業。今欲淮東、淮西、江東、江西、湖北、京西下逐州，委知通、知縣及逐路委常平、提舉官，括責形勢户及民户、見任官佔據没官逃移等田已未耕墾各若干頃畝，限半月開具申尚書省，遇有指射荒田請佃人，州縣日下標撥，并合支請給，於常平錢内並支，令州縣量度資給，即農具亦仰借助。仍官爲修蓋草席屋應副居止，以便耕種。其見任差遣者，除所支一年請給外，其未滿日月，令與接續批勘，已任滿人，布種之後，如闕食用，令州縣於常平米内量度借支，候收成日，分限還納。若將來耕種就緒，願增添請射者聽。若所委官及州縣措置有方，請佃數多去處，取旨升擢。從之。【略】

〔紹興〕二年三月二十二日，詔：昨招誘淮東八郡人户佃田，並免二年税租，將來合行催納之歲，可止據當年已種頃畝計數徵納，其後逐歲添度，墾闢到田畝，亦據實數添納，庶得人户曉然，易以安業。如或州縣過數催納，並科違制之罪，仍許人户越訴。【略】

六月十八日，江南東路安撫大使李光言：廣德縣見管逃田八百餘頃，方措置勸誘人户分户佃種，緣常賦比他處已爲差重，若便依建炎四年十月七日佃户法，候秋成日，除納官拘收外，止給五分，委實爲便於民。深慮無人請佃，轉見荒閑，欲將應承佃閒田及歸業之人，將見納租税先免本年秋料一料，自次年爲始，依請佃法，别免一料催科，只理正税，庶寬民力，有人承佃。從之。【略】

〔三年〕四月二十二日，工部侍郎李擢言：今東北之民流徙者衆，東南乘田疇者多，平江有湖浸相連，塍岸久廢，近或十年，遠或二十年，未嘗有人疏導者。有地力素薄，廢爲草萊，漲潦之餘，常若沮洳，未嘗有人耕墾者，悉號逃田。委通判與縣令同往相視，召問父老，爲水所居可以疏導若干，卑薄之地可以耕墾若干，各開具某處及頃畝多寡，揭榜以招誘東北流徙之民入狀請射，縣給種本，與免三歲之租，仍别立租額以寬之。仍委監司覆按，除其舊額。從之。十月七日，江南東路宣諭劉大中言：欲將江東西路應干閑田立三等課租，上等每畝令納米一斗五升，中等一斗，下等七升，更不須臨時增減，但令州縣開具已借定田色，召人請佃，據佃頃畝等第出給公據。如係未經籍定田土，限當日勘給承佃，免兩料催科外，自起催日令納租課，更不别納二税。詔下户部。本部欲下轉運司參

酌所立租課，比較夏秋兩料税額別無虧損，即依逐等所定數目，召人承佃。若於税額却有減損，即依舊來税額輸納。從之。【略】

〔紹興三十年二月〕二十八日，户部言：欲乞下淮南、京西、荆湖北路轉運司，除土著逃亡歸業人户自合依條等第、年限放免税賦外，其請佃官荒閑田如有逃亡於他處，別行請佃之人，令本縣籍記姓名，只許一次歸業外，餘並依再逃亡不許歸業條法施行。如限滿，依前冒濫及通同作弊立賞，許人陳告，犯人重行斷遣，仍將免過税租並行追理入官。詔令逐路帥漕司曉諭。【略】

〔乾道元年〕九月三十日，措置浙西江東淮東路官田所條具諸州縣沙田、蘆場，有見行法起理租税，止緣官户侵耕冒佃見占頃畝，致失常賦，及租佃人户計囑州縣從輕立租，昨雖紹興二十八年委官措置，緣督責嚴速，開具不寔，所立租數，不照鄉原體例一等施行，詞訟不已，致有衝改。今來除已立式行下州縣，開具四至，取赤契砧基照驗。如已經經界，立定二税，即依舊拘催。內沙田若圍圩成田，已經成熟，即依平田立税。其官、民户有侵占寬剩畝，及有經官請佃之數，并合取見詣寔，照色額肥瘠比見立税上添立租課。仍許見占田人限一月自首，如限滿不首，許諸色人陳告取賞，將所告之數全給告人承佃。户部契勘：官、民户侵占請佃添租事，合照前項已降指揮起理施行，餘依所乞。

本所又言：人户請買田産，內有寬剩畝角及冒占田段，如違限不首，即合委官抽摘户數打量覈寔。户部契勘：人户寬剩冒占田段不首，如無陳告，即將犯人追賞，及拘田入官。本所又言：州縣官吏若有不擾，率先辦集保明，乞賜優賞，如奉行不虔，或措滯騷擾，及容情蓋庇，具名申朝廷，人吏重行斷配。户部契勘：欲依所乞。本所又言：官、民户請佃沙田、蘆場，別立租。如不願租佃，即行拘收，或作官莊，或召人請佃，隨宜處置。所立租額，未審自何年分爲始。户部契勘：人户請佃拘收入官之田，召人租佃者，其租税合於來年秋理起。本所又言：沙田見令起催小麥、禾絲，沙地起催豆麥、絲麻，蘆場起催柴茭、見錢，若以逐色立額，竊慮州縣折變錢米，因而爲姦，致失時賦。乞將昨來立定租數，沙田上並起米斛，或折科馬料稻子，聽朝廷指揮；沙地並納大麥；蘆場並紐折見錢，庶幾免折變之弊。本部契勘：欲依，內折科馬科、稻子，人户願輸者，聽從便。本所又言：候措置定，許申取朝廷指揮分管，或通委本路轉運司。户部契勘：見措置係浙西、江東、淮東三路沙田蘆場，今欲淮東、浙西委趙公稱、江東委楊倓，同逐路轉運、主管內梁俊彦通行措置。

本所又言：紹興二十八年指揮，官户一千畝、民户二千畝以下，並特放免立租。今降指揮：却作官户二千畝、民户一千畝以下依等拘税。前後參照，差互不同。兼已秋成，難從今歲起理。乞與其餘沙田蘆場立定租數目，一就起催施行。户部契勘：今來官、民户請買請佃沙田、蘆場，并合照今降指揮，不限田畝多寡起立租税。所有起理租數，合依本部今來第四項勘當施行。從之。【略】

〔紹興年四年〕三月六日，詔：淮南租税，與量度理納年限。户部言：淮南佃田人户，依紹興二年二月十五日指揮，每畝逐年出納課子五升，仍自承佃後免納二年，並歸業自佃己田之人，依紹興二年二月十七日指揮，亦與免納税租二年。今欲下本路轉運司，將人户税租更與免納一年。從之。六年十二月一日，德音：壽春府及濠州定遠縣一帶，曾經賊馬蹂踐，民間耕牛多被殺虜，已降指揮，令營田司廣行支撥，委自守令借給人民耕種，免納租課，候收成日，分作五年還納價錢。竊慮州縣散給邀阻，不及貧下人户；或巧作名目，別有掊斂。仰本路營田使嚴行覺察，如有違犯，按劾聞奏。【略】

十一年三月七日，詔：壽春府、廬州、濠、滁、和、舒州、無爲軍曾經賊馬，民間耕牛多被殺虜，可委江浙常平司支撥常平等錢收買耕牛，交付淮南常平司給與州縣，借給人户耕種，免納租課，候及三年外，分限還納價錢。內貧乏之户不能自存者，依常平法賑給一季，其闕乏種糧之家，亦與借貸，分寬限還納。其合用種糧，就近於江浙常平司支撥應副，具數以聞。

《吐魯番出土文書》第三册《阿斯塔那三六四號墓文書・高昌延昌二十六年某人從□□崇邊夏鎮家菜園券》　□昌廿六年丙午□崇邊夏鎮家□銀錢伍文。初年年□種菜壹乘。若不滿三年，更□錢錢三文年：從三月十五日□□地依次給水使遣夏□□二主□〔後缺〕

《吐魯番出土文書》第三册《阿斯塔那一八號墓文書・高昌重光四年孟阿養夏菜園券》　重光四年癸未歲正月十八日，孟阿養從趙□主法嵩邊夏武成渠菜垣卌步，要逕伍年。未□中亢夏價，次四年中，年與夏價銀錢貳文。□養夏葱，次夏韮，合二〇禾。菜垣中役使，渠□水讁，仰阿養了。二主和同立卷，卷成之後，各不得返悔悔者壹罰二人不悔者。民有私要。□〔後缺〕

《吐魯番出土文書》第三册《阿斯塔那三六四號墓文書・高昌二人合夏葡萄園券》〔前缺〕□夏價銀錢柒文。租殊伯役，仰桃主了；渠破水讁，仰耕田人了。三主和同立卷，卷成之後，各不得返悔，悔者一罰二人不悔者。民有私要，要行二主，各自署名爲信。時見□□倩□□

《敦煌契約文書輯校・甲午年索義成付與兄懷義佃種憑》　甲午年二月十九日索義成身着瓜州，所有父祖口分地叁拾貳畝分付與兄索懷義佃種，比至義成至沙州得來日，所著官司諸雜烽子官柴草等小大稅役，並惣兄懷義應料。一任施功佃種。若收得麥粟，任自兄收粿粒，亦不論說。義成若得沙州來者，却收本地，渠河口作稅役，不忓自兄之事，兩共面平章，更不許休悔。如先悔者，罰牡羊壹口，恐人無信。故立文憑，用爲後驗。種地人兄索壞義（押）　種地人索富子（押）　見人索流住（押）　見人書手判官張□□（知）

《敦煌契約文書輯校・酉年索海朝租地帖》　索海朝租僧善惠城西陰安渠地兩突，每年價麥捌漢碩，仰海朝八月末已前依數填還了。如違不還，及有欠少不充，任將此帖掣奪家資，用充麥直。其每年地子，三分內二分，亦同分付。酉年二月十三日，索海朝立帖。身或東西不在，仰保填還。見人及保弟晟子。見人及保兄海如。見人□□見人。見人。見人。

《黑城出土文書（漢文文書卷）》卷一五《契約類》　□渠住人戴四哥，張公馬和等□□□謀到唐來渠西亢日金師官人閑荒草□，東至唐來爲界，南至民户地爲界，西至草地爲界，北至本地爲界，四至分明，租課天雨汗種壹年，承納糜□叁碩平舊方大斗，刮量不致短少，今恐（下缺）

《新編事文類要啓劄青錢》卷一一《公私必用・當何田地約式》　厶甲厶都姓　厶右厶

今得厶人保委，就厶處厶人宅當何得田若干段，總計幾畝零幾步，坐落厶都，土名厶處。東至、西至、南至、北至。前去耕作。候到冬收了畢，備一色乾浄圓米若干石，送至厶處倉所交納，即不敢冒稱水旱，以熟作荒，故行坐欠。如有此色，且保人自用知當，甘伏代還不詞。謹約。年月日佃人姓　厶　號　約

保人姓　厶　號

《中國歷代契約會編考釋・明弘治八年祁門縣康榮得租地批》　三、四都康榮得，今租到五都洪　名下仁家塢口地一號，新立四至：東北至路，西、南至山塝，前去耕種。每年議還硬租豆壹官斗。秋成之日，送還，不致少欠。今恐無憑，立此租批爲照。

弘治八年七月初八日立文人康　代書人康榮達

《中國歷代契約會編考釋・明弘治十三年祁門縣胡成租田地約》　五都住人胡　成，今租到五都洪名下田地貳丘，土名墉山塘下，每年議還租穀四秤零拾（觔）〔斤〕。每年秋成之日，聽自本主稱收。有外截聽胡　成開闢，亦不加租。今恐無憑，立此批租約爲照。

弘治十三年十一月十三日立，租約人　胡　成

代書人　饒永善

《中國歷代契約會編考釋・明正德十五年祁門縣汪文等租山地合同》

一都汪文等原有伍都洪淵等承祖土名塘塢，係經理水字　號山及山脚地七畝。其山東至田，西降，南至大灣口，北自地墳。於内先年是淵等内取外截山脚地賣與故祖汪泰昇，田外存即田里截祖墳並山脚圮祀業。今因祖墳不安，另行遷葬。其山脚地約貳分，新立四至：東田，西降，南小灣，北汪文住基。今將前項四至田地寫立合同文約，租與汪文湊闊造屋，子孫永遠住歇，每年議還租穀貳秤。本家因有祖墳在汪文住前，因本家寫遠，照管不便，是文兄弟自行照管，長養庇蔭柴薪，是積等願將前租遞年以凖長養工食。倘有人等侵及，文等即便報知。如違，互隱不舉，聽自積等告理，即將前租照數追還。自立合同租與汪文造屋之後，洪家子孫亦不致半途取地拆屋誤陷無詞。立此合同租約一樣二帋，各收永遠爲照。

正德十五年十一月廿一日立　合同人　汪文

中見　代書人　饒英

《中國歷代契約會編考釋·明嘉靖九年祁門縣胡三乞等租田帖》　二十一都現住五都住人胡三乞、尚德等，今租到五都洪　名下田一備，計一丘，坐落土名塘下墳邊。東、南至洪山、西至洪田及洪地、北至潘田。其田每年議還硬租旱穀五秤。若交銀，每年交（文）〔紋〕銀貳錢伍分。其銀每年收租之時送上門交還，不致少欠。每年信記鷄乙只。今恐無憑，立此爲照。

嘉靖九年七月　日情願立租帖人　胡三乞

胡尚德

中見　饒英

依口代書人　萬慈

《中國歷代契約會編考釋·明隆慶三年祁門縣畢伴儅租山地約》　五都住人伴儅，今租到五都六大房洪　名下承祖洪大昇經理水字一百八十八號。東至洪山及田，西至洪地，南至分脊埋石爲界，北至洪地及田。内新長松苗，是洪祖墳庇蔭，毋許私自入山砍斫。日後成材，眼同本主砍斫，三分均分。如私自砍斫，聽自呈官理治毋詞。又租到洪地一備，東至洪山及田，西至洪墳及路，南至洪山，北至洪田及地。挨田外截原已開荒，當年起還洪租紋銀一分。又里截荒地一條，挨田直出開荒耕種。除隆慶四年無租，續後逐年交租二分，共前地租叁分。逐年至清明標掛交還，不致欠少。今恐無憑，立此租約爲照

隆慶三年八月廿二日立　還租約人　畢伴儅

《中國歷代契約會編考釋·明萬曆十年祁門縣山僕胡勝保等租地約》

五都洪壽六房山僕胡勝保、胡遲保、胡記、胡初等，今租到洪壽公地一號，坐落本都屋後。其地東至水圳並屋，西至圳，北至圳，南至山，計地叁百壹拾捌步五分。洪主原與身等造灰舍六間在上，計地四拾貳步五分，不行起租，仍空地貳百七拾六步；又地一號，土名老塘下，丈地壹百壹拾五步陸分。前項貳號地，素勝保等立約租種，遞年議定租銀壹錢五分正，約在逐年歲除日辭年不敢少欠。外有住屋後及下厫地内榫樹壹叁根遞年聽洪主眼同采摘，主分貳分，力分乙分毋詞。立此租約爲照。萬曆十年七月二十八日立　租約人　胡勝保　胡遲保

胡記胡初

代筆人　程順

《中國歷代契約會編考釋·明崇禎五年徽州余廷桂佃田約》　立承佃頭田約人余廷桂，今承到廷樞弟名下土名梘頭田，佃交客租六砠。因他無人耕作，我自承攬，當交酒席銀叁錢整。倘日後廷樞弟有便人種作，即要退還本家，無得生端異説。但席銀叁錢，言定三年之後無銀退還。今恐無憑，立此承佃頭田約存照。

崇禎五年四月十八日立承佃頭人　余廷桂（押）

憑中人　韓本立（押）

代書人　余廷樟（押）

《中國歷代契約會編考釋·明弘光元年徽州火佃朱成龍等承山約》

立承攬火佃朱成龍、成孫、成志、記勝等，今承到房東謝名下山壹備，坐落本保，土名鞘塢。四至字號悉炤拚約爲證，前去撥作鋤種麻粟。□年粟，以凖栽苗工食。次年麻，請主到山看視，三七抽分，主得三分，力得七分。其栽苗無問平棧，五尺一株，不致攔殘蕪廢。三年之後，請主到山點（青）〔清〕。日後待木成材，主得七分，力得三分。如違，聽主理論。今恐無憑，立此承約存炤。再批：信記俱在酌内訖。

同式帋，各收爲（炤）〔照〕。法弟（押）

成孫（押）

弘光元年二月初四日立承約火佃朱成龍（押）
成志（押）
記勝（押）
代筆房東謝正宗（押）

《明清徽州社會經濟資料叢編》第一集《休寧縣李奇付轉佃田約》

立佃約人李奇付，原佃得李三付田一備，坐落土名樹坑橋頭，計田一畝五分，計田大小三坵，計硬租十四秤十四斤。先年得價銀一兩佃與同春堂，遞年交小租三秤。崇禎十四年十一月，是身湊價銀二百六分，佃來耕種，交納正銀並同春堂小租。今因欠江三孫會銀，將前田轉佃與房東李名下爲業，得受價銀並酒食銀二兩八錢。其銀、契當即兩交明白，並無重復交易。不明等情，是身承當，不累受佃人之事。恐口無憑，立此佃約爲照。

崇禎十五年五月初二日　立佃約人　李奇付
依口代筆　謝元禄
其田共價銀叁兩六錢，外酒食貳錢整。

《清代巴縣檔案彙編・乾隆二十九三月初一日馬俊佃約》　立佃地基文約人馬俊，今憑中佃到副爺名下夫子池文廟側邊地基壹塊，言定每年地基價錢三千二百文正。按年交清，不致短少分文。恐口無憑，立佃約爲據。

楊八爺
憑中人　王□□　虎夫風
立佃地基人　馬俊

《清代乾嘉道巴縣檔案選編・姚至聖竹山佃約》　立佃水竹山文約人姚至聖。今憑證佃到王立生名下受分地名龍鳳頭水竹林一股，河土在內。彼即憑衆面議押佃老面銀一百三十兩正，其銀入手清收領足。其竹山義定年限，己亥起租，每年干租銀二兩正錢正，丁未年正。砍老蓄嫩，還山佃銀如數如色照期退還。自佃之後，竹山主移窄就寬，先須較明買主，就滿姚姓竹山年限，不得異言稱說。今欲有憑，特立佃竹山文約一紙爲據。

周榮鍾
憑證人　王永興
馬恒泰筆

道光十七年冬月二十八日　立佃竹山文約人姚至聖

《清代臺灣大租調查書・通論・墾照（八）》　同立合約人武勝灣社土官君孝、歐灣及業户楊道弘，甲頭七哥、阿八、買那、勝允、卓論，白番武使、斗僅、賣陣、大里興等。茲因本社課餉無徵，孝等會同衆番妥議，除本社耕種外，尚有餘剩荒埔一所，坐落土名興直，東至港，西至八里坌山脚，南至海山山尾，北至干荳山，東西四至定碑爲界。衆等俱各甘願將此荒埔贌與墾户楊道弘前去招佃開墾。除陞科報課外，三面議定每年願貼本社餉銀五十兩。此雍正九年起，約定八月交完餉銀，其後逐年循例不敢挨延短欠。立約之日，通同週圍四至定立界限，永爲照例，後日不得争端易界。此埔並無重墾他人等情；如有棍徒假藉混争，係孝等抵擋，不干贌主之事。其莊社各守相安，不許莊人擅入番厝交番，私相授受；亦不許縱放牛隻，越界踐踏園埔。此係二比兩願，各無抑勒反悔，恐口無憑，同立合約二紙，各執一紙爲照。雍正八年九月　日。卓論　文仔

野梢
勝允　勝罩　夏勝萬　荖萬　甲首七哥　白番　武使　賣陣　老番歐
乃　阿八　大里興　老翁　買那　斗僅　龜翁　武朗　愛擾　友眉　同
立合約武勝灣社土官　歐灣　君孝　猫汝抵焦巴里業户楊道弘　中見人
管事　吴瑞立　縣長　沈輅治　干仔科　夏勝史　代筆人書記鄧幼嘉　史
定北　鶯　白番萬仔粽大勝抹氏　巫禮　殆仔　敦仔厘　大匆臘　必仔鶴
歐乃　巴汝粟

《清代臺灣大租調查・漢大租・給墾字（二七）》　立認佃字人深耕堡丈八斗莊莊默、莊亦惠、莊亦强等，今會對承認過業主許佃人默等每年每甲應輸租銀二兩，衆佃等議約麻冬完半，豆冬全完，自行到業主館完納，合給完單執照，斷不敢挨延拖欠。口恐無憑，合立認佃字一紙，付執爲照。

一、佃莊宗憐園二甲；一、佃莊亦强園二甲一分；一、佃莊仁德園一甲二分；一、佃莊默觀園二甲四分；一、佃莊亦惠園一甲五分；一、佃莊耀祖園一甲七分；一、佃葉白觀園一甲；一、佃莊天喜園三分；一、佃莊焜祖園二甲。

乾隆三十五年五月　日。立認佃人　莊宗憐　莊默觀　葉白觀　莊亦

强　莊亦惠　莊天喜　莊仕德　莊耀祖　莊熀祖

《清代臺灣大租調查・漢大租・給墾字（三一）》　立給墾字業主陳廷溥，有承祖給墾茄藤社草地一所，坐落土名南岸，用本開墾埔園一片，東至洪宅園，西至車路，南至水溝，北至溝宅田，四至明白，經丈明載一甲。今佃人洪振老托中向求園底三面議估，即日收過先年開墾工本及園底銀項番銀一百大員。銀即日同中收訖明白；其園交與振老前去備牛隻耕備，永爲己業。年配納業主租粟三石滿，收冬之日，應辦經風搧淨干粟，車運到館完納，不得少欠。如振老不合意耕作，租粟清明，聽其轉退下手。保此園係承祖先年用本開墾熟園，與房親叔兄弟侄無干，並無交加來歷不明爲礙；如有不明，業主抵擋，不干振老之事。今欲有憑，立給墾字付執爲照。

即日收過墾字内番銀一百大員。

乾隆三十九年正月　日立給墾字。業主　陳□□　作中人　陳贊官　洪心官　知見人　陳仁

《清代臺灣大租調查・漢大租・給墾字（四一）》　立招墾字鳳凰翔館業主張，因館下前年有退佃園一丘，坐落斗門頭後，東至楊家佃田，西至圳溝，南至圳溝，北至楊家園及抄封田界，四至界址明白，年載納本館大租粟五斗。今因乏佃耕作，荒蕪多年，誠恐貽累課餉，於是托中招出本館下汴頭莊佃楊章哉前來承墾耕作。時業主收過認佃銀十五大員正；國付章哉開墾耕作，永爲己業，年照字内完納大租，不得拖欠誤課。此園係前退佃已盡，並無不明爲礙；如有不明，業主自應抵擋，不干章哉之事。此係業佃交願，別無異言，日後永無增租丈甲諸事，口恐無憑，立招墾字一紙，付執爲照。

乾隆六十年二月　日。爲中人　鄭志賢　鳳翔館業主　張給

《清代臺灣大租調查・漢大租・給墾字（五〇）》　立招耕字人業主蕭志振，因前年有劉家退佃水田一坵，坐落鎮平莊南勢，東至劉蔭田爲界，西至曾厝侖大圳岸爲界，南至范家田爲界，北至蕭坤田爲界，四至界址明白，經丈一甲二分二釐半正，遞年配納大租粟十二石二斗五升，莊例帶車工水銀。今因要銀完課，情願出贌，托中引就與巫德興父子前來出首承領，當月三面言定時值價銀三十大元正。其銀即日同中交收足訖；其田隨踏付與銀主前去耕作納租，永爲己業。保此田果係劉天賜等退佃之田，並無上手來歷不明等情；如有此等，業主抵擋，不干銀主之事。此係二比甘願，各無反悔，口恐無憑，合立招耕字一紙，並帶上手退佃字一紙，共二紙，付執爲照。即日收過契内銀三十大元完足，再照。

嘉慶六年十一月　日。爲中人　邱國賢　立招耕字人業主　蕭志振

《清代臺灣大租調查・漢大租・給墾字（六四）》　立給批人馬芝遴保中莊館業主施敦慎管下有大崙莊佃黄禄等，有承父祖明買水田丘數不等，共田五分，貫在大崙莊西畔，東至本田，西至陳田，南至尤陳田，北至溝爲界，四至明白，年配納本館課租穀四石。因禄等積欠大租穀無力清完，願將此田底退還本館，抵完大租，聽本館覓佃變賣完課。茲據大崙莊李象亨乏田耕作，到館承給田底。兩相言議，出得時價佛銀三十八大員，即日收訖；田隨踏付象亨管耕，永遠爲業，日後子孫不得言及貼贖。至於每年亨自應按田照季完納大租穀四石，不得少欠；倘亨欲移居別處，田聽其轉售，其水分應照份流通灌溉。今欲有憑，立給批一紙，付執爲照。其歷年清圳溝泥，聽亨自行挑填本田，不得混亂，再照。嘉慶二十五年十一月　日。作中人　蔡地亨　立給紕人　施敦慎　代書　陳時盈

《清代臺灣大租調查・漢大租・給墾字（七三）》　同立給墾招佃字人墾首張居郎、潘奈正等，有先年同向水沙連社通事毛天福、社丁首黄林旺給出八杞仙管内埔地一段，座落土馬鞍崙尾，東至自己田，西至張遠園，南至李甚園，北至崁唇爲界，四至界址明白，各有定界。今給付與張天球叔前去自備工本開鑿水圳，招佃收税納租，永爲己業。三面言定三年之後，開墾成田，定例每甲並年配大租粟四石正，經明丈五分零一毫四絲正，年配納墾首大租粟二石零六合正，年清年款，不得拖欠升合；如有拖欠大租者，聽墾首招佃收抵，不得阻擋。其田因佃户自鑿水圳，工本浩大，日後價值千金，郎、正等永不得加增租粟，亦不敢滋事生端。此係二比甘願，各無反悔，口恐無憑，同立給招佃墾字紙一紙，付與永遠收存，照。即日收過埔底墾字銀二大員正完足，再照。再批明：其地不拘園頭園心，欲要開鑿，無分公私水圳，通流灌溉，不得阻擋刁難滋事，批照。

道光十年正月　日、上字第四號。代筆人　李永成　同立給招佃墾字人　張居郎　潘奈正

《清代臺灣大租調查·番大租·番社給墾字》再立給批阿東社土官大加老、大霞，甲頭投皆、小茅格、烏世、孩灣、大耳，社主天賜、眉斗，白番臺灣、洪加臘等，有承祖管業一所，坐落土名月眉潭尾白沙墩西湖埔地一小片，東至白沙墩山爲界，西至陳錦容草地爲界，南至月眉潭田蛤仔路爲界，北至阿務丹潭爲界；四至明白爲界。緣孔成宗於雍正十三年，用銀三十兩，向加老技首等園社贌給抵六埔田地十五甲。因抵六埔變賣漢人爲業，無地給耕，茲加老技首等是以再會園社衆番明議，再收孔成宗銀二十兩，分給衆番，情願將巡此白沙墩西湖埔地給換與孔成宗前往開耕，永爲己業，按年不論豐兇，約貼納本社租粟二十石滿，永爲定例。倘開水成田，係成宗之力，加老等日後不得增多租稅，亦不敢言找言贖。保此地並無來歷交加不明，及重張典掛他人財物等情；如有等情，加老等衆番一力抵擋，不干成宗之事。此係二比甘願，各無抑勒，恐口無憑，再立給批。

即日再收過銀二十兩，連前收過銀計共銀五十兩實足，再照。

乾隆三年十一月 日。甲頭 投皆 烏西加已果難 眉沙猫 小茅格
孽仔 蒲仔 大鰐 九格老仁阿難猫倫 蛤肉眉耳眉覽 巴氏大二斗
六 九冒 布氏補 該沙于 東明 大本步 蘇六東 洪加 擺塘 現仔
蒲氏 小大肉 臺灣 和仔 社主 眉牛河 社主 天賜 大加老 白
番技首 加力現 小加老 加力欺 立給批阿米社土 大 霞福 小本步
宇臘 大箸 蒲禮 大茅格 吼珍 九首 聾阿咯 阿咯 大加日 小
蒲仔 申見甲頭 大耳 孩灣

立佃批後壠等五社通事合歡，土目假已、虎狗釐、右貳乃、猫大尉、愛女、加吶或、馬力、什班、瓦釐等，緣歡有埔地一所，坐落歡等後壠界內海墘，土名舊社後過溝。地離海特近半里，經漢通事鐘啓宗，於乾隆六、七等年給批招佃墾耕，開圳築田，逐年照例納歡業主租粟。不意乾隆十九、二十四、二十七等年，疊遭颶風霖雨，溪海交漲，將歡等各佃墾耕田畝、寮屋、鼎灶、傢伙，以及原給佃批完單等項，一概淹壓無存；各佃以墾本無歸，不肯再行墾耕。歡等細思各社番丁每日俱要輪流守把隘口，且又不諳耕種，因招原佃謝雅仁就原墾圳頭東勢第一、二、三、四、五等山窩計田甲分，再給田批付執，再出本銀一千兩前去雇工協力開墾，購買肥糞耕種，歷年以歡等土目爲業主墾。因爲佃人照依舊例分別納租，勻給番衆日食，並守隘番丁口糧，及該番等往來貿易之需，其大租及田皮照舊歸番，則與番地還番管業之例相符；而工力、糞土、田底歸佃，永爲己業，則佃人永得照舊管業永耕，無致流離失所，實是民番兩有裨益。但此等田地原乾隆十一年以前未定例之時給墾，且又數次被水淹壓，茲約自乾隆二十八年起，將此田甲分一總計算，攤減完納，每年只應納歡等租粟不得增多，亦不與別處田地租比例。庶此等近海鹽濕風沙墾田，歷年雖多水傷減收，埤圳雖多損壞，多費銀兩，不至血本無歸，賠累租粟。倘嗣後埤圳崩壞，無水可灌，照耕園一九抽分，歡等得一分，佃得九分，亦不與別處抽的，及約定園租比例。此係各願，並無抑勒反悔，口恐無憑，合將佃原墾田甲再行丈交，再給佃批一紙，付執爲照。

即日收過契內糞土農銀一千兩正完全，再照。

一、批明：倘原佃人欲回唐，抑或別倉，願將所用收糞土田底墾用，仍就等耕任聽原佃招還他人承坐等耕，將銀交付原佃人收回，血本有歸，之人照佃字內完納大租，批照。

一、批明：乾隆二十六年二月間，蒙淡分憲於諭令，飭書承並弓算手到地清楚丈過田甲及旱園等項，開例於左：圳南北第一山窩田四十九甲三分八釐，帶園三甲四分二釐；第二山窩田二十五甲四分四釐，帶園十一甲三分六絲；第三山窩田十九甲一分九釐二絲，帶園五甲三分八釐；第四山窩田三十甲六分六釐，帶園三甲二分八釐；第五山窩田二甲七分九釐二毛二絲，餘田旱已拋荒，不堪丈：五合計田八十二甲四分二釐七毫，帶園四，合計園二十三甲三分八釐九。批明：此頭、二、三、四、五等山窩田地及旱園，東至圳頭山窩白沙崙，西至海口橫沙崙；南至大溪，北至員止脚旱園；四至明白爲界。就此田園界內踏明，盡交付與林義思、詹壽官、劉合歡、江慶郎、謝雅仁、潘馬力合夥招佃認耕，轉佃耕作，共合犁份一十九張；內謝雅仁犁份五張，出糞土田底銀一千兩；林義思犁份五張，出糞土田底銀一千兩；江慶郎犁份一張，出糞土田底銀二百兩；劉合歡犁份五張，出糞土田底銀一千兩；詹壽官犁份一張，出糞土田底銀二百兩；潘馬力犁份二張，出糞土田底銀四百兩。六合共計銀三千八百兩正，交付業主通事均分五社內土目右假已、猫老尉、

加吅或、馬力、瓦釐等公費用，將招耕認佃過田園俱付均分各管業，所批是實，再照。再批明：二十八年份公議納大租穀三百石，至二十九年份議約納大租四百石，又三十年公約納大租五百石，以後五百石大租，定例完納。此係二比各甘願，不得增多，亦不得減少，合併批明，再照。

乾隆二十七年十二月　日。

知見代書長男　化文　在見　買葛　立佃批字後壠等五社通事合歡

買葛　假巳　右貳乃　王仔末　土目　猫老尉　加吅或　北斗鄰　白番

馬力　瓦釐　老下　什班　加溝氏　茅遠　愛女　虎狗釐

《臺灣私法物權編・業主權・業主權之沿革・田園之業主權・佃批・接廣第二號佃人林子欽執照》　立佃批淡水擺接新莊業主林成祖有課一所，莊名擺接，東至秀郎溪，西至擺接溪，南至擺突突，北至武勞灣。今有佃丁林子欽前來認佃，經撥犁分半張，實開二甲五分，前去自耕引水灌溉成田，每甲照臺例納粟八石，不論豐歉，不得增多減少。粟務須車到公館，經風搧浄，照數交納，以資輸課急公，不得短少升合。本佃須當安分守業，不許聚賭窩姦，牽牛擾番衆打架滋生事端，干犯憲禁；如有等情，聽業主鳴官究逐，招別佃頂耕。如本佃要將田佃轉賣他人務須報知業管查明果後誠實之人，方許頂耕。今欲有憑，合給佃批，付執爲炤。

別買陳王田二分四厘三毫二絲，計水田二甲七分四厘三毫二絲納租。

乾隆十七年四月□日給　業主擺接新莊業主林成祖圖章　管主擺接莊管事林元高圖記

《臺灣私法物權編・業主權・業主權之沿革・田園之業主權・退還園底字》　立退還園底字人吳佑、吳意、吳杞等，有承祖父吳提向前業主鄭興統、鄭光顔認墾蔗份園二坵，共牛掛一隻，內廍份廍器九掛得一；年該納現業主林頭家大租糖五砌，方頭家大租糖五砌，杜頭家大租二砌：共一十二砌。一坵址在大崗山埤仔尾社後，毗連四坵，計二甲七分五釐，東至山坪，西至方田，南、北俱至吳園。一坵址在崗山頭燕仔石沙仔園，四坵毗連，計一甲二分五釐，東至山坪，西至吳園，南至車路溝，北至許典陳園，四至明白爲界。今因積欠林業主大租糖，以抵清完。託中言明，蒙林業主許允，即日將園收管，並積欠伊份內之大租，一概給意等完單收執，以憑洗清。意等一退千休，異日此園或留或棄，自當聽林業主之便，意等不得言找贖滋事。此係二比甘願，各無抑勒，口恐無憑，合立退佃字一紙，並繳約字一紙，共二紙，執僞炤。

批明：方、杜二頭家之大租糖，道光十五年以前，係意等逐年完納無欠；道光十六年以後，林業主自應理完，合再炤。

道光十六年　月　日。爲中人　吳育　吳佑　立退園底字人　吳意

吳杞　代筆　許玉泉

《臺灣私法物權編・物權之特別物體・茶園、檳榔、番樣・種茶合約字》　同立種茶合約字埔主李洪記、李芰記，佃人鄔來。竊洪、芰兄弟，於癸未年間，同津本銀，向功侄李亮、李朝買還埔地一所，座落土名大坪人字頂犁頭尖，四址契内載明。兹據佃人鄔來備出花紅銀一元前來，商酌種茶，洪兄弟即於人字頂下山牌踏出二千茶地，付其栽種，四址面踏分明。即日當場面議每千茶欉每年應納墾户李美盛大租銀一角二點正，又應納洪芰小租銀四角八點正，三年後點欉完納，不得抗減；如有此情，聽從埔主吊銷，另招別佃承耕。今欲有憑，同立合約字二紙一樣，各執一紙爲炤。批明：即日收過字内花紅銀一元正，照。

光緒十年（甲申）十月　日。

在場人　李阿來　李洪記　同立合約埔主　李芰記　佃人　鄔來

案例文書

（宋）李昉等《文苑英華》卷五二五《屯田佃百姓荒地判》 諸畿縣置屯田，佃百姓荒地。主令復業，諸自耕種，屯司不與。縣司執申：若不還地，人即却逃。

對

李暄敬承畿縣，素匪萊田，是中邦之廬伍，爲上農之井賦。日者旄頭失象，荏寇亂華，王師未赫，國人猶恐，是以苟安便地，多出近關。惜三巡之就荒，歎五溝之不樹，人迷可復，土利宜敦。等充國之大開，時欣歲足；類信臣之廣辟，每詠年豐。今仍黎庶重遷，歸還樂土，服先疇之疆畝，守故里之松榆，將持襏襫，願事蕉蓑，誠宜饁彼南畝，勞乎東郊。國本必於務農，人安固在循業。求言縣執，何謝屯司。

（宋）李元弼《作邑自箴》卷九《佃産》 本保打量畝步四至，勘會甚年月日産主身死，有無承分之人，即今何人爲主，與下狀人同赴縣，限日。

（宋）陳元靚《事林廣記·別集》卷四《公理類·告狀新式·請佃逃户地土狀式》 告狀人姓某

右某年幾歲，無病，係某里某村住民，伏爲狀告：切見某村某人自某年月日，爲某事將引全家老小在逃，不知去向，抛下本家事産田幾畝，園地幾段，即目荒閑，無人佃種，見行拖欠官司租糧，虚懸差發。今來某欲行前去承佃前項田園耕種，依前供納税糧，應當差發，别無執據爲憑，不敢自擅，謹狀上告。

某縣伏乞　詳狀施行所告是實伏取　裁旨

年　月　日　告狀人　姓某狀

（宋）陳元靚《事林廣記·別集》卷四《公理類·告狀新式·應請佃他人退業狀式》 告狀人姓厶

右厶年幾歲，無病，係厶都厶村住民，伏爲狀告：昨於厶年月内蒙官司出榜，召人承佃逃户田地耕種，立租當差。厶於厶年月日具狀，經所屬厶縣司陳告，請到逃户乙抛下厶處田地若干頃畝，已行立租當差了當。今有元業主逃户乙回還復業，要行收回元地，今來情願將上項田頃退還本人管業，若不告乞行下本處勘當是實，令元業主乙立租當差，將厶名户除豁。誠恐重復科徵，生受有此事，因謹狀上告。

厶縣官伏乞　詳狀施行所告，如虚甘罪不詞，執結是實。伏取　裁旨

年月日　告狀人　姓某狀

（宋）陳元靚《事林廣記·辛集》卷一〇《詞狀新式上·寫狀法式·請地人退狀》 諸佃逃户地土厶人右厶今據實供析：昨於厶年上經官請到逃户厶人地若干頃畝，厶立租税承佃，今却有地主厶人前來復業。今來厶情願將所請地土吐退與本人，依舊立户種佃，乞勒地分合於人，除豁元立租税，執結是實。伏取某官裁旨。

年　月　日請地土　厶人　狀

（宋）陳元靚《事林廣記·辛集》卷一〇《詞狀新式上·寫狀法式·請逃户業》 厶村住人厶人

右厶年將無病，伏爲切見厶村厶人自厶年月日，緣爲甚事將領全家在逃，不知去向，抛下本户下東西畛地一段，計幾畝。其地自本人逃去，荒閑到今，無人承佃。今具狀告，伏乞某官勘會詣實，出給公據，立租税請佃施行。執結是實，伏取裁旨。

年　月　日厶村　厶人　狀

（明）程新春《竇山公家議》附録《布政公謄契薄·各契·復告佃山下帖》 直隸徽州府祁門縣爲開墾事，據六都一圖軍籍程昂，原於成化七年四月間，將本户原開積荒民山地共八分，蒙給下帖，準令開墾，依蒙將開科税糧於成化八年黄册内收税在户，所有原給下帖失去無存。若不狀告，恐後無憑執照等因，具告到縣。案查先據程昂狀告，已行給帖，今告前因參照，税糧既已收册，合準給帖付照。爲此該縣合帖文書到日，即將所告山地如法開耕，永爲己業，仍將該科税糧照依黄册數目，依期送納毋違。須至帖者。計開：原告積荒民山地共八分，俱坐落本都，夏麥一升七合，秋糧一升二合八勺。

一號，土名高塢頭，係經理闕字五百四十號，内開山一分，地一分；

一號，土名同處，係闕字五百四十一號，内開地一分，山一分；

一號，土名鮑家塢，係闕字五百五十六號，内開山一分；

一號，土名同處，係闕字五百五十七號，内開山一分；

一號四保，土名羊鵝坑，係經理珠字八十號，内開山〔一〕〔二〕分。

右帖下告人程昂。准此。

開墾事印。

成化九月初九日帖押。當該司吏黄通書寫，典吏饒立。字無洗補。

（明）祁彪佳《莆陽讞牘》卷一《一件異變事》　審得游元登之父應陵佃族祭田一畝四分，日久逋租。應陵死，元登同母林氏將田盜賣林廷宇，得銀九兩三錢。族生員春沂不忍公田淹没，自備銀贖回仍供祭産。游生可謂好義敬祖者矣。乃元登唆母告争，誠可痛恨。而中人蔡于田明知之而爲之作中，尤屬刁頑。若林廷宇堅稱交易時不知爲祭産，猶屬可原。本田聽分出與族衆供祭。元登杖，于田笞，各示儆。

（明）祁彪佳《莆陽讞牘》卷一《本府一件占騙慘害事罰穀　吴景盤》　審得吴景盤將田地各一段契賣詹廷用，廷用已税契收户矣。景盤欲仍歸己佃，而縣判令廷用別召，景盤所以來告也。念係原業主，此田地仍與景盤佃種，照例就田均分租利，景盤仍復逋欠，許鳴官量究。景盤刁詞彌天駕謊，罰穀二石示儆。

（明）毛一鷺《雲間讞略》卷三《一件民害事》　按院楊批華亭縣告人薛恩狀。

前件審得：張道宏先以縣吏怙權，頗爲衆所目懾。厥後家居放利，衆怨爲之日騰。原告薛恩佃種李調陽之田，自構茅屋其上，安居已久。今年春季，李調陽以田轉賣宋應徵。道宏從應徵處佃之，遂欲逐薛恩而拆其房。以新佃之業，欲逐舊棲之巢，此甚不近人情，宜薛恩不能堪也。恩計無復之，乃以捉打垂死其妻斷鏈奔逃爲控。顧告者一恩，而投者且紛至。此或爲恩積怨所糾，而亦宏素嚚雄不調於衆有以斂之。該職一一質審，則朱嶢者，道宏曾砍其墳樹二株，以宏父鐙爲朱氏婿故也。有蔣繼宰者，宏曾短其田價四金，以宰父曾賣田於宏故也。二事情頗近真，事亦較實。他若董卿等以發塚告，戴稱以人命告，朱鎰以積惡告，審來俱屬風影，難爲宏坐。然惟不理衆口，致猳舌交攻，宏非善類，其左券矣。薛恩情雖逼迫，詞寛張皇。夫世寧有夫鏈人而妻斷之，授斷鏈以爲告夫之口實乎？細鞫果誕妄，姑與道宏並杖，以懲刁訟。謝珊爲宏伐木，蔣五爲恩偏證，是皆不逞之輩，量追樹價二兩，並欠蔣繼宰田價四兩給之。

（明）顔俊彦《盟水齋存牘》卷四《債負李帝英杖》　審得李帝英與劉日啓同里而居，有倫俊軍田向係日啓承耕，舊年帝英因俊欠銀，執將前田批佃管業，以至互争，業經鄉保處明，除早稻聽英收取，晚熟仍歸日啓承管，有餘未盡，聽倫俊自補。乃英捏稱其銀從梁宦借出，佃田致禍告啓，啓還告帝英，此中一文半文之事，亦必依草附木，以占勝局，大都爾爾。梁宦批折附卷，其爲帝英狐假無疑。今據倫俊止認尚欠英銀一兩二錢，而英執尚逋三兩，折衷其數，斷倫俊名下還英二兩，其田聽日啓照舊承佃。帝英冒勢欺壓，擬杖以懲。招詳。

按察司批：李帝英狐假狼貪，依擬贖杖發落，追銀給主，餘如照，庫收領狀繳。

（明）張肯堂《㽦辭》卷二《王梅河南懷慶衛軍》　王梅等皆河南懷慶衛軍也。先是有袁一道者，以逃伍懸缺，遺有軍地三十餘畝，梅等六家分種。清勾之令，不得不向佃吹求，原議六人以田租之入均出奉公。未幾而寒盟，先自梅始，爲胡宗順所言，斷將原業退回。荷戈荷鋤，兩俱無與，梅乃有大不釋於衷者，屢訟不已，猶然戀戀鷄肋耳。今爲細剖，既吐之産，不可復還矣；而原佃之費，其可無償乎。則以業之多寡爲差，除不在官者不論，鄒崇魯應銀一兩二錢，胡宗順應銀一兩，郭珠應銀四錢，稍壓其望，婪尾庶幾其衰止乎。王梅屢訟不戢，杖懲實自掇矣。

（清）李漁《資治新書》卷一四《租債・亂民抄殺事租》　審得萬年寺僧如睿，以田佃與董繼恩等，歷租無異。至崇禎九年，剡臺大旱，草根木皮食盡，而屑土以繼。道府而下，捐俸設粥，每念惻然，何意豪僧以毒龍之手，饑虎之心，向鳩形鵠面之人而吮枯膏，較升斗不置也！據稱他境雖旱，此獨有收。夫天泉坑佛四等之田，水脉俱絶，何獨芹塘一塊土別有慈云，能來鉢雨乎？如睿一控之縣，勘處饒四還六，捺寫以後包荒。董繼恩所佃七石，已還四石有餘矣，猶獰獰分頭聳舌，推其意，不過肉視此蚩蚩者，令之東西奔命，非累死則饑死云耳。嗟呼，入地獄如箭射矣，徐德包告包證，與如睿均杖，猶薄懲之也。

（清）盧崇興《守禾日紀》卷四《讞語類・一件假宦虐民事》　審

不退，恃强抗踞。至田塘莊屋應否修理，以杜藉端抗欠之弊，倘不肖佃户架捏情詞控告田主，當堂訊明，如係虚誣，即應據實究辦，毋任串賄經差，包庇拖欠。自此嚴飭之後，如有赴府控告刁佃抗欠，蠻賴訛詐，並經差包庇前項情事，定即親提刁佃嚴懲，並將經差鎖拿到案，從重究辦。仍將通飭各屬辦理控佃章程，再行出示曉諭，務須城鄉周知，並將遵辦緣由報府，以憑察核，慎毋違延。速速。

（清）張五緯《風行録》卷一《再行諄切曉諭刁佃欠租霸莊》 爲再行諄切曉諭以杜訟端事。

照得置田完課，佃種交租，情事相同，本無二致。前因刁佃欠租踞莊，以致紛紛控追，經差復受包庇，遂使積習成風。業經本府出示嚴禁，並飭縣凡遇此等控案，查明如係積年慣欠，爲數雖少，以及年歲豐收，新欠未清，將佃户差喚到案，查照原有進莊銀兩，照數抵償。外有餘欠，仍即嚴行比追給領，勒令出莊，另招耕種，不得仍任聽惡佃抗踞至春不起田。此指並未欠租者而言，如上年控追在先，頑佃抗不清楚，挨至次春輒云田已耕犁，糞草已布，藉端索詐，抗不退莊，此等刁風尤應嚴究。其田主將産轉售，新業户另欲招佃，即命保鄰公同估給工本，不得借臨春不退，恃强抗踞。至田墉莊屋應否修理，令該佃户請田主勘明，自行修葺，以杜藉端抗欠之弊。倘有不肖佃户架捏情詞控告田主，當堂訊明，如係虚誣，即應據實究辦，毋任串賄經差，包庇拖欠等因。除行縣遵照外，合再諄切曉諭。

爲此示仰合屬軍民人等知悉，爾等當思田主置業艱難，每年輪糧納餉，活口養家，全賴於斯。所有應納租穀及早完交，免致催索。即偶遇歲歉，應交應減，照依常例，慎勿逞刁圖抗，致受比追。即使賄差拖延，於本身毫無實濟，與其被控終須完納，莫若先清，轉得安寧。倘敢怙惡不悛，一經控告，定即親提到案，按法究辦，決不姑寬。各宜凛遵毋違，特示。

《清代乾嘉道巴縣檔案選編·道光二十一年十一月十二日項朝升等保結狀》 情郭文秀具控何應榮在案，沐恩訊明，委因文秀之子郭大盛不應捏控。何應榮從寬免究，斷令文秀退還應榮押佃銀一百五十兩，另書佃據約注二百五十兩，佃銀租穀，每年田内均分，其田定限一載。俟後文秀不得：吴鳴羽身充脚頭，而倚富横行者也。有卜忠鄉民，向憑祠生袁有三，租種鳴羽田三畝三分，每年議租四石九斗五升。十四年十月十三日，已完四石六斗，所欠者三斗五升耳。羽乃具呈該縣，批送糧衙，挾以田主之勢，恣行嚇騙之謀，藉口收拾衛官，勒令出銀八兩，致令卜忠賣子交銀一兩二錢，尤以銀以爲嫌，堅拒不受，欲藉端索其身紙房契而後甘心焉，亦可謂忍以横矣。尤可恨者，羽屬何人，擅用限票，恣睢無忌，小人之妄，一至此乎？雖銀契俱未入手，而刁難措勒，情殊不堪。擬以重杖，猶有餘罪。沈安、戴文玉，承票、承行，念無勒詐情弊，姑從寬政。卜忠已賣之子仍令原銀贖回團聚，欠租三斗五升，法應斷給。所租田畝，退與鳴羽，繳還租約，另行招種可也。限票粘卷。立案。

（清）張五緯《風行録》卷一《札飭各邑查辦刁佃控案》 爲刁佃欠租踞莊，嚴飭速行斷追，以杜訟端事。

照得置産招佃，兩有裨益之舉。按畝交租爲大勢皆然之事，且田主每年輪糧納餉，活口養家，全賴於斯。雖歲有豐歉，田有肥磽，應減應交，自有常例。照議按田完納，最屬公平，何以抗欠霸踞，竟至刁佃成風？推原其故，非恃莊屋遼遠，即欺田主愚懦。更有可仗以逞其刁者，一經田主控追，即以應交租穀之半賄囑原差，遂可安然無事。或賄商經差，捏情誣控，計圖抵塞，或主婦女蠻賴强索貨資，甚至毁壞田屋，做死恐嚇，裝傷訛詐，誣告田東，經差串同私押，借此又得分肥。是田主空賠無租之賦，佃户反享無田之租。由此刁風日盛，言之殊堪痛恨。總因有司率以告租爲細故，蠹役隨視官法如弁髦，既受賄而包庇佃人，復持票而盤算田主，從使追得些須，并且化爲烏有。歷任相沿，致成惡習。若不立法嚴飭，何以儆刁蠻而安良懦？除出示曉諭外，合亟札飭。

爲此札仰該縣立即遵照，嗣後如遇田主控告刁佃欠租踞莊等情，查明如係積年慣欠，爲數雖少，以及年歲豐收而新欠多租，並佃户借貸田主錢穀積欠未清，將佃户差喚到案，查照原有進莊銀兩，照數抵償外，所有餘欠，仍即嚴行比追給領，勒令出莊，另招耕種，不得任聽惡佃抗踞至春不起田。此指並未欠租者而言。如上年控追在先，頑佃抗不清楚，挨至次春輒云田已耕犁，糞草已布，藉端索詐，霸不退莊。此等刁風，尤應嚴究。其田主將産轉售，新業户另欲招佃，即令鄰保公同估給工本，不得藉臨春得勒限何應榮耕種。諭令蟻等保回郭文秀之子，大盛歸家，限本月内措銀退還何應榮所欠佃銀五十四兩七錢四分。蟻等是以赴轅，保得大盛歸家措銀退還，不得違誤期限。倘有違誤，惟蟻等是咎，中間不虛，保結狀是實。

《清代乾嘉道巴縣檔案選編・道光十三年二月王天祥結狀》 實結得楊超以遵理愈橫事，控蟻在案。沐恩訊明，蟻於道光十二年以銀四十兩佃楊超柑子園，約注以四年爲滿。今楊超不應妄取，沐斷令俟兩年揭佃，自十二年起至十四年爲止，蟻退還柑子園，楊超還蟻押佃銀四十兩。蟻遵斷具結備案是實。

《清代乾嘉道巴縣檔案選編・道光十七年十二月二十四日胡文榜領狀》

情蟻得佃劉袁氏田業耕種，押租銀一百二十兩，因租穀不清，經劉袁氏以逆騙逞兇，首蟻在案。沐恩訊明，蟻所欠租穀銀兩一概讓訖，諭蟻同公差回家搬移明白，再行赴案具領。蟻遵恩諭，已同公差搬移交清，劉袁氏照數呈繳蟻押佃銀一百二十兩在案。今蟻赴案如數承領，不致滋事，中間不虛，領狀是實。

《清代乾嘉道巴縣檔案選編・道光六年九月十二日劉朝相等訴狀》

情蟻等與江天明共八人，俱認承佃書院男耕，共押租制錢六百零一千八百文，每年共租穀八十三石。蟻等俱各修造房屋倉廒，耕栽數載，前年九月廿六，有齋長吕廷松、許漢章等具稟前恩王主加租，已經審訊未結，延在去年，王主卸事，憲恩榮任，蟻等又在府學具認具結。至冬月内，荷蒙憲恩，朱給蟻等紅單，共加租穀十七石，連前共成一百石，蟻等均遵，承認耕栽。不料本年雨水愆期，田涸乾旱。今七月十五蟻等協赴稟明憲恩，已蒙批委吏書蘇世芳等，齋長郭儒照等協同來鄉，逐一勘明，蟻等朝相、子祥、岐山三人所耕田塊，六分收成；蟻等德才，慶端兩人耕栽田塊，五分收成；正坤、正朝兩人耕栽田丘，四分收成。其江天明一人耕田，三分收成，具已勘明可訊。前月廿九，又被齋長陳嘉言等捏以狡佃蔽公謊稟議等八人佃户，誣有十三家在案。批，侯飭唤該佃户人等到案訊奪。遵唤協訴。

《清代乾嘉道巴縣檔案選編・道光十四年十一月三日江占川保狀》

具保得劉楚堂承佃東川書院梅子溪膏火田業耕栽，押佃銀二十兩，每年租穀六十石，秋收照市繳給，不得短少，倘有短少，惟蟻保人是問，賠納，不得推卸，保狀是實。

《清代乾嘉道巴縣檔案選編・道光五年四月一日林翕灝、毛翕順認狀》

實認得情職員張孔遂捐舍本城千厮坊鋪房一間充入字水書院膏火，蟻等情願赴轅認佃鋪面一間，出備照前原押佃九九色銀四兩，每年佃租九五色銀八兩，按四季交納，不得短少分釐。其押佃銀四兩，蟻等退佃之日，懇恩給還蟻領。中間不虛，認狀是實。

（清）趙幼班《歷任判牘彙記》卷二《判李紹煊等堂詞》 訊得李紹煊之田，由祁興太佃種，數十年來，照完租穀，並無異説。忽於光緒三十一年分由興太之岳父王昌堯，及子王仁海霸種抗租，致令李紹煊具稟控追。王昌堯唆令其婿，妄稱内有四畝五分係祁興太祖遺典業，竟敢捏造。咸豐十一年分李怡之出典據一紙，當經朱前縣訊明，查無歷年糧串，飭將僞據註銷。諭令祁興太照完新舊租欠，取結在案。詎王昌堯父子恃其兇悍，依舊霸種抗租，不認田主，將其婿藏匿，妄自出頭，竟敢將僞據於去年朦混投税，意圖控争，殊屬目無法紀。本應照案嚴懲，以儆刁玩。因念其年老昏瞶，姑不深究。堂呈朦税僞據，當堂註銷附卷。斷令免追四年租欠，以示寬厚。刻下青苗在地，本年秋租飭令照完，稻子六石五斗，俟收割後，即應遵飭退佃，聽憑李紹煊另行招佃，永斷葛藤，取具王昌喜父子等遵斷切結存查。王仕海改交差帶，候有的實店保來案再釋。此判。

（清）趙幼班《歷任判牘彙記》卷二《判彭應辰等堂詞》 周義興願意退佃，姑不置議，着回去將田交主人收執。莊頭彭爲芳業已革退，尚敢霸田，殊屬非是。既據該處董事調處，令該莊頭所欠錢粉七十一千與田主對認，亦甚平允。准彭爲芳具限一個月繳案。惟該莊頭素性刁玩，且又阻攔主人换佃等情，暫收拘留所，候即日該田主换佃清楚，再行省釋。此判。

（清）趙幼班《歷任判牘彙記》卷三《判孟夏氏等堂詞》 訊得張開榮領佃孟夏氏田地、柴山，該氏決意收回自種。質之張開榮，亦願退佃。現據孟夏氏供稱，該氏柴山原有雜樹五十二顆，並欠上年地租洋一元。張開榮既遵退佃，斷令該氏不必再追樹木、租洋。惟據張開榮供稱，現在青苗在地，未便速退等語，亦屬恒情。准予秋成收割後，以八月底爲限，責成原中陳正銀、邱文金，届時督同張開榮退佃。並遵繳本年租籽，以清糾葛，毋再生事。取結存查，張開榮交的保。此判。

（清）趙幼班《歷任判牘彙記》卷三《判沈金和等堂詞》 劉氏公産由劉少亭之祖租與蔡文元，領佃已三十餘年。按年繳租，毫無訛異。去歲劉秉南手中缺乏，私將塘田另佃沈金和承領，當收押租一百三十元。鈕載之係秉南舅父，受其蠱惑，未與劉少亭説明，即擅代立據，殊屬糊塗。現訊明立據之時，劉少亭並未到場，亦不願另招沈佃。少亭又屬家長，該産係屬公産，只有退佃之一法。若不稍示罰懲，亦不足服沈金和之心。斷令該産仍歸蔡姓領種，罰劉秉南洋捌拾元，連同劉少亭繳案押租一百二十元，共洋二百元，限五日繳案給領，本極公允。而沈金和刁狡異常，定欲奪佃，以絶蔡文元生路，且離間劉少亭叔侄參商，愱殊可惡。候再覆訊。此判。

（清）張聯桂《問心齋學治續録》卷三《批澄海縣稟丈明魯麟洋行向郭忠恕堂租受地段並未立契税印請弔銷郭姓原契另給執照管業案》 據稟及另單均悉。查郭忠恕堂銅山路頭地段長闊各五十丈，原有印契收執可憑，前此魯麟行商向其租受此地，起建行棧房屋並未立契税印，大屬不合。現經該縣會同司副領事弔出原印契驗明丈尺四至，將該洋商所建魯麟行督同丈量自東至西横闊一十一丈，照原契核算所有契内左右地段，已賣去三十九丈。自北至南，按照原契丈足五十丈之外，直至海邊，尚餘地七十三丈三尺。據司副領事稱係郭忠恕堂自用工本填築之地，尚屬可信。惟現在原主郭忠恕堂即郭繼榮另案逃逸並未在場，無從查詢。魯麟行承租此地當時既未立有契據，今即轉租與禪臣瑞記未便，違例跨越率準税契，惟既准司副領事照會該縣聲稱，經張前縣查明魯麟行與郭忠恕堂所租契買江作潘坪地契，尾號數與紅簿相符，照覆有案。其中委無重典重賣及轇轕不清情事，將來或有來歷不明，可惟德國領事是問，似此切實擔承，准如所稟，通融辦理，由縣發給執照交魯麟行商收執，將來郭姓案結回汕，再令赴縣補税。魯麟行憑照立契租與禪臣瑞記，即令該行商呈請領事照會税印以符定例。至另稟所稱郭忠恕堂長闊各五十丈地契，司副領事因查辦汕頭地案，尚須存備呈送查核，請將此契當面親筆塗銷，批明此契已作廢紙等字。並另繕照會送交存據，文内聲明此契業已塗銷暫存。德領事處俟地案了結，仍當送繳核銷決，不有誤等語，亦如所請照辦，即由該縣將勘丈此地照原契核算，現存及賣去各丈尺，暨郭忠恕堂自用工本填築餘地丈尺分别清楚，並將原契當面塗銷，暫存司副領事處，俟地案了結送繳核銷存查，各緣由詳細敘入照内，仍須聲明，如轉租别人承受，應仍照例税印，不得恃有此照朦混私租，致干照會領事查究。俟塗銷原契，司副領事照會到日，即將印照備文照送轉給，仍鈔録執照送道備查。仰即遵照妥慎辦理。此繳。

（清）熊賓《三邑治略》卷四《堂判利川縣任内・訊鍾福貴一案》 訊明鍾福貴與汪隆元互控一案，緣陝西客民許先松，遺有祖墳一處，在賈角山、香花嶺、小青口等處地方，佃與汪楚英名下耕種，交與鍾志元經管。驗明鍾福貴所呈契約付託字據屬實，外佃户汪隆元所呈現佃字，亦甚詳晰。斷令以後各項字據，均存卷内，以免遺失。每年佃户汪楚英之重孫汪隆元，認稞錢二串四百文，繳入署内。飭令種志元之子種福貴出具領狀，將二串四百文領去，作爲各廟燒香。如汪隆元私押私賣，准鍾福貴呈控。日後許先松後人來時，即將堂諭執出。以作憑據，永遠無異。各抄堂諭一紙，具結完案。此諭。

（清）熊賓《三邑治略》卷五《堂判東湖縣任内・訊趙永承一案》 訊明趙永承有田一分，佃於杜慶元耕種。據趙永承執出字據，係佃錢一百五十串文；質之杜慶元供，此田係父親承佃，計正莊六百串，溜莊四百串。先年生兄退田，已得過六百串文是實，但溜莊雖係土風，萬不能子過於母。即照爾兄收錢六百串，下餘亦只四百串文，經本縣酌斷，照趙永承佃字，正莊錢一百五十串外，另給溜莊一百五十串，合共三百串。除扣抵欠稞錢七十一串五百七十二文，不餘找足三百串之數，限年内搬家起遷。如違，傳案重究。此諭。

（清）熊賓《三邑治略》卷五《堂判東湖縣任内・訊羅永實一案》 訊明陳正忠種羅永實之田，自道光三十年起，書立佃字，計莊錢四十二串文，外有溜莊錢一百三十四串文。查溜莊乃係東湖惡習，然積弊太深，不能全行革去。該車户既去溜莊在先，舊佃書有憑據，若將此錢斷空，必有性命之擾。亦非爾田東之幸。經本縣酌，原日溜莊錢一百三十四串，除言明付過四十五串外，再付四十五串，下餘四十四串。爾佃户種田已久，不能全得，即作罷論。限陳正忠十月初八日領錢搬家，如敢再生枝節，即行差傳押遷。此論。

（清）倪望重《諸暨諭民紀要》卷二《正堂倪二任·周奎煌等控趙大洪等負欠抗撥等情由》 堂諭：訊得周奎煌等控趙大洪等負欠抗撥等情一案，緣周奎煌等有祖遺祀田伍畝伍分貳釐，土名三柏塘、坭堰、堰口子三處，向來撥給趙大洪等佃種。近因積欠租穀，屢討莫償，遂向起田另撥。趙大洪等出而霸阻，以致具呈。

茲集庭訊，查閱周奎煌等呈送租簿，趙大洪等所欠租穀積至陸拾捌石之多，無怪乎周奎煌等之追租起田也。惟趙大洪呈有撥票，係已故周杏村召佃，帳夥周春山代筆，票内注收撥價錢壹百千文。周奎煌等則謂僅收錢肆拾肆千文，究屬空言無據，爰是衡情酌斷：如趙大洪所送撥票註明租或欠少任憑業主起撥，今趙大洪等屢屢欠租，又阻起田另召，業不由主，殊屬刁頑。本應責懲，從寬以歲有豐歉不同，斷將積欠租穀通作柒折，計租錢叁拾五千貳百文，補交周奎煌等收領，並着周奎煌等起田另種，給還趙大洪等原出佃價錢壹百千文，除將應收租錢叁拾伍千貳百文扣抵周奎煌等，仍繳錢陸拾肆千捌百文，湊成錢壹百千文以償趙大洪等佃價。查土名三柏等處之田，已經周奎煌等起佃，應毋庸議。至堰口子田畝，一俟趙大洪等割稻後，其田即由周奎煌等收回，或自爲耕種，抑或另行召佃，悉從其便。本年應收堰口子田租，周奎煌等須於應繳田價内照依租數扣錢，其餘限柒月内繳案，存俟趙大洪等交田轉給趙大洪等。所呈佃票亦由周奎煌等繳錢領回。周奎煌等零呈廢票貳紙，又租簿貳本，並塗銷。趙大洪等呈送租折，分別給領，各取甘結完案。此論。

（清）倪望重《諸暨諭民紀要》卷三《正堂倪二任·郭文鏕等控追徐春水欠租牽牛由》 堂諭：訊得郭文鏕等控追徐春水欠租牽牛一案，緣郭文鏕等有天燈會置田一畝三分，土名屋基，向給徐春水耕種。徐春水積欠租穀，經郭文穗起佃往耕，被其强牽牛隻，以致呈控。茲集庭訊，查閱佃票，並無押票錢文，惟註明如有欠租，將田另撥等語。今徐春水人租兩年，尚敢負隅阻奪郭文鏕等往耕牛隻，可恶已極。着予責懲，斷令所欠租谷減去三石八斗，仍交乾穀四石，折出價錢貳千八百文，並本年租穀三石九斗，亦照時價折錢貳千八百文，合成錢五千六百文，限期繳給郭文鏕等收領。前奪黄牛一頭，着中證徐培金牽還郭文鏕等，仍於三日内稟復。其田本應由郭文鏕等起佃，姑因徐春水以貧老籲求，仍准佃種。如再欠租，郭文鏕等可以呈請起佃。郭文鏕等須將租簿、會簿及户册，糧串一一領還；徐春水繳還牛錢，准領撥票，各取甘結完案。此論。

嗚呼！天豈遠人哉！天豈遠人哉！

（明）談遷《北游録・紀程》 淮北蕭條，濱河爲甚。其墾田。佃得其七，業主三之，主出牛則五之。更飯牛則七之。

（清）張五緯《風行録》卷四《禁刁佃七字瑣言》 晚稻收成盡豐登，不同去歲薄收成。田東賴此爲生計，仰事俯育共糧銀。有等强横刁佃者，年年積慣昧良心。東君有業同無業，佃户反爲執業人。尋思無計鳴官究，偏逢蠹役擔包身。包蔽躲藏不帶審，以問原告索錢文。田主屢催無穀繳，時常捨臉跪公庭。一經比追押退佃，主使婦女鬧上門。裝傷赴驗稱兇毆，原告反遭被告刑。口稱欠租爲細事，兇毆官司不容情。原差從中求説合，讓租任佃再稱銀。田東被累無休歇，祇得忍氣又吞聲。訪悉前情堪髮指，因何惡佃遍通衡？姑寬示禁容自悟，再蹈前轍罪自尋。本府執法除兇暴，尤恨無義又忘恩。惟願士民知禮讓，懷德懷刑我善民。倘敢串差仍抗霸，差佃籠禁法不輕。各宜凛遵毋干犯，不信來試自分明。

雜録

（元）陶宗儀《輟耕録》卷一三《釋怨結姻》 揚州泰興縣馬駝沙農夫司大者，其里中富人陳氏之佃家也。家貧，不能出租以輸主，乃將以所佃田轉質於他姓。陳氏田傍有李慶四者，亦業佃種，潛賂主家兒，約能奪田與我而不以與陳氏者，以所酬錢十倍之一分之。家兒素用事，因以利啗其主，主聽，奪田歸李氏，司固無可奈何。既以穀田不相侔，輕其直十之一，司愈不平。會歸，而李與嘗所用力及爲立券者，殺雞飲酒，司因隨所之。李欲却司，輒先將一巵酒飲之。司忿恨去，對妻語所以與李怨仇之故。妻苦口諫曰：吾之窮，命也，柰何讎人哉！不聽，夜持炬火往燒其家。忽聞得内有人娩。司竊念：吾所仇者，其家公也，何故殺其母子。遂棄火溝中而歸。司無以爲養生計，即所儧錢爲豆乳釀酒，貨賣以給食。久之，不復乏絶，更自有餘。而李日益貧。更十年，李復出所佃田質陳氏。司還用李計復其田，過種之錢比前又損其一，爲券悉值前人，相視驚嘆。司記爲李所辱時，今幸可一報。復遂具雞酒，飲亦如之。李忘前過，不自責，反怨薄己，怒甚。歸，積膏火破盎中，夜抵司家。司妻方就蓐，李猶豫間，聞人啓户，懼事覺，遺火亟走。而司家實不有人。旦，得火器場中，驗器底有李字。因悟，昔我焚彼家，以其家人産子，不欲焚。今彼焚我家，而我之妻亦産子，而不被焚，此天也，非人也。持錢五千往李，曰：昨日小人無狀，失禮義，不得共飲，兹願少伸謝意，幸毋督過！李疑，紿以疾，卧不起。强請不已，遂同之酒家，邀酤兒與飲。酒半，自起酌酒勸李曰：子之孫某年月日夜子時生，而吾子亦夜者子時生。怨仇之事，慎勿復爲。具白前所仇事，瀝酒爲誓，語酤兒曰：子識之，試用此警世間人。不善，慎勿爲也！劇飲盡歡，乃更約爲婚姻。自是李亦不貧，兩家至今豐給。此在至正初元間，吾謂司氏婦之極諫，與司氏之易慮時，天固已監之。所以李不復可加害也。向使司氏决快所欲，未必能復田。縱復田未必其無禍。一念之善，從而兩家子孫皆蒙其利澤。《書》曰：天道福善禍淫。又曰：惟上帝不常，作善，降之百祥；作不善，降之百殃。

綜述

（宋）謝深甫《慶元條法事類》卷四九《農桑門・農田水利》 令

田令

諸田爲水所衝，不循舊流而有新出之地者，以新出地給衝之家，可辨田主姓名者，自依退復田法。雖在他縣亦如之。兩家以上被衝而地少給不足者，隨所衝頃畝多少均給。其兩岸異管，從中流爲斷。

諸雨水過常而瀦積爲害及於道路有妨者，令、佐監督導決。水大者，州差官計度，仍申監司。若功役稍衆，轉運司應副，並差官同本州相度，行訖，具應用財力及導決次第申尚書本部。

諸州雨雪過常或愆亢，提舉常平司體量，次月申尚書户部。

諸江河山野、陂澤、湖塘、池濼之利與衆共者，不得禁止及請佃、承買，監司常切覺察，如許人請佃、承買，並犯人糾劾以聞。河道不得築堰或束狹以利種植。即瀦水之地，衆共溉田者，官司仍明立界至，註籍。請佃及買者，追地利入官。

諸陸田興修爲水田者，税依舊額輸納，即經五料，提點刑獄司報轉運司，依鄉例增立水田税額。

相鄰關係分部

論説

（宋）范祖禹《范太史集》卷一九《乞車駕所過不毁民屋劄子》 臣伏見祖宗時執政大臣第宅，散居諸處，或遇亡歿，車駕臨奠，儀衛簡省，雖入隘巷，亦不拆毁民屋。自熙寧初置東西八位八臣，所居近在闕門，雖有臨奠，更不經歷街巷。昨來曹佾之喪，二聖臨幸，有司毁拆屋舍太過，居民不無失所。雖百姓多侵街蓋屋，毁之不敢有怨，然因車駕經過，比之他處，獨被煩擾。恐非陛下仁聖子育萬民之意也。今孫固亡殁，已在外第，街道甚遠，竊慮車駕臨奠，有毁拆更多。臣愚欲乞先降指揮：除大段窄隘處量加撤去外，無令過當拆屋，庶使聖駕所過，小民知恩。取進止。

（宋）袁采《袁氏世範》卷三《治家・鄰近田産宜增價買》 凡鄰近利害欲得之産，宜稍增其價，不可恃其有親有鄰，及以典至買，及無人敢買，而扼損其價。萬一他人買之，則悔且無及，而争訟由之以興也。

紀事

《南史》卷七三《孝義傳·韓係伯》 韓係伯，襄陽人也，事父母謹孝。襄陽人鄰居種桑樹於界上爲誌，係伯以桑枝蔭妨他地，遷界上開數尺，鄰畔隨復侵之，係伯輒更改種。久之，鄰人慚愧，還所侵地，躬往謝之。建元三年，蠲表門閭，以壽終。

《北史》卷八八《隱逸傳·張文詡》 張文詡，河東人也。【略】母以孝聞。每以德化人，鄉黨頗移風俗。嘗有人夜中竊刈其麥者，見而避之。盜因感悟，棄麥而謝。文詡慰諭之，自誓不言，固令持去。經數年，盜者向鄉人說之，始爲遠近所悉。鄰家築墻，心有不直，文詡因毀舊堵以應之。

（宋）王溥《五代會要》卷二六《街巷》 後唐同光二年八月敕：在京應有空閒地，任諸色人請射蓋造。藩方侯伯、內外臣寮，於京邑之中，無安居之所，亦可請射，各自修營。其空閒有主之地，仍限半年，本主須自修蓋。如過限不見屋宇，亦許他人占射。其月敕：諸道觀察防禦團練等使，刺史，出司土宇，入覲朝廷，將壯宸居，須崇甲第，宜於洛京修宅一區。長興二年六月八日，據左右軍巡使奏，諸廂界內，多有人户侵占官街及坊曲內田地，蓋造舍屋，又不經官中判押憑據，廂界不敢懸便止絶，切恐久後，別有人户，更於街坊占射轉有侵占，不惟窄狹，兼恐久後，別有人户，及致人户争競。近日人户係稅田地，多被軍人百姓作空閒田地，便立封疆，修築墻壁占射，又無判押憑據。及本主或有文契典賣，兼云占射年深，或有稅額，及無稅空閒，攔悋不令修蓋，以此致有争競。廂界難以止絶者，其在京諸坊曲，應有空閒田地，先降勅命，許人户請射蓋造。及見種蒔公私主田地，如是本主自有力，便令蓋造舍屋。若無力，即許人請射修蓋。自後相次諸色人陳狀，委河南府勘逐，如實是閒田，及不侵占官街，然後指揮劈畫交付。今稱諸色人侵占街坊，及於見有主稅地內，占射蓋造，必慮有妨車牛過往，及恐百姓互争議論，須定規繩，各令稟守。

案例文書

《名公書判清明集》卷九《户婚門·争墓木致死》 決斷大辟公事，要見行兇人起争之因，所謂原情定罪者是也。余細三十與男余再六、侄余再三，有祖墓林與買官人胡小七田地連接。余家墓山，累世之業也。胡家之田，近年得之也。墓林茂盛，寧免嵐蔽田地，在在如此。儻使此田爲木嵐蔽，胡小七當日勿買可也。及至交業之後，佃人洪再十二欲行退佃，不過與幹甲通同，欲邀田主退減苗租而已。胡小七之悍僕胡再五、周先乃具狀申聞胡小七者，小七遽就狀批判，差諸悍僕率群佃百餘人，名曰自耕，其實將帶刀斧，喧噉直將田畔余家墓木恣行斫伐，幾於赭山。其余細三十併子若侄聞之，急往占護墳木，此亦人情之常，但不當將帶管刀杖棒而前。及登墓山，果見斫伐狼藉，及將木植搬歸幹甲梁興二之家。危辛乙者，特胡小七一佃火耳，亦隨衆斫伐之人。一時余再六登山趕捕不獲，已行回歸，適又遇見危辛一持斧上山，遂成對頭。危辛一先以斧頭抵敵，余再六次以管刀敵擲，余再三又以長棒擊打，遂致危辛一爲刀傷要害身死。推原起争之因，皆胡小七者以判狀付之悍僕，依憑威勢，平白斫伐他人墓木。余再六所以不忿者，愛護墓木也。愛護墓木者，所以愛護其祖宗也。人誰無墳墓，此其起因，原情實有可憫。買官胡小七事發一年有半，更不出官，州院雖已勾追，竟以本人見在紹興辛提幹處爲言，通神之錢，且有免追之判，可見豪强。照得余再六所犯在減降赦前，其弟余再三已斃於獄，其父余細三十已作余超名，前經刑部特與貸命，決脊杖二十，刺配二千里軍州牢城。胡再五、周先憑恃威勢，號召諸佃，決脊杖十三，編管一千里，方辛四、梁興二皆佐助胡小七爲惡之人，勘杖一百，編管鄰州。縣吏周元、州吏徐必選、周思民免追，杖一百，罷逐，並牒州照斷。其買官胡小七，何物小子，乃以威力激成兇禍，牒州專人追解赴司，兩限不到，定追都吏。其已斫伐木贓及砧基簿，責還余家有分之人取領入案。餘人放。

（明）蘇茂相《新鐫官板律例臨民寶鏡》卷九《雜犯類審語·争埭》

許糧三十六石，而林糧九斗六升，不登三十分之一焉。埭屬林幾何，而可以許並稱兩埭也。許訴獻珍截流驅魚，而獻珍云水枯埭涸，魚不能從陸飛渡，茲固有理。但邇來南風卷水而趨，其游魚從淺而歸深，是水有一尺之涸，即林爲一尺之利。然林溝實自爲許魚之藪而衆。許未始爲盜魚之人，地勢實然。魚之在林溪塘陂堰者，皆許氏之放豚未收，而林氏之落果應拾者也。他物往取謂之竊，物來自收謂之攘。計魚追〔贜〕，於法未允，前魚已矣，前魚已矣，從今姑着孝行公正，林應秋照許氏以廢塍迹，復修界址，以糧數準埭數，名利而收之。休教鷸鴨惱比鄰也。兩姓其有鳩字。

（明）顔俊彦《盟水齋存牘》卷一《争山陳允讓等杖》　審得陳允讓與李萃梧争山之訟，據公讓稱，山係祖業，葬有年所，爲萃梧涎謀風水，横佔其地。而萃梧又稱允讓盜葬其山。職未能一登其地，廷詰之，萃梧曰：豈有平民敢盜葬貢生之地，或其自有地而葬，不無風水相礙耳。萃梧首肯者再。若是，則允讓之上控不爲無因，萃梧輩欲以衣冠之勢逼其徙葬是實也。各山各葬，彼此不能相禁，況此壘壘者，亦何必不卜其鄰乎，則風水之説誤之耳。應斷各照界址管業，毋得侵越。李萃梧、陳允讓詞皆駕捏，各杖。允讓之兄允虬又刁訟之尤也，並杖之。招詳。

海道批：李萃梧與陳允讓讓駕捏争墳，乃風水之説誤之也。展轉不根，各杖允宜，俱依擬贖發。庫收繳。

（明）顔俊彦《盟水齋存牘》卷一《争墳何自沂等杖》　審得何自沂、何一孚以祖墳相鄰互相訐訟。據該縣所審，新舊墳相去雖止二尺，然界限自分，乃一曰佔毁，一曰侵佔，蠻觸不休，何居乎大都？此中人惑於風水之説，往往以卜葬爲訟府，不知穴在心田，因葬而得訟，先人已不安於地下，又安望風水之靈乎？應行縣勘明，各照界址管業，釘樁立石，永杜侵越可也。兩家詞多添誣，並杖。招詳。

布政司批：依擬何自沂、何一孚各贖杖發落，餘如照，庫收繳。

按察司批：何自沂等依擬各杖贖發，餘如照，庫收繳。

（明）顔俊彦《盟水齋存牘》卷二《争山鄒之學等杖》　審得何奎等之訟鄒之學伐墳占地也，曾委官踏勘。據稱：所争告占之土，若論爲鄒地，上隔有何墳一墓，其下之學新墓傍右一家，係何門故室梁氏之墓。詳此數語，則其爲鄒之侵何無疑也。夫卜地葬親，所以妥先靈也。乃損人利己，而以興戎，穴在心田之謂何？應行該縣，責之兩家，各安界址，不許逾越尺寸，以開無已之争。之學之侵越，何奎之添捏，各杖示懲。招詳使司。

清軍道批：鄒之學與何崇叙等墳各有界，上下截然。鄒以營築新阡，越侵啓釁，無怪乎崇叙之争執也。第詞過其實，應與之學併杖。勒令各照舊址管業，争乃杜矣。如照，庫收繳。

按察司批：何地而鄒侵之以葬其親，穴不必言心地，口已壞矣。鄒之學姑同何奎杖折發落，餘照斷，庫收繳。

兵巡道批：鄒之學越界，何奎添詞，依擬各杖。庫收繳。

（明）顔俊彦《盟水齋存牘》卷二《息訟譽洪謨等杖》　審得譽洪謨與譽偉爲兄弟行，因同買葬地，界址不明，遂致啓訟。今親族處明，兩造願息，似可俯從。各杖以儆其瀆。招詳。

按察司批：譽洪謨、譽偉以山地争界，開鬩墻之隙，併杖無枉，依擬分别折贖發落。餘照，庫收繳。

（明）顔俊彦《盟水齋存牘》卷二《争山黎少敦等杖》　審得黎少敦與勞愈争墳山而訟，已經縣審明在案。乃少敦猶不能已於控者，謂愈不遵古路守界之斷也。但少敦等所執古路在上，而愈等所執在下，則路猶未定何處。據少郭苦稱：拜臺之下，祖骨在焉。委官啓勘，情虚甘罪。夫一拜臺，無關人墳墓事，何難一啓而視之，以杜兩家之争。除行縣查照原斷勘明息争外，黎少敦、勞愈互争刁訟，各杖示懲。招詳。

按察司批：黎少敦、勞愈争山刁訟，杖當其辜，依擬各贖發，餘照，庫收繳。

（明）顔俊彦《盟水齋存牘》卷二《争地黄守業等杖》　審得陳貴福與王守業争官田一地，據縣初審，地在陳家屋後。又云陳家祖居地頗高，而官田地枕其後亦高，是明以地屬陳故業而王欲占之也。斷八尺之地與王爲息争之計，亦可謂曲處矣。陳之不服其詞也，直王安得復有言，今據縣覆勘，以古墻爲界，引繩中分，亦猶夫以鴻溝息楚漢之争耳。田土之事，即經縣處明，似可無深求。王守業、陳貴福駕詞相加，各杖無辭。縣惡王之横也，併杖爾熾，念係子衿，恐其不平而再有鳴也，豁之。招詳。

布政司批：依擬王守業等各贖發，王爾熾姑免究。如照，庫收繳。

按察司批：地界勘處已明，兩造之紛爭可杜矣。依擬王守業，陳貴福併杖發落。餘如照。庫收繳。

（明）顔俊彦《盟水齋存牘》卷二《息訟曾伯元杖》 審得邵翰璵與曾伯元争墳山界址，遂及於訟。今翰璵物故，親族爲之處明，具息以進，似可俯從。曾伯元應杖，翰璵免擬。伏候憲奪，招詳。

糧儲道批：據審争界起訟，既經處明，可無深求矣。曾伯元依擬杖贖，如照，庫收繳。

（明）顔俊彦《盟水齋存牘》卷三《争山李紹裘二杖》 審得李紹裘與蕭永清争山一案，已經委官兩勘，俱稱株木嶺一山皆係李墓，有碑志及縣册可據，於永清則未有據也。乃永清苦稱新陞科有竹嶺土名，在株木嶺之外。夫果有之，聽其自葬。若巧立名色，影佔他人之山，則法之所不許也。一面行縣查照黄册，各守疆界。其兩造之詞，俱多添捏，紹裘、永清各杖無辭。招詳。

布政司批：李紹裘之株木嶺，既載圖册，里鄰共知。蕭永清葬已十三世，何稅屬新陞，明屬影佔，應聽李紹裘照圖册管業。蕭永清聽守舊界，不得越佔。依擬各杖贖發，餘如照行，庫收繳。

分守道批：蕭永清假稱新陞竹嶺，混争李紹裘碑志株木嶺，影侵可惡，依擬各杖發，庫收繳。

巡視海道批：兩俱杖贖，聊以結案耳。姑依擬發落，取庫收，仍候司道批行。繳。

（明）顔俊彦《盟水齋存牘》卷三《争巷路葉養俊等杖》 審得葉養俊與葉養源爲同堂兄弟，共宅而居，界址自明，止争一巷，遂蠻觸不已。總之，構屋已經九年，而欲廢此巷於今日，則養俊欲圖自便，其誰許之。養源以其父茂和出注，謂養俊侄震良有毆祖之事，此不過借題壓人之術，亦似可已。已行縣勘，據申文了了，更無須蛇足一語。應照原路共繇出入，不得再有争執。養俊、養源各杖，以懲同室之鬥。招詳。

布政司批：葉養俊、養源同堂兄弟，爲小忿操戈如此，一經審勘，殊覺無味。依擬各杖贖發，巷路照舊，均如照行，取庫收繳。

提學道批：葉養俊等依擬杖贖，庫收繳。

（明）顔俊彦《盟水齋存牘》卷四《争山鄧一定等杖》 審得鄧一定與楊志欽等，有山相鄰，志欽所賣越元魁之山，去一定墳穴甚無幾，慮其造墳逼己，遂爲平墳殺祖之控，亦此中之套詞也。最可笑者，一定之乞批理問所初意，恐發縣丈勘，難掩其真耳。後據黎懷仁、關濬執有鄉民黄伍寰等聯名呈詞一紙，出銀三兩，乞求分上準詞，則譸張之甚矣。夫藩司是何衙門，而鄉民敢無因闖入，求分上準詞乎？一定點綴此局面以求佔勝場耳。一定既有此局面，志欽、秀蓴等遂疑，及一定之族人鄧宋執役本司而控及之矣。載鬼之疑，黎懷仁、關濬之一稟招之也。黎懷仁、關濬之一稟，一定之姦謀愚之也。婉轉窮詰，别無情弊，山聽越元魁得業，鄧一定、楊志欽、楊秀蓴此俱添捏，更請加責，以爲機詐者之戒。餘免株求。招詳。

軍門批：鄧一定姑擬姑責三十板，與楊志欽、秀蓴俱贖發，餘俱照行，庫收繳。

（明）顔俊彦《盟水齋存牘》卷四《争山馮士登等杖》 審得鄧伯安、馮士登山地接壤，戚誼相關，非有不解之仇也。仍伯安葬母逼于士登宅，後亦此疆彼界，各有定分。士登執陰陽龍脉之説，鋤而毁之。兩相訐告，一以劫殺告縣，一以劫棺上控。裝詞失實，全無根據。今始悔罪，不願終訟，法固當懲。第與民休息，亦上臺之所不靳，姑各杖之。具招呈詳。

布政司批：依擬鄧伯安等各贖杖發落，庫收繳。

（明）顔俊彦《盟水齋存牘》卷四《争山林伯繁等杖》 審得林伯繁與伍理融争飛鵝嶺之山墳，已行勘再三。今得柯知縣親詣一勘，而兩家山形已宛然在目。林古墳四穴在本山龍脉當中處，而伍墳十餘窩俱環列山之左脚，彼此不相蒙，自可各守其界，而蠻觸不休，何爲乎？據縣稱：伍所争新穴及今改葬處即在林四墳之中央，周圍相距約僅數武，當時伯敏稱此穴係己祖母黄氏舊塚，嗔伍侵越，然當舁柩而來，非可掩耳盜鈴，何不争之此時，而毁其成墳，至破損其棺，則不法甚矣。已經縣審斷，伯繁出銀三兩給理融埋葬之費，已奉詳允，各葬無恙，更不必别有更動，使枯骨屢遷其居，但禁此後不許再相侵越，鬼卜其鄰而生人相角，使鬼不得有睦鄰之好，非所以妥先靈也。卑職亦僅能言縣之所言而已。林伯繁、伍理融仍依縣擬各杖。招詳。

分守道批：依擬林伯繁等贖發，餘如照行，庫收領狀繳。

海道批：林伯繁、伍理融以啓釁，鑾觸不休，允宜杖懲禁越，以安長逝。伯繁切棺破蓋，尤屬非法，仍加責二十板，依擬贖發，庫收繳。

（明）顔俊彦《盟水齋存牘》卷五《息訟李志明杖》　審得李志明與吴新芝僅争墻界尺寸，乃駕詞團抄，告銀百兩。甚矣，其無情也，法應重擬，念既悔息，姑杖之以徇好訟者。招詳。

按察司批：李志明以争墻界細故駕捏游詞，情殊可恨，姑念悔息，依擬發落。庫收繳。

（明）顔俊彦《盟水齋存牘》卷五《息訟陳貫杖》　審得陳貫以涎佔毁墳，激控部院本司臺，而孝廉亦以挖骨團殺爲詞，進兩造而質之，各是其説。此中争山界者，蓋一日幾案，未易按圖而剖，行縣勘明，而原被□以息請，想已各安其業，不相侵越也，姑免深求，陳貫争山耳，而有勒金男死之詞，駕捏太不情，杖以懲之。招詳。

軍門王批：依擬發落。庫收繳。

（明）顔俊彦《盟水齋存牘》卷五《息訟陳廷璽等杖》　審得陳廷璽之訟陳廷治，以有官路與廷治田相接，風雨卸陷，遂謂廷治侵佔官路，言語相角，遂激而控憲。甚矣，小民之無知也。今已悔息，審無别情，各薄杖以戒其多事。招詳。

按察司批：陳廷治侵佔官路，陳廷璽小故逞訟，各杖不枉，依擬折工贖罪，庫收繳。

海道批：陳廷璽與陳廷治僅以口牙之忿輒行告擾，各杖不枉，依擬折工發落，庫收繳。

（明）佚名《新纂四六讞語・徒犯沈一鳳讞語》　審得沈一鳳，黠人也。奪宋化龍田爲水道以分其塘水。化龍前訟於官，官不直化龍，聽一鳳踞業。比今又訟。本縣察化龍神情，似若有冤者。取其圖視之，沈、宋同塘。宋田在上，乃不共此溝用水，而水反越宋田以澆下流，已屬可疑。一鳳出其新舊兩契爲質。本縣取舊契閲之，僞也。書田券者既載四至，即載水道，今驗舊額古溝一條老牛窪取水數字，反在情願出賣之下，豈非原契題買主姓名，餘半行空紙，今日新填此爲白騙計乎？又驗字跡，四行俱浸。夫作字一畫一字，浸即舐筆令匀。何至四行俱浸，又何前後皆不浸？浸必以此四行乎？仍提字跡照之，舊額古溝一條老牛窪取水數字浸芒匀淡，乃故紙新竄字宜然。餘字雖浸，外淡中濃。中濃之跡無刺，係舊日筆痕。外淡之跡有刺，豈非竄字後，並此數行填浸，以混新添字樣乎？又取新契驗之，亦僞也。契尾印帖上僉二十五日，墨瘦筆枯。殊不類官府僉判。再於舊卷中取本官押字比驗，亦僞也。官府押字圓活，假之者滯硬。又查契尾上承行吏姓名，尤甚可笑，與本年吏隔越且二人矣。奸民舞法，《汲黯傳》：好與事舞文法。言舞弄文法以肆奸也。盜宦篆爲兼併計，以愚弄小民，兒戲官府。應依律擬徒，以爲險狡之懲。田並古塘斷還宋化龍管業。

（明）張肯堂《䜅辭》卷八《僧維經滑縣人》　秋雨瀰瀰，溝洫皆成巨浸，潦之所經，頽垣圮室相望也。滑有什善一集，集南爲路，路之稍東爲廟，廟南有坑，其有鄰爲王邦禎地，水繇地行，循路而北，廟其衝已。僧維經懼古刹之爲洪濤也，築一堤於廟側，引水東流，以納於坑，以爲歸墟良便。庸知坑不能受，而泛溢於邦禎之地，實勢所必至乎。雨集之盈，涸可立待，今此依然平陸。即邦禎亦未嘗損其粒米，而猶爲不必然之慮，是亦不可已矣乎。道旁之争，解紛則已，折衷論之，繇路直，而繇坑稍紆。繇路則利害均之，即同作波臣，亦是天行之數。而以邦禎之地爲尾閭，不顧當者之難爲受乎。新堤從毁，水道改正。

（清）李之芳《棘聽草》卷六《讞詞・産業・本府一件爲憲救屠門事》

審得金一斌先買張姓賣出之田以營馬鬣，而張汝完有田二斗七升尚在塚旁，一斌遂興築薛之謀，而起秦併之漸，阻其耕種者數年，此何理也？況久有議約，界石宛然，已經前縣判明。侵彼之疆，反行誣控，何吏之奸且猾耶？今既欲之，當以張田歸金，金以别田换張，古人以妾换馬，亦各從其好耳。一斌刁甚，杖之。

（清）李之芳《棘聽草》卷六《讞詞・産業・分守道一件爲憲礫慘冤事》　審得陳廷與陳三近同居一院，其西側厢屋三間係廷祖房，然其先已賣與陳大省，而大省復賣於三近之父，歷有年矣。今廷一旦起而斷其出路，夫既不得其門而入，誰能出不由户？此近之子陳邦廉激而鳴縣也。然當日三近在杭省未歸，該縣並未遽出火票，後憑族長公議，出價五兩，與衆人立契，允其另造臺門，而墻外横街同作路逕，約中開載最明。其族之長幼，列名俱在。陳廷此控，何其蛇足，杖懲不枉。但廷興此訟端，言造門實便三近，宗屬繁多，染指未均，姑再補價五兩與族人，今而後可相忘於無言矣。

（清）徐士林《徐公讞詞·巡漳讞詞·許準告謝芳恩等案南靖縣》據該縣申送謝部、許隱公等，互控龍磜坡水利卷宗前來。本道披閱卷圖，該縣詳斷龍磜坡之水，永遠分流灌溉，以公水利，是矣。惟是勘斷水利，不但剖目前之是非，必當權將來之利害。如：坡口各圳地勢，水面高低、深淺，闊狹，皆當和盤打算，方能有利無害，永杜争端。今查縣看簡略不詳，圖内亦未註明高低各項尺寸。且兩造互争，在天旱之時，該縣履勘，在得雨之後，更當悉心權衡，不可草率了局。即如詳稱謝姓水圳，逆流而上，水來較難，將坡口總匯之處，壘石堵塞，使水壅注，以灌己田等語。夫水性就下，斷無逆流而上之理。如果坡口低而謝圳高，勢必壘石堵塞，激水灌田，許姓不得資其涓滴，利在謝，害在許矣。謝不壘石，水必不能倒流謝圳，以灌謝田，則分流之斷，豈非空談？而嘉靖、萬曆年間，謝姓久以分流控告，又復何爲？且争水利者，皆爲天旱而起。今雖大雨時行，而旱時水勢，可以計算而得。假如謝圳高坡口五寸，坡口水深一丈，謝圳方可引灌；一當亢旱之時，坡口水減五寸，謝田即不得稍沾餘瀝，止不可不爲謝姓計。謝圳在上，許圳在下，設若謝圳挖之甚深，疏之甚闊，則又將奪正河而旁流，在下之田，勢必失利，此又不可不爲許姓計。此等緊要關鍵，若非逐一敲推，酌定成局，斷難絶弊而杜争。至溪水距謝田高下若干，遠近若干，其如何難於車水之處，該縣既經親勘，看内如何無一字言及？謝姓現豎縣門之碑，許姓指以爲假，而許姓之碑，又現在何處？看内亦無一字言及。事關水利，不厭詳慎，合飭確勘妥議。爲此，牌仰該縣官吏，照牌事理。立即親詣告争處所，確勘坡口與謝圳地勢高下若干，現在各深闊若干，許圳闊若干，及謝姓車水難易情形，逐細相度明白，酌定水圳深闊分數，務使亢旱之時，兩姓均沾水利，妥議詳覆，並將勘過坡口各圳高下、深淺、闊狹各尺寸，逐細注入圖内，連卷並送查核，以憑定案。其許姓碑現在何處，一併查明聲覆，慎毋率延，致幹未便，速速。

批縣詳：龍磜坡水，乃天地自然之利，非許姓私業也。其坡水源盛大，水面弘闊，自坡口直下而東，勢若建瓴，兼以九澗之水，斜匯坡水，流入許姓之圳，灌田三千畝，即大旱之日，水利未聞少減。南有謝姓田三百畝，雖近溪旁，而田丘逐層遞高，形如階級，斷難庠溪水而使之逆流，所以於龍磜坡之南，鑿一小圳，引坡水旁流，透迤七八里，入田灌溉，較諸許圳不過分坡水十分之一耳，於許姓乎何害？詎意二姓搆訟，自明迄今，許姓執嘉靖四十五年府詳不許分灌之碑記，謝姓執萬曆七年縣詳照舊均利之碑記，互指爲假，争端不息。本道提閲碑摹地圖，兩造是非，瞭若指掌。查許姓所呈嘉靖年碑摹，據唐守詳稱謝敦玨等田二百畝，向別溪輪車灌溉，今被沙泥長塞，車路不通，地利限之等語。是謝田之車水維艱，在前朝已然，唐守業目擊形勢矣。源泉混混，可以挹注。若開圳而有損於許，則圳不可開；開圳而有益於謝，無損於許，正宜斟酌變通，俾小民公享其利。乃混稱自洪武至今並無開圳分水之事，遂斷令，謝姓棄田開池儲水灌溉，因時因地之謂何？何乃膠柱若此？此即斷案果真，後之司土者，爲民平情均利，猶當抹謬議而申公論，況謝姓萬曆七年碑記，現豎縣左，文内歷叙嘉靖二十一年，四十二等年，前經龍溪主簿勘解，後經南令勘詳，院、道、府先後俱批斷，兩姓均利，繼因許化等壞坡奪水，萬曆丁丑後，謝族睿等屢控各院軍門司道，批府轉委兩縣會勘，仍照前案詳斷，批飭毁碎許姓私碑各情節。是許姓嘉靖年碑記，顯係僞物。今許姓反指謝碑爲假，豈豎縣門官民矚目者之爲假，而私藏於荒郊野寺，令人不見不聞者之反爲真耶？若云萬曆七年縣城已徙建大帽山下，此地未有縣治，即不得有碑。有知萬曆二十三年復城故地，則新城之鍾虡碑碣，何難轉移故城？混饒舌，豈能奪理？至許姓復援府縣誌載唐守斷案爲據，更令人發一大笑。凡守令率作興事，有利於民生者，則志之，如前朝汪守、陸守之開砌龍頭大溪圳，曾令之浚海子新陂，陳令之浚新寨圳、東湖圳是也。若以教民專利之舉，而筆之於志，殊屬不經。且南邑圳六，坡一百有二，歷代以來，居民互相引灌，豈無雀角鼠牙之事？何概置不載，獨龍磜坡謬斷，竟大書特書於輿地篇内？此蓋許氏矚托營求之弊筆，可謂之信史乎？第此水許姓不得專諸己，謝姓亦豈可盡奪諸人？乃本年三月初旬，雨澤偶愆，謝姓輒將坡口總匯之處，壘石築塞，截水入圳，以灌己田，竟不念許田三千畝，將化爲石！而許姓亦遂恃衆逞强，掘毁謝圳，擒捉謝姓，擅行縛吊，不公不法，厥罪維均。本道前閲卷案縣詳，府批斷令兩姓分水同灌，理實平允。只因看稱謝姓水圳，逆流而上，若不量度高下，酌定兩全之策，將來不無争端，是以，檄飭覆勘妥議。茲據詳勘驗情形，左屬許姓，右屬謝姓，分流灌溉。謝姓坡面凸石削平，寬以三尺，石上開溝一條，鑿深八寸，引水以至坡口；再於坡口壘石爲壩，高三尺、闊二尺，自山脚起，至直立石止，長二丈七尺，壅水使入謝圳灌田。一面飭令謝姓遵照詳批開鑿壘築尺寸，即日興工，許姓不得妄行阻撓，謝姓亦毋得壘至石左，致礙許姓水路。仍即覈叙詳檄批示緣由，呈覈發縣勒石，永杜争端。其許姓私竪純陽廟碑，著即移毁。至從前兩造截水掘圳各犯，仰即照依府批，分別枷責。但目下正值農忙，姑俟開忙發落具報。統取各遵依報查，此繳。坡圖備案。卷發還。

（清）徐士林《徐公讞詞·守皖讞詞·謝鴻等互控建閘案》　審得桐邑生員謝鴻等告監生李惟選等擅塞官河一案。一則防水害而不顧人之失利，一則争水利而不顧人之受害，各挾私意，兩不相下。縣斷不服，繼以控府。本府提覈縣卷，復委經曆司踏勘繪圖，並取兩造呈圖對閱，其形其勢，瞭若指掌。姚家河來自掛車由西而東，至青龍堨，正流之外，分爲南北兩支，總歸於鴨子湖。其南支之東則爲謝、張等姓之田，其勢頗高；南支之西則爲李、姚等姓之田，其勢反低。謝、張等田，資此河以灌溉；而李、姚等田，上有引水渠，原不藉此支河之水，下有溝口，能連支河，田低河高，未有不倒灌而入者。且李、姚等田，其上多山，山水驟至，圩内皆盈。雖有溝口，但河水逆流而入，山水又安能順流而出？是支河者，謝、張等姓之利，李、姚等姓之害也。今李惟選等建閘河口，以防倒流，存留溝口，以泄積潦。其自爲計則得矣，然其如謝、張諸姓何哉？衆姓數頃之田，錯處河内，近大河者，登水利於大河，近支河者，登水利於支河。今建高一尺數寸之閘座，是當大旱之時，河深一尺數寸，而謝、張等田，遠大河而近支河者，曾不得稍沾餘瀝，誰其甘之？況以三丈之河面，只留闊三尺高二尺八寸之閘門，水口既小，出水自遲，三千畝之禾苗，其能稍緩須臾勿死耶？即據稱建閘始自嘉靖年間，此説豈容拘執？滄桑變更，今昔不同。倘當年支河之東，一片荒茅，並無隴畝，誰復禁爾塞河者？即有田矣，官河之水，與衆公之，閉塞之權，豈在爾哉？至以支河捏稱溝，更屬荒唐。青龍堨在河中央，水爲堨阻，激而分支，其性使然。雖泛漲之時，不無倒注於田，而安流之勢，要必會歸於湖，是河非溝，毫無疑義。今强稱世業古溝，又云閘溝之水，伊等陰受其福，而不知貪天功以爲己力，其將誰欺？況開泄之時，二十里壤地，豈係無主，竟任爾祖疏之鑿之，而莫這與争耶？阻河拂捏詞狡飾，此李惟選等防水害而不顧人之失利者也。乃謝鴻等不鳴于官，輒率衆毁閘，互相鬥毆。該縣親勘，又復横肆無狀，夜郎自大，狂態逼露。本府先傳訊供，據稱李田圩下被淹，乃係天造地設，於人何尤？庭訊之下，又稱李田在上，生田在下，豈有此高彼低之理？前後反覆，自相矛盾。又稱移河口閘於溝口，李田即可無虞。夫設閘溝口，固可避河水矣，若當大潦水積，一啓閘而河水與圩水交敵，圩水不能出，河水反先入，勢不至化田畝爲巨浸不止。謝鴻等但知争水利耳，豈復顧人之害哉？今兩造者，獨不思易謝、張諸姓之田爲李、姚諸姓之田，肯令一帶沃土化爲石田乎？易李、姚諸姓之田爲謝、張諸姓之田，肯令數頃腴壤，付諸波臣乎？人情不平，獄訟煩興，殊堪痛恨。查閱縣斷：閘口用石數塊，餘用土堆。閘果有害，土亦不可；閘果無害，石亦何妨？草率游移，難成信案。本府察度形勢，斟酌利害，應將李惟選等所建閘座，改與大河底相平，閘門改寬八尺，以暢河流。閘門上毋覆石土，以使啓閉；閘板加厚，以防水勢。再於溝口另建一閘，遇旱則開河口之閘，閉溝口之閘，謝、張等田，即受灌溉之利，李、姚等田，亦不致被倒浸之害。遇潦則閉河口之閘，開泄口之閘，李、姚等田，即不受山水之害，謝、張等田，亦未嘗失河水之利。仍著兩造各立一閘長，相度水旱，公同啓閉，勿許徇私害衆，再啓争端。本府撫綏六皖，衆姓皆吾赤子，水通水利，大關民生，不忍爾等利己害人，禍連訟結。縣已薄罰，免其究擬，平情剖斷，均受其益，倘敢抗違，即屬冥頑不靈，三尺法不能爲爾等寬矣！謝鴻等是否强伐李姓埂樹，仍聽縣查明歸結可也。立案行縣，飭即遵行。並書貼照墻。

（清）李鈞《判語録存》卷二《争路事道道光十年十月初六日》　審得洛陽縣民馬文成控李文舉造房阻路等情一案。緣馬文成與李文舉比鄰而居，文舉門南向，文成門東向。文成由文舉門首空地行車，由來已久。道光九年，文舉在空地建房，截斷舊路。文成控縣，該縣以空地在文舉界内，應聽建房。惟文成行車多年，且無別路可遶，斷令文舉於文成門首讓地一丈二尺；迤南往東，亦讓地一丈二尺，以爲車道。所有地内被掘坑壕，飭文舉修墊平坦，具結完案。嗣因文舉未肯修墊，文成暨子長來節次赴府暨道憲衙門具控。復經該縣暨委員勘訊，屢斷屢翻。本府提案集訊，獲悉前情。查文成等所争之地，彼此都無確據。既在兩家門首，即係兩家公地，自應照該縣初斷。除文舉修建房舍外，着於文成門首東西留地一丈二尺，迤南往東、南、北再留地一丈二尺，以便文成行車。其地内不平之處，在一丈二尺内者，飭文舉代墊平坦，以外者，文成自行修墊。至文成屢次瀆控，殊屬不合，業經該縣責懲，從寬免究。無干省釋，取結附卷。候詳覆道憲，先行縣知照。此判。

（清）李鈞《判語録存》卷三塞《井斷路事道光十二年七月初七日》 審得偃師縣民楊世魁等控孟津縣民吕安等塞井斷路等情一案。緣楊世魁等係堰境丁門口人，村在山巔，不能穿井。其東北五里許，山溝以外，爲吕安等所居吕家村，地屬津境。溝東有吕安坡地一段。嘉慶十六年，楊世魁故伯楊連向吕安故父吕澤言明：在地穿井兩眼，以供村人汲飲。給價二千，立有買契。在偃投税，粘具司頒契尾，管業多年。又該村地畝，多在吕家村北，自井畔北出溝口，迤西有車路一條，爲該村耕獲所由。道光十年，吕安等開墾地畝，塞其一井，復以築垎防水，將路截斷。丁門口人王萬儒等，在偃控准關訊。吕安等亦在津呈訴，互關多次。後經偃師集訊未結。吕安復將北頭一井填塞。經本府委員會勘，吕家村人生員吕錫鶴等復率衆聊名投訴。楊民魁等又來府申辨，提訊獲悉各情。查吕安地内之井，楊世魁等既有價買紅契，自應准其管業。乃吕安稱係借用，其買契未經過糧，是爲假捏。查伊地乃墾種山坡，並無執業老契，何有糧銀？又稱有雍正年間印册可憑，安知伊名下無别項地畝，藉端影射。既無印契，何以核對印册？且楊世魁等所執之契，紙色黯敝，實係多年舊物。當日既緣親情借用，保以知將來必涉訟端，預爲假捏。况牙截縣印炳然分明伊又何能假捏乎？惟地隸孟津，乃在偃師投税，則其小誤。蓋緣交界毗連，未能指認明晰，既於國課無虧，亦可存而不論。吕安又謂是淤非塞。果係淤平，王萬儒等必往淘挖，被伊攔阻，然後具控，何以遽行投狀？且成訟後何恰又淤一井耶？多方狡辯，掌責示儆。本應責令賠修，念其貧窘，着丁門口人自行疏浚，照契管業。如敢攔阻，即行拘究。至所争之路，本府核閲圖説，悉溝口以外，其通吕家村北者，共有車路三條：直北一條，楊世魁圖内所稱王氏風水濠者是也；迤東一條，由鐵爐繞路甚遠；迤西一條，取經較捷，現經截斷者是也。吕錫鶴等謂築垎護墳，以遏水患，萬難復開。據委員候補縣嵩面稟，溝西原有土垎，如偃月形，嗣於垎上行車，日久成路。是垎在先，而路在後矣。且垎内俱係吕姓之田，自應准其堵合，以資保障。丁門口令其由迤東一路行走。乃楊世魁等因山徑窵遠，堅不情願。而吕錫鶴等謂直北係伊村公路，並非王氏所專，願具親筆切結，聽其由此行走，有人要阻，惟伊等是問。本府以該生年高輩長，人亦頗有擔當，故即照依定斷。倘以鄰爲壑，致啓争端，本府豈肯干休，恐一領青衿無福消受矣。案内人證，各取遵結存案。井契准其領回。此案事甚微細，不值一訊。以兩縣各子其民，不無畛域之見，故詳論如此。兩造既已心帖，但不知兩縣首肯否也。分别行知。此判。

呈批道光十二年七月二十三日

此案前據吕錫鶴、吕繩先、吕焕章等三人供稱，直北水濠爲伊村公路，並非專屬王氏，願具親筆甘結，聽丁門口人由此行走，有人攔阻，惟伊等是問。本府故照依定斷，行縣遵照在案。兹據呈稱王文明、王孟蘭等扎牌阻守，不容行車，吕錫鶴等置之不問。如果該濠專屬王氏，吕錫鶴等飾詞朦混，殊屬可惡。本府前經堂訊，即慮該生等以鄰爲壑，爲搪塞一時之計。告以如有後患，即行提案重究，乃爲時無幾，遽有斯控，是該生等既經朦混於前，又復推諉於後，刁猾已極。本府言出法隨，從無寬假。該生等豈無聞知。何所恃而藐玩如此？仰孟津縣即將指控人證，火速傳解，立等訊究，切切勿延。

又斷道光十二年十一月初八日

該濠雖關王氏祖塋龍脈，而兩旁無王氏尺寸之地，何得指爲己有？其爲各地户公濠無疑。且各地户每歲築挑，以防水患，雖係公濠，正復無傷龍脈。乃因偶爾行車，輒行阻擋，殊屬無理。其意不過藉端訛占，欲多墾數畝田耳。宦裔式微，往往如此，可爲一慨。嗣後，仍准丁門口人在此行車，王氏子孫，固不得强阻。即各地户亦不得在濠内穿井墾田，致有傷損，則龍脈自龍脈，公濠自公濠，行車者亦自行車，各不相妨，亦各勿相争，作爲虞芮閒田可耳。吕錫鶴等所稱地契，着即具領，取結行縣。此判。

（清）李鈞《判語録存》卷三《争渠事道光十一年二月初十日》 審得宜

陽縣民唐初泰，即唐鵬飛等控僧人素喜朦斷霸渠；及杜兆魁控武生范春山等恃衿撞騙等情兩案。緣唐初泰等所居沙坡頭村，舊有均濟渠與通陽村之通陽渠輪用大崖溝水，以資灌田。溝東又有寺溝河一道，源出猴山文峰山間，經觀音寺僧鑿渠引水，澆灌寺田，下游入均濟渠。然來源微細，出山數武，即滲入沙際。非大雨時行，不能資其利也。道光元年，通陽、沙坡等村，以争水搆訟。經前分府武，開單分府蔡會勘。因通陽渠灌四村之地，均濟渠僅灌沙坡一村。又有寺溝河微源接濟，令於大崖溝水口設閘鑿孔，通陽用六孔之水；均濟用四孔之水。撰文勒碑，以垂永久。唐初泰臨渠無地，又因其故父唐斗寅阻撓渠務，褫革衣衿，亦不准其用水。乃於道光八年，在寺溝河下游迤北二里許，地名龍脖，另開渠道，引水灌田。又因河底多沙，不能暢注，挑通河畔寺田，使寺溝渠水直達龍脖。上借來源，下奪去路，因利乘便，可謂善自爲謀。其如人之不受何，控經前分府孫斷令，填平所毁廟地。於山下出水處，與寺僧間五日輪用其接濟均濟渠之水，諭其情讓。不究私開之渠，反得平分之水，原情定案，實屬格外施恩。乃唐初泰抗不遵斷，糾同樊興發等轉以前詞上控。經本府委永寧縣會同該縣覆勘，未及申覆。詎初泰挾其私忿，於十年十二月間，乘該寺已逐匪僧貞吉與住持貞全及其徒素喜等争控之由，鳩集監生杜永發、武生范朝陽等數十人擅將僧衆驅逐，佔據寺院。經前代理縣陳差役送回。復令婦女多人寓寺悍拒。嗣於窰洞中檢獲鳥鎗，及紅衾繡枕等物。該縣驗係防夜短鎗，並非軍器，寺僧亦承認不諱。至衾枕等物，設於逐僧之始，即行搜呈，彼緇流何能置喙？乃羣雌煽處，數歷朝昏，其褻物何所不有？焉知非遺留種禍？執此坐罪，何以折服其心？該署縣鄭抵任，訊悉各情。移取該生等入學年分，欲行詳革，旋經籲息，各予責懲完案。先是該前縣鮑倡修西門外石橋，及學署明倫堂等工，令董事拔貢胡玉柱、監生翟銓勸捐。本年正月，范朝陽憑翟銓捐學士錢一百六十千。三月杜永發等憑范春山轉憑胡玉柱損橋工錢二百三十千。該縣擇在案有名之人，駁回錢一百千，餘錢貯庫。詎杜永發等被責不甘，指捐爲賄，遣子兆魁遽以前詞上控。提訊得悉一切。查鄭令果有受賕之事，則孔方入手，自當少霽霜威，何以朴責滿堂？轉攖赫怒。且於去任之時，何不貫入腰纏，自肥宦橐，乃貯之公所，持贈後人。豈以暮夜所投，留作去思之物耶？至學工捐款，其時尚在移學查辦之先，未露禍機，何須賄免，種種虚誣，不煩言而已解。若撞騙一節，范春山乃其腹黨，豈有疑其中飽之理？聲東擊西，故是項莊舞劍，杜兆魁等本應照例坐誣，姑念到案供明，從寬免議。其擅逐寺僧等情，業經鄭令嚴懲，罪不重科。唐初泰翻控渠案，重予掌責。惟既准其分用五日之水，若仍由山下分支，來路甚遠，沙石滲漉，實屬有名無實。兹斷於寺僧用水後，即由靈官殿側，引入所開龍脖渠內。少爲借徑，省一尺之路，或可霑一勺之恩。至寺溝渠，仍屬該寺。如有淤塞，着寺僧自行疏濬，不准該民人等干預。如竟殘廢，該民人即仍由山下引水，亦不得與寺僧控争。總之，僧穀皆我赤子，斷無岐視，惟願安置各得其所耳。均濟渠監生范元禄等仍甘情讓，尚屬可嘉。素喜當堂辯，其平日恃財强横，可想而知。掌責以儆。一干省釋，取結附卷。仰工刑兩房，將此會行該縣，再分案詳覆藩臬憲宅可也。此判。

（清）李鈞《判語録存》卷三《争渠事道光十一年十二月十三日》　審得嵩縣貢生張文灝等與職員蔣援等，爲争渠互控一案。緣張文灝等係該縣古城村人。蔣援等世居鳴皋。鳴皋等村，舊有永安渠，由大石橋引伊水灌種稻田。古城居其上游，有永泰渠一道，在永安渠身，開口一尺，用水十分之三，祇灌旱田，不准種稻，歷有斷案可查。夫一尺之口，何以知受水三分，誰爲稱量，敢信不差累黍。如此定誌，殊屬顢頇。況既准用水，種稻與否，應聽民便，何以又設厲禁？説者謂：種稻則水有停蓄，消納必多。是仍界限未清耳。不揣本而齊末，塵牘纍纍，不值一哂。道光九年，復涉争訟。該縣仍前定斷。張文灝等呈出水田文契三十八紙，謂該村地畝實係水糧。赴縣翻控，並稱伊渠口之上，亦係永泰渠身。經該縣勘虚，惟既有水田文契，聽其布種秧苗。兩造俱來府争辯，本府移前分府孫覆勘，不但上截渠身所争無據，即種稻一節，仍不准行，移覆在案。文灝等復來控訴。提訊之下，本府謂此案竅要不在防其種稻，而在均其用水。果能測定三分，儘所得之水養所種之苗，雖種稻，亦復何害。方今於分水之處，建閘鑿孔。永安用七孔之水，永泰用三孔之水。俾界畫分明，不能多沾涓滴，庶可永息争端。而文灝等則願開渠道，自向河身取水，不由永安借徑。非但三分之水在所不需，即上截渠身，亦無所庸其争執，誠爲爽捷。詢其開渠之處，均屬該村地畝。如有他人之産，情願撥補，事屬可行。乃蔣援謂聽其自河水，地居上游，恐奪伊渠來路，呶呶抗辯，荒謬已極。無論滔滔東注，取不盡而用不竭，況屬通津，盡人利賴，私渠之水或可任用居奇，官河之水豈亦靳人分潤乎？且查乾隆年間舊案，因古城王經向永安渠借開渠口，被鳴皋、王崙源控告。該前縣即有令其自向河身另開渠口之斷。爾時鳴皋、王崙源控告。該前縣即有令其自向河身另開渠口之斷。爾時鳴皋絶無異議，是於該處形勢並無不便可知。特近年來斷案頻仍，總以三七分水定讞，遂成不易之規。設此議非出該出等情願，本府亦難陡翻舊案，令其自出工本，捨三分之舊水，另開數里之新渠也。蔣援戒飭一百，以示薄懲。張文灝等所争上截渠身，固有虛誣之咎，既已改圖，從寬勿論。即照所請辦理，從此各用各渠，各行各水，兩不相涉。鳴皋如有人阻撓，着來見本府面講。三尺具在，決不輕恕。張文灝所呈文契，四至坐落，不無影射。現已另開渠口，種稻在所不禁，無庸借證。惟將援攻其有地無糧，仰該縣按段查明。如有欺隱，並即升科，並照例治以應得之罪。原約發還。取結附卷。此判。

《清代巴縣檔案彙編·乾隆三十五年王仲一等砍伐風水樹案》一、

八月二十七日節里七甲民唐應坤告狀

為清理愈横，再叩賞究事。緣本月二十五，蟻以估砍驚犯具控。王仲一聽訟棍王連山主唆，統率伊子王大中等砍伐蟻祖墳後千百年護蓄風水大黄連古樹一根，驚犯祖墳等情在案。蒙批：如係久管墳樹，憑從清理可也。切伊砍樹之時，蟻已投約鄰衆鳳昌、陳仕榮等，再三理論，衆令賠樹醮墳，以免争訟。因惡父子恃富持豪，横不遵理，欺蟻孤貧，大言賭控，莫奈伊何。等語。慘蟻祖墳，子孫攸關，千百餘年，無敢驚犯。今被王惡砍伐古樹，驚犯祖墳，生死被害，人鬼兩冤。為此，再叩懇準訊究，以杜□害，存殁均沾。伏乞本縣正堂太爺臺前俯準施行。縣正堂批：準唤訊。

二、

九月十七日約鄰陳仕榮、李如松等請息狀

為懇恩賞準息結，以免拖累事。情蟻甲内□□□於前月二十七日，以清理愈横等情，具控王仲益等在。荷恩賞準，差唤往城。蟻等憫念兩造係屬□□，不忍參商，邀集赴祠。兩造各詢情由，禍因王仲益田業與唐應坤南界相連，地名小屋。基後應坤界内禁蓄黄連古樹一根，以培祖墳。不卜仲益將樹私賣，砍伐驚塚，故有此控。是以蟻等苦勸王憲益，將所砍之黄連樹逐一退還唐應坤。致於兩造界址，各照紅契耕管，均皆心恢悦服，不願拖累。故以蟻等仰體仁恩愛民息訟之德，姑念鄉愚，賞息銷案。不惟兩造，蟻等亦以霑恩無暨矣。為此，請乞太爺臺前賞施行。

計開　原告　唐應坤　被告　王仲益

具請息約鄰　劉德之　冉懷士　陳仕榮　田永茂　李如松

縣正堂批：準息。

（清）沈衍慶《槐卿政蹟》卷二《判牘·恃勢冒占事》生員黄鳳池等與監生熊鳳元等民衛異籍，雖各聚族而居，實係比鄰相望，累世姻好。黄族有祖遺山二號，一名北嶺騎堎，一名狐狸腦，相連桃竹山。前朝以來世守祖業。乾隆年間熊姓在狐狸腦等處佔山争葬，搆訟二次，控經司府俱照鱗册、四至斷歸黄姓管業，給有印讞。厥後，熊姓與毗連雷姓争長短堎山，經縣審訊，熊姓冒結稱西止黄墳。黄族旋控府發鱗册查封换結，西至照騎堎大石為界。此該二處山場迭經争訟之往事也。道光二十年十月，黄亮錦葬坐狐狸腦，熊鳳元等突以恃勢冒佔等情具控。黄鳳池等亦以滅案興訟各詞互訴。案閲二年，履勘至再，俱因兩造各執一詞，未經訊結。黄控府而熊復控道，案牘糾纏，卷幾盈尺，此誠不可不亟為清釐也。查黄之狐狸腦，熊争之為羊角坑，黄之北嶺騎堎，熊争之為趙子嶺；黄山稱以鱗册為憑，一載騰字八千七百六十七號騎堎山二十畝，一載騰字八千七百六十八號狐狸腦相連桃竹山六畝，俱列四至，熊山稱以軍册為憑，二處俱册載五分，並無四至。又稱趙子嶺葬有熊君尚碑冢，並無碑墳三塚，羊角坑葬有熊陳氏並無碑墳三十餘塚。查縣存鱗册於乾隆五十八年被水遺失，無可核證。惟賣前縣申請府發乾隆二十四年黄姓原控熊、雷二姓争長短堎山越界冒結。縣詳印卷載據熊姓供前未查明鱗册以至混寫，今照册改正，西至騎堎大石為界，雷姓供亦相同。黄姓仍照界管業在案。是當日之查照鱗册定讞，申詳確有可證，熊姓如以爲不足憑，則必熊姓較此更有確鑿可憑者，而後起而争之。今第指所報軍册一分爲據，姑無論造報在興訟以後，虚實俱未可知，即據一坑一嶺各管五分，既無業契，又無四至，而執此虚空無之五分，可以南，可以北，可以左，可以右，不但羊角之與狐狸，趙子之與騎埈，坑腦嶺山名號大異，未容指鹿爲馬；即使兹山實係羊角坑、趙子嶺，試問此一塊土究屬何處安插，豈帚圖索驥，真求牝牡驪黄之外乎。至狐狸、騎埈二處山場，黄姓世守之業，自不肯任他族之實逼處此，然必以熊姓各冢概指爲孤冢免遷之墳，則又不然。查兩造世係姻好，通情安葬，戚誼云爾。若黄既不以爲祖而復謂非熊祖，不但大失先世交好之義，且恐荒冢凄魂嗟其餒。而况熊君尚、熊陳氏二碑多歷年所，熊固不得以墳估山，黄又豈得因山疑墳。本縣酌情定斷，該兩處山場，熊姓之墳業經認明，著熊姓各墳堆土圈護，永遠祭醮，不准添葬，黄姓無許侵害。墳圈以外，悉屬黄姓管業，熊姓亦不得藉端圖佔。兹據兩造中證允遵斷議，邀同請息，候即據情分别詳銷。其熊鳳元等影射誤控，亦有應得之咎，念係鄰戚，均免查究。嗣後，兩姓人等俱宜各遵成約，永守前盟，毋啓釁以招尤，毋聽唆而健訟，俾生者各巡其居，死者永奠其穴，庶不負本縣暨各前縣諄諄勸諭之苦心也。

（清）沈衍慶《槐卿政蹟》卷二《判牘·恨阻欺搶事》　鍾輝連有田一坵，在劉姓山埂下，與劉姓衆田毗連。埂上舊有圳一道，當雨集水驟，山砂衝流。圳口係劉姓田畝，常苦砂壅。劉時璠等將圳路截填，致水溢衝鍾連田内。輝連欲鋤開原路，劉姓恃衆争阻，强以傷墳爲詞，置酒經中論處。費錢三千餘文，勒令輝連立券取償。輝連事後不甘，劉姓輒向争鬧。鍾生蘭、賴立浩代爲墊付。此輝連所以有故害、恨阻、冲毆、剥詐之控也。又該處河堤屢被水冲圮，前經衆姓築修，議禁縱牛踐食堤草，以護堤身，違者罰錢數百文充公。適輝連牛逸犯禁，劉時荃等將牛牽去交董堤首事劉耀華等，勒罰錢二千四百文方准贖牛，情輕罰重，借公報私，此輝連所以續有碎屋欺搶之控也。夫利己損人已非直道所尚，同罪異罰尤覺情理不符。劉時璠因水冲田塞截築圳路，知有己田而不復顧人之田，是以鄰國爲壑之類也，大非也。劉輝華等籍犯禁約爲名重罰勒贖，所爲蹊田而奪之牛者也，亦非也。不思水無歸淺之處，則填圳固害，開圳益害。若僅斷歸原路，兩造終訟之禍將有不可勝言。應斷令凡有田在埂下者，按畝派修。設遇雨驟沙漲，水有所蓄，不致冲壅各田，仍隨時挑挖，方可有備無患。其經中代墊之錢三千二百八十文，斷令各半分認。至堤以防水，築之難而壞之易，是牽牛者雖過，而縱牛者亦過。應斷罰輝連錢一千文給交首事充公，以示垂禁。原牽牛隻仍繳還原主，各具遵結領狀附卷。此案係劉姓填圳勒錢而起，本應重究。因原告鍾輝連現充縣役，恐跡涉庇護，姑將劉姓寬免。嗣後，如再藉端欺凌，不得援此爲例。但本縣前繞道詣勘之時，劉衆洶洶隨輿喧鬧，則平日之恃衆刁横可知。仍於投案之初各予薄責以儆頑習。爾等各回家安業可也。

（清）沈衍慶《槐卿政蹟》卷六《判牘·造橋害堰事》　徐志遠、程德威等糾衆建立石橋，原屬善舉，但不於漁山木橋舊基興工，而於元妙觀前别辟蹊路，跨澗架造。其下游里許爲徐江泮等灌田潴水堰壩，橋脚排砌石墩，水勢到此紆迴，日久恐漸停淤，有礙下游灌溉。此江泮等之所以豫行控阻也。惟漁山舊橋溪澗稍狹，山水湍激，易於冲毁，不若元妙觀前面較闊，水勢較平，且上通景鎮、樂平大路，亦較近便，此志遠等之所以不願移置也。兩造各執一見，均不爲無因。平心而論，堰防爲水利所關，輿梁亦王政所及。理宜並重，不容偏廢。况集腋輸金，已合十方之樂助；鳩工運石，難阻從議之垂成。固未便捨己而狥人，亦豈宜因噎而廢食。斷令該石橋聽徐、程各姓人等在元妙觀前興造，不得藉橋争堰，致阻下游灌溉。仍於每歲春秋二分時，將橋洞淤積泥沙疏挑二次，俾免壅遏。公立合約，分别收執，並刊碑橋首，永遠遵照。庶往來利涉無殊寶筏之功，而浥注流通弗慮曲防之漸，各安成業，毋負初心。

（清）鍾體志《柴桑傭録》卷一《讞詞·張春漢控崔禮湖案》　訊得張、崔兩姓屋基毘連，中隔一路。張春漢居路之西，崔禮湖居路之東。崔禮湖謂路西有尺許地，是其先人遺基。上年就基種樹，張春漢不服。以致鳴中興訟，批飭調契驗訊在案。今查張春漢所呈印契，載明界址，東止公路。然則路西基地，自應概歸張姓管業。崔禮湖稱是先人遺基，空言烏足爲據。其所越栽之樹，既經中拔去，崔禮湖亦未再栽。尚非始終固執，姑免深究。自後路仍歸公，出入共由，兩造均不得侵佔。并着各敦鄰誼，毋得尋釁干咎。取具甘結附卷，案即詳銷。

（清）趙幼班《歷任判牘彙記》卷一《判鄭宗城等堂詞》 訊據各供並核閲兩造契據圖説。鄭契，係道光四年；吉契，係嘉慶二十二年。吉是何家贅婿，即繼其後，何姓係受買黄姓之業。所呈之契，尚是王姓出售與黄之契。而黄姓出售與何之契，無從檢核，年湮代遠，頗難深追。惟何金標原日收受黄姓交單尚存。鄭姓亦有交單可考。鄭之交單載有四頭界墻一堵，磚巷一條。並稱吉姓於光緒五年，借西邊向北地基一尺五寸，以砌厠屋，立有情借筆據。而吉之交單亦載有小磚巷一條，並有厠坑一所。鄭宗城則謂吉家磚巷一條在其家内，並非宅外之磚巷，此説姑勿具論，究有磚巷與小磚巷之別。惟厠坑一所，道光二十年交單即有此地。何至隔三十餘年之久，於光緒五年再行借地砌厠，其情真不可解，只好以不解解之。然鄭姓欲開此門，何以不先不後，至今九年，忽有此舉？鄭宅三進，前一進其門朝北，後二進其門朝南，朝北之門逕出大門，朝南之門，若不於磚房内向西開門，必繞道而走。鄭宅並非自己住房，出租與人，若能向西開門，則由磚房内出入，甚爲順便。前後進可以分住兩家，便於租賃，無非爲利己計。但既欲開方便之門，必與鄰居作婉商之計。因其子鄭淦全現當兵士，欲以勢力迫之，所以事不諧也。宋姓則以後簷與吉姓後簷共此磚巷，出而阻持。因此，激成訟案究之。不開此門並無益處，即開此門並無損處。不過，鄭姓只能以磚巷爲出入之徑，不得借作別用，使吉、宋兩家後簷俱有窒礙。現值度歲，彼此均回去，俟開篆後勘明，當爲之作一了結，免致争論不休，各受訟累也。契據暫存。此判。

（清）趙幼班《歷任判牘彙記》卷一《判趙國楨等堂詞》 此案趙國楨、王清河等屢次上控不休，其中胡因甚復雜也。查李港口圩内共田約三千畝，王彬甫實在只有二百餘畝。緊靠港口，然非徒王田緊靠港口已也，陸家巷通莊之田約八九百畝，均與港口相近。除陸家巷外，尚有四莊，爲上五莊，再有下七莊。上五莊之内如開港口，惟陸家巷得水最便，而張曹莊、官莊、盛家河、北王家垈，此四莊可以不取李港口之水，以北道遥河口之水順流，足以注田。然西水下衝，若不將李港口堵塞，則各莊並下，七莊皆受其害。所以，築閉之時，必須通力合作。其港口又不能永爲閉塞。平時，運載各項，係行舟之便道，究不是王彬甫一家須用此口爲利者。往年水小，閉口之費不多。去年水勢過大，堵築又未能合法，以致五次崩決，用費甚鉅。其時下七莊動衆，上五莊爲難。王彬甫歷年段董，不得已約五莊會議，當無異論。殊不知陸家巷一莊，本樂從者。官莊等四莊之人，心中實不認可勉强應允，迹迫於勢。及事之後，王彬甫索還墊款。司帳之王聊奎開出數目，約六百餘元之多，共爲驚訝。而聊奎又是陸家巷人。各四莊欲翻此議，僉謂其數不實寔。王彬甫急需此費，以致禀請提追。至十月間，龍前任行將交卸，適值趙國楨、陳甫堂來城完糧，即拘留候訊，斷令照議攤繳。只得遵具切結。由城回鄉，與莊衆酌商，俱不肯認，再向州訴業已具結。恐難邀準，不得已集名上控，藉此搪塞而抵制之施。委員來查，其禀覆情形亦是正論。因未傳集一干證質訊，各人心中猶有不平，以是再控。兹將兩造傳案研鞫。禀前列名者，即是四莊首領之人。原日公議單亦在其内。其意見只認出力不認攤捐。用費過多，其數不實。且欲永閉港口，但求免患。然三洋河、斜豐港共五十多處私口，均是水平，則開水大則閉。如遇大旱，即官口亦不能開放，進水向章，如此何能永閉。若堅持此議，陸家巷一莊，固非所願。即下七莊，亦必反對。因此口本係行船便道，不能因四莊之無關緊要，而使陸家巷一莊失其便益，且牽及於下七莊之不得通行也。至攤捐一節，王家只有二百餘畝，以三千畝之多，而專責二百餘畝之家獨出費用，無此公理。應列等第分近遠而定多寡之數，或議何等之户出資，何等之户出力。持論公允争端自息。此次用費果有不寔，工程尚在，可照所開數目爲之勘估。總之，彼此均不必負氣纏訟受累。兩造暫候，俟酌擬定章，再行傳訊核斷。此判。

（清）趙幼班《歷任判牘彙記》卷二《判孫遠程等堂詞》 此案業經履勘，周姓墳山在高，孫田居低。周人墳溝之水，係周姓之地，何能由爾孫姓擅行開缺，放水入田也。且周人墳下，尚有護墳之田，此水乃應得之水。五坵以下是孫之田，有餘水自當挹注順流而下，不得繞入墳西，截其源頭，使孫田不能叨一勺之惠耳。至墳東，孫田與周墳相連之處，飭令鄉保立一界石，免致將墳脚漸漸削除，成爲田畝，又啓争端。各遵結附卷。此判。

（清）趙幼班《歷任判牘彙記》卷二《判蔣沈氏等堂詞》 此案訊得蔣玉發與蔣保林原屬田鄰，又係同族。纏訟四年，斷結兩次，尚未甘休。推考其由，按圖説長山乃公管之山，其下由中直出係一大墳場。而南北各有水溝一道，墳場之下中横一溝，溝下南面係蔣保林之田，北面係蔣玉發之田。南溝之水注玉發之田，必繞從中溝向北流下。蔣保林取南溝之水，則是順流並無曲折，而中溝發水甚少，因此，蔣玉發於南溝之水繞入中溝分道處所築土塞之，而蔣保林水源斷絶，真無一勺水入伊之田，以是争論不息。蔣玉發則謂墳場係伊私受南北之溝，概應歸其獨執，礙難分潤。殊不知墳場屬私，長山屬公，豈有山共而水不與共者？且蔣保林有税之田，何可絶其注田之水。所争者，實以中横之溝居高，蔣保林直下之溝入低，水由中溝者少，水出直溝者多，其不了者因未得其平也。兹飭令地保黄文濤，邀同兩造審度地勢。於蔣保林接水直溝與蔣玉發中溝入水之處，砌以石磯，與中溝相平。則蔣保林直流之水至石磯處，必溢於磯外，始能流過，而水亦得同入中溝，彼此各取其半，自無偏枯之虞，從此清妥，再行復禀備案，永杜争端，免傷宗誼。遵結均附卷。此判。

（清）趙幼班《歷任判牘彙記》卷二《判王肇基等堂詞》 此案親履勘明，王肇基之房屋，尚未蓋造，係存地基。照契批載，門面餘地至姚姓田沿爲界。田沿在西，其中菜園餘地，實包在王姓契管之内。姚馬興信口説，王姓門面向北，且説王姓只管後進，殊不知向北並無餘地。原有水溝，水溝之外田非姚姓，水溝之下雖有姚姓秧田，中隔一路，在北之隅，豈有繞而抵姚姓北界田沿之理？即前進、後進一説，毫無契憑。獨不思王執後進，其出路從何開步。且原日王買是業，書契之時，有姚馬興之父姚立臣，即錦從場作中。前進果是姚錦管理，何得任其批載。門面餘地至姚姓田沿爲界字樣，應批門面抵姚姓地基爲界，方能相合。可駁之處甚多，顯係郭悦從中播弄。此等惡佃，自應究治，着即責懲。惟金政買局，業已妥成，立有契據，價已兑清。飭令王將菜園讓與金姓。金將餘地退出，誼屬田鄰，彼此毋得堅執，徒滋訟累。至菜園與餘地交界之處，可立界石，以後永杜争端。各遵結附卷。此判。

（清）趙幼班《歷任判牘彙記》卷二《判胡必聞等堂詞》 此案訊得胡必聞屋後之水，向由徐時發屋後經過，繞南進溝，順流而入大塘。徐築新墻，以阻水路，甚爲不合。並據陳士海等供稱，徐所築者僅數寸高，尚難謂之爲墻，不過於中横一埂耳。從中調處，作洋三元，勸徐拆毁，彼此未允，以致具控。胡宅後園之水，既係向由徐宅後園經過，於中阻塞有意爲難，且欲藉一撮土之多索三元洋之費，顯屬逞刁圖詐，應即責懲，求寛姑免，飭令毁拆照舊過水，以息訟端而敦鄰誼。各遵結附卷，人證均釋。此判。

（清）趙幼班《歷任判牘彙記》卷二《判陳啓雄等堂詞》 此案訊得陳啓雄與陳其珍屋宇、塘池、園土均相毗連。飭令住房前後，各照樑頭取直，門外搭蓋厢房，各留後簷滴水地步一尺五寸。現在，陳其珍所買小園，從何處起至何處止，量明立一界石爲憑，不得致有侵佔之事，彼此可息争端也。各遵結附卷。此判。

（清）趙幼班《歷任判牘彙記》卷三《判王基常等堂詞》 此案研訊並核契約及所呈地圖，王基常欲於中段量全基界，是楊玉樸住宅前面，並無出路，甚不在情理之中。既屬近鄰，自宜彼此相顧。飭令楊玉樸從宅前離十六步之外起量，由北抵南，應歸二十九步五分，由東抵西應歸八步一分三厘五毛六絲，與王管理以外，概係楊地。王基常不得混争，如此推就，兩無窒礙，免滋訟端。各結附卷。此判。

（清）趙幼班《歷任判牘彙記》卷三《判周芳臣等堂詞》 提集一干人證研訊，周芳臣與周鳳田原是一家，又屬近鄰。因争樹而啓訟釁，殊爲不取。查周鳳田所伐之樹，並不止一株，惟此大樹正在連界之處，雖得錢二十千有奇，係合各樹而始有此數，分而計之，此樹約值四千有零。飭令周鳳田給錢兩千與周芳臣了事。周本清等仍從場將界址扦明，立一界石，免致日後再滋口角，彼此徒受拖累也。結附卷。此判。

（清）趙幼班《歷任判牘彙記》卷三《判翟殿明等堂詞》 此案自光緒十一年訊斷之後，復行翻控，拖展至今，二十年來争端未息。然所争者，只此三尺五寸之地。翟鴻宣未將空基出售之時，原是鴻宣家中走路乃私路也。及將此基賣與梁管，梁造房屋，則路不通，因此成訟。殊不思鴻宣未售之時，此路本是空地，大家行走，相沿日久，公私界限未及分明。檢閲兩造所呈契據、圖説，翟殿明房屋向南，東出火巷，西與梁宅相連。翟殿明謂契載向西，南出官巷，出入無阻，並未看清上文。查上文載，尾地與鴻中各執一半。向西南出官巷，出入無阻，係指尾地而言。尾地是屋之後面，由後面向西走，即出官巷，再向南行，即出巷口。若以西南指作前面，是向西走，必由梁地經過。由西轉南復而之西，如此繞迴，便成曲徑。且前面尚有他人居宅，並不爲寬。原日契文，何必載定尾地字樣。是翟殿明未免强執其詞，以相争也。梁、翟如謂伊所管之契據，有東至翟姓庁墻滴水三寸爲界，既抵滴水，何爲走路？只有三寸，應無隙地。殊不知所買三尺五寸之基，係與梁之舊宅并排。舊宅之後面，乃是翟鴻宣原日宅基，與翟殿明房緊扣。東抵墻簷滴水三寸爲界，係鴻宣宅基之東，並非此三尺五寸地之東至界址。現在鴻宣地基，雖概售與梁姓，梁亦不能執此東抵翟墻三寸之説，以爲抵制地步。蓋殿明之宅與梁、翟如新買鴻宣之宅基相連。梁之舊宅靠南，其三尺五寸之地與梁之舊宅并排，是三尺五寸空基。其東面並不靠翟殿明房屋之墻，何能以東抵滴水三寸之言，遂爲定案張本。而三尺五寸之地，究是翟鴻宣私管之業，實非公地。鴻宣既售與梁，即歸梁管，建造何項應聽其便。勒令拆讓，自不甘服，所以，訊斷之後，復行翻異。然當日鴻宣未將此出售之時，大家就此出入走路，歷有年所已成舊制。曲爲開道，勸諭翟姓備洋十二元，以爲梁姓拆讓之費。地價一并在内，翟姓亦不得造宅於其上。以後永遠作爲走路，並不由梁家天井進出，各避嫌疑。既屬近鄰，彼此毋庸固執，免致因令久累，終無了期。兩造均依取結定案。所呈契據發還，人證省釋。此判。

（清）趙幼班《歷任判牘彙記》卷三《判張鶴餘等堂詞》 張鶴餘既無契據可驗，欲以乾隆年間分書爲憑。細閲尾載批詞，係另議者，與正行筆迹迥不相符，其中顯有虚弊。惟鶴餘家不由西走，無路可通。當日向南開門出路，乃張長貴、長元屬在一家，毋庸分界。現在，業已换主，礙難通融。所以，不得不向西出。祇好與張學倫、學文作婉商之局，爲假道之謀。既是同姓，又屬近鄰，毋庸堅持其見，徒累訟餓。張鶴餘出錢三串，以爲貼費。嗣後學倫不得再阻。至砌蓋土墻，應照舊椿縮讓。其巷道，仍是學倫之己巷，亦不得因借路出入，將來即作爲官巷地基也。取具遵結附卷，分書各件均發還。此判。

（清）趙幼班《歷任判牘彙記》卷三《判任家德等堂詞》 任有善與任有倫是緊靠鄰居。有善住宅後進係空基，向來水由暗溝流出，是日因暴雨水急，溝出不通，有善即堵塞之，殊不知水不冲善之前進，即浸入倫之後進矣。因此，將有倫稻麥灌涇，致生口角而争毆。究之誼屬親支，何必久搆訟釁。飭令有善出洋一元，以津貼有倫曬麥之費。有倫備錢兩串，作爲幫助雙子藥資，彼此均可了事，毋庸再結争端也。取結附卷。此判。

（清）趙幼班《歷任判牘彙記》卷三《判陳獻珠等堂詞》 查孫如愷業契係嘉慶年間，陳獻珠業契係道光年間，是孫在前，陳在後。舊契亦載有水路出西字樣。而王姓出售與陳，則書南邊有水槽三尺云云，足見後買者與前契迥不相符。應仍照原議，只准出水，惟孫姓不得阻持，倘遇大水冲損禾苗，孫亦不能生怨。且孫田不得損高，以塞其出路。至新開水槽，陳姓自應填平，永杜争釁。兩契發還。結附卷。此判。

（清）熊賓《三邑治略》卷四《堂判利川縣任内・訊宋星光一案》 此案宋星光與吴子豪均買晏姓之田，内有水堰在吴子豪業内，欲救宋姓之田非走吴子豪地界不可。訊據中證譚有翠等供稱，此水吴子豪亦用不着，實係放在溝内，未免可惜。斷令宋星光與吴子豪以後永敦和好，其堰内餘水，仍讓宋星光由界内引去灌田。至從前吴子豪所分宋姓穀子，爲數甚微。吴子豪先買杉樹，亦只一串餘文，均無庸議，各具永敦和好切結完案。此諭。

（清）熊賓《三邑治略》卷四《堂判利川縣任内・訊彭紹宣一案》 訊明彭紹宣與許受南互控一案，緣兩姓所買之業，界址毗連，内有堰塘兩口，因彭紹宣在堰塘内開有田地，不能蓄水，於許受南田業有礙。惟彭紹宣與許受南數代姻親，不可失此和氣。斷令彭紹宣以後不用此田，仍作堰塘蓄水，以清轇轕。至彼此互相閧言，均無憑據，着勿庸議，各具結完案。此諭。

（清）熊賓《三邑治略》卷五《堂判東湖縣任内・訊郭宗玟一案》 訊明郭宗玟買張大順之田與陳發科連界，查驗咸豐七年老約，下有堰堤爲界，左抵大路，右抵大路。據郭宗玟供，右邊大路已被陳發科開墾爲田，質之陳發科等供稱，此路實係奔塌。斷令陳發科照原界讓出二尺寬地步，歸郭宗玟自行修路，勿得異説。至餘基典控稱佔界一節，查余姓約據，自神龕中間直出，以至重門爲止，基地園圃在内。復查郭宗玟約據，有前抵門樓外，路坎下爲界，是門外並無余姓園圃，仰仍照舊管業。李天會、李正烈既係近鄰，趕緊回歸，遵堂諭完結。切切此諭。

（清）熊賓《三邑治略》卷五《堂判東湖縣任内・訊黄宗全一案》 訊明黄宗全等買蕭輔臣紙廠一處，據蕭輔臣供，實係照老約賣出，質之許楊氏供稱，有伊界。許楊氏先不應將黄宗全堰内挖傷四五尺，黄宗全更不應將許楊氏河坎挖傷四五尺，彼此均有不是。訊詰陳發容、蕭輔臣，同供許楊氏河坎約需七八十工，黄宗全河堰約需十餘工，經本縣酌斷，補修許楊氏照五十工，補修黄宗全照二十工，除兩抵外，黄宗全等應補許楊氏工三十個，照八十文扣算，折價串四百，當堂書立期票，下堂即同陳發容、蕭輔臣、許春山照蕭輔臣老約界址，踹勘明白，窖立界碑以清轇轕，具結完案。此諭。

（清）熊賓《三邑治略》卷五《堂判東湖縣任内・訊陳忠元一案》　訊明陳忠元與陳忠藻，本係弟兄，因陳忠元屋後簷前隙地，掉於陳忠藻名下管業。據忠元供，伊將身門後簷下挖傷，行走不便，且有二尺餘寬。斷令兩造均照掉約管業，陳忠藻之溝，只許開一尺寬，無妨挖深，流水自便。如與陳宗元門前有礙，可砌石坎上下，勿得爲此小事涉訟，各具結完案。此諭。

（清）熊賓《三邑治略》卷五《堂判東湖縣任内・訊沈明奎一案》　此案前經本縣勘明，熊良恒與鍾正魁田地連界。據熊良恒供，約内以下石牌爲界；鍾正魁供，伊田實係在上石牌前。當場查驗上下石睡田地，僅止一石之譜，爲數甚微。斷令此田各歸一半，熊良恒得上石碑下田一大塊，鍾正魁得下石牌上田兩小塊，在田坎内另窖界石。至堰溝一節，前據熊良海賣主執出約據，云稱有老堰溝，經本縣勘明不錯。堰溝右首山包，彼此均無實據，作爲官荒。熊良恒即將新溝閉好，照老堰放水。其右首山包之水流下，俟熊良恒田灌滿時，再讓於鍾正魁田内。沈明奎田界在下，越分妄控，本屬可惡，交的保管束，各具結完案。此諭。

（清）熊賓《三邑治略》卷六《堂判天門縣任内・訊程廷瑞一案》　查訊周良鰲等有古溝一道，向有蓄水土壋，以資灌溉。據程廷瑞等供，伊所築之壋，與垸内消洩有礙。詰問汪全孝，供稱：周姓溝勢就下，程廷瑞等均係同垸，向有消水溝三道均在，如天旱，周姓可將水關注；水大，則開壋消洩。此論甚得其平，即照此定斷，以後挖溝時，憑汪全孝到場看明再開，俟水勢稍平，三五日仍將壋築注。至程延瑞等原溝三道，亦憑汪全孝時常疏通。如有阻塞，准爾周良鰲等呈控，派差押修。此諭。

（清）熊賓《三邑治略》卷六《堂判天門縣任内・訊餘新泉一案》　查訊余新泉與譚延綱互控一案，緣余新泉界内古樹一株，有礙譚延綱曬禾之處，是以譚延綱將樹枝砍伐。嗣經紳首等已勸余新泉將樹砍云。據余新泉供，此界係身管業。復質之譚延綱，供係身之舊溝古路等語。但此樹從前係余姓所栽，而鄰近即係譚延綱禾場，彼此緊連界址，斷令照原舊所砍樹根，窖立界址，並將譚延綱挨立禾場之地，除留二尺，以作古溝古路，彼此勿得争執，各具結完案。此諭。

（清）熊賓《三邑治略》卷六《堂判天門縣任内・讀吴心吉一案》　查訊吴心吉有房一所，歸於郭次卿，計歸價一百三十串。據吴谷生供，從前伊有朝門一道，係伊出路之所。後因水荒冲壞，伊將此基地租與他人，遂借生後門隙地出入，已有數十年。現在伊將此屋出當，並將路當出，心不甘服等語。惟吴心吉與谷生均係本家，斷令郭效卿加錢五串，共餘五串，由高姓等三家攤出，交於吴谷生，作爲租路之費。註明約内，以後贖房之照原錢退還。如果吴心吉將朝門大路贖回，不走爾吴谷生後門，爾吴谷生即將原價十串繳還吴心吉可也。此諭。

（清）熊賓《三邑治略》卷六《堂判天門縣任内・訊甘得之一案》　查訊甘得之等與方丕春等田地連界，均用縣河之水，遇有天旱，彼此均匀車水灌溉。甘得之等供，此溝本係身等祖業，向來車水無異。質之方光熙等，供稱：此溝係生等公溝，因甘得之等老溝淤塞，從前曾將此溝借伊灌田，遂踞爲己有等語。復查陳國仁等所具公禀，云此水取用不竭，應照先年取水舊章，和好了案，不然，分日取水，亦聽其便。是語極爲公平。惟甘得之係屬祖業，老約不在，須憑方光熙等約，公車公用。據方光熙云，欲令甘得之另寫借溝字據。然從前公用此溝，既無字據，此次若令寫字據，亦屬爲難。况爾等均屬至戚，不必過於固執。以後甘得車水時，須先向方姓等説明，彼此商議，輪日分車，以照平允，各具結完案。此諭。

（清）熊賓《三邑治略》卷六《堂判天門縣任内・訊程力本一案》　查訊程力本與程昇緒互控一案，緣程昇緒之田，向來消洩水道由磚刓而行，經過程力本田之溝，始行出洩。現在程昇緒未向程力本言明，溝道亦未疏通，交由磚刓放水，未免與程力本之田有礙。而程力本反將田埂築高，阻塞磚刓之路，亦屬非是。斷令以後程昇緒田之水，仍由磚刓消洩。程力本田内之溝，以一尺寬爲限，只准挖深，不准絲毫佔寬。有水之時，准爾程分，原因闔族基地均存大宗祠謙太户完糧，故是地亦照章推入，並非飛灑。各等情。查楊將添在日，既經墊資葬墳，理應兩房攤派，乃將祀田推管，於理本不相宜。斷令楊巨德以是處山一畝二分五釐，仍歸燕林祀内，照議挨輪管理。其契價銀十兩扣實錢七千文，應由兩房分認。除楊臣德自派錢三千五百文外，即着楊玉備出錢三千五百文，限明日繳給楊巨德收領，以爲取贖之資。當將契塗銷，所有堰水頂地二分。候諭飭莊書改歸燕貽户内完糧，俾清眉目。楊玉佩車水灌溉僊賴三畝八分等田，仍照舊由楊巨德田内經過，不得阻攔。至陳邦直票錢，已於同治六年間還清，取有收據，當日楊將添未嘗提及，亦未登薄，其爲兩房公款，歸還可知，應毋庸議。户册、議據、串票收字分别給領，各取甘結完案。此諭。

（清）倪望重《諸暨諭民紀要》卷二《正堂倪二任・阮月良虞錦校等呈控張志祥等争埂逞兇由》　堂諭：　訊得阮月良、虞錦校等呈控張志祥等争埂逞兇一案，緣虞、阮兩姓住基下首，向有風水埂一條，以資庇廕。每逢新歲初，間派工培修。今於正月二日阮吉康等挑泥補築，而張志祥等以埂與其村斜對，心竊惡之。第因虞、阮兩姓築此埂以培風水，實係多歷年所，又不得遽廢，以遂其私。於是乘阮吉康等起工培修，覷其泥落張姓田内，借端出阻，致將阮吉康、阮文琴兇傷，並將虞錦生扭留，經阮月良等呈控到案。本縣親往勘明，其埂在虞、阮兩姓村莊，下首有小竹木被砍各樁，諭令原差帶訊在案。兹閲虞錦校所呈户册，祖遺牒字一千四百廿號地壹分，土名埂脚，又塘叁分，土名更下霪口。阮月良等所呈户册，祖遺牒字七百四十八號地壹分，土名小塘頭。夫所謂埂脚，埂下霪口者，非因有埂而得名耶？所謂小塘頭者，非因塘上有埂耶？况張姓村名曰埂頭，則埂在未有張姓村之先，與阮月良等供詞尤相脗合。乃張金鏞等欲借牒字一百四十九號之麻車基，與壹百九拾壹號及一千四百廿號之封皮坵，妄爲影射，足知出阻修埂，即圖佔埂，然刁蠻並用，其如虚而無據何？斷令阮月良、虞錦校等照舊將埂執管，每年仍照舊培修，張金鏞等不得妄阻。虞、阮兩姓所管之埂，亦不得任意加高，着將逞兇之張志祥，張阿朝分别笞責荷枷，並令張金鏞等繳出洋銀捌拾元，限二月内繳候，分給阮文琴、阮吉康具領，以爲醫治眼傷之資。混供偏袒之地保張阿庚，亦予責懲。虞錦生既經張姓送回，查無被毆情事，應毋庸議。兩造各呈户册，一俟繳領洋

昇緒消洩，若遇天旱，程昇緒亦不准將磚刋之水截留，所有餘水，仍歸程力本行用灌田，上滿下流，各憑天命。修溝之時，兩造憑同紳保，各出夫一半，以昭公允。陳昇緒以後約束子姪等，不得向陳力本生事；程力本亦當念户族之誼，不可稍有留難。各具結完案。此諭。

（清）熊賓《三邑治略》卷六《堂判天門縣任内・訊周長發一案》　此案唐家垸與戚家垸毗連，中隔隄一道。據吴丙南執出約據二張，計田一畝有零，坐落戚家垸，内有南抵溝界址，則此溝一股，即應與吴姓公共。溝上隄，又有吴姓隄外所填屋臺與所栽樹木，據朱吉成供，戚家垸内有唐家垸花户所買田三十二畝，伊等不出夫費修隄。質之吴丙南，供伊等尚未開工，候開工時，即幫夫費。斷令唐家垸花户所買戚家垸田地，凡有南抵溝字樣，則此處一段之溝，與一股之隄，由花户自行修理，免其出費。然只許修整，不准開挖損壞。此外在戚家垸内之田，不與溝連界者，仍照舊章幫出夫費。至從前王海清所書息字，既不平允，既作罷論。此諭。

（清）倪望重《諸暨諭民紀要》卷一《正堂倪二任・方玉環與方陳氏等互控車水毆傷由》　堂諭：　訊得方玉環與方陳氏等互控車水毆傷一案，緣方玉環前因天旱不雨，塘水已乾，遂車河水暫蓄公共門前塘内，計俟次日再車到田。乃方玉金、方玉環兄弟取巧，乘便將方玉環蓄塘之水車溉其田。經方玉環見而向阻，反被毆傷，當經請驗傷痕。嗣又方陳氏受有磕跌微傷，具呈請驗。各在卷。兹經集訊，查方玉環傷已平復，而方玉朝既懶且貪，仍逞蠻横，殊屬可惡，着予笞責示懲，斷將竊取方玉環所蓄之水賠償工資洋銀四角，並繳醫資洋銀壹元六角，兩共洋銀二元，當堂轉給方玉環收領。至方陳氏自行磕跌，前已驗明微傷，今亦早愈，應毋庸議。各取甘結完案。此諭。

（清）倪望重《諸暨諭民紀要》卷一《正堂倪二任・楊玉珮與楊巨大德争放田水牽扯混控由》　堂諭：　訊得楊玉珮與巨德争放田水牽扯混控一案，緣楊玉珮供稱土名僊賴三畝八分等田，向由新堰、石蟹兩堰車水，必過楊巨德在上之田，現被恃蠻阻放；又楊巨德强管燕林祀田一畝二分五釐，土名横塘板墩豆下，並將燕貽户内堰水，頂地貳分，於光緒四年間商串莊書，飛入謙太户内。並據楊巨德供稱，横塘板墩豆下田畝，係伊故父楊將添在日安葬祖墳兼還借款，是以將田抵管，有契可質。堰水頂地二

銀，再行給領，各取甘結完案。此諭。

（清）倪望重《諸暨諭民紀要》卷二《正堂倪二任·周瑞良與駱欽若互争園地由》　堂諭：訊得周瑞良與駱欽若即周清若等互争園地各情一案，緣周瑞良向周兆全買得桑園地壹處，起造房屋，計價錢百千文，執有地契可憑。其地本由東向出入，周瑞良因有不便，改門朝南，駱欽全憑中向説，以南向出入之地，係其祖産。周瑞良置若罔聞，駱欽全築墻隔斷，以致涉訟。兹經集訊，查閱各呈契票，周瑞良買受周兆全等園地界限分明，供詞符合，且周兆全之伯父駱成昌即契内之駱陳昌，當日出押桑園地，周兆全已出洋銀叁拾元，向駱欽若贖回，係周仁甸等經手，取有收字交執。收字内註明後若檢出契票作爲廢紙，駱欽若等何得因争行路執廢混呈？即着周瑞良照契永遠執管。惟同治拾壹年間，周王氏出賣橋頭園簟基，契注永無回贖字樣，周兆全等並未向贖。蓋既經絶賣産，固無可贖之理也。駱欽若等自應照管業，周兆全等不得任意欺朦，圖利盗賣。斷將所得周瑞良地價洋銀拾元，限本月廿三日繳給周瑞良收領。周瑞良既經改門南向，並令撥出洋銀五元，以給駱欽全等作買門前道路行走。駱欽全等須將所塞之墻拆開如初，任其出入。至駱欽若所控周瑞標措贖一節，據周瑞標之子周焕堂供稱，並無受押駱欽若等園地，是以無契可呈，實係周兆全等混將簟基賣其叔周瑞良爲業。致被懷疑牽控。但既無受押之契，再三供明，固然可信，日後如檢出盗押契票，不得私用，致啓争端。緣其供詞明確，設他時忽然有契，非盗押即捏造，契不足憑，仍應嚴究。周瑞良所呈周兆全盗賣園契，又駱欽若所呈駱陳昌押賣地契，當堂分别註銷存查。周王氏賣契，着駱欽若領回。周清若即駱欽若收票，亦著周兆全領回。户册已給駱欽若具領，周瑞良印契兩紙俱發還，各取甘結完案。此諭。

財産保護部

確認分部

綜述

（宋）宋敏求《唐大詔令集》卷一一四《政事・隋代公卿不予義軍者田宅並勿追收詔》 隋政不綱，行止無度，東西馳聘，靡歲獲寧。遂使父子乖離，室家分拆，親老絶晨昏之養，嬰孫無撫育之恩。人懷戀本之心，家有望鄉之嘆。朕上膺靈命。下字黔黎，一物失宜，情深軫悼，思俾惠澤於鰥寡。其隋代公卿已下，爰及民庶，身往江都，家口在此，不予義軍者，所有田宅，並勿追收。若困窮糧食交絶，其録名薄，速加振贍。　武德元年七月

（宋）佚名《宋大詔令集》卷一八二《政事・田農・約束流民歸業不限半年詔淳化四年一月癸丑》 應開封府管内百姓等：一昨霖霪作沴，水潦荐臻，多稼既被於天災，盡室不安於地著，遂致轉徙，其將疇依。先是今年三月辛亥詔應流民限半年復業，限滿不復，即許鄉里承佃，便爲永業。又念民之常性，安土重遷。離去邱園，蓋非獲已。自今年十一月以前，因水潦逃移人户，任其歸業，不得以辛亥詔書從事。

《通制條格》卷一六《田令・異代地土》 大德六年正月，中書省。陝西行省咨：安西路僧人惠從，告李玉將本寺正隆二年建立石碑内常住地土（古）〔占〕種。照得見争地土，即係異代碑文誌記畝數，似難憑准。若蒙照依定例革撥，將地憑契斷付李玉爲主相應。禮部照得：李玉憑牙於賈玉處用價立契，收買上項地土，經今貳拾餘年，又經異代，合准陝西行省所擬。都省准呈。

《通制條格》卷二八《雜令・闌遺》 皇慶元年五月，中書省。宣徽院備闌遺監呈：本監專管不闌奚人口、頭疋，循行事務，多失其宜，若不更張，深爲不便。具到各項事理，刑部議擬，都省准呈於後：【略】

一、各處解納到監不闌奚頭疋，雖有毛色，不見齒歲，又不設法關防，以致牧養人等換易作弊。今後擬合令本監置造火印三等，一作官字，一作主字，一作支字。凡有納到頭疋，本監官親臨，監視豎獸，驗覷齒歲、臕分，明立文案，隨時用官字印烙。若有本主認見，合給付者，即用主字印烙。如蒙上司支撥，用支字印烙。庶革更换之弊，至如皮張，亦見真僞。前件議得，合准所言。

《元典章》卷一八《户部・婚姻・夫亡・婿死不回財例》 至元九年六月二十八日，中書户部：來申：河東縣馬立告，至元七年十月内，定問到本府楊大妹與次男馬三爲妻。至元八年五月十七日，男馬三身故，元下頭面（來）〔表〕裏，除回到頭面三件、衣服五件外，其餘物色不肯歸還。乞明降事。省部相度，馬立男馬三定親，未曾成婚，馬三身故，元（不）〔下〕聘財難議回付。仰照驗施行。

《元典章》卷一八《户部・婚姻・夫亡・奩田聽夫家為主》 大德七年□月，江浙行省準中書省咨：准來咨該：據浙西宣慰司呈，徽州路總管朵兒赤言：隨嫁奩田等物，今後應嫁婦人，不問生前離異、夫死寡居，但欲再適他人，其元隨嫁粧奩財産，一聽前夫之家爲主，並不許似前般取隨身。本省參詳，若准所言相應。送禮部議得：除無故出妻不拘此例，合准已擬相應。都省准呈，咨請照驗送行。

《元典章》卷一九《户部・田宅・典賣・權勢買要産業》 至元二十一年十二月，行御史臺：近據江東建康道按察司申，南方貨賣田産之家，指以權勢爲名，常思反覆。或三二年間，少見添價，用錢者誘説賣主争告，契上但寫官人二字，或少有虚名，皆爲勢要權豪，要回元業。合無議擬，除何等官員爲權，定革限，或經半年、一年不曾争理又轉主者，與之革撥等事。移准御史臺咨，呈奉中書省劄付：都省照得，江南官吏勢要之家買下百姓産業，既已欽奉聖旨回付，難以再行别議。仰欽依施行。

《元典章》卷一九《户部・田宅・典賣・遠年賣田告稱卑幼收贖》

大德六年二月□日，湖州路承奉江浙行省劄付：

來申：陳天得告藩萬七至元二十七年買訖卑幼田土。此時雖是年幼，與祖母并親母陳孺人、姐陳得一娘、得二娘同家住坐。俱各畫字。荒歉之年，先典後賣，立契賣與潘萬七爲主。本省議得，饑荒之歲典賣訖田産，因見即目地價比之往日陡高數倍，以利爲心，或稱欺瞞親鄰，或稱卑幼成交，往往告官爭理，不得杜絶。今陳天得因缺食，與祖、母及姐二人將田土立契，先典就賣，過割租稅了當。今經一十餘年，田土價高，才方爭理，難同非理典買田土地。況江南似此饑歉之年，買田者非止一家，若准陳天得所告改斷，實慮效此，致使農民不能安業，紊煩官府。即係爲例事理，移准中書省咨：送禮部議得：陳天得所争田土，雖稱卑幼，緣爲饑饉，同伊祖母陳安人，母陳孺人並姐二人立契，先典後賣潘萬七爲主，難同非理典賣。設或違法，隨即不曾爭理，今經年遠，才生飾詞，實爲僥倖。如准江浙省所擬，驗契斷付已買地人潘萬七依舊爲主相應。都省依准所擬，咨請照驗施行。准此。仰依上施行。

《元典章》卷一九《户部・田宅・房屋・多年宅院難令回贖》　大德元年六月，江西行省：

據龍興路申：范大鼎告翟鎮撫占住房屋，虚錢實契，不肯回贖公事。省府議得，翟鎮撫等於至元十二年收附龍興，踏逐到范大鼎等空屋住坐，已後月日不等，憑牙立契，用價錢買訖所住房舍。在後范大鼎爲見官司許令回付，以此陳告。蓋緣江南歸附之初，行使中統鈔兩，百物價直低微，成交之時，初非抑逼，亦無競意。目今百物踴貴，買賣房舍價增數倍，致起貪人僥倖之心，訴訟之煩，實由於此。若令范大鼎補元價回贖，却緣翟鎮撫已將所買房屋賣與馬萬户，在後馬萬户又轉賣與杜經歷，到今一十五年，經隔三主。若遞相收贖，其馬萬户即目不知去着。又翟鎮撫所買房舍，至元二十三年，范大鼎爲見元賣價低，翟鎮撫又行添貼價錢四定，重行給據，立契成交，至甚明白。兼各人節次用工修造，用過工食三十餘定，若擬回贖，實虧買主。又緣江南地薄，頑民好訟，似此援例，必致將來詞訟蜂起。莫若准各人已買爲主，依舊管業，以革僥幸。移准中書省咨：送禮部照擬得：合從行省所擬相應。都省准擬，合下。

《皇明成化二十三年條例・三月・軍户田土賣過與人年遠者不許妄告争奪》　成化二十三年三月初四日，户部左侍郎李等題，爲建言民情事。准禮部咨，成化二十二年月日不等，於禮科抄出吏部等衙門聽選官過亮等建言民情事件，該通政使司官奏，著禮部抄出，會官議。奉聖旨：是。欽此，欽遵。會同各部、都察院、通政使司、大理寺、六科給事中議得數内五十九件，合准所言。從宜吏部等衙門查勘、定奪施行。未敢擅便，照例。成化二十二年十二月二十日早各官奏，奉聖旨：是。欽此。欽遵。照得聽選官何源所言一件，原籍人民自洪武二十二年間，以丁糧三户躲充興隆衛軍，輪流應當，有因家道貧乏，起程赴衛之際盤纏缺少，及有在衛艱難逃回，將田地絶與賣人，造册過割五六十年者，有三四十年者，後或中正軍丁盡，或左右貼軍户絶，或全户赴衛當軍轉逃別處潛住。近年以來，有等奸詐軍人，見得本處先年因被兩廣苗賊越境流劫，人民多被燒毀及遺失賣地契約，乘機將絶逃軍人原賣過割明白田地。有正軍捏稱收承左右貼軍田畝者，有貼軍妄作收承正軍地土者，連年告争不已。有司不（便）〔辨〕曲直，朦朧斷與給軍。或勒買田之人津貼軍裝，以致一概做效，詞訟烽起，民被攪擾。甚至結成讎恨，懷記在心，至衛賄囑官吏，將買田之家兒男捏作出繼入贅名色，輒便徑行有司勾擾。其弊甚大，深爲民患，嗟怨衝天，致傷和氣。因而旱澇相仍，致災之由，恐在而此。若使前項過割年遠籍定田地概與軍，以後軍人起程艱難，有田無錢，欲將變賣，人皆疑忌不買，盤纏何由措置？必致逃躲。誠非良法，反爲妨害。臣恐各處亦有此弊，如蒙乞敕都察院轉行清軍御史並布、按二司清軍官員嚴加禁約，今後遇有告争絶軍田地，係在正統、景泰年間過割明白，造册三、四次者，立案不行。如係逃軍户下親丁復業告取，亦要從公審勘的確，方許斷還。如或有司未奉之先枉斷與軍者，悉令改正還民。若有徇私堅執不行改正，聽被害之人赴憲司訴理。應提問者，就便提問；應奏請者，照例施行。如此則天意而回，災消彌，詞訟息，而民獲安矣。前件會官議得，户部奏請行都察院禁約，看得：聽選官何源所言違年軍人田産賣過收户已定，捏告民府，朦朧給斷，又有軍人將買田之家兒男捏作出繼入贅名色，行文勾擾，深爲民害一節，非爲湖廣一處爲然，恐各處府、州、縣亦有此弊。誠欲如本官所言者，雖有見行事例，官司奉行未至，擬合申明禁約案呈，欲行都察院轉行各處巡按並清軍監察御史、各行布按二司守巡官員，著落府、州、縣、衛所當該官吏嚴加禁約。今後有爭絶軍田土曾經造册三次、四次，過割田糧明白者，不許聽其捏詞告害。如是逃軍户下親丁復業告取原祖田地，務要審勘的確，方行斷還。其本户丁絶而贅壻、義男并親鄰人等受産業例承繼軍丁貼備軍裝者，不在此限。若有司官吏受財聽囑，朦朧枉斷者，巡按、清軍監察御史並分巡官究問干礙，五品以上官徑自奏請提問施行。具題。次日奉聖旨：是。欽此。

《皇明條法事類纂》卷一二《户部類・分過（財）〔家〕産賣過田地不許重分贖取》 弘治二年八月初三日，大理寺卿馮等題，爲傳奉事。計開：一、禁刁潑。近者，在京在外有等官舍並富豪子弟，平昔不務（正）〔生〕理，專一飲酒、宿娼、賭博，將受分家産蕩盡，欲乃（以）〔撒〕潑，將遠年久（祖）分之家産，收其分書，尋捏别故具告，意圖重分。又有一等遠年賣過田宅，曾經税契過割，見在上住種者，前項無籍之徒，或捏作虚錢實契，或詐要備價收贖，多方設法牽告買（住）〔主〕，（亦）〔以〕圖添價。官司（户）〔乃〕得受理。及至提對，百虚一實。卻又勘令被告念親情，重分與伊家財（得）産業，再添與伊價資。似此移法就情，刁潑反得以肆（志），展轉牽告，經年累月，案無杜絶。合無今後内外衙門遇有此等之徒，捏告父祖以來分居（以）〔已〕定，親族寫有分書明白，及田宅（以）〔已〕經實賣，過割年遠，及查有問過卷案者，悉照先年（契）〔兵〕科給事中官榮奏行事例，斷令管業，不許重分、再贖，仍將本犯問擬如律。所奏告情詞，立案不行。違者（通純）〔繩之〕以法，庶刁潑知懼，良善獲安。

《皇明條法事類纂》卷一三《户部類・禁革求討莊田投獻地土》 弘治三年閏九月十四日，户部尚書李等題，爲陳言修德明政，以弭災（到）〔致〕治事。該禮科給事中胡金題，内一件：重民利。臣惟宋司馬光有曰：天之生物，止有此數，不在官則在民。故均無貧，和無寡，安無傾也。我朝窮荒遐（攘）〔壤〕，舉入版圖。動植飛潛，悉充貢賦。曠古以來，莫盛於此。然今日之地土，即祖宗所籍之數，未嘗改（群）〔添〕也。而今日之賦税，即祖宗（近）〔所〕制之數，不可加厚也。而大爵高官，繁冗日倍，則所以糜其賦者，亦將十二三矣。即其常勢，驗其將來，臣恐生物之類有限，公私之用無窮，未免不均之患矣。（夫）〔奈〕何近年貴戚之家請莊園者，往往而乞恩，奉倖之人訟田土者，每每而上疏。其奸猾之徒競投獻以附其主者，又在在傚尤，甚莫能禁。誠以貴戚之請，奉倖之訟，皆奸（檜）〔獪〕爲之厲階也。萬幸陛下允其所請，則彼因得以假主之威，藉主之業，欺官奪民，無所不至。是使貴倖則冒錫予之恩，奸猾則遂侵奪之計，而小民則忍受離者之苦也。

臣查得天順二年節該欽奉英宗皇帝敕諭：近聞皇親、公、侯、伯、文武大臣中間，多有不遵禮法，有令家人於四外州縣强佔軍民田土者，有起蓋房屋，有把持行市，侵奪公私之利者。或體訪得出，必重罪不宥。其家人投托者，悉發邊衛永遠充軍。欽此。成化四年節該欽奉憲宗皇帝聖旨：今後求討田地的，都不准。欽此。成化十五年續該欽奉憲宗皇帝聖旨：今後有妄報投獻田地，並管莊僕佃人等佔守水陸關隘抽分，指取財物，挾制把持害人的，都〔發〕邊衛永遠充軍。欽此。方今山東、山西、河南、湖廣、陝西、四川，盡皆藩國所在，何處非貴戚？何處非（拳）〔奉〕倖？亦何處而無奸獪之徒以附之也？伏惟祖宗所籍之土地止有此數，祖宗所制之賦税，亦止此數。蓋〔增〕（利）〔豪〕門一分之利，則奪小民一分之利也。奪小民一寸之地，則虧公家一寸之賦也。在官在民，當均其利。親親貴貴，當明等（受）〔差〕。賞信罰〔倫〕，當新其令。今後皇親之家並（拳）〔權〕豪勢要，並無上事而奏討莊田者，必追究撥置主謀之人，所討照例不准。仍敕户部通（同）〔行〕藩國所在去處，不問軍人民等，敢有通同旗校、管莊僕田人等，妄將民間有糧課田地、湖池投獻其主，以侵害小民者，事發悉照前項聖旨事例處治，庶幾貴倖循禮，而奸獪之徒知所懼矣，民生豈有不厚哉！奉聖旨：該衙門知道。欽此。欽遵，抄出到部。臣等竊惟帝王之治，惟在謹其法令之行而已。先王之世，信賞必罰，法若畫一，是以令出惟行，而人不敢犯。後世治不如古，禁奢侈（到）〔則〕害於近戚，限内産則妨於貴家。於是令出而有不行，（去）〔法〕玩而不知畏。今日之事，弊之（其）〔甚〕而害之大者，莫有如求討莊田一事。

伏睹天順二年欽奉英宗皇帝敕諭：皇親、公、侯、伯、文武大臣，有令家人於四外州縣强佔軍民田土〔者〕，必重罪不宥。其家人投托者，悉發邊衛永遠充軍。成化四年，欽奉憲宗皇帝聖旨：今後求討田地的，都不准。成化十五年欽奉憲宗皇帝聖旨：〔今後〕妄報投獻田地，並管莊僕田人等，〔佔守水陸關隘抽分，指取財物，挾制把持害人的〕，都發邊衛永遠充軍。欽此。仰惟列聖深知前弊，節降敕旨，戒諭禁革，至嚴且切。奈何近年以來，討求莊田章疏，絡繹不絶。不曰家口重大，養贍不過，則曰原賜磽薄，耕種不堪。或稱情願起科，或假托自願兑换。既得隴，復望蜀者，比比皆然。（不）〔下〕奪小民之利，上虧公（道）〔家〕之賦，莫甚於此。所以然者，誠以禁求討〔而〕求討者有時而得恩，禁投獻而投獻者有時而脱罪。以是爲官者不知（之）〔自〕足，而爲其下者全無忌憚也。（合）〔今〕給事中胡金奏要申明前例，今後皇親之家並權豪勢要，並無上事而奏討地土，必追究其撥置主謀之人，所討照例不准。仍通行藩國所在禁約，今後軍民人等敢有通（行）〔同〕旗校、管莊、僕田人等，妄所田地投獻，悉照前例處治一節。誠爲切中當時之弊，合無准其所言，本部今後如有（所）奏〔討〕地土，非聖旨看了來説，一切立案下行。仍要追撥（制）〔置〕主謀之人，參送問罪。本部仍行都察院，轉行巡視五城御史出給告示，及在外各該巡按御史出給榜文，常川張掛，曉諭禁約。今後軍民人等，敢有投托勢要之間，充爲家人，及通同旗校、管莊人等，妄將民間地土投獻其主，事發悉照天順二年並成化十五年（欽此）敕旨事例，問發邊衛永遠充軍。如此，則法度嚴明，人皆知懼，而前弊〔可〕息矣。具題。次日奉聖旨：是。欽此。

《皇明條法事類纂》卷一三《户部類・投獻王府並勢要之家地土例》

成化六年五月十三日，都御史原題，今後但有將民間地土捏作果園、草場並護衛遺地（事）〔等〕項名色，誆騙財物，投獻王府並勢要官員之家，事發，不問軍人舍餘人等，拿問明白，俱發附近衛所充軍，止終本身。王府官員人等，亦不許串同受獻，擅捏詞訟。事發之日，一體究治。節該奉英宗皇帝聖旨敕諭：近聞皇親中間，不遵禮法，有令家人强佔軍民田地者，事發，重罪不宥。投獻者悉發邊衛，永遠充軍。欽此。

《皇明條法事類纂》卷一三《户部類・禁約公侯等官奏討及强佔軍民田土例》　成化二年四月十四日，太子少保、户部尚書等題，爲官豪占討地土事。雲南清吏司案呈，照得本部掌天下户口田糧，庶務浩繁。所屬十三清吏司，各領其事，依時徵科賦税、糧草等項，以供軍國之需，不爲不重。近該順天、河間、真定、保定等府及河南、山東等布政司所屬人民，往往赴京奏告徵糧田土，多被本處無籍之徒懷挾私讎，捏稱空閑拋荒、水窪退灘地土，多者二三百頃，少者五七（百）〔十〕頃，到京投獻。官豪勢要之家，輒便信憑，差委驍目家人，帶領無籍之徒，騎坐馬騾，身帶弓箭腰刀軍器等前（件）去回報處所，插立封堆，佔據爲業，朦朧回報。家主不察是非可否，徑具狀本奏討。及至行查回勘，多係民田。民受其害，赴京告訴，月無虚日。究其所以，蓋官豪之人不思食天之禄，民（惟）〔爲〕邦本，卻乃聽言家人、跟隨之人撥置，侵奪民田，攪擾官府，恃勢妄爲，恬不爲怪。查得景泰年間有都督古彪倚勢（滅）〔怙〕權，侵佔民間田地。事發，該户科都給事中等官李侃等奏稱，今後（薰）〔勛〕戚大臣，不許私占民間田地及朦朧奏討。本部議擬具奏通行禁約外，今經年久，前項官豪人等，因無申明，仍前恃勢玩法，奏討紛紜不已。若不再行禁約，深爲未便。案呈到部。合無通行五軍都督府，轉行公、侯、伯、都督、都指揮等官及勛戚大臣之家知會，各守名爵，恪遵禮法，永享禄位。今後敢有仍前將各處官民地土妄稱空閑，朦朧奏討，及令家人伴當用强侵佔者，本部行移法司，先將抱本狀奏告之人拿問如律。干礙主使教令人員，徑自奏請拿問。仍行追究捏報投獻之人，繩之以罪。其各該司、府、州、縣官員，若是不行執法，阿附權勢，容令占種，不即具奏者，事發到官，一體查究治罪。如此，庶使民田不（到）〔被〕豪强吞併，而奸頑知所警懼。緣〔係〕申明禁約事例，未敢擅便。次日奉聖旨：是。欽此。

《皇明條法事類纂》卷一三《户部類・清理各處屯田》　一件，興利革弊等事。成化二十三年十二月内，季諒奏，該户部尚書李等題准，行移各處巡撫、巡按官督同按察司管屯僉事等官，從公踏勘，要見每衛所設屯軍若干名，屯田若干頃畝，屯種（穀）〔若〕干穀數，逐一清查明白。中間果有勢要官豪侵佔屯（種）軍田地，不納子粒，務要追究明白。應（參）〔奏〕請者奏請，應提問者，提問如律，照例發落。其清出田地，照數撥與無田軍人耕種、納糧，通將查勘過屯軍田地糧數，類造文册（造）〔送〕繳。仍將清册一本送部，以憑查考。

《户部則例》卷五《田賦・旗地・存留墳地》　一、八旗絶嗣地畝在一頃以上者，作爲十分，以七分入官，三分留給該族，代爲祭掃，無族人者，給本户之親女，次給親姊妹、姪女，再次給親外甥、外孫。如地在一頃以下者，概給三十畝，餘地入官。凡應給祭掃地畝，如無親屬，派本户家奴二名看守主墓。其墳地不足三十畝者，全行給與。多者酌留亦不得過三十畝。倘本户更無家奴，亦照酌給家奴地數，交該佐領擇人代爲收租、祭掃。若得地之人私自典賣者，從重治罪。失察，該管官議處。

一、八旗應行入官地内有墳園祭田數在三頃以下者，免其入官。若在三頃以上，除給還三頃外，餘地悉行入官。

一、民人墳墓在旗圈地内者，准其子孫祭掃。

一、官贖旗地内有原業，正身旗人於未經典賣與民之前塋有墳塋，呈請回贖，行旗查確者，三品以上官不得過二頃，四品以下官不得過一頃，兵丁閑散人不得過五十畝，無論已未官贖，俱令交足原價，准其世守。至出旗爲民之人，於所典所買旗地内塋有墳塋，該州縣查確者，係另記檔案，曾任職官之人請留墳地不得過五十畝，兵丁閑散不得過三十畝，養子開户旗下家奴不得過十畝，俱毋庸分。別叚落已官贖者，令交原價受地，未官贖者，照數扣給。如第泛稱祭田，無從稽考者，不准給與。若經部准給之地，事後揩爲墳旁，所餘典賣與民人者，仍照私典旗地例辦理。

紀事

《宋書》卷五四《羊玄保傳》　羊玄保，太山南城人也。【略】玄保兄子希字泰聞，少有才氣。大明初，爲尚書左丞。時揚州刺吏西陽王子尚上言：山湖之禁，雖有舊科，民俗相因，替而不奉，熂山封水，保爲家利。自頃以來，頽弛日甚，富强者兼嶺而占，貧弱者薪蘇無託，至漁採之地，亦又如茲。斯實害治之深弊，爲政所宜去絶，損益舊條，更申恒制。有司撿壬辰詔書：占山護澤，强盗律論，贓一丈以上，皆棄市。希以壬辰之制，其禁嚴刻，事既難遵，理與時弛。而占山封水，漸染復滋，更相因仍，便成先業，一朝頓去，易致嗟怨。今更刊革，立制五條。凡是山澤，先常熂爈種養竹木雜果爲林芿，及陂湖江海魚梁鰌鮆場，常加功修作者，聽不追奪。官品第一、第二，聽占山三頃；第三、第四品，二頃五十畝；第五、第六品，二頃；第七、第八品，一頃五十畝；第九品及百姓，一頃。皆依定格，條上貲簿。若先已占山，不得更占；先占闕少，依限占足。若非前條舊業，一不得禁。有犯者，水土一尺以上，並計贓，依常盗律論。停除咸康二年壬辰之科。從之。

《南齊書》卷五三《良政傳·傅琰》　傅琰字季珪，北地靈州人也。【略】泰始六年，遷山陰令。【略】太祖輔政，以山陰獄訟煩積，復以琰爲山陰令。賣針賣糖老姥爭團絲，來詣琰，琰不辨覈，縛團絲於柱鞭之，密視有鐵屑，乃罰賣糖者。二野父爭鷄，琰各問何以食鷄，一人云粟，一人云豆，乃破鷄得粟，罪言豆者。縣内稱神明，無敢復爲偷盗。

《隋書》卷六〇《于仲文傳》　于仲文字次武，建平公義之兄子。父寔，周大左輔、燕國公。仲文少聰敏，髫齓就學，耽閲不倦。其父異之曰：此兒必興吾宗矣。九歲，嘗於雲陽宫見周太祖，太祖問曰：聞兒好讀書，書有何事？仲文對曰：資父事君，忠孝而已。太祖甚嗟歎之。其後就博士李祥受《周易》、《三禮》，略通大義。及長，倜儻有大志，氣調英拔，當時號爲名公子。起家爲趙王屬，尋遷安固太守。有任、杜兩家各失牛，後得一牛，兩家俱認，州郡久不能决。益州長史韓伯儁曰：于安固少聽察，可令決之。仲文曰：此易解耳。於是令二家各驅牛羣至，乃放所認者，遂向任氏羣中。又陰使人微傷其牛，任氏嗟惋，杜家自若。仲文於是訶詰杜氏，杜氏服罪而去。

《遼代石刻文編·緇陽寺莊賬記》　當寺講經律沙門守約述。□光啓二年，孟春首旬，先師師間門人惠真，振錫攜缽，始届茲地。粤有維那吴公，字建還，特寫鞠置（下缺）我大王彭城公統戎之十一祐也。□有功德主，隨使押衙、□散騎常侍、上柱國劉守約，再爲興修，勝緣未畢，天奪□（下缺）□次□昭王嗣子約之表□檢校司空劉守韜，施財預□有本僕射同興院惠真尚座行思都維那（下缺）師而建也。後有功德主慧省，添修功德堂鐘樓三間。□彭城約之殊力既圖勝宇巨建標題僧惠省於天（下缺）大寺。迄至我朝興宗皇帝，乃賜緇陽之□□後□□□殿僧房共三百八十餘架，地□園林約□（下缺）小道之北。東連翠嶺，西接青嵠。受具僧人百一十□勤□□□客五百已上。資生之物，盛與於□□（下缺）成大寺今爲驗矣。傳有有道側墳主高大王、合家施根後莊田，託衆僧爲遠嗣，至今仍爾。因此前後並□□□敏具（下缺）傾六十畝，浮圖子地一段十畝，次北一段二十畝，又次北一段二十畝。中間□寺主施二十畝，南道北一段，□□二十畝，北道北一段，□□□（下缺）士共□□□西至澗□至官道。山東葛家峪地一傾，東至澗，南西至張化，北至山頂。□□地一傾二十三畝（下缺）家坎地三十畝，四至懷崔。崔家安地一傾二十畝，東至山，南至道，西北至翟公諒。中山□□一□二十畝□（下缺）可言，南至吕廣倪，西北至道。林墓地田十畝，東至賈守諒，南至墓，西至翟公諒，北至道。土方子□地三十□（下缺）道，南至翟嘉進。次道西一段六十畝，東至□□于可言，西至張守仁，北至道。次北一段四十畝，東至張守仁，南至□（下缺）韋謙讓。次東北地□□□□□東□，西至道，北至□。懿次北一段四十畝，東北至道，南至崔□，西至河。次道□（下缺）四十畝。愛有首座奉潤，世壽八十有五，僧夏五十八年。□□非常□衆共□□在莊田。恐年代遠（下缺）願乃爲虚廢所託。衆僧之靠賴無依，誡尖彼之要期，寔□之□抱衆□。今後假餘緣，勿□典賣。實爲□便□（下缺）永添福祐。

《遼代石刻文續編·佑唐寺創建講堂碑側記》　上段碑文

妙化寺主僧普□□丙辰年有狀，公論千像兩争中隔，因依今□山門□和更□位詞論對兩自封師滿量情願化了。□山門□□□□□内同共□川雲居院、並次南燒餅石□南分水嶺上大石山垛子正左相□中心之處，自石垛南中間長大嶺直至雷頭。自石垛山南，上下取分水嶺心都□□□中，留有□東西兩邊地上柴木，兩寺各自永遠爲主管，不有復别有紊亂，恐後無憑，僅此爲據。重熙十五年二月二十一日。寺主僧普嚴。連狀人僧普仙。當寺尊宿僧智初。山門首座、感化寺僧道文。報國寺尊宿僧云晏。法與寺尊宿僧惠源。

中段碑文

其立石者在感化寺東北雷頭坎上。妙祥寺出入車道，東道上有自古立石，上有字爲三寺中隔。

下段碑文

蘇州□□□□□千像寺當住持僧一所名海云。寺地土四至分頭標自於石。寺場地四至，東至古道，南至古道，西至河，北至河。河北有地一段，東至大河，南至河，西至官道，北至古堰。

（元）張養浩《張養浩集》卷一六《復龍祥觀施田記》　初，民匠官張大使雅崇道教，當一再葺，師居徒館略具，且入田爲畝七十，俾衣食之。既請葆光法師王某主祠事，六傳而至今嗣教劉志義。其張氏子若孫以田直倍前，要而敓之，交獄于官，累數政不能決。劉乃辭去，延祐乙卯，濟南路總管荅里馬上，嗣教以聞，侯曰：父施之，子敓之，若繼志何？違父之命，非孝；挾貴以甚良善，非仁；睹利而懷倖心，非義。有一于此，辠所必及。於是敓者讋縮不敢出。未幾，侯改福建閩海道肅政廉訪使，復騰口實。今榮禄大夫中書左丞許公時爲憲使山東，召路吏詰曰：汝去官折此兩家較然甚，若何不署所折按，而使齟齬不戢若是？吏歸具顛末洎今許公旨，署文若券者二，一留公所，一授嗣教者，俾相傳爲質。由是事遂息。其道流若耆老數輩，迓志義仍居之。志義德二公，不能忘，將樹石記其事，乃走余求文焉。

《宋史》卷一七三《食貨志·農田》　〔淳祐〕十一年九月，赦曰：監司、州縣不許非法估籍民産，戒非不嚴，而貪官暴吏，往往不問所犯輕重，不顧同居有分財産，壹例估籍，殃及平民。或户絶之家不與命繼，或經陳訴許以給還，輒假他名支破，竟成乾没，或有典業不聽收贖，遂使産主無辜失業。違戾官吏，重實典憲。是歲，信常饒州、嘉興府舉行經界。【略】

咸淳元年，監察御史趙順孫言：經界將以便民，雖窮閻下户之所深願，而未必豪宗大姓之所盡樂。自非有以深服其心，則亦何以使其情意之悉孚哉？且今之所謂推排，非昔之所謂自實也。推排者，委之鄉都，則徑捷而易行，自實者，責之於人户，則散漫而難集。嘉定以來之經界，時至近也，官有正籍，鄉都有副籍，彪列昈分，莫不具在，爲鄉都者不過按成牘而更業主之姓名。若夫紹興之經界，其時則遠矣，其籍之存者寡矣。因其鱗差櫛比而求焉，由一而至百，由百而至千，由千而至萬，稽其畝步，訂其主佃，亦莫如鄉都之便也。朱熹所以主經界而闢自實者，正謂是也。州縣能守朝廷鄉都任責之令，又隨諸州之便宜而爲之區處，當必人情之悉孚，不令而行矣。從之。【略】

〔咸淳〕三年，司農卿兼户部侍郎季鏞言：夫經界嘗議修明矣，而修明卒不行；嘗令自實矣，而自實卒不竟。豈非上之任事者每欲避理財之名，下之不樂其成者又每倡爲擾民之説。故寧坐視邑政之壞，而不敢詰猾吏姦民之欺，寧忍取下户之苛，而不敢受豪家大姓之怨。蓋經界之法，必多差官吏，必悉集都保，必徧走阡陌，必盡量步畝，必審定等色，必紐折計等，姦弊轉生，久不迄事。乃若推排之法，不過以縣統都，以都統保，選任才富公平者，訂田畝税色，載之圖册，使民有定産，産有定税，税有定籍而已。臣守吴門，已嘗見之施行。今聞紹興亦漸就緒，湖南漕臣亦以一路告成。竊謂東南諸郡，皆奉行惟謹。其或田畝未實，則令鄉局釐正之，圖册未備，則令縣局同程督之。又必郡守察縣之稽違，監司察郡之怠弛，嚴其號令，信其賞罰，其之秋冬以竟其事，責之年歲以課其成，如《周官》日成、月要、歲會以綜核之。於是詔諸路漕、帥施行焉。【略】

太宗太平興國中，兩京、諸路許民共推練土地之宜，明樹藝之法者一人，縣補爲農師，令相視田畝肥瘠及五種所宜，某家有種，某户有丁男，某人有耕牛；即同鄉三老、里胥召集餘夫，分畫曠土，勸令種蒔，候歲熟共取其利。爲農師者蠲税免役。民有飲博怠於農務者，農師謹察之，白州縣論罪，以警游惰。所墾田即爲永業，官不取其租。其後以煩擾罷。

（元）蘇天爵《滋溪文稿》卷七《碑誌·大元贈中順大夫兵部侍郎靳神道碑銘》 泰定甲子，調星子縣尹。【略】開先寺僧與南康郡學争田，府檄治之。公詣田所，召佃人、鄰人各言曲直。田有小溪介之，訟之所由興也。公命吏具文書，以田在溪北者歸之學，溪南者歸之寺，遂不復争。都昌民叔姪争田，積年不決，逮者數十八。府檄復以屬公，公取《論語》一編語及彝倫，即使叔姪誦讀，公申以孝友親睦之義，仍令逮者與聞。頃之，逮者請曰：曩時官吏意有所私，此訟之不決也。今明府以善諭民，敢不首實。田本姪産，叔父因其幼奪之。於是叔父感泣，盡以田券與姪，遂相慈孝如初。

《清實録》順治五年十一月〔辛未〕詔曰：應行事宜，條列於後：

【略】

一、圈丈地土，分給滿洲耕種，其被圈之家，或圈去未補，或原地錢糧未除，即與豁免，或新補之地，較原地瘠薄不堪者，俱照新地等則納糧。

一、滿洲圈過地内，道路、溝壑、房基、廟宇、墳墓皆係地數，今一概除去不算，則原額必虧，錢糧何出？俱著一體清察豁免。【略】

一、各處無主荒地，該地方官查明呈報，撫按再加察勘，果無虚捏，即與題免錢糧，其地仍招民開墾。

（清）李漁《資治新書二集》卷二〇《田産·勢拋祖骸事》 唐洪之與張某搆訟也，總因福唐寺之檀那而起，其餘波瀾，盡屬蛇足。查寺譜肇建，乃唐氏之祖所創，而額曰福唐者，取福庇唐氏之意也。後張姓之祖修飯堂，施齋田，亦有功於寺，遂以檀那自予，因改寺額，易唐爲堂，亦制刻譜爲據。夫一寺兩主，開世世争訟之端，是作善於一時而遺害於百世矣。應將寺宇專歸唐氏，其張姓施田仍令收回，或轉售，或别施，聽其自便。張某歲取銀三兩二錢，非真好善樂施者比，杖以懲之。

契約文書

《敦煌契約文書輯校・丁酉年報恩寺牧羊人康富盈算會憑》 丁酉年十一月三日〔立〕〔契〕報恩寺徒衆就大業寺齋座算會。牧羊人康富盈，除死抄外，分付見行羊數： 大白羊羯壹拾貳口，二〔止〕〔齒〕白羊羯肆口，大白母羊壹拾柒口，二〔止〕〔齒〕白母羊叁口，白羊兒落悉無伍口，白女落悉無柒口，又白羯貳口，計白羊大小伍拾口，大羖羊羯壹拾陸口，二〔止〕〔齒〕羖羯壹口，大羖母羊壹拾肆口，二〔止〕〔齒〕羖母羊壹口，羖兒只无四口，女只，無叁口計羖羊大小叁拾玖口，一一諳實。後筭爲憑。牧羊人康富盈（押）牧羊人兄康富德（押）牧羊人男員興

《敦煌契約文書輯校・庚子年報恩寺牧羊人康福盈算會憑》 庚子年十月廿六日立契，報恩寺徒衆就南沙莊上齋座筭會。牧羊人康富盈，除死抄外，並分付見行羊籍： 大白羯羊壹拾叁口，白羊兒落悉無陸口，大白母羊貳拾口，貳齒白母羊伍口，白羊女羔子陸口，白羊兒羔子壹口，白女落悉無叁口，計白羊大小伍拾肆口，大羖羊羯壹拾玖口，貳齒羖羯壹口，羖兒羔子伍口，大羖母羊壹拾壹口，貳齒羖母羊拾口，羖女只無伍口，羖兒只兩口，計羖羊大小伍拾叁口。已前白羊、羖羊，一一諳實，後筭爲憑。牧羊人男員興（押）牧羊人康富盈（押）牧羊人兄康富德（押）其筭羊日，牧羊人説理，矜放羔子兩口爲定，又新舊定欠酥叁升。（押）

《敦煌契約文書輯校・甲辰年牧羊人賀保定領羊憑》 甲辰年三月廿四日，就宜秋鄧家莊上見分付，牧羊人賀保定白羯羊大小叁拾柒口，母羊肆拾壹口，羖羊羯六口，羖母羊玖口，羖羊羔口四個，白羔兒羔子拾伍個，女羔子九個，牧羊人賀保定（押）

《敦煌契約文書輯校・丁未年常樂副使田員宗手上領得新税羊憑》
丁未年十一月廿五日常樂副使田員宗手上領得新税羊肆拾肆口，恐後□加，用爲後記。（押）

《敦煌契約文書輯校・庚申年王拙羅寔鷄領羊憑》 庚申年十一月廿三日，僧正道深見分付常住牧羊人王拙羅寔鷄白羊羖羊大小鈔録，謹具如後。見行大白羊羯陸口，貳齒白羊羯肆口，大白母壹拾捌口，白羊兒落悉無柒口，白羊女落悉無伍口，已上通計肆拾口，一一並分付牧羊人王拙羅寔鷄，後算爲憑。牧羊人王拙羅 寔鷄（押）牧羊人弟王悉羅（押）

《敦煌契約文書輯校・年代不詳王住羅悉鷄領羊憑》 （前缺）口當年兒白羊羔子兩口 女羔子壹口。已上通計白羊羖羊兒女大小貳伯捌拾伍口，一一並分付牧羊人王住羅悉鷄，後筭爲憑。牧羊人王悉羅（押）牧羊人王住羅 悉鷄（押）准羔子數合得蘇伍㪷貳升（押）牧羊人程萬子（押）

《敦煌契約文書輯校・甲申年六月都頭索勝住領羊憑》 甲申年六月廿三日，付牧羊人都頭索勝住羯羊陸口，大白母羊拾壹口，女落悉無兩口，羖羯叁口，羖母羊兩口，兒只無壹口，女只無叁口。其羊算日添入陰再羣。

《敦煌契約文書輯校・辛酉年團頭米平水等領物憑》 辛酉年十月七日弟（第）四團頭康石柱等拾人粟貳百貳拾陸碩壹㪷，麥壹伯肆拾捌碩伍㪷，黄麻貳拾壹碩伍㪷，見分付與弟（第）五團頭米平水等拾人，又油伍升，恐後交加，用爲記耳。

領物人押衙史什德（押）

領物團頭米平水（押）

團頭康石柱等十人見交與後把麥人米平水等十人粟貳百貳拾陸碩壹㪷，麥壹百伍拾伍碩，黄麻貳拾壹碩伍㪷，油伍升，土布壹疋，恐後交（家）〔加〕爲驗，領物團頭米平水 押。

《敦煌契約文書輯校・辛亥年張里五等具領麥粟憑》 辛亥年九月廿八日，後團張里五等十八人於前團馬留住面上，見領得麥陸拾貳碩㪷叁升，粟壹拾陸頭柒㪷，用爲後憑。

前團馬留德（押）

前團馬留住（押）

十二月十日，又分付團頭張里作押領使李押衙等粟伍碩爲憑。（押）

《敦煌契約文書輯校・壬戌年翟法律領物憑》 壬戌年十月八日於令狐兵馬使手上領得粟貳拾壹碩伍㪷，領得馬擺真邊麥肆碩五㪷，爲記。

領物人翟法律（簽押）

《敦煌契約文書輯校·丙子年楊某領得地價物抄》 丙子年十二月四日楊□□領得地價物抄。生絹壹疋，長叁丈柒尺叁寸，准折濕物貳拾伍碩，白斜褐叁段，計肆拾捌尺，准折物玖碩陸㪷，算官物兩碩，（押）又領得麥肆石，昌褐貳丈，又斜褐一段丈五，又出褐丈肆。已前褐准尺數折物捌石。（押）

《敦煌契約文書輯校·丙甲年某寺算會索僧正等領麻憑》 丙申年十二月九日，徒衆就庫舍院齋産笇會，常住黄麻除破及迴造壓油外，合管迴殘黄麻貳拾捌碩貳㪷，管在僧正判官身上，一一詣實，後笇爲憑。

領黄麻人索判官（押）

領黄麻人索僧正（押）

《中國歷代契約會編考釋·至元三十年宛平縣靈岳寺主持宗主雲庵禪師遺誡》 靈岳寺田産地段四至開立於石。

本寺並瞻寺地土四至：東至秋林塔，南至歇場安，西至采家背後嶺，北至三重嶺，本寺栗園在內。寺東劉賓澗山坡地壹段：東至獨山尖，南至崖門子，西至秋林塔，北至銀洞港。

村東皮鞋峪口山坡地一段，東至軍劉二，南至人行小道，西至流水澗，北至賈禄〔缺二十三字〕村南馬欄口水碾一所，碾房大小七間，出水游渠東至河心，南至河心，西至張順，北至宋興祖、宋祐。

右件地段四至山林園果乃常住恒産，仰覬後代主持並執事衆不可不知也。

大元至元三十年　月　日遺誡

靈岳寺主持宗主雲庵禪師

《中國歷代契約會編考釋·泰定二年祁門縣李文貴等産權合同文書》

祁門縣□都李文貴□□□□二人，備用梯己妻財，置變得本里土名陌坑源瓦瑤坑山田壹段，係彼字號忠田弍畝弍角□伍拾步。東至坑，南至張家田，西至山自禮田園地。又同處恃自號，又兂塢夏田壹掛□步，又次夏田式角壹拾式步，南北至山，西至小坑。同處過山式拾畝（令）〔零〕拾步，信字號李木塢夏田壹拾畝（令）〔零〕伍拾步，東至降，西至自山，南至□□山，北至方今山。其山兩邊共計式號。今來面（儀）〔議〕，兩家書立合同文書爲定。各人收執照會，自後不得争論。恐有日後先行争論者，甘罰中鈔壹佰貫文，入官支用；仍依合同文書爲用。所是（元）〔原〕買人户契書，亦繳李□甫者。自其延祐弍年經理，亦從李德昌户供解税錢。如日後要行過割，不者邑難。今恐無憑，（利）〔立〕此同文書合同爲用者。

泰定二年叁月拾伍日　李文聰（押）

義母方氏三娘（押）

親眷代書合同人吴熙甫（押）

義父李文成（押）

《中國歷代契約會編考釋·至元五年徽州王進孫等標分地山文書》

十六都王進孫同安孫，與十五都鄭廷芳共有十六都土名樵溪口上岸住後尚地一畝、夏地二畝，東至上壟分水直上至大降，西止下壟分水直上至降，南至塢口住後埋石爲界，横東西兩下各上壟分水，北大降，原係遜字號，經理四字一千四百九十七號、九十八號、九十九號，其地山十二分中王進孫同安孫共合得七分。今爲分籍不等，管業不便，衆議將前項四至內地山及杉木品搭標分，取便管業，其塢口地隨結石塝横過東，西各相對直上及壟，北至塢中長結石爲界，横過隨結石坎向東直上至壟，隨結石坎向出脚隨塢弦直進雙塢口，又曲轉向西從小灣下弦上坳壟爲界，其前項地山並山木即係鄭廷芳梯己標得，其塢頭地一段東北山二培，東止壟分水直上至大降隨壟下至坳壟，南至塢口長坦未結石坎横過向東直上至壟，向西山脚塢弦直進至雙塢口又向小灣下弦直上至坳壟，北至大降，其前項山地並杉木即係王進孫、安孫二人梯己標分得。自今品搭標分各依標所管業爲主，並不許翻悔。如先悔者，甘罰中統鈔一百貫文與不悔人用，仍依此標分文書爲準。今將地山樣畫圖後書填界至，並此管業，庶日後不敢過界侵犯。今人少信，立此標分文書爲用照者。至元五年十二月十五日　王進孫

王安孫

鄭廷芳

代書人　王舜民

圖略

《中國歷代契約會編考釋·至正二年徽州汪仲璋等劃分地界文書》

十五都汪仲璋昨用價錢買受到汪子璋、關祐孫上截地山，東至壽孫地直出

至大溪，西至福孫地直下至大溪，南、北至大溪，其天慶兄鄭廷芳所買康道享等吳綉堆地山，東至許家地，南至江桐灣心從平壟直上至許家地，北至大溪。今參照二家之契，即係互换四至。今憑親眷言議，遜讓各行取便管業，所是上截桑園平地係是汪仲璋管業爲主，其溪塝上山南止汪仲璋平地額爲界，俱是鄭廷芳管業爲主。自今議定之後，各依所分管業，各家不許互相過界侵犯。汪仲璋

主盟兄汪仲寵

中見人鄭華卿

鄭立卿

《中國歷代契約會編考釋·明洪武二十年祁門縣王寄保批産契》　五都王寄保娶妻陳氏，生育子女，不幸俱已夭亡。今身夫婦年老病疾，慮恐無常，思無結果，同妻商議將吾分下承租王祥孫、王德龍經理名目産土，盡數批與侄婿洪均樣、侄女寄奴娘承業，管顧吾夫妻生侍送終殯葬之資：承祀侄婿子女，毋得違文背棄。如違，甚當不考情罪毋詞。自批之後，一聽均祥已業，毋許家外非故異詞争奪。今恐人心無憑，立此批契，永遠爲照。

洪武二十年九月初八日　　立批契人　王寄保

中見謝寧

王志保

《中國歷代契約會編考釋·明洪武二十二年祁門縣王阿許分産標帳》

五都王阿許不幸夫王伯成身故，並無親男，僅有三女。長女名關弟娘，昨曾招到十八都曹孟芳過門爲婿，與關弟娘合活長下外甥添德，年紀十一歲。弟二女寄奴招聘到同都洪均祥到家成婚合活，亦有孫名柳相，年紀七歲。第三女佛奴招到都謝允忠到家，與女佛奴娘成家合活。俱各立事。昨阿許同夫伯成克勤克儉，陸續置受些小田地。今思年老，若不標分各人管業，誠恐日後互相争（戰）〔竟〕不便。今將户下應有田山、陸地、屋宅、池塘、孳畜等物品搭，寫立天、地、人三張，均分爲三，各自收留管業。

今將各人條段處所字號數目開具於後：

一、十保一百九十五號田一畝八分八毫，計一坵，土名麻榨塢口。

一、同保一百八十五號田二畝二分六釐二毫，計二坵，土名門首。

一、同保一百九十號田三分八釐一毫，計一坵，土名門首。

一、同保一百九十四號田共五畝一分二釐二毛，内取半該二畝五分六釐，計七坵，土名門首。

一、同保六十四號田九分五釐八毫，計一坵，土名官路下。

一、同保二百三號田一畝六分六釐七毫，計二坵，土名桃木源。

一、同保二百一十一號田二畝四分三厘三毫，計一坵，土名大源口。

一、同保二百九號田二畝一分六釐七毫，計一坵，土名大源口。

一、同保一百九十七號田一畝一分捌釐，計一坵，土名桃木源塌頭。

一、同保七十六號，内取一畝貳分七釐三毫，計二坵，土名桑樹下。

一、九保一號田八分九釐六毫，計一坵，土名石南樹下。

一、衆共十保七十號田二畝七分二釐七毫，計一坵，土名韓家嶺，三分均分。

一、十保一百十七號田共貳畝七分五釐二毫，計二坵，土名汪村。此備準還洪均祥衆反過户門錢糧。

一、户下諸處山塘地及住房叁間並小屋及地上新瓦倉櫃井係衆用。

一、東都土墻坵田，計貳畝四分八釐三毫，係老孺人自收支用。日後百年，亦行均分。

右前地字號係是女婿洪均祥、寄奴娘鬮拈抽分，得自行管業收苗。今從標分後，務要承接香火奉祀祖先，輪流供膳，侍奉阿許百年，毋得疏慢。所是門户須要同共供解輸納税，毋得怠慢。自標分之後，不許争論。倘有争占，準不孝論，更異名勝。

祖宗後裔者　　標帳

洪武二十二年二月　　日　主盟標分岳母　王阿許

依口代書人　　鄭均玉

地人二張分得大紅牸一頭，小紅牸牛一，二分相共耕種，毋得争論。所是亡夫王伯成存日曾寫立批契貳紙，隨尋未着。日後尋出，不在（再）行用。再批。

《中國歷代契約會編考釋·明永樂二十年祁門縣胡仕批山契》　岳父胡仕原承祖買受山貳號，一號買受汪真五，字號坐落東都四保，土名木瓜塢，係經理二千五百六十號，又一號買受方通，字號土名郭公坑，係經理

二千一百柒十號。其山二號畝步四至自有經理可照。今前二號山因管業不便，自情願批與女婿洪寬名下永遠爲業，本家子孫日後即無家外人異言争論。今恐無憑，立此批約爲照。

永樂二十年九月二十二日　　立批契人　　胡仕

奉書男　　胡陰周

見人　　曹添得　　鄭伯善

《中國歷代契約會編考釋·明宣德七年休寧縣謝得亨等分山合同》

州三都謝得亨同吴彦端，李仲接等，共有山壹片，坐落九保土名赤嶺山，係卑字壹千九十柒號，計山叁畝七分伍釐。今爲宣德七年砍木下山，各人争論分數。索出契字參看，有吴彦端、李仲接二家契字少明。今憑衆議，通山以捌分爲率，得亨陸分，彦端合得壹分，仲接兄弟合得壹分。自立冏，壹樣叁本，各收壹本爲照。日後各家無許争論，子孫只憑此合同，永遠管業。今恐無憑，立此合同爲照。

宣德柒年三月廿二日立冏人　　李仲接（押）冏

李仲威（押）

李仲義（押）

李仲和（押）

吴彦本（押）

吴彦端（押）

謝得享（押）

見立冏人　　李修　　（押）

見人　　李凡昌（押）

李思道（押）

謝得超（押）

代書人　　汪貴用（押）

《中國歷代契約會編考釋·明成化十六年祁門縣汪濂等劃分山界合同文約》　在城汪濂等，今有汪千十一進山一號，坐落五都五保茶園塢，係經理水字一千八十八號，計山捌畝叁角，坐落里截，與五都汪滸等承祖洪大東山一號，坐落五都茶園塢西培外截，計山壹拾貳畝。二家南北互界不明，今憑親眷等眼同定界：汪濂管受里截，南至西培小彎口爲界；外截係是洪滸等，北至小彎口爲界。自立合同文書之後，二家各依定界管業。日後子孫各要遵守文書，永遠管業，不許違文侵佔。如違，聽自告官陳理，甘罰銀五兩入官公用，仍依此文爲始。今人心無憑，立此合同文約爲照。

成化十六年四月十三日　立合同人　汪濂濂　汪潭

中見親眷　邱思義　邱思常

謝以吴　光彦昧

《中國歷代契約會編考釋·明成化二十一年休寧縣汪文暲等墳地合同》

十一都汪文暲同弟文明，原於正統元年，是祖將八保土名潭子口山地出賣與族伯祖汪仕同，本家存留祖墳禁步。是文暲將祖安葬。有族兄汪廷振言説，憑衆議立合同，日後再不侵葬。其餘山地聽自廷振兄弟照祖賣契管業，本家即無言説。今恐無憑，立此合同爲照。

成化二十一年十一月廿五日　　　立合同人　　汪文暲

汪文明

代書人　汪文明

《中國歷代契約會編考釋·明嘉靖三十年祁門縣洪氏祖産規約》　桃源洪氏承　祖原有各項規約，向來世守無異。邇來子侄繁衍，多有違犯，甚爲忝壞。今衆共行申議緊要條約數欵於後，世世子孫永宜遵守。如有恃頑不服者，呈官理治，準不孝論。毋違。

一、盗砍各處墳林庇蔭樹木枝柯及柴椿者，照舊罰銀叁錢；或係成材樹木，估值輕重，甘倍行罰。其柴木刀斧器械，俱給賞捕捉之人。拿獲之所，當時即竹板重責二十，即時拘出該罰銀數。若不交出罰銀，則行稟衆，將犯人拴鎖，衆廳呈官理治。必待交訖罰銀，然後疏放。

一、盗砍墳林庇蔭小柴者，照舊罰銀五分。拿獲之所，責十五板，追出罰銀。其柴及刀斧俱給嘗捕獲之人。毋違。

一、盗取松毛樹葉者，拿獲之所，重責十板，所取毛葉器具盡行燒毁不恕。

一、本家來龍山場栽養竹笋庇蔭各項已山，亦毋許私自砍（空）〔挖〕。每年冬聽衆公議，齊邀入山，諒行砍取。如有私自砍取者，每砍竹一根，罰銀三分。其笋並不許掘（空）〔挖〕。如私（空）〔挖〕者，拿獲之人即將（乞）〔挖〕笋器具並笋俱給嘗捕捉人不恕。

一、爲首者務宜公直勤謹。如有犯約者，頭首容情不舉□□，亦照所犯者一體行罰。本族人等有在家者，亦須協直扶助。如有徇情反行勸放迴避者，定行罰銀乙錢不恕。

一、違約之人如有恃載金碳不服及故令僮僕逃走，將命圖抵者，即以故殺家人、違反教令論，並不得干賴族衆。

一、衆廳毋許私用工匠造作器皿，如違，罰銀一錢，立時逐出不恕。

一、大門前及直出正路，毋許堆放器皿柴木，拴係騾馬作賤，不便。如違，將作踐物燒毁。恕有不願燒毁者，罰銀三分。如有恃頑不服者，衆行面叱，加罰不恕。

一、大廳除冠、婚、喪、祭及喜慶、延賓、齋醮外，如有設太山者，每次出銀二分。做戲者，每棚出銀二分。

一、大廳等閒，俱要關鎖，爲首者收貯鑰匙。本族每有正項事務，至頭首處關出鑰匙。事完日，打掃潔净，詩頭首盾驗廳屋潔净、椅桌存毁與否，即將鑰匙交還。其會出税銀，務必須先收會出銀，交與鑰匙。爲首之人如有徇情私與鑰匙，及不收現銀者，罰令加倍賠出入衆毋詞。

嘉靖三十年正月初一族衆會議人洪護號　洪耿號　洪錫號　洪世仁號

洪起號　洪珏號　洪章號　洪立號
洪昆號　洪炤號　洪珍號　洪童號
洪仁號　洪宏號　洪一孫號　洪尚志號
洪信號　洪瓚號　洪田號　洪産號
洪旻號　洪球號　洪鎰號　洪坊號
洪杲號　洪瑚號　洪鐵號　洪琇號
洪輝號　洪坤號　洪諫號　洪石號
洪堅號　洪舜民號　洪儷號　洪鐘號
洪墀號　洪柯號　洪標號　洪秀芳號
洪儒號　洪祖號　洪地號　洪音號
洪光號　洪鎧

《中國歷代契約會編考釋・明嘉靖三十六年祁門縣洪昆等三房管理墳地合同》

五都桃源洪昆、洪儒、洪珏三大房等，原承祖共業本都土名松木林劍字　號山地壹備，内因昆房安葬相孺人壹穴在山地咀上。今本年十一月内，是昆房子孫又挨舊穴邊右左傍葬陸柩，輝又將已祖葬伊祖墳穴内，私砍蔭木壹根。是儒、珏二房子孫自思共業山地，亦依輝等挨葬壹穴在上。今昆、輝房情願托中勸浼儒、珏二大房將墳就便昆、輝二房安葬修造，願出銀二十五兩正與儒、珏等房改移另葬。自後松木林、相孺人墳及新舊墳穴邊，除已安葬外，三大房子孫再不許仍前私自侵葬。如有違文侵葬故害者，呈官理治，罰銀拾兩入官公用，仍令改正。其空閒山地樹木，仍係三大房共業庇蔭，毋許違文私自砍斫反生，私自佃買異議。今恐無憑，立此合同爲照。

嘉靖三十六年十二月十一日　立合同人洪　昆號　洪　炤號
洪　儒號　洪　宏號
洪　珏號　洪　珍號

再批：三大房子孫凡有已墳在衆山上者，不問新舊，自立文之後，俱不許侵葬禁步之内。如違照文改正，甘罰無詞。謝廷松批

功諭里長陳廷震號　洪　田號
洪　立號
洪　尚號
洪　瑩號

中見人陳　權號

《中國歷代契約會編考釋・明隆慶元年祁門縣李梅等伙養松木合同》

芹溪李梅、李璉、李應辰等三房，原承祖山一號，坐落土名里後塢，安葬旭昇公。梅房因下（臂）〔手〕空虛，長養松木伍拾柒根，今建立祠堂缺少工食，衆議將无礙處四十二根賣價備用。仍衆存下手壹拾伍根，遮庇風水。日後三房子孫不得侵害砍斫，各無異説。恐後無憑，立此合同爲照。計開：前項松木，毋許私自砍斫，俱係三房衆存。再批。合同壹樣叁張爲照

隆慶元年十月十六日　立合同人　李　梅（押）
同立合同人　李　璉（押）
李應辰（押）
尚義（押）

尚忠（押）
代筆人 李 鑰（押）
中見人 李 佑（押）

《中國歷代契約會編考釋·明隆慶二年祁門縣李廷錫等伙山戒約合同》

立戒約合同人李廷錫、應辰、廷鳳、應春等，今有土名赤嶺山朔木坑共業卑字等號山苗，因延鳳私自砍斫，做造店房，尚禮不忿，要行聞官，今憑親族勸諭，議立合同戒約，今後不拘有分元分之家，不許私自砍斫，以致虛賅國稅。務要齊心協力，長養成材。拚山日，照經理僉業續買文書分價。如有仍前盜砍，根數者，罰銀伍分；十根以上者，罰銀壹兩，入祠公用。拿獲者，賞銀貳錢。如有强梁不規者，有分之人津貼盤纏告官治罪，仍依此文爲準。立此戒約合同爲照。

戒約合同四張各執壹張照

隆慶二年九月廿日立戒約合同人 李廷錫（押）
應辰（押）
廷鳳（押）
應春（押）
見立合同人 應濂（押）
爲文（押）

《中國歷代契約會編考釋·明隆慶五年祁門縣洪儒等族衆護産誓詞》

桃源洪儒、洪坣、洪諫、洪應陽、洪天寧、洪立、洪時孫、洪嘉鳳人等族衆，承祖□立禁約，四圍庇蔭山場樹木，毋許子孫盜砍，違者呈治。一向遵守無異。土名梨樹塢口王戊山地一備，係經理劍字四百一十五、六號，族衆議讓祖鎰，尚學葬墳。在山木樹，向衆傳業庇蔭。今因風折抱大木數根，天柱、天逵、繼周等陡起貪心，不通衆知，倚富統人鋸扛肥己。身等遵祖文約理說，惡虧捏稱佃業，又稱承繼，復稱契買，出詞不一，吞占顯然。據稱佃業、繼買，何無憑證？此等子孫，上滅祖訓，下欺族衆，合聞官懲治，誠恐人心不齊，臨時或有退縮及徇私順情等弊，今族衆歃血爲盟，每房合議二人，同心協力，恢復祖業庇蔭樹木，後人不敢傚尤。自盟誓之後，遵文者祖宗（互）〔護〕佑，百事昌盛。違文者，徇私者，必遭天譴，子孫不得昌大。今恐無憑，立此誓詞爲照。

隆慶五年六月十九日盟人 洪一孫 洪儒洪 立
洪諫 興應陽 洪時孫
洪天寧 洪嘉鳳
一議出力人 洪立 洪時孫 洪天道
洪儒 洪嘉鳳 洪冬芳
洪言 洪太興 洪天祥
洪嘉鵠 洪山英 洪應
洪文瓊 洪天寵 洪墀

《中國歷代契約會編考釋·明萬曆十二年休寧縣汪廷元等族産開支合同》

三十都汪廷元、汪文魁同侄汪尚賢、汪盛時、汪應鳳、汪隨時等，承祖三房共充本圖三甲里長，歷係三房輪流充當，周而復始，合同存證。至隆慶六年間，子侄蕃衍，人心旁午，或以丁糧推挨。以故呈明縣主，新立汪廷新收入三房衆糧存衆朋。當至萬曆三十年，孟房汪文和、仲房汪健，季房汪文魁等叔侄朋充已訖。今輪萬曆拾貳年里役，輪該孟房廷元、尚賢，仲房盛時、隨時，季房文魁、應鳳三房朋充。但近奉上司明文：新行條編事例：錢糧關係恐致推挨誤事。爲此，三房議立合同：原祖遺下本都弯田，覑田等處田，十三都靳竹塢，十都倍軍丘，池下丘等田，共計租貳拾伍砠，遞年存衆收貯入倉；並立一匣存衆，眼同收支。如遇清軍查盤及管糧使用盤費俱是存衆出辦支用無詞。不許推挨及往外稽延，以致臨期誤事。務要親自經歷，毋得違誤。如違執此，理論無詞。如差人勾攝下鄉，存衆吃用，算還口食。每經催科各排年錢糧，必由走鄉眼同封包，投縣交納貯賬。直書某人名經手，庶免偏累。恐後無憑，立此合同壹平叁張，各執壹張存照。

如有因而需索羅執生事者，即在本人（衹）〔支〕當，各不干涉，無干人之事。再批。

合同一樣三張各執一張存照

萬曆拾貳年伍月初壹日 立 同 同 人汪廷元（押）
汪文魁（押）
汪尚賢（押）
汪盛時（押）

汪應鳳（押）
汪隨時（押）
汪文和（押）
汪　宏（押）
汪　健（押）
汪元禎（押）

《中國歷代契約會編考釋・明萬曆三十四年祁門縣僕人朱天元等還興養文約》 立還興養文約僕人朱天元、朱虎生、朱寄德等，承祖朱美得生有三房子孫，俱是洪壽公造屋住莊東都地方。屋後山二片，係本主物業，堪栽苗木。承祖朱美得生有三房子孫，俱是洪壽公造屋住莊東都地方。屋後山二片，係本主物業，堪栽苗木。向因僕下子孫繁衍，人心不一，以致山場無人興竹，難以成林。今朱天元、虎生、寄德等思見山係主業，屋在山前，因此同心會議，願立興養文約，買種栽種，育養成林，以爲庇（陰）〔蔭〕。僕下子孫敢有恃頑到山挖笋一條，甘罰（文）〔紋〕銀一錢；砍竹一根，甘罰（文）〔紋〕銀二錢；縱放牛畜踐踏笋苗，照竹笋每根如前甘罰無詞。議約森嚴，永遠遵守。倘故違者，願以背逆罪論。如本主六房子孫到山私挖私砍者，僕下興養之人執贓投明，不敢（護）〔互〕相容隱，查出一齊同究。今恐無憑，立此興罪文約，永遠遵守爲照。

合同

萬曆三十四年二月十五日立還興養文約僕人　朱天元號
朱新旺號　朱應旺號　朱應孫號
朱應林號　朱池龍號　朱周保號
朱初生號　朱禮生號
二房　朱虎生號　朱鸞生號　林鳳生號
朱奇生號　朱興生員　朱鶴生號
朱龍生號　朱鶚生號　朱鰲生號
朱鯨生號　朱鯉生號
三房　朱寄德號　朱　元號　朱應清號
朱應涓號　朱兆濱號　朱遲富號
朱寄隆號

《中國歷代契約會編考釋・明天啓二年歙縣黃垂繼等保墳移屋合同（紅契）》 一□約合同人黃垂繼、黃願治等、朱廷桂等，今因黃（贈）〔增〕墳一業，扦葬土名就田路上，朱廷桂住屋在左邊路下，有礙黃墳。呈院批縣勘斷，着令朱廷桂移屋黃買地。今憑汪封君親人等勸諭，將屋移於左手厨竈之左毗連。黃願貼搬移銀貳拾貳兩整。其地號内原丈五分五釐，具斷五分與黃，五釐與朱。今眼丈屋地肆拾步，朱又將黃墳前路下地横肆丈，直貳丈壹尺，於止原造小堆，憑中着黃出價收買，二共計實税叁分。號内餘地不得執斷争税，朱不得執税争地；黃收地保墳，不許另造新墳，有碍朱；朱亦不許墳前餘地造屋，復礙黃墳。二各如違，聽憑公理治。立此合同，一樣二紙，各收一紙，永遠存照。

其搬移銀照合同内收訖（押）

天啓二年五月二十四日　立合同人　黃垂繼（押）
黃願治（押）
朱廷桂（押）
主盟　汪石洲　（押）
中　胡宗儒（押）
代筆　汪兆葵（押）

《清代乾嘉道巴縣檔案選編・楊春復等人立出舍白約》 立出舍白人楊春復、楊春榮、伍良棟、楊登弟。情因先年故亡，楊春復見得西山白雲寺荒山一段無人管理，剎自兵災後基址巋然獨存，兄以目擊心傷，故爾協同親鄰開闢招佃，毫無紊亂。不料兄故未能建創安僧，延擱至今，所以兩邑人等目覩虎峰山有觀音感顯應。十方各州縣無不來朝，祈禱皆應。是以春榮、登弟等情願請憑七八兩甲人等，交與住持僧校林以作脚庵，彼時立白，並未需索僧人之資。其有邊界：東抵涼水井，直下二磡岩，南抵水溝，直上壁山坡爲界；西抵壁山分水大界，北抵大路，直上壁山爲界。四界踩明，並未包含别界。其有邊界不清，係舍四人承值，是非口角，不得遺累僧人。倘後僧人滋事，立即另招。自舍之後，認僧管業耕種，興創修理，舍主不得别生異言。此係情願舍出，並非他人所動。今恐人心不古，立此白約一約交僧存據。

周在海

在場地鄰　秦煥章
龔福章
徐宗典筆
乾隆二十年十月十九日　立出舍白人楊春復、楊春榮、楊登弟

《清代乾嘉道巴縣檔案選編・馮岐山認約》　立出認字人馮岐山，今憑原中人衆等在彼認到故陵云名下，緣因胡陵宵將己業憑中出賣與馮姓耕管爲業，彼日憑中公議，有胡姓墳墓，周圍以灰以界，灰圈內任從胡姓掛掃進葬，其有灰圈之外，任從馮姓開耕管業，二姓日後不得異説。今恐無憑，書立認約爲據。

梁治亮
憑中人　徐從安
夏席珍
乾隆二十五年十月初三日　立認約人馮岐山

《清代巴縣檔案彙編・陽春復等立舍白》　立舍白人陽春復、陽春榮、伍良棟、陽登弟情因先年故亡，陽春復見得西山白云寺荒山一段，無人管理，實係古刹。自兵燹後，基址巋然獨存。兄以目擊心傷，故爾協同親族，開劈招佃，毫無紊亂。不料兄故，未能建創安僧，延擱至今。所以兩邑人等目觀虎峰山有觀音靈感顯應，十方各州府縣無不來朝，祈禱皆應。是以春榮、登第等情願請憑七八兩甲人等，交與往持僧交效林，以作脚庵。彼時立白□，未需索僧人之資。其有邊界，東抵涼水井直下二磚岩，南抵水溝直上壁山□爲界，西抵壁山分水大界，北抵大路直上壁山爲界。四界採明，並未包舍別界。其有邊界□清，係舍四人承值，是非口角不得遺累僧人。倘後僧人滋事，立即另招□□□後認僧管業耕種，興創修理，舍主不得別生曷。此係情願舍出，並非□□□勸。今恐人心不古，立此舍白，寫舍約一紙，交僧存據。

乾隆二十年十月十九立出舍白人陽春復、陽春榮、陽登第。
龔子開
何殿鄉
姚文英
梁之德

在場地鄰　周在海
秦煥章
王元佐
龔福章
熊維文
同子陽登舉
馮懷偉
何以懷
代書　徐宗典
永作菩提

《少數民族法典法規與習慣法・附録司法文書・婚姻贍養撫養收養逐革書・膳老書》　立善老書字人廖正旺，爲早失恃，父後而亦聚慈庶母以來，數載頻無據傲，及今因父年邁力衰，而我庶母有怯，一心之疑，恐終無賴之懷，故此請當二叔寫立膳老之田，龍廷田一處，禾苗一處，禾苗十屯，又外有屋山場一並在內作算，本錢七十千文整，以付庶母執之有賴，況免日所心疑。是立書以後，當盡菽水承歡，不分庶嫡之親，生飼死葬，必盡其禮，庶幾不至凋零。倘立書以後，如我有逆違書，任從庶母將此膳老之田，或租與人佃耕，而收穫或（服）〔販〕賣於他人，而收價需租，子等再不阻當議論。如我順書行之後，一毫不敢索需人子業。今恐人心不古，實立膳老之書一紙，以付庶母執之爲據。

在場人廖仁美。憑中人廖仁貴、廖弟蠻、廖永福。
光緒八年壬午歲十一月十九日親立。

案例文書

（五代）和凝《疑獄集》卷上《薛宣追聽》 前漢時有一人持一縑入市，遇雨以縑自覆，後一人至求庇蔭，因授與縑一頭。雨霽當別，因爭云，是我縑。太守薛宣，命吏各斷一半，使人追聽之，一曰君之恩，縑主乃稱冤不已。宣知其狀，拷問乃伏。

（五代）和凝《疑獄集》卷上《季珪鞭絲》 宋傅季珪爲山陰令，有賣糖、賣針老母爭絲一團，訴之季珪。季珪令掛絲於柱鞭之，有少鐵屑焉，乃罰賣糖者。

（五代）和凝《疑獄集》卷上《惠擊羊皮》 後魏李惠嘗爲雍州刺史，有負薪負鹽者爭一羊皮，各言其藉背之物，惠因謂州吏曰：擊羊皮即可知主。群下默然，惠乃令置羊皮席上，以杖擊之，見少許鹽屑，使爭者視之，負薪者乃伏其罪。

（五代）和凝《疑獄集》卷上《破鷄辨食》 有爭鷄者，季珪問早何食。一云粟，一云豆。殺鷄破嗉有豆焉，遂罰言粟者。

（宋）鄭克《折獄龜鑑》卷六《證慝・王曾曾諤附》 王曾丞相少時謁郡僚，有爭負郭田者，封畛既泯，質劑且亡，未能斷決。曾謂驗其税籍，曲直可判。郡將從之，其人乃服。按界至不明，故起爭訟，契書不存，故難斷決，唯有税籍，可爲證據。辭與籍同者其理直，辭與籍異者其理曲也。曲直既判，焉得不服。大觀間，有曾諤朝議者，知越州諸暨縣，四明富民，初唯一子，後通其僕之妻，又生一子而收養之。年十六，富民亡，子與母謀，以還其僕。後數年，所生母與嫡母皆死，乃歸持服，且訟分財，累年不決。監司委諤推治，歷訊不能屈，因索本邑户版，驗其丁齒，而富民嘗以幼子註籍，遂許其分。此亦以籍爲證者也。爭田之訟，税籍可以爲證；分財之訟，丁籍可以爲證。雖隱慝而健訟者，亦聳懼而屈服矣。此證慝之術，所以可貴也。

（宋）鄭克《折獄龜鑑》卷六《證慝・程顥》 程顥察院初爲京兆府鄠縣主簿，民有借其兄宅以居者，發地中藏錢，兄之子訴曰：父所藏也。令言：無證左，何以决之？顥曰：此易辨耳。問兄之子曰：爾父藏錢幾何時矣？曰：四十年矣。彼借宅居幾何時矣？曰：二十年矣。即遣使取十千錢視之，謂曰：今所鑄官錢不五六年，則遍天下，此錢皆爾父未藏前數十年所鑄，何也？其人遂服。令大奇之。按旁求證左，或有僞也，直取證驗，斯爲實也。彼言地中藏錢是其父所藏者，取錢驗之，皆古錢也，又豈能選擇古錢藏之耶？以此爲證，妄訴明矣。是故其人不敢不服也。

（宋）鄭克《折獄龜鑑》卷六《覈姦・吴元亨范諷附》 同州馮翊令吴元亨，爲政不苛，縣與華陰接境，以漆沮爲界，中間洲上有美田，民相與爭之，五十餘年，吏不能決。元亨檄華陰令會境上，盡案兩鄉之籍，遍履其田執度以度之，皆得其實，自是民不敢復爭，時人稱之。按范諷給事嘗知鄆州平陰縣，會河決王陵埽，水去而土肥，阡陌不復辨，民數爭不能決，諷爲手書，分別疆理，民皆持去以爲定券，自是無復爭者。元亨事頗類此，覈得其實，姦無所容，是省獄訟之術也。

（宋）鄭克《折獄龜鑑》卷六《覈姦・劉沆》 劉沆丞相知衡州時，有大姓尹氏欲買鄰人田，莫能得，鄰人老而子幼，乃僞爲券，及鄰人死，即逐其子，二十年不得直。沆至，又出訴。尹氏出積歲所收户抄爲驗，沆詰之曰：若田千頃，户抄豈特收此乎？始爲券時，嘗問他鄰乎？其人固多在者，可以取爲證也。尹氏不能對，遂服罪。按賣田問鄰，成券會鄰，古法也。使當時法不存，則將何以覈其姦乎？近年有司，苟取小快，遂改此法，未之思歟？

（宋）鄭克《折獄龜鑑》卷七《鈎慝・趙和侯臨附》 唐江陰令趙和，咸通初，以片言折獄著聲。淮陰有二農夫，比莊通家。東鄰嘗以莊契質於西鄰，後當取贖，先送八百千，自恃密熟，不取文證，再賫餘鏹至，西鄰遂不認。東鄰訴於縣，又訴於州，皆不獲伸理，遂來訴於江陰。和曰：縣政甚卑，何以奉雪？東鄰泣曰：至此不得理，則無處伸訴矣。問：爾果不妄否？曰：焉敢厚誣。乃召捕賊之干者，賫牒淮陰云：有劫江賊，案劾已具，其同惡在某處，姓名狀貌悉以西鄰指之。請梏付差去人。西鄰自恃無迹，初不甚懼，至則械於廷，和厲聲詰之，囚泣訴其枉。和曰：事迹甚明，尚敢抵諱。所劫之物，藏汝莊中，皆可推驗，汝具籍貲産以辨之。因不虞東鄰之越訴，乃供：析穀若干，莊客某人者；細絹若干，家機所出者；錢若干，東鄰贖契者。和復審問，乃謂之曰：汝非劫江賊，何得隱諱東鄰贖契錢八百千？遂引其人，使之對證，於是慚懼服罪。梏回本縣，檢付契書，寘之於法。

供首，陳文昌起立高七一詭名，尋出引告示歸併，已係陳文昌承認，入本户訖。今高七一輒來陳狀，謂自己所置田産，不應歸併陳文昌户。及索干照呈驗，税錢一百二十，有令契立價錢五十貫，已是不登。又於内即無號數畝步，別具單帳於前，且無縫印。鄉原體例，凡立契交易，必書號數畝步於契内，以憑投印。今只作空頭契書，却以白紙寫單帳於前，非惟税苗出入可以隱寄，産業多寡皆可更易，顯是詐欺。勘杖六十，照陳文昌責狀歸併。尋具案引斷，係高七一當廳責狀歸併，再與照行免斷。

《名公書判清明集》卷四《户婚門·曾沂訴陳增取典田未盡價錢》 曾沂元典胡元珪田，年限已滿，遂將轉典與陳增。既典之後，胡元珪却就陳增名下倒祖，曾沂難以收贖。雖是比元錢差減，然鄉原體例，各有時價，前後不同。曾沂父存日典田，與今價往往相遠，況曾沂元立契自是情願，難於反悔。若令陳增還足元價，則不願收買，再令曾沂收贖，無祖可憑，且目今入務已久，不應施行。仍乞使府照會。

《名公書判清明集》卷四《户婚門·繆漸三户訴祖産業》 繆昭生三子，長曰漸，次曰焕，幼曰洪。繆昭既死，而以長子漸立户，是繆漸即繆昭之都户。今繆漸兄弟俱亡，其子孫析而爲七，各有户名，而祖繆漸猶未倒除，逐年官物互相推托，虧陷已多。保長具申，追到供對，各已招伏，認將繆漸税錢均作三分，入户送納，已得其直。内一分繆友皋狀，訴祖户税錢雖均爲三，祖户田業各自占據，未曾分析，既是分税，亦合均田。今勒令繆友皋供出繆漸户田産，並有號段，儻果是實，豈有不行均分之理。鄉司先將繆漸税錢均作三分，除倒元户外，押各人對衆摽僉，本縣約束。發舉之家雖許用幹人，然互争田産，不賚分關簿書，却難以幹人推托。游邦係是繆康仲幹人，與詞首繆友皋自有同關主僕之分，不應在庭不遜，抗對其主，若不懲治，押下地頭，必致强横生事，無由絶詞。游邦先勘杖六十，仍並監追正身供對。

《名公書判清明集》卷四《户婚門·王九訴伯王四占去田産》 王九狀論王四擅賣本户田産，欺謾卑幼。今索到游旦元買契，係是王九父王昕着押，開禧元年交易，次年投印分明。准法：諸理訴田宅，而契要不明，過二十年，錢主或業主死者，不得受理。今業主已亡，而印契亦經十五年，縱曰交易不明，亦不在受理之數。田照元契爲業，餘人並放。

（宋）鄭克《折獄龜鑑》卷七《鈎慝·張允濟》 唐張允濟隋大業中爲武陽令，務以德教訓下，百姓懷之。元武縣與其鄰接，有人以牸牛依其妻家者八九年，牛孳生至十餘頭，及將異居，妻家不與，縣司累政不能決。其人詣武陽質於允濟，允濟曰：爾自有令，何至此也？其人垂泣不止，且言所以。允濟遂令左右縛牛主，以衫蒙其頭，將詣妻家村中，云捕盜牛賊，召村中牛悉集，各問所從來處。妻家不知其故，恐被連及，指所訴牛曰：此是女婿家牛也，非我所知。允濟遂發蒙謂妻家人曰：此即女婿，可以歸之。妻家叩頭服罪。

《名公書判清明集》卷四《户婚門·使州送宜黄縣張椿與趙永互争田産》 趙宏植産于宜黄，卜居於安慶，相去隔遠，不可照應，托弟掌管，甚合人情，若無官物少欠，不可謂之逃亡。趙焕以兄之田，視爲己物，初以獻于縣學，繼復獻于郡庠，前後反覆，已自可惡，且俱不出田主本意，不可謂之合法。今田在官司，莊名貢士，其事已久，似未易動。趙宏之男趙永持安慶公文，就本州陳乞，執出干照，具述前事，欲還元業。拖照僉廳所擬，謂既是祖業分明，官司難以拘執，使府照行，給付管業，可謂用意之厚，施行之當。張椿乃佃田之人，輒敢固執，欲歸于官，以貪耕作之利，觀其狀詞，以趙永爲別派，非是趙宏之子。彼執安慶公文，非無所據，而張椿敢於虚言，且謂委送本州，各被買囑。夫在城官府，闔郡僚屬，豈無特立獨行，而張椿肆無忌憚，以至於此。逃田之法，自許歸業，況非逃亡，豈容没官。今官司已係給還，佃人乃敢繳駁，殊爲可怪。欲乞照僉廳元擬施行，再敢有詞，重行照斷。

《名公書判清明集》卷四《户婚門·羅琦訴羅琛盜去契字賣田》 趙宅買羅琛庚難字號晚田一畝二角二十二步，既有契字，又繳到受分鬮書，即無批破，交易已正，縱有不明，亦非知情。今據羅琛親兄羅琦陳狀，謂是本位已曾買入，復被羅琛偷去干照，轉行典賣。盜竊之事，理或有之。但羅琦並無片紙執手，考之省簿，又是兄弟合爲一户，税錢苗退受，復無稽考，官司將何所憑退回交易，其田合與照契爲業。又據羅琛所供，此田元係典與姊夫謝瑜，又有一兄羅球，亦係連鬮受分，必能知證，況是親戚兄弟，自宜從公和對。如當來委有曲折，合就羅琛名下監還價錢。

《名公書判清明集》卷四《户婚門·高七一狀訴陳慶占田》 據鄉司

《名公書判清明集》卷四《户婚門・吕文定訴吕賓占據田産》　吕文定、吕文先兄弟兩人，父母服闋，已行均分。文先身故，並無後嗣，其兄文定訟堂叔吕賓佔據田産。今索到干照，係吕文先嘉定十二年典與吕賓，十三年八月投印，契要分明，難以作占據昏賴。儻果是假僞，自立賣契，豈應更典。縣尉所斷，已得允當。但所典田産，吕文定係是連分人，未曾着押，合聽收贖爲業，當元未曾開説，所以有詞。當廳讀示，給斷由爲據，仍申照會。

《名公書判清明集》卷四《户婚門・陳五訴鄧楫白奪南原田不還錢》

陳世榮紹興年間，將住屋出賣與鄧念二，名志明。志明生四子，其地係第四子鄧謀受分。鄧謀於淳熙十一年，復將賣與長位鄧演，明載有火客陳五居住，陳五乃陳世榮之孫。鄧演諸子又各分析，離爲三四，多係陳五贖回，但内鄧楫一分未曾退贖。見得陳五猶是鄧楫地客，且當元陳世榮既作賣契，倘非業主情願，無可强令收贖之理。去冬，方燧出賣土名唱歌堆晚田四畝，田在陳五門前，其主鄧楫託陳五作新婦吴二姑收買，往往欲爲寄税之計。其後陳五自以田在本人之門，便於耕作，托曾少三致懇，憑鄧四六寫契，就以本人南原祖業田兩相貿易。陳五立契，正行出賣，鄧楫亦立約付陳五，俾照方燧田爲業。陳五與曾少三、鄧四六送獄供對，各已招伏分明。今陳五不以方燧田自鄧楫户入己爲業，却以南原田入鄧楫户。爲無價錢貿易田産，於法雖不許，然彼此各立賣契，互有價錢，憑此投印，亦可行使。陳五與鄧楫自有主僕之分，往往久欲並贖鄧楫一分住居，而鄧楫不從，因此交易遽爲昏賴，可見姦横。李洪與陳五即無相干，初狀到官，乃作李洪名字，故入勾加，教唆詞訟，尤爲無賴。李洪、陳五各勘杖一百，其田各照元立契管業。餘人並放。

《名公書判清明集》卷四《户婚門・使州索案為吴辛訟縣抹干照不當》

照對近准使帖行下，備坐台判，參照縣尉、知縣所斷。縣尉以吴元昶之地與徐六三爲鄰，令徐六三照親鄰退贖。知縣謂徐六三得産之後，吴元昶方買鄰地，又起屋在上，所不應退。知縣之説爲是。但兩家元買吴元祖地共二千二百七十九步，而縣尉打量，共只有六百單二步，若以徐六三元兩號計五百八十步，取足之外，吴元昶所置遂成虚設。吴元昶雖有傳來上手契本，今既無地，自是置買不明，難以將有契無地文字出賣。其地取足徐六三契外，所餘二十二步，或令徐六三貼錢就買，或撥還吴元昶，就監元錢，聽從兩家之便，庶絶詞訴。本縣見其辭理了然明白，遵從台判，索上吴元昶元買契要，監還吴元昶元買價錢，據吴元昶幹人吴辛賫出元契，當官毁抹，一遵使、州施行。案吏徐和不看當來一契共買四項山地，只有一項唐文廣户二十二步合行毁抹，却乃衮同呈上，一時不照，並毁入案。拖照共契委有傳賣吴士良、傅天明、唐仲明三號，與徐六三所訴不相干，合聽交易。除將承行人徐和勘杖六十，備録斷由，聲載三項畝角四至，給付吴元昶爲照。儻吴辛當時取覆，自當改正，初不必越訴於州，紊煩官府。所有價錢計五十貫文，亦是四號總數，官司見今不見得唐文廣一號合計幾錢，引監吴元昶從公對定，取合狀申。仍繳元判，申使、州照會。

《名公書判清明集》卷四《户婚門・熊邦兄弟與阿甘互争財産》　熊賑元生三子，長曰邦，次曰賢，幼曰資。熊資身死，其妻阿甘已行改嫁，惟存室女一人，户有田三百五十把。當元以其價錢不滿三百貫，從條盡給付女承分。未及畢姻，女復身故。今二兄争以其子立嗣，而阿甘又謂内田百把係自置買，亦欲求分。立嗣之説，名雖爲弟，志在得田。後來續買，亦非阿甘可以自隨。律之以法，盡合没官，縱是立嗣，不出生前，亦於絶家財産只應給四分之一。今官司不欲例行籍没，仰除見錢十貫足埋葬女外，餘田均作三分，各給其一。此非法意，但官司從厚，聽自拋拈。如有互争，却當照條施行。

《名公書判清明集》卷四《户婚門・吴肅吴鎔吴檜互争田産》　吴肅嘉定十二年一契，典到吴鎔帝字號田六畝二角，官字號田二畝三十步，約限九年，亦已投印，其間聲載批破祖關去失，上手不在行用，無不分明。吴肅拘收花利，過割税苗，凡經五年。近有吴檜遽來争占，吴肅入詞，追到在官，就索干照。據檜賫出紹興二十年其祖吴武成賣與吴鎔之曾祖吴四乙赤契一紙，又於空紙後批作淳熙八年贖回，就行租賃與元佃人耕作。且當元立契雖可照證，厥後批鑿何所依憑？況元契既作永賣立文，其後豈容批回收贖？縱所贖果無僞冒，自淳熙八年至今，已歷四十二年，胡爲不曾交業？若曰就行佃賃，固或有之，然自吴四乙至吴鎔凡更四世，未有賃田可如是之久者。准法：諸典賣田宅，已印契而訴畝步不同者，止以契内四至爲定；其理年限者，以印契之日爲始，或交業在印契日後者，以交業日爲始。又准法：諸理訴田宅，而契要不明，過二十年，錢主或業主死者，官司不得受理。吳檜所賫干照已經五十餘年，其間破碎漫滅，不明已甚，夫豈在受理之數。所批收贖已經四十餘年，其田並未交業，仍在元户，豈應不以吳肅交業爲正？原其争端，實以吳鎔不曾繳納上手，尋將與元出産人吳檜通同昏賴。吳檜乃吳鎔之叔，同惡相濟，爲謀已深。彼吳肅故爲聚斂之家，前後交易未必無違法之契，近因本縣根究一二，已行懲斷，故嗜利之人從而萌昏賴之心。夫豈知民訟各據道理，交易各憑干照。初焉附合，志在得田，不思姦計果行，亦不免盜賣之罪。及送獄根勘，供在彼則曲，在此則直，曲者當懲，直者當予，其可執一，以墮姦謀。吳鎔招自明。吳鎔、吳檜各勘杖六十，廢契毁抹入案，田照吳肅交易爲業。

《名公書判清明集》卷四《户婚門·章明與袁安互訴田産》 准使、州行下，經量田産，明示約束，各以見佃爲主，不得以遠年干照，輒因經量，妄行争占。王文去年買入袁安户田，雖是見行投印，而袁安上手爲業已久。近因經量，章明乃賫出乾道八年契書，欲行占護，且契後即無印梢，莫知投印是何年月。契要不明，已更五十年以上，何可照使。合照使、州行下，付見佃爲主，如再有詞，從杖八十科斷。

《名公書判清明集》卷四《户婚門·胡楠周春互争黄義方起立周通直田産》 照對潁秀鄉二十三都有周通直、趙少傅兩户，官物連年不納，無可追催。當據胡小五供吐，謂係胡楠詭名，追上監納。續據胡楠狀，除認歸正趙少傅苗税外，其周通直一户，元是黄義方起立，既蒙監納官物，合與給付元田。就賫出義方砧基簿，内有税田丁盈三十六號、丁盈三十八號、丁盈四十號、丁盈四十八號、丁盈七十六號，共計五坵，未曾交易，見得委是黄義方户税分明。田鄰黄政所供一同。今有周春執出契要，後有丁盈七十四號、丁盈七十五號，丁盈七十八號、丁盈七十九號、丁盈八十五號，作黄仁元贖回黄義方資陪與阿廖屯田。號數雖同，似可影占，而其僞有四。周春契内五號，係是屯田，黄義方嘉定五年已賣與丁乙秀，次年投印分明，無緣其後再將此田賣與阿廖，此其一也。今人置田，或納屯職，或納苗税，交易之始，便立户名，阿廖所置黄義方田，既無入納，又不頓户，不審黄仁憑何收贖，此其二也。黄義方既立周通直户，周通直税苗即合黄義方送納，黄義方田産即是周通直物業，今砧基簿内尚有晚田五號，未曾交易，豈應他人冒占，此其三也。胡楠嘉定十四年七月追逮到官，監納苗税，而周春印契乃在其年十二月，事發之後，旋行計議，難以憑使，此其四也。即此四項，周春之僞，粲然明白。阿廖重迭僞契毁抹入案，周春契連他産，未欲併毁。初事送尉司，展轉兩年，訖無成説，索案看定，姦不可逃。使、州見行經量約束，應有冒耕，許人陳告，從條給佃。今黄義方起立周通直户，積年逃亡，本縣見就胡楠名下監納官物，胡楠却於周春名下告首冒耕，儻不給付，官司牓示何從示信？民間逃田何從明白？除先給據，照使、州行下，付告人爲業。胡楠又賫出黄義方砧基簿内有地名高園，丁地字税田十三號，縣尉打量，有十一號見存，據佃田人徐五三供，係作吳十九解元户屯田。追上田主供對，而吳宇年方十四，並無片紙干照，此固難以占據。及將省簿點對，吳宇户名是吳朝請敏位，自前即無屯田入納，見得此田亦是黄義方税田分明，合併與胡楠爲業。仍申使、州照會。

《名公書判清明集》卷四《户婚門·阿李蔡安仁互訴賣田》 蔡安政生子三人，長男新，次男先，幼男安仁單身，將所受分田遜與二兄，藉以供養，其意甚佳。今安仁雖無户，而元來分關聲載分明。二兄俱喪，其姪却欲給據出賣。既賣此田，則安仁何所仰給？合且存留，爲安仁以贍日用，候其身故，却照元約爲主。

《名公書判清明集》卷四《户婚門·漕司送許德裕等争田事》 許奉居安慶府之懷寧，紹興三十二年買入金立田業一段。其後許知實爲主，知實死，其子許國繼之，爲許奉後，真僞實未可知，或是相傳，或是買入，無所憑據。但許奉元來入户赤契，却係許國收掌。至嘉定六年，嘗典與張志通、楊之才。七年後，賣與朱昌。朱昌得業，係在張志通、楊之才名下贖回，皆有連押可證。交收花利，輸納官物，據本鄉勘會，並係相傳得産人主之。許奉初契既已投印，張、楊之典，朱昌之買，亦出干照分明。去年之春，忽有許德裕者，來自光之固始，訴於州，自執宗圖，稱爲許奉之孫，而許國係是别派，不應盜占己業。考其所供，淳熙九年，其父名多才，自懷寧徙居于光，收得許奉親弟許嵩撲約一紙，謂元買金立産業，係屬衆分，唯嵩一位，獨留懷寧，自管耕種。依分還租，此理固有之，但方當立約，德裕未生，及至持訟，許嵩已絶，縱有私約，非官文書，更歷年深，何所照據？又嘉定二年入狀懷寧，嘗訴許國盜耕田業，時只憑和勸，陪還租課，得錢五十貫文，不欲盡情根究。果有此項，猶可供對，今既無元案，又無對定文字，且典賣之後，又經十四年，不曾有詞，平白入狀，只據口說，又何所憑？竊詳德裕所供，雖曰有撲佃文字，然自淳熙九年至嘉定二年，相去二十七年，胡爲全不交租？雖曰續曾陪還價錢，然自嘉定二年至寶慶三年，相去又十九年，胡爲不再管業，直至去春，方來入詞？許德裕之父多才元與撲佃者既死，許國之父知實元自爲業者又死，許奉之弟許嵩元立約還租者又死，却欲妄憑宗派白約，意在昏賴，實難行使。以意度之，許國未必是許奉之後，許嵩却元爲同分之人，若謂許國冒占許嵩之田，决無此理，必是許國之父知實就許嵩名下買入，其它諸位亦已釐革，年深莫知首尾，無可參照。準法：諸祖父母、父母已亡，而典賣衆分田宅私輒費用者，準分法追還，令元典賣人還價。即典賣滿十年者免追，止償其價，過十年典賣人死，或已二十年，各不在論理之限。儻許嵩尚存，訟在交易十年之前者，只是還價；十年之後，復與免追，且無可得田之理。自淳熙九年至今，首尾通五十七年，許嵩户絶，悉無其人，豈得更在論理之限？合照見佃爲業。

《名公書判清明集》卷四《户婚門·漕司送下互争田産》 嘗謂鄉民持訟，或至更歷年深，屢斷不從，固多頑嚚，意圖終訟，亦有失在官府，適以起争。如事涉户昏，不照田令，不合人情，偏經諸司，乃情不獲已，未可以一概論。寶慶元年，余焱有狀經縣，訟黄子真盜買叔余德慶户土名東陂、小陂田産，合用親鄰收贖。黄子真執狀出頭，謂余德慶元買黄文萬土名東陂、小陂田産，今復賣與本家，自是祖産，不應更問親鄰。由縣及州，下佘廳，入州院，送法官，並作違法交易，不經批退，監勒受錢退業，其説一同。見今行下屬邑椿管，田禾未曾交業，而責領價錢，毁抹元契已訖，若無詞訟，合係余焱主之。竊詳黄文萬雖是子真之祖，立契出賣，已在乾道九年，中間得産，又有張福間之，釐革已久，不應照應。余焱與余德慶係緦麻以上親，三年之内，自曾陳訴，且據畫圖，亦有鄰至，所合退贖，又復何説。然律之以法，諸典賣田宅，具帳開析四鄰所至，有本宗緦麻以上親，及墓田相去百步内者，以帳取問。立法之初，蓋自有意，父祖田業，子孫分析，人受其一，勢不能全，若有典賣，他姓得之，或水利之相關，或界至之互見，不無扞格。曰親曰鄰，止有其一者，俱不在批退之數，此蓋可見。墓田所在，凡有鋤鑿，必至興犯，得産之人儻非其所自出，無所顧藉，故有同宗，亦當先問。兩姓有墓，防其互争，則以東西南北爲次，尤爲周密。二者各有所主，非泛然也。今置黄文萬之田者余俊明，俊明之子曰德慶，復賣與元業之孫黄子真。今贖德慶之田者余德廣，德廣之父曰俊民，與俊明之後略不相干。別位田産，典賣入户，本非一家之業，既無交互，輒以親鄰收贖，殊失立法之本意。且黄氏自有祖墳在側，據所畫圖，高、曾以下凡十一所，縱未必皆實，只照余德慶元所立契，明言東至黄子真墓爲界，即合墓田相去百步之法。德慶所賣，若非黄之祖業，亦合先行取問，况是元來祖户墳山。子孫得之，反以年限隔遠，不許爲主，烏有此理？墓田之與親鄰兩項，俱爲當問，然以親鄰者，其意在産業，以墓田者，其意在祖宗。今捨墓田，而主親鄰，是重其所輕，而輕其所重，殊乖法意。余焱平白争占，固爲强横，而使累年交訟，紊煩上司，失在州縣，民户所不足責。且如田訟，自有專條，引條定斷，一言可决，輒送獄司，勒取供狀，訖威訖富，夫豈可憑？黄子真賫出赤契，計價錢二千貫，續據獄司鞫勘，乃謂實只一千六百貫，内二百貫係是增添，二百貫係是準折，一皆違法，不當行使。卒以增添之數給還余焱，以準折之數拘没官府。夫增添之真僞，固未可知，法云不許準折，只爲有利債負，今以穀與綿帛準還價錢，豈得謂之違法？準紹興十一年正月勑：人户典買田宅，每百收勘合錢十文，如願以金銀絹帛準折者，聽從便，依在市實直定價。勘合錢且許以實直準折，田價可知。今遂以没官，果爲何意？黄子真者，既不得田業，又虧折價錢，烏得無詞？拖照案卷，如楊權縣之説則曰：堂兄余德廣以親鄰收贖，委有接連，合應退業。却不知余德廣雖曰有親有鄰，而此田係是余俊民續買入，與堂姪德廣素無干涉，不在親鄰收贖之限。厲史君之説則曰：斷賣産業，經涉五十餘年，乃欲認爲己物，是朝廷之法可廢。却不知黄文萬賣産雖經歷年深，而其地係有黄氏祖墳在上，只以墓田相抵，自當取問，此非鄰贖之比，豈得更以典賣經年爲辭。獄官趙知録之説則曰：準折價錢，虛抬價貫，件件違法。却不知余焱元入錢二千貫寄庫，初無異詞，獄吏曲法承勘契内價貫，招認虛抬，未必是實。穀絹行用，謂是準折，與有利債負不同，即非違法。送本州追上兩争人，照元契各交錢業，先申。

《名公書判清明集》卷四《户婚門·漕司送鄧起江淮英互争田産》

照對江子誠於開禧二年以後，典入鄧文禮田三契：一曰九姑壇，一曰大販尾，一曰水井。續係親鄰鄧震甫備錢收贖，內水井、大販兩項已嘗退訖，唯有九姑壇田累年争訟，未有予決，以此互相佈種，更迭作鬧，此人情之所必致。鄧震甫有親有鄰，徑行贖回，本自合法。追上江子誠之子淮英，當官取問，謂是未準告示之先，已嘗退與鄧先爲業，見今九姑壇田産自是鄧先之物，於己無預。及喚鄧先供對，其説一同。元出業人鄧文禮已死，其子見在光州，無從追逮。竊詳江淮英之諜，本是假鄧先影占，鄧先之供不過爲江淮英承認，其實田在江子誠户，往往如故。倘果是鄧先所贖，元已交業，見今此田合是鄧先主之，何緣更言每歲佈種，係鄧文禮之子鄧十二用工？中心既疑，其辭必枝。然鄧震甫與鄧文禮爲從兄弟，鄧先與鄧文禮爲親兄弟，鄰贖之法，先親後疎，鄧先既已供認收贖在前，則鄧震甫無緣與之争訟，揆之於法，自有專條。況其田元是典契，業主之子尚存，縱鄧震甫可得，他日取贖，亦須退還，無强留之理。合且聽鄧先爲主，異時鄧十二收贖，仰鄧先退業。鄧先不用，或賣與他人，鄧震甫却以從兄弟鄰贖，自合法意。況入詞之初，已嘗憑陳彦等對定，將大販、水井二契退與鄧震甫，將九姑壇一契遜與江子誠。質劑尚存，要約可考，實與批退一同，不可謂之當問鄰而不問，尤難受理。其間因奪花利，互相毆擊，彼此各有詞説，當雖經縣，在鄉不曾究實，當官不曾驗傷，今經隔多日，無從考究。當自今始各自管業，如更生事，定行懲斷。緣其間案沓不全，喚上兩争人，再憑供對，參酌看定，就先讀示，合與具申，聽自施行。

《名公書判清明集》卷四《户婚門·子不能孝養父母而依棲壻家則財産當歸之壻》 拖照案牘，王有成之父王萬孫昨因不能孝養父母，遂致其父母老病無歸，依棲女壻，養生送死，皆賴其力。縱使當時果有隨身囊篋，其家果有田宅，盡以歸之於女壻，在王萬孫之子，亦當反而思曰：父母之於子，天下至情之所在也，今我不能使父母惟我是字，乃惟我是疾，以我之食則不食，以壻之食則食之，以我之室則不居，以壻之室則居之，生既不肯相養以生，死又不肯相守以死，此其意果安在哉？必爲子之道有所不至，是以大傷厥考心爾。一念及此，則將抱終天之痛，恨不粉骨碎身，即死於地，雖有萬金之産，亦有所不暇問矣。況此項職田，係是官物，其父之遺囑，其母之狀詞，與官司之公據，及累政太守之判憑，皆令李茂先承佃。王有成父子安得怙終不悛，嚚訟不已，必欲背父母之命，而强奪之乎！縱曰李茂先之家衣食之奉，殯葬之費，咸仰給焉，以此償之，良不爲過。王有成父子不知負罪引慝，尚敢怨天尤人，紊煩官司，凡十餘載，合行科斷，王有成決竹篦二十。

《名公書判清明集》卷四《户婚門·寺僧争田之妄》 妙緣院可謂無理而嚚訟者矣。執出砧基，獨無結尾一板，安知非經界以前之廢文，去其歲月，以罔官府之聽乎？其妄一也。以此難之，則曰紹興十九年，江西經界已成，此其年之砧基也。既無歲月，何憑爲紹興十九年之砧基乎？其妄二也。假如其説真爲經界文書，而吴承節公據又在紹興三十年，如此則前十年之文書久已爲廢紙矣，其妄三也。吴承節公據，乃官司備坐勑旨，將没官户絶田出賣，明言承買妙緣院違法田産，時則此田乃没官之田，非常住之業，其妄四也。出賣没官田産，乃是紹興二十八年指揮後之公據，請買之時，歲月正合，而謂之强占，其妄五也。吴氏納錢於官，初非買田於寺，而謂寺院香火不絶，斷無賣之理，其妄六也。自紹興三十年至淳祐十二年，凡九十三年爲吴氏之業，而一日興詞，其妄七也。合而言之，此田乃妙緣院違法没官之田，官司之所召賣者，於寺僧何與焉？違法於百年之前，嚚訟於百年之後，其妄八也。披閲案卷，凡經五斷，而章司户所擬特爲明允。寺僧敢誣以貨，謂之怨斷，其妄九也。以交易法比類言之，契要不明，而錢、業主死者，不在受理。今經百年，吴氏爲業者幾世，寺僧無詞者幾傳，而乃出此訟，其妄十也。僧中羅刹，非斯人也而誰？本合重科，以赦漏網。吴承節執據管業，妙緣砧基批鑿給付，如敢頑訟，則訟在赦後，幸不可再矣！門示。

《名公書判清明集》卷四《户婚門·干照不明合行拘毁》 置買産業，皆須憑上手干照。潛彝所買桂仔貴荒田，契内明言文字被兄藏伉，後來仔貴備錢贖回，則是以贖回干照爲據矣。及以贖回之契考之，則地名青石橋也，荒地也，賣與潛彝者，地名鐵爐塘也，田也，畝步、坐落、東西南北四至，並無一同。蓋青石橋地契乃別項廢干照，鐵爐塘田契乃鑿空架虚不可行用之物。桂節夫所執砧基兩葉，以節夫姪景顔家書傍照，可見桂氏族人自以同祖荒山推遜，人情法意之所可行，且於潛彝何預。今乃撰造淳祐三年買仔貴田契，以梗節夫，使之不得葬兄，此何理哉！緣潛彝父子恃其銅臭，假儒衣冠，平時宛轉求乞賢士大夫詩文，以文其武斷豪霸之迹，前後騙人田産，巧取强奪，不可勝計。前提刑趙中書任内，拒追年歲，卒致漏網。趙中書形之書判，案櫝具存。如挾取周氏阿劉孤兒寡婦之業，已經官司定奪，尚執契書，不肯還人，及送有司鞫實，僅還兩契，猶有還不盡者。當職所至，未嘗罪一士人，然潛彝倚赦拒追，三兩月而後出，其收執違法契字，不伏賫出，皆在赦後。士行如此，若使向來所贈詩文之賢士大夫爲監司，爲太守，亦當痛治，況已納粟爲小使臣，輒作潛監酒户，輒用幹人越經内臺，可謂小人之無忌憚者矣！本合勘斷枷項，押下本縣號令，姑與引赦免斷，所買無上手，不可行用，契二紙拘毁入案。桂節夫照砧基管業，放，仍榜貴溪縣市。

《名公書判清明集》卷四《户婚門·已賣之田不應舍入縣學》　鄭應瑞與吴八所争周村橋頭田，年租僅五斗耳，十有四年而不決者，蓋吴八投託形勢孔主簿，應得檐庇之故。今索到干照，得見鄭應瑞買此業於毛仍二官人，係紹定六年契。吴八又於端平元年買得毛仍一官人一坵，在鄭應瑞所買田内，此五斗谷田是也。已而吴八將此田賣與孔主簿，孔主簿又將此田轉賣與鄭應瑞。吴八元買交關之正不正，今不必問，但既賣與孔主簿，又買與鄭應瑞，則應瑞已得連至全業，吴八與孔主簿皆可以退聽矣。不知孔主簿何者乃於淳祐二年，將此已賣之田捨入縣學，有倪權縣者，不問來由，大書明榜，遽從而招受之。若如此而可以捨受，是以吾至聖文宣王爲兼并之媒，縣學之田當連阡陌矣，其誣先聖，汙學徒，孰甚焉！此非特孔主簿之謀也，實吴八同爲之謀也。吴八因是愈無忌憚，不惟占種此土，又復騷擾鄰至。鄭應瑞訴而不得直者十有四年，今此入詞，又稱葬祖妣骨函在内。切詳鄭應瑞非火葬之家，水田非埋函之地，蓋訴不得直，而假葬地之名以争之，於此見鄭應瑞計慮之窮，孔主簿、吴八强不義之可畏矣！世道至此，可嘆也哉！吴八違法占田，勘杖一百，縣學榜引毁抹，引監未納租課，孔宅幹人權免追斷。干照給還鄭應瑞管業，併給據與之照應。備牒，仍申使、府。

《名公書判清明集》卷五《户婚門·姪與出繼叔争業》　楊天常乃楊提舉之幼子，出爲伯統領後，本不當再得楊提舉下物業。今其親姪楊師堯等訴，謂天常占提舉位一千三百碩穀田。今索到干照，得見提舉訓武妻夏氏立爲鬮約，稱訓武在日，借天常金、銀、錢、會五千餘貫，訓武臨終遺言，撥此田歸還。果有是事耶，抑托爲此辭耶？撥田干約在嘉定十六年，夏氏之死在嘉定十七年，天常管業蓋二十三年矣。鬮約投印在嘉熙四年，及今六年。夏氏始謀，無所復考，只據干照而論，則詞人師堯之父監税已曾預押，父不聲訴，子可以訴乎？在法：分財産滿三年而訴不平，又遺囑滿十年而訴者，不得受理。楊天常得業正與未正，未暇論，其歷年已深，管佃已久矣，委是難以追理。請天常、師堯叔姪各照元管，存睦族之誼，不必生事交争，使亡者姓名徒掛訟牒，實一美事。如不伏所斷，請自經向上官司。

《名公書判清明集》卷五《户婚門·受人隱寄財産自輒出賣》　江山縣詹德興以土名坑南、牛車頭、長町丘等田，賣與毛監丞宅。有本縣臨江鄉吕千五者入狀，陳稱上件田係其家物，詹德興盗賣。今據毛監丞宅執出繳捧干照，有淳熙十六年及紹熙五年契兩紙，各係詹德興買來，又有嘉熙四年産簿一扇，具載上件田段，亦作詹德興置立，不可謂非詹德興之業矣。又據吕千五執出嘉定十二年分鬮一紙，係詹德興立契，將上件田段典與吕德顯家，觀此則又不可謂非吕千五之家物也。推原其故，皆是鄉下姦民逃避賦役，作一僞而費百辭，故爲此之紛紛也。吕千五所供，已明言乃父因鄉司差役，將産作江山縣重親詹德興立户，即此見其本情矣。在法：諸詐匿減免等第或科配者，以違制論。注謂以財産隱寄，或假借户名，及立詭名挾户之類。如吕千五所爲，正謂之隱寄、假借，既立産簿，作外縣户，却又兜收詹德興典契在手。賦役及己，則有産簿之可推，户名借人，又有典契之可據，其欺公罔私，罪莫大焉。今智術既窮，乃被詹德興執契簿爲憑而出賣，官司既知其詐，而索以還之，是賞姦也，此吕千五之必不可復業也。詹德興元係吕千五之的親，故受其寄，及親誼一傷，則視他人之物爲己有，不能經官陳首，而遽自賣之。在法：即知情受寄，詐匿財産者，杖一百。詹德興受吕千五户之寄産，自應科罪，官司既知其僞，而遂以與之，是誨盗也，此詹德興之必不可以得業也。西安税賦陷失，科配不行，邑號難爲者，皆因鄉民變寄田産所致。當職或因索干照而見，或閲版籍而知，未能一一裁之以法，亦未見有寄主與受寄人如是之紛争也。上件田畆以人情，參以法意，吕、詹二家俱不當有。毛監丞宅承買，本不知情，今既管佃，合從本縣給據，與之理正。兩家虚僞契簿，並與毁抹附案。詹德興賣過錢，追充本縣及丞廳起造，牒縣丞拘監。詹德興已死，吕千五經赦，各免科罪，詹元三留監，餘人放。

《名公書判清明集》卷五《户婚門·繼母將養老田遺囑與親生女》

蔣汝霖之事久而不决者，蓋緣葉氏不曾到官。今准本州押下，方見底藴。蓋葉氏乃蔣森後娶之妻，蔣汝霖乃蔣森元養之子，子可以訴繼母乎？蔣汝霖自合坐罪，然亦其繼母之舅有以使之。契勘蔣森家業有田穀二百九十碩，蔣森在時，自出賣三十二碩，蔣森死後，葉與其兄葉十乙秀合謀，擅割其田業爲三：汝霖得穀一百七十碩，葉氏親生女歸娘得穀三十一碩隨嫁，葉氏自收穀五十七碩養老。歸娘既是葉氏親生，又許嫁葉氏姊子鄭慶一，由是葉、鄭合爲一黨，而汝霖之勢始孤。使汝霖能盡孝以回其母心，謹禮以守其父業，豈不盡善。今乃遽將分到之業，節次賣破，其母、妹安得不疑懼而防閑之？母、妹之情既隔，於是汝霖始敢不遜而生訟矣。已分之業，已賣之田，官司難以更與釐正。只據見在，則歸娘三十一碩穀田，自合還歸娘隨身，汝霖不得干預。葉氏五十七碩穀田，葉氏尚在，豈外人敢過而問。但葉氏此田，以爲養老之資則可，私自典賣固不可，隨嫁亦不可，遺囑與女亦不可。何者？在法：寡婦無子孫年十六以下，並不許典賣田宅。蓋夫死從子之義，婦人無承分田産，此豈可以私自典賣乎？婦人隨嫁奩田，乃是父母給與夫家田業，自有夫家承分之人，豈容捲以自隨乎？寡婦以夫家財産遺囑者，雖所許，但《户令》曰：諸財産無承分人，願遺囑與内外緦麻以上親者，聽自陳。則是有承分人不合遺囑也。今既有蔣汝霖承分，豈可私意遺囑，又專以肥其親生之女乎？仰蔣汝霖今後洗心改過，奉事葉氏，不得咆哮，葉氏亦當撫育男女，勿生二心。及不得使葉十乙秀干預蔣家事務，以離其母子。汝霖且略加懲戒，决小杖二十，再犯重治。申州照會。

《名公書判清明集》卷五《户婚門·重疊交易合監契内錢歸還》　看詳到右院勘到江仲、丘某争田事。見得江仲四三於紹定四年四月，就丘某三三借錢一百貫，五月内將田兩段，作一百貫足典契，以成甫命名，代父江唐宗知契還丘某，契内明言，認供苗，不離業。丘某受其欺騙，已收苗六年，而不知江仲將其田重疊與徐吉甫交易訖，彼此互論。江仲却將别項從前已斷丘三十、徐乙賭博錢事，衮同誣賴。主簿誤以丘三十爲丘三三，並將其契毁抹。其實江某將田還丘三十者，賭錢事也；將田契與丘三三者，借錢事也。在法有禁，毁之則宜，借錢人所不免，毁之過矣！今江仲在右院已供，借丘某錢一百貫足，内見錢五十貫足，官會六十五貫，其實但所寫典田一段是實，一段是虚，合引詐欺條定罪。司理以爲賭博與借皆是違法，欲追錢入官，却未爲是。照得準折有利債負，乃是違法。今江仲於四月内借錢，五月内典田，交易在一月之内。未曾有利，即不同上條法。況丘某受其詐，元不知情，難以追錢入官。其田元未離業，合給還業主。但江仲不合虚寫田段，詐欺丘某錢契，欲照條從杖八十，照赦免斷。帖右院押下縣，監所供認錢、會還丘某，取領狀申。

《名公書判清明集》卷五《户婚門·争田合作三等定奪》　竊謂翁泰之田，宜作三等分别；胡五姐之婚姻，宜作二説剖判。翁泰未出幼之前，若有縣判者，則宜令見得業人管紹，與理爲正行交易；其無縣判者，方可坐以違法。但各人未免用過錢、會，又況三經追擾，今欲參用近降鬻官田指揮，减二分外，更與裁减一二分，令得業人賫錢、會赴官司承買，此一等也。翁泰出幼後所鬻者，則係交易正當，合聽照契管業，此又一等也。翁泰死後之業，則是絶户之田産，合舉而歸之官司，此又一等也。至於胡五姐，則當究問，昨來是何人主婚，是何人行媒，是何財帛定聘，是何財帛回答，是何人寫婚書，是何時成禮，成親之夕會何親戚，請何鄰里，宴飲用何人庖厨？如果是禮婚，則翁泰死後鬻不盡之業，合令管紹。然但可食其苗利，至於契書，合寄官庫，不許典賣。如其不曾成婚，則合責其父母及時嫁遣，毋令失時。若使其女奔走訟庭，殊非美事。鄙見如此，若或可行，則乞委精强官，盡數追足真本契照及證佐，研窮點對施行，庶可息訟。因依申取旨揮，准行下，奉提舉常簿台判：三等之説，比建安知縣槩作户絶，尤爲近厚。牒下葉府判，從所申，再限半月，許得業人各賫契照，赴官逐一點對，候諸契齊集後，如胡五姐爲姻與不爲姻，於其契中亦有可以旁證者，就契分别三等，又因之以正稽籍，則其訟當自息。如出限不肯賫契赴官，或是已論訴後旋投印，或契内年月有揩改，不即自首者，並追人送獄根勘。照條行。

《名公書判清明集》卷五《户婚門・從兄盗賣已死弟田業》　照得在法：交易諸盗及重疊之類，錢主知情者，錢没官，自首及不知情者，理還。犯人償不足，知情牙保均備。又在法：盗典賣田業者，杖一百，贓重者准盗論，牙保知情與同罪。丘莊即丘六四者，丘萱之從兄也。丘萱身死無子，阿劉單弱孀居，丘莊包藏禍心，垂涎於從弟之方死，染指於丘新之立繼。覬覦不獲，姦巧横生，見將丘萱三瞿里已分田五十種，自立兩契，爲牙賣與朱府。縣司當來追到一行人究問，據丘莊已自招伏，盗賣得贓，來歷分明，引上丁千七、丘德廣與之證對，情節無異。律之三人，罪安所逃。丘莊一出，尋便反覆，且稱縣獄所供盡是抑勒，惟有到縣初欵及後來本廳供責，方是本情。下廳既無刑禁，朱府之契累索不出，臺府有限，豈可久違，何緣可得其實？但以意密察之，且如朱縣尉一位交易，丘莊在縣，初供稱在幹人丁千七家立契，及到本廳供，則又稱本府四孺人來本里龍隱庵醮墳，與之立契，而朱縣尉宅幹人范寅狀，又稱丘莊領丘萱到府宅交關。朱總領一位交易，丘莊在縣，初供就總領位幹人劉廣邊言議立契，及到本廳供，則又稱是淳祐元年十二月總領回任，在本縣雙溪閣交易，蒙總領臺判，送庫司陳提轄商議，而總領位幹人王傳陳狀，又稱丘莊領丘萱就府宅投賣。言語異同，其僞可知。况立契，爲牙，領錢，只出丘莊一手，豈有交易之地尚前後如此差互無據耶？朱府名賢之閥，舉動悉循理法，此等交易，斷不肯爲，未必不爲丘莊與幹佃輩所誤耳？丘莊未欲盡情根究，欲且照條勘下杖一百，枷監丘莊，自就朱府請出元契，赴官比對，若果是丘萱親筆，官司當别與施行，若是無契可憑，或是踪迹可疑，即是盗賣，官司却與定斷監贓。丘莊自當備領過錢，交還朱府，其田合遺阿劉，仍舊照契佃，却不許非理典賣。丁千七、丘德廣、丘元三欲照減降免科，餘人且着家聽候。案具定斷因依申縣，更取自詳酌施行，仍回申臺府照會。

《名公書判清明集》卷五《户婚門・姪假立叔契昏賴田業》　事有似是而實非，詞有似弱而實强，察詞于事，始見情僞，善聽訟者不可有所偏也。今觀賈性甫、賈文虎、賈宣之訟，昨來僉廳所擬，誰曰不然，及反覆案沓，則有大不然者。賈文虎，勉仲之庶子，過房寧老者。賈性甫，勉仲之親弟，過房與縣尉者。賈宣，游氏之子，性甫所抱養者。過房者從本房，抱養者從所養。性甫唤文虎爲姪，文虎合唤性甫爲叔；賈宣唤文虎爲兄，賈文虎合唤賈宣爲弟。觀文虎之詞，以叔父見呼性甫，以游憲見呼賈宣，豈倫法之不明耶，抑意嚮之有在耶？善聽訟者，要當深察乎此。此事昨來僉廳所擬，問得其情，至於剖决之際，未免真僞混殽，是非易位，僉廳盍申言之。勉仲之妾嚴氏歸于性甫者，紹定之己丑也。彼時勉仲無恙，是雇非雇，有物無物，既由所生，子復何説。僉廳所謂兄既殁，遽置嚴氏於其家，毋乃未之考耶？性甫之田典與文虎者，寶慶之乙酉也，彼時文虎尚幼，勉仲猶存，不印契，不割税，不收租，不管業，果何所利而交易，又何所見而不管業？僉廳所謂文虎先將錢典叔性甫田，毋乃失之偏聽耶？今據賫到典契，乃紹定六年四月初三日印押分曉，然寶慶之元至是且九年矣，能印性甫之契，而不能收租，割税，管業，其意安在，豈富而能遜耶。若謂之富，則文虎承分之業已破蕩無餘，亡兄之業復盗賣殆盡，何獨不賣二十二年無租無税之田，豈獨爲伯留耶？縱使果爾，亦自釐革，况不爾乎！况因性甫有詞，嘗兩責罪狀于縣，以爲委的無上件遺囑摽撥等文字乎？今而有之，則性甫所論，信不誣也。縣司昨來辨驗，已見差異，僉廳今來再行考究，不能無疑。及據文虎賫出勉仲撥田與嚴氏遺囑，則其字同，其印同，印之年月並同。僉廳思之，嚴氏既歸性甫，則自隨之業合歸性甫，嚴氏既立通判户下，夫何遺囑印於文虎之手，收租於文虎之手，然則文虎假立二契者何意？亦曰勉仲之業，非我得有，嚴氏，吾母也，得以與我，性甫之子抱養異姓，盗印此契，異時藉以爲騙脅之資，性甫覺知，安得不訴？前此僉廳所擬云：失今不理，後世必爲子孫憂。此誠得其真情也。賈氏之族，枝多葉少，抱養異姓，性甫豈得已哉！前此僉廳不知此情，便追游憲，既爲性甫所養，即從賈姓，立名賈宣，除附給據，件件分曉，在性甫則爲父子，在文虎則爲兄弟，子無咬父之條，父罪亦不及子，奈何偏聽，便行追逮？官司若不爲予决，復與拖延，則七十五歲之翁不保其往，而文虎得行其志矣。欲將賈宣先放，却將僞契毁抹附案，仍將寄庫官會，責還性甫交領，庶使知臺府清明，不至爲欺僞蒙蔽所惑，文虎元冒領去性甫苗利錢舊會三百貫道，合與不合追理，呈奉知府楊侍郎台判。擬判甚當，並從行。賈文虎領過性甫苗利錢，令責限還性甫，取領狀申。

《名公書判清明集》卷五《户婚門・典賣園屋既無契據難以取贖》

曾氏兄弟，先正之孫，名宦之子也，他族之所觀法，當使孝友著聞，乃爲不墜先訓。今乃不然，始因争奏薦恩澤不和，弟先兄而得官，此固爲父之命，爲兄者何得有詞？然弟既得官，當以遠大自將，凡百少遜其兄以補之，則怨自平矣。今又不然，不惟不遜，又或從而掩其有，則其兄之憤憾何從而釋哉？自此遂致互起争端，陰結黨類，兄或資人以窘其弟，弟或使人以害其兄，無非以横逆相加，以陰詭相陷，以天倫之厚，而疾視如仇讎，以骨肉之親，而相戕幾豺虎，紛紛訴牒，曾無虚月。官司非不知之，如前政趙知縣所判，已得其大概，然竟無如之何。良以縣道權輕，彼挾官勢，勸之以理，則彼有所不從，繩之以法，則此有所不敢，是以其訟方興而未艾。譬如縱火燎薪，薪若不盡，火無滅期，當職到任之初，首蒙縣判，送下胡應卯、曾崘互論贖園及争採桑葉等事，考閲案牘，披詳欵狀，詳加體問，因知曾氏兄弟起訟之由，而前所謂陰結黨類，兄弟資人互相窘害者，胡應卯之徒即其人也。請試援胡應卯贖園之事而論之。在法：典田宅者，皆爲合同契，錢、業主各取其一。此天下所通行，常人所共曉。胡應卯父子生居縣市，豈不曉此，自稱典蕭屯園屋與曾知府，而乃無一字干照。今人持衣物就質庫，解百十錢，猶憑帖子收贖，設若去失，衣物尚無可贖之理，豈有田宅交易，而可以無據收贖也哉？先來縣司不知憑何干照，與之交錢寄庫，與之出據管業。雖有轉運司台判，寄錢給據，然據胡應卯偏詞，自合備前後詞情具申，聽候行下。以此推之，案吏情弊顯然，不過以爲有曾縣尉先交錢五貫，且不知曾縣尉憑何文據，見得是典，率先交錢。今人有産業，孰不愛惜，必不得已而後退賣。曾縣尉父所置田園屋，必欲使胡應卯得之，不知果有何意？曾崘稱蕭屯園屋爲其父買業，難無正契，而有交錢手領，趙判縣已謂可以傍照。又索到丁子昭攤産，縣案兩處皆説，已轉賣與曾知府，如此則曾崘有三項傍照，蕭屯園屋是賣。官司豈應舍三項之賣，而從無一字可據之典哉？今爲胡應卯之詞者，不過曰曾崘無正契，而曾崘又自執出其弟曾縣尉批，稱契書候尋，一併交納之文。前政陳主簿已見得契書在其弟處矣。如此則曾崘何從而得正契也哉？又詳所争蕭屯園屋，其地利甚微，而胡應卯之所以必欲得之，曾縣尉之所以必欲歸之胡應卯者，蓋曾縣尉爲其兄曾崘逐出外爨，而不支公堂錢米，其蕭屯園屋下却係置頓公堂米穀之所，曾縣尉無以發其□憤，故必欲奪之，以歸胡應卯，而資給胡應卯，爲無已之訟也。今來事到本廳，以其各是名宦士類，無不再三勸諭，使之從和，庶可以全其恩義，而皆難以告語，故不敢復以官卑位下爲懼，只得從公盡情言之，雖招讎怨，有不暇恤。所有胡應卯所論曾崘贖蕭屯園屋，既無契據，難以收贖。縣司先來所給無憑公據，合繳回縣案收毁。所有寄庫錢，合申縣給還胡應卯。候分析之日，若曾縣尉得之，却贖與胡應卯未晚也。所争桑葉，據供係胡應卯父子帶領裴丙子等採去，今園既還曾知府，則地利合入有理之家，案後追裴丙子供對，理還曾知府宅。又照得當職下僚小官，盡言無隱，其曾氏兄弟之訟，方膠轕而不可解，此必不足以弭其争。然竊謂官司既不能弭曾氏之争，如胡應卯之徒朋而翼之，獨可縱而不治乎？合備申縣衙，乞備榜曉示，應今後詞訴，有與曾氏兄弟干涉者，非弟使人訟其兄，即兄使人訟其弟，並與根究來歷，將套合教唆之徒，痛與懲治，則曾氏之訟庶乎其少息矣！干照除胡應卯公據外，併當廳給還，徐八五留供對採桑葉事，餘放。

《名公書判清明集》卷五《户婚門・物業垂盡賣人故作交加》　竊見退敗人家，物業垂盡，每於交易立契之時，多用姦謀，規圖昏賴，雖係至親，不暇顧恤。或濃淡其墨迹，或異同其筆畫，或隱匿其産數，或變易其土名，或漏落差舛其步畝四至，凡此等類，未易殫述。其得業之人，或亦相信大過，失於點檢。及至興訟，一時官司又但知有憐貧扶弱之説，不復契勘其真非真是，致定奪不當，詞訴不絶，公私被擾，利害非輕。今來莫世明親生三子：如㒟、如埧、如江。昨於存日，將户下物作三分均分，立鬮書三本，父知號外，兄弟三人互相簽押，收執爲照，是時即無如山名字參錯其間。外有買人黄大垣、丘竹峒等處田地及桑本、大絹等物，鬮書内亦聲説，自後許作三分，均分與如埧、如㒟、如江管佃，不得妄有紛争，未嘗有如山名字干預其數。其莫如江於嘉定七年將白竹垌田立契，賣與王巡檢户下行之，印契管業，已經兩載。今年八月，却據莫如山經使、府論訴，莫如江賣過己分卑幼物業。准臺判送下，速與追人究勘審實，從公理斷，申。當職拖照案祖，得見莫如江當來賣田契内，明言係自己受鬮，分撥到父世明物業，又明言不是瞞昧尊卑，仍與親房外人即無交加，如有一切不明，並係出產人自管理直。其契照分明如此，莫如山何故妄狀陳論？止緣上件契照之末，有莫如山知押數字，遂執此以爲興訟之端。然據莫如江欵詞内聲説，昨來交易之日，托相識周祐代作莫如山名字批押。且人之交易，不能親書契字，而令人代書者，蓋有之矣。至於着押，最關利害，豈容他人代書也哉？今其莫如山本非有分之人，莫如江自賣已業，乃使周祐代書押字，則是莫如江立契之初，亦既包藏禍心久矣！其王行之與莫如江本係表親，平時相信，固不逆其詐，而莫如江亦自以詭計得行爲喜。殊不知交易有爭，官司定奪，止憑契約。昨來莫如江賣田契内，具載係是已業，與内外人無交加，分明如此，其父莫世明親手分析鬮書，具載與如塡、如箎、如江三分管佃，即無如山名字，分明又如此。至於莫如山妄狀論訴，其莫如江欵詞供吐，却與元立契照及鬮書文約具載一切相反。及再將前案研窮參對，莫如山初詞稱，奉母親令，衆兄將户下田地分撥四分，續又稱係父世明存日處分田地，前後異同，全不相照應。況其録白干照，即非經官印押文字，官司何以信憑？顯見是莫如江計合莫如山，符同作套，妄狀論擾王行之，意在昏賴欺騙，彰彰明甚。官司豈可視契照鬮約爲文具，而聽其妄狀，論擾善民，以啓昏賴欺騙之風也哉？今照條科坐，莫如江及莫如山各勘杖一百，其已賣之田，仰得業人王行之照元契管佃，更取自臺旨施行。

《名公書判清明集》卷五《户婚門·揩改文字》 照得龔敷與游伯熙互爭第四十八都第一保承字二百八十七、二百八十八號、二百八十九共三號地，兩下各持其説，官司初亦未知其誰是誰非。及將本廳出產圖簿與兩家所執干照參對，得見二百八十七號及二百八十八號地見係龔敷管佃，二百八十九號地見係游伯熙管佃。其二百八十七號地計五畝四十五步，其二百八十八號地計四畝一角三十二步，參之官簿，並無毫髮差舛。其二百八十九號地，據游伯熙干照内具載，計一十畝五十五步，參之官簿，却只計五畝一十五步。及與之研窮契勘，乃是續於干照内增益畝數，更改字畫，濃淡踈密，班班可考。況各人管業年深，前此即無詞訴，是則游伯熙用意包占龔敷地段分明。合押兩爭人到地頭，集鄰保從公照古來塹界標遷，付兩家管業。今據龔敷所陳，乃稱古來活樹籬塹，已被游伯熙鋤斫，然亦須有鋤斫蹤迹可考，並仰從公指定標遷，不得觀望。如再惹詞訴，定追鄰保勘斷。

《名公書判清明集》卷五《户婚門·田鄰侵界以此見知曹帥送一削》 照對准縣衙委請摽釘聶忠敏與車言可所爭之田。當職拖照使、府臺判，如本人贖回祖產分明，車言可有揩改圖簿實迹，合與追究，從公結絶。尋契勘車言可所收干照，得見圖簿之中，有無揩改，雖事涉曖昧，然其供具元買車迪功田步畝四至，與見爭田段四至不相照應。及追索聶忠敏贖回韓鯨典契，雖止據賫出本人批退文字一紙，然喚上鄉司陳坦，當廳點對税簿，其聶忠敏已的於嘉定捌年就韓鯨户收回產錢柒拾貳文，參之祖上砧基簿内具載產數，即無同異。至正月二十二日，躬親前去定驗，得見其地頭田段，疆畫翼翼，殊不殽雜，仍與多方詢訪，得之衆論，皆曰聶忠敏祖聶仕才元有田叁段，計叁號，自北而南，上流下接，總而言之，東至普門院山，西至黄推官及阿廖與張大宗、嗣宗田，南至阿黄田，北至車言可元買車迪功田，上件四至分明，但内有南畔一至，本是聶仕才田與阿黄田相抵。緣經界之初，聶家開墾土力不具，爲西向田鄰張大宗、嗣宗兄弟侵占耕作，後來張家兄弟相繼傾亡，其家將所侵占田並已田同立契出賣，凡經數年，而後歸諸蒙彦隆、韓國威之家。目今與阿黄田相抵者，乃蒙彦隆、韓國威之田也。當遂唤上田宅牙人陳達，同鄰保等人，將車言可、聶仕才、蒙彦隆、韓國威四家毗連之田，對衆從頭打量。據蒙彦隆所買上手張嗣宗田，元計陸畝貳角零壹拾捌步，今打量出剩壹畝有零。韓國威所買上手張大宗田，元計伍畝叁角伍拾肆步貳尺，今打量出剩貳畝有零。所有車言可元買車迪功田，共計壹拾貳畝貳角壹拾柒步，今打量已有壹拾貳畝叁拾捌步，雖虧折壹角有零，然其見佃田頭北來有壹圵，衆證遞年是車言可耕布。當聶忠敏指係車迪功所賣田段，車言可堅執不許打量，已自使人未能無疑，及再相視，其田内洪水推損去處，崎嶇曲折，難於牽繩者，尚有遺地，以此等地步配其虧折奇零之數，亦既有餘矣。至於聶仕才之田，僅計柒畝貳角貳拾壹步叁尺，今打量止有伍畝叁角貳拾叁步，却近自虧折貳畝，推尋其數，必是落在蒙彦隆、韓國威兩家出剩數内，無可疑者。然聶仕才身故之後，其子孫豈不願陳理，或者亦自知其經隔年深，姑且據見在畝角承佃而已。今來車言可又欲以所買車迪功田契内捌百捌拾號，而爭占其捌百捌拾壹號之田，官司若不與之主盟公論，深恐聶忠敏田段畝角，自此愈見侵削，將來何以供輸二稅。竊意聶忠敏昨經使、府論訴，亦不過欲正其疆界，不至再有虧折，庶幾向後供輸，免有逋負。此其情誠可憐也。況聶忠敏所供東西南北四至，與其祖來砧基簿具載四至，節節明白，並無差舛，而車言可所供四至，與見爭田段四至，只有一至相合，自餘三至並不相照應。謂如捌百捌拾壹號東至普門院山，西至黄推官田，南至聶仕才自己田，北至車言可所買車迪功田，其車言可所買車迪功捌百捌拾號田契具載，乃是東西北皆至自己田，南至黄推官田，其不相照應如此，官司何以爲憑？及又據車言可口覆，田鄰皆是聶忠敏之黨，獨有汪彦祥備知田段的實，今據汪彦祥責立罪賞狀，亦明言見爭田段係聶忠敏之田是的，在車言可又復何說？仰聶忠敏、車言可各據元收干照，依未爭前疆界管佃，不得妄有争占，如再支蔓，以爲公私之擾，合行科坐。今畫到地圖，連粘在前，更取自臺旨。

《名公書判清明集》卷五《户婚門·争山妄指界至》 俞行父、傅三七争山之訟，昨已定奪，而行父使弟定國妄以摽撥界至爲詞，套合保司，意欲妄亂是非。當職欲將俞行父重斷，有祖主簿者來相見，自稱是俞行父、定國表親，以行父兄弟爲直，以傅三七爲曲。當職尋常聽訟，未嘗輒徇己見，惟是之從，尚恐祖主簿所言有理，遂委縣尉定驗。及縣尉親至地頭，祖主簿欲以私干縣尉，縣尉不敢納謁，祖主簿不勝其忿，將緊切鄰人藏匿，公然用祖主簿條印封閉鄰人門户，不容官司追唤。既而縣尉見得俞行父所買山，去傅三七所買田，凡隔一塹，二山二處，判然不相干涉，祖主簿、俞行父、定國自知理曲，不伏官司定奪，輒用不潔，將傅三七新墳澆潑作踐。小民買地葬親，與行父、定國兄弟無相侵犯，始則假作保司朱記，假作究實，變白爲黑，改東爲西，中則買覓保司，共爲欺罔，終則挾寄居以求必勝。且祖主簿姓祖，而干預姓俞、姓傅人之訟，無乃不干己乎？至於封閉鄰人門户，將不潔潑人墳墓，此豈賢大夫之所宜爲？建陽乃名教禮義之邦，諸老先生遠矣，不可見矣，游郎中家居縣後，無一事到縣，無一事囑時官；朱侍郎貴爲從橐，每書常切切然恐幹僕騙擾村民。祖主簿輩行不高於朱、游，名位不貴於郎從，遽有使豪恃氣，武斷鄉曲之意，良由縣令人微望輕，不能主張百姓，使村民被寄居屈壓，空自愧顔而已。俞行父祖父將仕用錢三百貫，買劉德成田三垢、山十二段，委屬可疑。大凡置田，必憑上手干照，劉德成形狀有如乞丐，所賣田三垢、山十二段，乃是憑大保長憑由作上手干照，不足憑據，今亦未暇論此。但傅三七所買劉八四山，與俞行父山全無干涉，先給還傅三七管業安葬。行父、定國恃豪富壓小民，挾寄居抗官府，各勘杖一百，拘契入案，追劉德成對上手來歷，幹人責戒厲狀。

《名公書判清明集》卷五《户婚門·揩擦關書包占山地》 方伯達、徐應辰所争岡頭山，歷時不決，今唤到各人賫出干照，得見方伯達親叔方六乙將上件山出典與徐應辰之叔徐千四秀，千四秀有男名曄，見存。方伯達以祖墳在山，於嘉熙四年曾將錢八貫四百足，就元得業主徐曄邊收贖，有徐曄當年錢領具載分明。領上明言，赤契檢尋未見，方伯達將此領經官投印訖。徐氏之族既已得錢，不伏推業。有徐應辰者，乃徐曄之族弟也，事不干己，入脚争山，輒將祖上關書揩擦一行，填作二保土名四字，占人一畝之山，湊外段園山作一行，欲行包占。當廳令書鋪辨驗，揩擦改寫，字迹曉然，又且外段園山四字，與簿上土名全不相應，只欲以二保兩字，占人一畝之山。徐曄不伏出官，專使應辰到官强辨。若一房得錢，一房占山，而可以得志，則强有力者皆可以横行鄉閭，而國法可廢矣！徐應辰勘杖一百，關書附案，墳山還方伯達，照已贖回管業。給榜示地頭，催追未到四名。

《名公書判清明集》卷五《户婚門·争山各執是非當參旁證》 照得曾子晦與范僧争論山地，自有兩項。一項鷄籠山，已經使、府結絶，不當復問，今來所争，却是宋家源頭山。此山元是楊三六業，賣與范崇，契内具出四至分曉，載錢陸貫，乃紹熙九年十二月立契，至紹熙三年四月到官，此范僧之所據也。後來阿黄同男范僧將黄栀園並山賣與曾大機宜，載錢六貫二百文，却不曾具山之四至，以嘉定二年九月日請紙，於紹定二年八月投税，此曾子晦之所執也。在法：交易只憑契照。既是范僧同母親將此山立契，賣與曾子晦，則既賣之後，寸土株木，自當還曾子晦掌業，縱有元契，豈可復用，在范僧夫復何說？詰其所争者，不無由焉，蓋曾子晦所執之契内明言，男將風疾，無錢醫治，自是范僧小時阿黄立契，范八依書，范僧亦置於其間。但曾子晦以爲范僧親簽，而范僧以爲不曾簽契領錢；曾子晦以爲范僧親領，而范僧以爲不曾領。爲曾子晦之說，以爲當初果不曾立契，范僧何不争於三十年前，而却争於子晦既論之後；爲范僧之説，則以爲當初果曾賣與曾子晦，何爲半年不肯把契出官，却先以假僞文書執出冒占。在法：典賣過二十年，錢主俱存，而兩詞枘鑿如此，況書契之人並無一存，可以爲證。本廳既難根究，何緣可得實情，故未免令兩家在外和對，其意無他，亦以曾子晦乃得業之家，范僧乃失業之主，雖愚者已知其有鄭、息之勢，所以官司再三勉以虞、芮之成，蓋欲彼此永絶訟根，免至頻頻紊煩官府耳。今兩家既堅執所長，當職只得從公區處。蓋宋家源之山，厥直甚微，而山上所植松杉之木，爲利則甚夥。范僧未興伐木之斧，此山固不知其孰主，范僧既賣木之後，曾子晦即經官有詞，是兩争之意不在山，而在木也。反復兩家之詞，斷之以平心之論，蓋曾子晦以阿黄嘉定二年所賣立契而主此山則可，以曾子晦父知府所載寶慶元年支書而主此山則不可。緣支書所載之山，係土名宋家源，與宋家源頭想是兩處，況又是宋五山四至之中，又有一至范家山，不知曾子晦之與宋五交易，在阿黄之先耶，亦在後耶？唯是曾子晦當初不便將此契出官呈覆，却先把支書以爲憑，宜乎范僧之嘵嘵不已，故官司以其支書者，併以此契疑之。外此又有一説，可以參證，據范僧之兄范八曾將黄栀園典曾子晦交易，建陽鄉例，交易往往多批鑿元分支書。曾子晦以爲黄栀園及宋家源頭山並不曾批鑿，而范僧執以爲只是黄栀園曾批，而此不係賣過，即不曾批。今范僧所分支書見留在使府司户廳，若是兩項山園俱不曾批，則曾子晦之説爲是，此山合還曾宅管業；如是黄栀園曾批，則范僧之説爲正，而曾子晦之契尤有可議。此本文字既難得參詳，使、府嚴限，不敢有違，案具所擬事理申，取自使、府别委官點對結絶，庶得公當。契書合給還取領。

《名公書判清明集》卷五《户婚門·經二十年而訴典買不平不得受理》

吴生所訴范僧妄認墓山事，索到兩家契照，昨送司户看詳。據申范僧兄弟三人，長誠之，次元之，末位僧，開禧三年已立支書分析印訖。曾宅係於嘉定元年十月内買范元之鷄籠山下之山，范七六爲牙，涉三十餘年。賣主范元之已身故，無憑喚對，申府帖縣，差無礙保正，再集鄰從公勘會。今建陽縣申，據保正常吉同鄰人鍾五九等稱，范元之嘉定四年身故，即無子孫。又稱鷄籠山下有曾知府、盧安人、江孺人三墳三十餘年，又有王家古墳，即不曾見范僧有喪安葬在山。又稱開禧三年，范僧經官分析范元之在日分得晚田，賣與夏秀才，園賣與華氏兒，黄栀園並山賣與曾知府宅。某照得所争之山，范元之賣與曾宅在嘉定元年，范元之身故在於嘉定四年，范僧今以淳熙三年之契争理，謂山内有所養母阿黄及兄誠之兩墓，曾宅又指爲王氏古墓。但范僧不争於曾宅安厝之時，而争於曾宅陳論之後，今勘會即無范僧有墓在山之説，曾宅掌業安厝既已年深，合還曾宅照契管業，所有山内見在墓穴，亦不許曾宅開掘。仍帖縣照應，取台旨。奉王侍郎台判，諸典買田宅經二十年，而訴典買不明者，不得受理。曾知府所買范元之墳山三十年，若是范僧分業，何不於曾宅所買之時陳訴。況錢、業主俱亡，亦不在論理之限。門示范僧，餘照僉廳所擬行。

《名公書判清明集》卷六《户婚門·僞冒交易》 莫君實之子夢回，同其所生母周八娘，訴論林鎔假契盜賣其烝嘗田。追到林鎔，初執出所賣青梅園契以爲證，繼而知其田已轉與趙孟錪，又據孟錪賫去莫君實賣契及林鎔轉賣與孟錪契。周八娘又執出君實臨死遺囑之文，乞與辨驗君實押字筆迹。尋與點對，則契上君實押字，與遺囑筆迹不同，可疑一也。喚到君實母親趙氏，不特不認僉契，而趙氏當廳亦自能書寫，筆迹亦自不同，有可疑二也。君實以淳祐十一年死，此契以十年立，契立於君實未死之前，似若可信，而印赤於寶祐元年，乃君實死後之三年也。大凡人家交易，固有未能投印，然契主一亡，便合投印，豈有印契於業主已死三年之後，此蓋僞立於君實既死之後，以月日參差，而母親之僉，亦是假僞而爲之也。況交易傳承，必憑上手與砧基簿，今其契乃云，所有砧基簿並上手契係叔晞孔收，今只憑赤契文關，如將來賫出砧基白契，更不行用。此説大爲可笑，不知上手既爲晞孔所收，却又憑何人赤契交關，若果有上手赤契，則林鎔轉賣，自當併繳，今當廳口稱爲孟錪所匿，而契上即無聲載，則是當來所謂赤契者妄也。至於割税一節，尤可笑之甚者。君實之契則曰，從莫通判户割入趙知縣户，若其税林鎔已曾收入林司法户，則後來賣與孟錪，自當從林司户割出，今從莫通判户割出，則是莫通判之田，不曾變賣與林司法，林司法户亦未嘗收莫通判税色。驗之契字，紙迹不同，實趙氏不曾僉，委既無上手，又不割税，則是林鎔虚立死人契字，盜賣莫通判産税，趙知縣爲富不仁，一至於此。林鎔勘杖一百，監錢還趙孟錪，田還莫夢回管佃。追到三契，毁抹付案。

《名公書判清明集》卷六《户婚門・兄弟争業》 本縣所斷，僉廳所擬，一謂潘琮典與潘祖華田産，不應其弟潘樫立契斷賣；二謂契後旋添同姓潘祖應，墨迹濃淡不同；三謂所添字迹，又在税契朱墨之上，其所執賣契，委難憑據，只合還潘祖應交錢取贖。以此三説折之，在祖華所當拱手退聽。今縣斷既不伏而經府，府斷又不伏而陳詞，反復嚚訟，首尾四年，何健訟如此。切詳祖華之詞，則曰潘琮、潘樫乃親兄弟，雖是潘琮出典於兄弟未分之前，却是潘樫斷賣於兄弟既分之後，蓋此田係分在潘樫名下，所以潘樫自行書契斷賣，即非盗賣潘琮之産。且潘樫不特斷賣此一項承分田産而已，其賣住房、桑地與祖應，亦潘樫親書契字，筆迹皆可比證。至於辨雪墨迹濃淡一節，則又謂墨迹雖不同，而筆迹與祖應今來所執契字實無異。祖華之詞固未可盡信，但祖應初訴祖華不伏退贖山地、水田二項，山地一項，從之甚輕，水田一頃，争之甚力，亦有可疑。官司予奪，若不將兩詞究竟到底，則無以絶其誣罔之根。况潘樫既死，其親書賣契在祖華處者容可以僞爲，其親書賣契在祖應家者却不可以僞爲。於無可證驗之中，此亦足以證驗之。欲將潘祖華及一宗案卷契押下縣，並索潘祖應原買潘樫住屋、桑地赤契，從公比對，如祖華、祖應兩家所買潘樫字筆迹一同，則此田果潘樫已分之産，果潘樫自賣自書之契，在祖應不當執未分無用之簿，昏賴爲潘琮之物，妄行取贖。若兩家契字筆迹果有不同，則祖華斷賣之契無往非僞，所合毁抹，勒令交錢退贖。如再不伏，解府科斷。小人爲氣所使，惟利是趨，所争之田不滿一畝，互争之訟不止數年，遂使兄弟之義大有所傷而不顧，官司更不早與剖决，則鬩墻之禍，何時而已。定限十日結絶，申。

《名公書判清明集》卷六《户婚門・争田業》 一、

李行可執到三契，除洪觀生親書一契無可言者，後二契皆是吴膺自書，自保，自佃，又於抱租之批併與抱産，必非當時正行交關。意者吴膺在日，主掌洪氏計，借借於李氏者不一，此契當亦是抵典之契。但契歸於李氏，印税已二十年，最後者已十七年，吴膺既死，李行可遂從其妻索欠交業。洪七娘者，一旦有不能甘，而又有洪宗起者，翼之興詞。幸其契原不出於父洪觀生之親筆，可指以爲僞，雖出於夫吴膺之筆，又幸其已死而莫加之罪，遂訴之縣。縣不直之，又訴於州。然官憑文書，且涉年久，亦只當還李行可管業。洪七娘倘以爲僞，則是爲僞者乃其夫也。况洪七娘於後一契親曾着押，若欲誣以爲旋被脱押，則又有其表兄許念一供證分明。洪觀生無子，其家一付之女與婿，無緣吴膺與李行可交關，洪七娘有不預知者。前後詞語反覆，便自可見。然則其夫存，則相與爲僞，以取人之錢，其夫亡，則自發其僞，以取人之業。妄一婦人，何乃變詐若此。洪宗起與觀生户下，未問有無干涉，據其執到洪誠三契，於宗起無相關，于李氏見争田段四至又不相合，及其執到洪觀生發付之文，顯然出于宗起供狀之筆，乃於别紙移取觀生一押字，粘補欺罔，是其爲奸之意甚深，而爲欺之術甚淺。使其不懲，後不止與李行可訟而已也。自合送獄，根勘本情，重置於罰，姑從輕將洪宗起、洪七娘各勘杖六十，以懲其奸。李行可照契管業。發付僞約，毁抹附案。

二、

蒙備坐倉臺行下孫、閭争田之説，委某究實。既親詣地頭供責，並參考兩家干照公據等，照得閭丘輔之曾祖名紹，娶阿張爲妻。紹存日生二女，名四二娘、四四娘，遺腹生一男，名繼祖。是時阿張奉姑阿葉命，納胡喆爲接脚夫，撫養孤幼。不四年，胡喆又死。胡喆生二女，名胡四十娘、五十娘，亦早死。自後閭四二娘招蔡佾爲贅，閭四四娘招曹叔訓爲贅，皆阿葉命也。繼祖長成，娶阿曹，生一男，弟九十，名璿，尚幼而繼祖又死。阿張撫養璿復如初。淳熙年間，有族姪閭丘锜訴蔡佾，阿張犯義事，籍記家業。未幾，阿張復陳於官，稱自夫喪後，主掌家計，鞠養兒女，實爲夫家增置田産，並爲男繼祖進納告身，今子殁孫在，祖母合與不合與孫同居，及子孫卑幼，祖父母、父母在，合與不合拘籍。官司以其歸閭丘家有年，而不離宗，遂給閭丘物業付阿張，阿曹掌管。以此觀之，阿張於閭丘有再世保抱之功，且考之百年公據，亦未見遺腹子非阿張生者，又未嘗見閭丘锜有訴孫大椿之文。今閭丘輔之詆毁曾祖母之惡，既斥不能守志，又謂遺子非其所出，且罵閭丘锜淳熙間所訴蔡佾之事於孫大椿。彼之設爲此説，蓋謂後夫不當用前夫物業，殊不知彼之所説，乃遠年無憑之空言也。孫紹祖所執，乃數十年可考之契據。且以閭丘璿所賣之田言之，據孫紹祖賫到慶元元年赤契，閭丘璿親書出賣石家渡等處水田五十畝，及桑園、陸地、常平等田，實有縣印，監官印及招税憑由並朱鈔可考。輔之則曰，非乃祖親書，且出廢契，以比筆跡。據孫紹祖稱，曾於嘉定年間，將上件契内割出石家山田，賣與李文通，係是閭丘璹保契，又割大灣田，仍賣與閭丘璹爲業，已行推税，豈有閭丘璹既賣復買，且爲保契，乃非其親書。輔之則稱，大灣之田因族錡再訴於官，孫紹祖歸其侵疆之半，和勸者只令作賣契書寫。乃索李文通契，果有閭丘璹保契書押，輔之賫出赤契，亦果孫紹祖端行出賣，又已招回八畝税色訖。及詢問其所謂和勸人，則曰已爲鬼籍，無從追問。夫如是，則官司只當以契據爲證。且閭丘璹主契之時年二十有三，又三十二年而後死，中間或保着，或自賣，未聞有非親書之説。璹死又二十四年，若子若孫乃以爲非，可乎？方且出真僞莫辨之私約以爲證，然嘉熙閭丘錡所訴之狀，特一白紙耳，此外别無行移。孫大椿任狀貼説之約，並李大亨退田等約，並皆片紙，何所考信？且據佃户等人供，皆稱佃孫氏之田，納孫氏之課。又以清射田地言之，將孫紹祖家淳熙十二年公據所具四至，參之輔之家淳熙八年官司給還物業地名公據，無一在者。輔之雖稱别有公文在曹至大家，然又累索不到，不過展轉。且自淳熙十二年至今，已經七十年，並皆孫大椿管業。閭丘璹自十八歲曉事，至死之日，凡三十七年，其時何不取索，必待璹死又二十四年，輔之父子方欲争奪，可不可也？雖山間有一改葬廢穴，輔之指爲其曾祖紹不用之墳。然今已百年，無證可考。惟孫大椿清射據内，有閭丘家墳禁五字，然凡閭丘姓者皆是，未嘗專指爲閭紹之廢穴，亦詎容執此，遂以爲自己之地乎！大凡田婚之訟，惟以干照爲主。孫大椿請射買契，轉之爲倚恃淳熙八年計知縣公據一宗爲張本，然參之胡氏請射之據，並無地名可考。至於其它片文隻字，又皆真僞莫辨也，其可哉？吁！忘祖母再世保抱之恩，而訴其惡，諱其父親書契約，以昧其真，是自訴其父祖，可謂於所厚者薄矣！論理，婚田自有年限，金科玉條，凛不可越。今其事幾百年，又皆陳迹，亦且奪於非所論訴之時，是無國法矣！然事之曲直，彰彰若此，而前所究實，例皆含糊，蓋畏其嚚訟，惡其執持，先爲全身之計，故有不敢。愚謂天下未有盡職而獲譴者，以是敢極言之，上之人亦豈不能以燭其奸耶！若夫斫木件數，估計價直，已有羅主簿究實公案在，更不再恕。

《名公書判清明集》卷六《户婚門·争業以姦事蓋其妻》 近準憲臺送下孫岑狀論孫達善、孫斗南等争園地，使、府帖押下孫斗南、王氏論孫達善奸亂，及朱氏理孫斗南重迭交易園事。照得争業當論契照先後，争奸當論踪迹虚實。孫斗南與孫蜕、孫岑，親叔父也，與孫蘭、孫元善、孫達善，親堂兄弟也，與孫彦烈，遠族人也。争業既非，況誣以亂倫乎，何族義之薄如此！孫斗南初以園地一角三十步賣與叔孫蜕，乃紹定四年，契書分曉。孫斗南妄以吐退爲辭，於紹定六年重賣與叔孫岑男孫蘭，可乎？孫斗南再以園地二角、草屋三間典與叔孫岑男孫蘭，乃紹定五年作林知府名交易，隨即改正印契，自合典至賣，就孫蘭併根爲正，孫斗南輒於紹定六年併根與叔孫蜕，可乎？此歲月先後重疊，是非不辨而明矣。孫蜕身故，其業乃男孫元善得之，遂與孫蘭争訟到官。孫元善之母朱氏又訟孫斗南交争無禮。孫斗南無以蓋壓其罪，而妄訟興焉。徑經郡，訟孫元善之弟達善與妻王氏有姦，姦從夫捕，當究其實可也。今孫斗南非得之親見，止憑信族兄孫彦烈之説，執以爲是。及孫彦烈供證，略不知姦通之跡，王氏供對，以絶無姦濫之情，事涉曖昧，蹤跡不實，輒以姦誣人，可乎？蓋孫斗南愚蠢之甚，如一木偶人，動爲族人所役，命之重疊交易，則書契重疊，雖親族失業，殊不之恤，使之誣告姦濫，則入狀誣告，雖妻室受辱，亦不爲耻，遂致一家兄弟，皆陷爲不義不法之舉，其罪殆不容恕。今仰孫元善管佃園地一角三十步，孫蘭管佃園地二角、草屋三間，孫達善、王氏並無姦狀，併孫彦烈放。孫斗南從輕勘杖八十，監重疊交易錢三十四貫還孫蘭，一十貫還孫元善，庶得允當。仍備申使、府及憲臺照應。

《名公書判清明集》卷六《户婚門·僞批誣賴》 吴五三，即吴富也，其父吴亞休以田五畝三角一十步，典與陳税院之父，涉歲深遠。吴五三同兄弟就佃，遞年還租無欠。近三、四年間，兄弟皆喪，吴五三獨存，遂萌意占種，不償租課，却稱故父已贖回訖，有批約可證。陳税院屢狀陳訴，吴五三詞屈理短，憑鮑十九等求和，自認批約假僞，甘從改佃，有狀入案，即移與繆百六種。秋事告成，吴五三復强割禾稻，反論陳税院不合就南山律院勸從和退佃，又不合經尉司論訴强割，追人搔擾，欲以此爲陳税院强占田之罪。殊不知既有交争，何害和對，既相詞訟，寧免追呼，此皆枝蔓之辭。若夫産業之是非，初不在是。看詳案牘，見得吴五三捨理而靠勢，陳税院恃理而憚勢，當職詎肯屈理以狥勢，必惟其是而已。今以吴五三之砧基、批約與陳稅院之契書，租劄參考其故，真僞易見，曲直顯然。大抵砧基當首尾全備，批約當筆跡明白，歷年雖久，紙與墨常同一色，苟有毫髮粃點，欺僞之狀曉然暴露。今吴五三賫出砧基止一幅，無頭無尾，不知爲何人之物，泛然批割，果可憑信乎？吴五三所執批約二紙，煙塵薰染，紙色如舊，字跡如新，公然欺罔，果可引乎？此吴五三虚妄一也。陳稅院執出吴亞休契，併繳上手赤契，出賣乃嘉泰二年八月，於當年投印管業，割稅，入户三十餘年矣。吴五三輙稱其父亞休已於嘉泰元年贖回，所執陳稅院父陳解元退贖兩批，皆是嘉泰元年八月十二日内書押。陳解元身故多年，筆跡是否，固不可辨，但以批約驗之契書，豈有二年方交易，元年預先退贖，其將誰欺？容心作僞，殊不計歲月之訛舛，此吴五三虚妄二也。吴朝興、吴都正、吴富、吴歸即是親兄弟，吴富即是吴五三，復同共立契，將上項田根於嘉定八年併賣與陳稅院之父，印契分明，吴朝興等復立租劄佃種，亦二十餘年矣。契内之兄弟商議，賣故父亞休所典之田，領錢尤分曉。父典於其先，子賣於其後，尚復何辭？今吴五三輙稱父已贖回，非詐賴而何。此吴五三虚妄三也。吴五三自知典賣田根已久，假撰批約有罪，不免强詞以誑人，始捏其田典與曹寺丞宅。及陳稅院執出曹宅回簡云，不曾干預此田，其計已窮，遂憑曹八主簿一紙榜文，白占田畝。但知借勢以爲援，不知背理而難行。豈有正當之契書，反不若假僞之文約，稍有識者，悉知其非，不然，則闔邑之産業，皆可强奪，盡相牽而爲僞矣。此等惡徒，不可不正其罪，吴五三勘杖八十，毁抹僞批及原用砧基附案，仍監還田租。仰陳稅院照契管業，從便易佃。餘人並放。

《名公書判清明集》卷六《户婚門・訴姪盗賣田》 華綱、華緯及其子惟德、惟忠，紹定二年至嘉熙三年，前後十契，將田六畝有奇，正典斷賣與陳舜臣爲業，並已經官投印。華綱、華緯死，陳舜臣亦死，而華大成者，乃以爲故祖華詠遺下未分之田，訴其姪惟忠、惟德瞞昧盗賣與陳舜臣之子可久。縣追各人供對，大成則曰，此係故祖華詠遺下未分之田，惟德、惟忠則曰，此係故父華綱、華緯自己分受之田。官司於此且合追索兩家干照，究證是與不是未分之田，則曲直予奪瞭然矣。夫何含糊於已分、未分之間，依阿乎有分、無分之説，但令華大成備二畝價錢，於可久家撥贖二畝。惟其是非未明，此大成望蜀之心，獨不止於得二畝，可久全璧之意，又未忍於割二畝，其訟所以不已也。要之，撥二畝之説未爲至當，而已分、未分之争合與究竟。使其果是未分之田，則華詠生四子，祖業作四分，此田合四分分贖，豈止大成一分可贖二畝而已。照得華詠四子，先分析於開禧二年，華綱、華大成兄弟又分析於嘉定年間，何爲已分析三十年，而尚有未分之田邪？又何爲不争訴於三十年前華綱未死之日邪？又何爲諸分不争，而一分獨争邪？此田謂之未分，官司何所憑據？若曰故祖遺下未分之田，則必有衆存文約，又必有各分分書，互載可照。所合索上究證，則無者不得盡其辭矣。但兩争干涉人衆，若一一追到府，恐成煩擾，欲送富陽縣，詳所擬追索干照，從公結絶。限五日申。

《名公書判清明集》卷六《户婚門・王直之朱氏争地》 交争田地，計二畝一角十九步，該載畝步四至，坦然明白，末後兩契，且聲説除將住屋及屋基，滴水爲界，典賣與施王德外，餘並係賣與徐宅之數，此朱氏契書也。王直之執出嘉熙三年、四年典買施王德屋地四契，且繳到施王德元置施文霸屋地未印老契，該載屋宇間架及隨屋地基，明即不曾聲説有屋外桑地畝角，此王直之契書也。以兩家契書考之，朱氏當盡有桑地，直之僅買得屋基，彼此干照，極是分曉。今直之施王德死後，乃欲於屋基外，冒占朱氏桑地一角，不知何所憑據？若曰繳到施王德原置文霸老契可照，四十餘年一幅竹紙，竟不投稅，已是難憑，今縱以爲可憑，則契内只言住房基，即無桑地一角兩字。但是施王德初典契内平白撰出桑地二字，又無畝角四至，續於嘉熙四年閏月，施百二娘斷賣於施王德既死之後，又旋添一角之語。不知施王德、施百二娘何所據而賣桑地一角，王直之又何所據而買桑地一角乎？蓋朱氏桑地，原係施王德承租，及據施百二娘供證，當來止是出賣住屋基地，即不曾滚同桑地賣與直之，此非王直之有意貪圖，則是施王德盗賣主産，無可言者。今直之不自反其契書之不正，乃推求朱氏契書，謂其不合投稅於嘉熙年間，必是假僞。照得朱氏七契，一契印於紹定三年，六契印於嘉熙四年，其印於嘉熙四年者固若可疑，但所置施文霸桑地，其一畝已於紹熙四年經官，批上砧基簿，其二畝一角十九步又於慶元五年經官，批上砧基簿，又該載嘉定六年分書，並有官印官押分明，直之尚欲將慶元元年至今未印之片紙爲可據，而朱氏紹熙、慶元、嘉定已印之砧基、分書乃不可憑乎？無緣朱氏預於紹熙、嘉定年間僞造砧基、分書，以爲昏賴嘉熙四年産業之理。切詳兩人之詞，僅争一角之地，展轉逾年，道路經營之費，不知其直幾角矣。昧於遜畔，至於此極，深可念也。今將兩家契書反復究問，期於息争。朱氏當全有桑地，王直之只合得屋基，彼此不容昏賴。本縣雖曾委主簿摽還，以桑地還朱氏，以屋基還王直之，但剖析兩家情僞全不分明，故直之尚欲徼覬於萬一。欲當廳責狀，將各人干照逐一給還，庶可絶詞。

《名公書判清明集》卷六《户婚門·陸地歸之官以息争競》　張清死，無子，有鹹塘陸地二畝，朱安禮、張七四互争，自縣至府，展轉二年。朱安禮陳詞不已，張七四自刑至再。安禮之説曰：嘉熙四年二月内，用會八十貫，典到上件陸地，當年十一月投税訖。張七四之説曰：張清過房爲其子，張清死於嘉熙四年十月，安禮印契於嘉熙四年十一月，張清當年三月内，委將上件地抵當在安禮處，續於五月内已筭還本利，但未取得契書，所有典契，係安禮逼其已死男張百三僞書。今將縣府案卷反覆看詳，照得張清陸地，張七四、朱安禮皆不當得之，只合作絶户産歸官。何以言之？張清將地抵當，所在鄉例有之。只緣本利雖已還足，契簿未曾取回，安禮因張清身死，遂啓吞謀之心，乃作正行典契投印。殊不知作僞心勞，如見肺肝，今詳二契皆是旋填年月，又非出於一手，其爲僞一也。既是二月立契，乃越十月投印於張清死後，其爲僞二也。安禮交易不明，雖得此地，固無此説。張七四乃欲垂涎，亦爲不可。蓋張七四乃張六一嫡子，張清乃其叔也。張清未死，張七四自異居而各都，張清死，張七四始竄身而入室，此其非張清之子，一也。若曰過房，何爲尊長、鄰里不敢指證，經官除附，並無明文，而安禮執出本縣嘉熙二年別事斷由，明指張清爲張七四之叔，此其非張清之子，二也。縱曰果曾過房，在法，爲人後者不以嫡。張七四畫列宗派圖，其本生父只生七四一人，實爲嫡子。爲人嫡子，乃自絶其本生父母之嗣，而過房於其叔，於理可乎？此是張七四因張清死而無子，又知安禮交易不明，亦起吞併之心，故創過房之説，以爲占據産業之計明矣。利之所在，雖微必争，遂使安禮僞爲契書而不顧，張七四冒爲人子而不恤，倘非盡伐其姦，何以轉移薄俗。欲將朱安禮繳到僞契毀抹，行下本縣，並契勘張清但於物業，盡照絶户條法拘籍入官，或爲縣學養士之助，仍將張七四押歸本生父張六一家，承續香火。其所争陸地至微，官司非有所利也，但欲使嗜利小人稍知忌憚，不至冒法而悖理耳。

《名公書判清明集》卷六《户婚門·叔姪争》　盛榮與盛友能爲從叔姪，貧富蓋有不同，釁隙已非一日。友能必饒於財，素無周給之恩；盛榮乃饒於舌，遂興連年之訟。觀盛榮方訴其姪包占古路，而友能復發其叔私販糯米，其情大畧可見。盛榮所訴，未必盡實，但察推謂予奪田地之訟，所據在契照，所供在衆證，此説極是。盛榮所以未甘屈服者，正以官司未索兩家之契照，參合衆人之公論耳。今切見盛榮所訴四事，其虚妄無可疑者二，謂友能包占古路，侵占祖墓是也；其虚妄而尚有可疑者二，謂友能占竹地及桑地是也。何以言之？所争古路，本非盛榮自己地段，乃衆人所由之徑也。所争古墓，奉非盛榮的親祖宗，乃同姓盛卸三之祖墓也。若曰友能跨路造門，則鄰保供證，謂初不礙衆人往來。若曰盛榮別有祖墓，則鄰保供證，謂即無其他墳冢。衆人之路，衆人不以爲不便，而盛榮獨以爲言；盛卸三之祖墓，盛卸三不以爲侵占，而盛榮乃敢妄指，此其爲虚妄較然矣。獨所訴友能强占竹地、桑地，此則官司有當考究者。其所訴竹地一段，係盛文旺、文貴中分之産。文旺即盛榮之父，文貴即友能之祖，乃全有之，此盛榮所以有詞。不知友能全有此地，何所憑據？若其父祖已曾買到文旺所分一半，官司今與索契參照，則盛榮自無詞矣。自縣而府，即不曾究問友能所以全有此地之由，此盛榮所以嚣訟不已。其所訴桑地一段，謂其父買到盛文智之産，見其砧基上手契，初不知其姪友聞盗賣與友能，此盛榮所以有詞。以姪而盗賣衆分之産，世亦有之。本縣合唤友能根問，憑何干照，與友聞交易，及當時曾不問盛榮，仍合唤友聞與盛榮面對，是與不是盗賣，則盛榮自無詞矣。自縣而府，即不曾追友聞對所以出賣之因，此盛榮所以嚣訟不已。小人陳詞，往往借實翼虚，張大其事，以動官司之聽。殊不知虚妄之迹，最難指掩，虚者一露手足，而實者亦若不實矣。若就府一一追究，恐隔蓦掩延。欲將盛榮連案押下縣佐廳，追人索契，從公指定，限三日申，如此兩事更屬虚妄，顯見頑猾，擾害宗族，紊煩官府，即合申解，依條施行。

再判

盛榮訴友能强占竹地、桑地二段事，今追到友聞、友能供對，照得桑地一段，委係盛榮父文旺先買得文智之産，紹定年間，其姪友聞盜賣與友能爲業。友能不問來歷，不收上手契照，鹵莽交易，宜有今日之訟。但縣判謂盛榮與友能爲族叔姪，居止相近，安有紹定二年賣過此産，而不知之理？況友能自得此地，築屋其上，種竹成林，已十四、五年，而盛榮始有詞訴，何邪？在法：諸同居卑幼私輒典賣田地，在五年内者，聽尊長理訴。又諸祖父母、父母已亡，而典賣衆分田地，私輒費用者，準分法追還，令原典賣人還價，即滿十年者免追，止償其價。揆之條法，酌之人情，歷年既深，在盛榮只合得價，不應得産。欲帖縣，監友聞先賣契字，仍給還友能管業。外所争竹地一段，據盛榮執出分書，委係文旺、文貴各得其半，盛榮即文旺之子，友能乃全有之，别無片紙干照，必是影帶包占，此盛榮所以反復嚚訟不已也。欲併帖委官，照分書將上件竹地標釘界至，作兩分管業，庶幾予奪各得其當。如盛榮再敢健訟，照已判斷治施行。

《名公書判清明集》卷六《户婚門·舅甥争》

張誠道，舅也，鍾承信萬鈞，甥也，舅甥争屋，非義也。鍾承信供稱，母親置到楊家巷屋七間兩厦，租賃與外人，張誠道供稱，於内買得前二間及一小間，遂致互争爲己物。大抵交易當論契書，亦當論管業。張誠道不曾管業一日，却有張洵正賣契一紙，遂謂有契豈不勝無契。鍾承信止有張模等上手契三紙，更無正典賣契，却管業二十八年，遂謂管業豈可使失業。二説相持，莫决是非。張誠道欲破管業之説，則曰鍾甥久出不歸，親姐貧，無以養，權借此屋收賃，以助買油菜。此論未通，近世澆薄，兄弟姊妹相視如路人，若能損己業，以贍同胞，我未之信也。鍾承信欲破無契之説，則曰母置此屋，恐以孤孀見欺於人，遂托舅之名以立契，竟執留而不還。此恐有之，安固習俗，常假姓以置産，凡訟牘間，蓋屢見之矣。何況鍾承信之母，管業多載，身故已二年，至今鍾氏每日點印賃錢，有簿歷可照。前後賃屋者，如張溢老、徐十三等，莫不曰賃鍾之屋，有租劄及供責可憑。此管業分明，豈不過於有契乎！兩詞曲直，於此可占矣。雖然，舅甥義重，忍傷和氣，今不必論契書之有無，亦不必論管業之久遠，當照張誠道所供，及其初意可也。始焉既能舉此屋，以奉乃姐，終焉豈不能返此屋，以歸乃甥。弓得於楚人，氈還於王氏，理所當然，在渭陽何辭焉。今仰鍾承信萬鈞仍舊管佃此屋，洒所以全張誠道始終之義，案給契付鍾承信，庶得允當。

《名公書判清明集》卷六《户婚門·謀詐屋業》

嘗讀杜甫詩曰：安得廣厦千萬間，大庇天下寒士俱歡顔。又曰：何時眼前突兀見此屋，寧令吾廬獨破受凍死亦足。使涂適道觀此詩，將媿死無地矣。涂適道，庸妄人也，固不責其庇寒士，不奪其師所居之屋足矣，固不望其處破廬，不置其師於受凍之地足矣。且學諭陳國瑞、陳聞詩父子也，涂適道俱從之爲師。自小至長，非特摳衣函丈，又且下鄰仁里，豈不知陳國瑞以假館養貧，初無室廬可以聚居托處，遂於嘉定十三年租賃沈宗魯、沈密書院屋宇三間而居。越六、七載之後，沈宗魯於寶慶二年春，將上件屋一間半，就典與陳國瑞，契云，所典屋與基地係陳學諭在内居止。續沈密於寶慶三年冬，復將一間半併典與陳國瑞，契亦云，其屋原係陳學諭居住，所有房門板障，乃陳學諭自已之物。以兩契觀之，可見陳國瑞賃居多年，今從賃至典，正合條法。寒士費幾經營，僅僅得此。豈謂涂適道因典到沈權等屋，便有覬覦之望，略不存師友之分，百端吞并，擬成片段。沈宗魯因訟死矣，不可詰弊，遂説諭沈密重疊交易，有沈密供招可證。故重典亦是寶慶三年，併根乃是紹定二年，又欲勢凌壓之，復於紹定二年假作辛大監立契，殊不知此三數契，皆在陳國瑞寶慶二年交易之後。輕經使、府上司十年論訴，必欲强贖。陳國瑞年將八十，父子疲於應酬，妨廢館地，困頓訟庭，師道安在哉！得非盡羿之道以殺羿乎，風俗之薄如此！涂適道萌意貪圖，不奪不饜，非特欲贖沈密所重典者。至於沈宗魯所獨典與陳國瑞者，亦欲一併吝贖。鄉曲親戚，略無公論。楚汝賢等皆涂之黨。陽與和對，陰行傾陷，誘陳國瑞賫出沈密契書，徑行兜執，却逼令交領錢，會，勒立批約云，領涂適道吝贖沈宗魯屋錢、會訖。又云，二契錢、會並領足。其欺騙踪跡，敗露於此。何以言之。陳國瑞賃屋在先，事事正當，若以鄰論，陳國瑞既先賃先典，涂適道悉在其後，合是先得業者爲主，陳可以贖陳之鄰至，涂不應贖陳之業。若以親論，涂適道與沈宗魯、沈密洒是異姓，沈既涂之親戚，涂安可吝沈之典屋，今書之批領輒曰，涂代沈吝贖，有此理否？顯見違法背義之甚，豈非攘奪其師所居之屋乎？陳國瑞父子柔懦，似不能言者，一時爲涂之親戚所迫，竟俛首從和，退而思之，交易此屋，色色在先，若一旦平白贖去，則無所栖止，更復依傍誰家門户乎？遂不肯退贖離業。凃適道逐客之念甚急，又慮其無以爲徙居裹糧之計，損官券十貫，以助搬挈，未幾，經縣投詞，便指此會爲陳國瑞妄索陪貼，低價行用，有戾約束。其意以陳國瑞貧儒，豈足以當有司之追，觸違禁之罪，必至破蕩生生之資而後已，此屋將不待攻而自還。殊不念既奪其業，失蔽風寒之所，又誣以罪，推墮陷穽之中，寧不狼狽於鄉里，流離於道路，何忍使一老先生受困至此，豈非欲置其師於凍餒之地乎？凃適道操心不仁，見利忘義，莫甚於此，亦鄉論所切齒也。天道好還，人欲難勝，幸而陳國瑞有沈宗魯典契一紙，尚留州案，免爲凃適道所攘，今方檢尋取來，遂證得交易歲月在先。又幸而陳國瑞即經丞廳入詞，悔還吝贖錢、會，就徐士顯家付還搬挈官會，並未曾接受在己。今仰索上件錢、會，勒凃適道交領，仍將凃適道重疊弊契及批領，毁抹附案，並監沈密重典賣錢還凃適道。仰陳國瑞照二契管業居住，庶幾從此風雨不動，安然如山矣。但沈密不合故違條法，重併交易，凃適道不合悖慢師道，妄吝屋業，并合勘杖八十，照疏決免斷，仍申使、府照應。

《名公書判清明集》卷六《户婚門·争山》　牛大同乃錢居茂之婿，錢孝良乃錢居洪之子，居茂、居洪嘉定六年置立分書，異居析産，已三十年。淳祐二年，大同葬其母於居茂祥禽鄉之山，孝良乃稱大同僞作居茂遺囑，强占山地，有詞於縣。縣不直之，再詞於府。今官合先論其事理之是非，次考其遺囑之真僞。照得大同所葬之山，居茂之山也。居茂雖死，其妻汪氏、其子孝忠見存。大同若果是僞作遺囑，强占山地，汪氏、孝忠訴之可也。今汪氏、孝忠俱無詞，而孝良有何干涉，乃指爲僞而訴之。此無他，小人無知，因其造墳，疑可爲風水，始欲含糊沮撓，繼於狀詞栽埋親鄰取贖之説，惟欲覬覦而攘之。殊不知同分之産，若賣與外人，則親鄰可以吝贖，今大同爲居茂之婿，居茂既以遺囑與之，而汪氏、孝忠俱不以爲非，孝良其何詞乎？況將遺囑辨驗，委是居茂生前摽撥，與女捨娘充嫁資，其辭鄙俚懇切，雖未爲當理，却是居茂親筆書押，與嘉定年間分書比對，出於一手，真正自無可疑。又況居茂、居洪今同分書内該載，極是分曉，居茂得山而不得田，居洪得田而不得山，孝良雖欲覬覦，無一而可。欲連契案帖縣，令牛大同憑遺囑管業，庶幾是非别白，予奪分明，鄉村小人，各安其分，不致嚚訟，重傷親誼。

《名公書判清明集》卷六《户婚門·争地界》　傅良紹鮑家産業，沈百二承賃喬宅屋宇，交争地界互訴，委官審究。今詳主簿所申，則沈百二之無道理者三。以干照考之，盧永執出喬宅契書，該載四至，其一至止鮑家行路。既曰至路，則非至鮑家明矣。今沈百二旋夾新籬，乃欲曲轉釘於鮑家柱上，一也。以地勢參之，非但高低不同，鮑家屋側，古有水溝，直透官街，則一溝直出，皆是鮑家基地明矣。今沈百二轉曲新籬，乃欲夾截外溝一半入籬内，二也。以鄰里證之，沈九二等供，當來籬道係夾截於沈百二屋柱上，渠口在沈百二籬外，則溝屬鮑家，籬附沈屋，衆所共知，信非一日。今一旦改籬跨溝，曲拆包占，縱傅良可誣，而鄰里不可誣，三也。考之干照，參之地勢，證之鄰里，其無道理如此，何爲尚欲占據。原其所以，傅良父在日，嘗以此地借與沈百二，其時兩家情分綢繆，彼疆此界，初不計較。久假不歸，認爲己物，且欲築室其上，傅良乃以好意欲歸侵疆，而沈百二反以穢語肆行抗對，是以力争。事既到官，惟以道理處斷，引監沈百二除拆新籬，只依干照界至，歸還地段，庶可息争。然所争之地不過數尺，鄰里之間貴乎和睦，若沈百二仍欲借賃，在傅良亦當以睦鄰爲念。却仰明立文約，小心情告，取無詞狀申。再不循理，照條施行。

《名公書判清明集》卷六《户婚門·争界至取無詞狀以全比鄰之好》

廂官究實，其曲已全在劉正甫。兩家共一藩籬，正甫如欲撤而新之，先當以禮告於周掌膳可也。今不告撤籬，直入其圃，周又烏得而不怨。正甫此時尚能早辭遜謝，則可以全鄉曲之義矣。復行抗駡，周又烏得而無詞。況周爲士人，劉爲牙吏，亦當自識高下，豈應無禮如此。但周之所以召侮者，豈非以其地相連接，而怨劉之取贖乎。天地之間，物各有主，却正不必爲此懷憾。未欲遽有施行，以虧比鄰之好，再帖廂官，監劉正甫以禮遜謝，夾截界至，取無詞狀申。如再恃强，定行斷科。

《名公書判清明集》卷九《户婚門·鼓誘寡婦盗賣夫家業》　徐二初娶阿蔡爲妻，親生一女六五娘。再娶阿馮，無子。阿馮有帶來前夫陳十三之子，名陳百四。徐二宜立嗣而不立嗣者，蓋阿馮母子專其家，不容立也。徐二慮之熟矣，恐身死之後，家業爲異姓所攘，乃於淳祐二年手寫遺囑，將屋宇、園池給付親妹與女，且約將來供應阿馮及了辦後事。徐二雖爲家業慮，亦未嘗不爲阿馮慮也，其遺囑可謂曲盡，阿馮可以生死無憾矣。夫何徐二身死未寒，里人陳元七用心不仁，欺阿馮孀處而貪謀之，坐使陳小三爲牙，啜誘阿馮立契，盜賣徐二家業。在法：諸財産無承分人，願遺囑與内外緦麻以上親者，聽自陳，官給公憑。又法：諸寡婦無子孫，擅典賣田宅者杖一百，業還主，錢主、牙保知情與同罪。今徐二之業已遺囑與妹百二娘及女六五娘，曾經官投印，可謂合法。而陳元七輒誘阿馮盜賣，若只以擅典賣之法定之，尚當勘罪追業，而况又係盜賣乎？陳元七、陳小三、阿馮三名，各勘杖一百，内阿馮年老免斷，監錢。家業追還徐百二娘、六五娘同共管佃，別給斷由，與之照應。仍仰百二娘照遺囑供奉阿馮終身，不得背棄。所有僞契，候府判廳給到日毀抹。

《名公書判清明集》卷九《户婚門・買主僞契包并》　寡婦阿宋有三男，長宗顯，次宗球，次宗輝。户下物業除三分均分外，尅留門前池、東丘谷園，又池一口，充阿宋養老。嘉定十六年，黄宗球出一契，抽東丘谷田三分中一分，典與黄宗智，索到干照，有母親阿宋及牙人知押，此項委是正行交關外，有兩分宗顯、宗輝不曾出賣。據阿宋初詞，以爲黄隅官宗智强占其業。黄宗智供狀，則以爲並已買到。及索出嘉熙元年契一紙，但有黄宗輝、黄宗顯押字，即無牙人，不曾有母親阿宋知押。以黄宗顯字畫攷之供狀，已絶不同。又據阿宋稱，黄宗輝係乙未年身死，今上件契書乃在黄宗輝已死之後。兄弟押字不同，又不取母親知押及牙人證見，弊病百出，不容遮掩。此皆是黄宗智用心不仁，欺阿宋一房孤寡，因得黄宗球一分之業，遂假立弊契，欲包占三分。使阿宋不能扶病力陳，官司不與盡情根理，則此田遂陷入黄宗智之手，使孤兒寡婦坐受抑屈，豈不可憐。黄宗智立僞契占田，勘杖一百，真契給還，僞契毁抹附案。仍給據與阿宋照應。

《名公書判清明集》卷九《户婚門・僞將已死人生前契包占》　黄明之、李日益所争破塘下東山邊之田，皆出於吴家。索出黄明之契，係得業於吴友暹，具載田大小一十八坵，典錢三十貫，係今年四月投印。索到李日益契，係是得業於吴夢齡，具載田大小一十一坵，典錢七十二貫，有繳捧上手徐都巡契。吴友暹，父也，吴夢齡，子也，以理論之，父賣子絶，黄明之交關爲正，李日益交關爲不正。然以契書攷之，以供狀參之，則吴友暹兩契頗有可疑者。契内一十八坵田，出租穀一十五石，緣何秖典錢三十貫？既是吴友暹全契出典，緣何徐都巡上手契乃係李日益得之？又吴友暹别紙花字亦絶不同，兩家契頭並皆亡歿，意者黄明之於吴友暹已死之後，博换契書。而爲此乎？不然，又何爲加典一契，投印乃在今年四月，兩家有詞之後也。兩契牙人各爲所主，不伏從實供吐。所幸吴友暹義女吴四娘供上件田十八坵，於吴友暹端平元年身死後，吴夢齡將土名西邊破塘下一十一坵田典與李日益，通計價錢七十二貫文足外，更有兩坵，今照吴子達所供，係本人承鬮分到一坵，已賣與沈億六秀，又轉與徐宗五秀，見管業訖，其一坵係吴友暹於紹定六年斷根賣與吴氏，係其夫金百二秀管佃。以此攷之，則一十八坵之數各有着落。今黄明之乃寫立已死人契，盡該一十八坵，是欲包並三家物業爲一。况今年加典一契，投印方新，尤不可信，其虚僞亦難掩矣。上件交關契頭亡歿，契字難明，只得據供證，酌人情，作此結絶案，給榜下地頭曉示，仰各照判佃業，不得妄有侵占。所有黄明之假僞之罪，事在赦前，且與免科。

《名公書判清明集》卷九《户婚門・有親有鄰在三年内者方可執贖》

埂頭之田，既是王子通典業，聽其收贖，固合法也。至若南木山陸地，却是王才庫受分之業。准令：諸典賣田宅，四鄰所至有本宗緦麻以上親者，以帳取問，有别户田隔間者，并其間隔古來溝河及衆户往來道路之類者，不爲鄰。又令：諸典賣田宅滿三年，而訴以應問鄰而不問者，不得受理。王才庫所受分陸地，使其果與王子通同鬮，亦必須與之有鄰，而無其它間隔，及在三年之内，始可引用親鄰之法。如是有親而無鄰，及有親有鄰而在三年之外，皆不可以執贖。今但以同鬮，便欲聽其執贖，在法却無此説，合索干照參對施行。

《名公書判清明集》卷九《户婚門・妄執親鄰》　陳子萬家業破蕩已久，忽用計脱贖去三十年已賣與陳定僧父田契。據此田直官會三百貫，今自寶慶二年三月取贖，至寶慶三年正月，止有官會一百二十貫交付，尚有官會一百八十貫止立虚批，即無一錢可還。定僧既未得錢，子萬亦未當管業。今已憑此契立户頭矣，又將此田賣與楊世榮矣，又憑此契執親鄰贖定僧别田矣。且子萬既能贖田，既能起立户頭，則所贖之田合自保守，今乃朝贖而暮賣，朝起户而暮出業，此何爲者邪？蓋此田既賣與楊世榮，則是楊世榮之業矣，子萬既已無業，烏有所謂鄰哉？〔四〕在法：交易錢止有一百二十日限。陳子萬贖田經隔一年，交錢未足，不合便將別人田賣與楊世榮，不合妄執親鄰。楊世榮不合謀業，用錢資給子萬贖田，又資給子萬執鄰。兩名各勘杖一百，備到錢、會本合没官，又恐楊世榮當來偶不知情，錢還世榮，田還定僧，各令責領入案。劉氏所買田，乃是問定僧交易，在子萬既無業，不知以何爲親，以何爲鄰，合還劉氏管業，契併給還。所有定僧父判官契内田，必有陳偓斷賣骨契，定僧年幼不能知管，致爲子萬等鶻突，以賣爲典。然典業須有合同契，若陳偓、子萬將來要贖，仰執出合同，以憑照對，各給斷由。

《名公書判清明集》卷九《户婚門·典買田業合照當來交易或見錢或錢會中半收贖》 李邊贖田之訟，凡九載。縣家所定與漕司所斷，皆以李邊爲不直。當職今將案牘逐一披閲，見得李邊果是無狀之甚，供吐之間，説條道貫，不但欲昏賴典主，直欲把持官司。執減落會價爲詞，一則曰有違聖旨，二則曰有違聖旨，使官司明知其非，瑟縮而不敢加之罪，典主明遭其誣，窒礙而不敢與之争。自非老姦巨猾，習於珥筆，安得設謀造計，以至於此！殊不知法意、人情，實同一體，徇人情而違法意，不可也，守法意而拂人情，亦不可也。權衡於二者之間，使上不違於法意，下不拂於人情，則通行而無弊矣。稱提楮幣，朝廷之法，固曰斷斷乎其不可違。州縣之賦租，商賈之貿易，已既並同見錢流轉行使，獨有民户典買田宅，解庫收執物色，所在官司則與之參酌人情，使其初交易元是見錢者，以見錢贖，元是官會者，以官會贖，元是錢、會中半者，以中半贖。自畿甸以至於遠方，莫不守之，以爲成説。如近日提舉司所判顔時昇贖李昇田之類是也。今李邊乃欲以見錢五十貫、官會六十五貫，而贖唐仲照見錢一百二十貫典到之業，何不近人情之甚邪！强之不從，而遂訟以減落會價，經縣經臺，咸不得逞，復不知止，又來經州。蕞爾編氓，縣令折之既不從，監司折之又不伏，則其狡獪亦可知矣！且觀唐仲照不肯退業之因，只是持見錢典見錢贖之説，初未嘗欲以時價折估官會，安得横以減落百陌之罪誣之？向使當來果是錢、會中半，其時舊會係作七百七十行使，今既減作二百文省，則李邊亦當以五償一，除五十貫見錢之外，尚合還舊會四百五十餘貫。縱曰取贖之時，在朝廷新會未出之前，舊會未減之日，則亦不應以六十五貫官會，而準七十貫錢，此雖三尺童子，亦知其必不可行矣。李邊自反有愧，無以藉口，乃以贖後進典一契，謂其瞞昧卑幼，謂兄弟不知。官憑文書，豈可以虚辭勝，作僞而愈拙，欲蓋而愈彰，但懷求勝之心，罔念終兇之戒。若不痛治，何以戢姦，本府昨準漕司行下監李邊備錢陪還唐仲照，如不伏，收勘從條行。今據僉廳所擬，李邊合勘杖一百，但其狀首自稱前學生，意其或是士類，遂欲免斷。就觀李邊前後狀詞，皆是齊東野人之語，無一毫詩書意味，安得附於儒生之列？况採之輿論，皆謂其健訟有素，積罪已盈，儻於此時又獲幸免，則凡醜類惡物，好行兇德之人，稍識丁字者，皆得以士自名，而恣爲悖理傷道之事，官司終不得而誰何矣！此長惡之道也，豈爲政之方哉！照條勘杖一百，引監元錢還唐仲照，日下退契，秋成交業。

《名公書判清明集》卷九《户婚門·過二十年業主死者不得受理》 理訴田産，公私惟憑干照。沈邦政訴其祖沈文道有田八畝，坐落仁和縣西塘，典在孫宅，本縣不與理贖，經府陳訴。僉廳索案點對，照得其田係劉防禦于淳熙五年賣與陳保義，陳于慶元六年賣與徐四，徐賣與錢登仕，錢又于嘉定六年滚同田産百餘畝，賣與孫宅。繳到錢登仕賣契及原買徐四上手赤契，一一分明，更易四、五主，經涉五、六年，前後契内即不曾聲説先係沈文道之田。不知沈邦政何爲一旦認爲己田邪？若曰祖産，必有砧基簿或分書可照，若曰果是其祖出典，必有合同典契可考，今咸無之。又自供初不知價貫多少，亦不知牙保、業主姓名，但執先贖回劉氏子家典契一道，稱與此田係是同段，因必是其祖文道典與外人，未曾取贖，所以陳訴。殊不知此田雖與而典於劉娘子之田同段，乃是乾道年間之契，安知乾道以後，乃祖乃父不將此田賣與外人。借曰果是其祖曾典與人，何不于劉防禦等出賣之時，即行理贖。今經隔五十年，自劉以後，轉相授受，孫宅已係第五主買矣。若欲拔本尋源，須根問劉防禦得田賣田之因可也，官司何可根究五十、八十年前干照之事。大凡爲富不仁之徒，典人田産，不伏退贖，世固有之，官司當從公主張。但沈邦政既無片紙干照，其説略無根據，此必有生事者教唆之，徒事攪擾。在法：諸典田宅者，皆爲合同契，錢、業主各收其一。又諸理訴田宅，而契要不明，過二十年，錢、業主死者，不得受理。今沈邦政既無合同典契，又隔涉五、六十年，本縣所斷已爲允當。欲令孫宅照契管業，如邦政尚敢妄詞，解府從條施行。

《名公書判清明集》卷九《户婚門·妄贖同姓亡殁田業》　前武岡軍黄主簿妻江氏，論江文輝等妄贖同姓亡殁江通寶典過田業事，準台判，有申明指揮：典産契頭亡殁經三十年者，不許受理。今既無合同典契，不候官司予奪，不候黄宅交錢，便强收田禾，顯見欺孤凌寡。帖縣追兩名，索砧基簿及元典契解來，詞人召保聽候。續建陽縣解到江文輝、劉大乙赴府，唤上詞人、幹人陳吉，各賫干照、砧基、支書、契照，當廳詰問供對。照得江氏兒父江朝宗，於淳熙十五年用見錢一百貫足，典得江通寶田共三段，又於紹興四年内用見錢一百貫再典田一片，共二段，續於嘉定五年撥與女江氏兒，隨嫁黄主簿。自典至今已經四十八年，江朝宗并出業人江通寶並已亡殁，在官司不當受理，此其一也。江文輝供稱係江通寶直下子孫，欲取贖江通寶之田，必當有合同典契，今既無合同之契，本司難以憑據還贖，此其二也。據江文輝賫到紹興二十三年本縣印押江浩砧基簿一扇，計紙一十張。今點對見得所寫典與江朝宗田段，乃在第十二張紙内，况紙樣印色不同，字迹濃淡各别，乃是添紙填寫，不在收贖，此其三也。又江文輝賫出慶元三年官司印押江宗閔支書内云：江浩生兩男，長二十八生彦，次三十生宗閔，而無江通寶之名，却於寫三十之側，添名通寶三字，既非江通寶正名支書，難辨親的子孫，况江文輝指出該載所典田段，與契内土名不同，又有添段，亦難證用，此其四也。雖據江文輝資出别項久年契字及納税憑由，要作旁證，並經涉年深，難以引用，此其五也。江文輝所供事情，多涉虚誕，礙理難以取贖。然江氏所論江文輝收過兩冬苗米，今文輝只認還今年苗米一十二石，欲帖押下本縣監還。其江氏兒所論劉大乙資給江文輝謀贖田段，今引上供對，既無實迹，似難收坐，欲責狀踈放。

《名公書判清明集》卷九《户婚門·領庫本錢人既貧斟酌監還》　羅友誠節次領周子遵錢二百七十貫，開張質庫，且有文約可憑，今已越八年矣。因主家訴其欠負，乃稱所領之錢元不及數，所謂開庫，係是櫃坊，與文約所書大相矛盾，意在誣賴，不言可知。但小人得錢到手，既是妄用，官司雖有理索，豈能一一如約。幸而周子遵前後已取去錢二百一十六貫，若通本息計之，則所償僅及息錢之半，若只以本錢論，則所少僅五十四貫而已。事既至此，得本已爲幸甚，何暇更計息哉！委任非人，只得認錯。若必欲究竟到底，便着追保識人，追槍錢人，豈不擾害鄰里。文移來往，動是旬月，淹留城市，出入官府，縱是盡如所欲，亦恐得不償失。况羅友誠一貧如此，斷是無所從出。今只得酌情處斷。羅友誠勘下杖一百，錮身押下縣，監還未盡本錢五十四貫外，更監納息錢一百貫足。如一月不納，押上照斷監還。

《名公書判清明集》卷九《户婚門·質庫利息與私債不同》　大凡官廳財物勾加之訟，考察虚實，則憑文書，剖判曲直，則依條法。捨此而臆決焉，則難乎片言折獄矣。黄公才初以百千與李四二作解，而其子李五三、李五七止供認五十千，知縣遂以爲信。謂是當時果只五十千，不知以何爲照，而可證單詞之非妄？是不憑文書以考察虚實矣。李四二領錢之初，約每歲納息二分，以十四年計之，該息二百八十貫。據黄公才供，曾支去二十七貫，通本息合存三百五十三貫。此乃是積年留下息錢在庫，不曾支撥，初非以財物出舉，而回利爲本者。知縣乃引用積日雖多，不過一倍之法以斷之，豈猶未見淳熙十四年申明之勑乎，其説曰：若甲家出錢一百貫，雇倩乙家開張質庫營運，所收息錢雖過於本，其雇倩人係因本營運所得利息，既係外來諸色人將衣物、金帛抵當之類，其本尚在，比之借貸取利過本者，事體不同，即不當與私債一例定斷。今李四二所欠黄公才之錢，正係質庫利息。知縣乃以私債定奪，是又不依條法以剖判曲直矣。然則何以息訟哉？僉廳再唤兩詞，於黄公才名下索出李四二領錢文約，以驗其實欠錢若干。如見得别無未盡情節，則與照條追理監還，何必更追干證。

《名公書判清明集》卷九《户婚門·掌主與看庫人互争》　此事拖閱縣案，黎潤祖狀可疑者二，陳氏兒狀可疑者三，而大可疑者有一焉。試與言之，黎潤祖狀稱：賃范雅屋一所，開小米鋪，乙未歲下，范雅以米五十碩寄糶，面約五十貫足，至次年三月，展笲加利，令作一百七十貫手批。論此一節，以五十貫米錢，越數月而笲利兩倍之餘，未委是實。至若令作手批一語，尤爲難信，天下事非合於理，當於情，又或非心甘意肯，豈肯依人使令也耶？今有人焉，或使之赴湯蹈火，其許之否乎？此可疑者一也。其曰自後節次入還訖，所有上項手批，范雅稱卒尋未見，後因循不曾就取。論此一節，既曾以錢還人，縱使不得元約，亦豈不討交領爲照，乃置之於不問之域耶？此可疑者二也。又據陳氏兒狀，謂夫往小湖省親，范雅縱使羣妾，恣意喝罵，欲將毆害。論此一節，陳氏兒既與范雅羣妾無冤，何至遽然毆害，而用心如此之險耶？使果有此語，其必有所因矣，此可疑者三也。其曰范雅羣妾愚狠，當晚同姑夫吴孫將帶首飾、銀、會、籠、仗之屬，過吴孫家迴避。論此一節，陳氏兒若被范雅羣妾辱罵，當待藁砧之還，以實告之，可遷則遷，何爲打疊所有，遂與吴孫行耶？此可疑者四也。其曰范雅羣妾刼奪箱籠、銀、會等，盡底收歸家，踰一更，始唤集住屋人丘大二及氏兒公讎人詹十八，勒令封樁。論此一節，使果有刼奪，陳氏兒必呼叫鄰保，豈肯使范雅羣妾自奪下，自把去，自唤人封記，俱無一語驚四鄰耶？日則論時，夜則論更，謂之踰一更者，則此事於夜見之矣，使陳氏兒果有畏范雅羣妾而避之，則當於日間公然出去，范雅羣妾雖欲闌截，雖欲喝罵，人將不直於范雅矣。今陳氏兒於夜間搬移籠、仗之屬，事涉可疑，而范雅乃得有辭於陳氏矣，此可疑者五也。至若大可疑者，又不在是矣。黎潤祖狀謂曾於范雅家處館三年，人情無如此深熟，只緣正初兩家婦女有少言語不足，因黎潤祖去小湖省親，遂致范雅羣妾有喝罵之辱，妻阿陳有搬徙之行，吁！可笑也哉！詳人情深熟之旨，味婦女不足之言，則争之端，訟之原，其殆始於是耶？合是六者之疑，而又參之以勘會一時之見，若之何而折衷哉？今據范雅執出黎潤祖手批云：端平三年正月日起，再展計筭錢壹百六十八貫文足，再加三貫文足。又黎潤祖狀謂戊子、己丑、辛卯三年，在范雅家守館，甲午年，賃范雅屋，開米鋪。夫守館至於三年，人情深熟，理固然也。緣其深熟，則於范雅邊假貸少錢，以爲開肆之資，在黎潤祖可以啓口，而范雅亦不可得而却也。夫既借之矣，范雅又慮其久假不歸還，遂於端平三年索其照約，黎潤祖寫手牓作一百七十一貫，其間或展筭加利，雖不可知，然既是親書，夫復何説？黎潤祖非顛非狂，若謂范雅令其如此寫，即依其如此寫，吾未之信也。縣牒押下黎潤祖、范雅等，獨陳氏兒喧呶不輟，似非不能言者。今於體究之日，却不肆辯，只時以語撩撥范雅羣妾，其羣妾餘皆默默，中有一人不曉陳氏弄巧之意，遂喃喃應之，雖蠻音不能盡曉，然其色愠，其氣豪，其辭煩，亦非善良者。此是陳氏兒挑其怒，欲即證范雅羣妾之狠耳。但陳氏之情狀，當職已於押下日見之矣。范雅於體究之日，但執黎潤祖與其看庫一説，時或厲聲與黎潤祖争，此是范雅欲顯我爲掌主，汝爲看庫人，使當職知有分存焉耳。但昔黎爲館賓，范爲主公，賓主交歡，至於人情深熟，今雖借少錢未還，不應以看庫人視之。雖然，事至於争，何有於禮，此亦當仁不遜之意也。但有理不在高聲，范雅失之矣。又鄰人丘大二等供稱，正月十九日夜三更前後，聞得鄰居范九解宅工作人王七八吼叫庫下有賊聲，丘大二等鄰人各明火開門，看見有黄籠一對、箱二只并布袱一帕，各爲一擔，頓在官街上，其時有王七八、黎六九秀脱落頭巾在地。如此則黎潤祖非在小湖矣，亦非范雅羣妾奪去籠、仗，踰一更而後唤人到拘樁矣。使丘大二、王三一如黎潤祖所論，是范雅屋佃，即非實供，則余太一名非住其屋，不佃其田，今亦在鄰保之列，亦同此供，若例以誣證目之，不可也。此必黎潤祖典范雅人情深熟之時，借貸錢物，開張店肆，後因有争，黎欲席捲而去之，范雅得知，遂致攔截，不過如是而已。若謂刼奪，恐無是理也。縣牒欲當職擬斷具申，今合申縣，乞再將兩争人押上，當廳勒黎潤祖斟酌少錢，填還范雅，不必拘以元數，亦俗所謂賣人饒買人之意也。又況范雅之子范繼既得黎潤祖訓導，其模範已正矣。今范雅責償於黎潤祖者，又能不求其足，是亦陰騭之一助。模範既正，陰相扶，異時范繼黄卷策勛，青衫入手，黎潤祖之澄源正本，與有力焉。雖然，人事盡則天理見，范繼又不可全靠此一項陰騭也。案備申，仍將所押下人押回，聽候結絶，若二争不伏，一聽縣衙從條施行。

《名公書判清明集》卷一〇《人倫門·子與繼母争業》　自栢舟之詩不作，寡婦始不能守義以安其室；自凱風之什既廢，人子始不能盡孝以事其母。載拊遺編，爲之三嘆。吴和中貢士，今已久矣，不知其爲何如人。今考案牘，見其家儲書數千卷，必也佳士。前室既亡，有子七歲，再娶王氏，所望百年相守者。王氏果賢，當知敬以事其夫，恩以撫其子，此婦道也。既嫁從夫，其心豈容有異，續置田産，所立契券，乃盡作王氏粧奩，其立法之意，蓋爲兄弟同居，妻財置産，防他日訟分之患耳。王氏事吴貢士，上不見舅姑之養，下亦無伯叔之分析，一門之内，秋毫以上皆王氏夫婦物也，何用自立町畦，私置物業，此其意果安在哉？吴貢士溺愛，一聽其所爲，固已失之當時，王氏蓋已無永矢靡他之志。吴貢士嘉定九年九月死，家道頹温，王氏若能守志自誓，扶植門户，且教其子使之成立，不惟王氏可爲節婦，吳貢士亦且有後矣。一念既偏，但知有身，不復念其夫若子。吳汝求爲非淫佚，狂蕩弗檢。王氏席卷於其上，汝求破壞於其下，子母之恩愛離矣，吳貢士之家道壞矣。未幾，王氏挈囊橐再嫁，汝求傾貲産妄費，貧不自支，遂致交訟，豈復知有孝道，能誦我無令人之章。事既到官，當與究竟。吳貢士無恙時，有屋一區，有田一百三十畝，器具、什物具存，死方三年，其妻、其子破蕩無餘，此豈所以爲人婦、爲人子哉？王氏原有自隨田二十三種，以粧奩置到田四十七種，及在吳收拾囊篋，盡挈以嫁人。吳汝求既將故父遺業盡行作壞，豈應更與繼母計較成訟。今據所陳，王氏所置四十七種之田，係其故夫已財置到，及有質庫錢物，盡爲王氏所有。然官憑文書，索出契照，既作王氏名成契，尚復何說。吳汝求父死之時，非是幼騃，若有質庫錢物，何不自行照管，方其鬻産妄費之時，何不且取質庫錢物使用？繼母已嫁，却方有詞，無乃辨之不早乎？以前後亦有領去銀器財物，批照具在，已上二事，皆難施行。但王氏，吳貢士之妻也，吳汝求，吳貢士之子也，儻未忘夫婦之義，豈獨無子母之情？王氏改適既得所，吳汝求一身無歸，亦爲可念。請王氏以前夫爲念，將所置到劉縣尉屋子業與吳汝求居住，仍仰吳汝求不得典賣。庶幾夫婦、子母之間不至斷絶，生者既得相安，死者亦有以自慰於地下矣。各責狀入案，照會契書給還。

《名公書判清明集》卷一〇《人倫門·兄弟論賴物業》 在法，已分財産滿三年而訴不平，及滿五年而訴無分違法者，各不得受理。翁曄、翁顯繫親兄弟，其父翁宗珏在日，有田五十八種，於淳熙十二年分撥與二子，各得田二十九種。宗珏慶元六年死，翁曄將所得田二十九種盡行典賣，及曾將共段田陪併與弟翁顯，原契見存。翁顯又曾執親鄰，就丁政遠邊贖得翁曄原典田，及作翁圍名，典得魏齊賓田。鄉民辛勤，增置些小田業，豈是容易。翁曄已死，其子翁填覬覦乃叔物業，輒妄入詞，稱是翁顯將在衆錢物置到田産，欲行均分。自淳熙十二年至今，已及三十六、七年，翁顯執贖并置到田業，皆是嘉泰已後，及有是嘉泰十一年者，豈得是在衆錢物？委是被人教唆，妄生詞訴，且免斷，契給還翁顯，餘人并放。

《名公書判清明集》卷一〇《人倫門·與義兄争業》 丘如，乃阿黄前夫之男，帶來嫁與丘閏。阿黄與丘閏共事，再生丘寅、丘寧。丘閏必不肯私其妻前夫之子，若有置到田業，合作丘閏名字。索到丘如户下契書，並作丘如名字交關，此是丘如將故父財物營運置到無疑。丘閏之詞，亦謂自置田業作丘閏名字，丘如自營運到作丘如名，此却是丘閏本心說話。所謂狀上語，皆丘寅等捏合。丘寅等只合分丘閏置到之業，却無緣分析義兄財産。若謂父母在，不得别籍異財，然丘如本是李家之子，不礙上條。但丘如既已有財産，却不得再分丘閏田業，則丘寅、丘寧亦自無說。所有供贍繼父，葬送母親，丘如合當諸子分之一，不可以前後異其心。案引上各人讀示，仍申臺府。

《名公書判清明集》卷一〇《人倫門·妻已改適謀占前夫財物》 昔漢時有陳孝婦，年十六而嫁，未有子。其夫當戍邊，將行，屬孝婦曰：我生死未可知，幸而有老母，無他兄弟侍養，吾不還，汝肯養吾母否？婦應曰：諾。夫果死不還，婦養姑不衰，終無嫁意。三年喪畢，父母哀其無子早寡，將改嫁之。婦曰：夫去時屬妾以養母，既許諾之，夫養人老母而不能卒，許人以諾而不能信，將何以立於世？欲自殺，父母遂不敢奪其志。養姑二十八年而姑死，盡賣田宅以葬之，乃終奉祭祀，世稱爲孝婦。阿常爲巡檢之妻，不幸夫亡，猶有姑在，老而無子，煢獨可哀。阿常若稍有人心，只當終身不嫁，與乃姑相養以生，相守以死，如陳孝婦之義可也。夫死未及卒哭，乃遽委而去之，棄姑如棄路人，易夫如易傳舍，其心抑何如此之忍邪！阿侯一身無所倚賴，遂依其婢阿劉夫婦以苟活，則其不得已之情可想見矣。阿常改嫁之後，兩年之間，更不能走一介，以訪問其啓處，及聞其死也，反興訟以取其遺資。縱阿侯所蓄之數果如阿常所陳，則養生送死，皆阿劉夫婦之力，既當其大事，則以此酬勞，亦所當然。阿常背夫絶義，豈可更有染指之念，況未必有之乎！准律：諸居夫喪百日外，而貧乏不能存者，自陳改嫁。阿常喪夫於淳祐元年之二月，至今年四月纔當除服，而今改嫁已首尾三載。若欲引百日外自陳之令，據阿常所陳，其夫囊中如此厚，即非貧乏不能自存者矣。然則坐居喪嫁之律，從而離之，夫誰曰不然。張巡檢身爲命官，豈不識法，知而與爲婚姻，合五等論罪。況此等不義之婦，將安用之。嫁至於再，已爲不可，今自錢而徐，自徐而張，至於三矣。朝彼暮此，何異娼優之賤，當其背錢而歸徐，徐不以錢爲鑒而娶之，故使其母不獲孝婦之養。今又背徐而歸張，張又不以徐爲鑒，則安知後之視今，不猶今之視昔乎！張巡檢既非本府所轄，難以將阿常遽行取斷，牒所屬徑自照條施行，其可其否，聽其區處。但其男張良貴，係是張巡檢之子，與徐巡檢之家有何干預，而輒横興詞訴，意在騙脅，情理可憎，合示薄罰，決竹篦二十，押出本府界。所有阿侯財物有無，更不追究，仰阿劉夫婦以禮埋葬。又據阿常所供，稱徐巡檢身死之日，存下見錢三百貫，金銀器凡十數項，官會三千貫，蕞爾巡警之職，俸給所入有幾何，一家衣食之外，而囊橐又復如此，果何自而來哉！唐盧坦有云：凡居官廉，雖大臣無厚蓄，其能積財者，必剥下以致之。如子孫善守，是天富不道之家，不若恣其不道以歸於人。徐巡檢若果有此財也，必剥下以致之者也，今遂歸於他姓之手，殆天不肯富不道之家歟！居其職者，宜知所戒矣。

《名公書判清明集》附録二《勉齋先生黄肅公文集·曾適張潛争地》

使府送下曾安撫宅二承務名適，幹人周成并金谿縣百姓張潛，并干證人張四九等，共六名，委本縣勘究買地掘墳事。内有陳四一、饒大兩名監繫日久，羸病欲死，已差醫人李才鼎看驗，監醫，并求陳四三、彭六三二名，各召保，周成、張潛寄收。尋拖照案牘，參酌事情，委是曾適妄狀誣賴，思在擾害張潛等人。今張潛被害，已破蕩，而干證之人之被監繫，病患危篤，深可憐念。且曾適以掘墳論訴，情若甚切，然自開禧三年三月估賣園地，張潛以錢就買，若果有掘墳情節，何爲當時並無詞訴，此其虚妄一也。張潛買地之時，曾經官陳詞，曾適幹人陳先等并鄰甲數人供狀指證，皆以爲並無墳墓，何爲曾適略無一詞，與之争辯，此其虚妄二也。曾適嘗於開禧二年十二月論郭謙侵占屋地，屋地之與墳墓，孰緩孰急，豈有先論屋地，經隔兩年，而論掘墳，此其虚妄三也。曾適執出關書，登載受分園地，有祖墳三所，其後所供稱是二女一乳母之墳，何其先後之相戾耶？豈非自有祖墳，恐爲人所證，故遂亟變其説，此其虚妄四也。開禧二年正月未抄估之前，有曾宅幹人朱端陳詞，稱産業係三位均分，有硃契、砧基簿表照，即不言有關書，今乃旋造關書，以爲表證，此其虚妄五也。關書之末，具載曾適今幹人熊富聽狀印關。嘉泰三年，曾儒林尚無恙，何不爲狀首，而獨於曾适，此其虚妄六也。既曰穿關，則兄弟三人各有三本，今但以一本出官，則是本無穿關，此其虚妄七也。園地得産於智大夫及陳成，亦合有上手契字，今以其自稱三墳係是淳熙年間，恐與上手年月牴牾，故遂不敢賫出此契，此其虚妄八也。買園之時，乃是知府尚在之日，日涉之名，是乃知府宴游之所，既有力以辦宴游之園，獨不能求隙地以葬其殤女、乳母，而置之園中，乃朝夕宴游於墟墓之間乎？此其虚妄九也。日涉之園，而乃在縣郭之内，亦非埋葬之所，此其虚妄十也。有此十妄，曉然易見，反覆參考，然後知曾適者真横豪健訟之人也。方曾儒林侵盗官綱之時，朝旨行下，抄估家産，急如星火，爲子弟者當知乃兄之罪不可逃，朝廷之命不可忽，傾其家貲以輸之可也。今乃以已賣廢契，欺罔縣道，又以西昇不可賣之産，僞稱義遜，使縣道官吏日受督責，不得已而將别項産業根括估賣。張潛之徒既得其産，而曾適乃敢脱漏丞廳，僞印關書，妄訴不已，今日之訟，自始至終皆曾適爲之也。今省部行下給還産業，使人户虚納價錢，而曾適坐得舊業，亦可已矣。又欲加之掘墳之罪，不惟逞其私憾，而又欲肆其邀求，使張潛之家，張六二嘗經安撫使司陳詞，臺判以爲據所陳請買曾家園，節次勘驗，則知曾家幹人妄訴不已，送本縣照租究實，如周成妄狀論擾，重行斷治，可謂明白簡切而得其情矣。今曾適者騎從甚都，言辭甚辯，進退甚詳雅，出入臺府，揚揚自得，動以權勢，脅持上下，官吏相顧，莫敢予決，若不爲之明辯，數月之後，被論之人不待刑憲而銜冤入地矣！所有人案申解使州，乞詳本縣所陳，先將被論及干證人召保放歸着業，仍備申朝省諸司，今後曾適更敢妄狀，嚴行追治，庶幾無辜之民不至被害，而健訟之人稍知畏戢。

《名公書判清明集》附録二《勉齋先生黄肅公文集·曾灘趙師淵互論置買曾挺田産》 使州送下曾灘、趙師淵兩家互論置買曾挺田産事，趙僉判已行看定，斷還趙師淵管業。其曾灘幹人不伏所斷，再行論訴。使州遂委本縣審定。緣本職與曾灘委是二十年故舊，恐有妨嫌，遂申乞迴避，再蒙使州發下，不敢有違。拖照案牘，曾灘幹人所以不伏趙僉判所定者，蓋亦未得其情。趙僉判以爲空頭契字，乃是曾挺之契，再立之契，乃曾灘僞契，既不曾追出曾挺供對，如何見得便是僞契？此間人交關，亦多有不將正契投印者，亦安知再立之契果爲僞乎？既以再立之契爲僞，遂併以門僧之書爲通同旋寫，既不曾追到門僧供對，亦何緣見得是通同旋寫？又稱曾挺若果得上期錢，又不得與别人交關，世間將田産重籠交易，瞞人錢物者甚多，亦何以知曾挺之必不敢乎？不得其情，而欲決其曲直，亦無怪曾灘幹人之不伏也。大抵此訟，只要見得曾挺曾與不曾交領得曾灘上期錢耳，若交得曾灘錢，則業當還曾灘；若不曾交得曾灘錢，則業當還趙師淵。今曾灘之所恃以爲已曾交錢者，以有曾挺所與三制幹親書耳。今以曾挺親書觀之，若果曾交得曾灘錢，必須言遞到若干錢，已交領訖，今皆無此語，但云所論旋交一百千省，家兄書中且乞更支一半。而更字乃經涂改，尋繹字畫，乃是將先字改作更字，又覺更字筆畫係是涂改，恐爲人所疑，遂又多改數字以亂之，而不知便改一先字作更字，亦不妨其爲交錢也。曾灘幹人之詞，以爲交去官會一百道，而曾挺書中乃作一百千省，豈有得人一百道會，乃自認作一百千省之理。曾灘在臨川，若於狀詞作一百千省，則見錢一百千省，無緣擔得到建昌，故於狀詞變作官會一百貫。親書既與狀詞不相合，則又豈可執親書以爲據乎？以比觀之，則曾挺實不曾交得曾灘錢，無可疑者矣。又詳書中所言，有田勞經畫之久，契字已稟媽媽僉往，尊叔可逗留至月初，同在着押。又言下期錢後月中旬爲約。曾灘幹人遂以媽媽僉往，並下期錢後月中旬爲約兩語，遂以曾挺爲已交上期錢，若非已交上期錢，何緣有媽媽着押并何緣及下期錢。然以文勢考之，曾挺初立空頭契字，將此産業托三制幹召人承買。曾灘既欲就買，遂别立契字，遣人先取其母着押，曾挺與曾灘爲至親，故先請其母着押發回，而門僧亦有押一字之書。然曾挺有月初同在着押之語，則實不曾親着押，則亦不曾交錢可知矣。書之首先言上期錢之太少，書之末又慮下期錢之太遠，此豈足以爲已領上期錢之證乎？然則再立之契，非僞契，門僧之書，非僞書，但曾挺實不曾交得曾灘之錢，無可疑也。趙僉判以爲僞契、僞書，故曾灘之幹人不伏。然僉判之所定，有曰曾挺窘乏，急於求售，則曾五官人不惟酬價不平，又且支打上期錢數不多，不肯指揮使用，及有其他沮抑，所以不願，遂别與趙運幹宅交易，曾五官人後來知得，所以陳詞。此數句者可謂盡得兩家心術之微矣。曾灘名家之子，其所交游，皆當世賢士，亦欲改過遷善，以克世其家，然所以爲此者，豈亦念祖業之重，不忍使他人得之乎？或者幹人白起誣賴，而非曾五官人之本意乎？然不敢以朋友之私情，而反以重曾五官人之過也。備申使州。

《名公書判清明集》附録二《勉齋先生黄肅公文集·白蓮寺僧如璉論陂田》

金谿縣白蓮寺僧如璉經轉運司論金谿縣尉看定薛家陂田，不還本寺耕種，仍將行者勘杖一百，在縣身死，所斷不當事，送本縣看詳。今將案牘參照，係白蓮寺論佃客蔣某擅於本院未曾開墾田内强栽禾稻，續係蔣某稱是盧將領宅耕種。金谿縣遂將蔣某勘斷，又續係盧將領宅於貴谿縣論白蓮寺争占自己所栽木，又續係盧嘉猷於本州府判廳、提舉使衙論强塞水圳，有妨水利，遂行下金谿縣丞廳看定。偶金谿縣尉權丞遂將白蓮寺所訟田不得耕種，仍將行者某人從杖一百勘斷。以本縣丞尉親至地頭，必須究見事理，合得允當。而寺僧如璉不能無辭者，則以其間不得其平者有二事，其一謂田乃寺田，不應不得爲主，其二謂行者從杖不當。今照得上件争訟，本縣縣尉何不索出兩縣干照，從實打量，若盧家所置薛思惠産，不曾推流，則不應越港占白蓮之田，僧寺之田若畝步見在，則亦不應並緣沙漲，輒行開墾，阻遏水勢，如此則不待辯而自明矣。今不行打量，而憑空便行理斷，此不可曉一也。盧嘉猷初得於貴谿縣争白蓮寺之田，次則經通判廳，又次則經提舉司争水圳，而帶及田事，其前後詞反覆不同，此不可曉二也。盧嘉猷之田在港東，白蓮寺之田在港西，若盧嘉猷委是田被水衝没於東，而復生於西，亦當經官標扞，豈得徑自栽種，而反行論訴，此不可曉三也。又田在港東，而論港西水圳，又别無干照見得有古水圳處來歷，白蓮寺乃有薛家借圳干照，若盧家得薛家産，亦港西下流，則借圳可也，豈可訟乎？此不可曉四也。盧嘉猷所論者水圳，縣尉乃不定奪水圳，而反及水港，此不可曉五也。若謂不合將遺洲開田冲破港東之田，則栽田者乃盧嘉猷，初非白蓮寺之罪，何故却將行者勘斷？此不可曉六也。兩家阻遏水勢，乃盧嘉猷，而非行者，乃將行者勘斷一百，既欲聽贖斯可已之訟，初争田，次則捨田而争水圳，其終又捨水圳而争水港，及所種田以矣，何至必加之杖，而使之抑鬱以死乎？此不可曉七也。觀其所看定如此，則其所論田之形，水之勢，亦恐未能盡當事情，提舉寺丞於所申之後，判令兩家並不得耕種，則亦已覺尉司所以右盧嘉猷者太過，而未必盡得其實也。今已斷者不可復贖，已死者不可復生，而吏輩受財曲斷，其事已在赦前，皆可勿問，而所争之田，欲乞上司再委官前去地頭體究，方見着實，庶絶詞訟。申都運、提舉使衙，取指揮。

《名公書判清明集》附録二《勉齋先生黄肅公文集·窑户楊三十四等

論謝知府宅强買磚瓦》　窑户十七人經縣陳詞，論謝知府宅非理弔縛抑勒，白要甎瓦事。本縣追到幹人鄒彦、王明供對，兩詞各不從實供招，遂各散禁。今以兩詞供答參詳，據幹人賫到文約，並稱所買甎瓦，皆是大甎、大瓦，則所供價例，乃窑户之説爲是。幹人初供以爲小甎、小瓦，則與元立文約不同，此乃是低價抑勒之驗，窑户所以不得已而哀號於縣庭也。小民以燒甎瓦爲業，不過日求升合，以活其妻孥，惟恐人之不售也，所售愈多，則得利愈厚，豈有甘心饑餓，而不求售者哉？寄居之家所還價直，與民户等，彼亦何苦而不求售。今至於合爲朋曹，經官論訴，必是有甚不能平而後至此也。今觀其所議收買甎瓦，窑户不肯賣，便至於經官陳詞，差弓手鄒全、保正温彦追出。寄居之與民户，初無統屬，交關市易，當取其情願，豈有挾官司之號令，逼勒而使之賤賣之理。至於立約，又不與之較物之厚薄小大與價之多寡，則異日結算，以何爲據？是不復照平常人户交易之例，而自有一種門庭，庶幾支還多寡，惟吾之命是聽也。又先支每人錢米共約八貫，而欲使之入納甎瓦萬三千片，所納未足，更不支錢。一萬三千甎瓦，所直十七千，今乃只得錢八貫，而欲其納足，窑户安得餘錢，可以先爲燒造甎瓦，納足而後請錢耶？小民之貧，朝不謀夕，今其立約乃如此，是但知吾之形勢可以抑勒，而不知理有不可，則必不能免人户之論訴也。今又以爲元約一萬三千，今只入五、六千，便作了足，即是現買現賣，本宅何不前期將錢借與各人。世間交易，未有不前期借錢，以爲定者。況所燒甎瓦非一人之力所能辦，非一日之期所能成，必須作泥造坯，必須候乾燥，必須入窑燒變，必經隔旬月而後成。今六月半得錢，七月半之後，逐旋交納，所入之價，反多於所借之錢，豈得尚歸罪於窑户耶？幹人之詞，尚欲懲治窑户之背約。所謂文約，豈窑户之所情願，迫之以弓手、保正，抑勒而使之着押耳！官司二税，朝廷立爲省限，形勢之家尚有出違省限，不肯輸納者。況於私家非理之文約，而可以責人之必不背約耶？寄居、百姓，貴賤不同，張官置吏，難以偏徇，鄒彦、王明且免斷，安廣監鄒彦出外，備已入甎瓦未還價錢還窑户，所有窑户三名已搬到甎瓦，未曾交入，亦仰監鄒彦照入具價錢呈。王明一名且寄收，候還錢足日，呈放。兩詞各給斷由。

謝知府宅幹人賫到文約四紙，並稱大甎、大瓦，今狀中却稱是小樣，顯是誣賴。六月十三日交去定錢，七月半逐旋入去甎瓦，今却稱是經隔三月，形勢之家欺凌鄉民，率皆類此，難以施行。照已判再監。文約四紙，已粘入案，難以給還，簿一扇，元是幹人收掌。不應又行取索。賴人甎瓦，欠人錢物，豈得以爲無罪，不應收禁，私家却得將人打縛，官司不得禁抑豪强之狀，即此可見。

《名公書判清明集》附録二《勉齋先生黄肅公文集・陳會卿訴郭六朝散贖田》　陳會卿論郭六朝散幹人抑勒其子世隆，輒將田租出賣，更不取其父知委。追到幹人，索出干照，却有父陳元亨着押。幹人以爲其父親書，陳會卿與男世隆皆以爲勒令陳世隆假作父親押，兩家之詞未見虚實。然以所交易契字觀之，若是父元亨自行賣租，又何必其子亦同書着押？與其子同賣，已自可疑，又作其子世隆交領價錢，豈有父賣產不自領錢，乃使其子領錢之理？此是勒其子假作其父着押，以瞞昧其父，而不自知其漏綻，將以欺人，而不知其不可欺也。幹人無狀，乃至於此，且與免斷。賣契毀抹附案，知情違法，合監陳世隆價錢入官，再監幹人朱榮索典契還陳會卿取贖。陳元亨先放。

《名公書判清明集》附録二《勉齋先生黄肅公文集・郝神保論曾運幹贖田》　黄達係是總領所押下虧欠綱運人，本縣典押反不契勘，却令入役。曾運幹宅與郝神保互争田，係是張顯承行，黄達却無故當廳執覆，意在劫持，役使知縣，且免斷，仍舊錮身，押下巡檢司拘管。

郝神保論曾運幹占據田産，欲備錢取贖。索出干照，郝神保之父茂成因病風顛，祖父忠義遂將田産撥與諸孫，則是知其子不可托付也。今郝茂成乃以祖所分與孫之物業，與曾運幹交易，豈有風顛之人能與人爲交易者乎？曾運幹典人田産，亦須索出人家干照，既知其關書所載，係是祖父撥與諸孫，又稱其子風顛，豈得輒與風顛之人爲交易乎？使出於茂成之意，則爲子而背其父；使出於曾運幹之意，則是教其子以背其父也。天下豈有無父之國哉！況已交易之當月，出業人郝茂成便經官陳詞，以爲被曾運幹家幹人宋六一誘引抑勒，不曾得錢，其子神保亦經官陳論詞訴，官司雖爲追人，更不曾根究，則知其非出於郝茂成之意，乃曾運幹與其幹人誘引逼脅，白奪田産也。官司不敢追究者，非畏曾運幹之形勢，則受曾運幹之請囑也。郝神保既無以自伸，遂甘心納其租課，至於備錢取贖，則曾運幹又假爲進典五年契字，以圖誣賴，其着押又與前契不同矣。形勢之家，貪圖人家物産，則有之矣，未有若此無狀之甚者也。兩契並毁抹，給還郝神保管業，仍各給斷由，餘人放。

《名公書判清明集》附録二《勉齋先生黄肅公文集·陳安節論陳安國盜賣田地事》　阿江有子長名安國，第六十，次名安節，第六二。阿江於五月經縣論長男安國盜將田業出賣，續送主簿廳，阿江又自出供狀，亦稱長男盜賣田業。尋追上得業人曾金紫、曾司法、陳德遠三户契照，而阿江已謂其子不肖，又爲形勢之家拖延，不肯出官，憤悶得疾身死矣，但存其弟陳安節與之證對。據契書皆有阿江及弟安節着押，且弟安節則不肯承認，以爲其母及安節不曾着押，皆陳安國假寫。阿江已死，無可驗證，但以契上所書陳安節三字比之，陳安國及陳安節兩人經官狀詞，亦各有陳安節三字，則知其爲陳安國假寫無可疑者。契上節字皆從草頭，其偏傍則皆從卩（子結反）字，陳安國狀上節字亦如此寫，陳安節狀上則皆從竹頭，其傍皆從附邑。又唤上書鋪辨驗，亦皆供契上陳安節三字，皆陳安國寫，則是瞞昧其母與弟，盜賣田産無疑。陳德遠、曾金紫、曾司法三契所得田業，各合析爲二分，以陳安國一分還得業之主，以一分還陳安節，契字批鑿還陳安節收執，别給據付陳德遠，曾金紫、曾司法照管一分物業，仍監陳安國備一分錢，還陳、曾三家，陳安國勘杖六十，引監錢。陳安節放。

陳安國，阿江之子，陳安節之兄。阿江與陳安節論陳安國盜將田業典賣，初論曾金紫等三户。本縣得見所書陳安節名姓，皆是陳安國代書，又是其母陳論，此是曾金紫等三户典買違法分明，已準分法，給一半還得業人，給據付得業人管業，仍批鑿契字，付陳安節執照所合受分之産。續又據陳安節陳論鄒司户、雷少四兩户亦係違法交易，瞞昧盜典賣陳安節合受分田産。再追出兩干照，鄒司户十契亦是陳安國代書陳安節名，尤爲明白，此是違法瞞昧分明。但鄒司户宅之詞，以爲其母所論三户之時，即不曾論鄒司户，則其説亦似有理。及再拖照案牘，本縣曾以上件事委送主簿看定，阿江親到主簿廳陳詞，乃是陳論曾金紫等三户違法交易之後，其狀詞中乞追陳安國供盜賣田地之多少着實，不知有無見存，則是阿江固已知本户田産多爲陳安國盜行典賣，所及知者，但曾金紫三户而已，其餘則不及知也。惟其不及知，所以不曾論鄒司户等户也。及再於陳安節名下索出砧基參對，則陳安國盜將田業典賣，砧基簿之上，但批鑿曾金紫三户，而其餘不曾批鑿，此阿江之所以不及知，而未及陳論也。阿江未及陳論而死，則陳安節於阿江已死之後，經官論訴鄒司户家，豈得以阿江無詞，而以陳安節爲妄訴乎？要之十契之内，所書陳安節字畫，皆陳安國書寫，則不可得而揜也。若雷少四一契，則又全無陳安節姓名，此尤不待辨，而知瞞昧違法也。鄒司户十契，雷少四一契所得産業，並合準分法，以陳安國一分給還鄒司户宅，仍給據爲照。陳安節一分批鑿契字，執照管業，仍備本縣所斷曾金紫三户判語及今所判給斷由，付兩家收執，引監陳安國錢還鄒司户宅。然猶有一説，形勢之家專以貪圖人户田業致富，所以敢於違法者，恃其富强，可以欺凌，小民敢經官論訴，便使經官得理，亦必健訟飾詞，以其多貲，買誘官吏，曲行改斷，小民貧困，多被屈抑，便使偶得理直，而追逮費用，已不勝其困矣。此富家所以愈富，而貧民所以愈貧也。陳安節得産之後，必不免鄒司户之論訴，故再述貧富之情狀如此。兩争人並放。

本縣昨據陳安節論兄陳安國盜將卑幼田産與鄒司户交易，本縣見得陳安國假作母親及弟書名着押，違法將兄弟分田産與鄒司户交易分明，遂將陳安國一分還鄒司户管業，將陳安節一分還陳安節，却監陳安國備違法契面錢還鄒司户。其後鄒司户倚恃富豪，專務健訟，不伏本縣所斷，遂經使軍陳詞，使軍將本縣所斷看詳，準判：今照斷由所斷，已是允當，合監陳安國一半契面錢還鄒司户，候錢足之日，方可給田管業。本縣照得所争之田析而爲二分，一分屬陳安國，一分屬陳安節。陳安國一分之田已是自行出賣與鄒司户，自不願取回爲業，陳安節一分之田乃是陳安國盜行出典，若要監陳安國錢足日，方給還陳安節爲業，則陳安節永無得田之理。在法：若盜賣卑幼田産，則先合給還卑幼後，監盜賣人錢還錢主。若尊長與卑幼通同知情典賣，則合先監錢還錢主足日，方給還産業。今陳安國係假作母親阿江及陳安節書名着押，係母親及弟陳論，即非通同知情，恐難以候監錢足日方還陳安節管業。竊詳使判必是令陳安國自還一分錢足日，方給還陳安國一分之田，今陳安國不願取回上項田産，更合取使軍指揮。

《名公書判清明集》附録二《勉齋先生黄肅公文集·聶士元論陳希點

占學租》 聶士元於去年十一月論陳子國强占所買學糧租田，輒於主簿廳陳詞改正，作陳文學户産業。本縣追人索干照理對，經今四、五月，陳子國之子因他事到官，又行走竄，不肯賫出公據干照，前來理對。遂將幹人聶大亨收禁監追，亦復不肯出官，若非理曲，何苦如此。今據聶大亨賫到積年收納學糧錢，並作聶瑜户輸納，官司當以契照爲據，豈有陳子國所置之産，而契照乃在聶士元之家，陳子國以爲作佃户聶瑜名字請佃，豈有六、七十年不曾歸户之理。若作聶瑜名字請佃，何爲契照乃在聶士元之家？陳子國積代豪横，聶瑜與之至親，遂以産託其主掌，陳子國遂起吞併之心，乃於去年九月旋於主簿廳陳詞，改給公據管業。主簿一時不曾契勘，不索出陳子國上手有何干照，便以硃鈔及官員公劄爲據，遂與出給公憑管業。顯是豪强脱罔官司，侵奪人户田産分明。今又堅執所冒請公據，不肯賫出官毁抹，欲以爲異日論訴張本。然聶士元既有元祖上手干照，則雖有冒請公據，亦何所施。再以林、趙兩主簿劄子觀之，其詞卑巽之甚，豈有人户不肯輸納官租，乃使縣官屈辱如此。不惟强占鄉民田産，又且脱免官司租賦，官司不敢誰何，至於具劄子懇禱，卑官拜呈等語，陳子國何人，乃敢如此！鈔書給還聶士元收掌，并前已給公據管業，劄子兩封附案，再給斷由，付聶士元收執，見到人再監索所請僞據毁抹。

《名公書判清明集》附録二《勉齋先生黄肅公文集・郭氏劉拱禮訴劉仁謙等冒占田産》 劉拱禮并劉拱武妻郭氏訟劉拱辰之子仁謙、仁愿，不伏監司所斷，不分合受分田産。今拖照案牘，劉下班有子三人，長曰拱辰，妻郭氏所生，次曰拱禮、拱武，妾母所生。劉下班有本户税錢六貫文，又有郭氏自隨田税錢六貫文。劉下班死，郭氏亦死，劉拱辰兄弟分産，只將本户六貫文税錢析爲三分，以母郭自隨之田爲己所當得，遂專而有之，不以分其二弟。二弟亦甘心，不與之争。自淳熙十二年以至嘉泰元年，凡十六年，絶無詞訴，蓋畏其兄，不敢訴也。嘉泰元年，拱辰死，拱武、拱禮始訟之於縣，又三訴之憲臺，又兩訴之帥司，經本縣鄭知縣、吉州董司法、提刑司僉廳、本縣韓知縣、吉州知録及趙安撫六處定斷。鄭知縣及提刑司僉廳則以爲拱禮、拱武不當分郭氏自隨之産，合全給與拱辰，吉州司法及知録則以爲拱辰不當獨占劉下班所得郭氏隨嫁之産，合均分與拱武、拱禮，韓知縣、趙安撫則以爲合以郭氏六貫文税錢析爲二分，拱辰得其一，拱武、拱禮共得其一。六處之説各不同。然趙安撫之所定在後，既已行下本縣，而劉仁謙、劉仁愿乃蔑視帥司所定，不肯照所斷分析，郭氏所以又復有詞也。以法論之，兄弟分産之條，即未嘗言自隨之産合盡給與親生之子。又自隨之産，不得別立女户，當隨其夫户頭，是爲夫之産矣。爲夫之産，則凡爲夫之子者皆得均受，豈親生之子所得獨占。以理論之，郭氏之嫁劉下班也，雖有嫡庶之子，自當視爲一體，庶生之子既以郭氏爲母，生則孝養，死則哀送，與母無異，則郭氏庶生之子猶己子也。豈有郭氏既死之後，拱辰乃得自占其母隨嫁之田。拱辰雖親生，拱武、拱禮雖庶出，然其受氣於父則一也。以母視之，雖曰異胞，以父視之，則爲同氣。拱辰豈得不體其父之意，而獨占其母隨嫁之田乎？以此觀之，則六貫文之税，當分而爲三，兄弟均受，方爲允當。今試以鄭知縣及提刑司僉廳所斷，而較之吉州司法、知録之所斷，則鄭知縣、僉廳之所見甚狹，而司法、知録所見甚廣。鄭知縣、僉廳之用意甚私，而司法、知録之用意甚公。從司法、知録之所斷，則在子爲孝於其父，在兄爲友於其弟，從鄭知縣及僉廳之所斷，則在子爲不孝於其父，在兄爲不友於其弟。一善一惡，一是一非，豈不大相遼絶哉！官司理對公事，所以美教化，移風俗也，豈有導人以不孝不友，而自以爲是哉！如韓知縣、趙安撫所斷，已是曲盡世俗之私情，不盡合天下之公理，劉仁愿、劉仁謙尚且抗拒，則是但知形勢之可以凌蔑孤寡，而不復知有官司。今且照韓知縣、趙安撫所斷，劉仁愿、劉仁謙撥税錢三貫文付拱禮、郭氏，候畢日放，仍申諸司及使軍照會。

《名公書判清明集》附録三《後村先生大全集・持服張輻狀訴弟張載張輅妄訴贍塋産業事》 張提幹既稱長弟之賢明，知叔季二弟之不能皆賢，則分財之際，二兄取其少，二弟取其多可也。今乃惓惓於母氏之遺金田利，則所見何以異於二弟哉。此金若轉歸於它人則不可，今爲二弟取去，如以左手所持，付之右手，何爲未能忘情乎。人家一子仕宦，一家一族孰不望其庇蔭，况同父同母之人哉。前輩尚有爲義莊者，今贍塋田土，乃祖先捌置，弟兄皆有分者，若恐諸弟不能保守，則經官立約，花利輪收，祭享之餘，以助伏臘，通天下之成法也。若曰，我嫡長，我仕宦，我賢，汝庶幼，汝白丁，汝不賢，贍塋祖利由我不由汝，則二弟必至紾臂鬩墻而後已。又祖先田産，子孫不使均霑，乃欲捨以入院，則張氏之鬼餒矣。提幹豈未之思乎？牒洪郎中，請提幹兄弟四人，將贍塋田業開具田段、坐落、畝步、産錢，專置一簿，開載契簿，長位拘收，别立贍塋關約，並經印押，每位各收一本，自淳祐五年爲始，租課長房先收，以後輪流掌管，周而復始，庶熄争訟。

《名公書判清明集》附録三《後村先生大全集·貴溪縣毛文卿訴財産事》　文卿姓祝，不父其父而欲認姓毛人爲父。彦明居於貴溪三十年，文卿居於衢州江山，彦明自立二子，各已娶婦。文卿既爲彦明之子，三十年間不與父同居，不與兄弟相往還，此何等父子也？彦明以負畚頭起家，賤微之甚，文卿所執契簿，如毛教、毛惠，皆是白丁，非有官閥可考，文帖尤爲謬妄。彦明身後有妻有子，不可以白撰無干涉契簡文帖求其産業。文卿勘下杖一百，再詞留斷。如欲姓毛，一任其便，但不可求分别人物業耳。

（明）祁彪佳《按吴親審檄稿·一件勢掃事》　行據王同知呈解犯人唐成等到院，審得陶志錫買周參宇嫂孫氏之田盈字號一十五畝，中明契正，並無匿管戾字號田之事，而孫璡以飛册告志錫，蓋虚詞也。而區書唐臣奉勘糊涸，欲使孫糧唐認，錫亦安能已於控乎。唐臣責之，盈字號田仍與志錫管業。

右行蘇總捕。

（明）顔俊彦《盟水齋存牘》卷一《勒契踞田何憲武杖》　審得何憲武垂涎高鳳起，鳳桂土名竹林仔之田，弗得也，而以二十金餌其稚侄用熙，熙既而悔之，另變産口其銀矣。乃勒契不還，肆其封釘，何爲乎？若果明中正契，亦何所用其封釘？況與其侄買田而不聞其叔，且以叔之田賣也。以此法而得田何患田之不千百頃乎？噫，亦太横矣。田聽鳳起、鳳桂管業無異，憲武侵佔未至四十一畝之例，姑從薄杖。

（明）顔俊彦《盟水齋存牘》卷一《争産陳朝文等杖》　審得水中沙坦消長靡定，爲蠻觸之争者日紛紜案牘而未有極也。據陳朝文原承蒲蘆門水坦及沙涌坦四十八畝，在萬曆三十三年，又新承三十九畝在天啓六年。據李若璡原承簡村沙水坦三畝，在萬曆三十八年，後又新承二十七畝，亦係簡村沙子坦。土名雖别，彼此斜脚相望，所生新沙，夾乎兩間，即有溝洫，或稱新關，或稱舊滘，彼此互執。在陳除新承三十九畝之外，皆可以爲簡村沙，在李除新承二十七畝之上，皆可以爲蒲蘆坦，總之税業無虧，餘皆公家之物，兩家不得而私。李以無税而許令補税補承，陳以有税而責令除税除額，安得嘿嘿而處於此也。合斷新生兩間之沙五十畝，中分其半，各得附近二十五畝。於陳少補三十九畝之虧，於李已浮二十七畝之額，亦庶幾解紛争之擾而清久訟之案也。各抱告代擬杖懲。招詳。

布政司批：據招處分已妥，仰候按院示繳。

提學道批：陳朝文、李若璡互争沙坦，如斷中分，可以永（下殘）

（明）顔俊彦《盟水齋存牘》卷一《争屋黎聰等杖》　審得黎聰、李佐朝告争税屋，朝執有兑契印帖，並遞年納糧油票，一一可憑。據聰稱買自伊雲卿，上手鍾應壁，已歷三姓，向貼税於李氏僕手，情或有之。然官憑文斷，在朝既有印帖糧票，而聰契雖存，已無顯證，安得起九原而問之也？屋照印帖付李佐朝管業，前房聽住有日，朝僕李德容延釀釁，應與聰之添詞各杖以懲，黎聰年七十以上例應收贖。招詳。

清軍道批：據審事情明悉，依擬黎聰收贖，李德杖折發落，俱如照，庫收繳。

（明）顔俊彦《盟水齋存牘》卷二《息訟陳耀等三杖》　審得陳耀談遇吴逢暘，皆互買林啓秀承餉僧田，以分撥不明致訟。今周汝攻、梁啓等從中處明勸息，似無可深求。唯是啓秀之户長林挺秀稱，不得留虚糧拖累。糧隨田轉，何費詞説？應依縣擬。轉詳。

糧儲道批：陳耀談遇吴逢暘，各以田啓争，既經審息，姑依擬杖贖發落。如照，庫收繳。

（明）顔俊彦《盟水齋存牘》卷二《争田陳起龍等詳批縣》　審得李用義父李宦據買陳復泰田九十餘畝，僉契有人，承耕有人，其非影占之類可知也。何物陳起龍等敢於踞割，鼠輩坐而自豪，寧知有三尺哉。李用告府批縣，而陳良賓復上瀆憲臺，今李用所執田券鑿鑿有據，職不能另費推敲。其陳良賓稱復泰姓梁，不姓陳，忘認賓祖，謀吞賓男，在縣有案。此須質之陳氏通族，非可懸斷。且李宦之田稱數被陳起龍等逐佃殺掠，亦呈縣有案。非行縣一肖其源，此田終石田也。伏乞憲批東莞縣就案審斷，以杜紛紜。具由請奪。

鹽法道批：東莞縣審問。

（明）顔俊彦《盟水齋存牘》卷二《争田吕興杖》 審得吕應魁稱，有祖置巴由田聽僕吕敬松領承。敬松已故，文券無憑。主田付僕領耕則有之，併其田附僕户名是否粤中通例？且萬曆九年至今不爲不久，何至今日而始爲虞、芮之紛紜？田土之事難以臆斷，行縣細查黄册，要見前項田地向在何人名下還糧辦税，吕應魁認吕敬松爲僕，有何憑據，□□里保地鄰可問，具由報奪。報南海縣回報，審得吕應魁欲占吕貴寶等之田，而併欲認已故之吕敬松爲業，不謂殘年苜蓿有如許凌空幻想。此中侵占成風，意之所至，便搆局面，不必有枝有葉也。職審此事，據應魁稱，有祖置巴由田聽僕吕敬松領承，而敬松已故，文券無憑，主田付僕領耕則有之，無併其田附僕立户之理。因行縣查勘，今據縣勘明如左，剖析曲折詳盡，應魁尚能措一語乎？應魁既謝青氈之席，復當戒得之年，或不無爲子弟僮僕輩所弄，可鄙良亦可憫。姑杖其抱告之吕興，以殉國中之貪得無厭白日做夢者。

（明）顔俊彦《盟水齋存牘》卷二《議詳春花園田入義倉》 看得香山春花園田壹拾伍頃肆拾壹畝，向被豪民隱佔有年，自馮知縣清出，以拾頃歸倉，伍頃歸學，此不易之案也。後復肆侵佔，周知縣究詳竪界，而此田已久歸之公家矣。夫何周知縣去後，當事者非其人，漫無主持，聽吏胥爲政，而前田仍落豪手，後竟有每畝納銀壹兩叁錢之議。前且勿論，即查周知縣竪界之後已有十年，其間花利不可勝算，皆爲豪輩姦延吞匿，貳千金尚不足償花息之半，豈有壹兩叁錢作田價之理？且言念其□□，夫借其田取息數十年，尚不足□其墾開之勞耶？按新會義田久没豪家，亦未嘗不以補餉爲名，前院欲追則盡追出矣，無有敢抗者。豈三尺之法能行之新會，不能行之香山乎？況見任香山爲甲科縣令，非復前任憒憒，馮周兩縣令彼何人哉，當亦非異人任矣。伏乞憲臺嚴批行縣，將前田盡數追出，撥入義倉，使姦豪有厭足之期，香民含一飽之德，造福非尠小也。其屢年花息，或竟以貯府之銀抵之，不復再追，憲臺法外之恩至矣，盡矣。職更有慮者，香山鄉紳甚少，而皆閉户不與外事，某爲崇香民者皆鄰邑也。此田須責成縣官，當官召本邑殷實之户承佃納租，不許外邑衿紳與身其間。庶不啓旁蹊曲徑，復致淪没，憲臺德澤永永，垂之無窮耳。具繇詳。

蒙察院梁批：據議，以豪强踞吞之業，轉爲貧赤續命之膏，甚是。但追丈給佃，非該廳執法力行，恐後之視今，亦猶今之視昔耳。仰仍督同該縣印官，限一月内召佃明白，另詳。

看得春花園田新經查出召佃不得其人，將來仍歸之烏有。今行縣再三查覈，必須殷實有身家之人承耕納租，庶可永久。今據申報户丁梁大有等在案，似可准從。其無賴包攬如唐瑞等，萬萬不可令與身其間，使入官之田有名而無實也。具繇呈詳。

察院錢批：此田倏清倏隱，皆因承佃者不得其人。據詳佃户梁大有是否即係梁敬冲改名，恐窟穴其中又滋弊也。唐瑞等既不堪作佃，各給穀伍石，以爲首實之賞，如詳行繳。

布政司批：春花園田向爲豪民所踞，今始還官，召佃追租入倉，香山利賴不淺矣。仍候院示行繳。

（明）顔俊彦《盟水齋存牘》卷二《争産陳萬權等杖》 審得陳萬權、陳孔愚與何茂成等争田塘一案，經舊縣審之，而萬權、孔愚不服，曰賄囑濟奸也。經新縣勘之，而萬權、孔愚不服，曰藉勢擺囑也。果爾，何茂成等何許人，能弄前後縣官於股掌間乎？及職奉憲拘審，而囑之云者似反不在何而在陳，則縣之審之勘，非自囑來明矣。田土之事，職又何能捨縣所審勘者，而臆斷之乎？據萬權稱，田塘伍分買自鄺日省，日省不出日省與何庚二姓輪管之田塘，而割賣啓釁，致多人不安其業，宜其無顔廷質也。至稱祖買盧本俊土名和尚岡田四畝，不知在何處。據出嘉靖年間白頭契一紙，不辯直贋，問其税契則無有，亦誕甚矣。職以滑塘窪田一段乃何、庚、鄺三姓諸人所恃以灌田之咽喉，在三姓則必争之要害，在陳則非必得之地，不過欲借此開闢疆土耳。是亦不可以已乎。應依縣斷，照舊輪管，若再肆其侵損，聽三姓備價贖之，以息蠻觸之鬭可也。陳萬權、陳孔愚、何茂成田土相争，各詞相駕，均杖。招詳。隨據陳萬權狀訴，備行三水縣覆勘，結報前來，覆該本廳審得孫萬權止瞞買鄺日省田塘伍分，日省亦無可問也，乃遂欲肆其影佔，輾轉不休，且所以求勝者不遺餘力，富人之貪而横一至於此。今復行縣勘，而和尚岡爲意想之山河。盧本俊爲烏有之姓氏。今而後可罷手矣。速令鄺族備原價贖回原田，以斷葛藤，毋使他姓實偪處此以與吾争兹土也。餘依原擬，招詳。

布政司批：據招，陳萬權、陳孔愚始買鄺日省田塘五分，以圖開闢之舉，繼復捏造文契，以佔三姓牧牛之地，真壟斷賤夫也。與紛争啓釁之何茂成，俱依擬各杖贖發。餘如照，庫收繳。

糧儲道批：陳萬權、陳我孔愚買鄺日省田塘各伍分，遂欲蠶食諸家之産，可謂狡而横者矣。姑依擬與何茂成併杖贖發。田塘照斷令鄺族贖回，以杜争端。取庫收繳。

（明）顔俊彦《盟水齋存牘》卷二《局賭占田崔斯建杖》 審得崔斯建以賭局勒寫崔爾秀之田，張知縣審之可謂婉轉詳盡，不留一辯賨者也。斯建貪心未息，復欲恣其侵佔，不智甚矣。總之，崔起東爲爾秀親叔，不與僉證，而以不可知之人崔仲成爲中，此足爲據乎？應依原斷，聽爾秀管業。斯建法應重擬，念搶割無擬，姑從杖懲。招詳。

布政司批：崔斯建局賭崔爾秀之田，已經案斷的晰，何復垂涎興戎也？姑依擬杖贖發，餘如照，庫收繳。

（明）顔俊彦《盟水齋存牘》卷二《冒宦占田盧卓雄徒》 審得盧卓雄最無賴之土宄也，冒宦生潘士桐之名色，思影佔孀婦吴氏之田，竟以潘府木簽標釘，亦横甚矣。士桐之抱告潘德，有乞究詐冒免玷清脩之訴，卓雄其又何詞？應以詐欺擬配。田聽吴氏清理管業無異。乃吴氏復慮别投佔業，既奉批審，憲案如山，即有不自愛之衿紳，誰敢干之？招詳。

布政司批：盧卓雄冒勢欺孀，□佔有據，其惡已滋多口，逃而復獲，真天網之不漏也。城旦何辭？仰廳加責三十板，發義合驛擺站滿放，餘如照，庫收收管繳。

（明）顔俊彦《盟水齋存牘》卷二《息訟何崇潤等二杖》 審得何崇潤與葉毓真有田土交易，因税業不明遂致於訟。奉憲拘質，旋具息以進，云已中分其業，可無言矣。與民無訟，知上臺所喜。然可已而訟，兩杖之懲，其率也。招詳。

布政司批：何崇潤、葉毓真兩造，情均屬虚擬，既經處息，姑依擬杖贖發，庫收繳。

（明）顔俊彦《盟水齋存牘》卷二《冒宦占田梁和等四徒》 審得梁和、阮大佐、羅壯先、羅少謙俱一夥神棍，專以依草附木跳詐人爲事者也。蘇隆有鷄洲田三伯〔百〕七十畝，告承陞科給有税帖，乃以梁和出名，影射禮部梁宦，恣其截佔。梁宦通籍之後，名節自護，不啻如閨秀之護其身，慮不肖子姓在外生事，遍揭街衢，明曉通國，使狐鼠輩無所庸其假借，而不謂又有梁和等。其人蘇隆出梁宦親筆批照一紙，本宦之心迹庶幾昭昭揭日月而行矣。梁和、羅壯先、阮大佐、羅少謙詐冒搶割，應痛責枷示，滿日發配，田聽蘇隆照舊管業。招詳。

察院批：梁和等詐冒勢宦，佔奪民田，併徒當辜。依擬枷號一月，序發城月太平大陵晋康各驛擺站滿放。餘如照，庫收收管繳。

（明）顔俊彦《盟水齋存牘》卷二《冒宦占屋蔡崑璧杖》 審得蔡崑璧一市井無賴，慣串勢跳詐爲生涯者。窺徐氏母子孤稺可乘，冒宦封屋，肆其憑陵，言之直欲毛戴。但據徐氏稱，蜂擁多人乃亡命之徒，忽聚忽散，今所稱中人劉以原、宦僕淵福俱逃匿，不可復問。獨置崑璧於法，非法之平。姑從杖懲，仍請加責枷示，亦足以儆其餘矣。招詳。

使司清軍道批：蔡崑璧恃勢封佔，風不可長，一杖未足蔽辜，仰廳加責三十板，枷號一個月，依擬贖發，庫收繳。潘福、劉以原另提究結。

（明）顔俊彦《盟水齋存牘》卷三《争屋盧我振等杖》 審得甘氏夫存日將房按銀於盧我振，得利有年矣。近氏夫故，振即携棺入據，反誣盜掠，氏迫告縣，以振私收過户。縣僅斷加銀拾兩與氏，而房歸於振。不知粤中俗例，以按寫賣，實無半價，此甘氏不甘，復有抄殺之控也。合斷甘氏照原價清還，我振房聽贖回管業。振以争房而捏盜情，盧禹興傍嫂混賴其價，各杖以懲。其餘牽涉，悉免株求。招詳。

按察司批：盧我振欺寡佔屋，殊爲可恨。依擬，與盧禹興分别杖贖發落。餘如照，庫收繳。

糧儲道批：依擬，盧我振、盧禹興分别杖贖發落。餘如照，庫收繳。

（明）顔俊彦《盟水齋存牘》卷三《争軍田譚進吾等杖》 審得譚進吾佔田一案，蓋經該縣及戎廳兩聽之。而譚時亨屢詞不休，復有削髮鳴冤之控。據其不平而鳴云，有大力者持之，使問官不得伸其法。而讞者之詞，亦覺有含吐隱躍於筆端。夫如是，亦何能使時亨嘿嘿而處於此也。時亨稱祖遺贍軍田二頃，夫如是，亦何能使時亨嘿嘿而處於此也。時亨稱祖遺贍軍田二頃，輪房耕佃，爲進吾佔去一百四十畝，轄佃霸租。庭訊之日，兩造具陳，時亨出祖立合同，道給印照，鑿鑿可據。問之房族，亦復供吐歷歷，似更無可致疑者。而進吾父子之言曰：合同印照，則遠年殘貼也。房族封質，則附和雷同也，俱不足憑也。是也，然則當日原未嘗有一百四十畝之田乎？曰譚紹㐫獻賣勢宦，告追莫贖，因止存六十畝，另立合約，立爲贍産。職就其言折衷之，而遁辭知其所窮矣。夫兩房之産，一房獻賣，豈能相忘無言？據云告追案在，何許且何以肯甘心另立合約？而向來合同印照存時亨處者，不追付之祖龍也。詰至是，而進吾父子亦不能不語塞矣。據又稱，兩房輪收已經五次，何向無言？不知進吾一房丁多家富，時亨一房丁寡家貧，以漸佔吞，非一朝一夕之故。近因時亨補伍，情極上控，非向無異論而突生風波也。非然者，時亨果無賴，駕揑戎廳，三十金之斷何居乎！所争者一百四十畝之産，而僅餌之以二十金，何怪乎復有削髮鳴冤之控也。論法應斷七十畝歸時亨一房，而年月既遠，目前俱非經手之人，姑追其半計三十五畝，另給印照，照舊輪管，永不許侵奪賣廢。是亦三分法七分情之處分也。若日吾自有大力負之而趨，則非刑官之所敢知矣。進吾恃富圮族，杖有餘罪，併杖其黨附之譚呈鳳，以儆徇私而廢公者。具招呈詳。

使司清軍道批：贍軍田二頃，譚進吾昧心併吞，三十金之斷，何以服時亨之心乎！追給三十五畝，猶是情勝於法也。譚進吾加責三十板，依擬，與譚呈鳳各贖杖發落。如照管業，庫收繳。

（明）顔俊彦《盟水齋存牘》卷三《争田譚觀文杖》　審得孫氏，譚期高之妻，屈氏則其妾也。期高之播惡於國中，固不勝書。而棄妻殺子，則屈氏實成之。孫氏與期高夫妻之誼早絶矣，竹料等一田，期高賣之，孫氏贖之，已爲孫氏私業。而期高復欲揉人分單，屈氏又思將田轉售，將置孫氏母子於何地乎？已經縣斷，原田聽孫氏獨執無異，屈氏杖不盡辜。孫氏縣擬，併儆移之其子觀文，爲父母受惡可也。具繇呈詳。

布政司批：譚觀文等各依擬贖發。如照，庫收繳。

（明）顔俊彦《盟水齋存牘》卷三《占屋郭文輔三杖》　審得龍庚長依其内父周享數椽栖身，一身之外皆非己有，安得有屋授人？緣郭文輔賃周享屋住，期滿應出，而欺享老庚長愚，可供魚肉，遂與棍黨潘元、何少韶商同，僞立一契，欲竟吞所賃之屋，亦狠甚矣。查郭文輔、潘元、何少韶絶無生理，專以出入衙門、跳詐度日。此輩不急撲殺之，二三赤子未得安枕卧也。各從杖治，併加責枷示，以殉〔徇〕國中之爲崇吾民者。招詳。

蒙嶺南兵巡道批：郭文輔計吞賃居，與潘元、何少韶商立僞契，遂其所爲，何所不至。杖擬猶屬寬政，依擬各加責二十板。文輔仍枷示一月，滿放。餘如照，勒令文輔出居，聽周享另賃，不得以期滿二字，使得遂其延挨也。實收繳。

（明）張肯堂《𥁞辭》卷六《李時化滑縣人》　閩人楊明學鬻紙於滑臺境内，有李時化者向之零販發賣，自非一日，積欠銀三十一兩六錢。明學急於還鄉，不能久等，姑令立券，約以異日尋盟，此亦市儈常事耳。嗣後不相聞者垂十八年。在時化私心自幸，化爲烏有先生矣。昨歲明學之弟興學者，忽自閩而至，執券取償。時化夙念頓乖，無詞以應，則詭云無有。興學訟縣，轉委幕官，斷追原價，斯亦持平之法也。騙殺一訟，無乃自貢其昧心乎。據彼遁辭，以爲明學取償，雖死無恨，不甘興學之代索耳。夫交易止憑契券，他鄉估客，踪迹蓬轉，儘有轉委之不相識者。兄債弟取，手筆如新，更何所疑而慎重乃爾。即詞勝於理然亦甚難而實非矣。

（明）張肯堂《𥁞辭》卷一一《尹自訓滑縣人》　滑人尹自訓，其族兄爲尹自講，有地十七畝，節年抵借尹自訓銀共十七兩三錢，已經議絶此地，而先是自訓又曾典與生員王成機，至今尚有三季未滿，以故屢興訟端。先後兩斷，量給價錢數千文以償自訓，而地則歸之成機，非不曲盡也。然自講惟赤貧無賴，故一地兩主，以致紛争。今又安得青蚨數千爲自訓償乎。然自訓朝夕便望得地，勢又不能。斷令成機種滿三季之後，此地永歸自訓。而自講概不得與。雖望歲久之，不啻河清然，猶愈於虚受阿堵之名，而迄不得其實也。

（清）李之芳《棘聽草》卷六《讞詞・産業・分守道一件為憲斬事》

審得智者寺僧道化，於順治四年有張協鎮出銀二十兩，轉買張明肇之山一片，布施於寺。當時以兵官之勢臨之，交易之間，其非輸情可知。問之中見商正暘，則亦係張弁唤去寫契者，言彼時明肇不敢不領，宜其至今呶呶不已。夫道化長齋繡佛，飄然瓢笠，原本於四大皆空，何復不能解脱，猶留連一片青山，長此争訟？况又因張協鎮當日以武健作佛事哉？今再議找價四十兩，則前後共得銀六十兩，不爲虧少。姑擬道化一杖，以作棒喝，山仍聽其管業可耳。

（清）李之芳《棘聽草》卷六《讞詞・產業・分守道一件為屠門異慘事》 審得葉有光先充庫吏，騙詐要其熟技，今耄且貧，更無賴矣。因生員葉雲仍父葉五九於崇禎年間買本圖四甲葉進甲户内田十四畝五分，久經過割明白。有光憑空忽言五九所買前田之内，尚有一號未經開明，係三千八百八十三號土名木杓圻者，向代賠糧，控縣以圖索詐。五九雖有子青衿，而雲仍負笈武林，彼以衰年畏事之夫，顧册書鄭百二問之，果以一號未開爲對，五九遂付中見人葉三十二銀四兩，稻二挑，轉付有光以寢其事。今雲仍歸來分理前事，有光乃二甲，向賣田之葉進甲乃四甲，細查四甲、二甲流水圻畝，並無木杓圻之號，而四甲、二甲若風馬牛之不及。況進甲斷不肯以既賣之田遺不盡開之圻號，而俟有光代爲清理也，明矣！今册書鄭百二亦供册内原無此號，豈非無端飄詐哉？但當日五九之付銀者，全憑百二之言是信，今日之言是則前日之言非也。扶同之咎，又將安歸？有光、百二良宜併杖，所得銀、稻從有光名下追給。

（清）李之芳《棘聽草》卷六《讞詞・產業・分守道一件為親殛違滅事》 審得徐紹興向從事於白寇，索賣巖寺僧徐元址之餉，此舊事也。寶巖寺者，乃宋時馬宦所建，置田飯僧，其墓即在寺傍，松楸鬱葱，責僧世守，則此清凈焚修之地，非左道之可以混褋也。紹興自投誠歸田，復倡皈依茹齋之教，往來寺間，以致僧人控縣，冀免目前混擾之累，抑所以報疇昔索餉之怨。該縣責而懲之，紹興銜恨於心，然圖彎弓以報無由也。於是唆馬常告徐元址於武義縣，紹興父徐景七作證，已經審結，再唆控憲。夫馬常所控者，蓋指寶巖寺傍之墓爲祖隴，被僧殘毁故也。今查馬氏子若孫有自然、夏麗二派，向住東陽，距寺墳二百里，歷年拜掃，收寺租以供祭祀，即馬承祖、馬思傑、馬光卿等是相傳舊册，歷歷猶存，其爲嫡裔無疑。馬常相距寺墳百有餘里，乃永康安田之馬，向來祭掃、收租皆不得與，其非正派明甚，何呶呶不已耶？即所控毁碑盗葬，馬承祖等供無此事。夫人未有不自愛其祖墓，而反左袒於寺僧者，益知馬常欣然聽紹興之唆而有此鳴，特欲冒其宗爲將來管墳之階耳。故承祖等辯其真僞，不得不力也。馬常、紹興相應併杖，而於寺僧元址亦不能無議焉。縣勘伐木亦真，雖籍爲修寺之用，但喬松古栢蔭庇攸關，而擅乃摧敗，甚非當日建寺守塋之意也，併杖示儆。

（清）李漁《資治新書二集》卷二〇《田產・五虎飛嚼事》 韓成甫買陳黄俚絶產一片，自元年成交以來，黄之甲並未稱爲己業，迄今造房而業主突然出矣。之甲雖執明末私約一張，而所印又是本朝之印，真僞其足辨乎？念係貧生，姑令韓成出銀二兩，給有佺以爲膏火之資。其約弗究從來，總令銷毁杜慮可也。

（清）徐士林《徐公讞詞・巡漳讞詞・永定縣生員謝潤堂占蒸税案》

據該縣先後申送謝潤堂、謝景立等控審各卷宗，併合同一紙到道。本道逐加查核。謝潤堂稱，伊祖十二郎公撥蒸税三十桶，許其永遠管業，簿貼可憑，合同是假；謝景立等稱，公撥蒸税三十桶，止令暫收二年，合同現據，簿帖是假各等語。在簿帖合同之孰真孰假，雖未據丁前令究出實情，但以祭田餘存穀石，視族中之有志讀書者，酌量幫助，或按其穀數，令收取一、二年，以資貧乏，此敦本睦族，鼓勵讀書之意，情理當然。若因族人入學，竟將祀產撥給，永遠管業，情理之所不順，即爲族衆之所必争。

且查謝姓祀產租穀，不過二百餘桶。潤堂新得一武生，而即欲永撥三十桶爲私業。設使族中子弟，游庠者文武接踵，則二百餘桶之租，何足以敷撥給？而祖宗之蒸祀，又將何措辨乎？然則，潤堂所執之簿帖，即使果系族人議立，而一經控斷，尚當改正息争。況細閲簿帖内開列各名字，其間多少有無，參差互異。又貢生謝一琳即雲衢，據謝景立等指爲共姓不宗，杭籍居永，而簿内開作族長，又插寫於族衆，並在場人之中間，其名字下加一圖記，牽揑裝點，情弊愈露。且潤堂縣控初詞，抄粘簿序姓名，並無謝一琳，何呈驗簿序，而忽添此座主？是可假也，孰不可假也？即據簿内在場有名之貢生謝雲章即謝翰，於雍正十一年七月内呈稱：雍正九月正月内，潤堂面懇族衆抽撥祖蒸，以爲儒資。翰相幫理勸。中有族衆咸稱不便。則撥田之説，族衆原未允議可知。又稱至今歲潤堂一人執簿帖來家，稱族衆允撥，書翰字雲章在場，求翰花押。則是九年原無簿帖，至十一年而始揑造，以爲搆訟張本，又可知矣。丁前令讞斷以田還公，而潤堂不敢再争，無乃自知理屈耶？無如斷墨未幹，而謝持章等與謝潤堂各呈稟所斷蒸租三十桶，被謝龍穆等獻賣鄭倫輝。而謝景立等則訴稱龍穆賣與鄭倫輝之田，係其私田。經前令批飭約地，查明龍穆所賣田畝，係蒸田，當有生員江鉅川等處和墾息，謝潤堂、謝景立具結請息，丁前令隨批令當堂息銷。此上年八月間事，詞結炳據。乃潤堂死灰復然，於九月廿五本道告期，旋以前事朦控，稱六月內被謝榮廷等擒殺重傷。又稱案内行兇殺士，及縣驗傷單，並謝持章、謝一琳各呈，俱被抽匿等情詞，屢屢混瀆。如果潤堂被毆於六月，何以八月内甘聽處和？且丁前令當堂息銷，非如公親局處投詞批息者比。乃不鳴冤於訊息之時，而奔控於既息之後。明係貪饕未厭，希圖翻案，刁健顯然！夫近文章砥礪廉隅之謂儒。貪刁如潤堂，實爲宮墻穢物。儒資儒簿，豈容若輩假冒美名？況甫得一衿，輒敢夜郎自大，奪先人之祀田，與族人訐訟不休，不足爲族望，反足爲族蠹。伊祖有靈，方將切齒痛恨於地下，又安肯以三十桶蒸穀，飽孽孫之慾壑乎？且即此一事而武劣，平素之行爲，已可概見，合就飭行。

爲此牌仰該縣官吏，照依事理，立即傳諭謝姓各房長，將蒸稅照分輪管供祭。潤堂前堂之三十桶，照舊歸公，毋許不肖子弟，私自變賣。至潤堂揑瀆健訟，本應以劣行詳褫。姑念初犯，從寬發學戒撲十五板，與其自新。所有簿帖、合同等件，一併抹銷附卷，原卷發回。

（清）**徐士林《徐公讞詞·守皖讞詞·朱維彤越界冒祖案》**　審得太邑貢生朱維彤等之占葬也。越界雖無多地，冒祖實屬奇聞。監生章鐘陛之祖，於康熙十七年，買朱伊錫等田地山場一所。契載屋右朱人墳塋一塚，聽其祭掃。是朱姓只有一塚，並無二塚，一塚在屋右，並不在屋後明矣。四十七年朱姓找價，契亦載屋右墳塋一塚也。五十四年復找價，契亦載屋右祖塋，照依原契管業也。乃朱龍野等忽於雍正六年，在鐘陛屋右屋後，扛棺蜂葬，突起兩大堆，又於屋後兩古塚之間，新厝一棺，其屋後西古塚，則揑稱爲契載屋古之冢也，其屋後東古塚，則揑稱爲四十六年添葬叔曾祖妣也。其契載屋右之家，則揑稱爲四十九年添葬曾祖考妣也。鐘陛控縣，朱姓抗不具訴。越一年而維彤挺身對敵矣。李參令批捕衙勘審，詳請斷價免扡。李令謬批章人不必仍執契載，並不斷價。鐘陛不服，赴府具控。

提卷查核，又飭令陳教諭勘驗朱姓新舊墳塚，相去遠近，及各家坐落，是否屋右屋後，繪圖呈閱，曲直了然。提犯親訊，維彤等狡稱四十八、九年添葬二塚，硬認古塚爲祖塚。若果四十八、九年添葬二塚，何五十四年之找契，並不開載屋後新墳，止有屋右祖塋，照契管業之語。況古塚現在屋後，今欲指後爲右，不但契不可改，亦且屋不可移。又查二月內，該學詳稱，兩造親鄰歐陽華等赴學墾和，詞稱屋後朱人新葬之墳，稍越契界，憑衆量議地價錢八千文與章人。至朱人新厝之柩，實在屋後古塚之中，立限扡移，兩情輸服等語。是屋後之塚，不但親鄰皆知爲古，即維彤亦不敢仍認爲祖矣。及對簿之下，遂非飾罪，則又堅稱爲祖塚。果祖塚也，則不當棄之爲古，果古塚也，則尤不當此之爲祖。六皖愚氓，謀吉占山，謂他人祖，已可痛恨。乃以黌門拔出之人，貪人荒山，竟指無主之孤塚，冒爲己祖，考耶妣耶，取之惟爾，棄之亦惟爾。是可忍也，孰不可忍也？唯查四十七年朱姓找契内載，屋右墳塋一塚，例有境步，卻未開載步數。詢諸中人嚴若，嚴若供稱，四十七年索找處和，議定朱地墳境，穿心十二步。但該學圖注新舊墳相去尺丈，未知從新墳何處量起。覆訊兩造，鐘陛堅稱從新墳邊旁量起，維彤堅稱從新墳頂心量起，各願具結。隨又諭學確查。據詳，服同兩造，將步弓在舊墳前屋右新墳頭邊旁，量至舊墳脚，計一丈七尺，全除新墳在外；在舊墳左屋後新墳頭邊旁斜量，至舊墳脚，計一丈六尺，亦全除新墳在外。至兩處新墳，在舊墳前者，直闊一丈五尺，在舊墳左者，直闊二丈四尺，前今兩次丈量各墳，都在邊旁，並未在中心等情到府。查屋後新墳，係斜量，姑置勿論。其屋右新墳邊旁，至舊墳脚一丈七尺，另新墳直闊一丈五尺，已六步零二尺矣，況原議穿心十二步，統前後而言，則舊塚一半亦在前六步數内，自舊墳中心算起，新墳已半逾六步之外，實與親鄰越界之説相符。維彤稍有羞耻，當痛恨占葬之非，揑結之妄。乃猶毫無愧悔，調弄歪筆，遴選健訟之朱四一，疊詞妄瀆，出没無常。查其辯詞，稱找契内係原有墳境，章姓將原字敲改例字。不思章姓不與爾争墳境之有無，只與爾辯墳境之内外。爾葬墳前六步之内，即例字何妨，爾葬墳前六步之外，即原字亦必不可。又稱《字彙》一跬三尺，兩跬僅有一步，墳堆之外止許六步，亦有三丈六尺。不思古尺今尺，大小懸殊，五尺步弓，定自天府，天下遵行。拔貢何人，輒敢妄議制度，改用六尺步弓乎？且一跬三尺，爾知載在《字彙》，不知冒認宗祖，又出自何經何典也？朱維彤冒祖越葬，挺訟揑結，殊玷衣冠，以及强佔之朱龍野、祖證之何子鸞、余子成，均應究治。姑念親鄰前經議處，兩造輸服，從寬概行逐釋，仍如學詳，著落朱維彤等追出山價錢八千，給章鐘陛收領，新葬二塚，免其起扡。屋後古塚，仍聽章姓管業，朱姓新厝之棺，立押扡移。仍令和事人安石定界，毋許再生事端。其審後刁瀆之朱四一，予以一杖，儆其頑膽，俾知漆黑一頁，不足作族人泰山石也。立案行縣，取依領報查。

（清）徐士林《徐公讞詞·守皖讞詞·趙榮澤誣告汪宗南案》 看得懷民趙榮澤既息復翻，訟棍也。雍正八年四月內，李再士價買趙林文栗柴，被汪孟侯等中途阻搶，鳴保控縣。在汪宗南等詞稱，伊墳山樹木，被趙盜伐。在趙榮澤詞稱，伊父於康熙二十一年，價買王行所墳山，契載前後左右，樹木盡毀無遺，今拚樹於李再士。汪南川等冒認王墳爲祖，以作占吉階梯。嗣經該縣拘審，鄉保地鄰人等，僉供墳山原屬三家，汪四塚在上，王五塚在中，各管各業。汪孟侯所搶之柴，給李再士收領。後兩造中親陳既賓等具詞和息，趙及萬即趙榮澤、汪南川不，各具輸服甘結，投縣在卷，事已寢矣。兩月之後，榮澤忽赴府翻控，胡爲乎來哉？查卷內汪姓繪呈山圖，三姓墳塚，前後三層，而樹木大小，又自迥别，與鄉鄰山系三家之供吻合，汪姓又有家譜呈驗，榮澤何得誣以冒祖之罪？據稱汪姓無碑。試問趙墳有碑乎？王墳有碑乎？無碑即爲冒祖，恐趙王二姓，皆不尅保其祖矣。又稱汪姓無契。試問王姓之老契，果安在乎？無契即爲冒祖，恐王不當賣，趙不管買矣。若謂鄉鄰之供不足憑，汪姓之譜不足據，止就王行所賣契而論，契載山價止一兩六錢耳，些微之價，何能得許多之山？如果此山原係王姓一家之業，蔭木成林，王行所當日何不拚樹以獲厚利，而乃賣山以得薄值耶？且榮澤縣詞內稱，康熙二十五年，曾拚山樹，汪姓無言。查汪姓繪圖，趙王塚旁，則小樹也。汪姓塚旁，則大樹也。是當年所拚之樹，不在汪姓墳界内，而在趙王二姓墳界內明矣。此山果盡爲趙有，何當年不留王家以下之樹，以蔭己祖，反留王家以上之樹，以蔭他墳？物各有主，勿敢剪伐，情事顯然。即契稱山界四至踏明，並未開明界址，然必有他人連界之山，乃須踏明，則王界自有四至。而汪姓墳山，乃在四至外耳，何得因四至二字，即欲包羅他姓之山？又何得因王姓居中，即欲沒滅汪姓之山？更可惡者，契內並無前後左右四字，而榮澤府縣控詞，俱揑稱契載前後左右，以圖占賴。無而爲有，反稱縣不電契。不電爾契，爾之幸也。今電爾契，雪橋雖工，其如赤日何？且爾拚汪樹，宜治盜拚之罪，宜追盜拚之價，縣未查明追價，止據息詞輸服，草率結案，已邀厚幸，反敢抗斷悖息，刁詞翻控！豈法網倖脫，爲鬼神之所深忌耶？抑東床之刀筆未工，誣陷泰山於傾頹耶？重責二十五板，聊儆刁膽。仍著和息人陳既賓等踩明安界，永斬葛藤。

（清）徐士林《徐公讞詞·守皖讞詞·何玉鉉冒祖壇墳案》 審得懷邑退役何玉鉉，仗蠹餘威，欺宦衰裔，冒祖墳以侵地，藉仇鄰以惑官，實刁惡之尤者也。吳文西等四世祖妣、五世祖考妣，暨五世伯祖考妣，葬於正觀門外龍神山。四塚排列，砌石爲圍。墳前各有正德、嘉靖年碑記，乃蔚州牧吳鯉暨福建觀察使諱肇東者所立也。何玉鉉爲吳門贅婿，突於雍正九月四月間，壇墳於吳墳石圍之左。吳英山、吳實城訐控於縣。批捕未詳，玉鉉伺前署縣出城，稟請親勘。十面奇兵，早已埋伏，街鄰滿山，一氣扛幫。前署縣並察審，止以墳界毗連，又因實城先供平地，改供古塚，遂諭衆押和。鄉約謝洪濤等，即號召多人，硬立議約，內載何墳立碑，各祀各祖。英山、實城因縣諭嚴切，兼以衆口鑠金，恐其賈禍，典從畫押，呈官用印。玉鉉得志，隨於七月內立界立碑。吳墳石圍之東，吳姓竟毫無寸土矣。文西等赴府疊控。發縣確勘，據該縣詳呈，何塚即在吳圍左側，地似屬吳，但何姓節經標祭，衆供鑿鑿，啓誓諄諄，且塚歷百有餘年，未可因地勢屬吳，即斷塚之非屬於何。又稱諭令各出甘結，詳明挖驗有無屍棺。何姓弟兄，即具甘結，文西等結稱，不敢信爲有無。土堆之控，明係虛誣，仍令玉鉉立碑祭掃等語。

議論浮游，難成信讞。本府查覈卷約，登山親勘，玉鉉弊竇，實難掩飾。查順治十四年，吳邦柱等請縣印照，內載即有古塚，久屬平場，未見一人祭掃，不辨族姓爲誰。是年勒禁碑於山巔，亦載公堂諳諭：古塚之切於先塋，不惟不可葬，並亦不可賣。雖未載明山之四至，而古塚切於先塋一語，實非專指墳圍以內而言。如果玉鉉原有祖墳，逼近吳圍，此時吳姓高豎禁碑，何姓豈不慮祖墓之磨滅，而仍不立界，不築墳，不竪碑，閱七十餘年，而始清理疆界耶？據玉鉉供：係六世祖，葬於萬曆年間。查吳墳葬於萬曆之前。吳祖肇東，中隆慶戊辰進士，隆萬年間，正爲顯宦，查祖宗卧塌之旁，豈容他人鼾睡？玉鉉葬祖之説，顯屬於虚。又查康熙五十九年，吴彩控生員胡鐸占砌圍墻，兩造有詞在案。今玉鉉壇墳之所，吴墳居西，胡墳居東。如果玉鉉有山有墳，吴姓越何界而争巷道，胡鐸訴詞，豈有不執何山爲證之理？至於玉鉉壇墳，前有石級二層，玉鉉指爲拜臺，又指前有麻石堋爲據。而文西等則指爲登山石坡，稱伊祖筆東捐基，建韓公大節祠於祖塋之青龍。春秋進陳牲殺，與士人之平石作拜臺者，由祠西小巷，折轉而西，北上石坡，轉至墓前，後被石姓造屋塞巷，其路遂廢。本府細勘形勢，石級與吴姓墳圍，一色青石，不方不整，又有側磚欹砌之處，與士人之平石作拜臺者，迥乎不同，且二層之下，青石零落，尚有存者，是當年之石級，不止二層，乃因地近廬舍，人畜作踐，久而不全耳。江南名宦大族，豐碑華柱，方有拜臺數層，何姓何人，塚無寸土，碑無片石，而獨有數層拜臺？急其所緩，緩其所急，恐無此理。石坡之南，兩邊雖有麻石高堋，中間實係路口，亦青石所砌。如果石堋爲何墳而設，亦當如吴墳石圍，接連不斷，内外相平，何爲自石坡而下，旁高中低，以護塋之石堋，忽辟登山之捷徑？若謂何姓因祭掃而開路，其南則緊對林翠若之後門，豈何姓穿林屋而詣邱壟乎？若謂居民因登山而開路，何姓爲墓下子孫，又豈肯任人毁堋，以拜臺爲行路乎？及驗祠西南截，仍有空巷，其北截則爲胡屋閉塞。胡屋後院墻，則又比林屋而北展，是吴姓當年由巷轉西，北上石級，事實有之。第物换星移，難以窮究。而玉鉉即借此廢徑，揑稱拜臺，狡詐殊甚。至所呈崇禎二年合同，内載祖墳坐吴崇澄屋後。今據屋主林翠若供稱，祖居不知買自何姓。文西等又堅稱，崇澄屋在祖墳之西，歷代典賣有據。夫白紙合約，何難揑造，即坐落不爽，亦不足憑。況崇澄之屋，又復東西懸絶乎？又查約載，何姓備價，吴崇澄讓地五尺，以廣陽門。是約原爲買塋前之基地而立，則崇澄即應寫立賣契，以爲執據。何以不立契不開價，止以合同成交？且與崇澄一人議讓陽門，並非與吴姓闔族議立全界，約内忽將東西南北，大書四至，又何以故？蓋隔朝之印契難造，遠年之合同易揑，只以右至吴墳老石圍脚一語，作定盤星，復揑無稽之三至，以示久違。又加何人不得再葬之語，以示可信。其計甚巧，其弊立破。順治五年分鬮，内開城内大節祠後祖墳一所，係高祖子雲公墓，短嘴陶家冲祖墳一所，係曾祖鳳公墓，鄉間祖墳二所，每年春秋公祭。本府閲分鬮多矣，從未見有開載祖墳者。如謂恐其迷失，何姓居城，距鄉則遠，何在城之墳，則標地名，標祖號，而鄉間之墳，乃獨略而不詳？然則陶家冲之鳳公，不過爲大節祠之子雲作一陪客。畫蛇添足，執爲鐵券，詐而愚矣。但玉鉉之所恃者，一班街鄰，黨同指證耳！本府密委照磨，親唤大節祠僧人又弘，押帶赴府訊供，半含半吐，若唯恐得罪衆證者。再三詢問，始供伊年五十有五，自十二歲，披剃在祠。師祖即傳説吴姓爲山主，祠基并祠後僧塋，俱係吴姓所施。吴姓赴城應考納糧，歷來皆寓祠内。昔有吴筆東題匾，至康熙三十六年回禄而燼。何姓壇墳之處，原係平地，有麻石二塊在上，並無墳塚，亦未見何姓標祭等語。及覆訊玉鉉，忽自供：吴姓應考納糧，歷來寓居祠内。與僧又弘之供吻合，則知吴祖施地建祠之事，固屬非虚。祠後僧塋，尚屬吴家故物，而僧塋之西，吴墳之東，何姓安得起而割據之？彼謝洪濤等，雖係街鄰，豈能如又弘之居住咫尺，填塋密邇乎？衆證共指爲何墳，共見何姓標祭，何又弘獨無見聞？蓋玉鉉父子縣役，向爲西關旱巡，鄉保仰面者久之，兼有吴墳坐落衆屋之後，或以挖石争，或以堆柴争，或以曬網争，或以砌墻争，或以搭臺演戲争，或以縱畜踐踏争，吴之結怨於衆姓者，已非一日。玉鉉稔知情形，因思故宦牛眠，可得沾其餘吉，借吴姓之讎敵，可作何姓之幹城。串通鄉保，一呼百諾，不顧自己子孫，爲他人力争祖宗，六皖惡習，令人髮指。該縣乃因其啓誓諄諄，信以爲實，獨不思洪濤等非有所深護於何姓，深嫉於吴姓者，胡爲立議約三紙，令兩造各執其一，衆街鄰亦執其一乎？則洪濤等無非玉鉉也，惡能言公？至謂吴姓不敢切實具結，即斷爲理曲，亦屬拘執。吴姓禁碑，原有古塚平塲之語，是否即在此地，原難懸定。奸人之謀吉者，或探有古塚，冒認以圖傍葬，或數年前，數十年前，盜葬棺具，歷久而後出頭壇墳。安見敢於出結者之果直，而不敢具結者之即爲曲耶？且吴氏先人，若鯉，若肇東，若邦柱，清風介節，宦跡文章，載諸誌乘，班班可考。建塋立碑之日，决不没人祖宗，自虧其行。乃數傳而後，子姓式微，東床老蠹，輒敢强割佳城，倘豪强者尤而效之，遍地皆祖，任意爲界，吴姓先塋，竟爲衆姓之義塚，惡風伊于胡底？

何玉鉉本應大法重懲，姑念年已衰老，又與吴姓戚誼，從寬免究。仍鎖項發縣，差押立毁碑界。幹證謝洪濤、吴康萬、楊升一、黄公正、劉永士、馬聘三、李君相、王汝彩、方永章，及傳訊之張修二、林翠若，祖祠扛證，均應重處，姑念伊等居近吴塋，素已結怨，概寬逐釋，俾令修好，再犯倍處。但謝洪濤身充鄉約，徇私扛證，倡首鼓衆，不便仍留滋事，革去鄉約，不許復充。吴文西等祖塋，仍以東至祠後西石墻脚爲界，照舊管業。何玉鉉所壇之墳，不許冒認標祭，致滋蠶食。第縣審吴寶城既供古塚，吴姓亦不得作踐。合同、分關及議約，塗關及議約，塗銷附卷。立案。

（清）李鈞《判語録存》卷四《争灘地事道光十二年十二月十九日》　審得嵩縣關玉清、關炳南控争灘地一區，西南、西北兩面臨河，東面至路，三尖如人字形。玉清父關得禄所呈文契，四至不符，固不足據。即關炳南所呈文契，四至難符，但此段係附於別段契尾，另行提寫，未蓋印信，焉知非事後添註？設此時另有控争處所，儘可添一段，是豈可以爲據耶？況契首註明坡地，此係水田，尤不相涉。該縣照此屢行勘丈，不特無事自擾，適足爲炳南藉口之資。自應斷爲官荒，招佃徵租。該縣以得禄自嘉慶二十一年墾種至今，費有工本，准其領種。每畝徵租二百，計地十五畝，每年徵租三千。惟有累年應追花利，除繳過八千外，尚欠三十四千，疊奉藩憲飭追。得禄無力完納，自請退佃。該縣另招佃户閻祥等領種。查舊租既不能豁免，得禄無地可種，更難措繳。雖日事敲朴，公項仍歸無着。着仍交得禄父子領種，每畝增租三百，每年計增租四千五百，帶還舊欠，攤至七年以外，可以全完。嗣後，仍照每畝二百起租，以符常價。至該地南鄰炳南所買魏姓之地，據稱河向南徙，將地坍入北岸數畝，現與該地毗連。查所買魏姓之地，並無畝數，憑何丈撥？着於河心栽立界石，以免日久再行侵越可也。其所呈坡地原契，載有榆樹園地一段，應收執管業，着先生發回，由縣給領。取結候詳。此判。

（清）常恩《安順黎平府公牘·道光二十七年安順府堂事稿·一件據府民王宗印與韋起興互控佔耕地土等情一案》　審得王宗印於道光二十六年三月間，用價銀三十五兩買明沈應光等小寨屋基田地。沈應光原佃吴二、雷萬隆各種一股，今年王宗印將吴二、雷萬隆業已償，逐將地自行耕種。王宗印契内有磨石冲地一塊、寨外地一塊，並有安給雷萬隆住的屋基一段，因劉老大有磨石冲田二塊，並老抱貓房基一段，與王宗印地及屋基毗連。劉老大即藉妄佔。韋起興所佔王宗印屋基地土，亦係先年伊祖賣與沈應光。繼賣與王宗印之業，均屬妄佔。王宗印隨赴案具控。訊悉前情，查驗契據，實係王宗印買明沈應光等之業，斷令劉老大、韋起興退出磨石冲地、寨外地，並屋基歸王宗印照契管業。取結完案。

（清）趙幼班《歷任判牘彙記》卷一《判李發玉等堂詞》　訊據薛金階及鄉約林寶池等所供，衆口一詞。並核印契，明明是賣契，並未載有回贖字樣。且五月間，李發玉尚立有抽豐筆據，何能作爲典契，强與人争耶。印契各件交王永禄領歸。領結附卷。人證均省釋。此判。

（清）趙幼班《歷任判牘彙記》卷一《判王徐氏等堂詞》　王錦書以子寶治出繼與宏如，無非欲爲争産而生利也。王德如之買是業，其時寶治尚未出嗣。光緒八年，宏如始以寶治立繼。何以二十餘載之久，聽任德如管理而一言耶？應以所書筆據爲憑。以後，毋得再生抽豐之妄想。至王寶仁少去洋三十六元，錦書自應交出，不能使寶仁受累。取具切結完案案。此判。

（清）孫鼎烈《四西齋决事》卷二《會稽治牘·判·馬如麟判》　判得民間契買田地，以畝分爲主，以四址弓尺爲輔，大略買田則重畝分，買屋基墳山則先定界址弓尺，而後約計除糧。其畝分之數未必與弓尺笱縫相合，然要亦不甚相懸，故四址弓尺或有轇轕不清，仍當以畝分爲據。此即馬如麟遠年憑糧，近年憑契之説也。卷查呈案契據，馮馬兩姓山場皆由章姓契賣，馮契載山糧五分，有四址而無弓尺；馬契載山糧二分五釐，並詳四址弓尺，但適於横濶上下四字之下，弓字之上破碎成洞，並無字跡，其破處左邊有才字，馬如麟指爲捌字之旁，故堅稱横濶八弓。驗其墨色筆跡迴異，行款亦偏左甚多，上下不相連貫。且馬界統算南北十三弓四分，若準横濶八弓，應積步一百七弓有零，核山糧四分五釐，與契載二分五釐之數不符甚多，故横濶八弓之説直可斷其必無。此案結訟兩年，疊卷盈尺，馬如麟始請訊斷，繼又以訊斷無憑堅求洫勘。迨勘丈明確，馬如麟所指山界應贏糧二分零，則又云弓尺畝分不足爲定，總以界石爲憑。而於現在界石又稱馮姓馮字兩點係馬字加添，其東首界石又指爲移動。種種翻異，實屬刁黠。且前縣屢吊買山正契，延不檢呈，堅執横濶上下八弓之説。追到正契，則横濶弓數之數目字挖成破洞，顯係作僞。其擄禁原中之子葉阿華勒寫洋票，打毀馮墳石檯拜石，形跡顯然，衆供確鑿，允爲兇横不法。兹本縣檢閱全卷，枝節横生，頭緒百出，棼如亂絲。提綱挈領之法，欲清訟源，先明山界，欲明山界，須憑山糧，由分數以求弓尺，由弓尺以定界址，直可片言而決。馬如麟到堂亦堅求憑糧核斷，謂其他皆不足取信，應即准如所請。查卷内俞前縣丈勘繪圖，照管山顧阿六契中葉阿介所指馬界，丈得上横四弓零五釐，下横三弓四分，左直長十三弓半，右直長十三弓，核應糧二分一釐，僅虧糧四釐。以直長十三弓計，横濶僅少三尺六七寸，一路爲數甚微。而右首馮姓之界，亦虧糧二分三釐。此外均是章姓山界。兩造所虧山地應各向賣主章姓理值。惟馬姓契買是山已七十年，章氏子孫累世分析，率多貧窘，勸令馬如麟毋庸再向補還。馮姓契買年未久遠，而章姓貧窘亦同，馮武臣自願不復向理。因將俞前縣勘丈時繪圖當堂發給兩造細看，以後悉照圖中四址弓尺立石分界，各自管業。均已樂從，願具遵結。葉阿華被馬如麟擄去關禁，卷查初供詞，並無凌虐受傷情事，葉阿華之父阿介爲馮姓管山，釁由争山而起，今馮馬兩姓争訟既已斷結，應弗深究，勒寫洋四十元期票作爲廢紙，毋庸追繳銷毀。馮墳被毀石檯拜石等物，自行修理。馬如麟擄禁勒票、糾衆兇毀、控契朦混、砌詞上控，兇狠刁健，本應嚴究，念其忝列衣冠，且此次到堂尚無一語狡滑，甘心折服，姑援既往不咎之説，全其體面，各具遵斷切結完案。章和庭、顧阿六、葉阿介等各回安業。前縣給圖粘附。此判。

（清）熊賓《三邑治略》卷四《堂判利川縣任内·訊蔣化成一案》　訊明蔣化成先買郭惠人弟兄之業，係伊舅父吴九成等作中。比時伊胞叔郭敬臣等並未到面，且查墨約内二百五十六串價錢數目，係事後補添，足見此事勉强，並未説好。後經伊胞叔郭敬臣等轉賣於當主蔣熙俊，就當承買。查閲價數目，係一筆直書，自應斷歸當主蔣熙俊管業，惟吴九成係郭惠人母屬，此次既多賣錢二十四串，着郭惠人另提出錢一半，以八串作呈九成等中資，以四串補蔣化成酒席。蔣化成約據，註銷存卷，各具結完案。此諭。

（清）熊賓《三邑治略》卷四《堂判利川縣任内·訊譚袁氏一案》　訊明譚袁氏與譚光沛互控一案，緣譚袁氏之夫譚光揚已故，遺有田産，據袁氏供稱，約據交隆氏帶去，現無憑據，然譚光沛、譚光輝等，均係同胞弟兄，不能因其無憑竟置不耳。斷令譚光沛、譚光輝回歸，憑同何道容、張啓甲等，速覓受主，將譚光揚名下田業賣出，照袁氏詞内原價三百二十串文，一併交付袁氏，作爲伊母子養用之資。如譚光沛有意阻滯，即行傳案懲究。案内秦光銀忽幫原告，忽保被告，實係刁狡可惡，着速即搬遷，不准再住譚姓之屋，各具結完案。此諭。

（清）熊賓《三邑治略》卷四《堂判利川縣任内·訊黎永澤一案》　訊明黎永澤與張秀成等互控一案，緣張姓有陳冲壩公業一所，經張景燕私賣於黎道鈿，張秀成等迭次控告，已經蔡前縣斷令張景燕不應私賣，照田地三股酌分。此次張秀成又要黎道鈿另補田價，並索畫字錢，致將黎道鈿銀子三百二十兩奪去。惟此田張景燕本不該賣，如張秀成心不甘服亦只能向張景燕算賬，不與黎姓相干。斷令張景燕還出銀子一百兩，張秀成還出銀子二百兩。下餘二十兩，着黎永澤義讓，以爲畫字之錢。當堂書立錢號銀條，交黎永澤收執，各具結完案。此諭。

（清）熊賓《三邑治略》卷四《堂判利川縣任内·訊甘貢三一案》　訊明永興廟公業，前經楊遠騰等於光緒十四年承官，現據甘貢三等呈控，謂伊等從中侵蝕。查閲底賬老簿，原交成本，合共七百餘串，除住持之稞二百餘串無利外，下餘僅只五百串有利。復查楊遠騰等所開賬單，廟内十餘年花費，共去三百九十餘串，借當尚有三百餘串，並無多虧。斷令以後責成團首羅成名、甘登岳二人經管。另外着楊遠騰等公舉兩人，甘貢三等公舉兩人，每人各執帳簿一本，每年三節，經憑本方公人以及各當主借户，公同憑神算明，將出入帳款開列清單，張貼廟内。議妥之後，即仰團首羅成名、甘登岳具結存案，另給諭單，以昭信守，各具結完案。此諭。

（清）熊賓《三邑治略》卷四《堂判利川縣任内·訊羅廷獻一案》　訊明羅廷獻控許仕壽私造假約一案，據許仕壽供，身後當吴通洪弟兄之業大馬塘等處，共錢七十串，兑帳四十串。又給水牛一隻，作錢二十四串。又給姚支第票六串。質之吴通洪，供稱並無其事。又隔别審訊，據代筆人田春亭供稱，加當大馬塘等處之業，共錢七十串，係身代筆，除兑賬四十串外，復給水牛子母兩隻，又給許仁壽本條六串，係火紙寫成，核與許仕壽原供不符，確係虛假無疑。斷令許仁壽仍照從前一百八十串，老當過耕，老鶯巖田業不與羅廷獻所買大馬塘之業相干。許仁壽所供吴通洪欠錢二十串，並無憑據。吴再恒所供許仁壽搶去包穀，亦甚細微，均無庸議。至楊承書誣控羅廷獻盗案各節，實屬荒謬。業已戒飭，並出具誣告切結。楊承書之徒李鳳鳴，向羅廷獻要帳口角，更屬可惡。一併戒飭革除，各具結完案。此諭。

（清）熊賓《三邑治略》卷五《堂判東湖縣任内·訊陳一枝一案》 訊明余開學有絶産一分，據余家慶等供，先年在余開學手稞種，去錢二十六串文，現頂於陳一枝名下，仍照原日稞價二十六串。據陳一枝供，此字被余永祥掣去，又换成伊名下三十五串文稞據。陳一枝失於檢點，將約掣轉人手，無論真假，均屬自不小心。余永祥亦不應獨得余開學絶業，斷令將余開學絶産一分，轉佃旁人，退還陳一枝原日頂錢二十五串文，嗣後此地，即歸余永祥及余家慶等分得。其余家慶自己分關，當於陳一枝去錢十六串，驗明分關屬實。據陳一枝供，此約亦被余永祥掣去，但陳一枝與余家慶等本係至戚，别寫當字一紙，日後再有當約，查出無用。余開學絶産，據余永祥供，情願不要，余家慶、余家秀亦不願要。斷令此地捐入學堂充公，另派首士踹界，招佃耕種，退回陳一枝押佃錢二十五串了事。此諭。

（清）熊賓《三邑治略》卷五《堂判東湖縣任内·訊楊王氏一案》 訊明林源茂買楊法超之屋，價明契税。據劉正興供，原日佃住楊法超之屋，去佃錢四百串文，尚有一百二十串文借帳。但查驗憑據，僅有四百五十串，下餘七十串，訊及楊法超供稱，原有此事，仰仍退還原日押佃錢四百串，並無利借項錢七十串，此外五十串，酌給利息了事。至劉正興，如願再佃林源茂之屋，憑兩人連環的保，承認房租。萬一林源茂不肯，寬限兩月，劉正興另覓屋搬遷可也。此諭。

（清）熊賓《三邑治略》卷五《堂判東湖縣任内·訊王吉輝一案》 據王大新供，王吉輝係生所招之婿，已給過佃田一分，計押佃錢壹百八拾串文，所有牛穀種籽，一概付給等語。乃王吉輝心不輸服，意欲同伊子公分家産。查驗原日合同，内載有財多與，無則少與字樣，是不能與王姓之子同分無異。斷令仍照原日所分押佃錢壹百八拾串文，一併交付王吉輝及張發先收執。至王吉慶控稱前有借項，既無憑據，作爲罷論，各具結完案。此諭。

（清）熊賓《三邑治略》卷五《堂判東湖縣任内·訊趙龍新一案》 此案前已屢次斷明，據趙龍新供稱，身祖時舜有鋪面地基一處，内有左抵叉路，右抵時堯山墻爲界。復查趙海萬等所執分關，内有左抵走路爲界，右抵時舜山墻在公爲界。細查紙張筆迹，趙海萬所執分關，紙張甚舊，亦係一筆寫成；而趙龍新所執分關，紙色極新，且左抵叉路二句，係另外添寫，全不一筆，足見照舊分關謄寫，换此二句，故爲佔界地步。斷令仍照時雍分關管業，另書分關二紙，書立驗字，永遠遵守。其舊有分關，一併註銷存卷，各具結完案。此諭。

（清）熊賓《三邑治略》卷五《堂判東湖縣任内·訊周正炳一案》 查訊駱九川買周正炳地二塊，計錢三十六串文，内有周姓墳墓十三塚。現在駱九川將此地轉賣於女工會堂一半，得銀四百八十兩。據周正炳供，將身祖墳佔去；質之駱九川，供稱：此一半地界，僅有墳一塚，業已除留，書明約内，此外十二塚，仍在等語。惟駱九川所執約據，數目有塗改痕迹，不無可疑。斷令駱九川補付周正炳銀一百兩，至墳界仍照舊交出。前已驗明女工會約内，有除留墳界字樣，周正炳照舊掃墓可也。此諭。

（清）熊賓《三邑治略》卷五《堂判東湖縣任内·訊謝秀山一案》 查訊謝姓有老田一分，賣與李姓，約内註明寸土不留，又註明除謝姓祖塋，並衆姓古墳，日後謝處，不得再葬等語。兹據謝秀山等供，李盛榮等又欲佔界葬棺。查李盛榮早日已將此田賣於王宏志，本係屯田，故未税契。而約内又註明外除塋所在内字樣，是李姓亦只能有墳，不能再葬。斷令兩造各守各墳，以後均不准葬棺，以免滋事。至現在新章，屯田亦須税契，候傳王宏志之後裔到案投税。此諭。

（清）熊賓《三邑治略》卷五《堂判東湖縣任内·訊馬袁氏一案》 此案前已斷明，而袁旃又串出袁柚等，口稱有袁自倫絶産一塊，當於袁自明未贖。查驗界址，即在馬袁氏所買袁自傳界内。據馬袁氏供，袁自傳與袁自倫係同胞兄弟，袁自倫先故絶嗣，此田即歸袁自傳得受。迨後袁自傳將此田賣出，亦復絶嗣，其族人遂從中狡賴等語。復查馬袁氏約内有鷄公尖山二塊，其三界均抵劉姓，北抵曹姓，詳細註明，其無袁姓地可知。乃袁柚所執當約，另批外搭鷄公尖山一句，並無界址，顯係（仍）〔任〕意捏造。查驗袁柚，面貌詭詐，原日到堂，並無其人，忽來爲首翻控，確係訟根，交差看管，當約註銷。其馬袁氏所買之地，仍照舊管業。此諭。

（清）熊賓《三邑治略》卷五《堂判東湖縣任内·訊黃漢清一案》 有黃漢清之祖黃珮臣，買陳映堂住宅一所，計價九百串文，驗明印約紙張，確係咸豐十一年所立。而劉宏逵之父在日，控稱有當價貳百伍拾串文未贖，查驗歸約，陳際文親筆兩張，字迹均不相符，顯有情弊。斷令劉宏逵讓去錢五拾串，仰黃漢書立二百串票據，交伊抱告收領外，陳啓運係出賣房主，義送錢壹百串文，此房即歸黃漢清自得。老約發還，當約註銷，具結完案。此諭。

（清）熊賓《三邑治略》卷五《堂判東湖縣任内·訊楊發梓一案》 訊楊發梓有田一分，當於李正芳名下，計當價壹百五十串文。據楊發梓供，尚有二十七串押租在身手内，亦係任世成筆，仰傅蓋臣、張百源回歸，驗明稞字，如實係任世成所書，即令李正芳退錢二十七串，交楊發梓另行耕種；如非親筆，即作罷論。外有楊發梓舊當約五張，一併退還。李正芳當約一百五十串，驗明發給作據。至楊發梓控稱李正芳訛詐伊錢八十串，又借當楊發舉田約一百四十串，質之李正芳，供稱並無其事，當堂書立破字無用。如楊發梓實當有楊發舉田地一百四十串，無約管業，仰傅蓋臣、張百源回歸，邀同原中查明有無其事，另行清理。如中證供詞無異，即飭楊發舉重書當約可也，各具結完案。此諭。

（清）熊賓《三邑治略》卷五《堂判東湖縣任内·訊盧開義一案》 訊明盧開義買吴世炳之田，查驗約據，田均抵他姓之界，並無抵賣主田界字樣，是此田一併賣清。至吴世志稱有歸約未揭，亦無憑據。詰問中證，屈林生係兩造至戚，供稱田已賣完，惟中證未謝，以至轇轕不清。斷令歸約作爲廢紙，外憑原中酌再加錢貳拾串，另書清界字了事，各具結完案。此諭。

（清）熊賓《三邑治略》卷五《堂判東湖縣任内·訊沈明奎一案》 此案前經本縣勘明，熊良恒與鍾正魁田地連界。據熊良恒供，約内以下石牌爲界；鍾正魁供，伊田實係在上石牌前。當場查驗上下石睡田地，僅止一石之譜，爲數甚微。斷令此田各歸一半，熊良恒得上石碑下田一大塊，鍾正魁得下石牌上田兩小塊，在田坎内另窖界石。至堰溝一節，前據熊良海賣主執出約據，云稱有老堰溝，經本縣勘明不錯。堰溝右首山包，彼此均無實據，作爲官荒。熊良恒即將新溝閉好，照老堰放水。其右首山包之水流下，俟熊良恒田灌滿時，再讓於鍾正魁田内。沈明奎田界在下，越分妄控，本屬可惡，交的保管束，各具結完案。此諭。

（清）熊賓《三邑治略》卷五《堂判東湖縣任内·訊胡建堂一案》 此案前已勘明，胡建堂約内大冲中莊房，前經佃户住壞，改作水田，是以現無房屋。右齊堰頭直上，横過宅後山脚，左園圃禾塲冲上，以陸田爲界。是胡姓僅有水田，並無陸田；而胡建堂强争莊房在上，實與約内所載大冲中莊房不符，礙難照斷。仰胡建堂自行在冲田内築土蓋修莊房，不能與陳姓陸田上混争，並將此案疊報各憲存案。此諭。

（清）熊賓《三邑治略》卷五《堂判東湖縣任内·訊錢楚坤一案》 查訊錢楚坤老輩有房屋一所，坐落鼓樓街，係乾隆五十二年所買，計價銀一百二十兩，有約可憑。而沈春培亦執有乾隆五十一年約據一紙，核驗紙色尚新，與錢姓約據有别。細查情形，因錢姓回浙，托沈姓照料收租，迨後數十年不來，沈姓照料修理是實。至約據一紙，僅止一百二十串，或係沈姓自書，或係沈姓族人代寫，均未可知。姑念事隔已久，均屬鄉誼，斷令將此房變賣，各得價錢一半，如能售錢八百串，錢姓凈得四百串，沈姓連當價共得四百串。仰羅裕泰速行代覓受主，成約了事，先行具結。約二紙，暫存卷。此諭。

（清）熊賓《三邑治略》卷五《堂判東湖縣任内·訊萬國太一案》 訊明萬世金等有墳塋一塚，在周正清界内。查驗萬世金等約據，註明左右除界一丈二尺。是萬姓之約，反較周正清合同省前後一丈二尺之界，足見萬世金等約據，不能靠實。斷令仍照周正清老合同，前後左右除界一丈二尺，憑陳定廉、陳定豐回歸，先行跴界，按照四界，設立窖石，永免轇轕。日後上墳時，邀同陳定謙等一路，如有糾纏，即爲陳定謙等是問。據萬世金等供，尚砍樹木數株，現已多斷前後一丈二尺之界，作爲抵還砍樹之錢，各具結完案。此諭。

（清）熊賓《三邑治略》卷五《堂判東湖縣任内·訊黃賢熙一案》 此案前委捕廳勘明雷姓界址，由水井溝直上溜石板爲界。乃雷學仲指伊西界巖邊石板爲界，查其界址横過，斷無横過石板之理，足見雷學仲侵佔伊界無疑。現在税務司業已承買，價值清白，斷令雷學仲補黃賢熙錢貳拾串，仍歸稅務司原買之價。其餘老界，仍照水井直上大溜石板爲界，勿得爭執。此論。

（清）熊賓《三邑治略》卷五《堂判東湖縣任內·訊陳枝森一案》　訊明陳枝槐已故，遺妻周氏，有三斗坪佃房一所，歷年租與鹽店，每月收租錢五串。周氏向與陳義泰即陳旭光内共帳，有借字一紙，計錢八十串，外均係貨帳。但查陳旭光之父詞内，係二十三年借據，偏查各卷，均無二十三年字樣，顯有不實。復查陳枝森所摺内，止有挽至二十八年五月帳目。另有一摺，陳枝森又不執出，亦有不是。現在陳周氏已故，所有衣衾棺木，又係陳旭光墊出，合共三十九串餘文，連前佃字内，所欠二百五十串，合計有二百九十串文之譜，因帳項含糊，斷令照八折扣抵，共計錢二百三十二串文，憑陳鑾光等下堂，另書佃字，每年陳旭光認租錢二十串文，交付户族陳鑾光等及陳枝森等，公同領收回歸，即代陳枝槐速行立嗣。每年租錢二十串，除繼子讀書穿衣外，下餘存放生息，公舉户族八人掌管。如有親房，無僅親支承祧，但不准問銀錢之事。每年先提十二串文用費，其餘八串存在鹽號，俟成立再歸繼子執掌。今年租錢二十串，先行提出，包修陳枝槐夫妻墳墓，各具結完案。此論。

（清）熊賓《三邑治略》卷五《堂判東湖縣任內·訊黄賢熙一案》　查訊雷學仲有田地一分，東邊界址與黄賢熙連界，老約内註明東抵黄上敏旱田水井，直上溜石板大嶺爲界；至黄賢熙約内，係右抵雷姓小溝，直上抵楊姓爲界。雷學仲無論此田賣於何人，只能照老約水井直上出賣，不得侵佔水溝地界，各具結完案。此論。

（清）熊賓《三邑治略》卷五《堂判東湖縣任內·訊易賢注一案》　訊明賢注與易墨卿田地連界，查驗易墨卿所執約據，有礄門裏外旱田一塊，細核裏字係口字所改，足見此界含糊。又查易賢注所執約據，有礄内礄外旱田一段字樣，惟此約係道光二十二年白約，並未投稅，亦難靠實。據易墨卿供，礄内礄外，實係生累年收租，而易賢注現執出舊約不服，彼此爭執。斷令礄内礄外旱田兩塊，仰易墨卿捐入祖父易國宏名下，以作春秋祭掃。至原日黄丙庵處，令兩造掉田和息，註銷存卷，各具結完案。此論。

（清）熊賓《三邑治略》卷五《堂判東湖縣任內·訊王安禄一案》　訊明王安金、王安銀有絶産貳分，經王安禄贖回一分，計錢四十三串，又經王治富贖回一分，計錢十二串六百文。但王安禄與王安金係嫡堂兄弟，分際甚近，現在王安禄既欲贖取，經族衆等願多出三串四百文，作王安銀齋薦，此田仰王治富讓出，仍歸王安禄耕種，共書十六串票據，交王安魁、秦殿鎬等下堂，以十二串六百文贖田，以三串四百文齋薦。至王治富另當王安禄名下田壹分，計錢五十五串五百文，現王安禄無力贖出，着王安魁等回歸，勸令各守各界，俟王安禄有錢，再行贖取。此論。

（清）熊賓《三邑治略》卷五《堂判東湖縣任內·訊黄賢祥一案》　訊明黄賢祥與黄發培因義渡互控，緣黄發培接黄賢瓊之手，即未接清，嗣後改諭杜其祥等，及義渡總局經理，均未承認；又經黄發書私自禀請黄發培經管，以致衆論不平，搆訟不休。但黄發培不知避嫌，錯在當先，既往不咎。據黄賢祥等，每年收穀二十三石一斗，除渡夫口食拾壹石五斗外，下餘存放。又每年收錢稞三十八串六百文，除渡夫工錢拾陸串文八百文，下餘二拾二串，再除完糧三串外，均作存款。又有梁姓稞錢八串文在外，如遇大修船隻，即提此錢作用。質之黄發培，供亦無異。候諭爾黄姓四人：黄潤齋、黄祖英、黄炳安、黄發炳，及外姓四人：杜其光、湯文圃、宋華芝、劉登申等，公同掌管，照堂諭内帳目開銷，每年八月筭帳一次，張貼公所，以昭大信。黄發培繳錢壹百貳拾一串二百六十一文，限五日内换出大錢，當堂呈繳，暫取的保。所有字據稞字，一併交付黄潤齋等經管，各具結完案。此論。

（清）熊賓《三邑治略》卷五《堂判天門縣任內·訊李曾氏一案》　查訊李漢臣買曾學海草山一塊，計錢十五串，業已價明契稅。據曾學海供，光緒二十九年三月二十四日，已憑人將本利還清，因伊約據不見，書有收字，憑同李建録及保正汪采清在面。乃隔别審訊，曾學海供稱，係二十九年三月二十四日，又云是日天陰，小的先走，並未吃飯。復提保正，供稱係今年五月解膠，是日天晴，日已中午，係曾學海作東吃飯。又提李建録供，寫字天時已晚。種種不符，足見虚誣。且收字既謂憑同保正汪采清，何以此字又無伊之目，更不靠實。斷令此山仍歸李漢臣管業，不得異説。曾學玉案内無名，膽敢在公案前插嘴，極爲可惡，暫交候審所，俟有的保，再行開釋，各具結完案。此論。

（清）熊賓《三邑治略》卷六《堂判天門縣任內·訊李應兆一案》　查

驗李應兆等所執老約，係買蕭姓半頭湖内一半；又李恒茂老約，係買蕭姓一股。據李榮供稱，此湖尚有一股，現歸黎姓管業。但湖水界址難定，應以股分均攤。李應兆應得兩股，李恒茂應得一股，黎姓應得一股，歸成四股之數。將來此湖若果淤浮成田，亦應照四股均分，先行具結。仰保李維柱會同原解之人，秉公剖分中也。老約發還。此諭。

（清）熊賓《三邑治略》卷六《堂判天門縣任内・訊蔣傳炳一案》 據沈兆奎等供：蔣傳炳弟兄應得九十六畝，現已有三十六畝，下餘六十畝，應歸蔣作霖補出。且此地魏登瀛憑生等同蔣作霖之兄蔣錫周丈量清白，並多給三十八畝，以作敷補蔣姓不足之數。乃蔣作霖均欲霸爲己有，實屬可惡，無怪劉前縣將伊收押。乃前案已經和息，書有合同，當堂取保。乃出押之後，又不遵斷，真正不知自愛。本應押究，姑念俯首認咎，暫寬免押。斷令照數補足蔣傳炳等六十畝之數，責成蔣錫周丈量歸清。至蔣美玉應找出若干，亦同蔣錫周、沈兆奎等照糧清理可也。此諭。

（清）熊賓《三邑治略》卷六《堂判天門縣任内・訊余明漢一案》 查訊周氏與余明漢係同胞兄弟，所有家產，於光緒丙子年照四股分開，余明漢與周氏各分五十畝有零。周氏二股因外面無人料理，且公債未完，僅得一股，以作養膳，下餘交余明漢經理。現據余明漢供，所管周氏一股，因其欠債太多，已代爲償還等語。但爾還時，必須憑明户族人等，將帳算清，當面收付，方爲正辦。且數年稻利，亦無存留，本有不是。惟向有元係周氏所養異姓之子，不能平分家財，既已得有二十餘畝，此田即歸向有元承受，此外不得干預。余明漢承領一股家產，作爲嗣子用度，向有元雖係異姓，在余姓已有四十年之久，如不願歸宗，即應守余姓家法，不準冒犯尊長，各具結完案。此諭。

（清）熊賓《三邑治略》卷六《堂判天門縣任内・訊余新泉一案》 查訊余新泉與譚延綱互控一案，緣余新泉界内古樹一株，有礙譚延綱曬禾之處，是以譚延綱將樹枝砍伐。嗣經紳首等已勸余新泉將樹砍去。據余新泉供，此界係身管業。復質之譚延綱，供係身之舊溝古路等語。但此樹從前係余姓所栽，而鄰近即係譚延綱禾場，彼此緊連界址，斷令照原舊所砍樹根，審立界址，並將譚延綱挨立禾場之地，除留二尺，以作古溝古路，彼此勿得爭執，各具結完案。此諭。

（清）熊賓《三邑治略》卷六《堂判天門縣任内・訊楊應才一案》 查訊楊應才等有公項屯田十五畝，從前經賀明頂種，雖去有頂價，究係私情。現在姑念賀明堯爲難，斷令每畝出錢八串，另行印約投稅，作爲買產。查楊姓僅有五家，應得五畝錢四十串，歸入北城關帝廟充公，以作修理，各具結完案。此諭。

（清）倪望重《諸暨諭民紀要》卷二《正堂倪二任・蔣步元等呈控沈金傳盜砍樹木由》 堂諭：訊得蔣步元等呈控沈金傳盜砍樹木一案，緣蔣步元等有井頭壠山壹處，係溫字十七號，計山叁分五釐。沈金傳即蔣茂清，亦有是處山參分叁釐，各自分户完糧，各葬祖墳在山。蔣步元等之祖墳爲其高高祖海龍即龍山也。沈金傳之祖墳爲其叔高高祖蔣景高父子也。蔣景高傳至東升而絶。沈金傳不察其由，而以景高爲嫡高高祖，意謂山内葬有景高父子墳墓，則砍樹不爲踰分。蔣步元等因其擅砍杉樹八株，出而憑中理論，指爲出繼於沈，不得復管蔣姓之出，彼此相持，以致呈控。茲經集訊，查閲蔣姓宗譜：蔣景高出自金富，傳至東升而絶。蔣海龍出自金討，傳至蔣步元等，世世相承，中無旁支入繼。且核沈譜，質據沈駿偉供稱，沈金傳係出繼沈百卉爲子，譜亦載明，則出繼沈姓之人，何能復管蔣姓之產？但蔣景高無後，沈金傳爲之祭掃墳墓，執有蔣康户册。據蔣景高所遺井頭壠之山，就準與蔣步元等照册共管。然私砍公山樹木，於理亦乖。曾經中人壽景太等議罰洋銀十五元，以爲封山祭祖之資，固無不可。本縣秉公酌斷，以所砍杉木捌株，估價洋銀十二元，着沈金傳自除陸元外，仍限繳洋銀六元，候轉給蔣步元收領。蔣步元、沈金傳各呈宗譜，當堂分别發還。仍有宗譜、户册、議據、帳簿，次各具領，取具各甘結完案。此諭。

（清）倪望重《諸暨諭民紀要》卷二《正堂倪二任・周賢東等控周松林等盜砍松樹由》 堂諭：訊得周賢東等控周松林等盜砍松樹一案，緣周賢東等有坐青字四百三十一號山二分，土名相亭隴即向亭隴，在周世吉户完糧，山内葬其高祖遇吉、壁奎等墓，册串、宗譜可憑。前經本縣詣勘，山勢分明，墓碑宛在，其爲周緊東等祖遺山場本無疑義。乃周松林藉有同號山五分三釐三毫，覬覦周賢東等山内大松，輒敢恃强混挤，實屬非是。茲經庭訊，查周松林挤砍松樹三株，其平岡上一株較大，本在交界之區，下有二株，則係周賢東等山内。惟崗上一株，價應均分，姑念周松林貧老，且獨化費砍鋸工資，論令周賢東等以族誼而加矜恤，將應得崗上松樹半價作爲津貼，而山腰松樹二株，被周松林拚與阮舟木放運，即着周松林備出洋銀十二元五角，並飭差傳諭阮舟木賠出洋銀十二元五角，合成洋銀廿五元，均繳給周賢東等收領，以償拌價。自是之後，其山自岡上低平之處下至孤墳山脚，左歸周松林執管，右除留孤墳外，統歸周賢東等管業。周松林不得混争。阮舟木應繳洋銀已諭周松林傳知，仍即飭差追繳。如敢抗違，將樹封存，且傳阮舟木到案，押令如數繳給。至周陞文因病身故，周賢東挾争山之嫌呈控周炳來等毆斃，曾經驗係病故。周賢東等雖自悔悟，當場具結，不復逞刁。然誣控之風必杜其漸，着將周賢東笞責未懲。周松林越砍樹株，因其年老，從寛將抱呈周賢善笞責，各取甘結完案。周賢東所呈宗譜、户册，堂訾發還。周松林所呈宗譜一本、户册一本、糧串一聯，一俟繳錢給領。周陞文病故之案，候即備文詳銷。此諭。

（清）倪望重《諸暨諭民紀要》卷二《正堂倪二任・周大金等與屠資深等互控砍竹田》 堂諭：訊得周大金等與屠資深即芝森等互控砍竹等情一案，緣周大金等前將土名黄泥山後之山兑换屠資深等黄泥山之地，其地在於周大金等地前，即屠資深等山脚迤東。乃周大金等借地與山連，越砍毛竹，屠資深等理阻不依，以致互控。兹經集訊，披閲各呈圖册，並周大金等所呈换地之契，查契内註明地肆分，土名黄泥山後，坐嚴字四百六十號，上至周地及出主竹山，右至周姓墳山脚，是出主係立契之屠資深所有，塘坳斜上之山圖内，畫有毛竹森森，其爲屠資深等應管山場可見。若周大金等所管地上，雖亦有山，與屠資深等之山相連，而有樹無竹。今砍毛竹據屠資深等供稱百餘株，其數不無浮報，因斷以砍竹五六十株，訊之原理中人邵志惟、地保周文鏡等，僉稱大約如是。即着周大金等繳出錢陸千文，限十日内繳候，轉給屠資深等收領，以作賠償竹價之資。嗣後周大金等不得借岩字五十八號之山越佔屠資深等换受壹百五十八號及其祖遺岩字四百六十七號各山，以守界限，而杜争端。周大金從寛申斥，所呈换契、户册，並屠資深等所呈户册，各著領還，取具各甘結完案。此諭。

（清）倪望重《諸暨諭民紀要》卷二《正堂倪二任・金沛甫與趙志昌等互控地畝由》 堂諭：訊得金沛甫與趙志昌等互控地畝一案，緣金沛甫於光緒九年間憑趙東其等爲中，用價錢叁千文買受得王傳家荒地貳畝三分，土名蘭廾，坐作字七百八十六號；又土名長林，坐作字七百九十一號，今經開墾成熟，趙志昌覬覦生心，以其失管土名五爪金龍之地，出而混争。王傳家向理不依，遂致呈控。兹經集訊，核閲各呈户册、地圖，並金沛甫所呈買契，查金沛甫買受蘭廾、長林各地在五路亭外，西首且隔有塘，與金秋寶之地毗連。其地較長，故稱蘭廾長林，林字係鄉人不識字之訛，實即校也。若趙志昌失管五爪金龍之地，計貳畝有零，坐作字八百十五號，應五路亭在東首斜上，與王姓宗祠地壹畝毗連。何以言之？蓋上有墳山，此地確在墳山下首，取名五爪金龍，職是之故，現爲王信元等混行佔種，猶以土名大墳山前抵塞，不知大墳山前地係四畝有零，較寛于五爪金龍，而又儼然在墳山之前，中隔大路，何能移此作彼耶？斷令王傳家所賣蘭廾長林之地準由金沛甫照契管種，王信元等所種楊金森屋前之地，即在墳山下首，除王姓宗祠有地壹畝外，餘應歸趙志昌管業。趙志昌仍檢舊户册送核，以憑交種，俾無遲留。至趙志昌所摘金沛甫地内桑葉，着賠出洋銀貳元，限明日繳給。户册、契據發金沛甫領還。趙志昌、王信元等各呈户册，亦即具領，各取甘結完案。此諭。

（清）倪望重《諸暨諭民紀要》卷二《正堂倪二任・周德元等控王啓官即啓貴搬柴圖佔由》 堂諭：訊得周德元等控王啓官即啓貴搬柴圖佔一案，緣周德元等有祖遺嶺平即靈屏衆山及石礎頂計山壹畝五釐，上下各有横路壹條，其山左右以分水爲界，下至下横路爲界，葬有祖墳多穴，載入宗譜，在在可稽。乃王啓官等借其先人捐助靈屏等之山，土名靈屏、虎洞下等處，適寺内無僧住持，遂召盧松苗管住，兼管是山。因周德元等在己山内砍柴計百餘擔，堆積未運，王啓官等率同族人争阻，人多而柴被搬散。周德元等憑中向理不依，以致呈控。兹經集訊，查閲各呈户册、山圖，並宗譜、租票各件，則此山界限一一了然。且核周姓抄呈，將前縣堂斷有東至石壁、西至登石、南至五峰，北至虎洞上横路，其山界限一一了然。且核周姓抄呈，將前縣堂斷有東至石壁、西至登石、南至五峰，北至虎洞上横路，其山俱歸寺僧照管等諭。今試爲王啓官等解之，其謂東至石壁上路，内即周德元等山之上首，在分水外一角之山，當年並未歸入寺内，所以僅言石壁也。又謂南至五峰，而其峰相隔尚遠，不過縣指而已。

至五峯斷不能管五峯也。若西至登石，石在而明明可辨，不待言也。至謂北至虎洞上横路，非以虎洞爲界，是指虎洞上之横路爲界，足見虎洞在下横路邊也。况寺有虎洞下之名，雖界至虎洞，亦安得管虎洞之山耶？王啓官等妄指石礶爲虎洞，不思周德元等有山名石礶頂，而任意圖佔，愚乎不愚？謬乎不謬？周文華等所砍柴爿並未越界，而王啓官等糾衆陰搬，致其柴爿有所遺失，估作伍陸拾擔，斷令王啓官等賠出洋銀拾元，並將所存寺内柴爿繳交周德元等收領，其山各照各界執管，毋再混争。將來寺内有僧，王啓官等仍應將靈屏各山歸僧管業。周德元等所呈户册、糧串、租票並宗譜五本，王啓官等所呈寺内户册、糧串並王姓宗譜一本，均准領還，各取甘結完案。此諭。

（清）倪望重《諸暨諭民紀要》卷二《正堂倪二任·俞冠賚等與張連輝等互争墳山各情由》 堂諭：查此案前經本縣到山勘明，俞冠賚等與張連輝等各葬祖墳在上，且有張章氏墓碣可考，當飭繪圖在案。兹經庭訊，查俞冠賚等祖遺山業，土名梨蛇灣，係木字八百零二號，計山壹分肆釐，在俞阜昌户内完糧。又同號土名梨蛇灣、塘頂，計山貳分，在俞阮氏户内完糧，又查張連輝等有土名馱過山及長公母，係木字七百七十九號各山，五釐在張方六十公户内完糧，是土名字號畝分顯然迥别，何可混争？且俞冠賚等所得梨蛇灣及塘頂之山，迤左而下有塘，塘曰簑衣塘，其自俞周氏至俞賢百、三十四各墳，斜在灣邊，則山執與土名符合，固已無疑。張連輝等所得馱過山、長公母等山，左首近界之處確有張章氏墳塋、墓碣可以徵信，則張山與俞山分界，又自無疑。以此質之鄰地金澧海等，僉稱確不可易。斷以張章氏墳塋爲限，墳左之山歸於俞冠賚等照舊執管，其自墳塋而右，應歸張連輝等管業，界限分明，彼此不得再圖混佔。俞冠賚等呈送家譜陸本、户册貳本、糧串貳紙，張連輝等呈送宗譜四本、户册壹本、糧串壹紙，當堂分别發還，各取甘結完案。此諭。

（清）倪望重《諸暨諭民紀要》卷三《正堂倪二任·陳樹來控陳大堯毁界掘坑由》 堂諭：訊得陳樹來陳大堯毁界掘坑一案，緣陳樹來等有祖遺土名下山石嘴外山場，葬其高高祖一信、曰忠、曰禮等墓，因與錢家鄔山場毗連，前被陳大堯開掘來龍，於光緒廿一年間憑中向買錢家鄔山三分，埋立界石，永禁開掘，以保來龍。陳大堯現又毁界掘坑，陳樹來等投理不睬，出而呈控。兹集庭訊，查閲陳樹來等所呈册契，契内註明錢家鄔山壹處，係治字三百拾號，計山三分，上至岡，下至藏石，左至春友之山之破隴，右至大富之山。陳大堯仍存是山三分五釐，在陳宣氏户内完糧。又核繪圖，山之來龍迤西爲落脈處，並有廠基，係陳樹來等買受，其下即係陳大堯山場。據陳樹來等供稱，被毁界石在於廠基之下。質之原中章迪人，供亦相符。斷令陳樹來等照契管業，陳大堯不得再於落脈處開掘妄爲，利己損人，並候諭飭，督同兩造前往丈量，俾陳樹來等依契管山三分，仍於廠基下立石爲界。若上及左右，契内註明界限，無庸立石。至陳大堯毁失陳高占什物，著繳洋銀壹元，當常給領，以作賠償服禮之資。契據、户册分别發還，各取甘結完案。此諭。

返還分部

論説

（宋）蘇轍《欒城集》卷三八《右司諫論時事一十四首·乞給還京西水櫃所占民田狀十八日》 右臣訪聞頃年宋用臣引洛水，爲清、汴水源淺小，行運不足，遂於中牟、管城以西强占民田，瀦蓄雨水，以備清、汴乏水之用。方用臣貴盛，州縣皆不敢争。但中牟一縣，占田八百五十餘頃。伏惟陛下卹養小民，過於赤子，無名侵奪，聖意不然。臣欲乞指揮汴口以東州縣，各具水櫃所占頃畝數目及每歲有無除放二税，仍具水櫃委實可與不可廢罷。如決不可廢，即當如何給還民田，以免怨望。謹録奏聞，伏候敕旨。

（元）胡祗遹《胡祗遹集》卷二二《雜著·論復逃户》 三尺之童，皆知有天下者以民爲本，不可使之不安。然而去鄉井，舍恒産，東西南北，就口食而逃賦役，可謂安乎？爲政者首以招集逃户爲亟務，明示黜陟，勸懲府州司縣牧民之官，廣推恩惠，復業者一年租庸調皆免，二年征其半，勞心盡策，可謂勤矣。以愚觀之，似救其末而不救其本，口惠甘美而實德未洽。以此爲計，正猶以無枝之木來衆鳥，潢污汙潦聚群魚，不爲不集，集則何以爲巢爲穴乎？民之去業也，出於不得已也。貧苦不能自存，田産物業典賣質當，十去其半。今日出門，明日上户，鄰佑坊正，曰吏曰官者公明典賣。即今濟寧一路逃户八千，而有土田，官司知數者無十數户，是果無所遺乎？足見公私蒙蔽，質典貨賣無餘矣。然則招來復業，而無業可復。木之無枝，尚不能集鳥；水之行潦，尚不能聚魚。而況童山涸轍乎？愚熟思之，逃民之不能還業，其難有十：無拋下事産，來無所居，欠少錢債，來不能償，一也；他處得生理，二也；元籍非本鄉，己得還鄉，漂流已久，地理窵遠，無力提挈移徙，四也；流移遠方，爲商賈，爲工匠，五也；元拋産業已爲他人所有，六也；夫亡，妻適他人，七也；父母已老死，子孫不知原籍，八也；子孫作贅於人，九也；因流寓而户絶，十也。復業則有此十難，而況無業可復？就令還家便得所遺事産，舍屋推倒，垣墉無有，反若異鄉。兼一年之內，能作何活？來歲又復當差，租税從何而出？論至於此，無惑乎逃竄之不復。自壬子籍户，到今三十餘年，上策莫若再籍，以籍爲定；中策莫若勒令守土官、鄰佑人供責逃户元拋土田事産，官爲見數，招人種佃，所得子粒官爲收貯，復業者連産業與所收子粒併給之，三年全免差役；下策信從虛文，今年招到復業户若干，明年却報逃竄，公私無益，虛費紙筆，爲姦吏所弄。

（元）佚名《廟學典禮》卷四《廟學田地錢糧分付與秀才每為主》 御史臺：至元二十九年四月呈該：照得先爲南人石國秀、尹應元陳獻江南諸路贍學田土，認辦課程三千定，官爲收係，所在學校廢壞，文風墮地，至元二十年有本臺崔中丞言。〔自三代、漢、唐至豈止百萬頃學田之比哉云云，具在第一卷《復石國秀、尹應元所獻學田》條內〕得此，呈准中書省劄付：江南贍學田産所收錢糧，合令所在官司明置文簿，另行收貯。如遇修理廟宇，春秋釋奠，朔望祭祀，學官請俸，住學生員食供，申覆有司，照勘端的，依公支用。若有耆宿名儒，實無依倚者，亦於上項錢内約量給付，毋令不應人員中間作弊。除貢士莊錢糧係開選用度，合聽官爲拘收外，贍學錢糧合令學官收貯，依公支用。至元二十三年，中書省奏奉聖旨節該：江南立學校，贍學錢糧分付各學爲主。至元二十四年，南人葉李上言改鈔法，柄用王桑哥，設立尚書省，朋姦黨惡，專務聚斂，差詹玉等一十人分道前去江淮、荆湘、閩廣、兩浙等處，理算各路贍學錢糧，盡數起解，交付集賢院營運，以便其私。所差人等，苦害儒生，南方學校極弊大壞。至元二十八年，政化更新，奸黨誅斥，併尚書省爲中書省，累准行御史臺咨節該：近年以來，爲起解贍學錢糧公事，所差官如詹玉、楊勗等，皆以刻覈聚斂爲功，逼吉州路學教授劉夢薦自刎，淮海書院鄭山長，杭州路王學録等自縊，諸學不勝其擾。近承奉中書省劄付，備集賢院呈：江南學田錢糧，若依江淮行省並國子監所擬，令學校官管領，贍養生徒，官司不爲理問相應，仰議擬呈省。承此，本臺因議得：江南路分貢士莊田地，照依已行合聽所在官司取勘見數，官爲收係。其各路元屬孔夫子廟贍學田地，每年所産錢糧，擬合聞奏分付廟學依舊爲主。如遇修理廟宇，春秋祭丁，朔望祭祀，學官請俸，住學生徒食供，及有耆宿名儒、貧無依倚者，於上項錢內依公養贍。仍令肅政廉訪司常切監臨體察，無致冒濫侵欺，違者究治。如此似爲相應。於至元二十九年正月十一日，太傅御史大夫裕嚕諾延、崔中丞、慶安經歷奏過事內一件：江南屬孔夫子廟底田地有，那田地裏出來底錢糧，桑噶立尚書省呵，差歹人每前去取將這裏來也，多交秀才每生受來。如今中書省官人每俺根底與將文字來，商量了擬定説者。麽道與將來。俺如今驗看文書，商量分揀擬定來：江南路分裏有底貢士莊名字底田地根脚裏，不屬孔夫子廟，交行省、行臺差人取勘數目，合教屬官者。屬孔夫子廟底田土根脚裏，不是官司底來，是秀才每置來底田地，同和尚、先生田地一般，已前中書省、御史臺奏奉聖旨，分付與秀才每來。如今皇帝可憐見呵，依前體例裏，分付與各處孔夫子廟秀才每爲主。每年那田地裏出來底錢糧呵，修理孔夫子廟，春秋祭丁、朔望祭祀者，交教養人材者。若有窮寒年老、無倚靠底好秀才每呵，那底每根底養贍者。這般行呵，是底一般。欽奉聖旨：那般者。欽此。本臺除已移咨行臺，並下各道肅政廉訪司欽依外，合行具呈中書省照詳，移咨各處行中書省欽依施行。江浙等處行中書省，至元二十九年五月劄付該：照得近爲浙西道儒學提舉司等處申贍學田糧事，本省議得：至元二十三年，中書省奏奉聖旨與了秀才了當。江南僧、道、秀才，自來各有置到養贍田畝産業，其僧、道産業，依舊隸屬寺、觀，秀才田土，已有欽奉聖旨與了秀才，即合與僧、道一般，聽從秀才修葺文廟，養贍生徒，官司不必理問，是爲相應。移咨中書省咨該：又據集賢院呈，亦爲此事。於至元二十九年正月十一日，太傅御史大夫裕嚕諾延、崔中丞、慶安經歷奏過事內一件：江南屬孔子廟底田地有，那田地裏出來底錢糧，桑噶立尚書省呵，差歹人每前去取將這裏來了也，多教秀才每生受來。如今中書省官人每俺根底將與文字來，商量了擬定説着。麽道與將來。俺如今驗着文書，商量分揀擬定來：江南路分裏有底貢士莊名字底田地根脚裏，不屬孔夫子廟，交行省、行御史臺差人取勘數目，合教屬官者。屬孔夫子廟底田地根脚裏，不自官司底來，是秀才每置來底田地，同和尚、先生田地一般，已前中書省、御史臺奏奉聖旨，分付與秀才每。如今皇帝可憐見呵，依在前體例裏，分付與各處孔夫子廟秀才每爲主。每年那田地裏出來底錢糧呵，修理孔夫子廟、春秋祭丁、朔望祭祀者，交教養人材者。若有窮寒年老、無倚靠底好秀才每呵，那底每根底養贍者。這般行呵，是的一般。欽奉聖旨：那般者。欽此。除外，具呈欽依事。都省：除外，今抄元呈在前，咨請照驗，欽依施行事。准此。省府：除外，今將御史臺元呈抄連在前，合下仰照驗，欽依聖旨事意施行。

（元）佚名《廟學典禮》卷四《王御史言六事》　呈乞鈞詳事。憲臺：除其餘四事，開坐移咨御史臺照驗外，照得近准御史臺咨，奏奉聖旨節該：屬孔夫子廟田地根脚裏，不是官司底來，是秀才每置來底田地，同和尚、先生田地一般，分付各處孔夫子廟秀才每爲主出來底錢糧，修理孔夫子廟，春秋丁祭、朔望祭祀者，交教養人材者。若窮寒年老、無倚靠底好秀才每呵，那的每根底養濟者。欽此。已經遍行合屬，依上施行去訖。今據見呈武義縣學廢壞，明倫堂後，税務指占，齋舍鋪兵居止等事，合下仰照驗，行移合屬，即便欽依所奉聖旨事意，將所指務官、軍人起移他處，應據舊有屬學堂舍地土，責付縣學，修整完備，春秋朔望，依例祭祀，勉勵學校，毋得違錯。如有似此去處，依上禁治施行。

（明）黄訓《名臣經濟録》卷一四《內閣・嘉靖登極詔草楊廷和》

一、內外各衙門罪犯，該追贓物係還官給主，銀貨至五十兩以上并入官，至一百兩以上，監追一年之外。及正犯身死，拘禁家屬各勘。無家産以變賣賠納者開具所犯情罪，奏請定奪。其不及前數，監追半年之外，及正犯身死，各勘無家産，并例該追罰馬牛等項，悉與宥免，查照發落。若係埋葬銀，正犯見在者，仍依律追給。

《唐律疏議》卷四《名例・彼此俱罪之贓》　諸彼此俱罪之贓謂計贓爲罪者。

疏議曰：受財枉法、不枉法及受所監臨財物，并坐贓，依法：與財者亦各得罪。此名彼此俱罪之贓，謂計贓爲罪者。

及犯禁之物，則没官。若盗人所盗之物，倍贓亦没官。

疏議曰：謂甲弩、矛矟、旌旗、幡幟及禁書、寶印之類，私家不應有者，是名犯禁之物。彼此俱罪之贓以下，並没官。

注：若盗人所盗之物，倍贓亦没官。

疏議曰：假有乙盗甲物，丙轉盗之，彼此各有倍贓，依法並應還主。甲既取乙倍備，不合更得丙贓；乙即元是盗人，不可以贓資盗，故倍贓亦没官。若有糾告之人應賞者，依令與賞。

取與不和，雖和，與者無罪。

疏議曰：取與不和，謂恐喝、詐欺、强市有剩利、强率斂之類。雖和，與者無罪，謂去官而受舊官屬、士庶饋與，或和率斂，或監臨官司和市有剩利，或雇人而告他罪得實，但是不應取財而與者無罪，皆是。

若乞索之贓，並還主。

疏議曰：强乞索、和乞索，得罪雖殊，贓合還主。稱並者，從取與不和以下，並徵還主。

《唐律疏議》卷一二《户婚・賣口分田》　諸賣口分田者，一畝笞十，二十畝加一等，罪止杖一百；地還本主，財没不追。即應合賣者，不用此律。

疏議曰：口分田，謂計口受之，非永業及居住園宅。輒賣者，《禮》云田里不鬻，謂受之於公，不得私自鬻賣，違者一畝笞十，二十畝加一等，罪止杖一百，賣一頃八十一畝即爲罪止。地還本主，財没不追。即應合賣者，謂永業田家貧賣供葬，及口分田賣充宅及碾磑、邸店之類，狹鄉樂遷就寬者，準令並許賣之。其賜田欲賣者，亦不在禁限。其五品以上若勳官，永業地亦並聽賣。故云不用此律。

（宋）王溥《五代會要》卷二五《逃户》　長興三年七月二十七日敕：應諸處凡有今年爲經水潦逃户，莊園屋舍桑棗，一物已上，並可指揮州縣，散下鄉村，委逐村節級、鄰保人，分明文簿，各管見在，不得輒令毁拆房舍，斬伐樹木，及散失動使什物等。候本户歸業日，却依元數，責令交付訖，具無欠少罪結狀，申本州縣。如元數内稱有事欠少許，歸業户陳狀訴論，所犯節級并鄉鄰保人等，並科違敕之罪，仍勒備償。或至來年春入務後，有逃户未歸者，其桑土即許鄰保人請佃，供輸租税，種後本主歸來，亦準上指揮，至秋收後還之。

周顯德二年正月二十五日敕：

應自前及今後有逃户莊田，許人請射承佃，供納租税。如三周年内，本户來歸業者，其桑土不以荒熟，并莊田交還一半，五周年内歸業者，三分交還一分。應已上承佃户，如是自出力别蓋造到屋舍，及栽種到樹木園圃，並不在交還之限。如五週年外歸業者，莊田除本户墳塋外，不在交付。如有荒廢桑土，承佃户自來無力佃蒔，祇仰交割與歸業人户佃蒔。

一、近北諸州，自契丹離亂，鄉村人户多被番軍打虜向北，近來多有百姓自番界迴來，其莊田已被别户請射，無處歸託。今後如有五周年内，其本主還來識認，不以桑土荒熟，并莊園三分中交還二分；十周年内來者，交還一半；十五周年内來者，三分中交還一分。應上項承佃户，如是自出力别蓋造到屋舍，及栽種到樹木園圃，並不在給還之限。如十五周年外歸業者，其莊田除本户墳塋外，不在給還。如有荒廢桑土，承佃户自來無力佃蒔，只仰交割與歸業人户佃蒔。

一、應有坐家破逃人户，其户下物業，並許别户陳告，請射承佃，供納租税，充爲永業，不限年載，不在論認之限。所有要本户及鄉村節級，重行斷决。

一、諸州應有冒佃逃户物業，不納租税者，其本户歸業之時，不計年限，並許論認。仰本縣立差人檢勘，交割與本户爲主。如本户不來歸業，亦許别户請射爲主。所有冒佃人户及本縣節級，重行科斷。如冒佃人户自來陳首承認租税者，特與免罪。

一、顯德二年正月二十五日已前，應有逃户抛下莊田，自來全段無人承佃，曾經省司指揮，開闢租稅者，宜令本州縣招攜人户歸業，及許別户請射爲主，與免一年差科色役。至第二年已後，據見在桑土及租苗到見苗，詣實供通，輸納租稅。

（宋）宋敏求《唐大詔令集》卷一二五《政事·平潞州德音》 五州內百姓，如有家事蕩盡，交切飢餓者，委盧鈞且以軍糧賑貸。如先有倉窖，被賊收管、未破用者，並還本主，其莊田已爲人占奪者，亦並却回。今秋猶及種麥，如自無麥種子者，且以官麥貸借；如五州有無麥種子者，共借三萬石，令供軍院逐便支付。其先賢墳墓碑記，爲人所知，被發掘者，却與掩藏，仍量與致祭。【略】

會昌四年九月十八日

（宋）宋敏求《唐大詔令集》卷一二三《政事·收復京師詔》 其有隱盜倉庫及偷劫逆賊家錢物，或受賊寄附，與賊貨易，並與賊請料祿等，因此隱沒者，並限敕到十日內，各於所由陳首。其物便準數送納，本色並還，不須科罪。慮已有破用，征納艱辛，仍十分放三，以示寬貸。其近日逆人及隔絕人莊宅，宜即括責，一切官收。【略】

至德二年十一月

（明）李元弼《作邑自箴》卷六《勸諭民庶牓》 應官私債負，今並寬給日限還納，不得更似日前故作拖延。

《天盛改舊新定律令》卷三《買盜畜人檢得門》 一、諸人檢得畜物，按告交法、日期及隱藏使用等罪情節，按所定實行：一等畜牲、飛禽、物、財産等已失，諸人檢得，當於整一個月內向附近有司處報告，畜當放於得者處。官畜物三個月，私畜物一年之內，屬者局分人等出領，則當給還，超日期無屬者時，當使交人案處，歸於官。

一等諸人檢得畜物，超期不報告諸司而隱瞞，及若已告，雖置人案但與局分人支持隱寫判案，分用畜物使無而不交時，按偷盜法判斷。當還畜物，應歸給官私處。若非與有案局分人支持隱案，而超限不交，則當比先有偷盜罪減二等判斷。

一等前述檢得官私畜物數，靠近京城者當經殿前司及所屬郡縣，邊境當經監軍司等經各自管事處，告者是誰，牲畜老幼、顏色、肥瘦使明，當增記於簿上，監軍司人使告經略司。日期過後屬者出認，亦仍舊歸官，應置何處則置何處。

《天盛改舊新定律令》卷三《買盜畜人檢得門》 諸人未知盜，所買畜、婦人中，可買一種畜處已生，除子死者外，現引領及婦人子女已生有多少，一律當歸向屬有者。

《天盛改舊新定律令》卷一一《渡船門》 船舶左右十里以外有渡船者，不許船主諸人等騷擾索賄。倘若渡船時，判斷以枉法貪贓罪，所取賄當還屬者。

《天盛改舊新定律令》卷一一《分用私地宅門》 諸人争地時，未知有屬他人語根，則先後所種苗、菓、樹工、籽種等勿罰，當歸種者，罪亦勿治。地一種當還屬者。若賣與他人而後知有屬他人語根，予價而買時，有官罰馬一，庶人十三杖，當取地價。先後實有所種苗、菓、樹之數當罰，與地面一同當還先屬者。

《天盛改舊新定律令》卷一一《分用共畜物門》 諸人借取、寄置畜、穀物，不與屬者議，不許隨意分賣。倘若違律分賣時，畜、穀物價十緡以下，庶人十三杖，有官罰馬一，十緡以上一律徒一年，畜物實價當還屬者。

《天盛改舊新定律令》卷一五《催租功罪門》 官私地中治穀、農田監、地主人等不知，農主人隨意私自賣與諸人而被舉時，賣地者計地當比偷盜罪減一等。買者明知地主人，則以從犯法判斷。爲賣方傳語、寫文書者等知覺，有無受賄罪依買盜物知覺有賄無賄之各種罪狀法判斷。未知，則勿治罪。舉賞十分中當得一分，由犯罪者出，勿過百緡。原地官私誰屬及價錢等，當還前屬者。

《通制條格》卷三《户令·隱産占土》 大德三年正月，欽奉聖旨：中書省官人每奏：月哥歹皇帝時分，忽都魯官人抄數了户計，漏籍、放良等户，不揀誰休收拾者。麼道，行聖旨來。壬子年抄數户計時分，蒙哥皇帝依前再行聖旨來。在後收附了江南，抄數了户計呵，漢兒、蠻子不以是何漏籍、析居、放良、還俗僧道等户，依在先聖旨體例，諸王、公主、駙馬休收拾者，隱藏呵，有罪過者，似這般户計，隨處管民官每，取見數目中書省裏申報者，麼道，世祖皇帝行聖旨來。孛羅歡爲頭河南行省官題說，俺管轄的地面裏，將係官并民田每，有一等歹人，諸王、駙馬每根底，官人每根底各投下呈獻的多有，不係諸王、駙馬各投下分撥到的户計地土有，若不禁治呵，漸漸的做學的多了去也。麽道，説有。諸王、駙馬、權豪勢要衆百姓每根底宣諭的聖旨行呵，怎生？麽道，奏來。如今不揀那箇諸王、公主、駙馬，依在先聖旨體例裏，漏籍并不干礙他每的户計，休收拾者，休隱藏者，地土也休占者。已收拾來的户計，已占來的地土，依體例回付者。這般宣諭了呵，庶人每隱藏户計，自意占地土，諸王、公主、駙馬每根底呈獻户計地土呵，有罪過者。欽此。

餘准本部所擬相應。都省准呈。

《通制條格》卷四《户令・嫁娶》　大德七年六月，中書省。江浙行省咨：今後應嫁婦人，不問生前離異，夫死寡居，但欲再適他人，其元隨嫁粧奩財産，並聽前夫之家爲主。禮部議得：除無故出妻不拘此例，餘准本部所擬相應。都省准呈。

《通制條格》卷四《户令・闌遺人畜》　大德二年，中書省。河南行省咨：汝寧府收到孛蘭奚人口、頭疋，内沛縣趙縣尹識認元逃軀閻興安，主奴相認是實，分付收管外，已後若有似此限外識認孛蘭奚人口、頭疋，合無給付。刑部議得：已拘到官孛蘭奚人口、頭疋，元主識認，委無詐冒，合行給主。都省准擬。

《通制條格》卷一六《田令・妄獻田土》　至元二十八年十二月，中書省。樞密院呈：保定路正軍崔忠，告貼户孫元不曾告給公憑，將田土壹頃，典與張澤等種養，全家老小在逃。户部議得：正軍、貼户，既同户當軍，破買地土，合相由問。據張澤等典訖孫元地土，别無告到官司公憑，亦不曾由問正軍。既崔忠替當孫元軍役，其元抛下事産，擬令正軍崔忠種養爲主，收到子粒等物，津貼軍錢。合該典價，候孫元還家，依理歸結。都省准擬。

《通制條格》卷一六《田令・逃移財産》　大德十一年五月二十二日，欽奉詔書内一款：各處逃移户計復業者，元抛事産，隨即給付，免差税叁年。未復業者，有司具實申報，開除各該差税，毋令見户包納。

《通制條格》卷一六《田令・准折事産》　至元二十年十一月，中書省。户部呈：平灤路申，韓孝叔失陷倉糧，官司准折訖祖業房院，伊侄韓麟告要取贖。本部參詳，若令韓麟出備元價收贖相應。都省准呈。

《通制條格》卷一六《田令・撥賜田土還官》　大德七年四月，中書省。江浙行省咨：各路府州司縣所管官房地基，多係官豪勢要人等租賃住坐，故將元舊屋宇改拆間架，欲爲己業，計搆上下路府司縣官吏、主首、坊里正人等，通同捏合，推稱年深倒塌，不堪修理，低估價錢變賣；或稱事故，以租就買，朦朧除豁官租，私相典兑，並不申明官司。今後係官房舍基地，毋得似前變賣典兑及以租就買。户部照擬得：合准本省所擬，遍行禁治。都省准呈。

《通制條格》卷二八《雜令・闌遺》　中統五年八月，欽奉聖旨條畫内一款：諸處應有不闌奚人口、頭疋等，從各路府司收拾，仍將收到數目，於應收置去處收置，限拾日已裏，許令本主識認。如拾日已外，作不闌奚收係，每月申部。如有隱匿者，究治施行。【略】

至元十八年二月初五日，中書省奏：俺先前收拾下的不闌奚人每，配成户的，今後若主人認呵，官司斟酌與價錢呵，怎生？奏呵，那般者。麽道，聖旨了也。欽此。【略】

皇慶元年五月，中書省。宣徽院備闌遺監呈：本監專管不闌奚人口、頭疋，循行事務，多失其宜，若不更張，深爲不便。具到各項事理，刑部議擬，都省准呈于後：【略】

一、應到監不闌奚人口，爲無官給衣粮，分寄諸人收養，既非眷屬，未免飢寒。少壯得用者，尚不聊生，老弱殘患者，豈能自保。積年既久，其弊滋深。男被傭雇，不勝劬勞，女被欺淫，以至生育。或貪其功力，而虚申病故，或因於凍餒，而致使逃亡。敗化傷生，深爲未便。今後擬合定立期限，凡到監人口，一年之後，無主識認，從本監分撥匹配成户，發付有司，收係當差，誠爲官民兩便。前件議得：不闌奚人口如未到監，各處有主識認者，隨令有司發落。如已到監，即便取問各人來歷根因，住貫去處，行移召主識認。如半年之後，無主認識者，合准本監所言，分撥匹配成户，發付有司，收係當差。【略】

一、本監每歲十月，於龐村聚集，行移各愛馬海認頭疋，然後作數移文度支監，放支草料餵養。其所養頭疋，若主人認見，即便給付，虚費官司草料。今後合給主頭疋，擬合本主照依時估，回納餵過草料價錢，然後並給付，庶不虧官。

前件議得：凡有收到不闌奚頭疋，官給草料者，本主識認是實，照依餵養過月日草料時估，回納價鈔還官。其牧放者，不拘此例。

（元）王惲《秋澗集》卷九〇《便民三十五事·侵奪民利不便事·分間官占民田》　一，總庫將束鹿縣民田以爲官地，約一千四百餘頃，每歲包納麥課，每畝麵三斤。合無除免，明諭百姓，使爲永業。一，去歲取勘到滑州御麥地畝約八百餘頃，中間多係軍、站農民祖業莊産，種養年深，今來一例打入數內。理合分間，民田令依舊爲主。

《元典章》卷三《聖政·恤流民·至元二十二年二月詔》　隨民户，或困於公役，或逼於私債，逃竄失業，諒非得已。今後如有復業者，將元抛事産盡行給付，仍免一切拖欠差税。若有私債，權從倚閣，三年之後，依數歸還。

《元典章》卷三《聖政·恤流民·至大二年二月詔》　諸處流移人民，仰所在官司詳加檢視。流民所致之處，隨給係官房舍，并勸諭土居之家、寺觀、廟宇權與安存。其不能自存者，計口贍濟。還鄉者，量給行糧。據元抛事産、租賃錢物，官爲知數，復業日給付。未經賑濟去處，從中書省定奪。

《元典章》卷三《聖政·恤流民·至大二年九月詔》　各處人民，饑荒轉徙，疾疫死亡，雖令有司賑恤，而實惠未徧。今歲收成，如轉徙復業者，有司用心存恤，元抛事産依數給還，在官一切逋欠並行蠲免，仍除差税三年。田野死亡，遺骸暴露，官爲收拾，於係官地內埋瘞。

《元典章》卷三《聖政·恤流民·大德十年五月詔》　逃移户計，違其鄉井，蓋非得已。仰本管官司用心招誘，復業者，民户保免差税三年，軍、站、人匠等户存恤三年。其元抛事産隨即給付，有昏賴據占者，斷罪。

《元典章》卷三《聖政·恤流民·大德十一年五月詔》　各處逃移户計復業者，元抛事産隨即給付，免差税三年。未復業者，有司具實申報，開除合該差税，毋令見户包納。

《元典章》卷三《聖政·恤流民·大德十一年十二月詔》　人户流移，蓋不得已，所在官司，凡有差役，勿與本管户計一體科徵。其元籍官司用心招誘，所抛事産毋令它人侵占。若有租賃錢物，官爲收貯，候復業日給付。所據迤北續來蒙古人户，和林行省分揀接濟。

《元典章》卷一七《户部·户計·逃亡·復業户争事産》　至元二年正月，樞密院：

據東平路奥魯總管府申：軍户宋全、王順狀告：甲寅、乙卯年間簽軍時，有管民官司令全等項替逃户訾德、王仲充軍。爲全等貧難無力，却撥到訾德等抛下地産，官司給到公據，令全等永遠爲主。至丁巳、己未二年查對軍時，將元撥地乘本户下妶上磨問過，有訾德復業，却行争要。爲此，呈奉到中書省文字：今後，如有似此於簽軍時避當軍役在逃抛下事産，改除見充軍户代當時，所抛事産官司給與公據，摽撥見充軍户爲主。本人復業，却行争要元抛事産者，止斷付見當軍人户爲主。如軍民在逃抛下事産有他人佃種，若本主復業，照依已降條畫，給付本主。樞府仰照驗坐云事理，今後如有似此争告之人，就便依理歸斷施行。

《元典章》卷一八《户部·婚姻·休棄·妻犯奸出舍》　至元十二年，中書省劄付：

來呈：河北河南道提刑按察司申：高孫兒於郝金蓮處作婿，因奸斷妻出舍。呈准省劄，送兵刑部照擬得：順天路齊壽安於徐德女哥處作婿，捉獲妻犯奸，斷訖罪犯，擬合出舍。却據徐德告，年老無目，别無得力之人。量情擬令齊壽安出備財錢二十五兩，分付徐德收管。所據高孫兒依已斷將妻出舍，有虧妻家，合無照依前例，斟酌元約爲婚年限，量酬財禮，以付妻家。乞照詳事。得此。送户部照擬得：右三部元斷齊壽安一起，初無酬財。其高孫犯妻家郝明丁力衰甚，家産優劣，即與齊壽不同，難以指例出備財錢。擬合照依兵刑部已斷事理，是爲相應。都省準呈，合下，仰照驗施行。

《元典章》卷一九《户部·田宅·官田·影占係官田土》　至元二十六年閏二月，勸農營田司：

承奉行大司農司：參照議擬到先奉條畫內一款：亡宋各項係官田土，每歲各有額定子粒、折收物色。歸附以來，多被權豪勢要之家影占以爲己業佃種，或賣與他人作主。立限一百日，若限內自行赴行大司農司並勸農營田司出首，與免本罪，其地還官，止令出首一種佃，依例納租。據在前應收子粒，並行免徵。若限外不首，有人告發到官，自影占耕作年分至今應收子粒，盡數追徵。職官解見任，退閑官、軍、民諸色人等，驗影占地畝多寡，就便約量斷罪。仍於徵到子粒内一半，付告人充賞。欽此。

《元典章》卷一九《户部・田宅・荒田・荒閑田地給還招收逃户》 至元五年□月，行御史臺咨：承奉中書省劄付：

見欽奉詔書内一款節該：逃户復業，中統二年已降聖旨存恤。仍令中書省出榜立限，明設賞罰，勒各處管民官司招收。欽此。照得中統二年四月内欽奉聖旨諭十路宣撫司條畫内一款：逃户復業者，將元抛事産不以是何人種佃者，即便分付本主。户下合着差税，一年全免，次年減半，然後依例驗等第科徵。又中統二年九月内欽奉聖旨節該：諸路報到逃户數内，各處官司不爲用心撫治，以致逃竄，或冒申民户在逃，取斂差發，以致靠損見在民户，甚爲不便。仰行下各路宣撫司，更爲常切戒諭管民官，擬自今後，有能安集百姓，招誘逃户，比之上年增添户口，差發辦集，各道宣撫司關部申省，别加遷賞。如不能安集百姓，招誘逃户，比之上年户口減損，差發不辦，定加罪黜。欽此，都省議得，蓋是管民官司不爲用心撫治，因而往往趁熟他所。除已開坐賞罰條畫，遍行出榜外，仰照驗施行。

《元典章》卷一九《户部・田宅・典賣・舒元仲錢業各歸原主》 至大元年七月，臨江路奉江西行省劄付該：

近爲龍興路靖安縣民户李勉翁告：舒仁仲不曾給據，將父李清叟元分付營運田土二十五畝三分，賣與程滔。大德七年移準中書省咨該：户部照依湖廣行省岳州王同知出典田土不給公據，違法成交，罪經原免，追没一節，依例革撥，仍令錢，業各歸本主。大德十年，因程滔赴都省陳告，却送禮部，照依陝西行省蘇小一將撈鹽地六十畝賣與崔送，不給公據，即係大德四年九月都省定例已前，罪經原免，難議追没悔交。爲是近年以來，各處田土增價，刁譁之徒往往攀指省部前後斷例，興訟告争紛紜，别無一事歸着兩例，事不歸一，無法遵守。移咨中書省，定擬明白通例回示。今准咨該：送據禮部議得：舒仁仲不給公據，不問親鄰，將伊妻父李清叟地土二十五畝三分私賣與程滔爲主，即係違法成交。追没一節，即已革撥，合咨江西行省，如委係李清叟物業，理合依准户部先議，斷合錢、業各歸本主相應。具呈照詳。都省准擬，依上施行。

《元典章》卷一九《户部・田宅・典賣・趙若震争柑園》 大德六年十二月，湖廣行省：

本道呈：趙若震告争阿里海牙平章柑橘園地公事。移准中書省咨：來咨：趙若震告阿里海牙平章占住柑橘園地，係故阿里海牙平章攻打潭州占到柑橘，令人看護，伊妻郝氏呈獻在官。至元二十六年欽奉聖旨撥賜貫只哥參政房屋數内，亦有前項田地三處，本官户下抄籍了當。又兼園地雖經廉訪司斷付趙若震爲主，終不曾明白交業，經隔到今二十餘年，即非阿里海牙强佔田土。若依已籍爲定，撥付貫只哥參政爲主相應。咨請定奪。准此。送禮部照擬得：前項所争園地，即趙若震見賫亡宋淳祐元年經税文契、並陳椿等批退執照，及有承買許禿魯罕地基上元蓋房屋文契，逐節至甚明白。雖貫只哥稱伊父攻打潭州時占立砲場栽種甘橘，只憑此言，顯是阿里海牙平章當時乘勢奪據民田，行省二十餘年，終不明白交業。即是官豪之家欺遏小民，不肯交業，以致逗留到今，不能結絶。其在官籍面，似難憑准。以此參詳，擬合欽依至元十五年聖旨通例及趙若震所有憑據，斷付本人依舊爲主相應。都省准呈。

《元典章》卷一九《户部・田宅・典賣・違法成交田土》 大德八年二月□日，江西行省劄付該：

〔來申：〕靖安縣問得，舒仁仲於元貞二年内不曾經官給據，儘問親鄰，將田賣與程滔爲業，别無官降契本，即係違例成交，有違都省定例。罪經釋免，據價錢、田地，依例擬斷一半没官。其没官物一半若擬給付告人，緣今告人程滔即係違法買田之人，若擬給付元告人李勉翁，却緣所告不實，擬合一並没官。其餘一半，擬合錢業各付元主，乞照詳事。得此。移准中書省咨該：送户部照擬回呈：照得先爲湖廣省咨岳州路王同知出典田土不給公據，違法成交，罪經原免，追没一節，依例革撥，仍令錢、業各歸本主。都省准呈。今准前因，本部議得：程滔元〔三〕〔二〕年用鈔二十一定買到舒仁仲田二十五畝三分，不曾給據，違法成交，若依例追斷，緣大德六年三月欽遇詔赦，罪經原免。如依前例革撥，仍令錢、業各歸本主，移咨行省照會相應。都省准呈，請依上施行。

《元典章》卷一九《户部・田宅・民田・强占民田回付本主》 至元十三年十二月，欽奉皇帝聖旨，諭浙東、浙西、江東、江西、淮東、淮西府州軍縣官吏軍民諸色人等：即目雖已歸附，調度之間，慮有侵擾不安，今遣中書左丞相阿術爲頭行中書省，撫諭去也。又伯顔説：蠻子官人每根底説來：蠻子民户每，不教管軍官占着呵，軍每搔擾去也。爲這上頭，俺每時暫交萬户、千户每占着來。那上頭占着底每，因着這般，便於民户每根底强取要財物、糧食，他每躲閃了也。如今都回了，分付各州城，依舊案隱住坐。及管軍官、殘宋官員、有勢力人每强占百姓田宅産業，都回了者。若無主，就近標撥與無田地百姓每者。如委是官司地土，民司收係。外，諸人種田收納税石、茶鹽酒醋商税、金銀鐵冶（行）〔竹〕貨出産、湖泊小課程，從便辦課。其殘宋諸名項繁冗科差聖節上供、經總制錢等一百餘項，都休要者。一切大小事務，從長區處，務要百姓寧，庶事平理，仍將次第逐旋咨省聞奏。欽此。

《元典章》卷五六《刑部・闌遺・孛蘭奚・孛蘭奚牛發付屯田種養》

至大元年十月，行（臺）〔省〕准中書省咨：

來咨：各處拘行孛蘭奚頭疋，別無官破草料，欲行差人管押赴北。緣本省去都四千餘里，誠恐沿路瘦損倒死，徒費祇應，實無所益。況廣東係嶺外邊遠去處，又與江西不同，若不早爲着落，歲月既久，死損更多。擬合責付附近屯田官收養耕種，其餘窵遠路分拘到馬疋畜産之類，驗彼中時估變賣作鈔，似爲便益。伏請照詳。都省議得：拘收到孛蘭奚頭疋，合從本省依例如主識認，不盡數目，發付屯田種養。咨請依上施行。

《元典章》卷五六《刑部・闌遺・孛蘭奚・拘收孛蘭奚人口》 中統五年八月，欽奉聖旨條畫内一款該：諸處應有不蘭奚人口、頭疋等，從各路府司收拾。仍將收合到數目，於應收置去處收置，限十日以裏，許令本主識認。如十日以外，作孛蘭奚收係，每月申部。如有隱匿者，究治施行。**【略】**

至元十六年十一月，欽奉皇帝聖旨節該：據中書省奏：已前管不蘭奚官北文秀、阿散、竇先生、小薛、闊闊歹等，因諸路收拾不蘭奚諸色已下頭目人等多有隱藏，不能盡實到官，將逐官舊管不蘭奚名分罷訖。今委吏部尚書、客省使忽都答兒兼領諸路不蘭奚總管府事。仰照驗區處定事理施行。

一、各路達魯花赤、總管（府）及州縣達魯花赤、管民正官，不妨本職，收拾不蘭奚人口、頭疋諸物。各州縣每月申總管府，每季申吏部尚書兼領諸路不蘭奚總管府。仍令本府逐旋差人催督點勘，各路委定正官，將收拾到不蘭奚須管到官。每月當月二十五日，本路指定聚集不蘭奚去處，令人識認三日。於内若有認見，委無詐冒，召招給主外，無人識認者，依上每季差人管押赴大都，交付吏部尚書兼領諸路不蘭奚總管府收管。外據府州縣在前收拾下底不蘭奚人口、頭疋諸物，亦仰盡數差人赴本府交納，無得隱漏。

《元典章》卷五六《刑部・闌遺・孛蘭奚・孛蘭奚頭匹》 延祐三年九月，行省准中書省咨：

來咨：龍興路備新建縣申：鄧仁二於至大元年七月内收到無主水牛牸一頭，節次生下牛犢三頭，因病倒死一頭外，有見在母子牛三頭，責付主首王季青等收養聽候。若擬起解，地遠不便，擬合估價還官。參詳：各處拘收到頭疋，別無屯田耕種處所，若不依價變賣，誠恐死損不便。除將拘收到官頭疋估價變賣外，咨請照驗。准此。送刑部議得：新建縣收到無主水牛三隻，既是別無屯田耕種，合咨行省更爲照勘，如委無主識認，依准本省所擬，估價變賣，起解相應。具呈照詳。得此。議得：上項拘收到官頭疋，難准估賣。都省咨請照驗，更爲召主識認。如無，權令有田之家租用聽候。

《元典章新集・國典・詔令・至治改元詔》 延祐七年十〔二〕月初〔二〕日，上天眷命，皇帝聖旨：

朕祇遹貽謀，獲承丕緒，念付託之惟重，顧繼述之敢忘？爰以延祐七年十〔二〕月初〔二〕日，被服衮冕，恭謝於大廟。既大禮之告成，宜普天之均慶。屬茲踰歲，用易紀元，于以導天地之至和，于以法《春秋》之謹始。可改延祐八年爲至治元年，所有便民事宜，條列於後。**【略】**

一、百姓流移，蓋非得已。如欲復業者，所在官司給行糧。應有在前拖欠差發、課程，並行倚閣。元抛事産，全行給付，仍免差税三年。其腹裏百姓因值灾傷，典賣兒女，聽依元價收贖。

《元典章新集・朝綱・户部・田宅・交易・探馬赤軍典賣草地》 延祐七年十月□日，江西行省準中書省咨該：准中書省咨：

延祐七年七月十五日奏：大都省官人每備着監察每文書説將來：軍人每年差調置備軍需什物的上頭，將根元分撥與來的草地典與了人的，不交回付元價，將地分撥與軍人每者。麽道，在前樞密院一面上位根底奏了來。若交這般行呵，動摇有。探馬赤軍人典質與了人的地土，驗元價收贖，將地歸還元主。外，貨賣地土，依至元二十五年，至大四年行來的聖旨體例革撥，令買地人爲主。這般與將文書來。俺商量來：根元百姓黄（賣）〔買〕地時分，明白立着文契，買了起蓋房舍，栽植種養，應當各處差發。又兼在先地價賤來，如今貴了也。若不交回付元價、追奪地土呵，百姓偏負有。依着他每定擬來的，除立文契買的外，〔典來的，〕質當來的，錢業各歸本主呵，怎生？奏呵，奉聖旨：那得這般體例來？依着恁商量來的，錢業各歸本主者。麽道，聖旨了也。欽此。咨請欽依施行。

《至正條格·條格》卷二六《田令·豪奪官民田土》　至元六年七月初七日，詔書内一款，節該：官民田土俱有定籍，科差賦税，生民衣食，皆由此出。比者伯顔黨乞失者延不花等，恃勢奪占大都、河南、江淮、腹裏諸處，及保定、雄、霸等州官民田土、房産，指稱屯衛牧馬草地，割爲己業。發掘丘壟，折毁宅舍。稍有違忤，痛遭杖責，民不聊生。詔書到日，所在有司即與照勘，委係軍民事産，回付各主。係官田土，依舊還官，有司遲延其事，因而受財者，從監察御史、廉訪司體察究治。

《至正條格·條格》卷二六《田令·逃軍絶户地租》　至元三年正月十四日，樞密院奏：至治元年開讀詔書内一款，節該：軍人在逃，固非得已。復業者，與免本罪，元抛事産等物，全數給付。近年以來，有司、奥魯官，將在逃軍人元抛房舍間座、地土頃畝，所收租賃子粒、鈔定，雖曾復業，有司官奉行不至，因而埋没，亦無各項明白數目。切恐中間侵使，深爲未便，與哀憫軍人詔書不同。俺衆人量來，各行省、腹裏路分行與文書，這裏差好人前去，與有司官、奥魯官一同提調着，將在逃并户絶軍人抛下地土、租價房錢、鈔定等物，盡數拘收，令有司官并奥魯官相沿交割，明白□（取）勘見數，每歲上下半年登答，差有職役人員，起解赴院，候復業，令有司官並奥魯官申解印信文書來呵，依數給付。有司官并奥魯官任滿時，將拘收來的在逃軍人子粒等錢數目，於解由内明白開寫，將來呵，怎生？奏呵，奉聖旨：那般者。

（元）沈仲緯《刑統賦疏·第三韻》　通例：大德十一年，甘肅省咨准：朵中古寺盗殺散卜散沙懷駒馬一匹，倍利出駒兒一箇，事主告發陪贓。部議：合還正贓，懷駒馬一匹陪贓，依例徵給。蕃息之物，合追陪贓。

《元史》卷一〇五《刑法志·禁令》　諸闌遺人口到監，即移所稱籍貫，召主識認。半年之上無主識認者，匹配爲户，付有司當差。殘疾老病，給以文引，而縱遣之。頭匹有主識認者，徵還已用草料價錢，然後給主；無主職認，則籍其毛齒而收養之。諸闌遺奴婢，私相配合，雖生育子女，有主識認者，各歸其主，無本主者官與收係。諸隱藏闌遺鷹犬者，笞三十七，没其家財之半。其收拾闌遺鷹犬之人，因以爲民害者，罪之。

（明）何廣《律解辯疑》大明律卷五《户律·田宅·棄毁器物稼穡等》

凡棄毁人器物及毁伐樹木稼穡者，計贓，准竊盗論，免刺。官物加二等。（止）償而不坐罪。

議曰：稼穡者，謂種之曰稼，斂之曰穡。官物加二等，假如棄毁人器物，計贓一貫以下，該杖六十，官物加二等，杖八十。若係遺失及誤毁官物者，各於杖六十上減三等，笞三十之類，並驗數追價。

若係遺失及誤毁私器者，止賠其物，不復坐罪。

若毁人墳塋内碑碣、石獸者，杖八十。毁人神主者，杖九十。若毁損人房屋垣墻之類者，（止）但令修立，不坐罪。議曰：官（物）〔屋〕加二等，謂如坐贓論上加二等。不坐罪，謂誤毁他人及係官房屋之類，但令修造還官主，俱不坐罪。

（元）佚名《廟學典禮》卷三《郭簽省咨復楊總攝元占學院産業》

江淮等處行尚書省，至元二十八年四月榜文該：准本省簽省嘉議大夫簽江淮等處行尚書省事咨該，欽覩詔書開列條例，務在更張舊弊，惠濟生民。除已欽依奉行外，近體知得楊總攝等倚恃權勢，肆行豪横，將各處宫觀、廟宇、學舍、書院、民户房屋、田土、山林、池蕩及係官業産，十餘年間盡爲僧人等争奪占據。略舉杭州太一宫、四聖觀、林處士祠堂、龍翔宫、伍子胥廟，紹興鴻禧觀，及湖州安定書堂，鎮江淮海書院等處，皆亡宋以前先賢名迹、江山形勝之地，遠者百有餘年，一旦皆被僧人强行抵賴，或稱先係寺基，或云僧人置到，不經官府陳理，一旦使力逐出業主，將應有財賦錢糧等物據爲已有。既得之後，不爲修理愛護，拆毁聖像，喂養頭疋，宰殺猪羊，恣行蹂踐，加之男女嘈雜，緇素不分，蔑視行省、行臺，欺虐官民良善，致使業主無所告訴。又民間金玉、良家子女，皆以高價贖買，以其貲財有餘，奢淫無所不至，由此南方風俗皆爲此曹壞亂。近者罪惡貫盈，幸而敗露，致蒙朝廷差官前來，抄出楊總攝並首領官一切黨與人等公私物件。除在搬運他處，外據金玉寶玩、歌童舞女，不所勝數，其貪縱無厭，於斯可見。擬合將在前僧人强行占據諸人房屋、田土、山林、池蕩，並宮觀、廟宇、學舍、書院，照依歸附時爲主，盡行給還元主，實副江淮民望。據此，除外，合行出榜曉諭者。

（明）張楷《律條疏議》卷五《棄毁器物稼穡等》　凡棄毁人器物、及毁伐樹木稼穡者，計贓准竊盗論，免刺。官物加二等。若遺失及誤毁官物者，各減三等，並驗數追償。私物者，償而不坐罪。

疏議曰：凡有人將他人器物，或棄撇以致無存，或毁壞以致無用，及毁傷斫伐他人之樹木稼穡者，計其所直價錢，准竊盗論罪，免刺。如係官物而棄毁，官樹木而毁伐者，於竊盗贓上加二等，亦罪止杖一百、流三千里。若將係官之物遺失及過誤毁壞者，各減三等，罪止杖八十、徒二年。並驗數追償者，謂棄毁及毁伐器物樹木之類，及遺失誤毁官物，雖罪有輕重，並驗其所廢之物，照數追陪。私物還主，官物還官。若遺失及誤毁他人私己之物，止令驗數追償而不坐罪。所以然者，以遺失誤毁，初無故意，故官則坐罪以懲其不謹，私則不罪止令其償物。亦制律之微意也。

若毁人墳塋内碑碣、石獸者，杖八十。毁人神主者，杖九十。若毁損人房屋墻垣之類者，計合用修造雇工錢，坐贓論，各令修立。官屋加二等。誤毁者，但令修立，不坐罪。

疏議曰：若有人將他人墳塋内之碑碣、石獸毁壞者，杖八十。毁壞他人家之神主者，杖九十。若毁壞他人之房屋垣墻之類者，計其合用修造雇倩人工之錢，坐贓論。既治其罪，壞者仍令修完，倒者仍令立起，故曰各令修立。若毁壞係官房屋者，計所修造雇工錢坐贓論，止加二等。如非故意而誤毁者，不問碑碣、石獸、神主及官民房屋垣墻之類，但令修立，不坐其罪。

謹詳律意，他人器物以功而成，樹木田禾以力而種，豈可棄而毁乎？故私物則計贓論罪，官物則加等科刑。遺失誤損出於無心，若係官物各減二等，碑獸所以比墳墓，神主所以依魂靈，他人既立以奉先，在我則爲之毁壞，直坐杖罪，不必計贓，以情重於物也。房屋垣墻之類，亦用工力以成，計其合修工錢，論以坐贓致罪。誤毁者，皆不坐罪，恕其事本無心。必令修完，以其物各有主也。

《皇明條法事類纂》卷一三《户部類・禁約紛争田産例》　成化二年八月初二日，太子少保、户部尚書馬等題，爲陳言事。該本科給事中丘弘（待）〔建〕言事件，開坐具題。奉聖旨：該衙門知道。可行的，具奏施行。欽此。欽遵，抄出送司，案呈到部。今將本官所言事議擬開坐具題。節該奏奉聖旨：是。欽此。

計開：

一、〔息紛争〕。臣惟事之至繁，〔莫甚〕於詞訟，詞訟之難辨，〔莫〕甚於田地。田地有消長，故聽民買賣，以通其變。奈何人之刁訴者多，質直者少。有恃豪勢而强佔人産業者。有因接連而妄争人田地者。有倚財富而重買人已賣田宅者。有賣時價賤，以後價貴而稱價不敷者，有將糧米飛派别户，及詭作畸零逃亡，以避差徭者。有恃尊屬欺凌卑幼而霸佔財産者。有已賣已换，見其成業，而妄取者。有已賣已典，（賣）〔買〕囑中見人，攙告虚錢實契者。有將遠年田地牽告混争者。有將他人田地朦朧投獻勢要者。甚至聚衆相毆，圖賴人命，反覆争（變）〔辯〕而攪擾官府，驀越奏告而煩瀆聖聽。若不痛爲禁革，天下效風，將來詞訟不勝其繁矣。如蒙乞敕户部、都察院，通行出榜禁約，但有如前刁撥之徒，嚴加懲治，問擬明白，將涉虚之人，軍發極邊瞭哨；民發口外爲民。其洪武、永樂、宣德、正統、景泰遠年田地，已經過〔割〕管業者，軍民人等不許告争；有司不得聽理。違者，軍民翻照前例治罪；聽理官吏以受贓枉法論。仍行嚴加禁約，今後軍民田地，除典當者許令收贖，其餘明賣買，（賣）〔買〕有（買）〔賣〕人親書畫字契約可驗者，即照契約斷給。不許偏聽虚詞，展轉羅（氏）〔織〕，違者一體治罪。如此，庶幾争端可杜而訟簡矣。

前件，查得先該南京英武衛考滿經歷李旭言，各處軍民遠年詞訟繁興，多因田土重争。有將先立契賣與人田地房屋等項，因見牙保中鄰不存，或買囑證佐人等，昧情捏寫先因無力被强買，虚錢實契，或稱田價不敷等項，虚詞（若）〔告〕官，以（到）〔致〕奸徒得計，刁風（兢）〔競〕起，良善受害，官司被擾等因。已經會議奏准，通行禁約去後。近據順天府並直隸真定、保定等府軍民人等，及官豪勢要之家義男、〔女〕婿、家人互相告争田土，愈加繁多，歲無虚日。本部又經奏准，行移刑部、都察院，轉行在外巡視巡撫、侍郎、都御史並巡按御史等官，類行各該布政司、都司，並南北直隸府、州，各該行所屬州縣，備詞出榜，曉諭軍民人等知會。今後敢有仍前故違，用强侵奪，及將已賣田土不憑官司理斷，恃其兇潑，佔種不還者，許令被害之人，赴所在巡視巡撫、巡按官員處（其）〔具〕告，即與行勘理斷。如有别項重情，方許赴京伸訴。若有告理田土，平礙指揮，軍民衙門委官踏勘。其所司已經抄案呈行，不即委官勘問回報，先將首領官吏拿問如律，干礙指揮，奏請施行（法）〔去〕後。今本官又奏前因，合無本部仍行都察院，轉行各處巡撫、巡按官員督令司、府、衛、所、州、縣，再行申明，出榜禁約施行。

奉聖旨：是。欽此。欽遵。

《皇明條法事類纂》卷二〇《户部類·禁約私債准折田土等項例》

成化五年十一月二十九日，禮部等衙門尚書等題，爲建言民情事。該知府等官人等晁銓等，建言民情事件，遵奉欽依，會議得，除有例見行及泛言難准外，數内一百八十件，合准所言，宜從吏部等衙門查勘定奪施行。奏

計開：

一、禁豪民謀占小户田産，及招納教師，（娶）〔聚〕衆撕打。江（東）〔西〕臨江府新塗縣民人謝廷碩言，本處（自）〔有〕等土豪之民，置有莊田、房屋，或二十餘處，其心猶有不足。一見附近人民有好山園陸地，輒起謀心，將遠年錢債，展轉違例取息。窘迫至極貧民，無從納還，只得將前園田地并房屋寫作賣（地）〔契〕。甚至受害不過，又有虚寫文契一文，棄家逃走，（遺）〔遺〕下産業，豪民即行管業，（誑）〔罔〕敢言辯。通前自置田宅，招納吉安府州等府屬縣逃民并軍匠人等，分布各莊住坐，無異僕隸。豪民一出，輒令扛抬四人坐轎，跟〔跟〕隨馬匹，前呼後擁，勢如狼虎。又行僱覓高手教師，教習武藝。但與鄉人開打，豪民一呼，衆皆奔至。各執爬頭、槍刀、鐵鞭、竹竿等器，有如大軍行陣。勝則殺牛置酒歌飲，喧聲沸野。其有殺傷人命，訐告到官，俱被積年浸潤情熟，故行問擬運米、擺站，遮掩其罪。豪民愈加得志，他日寧家無意外之慮。乞敕該部，轉行江西布政司，差委堂上官一員，分令各府、縣廉正官各一員，單夫馬匹，循行阡陌之間，出給告示，三個月内，許令逃户前後自首，遣還故土，（充）〔免〕其差徭三年，善加撫恤。所有被人占去田宅，悉與判還本主。仍取具各該里老、鄰（佑）〔右〕人等保結繳部。查勘其家逃民、教師，今後敢有聚集，僭用各項器械厮打者，官司鞠問明白，將（受）〔首〕惡依律科斷，庶使豪强斂跡，良善獲安。

（明）王肯堂《王儀部先生箋釋》卷五《棄毁器物稼穡等》第一節：種之曰稼，斂之曰穡。棄毁出於有意，遺失誤毁，本於無心。故凡棄毁他人器物，及毁伐他人樹木稼穡者，並計其所值之價，准竊盗贓之兩數論罪。一兩以下杖六十，至一百二十兩，罪止杖一百、三千里，免刺。若棄毁及毁伐者，係官物則加私物罪二等。如棄毁私物，一兩以下，杖六十，加二等，則杖八十是也。然亦罪止杖一百，流三千里。若遺失誤毁官物者，則各減棄毁私物罪三等，如棄毁私物一兩以下杖六十，減三等，則笞三十是也。以上棄毁器物，與毁伐樹木稼穡，及遺失誤毁官物，並該驗數追價，還官給主。若遺失誤毁私物者，但追償而不坐罪。夫遺失誤毁，在私物則止賠償，在官物則仍坐罪者，以過誤所當原，而官物不可誤也。

凡碑碣石獸，係諭葬者，與毁衙門學校題名碑志，俱以官物論。儒學臣碑、聖旨榜文御制，俱是制書抄謄入碑，在衙門爲官物，在民間則爲私物。

如領解官銀，行至村野，見有趕路人馳馬，疑是强盗，將銀丢下藏躲，致行路人拾匿者，解人依棄官物，行路人依得遺失官物，限外不送官，以坐贓論。

第二節：若毁人墳塋内碑碣石獸，係關人祖先，固不比他物而神主尤重。然不可計贓準盗，故坐杖有差。至於毁損人房屋垣墻之類，則其工費尤大，故計合用修造僱工錢坐贓論。一兩以下，笞二十，至五百兩之上，罪止杖一百、徒三年。若毁損官屋者，則加坐贓論二等，一兩以下笞四十，至五百兩之上，罪止杖一百，流二千五百里。以上毁損官民房屋垣墻、及碑碣石獸神主等項，各令修補起立，還官還主。惟誤毁者，則但令修立而不坐罪。夫誤毁官物有罪，而官屋獨不坐者，蓋官屋所費不資，但令修立，其罰已矣。

（清）于成龍《于山奏牘》卷四《禁止侵占告示》 爲清查逆賊婦女

田地以杜侵占事。照得鄒君升造孽禍及愚民，擒斬法所難宥。進勦之日，曾有竝不株連婦婦女之誓。今勦撫已竣，惟恐已勦者，婦女田地被人侵占，至於安撫原出本府實心，又恐無良心之徒藉口引見免死，或邀求婦女田地，本犯免死心切，無不依從，亦未可知。合亟清查，爲此仰鄒益能尹良才等知悉：作速從公清查，如已死何人有無婦女田地，若有婦女應給何人，收養田地，應給何人耕種，有無破人家口。至安撫何人，有無婦女田地。若有婦女田地，本犯出具經管甘結，若被人逼脅侵占，作速申冤立刻追還，勿生疑畏。本府既不殺爾身，又何忍破爾家。地方人等各體天理良心，勿得恃强欺壓已撫之衆，以致畏懼不敢明言。私占婦女田地，果有此等事情，亦自有妻離子散報應，萬勿視爲誕言。

《西寧青海番夷成例·偷猪狗等畜》 凡偷豬狗者，罰牲畜五件，偷雞鵝鴨者，罰三歲牛，並還所竊之物。

《西寧青海番夷成例·冒認馬匹》 凡將行人所騎馬匹冒認自己失落牲畜收回者，罰畜五件，給與馬主收領。

《大清律例》卷五《名例律·給没贓物》 凡彼此俱罪之贓，謂犯受財枉法、不枉法，計贓，與受同罪者。及犯禁之物，謂如應禁兵器及禁書之類。則入官。若取與不和，用强生事，逼取求索之贓，並還主。謂恐嚇，詐欺，强買賣有餘利，科斂及求索之類。

其犯罪應合籍没財產，赦書到後，罪人雖在赦前決訖，而家產未曾抄劄入官者，並從赦免。其已抄劄入官守掌，及犯謀反、叛逆者，財產與緣坐家口，不分已未入官。並不放免。若除謀反、謀叛外。罪未處決，籍没之物雖已送官，但未經分配與人守掌者，猶爲未入。其緣坐應流人及本犯家口，雖已入官，若罪人遇赦得免罪者，亦從免放。

若以贓入罪，正贓見在者，還官、主。謂官物還官，私物還主。又若本贓是騾，轉易得馬，及馬生駒，羊生羔，畜產蕃息，皆爲見在。其贓已費用者，若犯人身死勿徵，别犯身死者，亦同；若不因贓罪，而犯别罪，亦有應追財物，如埋葬銀兩之類。餘皆徵之。若計雇工賃錢私役弓兵，私借官車船之類爲贓者，死亦勿徵。

其估贓者，皆據犯處地方當時犯時中等物價估計定罪。若計雇工錢者，一人一日爲銀八分五厘五毫，其牛、馬、駝、騾、驢、車、船、碾、磨、店舍之類，照依犯時雇工賃值，計算。定罪，追還。賃錢雖多，各不得過其本價。謂船價值銀錢一十兩，却不得追賃值一十一兩之類。

其贓罰金銀，並照犯人原供成色，從實追徵入官給主。若已費用不存者，追徵足色。謂人原盜或取受正贓，金銀使用不存者，並追足色。

條例

一、在京在外問過囚犯，但有還官贓物，值銀一十兩以上，及入官贓二十兩以上，給主贓三十兩以上，監追一年之上，勘實力不能完者，開具本犯情罪輕重，監追年月久近，贓數多寡，每於歲底彙請旨定奪。若不及前數及埋葬銀，監追一年之上勘實力不能完者，俱免追各照原擬發落。

一、凡州、縣自理贖鍰，歲底造册申報按察司，布、按自理贖鍰歲底册報督撫，督撫歲底彙造清册題報。刑部察核其承問各官應開明罰贖人姓名，及所罰數目，曉示各該地方。如有以多報少及隱漏者，督撫參奏以貪贓治罪。

一、凡八旗應入官之人，令入各旗辛者庫，其内務府佐領人送入官者，亦照例入辛者庫。辛者庫人犯入官之罪者，照流罪折枷責結案。

一、凡官役犯贓案内有虧短價值等項，追給原主。其詐騙逼勒者，被害人自行首告亦追給原主。督撫、科道參發者，概追入官。

一、歸旗人員内有應追贓者，限五個月内，該督撫查明家產、人口造册並人解部，轉交該旗追贓。其任所有無私置房產，再限地方官六個月察明結報，後有隱匿發覺者，交部議處。

一、斷付死者之財產，遇赦不得免追。

一、虧空貪贓官吏一應追賠銀兩，該督撫委清查官產之員，會同地方官令本犯家屬將田房什物呈明時價，當堂公同確估，詳登册記申報上司，仍令本犯家屬眼同售賣完項。如有侵漁需索等弊，許該犯家屬並買主首告，將侵漁需索之官吏照侵盜錢糧及受枉法贓律治罪。

一、地方官吏有將入官田房私租於人者，除照數追賠外，仍照侵盜錢糧例治罪。其未經定例以前官吏有私租之處，免其治罪，按年照數賠補。其一應變賣什物俱勒限一年，眼同本犯家屬照數變賣，如逾限未變，器皿衣服仍於本地方勒變，一應金銀珠玉等物兑明分兩數目，造具清册，眼同本犯家屬封固出具並無更换印甘各結，解交藩庫。遇有便員附搭解部，轉交崇文門變價。若有竊换等弊，許家人及旁人首告，加倍追賠，仍照侵盗錢糧例治罪。

一、田房産業一經入官，即令本犯家屬將契券呈堂出業，該管官眼同原主秉公估定，開明價值，出示速售，有願買者即給與印照，不許原主勒索找價，仍令買主出具並無假冒影射甘結存卷。如該管官縱容原主據占影射，將據占之家屬、影射之父兄俱照隱瞞入官財物律，坐贓治罪，該管官並該上司俱照例分别議處。如並無影射等弊，首告之人捏詞陷害，按律反坐。至所典房地及質當物件，勒限令原主取贖歸還。原本如逾限不贖，即開明原本價值出示招賣。

一、八旗催追侵貪銀兩，如逾限不完將伊家産變價交官。若承變限滿尚無售主，照虧欠之數將家産估價入官抵項。其家産不能抵完者，該參、佐領等據實呈報。管旗都統等具奏，將本犯交部照原擬發落，現在家産盡行入官。

一、凡盗犯到案審實者，即將盗犯家産封記，候題結之日將盗犯家産變賠。如該犯之父、兄弟、伯叔知情分贓者，審明治罪，亦著落伊等名下追賠。倘有並無家産以及外來之人無從封記開報者，將案内各盗之家産除應賠本身贓物外，或有餘剩概行變價代賠。其有窩家之案，仍照例將窩家之財産一並賠補，取具事主領狀報部。倘有將無干之親族及並未分贓之親屬株連賠累者，該督撫查出即行題參，交部議處。

紀事

《後漢書》卷六七《黨錮傳·苑康》 苑康字仲真，勃海重合人也。少受業太學，與郭林宗親善。舉孝廉，再遷潁陰令，有能迹。遷太山太守。郡内豪姓多不法，康至，奮威怒，施嚴令，莫有干犯者。先所請奪人田宅，皆遽還之。

《後漢書》卷八三《逸民傳·周黨》 周黨字伯況，太原廣武人也。家産千金。少孤，爲宗人所養，而遇之不以理，及長，又不還其財。黨詣鄉縣訟，主乃歸之，既而散與宗族，悉免遣奴婢，遂至長安游學。

《南齊書》卷六《明帝紀》〔建武元年十一月〕甲戌，大司馬尋陽公王敬則等十三人進爵邑各有差。詔省新林苑，先是民地，悉以還主，原責本直。

《南齊書》卷四《鬱林王紀》〔永明十一年八月癸未〕詔曰：朕以寡薄，嗣膺寶政，對越靈命，欽若前圖，思所以敬守成規，拱揖羣后。哀荒在日，有懵大猷，宜育德振民，光昭睿範。凡逋三調及衆責，在今年七月三十日前，悉同蠲除。其備償對籍貨鬻未售，亦皆還主。

《晉書》卷八八《孝友傳·王延》 王延字延元，西河人也。【略】家牛生一犢，他人認之，延牽而授與，初無吝色。其人後自知妄認，送犢還延，叩頭謝罪，延仍以與之，不復取也。

《梁書》卷三《武帝紀》〔大同十年秋九月己丑詔曰：〕其有因饑逐食，離鄉去土，悉聽復業，蠲課五年。【略】

〔中大同元年〕三月乙巳，大赦天下：凡主守割盗、放散官物，及以軍糧器甲，凡是赦所不原者，起十一年正月以前，皆悉從恩，十一年正月已後，悉原加責；其或爲事逃叛流移，因饑以後亡鄉失土，可聽復業，蠲課五年，停其徭役；其被拘之身，各還本郡，舊業若在，皆悉還之。

《周書》卷六《武帝紀》〔建德六年春正月辛丑，詔曰：〕瓦木諸物，凡入用者，盡賜下民。山園之田，各還本主。

《周書》卷三七《寇儁傳》 寇儁字祖儁，上谷昌平人也。【略】永安初，華州民史底與司徒楊椿訟田。長史以下，以椿勢貴，皆言椿直，欲以田給椿。儁曰：史底窮民，楊公横奪其地。若欲損不足以給有餘，見使雷同，未敢聞命。遂以地還史底。孝莊帝後知之，嘉儁守正不撓，即拜司馬，賜帛百匹。其附椿者，咸讁責焉。

（唐）杜佑《通典》卷一六八《刑法・決斷》　後漢鍾離意爲會稽郡北部督郵。有烏程男子孫常，與弟並分居，各得田十頃。並死，歲饑，常稍稍以米粟給並妻子，輒追計直作券，没取其田。並兒長大，訟常。掾史議，皆曰：孫並兒遭餓，賴常升合，長大成人，而更争訟，非順遜也。意獨曰：常身爲父遺，當撫孤弱，是人道正義；而稍以升合，券取其田，懷挾姦路，貪利忘義。並妻子雖以田與常，困迫之至，非私家也。請奪常田，畀並妻子。衆議爲允。

《舊唐書》卷一四〇《盧羣傳》　盧羣字載初，範陽人。【略】貞元十六年四月，節度姚南仲歸朝，拜羣義成軍節度、鄭滑觀察等使。先寓居鄭州，典質良田數頃；及爲節度使至鎮，各與本地契書，分付所管令長，令召還本主，時論稱美。

《舊唐書》卷一八五上《良吏傳・張允濟》　張允濟，青州北海人也。隋大業中爲武陽令，務以德教訓下，百姓懷之。元武縣與其鄰接，有人以牸牛依其妻家者八九年，牛孳産至十餘頭，及將異居，妻家不與，縣司累政不能決。其人詣武陽質於允濟，允濟曰：爾自有令，何至此也？其人垂泣不止，具言所以。允濟遂令左右縛牛主，以衫蒙其頭，將詣妻家村中，云捕盗牛賊，召村中牛悉集，各問所從來處。妻家不知其故，恐被連及，指其所訴牛曰：此是女婿家牛也，非我所知。允濟遂發蒙，謂妻家人曰：此即女婿，可以牛歸之。妻家叩頭服罪。

《遼代石刻文編・上方感化寺碑乾統七年》　魏太和十九年，無終縣民田氏茲焉營辦。唐太和咸通間，道宗、常實二大師，前季後昆，繼踵而至。故碑遺像，文迹具存。爾後人多住持，處亦成就。布金之地，廣在山麓。法堂佛宇敞乎下，禪竇經龕出乎上。松杉雲際，高低相望。居然緇屬，殆至三百。自師資傳衣而後，無城郭乞食之勞。以其刱始以來，占籍斯廣。野有良田百餘頃，園有甘栗萬餘株。清泉茂林，半在疆域。斯爲計久之業，又當形勝之境，宜乎與法常住，如山不騫。是使居之則安，不爲争者所奪。奈何大康初，鄰者侵競，割據岩壑，鬩諍堅固。適在此時，徒積訟源，久不能決。先於薊之屬縣三河北鄉，自乾亨前有莊一所，闢土三十頃，間藝麥千畝，皆原隰沃壤，可謂上腴。營佃距今，即有年禩，利資日用，衆實賴之。大安中，燕地遣括天荒使者馳至，按視厥土，以豪民所首，謂執契不明，遂圍以官封，曠爲牧地。吞我林麓既如彼，廢我田壤又若此。使庖舍缺新蒸之供，齋堂乏餅餌之給。可嘆香火，而至於是。寺僧法雲暨法逍，次言及衆曰：先世有所遺籍，吾儕不能嗣守，亦空門之不肖者也。安忍坐受其弊，拱默而已。相與詣闕陳訴，歷官辨論。一旦得直其誣，兩者復爲所有。尋奉上命，就委長吏，辨封立表，取舊爲定。自是樵爨耕獲之利，隨用而足。以小大協力，始終一心。而令釋氏家肥不減疇昔，赫矣能事，於前有光。雖汶陽歸已侵之疆，興平還既奪之地，不是過也。

（元）單慶修《至元嘉禾志》卷一六《碑碣・復學田記》　禾興密拱神皋首善，流化垂百年。士知尊尚《詩》、《書》，來游泮林。學廩寡弱，弟子員無何，春秋有補，冬夏有校，前後按成。比來者不能容，相與太息。乾道間，六和塔有受施田四頃，有司詰，不應，令歸於學。尋墮吏奸，僧仍久據。暨考數故籍得其實，已而訟，訟而中分，僧人抵不法，繇部而省，不奪不餍，殆三數改歲。彼居上流之地，且有福田利益等語，威眩執要，附城倚社。誰與挈大社，戒諸生？物無鉅細各有主，虞、芮非學校事，聽之可也。一日吏持部符至，全璧歸於我，恍然自天而下。訪知大理司直楊公、刑部郎盧公之筆實主張是。嗚呼，以持鉢法門務自豐殖，又欲包有吾徒齋鹽樂道之奉，聞□拂膺，幸□邦典具，遇明有司，彼以力争，我以道勝，彼以無厭亡，我以無心得，顧不韙歟！杜濫左學事，既齋宇改辟，規橅寖宏，日思廣明。時阿沚之養得是，實契初心，用增生徒，創童學，堂履雲委，幾倍疇曩。詎曰一邦盛觀，培護封殖，俾異時成德達材，由此其選類，不負所學，以儷前修者，二公之德也，可泯而不書歟！楊公名若，宣城人，今守清湘。盧公名祖皋，永嘉人，今直北門。諸生請録部符，以昭不忘。明年七月，文林郎、充嘉興府府學教授吴杜謹記。

《宋史》卷一七三《食貨志・農田》　〔建炎〕六年，減江東諸路逃田税額。知平江府章誼言：民所甚苦者，催科無法，税役不均。彊宗巨室阡陌相望，而多無税之田，使下户爲之破産。乞委通判一員均平賦役。九年，宗正少卿方庭實言：中原士民奔迸南州，十有四年，出違十年之限及流徙僻遠卒未能歸者，望詔有司別立限年。户部議：自新復降赦日爲始，再期五年，如期滿無理認者，見佃人依舊承佃。中原士民流寓東南，往往有墳墓，或官拘籍，或民冒占，便行給還。從之。【略】〔建炎〕十四年，以椿年權户部侍郎，措置經界。尋以母憂去，以兩浙轉運副使王鈇權户部侍郎措置。十五年，詔户部及所遣官委曲措置，務使賦税均而無擾。又因興國軍守臣宋時言，詔諸州縣違期歸業者，其田已佃及官賣者，即以官田之可耕者給還。十六年，王鈇以疾罷。十七年，復以李椿年權户部侍郎，措置經界。先是，真州兵燼之餘，瘡痍未復，洪興祖爲守，請復租一年，明年又請復之，自是流民寖歸。十八年，墾荒田至七萬餘畝。【略】

淳祐二年九月，赦曰：四川累經兵火，百姓棄業避難，官以其曠土權耕屯以給軍食，及民歸業，占據不還。自今凡民有契券，界至分明，所在州縣屯官隨即歸還。其有違戾，許民越訴，重罪之。

《宋史》卷三三一《張問傳》 張問字昌言，襄陽人也。進士起家，通判大名府。羣牧地在魏，歲久冒入於民，有司按舊籍括之，地數易主，券不明，吏苟趣辦，持詔書奪人田，至毀室廬、發丘墓。問至，則曰：是豈朝廷意耶？其上以聞。仁宗諭大臣曰：吏用心悉如問，何患赤子之不安也。立罷之。

《全元文》卷八五六《虞集・朱文公廟復田記》 宋之將亡，徽建阻於兵，族人藏其契券而竊售之。又見侵於富民，而某畝某方，父老猶識朱氏故物之所在也。内附聖元將三十年，朱氏之學偏天下，而朱氏子孫，志尚未足以復其舊。五世從孫光訴於浙省閫憲者又將三十年，而後兩府以屬婺源守臣、前進士干侯文傳，始復其宅基於城南。請於朝，得旨，立徽國文公廟於其地，則後至元乙亥三月八日也。而田則未歸，無以爲祭。光又以爲言，同知州事茶陵李祁之來，亦進士也，覈得田主名，召與之議，三分其田，償其價之二，歸其田之一。約雖定，賈錢無所從出，其一亦未肯歸也。歙士鮑魯卿，聞廟之成也，願割私田以供祭，未果行而卒。其子元康，見吏民之紛紛，思成父之志。於是賣其私田若干與材木之山，得爲中統鈔者一萬五千緡，以贖舊田，三分其賈，得元直之二，其一則歲收其租而還之，滿其數爲止。既成約，而田歸朱氏之廟矣。今奉祀者文公五世孫動，謀諸守貳、父兄邦人，請置張、鮑之祠於廟側。張侯字養正，卒官知衡州，鮑文學，字景曾。而其田之畝數，與其租入之數，録其券之副，而刻之碑陰云。

（元）蘇天爵《滋溪文稿》卷一一《碑誌・元故贈推誠效節秉義佐理功臣光禄大夫河南行省平章政事追封魏國公謚文貞高公神道碑銘有序》 遷禮部侍郎。浙西豪民即所居爲佛廬，舉家度爲僧尼，號其教曰白雲宗。日誘惡少，肆爲不法，奪民田宅，奴人子女，郡縣不勝其擾。中書以聞，公承按治，凡得民田廬若干所，還爲民者若干人，賄賂没官者若干萬，浙民大快。

（元）蘇天爵《滋溪文稿》卷一一《碑誌・皇元贈集賢直學士趙惠肅侯神道碑銘》 工部尚書教化者，由嘗監縣家焉，乘歲惡民急，數稱貸以與民，獲利不貲。或不能償，輒奪人田廬，奴人子女，豪强武斷以亂吏治，民甚苦之。公發其姦，遂得罪，田廬子女悉還與民。

（元）蘇天爵《滋溪文稿》卷一七《碑誌・元故正議大夫簽宣徽院事周侯神道碑銘》 遷奉議大夫、東勝州知州。侯下車作新學宫，士亦往往來游焉。學舊有田二千餘畝，比年豪民冒種，士無所訴。侯稽故籍，悉歸諸學，士刻石頌侯美。歲餘，政教修理。

（元）蘇天爵《元文類》卷五四《墓誌銘・桂陽縣尹范君墓誌銘》 君所至當官而行，無所阿避，禄入不足，則歸賣田宅以給之，往往初多忤，而後反見知者。其行事之尤著者，則在帥府，有田千户者死，其子曰田芑，幼弱，其弟田仁襲其官，據其業，而奴畜芑。芑長，訴於有司，數年不决。事上帥府，復多右田仁。君抱牘方力争，帥怒，目左右捽君，且下吏，梁木壞，幾壓帥，帥乃止。田仁恐，求援行省權相，數日，使逮君甚急，且喻之曰：汝不用汝頭，汝來；汝愛汝頭，勿來。皆謂君往必死。君竟往，極言田仁罪，反復無所顧，不能屈，乃與芑。

（元）黄溍《金華黄先生文集》續集卷八《碑文・明正書院田記》 宋南渡後，衢之先賢忠簡趙公而下六人，盖尸祝之舊矣。景定末，王侯已守是邦，始諗于朝，即故吏所據祠地爲道院者，闢書堂曰明正，且以其没入之田百七十有六畝隸焉。咸淳間，繼之者趙侯孟奎又益以他田六十有三畝，祠事以備。國朝因之，建書院，額設山長員。而兹田之奪於浮屠、老氏者什七八，有司漫弗加省也。皇慶初，上新即位，垂意庠序之事，凡田之在學官者，冒取有禁。於是總管申侯爲閲累歲之訟牒，而覈其實，悉返所侵田。有挾教門檄來争之者，侯弗爲動，乃賂吏瞰侯在告，謬爲可疑，上其事於宣閫。今山長葉君謹翁，白侯破其計，而閫復下於郡，侯爲徵圖籍覆按，具有本末，田以卒歸。盖九十年間，祠三徙而始有田，不二十年遽失不守；又三十餘年迺復。葉君念其得之難，而保有之不易也，求書於石，以圖永久。

《元史》卷一八〇《孔思晦傳》 孔思晦字明道，孔子五十四世孫也。【略】至大中，舉茂才，爲範陽儒學教諭。延祐初，調寧陽學。先是，兩縣校官率以廪薄不能守職，而思晦以儉約自將，教養有法，比代去，學者皆不忍舍之。於是孔氏族人相與議：思晦嫡長且賢，宜襲封爵，奉祠事。狀上政府，事未決。仁宗在位，雅崇尚儒道，一日，問：孔子之裔今幾世，襲爵爲誰？廷臣具對曰：未定。帝親取孔氏譜牒按之，曰：以嫡應襲封者，思晦也，復奚疑！特授中議大夫，襲封衍聖公，月俸百緡，加至五百緡，賜四品印。

泰定三年，山東廉訪副使王鵬南言：襲爵上公，而階止四品，於格弗稱，且失尊崇意。明年，升嘉議大夫。至順二年，改賜三品印。思晦以宗祀責重，恒懼弗勝，每遇祭祀，必敬必慎。初，廟燬于兵，後雖苟完，而角樓圍墻未備，思晦竭力營度，以復其舊。金絲堂壞，又一新之，祭器禮服，悉加整飭。又以尼山乃毓聖之地，故有廟，已毁，民冒耕祭田且百年，思晦復其田，且請置尼山書院，以列于學官，朝廷從之。三氏學舊有田三千畝，占恒豪民，子思書院舊有營運錢萬緡，貸於民取子錢，以供祭祀，久之，民不輸子錢，并負其本，思晦皆理而復之。

（明）王守仁《王文成公全書》卷三一《行南昌府清查占奪民産》

照得寧王自正德二年以來，圖爲不軌，誅求財貨，强占田土、池塘、屋基，立表所至，敢怒而不敢言。稅糧在户而租利盡入王府。家眷在室而房屋已屬他人，流移困苦，無所赴愬見。今天厭其虐，自速滅亡。一應侵占等項合行改正，以甦民困。爲此案仰南昌府即便清查寧王并内官校尉倚勢强占，不問省城内外，查係黄册軍民該載稅糧明白，即與清復管業，收租住坐，不許鄰佑佃民仍前倚勢争奪。其曾經奏請如陽春書院等處，雖有侵占，難以擅動侯，另行處治外，仍行官吏務要盡心清查，以副委用，毋得偏私執拗，致生弊端，通毋違錯。

《清實録》順治八年二月 〔丙午〕上諭户部諸臣曰：田野小民，全賴地土養生，朕聞各處圈占民地，以備畋獵放鷹往來下營之所。夫畋獵原爲講習武事，古人不廢，然恐妨民事，必於農隙，今乃奪其耕耨之區，斷其衣食之路，民生何以得遂！【略】爾部作速行文地方官，將前圈地土，盡數退還原主，令其乘時耕種。

《清實録》順治十年十月 〔乙丑〕户部奏：請圈撥民間房地，給移住永寧、四海堡及關外看守山梨之壯丁。得旨：地准撥給，房令自造，不必圈佔，其民地被圈者，該管官即照數撥補，勿令失業。以後仍遵前旨，永不許圈占民間房地。

《中國歷代契約會編考釋·明隆慶六年祁門縣饒有壽賠償文書》五都饒有壽，今於舊年十二月間，擅入洪家段塢山上竊砍杉木四根，是洪獲遇，要行呈治。有壽知虧，托中憑約正勸諭免詞，自情願將本身原代洪家茶園塢頭栽松木，計七十根，本身力坌叁拾五根，盡數撥與洪名下，準償木命。其前分坌樹木，日後成材，聽洪砍斫，本身即無異言。日後即不敢仍前入山砍斫。如遇違德，聽自呈治毋詞。今恐無憑，立此爲照。

隆慶六年正月初六日立　還文書人饒有壽　代筆　饒松　約正洪瑩

《徽州千年契約文書·宋元明編》卷一《正統八年祁門方壽原退還重復賣山地契約》十四都方壽原，有父方添進存日，於永樂二十二年間，作祖方味名目買到本都謝孟希名下、七保土名方二公塢山一片，係經理唐字三百八十七號，計山壹拾畝。有本都謝能静，先於永樂十八年間用價買受謝孟輝前項山地，已雇人□作，栽養杉苗在山。是父添進將山地撥去一彎，致被能静狀告老人謝志道。蒙索出二家文契參看，係干重復。今壽原憑親眷李振祖等言説，自情願將前項山地悔還先買人謝能静。【略】立此退還文契爲用。

正統八年十二月初八日　退契人　方壽原（押）　見人　李振祖（押）　方安得（押）　依口代書人　邵志宗（押）

案例文書

（唐）白居易《白居易集》卷六七《判·得景定婚，訖未成，而女家改嫁，不還財。景訴之。女家云：無故三年不成》　義敦好合，禮重親迎。苟定婚而不成，雖改嫁而無罪。景謀將著代，禮及問名；二姓有行，已卜和鳴之兆；三年無故，竟愆嬿婉之期。桃李恐失於當年，榛栗遂移於他族。既聞改適，乃訴納徵；揆情而嘉禮自虧，在法而聘財不返。女兮不爽，未乖九十之儀；夫也無良，可謂二三其德。去禮逾遠，責人斯難。

（五代）和凝《疑獄集》卷上《子雲斷牸》　唐衛州新鄉縣令裴子雲，有奇策。部人王敬戍邊，留牸牛六頭於舅李璡，養五年，産犢三十頭。例直十千以上。敬還乃索牛，舅曰：牸牛二頭已死，還四頭老牸，餘並非汝牛所生。敬忿之，訴於子雲。子雲令送敬獄，復令收追盗牛賊。李璡惶怖至縣，子雲叱之曰：賊引汝同盗牛三十頭，藏汝莊内。喚汝共對。乃以布衫籠敬頭，立南墻下。璡急吐款云：牛三十頭，總是我外甥牸牛所生，實非盗得。子雲遣去敬布衫，璡驚曰：此是外甥也！子雲曰：若是，即當還牛，更欲何語？璡默然。子雲曰：五年養牛辛苦，與牛五頭，餘並還敬。一縣服其明察。

（宋）鄭克《折獄龜鑑》卷四《宥過·韋丹》　唐韋丹鎮江西，有吏掌倉十年，數盈五十萬，因復量，欠負三千餘石。憫之曰：欠負如此，豈皆自取費用。必爲權勢所須。乃令搜索家私文字驗之，其分用名歷具在。因謂諸吏曰：汝等恃權勢，以取索於倉吏，今其欠負，豈獨賠填。今將貸汝之罪！可各據所得，限一月納足。皆頓首曰：君侯以至明察下，準法合當刑責，既釋重罪，填納不辭。倉吏由是得釋。

《名公書判清明集》卷四《户婚門·吴盟訴吴錫賣田》　吴錫繼吴革之絶，未及壹年，典賣田業，所存無幾，道逢其人，兩手分付，得之儻來，殊無難色。吴肅乘其機會，未及數日，連立五契，并吞其家，括囊無遺，不自屬饜，盡而後已。吴盟遨游二者之間，即與評議，又同僉押，志在規圖，豈復忠告，少未滿意，入狀於官，以勢劫持。吴錫之破蕩，吴肅之貪謀，吴盟之騙脅，三子之情，其罪惟均。所立交易，固非法意，然復還元主，不過適以資其游飲之費，終成一空，又且何益。要知吴革家業，其得之也不義，其去之也亦不義，此理之常，初無足怪。吴肅今又從而效之，將見後之視今，猶今之視昔。吴盟、吴錫各勘杖壹百，且以吴肅正身未曾到官，並與聽贖。五契田産紐計五十二畝半，以鄉原體例計之，每畝少錢叁貫足，今亦不復根究。但北源一項四百五十把，元係摽撥與吴革之女，吴錫不應盜賣，吴肅不應盜買，當廳毁抹，計其價直，與所少錢數亦略相當。其餘四契，却聽照契爲業。仍押吴錫出外，對定元撥女分田産，申。

《名公書判清明集》卷四《户婚門・羅柄女使來安訴主母奪去所撥田産》　羅柄户計税錢伍拾餘貫，正室無嗣，有婢來安生子一人。嘗以批帖付之，謂吾年六十，不爲繼室所容，逼逐在外，女使來安有子護郎，寄在田舍，將及一歲，今以平心庵處之，撥龍嵓田三千把，以充口食。未幾，護郎身故，繳還此田，仍歸羅氏。繼而來安遣還父母，羅柄以典到楊從户田併上手契要，付與爲業，頓立阿鄒户，以楊從户頭楊照税錢四百五十三文歸之。事在嘉定九年，有省簿可考。時羅柄無恙，未嘗有詞。次年，楊從復以此田立契倒祖，就賣于阿鄒，亦有印契。至十一年，阿鄒又以自己錢、會，典楊從鄧家坪等田六號，計價錢五十一貫，再收税九十七文。阿鄒本户兩項税錢共計五百五十有一。當職到官，從條不許起立女户，而以父鄒明替之。十四年秋，已差鄒明充應苗長一次，是所入産業不爲不明，所收苗利不爲不久。羅柄去年纔死，其幹人黄藴輒入狀于官，歸併鄒明税錢，攘奪阿鄒産業，非惟羅柄所與者欲行規圖，而阿鄒自置者亦肆兼并。以此存心，豈復更有天理？且羅柄以五十餘千之税，晚年無聊，發遣一婢，雖嘗生子而不育，以典田之税四百文與之，夫豈爲過？今一旦悉行歸併，且與倒祖之錢、自典之産，併爲烏有，夫豈近情？況鄒明方是前年代阿鄒爲户，而今曰置到鄒明户田，虚妄可見。以此觀之，羅柄批帖信而不誣。在法：妻有七出，無子爲先。羅柄之妻趙氏不惟無子，又嘗謀其庶子，已爲羅柄所出，自有公案，人所共知。已而復歸，乘羅柄之老且病，據其生業，逐其孽子，而自主家事，使羅柄雖有大厦而不得安居，雖有庶子而不得就養，行路之人，聞而哀之，咸爲不平。今其婢已去，其夫已死，而猶滋毒不已，甚矣！雌之不才，未有加於斯人者。本縣過税，悉憑保人，鄒漸輒用保印，有誤過割，豈得無罪，勘杖六十。仰鄉司仍舊頓立鄒明户，以元税苗還之，候阿鄒嫁人，却聽自隨。

《名公書判清明集》卷四《户婚門・隨母嫁之子圖謀親子之業》　李子欽甫數歲，即隨其母嫁於譚念華之家，受其長育之恩，凡三十年矣，其與的親父子何異。而李子欽背德忘義，與其母造計設謀，以離間譚念華之親子，圖占譚念華之家業。譚念華愚蠢無知，昵於後妻之愛，墮於李子欽之姦，遂屏逐其前妻所生之子，勒令虚寫契字，盡以田産歸之於李子欽。今將李子欽所賫到朱契一十道，逐一點對，内五契是嘉定十年以後所立，五契是紹定、端平年間所立，皆譚未死時事也。譚念華未死，則其兄産業皆譚念華主之，其子譚友吉安可擅自典賣？縱出於譚念華之意，則所立之契，譚念華並合着押，何爲嘉定年間五契、紹定年一契，皆無譚念華押字，其所有者，獨紹定三年、五年與端平元年、嘉熙元年四契而已。又將投印年月考之，其嘉定間立契，内有三契，係淳祐二年二月之所投印，相去凡二十四、五年，紹定已後五契，亦有一契是同時印者，相去亦有十三、四年。以此兩項大節目論之，已於條法大段違礙矣。又據鄰保所供究實狀，李子欽係戊辰年隨母嫁譚念華，隨身並無財本，前父亦無田業，李子欽長成之後，亦不曾作是何生事，並係譚念華與之衣食，與之嫁娶。其母阿魏憎惡譚友吉兄弟，讒於譚念華而逐之，止存李子欽在旁。凡譚念華之財物，則搬傳與李子欽，田業則假賣與李子欽，至於屋宇之類，皆一併爲李子欽所有，而譚友吉兄弟並不染指焉，此豈近於人情也哉！且譚念華之撫鞠李子欽，過於親子，則李子欽之視譚念華如親父，則譚友吉兄弟皆親兄弟也。父母在堂，兄弟之間，其可自爲交易乎？論至此，則所立之契，非特無譚念華押字者不可用，雖紹定以後四契，内有譚念華押字，亦不可用矣。揆之法意，揆之人情，無一可者，而李子欽乃欲以口舌争之，其可得乎？李子欽雖一村夫，而其姦狡爲特甚，三十年包藏禍心，以毒害譚友吉兄弟，苟可以遂其兼并之圖者，無所不用其至。使譚友吉兄弟不少知禮，則以不肖之心應之久矣，安肯逐之出外，勒之書契，則俛首以書契，隱忍以至今日，而後興争哉！其意蓋恐重傷父之心耳。及其父已死，然後有詞於官，蓋其勢有不容已者矣。官司若不與之從公定奪，惑於李子欽之姦謀，以成譚念華之私志，則譚友吉之兄弟必將飢餓而死，譚氏之鬼不其餒乎？昔歐陽公作五代義兒傳，有曰：世道衰，人倫壞，親踈之理反其常，干戈起於骨肉，異類合爲父子。今譚友吉兄弟爲譚念華之親子，遭讒被逐，而不得以有其家，而李子欽乃有之，豈非反親踈之常理歟？蕞爾小人，雖不足以關世道人倫之興衰隆替，然履霜堅冰，所由者漸，不可不早正而預定之也。所合將李子欽賷到契書十道，並當廳毀抹，送縣行下本保，喚集譚氏族長，將譚念華所管田業及將李子欽姓名買置者，並照條作諸子均分。李子欽罪狀如此，本不預均分之數，且以同居日久，又譚念華之所鍾愛，特給一分。所有離間人父子，圖占人家産之罪，却難盡恕，從輕杖一百。

《名公書判清明集》卷四《户婚門·乘人之急奪其屋業》　張光瑞圖謀洪百四屋業，情節極分明，却因送鄱陽獄，反致情節含糊。今詳地頭體究及詣獄引問，見得張光瑞屋與洪百四連至，平日欲吞併而不可得，爲見洪百四病且死，又無以爲身後送終之資，遂乘其急，下手圖謀。若欲自出名，必須洪百四邊人寫契，度其子未必肯寫，外人知其不出於洪百四父子之情願，亦必未肯爲代寫，遂自令其子張曾七寫成見契。子既寫契，難以自出己名，又借女壻詹通十乙名作契頭，其謀可謂深且巧矣。當時蓋已欺見洪千二、洪千五無能爲役，又且心欲得錢，殯殮其父，必是俯首聽從。又且借洪百四之兄洪百三以長凌之，意謂必無不可，却不擬洪百四出繼子周千二者歸家，不肯。其張光瑞已視此爲囊中物，冒急至將周千二趕打，周千二既退聽，則可以遂其所圖矣。殊不思人不心服，必有後患，未幾，周千二果與洪千二經官，以驚死乃父陳詞，且以所湊還未盡錢後把爲求和之物。周千二等誣告固有罪，亦張光瑞有以招之。此事合兩下斷治，若誣告死事，若抑勒謀圖，皆不可恕。當時入狀，係周千二、洪千二，其洪千二因訟而病死，繼而周千二亦死，天已罰之，無身可斷。其它張光瑞所執主使，妄詞也，不必問。張光瑞子寫契，壻出名，乘人將死，奪人屋業，子、壻均合斷罪，然皆張光瑞使之，罪在一身。兼因此事，展轉死者二人，張光瑞豈可漏網，從輕杖一百，併餘人放，其錢免監，其業本合給還業主，以其誣告，不及坐罪，業拘入官，以示薄懲。

《名公書判清明集》卷五《户婚門·妻財置業不係分》　陳圭訴子仲龍與妻蔡氏，盜典衆分田業與蔡仁，及喚到蔡仁，則稱所典係是仲龍妻財置到。執出干照上手，繳到阿胡元契，稱賣與陳解元裝奩置到分明，則不可謂之衆分田矣。在法：妻家所得之財，不在分限。又法：婦人財産，並同夫爲主。今陳仲龍自典其妻裝奩田，乃是正行交關，但蔡仁實其妻蔡氏之弟，則踪跡有可疑者。又據陳圭稱，被蔡仁積計賃屋錢吸賣。拖照係端平三年交關，係在三年限外，不應訴理。上件田元典價錢二十貫文足，争端在務限内，雖不當聽贖，但蔡仁乃仲龍妻弟，其父陳圭既已有詞，則蔡仁自不宜久占，合聽備錢，會，當官推贖。今蔡仁願以田業還其姊，官司自當聽從。案須引問兩家，若是陳圭願備錢還蔡氏，而業當歸衆，在將來兄弟分析數内；如陳圭不出贖錢，則業還蔡氏，自依隨嫁田法矣，庶絶他日之争。責狀附案。

《名公書判清明集》卷六《户婚門·訴奩田》　石居易念其姪女失怙，且貧無奩具，批付孟城田地，令姪石輝求售，爲營辦之資。爲石輝者，自當遵乃叔之命，憐女弟之孤，極力維持之可也。今不遑暇恤，乃以上件田産賣與劉七，得錢四百餘貫，多以還在前自妄爲之債負。廖萬英，其妹壻也，來索房奩，且無所得。今石輝以爲得劉七買田之錢，被其結託曹旺等人脅取之，殊不思節次支撥批貼，皆石輝親書，欠債還錢，理勢然也，奚可誣其罪於劉七邪？以士自稱，乃變詐反覆，倣盜賊小人之所爲，尚可以士名哉？女弟昏嫁，托孤寄命，非石輝之責，誰之責哉？既無毫髮之助，反以乃叔助嫁之田，賣田歸己，是誠何心哉？今無以塞萬英之請，祇持劉七欺騙之説以自解，以事理觀之，劉七欺騙，未之見也，石輝之昏賴，則彰彰矣。本自正當，蓋交易得錢而慕還債，不可以準折償負者並論也。但元來批貼該載，畢竟稱辦石氏嫁資，即廖萬英杌上肉，劉七所欠者審思耳。生此厲階，石輝之罪，不可勝誅，決竹箄二十，引監日呈納上項價錢，交付劉七，贖回田産付廖萬英，契仍寄庫。雖石輝固失矣，而廖萬英亦未爲得也。娶妻論財，夷虜之道，大丈夫磊磊落落，肯視妻孥房奩中物爲欣戚也。今刻舟尋劍，何不廣耶，縱使得膏腴沃壤以自豐，盡失親戚輯睦之義，所得不償所喪矣。更請思之。

《名公書判清明集》卷八《户婚門·叔父謀吞併幼姪財産》　李文孜

蕞爾童稚，怙恃俱亡，行道之人，所共憐憫。李細二十三爲其叔父，非特略無矜恤之心，又且肆其吞噬之志，以己之子爲兄之子，據其田業，毁其室廬，服食、器用之資，鷄、豚、狗、彘之畜，毫髮絲粟，莫不奄而有之。遂使兄嫂之喪，暴露不得葬，孤遺之姪，逃遁而無所歸。其滅絶天理，亦甚矣！縱使其子果是兄嫂生前所養，則在法，所養子孫破蕩家産，不能侍養，實有顯過，官司審驗得實，即聽遣還。今其不孝不友如此，其過豈止於破蕩家産與不侍養而已，在官司亦當斷之以義，遣逐歸宗。況初來既無本屬申牒除附之可憑，而官司勘驗其父子前後之詞，反覆不一。又有如主簿之所申者，上則罔冒官司，下則欺虐孤幼，其罪已不可逃，而又敢恃其强悍，結集仇黨，恐喝於主簿體究之時，刼奪於巡檢拘收之後，捍拒於弓手追捕之際，出租賦，奉期約之民，當如是乎？若不痛懲，何以詰暴！準勑：諸身死有財産者，男女孤幼，厢耆、鄰人不申官抄籍者，杖八十。因致侵欺規隱者，加二等。厢鄰不申，尚且如此，況叔姪乎？因致侵欺，尚且如此，況吞并乎？又勑：諸路州縣官而咆哮凌忽者，杖一百。凌忽尚且如此，況奪囚乎？又律：諸鬭以兵刃斫射人，不着者杖一百。斫射平人，尚且如此，況拒州縣所使者乎？合是數罪，委難末減。但子聽於父者也，李少二十一豈知子從父令之爲非孝。原情定罪，李細二十三爲重，李少二十一爲輕，李細二十三決脊杖十五，編管五百里，李少二十一勘杖一百，押歸本生父家，仍枷項，監還所奪去李文孜財物、契書等。李文孜年齒尚幼，若使歸鄉，必不能自立於羣兇之中，而劉宗漢又是外人，亦難責以託孤之任，此事頗費區處。當職昨唤李文孜至案前，問其家事，應對粗有倫叙，雖曰有以授之，然亦見其胸中非頑冥弗靈者，合送府學，委請一老成士友，俾之隨分教導，併視其衣服飲食，加意以長育之。其一户産業，並從官司檢校，逐年租課，府學錢糧，官與之拘榷，以充束脩服食之費，有餘則附籍收管，候成丁日給還。

《名公書判清明集》卷八《户婚門·監還塾賓攘取財物》 曹頤受恩於張僉判，即非一日。今乃乘其夫婦踵逝，孤幼可欺，隨行錢物，悉從而奪之。一死一生，情其可見，況張僉判之家生理素窘，旅殯未歸，未卜歸藏之所，纍然諸孤，誰其依怙，行道之人，罔不凄愴，況於數十年相與之塾賓乎？士行至此，掃地盡矣！且監還所認錢五百九十五貫，衣物九號，交還張宅收領。但張僉判夫婦之殯，皆未有所歸，自合追還曹頤之錢，責付其家，先爲營葬之計。二孤不能任大事之責，非得其本族尊長與夫親故中疇昔尚義之士，爲之主盟，何以克濟。王宗教誼氣素高，鄉曲起敬久矣，聞此當能出力，爲之扶持。牒請宗教亟爲圖之。

《名公書判清明集》卷九《户婚門·業未分而私立契盗賣》 方文亮生三男，長彦德，次彦誠，前妻黄氏生，幼雲老，妾李氏生。彦誠已死，有男仲乙，雲老年方二歲，家業盡係長男彦德主掌。昨據彦德入狀，論男仲乙非理賭博，盗賣田産。及追到仲乙，詳所供狀，併孜族長所畫宗枝，乃知仲乙非彦德之男也，實其姪也。據彦德稱，曾抱養仲乙爲子。以侄爲子，於理雖順，但彦德已自立一男，名仲二，仲乙親父彦誠又無他子，豈應無故變亂宗枝，絶滅彦誠繼嗣。此皆是彦德起意併包，利取全業，指姪爲兒，名不正，言不順，此仲乙所以不伏，此非理破蕩之由也。胡元十、祝萬五之徒乘間貪謀，啜誘仲乙賭博，輸錢至七百餘貫，私立田契及生錢文約，今已索到白契三紙在官，驗係仲乙等押字分明，仲乙固不容無罪，亦乃伯彦德有以激之。契勘方文亮服尚未滿，雲老所生李氏尚存：合照淳祐七年勑令所看詳到平江府陳師仁分法，撥田與李氏膳養，自餘田産物業，作三分均分，各自立户，庶幾下合人情，上合法意，可以永遠無所争競。所有仲乙違法典過三契，使仲乙果是彦德親子，未有承分，則當用錢不追，業還主。今仲乙乃是彦誠之子，自有應分，若違法典賣，致自尊長覺發，而又不追錢得業，則卑幼之不肖者何所不可爲，似反爲不義之勸。方仲乙照條勘杖一百，追錢没官，未到人併方仲乙生錢文約，牒巡、尉司限三日追索。

《名公書判清明集》卷九《户婚門·指改契書占據不肯還贖》 典贖之法，昭如日星，豈有年限過滿，指改契字，執占爲業，而不退贖之理。案到縣案及合同典契對，改置到字爲置典字甚分曉，吴師淵用心不臧，知縣所斷，司户所擬，已極允當。今吴師淵乃以葉雲甫所典田無上手赤契爲詞。夫當嘉熙用錢交易之初，不問其赤契之有無，今當限滿退贖之後，乃索其赤契，何也？況既有經官印押，分書登載，此田又何必赤契而後可證其爲己業。吴師淵又以葉雲甫所典田爲係先典得人者，今業主已亡，不應取贖。稽之令甲，諸理訴田地，而契要不明，過二十年，錢主或業主死者，不得受理。葉見係出典田主，即非亡歿，合同契要即無不明，縱是葉先典他人者，亦只合聽葉取贖，況所立合同契内但曰置到，且係分受之産，又何疑乎？揆之理法，無一而可。遷延占據，揩改文書二罪論之，吳師淵合照條勘斷，但勘下杖一百，押下縣，交領寄庫錢，會退贖。如能悔過，却與免決，合同文約給還葉雲甫管業。案吏乞取一節，别呈施行。

《名公書判清明集》卷九《户婚門・背主賴庫本錢》　初據羅居汰坐牌伸冤，稱被主家枷項一月，訊腿兩次，傳鄉院號令逼死其妻。當職一見狀詞，便知其妻之死不因於此，特欲借之以動官府之聽，冀施行之力耳。獨於枷訊一事，則不能無疑焉。蓋此邦僻在一隅，風俗悍戾，豪富之家率多不法，私置牢獄，擅用威刑，習以成風，恬不爲怪。如羅居汰所訴，未可盡以爲無也，追逮容已乎！今兩造在庭，一以爲有，一以爲無，互執偏詞，固皆難信。但羅居汰稱五月十六日被訊一百，二十五日又訊三十，僅兼旬耳，當廳看驗，了無瘢痕。又於廳前吏卒中唤一同時被訊之人，與之比視，此則形迹班班可攷。由此觀之，則其虚妄已不難見。及問其開解始末，自庚子年三月爲始，節次共領過本錢一千一百貫，每歲收息一分柒厘半。湖湘鄉例，成貫三分，成百四分，極少亦不下二分。今所收僅一分七厘半，則饒潤亦不爲不多，又不可謂之爲富不仁矣。然區元鼎初何負於羅居汰，而羅居汰乃敢如此反噬哉？若區元鼎果以富而虐貧，其罪固不可恕；今羅居汰既以僕而背主，其情實不可容。且以時暑，從輕勘杖一百，限半月將典本還主家，未盡息免監，出外居住。

《名公書判清明集》卷九《户婚門・已嫁妻欲據前夫屋業》　劉有光舉首趙氏兒宗姬，兩相傾慕，遂成姻對，才貌固未爲非偶，然初七日過聘，初八日成親，似太匆匆。況納采於已呈身之後，交爵於未合巹之前，何異於自獻乎？遂事姑置勿論，第趙氏先嫁魏景宣，景宣既没，趙氏能守柏舟共姜之志，則長有魏氏之屋，宜也。今已改嫁劉有光，遂以接脚爲名，鵲巢鳩居，豈能免魏景謨等之詞乎？據劉有光賫出楊奎簡，則執先有招夫入舍之約。魏景謨賫出劉預簡，則有權借本家成親。一是一非，彼此互持。但揆之理法，趙氏前夫有子魏汝楫，且生孫矣，其屋同居魏景謨、魏景烈各有分，支書内明言未分。劉有光非其族類，乃欲據其屋，誠所未安。況嫌隙已開，若復出入其家，飲食男女於其間，不獨面目有靦，亦傍觀所羞，稍有氣節者將望望而去之。趙氏以其屋爲嫁後自得錢添造。詳魏景謨詞，則慶元四年兄弟三人同起造，趙氏於慶元六年方嫁歸，無緣爲魏氏造屋於未嫁歸之前。所論遺囑，在官司尤爲難信。自有詞以來，但稱姑黄氏遺囑，令景謨等量支錢物，與之招夫及充女榮姐嫁資，即無一語所謂文約。忽於第五狀稱：去冬招夫間，魏景謨令男汝楫立文約，與兒分還遺囑錢物，係景烈收此文約，有姪魏唐佐知見。及唤上各人，累行供對，皆謂無之。然果有文約，趙氏前此畫一供具，深自辨數，當拈爲第一義可也，何至第五狀然後聲説？又當來立約，魏景謨、景烈何不書押，而令其男自書，豈足取信？況一千五百緡之文約，得之當如獲至寶，牢執以爲取償之具，何至仍令魏景烈自收？既果爲收執，先是又無一詞，何耶？且如謂其時忽然病患，面受遺囑，續又稱卧病四年，遺囑有所諱言。死者不可復作，而趙氏之詞自爲異同如此，官司憑何將人根究？詳趙氏初詞，止稱勸諭二伯少賜周全，今乃紛紛强詞，必欲求勝，作僞日拙，不自知其漏逗。至如論景謨以錢生與兒子汝楫展轉田業，車、碓等，尋復稱基址係姑黄氏未分之業，不得典賣。始自稱趙將領市舶爲夫魏景宣前室所立，尋復論魏景謨詭立趙宗姬等户，買到郭神與等田業，累稱係姑黄氏買到，還氏收管其夫，尋復告論魏景謨買到，冒立宗姬等户。似此尚有之，大抵愈辨而窒，每詰輒窮。昨來官司未欲遽行定奪，諭令對定，亦欲姑全兩家情好耳。而詞説日見支蔓，祇益煩紊。今據案下筆，惟知有理法耳。咎魏景謨者，寧不曰不能訓誨其姪汝楫，使之游蕩，而縱令趙氏改適。人家子弟不肖之心生，雖親父尚不能收淑其子，況猶子乎？趙氏之親兄忠翊，去年六月内曾諭僕使曹八鼓誘其妹趙氏，將首飾財物二千餘貫，以游玩爲名，出外恣無忌憚，動經歲月。縣案具存可覆。則趙氏先已不能安其室，魏氏能勿許其改適乎？魏景宣非無子孫，且其屋係同居親共分，法不應召接脚夫。劉貢士正當以遠者大者自期，若小小取舍不能勇决，轉爲告訐，徒敗心術，豈不深可惜耶？趙氏改嫁。於義已絶，不能更占前夫屋業，合歸劉貢士家，事姑與夫，乃合情法。魏景宣房下一分田産，多爲魏汝楫典賣，榮姐乃在室親女，已撥之田宜與充嫁資。其趙開下市舶將領、宗姬、族姬等户田，魏景謨供係弟景宣前室趙氏置立，雖有違礙，然已年深，景宣與其前妻並亡歿，立户之時，汝楫尚幼，今固難以其罪坐之，闕鄉司盡數割歸本户。趙氏不應占魏景宣前妻之業，合還其親男魏汝楫管佃，仍仰尊長魏景烈等糾覺，不得更容典賣。魏汝楫違法娶娼婦，從末減杖八十，離之。索到婚書，係魏汝楫自主婚，尊長並無干預。責汝楫狀入案，日下還家承續，如更留縣郭，與娼婦復合，併追湯賽賽斷。趙氏所論黄氏遺囑及已撥還田産，並無照據，委難施行。但魏榮姐爲魏氏之血屬，宜早嫁遣，仰魏景謨以兄弟爲念，當恤其女，或於堂前財物内議行支撥，量具其嫁資，以慰九原之望。案具所斷因依，照限具申使、府外，劉有光經縣告論魏景謨詭户，自係兩事。别呈。

《名公書判清明集》卷一〇《人倫門・弟婦與伯成姦且棄逐其男女盜賣其田業》 謹按律曰：諸姦緦麻已上親之妻者，徒三年。楊自智與楊自成係是親堂兄弟，自成娶妻邵氏，生男女三人，而自成亡。使阿邵卓有婦德，痛死憐生，耕故夫之田，祭死者以養其孤，豈不義聲昭著，雖有强暴之男，孰得而侵凌之哉！今則不然，在夫卒哭制中，已與伯楊自智謔弄。自智禽獸其行，淫亂罔極，遂併包阿邵，歸房爲妻，滅理敗倫，聞者悲憤，此猶其罪之次者。最是自智、阿邵成姦之後，將自成男女盡皆棄逐，將自成田業盡皆盜賣，破人之家，滅人之子，絶人之祀，雖行道之人所不忍爲，而自智、阿邵忍爲是乎！罪惡至此，上通天矣！近親楊自達自淳祐元年入詞，至今四年，不曾剖决。死者有知，豈不啣痛茹憤于九泉之下。當職因阿邵母陸氏有詞，乃得究竟本末。陸氏非爲自成聲寃者，蓋自智破蕩净盡，阿邵無所存立，故子母相謀，欲當官正名休離而去。利在則棄同即異，利盡則舍故謀新，阿邵之計，亦其狡哉！今官司只得盡情爲之區處，先正自智、阿邵之罪，引就王丙乙位下，取自成男牙兒歸宗，奉自成香火。所有自智盜賣過自成田地六段，内除一項給與男邵僧者勿問外，五項皆謂之違法交關，引就典賣主客人名下，索回原契毁抹，案爲置立産簿扇，與之具載，當官印押，給付牙兒執照，併關鄉司起户招税。但牙兒年小，未能成立，候取回日，且付房長楊自達撫養，田地付楊自達交收。候牙兒年長，令却自主掌。楊自智免監臟，牒押出處州界，阿邵斷訖，責付陸氏交管。盧自成等放。

《名公書判清明集》附録二《勉齋先生黄公肅公文集・張凱夫訴謝知府宅貪併田産》 張凱夫陳訴謝知府貪併田産，再行詰問。據母陳氏賣田，係開禧三年五月，母陳氏論歸宗，係開禧元年。其論配兩吏押，係二年十二月。如是則是先欲遣逐其子，而後奪其産也。夫所立之子，妻不應遣逐，夫所有之産，寡婦不應出賣，二者皆是違法。絶人之嗣，而奪其産，挾其妻以害其姪婿，此有人心者所不爲也。引就追謝八官人索干照，并申安撫使司，乞就問謝知府取供責狀申。押幹人下縣理對。妻不當遣逐夫之子，寡婦不當賣夫之産，只此兩事，並是違法。謝知府雖已移徙，其家尚留舊居，今乃倚恃豪横，不肯賫出干照，使詞訴無由結絶。案先給據，將所管違法典賣田産，監張凱夫具出號段，書填，給付張凱夫管業，收花利，仍再申安撫使司。

《名公書判清明集》附録二《勉齋先生黄公肅公文集・王顯論謝知府占廟地》 西岳雲騰廟，元是王顯家舍地造廟，以爲邑民祈求之所，已而家貧，遂托神以自活。神依顯之地以居，顯依神之靈以食。謝知府既架屋其側，遂占廟之路以爲圃，又種竹於廟之四圍，以芘蔭其花圃宅埸。民畏謝知府形勢，所謂邀福乞靈者皆不敢過其門，而神之血食者，遂失其所依矣。王顯本依神以活其家，謝知府又從而逐之，使其族人專廟祝之利，而王顯又失其所依矣。謝知府但知形勢之可以肆其欲，而不思神人共憤，則謝知府亦不能自安也。近據宋有者訟謝知府占其祖先墳墓，以爲園囿，本縣已斷還宋有管業。士大夫欲創造屋廬，以爲子孫無窮之計，亦須顧理義，畏條法，然後心安而子孫可保也。今至於夷丘隴，毁祠廟，以廣第宅，侈燕游，攜持孥累日居其中，果能下莞上簟，而安斯寢乎？使官司不爲之理直，而冥冥之間，所謂福善禍淫者，亦豈無可畏者乎？所有廟地合給還王顯照祖管業，引告示謝天祐，日下起離，併取謝知府宅幹人知委狀，申。

《名公書判清明集》附録二《勉齋先生黄文肅公文集・武楷認金》 掘土得金，元是武安撫宅基，武楷遂認以爲舊物。訪之邦人，乃以爲元是天井劉家宅基，武安撫復於上居止。以事理考之，必是劉家之物，蓋藏金於地，爲避賊而藏也。安撫方提兵討賊，又何爲而藏金於地耶？但武安撫有功於此邦，見之墓誌，未及百年，其子孫零替如此，使人爲之悵然。便無認金之訟，官司亦當賙恤。但聞武楷自少不學，家産破蕩，若得錢，又復妄費。公庫置歷，每月批送錢五貫，仍自七月爲頭，薄贍其家，以爲有狀出首，謹狀上告。

某官司。伏乞詳狀施行所告，執結是實。伏取　裁旨

年　月　日　告狀人姓　某　狀

（宋）陳元靚《事林廣記·別集》卷四《公理類·告狀新式·應地主歸復業取元地土耕佃狀式》　告狀人姓某

右某年幾歲，無病，係厶里厶村籍民，伏爲狀告：昨於厶年內，因爲户下田土災旱種植無收，以此將帶家小全户逃往迤南諸道，趁熟游食，抛下本户田土、園地若干頃畝，元立厶户頭輸納税糧，應當站户差發。今來厶已行將帶家小，依舊回還元籍復業，却見有厶處住人甲將厶元抛下田園爲主種佃，據稱自厶年內經官陳告，請佃前項田地，立租當差。緣爲前田係是厶有主物業，今來若不具狀，責令見佃人將田地退佃，仍舊還厶耕佃，實是人口無可供活，生受有此事，因謹狀上告

厶官司伏乞　詳狀施行，如所告虛誑，甘伏重罪不詞，執結是實，伏取　裁旨

年　月　日　告狀人　姓　某　狀

（明）吴訥《棠陰比事補編·彭詳還貲》　郭彭祥弘治間守眉州，問刑明決。鄰封合州有兄弟二人，兄官别省，其貲每託弟携歸置産，契券俱弟收掌。兄卒於官，嫂扶櫬歸，弟絶無所與，又無籍可稽。嫂訴於州，訊不服，乃越境訴於郭。郭即隱告者，取獄中賊，指扳其弟爲同夥，乃移文本州械致，詰曰：汝與某人爲盗致富。其弟泣曰：吾兄仕宦所得，未嘗盗也。固詰之，詞甚詳，一一録記，乃速其嫂語之，弟遂款服，還貲産。

（明）蘇茂相《新鐫官板律例臨民寶鏡》卷八《産業類審語·欺孤佔業》　審得朱應輝身死子故，遺孫尚幼。伊妻黄氏故存祭田二畝，託侄宜萬備祭掃蒸嘗之需，乃權宜之計也。於今孫須星長成矣，原業合歸掌管。宜萬兄弟安能執寡婦一紙遺書，而貪執故物久假不歸哉！口全嬸命，心蔑叔産，不義甚矣。原田合判給須星爲業，不得抗違。姑免問罪追粒，幸矣。

（明）蘇茂相《新鐫官板律例臨民寶鏡》卷八《産業類審語·唆謀佔騙》　林朝儀妄以寺田冒作民田，賣周鎰銀二十七兩。又假族侄廷逢名字保明之。近以寺田致鎰不得爲業，則原銀合追給於鎰又何説也。鎰捨儀執逢，

功於此邦者之報。

（宋）陳元靚《事林廣記·辛集》卷一〇《詞狀新式上·寫狀法式·本主識認》　厶村住人厶人

右厶年壯無病。伏爲於今月厶日本家自不小心，走失了甚毛色牛幾頭，有無印記，厶即時隨處根覓不見。今來厶却知得厶村厶人收住上件牛畜。本人申覆到官，見蒙出榜召人識認，所具上件牛畜委是厶本家走失。今具狀上告。

某官伏乞

詳狀給付厶收管施行，所告執結是實，伏取裁旨。

年　月　日告狀人　厶人　狀

（宋）陳元靚《事林廣記·辛集》卷一〇《詞狀新式上·寫狀法式·地主歸收地土》　厶村厶人

右厶年壯無病，伏爲於厶年上緣爲甚事，將家小在逃，逐處趁熟住坐，抛下本户桑土若干頃畝。今來厶復業，卻見厶處厶人將厶抛下地土爲主種佃。其本人言稱自厶年上經官立租税，請到上件地土，私下不肯吐退。今具狀上告，伏乞某官詳狀勘會諳實，勒請佃地人吐退上件地土，付厶依舊立户，供納承佃施行，執結是實。伏取裁旨。

年　月　日告狀人　厶人　狀

（宋）陳元靚《事林廣記·辛集》卷一〇《詞狀新式上·寫狀法式·逃户復業》　厶村厶人

右厶今蒙

縣官出給榜文，甘限招誘在逃人户前來復業，與免本罪。今來厶限内挈家前來，赴官投首復業，依舊應當差役，伏乞某官詳狀施行，伏取裁旨。

年　月　日厶村　厶人　狀

（宋）陳元靚《事林廣記·別集》卷四《公理類·告狀新式·應逃户告復業狀式》　告狀人姓某

右某年幾歲，無病，係某里某村籍民，伏爲狀告：見蒙

縣司文牓，立限招誘在逃人户前來復業，與免本罪。奉此今來，厶於限内已行搬挈家小回還，依舊復業，應當本户差役，據厶合得在逃罪犯隨

捨逋主而逼保明，的係賣貧督富之計耳。債有頭，契有主，於廷逢乎何誅？而朝儀貧且老矣，母利之内量減七兩，積年租谷略相當矣。

（明）**蘇茂相**《**新鐫官板律臨民寶鏡**》**卷八**《**産業類審語·管田認糧**》 抵價原三十五兩，續借銀二十兩，彼不必論子錢，此不必論粒息，統作買價，割原田而歸五實，認糧入户，以息争競。不猶愈於挾空質而費齒舌哉！

（明）**祁彪佳**《**按吴親審檄稿·一件扛縶事**》 行據松江府解犯徐珍等到院，審得顧正倫以八百金助修圩岸，該區以三百七十畝絶户田償之，及後久不清理，爲陳完等所佔種，亦忌其爲顧氏之産矣。今顧善有清理，具告府斷已明，陳完猶復聚衆鬨之，已爲非法。及方知府以陳完祖父有修築之勞，故於其名下所種之九十畝，判還四十畝，而後又許其以五十畝納價，所以恤完者至矣。完尚逋租，且肆刁告，責之田准作價三兩一畝，令完還銀一百五十兩，田聽完管。其餘田清出者二百八十畝，仍與顧善有管業，並許其别召佃種。立案。

右行松江府。

（明）**顔俊彦**《**盟水齋存牘**》**卷一**《**争田王勝杖**》 審得閔梁宦兆陽訟王中裘一案，不能不廢卷而嘆也。勢宦廣置田産爲子孫計耳，乃逼命獻産，慘動天地，子孫亦安得享乎？梁宦今日之訟非僅僅欲反魯陽之田也，以祖父之仇不報，不可以爲人，不可以爲子也。若夫用實銀若干買黄夢瓜田二頃二十畝，夢瓜身故，而育子陳亞石商同黄少明各得銀十兩，寫立陳氏賣契，擡起十二年投獻王鵬江，此劉大守當日之審語也，職何庸贅一詞？廳鞫之日黄氏子姓猶能言之，其當日逼獻情景令人悛心刺骨。中裘而願爲孝子慈孫也，則亦急幹父之蠱而已。天地盈虚，與時消息，人孰能保簪纓世世？鵬江公唯不念其後以有今日也，謂梁宦小有相加之意，則祖父之所親受者而即以施之人，何以見先人於地下，梁固天日矢之矣。職局外之人，倘以炎冷分左右袒，則天道好還，他日亦如。所以報鵬江公者，職與梁宦分受之。夫廣置田宅子孫計也。而得不以道，子孫必不能享。鵬江有知亦當憬然於九泉矣。田照原契給梁維政户下管業，王中裘、王鄆念非經手，姑免究。繇詳。

察院批： 據審當日獻佔似已得情，但兩造互告，亦須具招以成斷案，以絶後來之訟端。繳。

軍門批： 王氏奪梁之田，今復還之梁氏，實天理之同然者，如詳給還管業，王中裘等姑免究。繳。

布政司批： 據審前後情事已悉，出爾反爾，理有固然，無足怪也。仰候兩院詳示行。繳。

分守道批： 以勢凌人而奪田，以孫繩祖而恢舊，天道好還，彼此相軋，奈何哉？有惛然受獻者，一先一後，其争幾何？微該廳明而斷之，以義世道陸沉矣。即此一事，亦堪砭時也。仰候兩院詳示行。繳。

覆審得陳亞石以假子而將黄夢瓜所已賣梁維政之田擡年立契，獻寫王宦，致王宦逼命奪産，劉太守斷有成案，梁鄉官所以日夜痛心，不能無説而處此也。除斷前田仍還原主，前案已詳，念中裘等以子承父，事非經手，姑免究擬，而詞多添涉無干，應將抱告王勝杖儆。招詳。

察院吴批： 王宦以勢而攘人之田，勢去我而歸人矣，安能復有所攘哉，天道往還如是，而奈何王宦之後復多王宦也。田照斷仍給梁維政户下管業，王中裘、王鄆既非經手，王勝又育男也，並免究。繳。

軍門王批： 王勝依擬贖發，庫收繳。

（明）**顔俊彦**《**盟水齋存牘**》**卷二**《**息訟曹欽銘等杖**》 審得曹欽銘勢抄之控，以冒頂絶軍占軍産而控也。查已經府縣審明在案。今屯糧已歸該屯軍餘耕佃，兩造亦允服無詞，具息以進，憲恩如天，或無深求。曹欽銘、霍茂儀男霍啓昌各杖，以懲其多事。招詳。

軍門批： 霍啓昌、曹欽銘依擬各杖贖，田歸本屯軍餘管業，庫收繳。

（明）**顔俊彦**《**盟水齋存牘**》**卷二**《**刁訟劉乾等杖**》 審得劉乾、劉漢舒以同族兄弟而雀角不已，致各各架不根之詞，狂率瀆憲。細質之，則總緣漢舒有欺隱之田壹百貳拾餘畝，爲乾所首，業經該縣清出，併應追花利一年拾伍兩，以伍年爲率，助餉養兵，詳報藩司。漢舒一貧無賴，其應追花利無從措納，遂架詞上控。今據漢舒願退還前田，不唯隱佔壹百貳拾餘畝，即曾報陞科之柒拾餘畝，亦不願有。如是則漢舒之情亦窮矣。應將前田付劉乾承佃，花利併於劉乾名下追納養兵。至争塘一案，據乾稱係伊父手上事，還不可稽，聽行縣照查黄册土名各管業，以杜紛争。漢舒與乾一稱私抽，一稱包賊，詞皆添捏，各杖無辭。招詳。

軍門熊批：依擬劉漢舒、劉乾各杖贖。田付乾承佃，花利亦於乾追納養兵，其斷甚妥。餘如照，庫收繳。

（明）顔俊彦《盟水齋存牘》卷二《盜賣繼業仇炳先等杖》 審得仇志駒兄仇福父子故絶，家頗素封，族棍仇炳先與婿林肖宇輩表裏爲祟，盡烹其産，迨象鼎、城元定繼時，所存亦無幾矣。其賣黎公輔大羅塘等田二十六畝，借孀婦陳氏出名，契實出炳先手。今兩兩面質，陳氏勿認也。況炳先傾仇福之産構訟已非一年，府廳縣之案亦幾充棟。黎公輔一吏胥，寧有餘資肯置不明不白之業，不過利其無正價耳。前廳已有不察來歷之斷，案不待今日定也。田聽仇象鼎、城元管業，原價據炳先稱得銀佰兩，應於炳先身上追給，公輔、炳先各杖示懲。招詳。

按察司批：仇炳先盜賣孀産，黎公輔明知故受，均屬不法，姑依擬並杖，餘如斷，庫收領狀繳。

提學道批：仇炳先等依擬杖贖，田價如斷，庫收領狀繳。

海道批：仇炳先垂涎繼産，捏契盜賣，黎公輔利其輕價，明知故受，各杖何辭？依擬各贖發，餘如照，庫收領狀繳。

（明）張肯堂《𥲅辭》卷八《支日昌河南河内人告内黄人》 河内程世樓鬻銕於楚王集上，凡農之以銕耕，舟人之以銕治裝者，無不於是乎需。迨索價之日，或不能如券以償，而訟端啓矣。然其事固甚微也，先是周之佑者，取世樓銕貨應價二兩，而支日昌爲之保。詞行之後，日昌已代還訖矣。胡光成亦應銀二兩，仍負之祁姓者，祁以他故回籍轉浼世樓取價。論券不論人，諺有之矣。如數斷給，無容贅詞。然故緩其償，以致世樓奔訴，則日昌爲之。正不因其私償而貰之杖已。

（明）張肯堂《𥲅辭》卷八《劉守倉滑縣人》 劉治國滑縣之居停家也，有里長劉守國等主於其家，亡何以逋欠不支，倉卒潛遁，追捕未得，於治國是討。治國無計因爲代完，此一局也。事竣而守國出，同吴進德以逃。户地二段，屬之治國，以抵前欠，此一局也。立約既定，業已過割，而守國之兄劉守倉出，背棄盟言，采桑刈麥，國叔劉之春向遏被毆，此一局也。夫已則負糧，纍人賠比，即以逃亡，瘠産償其所費，尚稱不堪，況旋奪之乎。據其遁辭，似謂守國、守倉各不相涉。然兄弟分界，不啻胡越，而顧嫁禍於漠不相關之人，此尤理所不通者也。張九官欠數既多，還將及額，尚欠十一兩五錢三分，照數斷給。守倉一杖無貸，原田如約退還。治國以生作死，本應坐誣，已再詞吐實矣，姑免科罪。

（明）張肯堂《𥲅辭》卷八《馮三畏》 楊一清爲山西估客，累年販貨，皆於宜溝鎮上發市。鎮民馮三畏賒取其貨，不一而足。然錢貨環流如泉，遞注兩不稱厲也。一日貨盡索錢，錙銖較量，遂起齟齬，因質諸縣。本縣爲之剖曰：馮三畏應楊一清錢三十九千二百文，此告後面承者也。祇牛西田所欠盡此矣，如數斷追。乃三畏窘甚，轉展數月，止償四分之一，所以又來一清之告也。青蚨三十千，追償仍合原數，至若負人不還，致令屢訟。三畏雖欲免於杖刑，其無辭矣。

《盛京滿文檔案》崇德三年正月 十一日。饒余貝勒所養大同蒙古人，訐貝勒曰：我等攜牛二頭貝勒取之，我等索之，以已死爲辭，止還一頭。出略時獲牛五頭，衣服十八件，亦爲貝勒盡取之。於朝鮮獲馬四匹，又取之。將我等之房舍及一月口糧，亦未給還。遂下法司，審實，奪所取馬牛、衣服，給還原主，首告之蒙古四人及妻離主，任其所往。饒余貝勒不養所隸蒙古，苛取其物，不給口糧，應坐以應得之罪，以奏聞上。饒余貝勒告兔再三，經審仍如前議，遂擬饒余貝勒執拗不服，應倍加治罪，與饒余貝勒結黨密謀，爲之辯護之諾木齊、古魯、多爾濟應各鞭五十，悉以奏上。上命饒余坐以應得之罪，其同謀諾木齊、古魯、多爾濟各鞭五十，盡奪苛取之牛馬，衣服，給首告蒙古四人，命賽管辦理此事。其首告四蒙古及妻離主，任其所往。

《盛京滿文檔案》崇德三年八月 初七日，鑲白旗塔拜阿哥以果園爲正紅旗巴布賴所奪，修房清園而居，並食杏子、櫻桃，控於户部，遣人往驗，事實，遂送法司審，皆實，故議巴布賴應論死，籍其家，牛録章京阿爾海應坐以應得之罪。奏聞，上以兄禮親王年老、巴布賴自幼相從，意必憐愛，免死贖身，禁其於禮親王處行走，發牛録管轄。諭巴布賴若不臨陣奮勉贖罪，當併治前罪。諭畢釋之。阿爾海坐以應得之罪，其巴布賴、阿爾海之守園兩家男婦併牲畜一應物品，皆斷給塔拜阿哥。

《盛京滿文檔案》崇德四年八月 初二日，鑲紅旗色稜訴於刑部：貝勒將其給我之拖克索六丁、二牛，以及我舅布顔代額駙給的二丁、二牛俱取走，給額莫齊喇嘛。請吴巴海告貝勒，吴巴海未告。再回軍時，布賽、哈爾薩遣我前行，將我三馬、一牛、一驢、三人俱棄。經審屬實。吳巴海應鞭一百，將施克索取還色稜。布賽、哈爾薩應各鞭一百，償還所棄之物。因結仇受害，色稜之宗族應離其主。奏聞，上命：將額莫齊喇嘛之拖克索取還色稜，令吳巴海償還額莫齊喇嘛，布賽、哈爾薩各鞭一百，准折贖，將所棄之物償還色稜。色稜之宗族離其主，交付户部承政英俄爾岱。

（清）李之芳《棘聽草》卷四《讞詞・科詐・分守道一件為天討泮蟒事》

審得樓九皐甚非自好之士，而樓會之則其奔走漁獵之人也。劉敬有米五石，每石出貼解銀五兩六錢，九皐俱包收入己，乃祇完過三石，尚餘二石未完，復欲求多於前議之外，久之不允，所以糾纏未楚。後樓敬之侄樓佛敬云亡，九皐貽書誚讓，甚有要挾，得其銀一兩四錢五分，謂其亡至侄曾有相負之銀，亦不能辨真與否，今姑置勿論。茲因樓敬之子樓小闊者復與樓三桃、樓金保、樓士、金四觀等演戲於傅茍之家，而傅茍所居之房，即九皐祖屋也，因是具呈於典史。敬因其子小闊唱戲之故，遂付九皐銀五兩以補前之貼解，而樓會之輒復乘機詐傳茍銀二兩六錢，傅小仰銀二錢，金四觀銀三兩二錢，此皆會之指稱賄免九皐，而實自饜谿壑也。其中樓喜並非俳優之侶，而亦詐其銀五錢者，蓋先因租田，會之勒其銀二兩，再使九皐附名呈衙，不過謂弱肉易啖耳。會之杖豈能逭，所受前贓，應追入官。九皐名列子衿，而紛紛多事，何不自愛至此？姑從薄罰。所得補解銀五兩，乃在呈衙之後，可不謂之詐乎？合追給主。前包米石，代與完庫。其演戲啓釁之樓小闊等，均應杖儆。

（清）李之芳《棘聽草》卷四《讞詞・科詐・分守道一件為枉抄事》

審得捕役樓龍、何進乘上年十二月間，先緝賊李四等，續扳胡金榮，即胡惟富之兄，因往拘拿，勒銀四兩七錢，係付樓龍，而他不與焉。藉緝賊爲嚇詐之端，受贓有據；幸飛扳爲擇食之地，擾害無窮。龍何能逭於一杖？胡金榮即金榮，業經前案審明，具招開釋。樓龍、何進先經各擬杖懲，罪無重科，得以宥免，應於樓龍名下追贓給主。

（清）李之芳《棘聽草》卷四《讞詞・科詐・分守道一件為急救抄屠事》

審得倪一品鄉曲無賴之徒也，乘縣捕馬進、朱能、倪文元於去年十月間以別案獲賊犯倪卸增，係汪奇玖之義男，一品與衆捕聲言索銀十兩然後已，則此一控，其爲詐害之情淺，而爲杜患之慮深耳。不獨此也，藉口扳害而詐戴起元之稻穀、肥猪，復貸銀五兩與衆烹分，爲馬進、倪文元、陳廷真、黄希松若而人，朱能未與其列。又詐倪尚機一兩，馬進入己。一品又欲勒索汪子元銀十兩，雖因告未付，其謀已不臧矣。若夫賒肉不及償價，貪酒與人議和，大都小人口腹之累，猶未足爲罪案。章二十牛食一品地豆，勒其鷄、布，貪狡已著，雖其中尚有無從對質者，大略亦可槩見。總之，獲盜居奇嚇詐，固捕役之故態；而因風吹火指騙，亦宵小之恒情。不法懲之，此風政未艾也。前贓照追給主，其倪一品、馬進、倪文元各從杖懲，朱能雖同捕緝，念未受贓免擬，其陳廷真、黄希松另提再結。

（清）李之芳《棘聽草》卷四《讞詞・攝郡・兵巡道一件指盗搶擄事》

審得捕役滕汪、朱用因拿賊犯周良九過許祥之家，昏夜叩門，索其酒食，堅執不與，因而至争。兩捕嗔主人無信宿之情，欲唆良九扳害之，宋祥懼而出銀三兩與良九，懇其免害，故有是控，此祥之口供也。但兩捕俱在，而良九安敢入之囊中？此必假手於良九，而實飽兩捕谿壑者。今良九死矣，豈可以泉下人藉口？當從滕汪、朱用名下照追給主。況其叩門索食，明以挾賊要求，本應重擬，惜計贓亦止於各杖耳。

（清）李之芳《棘聽草》卷四《讞詞・攝郡・分守道一件為急救轉敕事》

審得曹明即曹清、吕龍、陳亞奴、牟良、吕義一班惡捕，搆詐良民，如乘陳宗仁盗扳，遂遍詐鄰人陳國初，而掠其資財并衣飾、器具、食物、牲畜之屬；未已也，復勒其贖婢銀十六兩；施又詐其鄰人陳世賢之衣五件、布六疋；復押陳宗仁之妻，勒其贖妻銀二十五兩，此八年四月十五日事也。羣捕慘毒如此，尚知有三尺耶？迨國初憤欲奔鳴，始還其茶葉五斤、簪一枝、銀三兩五錢，立六兩之約以認賠。而曹明旋即更名曹清，誆前道批發糧廳矣。以如狼如虎之輩而行如鬼如蜮之奸，其孱民吞聲飲泣者，更不知幾何也！不痛懲之，民無寧宇，所當追贓給主，按律分别杖徒，倖得邀免，仍追贓責革，以懲其姦。吕義懼罪不出，容俟獲日另行解結。

（清）李之芳《棘聽草》卷四《讞詞・婺邑・分守道一件為蠹虎誆佔事》

審得陳卿之爲保歇也，施邦柱以別案候審於郡，寄寓其家，輒遂借端局詐，未審之前先誆罪鍰，勒寫田八斗，作價十二兩。迨至審豁無辜，免供竟逐，則前田應還，而何以執券不與也？況讞者因情定罪，事之曲直未分，先可借名完贖，明以鄉愚可欺，弱肉易啖也。重懲示戒，杖復何辭！前田斷還原主。

（清）李之芳《棘聽草》卷六《讞詞・婺邑・本縣一件為占殺活殺父母事》 審得王八十一其父存日有屋數椽，絶賣於王世臣爲業，而八十一仍棲止於中。今仍踞屋而圖找價，謀之不遂，其母朱氏輒思仰藥以甘心焉。正月之朔，服鴆一杯，早歸泉路，此誠溝瀆之諒，自速其亡，安得嫁禍於人以快其欲哉？嗟乎！不能體志盡養，以致垂白之母愚而隕其天年，益令人轉恨王八十一之生端起釁以致此也，杖有餘辜，其房速退還世臣管業。

（清）李之芳《棘聽草》卷六《讞詞・婺邑・本縣一件為懇赦剖佔事》

審得戴通五即洪綱巨猾老奸，忍心害理，因弟媳葉氏避亂女家，遂欲乘機吞其產屋。葉氏於去年除夕携男懋齡旋家度歲，爲通五者正當分屠蘇於弱侄，慰嫠婦於歲寒，標而出諸，大非情矣。維鵲有巢，反見嗔於鳩逐；空梁落燕，乃致歡於塵封。致使雛乳、孤鴻，飄搖風雨，不亦悲哉！況葉氏產屋給照現存，戴應第等確查可據。通五蛇足雖增，窮辭益見，一杖猶寬，產屋仍歸葉氏管理，若再垂涎，則此案具在。

（清）李之芳《棘聽草》卷六《讞詞・產業・臬司一件為蠹國抄佔事》

審得張六吉乃張文佃之子，寂源、寂繼係法隆寺僧，其本姓皆張也。究其起訟之初，不過因寺田四畝七分耳。原於萬曆十五年間，寺因修塔費用，得價一十八兩，經官給帖，賣與張姓。至崇禎十年，大造清田歸寺，其後住持僧寂德又將前田仍照原價，復盜賣於六吉父張文佃。今所以爭告者，在二僧謂寺田之宜歸寺，而六吉則謂萬曆年間給有官帖爲據，本以田土結訟。此皆事之小者，奈何六吉遂以僞劄誣之哉？前者謂此劄出於張文明之手，今細審文明並非寂源親叔，堅不肯認原劄之由業，祇云寂源等於上年六月初二夜半持至其家，彼即投明於張文佃。夫僞劄所關匪細，寂源何爲忽然而送於文明家，誠不可信。即言投明，又何不投於通都地保，而偏投於因田結訟之張文佃耶？再訊之劉繼仁、傅璘焕，供寂源原名張伯輕，而非伯慶，則一字之訛已失千里。況僞劄種種疑情，憲臺洞察如犀燃而燭照乎！總之，金屬多事之餘，此等僞劄多難深論，據張應進言：必係兵營中所拾來者。此一語真足破千古之疑，而劄所從來俱不必究。第六吉持此誣人，而駱圖、黄永悉屬鬼名，青青子衿，何其善賦《子虛》乎？姑從杖儆。問誰爲附和發此難端，則張文明誠不能逭於並杖，但前田六吉原有價買，今賣田寂德既逃，相應提本僧至日，將原價追還六吉，而原田歸寺可也。

（清）李之芳《棘聽草》卷六《讞詞・產業・本府一件為欺孤白佔事》

審得吴三一瞷徐小苟父亡已久，有基路四間，乃視藐諸孤，自造贋契，恃有季四八硬證，冀得而吞之，意謂不能起泉下人復質矣。但世豈有父已云亡，而契賣反出於後之理耶？三一與四八各杖，基路仍歸徐姓管業。

（清）李之芳《棘聽草》卷六《讞詞・產業・分守道一件為抄劫大變事》 審得杜七十一之與杜明衍同惡相濟也，因賈正倫死，遂私拍其所佃之田，輒行耕種，且慶登場矣。不思物各有主，此田實係姜淵之業，既不認明於前，又不償租於後，而悠悠視之，等於無主，有是理乎？及淵歸而收其在田之穀九石，我有田疇，獲其遺穗，誰曰不可？復率衆肆奪，抑非情矣！今明衍雖死，合於杜七十一名下追租九石以還姜淵，與杜光岳、杜九十二、錢百三併杖允宜。

（清）李之芳《棘聽草》卷六《讞詞・產業・本府一件為激究匿佔事》

審得胡鳴鸞與胡國祚之父鳴鳳、仲懷、仲玉共兄弟四房，鳳獨在京開當，其妻施氏止生一女，娶妾周氏，生國祚、國裕二人。後鳴鳳物故，鳴鸞送嫂施氏先歸，携資置產，彼國裕兄弟雖在燕京，此中田疇自非他人所得有也。乃因施氏物故，鳴鸞、仲懷、仲玉三房均分管業，今國祚既歸，不即清還，是何心耶？前田追還，一杖不枉。

（清）李之芳《棘聽草》卷六《讞詞・產業・本府一件為夫討强搶事》

審得柳繼貴於上臘初八日盜砍柳伯瑞之木，雖山有木，工必度之，而非是人皆可伐也。望而濯濯，豈主人所願見哉？呈於衙復行肆砍，斧柯相尋，其存焉者寡矣。反以虚詞抵訴，狡健已極，杖猶爲寬，前木追給。

（清）李之芳《棘聽草》卷六《讞詞・產業・分守道奉撫院一件為亟勦叛抄事》 審得王叔美買張汝榮之田也，並不細察來歷，詢問有無寫明坵畝，而竟成交易。此其事鹵莽特甚，推其心則以張姓之膏腴密邇，契券入手，可以蠶食境上耳。夫汝榮雖側身黌序，實不爲士類所齒，且家業蕩盡，視骨肉如仇讎，人盡知之，顧安得有立錐之産，尺寸之土，可以供其契賣者乎？所謂前一契七石九斗者，雖將銀利併火腿算成百兩之數，實係其父張伯用之贍田。又一契寫田六石，得價六十兩，併田亦無之。雖汝榮巧於變幻蜃樓，不識叔美輒何以信説鬼夢也？乃指一紙未明之券，而東南其畝，不論是事盡可指爲應管之田，率衆搶割，一之未饜，甚且至再至三，强横之形，即本族保正王用登亦不能諱其爲搶，況當日武典史勘明呈報在案乎？此張星之所由控憲激鳴也。乃欲借太陽嶺打奪之説，以圖抵飾，誰其信之？總之，前後寫田二契，交易原未分明，不得以父之贍田、弟之别産妄指管業，遂其奸計。王叔美所付之價，以至原中朱用交未付火腿、銀兩，應着汝榮清楚以還叔美，汝榮虚幻已極，應杖示懲。朱用交、王叔志、王惟圓既係原中，何以授受不明，致啓此訟，相應併杖。叔美屢行肆搶，法所難寬，本應重擬，念藉口執契有因，姑從重杖示儆；至於所搶豆、穀等物，據供纍疊，實駭視聽，但亦難確定其實在數目，量從追給。助惡王尚彩、王尚拱、王尚持、王一鑑等均應併擬。

（清）李之芳《棘聽草》卷六《讞詞・産業・府送一件爲恩雪黑冤事》

審得陳仲儒親兄陳公已昔充僞總兵，於丙戌年持金二錠，向金漢縉指稱換銀助餉，不過借爲詐端耳。漢縉不得已出銀六十兩，並田二石。當是時，兵戈搶攘，幾無天日，其銀隨爲衆人分訖，今亦無從一一而究之。獨是前田二石，現爲仲儒耕種。夫此何等田也，而能踞之爲世業乎？況先已願退一石一斗，所餘九斗自應全還。仲儒不即爲汶陽之歸，而猶圖伯氏之稱穫，是何心哉，逢宥援免，田即給主。

（清）盧崇興《守禾日紀》卷四《讞語類・一件滅旨欺君等事》 審得：錢交等一班無賴，鑽充甲頭者也。查秀邑孤貧額載三百名，每名每年給銀三兩六錢，共銀一千八十兩。此朝廷軫恤無告之仁，亦衆孤貧藉以活命者也。乃錢交等托足卑田，雄稱丐長，恃刁欺衆，咨意侵吞。每年藉口公用、官司、酒食等項名色，除李知縣召募饑民五十八名，照數給足外，其餘二百四十二名，每名止給銀九錢二分。總而計之，十二年，錢交侵銀二百有六兩，馬環侵銀二十兩，又助仲乾銀一百二十兩；十三年，王定侵銀七十兩；十四年春、夏二季，吴成侵銀七十二兩。共計侵銀七百九十兩有奇。雖其中不無費用之數，然孤貧所需，豈容侵尅。姑念殘疾廢人，相應免罪，追贓給還衆丐，完日逐出境外，不許朦充甲頭，以清侵蝕之弊，以弘朝廷無外之仁。可也。

（清）盧崇興《守禾日紀》卷五《讞語類・王復旦一款》 看得：汪建業之詐王復旦也，以其爲吴氏之姻婭耳。吴氏敗而旦不敢自保矣，勒索多金，一時罔措。故現付二十兩之外，復勒寫百金之房券，以充其欲。雖房契供已吐還，然終不能泯當日勒寫之迹也。銀既未吐，照數追給。伏候憲裁。

（清）盧崇興《守禾日紀》卷五《讞語類・鄒彩一款》 看得：鄒彩乃蚩蚩樵竪，鬻薪以餬其口。偶因地滑，誤觸周三，一經建業，而遂視爲奇貨可居。於是縶之於家，勒其契券，三次共得銀十二兩，而後釋焉。馮三、王八復有米鵝之索，暴横所加，如拉枯朽，而彩竟刈於建業之滑手矣。屢鞫既明，坐以勒約取財之例，洵不爲枉。各得之贓，照數追給。伏候憲裁。

（清）李漁《資治新書初集》卷一〇《賊情・斬盜事》 莫秀明、胡秀寰俱鄉農也。因前月某日有客販牛投宿於李明宇家，茅房淺窄，門户不牢，當晚牛即斷繩逸出，莫知所之。適秀明往山挑水，見洞外有牛跡，洞深影黑，不敢入視，歸商於鄰居胡秀寰，執火入洞，牽出黄牸牛一隻。適李明宇追尋過此，即執爲賊。夫牛果爲二人所盜，則失於二十七，獲於初一，此四日之中或宰或賣，必當速去以滅跡，而猶盤桓於洞側，恐世無此雍容暇豫之偷兒也。且牛果被盜，牛客何不稟官緝捕，乃僅託主家尋訪，恐世又無此得喪不驚之失主也。總以二人謀尋失主，希圖獲賞，乃賞未獲而先獲盜名，不亦冤哉！相應釋放寧家，其牛着明宇領還原客。

（清）李漁《資治新書初集》卷一三《婚姻・姦騙撤拐事》 世之窮兇極惡，逆理悖倫，一刻不容于天地之間者，未有若文、盧春生、盧夏生之父子兄弟者也。文之弟質無子，立長房子孟生爲嗣。質彌留之日，見繼室韓氏少艾，慮其守節不終，以田一百零五畝，及魚池、果園、菜園等業，托胞兄文執掌收租，給韓氏自膳，俟應登承立之後，始自爲政。疑妻子而信手足，薄恩愛而厚天倫者，蓋以程嬰、杵臼視其兄，而爲千百年之嗣續計也。爲文甫者當如何盡心，以期不負所託？奈何弟棺甫蓋，而嗜念遂生，無日不以錢糧户役爲詞，而盗賣其腴産？千五百金之美業，不五年而銷鑠殆盡，更欲賣其棲巢，逼之改嫁。氏堅執不允，而一父兩子，遂輪班搆釁，與氏爲仇。一的而承三矢之射，皮鵠有不壞者乎？可憐弱婦所存，僅奄奄一息耳。文復矯制，以店屋三間典與侯四。侯四鐵匠也，煅煉錘擊之聲晝夜不息，加以火焰燭天，令人有咸陽不測之懼。料氏聒於耳而警於目，即欲安居而不能，阿奴火攻，誠上策哉！奈氏堅節自守，不以耳目易其心，祗哀懇四妻，求他徙以安弱息。四乃打鐵之人，宜其心隨手硬，乃竟爲貞烈所感，欲撤爐竈以遠冰霜，則氏之誠能動物，可概見矣。四欲返券於文，文父子不學豚魚而甘爲豺虎，必欲噬寡吞孤，置之死地而後快，則其心硬於鐵，手辣於錘，毒焰狂氛之熾於洪爐烈火，亦可概見矣。四欲返券於文而索其原值，文父子不從，且以惡聲相吠，謂四因其妻而私於氏，爲人所覺，故思遠禍；氏房中細軟，久爲所侵，欲除典價，以償所值。氏以冰清玉法之軀，而受此無因之謗，能甘心乎，且探知文父子私受聘金，以氏許某生員爲妾，令某稍需時日，俟其可遣即遣之。氏情極控縣，文不赴質，而越憲臺，職奉批拘訊，但問拐帶之有無，不審竊騙之虛實，以拐帶爲章明較著之事，有之不能諱爲無，猶無之不能飾爲有也。至竊騙則兩人陰事，臧獲不得而見，況門以外者乎？乃鄰族某某等，百口同聲，皆爲氏稱屈，謂不但無拐，亦且無姦，氏之素履可信也。唯干證俞君才稍有微詞，似袒於文而不直韓氏者。據氏哭訴云：縣詞之控，實欲保節存孤，不獨爲房産計。職初疑其誕妄，世未有婦不思嫁，而人能强之使嫁，且預擇其人以待者，乃密喚某生面訊。則云：受聘無其事，許嫁則有之，以媒人之口，謂出氏意故耳。詢媒人爲誰，則指階下一人以對，即袒於文甫，而不宜韓氏之俞君才也。職訊斷至此不覺鼓掌稱快，非審旁見側出之某生，則此婦戴盆之冤何由得白？匪石之節何自而彰？即文父子種種惡跡，亦從何處探其底里，而按以抑暴懲姦之法哉？韓氏至此遂叩頭流血，出其佩刀，謂於赴審之先，自料此冤必不能白，擬爲安金藏之剖心，不圖爲幸之至於斯也。盧文、盧春生、盧夏生，父子濟惡，蔑絶倫理，不得齒於人類，與無故議親之俞君才，分別杖治，各加痛懲。留其一綫餘生，不即斃諸杖下者，欲俟憲臺親審，而加懲創，始可痛快人心耳。盧文賣去田地，着變已産贖回，給氏母子管業。倘憲臺鑒其苦節給匾旌門，亦礪俗維風之盛舉也。

（清）李漁《資治新書初集》卷一四《產業・屠孤事》 審得已故鍾日新，乃王明我婿；而鍾一郎，則日新子也。考明我之素履，蓋人面豕行者耳。日新臨終之日，悵然於幼子之無依，以六尺之孤托之岳母，而不敢以百里之命寄之岳父者，正慮有今日賣田之事耳。智哉日新，昔聞知子莫若父，今且知翁莫若婿矣。日新以子寄養外家，以田若干畝詭密友方宏仁户下，詐言實盡無存，實非得已。乃爲明我探知，立索歸户，不三年而銷廢殆盡，竟成若婿先見之明。噫！彼異體之婿無論矣，亦嘗念及地下有亡女，人間有遺甥否也？此兒三月喪母，四齡失父，所恃爲衣食婚娶之資者，莫不於數畝磽田是賴；乃今盡委於雲烟，使他日無錐可卓，於心安乎？今查賣去之田，已成破甑而不可問矣，其典而未絶者尚居其半。着令變産贖回，仍交方宏仁代管，交租膳孤，以全友誼，以一郎成人後還之。杖明我，以爲負死辜生者戒。

（清）李漁《資治新書初集》卷一四《抄搶・燒劫事》 安潭、徐應時、金真、婁參，佃生員朱錫爵之田，多越一紀，次亦五載餘矣。自非恫願無虞，爵豈肯留積歲？突於三月十五夜，有燒倉搶稻之舉，蓋失火非放火也。據生員稱，倉房一間，東與安接椽共壁，竹户繩床，炊朝爨夕。譚之六子一婿，倚户而託居焉，豈其不自惜性命，而焚倉以自焚也！今所燒不止倉屋，並潭棲亦一半爲灰燼，則不戒而延燒自累，洞如日矣。火烈風發，環村而趨救者以爲奪之火中，各挈所有而去。雖一間儲穀無多，救火不知誰氏，潭與金真等休慼相關，宜力護之以還主物。乃掃拾剩餘，私爲己有，盛稱焦頭爛額之功，而盡掩其藏匿之罪，控之捕衙，生員理合不平。乃聳詞奔憲，安潭之不戒與其子安闢之刁誣，百喙不能辭其咎矣。乘機或可擬徒，藏匿終無證迹，王性等口口稱冤，終爲窩頓。且龐莊壩頭之人，救火之人現有賠償生員所失，以求自解免者。意外之虞，倉卒之際，紛如逐鹿，而獨責安潭，安潭等擬徒不服，號呼搶地也。自不小心延燒主屋，以致倉稍無存，俱薄杖不枉。安闢子代父叩，王惟淹禁垂危，量情均免。

（清）葉晟《求芻集・讞語・欺霸産業事》 審得：侯偉之告霸佔瑶地也，緣因當年杆子手賊鄧天王、張可明等奉院招安，開墾荒地。而侯偉之地遂爲鄧天王所佔，瑶叟爲張可明所踞，於今四十餘年矣。若果係熟地，當日胡爲不告，其不告於四十年之前，而告於四十季之後者，其爲荒地已無可疑。更因鄧天王、張可明原佔地之人死絶無後，展轉而人於李榮德、馬豹之手，心所不甘耳！以公道論之，地爲侯家故物，而李榮德白手承糧，坐享其業，於心得無不安？然當日承糧時既已無言，榮德有照可據，亦自難以斷回矣。惟馬豹所有之塭，雖云張可明與之，殊無憑據。且地可以荒、熟論，塭不可以荒熟論，令退還候偉管業，姑平其心，以斬此葛藤可也。

（清）黄六鴻《福惠全書》卷一二《刑名部・欺孤吞産事》 審得劉邦奏與徐氏之夫劉芳第，兄弟也。芳第没後，邦奏不能善視孤寡，既踞其地，又拆其房，致徐氏有欺孤吞産之訟。乃劉時遇欲利徐氏之産，而陰挑以起釁。邦奏不知自反，而遷怒於時遇，遂挽戚孟龍躍出掠義女之詞以告時遇，而圖報復。及細加鞫審，龍躍所失之義女名小春花，時遇所收之幼女名小秋貴，事皆在順治十七年。秋貴隨爲壯口劉萬思認云。龍躍今日猶思舊事翻新，指鹿爲馬，誠不足當明眼人一噱也。至邦奏占徐氏之地，拆徐氏之房，皆鑿鑿有據。邦奏自認退還，猶不失爲善補過者。斷令族長逐一點明，眼同交付，悉還徐氏掌管。仍限十日内取領，附卷以成鐵案。如再遲延觀望，三尺法不爲諸生廢也。其所退之業，或守或賣産，悉憑徐氏母子主張，時遇等仍不得再生覬覦，爲邦奏口實。劉邦奏姑罰銀五兩，助修文廟。劉時遇、孟龍躍各罰穀三石備賑。

（清）黄六鴻《福惠全書》卷一二《刑名部・霸産累糧事》 審得生員張行吉父張成祖所買地四十二畝，倏侯倏張，此業之爲朝秦暮楚者，非一日矣。成祖故後，侯洋侵遺産於行吉藐孤之時。行吉即返汶陽侯洋僨轅之日。今庭訊之下，如禎等猶執順治四年退約爲據。不知前撫憲之斷給，在順治十二年，前任張公彼時給有印照。其順治四年之退約久爲廢卷，顧何疑乎？獨加兆又供伊父侯洋，於康熙三年又控，前任金公斷還侯氏。查案卷無存，僅加兆出一張小拔退約，小拔者即行吉乳名也。行吉親供非其手筆。查行吉於順治十四年已列名，黌序安得此時尚書一乳名？且以青青子衿，數行退約猶倩人代筆。以洋之老姦能甘受乎，則此爲蘭亭贋迹又無疑矣。總之，衆口紛紛，自當以撫憲之斷給爲鐵案，速令加兆等還産於張。其節年錢糧，另同伊社里長清算。籽粒免追可也

（清）徐士林《徐公讞詞・守皖讞詞・曹炳如强賣洲柴案》 審得望邑告頂武生曹炳如率衆强賣林恒新洲柴，理之所無，竟爲事之所有，不料衣冠中有此檮杌也。恒新籍隸上元，販柴營生，與洲主曹姓交易，始於康熙六十一年，五載内葛藤多端，構訟有案，未載原詞，姑勿深論，止究控搶洲柴一節。查曹炳如等分立賣柴契紙與恒新，原載蘆課聽洲主自辦，而恒新執有元年印照，内載曹萬笈等將雍正丁未五年起，至壬子十年止，約柴七萬餘束，該價七百餘兩，以補生本，每束正價内，僅存九五兑行銀二厘，俟每年按數投交等語。揆厥由來，蓋以曹姓刁頑，恐得價抗課，爲買主爲累，故有此扣價完課之照也。林若抗課，曹有詞矣。然林即抗課，亦止應扣未交之柴，以抵未完之課，或稟官關提恒新完課，或稟官押令看柴之人賣柴完課。斷無不經官批，不謀林面，輒敢强賣林柴之理。况林不欠課，林所完之課更浮於曹姓所交之柴，曹復何説之辭？乃炳如於舊年夏秋間，藉恒新欠課爲名，率其子弟勢若狼虎，擅將恒新久經收貯之柴，拆賣一空，而看守之金亮公孑然一身，莫敢攖鋒，奔告恒新。控府發縣，及披閲縣詳，竟以契紙出名承拚之恒新，疑爲局外攬訟之人。開手便差，滿盤皆錯。

本府提犯親訊，查曹姓五年，交柴七千九百九十束，六年交柴八千一百九十六束，七年交柴九千零一十八束，三年共交柴二萬五千二百零四束。兩造所供數目無殊。依執照每束扣價二厘完課，恒新止應出市平九五銀五十兩四錢八厘，以完正課。今查恒新所執三年串票，共完銀四十八兩四錢六分五厘，以庫平紋色，並加一耗羨計之，其浮於應出市平九五銀五十兩四錢之數多多矣。曹姓欠課之説，望令欠課之斷，胡爲乎來？謂恒新詞内有額載蘆課二十二兩之語，據此對算，年年拖欠。不知曹姓各契，每年合計共應交柴萬有餘束，每束二厘完課，故有二十二兩之數。今每年交柴，只有七、八、九千束不等，是所交之柴，不符賣契之價；所完之課，已浮於交柴之數，恒新又焉肯照依原額，甘代曹姓虚納無柴之課？謂恒新七年止完課五兩三錢，不符所收柴數，而五、六兩年各有多完之課，曹未補林柴，即屬林納曹課，截長補短，尚有浮銀。曹姓何得忘前此之有餘，而責今此之不足？謂恒新借票影射，訊之各年催差，僉供恒新別無拚業。票内黄姓，係曹姓原業主户名，是恒新完課印票，鑿鑿可據。按柴算課，

又何能加恒新以抗欠之罪？林不欠曹課，曹擅賣林柴，師出無名，不攻自敗。詰訊至此，炳如老奸，不能不箝口結舌矣。至於賣柴確數，原無證據。今恒新堅供三年共收柴萬五千餘束。因水淺船貴，全堆在洲，盡被搶賣。但柴客營販，將本圖利，三年以來，水亦不淺，船亦不貴，斷無久堆荒洲，任其腐爛之理。二萬五千之説，固不足信，然而炳如等供認之數，更屬狡飾。縣差何兆手出曹炳如、曹沛霖、曹同皆賣契三紙，共一千一百三十束，此賣與何兆一人者耳。認少避多，不盡不實。狡稱水漂，五年以後，未聞泛漲之洪水。忽云火焚，縣審各供，並無失火之供詞。反復窮詰，炳如等始供拆賣一千一百干柴，上濕下爛，約計虚折五千束。又供上面霉柴，賣不得，裝回供爨等語。夫上濕下爛，既有五千，中心好柴，豈止一千一百餘束。如果爛五倍於干柴，則一望糞土，曹姓即愚，又豈肯擔强拆盗賣之虚名？況賣林姓之柴，完林姓之課，已屬託詞，而拆林姓之柴，供曹姓之爨，又執何名？即此供情，得柴已多，僅賣一千一百束之説，誰其信之！

曹炳如告頂武衿，瞻恃一線護符，介首强賣。武生曹沛霖並曹同皆附會立契，同拆同賣，兇暴强横，至此已極。本應按律究擬，姑念林曹交易尚有數年，暫從寬典。將曹同皆姑予重杖，並曹炳如、曹沛霖押回本縣。約除恒新自行裝運，並金亮公變賣完課，及濕爛折耗外，量斷柴一萬五千束，每束價銀二分，著落賣契有名之曹炳如，曹沛霖，曹同皆名下，限半月追完，給林恒新收領。曹炳如，曹沛霖從寬發落，倘敢抗違延緩，决不留此敗類，爲六皖士風之玷，立行詳革究處嚴追。曹同皆仍予枷示，其曹越兹等，因賣契無名，農忙摘釋。但同係拚主，必有夥賣瓜分情弊，聽曹炳如等攤算歸結。倘已飽囊橐，脱身事外，俟曹炳如等據實開報，一併究追。縣差何兆承催曹課，明知柴屬林姓，擅敢私買。曹姓借官差以壯瞻，何兆假催課以謀利，黨惡生事，亦屬不法，現在患病，保押治痊發落。再查恒新稟稱，縣差韓愷私收課銀三兩五錢九分，並無收字呈驗。但訊據韓愷供認，六年十二月二十七日，收過課銀三兩一錢，於十九日分作兩票交納，忘記取票。夫代人完課，豈有忘記取票之理？且縣申五年草册，簽貼曹特奇、曹通、曹公會等三號，共三兩五錢。收書龍尚文呈縣稟帖，開列曹特奇、黄敬伯等兩票，又止二兩五錢零，與韓愷所供兩票三兩一錢之數，絶不相合。況恒新呈驗紅票，現有六年十二月十九日，曹特奇完銀二兩三分五厘，恰與草册相對。韓愷既未取票，恒新何由得票？是十二月十九日所完曹特奇等各課，並非此項銀兩。牽扯抵飾，情弊顯然。韓愷杖儆，仍行縣確查追報。恒新又稟稱縣差劉逢私收課銀七兩七錢七分，呈驗收借兩券。訊據劉逢供稱，代完曹萬貴、曹寵、曹迴等五年課銀，又完黄必林、黄發甲、黄發解、曹特奇等六年課銀，俱係七年八月二十一日完納。當時紅票給與金亮公。因本官給有諭單，遂未掣銷收字。查劉逢七年八月二十日收字内載，收七年正課銀四兩七錢五分，券尾載又收一票，册名曹寵正課銀九錢七分。七年八月二十三日，借字内載，借到林名下六年正課銀二兩零五分。七年六月十六日，完納册名曹萬貴，因林客不應代完，只得寫立借約，交票與曹萬貴取收此銀，以還林客等語。查閲恒新呈驗紅票内，現有七年六月十六日曹萬貴完銀二兩五分一票，又有八月二十一日曹寵完銀九錢七分一票，其所完黄發解等各課銀，册、票俱同。既執票以爲完課之據，何又持券以爲騙課之證？況前縣當日硃諭，今年批稟，確鑿可據。恒新明挾鎖拿亮公之隙，捏詞添告，刁訟肺腑，又被本府冷眼覷破矣。劉逢免議，收字塗銷。嗣後林恒新應收柴利，仍照舊議，如數交收。曹姓再敢生事，稟官拿究。其五、六、七三年多交課銀，應著落曹姓衆户，歸還恒新。但目今係照柴算課，五、六、七三年曹姓交柴未楚，所欠之柴，應分年帶補。恒新應完課銀，仍照每束二厘，前後清算。其恒新柴價，有無不清之處，同原經手人一並結算，均勿昧心混賴。恒新夥計劉正儀將柴押當吴一沛，胡元、陳志鏞銀兩，柴被曹賣産，候追完柴價，著林恒新照清還，掣銷當券，發讞行縣行學，並貼照墻，以示悖謬無理、强横不法之子衿。

（清）徐士林《徐公讞詞·守皖讞詞·韋讓三盗賣弟田案》 審得太民周健一、韋讓三，皆鬼蜮也。雍正六年正月内，健一開店，託讓三借貸，朋爲資本。讓三即以幼弟韋合、韋四田五斗，盗賣於王宅章，得價二十兩。以十兩給健一，質以園地。王受韋契，韋受周契，皆正月十八日也。是盗賣弟田，雖讓三爲主，而健一實與其謀矣。詎意始而狼狽爲姦，繼而翻復其行。健一於正月十八日質地於讓三，即於二月二十二日，復賣地於宋倍九。前之質地，宋不知；後之賣地，韋亦不知也。宋倍九受業之後，築室而居，讓三曾未過問。或以質地之契，內載二年不贖，方許上莊管業，故二年內不作恒産計耳。迨七年間，王姓以霸租控韋。八年春，韋合又以盜賣控兄。經縣查訊，讓三供明健一質地情由。又稱周家將地轉賣。而健一混稱此地現在，並未轉賣。藏頭露尾，一派模糊。李參令並未究明，竟將此地斷給韋合、韋四，以抵其田。而倍九三十三兩價置之産，竟歸烏有矣。倍九控縣，縣不查問，止據韋合踞占一詞，差押遷屋，以致倍九求地不得，求價亦不得。理無事有之控，何怪其然？

本府提核卷契，臨縣傳訊，各供如繪。獨健一狡稱正月賣地於宋，二月即持銀十兩，向讓三取贖。答以失契，收銀措贖等語。夫健一如果持銀贖地，既未見契，烏肯給銀？即果失契，何難另立吐退？且收銀措贖，焉肯延至二載，竟不具控？而縣審之日，又因何無一字供及？假捏無據之謊詞，掩飾重賣之罪戾。喪心狡賴，將誰欺乎！讓三盜賣弟産，又復盜找八兩，無情已極。第查韋合稟府一詞，痛罵獸兄，閱其字跡，與讓三稟詞，實出一手。非弟獸兄，乃兄自獸耳。然則前日之弟告兄訴，又焉知非串成一氣，爲霸租索找起見乎？

周健一重賣騙價，致起釁端，重責三十板以儆。韋讓三已經縣責，免其重科。王宅章誤買韋田，縣既審不知情，又經物故，毋庸議。宋倍九雖買地在後，但不知韋姓質當情由。價重契絶，又經造屋，現將園地斷給宋倍九管業。仍著宋倍九找出銀十兩，繳縣收貯，代健一償還韋價，塗銷原契。著落讓三名下再追出銀十八兩，並縣斷韋合領云王姓找價八兩，傳王宅章之子介眉，一併收領，贖出讓三盜賣田五斗，仍歸韋合、韋四管業。嗣後健一再不得向倍九索找。倍九找出之銀，亦不得入周、韋二姓之手，致令花銷。縣差王康、畢衆，承票押遷，原奉官差，所告詐贓之處，審不承認。保正周又亦稱並未見錢，免其審求。再查宋倍九買契，係二月二十二日，改二作正，墨痕深淺，一望了然。窺其意，不過欲與讓三爭先後耳。獨不知月即可改，而日不可改，二十二日，不仍在十八日之後乎？作僞日拙，此之謂世矣。但倍九蠢爾農夫，不能操管。甘二陶，青衿也，至戚作證，祖供正月立契，捉刀作弊，舍爾其誰哉？罰銀四兩修學，以儆其詐。餘俱逐釋。立案行縣。

（清）徐士林《徐公讞詞·守皖讞詞·張言萬含萬占弟婦租穀案》

審得張言萬、張含萬，雖居國學，皆無人倫者也。緣言萬季弟張眉，娶妻江氏，僅育三女，置有莊田六處，病危之日，憑户尊序立言萬次子永彪爲嗣。斯時言萬視六莊爲幾上肉，不意張眉視三女爲掌上珍，遂將莊田三處，分撥與女。詎知大拂言萬之欲，且亦甚非含萬之心，遺囑内均託故不押，兩人老謀誠狡矣。及眉没後，未及半載，言萬即將永彪唤回，去年八月，又將江氏小吴莊租穀虎踞，含萬亦乘機將江氏石草冲莊稻鯨吞，致江氏情極控縣。含萬恃監咆哮，言萬抗不質審。當經署縣詳請，本府親提。而言萬輒敢鑽營過客，袖詞説情。未遂其謀，復串房作弊，希圖蒙混。庭訊之下，諸奸畢露。

雖據言萬、含萬各供江氏原有應還伊等之債，但誼關手足，即有負欠，亦當痛伊弟之淪亡，憫阿江之節操，方將周恤之不暇，何忍追呼之孔亟？甚至恃强搶稻，大肆欺凌，捏稱逐繼，誣及家奴，與孤寡弟婦靦顔對質，無耻無良，至此已極。衣冠中寧有是類乎？而含萬所稱石草冲田，抵還伊債之處，更屬喪心。在他人借貸，尚不應準折莊田，豈兄弟通融，乃反可强踞産業？自揣理虧，狡稱以此莊爲祭田，詡詡以仗義自鳴。天下有不仁於同體，而反杖義於族姓者乎？藉端霸佔，遁詞知其所窮矣。

張管音等雖無毆嫿實據，而倚父逞强，事所必有，本應概繩以法，姑全其骨肉之誼，均行寬免，予以自新。但伊等家務，固應使其敦睦，而言萬之虺蠍爲心，鬼蜮其行，鑽謀舞弊，玩法欺官，難以輕縱，念已俯首無詞，自願認罰，免其革究，從寬罰令自備工料，修理府學崇聖祠，以儆奸狡。江氏所有之産，悉照遺囑議單管業。張永彪仍歸江氏爲子，毋得聽唆忤逆。其江氏有無應償言萬、含萬之債，著户尊張卧南、張克家等秉公清算，即將强收之稻抵還，不足則陸續清楚，有餘則歸還江氏。至張眉别有負欠，户尊議賣大樹莊抵杜，但永彪既爲眉子，父債子還，應聽其自便。今而後，伯媳嬸侄，言歸於好，慎勿再起争端，操戈同室，不然，無論張眉有知，傷心泉下，即起乃父於九原而問之，當亦痕恨此不肖子矣。除將舞弊經承責革外，江禹若訊非主唆，張快等審無嚇詐，應與尹魁等均行逐釋免議，録供備案。

（清）蒯德模《吴中判牘》　陸金祐虎而冠者也，曾以捐職任長興縣典史。其子陸仁甫爲高子美之壻，子美死，適值兵亂，竊其分書契券以逃驥，住新豐客棧十八號房間，於七月十八日被竊衣服。該棧主張子如迄未追出原贓，尚敢推諉。茶房丁元和有看守房間之責，無論是否該茶房所竊，應予押追。勒限該棧主張子如於五日內，交出原贓，如違嚴究，姑准取的保。丁元和收拘留所，候交出原贓，再行發落。此判。

（清）趙幼班《歷任判牘彙記》卷二《判李介五等堂詞》　訊得此項田畝，兩造均稱祖業，皆無確憑。據李介五執有道光十四年並二十七年白契兩張。既有是據，何不早爲清理。雖據稱出外遠貿，何至數十年始行理論。其中，顯係自誤。查張兆玉所呈糧串户名，亦係夾雜，且有短少，無可質實，其中糾葛顯然。兵燹後，各花户開荒，成熟之時，以無人顧問，順便多開，日久爲己業，勢所必然。張兆玉係張禮明之子，年將七十，必知底蘊。即據李介五所呈李序樂堂租簿內載，張禮明、禮亮，肇魁、肇銀，華老四等五户，共田十四畝六分，責成張兆玉具限二十天，會同該鄉董等，將李姓之田如數清出，不計荒熟，退交李介五執業。此外。不與該民干涉。至客民徐萬德係佃户，應不牽連。候張、李分清，再行認主可也。限狀附卷。此判。

（清）趙幼班《歷任判牘彙記》卷三《判王福奎等堂詞》　訊得金小二即金長林與救生互爭基地一案。查係同治十三年分，經其祖父金元福割賣與救生局。橫寬九丈，直長三丈八尺。詳閱契照，載明四至，豈容任意侵佔。查楊吉昌等四户原租金，小二基地，各三間，搭蓋浮房，內中各佔救生局基地一間。諭令甲長王福奎，地甲劉洪於午節前，督同各拆一間，讓還救生局。其餘陳公益、許真華、高大金等三户，均在救生局界內。即飭一併傳諭如限拆讓，毋再抗阻。至各户押租交涉，着金小二自行理直。一俟拆讓清楚，再行復訊完案。楊吉昌、高芳錦飭具限狀。金小二等三名，仍交保。此判。

（清）孫鼎烈《四西齋决事》卷五《太平治牘·批·江祖淹等批》

前據江孔氏呈，以夫故無子，僅遺住屋一間，出典金姓，典價洋五十四元，留三十四元作養老之貲，以二十元及此屋一併撥入宗祠，爲氏夫墳阡之用，並將氏故夫及氏故後木主附祀祠內等情，當經批准，並着檢入公議據，呈核在案。是典屋雖已捐公，而孔氏尚在此屋，實賣與否，仍應聽孔氏自主。續據該氏呈稱，有人欲將此屋盜賣。兹爾等復稱公議實賣邱姓，城，復改立産陸合珠棧報官收租。子美之母高江氏尚在，控其霸佔。金祐乃訴稱高氏之産無多，均經押出，由伊贖回，其餘則皆己産也。呈出子美分書田數爲據，細加比對，田數原分書果多，字圩坵號亦有不符，礙難定斷。而心終疑金祐非正人，乃傳各催甲細鞫問田數何以多出。曰：子美之弟高履墀出嗣他房，其原分之田半讓於子美，故田數較原分書多出也。問字圩坵號何以不符，曰：高履墀因執業不便，將其原分之田與子美調換，故字圩坵號又與原分書不符也。余詰金祐曰：此爾之所以籍此生心，希圖牽賴也。金祐語阻，供田誠高産，由我措銀贖回。問當主爲誰，曰金偉生。問贖價若干，曰八百兩。乃傳金偉生對質，則價止三百兩，仍是子美之妻高陸氏兑交也。乃將金祐褫革，而以田歸高氏。

（清）趙幼班《歷任判牘彙記》卷一《判周嚴氏等堂詞》　周來瑞之父周國榮，在日合開涌泉池浴堂。原有兩股，於光緒二十四年分劈，當一股與張廣培，計洋七十五元，立有當據。迨國榮病故，來瑞尚在髫年，難理家事。其母嚴氏與張廣培遂成暖昧之事，將家産店務一應付託。豈知張廣培居心頗測，日久竟據爲己有。周來瑞家境蕭條，故一再尋釁，撲瞎張廣培一眼，本屬兇橫，例應究治。而張廣培欺騙孤寡，尤屬奸險，自應嚴懲以儆刁風。今張廣培即自知前愆，一再乞恩，姑念人已殘廢，准予從寬免議。斷令張廣培退還浴堂原股，仍歸周來瑞執業。並飭周來瑞交出原當龍洋七十五元，具限繳案飭領，以清糾葛。至房屋地基，現已開築馬路作爲官地，應免究追。此後各安生業，毋再釁致干重究。周來瑞開鐐交差，候繳洋再釋。飭先具結完案。張廣培堂呈各據暫存，候領繳清楚，再行分別發還。此判。

（清）趙幼班《歷任判牘彙記》卷一《判蔣志淵等堂詞》　梁子高所開之店，係收買古銅玩器，非小押鋪也。蔣志淵既知其子不肖，應早爲嚴防。既是祖遺要物，應妥爲收貯，何可聽其自由。現在，據梁子高稱係出賣，蔣志淵説是暫押。且梁已轉售汪處。蔣意並不求善價而沽，則是萬不可不取回之物。只好飭梁索回，其費用一切歸蔣承認。不然，梁開收買之店，恐他人傚尤，則店面不可開矣。兩造暫回去，候梁子高將原件取回，再行核斷。此判。

（清）趙幼班《歷任判牘彙記》卷二《判張子如等堂詞》　測繪生王

得價洋一百四十元，足見實賣一節，孔氏既未預聞，而亦大非所原。賣屋存錢，易生侵佔之弊，爾等意欲何爲？着不准行。倘再覬覦串賣，以盜賣論。勒追契價給江孔氏收領，屋仍充公，並究治盜賣之罪。懔切。

（清）熊賓《三邑治略》卷四《堂判利川縣任内·訊廖邱氏一案》 此案廖邱氏養膳田地經伊子廖昌達私自背賣於鄧田龍，全憑嚴德玉、任中和二人做成，實係可惡，業已分别責懲。據廖昌達供稱，田價均係洋煙等物作抵，并無實錢。質之鄧田龍供稱，代還賬項，並取當價合計有四百餘串。其餘均係利息，合共扣算，計價五百四十串文，斷令鄧田龍仍照本錢扣算，讓去一百四十串，净歸四百串，將此業退還廖邱氏，作爲養膳。當堂書立期票，約據暫存署内，届期繳錢，着鄧田龍赴縣親領，廖邱氏亦親自將約據領去管業。至廖邱氏先取佃户穀子，再斷錢十二串，交三家分得。廖昌達不安本分一併責懲。此後伊母大坪之業，及爾經分譚家塝爾兄所分喻家溝各業，均不准爾擅行當賣，各具結完案。嗣後鄧田龍再有紅約字據，與爾轇轕，查出作爲破紙無用。至張昌達押租，仍歸廖邱氏付給。此諭。

（清）熊賓《三邑治略》卷四《堂判利川縣任内·訊徐華霖一案》 此案徐華霖欠白玉堂錢一百串文，當堂呈出借字屬實，外欠三年半利息未給，照每年二十串算，約有利錢七十二串文。而徐華霖佃户，又欠徐華霖租稞九石六斗。佃户鄺基才等，係白玉堂所薦，因徐華霖不給白玉堂之錢，故鄺基才亦不給徐華霖之稞，以致彼此轇轕，分别不清。斷令各清各款，徐華霖欠白玉堂之錢，三年半未有歸利，着讓去半年，净歸本利錢一百六十串文。鄺基才所欠徐華霖之稞，九石六斗，爲數不多，仍如數歸清。徐華霖當堂書立限期票據，俟繳到時，再將借字退還。鄺基才亦當堂書立清稞退莊限字附卷，各具結完案。此諭。

（清）熊賓《三邑治略》卷四《堂判利川縣任内·訊羅志年一案》 此案羅郭氏與周先福因田地起釁，氣忿瘋癲，遂由忠路行至東鄉朱砂屯，落水身死。當經驗明，身有捆紮傷痕。查例載瘋癲之人，本應鎖紮捆收，免至在外生事。而羅郭氏瘋癲後，復行一百餘里落水身死，應照瘋癲自盡例，與人无尤。惟周先福從前讓過羅郭氏之業，不應取回。斷令周先福仍將原業退還，交於羅志年等收執，外給羅郭氏齋薦錢四十串文，當堂書立期票，並交於羅志年等之手，各具結完案。此諭。

（清）熊賓《三邑治略》卷五《堂判東湖縣任内·訊萬福安一案》 訊明永順益欠楊明甫錢一百串文，已收過五十五串，下餘四十五串。據萬福安供，范才裕經手，收有現錢十八串六百文，外本票六十四張，均被楊明甫挑去。訊詰范才裕，當時在所堂街共有幾人，供稱只伊一人。爾范才裕連挑錢兩人，保以竟讓伊挑去，緘口不言。且爾范才裕與楊明甫係郎舅至戚，顯係通同作弊。除已收外，下餘三十七串文百文，仰范才裕速將本票三十七串退還，並還現錢六百文，暫交的保。如不還出，即行押追。此諭。

（清）熊賓《三邑治略》卷五《堂判東湖縣任内·訊趙海孝一案》 訊明南壇餘地，本係官基，該地保固不應侵吞，而趙海孝亦不應掯佔。惟據地保供稱，每年只收四串八百文，以作辦祭小費。而該處住居小户數家，藏垢納污，多容壞人，大與警察有礙，候務文移知警察局，將此地丈量清楚，砮立界址，飭令各小户一律搬遷，留作日後搭蓋菜場之用。至辦祭費四串八百文，亦由警察局照舊賞給地保可也。此諭。

（清）熊賓《三邑治略》卷五《堂判東湖縣任内·訊羅廣源一案》 訊明羅宏進與羅星階係胞兄弟，緣父在日，産業已經均分，惟養膳産業在公。於二十年，羅星階又過繼他房，其有公房一所，經羅宏進先歸一半於陶天香，計價二百四十串文，外修理錢二十八串五百二十八文。迨後羅星階又將一半佃於陶天香，又復轉當陳姓，據稱得錢二百串文。爾羅星階係出繼之子，本不應再歸此屋，姑念爾弟兄均屬羅曉嵐之子，從寬免究。斷令各將歸價備齊，將此屋贖回，另佃他人。所收房租永作羅曉嵐春秋祭掃，各具結完案。此諭。

（清）熊賓《三邑治略》卷五《堂判東湖縣任内·訊楊順情一案》 訊明楊順情之祖楊天富於同治十年將楊家蓬屋，及柏子灣田地，歸於李可槐。迨光緒二十四年，楊順情又將柏子灣田地歸於李乾亭，係一田兩歸，本有不是。斷令楊順情將此田賣出，退還兩姓歸價了事。復據李萬鍾供，有光緒十八年遺囑養膳錢八百串，交李可柱掌管，既無李可柱領字，且李可椿丙申年去世，李可槐辛丑年去世，以前均在，如有養膳，無歸旁人掌放之理。況從前亦未呈控，顯係子虛，礙難照斷。楊順情歸價一節，先行具結贖取可也。此諭。

（清）熊賓《三邑治略》卷六《堂判天門縣任内·訊楊滿堂一案》　查訊楊滿堂買李世功之田，計價九十六串文，比時言明，兑還當價五十九串，田仍歸李世功種。因楊滿堂當價未撥，以致李世功霸莊不退。楊滿堂遂將下餘現錢，亦不找付。在李世功貪圖稞種此田，是以不稟明其父，私自減價出賣。而楊滿堂買田到手，即令伊搬家退莊，以致彼此滋鬧，均有非是。細核楊滿堂所執李世功親筆賣約，與收錢字據，其收條四張，兄字系列偏旁，約内則一直寫下。收條錢字世字，均係草寫，約内則係正寫。收條滿字廿頭分開，約内則係合寫，種種不同。又訊結現錢憑何人所交？供稱係同劉文卿在場。質之劉文卿，供稱交錢並未在面。且查三十年四月楊滿堂初云，先付錢四十六串，又付錢十八串。而核驗字據，先付四十八串，後只付十四串。自相矛盾，辨無可辨。斷令當價五十九串，由楊滿堂撥付，並將現錢交清。另外補付伊父李成文錢四十串，即速搬家下莊，以清轇轕，各具結完案。此諭。

（清）熊賓《三邑治略》卷六《堂判天門縣任内·訊楊錫鳳一案》　查訊楊錫鳳買劉子清房屋一所，計價六百三十串。而劉東生出頭呈控，據稱伊父劉柏如曾借身父錢六十串，係同治十一年所借，本利未還等語。但爾父先日借錢，何以不及早索要？亦不具控？及賣房之日，又不向中人言明，硬將房屋拆毁，殊屬無理。本不能斷錢歸還，姑念爾與劉子清係近房同族，仰買主楊錫鳳再加錢二十串，代劉子清撥還此項，所有門扇板壁，飭令原差同保甲紳首，一併還原。如劉東生還抗不遵，即由保甲局紳首另稟傳究不貸，各具結完案。此諭。

（清）倪望重《諸暨諭民紀要》卷三《正堂倪二任·袁秉海等控袁高豐等串賣祖田理陰被兇毆由》　堂諭，訊得袁秉海等控袁高豐等串賣祖田理阻被兇毆一案，緣袁秉海等以土名過水三畝計田壹畝四分，又土名橫坂計田壹畝三分，均係其祖曰性祀田，被袁高豐盗賣，經伊出爲理阻，尤敢妄逞兇蠻。袁高豐則以過水三畝之田，當其父朝義與伯父聖佐在日，曾賣與祝邦友爲業，而橫坂田畝係伊承分之産，自賣無妨。彼此各執一詞，因而懷忿滋争，互相呈控。茲集庭訊，查士名過水三畝袁曰性所立分單，有留作生膳死葬之語。當時曾讓與信龍管種，迨道光十六年間，袁聖佐兄弟照價贖回。據袁高豐供稱，是項佃田旋即出賣於祝邦友，所得價錢除還押價外，悉歸公用。核其原委，在在相符，宜乎袁秉海粘呈贖回原押票，亦自註明廢票也。若橫坂佃田，袁高豐已産己賣，袁秉海等何得混争？惟袁良松唆使袁高豐逞蠻，致將從侄袁金榮毆傷。袁金榮又挾受毆之嫌，糾搬袁高豐什物，不無毁失，且係袁良松買田起釁，從寬斷罰洋銀捌元，以五元作賠袁高豐什物，以三元給與袁金榮醫資，限於本月十八日繳候，分別給領。押田廢票暨分單各壹紙，仍着袁秉海領還，各取甘結完案。此諭。

（清）吴光耀《秀山公牘》卷一《詳稟·稟川東道酉陽州訊結戴鄒氏告妹夫楊作霖謀吞家産案》　光緒二十八年正月二十五日，據卑縣寡婦戴鄒氏以糾毆毁擄等情具控楊光映等一案，准理唤訊。因楊光映供多不實，故令將伊父所吞田房約據邀憑團隣戚族清出，並趕鄔屏周、黄映堂到案覆訊。楊光映供，鄔屏周病故，卑職勒差再傳鄔屏周，黄映堂旋投審前來。集證研訊。戴鄒氏、楊光映均籍隸卑縣，戴鄒氏之夫戴玉榮自幼過繼戴徐氏之夫戴緒武爲子。戴緒武由綏寧右營額外從軍江南，歷保建昌營游擊陣亡。戴玉榮隨苦多年，承襲雲騎尉世職。戴徐氏生女嫁楊作霖，生子楊光映。同治年間，戴玉榮由世職歸省，標委署南溪隆昌等汛迎母接眷，戴徐氏溺愛其女，不肯同去，令戴鄒氏攜子前往。楊光映之父楊作霖因戴玉榮遠宦，又係過繼之子，即起覬覦之心，將戴緒武財産概行吞盡，如雲屏寨田約值錢四百串。戴玉榮赴省收標，因乏盤費，當黄映堂得錢二百二十串。黄映堂欠有楊作霖帳項，楊作霖令黄映堂將此田作還買迓架場街房一間，值錢百餘串。楊作霖欺戴徐氏不識字，將伊名立契西門口田，值錢三百餘串，楊作霖稱戴徐氏送伊耕食，當吴家寨田，云錢二百四十串，襪子田去錢七十串。楊作霖賄通當主，作爲贖回，另用伊名立當據，又籠戴徐氏同居。尤便透漏家財。光緒八年二月間，乘戴徐氏臨終昏危之際，楊作霖將銅羅田值錢三百餘串，串通鄔屏周造遺屬，將此田作伊妻嫁奩，並持戴徐氏手指搨墨印箕斗。戴徐氏隨即病故，楊作霖並不信，趕戴玉榮回家治喪，亦不通知。其後戴玉榮探知母故，奔喪始知家財全被楊作霖透漏，因在服又無力涉訟。且當差正有調劑，是以在縣存案，倉卒赴省。十七年，戴鄒氏夫故回籍，自向楊作霖理問。楊作霖始終以戴姓家財燒毁無存，田業經戴徐氏賣錢花用爲詞，並稱作爲伊妻嫁奩之銅羅田，伊已照價出錢，作葬祭戴徐氏之費。戴鄒氏心懷不甘控。卑前縣主令壽松准理。楊作霖刁狡非常，以致官經數任，案延多年莫結，楊作霖後亦病故。卑職任内，據戴鄒氏續控楊光映前來，當經准理，覆集人證，訊悉前情無異。楊光映之父如無謀産情事，何以戴徐氏病故，並不將戴玉榮寄信趕回？又不寄信通知，擅自變賣戴姓産業，其産業展轉仍歸楊作霖所有，謀吞之情已屬顯然。至稱家財焚盡，田業賣盡，戴徐氏孑然一身，每年息錢儘足敷用，何致賣業？亦無如此湊巧之事。且楊作霖前詞稱係戴徐氏佃房住坐，並未同居，蓋欲掩其自賣、自用謀吞之迹。楊光映詞稱載徐氏些有田業，戴玉榮當卷外出伊父，因戴徐氏年老悟憒，接其同居，生事葬祭均盡以禮等語，可見作霖賣作葬祭之産，仍由作霖葬祭開銷。如果情真事實，豈有父子呈詞各執一説，又戴徐氏承繼有子，何得由女壻葬祭？即葬祭，何得由女壻作主賣産？其謀吞之事不辯自明。楊光映初供鄔屏周已故，見在何又到案？顯見情虚、畏質，經卑職逐層駁詰，楊光映詞盡理窮，無可置辦，衆證供亦確鑿，是以斷令楊光映將銅羅丘之田且作嫁奩，勿庸退還。其家具、銀錢等物，既無憑追究，惟雲屏寨西門口吴家寨等處田房，逐一如數退還戴鄒氏承領管業，以免纏訟。楊光映父子謀吞産業，歷年租穀亦不追究，且經卑職再三將楊光映當堂開導，鄉隣公評，均以爾父不過一兩百金家財，便得爾外祖母之力以致發家萬金，而爾外家日益零替，爾外祖父及爾舅父喪棺均旅殯在外，無力歸葬。爾舅母及其子女窮苦無依，至絶日食。以人情而論，楊光映尚當格外周卹，以報外家之德，以蓋爾父之愆。況爾恃財糾衆、折毁舅母所居之屋，且有毆辱情事，當堂業已供認，均從寬不與追究，何得全無天良，輒稱盜用此錢涉訟，以累爾舅母戴鄒氏窮苦之人？假令爾當初糾衆行凶之時，誤傷人命、釀成巨案追悔何及？用爾恃財拖累爾舅母，爾舅母又豈甘心？將來恐别生事端，更不合算。卑職爲兩造委曲開導，幾至舌敝脣焦。楊光映旋遵旋翻，顯係恃財便訟拖累窮苦，無告之舅母戴鄒氏難保不砌詞上控，楊光映如赴憲轅揑控，應請嚴加申斥，立案不行，以杜刁健之風。理合禀請憲臺核示。祇遵此案幸已結，煞費處置，詳叙卷三詞批。

雜録

（漢）應劭《風俗通義・佚文・獄法》　臨淮有一人，持一匹縑到市賣之，道遇雨而披戴，後人求共庇蔭，因與一頭之地；雨霽，當别，因共争鬬，各云：我縑。詣府自言，太守丞相薛宣劾實，兩人莫肯首服，宣曰：縑直數百錢耳，何足紛紛，自致縣。呼騎吏中斷縑，各與半；使追聽之。後人曰：受恩。前撮之。縑主稱寃不已。宣曰：然，固知當爾也。因結責之，具服，俾悉還本主。

（宋）李昉《太平廣記》卷三《神仙・漢武帝》　帝塚中先有一玉箱，一玉杖，此是西胡康渠王所獻。帝甚愛之，故入梓宫中。其後四年，有人於扶風市中買得此二物。帝時左右侍人，有識此物，是先帝所珍玩者。因認以告，有司詰之。買者乃商人也，從關外來，宿鄘市。其日，見一人於北車巷中，賣此二物，青布三十匹，錢九萬。即售交度，實不知賣箱杖主姓名。事實如此，有司以聞，商人放還。詔以二物付太廟。

（宋）李昉《太平廣記》卷一一《精察・裴子雲》　衛州新鄉縣令裴子雲好奇策，部人王敬戍邊，留牸牛六頭於舅李進處。養五年，産犢三十頭。例十貫已上。敬還索牛，兩頭已死，只還四頭老牛，餘並非汝牛生，總不肯還。敬忿之，經縣陳牒，子雲令送敬府獄禁。教追盗牛賊李進，進惶怖至縣。叱之曰：賊引汝同盗牛三十頭，藏於汝家，唤賊共對。乃以布衫籠敬頭，立南墻下。進急，乃吐款云三十頭牛，總是外甥牸牛所生，實非盗得。雲遣去布衫，進見是敬曰：此是外甥也。雲曰：若是，即還他牛。進默然。雲曰：五年養牛辛苦，與數頭，餘並與敬。

（宋）洪邁《夷堅志丁》卷五《師逸來生債》　建陽醫僧師逸，好負債。嘗從縣吏劉和借錢十千，累取不肯償。劉憤曰：放爾來生債。自是絶口不言。後五歲，逸死。又二歲，劉之母夢其來，如平常，俯而言曰，昔欠録公錢十貫，今日謹奉還。遂去。母覺而告劉：此何祥也？拂旦，田僕來報：昨夕三更，白牸生犢。

（宋）洪邁《夷堅志丁》卷五《張一償債》　建陽鄉民張一，貸熊四郎錢兩千，子本倍之，經年不肯償。熊督索倦矣，好與言曰：無復較息，但求本錢，可乎？張愧謝，稍以與之，竟負元數八百，熊亦不復取。三年而張卒，卒之四年，熊夢張以八百錢來償，置地上，皆小錢。留與坐，啜茶乃去。覺而與妻説，方竟，一僕扣門曰：牛生犢甚大，急欲酒作福。熊喜甚。僅再旬，犢不疾輒死。鄰屠來就買，熊需兩千，屠笑曰：是有何所直？剥而盡貨，豈不及此數。但有鬻牛之名，當先以酒及杯羹啖里正，又以餉四鄰，乃取其贏。今唯有八百錢，幸見付，否則已耳。解腰間囊擲於地，正張生夢中所償處，儼然小錢也。熊方悟前事，亟與之。

（宋）洪邁《夷堅志補》卷七《齊生冒占田》　德興齊村，皆齊氏雜居，武義君之子以豪彊擅鄉曲，凡他人田疇或與接畛者，必以計傾奪，資産益饒。嘗置地數畝種竹，歷年久，根鞭延蔓于民田。慮其爲禾稼之害，開渠斷之。齊生好諭之曰：吾細校種竹之利，既省灌溉耕耨，而所獲息，視田不侔。何如聽其自如，是於我無所損也，民信之。經數歲，遂削平耕塹，繚以篠牆，民不復可作主，乃訴於縣。縣逮齊對，齊曰：吾自地，彼自田，地有竹，田有禾，等色各殊，何詞之有辨。吏雖知其然，而受賕畏勢，特具决。俄而齊死，其子終訟不置。一日，忽遣客諭民，願解仇釋憾，盡以所侵歸之，此外或典或賣，或以債准，凡十數端，皆呼元主退故券還之。知識間聞者無不嘆訝，曰：不謂齊氏子，一旦翻然改行，此何理也？未幾，又命僧修水陸供，備其槩於心詞中云：某日之夜，夢亡父形軀骨立，桎梏枷械，泣告之曰：我坐竹林之訟，因繫陰獄，冥司歷舉生時抑勒交易文字不明者甚衆，當受無量劫苦，何由得脱！向來元不知幽冥中此罪最重，有人教我云：急須令子弟盡從實改正，各復其初，而召僧作大緣事，誦佛經，燒尊勝幡，化紙錢，差可少贖。汝輩勿違吾言，仍曰：憑藉功德，遂寬獄禍，猶拘管隨司，未即信緣托生也。其後又夢視以爲戒，若親戚集會，但一一宣説毋諱，使知果報章灼如此。

（宋）洪邁《夷堅志甲》卷一四《許客還債》　許元惠卿，樂平士人也。其父夢有烏衣客來語曰：吾昨貸君錢三百，今以奉還。未及問爲何人及何時所負而覺。明日思之，殊不能曉。平常畜十餘鴨，是日歸，於數外見一黑色者，小童以爲他人家物，約出之。鴨盤旋趦于傍，墮一卵乃去。自是歷一月，每日皆然。凡誕三十卵，遂不至。竟不知爲誰氏者，計其值，恰三百錢。

（元）陶宗儀《輟耕録》卷二三《葉氏還金》　葉公政，字克明，淮陰人，行宣政院都事季實之子，翰林直學士蟾心之從子也。至正甲午，公政以浙西幕史，奉布延平章檄，轉餉鄂閫。時丹陽富民束子章，先與是役，會飲於蘄，志相合，即以兄禮事公政。未幾，子章起赴沔，泣别公政曰：弟今濟大江涉重地，兄言行篤信，願以貲囊相託。公政辭，弗獲，俾子章手緘而爲謹藏之。越兩月，子章之友朱君讓率其奴來謁，曰：子章不幸入蓮臺湖，遇盜死矣。子章昔寄囊中，亦有某物在，間欲啓囊而請之。公政曰：汝寓物子章未嘗語我，子章已矣，家固無恙也。義必質諸其家明以付汝。君讓以公政匿爲己有，銜之，去。明年既竣事，還坐丹陽驛門，要束、朱二氏父子啓囊緘，得鈔二百五十緡，黄金五十兩，銀三百兩，珠八千枚，衣帛有差，歸之束氏。餘鈔五十緡，黄金五兩，銀五十兩，珠千枚，有朱題封，歸之朱氏。盛具酒饌以謝，辭之。

《全元戲曲》卷五《秦簡夫・東唐老勸破家子弟》　（云）今日衆親眷在這裏，老夫有一句話告知衆親眷每。咱本貫是東平府人氏，因做買賣到這揚州東門裏牌樓巷居住。有西鄰趙國器是這揚州奴父親，與老夫三十載通家之好。當日趙國器染病，使這揚州奴來請老夫到他家中。我問他的病症從何而起？他道：只爲揚州奴這孩兒不肖，必敗吾家，憂愁思慮成的病證。今日請你來，特將揚州奴兩口兒托付與你，照覰他這下半世。我道李實才德俱薄，又非服制之親，當不的這個重托。那趙國器掙着病，將我來跪一跪，我只得應承了。揚州奴，當日你父親着你正點背畫的文書上面寫着甚麽？（揚州奴云）您孩兒不曾看見，敢是死活的文書麽？（正末云）孩兒也，不是死活的文書。你對着這衆親眷，將這一張文書，你則與我高高的讀者。（揚州奴云）理會的。這文書是俺父親親筆寫的，那正點背畫的字也是俺畫的。父親啊，如今文書便有，那寫文書的人在那裏也阿？（做悲科）（正末云）你且不要哭，只讀的這文書者。（揚州奴云）是。（做讀文書科，云）今有揚州東關裏牌樓巷住人趙國器，這是我父親的名字。因爲病重不起，有男揚州奴不肖，暗寄課銀五百錠在老友李茂卿處，與男揚州奴困窮日使用。莫不是我眼花麽？等我再讀。（再讀文書科，云）老叔，把來還我。（正末云）把甚麽來？（揚州奴云）把甚麽來，白紙上寫着黑字兒哩！（正末云）你父親寫便這等寫，其實没有甚麽銀子。（揚州奴云）叔叔，您孩兒也不敢望五百錠，只把一兩錠拿出來等我摸一摸，我依舊還了你。（正末云）揚州奴，你又來了。想你父親死後，你將那田業屋産待賣與别人，我怎肯着别人買去，我暗暗的着人轉買了，總則是你這五百錠大銀子裏面。幾年月日，節次不等，共使過多少；你那油房、磨房、解典庫你待賣與别人，我也着人暗暗的轉買了，可也是那五百錠大銀裏面。幾年月日，節次不等，使了多少；你那驢馬孳畜和大小奴婢也有走了的，也有死了的，當初你待賣與别人，我也暗暗的着人轉買了，也是這五百錠大銀裏面。我存下這一本帳目，是你那房廊屋舍、條凳椅桌、琴棋書畫、應用物件，盡行在上。我如今一一交割，如有欠缺，老夫盡行賠還。你揚州奴聽者：（詩云）你父親暗寄雪花銀，展轉那移十數春。今日却將原物出，世間難得俺這志誠人。（云）揚州奴。（唱）【雁兒落】豈不聞遠親呵不似我近鄰，我怎敢做的個有口偏無信。今日便一樁樁待送還，你可也一件件都收盡。（揚州奴做拜跪科，云）多謝了叔叔、嬸子。我怎麽得知有這今日也！

（明）何良俊《何氏語林》卷二《德行》 李汧公少貧，客游梁宋，與諸生共逆旅。諸生病且死，出白金，語汧公曰：左右無知者，幸君以此葬我，餘則君自取之。汧公許之托葬，密置餘金棺下，後其家來謁汧公，共啓墓，出金付之。

（明）何良俊《何氏語林》卷三《德行》 張昉家居時，有同里張氏以絲五萬兩寄昉家，而他適。俄而昉家被火，家人惶駭走避，貲用悉焚。昉力完所寄絲付張氏。

（明）何良俊《何氏語林》卷三《德行》 周仁榮嘗築一室纔落成，友人楊公道興疾造門，曰，願假君新宅以死。仁榮讓正寢居之，俄而楊死篋中，有遺金數錠，莫有知者。楊之弟詣仁榮求分之，仁榮曰：賢兄寄死於我，意固在是喪事之費，我自任之，終不敢利其一毫。乃對衆封籍，自平陽呼其子來，悉付之。

（明）耿定向《先進遺風》卷下 昔趙清獻家三衢所居甚隘，子姪以厚貲易隣翁居以廣其第。公不樂，曰：此翁三世爲鄰，忍棄之乎？命亟還其居，而不敢取值。蘇長公買陽羨田，聞田主嫗泣而還券，事亦類此。

賠償分部

綜　述

《唐律疏議》卷一五《廄庫・犬傷殺畜産》 諸犬自殺傷他人畜産者，犬主償其減價；餘畜自相殺傷者，償減價之半。即故放令殺傷他人畜産者，各以故殺傷論。

疏議曰：犬性噬齧，或自殺傷他人畜産。犬主償其減價，以犬能噬齧，主須制之，爲主不制，故令償減價。餘畜，除犬之外，皆是。自相殺傷者，謂牛相觝殺，馬相蹹死之類。假有甲家牛，觝殺乙家馬，馬本直絹十疋，爲觝殺，估皮肉直絹兩疋，即是減八疋絹，甲償乙絹四疋，是名償減價之半。即故放令殺傷他人畜産者，或有犬性好噬猪羊，其牛馬能相觝蹹，而故放者，責其故放，各與故殺傷罪同，謂同上條故殺官私馬牛者，徒一年半。計贓應重，若傷及殺餘畜産者，計減價，準盜論，各償所減價；價不減者，笞三十。兩主放畜産，而鬭有殺傷者，從不應爲重，杖八十，各償所減價。

《唐律疏議》卷一五《廄庫・官私畜毁食官私物》 諸官私畜産，毁食官私之物，登時殺傷者，各減故殺傷三等，償所減價；畜主備所毁。臨時專制亦爲主。餘條準此。

疏議曰：畜産不限官私。或毁食官私之物者，毁謂有所唐突，或觝蹹之類。因其毁食，物主登時即殺傷者，各減前條故殺傷罪三等，若殺馬牛，杖九十；其傷馬牛及殺傷餘畜産，各計所減價，計贓準盜論減三等。如所殺馬牛準所減價，當絹十五疋者，徒二年上減三等，合杖一百，如此計贓得罪重，即從重論。仍各償所減價，畜主備所毁。假有一牛，直上絹五疋，毁食人物，平直上絹兩疋，其物主登時傷殺此牛，出賣直絹三疋，計減二疋，牛主償所損食絹二疋，物主酬所減牛價絹亦二疋之類。注云臨時專制亦爲主，假如甲有馬牛，借乙乘用，有所毁食，即乙合當罪，仍令備償。餘條準此，謂下條犬殺傷他人畜産及畜産觝齧人而應標幟羈絆之類，雖非正主，皆罪在專制之人。

其畜産欲觝齧人而殺傷者，不坐、不償。亦謂登時殺傷者。即絶時，皆爲故殺傷。

疏議曰：其畜産有觝齧人者。若其欲來觝齧人，當即殺傷，不坐、不償。故注云亦謂登時殺傷者。其事絶之後，然始殺傷者，皆依故殺傷之法，仍償減價。畜主亦依法得罪。

《唐律疏議》卷一五《廄庫・故殺官私馬牛》 諸故殺官私馬牛者，徒一年半。贓重及殺餘畜産，若傷者，計減價，準盜論，各償所減價；價不減者，笞三十。見血蹄跌即爲傷。若傷重五日内致死者，從殺罪。

疏議曰：官私馬牛，爲用處重；牛爲耕稼之本，馬即致遠供軍，故殺者徒一年半。贓重，謂計贓得罪，重於一年半徒。假有殺馬，直十五疋絹，準盜合徒二年，此名贓重。及殺餘畜産，除馬牛之外，並爲餘畜。若傷，謂雖不死，而有損傷。自馬牛及餘畜，各計所減價，準盜論。減價，謂畜産直絹十疋，殺訖，唯直絹兩疋，即減八疋價；或傷止直九疋，是減一疋價。殺減八疋償八疋，傷減一疋償一疋之類，其罪各準盜八疋及一疋而斷。價不減者，謂元直絹十疋，雖有殺傷，評價不減，仍直十疋，止得笞三十罪，無所陪償。注云見血蹄跌即爲傷，見血，不限傷處多少。但見血即坐；蹄跌，謂雖不見血，骨節差錯亦即爲傷。若傷重，謂所傷處重，五日内致死者，亦從殺罪及償減價。

其誤殺傷者，不坐，但償其減價。主自殺馬牛者，徒一年。

疏議曰：誤殺傷者，謂目所不見，心所不意，或非繫放畜産之所而誤傷殺，或欲殺猛獸而殺傷畜産者，不坐，但償其減價。減價同上解。主自殺馬牛，徒一年，誤殺者，不坐。

《唐律疏議》卷二七《雜律・棄毁器物稼穡》 諸棄毁官私器物及毁伐樹木、稼穡者，準盜論。即亡失及誤毁官物者，各減三等。

疏議曰：棄毁官私器物，謂是雜器、財物，輒有棄擲，毁壞；及毁伐樹木、稼穡者，種之曰稼，斂之曰穡，麥、禾之類：各計贓，準盜論。

即亡失及誤毀，謂亡失及誤毀官私器物。樹木。稼穡者，各減故犯三等，謂其贓並備償。若誤毀、失私物，依下條例，償而不坐。

（明）李元弼《作邑自箴》卷六《勸諭民庶牓》 誤放牛馬之類踐食田苗，或蓋屋築墻偶侵疆界，地主未得經官陳訴，先且以理咨問犯人，犯人便須謝過，陪備、退還。若是不伏，便仰告官，罪必有歸。

《天盛改舊新定律令》卷三《盜賠償返還門》 一、諸所竊官私之畜、穀、物、人等，盜竊時，畜物屬者自告，及有舉報者，及以問解明等，一律現有則當送回，現無則償其所盜，依價量還給，告賞亦當出自盜者。其中或有不能賠償、出告賞者，當找相爲盜者，各盜者畜、人、物、舍房、地疇計價賠償。無所還，則自己所在同居家門内之媳婦、未嫁女等當出工。若盜人畜物家門確無有，則有知盜而分、買、抵債、典當畜物者，及接狀相賣中掮客等，則家門以外上述人，何有畜物當償還。其亦不能償還，則於不知盜中接狀、賣間掮客者償還。抵債、典當者，未知盜畜物者，勿使賠償、出告舉賞。前述各種人不能還，則當罰屬者何未得者。

一、使軍、奴僕盜竊他人，償還、告賞等能自辦則當出自畜物中出，若自不能，則獲死罪及長期徒刑、無期徒刑罪者，當罰畜物屬者。而犯有短期徒刑者做苦役期滿，回歸頭監處時，當於畜物屬者處做工，頭監需用人則出錢賠償，並依人工價計量自當離去。使軍之家門人勿因償還、出告賞而去出力做工。

一、使軍、奴僕對頭監行竊，將畜物賣掉、使用、典當等時，物現屬有者當還回。買主、使典當者知其畜物非私人自有，是頭監之物，則與知他人盜而典當罪相同，未知勿治罪。價錢者，使軍自己有畜物，能賠償，則當回歸還，不能則當罰使典當者，若物現已無，不能償還，則當與前述盜竊他人不能償還，出買者等償還法相同。

一、前述因償還盜價、付告償，爲官私人出工所示辦法：年七十以上及十歲以下等，依老幼當減出工。十歲以上，七十以下者，當物主人處不需出工，亦應令於其他需用處出工。價格：大男人七十緡，一日出價七十錢；小男及大婦等五十緡，一日五十錢；小婦三十緡，一日三十錢算償還。錢少，則與工價相等時，可去。若很多，亦令所量人價，錢數當完畢，則當依舊只關，盜人之節親親戚中有贖取者，亦當依工力價格贖取。

《天盛改舊新定律令》卷七《番人叛逃門》 使軍、奴僕逃跑已起行，則□□奪持畜物多少，捕獲、捕告者奪取，正軍依法□□□中逃跑未起行之畜物，没收一分。没有者有家門則當由家門還給，無家門則當由頭監還給。

《天盛改舊新定律令》卷三《分持盜畜物門》 一、未參與同謀盜竊，他人畜、穀、物、人等買、抵債、典當等，未知覺爲盜竊物，則勿治罪。現有盜的應交回屬者，所缺者當於盜人處取價。盜人爲無主貧子，實未有，則中間掮客當還給。彼亦不能還，則盜人等何時可還時還給。若畜物現已無者，盜人能償還以外，不能還時，買者無須全償還，先明計價，及若價量未明，亦應按盜時價何有，分爲三分，當還屬者一分，一分買者勿償。

《天盛改舊新定律令》卷八《燒傷殺門》 諸人無心失誤失火，燒毀他人畜物、房舍、人口、糧食、草捆者，當查明實數所值。燒毀二分之一者，自己妻子、子、女、子媳、使軍、奴僕等以外，用其他畜物依數賠償。

《天盛改舊新定律令》卷八《燒傷殺門》 諸人相惡，於無人帳舍中及糧食、草捆及埂坡養草、蒲草、野獸蒲草等放置處及地面有糧食等處放火時，若議未往、已往未動手及已動手已燒物等，分別依强盜持武器已往、未往、物已入手、未入手等罪情則判斷。若有意於無人帳舍縱火焚燒，然無意燃至於有人帳舍處死傷人者，與毆打爭鬥相殺傷罪相同。無意所燒各物數計量，依偷盜法判斷。其相惡有意放火，燒畜物財産房舍，及此外無意而燒各物等，放火者當償。未能償時，與第三卷上以工償還盜值法相同。

《天盛改舊新定律令》卷一一《射刺穿食畜門》 一、諸人相惡瞋怒，而以刀劍、弓箭及其他有齒武器刺射、斫殺他人畜時，當比諸人殺自屬畜之罪情加一等。畜入於糧食、草捆、田地、蒲草中，以刀劍、弓箭武器殺之者，當比相惡瞋怒而殺畜罪減二等。前述：等殺畜者，應依畜法償還予屬者，畜屍當由償者持之。

一、諸人因瞋怒相惡及畜入於田土、糧食、草捆、蒲草等，而以刀劍、弓箭、有齒武器等刺射、斫殺他人畜時，畜未死，有傷折足，則當依畜法償還。所傷畜由償者持之，傷者有官罰馬一，庶人十三杖。其中所傷良種畜□□使强之。有堪用，屬者未肯捨之者，當量未傷時及未傷等兩種價。先未傷價中何所減數及本畜等當予主人。

一、諸人未見，往遮障他人畜處無意打擲，放箭而中□□□□上，及負重物失手而致死者，殺者當償畜價之半，畜屍亦當與畜主人共分。畜未死，僅傷，則不須償，傷畜者有官罰錢五緡，庶人十杖。

一、諸人刺射、斫殺羖羊、狗、猪等，則有官罰錢五緡，庶人十杖。所殺羖羊、狗、猪當償還，畜屍由償者持之。

一、諸人故意放牲畜於他人苗地者，當量所食糧食多少，以偷盗法算。應獲杖罪至徒六個月者徒一年，自其以上則依偷盗法判斷，獲死罪時當減一等，所食糧食當依數償還。

一、諸大人不許令小兒及他人解大人意，謂他人苗地中有放畜處而放之及尋文書等。倘若違律時，承罪、償還糧食，依前與諸人故意放畜於他人苗地中相同。

一、諸人田地中畜入，疏忽失誤，以棍棒擊打、捆縛等而致畜死時，當償還，畜屍由償者持之。若畜未死而傷，則償之，擊打傷者有官罰錢五緡，庶人十杖。

一、諸人所屬牲畜非故意入於他人苗地者，當量所食糧食多少償還，屬者罪勿治，牧者八杖。

諸牧場四種官畜原已交納、死減以外損失者，依次當緊緊催促牧人償之。倘若牧人無力，則當催促小牧監令償之。小牧監償之不足，則當催促牧首領，未驅令償之。其中倘若催促償之而無所償，實無力者，當置命。

(宋) 傅霖《刑統賦解·故傷親畜産者價則不償》 前言誤殺他人之牛馬，償價而不科罪，此謂故傷親屬之畜産，科罪而不償價。二者所以不同者，以其有誤與故殺與傷親與凡之異也，事雖異而理無殊。蓋他人之畜誤致殺者，若科罪而不償價，則物主有平白失物之恨，犯人有因誤受罪之冤，故免罪償價則兩得其宜。其故傷親之畜産者，若止償價而不論罪，則闕親之情與凡不同，况奴婢亦曰畜産，若不定刑則倚親屬之情，恣故爲非，將何以禁？是以坐其所犯之罪，價則不償也。或曰故傷親之畜産者免罪，價亦不償，若此論之，非去惡防姦之法，又豈聖人宥誤無大刑、故無小之意乎？

《通制條格》卷一四《倉庫·關防》 至元二十八年，中書省奏准《至元新格》：諸出納之法，須倉庫官面視稱量檢數，自提舉、監支納以下，攢典、合干人以上，皆得互相覺察。有盗詐違法者，陳首到官，量事理賞。其有侵盗錢糧并濫僞之物，若犯人逃亡，及雖在無財可追者，并勒同界官、典，司庫、司倉人等一體均陪。

諸支納錢糧一切官物，勘合已到倉庫，應納者經十日不納，應支者經一月不支，并須申報元發勘合官司，隨即理會。其物已到倉庫未得勘合者亦如之。

諸官物出給，先儘遠年。其見在數多，用處數少，不堪久貯者，速申當該上司作急支發，毋致損敗。違者究治。【略】

諸倉庫局院疏漏，速申修理，霖雨不止，常須檢視，隨宜備御，不致官物損壞。若收貯不如法，防備不盡心，曝曬不以時，致有損敗者，各以其事輕重論罪，所壞之物，仍勒陪償。【略】

諸倉庫官新舊交代，在都本管上司委官監視，在外各路正官監視，直屬省部州府亦同。沿河倉分漕運司官監視。凡應干收支文憑，合有見在官物，皆須照算交點明白，别無短少濫僞之數。舊官具數關發，新官驗數收管，仍須同署申報合屬上司照會，既給交關之後，若有短少濫僞之物，并於新官名下追理。

《通制條格》卷一六《田令·司農事例》 中統五年八月，欽奉聖旨條畫内一款：諸軍馬營寨及達魯花赤、管民官、權豪勢要人等，不得恣縱頭疋，損壞桑棗，踏踐田禾，搔擾百姓。如有違犯之人，除軍馬營寨約會所管頭目斷遣，餘者即仰本處官司就便治罪施行，并勒驗所損田禾、桑果分數陪償，及軍馬不得於村坊安下，取要飲食。

至元二十九年七月初五日，欽奉聖旨節該：太祖成吉思皇帝聖旨裏，教頭口喫了田禾的每，教踏踐了田禾的每，專一禁治斷罪過有來。不拜户的田禾根底教喫了的，踏踐了的，猶自斷罪過有來。在前聖旨莫不怠慢了也？麽道。御史臺官人每奏：八忽歹管的探馬赤每，不好生的整治，交頭口喫了，踏踐了田禾，損壞樹木有。麽道，奏來。從今已後，依在先聖旨體例裏，不揀是誰，休教喫了田禾，休教踏踐了田禾，休教損壞了樹木。他每刈下的田禾，休教奪要者，休教搔擾百姓者。道了也。這般宣諭了呵，有別了聖旨，教喫了田禾的每，教踏踐了田禾的每，教陪償了田禾呵，如有俺每認得的人每呵，咱每根底奏將來者。不認得的人每有呵，那裏有的廉訪司官人每，監察每，城子裏達魯花赤官人每，各投下的頭目每，一處打斷者。

大德二年三月，欽奉聖旨節該：大司農司官人每奏：過往的軍馬、富豪、做買賣人等，頭口不攔當，田禾喫了、踏踐了有，桑樹、果子樹啣咬折拆了有，城子裏達魯花赤官人每，那般不在意禁約有。麽道，奏來。從今已後，田禾裏，但是頭口入去喫了，桑樹、果木樹斫伐了呵，折拆了呵，城子裏達魯花赤每、總管每就便提調者，依着在先聖旨體例裏教陪償了，要罪過者。這聖旨這般宣諭了呵，城子裏達魯花赤每、總管每、〔不〕好生用心禁約呵，覥面皮不教陪償呵，咱每根底奏者。雖這般道了呵，推着田禾無體例勾當休做者，休教人每生受者。

大德十一年五月二十二日，欽奉詔書內一款：民者，國之根本，軍國用度，一切財賦，皆所自出，理宜常加存撫。其經過軍馬，牧養馬駝人等，毋得取要飲食錢物，非理搔擾，縱放頭疋踏踐田禾，啣咬桑棗。所在官司，嚴加禁約，違者斷罪陪償。本管頭目有失鈐束，亦仰究治，重者申聞。

至大四年三月，欽奉詔書內一款節該：農桑，衣食之本。仰提調官司，申明累降條畫，諄切勸課，務要田疇開闢，桑果增盛，乃爲實效。諸官豪勢要、經過軍馬及昔寶赤、探馬赤餧養馬駝人等，索取飲食、草料，縱放頭疋，食踐田禾、桑果者，所在官司斷罪陪償。仍仰監察御史、肅政廉訪司常切糾察，考其殿最，以憑黜陟。

《元典章》卷二《聖政・安黎庶・大德十年五月詔》 民者國之根本，軍國之用度、一切財賦皆所自出，理宜常加存撫。其經過軍馬、牧養馬駝人等，毋得取要飲食錢物，非理搔擾，縱放(馬)〔頭〕疋踏踐田禾，啃咬桑棗。所在官司嚴加禁約，違者斷罪陪償。本管頭目有失鈐束，亦仰究治，重者申聞。

《元典章》卷二《聖政・安黎庶・大德十一年五月詔》 喂養馬駝、并經過軍馬營寨權豪勢要人等，恣縱頭疋，食踐田禾桑果樹株者，照依已降聖旨，斷罪陪償。

《元典章》卷二《聖政・勸農桑・至元三十一年四月詔》 國用民財，皆本於農。所在官司，欽奉先皇帝累降聖旨，歲時勸課。當耕作時，不急之役一切停罷，無致妨農。公吏人等非必須差遣者，不得輒令下鄉。仍禁約軍馬不以是何諸色人等，毋得縱放頭疋，食踐損壞桑果舊禾，違者斷罪倍還。

《元典章》卷二《聖政・勸農桑・大德十一年十二月詔》 農桑者，國家經賦之源，生民衣食之本。世祖皇帝以來，累降詔條，誡諭勸課，而有司奉行不至，加之軍馬營寨飛放圍獵，喂養馬駝人等縱放頭疋，食踐田禾，損壞樹木，以致農桑隳廢。今後路府州縣達魯花赤、長官常切禁約，若有違犯之人，斷罪陪償，各管頭目有失鈐束，具以名聞。

《元典章》卷二《聖政・勸農桑・至大四年三月詔》 農桑衣食之本，仰提調官司申明累降條畫，諄切勸課，務要田疇開闢，桑果增盛，乃爲實效。諸官豪勢要，經過軍馬，及昔寶赤、探馬赤餵養馬駝人等，索取飲食草料，縱放頭疋食踐田禾桑果者，所在官司斷罪陪償。

《元典章》卷二二《户部・課程・鹽課・立都提舉司辦鹽》 至元二十九年，中書省：

今照到辦課聖旨條書，開立於後。【略】一，運司煎鹽地面內，如有係官山場、草蕩、煎鹽草地，諸人不得侵占斫伐及牧放頭疋，胤火燒燃。仰所在官司常切用心關防禁治，如有違犯之人，斷罪陪償。【略】

一、竈户煎到鹽數，在先當該官吏多取餘鹽，尅減工本，或以他物准折，致使生受。今後從實給散，但有依前尅減准折，虧損竈户，嚴行斷罪，仍勒倍償。

《元典章》卷二三《户部・農桑・勸課・農桑》 至大三年二月，尚書省奏奉聖旨：

大司農司總挈天下農政，設學校以養人材，積義糧以備凶歲。滋養栽植，興舉水利，賞勸罰〔隋〕〔惰〕，期於敦本抑末。管民官依時勸課，廉訪司提調，年終通行比較，考其殿最，類申大司農司定奪黜陟，務要實效，無事虛文。所有條畫，開列於後。

一、農桑，國家經賦之源，生民衣食之本。累降詔條勸課，而有司奉行不至。加之軍馬營寨、飛放圍獵、喂養馬駝，牧放係官頭疋人等縱放食踐田禾，損壞樹株，以致農桑墮廢。今後路府州縣達魯花赤、長官常切禁約，若有違犯之人，斷罪陪償，各管頭目有失鈐束，具名以聞。各處和買柴薪，毋令百姓砍斫桑棗送納及街市貨賣，違者斷罪。提調官禁治不嚴，亦行究治。

《元典章》卷二三《户部・農桑・栽種・禁斫伐桑果樹》 大德五年五月，行臺准御史臺咨：

據監察御史呈：夫農桑者，百姓衣食之原，國費之本，不爲不重。今體知隨處官司每年雖合民間栽植，其舊有大樹，邇年以來，被一等不務本業，拾柴爲生之徒，竊見身梢頗有枯槁去處，用斧劈砍，作柴貨賣，以養妻子。地主雖見，不能禁止，亦有自行砍斫之家。其元砍痕跡，經值歲月，又以枯乾，一復一年，依前劈砍。每樹十分，劈去六七者有之，八九者有之，連根砍去者有之，風雨刮折者有之，因此十損八九。若不早爲禁治，深不便益。原其情由，蓋因管民官不爲用心禁治，各道廉訪司少加體察，以致如此。卑職看詳，擬合遍行隨處官司，自今而後，嚴切禁約，排門粉壁，仍許諸人捉拿首告，將犯人通行斷罪陪償，廉訪司常加體問。具呈照詳。得此。照得元貞元年五月初二日欽奉聖旨節該：今後但是田禾裏交頭口入去交喫了呵，桑菓樹木斫伐了呵，啃了呵，折折了呵，城子裏達魯花赤、總管每就便提調者。依在先聖旨體例裏交陪了，要罪過者。這聖旨這般宣諭了呵，城子裏達魯花赤，總管不好生用心禁約呵，覷面皮不交陪呵，咱每根底奏者。欽此。

《元典章》卷四七《刑部・諸贓・侵盜・偷糧驗時追價》 至元二十六年六月，尚書省准中書省咨：

奏奉聖旨節該：管倉的官人每，在先偷了糧的、失陷了的，那時分偷來，依着那年分價錢交陪償者。欽此。差官盤點得各路至二十四年收到糧內，短少米一萬八千二百餘石。除已行下各處，照依開倉時估折收價錢追徵外，請照驗。都省議得：失陷短少糧斛，擬合追徵本色。如無糧斛，照依犯事月日，比附元收年分，從價高者，依數追徵。咨請依上施行。

《元典章》卷四七《刑部・諸贓・侵盜・侵盜官錢庫官均陪》 至元二十八年二月，行御史臺：

切見國家内外庫藏，俱設請俸庫使、庫副、提舉、提點，而庫中錢帛，止由庫子出入。但有侵盜，動是千定萬定，而爲庫使、庫副、提舉、提點者並不知覺，事發亦不連坐。所以官錢雖設庫官管領，即與無官何異？方今此弊甚矣。天下一體，合立法度，不以大小庫分，其中錢帛，並要提點、提舉、庫使、庫副親臨知數掌管，不許委之庫子。若有侵盜，庫官雖不知情，有失鈐束，亦勒均陪，仍行斷罪。如是督責，庶幾稍革前弊。移准御史臺咨：呈奉尚書省劄付：倉庫但有侵欺盜用錢糧諸物，已令錢庫官均陪斷罪。仰照驗施行。

《元典章》卷四七《刑部・諸贓・侵盜・去官侵欺給由官代納》 福建行省劄付：至元二十三年四月承奉江西行省劄付：

爲撫州路官吏侵欺積年錢糧，於内有任滿得替迤北還家人員，照勘得各人籍貫，移准都省咨該：議得：各處行省所轄地面，以遠就近，設立宣慰司，親臨各路府州司縣勾當。遇有官吏滿替，例從本處官司照勘完備，方許給由求仕。即今各處行省往往移咨都省，追理還家官員任滿侵欺貨物等，不唯遷調文弊，其人苟生僥倖，百端推遞，所追之物不能到官。蓋因任所官司放縱如此，躭誤官錢，擬自今後應去任人員，必須從實照勘，如有侵欺盗借官物，隨即依數追納還官，然後方許給由。若是給由之後，却有照出侵借係官錢糧等物，止勒當該給由官員代納，庶革前弊。仰依上施行。

《元典章》卷四七《刑部・諸贓・侵盜・攬飛盜糧等例》 至元二十五年十月，尚書省奏奉皇帝聖旨，諭省院臺部内外百司大小官吏、軍民諸色人等：

據尚書省奏：百姓合納税糧，各處官吏、坊里正、主首、權豪勢要人等，結攬輕賫錢物，與倉官、攢典、斗脚通同飛鈔，及管糧官吏、運糧車船人户侵盗官糧，似此奸弊多端，蓋是各道宣慰司、按察司、總管府、漕運司不爲用心禁治，以致糧斛不能盡實到官。擬到禁治條書，乞降聖旨宣諭事。准奏。今後若有違犯，照依定到條書追斷施行。

一、諸倉官吏與府州司縣官吏人等，百姓合納税糧，通同攬納接受輕賫飛鈔者：十石以上，各刺面，各杖一百七下；十石之下，杖九十七下。官吏除名，永不叙用。退（闕）〔閑〕官吏、豪勢富户、行鋪人等違犯者，十石以上決九十七下，十石以下杖八十七下。其部糧官吏知情受分，與結攬官吏同罪，不曾受分，杖五十七下，除名，永不叙用。有失覺察者，親民部糧官吏決二十七下，府州總部糧官吏決一十七下。若能捕獲犯人者，與免本罪。宣慰司摘委正官一員專一提調禁治，如是違慢，從尚書省量情治罪。按察司官糾察不嚴，亦得究治。倉官人等盜糶官糧，（結）〔與〕攬納飛鈔者一體刺斷。知情糴買者，十石以上杖一百七下，十石之下杖九十七下。其漕運司官吏有失覺察者，驗糧多寡究治。所據盜糶糧價，飛鈔輕賫，盡數追没外，正糧於倉官并結攬糴買人處依價均徵還官。

《元典章》卷四七《刑部・諸贓・侵盜・侵盜錢糧罪例》 元貞元年七月，欽奉聖旨條畫：【略】

一、諸倉庫大小官吏人等，皆得互相覺察。其有侵盜錢糧，即將犯人財産拘檢見數，准折追理。若犯人逃亡，及無可追者，並勒同界官典人等立限均陪。

《元典章》卷四七《刑部・諸贓・侵使・侵使官錢追陪贓例》 大德二年八月，御史臺咨：

據燕南道申：順德路庫子岳端等侵使係官司鈔，合追正、陪鈔六百三十三定。已追外，有二百二十四定追徵間，欽遇大德元年二月詔恩。所有未追陪鈔，擬合欽依元貞元年聖旨條畫外，至元二十九年追徵倍贓，當時從權事理，合行革撥。此係爲例事理，呈奉到中書省劄付：送刑部議得：若犯真盜，追徵倍贓。今御史臺呈：當時從權事理，合行革撥。以此參詳：宜從本臺所擬。緣係通例，更乞都省區處。具呈照（送）〔詳〕。都省准擬。除外，仰欽依元貞元年奏奉聖旨事意，所據岳端侵使鈔定，既已追訖四百餘定，别無定奪。

《元典章》卷四九《刑部・諸盜・强竊盜・强切盜賊通例》 大德六年三月，江浙省准中書省咨該：

近爲强切盜賊斷例不一，欽依聖旨事意，與御史臺、也可札魯忽赤一同分揀前後行過體例，斟酌輕重，定到各各等第。於大德五年十二月二十六日奏奉聖旨節該：依着您定來的體例行者。又，偷頭口的賊人，依着蒙古體例，教陪九個斷放有。如今也則依着那體例行者。商量來。麽道，奏呵，奉聖旨：那般者。欽此。都省今抄斷例前去，咨請欽依施行。【略】諸評盜贓者，皆以至元寶鈔爲則。除正贓外，仍追陪贓。其有未獲賊人，及雖獲無可追償，並於有者名下均徵。

《元典章》卷四九《刑部・諸盜・偷頭口・達達偷頭口一個陪九個》

至元二十九年三月，中書省咨：據札魯花赤呈：准上都札魯花赤咨：

兔兒年三月二十五日，據律律官人等上位奏：去年，秃秃哈奏有來：賊每根底，九個家斷没者。麽道。如今賊每聽得多有。起意偷來的每根底，體例裏合敲底敲。做伴當偷來的每根底，七十七下。一個根底，九個斷没。九個頭口無呵，他的女孩兒、驅人斷没。人，頭口裏准折斷没呵，十五歲以（下）〔上〕、身材到底他的女孩兒有呵，五個頭口裏准折斷没；十五歲以下，十歲以上，三個頭口裏准折斷没；十歲以下，或女孩兒或驅人他的有呵，斷事的札魯花赤斟酌斷没者。商量來。麽道，奏呵：依着您的言語者。合敲的罪囚每，奏將來者。體例裏合斷的，那裏斷者。麽道，聖旨了也。欽此。

《元典章》卷四九《刑部・諸盜・偷頭口・盜豬依例追陪》 大德七年三月，江西行省准中書省咨内一款：

撫州路申：陳四、黄千二各狀招：大德六年七月初一日，夜，偷盜訖吴景瑞家公豬一口、母豬一口及小母豬一口。府司伏詳所盜豬隻，未審與盜頭口例同。申乞照詳。得此。看詳：所申事理，合無比同偷盜牛馬羊畜例？請照詳事。刑部照得大德五年十二月二十六日奏准節該：偷頭口的賊人，依着蒙古體例，教陪九個斷放有。如今則依着那體例行者。麽道，奏呵，奉聖旨：那般者。欽此。所據陳四等偷盜吴景瑞豬三口，擬合依例追陪相應。前件，依准部擬施行。

《元典章》卷四九《刑部・諸盜・偷頭口・漢兒人偷頭口一個也陪九個》 至元二十九年九月，行御史臺准御史臺咨：承奉中書省劄付〔該〕：

近於（該）至元廿九年正月十一日奏過事内一件：達達家偷頭口的賊每根底斷没九個，重的敲了，輕的斷放有。漢兒賊每不那般斷有。衆人商量説者。麽道，聖旨有來。俺月兒魯那顔等衆官人每根底商量來：如今漢兒賊每偷頭口呵，也則依那體例，陪了九個，重的敲了，輕的刺斷者。

漢兒田地裏偷了諸般錢物的賊每根底，依着在先聖旨斷呵，怎生？麽道，商量來。奏呵，那般者。麽道，聖旨了也。欽此。

十月二十二日，歸德府：

《元典章》卷四九《刑部·諸盗·評贓·盗贓無償折庸》　至元九年

爲瞧陽縣賊人倪順等打劫訖不識事主財物，已將賊人斷訖。據合追正贓，各賊家貧，無可追徵。申奉到中書兵刑部符文該：欽奉聖旨條畫内一款節該：盗賊正贓，於犯人名下追徵。如委無正贓，以他物折償。無可償者，折庸准筭。如年限未滿，本人身死，子孫不在折庸之限。欽此。

《元典章》卷五〇《刑部·諸盗·放火·父首子燒人房舍》

（洛袞）〔濟兖〕州申：（加詳）〔嘉祥〕縣申：王祚狀告：三月二十日夜二更，被人燒訖草屋三間。有楊青自行鎖縛伊男楊買兒到官。問得招伏：挾恨舊讎，燒訖王祚無人居止草房三間、厶物等，已估鈔二十九兩八錢二分。除楊買兒收禁徵贓外，乞照詳事。法司擬議得：楊買兒所招，即係故燒私家無人居止房舍事理。舊例：故燒私家舍宅者，絞。若無人居止，但損害財物、畜産者，徒五年。贓滿二十貫，亦絞。所燒屋舍價直二十餘貫，即與强盗二十貫相似。舊例：强盗二十貫，絞。照依中書省已斷强盗滿法不曾傷人體例，合杖一百七下。今被楊青捉拿到官，依舊例，合理受法。舊例：若於法許相容隱者爲首，及相告言者，各（所）〔聽〕如罪人身自首法。舊例：犯罪未發而自首者，原其罪，正贓猶徵如法。其楊買兒自首，原免。部官公議得：楊買兒所〔犯〕挾讎故燒王祚舍屋，本罪非輕，却緣伊父楊青將男楊買兒執縛到官，合從原減。今擬決三十七下，所燒房價，驗數徵還。行下本州，依上施行。

《元典章》卷五〇《刑部·諸盗·放火·放火同强盗追陪》　至元十四年三月，中書兵刑部：

據大都路申：備宛平縣歸發問得放火賊人谷得成狀招：不合至元十三年九月初九日夜，挾讎燒訖張鎖住等穀垜、稍柴等物。欽遇赦恩，將谷得成踈放。據燒訖斛粟，合同强盗一體，未敢懸便追給。乞照詳事。省部：照得先據本路申：强盗紀驢兒劫訖事主財物，合無追徵給主？爲此，照得先欽奉聖旨條畫見盗賊無償折傭例。欽此。議得：賊人紀驢兒並餘賊元盗破使正贓，欽依所奉聖旨條畫值赦免罪外，於犯人（各）〔名〕下並寄借之家，依上追徵給主。呈奉都堂鈞旨：送本部，准呈。奉此。已經行下本路，依上施行去訖。今據見申，相度：谷得成所犯，即係故燒田場積垜之物，例同强盗。合下，仰照驗，依犯時月日（占）〔估〕計，追陪給主施行。

《元典章》卷五〇《刑部·諸盗·放火·放火賊人例》　至大元年七月，行臺准御史臺咨：承奉中書省劄付：

刑部呈：備恩州賊人馬閏住狀招：不合挾讎，於大德十一年十二月夜五更前後，掏火於姑舅叔朱善兒東草屋東簷底行燒着，事主知覺救滅，罪犯是實。除將馬閏住依免刺，比附强盗不曾傷人、不曾得財例，杖斷七十七下外，據徒配一節，若便發遣合屬居役，終非正犯，又兼賊人馬閏住係事主朱善兒表姪，切恐差（他）〔池〕。本部議得：今後諸人放火故燒官房廳宇、私家宅舍，比同强盗；無人居止空房並損壞財物、畜産及田場積聚之物，比同切盗。照依大德五年奏准盗賊通例，計贓斷配，免刺，追陪燒毁物價。

《元典章》卷五〇《刑部·諸盗·放火·放火賊人》　皇慶二年四月，江西行省准中書省咨：

刑部呈：奉省判：本部元呈：山東宣慰司關：益都路備樂安縣申：解到放火賊人盧千兒。責得本賊狀招：因事主張林阻隔男婦張二嫂不得行奸，挾恨將張林草房燒毁，被捉到官。另行議罪外，爲此，本部議得：諸放火賊徒，或因公讎，或挾私怨，乘風舉火，故燒官府廨宇或私家宅舍、田場積聚之物。縱有知覺，使人無所措手。既不能向前救護，罄家所有，盡爲一空。甚有致傷人命。以此參詳：今後若有故燒官府廨宇、有人居止舍宅賊人，無問舍宇大小、財物多寡，比同强盗，免刺，決一百七下，徒役三年。因而殺傷人者，依例科斷。其無人居止空房，并損（懷）〔壞〕財物及田場積聚之物，比同切盗，免刺，驗贓依例决遣居役。仍各追陪所燒物價。敢有再犯，决配，役滿遷徙千里之外。如此，則庶使賊徒知所警懼。如蒙准呈，遍行照會。都省咨請依上施行。

《元典章新集·朝綱·户部·勸課·農桑·禁約食踐田禾》　延祐四年七月初二日，大司農司：

奏過事内一件：俺司農司去年爲大都週迴、并外處放頭疋人每將田禾食踐偷盜了上頭，奏奉聖旨：食踐田禾、偷盜了田禾人每，若拿住呵，交倍償了，要罪過者。麽道，聖旨有來。各怯薛、各枝兒并大都路裏，俺行了文書來。今年大都週迴隨處田禾好生好有。恐怕各枝兒、各怯薛諸色人等牧放頭疋，食踐田禾，啃咬桑菓，斫伐樹枝。今歲比及上位迴還大都，若不嚴行禁約呵，壞了田禾、樹枝一般。俺與省家文書，各怯薛、各枝兒諸色人等若有縱放頭疋食踐、偷盜了田禾，啃咬桑菓等樹，違犯的人每倍償了，依例追斷。有司官不爲用心提調呵，受敕的就便斷罪，受宣的取招，申大司農司聞奏。仍令監察御史嚴加糾察呵，怎生？奏呵，奉聖旨：那般者。麽道，聖旨了也。欽此。

《至正條格・斷例》卷一《衛禁・巡綽食踐田禾》 泰定三年七月二十一日，中書省奏：每年上位大都、上都往來經行時分，扎撒孫内差撥，教爲頭領着壹伯名怯薛丹巡綽。但有將百姓田禾食踐的，禁約有來。在先禁約的上頭，行了幾般禁例。忒輕呵，也不宜，忒重呵，也不宜有。守得的一般禁例偏行呵，相應也者。俺如今偏行省諭，若有撒放馬，駝牛隻，食踐田禾的每根底，壹箇頭疋，令人陪償壹拾兩鈔，斷壹拾柒下。各怯薛、各枝兒裏偏行省諭呵，怎生？奏呵，奉聖旨：那般者。

（元）沈仲緯《刑統賦疏・第二韻》 直解：官物在倉庫内誤毁者，止坐其罪，並不陪償。若在外誤毁者，既坐其罪，又必陪償。**【略】**

通例：至元二十九年五月，江浙省准：平江路平准庫被盜官本四百錠，著落當時守宿軍官、庫子、軍人均徵。

（元）沈仲緯《刑統賦疏・第三韻》 延祐七年七月，河南省宣使張正開，撥鈔本於彰路唐宗站，失去至元鈔三十六錠，罪經釋免，著落押運庫官、船艄防送軍兵均徵納官。

（元）沈仲緯《刑統賦疏・第四韻》 通例：《至元新格》内，倉庫、局院官物，取貯不發法，妨備不盡，曝晒不以時，致有損毁者，各以其事論罪，所壞之物，仍勒陪償。大德十年十一月，工部都城所申：大都伯官公廨係官房舍，去失磚瓦、木植等物，虚費官錢、勞役，軍匠。令看守軍官人等，常川巡禁，毋致損壞。當該官吏，得代之日，明白交割，但有不完去處，驗事輕重究治。毁官物論罪陪償。

（元）沈仲緯《刑統賦疏・第六韻》 通例：皇慶元年十二月，部議：若有故燒官司廨宇大小財物多寡，比同强盜，免刺，杖斷一百七下，徒役三年，因而殺傷人者，依例科斷。其無人居止坐房，并損壞財物及田場積聚之物，比同竊盜，免刺，驗贓，依例决遣居役，仍各追陪所燒官價。敢有再犯，配役滿，遷徒千里之外矣。

（元）沈仲緯《刑統賦疏・第七韻》 直解：誤殺傷私馬牛者，不坐其罪，但償其價。

通例：天曆三年五月，兵部議得：内外諸衙門出使人員，除軍情緊急重事不限程途，餘事日行不過三站，仍于關文開寫自站起程至　站止宿。若無故違限走死鋪馬，驗價陪償，仍科其罪。**【略】**

通例：延祐三年三月，河南省咨：准歸德府問到楊忙黑等，挾仇刺死王十六牛隻，罪犯欽依革撥，内除王歪貫刺死周居義義父牛隻名下合該價錢免徵外，王孫兒、楊課驢刺房公牛隻，雖是親屬相犯，即係另居，合與餘賊一體均徵，給價本主。

《元史》卷一〇四《刑法志・盜賊》 諸評盜（賊）〔贓〕者，皆以至元鈔爲則，除正贓外，仍追倍贓。其有未獲賊人，及雖獲無可追償，並於有者外下追徵。**【略】**

諸盜賊應徵正贓及燒埋銀，貧無以備，令其折庸。凡折庸，視各處傭價而會之。庸滿，發元籍，充（景）〔警〕跡人。婦人日準男子工價三分之二，官錢役於旁近之處，私錢役於事主之家。諸盜賊得財，用於酒肆倡優之家，不知情，止於本盜追徵。其所盜即官錢，雖不知情，於所用之家追徵。若用買貨物，還其貨物，徵元贓。諸奴婢盜人牛馬，既斷罪，其贓無可徵者，以其人給物主，其主願贖者聽。諸盜官錢，追徵未盡，到官禁繫既久，實無可折償者，除之。諸係官人口盜人牛馬，免徵倍贓。諸盜賊正贓已徵給主，倍贓無可追理者，免徵。諸盜賊正贓，或曲質於人，典主不知情，而歸其贓，仍徵還元價。諸遐荒盜賊，盜駝馬牛驢羊，倍贓無可徵者，就發配役出軍。

《皇明條法事類纂》卷一三《户部類・賠償修理追給工價》 弘治二年八月初三日，大理寺卿馮等題，爲傳奉事。計開：

一懲兇惡。照得京城内外，軍民雜處。有等光棍喇虎之徒，止因小忿，輒發大酒。有鬥毆殺人命，將屍扛擡圖賴者，有因罵詈，執持刀棍，糾合人衆行兇毆打者，或將有錢器物盡數棄毀，或將房屋垣墻，一概毀損。法司雖稱依律驗數追償，計合用償錢，責令修理。但陪償者止令出條補鈔貫，〔循立〕〔修理〕者又令出外修理，徒有陪償修理之名而已。合無今後將棄毀器物，務要驗放明白，某物責令陪償某物，及毀損房屋垣墻，亦須估計合用修造雇工錢，限修理完備，方將〔毆〕死人問擬如律，照例發落，庶〔見〕〔兇〕惡知懼，良善得安。

《重修問刑條例·刑律·雜犯·放火故燒人房屋條例》 成化八年六月十六日，節該欽奉憲宗皇帝聖旨：各邊倉場，若有故燒係官錢糧草束者，拿問明白，將正犯梟首示衆。燒毀之物，先儘犯人財產，折剉賠償。不敷之數，著落經收看守之人，照數均陪。欽此。

（明）吕坤《實政録》卷五《鄉甲約卷之三》 牲畜食踐田禾，照訟賠償。如打死人牲畜者，照價賠償。

（清）沈之奇《大清律輯註》卷一六《兵律·廄牧·宰殺馬牛》 凡私宰自己馬牛者，杖一百。駝、騾、驢，杖八十。觔角皮張入官。誤殺及病死者，不坐。若故殺他人馬牛者，杖七十，徒一年半；駝騾驢，杖一百。官畜産同。若計贓重於本罪者，準盜論。係官者，準常人盜官物斷罪，並免刺，追價給主。若傷而不死，不堪乘用及殺豬羊等畜者，計殺傷所減之價，亦準盜論。各追賠所減價錢完官、給主。價不減者，笞三十。其誤殺傷者，不坐罪。但追賠減價。爲從者，故殺、傷各減一等。官物不分首、從。若故殺緦麻以上親馬、牛、駝、騾、驢者，與本主私宰罪同。追價賠主。殺豬羊等畜者，計減價坐贓論，罪止杖八十。其誤殺及故傷者，俱不坐，但各追賠減價。若官私畜産毀食官私之物，因而殺傷者，各減故殺傷三等，追賠所減價還畜主，畜主賠償所毁食之物還官主。若故放官私畜産損食官私物者，笞三十。計所食之贓重於本罪者，坐贓論。罪止杖一百、徒三年。失防者，減二等。各賠所損物還官主。若官畜産失防毀食官物者，止坐其罪，不在賠償之限。若畜産欲觸觝踢咬人，登時殺傷者，不坐罪，亦不賠償。兼官、私。

〔律後註〕：馬以代步，牛以代耕，駝、騾、驢負重致遠，皆效用於人者。既盡其力，又殺其身，非仁也。雖自己所畜，亦不許私宰。馬、牛爲重，駝、騾、驢次之，故罪有杖一百、杖八十之分。觔角皮張入官。誤殺出于無心，病死非關人事，自不坐罪入官也。他人二字貫一節，兼官、私而言。有意而行之曰故，謂恨其人而故意殺傷其畜産也。故殺死他人馬牛，則杖七十，徒一年半；駝、騾、驢，則杖一百。仍計馬、牛、駝、騾、驢時值之價爲贓，係凡人者，準竊盜論；係官者，準常人盜論。馬、牛贓罪重於杖七十、徒一年半，駝、騾、驢贓罪重於杖一百者，則從盜律科之，并罪止杖一百、流三千里，免刺，追賠全價還官、給主。傷而不死，不堪乘坐作一句，承上故殺馬、牛、駝、騾、驢説來。殺豬、羊等畜，亦謂故殺也，各計殺傷所減之價爲贓，係凡人者，亦準竊盜論；係官者，亦準常人盜論。如馬、牛等原值銀三十兩，今受傷止值一十兩，則計所減之二十兩論罪；如豬、羊等原值銀一十兩，今殺死止值五兩，則計所減之五兩論罪，并罪止杖一百、流三千里，免刺。所減價錢，照追還官、給主。若馬、牛等雖受傷，猶可乘用；豬、羊等雖已殺，猶可變賣，於現在之價無所減者，既無應賠之價，即無可計之贓，故不分官、私畜産，止笞三十。以上皆自故殺傷者言之也，其誤殺傷者，雖出無心，而他人之畜産則已減價矣，故不分官、私畜産，皆不坐罪。而但追賠減價，統承馬、牛、駝、騾、驢與豬、羊等畜言。以上故殺傷之爲從者，各減爲首者罪一等。緦麻以上，凡本宗外姻尊長卑幼之親，但有服者皆是。故殺親屬畜産，與私宰自己畜産罪同，馬、牛杖一百；駝、騾、驢杖八十，追賠全價。故殺親屬豬、羊等畜者，計所減之價，坐贓論，罪止杖八十，追賠減價。其誤殺及故傷者，不論馬、牛、駝、騾、驢、豬、羊等畜，俱不坐罪，但各計所減之價追賠。毁、食是兩項，毁字所指者廣，凡蹄、嚙、踐、踏致有損壞者皆是。畜産與物並言官、私者，或官物主殺傷私畜産，或私物主殺傷官畜産，或官與官、私與私有所殺傷也。因畜産有毁食之事而殺傷之，雖與誤者不同，亦與故者有間，各減故殺傷罪三等，不分官、私一體科斷，照第二節内或徒、或杖、或準盜論等罪上減科；係親屬者，照第四節内或與私宰罪同，或坐贓論等罪上減科，一則追賠所減之價，一則追賠毁食之物。官畜産，則于牧養人名下追之，蓋不行防制致其毁食，皆牧養人之過也。損食，是專指田野中物言，畜産縱食，必有踐踏損傷者，故曰損食。畜産與物，皆不分官私，一體同論。若有意故放縱使損食者，笞三十。仍計所損食之物，坐贓論，贓罪重于笞三十，則從坐贓科之。其無縱放之情，止是失于防制致有損食者，減二等，笞一十。贓重者，亦減坐贓罪二等。放者、失者，各追賠所損食之物。若牧養官畜産之人失于防制，或毀或食官物者，止坐減二等之罪，不責賠償，彼此皆係官物，失防出于無心，故特原之也。律重故犯，若有意縱放，豈容不賠？故註失防二字以别之。畜産將欲傷人而人登時殺傷者，不坐罪賠價。重看登時二字，其勢急迫，情非得已，殺傷所以禦害耳。若觸觝踢咬之時，已經避過，而追恨殺傷，則即故殺傷矣。

〔律上註〕：首節言私宰自己畜産；二節言故誤殺傷他人畜産；三節言故殺傷爲從之罪；四節言故、誤殺傷親屬畜産；五節言因畜産毁食而殺傷；六節言放失畜産損食人物；七節言官畜産毁食官物；八節言畜産欲傷人而殺傷。宰者，殺也。殺自己畜産，故曰私宰。

此故殺與《刑律》之盜殺不同。盜殺是利其所有，先盜而後殺；故殺是與畜主有隙，而故加殺傷，非有利而爲之，亦非盜而殺之也。

如殺馬、牛者，竊盜七十兩，常人盜三十兩，應杖八十、徒二年，是重于杖七十、徒一年半矣。如殺駝、騾、驢者，竊盜五十兩，常人盜二十兩，應杖六十、徒一年，是重于杖一百矣。

傷而不死，蒙上故殺而言。然有故加傷殘，原非欲殺者，亦是也。

爲從各減一等句，止承故殺傷言爲是。《箋釋》謂上有一圈，是兼承上兩節言。非也。私宰自己畜産，應照家人共犯獨坐家長，何首從之有？如家長令子弟、奴僕私宰，豈可將子弟、奴僕問爲從之罪乎？

註云：官物不分首從，止指準盜論者而言，蓋常人盜官物律，應并贓論罪，不分首從也。若不準盜論，而爲首者，或坐杖七十、徒年半；或坐杖一百；或坐笞三十，雖係官畜，爲從亦皆減等也。

曰緦麻以上親，則至期親皆同也。不言無服之親，自同凡論。

五、六、七三節，應合看。如五節止言因毁食而殺傷之罪，而六節又有故放、失防損食之罪，則五節之毁食者，或係故放，或由失防，又應分别論之矣。五節言畜主賠償所毁失之物，六節言賠所損物，而七節又云官畜産毁食官物不在賠償之限，則六節之損食，五節之毁食内，亦有不應賠償者矣。

損食是一事，謂因食而致損也。與毁食不同，故一曰賠償所毁食之物，毁與食兼言，一曰賠所損物。以損該食，其義甚明。

第七節是兼承五、六兩節，非止承第六節也，故不曰損食而曰毁食。蓋損食是一事，毁、食是兩項，言毁食則已該損食在内矣。解者皆泥止坐其罪之文，謂五節毁食者，畜主無罪名，不知其罪固在六節之放與失兩項内也。如謂止承損食，何以又曰毁食？且同一官畜毁食官物，而一賠一不賠乎？上有一圈，其義可見。註失防二字最是。總之官畜毁食官物，由于故放者皆賠，由于失防者皆不賠也。

條例

凡宰殺耕牛，并私開圈店及知情販賣牛隻與宰殺者，俱問罪，枷號一個月，發落；再犯、累犯者，免其枷號，發附近衛充軍。若盜而殺及貨賣者，不分初犯、再犯，枷號一個月，照前發遣。

〔例上註〕：按：盜律内盜馬牛而殺者，杖一百，徒三年。復有此例，當引盜律而貫入此例，枷號發遣。

此貨賣，亦言賣與人宰殺者。若非宰殺，止依盜律，不得混引此例。

（清）沈之奇《大清律輯註》卷二六《刑律·雜犯·放火故燒人房屋》

凡放火故燒自己房屋者，杖一百。若延燒官民房屋及積聚之物者，杖一百，徒三年。因而盜取財物者，斬監候。殺傷人者，以故殺傷論。若放火故燒官民房屋及公廨倉庫，係官積聚之物者，不分首從皆斬。監候。須於放火處捕獲，有顯迹證驗明白者，乃坐。其故燒人空閑房屋及田場積聚之物者，各減一等。并計所燒之物減價，儘犯人財産，折剉陪償，還官、給主。除燒殘見在外，其已燒之物，令犯人家産折爲銀數，係一主者，全償；係衆主者，計所故燒幾處，將家産銼爲幾分而賠償之，即官民亦品搭均償。若家産罄盡者，免追。赤貧者，止科其罪。若奴婢、雇工人犯者，以凡人論。

〔律後註〕：放火出於出故意，與無心失火不同，故曰故燒。凡放火故燒自己房屋者，情雖可惡，害未及人，故止杖一百。若至延燒官民房屋及官民積聚之物者，害雖及人，而原其放火之心，止欲自焚而已，故止杖一百，徒三年。若因延燒之際，而乘間盜取官民財物，既放火，又爲盜，故坐斬。致有殺人、傷人者，以故殺傷論，以其放火故燒，即與故殺傷無異也。上節是言故燒自己房屋，以及延燒爲盜、殺傷人之罪。若放火故燒官民房屋及公廨、倉庫，係官積聚之物者，其情尤重，其心叵測，同放火之人，不分首從，皆斬。放火故燒民間房屋，即應皆斬，在官者無別，公廨等項亦同，而必指出言之，以見事雖至重，法無可加也。然此故燒者，皆指有人居住、有物積聚者言之，其放火故燒人空閑房屋，則與居住之房屋不同，田場積聚之物，則與家内之積聚不同，故各減一等，杖一百，流三千里。凡延燒，故燒在官、在民以上各項房屋積聚之物，并估計所燒之物，除所存外，將燒減之價，盡犯人盜財家産，折剉而賠償之。如房屋積聚原值銀一百兩，今估計燒殘餘剩之物尚值銀三十兩，扣除此數，則已燒減七十兩之價矣，此謂減價，將犯人之財産，盡數賠償。若燒者多而財産少，則就所有而論，故曰盡犯人財産。折者，折算所值；剉者，剉分其數。將財産折爲銀數，係一主者，全償；如有數主，則照多寡之數，剉分品搭。有官，有民者，不分官主，一體均償，故統稱還官、給主也。

〔律上註〕：止言延燒官民房屋，不言公廨倉庫，則統於官房屋内矣。積聚之物，亦并承官民言。或謂次節故燒官民房屋下，又言公廨、倉庫，并言係官積聚之物，則此延燒官房屋内，不得統言公廨、倉庫，而積聚亦止是民間之物，不得兼言官物。非也。蓋次節故燒之罪，不得統言公廨、倉庫，而積聚亦止是民間之物，不得兼言官物。非也。蓋次節故燒之罪，雖詳列公廨各項，究與民房屋無異，則延燒之罪亦應相同。否則，延燒公廨、倉庫及官積聚者，何以科之乎？

下故燒内，分出空閑房屋、田場積聚另論，此延燒者不言，則亦照官民房屋，積聚科斷。蓋延燒尚非有意，被害無可分別，與故燒者不同也。

因而盜取財物者，謂放火之始，止欲自焚，原無爲盜之心，及至延燒之後，見人財物，一時起意，因而盜取也。與立意爲盜者不同，故雖擬斬，亦得監候，且不皆坐也。當重看因而二字，若先有盜心，則是爲盜而放火矣，與强盜何異？

不是放火本犯而他人盜財者，如係搶奪，照失火搶奪本律；如係竊盜，各依盜常人盜本律。

因而盜財，承延燒而言；殺傷人者，則又統上兩項言之。不問故燒自己房屋、延燒官民房屋，但因火而致殺傷者即是也。

鬥毆律内，止有故殺而無故傷，如傷而未死，即照鬥毆傷科斷。如傷罪輕者，仍依本律，應從重也。如有因放火而致殺傷親屬者，應依親屬本律，與前失火不同，蓋失火出於無心，其情輕，可與凡人同論；放火出於故意，其情重，自當從親屬另科也。

公廨、倉庫，即在官房屋之内，官積聚之物，即在公廨、倉庫之内。而申言之者，謂即故燒及此，亦與民房同論也。不言民間積聚，統於民房屋内矣。除田場積聚外，其收貯别屋之内，露積院墻之中者，如被故燒，應坐皆斬。

故燒官民房屋下，不言因而盜財殺傷之罪，以本律已是皆斬，罪無重於此者，故不言也。

註曰須於放火處捕獲云云，以放火之人必自潛踪匿跡，恐以疑似誣指而枉人也。其罪至重，不可不慎。

若因故燒空閑房屋，延燒官民房屋及公廨、倉庫積聚者，律無文，或謂亦坐皆斬。然延燒終與故燒有間，前故燒己房，延燒官民房屋積聚者，止坐滿徒也，皆斬重罪，豈可臆斷？似應比照後條例充軍。

註内若奴婢、雇工人云云，未詳何指，豈謂奴婢、雇工人放火者，照凡人論罪，不罪家長耶？否則謂本律已重，即奴婢、雇工人犯家長者，亦止以凡人論也。俟考。

條例

各邊倉場，若有故燒係官錢糧草束者，拏問明白，將正犯梟首示衆。燒毁之物，先儘犯人財産折剉賠償，不敷之數，着落經收看守之人照數均賠。

《西寧青海番夷成例·失去牲畜報知鄰近頭目找尋》 凡失去牲畜，三日後報知鄰近頭目找尋，一匹牲畜謝羊一隻。若將所收之牲畜乘騎者，罰牲畜五件；冒稱自己者，罰三九；錯認者，罰一九。若無主承認，准其收養。隱匿者罰一九。

《西寧青海番夷成例·偷金銀皮張等物》 凡偷竊金銀、貂鼠、水獺、皮張並財帛、布（皮）〔疋〕及吃食、糧米等物者，俱照數賠還。如所偷之物值二歲牛價者，罰三九，值羊價者，罰一九，不足羊價者，罰三歲牛。

《西寧青海番夷成例·砍殺牲畜》 凡砍殺牲畜者，除賠償外，罰一九。誤射馬匹，死者照數加賠，未死者罰二歲牛。

《蒙古律例》卷六《盜賊・民人蒙古偷竊牲畜等物之為從者治罪，原偷牲畜着落賠償》　乾隆十四年六月十三日，理藩院奏准定例：

偷竊蒙古馬畜等物，爲從者其産畜、妻子交鄰封盟長爲奴之處一併停止，鞭一百，罰三九牲畜給付事主。民人偷竊口外蒙古牲畜，係爲從，亦鞭一百，罰三九牲畜給付事主。乾隆二十六年，軍機大臣覆准吉林烏喇將軍恒魯奏定：應罰從賊之三九牲畜，勒限一年，於犯人名下着追給付事主。若照罰數全給者，將鞭一百之罪一併豁免；罰得過半者，鞭一百完結；全不給者，停罰，發山東、河南等處。若旗民偷蒙古牲畜，俱照此治罪。若蒙古等將原偷牲畜花費無償，着落該旗參吉照數賠償。若旗民不能賠償原竊牲畜，着落該管等官賠償。

（清）佚名《乾隆朝山東憲規》第四册《當店失火分别賠償》　東藩崔詳霑化縣協順當店，被鄰火延燒衣物一案。內開：查東省從前當店失火，被燒衣物，有按照當本，分别十月內外，每兩賠銀三四錢不等，係就失火情形，商人力量，酌引成案辦理，未有一定章程，且當店自行失火，與被鄰火延燒，情節迥不相同，賠償若無區别，亦屬未協。竊思當商抉盗資貿易利在當主，取贖，庶本利得以輪轉生息，斷無故爲禁燒希圖瞞昧之事。即棄火偷匿，亦事出偶然，在典鋪自行失火，因其防範不謹，毁失資本，累及他人，固應着賠，以示懲儆。至於鄰家起火，或風勢猛烈，或黑夜倉猝搶救不力，致被延燒，在該典已屬被人連累，即以質典貨物，多出貧民，竟予免賠，恐啓乘機隱匿之漸，亦當較自□行起火者量爲輕減。本司卷查近年辦過成案，當店自行失火，有乾隆十九年七月，平原縣永順當店案內，詳奉批准：當本一兩，在十月以內者，賠銀三錢；十月以上者，賠銀二錢；其已過二十個月，概免賠償，頗爲酌中。是以二十五年聊城縣王萬順當鋪失火一案，經本司援照前案議賠，奉本部院批允飭遵在案。請嗣後當店失火，應即以此案爲定。至於當店被鄰火延燒，未有議定之案，本司詳加斟酌，應即照前例，以十分減四議賠。如前賠銀三本，每本減去四分，蓋三六一錢八分也。如當本一兩，在十月以內，賠銀一錢八分；十月以上，賠銀一錢二分；已過二十個月者，概免賠償。仍於失火之時，令該管官詳查當號，分别實在被燒確數，取具該商及地鄰人等，並無乘機隱匿甘結，該縣加具印結附詳察奪。儻有隱瞞情弊究實，將該商照費用受

《西寧青海番夷成例・偷殺牲畜》　若將牲畜偷殺遺去，有人將肉取者，令其人照原物賠償。若在蹤跡以內者，擇其小頭目立誓。若不立誓，坐以犯蹤跡之罪。

《蒙古律例》卷六《盜賊・潛得信息之牲畜別經發覺》　凡被竊牲畜之人控稱有潛來告知者，必令將來告之人姓名寫出具控。若誣告，或被竊牲畜別經發覺，其來告之人罰三九牲畜，給發誓之台吉並加倍給過之人，各半分之。原告罰三九牲畜，給付被告之人。

《蒙古律例》卷六《盜賊・偷竊豬狗雞鵝》　偷豬狗者，罰五畜；偷鵝鴨雞者，罰三歲牛。仍令賠償被竊之物。

《蒙古律例》卷六《盜賊・偷四項牲畜者計贓分別絞遣》　乾隆二十四年九月十一日奉上諭：蒙古野地，并無房屋院落，而蒙古等俱賴四項牲畜養生，故偷牲畜之賊，其罪視內地竊賊所定較重。但今《蒙古例》內，偷畜寡少之賊，擬以絞監候，過數年仍減等放出，定例並無分輕重。此輩皆素習爲賊之人，減等放出，仍令住蒙古野地，仍偷牲畜，於有業蒙古全無裨益。嗣後，此等賊匪內若偷畜較多，情節可惡者，當時即入情實；倘偷畜寡少，情有可原者，不若即視其偷畜多少以爲遠近，分别發遣內地。庶蒙古野地可以清肅，行竊之人亦知儆畏。其當作何改定之處，著刑部會同該院詳察，定議具奏，欽此。欽遵。刑部會同理藩院於本年十月初七日議覆，奏准定例：偷蒙古等四項牲畜至十頭以上者，首賊擬絞，就近在同知衙門監候，秋審作爲情實；自六頭至九頭者，將首賊即發雲、貴、兩廣等省烟瘴地方；自三頭至五頭者，發湖廣、福建、江西、浙江、江南等省；若數止一、二者，發山東、河南等省；俱交驛站充當苦差。民人在蒙古地方偷牲畜在九數以下者，亦照此例分别治罪。爲從者，俱照例鞭一百，罰三九牲畜給付事主。

《蒙古律例》卷六《盜賊・賊罪可疑者發誓》　偷駝馬牛羊四項牲畜，賊情可疑者，令其發誓。人誓者免罪完結；不入誓者擬絞監候，該主罰九牲畜，將賊犯所有牲畜一併給付事主，其妻子暫存該旗，俟將來秋審減等，放出該犯妻子，僉發鄰封盟長處，賞給同盟內因公效力台吉等爲奴。若各該主將賊舉出，視其賊之情罪輕重，分別立決、監候。若將賊已正法，其妻子免其爲奴，取其所有牲畜給付事上。

寄財物律治罪，所瞞物照追給主，不給當本。通飭各屬，一體遵照辦理。庶援引有所依據，定例不致參差等情。蒙批如詳飭遵繳。乾隆二十五年正月十五日。

乾隆三十七年十一月，藩司詳院通飭，當鋪失火，分別賠償之□應照二十五年議定章程辦理。其三十四年署臬司議詳當鋪被竊酌賠，其當鋪失火，亦照失竊之例，照本另利賠償之處停止。有府文存。

《大清會典則例》卷一四四《理藩院・理刑清吏司》 國初定，因熏野獸窟穴致失火者，罰一九給見證人；延燒致斃人者，罰三九給死者之家。其餘失火者，罰牲畜五給見證人；延燒致斃人者罰一九給死者之家。延燒致斃牲畜者照數賠償。康熙十三年題準：挾仇放火致斃人者，官擬絞，庶人擬斬，各監候除妻子外皆籍沒，畜產給與事主。致傷牲畜者，官革職，庶人鞭一百。除妻子之外，畜產均給與事主。乾隆十八年復準：嗣後凡內地民人出口貿易不戒於火致延燒牧場者，皆照蒙古熏野獸窟穴失火例，罰取牲畜，無牲者，比照牲畜折價罰銀。

《滿文老檔》天命八年九月 初七日，降書曰：凡有牲畜入田，知者執之。執者勿剝取其衣，帶其見鄉之章京，馬、牛、騾、驢等畜，各罰銀一兩。

《户部則例》卷二三《庫藏・追賠・分賠》 雍正六年，奉上諭，據正白旗漢軍都統李國權等奏稱，原任副都統萬永祺借欠公庫銀兩一案，除有抵一千餘兩外，尚有未完銀二千七百餘兩，應着落原准借之都統、副都統及保官、庫官等勒限分賠。今都統石文英、庫官于珩、李鳳林已於別案各報家產盡絕，應將此項銀兩着落管庫。原任佐領張國柱之子張經、六品官高應清之子高起鵾二人名下分賠等語，夫拖欠公庫銀兩，所以令該管之人分賠者，蓋以當時經管錢糧之人將公帑借給之時，或徇情受託，或扣尅分肥，不論其人家產之厚薄濫行借給，致成虧缺，無可着追。揆之情罪，甚屬可惡，是以責令分賠，以示懲戒。但分賠多人，各人名下自有應賠之數。若該員將應賠之數完納，則其責已畢。倘將他人家產盡絕，不能完納之數加於現在之人，則一人又代衆人分賠，殊於情理未協。嗣後凡屬分賠之項，本人止完自己名下應賠之數。若同賠之人有家產盡絕者，將此分賠銀兩豁除歸結，不得於他人名下濫行攤派，着通行八旗奉爲定例。欽此。

一、官員一切應賠庫項開欠抵追，如所開之欠查明寔係公帑，其借欠之人當日具有借欠印領者，應照數追還，並將借欠之員分別議處。若查係平日私債，或係已資幫助親友以及同官私借，雖有文約，並無印領者，無論遠年近年，有無確據，一槩不准追抵。

一、典守倉庫錢糧官物於接收交代後，有霉變失少者，即着落接收交代官及徇庇之上司按數分賠，不得因霉失數多，攤派舊任官賠還。

一、凡特欵支銷錢糧，該承辦官於動欵時不報部聽核，徑行動用，直俟奏銷時。如行開報，經部照例核駁者，所駁銀兩着落擅動官獨賠，如不能完，照例治罪。若因一人銀數繁多，或私派屬員公捐，或勒令後任攤賠，察出嚴究。

一、凡應賠庫項，本員力不能完者，着落承產之兄弟叔姪、分肥之僚友上司、經手之家奴吏役，及寄頓財產之人，按股分賠。若分居之兄弟、親屬並不知情之親友奴僕，承追官不得株連。

一、官員承查、承估、承變、承追各錢糧，如係查估不實，追變侵隱致虧帑項者，所虧之數着落按照賠償。若估勘本無不實，催追並無徇縱，委因變抵不敷，查無情弊者，其不敷之數仍在欠帑本員名下歸結，不得勒令承估、承追、承變官代賠。其遲延不力，仍報叅議處。

一、凡出借錢糧，令該管各上司稽查，如有揑飾侵漁及未經報明私行借動者，題叅治罪、着追。如係奉文借給，實在無可着追，確查，出結題豁，不得在於經手官名下着追。

一、軍需案内應追銀兩，查無虛糜飽橐情弊，經部照例核減者，先於本員名下全數着追。如本員於離任後力難獨完，查明原追案内，或由該管上司派委不慎，或失於詳查所致，即令該管上司與本員各半分賠。如本員於分賠一半銀内仍不能完者，查係候補人員俟補官日於俸廉内按數扣還。如係罷職人員，仍令查照舊例題豁。此外倘更有承辦要務，志在急公，不能悉符常例，致有追賠者，該上司將實在情形查明，摺奏請旨遵行。

《户部則例》卷四三《錢法・解運・沉溺》 一、辦運京局銅鉛錫斤遇有沉溺，該運員即時報明所在，地方官立即會同查勘。實因猝遇失風及險灘急水，人力難施致有沉溺，並無揑報失風等事，該地方官查明具結呈報，一面借給撈費，督同上緊打撈，以沉溺之日起限一年全獲，限滿無獲與獲不足數，該地方官查其沉溺處所，如係江湖黄河險隘，水手舵工並非不行揀雇，兼無浮載攜私情弊者，結報該督撫，移咨各本省巡撫，將無獲銅鉛會疏題豁，官爲補解。若平水沉溺無獲，按數合算本脚著運官賠還。其所沉銅鉛，仍聽自行打撈。撈獲之日，官照廠價運脚收買帶解京局，不准運官私售地方。文武官失防，無論險灘平水，失防之日即照漕船失風例議處。限後已獲未獲，分別加罰、免議。運官於平水沉溺銅鉛無獲，照江海輓運米穀漂流例叅革。應賠之數，限叅後二年賠完。不完，依律擬罪。倘運官以平報險，地方官狥隱扶同，查出叅究，題豁之督撫一併議處分賠。

一、地方官會雇銅鉛船隻，不選有身家船户，將不諳風色路徑之舵工水手濫雇充用，致有沉溺者，原雇地方官照官員解送匠役以不諳之人塞責例議處。如實係風水驟發非力所能護，該管官查明結報，免其處分。

一、打撈工費准運官稱明地方官請借應用。地方官查明險灘平水，分别核借，於庫項内動支。仍移咨各該省扣解還項。如沉溺銅、鉛、點錫全獲，准與報銷。若無獲及撈不足數，或豁免或著賠其撈費，統於運員名下扣還。各省辦解銅鉛錫斤打撈工費一體借給。

《大清新法令》第四卷《光緒新法令·農工商部等會奏核議礦務章程折附片並清單》 第十一章 礦商應遵之禁令

第五十二款 泄水受害者應予賠償 倘因礦中積水或因别故，該礦商雖已得知，仍不遵照章程所定期内設法疏泄，以致礦内、礦外别人之利益受損，該礦商應訂立合同賠償或由本省總局斷賠。

紀事

《漢書》卷三七《田叔傳》 田叔，趙陘城人也。**【略】**於是上大賢之，以爲魯相。相初至官，民以王取其財物自言者百餘人。叔取其渠率二（千）〔十〕人笞，怒之曰：王非汝主邪？何敢自言主？魯王聞之，大慙，發中府錢，使相償之。相曰：王自使人償之，不爾，是王爲惡而相爲善也。

《後漢書》卷八三《逸民傳·梁鴻》 梁鴻字伯鸞，扶風平陵人也。**【略】**後受業太學，家貧而尚節介，博覽無不通，而不爲章句。學畢，乃牧豕於上林苑中。曾誤遺火延及它舍，鴻乃尋訪燒者，問所去失，悉以豕償之。其主猶以爲少。鴻曰：無它財，願以身居作。主人許之。因爲執勤，不懈朝夕。鄰家耆老見鴻非恒人，乃共責讓主人，而稱鴻長者。於是始敬異焉，悉還其豕。鴻不受而去，歸鄉里。

《宋書》卷八二《周朗傳》 周朗字義利，汝南安成人也。**【略】**世祖即位，除建平王宏中軍録事參軍。**【略】**又除太子中舍人，出爲廬陵内史。郡後荒蕪，頻有野獸，母薛氏欲見獵，朗乃合圍縱火，令母觀之。火逸燒郡廨，朗悉以秩米起屋，償所燒之限，稱疾去官，遂爲州司所糾。

《晋書》卷八九《忠義傳·王育》 王育字伯春，京兆人也。少孤貧，爲人傭牧羊，每過小學，必歔欷流涕。時有暇，即折蒲學書，忘而失羊，爲羊主所責，育將鬻己以償之。同郡許子章，敏達之士也，聞而嘉之，代育償羊。

《隋書》卷四二《李德林傳》 李德林字公輔，博陵安平人也。**【略】**初，大象末，高祖以逆人王謙宅賜之，文書已出，至地官府，忽復改賜崔謙。上語德林曰：夫人欲得，將與其舅。於公無形迹，不須争之，可自選一好宅。若不稱意，當爲營造，并覓莊店作替。德林乃奏取逆人高阿那肱衛國縣市店八十塸爲王謙宅替。九年，車駕幸晋陽，店人上表訴稱：地是民物，高氏强奪，於内造舍。上命有司料還價直。遇追蘇威自長安至，奏云：高阿那肱是亂世宰相，以諂媚得幸，枉取民地，造店賃之。

德林誣謅，妄奏自入。李圓通、馮世基等又進云：此店收利如食千户，請計日追贓。上因責德林，德林請勘逆人文簿及本换宅之意，上不聽，乃悉追店給所住者。自是益嫌之。

案例文書

《敦煌本判集三種·唐判集》 奉判：選人忽屬泥途，賃馬之省。泥深馬瘦，因倒致殂。馬主索倍（賠），選人不伏。未知此馬合倍（賠）已不。但選人向省，遠近易知，平路雖泥，艱危可見。向使揚鞭抗策，故事奔馳，馬倒制不自由，取斃似故非理。披尋狀迹，懸亦可知，折獄片言，於兹易盡。向若因奔致倒，明知馬死因人。馬既因倒致殂，人亦無由自制。人乃了無傷損，馬倒即是乘閑，計馬既倒自亡，人亦故無非理。死乃惟天命，陪則竊未弘通。至若馬倒不傷，人便致死。死狀雖因馬倒，馬主豈肯當辜。倒既非馬之心，死亦豈人之意。以人況馬，彼此何殊，馬不合倍（賠），理無在惑。

（宋）陳元靚《事林廣記·别集》卷四《公理類·告狀新式·應被牛畜食踐禾苗告狀式》 告狀人姓厶

右厶年幾歲，無病，係厶村厶都籍民，耕田爲活，伏爲狀告：厶年月日忽見厶所耕東村田内有黄牛三隻，在被將禾苗食踐，隨即投告當管張社長，一處田所驗視，得被前項牛隻食踐訖田禾約有二畝餘，其牛係是本村梁已家所養牛隻，令本人陪償，不肯歸還。今來若不狀告，乞行追徵。委是，使厶有失歲望，無得子粒，應付當差用度，謹狀上告其縣官伏乞詳狀施行所告，執結是實。伏取　裁旨　年　月　日告狀人　姓　某

狀

（明）張肯堂《䇢辭》卷二《蘇仲芳船户》 鹽客高應聘與船户蘇仲芳互訟者屢矣。乃仲芳之不獲逞志於應聘，與應聘之不能忘情於仲芳者，則皆有其故焉。蓋仲芳之負應聘，帳本犁然，仲芳無辭也。船過道口，應聘復居上游，仲芳無以難也。窘極而計始生，乘劉沛之病故，托名清算，誘之入船，奮臂交毆，反以人命訟，芳自以爲勝算在已矣，然研審之餘，真情逼露，姑不繩以反坐之律，而第杖其横毆之兇，在用法者方以爲恕，而捍綱者乃以爲冤，此仲芳之不獲逞志者也。蜚陷之巧詞既爲昭雪，而切膚之老拳復從法警，在應聘似可止矣，然所逋之金，始猶置之不問。服賈之

人惟利是圖，其肯損數十金以博長厚之名乎，此應聘之不能忘情者也。本縣體上臺廉平之治，日朗天清，惟知有三尺而已，豈爲小人之洶洶而輟其常法哉。合兩造而縷悉之，算子一握，不能隨人軒輊。除陸續准折外，稍爲減之，尚應追給二十兩。仲芳負人陷人，再從寬典，姑予一杖。

（明）張肯堂《㽦辭》卷八《李孔年濬縣人告元城人》　濬民李孔年積年裝灰，至元城之小灘鎮發市，與鎮民胡國柱等交易久矣。事完結算，國柱之欠孔年者，僅銀陸錢。而服賈之人，錙銖必較，向國柱峻索。國柱不堪，率無賴劉進朝、劉五虎等，伺其獨身偶出，奮臂叢擊。此店家李士孔相視以目，而今亦不能爲之諱者也。國柱負人毆人已悖情理，乃進朝等何人，輒敢助虐。三人均杖，於法猶寬。張二僅雖欠銀壹兩，然相毆始末，並不與聞，與國柱各追給主。同事異情，姑貰其罪。

《盛京滿文檔案・崇德三年八月》　十七日，鑲紅旗虛銜牛録章京王樹旺爲本牛録胡光齊、隨洪柱訐於法司，往築藩城時，曾宰食本牛録下李六豬一口，又取酒一瓶飲之。審實，王樹旺罰規定之罪銀十兩，以六兩六錢六分入官，三兩三錢三分給舉首人，王樹旺另償還李六豬一隻、酒一瓶。

《盛京滿文檔案》崇德四年十一月　初五日，多羅饒餘貝勒出征，以籌備軍餉，遣其家人吴希特依，沃吉倫取其阿濟拜牛録下毛巴里懷胎牛一頭，攜至軍營。後以弗准，自軍營送回，牛主索之，不與，宰之用以宴。於是，毛巴里攜牛犢訟於户部，審實，議以饒餘貝勒身爲貝勒，不欲贍養貧窮，反取窮民懷胎牛用於宴，此例國中弗有，遂治其罪，盡奪其牛群入官。賽觀未能力勸貝勒，將牛還與牛主，鞭一百。奉令取牛者吴希特依、沃吉倫各鞭一百，貫耳鼻。首告毛巴里往投本旗貝子羅洛，以牛九頭償還毛巴里。

（清）李之芳《棘聽草》卷六《讞詞・婺邑・本縣一件為激勸謀抄事》

審得潘和甫乃代爲刀筆之人也，鄭宦有岳家撥贈隨奩屋數椽，偶因遠游，自以爲葳蕤可鎖，苔蘚可封，孰慮和甫瞯室闃其無人，入而毁其墻屋，竹木圖書，歎梅花之不管；明窗净几，無瓦雀之來窺，竊負而歸，亦可已矣。後復遺火積薪，將毋燔其書，火其居，始稱愉快乎！追賠給主，何宜一杖！

（清）李來章《連陽八排風土記》卷八《嚮化・青菜遵斷如期賠物一則》　連山習俗，喜值有事，乘機投隙，以施跳詐之術。緣起小釁，釀成大禍，比比皆是。殷鑒在彼。官斯土者，不可不時加省惕也。沙坊武生雷兆豐、雷之豫，在連州紅羅坪被猺截搶衣帽。賊無主名，乃指稱路分，舊係軍、馬二排所管，赴縣具控。予拘猺目青菜等，責懲之。而兆豐、之豫遂索銀一百二十兩，猺無以應也。又有好事之生潛身入排，指三衙官吏派銀三百餘兩。方在酌議。予廉知之，遽呼青菜等至公堂，斷令賠銀六兩，密緝真賊，具結承管路分。面諭曰：嗣後有事，爾等排是問。今放爾等歸排，須如期赴繳。予不要錢。此外莫信人言，更費分文也。是時，寮屬吏役更番疊諫，以爲青菜者，五排之渠魁也，氣傲而心狡，歷來官長皆加寵待，公獨以法繩之。若去，必不返。設以見責銜恨，負嵎逞兇，將奈之何？予曰：業已許之矣，安可食言？卒遣之，使人偵探。青菜至排，具述予言，猺皆大喜曰：我侯清廉如此，吾輩安可負之！至期遵斷，繳銀如數，令二雷生當堂領去，自此五排守法皆不爲民害云。

（清）佚名《比照案件・户律・市廛・把持行市》東撫咨：孫成蘭以空身作本，與李瑄合夥開店，並不善爲經理，以致虧折。始則捏帳，冀圖侵用，繼又令李瑄更换店號，致李瑄受愚，畏累自盡。雖無誆騙侵吞情事，惟以店貨外欠作抵，虧空累累，難保其非昧良肥己。將孫成蘭比照牙行侵欠控追之案，訊係分散客店，並無中飽，數在一千兩以上例，將該犯照例嚴追，如果不完，加等杖責發落，欠銀仍追給主。

（清）蒯德模《吴中判牘》　余初莅任，查閱籠房，見有高發美者，憂戚之形見於眉宇。問何故羈押，曰擺開麫餅攤，欠金子和麫店錢七千文，押經三月之久，屢以母病乞歸，未准。今母已故矣。言訖痛哭。判曰：兩手全空，没麫爲餅，一身在押，避債無臺，而且母死未歸，家貧如洗，未盡一棺之慟，徒虞三尺之追。在本官既少矜凶之情，在原告亦犯伐喪之戒。區區不畀，他日可償，哀哀徒勞，終天飲恨。錢債事本細故，況屬無多，親喪疚在終身，能無隱痛？乃召金子和，至以麫攤器具償之，而釋高發美歸。

（清）鍾體志《柴桑傭録》卷一《讞詞・劉守乾控胡風旭案》　案查赤松下鄉萬壽宮，原捐儲積穀一百一十八石五斗。光緒七年，因胡家元住屋失火延燒，經劉前縣飭令伊子風旭賠償。光緒九年九月，胡風旭結稱除已繳外，下欠穀八十九石六斗。繼因延不措繳，致被追押。是年臘月，據貢生簡振凡保釋出外，變産清還。其保狀内只註欠穀四十一石零。十年風旭繳穀二十三石，是振凡所保數内，尚欠穀十八石零。撿查振凡原稟，曾稱所保欠數如不繳清，自應歸生照補。即着該貢生代繳十九石，綜計風旭先後繳穀五十三石。暨振凡認繳十九石外，尚欠穀四十六石五斗，本應照案飭風旭如數歸繳，惟念風旭貧苦，於此項積穀，究係失火延燒，與侵蝕盜竊者有别。姑從寬減，着完繳二十石，以示體恤。餘所短二十六石五斗，由首事劉守乾等，將儲存之穀，出貸生息。限兩年彌補足額，飭各出具限結楚繳歸倉，毋得違悮干咎。至萬壽宮燬後，穀無所歸，暫移儲太平庵。今萬壽宮已修復，即查照原案仍歸萬壽宮收儲可也。限結三紙附。

（清）趙幼班《歷任判牘彙記》卷二《判李忠雲等堂詞》　高生發受傷業已驗明，填單附卷。姚致貴行兇屬實，訊其起釁之由，係李忠雲欠錢，姚致貴弟兄追欠，冲毀鍋竈等物。斷令姚致貴賠洋六元。高生發受傷，飭姚致貴承認醫藥資洋三元。此兩款著於李忠雲借款内劃除。並令姚致貴即日交出借據，李忠雲找付兩元，牛隻水車，飭坐坊錢標，地甲張標交還，李忠雲收回。高生發回去。姚致貴收押，候傳姚致和帶據來案，再行取結完案。洋炮鐵鑿入庫。此判。

（清）趙幼班《歷任判牘彙記》卷二《判饒新才等堂詞》　客民賈壽明在五雲樓客棧被竊，責成饒新才先行照賠，並且將該茶房送案究辦，以儆其後。該棧主饒新才藉詞支離，顯係故縱。茶房着收拘留所，候將失物賠楚再釋，准限十日。地甲當堂責釋，限三日緝獲贓賊。此判。

（清）魏息園《不用刑審判書》卷二　孫寶爲京兆尹。有賣饘饊者，今之饘餅也。於都市與一村民相逢，擊落皆碎。村民認賠五十枚，賣者堅稱三百枚，無以證明。公令買一枚，稱之。又稱饘饊之碎者，細折分兩，賣者乃服。

雜録

（宋）李昉《太平廣記》卷三五五《鬼・廣陵賈人》　廣陵有賈人，以柏木造牀，凡什器百餘事，製作甚精。其費已二十萬，載之建康，賣以求利。晚至瓜步，微有風起，因泊山下。頃之，有巨舟，其中空，惟篙工三人乘之，亦泊於其側。賈人疑之，相與議，此必群盗也，將伺夜而劫我。前浦既遠，風又益急，逃避無所。夜即相與登岸，深林中以避之。俄而風雨雷電，蒙覆舟所，岸上則星月了然。食頃，雨止雲散，見巨舟稍稍前去，乃敢歸，舟中所載柏木什器，都不復見，餘物皆在。巨舟猶在東岸，有人呼曰：爾無恨，當還爾價。賈人所載既失，復歸廣陵，至家，已有人送錢三十萬，置之而去。問其人，即泊瓜步之明日也。

恢復原狀分部

綜述

《唐律疏議》卷二七《雜律・毀人碑碣石獸》 諸毀人碑碣及石獸者，徒一年；即毀人廟主者，加一等。其有用功修造之物，而故損毀者，計庸，坐贓論，各令修立。誤損毁者，但令修立，不坐。

疏議曰：《喪葬令》：五品以上聽立碑，七品上以立碣。塋域之内，亦有石獸。其有毀人碑碣及石獸者，徒一年。即毀人廟主者，加一等，徒一年半。其有用功修造之物，謂樓、觀、垣、塹之類，而故損毀者，計修造功庸，坐贓論，謂十疋徒一年，十疋加一等。仍令依舊修立。若誤毀損者，但令修立，不坐。

《天盛改舊新定律定》卷一一《分用私地宅門》 諸人先已分賣畜、人、物、田地、帳舍等，爾後不許屬者改口追告及節親子弟追告。倘若違律時徒六個月，畜物爲依先所分賣者。

《元典章》卷三〇《禮部・禮制・葬禮・占葬墳墓遷移》 元貞二年九月，江西行省：

據臨江路申：備新喻州申：章能定告胡文玉强葬墳地公事。抄連晋關書文契、宗枝圖本，乞照詳。議得：胡文玉父子倚恃富豪，强將章能定母墳盜掘起移，却埋伊祖、母二喪，有傷風化，於理難容。又令人説誘章能信，將祖墳山地，不經批問親鄰，又不經官給據，故意違法成交。已上重罪，幸遇詔恩革撥外，擬責胡文玉近限遷改强葬墳墓，其地斷還章能定管業。據章能信元受胡文玉買地價鈔中統一十六定，即係違法成交，所合追没。乞照詳。省府准申，合下仰照驗施行。

《至正條格・條格》卷二六《田令・佃種官田》 至元六年七月初七日，詔書内一款，節該：浙西沙塗草地，自來俱係細民與竈户撒佃、納租，辦課，邇者，添答租賃錢鈔，撥付阿加失里魯王、朶兒只班公主等，擾害竈民。詔書到日，有司即便拘收已降聖旨，依舊令民管佃納課，敢有似前占據者，以違制論。

（明）何廣《律解辯疑》大明律卷五《户律・田宅・棄毀器物稼穡等》

凡棄毀人器物及毀伐樹木稼穡者，計贓，准竊盜論，免刺。官物加二等。（止）償而不坐罪。

議曰：稼穡者，謂種之曰稼，斂之曰穡。官物加二等，假如棄毀人器物，計贓一貫以下，該杖六十，官物加二等，杖八十。若係遺失及誤遺失及誤毀官物者，各於杖六十上減三等，笞三十之類，並驗數追價。若係遺失及誤毀私器者，止賠其物，不復坐罪。

若毀人墳塋内碑碣、石獸者，杖八十。毀人神主者，杖九十。若毀損人房屋垣墻之類者，（止）但令修立，不坐罪。

議曰：官（物）〔屋〕加二等，謂如坐贓論上加二等。不坐罪，謂誤毀他人及係官房屋之類，但令修造還官主，俱不坐罪。

（明）何廣《律解辯疑》大明律卷三〇《工律・河防・侵佔街道》

凡侵佔街巷道路而起蓋房屋及爲園圃者，杖六十，各令復舊。（止）笞四十。出水者，勿論。

議曰：街巷者，大曰街，小曰巷，又曰人烟輳集曰街，人烟避净曰巷。各令復舊者，謂街巷起蓋房屋，道路爲園圃，故曰各令。

《大明律直解所載明律》卷五《户律・田宅・棄毀器物稼穡等》 凡棄毀人器物，及毀伐樹木稼穡者，計贓，准竊盜論，免刺；官物加二等。若遺失及誤毀官物者，各减三等，並驗數追償；私物者，償而不坐罪。若毀人墳塋内碑碣、石獸者，杖八十。毀人神主者，杖九十。若毀損人房屋、垣墻之類者，計合用修造雇工錢，坐贓論，各令修立；官屋加二等。誤毀者，但令修立，不坐罪。

（明）雷夢麟《讀律瑣言》卷五《棄毀器物稼穡等》 凡棄毀人器物，及毀伐樹木稼穡者，計贓，准竊盜論，免刺，官物加二等。若遺失及誤毀官物者，各減三等，並驗數追償。私物者，償而不坐罪。若毀人墳塋内碑碣、石獸者，杖八十。毀人神主者，杖九十。若毀損人房屋牆垣之類者，計合用修造雇工錢，坐贓論，各令修立。官屋，加二等。誤毀者，但令修立，不坐罪。

瑣言曰：棄毀人器物，及毀伐人樹木稼穡，皆有意於害人，故計其器物樹木稼穡所值價錢爲贓，准竊盜論，免刺。係官者，加二等。若遺失及誤毀官物者，各於官物加二等上減三等，與棄毀制書及棄毀軍器等同例，非謂准竊盜贓上減三等也。不問棄毀、遺失、誤毀官物，及棄毀他人器物，毀伐他人樹木，並驗數追償。若遺失及誤毀他人器物者，原無害人之心，但償而不坐罪。樹木稼穡，不言誤毀伐者，彊界有定，砍伐爲難，安得誤哉？皆故毀也。碑碣，石獸，所以莊墳墓，神主所以依魂靈，故但有故毀者，即坐杖八十、杖九十之罪，不計其所值之贓也。故毀損人房屋垣墻，情重於器物之類，其所毀損又有多寡之不同。故計合用修理工價，坐贓論罪。所毀碑碣、石獸、神主、房屋垣墻之類，各令修立。若官物，加二等，修立還官。誤毀者，不問碑碣、石獸、神主、官民房屋垣墻之類，但令修立，不坐罪。誤毀官物減故毀三等。誤毀官屋，獨不坐罪者，蓋彼之驗數追償，其力爲易舉，此之修立還官，其費爲不貲也。

《皇明條法事類纂》卷一三《户部類·賠償修理追給工價》　弘治二年八月初三日，大理寺卿馮等題，爲傳奉事。計開：

一、懲兇惡。照得京城内外，軍民雜處。有等光棍喇虎之徒，止因小忿，輒發大酒。有鬥毆殺人命，將屍扛擡圖賴者，有因駡詈，執持刀棍，糾合人衆行兇毆打者，或將有錢器物盡數棄毀，或將房屋垣墻，一概毀損。法司雖稱依律驗數追償，計合用償錢，責令修理。但陪償者止令出條補鈔貫，(循立)〔修理〕者又令出外修理，徒有陪償修理之名而已。合無今後將棄毀器物，務要驗放明白，某物責令陪償某物，及毀損房屋垣墻，亦須估計合用修造雇工錢，限修理完備，方將〔毆〕死人問擬如律，照例發落，庶(見)〔兇〕惡知懼，良善得安。

(明)佚名《重刻律條告示活套》卷二《棄毀器物稼穡》　前件，某府某縣爲禁約事。竊惟人之器物，夙借於以工人之田禾，尝勤於巧力，喪惜允當，棄毀奚堪？訪得本縣有等鄉野愚民，不畏法度，罔念古人制器物之意不知農家稼穡之艱，或因取借之逆心，而將器物之棄毀，或因小忿之致怒而將稼穡之殘傷。不惜成功，暴棄天物。是可忌而執不可忍，人可欺而法不可欺。若不禁約，誠恐因循爲盜，貽患地方。爲此，合給告示，發仰村、城、鎮、店等處張掛曉諭，如有前項之徒，各有遷善改過，守法保身。敢有仍前故違，許地方里鄰舉呈以憑拿問不恕。

《律條直引》卷五《户律·田宅·棄毀器物稼穡等》　趙甲依棄毀官器物，毀伐官樹木、稼穡者，加毀損人器物，毀伐人樹木、稼穡罪二等律；錢乙棄毀人器物，毀伐樹木、稼穡者，計贓准竊盜論，免刺，各一百二十貫罪止律，杖一百，流三千里。孫丙依毀損官屋者，加毀損人房屋罪二等律；李丁依毀損人房屋、牆垣之類者，計合用修造雇工錢坐贓論，與孫丙俱五百貫罪止律，杖一百，徒三年。周戊依遺失、誤毀官物，減棄毀計贓准竊盜論，免刺，一百二十貫三等罪止律，杖八十，徒二年。吴己依毀人神主者律，杖九十。鄭庚依毀人墳塋内碑、碣、石獸者律，杖八十。俱有《大誥》減等。趙甲、錢乙各杖一百，徒三年。孫丙、李丁各杖九十，徒二年半。周戊杖七十，徒一年半，吴己杖八十，鄭庚杖七十。係軍民，無力的決充徒哨瞭，有力與官吏納米等項，完日還職役着伍寧家，其棄官私之物賠償；碑、碣、石獸、墻垣之類責令修立。

(清)沈之奇《大清律輯註》卷五《户律·田宅·棄毀器物稼穡等》

凡故意棄發毀人器物，及毀伐樹木稼穡者，計所棄毀之物，即爲贓，準竊盜論，照竊盜定罪。免刺。罪止杖一百、流三千里。官物加準竊盜贓上二等。若遺失及誤毀官物者，各於官物加二等上減三等，凡棄毀、遺失、誤毀，並驗數追償。還官，給主。若遺失、誤毀私物者，償而不坐罪。若毀人墳塋内碑碣、石獸者，杖八十。毀人神主者，杖九十。若毀損人房至墻垣之類者，計合用修造雇工錢，坐贓論。一兩以下笞二十，罪止杖一百、徒三年。各令修立。官屋加二等。誤毀者，但令修立，不坐罪。

〔律後註〕：棄、毀是兩事，謂棄擲人器物，使不可復得，毀壞人器物，使不可爲用也；毀、伐亦是兩事，謂將人樹木稼穡，或毀傷，或伐去也。此皆故意侵損于人之事，故計所棄毀器物及毀伐樹木稼穡之價值，作爲贓數，準竊盜論，免刺。其棄毀及毀伐係官物者，於準竊盜罪上加二等科之，亦免刺，並罪止杖一百、流三千里。遺失則與棄者不同，誤毀則與毀者不同，俱由無心之過。若遺失及誤毀官物者，各於官物加二等上減三等。並驗數追償句，統承上棄毀、毀伐、遺失、誤毀等項言，係官者還官；係民者給主。私物者償而不坐罪句，止承遺失、誤毁二項言。私物，即民人之物也。墳塋内之碑碣、石獸，關係人之祖先，不比他物，而神主爲尤重，毁之者不可計贜準盗，故坐杖八十、杖九十也。若毁損人房屋墻垣之類，則工費數重，難與器物同論，故計合用修造雇錢，作爲贜數，坐贜論罪。凡碑碣、石獸、神主、房屋、墻垣等項，各令修補起立。毁損官屋，加坐贜罪二等，修補還官。誤毁者，碑碣、石獸、神主，俱不坐杖罪；官民房屋、墻垣，亦不坐贜論罪，但令修立。夫棄毁器物者準竊盗論，毁損房到則坐贜論罪，誤毁官物者止減三等，誤毁官民房屋則概不坐罪，蓋修造房屋之費爲數不貲，若計贜準竊，其罪太重，而責令修還，則罰亦不輕矣。

〔律上註〕：樹木，不拘在墳塋與場圃者。種之曰稼，斂之曰穡，稼在田，穡在場也。若既毁伐，因而盗去，則減依盗墳塋樹木及盗田野穀麥律科之。

竊賊贜一兩以下，杖六十，官物加二等，則一兩以下，應杖八十。遺失、誤毁減三等，注曰於加二等上減，則一兩以下應笞五十矣。夫遺失、誤毁在私物，則止賠償而不坐罪，後誤毁官屋亦不坐罪，此遺失、誤毁官物則減三等，謂官物不可失誤也。然照加二等上減，止輕於棄毁者一等，《指南》諸書，謂此是依毁棄制書及棄毁軍器二律之例，故應照加二等上減之，其解殊謬。按：毁棄制書律，原無加等字，誤毁者自照本罪上減也；棄毁軍器律，則計件數定罪，按件加等，原是本罪。誤毁者於加等上減，即是於本罪上減，豈可比例同論？或謂應照準竊盗本罪上減科，毁棄毁伐，則加二等；遺失、誤毁，則減三等，似合前後律意，然已注定於官物加二等上，即無庸贅言。

樹木稼穡不言誤者，謂疆界攸分，不應有毁伐之誤也。設有之，亦止責償，不坐罪。

或謂碑碣、石獸係敕葬者，依官物。非也。石獸非敕葬者不得立，律文並無分别，何得附會？

紀事

《南齊書》卷五五《孝義傳·韓係伯》 韓係伯，襄陽人也。事父母謹孝。襄陽土俗，鄰居種桑樹於界上爲誌，係伯以桑枝蔭妨他地，遷堺上開數尺，鄰畔隨復侵之，係伯輒更改種。久之，鄰人慚愧，還所侵地，躬往謝之。

《宋史》卷一七三《食貨志·農田》 〔紹興〕五年，江東帥臣李光言：明、越之境，皆有陂湖，大抵湖高於田，田又高於江、海。旱則放湖水溉田，澇則決田水入海，故無水旱之灾。本朝慶曆、嘉祐間，始有盗湖爲田者，其禁甚嚴。政和以來，創爲應奉，始廢湖爲田。自是兩州之民，歲被水旱之患。餘姚、上虞每縣收租不過數千斛，而所失民田常賦，動以萬計。莫若先罷兩邑湖田。其會稽之鑑湖、鄞之廣德湖、蕭山之湘湖等處尚多，望詔漕臣盡廢之。其江東、西圩田，蘇、秀圍田，令監司守令條上。於是詔諸路漕臣議之。其後議者雖稱合廢，竟仍其舊。

二十三年，諫議大夫史才言：浙西民田最廣，而平時無甚害者，太湖之利也。近年瀕湖之地，多爲兵卒侵據，累土增高，長堤彌望，名曰壩田。旱則據之以溉，而民田不沾其利；澇則遠近泛濫，不得入湖，而民田盡没。望盡復太湖舊迹，使軍民各安，田疇均利。從之。二十四年，大理寺丞周環言：臨安、平江、湖、秀四州下田，多爲積水所浸。緣溪山諸水併歸太湖，自太湖分二派：東南一派由松江入於海，東北一派由諸浦注之江。其沿江泄水，惟白茅一浦最大。今泥沙淤塞，宜决浦故道，俾水勢分派流暢，實四州無窮之利。詔兩浙漕臣視之。

原告之氣忿，一以儆鄉民之粗心。被污衣服，即據供稱可以洗滌，即由原告帶回息行浣濯，以息争端。此種身外之污辱，一經盪滌，即可還我本來，該原告其可不必介介也。此判。

（清）趙幼班《歷任判牘彙記》卷一《判王淦泉等堂詞》 韓租王船，立有領據。所議水脚五五分、四五分、四六分、三七分之數，現亦無從核算，即照韓霞泉所説，尚欠九元六角。至押本五十元，已取去二十元，下存三十元，除扣欠款九元六角，王應補出二十元四角。惟原日王船交韓，係完全者，今有破損，韓應賠修。飭韓交五元，由王淦泉再還洋十五元，以清糾轕。韓即將母抬回，將船交出，就此息訟，免受拖累。取具遵結附卷。此判。

（清）趙幼班《歷任判牘彙記》卷二《判解和順等堂詞》 該工頭承包公館房屋。據供保固一年，迨工竣數月，墻垣兩次倒塌。其原日偷工減料不問可知，既在保固限内墻垣倒塌，應令賠修，無可遁飾。今據自十月初八日開工，以十月底完竣。飭取的實店保，如不遵限，定予嚴懲。此判。

（清）熊賓《三邑治略》卷四《堂判利川縣任内**·訊錢永芬一案》** 訊明錢永芬有祖墳一處，在西門外沙井地方，據牟秉甲、段錫茂等供稱不錯。譚維政竟以六百文賣一穴於周以甲葬棺，且遮錢姓祖墳山向，實屬無理。當堂戒飭示懲，並令出具誤賣切結，周以甲自行將棺遷移他處，以免轇轕。此諭。

《清代名吏判牘七種彙編》卷上《清官第一于成龍·糞濺新衣》 審得鄉民屈天章糞污平襟亞裘裳一案，在平襟亞粲粲衣服，原存珍貴之心。況來自粤東，備作新婚之用，其珍重寶愛，自不待言。何意甫行穿上，即逢糞污。臭穢難聞，黄汁淋漓。宜其勃然震怒，不可遏止。人情之恒，毫不足怪。但鄉民屈天章事出無心，亦非故意。擔糞上橋，路滑石濕。偶一不慎，傾翻滿街。而平襟亞適逢其會。其跡雖可責，其情實可原。且本案事實，既不合損毁殺傷之例，亦難加笞杖流徒之刑。令其賠償新物，則價貴不貲，非其力所能堪。使果默無一言，則原告無端受此身外污辱，心亦難甘。本縣酌理斟情，判令鄉民屈天章著向平襟亞當堂磕頭二十，一以息

財産糾紛部

案例文書

（唐）張鷟《龍筋鳳髓判》卷二《主客》 波斯、崑崙等舶到，給食料，已前隱没不付，有名無料虛破官物，請停。

扶南雜種，安西諸國，跨險憑危，梯山航海，飛艎走浪，望鼠島而三休，大舶參雲，指麟洲而一息。鳶波象郡，萬舳爭先，烏滸狼朊，知艘競進，游賊滿山。刑人半市，督郵從事，猶密興於私門。賢者聖人，尚潛行於暗室。飲德何負，徒發孔融之譏，淫具未除，終獲簡雍之誚。利存禁酒之法，害遠鬻酤之家。楚國亡猿，禍連林木，吴宮火燕，殃及樓臺。所喪全多，所存詎幾。理貴宗乎梗概，政無伺於禁虛，位人之方，居斯而已。

（唐）張鷟《龍筋鳳髓判》卷二《苑總監》 秦新安谷水社舊是苑内地，近被百姓吞并，將作數請收入苑，百姓不伏。

伊洛瀍澗八溪九谷之津。少室嵩高，五岳三塗之險。召公相宅，灼龜墨以定王畿。光武建都，因鳳集而成帝業。濯龍芳苑，寶蓋成陰，走馬交衢，金錢滿埒。謻門曲榭，從來别館之基。壽安永寧，舊是離宫之地。眷兹穀水，俯瞰神州，斜連四會之郊，迴控兩京之路。都人接軫，桑棗成林，逆旅分區，閭閻撲地。雖其原是苑内，不合輒許人居。四邊皆有業恒，百姓若爲吞併，天田大小，先有規模，御圃短長，非無制度。文王百里之囿，不以爲多，齊宣四十之園，猶嫌太廣。利民之於利國，相去幾何？施人之與奪人，失之彌遠。何惜數頃之地，頓傷百姓之情，如愚所裁，宜依舊定。

《敦煌社會經濟文獻真蹟釋録》第二輯《申年正月令狐子餘牒及判詞》

孟授索底渠地六畝

右子餘上件地，先被唐朝换與石英順。其地替在南支渠，被官割種稻，即合於。絲綿部落得替，望請却還本地。子餘比日已來，唯憑此地與人分佃，得少多糧用，養活性命。請乞哀？矜處分。

牒件狀如前謹牒。

申年正月　日百姓令狐子餘牒。

付水官與營田官同檢上。潤示。九日。

孟授渠令狐子餘地陸畝

右件地，奉判付水官與營田官同檢上者。謹依就檢，其他先被唐清换與石英順，昨。尋問令狐子，本口分地分付訖。謹録狀上。

牒件狀如前謹牒。

申年正月　日營田副使闞□牒水官令狐通

准狀。潤示。十五日。

《敦煌社會經濟文獻真蹟釋録》第二輯《唐景福二年九月盧忠達狀》

百姓盧忠達　狀

右忠達本户於城東小第一渠地一段廿畝，今被押衙高再晟侵劫將，不放取近，伏望常侍仁恩照察，乞賜公憑。伏請處分。

牒件如前謹牒。

景福二年九月　日押衙兼侍御史盧忠達　狀。

《敦煌社會經濟文獻真蹟釋録》第二輯《唐大順元年正月沙州百姓索咄兒等請地狀》 百姓索咄兒等　狀

右咄兒先代癡直，迷（遇）〔愚〕無目，從　太何合户已來，早經四十年餘，中間總無言語。後代孫息，不知根栽。城西有地貳拾伍畝，除高就下，糞土飽足。今被人劫將　言道博换阿你本地。在於城東，白强鹹鹵，種物不出，任收本地。營農時逼，氣噎悶絶，不知所至。今遇乾坤清直，均割之次，城西劉憨奴絶户地四十畝，五處（令）〔零〕散。請矜蒸斛。伏望尚書照察。覆盆之下，乞賜（雨）〔兩〕弱，合爲一户。不敢不申，伏請處分。牒件狀如前，謹牒。

大順元年正月　日，百姓索咄兒等狀

《敦煌社會經濟文獻真蹟釋録》第二輯《後周廣順貳年三月平康鄉百姓郭憨子牒》 平康鄉百姓郭憨子

伏以憨子家口碎少，地水不寬，有地五畝，安都頭賣將造園舍？便他絹壹疋，五年間中某專甲貸將，是他於官驅使，絹無榛處於□家□〔太子暮邊〕憨子並畔荒地參畝，從前作主，昨被賀粉堆割下，兩頭並總寢謝，□畝安存，日日漸見債負，深乎？虛了户役。伏乞台慈照見蒼生，與還絹替，特神如憑由，伏請裁下處分。

牒件狀如前謹牒，廣·貳年三月日郭憨子牒。

《敦煌契約文書輯校·癸亥年龍勒鄉百姓力信為典物寄麥糾紛事辭（草稿）》 龍勒鄉百（性）〔姓〕力信　右力信去癸亥年闕乏糧食

賃得他人銀盞一隻，充作典物，判官梵勝姪男僧滿威處寄得麥本一石五㪷粟五㪷

其秋麥本（理）〔利〕並三石，納粟五㪷作一石，填納不得直至作來，盞主逼索他云五斗粟三碩，合得四石，不肯與盞，如斯五㪷上追粟四石，把却典物，都不拾□。貧窮之流，便見至死，跡准肯僉不示豐盈庫不滿家□

《敦煌契約文書輯校·乙亥年金銀匠翟信子等三人狀》 金銀匠翟信子曹灰灰吴神奴等三人狀

右信子等三人，去甲戌年緣無年糧種子，遂於都頭高康子面上寄取麥參碩，到當年秋斷作陸碩。

其陸碩内填還納壹碩貳㪷，亥年斷作玖碩陸斗，於丙子年秋填還（内）〔納〕柒碩陸斗，更餘殘兩碩，今年阿起大慈大悲，放其大赦，矜割舊年宿債，其他家乘兩碩，不肯矜放，今信子依理有屈，伏望阿郎仁慈，特賜公憑，裁下處分。

其翟信子等三人，若是宿債，其兩碩矜放者。

（唐）白居易《白居易集》卷六七《判·得景負丁財物。丁不告官，强取財物，過本數。縣司以數外贓論之。不伏》 人縱於貪，動而生悔；物非其道，取則有贓。丁放利欲贏，景逋債未償：懷不忌而强取，姑務豐財；逞無厭之過求，豈非黷貨？情難容於强暴，法必禁以奪攘。以交易而求多，尚宜准盜；在倍稱而過數，孰謂非贓？若以律論，當從縣斷。

（唐）白居易《白居易集》卷六七《判·得甲牛觝乙馬死，〔乙〕請償馬價。甲云：在放牧處相觝，請陪半價。乙不伏》 馬牛于牧，蹄角難防；苟死傷之可徵，在故誤而宜别，況日中出入，郊外寢訛：既谷量以齊驅，或風逸之相及。爾牛孔阜，奮騂角而莫當；我馬用傷，踠駿足而致斃。情非故縱，理合誤論。在皁棧以來思，罰宜惟重；就桃林而招損，償則從輕。將息訟端，請徵律典。當陪半價，勿聽過求。

（五代）和凝《疑獄集》卷下《趙和籍産》 唐咸通初，有天水趙和者，爲江陰令，以片言折獄著聲。由是累宰劇邑，皆以雪寃獲優考，至於疑似晦僞之事，悉能以情理之。時有楚州淮陰二農比莊，俱以豐歲貨殖焉。其東鄰則拓腴田數百畝，資鏹未滿，以莊券質於西鄰，貸得千緡。契書顯驗，且言來歲賫本以贖。至期，果以腴田獲利甚博，備錢贖契。先納八百緡，第檢還契書，期明日以殘資换券。因隔宿，且恃通家，因不征納緡之文籍。明日賫余鏹至，遂爲西鄰不認，且以無保證，又無簿籍，終爲所拒。東鄰以寃訟於縣，縣爲追勘，無以證明，邑宰謂曰：誠疑爾寃，其如官中所賴契券，無以證，何術理之？復訴於州，州不能理。東鄰不勝其憤，乃越江而訴於趙宰，趙宰謂曰：縣政甚卑，且復踰境，何能理也。東鄰寃，泣曰：至此不復得理，無由自滌也。和曰：第止署内，試爲爾思之。經宿，召前曰：計就矣，爾果不妄否？則曰：焉敢厚誣。和曰：誠如是，則當爲置法。乃召捕賊之干者數輩，賫牒至淮陰，曰：有寇江者，按劾以具，言有同惡相濟者，在某處居。姓名形狀，具以西鄰指之。請捕送至此。先是鄰州條法，唯持刃截江，無得藏匿。追牒至彼，果擒以還。然自恃無迹，未甚知懼。至爲跪於庭下，和厲聲謂曰：幸耕織自活，何爲寇江？因泫然泪墮，曰：稼穡之夫，未嘗舟檝。和又曰：辯證甚具，姓氏無差。或言僞而堅，則血膚取實。囚叩頭見血，如不勝其寃者。和又曰：所盜率金寶錦彩，非農家所宜蓄者。汝宜籍舍之産以辨之。囚意稍開，謂皆非所有者，且不虞東鄰之越訟也，乃言：稻若干斛，莊人某人還者；紬絹若干匹，家機所出者；錢若干貫，東鄰贖契者，銀器若

干件，匠某造成者。趙宰大喜，即再審其事，謂曰：非汝冠江者，何諱東鄰贖契八百緡？遂引訴鄰，令其偶證，於是慚懼失色，祈死廳下。趙令梏往其宅，檢付契書，然後置之於法。

（宋）桂萬榮《棠陰比事》卷上《裴命急吐》 唐衛州新鄉縣令裴子雲有奇策，部人王恭戍邊，留牸牛六頭於舅李璡家，養五年，産犢三十頭，例直十千已上。恭還乃索牛，舅曰：牸牛二頭已死，只還四頭老牸，餘並非汝牛所生。恭忿𢙐切，怒也。之，訴於子雲。令送恭獄禁，取追盜牛賊。李璡惶怖至縣，子雲叱之曰：賊與汝同盜牛三十頭，藏汝莊內。喚汝共對，乃以布衫蒙恭頭，立南墻下，命璡急吐詞云：牛三十頭，總是外甥牸牛所生，實非盜得。子雲遣去王恭布衫，璡驚曰：此是外甥也。若是，即當還牛，更欲何語？璡默然。子雲曰：五年養牛辛苦，與璡五頭，餘並還恭。一縣伏其明察。

鄭克曰：此乃用允濟鉤慝之術者。但部民則易追，而非部民則難追矣，故允濟譎彼村中捕盜也。然越境有所捕，召集一村牛，亦是當時可以爲此，若在異日，止合移文追而詰之，如趙和者是也。但欲巧捷者。勢須爲此耳。

（宋）桂萬榮《棠陰比事》卷上《齊賢兩易》 張齊賢丞相在中書，戚里有争分財不均者，又因入宫訴於上前。更十餘斷，不服。齊賢曰：此非臺省所能决，臣請自治之。一日坐中書堂，召訟者問曰：汝非以彼所分財少乎？皆曰：然。即命各責狀結實，因遣兩吏趣徙其家，令甲入乙舍，乙入甲舍，貨財皆安堵如故，文書則交易之，訟者乃止。

鄭克曰：按曾肇撰《王延禧朝議墓誌》云：延禧任岳州沅江令時，有兄弟分財，弟弱，所得田下，訴不均。詰其兄曰：均矣。即令二人以所得更取之。兄訴於州，州守笑曰：此張齊賢丞相斷獄法也，豈彼所聞異乎？

（宋）桂萬榮《棠陰比事》卷中《程簿舊錢》 程顥察院初爲京兆府鄠縣主簿。民有借兄之宅居者，發地中藏錢。兄之子訴曰：父所藏也。令言：無證佐，何以决之？顥音浩曰：此易辨耳。問兄之子曰：爾父藏錢幾年矣？曰：二十年。遣吏取錢一千視之，謂曰：今觀所鑄，不五六年則偏天下。此錢乃爾父未居前數十年所鑄，何也？其人遂伏。

鄭克曰：按此非智算所及，偶然得之耳，亦可見璩之治獄能盡其心。獄之鞫情，有賴於證也，歐陽曄以右肋之傷爲證，而毆殺者辭窮；王璩以橐中之簡爲證，而劫掠者情得。證慝之術，焉可忽諸。

（宋）桂萬榮《棠陰比事》卷下《王曾驗税》 丞相王曾少時謁郡僚，有争負郭田者，封畛既泯，質劑且亡，未能斷决。曾謂驗其税籍，曲直可判。郡將從之，其人乃服。

鄭克曰：按界至不明，故起争訟；契書不存，故難斷决。唯有税籍，可爲證據；辭與籍同者，其理直也；辭與籍異者，其理曲也。曲直既判，焉得不服？大觀間，曾諤。朝議知越州諸暨縣。四明富民，初唯一子，後通其僕之妻，又生一子而收養之。年十六，富民之子與母謀，以還其僕。後數年，所生母與嫡母皆死，乃歸持服，且訟分財，累年不决。監司委諤推治，歷訊不能屈。因索本邑户版，驗其丁齒，而富民嘗以幼子註籍，遂許其分。此亦以籍爲證者也。争田之訟，税籍可以爲證；分財之訟，丁籍可以爲證。雖隱慝而健訟者，亦聳懼而屈服矣。此證慝之術所以可貴也。

（宋）桂萬榮《棠陰比事》卷下《次武各驅》 周于仲文字次武，爲趙王屬安固太守。有任、杜兩家各失牛，後得一牛，兩家争之，州郡不能决。益州長史韓伯携曰：于安固少年，聽察可令决之。仲文乃令兩家各驅牛羣到，及放，所得一牛遂入任氏羣。又使人微傷其牛，任氏嗟惋，杜氏自若。杜即服罪。

鄭克曰：此亦用覇擿奸之術者也。隋襄州總管裴政云：凡推事有兩：一察情，一據證。審其曲直，以定是非。據證者，核奸用之；察情者，擿奸用之。蓋證或難憑，而情亦難見，於是用譎以擿其伏，然後得之。

（宋）黄榦《勉齋先生黄文肅公文集·郭氏劉拱禮訴劉仕謙等冒占田産》 劉拱禮并劉拱武妻郭氏訟劉拱辰之子仁謙、仁愿，不伏監司所斷，不分合受分田産。今拖照案牘，劉下班有子三人，長曰拱辰，妻郭氏所生，次曰拱禮、拱武，妾母所生。劉下班有本户税錢六貫文，又有郭氏自隨田税錢六貫文。劉下班死，郭氏亦死，劉拱辰兄弟分産，只將本户六貫文税錢析爲三分，以母郭自隨之田爲己所當得，遂專而有之，不以分其二弟。二弟亦甘心，不與之争。自淳熙十二年以至嘉泰元年，凡十六年，絶無詞訴，蓋畏其兄，不敢訴也。嘉泰元年，拱辰死，拱武、拱禮始訟之於縣，又三訴之憲臺，又兩訴之帥司，經本縣鄭知縣、吉州董司法、提刑司僉廳、本縣韓知縣、吉州知録及趙安撫六處定斷。鄭知縣及提刑司僉廳則以爲拱禮、拱武不當分郭氏自隨之産，合全給與拱辰，吉州司法及知録則以爲拱辰不當獨占劉下班所得郭氏隨嫁之産，合均分與拱武、拱禮，韓知縣、趙安撫則以爲合以郭氏六貫文税錢析爲二分，拱辰得其一，拱武、拱禮共得其一。六處之説各不同。然趙安撫之所定在後，既已行下本縣，而劉仁謙、劉仁愿乃蔑視帥司所定，不肯照所斷分析，郭氏所以又復有詞也。以法論之，兄弟分産之條，即未嘗言自隨之産合盡給與親生之子。又自隨之産，不得別立女户，當隨其夫户頭，是爲夫之産矣。爲夫之産，則凡爲夫之子者皆得均受，豈親生之子所得獨占。以理論之，郭氏之嫁劉下班也，雖有嫡庶之子，自當視爲一體，庶生之子既以郭氏爲母，生則孝養，死則哀送，與母無異，則郭氏庶生之子猶己子也。豈有郭氏既死之後，拱辰乃得自占其母隨嫁之田。拱辰雖親生，拱武、拱禮雖庶出，然其受氣於父則一也。以母視之，雖曰異胞，以父視之，則爲同氣。拱辰豈得不體其父之意，而獨占其母隨嫁之田乎？以此觀之，則六貫文之税，當分而爲三，兄弟均受，方爲允當。今試以鄭知縣及提刑司僉廳所斷，而較之吉州司法、知録之所斷，則鄭知縣、僉廳之所見甚狹，而司法、知録所見甚廣。鄭知縣、僉廳之用意甚私，而司法、知録之用意甚公。從司法、知録之所斷，則在子爲孝於其父，在兄爲友於其弟，從鄭知縣及僉廳之所斷，則在子爲不孝於其父，在兄爲不友於其弟。一善一惡，一是一非，豈不大相遼絶哉！官司理對公事，所以美教化，移風俗也，豈有導人以不孝不友，而自以爲是哉！如韓知縣、趙安撫所斷，已是曲盡世俗之私情，不盡合天下之公理，劉仁愿、劉仁謙尚且抗拒，則是但知形勢之可以凌蔑孤寡，而不復知有官司。今且照韓知縣、趙安撫所斷，劉仁愿、劉仁謙撥税錢三貫文付拱禮、郭氏，候畢日放，仍申諸司及使軍照會。

（宋）黄榦**《勉齋先生黄文肅公文集·宋有論謝知府宅侵占墳地》**

宋有論謝知府宅强占園地，已係慶元元年以後論訴屈抑不伸等事。及追謝知府宅幹人索干照理斷，幹人録白到契字，稱宋有已曾作知見交錢着押，又稱一項係與曾吏部宅交易。據宋有稱，宋朝英被謝知府宅關鎖抑逼，一家恐畏，只得着押，又稱曾吏部宅即是謝知府宅，假作曾吏部宅名字。及索出宋有關書，乃是宋有、宋輔兩户均分産業，内有衆户尅留産業甲龍、甲師字兩號，有祖父母墓四所，兄弟商議，不得典賣，關約分明。今謝知府宅乃於嘉定元年立契置買，只作宋朝英立契。豈有宋輔、宋有兩名尅留物業内有墳墓四所，乃徑與宋輔之孫宋朝英交易之理？又豈有紹興年間兄弟立約，不得典賣，乃可以違約交易之理？以宋有共分物業，乃能使之作知見人着押，則是以形勢抑逼可知。交易之時，宋朝英年未及丁，則其畏懼聽從，亦無可疑者。宋有又曾經縣，經軍，經轉運司論訴，竟不獲伸，則倚恃形勢，尤可見也。人家墳墓，乃子孫百年醮祭之地，謝知府宅乃欲白奪，以爲園囿飲宴之所。謝知府獨無祖先父母乎？其不仁不義，倚恃豪强，乃敢如此。謝知府、曾吏部違法典賣宋有共分物業，又抑勒宋有作知見人，顯是知情違法分明，合追契書毁抹。今謝知府宅倚恃形勢，不令賫出契書，且將園池給還宋有、宋朝英，徑自障截管業，仍給斷由爲照。仍申軍及諸司。

《名公書判清明集》附録二《徐鎧教唆徐莘哥妄論劉少六》 照得本縣詞訟最多，及至根究，大半虚妄，使鄉村善良枉被追擾。若官司不察曲直，遂使無辜受害，皆縁坊郭、鄉村破落無賴，粗曉文墨，自稱士人，輒行教唆，意欲搔擾鄉民，因而乞取錢物，情理難恕。近據徐莘哥論劉少六强占山地，及將徐莘哥送獄，却稱係叔徐凱教令陳詞，追上徐鎧，又供委是包占，及追到出産并得産人供對，即無包占因依，徐鎧方始招伏。其平日生事，擾害鄉民如此，若不懲治，無以示戒。今徐鎧自稱士人，且決竹篦二十，枷項號令縣門三日，仍牓市心曉示。

（明）吴訥**《棠陰比事補編·負兄欺嫂案》** 郭彭祥，弘治間守眉州，問刑明决。鄰封合州有兄弟二人，兄宦別省，其資每托弟携歸，置産契券，俱弟收掌。兄卒于官，嫂扶櫬歸，弟絶無所與。又無籍可稽。嫂訴於州，訊不復，乃越境訴於郭。

郭即隱告者，取獄中賊扳其弟爲同伙，乃移文本州械致，詰曰：汝與某人爲盗致富。其弟泣曰：吾兄仕宦所得，未嘗盗也。固詰之，詞甚詳，一一録記，乃速其嫂語之。弟遂款服，還資産。

《明清徽州的民間糾紛及其解決・嘉靖三十二年謝何、邵明等息訟合同及徽州府批判》 謝和、邵明等息訟合同

立合同八房謝和等。緣故祖謝登仕撿業，土名前門源苦竹塢，吕字二十號山一十六畝，于上安葬祖墳，并地四畝。永樂二十一年間，于内撥山五畝、地一畝二角於邵蘭開墾，升科納糧管業無異。後於正統元年，邵蘭續買汪宗固田一畝四拾步，凑成基地造屋居住。其山邵蘭葬墳在上。至成化六年間，邵明祖租賃謝和祖前業山脚内地一條做造猪欄、厠所、菜園。後因失火燒燬房屋。謝和祖要行更。嘉靖元年，邵明祖邵得等，情願准憑汪榕爲中，重立租約，仍舊租賃做造猪欄、厠所，餘屋耕種，每年議還租銀五錢，議立合同，批開其地，砌石爲界。邵得現住地，東至謝家石塝，西至水坑，南至謝家石塝，北至田，係邵家原買汪宗固田並升科地，其石塝上及兩旁高低不等地段，并是謝家八房登仕號内之數，二家子孫不許侵挖山内竹木，長養成材，對半均分。新舊墳塋，毋須侵損。西邊山嘴，撥地拾步於邵得管業。謝家後因人心不一，入山砍折竹木。後於嘉靖十七年間，邵得等重立合同，將山並地段，除在山松杉雜木外，點明竹母三百五十根，盡行租於邵得等受貯，前後共議租銀一兩二錢，遞年交還。松杉雜木對半均分。至嘉靖三十年，謝和等因取租銀與邵明等争論成仇，遂相扛訟不息。今各情願照依嘉靖十七年所立合同，每年仍議交還租銀一兩二錢，山地仍聽邵明等長養竹苗，花利收賣。其餘屋地、山業、木植，俱照原立合同界至畝步管業。二家子孫永爲遵守，毋許變異，增減租銀争訟。謝家子孫亦不許入山砍竹，生情侵害。二各如違，並聽陳告受罪，甘罰白銀二十兩公用無詞。今恐無憑，立此合同，永遠爲照。

嘉靖三十二年十二月初一日立

本邑　中見人黄允　代書人　胡宗和

歙邑　中見人程馥禮

勸諭老人　凌璋　謝三珊

合同人　謝和　謝三珊　謝瀫

謝泗　謝壽　謝銘　謝蒙　謝宸　謝裕

明嘉靖徽州府批判

證及審，明故祖邵蘭，得受謝和故祖謝汝惠，原撥與地一畝二角，山五畝。是蘭告明升科納税，並撥山嘴邊地拾步，及原買故民汪宗固田一畝四拾步，凑填成業，造屋居住，各砌磅石爲界無異。委因謝和向明等取討前項租銀，明等不合，不行付還，致各委不合，互相争亂，添情告擾。是的蒙判，于明名下追出租銀三兩六錢給付謝和收領，仍判謝和將前項山地照舊租于明等經管。今蒙取供，將明等問擬罪犯：

議得邵明、謝和所犯，邵明除不應輕罪外，若告謝輝逼遂剿拆住房屋，主使謝玄求截捕打傷等情得實，謝陽等合坐以不應事重律，杖八十。今□邵明依誣告人杖罪加所誣罪三等律，杖六十，徒一年。謝和依不應爲而爲之事理重者律，杖八十。見有大誥，减等，邵明杖一百，謝和杖七十，俱民人，謝和審有力，照例納米贖罪。邵明審稍有力，折納工價。遵奉批詞，解審允日，追贖發落。

照出邵明、謝和各告紙一份，共折銀五錢。謝和贖罪米七石，每石折銀五錢，該銀三兩五錢。邵明工價銀一兩八錢，紙、贖、工價，通共銀五兩八錢，收貯縣庫，聽候本院項下江防支用。邵明名下追出租銀三兩六錢，給付謝和領收。謝和仍將前項山地，照舊租與邵明等經管。取庫收領，狀附交邵虎等，所從本府。該卷發落未到胡釗、謝玄等，係供狀人，兑提食。余無照。

（明）吕坤《實政録》卷六《風憲約卷之一・狀式・告地土狀式田宅同賣，過十年者不准。**》** 某府某縣人某人爲地土事，某年月同中某人某人買到某人民、軍匠地若干，價錢若干，已未經過割，被某人侵占，自量得幾十幾畝幾分幾，隣佑某人某人證，上告。

（明）佚名《四川地方司法檔案》 臺起爲積年里長侵收錢糧借貸坑併監苦事。臺名陳九槐，年陸拾歲，成都府崇慶州江源鄉民。狀招：本州原額廣豐倉夏秋本色米壹千柒百肆拾玖石貳斗，遞年編僉解户，督率排年催運倉完納，掣取通關銷繳。嘉靖貳拾柒年，本州將在官王俊仕，即王俊，未到劉討兒、靳伯秀、周義、古珣、鄭興、段永全、談廷茂、楊萬孜俱以丁糧編僉該年分該倉解户各壹名。王俊作批頭，督押在官排年蔣珠、方粟、郭睿爵、秦汝賢，未到萬興旦、楊恩堂、李梁爵等各該鄉糧米催收完足，赴州給文起運，赴司府轉文發倉。運納間，比九槐要得誆攬，就不合故違内外倉場糧草不拘起運存留，但有包攬誆騙不行完納，事發問罪，

責限參個月以裏完納者，照常發落；過期不完者，盡其財産陪納，發邊衛充軍；經年不完者，仍枷號壹個月，照前發遣事例，與在官弟陳九吉，亦不合同向王俊並伊在官户丁王廷舉誆説，將你督押糧米付與我替納，等我於内抽些與你分用，豈不是好等語。比王俊與王廷舉各就不合聽允，就將督押先存今故納户周冲名下催運陸拾陸石伍斗柒升，王俊又不合於内抽分肆石，侵欺入己，捏作通關使費，止將陸拾貳石五斗柒升憑在官周景茂亦不合在内攬與，九槐又不合於外多索周冲加添米壹拾陸石柒斗肆升貳合伍勺，值銀壹拾兩零伍分入己。比劉討兒等各將督押蔣珠、方粟等米陸續運倉完納訖，九槐又不合將前攬糧米侵欺，不行完納。嘉靖貳拾玖年伍月内，王俊思得九槐誆攬前糧，侵欺不完，恐後事露，要行摭飾，又不合具狀，捏稱被里長周冲、楊恩堂、秦汝賢等恐後貧弱難完累及伊，願憑未到保户馮汝愚立寫自運文約，與後收執等項虚情，於本月拾參日告赴本府，蒙准。行提間，周冲見得九槐將米誆侵不完，本州追併，不忿，將情具狀，於本年拾壹月拾叁日告赴本府，蒙准。送本府管糧楊通判行提間，九槐要得摭抵，又不合捏稱王俊等復排年周冲，未托九槐去冲家，付未壹半，仍寄冲家。俊説莫不付與我替上，俊抽米肆石，偏手壹兩伍錢，勒使用銀叁兩五錢，冲欠米捌石，只得雇舡載至牛尾寺，舡破失米，難上坑陷，被貳拾陸年在官解户易朗、何嚴政、方早、文運亨借米叁拾石等項虚情，訴赴本府。並提間，王俊仍要摭飾，又不合具狀，捏稱有街棍周冲，該糧陸拾陸石，見後貧弱，憑侄周景茂立寫自運，附串伊將糧收受坑併等項虚情，及添在官花户楊萬英、楊碧姓名在狀，告赴本府，蒙准。並行本州提解九槐與王俊等前來，責令保候聽審間，周冲於嘉靖叁拾年正月初五日病故，行拘伊在官妻嚴氏到官，蒙本府蔣知府逐一研審：九槐委係謫同解户頭王俊誆攬周冲糧米陸拾陸石伍斗柒升，外索加米壹拾陸石柒斗肆升貳合伍勺，於内王俊抽分正米肆石，捏作通關使費，以致九槐就將前糧侵欺不納，及見事露，各捏虚詞，希圖摭抵等情明白。將九槐等取問罪犯外，結得每米壹石價銀柒錢，每銀壹兩值鈔捌拾貫，招結是實。

肆名：王俊，年柒拾歲，陳九言，肆拾歲；王廷舉，伍拾歲；周景茂，陸拾歲，俱崇慶州民，各招同。

壹拾名：何嚴政，年貳拾歲；方早，叁拾歲；文運亨，肆拾歲；楊萬英，肆拾捌歲；楊碧，柒拾貳歲；易朗，伍拾歲；蔣珠、方粟、郭睿爵各陸拾歲；秦汝賢，叁拾伍歲；嚴氏，伍拾歲，俱該州民婦。各供同。

壹，議得：

陳九槐等所犯，陳九槐、王俊各除誣告並不應罪名不坐外，王俊合依起運官物解物人，若有侵欺者，計贓以監守自盗論，肆拾貫律，斬，係雜犯，准徒伍年；陳九槐依誆騙人財物計贓准竊盗論，免刺，壹百貳拾貫罪止律，杖壹百，流叁千里；陳九吉、王廷舉、周景茂俱依不應得爲而爲之事理重者律，各杖捌拾。俱有《大誥》減等，陳九槐杖壹百，徒叁年，陳九吉、王廷舉、周景茂各杖柒拾。俱民，陳九槐、陳九吉、王廷舉、周景茂審俱無力，王俊招年柒拾，候申詳允日，各照律例，陳九槐定發衝要驛遞，照徒年限擺站，滿放；陳九吉、王廷舉、周景茂各的決；王俊依律收贖。各完日，與供明蔣珠、方粟、郭睿爵、秦汝賢、易朗、何嚴政、方早、文運亨、楊萬英、楊碧、嚴氏各寧家隨住。陳九槐仍行責限叁個月，不完者，另行呈請定衛充軍。經年不完者，枷號壹個月，照前發遣。

壹，照出：

供明蔣珠、方粟等免紙；陳九槐、王俊告紙銀各壹錢伍分；陳九吉、王廷舉、周景茂民紙銀各壹錢。又王俊收贖鈔肆拾貳貫，折銀伍錢貳分伍釐，並陳九槐誆攬周冲糧米陸拾貳石伍斗柒升，外索加米壹拾陸石柒斗肆升貳合伍勺，值價銀壹拾兩伍分，王俊分侵周冲米肆石，俱照數追完。紙銀每錢扣留貳分買紙公用，餘與鈔銀貯庫，候秋糴穀備賑。糧米責令運赴該倉完納，外索米價銀入官作正支。

（明）佚名《四川地方司法檔案》 潼川州呈，今將問完犯人馮仁貴等招冊理合伏乞照詳施行，須至冊者。

壹，問得：

壹名，馮仁貴，即胡仁貴，年肆拾歲，潼川州蓬溪縣蓬溪鄉民。狀招：嘉靖肆年，故父胡任忠將仁貴送與已故馮相學藝染匠生理，向在馮相家住食。嘉靖捌年正月内，馮相備價肆拾五兩，買在官謝貢故父謝應澄街基房屋前後肆間管住。比馮相因娶伊已故妻李氏無出，討在官李守俊未到女李氏引枝爲義女。嘉靖玖年陸月，馮相病故。嘉靖拾叁年貳月，李氏招在官監生蘇通故父蘇英俊上門爲夫。嘉靖拾陸年，李氏將仁貴逐回胡宅訖。嘉靖拾柒年伍月，仁貴將板倉壹眼馮在官苟月連並未到胡遷忠爲中，賣與蘇通，得價肆兩未拆。嘉靖貳拾伍年，李氏將女引枝嫁與在官劉價爲妻訖。嘉靖貳拾柒年叁月内，蘇英俊病故。本年伍月拾捌日，李氏將前買謝應澄街基房屋四間憑劉價並李守俊及在官蘇迥照依原價肆拾伍兩立契賣與蘇通爲業。前項街房向是李氏在官侄李松並在官崔守糸店住。本年玖月，李氏患病卧床，李氏將自帶金銷一根重肆錢柒分與李松在官妻梁氏接收間，時有李守俊見視，向蘇通説知。伊具告陳知縣處，准批翟典史行拘梁氏到官，執係李氏親與，恐有不的，隨差在官陰陽生王斛押同前去李氏家，向説金銷壹根係伊親與梁氏等情，回呈本縣發落訖。本年拾月貳拾日李氏病故。嘉靖貳拾捌年柒月，蘇通前來仁貴家拆搬前倉。比仁貴就不合阻當，不容拆卸。蘇通不忿，具告本縣，准拘仁貴，又不合不出歸結。嘉靖貳拾玖年貳月，仁貴見得李氏病故無證，要得混佔蘇通買明李氏街房，商同李松，各不合假寫馮相、李氏存日將街基分與貴、松貳人承受。分書貳紙，希圖混騙。仁貴又不合隱姓，揑稱父母馮相、李氏止存貴、松貳子，將街房各分管業，被本縣奸豪蘇英俊倚男無耻罷道監生勢惡，知母積有本錢，計合光棍將母李氏强娶爲妻。英俊、李氏俱故，今被蘇通見得貴、松善弱，惡心貪□，買合光棍，假契謀佔街房。貴、松告縣，仍被蘇通架捏扶臺，戀囑本縣久監等項虛情，於本年貳月初柒日赴四川布政司告准。蒙批：仰州吊問招詳繳。蒙州牌提仁貴、蘇通等到州研審間，各執拗不服。連人帖發本縣陳知縣勘問，比仁貴又不合仍前硬執不服。本縣具由，連仁貴、蘇通、李松、梁氏、劉價、李守俊、王斛、苟月連、崔守糸、謝貢、蘇迥，並在官胡銀中、仲國朝、錢榮山、胡本相、張文等申解到州，隨蒙署印祁推官審得，李氏所遺房屋，蘇通出價已買明白，實係仁貴假契揑情妄告是的。前項街房斷令蘇通照契管業，梁氏金銷審係李氏存日親與，免追。仁貴假契分書貳紙，塗抹附卷。仍給帖執照，以杜後争，再無異詞。今蒙取問罪犯。

壹名，李松，年叁拾伍歲，係蓬溪縣民。招同。

拾肆名口：蘇通，年叁拾伍歲；梁氏、劉價、李守俊、王斛，各叁拾歲；苟月連、崔守糸、謝貢，各肆拾歲；胡銀中、仲國朝、錢榮山，各肆拾伍歲；蘇迥、胡本相、張文，各叁拾貳歲，俱蓬溪縣民。各供同。

壹，議得：

胡仁貴等所犯，胡仁貴除侵佔他人宅罪名不坐外，與李松俱合依不應得爲而爲之事理重者各杖捌拾。俱有《大誥》減等，各杖柒拾。俱民，審胡仁貴、李松俱無力，候詳允日，各照例的決，與供明蘇通、劉價、梁氏、李守俊、王斛、苟月連、崔守糸，謝貢、蘇迥、胡銀中、仲國朝、錢榮山、胡本相、張文各發寧家。蘇通係監生，照舊聽選。

壹，照出：

供明蘇通等各照例免紙，胡仁貴告紙穀陸斗，李松民紙穀肆斗，追完貯倉備賑，取倉收繳報。胡仁貴所告情詞，審係揑誣，其蘇通價買李氏街基，前後肆間，斷令蘇通照舊管業。梁氏金銷壹根，審係李氏存日親與，免追。假寫分書貳紙，塗抹附卷。仍給帖付照，以杜後争。未到李氏引枝、胡遷忠俱供狀人，免提。餘無再照。

右具。

（明）蘇茂相《新鐫官板律例臨民寶鏡》卷八《墳山類審語・争墳山》

審得某山一片，值價幾何，某某兩家，累年訟争不已。此徒憊精神，虛耗財穀者也。雖然虞芮不置閑田，而鄰邦不睦。普明不置壙地，而棠棣不和。今以其山入官，庶兩家訟息。孫龐可無刖足仇，廉藺或成刎頸交矣。取供。

（明）蘇茂相《新鐫官板律例臨民寶鏡》卷八《産業類審語・占業》

一脈同氣兄弟，因財失義，構成雀鼠之訟。藉令灼艾分痛及感荆流涕者見之，必彈指矣。仰原日分業中親並族長，嚴爲從公允釋，毋使鬩墻貽羞家譜。

（明）蘇茂相《新鐫官板律例臨民寶鏡》卷八《産業類審語・欺孤制騙》

昌鳳岡一男一女，婦嫁戴汶。妝田三百石，復二百石爲蒸，子、女輪流收管。仍撥房十間與女居住，意欲郎舅協心，以禦外侮。今相仇隙，吾知鳳岡不瞑目於九泉矣。其蒸嘗之租，鳳岡雖有成命，而夫人陳氏尚在，遽爾輪收則無陳氏矣，非情也。俟陳夫人身後而輪收，則戴汶猶恐日久事變，且田産必須明白，輪收終無了期。合於陳夫人在日，三面鬮分。

子、女自當有別，以六分歸昌程，以四分歸戴汶。而陳夫人尚在，宜留八十石爲日用之需。戴、昌止各收六十石。陳夫人身後以二十石復歸戴汶，足其八十石之數。蒸嘗各盡己心，不必牽此扯彼也。然戴、昌既各有言，論勢不當復同居矣。其房鳳岡原未嘗許其變賣，如變賣他姓，不若復歸昌程理也。着昌程備價取還，則跡疏仇易解，居還詈不生。此亦曲全一術。而房價昌應瑞始稱一百兩，繼稱二百兩，何前寡而後多耶。前後均不可據，今酌前後之中准價一百四十兩，給與戴汶，且妝租三百，蒸嘗八十，昌氏生母李氏一百石，俱屬戴汶，所得於昌氏者不爲不多矣。即房價不敷，原係昌物，初非他姓變賣可比，戴汶安得有言。戴慶、戴波僕也，以僕而犯主母之母，宜痛責之。戴汶不制其僕，亦應並論。

（明）蘇茂相《新鐫官板律例臨民寶鏡》卷八《産業類審語・誣賴找價》 □□□□此女作質而借姚宗聖之銀七兩，繼又以房園立契，而賣姚宗聖之銀十八兩二錢。二事截然。質女之案向已結明，賣房之契豈得牽援之爲賴柄也。陳士登證詞有據矣，君寬村樸鄙農，幫董氏誣價而興戎，又挾亡父吞業逼死而抵賴。其眈眈於宗聖者，惟力是視，不得於此，求得於彼。乃愈誣愈敗，竟無可直之辭也。憐貧免究。宗聖量判盡價斷根銀二兩界之。永杜後争。

（明）祁彪佳《按吴親審檄稿・一件為出巡事》 據太倉解犯顧鳳等到院，隨經本院面審得，錢觀身故，遺妻高氏，有錢愛主婚配之聞時，此是明媒正娶。有顧鳳者，錢觀死時，其兄錢懷曾借鳳銀七錢殮觀，而鳳輒因觀妻之嫁，欲索聞翔之銀，索之不得，遂一告捕廳，再告江院，且誣之爲强盗，其刁甚矣，重責之。但聞翔之子别欠徐氏之租，故暫鎖其舡，乃亦以告鳳，是亦不情耳。立案。

右行太倉州。

（明）祁彪佳《按吴親審檄稿・一件親斬事》 行據太倉州解犯施剪郎等到院，審得倪采寅雖爲宦裔，人實健訟。父宦貽施隆狀田，原買之施際會之祖母龔氏者。采寅母將田抽出一萬九千步，賣之黄道行，龔氏以原主贖回，此應爲龔氏之産矣。乃唐令念宦後，許其向龔氏仍贖，則必還龔之價而後可，何以價未還，租則佔收，且年年告搶告劫，忽而唆母出名，忽而唆義男張明出名，刁誣甚矣。今縣斷田還際會，另一萬四千步令際會以時價贖回，可謂極得其平，乃又借施剪郎爲頭，刁告際會。審際會今尚爲孺子，數年之前安能搶租，蓋際會之受採寅累也，非一日矣！若再誣逞不已，該州縣即以此立案，重懲之。其以前牽連之卷十二宗，一筆註銷可也。

右行太倉州。

（明）祁彪佳《按吴親審檄稿・一件抄没事》 行據帶管理刑張同知解犯衛卓等到院，審得衛教貧窶人也，以房典衛卓，教仍居其傍屋。教索絶價不從，率衆强拆其屋，致因兩家相競，原非强非劫也。卓告之屢矣，又揑鹽徒首之於縣。卓之用心狠，而爲詞不更誕哉！責之，房地准加找四兩，與卓管業，以杜後争。立案。

右行松理刑。

（明）祁彪佳《按吴親審檄稿・一件假勢抄屠等事》 行據長洲縣解犯吴雲等到院，審得吴雲、朱恩一胞兄弟也。吴雲出繼外父，故從姓吴。兄弟各自爲生，開染爲活。朱恩靠丈人金義，故稍有微貲。雲以拆本欲侵佔之，且投官夥人以致地鄰公來具告。吴雲本應罪責，但姑全其兄弟之分耳，此後朱恩家業不許吴雲染指分毫。立案。

右行長洲縣。

（明）祁彪佳《按吴親審檄稿・一件偽抄事》 行據周推官解犯吕文明等到院，審得程紹峰之房，初賣之張宦，轉賣之查舉人，後絶之吕文明，時在萬曆廿七年，已歷四十餘年矣。乃以老婦出頭，設此刁詞，以希找價，可恨孰甚焉。唆訟之周明在逃，照提另結。紹峰子程正責之，相應立案。

右行蘇刑官。

（明）祁彪佳《按吴親審檄稿・一件敕簡事》 行據吴江縣解犯孫嘉等到院，審得周文禎有田二畝，向佃與錢行，後即賣之於行，行尚欠其田價，故孫嘉向彼索租，此時豈有好光景？乃作中之仲翔言並不交手耶。孫湖所言嘉邀行於船，解勸方歸，豈盡屬子虚乎。見者必非一人，仰縣確審，具繇先報。果有毆情，方與簡奪。

右行吴江縣。

（明）祁彪佳《莆陽讞牘》卷一《本府一件究業全裡事杖罪 陳文洛等》

審得陳于宜生子啓選，夭絶。選遺腹生二子三揖、三讓，年各十二矣。已前不聞有螟兒之議，乃有陳于綿、于泌兄弟舞文健訟，捏張洪五抱養，首狀告之於府。府審洪五不認，則曰以利賂五也。若二子果非嫡脈，則應屬啓紫一枝爲繼，乃啓紫絶不言應繼，則必有以知此兒之真屬陳氏骨血。而于錦等獨嘵嘵以祭租爲名，攘奪幼兒老婦之産，此其心，路人皆得而誅之矣。于錦捏出一囑，稱于宜自願捐租三百擔，此尤爲妄誕。于泌稱張洪五去年乃有抱養之説，則四十四年時于宜豈肯自書屢起囂言一語，以啓今日之爭乎？若繼假而囑真，何不爭於啓紫，乃爭於于錦？何不爭於十餘年之前，乃爭於十餘年之後乎？況有啓華等之賣産，則稱曰侄曰孫，于錦等之簽呈，亦有幸生二孫之詞，則錦等前日之貪心未萌，今日之狡計忽動耳。夫詞訟之可恨，莫過於誣螟爭繼，而今非爭繼之人乃欲充祠以飽谿壑，更爲可恨。緣該縣有姑以五十石塞衆人之口之判，可以五十石，則可以三百石矣，此于錦等之貪心所以猶未已也。夫古有從治命不從亂命者，即于宜果有此囑在，子孫爲守業之計亦可不從，況屬未真者乎？螟之誣也，府審已詳，非螟而何名以捐租？一絲一粟皆當爲揖、讓有，況此五十石之多哉？租方判而旋即獻宦收除，則諸棍之心有不盡傾其産不止者，此天理王法之所不容，而鬼神雷霆之所必殛也。于錦、于泌起隙，幸華幫訟，杖之。于柱等扛誣，姑不究。林玉樹、黄衮，審係揖、讓姻戚，于錦等不過借端興詞，原無偏護罩財之事，各免究。但樹衮亦須念孤寡之産，避此嫌疑可也。

（明）祁彪佳《莆陽讞牘》卷一《本府一件欺孤吞業事 荅罪 范邦奮》

審得林義科户内山係羅字七百五十八號、五十九號。林清甫所買林憲忠墾田十畝在二號之内。義科以此田係邦奮墾己之山脚所成，故有此訟。然中賣時係萬曆十九年，時現有墾田矣，且批佃時係萬曆十三年，時亦現有墾田矣。果係義科之山脚，科之祖若父何不告明，乃遲遲至今日耶？且清甫之授受自明，其所管祇一十三畝七分一厘，縣帖可據。今義科稱田三十五畝二分，與縣帖大相縣絶，合行僊捕官從公丈量。除一十三畝餘還清甫外，其所餘之田附義科山脚者，附義科管業，清甫亦無能置一詞矣。若原帖之外無所餘，義科亦不得爭也。遡厥所繇，皆因佃人范邦奮既承佃山，又承佃田，交租不明，以有茲釁隙，薄笞示儆。

（明）祁彪佳《莆陽讞牘》卷一《一件不法冒佔事》 審得柳若白於萬曆三十一年將屯田一區賣陳鳳之父鳴鋌，得銀五十五兩，又加找一兩，係故軍郭崇賢屯也。鳴鋌於四十七年已給換有道帖。即若白之契，亦稱向後並無取贖等説。今乃欺鳳孤幼，突告取贖，豈白向貧者今忽富耶？蓋必有人暗中出銀，白得贖，則圖些須之溢價。而業即富家有矣，刁法之所以漸長也。本應重責，姑免之，薄笞示儆。陳鳳仍許照帖管業。

（明）祁彪佳《莆陽讞牘》卷二《王知事一件噬没事》 翁仕仁欲負死婿之私積，杖懲不枉。仕仁名下銀十兩追付何廷，爲葬子之費，如有餘，即付寡媳爲日需可也。吴廷宇姑免提，餘如照實收領狀繳。

（明）毛一鷺《雲間讞略》卷三《一件聚衆截糧事》 屯院張批上海縣告人唐傑狀

前件審得：唐傑之父唐武曾受談成之田與姚中之房，皆交易有年，且加絶數四矣。成與中近因貧窘，益復無賴，欲向傑再索加，而傑不許。乃互爲詭計，或揚言以撓其租，或拯身以踞其屋。且更朋謀訐訟，發傑總書諸弊套，使傑疲於奔命。成與中兩人真傾危哉。傑思果其貪腹，勢必不能；設坐而中其狡計，必實不甘。乃借朋謀爲聚衆，假賴租爲截糧，且並負租助會之輩，而盡羅織之也。夫若輩貪狠無厭，傑宜鳴。獨是凶年負租，即公課不能取盈於物力，傑乃欲盡瑣尾孑遺，與惡少輩共供其刀俎耶？且中與成唯是與傑爲仇，傑固不能使人人仇中與成也。彼助會諸人何辜，而亦盡載詞中，俾半菽不飽者日僕僕道路乎？夫計錙銖不計豐凶，則總書持籌之故態，而窮睚眦並窮交與，則又總書灑派之故智也。傑富而不仁，中貪而無藝，各杖治之。田房仍聽傑管業，不許加嘆，以開遠年告爭之端。餘牽告盡屬無辜，俱豁罪歸農。所逋租待豐年議償未晚也。

（明）毛一鷺《雲間讞略》卷三《一件倒懸事》 按院鄧批嘉定縣告人蔡繼狀

前件審得：朱周乃吴尚質妻翁也。周少時亦濫竽青衿，以行劣被訪，褫革擬戍。時因所坐贓鍰，力不能措，以田業僕隸鬻之尚質父吴應麟，蓋已越二紀矣。賈後，周遞從尚質父子加價者。再後，周又訟之官，復得返田數畝。周之咥尚質已不遺餘力，可無憾於尚質矣。乃壑欲未厭，蜮謀復逞，竟不屑作加嘆尋常套局，突構奸且愚之蔡繼，詭謂所賣田有蔡繼原産八畝在焉。周因收繼廿四金，即自立退契與繼，若視田爲己物。尚質爲外府無足當一映者，蓋繼恃有周，周恃有分，度尚質必不敢色忤，而質則佯爲不知，唯照舊管業。蓋屈於分，不敢爲忿兵，而以固彼圉，姑將爲應兵耳。周遂飾爲倒懸之辭，令繼以佔田訟尚質，而列周爲證，此何等肺腸也。夫業已久賣屢加，而又分屬翁婿，乃一不得意，輒横操入室之戈，復巧藉含沙之舌，其薄惡已非人類。況彼實擅賣婿田，而反誣尚質爲佔。彼實以自身作祟，而故令蔡繼興戎，其險詐不啻幻鬼。且又互更其辭，或自爲首告，或連名共訐，奇兵間道，紛然四出。何物朱周，乃狠戾無親至此！設以誣坐周，雖尊行，罪亦不在末減。第翁婿亦有不可逃之分，且有不可剖之情。即爲周者不自好，而尚質豈容終絶於周。今盡法繩之，是虚懸其分，而實則割其情，彼不軌如周將益逞其獸心。且尚質以半子之誼，亦安能恝然耶？姑以一杖薄懲，存翁婿之分，仍傍依田價分數，斷三十金給周，以聊翁婿之情。蔡繼冒舊主而逞新局，亦不逞之輩。第倡謀設算，俱出朱周。繼特諾於其呼，以圖得田耳。今田既不遂，價又未吐，繼之計亦左矣。姑薄從杖治。所交田價，聽其自與朱周清理。尚質固不幸，而爲周之婿，遭其蠶食，無有寧局。然周苦控其處已太薄，而好爲游冶蕩費，得無所薄者厚乎？翁不愛婿，或未必不念女。女在而甘心於婿，尚質亦自不善調停耳。

（明）毛一鷺《雲間讞略》卷三《一件真詭真侵事》　兵道楊批華亭縣告人盛國棟狀

前件審得：盛朝端，盛僉憲家孫莫春元女壻也。僉憲物故，盛國棟叔侄兄弟視其家爲几上肉，可以飽壑。幸各外親俱縉紳，故各以田産歸外户。蓋懼若輩之狼吞與蠶食耳。朝端夭亡，遺孤翼辰。莫春元痛念半子，而卵翼外孫，誼不得不爲料理，與國棟魚肉之願大左。而朝端之僕文藻復以護主故，抗言致争。故國棟以不遂谿壑之欲，巧飾戈矛之辭，遂含沙於是豹，而波及於文藻也。今審詭寄，則官給印信可憑，且以親壻之田頓之外父，於寄不詭。再審侵欺，則莫春元經手以來串單滿呈，明若操券。即貪且猾，既刁且誣若棟者，可恨也。應配擬，以爲横誣者創。文藻言忤主叔，致爲訟本，亦應杖懲。其先陳卿所告欠糧，與莫春元事不相干。聽文藻與國棟兄弟別結。

（明）顔俊彦《盟水齋存牘》卷一《投獻陶國聘等杖》　審得陶國聘、陶國章之父體清有荒坦十畝，與陶欽承坦三十餘畝相並，清因歷年賠税，急脱之爲快，得價一百五十兩絶賣與欽承管業。買石運泥，築壆改基，初成十一小漏，後又加築改爲三大漏，並通自己祖業三十餘畝，共成一大圍。其工費不爲不多，業管三屆不爲不久，已謂子孫世守，詎章垂涎豐美，後起告争，欽承三十年苦心籌劃，血力幾盡，一旦割之，奚啻剥膚。況經年久，例無回贖，讞者以兄弟之間斷以加貼回贖，亦法中之情也。然欽承以國章自受，故隱忍之耳。乃一入手即轉投盧上銘之父盧宦，興衆起業，總在一圍之中，唇齒蹂踐，並欽承前産俱不得安其故業矣。國章强贖，背賣盧瑛，田民得竈業，欽承所以銜恨次骨而爲赴闕之控也。本告固勘得實，而越訴之罪難辭，國章應念當日回贖已出不情，産動歸原，宜即退叔聽償，而以本宗祖産投之官户，其作俑釀釁則罪之魁也。今章已死而盧宦亦化爲異物，合斷於盧上銘名下將田吐退，欽承照價回贖，竈産竈承，永杜争端。見在國聘與欽承各杖示懲，餘姑免究。招詳。

察院批：陶國聘兄弟以族人三十年拮據之業投獻勢豪，致並舊産而蹂踐之，何怪欽承之叩閽也？投者受者俱已物故，還其業而薄杖之，亦足警矣。如擬贖發，繳。

（明）顔俊彦《盟水齋存牘》卷一《争塘楊俏坤杖》　審提陶氏以魚塘五畝按楊俏坤銀五十兩，謂黎昌明爲俏坤之婿不足憑，而黎英豪、何德於俏坤三面相質，固鑿鑿也。縣懸擬爲債，折而有三十三兩之斷，宜俏坤之不服而再控耳，應斷原銀五十兩還坤，塘聽陶氏管業，陶氏女流不足深討，黎繼枝、楊俏坤以交易不明啓釁，各杖無辭。招詳。

按察司批：黎繼枝等依擬發落，餘如照，庫收繳。

（明）顔俊彦《盟水齋存牘》卷一《争山阮兆庭等杖》　審得蔡雪臺所買阮兆庭、陸紹連山僅有一二兩之價，據生員謝天錫等稱，香山之山原不足争，兩家以口舌遂開雀角之釁。職廷詰之曰：以一二金之山而及於訟，訟費恐不止此。兩造不覺憮然自失。雪臺已故，雪臺之子弘箕代質，斷其再出銀一兩爲兆庭、紹連洗業，並杖弘箕、兆庭，以懲其多事。招詳。

海道批：蔡弘箕等依擬發落。庫收繳。

（明）顔俊彦《盟水齋存牘》卷一《訟田胡世貞等杖》　審得生員胡世貞，周氏之婿也。氏夫早世，子方髫稚，家業悉托世貞經理，積有年所。今氏母子乏用，將田六十畝賣與生員劉洪翼，而世貞執稱係岳翁撥興與新奩，及已之祖田在焉。乃氏以親女且無田資嫁，以貞妻繼女而反爲撥奩，情理所無，在世貞據有册税可按，兩造不一其詞，但既關瓜葛，當以七分法三分情處之。隨有戚屬謝宦爲之調停，勸周氏母子照補世貞價銀五十兩，以全親誼，田聽劉洪翼管業，二生俯首無詞，各願求息，相應准從。世貞、洪翼互詞含射，念係子衿，各罰穀十五石，免擬。周氏告婿添情，以其煢煢未亡也，亦貰之。繇詳。

糧儲道批：依擬發落，仍候學道詳示行，庫收領狀繳。

提學道批：胡世貞、劉洪翼既經審息，如議。庫收領狀繳。

（明）顔俊彦《盟水齋存牘》卷一《争産黄廷臣杖》　審得羅學海與黄廷臣互訟，所争者三厘地耳。據廷臣稱，買族叔候裔屋一座三間，連巷地出水埠頭，伊男恒伯書契。據學海稱，價買恒伯近祠，土名東邊，地税三厘，與學海所買不相涉。職疑恒伯有重賣之情，乃學海出原契及司給税帖鑿鑿可據。廷臣則僅出空頭一紙，並無僉押，其非賣契，不待辨而明也。據契寫銀二十四兩，恒伯堅稱按揭二兩二錢是實，恐不相天淵至此。總之契無僉押，又無税帖，無可憑質耳。今斷恒伯照粤例半價該十二兩給還廷臣，而還其業，可無辭矣。學海以被殴爲辭，廷臣以搶劫爲辭，皆駕虚求勝，非其實也。廷臣當已薄責，各杖以懲。招詳。

分守道批：羅學海、黄廷臣以三厘之地互争，而駕虚捏控，廷臣既已責治，各依擬杖贖。庫收繳。

提學道批：依擬贖完發落，庫收領狀繳。

兵巡道批：羅學海、黄廷臣所争三厘地耳、各飾虚求□，依擬杖警。

黄廷臣以空券争業，尤爲非法，仰加責一十板。餘如照，庫收領狀繳。

（明）顔俊彦《盟水齋存牘》卷一《訟田鄭承幹杖》　審得麥恂之先麥有年與鄭學展，共告承白鷗沙第九尾沙坦，鄭名下應三頃一十九畝零，業經前縣丈勘，審斷鑿鑿，重之以道臺之覆看，兩院之批詳，則如山之案也。各管業有年，無異詞矣。乃自鄭承幹將自己名下田坦一頃賣與黄士陽，而黄遂併鄭族鄰界之田，肆其侵奪。不寧惟是，麥氏亦岌岌有築薛之懼矣。黄逞其宦勢，而豪奴悍僕掠錯壞之禾嫁而私之，豈得言無？但在今日，則回首冰山已同石火，麥與鄭俱可安其業，而麥恂之不能已於控怨承幹之累已也，夫承幹豈得已哉？兩質之，亦覺此詞之爲煩。痛定思痛，似不可少此一審呼籲耳。聽照舊依界管業，承幹以投勢起釁，杖懲之，亦甘如薺矣。招詳。

察院批：鄭麥田坦既照舊管業，於人無争矣。鄭承幹借勢起釁，杖懲允宜，依擬贖發。餘如照，庫收繳。

（明）顔俊彦《盟水齋存牘》卷一《恃强踞田麥文家等杖》　審得羅心源買麥文偉、文標、文錦之田契，明申管業無異，而文家、文英乘文偉等之死，拉同文柄、裔禎、裔和，思恃强而踞之，大可髮指。且文偉等闔門之死，實繇文英、裔禎等下石，通國有冤之者。惜當日羅織之甚工，諸人犴斃之殆盡，惟有撫卷嘆息，無所用其平反也。乃骨肉相殘，自愉得志，而復逞於吾民，三尺其可貸乎？文家、文英、文炳、裔禎、裔和，真世間惡氣所聚，一團蛇蝎也，恨不即撲殺之以爲快。是役也，止於田土之争，姑各杖之。文貴亦其族惡也，而以保長稱左袒霸佔，併杖。田聽羅心源照契管業。留四兇之殛，以俟能者。

（明）顔俊彦《盟水齋存牘》卷一《争田劉載真抱告杖》　審得劉載真所訟大塔之十八畝爲通鄉里民告承陞科有年，周知縣之斷鑿鑿，其言之劉生，忽幻而爲禦侮，忽幻而爲載真，垂涎不已，貪也悖也。廳詰之，據云歸之通鄉則不敢争，梁挺雲獨擅其利，非所甘心也。然則挺雲果獨擅其利，通鄉何俱嘿嘿，而祇一忽爲禦侮、忽爲載真之人争之乎？此大不可解也。香邑之人，日以争山争坦爲事，而秀才其選鋒也，研田無惡歲，盍不歸而謀之？姑杖其抱告之劉益以徇。招詳。

本府批：依擬發落，庫收繳。

（明）顔俊彦《盟水齋存牘》卷一《争山余起龍杖》　審得余起龍等與鄭承争承土名松樹下鄉等處之山，據龍等稱，通以里民共承似公也，而鄭承私也，但鄭承告承一頃一十一畝之山，出有本縣給帖，百諸人無之。公家之物，原無定主，祇争告承之先後耳，若言開墾在先而斷與之，恐收息而不告升科者從此得計矣。因以給帖爲券而歸其山鄭承管業，若鄭承以寡不勝衆，肯降以相從，亦聽之，非本縣所可知也。余起龍爲不直之争，應杖。招詳。

布政司批：依擬余起龍杖贖發落，但鄭承不赴司告佃，厥罪惟均，着照例納餉，另給帖管業，餘如照，庫收繳。

（明）顔俊彦《盟水齋存牘》卷一《訟田楊翹芳、何憲武杖》 審得楊翹芳之父楊應禎無良之人也，户下止田八十七畝耳，而巧立其土名，詭借其名號，一契寫與何龍即何憲武二十二畝七分，一契寫與生員李宣猷四畝五分，而總一契寫與李福八十八畝，三家各有税單，各有糧票，土名不同，其契或稱應禎，或稱定宇，而田止八十八畝之田，三姓者鼎立而角之，紛紛上控，而應禎已宴然長眠矣。呼其子翹芳而問之，稱何憲武之二十二畝七分按也，非賣也。憲武慣以債行香邑以餌人之産，據契有一百零一兩四錢五分，粤中之契恒兩倍其實，則憲武之施債於應禎大約三十金之數耳，況邑之以錢債田土訟憲武者肩摩踵接，應禎特苦於不能起，謂生者皆虚而死者獨實乎？實武亦無辭。李宣猷之四畝五分據翹芳亦稱按，而猷執以爲買，然多者歸之李福，猷亦不願雜零數其間，據契一十八兩五錢與應禎，同研席不敢虚理或有之，又洗業六兩想未交也，總之，比田按憲武、宣猷在先，賣李福在後，而按不勝賣，今斷李福名下出四十八兩五錢爲洗業之資，分給憲武、宣猷償其原按，而追兩家之税契附卷，田聽李福管業。得田者田，得價者價，庶幾其平矣。翹芳年已大矣，其父彼此按賣實與聞之，法應重擬，念事由其父也，杖之。憲武黷利無厭，衆怨所集，即此事亦不免於虚錢實契之科，並杖。招詳。

布政司批：依擬何憲武、楊翹芳各贖杖發落，餘如斷管業，庫收領狀繳。

按察司批：何憲武狼吞虎噬，置業鮮有價足契明，姑依擬與楊翹芳各杖示懲，照斷發落，照斷給領管業。庫收領狀繳。

（明）顔俊彦《盟水齋存牘》卷一《訟田楊茂甫杖》 審得林向芳用銀七十五兩預期楊翰甫名下四頃之租，何憲武起而攫其半，何也？據稱翰甫兄茂甫會借其銀，果爾兄有夙負而攫弟之田乎，況田已典之林向芳乎？審茂甫稱，借憲武五兩銀是實，限即償之，田聽向芳耕收，茂甫以貸起釁，姑杖之。

（明）顔俊彦《盟水齋存牘》卷一《負聘梁向宸杖》 審得吴琦亡賴游棍，靡所不爲，廳縣俱有案可覆。當日稱武生、稱公子以餌鍾國卿之女爲妾，後不安其室而仍還之卿，已經番禺縣審明，但卿受其原聘二十兩，應如數吐還，事乃決絶。潑皮光棍，豈肯任飛絮隨風而付聘銀於不問也？卿轉受梁向宸爲妾，向宸自恃吏役，琦不敢相抗耳。吏固可以他人未經割截之妾爲妾乎？赴審之日，向宸不説本事而祇摭琦之惡，單以進琦自惡耳。就事論事，不得因其惡而一筆抹殺也。據國卿稱已還過琦十二兩，尚缺原額八兩，國卿貧不能辦，妾現在宸家。合斷向宸如數給還於琦，宸取妾而以勢，琦控憲而不以情，皆法之所不赦也。姑兩杖之。招詳。

察院高批：吴琦棄妾而欲取盈於覆水，向宸轉娶而虧原數於前夫，並杖允宜。庫收繳。

（明）顔俊彦《盟水齋存牘》卷二《争産陳演素杖》 審得陳演素入繼叔肖一爲，職前年審定，其繼産據演素開有土名在卷，□取證之，與陳堯道、自弼各税契土名絶不相對，安得無端影混。演素之意，不過以未定繼時，族衆或有侵漁耳，此亦不可問矣。土名既不相涉，應各聽管業。演素擬杖，以懲其欺。陳堯道、陳自弼構釁有因，併杖。招詳。

布政司批：陳演素繼産，該廳前斷卷案已定，今何得於卷外多求？陳堯道、陳自弼興詞構隙，依擬各杖，贖發，業各照管，均如照行，庫收繳。

按察司批：陳演素既已承嗣父之産，又欲混占陳堯道、陳自弼之業，可謂無行誼之尤者矣。而堯道等亦搆訟無已，併杖無枉。依擬分別贖發，餘照，庫收繳。

（明）顔俊彦《盟水齋存牘》卷二《争産劉肇鳳杖》 審得劉肇鳳兄肇唐故絶，無可繼者。其遺田五畝、屋一間，囑書撥婿霍體夫，一切喪葬之事，體夫已一肩擔去矣。肇鳳興詞，欲奪還房産，無論囑不可滅，果還其房屋，肯任其喪葬乎？且體夫不願有其田，欲聽爲外父流祭，則亦賢婿也。屋聽體夫照囑管業，經營喪葬。其田五畝，屬之兩房輪管供祭，其有擅賣，體夫得而聲之。

如是，則生死無憾也。肇鳳之稱獻占，詞甚不根，杖之。招詳。

布政司批：劉肇鳳不能喪葬其兄，惟思攘奪其産，貪夫徇利，一至此哉。依擬杖懲發落，餘如照，庫收繳。

（明）顔俊彦《盟水齋存牘》卷二《息訟張容度杖》　審得張容度與梁穆以房産交易不明，致啓雀角之釁。奉憲拘質，而兩造親知從中處明，具息以進，因不復深求。梁穆、張容度各杖之，以戒其多事可也。招詳。

提學道批：梁穆等以屋價不明興詞互訐，念已悔息，姑依擬贖完發落，取庫收繳。

（明）顔俊彦《盟水齋存牘》卷二《争屋蘇純可二杖》　審得蘇純可之踞孤侄繼宗屋也，樹毆伯之案，勒認過之詞，經縣一一審明甚悉，無容蛇足一語。唯是縣斷繼宗名下出銀拾兩，給純可爲整屋之資。繼宗至今不與，因復興今日之訟。應照原斷限，一面交銀，一面出屋。若純可仍踞不出，重懲不赦。各杖之，以爲骨肉相凌之戒。招詳。

按察司批：蘇繼宗有屋貳座，而蘇純可久假之。縣斷繼宗銀拾兩給純可，而繼宗不遵，俱不能無罪，依擬杖折發落，銀、屋照斷。庫收領狀繳。

（明）顔俊彦《盟水齋存牘》卷二《争産鍾景淳等杖》　覆看得子無嫡庶，分授豈得太偏？鍾景淳雖老，猶然侄也。鍾特受雖幼，猶然叔也。維學在日不以受爲弟，而景淳遂敢不以受爲叔乎。今據該縣參之親族，酌之情理，取所有田房均分之，可謂善處人骨肉之間，生死無憾也。景淳、起龍、光裕、持受各杖無辭，依擬轉詳。

按察司批：子有嫡庶，産無厚薄，法則宜然。鍾景淳欺其叔持受已非法紀，至鍾起龍以諸生亦爲之，則幾無人理矣。田産照斷，給帖執照，以杜再争。景淳等贖發，庫收繳。

（明）顔俊彦《盟水齋存牘》卷二《争田何素集等杖》　審得何素集稱買何伯瓚望圃橋頭田陸畝貳分，瓚有兄伯韜，曾不與聞。其母高氏且起而訟之，天下有買田而不聞其母兄者乎？據瓚稱，以賭被誘局寫其田，何族子衿何子志等力證之。而素集又稱明買，僉證止何廷玉一人。而所稱廷玉者，何氏之族又俱稱爲積年訟師，土宄之尤。及素集出税契二紙，俱於本年二月用税，而其興詞則在正月。正月訟而二月税，未免此處無銀。事干田土，非可臆斷，業行縣一查前田曾否過税歸户？而諸原被犯俱惴惴以爲轉一衙門又多一番葛藤，願留案聽結。則職亦據理直斷，素集不得遽有其田，而按契之是賭非賭，付之何族之公論，聽之兩心之折證可也。何素集、伯瓚均杖無辭，廷玉挨身主訟，併杖。招詳。

布政司批：何素集買業不聞於賣主之母兄，且訟後方税，則其事可疑矣。今以是非質之該族公論，深得其平，餘依擬。如照發落，庫收繳。

兵巡道批：何素集買業不明，迹涉局誘。依擬與何伯瓚、何廷玉併杖。庫收繳。

（明）顔俊彦《盟水齋存牘》卷二《争田倫觀持杖》　審得倫觀持受外祖母池氏奩撥田貳拾捌畝，明買梁氏生員梁鉽，現出有契。據鉽稱交銀叁百兩，而觀持苦稱止交捌拾兩。及查觀持在縣着佃改領一訴，已自認壹玖拾兩穎。審據原中羅克譽稱，其田每畝價值拾兩有餘。應斷梁鉽再出銀壹百兩與觀持，補還原數，田聽鉽照舊管業。觀持之外祖母池氏，向因争繼，叠訟有案。當日之受撥而即轉賣，亦慮有議其後者，今日復欲返其故業，負心甚矣。觀持應杖，餘人免科。招詳。

海道蒙批：田價如詳斷追，仍聽梁鉽照舊管業。庫收領狀繳。

（明）顔俊彦《盟水齋存牘》卷二《争田李起靖等擬詳》　看得刁洲等處之田，據審李葺英等買契税契確有的據，李起靖附焰盗售，則目前之審可謂乘冰山之既倒而天心之復見者也。但李茂伸等爲前院所訪欺隱田土，是訪單一事，由縣而府而道，覆審再四，具牘以上，奉院批允，案墨未干，今一旦翻之，倘見之果真，新令尹誠不必照顧舊令尹矣。而欲一掀院道成案，則當日送訪之人與坐訪之故必須一一根究，其中有大礙手者，該縣不可不一深思之也。該縣既奉院詞已經審明詳允，本府所奉院詞應一歸結，除一面具文詳併外，合行知照。

（明）顔俊彦《盟水齋存牘》卷二《争田黄觀辛杖》　審得黄觀辛承繼故絶黄榮芳，據親族稱，所遺産業除烝嘗外，尚存田塘拾壹畝零。乃辛之姑夫劉時昭稱囑撥奩田捌畝，出其囑書，族長黄太華不認，則其爲僞造無疑也。且止拾壹畝之産而外戚據其八，所存有幾？況當日橐中之物已不可問乎？應斷田貳畝給時昭，餘則盡歸觀辛管業。倘田不便割，則以貳拾金抵之，以杜争端。時昭利它人所有，觀辛以盗獻爲詞，各杖示懲。餘免科。

（明）顔俊彦《盟水齋存牘》卷二《争田陳廷立等二杖》　審得陳廷立乘列胤昌之賭蕩而寫按其田，非有正價，已經縣審，斷價參分之一給廷立，而田俱歸之列，自是不易之案。因後審游移，廷立遂復踞田不返，陳氏所以激而上控也。今查原契壹百壹拾兩，計叁分之一，應斷給廷立叁拾陸兩陸錢零。胤賢兄弟速備與之，田聽管業，其契塗抹附卷。廷立不許再有覬覦。廷立貪不明之産，應從杖治。列胤賢不早如斷清楚，以致紛紜，併杖。招詳。

布政司批：陳廷立利列胤昌之賭而併挾其業，無良甚矣。與藐法抗斷之列胤賢，俱依擬杖贖發落。餘如照，庫收領狀繳。

（明）顔俊彦《盟水齋存牘》卷二《息訟黄振初杖》　審得黄振初與陳懷德合夥貿絲，結帳不明而争，争而訟。旋有爲之解紛者，而願息以進。愚民無知，亦上臺所必矜也。各杖之。招詳。

巡視道批：黄振初、陳懷德如擬贖發，庫收繳。

（明）顔俊彦《盟水齋存牘》卷二《争屋楊仰旦杖》　審得楊仰旦用價貳拾伍兩買朱倫地屋，已經管業。即朱倫未嘗有詞，仰旦吏覆民巢之詞何居？吏爲朱茂林，乃倫之叔，亦未常垂涎此業。或倫貧，須小小洗業耳。斷仰旦出銀肆兩給倫，永杜紛紜，薄杖仰旦，儆健訟也。餘免科。

（明）顔俊彦《盟水齋存牘》卷二《訟地吴思孟杖》　審得黄廷秀買胡昱地一段，昱買自封祖蘭，上下價契甚明。擇吉營葬，而群棍吴思孟等，忽覓一道傍淫潑之婦梁氏者，鑿空架詞，訟廷秀抛骸。奉憲拘審，梁氏遁矣。廷秀一寠人得碗大葬地，所費不過捌錢銀耳，而訟費不啻幾倍，土棍爲祟，寧止蛇蝎耶？巡司鑽勘詐勒，未必盡真，而此輩生事，要亦不免。候考察戒飭，吴思孟杖懲示儆。招詳。

南韶道批：吴思孟駕虚捏詞，覓潑婦梁氏告害黄廷秀，法當重究，姑依贖發，如照行，庫收繳。

（明）顔俊彦《盟水齋存牘》卷二《訟屋羅昭彝等杖》　審得羅昭彝一無賴蕩子，按田顔忠，復賣尹瑞麟，經縣審明，田歸瑞麟有案。乃瑞麟又執有惠愛坊屋壹契，價銀壹伯肆拾伍兩，於崇禎元年交易。據瑞麟稱：照彝同父曙臺立契，而曙臺又稱昭彝背父擅寫，然交易已伍年，何至今日而忽聲説也？至言陸孝廉封占，有屋有價，何人不可買，而謂孝廉獨不可買乎？昭彝浪蕩多負，瑞麟豈不知之？重迭作緣，亦不過乘其善費，急而餌之買屋買田，畢竟爲貪心所使耳。據契壹伯肆拾伍兩，粤例半價，合監追昭彝還瑞麟銀七拾貳兩伍錢，其屋聽其另賣可也。曙臺、昭彝以産局人，杖有餘辜。瑞麟詞多添溢，井杖。招詳。

布政司批：羅昭彝屋已賣於尹瑞麟，如欲轉賣，合應還價明白，乃借勢强逼，無賴極矣。斷屋聽贖，亦絶禍胎。昭彝、曙臺、尹瑞麟依擬各杖，分别贖鈔，均如照行，庫收領狀繳。

（明）顔俊彦《盟水齋存牘》卷二《蕩産梁覺賢等杖》　審得梁覺賢一浪子也，蕩家業而逐烟花，千金之産，半付之倚翠偎紅，呼盧浮白。生妻去帷，寡母啼饑，殆非人類矣。誘之鬻産，因之爲利者，乃族人梁廷策也。今覺賢無復下梢，自作自受，可恨不可惜。如其母張氏之煢煢何？據開土名買主在案。現到者爲李明宇、李僦昌、李象奇、梁彦儒、梁茂蘭、何挺先、梁肖賓、何藩、梁紹廉、梁廷效、梁啓胤、李少伯，諸人各出税契，稱係明買應斷。每契實銀拾兩，貼銀壹兩，量斷共銀陸拾伍兩七錢，給張氏之婿，何益之有？三喪未葬，葬之所餘，以贍張氏終身。其李明宇等各産聽過册管業。永不許覺賢另生枝節。尚有未到幾人，或聽張氏回贖，或聽覺賢自向洗業糊口可也。覺賢蕩而忘親，廷策貪而圯族，各杖無辭。招詳。

嶺南兵巡道批：梁覺賢、梁廷策俱加責二十板，以爲詁誘蕩敗者之戒。姑依擬發落。業主李明宇等照契斷貼銀兩，勒追付張氏襄事贍老，餘如照，實收領狀繳。

（明）顔俊彦《盟水齋存牘》卷二《争田李朝選杖》　審得李朝選與伍行之以田而訟，已經肇慶府審明，奉藩司批允在案。因朝選老而貧，田價無措，復控憲臺以圖遷延。究竟退田，何能無價也？奉憲拘審，旋即悔息。合聽照原斷歸結。朝選叠詞無爲，應杖。招詳。

提學道批：李朝選依擬杖懲收贖，庫收繳。

（明）顔俊彦《盟水齋存牘》卷二《訟産馮維梓二杖》　審得馮維梓用銀貳拾柒兩按曾志冲之田，志冲雖故，志冲之父蓋卿自認，後將田立契於徐季龍。今據蓋卿稱有契無交，並無分文到手，季龍已不可問矣。季龍爲嚴宦之僕，據蓋卿稱，當日立契交易，爲季龍非嚴宦，而契書嚴宅，則嚴遂得而問之。今季龍、志冲俱化爲異物，價之足與不足無從一叩冥冥。先斷嚴福出洗業銀貳拾柒兩，以了馮維梓前件，追維梓文契附卷。嚴宦捐館未久，弱子不支，似無庸多擁此膏腴產，然未免興衰之感，不忍深究也。曾志冲、徐季龍俱故，故杖黎禹臺、潘念吾以爲土宄之戒。招詳。

按察司批： 此中土宄計串投獻之事，的的可恨，如黎禹臺、潘念吾是也。依擬贖發，洗業銀照斷，庫收領狀繳。

（明）顏俊彦《盟水齋存牘》卷二《奪屋羅萬廣一杖》 審得歐陽貴有房屋一所，買自羅君止，中契甚明，君止現在可質。貴有婿羅萬俊，向依貴爲活，今已長眠。貴之女及甥，尚貴撫而養之。俊兄羅萬廣突以房屋爲弟所買，思剜人肉以療貧骨。貴銅斗家私，何能爲婿之兄作計？抑何憑空結想，愚而詐之甚也？審之，一無賴亦棍，可恨可笑，薄杖懲之，餘無株求。招詳。

糧儲道批： 羅萬廣不能撫視弟婦毆氏，反因其依棲於父家，遂謀奪其父家之屋，喪心極矣。審未實踞，姑依擬杖贖發落，庫收繳。

（明）顏俊彦《盟水齋存牘》卷二《争屋王維熊杖》 審得王維豸以自置之房屋，自售之邵燦宇，上手中契甚明，捕廳審結有案。豸兄維熊見燦宇得業之後，改造新大，所費不貲，視舊時殆有十倍焉，遂復以父業爲辭，不知兄弟應共得之業，維熊尚購典之劉秀山，經縣審擬在案。熊何如人，肯以未分父業任弟之賣，任燦宇之住有年所乎？姑且勿問燦宇得屋時，止出價叁百兩，今改造之資實三倍之，倘人人效尤，則賣屋贖屋，實爲利藪，即王謝之堂豈無得之？别姓亦危矣哉。此端胡可開也！職語維熊，勿問是父業是弟業，弟買之業，兄亦可贖。但據告，屋價值一千餘金，果貴產賤售，維豸方在寒□，何久無洗業？其爲燦宇恢麗，故不能有言，以至今日也。今若欲贖，請如其狀所稱，千金者而可，維豸亦不必問矣。倘欲議減於千金之内，使燦宇數年拮據，方寧鵲巢，一旦晏然，奪而有之，是直以賣屋贖屋而行劫也。可乎？王維熊之駕詞，仰德星之妄證，均杖示懲。招詳。

布政司批： 王維豸之屋自業自賣，原非王維熊之所得禁。今邵燦宇之輪奂一新，而維熊乃揑誣告贖，廉耻全無，良心亦死矣，此萬萬不可開端者。杖維熊、德星，以示警可也。餘如照，庫收繳。

（明）顏俊彦《盟水齋存牘》卷二《争屋麥昌等二杖》 審得陳叔脩買麥昌屋，中契甚明，已經營業改造，無更端理。祇以造册推收，税有不明，遂致興訟。今有兩造親知，招柱國等爲之處，明具息以進，姑免深求。陳叔脩、麥昌房屋交易各不平心，以致瀆憲，均杖何辭？招詳。

布政司批： 麥昌等以推收訐訟，均屬不法。念已處息，姑依擬，各杖贖發。如照，庫收繳。

按察司批： 陳叔脩、麥昌以房屋細故，彼此揑訟，杖無可原。依擬贖發，庫收繳。

（明）顏俊彦《盟水齋存牘》卷二《息訟冼光祚等杖》 審得冼光祖訟其弟光祚爲冼覺之誘賭，强占其田。賭或有之，占則未也。奉憲拘審。具息以進。據稱田已處明，念其鄉愚，姑免深求，光祚、覺之各杖無辭。招詳。

海道批： 冼光祚、冼覺之既悔息，姑依擬杖贖，庫收繳。

（明）顏俊彦《盟水齋存牘》卷二《争田梁茂成杖》 審得梁茂成以升科貼按揭黄氏，黄氏不能取而轉付之陳宦。陳宦當日若欲執帖而有其田，亦須召諸有田者面質之而後交易，此法之正也。自縣有贖貼之斷，更委官一勘，而茂成且欲派及秀岐等，憑空硬坐已不堪，而謂人堪之乎？今黄氏先無從覓矣。陳宦所執，亦止言買梁茂成土名三處耳。茂成能自分疏則已，不然縣所斷贖貼，茂成自認之，不得蔓累他人也。杖茂成以懲下水拖水者，餘非職之所敢知也。招詳。

糧儲道批： 梁茂成始以空貼按銀，繼以生端派衆，喪心極矣。自作自受，豈可復累他人，依擬杖贖，餘如照，庫收繳。

（明）顏俊彦《盟水齋存牘》卷二《息訟李懿網杖》 審得李懿網割其子奮田之禾，則亦應割黎泰階田，而誤割及泰階之弟應庚田，此豈可認乎？何怪應庚之有信也。今既悔息，姑免深求。懿網之杖，殆不可已。餘免科。

（明）顏俊彦《盟水齋存牘》卷二《訟帳唐燦玄等杖》 審得唐燦玄、梁星閣共本逐末，以結帳不清遂興雀角。職據簿與算，而彼此相閧，不肯服也。因押至經歷司，同原中黄礪庭等細算竟日，具數如左。黄礪庭等有矢開報一摺，開若列眉，星閣該貼還燦玄銀二十三兩二錢四分五厘。夫礪庭等兩家所倚信，從中無左右之祖［袒］，其言可據也。乃職再與當堂覆算，而燦玄别出合同，稱尚有本銀三百餘兩，礪庭等勿是也。星閣又稱併簿爲燦玄僞爲，礪庭等勿是也。總之，人以利交，自以利敗。負心渝盟，市井之態大概如斯。應依簿公算斷給，執照塗抹，併各杖之，以爲見利忘義之戒。具詳。

按祭司批：唐燦玄、梁星閣以結帳未清捏訟求勝，真見利忘義者矣。依擬贖發，餘照算明者追給。庫收領狀繳。

（明）顔俊彦《盟水齋存牘》卷四《佔産霍彦雍等一徒二杖》　審得霍彦雍，一幺麼百長，敢擅作威福，魚肉吾民，則其子生員霍達芳，爲虎之翼，鷹之爪，蜂之蠆也。何氏有嘗田一十一畝，煢煢未亡人，與四子藐諸孤相依爲命，其次男伯顯不幸夭折，彦雍遂串伊内侄周伯玄等捏造僞契，稱係伯顯生前所賣，當堂出其契驗之，僅一空頭白券，無僉無證，不唯何氏母子契無點墨，即彦雍所援爲見證，何氏所告爲羽翼，但無一人肯證此契之真者。而周伯玄之堅遁不出，梁奇勳之佃耕見在，歷年何氏母子收租納税，種種可憑。而僅恃其父子一百長、一青衿，攫孤稚之血産而雄踞之，目中寧有三尺哉？庭訊之日，産雍亦不敢赴理，止以子達芳出官搪抵，將謂秀才便可佔人田地耶！除達芳另申學臺降黜外，霍彦雍以强佔之律擬配革職。周伯玄嚴緝另報，周子龍、黎育真左袒朾占，各杖以懲。田聽何氏照舊管業。僞契塗抹附卷，具招呈詳。

布政司批：霍彦雍父子濟惡强佔民業，依擬徒贖革職。周子龍、黎育真各贖杖發落。霍達芳徑詳學道降黜，餘如照，庫收繳。

海道批：霍彦雍銅臭婁弁，恃子霍達芳青衿，强佔何氏嘗田，論徒。與子並褫，俱無虧枉。周子龍、黎育真助惡左袒，均杖。依擬贖完發落。繳。

（明）顔俊彦《盟水齋存牘》卷四《盗按産業趙文侶等三杖》　審得趙象賢子趙文侶，浪子野心，不守家業，爲趙奇孺所誘，瞞父將田四畝按揭蘇忠伯三十金，其銀半供文侶浪費，半入奇孺囊中，已經縣斷明，象賢出銀貳拾陸兩，奇孺出銀壹拾陸兩，共子母銀肆拾貳兩贖契，已有成案。而奇孺思脱賴前斷，以老母曹氏出頭誑憲，則狡甚也。至空頭契三紙，在奇孺胞弟奇順處，縣已明載審單，敢有執契告争，即係跳詐。案墨未干，何物羅福敢挺身受憲乎？甚矣！其貪而愚也。浪子費財，唯日不足，況有奇孺輩從旁慫恿，何難以空頭文契沿門投遞，而開張獻局者便揖而進之，其亦知父在子不得專，有象賢在乎！原案聽縣追結，奇孺背斷駕詞，應從杖懲。

羅福之希圖獻佔，趙文侶之擅寫父業，均杖無詞。餘免株求。具招呈詳。

按察司批：閲招趙奇孺背斷謊告，趙文侶擅寫父業，羅福藉勢受獻，皆法所不載也。依擬併杖，餘如照，庫收繳。

（明）顔俊彦《盟水齋存牘》卷四《争産李氏杖》　審得談遇之婦陳氏，爲馮維節姦而娶之，已有成案，真士類中之大不幸也。乃陳氏有奩田三十九畝，向歸談遇者，其母李氏思問遇索還，而併盗其自置七十一畝之契，謂亦係伊産，架詞不休，李氏真裙釵中之神棍矣。女之淫奔，母實誨之，要非虚語，契未追出，黄册可憑。遇猶然青衿也，既爲所玷，復失其産，肯甘心乎。今查蚊子洲七十一畝，委係陳氏未歸之先談遇自置，不得混争。其□沙十四畝，鵝公嶺崗尾涌二十五畝，據遇稱係撥抵聘金，且婦雖棄，有二女在也。然不潔之婦，情義已絶，何復留此不潔之田，爲睹物思人，猶有餘恨。遇稍有志氣，不若擲還之，又洒然耳。李氏縱女鶉奔，又自恃老婦，妄告，抱告陳常，擬杖示儆，具招呈詳。

糧儲道批：誨淫誨盗，有此獸嫗，不知獸生如馮維節者，當伏何法也。依擬杖斷，實收繳。

（明）顔俊彦《盟水齋存牘》卷四《重賣周日章徒》　審得惡棍周日章將已賣鄺省三之田重復盗賣也，可恨也。粤中投獻絶不爲怪，小民銖積寸累，苦置數畝以糊八口，而平空攫之，寧復有人心哉，查日章將田土名企另等處税拾柒畝，得價陸拾兩，明賣省三。此天啓四年契也。後又將田土名大圳邊税拾肆畝伍分，得價捌拾兩明賣省三，此崇禎元年契也。二俱價契明白，收租管業，無異詞矣。乃突於元年之臘月將田貳項重賣孝廉易第昌。是案也，洪道憲在府時曾爲聽理，將貳項田分屬之，而追日章之田價各償兩家，亦萬無可奈何，而曲爲調停之苦心也。省三以明買之田而無端云其半，已大可憐矣。審語内着明賣、重賣字眼如春秋筆法，以信斯案，而復批監追以了斯局。乃日章不知何時狡脱，竟將前項之銀付之冷風，而復捏局外青衿之胡世貞，謂銀已憑其交證，此不過欺省三一鄉愚可吞可噬，借衣巾爲籠罩耳。今庭質之，耿耿者心，凛凛者法，世貞肯代爲措一詞乎！投獻之罪下於盜，而情實加强盜一等。强盜止劫人黑夜，而彼獨劫人白晝；强盜止劫人財物，而彼併劫人田産；强盜尚須器械刀杖，而彼止用片紙數行；强盜止劫人財物，而彼併喪人名節。則是可不爲之寒心哉！日章以重賣坐徒，併照前斷監追給主，餘如向擬，不復株求。招詳。

糧儲道批：仰侯按院詳行繳。

察院批：周日章投獻已賣之田，罪干遣戍，從輕斷追，已屬骫法，況復奸推，借青衿爲狡脱地耶！徒有餘辜，姑依擬加責三十板，照原斷追給，完日發蒙裏［里］驛擺站，餘如照，庫收收管領狀繳。

（明）顔俊彦《盟水齋存牘》卷四《争埠鄧忠李陳吴杖》 審得鄧忠、李陳吴争承金利埠一案，唐督捕原詳，論呈則鄧較先於吴，論銀則壹百二十兩，李實先加於鄧，彼此朋拆，各承三年，已奉憲俞，此如山之案也。後鹽司慮兩家難以共事，遂有一遞一年，主其調停，而鄧忠者乘機爲翻局之計矣。陳吴有恩平之役，忠拴通何一宇假立合同，議貼讓忠先拆，何其巧也。其如陳吴歸而其局立破，何一宇之不能爲李陳吴也。水落石出，山鬼之伎倆有盡矣。然職以李陳吴不無自取也，忠智而吴愚，忠□而吴窘。使早知一宇之不可與圖緩急也，使橐中累累而不按餉文與一宇也，則亦無今日之事矣。平兩家之案，唯有督陳吴還一宇之銀，而仍當日朋拆之議。忠即有口如簧，又何辭焉！至李寅廷輩，不知何物，挨身其間，總假立合同之故智，千百其變而未有已也。尤可恨者，恃百足之扶［蜮］爲含沙之射，巧肆誣抵，明示把持，其亦難爲上矣。若鄧忠其人，恐一日不可容于堯舜之世也，重懲之使知三尺，此亦上聽憲裁。其不應設套鑽承也，杖之。陳吴不清一宇之逋，生此葛藤，亦應杖。

鹽法道批：鄧忠、李陳吴告納預餉，各有先後，雖當時稍有低昂，然久案卒難移易。忠之謀於何一宇也，蓋未能忘情於前案也。一宇以按當之銀而翻立約契，致兩家鬩争不已，免擬幸耳！鄧忠、李陳吴各依擬朋拆賣鹽，各如斷行。庫收繳。

（明）顔俊彦《盟水齋存牘》卷四《争塘胡文緒等杖》 審得胡氏有蒸嘗魚塘一口，計七畝五分零。向族譚世可、譚國立與男譚國珍等各房輪管。世可無子，天啓三年立侄譚士珍與乞養馮秀昇併繼輪管。崇禎元年塘［利］，不意七月世可身故。十二月即有余廣義之舅胡文緒認係己業，罄取塘魚，約價二十余兩。胡氏不甘，一告本縣，一控憲司，批行本廳。文緒不候審結，亦詞藩司，批管糧廳。據稱買自世可一分半，又國立半分，共得三分中之二。及據廣義爲中，止稱一半而不及國立買主。原中何言之自相矛盾也。其窺國立廢痿並欲欺佔無疑。況塘屬公衆，即使明買，交易之日亦當通衆公僉。即稱年久，亦當起業，奚待賣主身故之後而始掠其魚耶！細訊廣義，居間煽誘秀昇借緒之銀，執其按契，計欲佔業。秀昇見在，即所按債利已不貲矣。魚價應追還譚姓，但秀昇按契未找聽統算清楚，亦不得子過于毋，按契追抹附卷。塘仍聽士珍等各房照舊管業。文緒欺佔添詞，廣義挑唆硬證，均杖以懲，餘免株求，具招呈詳。

按察司批：胡文緒添詞欺佔，與余廣義之唆訟，依擬各杖贖發落。塘任譚士珍等輪管。餘如照，庫收領狀繳。

（明）顔俊彦《盟水齋存牘》卷四《訟債蘇茂業等杖》 審得蘇茂業以販鍋來廣，憑店郭奉宇交銀貳百叁拾肆兩柒分與霍來鳴、何華生。華生陵續交明來鳴，尚欠五十貳兩叁錢，赤貧無措，將別項鐵器家伙物件央親抵，已立收數付執，乃茂業執物細度，不免虚擡太過，不甘控憲。而來鳴亦以捄命還詞，則益不情之甚也。合斷原經手郭奉宇同領伴何華生，實估前虚擡之數，着來鳴量行貼補，便可了局。來鳴逋負，茂業過添，各杖，招詳。

按察司批：霍來鳴等依擬各杖發落，餘如照，庫收繳。

（明）顔俊彦《盟水齋存牘》卷四《訟債葉臺襄杖》 審得葉臺襄父迴凡，曾將住屋一半，計税三分五厘按與族人葉孺赤。據縣審二十兩，孺赤復轉按族人葉守恒。縣以斷臺襄備銀二十四兩交還孺赤，轉給守恒以贖前屋。乃銀以貯庫，孺赤不顧赴領，復以殺佔上控，方行拘審，而孺赤溘焉，朝露值存一四五歲孤稚。據其族際明、景明之口，謂當年迴凡所揭孺赤銀實有五十金，孺赤轉按守恒實有六十金，故孺赤不顧赴領，以致上控，即未必有如是之多，大約不止於二十金是實。臺襄雖係父債，然既欲得業，豈堪負債。況今孺赤物故，煢煢三尺，忍負之乎。應斷臺襄於原斷外再加六兩，湊庫貯二十四兩給守恒收領，以了前案。更責令另出銀六兩給孺赤之子存養，庶價業有歸，生死無憾。葉臺襄負債啓釁，復推老婦羅氏出頭搪抵，一杖殆不可免。招詳。

海道批：葉臺襄負債啓釁，杖懲不枉。依擬贖發，照斷追給。庫收領狀繳。

（明）顏俊彥《盟水齋存牘》卷四《訟債梁光斗杖》　審得梁光斗之訟廖典史也，以索債不還也。索債不還，而臚列單款，狂奔叩憲，何也？則光斗以異鄉孤身，守候日久，計無復之也。兩造封質，更無別情。出原票，廖典史於赴選時，果借光斗銀拾兩伍錢，又借何姓銀叁拾肆兩，止還過銀肆兩，何姓之票亦附光斗索取。今責令廖典史照票償還，事已畢矣。若其所開事款，不特無一人出證，而光斗亦自認無據，彼單上所載有一二真，亦何難謝索逋之人而使其狂奔叩憲也。況典史果播惡於衆，何無本地方一人鳴冤，而必待其鄉人發難也。光斗罪應反坐，念煢煢異鄉，事起有因，姑從杖治。廖典史亦應量擬，但貧官不能還債，卑職不無同病相憐之感，因敢請於憲臺也貰之。光斗方在沉痾，奄奄一息，職諭其急歸，免爲他鄉之鬼，更爲乞恩免解矣。憲臺如天好生，必肯俯從者耳。具招呈詳。

兵巡道轉詳。

察院吴批：梁光斗之訐典史，出於索負，情出添揑可知，乃典史豈真一文不取者，而甘負京債召此，亦非無因矣。速令其措償，以爲歸里之資，光斗杖贖，庫收繳。

（明）顏俊彥《盟水齋存牘》卷四《訟債鍾瑞芝等杖》　審得鍾瑞芝與已故陳二明即陳天禄之父，皆鐵商也。領黃廣仁之銀，訂期交鐵，帳數可證。但查帳，二紙共銀四十七兩一錢，係瑞芝的筆收到，已認還無辭。又一紙一百六十八兩，係二明與瑞芝共收，非瑞芝親筆。又一紙九十五兩，係陳二明獨收，與瑞芝無干。今二明既化爲異物，在廣仁方欲盡責於瑞芝，而瑞芝且不無過，推卸於二明，安得不激之而訟，訟之於憲乎？今斷四十七兩一錢，瑞芝自還。其與二明共領一百六十八兩，姑斷其半瑞芝與二明之子天禄共償之，其二明自領九十五兩，責天禄亦償其半，廣仁可以無言矣。至下毒四人之語，全屬架詞，陳進韜實唆之，杖不盡辜，併請加責。廣仁、瑞芝各執亦多匿情，均杖，招詳。

軍門批：鍾瑞芝、黃廣仁如擬各杖贖發落。陳進韜唆誣，杖有餘辜，加責三十板。餘如照，取庫收領狀繳。

（明）顏俊彥《盟水齋存牘》卷四《訐爭財產黃璟等杖》　審得黃熺爲嫡子，璟爲庶子。瓛之在也，瓛以嫡而壓庶；瓛之殁也，暻以叔而凌［璟］之訟其侄黃重韶等，已經前本府洪審斷明白。總之，重韶故父黃瓛侄。則前府所稱，昔之未平於兄者，施之於侄，盡之矣。若其各執分單較量不已，則已有二比管租，各照公約之斷，無容紛更。職諭以兄弟叔侄之間宜相好無相尤，以骨肉而訟，家財不盡不已，一體中之肥瘠亦何事屑屑也哉！亦首肯其言。唯是斷黃暻退出銀臺百伍拾兩給重韶兄弟，彼方爲不平之鳴，而復爲哀多之議，其所以復控憲者以此，請豁之則俱可相忘於無言矣。若夫指盜沉冤等語，則溢詞也。暻不能侄其侄，重韶良賢不能叔其叔，于是乎有今日之役，各杖無辭。招詳。

布政司批：黃璟等叔侄互訟，有傷親誼，各杖允宜。依擬贖發，如斷，庫收繳。

（明）顏俊彥《盟水齋存牘》卷四《争田羅應期杖》　審得劉錫之父劉清霞用價三百六十兩憑生員鄭延瓚買已故羅元軾嫡妻葉氏産四處，共租二百五十四石，中券兩明，無可推敲。劉應期習爲狡詐，始誘羅晨賭蕩破産，葉氏告發在案，乃復造彌天之謊，揑稱先買晨田七十石在霞前，數係葉氏立契。葉氏即告應期誘賭，豈有復賣田與期之理？況田土交易，賣主理直，期不告賣主羅晨而獨告劉錫。錫一蚩蚩之氓，盡可魚肉，遂平空跳詐之也。應期亦無良之人哉！廷訊之日，羅晨亦不赴理，其爲虛妄不言可知。而應期猶口稱羅舉人者再，夫將以舉人遂可佐其跳詐乎！此事已經三聽而未能一刀斬斷，蓋以情面未破，中未免着騎墻之語耳。其田聽劉錫管業，應期僞契混争，恃刁健訟，杖不蔽辜。招詳。

蒙軍門批：劉毓凌揑契詐愚，據覆已確，姑依擬加責三十板，贖發。餘照行，庫收繳。

（明）顏俊彥《盟水齋存牘》卷四《争田何嘗杖》　審得曾尚忠售李何嘗父之産八十七畝熟田也，熟田之外尚有浮漲荒坦更未嘗入契，乃何嘗欲併而有之，聞賣田之家向買主貼價矣，未嘗聞買田之家向賣主貼田也。貪而無厭，一至于此。曾氏另賣李孝廉之田總非八十七畝，內則何嘗安得而問也。合斷各自照契，各自管業。何嘗踰界侵佔，應杖。尚簡係其父，賣念非經手，姑免究。招詳。

糧儲道批：何嘗踰界侵佔，貪而無耻，莫此爲甚，一杖不枉。依擬杖贖發落。田仍照契管業，以杜爭端。庫收繳。

（明）顔俊彦《盟水齋存牘》卷四《爭田余朝重等杖》　審得鍾士瞻先於萬曆三十七二月十五日賣田七畝三厘一毫與謝茂高，明白管業無異，後士瞻復將田六畝五分八厘六毫賣與余朝重，原議回贖，因歷年士瞻包租，不與朝重管業，其田之爲茂高田數内與非數内俱朦朧影響，不可得而問也。後四十二年朝重要行起業，士瞻不容，訐告于縣。在鍾執有按當之情，縣審有聽贖之語，而田斷歸朝重，以士瞻不能辦贖資也。然終不悉其田爲何田。總之，與謝茂高向管業之田無與也。天啓二年朝重摘將數内鐵涌坑田臺畝五分三厘、園口貳畝貳分八厘，共三畝八分一厘，暗暗脱卸于鄧雲龍。雲龍或亦知其田有故而欺茂高之愚而懦也。前來扦步，以致茂高不甘赴告，則直在茂高，曲在士瞻矣。雲龍自買不明之産，須問之賣主余朝重，令朝重轉問之鍾士瞻，與茂高何與焉。士瞻重復典賣，法當重擬，念其已死，而子鍾自萃非其經手，但不能幹父之蠱，致兩家聚訟，薄杖示懲。余朝重亦姑杖。雲龍念係青衿，免擬，田聽謝茂高管業。其雲龍所買或田或價聽朝重自行支值，以不明之産當日未必便有正價也。招詳。

察批院：余朝重以不明之田暗脱卸於鄧雲龍，雲龍亦暗受之，兩者罪均，而重復典賣，鍾士瞻實爲釁端。田斷謝茂高管業，而雲龍之價聽自理于朝重，買賣先後分明矣。依擬杖贖，庫收繳。

（明）顔俊彦《盟水齋存牘》卷四《爭田産劉原墨杖》　審得陳金之弟錠身故無子，其所遺之産金意中□必無他屬，孀婦英氏即欲變賣，斷不能沿街求售也。劉原墨爲陳金妹倩，而英氏之鬻産俱出其居間，未必不因之爲利。周文勝、陳耀先亦未必不利其價之可貶也。無主女流急欲授田於人，寧復得正價乎！前洪通判之審是原墨而非陳金，謂原墨揭債殮葬而陳金之告有胸無心，其亦知陳氏之事還須陳姓者料理，陳氏之産還須姓陳者主張。族先于親，況同氣連枝者乎！原墨陰以爲利而陽以爲名，誰其甘之，況英氏脱産而嫁，不終守制，陳金所以復有今日之告也。周文勝買園地一段價五兩，陳耀先買田叁畝四分，價二十兩，當日交易，價未必足，合于文勝名下斷銀壹兩，耀先名下斷銀三兩，爲陳金洗業之資，其田聽文勝、耀先管業，永不許借端生訟。劉原墨既係肺腑，不爲調停，從更賣産，豈無染指，擬杖以儆。招詳。

巡視海道批：劉原墨主持寡婦賣産，陰謀染指，杖懲不枉，依擬贖完發落，餘照斷，庫收領狀繳。

（明）顔俊彦《盟水齋存牘》卷四《爭田羅載仲繇詳》　審得歐文輝之父歐啓壽買番禺魚洲田二十一畝，□毆子爵、歐嘉聘在萬曆三十八年契與册俱鑿鑿可據也。後子爵於萬曆四十年將數内田七畝五分詭稱香山户口，盗賣于故宦羅文鵬。文鵬或亦明知之彼以勢來，我以勢受耳。鵬死而勢去矣，水落石出，到底番禺之不能爲香山也。四十年之不能爲三十八年也。羅載仲有口亦無説之辭矣。至膏粱紈袴，半醉半夢之人絶不知有支持門户之事，而借族中青衿羅章謂出注抑疇。若自振其箕裘乎，勢無常在，天道好還，明眼簪紳，睹此能不自愛。此事已經番禺、順德斷過，兩案如山，無須蛇足。但順德曾於文輝名下追洗業銀四兩給羅韜收領，意猶未滿，故蠻觸不休。今查田價，大概與十年前低昂懸絶，議於七畝五分内挖二畝爲原主不敷之價，以抵載仲當年半買半獻之費，其五畝五分斷還文輝管業，永不許借題生事。文輝皆奮迹青雲，不必與門第衰謝之子爭此刀錐也。載仲若得隴望蜀，再有後言，有三尺在矣。賣主買主俱故念目前廷質俱非經手之人，姑免擬。具繇呈詳。

察院批：既經斷明，如詳行，繳。

（明）顔俊彦《盟水齋存牘》卷四《爭田葉孟鳴等杖》　審得何氏之以殺佔控也，據稱葉孟鳴爲宄，串吴伯清等吞佔其田，而孟鳴、伯清俱訴其田買自葉喬華，嚴提奕華對理而遠遁不出，則爲盗賣何氏之田無疑也。伯清、孟鳴明知何氏之田而買之，亦未必有正價可知也。吴昌運之告葉奕熙雄踞也，葉喬之稱吴昌運佔田也，頭緒紛紛，膠膠膈膈。總之，奕華一逃，而所稱買自奕華者皆同于風影矣。田聽何氏管業無異。孟鳴、伯清等與奕華有無交易聽其自找奕華清楚未遲耳。葉孟鳴、葉天倫、吴伯清不問來歷，强踞人田，均杖猶有餘辜，葉奕華另緝。申報招詳。

察院批：葉孟鳴、葉天倫、吴伯清等一夥奸貪，借葉奕華爲名，强佔何氏税業，法應重究，姑各加責二十板。依擬杖贖，各田俱還何氏管業，假契追抹。敢有再生端混爭，嚴拿究解，庫收繳。

（明）顔俊彦《盟水齋存牘》卷四《爭田吴徽式等杖》　審得吴徽式

之以劫擄控也，因有橫海洲稅田何爲吳氏子姓耕種納糧，册籍可據。而生員黄之采欲插承其坦，以數世相傳之業，而攫其所固有，能嘿然而已乎！但職疑有新生之坦，或吳氏未曾陞科，黄生因以爲詞，則亦應赴司告承給帖，而問其帖，無有也。但執誌書以爲券。夫田土憑該縣之糧册，憑本司之給帖誌，豈可以券？田，豈有不載之册，不徵之帖，而獨信之誌者乎！數行誌書正於茫茫大海中憑空下一柱，以爲争訟張本耳。其田應聽吳徽式、吳天恩等照册管業無異，並行該縣查有新生責令一併陞科納餉。徽式詞稱劫擄，則甚不情矣，杖之。之采、之桂，念係子衿，即不得田，姑免擬。招詳。

按察司批：吳徽式詞多過虚，依擬贖杖發落。黄之采□□□，姑念青衿，免究。田聽吳徽式等照册管業，庫收繳。

（明）顔俊彦《盟水齋存牘》卷四《争田趙雲龍等詳》 審看得李彦太北邊沙之田坦，伊父賣經三主而及于生員鄺耀初，十年工築，積有浮生。耀初復告承新坦五十畝。至天啓元年又承草坦五十畝，乃彦太以父遺虚稅無出，私將沙坦二賣，經斷不遂，復于天啓元年將前坦壹頃臺拾畝賣與生員趙見捷。至四年而耀初之子鄺彦迥悉將實田新坦共貳頃陸畝賣與監生區昌炯，稅收契貼，兩各有據，而坦則虚稅無實，水浜難問，致兩姓互争，控告不休也。今據該縣履畝丈勘，止老田新坦共貳頃陸畝，不足兩家之數。彦太又虚稅莫償，赤貧可憫，遂酌于情法，因此沙東面一帶尚有浮生，除將原實田坦一頃六畝與區昌炯管業，其下新坦一百畝左右均剖，見捷、昌炯各鬮分伍拾畝，俟有浮生各照左右自築以補缺額。數年之後可免賠糧，息二姓之争，脱李户遺稅之累，最爲平允。趙雲龍、區昌炯等念其致訟有因，姑從免擬。得邀憲度包荒，以罷兩家之蠻觸，造福更不淺也。具繇詳奪。

軍門批：依擬行繳。

（明）顔俊彦《盟水齋存牘》卷四《争田陳道洪等二杖》 審得陳道洪買余叔良之田，而憑其僕譚尚忠作中，已非體矣。乃據縣審叔良止收價銀六兩一錢，尚銀九兩八錢五分係尚忠私向道洪接取。夫田土交易是何事，不當面交割而與僕輩私相授受乎？叔良以祖産不忍棄捐，應斷還原得價六兩一錢與道洪，田聽叔良管業，其契追抹附卷。譚尚忠在逃，行縣緝追。道洪、叔良俱有溢詞，各杖不枉，具招呈詳。

布政司批：依擬陳道洪、余叔良各贖杖發落，如照，庫收領狀繳。

分守道批：陳道洪、余叔良各依擬，如照，庫收繳。

（明）顔俊彦《盟水齋存牘》卷四《争田鄭國光杖》 審得鄭國光無賴之尤，已經縣審擬徒有案。今日復何爲而有此控也？以當日止正其罪而未明其田也。其父以本沙稅田貳拾畝賣與何姓，何轉賣於馮初復，管業明白，國光亦無所置喙矣。但初復新承子坦，則本沙所生，國光所不能忘情于初復也。據國光稱，稅尚在伊户，恐亦未必即是此田。初復自得之何氏，與國光絶無交涉。國光即欲有言，亦須向何氏聲説。若蠻執初復而索之，幾於隔壁算帳矣。指稱軍田，更屬駕捏，姑薄杖之。具招詳。

蒙憲司批：鄭國光業經三主而猶健訟不休，依擬贖杖發落。庫收繳。

（明）顔俊彦《盟水齋存牘》卷四《争田陳公佑等一杖》 審得馮日隆之田買自陳公佑，價契甚明，但田係公佑新墾之田，影借舊額而實非也。問其稅單而無以應也。新開之田置車截水，則舊田皆爲焦土，聶世達輩安能嘿嘿而已乎！但世達應争于公佑開墾之時，不應争于日隆得業之後。今欲使日隆已成熟之田反爲荒坵，無是理也。今酌于日隆所買田數内以三分之一歸世達承佃，世達照畝還日隆原價。田既彼此相錯，則置車通水之處，一人亦不得截其上流而使下田獨受其枯涸也。行縣追價剖業，各認陞科，不得復置異喙。公佑以開荒影借舊額射利啓釁，姑擬杖懲。招詳。

布政司糧儲道俱批：依擬陳公佑贖杖發落，餘照行，庫收領狀繳。

（明）顔俊彦《盟水齋存牘》卷四《争田姚文熠等三杖》 審得此中争田、争坦之案日日有之，然未有如姚文熠訟管帶宇等一案之奇且幻也。據稱共田四頃一十一畝，非尺寸之土也。該糧六石五斗四升零，非升合之輸也。無端被人盗賣舉家懵然，忽告發于二、三十年之後，有是理乎？有是事乎？且姚氏世爲貲郎，而文熠更以銅臭縱横，爲國人所側目，肯甘心以四頃一十一畝之田白被人佔而虚賠二三十年之糧乎？查管直卿於萬曆二十七年將田二十八畝賣與曾君瑞，傅男、曾荀龍。四十一年轉賣周肖橋。管帶宇於萬曆三十二年將田賣與陳允誠、傅男、陳粹徵。此時姚懋、姚文燧俱在，何無一言！又查管帶宇賣田與黄新臺，管雲嚴賣田與曾奇耀，或在燧在之時，或在燧死之後。總之，明中正契，推收過户，各姓管業，匪朝伊夕，而一旦冷灰豆爆，指諸姓之田而强坐以管直卿、管帶宇盜賣，晏然有之而不疑。彼蒼蒼者，其謂之何！夫管直卿所賣與曾君瑞之田，曾管業一十五年，轉賣凋肖橋又一十餘年，而坐肖橋以不查來歷之罪監責病死。文熠即勢可灼手，錢可通神，恐死而有知，訴之上帝，斷不爾貸也。據稱文燧日耽花酒，不問生產，然無田有糧，即昏愚易曉。文熠何等機巧！今日能挾孤侄以訟，强奪人田，人莫敢誰何。而當日坐視其兄之如醉如夢，不爲助一臂，何也？據文熠所引爲證者，一無賴之張友梅，訊之友梅，亦止云所知者叁石租之田耳，餘皆不知。則何所據而横奪人户下之田也？總之，田非袖中可隱之物，必有黄册可查，段落可勘。未經查對，未經清丈，而執嘉靖遠年之空券，擇膏腴而實之，訟者憑空而訟，斷者憑空而斷，真咄咄怪事也。且文熠田連千頃，安知無匿税隱糧之事，借此以飾之乎！即果有迷失，亦必耕耘失業，化爲荆榛瓦礫之場，應自往追尋，理而熟之，而欲取他人見成耕熟之田以爲己有，噫，亦横甚矣。據事據理，細細剖析，而文熠不能復措一語矣。因思當日李刑官之一審必有萬萬不能自主者，而機鋒逗漏，則盡于田地盜賣至二三十年之後而始追尋，似屬駭異。數語輕輕點綴，以俟後人之參駁，此巧於讞獄者也，而職不能爲是曲折也。毋泥成案，毋惑旁囂，憲臺早有以命之矣。最可駭者，翻閲該廳全卷，諸被犯從無片紙訴詞，人即大逆不道，應置重辟，亦必一言而死，而田地許訟使人吞聲結舌至此，則其情事亦思過半矣。至自願退還田塘之説，問之管雲嚴等，俱叩頭垂涕曰：不寫退契，不至今日。慮其爲周肖橋之續也。痛哉！今聽之如坐凄風苦雨中，何物錢虜氣焰一至如此也。若其通邑衿紳揭帖，據文熠指生員陳來泰手造，而來泰亦直認不辭，云：若有一段不實，甘坐誣罔之罪。事關風化，所當發該府刑廳就近拘犯，一一細質，另行申報者也。各姓之田聽各照舊管業外，姚文熠應律以誣告累死人命，但周肖橋以病保放而死，姑以不應爲擬杖。姚德基之聽唆，張友梅之妄證，併杖之。餘免株求。招詳。

嶺東道批：據詳平反，已得真情，足徵良工苦心，准如議。侯詳院示行繳。

（明）顔俊彦《盟水齋存牘》卷四《争田陳卓璧等二杖》　審得陳卓璧之于陳斗虚、陳天衢皆以同族。天啓七年，卓璧因貧將田三畝八分雖寫賣券而實得按銀二十四兩，原非絶價，乃斗虚揹業，妄執爲買，致縣斷加洗業，不甘復有本司之控。第查此田，卓璧另典與彭定宇，價倍其半，則斗虚買值未登可知也。今據具息稱論價退業，情理宜然，姑不深究。一以揹業召訟，一以告牘添詞，不能無罪。卓璧、斗虚均杖以懲。招詳候奪。

蒙布政司批：依擬陳卓璧、陳斗虚各贖杖發落，如照，庫收繳。

（明）顔俊彦《盟水齋存牘》卷四《涎産黄明峰杖》　審得黄明峰爲黄三省之族人，一亡賴游棍也。三省有弟宗紳夭折，將房屋囑托三省，以後嗣付之，則業之不守無以見宗紳地下，三省自不能嘿嘿而已也。明峰始以黄閏爲注，獻屋嚴宦案尚未結。而復以黄遠出名，揭陳宦之債，契載銀四百兩，黄任宇、黄益宇僉證。今廷質之，任宇即三省，益宇即三省親弟，堅不認僉，其爲明峰所寫無疑。況四百金交易亦非小可，而祇一空頭白券，並無上手文契，則其爲借銀之契而非賣屋之契可知。即銀亦未必有多多許，又可知也。黄明峰應從重擬，念其貧而老，姑杖之，着其取出黄遠明白陳宦前件，屋聽三省管業。三省既任托孤，而所謂孤者即黄遠也，可言不知其所在乎？黄遠不出，併聽追比。招詳。

巡視海道批：黄明峰垂涎孤寡，借宦局騙，杖有餘辜，姑依擬杖贖。如照發落，庫收繳。

兵巡道批：黄明峰欺死瞞生，本應重懲，姑念老貧，依擬杖治贖發落。如照，庫收繳。

（明）顔俊彦《盟水齋存牘》卷四《息詞盧祈延盧新元杖》　審得盧祈延、盧新元兄弟也，以兄弟而田産交易乃有勢抄之控，何居？奉憲拘質，各具息詞以進。職不敢朦朧許其息也，細詢之，則祈延實曾將田地池塘賣新元非一，索其洗業不遂，故有今日之告。然所争洗業亦無幾耳，而敢以瀆憲，甚矣，此中人之不知法也。新元不能廣尺布斗粟之誼，使成雀角，富而好禮，非其人矣。念已補洗業，兩造悔息，姑各杖之，教之以兄弟之好也。招詳。

察院批：盧祈延、盧新元以洗業之小故而敢於越訟，法應重究，念係兄弟，即已悔息，姑依擬各杖贖。庫收繳。

（明）顔俊彦《盟水齋存牘》卷四《敗子李昌麟杖》　審得李昌麟之

父有房一所，計前後四座。捐前二座爲公祠，固義舉也。向仍昌麟住管無異，族亦無言。今昌麟家業日替，將後二座價售生員陳奇品，致族長李公惠執麟父囑爲辭。經縣勘明，所賣後房屬麟父遺，交易明白，量斷銀三兩補酬，公惠押字歸結在案，乃麟復有抄孤之控，何爲哉？或欲併廢其二座先設是師以箝族人之口耳。不肖子既不能上承先志，而後干犯其伯，罪應重擬。顧人貧志短，族有成諺，良可哀也！杖之，招詳。

按察司批：李昌麟不承先志，捏訟廢祠，殊有可恨。姑依擬薄杖發落，餘如照，庫收繳。

（明）胡敬辰《檀雪齋集・劉仁一》 建安王府窑户劉仁一，曾買王稚明之田共三十畝。其原主則宜春王府管理禮生李光焜即李謝八之族田也。焜業已贖回肆畝零矣，而必欲盡贖之爲快。仁一實未肯降心以惟命也。一則思捲土之重來，一則竟閉關以固業。親戚遂調停其水火，而兩人兢酣戰於玄黄。於是焉以鏖搶啓王，以鏖嚼啓管理，而搆鬥之雄幾幾乎不可收拾矣。夫不效虞、芮質成之化，田讓於西方，而互伸鼠雀牙角之争，聲累於藩國。試令仁一、謝八捫心清夜能自容其羞惡乎？兩府會議，乞爲註銷；實批嚴懲，復許昭雪。夫亦小忿不廢，大體攸關之德意也。應與轉詳，務祈曲宥。

（明）佚名《新纂四六讞語・徒犯沈一鳳讞語》 審得沈一鳳，黠人也。奪宋化龍田爲水道以分其塘水。化龍前訟於官，官不直化龍，聽一鳳踞業。比今又訟。本縣察化龍神情，似若有冤者。取其圖視之，沈、宋同塘。宋田在上，乃不共此溝用水，而水反越宋田以澆下流，已屬可疑。一鳳出其新舊兩契爲質。本縣取舊契閲之，僞也。書田卷者既載四至，即載水道，今驗舊額古溝一條老牛窪取水數字，反在情願出賣之下，豈非原契題買主姓名，餘半行空紙，今日新填此爲白騙計乎？又驗字跡，四行俱浸。夫作字一畫一字，浸即舐筆令勻。何至四行俱浸，又何前後皆不浸？浸必以此四行乎？仍提字跡照之，舊額古溝一條老牛窪取水數字浸芒勻淡，乃故紙新竄字宜然。餘字雖浸，外淡中濃。中濃之跡無剌，係舊日筆痕。外淡之迹有剌，豈非竄字後，並此數行填浸，以混新添字樣乎？又取新契驗之，亦僞也。契尾印帖上簽二十五日，墨瘦筆枯。殊不類官府簽判。再於舊卷中取本官押字比驗，亦僞也。官府押字圓活，假之者滯硬。又查契尾上承行吏姓名，尤甚可笑，與本年吏隔越且二人矣。奸民舞法，《汲黯傳》：好興事無文法。言舞弄文法以肆奸也。盗官篆爲兼併計，以愚弄小民，兒戲官府。應依律擬徒，以爲險狡之懲。田並古塘斷還宋化龍管業。

（明）張肯堂《䍃辭》卷一《李學綸長垣東明兩縣人争界》 李學綸長垣縣人，其所告李加言則東明縣人也。向以市集相争，各自爲黨，屢屢成訟，亦幾經斷明。長垣之集，則在樊相，以四、八、十日爲期。東明之集，則在李方屯，以三、七日爲期。分界分日，各不相混，已有明示遵行，法至善也。一日學綸與加言遇於樊相，舊恨未平，雄心陡發，遂至互相争持。較是非則直在加言，而論勝負則敗歸學綸。雖旋從勸釋，而學綸頭中之搶傷當非僞造也。明禁森然，訟牒具在，而忿争妄告卒復未休。兩人均爲敝民矣，各杖無辭，市集仍舊。

（明）張肯堂《䍃辭》卷一《張化新》 張化新有地四畝，向年售與王民，得價六兩有奇。今三月間，備價取贖，復轉鬻於張九盈矣。田雖歸張，而麥秀漸漸，猶是王民故物也。而乃聚衆搬搶，腰鐮作風雨聲。夫人耕之，我乃獲之耶。張九盈宜爲化新左袒，而亦侃侃公言。不待胡日勸等之交執，而蚤有以斷斯獄矣。地瘠歲侵，每畝不盈一釜。追出二石還給王民。化新蹊田奪麥，必非一人，念其所獲不多，兼屬原主，杖止其身。

（明）張肯堂《䍃辭》卷一《張繼業》 監生耿弘先買張繼業兄弟之産，以爲贍學義田，實成其已故外祖楊侍御未竟之志，立有碑碣，甚盛舉也。第方其置産時，乃與繼業之母王氏及其弟繼修交易，而繼業以販麥轉徒他境，未嘗與聞。原價二十兩有奇，而據碑文稱爲三十兩。繼業執此興詞，質之耿生，則云原田尚少四畝。夫捐資助學，義重則利輕，何靳此數金，而使小人藉爲口實乎？且有三十畝之名，而實止十六畝，亦與勒石齟齬。斷令耿弘先更加十兩給與繼業，以足原數。繼業更補田四畝，如數歸學。繼業情有可原，獨是耿生田本供學，而輒之爲吞佔，將何以爲市義者勸乎。

（明）張肯堂《䍃辭》卷一《王明德》 王明德之以快役岳德化訟也，據云手持假票，嚇詐銀錢，蓋不啻多矣。過付之人，則有王會好在。訊鞫之日，首呼會好問之。銀幾何，錢幾何，約於何日，交於何時，聚於何所，設端窮詰，纖悉必究。會好始則支吾其詞，迫之不獲已，始作謾語以對。質之明德，數目日時無一合者，其云在李佳胤家，則兩人如出一口也。至問佳胤，云需索酒飯，此實有之，至所稱銀錢纍纍，則皆囈語耳。夫德化奉批行關，不稱假票，至取原關閱之，並無明德姓名。德化何因敢索重貨，明德又何恐而頓輸厚資也。

（明）張肯堂《䇐辭》卷三《齊本訓滑縣人》 齊本訓雖爲齊黨之叔，然門户各别久矣。黨幼孤而蕩，八口不支，將己地十五畝轉售與何騰子何發源爲業。本訓垂涎未得，不忿榻邊之鼾睡也，遂芟其穀。向曾告縣審理，曲歸本訓。今告本欲求勝，然實不能爲本訓解也。謂析箸時尚有不均之嘆，則賣者過矣，得者何罪。受訟者宜在黨，不宜在發源也。謂立券時，或有未明之價，則得業者滿志矣，失業者誰肯甘心。舉訟者宜在黨，不宜在本訓也。至楊文整本無干涉而揭之訟首，賈氏、張氏之死與諸人風馬牛不及，而執以興詞，謬盭不倫，總非情實。念其本意止欲争産，且所争者猶齊姓之産也，杖有餘辜，姑徼寛政。

（明）張肯堂《䇐辭》卷四《金志端東明人》 東明人金志端，有地一頃二十畝，售之族人金階有年矣。階死，而復向其子金汝試贖回二十九畝六分。既不聽過，復不輸糧。汝試所以訟本縣，而志端不能不爲理絀者也。既不得逞，則托籍濬民而以賺産告，將以自文其逋糧之愆也。與夫産賣汝試父，已經易世，何名爲賺？信如所訟，必將使一頃有餘之地，盡爲志端所有，而糧則仍於金汝試是徵，然後謂之非賺也乎！宜族人之羣起而攻也。

（明）張肯堂《䇐辭》卷五《邵五教周自榮寧山衛軍》 軍屯錢穀，無異亂絲。今邵五教所告周自榮等，本縣爲之親握算子，按册稽查者累時，然終未得奏刀砉然也。據五教稱：天啓七年，曾應旗甲，代賠糧銀二十五兩，應於户人是徵，似也。然查是時，朋應旗甲者，尚有郭康小，今康小死矣，安知康小存日，不預徵之花户乎？安知五教昔日不先索之康小乎？夫五教代康小賠糧，五教不甘，假令五教乘死門捷，使各户重復輸糧，各户之冤不更甚乎！又據屯册清查，共地十頃六十畝，爲自榮等數十家所種，屯糧應於各户派徵，似也。然其地俱展轉相授，而糧亦因之徵輸各有主者。彼亦軍也，收票犁然，能一一而致之官乎？即致之官，豈遽降心於五教乎。大抵佃田納税，類軍狡而民愚；按户徵糧，旗甲之弊多而納户之負少。豈以舌翻怒濤，如五教其人者，而代人償逋。直至五年之後，始發訟端，必不然矣。內中惟有周自榮種地二十八畝，據云得之侯服周，而服周亦化烏有，其不可問與康小均也。此項糧銀二兩八錢，獨應輸納。兩人黠亦相當，各與之杖。

（明）張肯堂《䇐辭》卷五《吴應明東明人》 濬民郭思仁，鬻靛於東明境上。有吴應明者，憑才儈夏小宇取其靛四百餘斤，議價九兩一錢一分，侵尋不還，蓋明侮其隻身寡援也。一訟而應明之首搶地不遑矣。詞分三面，合如一口。曲不歸應明而誰歸與。

（明）張肯堂《䇐辭》卷六《李錦春長垣人》 蒲生侯珍桓者有子粒地一頃有餘，數年前賣與同學趙欽周。欽周死後，其子鍾璧舉其中一十五畝轉售李錦春，然此産實侯氏世業也。恢復有心，特未得其間耳。今乘此轉動之時，能無投袂而起乎。向嘗訟縣，諭令處還。適以謝事不竟其局，錦春方擱然不下。而珍桓之僕張科者，又復盛氣臨之，殃民之訟，所自來乎。錦春囊饒白鏹，是處皆沃壤也。奚必與侯氏争此一塊土？合行斷歸，若價之低昂，止憑現在每畝二兩五錢，固不容少縮分毫矣。

（明）張肯堂《䇐辭》卷六《李宗儒》 李宗儒吏也，實丐也。資生無策，索逋盈門。於是取産之既售於人者，按畝求益。其訟之本縣，蓋不啻再三矣。始亦姑塞其請，既乃終厭其聒，且宗儒身爲掾史，慮以狐鼠貽害平民，聽斯訟也，寧嚴無縱，時以夏楚懲之。自知不能熒聽，遂越籍南樂思得一逞耳。李天樓其族人也，買宗儒地五十畝，以時值計之，去原價不啻倍矣。然古往今來，定是誰産，豈業歸他姓，尚得曰此吾故物，而别求昂值於故券之外哉？無已則每畝量益三錢，共加銀一十五兩。蓋非爲宗儒暫救顯然，正爲天樓永獲沃壤，出價者之踴躍，乃過於受價者矣。

（明）張肯堂《䇐辭》卷七《邵昌胤長垣人》 楊情霞者，即故給諫楊宦之仲子瑋也。給諫清白貽後，奏草之外，稍有長物，皆薪俸積纍而成。即以邵昌胤交易一事言之，莊地一所，價至六百餘金，非賤售也。券買於崇禎二年，履畝輸糧，義舒屢易，非勢劫也。原田每每方冀與青緗並傳，何物趙光前陰嗾昌胤忽發一訟，於本宦骨肉未寒之初乎。查本宦卒於十月初一日，而訟詞指爲釁端者在初三日，即甚不類。豈含哀不食時，遂作攘臂蹊田之舉乎！本宦故有四子，長爲生員玘，次即瑋也。跲踔弗良於行；

三四尚在襁褓，一詞遍告，從無遺者。破巢之下，幾無完卵矣。嗟嗟！人非金石，豈長壽考。本宦瞑目未幾，玉樹成行，爲人蹂躪如是。世風薄惡，良足慨矣。今光前等狐鼠面目，自知無逃紫珍一照，而楊氏兄弟亦復置勿與較，聽其請和，蓋不欲以争産之訟，上累先德，其爲家門慮至深遠也。光前、昌胤各從一杖，法如是足矣。寧以其行成而貰之也哉。

（明）張肯堂《晉辭》卷七《刑三槐長垣人》　刑文星與邢三槐雖爲族人，然文星愚而三槐狡。文星孑然一身，顧影無儔；而三槐兄弟數人，皆能瞋目語難者也。四年八月間，三槐與弟三益建起大宅，狹小己産，占文星地基三尺，墻犁於前，潦經其宫，謂文星能一日居乎！抄危一詞不無過當，然其情深可察也。無約請和，文星蓋不覺囿於術中矣。窮詰至再，得其私約一紙，願返侵界，請罪不遑者，乃出三槐兄弟，是非曲直，即列眉不啻矣。寧得徇堂下之請，姑置兩平乎哉。

（明）張肯堂《晉辭》卷七《李奉節内黄人》　内黄劉一虎借李奉節錢二千文，未幾而一虎逃矣。所欠清還與否不可必，然總與其弟一明無與也。奉節又别欠李文魁錢五千文，即以一虎爲償，亦屬非理。况各不相涉之一明乎，乃忽舉其地五畝契而歸之文魁，且並嗾魁子生員李若南訟之衙官，擾及鷄犬，桃僵李代，一虎其能默默乎？錢債交易各問主者，一虎之宜償奉節，與奉節之宜償文魁均也。寧得借他人血産，供豪家子母錢耶。地聽一明管業，奉節受杖無辭。

（明）張肯堂《晉辭》卷八《楊明世長垣人》　蒲民吴臣力、田逢年，家饒甔石。然神游栗陸，絶不知世間有機巧事也。遂有趙一望者，窺其易與，强以磽确數畝售之。而復有楊明世者，揑身作保，横索牙用。臣肉幾何？堪兹二虎之噬也。婪壑不厭，妄訟衙官以不識。城市之人遭此奇厄，公私困迫。蓋積年胼胝而累之者，求以紓目前之難而不足矣。殷如即執票伍伯也，詐贓不知有無，該縣既未闡發，無憑審坐。一望、明世各杖警之，仍請加責。狀内銀錢原屬田價，不無受虧，然既已得産矣，應免追給。

（明）張肯堂《晉辭》卷八《馬存智濬縣人告滑縣人》　馬存智與王國鵬夥賖生員王珽、朱錦土緜求售，本以營利也。而時命相舛，遂至折閲。人情利來未必交讓，而利盡必互推。又其最易混者，兩人子母分合數既難稽，而况所賕者又兩家之物乎？國鵬爲兩生所逼，則訟之滑。緣珽、錦皆滑生，而國鵬亦滑人也。存智私心過計，懼三人合謀以傾之。故巧發訟端，借國鵬之侄印彦爲名，欲至濬就理耳。此等葛藤非到底直窮，必難盡斬。試銖銖而度之，除還訖者不具論，共欠兩生價銀四十四兩六錢二分。欠在朱者爲二十一兩六錢，俱應存智還。欠在王者爲二十三兩二分，内惟九兩七錢六分應國鵬還，而餘亦皆應存智還。蓋先剖兩生之價，使之各不相蒙；後於兩生中復剖兩人之欠，使之各不相蒙，而始得朗然如鏡中游。蓋不獨兩生首肯，即兩犯亦心服矣。獨是理之所在，是處一揆也。即滑令操算，寧有殊於濬乎？而横生彼我，且又取事外之人，而駕空生訟，杖不加存智而誰加與。

（明）張肯堂《晉辭》卷八《馮三畏》　楊一清爲山西估客，累年販貨，皆於宜溝鎮上發市。鎮民馮三畏賖取其貨，不一而足。然錢貨環流如泉，遞注兩不稱厲也。一日貨盡索錢，錙銖較量，遂起齟齬，因質諸縣。本縣爲之剖曰：馮三畏應楊一清錢三十九千二百文，此告後面承者也。祇牛西田所欠盡此矣，如數斷追。乃三畏窘甚，轉展數月，止償四分之一，所以又來一清之告也。青蚨三十千，追償乃合原數，至若負人不還，致令屢訟。三畏雖俗免於杖刑，其無辭矣。

（明）張肯堂《晉辭》卷八《張所性開州人》　開州麻餅店家王林，以居積爲生。凡客之以餅至者，主於其家，得價則去，而不問其售之者何人，如濟南張所性是也。其小民之以錢易餅者，隨取而給，或先資以貨，而徐索其值，其人亦止知望肆而趨耳，而亦不問餅之出於誰客，如陳仲文等是也。今所性一詞以負價告仲文等，詰之則與仲文諸人未嘗識面，無論價值契券之不相謀也。蓋仲文等皆有宿逋於林，各以田畝爲抵，林意圖兼併，而不欲身爲訟端，故嗾性發難耳。究竟所性不能言，而林代之言，則何如自具一詞猶覺吞吐如意哉。諸人負各有約，亦自願還。然性開其局，而林享其成，持三尺者不若是之委蛇也。錢聽私還，所性、王林，唆訟者與受訟者，其罪均耳。

（明）張肯堂《晉辭》卷八《李含芳滑縣人》　滑民李進朝有騾二頭，至臨濮會中求售。有東明李含芳者，見耳欲之。憑牙儈高西槐議價三十八兩，先交十兩，餘則期以一月中找足。嗣後陸續又還四兩，尚應二十四兩，則空懸未償也。進朝不甘，具告批滑。而是時含芳又以他事在長垣獄中，進朝固已無從而質。芳父世享又哀浼立約，自願抵債。進朝不得已，竟以和議結此局。乃芳之不償如故也。於是不得不再控本府，而求伸矣。天下至難完者，莫如夙逋。含芳屢經訟牒，其貧更倍往時。聞之證佐之口，向者先交十兩，中有一騾一驢，止算銀六兩而餘。雖物之不齊，或相倍蓰，然亦不應若是懸絶甚矣。議價之始，稍有低昂，得價之後，更生變態，亦情之常也。量減十兩，凈斷銀十四兩，給與進朝。含芳雖難免杖刑乎，亦可以稍紓其急矣。

（明）張肯堂《䀭辭》卷八《支日昌河南河内人告内黄人》 河内程世樓鬻銕於楚王集上，凡農之以銕耕，舟人之以銕治裝者，無不於是乎需。迨索價之日，或不能如券以償，而訟端啓矣。然其事固甚微也，先是有周之佑者，取世樓銕貨應價二兩，而支日昌爲之保。詞行之後，日昌已代還訖矣。胡光成亦應銀二兩，乃負之祁姓者，祁以他故回籍轉浼世樓取價。諭券不論人，諺有之矣。如數斷給，無容贅詞。然故緩其償，以致世樓奔訴，則日昌爲之。正不因其私償而貰之杖已。

（明）張肯堂《䀭辭》卷九《張教長垣人》 生員李聯芳子春雷與張教之弟張緒，肺腑姻戚，田産交易互相倚托，蓋不啻如左右手也。崇禎二年，春雷與緒相繼物故，遺地一頃有奇，尚未分明，而兩姓之訟端啓矣。在李則以爲産實李有，而教乘死侵之；在張則以爲産置自張，而托名於李。李爲滑生，故訟道行滑；而張則蒲人也，復訟府行蒲。嘗悉取兩縣之故牘而閱之，雖祖不以左右分，間亦互有曲直，其合而近理者，大約以爲緒死尚有其子墓生在，此産應歸墓生，況藐孤復出自李，即使不盡張産而推之，以贍寡姊撫弱甥，不足以瞑死者之目耶。以故事得中寢。今墓生復夭矣，而緒兄張教一旦悉舉而鬻之他姓，聯芳其能降心乎！兩姓親誼既絶，已不成好相識矣。始而合，繼而争，終而分，勢所必至。地本磽确，每畝不盈一金，業歸有力，無從追還，量於張教名下斷銀五十兩，歸之聯芳。在教不過賤鬻弟産，而聯芳亦得分受田值之半，從來葛藤，庶幾其盡斬乎。張教急售此産，便屬内疚，一杖無辭。

（明）張肯堂《䀭辭》卷一一《張教長垣人》 長垣張教與生員李聯芳争産一事，訟府批濬，亦既牘而讞之矣。惟是斷給田價銀五十兩，久未輸還。乃視錢爲兄，而反訟其兄之子張希揚，以冀代償此錢，不益狡乎。夫希揚父子果鬻夥産之半，則當李生具訟時，將並其兄弟而一網盡之矣。即令李訟或遺，而教之申訴，且百其喙，寧不能出一語以自明乎。迨追給之令已下，而巧作株連胡爲也者。此即赤貧次骨尚難遺禍老表，而況其坐擁素封者也。再與杖刑，仍寢其訟。

（明）張肯堂《䀭辭》卷一一《陳諫》 陳諫之與陳諾從兄弟也，分隙之端，不知何自而起。第據其今日之訟，則陳諫理絀。蓋諫等所居，皆近汲縣，而諫復與汲之豪有力者李如精，以争産結訟。諫以一人之身，外支强敵，内懷宿怨，俗以一計中之，故併二案而爲此訟耳。如精等盤踞他邑，固非勾攝所能致，且諫之與競者，其詞亦甚不直，姑宜聽之别案。至若兩不相關之事，紐成一局，而謂如精之訟，皆陳諾嗾之，禦侮無策，欲求勝於鬩墻之鬥以爲償，亦至可羞也已。

（明）張肯堂《䀭辭》卷一二《賈士俊南樂人》 南樂侯二吾竪子也，有地十畝五分，當與侯久誠久矣；後爲賈士俊所誘，復貸生員梁嵩銀四兩二錢，亦以地爲抵。後二吾他往，耰鉏互施，訟端啓矣。斷是獄者，以二吾未歸，難分曲直，姑令此地屬嵩，然久誠不甘也。再訟之後，二吾亦出，左祖久誠殊切。蓋當地久誠是其本願，而貸銀梁嵩乃入士俊術中耳。誤在二吾，毒繇士後，而嵩銀又難虚懸，斷於二吾名下責償。久誠種地如故，庶可返於無事乎。士俊之杖，固無置喙處矣。

（明）李清《折獄新語》卷三《産業・一件冒勛事》 審得張順、沈時逢，慈溪縣人也。先因順之遠祖，曾將己田五畝四分賣與時逢祖。夫年歷數十載，人易二三世，久覆之逝水，安能掬之掌以入之口？而何順以贖田言，誕矣。及召時逢問之，則謂：順之告，蓋因已轉賣林姓，得價四十五兩，稍逾原價耳。夫不賣而贖者非也，轉賣而贖者亦非也。惟閲時逢賣契内，原有從容取贖等語。則取其寄之新主者，返之故主，而以重價贖，未爲不可也。合從其所請，俾順以四十五兩付之時逢，同贖林姓家。果祀田乎？即以當張氏之遺簪敝履可也。然此風一長，將産無定主；而望風起者且日聚鄒魯之鬨矣。合杖治沈時逢。爲再申一語曰：凡産非轉賣，與轉賣而無贖之説者，若係年遠，不在此例。

（明）李清《折獄新語》卷三《産業・一件芟冢事》 審得李興隆者，

何氏孫也。先因樂士駿父亡，將卜善地葬。而陳茂登則風水自負者，於是徘徊山原間，而忽過何氏荒山一片，則指而目之曰：此吉穴地，葬是大貴。時士駿心涎其地，若無隙可入耳。適聞何氏孫興隆貧甚，啖以厚賄，於是私立一券，以其半山盜賣。何氏之心懷不平，而訴縣又訴府，宜也。然以成事不説，故定案中分。而今者芟冢之控，胡爲乎？蓋緣何氏告縣時，士駿曾以二兩議找，而屏氣之鼠，忽爲負嵎之虎。則家有數青衿羽翼，而所約終成畫餅耳。合照前斷，找價二兩歸之何氏，而以其地之半歸士駿。仍與勾引鬬説之陳茂登分别杖罰。雖然，尤不能不爲茂登尤。當士駿卜葬後，迭訟不已。鞭非蒲杖，去有青蚨，得無此地之不祥乎？願茂登自剜其目可也。

（明）李清《折獄新語》卷三《産業·一件佔産事》　審得陳嘉相、陳嘉慶，皆裘氏叔，而裘秉彝則裘氏堂兄也。先因裘氏夫亡身寡，有稚子三。想其嗷嗷待哺者，難以推讓之棗梨啖兒矣。於是已故長伯出其置田二畝以贍，而嘉相、嘉慶則貧無立錐耳。故集親族公議，照月輪養，此非得已也。無荆何分，無牛安射，想叔氏之捐數粒以飼貧孤，亦食無求飽矣。此於秉彝何與？而告縣、告廳，不一而足，其志將以求食也。既經軍廳審明，仍照月輪養，胡爲秉彝者，反有妹飽兄饑之怨，而以通叔誣？中冓之丑，不可道也。兄爲妹隱，直在其中矣。況妹不寄猳，兄乃證羊耶？問其故，則因裘氏解紛有心，佐鬥無舌耳。夫昔有盜嫂受謗，而曰我乃無兄者。嘉相等有兄矣，何以解謗？然言出彼兄，得無難乎爲妹，而裘氏之聞言頰赤，忽作一轉語者，不又曰不如無兄耶？則如今者所供，曾索謝有心，而所求不得，乃爲無題之嫁者，恐非彼婦之口也。既衆口交攻，而秉彝亦搏頰求哀，認過不暇。妄人乎？妄言乎？姑罰穀十二石，以修該學儀門。夫以此爲修者何也？無亦有人而無儀之戒，而姑借此舉以動其自修乎？其助鬥之陳曾龍，與各詐嘉相等三錢之孟皋、陳陽，皆秉彝之張波而鼓焰者耳。民之秉彝，好是懿德。何三人反爲不德者助也？合各杖治，以醒秉彝。

（明）李清《折獄新語》卷三《産業·一件逆抄事》　審得屠氏者，乃已故杜雲婦，而劉氏則雲外婦也。胡劉姐，則劉氏前夫之子也。先因雲年暮無兒，曾出穀六百斤，典孀婦劉氏爲妾。夫庭無獅吼，室有魚貫，彼劉氏者，自當執箕箒於雲宅，而與屠氏爲炊舂之分辛耳。胡以劉姐典王生員爲嗣，而遷延不行？於是雲捐金四兩，贖劉姐歸，劉氏心安矣，可以歸矣。何同衾十載，終不往侍巾櫛也？今雲故矣！卷簾恩重，雖主人去乎，猶當一作顧盧之燕；而縞素一慟，意不移足柩前者爲何？想生前歡愛，病裏言詞，俱付之流水行雲；而獨假雲遺囑，估四十畝者何？夫此遺囑一紙，真乎？贋乎？綢繆將及十載，而以久住爲永訣者，竟不作四五聲之啼。想死者有靈，必九原飲恨。而此囑果真，亦當碎付逝波耳。若六百斤之穀，爲貲幾何？乃不念亡夫之遺簪敝履而捐之，是屠氏過也。原田仍歸屠氏，穀合豁免。遺囑塗抹附卷。

（明）李清《折獄新語》卷三《産業·一件天斬事》　審得已故春元朱鉉之告，蓋從僧田起也。今問田爲誰物？則故宦黄太傅其施主，而黄仁化與子揚等，皆太傅苗裔耳。其寺僧張弘新之以無賴被逐，而忽將寺田廿七畝，契賣春元也，是盜賣矣。若知弘新盜賣與否，則不能執泉下人而問之也。乃所可怪者，則當日往寺收租，春元竟與蒼頭偕行耳。春元聞博乎，其以身爲田之孤注也，危矣！於是仁化、子揚等，糾黨數十，蜂擁格鬥。嗟乎！黄氏門中豈人人皆黄鬚健兒？致令春元飽其毒手者，幾於美髯非故。是誰作咎鬚文，而諸人之芟鬚如薙草者，若欲代之剪削也。可曰燃鬚於持燭者，足窺雅量，而責春元以毁鬚之卷舌乎？此天斬之告，所自來也。無幾，春元竟死矣。夫此廿七畝者，棧豆之戀幾何？乃其往也，幾欲爲怒鬚之前；而其歸也，咸疑爲剃鬚之遯。則今者之斷送，寧非春元惑酒而中餌乎？然鼠輩猖獗至此，何捋虎鬚而不知畏也？黄仁化既爲建鼓之人，難作漏網之脱，擬以城旦，方償厥辜。黄子揚、黄宗鳳等，皆羽翼之連雞耳，合以附和擬杖。若猶呶呶有言乎？則必剪鬚和藥，療春元以起死肉骨之手耳！否則如原擬。

（明）李清《折獄新語》卷三《産業·一件大冤事》　審得王士俊之以大冤控，有説焉。蓋因士俊故祖曾以店屋六間，賣生員厲瑞麟爲業，則房固厲姓有也。不意既賣復賃者，厲爲雀而王反爲鳩，此每年二兩之賃銀所自來耳。胡士俊既依堂前之舊燕，又靳篋内之青蚨，於是四十餘年内，以十三兩欠矣。瑞麟忿其欠銀，轉賣士俊族叔應鵬，情也。時士俊虎踞此房，托故不徙，將曰是烏之故鄉，而狐之首丘也。吾終以此爲歌哭有所乎？獨恨爲應鵬者，偶值士俊他往，而喧呼詬詈，將摽士俊母李氏於大門外耳。宛其未死，他人入室，已愴然興簪履之感。而有兒未歸，有身何泊？彼應鵬之有驅逐無慰撫，肯曰此遠子孤姥也，而不遠伊邇，薄送我畿乎？桃柳如欲牽人，鷄犬不解送主，此時此際，亦大難爲情矣。李氏之揮刀自刎，實應鵬威逼也。合從杖儆。若爲應鵬者，猶以威逼無心，呶呶有詞乎？則古有新買一宅而嫗哭入耳，叩呼其子以迎其母，而棄直不索者，彼獨何人也。即遜古處，宜從今議。

（明）李清《折獄新語》卷三《産業・一件勢抄事》　審得生員豐椿，乃豐宦弟，而余龍則管民頤、管民萃蒼頭也。先因豐宦以贖基地事，與管姓爲難，迨經前廳明斷，而東邊屬豐，案已炳然。乃管氏兩堆，猶宛在也。一朝豐氏飛上天，此地半作他家物。想民頤兄弟，固未免有賢不肖相去之愧。獨是爲豐宦者，以有志竟成之丈夫，而顧使他姓朽壤，尚逼處故地，則亦珠還劍合時，所介介於閑藤未斷者也。今豐宦致政歸里，方傍其地築館，而何民頤、僕余龍輩，幾口詈不已，繼以手揮也。夫以黄金横腰之郡伯，優游緑野，其薄圭組、甘蓴鱸者，自以爲無患，與人無争也。而顧有此輕薄兒郎，輒以後進凌先輩。且余龍趨走下賤耳，敢逐吠乎？今奉憲批後，民頤等方搏頰求哀，而豐宦旋從沈、紀兩宦請，置之不較。擴其大度，真足容民頤十許輩，而有不感愧交集者，非夫也。管民頤、管民萃既經和息姑免深究。其遷堆一事，皆云無物可遷，則案已如山矣。登先隴而泫然流涕，自切景升兒子之慚可也。若云卷土重來未可知，可乎？夫豈獨兩兄弟之身，直荒土棄之，世世守其今盟可也。

（清）李之芳《棘聽草》卷一《讞詞・攝郡・分守道一件為父命屍抄事》　審得李國用有銀六十兩借與李邦寧，償還未楚，於六年三月内寫田二畝七分與國用爲業，以清前賬。其田每畝歲該糧銀一錢付邦寧交納，國用累年不付，積欠三錢三分。彼時催比孔亟，兼以婦子嗷嗷，室人徧讁，因往取索，欲求找價，語言齟齬，國用手批其頰，夫亦以其孱弱可欺也。邦寧忿欲奔控，有李國道者爲之處和，邦寧反增酒水之費。惟是餅罍益羞，簪珥盡脱，縞綦之子復絮於旁，静言思之，益增憤恨，遂投繯而死。考其時日，則在上年八月初三日也。噫，愚矣！但問誰逋糧肆毆而致其雉經者，則國用不能辭咎。《威逼》之條已協，相應一杖，仍斷營葬以慰夜臺之憤。國道巨猾老奸，素不德於邦寧，故邦寧子以賓乘父之死，搶其食穀三石。雖然，父死不控，愛及干戈，此風不可長也，併應薄杖。若夫國道不善解紛，而惟朶頤是好，於杖乎何辭！

（清）李之芳《棘聽草》卷四《讞詞・攝部・鹽院一件為冤命事》　審得沈三奇與李紹慶世聯戚誼，於上年二月間，忽以先人萬曆二十六年之舊契責償於紹慶，物换星移，已五十餘年矣，自當置而不論。紹慶乃因三奇之子沈德華窶身營伍，惡鋒難攖，聽李三五曲處銀二兩爲酒資，以碎前契；而訟端不已，又處銀十兩、棉紗四斤，外又勒銀十一兩爲衙門使費，亦可相安矣。孰知谿壑之欲未饜，紮詐之題復興，乘任沈德禮病故，初使沈德希以人命捏害，紹慶不堪其虐，先控於道，已經批廳究誣，杖三奇、德希併追前銀給主在案。一波未平，又改名沈如球，控憲之詞復起。夫以遠年宿券叠詐，已屬不情，而復以病故亡魂誣害，更爲非法，一控再控，何其强且黠哉！相應一杖，爲刁健者戒。

（清）李之芳《棘聽草》卷六《讞詞・睦理・杭嚴道奉撫院一件為憲殛大寇事》　審得劉亞齡乃劉又來之父，向用價銀三錢買舒邦仁山地四分，但此山受價絶賣於舒君榮久矣。在邦仁以無賴之貧人，何難重賣；劉姓開門見山，豈不悉其來歷，居然有之以爲佳城乎？乃於上年二月二十三日舉祖母之棺以封馬鬣，而君榮甚爲詫異也，拒之不得，致告按院，已經前任張刑官十月内審結。既葬者不許復起，未葬者不得復葬，則此二語已成定案。奈何亞齡復於十一月二十七日再舉一棺而葬之哉？惟是牛眠之穴未安，而鼠牙之訟再起，雖所控稍過其實，然皆由於亞齡之反覆所致也，一杖何詞！應仍照前斷，已葬者聽之，不許再葬，永杜争端可耳。

（清）李之芳《棘聽草》卷六《讞詞・睦理・提學道一件為衿蠹横抄事》　審得生員王調御有長兄王調紘，以田三畝五分，得價十六兩五錢，契賣於柴翥然爲業；其次兄王調玉復將田四畝，得價一十四兩，亦契賣於翥然爲業，則買者、賣者各有其主。調御即欲光服舊業，亦當備價與翥然取贖，乃舍是而向其堂弟柴抒然以歸前田，則非計計矣。抒然號爲儒者，不思臨財無苟得之義，即欣然受其十四金，輒立收票退還調紘前所賣之田，是慷他人之慨，與、受之間，二者均非也。翥然雖心非其事，猶恐傷友于之好，願憑衆議，將王所賣二契聽其取贖，殊不失爲厚道。奈何調御祇虚立欠約，誘其前券，未償價銀，遂登場納稼，將三十石之租取而有之，更非情理矣！此一控也，翕然亦豈得已哉？况田係調紘、調玉契賣，與調御原自無干，應還其欠票，田仍歸翕然管業，調御先收租穀，併應斷還。至於抒然所收之價，聽調御自行清楚，情理俱爲允協。若調御欺壓鄉愚，抒然背兄受價，不能免於各杖。

（清）李之芳《棘聽草》卷六《讞詞・婺邑・本縣一件爲墾敕剖佔事》

審得戴通五即洪綱巨猾老奸，忍心害理，因弟媳葉氏避亂女家，遂欲乘機呑其産屋。葉氏於去年除夕携男懋齡旋家度歲，爲通五者正當分屠蘇於弱侄，慰嫠婦於歲寒，摽而出諸，大非情矣。維鵲有巢，反見嗔於鳩逐；空梁落燕，乃致歎於塵封。致使雛乳、孤鴻，飄摇風雨，不亦悲哉！况葉氏産屋給照現存，戴應第等確查可據。通五蛇足雖增，窮辭益見，一杖猶寬，産屋仍歸葉氏管理，若再垂涎，則此案具在。

（清）李之芳《棘聽草》卷六《讞詞・婺邑・本縣一件爲祈天親勦事》

審得黄謨向以田八石七斗賣與邵啓明之父，雖經過割，仍行包佃，此名與而實不與也。至七、八兩年夏取其麥，秋又收其禾，蓋儼然吾家舊物，而邵之租息歸烏有矣。雖猶以局磊致辯，毋乃視藐諸孤乎？但查原契曾載還銀取贖，果能完璧，當即歸田。逋租之黄謨，不可不杖。

（清）李之芳《棘聽草》卷六《讞詞・婺邑・本縣一件爲佔殺活殺父母事》　審得王八十一其父存日有屋數椽，絶賣於王世臣爲業，而八十一仍棲止於中。今仍踞屋而圖找價，謀之不遂，其母朱氏輒思仰藥以甘心焉。正月之朔，服鴆一杯，早歸泉路，此誠溝瀆之諒，自速其亡，安得嫁禍於人以快其欲哉？嗟乎！不能體志盡養，以致垂白之母愚而隕其天年，益令人轉恨王八十一之生端起釁以致此也，杖有牘辜，其房速退還世臣管業。

（清）李之芳《棘聽草》卷六《讞詞・婺邑・本縣一件爲呑佔異冤事》

審得金五十五兄弟二人與倪四十三有繼父之稱，因母陸氏寡，贅倪爲夫，原有田三石二斗，而倪另自有田一石在外。後陸氏死，再娶劉氏，又有子隨來，名龔洪義。於是前親晚繼，一家之中不能不懷携貳，勢必至於分，分而必至於争且訟也。蓋倪、金父子併力合作，續置有田五石二斗，在前田之外者。今分一半與金五十五兄弟，留存一半自養，其屋併柏俱俟身後聽其管業，衆立議券者良是。但金之與倪雖非親生，而視倪猶父也，有何不可處分，遂抗然先告哉？金五十五杖復何詞！倪四十三鸞絃再續，鷄牝司晨，似難免議，但念其竭牛馬之勞，而效蜾蠃之祝，無烏鳥之醜，而興雀鼠之詞，亦令人感歎，而得免擬於罪也夫！

（清）李之芳《棘聽草》卷六《讞詞・婺邑・守巡兩道一件爲剖掠明火劫抄事》　審得邢五七先年以基屋絶賣與葉培昌，向居無異；另屋一間賣與邢五十四，至順治四年，五十四又轉賣與培昌，亦無異論也。至舊冬培昌改造，將美其輪奐，而五七以爲可乘機勒索找貼矣。勒找不遂，即有鍋竈、靡臼之擔毁，互訐在縣，已經拘審責懲。既而培昌豎造房屋，五七於臘月初二夜率衆拉倒其木植，致培昌不甘，兩控憲臺。今審屋雖未成，棟梁已具，逞兇摧拉，誠屬不堪；若罄劫家財、衣皿，則無其事也。至所告結夥多人，則係五七親屬，同爲扯拉之人，非同盜夥，但培昌憤甚，不免過溢其詞耳。邢五七以索貼起釁，肆横無忌，擬杖以懲。葉培昌詞雖近罔，情實有因，念係子衿免議。

（清）李之芳《棘聽草》卷六《讞詞・婺邑・本縣一件爲隱税偷收事》

審得葉復初先年將田十八石絶賣與楊仕俊之父，後因兵難屠燬，文券盡失，乃以無契、無税爲辭，先憑衆議，已勒回田三石。孰知其奸貪日甚也，割付現存告照，炳赤復初之狡，已如春冰彈指可破，杖復何詞！如再生端，此案具在。

（清）李之芳《棘聽草》卷六《讞詞・産業・按院一件爲典殛事》

審得黄世實先買方雙桂屋三間，暨方國寶屋三間，與國寶比盧而居。世實見國寶之妻傅氏顧而樂之，狂夫瞿瞿，逗漏春光有日矣。於是國寶惡綏狐之在側，鳴諸族衆，執而馘其耳。以姦被逐，固世實自貽之戚也，但向所居之房，實其契買，奈何國寶貪爲己有，復倒提先今年月，將四間賣於方子善爲業？而子善明知其情，儼然售之，則又何也？世實之控所由來哉！國寶亦因之以控臬司，不過藉姦爲口實耳。夫姦之不可以踞屋，而屋之不足以贖姦，二者原不相蒙，世實之蝶鬧蜂狂固屬非理，國寶之鵲巢鳩占亦大不情，併應杖儆。唆詞之方守範、方日旻及知情故買之方子善，難免併杖。抑有説焉，前屋雖在，世實既爲姦敗，衆所不容，亦何顏再往居住？在子善所售四間，俱用價買，應着國寶將所得前價備還世實，現存二間仍給本主管業，應得其平矣，餘免擬。

（清）李之芳《棘聽草》卷六《讞詞·産業·臬司一件爲鑲蠹居民事》

審得劉伯祚乃俞文澄内侄也，其父劉惟願，其伯劉惟有存日，與文澄合買田莊一處，共田四十石，坐落樓大喻地方，一契價銀六百七十五兩，又一契價銀二百十五兩。原係三股均受之産，後惟願因借文澄銀一百八十兩未楚，劉將前田與俞割爲二股矣。迨後二劉共將名下田莊一股得價四百兩盡並於俞，立有收付，於是我有田疇，非前度劉郎可過而再問也。況桑滄且變，事在二十年以前哉！伯祚於順治五年間京邸初歸，假若不知，將前田二十石得價二百兩賣二百兩賣與黄克志，致文澄控道，已經前府斷令文澄仍管前田，杖伯祚而將原價給還克志，亦足以折其心，何復有此控耶？況田以文契爲憑，以中見爲據，去歲府審時，伯祚之親母舅樓應謨係原中可質，亦不能徇情左袒，今應謨雖死，不知當日之原中張君範固在也。據君範供原田四十石，初時一契在文澄手，一契在惟有手，一田畝細數在惟願手，及退田歸併，則俱入於文澄收藏。今伯祚所執何據，而呶呶不已？且告沈廷選也，若以府審果冤，夫强其出銀二百與克志，奪田二十石與文澄，此誠足以仰天椎心，豈不能據事直書，奈何舍其本情而旁引曲喻，牽及事外之廷選哉？關説勒銀，即伯祚亦自供爲子虚，而俞任瑚並稱其烏有，固不能爲伯祚寬也。本應重懲，念其鄉愚，姑從杖儆，田仍歸文澄管業，餘免擬。

（清）李之芳《棘聽草》卷六《讞詞·産業·按院一件為劫財屠命事》

審得生員陳萬年於九年間將田十石、地七石立契，議價三百四十兩賣與王信甫，而信甫之兄王鯤久客京師，言定於鯤處兑還。及萬年一入都門，鯤隨將前銀還訖，則此一券可謂清楚矣。惟是萬年在京，憑中楊升之言家中另有田十石，又立一券，再寫與王鯤，付價二百兩，契内載有當時收足，不另立收之語，而王鯤適因李維新南回之便，託爲書郵，緘其書契寄歸，囑維新語信甫過糧管業。孰知萬年自賣前田之後，别無所云十石之田，此以虚契而受實價，不問可知，奈何反以拿訛逼寫，居然上控？今細質之原中楊升之，言當日明中赤券並非逼詐，而鯤止付二十兩，尚欠一百八十兩。雖然，升之與萬年同自京師回，儻交易未清，則契已入人手，豈有不與王鯤算結明白之理！即不然，亦當令其作書於信甫，明言完欠之故，乃默默言旋，尚云有欠，則升之似與萬年一路風帆，其言爲不足信。但都門相隔甚遠，今信甫已着人入都，細詢兑銀始末，後收田價，合無俟的音到日，於萬年名下追給，然虚誣已著，杖不爲枉。原中升之亦應並杖。

（清）李之芳《棘聽草》卷六《讞詞·産業·分守道一件為冒憲究斬事》

審得方朝瑞、方永二父子乃汪成進里長保家也。成進係本道健步，存日繼章士林之弟爲子，名曰汪鳴鳳。成進於九年冬物故，尚存親子汪三福，並鳴鳳俱託其舅朱廷瑞爲彼經管，遺囑可憑。無何三福亦殤，鳴鳳又幼，次妻高氏轉適於劉伯亮。而江時通等亦本道健步，念成進當日共事之情，憐其弱息無依，故赴金華縣代爲告照，使其族伯汪七八管理，待其成立付之。此舉固不失爲厚道，孰意汪七八闒懦，外人因之以生事端。而方朝瑞父子即藉口拖欠歷年錢糧爲題，使里長汪三七出名告縣，於是乎成進所遺之産，遂有灰滅烟銷之意。如退田於裴敬泉而得其價銀十八兩，贖屋於徐方九而得其價銀一兩，找房於劉德源而得其找價銀十三兩二錢，或爲追薦之費，或爲糊口之需，或藉以爲完糧，或用以輸贖鍰，花銷殆盡，皆由於保家乘成進之死，虎視孤産，不盡不止也。尤可異者，鳴鳳所存田一石五斗，新屋八間，此孤兒之所託命也。内原當於姜廿八，得銀十三兩五錢。據朱廷瑞供，此田、屋可值紋銀百兩，因方朝瑞先勒票十兩作抵還里役之費，故樂其速售，復搆同蔡應選爲中，轉賣與李孝廉，遂得實價十兩，除姜廿八當價十三兩五錢應得之外，蔡應選乃投誠僞官，彼何爲者，亦從中得銀八兩。又戚尚賓即戚光國，借稱爲田之原主，得價十兩。章士林代汪鳴鳳收銀十兩。此皆李孝廉所付。及問汪七八，衹得銀三兩耳，傷哉孤也，不幾同瓜剖而豆分乎！彼時汪七八實不欲賣，而方朝瑞、戚尚賓、蔡應選强之不已，乃至拆其門牙。七八於此，可謂孱柔不振極矣。當章士林代爲收銀十兩之時，言即欲具控憲臺，方朝瑞等衆耳共聞，雖非切己，而鳴鳳實其弟，況事屬不平，宜其有此鳴哉！然曷爲而告江時通也？據士林以爲時通之告照使汪七二管理，不能保其有始有終。夫時通則何能保其始終也？況變田找價，時通畧無染指乎？相應免擬。其方朝瑞、戚尚賓、蔡應選所得前銀，俱應追出，並給汪鳴鳳收領。此三人者喪心害理，與助惡之方永二，捏告之汪三七，並杖爲寬。所餘未完田價，仍着李孝廉照契給付鳴鳳可也。在職抑有説焉，鳴鳳年幼既不能自立，與士林雖有骨肉之親，然不得干預汪姓之事，且以具控而遂聽其經理，迹涉於私。汪七八倀倀如泉下人，若舊貫可仍，則前車當鑒也。無已則有朱廷瑞者，查閲汪成進遺囑有付託之語，既不失亡者初心，似堪撫孤，但當持一片公道心胸，全其終始耳。此外尚有陶明卿所典汪成進房屋，原屬未絶之産，應聽鳴鳳回贖。成進所遺頂首半名，併應請明，以免日後吞併之患，庶鳴鳳有此可以資身，可以婚配也。

（清）李之芳《棘聽草》卷六《讞詞·産業·分守道一件為栟詐事》

審得施得二乃施茂登之從堂兄，茂登充府庫書，妻蔣氏無子，妾吳氏生子全榮。蔣氏因己無出之故，將親妹小蔣氏又與茂登爲妾，生子全齡。既而茂登物故，煢煢孤寡，勢不得不藉照理之人，雖得二於屬稍疏，然施姓亦别無親屬，故衆議令全榮、全齡兄弟二人各出田一石資養得二之家，使其幫管，於誼不爲不厚。孰意得二竟將施全榮田一石二斗盜賣於鮑惠性，得銀十五兩，則甚非情理所安也。今衆議盜賣之田，在得二必不能出價回贖，仍令全榮兄弟備銀贖回管業，此蔣氏籠詐之説所由來哉！而詞稱飛空造謗者，究其事非無因。小蔣氏所生子全齡甫七歲，上年携兒避痘於表親樓六七家月餘，後復引至同居，其間不遠瓜李之嫌，情實有之。在二蔣氏以姊妹相親，未免以吳氏視同外人，此其所由不和，而吳氏爰處於外也。當有親姑龔氏，議將所遺之産從公均析，大蔣氏得田十石，以供生膳死祭之用，餘則全榮、全齡均分，出自親鄰公議，撥約現存。既分之後，似不能强之復合，着遵姑命，各照單管業。至若施得二老且貧矣，今雖無庸其照理，姑如衆議，仍將前田二石資其膳養，俾死後復歸全榮兄弟，所以恤得二之貧者，即所以安二孤之産也。然盜賣啓争，應從杖儆。樓六七入寡婦之門而不自别嫌，應從杖逐，而今而後，過施門而不入施室，人不憾焉者，其唯樓六七乎！二蔣氏者，亦宜堅心守孤，勿渝冰霜，以來物議。吳氏亦宜念及大婦，勿因前隙而終參商可也。潘亞壽原係施茂登之義男，今已在外自居，或平時出言不讓，無故主之恩則有之，審無籠詐情節，免擬。

（清）李之芳《棘聽草》卷六《讞詞·産業·分守道奉撫院一件為豪蠹吞屠事》 審得盧光紹、盧瑞兩相訐告也，事特起於陳宜人之賣田耳。陳係光紹祖母，將田五石零得價二百兩賣於盧瑞，光紹與其叔盧懋思各得其半。既經立議，交易自不容有悔心，懋思一半已收，奈何光紹與其叔相左，將銀百兩復還盧瑞退田，則非情矣！然其直在瑞，何難執理以折其心？乃借言樓房掩向，率族衆爲鳴鼓之攻，計則左也。光紹亦得以元寶鑿字之虚詞互相控縣，彼此抗延不審，且紛紛投詞院、道各憲。但退價於賣田之後，光紹此舉何其悖謬！在瑞田價既收，至今竟不承認，其昧心殊不可解。至若蓋房掩秀，衆詞誠爲激切，然究論之，方伯買基歷四十余年之久，懋登起造又在十四年以前，三峰當户，非今日始知，使其果有礙於青烏家言，何爲今日始行告理？又何爲今日因田價而始行告理？此屋之應仍舊貫，又何待言説？光紹祖母陳氏告稱餽銀一百五十兩，即指前退還銀一百兩而言。胡洪佐、許時之皆該縣經承，據盧士美供曾各付銀三十兩，所稱擄財驚斃，霎時罄折，多非真情。彼耄而荒者，固鳴不擇音，何爲光紹所開滿紙款單，亦屬追影之談？而盧瑞所告殺搶祀資，復涉飄風之事，各逞黎丘，真不能爲兩造定軒輊也。總之，兩皆幼年諸生，少不更事，一則摭風影以快其告發，一則假公議以便其私謀，族中復多參差互異之人，各相左袒，相爾矛矣，陰者挑之，兩生其何以得寧静乎？情各未協，法則一般，併杖不枉。問誰爲撥置光紹之人，則盧文如；問誰爲導唆盧瑞之人，則盧玉成，允宜併杖。其受贜之胡洪佐、許時之，均杖追給，房屋相應如舊。光紹所退田價，瑞應給還以管前田。

覆審得盧光紹釁起於退田，而盧瑞借攻於掩向，紛紛告訐，總以勝心各不相下，初遑計及其詞之不根，事之無據乎？第盧瑞款跡纍纍，致奉憲駁，曷敢不盡法細行研鞫，以仰副憲臺慎獄之意？重加推訊，實屬風影，無異前招。顧其列款重大，所指非强盜即人命，非殺母即占妻，此何等事，非求其證據鑿然，安敢輕爲文致哉！兩造俱少年諸生，聽人撥置，更其中多好事構釁之人，載鬼射沙，各相誣詆，原未嘗計及虚實耳。職從來不敢深文，亦不敢輕縱，夙夜凛凛，自難逃於洞鑒，仍照原擬。惟解憲親審，庶幾虚實分明，而葛藤自斬矣。

（清）李之芳《棘聽草》卷六《讞詞·産業·分守道一件為僞屠事》

審得張一敏父張汝篤於萬曆年間將田八石四斗契賣與張德霖父張尚詔爲業，則物換星移，久成往事矣。天啓二年大造收糧過户，當日汝篤曾勒寫議約一紙，内有老鷹塘田三石一斗，不拘年月遠近取贖，原非全聽其回贖也。今三石一斗既遵前議回贖訖，於議外又贖過八斗，已踰得隴之望，奈之何復圖全贖耶？在一敏曉曉不已而先控縣者，惟將議約爲據。細閱前約，則旁註亦許取贖之句。噫，烏可欺也！夫交易總屬一主，計田又是一處，如其許贖，何不一筆直書，又安用旁註爲哉？況字跡大不相同，惟其蛇足之綴添，所以畫虎之不類，欲藉此爲强贖張本，種種糾纏，人尚復可置業乎？及面加剖析，即一敏亦無以置辯，而張尚佐乃代以找價請，此其真情畢露也。惟是心欲找價而先立意於贖田，既言贖田而復詭謀於註契，俱不能爲一敏寬者，此也。應杖示儆。詞内張尚輿、尚大係其兄弟，周應誥係其親屬，故併及之，應免擬。前田仍令德霖管業。

（清）李之芳《棘聽草》卷六《讞詞・産業・分守道一件爲屠門異慘事》　審得葉有光先充庫吏，騙詐要其熟技，今耄且貧，更無賴矣。因生員葉雲仍父葉五九於崇禎年間買本圖四甲葉進甲户内田十四畝五分，久經過割明白。有光憑空忽言五九所買前田之内，尚有一號未經開明，係三千八百八十三號土名木杓坵者，向代賠糧，控縣以圖索詐。五九雖有子青衿，而雲仍負笈武林，彼以衰年畏事之夫，顧册書鄭百二問之，果以一號未開爲對，五九遂付中見人葉三十二銀四兩、稻二挑，轉付有光以寢其事。今雲仍歸來分理前事，有光乃二甲，向賣田之葉進甲乃四甲，細查四甲、二甲流水坵畝，並無木杓坵之號，而四甲、二甲若風馬牛之不及。況進甲斷不肯以既賣之田遺不盡開之坵號，而俟有光代爲清理也，明矣！今册書鄭百二亦供册内原無此號，豈非無端飄詐哉？但當日五九之付銀者，全憑百二之言是信，今日之言是則前日之言非也。扶同之咎，又將安歸？有光、百二良宜併杖，所得銀、稻從有光名下追給。

（清）李之芳《棘聽草》卷六《讞詞・産業・本府一件爲斬謀佔滅事》

審得金氏故夫倪四七乃兒大球嫡侄，而倪五六、倪七十二同胞兄弟也。遺有孤雛，四齡在襁，金氏女流，田産等物，争欲代爲管業者，其中殆有覬心歟！今家長公議，暫令伯叔代爲料理，俟男長成給還，立約良是。金氏之弟金五十七亦不得侵蝕其中，姑與和息，立案免供。

（清）李之芳《棘聽草》卷六《讞詞・産業・兵巡道一件爲勢佔事》

看得章士奇故盧爲鎮標把總敖正江樓託，久假不歸，在彼肯構肯堂，反爲他人爰居爰處，而使之風雨不蔽，入我户庭，豈人情乎？宜其興雀角之詞，而訴鳩居之憤也。今奉行查，現已遷出，給還本主，士奇仰藉憲臺之威靈，得以尚寧爾止，幸矣！其按院批發民房一案，俯容清理再報。

（清）李之芳《棘聽草》卷六《讞詞・産業・本府一件爲憲救屠門事》

審得金一斌先買張姓賣出之田以營馬鬣，而張汝完有田二斗七升尚在塚旁，一斌遂興築薛之謀，而起秦併之漸，阻其耕種者數年，此何理也？況久有議約，界石宛然，已經前縣判明。侵彼之疆，反行誣控，何吏之奸且猾耶？今既欲之，當以張田歸金，金以别田换張，古人以妾换馬，亦各從其好耳。一斌刁甚，杖之。

（清）李之芳《棘聽草》卷六《讞詞・産業・府送一件爲恩雪黑冤事》

審得陳仲儒親兄陳公已昔充僞總兵，於丙戌年持金二錠，向金漢縉指稱换銀助餉，不過借爲詐端耳。漢縉不得已出銀六十兩，並田二石。當是時，兵戈搶攘，幾無天日，其銀隨爲衆人分訖，今亦無從一一而究之。獨是前田二石，現爲仲儒耕種。夫此何等田也，而能踞之爲世業乎？況先已願退一石一斗，所餘九斗自應全還。仲儒不即爲汶陽之歸，而猶圖伯氏之稷，是何心哉？逢宥援免，田即給主。

（清）李之芳《棘聽草》卷六《讞詞・産業・兵巡道一件爲枉冤事》

審得戚揚葬祖母於盧光心之祖隴，原不過因此山賣主盧思顯者已經倡亂伏誅，而可以捏僞契乘機鑿葬也。不思字跡謬異，反覆細驗，既覘其虚，而該學之申，該縣之審，上及憲臺之批，可謂深切著明，雖善爲狡辯者，亦不能措喙矣。揚尚曉曉有此詞者，誠念已葬之祖母不忍復遷故也。因兩造俱係諸生，再行該學勘明，復據地保陳仲仁、山鄰虞吉慶供，戚揚所葬之地，實係盧家契内之山，今光心已許其葬，且金教官爲之處明，相應免其改遷，具有息詞，已各安無言。惟是戚揚雖情迫於祖棺之既葬，而詞架以殺兄之虚情，反而詰之，無乃大過！念其子衿，罰穀示儆。

覆審得戚揚葬祖母於盧光心之山，致速其訟，糾纏互訐有日矣。惟是戚揚不忍遷入土之棺，而光心聽公剖之議已允其葬，具悉前詳。伏蒙憲批，誠以既葬有主之山，理應得價，此真惟明惟允，持至公之論，輸兩造之心，以斷事後之葛藤，而成今日之定案。第光心以揚所葬之處實在祖隴之前，誠恐一經受價，遂成交易，使將來大其封築，孰能禦之，故情願不受山價，免其遷棺，則揚必知感而無違心矣。自今以往，戚揚葬地不封不樹，不得別有經營，既定爰書，永成山案。揚仍薄罰示儆，兩情各已輸服。

（清）李之芳《棘聽草》卷六《讞詞・產業・分守道奉撫院一件為違旨滅憲事》　審得江尚廉雖祖籍徽州，實久居東邑。先是其族有江汝新同父江時化於崇禎二年間，得價十二兩賣樓屋共二間半與葉茂芹，崇禎八年又找價三兩。崇禎十五年汝新又將前屋重賣於韋姓，而葉争之，衆復勸葉幫銀五兩，贖出韋姓原契，並無回贖字樣，此江汝新之賣於葉茂芹者，絶無不明。惟是葉茂祚之父葉唯純於崇禎十四年間，將己屋店樓，内樓共四間，並門樓、天井等項賣於杜文，價契内開載不拘年月取贖，此文價雖分爲三房管業，而不能禁茂祚之不贖也。今三房者杜時生已聽其贖，惟爾華將分管之屋轉賣與江尚廉，而杜爾實亦以爾華之故，不聽葉贖，此茂祚之所由控縣。孰知尚廉之多其變幻乎？所以然者，蓋尚廉巧將汝新久賣與葉茂芹之屋，詭稱己所共有，而指葉以債務逼契管業，尚廉則回籍病羈，故今始控縣，不過藉爲抵賴，欲以汝新契賣分明之屋，令茂芹一旦拱手而還之。此茂芹之不甘，赴上激鳴，有自來哉！尚廉具可謂刁險譎詐之尤也。夫即知共問尚廉之回籍，自稱順治三年，而汝新之賣屋，則在崇禎二年。夫即知共有之産爲葉債逼，何不早鳴於立契之時？且找價、重賣、幫銀、取還，種種墨跡俱在十餘年以前，當日誰緘其口而不言？況杜文價徐文、李唯春共證，其向在東陽，並無回籍病羈之事，固不得借汝新既賣屋爲己有，又不得勒茂祚可贖之房爲難贖，亦甚明也。茂芹之房應仍管業，茂祚之房應仍取贖，尚廉刁譎已甚，杖復何辭？茂芹雖中懷有激鳴不擇音，而所控情節多屬虛誕，亦不能免於併杖。杜爾華懼不赴質，另行提究。

（清）李之芳《棘聽草》卷六《讞詞・產業・分守道奉撫院一件為亟勦叛抄事》　審得王叔美買張汝榮之田也，並不細察來歷，詢問有無寫明坵畝，而竟成交易。此其事鹵莽特甚，推其心則以張姓之膏腴密邇，契券入手，可以蠶食境上耳。夫汝榮雖側身黌序，實不爲士類所齒，且家業蕩盡，視骨肉如仇讎，人盡知之，顧安得有立錐之産，尺寸之土，可以供其契賣者乎？所謂前一契七石九斗者，雖將銀利併火腿算成百兩之數，實係其父張伯用之贍田。又一契寫田六石，得價六十兩，併田亦無之。雖汝榮巧於變幻蜃樓，不識叔美輒何以信說鬼夢也？乃指一紙未明之券，而東南其畝，不論是否盡可指爲應管之田，率衆搶割，一之未饜，甚且至再至三，強横之形，即本族保正王用登等亦不能諱其爲搶，況當日武典史勘明呈報在案乎？此張星之所由控憲激鳴也。乃欲借太陽嶺打奪之説，以圖抵飾，誰其信之？總之，前後寫田二契，交易原未分明，不得以父之贍田、弟之別産妄指管業，遂其奸計。王叔美所付之價，以至原中朱用交未付火腿、銀兩，應着汝榮清楚以還叔美，汝榮虛幻已極，應杖示懲。朱用交、王叔志、王惟圓既係原中，何以授受不明，致啓此訟，相應併杖。叔美屢行肆搶，法所難寬，本應重擬，念藉口執契有因，姑從重杖示儆；至於所搶豆、穀等物，據供纍纍，實駭視聽，但亦難確定其實在數目，量從追給。助惡王尚彩、王尚拱、王尚持、王一鑑等均應併擬。

（清）李之芳《棘聽草》卷六《讞詞・產業・分守道一件為違旨滅法事》　審得葉德遇、葉德選係葉德進之親屬昆弟，此上策也，葉應鶚乃下葉，名雖一葉，實有上下之分。及德進解省脱逃，贓銀未完，前府故欲估其家産，着親屬追賠之議。是以德遇、德選報殷户葉應鶚有常祠銀四百兩，方欲行間，而應鶚即已具控。夫寧由自作，於人何尤！今本犯反飄然遠舉，坐令事外之人受亡猿之慘，有是理哉？查德進現有已産樓房一所，變價四百兩，已經追完。應鶚相應豁免。德遇、德選波他人以圖卸己，各杖何詞！

（清）李之芳《棘聽草》卷六《讞詞・產業・本府一件為激究匿佔事》

審得胡鳴鸞與胡國祚之父鳴鳳、仲懷、仲玉共兄弟四房，鳳獨在京開當，其妻施氏止生一女，娶妾周氏，生國祚、國裕二人。後鳴鳳物故，鳴鸞送嫂施氏先歸，携資置産，彼國裕兄弟雖在燕京，此中田疇自非他人所得有也。乃因施氏物故，鳴鸞、仲懷、仲玉三房均分管業，今國祚既歸，不即清還，是何心耶？前田追還，一杖不枉。

（清）李之芳《棘聽草》卷六《讞詞・產業・本府一件為欺孤白佔事》

審得吳三一瞞徐小苟父亡已久，有基路四間，乃視藐諸孤，自造贗契，恃有季四八硬證，冀得而吞之，意謂不能起泉下人復質矣。但世豈有父已云亡，面契賣反出於後之理耶？三一與四八各杖，基路仍歸徐姓管業。

（清）李之芳《棘聽草》卷六《讞詞・產業・兵巡道一件為憲斬事》

審得樓鳳儀乃樓拱台族侄，黄仲禎乃拱台内弟也。論其親情族誼，以田土交易，必無相欺之理。孰知其先以樓澤七十之名，受仲禎之價，賣與十石；而繼在京師，復受鳳儀之銀，賣與二十石。若是乎，其田之多！及細覈東南其畝，今現在者僅十石耳。宜兩家共爲契買之産，因鳳儀之築場，遂速此訟也。但契則兩立，價亦兩收，孰肯多讓？致此紛争，咎在賣主。今拱台物故，既不能責其價而鳴其罪，惟有校銀數之多寡，將此十石之田樓六、黄四均剖，允得其平。然亦不能不歸咎於彼此交易之模稜，而成今日事後之糾結也，各杖示儆。前所刈穀，即斷與鳳儀爲租，餘免擬。

（清）李之芳《棘聽草》卷六《讞詞・産業・守巡兩道一件為投獻屠良事》 審得翁智二先於順治三年間將田一石三斗典與王如春，得價二十兩。本年因大兵破城，智二之母妻被俘，於八月間復將前田賣與邵五九八，得價二十六兩方得贖歸，則此患難相濟，骨肉獲全，不可謂非邵五九八之德也。蓋智二向來兩處輸租，王之與邵，俱不復知其中有重行典賣之故。今以交易之先後論之，王典在前，此田之應歸於王者，固其宜也。但邵買田時，心存於濟翁之急難，非樂有其田疇，不然當兵燹搶攘之餘，孰肯慨然出其篋中之金，汲汲於求田問舍哉？以目今田價揆之，相應着智二增銀八兩，還邵贖回前田，仍行杖儆。在邵五九八雖係明買，不知有重典情弊，上鳴固當，乃指稱抄家，一詞五十金，一詞三十金，俱屬子虚，亦應併擬。王宦審無投獻之事，應免議。

（清）李之芳《棘聽草》卷六《讞詞・産業・臬司一件為黑戮大冤事》

審得邵一璋之祖邵成金乃倪士偉等先世蒼頭也，自建庵爲焚，修地原非倪産，後璋父亦死，母盛氏嫁趙惟德爲妻，璋煢煢孤立，而倪承緡等逐去住僧雲谷，其意可知。向者空庵無人，經磬塵封，惟德爲璋繼父，收其器物而去，亦未大悖於理。僧人聞音之呈控，捕役汪美、滕廿二之擒拿，得毋有所授意於其間乎？倪固多士濟濟，且以主僕之分臨一孤雛精舍數椽，何求不得？但非其有而取之，不可得也。今即以丸泥封之，猶恐不能保他日之秦併，相應另招賢僧居住。倪、邵均業，奉爲香火。汪美、滕廿二已經痛懲，餘免擬。

（清）李之芳《棘聽草》卷六《讞詞・産業・撫院一件為勢逆慘屠事》

審得方逢第乃方逢春從堂兄弟也，逢第向走京師，素行無賴，因逢春祖方六三、父方惟佐在藁城開鋪，圖詐無由，於是串同東陽之蔣南橋領一東人，指稱逢第有茶銀數百兩寄方惟佐鋪中，而勒其銀百兩，田三石四斗。田雖左南已逼契寫爲業，後方六三被拿訛之故，憂心以死，皆出之北來鄉信。今其書俱在，取而閱之，憤鬱之詞滿紙，此逢春之所以仰天椎心而不能忘情也。去歲逢第得授温州南界場官，至杭州時聞逢春欲行上告，囑其父方廿九回金華以和議緩之，彼則兼程抵任矣。廿九乃同家長議處，願還前銀，並歸前田，而文契猶在第手，銀亦託諸空言，此控所自來也。然去年十二月初四日方廿九亦死，無從細鞫，雖紙上之信逼詐情真，而被告方惟佐尚客藁城，蔣南橋亦在温州，即一二證佐，皆係南人，未憖北方事。今逢第父死，竟不奔喪，即係職官，未奉憲批，不便拘集對理，相應詳明。

（清）李之芳《棘聽草》卷六《讞詞・産業・分守道一件為枉法事》

審得李芬卿弟李明德原以田二百五十把於順治四年賣與徐徵熙，而其田即係明德兄弟佃種，糧亦仍在明德名下徵納。其初四、五兩年，李氏兄弟於斂穧之後，照衆完租，故徵熙即付銀五錢與明德，以輸正供，兩皆無詞。獨至六、七、八三年，李無租以償，徐遂亦不復往索錢糧矣。則糧之不完，實李明德等負租使然也。上年徵熙將前田轉買與表兄弟李霖輝即李賢卿，而明德因去夏亢旱，益得以藉口於逋租，致霖輝告之汪典史，責而倉之，且欲追前負，未爲不可。奈何芬卿輒架此詞哉？蓋其專爲賴租而發，宜滿紙虚詞，不覺其誕也。最可恨者，摭拾遠年風影之事，牽累事外無辜之人，婺俗刁健之徒，事起細微，動粘單款，使纍纍簿公庭，究皆虚假。若芬卿者，其何以自解於誣妄乎？本應按律重懲，氓之蚩蚩，姑從杖擬。其不蔽之辜，仍請加責，負租行追。

（清）盧崇興《守禾日紀》卷四《讞語類・一件不共冤深事》 審得：宋復郊，奸貪反復之小人也。向郊有田六畝六分，契賣堂弟宋爾嶼爲業，前後加價，疊有六紙可憑，亦可謂指大於股矣。去歲六月間，又以邀會爲名，詐銀六兩。旋於七月内，以不共冤深事誑縣，亦何其不憚煩耶！及臨審之際，自揣情虧，浼親唐協聞等，免息求和，公立議單合同，各執一紙。又復得銀一十四兩，息詞議約，炳然可據也。奈何墨瀋未乾，更架拷烙父母、詐銀千兩及腴田二十畝等項虚情，希圖疊詐。不思順治六年間，伊父母老歸窀穸，含笑泉壤，而今欲借久化之青燐，樹攫金之赤幟。吁！亦謬甚矣。尤可異諸，孫子毅解紛之仲連也，恨其左袒，污以叛逆聖朝，崇尚邪道，招亡納叛，布散流言諸欸，欲致之死地而後快心焉。查身陷賊中，爲逆迫脅者，俱蒙寬宥在案。雖伊子孫鉥會任漳州南靖知縣，然陷身異地，縱叛何從。若崇尚邪道，三受朱仙人錦囊，尤爲不根之語。夫孫鉥身陷閩疆，朱仙人遠居是境，道里相去，奚啻數千。即有錦囊，何處授受？總之事出無端，任情狂吹。然庭訊之際，自不覺其張口結舌，吃吃不能出一辭矣。宋復郊誣告叛逆，應坐以誣告人死罪未決者律，杖流准徒非枉。但念釁起門墻，語侵事外，姑從寬免，以全友于之好，以杜嫁禍之奸。可也。立案。

（清）盧崇興《守禾日紀》卷四《讞語類·一件憲殛巨豪事》 審得：

魯國宗與魯順川爭故兄之遺產，以致興訟。而蕭大公則順川之干證也。國宗與順川爲仇，而遷怒於大公，遂以憲殛巨豪之詞控之，誣其罟吞胞兄之田產，兼掠其嫂氏而鬻之。任三今庭詰其實，則任三之娶蔡氏也，有媒妁，有婚書，並無掠賣之情。而罟吞之怨，亦與蕭姓無涉。即原證趙升等，皆委之不知，而不能爲之左袒矣。國宗之控既虛，應坐全誣，念係無力貧民，已經責懲，免供逐釋。

（清）盧崇興《守禾日紀》卷四《讞語類·一件官衿燒害事》 審得：

呂某富而不仁，刁而訟者也。康熙十一年間，旭次弟呂幼清有田三畝，某與青衿沈之海各買一畝五分爲業，某獨私占二分，兩年之内累佃户錢仲云賠米四斗八升，後憑原中朱云友清丈，命弟堯明立票還租。此旭明蓄怨伊始，兩造釁端所由啓也。本年九月初六日，某又因伊佃楊二收租細故，遷怒仲云互訐，桐縣批行捕衙，其事尚未審結，乃敢於捕衙之前，恃其人衆，輒肆毆打，向已拔錢仲云之髮辮，今又折沈之海之門牙，復捏囑盜飛陷，頃刻三籤，非刑拏獄，逼銀三十五兩付放等項，虛情誑聳憲聽。迨兩造庭訊，官衿燒害，字字皆虛，而拔辮毁齒，種種皆實，此伊業師徐匯之及伊妻叔祖莊簡臣諸人鑿然供證者也。某捏情洩忿，法應坐誣，如念鄉愚無知，擬以折齒滿杖，洵不爲枉。莊某扛幫助惡，杖儆允宜，餘審無干，相應省釋，伏候憲裁。

（清）盧崇興《守禾日紀》卷四《讞語類·一件豪佔殺儒等事》 審得：吴佶之田，售於金華宇，自恃武衿，兼踵陋俗，而屢加其價焉。華宇不勝其無厭之求，不得飽其所欲。佶遂以私典佔産諸事控之。今集兩造面訊，則私質之事，並無風影，而吞佔之説，則由加絶而起矣。夫已田出售於人，而强欲其加價之不已，而至於訟，强亦甚矣。而反謂人爲强佔，不亦誣乎？況加價屢奉飭禁，而佶故違之耶。本應詳褫，但事起微末，姑從寬免究，以寓肆眚之意。

（清）盧崇興《守禾日紀》卷六《讞語類·一件憲討弑抄事》 審得：王之鄰乃王邁等之叔祖也。王氏先有祀田，爲之鄰所鬻，故邁等從而索之，鄰雖五族之尊，行乎？然祀田乃祖宗烝嘗粢盛之所自出，非鄰之所得而擅鬻也，又烏得嗔邁等之公索而責其不遜耶？今詰祀田已經公處回贖，立有議單，鄰乃事後思忿，復興弑抄之訟，羅砌虛詞，盡屬囈語。在鄰未免有欺凌卑幼之咎，念其年老而分尊，免擬存案。

（清）盧崇興《守禾日紀》卷六《讞語類·一件違禁通叛等事》 審得：周茂之父周君斐有田售於周見山，爲日已久，一賣一加之外，又復索增業，已有違憲禁矣。乃因所索不遂，而周茂捏爲連米通叛之誣詞，朦准肆害。今再三窮詰，則見山所載者，乃田中之籽粒，而並非海上餘糧也。即所列之詞證吴甫、周仲輝亦證其虛誑矣。昔起不風之波，今消見晛之雪，雖經責儆，尚應坐誣，念其鄉愚，姑開一面，以示矜宥之仁焉。

（清）盧崇興《守禾日紀》卷六《讞語類·一件勢豪鑲釘事》 審得：張風翼未鬻産之先，曾以房質沈伯成銀一百五十兩，而歲歸其息焉。及鬻産而償其逋，理也。會於得業之主以償之，亦理也。今審張瑞甫所買鳳翼之房，正價、加價之外，復有頂首三，共計銀二百九十兩，與翼之房價原無虧損。在瑞甫得翼之産，亦認翼之逋，至今猶未能楚也。胡爲遽興鑲佔之訟耶？據稱先經議處，尚未清還，且念其貧，姑斷給銀四兩，以符前議。至沈伯成所欠虞建思之銀，仍令伯成措還，不必展轉抵兑，以免葛藤。可也。

（清）盧崇興《守禾日紀》卷六《讞語類·一件勢豪鉗官事》 審得：朱撫躬拆蓋之房，乃典業而非己業也。昔陳紫煒有房地一所，先經全售於陳傅勳爲業，内有西北隅平屋三間，於未售之前，曾典與陸九愚，故於售價之内，扣除典價，存傅勳處，聽其取贖。在勳未遑取也，以致輾轉數家，而復典與朱撫躬之手。撫躬與陳傳勳比屋而居，豈不知此房、此地素爲傳勳所購之産乎？顧自倚貲監，謂人莫敢誰何，恣行拆蓋，輪奂一新，儼然踞爲己物矣。在傳勳又安能默然而已耶？比有親友鍾千英等爲之調停，議處銀十兩，償還傳勳以斷葛藤，雖名爲全二姓之好，實陰袒撫躬。廼撫躬猶措而不與，此傳勳所以有抄佔之控也。本府提集犯證，細加研詢，並查閱議單，則朱撫躬之倚勢欺凌，武斷鄉曲，情事如繪，律以侵佔田宅之條，洵不爲枉。至房地仍斷令聽陳傳勳備價取贖，自行營業，以爲横暴者之戒。可也。

（清）盧崇興《守禾日紀》卷六《讞語類・一件蠹國病民事》　審得：周爾欽有田轉售於李美，而陸信思欲奪之。然事微理曲，不可以爲訟端。於是誣美以私開典押，假刊木印，販小錢、使假銀等事。今鞫其實，則所謂木印者，乃架書之查同二字，而未嘗假冒篆記也。所開私典、小錢、假銀各款，則並無實據，供系李美所説焉。有美自爲之而自言之者乎？所控佔奪之田畝，則云干證已死，無可對質，一派蜃樓，茫無指實，在陸信本應坐誣，但系蚩蚩之氓，如從寬典，杖擬可也。

（清）葉晟《求芻集・讞語・欺霸産業事》　審得：　候偉之告霸佔瑶地也，緣因當年杆子手賊鄧天王、張可明等奉院招安，開墾荒地。而候偉之地遂爲鄧天王所佔，瑶叟爲張可明所踞，於今四十餘年矣。若果係熟地，當日胡爲不告？其不告於四十年之前，而告於四十季之後者，其爲荒地已無可疑。更因鄧天王、張可明原佔地之人死絶無後，展轉而入於李榮德、馬豹之手，心所不甘耳！以公道論之，地爲候家故物，而李榮德白手承糧，坐享某業，於心得無不安？然當日承糧時既已無言，榮德有照可據，亦自難以斷回矣。惟馬豹所有之瑶，雖云張可明與之，殊無憑據。且地可以荒、熟論，瑶不可以荒熟論，令退還候偉管業，姑平其心，以斬此葛藤可也。

（清）丁人可《刑部駁案彙鈔》卷六《人命・鬥殺改故殺三起》　直隸司　一起稟報事。據直督審題，邢台民賈三毆死于文山移屍入井一案，緣于文山將粟穀三斗，託賈三帶交李大妮清還欠項。賈三帶至集上，將穀糶錢買鞋花用，當向李大妮言明認還，並向于文山將糶用認還情由告知而散。旋因賈三未楚，李大妮曾向于文山索討，于文山向賈三索討數次，仍無清償。迨後又向索討，賈三以伊第賈四鼓吹工價可得，約期送還。至期賈四未回，賈三恐于文山索討，先往回覆。而于文山因賈三爽約，携帶防身柳棍，亦往索討。各至中途撞遇，于文山嗔其失信詈駡。賈三央浼。于文山逞忿用棍向毆。賈三奪住理論。于文山益加詈駡。賈三氣忿，奪棍毆傷于文山頂心偏右，并右額角腮頰等處。于文山上前奪棍，賈三又用棍頭抵戳致傷胸膛左右。于文山轉身拾石。賈三懼其還擊，又用棍毆傷其左右後脇。因棍斷折，即棄擲奔逸。于文山被毆不甘，趕上用拳毆傷賈三右腮頰，隨勢擰住左右耳，正在扭結，因坡路不平，彼此失足滚跌。于文山自行擦傷唇吻、鼻梁、左肐肘、左膝、兩腿等處，先後爬起。于文山復拾石向擊。賈三閃避，亦拾石還擊。致傷于文山左脇。于文山上前拾石。賈三又毆其左手背，並左右耳。于文山用頭向撞。賈三復用石向擲，致傷腦後倒地。賈三尚欲令其赴村理論。詎于文山受傷深重殞命。賈三情急無措，瞥見路旁有井，將屍負棄井内。所遺鞋帽，拾放井旁，裝點投井情形而逸。屢審不諱。將賈三依鬥殺律絞候。具題。經臣部以人命重案，務按死傷情形，以窮毆故根由。今賈三毆死于文山棄屍井中一案，詳查屍格，傷痕纍纍。致命五處，兇器木棍用力毆折。復加石擊重傷，淹溺井内。其爲有心致死，情狀昭然。如謂實係釁起索欠，情由互毆，溺在死後，則當于文山持棍而來，即被賈三奪過先毆致命四傷，復因棍折拾石兇擊，以致重傷遍體，最後腦後一傷登時畢命，亦難謂非臨時欲殺。况既死溺井分别，全藉屍圖詳載，以憑逐細核查。今驗屍文内，並不將屍身情狀聲明，實多疑似。至最後腦後一傷，該犯自供用石打他腦後。乃看語内則云，用石向擲，不期致傷腦後。夫石離手而傷及於人爲擲，石在手而用以傷人爲打。其於致命處所，自有有意無意之分。乃供看竟不相符，實屬朦混。事關毆故，未便含混率結。應令該督再行研審確情，按律妥擬具題到日再議。等因。題駁去後，續據該督將賈三改依故殺律斬候。具題。臣部於乾隆十六年六月内議覆，奉旨：賈三依擬應斬，着監候秋後處决。餘依議。

（清）丁人可《刑部駁案彙鈔》卷六《人命・共毆改故殺二起》　直隸司　一起報明事。據直督審題，東光革監汪合義砍傷咸一正身死一案，緣汪合義將己地五畝，央張中和説合，賣與馬大爲業。後汪合義另措足用，不肯售地。張中和撞遇咸一正告知失約情事。咸一正飲醉不平，隨與張中和齊赴汪合義家，咸一正即行辱罵，汪合義亦在醉鄉，兩相爭毆。比汪合義之子汪三、汪四上前，將咸一正拉倒。汪合義隨拾磚打傷咸一正左胳膊等處。張中和拉勸，亦被汪合義誤傷額角，先回。咸一正掙起，復行趕打。汪合義又取棒槌，毆傷咸一正脊背臂膊等處。又取鐵車檔，連毆咸一正左右肩甲胳膊等處。汪四即將汪合義拉勸進屋。咸一正復罵進屋。汪三隨用扁擔毆打咸一正後脇數下。咸一正即將桌椅什物打擲。汪合義復持菜刀恐嚇，被咸一正閃至背後，揪住汪合義髮辮奪刀。汪合義情急，隨手連砍，不期致傷咸一正頂心、額顱、額角、眉角、胐脷等處。汪三、汪四隨將咸一正之手扳開，推出過道。詎咸一正傷重，當晚殞命。將汪合義依共毆人致死律絞候，具題。經臣部以此案汪合義因咸一正酒醉尋事，汪合義等父子三人將咸一正攢毆，力砍身死。細閱供情，殊多閃爍。如據汪合義供稱，因咸一正在家鬧得利害，原隨手拿了菜刀要恐嚇他出去，因被伊揪住髮辮，恐被奪刀，隨反手連砍，不期致傷咸一正頂心等處。等語。查此案，咸一正已被汪合義、汪三、汪四用棒槌鐵檔扁擔攢毆，遍體鱗傷。豈□復行打鬧？伊等有父子三人，自可推拉出門，何至兇砍立斃？況咸一正扭住汪合義髮辮，一經刀砍，自必負痛釋手，必無任其疊砍多傷仍行扭結之理。若果抵死扭住汪合義髮辮，又何以並無揪起傷痕？所云反手向砍不期致傷之處，殊難憑信。且查驗屍格，毆扎傷痕四十餘處。其頂心偏右額顱等七處，傷皆透骨。其中實有臨時故殺殺情形。承審官率擬共毆，難成信讞。應令該督再加詳審，務究實情，按律妥擬具題到日再議。等因。題駁去後，續據直督將汪合義改依故殺律斬候。具題。已經病故不議。臣部於乾隆十七年七月內議覆。奉旨依議。

（清）徐士林《徐公讞詞·巡漳讞詞·龍岩民楊明忠告黃文獻等案》

查此案該縣初審讞斷：山憑侖脊分界，侖南歸楊，侖北歸黃。又因侖之中截有黃姓一墳，再下橫坐之墳，分脊直下，則黃墳嵌入楊界，不便管業，因令自中截黃墳，量上下一十二弓，擺向侖南丈餘，開一大界，直透橫墳，使黃姓上下之墳，俱包黃姓界內。此該縣相度形勢，期於永杜爭端，斷案頗爲平允。兩造于上年十一月十九日，已各具遵依在案。迨斷後定界，其黃瓊山等則稟稱：楊姓抗不遵斷，强劃直透侖脚，向西。楊明忠又稱：黃姓將開劃向南之界填平，復强劃憑坑直落。是斷案雖定，兩姓仍復各執一説，紛紛互爭，非必專在楊姓之恃强挖去舊埋界石，另鋤一界也。

至本年九月內，該縣順便復往查勘，如果楊明忠抗斷强劃，則明忠固當責懲。至劃分山界之處，自應仍照前斷，立石定界。乃查該縣復斷讞語內稱：自黃中墳量上一十二弓，擺向南邊，横量七十五弓，復彎向西，直量至侖脚八十弓，劃定界限。夫前之擺出丈餘者，一旦易而爲七十五弓，以五尺一弓計算。則爲三十七丈五尺；再從彼處直量至侖脚八十弓，則侖以南之山，幾盡爲黃姓所有，是暗合黃姓憑坑直落之計，而顯悖該縣侖脊分界之斷矣。尚得謂之平允乎？讞語內又稱：山勢側落，黃墳在上，不遠爲之防，楊强黃弱，其後必遭劃剥之害。本縣相度形勢，預防後患而定，楊氏亦不得藉原讞丈餘二字，妄生枝節。等語。夫爭控山場，其有契界者，斷以契界。其無契界而歷來掌管有據者，即斷以歷掌之界。如既無契界，又無歷掌確據，屢爭不止，即就現在之形勢酌斷，使兩不相礙，彼此平情，庶爲妥協，如該縣之前斷是也。今該縣忽慮及楊强黃弱，預防後患，自斷自翻，竟將侖南山場復割七十五弓歸於黃姓。此該縣之自生枝節，而尚欲禁小民之不生枝節乎？此該縣之朝三暮四，而尚欲使兩造之永遵定界乎？夫官無毁筆，原屬鄙説，如果前斷未確，後勘得實，即行改正，坦白虚公，刁民不能藉爲口實。今楊姓田山舊契，雖無界址，然其契則真；黃姓捏造明朝永樂年間之契，該縣既經察弊塗銷，並不加以懲處，已屬寬縱。乃於相度判定，兩造遵依，忽爲思患預防，而多與之山，契真者不得厚實，契假者反邀重賞。何厚于黃而薄于楊若是耶？雖夤緣關説，出自被責之口，未可遽信，而無情無理之變更，恐該縣亦無以自解。仰即照依原定山界，飭押在於侖中截黃墳量上十二弓，擺出侖南丈餘，開界直下，使黃姓墳在界內，與楊姓名掌各業，杜爭息訟。其後定偏枯之界，立即劃削，取具名遵依報查。本道除惡懲刁，從不以架詞爲是非，但察核案情，鬚眉畢現。該縣慎毋執迷不悟，自速官謗也。此繳，卷發回。

（清）徐士林《徐公讞詞·守皖讞詞·蘇二捏契占山案》審得宿民蘇二與朱修歲互爭山界。事歷九載，案經七官，或有批無審，或有審無勘，或委捕，或委丞。直蘇則朱控，直朱則蘇控。前任劉令親勘發讞，判蘇强佔，而蘇二乘官調任，即捏賄蠹瞞官大題，赴府翻控，慘若膚受。本府提核卷契，虛公研訊，乃知前此之直蘇者固屬枉斷長奸，即直朱者，亦未能摘發奸伏，故無以破刁膽而斬奸訟根也。

修歲於康熙五十一年價買洪宥、洪昶田地山場一所，坐落方家河。契載田地屋基並各色竹木山場，掃土盡毁，並無存留。印尾炳據，契界内並無洪業，焉有蘇山。只緣洪姓執業之日，蘇二祖父佃種多年，假土一棺，近墳築壠，洪業轉售，壠内之墳屬蘇，壠外之墳皆屬朱也。雍正元年，蘇二忽出康熙二十一年洪子開之賣契，控告伐祖。粘呈抄白契内開，墳前後左右俱存禁一十八步。一年之内控詞盈尺，並未言及十八步之界原有舊壠也。即二、三兩年，丁令混斷照契立界之後，朱以不勘不明控，蘇以違斷毁界控，原因蘇二於壠外築壠，罩占朱山，朱姓不服，復委縣丞勘詳毁壠，以故蘇二各詞皆言斷立之界平毁一空，並未言及十八步之界原有舊壠也。至三年内，賀令署任，而蘇二詞内始稱康熙二十一年安葬曾祖，所立禁壠，上下左右俱存一十八步。嗣後千言萬語，皆以所毁之壠爲舊壠，反以舊有近墳之壠，爲朱姓挑築之新壠矣。亦思前詞纍纍，不可磨滅，以爾攻爾，奸詐立破。況三年五月内，陳縣丞詳稱蘇業果存禁步如許，其祖不築壠於前，父亦不築壠於後。五十一年洪氏賣與朱修歲，蘇黑居間，是時尚不築壠，並無一字言及禁步，甘聽洪人掃土盡賣，愚不至此。蘇姓之墳，以老壠爲界無疑等語。築壠者此時也，毁壠者亦此時也。縣丞登山踏勘近墳之壠，罩占之壠，孰新孰舊，一目了然。既以近墳者爲老壠，則所毁之壠，原非老壠。蘇二將亡作有，反謂人指鹿爲馬，是誠何心？況本府舊冬委高縣丞傳齊兩造，登山勘丈繪圖呈閱。山之上界至墳壠十四丈八尺零，右界至墳壠十一丈八尺，左界至墳壠十二丈六尺零，下自墳至山脚四丈五尺，山形山勢，渺乎小矣。今以蘇墳禁步前後左右，各除十八步。村外朱山，所餘無幾。掃土盡毁之謂何？又據縣丞勘驗所毁壠跡，上離墳壠四丈四尺，右離墳壠四丈四尺，左離墳壠五丈五尺，與十八之數，亦不相符。況墳下山脚，乃朱人屋基也，基距墳僅四丈四尺，若墳下除禁十八步，則朱人屋基，皆在蘇人墳禁步内矣。荒唐悖謬，何詞以解？雖然詞窮矣，奸猶未敗也。細訊蘇二：爾契請印於何年？據稱伊祖所遺，祖殁，身甫四五歲。蘇二年三十五矣。是伊祖殁於康熙四十年前也。隨檢康熙二十年間宿松印册，比對印契，迴非當年印信也。又檢五十年間印册比對，文質似矣，而印册猶較清楚。又檢五十四、五年以及六十年印册之一，一樣模糊，毫無異同。是蘇二之請印，在修歲請印之後矣。若果得業於康熙二十一年，何爲歷三十餘年，直至朱姓盡毁全買之後，而始出券投税，割中土以爲己有耶？且以澆薄黑紙，故加襯貼。造假情弊，顯然敗露。然而業主現在，苟非帆聯一氣，焉敢弄假作真？細訊修歲，據供自五十一年買田，五十二、四、五等年，洪姓屢以找斷擱價具控，訐訟成仇，拖累不休。後復串通蘇二倒提年月，私立契紙，占身山場。康熙五十三年，蘇二架控，縣批驗契，規避銷案，假契實不知何年所作等語，供吐原委，情事逼真。提訊原業主洪昶，伊侄生員洪自惕代伯質審，堅稱康熙二十一年賣山於蘇是實。青天白地，滿口袒證。詰其從前曾否與朱姓構訟，只云與朱姓告狀，不干蘇人之事。混詞支吾，神色沮喪，及示以歷年印册，令伊比看契印，始以聞諸伯父爲諉。詰訊至此，真情逼露。蘇二之假契横占，洪昶實爲謀主矣。官不詳察，訐爭累年，洪昶畫策，蘇二登場，以假契爲鐵券，以混批爲話柄。恨衙詳之不利，則捏稱賄官，果縣讞之難磨，則架控賄囑。光天化日，魍魎横行，庭訊之下，令人髮指。

蘇二枷號一個月，滿日重責三十板，以儆刁健。洪昶身列國學，朋比爲奸，本應提究詳革，姑念老病，暫行寬免，再敢生波，恐難脱網。洪自惕年方弱冠，造假唆訟，非伊所爲，但不應附會老奸，袒詞扛訟，至爲青衿之玷，發學戒飭，以示改悔。蘇二祖墳，仍以近墳老壠爲界，壠外山場、竹樹，聽朱修歲照契管業，蘇二不得絲毫侵佔。假契塗銷附卷。拔厥根株，斬其葛藤，不知神奸尚有何術，能翻鐵案也。立案行縣，並貼照墻，以示訟棍。

（清）徐士林《徐公讞詞·守皖讞詞·王越萬父子重典私賣案》 看得王越萬、王澤雅、汪見武，皆非善良也。

越萬七斗田，雍正元年，典與周兼兩未楚，復重典於李堯階。四年多，其子澤雅又復背賣於汪見武，越萬不允，五年春復找價絶賣於兼兩。而澤雅得受見武半價二十兩，仍未歸璧也，因而挖埂毁禾，割麥刈稻，控爭四年，竟無寧日。夫澤雅買田於見武，果出自父意，則當楚李與周之典價。而授田於見武，如未與父謀，則不當盜賣父産。而越萬知覺，即當退還見武田價，以絶爭端。何爲父重典，子私賣，既不楚還典價，而子賣父毀，何又不即還見武之價？及絶賣與兼兩，得受多金，又何仍不還見武之價？即云見武貪田，格外勒索，而六年九月内，業經縣斷退銀，見武之措勒，已無所施，何屢經差押，而又不還見武之價？見武因貪生忿，割麥搶稻，事非無因。越萬今年控竊麥，明年控竊稻，串詞祖報，告被作證，掩飾己子盜賣之罪，誣坐他人匪竊之名，奸狡已極。又揑稱公議將契外之田一斗，抵算前銀，見武收田耕種。不思見武果允此議，胡爲七年冬、八年春，見武仍有抗斷抗比之稟？支吾違延，致生葛藤。直至八年六月内，於兼兩控告搶割之前一日，始繳價貯庫，冀免子罪。則澤雅背賣騙價之事，謂非父子串謀，誰其信之？雖然，見武惡得罪？父在子不得自專，理也。澤雅賣田，見武何不質問越萬一語？即見武六年稟詞内，亦有封銀十九兩，向周贖典之語。是見武已明知越萬典田在先，何竟陰誘其子，背父成交，佃人作中，阿叔書約，公然作此掩耳盜鈴之事？且三十九兩田價，止交二十兩，契不明，價不足，居然投税，居然收畝，居然過莊耕種！貪饕之狀，迫不及待。自謂澤雅一紙契，便成鐵券，亦思子賣父産，爾能鵲巢鳩居乎？陰謀詭計，不顧後患，貪極癡極。嗣後搶奪相尋，構訟不已，官斷退價，即越萬抗延，惟有稟官押追，當不復作得田想矣。乃慾壑未遂，凶膽輒熾，硬種硬搶，毫無顧忌。越萬違斷，其惡柔，見武違斷，其惡剛。藐法維約，豈能曲人而直己？而控府詞内，竟揑稱七年九月，李案方結，田歸身賣。官歸爾耶？越萬歸爾耶？卷宗具在，鬼語何來？又稱五、六、七年，周姓未具一詞。竟以兼兩攙買在後，借爲争田之柄。不知兼兩從前雖未具詞，而六年内約所在王則穎等，屢爲見武呈覆，氣出一孔，詞内早載有復賣周人之語。是兼兩五年絶賣之契，原屬不虚。其數年不具詞者，或先立契，未交價，坐觀兩姓之成敗，或預知見武理由，田歸王則歸己，無庸出訴，皆不必深論。唯是見武買於子手，兼兩買於父手，直在兼兩，曲在見武矣。如云兼兩五年未買，買於八年，是又在縣斷澤雅退價之後，見武與争，直更在兼兩，曲更在見武矣。蓋此案買田，論是非，不論先後也。爲見武者，稍有知識，自悔授受不正，赴縣領價，豈不瓦全其皮膚？乃避審抗闞，刁詞越控，總由七斗田，横塞胸中，不能割愛，利令智昏，大放厥詞。天何嘗蔽？爾自蔽其心耳。天何嘗黑？爾自黑其心耳。且查縣卷關拘見武，原爲查訊搶稻情由，並無著落完糧之語。乃敢以遺留寃糧，子孫累海大題揑詞架控，危言聳聽。三尺法不能爲刁頭寬矣。當傳汪見武當堂詰訊，重責二十五板，以儆刁貪。王越萬本應提究，卷内詞稱年老，姑從寬免。其子王澤雅縣雖薄責，不足蔽辜，飭縣加責十五板，以儆騙詐。仍照縣斷，著落汪見武名下追搶稻六石，即於王越萬繳田價銀内扣除稻價二兩，給周兼兩收領完糧。田歸兼兩，照契管業。汪見武買契，發縣塗銷。王越萬繳庫銀二十兩，除扣稻價二兩外，餘著汪見武領回結案。

（清）徐士林《徐公讞詞·守皖讞詞·李廷桂違約争田案》 審得太邑監生李廷桂之故父又白，賣田六石五斗與監生徐孔彩，得價銀一百兩。契載不拘遠近年月，原價取贖。此康熙三十一年事也。迨至三十五年，又白因田鄙畝重，兼以無力贖取，遂另立准約，與孔彩訂明：准與徐人與作開力，日後李人永不找取，徐人永遠管業。迄今歷年已四十矣。孔彩得業之後，開墾培植，瘠者漸肥。廷桂眼熱涎垂，以爲故物可復，止執原契贖筆爲詞，遂置准約於不論。私議未允，繼以控縣，呈驗准贖議約。該縣批飭孔彩止以續立准約稟訴，並不呈驗。縣催愈急，孔彩愈避。拘比其子，孔彩硬行領回，出言無狀，致縣詳府。

追經提訊，孔彩始將契約呈府。一經披閱，了無疑義。蓋前契後約，皆又白親書也，核對筆跡，實出一手。訂贖於前，議斷於後，廷桂又復何辭！廷訊之下，令廷桂先看原契，認係伊父親筆跡。及示以准約，吞吐支吾，供稱似乎不像。夫曰似乎不像，則未必不像矣！復令伊證張斯皇等封閲契約，據供難説不像。夫曰難説不像，則真象矣！轉而詰訊廷桂，並不敢謂非伊父筆，止稱無立准約之例，又稱無立准約之理。約係父筆，則例係父創，於人何尤！且六皖所稱田種一石，大約實田三四畝耳。今契内田六石五斗，載畝四十，則一石六畝有餘，約内畝重之説，洵乎不虚。況田地肥磽，因人而易，田價低昂，隨時而變，不能以四十年後之價，律四十年前之價，亦豈可以興作之田，律當年瘠薄不堪之田。田鄙則無利，畝重則貽害，前已得價，後思免累，決意舍去，此乃理之彰明較著者，何云無知？至廷桂所呈康熙三十一年准贖議約，紙色簇新，顯係揑造。即果屬真，而三十五年已立永不找取之準約，原契贖筆，當屬廢語，又何議約之足云？蛇足鬼計，其愚實甚。乃孔彩既執有准約確據，何爲輾轉規避，不肯呈驗於縣？窺其隱衷，不過因縣批退田，恐呈驗必遭塗銷。縣因孔彩抗匿，疑契約必有情弊，上下相猜，遂成疑團，獨不思縣既有呈契驗奪之批，又白親筆准約，現有原契可對。官固有目，爾亦有口，何憚而不呈驗？乃始而藏形匿影，繼而張膽放言，草野無知，殊乖體統。至續稟縣差徐後勒錢二串，如果有之，控詞盈尺，早已膚訴，何待今日節外生枝？與廷桂債折之説，同一刁詞。李廷桂背父强贖，徐孔彩抗官無狀，均應懲戒，姑念二生年俱衰邁，均從寬免。中證劉信公、張斯皇、金志三、胡兆賢扶同袒證，均有不合，姑念伊等原未見有准約，概寬逐釋。其田仍聽徐孔彩照舊管業。貯庫田價，著李廷桂領回，不得再行控争，議約塗銷附卷，立案行縣。

（清）徐士林《徐公讞詞・守皖讞詞・蔣阿東官衿抗占案》 審看得蔣正綬之母蔣阿陳狀控洪大紀等一案。

緣有已故李松岑之孫李亢梅，將祖遺永寧洲八股生字四號老廠一處，及八股輪管生字五號外新灘一處，於康熙四十三年八月内，得價六十三兩，出賣與吴蜀翰。蜀翰旋於是年十一月内，得價六十兩，轉賣與正綬之父蔣又田爲業，册載蔣正綬名下完糧。因監生洪鐸稱伊祖在日，曾於康熙二十九、三十八等年，用價向李松岑預拚老廠至四十六年止，及新灘五十、五十八、六十六年三届柴薪，執有拚約管業。以致四十六年間，蔣又田與洪鐸争老廠洲柴，訐控於縣。經前縣張令以洪拚在先，蔣買在後，不特老廠之柴，斷與洪鐸，並將新灘三届之柴，不察拚約真僞，亦斷與洪鐸，其錢糧亦斷令拚人照年分完納。惟時又田身遭縣責，不能復辯。雖老廠自四十六年後，洪拚年份已完，歸於蔣姓管業，而新灘輪管年份尚遠，洪鐸又不遵斷完糧。又田賠糧，無奈，只得於五十六年間，重議銀一百六十兩，向洪鐸拚回五十八、六十六兩届洲柴，希圖獲利抵糧，當交現銀三十五兩，餘立欠約。洪鐸遂書拚約，拚與蔣姓。不意鐸未拚與又田之前，已先將五十八年一届洲柴，得價拚與汪趙玉、王學聖二人名下。是洪鐸一洲兩拚，致汪、王二姓與蔣又田復訟於縣。前縣復斷令五十八年歸汪、王，六十六年歸蔣姓。因又田不服，復經縣斷洪鐸退還又田原銀三十五兩，六十六年洲柴，仍聽洪鐸管業。又田不甘業主賠糧，拚客獲利。復控前府張守審訊，讞載五十八年之洲柴，應歸汪、王，其蔣正綬求斷六十六年洲柴，應向原議酌處在案。詎洪鐸經府斷後，仍不完糧，復將六十六年之洲柴，轉拚與汪、王二姓。雍正三年，鐸弟洪大紀，乘鐸在外，又將此洲重拚與桐邑何文光至雍正五年，即原拚約内之六十六年。文光與汪、王二姓争洲控縣。經縣斷令公收公分。蔣阿陳見洲被人占，縣又拘伊子比糧，遂以官衿抗占等事，上瀆憲轅，奉批到府。

職府遵即吊齊府縣舊卷，細加查閲，提犯秉公研訊。查蔣正綬買洲是實，有契炳據。且册内現在正綬名下完糧，洲爲蔣業無疑。惟此洲拚價頗重，而蔣又田買價甚輕，不無因洲係預拚與人，買主收花之日甚遠，是以輕價交易，將應納錢糧，預爲扣留之處。及驗洪大紀所呈康熙二十九年李松岑拚約内稱，老廠自庚辰年至癸未年止，一連四度，尚有輪管康熙五十八年份外新灘，盡廠亦係洪客砍取，議定價銀二百兩，比收一百兩，餘銀約管廠之年，每年付銀二十五兩，付李完課等語。開載鑿鑿，則新灘五十八年分洲柴，爲李拚與洪甚明。未可因松岑物故，即指此約爲假也。至驗三十八年拚契内稱，立拚約李松岑，因蘆課無湊，將永寧洲上四埈内半股，自康熙四十三年甲申年起，至丁亥年冬止，一連四年，出拚與洪客名下，比日言定九色拚價銀一百兩，其廠聽客盡邊砍打，本洲蘆課丈量，俱洲主自辦，不干客事，今欲有憑，立約存照。當日付銀四十兩，餘銀管廠年份，每年開徵之日付銀十五兩，又照。新灘在内，又照。其新灘算至丁未年砍打，又照等語。查上四埈内半股，即係老廠，納内止將老廠議價，拚與洪鐸。其中並未議及新灘之價，何以約尾忽書新灘在内？又書新灘算至丁未年字樣？與約内文意，絶不相蒙，明係洪鐸勾通李亢梅私自書添，希圖夥占，所以既書新灘在内，復思不書年份，恐難强辯，遂又書至丁未年一語。畫蛇添足，欲蓋彌彰。且既於三十八年立約，何遲至五十九年疊訟之後，始行用印？顯有情弊。則六十六年一届洲柴，當日明係不在所拚之内，應歸業主蔣正綬管業無疑。今雖據兩造彼此争執，一稱拚約皆假，一稱拚約是實。職府原情察理，如拚約皆假，則蔣又田四十三年買洲之日，即應争管老廠，何遲至四十六年，始行訐訟？如謂買洲之時，李姓未將出拚年份言明擬算，何以拚價反重，賣價反輕？則洪鐸之拚老廠至四十六年止，新灘至五十八年止，爲不虚也。至洪鐸如執三十八年之拚約，欲占新灘六十六年之洲柴，不思二十九年老廠新灘之價，並載拚約之内，何三十八年拚約，止載老廠拚價，而于約尾續入新灘，並不議價，無情無理，謂非私自添寫，其誰信之？況新灘于蔣又田契買之時，糧銀僅三兩有餘，其後洲身屢長，丈量屢費，錢糧屢增。拚客每年多獲其利，業主每年多賠其銀。無論六十六年之洲，本係洪姓添寫圖占，即非私自添寫，而蔣姓買後，新長之洲，豈亦在所拚之內？洪鐸何得獨享其利乎？此前府所以有六十六年洲柴，向原議酌處之斷也。至約內所載管廠年份，每年付銀完糧之處，據蔣正綬供並未收銀，但此銀是否李松岑收去，抑係洪鐸負賴，松岑已死，洪鐸遠去，無從查訊。

去年洲柴，應請斷給蔣正綬管業發賣，以抵歷年之糧，似得其平。汪趙玉、王學聖、何文光三人，訊不知洪氏兄弟重拚捏占情由，所有拚價，應向洪鐸、洪大紀名下追還給領。惟去歲砍打洲柴工費，係汪、王、何等家公出，蔣正綬自應償還。據管洲丁自華所供，收柴一萬四千餘束，每束約費工價三厘八毫，合算共應費工銀四十二兩。又據供，每柴一束，賣銀三分零等語，應即將所堆之柴，撥一千四百束，與汪、王、何等家公賣，以抵公費。再洪鐸、洪大紀添寫拚約，圖占洲柴，且兄弟二人，將此一洲，前後重拚，屢構訟端，嗜利無良，殊屬不法，除洪鐸不到外，洪大紀應請發學戒飭，以儆貪邪。餘俱免議。是否允協，伏候憲裁。

（清）徐士林《徐公讞詞·守皖讞詞·計汝懋等互爭洲地案》 查得彭望二縣民計汝懋等互爭洲地一案。

卑府會同饒府沈同知，率領彭望二縣，親詣交界處所，履河確勘。楊灣一河，長六十餘里，上通大江，下抵長河，南屬彭澤，北屬望江。是以康熙二年以及十年，望邑洲地，部册俱載南至河。是疆界井然。望民不得越河而南，彭民亦不得越河而北也。只緣彭邑民人周輔臣居臨河岸，報魚課四錢三分，遂覬河北洲地，捏稱河面淤生，於康熙十五年間，越河占洲，與望民計勝等構訟。望邑陳令，不查老册，蒙混懸斷，改以車路爲界。自此一誤，至康熙十九年、二十三年丈地，亦依樣照造，將從前部册，盡行抹殺，致兩縣疆界混淆，周輔臣得借蔓延，遂越墾河北張字一號計勝地一百八十九畝。康熙三十二年，計勝控縣詳憲，蒙前督憲傅飭委安徽前臬司高、前饒九道張會同履勘，詳覆批斷，照依康熙二年部册，仍以河爲界，將周姓越墾之地，斷歸計姓管業，內給周姓二十畝，以爲開墾之資，仍在望邑納課，俱經達部升科結案。是疆界至此一定矣。無如判墨未干，周輔臣藐斷生奸，於康熙三十四年間，更名周應相，在江西捏報河北淤生地四頃四十五畝，計圖搖動成案。詎九江朱守偏徇袒詳，遂於三十九年達部升科。至四十四年，經安慶府何守，同九江府朱守，奉委會勘，詳稱四頃四十五畝內，有前斷望邑升科之一百八十九畝，其餘俱屬汪高等姓有主之洲頭。隨蒙前督憲阿查核康熙二年部册，並從前各案，燭照奸民肆虐，斷令以河爲界，彭民不得越河强佔；其周應相捏報升科地，飭令彭邑查有未墾荒地，撥給開墾，以抵此項錢糧；仍將周輔臣之侄周玉枷責示儆。是疆界至此又一定矣。至四十六年，周玉又以糧懸江西，地割江南，具控前督憲邵。又飭四府會勘，彼此觀望，會勘未果，以至懸案二十餘年。

今欽奉上諭，清理疆界，蒙憲臺飭委會勘，卑府敢不矢公矢慎，以仰副憲台委任之至意？但查河面淤生者，皆因流沙淖泥，壅滯於河心，旁溢於河沿，灘與岸連，更無高塌。今閱楊灣北岸一帶高塌，並無淤灘形跡；即康熙三十二年各憲會勘，去伊等構訟之始，不過十餘年，彼時驗看地勢，實非淤生，言之確鑿矣。據周玉稱康熙二年、十年之河岸，即康熙十五年之車路，是河淤在康熙十年之後也。查康熙三十三年卷內，周輔臣詞稱，萬曆三十六年，河淤成洲。夫河淤於康熙十年之後，則二年、十年之册不足爲據。河淤於萬曆三十六年，而康熙二年、十年之册所載南至河者，猶不足爲憑乎？設使康熙十年後而始淤，河濱父老，豈無一人記憶？而未淤之前，汪洋巨浸，周玉祖父，又胡爲承佃數十里之水面，只輸四錢三分之魚課耶？以是知淤生之説，斷乎不可信。既非淤生，是望地，非彭地矣。與周姓何與？至於車路一斷，更屬荒唐。陳令因江右魚課册，載有淺草，隨改以車路爲界。卑府同饒廳細閲九江府順治十一年魚課册，內載周姓淺草四至，俱屬挖補；康熙十九年望邑册車路二字，亦屬挖補。此中詭弊，多歷年所，實難究詰。且車路原非往來通衢，不過洲民冬月載葦經過而已，遇旱則移於下，遇潦則移於高，縱橫遷就，原無定所。豈天造地設之河岸，不足分疆，而可南可北之車路，反足定界乎？且康熙十九年、二十三年丈册，計姓地改爲南至車路，而計姓地之東張字三號，係高姓地，則仍載南至河也；計姓地之西張字二十二、四、五等號，係王姓、舒姓、汪姓地，則仍載南至河也。計姓洲頭之河面，未嘗加窄，汪高等姓洲頭之河面，未嘗加寬。而上下一樣之河面，獨割一段洲地，以爲淤生，恐斷斷無此形勢也。又據周玉供稱，九江衛蘆洲，以及彭邑龍船洲，現在河北等語。查九江衛洲地，係彭宿接界之處，去計姓洲地二十餘里。楊灣河上口，又有朱富溝，以分望宿二縣之界。是河以北，溝以東，實無彭邑寸土。立界分疆，就地論地，不得借鄰邑犬牙相錯之處，一例混牽。而龍船洲又在楊灣河下口之東北，名曰長河，兩水夾洲，望彭二邑，並安慶衛三處分管，各有界址，與楊灣河毫無干涉。牽扯抵飾，猶見其狡矣。且周姓，奸民之尤者也。望彭分界，風馬牛不相及。

自車路一斷，適啓釁端，而越墾一頃八十九畝，踞計姓之業以爲業，繼而捏報四頃四十五畝，又復踞衆姓之業以爲業。借滄桑之妄説，以紊版章，逞鬼蜮之奸謀，以遂吞併，部册不足憑，憲斷不足畏，反復争奪，望民之受其荼毒者，五十餘年矣。若不絶斷根苗，將來借此無定之車路，東西影射，勢必割盡沿河一帶之洲地，指爲淤生，盡爲已有而後快。訐訟格鬥，流毒殆不可勝言。現今奉旨清界，莫若照依康熙二年十年部册，仍以河分界。彭民越占之地，仍歸望民，江西報升之課，轉移江南，庶疆域清而争端息，永斬五十餘年之葛藤者也。奈饒廳、彭令，仍執車路二字，以丈量内外弓口爲詞，欲以四頃四十五畝，仍付周玉管業，是以未能會稿。但此案原係奉旨清界，不必論計、周地畝之多寡，先當論彭望疆界之是非。依河分界，册案炳據。河北即有坍塌，彭民不肯代賠課；河北即有餘畝，望民亦應自爲升科。倘執偏徇之意見，長豪占之刁風，翻歷年之成案，紊兩省之版圖，苟且一時，貽害將來，卑府所兢兢不敢者也。

擬合繪具疆圖，剖叙前案，詳明憲台鑒核。倘愚見可采，伏乞恩賜斧斷，免致游移掣肘，遲延幹處，永荷鴻恩於無既矣。

（清）徐士林《徐公讞詞・守皖讞詞・江紹武徐家憲互訐案》　審得潛民江紹武因索找田價，强留徐家憲之馬，非贈非盗，兩造之詞皆鬼語也。

查雍正八年三月内，紹武以違契羈贖，控家憲於縣。家憲呈契具訴，胡令查核賣田三十餘年，找價又經二次，且加增約内，載明日後永不贖取，批示銷案。此時家憲何畏於江，又焉有肯許找價三十兩之理？且三十兩找價，先僅付兩許，並將病馬作銀五兩，情事更不可信。如謂家憲設計陷害，不思案經官斷，家憲何必賠貼銀馬，爲此伎倆？況紹武所訴捺找之劉孟兆，則係徐之雇工，何敢居間和事？對券之儲文士，堅供並無立券加價之事，則紹武送馬抵價之訴，捏飾無疑。然而家憲竟以盗馬控，又不知是何訟師家法？三月構訟，七月牽馬，有自來矣。前卷非後案之根苗乎？且儲文士曾議出稻贖馬，家憲未允，未聞贓賊俱獲，反議贖贓於盗手者也。查縣刑訊劉孟兆供稱，伊趕馬往源潭鋪，代家憲揀欒，回至小路口，紹武叫令吃茶，馬栓門首，爲紹武留下，要算銀子等語，供吐鑿鑿，情事如繪。本府庭訊，始猶串通狡供，繼則仍吐前情。然則，紹武乃辣棍耳，非偷兒也。況雇工揀欒，其無五十餘金之參苓等物，更可知矣。何家憲全匿實情，混架大題，捏報竊案，妄開多贓？險詐狡獪，子衿中鬼蜮，當爲家憲屈一指。第紹武抗斷羈馬，捏詞抵飾，實屬刁横之尤。該縣誤斷孟兆送馬算價，止議家憲之誣良，不究紹武之强羈，縱惡長刁，殊非信讞。

江紹武、徐家憲均應律擬。姑念事皆有因，從寬發落。江紹武重責二十五板，馬已病斃，仍著落紹武名下追銀八兩，賠償家憲馬價。徐家憲罰銀十二兩，爲大義學諸生膏火之資，亦聊以示儆也。立案行縣並行學。

（清）徐士林《徐公讞詞・守皖讞詞・太湖縣民蔡方來冒祖占葬案》

審看得太湖縣民蔡方來冒祖占葬，奸詐百出，正署兩官皆因僞譜而誤斷者也。

方來屋後，舊墳二塚，屋右名竹林嘴，舊墳一塚，向俱蔡永即蔡世用祭掃。乃於前歲十二月，方來將伊母媳二柩，迫葬於屋後蔡永祖墳之右。永於歲暮拜掃，覺鳴鄉保地鄰理論。舊年正月控縣。前署縣牛倅審訊。據蔡永稱，屋後之墳，左係伊始祖及二妣一塚，右係伊高祖一塚。又竹林嘴一塚，係伊伯曾祖與妣之墓。方來則稱，屋後二塚，乃伊祖姑貴媖及婢蘭花之墳，蔡永姓余，即蘭花之孫。其竹林嘴墳，更有宗譜爲據。署縣以祖姑蘭花之説，渺不足憑，仍將屋後老墳二塚斷給蔡永。其方來新葬之墳，未斷起遷。竹林嘴一處，遂據宗譜，斷歸方來。因兩造争執不已。又令具結踏驗。厥後方來父子行兇，將蔡永門牙打落。又經署縣將方來責懲，即照原斷，取具依遵，完結在案。玆蔡永復用户名蔡世用，赴憲轅嚎控批府，轉飭該縣，勘審繪圖，仍照署縣斷案。詳解到府。卑府閱核方來宗譜。其重修塋考一頁，內載呈科公妣李氏，葬於火燒嶺，本住屋側首竹林嘴，吳氏葬於火燒嶺，本住屋後。紙色字樣，與前後各頁，迥乎不同。且是頁既列卷三，後頁遽列卷五，又將五字貼改四字，以下卷五三頁，頁邊號數，則又自二至四，卷首並無題頭。是知卷四之內，必係呈科李氏另載葬處。前後頁數接連，抽換恐不相符，故單刻一頁，僞注葬所，附於卷三之後。遂將卷四，盡行抽云。而以卷五首頁，挪充卷四。弄巧成拙，罅漏百出。更可異者，呈科公李氏葬項之下，接載吳氏，則吳氏應爲呈科妻，及查卷二世系，止載呈科娶李氏，並無吳氏，則此處吳氏，究屬何人妻？況屋後止有二塚，方來一稱祖姑貴娭，一稱姑婢蘭花，今又突添吳氏，則屋後之家，不且化兩爲三乎？揆度奸機，呈驗署縣之假譜，止有呈科李氏，以故署縣據譜審斷，以竹林嘴塚予方來，以屋後塚予蔡永。方來得一失二，既幸假譜之可以欺官，復悔祖姑之難以入譜，遂以口稱祖姑之家，變而刻板祖妣之家。假中造假，埋伏後日訟根。殊不知卷二世系少一妣，卷三塋墓多一妣，前後矛盾，其奸立敗。夫以譜載之祖考祖妣，尚且偷天換日，則口說之貴娭、蘭花，又何莫非海市蜃樓耶？即以山圖論之，屋後二塚，並列而葬，如果一爲祖姑，一爲婢女，則主婢豈有同列之理？而方來新葬母媳，不傍祖姑，而傍婢女，又屬何義？比提親鞫，山鄰人等僉供各墳歷係蔡永祭掃，從未聞貴娭、蘭花之説。方來所葬新墳，原連舊墳，後因署縣欲踏，始改堆向，約離舊墳二尺。即訊諸方來詞證劉時建等，慷慨直吐，與衆供無異。方來雖强口支吾，詰以宗譜抽改情弊，神沮色喪，唯稱不知。則屋後與竹林三塚，其皆爲蔡永之祖墳，方來冒認强葬無疑。乃復信口噴汙，稱蔡永之父名喚余滿，係伊祖僕，賣與余姓。不但蔡永堅供伊父並非余滿，即詰問方來，伊祖何年買僕，何年賣僕，亦復茫然不知。何物惡棍？冒人之祖，占人之地，侵人之塚，復敢誣人之祖妣爲婢，誣人之父爲僕。鬼蜮萬狀，可謂目無三尺者矣。

署正二員，不辨僞譜，竟以竹林嘴墳斷歸方來，已不足服蔡永之心。而屋後二塚，既斷歸蔡永，又將方來盜葬之墳，免其起遷。祖宗卧榻，豈容他人鼾睡？何怪蔡永之嘵嘵不已也？

蔡方來除打落人牙，已經責結不議外，仍請枷號一個月，滿日重責三十板，庶足蔽辜。所葬之新墳，押令起遷。假譜塗銷附卷。其屋後並竹林嘴舊墳三塚，俱歸蔡永祭掃，亦不得倚墳添葬，致生事端。蔡永告詞，隱匿縣斷遵依情由，架控差役受賄阻踏，審係虛誑，亦屬不合。姑念方來占墳是實，縣審誤斷，至有屈抑，從寬免議。餘俱無干省釋。是否允協，相應將山圖宗譜，一併詳送憲臺鑒核批示，遵行。

（清）徐士林《徐公讞詞·守皖讞詞·張永成占地强葬案》 審得桐邑張永成，乃刁健之尤者也。上年十一月內，永成䰩扛兩棺，强葬于伊族張沖霄宅後之來龍。沖霄鳴公，户尊張樹庸等議令起遷。永成賺延，以致沖霄控縣，勘審斷地。因永成曾爲沖霄課子，免其責處，並令沖霄給銀五兩，以爲遷葬之費，永成具領，自限五月起扡，寬逾格外，洵屬厚幸。詎意永成刁詐叵測，復以具結鳴冤，赴府健瀆。本府密勘提訊，滿篇血淚，總屬子虛。

查沖霄執有順治十年吳姓賣契，印信赤據，開載內有張學讓所賣田種十一石一契，除先年賣破塘六石與堂兄吳振宇，尚餘田種五石，並屋宇山場餘地，盡付騫衡管業。宅後學讓墳山，上下左右，一丈爲界，老契未繳付等語。夫學讓即永成之曾祖，契內之墳，乃學讓兄學會墳也。墳境一丈爲界，一丈之外，非永成有矣。而强葬之新墳，距老墳五丈有餘，其理何居？乃永成刁詐狡飾，詞稱縣驗兩朝碑譜，不勘古埂老墻，不追驗售吳老契吐退，不閲順治合同，不訊真正尊長，總憑伊等僞券假中，斷價五兩，挾領起遷等語。本府密驗其碑，細核其譜。山脊左，連排四塚，內一塚碑載九世祖學會，即沖霄契內之墳也，左右三塚，一係康熙乙卯年碑，一係雍正二年碑，一無碑。此三塚者，不過後來依界附葬耳，豈能借此影射於五丈之外耶？譜內稠勃、念吾、復吾等墳，係張乃文分支之祖，又葬於山脊之右，與永成墳界何涉？乃混行牽扯，謂一丈界，不能容十五塚，强詞飾非。碑譜不能爲爾解免矣。至云古埂老墻爲界，詰其何據，則稱得諸乃父之傳説。夫乃父之傳説，豈能敵印契之確鑿？況乃父果有此説，何以七十餘年，不聞謀葬於一丈之外，直至今日，始賴此跨灶之子，慨然恢復前業耶？捏詞混賴，荒唐已極。不得已而以追驗老契爲詞，吳契內現有老契未付之語。蓋一契田產，先後分售，不付老契，情事之常。前經行縣查訊，吳姓子孫，茫然不知。事歷久遠，何必舍現在而溯渺茫？狡哉，永成！得毋西席密邇時，偶窺東主券內開載老契未付，輒起梟心乎？順治十三年合同内載張孟榮因父卜葬孟愷宅後，有礙愷宅來龍，公議遷左，自葬之後，墳左界内，仍從榮扡葬，塚右再不得倚墳强葬等語。孟榮即永成之祖，合同之所謂界内，即契内之所謂上下左右一丈之界也。如果老契另有四至，吴契立於順治十年，合同立於順治十三年，前後相去，爲時無幾，孟榮豈不能執言清理，而乃輸服立議仍書墳左界内四字耶？是合同爲沖霄之左券，而非永成之護符矣。張樹庸、張謂功、張文英、張文淵等，俱係公議起扡之人，永成稱非真正尊長，何以張氏修譜議約内，列此數人爲股長，且出自永成之筆，豈據契言公者，即爲假尊長，而捏詞附會者，用爲真尊長乎？且縣斷扡葬之費，原係略法言情，公然捏稱斷價，刁肝奸膽，莫可名狀。更可駭者，永成詞稱，新墳葬老墳之中，繪呈墳圖，新墳上下左右，繪舊墳七塚，以爲新墳在界内，不在界外之確據。本府密勘山脊之左，止有老墳四塚，新墳之上，並無舊墳，訊之沖霄、樹庸等，僉供四塚，即永成之中證張維高，亦供四塚，而永成猶稱具結求驗，嘵嘵置辨，及出伊縣卷内自繪之圖，左止老墳四塚，與本府密勘之圖無異。當堂示看，俯首無辭。

夫以衆目共見之祖墳，尚敢以少捏多，而信口指説之四至，又何難將無作有也哉？無賴强佔，情弊顯然，膽敢刁詞翻控，毫無忌憚，悖理喪心，莫此爲甚。本應嚴加懲治。姑念被告户尊，環庭哀求，從寬薄責，俾全族誼。强葬之墳，行縣立押起扡，如敢抗延，定拿大法重處，余德生訴詞供情，居然老奸，教唆生事，顯屬情實，念其老邁，姑免深究。張維高游移袒供，亦應責儆，念與兩造均係同族，姑寬免責。餘俱省釋。除朱批縣卷山圖，不許串胥添改外，發讞立安，並書貼照墻，以示喪以强佔，大膽翻控者。

（清）徐士林《徐公讞詞・守皖讞詞・王賜俊等争認祖墳案》 審得望民王賜俊、聶西眉、徐能章争認中嘴祖墳，皆恍惚變幻，介在疑信之間者也。

王賜俊譜載：祖志昊、信六，葬徐璜屋左。何以雍正元年，伊父王如士控告聶文焕架屋塞墳，未聞執譜爲據？又閲屋左碑摹開載：王公志昊，妣方氏、陳氏、丁氏之墓。何以譜又載：方氏、陳氏、丁氏合葬中嘴？且二年王如士詞稱祖墳十五塚，九年賜俊詞稱祖墳十四塚。果係王氏祖塚，爲子孫者，竟不能知其確數，又何以故？此賜俊之争認祖墳，固有不可深信者也。聶西眉呈驗萬曆十六年徐淡賣與胡姓契内開：隨地山場一所，自東邊長塝田頂頭，直上嶺脊大路，旋曲轉至胡元增塹壩分水望牛墩，直下中嘴分水嶺脊爲界。萬曆四十四年，胡元標轉賣與聶姓契，又未開明中嘴字樣。飭縣確勘，復稱中嘴十二塚，實在聶契界外。契界之外，聶惡得葬墳？且西眉數年訴詞，總無一語指實何祖何妣，亦未指明祖墳幾家，唯以中嘴祖墳，向係身祭二語，混行抵塞。至今春委勘，始供祖墳三塚，府審始供祖妣名氏。此西眉之争認祖墳，亦有不可深信者也。王、聶構訟已經十載，從前並無徐人出控。即屋左之墳，與徐無涉。而王、聶控争中嘴，始於八年，果有徐墳，王、聶阻祭争毆，能章居住切近，豈不聞知？上年署縣斷中嘴爲古塚，能章又豈不聞知？何延至今年三月，始執譜以插控？且稱徐祭二塚，聶祭三塚。果有徐姓祖塚，賣田與胡契内，豈不開除？胡姓即轉賣田産，徐姓現爲墓下子孫，又豈容聶姓攙葬？有徐塚，則不應有聶塚，有聶塚，則不應有徐塚。今二姓分認五塚，餘皆指爲古塚，顯係西眉恐賜俊蠶食，遂引業主能章奇兵助陣，以攻賜俊。此能章之争認祖墳，又有不可深信者也。第細閲賜俊宗譜，實係舊物，中嘴字樣，亦非添印。且聶、徐分認五塚，其東南七塚，供稱不知何人墳墓。恰與賜俊譜内之數相符。聶、徐二姓，雖一係契界不明，一係新譜難憑。但聶姓得業，已歷年百有四十，而徐姓實爲上首業主，現今墳外，仍有徐田，生居死葬，亦屬常事。

本府不忍使若敖之鬼，頓絶血食，斷令聶西眉、徐能章，照舊分管西北五塚，王賜俊標祭東面七塚，嗣後各不許添葬。所有樹木，毋許剪伐。聶西眉八年所葬二塚，係在中嘴溝北，巡司已據息詳縣有案，無庸置議。至王賜俊之刁詐，殊難寬宥。假捏元年賠祭廿四兩之議，其刁一；假捏八年巡司押遷賠樹之案，其刁二；譜内載葬中嘴只有七塚，輒敢混賴十二塚爲祖墳，其刁三；上年二姓祭墳争毆，署縣枷責行兇之聶廣，仍斷賜俊不得冒墳，賜俊則捏控聽信衿蠹，内外勾通，審案不符。其刁四。窺其隱衷，非争祖墳也，志在詐騙耳。元年伊父冒稱業主，陡借回贖二字，無風生波。既而賜俊疊控，詭稱議銀二十四兩，咬定不放。五年黄令因伊欠課無措，曲爲權宜，斷令西眉給銀十八兩，爲修竪屋左墳塚之費。奸人遂志，得隴望蜀，欲益熾而膽益壯。披閱縣卷，刁健萬狀，殊堪髪指。予以一杖，以儆刁膾。餘俱逐釋。立案行縣。

（清）徐士林《徐公讞詞·守皖讞詞·吴賀岩勒碑起塚案》　審得宿松縣監生吴賀岩鬼蜮之尤者也。緣洪問松祖業墳山，坐落楓香驛後祝家塝，與太邑生員朋長信山地毗連。賀岩係長信原業主。昔年爲蕩畝訐訟，寢息已久，從未争及墳山也。上年十一月二十一日，朋葬棺于山，洪控朋，吴亦控朋。二十五日，吴旁壇二堆，十二月初八日，隨葬二棺爲一塚，洪控吴，朋亦控吴。經縣勘審，判山爲洪姓世業，吴、朋占葬，令各出價給洪，免其起扡。適值本府盤查下縣，問松匍控，隨提卷查閲，便道踏勘。山脊之右，洪姓舊塚也；山脊之左，朋姓新塚也。兩塚中間，則係吴姓上年臘月新塚，勒有雍正四年之碑，其山脚壩外吴姓祖塚，其碑則新，其年則康熙壬午年也。壩上以及山脊，蔭木森森，舊塚纍纍。洪云私山，吴云公山，各執一詞，曉曉不已。

隨摘提兩造鄰證到案，逐一研鞫。賀岩供稱新塚之内原有兩祖塚，傍祖安葬，合爲一塚。如使果有兩祖塚，朋姓葬棺于左，賀岩具控，當不知幾多切塚破罡危詞，焉肯不待勘驗，輒覆諸土内，以自滅其控告之確據？而縣詞縣供，何又未及傍祖一語，直待府審，始捏此無影無形之情節耶？且碑石所載：考啓後，妣蔡氏。塚内之家，何名何氏，胡不記勒四柩，合爲一塚碑記，僅標其二，自滅己祖，恐無此理。鄉約鄰證，始而扶同，則供原有舊塚，繼而詰訊，則稱實係新堆。是賀岩假壇二堆於前，預伏强葬之基，捏稱傍祖於後，曲掩占山之罪，奸詐逼露，百喙奚辭？及賀岩又藉吐退議約，强爲支吾。夫吐退在先，出賣在後，則吐退已爲廢紙；議約載贖，契不載贖，則議約定屬子虚。即果有之，從未聞有轉轉相售，三易其主，訐訟多年，未經斷贖，輒可據爲己有，竟行强佔之事。況康熙三十一年，曹子佳售業與朋，賀岩之父，啓後爲中，如果山有吴墳，豈有不開除契内之理？傍祖安葬，荒唐無根，更屬顯然。且朋、吴二姓，舊爲争贖構訟，與洪無涉。今賀岩於朋、洪毗連之山，突起一塚，左占朋，右占吴，竊喜一舉兩得，又自揣無據，倒題山脚壬午之碑，遥相影射，又倒題山脊四年之碑，巧爲妝點。不知朋姓斷賣之産，印信炳據；洪姓世守之業，衆證確鑿。豈乞靈於荒山一片石，遂能踞其土而利其穴耶？或風水之妖説，以强濟貧；逞魑魅之鬼謀，弄巧成拙。猶敢倚恃護符，率其子弟，擺列縣堂，連名妄控。病狂喪心，至此已極。該縣斷價免扡，中奸計而長惡風，胡可爲訓？朋、洪連山自當以分水嶺脊爲界。長信葬墳在嶺脊之左，該縣斷爲越占，殊屬未協。但朋、洪原未定界，以致彼此争控。長信舊物，初詞並未言及合同，今年突出三十五年憑嶺脊荒路爲界之議約。質之問松，茫然不知，閲其紙色，毫無陳跡，其爲捏造無疑。且荒路上截則爲中分，下截未免偏斜，以此定界，未爲允平。青青子衿，亡而爲有，得毋染太邑陋習乎？

吴賀岩本應詳革究擬，姑念俯首認罪，從寬罰銀二十兩，修葺培原義學，所葬之墳，飭縣立押起扡，如敢抗違，定行詳革，擬以强佔民山之罪，決不姑恕。朋長信罰銀八兩，修葺義學，以爲無實者戒，墳免起扡。鄉約張玠，山鄰梅登保，游移祖證，名予杖懲。洪問松控告朋姓占葬，雖屬不實，但山界未清，疑爲逼祖，事非無因，應與供明未同强葬之吴列，均從寬免。洪、朋山界，候行縣飭令二姓公親，照依分水嶺脊，踩界立石，永斬葛藤。洪姓墳山照舊管業，賀岩止許標祭山下舊塚，毋得妄行占伐，再啓訟端，立案。

（清）徐士林《徐公讞詞·守皖讞詞·葛行德冒祖争山案》　審得六皖冒祖争山，千態萬狀，未有如潛民葛行德離奇鬼怪之甚者也。潛地塑牛庵右，舊有二塚，監生程正迪於雍正八年冬，傍葬妻柩。行德遂以切棺盗葬控縣。雖經正署二令勘審，以正迪詞供二塚，乃伊五世伯祖考程仲保、妣楊氏；行德詞供二塚，一係兩太外祖妣程氏保、楊氏紀，一係伊祖母汪氏；既二棺三棺之不同，兼男墳女墳之互異，該縣不能委決，遂令兩造具結，詳請挖驗。本府提核前後供詞卷宗，並飭縣封解碑石，復委天堂司巡檢，服同兩造，繪呈山圖，齊犯庭訊，個中情節，了若指掌。固無庸挖驗，以致禍及枯骨也。

查行德供稱，順治十三年，伊祖妣傍太外祖妣安葬。欲辨祖妣墓之真假，先辨太外祖妣墓之虚實。據行德稱，伊太外祖妣墓碑，原題故顯妣程氏保、楊氏紀女府君之墓，保、紀乃二氏乳名，係繼舅汪宗思所立。不思伊之繼舅即屬二氏之繼子，子爲其母立碑，豈有直書乳名之理？其謬妄者一。既云顯妣，何以又稱府君？如謂府君上之上有一女字，遂可爲太外祖妣之證。更不思古今以來，誰有以女府君稱其妣者？其謬妄者二。又查行德抄呈康熙年間巡司斷案內載葛鉉口供，伊嫡外祖母姓程，庶外祖母姓楊，因無子，以侄承繼等語。夫庶母無子，不得以母稱，伊舅於嫡母現在承嗣，胡爲稱楊氏以母，乃與嫡母程氏並葬，俱題爲顯妣乎？其謬妄者三。行德疊詞俱稱，伊祖母汪氏，係太外祖妣程氏所生，故爾傍母安葬。查墓碑建自萬曆二年，歲在甲戌。行德祖母汪氏，譜載生於萬曆癸卯年。癸卯後甲戌二十九年。豈程氏歸窀已久而鬼產汪氏？其謬妄者四。乃於雍正九年四月，經巡司李天禄審詳，指摘伊祖母生年不符，後詞始改稱外祖鰥嗣，始娶程氏，繼娶楊氏，夭亡並葬。後又娶胡氏，收通房程氏，生伊祖母。抑思前詞曾稱外祖君璜乏嗣，遺外妣程氏、楊氏，相繼而亡，父因祖母程氏所生，故將山後己山，送繼舅安葬。曰遺妣，曰繼亡，明明以爲外祖先故，今則何又復生而娶胡氏，並收程氏耶？況送山繼舅營葬，必憐其孤且貧也，外祖既存，尚能繼弦納寵，非孤非貧，何竟無一抔之土安置二氏，而必待親戚予以葬地？或庶母，或繼母，楊氏之稱謂，何者屬真？或嫡母，或通房，汪氏之生身，全然未確，其謬妄者五。且葛譜行德曾祖遠鳴，生於萬曆三年，歲在乙亥。是萬曆二年，程、楊二氏安葬之日，尚無親翁，焉有女婿送葬之説？豈非鬼語？其謬妄者六。正迪呈驗汪姓家譜，君璜生萬曆丙子，乃在萬曆二年後，豈有先葬妻而後生夫之理？且譜載娶江氏、胡氏，並無程、楊二氏。行德反勾無籍之汪鳴高，冒充君璜後嗣，插詞具控，以告爲證，乃天敗其奸，串謀未妥，始稱伯祖娶程氏、楊氏，生男宗思，再室聶氏、生女配葛。與行德繼男宗思，程氏生女之語，互相矛盾。繼而止言程、楊二氏，並不言及聶氏。合葛、汪供詞，並汪姓家譜計之，君璜之妻竟不計其數。其謬妄者七。是揆之於理，既扭捏不經，征之以據，復舛錯多端。此即碑字明白，尚不足深信，而況顯字歪斜，妣字闊而凹，女字過小，程氏保之氏字，乃係什字，程什保，楊氏紀，兩行六字，模糊雜湊，不清不勻，非葛姓鑿改而何？且立墓碑，人之姓最爲緊要關鍵。行德指爲汪宗思，正迪指爲程宗思，又稱葛姓鑿改汪字。驗其字畫糊塗，顯有斧鑿痕跡，而以墨摹之，以灰填之，仍係程字，並非汪字。夫行德之太外祖，乃汪姓，非程姓也。程姓呼汪婦爲妣，有是理乎？蓋立墓碑者屬程，則墓決不屬汪，墓不屬汪，而汪姓之女，又焉得附葬於他人之墓旁？太外祖妣墓既虛，則傍葬之祖妣假矣。層層駁詰，行德無可置喙。乃敢於縣審之時，公然具結求驗，欲聳問官之聽，罔顧枯骸之慘。訟膽大張，良心何在？至崔法楷呈契插控，乃行德助陣之奇兵也。查正迪所呈康熙十五年陸巡司詳册，係行德之父葛修鉉盜賣此山陰地，與崔法楷之父崔公綽盜葬，程興禄控。經前縣周令批發巡司勘明新改妣字，詳縣斷遷，並將修鉉等批責。現有印案可憑。閲其詳批文移，殊非假捏。何葛與崔乃有十七年賣契，並抄有巡司斷案，與正迪呈送在卷之案，迴不相侔。既無印卷之足憑，抑且文移之多謬，顯有僞造情弊。即果有之，而詳稱前擬葛鉉盜賣具詳，蒙批發落，隨之拘齊人犯，當堂嚴審等語。既經詳奉堂批發落，何又拘齊嚴審？傀儡登場，憑空轉關。前日之詳是，後日之詳非矣。覆審之抄詳真，初勘之印詳益不虛矣。微員斷案，姑綁深辨，第就契論，李巡司率同程、葛、崔、盧四姓，登山繪圖，四姓俱經畫押，墳壙之外，上與左右有樹二十六株，樹內屬墳境，樹外係盧山，界址井然。樹外上至盧姓山頂，尚有餘地數丈，今葛賣與崔，契載上至山頂，不但賣程山，抑且賣盧山矣。且契突添後見人，開列程興禄名目，以杜程姓子孫之口。查高、興、萬、禄，乃康熙十五年程姓二支出控之串名。何人契爲中，仍載串名？弄巧成拙，益見其僞。又閲圖載崔姓所指祖冢，形勢平塌，緊在葛姓告争太外祖妣墳之頂上，相離僅二丈四尺，斬罡塞陽，皖人深忌，下墳果屬葛姓太外祖妣，祖妣傍葬，方將借其餘吉，豈忍他人斬葬？而崔姓葬親，稱係康熙十七年，歷年未久，歲時標祭，又焉肯任其平塌？然則此墳明屬古塚，而葛姓賣契，乃係當年許訟之後，商謀報復，改立後契，暗請縣印，存爲日後翻案之根，占山之據。老奸叵測，無非改碑故智。而縣丞請息之關文，僧人挑土之戒約，崔姓載葬之家譜，又何足執爲確據？無他，無汪墳則無葛墳，無葛墳則無葛山，無葛山則葛不得賣，崔何得買？假賣假買固詐，即實賣實買亦盜也。

然而正迪之捏飾，亦何能由爲之諱？既稱伯祖考妣夫婦並葬，碑文何不並列府君孺人，而乃止書府君之墓？又稱葛姓將孺人二字改爲紀字女字。查紀字偏右，女字居中，不但無孺人二字原形，又豈有孺人二字偏正錯綜之理？且稱改考妣爲妣字。查伊譜程仲保至宗思已八代矣。呼八代祖爲顯考妣，出自何典？細繹立墓碑三字，既不稱男，亦不稱孫，必係程族絶塚，宗思立碑以志之，原文必另有稱謂。中間乃一行大字，直接府君之墓四字，其府字上一小女字，必有上半截，乃伊府君之名號。是男家碑，非女塚碑，是一男家碑，非男女並塚碑也。葛姓改爲女碑，直從顯字起手改鑿，中鑿程氏、楊氏四字，而刀法不調，兼以原舊字畫艱移，將氏鎸爲什，居然畫虎類犬。其下仍有不能蓋藏之字畫，不得不添保字紀字，以掩其真。而正迪素亦不知碑載何字，止因什字形似仲字，遂以仲保夫婦，强爲附會，竟不顧府君之墓四字明明白白，何能添入母氏？且夫婦兩墓並列名氏，同載一碑，何不豎於兩墓之中間，而乃偏堅於右墓之前。然則右墓雖屬程，而正迪不知其爲何人也。左墓亦必屬程，而正迪亦不知其爲何人也。不過圖謀吉穴，與宗思之裔程啓勳兩相授受，即啓勳亦並不知兩墓之中爲何人也。縣諭挖驗，程姓不敢出具切結，未必果痛祖骨之翻抛，或亦自揣傳聞之游移。第程宗思名目，啓勳譜内，系分鑿鑿，碑文程字，猶未磨滅。正迪雖非親支，而程姓之墓，自應歸諸程姓祭掃。正迪傍葬，葛姓何得過而問焉？

葛行德冒占捏假，深屬不法，年逾七十，從寬免議。崔法楷朋比爲奸，本應法懲，姑念假契乃伊父舊日串造，同游移祖證之張芝、情虚潛逃之汪鳴高，暫寬免究，倘再扛幫生事，定行重處不貸。葛姓賣契塗銷，附卷。改鑿墓碑貯庫。墳山歸程管業標祀。所葬之墳，免其起遷，日後不許添葬，致侵舊塚。行德老矣，奸謀多年，本府盡爲摘破，枉費心機，終成灰冷。爾譜載祖母墳在庵後，崔譜亦然，果屬實情，仍當於庵後荒榛斷埂中求之，毋再於庵右垂涎。葛一安，身列國學，不干父蠱，反敢咬文嚼字，援引小君太君，以證女府君，無恥殊甚。念係爾父興訟，寬典逐釋，倘再濟惡不悛，定惟該生是問。立案行行縣並行學。

（清）徐士林《徐公讞詞・守皖讞詞・胡效倫越葬誣告案》

審得桐民胡效倫，刁棍也。緣效倫墳山一所，包羅監生葉金鼎山内。墳左右以山凹爲界，凹以外皆葉山也。雍正六年五月間，效倫越葬於右界山凹之外。金鼎控縣。縣諭陶冲驛丞就近勘覆。該丞詳稱，越占情實。縣批遷移，效倫抗瀆。縣諭親訊勘結，效倫不候勘訊，於雍正七年二月内，以驛丞受賄，枉斷埋冤情詞控府。本府飭縣查勘。據詳效倫侵佔誣告，擬以重杖，仍令效倫挹進五尺，即屬胡姓界内。本府照詳批結。效倫稍知自反，可以已矣。詎意訟膾張狂，抗遷屢瀆，隨拿押發，復令伊弟胡聘三領十齡幼子胡夜危詞鳴冤。本府恐有屈抑，隨提縣卷契約，委員細勘繪圖，並提各犯證親訊，魑魅魍魎，妖形畢現。

葉山買自李永康，永康買自倪莘野，莘野買自厲士垣，兩朝印契，炳炳可據，所載右界，皆以山脊人行路直下，至胡慶斯墳山爲界也。效倫忽捏天啓六年白頭合同，左右俱憑山脊爲界。胡界果至山脊，則胡墳以右，並無葉山。葉未受業之先，胡墳以右，早已無李山，無倪山，無厲山矣。金鼎新舊印契，豈不抹煞半邊，執此何益？更可笑者，效倫合同，揉熟之紙，染以灰水，而墨痕居然嶄新。凡有目者，一望而知其假，竟敢恃爲占山左券乎！又細閱卷宗，雍正六年五月内，效倫叩天賞案一詞，未言合同也；七月訴詞未言合同也；十月陶冲驛丞勘訊，供稱插草爲標，未言合同；即頂詳稟縣，亦未言合同也；七年二月控府，慘變驚天，多少裝點，仍未言及合同也；迨至發縣勘審，五月投到附審一詞，合同二字乃突然而出，嗣後屢瀆，總不離合同爲張本矣。噫，效倫果有此祖傳確據，構訟一載，竟不執此爲詞，醉耶？夢耶？此種蹇技，即三尺之童，尚不能欺，而謂問官之知識，竟不及刁棍之伎倆耶？查縣審只詰問字跡是新一語，未加深析。倘早據此摘發，破其奸計，恐棍膽鴟張，未必至此。且效倫健訟，縣詳實予之以口實。蓋葉姓所執舊契，開載本宅老墳二處，吴起雲墳一處，墈下有李墳一塚，外胡姓墳塚，俱照老界。新契開載界内各姓塋塚，俱照老契。而胡姓墳界，究未開明四至，效倫覬覦侵佔，蓄謀良久。該縣又以衆供干溝爲界，誤稱契載干溝爲界。奸棍嘵嘵，自此起矣。凡山田界址，契載未明者，必問原業主。倪庶蕃，李姓上首之老業主也。縣審供稱，效倫祖墳，上以山頂，下以墻墹，左右俱以干溝爲界，供吐鑿鑿，已足爲據。而效倫在縣稟稱，倪姓訐訟有隙，止有上首業主李永康，塚資雖富，或有良心，又不到案。在府又稟稱，倪庶蕃冒識業主，現有真正業主李永康山界，應惟永康是問等語。是此案之可以取信效倫者，只有永康一人。而永康年高素封，並非扛幫作證者流，又本府之所素聞者也。票傳兩次，始行到案，訊問胡墳界址，逡巡支吾，不肯直吐，若深有懼於效倫者。再四窮詰，始供買業踩界，胡墳原以山凹爲老界，管業十九年，從無争端。夫山凹即所稱干溝也。又問，契内何不開明胡界，止書俱照老界。據供，山内有倪姓、吴姓、李姓各墳，即胡姓亦不止效倫一家，尚有同姓不宗之胡慶斯等，各塚纍纍，零星散處，契内原難全開界址，且墳界久定，各不相争，故只以俱照老界統言之。度諸情理，實屬可信。試問效倫，爾所稱有仇者，供不足憑，爾所稱有良心者，供亦不足憑乎？爾所稱假業主，供不足憑，爾所稱真正業主，供亦不足憑乎？喙長三尺，恐亦不能置辯矣。胡以方窨基越界，公議平毁，議約現存。效倫復葬此地，以方改供本族不讓窨基，自己起去。同族串供，何足爲信？至康熙二十一年，胡、倪二姓控告挖棺，争下界，非争右界。牽扯舊案，毫無干涉，不過無聊之極思耳。所告驛丞受賄十二兩，陳懷遠過付，驛書劉西銘告知一節，不但研訊陳懷遠等，堅供實無其事，亦豈有官役收受原告賄賂，反告知被犯之理？種種刁誣，不法已極。

胡效倫本應按律究擬，姑再祝網，從寛重責三十板，遞發該縣，立押起遷。抱告胡聘三，念係鄉愚，聽兄效倫指使，免其責處。胡、葉兩家山場，仍照山凹爲界。嗣後再敢生事侵佔，抗斷興訟，定拿大法重處。假合同塗銷附卷，立案。

（清）徐士林《徐公讞詞·守皖讞詞·張彤文捏約盗葬案》 審看得太邑監生張彤文即張祚焕，乃老奸叵測、横肆無忌者也。彤文之父，得業于聶姓，章鐘鳴得業於徐朋，而朋之原業主，亦係聶姓。彤文山在右，鐘鳴山在左，中隔聶姓老墳五塚，風馬牛不相及也。年十一月内，鐘鳴塋葬於聶墳之左，彤文率其弟侄張彤若、張望魯等，紮棚攔阻，并且伐其竹林，以致鐘鳴具控。本府飭學踏勘，繪圖呈閲，形勢段落，了若指掌。第以彤文契約，未經學驗，難以臆斷。本府盤查臨太，就便提契傳訊，而彤文之奸謀詭計，徹底敗露矣。

據彤文供稱，順治九年契載東至老墳外楓樹爲界。至康熙七年，因聶姓砍伐楓樹，隨立議約，開明東至土壩爲界，請有印照等語。及細閲契内老墳外之外字，乃大字塗改外字也。夫既云老墳大楓樹爲界，則楓樹之附近老墳可知，而土壩之距老墳，則數十丈也。若當日之大楓樹，即坐落土壩，契内何不即云土壩爲界，又何不即云土壩大楓樹爲界，而乃必牽扯十丈外之老墳，而云老墳大楓樹爲界乎？且若果東至土壩，則聶墳包羅四至之内，聶姓立契，當有内除墳境之語，何云老墳大楓樹爲界，又云界外不許葬墳伐樹？則老墳在四至之外，契内之大楓樹在墳右，不在墳左明矣。即聶姓售業於徐，徐售業於章，契内亦載聶人墳禁，照例蓄蔭之語，則聶姓墳境，爲鐘鳴之西至，即爲彤文之東至也，夫復何疑？如云前以老墳爲界，後立議約，恢而廓之，斷未有分文不加，而聶姓輒肯抛數十丈之山地，拱手相贈者也。查閲議約印照，尤多弊竇。議約中親之花押筆跡，俱出一手。順治九年之老契，係康熙五十年之印信。而康熙七年請照，則稱印契赤據，豈不倒亂？准照印信，又係朱上之墨，來歷不明，尤可概見。總之，改大字爲外字，原爲假捏議約土壩爲界之張本，蓄志吞占，已非一日。獨不思大字可改，楓樹可削，議約可捏，印照可假，而契内老墳二字，斷斷不可磨滅乎？至於鐘鳴契有竹林，彤文契無竹林，物各有主，何以伐爲？更可駭者，鐘鳴開壙，在聶墳之偏左，與彤文毫不相干，彤文起而阻撓，未經審結，輒于聶姓墳羅腔口，逼葬兩塚。亦思爾執議筆内，有聶墳户絶，墳墓托張照管之語。逼塚塞陽，可謂照管乎？爾云卧榻難容鼾睡，恐鐘鳴開壙之處，非爾卧榻，而聶姓祖若父之卧塌，乃實不能容爾鼾睡矣。

陰設奸謀，陽肆强横，宫墻荆棘，本應剪除。姑念俯首哀求，網開一面，將監生張彤文、張彤若、生員張望魯，發學嚴加戒飭，砍伐章鐘鳴竹林，著落張彤文等賠銀二兩，給主取領。張彤文所葬聶墳羅壙二塚，行縣立押起抛，如敢抗違，定行詳革究擬。生員張又文附會袒證，亦應戒飭，姑從寛免。張彤文塗改外字，批破契後，假約照塗銷附卷。章鐘鳴開墳之處，該學既稱離聶墳七丈有餘，聽其安葬，嗣後照契管業，毋許再生事端。餘審無干，概行省釋，發讞立案。

（清）全士潮《駁案新編》卷五《户律·錢債·民人盤剥土司審斷咆哮戴麟瑞》 貴州司嗣後，内地民人概不許與土司等交往借債。通行

一起爲呈報事。據貴州巡撫李本咨稱，威寧州已革武舉戴麟瑞藉債圖産，不服審斷咆哮公堂一案。緣威寧州法窩土目安起鰲於乾隆二十三年，兩次借武舉戴麟瑞之父戴於和銀五百兩，將田作抵，每年每兩還息米一斗五升，共納息米七十五石。三十二年，安起鰲還過本銀九十兩，尚欠本銀四百一十兩，每年納息米六十一石五斗，按年清楚。至四十年，田被水冲，無米還息，戴麟瑞牽去水牛一隻，作銀二十兩，准米六石，欠米五十

五石五斗。四十一、二、三等年，戴麟瑞兩次拉安氏馬牛，准算米石，並交納息米外，欠米二十四石。四十四年三月間，戴麟瑞因舊欠息米未清，欲行犁田，安氏又以黄牛一條，作銀十五兩，並錢十三千文，給與戴麟瑞以作舊欠。迨是年冬間，又復拖欠米六石七斗五升。四十五年，戴麟瑞復向催逼，安氏無可設措，欲行賣田償還。戴麟瑞希圖准折田土不容變産，於二月二十七日，率領佃户翻犁田土。安氏情急，赴州呈控，差提審訊，核計安氏僅欠戴麟瑞本銀四百一十兩，前後收過息米一千四百十石，照時值銀三千三、四百兩，利過於本數倍，斷令安氏止還本銀，田歸安氏管業，舊欠息米免其追償。詎戴麟瑞倚恃武舉，抗斷不遵，大肆咆哮，將頂帽擲於公案之上，出言詬詈。當經該州將戴麟瑞戒飭，一面詳請咨革，飭委會審。據供重利盤剥各情不諱，將戴麟瑞請照棍徒擾害例，改發極邊足四千里，折責安置。安氏所欠戴麟瑞本銀四百一十兩追繳給領。其拖欠息米六十四石五斗，利過於本，免其追繳。田産歸安氏管業等因。前來，查邊省土、苗、瑶、僮，例禁内地民人相與往來交涉，誠以民人盤剥土、苗，往往滋事肇〔端〕，漸不可長。如本年五月間，臣部核覆廣東省黎匪那回等，挾民人吴香長等重利盤剥之嫌，糾衆搶劫，拒傷官兵，將那回等分别凌遲斬決，吴香長永遠枷號，並聲明，乾隆三十一年，民人在黎地重利盤剥，以致定安黎匪王天成仇殺客民，曾經奏明飭禁在案。是民人凡在土、苗地方舉放錢債案件，於按法嚴懲之外，尤當絶其多取利息之途，俾若輩無例可圖，而其風自熄。此案土目安起鰲同武舉戴麟瑞之父戴於和借銀五百兩，每年納息米七十五石，自二十三年至四十五年，統計得過息銀三千三、四百兩，數倍於本。戴麟瑞以拖欠息米，希圖田土准折，率領佃户前往犁田，滋釁争控。該署州審訊時，戴麟瑞恃符咆哮，當堂詬詈。該撫將戴麟瑞照棍徒擾害民人例懲治，洵爲罪所應得。應如該撫所咨，部發極邊足四千里。至該撫將安氏尾欠戴麟瑞息米，免其追繳，而復斷還其本銀四百一十兩，追繳給領，殊有未協。查律載，舉放錢債，年月雖多，不得過一本一利。今戴麟瑞以本銀五百兩借給安起鰲，嗣於乾隆三十二年還過本銀九十兩，僅欠本銀四百一十兩。戴麟瑞前後共得息銀三千三、四百兩，核其每年所得息米七十五石，約計值銀一百四十餘兩，雖在三分禁限之内，尚非得利盤剥。但歷年久遠，業經數倍於本，若聽其將得過利息三千三、四百兩，盡飽囊橐，而復向安氏追本給領，則不惟放債者仍得遂其無厭之求，亦無以示撫恤土司之道。臣等公同酌議，不但安民氏負欠戴麟瑞之本銀四百一十兩毋庸追給，即戴麟瑞從前名下盡數追出入官，方足以儆民人盤剥土苗之漸。並請嗣後内地民人，概不許與土司等交往借債，如若有犯，將放債之民人照偷越番境例，加等問擬，其借債之土苗即與同罪，並通行雲南、四川、廣東、廣西，凡有土、苗等省，一體曉諭遵行等因。乾隆四十六年十二月十日奏，本日奉旨：依議。欽此。

（清）董誥《全唐文》卷四〇八《盧術·對履畝判》 丙爲諸侯履畝，擇其最好者取之。百姓上訴，御史糾違法。訴云，非入己。

凉以作法，弊尚或貪謀之不臧，事將奚適。丙桐珪荷寵，茅土分榮，既稱孤之是崇，在養人之爲政，不有如傷之視，遽興厚斂之文。且井屋既殊，收税有數，人或不足，君何取諸。苟縱欲之斯行，紅粟多積，豈堪命之能久，黔首何安。敢請焚書，將以和衆，遂命持斧，以問剖符。縱非入己之科，須當擅賦之責。

（清）董誥《全唐文》卷九八一《闕名·對買賣不和判》 乙買賣不和，郡固以取財科杖罪，郡以盗論。乙並不伏。

必藉美言爰資善價，化其小大，是等精粗。乙之蚩蚩，參市爲業，取諸噬嗑，乃競錐刀。既不我虞，遂成爾詐，惑亂爲意，高下在心。覽文惠之書，漏略豈宜免罪。披蕭何之律，郡固安得無辜。縣吏守文，加杖刑而爲當，郡僚無智，寧以盗而深疑。請據明文，斯爲適理。

（清）董誥《全唐文》卷九八一《闕名·對貨有滯於人用判》 貨有滯於人用者，甲不時而買，請賒之。所由不與，云，不過旬日，勒從其主。云，已從其有司。

貨有廢居，政惟通變。以收以斂，實著於周經，或與或求，蓋存乎易象。苟罔率厥典，則其誰曰然。伊甲者何。不時而買，屬張橐有薦，霜露盈懷。家迫屢空，曷求仁者之粟。國崇救乏，爰假所由之貨。理宜給兹稽市，遵彼貿遷。期不過旬，將貧窶之是恤，勒夫從主，豈出納而爲吝。異乎圜吏執曰均官，且濟俗利人，操贏善貸，誠爲體國之要，亦取隨時之宜。如存理而無傷，何飾詞而不與。遂使開倉長孺，徒歸美於漢庭，飢粟子皮，獨垂芳於鄭志。請辨而以授，無質以爲疑，仍旌泉府之規，用征國服之息。儻從愚見，庶爲式臧。

（清）董誥《全唐文》卷九八三《闕名·對驅犢蹊園判》　乙驅犢蹊丑園。丑怒，留其犢。乙訴强劫。

人守堅貞，克終無替，苟失廉節，其弊斯生。乙栖心邱園，託志閒雅，忘負鼎之事，從扣角之游。徘徊泉石，躑躅林草，雅志情遠，防微理乖。事須正子夏之冠，避朱仲之李，豈得牽壽春之犢，踐於陵之園。人而失圖，一至於此。丑也奚據，罰彼何深。所損既在於場苗，取酬便過於佩犢。叔時作喻，蹊田罪輕，邱明述事，奪牛刑重。前文已決，後見須依。

（清）董誥《全唐文》卷九八四《闕名·對村人借罐判》　村人借鄰家罐，未出門打破。人索陪，云，未離本處。準令合比附。

變古易俗，因物造器。稽六爻之文，蓋取諸益，司百工之事，無或不良。惟彼村人，幸參比屋，既借罐而攸要，非抱甕而爲勞。出門未覿於同人，繘井先驚於敝漏，雖罔離厥所，而譴自己招。異管寧之深仁，愧林宗之妙賞。且官之議事，貴在量情。忝曰村鄰，得來得往，詳其故誤，有重有輕。向若狹肆通闤，修街隘路，咽綺城之歌舞，暗紫陌之烟塵。物雖見盪，夫何足咎。况屬荆扉寂寞，蓬徑蕭疏。破由彼已，孰當毀櫝。事匪因人，爰煩投杼。勒酬半價，良謂合宜，盪物容據減條，損器何援比例。輒云不伏，深覺詞游。

（清）張五緯《未能信録》卷一《南昌僧俗互控山地》　余以新建縣丞蒙郝中丞諱碩者，委派轅門巡捕官。時年二十歲，一無知識。憲恩謂余可以造就，故有此委。其職分不過傳手版帶官進見，稽查出入而已。其轅門内外五廳各役，及悞公悞卯等事例，歸中軍專管，文武巡捕向不與聞。大府以院署爲封鎖衙門，轅門事件應專派文巡捕稽查，應行責處者，可以隨時發落，以免開門傳喚。中軍所有解勘命盗案件，俱令文巡捕官逐案先問供詞，辯明語音，以便傳話回供。余驟奉派委，懼不敢當，隨以少不更事跪求辭退。憲諭曰：正以爾少未經事，藉以操練爾材，毋圖安逸，自甘暴棄。此後凡有六房五廳互争經管，及互控事件發，交訊擬供詞、文稟，俱要自作自寫，不准倩人。並令分班上夜。條教號令之下，愈覺傍徨無措，從此寢食不安矣。每遇示審勘案之期，定在見官以後。案多者，須於四鼓時提齊人犯細問。先要察其語音，而語音率多不諳，幸有批差可辯，然亦止能據供强記，尚不知如何詰問也。隨於傳話時留心詰問之語，遂漸有明機，亦能駁詰。及聽大府所問，或虚或實、或反或正、識見高下，迥乎不同，仍屬天、凡之别。由是用心習學，時刻揣摩，年餘苦功，始覺漸得其竅。此爲見識心思，應對學問，實以芳型在望，借得勉力追隨耳。

若夫詞章、文理，自幼失學，公牘鋪張，從未經練，是爲暗地工夫，不但搜刮枯腸，時形醜態，抑且大聲呵斥，屢至難堪。每遇繕開供摺，或叙文稟，非文理不通、所叙不明，即字句錯落，筆畫潦草，均須另辦另寫，前件則當面扯碎，怒擲於地。只得愁眉苦臉，再叙另繕呈閲，則以筆直抹，至看完一字不留，擲令自看明告，所以照諭另辦，仍然詞不達意。半年内無一件不作三四次，難無一次不受磨折之苦。摸索至半載以後，始有明機，稍覺通順，圈抹兼之，則欣欣然夸示同事武弁，意欲其讚，乃反招其恥笑。並作詩一首奉贈云：文官提筆似舉刀，何如讀書再去操，這樣文章應歲試，管保四等幾十遭。驟聞之下，意興索然。繼而思之，彼一武夫也，尚能出口成章，豈有志之士反不及耶？由是發憤專功，廢寢忘食。下班日，虚心就教高明。年餘後遇事頗有思路。憲恩因加詞色，每以疑難勘案考證，並令擬叙駁稿呈核。蓋中丞事無巨細，無不出自親裁，公餘尚不廢學。鷄鳴而起，殆無虚日。寫字讀書，定爲功課。辦公之餘，或作時文；勘讞以後，或作韻語。文理精通，武事講求。公件從不假手於人，性情則别無嗜好，惟俯視一切，御下過嚴。同時文武無不慄畏懼者也。

余追隨兩載，責善不啻嚴師，期許尤逾常泛。一日，指余對兩司憲曰：此子可以出身加民矣。時有簡缺縣出，即以余署理。誡曰：非酬汝勞，正欲爾到彼不辭勞耳。知汝有賢母在堂，自無放蕩之虞。惟當仰體親心，以慰民望。余叩謝，後隨於親前借陳所訓。母教曰：官勢則民安，所望甚大，無誤作當差之勞，方不負所囑也。第慎之一字，爲作民上者不可稍忽，於聽訟用刑時，尤爲至要。刑期無刑，猛以濟寬。法固不可廢也，須於曲直審定而後照例决之，無以刑求供，無以刑出氣，非實係狡供，戒勿輕加掌責。掌責易冤，不覺也。爾能加意慎之，更慰我心矣。余謹遵憲規、母訓，勉試操刀於公件，幸無遺誤，於輿論尚無怨言。憲恩復加鼓勵，調署繁衢，特委首邑南昌。旋以人地相需，審案乏員，專摺奏請陞補。其時首邑事繁，不能時常親聆慈訓，委審案多，於民詞間有不能耐性開導之時，致有冤受掌責之事。雖於覆審時伸明其直，終覺有違慈訓，追悔無及。余母聞而責之曰：委審者，客案也。聽訟者，爾所部之民事也。爾重委審而輕所部之民事，是曠職也，此縣生靈何需爾爲父母耶？似此任性，竊恐以前冤責者不知凡幾矣。余復經此番訓教，以後不但掌責不敢輕用，且於聽斷愈不敢盡信矣。

蓋近世生齒日繁，人情變幻愈盛。由争奪欺詐而激成訟端，每月呈詞繁劇處，竟有千餘之多，以堂上一人之識，判民間百出情僞，平心静氣者當之，尚不能必其無冤；若夫任性濫刑者，其被冤之民更不可以數計也。因默記舊讞，憶及誣責之件，録出自警，且以警人。

乾隆四十九年，余任南昌縣時，有僧俗互争山地一案，投到聽審。緣俗家有祖遺山地二十餘畝，片段不一，四至分明，以僧人造契盗葬呈控究退；僧人亦以此山地係伊師祖買自俗家之父，並非造佔，抄契呈訴。對簿之下，據原告供稱，民父於三十三、四年，在前縣主任内，曾與山鄰互訟，畫有山圖四址呈案。如果雍正年間買賣是實，何以圖内並不註明？問之被告，據稱此遠年買賣事，僧人不知底裏，只知憑契管業。兩造各執一説，隨當堂弔契卷查核。前案山圖四至内，並未註明賣於僧地爲界之説。或係當日遺漏，未可即爲造佔之據。及弔僧人原契查核，則係雍正十一年所立白契，此亦爲民間漏税常事，尚不能即決爲僞造之憑。唤問契中代筆，均已亡故，係其子侄應審，無從質其真假。問僧人爾所葬有何人？是否爾之師祖，師父？供曰：前月葬的是師叔，師與祖早年物故，俱葬自山。師祖是師父葬的，師父是僧人葬的。詰以師何不葬於此山？供曰：先不知從前買有此山，今年無意中經卷箱内檢得，又因自山不能添葬，適師叔病故，遂抬赴此山，實非僞造盗葬等語。惟查民間買賣田地、房産，首重代筆、中人，繼憑紅契。此案買賣原人均經物故，代筆、中證俱無，且係五十年前白契，又於寺僧兩代已葬自山之後，於該僧師叔將死之前，忽於經卷箱内檢出，謂爲價實契真，其誰信耶？立以造佔定斷，儘可折服，可信無不平之失。惟閲契内筆迹爲善書者所寫，或此人即爲此案訟師。因欲併究之，隨令招出造契之人。僧不招，即令掌責長跪，喚審別件。完一件，問一回。仍不招，又掌責一回。一連問完四宗，共計掌責五十。始則混認自造，令其照寫，不對。復諭動刑，急呼曰情願退還不要。由是觀之，止就案論案，僧雖口服，心不服也。時已三鼓，姑令帶出，以待來日覆審。退堂就寢，不能成寢。因思次日何以令其供出造契之人，須得代筆者親筆紅契以質之，無慮其不招矣。隨披衣而起，將四鼓盡矣，出坐二堂，諭開宅門，叫守門差役即於署前喚代筆之子問話，頃刻帶到。問以向習何業，爾父在日作何生理，爾能寫字否？供曰：鄉民務農，向未讀書。父親在日訓蒙，常爲鄰里作中代筆。問以家中有無字迹，答以止有代筆謝資收簿一本，代筆契紙本村親友人家甚多。隨討開城門，令其星夜趕取賬簿，並索契紙數張同來，囑以務要雍正十一年前後三、四年内税過印契，白紙無需也。當促其速去速來，並不令差同往。意謂此番對出真假，既可究其造契之人，並可示掌責之不冤也。待至次日午前，人回呈到，取來紅契六張、賬簿一本。細核之下，不但筆迹、花押、年分相同，且收記謝資簿内，是年四月十七日連收三家，第二家即僧祖法名，並註明筆資銀數，其爲並非造佔，已無疑義。初何嘗料及於此耶？隨覆訊定斷，僧人之屈遂明，俗家之誣可恕。惟余自恃擅責，每於仰對堂上之時，視聽堂下之日，不禁愧怍交集之弗置也。從此益加敬慎，深以此爲戒焉。

（清）張五緯《未能信録》卷一《原起總論》 又任德安縣時，有富户，以紳士借去銀三百兩，情不言息，並未立約。歷今七年，屢討不還，惟以空書回覆等情具控，原書粘呈。紳士以七年前曾借過銀三百兩，立有約係三年前所覆等語。因思借用銀錢原以票據爲憑，民間常有相好不言利借票，寫明一分行息，於上年本利一併清還，將票收回。書信本求寬期，息、不索票據之事，凡遇此等事件，頗費躊躇，故每逢告無據之欠，雖情詞懇切，不敢遽准，亦不肯批駁，惟批鄰保秉公查處具覆。蓋未進公門，兩造尚未大破情面，果欠者或不致於盡昧天良，且批爲兩平息訟之批，所批之鄰保又爲可以和解息事之人，大半自行清理稟覆，銷案完事。其不能了而仍須到官者，究竟有查覆人可問。此外理所無，而事恒有者，做此批發，實因民間各有其情其理，不可盡以常情常理概論，不能不使之調停息事之辦法也。此案前縣自係因有原書批准，而訴詞則稱係三年前所寄之書，去年業已本利清還。查看原書並無年月，謂爲三年前可也；謂爲一年內亦可也；謂爲已還銀掣回借票可也；謂爲未還銀實未立票亦可也。但即認掣回欠票，則借銀實矣；覆有回書，求寬確矣。意謂既知掣回欠票筆據，何不一併掣回原書親筆實據也。年分口說無憑也，以此詰之，諒無可辯。及至詰問，據供：此書因生員家下有事，煩西席所寫，彼並不知爲代筆，生員如果未清，昧良盡可不認。生員西席現在同來，求喚問，面對筆跡，不辯自明矣。復據原告供稱：從前實因相好，故未立票，後以屢討不還，嗚官無據，故索其書以爲再延不還控告之證。雖不知伊托人所寫，第送書之人即其胞侄，故彼不能不認也。次日傳喚生員之侄並西席到案再問，皆如生員所云，而兩造惟當堂爭論：一則曰，兩家住居相去不遠，連年數十次登堂面討面約，爾何須再作回書；一則曰，因汝屢次遣人催逼，是以作札求寬。彼此爭執不已，兩日不能斷結。只可諭候傳到代往討銀之人覆訊定斷。一面諭令生員之西席邀齊兩造親友，爲之秉公理處。數日後和息，生監帶同兩造，各具允服甘結具呈。請息詞內則稱：某人告某人一案，從中調處，日後永歸和好，俱各允服，不再彼此互控。結內則稱，今承親友調處，情甘允服，此後不再具控。詞結俱屬含混請息，批語只得含混准息，到堂亦只可含混訊息。蓋此類錢債控追、控爭事件，惟求其心平氣和肯結，不必定於訊明虛實執法，以增其不解之怨耳。此看卷不能決，連審不能結，仍歸和息之始末也。

又南昌縣有前任批准告欠一件，以欠者先後兩票，共借銀四百兩。先一票二百五十兩，第二票一百五十兩，抄粘借票在卷。隨閱抄票，聲明俱係代筆，卷內並無欠者訴詞，其爲負欠必矣。堂訊時問以何故拖欠不還？欠者供稱：實因近年生意平常，現向親友挪移借貸歸結，既經控案，情願央人代書結狀，懇限月湊繳。隨令出具呈候核限。頃刻呈案，結內止有二百五十兩一項，閱之滲爲不解，問其何以止有此數？據供止借此數，遂以先後兩票尚有一百五十兩之票詰之，欠者茫然。極口呼冤。喚代筆問，則曰依口代書，先後兩票均係欠者所借。復訊，據原告供稱：欠票雖係代筆，花押是其自畫。現在帶有原票呈閱，明係昧良欺騙，復敢當堂朦蔽，求查看花押訊究。押追當以次借一票。令欠者閱據，供此押是客民假畫，又以初借之票示之，亦稱是其花押。詰以花押既均係爾筆，何止認還前票？供曰：客民不知他呈出兩票，所以止具一票之結，今原告既呈出兩票，情願照票措還，惟乞饒恕。質對之下，頗有令人不解之處，如謂其有心欠騙，先必有呈詞訴辯，始而到案渾問之因何拖欠，彼則惟稱情願措繳；繼而出具結狀，又止前票所該。詰之則極口呼冤。旋據原告呈出原票，令看花押，又自認不諱，情願俱還乞饒。覩其情狀似非狡者，觀其人實屬憨厚之輩。因思此中必有別故，復問欠者：爾半月內四百兩可能繳齊否？供稱：數日內有一銀會可得，可以湊齊完繳。客民是不肯負人的，告了要還，不告也要還，只要各人心里明白就是了。聽其所供，已情見乎詞。故責之曰：爾既非安心不還，何令人告狀兩月之後，尚不料理歸結，必待當堂訊追耶？供曰：欠主在前縣主衙事時具控，客民並不知情，契中亦未告知。前日案下票喚，始悉控准。因不及查看原詞，所以連訴詞未遞。聞之愈覺可疑。因思商民告欠之舉，原欲使欠者畏懼速清之意也。或慮其知而逃避，或懼其人之强梁，秘亦可也。若此人者皆非也，何以始終並不使知。當以其故詰之原告，原告忿然曰：肯還何必告？拖騙纔來告，既告是冤家了，何必又去告訴他知道。素聞狡供不認者，研訊追求。原告誣控者，照例反坐，治以枷杖法也。訊明被告拖欠情真，重杖勒限理也。今被告已自認俱還，則原告所控不虛，自當立予重處，刻令繳還，何反問半月能否俱清，復追問原告於不已耶？似此訊斷半月之限，客民萬難甘服，惟懇執法勒追，等語。明知其爲强詞奪理，又不能直指其非，而使之俯首，實不禁愧對兩造詞證諸人。正在進退兩難之際，忽憶花押爲欠者親書，筆畫不多，或係仿照亦未可定。隨以兩張比對，竟不能辨其孰是孰非，惟仔細看去粗細大小如一，宛如印就無二。隨以押蓋押照看，套寫顯然，半真半誣始決。當比照之時，並看原告、代筆情形，兩人神色俱變。詰之，惟悚惶連叩求饒。從而究之，始據供認：素知借銀者忠厚，起意八扣三分盤剥，知爲違例，又畏人言，是以連扣帶利，於告狀時疊算，約共銀一百五十兩。另寫套押，亦因花押易套，始蓄此造控之念。前恐粘呈看破，是以臨審呈案等供。訊明後對衆諭：原告曰此訟兩票，一真、一假，一事半虛，半實，票之真實者，一本、一利還之；事之虛僞者，重枷、重杖治之。此即爾對衆所云，理法之至當也。隨諭抬枷二面，一重一輕，分枷原告、代筆，兩人愧懼不可言狀。堂上觀者無不歡欣，正在執法之際，欠者叩乞曰：客民借欠屬實，當時若非他借銀接濟，那時客民就要被人控告。今有違期約，是我負他，難怪他告。且客民並未受累，又未受責，並蒙審出真情，又少還銀，客民受恩重矣。彼亦素常要臉生意人也，今犯法遭刑，此地不能存矣，人欠不能清矣。客民覩之不禁心痛，惟求網開一面，倘法無可宣，情願以身闖代之。頃刻額腫如瘤。原告奮然曰：你不過延約，我實不良，你不恨我，反爲我如此苦求，我若不受官法，更無顔面對你。隨以頭套枷。欠者遂拉開代筆，亦以頭闖枷內。余隨諭之曰：爾兩人一有天良，一知愧悔，均出至誠血性，當全爾兩人舊好，王法無情，非敢狥爾等情，實憐爾等情耳。原告回曰：既蒙曲恕，客人願讓借銀，以贖前愆。欠者聞知，復曰：我非不能還銀者，何輕視我？若是兩人始如仇敵，繼而謙讓，當爲之從中處決。令原告再出一百五十兩足銀借給欠者，連前欠共寫一票，註明情不起息，兩年歸還，庶兩人均可心安矣。兩人隨遵斷叩謝，復互相跪拜懽笑而散。此看卷無從看出，於臨審呈據細心查出僞造，復曲體曲恕從權之辦法也。

（清）張五緯《未能信録》卷二《進賢縣生員誣控牙行》 進賢難治之區也，前縣因地方聊名控告離任。院司憲擬，以余署理，由德安奉調進省，初不知改署別缺。繼到省奉委，親承各憲訓示，即令星夜前往接任，臨行諄囑曰：此地民刁俗悍，非比德安，且爾年輕面嫩，易爲士民輕忽，務須因地制宜，前此慈祥之爲，不宜也。謹遵憲諭，即日束裝赴任到縣。前任告以風俗民情，並審交地棍名單。其時刑錢友人均在德安，且由水路繞道，計到署之期，須在半月以後。但到任爲士民觀政之初，若待友人，是示以少不更事也。故於到任三日，先考代書初期放告百餘呈詞，即在大堂批發，並諭房差，即將前縣示期已到詞訟，查明未散者，即送牌卷，以便示審。其頂限命盗等案，註明事由，開單送候，隨時審辦，不必示期。其時查出應速審而人齊者二十餘案，初到查辦事繁，所有示審事件，勢不能先期看卷。

一日正與典史計議緝捕事宜，采訪奸窩積匪，坐談時久，忍有示期本日午堂之案。忽聞宅門外人聲嘈雜，令人查之，覆曰是人齊催審者也。示以與捕廳議論公事不暇即審。少頃，復喧嘩至宅門内，詢悉爲案中監生，因其肆無忌憚，反不便即爲審理，遂借稱有客改期。次早亦因尚未看卷故耳。及至閲卷，係控告朋充牙行，被告生員趙恭讓。再閲別案，並無監生，知昨誤爲監生者，即係此人，並爲前任密付名單首開衿棍。

卷查呈詞，原告控告生員本圖有兩趙學詩名，一爲生員親房，一爲生員遠族。遠族有糧，親房無糧，以無糧之人借有糧之名，冒開完糧銀數，呈請頒帖，充當猪行，已六七年矣。現在有糧趙學詩已故，仍不繳帖，恃衿戀充把持。

趙學詩訴稱：本無錢糧，並未承充牙行，是否同名有糧之人承充及趙恭讓有無朋戀把持，俱不知情。趙恭讓則以有無詭借請帖，戀充把持，應問現在活口之趙學詩，生員素不諳牙行生理。原告則又以如果不是詭借朋充，何以行票內不寫趙學詩之名，而寫伊子趙劍泉之名粘有行票，呈閲究辦。

細閲呈訴各情，原告所控是非無因，但所稱趙恭讓之子劍泉行票一層，在原告固可指爲戀充把持之憑，在被告亦可謂爲私刻造誣之票。故凡事之似真似假者，即案之可認可翻也，姑俟審時再聽供情。隨唤此案生員先斥其躁妄之咎，唤至數聲，始從丹墀搖擺而上。觀其人，身軀長大，相貌粗俗，頭戴黑纓頂帽，脚穿黑絨厚底尖靴，身穿油緑亮紗短袍。視此異顔異服之可怪，已知革面革心之難，必既到案前，長揖不跪，聲稱生員鷄鳴而起，再唱而來，皆云父臺嚮日秉燭早堂，正欲藉以觀政，今何晏也？因問之曰爾文生乎？武生乎？答曰：生員出口成章，已見十年寒窗之學，首名屢列，可知久戰場闈之功。生員未遇知音，屢薦不售，特時運未至耳。每讀學而優則仕之章，不禁有美錦學制之嘆。因問之曰：爾既爲文生也，能讀書，獨不知讀禮耶？問爾此何地也？答曰：法堂。問以非明倫堂也，堂上坐者何人？答曰：父師。問以非學師也，爾來何事？答曰聽審。問以爾非下學講書也，何以不跪？有聽審生監到案，見地方官長揖不跪，咬文嚼字之理乎？豈有學優之士藐視法地者乎？且不問爾訟事之是非，先打個生員目無官長，不知禮。隨以戒尺付皂隸，諭令重打手心四十板。打後妄誕雖歛，怒視時形，姑令其站於一旁，問時再跪。

唤原告問，則所供如詞内所叙。叫趙學詩問，則蠢然一物，並不知所爲何來，指東説西，竟無從問起。問趙恭讓，惟云生員只知在學攻書，不諳猪行生理。以原告所供駁詰，則稱盡係一面虚詞等語。

此案内原、被、中證止有三人，而中證又實係愚昧無知。細思其故，自係當日因愚而借其名，早已計及日後之指告，此外再無可問之人，別無可追之路。訊之良久，不能决，示以飯後再審。午後審究別件，覆問所供如前，仍不能結，只得諭令再審。趙恭讓忿然曰：原告始以朋充誣告生員，又買無知之趙學詩以證生員，今蒙研訊兩堂，誣告已明，何父師猶不決，必欲三推六問，何意耶？隨喝之曰：原告誣告却未明，爾之情虛已先露。爾有理，何反阻官覆審耶？來日先究爾抗官阻審之故。由是默然而退。

第此案連審兩堂，一無就緒，若再審不決，審屬不成事體矣。因思承行此案經書應知此中虛實，問之或可得其端倪。隨喚而問之，先諭以趙恭讓當堂阻審，已露情爭理虧，再審此案可結矣。爾係承行，亦可少一番承值。答曰：恐怕不能就結，就結了，趙恭讓也是不服的。書辦聽見他在外邊説原告不告於有糧趙學詩未故以前，而奸告於已死之後，忿忿不平。還説要上控的話。又聽聞看審官司的人議論，原告無賴，僱人作證，偏又堂上一句不能幫他。新縣主辦事審斷不比前任，原告再不肯和就要吃大虧了。等語。

余原欲於書辦處得個明白，不料奸書又欲指使本官一個糊涂。因喝之曰：爾爲官人，敢爲衿棍作心腹，指使本官耶？試問學詩與何人一家，應偏向何人？原告又何能買囑被告之人？且領帖之弊，起於同名，一有糧、一無糧，一已死、一現在，惟有糧之學詩已死，始可指無糧之學詩爲故帖。故帖既真，同名無糧者又在，則詭借之弊顯然矣。學詩愚蠢無知，則恭讓冒名把持又盡露矣。不認之誣已明，猶謂學詩無能，不可作證耶？已經兩堂，逐層問詰，本可立刻判斷，惟因寒士功名，待其自首，不忍立辨。今復當堂阻審，爾復爲其蔽混，一併究辨，均恐悔不及矣。爾其思之。隨叱之退。

次早先審別案，且容其告之備細。別案審畢後誠恐前此看卷有疏忽遺漏處，復取卷詳細翻閲，並無疏漏之處。忽然憶及原告粘呈行票之詞，只看到批語候訊行票附遂未往下看。復取卷翻看，孰知一看，情弊顯然。隨至二堂，立喚承行到堂，指問曰：此詞所粘行票何以換去？詞内以趙劍泉行票爲朋充把持之憑，是詞尾粘呈應係趙劍泉行票，何故所粘之票，反係學詩之名？爾爲檢查收管案卷之承行，非買囑不能別換，今復尚有何辯也？

該書魂膽俱喪，悚懼不可言狀，惟求即去問恭讓要求，姑從其請。頃刻取來，核之的係原票。問以何時換去？供稱五日前換去。究問如何賄囑商量抽換？供曰：書辦素與那趙恭讓相好，實係狗情，並未賄囑。緣趙恭讓素習木匠手藝，書辦數年年前曾薦與親戚家起造房屋，他係包頭，不過照料指駁，約有兩三年之久，纔得造完。時親戚家有子弟讀書，專請先生教讀。學生讀書，恭讓室外記之；先生讀書，恭讓室外聽之。半年後四書都記熟了，又聽講文一年，後也隨着學生作文。先生奇之、愛之，亦肯爲其講解批改。他從此棄匠習儒，再兩年就應試，第二考就進了學。他進學後辦了一分禮物，就到書辦家來謝當日舉薦之德，因此他在書辦處（狠）〔很〕好。昨怜其功名不易得來，一時糊塗該死，實無受賄情弊，可以質對的。至於他的出身，知道的人多，也可以訪得出的。求恩典。等供。

繼叫趙恭讓到堂，一一供招，俯首認罪，絶不似昨日趾高氣揚、怒形於色之情狀。當堂飭令摘頂脱衣，令其自寫親供，寫完後問何以帶黑色雨纓？供曰：服未滿，見父師不敢單帶帽胎，帶紅纓心中不安，因見有人帶，所以帶的。問以爾爲十年寒窗之士，何以手粗如匠作？問之至再不答。隨令打手，打到二十，始將曾習木匠，如何棄匠習儒原委備供。復究其平日作詞唆訟種種劣迹，痛打八十手心未認，惟痛哭流涕，叩求情願改邪歸正，容其自新，以觀後效。余亦因其奮志改業之奇，遂不禁動姑息之念。隨諭之曰：爾果愧悔痛改，須親筆將所謂痛改者何事逐條寫出。倘有絲毫欺隱，斷不饒恕。先令寫稿呈閲，見其伏地而書，頃刻而成。其中自數其過惡種種，愧恨言詞悲切，並書十不可勸人。是日放告，即令其照寫多張，於收詞後着人押其自行刷帖街市，仍帶回大堂，問以此後何爲？供曰：往別縣教讀。叱之曰：爾復欲爲鄰邦害也。哭告曰：非此無以存活，本地實無顔作人師表矣。因誨之曰：爾且莫作人師，急需拜從名師。書院張老師學問淵博，人品端方，堪爲師表。即着人送爾拜從，即可肄業，又可得膏火獎賞，以養家口。但須在書院住宿，苦讀講求，不得藉端他往，干預外事。科舉費吾當爲爾籌也。隨給還衣頂，當堂穿帶，令號吏持帖送至書院焉。此爲閲卷大意之累，録以自勗。

（清）張五緯《風行録續集》卷一《岳州府續集・堂判臨湘縣民程挺秀案》　審看得臨湘縣程挺秀等伴生洲地，既於乾隆年間先後二十八契出賣於傅姓等管業，所有傍母淤生之地應歸傅其魁、蕭時俊等報墾承丈，但查各契載有日後淤生一併在内字樣者，止有八契，其餘二十契併無日後淤生一併之句，是以中夥洲傅其魁等憑契報墾，中腰洲程挺秀等以淤未盡賣指先年斷撥嘉魚之四百餘畝，藉稱虚糧賠累。同時先後赴縣具報陞科，彼此互争共毆，傅姓遂以毆傷二人赴前府報驗。當經委驗提訊，程姓等旋亦具訴在案。此案先經該縣查訊，親往勘丈，實丈出新淤止二百九十二畝一分三釐，照斷歸傅姓等陞科，程姓不服，連年控争不已。現據程挺秀、程全生、羅美玉、武生傅其魁、蕭時俊等原被五人投到懇審前來。本日閲卷核契查訊，據武生傅春魁供稱契内有直大同字樣，就是淤生一併在内之意。大同者，大勢賣淤相同之説。隨查契内多有載直大同三字者，即日後淤生一併在内之捌契中，亦有直大同字樣，即有連直大同三字並無者。且查直大同三字上下文義，上句横幾弓下，文則寫四至。各契内凡寫直大同者上句必寫横幾弓，並有一契内註明横直弓口字様，可見直大同係指與横弓口大約相同之意，文理字義均已彰明較著，毫無疑義。查例載新淤撥補，本指業户有老洲者而言。因其所管之洲地東灘西漲，總不離乎老洲。故定例准報墾撥補。今程挺秀洲地如先後業已賣完，是無洲分之洲民，原不容妄生覬覦。但鄉例買賣洲地，本有賣淤不賣淤之别。此風相沿已久，如謂有老洲者，方准其不賣；而有淤分，其並無餘存洲地，似不應有分者，亦當問其售土之時，是否一契全賣？果其盡行契載出賣，自應以無洲無淤定斷。今查程姓等於乾隆三十七年起至五十四年止，連年賣洲，共契二十八紙，可見洲係零星出賣，淤亦須逐年漸生。誰謂淤生必該在陸續賣盡以後也？况買賣以契載爲憑，既有註明，日後淤生一併在内之句，其未注之契，即屬未賣確憑。乃惟憑契紙不憑契載，一經指駁，混指直大同爲全佔之據，具見刁詐。且傅其魁與程挺秀係甥舅至戚，本不應互控之人，而傅其魁分卑年少，家有户首族長，更不應出頭於母舅争衡。訊據傅其魁供稱族人知武生程挺秀外甥，恐有偏袒情弊，必要武生出名告狀等語。查甥舅彼此護持，本人情之常，即天性之真。既知傅其魁爲程挺秀之甥，其母現存，縱有偏袒情弊，傅姓族人亦不應以土田細故令其作干名犯義之舉。傅其魁果其偏袒情真，更不肯受人挾控。如謂傅其魁係武生未嘗學問，不知有母黨之尊，兼受勒逼而行，亦止可隨同族人列名出控。今傅其魁於族衆公事一人挺身出名，始則赴縣報墾陞科，繼則縣府連年疊控，若非恃符健訟，即係藉此斂錢，甥舅之分既無，母子之情安在？即以此健訟犯尊之武生詳革示懲，固屬咎由自取，何愛惜之有？但念其母現在若因其兄而究其子，其母果賢也，自惟加勉其子；舅如有知者，終覺愧對其妹。是以委曲成全，姑從寬典。但案經屢年，未便任其纏訟；契載分明，亦毋須再行提質。本府於曲體之中，復示以平情之論。據鄉例之契載，斷兩洲以公分，即不容傅姓等執印契而獨佔，亦不准程姓藉契載而多争。現在斷案，即爲日後淤生照分鐵據。各其仰體恪遵，務知爾兩洲居民所争均非理長之事，倘其貪心未除，復生妄念，不但此淤生不能爲爾兩洲民所有，竊恐世守老洲盡屬他人，尤不免各有負債之累耳。各宜猛省，勿謂本府言之不早也。此判。

（清）張五緯《風行録續集》卷一《岳州府續集・堂判臨湘縣民姜文東案》　審看得臨湘縣民姜文東呈控王同畢等争佔白泥湖，朦縣塗銷印契一案，緣姜文東之祖姜夢熊於康熙四十九年價買王行五之祖倫秀等白泥大湖，並汊港等處，有契可據，是年又買王全人、王大賓白泥大湖並汊港等處，亦有契據。因王同畢户下尚有王非石、王百受二分未買，以至大湖鏍銀，姜姓惟伴王姓户内當差，鏍未分晰，二姓輪流派管。三年内姜姓當管一年，此即契載四年三空之原委也。至康熙五十二年王同畢之祖王非石、王百受概將大湖並汊港二分，出賣於姜夢熊三分之一並原分麻鐵護鏍銀一兩四錢，始過户當差姜生子孫管業，取魚百有餘年。迨嘉慶元年王同畢藉契載四年三空，控經前任杜、張二令斷令照契管業，經吳鏡萬等立有和息合約。可據嘉慶六年王同畢在縣串書舞弊，將杜令任内出具遵結更换，旋於周令任内翻控，周令以康熙四十九年王倫秀、王全人兩契誤認計開行下添載大湖網鏍，於蔣王喻大業甲三分之一字樣，紙舊墨新，筆迹互異，將計開行下用朱筆塗銷，止准姜姓在於汊港管業，不准在大湖取魚。姜文東不甘，控經前署府批飭縣録案。嗣經該縣録案詳府，又經前署府批飭提訊。兹本府提齊一干，訊悉前情，查閲姜姓陸續置買王姓三契，大湖開載明晰，其周令所稱計開行下紙舊墨新，係屬錯誤，且查契内批註之字，與正契字迹，筆之輕重大小一律符合，並無互異之處。其爲王同華藉四年三空之例，疊次呈控，周令誤閲契紙錯斷無疑。今契已塗銷，姜姓無憑管業，著湖鄰吴鏡萬、李英彩等公立合同，令姜、王兩姓各自收執。嗣後王姓户内不得藉端强佔姜姓契内大湖三分之一，姜姓亦不得以三分之一侵滅王喻三姓三分之二。至原契内載本湖當管之年，大湖正銀六錢，原未分晰，計開下係註明大湖網錁與蔣、王大業户三分之一，可見並非後添。周令稱爲詐捏，更見誤會。着各取遵結備案，並將此讞飭縣遵照周令塗銷兩契，仍發姜文東領回，於新立合同併舊合約一併執收。王同畢屢次滋訟，且串縣書更改杜令任内結紙，以至朦縣塗契翻案，實屬刁詐可惡。但究係該縣經承舞弊，抽换朦官翻異。倘非經承膽大，王同畢亦不敢始終捏誣。現據到案供明，着姑從寬免。惟飭提此案改結之經承鎖拿到府重處，以爲猾吏作弊改案者戒。此判。

（清）張五緯《風行録續集》卷一《岳州府續集·堂判臨湘縣職員李光宗案》 審看得臨湘縣職員李光宗具控張大洋造契掣税，圖謀田産一案，緣李光宗同弟李思誠有祖遺地名雁頭横正兩壠田四石，李光宗之父先年向彭姓贖回。嘉慶六年自又置聶姓正壠田貳石貳斗五升，又接彭姓一斗五升，共田六石四斗於張大洋比鄰而居。張窺李光宗兄弟愚懦，起意謀其田業。嘉慶七年六月旱歉，誘令李光宗出外買穀販賣，借給伊本紋銀二百七十五兩，串色扣作元絲銀三百兩。李光宗憑李敷五將正壠田四石書立典契，限定一年取贖，議定利銀一百兩，典契載銀三百七十五兩；至七月内復誘其弟李思誠借伊紋銀一百四十二兩，串色折扣元絲銀一百五十兩，議定一年交還，加利銀三十兩，本利一百八十兩。張大洋掣得李光宗典契，入手私造賣契，載田七石六斗五升，赴縣投税。張大洋揚言李田絶賣於伊，勒令李光宗原佃更换承租字據。經李光宗查覺，投鳴中證同赴張宅理論。張串腹戚陳尚志勸令李光宗兄弟將正壠田四石絶賣於張，議價五百八十兩，另立賣契换回原立典約。乃陳尚志以李光宗愚懦，手持契紙，並不對衆眼同查看交還李姓，惟以廢紙無用爲詞，公然焚毁。李因不知其有私造賣契投税謀佔之事，遂亦無疑。當以田既絶賣，向許利銀按月扣算。詎張大洋仍勒扣一年利息，措價不找。李光宗命弟思誠赴縣具控，張大洋趕至縣城，先發制人，遂將李思誠羈押。經該前縣審訊，張大洋聽唆將印契扯下，惟以契大尾填田七石六斗五升價銀五百五十兩字樣呈縣，爲已賣扯契之據，捏控李光宗兄弟因賣契内註載墳墓不清，娶契查看，被搶原契，伊祇存税尾爲憑等語。而該前縣據張、陳一面之詞，斷張大洋照契尾田畝管業。李光宗兄弟不服，以造掣匿佔等情控經本府批准，提訊之下，訊出張大洋聽唆謀佔田産各供前情如繪。查陳尚志係張大洋至戚，既知張大洋謀利争田，自應忠告力阻，乃竟設計助惡，復敢挺身作證，當將陳尚志押發巴陵縣收管，勒追呈繳李光宗先後所立各契，以證司尾填載之田畝。張大洋、陳尚志各知情虧，隨浼武生李大鵬等代呈印契二紙扯破，未毁正契半紙，並願將李田退還，祇求追回原價等情，結懇免究，頒恩請息前來。當堂覆訊，張大洋、陳尚志無可置喙，惟有叩懇免究。本府以張大洋、陳尚志身列成均，狼狽作奸，謀佔人産，實屬法所難宥。惟查李光宗兄弟先後借銀屬實，在張大洋初意不過欲纍纍算其利，以得其田，繼因陳尚志從中主唆，遂成捏毁陷害之計。經年訐訟，李固受累難名，而廢時失業，張亦爲戚所誤。故本府於理無可寬之中，仍寓曲體隱情之意，隨斷令張大洋少收銀三百兩，以補李光宗因訟羈累上下往返盤費之用。至張大洋貪多得少，皆由陳尚志悖入之謀致有悖出之報，是陳尚志本有應得之咎。且均邀寬免之恩，倘其時其事已成，竟遂其訐佔之願，在陳尚志即無望報之心，而張大洋亦斷無獨得之理。益應同分，損須均認，庶可符理法之平。當斷令陳尚志幫補張大洋訟費銀一百五十兩，以盡親情，並以爲唆播者戒。仍飭李光宗兄弟呈繳銀一百五十兩給張大洋當堂驗收，出具全領備案。其陳尚志認幫張大洋之數，念係至戚，准其回日措交。所有張大洋呈繳李光宗原給印契三紙，着即領回安業。餘契塗銷，仍取具各遵結備案。此判。

（清）佚名《比照案件·錢債·違禁取利》 廣東司 嘉慶二十二年

廣東撫咨：謝宗仁因凌觀華欠租不交，强伐其樹作抵，計銀三十兩零。若照毁伐人樹計贓准竊盗論，應杖九十。惟究因欠租不交砍樹作抵，與平空砍伐有間。將謝宗仁比照以私債强奪人畜産律，杖八十。

（清）毋庸《刑部各司判例》卷一《通行》 刑部爲遵旨議奏事。内閣抄出山東巡撫吉奏，鉅野縣民人姚文珂赴京呈控伊堂伯知府姚鳴庭等私拆姚學瑛入官房墻侵佔審擬治罪一摺。等因。嘉慶十五年十一月初三日，奉硃批：該部議奏。欽此。欽遵抄出到部。該臣等議得，據山東巡撫吉奏稱：緣姚文珂係現任安慶府知府姚鳴庭並武舉姚鳴嵩之緦麻服侄。姚鳴庭與原任陝西按察使姚學瑛住宅毗連，乾隆五十八年間，姚學瑛之子姚栴修蓋房屋，因東首並無更道，向姚鳴庭家借用隙地砌築土墻以作更道。因係同族未立借字，有從前説合之孫鳳兆可證。嘉慶元年姚學瑛緣事查抄，經姚文珂故父姚鳳桐指地交官。時姚鳴庭在浙江任所，伊堂兄姚鳳崗將更道係姚栴借用姚鳴庭地基情由，與姚鳴桐回明委員，實在抄産以外。其入官房屋後墻舊有草房九間，查抄時全已坍塌，木植朽枯不堪估變，未入抄册。業經佃户劉法曾將糟朽木料運繳縣署。迨後更道圍墻全行傾圮。姚鳴庭丁憂回籍時，姚鳴崗曾屬收回地基。十二年間，姚文珂欲將己屋賣與姚鳴庭爲業，托姚鳴崗作中，姚鳴庭不允，回覆姚文珂，因此挾嫌。將當日伊父指交抄産内，久已倒塌、並未入册房間，及倒塌更道圍墻，捏稱姚鳴庭等私拆侵佔。即於十二年九月内赴縣具控。時姚鳴庭先已服闋赴京，經伊子姚渭賢具訴。姚文珂赴府具控。批經該前縣崔起龍勘訊。原抄現存房間與抄産數目相符。查丈地基更道不在入官之内，斷令姚渭賢俟准變時收回管業。姚文珂堅不具結，節役姚鳳祝管押。旋即脱逃，赴户部衙門控告。奏奉諭旨，解東審辦，提集人證至省詳細查訊。惟恐該縣原勘不實，復經節司委令候補同知周林前往覆勘。業據勘明，抄宅院後草房久已倒塌，廢址尚存。其更道就該處後街路北，經分老宅墻基爲界。遂細丈量，係在姚鳴庭祖分地内，所有更道東墻，亦係自行坍塌，並非拆毁。繪圖貼説，並訊取莊長姚學林等供結，禀送。並安省咨送准知府姚鳴庭親供，隨確加研訊，各供無異。惟姚文珂堅執控詞，狡不輸服。臣恐有不實不盡或尚有迴護之處，復經由司詳委沂郯海彰通判趙與藝前往覆勘，此項更道委係不在抄産之内。繪具圖結，呈送由司詳解。復提親訊衆供明確，姚文珂仍復狡展。臣查此案屢經質訊，姚鳴庭並無拆毁姚學瑛入官房墻之處。房屋間數有原抄册底可查。地址界限，現經兩次委員逐細勘明，又據衆供確鑿，其爲姚文珂挾嫌誣告，似無疑義。該犯知罪應坐誣，尚狡展不服，總圖延案拖累，實屬刁健。今案已審明，未便因犯供狡執，久懸不結。自應以勘文並衆供定斷。將姚文珂擬徒等因，具奏前來。查審理控案，必須供證確鑿，兩造輸服，俾屈抑者得以自伸，刁健者無所藉口，庶可以得獄情而絶訟源。此案姚文珂呈告伊緦麻服伯姚鳴庭等侵佔姚學瑛抄産案内入官地基等情，現據該撫奏稱：兩次委員勘明，實係姚鳴庭等分受己地，並非姚學瑛抄産，有原抄底册可查。並訊取莊長姚學林等供結。惟姚文珂堅執前詞，狡不輸服。請照委員勘文及衆證供詞定斷。將姚文珂依律擬徒。仍將基地斷令歸入姚學瑛抄産案内辦理。等因。臣等查核案情，如果勘丈足據，衆證可憑，姚文珂自應理屈詞窮，俯首認罪。何以固執前詞堅不認誣？承審官何以任聽該犯强詞狡辯？不加切實研鞫，使其心口皆服，遽行定案。且此項基地既據勘訊明確，實係姚鳴庭等己地，何以復斷令歸入姚學瑛抄産案内辦理？是犯供本未輸服，審斷又係兩岐，其爲調停遷就已屬顯然。正在議駁間，旋准步軍統領衙門咨稱，據姚文珂之弟姚文宦代兄赴京翻控，將姚文宦連原呈一並移併到部。臣等核閲呈詞與原控情節大略相同。惟添控姚鳴庭之子姚渭賢推跌伊母，報驗有案，姚渭賢畏罪逃跑，捐官赴任抗不到案一節，該撫原奏内未經叙及。提訊姚文宦，據供係伊兄遣令遞呈，不知詳細等情。查此案該省審訊時，既未具姚文珂輸服口供，而姚文珂所控推跌伊母之姚渭賢亦未傳案質訊，即據衆證供詞，科姚文珂以誣告之罪，本不足以服其心。以致案經甫結，姚文珂即遣弟來京復控。是該犯屢爲不平之訴，必原審實有不盡之情，冤抑既無由伸，則訟端何自而息。相應請旨，節交山東巡撫親提人證卷宗，秉公研訊，務得實情，取具確供，按律妥擬具奏。並抄録姚文宦原遞呈詞，連姚文宦一併咨送兵部，解交該撫歸案審辦。俟覆奏到日再行核議。再查衆供明白即同獄成之律，係專指本犯事發在逃，各供俱已吻合，案情毫無疑者而言。若本犯業已到案，即應摘奸雪枉，取具輸服供詞，俾成信讞，不得濫引此律。誠以獄期明決，固不可任黠辯以長刁風；而訟貴得情，尤不可藉武斷以成文致。近來各省問刑衙門審辦案件，往往因本犯未肯輸服，輒删犯罪事發在逃律文，牽引衆證明白即同獄成之條，聲請定案者。不惟斷章取義，引律已失本意，並恐彌縫組織，衆證亦非真供，因此旋結旋翻，訐訟不休。既不能折服其心，又何能箝制其口？殊非慎重刑章之道。應請敕下内外問刑衙門，嗣後除本犯事發在逃，實係衆證明白，毫無疑竇者，仍照獄成之律辦理外，如案犯並未在逃，查係犯供未能輸服，自應設法研求，秉公鞫訊，預期案無遁情，犯無逸口，毋得節删犯罪事發在逃律文，牽引衆供明白即同獄成之條，庶律不混淆而案歸核實。設遇實在刁健之徒，知罪犯重大，堅不承招，妄冀拖延，亦應奏請定奪，不得率行咨部完結。是否有當，伏乞皇上訓示。如蒙俞允，臣部通行各直省遵照辦理。謹奏請旨。等因。嘉慶十五年十二月十一日奏，本日奉旨：依議。欽此。

（清）毋庸《刑部各司判例》卷四《通行・竊盜》　湖廣司呈，爲報明事。嘉慶十六年六月初四日，據陞任湖北巡撫錢咨稱，先據兼署湖北巡撫汪咨稱，羅田縣審解賊犯張三兒等行竊周奇玉牛隻，並雷順故賣贓牛宰殺一案。緣張三兒、張奉、雷順均籍隸安徽英山縣，平素認識。張三兒先於乾隆五十八年夥竊羅田縣事主鄭如順家錢物犯案，計贓擬徒解回原籍，定地發配。恭逢嘉慶元年大赦釋放。又於嘉慶五年行竊蘄水縣事主陳世奎染坊布疋犯案，仍照初犯杖責刺臂遞籍管束。又於七年行竊羅田縣事主黎榮先、金蘭兩家錢物，並夥竊丁學成桑葉，未經得財，拒傷事主被獲審。將該犯除再犯計贓及拒捕各罪，均止枷杖不議外，照積匪猾賊例量減一等，擬徒，刺面遞籍定地充徒，限滿釋回。張奉、雷順素未爲匪。十一年十月二十一日，張三兒會遇張奉，談及貧苦。張奉起意行竊，張三兒允從。是夜三更時，兩人偕至連界羅田縣地方事主周奇玉屋前，張三兒撥門入內，竊出大小水牛二隻，一同趕回。途遇雷順走至，見其黑夜趕牛行走，心疑向問。張三兒等不能隱瞞，告知竊情。雷順希圖賤價買回宰殺賣錢獲利。稱欲買去餵養，許給價錢六千文，約於十日內交錢。張三兒等應允，即將牛隻交給雷順牽回，各自走散。次日雷順將兩牛一併宰剥，陸續將牛肉挑赴河下賣與不知姓名船上，共得錢八千二百文，牛皮收藏家內。雷順旋將錢携帶出外花用。張三兒等找尋雷順未遇，未經索得錢文。事主周奇玉報縣差緝。嗣准安徽英山縣緝獲各犯，並查起牛皮，移解到縣。訊供通詳，飭審擬解，覆訊無異。查例載，竊盜三犯銀不及十兩，杖一百，流三千里。又盜牛二隻，枷號三十五日，杖九十。又盜牛殺者，枷號一個月，發附近充軍又屠户將竊盜所偷堪用牲畜賣去宰殺者，與竊盜一體治罪。各等語。雷順知情故買贓牛宰殺賣錢，應照例以盜宰治罪。雷順合依盜牛殺者，枷號一個月，發附近充軍例，應枷號一個月。滿日面刺竊盜二字，發附近充軍。到配折責安置。張奉邀同張三兒行竊周奇玉牛隻，雷順問知竊情，向其接買。張奉等當時止圖消贓，並不知有宰殺之情，自應各按盜牛本例定擬。查張三兒於嘉慶五年犯竊刺臂，復於七年犯竊照再犯刺面。此次復犯，應以三犯論。從前犯案，均在十一年正月初四日恩旨以前，係已經得免併計一次之犯，不准再免併計。此案計贓九兩六錢，張三兒合依竊盜三犯銀不及十兩，杖一百、流三千里例，杖一百，流三千里。到配折責四十板，照例刺字。張奉起意盜牛，合依盜牛二隻，枷號三十五日、杖九十例，應枷號三十五日，滿日杖九十，折責三十五板。係初犯照例刺臂遞籍交保管束。各犯事犯到官在嘉慶十四年正月初一日恩詔以前，雷順係照盜宰治罪，張三兒等俱係竊賊，所犯軍流，枷杖各罪俱不准減免。張三兒等在外爲匪，原籍牌保無從覺察，免其置議。已獲牛皮給主具領。仍照估追賠牛價。雷順所得賣牛肉錢文，照追入官。所有承審遲逾分限一月以上職名，係羅田縣知縣陳本禮，相應開報。等因。咨部。經本部詳核案情，雷順與張三兒等素本認識。張三兒係屢次破案賊犯，該犯一經撞遇即向買受竊贓，所買必不止此一次。且張三兒等竊牛行走，係在黑夜，該犯何以適與撞遇？張三兒等亦即告以竊情，將牛賣給，顯有窩夥同行情事。今該撫並未究明確實，輒任該犯狡飾之供，科以知情接買贓牛宰殺之罪，殊屬牽混。至該犯如果僅止一次，知情故買贓牛二隻宰殺，則應與竊盜一體治罪，即應照盜牛本例科斷。該撫將該犯照實犯盜牛宰殺例，擬軍，更屬錯誤。案情既未確實，引斷又未允協，本部礙難率覆。應令該撫覆加審訊，務得確情，按例妥擬報部，到日再議。等因。咨駁去後，茲據陞任湖北巡撫錢咨稱，接准部咨，當經飭府督同審辦。茲據署黄州府王樹勛督同羅田縣陳本禮提犯覆加研訊，議擬解勘前來，覆訊無異。查例載，盜牛殺者，枷號一個月，發附近充軍。又屠户將竊盜所偷堪用牲畜買去宰殺者，與竊盜一體治罪。又竊盜三犯，銀不及十兩，杖一百，流三千里。又盜牛二隻，枷號三十五日，杖九十。各等語。細繹定例，盜牛之犯計隻問罪，盜殺者不拘隻數，即應擬軍。其將竊盜所偷堪用牲畜買去宰殺，照竊盜一體治罪之例，似係即照盜殺同科。且此等人犯即代賊匪銷贓，又復宰賣圖利，實與盜牛而殺者無異。查嘉慶十三年京山縣審辦民人喻瑞雲打落鄒用周門扇，致傷余小姑身死案内，黎亭獻一犯故買在逃賊匪姚友招所竊喻瑞雲黄牛一隻宰殺售賣，係照盜殺例向擬附近充軍。又是年松滋縣審解民人張順仁夥同王安常等，行竊事主張敏心家小黄牛一隻，張順仕趕出售賣，被郭爲成遇見詢知行竊之牛，郭爲成賤價買得宰賣獲利，將郭爲成照盜殺例，問擬充軍。張順仁訊非知情賣給宰殺，依盜牛律，擬以枷杖。均經奉准部覆在案。此外凡故買竊盜所偷堪用牲畜宰殺之案，俱係照此定擬。令此案雷順詢知張三兒等行竊牛隻，即起意宰賣獲利，賤價賒買，與黎亭獻、郭爲成所犯相同，未便照盜牛本例科斷。雷順應請仍照原擬，合依盜牛殺者，枷號一個月，發附近充軍例，應枷號一個月，發附近充軍。面刺竊盜二字。張三兒於嘉慶五年犯竊刺臂，復於七年犯竊，照再犯刺面。此次復犯應以三犯論。從前犯案均在十一年正月初四日恩旨以前，係已經得免併計一次之犯，不准再免併計。此案計贓九兩六錢，張三兒仍應照竊盜三犯，銀不及十兩，杖一百，流三千里例，杖一百，流三千里。至配折責四十板，照例刺字。張奉起意行竊，應依盜牛二隻例，枷號三十五日，杖九十。今因患病保調脱逃，保户許貴訊無賄縱情事，應照徒罪以下人犯患病保出逃脱者減二等例，於張奉枷號三十五日，杖九十罪上減二等，杖七十，折責二十五板。雷順、張三兒均事犯到官在嘉慶十四年正月初一恩詔以前，雷順係照盜殺治罪，張三兒係竊賊，均不准援免。張三兒等在外爲匪，原籍牌甲無從覺察，免其罪議。已獲牛皮給主具領，仍照估追賠牛價。雷順所得賣牛肉錢文，照追入官。所有原審遲逾分限一月以上，及杖罪人犯放保脱逃職名，係羅田縣知縣陳本禮，相應開報。張奉獲日另結。相應咨達。等因前來。查例載，盜牛一隻，枷號一個月，杖八十。二隻，枷號三十五日，杖九十。三隻，枷號四十日，杖一百。四隻，枷號四十日，杖六十，徒一年。五隻，枷號四十日，杖八十，徒二年。五隻以上，枷號四十日，杖一百，徒三年。十隻以上，杖一百，流三千里。盜殺者，枷號一個月，發附近充軍。俱照竊盜例刺字。又屠户將竊盜所偷堪用牲畜，不上税賣去宰殺者，與竊盜一體治罪。又宰殺耕牛，私開圈店及販賣與宰殺之人，初犯俱枷號兩個月，杖一百。若計隻重於本罪者，照盜牛例治罪，免刺，罪止杖一百、流三千里。再犯發附近充軍。各等語。詳繹例文，屠户將竊盜所偷堪用牲畜，不上税買去宰殺，係指明與竊盜一體治罪，並非與盜殺者一律同科。且接買强竊盜贓，若馬贏等畜，至二頭匹以上，不分初犯再犯，例止枷號一個月。買贓之人本不與竊盜同科。因其私賣宰殺，是以與竊盜一體治罪。若按照盜牛本例，計隻轉輕於私宰之罪，仍各從其重者論，較之接買而不宰殺者辦理，已屬從嚴。若竟照盜殺例擬軍，不惟與自行盜牛宰殺者無所區別，且與盜牛正賊罪名輕重倒置，不足以昭平允。此案雷順因見張三兒等趕牛兩隻，黑夜行走，心疑向問。張三兒等不能隱瞞，告知竊情。雷順希圖獲利，即用賤價將牛隻買回宰剥售賣。前據該撫將雷順依盜殺例，枷號一個月，發附近充軍。面刺竊盜二字。經本部以案情未確，罪名錯誤，駁令覆審妥擬去後，兹據該撫覆審如前。並聲明，代賊消贓宰賣圖利，實與盜牛而殺者無異。查嘉慶十三年，該省審辦黎亭獻、郭爲成二案，各止故買贓牛一隻宰殺售賣，均照盜殺例問擬。今雷順所犯情事相同，仍照原擬依盜殺例擬軍。等因。咨部。查接買贓物與身犯竊盜，情節不同，罪名迥殊。唯私買贓牛宰殺一項，於買贓之外又犯私宰之條，是以與竊盜一體治罪。究非自行盜牛，復又宰殺，不得與盜殺者一律同科。故例内不言照盜殺例擬軍，而云與竊盜一體治罪。於懲創之中，仍示區别之意。定例本屬周詳。該撫以買贓私宰與盜牛而殺無異，實屬誤會。至該撫查出該省審擬黎亭獻、郭爲成二起，亦屬舛錯。恐該省辦過似此之案，尚不止此二起，應令該撫將應行更正各案，詳細查明彙核妥擬，報部辦理。並通行直省各督撫、將軍、都統、府尹、盛京刑部，一體查明遵照辦理，俾免岐異而示持平。本案雷順一犯，因見張三兒等趕牛二隻，黑夜行走，問明竊情，賤價收買宰殺，應照例與竊盜一體治罪。唯盜牛二隻，本例罪止枷號三十五日，杖九十。轉較宰殺耕牛爲輕。應將雷順改依私宰耕牛，初犯枷號兩個月，杖一百例，枷號兩個月，杖一百。免刺。張三兒等情罪均屬相符，應如所咨完結。張三兒、雷順事犯到官在十四年正月初一日恩詔以前，除張三兒一犯係因竊擬流，毋庸議減外，雷順所得枷杖，准予寬免。仍令照例彙題。逸犯張奉應令該撫飭緝務獲審擬另結。至議處文職事隸吏部，應將原咨送吏部查議。俟議結之日，送回本部存案可也。

內閣抄出伊犁將軍宗室晋等奏，現獲偷挖金砂人犯，請遵照乾隆六十年欽奉諭旨，爲首者枷號三個月，發遣東三省給予兵丁爲奴，嚴加管束。爲從人犯，枷號三個月，從重擬徒。遞交陜甘總督，定地發配。嗣後如再有拿獲偷挖金砂民人，即照此辦理等因清字一摺。嘉慶十五年八月十三日奉清字硃批：著照所請，該部知道。欽此。

（清）李鈞《判語録存》卷一《虧東抗債事道光九年十二月初七日》　審得洛陽監生朱秉肅、宋寶善爲鋪債互控一案。緣宋寶善父發科，於嘉慶七年，領朱秉肅本銀二千二百兩，開設合興糧坊。朱姓本分，宋姓人分。獲利，照本六人四均劈，鋪夥勞金，在人分内支取，載在合同。十三年，發科病故，寶善接管鋪務。至十九年，鋪賬一年一算，絲毫無虧。嗣至道光元年，始行清算。秉肅存有本銀二千八百六十餘兩，又號内公存獲本銀六百三十餘兩。而寶善及鋪夥閻均、張鳳儀已有長支款項。七年，寶善因生意賠累，揭用李廣和銀五百兩，王豐裕銀六百兩；張元泰錢一千五百串，立有字號借約。又陸續欠曾正興錢六百七十餘串，則係買賣交易，並無行息。未幾歇業，所欠各賬，東夥互推未償。八年，經廣和、豐裕赴縣控追。該縣據伊東夥及中友凌翰儒等公算賬單，自元年至八年，號中僅護利銀一千三百餘兩，倶支雜費，現只存錢八十餘千、銀數錢、房一所、地一段，及包皮家具等物，共作銀六百三十餘兩。秉肅除支銀一千六百餘兩，實折本銀一千二百餘兩；寶善長支銀三千三百餘兩；閻均等長支銀一千三百餘兩。斷令寶善認還外債，並繳還衆夥長支之半。秉肅所折本銀，免其追賠，實屬公允。寶善謂：有陸續寄存之銀，本息計有二千一百餘兩，伊雖有長支，除去此項，僅應繳銀一千餘兩，便可結賬。居心險詐，殊不可問。伊爲領本夥計，與東人誼共休戚，乃人貲以取東人之利，復無利而用東人之財，天下固無是理。且一出入間，儘可以長支之項爲寄存之項，挹注不窮，以矛刺盾。爲東人者，雖有金穴銅山，亦曷勝此蠶食耶。若無存項，此賬係出誣捏；若有存項，此事實屬奸謀。又謂人分四分内有秉肅六厘、閻均九厘，伊僅有二分五厘，衆夥長支，伊亦不應獨認。查合同所載，秉肅只有本分。若謂續改章程，何未更立合同？且該縣僅令繳還其半，以二分五厘計之爲數尚絀。彼秉肅人分之有無，又不足深辨矣。種種虚謬，百喙難解。乃抗不遵斷，遣子祥麟赴藩憲衙門具控。經縣覆鞫，所欠外債，斷令寶善認還其七，秉肅認還其三，鋪夥長支之項，概免追償。實屬恩施格外。奈秉肅情有不甘，赴府呈訴。行縣覆斷，仍令寶善繳還衆夥長支之半。詎寶善仍不遵依，與秉肅互控到府。查該縣第三次斷案，酌理準情，已屬無可移易。惟伊鋪中所存銀錢、房地、包皮家具等項，作銀六百三十餘兩，斷令均劈，固屬允當。但寶善應繳鋪長支銀六百五十兩，急且未能歸款。酌將存項斷歸秉肅名下，長支之款免向寶善着追，以絶葛藤。況一轉移間，寶善又少出銀三百餘兩，貪夫殉財，亦息訟之一道也。查所存各項，倶係寶善經管。着原差於十日押交，至所欠四宗外債，着每宗按三七認還，限明年春三月歸清，利銀勿計。每月應繳若干，各以應出之數均匀扣算。又應收外欠，雖屬無多，如有進項，仍照四六分取。閻均等長支之項，着寶善自向討要，取具遵結及限狀保附卷。行縣知照。此判。

（清）李鈞《判語録存》卷二《欠房價事道光十年十二月二十四日》　審得洛陽縣民馬天玉控李芳春捏約訛騙等情一案。緣道光七年，馬天玉在郡城買到房院一所，開設漿坊。因買價不足，託郭習武保揭李芳春錢七十千，一分四厘行息。芳春欲求押契，天玉即以該房作典，復賃回設肆，照息出租。每年給錢十一千七百六十文，立有典賃二約爲據。八年，天玉謀欲轉典，書立欠約一紙，託陳獻奇等向其關説，欲將典賃各約換回，芳春未允。嗣因拖欠賃價，芳春欲行收房，斷至興訟。縣斷天玉繳全七十千，賃價免追完案。詎天玉捏稱原借錢五十千，裝入利錢二十千，共成七十之數，外加一分四厘行息。七年借錢，八年立約，初無典賃房院之事，並牽砌差役索費各情，復控於府。查借貸錢財，豈有隔年立約之理。況芳春既避重利之名，以息爲本，必即時成券，方有把握，又豈肯遲至年餘，始索契據耶？如此捏誣，殊屬可笑。至典賃房院一節，不特郭習武口詞可據，即天玉所列中證陳獻奇等亦有抽換典約之供，事以對照而明。試問既未立約，當日何以得財，其以房爲質信矣。既已出典，後日何以復欲立約，其以借約更典約又信矣。然此姑不具論，該縣僅令還債，未令騰房。天玉既欠債屬實，但將欠項繳出已畢，乃事何滅竈更燃，復於典賃之有無斷斷置辯哉。非特無事作擾，實乃有意藉延。重責三十，以示懲儆。限一月繳還原價，如逾限不償，即將房院追交芳春管業。該原告既欲辨明真僞，倘稍事遷就，轉不免負其心矣。唐林山等訊無詐財情事，無庸置議。一干省釋，取結附卷，即行縣遵照。此判。

（清）李鈞《判語録存》卷二《重利盤剥事道光十一年三月二十八日》

審得洛陽縣民嚴得禄控縣役袁純一等誘子匪蕩，重利盤剥等情一案。緣道光十年七月，袁純一等向嚴得禄子永祥逼索欠項，至滋口角。得禄查問，其子稱係賭債。自九年八月，輸錢五千，逼立十千之約。加一行息，換票五次，除還錢三十千外，至本年六月，疊算錢一百三十千，立有借約，係同賭人楊振德、張振清作中。又買縣役馬萬魁羊五只，作價二十千，一月不還，加利五千，立有欠約。係張振清、熊安作中，羊隻實未到手。仍萬魁售賣得價，得禄不甘，以前情由縣控府。問同賭尚有何人，則除袁純一等三人外，不能多指。事無左證，安知非自污圖賴。至純一所呈借券，利只三分。楊振德等亦供無滚利疊算之事。索閲所抽廢票，業經銷毁，又難根究。惟永祥年未弱冠，有父在堂，事難專制。純一即與通財，何不關白其父，以免後言。况永祥素業木工，本微利薄，又何所需而驟貸多貲。以所處之境，證之所控之情，固已瞭如指掌。特彌縫完固，令人無隙可乘耳。使竟勒限追償，將弱肉强食，愈長奸之人之智。酌令三年帶還，不准算利，庶幾少得其平。若所欠馬萬魁之項，則月利五千，公然署券，實屬違禁。乃萬魁匿不到案，令其兄殿魁代質，蓋自知所爲不法。殿魁恃充府役，又非此案正身，希恩邀免，重杖三十，以懲奸蠹。永祥罪屬同科，且被人愚誘，貽累衰親，杖責示儆。欠項本應照例入官，但羊隻是否交納，兩造各執一詞。業已分别責懲，不值再加嚴訊，免追羊價可耳。取結附卷，一干釋回，即行縣知照。此判。

（清）李鈞《判語録存》卷二《抗欠捏誣事道光十年七月初十日》　審得洛陽縣民王文德控孫文等抗欠吞利等情一案。緣王文德父王傑，於道光八年九月間，憑孫文作中，揭用史益恒鋪夥徐步雲錢一百千，期至九年五月，本利清還。立有約據，逾期未償。本年三月間，王傑交孫文錢十六千，令其付利。迨步雲在縣具控，文始轉交。文德弟九德，旋以李純學欠伊工價錢三十餘千，並因販鹽寄存賒旗鎮寧士彦廠内口袋四百三十條，作價二百十五兩，亦未清結。在縣續控。因純學等未到，該縣先將步雲欠項訊實，勒限清償。文德無力完繳，憶及孫文之父，曾於嘉慶年間，邀請三千文錢會。伊故本生祖承先上過半會，旋即停止，捏稱：欠錢一百四十千未償，並牽入純學、士彦等欠項，及差役押索等詞，與其弟九德由府赴藩憲衙門具控。奉批提訊，得悉前情。查文德所欠步雲錢文？既有約中，着勒限一月清繳。孫文收到利錢，未即轉付，致啓訟端，掌責示儆。至王承先所隨錢會，孫文雖有蒂欠，久已抵償。况承先有子萬三，事與文德何涉？所稱純學欠伊工價，查九德在純學鋪内生理，不及一載，每月身錢一千，伊已支用十五千，何爲負欠？至士彦霸存口袋一節，伊本車户，爲客商運載鹽觔，安有口袋寄存？即去冬，曾自販鹽四車，有士彦發單可憑。亦安有口袋四百餘條之多耶？文德、九德欠錢不償，架詞越控，牽累多人，實屬刁健，分别責懲。寧士彦供稱：九德欠伊錢七十餘千，亦無確據，無憑究追。差役管万祥等訊無押索情事，應毋庸議。除詳覆藩憲，俟奉批飭遵外，先札知該縣可也。此判。

（清）李鈞《判語録存》卷二《欠地價事道光十年十二月十六日》　審得洛陽縣博士關篤行控關得福藉約訛賴，及關篤慶等假冒祀生等情一案。緣嘉慶十五年，關篤行當給已故關得禄之妻周氏地十四畝，價銀一百兩，親筆立約爲據。關得福之子篤瑞爲得禄承嗣，以十餘年來，篤行總未交地，並將籽粒霸收，控追原價。該縣斷令照數退繳，籽粒免追完案。詎該博士詞稱：立約之後，關周氏並未付銀，有原中關杲可證，迭控於府。查關周氏業已改適，無從質訊。雖關杲所供無異，但典質田産，豈有立約之後，始行索價之理？既未交價，即應退約。如原約遺失，亦應向典主要一失約字據，以杜日後之争。該博士老於世故，豈竟有慮不及此？今信物既存人手，雖百口烏能置辯。仍依縣斷，着於年内速將原價繳出，以便給領，籽粒從寬勿追。至牽控關篤慶兄弟假充祀生一節，篤慶等既未執有部照，本府又無案可稽，實屬贋冒。但關杲亦稱祀生，與篤慶等同一無據。該博士舍此攻彼，不無袒見，俱着革去項戴，以昭平允。惟兩造以錢債細故互相詬詈，如有不共戴之仇。名家世族，何應如此，不慮堂上者齒冷耶。關得福並辱及篤行之子現襲世職關錦岐，穢言污衊，尤屬昏耄不檢。姑將其子關篤慶夏楚二十，以示悖出之戒。其餘牽控各情，從寬免究。一干省釋，取結附卷，即行該縣知照。此判。

（清）李鈞《判語録存》卷三《争農渡事道光十一年十二月十八日》　審得鞏縣民張清泰與趙大存等爲争渡互控一案。緣張清泰等係該縣塌坡村人，趙大存等係趙溝村人，中隔井溝一村。地濱黄河，其田半在河北。塌坡下臨陡崖，不能過渡。每值農忙，轉由趙溝渡口，與趙溝分備船隻，輪日渡河工作，謂之農渡，不准渡商。道光九年，因私載行客，奉縣查禁。彼此恐受波累，於是趙溝謂塌坡向無在伊村夥渡之事，令由本邨設渡。塌坡謂趙溝河北無田，該渡口專爲伊村而設，直不容趙溝共渡。屢翻縣斷，互控到府。查塌坡果有設渡之處，斷不肯遠數里之遠，轉於別處問津。趙溝如河北無田，又何肯擊楫往來，日涉風濤之險？其爲兩村公設農渡，不問可知。況有舊牘可稽乎？揆其興訟之由，不過因渡商一層，懼一有違犯，共受牽累耳。夫渡商何以有禁？該縣之意，祗緣裴家峪、螞蟻溝二處，設有官渡，恐奪其利，故爲叢驅（爵）〔雀〕。俾堤頭水手多趨蠅頭，不知裴家峪等處不臨孔道，已非商旅所經。況趙溝僻壤，農渡扁舟詎有遠道輪蹄來茲喚渡耶？何庸設禁。至附近村莊，肩挑背負之流，登舟附載，何日無之。必使捨近求遠，別覓官津，恐耳目難周，空煩文告，又何能設禁。多此一節，適足爲胥役輩訛索地耳，殊屬無謂。其兩村公設農渡，間日輪渡之處，着仍其舊。至入冬後，農事已畢，不准開渡。其三時渡河工作，如有行人附載，悉聽其便。此禁既除，該民人等自不致各懷疑慮，妄起争端。仰該縣照斷出示，以便永遠遵行。其餘牽控各節，從寬免究。取結備查。此判。

呈批道光十二年二月十八日

塌坡如有過渡之處，何肯越五里之遥，必向爾村争渡？本府堂斷已明，毋庸强辯。兩村原係輪日分渡，伊等果有索價争毆等事，則計日挨查，自當有人任咎，亦不致貽害爾村。如伊等踐踏田苗，着赴縣呈訴，自爲究理。勿庸越控。

（清）李鈞《判語録存》卷四《以貨抵債事道光十二年十月十六日》 審得偃師縣客民崔明控監生馬青山强搶貨物等情一案。緣崔明籍隸山西，在該縣開雜貨鋪生理，欠青山貨錢十餘千。嗣於道光十一年六月二十五日歇業。青山欠項，自向理討可也，否即控追亦可也。乃恃其强梁，將所有餘貨，於二十七日擡付地方收存，待其還賬取贖。是何官項，乃欲查封備抵耶？殊屬武斷。迨至成訟，青山謂其自願作抵，因議價不合，暫貯公所。既未定價，仍是崔姓之物，貯公何爲？至所開貨單，青山謂出伊手，崔明自鈐圖記。崔明則稱圖章亦被盗去，貨單係青山謊開，尚多遺漏。青山又稱，二十八日，伊鋪尚出錢票，印有圖章，證其未盗。試思時已閉門，豈能出票？況質之得票之王和順，稱係初十日先期所開。既爲期票，則圖章難保不在青山之手，而貨單不可憑矣。乃該縣仍令照單還貨，其欠項減數歸償。屢斷屢翻，遂控至省。提訊得悉各情。查青山原呈之單，與崔明後開之單，數目懸殊，無憑核定。本府詳察案情，當擡貨之時，崔明既非情願，焉有公單？明係興訟後，青山補開。瞞心昧己，安得不以多爲少？而崔明受人挾制，以暴易暴，又安得不以少爲多？事隔年餘，更復難尋踪跡。酌中定斷，只好從權。青山雖非强搶，亦係霸留，自有應得之咎。與其責處，莫若罰賠。據崔明在縣自估貨價一百八十千，折去半謊，亦值錢九十千。除單內應還之貨，姑算錢五十千，着青山再包四十千，限一月在縣連貨繳領完案。欠項無多，免其坐扣。惟崔明初控藩垣，恐難邀准，冒稱曾遞兩詞，所叙月日，乃係控府之期，實屬朦混。且抄批亦多失實，本應按律究治，姑以鄉愚寬免，再犯併究不貸。取結候詳，馬青山交批差帶回，餘俱開釋。此判。

（清）李鈞《判語録存》卷四《定過載行抽用章程事道光十二年九月二十一日》 審得洛陽監生張廷相、曹龍章、孫耀南控職員胡占元、監生王金榜串訛朦斷等情一案。緣張廷相，字號存誠；曹龍章，字號永和；孫耀南，字號合義；與廣盛號路春、西盛號孫化洽、萬合號曹德廣、廣順號孫鳴鳳、全德號尤輔清、萬德號孫世鏁，暨隆盛號胡占元，與盛號王金榜，均係該縣過載行。王金榜兼開車行，又有騾行五家，係劉泰來充當行首。凡有客貨發運，過載行代爲僱脚，抽用納税。並津貼車騾兩行，支應過往官差。惟向來客商脚户，不能面議價值，過載行借抽用之名，從中朦蔽，擡價分肥，以致客商却步。道光十一年，胡占元以張廷相故兄張廷魁與曹龍章於十年八月間，借伊麥子七十一石，糶錢五百七十千，交方振國所開三錫號錢鋪存貯，添補公用。除收息錢八十千外，尚欠本息六百七十千，在縣控追。王金榜又以衆行店抽用過濫，阻客累行，及伊前於六年開騾行時，代墊差錢二百七十千，至今未償，亦行呈控。該縣查明孫世鏁行內，於十月間發運駝行，每貨一擔，向客商索價銀一兩二錢五分。除脚户得銀七錢外，餘銀五錢五分，俱爲行用，實屬冒濫。念其相沿成習，非該行獨得之咎，未予重究。復剴切曉諭，謂與其浮收而阻客，莫如薄取以招商。商貨集則行用厚，析取之似覺其少，統計之自見其多。旨哉斯言，洵爲探本之論。於是查照向規，每貨一擔，准其抽用二錢，除幫車行八分，騾行二分外，該行實得銀一錢。並令於僱脚時，該行與客商、脚户，三面公議，俾脚價用銀不致兩相牽混。既欲搏多爲少，必須易暗爲明。俗有暗馬頭、明馬頭之説。惠行通商，又稱善舉。惟於該行所得一錢，令其除出五分，設立總店，公議妥人收貯，俟積有成數，屯糧備荒。復令脚户納用一分，以爲總店雜費。此説迂矣！夫社義各倉，尚不能行之無弊，乃以裕民善計，責之市井積猾之徒，豈非摶沙爲飯，必致互相吞噬，訟獄繁興。名雖正，而實不可行也。至胡占元、王金榜欠項，經訊屬實。占元自請捐修關陵，金榜自請捐修東門外官廳。金榜之項，九家各繳錢三十千，業已收訖。占元之項，孫耀南呈稱既係公用，亦應九家同繳，已與張廷相、曹龍章又各繳錢七十四千四百五十文，縣卷内俱有繳狀可查。延至今春，張廷相等以派充總店，畏事歇業，遂以串訛朦斷，並砌入差役押索等詞上控。奉批提訊。又方振國控胡占元欠錢二百千，占元行夥劉登奇控振國欠錢三百千。併案提訊，獲悉各情。查胡占元等果係捏欠訛索，則志在得財，豈肯充公？張廷相等又豈肯遵斷措繳？自係負欠屬實，除廷相等三家業已繳清外，限孫世鏢等六家，各於五日内繳錢七十四千四百五十文，以備工需。其設立總店，除用屯糧一事，滯礙難行，着即停止。用銀五分，亦歸該行等領受。該行等務各遵照縣斷，取與公平，招徠商旅。如蹈前轍，定當弔帖革究。至脚户原有車行及騾駝等行抽用。現在總店既不設立，用銀一分亦免重科。差役孫德明等既無勒索重情，免其置議。又方振國與劉登奇欠項，各有歷賬，互争不決。蓋伊等多年交易，款項轇轕，彼此昧心，便無從究其底裏。但着減半歸還，除抵兑外，振國凈還登奇錢五十千，亦限五日繳領完案。擊碎連環，姑以不解解之耳。一干仍取店保，俟繳清後再行釋回。取結存查，行縣知照。此判。

（清）李鈞《判語録存》卷四《争灘地事道光十二年十二月二十六日》

審得孟津縣民任錦芳等控王邦安等强佔灘地等情一案。緣任錦芳等所居邢院村，其西北爲堡子村，即王邦安等所居。中隔大河，各有臨河灘地。屬堡子村者，名堡子灘；屬邢院村者，名邢院灘。邢院村西，舊又有河心灘地一區，於乾隆五十三年報塌豁租。道光十一年，堡子村南陸續淤出新灘一段，亦在河心，經王邦安等開墾成地，計三頃七十餘畝，名小南灘。任錦芳等謂係伊村舊塌之地，率人認種，以致成訟。該縣訊無確據，令王邦安等各就所墾畝數，領地認租。任錦芳、任時中、丁世忠三户，亦各墾地十三畝，如數撥給完案。詎任錦芳等心懷不甘，迭以前詞由府控省。並稱所報灘租，借堡子灘暗滋影射，請一併丈量。如地浮於租，則此灘應歸伊有。經本府遵批委員丈明，提案親鞫。查伊村所没舊灘，四面臨河，茫無定誌。現在新漲之灘，既在堡子村南，即在邢院村西，其方向雖不甚相遠。然河面寬闊，迤左迤右，動逾數里之遥，安保其即爲原處滄桑小變？殊難問諸水濱也。自應照官灘之例，何人開墾，即給何人耕種。乃任錦芳等謂東坍西漲，理應撥補。此指未豁租者而言。既寬其徵，何以復償其地？至堡子灘，現已丈明，地租相符，與此灘毫無牽混。即有其弊，亦不過照例升租。物各有主，何以便屬他人。設此灘爲任姓開墾，而王邦安等妄起争端，亦當將伊邢院灘逐加勘丈，以憑予奪乎？執此爲詞，尤屬無理取鬧。任錦芳等逞刁瀆控，本應嚴懲，姑以節近新年，宜布履端之慶。從寬各予掌責釋回，一切均依原斷完結。詳司行縣。此判。

《清代巴縣檔案彙編・乾隆四十七年八月楊東來告狀》　爲奸牙吞騙，叩恩究追事。

緣蟻在叙府貿易，買姜黄二萬五千斤來渝發賣，前月二十日抵渝，投王芳蘭行内發賣。本月初三日，芳蘭已將蟻姜黄發賣，現錢二百四十一千一百文。殊奸牙欺蟻異孤，以爲弱肉可嚼，將錢悉行鯨吞，一文不給。蟻向理説，坐視不耳，反肆凶横，凌辱賭控。似此奸牙吞騙，陷蟻不得回籍，父母倚□憑望，實屬傷心。叩憲拘究追錢給領，法除吞騙。如稍有□，倍罪。伏乞太爺台前施行。縣正堂批：候訊追。

《清代乾嘉道巴縣檔案選編・道光十二年十一月二十九日蕭文梁訴狀》

情蟻以銀二十兩押佃龔光先受業耕種，房屋係伊父母居住，其業隔光先坐業數十餘里。今秋蟻雇工砍業内柴薪搭穀炊爨，不料十月内，有黄恩乾買光先蟻佃田業，立契時，恩乾令蟻以原銀二十兩佃栽，信以爲實，故未别佃。孰知恩乾乃屬套哄，本月初一足交光先佃價後，要蟻押佃銀五十兩，勒加租穀。蟻無銀佃加租，恩乾將業另佃張德林。蟻佃封姓之業，將家具騰搬，因封姓原佃未移，蟻夫室子女，至未搬去。殊恩乾奸詐，反行捏害，十四〔日〕以藉踞妄伐，控龔光先，並誣蟻砍伐伊買業各樹，謊詞在案。批：姑准勘喚訊究，如虚反坐。差喚合訴。

《清代乾嘉道巴縣檔案選編・道光八年十月監生伍超倫熊學康等復狀》

情前月二十有廖國倖以痞踞誣作具控廖開太、廖國斌等在案，沐批：是否屬實，仰約鄰秉公查理，毋任滋訟。生等奉委，於本月初十邀集兩造理剖。衅由道光三年郭張氏母子佃國倖田土耕種，國倖取押佃銀一百三十兩，張氏無銀交楚，又立約借轉銀十四兩，張氏轉招伊婿廖開太同垣居立約已經領回銀六十七兩零，開太挾另佃之忿，遂稱伊妻郭氏與國倖有苟耕。今秋國倖拖負外債，將田贖回另招新佃錢姓，取押佃銀□□兩，張氏合之事，故有此控。生等剖論，國倖田佃張氏，並未佃與開太，令張氏將銀領楚，借約揭兑，同開太夫室各自搬遷。至稱苟合，却無憑據，不必誣姦，自取羞辱，請息免累。無如廖開太不遵衆剖，總以姦情借口，要銀多金方休，而國倖仗無姦情，實不敢出銀。生等民不治民，是以繳懇仁恩賞察作主訊結。

《清代乾嘉道巴縣檔案選編·乾隆五十二年三月五日黃田氏告狀》

情乾隆四十六年有豪户周林信賒倭緞與氏夫黃永鄉，該銀五十兩無給，林信勒立字約。氏夫將業出典吳緗去訖，止留大田一丘耕種，每年獲穀十石作度。四十九年不幸夫故，氏母子五人，每年日度不敷，紡績添凑，淡泊過日如年，邁母乏膳，禦寒無衣。殊周林信爲富不仁，全無側隱，欺氏寡子稺，於本月初二日統兇張廷碧、廷言持小斧兇霸氏留大田一丘犁耙。氏往理阻，詎林信目無法紀，不分男婦，將斧趕氏半里之途，非王躬行等喝救，氏命難保。不控作主，田被霸耕，氏母子五人莫生。是以拋面匍轅，叩憲垂憐，嘗准差拘訊究。

《清代乾嘉道巴縣檔案選編·乾隆二十五年二月初九日馮朝相告狀》

情蟻本年正月二十八日將業一分，憑中文國明等議價足九䞓色銀九百五十兩賣與鄭文信，萬書等管理。係劉子厚書立契約。文信、萬書套契入手，將吹絲銀七百二十一兩交給。蟻執銀贖當，不收，約本月初五赴綦江縣將銀傾銷兑給。蟻執銀同文信赴綦江縣殷姓銀鋪内，將吹絲銀十兩下火，只銷九䞓銀色七兩五錢，餘二兩五錢係鉛，現據，文信即逃。蟻執所銷之銀歸家，經中文國明等向理，殊鄭文信執契潛赴案下投稅。痛蟻困貧賣業，遭此奸惡，以潮銀套買，民何甘心？是以執據奔叩仁天，賞驗作主。

（清）沈衍慶《槐卿政蹟》卷三《判牘·飄空獨佔事》　黃塘村上下里許，係張、陳、王、吳、蕭、李各姓綦布而居，村沿河濱，有水漲洲地一區。先是乾隆年間，陳姓於洲之上首栽植松株，於下首圍園内墾種，均未報丈，嗣又將荒洲私批佃墾。王姓起而争阻，釀訟數年，斷翻互異。後經丈明，斷定以植樹之處歸陳姓管業升科；已墾熟之圍園歸陳、王二姓平升平管，即現在册載升科甲陳天成、王功懋二户納糧之地是也。其墾未成熟之處，並其餘荒洲一概斷作官荒，只許牧牛割草，不准開墾。並將佃棚拆毁驅逐詳結，五十年來相安無事。道光二十四年二月，陳翼梁、王之俊等復於從前禁墾洲内僱佃棚居墾種。五月間，張維範等旋亦立標釘界，以召佃開墾爲名。陳慶瑞等遂以飄空獨佔具控；張維範等亦以私墾越佔互訴。集訊之下，前情畢繪。夫地無曠土，人盡力田，固王政之先務。而惟是濱河洲地易變滄桑，若概准升科，則此漲彼坍，民與水争地，而民反受累矣。若聽其自便，則弱併强吞，民與民争利，而民益累矣。故前此照例斷荒，原非無見。今陳、王二姓復敢影射越墾，其所呈私立判約亦與抄呈原斷不符，乃陳翼梁、王之俊等反飾詞謂：該處向係墾種完糧，近因拋荒多年，今始復業。不思二姓平升平管，係在圍園以内，何得藉端牽混，況質之中證傅景星等，年均居六七旬，俱稱：該處自乾隆年間搆訟以後，從未見人耕種。吳、李、蕭各姓人等所供亦同。是該二姓之影混侵佔，已無疑義，然猶得諉爲鄉愚無知也。至張維範等俱係衿監，竟公然自認傚尤，其亦思尤而效之罪又甚乎？本應照盜耕官田律治罪。姑念事尚未成，從寬酌罰。陳翼樑等赴界墾佔，陳慶瑞等雖住隔村，究係同族，不先自責，而徒責人，何以其昏昏而使人昭昭也。姑念氓之蚩蚩，應與王之俊等分别薄責。該洲除向來墾熟之區，仍聽陳、王二姓照舊執業外，其本年招佃續墾與張姓插標釘界各處，仍照例斷作官荒。飭令張姓將牌拔棄，陳、王二姓將佃自行退除，棚自行拆毁，判約當堂塗銷，各具遵結。六姓人等永不准私墾，以杜蝸角之争可也。

（清）沈衍慶《槐卿政蹟》卷五《判牘·剿灌絶命事》　江姓有孚塘一區，灌溉上下兩旁田畝。塘以上劉聲久有水田七分，源泉小窟，僅潤本田，並難旁及。塘以下聲久有田數畝，賃佃於劉門祖，藉溉於陳家塘。塘低而田高，車戽稍費工力。道光二十七年六月，門祖就毗連江姓田開缺放水。江周萬等出阻，聲久反挺身出訟，稱係伊七分田内泉窟來源，應由江田經過，指周萬等之阻爲非。不思泉窟本屬涓滴，酌彼行潦，僅可濯罍。兩田相隔甚遠，一勺之微，安能分潤於百步之外。而謂挹彼注兹，取不禁而用不竭，其誰信之？該田既有陳家塘舊灌，自宜各備桔槔，而乃惰農偷逸，反欲貪人之利以爲己力，何其視人太拙而自處太巧乎？本應責懲，姑念據實供明，後不再蹈，故輒寬免深究。

（清）沈衍慶《槐卿政蹟》卷五《判牘·截阻河路事》 胡祖林等有故縣渡並腹内小港等處，世業承完水課，載在府册。二區七甲胡子成，子紹等户港，與胡縣渡緊接，爲寧姓村人船行必由之路。胡姓每於水漲之年設棧港口取魚，因而召争者屢矣。道光戊甲之秋，胡姓復蹈故轍。寧長壽等謂其截阻河路，引斷禁舊案爲據。而港内别有張姓之太平湖坪業。先於乾隆年間，胡姓藉港争坪，前縣訊斷各管各業，給張姓印讞存照。因讞内誤載大河准胡姓收課，小港不在税課之内等語，張貴生等執以藉口，反謂胡姓不應取魚於港，而阻留其漁船三隻。先後訟興。夫審勢貴求其通，而核事必徵諸實。胡姓承完課户，載在方策，固明明有故縣渡並腹内小港等處名目，而顧謂小港不關税課，則府册所編載，條分而縷析者，不且俱成廢紙？昔日之胡既不得以港而争坪，今日之張豈反得以坪而争港？港自港，而坪自坪，兩不容相混，即兩不宜相侵。況課從魚出，胡姓世完水課，固惟魚之是求。張姓並無完課之户，即無應取之魚。不知貴生等之稱斯師也其謂之何？第港與河接，横棧而取，幾同絶流而漁。爲臨淵是羡者計，誠得矣；而亦思阻人於隘，勢比當關。彼招招舟子，一葦杭之，詎甘人涉而卬否乎？斷令小港、大河悉歸胡姓，按照課册地段仍舊管業取魚，張姓不得妄生覬覦。舊讞未合之處，即行更正，以免踵訛襲謬，致啓訟端。至各姓借港水灌溉田畝，向無科租之説，毋庸藉詞纏訟。船隻飭即交還，仍罰貴生等兩繙給胡祖林等具領。其港口攔設之棧箔，永行禁止，以免扼吭塞喉，致滋争釁。至府存課册，編定於乾隆二十五年，自應遵照胡姓所執順治年間舊約，與今册不符應予塗銷。從此泛彼中流。弗患要津之隔距，抑且守其先業，無憂經界之紛淆矣。以上道光二十六年六月至二十八年鄱陽任共二十九件。

（清）趙幼班《歷任判牘彙記》卷一《判王益成等堂詞》 核閱王盧氏所呈約據，共四紙。一紙係光緒十一年五月二十二日，借李名下英洋三十元；一紙係光緒十一年五月二十九日借李名下英洋三十元。七日之内，借洋兩次，數目均一十元，其五月二十二日一紙，代保人李有宜係後添者，因墨色新濃，露出破綻。果是王庭耀借欠，應由李姓追取，何以該氏王姓執李姓借據來索。又抵約一紙，係光緒十一年正月二十日，得抵洋六十元。尚在借洋以前，其約内並未載明，以房屋出抵於某名下，即是王庭耀出抵，應有受抵之主，或不書名，亦須列姓。既是以房屋出抵，書立抵約，何得如此之空空洞洞？又期條一紙，係光緒二十九年十月，載明期至次年正月終執付，王錦春花押於後，並蓋有王永泰昌黑戳。此條則係認票不認人者。據王錦春堅稱，並未出有此六十洋元之期，且戳記向用硃而不用墨。至抵約一層，光緒十一年四月二十三日，曾以房屋出抵與李姓，業經贖回。原約尚存，察核無異。其中枝節甚多。王盧氏所呈各據，似難憑信，飭差協同約保，將王錦春家中現用戳記交案，以憑核對。如與期條所蓋之戳記相符，則王錦春亦有口難辯矣。至部帖縣示，據王錦春所呈議單業已註定，請領部帖縣示，皆歸王業盛承領存執。所領藩示，皆歸王益成承領存執。其界限早已分明，毋庸争論。究竟是何實情，候照會海安商會，將全卷發閲，請其就近查明，秉公調處，以了其事。兩造暫歸，人證均省釋。此判。

（清）趙幼班《歷任判牘彙記》卷一《判陳金裕堂詞》 許慶美將田售與陳金裕家。因原日許父欠二十元，應歸慶美之弟慶樂清還。陳向許索，許意欲於田價之外取費。鄉約等從中調停，即將二十元扣付，許猶以爲未足也。復使其妻卧鬧，殊屬非是。兹來案質訊，説是陳金裕勒追二十元之欠，將慶樂關禁，至今未見其人。詢諸鄉約孟廷芳等三人，均稱並無其事。而許慶美仍堅持其説，暫交差取保，候傳劉文義、孟淦泉到案再行訊斷。此判。

（清）趙幼班《歷任判牘彙記》卷一《判黄增等堂詞》 此案黄增、黄堉之争訟不休，非争繼實争産也。兩造均無繼書。黄堉以光緒二十一年爲短税事，黄在沚遞詞遣抱黄堉稱嗣子字樣。又三十三年十二月，經黄在藻、黄填、黄堅、黄垓等四人公稟稱，係二十九年沚妻故時議立增、堉併繼等語，執此爲憑。黄增、黄喜等則謂二十一年，黄在沚因合置油坊短税，奉府訪查，其時抱病在家，遣黄堉赴案呈契。那知黄堉預存日後争繼之心，將原契藏匿，抄契具呈，並將繕好呈詞挖補塗改，捐職之同知兩字與在沚之沚字均係挖補。遺抱嗣子之嗣字，亦係添寫。而詞後專寫遺抱子又無嗣字，且已用抱告陳貴，何必再用抱告嗣子一詞？而用兩抱，其中似涉疑團。至併繼之議，黄在藻等果係二十九年合議，當時，何以不立議單？何不具禀立案？到三十三年，黄在沚於十一月間物故。在藻四人即於十二月十三日遞詞，始行聲明並繼等語。其時增、堉已生爭論。此禀藉用公呈之名目，實爲黄堉之私託而來。並查光緒三十年十二月，黄在沚因建支祠，與元益典、馮濬控呈，實有譜牒。雖係草譜的是印本，業已編成帙者，在沚名下以增入繼，黄增名下載定出繼在沚爲嗣。此譜係黄在沚原時至案存在署卷，並非今時所呈，尚有沚妻去世之時，所刻哀啓訃聞各件，俱稱棘人黄增字樣可驗。又查三十年五月所呈，黄在沚因花園内摘取花枝、桑葉、竹笋，以踐擾無休。遞詞稱鳴坊約蔣義堂查明，係職胞侄黄堉之婿，當令服祀。並有嗣子黄增忠懦職僕，不敢深言等語。果是二十一年立繼，二十九年併繼，何以三十年黄在沚遞禀，尚呼黄堉爲胞侄也。且三十二年十二月初八日，黄堉具禀，因元益抵款，控黄在沚詞内，稱大伯在沚，職父在沼。果是也繼爲嗣，何以三十二年尚稱在沚爲大伯也。况此禀係訴告黄在沚者，以子控父有是理乎？兹據黄堉堂呈禀詞，欲自圓其説。謂子不得與父訴，故稱嗣父爲大伯，與黄堉争産，則指在沚爲嗣父，因元益抵款，則稱在沚爲大伯，是伯是父隨口混稱，能如此之不正名分乎。是黄堉既不得争立爲繼，何能與黄增争分其産。然家庭之内，總不宜久結訟讎。黄在藻果發公論，持平調處，何至纏訟。如此既不争繼，黄增又何妨分潤。查黄增所執田産，除墓田、祠田而外，約計有二百三十餘畝。酌提二成，黄增以分撥田畝，將來於田業上必生枝節，仍不免再興訟。願議價值，津貼，錢文議作一千八百四十元。黄增尚嫌其多，黄堉猶以未足。尚有油坊，黄增謂係沚、沼合産，黄堉謂係在沼獨業。彼此争持兩不相下。以黄堉所呈議單，則油坊似非合業。而黄增、黄喜等説，原日爲油坊與黄丁氏等搆訟，係沚、沼兩人出堂，有卷可考。若是在沼獨業，在沚何必出名與人争論。究竟是公是私，自應查明以清糾葛。兩造均在城守候，明日再訊。此判。

（清）趙幼班《歷任判牘彙記》卷一《判吉和煦等堂詞》　查吉和煦於光緒二十九年，接買周麟伯田二十七畝，於三十年投税，檢查紅簿，畝數，價目均相符合。佃户陳泰旺納租已有六、七年之久，相安無異。此田不歸吉收，尚有何人敢置産耶？周吉氏是和煦之少女，老年人不免有溺愛之懷，詎料其包藏禍心。此時有枕席一段之私情，便忘却當日家庭之厚愛。至周文謨所呈抵契約查閲，抵契並未載明抵與某姓名下，僅書名下兩字，豈有如此之籠統者。並據陳泰旺所供，原日租約寔係載明夏季納麥租十六石，秋後完稻租三十三石。此約則書繳洋五十元，其租約既不相符，則抵約之不足爲憑，其弊竇已顯然畢露矣。又據鄉約周志堂供稱，三十三年間，因佃延不繳租，吉與理論，曾經看見此契是吉姓之有，印契亦非平空假託之語。鄉約目睹於前。現在搜尋未見，是吉姓之失此印契，亦非一人之私言。周文謨不以抵契爲抵制之計，其情形尚介乎疑似之間。兹以抵契租約出而搪塞，而不實情弊又被看出，此乃弄假成真弄巧反拙也。周吉氏堅不承認，亦迫於不能認者。在室之女而竊取家藏之田契送與新郎，不獨播爲笑談，且有損閨中名譽，且日後有何面目相見家中兄弟姐妹，只好以不認了之。而周文謨獨不思有如此之易得妻財果能消受，如此之盗來恒産果能執業否？吉氏謂周家過貧，何不明明乞憐，向阿爺分潤以成其家，奚必作此暗助之舉。果將印契交出，飭令吉和煦酌量破慳作貼奩費，免傷戚誼。文謨、吉氏俱不肯聽開道，殊屬逞刁，其中必有唆使之者。陳泰旺當堂另立租約，交吉收執。以後照舊收租，由縣發給執照管業。吉和煦回家再尋，如見此契，即行來案呈明。如終杳然，無論落於何人之手，應作廢紙無用。陳泰旺切結附卷。此判。

（清）趙幼班《歷任判牘彙記》卷一《判曹湘等堂詞》　曹湘、曹鈺是胞兄弟，何必啓操戈之釁。湘買田四畝五分，應過户更名，完納糧課，免致以貼補而生糾葛。從前未貼，姑無論有無其事，念屬一脈，由湘兑洋六元，以清界限。嗣後歸湘自完，永無枝節矣。曹德潤行兇觸犯，着即責懲。曹鈺務須約束其子，倘釀出事端，家之禍也。陳從義乃無賴之土差，事不干己，聳女人往湘家卧鬧，此等刁風萬不可縱，嚴責收押。鄭合小交差取保，結附卷。此判。

（清）趙幼班《歷任判牘彙記》卷一《判王世泰等堂詞》　此案曾經前任訊斷，飭王世泰繳洋取契，以五日爲限，逾限即歸蔣寶鳳執業。其時係十月初八也。本州履任之紅諭，原定十五日，其十三收詞之期必不收矣。王世泰等措備贖款無從投繳。值新舊交接之際，事務紛忙無暇理問，亦是實情。嗣因本縣爲事所阻展，至十八日接篆。而蔣寶鳳於十七日，即將田契領出投税。明知王家尚有糾葛，何必如此之匆忙，以爲將契税過，則王姓更難説話。殊不知，因此而訟釁，益結意見更深。本縣於二十八日放告王世泰，即於此期具稟繳銀。其意實以田内有祖墳四塚，售於外姓，將來必多窒礙之處，不得已定欲向蔣家取贖也。蔣寶鳳則抱定前縣已斷定五日爲限，過期即歸蔣姓執業。今王世泰雖照繳原價，而限期已逾，契已投税，萬難再爲挽回。且王世泰今年不應擅割稻麥。王意非將此田贖回不休，彼此相持固執不解。爲之議定兩個辦法。蔣寶鳳以田已買妥，因訟而退。於體面有關，必欲争爲己有，方不爲弱。然爲遠慮計，王姓既有四墳在其田内，將來枝節必多，難免不時啓鼠雀之釁，終爲鷸蚌之持。何妨就讓一步，任王贖取所割之麥如數交出，並須王家照帖買田所用雜費，另備酒席邀請鄰佑數客，向蔣姓調説以道歉，忱是蔣姓顔面亦可轉得過去矣。爲王姓計，田業已由王讎氏出售。本係讎氏承分之産，不過因蔣姓受田之時，雖憑中人説合，未及告知，王姓親屬心中以此不平。且有四塚祖墳在内，田屬他人，將來不得祔葬。盡可議明田歸蔣管，王世泰、世洪身後仍准其進葬兩棺，蔣姓不得阻持，乃有葬身之地。至隨時祭掃修理更無一言。是王姓舊墳既可保全，新棺亦得進葬，兩不相妨，免致纏訟亦可了矣。而蔣姓只知要田，王姓不肯領銀，各負盛氣，俱不願結。斬作罷論。候傳中人及兩造親鄰來縣，再行開導訊斷。此判。

（清）趙幼班《歷任判牘彙記》卷一《判殷學章等堂詞》　殷學章於三十三年十月初三日，具禀來縣。稱原日係典與殷其鳳，因田内有祖墳，議定回胡前任内批飭殷學勤等查理。學勤、其錦等邀同殷士泰、學實、學恒作保，仍交殷士宜家再種二年，由殷學章取贖。而穆姓買局因此中止。何以十二月間，殷士宜復將此田售與陳姓，並將原日典契抹煞，即以現在所呈原日賣契，係光緒十八年，何以至光緒三十三年始行投税？且官契填三十三年二月，及檢閲紅簿，確係三十三年十月。何以倒填日期？殷學章於三十三年十月遞詞。殷士宜即於是時税契，非臨訟投税而何。明明是學章祖墳，據士宜現供，亦稱是祖墳。何以契内改古墳二字？是現在所呈原日賣契，實係僞造，並非原日之典契也。種種破綻顯然畢露。陳春粉非不知穆姓買局，已成畫餅，而定欲買受是業，其中似有謀買情弊。殷士宜暫押，陳春粉交差看管，候傳殷士泰等來案再訊。契據附存。此判。

（清）趙幼班《歷任判牘彙記》卷一《判姜林萬等堂詞》　訊據姜林萬所供，其中爲難情形亦屬實在情節。韓雲衢買田三十五畝，投税價銀七百五十兩，而實在説有一千七百千文，究是外間傳詞，尚無確實之切證。認真查核，則觸其怒而産牙，必遭控累之憂。楊玉慶一户，係典受尤玉餘之業。照現在新章典契亦須投税。若傳尤玉餘追問，必私相授受，或換立借約，或稱是暫抵，設法以彌縫之。則産牙之言又是虚捏，而自治事務所之報告又來矣。欲整頓税契，嚴爲稽查。頗多礙手之處，安得人人謀公益耶。世道人心，可爲一嘆。然尤玉餘亦不能不傳案一訊。徹底查詢以分虚實。至置産之家，不用官紙更難查考。當再出不飭遵以杜隱弊。姜林萬交差，再候覆訊。此判。

（清）趙幼班《歷任判牘彙記》卷一《判蔣泰生等堂詞》　袁應章所争者三分田地，其實並非李廷芝乃李徐氏也。據徐氏所呈印契核閲，河西係二十八畝三分，則袁所少者只二分，並無三分之多。即少二分其數甚微，彼此相讓俱無所損。惟胡文山將袁之車基毁壞，自應賠修。文山不依，殊屬藐抗，暫行管押。至蔣泰生所控，袁應章出典田畝欠租不交各情，典契呈驗，袁應章何能圖賴。據供原日典價百元，實在只收七十元之數，尚有三十在胡德富處。胡又不認，蔣不能空，袁與胡錢項來往尚多糾葛之處，另案辦理。即以七十之數論，袁應照納七十元之租，何能拖欠兩年？至袁説典價已付，何以典契未銷？何能使蔣姓全無着落？且湯佃之田，已經袁手全數收訖，竟不與蔣一石，其居心太不良善。袁恃健訟語多刁蠻，着即押追，候再研訊。胡德富交差看管。李徐氏年過七旬令其回家，惟免拖累。典契暫存。此判。

（清）趙幼班《歷任判牘彙記》卷一《判成昌寶等堂詞》　此案成昌寶上控不休，經前數任屢次詳銷屢次翻異。考其原因，無非以昌寶原日將子出繼與徐氏，爲承重孫妒其得業，與之争擾。在昌寶固未能和家，在汝維等未免滋鬧過甚。劉氏之夫汝翼即議與昌興爲嗣，分有兩間房屋，原已出典，應繳典價九千文，交昌寶取贖。至六畝田典價錢十五千，昌寶可不再索。即將典契發與汝維執業。連根小等五人，均不得再向昌寳滋事，使人無安枕之日，釀成事變。成四胖子所繳錢十二千，昌寳領去。劉澍田已退出數年，其租穀之欠與不欠亦無從查追，昌寳可不深求自尋苦惱，鄉約陳覲堂等應爲之秉公調處，何可稍執偏見，以致不能了事。至地基界限有未清楚，本縣下鄉時，即順道履勘查明扦出。應讓出者，自不得任汝維等佔踞也。徐貴玉另票再提，取具各結附卷。此判。

（清）趙幼班《歷任判牘彙記》卷一《判張復興等堂詞》　滕光煜專騙人錢，殊屬可惡。周有山擇交不慎，以致受累。從德本雖早已將光煜開銷，自不能因而牽涉。然事已至此，又屬至戚，不得不合力爲之解開。張復興不與本行面談貿易，在鎮江路遇店夥，即行交洋，亦未免太不審慎。滕父元琢家境甚窘，勸道張姓讓半，作五十元了事。滕元琢出十元，保薦人陳佐才出洋十元，飭令鄉約樹棠往取，轉交從德本。湊洋二十元，本縣給洋十元，使張復興不致久羈異域，以息争端。周有山另給一元，速往他處。滕光煜薄責示懲，交其父帶歸，嚴加管束。至徐詩咏所告竊案，既屬戚黨，毋庸詰訟。滕元琢允爲設法籌繳，徐姓不必多言矣。取具各結附卷。此判。

（清）趙幼班《歷任判牘彙記》卷一《判呂長樹等堂詞》　朱浴之以田抵借呂長樹，向取即造閹書爲抵制之謀，其用心可謂巧矣。劉永柱不肯承認。管竹山公然作證。兩人俱是中憑，各執一説，可見閹書確係僞造。細爲研鞫，管不得不吐出真情，無從飾辯。朱是寒士，姑念其爲讀書人，從寬減二十元，作四十元繳案，撥歸禁煙分會，以全呂長樹助款之熱心。並納息稻六石，另立期條交與呂手。使呂不至全行落空，以順其氣。此案亦可了結，毋庸再争，各受拖累。管竹山從中播弄，應行責懲，求寬姑免，以後不得多事，另生枝節也。取結附卷。此判。

（清）趙幼班《歷任判牘彙記》卷一《判祝承貴等堂詞》　祝承貴以回贖筆據，並光緒六年公議期限合同字約爲憑，其議期限，讓田姓再種兩年。何以從光緒九年至今二十五、六年之久，不向田姓取贖，至本年四月二十八日始行稟案。而據内中人無一存者。試問憑何質證？田鵬林父子執有賣契，係同治十三年十二月初十日所立。契内中人又無一存者。迄今三十六年，尚未投税。且契内出賣與田名下之處，其田字，係另添者。光緒十六年過割，何以更户完糧而契不税？細核各據，祝之回贖筆據與田所交之推附字據，筆迹相符。惟光緒六年合同及絶賣契據，則又是兩人筆書。據田晋元遞呈親供稱，光緒六年合同，有劉步高、葉長柏爲中。查前於光緒六年，劉、葉均已物故，何以已死之人而作活證？詢之葉長椿説，葉長柏歿於光緒三年。細爲詰問，答詞含糊。但田數九畝原日填價四十七千，以前之田本不值價，然亦未必如此之廉也。飭鄉約訪查，劉、葉究係何時身死？田價寔值若干？據實稟覆以憑再訊。有可調停之處，爲之排解以息其争，免致彼此各受拖累甚好。此判。

（清）趙幼班《歷任判牘彙記》卷一《判王成宇等堂詞》　王成宇上控，屢提不到，數月之久，照例註銷。奉府憲批示，恐王成宇有所藉口，只得再提。兹已提到訊明王芝怡等，本係祠董十八畝田。原日係王遐鳳捐送宗祠執業，有簿書可證，現在，遐鳳之妻尚存。議定每年租息仍歸其妻收執，俟歿將衣衾棺椁安葬事畢，其田即交祠管。至二十九年以後，未收之租應追何佃，另票提追。據王成宇供稱祠田有盗賣吞没情事。此案專爲十八畝田興訟，應就事論事，尚有各田若干，果被祠董有私吞情弊，族衆應共鳴不平，何待爾王成宇一人出頭説話？先將十八畝之案議結，再問祠産之事。王芝怡、子俊願了，王成宇始而允結。至畫押之時，則又堅執未審，是何用意？似以上控爲護符，我又何必强而行之，只好任王成宇再上控耳。至王成珍，係開雜貨店者，與王成宇有貨帳未清事件，於本案毫不相干。真是無端拖累，以後毋庸再提。此判。

（清）趙幼班《歷任判牘彙記》卷一《判姜子金等堂詞》　此案前訊未斷，兹傳曹興道到復訊。查繆毓增曾繳有租價期條七十一千一百四十八文在案。姜子金以麥豆所折之價太廉，照姜扣算約有九十九元，照繆扣計只作七十七元，不相符者二十之數。勸導姜子金寛讓十元，繆毓增再添十元，合成八十七元。内除押租七元，又錢二十四千，將洋抵算，繆毓增應再加錢十二千六百文，書立期條繳案，以便發交子金具領。其車基仍照舊制讓田另租，取具切結，毓增之案了矣。至所控毓洲各情，據毓洲供，四都十圖共田十六畝。八畝係姜子金出售，八畝係姜步雲、朱長員出賣。即將此兩契檢呈，則子金無所藉口。原繳印契發還。領結附卷。此判。

（清）趙幼班《歷任判牘彙記》卷一《判姚陳氏等堂詞》　查此案，

姚炳南之父日明於二十六年呈控，經前任孔斷令姚金南出洋五十元，以爲另覓住房之資，日明不允具領，因此，案懸未結。現在姚陳氏母子將房屋場基出售，姚炳南以致又出而争論，謂場地應各得一半。然當日所争者，係佔瓦房一間半。其基即此一間半之基，並非一間半之外，另有場地也。而姚炳南則堅持其見。檢閲道光十年分書，只載禄字號分得朝南堂屋三間，後歸長子，次子得錢二十千文。日明是次房，應以二十千錢了事。咸豐九年，姚金南兄弟分家，其父日增有分書，日明在場畫字，果有場基未清，日明何以緘口不言，其中糾葛頗難分明。至姚福南因出簷滴水界限，恐有相争之處，飭鄉約爲之劃清。陳金開稍讓地步亦無不可。姚炳南强詞奪理刁抗異常，暫得管押，候查明再訊。此判。

（清）趙幼班《歷任判牘彙記》卷一《判高清等堂詞》　此案纏訟六年之久，其中情節頗難清釐。高清以道光四年張漢林之賣契爲憑。其契固未投税，而劉家舍三字實係旁添，三圻三字亦是塗改，五畝兩字又是旁添，出賣與高名下之高字亦是後添者，筆迹、墨色均可驗也。又呈有道光四年買田記數摺據。而摺内係書荀家舍買時，秧田二十一畝五分，計田三圻，其三字又是塗改者。且契内既是劉家舍，何以摺内又是荀家舍？據高清説，原日佃户薛良棟住在荀家舍，因佃以此書荀家舍地名。然道光四年至今八十餘載，其時高清尚未出世。此言從何處聽來？又呈有推附字據，其高名下之高又是後添者。且字内載一都六圖，册名張漢林户下，民米二斗六升四合，推與高名下入册。而所呈高裕厚糧串只有七合，何米數如此懸殊？又呈有劉鴻恩、高木天之函。鴻恩係藻鏡之父，木天係高清之本生父，鴻恩之表兄，高清之嗣父系高直卿，直卿是鴻恩之姊丈。劉鴻恩致函與高木天稱，先姊所遺之産十六畝五分。今年收租稻八石，昔先姊在日，曾倩四家姊借錢六千文，今扣租稻四石，僅剩租稻四石，特雇船送來等語。既是二十一畝五分，何以函内只寫十六畝五分。據高清供稱，原日母故，鴻恩索去斧田五畝。又説，四舅普恩禁阻，鴻恩索取斧田，鴻又退出，僅收五年租息。鴻普在桂前縣任内互控有案，並上控至府，其卷未及檢查。若果是鴻恩吞姊田産，普恩出頭稟控，何以木天默無一言？高清則謂本生父木天人極忠厚。然既是高家之業，無論如何老實，亦不能任劉姓將命産奪去也。查道光四年，高玉波議立嗣書以高清承繼。直卿其時只有五歲。而劉斌承買劉藻鏡田畝，係光緒二十五年。此七十年中，高清何以並不稟控？二十五年至三十一年，又有六年，此六年中，何以早不稟控？直至三十一年七月，始行遞詞。若是及早控案，其時三舅鴻恩、四舅普恩俱存，尚有族親中證，活口可憑，不難定斷，況劉鴻恩於光緒二十九年始行物故也。又呈有道光四年佃户薛良棟討田契約，嗣後，係黄高友接種。薛、黄兩人現在不知存殁？並查初次遞稟，所粘高裕厚糧串三紙，係十都一圖，而推附字所載，係一都六圖，何以圖數不合？三十三年有初三續遞稟詞，並粘呈糧串八十一紙，有高加齡、高裕厚兩户。加齡係一都六圖，裕厚係十都一圖，若以裕厚爲是，則圖數不合，若以加齡爲是，何以初次遞詞不呈此串？既欲以訟制人，何先後之參差。若是據劉斌、劉藻鏡所供，以高清所呈道光四年墨契，其地名本係載定黄家圩，而劉家舍三字實係旁添者。劉田寔在劉家舍，坐落地名已不相符。原日，糧串册名係劉鴻恩在一都四圖，高清所呈之串十都一圖，固屬風馬牛不相及，即一都六圖亦不相同。惟祖遺舊業老契無可檢查，以致高清挾此興訟。據沈六俊供稱係二十七年接種劉田，原佃何人實不知道，然劉家無老契可驗。高清總有所藉口，既據高清供明，原日劉普恩稟控鴻恩吞田租，並經控府，必有卷宗。飭各房書承將桂前縣任内案件逐一細查，如縣署無此件，可至府房檢抄。果有普恩稟控之事，則高清今日之控不爲無因，並可考究其實在原由也。再飭差協同鄉約，查明原佃薛良棟、黄高有兩人現今在否？候稟復前來，再行傳集人證訊斷。至高清簽指劉圖不符之處，亦飭鄉約按圖詳細查明，據實具覆毋得含糊。沈六俊係新種之佃，劉斌係承買之人。以後毋庸再提，徒受拖累也。此判。

（清）趙幼班《歷任判牘彙記》卷一《判楊陳氏等堂詞》　楊志啓將田出典志業父子，議價三十元，已兑三元，尚欠二十七元。因楊志銈即志基出而阻止，不得再付典價，始知志啓是一田兩典。則志業之揹價不發並非無因，志啓不與志基理清，欲以訟制，志業何能甘休？應傳志基來案詢明實情，方能定奪。至楊志才父子將志啓之花生油餅扣留，因志啓欠有茶帳，爲數並不甚多，速將花生油餅如數交出，志啓即將茶帳歸清。毋得各持其見，彼此俱受其累。代書李清因案牽涉，究竟是何情形傳案再訊。兩造均交保守候，鄉約楊明德欲爲之從中調解，果能理洽息訟亦無不可也。

此判。

（清）趙幼班《歷任判牘彙記》卷一《判繆登餘等堂詞》 訊據繆春耀所供，因租喜幡而生嫌隙。然總不能藉此冲毁其家，奪取其物，應行責懲。繆成魁並非貧寒之家，尤不應聽衆人之附和，混入其内隨同滋鬧，賠償百元、議罰百元，以爲好事者戒。繆文龍是殘疾窮氏，繆開祥等三人因借索不遂，擅取其糧食物件，殊屬逞强。飭繆銀餘爲之清查。其服物如有存者即行送還。其契據尚有留者從速交出。清理之後，所有無可搜尋之契據，即開明界址、田畝數目，由縣發給執照管業。其損失服物等件，着開祥等攤賠三十元了事。至繆銀餘有抵田枝節，將來仍備價取贖。繆春鴻繳租讓田。繆春桐照據還欠。陳朋書事不干己，從中挑唆，薄責示儆。繆春耀等自此次訊斷之後，均不得再向繆登餘家滋鬧。念屬一姓之親，何必結久訟之釁。繆登餘既聽開導不願深追，從此積恨自消，當不至復起風波矣。取具各結附卷，並候備文詳銷。此判。

（清）趙幼班《歷任判牘彙記》卷一《判黄增等覆訊堂詞》 傳案覆訊黄堉，又堂呈一稟，並檢帳簿，謂當日與黄丁氏訟案用費，結欠錢九千二百餘串，在沚只存有一千八百七十餘串，尚應補繳欠項，並須按年算付子金。查丁氏訟案，是有黄在沚出名，且將黄在沚收押，結欠九千餘串。應攤在沚一半，只有存項一千餘串，尚有欠項，以此油坊産業歸沼獨管，此換契之舉所由來也。並查帳簿内有換契八十千文之數。原契書佩蘭堂佩蘭係在沚別號，換契改文德堂，因在沼號文覌也。既是合業，換歸在沼獨管，則攤欠之款已經算結，毋庸再議。惟油坊確係在沼獨管，黄增等亦不必再争。勸黄增稍加津貼以了其事，彼此相安，免致各受拖累之苦。計一千八百四十元，照現價一、三、五扣算，合錢二千四百八十三串，再添九百串，凑成三千四百串，固不争繼，又不争産，即以此津貼之費而弭争訟之端，黄堉亦可以作罷論矣。乃黄堅等不獨不爲之開導，從旁插詞有意播弄，殊屬多事。着將黄堅收押留所，以爲唆訟者戒。兩造均已上控，只好將訊斷情形，詳請府憲提訊。黄堉交保其細思之。此判。

（清）趙幼班《歷任判牘彙記》卷一《判潘高氏等堂詞》 此案潘高氏因潘王氏在外日久不歸，家中各事無人照料，且王氏經手者居多。典田一節，據王氏供稱並無其事。各業契據、租約均存在家。各佃租穀亦未止交，死媳衣衾棺葬之費，王氏有數可稽。是王氏雖因訟案未了，亦應回家一行將典田之事查明，是何實情，契據、租約檢出呈案，各佃户租穀催其速繳，死媳用費逐項清理，以釋高氏之疑，免啓家庭之釁。錢作舟既作兒女之姻，有應避嫌疑之處，毋庸干涉潘姓家事，自貽其累。身列膠庠，瓜田李下之詩曾讀之否？兹各持其説不必争論。候傳潘姓親族數人來案，再爲開導訊斷。此判。

（清）趙幼班《歷任判牘彙記》卷一《判周魯氏堂詞》 周加和係應章之子，毋庸再議。惟兼祧宏章，以致加平、加義心中不悦服也。飭周齊邀約公親等，另選一人承繼宏章，加義不得再争。加平種七畝之田，毫無干涉，乃竟從中阻撓，殊屬非是，應行責懲，求寬姑免。陸有加與加義，屬在至親，與周魯氏亦關戚誼，不發公論，播弄是非，着即薄責，以爲唆使者戒。取具切結附卷。此判。

（清）趙幼班《歷任判牘彙記》卷三《判劉文耀等堂詞》 史元和擅將木料取去，乃是野蠻舉動，殊屬非是，應行責懲。劉文耀與宋宜忠等同是鄰居，不必因他人之事而啓争端。曾宏義亦不能得李敬全之絶業。除清償孟吉魁當價外，應將此業充公，以作地方公益。飭鄉約等回去，邀衆商議，稟覆核奪。此判。

（清）趙幼班《歷任判牘彙記》卷三《判王文高等堂詞》 王文高與楊錦華彼此結訟，因争船業。王是異姓亂宗，楊是姦生之子，馮又可既立有承重孫，應歸一船與琴堂管執。馮韓氏尚在，應歸一船與錦華管理，王文高不得與聞其事。至原日馮又可遺書，載有提還王桂發借項錢二百串，爲期多年，現無確證，衹得作一調停。飭令馮錦華將二十六元條據不追，馮琴堂籌還一百串，以了其事。遺書條據均銷，結附卷。此判。

（清）張聯桂《問心齋學治續録》卷四《覆德國司副領事再論前案》 爲照覆事。光緒九年八月初八及二十兩日，先後接准貴副領事照會，均已閲悉魯麟行合同一事。本道所以必俟郭繼榮到案能訊辦者，其中一切情節，前此照覆文内均已論之詳矣。乃推貴副領事之意，以爲郭繼榮欠魯麟行債欵，願將房屋産業抵還，明明立有合同，又經領事官驗明蓋印，委係真確，何以地方官猶然疑惑，不肯割交作抵？一則曰不解何故，再則曰莫明其故。而又請問本道，究竟欲何辦法？良由貴副領事不諳中國定例，不肯平情論事，以至如此齟齬，是則本道又不能不直言以告也。查來文內稱，本道所存成見與前道相同，均不願將郭繼榮房屋産業抵還魯麟行債欵，且謂此案關繫匪輕，倘復依然延擱，地方官並不按照辦理，將來魯麟行必更加虧累，謂本道自知難辭其責等語。殊不知産業係郭姓之産業，非本道與前道所有。試問有何成見？有何不願？查前抄送合同，係歷年積欠糖銀，並往來生理賬欵，共計十餘萬兩之多。既曰歷年積欠，則非一年一欵，可知何以從前行東容隱多年，仍令郭繼榮充當買辦，並不控追，又不辭退，則所欠賬項必係行東出自情願，本無虧累可言。今一旦欲將郭繼榮産業抵債，寫立合同，又不令其親赴地方官呈請查明割抵，任其逃匿，以致今日難於查辦。即有虧累，亦屬咎由自取，與人何尤。而謂本道有難辭之責，非本道所敢知也。來文又稱本道前次文內云，所立合同雖經驗明蓋印，惟地方官並未到場，亦不足以昭信實。此等疑慮凡屬各國官員實所罕有，謂本道以貴署公事視爲兒戲。貴副領事計到中國未見有此情理，且係德國職官，不忍本道竟出斯言，近於侮慢等語。既謂無此情理，請即以情理言之。譬如洋人欠洋人債項，而以洋人自有之産業作抵，立有合同。彼此親赴洋官查驗，則洋官可以一人專主驗明合同，實係親筆查明各産契據，並無轇轕不清，然後蓋印，准其抵償。今魯麟行東係屬洋人，郭繼榮係屬華人，以華人欠洋人債項，而以華人自有之産業作抵，立有合同，彼此但赴洋官查驗，並不赴華官查驗，就使合同實係親筆，而各産契據有無轇轕不清，應否准予全抵，洋官不能一人專主，須待華官查確分別清楚，方好會同蓋印准抵。當日貴副領事遽將郭繼榮與魯麟行所立合同驗明，蓋印者，亦但見合同之真實，而未嘗計及所抵産業何如耳。夫以華洋商民所立之合同，但經洋官查驗，並不問其合同內所抵産業，其契據有無轇轕不清，應否准予全抵。而洋官遽蓋印信，華官並無印信，尚得謂之信實乎？且查前此貴副領事四月十一日來文，此件合同係三月初二日所立，三月十四日，魯麟行商帶同郭繼榮赴貴副領事處告知、簽字、蓋印。彼時彭前道與澄海縣均在汕頭，郭繼榮既能攜合同赴貴副領事處面請蓋印，因何不就近赴澄海縣呈請查明蓋印？今但有洋官之印，而並無華官之印，何以示大信而證實？在此非本道疑慮也，實見夫情理固應如此。不圖貴副領事以爲未見有此情理，輒謂所言近於侮慢，不知本道之言實係準情酌理，而出揆之萬國公法而亦不背。試平心求之，方知所言之合乎情理，並非侮慢也。來文又稱郭繼榮不在汕頭之故，是誰之咎？毋庸再爲分辯。地基之案其未能即了者，亦非貴副領事貽誤，皆由地方官辦理不善等語。夫郭繼榮從前係在何處，誰實保護，誰實縱之，使逃地基之案，不能即了，誰實貽誤，與夫地方官辦理此案之善否，自有天下人公論，貴副領事亦可不必分辨。現在地案已奉大憲轉准總理衙門飭委施道來汕，會同貴副領事查勘，辦理。孰實孰虛自有水落石出之日，本道亦可不必置議。來文又稱不可以緊要案件躭擱時日，不願本道候地案了結再辦，合同之案以致不能早了。謂此案與地基之事兩不相關，其地案係貴副領事與施委員及該地方官會同查勘；其合同一案亦屬地方應辦交涉公事，務請速爲照辦等語。本道亦知地基與合同係屬兩事，並無俟地案了結再辦合同之言，亦甚願早爲了結。但以現在郭繼榮久匿不出，而所欠債項又不止魯麟行一家，實有欲速不能之勢，並非本道躭擱，實則郭繼榮躭擱也。來文又稱，魯麟行既由郭繼榮抵交各處房屋印契，便是德國魯麟行産業，即些須亦斷不能分給別人。而德國領事官亦應力助保全郭繼榮，如果委欠英國太古洋行銀一萬五千元，既有屋契按當，將來太古洋行變賣房屋，准可得回，原項不致受虧。若所欠中國行商債欵，及本道所指順泰一家，貴副領事向未預聞，即地方官前亦不知郭繼榮欠有錢債等語。夫産業係在中國抵産者，又係中國之人，不經中國地方官查明訊取抵産之人供結，當堂判抵，何能便作德國人産業？且謂些須不能分給別人，郭繼榮既另欠別處洋行，及華商債項，如果尚有産業可抵，或者不用分給，若僅止些須産業，同一欠債，豈魯麟行應抵，別處不應抵乎？雖有貴副領事力助保全，能保別國官員不與之争論，任聽魯麟行一人獨受乎？總應勻攤分給，方爲公允。至謂太古洋行有屋契，按當將來可變賣房屋得回。原項其能否足敷變抵，尚須查問。且本道前日在汕據英國費領事開單送交，以太古行稟稱，尚有郭潤庭、郭紫垣賣出新架坡客單欠本行銀三萬五千元，除還外實欠銀二萬五千六百二十元。是於一萬五千元之外，尚有應追之欵，即中國行商如欠順泰號母利銀三千餘兩，係據順泰控經前道有案。續後有無清還，亦須傳案查訊。郭繼榮所欠汕頭各處錢債，貴副領事何能一一預聞？即在地方官，亦不過訪聞。其欠債甚多，而但據報追有案者言之也。來文又稱，貴副領事在省城任內時，會有張錫三拖欠香港德國洋行銀三千元，將其在省自置房屋，稅契五張作按。迨後到期，逃匿不還，稟請在省德國領事官將其屋契送交南海縣，變賣抵償。所存未賣房屋一間，照給該洋行管業。而此案事同一律，況有合同確鑿可憑。本道與地方官儘可毋庸多慮，何以地方官總不肯任由該產業割交魯麟行等語。查張錫三一案事在南海，其始末情由，本道無從查悉。但就案而論，張錫三必僅止欠德國洋行一處債欵，即或另有別處債欵。而張錫三逃後，或未據赴官控追，或已控追。經縣傳到張錫三親屬查訊，或另有財產可抵。所以准將送到屋契變賣抵償，與郭繼榮另欠別處債項均各控追到官。有無另外財產可抵，尚待查訊者，情事不同。縱使合同確鑿，何能遽行割交？來文又稱，條約所載外國商人不能在內地租置房屋，及來往駐紮，惟中國人負欠錢債，將其房屋產業抵還，則地方官例應變賣，照數送交領事官轉給該洋商抵填欠債等語。不知欠債固應抵填，然必須傳到欠户，訊明實係虧欠若干，令其當堂具結，方能將產業變抵。現在欠户遠颺，無從訊供取結，何能遽行變賣？至稱本道在汕曾經應允辦理，並問本道何日來汕，本道並非不辦，然亦何嘗應允？止教郭繼榮親赴地方官呈明，即不來汕，亦可應允辦結。今郭繼榮不肯到案，必欲本道設一辦法。惟有飭令郭繼榮之胞兄弟、及郭繼榮之正室妻、並帶同郭繼榮之親生子赴案，聽候地方官查問明確。如果魯麟行欠數相符，實係無力歸還，情願房屋作抵，此外別處債項尚有另產可以抵還，自然分別口岸、內地產業，查明有無轇轕不清，酌量變抵歸魯麟行承受。倘或詢問別處債項，並無另產可抵，尚須逐一查清，分別勻攤歸欵，不能歸魯麟行一人獨抵。此係按照中國定制辦理，舍此別無辦法。至貴副領事擬稟請德國省領事，電報駐北京欽差大臣應否稟報，係貴副領事自主之權，非本道所得與聞也。爲此照覆貴副領事，希即查照裁酌可也。

（清）張聯桂《問心齋學治續録》卷四《覆德國司副領事論魯麟行合同案》　爲照覆事，光緒九年十一月二十一日，接准貴副領事十一月十七日照會，本道均已閲悉。查魯麟行合同一事，先經本道於本年七月間明白照覆，以郭繼榮所欠商民債項甚多，即有產業抵償，此時魯麟行斷不能獨估，何能任由辦理？總須俟郭繼榮到案，方能質審明確，分別核辦。嗣於八月間兩次接貴副領事照會，請趕緊設法速爲了結，並問本道究竟欲何辦法以了。魯麟行抵償債欵，又經本道以郭繼榮不肯到案，必欲設一辦法。惟有飭令郭繼榮之胞兄弟、及郭繼榮之正室妻、並帶同郭繼榮之親生子赴案，聽候地方官查問明確，如果魯麟行欠數相符，實係無力歸還，情願房屋作抵。此外，別處債項，尚有另產可以抵還，自然分別口岸、內地產業，查明有無轇轕不清，酌量變抵歸魯麟行承受。倘或詢問別處債項，並無另產可抵，尚須逐一查清，分別勻攤歸欵，不能歸魯麟行一人獨抵，此係按照中國定制辦理，舍此別無辦法。等由。照覆貴副領事查照，裁酌各在案。現存郭繼榮久匿不出，其胞兄弟、及其正室妻親生子又不赴案，所以延至今日未能辦結者，爲此之故。夫產業係郭姓產業，郭姓既欠別處債項報追有案，本道斷不能置之不問，遽將所有產業割歸魯麟行獨抵。試問何能照辦了結？今查來文內稱，假謂另有別情，本道故意躭延，魯麟行合同一案，貴副領事祇可惟本道是問，將來無論虧折多少，亦不得不向本道賠償等語。查中外商民欠項條約內載明，均不得向兩國官取償。況郭繼榮既有合同，則魯麟行債欵自不至於落空。不過目前因其另欠別處洋行，及華商債項尚多，須俟郭繼榮、或其胞兄弟、及正室妻親生子到案，確切查問，取具供結，方能覈實酌辦。今郭姓無一人赴案呈明，使本道無從措手，是延宕實在郭姓，不得謂本道故意躭延，何能無理向本道索賠？不圖貴副領事出此違約之言，未免措詞失當，出乎情理之外者也。來文又稱郭繼榮經已逃去，其家屬亦已遠颺。獨有伊兄一人在汕居住，素患癲癇，人所共知。於本道所議兩節，均難照行。並謂地基一案，經由總理衙門核議，無論郭繼榮返汕與否，均須妥辦了結。何以本道竟於合同一案，務須郭繼榮到案，始能辦結，爲貴副領事所不解等語。不知本道前此須俟郭繼榮到案者，係屬按例正辦。後因郭繼榮不到，經貴副領事商問辦法，不得已思及郭繼榮胞兄弟、及其正室妻帶同親生子赴案，亦可訊辦。今如貴副領事所言，均難照行。是魯麟行竟欲據一紙，但有洋官蓋印，並無華官蓋印之合同，獨佔郭姓所有產業，而凡郭繼榮另欠到別處洋行、及華商債欵，皆不予分抵，急思割交清楚。若果如願以償，在魯麟行固得計矣，貴副領事亦可以對魯麟行矣。其如本道不能對別國領事洋商、及中國商民。何須知合同一事與地基之案情形不同，地基之案有一切契據可查，有地畝可以丈量，即郭繼榮不出，尚可由兩國官員秉公查勘，核實指定稟辦，合同縱非虛假。而郭繼榮既另欠別處債項，能否有現欵歸還，有無另產可抵，抑僅止區區產業應否勻攤分抵？非待郭繼榮親身到堂查問，不能明白。即郭繼榮終久逃匿，亦非其胞兄弟、及其正室妻帶同親生子到案問明，取有供結，斷難核辦。此事有何難解？試平心而論，同一欠債，既有產業魯麟行應抵，別處亦應抵，終不能舍別處而專歸魯麟，而其如何抵法？本道不能懸揣而斷，此所以必須郭姓到案者，爲此也。來文又稱貴副領事屢向本道言明，該合同雖係光緒九年三月十四日，魯麟行商偕同郭繼榮前來本署簽立、蓋印，至其所有契據，則係於數年前先已割交魯麟作爲按欠，郭繼一切產業契據早已按交魯麟多年，即按各國錢債向章而論，所有債主例均不能將其按欠在先，產業向取以爲攤還等語。查本道前此來汕，及貴副領事來郡屢次會晤，論及合同一事，從不聞有郭姓契據於數年前先以割交按欠之言。本道非漫不省憶之人，貴副領事何嘗向本道言及，向來辦理中外交涉事件，總以印文爲憑。貴副領事四月十一日照會止稱光緒九年三月初二日，原日德國魯麟行東沙與該行買辦郭繼榮即郭潤庭立有合同字據，緣該買辦歷年積欠魯麟行商糖項、及來往賬目共計銀一十餘萬。該買辦自計無力歸還，情願將所有房屋、家產、物業一概割交魯麟行商作抵，並未聲明所有契據係於數年前割交作抵，即八月初四日照會亦但稱，些須斷不能分給別人，是初次來文並無此說。今忽插入數年前先已割交按欠之語，明係續後添說，以圖搪抵而思獨佔。文卷具在，歷歷可查。貴副領事不能任聽魯麟行一面之詞，一旦變更前説，指爲按欠在先，而平空冤及本道，以爲屢向言明者也。又況魯麟行欲憑合同而得郭姓產業，則合同係本年三月初二日所立產業，即於是日作抵。若謂按欠在先，何必更立合同？此又理之顯見，不待辦而自明者矣。來文又稱繼榮所欠汕頭糖客銀七千兩，經已有人擔還等語，無論糖客係屬何人、是何姓名，何人擔還，本道均無從查考。但訪聞其欠債甚多，若論報追有案。如欠英商太古行一萬五千元，有屋契按當能否足敷變抵，尚待查問。又郭潤庭、郭紫垣賣出新架坡客單，欠太古行銀二萬五千六百二十元，又欠中國行商順泰號母利銀三千餘兩，其所欠糖客銀兩並不計算在內。即使糖客銀兩有人擔還，而太古行、順泰號欠項均屬應行追償郭繼榮如無現銀歸還，別無另產可抵，總須將其產業勻攤分抵，方爲公允。魯麟行不得改稱按欠在先，輒思獨得也。來文又稱魯麟前管之大印契，不能再爲躭延，請本道札飭澄海縣，將契內所有鋪屋行棧丈量明白，照數稅印，俾得執管等語。中國印契並無大小名目，不知魯麟行所管是何項印契？如何而稱爲大印契；既無出租人、及受主姓名，又無地段四至，如何札縣丈量？殊不可解。總之，合同應行查辦，別處債項亦應查追。郭繼榮久已逃匿，其胞兄弟、及其正室妻親生子又皆躲避，憑何着實訊辦？本道實有欲速不能之勢。至稱欲照地基一案，稟由上憲轉稟欽差大臣照會總理衙門派員前來辦理，此由貴副領事自行主裁，非本道所能參預也。爲此照覆貴副領事，煩爲查照施行。

（清）張聯桂《問心齋學治續録》卷四《覆德國司副領事論魯麟行買受海關坪地及與郭繼榮私立合同將產業抵欠兩案》 爲照覆事，查接管卷內，光緒九年六月初四日，接准貴副領事六月初一日照會前道均已閱悉，因時值卸篆，未及照覆。本道抵任接准移交，覆加查閱，其中所言各節，似覺但知責人不知責己，殊非平心論事之道。來文內稱郭繼榮在汕所有填築地段，均無影佔情弊等語。查郭繼榮在汕二十餘年，所有填築銅山路頭一帶海坪，起造房屋，店鋪，達巷連衢，前經飭縣查明，郭繼榮自管之業及賣出房屋約計地段丈數，與檔卷所存郭忠恕堂及郭永基堂，請領水照填築銅山路頭坪地丈數，溢出十之七八，謂非藉契罩佔，其誰信之？來文又稱此次魯麟行與郭繼榮所立合同，該事本屬可行，原無窒礙。即使各國官員遇此等案，亦無不准照辦之理，況該契前經澄海縣查明確鑿。今郭繼榮自願將其產業割抵，何以地方官不肯照辦？殊爲不解。如地方官要各處印契查核，貴副領事前此照會時業已説明，俟抄就送閱等語。查郭繼榮揭欠汕埠商民債項，不止魯麟行一處。前據汕埠順泰銀號赴道稟控，郭繼榮揭欠該銀號母利銀共三千餘兩，請將產業查封，變抵等情，即經前道批、候飭縣查明封變抵償。去後嗣接英國費領事照會，以永成發行向太古行借銀一萬五千圓，郭潤庭擔保交太古行地契一張存照，請將該契所稅之產業查封，歸還等由。又經前道以郭潤庭即郭繼榮業已逃匿，應俟緝獲到案，再行核辦照覆在案。此外，未經控追者，尚不知凡幾。向來中國民人控追債項，如債户有產可抵，應按債主欠追數目勻攤分抵，不能一人獨據，且須債户親身到堂，將所有契據呈驗明確，聽候當堂判明，出具甘結，方能完案。今郭繼榮所欠債項，既不止魯麟行一户，則其所有產業不應歸魯麟行獨受。且其產業契據其中，有無轇轕不清，必須將現存印契及上手老契呈繳地方官，逐一查對明白，方能核辦。若但抄白呈送，不足爲憑。就使新舊印契全行呈繳。而郭繼榮不到堂具結，所立合同未知有無捏造。雖經貴副領事難明蓋印，而地方官並不到場，亦不足以昭信實。且尚有別處債項，亦須審明，按數分抵，不能專顧魯麟行一處，此中國一定辦法。郭繼榮係中國民人，應遵中國定例，何得一味躲匿。私相抵償，竟置別處債項於不問？況魯麟行主係屬洋人，郭繼榮所抵產業，如有坐址不在汕頭，則是口岸以外之產，猶非洋人所應有。郭繼榮縱欲混抵，該魯麟行主即不應違約承受也。來文又稱郭繼榮不到案之故，非貴副領事所得任咎，實由地方官設出各法與總理衙門暨貴國欽差大臣札行事宜，大相刺謬以至如此。並稱郭繼榮是緊要干證，地方官竟作爲罪人，大開公堂會審，其爲違背等語。查本年三月十二日，貴副領事來文內稱，令郭繼榮在大德國公館內自行保護。隨後十五、十八兩次訂期會審，均不准令郭繼榮赴案備質。是郭繼榮不到案，皆貴副領事使之。如此，既不令其到案明言，自行保護，乃竟任其逃匿，不知平日保護者，何爲？此則本道所不解也。若謂由地方官設出各法所致，貴副領事既屢屢不肯令其到案，地方官尚有何法可施？有何刺謬？郭繼榮係出租地畝之人，必須傳案質審，方得明白。何嘗先作罪人看待？向來中國官員會審案件，應坐公堂問訊。如果當日貴副領事將郭繼榮交案，自然要開公堂會審，此係中國體制，如此不得，謂之違背。今既不令到案，即無從開堂會審也。來文又稱：向施道詢問如郭繼榮到案，能否回來，施道云此事非伊可以作主，因地方官要郭繼榮到案，其罪即無所逃等語。無論施道有無此語，但就郭繼榮而論，如果情真事實，不難挺身赴案。地方官據理審斷，何能歸罪？自然秉公訊辦。至稱前道從前來文飭令郭繼榮，將所有契據檢齊赴案呈驗一節，彼時貴副領事不肯照准辦理，原無他故，祇以與例不符。倘地主官竟能先將此案辦結，然後再令郭繼榮繳驗，尚爲未遲。若果查有影佔實據，自當將其送案，任從究辦等語。不知貴副領事所謂與例不符者，指中國之例乎？抑指貴國之例乎？夫業係中國之業，置業之人係中國之人，中國定例須令業主檢齊契據呈驗，就使與貴國之例不符，惟既爲中國民人之業，自應遵中國之例辦理。且契據不驗，有無影佔，憑何查考？試問此案如何辦結？此理之顯而易見者也。來文又謂：前道屢稱貴副領事不遵貴國公使之諭一節，誠非所宜。遵與不遵，與前道無涉等語。前道因見總理衙門照會貴國欽使巴大臣，飭知貴副領事着魯麟行將郭繼榮交出審訊。因貴副領事屢次不肯交案，故有此語，亦是直言無隱之意。來文又稱：合同係交前道與施道看過，即使當日實係看過，其是否郭繼榮親筆？郭繼榮既已逃匿，亦屬無從質證。至前道謂言語不宜爲據，亦無非爲慎重公事起見。實因彼此言語不甚相通，傳話之人防有錯誤，所以凡有公事，必須有照會公文字據，方可作準也。來文又稱：魯麟行此次被地方官躭擱地基一案，生理大爲虧折，該項定須向地方官賠償。如地方官仍不趕緊，并將郭繼榮產業割交魯麟行一案辦楚，誠恐日後賠償數目，更爲加倍等語。查該地四至不符，明係郭繼榮影佔海關官地混行出租。魯麟行以來歷不明之地，妄行租受，咎在自己，於人無尤。地係中國官地，魯麟行本有生理可做，並非以地畝買賣爲生理，從何虧折？如何可向地方官賠償？試問天下有此情理乎？至於郭繼榮產業抵與魯麟行，雖係立有合同，惟既欠有別處債項，不能獨歸魯麟行一人抵償。且其所抵契據有無別項轇轕，及口岸以外產業、洋人應否承受，既不將契據檢齊呈驗，又不親身到案具結，均屬無憑核辦，萬無率行割交之理。以洋商而受中國人產業，不經中國地方官查明理楚，其失誤仍在自己，何能向人取償？譬如中國人在貴國貿易，與貴國人錢債交涉抵有產業，因契據不明，不能管業。其能向貴國官員賠償乎？總之，地基一案，郭繼榮既情虛畏審，逃匿不出，而其所欠商民債項甚多，即有產業抵償，此時魯麟行亦斷不能獨佔，何能任由辦理？總須俟郭繼榮到案，方能質審確實，分別核辦。爲此照覆貴副領事，希爲查照可也。

（清）孫鼎烈《四西齋決事》卷一《會稽治牘・批・家屬鍾貴批》

錢債細故一經涉訟，頻年累月，在被告固多拖累，即債主亦豈無消耗。前稟批令自邀原中取償，原不欲兩造以錙銖積聚之錢財，填胥役貪婪之谿壑。乃爾主不明此意，仍固求提追。查閱稟詞，景應祥在日借洋四百五十元，其子存人邀中議明以辦礦股單三紙作抵，股單不足，又立一百五十元借票，具見礦單三紙，足值抵洋三百元之數，則憑單取償，可無預景存人之事。股票認票不認人，不得謂雖有股單，持此何用也。其所慮延宕不還者，立票之一百五十元耳。景存人父喪已久，自應趕緊料理。且爲數無多，着限景存人於一月内自行歸楚，毋得推諉遷延，自取訟累。兩造當共體本縣安民息事之苦心，其各思之。

（清）孫鼎烈《四西齋决事》卷五《太平治牘・判・葉書等判》 兩業争田，取决於佃。然必壋號皆同，無可分辨則然。若承糧壋號各異，則因糧求田，着田起租，自有一定，非佃户所能淆惑。此案葉春暉承糧在十二都興壋一百九十六號，民田八分二釐八毫；林杏春承糧在十七都伯壋九十六號，民國一畝二分八毫。莊分既別，畝分亦多寡相殊，祇須問明該佃現種之田坐落何地，該地係屬何莊，即片言可决。查佃户徐永亮呈稱，向趙大瑞買進交租田一區，歷租穀還林配申家；大瑞亦呈明有祖遺交租田一區，計弓口八分零，歷年租還林姓，今已買與徐永亮為業。而杏春所執咸豐四年金熙治賣契，載有土名田洋趙字樣，是以與春暉相争執，引大瑞為幫助，以為確不可易之證，不知田洋趙坐落興壋並非伯壋，永亮受買大瑞田契亦載明坐落十二都興壋，則該佃所種之田，其為興壋而非伯壋，尚復何疑？至杏春所執金姓賣契内載，伯壋九十六號民田八分二釐，亦與現查局册所載，林大業收金阜孚户伯壋九十六號民田一畝二分八毫不符，其謬不止在誤註田洋趙一節也。况趙大瑞塊契載土名三角，並無田洋趙之名，又弓口八分零，并無一畝二分之多。種種鑿枘，一望而知。而此次堂供直稱塊與徐永亮之田坐落田洋趙，顯係因林契土名田洋趙一誤勾串朦混，至生無限事端。今斷定以後，租穀由永亮之妻按年交還葉業。葉春暉少收兩年租穀，既據林杏春供認由伊收取，應令交還春暉，彼此均係斯文一脈，即自行交割。事由契券錯誤，尚非有心冒捏，應予免究。趙大瑞挺身作證，遇事生風，實為可惡。永亮呈控各情，固知由大瑞主使而未得確證。迨環集訊供，徐林氏詞窮，擅敢在旁低聲教唆，則確鑿有據，從得笞責，以為刁唆者戒。至永亮抗欠田租，尚敢扭拔業主收租工人，並謊稱葉姓，搗毀擄搶情事，刁風一長，於業田租務大有關礙，本即重辦，姑念永亮已死，其妻林氏婦女無知，應罪坐主使之趙大瑞，着各具遵結完案。趙大瑞仍發押，聽候再訊。莊册兩本，發還各該書收執。此判。

（清）熊賓《三邑治略》卷四《堂判利川縣任内・訊牟奇翠一案》 此案牟奇翠承買劉松魁田地，本無錯悞。因劉名著等有祖墳在内，先經楊焕章勸劉名賢承買，而劉名賢故意揹賤，致使劉松魁轉賣牟姓，始終錯誤，即在劉名賢一人。斷令此地仍歸劉姓户族劉銀魁接買，將牟姓所出之稅契中資各費，均歸劉銀魁户族付給。楊焕章另代牟奇翠再買田地一分，以免轇轕。牟奇翠此次所買之約，着原中楊焕章送來繳銷，仍同楊焕章邀劉姓閤族，及牟奇忠等到面書立約據，賣於劉銀魁名下，以作護墳之田。嗣後亦不得再賣他姓，各具結完案。此諭。

（清）熊賓《三邑治略》卷四《堂判利川縣任内・訊聶清懷一案》 訊明聶清懷存銀四錠於董習春，據聶清懷供，董習春勒銀不給；據董習春供，此銀已憑劉傑忠等過交。當經隔別審訊，據劉傑忠供，去年臘月初九日早飯後，聶清懷來要此銀，有劉大芳、余思文、黄光富在場同交。復傳董習春上堂，供稱去年臘月初九日晚上燈時，聶清懷來要此銀，有羅俊堂、劉俊才、黄光富在場。彼此口供全不相符，足見子虛。比將劉傑忠掌責嚴審，又供實係去年臘月初九早飯後已走，聶清懷來時並不知情，更屬虚假無疑。惟聶清懷欠董習春借項二十四串，又欠包穀六石，驗明字據屬實，所存銀四錠，照四十兩扣算，按一串三百文一兩，合共錢五十二串，以二十四串還借項，餘二十八串抵還包穀錢三十六串，尚欠八串，書立期票，交董習春收領，董習春即將字樣退還。至董習春稱首焕雲有收銀字據。果有其事，即向首焕雲索要可也。各具結完案。此諭。

（清）熊賓《三邑治略》卷四《堂判利川縣任内・訊徐應壽一案》 訊明徐應壽與何道提互控一案，緣忠路十六保向有義穀二十八石，迨光緒十一年被賊偷去倉穀，至十六年歲荒，徐應壽與何道傳等分領義穀散借貧民，比時只存穀十一石七斗。二十三年又荒，復借與貧民，現未收齊。但徐應壽等有經官之責，不能推諉。斷令徐應壽賠出市斗義穀七石，何道提賠出市斗義穀四石七斗，歸成十一石七斗之數。以後責成團首何多識，邀同公正紳糧各户，保舉倉長，具結領取。春放秋收，所見利息，一併歸倉以備兇荒。穀票二張，交何道容手執。此諭。

（清）熊賓《三邑治略》卷四《堂判利川縣任内・訊孫維哲一案》 訊明賀珠山弟兄有公合堡業一處，先佃於樊永興，佃錢六百三十串。後於十六年取回一股，去錢一百二十串，樊興發净存佃錢五百一十串，據馮占魁開列清單，自二十三年租稞未清，據賀珠然供，全行未付，每年應還租稞大穀十石令六斗，經本縣酌斷每年讓去四石六斗，歸成六石，合計四年共欠大穀二十四石。查二十二及二十四、二十五歷年稻價，尚屬便宜，作成三串錢一石，共計錢五十四串。惟二十三年稻價甚貴，作成六串錢一石，計錢三十六串，地錢九十串文。除此項抵還外，净找錢四百二十串，交樊興發父子搬家。郎世美在樊姓撥佃一百四十七串五百文，孫維哲在樊姓撥佃九十串，净歸樊興發揭還，不與賀姓相干。至孫維哲欠孫賓山佃錢，無論多寡，歸孫賓山自行清理，賀珠然取的保開釋。此諭。

（清）熊賓《三邑治略》卷四《堂判利川縣任内·訊李學長一案》 訊明周維賢買吴著武之業去價二百八十串文，驗明約據屬實。惟招兑顔國信之錢八十串文未付，比時僅止招兑六十串，下餘二十串，應歸吴著武補還，斷令周維賢給顔國信錢六十串文。吴著武所欠二十串文，作爲義讓。其陶洪成前賣業於周維賢，價尚未付，内有應兑吴著武當價十二串。而吴著武又欠周維賢錢二十串，兩項作抵，吴著武净找錢八串文。外令周維賢再補賣主陶洪成八串文了事。李學長所控吴著武欠烟土錢，訊據，鄉約石元春稱無其事，又毫無憑據，彼時亦不告狀，應無庸議。各項字據退還清楚，具結完案。此諭。

（清）熊賓《三邑治略》卷四《堂判利川縣任内·訊周維賢一案》 此案要周維賢辦理積穀，所收各花户錢項，不當下發給收條，以致團保攻訐，本屬辦理不善。現據周維賢供稱，實收錢八十六串零，買穀二十八石，存在觀音崖倉内。斷令王之貞將此穀接收，查驗明白，封倉存儲。至李學剛等所控吞公一節，比時又不向周維賢索要收條，究無憑據，即作罷論。劉代美與周維賢互相攻訐，各有嫌隙，此保公事，二人暫勿過問，候專諭王之貞一人，辦理團練保甲，並管倉穀事宜。嗣後劉代美、周維賢夙忿已消，再行補諭和衷商辦，各具結完案。此諭。

（清）熊賓《三邑治略》卷四《堂判利川縣任内·訊冉裕全一案》 此案冉裕全等買冉廣厚田地一分，内有一百一十串價未付，仍令冉廣厚耕種，即作爲押佃之錢。而冉廣厚二年不認租稞，且稱内有冉廣大所買舊屋基園子一塊，曾經去錢十六串文，係自治私業，並未出賣。細查約據内有除叢一塊，此即冉廣厚有意糾纏之根。冉裕全投稅之時，忽將此四字塗去，改爲並無插針之地，彼此均有不應，斷令冉裕全仍照舊付錢一百一十串文，交冉廣厚收領搬家。其冉廣大舊屋基園子一塊，冉廣厚二年租稞未給，此地即作錢十六串文，歸併冉裕全弟兄，以清租稞一款。冉牟氏微有傷痕，據冉祥禎等均稱不知如何受傷。冉廣厚所砍冉裕全樹木等件，亦係小事，彼此均毋庸議，各具結完案。冉裕全期票一帋，計錢一百一十串文，暫存卷。此諭。

（清）熊賓《三邑治略》卷四《堂判利川縣任内·訊高順發一案》 此案高大福有家資數百串，袁良才等意欲侵吞，實屬可惡。高順發係高大福從堂侄，質之高承登等，均稱不錯。斷令高順發將高大福領歸，生養死葬，竪碑看墳。外有段顯親、袁興家、曹正德、冉廣朝，合共欠高大福錢二百九十串文，憑團首楊焕堂日後要出，即作爲高大福祀田，買一業産，交高順發經理，不准當賣。至袁良才欠錢一百串，念係戚誼，從寬免要。高順發亦欠錢七十串，既經領養，勿庸再還。袁良才夫婦以後不准干預高家之事，亦不准尋常往來，着楊焕堂書立躭承字據。此外尚有高大福欠款，仰楊焕堂在各欠户，減半歸償，作爲高大福現在養膳，各具結了案。此諭。

查高大福年已八十有餘，耳聾眼花，其家財均經其戚鄰袁良才等侵吞。堂訊時令高大福站立一旁，訊詰高順發，係爾何人？伊爲若輩蠱惑，竟不認高順發爲侄，云係同姓不宗。當堂飭令高順發，向高大福叩頭，始猶不理，及叩頭十餘次，呼唤伯父不已，高大福始發天良，兩眼流泪，乃將伊等吞産情節説出，一訊而服。若非高大福供出實情，則此案萬不能了結也。

（清）熊賓《三邑治略》卷四《堂判利川縣任内·訊廖邱氏一案》 此案廖邱氏養膳田地經伊子廖昌達私自背賣於鄧田龍，全憑嚴德玉、任中和二人做成，實係可惡，業已分別責懲。據廖昌達供稱，田價均係洋烟等物作抵，並無實錢。質之鄧田龍供稱，代還賬項，並取當價合計有四百餘串，其餘均係利息，合共扣算，計價五百四十串文，斷令鄧田龍仍照本錢扣算，讓去一百四十串，將此業退還廖邱氏，作爲養膳。當堂書立期票，約據暫存署内，届期繳錢，着鄧田龍赴縣親領，廖邱氏亦親自將約據領去管業。至廖邱氏先取佃户穀子，再斷錢十二串，交三家分得。廖昌達不安本分一併責懲。此後伊母大坪之業，及爾經分譚家塝爾兄所分喻家溝各業，均不准爾擅行當賣，各具結完案。嗣後鄧田龍再有紅約字據，與爾轇起，阻止佃户，本有不應，斷令以後各守各業，斑竹園及瓦廠灣兩處，龔啓賢不能過問。仰邵啓庸、何伴臣回歸，速將斑竹園佃門打開，另招客種。如龔啓賢再敢阻止，即行稟明究治，各具結完案。此諭。

（清）熊賓《三邑治略》卷四《堂判利川縣任内·訊袁善俊一案》 此案郭大文欠萬撫卿買貨借項二十二串八百有零，賬據呈明屬實，而萬撫卿所兑郭大文當價十八串，並押佃四十五串，亦係真情。除當價抵賬十八串外，尚欠四串有零，即作五串算賬。郭大文又另外該萬撫卿馬錢四串，合計九串文，照押佃扣算，萬撫卿應找郭大文錢三十六串。而萬撫卿既買此稞，袁善俊當價二十串，即該萬撫卿補出。斷令萬撫卿先代郭大文付袁善俊當價二十串，净找郭大文錢十六串文。惟袁善俊、胡文浩先搬今年田地包穀，萬撫卿又復取出，均不應。再斷萬撫卿、郭大文、胡文浩每人各出錢一串文，作賠袁善俊今年之稞。郭大文當堂書立收清萬撫卿當價押租字據。萬撫卿亦當堂書立撥付袁喜俊當價，並找補郭大文錢項，以清轇轕，各具結完案。萬撫卿所還郭大文錢拾伍串，暫交譚錫貴手，俟取出後，存萬岸分店，交郭大文子媳，留作佃田資本。此諭。

（清）熊賓《三邑治略》卷四《堂判利川縣任内·訊解慶善一案》 此案解慶善與扶尚相互控，緣扶尚相先買解慶碧之業，與解慶善連界，嗣後又買解慶善任家溝之業，已經出具永不跟賣字據，本不應向伊再賣，惟解慶善年老家貧，尚有與解慶碧連界之業十六石，又請中向扶姓售賣，扶姓不肯應允。經本縣酌斷，照土風時價，作成二十七串一石，應得價錢四百三十二串，外斷劃字錢十八串，合共四百五十串，仰解慶善具結，將佃户先行起遷，以免轇轕。下堂即邀同中證余祖喆、蒲乾萬、趙學經、解兆庚書約，各具結完案。此諭。

（清）熊賓《三邑治略》卷四《堂判利川縣任内·訊周禮和一案》 訊明廖星元買周義崇老房子田業一分，價錢七百串，業已交清。據周禮和供，伊有西頭房屋未賣。查周仕儒老分管二十六年臘月，另註一筆周義崇賣老房子，東頭全股字様。又查周義崇全領字内，寫明出賣老房子左右全業之様，左首即係西頭，足見此業全賣無疑。且據周義崇供，此業實無周禮和之份，顯係有意狡賴。惟周禮和賣田之時，廖星元未給劃字之錢，得業喫虧，着廖星元再給周禮和劃字錢二十串了事，具結完案。此諭。

轕，查出作爲破紙無用。至張昌達押租，仍歸廖邱氏付給。此諭。

（清）熊賓《三邑治略》卷四《堂判利川縣任内·訊商梁氏一案》 訊明商梁氏有黄連棚一處，將黄連賣於商正益，驗明約據屬實，合計銀一百六十兩，商正益已付過銀六十兩，下餘一百兩未付，書有期票。至商梁氏出當彭代祥名下商家灣等處之業，計當價銀一百兩，押佃錢六十串。斷令商正益速將商梁氏黄連銀一百兩歸還，贖取彭代祥田地管業。至商梁氏控商成然欠錢三十六串，借字被楊慕仲掣去。據楊慕仲供稱，並無其事，即作罷論。商正友本係抱子，浪費梁氏家財二百餘串，業經前縣責懲收押。查商梁氏僅有業産六百串之多，自己有子一人，照親生二子及養老三股均分，商正友亦衹得二百串家財，現已用過二百餘串，萬不能再要分文，倘敢與商梁氏滋事，定即傳案重究。此諭。

（清）熊賓《三邑治略》卷四《堂判利川縣任内·訊曾成意一案》 訊明此案曾成意，從前歸併劉傳福老當，有二百四十串字據，錢尚未付，驗明屬實。而鄧永潮等所取穀子，據鄧永川等供，有十餘石；據曾憲藻供，有三十餘石。經本縣裁奪，作爲二十石，照二十四年以前市價，每石作錢七串，合共一百四十串。外有鄧永潮佃曾成意房屋一所，尚欠二十串，佃錢未付，兩項作抵，合共一百六十串，除抵項外，曾成意净找鄧永潮錢八十串文，以清此事。當堂書立票據，將借據退還曾成意收執。至從前兩姓互控各案夙嫌，着本城紳首劉子書等，在公所備辦酒席三棹，一比見面，永敦和好。届時本縣亦自親臨，均勿負諄諄勸誡苦心。此諭。

此案曾鄧兩姓，均係巨族，人多蠻野，屢次械鬥，傷人不少。在省垣各衙門上控數年，抗傳不到。賓履任時，先用諭單婉勸兩造族長，令其自行投到，聽候秉公斷結。及到案後，細查原委，實係爲當賬轇轕起見，因架訟太多，彼此猜疑，互相搶奪，以致日夜不安，僱人防守門户。既經當堂斷結，又令首事等邀同見面，懽欣而歸。迨賓驗案，路過該處，兩姓民人，手執鞭炮迎接。據云，兩家業已和好開親，足見百姓無不可咸化云。

（清）熊賓《三邑治略》卷四《堂判利川縣任内·訊龔元善一案》 此案龔啓賢與龔元善，經分龔學武絶産瓦廠灣，龔啓賢一半，已賣於周必慶，僅留塘坎火烟坡荒熟地壹塊，約收包穀幾斗，其餘均歸龔元善管業，不與龔啓賢相干。至斑竹園一股，亦係龔元善私業，而龔啓賢現在將門釘

（清）熊賓《三邑治略》卷四《堂判利川縣任内·訊章牟氏一案》 訊明章牟氏與鄧邦沾互控一案，據章牟氏供，有田地兩坵，私賣與鄧邦沾。查章榜貴分關内有章洪禄老分關一紙，添註外有上壩連界紅沙田一坵，係魁元所管字様。又查章洪禄歸併於章魁元養膳老約内，有下抵魁元紅沙田坎爲界。分關内砂字，係寫石旁，歸併約係寫水旁，足見紅沙田二坵，係章榜貴私賣無疑。但章榜貴係章牟氏之姪，不參商。斷令鄧邦沾得業喫虧，作代章榜貴補章牟氏錢二十串，外張順久、李太安、陳仲和再給章牟氏五串，以後鄧邦沾及章牟氏各管各業，不准再争，並着張順久等三人，出具敦勸二比和好甘結了案。兩造約據發還，期票二紙存卷。此諭。

（清）熊賓《三邑治略》卷四《堂判利川縣任内·訊楊應聲一案》 訊明瞿益掌應完石硅廳鐵稅四十串，據供稱係三家夥開，不應伊一人出錢。但既係官項，何能零碎分繳？如果實係三家，應由爾自行清理，勿得藉此搪抵。斷令瞿益掌限三日内將稅稞四十串文，照時價合銀湊成繳案，備文耑差逕送查收。至瞿益掌在石邑拖欠稅稞，以致楊家才保户受累，再斷令瞿益掌出錢二十串作補楊家才口食，當書立期票，具結完案，候一併移知石邑，請將楊家才開釋可也。此諭。

（清）熊賓《三邑治略》卷五《堂判東湖縣任内·訊胡清逵一案》 訊明胡清逵、胡清遠弟兄及胡國梓，均有經分田地，於同治十年及光緒元年，先後推於胡清逵、胡清遠弟兄管業。比時因係本家買賣，僅寫推約，未寫賣約，以顧局面。迨後年歲太久，胡清瑜等印約投稅，胡清逵等遂説推約不能印契。查乾隆三十五年定例，典契十年以外補稅；又善後局新章，凡承當併撥各約據，照買賣田房一律納稅。此田已推過二十餘年，自不准再狡回贖。佳胡國梓等均係貧寒，斷令加補胡清逵錢五十串，胡清遠錢五十串；胡國梓原推之稞，尚少二斗，酌斷八十串；胡清逵未稞此田，即付現錢五十串；胡國梓、胡清遠佃種此稞，即作爲押佃，日後如不種此田，即將原日押租及新加之錢，一併付還。此外尚有公稞三分，均推於胡清瑜名下管業，每年出谷二石，作爲祭埽，伊等不得再行加價。胡項之所寫胡清逵得錢一百串，查胡清瑜原詞，並未説出，足見不實，註銷存案，各具結附卷。此諭。

（清）熊賓《三邑治略》卷五《堂判東湖縣任内·訊萬國太一案》 訊明萬世金等有墳塋一塚，在周正清界内。查驗萬世金等約據，註明左右除界一丈二尺。是萬姓之約，反較周正清合同少前後一丈二尺之界，足見萬世金等約據，不能靠實。斷令仍照周正清老合同，前後左右除界一丈二尺，憑陳定謙、陳定豐回歸，先行踹界，按照四界，設立窖石，永免轇轕。日後上墳時，邀同陳定謙等一路，如有糾纏，即爲陳定謙等是問。據萬世金等供，尚砍樹木數株，現已多斷前後一丈二尺之界，作爲抵還砍樹之錢，各具結完案。此諭。

（清）熊賓《三邑治略》卷五《堂判東湖縣任内·訊周正炳一案》 查訊駱九川買周正炳地二塊，計錢三十六串文，内有周姓墳墓十三塚。現在駱九川將此地轉賣於女工會堂一半，得銀四百八十兩。據周正炳供，將身祖墳佔去；質之駱九川，供稱：此一半地界，僅有墳一塚，業已除留，書明約内，此外十二塚，仍在等語。惟駱九川所執約據，數目有塗改痕迹，不無可疑。斷令駱九川補付周正炳銀一百兩，至墳界仍照舊交出。前已驗明女工會約内，有除留墳界字様，周正炳照舊掃墓可也。此諭。

（清）熊賓《三邑治略》卷五《堂判東湖縣任内·訊楊王氏一案》 訊明林源茂買楊法超之屋，價明契稅。據劉正興供，原日佃住楊法超之屋，去佃錢四百串文，尚有一百二十串文借帳。但查驗憑據，僅有四百五十串，下餘七十串，訊及楊法超供稱，原有此事，仰仍退還原日押佃錢四百串，並無利借項錢七十串；此外五十串，酌給利息了事。至劉正興，如願再佃林源茂之屋，憑兩人連環的保，承認房租。萬一林源茂不肯，寬限兩月，劉正興另覓屋搬遷可也。此諭。

（清）熊賓《三邑治略》卷五《堂判東湖縣任内·訊謝秀山一案》 查訊謝姓有老田一分，賣與李姓，約内註明寸土不留，又註明除謝姓祖塋，並衆姓古墳，日後謝處，不得再葬等語。玆據謝秀山等供，李盛榮等又欲佔界葬棺。查李盛榮早日已將此田賣於王宏志，本係屯田，故未稅契。而約内又註明外除塋所在内字様，是李姓亦只能有墳，不能再葬。斷令兩造各守各墳，以後均不准葬棺，以免滋事。至現在新章，屯田亦須稅契，候傳王宏志之後裔到案投稅。此諭。

（清）熊賓《三邑治略》卷五《堂判東湖縣任内·訊錢楚坤一案》 查訊錢楚坤老輩有房屋一所，坐落鼓樓街，係乾隆五十二年所買，計價銀一百二十兩，有約可憑。而沈春培亦執有乾隆五十一年約據一紙，核驗紙色尚新，與錢姓約據有別。細查情形，因錢姓回浙，託沈姓照料收租，迨後數十年不來，沈姓照料修理是實。至約據一紙，僅止一百二十串，或係沈姓自書，或係沈姓族人代寫，均未可知。姑念事隔已久，均屬鄉誼，斷令將此房變賣，各得價錢一半。如能售錢八百串，錢姓凈得四百串，沈姓連當價共得四百串。仰羅裕泰速行代覓受主，成約了事，先行具結。約二紙，暫存卷。此諭。

（清）熊賓《三邑治略》卷五《堂判東湖縣任內·訊楊順情一案》 訊明楊順情之祖楊天富於同治十年將楊家蓬屋，及柏子灣田地，歸於李可槐。迨光緒二十四年，楊順情又將柏子灣田地歸於李乾亭，係一田兩歸，本有不是。斷令楊順情將此田賣出，退還兩姓歸價了事。復據李萬鍾供，有光緒十八年遺囑養膳錢八百串，交李可柱掌管，既無李可柱領字，且李可椿丙申年去世，李可槐辛丑年去世，以前均在，如有養膳，無歸旁人掌放之理。況從前亦未呈控，顯係子虛，礙難照斷。楊順情歸價一節，先行具結贖取可也。此諭。

（清）熊賓《三邑治略》卷五《堂判東湖縣任內·訊郭祖兆一案》 訊明郭谷香有遺留田地一分，計稞二十四石，施入宗祠，以作郭谷香生養死葬，日後歸公。現因拖欠十餘年錢糧未完，經郭祖謨手，補完此糧，據稱去錢七十串文，質之户書供稱，收錢二十九串六百文，訊詰郭祖謨毫無賬據，足見不能靠實。斷令郭祖謨除完糧外，另提十串文，作來往盤費；下餘三十串，以二十串還郭崇新，以十串還郭崇貴，外欠郭崇貴錢四十串，即將郭谷香田撥當二石八斗；郭谷香所牽郭祖兆之牛二匹，即着郭維典、郭崇成牽出退還。至郭祖兆現種此田，有押佃六十串，日後不種，仍行退出。復據郭維典、郭崇成供，尚有郭谷香往來訟費，此皆該族人等不善料理，多請詞證之故。酌斷郭谷香認錢二百四十串，將經分己稞賣去十石，以償此款。日後餘稞十四石，除郭崇貴二石八斗外，仍有十一石之譜，着族中公舉正直八人，公同掌管。每年收租後，算賬一次，有原留郭谷香者，每年給稞六石；其餘五石，作郭谷香衣服零用；身後此稞歸入宗祠，忽得異説，各具結完案。此諭。

（清）熊賓《三邑治略》卷五《堂判東湖縣任內·訊姜開學一案》 訊明姜開學等十四人公領酒帖一張，已亥年請周星垣管事，獲利一百餘串。此外五年，均係傅金門同王發枝兩人管事。據姜開學供，伊等賺錢不少，至今未算。質之傅金門供稱，數年生意有賺有折，並無贏餘。經本縣酌斷，照周姓管帳，一年賺錢一百串之譜，合計六年，應有六百串。然其中年歲不一，不能有賺無折。再照折去錢三百串，合共算賺錢三百串文，除閻章夫下股不計外，此外十三股，均分此三百串利息。此錢歸傅金門、王發枝賠出，而傅金門亦應得此利息以昭公允。此後如同夥願做生意，公立管帳正人，每年算帳一次。如不願合夥，即令開質之股，將本錢五十串退出，准其出股，各具結完案。此諭。

（清）熊賓《三邑治略》卷五《堂判東湖縣任內·訊胡建堂一案》 訊明余學華種胡建堂之田，計佃錢三百三十串文。據余學華供，尚有溜莊錢三百八十串文，但年歲過久，溜莊不能全要。且該佃户今年亦不應强割田穀有六十石之多。斷令余學華賠出六十石穀錢九十串，溜莊減去一半，照一百九十串付給，連押租溜合共五百二十串，除胡建堂已付過莊錢四百三十串，下餘應找余學華錢九十串，以此穀錢作抵，洽如其數，即照此具結了事。此案不與魏耀先相干，着胡建堂書以後和好字據，余學華書領清佃字，永無轇轕字樣，胡建堂亦書佃字交清，此諭。

（清）熊賓《三邑治略》卷五《堂判東湖縣任內·訊雷發珍一案》 此案因收渣滓船之事，經各前縣斷明，雷、王、薛三姓兩股，共十六隻，鄒、陳、何、羅四姓一股，共八隻。因彼此互相争執，屢斷屢翻，皆因無實在憑據，以致争多較寡。經本縣剖斷，雷、王、薛發給印花十六個，准駕十六隻；鄒、陳、何、羅發給印花八個，准駕八隻。其無印花之船，准爾等查出扭送到官，將船充公。憑地保望大本限明日各具領字，當堂發給印花，分文不取，具結完案。此諭。

（清）熊賓《三邑治略》卷五《堂判東湖縣任內·訊覃長榮一案》 訊明覃長榮、覃長惠之父，先管公項錢九十六串，包穀三石六斗，多年帳目未算。迨伊父於光緒十二年物故，覃長倫等兩房要算公帳。覃長榮之母出田地一分，每年見稞錢八串，以作祭掃。及光緒二十二年，覃長榮等又説管稞不公，經憑族親，復將此田成本八十串，作三股均分，約據仍歸覃長榮分得，多年無異。忽於今年又聽信別人誑言興訟，未免有傷一本。斷令仍照光緒二十二年各分錢二十餘串，以後不作公款，各房自行祭掃，勿得異說。覃長榮尚欠覃長倫三串九百文，年號塗改，註銷無用；老稞字二紙，亦批銷，取具永敦和好結完案。此諭。

（清）熊賓《三邑治略》卷五《堂判東湖縣任内·訊羅沛霖一案》 訊明羅沛霖承當許晋元熟地一塊，去錢三十串因黄鄒氏與許晋元轇轕不清，遂將此地施入府署盂蘭會充公，而黄鄒氏心不甘服，棺亦不遷，疊次具告，原屬有意逞刁。經本縣酌斷，此地改施入育嬰堂，即着該士墊錢八串，交付黄鄒氏作爲遷棺之費，日後許晋元贖取當價，仍歸羅沛霖得。惟每年稞錢歸育嬰堂經收外，原日保甲局義給黄鄒氏二十四串文，現在錢難措齊，仰保甲局別籌錢二十串文，交付該氏收領，限年内將伊夫之棺起遷另葬，如違即行押遷，各具結完案。此諭。

（清）熊賓《三邑治略》卷五《堂判東湖縣任内·訊盧上達一案》 據盧上達供，陳傳甲、陳宗澤夥種身田，實只押租錢二十二串文。質之陳傳福、陳宗澤供，另外去有溜莊錢一百餘串。查此田駐只九石四斗，訊詰楊著軒、蔡琴仙等此處土風，若九石四斗，究有溜莊若干，復供稱至多亦不過七八十串文。斷令盧上達出溜莊錢八十串，外給押租二十三串，限年内給錢搬家，仰原差將陳傳福、陳宗漢帶去，取連環的保，如不搬家，即惟保人是問，各結附卷。此諭。

（清）熊賓《三邑治略》卷六《堂判天門縣任内·訊甘運得一案》 此案前經訊明，斷令仍照先年取水舊章，公車公用，業已具結在案。現在甘運得等又稱方姓約據，不能靠實。細查方光照等所呈之約，係道光十九年土豐垸公承買，其糧券又係方元之名，核與買約户柱不符，年代既久，户柱又別，此約自不能作算。惟甘姓向取河灘浮土填臺，據方光照供，伊等將生等車墩折毁，質之甘運得，供實係取河灘浮土，並未傷及伊等車墩。斷令以後甘姓只准取河邊浮土，不准傷及方姓車墩，以免轇轕，各具結完案。此諭。

（清）熊賓《三邑治略》卷六《堂判天門縣任内·訊李周氏一案》 查驗李周氏執出周長安所書親筆賣約壹千四百串，據周長安供，係李福丞逼迫所寫。但有親筆字據，萬不能推諉不認。惟李周氏所執之約，係屬白約，未用官契，亦有非是。且此田在周王氏家内門首，爾李周氏住居漢川，收稞爲難，恐日後又復争鬧，不知將田價找出，交李周氏另行置産，以清轇轕。斷令限一月内周王氏湊錢一千四百串，當堂呈繳，交李周氏具領。所有糧券、推收帳簿各據，暫存卷内，俟錢交清，再行發還周長安收執。如到期不能將田價繳清，仍將約據退還李周氏，照田管業。至李周氏另呈息銀四百兩，作爲義讓，一併存卷，日後並發周王氏核銷，各具結完案。此諭。

（清）熊賓《三邑治略》卷六《堂判天門縣任内·訊江炳元一案》 查訊李麟書等與江炳元等互控一案，據李麟書供，此湖本係在公，因江姓去年賣菱角於漢川縣外姓，得錢六十串，是以職等不服。復查江炳元等原日合同，本載明李姓使水行船，取魚取草字樣，菱角亦係水草之類，江姓本不應賣於旁人，質之江炳元等，供稱菱角亦並未賣，情願仍照合同管業。斷令以後李姓使水行船，取魚取草，仍照舊規。惟菱角所值無多，均由李、江二姓户族貧人隨時採取，以爲濟窮之資。兩造均係戚誼，住居鄰近，且李鄰書與江炳元又係紳衿，不可爲此等小事，纏訟失和。自結之後，各自約束户族子弟，不准再有口角，以敦戚鄰之誼。李姓繳到咸豐年間老票，一併註銷存卷，各具結完案。此諭。

此案係奉府憲批飭勘驗，及到場時，先提兩造訊供，細細開導，均各悦服，當場具結了案，省却許多拖累，足見人各有良也。

（清）熊賓《三邑治略》卷六《堂判天門縣任内·訊黄世評一案》 據保正黄世鑑、百甲黄世奇等同供，黄世評因放牛踏壞青苗，經董得喜看見阻止，彼此争鬧，不知如何將頭碰開等語。查種田之人，以青苗爲性命，如有損壞，即拚命阻止，乃人情之常。即如爾黄世評之田有人牽牛踏害，爾亦必極力往阻，况保正、百甲，均係爾之同族，俱稱爾素日有踏害青苗之事，足見只知有己，不知有人。此次黄曉苟照守田畝，既見黄世評牽畜踐食，理應知鳴保正、百甲，公同送官究治。董得喜、黄世耀本應私向滋鬧，致將伊頭受有傷。無論如何，總由不先稟官之咎。現在黄世評傷已平復，斷令黄世耀等公同出錢十串，以作回歸盤費。查黄世評父子狡賴異常，欲藉此爲圖騙地步。殊不知踐踏青苗，爾錯在先，且當堂呈驗木棍，供係黄曉苟兩人所打，經身將棍奪來等供。但爾年歲已老，如果伊兩人來打，爾何能將棍奪去？即此而論，足見虚誣。黄曉苟看守青苗，不知息事，後又不來稟官，應即更換，另舉妥人接充可也。各具結完案。此諭。

（清）熊賓《三邑治略》卷六《堂判天門縣任内·訊蕭開先一案》 查訊蕭東陽於四月初二日，憑伊戚傅福堂，將官票三十五串、紋銀十四兩八錢、銅元九封、大錢十五串，存於傅福堂之妹夫劉兆吉即劉恒順店，言明留作討親之用。迨四月二十三日，憑媒唐萬順等説合，討本街唐姓之親，後因事未説成，於是晚坐船回家。行至左家碼頭，被照守桑葉之劉女牙等看見，以爲竊取桑葉，送交百甲李和尚查明，並非竊取桑葉，將事解寢。乃劉恒順乘此蕭徐氏與女牙口角將蕭徐氏串通，赴乾鎮分司具控，云此錢被劉女牙等搶去。經乾鎮司將此案申送前來，細查此案，據劉兆吉原控，云蕭東陽挑錢十三串，銅角十封，並隨身帶官票一百二十張，落住伊家等語。復查傅福堂詞稱：蕭東陽同民隨帶紋銀官票共錢七十三串，又向劉兆吉之父借官票七十張，凑成一百四十三串之數，核與劉恒順原詞不符；即劉恒順所供銅元九封、大錢十五串，亦與原詞自相矛盾。且傅福堂云，言定船到白馬廟交人交錢，訊明唐姓及媒人唐萬順，均住乾鎮街中，如果親事説就，理應在街内憑證交錢領人，何至將錢撑至白馬廟過交？種種虚誣，不可勝駁。細揆其意，劉恒順無非欲撞騙此錢，聳使蕭徐氏誣稱錢被劉女牙等搶去，以爲圖卸地步，蕭徐氏自知悔悟，是以不肯上堂。其夫蕭克先及其兄蕭開先到堂供稱，劉恒順與傅福堂夥同詐騙，歷歷不錯，極爲可惡。將傅福堂掌責，劉恒順收候審所，俟將原錢七十三串退交蕭東陽，再行保釋。此諭。

（清）熊賓《三邑治略》卷六《堂判天門縣任内·訊李忠學一案》 此案經胡前縣訊明，以李通、李達公田已入衛署充公，因改章税契。李姓後裔李忠學等，始控稱要追原田。迨委員清丈之時，爾李姓又未到場，僅有董國梁等出爲料理，所有一切花費，雖不能據董國梁所開捌百餘串之多，然其中費用，亦必不少。是以董國梁等商量，將此田撥賣作爲清丈之費。以理論之，本有不是。但事已做成，錢已用出，如僅照税契之項繳出，全不問小費之事，勒令各買户數十家退出，勢必激成巨禍。且李忠學現在光景不好，亦不能找補用費。即令找出，伊住居牙旺院，距此田薄團院三四十里，人弱勢孤，日後收租，亦必滋事。再三酌量，不如通融辦理，勸令李忠學將此已捐之田，仍行加價賣出，每畝定價伍串，飭令各業户按畝給錢，印約投税，責成董國梁等經手收訖呈繳。再傳李忠學，具領所有原日李忠學先繳税契、票據退還。各具結究案。此諭。

（清）熊賓《三邑治略》卷六《堂判天門縣任内·訊董興銘一案》 查訊劉么兒有絶軍田十二畝，丁長兒有絶軍田二十九畝，從前輾轉撥頂，無可究詰。自此次改章，經委員丈量，統行印契完糧，既往不咎，而興銘等，同潘大義等，遂互相攻訐。究之此田不與伊等兩家相干，應行充公。然細查所頂種之人，均係一畝二畝，及三五分不等，實在貧苦爲難，不能令其交田，自不得不從權酌奪。斷令丁長兒之田，頂撥太久，凡承種者，每畝繳錢五串。劉么兒之田，頂撥稍遲，田亦較好，凡承種者，每畝繳錢十串，以作公用。現在學堂戲有常款，無需此項。惟武聖宫破壞不堪，仰將此項繳人，彙齊發交紳首，作爲修理武廟之費。以後各業户即照税契完糧，所有院役雜費，一概豁免。應繳之價，責成潘大義經收呈繳，各具結完案。此諭。

（清）熊賓《三邑治略》卷六《堂判天門縣任内·訊張訓欽一案》 此案牽累七年，拖斃數命，乃彼此不遵，屢次上控，以致案懸莫結。細查情形，始終壞在張之才一人，不應將公田私賣於董開江等，得錢逃走。及張訓欽等呈控，經梁前縣斷令伊等退田，而伊等合計數十家，均種一畝二畝不等，田既斷回，理應退價，乃張之浩貧苦，卡追無出，張之才又避匿不面，田價兩空。無怪各買户拒死相抗，雖伊等不應私買，然錯在當先，以人情論，似不能勒令伊等退田，全不給價。再三酌奪，董開江與其竊追此田，不能收租，不如仍令各買户再出錢若干，交付爾自行置田，以作公産。斷令每畝出錢八串，諭飭王國熙、沈子乾、羅裕琦、藍田、丁海山、賀席珍、董正銘等幫同辦理，向各户收訖，交於張訓欽等領取，收字送縣備案，各結附卷。此諭。

（清）熊賓《三邑治略》卷六《堂判天門縣任内·訊李定鴻一案》 查訊李定鴻原買李登魁等公項房屋三間，已有十餘年之久。惟買屋之時，將地基除留未賣，言明每年另認地租錢四串二百文；去年李定鴻之屋被燒，又欲自行修理，未向李登魁等商量，是以伊等不願，因買木條屋架，自行修蓋。但從前爾李登魁等先輩，已將此屋賣出，雖李定鴻被燒，係屬天意，然爾等乘機另蓋此屋，全置從前李定鴻買價於不問，李定鴻何能甘心？經本縣酌斷，此屋仍歸李定鴻修理，憑族長李凌雲、李時若等，按照三百串之譜，核實修造。並令李登魁等眼同監工，以十年爲期。如十年之後，李登魁等欲要此地基自行蓋屋，即將李定鴻修房之價退還贖取。如無錢回贖，即歸李定鴻常住。原日僅止地租四串二百文，既係祭産，仰李定鴻再加錢壹串八百文，每年認地租錢六串文。至此次李登魁等已豎木架，即由李定鴻給錢三拾串文歸併，以作修屋之用可也。各具結完案。此諭。

（清）倪望重《諸暨諭民紀要》卷一《正堂倪二任・許先朝控許先寅等争田兇毆由》　堂諭：訊得許先朝控許先寅等争田兇毆一案，緣許先朝於光緒八年間向已故壽如相借得洋銀陸元，以土名溪頭香隝田五分作押。又許先倫借得洋銀五元五角，以土名千秋坂田作押。田俱自種。迨壽如相病篤，因後嗣乏人，屬以許先寅之幼子校書爲之祭掃墳墓，所存田産及出借錢文，均歸執管。許先寅以許先朝借款不還，又不交利，欲將押田起種，以至争毆。當經許先朝等呈請驗提在案。兹集庭訊，查許桂照兇傷緦麻服弟許大業既經該族許邦忠等理令許先寅給予醫資洋銀念元，尚有不敷，斷令許先寅再給洋銀拾元，除劃還押田欠款陸元外，仍繳給許先朝洋銀肆元。惟許桂照爲許先朝侄輩，竟敢逞蠻，殊屬玩法，着予笞責，姑因許先朝代爲籲求，從寬免其枷號。許先倫所欠洋銀五元，又欠向借年分利息五角，今照本核算，計有三年利息洋銀叁元，連本共實洋銀捌元五角，除許先朝劃收許先寅應給醫資洋銀肆元外，仍繳出洋銀四元五角，以五日爲限，候給許先寅收領，諭令許先寅領洋銀時應將押契檢送，以便塗銷，各取具甘結完案。此諭。

（清）倪望重《諸暨諭民紀要》卷一《正堂倪二任・陳廷學控周如裕等圖賴欠款由》　堂諭：訊得陳廷學控周裕如等圖賴欠款一案，查周裕如開設萬豫店，曾託趙元灝向趙學純之母趙蔣氏借得洋銀共計本利壹百零九元。據店夥韓甫春供稱，所借洋銀本利曾付店帳，並找交趙元灝陸續還清。因趙蔣氏票未檢還，立有收據；又郭山西前代黄昌煊轉向趙蔣氏借得洋銀貳百元，已由郭山西繳還，取有收字。又金俞氏之夫長松在日，向趙學純故父趙國明借得洋銀陸拾貳六角，亦聽支取錫貨，並陸續付錢清楚，核與帳簿數目相符。乃趙學純藉執廢票，串屬陳廷學妄追，以致興訟。本縣查閱收據，比對筆跡，確係趙學純所爲。惟周裕如所借洋銀，據店夥韓甫春稱，付趙蔣氏店帳，餘交趙元灝找還。甫聞其言，亦疑趙元灝從中吞噬，應着趙元灝找繳洋銀。嗣提趙元灝隔訊，得知趙蔣氏在日，不信趙學純所爲，令其分爨，所積洋銀因囑趙元灝代放萬豫店内生息，後來是款收還，被趙學純預竊票據，遂致無從檢出，是以投中議立收字。趙學純竟執廢票串通陳廷學出頭控追，殊屬不合，予以戒飭示懲。所有周裕如、黄昌煊各款，俱經趙蔣氏收清，自應毋庸混討。至金俞氏所呈帳簿，查核本已付還，但少利息，着限五日内繳出洋銀六元，候給趙學純收領。趙學純所交陳廷學廢票，照依六折，限期繳候轉給，不得私相授受爲要。各借票塗銷存查，收字分别着領。萬豫店帳三本，金俞氏帳簿十一本，郭山西帳簿二本，黄昌煊帳簿二本，均當堂發還。趙學純所送憑票五紙，候給領，各取甘結完案。此諭。

（清）倪望重《諸暨諭民紀要》卷一《正堂倪二任・楊蔭繁即順國控追楊周烈等圖賴票款由》　堂諭：訊得楊蔭繁即順國控追楊周烈等圖賴票款一案，緣楊周烈之故父楊章福在日，於光緒十年五月暨十月，代朱萬金向楊蔭繁借錢，分立賃票兩紙，其錢貳拾貳千六百文，註明利息在内。又於光緒十三年六月間，借得楊蔭繁洋銀壹佰另五元，立有票據，註明貳分起息，其實利亦在内。旋經陸續付還，尚未算找清楚，而楊章福已故，其票尚在楊蔭繁之手。迄今日久，楊蔭繁輒粘票據控追，即經飭傳人證集訊。兹據楊周烈供稱，其父楊章福在日，所立洋銀壹百五元借票，係爲浦江人賃陳毛頭癩子所借，又票借錢貳拾二千六百文，係爲朱萬金所借，因查閲楊蔭繁呈送帳簿，收還約洋銀六十元左右，諭以帳簿何以不齊？據供仍有帳簿未送。又訊楊周烈供稱其父曾陸續付還本利計洋銀壹百拾二元，而朱萬金之子朱繼美亦謂朱萬金除已還外，尚欠本錢二千文之譜。蓋楊章福代朱萬金借錢，確取有朱萬金另票，一經核對，年月日與數目相符，且有代筆朱朝正可證。至洋銀壹百五元之票，浦江人陳毛頭癩子雖無着落，而代筆楊俊齋已到案供明，況陸續付還，俱屬零星數目，核楊蔭繁已送帳簿，可知楊蔭繁欲以零星之數爲息，楊周烈則以零星之數爲本，各存慳吝，罔顧交情。朱萬金所借楊蔭繁之錢尚欠本錢貳千文，則利息必未清付。斷令楊周烈與朱萬金之子繼美各備出洋銀五元，限期繳案，候轉給楊蔭繁收領，以了葛藤。楊蔭繁帳簿貳本，當堂發還。各呈借票五紙塗銷，俟繳錢日即給楊周烈、朱繼美領回，各取甘結完案。此諭。

（清）倪望重《諸暨諭民紀要》卷二《正堂倪二任·宣照海即沼海控宣貴倫賣屋翻悔由》堂諭：訊得宣照海即沼海控宣貴倫賣屋翻悔一案，緣去年拾月間宣貴生因父病缺需，託宣招才、紹通爲中，將樓屋壹間有半，出賣與宣照海管住，受得價值洋銀伍拾貳元，又中資洋銀貳元伍角，立有契據。後因宣貴生之弟宣貴倫以押非親畫，起意翻悔，遂致互呈。茲經集訊，查宣貴倫呈有故父九麟遺囑，以杜後人賣屋。核與押找契內家族花押，間有不符，且去年九月間賣契壹紙，貴倫與貴生押皆畫圈，而圈之右邊筆畫凹斜相似，則當日出賣是屋宣貴倫本不情願，亦可見矣。本縣推情度理，以宣照海與宣貴倫等分屬五服內之親，宣貴倫欲將賣契贖回，固無不可。斷令宣貴倫、宣貴生繳出原價中資，又加利息洋銀伍元，合成洋銀伍拾玖元五角，限一月內繳俟，轉給宣照海收領；其屋仍歸宣貴生等管業。一俟繳價將契塗銷發還。宣貴倫語多不合，予以笞責。宣貴松從中播弄，亦予掌責示懲。眠牀、壽料宣貴倫搬出屋外，經宣照海搬還，應毋庸議。各取甘結完案。此諭。

（清）倪望重《諸暨諭民紀要》卷三《正堂倪二任·章學芾與章佔鰲等互控侵噬義倉由》堂諭：訊得章學芾與章佔鰲等互控侵噬義倉一案，緣章學芾之祖德顯祀內創捐義倉田六十餘畝，以作賑饑救貧，其帳目立董經管，議明餘資置買田畝，迄今已有田貳百六十餘畝。嗣因已故之章國樑經手管理，加立試費。文武生童，凡應歲科兩試，各給錢七百文；鄉試各錢二千文；中舉則送花紅錢壹百千文；會試亦有盤費錢二十千文。現在章學芾以習武日多，誠恐此款不敷，商減各執，以致互呈。茲集庭訊，查創立義倉，本爲救濟窮民起見。章國梁創加試費花紅，爲數過多，未免於正額有礙。斷令文武生童歲科兩試，以及鄉試盤費俱仍照舊支給。入都會試減半給錢十千文，中舉花紅只酌給錢二十千文，其餘統歸賑饑。以今年爲始，寫立新簿，挨房輪管。年長二兩房，明年二三兩房，循環交接，周而復始。惟頭年人丁繁衍，坐派一人幫理帳務，斯亦可以無弊矣。至章學芾所稱章兔毛應有之分，背賣與章占魁管理，無論有無其事，不得爲憑。又以倉屋爲武寓，石板果係何人打碎，應令何人賠償，有章佔鰲等控告侵吞一層，諭著該家族章邦安、章鰲貴二人督同理算明白，如果帳有不符，稟候查追。章學芾所送宗譜二本、糧串二聯，著當堂領回，取具各遵結，領狀附卷。此諭。

（清）倪望重《諸暨諭民紀要》卷三《正堂倪二任·袁又新控追邵昌洲等票借洋銀由》堂諭：訊得袁又新控追邵昌洲等票借洋銀一案，緣袁又新與邵開賢在日，以朋以通財。當同治十一年間，掘開阜康烟店，又販蠶絲蝕本，或存或支，未及算帳。而邵開賢先故，遲之店歇已久，袁又新始向邵開賢之子邵昌洲等理算不明，出而呈控。茲經集訊，查袁又新今年又故，據其子袁垚松供稱，邵開賢所欠伊父洋銀壹百三十元，又代蔡景昌借去洋銀壹百零陸元六角，均有借票可憑。邵昌洲等則稱，各項除陸續支還外，尚有販絲蝕本應攤袁又新洋銀貳元八角有零。爰將帳簿核算，自同治九年起至同治十三年止，邵開賢共收洋銀二千七百四拾三元，共付袁又新洋銀壹千壹百拾五元九角，又錢壹千三百三十三千有零。因當是價值不等，即以錢壹千壹百文折作洋銀一元，合成洋銀一千貳百拾一元捌角。合成洋銀二千三百三十元七角，仍少洋銀四百十二元三角。又除袁又新應蝕販絲洋銀二百二元八角一釐，實少洋銀二百拾元有零。至所借蔡景昌洋銀，已經邵開賢收用，總共實欠袁又新洋銀一百四元有零。但袁又新、邵開賢相好有年，人俱有故從減，斷令邵昌洲等覓保，限期繳出洋銀三十二元，候給袁垚松收領。邵昌洲等仍供同治年間條簿三本，被袁又新在時奪去，始着袁垚松領錢檢繳，其實斷賴減而又減，索簿亦何爲耶？帳簿七本，俟邵昌洲等繳錢給領，抄簿及憑票三紙塗銷存查，各取甘給完案。此諭。

（清）倪望重《諸暨諭民紀要》卷三《正堂倪二任·周祖烈控馮楚峰串受田畝由》堂諭：訊得周祖烈控馮楚峰串受田畝一案，緣周祖烈之兄嫂周姚氏於光緒十六年間，因欠周祖烈錢文，計年算利，寫立契據，出賣夫遺土名上下二畝共田四畝一分；又於光緒十七年出押埂墩頭田二畝八分，統歸周祖烈執管。周祖烈即以兩處田畝捐立繼成祀。周姚氏因係利息盤算，而又價少田多，去年十二月間憑周光川等爲中，將上下二畝之田出賣與馮楚峰爲業。周祖烈投中向理，各執一詞，以致捏賭呈控。茲經集訊，查閱各呈契據，馮楚峰買受上下二畝田四畝有零，計去價洋銀六十五元；而周祖烈買押兩處田畝僅僅洋銀三十元又錢十五千文，其爲周姚氏心所不願，可見當時必謂彼此至親，押者可贖，賣者亦無不可贖，是以勉强行之，此固情之所必至矣。且周祖烈係讀書之人，豈不明理？既將押買各田歸祀，使周姚氏仍可有份，豈不明義？然則周姚氏爲其兄嫂，周祝寶爲其嫡侄，何不以理與義待之，而必捏爲賭博，取其重利，欲得是田而有之，親親之義安在耶？斷令馮楚峰將上下二畝之田，照契妝糧管業，仍找繳周姚氏洋銀十五元。周姚氏又自備洋銀十五元，合成洋銀三十元，繳給周祖烈妝領。周祖烈既經有本有利，其受押泥墩頭田價錢十五千文，諭以叔嫂至親，推情讓訖，其田仍聽周姚氏或管或賣，周祖烈不得退有後言。周祖烈所呈户册、祀簿，馮楚峰所呈印契，周姚氏所呈原契、册串，當堂分别給領。周祖烈等兩紙存，俟周姚氏繳錢，塗銷發還，各取甘結完案。此諭。

（清）魏息園《不用刑審判書》卷五　有夜投逆旅者，舉一囊以付主人：此錢囊也，乞代貯之，明日還我。主人諾之，即註於册曰：收某客錢囊一事，復予以收券。曰：憑券付還錢囊一事，此蓋逆旅之通例也。時則旅客踵趾相錯，衆目睽睽，咸共見之。及就寢，主人竊發其囊，則銀也，遽以錢易之。詰旦，客持券取囊，發視之，累累者，錢也。失聲曰：死矣，吾本銀，囊何得化爲錢？適向主人理論，則注於册者錢，收券亦錢。昨夜衆人所見者，亦曰：彼固付以錢囊也。客不能辯，控諸官。傳逆旅主人至，訊之。主人呈册券，則册註曰錢，券署曰錢。傳旅客至，證曰：吾等固見其以錢囊付主人也。官乃叱而逐之。客徘徊終日，復具控。官怒笞而復逐之，客益冤苦，及夜赴水求死，適有鄰邑宰某大令以事晋省，泊舟其間。見有自溺者，呼舟人拯之。叩其故，曰：吾某店夥也，自他邑收債歸，投逆旅宿，以銀囊付主人，當時以投宿人衆，恐有胠篋者流厠其間，故諱銀爲錢。晨起取囊，果盡錢矣。此必爲逆旅主人所易，吾歸無面目以見吾主人也，是以求死。曰：盍控之官。曰：已再控，不我直也。曰：是無傷，明日以狀來，吾爲汝直之。客謝去。翌日，果以狀來。大令乃赴縣署陳其事，官曰：是癡人也。證據鑿鑿皆錢囊，彼且一再赴愬，吾已薄懲而遣之矣。大令曰：否，此人必冤，不然彼何至蹈水而求殉也。乞假我法堂，當爲白之。官如其請。令乃盡傳逆旅諸人至，鞫之則册註錢，券署錢，願爲證人者，皆曰：彼固自言爲錢囊也。大令愕然，念無以白之，將遺笑柄。顧役問曰：逆旅諸人盡在是耶？曰：主人有婦在，以無預眷屬事，未傳來也。曰：速爲我傳之來。役去，大令乃謂諸人曰：客所付者實銀囊，汝等故賴之。而執爲賴銀者，吾不得知，然吾有術以破之也。命各伸一掌來，以硃筆於掌中書一銀字，令至庭中跪烈日下，伸其掌曝之。曰：賴銀者，掌中銀字當爲太陽攝去也。於是諸人羅跪庭下，有頃，揚聲問主人曰：某，汝銀字在否？應曰：在。少頃復問，則復應曰：在。差役侍從及觀審者莫不笑之以鼻，以爲若是者，直兒戲耳，詎烏得白。亡何，役傳逆旅主婦至，詰之曰：汝與夫謀以錢易客之銀，信耶？曰：無也。曰：汝夫已自承矣，何得云無。婦仍狡展，則又揚聲問曰：某，汝銀字在否？嗷應曰：在。顧婦曰：如何？汝夫已承銀子在矣，再狡賴，將刑汝矣。婦疑其夫之果已自承也，盡吐其實，客之冤乃白，一時遐邇稱神明焉。

（清）汪鐘霖《贛中寸牘·辦結德化縣革監羅秋舫盜賣屯地與美商李湯姆一案》　此案前於光緒三十一年九月，據德化縣禀：鐵路局委員具報監生羅秋舫盜賣龍開河官牌閘屯地與洋人，經縣差拘到案。訊明該地原係羅秋舫與其族人羅大佺合管貿易，因生意虧折，遂頂給羅大佺一人承管。嗣羅秋舫藉執糧串持有老契，將該地串同張品修、夏道傳等退與阜昌洋行買辦陳義山，賄通美商李湯姆出頭認購，得價若干。究無確據，旋由駐漢口美領事照送糧串老新各契，請飭税印。經饒九道以龍開河西岸基地，現正開拓商埠，先經示諭暫停買賣。江省修築鐵路亦擇於該處起點，軌道附近地基奏明不准私賣，先經公家應用。且該地係羅秋舫盜賣，例應將契註銷，照復轉飭李湯姆收回原價。並經由局節次嚴飭，比追羅秋舫並勒拘原中張品修等到案，一併押令繳出地價，逕向李湯姆贖約塗銷。嗣據德化縣陳令，以迭提羅秋舫比追地價，貧不能繳，現有商人徐守仁，因與羅秋舫等莫逆交好，情願備價。向陳義山與李湯姆贖契塗銷，經縣勸令羅大佺酌撥車埠之外、無碍路工之地基給與徐守仁，以酧勞勩，禀經由局批准照辦。後由商務總會以據職商徐守仁摺稱，九江裕盛錢店例欠伊銀七千餘兩，裕盛將各處帳目抵償内有陳義山銀二千兩，羅秋舫聞即託人勸得官牌閘地基，一則可收賬目，一則可了交涉。並蒙德化縣諭令羅大佺讓地歸秋舫出賣，勸職商另出現銀二千兩贖契承買。惟羅大佺只肯讓十餘畝之地，察明此地半文不值，何能應允請移？飭毋使牽累。又經由局以徐守仁既不允出重價，承受無用之地，自不能强其所難。惟羅大佺與羅秋舫誼屬同族，亦不得置身事外。批飭差傳羅大佺及中人等勒追地價，贖回妥爲核斷。旋九江鐵路公司劉紳景熙以該地爲鐵路車頭需用孔亟，請仍令徐守仁出資承買，還銀退地。如遵局批拘集中證，又恐萬難了結，遲誤工程。且有鄭紳與美商談定，允即退地，難廢前説。函奉護撫憲沈行經本局，以此地係在租界以外，照約洋商不得在該處置買産業，况屬盜賣律有禁條。又爲鐵路軌道即係以前賣給外人之地，亦應儘主國購回應用，商埠、鐵路均爲同佔利益之事，友國咸應贊助，共成盛舉，更無把持之理。美商李湯姆乃竟出頭認購盜賣之地，殊爲約章公法所不許。自應傳集兩造中證訊明，按例究斷。並令美商將此地退還，方爲正辦。惟延宕數年之久，該地又爲潯商辦，如能仍踐前言，從速辦結，俾得早興路工，亟應如劉紳所議辦理，移會饒九道督飭德化縣與紳妥籌辦結。並先由經局委令籌辦，教務委員催縣妥辦。現據會稟該地緊靠車站，地價已漲，徐守仁仍願集欵贖地，就中劃主公司以助路工，由局核明詳銷完案。

（清）汪鍾霖《贛中寸牘・辦結龍泉縣民康慶廷盜賣公産楊錫光等盜賣總祠與天主堂兩案》　此案前於光緒三十一年十二月，據龍泉縣稟縣民康慶廷將祖遺與其康賢垣公産久已典歸宗祠管業之房屋地基、魚塘及康廖馮朱蕭五姓相連餘地、住屋一併盜賣與法教士王化德，已得定洋壹百元，書立議約，尚未立契據。康賢廷等控，經提訊康慶廷供認盜賣屬實。經府委員至萬安天主堂與王教士切商，據稱買地時曾與康慶廷立約議明，倘有翻悔，罰洋五百元須爲追繳，並由地方官代購一地。經縣委妥商，擬將罰欵代追。如慶廷貧不能繳，由縣代繳，至地基令其自行覓購。王教士堅執不允，並指索已裁都司衙門操場基址發給。上年蒞局後當經批飭地方官，祇有保護責任，並無代教士購地及擅行撥給官地辦法。飭將康慶廷按律擬辦。罰欵令康賢垣等代繳，以爲不能教導約束子姪者戒。旋又批此案，該府等擬照私立義約，翻悔議罰已極遷就，教會既收還定洋，又得罰欵，案已了結，何得節外要挾。應飭教會自覓房地，照約辦理。奉經吉安府備函，代墊罰欵，委員持赴教堂面交。乃將銀函退回，稟經由局函致主教，願其衡轉飭王教士照約自行覓地，領回罰欵，並飭縣將康慶廷按律議罪。定洋罰欵儲府庫，俟顧主教繳約給領。又據龍泉縣稟據，楊樹森等以楊錫光等勾串，將城内總祠盜賣與天主堂，並據楊姓族衆將楊錫光送案，訊明盜賣屬實，書契議明價洋參百陸拾元，當交現洋貳百貳拾元，伊僅得八元，餘交楊德珂收。契内有楊德禮、德芬、傳迺、家泰、德彬、德育出名。傳訊楊德芬，伊未在場，事後得洋八元。楊傳迺供被楊德珂逼勒畫押，德珂係天主教民，迭拘未獲。稟奉：護院憲批：飭差拘楊德珂到案，提同質訊究辦，並將所得價銀照數追繳，退契繳銷。旋在押之楊錫光等邀族認繳盜賣契價，因王教士不肯收價，要俟購得地基方肯還契。嗣據該縣稟，以據縣紳請將城外武試校場荒地，由官會紳出售教堂，售價撥作學堂公欵，以免購買城内之地，致啓後釁。稟經由局，以該縣城外武校場係屬官地，未便出售教堂，批飭將原價轉送教士收回，勸令繳出盜賣契據註銷。以上二案延宕數年，現經派委籌辦教務委員徐守士穀，督縣辦結業。據該委員督縣稟報，詢據法教士王化德云稱，必須購得地基，方能收回定價，退還康姓議約。楊姓之契適據教民陳若伯等，以伊祖遺東門城内房屋一東基地，一塊央中説合，賣與本處天主堂爲公産，言定正價中人酒水紋銀肆百陸拾二兩，遵章捕牌告白，迄今半年之久。闔邑人等毫無異説，乞批示以便立契成交。經縣委將楊姓繳存盜賣總祠所得原價，及康慶廷盜賣公産得受定洋，一併交給教堂派來之謝教士，作舟轉交。王教士收回，由謝教士出具收字。將楊錫光等盜賣總祠契據，並聲明康姓議約遺失尋出作爲廢紙之字據，一併繳縣塗銷附卷。並據謝教士將價買陳若伯等房地爲教堂公産之契，送縣驗明，照章印税，給還所有康慶廷罰欵五百元。王教士情願撥充龍邑學堂兩處公用。楊錫光等照盜賣宗祠之例，擬杖一百，均照新章罰贖。康慶廷羈押已久，交族管束，以省拖累。詳奉護撫憲批准照辦完案。

《清代武定彝族那氏土司檔案史料校編・謀占田産事》　茂連鄉監生那德洪謹稟本府大老爺鈞座：敬稟者，爲奸妄包藏禍心，謀占田産，祈恩電察以靖地方事。情緣鳳氏絶産當鷄三凹與監生着干塊田地相連。睞卓任意霸佔，屢經控告積案如山。後兩州親臨踏勘分立界趾，斷以各管各業，不容紊亂在案。禍因契文炳奸貪極惡，屢思於中取利及索財不遂，唆使魯甫李伸表裏爲奸，夥告夥證欲以當鷄三凹二斗五升之荒田謀騙監生之祖業，叠訟頻年。今蒙恩申詳魯甫監生俱不得争占，理應變價充修學宫，誠永斷葛藤，以息二比争訟之忿也。夫契文炳鷹眼未化，意欲借承變之名復行侵占，前來争變。竊思契文炳素與監生訐告，係案内之人以案内之人承變相争之産業，監生情切不甘。將來争訟終已時。倘文炳可以承變，監生亦可以承變。若除文炳之外有人承變者，監生焉敢聲言。伏乞天星大張公道電察文炳之奸，並歷年争訟之由將當鷄三凹之田，勿令文炳承變。庶與情允協訟端得息。奸妄不致侵占，地方得以安静，頂戴無既矣。爲此，一具稟本府大老爺台前。雍正二年又四月初九日具稟監生那△△

《黄岩訴訟檔案及調查報告·彭正漢呈為强戽水塘迫求示諭事光緒四年七月十三日》

完糧户名

都　啚　完銀　米

新糧　完　米　完

舊糧　完　米　完

呈

做狀人　歇家　保戳

經承　原差

光緒四年七月十三日

具呈　彭正漢　年四十二歲　住西鄉二十都

啚浦口彭莊　離城十五里

抱告　年　歲　係本人之

呈爲强戽水塘，迫求示諭事。竊鄉間一方，水塘不少，而水淡可吃之水塘無多。如漢有與彭利富即老五、彭欽蘭等公共吃水小塘一口。其先與漢同方居住，均以是塘爲吃水，本無争執。奈富等遷住東江河地方，原不便在是塘吃水。詎利富游手好閑，因向漢借錢不遂，藉本年春夏間田禾缺水，富藉父有田一丘致將漢吃水塘車乾。漢以救苗爲要，懇留些少食用，不允。無奈向別方懇討吃水。刻雖亢晴多日，而田間未盡缺水。富等又至吃水塘車戽，要將吃水車乾。漢以水塘伊亦有分，田間缺水，固聽車戽，亦須留剩半塘以備吃用。不想富等因自他住不在是塘吃水，强要將水塘車乾，漢向勸止，反被詈駡，漢因其兇鋒莫可鄉邇，即訴房族，理以半塘之上悉聽車戽，半塘以下留作食用等語。無如富等又藉救苗爲詞，即以水塘伊既有分，無論滿塘半塘均要車乾，恃强尋釁。漢若向阻，恐滋事端。漢訴族人又復罔濟。殊不思救苗固須車水，而吃水亦所當留。況此際並非大旱，何得將吃水塘車乾。不求憲天俯察下情，恩賜將漢吃水塘凡屬遇旱，即以半塘之上悉聽車戽爲准，半塘以下仍留食用，明白曉諭，庶救苗仍然有水，而吃水亦復有恃，誠屬兩便。否則族理罔濟，將如之何？爲此不已叩乞大老爺電賜，出示曉諭，以杜争端。祝德。上呈。如虚坐誣。欽加同知銜題補台州府黄岩縣正堂加十級隨帶加五級紀録十次王　批：即經族理，着持批再邀族衆勸令聽理。毋得率請示諭。

《黄岩訴訟檔案及調查報告·汪賢銓呈為背據烹吞叩求訊斷事光緒四年十二月十三日》

完糧户名

都　啚　完銀　米

新糧　完　米　完

舊糧　完　米　完

呈

做狀人　歇家　保戳

經承　原差

光緒四年十二月十三日具呈汪賢銓　年四十六歲　住本鄉都　啚　西街莊離城□里

抱告　年　歲　係本人之□

呈爲背據烹吞，叩求訊斷事，切銓父娶銓母田氏，生銓逝世□□□□□弟一妹，母又逝。又娶徐氏病故。銓兄弟俱以婚娶，生□□□□□□七年間，銓父因年邁，難以操家，邀同族戚，將産業□□□□瞽目無爲，分銓房屋二處，共六間，價七十八千。二、金林得分□□□□五本，廿七九升，科三本，共價一百九十千。三、賢材分三都局册七□七櫃，糧房一角，共價一百八十千。與銓多少不均，命二弟各抽出穀五石，凑成十石，每年交銓收足養膳。其餘畝田，太寄册，父存，生則養膳，死則喪費。立據載注明晰。緣據内代筆不清，銓母未曾落據，故未畫押。現銓父舊業守、新業增，買得橘園店業，人洋衣服什物，尚未分給。奈上臘間，禍起蕭墻。父病臨終之時，囑銓兄弟等，將店分大房賢銓，橘園分與金林，賢林以作祭掃之資，所有人洋二百四十元，烟樂四十八碗，衣服等物，仍照三股均分，不得爭執。囑後即成大夢。焉料二弟金林，早以婪心包藏，欺銓各母，兼之瞽目，預將洋物藏匿，一錢不分尤可。膽敢背據，私議盟據，立銓出據，不知如何立法，私據並電。現今銓得分之屋，被二弟佔住。抽穀僅收一半，似此背據烹吞遺産，不求飭吊合同分據核斷，分據如滅。爲此伏乞大老爺恩准，吊據核斷，除私立，整分據。祝德上呈。如虛坐誣。

欽加同知銜特授台州府黃岩縣正堂加十級隨帶加五級紀録十次王

粘分據私據各一紙

批：着邀房族理處毋訟，粘據發還。

《黃岩訴訟檔案及調查報告·應慶明呈為恃强負噬恩求訊追事光緒四年十二月十三日》

完糧戶名

都 啚 完銀 米

新糧 完 米 完

舊糧 完 米 完

呈 保戳

做狀人 歇家

經承 原差

光緒四年十二月十三日

具呈應慶明 年五十歲 住西鄉五都 一啚 三十莊離城三十里

抱告 年 歲 係本人之

呈爲恃强負噬，恩求訊追事。竊明素安農業，不染毫非。釁緣光緒二年二月間，有應宣清向明税去民田一畝，爲燒瓦生理，三面訂定，每年交税乾穀三石五斗。於八月廿三日，挽明向孫壽足邊抱借去光洋六元，以作工本。至今二年有餘，税穀不交，本息全無，迭討迭誘，虎噬罔釁。現在燒瓦，卒業逃回。明同壽足原向逼討叱非，誰知惡仗地逞兇，忿討咆哮，揮拳趕逐，遏明催討之路。現有借主見逐確證。叩原税田望租，抱借宜還。而應宣清忽敢負噬不惟，田税全滅，抑且抱洋莫付，累害何堪，情不克甘，爲此叙情迫叩。伏乞大老爺恩准飭差提訊究追，杜噬安良。祝德上呈。如虛坐誣。

欽加同知銜特授台州府黃岩縣正堂加十級隨帶加五級紀録十次王

批：

着檢票税借據呈核。

《黃岩訴訟檔案及調查報告·辛光來呈為投理莫理粘求吊訊事光緒十一年二月二八日》 附前詞稟文一件

狀式

做狀人黃元吉 歇家飯鋪 保戳周日升

寫狀人王春元

經承 原差

光緒十一年二月二十八日

具呈辛光來 年五十八歲 住南鄉二十七都 一啚 沿橋莊 離城二十五里

抱告王阿三 年三十歲 係本人之戚

呈爲投理莫理，粘求吊訊事。竊身有外祖遺院橋街東箱店屋一間，因於同治三年，用百五十千又買西箱一間。光緒四年，身將西箱店百千出押與陳崇厚，將店税去，年計税錢十四千，厚子順官不知如何轉押與丁彭大四，上年二月，丁彭大四突出闞，身東箱之店理被四喝侄阿根、阿三糾黨兇毆。身當求驗，沐批投局理處，恩非不渥，奈紳楊旦以順官寄喚未到，兼有情面，不便出理。延擱。現四已故，其侄丁阿根、阿三仍圖霸佔，叩原身西箱店，原買百五十千，押伊百千，年税十四千，利亦不薄。乃敢絞串，作爲東箱致被霸毆，不求吊契訊明，受屈何了？爲此粘同前詞，伏乞大老爺恩賜，吊契訊斷，儆串霸以援生理，頂德上呈。如虛坐誣。

計粘前詞一紙

欽加同知銜大計卓異調補浙江台州府黃岩縣正堂加三級隨帶加一級紀録三次歐陽 批：

爾如果僅將西厢店屋出押陳崇厚爲業，現在陳崇厚轉押丁彭大四居住，若被其霸管東邊店屋，盡可邀同陳崇厚妥理清楚。事息徑直，不必涉訟。

《黃岩訴訟檔案及調查報告·王曹氏呈為為中遭害聲求吊銷事光緒十一

年四月初八日》 狀式

做狀人王日河　　歇家飯店　　保戳李玉行

寫狀人同上

經承　　　原差

光緒十一年四月初八日

具呈王曹氏　年五十五歲　住南鄉三十六都　一啚　甲头王莊　離城四十里

抱告王孟春　年十九歲　　係本人之子

呈爲爲中遭害，聲求吊銷事。竊光緒九年十一月間，夫族寡嬸王林氏急需邀夫爲中，王孟朋代筆，將秧田六分零賣與王孔年爲業，斷明田價每分八千，先立正、找、典契三紙，俟丈出多寡，再補田價，除付押契洋外，餘錢買主立還限票二紙，票存氏家，分作二期清付。一在是年臘月，一在次年四月。初期錢付票還，二期夫病在床，孔年錢亦清付，限票當夫因病沉許緩，事亦常情。不幸氏夫於五月間病故，續後孔年屢向氏檢票莫檢，迨至十月，氏將契盎內藏契票、當票、糧串等項，統送與代筆孟朋之父王孔哲閱檢。不意孔哲欺氏婦女，抽去限票，假説無着，氏當信實，豈知哲與王林氏甫經更繼之繼子孔和腹好，即將票交和手，向討田價始悉，現和將是田秧苗殘踏圖霸，致年向氏理討無詞可對，轉向和理，所被同弟孔才、孔滿毆逐，氏勢莫奈何，不求吊票核銷，遭害何堪，爲迫叩乞大老爺電燭下情，恩賜吊票核銷，焚祝上呈。如虚坐誣。

欽加同知銜大計卓異調補浙江台州府黄岩縣正堂加三級隨帶加一級紀録三次歐陽　批：

王孔年受買王林氏田畝，邀氏夫作中，當因價未付清，立票交該氏夫執存。後王孔年既將田價償還，屢次索討存票，該氏因何延不檢交，殊不可解。如因票據無從查檢，該氏既不另邀別人，而偏邀王孔哲檢尋，以爲平日親信可知，何致被其抽匿，私交王林氏之子孔和收執，重討則王孔哲於己無益，于人有損，是誠何心。察核呈詞，其中顯有隱情。不准。

《清代名吏判牘七種彙編》卷上《清官第一于成龍·三百文》　本縣審得錢歸氏與月中桂茶食店店伙孫小弟互扭一案，一謂早已付價，一謂尚未收到，各執一説，未能相降。詢諸旁人，亦多異詞。本縣細核雙方情節，錢歸氏年已六旬，貌尚誠實，似不至因此三百文之數，而頓起邪心。況據供赴店時確帶有三百文，今已空空等語，是更可見錢歸氏必非圖賴此款，而故出以狡詐者。月中桂一省馳名，年湮代遠，信用之佳生意之忙，冠絶全省。當亦萬無以此區區三百文之數，而索詐一鄉嫗，欺騙一鄉嫗。況據店伙孫小弟供稱，在店服務，已有八年，則其人自必誠實可靠，更不至有索財之事故。查核情節，雙方似均無誤。而此三百文，必由錢歸氏繳上，放在櫃上，而他人乘人多事忙，雙方不及覺察，遽施其胠篋探囊之好身手，而竊取之耳。故在錢歸氏則確已繳出，而在孫小弟則確未收進。本縣今爲爾等判：使錢歸氏再出三百文，則錢歸氏未免太冤；使月中桂認收三百文，則月中桂亦必以人人效尤爲慮，而不肯受屈。本縣現察在此店中購物者，計有三百人以上，何不人人之爲魯仲連，出而一解此紛乎。每名一文，一鼓而三百之數可足。在出錢者不過以一文之微，當必無甚吝惜，而雙方争端，自可平息。爲計之善，莫善於此。平訟聽獄，本縣之職。排難解紛，亦賢者之責也。此判。

《臺灣私法債權編·債權總論·債權之物體·利息·訴狀及批》　告狀人吴漳發號，二十七歲，住本城街。

具呈狀鋪户吴漳發，爲意圖霸抗騙延無日，懇乞明鏡追究，以儆頑民，而安商弱事。切發素務商活，非事莫作。緣有本街民李輝貳，於光緒十一年十一月，將瓦店一座立字典發爲胎，借去六八銀伍拾元，起利算至本年三月止，除還外，該欠利銀九十六元零；疊向取討，豈料李輝貳作何存心，不測狡計，騙限月復一月，分文不吐。試謂其人不思當日典借，其銀契同中交執憑證，詎今日膽敢反心圖吞，實屬不存天良，法應究儆。又本街鋪民黄新春，即阿二、阿東、知高等三人，承父增福，於光緒十二年七月，借去六八銀參拾元，起利算至本年四月止，除還外，該欠利銀七十九元零，又欠貨二十一元零。現在借字賬目炳據，奉單推取諉移，依然俱抗不還，罔應究之。李輝貳等束手延宕，仍被肆横，明係欺發弱肉易噬，向較莫何。似此，非蒙嚴究，何以足儆效尤！則發數年苦積血本，一旦被僥全虧，誰心奚甘！勢逼瀝情粘單，伏乞仁憲大老爺明察秋毛，恩准嚴提李輝貳並黄新春即阿二、阿東、知高等傳集訊究，檢據照數究還，庶血本有歸，商民有賴，以儆以安，公侯奕世。沾叩。

計粘單一紙

光緒十九年六月初三日叩署恒春縣正堂兼管招撫事務陳批。

查該民所控：李輝二、黄新春債款，取利四分及三分以上，核與定律不符，候飭本城總理邀同原中，查照一本一利定律，妥爲理處覆核。粘單附。六月初五日。

呈開：

李輝貳，光緒十一年十一月，借去母銀伍拾元，言約每元逐月利息四分。算至本年三月止，除還外，尚欠去利銀九十六元六角九瓣。

黄新春即阿東、阿二、知高，光緒十二年七月，借去母銀參拾元，言約每月願貼利息壹元。算至本年四月止，除還外，尚欠去利銀七十九元一角。又欠去貨銀二十一元八角伍瓣。

光緒十九年六月　　日呈

《臺灣私法債權編·債權總論·債權之擔保·呈及批》

具稟：本城總理黄增福爲稟覆事。竊福蒙諭飭，協同擔認之瑶琴、李就二人，調處本城鋪户林騰郊告陳四點謀賣火炭一案。福遵即馳往該處，查得李反係向林騰郊支取伙食，除對外，尚欠六十餘千。既已承認，惟瑶琴、李就二人僅擔認二十餘千之數，並非概行擔認等語。至陳四點所賣火炭，據説：李反欠伊錢文，李反將火炭抵還等語。今瑶琴、李就二人願將此二十餘千之數承認，尚欠之數，李反無可歸還，所以不能清楚。理合將情形稟覆大老爺察核，飭差傳訊究斷。切叩。正當蔡批候飭差傳訊察奪。

光緒九年九月廿五日叩

中華大典・法律典

民法分典 引用書目

引用書目

書名	作者	朝代	版本	備註
經　部				
經部·易類				
周易			四部叢刊本	影印宋刊本
經部·詩類				
詩經	宋朱熹注		上海古籍出版社一九八八年版	
經部·禮類·周禮之屬				
周禮			四部叢刊本	影印宋岳氏本
周禮注疏	漢鄭玄注　唐賈公彥疏		中華書局一九八〇年版	阮刻十三經注疏
周禮正義	孫詒讓	清	中華書局一九八七年版	
經部·禮類·儀禮之屬				
儀禮注疏	漢鄭玄注　唐賈公彥疏		中華書局一九八〇年版	阮刻十三經注疏
儀禮集釋	李如圭	宋	文淵閣四庫全書本	
經部·禮類·禮記之屬				
禮記正義	漢鄭玄注　唐孔穎達等正義		中華書局一九八〇年版	阮刻十三經注疏
經部·禮類·通禮之屬				
禮書	陳祥道	宋	文淵閣四庫全書本	
經部·春秋類				
春秋左傳正義	晉杜預注　唐孔穎達等正義		中華書局一九八〇年版	阮刻十三經注疏
春秋公羊傳注疏	漢何休注　唐徐彥疏		中華書局一九八〇年版	阮刻十三經注疏
春秋穀梁傳注疏	晉范甯注　唐楊士勳疏		中華書局一九八〇年版	阮刻十三經注疏
經部·四書類				
論語			四部叢刊本	影印宋刊本
孟子			四部叢刊本	影印宋刊本
史　部				
史部·正史類				
史記	司馬遷	漢	中華書局一九五九年版	
漢書	班固	漢	中華書局一九六二年版	
後漢書	范曄	漢	中華書局一九六五年版	
三國志	陳壽	晉	中華書局一九五九年版	
晉書	房玄齡等	唐	中華書局一九七四年版	
宋書	沈約	南朝梁	中華書局一九七四年版	

南齊書	蕭子顯	南朝梁	中華書局一九七二年版
梁書	姚思廉	唐	中華書局一九七三年版
陳書	姚思廉	唐	中華書局一九七二年版
魏書	魏收	北齊	中華書局一九七三年版
北齊書	李百藥	唐	中華書局一九七二年版
周書	令狐德棻等	唐	中華書局一九七一年版
隋書	魏徵等	唐	中華書局一九七三年版
南史	李延壽	唐	中華書局一九七五年版
北史	李延壽	唐	中華書局一九七四年版
舊唐書	劉昫等	後晋	中華書局一九七五年版
新唐書	歐陽修　宋祁	宋	中華書局一九七五年版
舊五代史	薛居正等	宋	中華書局一九七六年版
新五代史	歐陽修	宋	中華書局一九七四年版
宋史	脱脱等	元	中華書局一九七七年版
遼史	脱脱等	元	中華書局一九七四年版
金史	脱脱等	元	中華書局一九七五年版
元史	宋濂等	明	中華書局一九七六年版
明史	張廷玉等	清	中華書局一九七四年版
史部・編年類			
續資治通鑑長編	李燾	宋	中華書局一九七九年版
建炎以來繫年要録	李心傳	宋	中華書局一九七五年版
明實録		明	上海書店一九八四年版
皇明通紀述遺	卜世昌等	明	齊魯書社一九九七年版《四庫全書存目叢書》
清實録		清	中華書局一九八五年版
史部・雜史類			
國語			上海古籍出版社一九七八年版
戰國策			上海古籍出版社一九八五年版
貞觀政要	吴兢	唐	文淵閣四庫全書本
隋唐嘉話	劉餗	唐	中華書局一九七九年版
大唐新語	劉肅	唐	中華書局一九八四年版
燕翼詒謀録	王栐	宋	中華書局一九八一年版
太平治迹統類	彭百川	宋	文淵閣四庫全書本
輟耕録	陶宗儀	元	中華書局一九五八年版
静齋至正直記	孔齊	元	齊魯書社一九九七年版《四庫全書存目叢書》
典故紀聞	余繼登	明	中華書局一九八一年版

明實訓		明	上海書店一九八四年版	
永憲録	蕭奭	清	中華書局一九九七年版	朱南銑點校
平閩紀	楊捷	清	清康熙二十二年世澤堂刊本	

史部・詔令奏議類・詔令之屬

孝慈録	朱元璋	明	社會科學文獻出版社二〇一三年版	《皇明制書》

史部・詔令奏議類・奏議之屬

包孝肅奏議集	包拯	宋	文淵閣四庫全書本	
名臣經濟録	黄訓	明	文淵閣四庫全書本	
歷代名臣奏議	楊士奇等	明	上海古籍出版社一九八九年版	
天聰朝臣工奏議		清	中國人民大學出版社一九八五年版	《清入關前史料選輯》第二輯

史部・傳記類・家乘之屬

洪洞劉氏宗譜	劉大悊	清	山西古籍出版社二〇〇〇年版	《洪洞大槐樹移民志》
澇湖陳氏宗譜	陳校風	清	清道光六年推己堂木活字本	

史部・傳記類・總録之屬

高士傳	皇甫謐	晉	文淵閣四庫全書本

史部・載記類

華陽國志	常璩	晉	文淵閣四庫全書本

史部・地理類・都會郡縣之屬

昌國州圖志	馮福京	元	文淵閣四庫全書本
析津志輯佚	熊夢祥	元	北京古籍出版社一九八三年版
至元嘉禾志	單慶　徐碩	元	上海古籍出版社二〇一〇年版
至大金陵新志	張鉉	元	南京出版社一九九一年版
延祐四明志	袁桷	元	文淵閣四庫全書本
至順鎮江志	俞希魯	元	清道光二十二年丹徒包氏刻本
姑蘇志	王鏊	明	文淵閣四庫全書本
承天府志			書目文獻出版社一九九〇年版
順天府志			北京大學出版社一九八三年版
尉氏縣志			中州古籍出版社一九九三年版
光山縣志			中州古籍出版社一九九一年版
吴江縣志			江蘇科學技術出版社一九九四年版
泰州志			江西古籍出版社一九九八年版
如皋縣志			新亞洲出版社一九九五年版
淳安縣志			漢語大詞典出版社一九九〇年版
武康縣志			成文出版社一九八三年版
尋甸府志			上海古籍書店一九六三年版

寧海縣志			浙江人民出版社一九九三年版	
紹興府志			成文出版社一九七五年版	
新昌縣志			上海書店一九九四年版	
帝鄉紀略			成文出版社一九八五年版	
來安縣志			中國城市經濟出版社一九九〇年版	
廣靈縣誌			廣靈縣誌辦公室一九八九年版	
錫金識小録	黄印等	清	鳳凰出版社二〇一二年版	

史部·地理類·雜記之屬

荆楚歲時記	宗懔	南朝梁	山西人民出版社一九八七年版	
東京夢華録	孟元老	宋	中華書局一九八二年版	
嶺外代答	周去非	宋	中華書局一九九九年版	楊武泉注解
齊東野語	周密	宋	中華書局一九八三年版	
北游録	談遷	明	中華書局一九六〇年版	
揚州畫舫録	李斗	明	中華書局二〇〇七年版	
連陽八排風土記	李來章	清	中山大學出版社一九九〇年版	

史部·地理類·游記之屬

廣志繹	王士性	明	中華書局一九九七年版

史部·地理類·外紀之屬

大金國志	宇文懋昭	宋	文淵閣四庫全書本
契丹國志	葉隆禮	宋	上海古籍出版社一九八五年版

史部·職官類·官制之屬

唐六典	李林甫	唐	中華書局二〇〇八年版	
秘書監志	王士點等	元	文淵閣四庫全書本	
諸司職掌		明	上海古籍出版社二〇〇二年版	《續修四庫全書》

史部·職官類·官箴之屬

州縣提綱	陳襄	宋	文淵閣四庫全書本	
作邑自箴	李元弼	宋	四部叢刊本	景刊宋淳熙本
治譜	佘自强	明	黄山書社一九九七年版	《官箴書集成》
從公續録	戴肇辰	清	清同治刊本	
從公三録	戴肇辰	清	清同治刊本	
視已成事齋官書	李璋煜	清	清道光二十八年刻本	

史部·政書類·通制之屬

通典	杜佑	唐	中華書局一九八八年版
唐會要	王溥	宋	中華書局一九五五年版
五代會要	王溥	宋	中華書局一九九八年版

建炎以來朝野雜記	李心傳	宋	中華書局二〇〇〇年版	
皇宋中興兩朝聖政	佚名	宋	上海古籍出版社一九九五年版	《續修四庫全書》
明會典		明	文淵閣四庫全書本	
宋會要輯稿	徐松	宋	中華書局一九五七年版	
皇朝政典類纂	席裕福	清	文海出版社一九六六年版	《近代中國史料叢刊》續編
大清會典		清	文淵閣四庫全書本	
大清會典則例		清	文淵閣四庫全書本	
清朝文獻通考		清	商務印書館一九三六年版	
明會要	龍文彬	清	中華書局一九五六年版	
八旗則例	鄂爾泰等	清	黑龍江人民出版社二〇〇二年版	《中國珍稀法律典籍續編》

史部・政書類・儀制之屬

敦煌寫本書儀研究			新文豐出版公司一九九四年版	趙和平著
司馬氏書儀	司馬光	宋	清同治七年江蘇書局覆刻汪氏本	
廟學典禮		元	浙江古籍出版社一九九二年版	
元婚禮貢舉考		元	浙江古籍出版社一九九二年版	
明集禮	徐一夔等	明	文淵閣四庫全書本	
禮部志稿	俞汝楫	明	文淵閣四庫全書本	
宗法小記	程瑤田	清	上海古籍出版社一九九五年版	《續修四庫全書》

史部・政書類・邦計之屬

救荒活民書	董煟	宋	明崇禎十五年潔梁堂刊救荒策會本	
朱文公政訓	朱熹	宋	內蒙古人民出版社二〇〇〇年版	《名家藏書》
寶坻政書	袁黄	明	世界圖書出版公司二〇〇六年版	《中國古代地方法律文獻》甲編
救荒策會	陳龍正	明	文淵閣四庫全書本	
惠安政書	葉春及	明	福建人民出版社一九八七年版	
撫粵政略	李士禎	清	文海出版社一九六六年版	《近代中國史料叢刊》三編
撫豫宣化録	田文鏡	清	中州古籍出版社一九九五年版	張民服點校
陝衛治略	嚴作霖	清	國家圖書館出版社二〇〇八年版	《明清法制史料輯刊》第一編
見聞略	陳春菘	清	國家圖書館出版社二〇〇八年版	《明清法制史料輯刊》第一編
四此堂稿	魏際瑞	清	清光緒三十三年四川成都文繪書局印本	
趙恭毅公自治官書類集	趙申喬	清	上海古籍出版社一九九五年版	《續修四庫全書》
蒞鳳簡言	劉澤霖	清	清康熙五十二年重刊本	
治祝公移	李湞仁	清	國家圖書館出版社二〇〇八年版	《明清法制史料輯刊》第一編
蒞蒙平政録	陳朝君	清	清康熙二十八年刊本	
求牧芻言	阮本焱	清	文海出版社一九六六年版	《近代中國史料叢刊》正編
錢穀指南	佚名	清	中國政法大學出版社一九九九年版	《明清公牘秘本五種》

盱江治牘	魏錫祚	清	清雍正六年刻本	
雅公心政録	雅爾圖	清	清乾隆六年刊本	
于清端政書	于成龍	清	清乾隆二十六年刊本	
續佐治藥言	汪輝祖	清	清同治十年慎間堂刻汪龍莊先生遺書本	
樊山政書	樊增祥	清	中華書局二〇〇七年版	

史部・政書類・法令之屬

唐律疏議	長孫無忌等	唐	中華書局一九八三年版	
唐大詔令集	宋敏求	宋	文淵閣四庫全書本	
天一閣藏明鈔本天聖令		宋	中華書局二〇〇六年版	中國社會科學院歷史研究所編
宋刑統	竇儀等	宋	中華書局一九八四年版	
福州五戒	蔡襄	宋	世界圖書出版公司二〇〇六年版	《中國古代地方法律文獻》甲編
宋大詔令集	佚名	宋	中華書局一九六二年版	
呂氏鄉約	呂大鈞	宋	黑龍江人民出版社二〇〇五年版	《古代鄉約及鄉治法律文獻十種》
鄉儀	呂大鈞	宋	黑龍江人民出版社二〇〇五年版	《古代鄉約及鄉治法律文獻十種》
慶元條法事類	謝深甫等	宋	黑龍江人民出版社二〇〇二年版	《中國珍稀法律典籍續編》
天盛改舊新定律令		西夏	法律出版社二〇〇〇年版	
元典章		元	中華書局　天津古籍出版社二〇一一年版	
通制條格		元	浙江古籍出版社一九八六年版	黃時鑑點校
至正條格		元	韓國學中央研究院二〇〇七年版	
禮儀定式		明	黑龍江人民出版社二〇〇二年版	《中國珍稀法律典籍續編》乙編
御製大誥	朱元璋	明	科學出版社一九九四年版	《中國珍稀法律典籍集成》乙編
御製大誥續編	朱元璋	明	科學出版社一九九四年版	《中國珍稀法律典籍集成》乙編
御製大誥三編	朱元璋	明	科學出版社一九九四年版	《中國珍稀法律典籍集成》乙編
御製大誥武臣	朱元璋	明	科學出版社一九九四年版	《中國珍稀法律典籍集成》乙編
嘉隆新例		明	科學出版社一九九四年版	《中國珍稀法律典籍集成》乙編
大明令		明	四部叢刊本	影印明萬曆七年刻本
大明律疏附例所載續例附考及新例		明	科學出版社一九九四年版	《中國珍稀法律典籍集成》乙編
皇明詔令		明	科學出版社一九九四年版	《中國珍稀法律典籍集成》乙編
洪武永樂榜文		明	黑龍江人民出版社二〇〇二年版	《中國珍稀法律典籍續編》
嘉靖事例		明	黑龍江人民出版社二〇〇二年版	《中國珍稀法律典籍續編》
律解辯疑	何廣	明	黑龍江人民出版社二〇〇二年版	《中國珍稀法律典籍續編》
大明律講解	佚名	明	黑龍江人民出版社二〇〇四年版	《中國律學文獻》第一輯
大明律直引	佚名	明	黑龍江人民出版社二〇〇四年版	《中國律學文獻》第一輯
大明律直解所載明律		明	科學出版社一九九四年版	《中國珍稀法律典籍集成》乙編
皇明成化二十三年條例		明	科學出版社一九九四年版	《中國珍稀法律典籍集成》乙編

宗藩條例		明	科學出版社一九九四年版	《中國珍稀法律典籍集成》乙編
嘉靖新例		明	科學出版社一九九四年版	《中國珍稀法律典籍集成》乙編
律條疏議	張楷	明	明嘉靖二十三年黄巖符驗重刊本	
皇明條法事類纂		明	科學出版社一九九四年版	《中國珍稀法律典籍集成》乙編
問刑條例		明	科學出版社一九九四年版	《中國珍稀法律典籍集成》乙編
重修問刑條例		明	科學出版社一九九四年版	《中國珍稀法律典籍集成》乙編
刑名啓蒙例		明	科學出版社一九九四年版	《中國珍稀法律典籍集成》乙編
軍政條例類考		明	科學出版社一九九四年版	《中國珍稀法律典籍集成》乙編
律條直引		明	科學出版社一九九四年版	《中國珍稀法律典籍集成》乙編
鄉甲約	吕坤	明	黑龍江人民出版社二〇〇五年版	《古代鄉約及鄉治法律文獻十種》
教民榜文	朱元璋	明	黑龍江人民出版社二〇〇五年版	《古代鄉約及鄉治法律文獻十種》
風憲約	吕坤	明	世界圖書出版公司二〇〇六年版	《中國古代地方法律文獻》甲編
民務	吕坤	明	世界圖書出版公司二〇〇六年版	《中國古代地方法律文獻》甲編
教約	海瑞	明	世界圖書出版公司二〇〇六年版	《中國古代地方法律文獻》甲編
禁約	朱廷立	明	世界圖書出版公司二〇〇六年版	《中國古代地方法律文獻》甲編
真犯死罪充軍爲民例		明	科學出版社一九九四年版	《中國珍稀法律典籍集成》乙編
檄示八種	莊起元	明	世界圖書出版公司二〇〇六年版	《中國古代地方法律文獻》甲編
郭子章告示	郭子章	明	社會科學文獻出版社二〇〇六年版	《古代榜文告示彙存》
支大綸告示	支大綸	明	社會科學文獻出版社二〇〇六年版	《古代榜文告示彙存》
左懋第告示	左懋第	明	社會科學文獻出版社二〇〇六年版	《古代榜文告示彙存》
汪循告示	汪循	明	社會科學文獻出版社二〇〇六年版	《古代榜文告示彙存》
吴仁度告示	吴仁度	明	社會科學文獻出版社二〇〇六年版	《古代榜文告示彙存》
劉時俊告示	劉時俊	明	社會科學文獻出版社二〇〇六年版	《古代榜文告示彙存》
重刻律條告示活套	佚名	明	社會科學文獻出版社二〇〇六年版	《古代榜文告示彙存》
公移告諭五種	王守仁	明	世界圖書出版公司二〇〇六年版	《中國古代地方法律文獻》甲編
告示集	佚名	清	社會科學文獻出版社二〇一二年版	《中國古代地方法律文獻》丙編
唐明律合編	薛允升	清	中國書店一九九〇年版	
唐明清三律彙編	薛允升	清	黑龍江人民出版社二〇〇二年版	《中國珍稀法律典籍續編》
成規拾遺	萬維翰	清	世界圖書出版公司二〇〇六年版	《中國古代地方法律文獻》乙編
西寧青海番夷成例		清	科學出版社一九九四年版	《中國珍稀法律典籍集成》丙編
蒙古律例		清	科學出版社一九九四年版	《中國珍稀法律典籍集成》丙編
盛京滿文檔案中的律令		清	科學出版社一九九四年版	《中國珍稀法律典籍集成》丙編
大清律例		清	科學出版社一九九四年版	《中國珍稀法律典籍集成》丙編
大清律例略記	江峰	清	社會科學文獻出版社二〇〇七年版	《中國律學文獻》第四輯
大清律集解附例		清	黑龍江人民出版社二〇〇二年版	《中國珍稀法律典籍續編》

大清律例會通新纂	姚雨薌	清	文海出版社一九六六年版	《近代中國史料叢刊》三編
大清律續纂條例		清	科學出版社一九九四年版	《中國珍稀法律典籍集成》丙編
大清律輯註	沈之奇	清	法律出版社二〇〇〇年版	懷效鋒　李俊點校
大清新法令		清	商務印書館二〇一〇年版	
乾隆朝山東憲規	佚名	清	世界圖書出版公司二〇〇九年版	《中國古代地方法律文獻》乙編
户部則例		清	海南出版社二〇〇〇年版	
刑部現刑則例		清	科學出版社一九九四年版	《中國珍稀法律典籍集成》丙編
六部處分則例		清	清光緒十八年圖書集成印書局本	
江蘇成案	沈沾霖	清	中國社會科學出版社二〇〇五年版	《歷代判例判牘》
福建省例		清	人民日報出版社二〇〇九年版	《臺灣文獻史料叢刊》
稽古定制		清	黑龍江人民出版社二〇〇二年版	《中國珍稀法律典籍續編》
宗室覺羅律例		清	黑龍江人民出版社二〇〇二年版	《中國珍稀法律典籍續編》
牧愛堂編告諭	趙吉士	清	清康熙刊本	
四川通飭章程	鍾慶熙等	清	文海出版社一九七七年版	《近代中國史料叢刊》續編
憑山閣增輯留青新集	陳枚	清	國家圖書館出版社二〇〇八年版	《明清法制史料輯刊》第一編
少數民族法典法規與習慣法			黑龍江人民出版社二〇〇二年版	《中國珍稀法律典籍續編》
史部・政書類・公牘檔案之屬				
中國歷代契約會編考釋			北京大學出版社一九九五年版	張傳璽主編
徽州千年契約文書			花山文藝出版社一九九三年版	王鈺欣　周紹泉
吐魯番出土文書			文物出版社一九八一年版	
敦煌資料			中華書局一九六一年版	
敦煌社會經濟文獻真蹟釋録			書目文獻出版社一九八六年版	唐耕耦　陸宏基編
敦煌契約文書輯校			江蘇古籍出版社一九九八年版	沙知輯
敦煌社邑文書輯校			江蘇古籍出版社一九九七年版	寧可　郝春文輯校
敦煌殘卷争訟文牒集釋			甘肅人民出版社一九九三年版	王震亞　趙熒著
黃河金石録			黃河水利出版社一九九九年版	左慧元
黑城出土文書			科學出版社一九九一年版	李逸友
西夏文物研究			寧夏人民出版社一九八五年版	陳炳應
元代文書二種引証			徽州學叢刊一九八五年版	劉和惠
河北隆化鴿子洞元代窖藏			河北人民出版社二〇一〇年版	孙慧君主編
遼代石刻文編			河北教育出版社一九九五年版	向南編
遼代石刻文續編			遼寧人民出版社二〇一〇年版	向南等編
金代石刻輯校			吉林人民出版社二〇〇九年版	王新英
重刻釋音參審批駁四語活套	蕭良泮	明	中國社會科學出版社二〇〇五年版	《歷代判例判牘》
新纂四六合律判語	佚名	明	中國社會科學出版社二〇〇五年版	《歷代判例判牘》

按吳親審檄稿	祁彪佳	明	中國社會科學出版社二〇〇五年版	《歷代判例判牘》
莆陽讞牘	祁彪佳	明	中國社會科學出版社二〇〇五年版	《歷代判例判牘》
浚川公移集	王廷相	明	中華書局一九八九年版	《王廷相集》
撫鄖公牘	盧象昇	明	世界圖書出版公司二〇〇六年版	《中國古代地方法律文獻》甲編
節行事例	張鹵	明	社會科學文獻出版社二〇一三年版	《皇明制書》
休甯范氏族譜		明	明萬曆二十三年刻本	
休甯陪郭程氏本宗譜	程敏政	明	明弘治十年刻本	
繁峙岩山寺			文物出版社一九九〇年版	
明清徽州社會經濟資料叢編			中國社會科學出版社一九八八年版	安徽省博物館編
明嘉靖鄭氏膌契簿			明嘉靖四十三年刻本	安徽省博物館藏
四川地方司法檔案	佚名	明	中國社會科學出版社二〇〇五年版	《歷代判例判牘》
明清以來蘇州社會史碑刻集			蘇州大學出版社一九九八年版	王國平
清代巴縣檔案彙編			檔案出版社一九九一年版	
清代乾嘉道巴縣檔案選編			四川大學出版社一九九六年版	四川大學歷史系　四川省檔案館編
黃岩訴訟檔案及調查報告			法律出版社二〇〇四年版	田濤
石倉契約			浙江大學出版社二〇一一年版	曹樹基等編
廣東土地契約文書			暨南大學出版社二〇〇〇年版	譚棣華　冼劍民編
廣西少數民族地區碑文契約資料集			民族出版社二〇〇九年版	
貴州文斗寨苗族契約法律文書匯編			人民出版社二〇〇八年版	
清代寧波契約文書輯校			天津古籍出版社二〇〇八年版	王萬盈注解
康雍乾三朝滿漢文京旗房地契約四種			華世出版社一九九三年版	王鍾翰
長洲宋氏世譜	宋廷璣	清	清道光四年刻本	
婺源茶院朱氏家譜	朱紹修	清	清道光十三年修舊鈔本	
王氏族譜	王明松	清	清嘉慶四年木活字本	
義門陳氏宗譜	陳生雄	清	清光緒三十一年聚星堂刊本	
續括蒼金石志	李遇孫	清	清同治十三年刻本	
安順黎平府公牘	常恩	清	國家圖書館出版社二〇〇八年版	《明清法制史料輯刊》第一編
敬長齋公牘	石鑫	清	國家圖書館出版社二〇〇八年版	《明清法制史料輯刊》第一編
秀山公牘	吳光耀	清	國家圖書館出版社二〇〇八年版	《明清法制史料輯刊》第一編
刑部駁案彙鈔	丁人可	清	中國社會科學出版社二〇〇五年版	《歷代判例判牘》
刑部各司判例	毋庸	清	中國社會科學出版社二〇〇五年版	《歷代判例判牘》
歷任判牘彙記	趙幼班	清	中國社會科學出版社二〇〇五年版	《歷代判例判牘》
槐卿政蹟	沈衍慶	清	中國社會科學出版社二〇〇五年版	《歷代判例判牘》
諸暨諭民紀要	倪望重	清	中國社會科學出版社二〇〇五年版	《歷代判例判牘》
比照案件	佚名	清	中國社會科學出版社二〇〇五年版	《歷代判例判牘》

駁案新編	全士潮	清	上海古籍出版社一九九五年版	《續修四庫全書》
西江視臬紀事	凌燽	清	上海古籍出版社一九九五年版	《續修四庫全書》
問擬	黃六鴻	清	社會科學文獻出版社二〇〇七年版	《中國律學文獻》第四輯
清代武定彝族那氏土司檔案史料校編			中央民族學院出版社一九九三年版	
清初內國史院滿文檔案譯編			光明日報出版社一九八九年版	
滿文老檔		清	中華書局一九九〇年版	
滿洲秘檔	金梁	清	臺聯國風出版社一九六九年版	
盛京刑部原檔		清	群衆出版社一九八五年版	
崇德三年滿文檔案譯編		清	遼沈書社一九八八年版	季永海　劉景憲譯編
資政院議場會議速記録		清	上海三聯書店二〇一一年版	李啓成點校
清代臺灣大租調查書			人民日報出版社二〇〇九年版	《臺灣文獻史料叢刊》
臺灣私法人事編			人民日報出版社二〇〇九年版	《臺灣文獻史料叢刊》
臺灣私法物權編			人民日報出版社二〇〇九年版	《臺灣文獻史料叢刊》
臺灣私法債權編			人民日報出版社二〇〇九年版	《臺灣文獻史料叢刊》
臨時臺灣舊習慣調查會第一部調查第三回報告書			臨時臺灣舊習慣調查會一九〇九年版	

子部·儒家類

荀子			商務印書館一九四九年版	
鹽鐵論	桓寬	漢	上海書店一九八六年版	《諸子集成》
潛夫論	王符	漢	上海書店一九八六年版	《諸子集成》
女誡	班昭	漢	清光緒十九年上海洋布公所振華堂刊本	《五種遺規》
女訓	蔡邕	漢	清光緒十九年上海洋布公所振華堂刊本	《五種遺規》
傅子	傅玄	晉	文淵閣四庫全書本	
帝範	李世民	唐	文淵閣四庫全書本	
臣軌	武則天	唐	清咸豐六年刻本	
女論語	宋若莘　宋若昭	唐	四川人民出版社一九九八年版	《諸子集成續編》
女孝經	鄭氏	唐	四川人民出版社一九九八年版	《諸子集成續編》
袁氏世範	袁采	宋	文淵閣四庫全書本	
近思録	朱熹　呂祖謙	宋	文淵閣四庫全書本	
政經	真德秀	宋	文淵閣四庫全書本	
黃氏日抄	黃震	宋	文淵閣四庫全書本	
朱子全書	朱熹	宋	上海古籍出版社二〇一〇年版	
內訓	仁孝文皇后徐氏	明	清光緒十九年上海洋布公所振華堂刊本	《五種遺規》
通書述解	曹端	明	文淵閣四庫全書本	
性理大全	胡廣等	明	山東友誼書社一九八九年版	

讀書録	薛瑄	明	文淵閣四庫全書本	
困知記	羅欽順	明	中華書局一九九〇年版	
涇野子内篇	吕柟	明	中華書局一九九二年版	
中庸衍義	夏良勝	明	文淵閣四庫全書本	
格物通	湛若水	明	文淵閣四庫全書本	
呻吟語摘	吕坤	明	文淵閣四庫全書本	
温氏母訓	温陸氏	明	文淵閣四庫全書本	
閨範	吕坤	明	中華書局二〇〇八年版	
言行匯纂	王之鈇	清	清光緒十九年上海洋布公所振華堂刊本	《五種遺規》
女訓約言	陳宏謀	清	清光緒十九年上海洋布公所振華堂刊本	《五種遺規》
籀高述林	孫詒讓	清	清咸丰六年刻本	
平書訂	李塨	清	上海古籍出版社一九九五年版	《續修四庫全書》
破邪論	黄宗羲	清	上海古籍出版社二〇〇二年版	《續修四庫全書》
子部·墨家類				
墨子			上海古籍出版社一九八六年版	
子部·法家類				
管子			四部叢刊本	
韓非子			文淵閣四庫全書本	
敦煌本判集三種		唐	中國社會科學出版社二〇〇二年版	《中國法制史考證》丙編
龍筋鳳髓判	張鷟	唐	中國政法大學出版社一九九六年版	楊奉琨校釋
疑獄集	和凝	五代	復旦大學出版社一九八八年版	
折獄龜鑑	鄭克	宋	文淵閣四庫全書本	
棠陰比事	桂萬榮	宋	文淵閣四庫全書本	
刑統賦解	傅霖	宋	黑龍江人民出版社二〇〇四年版	《中國律學文獻》第一輯
粗解刑統賦	孟奎	元	黑龍江人民出版社二〇〇四年版	《中國律學文獻》第一輯
刑統賦疏	沈仲緯	元	黑龍江人民出版社二〇〇四年版	《中國律學文獻》第一輯
吏學指南	徐元瑞	元	江蘇古籍出版社一九八八年版	楊訥點校
讀律瑣言	雷夢麟	明	法律出版社二〇〇〇年版	
法家裒集	陳永	明	黑龍江人民出版社二〇〇四年版	《中國律學文獻》第一輯
名公書判清明集	張四維	明	中華書局一九八七年版	
王儀部先生箋釋	王肯堂	明	黑龍江人民出版社二〇〇五年版	《中國律學文獻》第二輯
黔牘偶存	劉錫玄	明	四川民族出版社二〇〇二年版	《中國少數民族古籍集成》
新鐫官板律例臨民寶鏡	蘇茂相	明	中國社會科學出版社二〇〇五年版	《歷代判例判牘》
雲間讞略	毛一鷺	明	中國社會科學出版社二〇〇五年版	《歷代判例判牘》
棠陰比事補編	吴訥	明	中國社會科學出版社二〇〇五年版	《歷代判例判牘》

䇺辭	張肯堂	明	中國社會科學出版社二〇〇五年版	《歷代判例判牘》
折獄新語	李清	明	吉林人民出版社一九八七年版	
盟水齋存牘	顏俊彦	明	中國政法大學出版社二〇〇二年版	
實政録	吕坤	明	中華書局二〇〇八年版	《吕坤全集》
宦游紀略	桂萬超	清	廣文書局一九七二年版	
福惠全書	黄六鴻	清	黄山書社一九九七年版	《官箴書集成》
讀例存疑	薛允升	清	中國人民公安大學出版社一九九四年版	胡星橋 鄧又天主編
于山奏牘	于成龍	清	清康熙二十二年刊本	
念宛齋官書	左輔	清	清道光刊本	
天台治略	戴兆佳	清	社會科學文獻出版社二〇一二年版	《古代判牘案例新編》
棘聽草	李之芳	清	中國社會科學出版社二〇〇五年版	《歷代判例判牘》
判語録存	李鈞	清	中國社會科學出版社二〇〇五年版	《歷代判例判牘》
求芻集	葉晟	清	中國社會科學出版社二〇〇五年版	《歷代判例判牘》
未能信録	張五緯	清	中國社會科學出版社二〇〇五年版	《歷代判例判牘》
風行録	張五緯	清	中國社會科學出版社二〇〇五年版	《歷代判例判牘》
風行録續集	張五緯	清	中國社會科學出版社二〇〇五年版	《歷代判例判牘》
守禾日紀	盧崇興	清	中國社會科學出版社二〇〇五年版	《歷代判例判牘》
樊山批判	樊增祥	清	中國社會科學出版社二〇〇五年版	《歷代判例判牘》
不用刑審判書	魏息園	清	中國社會科學出版社二〇〇五年版	《歷代判例判牘》
三邑治略	熊賓	清	中國社會科學出版社二〇〇五年版	《歷代判例判牘》
四西齋決事	孫鼎烈	清	中國社會科學出版社二〇〇五年版	《歷代判例判牘》
贛中寸牘	汪鍾霖	清	國家圖書館出版社二〇〇八年版	《明清法制史料輯刊》第一編
講求共濟録	張五緯	清	國家圖書館出版社二〇〇八年版	《明清法制史料輯刊》第一編
資治新書	李漁	清	國家圖書館出版社二〇〇八年版	《明清法制史料輯刊》第一編
資治新書二集	李漁	清	國家圖書館出版社二〇〇八年版	《明清法制史料輯刊》第一編
未信編	潘杓燦	清	國家圖書館出版社二〇〇八年版	《明清法制史料輯刊》第一編
退厓公牘文字	賈臻	清	國家圖書館出版社二〇〇八年版	《明清法制史料輯刊》第一編
之游唾餘録	孫鏡寰	清	國家圖書館出版社二〇〇八年版	《明清法制史料輯刊》第一編
吳中判牘	蒯德模	清	國家圖書館出版社二〇〇八年版	《明清法制史料輯刊》第一編
問心齋學治雜録	張聯桂	清	國家圖書館出版社二〇〇八年版	《明清法制史料輯刊》第一編
澄江治績續編	蔡澍	清	國家圖書館出版社二〇〇八年版	《明清法制史料輯刊》第一編
柴桑傭録	鍾體志	清	國家圖書館出版社二〇〇八年版	《明清法制史料輯刊》第一編
劬盦官書拾存	羅正鈞	清	國家圖書館出版社二〇〇八年版	《明清法制史料輯刊》第一編
庸吏庸言	劉衡	清	社會科學文獻出版社二〇一二年版	《中國古代地方法律文獻》丙編
覆甕集刑名	張我觀	清	上海古籍出版社二〇〇二年版	《續修四庫全書》

大清刑律擇要淺説	志和	清	社會科學文獻出版社二〇〇七年版	《中國律學文獻》第四輯
律法須知	吕芝田	清	社會科學文獻出版社二〇〇七年版	《中國律學文獻》第四輯
讀律要略	佚名	清	社會科學文獻出版社二〇〇七年版	《中國律學文獻》第四輯
聖諭十六條附律易解	夏炘	清	齊魯書社二〇〇一年版	
徐公讞詞	徐士林	清	中華書局一九八五年版	
寄簃文存	沈家本	清	中國社會科學出版社一九九六年版	《歷代刑法考》
律例校勘集	沈家本	清	老古文化事業股份有限公司二〇〇〇年版	《沈家本未刻書集纂》
清代名吏判牘七種彙編	襟霞閣			
子部・農家類				
齊民要術	賈思勰	北魏	文淵閣四庫全書本	
農政全書	徐光啓	明	嶽麓書社二〇〇二年版	
子部・兵家類				
翠微先生北征録	華岳	宋	上海古籍出版社一九九五年版	《續修四庫全書》
子部・雜家類・雜學之屬				
吕氏春秋			上海書店一九八六年版	《諸子集成》
淮南子	漢劉安撰　高誘注		上海書店一九八六年版	《諸子集成》
顏氏家訓	顏之推	北齊	上海書店一九八六年版	《諸子集成》
家訓筆録	趙鼎	宋	大象出版社二〇〇三年版	《全宋筆記》第一編
放翁家訓	陸游	宋	大象出版社二〇〇三年版	《全宋筆記》第五編
石林家訓	葉夢得	宋	上海書店出版社一九九四年版	《叢書集成續編》
陸氏家制	陸九韶	宋	上海古籍出版社一九九五年版	《續修四庫全書》
鄭氏規範	鄭文融	元	江南第一家文史研究會二〇〇一年版	江南第一家文史系列叢書
竇山公家議	程新春	明	黃山書社一九九三年版	周紹泉　趙亞光著
初月樓聞見録	吳德旋	清	臺灣明文書局一九八五年版	《清代傳記叢刊》
子部・雜家類・雜考之屬				
白虎通義	班固	漢	中華書局一九九四年版	
古今注	崔豹	晋	遼寧教育出版社一九九八年版	
容齋隨筆	洪邁	宋	文淵閣四庫全書本	
日知録	顧炎武	清	文淵閣四庫全書本	
陔餘叢考	趙翼	清	商務印書館一九五七年版	
人家冠昏喪祭考	林伯桐	清	修本堂叢書本	《叢書集成三編》
子部・雜家類・雜説之屬				
逸周書			上海古籍出版社二〇〇七年版	黃懷信　張懋鎔　田旭東校注
論衡	王充	漢	上海書店一九八六年版	《諸子集成》
風俗通義	應劭	漢	明萬曆新安程氏刊印本	

劉子	劉晝	北齊	中華書局一九九八年版	傅亞庶校釋
尚書故實	李綽	唐	文淵閣四庫全書本	
夢溪筆談	沈括	宋	大象出版社二〇〇三年版	《全宋筆記》第二編
鶴林玉露	羅大經	宋	文淵閣四庫全書本	
琴堂諭俗編	應俊	宋	文淵閣四庫全書本	
五雜俎	謝肇淛	明	明萬曆四十四年潘膺祉如韋館刻本	《續修四庫全書》
明夷待訪録	黄宗羲	清	中華書局一九八一年版	

子部・雜家類・雜纂之屬

宋朝事實	李攸	宋	文淵閣四庫全書本

子部・類書類

藝文類聚	歐陽詢	唐	文淵閣四庫全書本
初學記	徐堅	唐	中華書局一九六二年版
太平御覽	李昉等	宋	中華書局一九六〇年版
記纂淵海	潘自牧	宋	文淵閣四庫全書本
永樂大典	解縉等	明	中華書局一九六〇年版
清稗類鈔	徐珂	清	中華書局一九八四年版

子部・小説家類・雜事之屬

西京雜記	葛洪	晉	中華書局一九八五年版	
世説新語	劉義慶	南朝宋	上海書店一九八六年版	《諸子集成》
朝野僉載	張鷟	唐	中華書局一九八五年版	
北里志	孫棨	唐	古典文學出版社一九五七年版	
博異志	谷神子	唐	文淵閣四庫全書本	
次柳氏舊聞	李德裕	唐	文淵閣四庫全書本	
唐國史補	李肇	唐	文淵閣四庫全書本	
因話録	趙璘	唐	文淵閣四庫全書本	
雲溪友議	范攄	唐	文淵閣四庫全書本	
玉泉子	佚名	唐	文淵閣四庫全書本	
東軒筆録	魏泰	宋	大象出版社二〇〇三年版	《全宋筆記》第二編
鷄肋編	莊綽	宋	大象出版社二〇〇三年版	《全宋筆記》第四編
武林舊事	周密	宋	浙江古籍出版社二〇〇一年版	錢之江校注
龍川略志	蘇轍	宋	中華書局一九八二年版	
泊宅編	方勺	宋	中華書局一九八三年版	
清波雜志	周煇	宋	中華書局一九九四年版	
癸辛雜識	周密	宋	中華書局一九八八年版	
夢粱録	吴自牧	宋	浙江人民出版社一九八〇年版	

廣庭事實	文惟簡	宋	文淵閣四庫全書本	
菽園雜記	陸容	明	中華書局一九八二年版	
何氏語林	何良俊	明	文淵閣四庫全書本	
先進遺風	耿定向	明	文淵閣四庫全書本	
清平山堂話本	洪楩	明	上海古籍出版社一九八七年版	
水東日記	葉盛	明	中華書局一九八〇年版	
喻世明言	馮夢龍	明	上海古籍出版社一九八五年版	
警世通言	馮夢龍	明	上海古籍出版社一九八五年版	
醒世恒言	馮夢龍	明	上海古籍出版社一九八五年版	
初刻拍案驚奇	凌濛初	明	上海古籍出版社一九八五年版	
二刻拍案驚奇	凌濛初	明	上海古籍出版社一九八五年版	
三刻拍案驚奇	陸人龍	明	華夏出版社一九九五年版	
水滸傳	施耐庵	明	人民文學出版社一九九七年版	
金瓶梅		明	中華書局一九九八年版	會評會校本
紅樓夢	曹雪芹	清	人民文學出版社一九九六年版	
元明事類鈔	姚之駰	清	上海古籍出版社一九九三年版	
老殘游記	劉鶚	清	人民文學出版社一九八二年版	
燕京雜記	佚名	清	北京古籍出版社一九八六年版	

子部・小説家類・異聞之屬

搜神記	干寶	晋	中華書局一九七九年版	
搜神後記	陶潛	晋	中華書局一九八一年版	
神仙傳	葛洪	晋	中華書局二〇一〇年版	胡守爲校釋
拾遺記	王嘉	晋	中華書局一九八一年版	齊治平校注
續齊諧記	吳均	南朝梁	文淵閣四庫全書本	
異苑	劉敬叔	南朝宋	中華書局一九九六年版	
還冤志	顔之推	隋	文淵閣四庫全書本	
杜陽雜編	蘇鶚	唐	文淵閣四庫全書本	
玄怪録	牛僧孺	唐	中華書局二〇〇六年版	程毅中注解
續玄怪録	李復言	唐	中華書局二〇〇六年版	程毅中注解
太平廣記	李昉等	宋	中華書局一九六一年版	
夷堅志	洪邁	宋	中華書局二〇〇六年版	
續子不語	袁枚	清	嶽麓書社一九八六年版	
閱微草堂筆記	紀昀	清	上海古籍出版社一九八〇年版	

子部・小説家類・瑣記之屬

博物志	張華	晋	文淵閣四庫全書本

述異記	任昉	南朝梁	吉林大學出版社一九九二年版	

集部

集部・別集類・漢至五代

曹子建集	曹植	三國魏	四部叢刊本	
嵇中散集	嵇康	三國魏	四部叢刊本	
陶淵明集	陶淵明	晋	中華書局一九七九年版	
陸士龍文集	陸雲	晋	北京圖書館出版社二〇〇四年版	
鮑明遠集	鮑照	南朝宋	明萬曆漢魏諸名家集本	
昭明太子集	蕭統	南朝梁	文淵閣四庫全書本	
江文通集	江淹	南朝梁	中華書局一九八四年版	趙威點校
金樓子	蕭繹	南朝梁	文淵閣四庫全書本	
徐孝穆集箋注	徐陵	南朝陳	文淵閣四庫全書本	
韓昌黎文集	韓愈	唐	上海古籍出版社一九八六年版	
白居易集	白居易	唐	中華書局一九七九年版	
柳宗元集	柳宗元	唐	中華書局一九七九年版	
司空表聖文集	司空圖	唐	北京圖書館出版社二〇〇四年版	

集部・別集類・北宋建隆至靖康

直講李先生文集	李覯	宋	明正德十三年孫甫刻本	
范文正集	范仲淹	宋	文淵閣四庫全書本	
范太史集	范祖禹	宋	文淵閣四庫全書本	
欒城集	蘇轍	宋	上海古籍出版社一九八七年版	曾棗莊　馬德富校點

集部・別集類・南宋建炎至德祐

攻媿集	樓鑰	宋	中華書局一九八五年版	
北山集	鄭剛中	宋	文淵閣四庫全書本	
勉齋先生黃文肅公文集	黃榦	宋	北京圖書館出版社二〇〇五年版	
東塘集	袁説友	宋	文淵閣四庫全書本	
後村先生大全集	劉克莊	宋	北京圖書館出版社二〇〇四年版	
晦庵先生朱文公集	朱熹	宋	國家圖書館出版社二〇〇六年版	
西山先生真文忠公文集	真德秀	宋	明嘉靖三年張文麟書林精舍刻本	

集部・別集類・金至元

全元戲曲		元	人民文學出版社一九九〇年版	王季思主編
申齋集	劉岳申	元	清道光孔氏嶽雪樓抄本	
元好問全集	元好問	金	山西古籍出版社二〇〇四年版	
文忠集	王結	元	文淵閣四庫全書本	
青崖集	魏初	元	文淵閣四庫全書本	

秋澗集	元 王惲	文淵閣四庫全書本	
中庵集	元 劉敏中	文淵閣四庫全書本	
道園學古録	元 虞集	文淵閣四庫全書本	
滋溪文稿	元 蘇天爵	文淵閣四庫全書本	
玩齋集	元 貢師泰	文淵閣四庫全書本	
傅與礪詩文集	元 傅若金	文淵閣四庫全書本	
吴文正集	元 吴澄	文淵閣四庫全書本	
雪樓集	元 程文海	文淵閣四庫全書本	
金華黄先生文集	元 黄溍	北京圖書館出版社二〇〇五年版	
牧庵集	元 姚燧	四部叢刊本	
歐陽玄集	元 歐陽玄	嶽麓書社二〇一〇年版	
張養浩集	元 張養浩	吉林文史出版社二〇〇八年版	
胡祗遹集	元 胡祗遹	吉林文史出版社二〇〇八年版	
石田文集	元 馬祖常	明弘治六年刻本	
關漢卿集	元 關漢卿	中華書局二〇〇六年版	藍立蓂校注
元詩選		中華書局一九八七年版	顧嗣立編
元曲選		河北教育出版社一九九四年版	王學奇校注
孤本元明雜劇		中國戲劇出版社一九五八年版	
新校元刊雜劇三十種		中華書局一九八〇年版	徐沁君校
新編事文類要啓劄青錢別集		北京圖書館出版社二〇〇六年版	明姚士觀編校

集部·別集類·明洪武至崇禎

明太祖文集	明 朱元璋	文淵閣四庫全書本
王忠文集	明 王禕	文淵閣四庫全書本
海瑞集	明 海瑞	中華書局一九六二年版
西郊笑端集	明 董紀	文淵閣四庫全書本
樗庵類稿	明 鄭潛	文淵閣四庫全書本
耕學齋詩集	明 烏斯道	文淵閣四庫全書本
春草齋集	明 袁華	文淵閣四庫全書本
强齋集	明 殷奎	文淵閣四庫全書本
海桑集	明 陳謨	文淵閣四庫全書本
畦樂詩集	明 梁蘭	文淵閣四庫全書本
獨醉亭集	明 史謹	文淵閣四庫全書本
海叟集	明 袁凱	文淵閣四庫全書本
斗南老人集	明 胡奎	文淵閣四庫全書本
鷲湖集	明 龔斆	文淵閣四庫全書本

滎陽外史集	鄭真	明	文淵閣四庫全書本
繼志齋集	王紳	明	文淵閣四庫全書本
遜志齋集	方孝孺	明	文淵閣四庫全書本
芻蕘集	周是修	明	文淵閣四庫全書本
泊菴集	梁潛	明	文淵閣四庫全書本
頤庵文選	胡儼	明	文淵閣四庫全書本
青城山人集	王璲	明	文淵閣四庫全書本
文敏集	楊榮	明	文淵閣四庫全書本
忠靖集	夏原吉	明	文淵閣四庫全書本
金文靖集	金幼孜	明	文淵閣四庫全書本
抑菴文集	王直	明	文淵閣四庫全書本
運甓漫稿	李昌祺	明	文淵閣四庫全書本
古廉文集	李時勉	明	文淵閣四庫全書本
曹月川集	曹端	明	文淵閣四庫全書本
敬軒文集	薛瑄	明	文淵閣四庫全書本
兩谿文集	劉球	明	文淵閣四庫全書本
蘭庭集	謝晋	明	文淵閣四庫全書本
古穰集	李賢	明	文淵閣四庫全書本
武功集	徐有貞	明	文淵閣四庫全書本
倪文僖集	倪謙	明	文淵閣四庫全書本
襄毅文集	韓雍	明	文淵閣四庫全書本
陳白沙集	陳獻章	明	文淵閣四庫全書本
類博稿	岳正	明	文淵閣四庫全書本
平橋藁	鄭文康	明	文淵閣四庫全書本
彭惠安集	彭韶	明	文淵閣四庫全書本
清風亭稿	童軒	明	文淵閣四庫全書本
方洲集	張寧	明	文淵閣四庫全書本
重編瓊臺藁	邱濬	明	文淵閣四庫全書本
謙齋文録	徐溥	明	文淵閣四庫全書本
椒邱文集	何喬新	明	文淵閣四庫全書本
石田詩選	沈周	明	文淵閣四庫全書本
東園文集	鄭紀	明	文淵閣四庫全書本
懷麓堂集	李東陽	明	文淵閣四庫全書本
青谿漫稿	倪岳	明	文淵閣四庫全書本
康齋集	吳與弼	明	文淵閣四庫全書本

念菴文集	羅洪先	明	文淵閣四庫全書本	
楊忠介集	楊爵	明	文淵閣四庫全書本	
荊川集	唐順之	明	文淵閣四庫全書本	
姚東泉文集	姚鏌	明	明嘉靖刊本	
漆園卮言	莊起元	明	明萬曆刊本	
希淡園詩集	虞堪	明	文淵閣四庫全書本	
三垣筆記	李清	明	中華書局一九八二年版	
敬所王先生文集	王宗沐	明	齊魯書社一九九七年版	《四庫全書存目叢書》
檀雪齋集	胡敬辰	明	齊魯書社一九九七年版	《四庫全書存目叢書》
方山薛先生全集	薛應旂	明	上海古籍出版社一九九五年版	《續修四庫全書》
蚓竅集	管時敏	明	文淵閣四庫全書本	
郭襄靖公遺集	郭應聘	明	上海古籍出版社一九九五年版	《續修四庫全書》
定山集	莊昶	明	文淵閣四庫全書本	
一峯文集	羅倫	明	文淵閣四庫全書本	

集部·別集類·清代

衎石齋記事續稿	錢儀吉	清	清咸丰四年海昌蔣光焴刻本	
劉禮部集	劉逢禄	清	上海古籍出版社一九九五年版	《續修四庫全書》
獨學盧三稿	石韞玉	清	上海古籍出版社一九九五年版	《續修四庫全書》
句溪雜著	陳立	清	上海古籍出版社一九九五年版	《續修四庫全書》
清嘉録	顧禄	清	江蘇古籍出版社一九九九年版	
畏齋日記	詹元相	清	中華書局一九八三年版	《清史資料》第四輯
杭俗遺風	范祖述	清	清同治三年刻本	
堯峰文鈔	汪琬	清	四部叢刊本	
拜經堂文集	臧庸	清	上海古籍出版社一九九五年版	《續修四庫全書》
賓萌集	俞樾	清	上海古籍出版社一九九五年版	《續修四庫全書》
李文襄公別録	李之芳	清	上海古籍出版社一九九五年版	《續修四庫全書》
雙桂堂稿續編	紀大奎	清	上海古籍出版社一九九五年版	《續修四庫全書》
亭林文集	顧炎武	清	清光緒十一年吳縣朱氏槐廬刻本	
望溪先生文集	方苞	清	清咸豐元年戴鈞衡重刻本	
幼學堂文稿	沈欽韓	清	上海古籍出版社一九九五版	《續修四庫全書》
白田草堂存稿	王懋竑	清	清咸豐十年廣東學海堂刻本	
張之洞全集	張之洞	清	武漢出版社二〇〇八年版	
讀書堂綵衣全集	趙士麟	清	清康熙三十五年刻本	
湖海文傳	王昶	清	上海古籍出版社二〇一三年版	
求益齋文集	强汝詢	清	清光緒二十四年江蘇書局刻本	

切問齋集　陸耀　清　清乾隆五十年暉吉堂刻本　《天津圖書館珍藏清人別集善本
清白士集　梁玉繩　清　天津古籍出版社二〇〇九年版　叢刊》
桐華閣文集　杜貴墀　清　上海書店出版社一九九四年版　《叢書集成續編》
歐餘山房文集　丁桂　清　上海書店出版社一九九四年版　《叢書集成續編》
正誼堂文集　張伯行　清　齊魯書社一九九七年版　《四庫全書存目叢書》
桐鄉勞先生遺稿　勞乃宣　清　藝文印書館一九七〇年版

集部·總集類

玉臺新咏　徐陵　南朝陳　上海古籍出版社二〇〇五年版
敦煌變文集　人民文學出版社一九八四年版
文苑英華　李昉等　宋　文淵閣四庫全書本
樂府詩集　郭茂倩　宋　文淵閣四庫全書本
宋文鑑　吕祖謙　宋　文淵閣四庫全書本
事林廣記　陳元靚　宋　中華書局一九九九年版
中州集　元好問　金　文淵閣四庫全書本
元文類　蘇天爵　元　文淵閣四庫全書本
宋文紀　梅鼎祚　明　文淵閣四庫全書本
全唐文　董誥　清　中華書局一九八三年版
金文最　張金吾　清　中華書局一九九〇年版

集部·詩文評類

六臣注文選　蕭統　南朝梁　中華書局二〇一二年版

《中華大典》辦公室

主　　任：于永湛
副 主 任：伍　傑　姜學中
編　　審：趙含坤
秘　　書：崔望雲　宋　陽
裝幀設計：章耀達

《中華大典·法律典·民法分典》工作小組

組　　長：楊恩芳　周安平
組　　員：（按姓氏筆畫排列）
毛遠明　王增恂
米加德　李遠毅
宗月霄　陳時見
喻遂生　靳玉樂
黎小龍　劉春卉
繆超群　聶昌紅

《中華大典·法律典·民法分典》

編輯部主任：米加德　李遠毅
編輯部副主任：黃　璜　劉豔強
工作人員：（按姓氏筆畫排列）
王仁霞　左全琴
任劍喬　米加德
李遠毅　徐林平
黃　璜　張景波
程　鵬　曾　豔
翟金明　趙　凱
魯　幽　劉　英
劉豔強　閻　征
鍾孝剛　譚小軍

圖書在版編目（CIP）數據

中華大典．法律典．民法分典 /《中華大典》工作委員會，《中華大典》編纂委員會編纂．-- 重慶 ：西南師範大學出版社 ；成都 ：巴蜀書社，2014.12

ISBN 978-7-5621-7260-4

Ⅰ．①中… Ⅱ．①中… ②中… Ⅲ．①百科全書一中國 ②民法一中國一古代 Ⅳ．①Z227②D923.02

中國版本圖書館 CIP 數據核字（2014）第 304978 號

中華大典・法律典・民法分典

編纂：《中華大典》工作委員會
《中華大典》編纂委員會

出版：西南師範大學出版社
（重慶市北碚区天生路二號　郵政編碼　四〇〇七一五）
巴蜀書社
（成都市槐樹街二號四川出版大厦　郵政編碼　六一〇〇三一）

印刷：三河弘翰印務有限公司
（三河市黄土莊鎮二百户北）

經銷：全國新華書店

開本：七八七毫米×一〇九二毫米　十六開

印張：一四五　字數：四七〇〇千字

二〇一四年十二月第一版　二〇一四年十二月第一次印刷

ISBN 978-7-5621-7260-4

定價（全三册）：一三八〇圓